E. BÉNÉZIT

DICTIONNAIRE
critique et documentaire
DES PEINTRES
SCULPTEURS
DESSINATEURS
ET GRAVEURS

E.BÉNÉZIT

DICTIONNAIRE
critique et documentaire
DES PEINTRES
SCULPTEURS
DESSINATEURS
ET GRAVEURS

de tous les temps et de tous les pays
par un groupe d'écrivains spécialistes
français et étrangers

•

NOUVELLE ÉDITION
entièrement refondue
sous la direction de Jacques BUSSE

•

TOME 1
AA- BEDUSCHI

GRÜND
1999

GARANTIE DE L'ÉDITEUR

Malgré tous les soins apportés à sa fabrication,
il est malheureusement possible que cet ouvrage comporte un défaut
d'impression ou de façonnage. Dans ce cas, il vous sera échangé sans frais.
Veuillez à cet effet le rapporter au libraire qui vous l'a vendu ou nous écrire
à l'adresse ci-dessous en nous précisant la nature du défaut constaté.
Dans l'un ou l'autre cas, il sera immédiatement fait droit à votre réclamation.

Éditions Gründ – 60, rue Mazarine – 75006 Paris

Éditions précédentes: 1911-1923, 1948-1955, 1976

© 1999 Editions Gründ, Paris

ISBN: 2-7000-3010-9 (série classique)
ISBN: 2-7000-3011-7 (tome 1)

ISBN: 2-7000-3025-7 (série usage intensif)
ISBN: 2-7000-3026-5 (tome 1)

ISBN: 2-7000-3040-0 (série prestige)
ISBN: 2-7000-3041-9 (tome 1)

Dépôt légal mars 1999

PRÉFACE

Cette quatrième édition du dictionnaire Bénézit, en quatorze volumes, a été élaborée à partir de la troisième édition, en dix volumes, qui a été entièrement révisée et augmentée des artistes nouvellement apparus ou des informations venues compléter les anciennes notices, concernant, entre autres, les prix atteints en ventes publiques. L'ensemble représente aujourd'hui une base de données informatisée.

Le classement alphabétique des noms d'artistes, qu'ils soient orientaux ou occidentaux, respecte les conventions internationales, notamment pour ce qui est des particules séparables ou inséparables par rapport au « mot vedette ». Toutefois, dans tous les cas qui pourraient malgré tout présenter une difficulté, les renvois nécessaires ont été mis en place.

Le lecteur retrouvera la structure des notices : un chapeau résumant l'identité et les caractéristiques de l'artiste, le développement du corps de la notice elle-même, la rubrique bibliographique, la rubrique muséographique, ainsi qu'une sélection de prix en ventes publiques.

Pour la clarté de la présentation de l'ouvrage et afin d'en faciliter la consultation, le corps même des notices a subi une réforme structurelle. Dès qu'une notice requiert quelque développement, elle est désormais distribuée en trois phases successives sous forme de paragraphes : biographie de l'artiste ; chronologie et description de l'œuvre ; analyse du style. Dans les notices plus longues, des sous-paragraphes peuvent alléger la présentation et rendre plus claire chacune des trois phases.

Rappelons enfin que ce dictionnaire a toujours été conçu et réalisé dans l'intention de procurer à l'utilisateur un outil de consultation efficace et d'une lecture néanmoins agréable.

L'ÉDITEUR

REMERCIEMENTS

L'indication des prix atteints en ventes publiques provient de sources diverses, parfois fort anciennes. La première vente répertoriée remonte en effet au XVIIIe siècle. Entre 1963 et 1987, nous avons essentiellement utilisé, grâce à l'aimable autorisation de leur auteur, les annuaires publiés sous son nom par M. Enrique Mayer, que nous tenons à remercier très vivement. Depuis 1987, nous avons eu recours aux sources primaires que représentent les catalogues et les résultats de ventes publiques communiqués par les commissaires priseurs et les grandes salles de vente du monde.

Les CACHETS DE VENTE figurant dans cet ouvrage sont extraits de F. Lugt: *Marques de collections*, et sont reproduits avec l'aimable autorisation de l'auteur. Ils figurent après les monogrammes et signatures, et sont entourés d'un filet maigre avec l'indication *Cachet de vente*.

Certains des monogrammes et signatures ont été reproduits d'après Zeiger-Viallet: *Annuaire de l'antiquaire et de l'amateur*, avec la gracieuse permission de l'auteur.

Nous tenons enfin à remercier M. Frank Van Wilder, qui nous a autorisés à reproduire de très nombreuses signatures, extraites de son ouvrage *Annuel des arts 1998, Guide international des ventes aux enchères*.

NOTES CONCERNANT LES PRIX

Tous les prix atteints en ventes publiques par les œuvres des artistes répertoriés dans le Bénézit sont indiqués :
– dans la monnaie du pays où a eu lieu la vente (*cf.* abréviations ci-dessous) ;
– dans la monnaie au jour de la vente.

Afin de permettre au lecteur d'évaluer ce que représentent en valeur actualisée les transactions précitées, nous donnons ci-après :
– un tableau retraçant l'évolution du pouvoir d'achat du franc depuis 1901 (page 8) ;
– un tableau donnant les cours à Paris du dollar américain et de la livre sterling depuis la même année (page 10).

Ainsi pourra-t-on estimer par un double calcul la valeur d'une transaction effectuée par exemple à Londres en 1937, à New York en 1948, etc., et par une simple lecture à Paris en 1955.

DÉSIGNATION DES MONNAIES SELON LA NORME ISO

ARS	Peso argentin	**HKD**	Dollar de Hong Kong
ATS	Schilling autrichien	**HUF**	Forint (Hongrie)
AUD	Dollar australien	**IEP**	Livre irlandaise
BEF	Franc belge	**ILS**	Shekel (Israël)
BRL	Real (Brésil)	**ITL**	Lire (Italie)
CAD	Dollar canadien	**JPY**	Yen (Japon)
CHF	Franc suisse	**NLG**	Florin ou Gulden (Pays-Bas)
DEM	Deutsche Mark	**PTE**	Escudo (Portugal)
DKK	Couronne danoise	**SEK**	Couronne suédoise
EGP	Livre égyptienne	**SGD**	Dollar de Singapour
ESP	Peseta (Espagne)	**TWD**	Dollar de Taïwan
FRF	Franc français	**USD**	Dollar américain
GBP	Livre sterling	**UYU**	Peso uruguayen
GRD	Drachme (Grèce)	**ZAR**	Rand (Afrique du Sud)

Jusqu'aux années 1970, les prix atteints lors des ventes en Angleterre étaient indiqués indifféremment en livres sterling ou en guinées. Lorsque tel a été le cas, l'abréviation GNS a été conservée.

ÉVOLUTION DU POUVOIR D'ACHAT DU FRANC DEPUIS 1901

1 FRF de l'année	Vaut en												
	1985	1986	1987	1988	1989	1990	1991	1992	1993	1994	1995	1996	1997
1901	14,69	15,08	15,56	15,98	16,55	17,11	17,66	18,08	18,46	18,76	19,09	19,46	19,70
1902	14,69	15,08	15,56	15,98	16,55	17,11	17,66	18,08	18,46	18,76	19,09	19,46	19,70
1903	14,69	15,08	15,56	15,98	16,55	17,11	17,66	18,08	18,46	18,76	19,09	19,46	19,70
1904	14,69	15,08	15,56	15,98	16,55	17,11	17,66	18,08	18,46	18,76	19,09	19,46	19,70
1905	14,69	15,08	15,56	15,98	16,55	17,11	17,66	18,08	18,46	18,76	19,09	19,46	19,70
1906	15,92	16,34	16,86	17,31	17,93	18,54	19,13	19,59	19,99	20,33	20,68	21,09	21,35
1907	14,69	15,08	15,56	15,98	16,55	17,11	17,66	18,08	18,46	18,76	19,09	19,46	19,70
1908	14,69	15,08	15,56	15,98	16,55	17,11	17,66	18,08	18,46	18,76	19,09	19,46	19,70
1909	14,69	15,08	15,56	15,98	16,55	17,11	17,66	18,08	18,46	18,76	19,09	19,46	19,70
1910	14,69	15,08	15,56	15,98	16,55	17,11	17,66	18,08	18,46	18,76	19,09	19,46	19,70
1911	12,73	13,07	13,48	13,85	14,35	14,83	15,31	15,67	15,99	16,26	16,54	16,87	17,08
1912	12,73	13,07	13,48	13,85	14,35	14,83	15,31	15,67	15,99	16,26	16,54	16,87	17,08
1913	12,73	13,07	13,48	13,85	14,35	14,83	15,31	15,67	15,99	16,26	16,54	16,87	17,08
1914	12,73	13,07	13,48	13,85	14,35	14,83	15,31	15,67	15,99	16,26	16,54	16,87	17,08
1915	10,61	10,89	11,24	11,54	11,96	12,36	12,76	13,06	13,33	13,55	13,79	14,06	14,23
1916	9,55	9,80	10,11	10,39	10,76	11,12	11,48	11,75	12	12,20	12,41	12,65	12,80
1917	7,96	8,17	8,43	8,65	8,97	9,27	9,57	9,79	10	10,16	10,34	10,54	10,67
1918	6,16	6,33	6,52	6,70	6,94	7,18	7,40	7,58	7,74	7,87	8,00	8,16	8,26
1919	5,03	5,16	5,32	5,47	5,66	5,85	6,04	6,18	6,31	6,42	6,53	6,66	6,74
1920	3,60	3,70	3,82	3,92	4,06	4,20	4,33	4,43	4,53	4,60	4,68	4,77	4,83
1921	4,15	4,26	4,40	4,52	4,68	4,84	4,99	5,11	5,22	5,30	5,39	5,50	5,57
1922	4,24	4,36	4,49	4,62	4,78	4,94	5,10	5,22	5,33	5,42	5,51	5,62	5,69
1923	3,90	4,00	4,13	4,24	4,39	4,54	4,69	4,80	4,90	4,98	5,06	5,16	5,23
1924	3,41	3,50	3,61	3,71	3,84	3,97	4,10	4,20	4,28	4,36	4,43	4,52	4,57
1925	3,18	3,27	3,37	3,46	3,59	3,71	3,83	3,92	4	4,07	4,14	4,22	4,27
1926	2,42	2,48	2,56	2,63	2,72	2,82	2,91	2,97	3,04	3,09	3,14	3,20	3,24
1927	2,33	2,39	2,47	2,53	2,62	2,71	2,80	2,87	2,93	2,97	3,03	3,09	3,12
1928	2,33	2,39	2,47	2,53	2,62	2,71	2,80	2,87	2,93	2,97	3,03	3,09	3,12
1929	2,20	2,25	2,32	2,39	2,47	2,56	2,64	2,70	2,76	2,80	2,85	2,91	2,94
1930	2,17	2,23	2,30	2,36	2,45	2,53	2,61	2,67	2,73	2,77	2,82	2,87	2,91
1931	2,27	2,33	2,40	2,47	2,56	2,65	2,73	2,80	2,86	2,90	2,95	3,01	3,05
1932	2,48	2,55	2,63	2,70	2,79	2,90	2,98	3,05	3,12	3,17	3,22	3,29	3,32
1933	2,58	2,65	2,73	2,80	2,91	3,00	3,10	3,18	3,24	3,30	3,35	3,42	3,46
1934	2,69	2,76	2,85	2,93	3,03	3,13	3,23	3,31	3,38	3,44	3,49	3,56	3,61
1935	2,94	3,02	3,11	3,20	3,31	3,42	3,53	3,62	3,69	3,75	3,82	3,89	3,94
1936	2,72	2,80	2,89	2,97	3,07	3,18	3,28	3,36	3,43	3,48	3,54	3,61	3,66
1937	2,17	2,23	2,30	2,36	2,45	2,53	2,61	2,67	2,73	2,77	2,82	2,87	2,91
1938	1,91	1,96	2,02	2,08	2,15	2,22	2,30	2,35	2,40	2,44	2,48	2,53	2,56
1939	1,78	1,83	1,89	1,94	2,01	2,08	2,15	2,20	2,24	2,28	2,32	2,36	2,39
1940	1,52	1,57	1,60	1,65	1,71	1,77	1,82	1,86	1,90	1,94	1,97	2,01	2,03
1941	1,29	1,32	1,37	1,40	1,45	1,50	1,55	1,59	1,62	1,65	1,68	1,71	1,73
1942	1,07	1,10	1,14	1,17	1,21	1,25	1,29	1,32	1,35	1,37	1,39	1,42	1,44
1943	0,86	0,89	0,91	0,94	0,97	1,01	1,04	1,06	1,09	1,10	1,12	1,14	1,16
1944	0,71	0,73	0,75	0,77	0,80	0,82	0,85	0,87	0,89	0,90	0,92	0,94	0,95
1945	0,48	0,49	0,50	0,52	0,54	0,55	0,57	0,59	0,60	0,61	0,62	0,63	0,64
1946	0,31	0,32	0,33	0,34	0,35	0,36	0,37	0,38	0,39	0,40	0,40	0,41	0,42
1947	0,21	0,21	0,22	0,23	0,24	0,24	0,25	0,26	0,26	0,27	0,27	0,28	0,28
1948	0,13	0,13	0,14	0,14	0,15	0,15	0,16	0,16	0,17	0,17	0,17	0,17	0,18

1 FRF de l'année	Vaut en												
	1985	1986	1987	1988	1989	1990	1991	1992	1993	1994	1995	1996	1997
1949	0,12	0,12	0,12	0,13	0,13	0,14	0,14	0,14	0,15	0,15	0,15	0,15	0,16
1950	0,11	0,11	0,11	0,11	0,12	0,12	0,13	0,13	0,13	0,13	0,14	0,14	0,14
1951	0,09	0,09	0,10	0,10	0,10	0,11	0,11	0,11	0,11	0,12	0,12	0,12	0,12
1952	0,08	0,08	0,09	0,09	0,09	0,09	0,10	0,10	0,10	0,10	0,11	0,11	0,11
1953	0,08	0,08	0,09	0,09	0,09	0,10	0,10	0,10	0,10	0,11	0,11	0,11	0,11
1954	0,08	0,08	0,09	0,09	0,09	0,10	0,10	0,10	0,10	0,10	0,11	0,11	0,11
1955	0,08	0,08	0,09	0,09	0,09	0,09	0,10	0,10	0,10	0,10	0,11	0,11	0,11
1956	0,08	0,08	0,08	0,08	0,09	0,09	0,09	0,10	0,10	0,10	0,10	0,10	0,10
1957	0,08	0,08	0,08	0,08	0,09	0,09	0,09	0,09	0,10	0,10	0,10	0,10	0,10
1958	0,07	0,07	0,07	0,07	0,07	0,08	0,08	0,08	0,08	0,08	0,09	0,09	0,09
1959	0,06	0,06	0,07	0,07	0,07	0,07	0,07	0,08	0,08	0,08	0,08	0,08	0,08
1960	6,01	6,17	6,36	6,54	6,77	7,00	7,22	7,40	7,55	7,68	7,81	7,96	8,06
1961	5,82	5,97	6,16	6,33	6,56	6,78	6,99	7,16	7,31	7,43	7,56	7,71	7,80
1962	5,55	5,70	5,88	6,04	6,25	6,46	6,67	6,83	6,97	7,09	7,21	7,35	7,44
1963	5,30	5,44	5,61	5,76	5,97	6,17	6,37	6,52	6,65	6,76	6,88	7,02	7,10
1964	5,12	5,26	5,42	5,57	5,77	5,96	6,15	6,30	6,43	6,54	6,65	6,78	6,87
1965	5	5,13	5,30	5,43	5,63	5,82	6,01	6,15	6,28	6,38	6,49	6,62	6,70
1966	4,87	4,99	5,15	5,30	5,48	5,67	5,85	5,99	6,11	6,21	6,32	6,44	6,52
1967	4,74	4,86	5,02	5,15	5,34	5,52	5,69	5,83	5,95	6,05	6,15	6,27	6,35
1968	4,53	4,65	4,80	4,93	5,11	5,28	5,45	5,58	5,69	5,79	5,89	6,00	6,08
1969	4,26	4,37	4,51	4,63	4,80	4,96	5,12	5,24	5,35	5,43	5,53	5,64	5,71
1970	4,05	4,15	4,28	4,40	4,56	4,71	4,86	4,98	5,08	5,17	5,26	5,36	5,42
1971	3,83	3,93	4,05	4,16	4,31	4,46	4,60	4,71	4,81	4,89	4,97	5,07	5,13
1972	3,60	3,70	3,82	3,92	4,06	4,20	4,33	4,44	4,53	4,60	4,69	4,78	4,84
1973	3,30	3,39	3,50	3,59	3,72	3,85	3,97	4,06	4,15	4,22	4,29	4,37	4,43
1974	2,90	2,98	3,07	3,16	3,27	3,38	3,49	3,57	3,65	3,71	3,77	3,85	3,89
1975	2,60	2,67	2,75	2,82	2,93	3,03	3,12	3,20	3,26	3,32	3,37	3,44	3,48
1976	2,37	2,43	2,51	2,58	2,67	2,76	2,85	2,92	2,98	3,03	3,08	3,14	3,18
1977	2,17	2,22	2,29	2,36	2,44	2,52	2,60	2,67	2,72	2,77	2,81	2,87	2,91
1978	1,99	2,04	2,10	2,16	2,24	2,31	2,39	2,44	2,50	2,54	2,58	2,63	2,66
1979	1,79	1,84	1,90	1,95	2,02	2,09	2,16	2,21	2,25	2,29	2,33	2,38	2,41
1980	1,58	1,62	1,67	1,72	1,78	1,84	1,90	1,94	1,98	2,02	2,05	2,09	2,12
1981	1,39	1,43	1,47	1,51	1,57	1,62	1,67	1,71	1,75	1,78	1,81	1,85	1,87
1982	1,25	1,28	1,32	1,35	1,40	1,45	1,50	1,53	1,56	1,59	1,62	1,65	1,67
1983	1,14	1,17	1,20	1,24	1,28	1,32	1,37	1,40	1,43	1,45	1,48	1,51	1,52
1984	1,06	1,09	1,12	1,15	1,19	1,23	1,27	1,30	1,33	1,35	1,37	1,40	1,42
1985	1,00	1,03	1,06	1,09	1,13	1,16	1,20	1,23	1,26	1,28	1,30	1,32	1,34
1986	0,97	1,00	1,03	1,06	1,10	1,13	1,17	1,20	1,22	1,24	1,26	1,29	1,31
1987	0,94	0,97	1,00	1,03	1,06	1,10	1,13	1,16	1,19	1,21	1,23	1,25	1,27
1988	0,92	0,94	0,97	1,00	1,04	1,07	1,10	1,13	1,15	1,17	1,19	1,22	1,23
1989	0,89	0,91	0,94	0,96	1,00	1,03	1,07	1,09	1,11	1,13	1,15	1,18	1,19
1990	0,86	0,88	0,91	0,93	0,97	1,00	1,03	1,06	1,08	1,10	1,11	1,14	1,15
1991	0,83	0,85	0,88	0,90	0,94	0,96	1,00	1,02	1,04	1,06	1,08	1,10	1,12
1992	0,81	0,83	0,86	0,88	0,92	0,94	0,98	1,00	1,02	1,04	1,06	1,08	1,09
1993	0,80	0,82	0,84	0,87	0,90	0,92	0,96	0,98	1,00	1,02	1,03	1,05	1,07
1994	0,78	0,80	0,83	0,85	0,88	0,91	0,94	0,96	0,98	1,00	1,02	1,04	1,05
1995	0,77	0,79	0,81	0,84	0,87	0,89	0,92	0,95	0,97	0,98	1,00	1,02	1,03
1996	0,75	0,77	0,80	0,82	0,85	0,87	0,91	0,93	0,95	0,96	0,98	1,00	1,01
1997	0,75	0,77	0,79	0,81	0,84	0,86	0,90	0,92	0,94	0,95	0,97	0,99	1,00

Cours à Paris du dollar américain (USD) et de la livre sterling (GBP) depuis 1901

Valeurs: ancien franc avant 1960; franc depuis 1960.

Année	Cours officiels ou libres		Cours parallèles		Indices base 100 en 1938	
	Dollar	Livre sterling	Dollar	Livre sterling	Dollar	Livre sterling
						Cours officiels ou libres
1901	5,18	25,25	–	–	15	15
1902	5,18	25,25	–	–	15	15
1903	5,18	25,25	–	–	15	15
1904	5,18	25,25	–	–	15	15
1905	5,18	25,25	–	–	15	15
1906	5,18	25,25	–	–	15	15
1907	5,18	25,25	–	–	15	15
1908	5,18	25,25	–	–	15	15
1909	5,18	25,25	–	–	15	15
1910	5,18	25,25	–	–	15	15
1911	5,18	25,25	–	–	15	15
1912	5,18	25,25	–	–	15	15
1913	5,18	25,25	–	–	15	15
1914	–	–	–	–	–	–
1915	–	–	–	–	–	–
1916	–	–	–	–	–	–
1917	–	–	–	–	–	–
1918	–	–	–	–	–	–
1919	–	–	–	–	–	–
1920	–	–	–	–	–	–
1921	13,49	51,93	–	–	39	30
1922	12,33	54,55	–	–	35	32
1923	16,58	75,73	–	–	47	44
1924	19,32	85,27	–	–	55	50
1925	21,23	102,59	–	–	61	60
1926	31,44	152,70	–	–	90	90
1927	25,48	123,87	–	–	73	73
1928	25,50	124,10	–	–	73	73
1929	25,53	124,02	–	–	73	73
1930	25,48	123,68	–	–	73	73
1931	25,51	115,64	–	–	73	68
1932	25,46	89,21	–	–	73	52
1933	20,57	84,60	–	–	59	50
1934	15,22	67,72	–	–	44	40
1935	15,15	74,27	–	–	43	44
1936	16,70	82,98	–	–	48	49
1937	25,14	124,42	–	–	72	73
1938	34,95	170,59	–	–	100	100
1939	39,83	176,68	–	–	114	104
1940	43,80	176,62	–	–	125	104
1941	43,80	176,62	146	242	125	104
1942	43,80	176,62	173	394	125	104
1943	43,80	176,62	189	536	125	104
1944	44,80	180	223	600	128	106
1945	49,63	200	158	452	142	117
1946	119,10	480	293	809	341	281

Sources: INSEE. Annuaire statistique de la France, Paris, 1975; NATEXIS 1975-1997.

Année	Cours officiels ou libres		Cours parallèles		Indices base 100 en 1938	
	Dollar	Livre sterling	Dollar	Livre sterling	Dollar	Livre sterling
						Cours officiels ou libres
1947.............................	119,10	480	271	726	341	281
1948 ....{	119,10 308,47	865	391	1 036	{ 341 863	507
1949.............................	331,96	971	389	1 070	950	569
1950.............................	349,68	980	375	915	1 001	575
1951.............................	349,96	980	398	965	1 001	575
1952.............................	349,97	980	415	1 010	1 001	575
1953.............................	349,97	980	400	1 044	1 001	575
1954.............................	349,97	980	369	995	1 001	575
1955.............................	349,97	980	372	993	1 001	575
1956.............................	349,99	980	397	1 043	1 001	575
1957.............................	349,99	980	427	1 139	1 001	575
1958.............................	387,13	980	448	1 246	1 182	677
1959.............................	490,43	1 378	490	1 380	1 403	808
1960.............................	4,904	13,77	4,89	13,72	1 403	807
1961.............................	4,905	13,75	4,88	13,70	1 403	806
1962.............................	4,900	13,76	4,89	13,70	1 402	807
1963.............................	4,900	13,72	4,89	13,66	1 402	804
1964.............................	4,900	13,68	4,90	13,66	1 402	802
1965.............................	4,901	13,70	4,90	13,65	1 402	803
1966.............................	4,913	13,724	–	–	1 405,722	804,502
1967.............................	4,920	13,516	–	–	1 407,725	792,309
1968.............................	4,951	11,856	–	–	1 416,595	694,999
1969.............................	5,199	12,428	–	–	1 487,553	728,530
1970.............................	5,528	13,245	–	–	1 581,688	776,423
1971.............................	5,512	13,472	–	–	1 577,110	789,729
1972.............................	5,044	12,619	–	–	1 443,204	739,726
1973.............................	4,447	10,896	–	–	1 272,389	638,724
1974.............................	4,813	11,257	–	–	1 377,110	659,886
1975.............................	4,288	9,512	–	–	1 266,895	557,594
1976.............................	4,780	8,621	–	–	1 367,668	505,363
1977.............................	4,914	8,576	–	–	1 406,008	502,725
1978.............................	4,511	8,654	–	–	1 290,701	507,298
1979.............................	4,255	9,029	–	–	1 217,453	529,280
1980.............................	4,221	9,819	–	–	1 207,725	575,590
1981.............................	5,432	10,939	–	–	1 554,220	641,245
1982.............................	6,572	11,470	–	–	1 880,400	672,372
1983.............................	7,622	11,546	–	–	2 180,829	676,827
1984.............................	8,740	11,639	–	–	2 500,715	682,279
1985.............................	8,988	11,548	–	–	2 571,673	676,944
1986.............................	6,928	10,161	–	–	1 982,260	595,638
1987.............................	6,012	9,839	–	–	1 720,171	576,762
1988.............................	5,959	10,594	–	–	1 705,007	621,021
1989.............................	6,381	10,445	–	–	1 825,751	612,286
1990.............................	5,447	9,693	–	–	1 558,512	568,204
1991.............................	5,647	9,947	–	–	1 615,736	583,093
1992.............................	5,289	9,319	–	–	1 513,304	546,280
1993.............................	5,666	8,506	–	–	1 621,173	498,622
1994.............................	5,552	8,490	–	–	1 588,555	497,684
1995.............................	4,992	7,876	–	–	1 428,326	461,691
1996.............................	5,115	7,989	–	–	1 463,519	468,315
1997.............................	5,837	9,558	–	–	1 670,100	560,290

PRINCIPALES ABRÉVIATIONS UTILISÉES

Rubrique muséographique
Les abréviations correspondent au mot indiqué et à ses accords.

Acad.	Académie	**FRAC**	Fonds régional
Accad.	Accademia		d'Art contemporain
Assoc.	Association	**Gal.**	Galerie, Gallery, Galleria...
Bibl.	Bibliothèque	**hist.**	historique
BN	Bibliothèque nationale	**Inst.**	Institut, Institute
Cab.	Cabinet	**Internat.**	International
canton.	cantonal	**Libr.**	Library
CNAC	Centre national	**min.**	ministère
	d'Art contemporain	**Mod.**	Moderne, Modern, Moderna,
CNAP	Centre national		Moderno...
	des Arts plastiques	**mun.**	municipal
coll.	collection	**Mus.**	Musée, Museum
comm.	communal	**Nac.**	Nacional
Contemp.	Contemporain, contemporary...	**Nat.**	National
dép.	départemental	**Naz.**	Nazionale
d'Hist.	d'Histoire	**Pina.**	Pinacothèque, Pinacoteca...
Fond.	Fondation	**prov.**	provincial
FNAC	Fonds national	**région.**	régional
	d'Art contemporain	**roy.**	royal, royaux

Rubrique des ventes publiques
abréviations des techniques

/	sur	**isor.**	Isorel
acryl.	acrylique	**lav.**	lavis
alu.	aluminium	**linograv.**	linogravure
aquar.	aquarelle	**litho.**	lithographie
aquat.	aquatinte	**mar.**	marouflé, marouflée...
attr.	attribution	**miniat.**	miniature
cart.	carton	**pan.**	panneau
coul.	couleur	**pap.**	papier
cr.	crayon	**past.**	pastel
dess.	dessin	**peint.**	peinture
esq.	esquisse	**photo.**	photographie
fus.	fusain	**pb**	plomb
gche	gouache	**pl.**	plume
gché	gouaché	**reh.**	rehaussé, rehaut, rehauts...
gchée	gouachée	**rés.**	résine
gchées	gouachées	**sculpt.**	sculpture
gches	gouaches	**sérig.**	sérigraphie
grav.	gravure	**synth.**	synthétique
h.	huile	**tapiss.**	tapisserie
h/cart.	huile sur carton	**techn.**	technique
h/pan.	huile sur panneau	**temp.**	tempera
h/t	huile sur toile	**t.**	toile
inox.	inoxydable	**vinyl.**	vinylique

AA Cornelis Johannes Van der

Né en 1883. Mort en 1950. XXᵉ siècle. Hollandais.
Peintre de paysages urbains.
Ventes Publiques : Amsterdam, 5 juin 1990 : *Vue de Rome avec le château Saint-Ange et le Tibre* 1925, h/t (65x132,5) : NLG 1 150.

AA Dirk Van der

Né en 1731 à La Haye. Mort en 1809. XVIIIᵉ siècle. Actif aussi en France. Hollandais.
Peintre de sujets allégoriques, décorateur.
Il fut d'abord élève de Johann Heinrich Keller, puis de Gerrit Mes. Il possédait une remarquable facilité de composition et de travail, et des qualités de coloriste et de dessinateur. C'était tout ce qu'il fallait pour faire un décorateur. Plus tard, il s'associa avec son ancien maître Gerrit Mes. La décoration des panneaux de voitures était alors fort à la mode ; les deux artistes se firent dans ce genre une grande réputation. On cite, parmi les décorations importantes de Van der Aa, une pièce de la maison du baron de Heeckeren, à La Haye. On cite encore la décoration qu'il fit pour l'entrée de Guillaume IV à La Haye, le 9 novembre 1768, dont il existe une estampe. Van der Aa vint en France et résida à Paris plusieurs années ; son caractère aimable y facilita sa réussite. On cite, parmi ses élèves, son neveu Jacob Aa, Evert Morel, Louis Moriz, Wolff.
Ventes Publiques : Paris, 30 nov. 1967 : *Amours personnifiant la Guerre et la Paix ; Amours personnifiant les Arts*, deux pendants : FRF 5 000 – Paris, 14 mars 1972 : *Les amours musiciens* : FRF 38 000 – New York, 23 mai 1997 : *Allégories de l'Été et de l'Automne avec des chérubins se divertissant dans des paysages* 1775, h/t/pan., une paire (271,2x167,6) : **USD 101 500.**

AA Edith Van der

Née à Tjilatjap (Java). XXᵉ siècle. Hollandaise.
Peintre de portraits, natures mortes.
Elle a figuré au Salon des Indépendants de Paris, dans les années trente. Outre des natures mortes, elle y a exposé le *Portrait de A.-H. Lemaître.*

AA Hillebrand Van der

Né en 1659 ou 1660 à Leyde. Mort en 1721. XVIIᵉ-XVIIIᵉ siècles. Hollandais.
Sculpteur, graveur.
Son père, le sculpteur Boudewyn Pietersz Van der Aa, fit son éducation artistique. Il se maria deux fois, la première fois le 13 mai 1683 avec Maria Bodde, et la seconde, le 23 juin 1684. Comme graveur, il travailla surtout pour son frère Pieter Boudewyn Van der Aa, libraire et imprimeur de la ville de Leyde, et produisit des estampes assez médiocres. Hillebrand visita les Indes, et en 1721 il résidait à Batavia. Daniel Stoopendael a gravé la *Statue d'Erasme* due au ciseau d'Hillebrand Van der Aa.

AA Hillebrand Van der

Mort le 4 janvier 1742 à Leyde. XVIIIᵉ siècle. Actif au début du XVIIIᵉ siècle. Hollandais.
Peintre.
Parent, probablement, de Pietersz Boudewyn et d'Hillebrand Van der Aa. Il fit son apprentissage dans le commerce de la librairie, mais il cultivait en même temps les beaux-arts, car il fut admis dans la corporation des peintres de Leyde le 28 septembre 1707. On croit qu'il convient de lui attribuer les dessins du titre gravé par J. Van Aveele, en 1724, pour une édition de Cicéron.

AA Jacob Van der

Né dans la seconde moitié du XVIIIᵉ siècle à La Haye. Mort en 1776 à La Haye, jeune. XVIIIᵉ siècle. Hollandais.
Peintre de portraits.
Il fut l'élève de son oncle, le peintre décorateur Dirk Van der Aa. On le trouve inscrit en 1769 sur le registre de la corporation des peintres de La Haye. Il fit un voyage en Italie et y séjourna deux ans.

AA Pieter Boudewyn Van der

XVIIIᵉ siècle. Actif au début du XVIIIᵉ siècle. Hollandais.
Graveur, éditeur.
Il s'établit à Leyde de 1700 à 1750. Cet artiste-négociant publia plusieurs catalogues de son fonds, notamment un en 1715. Sa marque commerciale était un enfant sciant une pierre, avec ces mots : *Tempore et Industria.*

AACHEN Johann ou Hans von ou Ach

Né en 1552 à Cologne. Mort le 6 janvier 1616 à Prague. XVIᵉ-XVIIᵉ siècles. Actif aussi à Rome. Allemand.
Peintre de compositions religieuses, sujets mythologiques, scènes de genre, portraits.
Cet artiste prit son nom de la ville d'Aachen (Aix-la-Chapelle), lieu d'origine de sa famille et où était né son père. Les remarquables dispositions dont, très jeune, il fit preuve pour le dessin, le firent placer à l'âge de 16 ans chez Jerrigh, peintre flamand, qui était venu s'établir à Cologne. Pendant près de six ans, il travailla sous la direction de ce maître, étudiant particulièrement les œuvres de Spronghen, alors dans toute sa gloire. Vers 1574 il se rendit à Venise ; ce fut Tintoret dont les ouvrages le touchèrent le plus profondément. Étant venu à Rome, ses tableaux retinrent l'attention.
Son premier ouvrage, un tableau d'autel représentant une *Nativité,* pour une chapelle de l'église des Jésuites ; puis le portrait de la célèbre musicienne Madonna Venusta, qu'il représenta jouant du luth, tandis qu'il se plaçait lui-même sur la toile, tenant un gobelet de vin ; enfin celui qu'il exécuta à Florence de la poétesse Madonna Laura, pour ne citer que ces œuvres principales, lui valurent une grande réputation. Après un séjour de quatre années en Italie, en 1588, il se rendit à Cologne, puis à Munich où l'appelait Guillaume V, duc de Bavière. Aachen peignit dans cette ville une *Résurrection,* gravée par Raphaël Sadeler, et *Hélène, mère de Constantin, trouvant la vraie Croix.* Le prince lui commanda également son portrait et ceux de sa famille. L'Empereur Rodolphe II, qui tenait alors sa cour à Prague, invita Aachen à venir l'y trouver ; l'artiste peignit son tableau de *Vénus et Adonis,* qui obtint un tel succès que Johann fut définitivement attaché à la cour impériale. A la mort de Rodolphe, l'empereur Mathias le confirma dans ses fonctions, où il avait été appelé en 1592.
Malgré son intérêt pour l'œuvre du Tintoret, ses propres peintures trahissent plutôt l'influence de Spranger ou du Corrège. On considère que cet artiste est un des premiers qui cherchèrent à substituer la conception italienne au style gothique. Sa *Bethsabée au bain,* à la galerie de Vienne, est généralement considérée comme son chef-d'œuvre. On retrouva à Prague, en 1790, le tombeau que sa veuve, Régina de Lassus, fille du célèbre musicien, lui fit élever, et dont l'inscription nous fixe pour ses dates de naissance et de mort.

ACH.

Musées : Cologne : *Adoration de l'Enfant Jésus – Résurrection de Lazare – J. Boelmann –* Graz : *Jugement de Pâris –* Hanovre :

Nuit sainte – LONDRES : *Vieille cousant* 1605 – MUNICH : *Victoire de la vérité* – VALENCIENNES : *Jugement de Pâris* – VIENNE : *Adoration des bergers* – *Bacchus et Cérès* – *Bethsabée* – *Bacchus, Vénus et Cupidon* – *Jupiter et Antiope* – *Couples plaisantant* – VIENNE (Czernin) : *Présentation au Temple.*

VENTES PUBLIQUES : COPENHAGUE, 1963 : *La Sainte Famille* : **DKK 4 500** – LONDRES, 4 mars 1964 : *Le jugement de Pâris* : **GBP 1 200** – COLOGNE, 12 nov. 1964 : *L'Adoration des Rois Mages*, bois : **DEM 12 000** – COLOGNE, 18 nov. 1965 : *L'Adoration des Bergers*, bois : **DEM 11 000** – VIENNE, 22 mai 1973 : *La naissance du Christ* : **ATS 90 000** – VERSAILLES, 6 mars 1977 : *La Résurrection du Christ*, pan./cuivre (33,7x26,6) : **FRF 6 500** – LONDRES, 10 juil. 1981 : *La Conversion de saint Paul*, h/t (148x199) : **GBP 2 200** – BERNE, 21 juin 1985 : *Le Christ crucifié entre les deux voleurs* 1590, pl. et encre bistre/trait de cr. et lav. reh. de blanc (33,3x45) : **CHF 25 000** – PARIS, 18 déc. 1987 : *Le jugement de Pâris*, peint./cuivre (31x45) : **FRF 25 000** – PARIS, 24 fév. 1992 : *Vénus endormie*, cuivre (30,5x51) : **FRF 29 000.**

AACHEN Reinhard von
XVIIe siècle. Travaillait à Cologne vers le milieu du XVIIe siècle. Allemand.
Sculpteur.
On ne connaît pas d'œuvre de cet artiste et l'on trouve seulement son nom mentionné dans des comptes.

AADNÄS Peder Pedersen
Né le 16 août 1739 à Land. Mort en 1792 à Ringerike. XVIIIe siècle. Norvégien.
Peintre.
Son père était agriculteur. Cependant le jeune Aadnäs faisait preuve d'un goût marqué pour la plastique. Il témoigna d'une habileté si extraordinaire dans des décorations de meubles qu'on décida qu'il était nécessaire de cultiver de si heureuses dispositions. Aadnäs, au mois de janvier 1770, fut envoyé à Christiania (Oslo), chez Christian Tonning, peintre de portraits réputé. L'élève acquit près de lui les connaissances techniques fondamentales. En 1770 il partit pour l'étranger, visitant Copenhague, Londres, Leipzig et Dresde. Durant ce voyage, qui dura trois années, Aadnäs obtint un succès médiocre. Il revint au logis paternel pas plus riche qu'il ne l'avait quitté. Il se maria et reprit la culture avec son père, mais sans abandonner ses pinceaux. Il profitait de ses loisirs pour visiter les fermiers ses voisins, peignant au cours de ses excursions les sites pittoresques, les fjords.
Ce curieux artiste, qui a droit à une place parmi les peintres norvégiens du XVIIIe siècle, n'avait pas échappé à l'influence du style rococo, et on retrouve celui-ci dans certains de ses tableaux allégoriques. Aadnäs y ajoute ses facultés de puissant coloriste et la fraîcheur de sa palette. Comme portraitiste, il avait affirmé son talent dès 1770 avec le portrait du magistrat Hammer (gravé par J. Haas en 1771) et celui du théologien du même nom (gravé par Sechusen) ; en 1791, il peignait aussi celui du professeur Hans Stran, gravé par le même artiste. On trouve des tableaux d'Aadnäs dans plusieurs collections norvégiennes.

AAE Arvid
Né le 1er juillet 1877 à Johannishus. XIXe-XXe siècles. Suédois.
Peintre de portraits.
Il fut élève de l'Académie de Copenhague dans les dernières années du siècle. Il s'est spécialisé dans les portraits d'enfants.

AAGAARD Carl Frederic
Né le 29 janvier 1833 à Odense (Danemark). Mort le 2 novembre 1895 à Copenhague. XIXe siècle. Danois.
Peintre de paysages animés, paysages.
Il vint à Copenhague étudier le dessin à l'Académie, puis il aida son frère aîné, et apprit de lui la profession de graveur sur verre. Il entra ensuite comme aide chez Hilker, peintre décorateur, et collabora avec lui aux travaux exécutés à l'Université et dans d'autres monuments publics. Plus tard, il s'associa avec Heinrich Hansen pour d'importantes décorations, notamment celle de la chapelle du roi Christian IV. Durant ce temps, Aagaard travaillait avec le paysagiste Peter-Kristian Skoovgaard, et, en 1857, il exposait pour la première fois.
Bien que ses œuvres fussent très inférieures à celles de son maître, il prit une place parmi les peintres danois. Il profita heureusement de plusieurs voyages qu'il fit, à partir de 1869, en Suisse et en Italie, pour perfectionner son style.
MUSÉES : STOCKHOLM : *Jeu de quilles dans la forêt de Sœby, effet de printemps.*

VENTES PUBLIQUES : COPENHAGUE, 18 fév. 1965 : *Deux garçons sur un rocher* : **DKK 5 000** – VIENNE, 16 mars 1976 : *Matinée d'été* 1871, h/t (86,5x140,5) : **ATS 28 000** – COPENHAGUE, 25 avr. 1979 : *Vue du Vésuve*, h/t (103x74) : **DKK 7 500** – COPENHAGUE, 16 mars 1982 : *La rue ensoleillée*, h/t (45x63) : **DKK 12 200** – COPENHAGUE, 17 août 1983 : *Scène de bord de mer* 1891, h/t (144x220) : **DKK 29 000** – LONDRES, 21 mars 1984 : *Vue de Copenhague depuis l'île de Saltholm* 1891, h/t (139x 216,5) : **GBP 3 200** – COPENHAGUE, 20 août 1986 : *Une pergola à Capri* 1873, h/t (85x130) : **DKK 50 000** – STOCKHOLM, 21 oct. 1987 : *Paysage boisé au lac* 1876, h/t (65x93) : **SEK 45 000** – COPENHAGUE, 23 mars 1988 : *Panorama de Dregund (Middelgunden à l'arrière-plan)* (34x45) : **DKK 7 000** – LONDRES, 23 mars 1988 : *Personnages dans un parc* 1880, h/t (39x59) : **GBP 2 200** – STOCKHOLM, 19 avr. 1989 : *Paysage d'été avec des arbres en bord de mer*, h/t (88x116) : **SEK 36 000** – LONDRES, 4 oct. 1989 : *Ruisseau de forêt* 1886, h/t (52x41) : **GBP 2 640** – LONDRES, 16 fév. 1990 : *La baie de Sorrente* 1875, h/t (56,5x83,8) : **GBP 5 720** – STOCKHOLM, 16 mai 1990 : *Paysage côtier avec une barque échouée* 1889, h/t (40x53) : **SEK 30 000** – STOCKHOLM, 29 mai 1991 : *Pergola d'une villa italienne*, h/t (68x100) : **SEK 70 000** – COPENHAGUE, 28 août 1991 : *Vue d'Amalfi depuis une loggia*, h/t (41x61) : **DKK 14 000** – STOCKHOLM, 19 mai 1992 : *Vue de la côte amalfienne depuis une colonnade*, h/t (41x60) : **SEK 19 500** – LONDRES, 19 mars 1993 : *Amalfi depuis les Capucins* 1872, h/t (72x98,5) : **GBP 12 650** – STOCKHOLM, 30 nov. 1993 : *Vue de Dyrehaven avec Klampenborg* 1894, h/t (60x79) : **SEK 9 000** – COPENHAGUE, 6 sep. 1993 : *Matin d'automne dans une forêt de hêtres près de Lellinge* 1878, h/t (52x80) : **DKK 5 500** – NEW YORK, 20 juil. 1994 : *Forêt profonde* 1878, h/t (174x228,6) : **USD 10 350** – COPENHAGUE, 16 nov. 1994 : *La Grotte verte à Capri* 1887, h/t (42x42) : **DKK 7 000** – LONDRES, 17 nov. 1995 : *Le vestibule de marbre d'un palais vénitien*, h/t (37,3x49,5) : **GBP 1 150** – COPENHAGUE, 23 mai 1996 : *À travers bois l'été* 1892, h/t (66x51) : **DKK 13 000** – LONDRES, 14 juin 1996 : *Personnages dans une allée ensoleillée avec Kronborg en arrière-plan* 1893, h/t (53x79) : **GBP 4 600** – LONDRES, 21 nov. 1997 : *Côte rocheuse avec le Vésuve dans le lointain* 1873, h/t (56,8x84,4) : **GBP 8 050.**

AAGAARD Gunnar Andersen
Né en 1919. XXe siècle. Danois.
Sculpteur.
VENTES PUBLIQUES : COPENHAGUE, 26 mai 1987 : *Sculpture* 1954, acier (82x253) : **DKK 6 000.**

AAGAARD Johan Peter
Né le 3 mai 1818 à Odense (Danemark). Mort le 22 mai 1879 à Copenhague. XIXe siècle. Danois.
Graveur sur bois.
Johan Peter, frère aîné du paysagiste Carl Frederic Aagaard, exerça d'abord le métier de savetier qui était celui de son père. Il vint ensuite à Copenhague et y apprit la gravure sur bois. Il débuta au Salon de 1842 avec plusieurs estampes. En 1849, il s'associa avec Adolf Kittendorff pour fonder un atelier de gravure sur bois et un magasin d'objets d'art. Les deux associés contribuèrent grandement, par leurs nombreux travaux, à répandre la xylographie au Danemark. Kittendorff étant mort en 1869, Aagaard demeura seul à la tête de l'industrie et, dans les dernières années, s'occupa surtout du commerce des objets d'art.

AAGAARD Zackarias Martini
Né le 13 octobre 1863 à Levanger (Norvège). XIXe siècle. Norvégien.
Peintre de marines.
Il commença ses études à l'École technique de Trondjem, puis travailla à l'École royale de dessin, à Oslo. Aagaard étudia ensuite la peinture avec Christian Krohg et Harriet Backer. A pris part à l'Exposition universelle de Paris en 1900.

AAGOT-VANGEN, Mlle
XIXe siècle. Britannique.
Sculpteur de bustes.
A exposé un portrait buste en plâtre au Salon de Paris en 1905.

AAKEN Joseph Van. Voir AKEN Jozef Van

AAKRANN Olaf
Né le 3 septembre 1856 à Elverum (Norvège). Mort le 1er mai 1904. XIXe siècle. Norvégien.
Peintre de paysages, lithographe.
Ce paysagiste fut l'élève des peintres Gerhard Munthe et Werenskjold, à Oslo ; cinq ans plus tard il allait étudier avec

Zartmann à Copenhague. Il séjourna aussi à Vienne, à Berlin et à Paris. Il était également ingénieur.

AALI Halil
Né à Constantinople. xxᵉ siècle. Turc.
Peintre de natures mortes.
A l'Ecole des Beaux-Arts de Paris, il fut élève d'Ernest Laurent et de Léon Galand. Il exposa ensuite au Salon des Artistes Français, entre 1920 et 1930. Il est sans doute identique au AALI Munib qui y avait figuré un peu auparavant.

AALST. Voir AELST

AALST Coeck Van. Voir COCK Van AELST

AALTONEN Vallio ou Waino
Né en 1894. Mort en 1966. xxᵉ siècle. Finlandais.
Peintre, sculpteur de monuments, figures. Tendance cubiste.
Il fut élève de l'Ecole de Peinture de l'Association Artistique de Turku. En regardant travailler des ouvriers tailleurs de pierre, il décida de s'exprimer par la sculpture. Ayant d'abord travaillé le granit, il utilisa ensuite toutes sortes de matériaux, jusqu'à du verre et de l'argent. Ayant commencé à exposer en 1915, il prit ensuite part à quantité d'expositions internationales à travers le monde, notamment à Paris en 1940. Il devint professeur, membre de l'Académie de Finlande, également membre correspondant des Académies du Brésil et d'U.R.R.S.
Dans ses premières œuvres en granit, il était encore fidèle au naturalisme traditionnel, bien que s'en différenciant quelque peu par la technique de la taille directe. A partir de 1920, il reçut l'influence du postcubisme, alors dominant en Europe. Il sculpta d'importants monuments, notamment celui d'Alexis Kivi, écrivain national, celui du Président Stahlberg, les statues de la salle du Parlement finois, celles des ponts de la ville de Tampere, etc. Aux Etats-Unis, il a réalisé le monument Delaware. ■ J. B.
VENTES PUBLIQUES : GÖTEBORG, 9 avr. 1986 : *Aïno* 1925, bronze patiné (H. 34cm) : SEK 4 000 – STOCKHOLM, 15 nov. 1988 : *Le lancement du javelot*, bronze (H. 75) : SEK 25 000 – STOCKHOLM, 5-6 déc. 1990 : *Personnage féminin* 1925, bronze (H. 34) : SEK 11 000.

AANONSEN Sveinung
Né le 24 décembre 1854 à Rauland (Norvège). xixᵉ siècle. Norvégien.
Peintre de genre, portraits, sculpteur de statues.
A vingt ans il se plaça sous la direction du peintre Bergsliens et y demeura pendant trois années. Il alla ensuite à Munich travailler près du peintre bavarois Anton Seitz, imitateur de Meissonnier. Il était de retour à Oslo en 1899 et s'y créait une situation en vue comme peintre de genre ou de portraits. La galerie de Bergen possède de lui une statue.

AARDEWYN Anthony
Né à Amsterdam. xviiᵉ-xviiiᵉ siècles. Actif à la fin du xviiᵉ et au début du xviiiᵉ siècle. Hollandais.
Peintre.
Peintre mentionné comme ayant acquis le droit de bourgeoisie dans sa ville natale le 4 août 1723.

AARESTRUP Marie-Hélène
Née le 27 mai 1826 à Flekkefjord (Norvège). xixᵉ siècle. Norvégienne.
Peintre de genre, portraits, animaux, natures mortes.
Elle fut l'élève du peintre Reusch, à Bergen, puis à Paris, en 1859, de B. Tissier ; enfin, à Düsseldorf, elle travailla avec Vautier ; elle demanda plus tard des conseils à Chaplin. Elle exposa pour la première fois à Oslo, en 1863, un *Berger italien* ; deux ans après, son portrait de Christine Nilsson était remarqué au Salon de Paris. Elle continua à prendre part aux expositions françaises et étrangères, peignant tour à tour le genre, les natures mortes, les animaux et surtout les portraits. Elle obtint une médaille d'argent à Paris en 1904.

AARSLEFF Carl Wilhem Oluf Peter
Né le 14 août 1852 à Nyborg (Danemark). xixᵉ-xxᵉ siècles. Danois.
Sculpteur de statues.
Il fut d'abord sculpteur sur bois, puis élève de Fjeldskov à l'Académie de Copenhague, de 1872 à 1876. En 1879, sa statue de *Télémaque*, actuellement au musée d'Odense, lui valut une médaille d'or. Il visita Paris, l'Italie et la Grèce. Il fit notamment un séjour assez prolongé à Rome. On trouve de ses œuvres dans la Galerie de Copenhague et à la Glyptothèque de Ny Carlsberg ;

deux reliefs, qui lui furent commandés par l'amateur Jacobsen, décorent la façade de ce monument. Aarsleff a également pris part à la décoration du Palais de justice de Copenhague. Il fut, en 1890, nommé membre de l'Académie de Copenhague, puis professeur, en 1901, et enfin, en 1906, Président du Conseil de l'École d'Art.
MUSÉES : COPENHAGUE : *L'enfant prodigue – Un adolescent – Abel offrant un sacrifice à Dieu – David – Jeune Florentin – Mme J. D. F. Andersen.*

AARTMAN Nicolaas
Né le 5 décembre 1713 à Amsterdam. Mort le 5 mars 1793. xviiiᵉ siècle. Hollandais.
Peintre de paysages animés, intérieurs, aquarelliste, dessinateur, illustrateur.
Travailla pour les libraires, et dessina de nombreux petits sujets pour des livres illustrés. On a de lui, à Amsterdam, deux dessins rehaussés représentant des intérieurs. Il a été gravé par Kornleim et Jan Schoute.
VENTES PUBLIQUES : PARIS, 4 avr. 1925 : *Paysage animé, cavalier et pêcheur*, dess. : FRF 130 – PARIS, 2 mars 1928 : *Bergers et leur troupeau aux abords d'une ville*, lav. : FRF 500 – PARIS, 23 juin 1932 : *Le Moulin*, dess. : FRF 320 – AMSTERDAM, 25 avr. 1983 : *Patineurs sur une rivière gelée*, pl. et lav./pap. (16,7x25,6) : NLG 1 700 – AMSTERDAM, 14 nov. 1988 : *Personnages approchant d'un moulin à vent fortifié, la nuit en hiver* 1753, aquar. et craie (24,8x30,2) : NLG 1 150 – PARIS, 15 mai 1992 : *Vue d'une ville au bord d'un fleuve*, pl. et lav. gris (20x29) : FRF 8 000 – AMSTERDAM, 25 nov. 1992 : *Patineurs devant un moulin à vent avec une ville au fond*, craie noire, encre et aquar. (21,9x32,3) : NLG 2 760 – LONDRES, 16-17 avr. 1997 : *Caprice de paysage classique* 1785, pointe du pinceau et encre grise et lav., avec traits de pl. et encre noire (19,6x29,2) : GBP 1 265.

AARTS A.
xixᵉ-xxᵉ siècles. Belge.
Sculpteur de bustes.
A figuré à l'exposition de Bruxelles en 1897 avec une sculpture en ivoire représentant une *Tête d'enfant riant.*

AARTS J.J.
Né en 1871 à La Haye. xixᵉ-xxᵉ siècles. Hollandais.
Graveur, lithographe.
Il fut élève de l'Ecole des Beaux-Arts de La Haye. Il devint professeur à l'Académie d'Amsterdam.
Il gravait le bois et pratiquait l'eau-forte.
MUSÉES : AMSTERDAM – LA HAYE – ROTTERDAM.

AARTSEN. Voir AERTSEN

AARTSZ Richard ou Aartz, ou Aertsz. Voir AERTSZ

AAS Niels
Né en 1933 à Oslo. xxᵉ siècle. Norvégien.
Sculpteur.
Il faisait partie de la sélection norvégienne pour la Biennale de Paris (Biennale des Jeunes) en 1965.

AB Egg
xviiiᵉ siècle. Suisse.
Sculpteur sur bois.
Il travailla dans la paroisse de Schwyz.

ABA-NOVAK William
Né en 1894 à Bucarest. xxᵉ siècle. Hongrois.
Peintre de sujets divers.
Avec les peintres Karoly Patko, Pal Molnar, Béla Kadar (?), Robert Bérény, il représenta le courant néoréaliste hongrois.

ABACCO Allazio de
Mort en 1941. xxᵉ siècle. Hongrois.
Peintre de compositions à personnages, compositions murales, dessinateur. Expressionniste.
Il séjourna à Rome. Ayant subi l'influence de l'expressionnisme allemand de 1910, il eut dans ce sens une activité importante dans la Hongrie de l'entre-deux-guerres, par ses peintures murales, donc en milieu public, promulgant des projets sociaux.

ABACCO Antonio dell'
Né vers 1495 à Vercelli. xviᵉ siècle. Italien.
Graveur.
Il fut l'élève d'Antonio de San Gallo, éminent architecte romain, et ne tarda pas à acquérir une renommée égalant celle de son maître. Nous n'avons pas à nous occuper ici de l'architecte, mais il publia, en 1558, un important ouvrage intitulé : *Libro d'Anto-*

nio d'Abacco, appartenante a l'architectura, avec de nombreuses estampes gravées par lui. On cite également de lui le plan de Saint-Pierre, gravé d'après les dessins de son maître. Il fut également écrivain.

ABACCO Antonio di Mario dell', appelé aussi de Labacchis
Né à Rome. XVIᵉ siècle. Actif à la fin du XVIᵉ et au début du XVIIᵉ siècles. Italien.
Peintre.
Fils du graveur au burin Mario et petit-fils de l'architecte Antonio dell Abacco. On ne parle pas de ses œuvres, mais on trouve son nom suivi de la qualité de peintre dans des actes de 1595 et 1609.

ABACCO Mario dell'
Né au début du XVIᵉ siècle à Rome. XVIᵉ siècle. Vivait encore en 1587. Italien.
Graveur au burin.
Il aida son père dans la gravure des planches de l'ouvrage, que celui-ci publia en 1558-1559. Mario exécuta un certain nombre d'ouvrages d'après les maîtres, notamment d'après Martin Schongauer ; on cite aussi sa *Tentation de saint Augustin*.

ABACUC Silvano Gilardi
Né en 1933 à Turin. XXᵉ siècle. Italien.
Peintre, graveur. Tendance fantastique. Groupe Surfata.
Il fit partie du groupe *Surfata*, fondé en 1964 à partir d'objectifs apparentés à ce qu'on peut appeler l'imagerie surréalisante. Dans une technique très minutieuse et détaillée, il représente des amas de viscères d'où émergent des têtes humaines.

ABAD Y NAVARRO Mariano
Né dans la première moitié du XIXᵉ siècle en Andalousie. Mort avant 1856, très jeune. XIXᵉ siècle. Espagnol.
Peintre de paysages.
Cet artiste, disparu trop tôt, fut membre de l'Académie des Arts à Grenade. Il enseignait l'anatomie à la Société économique de cette ville.

ABADES Juan Martinez, appelé aussi Abades Martinez Juan
Né en 1862 à Gijon (Asturies). Mort en 1920 à Madrid (Castille). XIXᵉ-XXᵉ siècles. Espagnol.
Peintre d'histoire, paysages, marines, illustrateur.
Il fut élève de l'école de peinture, sculpture et gravure de Madrid. En 1887, il obtint une bourse qui lui permit d'étudier à Rome et de visiter Venise et Naples. En 1890, il s'installa définitivement à Madrid. À la fin de sa vie, il se mit à composer des chansons.
Il a participé régulièrement aux expositions nationales des beaux-arts de Madrid, ainsi qu'à : 1891 Berlin, 1893 Chicago, 1910 Bruxelles, 1911 Rome, 1913 Munich, 1914 La Havane, 1916 Panama. Il a reçu de nombreux prix et distinctions.
Il a subi l'influence du paysagiste Carlos de Haes. Il s'est spécialisé dans les marines. Il peint le ciel, la mer et de majestueux bateaux, dans des tonalités froides et lumineuses. Il a aussi travaillé comme illustrateur à la revue *Blanco y Negro* (Noir et blanc).
BIBLIOGR. : In : *Cien anos de pintura en Espana y Portugal, 1830-1930*, Antiqvaria, t. V, Madrid, 1991.
MUSÉES : ASTURIAS (Mus. des Beaux-Arts) : *La Muerte de Mesalina* 1884 – SAN SEBASTIAN (Mus. de San Telmo) : *El Viatico a bordo*.
VENTES PUBLIQUES : MADRID, 27 avr. 1976 : *Bateaux à l'ancre*, h/t (23,5x25) : **ESP 40 000** – MADRID, 19 oct. 1976 : *Barcelona 1897*, h/t (80x150) : **ESP 150 000** – MADRID, 23 fév. 1977 : *Bord de mer, Santona* 1918, h/cart. (21,5x30) : **ESP 55 000** – MADRID, 24 oct. 1983 : *Marée basse*, h/pan. (21x27) : **ESP 275 000** – PARIS, 24 avr. 1988 : *La prensa envuelve* 1983, acryl./pap./t. (170x128) : **FRF 50 000** – LONDRES, 22 juin 1988 : *Pêcheur accoudé à sa barque* 1902, h/t (77x42) : **GBP 5 500** – NEW YORK, 21 mai 1991 : *Port de commerce*, h/t (39,4x59) : **USD 3 300** – NEW YORK, 20 fév. 1992 : *Barque échouée sur la grève*, h/t (100,3x60,3) : **USD 11 000** – ROME, 9 juin 1992 : *Marine*, h/pan. (19x25) : **ITL 4 000 000** – LONDRES, 16 juin 1993 : *Une mare près d'une ferme française*, h/pan. (20x26) : **GBP 1 150**.

ABADGIAN Avietik
Né en 1952 à Moscou. XXᵉ siècle. Russe.
Peintre de portraits.
Il vit et travaille à Moscou et participe à des expositions nationales et internationales.

La figure, sobre, esquissée à larges coups de pinceau, surgit d'un fond neutre, composé de différents aplats.
VENTES PUBLIQUES : PARIS, 17 nov. 1990 : *Portrait de femme* 1988, h/isor. (116x91) : **FRF 4 000**.

ABADIA Juan de la. Voir LA ABADIA

ABADIAS de SANTOLARIOS Léon
Né à Huesca. XIXᵉ siècle. Actif au début du XIXᵉ siècle. Espagnol.
Peintre de genre, portraits, paysages, marines, dessinateur.
Élève de Federico de Madrazo, Carlos Mugico et Bernardino Montanes. Fut choisi en 1866 comme professeur de dessin à l'Institut d'enseignement secondaire de Huesca. Il fut appelé, plus tard, au même poste, à l'Institut de Cordoue. Abadias produisit un grand nombre de tableaux, tantôt des scènes de genre empruntées aux mœurs aragonaises, tantôt des portraits, des paysages et des marines. On lui doit également la décoration de l'Hôtel de Ville de Huesca.

ABADIE Marie Renée
Née le 31 mai 1947 en Haute-Garonne. XXᵉ siècle. Française.
Peintre, technique mixte. Abstrait-informel.
Vit et travaille à Paris depuis 1985, après des études d'Art et Arts plastiques à Toulouse. Elle étudie également les techniques de la fresque à Venise. À Paris, elle a exposé au Salon de la Jeune Peinture en 1988, 1989, 1990.
VENTES PUBLIQUES : PARIS, 8 oct. 1989 : *Sans titre*, acryl. et cendres/t. (80x100) : **FRF 5 100** – LES ANDELYS, 19 nov. 1989 : *Sans titre*, techn. mixte (89x130) : **FRF 3 500** – PARIS, 26 avr. 1990 : *Sans titre*, techn. mixte/t. (81x100) : **FRF 6 500** – PARIS, 10 juin 1990 : *Sans titre*, techn. mixte/t. (100x100) : **FRF 5 800**.

ABADIE-LANDEL Pierre
Né le 22 août 1896 à Paris. Mort le 23 septembre 1972. XXᵉ siècle. Français.
Peintre de genre, marines, décorateur.
Il fut élève de l'École des Beaux-Arts de Paris jusqu'en 1917, en section peinture. Il a figuré dans de nombreux Salons annuels parisiens : Artistes Français, Société Nationale des Beaux-Arts, Indépendants, où il a reçu diverses distinctions entre 1926 et 1937.

ABAISI Alberto ou da Baisio
XVᵉ siècle. Travaillait à Venise. Italien.
Sculpteur sur bois.
Il collabora avec son frère Arduino à l'exécution des sculptures dans la sacristie du palais de l'évêque à Ferrare, mais déploya sa plus grande activité à Venise, où il demeura entre 1436 et environ 1451.

ABAISI Arduino ou da Baisio
Mort vers 1454 à Ferrare. XIVᵉ-XVᵉ siècles. Travaillait à Ferrare. Italien.
Sculpteur sur bois.
Arduino, le plus célèbre de sa famille, exécuta des sculptures entre 1406 et 1452 pour des églises et des particuliers de Ferrare, Modène et Mantoue. Il fut en grande faveur à la Cour et protégé par le duc Leonello d'Este. Il était le fils de Tommasino da Baisio et se servit quelquefois de l'aide de son frère Alberto, notamment à la sculpture de la sacristie du palais de l'évêque à Ferrare.

ABAISI Biagio
XVᵉ siècle. Actif à Modène et à Bologne. Italien.
Sculpteur sur bois.
Biagio pourrait être le même que le Biagio, dit « da Bologna », à Ferrare, qui fut apprenti chez Arduino Abaisi et l'aida dans les sculptures du cabinet du duc Leonello d'Este, à Belfiore, vers 1442. Il travailla pour l'église San Michele in Bosco, près de Bologne, en 1451.

ABAISI Giovanni ou da Baisio
Mort avant 1390. XIVᵉ siècle. Vivait à Ferrare. Italien.
Sculpteur sur bois.
Les sculptures du chœur de l'ancienne église San Domenico à Ferrare furent exécutées par Giovanni en 1384.

ABAISI Nicolo
XVᵉ siècle. Travaillait à Bologne. Italien.
Sculpteur sur bois.
Il travailla en collaboration avec Biagio Abaisi pour l'église San Michele in Bosco, près de Bologne, en 1454.

ABAISI Tommasino ou da Baisio
Mort avant 1423. XIVᵉ-XVᵉ siècles. Vivait à Ferrare. Italien.

Sculpteur sur bois.
Fils de Giovanni da Baisio, il sculpta le chœur de l'église dei Servi, à Ferrare, en 1405-1406. Il aurait aussi travaillé pour le monastère San Bartolo, et d'autres églises de Ferrare.

ABAKANOWICZ Magdalena
Née en 1930 à Falenty. xxᵉ siècle. Polonaise.
Peintre de techniques mixtes, sculpteur.
Elle fut étudiante à l'Académie des Beaux-Arts de Varsovie de 1950 à 1955. Elle vit et travaille à Varsovie. Depuis 1965, elle enseigne à l'École Supérieure d'Arts Plastiques de Poznan, où elle est travailleur scientifique autonome avec le titre de Professeur. Elle fut d'abord peintre, puis sculpteur. Depuis 1960, elle travaille de façon privilégiée avec le textile. Elle a participé à de nombreuses expositions collectives : 1962-1979-1985 : Biennales Internationales de la Tapisserie à Lausanne, 1965 VIIIᵉ Biennale de São Paulo, 1967 xxxIVᵉ Biennale de Venise, 1979 xVᵉ Biennale de São Paulo, 1980 *ROSC'80* Dublin, et Biennale de Venise. Elle montre également son travail lors d'expositions personnelles : 1965 Varsovie. Depuis 1967 la galerie Pauli de Lausanne montre régulièrement son travail. En 1969, elle expose au Stedelijk Van Abbemuseum à Eindhoven, en 1970 au Nationalmuseum de Stockholm, en 1971 au Pasadena Art Museum à Los Angeles, en 1972 à la Kunsthalle de Düsseldorf, en 1975 à la Whitechapel Art Gallery à Londres, en 1982 au Musée d'Art Moderne de la Ville de Paris et au Museum of Contemporary Art de Chicago, en 1983 au Musée d'Art Contemporain de Montréal, et à l'Alaska Art Center d'Anchorage aux États-Unis, en 1984 au Portland Art Museum aux États-Unis, au Dallas Museum of Fine Arts, Texas, États-Unis, 1996, 1997, à Paris, à la galerie Marwan Hoss. Magdalena Abakanowicz a reçu de nombreuses distinctions, notamment : 1965, Médaille d'or à la VIIIᵉ Biennale de São Paulo et Prix du Ministre de la Culture de Pologne, 1972 Prix National de Pologne, 1974 Docteur Honoris Causa du Royal College of Art de Londres, 1980 Croix Polonia Restituta, Pologne, 1983 Prix Alfred Jurzykowski Foundation, New York. Magdalena Abakanowicz s'est intéressée au tissage dans les années soixante, non dans le but unique de réaliser des tapisseries mais plutôt pour exploiter les ressources multiples d'une technique très riche. Elle commence à tisser, habitée par le désir de révéler les qualités spécifiques du matériau « mou » qu'est la laine : luttant contre la connaissance culturelle et commune que l'on possède en général de la tapisserie, elle choisit de montrer les qualités organiques du tissu, jamais remarquées du fait de l'habitude. Elle montre ce que le matériau peut devenir, libéré de certaines contraintes, créant des objets et des formes contredisant les anciennes fonctions du matériau. Elle commence à utiliser des cordes, du crin de cheval, du métal et des fourrures afin d'introduire le relief dans la surface tissée, et observer comment cette structure peut gonfler, éclater et laisser entrevoir des profondeurs mystérieuses par ses fissures. Ces œuvres sont nommées : *Abakans*. Vers 1966, elle complète le cycle de ses premiers travaux tissés en créant un ensemble de formes indépendantes, qui ont quitté le mur et nient totalement la valeur utilitaire de la tapisserie. À ses yeux, la structure souple du matériau l'apparente à la chair. Les formes flottantes et suspendues deviennent creuses et de dimensions plus importantes. Certaines portent les titres qui suggèrent l'enveloppe humaine : *Habillement – Manteau – Robe*. En 1969, elle travaille avec de la corde, qui lui apparaît « (...) comme un organisme figé, comme un muscle privé d'activité. En la remuant, en la changeant de place et de position, en la touchant, je peux connaître ses secrets et son ambiguïté ». Dans la mouvance des installations apparues à cette époque, elle réalise un travail de mise en place de la corde dans le paysage urbain. Associant les formes tissées et les cordages, elle crée des espaces qu'elle nomme des lieux. Vers la moitié des années soixante-dix, elle entreprend un cycle de structures figuratives exécutées à partir de sacs de sisal et de fils, de grandes dimensions, désignées sous le titre générique d' *Altérations*, qui comprend : *Têtes – Personnages assis – Dos – Prégnants – Troncs*. Le sisal tissé, tricoté et ficelé donne ainsi naissance à de hauts personnages réalisés à partir de moulages grandeur nature, dont le dos ou la face sont travaillés ; dans cette matière aussi noueuse et torturée que l'organisme humain et son réseau de veines, les figures de Magdalena Abakanowicz semblent des corps écorchés privés de tête, soudainement pétrifiés dans le végétal devenu brutalement anthropomorphique. Ayant élu le tissage comme technique à sa portée dans une Pologne encore en grand manque de tout – elle dit : « J'ai volé du papier pour dessiner » –, une fois reconnue lors d'expositions

internationales, elle put accéder à d'autres matériaux. Ses tissages en volume et dans l'espace n'étaient qu'un substitut qui l'a amenée à la sculpture. Elle travaille le bois, le polyester, puis enfin le bronze. Elle donne forme à ses imaginations, suggérant des visages anonymes, des corps sans tête, des têtes d'animaux fabuleux. Restée attachée aux valeurs tactiles, elle ne polit pas ses sculptures sorties de la fonte, en conservant même les traces du moule : « Le bronze peut tout imiter, la peau aussi bien que l'écorce d'arbre. » ■ Florence Maillet, J. B.
BIBLIOGR. : In : *Art International*, vol. 17, nᵒ 6, 1968 – in : *La Nouvelle Tapisserie*, Bonvent, Genève, 1974 – Bernard Noël : *L'Espace en demeure : Louise Nevelson, Vieira da Silva, Abakanowicz. Le Dehors mental*, Galerie Jeanne Bucher, Paris, 1978 – Catalogue Exposition Rétrospective *Magdalena Abakanowicz*, galerie A. Pauli, Lausanne, 1979 – in : *Flash-Art*, nᵒ 107, mai 1982 – France Huser : *De la corde au métal*, in : Le Nouvel Observateur, 22 fév. 1996.
MUSÉES : AMSTERDAM (Stedelijk Mus.) – CANBERRA (Australian Nat. Gal. of Art) – CHICAGO (Mus. of Contemporary Art) – DENVER (Denver Art Mus.) – HOVIKODDEN, Norvège (Henie-Onstad Kunstsenter) – KYOTO (The Nat. Mus. of Mod. Art) – LAUSANNE (Mus. canton. des Beaux-Arts) : *Landscape nᵒ 10* 1977 – *Portrait anonyme nᵒ 6* 1985 – LODZ (Mus. des Beaux-Arts) – NEW YORK (Mus. of Mod. Art) – PARIS (Mus. Nat. d'Art Mod.) – PARIS (Mus. d'Art Mod. de la Ville) : *Foule V* 1995-1996 – SÃO PAULO (Mus. de Arte Mod.) – STOCKHOLM (Mod. Nat. Mus.) – VARSOVIE (Mus. Nat.).
VENTES PUBLIQUES : NEW YORK, 8 Oct. 1988 : *Portrait anonyme* 1985, techn. mixte (19x16,6x11,5) : USD 7 975 – PARIS, 7 oct. 1991 : *Le dos* 1978, bronze : FRF 23 000 – NEW YORK, 6 mai 1992 : *Sans titre* 1984, fus./pap. (80x120,4) : USD 5 500 – NEW YORK, 19 nov. 1992 : *Portrait anonyme* 1986, rés. et sable sur mousseline sur une base de bois (68,5x22,3x19) : USD 26 400 – LONDRES, 24-25 mars 1993 : *Figure sur un siège de fer*, pap. d'emballage, rés., sable et fer (160x60x60) : GBP 16 100 – NEW YORK, 10 nov. 1993 : *Quatre sculptures : Mada, Maka, Magdaba, Mala*, bronze et silice (approx. chaque 65x24x21) : USD 51 750 – NEW YORK, 3 mai 1994 : *Mage* 1989, bronze et sable de fonderie (64,1x26,7x19,6) : USD 16 100 – LONDRES, 26 mai 1994 : *Tête de taureau* 1986, bronze (171x34x30) : GBP 5 175 – NEW YORK, 22 fév. 1995 : *Personnage sans tête debout* 1986, bronze (160,6x48,2x29,8) : USD 24 150 – NEW YORK, 15 nov. 1995 : *Quatre sculptures Magdiza, Magdeta, Magduwa, Magdita* 1988, bronze (chaque env. 64x24x20) : USD 28 750 – NEW YORK, 9 mai 1996 : *Magdisa* 1987, bronze (66x25,4x18,7) : USD 16 100 – LONDRES, 23 mai 1996 : *Sans titre*, t. d'emballage, rés. et bois (H. 203) : GBP 23 000 – NEW YORK, 20 nov. 1996 : *Personnage debout I, Personnage debout II, Personnage debout III* 1987, t. d'emballage, sable et rés., trois pièces (chaque 162,6x50,8x30,5) : USD 40 250 – NEW YORK, 6 mai 1997 : *Portrait anonyme* 1985, mousse et sable/bois (68,6x21,5x19,6) : USD 9 775.

ABAL Hernan
Né le 25 mai 1922 à Mendoza. xxᵉ siècle. Argentin.
Peintre, dessinateur.
Après avoir été élève de l'Académie des Beaux-Arts de Mendoza, il y devint ensuite professeur de peinture et dessin. Il expose, depuis 1948 dans les Salons officiels de Mendoza et d'Argentine, où il a obtenu des distinctions. Il a effectué un séjour en France en 1950-1951.

ABALLÉA Martine
Née le 11 août 1950 à New York. xxᵉ siècle. Active en France. Française.
Artiste, auteur d'installations, multimédia. Polymorphe.
Elle a fait des études d'épistémologie. Elle participe à des expositions collectives : 1997 Biennale d'Art contemporain de Lyon. Elle montre ses œuvres dans des expositions personnelles : 1976 à Hambourg et New York ; 1978 Institute for Art and Urban Ressources de New York ; 1981 Gênes ; 1983 Arc au Musée d'Art Moderne de la Ville de Paris ; 1988 Recologne-les-Ray ; 1990 Orangerie de l'Évêché de Limoges ; 1996 FRAC (Fonds Régional d'Art Contemporain) Limousin à Limoges.
Son travail met en scène des phénomènes naturels et des descriptions scientifiques qui relèvent uniquement de son imagination qu'elle explique à l'aide d'écrits en forme de contes. Il s'agit en général d'un environnement où la lumière tient une une grande place : « Dans mon travail, j'aime raconter des histoires. Je les raconte avec des espaces, des images, des situations et des textes (...) Je ne crois pas qu'il y ait de limite définie entre le réel et l'irréel, mais plutôt une large zone fluctuante de possibilités.

C'est dans cette large zone que se situent mes travaux. » Elle se réfère volontiers à Borgès et Lewis Carrol, provoquant un chassé-croisé entre les éléments de la réalité et la fiction du texte. **Musées :** NANTES (FRAC Pays de la Loire) : *L'Institut liquéfiant – Le Réservoir de la Félicité – La Cuve des Insolidifiables – Le Bain – Le Costume – Le Sommeil* 1994, six phot. reh. – PARIS (FNAC) : *Le Mystère du Grand Nord* 1986 – *Le Jardin protecteur* 1988.

ABALSAMO Pascual José
Né le 27 novembre 1901 à Buenos Aires. XXe siècle. Argentin.
Peintre, dessinateur.
Il fut élève de l'Ecole des Beaux-Arts de Buenos Aires, puis devint professeur de dessin. Il participa à divers Salons officiels : National depuis 1935, Salon des Arts de Buenos Aires, Salon des Arts d'Eva Peron depuis 1954, y obtenant plusieurs distinctions.
Musées : BUENOS AIRES – CORDOBA – TRENQUE LAUNQUEN.

ABARCA Maria de
Morte vers 1656. XVIIe siècle. Vivait à Madrid dans le milieu du XVIIe siècle. Espagnole.
Peintre de miniatures.
Cette artiste eut une grande réputation. Ses œuvres sont exécutées de 1640 à 1656.

ABART Franz
Né le 22 décembre 1769 à Schlinig (Suisse). Mort le 10 septembre 1863 à Kerns (canton d'Unterwalden). XVIIIe-XIXe siècles. Suisse.
Sculpteur de groupes, statues, animaux.
Il étudia d'abord avec le sculpteur Mathias Punt, à Schlinig, puis il alla travailler à Strasbourg. Revenu en Suisse, il s'établit à Lucerne et ne tarda pas à posséder la réputation d'un artiste accompli. Ses crucifix, que l'on trouve dans plusieurs églises de la Suisse, affirmèrent son talent. Une circonstance heureuse contribua à sa réussite : il rencontra à Kerns et épousa la fille d'un haut fonctionnaire. Les expositions de Berne, en 1804 et 1810, lui permirent de prendre le premier rang parmi les artistes suisses. Ce fut à ce titre qu'il envoya des ouvrages en France, en Angleterre, en Allemagne. Ses bergers, ses lutteurs, sa *Mater Dolorosa*, *Les Trois Grâces* (1812) sont cités parmi les meilleurs ouvrages. On lui doit également les *Ours de Berne*, qu'il exécuta en 1828.

ABARY Marie Mathilde
Née à Paris. XIXe siècle. Française.
Peintre de portraits, sculpteur.
Élève de Chaplin, Jacquet, Buttin, pour la peinture, et de Mme Berteaux pour la sculpture, exposa au Salon de Paris, de 1880 à 1892, des portraits et des médaillons.

ABARZUZA Y RODRIGUEZ DE ARIAS Felipe
Né le 22 mai 1871 à Cadix. XIXe-XXe siècles. Espagnol.
Peintre de genre.
Il fut élève de Joaquin Sorolla. Il obtint tôt succès et récompenses aux expositions de Madrid. Il devint professeur à l'Académie de Cadix. Parmi ses scènes de genre : des épisodes pitoresques autour du mariage, du théâtre ou du cirque, etc.
Musées : MADRID (Mus. d'Art Mod.) : *Illusions et réalité.*

ABAT Lilian Simone
Née à Perpignan (Pyrénées-Orientales). XXe siècle. Française.
Peintre de portraits, paysages, natures mortes.
Elle fut élève de l'Ecole des Beaux-Arts de Paris, dans les ateliers de Humbert et de Bergès. A partir de 1926 elle a figuré à Paris d'abord au Salon des Artistes Français puis à celui de la Société Nationale des Beaux-Arts.

ABATE Alberto
Né en 1946 à Rome. XXe siècle. Italien.
Peintre de compositions à personnages. Néosurréaliste.
Il participa à plusieurs expositions collectives à partir de 1977 en Italie, Espagne et aux États-Unis. Il a exposé personnellement ses œuvres dans de nombreuses galeries en Italie à partir de 1976.
Il peint de grandes compositions néosurréalistes peuplées de figures antiques et de personnages mythologiques.
Ventes Publiques : ROME, 3 déc. 1985 : *Incipit mare* 1983 (80x50) : **ITL 3 400 000** – MILAN, 25 mai 1987 : *Aurora* 1985 (75x55 cm) : **ITL 2 700 000** – MILAN, 20 mars 1989 : *Oracle* 1985, h/t (50x35) : **ITL 1 400 000** – MILAN, 27 avr. 1989 : *Orphée* 1986, past./pap. (100x68) : **ITL 1 800 000** – MILAN, 13 déc. 1990 : *Aurore* 1986, h/t (75x55) : **ITL 5 500 000.**

ABATE Giuseppe
XIXe-XXe siècles. Italien.

Peintre.
En 1860, au cours de travaux à la Chapelle de Castel-Capuano, il découvrit et restaura les fresques qu'on admire aujourd'hui dans la grande salle de la Cour d'Appel de Naples.

ABATE Luigi dell'
XVe siècle. Vivait à Naples à la fin du XVe siècle. Italien.
Peintre de compositions religieuses.
En 1498, on le voit s'associer avec François Pappalettere pour la décoration du couvent San Giovanni à Capoue.

ABATE Pier Antonio dell', dit da Modena
XVe siècle. Actif à la fin du XVe siècle. Italien.
Sculpteur sur bois.
On voit par des comptes que, en compagnie des frères Lorenzo et Cristoforo Canozi da Lendinara, il sculpta, de 1462 à 1486, les stalles des églises San Antonio, à Padoue, Santa in Monta, à Venise, San Francisco, à Trévise. On trouve encore sa trace à Ferrare.

ABATTUCCI Pierre ou Abattuci, Abatucci
Né le 20 mai 1871 à Molenbeek-Saint-Jean. Mort en 1942 à Ixelles (Bruxelles). XIXe-XXe siècles. Belge.
Peintre de portraits, paysages, graveur. Postimpressionniste.
Il fut d'abord élève de l'Ecole des Arts Décoratifs, puis de l'Académie des Beaux-Arts de Bruxelles, où il fut élève de Portaels et de Joseph Stallaert. Il fit un long séjour en Italie, entre autres lieux à Venise, Florence, Assise, Rome. Il a figuré à l'Exposition Internationale de Bruxelles en 1910. En 1901, 1903, 1904, il a exécuté des albums pour la Société des Aquafortistes Belges, dont il était membre. Il a été professeur à l'Académie de Molenbeek-Saint-Jean. Ses paysages portent souvent la marque d'une saison ou d'une certaine heure du jour : *Matinée de juin, Vers le soir, Crépuscule d'automne,* etc.

P. Abattuci

Musées : IXELLES – MONS – SAINT-JOSSE-TEN-NOODE.
Ventes Publiques : LOKEREN, 21 fév. 1987 : *Jeune femme,* dess. (37x27) : **BEF 24 000** – ANVERS, 3 mars 1987 : *La mère de l'artiste* 1906, h/t (63x51) : **BEF 15 000** – PARIS, 7 oct. 1991 : *Paix du soir,* h/t (45x70) : **FRF 8 500.**

ABAY Rowena Meeks, Mrs
Née en 1887 à Vienne (Autriche). XXe siècle. Américaine.
Peintre, illustratrice.

ABBADIE Robert
Né à Paris. XXe siècle. Français.
Peintre de genre, portraits, paysages, natures mortes.
À partir de 1925 il figura à Paris au Salon des Artistes Français, en devenant sociétaire et obtenant une mention. Il figura aussi plus tard au Salon d'Automne, puis au Salon des Indépendants, où il exposa des nus en 1943-1945.
Ventes Publiques : PARIS, 25 oct. 1996 : *Les Baigneuses,* h/t (54x73) : **FRF 5 000.**

ABBAL André
Né le 16 novembre 1876 à Montech (Tarn-et-Garonne). Mort le 20 juin 1953 à Carbonne (Haute-Garonne). XXe siècle. Français.
Sculpteur de figures, bustes, animaux, peintre, dessinateur.
Après avoir reçu les conseils de sculpteurs amateurs de sa famille, il fut élève de Falguière et de Mercié à l'Ecole des Beaux-Arts de Paris. Il exposa au Salon des Artistes Français à partir de 1896 : troisième médaille 1900, deuxième médaille 1907. Après la guerre de 1914-1918, il exposa plutôt au Salon d'Automne, participant à la Section des Artistes combattants avec un buste de Jaurès, présidant le jury de sculpture en 1922. En 1933 il exposa aussi au Salon des Tuileries, année où il fut fait chevalier de la Légion d'honneur. En 1937, pour l'Exposition Internationale de Paris, il reçut un Grand Prix. Une exposition de son œuvre eut lieu au Musée Galliéra en 1956.
Il pratiqua et prôna toujours la taille directe, en général sans mise au point. Il aimait varier la dureté, le grain, la couleur, donc l'origine des pierres et des grès qu'il sculptait, ce qui a contribué à caractériser son œuvre en la diversifiant. Malgré la probable rudesse inhérente à la taille directe, il a sculpté de nombreuses figures d'enfants, telles celles des *Deux génies luttant* qui orne le dessus-de-porte de l'immeuble personnel des frères Perret dans

le quartier de La Muette. Il a réalisé aussi de nombreux animaux : *Grands-ducs* et *Petites chouettes*. Il a réalisé deux grands monuments publics à Toulouse et à Moissac. A Paris, on peut voir de lui l'allégorie de *La Sculpture* qu'il réalisa en 1937 à l'extérieur du Palais de Chaillot qui remplaçait l'ancien Trocadéro. Outre le buste de Jaurès et celui d'Ingres, évidemment réalisés sans modèles, il a sculpté les bustes du *Président Wilson* et de *Clémenceau*. La taille directe a conféré à sa sculpture un caractère assez rude, archaïque, qui contribue à son style. ■ J. B.

Ventes Publiques : Auch, 15 déc 1990 : *La femme sur le bœuf*, marbre en taille directe (H.44, L.68) : FRF 70 500.

ABBANTI Giovanni Andrea
XVIIe siècle. Travaillait à Bologne. Italien.
Peintre de miniatures.

ABBASSI Nasreddine
Né en 1949 à Constantine. XXe siècle. Algérien.
Peintre. Figuratif, puis abstrait.
Il fut élève de l'Ecole des Beaux-Arts d'Alger. Il a commencé à exposer en 1969. Après avoir exercé divers métiers, il se consacre entièrement à la peinture. Depuis 1980, il s'est fixé successivement à Florence et Berne. Il participe à des expositions collectives, à Alger et Constantine, puis à Florence et Berne. Il expose individuellement à Constantine 1969, 1973, 1976, 1977, 1978, 1979, 1986 au Centre Culturel Français, à Berne 1984, 1988, à Alger au Centre Culturel Français 1987, à Paris au Centre Culturel Algérien 1990, etc.
Jusqu'en 1979, il faisait une peinture figurative, exploitant les thèmes que lui offrait le Sud Algérien dans ses paysages et ses habitants, et dans ses harmonies de soleil, d'ocres chaleureux et de couleurs vives. En 1979, il peignit une série de miniatures. Depuis 1980, il a évolué à l'abstraction, tout en conservant le registre chromatique antérieur, une matière pigmentaire généreuse, dans des peintures aux rythmes spontanés et diversifiés.

ABBATE
XVIe siècle (?). Suisse.
Peintre.
Il était actif à Genève. Füssli cite de cet artiste une *Charité*, qu'il peignit au Palazzo Zambeccari, à Bologne. Il était probablement apparenté à la dynastie des Dell'Abbate. ■ J. B.

ABBATE Christoforo Dell'. Voir DELL'ABBATE

ABBATE Ercole Dell'. Voir DELL'ABBATE

ABBATE Gennaro
XVIIe-XVIIIe siècles. Italien.
Peintre.
Il était enregistré en 1702 dans la liste des peintres napolitains.

ABBATE Giovanni Dell'. Voir DELL'ABBATE

ABBATE Giulio Camillo Dell'. Voir DELL'ABBATE

ABBATE Mauro
Né à Naples. XXe siècle. Italien.
Peintre de paysages, fleurs.
On a pu voir de ses paysages italiens au Salon des Indépendants de Paris, à partir de 1928.

ABBATE Niccolo Dell'. Voir DELL'ABBATE

ABBATE Paolo Salvatore
Né en 1884 à Villarosa (Italie). XXe siècle. Sans doute actif aux États-Unis. Italien.
Sculpteur.

ABBATE Pietro Paolo Dell', l'Ancien et le Jeune. Voir DELL'ABBATE

ABBATI Giuseppe ou Abatti
Né en 1836 à Naples. Mort en 1868 à Florence. XIXe siècle. Italien.
Peintre de genre, portraits, intérieurs, architectures, paysages. Impressionniste. Groupe des Macchiaioli.
Ce fut une des personnalités intéressantes de la nouvelle école italienne. Il fut d'abord l'élève de son père, Vincenzo Abatti, peintre napolitain. Il alla ensuite travailler à l'École des Beaux-Arts de Venise. En 1860, il se fixa à Florence et y travailla avec un groupe d'impressionnistes, que l'on appelait en Italie, les *Macchiaioli* : Lega, Borrain, Sernesi.
Les œuvres qu'il produisit dès lors, peinture de genre, motifs d'architecture, paysages, obtinrent un égal succès. Son tableau : *Dominicain chantant dans la chaire de Santa Maria Novella de*

Florence, exécuté en 1865, obtint un très grand succès. En 1866, Abatti s'engagea dans les volontaires et fit la campagne du Tyrol. Ce brillant artiste dans les œuvres duquel perce l'influence française, mourut à la fleur de l'âge, à la suite d'une morsure de son chien favori.
Bibliogr. : Piero Dini : *Giuseppe Abbati. L'Opera completa*, U. Allemandi, Turin, 1987.
Musées : Florence : *Le Cloître.*
Ventes Publiques : Milan, 1949 : *Pâturage* : ITL 100 000 – Milan, 21 oct. 1969 : *Les collines aux environs de Florence* : ITL 2 100 000 – Milan, 4 juin 1970 : *Intérieur de l'église San Miniato* : ITL 2 400 000 – Milan, 14 déc. 1976 : *Bord de mer*, h/t (26,5x42) : ITL 5 500 000 – Milan, 16 déc. 1982 : *Portrait d'Ordoardo Borrani*, (16x16,5) : ITL 7 500 000 – Milan, 14 mars 1989 : *La maison de Diego Martelli à Castiglioncello*, h/t (25,5x42) : ITL 160 000 000 – Milan, 29 oct. 1992 : *Le cyprès*, h/pan. (21,5x13) : ITL 38 000 000 – Milan, 11 mars 1997 : *Chute de neige à Castiglioncello*, h/pan. (13,5x34) : ITL 107 180 000.

ABBATI Pietro Giovanni
XVIIIe siècle. Actif au début du XVIIIe siècle. Italien.
Peintre.
Élève de Fernando Galli. Il fut employé dans de nombreuses décorations à Parme. En 1700, il était à Turin. Il alla ensuite à Bologne, puis à Vienne, où il vivait encore en 1733.

ABBATI Vincenzo
Né en 1803 à Naples. XIXe siècle. Actif dans la première moitié du XIXe siècle. Italien.
Peintre de compositions religieuses, scènes de genre, intérieurs, paysages.
En 1843, il travaillait à Graz. On signale ensuite son passage à Florence, à Venise, puis, enfin son retour à Naples.
Il y exécuta d'importants travaux dans les églises. Entre-temps il produisait des tableaux de genre, des intérieurs, des paysages et cet ensemble lui valut la réputation d'un peintre estimable.
Ventes Publiques : Milan, 24 mars 1982 : *Clair de lune*, h/t (37x49) : ITL 1 400 000 – Londres, 12 oct. 1984 : *La chapelle du monastère ; La cuisine du monastère* 1838, deux h/t (125,6x156) : GBP 2 800 – Milan, 11 déc. 1986 : *Vierge à l'enfant*, h/t, de forme ronde (diam. 90) : ITL 2 400 000 – Milan, 9 juin 1987 : *Monumento di Paolo Savelli nelle chiesa di Santa Maria dei Frari a Venezia* 1857 (139x115) : ITL 22 000 000.

ABBATI di San Pietro Vincenzo
Italien.
Graveur au burin.

ABBATINI Guido Ubaldo ou Guidobaldo
Né vers 1600 à Città di Castello. Mort en 1656. XVIIe siècle. Italien.
Peintre d'histoire, compositions religieuses, fresquiste, dessinateur, illustrateur.
Il fut l'élève de Giuseppe Cesari Cavaliero d'Arpino, et acquit la réputation d'habile peintre d'histoire et de peintre à fresque. Il aida Bernin dans différents travaux. On cite aussi de lui le plafond de la chapelle de Sainte-Thérèse dans l'église Santa Maria della Victoria, à Rome. Il fut membre de l'Académie de Rome. On cite les dessins qu'il exécuta pour le frontispice et les planches de *Ædes Barberinæ*, que grava Camille Cungio.
Ventes Publiques : Londres, 2 juil. 1996 : *Anges adorant la Croix*, craie noire, encre et lav. (25,3x17,1) : GBP 2 070.

ABBATT Agnès Dean
Née le 23 juin 1847 à New York. Morte en 1917. XIXe-XXe siècles. Américaine.
Peintre de paysages, fleurs, aquarelliste, dessinatrice, illustratrice.
Elle fit ses études artistiques dans sa ville natale, d'abord à l'Institut Cooper, puis à l'Académie Internationale de dessin. Plus tard, elle reçut les conseils de R. Swain Gifford et de James D. Smillie. Ses meilleures productions sont des fleurs et des paysages. On cite également ses illustrations. Elle fut membre de la Société des Aquarellistes Américains.
Ventes Publiques : New York, 14 nov. 1991 : *Les pissenlits*, aquar./pap. (20,3x72,3) : USD 2 200.

ABBAYE de..., Maître de l'. Voir MAÎTRES ANONYMES

ABBAYNE Cornelius
XIXe siècle. Vivant à Londres. Britannique.
Peintre de paysages, marines.
En 1857, il exposa à la Royal Academy un tableau : *Les deux Moulins à vent*.

VENTES PUBLIQUES : LONDRES, 13 déc. 1989 : *Trois-mâts dans le bassin du port*, h/t (120x180) : **GBP 8 800.**

ABBÉ Hendrik
Né en 1639 à Anvers. XVIIe siècle.

Peintre, graveur et architecte.

On a de cet artiste des gravures de la cathédrale d'Anvers. Il est également cité par Heineken comme auteur de dessins pour l'édition des *Métamorphoses d'Ovide*, publiée par Barrier. On cite encore de lui le dessin du *Portrait de Petrus Van Bredael*, que grava son compatriote Conrad Lauwers. On a remarqué que le nom de Hendrik Abbé ne figure pas sur les registres de la gilde d'Anvers, alors que l'on sait que des apprentis sortirent de son atelier vers 1670.

H.F. FA JA. delin.

ABBEEL Jan Van den
Né en 1943 à Denderbelle. XXe siècle. Belge.

Peintre. Abstrait-géométrique.

Il fut élève de l'Académie de Gand. Il procède par variations à partir d'un thème unique.

BIBLIOGR. : In : *Diction. biogr. illustré des artistes en Belgique depuis 1830*, Arto, Bruxelles, 1987.

ABBEILLE Charline
Née à Cherbourg (Manche). XXe siècle. Française.

Peintre de portraits, miniatures, dessinatrice.

Elle fut élève de Gabrielle Debillement-Chardon. Exposant à Paris au Salon des Artistes Français, elle en devint sociétaire et a obtenu : médaille d'argent pour le dessin 1928, médaille de bronze à l'Exposition Internationale de 1937.

ABBÉMA Louise
Née le 30 octobre 1858 à Étampes (Essonne). Morte en 1927 à Paris. XIXe-XXe siècles. Française.

Peintre de sujets allégoriques, scènes de genre, portraits, intérieurs, fleurs et fruits, panneaux décoratifs, peintre à la gouache, aquarelliste, pastelliste, graveur, dessinatrice, illustratrice.

Elle fut élève de Chaplin, Henner, Carolus-Duran. Jusqu'en 1926, elle a exposé régulièrement au Salon des Artistes Français, mention honorable 1881, médaille de bronze à l'Exposition Universelle 1900, chevalier de la Légion d'honneur 1906.

Elle obtint son premier succès dès 1876 avec le *Portrait de Sarah Bernhardt*. Elle poursuivit une brillante carrière de portraitiste de personnalités de son temps : *Ferdinand de Lesseps – L'Empereur du Brésil, Don Pedro*, ses anciens maîtres : *Carolus-Duran, Henner*, l'architecte de l'Opéra : *Charles Garnier*, etc. Elle peignit des sujets très divers, dont des figures allégoriques : *Flore* de 1913 – *La Toilette de la Vérité*. Elle peignit de nombreuses décorations murales pour les mairies des VIIe, X^e, XXe arrondissements à Paris, l'Hôtel de Ville, le Musée de l'Armée, l'ancien théâtre Sarah-Bernhardt, ainsi que pour le Palais du gouverneur de Dakar. Elle a également laissé de nombreux pastels, aquarelles, eaux-fortes, et illustrations. ■ J. B.

Louise Abbéma

MUSÉES : PAU : *Le Déjeuner dans la serre.*
VENTES PUBLIQUES : PARIS, 11-12 juin 1908 : *Portrait d'un chien* : **FRF 12** – PARIS, 6 mars 1920 : *Entrée du château d'Eu* : **FRF 105** – PARIS, 11-13 jun 1923 : *Sarah Bernhardt dans La Samaritaine et dans L'Aiglon*, 2 aquar. : **FRF 850** – PARIS, 28 jan. 1943 : *La Dame au miroir* : **FRF 2 100** – PARIS, 5 juin 1944 : *Portrait de femme* : **FRF 5 000** – PARIS, 7 fév. 1951 : *Jeune Femme dans un intérieur* : **FRF 8 100** – PARIS, 16 mars 1973 : *Le Tréport 1872* : **FRF 11 000** – PARIS, 2 mars 1978 : *Élégante en tailleur*, h/t (106x66) : **FRF 6 000** – VERSAILLES, 13 mai 1981 : *Bouquet de pivoines 1878*, h/t (54,5x65) : **FRF 8 500** – NEUILLY, 22 mars 1983 : *Élégante à la robe violette, Place de la Concorde* (91x60.5) : **FRF 23 000** – BARBIZON, 29 mai 1983 : *Élégante à la fleur*, past. (73x49) : **FRF 8 500** – PARIS, 27 fév. 1984 : *Arlequin et Colombine* (62x105) : **FRF 8 000** – LONDRES, 22 mars 1984 : *L'avenue du bois par temps de neige*, past./t. (39x31) : **GBP 1 600** – PARIS, 15 mai 1985 : *Jeune femme*, h/t (46x38) : **FRF 13 000** – PARIS, 4 juin 1986 : *Portrait de Sarah Bernhardt 1909*, past. et cr. (24x33) : **FRF 37 000** – PARIS, 9 déc. 1986 : *Femmes fleurs*, h/t (46x38) : **FRF 10 100** – PARIS, 22 mars 1988 : *Sonia la gitane*, h/t (78,8x44) : **FRF 6 500** – PARIS, 4 juil.

1988 : *Jeune femme au collier de perles*, h/t (61x46) : **FRF 7 500** – PARIS, 22 nov. 1988 : *Portrait de jeune femme à la robe blanche*, h/pan. (55x45) : **FRF 20 000** – PARIS, 9 déc. 1989 : *Colombine 1885*, past. (109x60) : **FRF 38 000** – COLOGNE, 23 mars 1990 : *Paysage méridional*, h/cart. (23x30,5) : **DEM 1 000** – PARIS, 27 mars 1990 : *Portrait de l'écrivain Gyp 1892*, h/t (68x90) : **FRF 51 000** – PARIS, 24 avr. 1990 : *Colombine*, h/pan. (35x27) : **FRF 20 000** – NEW YORK, 26 oct. 1990 : *Fleurs dans un décor japonais 1920*, h/t (55,9x45,7) : **USD 6 050** – PARIS, 28 juin 1991 : *Portrait de jeune femme à la robe blanche 1898*, h/pan. (55x45) : **FRF 15 000** – PARIS, 3 avr. 1992 : *Étude pour un éventail : œillets devant le jardin des Tuileries sous la neige*, gche (21,3x62,5) : **FRF 7 000** – LONDRES, 28 oct. 1992 : *Fleurs dans un vase 1898*, h/t (45x31) : **GBP 1 815** – NEW YORK, 27 mai 1993 : *Portrait de Madame Lucien Guitry 1876*, h/t (82,9x102,2) : **USD 41 400** – NEW YORK, 12 oct. 1994 : *La Japonaise*, h. et peint. or/t. (214x114) : **USD 15 525** – NEW YORK, 24 mai 1995 : *Après-midi musical 1885*, h/t (150,2x220,3) : **USD 118 000** – NEW YORK, 23 mai 1996 : *Portrait de fillette au chapeau 1905*, h/t (54,6x45,7) : **USD 19 550** – PARIS, 13 mai 1997 : *Jeune femme sur la terrasse de la ferme Saint Siméon, Honfleur 1882*, h/t (60x38) : **FRF 18 000** – NEW YORK, 23 mai 1997 : *Matin d'avril, Place de la Concorde, Paris 1894*, h/t (105,4x129,5) : **USD 48 300.**

ABBÉMA Wilhelm von
Né le 15 janvier 1812 à Krefeld. Mort le 8 novembre 1889 à Düsseldorf. XIXe siècle. Allemand.

Peintre et graveur à l'eau-forte et au burin.

Il vint, vers 18 ans, étudier à l'Académie de Düsseldorf sous la direction de J.-W. Schirmer, et y travailla durant trois années le dessin et la peinture, s'appliquant particulièrement au paysage. Mais il renonça bientôt à cette expression pour s'adonner à la gravure, exécutant, d'après ses dessins ou d'après des artistes tels qu'Andreas Achenbach, Lessing, Scheuren, de nombreux paysages ou des vues d'Allemagne. On cite entre autres de lui : *La Cathédrale de Cologne.*

ABBEY Edwin Austin
Né le 1er avril 1852 à Philadelphie (Etats-Unis). Mort en 1911 à Londres. XIXe-XXe siècles. Américain.

Peintre d'histoire, scènes de genre, compositions décoratives, aquarelliste, dessinateur, illustrateur.

Il fit son apprentissage en réalisant des dessins pour un graveur sur bois, puis fit ses études à la Pennsylvania Academy de Philadelphie et débuta comme illustrateur. Les dessins qu'il fournit, dès 1870, pour le Harper's Magazine et pour un certain nombre d'ouvrages établirent sa réputation.

Abbey a exposé dans plusieurs villes d'Europe. Son premier tableau parut à la Royal Academy de Londres en 1890. Chevalier de la Légion d'Honneur, il était membre de nombreuses associations artistiques d'Allemagne, d'Amérique et d'Angleterre, étant élu à l'Académie Nationale Américaine et à l'Académie Royale Britannique des Beaux-Arts. Il fut également associé honoraire de la Société des Beaux-Arts de Paris.

En 1883 il se rendit à Londres, et les illustrations qu'il fit pour les œuvres de Shakespeare, Golgsmith et Pope, furent traitées dans un style naturaliste. Plus tard il épurera son style et s'approchera de l'Art nouveau et du symbolisme. Plusieurs tableaux et aquarelles qu'il produisit le classèrent parmi les peintres en vue, et dès lors il se consacra entièrement à la peinture. Son tableau du *Couronnement du roi Edward VII* est considéré comme un de ses meilleurs ouvrages. Il convient de citer un travail très intéressant d'Abbey, une frise représentant *La Recherche du Graal*, qu'il exécuta pour la Bibliothèque municipale de Boston.

MUSÉES : LE CAP : *Le pont* – LIVERPOOL : *Propos galants* – MELBOURNE : *Vieille chanson*, dess. – NEW YORK : *King Lear 1898* – *Dirge of the three Queens 1895.*

VENTES PUBLIQUES : LONDRES, 1909 : *Le lépreux* : **GBP 23** ; *Le Christ* : **GBP 11** – PARIS, 1913 : *Richard de Gloucester* : **FRF 5 670** ; *King Lear* : **FRF 5 040** – NEW YORK, 14 sep. 1972 : *Jeune femme en blanc* : **USD 2 500** – NEW YORK, 29 jan. 1981 : *Automne 1879*, aquar. et encre/pap. (28x9,5) : **USD 2 000** – LONDRES, 10 nov. 1981 : *Richard, Duke of Gloucester and Lady Anne*, h/t (122x250) : **GBP 3 200** – NEW YORK, 15 mars 1985 : *L'Étudiant ; Homme de profil*, dess. au cr., une paire (56x36 et 35,6x29,5) : **USD 1 600** – NEW YORK, 30 jan. 1987 : *Queen on a Throne 1886*, past./pap. (65x47,7) : **USD 7 250** – LONDRES, 21 nov. 1989 : *Confection de pots-pourris 1899*, h/t (89x152,5) : **GBP 77 000** – NEW YORK, 24 jan. 1990 : *Couvreurs à la tâche*, cr./pap. (36,8x37,4) : **USD 2 860** – NEW YORK, 22 mai 1991 : *Le Chant* *de Fiammetta* 1894, h/t (132,1x264,2) : **USD 38 500** – New York, 12 mars 1992 : *Le Bouffon* 1887, past./cart. (52,3x46,6) : **USD 4 950** – New York, 3 déc. 1992 : *Jeune femme dans les bois* 1879, aquar. et gche/pap. (25,4x30,5) : **USD 18 700** – New York, 20 jan. 1993 : *Croquis d'un personnage figurant sur l'écoinçon d'une arche de la galerie du Sénat au Capitole d'Harrisburg*, gche et cr./cart. (69,9x52,1) : **USD 2 070**.

ABBEYSON M.
xixᵉ siècle. Britannique.
Peintre de marines.
Exposa à Suffolk Street, en 1828, deux tableaux : *Marines*.

ABBIATI Alessandro
xviiiᵉ siècle. Milanais, actif au xviiiᵉ siècle. Italien.
Peintre.
Cité par Zani.

ABBIATI Filippo
Né vers 1640 à Milan. Mort en 1715 à Milan. xviiᵉ-xviiiᵉ siècles. Italien.
Peintre de compositions religieuses, portraits, fresquiste.
Élève de Carlo Francesco Nuvoloni, sous la direction duquel il acquit une grande habileté, particulièrement dans la peinture à fresque. Doué d'une vive imagination, possédant une exécution hardie, il ne tarda pas à prendre une place notable parmi les peintres de son temps.
En collaboration avec Federigo Bianchi, il peignit à Milan le *Martyre de saint Alexandre*. On cite encore de lui, à Sorano : *Saint Jean prêchant dans le désert*. On voit de ses peintures dans les églises de Padoue, Bergame, Turin, Milan.
Musées : Milan (Brera) : *Autoportrait*.
Ventes Publiques : Milan, 17 mai 1977 : *Martyre de saint Étienne*, h/t (170x120) : **ITL 2 600 000** – Londres, 13 déc. 1996 : *Coriolan persuadé par sa famille de lever le siège de Rome*, h/t (202,3x305,5) : **GBP 87 300**.

ABBIATI Fortunato, fra
Italien.
Graveur au burin.

ABBIATI Giuseppe
xviiiᵉ siècle. Milanais, actif au commencement du xviiiᵉ siècle. Italien.
Graveur, dessinateur.
On a de cet artiste peu connu un certain nombre d'eaux-fortes représentant des batailles, des allégories, exécutées d'après ses dessins.

ABBIATI Paolo Maria
Né à Milan. xviiᵉ siècle. Actif à la fin du xviiᵉ siècle. Italien.
Graveur.
Peut-être un parent de Giuseppe Abbiati. On a, gravé par cet artiste, sans nom de peintre ni date, le portrait de Girolamo Cornaro, procurateur de Saint-Marc.

ABBON
viiᵉ siècle. Vivant à Limoges de 600 à 630. Français.
Sculpteur.
On croit que cet artiste fut le maître de saint Eloi.

ABBONDIO. Voir ABONDIO

ABBOT Henry
xixᵉ siècle. Actif au début du xixᵉ siècle. Britannique.
Peintre et dessinateur.
Il publia, en 1820, un ouvrage sur les Antiquités de Rome, contenant vingt-quatre vues des principales ruines de cette cité.

ABBOT J.
xviiiᵉ siècle. Vivait à Londres vers 1770. Britannique.
Peintre de natures mortes.
Il exposa à la Society of Artists.

ABBOT Katherine G. Voir COX Katherine G.

ABBOTT Anne Fuller
Née à Brandon (Vermont). xxᵉ siècle. Américaine.
Peintre.

ABBOTT D., Miss
xixᵉ siècle. Vivait à Londres vers 1886 et 1888. Britannique.
Sculpteur.
Les catalogues de la Royal Academy de Londres mentionnent deux ouvrages de cette artiste.

ABBOTT Edward
Mort le 11 novembre 1791 à Hereford. xviiiᵉ siècle. Britannique.
Peintre de paysages.
Il possédait à Long Acre une grande réputation comme peintre d'armoiries et de panneaux de carrosses. Il montra également beaucoup de talent comme paysagiste.

ABBOTT Edwin
xixᵉ siècle. Vivant à Bradford (Angleterre) vers 1886. Britannique.
Peintre.
Ce portraitiste exposa à la Royal Academy de Londres, en 1886.

ABBOTT Francis R.
Mort en 1925 à Philadelphie (Pennsylvanie). xixᵉ-xxᵉ siècles. Vivant à Philadelphie. Américain.
Peintre.
Fellow de l'Académie des Beaux-Arts de Pennsylvanie et membre de l'Art Club de Philadelphie.

ABBOTT George
xixᵉ siècle. Britannique.
Sculpteur.
Il exposa régulièrement à la Royal Academy de 1829 à 1867, particulièrement des bustes.

ABBOTT John
xxᵉ siècle. Britannique.
Peintre.
Élève de J. Hodge. Exposa au Salon des Artistes Français de 1936.

ABBOTT John White
Né en 1763 à Exeter. Mort vers 1827. xviiiᵉ-xixᵉ siècles. Britannique.
Peintre animalier, paysages animés, aquarelliste, graveur, dessinateur, illustrateur.
Cet artiste, qui se plut surtout dans la représentation des paysages animés de bestiaux et de figures, fut plutôt, au début de sa carrière, un amateur. Il affectionnait les petits maîtres hollandais et s'inspirait de leur style, notamment de la manière de Peter de Laes. Il jouissait cependant d'une honorable réputation parmi les artistes les plus en vue, puisque ce fut sur les conseils de sir Joshua Reynolds, de Benjamin West, pour ne citer que ceux-là, que John White Abbott se décida à prendre part aux expositions de la Royal Academy. Il y envoya des ouvrages, de 1794 à 1821.
Comme graveur, on cite de lui, notamment, une eau-forte représentant un cheval et l'illustration d'un ouvrage d'histoire naturelle sur les insectes américains.
Musées : Édimbourg : *Etudes de cottages anglais*, dess. – *Chudleigh, Devonshire (paysage)*, dess.
Ventes Publiques : Londres, 19 avr. 1961 : *Pic de Grisedale*, dess. : **GBP 340** – Londres, 13 jan. 1972 : *Paysage du Devon* : **GBP 800** – Londres, 27 juin 1973 : *Le retour du troupeau 1826* : **GBP 1 200** – Londres, 23 mars 1977 : *Scène champêtre*, (38x32) : **GBP 1 100** – Londres, 18 mars 1978 : *Berry Castle 1791*, aquar. et pl. (16,5x24) : **GBP 750** – Londres, 19 juin 1979 : *Paysage du Devon 1800*, aquar. et pl. (17,5x24) : **GBP 4 500** – Londres, 24 juil. 1980 : *Mercury and Argos*, h/t (116,8x162,5) : **GBP 650** – Londres, 19 nov. 1981 : *Paysage du Devon, Poundsgate 1800*, aquar. et pl. (16x24,5) : **GBP 1 100** – Londres, 20 nov. 1984 : *On Windermere, near Lowwood 1791*, aquar. et pl. (18,8x23,8) : **GBP 2 600** – Londres, 13 mars 1986 : *Near Fordland*, pl. et lav. (33x23) : **GBP 960** – Londres, 20 juil. 1987 : *A game of quoits*, h/t (99x149) : **GBP 1 900**.

ABBOTT Lemuel Francis
Né en 1760 dans la région de Leicestershire. Mort en 1803 à Londres, en 1802 selon certains biographes. xviiiᵉ siècle. Britannique.
Peintre de portraits, aquarelliste, dessinateur.
Il travailla avec Francis Hayman et ne tarda pas à se créer une réputation justifiée. Il se fixa définitivement à Londres avant 1784. Il exposa à la Royal Academy de Londres, à partir de 1788. Portraitiste, la ressemblance qu'il donnait de ses modèles, particulièrement dans ses portraits d'hommes, ne lui était contestée par personne. Il peignit plusieurs fois l'amiral Nelson.
Bibliogr. : In : *Diction. de la peinture anglaise et américaine*, coll. Essentiels, Larousse, Paris, 1991.
Musées : Greenwich (Nat. Maritime Mus.) : *Portrait de l'amiral Nelson* – Londres (Nat. Portrait Gal.) : *Portraits de George, comte de Macartney et de Sir George Léonard Staunton Bart* – *Portrait du Vicomte Horatio Nelson* – *Portrait du premier Vicomte de Hood* – *Portrait de Sir William Herschel* – *Portrait de Joseph Nollekens* – *Portrait de Matthew Boulton* – *Portrait d'Edmund Lodge*

– Portrait du premier Vicomte de Bridport – Portrait de Valentine Green – Portrait de George Vancouver.
VENTES PUBLIQUES : NEW YORK, 1905 : *Portrait d'un amiral :* **USD 260** – LONDRES, 19 déc. 1908 : *Portrait du Dr Coke, Président du Corpus Christi Collège Oxford :* **GBP 4** – LONDRES, 24 nov. 1972 : *Portrait of William Wyndam 1st Lord Grenville :* **GNS 900** – LONDRES, 31 mars 1976 : *Portrait of captain Berry, h/pan.* (61x40,5) : **GBP 350** – LONDRES, 23 juin 1978 : *Portrait of Aubrey, Earl of Burford, h/t* (208,2x125,7) : **GBP 8 000** – LONDRES, 22 juin 1979 : *Portrait of Admiral Nelson, h/t* (75x62,2) : **GBP 13 000** – LONDRES, 15 oct. 1982 : *Portrait of Edward Cotsford of Clyst St. George reading a book, h/t* (127,6x101,5) : **GBP 1 500** – NEW YORK, 3 nov. 1983 : *Portrait d'un officier, h/t* (75x62,3) : **USD 4 400** – LONDRES, 18 oct. 1985 : *Portrait de Sir Thomas Musgrave, h/t* (89,5x69,9) : **GBP 8 000** – LONDRES, 8 juil. 1986 : *From the churchyard at Dulverton Somerset 1800, aquar. et pl.* (14x22) : **GBP 3 800** – LONDRES, 10 nov. 1986 : *Portrait of Sir Thomas Musgrave, h/t* (119,5x85) : **GBP 7 000** – NEW YORK, 3 juin 1987 : *Portrait of colonel Patterson, h/t* (75x61) : **USD 5 000** – LONDRES, 12 avr. 1991 : *Portrait de George Forester en habit pourpre avec un fouet de chasse et un chapeau garni de renard près de lui, h/t* (74,9x62,2) : **GBP 2 200** – LONDRES, 14 juil. 1993 : *Portrait de John Wilkinson, le maître de forge en buste portant un habit vert sur un gilet noir, h/t* (76x63) : **GBP 7 475** – NEW YORK, 12 jan. 1995 : *Portrait de George Macartney, gouverneur de Fort Saint-George à Madras et de son secrétaire Sir George Leonard Staunton, en buste, h/t* (99,1x123,8) : **USD 23 000** – NEW YORK, 3 oct. 1996 : *Portrait of Thomas Turner, h/t* (76,2x63,5) : **USD 2 875** – NEW YORK, 26 fév. 1997 : *Portrait de Randolph Marriott, en buste, portant gilet blanc et cravate sous une veste bleue, h/t* (76,8x63,5) : **USD 2 760.**

ABBOTT Richmond
XIXe siècle. Actif à Liverpool. Britannique.
Peintre.
Il exposa à Suffolk Street, à Londres, en 1861 et 1866.

ABBOTT Samuel Nelson
Né en 1874. XIXe-XXe siècles. Américain.
Peintre de genre, peintre à la gouache, illustrateur.
VENTES PUBLIQUES : NEW YORK, 3 juin 1982 : *La leçon de tir à l'arc, gche* (28x24,2) : **USD 850.**

ABBOTT Yarnell ou Yarnall
Né en 1870 à Philadelphie. Mort en 1938. XIXe-XXe siècles. Américain.
Peintre de paysages.
VENTES PUBLIQUES : BOLTON, 15 mai 1985 : *Maisons, Provincetown, h/t* (76,2x91,6) : **USD 900** – NEW YORK, 14 nov. 1991 : *Mer et Derricks, h/t* (77x92,9) : **USD 1 320.**

ABBOUD Shafic, Chafic, Chafik ou Shafik
Né le 22 novembre 1926 à M'haidthé (Metn, Bikfaya). XXe siècle. Depuis 1947 actif en France. Libanais.
Peintre, graveur. Figuration-poétique, tendance abstraite.
Il est né dans les montagnes du Liban. Il interrompit en troisième année des études d'ingénieur commencées à l'École française d'ingénieurs de Beyrouth. En 1946-1947, il suivit les cours de dessin de l'Académie Libanaise des Beaux-Arts (ALBA). Il vint se fixer à Paris à partir de 1947, s'inscrivant en 1949 à l'Atelier libre d'André Lhote, puis suivant les corrections à l'Atelier de Fernand Léger de 1951 à 1956. Il s'inscrivit aussi à l'Atelier de Metzinger et, en élève libre, à l'École des Beaux-Arts, dans les Ateliers de Heuzé en peinture, Goerg en gravure, Jaudon en lithographie. À Paris il s'est installé le plus près possible du Pavillon Oriental du Parc Montsouris. Il fait aussi de fréquents séjours dans une demeure du Val de Loire.
Depuis 1955, il participe à de très nombreuses expositions collectives, dont le Salon d'Automne du Musée Sursock de Beyrouth de 1962 à 1982, et collectives internationales, notamment à Paris au Salon annuel des Réalités Nouvelles, dont il est membre du comité depuis 1962 ; au Salon Comparaisons en 1955, 1956 et 1964 ; à la Biennale en 1959.
Il montre les époques de son œuvre, presque chaque année, dans des expositions personnelles, surtout à Paris, notamment en 1998 galerie Claude Lemand, et encore à Beyrouth, Francfort, Toulouse, Amsterdam, etc. Il a reçu diverses distinctions, dont le Prix Victor-Choquet 1960, le Prix du Salon d'Automne du Musée Sursock de Beyrouth 1964.
Peut-on la dire de tendance abstraite, sa peinture ? Bien que somptueusement orientale, elle reste très typique de ce qu'on a

pu nommer l'abstraction française, en ce sens que fondée à partir du regard et de la sensibilité visuelle. Outre que Abboud, si la fantaisie lui en vient, ne s'interdit jamais de laisser supposer, deviner, reconnaître un peu du Parc, quelque chose de la Loire, presque rien de la femme proche, voire de raconter des histoires en images – ses *Chambres*, ses *Nuits*, *Les robes de Simone*, et *Le tilleul a encore grandi* – jusqu'à obturer la vue et envahir la toile, histoires qui provoquent les tableaux à éclore, intimes et dont il ne subsiste rien pour les autres que des saveurs et senteurs. D'entre de nombreux textes écrits sur sa peinture, cet extrait, de Roger Van Gindertael, qui fut l'un des critiques importants quant à cette tendance de l'abstraction, ses marges, ses franges : « (...) pour éprouver une délectation sans partage au seul vu de ces tableaux qui sont autant d'instants vécus avec une intensité que révèle une richesse d'écriture extraordinaire tracée au cœur d'effets de matière dont la densité est animée par de très subtiles nuances sur lesquelles tranchent par endroits quelques vifs accents colorés, quand ce n'est pas l'accumulation concertée des taches de couleurs qui forme la texture même de la composition... » Savante techniquement et formellement, la peinture d'Abboud a l'élégance extrême de dissimuler sa science pour laisser croire à sa seule beauté. Ou bien alors serait-ce la science du plaisir ? Comme une peinture des mille et une nuits.
■ Jacques Busse

BIBLIOGR. : R. Van Gindertael, in : *Les Beaux-Arts*, Bruxelles, 1959 – Michel Ragon, in : *Cimaise*, Paris, 1961 – R. Van Gindertael : *Abboud*, Edit. Raymonde Cazenave, Paris, 1961 – M. Seuphor et M. Ragon, in : *Diction. de l'Art Abstrait*, Maeght, Paris, 1974 – in : *Diction. Univers. de la Peint.*, Robert, Paris, 1976 – divers : Catalogue de l'exposition *Abboud*, galerie Faris, Paris, 1986 – F. Dunlop : Catalogue de l'exposition d'Abboud *Nuits*, Galerie Faris, Paris, 1988 – divers : Catalogue de l'exposition *Liban -Le regard des peintres*, Institut du Monde Arabe, Paris, 1989.
MUSÉES : BEYROUTH (Mus. Sursock) – PARIS (FNAC) – PARIS (Mus. d'Art Mod. de la Ville).
VENTES PUBLIQUES : PARIS, 22 juin 1983 : *Composition 1960, h/t* (30x22) : **FRF 3 000** – PARIS, 22 juin 1984 : *Sans titre (vert et bleu) 1960, h/t* (97x130) : **FRF 25 000** – PARIS, 21 avr. 1985 : *Champs colorés (bleu-brun-noir)* 1954, h/pan. (89x69) : **FRF 20 000** – PARIS, 27 nov. 1987 : *Composition 1959, h/pan.* (130x88,5) : **FRF 35 000** – PARIS, 12 juil. 1988 : *Composition, h/t* (61x38) : **FRF 5 300** – NEUILLY, 15 mars 1989 : *Sans titre 1958, h/pan.* (66x94) : **FRF 12 000** ; *Sans titre 1959, h/cart.* (73x92) : **FRF 11 000** – PARIS, 5 juin 1989 : *Composition 1960, h/t* (100x80) : **FRF 50 000** – PARIS, 23 nov. 1989 : *Composition, h/t* (92,5x73,5) : **FRF 76 000** – NEUILLY, 7 fév. 1990 : *Composition 1960, h/t* (99x64) : **FRF 80 000** – PARIS, 25 mai 1994 : *Composition 1959, détrempe/pap.* (34x42) : **FRF 5 200** – PARIS, 19 nov. 1995 : *Sans titre 1961, h/t* (92x65) : **FRF 10 000** – PARIS, 24 mars 1996 : *Carnet d'août 1961, détrempe/pap.* (24x35) : **FRF 3 500** – PARIS, 5 oct. 1996 : *Le Jardin d'Andrée 1971, temp. et gche/pan.* (31x35) : **FRF 5 000** – PARIS, 16 déc. 1996 : *Terre II 1960, h/t* (100x81) : **FRF 8 000** – PARIS, 31 oct. 1997 : *Composition 1957, h/pan. isor.* (70x52) : **FRF 5 000** – PARIS, 4 oct. 1997 : *Sans titre 1961, h/t* (100x100) : **FRF 15 000.**

ABBRUZZESI-MARTIN Suzanne ou Martin
Née à Paris. XXe siècle. Française.
Peintre de figures, natures mortes, fleurs.
À partir de 1937, elle a exposé à Paris, au Salon des Indépendants.

ABD AL HAVY
XIVe-XVe siècles. Actif à la fin du XIVe et au début du XVe siècle. Éc. persane.
Peintre.
Élève de Shams al Din. Tamerlan l'emmena, en 1393, à Samarcande, où il paraît avoir dirigé les ateliers de peinture. On ne lui attribue nommément aucune œuvre avec certitude.

ABDEL ALEEM Mariam
Née en 1929. XXe siècle. Égyptienne.
Graveur. Abstrait ornemental.
Elle fut élève de l'Institut de l'Enseignement des Arts en 1954. Elle étudia aussi la gravure et l'impression aux Etats-Unis. Elle est devenue professeur à la Faculté des Beaux-Arts d'Alexandrie. Elle participe à des expositions collectives importantes : Biennale de la Gravure de Ljubljana, *Visages de l'art contemporain égyptien* au Musée Galliéra de Paris en 1971.
BIBLIOGR. : In : Catalogue de l'exposition *Visages de l'art contemporain égyptien*, Mus. Galliéra, Paris, 1971.

Musées : Alexandrie (Mus. d'Art Mod.) – Le Caire (Mus. d'Art Mod.).

ABDEL HAMID El Dawakhli. Voir EL DAWAKHLI

ABDEL HAY Abdel Badi, appelé parfois Goma
Né en 1916 à Mallawi. xxᵉ siècle. Égyptien.
Sculpteur, animalier.
Il fut élève en sculpture de la section libre de la Faculté des Beaux-Arts du Caire. En 1945, 1946, 1947, il obtint trois fois de suite le *Prix Mokhtar*. En 1967 il obtint une bourse du Ministère de la Culture. Il participe à des expositions collectives nationales et internationales, dont *Visages de l'art contemporain égyptien* au Musée Galliéra de Paris en 1971. Il a eu une exposition personnelle en 1945. Il travaille souvent des pierres dures, des granits, sculptant parfois des animaux, « tendant » la surface des volumes à l'extrême, entre Pompon et Brancusi.
Bibliogr. : In : Catalogue de l'exposition *Visages de l'art contemporain égyptien*, Mus. Galliéra, Paris, 1971.

ABDEL KERIM Salah
Né en 1925. Mort en 1988. xxᵉ siècle. Égyptien.
Sculpteur animalier, peintre.
Il fut élève de la Faculté des Beaux-Arts du Caire, puis poursuivit ses études en Italie et à Paris. Il devint professeur de décoration aux Beaux-Arts du Caire. En 1963 il obtint un Prix à São Paulo. En 1965, il reçut un Prix d'encouragement de l'Etat. Il a participé à de nombreuses expositions nationales et internationales, notamment *Visages de l'art contemporain égyptien* au Musée Galliéra de Paris en 1971. Il fut le doyen des Beaux-Arts du Caire.
Bibliogr. : In : Catalogue de l'exposition *Visages de l'art contemporain égyptien*, Mus. Galliéra, Paris, 1971.
Musées : Alexandrie (Mus. d'Art Mod.).
Ventes Publiques : Paris, 6 nov. 1995 : *Scène de harem 1942*, aquar. (52x66) : FRF 6 000.

ABDEL MÉGUID Raouf
Né en 1932. xxᵉ siècle. Égyptien.
Peintre. Abstrait ornemental.
Il fut élève de la Faculté des Beaux-Arts du Caire en 1955, puis de l'Académie de Rome en 1959. Il est devenu professeur dans l'Académie de sa jeunesse. Il participe à des expositions collectives nationales et internationales, notamment *Visages de l'art contemporain égyptien* au Musée Galliéra de Paris en 1971. Il a montré son travail dans de nombreuses expositions personnelles.
Sa peinture réinvestit des motifs traditionnels de la décoration architecturale arabe, en les réorganisant selon des processus combinatoires, faisant penser parfois à des jeux.
Bibliogr. : In : Catalogue de l'exposition *Visages de l'art contemporain égyptien*, Mus. Galliéra, Paris, 1971.
Musées : Le Caire (Mus. d'Art Mod.).

ABDEL MOOTI Moustapha
Né en 1938 à Alexandrie. xxᵉ siècle. Égyptien.
Peintre.
Il fut élève de la Faculté des Beaux-Arts d'Alexandrie, dont il devint professeur. Il participe à des expositions collectives nationales et internationales, notamment *Visages de l'art contemporain égyptien* au Musée Galliéra de Paris en 1971. Il a aussi montré ses peintures dans plusieurs expositions personnelles.
Il peint des sortes de monuments géométriques, sphères sur pyramides, pyramides sur sphères ou sur cubes, etc., ponctuant de proche en proche ou de loin en loin, des espaces oniriques, par exemple dans *Spatiales* de 1971.
Bibliogr. : In : Catalogue de l'exposition *Visages de l'art contemporain égyptien*, Mus. Galliéra, Paris, 1971.
Musées : Alexandrie (Mus. d'Art Mod.) – Le Caire (Mus. d'Art Mod.).

ABDELLATIF Ala El Dine. Voir ALDINE

ABDERMAUR Franz et Rudolf ou Ab der Maur, Auf der Maur
xviiiᵉ siècle. Suisses.
Peintres.
D'après un document dans les archives d'Einsiedeln (canton de Schwyz), ils auraient travaillé pour un abbé Thomas Schenklin de cette ville, en 1723.

ABDO Alexander
Né en 1865. xixᵉ-xxᵉ siècles. Britannique.
Peintre de paysages.
Il travaillait à Londres. Un de ses paysagers, intitulé *L'allée des amoureux*, est cité comme ayant figuré en 1908 à la Royal Academy.
Ventes Publiques : Londres, 29 mars 1984 : *Paysage au moulin par temps de neige*, h/cart. (25,5x37) : GBP 500.

ABDOUS SAMAD
Originaire de Chiraz. xviᵉ siècle. Actif à la fin du xviᵉ siècle. Éc. persane.
Peintre, dessinateur.
Séjournant à la cour de Perse, l'empereur mogol Humayun le choisit comme professeur de dessin pour lui et son fils Albar, qui lui succéda. Il prit la suite de Mir Sayid Alid, pour achever le travail d'enluminure de l'Amir-Hamzah, qui relate les aventures de l'oncle de Mahomet. Il finit ses jours comme directeur de la monnaie.

ABDUL-MEDJID
Né à Constantinople. xixᵉ-xxᵉ siècles. Turc.
Peintre de genre, portraits, paysages.
Prince de la famille d'Osman, puis majesté impériale. On ne connait pas la formation qu'il reçut en peinture. Il a toutefois soutenu une activité artistique relativement constante, puisque ayant envoyé au Salon des Artistes Français de Paris de 1914 à 1939, scènes de genre et paysages : *Au gré des flots, Coin de marché à Nice*. Il exposa aussi en 1927 un *Autoportrait* en majesté impériale Abdul-Medjid II, puis en 1935 un *Portrait de l'altesse impériale Durru Chévar*.

ABDUL-WAHAB Gilani
Né le 3 octobre 1890 à Mehdia. xxᵉ siècle. Actif en France. Tunisien.
Peintre de nus, portraits, paysages, dessinateur.
Sa carrière s'est surtout déroulée en France. Il vint acquérir sa formation à partir de 1921 dans les Académies libres de Montparnasse, Julian en particulier. Outre ses participations au Salon de Tunis, il a figuré, à partir de 1912, à plusieurs Salons annuels parisiens : d'Automne et des Tuileries. Il a montré des paysages de Paris et de la province française. Parmi ses portraits, on cite, en dessin, le *Portrait du peintre suédois Nils de Dardell*.
Musées : Tunis (Mus. des Beaux-Arts) : Plusieurs paysages.

ABDULLAH R. Basuki ou Basoeki
Né en 1915 à Solo (Java). Mort en 1992 ou 1993. xxᵉ siècle. Indonésien.
Peintre de genre, compositions animées, figures, nus, portraits, paysages, pastelliste. Traditionnel.
Fils d'Abdullah Soerjosoebroto, qui était aussi peintre, il étudia à l'Académie des Beaux-Arts de La Haye, voyageant également à Paris et à Rome. Il a participé à des expositions à Bangkok, en Malaisie, au Japon, en Hollande, en Angleterre et au Portugal.
Il est renommé comme peintre des belles femmes indonésiennes, comme portraitiste, mais traite aussi de la faune, de la flore des paysages. Il peignit des scènes de cour.
Bibliogr. : Jutta Stöter-Bender : *L'Art contemporain dans les pays du « tiers-monde »*, L'Harmattan, Paris, 1995.
Ventes Publiques : Amsterdam, 14 juin 1994 : *Nu assis*, past./pap. (60x45) : NLG 1 265 – Amsterdam, 8 nov. 1994 : *Portrait d'une jeune Javanaise*, h/pan. (47x32) : NLG 9 775 – Amsterdam, 7 nov. 1995 : *Portrait d'une beauté indonésienne assise dans un paysage*, h/t (90x70) : NLG 18 880 – Amsterdam, 23 avr. 1996 : *Beauté au châle pourpre 1954*, h/t (90x60) : NLG 30 680 – Singapour, 5 oct. 1996 : *Beauté indonésienne*, h/t (80x65) : SGD 34 500 – Amsterdam, 5 nov. 1996 : *Paysage avec flamboyants*, h/t (47x60,5) : NLG 2 242.

ABDULLAH Soedjono
Né en 1911. Mort en 1991. xxᵉ siècle. Indonésien.
Peintre de figures, paysages typiques.
Il se signalisait comme peintre du paysage indonésien.
Ventes Publiques : Amsterdam, 21 avr. 1993 : *Paysage indonésien avec le volcan Merapi 1975*, h/t (98,5x225) : NLG 2 070 – Amsterdam, 19 oct. 1993 : *Les Flamboyants*, h/t (60,5x96) : NLG 2 530 – Amsterdam, 9 nov. 1994 : *Paysage d'Indonésie*, h/t (70x100) : NLG 2 990 – Amsterdam, 23 avr. 1996 : *Personnages près d'un temple* ; *Personnages sous un flamboyant*, h/t/cart. (chaque 79x59) : NLG 2 124.

ABDULLAÏEV Mikhaïl
Né en 1921 à Bakou. xxᵉ siècle. Russe.
Peintre de genre et de portraits. Académique.
Ayant été formé a l'Ecole des Beaux-Arts de Moscou par le propagateur résolu du réalisme socialiste, Serge Guerassimov, Abdullaïev est un des peintres officiels des régimes stalinien,

brejnevien, fournissant portraits et scènes historiques, dans la technique héritée de l'académisme du XIXᵉ siècle. Ses peintures sont montrées dans les expositions officielles à travers l'U.R.S.S. Il enseigne à Bakou.

ABECCI Niccolo dell'
Vivait à Rome. Italien.
Peintre.

ABECEDO. Voir **ACEVEDO**

A'BECKET Maria J. C.
Née à Portland (Maine). Morte en 1904 à New York. XIXᵉ siècle. Américaine.
Peintre.

ABEEL Jacob Van
Né à Morcourt (Hennegau). Éc. flamande.
Peintre.
Cet artiste a travaillé à Malines.

ABEELE Albyn ou **Albijn Van den**
Né en 1835 à Laethem-Saint-Martin. Mort en 1918 à Laethem-Saint-Martin. XIXᵉ-XXᵉ siècles.
Peintre de paysages. Groupe de Laethem-Saint-Martin.
D'abord romancier, il a commencé à peindre vers l'âge de quarante ans. Il fit partie du groupe d'artistes dit de Laethem-Saint-Martin.
BIBLIOGR. : In : *Dictionnaire biographique illustré des artistes en Belgique depuis 1830,* Arto, Bruxelles, 1987.
MUSÉES : BRUXELLES – DEINZE – DEURLE – GAND.
VENTES PUBLIQUES : BRUXELLES, 17 nov. 1981 : *Portrait d'enfant,* h/t (60x40) : **BEF 55 000** – ANVERS, 3 avr. 1984 : *La Récolte des pommes de terre,* h/t (44x61) : **BEF 460 000** – LOKEREN, 10 déc. 1994 : *Une trouée dans les bois au printemps à Sint-Martens-Latem 1908,* h/t (65x50) : **BEF 480 000** – LOKEREN, 11 oct. 1997 : *Près du pont vers 1886,* h/cart. (31,5x39) : **BEF 330 000.**

ABEELE Herman Van der
Né en 1890 à Laethem-Saint-Martin. Mort en 1971. XXᵉ siècle. Belge.
Peintre de paysages.
Fils du peintre Albyn Van der Abeele, lequel, né à Laethem, dut l'un des fondateurs de la première Ecole de Laethem-Saint-Martin, qui fut un peu l'équivalent belge de l'Ecole de Barbizon. Herman Van der Abeele fut formé dans le même esprit par son père.

ABEELE Jocodus Josse Sebastiaen Van den
Né le 21 janvier 1797 à Gand. Mort le 23 février 1855 à Gand. XIXᵉ siècle. Belge.
Peintre d'histoire, compositions religieuses, mythologiques, scènes de genre, portraits, paysages, aquarelliste. Néoclassique.
Après des études auprès de Pierre Van Huffel à l'Académie de Gand, il vint à Paris en 1819 et entra dans l'atelier du baron Gros. En 1824, à l'âge de vingt-sept ans, il décida de faire le voyage traditionnel en Italie, où il resta jusqu'en 1836. Durant son séjour à Rome, il enseigna l'art du dessin et de la peinture au futur Napoléon III. À son retour dans sa ville natale, il obtint rapidement le poste de professeur à l'Académie.
Par sa formation, le choix de ses sujets, essentiellement historiques et mythologiques, mais aussi religieux, il demeura dans le respect de la conception davidienne, peignant des œuvres graves qui ne se dégageaient guère du style néoclassique de ses premiers maîtres. Toutefois, à côté des grands sujets tels *Socrate et l'oracle de Delphes* ou *Orphée après la mort d'Eurydice,* il peignit des portraits et des tableaux de genre comme *La prière du soir.* Enfin, il montra plus de liberté dans ses paysages à l'aquarelle, dont la précision documentaire fait penser qu'ils étaient destinés aux touristes.
BIBLIOGR. : Gérald Schurr : *Les Petits Maîtres de la peinture 1820-1920,* t. VII, Les Éditions de l'Amateur, Paris, 1989.
MUSÉES : LA VALLÉE-AUX-LOUPS (Mus. Chateaubriand) : *Sur le Ponte Vecchio 1836,* aquar.
VENTES PUBLIQUES : GAND, 1856 : *Italiennes autour d'une fontaine :* **FRF 135** – PARIS, 10 déc. 1980 : *Façade de la maison de la campagne genevoise 1833,* aquar. (28x41) : **FRF 19 000** – LONDRES, 22 fév. 1995 : *Ruines d'aqueducs dans la campagne romaine,* h/pan. (25x39) : **GBP 920.**

ABEELE Jos Van den
Né en 1912 à Zingem. XXᵉ siècle. Belge.
Peintre d'histoire, compositions religieuses, graveur.

Il fut élève des Académies des Beaux-Arts de Audenaerde, Gand, Tournai. Pour ses compositions au contenu souvent symbolique, il prend les gens du pays pour modèles.
BIBLIOGR. : In : *Diction. biogr. illustré des artistes en Belgique depuis 1830,* Arto, Bruxelles, 1987.

ABEELE Rémi ou **Rémy Van den**
Né en 1918 à Dampremy. XXᵉ siècle. Belge.
Peintre, créateur de bijoux. Surréaliste.
Il fut élève de l'Académie des Beaux-Arts de Mons.
Dans le milieu surréaliste belge gravitant autour des peintres Magritte, Delvaux, du poète Mesens et de bien d'autres, Rémi Van den Abeele ne fut longtemps guère remarqué avant les années soixante. Son surréalisme provient de juxtapositions inattendues d'objets divers, selon la recette de Lautréamont, objets qu'il peint en trompe-l'œil. Il crée aussi des bijoux.
MUSÉES : BRUXELLES – CHARLEROI – MONS.
VENTES PUBLIQUES : BRUXELLES, 27 oct. 1976 : *Climat lyrique 1955,* h/pan. (90x75) : **BEF 28 000** – BRUXELLES, 21 mai 1980 : *Instantané 1969,* h/t (99x119) : **BEF 20 000** – LOKEREN, 9 déc. 1995 : *Collier,* peint./t., or et 4 perles de culture : **BEF 75 000.**

ABEETS François Alexandre
Né le 21 septembre 1727 à Bruxelles. Mort le 12 avril 1767. XVIIIᵉ siècle. Hollandais.
Sculpteur.
Il se fit admettre dans la corporation des Quatre Couronnés à Bruxelles, le 13 mai 1761. Le musée de Bruxelles possède de lui un médaillon en terre cuite de l'empereur Joseph II, à l'âge de 19 ans.

ABEGG
XVIIIᵉ siècle. Actif probablement à Schwyz (Suisse). Suisse.
Sculpteur.
Cet artiste exécuta l'âne et le Christ que l'on voit encore de nos jours, chaque dimanche des Rameaux, dans l'église paroissiale de Schwyz.

ABEGK
XVᵉ siècle. Suisse.
Peintre verrier.
En 1480, le conseil de la ville de Berne le chargea de faire les vitraux de l'église et du presbytère de Zofingen.

ABEGUIAN Mgur
Né en 1909 en Russie. XXᵉ siècle.
Graveur.
Il a participé à la Biennale de São Paulo en 1961.

ABEILLE Claude
XXᵉ siècle. Français.
Sculpteur de monuments.
Lauréat du Prix Bourdelle en 1963 il reçoit de nombreuses commandes de monuments, surtout dans l'Est de la France, d'où on peut le supposer originaire : Ballersdorf, Vappelen, Baltzenheim, et à Mulhouse : une allégorie de *La Moselle,* ainsi qu'un *Soleil des quatre saisons,* et un *Oiseau.*

ABEILLÉ Jack
Né le 27 mai 1873 à La Varenne-Saint-Hilaire (Val-de-Marne). XIXᵉ-XXᵉ siècles. Français.
Dessinateur humoriste, créateur d'affiches, illustrateur.
Il a collaboré à de nombreux journaux et publications. Participe à des expositions collectives consacrées à l'humour, en France et à l'étranger. Il fut en particulier un des illustrateurs de la *Modern-bibliothèque* de l'éditeur Fayard. En 1906, il a illustré des nouvelles de Marcel Prévost. Il a également dessiné des affiches.

ABEILLE Jacques
Né le 17 septembre 1906 à Bouguenais (Loire-atlantique). XXᵉ siècle. Français.
Peintre de natures mortes.
Depuis 1942 il expose régulièrement au Salon d'Automne de Paris, ainsi que, plus tard, au Salon Comparaisons. Ses natures mortes sont remarquées pour leur élégante simplicité de composition et de registre coloré.

JABEILLE.

ABEILLE Michel
Né en 1932 à Paris. XXᵉ siècle. Français.
Peintre, sculpteur. Abstrait.
Après avoir été reporter-photographe pour un magazine, à par-

tir de 1968 il revint à la peinture qu'il avait abordée dans ses jeunes années. Il montra son travail dans une exposition personnelle, à Paris en 1970 : des surfaces de matériaux plastiques, monochromes blancs, animées de demi-sphères en creux dans l'épaisseur.

ABEKING Hermann
Né le 26 août 1882 à Berlin. xxᵉ siècle. Allemand.
Dessinateur, illustrateur. Tendance symboliste.
Il fut encore très influencé par le *Jugendstil*, et notamment par Aubrey Beardsley et Jan Toorop. Il a illustré *Le voyage de noce de Hugdietrich*, légende germanique du xiiiᵉ siècle.

ABE Kongo
Né en 1900 à Tokyo. xxᵉ siècle. Japonais.
Peintre. Surréaliste.
Il séjourna assez longuement en France à l'époque des débuts du surréalisme, dont il fut fortement influencé, et dont il introduisit les idées au Japon, quand il y retourna.

ABEL
xviᵉ siècle. Actif au milieu du xviᵉ siècle. Français.
Peintre.
On cite cet artiste, sans autres détails, sur un passage de Malvasia qui affirme qu'Abel reçut cent couronnes pour une copie de la *Communion de saint Jérôme* du Dominiquin, alors que l'original n'avait été payé que la moitié de cette somme.

ABEL Armand
Né à Quimper (Finistère). xxᵉ siècle. Français.
Peintre de paysages.
Exposa au Salon des Artistes Français, en 1929, une *Baie de Douarnenez*.

ABEL Bernhard et Arnold
Bernhard mort le 13 octobre 1563, Arnold mort le 14 février 1564. xviᵉ siècle. Vivaient à Cologne. Allemands.
Sculpteurs.
En vertu d'un contrat passé le 28 avril 1561, ils furent chargés de l'exécution de vingt-quatre reliefs en marbre pour le tombeau de l'Empereur Maximilien Iᵉʳ, dans l'église de la Cour, à Innsbruck. Ce fut leur frère, Florian Abel, peintre établi à Prague, qui fut chargé des dessins de ces compositions, empruntées à des scènes de la vie de ce souverain. Mais les deux sculpteurs menèrent une vie de plaisir et se livrèrent à de tels excès que le travail leur devint impossible. Arnold fit un voyage aux Pays-Bas et y trouva le sculpteur Alexandre Colin, de Malines, qu'il chargea du travail. Les deux frères moururent dans des crises de delirium tremens. Trois reliefs seulement étaient terminés et, d'après Colin, Bernhard et Arnold y avaient peu de part.

ABEL E. H. ou d'Abele ou d'Abelle
Né à Zerbst. xviiiᵉ siècle. Travaillait à Brême dans la seconde moitié du xviiiᵉ siècle. Allemand.
Peintre de portraits, aquarelliste, dessinateur.
Il s'établit à Brême vers 1770 comme peintre de portraits, et l'on conserve dans cette ville celui qu'il fit à l'aquarelle du docteur Heymann, en 1773. Il était frère d'Ernst August Abel.
Ventes Publiques : Paris, 28 nov. 1918 : *Portrait de femme*, dess. : FRF 60.

ABEL Ernst August d' ou d'Abèle ou d'Abelle
Né vers 1720 à Zerbst. Mort vers 1790 à Darmstadt. xviiiᵉ siècle. Allemand.
Peintre de miniatures, aquarelliste, pastelliste, graveur, dessinateur.
Frère d'Abel E.-H., Ernst August Abel fut d'abord un artiste nomade. Il vécut et travailla à Londres, à Hambourg, à Paris, à Francfort. En 1788, il était à Cologne. Il alla ensuite à la Cour du Margrave de Hesse-Hombourg. À l'âge de 60 ans, il épousa une jeune fille de Darmstadt et vint se fixer à Hambourg. Ses œuvres, peintures à l'huile, pastels, aquarelles et dessins, et surtout des miniatures, se trouvent dans les collections privées, notamment à Hambourg. Il a gravé une eau-forte satirique représentant le cortège des citoyens de Hambourg.

ABEL Florian
Mort vers 1565. xviᵉ siècle. Actif à Prague vers 1560. Allemand.
Peintre.
Il était frère des sculpteurs Bernhard et Arnold Abel, et fut chargé de faire les dessins pour le tombeau de l'Empereur Maximilien, dont la sculpture leur avait été confiée. Une somme de 249 florins et 40 kreutzer lui fut payée pour ce travail. Il fournit

également, croit-on, le plan du monument funèbre de Frédéric Iᵉʳ, que Colin exécuta, ainsi que celui de l'Impératrice sa femme, et celui de Maximilien II. Son testament, daté de 1565, se trouve aux archives de Prague.

ABEL François
xviᵉ siècle. Travaillait à Metz en 1596. Éc. lorraine.
Sculpteur, fondeur, ciseleur.
Ce fut lui qui, en collaboration de quatre fondeurs, Hutinet, Dubois, Sonois et Voitié, coula la cloche de la cathédrale de Metz.

ABEL François Barthélemy Marius
Né le 28 février 1832 à Marseille. Mort en 1870 à Paris. xixᵉ siècle. Français.
Peintre d'histoire, compositions religieuses, figures, portraits, dessinateur.
Fut élève de Bonnefond (à l'École des Beaux-Arts de Lyon) et de Léon Cogniet. Il a exposé à Lyon, en 1866, à Paris, de 1857 à 1870, des tableaux religieux et d'histoire et des figures dessinées ou peintes. Abel fut professeur de dessin dans les écoles de la Ville de Paris à partir de 1866. On cite de lui, au musée de Marseille : *Portrait de Mlle de Sombreuil*.

ABEL Gottlieb Friedrich
Né en 1763. xviiiᵉ siècle. Allemand.
Graveur.
Élève de Johann von Muller. Le roi de Wurtemberg l'attacha à sa Cour à Stuttgart. On cite, parmi ses ouvrages marquants, les gravures qu'il fournit pour l'ouvrage de Reiter sur les arbres d'Allemagne, 125 planches environ.

ABEL Grégorius
xvᵉ siècle. Actif à Ulm. Allemand.
Peintre.
Mentionné en 1493 dans le livre des comptes de Francfort.

ABEL Guillaume Auguste Christian
Né en 1748 à Zerbst. xviiiᵉ siècle. Vivant au Danemark. Allemand.
Peintre de portraits, paysages.
Il fut l'élève de son père, le miniaturiste Léopold-August Abel. En 1776, il vint s'établir à Copenhague et y obtint du succès avec de bons portraits et de jolis paysages.
Musées : Stockholm : *Portrait d'un chevalier de l'ordre des Séraphins*, émail.

ABEL Hans
xvᵉ siècle. Vivait à Francfort vers 1494. Allemand.
Peintre verrier.
On attribue à cet artiste les remarquables vitraux de la cathédrale de Francfort, ainsi que les verrières de plusieurs églises de la ville. On sait également qu'il peignit des armoiries et des bannières.

ABEL Joseph
Né le 22 août 1764 à Aschach. Mort en 1818 à Vienne. xviiiᵉ-xixᵉ siècles. Allemand.
Peintre d'histoire, sujets mythologiques, portraits, graveur.
Ses remarquables dispositions se manifestèrent dès son plus jeune âge. Placé dans l'atelier de Füger, il fit de si rapides progrès qu'il put commencer à peindre très tôt. Ayant été remarqué par le chef de la famille Czartoryski, celui-ci emmena le jeune artiste en Pologne. Il y exécuta différents travaux, puis il se rendit à Rome, où il arriva en 1802. Abel résida pendant six ans dans la Ville éternelle, exécutant divers travaux importants qui obtinrent un grand succès.
Les sujets de ces œuvres étaient empruntés, suivant la mode d'alors, à l'antiquité grecque et romaine. Comme graveur, on cite de lui : *Études de têtes et de figures* ; *Socrate dictant son testament* 1808 ; *Abel (Joseph)* ; *Abel (Melchior)* ; *Molitor, peintre*.
Musées : Graz : *Portrait du général comte Wartensleben* – Munich : *Iphigénie se fait reconnaître par son frère Oreste – Portrait de Klopstock – La Vierge et l'Enfant Jésus*.
Ventes Publiques : Vienne, 30 nov. 1965 : *Hector et Andromaque* : ATS 9 000 – Vienne, 10 déc. 1987 : *Portrait d'un gentilhomme avec ses deux fils* 1816, h/t (108x92) : ATS 140 000.

ABEL Léopold August
Né en 1714 à Zerbst. xviiiᵉ siècle. Vivait encore en 1782. Allemand.
Peintre de miniatures.
Frère de E.-H. Abel et de Ernst August Abel. Après avoir tra-

vaillé pendant un certain temps à la Manufacture royale de porcelaine de Berlin, il abandonna la peinture pour la musique. Il fut premier violon à Schwerin. Ses fils Guillaume, Christian August et August furent ses élèves.

ABEL Louis
XVIIIe siècle. Français.
Peintre de portraits, miniatures.
VENTES PUBLIQUES : PARIS, 5 avr. 1922 : *Portrait de femme et enfant*, miniature : FRF 850.

ABEL Louise
Née en 1894 à Mount Healthy (Ohio). XXe siècle. Américaine.
Sculpteur.

ABEL Marc, pseudonyme de Abeloos Louis Marc
Né en 1918 à Gand. XXe siècle. Belge.
Peintre de figures, marines. Expressionniste.
Il fut élève de l'Académie des Beaux-Arts de Bruxelles et travailla ensuite à Hambourg, Munich et Londres. Sa manière dénote une influence du fauvisme. Ses thèmes favoris sont la mer, les ports, les bistrots à filles. Il a aussi peint des natures mortes et des fleurs.
MUSÉES : OSTENDE.

ABEL DE PUJOL. Voir PUJOL Abel de

ABEL-PINEAU. Voir PINEAU Abel

ABEL-TRUCHET Julia
Née le 18 octobre 1867 à Bordeaux (Gironde). XIXe-XXe siècles.
Française.
Peintre de portraits, paysages.
Femme du peintre Abel-Truchet, ce n'est qu'après la mort de son mari qu'elle commença à peindre, exposant à Paris à la Société Nationale des Beaux-Arts et au Salon d'Automne dont elle devint sociétaire, ainsi qu'au Salon des Indépendants. Elle se consacra surtout à décrire les personnes et les sites de son environnement quotidien.
VENTES PUBLIQUES : PARIS, 4 juil. 1990 : *Paris : La place Pigalle*, h/t (60x82) : FRF 48 000.

ABEL-TRUCHET Louis
Né le 29 décembre 1857 à Versailles (Yvelines). Mort le 9 septembre 1918 à Auxerre (Yonne), aux armées. XIXe-XXe siècles.
Français.
Peintre d'histoire, genre, portraits, paysages, pastelliste, graveur. Impressionniste.
Commerçant de profession jusqu'en 1890, il fut élève de Jules Lefebvre et de Benjamin Constant à l'académie Julian. Engagé volontaire en 1914, à 57 ans, comme lieutenant au 1er Régiment du Génie, il commanda une section de camouflage et reçut la Croix de Guerre et la Légion d'Honneur qu'il possédait déjà au titre civil.
Il exposa à partir de 1891 à divers salons, notamment aux Salons d'Automne et de la Société des Humoristes, dont il fut trésorier-fondateur, de la Société Nationale des Beaux-Arts dont il fut membre sociétaire en 1910, au Salon des Artistes Français dont il fut avant 1910 hors-concours selon Ed. Joseph. Deux de ses peintures figurèrent à l'Exposition des œuvres des Artistes morts pour la Patrie, au Salon d'Automne de 1919.
Frantz Jourdain a consacré quelques pages à cet artiste. Peintre de scènes de genre, de portraits, de paysages, Paris et notamment Montmartre, Venise, Padoue, Sienne, Marseille, Monte Carlo, Avignon, Tunis, de natures mortes et de jardins, il a adopté la technique impressionniste. Il a gravé aussi de nombreuses planches en noir et en couleurs. On cite de lui : *Le Quadrille au Bal Tabarin*, *Le Cirque Médrano*, *La Tasse de thé* (portrait), *Après le déjeuner*, *La Chanteuse de café-concert*, *La Fête place Pigalle*, *Bal des Quat'Z-Arts*, *Parisiennes aux Folies-Bergère* (pastel), *Les Petits Boticelli*, *Le 14 Juillet*, *Arrivée d'Edouard VII à Paris*, *Femme au bar*, *La Fête chez la marquise*, *Quadrille au Moulin-Rouge*, *La Loge*.
BIBLIOGR. : Marcus Osterwalder : *Dict. des illustrateurs 1800-1914*, Ides et Calendes, Neuchâtel, 1989.
VENTES PUBLIQUES : PARIS, 29 oct. 1919 : *Jeune femme dans un atelier* : FRF 155 – PARIS, 28 juin-2 juil. 1921 : *Vue de Venise* : FRF 405 – PARIS, 24 mars 1923 : *La rue Lepic* : FRF 315 – PARIS, 18 nov. 1925 : *Foire à Paris* : FRF 1 350 – PARIS, 19 mai 1926 : *Paysage (Ecouen)* : FRF 500 ; *Les grands Boulevards* : FRF 1 200 – PARIS, 25 avr. 1928 : *Charles VII et Agnès Sorel* : FRF 420 – PARIS, 6 mai 1929 : *Paysage* : FRF 800 – PARIS, 14 mars 1941 : *Paysage* : FRF 160 – PARIS, 8 mars 1943 : *Bateaux en Méditerranée*, past. :

FRF 1 200 – PARIS, 21 avr. 1943 : *L'heure du bain*, bois : FRF 1 600 – PARIS, 14 mai 1943 : *Venise* : FRF 3 000 – PARIS, 1er juil. 1943 : *Fleurs des Champs* : FRF 650 – PARIS, 29 nov. 1976 : *Paysage*, h/t (54x81) : FRF 1 900 – VERSAILLES, 13 fév. 1977 : *La fête*, h/t (50x50) : FRF 8 000 – VERSAILLES, 14 oct 1979 : *La Salute à Venise*, past. (71x98) : FRF 3 800 – NICE, 28-29 mars 1979 : *Place de la Concorde à Paris*, h/t (60x80) : FRF 13 500 – LOS ANGELES, 23 sep. 1980 : *Les Danseuses* vers 1895, litho. coul. (52x72) : USD 850 – PARIS, 9 mars 1981 : *Le Moulin-Rouge*, h/t (45x60) : FRF 28 000 – LONDRES, 6 déc. 1983 : *Folelle au Moulin-Rouge* vers 1890, h/t (27x21,5) : GBP 1 400 – LONDRES, 19 juin 1985 : *Le promenoir au Café Concert*, h/t (54x65) : GBP 7 000 – PARIS, 21 avr. 1988 : *Paris, les quais*, h/t (33x44) : FRF 8 000 – LA VARENNE-SAINT-HILAIRE, 29 mai 1988 : *Animation sur les quais à Paris* 1898, h/t (38x54) : FRF 41 300 – PARIS, 8 juin 1988 : *La Seine au Pont Royal* 1892, h/pan. (26x36) : FRF 21 000 – PARIS, 23 juin 1988 : *Paris, place Clichy*, h/t (55x65) : FRF 53 000 – LA VARENNE-SAINT-HILAIRE, 23 oct. 1988 : *Le Grand-Canal à Venise*, h/pan. (32x41) : FRF 15 500 – VERSAILLES, 18 déc. 1988 : *Paris, la Place Pigalle animée* 1905, h/cart. (32x44,5) : FRF 41 000 – NEW YORK, 21 fév. 1990 : *Femme cousant dans un jardin*, h/pan. (31,8x41,3) : USD 9 350 – CALAIS, 8 juil. 1990 : *Vue de Venise*, h/t (38x56) : FRF 18 000 – CALAIS, 26 mai 1991 : *Grand canal à Venise*, h/t (54x65) : FRF 20 000 – PARIS, 24 mai 1991 : *La marchande de fleurs de la place de la République*, h/pan. (40x32) : FRF 45 000 – PARIS, 18 déc. 1992 : *Venise*, h/t (50x90) : FRF 24 000 – PARIS, 17 déc. 1993 : *Fête nocturne*, h/t (55x46) : FRF 50 000 – NEW YORK, 19 jan. 1994 : *Lecture de l'après-midi*, h/t (46x54,9) : USD 6 613 – NEW YORK, 26 mai 1994 : *Terrasse de café*, h/t (54,9x46) : USD 11 500 – PARIS, 8 déc. 1994 : *Goûter à la campagne*, h/t (112x88) : FRF 110 000 – LONDRES, 11 avr. 1995 : *Café des Ambassadeurs*, h/pan. (12x22) : GBP 3 105 – NEW YORK, 10 mai 1995 : *Repos champêtre*, h/t (87,6x111,8) : USD 24 150 – LE TOUQUET, 21 mai 1995 : *Grand canal à Venise*, h/t (54x65) : FRF 25 500 – PARIS, 13 oct. 1995 : *Jeune femme*, past. (47x28) : FRF 11 000.

ABELA Eduardo
Né en 1892 à La Havane. Mort en 1966. XXe siècle. Cubain.
Peintre de paysages, illustrateur, caricaturiste.
Il fut élève de l'académie des beaux-Arts San Alejandro de Cuba, après avoir travaillé dans une fabrique de cigares. Il résida à Paris, de 1927 à 1930, puis fut nommé directeur de l'académie libre de La Havane, en 1937.
Il a figuré à Paris au Salon des Artistes Français dans les années vingt. Il a également exposé en Amérique Latine, obtenant le Prix national en 1938 et participant à la Biennale de São Paulo, notamment en 1957.
Il collabora à de nombreux journaux cubains. Connu comme caricaturiste, ayant créé le personnage d'*El Bobo* (*Le Simplet*), héros de dessins satiriques politiques pour le journal *La Semana*, il est aussi un remarquable peintre dont le style synthétique peut le rapprocher de celui de Rivera. Les figures de ses tableaux sont liées par une ligne sinueuse mais ferme qui les délimite sans les emprisonner.

Abela

BIBLIOGR. : Damian Bayon et Roberto Pontual : *La peinture de l'Amérique latine au XXe siècle*, Menges, Paris, 1990.
VENTES PUBLIQUES : NEW YORK, 28 nov. 1984 : *Antilles*, h/t (80x64,2) : USD 7 500 – NEW YORK, 19 nov. 1987 : *Street scene with a dog* 1961 (25,1x33) : USD 7 000 – NEW YORK, 17 mai 1988 : *Peinture N° 15*, techn. mixte/cart. (40x50,7) : USD 2 750 – NEW YORK, 18 mai 1993 : *Nu féminin* 1920, h/t (64,1x50,2) : USD 27 600 – NEW YORK, 23-24 nov. 1993 : *Petite fille du soleil*, h/pan. (30,5x30,5) : USD 14 950 – NEW YORK, 18 mai 1994 : *Pégase*, h/pan. (26,7x34,6) : USD 12 650 – NEW YORK, 17 nov. 1994 : *La Madone enfant*, h/t/cart. (54,6x38,1) : USD 25 300 – NEW YORK, 24-25 nov. 1997 : *Enfant turbulent*, h/t/pan. (28,3x31,4) : USD 11 500.

ABÉLARD Gessner
Né en 1922. XXe siècle. Haïtien.
Peintre. Naïf.
Mécanicien de métier. Le peintre haïtien Charles Humberman lui enseigna la peinture à l'Ecole d'Industrie de Port-au-Prince. En 1948, il entra dans le groupe du *Centre d'art de Port-au-Prince*, fondé en 1943 par le professeur d'anglais Dewitt Peters. Pour sa part il représente les scènes de la vie quotidienne du

petit peuple haïtien, dans une écriture synthétique et une gamme haute en couleur. Ce groupe a été exposé dans les deux Amériques et en Europe. Son succès a suscité une descendance d'une inspiration moins authentique et d'une production trop relâchée.

Bibliogr. : J. Rothenstein - *Les Peintres modernes anglais*, Londres, 1952.

Musées : Amsterdam (Stedelijk Mus.) : *La salle-à-manger*.

Ventes Publiques : New York, 9 juil. 1981 : *Cathédrale*, peint./isor. (61x101) : USD 1 300 – New York, 29 mai 1985 : *Cérémonie vaudou*, h/isor. (61x77,7) : USD 650 – New York, 15 mai 1991 : *Paradis*, h/rés. synth. (122x122) : USD 2 420 – New York, 15 nov. 1994 : *Paons royaux* 1957, h/rés. synth. (50x61) : USD 2 530 – Paris, 1er avr. 1996 : *Le marché de fer*, h/isor. (60x100) : FRF 5 100.

ABÈLE. Voir **ABEL**

ABELEC Pieter Van
XVIIe siècle. Éc. hollandaise.
Graveur.
Cité dans le Dictionnaire des monogrammes de Ris-Paquot.

P. V. A

ABELENDA Manuel
Né en 1889. Mort en 1957. XXe siècle. Espagnol.
Peintre de scènes animées, paysages, paysages d'eau.
Il s'est montré sensible aux effets d'éclairage.
Ventes Publiques : Madrid, 15 mars 1976 : *Paysage fluvial*, h/t mar./cart. (32x40) : ESP 26 000 – Madrid, 23 fév. 1977 : *Paysage fluvial au clair de lune*, h/t (69x102) : ESP 60 000 – Madrid, 20 mai 1981 : *Paysage*, h/t (38x46) : ESP 50 000 – Barcelone, 18 déc. 1986 : *Fête champêtre* 1945, h/t (81x101) : ESP 210 000 – Barcelone, 17 juin 1987 : *Lumière d'hiver*, h/t (102,5x136) : ESP 370 000.

ABELES Kim
XXe siècle. Américaine (?).
Artiste d'installations.
Elle a montré ses œuvres dans une exposition personnelle à l'Art museum de Santa Monica.

ABELIN Johann
XVIe siècle. Allemand.
Dessinateur.
Le graveur sur bois Hans Rogel a gravé d'après lui une estampe datée de 1569, représentant la ville de Kempten.

ABELING Johan
Né en 1953 à Emmen. XXe siècle. Hollandais.
Peintre de paysages. Figuration-onirique.
Bibliogr. : In : Catalogue de l'expos. *Une patience d'ange*, gal. Lieve Hemel, Amsterdam, 1995.

ABELJANZ Arthur
Né en 1885 à Zurich. Mort en 1970. XXe siècle. Suisse.
Sculpteur.
Ventes Publiques : Lucerne, 30 sep. 1988 : *Torse féminin*, ciment (H. 33) : CHF 800.

ABELLA Y GARAULET José
Né près de Valence. XIXe siècle. Actif au début du XIXe siècle.
Espagnol.
Peintre.
Il se fit connaître à Valence, vers 1845, par des peintures de chasses. Il fit aussi des tableaux d'histoire. Le musée de Valence possède un Christ de lui.

ABELLO Juan, appelé aussi **Abello-Prat Joan**
Né en 1922 à Mollet (Catalogne). XXe siècle. Espagnol.
Peintre de compositions à personnages, paysages.
Il participe à des expositions collectives, notamment en 1977 à Paris, au Salon de la Société Nationale des Beaux-Arts. Il montra la première exposition personnelle de ses peintures en 1947, suivie de nombreuses autres, à Madrid, Barcelone, obtenant diverses distinctions, puis à Broadway, Oxford, Anvers. En 1966, il s'installa un deuxième atelier en Belgique, à Laethem-Saint-Martin, où il travaille plusieurs mois par an. Puis nouvelles expositions à Grenoble, Saint-Étienne, Turin, New York, etc. En 1978, il donna pour titre : *Printemps des Alpes et de Catalogne* à son exposition personnelle de Meylan (Isère).
Il tire ses sujets du paysage catalan et des scènes typiques de la vie catalane, sauf lorsqu'il est à Laethem-Saint-Martin. Il a une prédilection pour les paysages vallonnés sauvages qu'écrasent d'épais nuages.

Ventes Publiques : Grenoble, 18 mai 1981 : *Nuages sur le champ de blé* : FRF 8 000 ; *Champ de coquelicots* : FRF 8 000 – Londres, 30 sep. 1981 : *La course d'avirons* 1962 (71x97,2) : GBP 600.

ABELLON Andréas
Né vers 1375. Mort en mai 1450. XVe siècle. Actif à Saint-Maximin (près de Marseille). Français.
Peintre.
Il était prieur dominicain. Les archives, dépouillées par Albanès, mentionnent que le couvent acheta en 1444 trois pièces de tapisseries historiées, qu'Abellon peignit peut-être lui-même. On suppose que le chœur de la chapelle, édifié de 1419 à 1430, pourrait avoir été décoré par lui. Une partie de cette décoration, contenant des figures de saints, a été conservée.

ABELLOOS Michel
Né le 28 janvier 1828 à Louvain. Mort le 19 avril 1881 à Louvain. XIXe siècle. Éc. flamande.
Sculpteur de sujets religieux.
Cet artiste chercha à reprendre dans ses ouvrages la tradition des primitifs. Sur des dessins du baron Jean Béthune, il exécuta notamment le maître-autel de l'église Saint-Basile, à Bruges. Il fit également le maître-autel de Saint-Cruces, près de Bruges, œuvre considérable. On trouve encore des ouvrages de ce maître religieux, dans le Nord de la France et en Angleterre.

ABELMAN Ida
Née en 1910 à New York. XXe siècle. Américaine.
Peintre de genre, compositions animées, figures, graveur.
Elle fut élève à New York, de la Grand Central Art School, de la National Academy School of Fine Art au City College de New York, au Hunter College, à la National Academy of Design et à l'Art Students' League.
Le musée-galerie de la Seita à Paris a présenté de ses œuvres en 1996 à l'exposition : *L'Amérique de la dépression – Artistes engagés des années trente*.
Elle travailla la lithographie avec Georges Miller. Dans les années trente, elle réalisa de nombreuses gravures pour la WPA, Work Projects Administration, énorme entreprise à l'échelle américaine pour venir en aide aux artistes frappés par la récession, mise en place par l'administration de Roosevelt, et qui leur offrit, entre 1935 et 1939, des milliers de commandes diverses. Elle mit en scène de manière lucide dans des œuvres engagées les effets de la Dépression sur les hommes, adoptant un style expressionniste, et représenta les grands travaux de constructions.
Bibliogr. : Catalogue de l'exposition : *L'Amérique de la dépression. Artistes engagés des années trente*, musée-galerie de la Seita, Paris, 1996.

ABELOOS Jean François
Né à Louvain. XIXe siècle. Hollandais.
Sculpteur de sujets religieux, statues, bustes.
Il fut l'élève de Karel Geerts. En 1855 on le choisit comme professeur à l'Académie des Arts pour y remplacer son maître. Il produisit un grand nombre de sculptures, dont on trouve des échantillons dans les églises belges. A l'exposition de Bruxelles, en 1854, il exposa un groupe représentant la Vierge et l'Enfant Jésus ainsi qu'une Sainte Cécile. Il a fait plusieurs bustes pour l'Hôtel de Ville de Louvain.

ABELOOS Paul
Né à Bruxelles, de parents français. XXe siècle. Travaille à Paris. Français.
Peintre de paysages.
En 1910, il expose six toiles au Salon des Indépendants.

ABELOOS Sonia
Née le 1er janvier 1876 à Saint-Gilles (Brabant). Morte le 29 mai 1969 à Bruxelles. XXe siècle. Belge.
Peintre de genre, portraits, paysages.
Élève de Verheyden et Palmer à l'Académie Royale des Beaux-Arts de Bruxelles. En Belgique elle a exposé notamment au Salon de Bruxelles et à celui de Liège. A Paris : à la Société Nationale des Beaux-Arts depuis 1910, puis au Salon des Artistes Français jusqu'en 1933. Elle a aussi exposé à Londres de 1909 à 1918. Elle était membre du Cercle Artistique de Bruxelles.
Elle a peint des scènes familières de la vie quotidienne, y abordant parfois le paysage environnant, comme dans *Sur la dune*.
Musées : Ixelles – Schaerbeck.

ABELOOS Victor
Né le 25 décembre 1881 à Saint-Gilles près de Bruxelles. Mort le 18 août 1965 à Ixelles. XXe siècle. Belge.

Peintre de scènes de genre, figures, animalier, paysages. On le dit parfois anglais. Il fut élève de Alfred Cluysenaer. Il a figuré à l'Exposition de l'Institut Royal de Glasgow. Puis il exposa à la Société Nationale des Beaux-Arts de Paris entre 1903 et 1911, et au Salon des Artistes Français en 1931-1932. Il a été remarqué pour des scènes champêtres avec animaux, des scènes mythologiques ou sociales.

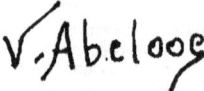

MUSÉES : SAINT-JOSSE-TEN-NOODE (Mus. Charlier). **VENTES PUBLIQUES :** LOKEREN, 28 mai 1988 : *Jeune femme*, h/t (73x60) : **BEF 80 000** – BRUXELLES, 19 déc. 1989 : *Femme endormie* 1916, h/t/pan. (30x45) : **BEF 20 000** – PARIS, 9 déc. 1991 : *Nature morte aux fleurs*, h/t (92x74) : **FRF 7 000**.

ABELOUS Lucien
Né à Aussillon (Tarn). XXᵉ siècle. Français.
Peintre de paysages.
Il a figuré régulièrement au Salon des Indépendants de Paris, à partir de 1935.

ABELS Albert
Hollandais.
Peintre miniaturiste.
Figure avec deux miniatures, portraits d'hommes, au musée communal de La Haye.

ABELS Jacobus Theodorus
Né le 1ᵉʳ septembre 1803 à Amsterdam. Mort le 18 juin 1866 à Abcoude. XIXᵉ siècle. Hollandais.
Peintre de paysages, aquarelliste, dessinateur.
Il fut l'élève du peintre Jan Van Ravenzwaay. En 1826, Abels voyagea en Allemagne. De retour en Hollande, il se fixa à La Haye, où il épousa la fille du peintre Pieter Gerardus Van Os. Abels se fit particulièrement remarquer par ses clairs de lune. Sa couleur est puissante et il représente avec une grande vérité les jeux de la lumière. Ses aquarelles et ses dessins furent également très recherchés.

Af: Ftrls.

MUSÉES : AMSTERDAM : *Après-midi*, personnages et animaux par Pieter G. Van Os – LA HAYE : *En dehors du village – Petit canal – Soirée près de la rivière – Petit moulin au clair de lune – Moulin en feu – Mont de neige* – LIÈGE : *Anvers, le matin.* **VENTES PUBLIQUES :** AMSTERDAM, 1850 : *Effet de clair de lune* : **FRF 283** – GAND, 1856 : *Clair de lune* : **FRF 175** – LONDRES, 24 nov. 1976 : *Paysage fluvial boisé*, h/pan. (41x58) : **GBP 1 000** – AMSTERDAM, 7 nov. 1978 : *Paysage fluvial*, aquar. (13,7x19,5) : **NLG 8 800** – LONDRES, 6 oct. 1982 : *Un estuaire au clair de lune* 1834, h/pan. (39x52) : **GBP 700** – AMSTERDAM, 12 sep. 1985 : *Village au bord d'une rivière à l'aube* 1841, h/t (35x47) : **NLG 15 000** – AMSTERDAM, 10 fév. 1988 : *Paysage de rivière au clair de lune avec une ville à l'arrière plan*, h/t (13,5x11,5) : **NLG 2 760** – AMSTERDAM, 16 nov. 1988 : *Paysage fluvial au clair de lune avec des cavaliers et des voyageurs attendant le passeur*, h/t (61x76,5) : **NLG 12 650** – AMSTERDAM, 23 avr. 1991 : *Paysage fluvial au clair de lune*, h/pan. (23x29) : **NLG 1 955** – AMSTERDAM, 20 avr. 1993 : *Paysage boisé animé avec des cottages*, h/pan. (38,5x52) : **NLG 9 430** – MUNICH, 22 juin 1993 : *Vue de Vienne* 1847, h/t (51,5x72) : **DEM 13 800** – AMSTERDAM, 21 avr. 1994 : *Un village au clair de lune avec des pêcheurs dans une barque et un clocher au lointain*, h/pan. (22,5x27,5) : NLG 8 625.

ABELS Simon
XVIᵉ siècle. Vivait à Prague, probablement au XVIᵉ siècle. Éc. de Bohême.
Peintre, sculpteur.
On a de cet artiste l'autel de l'église Thine, à Prague, œuvre puissante de sculpture et de peinture, qui paraît inspirée par la vue de la Vierge de Dürer.

ABELS-D'ALBERT Erika. Voir ALBERT Erika d'

ABELSON Evelyn
Née à Londres. XXᵉ siècle. Britannique.
Peintre.
A Paris, elle a participé aux expositions de la Société Nationale des Beaux-Arts, régulièrement depuis 1925.

ABENANTE Mario d'
XIXᵉ siècle. Vivant à Naples. Italien.
Peintre.
A l'exposition de Naples, en 1877, on apprécia une toile de cet artiste : *Le songe de Parisina.*

ABENDROTH Herman
Né en 1833. XIXᵉ siècle. Allemand.
Peintre de portraits.
On lui attribue un *Portrait de Friedrich Ebert.*

ABENDSCHEIN Albert
Né le 13 février 1860 à New York. XIXᵉ siècle. Américain.
Peintre.
Il fit ses premières études à New York, puis il vint se perfectionner à Munich et en Italie. Abendschein s'est spécialisé dans les portraits et les miniatures. Il exposa à la National Academy de New York, ainsi qu'à Philadelphie et à Saint Louis, et ses ouvrages furent récompensés à Munich.

ABE Nobuya
Né en 1913 à Niigata. XXᵉ siècle. Japonais.
Peintre. Tendance abstraite.
Il se forma seul. Il figure dans de nombreuses expositions prestigieuses dans le monde : Biennale de São Paulo 1951, Exposition Internationale de Pittsburgh 1952, etc. Il avait aussi participé à l'Exposition d'Art Japonais Contemporain, qui eut lieu à la Nouvelle-Orléans en 1950. Il fut l'un des fondateurs du *Bunka Kyokai* (Association pour l'art et la culture). Issue de la tradition, sa peinture a évolué vers une abstraction informelle.

ABENT Leonhard A.
Né vers 1580 à Passau (Bavière). XVIIᵉ siècle. Allemand.
Graveur.
On connaît de lui, à cette date, le plan de la ville de Passau pour la *Topographie* de Braun. Ce plan porte le monogramme et le nom de l'artiste *Leonardus About patranien. F.* ; pourtant, d'après la phrase suivante, comprise dans une des préfaces de Braun : « Et ce au regard de celui qui portera impatiemment que son pays ait esté ici obmis, il le prie bien affectueusement et pour l'amour qu'il porte à iceluy qu'il nous envoye le portraict et nous le ferons graver de la main artificieuse de Hogenberge, en faisant mention honorablement de son nom... », il ressort qu'Abent n'a été que le dessinateur de la ville de Passau. D'après Heineken, il signait A.

ABERCROMBIE M. C., Miss
XIXᵉ siècle. Active vers 1891. Britannique.
Peintre de portraits, aquarelliste.
Elle exposa à la New Water-Colours Society et à la New Gallery, à Londres, en 1891-1892.

ABERCROMBY John B.
XIXᵉ-XXᵉ siècles. Actif à Edimbourg. Britannique.
Peintre de genre.
Prit part aux expositions de la Royal Academy, de 1873 à 1896. On le trouve également à l'exposition du Royal Institute de Glasgow, en 1904.
VENTES PUBLIQUES : LONDRES, 1ᵉʳ juin 1984 : *The sleeping nurse* 1870, h/t (61x81,2) : **GBP 1 800** – CHESTER, 18 avr. 1986 : *Those who send me early shall find me* 1870, h/t (49x43) : **GBP 680**.

ABERDAM Alfred
Né le 14 mai 1894 à Lwow (Pologne). Mort le 3 décembre 1963 à Paris. XXᵉ siècle. Actif en France. Polonais.
Peintre de compositions à personnages, intérieurs, fleurs. Expressionniste.
Après ses études à Lwow, il fut élève de l'Académie Royale de Munich en 1913-1914. Mobilisé, il fut blessé dès le début de la guerre, fait prisonnier en Russie, où il resta de 1914 à 1920. Libéré, il reprit ses études artistiques de 1920 à 1922 à l'Académie des Beaux-Arts de Cracovie, recevant le Premier Prix en fin d'études. En 1922-1923, il était à Berlin et eut l'opportunité de travailler dans l'atelier du sculpteur Archipenko. En 1923 il se fixa définitivement à Paris. Il y participait aux expositions collectives traditionnelles des Salons annuels : Indépendants, Automne, Tuileries. Jusqu'en 1940 diverses galeries s'intéressent à lui de façon continue et l'exposent dans des regroupements ou seul, comme pour sa première exposition personnelle en 1929. De 1940 à 1944, l'occupation de la France par les Allemands le contraignit à la clandestinité et il dut cesser toute acti-

vité artistique. En 1945 il fut convié à participer au Salon de la Libération. En 1949 il montra à Paris une importante exposition rétrospective de l'ensemble de son œuvre, qui circula ensuite dans des musées israéliens. Une autre exposition personnelle eut lieu encore à Paris en 1952, suivie d'autres, dont à Londres la dernière de son vivant. Aberdam vivait à Paris dans des conditions précaires, déraciné, traqué, meurtri, retiré d'un monde qui ne lui avait été qu'hostile. Il ne respirait que pour continuer sa peinture, peu soucieux de ou maladroit à la faire valoir.

Techniquement, il peignait dans une matière lourde, grasse, sensuelle, dans une gamme de tons très travaillés, assourdis et somptueux à la fois. Peintre de compositions à personnages, dans sa première manière ses personnages évoluaient à peu près à l'aise dans une réalité plutôt favorable à un climat pictural intimiste. L'univers qu'il créa ensuite est hanté d'êtres d'apparence humaine, personnages mythiques, issus d'une mythologie personnelle et secrète, accompagnés de sortes d'animaux à forme de cheval, des centaures peut-être, et est éclairé de lueurs mauves perçant une pénombre brune. Enfin, dans l'ultime période, par ses peintures interposées, il s'est affranchi, comme en songe, d'un monde qui l'avait exclu, pour se projeter, Grand Meaulnes insolite, dans le décor et les figurants d'une éternelle fête galante. ■ Jacques Busse

VENTES PUBLIQUES : PARIS, 2 mai 1949 : *Nature morte aux clairons* : **FRF 2 600** – PARIS, 30 avr. 1962 : *Intérieur à la fenêtre ouverte* : **FRF 1 100** – GENÈVE, 10 juin 1967 : *Les Danseuses* : **CHF 3 000** – VERSAILLES, 17 déc. 1972 : *Les Grandes Maisons* : **FRF 4 000** – TEL-AVIV, 4 mai 1980 : *Figures* (73x60) : **ILS 25 000** – TEL-AVIV, 4 mai 1980 : *Jeunes filles dans un intérieur*, h/t (64x46) : **ILS 18 500** – TEL-AVIV, 22 nov. 1982 : *Nymphes* (51x97.5) : **ILS 34 500** – PARIS, 3 déc. 1983 : *Le Repas dans l'atelier*, h/t (73x92) : **FRF 12 500** – VERSAILLES, 2 mars 1986 : *Cavaliers de l'Apocalypse* 1959, h/t (112x147) : **FRF 9 800** – PARIS, 20 mars 1988 : *Vase de fleurs* 1927, h/t (81x54) : **FRF 23 000** ; *Bouquet et fauteuil rouge*, h/t (81x60) : **FRF 24 000** ; *Les Trois Grâces* 1959, h/pan. (55x38) : **FRF 6 800** – TEL-AVIV, 3 jan. 1990 : *Danseurs*, h/t (126,5x52) : **USD 1 430** – PARIS, 8 avr. 1990 : *Bal nocturne*, h/bois (75x81) : **FRF 18 000** – TEL-AVIV, 19 juin 1990 : *Nymphes*, h/t/cart. (65x54) : **USD 1 980** – PARIS, 6 fév. 1991 : *Nymphe*, h/t (126x52) : **FRF 11 000** – PARIS, 14 avr. 1991 : *Groupe de femmes*, h/t (55x44) : **FRF 10 000** – TEL-AVIV, 12 juin 1991 : *Nymphes*, h/t (80x40) : **USD 1 760** – PARIS, 17 mai 1992 : *Personnages dans un parc*, h/pan. (26x70,5) : **FRF 5 500** – PARIS, 6 déc. 1993 : *Composition* 1959, h/t (81x100) : **FRF 4 000** – PARIS, 26 mars 1995 : *Scène d'intérieur*, h/t (55x46) : **FRF 8 000** – PARIS, 24 mars 1996 : *La Cérémonie* 1950, h/t (46x55) : **FRF 4 000** – PARIS, 16 mars 1997 : *Réception* 1954, h/t (81x100) : **FRF 8 000**.

ABEREGNO Jacobello. Voir **ABERIGNO**

ABERG Emil
Né en 1864 en Suède. XIXᵉ siècle. Suédois.
Peintre de paysages, graveur, dessinateur.
Ce peintre de paysages, qui a également gravé à l'eau-forte, est connu surtout par les nombreux dessins qu'il fournit aux journaux illustrés.

ABERG Frédérik Ulrik
Né vers 1760 en Suède. XVIIIᵉ-XIXᵉ siècles. Vivait encore en 1809. Suédois.
Sculpteur de statues, bustes.
Il était fils d'un modeleur qui travailla au château royal de Stockholm. Aberg fut l'élève de Johan Tobias Sergel et de l'Académie des Beaux-Arts de Stockholm. On estime que les statues qu'il produisit ; ses bustes et ses médaillons sont meilleurs.
MUSÉES : STOCKHOLM : *Hallman, K. J., poète*, buste plâtre.

ABERG Martin
Né en 1888 à Ljusnarsberg. Mort en 1946 à Stockholm. XXᵉ siècle. Suédois.
Peintre de figures, paysages, marines.
Il fut élève de Wilhemson à Stockholm de 1911 à 1917. Il parcourut l'Europe. Il était bien représenté à l'exposition de peinture suédoise organisée au Musée du Jeu de Paume à Paris en 1929. Il a surtout peint des paysages des diverses contrées de la Suède, souvent sensible aux variations apportées par les heures du jour ou les saisons.
MUSÉES : STOCKHOLM (coll. du Prince Eugène) : *Soir d'hiver à Stockholm – Laponie – Les blés mûrs*.

VENTES PUBLIQUES : STOCKHOLM, 22 avr. 1981 : *Gruvan* 1931, h/t (95x123) : **SEK 2 000** – STOCKHOLM, 6 juin 1988 : *L'été à Haverdal* 1930, h. (94x125) : **SEK 7 000**.

ABERG Pelle
Né en 1909. Mort en 1964. XXᵉ siècle. Suédois.
Peintre de genre, portraits, figures, groupes, paysages, peintre à la gouache. Naïf.
Dans une technique rudimentaire, mais avec un dessin particulièrement efficace, jusqu'aux expressions psychologiques des visages et des attitudes des personnages, et des couleurs fraîches et gaies, il campait avec bonheur et humour des scènes tendres ou comiques ou des portraits, surtout de femmes, dans leurs occupations familières.
VENTES PUBLIQUES : GÖTEBORG, 24 mars 1976 : *Portrait d'Anna Aberg* (58x48) : **SEK 5 700** – GÖTEBORG, 8 nov. 1978 : *Portrait de jeune fille* 1957 (46x38) : **SEK 16 500** – STOCKHOLM, 23 avr. 1983 : *Personnages regardant la Télévision*, gche (34x25) : **SEK 6 200** – STOCKHOLM, 9 nov. 1983 : *Clown*, h/pan. (45x38) : **SEK 21 000** – STOCKHOLM, 16 mai 1984 : *Jeune fille à la cigarette*, h/pan. (63x52) : **SEK 61 000** – STOCKHOLM, 20 avr. 1985 : *L'apéritif au café*, h/pan. (45x37) : **SEK 71 000** – STOCKHOLM, 9 déc. 1986 : *Portrait de jeune fille au grand chapeau*, h/pan. (45x54) : **SEK 44 000** – STOCKHOLM, 26 mai 1987 : *Fantaisie de Stockholm* 1950, h/pan. (48x66) : **SEK 45 000** – STOCKHOLM, 6 juin 1988 : *Serveuse assise à l'intérieur d'un café*, h. (45x54) : **SEK 13 500** – GÖTEBORG, 18 mai 1989 : *Clown dans un intérieur*, h/t (61x50) : **SEK 33 000** – STOCKHOLM, 13 avr. 1992 : *Portrait d'une dame avec un chapeau vert*, h/pan. (40x32) : **SEK 21 000** – STOCKHOLM, 5 sep. 1992 : *Composition d'un paysage*, h/pan. (117x74) : **SEK 8 200** – STOCKHOLM, 10-12 mai 1993 : *Hommage*, h/pan. (131x88) : **SEK 47 000**.

ABERG Ulrika Victoria
Née le 23 février 1824 à Lowisa (Finlande). Morte le 15 juillet 1892 à Weimar. XIXᵉ siècle. Finlandaise.
Peintre de paysages.
Après avoir fait ses études dans son pays natal, elle devint professeur à l'école des filles d'Helsingfors. Vers 1865, elle voyagea, en Allemagne et en Italie, se livrant à l'étude du paysage. Düsseldorf, Dresde et Weimar furent les villes où elle séjourna particulièrement. Ses ouvrages représentent surtout des vues de Finlande, d'Allemagne et d'Italie et sont conçus d'après la vision réaliste.
MUSÉES : HELSINKI : *Paysage – Clair de lune – Vue d'Olofsborg*.
VENTES PUBLIQUES : ZURICH, 6 juin 1980 : *Paysage de Finlande* 1878, h/t (75,5x122) : **CHF 1 600**.

ABERIGNO Jacobello
Né à Venise. XVᵉ siècle. Actif vers 1400. Éc. vénitienne.
Peintre.

ABERKIOS
XIXᵉ siècle. Vivait au monastère du Mont Athos au milieu du XIXᵉ siècle. Grec.
Graveur en taille-douce.
Moine grec, on connaît de lui une gravure représentant la Vierge sur un trône, entourée de la tribu de Jessé et des prophètes. On cite également de lui vingt-quatre petites vignettes illustrant un hymne grec.

ABERLENC René
Né le 10 novembre 1920 à Alès (Gard). Mort en 1971 à Paris. XXᵉ siècle. Français.
Peintre de portraits, paysages, natures mortes, illustrateur.
Il s'initia seul à la peinture, aidé des conseils d'artistes amateurs régionaux. Venu à Paris, il se lia avec les artistes du groupe de la Ruche à Vaugirard, étrangers ou provinciaux comme lui, logés dans cet ancien Pavillon des Machines de l'Exposition Universelle de 1889. Il a exposé régulièrement au Salon des Indépendants de 1953 à 1960, au Salon de la Jeune Peinture entre 1954 et 1961, aux Salons d'Automne à partir de 1958, des Peintres Témoins de leur Temps de 1960 à 1970, Comparaisons de 1962 à 1971. Il obtint le Prix des Jeunes Peintres en 1956, le Prix de la Critique en 1965. Dans sa peinture, il avait dès ses débuts adopté un parti figuratif appliqué à des thèmes réalistes.

ABERLI
XVIIIᵉ siècle. Italien.
Peintre de paysages.
Il était actif à la fin du XVIIIᵉ siècle et vivait à Rome vers 1790. Aberli exposa six tableaux à la Society of Artists à Londres.

ABERLI Franz
XVIIIᵉ siècle. Suisse.

Graveur.

Il étudia chez Huber, à Bâle, et travailla avec zèle et goût. Il aurait été actif à Winterthur. Nagler le confond avec Johann Aberli.

ABERLI Jakob Friedrich

Né le 24 septembre 1800 à Winterthur. Mort le 19 décembre 1872 à Winterthur. XIXe siècle. Suisse.

Graveur, sculpteur, médailleur.

Fils et élève du graveur Johann Aberli. On le trouve en 1821 à Lyon, puis en 1823 à Paris. Vers 1825-1828, il travailla à Winterthur. De 1829 à 1845, Aberli résida à Zurich, qu'il quitta pour s'établir définitivement à Winterthur.

ABERLI Johann Ludwig

Né en 1723 à Winterthur. Mort en 1786 à Berne. XVIIIe siècle. Suisse.

Peintre de paysages, paysages de montagne, aquarelliste, pastelliste, graveur.

Il faisait partie d'une ancienne famille d'artisans. Il fut d'abord élève de Félix Meyer. À partir de 1741, il travailla dans l'école de Johann Grimm à Berne. À la mort de Grimm en 1747, il prit sa suite. À cause de coïncidences des lieux de naissance et de mort, certaines sources semblent commettre une confusion avec Henrich Rieter, qui aurait plutôt été son élève et son continuateur (Voir cette notice).

Vers le milieu du siècle, il peignit des portraits. Toutefois, il se fit une brillante réputation par ses paysages et surtout par ses gravures en couleurs, d'après les sites les plus pittoresques de la Suisse qu'il parcourait. On en fit de nombreuses imitations. Le Blanc dit avec raison que ses estampes, très légèrement mordues, sont lavées et retouchées au pinceau, quelques-unes avec une si grande perfection qu'on pourrait les prendre pour des dessins. ■ J. B.

Musées : BERNE : *Scherzlingen, près de Thoune – Paysage, bétail à l'abreuvoir – Idylle champêtre, après le bain.*

Ventes Publiques : BERNE, 27 nov. 1963 : *Vue de Koniz-bei-Bern*, aquar. : CHF 700 – LONDRES, 18 mai 1976 : *La vallée Oberhasli*, eau-forte (24,9x40,3) : GBP 200 – BERNE, 5 déc. 1978 : *Une cour de ferme aux environs de Berne* 1782, aquar. (25,1x37,1) : CHF 8 800 – BERNE, 27 nov. 1979 : *Vue du château de Wimmis et des environs*, grav. coloriée (32,2x49) : CHF 4 600 – LONDRES, 7 juin 1983 : *Vue d'Yverdon, prise depuis Clindi* 1782, eau-forte coloriée (39X54,3) : GBP 3 500 – BERNE, 17 juin 1987 : *Sammlung eininger Ansichten in der Schweitz* 1782, suite de dix grav. coloriées (19,5x29) : CHF 16 000 – BERNE, 12 mai 1990 : *Portrait de J.J. Hermann avec son fils*, past. (114x60) : CHF 4 000 – ZURICH, 8 déc. 1994 : *Vue de Mouri près de Berne*, eau-forte coloriée (32x48,5) : CHF 1 725.

ABERLIN Hans

XVIe siècle. Vivait à Brugg (Suisse). Suisse.

Peintre.

Mentionné dans les archives de cette ville en 1531.

ABERNETHIE

XVIIIe siècle. Travaillait à Charlestown (Caroline du Sud) en 1785. Américain.

Graveur au burin.

ABERNETHY Mez, Miss

XXe siècle. Américaine.

Peintre.

Elle vivait en Amérique et en France en 1905-1906.

ABERRY J.

XVIIIe siècle. Britannique.

Peintre de portraits, graveur.

On connaît de lui un portrait de sir Walkin William Wynne, daté de 1753, exécuté, dans la manière de Worlidge, pour une édition de Boydell.

Ventes Publiques : LONDRES, 17 juil. 1987 : *Portrait of John Perceval, 1st Earl of Egmont and his wife Catherine*, h/t (133x187) : GBP 20 000.

ABESCH Anna Barbara ou **Ab Esch** ou **Abäsch** ou **von Esch**

Née le 23 mars 1706 en Suisse, ou 1702 selon d'autres sources. Morte sans doute en 1760, ou 1750 selon d'autres sources. XVIIIe siècle. Suisse.

Peintre de vitraux.

Elle était le dernier représentant de peintres verriers qui travaillèrent beaucoup en Suisse. Ses œuvres, pour la plupart des sujets bibliques ou historiques, portent généralement le monogramme *A. B. V. E.*

Ventes Publiques : SOISSONS, 21 mai 1995 : *Don Quichotte* 1731, cinq peint. sur verre (33x38) : FRF 170 000.

ABESCH Jean Pierre, appelé aussi **Joan Petrus von Esch**

Né le 15 août 1666 à Sursee (Suisse). Mort en 1740. XVIIe-XVIIIe siècles. Suisse.

Peintre d'histoire, compositions religieuses, scènes de genre, peintre verrier.

Ce fut le plus célèbre de sa famille et l'on rencontre nombre de ses ouvrages, dont les sujets sont empruntés à l'histoire et à l'Ancien Testament. Il a aussi peint des scènes de genre. L'hôtel de ville de Sursee, le collège de Sarnen, l'Œuvre de Saint-Gall possèdent de ses ouvrages.

Ventes Publiques : ZURICH, 21 nov. 1986 : *David und Abigail*, fixé sur verre (36x50) : CHF 6 000.

ABESCH Pierre Antoine, dit aussi **Hans Peter Antonius von Esch**

Né le 13 juin 1670 à Sursee. Mort sans doute en 1740. XVIIe-XVIIIe siècles. Suisse.

Peintre verrier.

Frère de Jean-Pierre et de Barbara Abesch, qu'il aida dans leurs travaux.

ABE Schumpo

XXe siècle. Japonais.

Peintre. Figuratif.

A l'exposition d'art japonais, organisée au Musée du Jeu de Paume de Paris en 1929, il figurait dans la section dite *Ecole classique contemporaine*, par opposition à la peinture traditionnelle japonaise.

ABESMAISTER Hans

Mort en 1505. XVe siècle. Actif à Augsbourg. Allemand.

Peintre.

ABFELTERER Sebastian

XVIIe siècle. Vivait à Hall (Tyrol). Autrichien.

Peintre.

On a de lui dans le cimetière de la ville de Hall plusieurs tableaux religieux et un Christ en croix.

ABID ALI Medhi

Né le 3 juillet 1943 à Singar. XXe siècle. Irakien.

Hors de son pays, il a exposé en Europe, entre autres à Paris et Malmö, et a été sélectionné pour la Biennale des Jeunes de 1971 à Paris.

ABIDINE, de son vrai nom : **Abidine Dino**

Né en 1913 à Istanbul. Mort le 7 décembre 1993 à Villejuif (Val-de-Marne). XXe siècle. Depuis 1952 actif en France. Turc.

Peintre, dessinateur, illustrateur. Tendance expressionniste. Groupe D.

Il eut très jeune une activité artistique à Istanbul. À l'âge de quinze ans, il donnait déjà des dessins humoristiques dans la presse turque. En 1931, âgé de dix-huit ans, il anima le *Groupe D*, qui fut le premier groupe artistique progressiste en Turquie. Ensuite, de 1933 à 1937, il séjourna à Leningrad ; poursuivant sa peinture et travaillant également pour le cinéma, il se lie d'amitié avec Eisenstein et Meyerhold. Revenu à Istanbul, il créa en 1938 le *Groupe du Port*. De 1942 à 1948, il vécut en exil en Anatolie. Il se fixa à Paris en 1952 et retrouva Tzara qu'il a connu avant la guerre. Il travailla la poterie aux côtés de Picasso et Chagall à Vallauris. À partir des années trente, il illustre les poèmes du poète Nazim Ikmet.

Il participait à des expositions collectives : en 1952, il fut sélectionné pour la Biennale de Venise. Il fut invité au Salon de Mai de Paris. Plusieurs galeries montrèrent ses œuvres à Amsterdam, Grenoble, Prague, Zurich, Istanbul, Rome, Ankarra, etc.

Il fit de nombreuses expositions individuelles : en 1934, il exposa à Chicago et à Ankara en 1947 et 1948 ; la première à Paris, Galerie Kléber en 1955, est présentée par Philippe Soupault, une autres se tint en 1958 au Musée Grimaldi d'Antibes. En 1993, à Paris, la galerie Vieille-du-Temple expose ses dessins. En 1994, pour l'anniversaire de sa mort, la galerie Vieille-du-Temple a organisé une exposition d'ensemble de l'œuvre, la galerie Nev à Ankara et Istanbul a fait une commémoration. En 1997, la galerie Vieille-du-Temple expose ses peintures et dessins sous le titre *Drôles de Gueules*.

Pendant son long séjour en Anatolie, il s'attacha à dépeindre la très dure condition des paysans. Dans l'ensemble de son travail il tend à démontrer le sens de la condition humaine dans l'époque et la conjoncture. Le pouvoir de conviction de sa peinture est fondé sur une utilisation appropriée d'un graphisme et d'un chromatisme orientés vers l'expression.

Musées : Ankara (Mus. d'Art Mod.) – Antibes (Mus. Picasso) – Istanbul (Mus. d'Art Mod.) – Paris (Mus. d'Art Mod.) – Philadelphie (Mus. d'Art Mod.) – San Diego – Seatle (Mus. d'Art Mod.).
Ventes Publiques : Paris, 10 avr. 1996 : *Composition* 1959, h/t (40x100) : **FRF 5 500** – Paris, 16 déc. 1996 : *Composition, la mer*, h/t (54x65,3) : **FRF 5 500**.

ABILDGAARD Nikolaj Abraham
Né en 1743 à Copenhague. Mort en 1809 à Copenhague. XVIIIe-XIXe siècles. Danois.
Peintre d'histoire, compositions mythologiques, sujets allégoriques, figures.
Son père, Sören Abildgaard, dessinateur distingué, commença son éducation artistique, puis l'envoya à l'Académie de Copenhague. Nikolaj y obtint la grande médaille. Il partit peu après pour l'Italie et y résida pendant près de dix ans, visitant les grands centres artistiques, et y étudiant les maîtres. Il s'arrêta principalement à Rome et y copia Raphaël, Michel-Ange, Titien. Lorsqu'il revint dans son pays, Abildgaard était en possession complète des connaissances classiques et d'une technique irréprochable.
Les tableaux qu'il produisit obtinrent un énorme succès. On le considéra comme le meilleur artiste que le Danemark eût produit. En 1778 il était appelé comme professeur à l'Académie de Copenhague ; il en devint le directeur en 1789 jusqu'en 1791, puis en 1801 et occupa ce poste jusqu'à sa mort. Mais la plus grande partie de ses meilleurs ouvrages, d'importantes décorations murales, périt dans l'incendie du château de Christiansborg, en 1794. Abildgaard en conçut un tel chagrin qu'il ne consentit plus que rarement à peindre. On conserve au musée de Copenhague les esquisses des ouvrages disparus ; les sujets en sont pour la plupart empruntés à l'antiquité, à Shakespeare et à Ossian.
Musées : Copenhague : Deux feuilles de figures allégoriques – *Moïse sauvé des eaux* – sept feuilles de composition au « Niels Klim », de Holberg – *Philoctète gémit sur ses peines* – *Ossian chante en s'accompagnant de la harpe* – *Scènes de « La fille d'Andros »* de Térence – *Scènes de « L'Ane d'or »* – Reproductions allégoriques – Esquisses.
Ventes Publiques : Copenhague, 6 déc. 1966 : *Frédéric II bâtissant Kronborg* : **DKK 6 100** – Copenhague, 28 sep. 1976 : *Personnages*, h/t (26x33) : **DKK 4 000** – Copenhague, 7 fév. 1978 : *Richard III* 1787, h/t (38x28) : **DKK 13 500** – Copenhague, 23 sep. 1981 : *Scène mythologique*, plume, lav. (10,5x16,5) : **DKK 5 000** – Copenhague, 2 oct. 1984 : *Scène de Voltaire : Catilina*, h/t (47,5x59,5) : **DKK 80 000**.

ABILDGAARD Sören
Né en 1718 à Christiansand (Norvège). Mort vers la fin du XVIIIe siècle à Flekkefjord. XVIIIe siècle. Danois.
Peintre et dessinateur.
Père de Nikolaj Abildgaard. Il fit ses études artistiques à Copenhague et, celles-ci terminées, s'établit comme dessinateur. On cite de lui un grand nombre de dessins d'après les antiquités scandinaves.

ABINE César
Né à Santander. XXe siècle. Espagnol.
Peintre.
Expose en 1928, aux Indépendants, des paysages.

ABISETTI Natale
XIXe-XXe siècles. Actif en France. Suisse.
Sculpteur de groupes, statues.
Il travaillait à Paris. Il y a de lui quatre statues dans les niches, sur le bâtiment central de l'École Polytechnique de Zurich. Il fut représenté régulièrement aux Salons de Paris de 1890 à 1893 et de 1897 à 1899. A l'Exposition de 1900, il exposa le groupe *Metchtal et son fils*.

ABIT Armand
XIXe siècle. Français.
Peintre.
Musées : Alais : *Nature morte*.

ABIT Lucienne
Née en 1914. XXe siècle. Française.
Peintre de figures, groupes.
Ventes Publiques : Paris, 10 mars 1989 : *Le Saxophoniste*, h/t (130x97) : **FRF 60 000** – Paris, 19 mars 1990 : *La File d'attente* 1971, h/t (36,5x29) : **FRF 48 000**.

ABITBOL Mireille
Née à Oran (Algérie). XXe siècle. Française.
Peintre.
A exposé une peinture au Salon d'Automne de 1937.

ABLASSER Ignaz
Né le 9 décembre 1739 à Vienne. Mort le 8 mars 1799. XVIIIe siècle. Allemand.
Peintre de compositions religieuses.
On connaît de lui un tableau d'autel peint pour la vieille paroisse d'Altlerchenfeldt (Vienne) et un autre pour l'église de Passeck en Moravie.

ABLEGER Hans
XVe siècle. Travaillait à Wiener Neustadt. Allemand.
Peintre, peintre verrier.
Il fut l'apprenti du peintre Konrad Herer, lequel lui légua une somme d'argent dans son testament. Ableger fut appelé à la Cour de l'Empereur Frédéric III (1478) et fut chargé de l'exécution des verrières de l'église Saint-Georges.

ABLEITNER Balthasar
Né en 1613 à Miesbach. Mort en 1705 à Munich. XVIIe siècle. Allemand.
Sculpteur de sujets religieux, statues, dessinateur.
Cet artiste, qui fut attaché à la Cour de l'Électeur de Bavière, produisit de nombreux ouvrages. On cite notamment de lui, à l'église Saint-Cajetan, de Munich, quatre grandes figures évangéliques à côté du maître-autel, ainsi que des figures d'anges dans le chœur. On trouve également plusieurs autres œuvres dans les églises de Munich. C'est ainsi que, en 1682, il exécuta un maître-autel sur le modèle de celui de Saint-Pierre de Rome, remarquable par les statues des quatre Pères de l'Église. Le musée de Munich conserve de lui un important relief en bois, ainsi qu'un dessin : *Visitation de Marie*. On lui doit la statue équestre de l'*Électeur Maximilien II*, que grava Karl Gustav von Amling.

ABLEITNER Franz
Né à Munich. Mort en 1728. XVIIIe siècle. Allemand.
Sculpteur de sujets religieux.
Fils de Balthasar Ableitner, dont il fut l'élève. On cite de cet artiste la *Vierge assise* sculptée au-dessus du portail de la salle des Bourgeois, à Munich, ainsi que, dans l'église de la Trinité, l'autel de la chapelle de Sainte-Thérèse.

ABLEITNER Johann
XVIIe siècle. Bavarois, travaillant à Munich au commencement du XVIIe siècle. Allemand.
Sculpteur de sujets religieux.
On ne connaît pas d'ouvrages pouvant être donnés avec certitude à cet artiste. On lui attribuait la figure de bois de l'apôtre Paul, à l'église Saint-Pierre, mais d'après l'inventaire, elle fut reconnue appartenir à Balthasar Ableitner. On sait qu'il sculpta un *Christ au pilier*, pour l'église de l'hôpital Herzog, mais cette statue a disparu.

ABLEITNER Johann Blasius
XVIIIe siècle. Bavarois, actif au commencement du XVIIIe siècle. Allemand.
Sculpteur.
Il était fils de Balthasar Ableitner et, après la mort de celui-ci, en 1705, il prit sa place comme sculpteur de la Cour. On lui attribue les candélabres de la salle de l'hôtel de ville, à Munich.

ABLETT Th. Robert
Né à Londres. XIXe siècle. Britannique.
Peintre.
Fils de Thomas Ablett, il prit part aux expositions de la Royal Academy et, dans ses dernières années, exposa au Royal Institut of Water-Colours. Signe *T. R. Ablett*.

ABLETT William Albert
Né le 9 juillet 1877 à Paris. Mort en 1937. XXe siècle. Actif aussi en France. Britannique.
Peintre de genre, portraits, illustrateur.
Il fit une partie importante de sa carrière en France, où il fut élève de l'École des Beaux-Arts de Paris, y ayant été reçu premier. Il y fut élève de Albert Aublet et de Gérôme. Ensuite, il exposa au Salon des Artistes Français dont il obtint une mention honorable en 1900, à celui de la Société Nationale des Beaux-Arts de 1910 à 1936 et dont il fut associé. Il fut fait chevalier de la

Légion d'Honneur. D'autre part il était membre de la Royal Academy de Londres. Il participa à l'Exposition de Liège de 1909, y recevant une médaille d'argent. Tout au long de sa carrière il a continué d'exposer dans de nombreuses villes de France et à Monte-Carlo.

On peut séparer dans son œuvre la partie des scènes de genre et celle consacrée aux portraits. Quelques titres typiques de la peinture de genre de cette époque : *Le roman défendu – La chiromancienne – L'attente*, thèmes auxquels il convient d'ajouter des sujets plus simplement fondés sur le regard et la poésie du paysage : *A Florence – Femme dans un paysage – Sur l'eau*. Parmi les très nombreux portraits qui lui furent commandés, comme il est normal dans son cas, figurent nombre de personnalités britanniques : *Portrait de ma mère – Lord Bertie, ambassadeur d'Angleterre*, et des personnalités françaises : *Madame Alexandre Dumas – Le compositeur André Messager et Madame -* etc. Il a également illustré une édition des *Liaisons dangereuses* de Choderlos de Laclos. ■ J. B.

Musées : Blois – Philadelphie (coll. Wanamaker).

Ventes Publiques : Paris, 13 jan. 1949 : *Femme dans un paysage :* **FRF 1 150** – Lindau, 7 oct. 1981 : *Portrait de femme*, h/t (46,5x38) : **DEM 1 350** – Lindau, 5 mai 1982 : *Intérieur*, h/t (91x72) : **DEM 2 800** – Lindau, 5 oct. 1983 : *Après le bal masqué*, h/t (92x72,5) : **DEM 4 000** – Paris, 26 nov. 1987 : *La bague 1923*, aquat. (76x57) : **FRF 4 000** – Paris, 30 nov. 1987 : *Nu couché au parasol jaune*, h/t (50x65) : **FRF 10 000** – Paris, 11 avr. 1988 : *L'aguicheuse*, past. (62x48) : **FRF 3 500**.

ABLINE Marcel
Né à Sotteville-lès-Rouen (Seine-Maritime). XIXe siècle. Français.
Graveur sur bois.
Il obtint une mention honorable au Salon des Artistes Français, en 1892.

ABLITZER Charles
Né en 1793 à Pesth. XIXe siècle. Travaillait encore à Paris en 1831. Français.
Graveur.
Il fut l'élève du baron Gros et de Ruhière. On cite de lui le *Portrait de Philippe le Bon, duc de Bourgogne*, gravé en 1831, d'après Deveria.

ABLONET Henri Jean
Né le 11 janvier 1877 à Bordeaux (Gironde). XXe siècle. Français.
Sculpteur de bustes.
Il a figuré au Salon des Artistes Français à partir de 1911 et n'y est plus reparu après 1914.

ABNER Raymond
Né le 8 mai 1919 au Caire (Egypte). XXe siècle. Depuis 1947 actif en France. Français.
Peintre. Abstrait puis figuratif.
Il fut élève de l'École des Beaux-Arts du Caire, en 1941-1943, puis, en 1945-1947, de la Saint-Martin School of Art de Londres. En 1947, il s'installa à Paris et fréquenta les Académies de la Grande Chaumière, Julian en 1947-1949, et l'Atelier Fernand Léger de 1948 à 1950.
Il participe à des expositions collectives dans de nombreux pays d'Europe, d'Amérique et du Moyen-Orient, et en France par exemple aux Salons des Surindépendants, d'Automne depuis 1949, au Salon de Mai depuis 1954, aux Réalités Nouvelles depuis 1955, à Comparaisons en 1961. Il montre aussi ses peintures dans des expositions personnelles : 1956 Galerie Denise René à Paris et Musée de Jönköping (Suède) 1960 Paris, Copenhague, Düsseldorf, États-Unis en 1961, etc.
Sa peinture se rattache au courant de l'abstraction française des années cinquante, abstraction qui ne renie pas ses attaches au réel, d'où elle tient sa source sensible, exprimée chez Abner dans une gamme vivement colorée et d'une belle fraîcheur. A partir de 1960, sa peinture, redevenue franchement figurative, s'inspire de la terre vue d'avion et se matérialise dans la série de *L'homme dans l'espace*. ■ J. B.

Musées : Le Caire (Mus. d'Art Mod.) – Helsingor, Danemark – Jérusalem – Jönköping, Suède – Rio de Janeiro (Brésil) – Washington D. C. (Mus. de l'Espace).

Ventes Publiques : Paris, 25 avr. 1983 : *Le couple*, pl./pap. (50x65) : **FRF 8 000** – Paris, 24 oct. 1986 : *Disque rouge et noir 1951*, h/t (70x52) : **FRF 6 000** – Paris, 10 oct. 1990 : *Les signaux 1954*, h/t (92x73) : **FRF 30 000** – Paris, 9 déc. 1991 : *Terres et bois vus de haut 1956*, h/t (50x61) : **FRF 18 000**.

ABNEY-WALKER Ethel, Miss. Voir **WALKER Ethel**

ABONDIO Anthonio d'
XVIe siècle. Italien.
Sculpteur.
Fait à Lyon, en 1590, des ouvrages de sculpture ; notamment il lui est payé, le dernier août 1590, deux cent soixante écus « tant pour la taille, pierre et façon de six grands escussons (...) que pour médales que ledit Abondio a faictz servant aux réparations des fortifications de la dite ville... »

ABONDIO Antonio, dit l'Asconio
XVIe siècle. Actif à Ascona. Italien.
Sculpteur.
D'après Torre et Morigia, ce sculpteur exécuta pour François Ier, une *Vénus et un Amour* en marbre. Il travailla beaucoup à Milan, où on lui confia l'exécution des cariatides de l'orgue à l'église Santa Maria, et la décoration de la façade de la maison de Léone Leoni, une série de huit statues nommées par le peuple *Omenoni*. La rue où se trouvait la maison de Leoni porte encore ce nom. Abondio travailla aussi à Lodi et à Crema. Dans la première ville, il décora en stuc le chœur de l'église San Lorenzo. Il ne faut pas confondre cet artiste avec le sculpteur du même nom qui travaillait à Lyon en 1590. (Voir Abondio, Anthonio d'.) ■ B. A. V. B

ABONDIO Antonio, le Jeune
Né en 1538. Mort le 22 mai 1591 à Vienne. XVIe siècle. Italien.
Maître sculpteur et médailleur.
Cet artiste paraît avoir dans son genre été le plus grand maître de son siècle. Il travailla d'abord à Munich à la Cour du Duc Maximilien de Bavière, puis se rendit à Prague, où il fut employé à la Cour de l'Empereur Rodolphe II. En 1566, on le retrouve à Vienne chez l'Empereur Maximilien II, qui lui accorda des lettres de noblesse. A la suite de fâcheuses complications pécuniaires, Abondio se vit forcé d'abandonner Vienne pour se fixer quelque temps à Prague, d'où il retourna (après la mort de Rodolphe) en Bavière. A partir de 1583, il semble avoir résidé à Vienne. Il y exécuta de nombreux ouvrages pour l'Empereur et d'autres hauts personnages de cette ville et de l'étranger.

ABONNEL Michel
Né le 15 janvier 1881 à Clermont-Ferrand (Puy-de-Dôme). Mort le 2 février 1915 à l'hôpital de Saint-Chamond (Loire). XXe siècle. Français.
Peintre de portraits, paysages, pastelliste.
Entre 1909 et 1914, il avait exposé à Paris, aux Salons des Indépendants et des Artistes Français ; le Salon d'Automne de 1919 organisa une exposition consacrée aux Artistes morts à la guerre, où il fut représenté avec un paysage et un portrait au pastel.

ABORN John
XIXe siècle. Vivait à Milford (Surrey). Britannique.
Peintre.
Ce peintre de paysages prit part aux expositions de la Royal Academy de 1885 à 1899. Il exposa également à Suffolk Street.

ABOT, famille d'artistes
XVIe-XVIIIe siècles. Français.
Peintres verriers.
Originaires d'Argentan, on voit les travaux de ces artistes aux XVIe et XVIIe siècles.

ABOT Charles
Né à Alençon. Mort en 1662 à Alençon. XVIIe siècle. Français.
Peintre verrier.
Fils aîné de Nicolas. Restaura les vitraux de la chapelle du Rosaire dans l'église Notre-Dame.

ABOT Eugène Michel Joseph
Né le 1er janvier 1836 à Malines, de parents français. Mort le 1er avril 1894 à Paris. XIXe siècle. Français.
Graveur à l'eau-forte et au burin.
Élève de Gaucherel. Il fut un des artistes employés par l'éditeur Goupil, le journal l'*Art* et la *Gazette des Beaux-Arts*. Il travailla aussi pour les libraires, et collabora à diverses éditions de luxe.

ABOT François
Mort en 1670 à Argentan. XVIIe siècle. Français.
Sculpteur.
Cet artiste, qui paraît appartenir à la famille des peintres verriers du même nom, travailla à la chapelle du château de Carrouges (Orne) en 1647-1648. Il sculpta notamment des boiseries qui existent encore dans une des chambres de ce château.

ABOT Geoffroy I
Né en 1530 à Argentan. XVIᵉ siècle. Français.
Peintre verrier.
Il eut trois fils : Jean, Geoffroy et Guillaume, qui travaillèrent à Argentan et à Alençon.

ABOT Geoffroy II
Né à Argentan. XVIᵉ-XVIIᵉ siècles. Français.
Peintre verrier.
Deuxième fils de Geoffroy I ; se maria à Alençon en 1593, et est désigné comme peintre dans l'acte de mariage.

ABOT Guillaume
Né à Argentan. XVIIᵉ siècle. Français.
Peintre verrier.
Troisième fils de Geoffroy I, paraît avoir repris la suite des travaux de son père à Argentan. En 1632, il y exécuta cinq vitraux à l'église Saint-Germain.

ABOT Jean
Né à Argentan. XVIᵉ-XVIIᵉ siècles. Français.
Peintre verrier.
En 1585, il se maria à Alençon et y fixa son domicile. En 1599 et 1604, il restaura les vitraux de l'église Notre-Dame d'Alençon, et y exécuta différents travaux de peinture.

ABOT Jean
XVIIᵉ siècle. Actif au début du XVIIᵉ siècle. Français.
Peintre.
En 1605 il peignit trois tableaux pour l'église de Berus. Cet artiste est probablement le même que Jean Abot, peintre verrier, que l'on trouve à Alençon en 1590, et peut-être que le peintre Abot qui travailla encore à Berus en 1630 et qui peignit le tabernacle de l'église Saint-Paterne en 1650.

ABOT Nicolas
Né à Alençon. Mort en 1659 à Alençon. XVIIᵉ siècle. Français.
Peintre verrier.
Fils de Jean. Il restaura les vitraux de l'église Notre-Dame.

ABOT Pierre
Né à Alençon. XVIIᵉ siècle. Français.
Peintre verrier.
Deuxième fils de Nicolas Abot, il travailla à Alençon.

ABOU Albert Hippolyte
Né à Marseille (Bouches-du-Rhône). XXᵉ siècle. Français.
Peintre de genre, figures, portraits, nus, paysages, natures mortes.
Il fut élève de Cormon, Pierre Laurens, entre autres, à l'Ecole des Beaux-Arts de Paris. Depuis 1925, il expose au Salon des Artistes Français à Paris, dont il est devenu sociétaire. Il y obtint un Prix en 1927, une mention honorable en 1932. Il a figuré aussi au Salon des Indépendants de 1930 à 1939.
Il a peint des scènes de genre : La surprise – Suzanne et les vieillards, des figures, des portraits, des nus : Baigneuses – Solitude, des natures mortes, et des paysages, souvent de Paris : Le Pont-Marie – Notre-Dame de Paris.

ABOU CHADI Abou El Fath
Né en 1944 à Menoufia. XXᵉ siècle. Égyptien.
Peintre. Expressionniste.
Il participe à des expositions collectives locales. A Paris, il fut sélectionné pour l'exposition Visages de l'art contemporain égyptien au Musée Galliéra en 1971, où il présenta : Le Combattant, peinture à la fois symbolique et expressionniste, représentant une main noueuse brandissant une arme.
BIBLIOGR. : In : Catalogue de l'exposition Visages de l'art contemporain égyptien, Musée Galliéra, Paris, 1971.

ABOUGIT Joachim Simon
Né le 20 mars 1831 au Puy. Mort le 5 avril 1898. XIXᵉ siècle. Français.
Sculpteur.
Le musée du Puy conserve de cet artiste deux vases sculptés en pierre.

ABOUGIT Marcel
Né au Puy. XXᵉ siècle. Français.
Peintre.
Expose au Salon des Indépendants en 1935.

ABOURISK Maïa
Née le 13 juillet 1911 à Jérusalem. XXᵉ siècle. Marocaine.

Peintre de portraits, aquarelliste, pastelliste.
Elle fut élève de l'Ecole des Beaux-Arts de Casablanca, puis du peintre orientaliste Lucien Mainssieux. Elle expose dans les principales villes du Maroc. Elle peint surtout des portraits, entre autres les portraits de personnalités marocaines : Portrait de son Excellence Khaddour Ben Gabrit – Portrait de la Princesse Jasmina.

ABOUSIT Jean Pierre
Né vers 1768 à Loutriac (Haute-Loire). XVIIIᵉ siècle. Français.
Peintre.
Il avait trente-deux ans lorsqu'il entra à l'École des Beaux-Arts à Paris, dans l'atelier de Le Barbier, le 16 vendémiaire an VIII (1800).

ABOVILLE Roger François Marie Michel d'
Né le 19 juillet 1915 à Saint-Georges-sur-Erve (Mayenne). Mort le 10 juillet 1947 à Paris. XXᵉ siècle. Français.
Peintre de genre, paysages, natures mortes.
Exposant du Salon d'Automne de 1941 à 1943, il y a montré : L'oiseleur – Turqueries, et des natures mortes.

ABRAHAM
Mort en 1453. XVᵉ siècle. Allemand.
Peintre.
Un peintre de ce nom, appelé Abraam ou Alebram d'Alemaigne, vivait à Lyon en 1418 et 1453.

ABRAHAM B., Mlle
XIXᵉ siècle. Française.
Peintre.
A exposé deux portraits au Salon de Paris 1890.

ABRAHAM F. H.
XIXᵉ siècle. Vivait à Doncaster (Angleterre) vers 1833. Britannique.
Artiste.
Figura à différentes reprises aux expositions de la Royal Academy, à Londres.

ABRAHAM Frank
XIXᵉ siècle. Actif dans la seconde moitié du XIXᵉ siècle. Britannique.
Peintre, aquarelliste.
Il vivait à Stokevpon-Trent (Angleterre) vers 1887. Il a exposé un tableau à la New Water-Colours Society, à Londres.

ABRAHAM Guillaume
XVIIᵉ siècle. Rouennais, actif au XVIIᵉ siècle. Français.
Sculpteur.
Il fut l'un des signataires des statuts de la corporation des peintres et sculpteurs à Rouen, en 1631. En 1639 il travaillait à une statue qui se trouve sous la tribune de l'orgue dans la cathédrale de Rouen.

ABRAHAM Henry Robert
XIXᵉ siècle. Vivait à Londres entre 1827 et 1840. Britannique.
Peintre.
Il se spécialisa dans la représentation de scènes et sujets d'architecture, et exposa à la Royal Academy et à Suffolk Street.

ABRAHAM J. C.
XVIᵉ siècle. Espagnol.
Sculpteur.
Il était actif dans la seconde moitié du XVIᵉ siècle.

ABRAHAM Joseph
XVIIIᵉ siècle. Français.
Peintre.
Est mentionné parmi les peintres de Toulon, de 1767 à 1787.

ABRAHAM Lilian, Miss
XIXᵉ siècle. Vivait à Londres entre 1880 et 1886. Britannique.
Peintre de fleurs, aquarelliste.
Elle exposa, à la New Water-Colours Society et Suffolk Street.

ABRAHAM Nicolas
XVIᵉ siècle. Rouennais. Français.
Sculpteur.
En 1594, il travaillait à Saint-Maclou. On le retrouve sculptant un bénitier à la cathédrale en 1607. A l'église Saint-Laurent, il exécuta quatre piliers et une petite statue qui, plus tard, fut reproduite en argent. Probablement parent de Guillaume et de Pierre Abraham. Cette famille de sculpteurs paraît d'origine hollandaise.

ABRAHAM Pierre
XVIIᵉ siècle. Rouennais, actif au XVIIᵉ siècle. Français.

Peintre et sculpteur.
Fut l'un des signataires des statuts de la corporation des peintres et sculpteurs de Rouen, le 17 septembre 1631.

ABRAHAM R., Mrs
XIXe siècle. Travaillait à Londres entre 1814 et 1832. Britannique.
Peintre de fleurs.

ABRAHAM R. F.
XIXe siècle. Actif à Londres. Britannique.
Peintre d'histoire, scènes de genre, portraits.
De 1846 à 1851, il exposa à la Royal Academy, et jusqu'en 1853, à la British Institution. Il peignait des portraits, des tableaux de genre et d'église.

ABRAHAM Robert J.
XIXe siècle. Britannique.
Peintre de paysages, aquarelliste, dessinateur.
Il résidait à Londres. De 1877 à 1891, il prit part aux expositions de la Royal Academy ainsi qu'à celles de la Royal Society of Water-Colours. Il a cessé d'exposer en 1901. Ses sujets de paysages rappellent ceux des maîtres hollandais.
VENTES PUBLIQUES : LONDRES, 16 oct. 1986 : *Fillette lisant* 1892, craies coul. (89x49,5) : **GBP 800**.

ABRAHAM Richard
XXe siècle. Actif à Berlin. Allemand.
Sculpteur.
A la Berliner Kunstaustellung de 1910, Abraham envoya : *Jeune fille*, étude en bronze.

ABRAHAM Robert
XIXe siècle. Actif dans la première moitié du XIXe siècle, vivait à Londres entre 1819 et 1840. Britannique.
Peintre.
Il exposa des sujets d'architecture à la Royal Academy.

ABRAHAM Tancrède
Né le 7 janvier 1836 à Vitré. Mort le 5 avril 1895. XIXe siècle. Français.
Peintre de paysages, aquarelliste, graveur.
Élève de Jules Noël et de Nazon, il exposa au Salon dès 1863, participant à plusieurs expositions de peintures et de gravures en province. Il travailla tout particulièrement à Château-Gontier, où il fut nommé conservateur du musée.
Paysagiste, il peignit surtout des vues de sa campagne natale, à l'huile ou à l'aquarelle, dans des compositions soutenues par des effets de lumière. Son œuvre gravé reproduit presque toujours ses dessins, notamment son recueil d'eaux-fortes : *Château-Gonthier*, publié en 1872.
BIBLIOGR. : Gérald Schurr : *Les Petits Maîtres de la peinture 1820-1920*, t. IV, Les Éditions de l'Amateur, Paris, 1989.
VENTES PUBLIQUES : NEW YORK, 24 nov. 1987 : *Le bivouac (scène de la guerre de 1870)*, h/t (194x127) : **USD 2 500**.

ABRAHAM de Nimègue
XVe siècle. Hollandais.
Peintre.
Un et peut-être deux peintres du nom d'Habraam de Limaigue ou Nimègue, vivaient à Lyon en 1416 et 1439. En 1421, un rôle de taille mentionne Habram de Nimègue comme récemment établi à Lyon.

ABRAHAMS
XIXe siècle. Britannique.
Sculpteur.
Le musée de Sydney (Australie) possède de cet artiste le *Buste de John Rae*.

ABRAHAMS Anna Adelaïde
Née le 16 juin 1849 à Middelbourg. Morte en 1930. XIXe-XXe siècles. Hollandaise.
Peintre de natures mortes, fleurs.
Élève de Joannes Frederick Schutz. Cette artiste possède un talent remarquable comme peintre de fleurs et de natures mortes. Ses envois aux expositions de Paris, 1899 et 1900, de Berlin, 1896, de Düsseldorf, 1904, furent très remarqués. Anna Abrahams, qui résidait à La Haye, a pris part à l'Exposition de Bruxelles en 1910 avec une peinture à l'huile : *Nature morte*, et une aquarelle de fleurs : *Hortensias*.
VENTES PUBLIQUES : AMSTERDAM, 12 déc. 1990 : *Nature morte de fleurs dans un vase*, aquar./pap. (70x53,5) : **NLG 6 325**.

ABRAHAMS Daniel
Né le 22 mars 1795 à Gravenhage. Mort le 17 juin 1854 à Gravenhage. XIXe siècle. Hollandais.
Lithographe, dessinateur.

ABRAHAMS Helen
XXe siècle. Vivait en 1909-1910 à Philadelphie (États-Unis). Américaine.
Peintre.

ABRAHAMS Ivor
Né le 10 janvier 1935 à Wigan (Lancashire). XXe siècle. Britannique.
Peintre, sculpteur.
Outre de nombreuses participations à des expositions collectives, des expositions personnelles fréquentes à Londres, ainsi qu'à New York et Cologne. Il pratique une technique de collages en relief, humoristiquement à la manière des bibelots « souvenirs de voyages ».
BIBLIOGR. : Catalogue de l'exposition *La Peinture anglaise d'aujourd'hui*, Mus. Nat. d'Art Mod., Paris, 1973.
VENTES PUBLIQUES : LONDRES, 1er juil. 1976 : *Arch. Series IV* 1970, techn. mixte/pap. mar./cart. (71x91) : **GBP 340** – LONDRES, 5 nov. 1978 : *Mur II*, pap. et cr./cart. (31x79x11) : **GBP 400** – LONDRES, 2 juil. 1981 : *Jardin*, techn. mixte (85x77,5) : **GBP 350** – LONDRES, 2 juil. 1981 : *Jardin*, bourre et sable sur polystyrène dans une boîte (83,2x149,5) : **GBP 150** – LONDRES, 2 juil. 1981 : *Jardin*, bourre et sable sur polystyrène dans une boîte (37x81x47) : **GBP 950** – LONDRES, 24 mai 1990 : *Sans titre*, bronze (H. 65) : **GBP 4 400** – LONDRES, 26 mars 1993 : *Daphné* 1958, bronze (H. 37,5) : **GBP 1 840**.

ABRAHAMSEN Christian
Né en 1887 à Norway. XXe siècle. Américain.
Peintre et illustrateur.

ABRAHAMSON Bengt
Né en 1924. Mort en 1989. XXe siècle. Suédois.
Peintre de paysages, marines.
VENTES PUBLIQUES : STOCKHOLM, 8 avr. 1981 : *Vue de Stockholm*, h/t (59x80) : **SEK 4 700** – STOCKHOLM, 14 juin 1984 : *Bateaux au large de la côte*, h/t (84x127) : **SEK 8 000** – STOCKHOLM, 20 avr. 1985 : *Paysage d'hiver*, h/t (37x44) : **SEK 6 900** – STOCKHOLM, 28 oct. 1991 : *Le port marchand de Stockholm* 1965, h/t (79x53) : **SEK 4 400**.

ABRAHAMSON Erik
Né en 1871. Mort en 1907. XIXe-XXe siècles. Suédois.
Peintre de paysages.
VENTES PUBLIQUES : STOCKHOLM, 8 avr. 1981 : *Bords de mer* 1894, 2 pan. (12,5x20,5) : **SEK 4 400** – STOCKHOLM, 20 avr. 1983 : *Marine*, h/t (63x109) : **SEK 5 000** – STOCKHOLM, 8 déc. 1987 : *Coucher de soleil*, h/t (54x90) : **SEK 12 000** – STOCKHOLM, 19 avr. 1989 : *Ruisseau dans la prairie avec des constructions et une église au coucher du soleil*, h/t (55x77) : **SEK 13 500** – STOCKHOLM, 15 nov. 1989 : *Paysage d'hiver avec une maison et des bouleaux* 1891, h. (23x15) : **SEK 7 200** – STOCKHOLM, 16 mai 1990 : *Paysage d'archipel rocheux avec des arbres sur la plage*, h/t (49x77) : **SEK 12 000**.

ABRAHAMSSON Olaf
XXe siècle. Actif en 1937. Norvégien.
Peintre.

ABRAHAMSZ Claes
XVIe-XVIIe siècles. Vivait à Haarlem à la fin du XVIe siècle et au commencement du XVIIe siècle. Éc. hollandaise.
Peintre verrier.
Il exécuta des vitraux pour le compte du gouvernement à Haarlem, à La Haye, à Leyde, à Haestreld et Lekkerberk. A Akmaar, le 6 décembre 1615, il passa un marché en vertu duquel il devait représenter les trente et un comtes de Hollande sur les vitraux de la grande salle de la maison des arquebusiers. Le travail fut achevé le 25 mai 1618.

ABRAHAMSZ Cornelis
Né à Amsterdam. XVIIIe siècle. Hollandais.
Peintre.
Le 8 septembre 1734, paya les droits pour exercer sa profession.

ABRAHAMSZ Jacob
XVIIe siècle. Vivait à Amsterdam en 1648. Éc. hollandaise.
Peintre.

ABRAHAMSZ Roelof
Né au XVIIe siècle à Amsterdam. XVIIe siècle. Hollandais.
Peintre.
Acheta le droit d'exercer sa profession, le 26 janvier 1695.

ABRAM ou Habram
XVe siècle. Français.
Sculpteur.
Il est mentionné comme « imagier » à Lyon en 1418-1423.

ABRAM Charles Frédéric
Né à Belfort. XIXe siècle. Français.
Peintre paysagiste.
Élève de Demesmay. Exposa aux Salons parisiens de 1879 à 1888. Résidait à Besançon.

ABRAM Marthe
Née à Paris. XXe siècle. Française.
Lithographe, dessinatrice.
Élève de Parrot, Benjamin Constant et Jean-Paul Laurens.

ABRAM Paul
Né en 1854 à Vesoul (Haute-Saône). Mort en 1925. XIXe-XXe siècles. Français.
Peintre de figures, portraits, paysages.
Élève de Jean Gigoux. Il a figuré au Salon des Artistes Français et à diverses expositions depuis 1882, et a surtout peint des scènes et des paysages de Bretagne ainsi que des portraits. Parmi ses œuvres, on peut citer : *Portrait* (Salon de 1882), *Fileuse à Pont-Aven*, *Portrait d'Auguste Vitu*, 1883, *La Fontaine de Saint-Pierre-le-Pauvre*, *Vieux marin breton*, 1890, *L'Homme à la hache*, 1912.

$$\mathcal{P}oul\ \mathcal{A}bram$$

MUSÉES : BREST : *Route du cimetière de Tréboul, effet de soleil* 1888 – ROCHEFORT : *Portrait d'un Breton*.
VENTES PUBLIQUES : CLERMONT-FERRAND, 19 oct. 1949 : *Portrait de femme âgée*, dess. : **FRF 1 100.**

ABRAM Ronald
Né en 1938 à Amsterdam. XXe siècle. Hollandais.
Graveur-sérigraphe. Abstrait-géométrique.
Il expose à Paris dans plusieurs Salons annuels et dans des Biennales internationales. Il utilise des feuilles de plastiques transparents, ce qui lui permet d'obtenir des effets de profondeur dans des compositions abstraites géométriques, souvent fondées à partir du cube comme module.

ABRAMIAN Victor ou Viktor
Né en 1938. XXe siècle. Russe.
Peintre de compositions à personnages. Populiste.
Il fut élève de l'Ecole des Beaux-Arts V.I. Moukhina de Léningrad. Il est membre de l'Association des Peintres de Léningrad. Dans une technique très réaliste, mais cependant très colorée, appartenant plus à l'imagerie populaire qu'à la peinture, il représente, en accord avec les directives officielles, sous les aspects les plus optimistes des scènes de la vie quotidienne en Russie.
BIBLIOGR. : In : Catalogue de la vente *L'École de Léningrad*, Drouot, Paris, 19 nov. 1990.
MUSÉES : IAROSLAV – OMSK – SAINT-PÉTERSBOURG.
VENTES PUBLIQUES : PARIS, 27 nov. 1989 : *A table* 1989, h/t (120x100) : **FRF 7 500** ; *Les buveurs de bière*, h/t (80x100) : **FRF 9 000** – PARIS, 5 oct. 1992 : *Dégustation de la gnôle*, h/t (69,5x80) : **FRF 3 100.**

ABRAMO, monsu, dit Scozzese
Né au XVIIe siècle dans le canton de Tessin (Suisse). XVIIe siècle.
Travailla en Italie. Italien.
Peintre.
Marchesselli dit qu'il résida à Rimini en 1650 et qu'il y exécuta des peintures à l'Oratorio della Gomma, ainsi que divers tableaux dans les palais Bianchelli et Nanni.

ABRAMO Livio
Né en 1938 à Araraquara (São Paulo). XXe siècle. Brésilien.
Graveur sur bois. Tendance abstraite.
Essentiellement graveur sur bois, il a fondé, en 1960, un atelier de gravure à São Paulo, afin de réhabiliter cette technique. Depuis 1948, il participe aux manifestations artistiques brésiliennes, y recevant de nombreux prix : Biennales de São Paulo : 1953, 1955, 1959, ayant remporté à celle de 1951 le premier prix de gravure. Il a également participé à la biennale de Venise en 1950 et 1952.
Dans les années cinquante, il s'exprimait avec des accents expressionnistes dans le tragique. À partir de 1960 environ, sa technique s'est synthétisée jusqu'à un symbolisme géométrisé.

Indépendamment des techniques d'écriture, quant au thème iconique, il est resté fidèle au paysage, entendu dans son sens le plus large, allant de la représentation par exemple du phénomène proprement cosmique de la pluie tropicale, jusqu'à la suggestion allégorique de la signification et des sentiments que la nature éveille en lui. À ce registre appartiennent les séries intitulées *Célébration* et *Rio de Janeiro*, évocations de paysages où l'accent est surtout porté sur le rythme des formes plus que sur leur aspect identifiable. ■ J. B.
MUSÉES : LONDRES (Brit. Mus. Bibl.) – NEW YORK (Metropolitan Mus.) – PARIS (BN) – RIO DE JANEIRO (Mus. d'Art Mod.) – SÃO PAULO (Mus. d'Art Mod.) – VATICAN (Bibl.).

ABRAMO da Montorfano
XVe siècle. Italien.
Peintre.
Travailla, en 1430, à la cathédrale de Milan.

ABRAMOFSKY Ismaël ou Israël
Né à Kiev (Ukraine). XXe siècle. Actif aux États-Unis. Russe.
Peintre de paysages.
Dans les années vingt, il a séjourné en France. Il fut élève de Joseph Bergès et de Laparra et exposa des paysages des provinces françaises aux Salons d'Automne et de la Société Nationale des Beaux-Arts à Paris : *Paysage d'Auvergne, Effet de neige*.
VENTES PUBLIQUES : WASHINGTON D. C., 18 sep. 1976 : *Scène de rue sous la pluie*, *Paris*, h/t (56x66) : **USD 650.**

ABRAMOV Nikolai
Né en 1930 à Léningrad. XXe siècle. Russe.
Peintre.
Il étudia de 1945 à 1951 dans l'atelier de B. Ioganson à l'Institut Repine de Leningrad. En 1958 il fut admis à l'Union des peintres de l'URSS.
MUSÉES : SAINT-PÉTERSBOURG.
VENTES PUBLIQUES : PARIS, 27 jan. 1992 : *Bouquet de fleurs*, h/cart. (25x18,5) : **FRF 3 400.**

ABRAMOVIC Marina
Née le 30 novembre 1946 à Belgrade (Yougoslavie). XXe siècle. Active en Hollande. Yougoslave.
Artiste de performances, multimédia. Body art.
De 1965 à 1970, elle fut étudiante à l'Académie of Fine Arts de Belgrade. Entre 1973 et 1976 elle commence à réaliser ses premières performances, films et vidéos. Entre 1973 et 1975, elle est professeur à l'Académie of Fine Arts de Novi Sad. C'est en 1975 qu'elle fait la connaissance d'Ulay à Amsterdam, dans une sorte de rencontre initiatique qui résume en un acte leur préoccupations artistiques communes : « Quand nous nous rencontrâmes pour la première fois à Amsterdam en 1975, nous décidâmes de nous rencontrer une deuxième fois dans un territoire neutre, quelque part entre Amsterdam et Belgrade. Nous choisîmes Prague, qui est exactement au milieu. » À partir de cette date ils ont vécu et travaillé ensemble. Leur travail en commun se définissait comme une *relation-work*, expression de leur désir d'une fusion absolue.
Marina Abramovic et Ulay ont participé à de nombreuses manifestations collectives d'art contemporain parmi lesquelles on peut citer : 1976 Biennale de Venise, 1977 Dokumenta 6 à Kassel, Xe Biennale de Paris, Kunstmesse de Cologne, 1979 IIIe Biennale de Sidney, 1981 XVIe Biennale de São Paulo, 1982 Dokumenta 7 de Kassel, 1984 Biennale de Venise. Ils ont également montré leurs travaux dans des expositions personnelles notamment au Stedelijk Museum à Amsterdam en 1981, 1984 et 1985, au Chicago Contemporary Art en 1982, au Stedelijk Van Abbemuseum à Eindhoven en 1984 et en 1985 à la Fondation Calouste Gulbenkian de Lisbonne. Ils ont exposé séparément leurs travaux à l'exposition *Les magiciens de la terre* organisée au Musée National d'Art Moderne de Paris et à la Grande Halle de la Villette en 1989. En 1990, Abramovic et Ulay ont exposé au Musée National d'Art Moderne des travaux anciens et actuels.
En 1989 ils ont réalisé une performance intitulée *The lovers* qui donna lieu à un film, une exposition circulante à Amsterdam, Anvers, Paris, Dusseldorf et un catalogue renfermant texte et photographies. Cette performance a ceci de particulier qu'elle marque leur séparation.
Le couple d'artistes a principalement réalisé des performances dans lesquelles ils mettaient à l'épreuve leurs capacités physiques, leur courage, leur endurance, leur pouvoir de concentration, dans le but de dépasser les limites psychologiques et culturelles. Ces manifestations empreintes d'une grande violence

physique étaient parfois difficiles à supporter par le public. La première, intitulée *Relation in space* se déroula en 1976 à la Biennale de Venise : ils se cognaient jusqu'à épuisement. « Il faut regarder les performances d'un œil abstrait. disait alors Marina Abramovic, dans l'art, la douleur même peut devenir une donnée abstraite ». À Cassel en 1977, lors de *Expansion in space*, ils poussent des colonnes mobiles faisant le double de leur poids jusqu'à les déplacer. En 1980, ils réalisent *Rest Energy* à Dublin. Debout, face à face, un arc est tenu tendu entre leurs corps ; Ulay dirige la flèche vers le cœur de Marina ; le moindre mouvement peut entraîner un déséquilibre fatal. Ils ont publié une chronique de leurs performances : *Relation Work and Detour*. Après de longs voyages effectués dans les déserts d'Australie entre 1980 et 1985, ils renouent avec la performance. Leur travail s'oriente alors vers des recherches concernant l'approfondissement des ressources mentales et l'intensité de la communication non verbale : « Nous aspirons à donner corps à l'énergie, à la transformer de matériel en spirituelle, à la faire s'envoler. » *Night sea crossing* (le passage de la mer de nuit) est une série de performances exécutées entre 1981 et 1986 sur quatre-vingt-dix jours dans différents lieux du monde : au Japon, à Sydney, Düsseldorf, Cassel et Gand, Marina et Ulay se tiennent de part et d'autre d'une longue table pendant plusieurs heures. Le décor, les costumes, les attributs répartis dans la pièce – des boomerang, un javelot, des ciseaux – tiennent une grande importance. Ce travail était lié à une rencontre avec le Dalaï Lama effectuée lors d'un voyage en Italie. Après trois voyages en Chine, ils décident de réaliser leur ultime performance en commun : *The Great Wall Walk* ; elle consistait en une marche sur la grande muraille de Chine ; partis de deux points opposés, ils se sont rejoints dans la province du Shânxi et ont scellé leur séparation. Cette marche était un moyen de conditionner l'esprit et le corps, afin que l'œuvre qui en résulte soit liée à cette expérience. Films, textes et photographies sont les seuls témoins de l'événement présentés lors de l'exposition. Ulay et Marina Abramovic ont également réalisé en commun du Polaroïd, notamment ceux de la série *Modus Vivendi*, dans lesquels Marina représente les archétypes de la féminité et Ulay ceux de la virilité.

Les travaux personnels de Marina Abramovic sollicitent toujours le corps et son énergie, avec des formes taillées dans le quartz sur lesquelles le spectateur peut venir s'encastrer dans diverses positions. A la question « Qu'est ce que l'art ? » posée par Lawrence Weiner, Marina Abramovic a répondu : « (...) ce n'est pas de faire, c'est d'être. » ■ Florence Maillet

BIBLIOGR. : Antje von Graevenitz : *Marina Abramovic/Ulay, les formes de l'énergie Public*, n° 3, p. 53, 1985 – Catal. de l'exposition *Les magiciens de la terre*, 1989, Mus. Nat. d'Art Mod., Centre Georges Pompidou et Grande Halle de la Villette, Paris – Catal. de l'Exposition *The lovers*, 1989, Stedelijk Museum, Amsterdam – Catal. de l'exposition *Marina Abramovic & Ulay*, 1990, Mus. Nat. d'Art Mod., Centre George Pompidou, Paris.

MUSÉES : DOLE (FRAC de Franche-Comté) : *Becoming visible* 1993 – LYON (Mus. d'Art Contemp.) – PARIS (FNAC) : *Cristal Cinema* 1992.

ABRAMOVICH Pinchas
Né en 1909. Mort en 1986. XXe siècle. Israëlien.
Peintre de paysages, peintre à la gouache.

Abramovich [signature]

BIBLIOGR. : Gila Ballas : *New Horizons, Modernist Israeli Art 1948-1963*, Tel-Aviv, 1979.
VENTES PUBLIQUES : TEL-AVIV, 6 jan. 1992 : *Acre vu du quai*, gche (51,5x63,5) : **USD 820** – TEL-AVIV, 7 oct. 1996 : *Femme à la fenêtre* 1948-1949, h/t (91x74) : **USD 9 775**.

ABRAMOVITCH Simon ou Abramovitsch
Né au Havre. XIXe-XXe siècles. Français.
Peintre de portraits, paysages.
On a vu de ses peintures au Salon des Indépendants de Paris, en 1930 et 1932, notamment des paysages du Havre.
VENTES PUBLIQUES : ZURICH, 9 nov. 1984 : *Les chalans sur la Seine* 1913, h/t (73x92) : **CHF 5 000** – PARIS, 20 oct. 1988 : *Péniches sur la Seine*, h/t (92x73) : **FRF 5 000**.

ABRAMOVITSCH-VANIER
XXe siècle. Français.
Peintre de figures, paysages animés.
Il s'est fait une spécialité de portraits d'enfants aux occupations de leur âge.

VENTES PUBLIQUES : VERSAILLES, 24 sep. 1989 : *L'enfant à l'ourson*, h/t (65x54) : **FRF 15 200** – PARIS, 20 fév. 1990 : *Les péniches*, h/t (46x55) : **FRF 5 000** – VERSAILLES, 25 mars 1990 : *L'enfant et ses livres*, h/t (65x81) : **FRF 18 000** – VERSAILLES, 8 juil. 1990 : *Le repas de Régina*, h/t (81x65,5) : **FRF 11 500**.

ABRAMOVITZ Albert
Né à Riga (Lettonie). XIXe-XXe siècles. Actif aussi en France. Russe.
Peintre de genre, figures, nus, paysages.
Fixé en France, il a figuré régulièrement au Salon d'Automne, faisant partie du jury de la section de peinture en 1913. Exposés en 1912 : des scènes de genre : *Orphée* et *Scène champêtre*.
VENTES PUBLIQUES : PARIS, 7 fév. 1949 : *Etude de nu*, fus. : **FRF 160**.

ABRAMOWICZ Bronislaw von
Né en 1837 à Zaluchow. XIXe siècle. Polonais.
Peintre d'histoire, sujets typiques.
Il fit ses études à l'École des Beaux-Arts de Varsovie, de 1858 à 1861. Il fréquenta ensuite les Académies de Munich et de Vienne. Abramowicz vint ensuite se fixer à Cracovie, où il exposait depuis 1868. Il a peint surtout des sujets d'histoire ou des scènes familières de chasse ou de la vie dans les forêts et il aime à introduire dans ses tableaux des types en costumes polonais. On cite des portraits de lui, notamment celui de Louis II, roi de Bavière.
VENTES PUBLIQUES : COPENHAGUE, 13 nov. 1984 : *Jeune femme dans un paysage* 1870, h/t (110x90) : **DKK 14 000**.

ABRAMS Elizabeth
Née le 26 mars 1954 à New York. XXe siècle. Américaine.
Peintre de figures, paysages. Hyperréaliste.
De 1971 à 1975 élève de l'Université Mount Holyoke College, en 1976-1977, de l'Ecole des Beaux-Arts de Paris et Ecole des Arts Décoratifs, tout en poursuivant ses études, de 1975 à 1977, au Pratt Institute dont elle obtient la maîtrise. Au cours de ces études approfondies, elle obtient plusieurs distinctions, dont, de 1976 à 1987 des bourses de la Skinner Foundation et du Rotary Club International. Expositions personnelles depuis 1974, notamment au Musée du Pratt Institute à New York en 1977, dans une galerie privée à Paris en 1978. Elle a exécuté plusieurs décorations murales : quinze peintures murales pour une société immobilière de Chicago, une pour le building de la Société Originit à New York. Peinture de cent trente-cinq citernes d'essence sur l'Hudson River entre New Jersey et New York, une pour la Clinique Rosalie à Paris.
Elle constitue ses peintures, murales ou de grandes dimensions, à partir d'un collage d'une multitude d'études de détails minutieux. Fernando Botero évoque cette : « Peinture hyperréaliste, représentative des grands espaces vides de l'Amérique du Nord, chargée de toute l'agressivité que ceux-ci impliquent (...) Travail de grande précision, notamment dans ses paysages architecturaux, ses formes géométriques, ses plages, ses galets finissent par perdre petit à petit de leur réalisme pour atteindre une véritable abstraction ». ■ J. B.
BIBLIOGR. : Catalogue de l'exposition *ABRAMS*, Galerie des arts plastique modernes, Paris, 1978.

ABRAMS Lucien ou Abranz
Né en 1870 à Lawrence (Kansas). Mort en 1941. XIXe-XXe siècles. Américain.
Peintre de paysages.
A exposé au Salon d'Automne deux paysages en 1912 et en 1913.
VENTES PUBLIQUES : NEW YORK, 22 oct. 1987 : *Bord de mer boisé*, h/t (53,5x45,7) : **USD 1 900** – NEW YORK, 15 mai 1991 : *La montagne rouge*, h/t (58,4x71,1) : **USD 1 760**.

ABRAMS Willem
Né à Amsterdam. XVIIe siècle. Éc. hollandaise.
Peintre.
Il acheta le droit de cité dans sa ville natale en 1701, et y travailla.

ABRAMSON Jules
Né le 16 juillet 1943 à Paris. XXe siècle. Français.
Peintre. Post cubiste.
Il fut élève de l'École des Beaux-Arts de Paris, et fut influencé par les séquelles du cubisme encore présentes.

ABRAMSON Michel Jacob
XVIIIe siècle. Travaillait à Berlin à la fin du XVIIIe siècle. Allemand.
Graveur au burin, dessinateur.
On cite de lui un portrait du rabbin Hirsch Lobell, gravé en 1798

d'après Kruger. Il exposa à l'Académie royale de Berlin, en 1787 et 1788, plusieurs dessins et gravures.

ABRAN Marthe
Née à Paris. Morte en 1908. XIXe siècle. Française.
Peintre.
Elle a exposé au Salon des Artistes Français, obtenant une mention honorable en 1893 et une troisième médaille en 1896.
Musées : Gray : *Tigres dans la jungle.*

ABRANSKI-GIMMI Cécile
Née en Estonie. XXe siècle. Active en Suisse. Estonienne.
Sculpteur de bustes, animalier.
Depuis 1928, elle a exposé aussi en France,successivement aux Salons des Indépendants, des Tuileries et d'Automne.

ABRANYI Ludwig
Né en 1849 à Pest. Mort en 1901. XIXe siècle. Hongrois.
Peintre de portraits.
Il commença ses études à Munich, puis vint à Paris et entra dans l'atelier de Bonnat. De retour en Hongrie, il travailla à Siebenburgen et vint enfin s'établir à Budapest. Ce fut surtout par des portraits qu'il affirma sa réputation. On cite ceux de François de Pulszky, de Paul Sennyey, d'Arthur Gorgey.

ABRATE Ange
Né en 1900 à Turin. Mort le 10 septembre 1985 à Sallanches (Haute-Savoie). XXe siècle. Actif en France. Italien.
Peintre de paysages de montagne.
Il passa son enfance à Marseille. De famille très modeste, presqu'encore enfant, il dut travailler en usine. Doué pour le dessin, il devint dessinateur industriel. Il commença à exposer ses peintures. A partir de 1930, il décida de se consacrer uniquement à la peinture. Il expose à Paris, Saint-Étienne, Lyon, Mulhouse, Turin, Milan, Gênes, Bologne, Aoste, etc.
Amoureux de la montagne, il s'est spécialisé presque exclusivement dans la peinture de paysages de la chaîne du Mont-Blanc, et surtout de paysages de neige, au bord de torrents. Ultérieurement, la découverte des calanques près de Marseille lui a fourni un deuxième thème.
Ventes Publiques : Milan, 3 déc. 1992 : *Nuages d'été à Courmayeur 1941*, h/pan. (33x43) : **ITL 1 130 000** – Paris, 6 fév. 1994 : *Vallée de Chamonix sous la neige*, h/pan. (33x41) : **FRF 5 500.**

ABREDO Martin de
XVIIe siècle. Espagnol.
Peintre.
Domicilié à Séville, ce religieux travaillait à Avila en janvier 1600.

ABREK Conrad
XVIIe siècle. Hollandais.
Graveur.
Il se maria le 11 décembre 1698 avec Elisabeth Papineau.

ABREL Johan Jakob
Né probablement à Kempten. XVIIIe-XIXe siècles. Actif à la fin du XVIIIe et au début du XIXe siècle. Allemand.
Peintre.
Il travaillait encore à Ulm en 1812.

ABREO Gil de
XVIe siècle. Espagnol.
Sculpteur.
On trouve son nom mentionné dans un livre de dépenses de la cathédrale de Séville, en 1530.

ABRESCH Franz
XIXe siècle. Allemand.
Graveur sur acier, illustrateur.
Élève de Frommel. Il se fit une réputation comme graveur de paysages et de marines, d'une exécution très fine. Abresch possède également une place honorable comme illustrateur. On trouve des gravures de lui dans l'ouvrage de W. Tomblesons, *Views of the Rhine*, publié à Londres en 1822, et dans un ouvrage sur l'Allemagne pittoresque, *Das malerische und romantische Deutschland*, Leipzig, 1836. On cite encore diverses vues des environs de Wiesbaden, 1841 et *Le Vallon de Lauchar, près de Sigmaringen*, gravé par Hoefer.

ABRET Pierre
XVIe siècle. Vivait à Troyes en 1513-1514. Français.
Peintre.

ABREU, les frères
XVIIIe siècle. Actifs à Evora (Portugal). Portugais.
Graveurs sur bois.

ABREU Joao Nunes de, dit Abreu do Castello
Mort en 1738 à Lisbonne. XVIIIe siècle. Vivait à Lisbonne au commencement du XVIIIe siècle. Portugais.
Peintre ornemaniste.
On lui doit les plafonds de l'église de Menino Deos et le vestibule de la Garça, à Lisbonne.

ABREU Juan
Né à Santa Cruz de Ténérife. XIXe-XXe siècles. Espagnol.
Peintre de genre, figures, paysages, miniatures, sculpteur, dessinateur.
Cet artiste peignit des paysages, exécuta des miniatures, des dessins et des sculptures, dont il prenait les sujets dans son pays.

ABREU Mario
Né le 22 août 1918 à Turmero. XXe siècle. Vénézuélien.
Peintre. Tendance surréaliste.
Il fut élève de l'Ecole des Beaux-Arts de Caracas, où, à partir de 1936, il se lia avec César Enriquez, Matéo Manaure, et surtout Alejandro Otero et Pascual Navarro qui allaient tous deux jouer un rôle important dans l'art abstrait au Venezuela. Alors entre les cinq, les discussions étaient vives sur les possibilités de rejeter l'enseignement académique qu'ils recevaient, de s'initier aux langages plastiques contemporains, tout en préservant une identité typiquement vénézuélienne. Plusieurs du groupe ont ensuite séjourné à Paris, se ralliant à l'abstraction. Abreu participa, de 1948 à 1950, à l'exposition collective *L'atelier d'art libre*, avec Manaure et Enriquez. En 1950, il fut un des promoteurs de la revue *L'Atelier*. En 1962, il fut sélectionné pour exposer à la Biennale de Venise.
Tandis que certains de ses camarades avaient été acquis à l'abstraction, Abreu pour sa part fut influencé par le dadaïsme et le surréalisme, incluant des matériaux de toutes sortes dans ses peintures. Dans les années trente, on a pu rapprocher son écriture de Hans Bellmer, puis, avec les inclusions d'objets et de matières diverses dans ses peintures, on a pu voir une corrélation avec les « tableaux-pièges » de Daniel Spoerri. ■ J. B.
Ventes Publiques : New York, 19 nov. 1987 : *Jungle 1987*, h/t (120x130) : **USD 1 500** – New York, 17 mai 1988 : *Jungle et oiseau de lune*, acryl./t. (160x130) : **USD 6 050** – New York, 21 nov. 1988 : *Jungle 1988*, acryl./t. (160x130) : **USD 6 600** – New York, 17 mai 1989 : *Soleil 1987*, acryl./t. (160x130) : **USD 7 150.**

ABREU Simao de
XVIe siècle. Portugais.
Peintre.
Cet artiste collabora avec Domingos Vieira et d'autres artistes à la décoration du couvent du Christ, à Thomar. On cite principalement sept pièces d'autel pour la *charola* (promenoir) de l'église.

ABRIEL
Né à Dinard. XXe siècle. Français.
Peintre et sculpteur.
Expose aux Indépendants en 1932, 1937, 1938, des fleurs et des sujets philosophiques et sociaux.

ABRIL Bartolomé
Né à la fin du XVIe siècle à Valence. XVIIe siècle. Vivait encore en 1620. Français.
Sculpteur.
En 1607, il était à Tolède, chargé de la direction des travaux dans l'église Jean-Baptiste Monegro. Il acheva les marbres de la chapelle Santa Maria del Sagrario, d'après le plan de Gomez de Mora. En 1618, de concert avec deux autres artistes, il sculpta des motifs dans le chœur du couvent de la Guadeloupe, ainsi que le tombeau de Henri IV et de sa mère. On le trouve enfin, en 1620, travaillant à l'Escurial.

ABRIL Juan Alfonso
Né à Valladolid. Mort en 1645 à Valladolid. XVIIe siècle. Espagnol.
Peintre.
Ce peintre fut l'élève de Pablo de Cespedes, à Cordoue. Ses études terminées, il prit l'habit de moine, mais il continua à faire de la peinture. La tête de saint Paul, conservée au musée de Valladolid, montre ses remarquables qualités artistiques.

ABRIL de Carona Antonio Maria de
Né à Milan. XVIe siècle. Travaillait à Séville dans la première partie du XVIe siècle. Éc. de Séville.
Sculpteur de monuments.
Les œuvres de cet artiste furent nombreuses ; parmi elles, il faut

citer le *Monument funèbre de D. Pedro Enriquez de Rivera*, conservé dans la chapelle de l'Université Littéraire de Séville ; divers travaux pour des seigneurs sévillans, et parmi eux les colonnes de la Cour des Douselles et la balustrade de ses galeries supérieures. Le 2 mai 1534, Carona reçut une commande de sculptures ornementales en marbre pour l'Alcazar.

ABRIL Y BLASCO Salvador
Né en 1862 à Valence. XIXᵉ siècle. Espagnol.
Peintre de genre, paysages, marines, aquarelliste.
Élève de l'Académie des Beaux-Arts de Valence. Débuta en 1879 à l'exposition de cette ville. Deux ans plus tard, il exposait à Madrid une *Vue du Port de Valence* (au musée de Madrid). Il obtint des médailles aux expositions de Madrid de 1887, 1890, 1892 et 1897. Après avoir été nommé professeur suppléant à l'Académie des Beaux-Arts de Grenade, il fut appelé au poste de professeur à l'Académie de sa ville natale.
Abril se plaît surtout dans les paysages, les marines, les scènes de genre. On trouve de ses œuvres dans les principaux musées d'Espagne. On lui doit aussi de très intéressantes aquarelles reproduites sous le titre *Ceramio de la Alhambra*, dans lesquelles il a donné une part de la décoration du merveilleux palais.
Musées : MADRID : *Vue du Port de Valence* – *La Plage de Nazareth*.
Ventes Publiques : MONTEVIDEO, 11 déc. 1985 : *Paysage fluvial*, h/t (75x125) : UYU 100 000.

ABRIOT David Nicolaus
Né en 1757 à Mompelgard. XVIIIᵉ siècle. Vivait encore en 1810. Allemand.
Dessinateur et architecte.
Il faisait preuve très jeune de remarquables dispositions pour le dessin ; aussi, à quatorze ans, le fit-on entrer à l'Académie des Beaux-Arts à Stuttgart. Ses études y furent brillantes. Le 14 mai 1779 il fut nommé dessinateur du cabinet de Mompelgard. Il avait à peine trente ans quand le poste de professeur à l'Académie lui fut confié.

ABROE Andréas ou Abroh
Né en 1694 au Danemark. Mort en mai 1763. XVIIIᵉ siècle. Danois.
Peintre de portraits.

ABROE Willem Domien
XVIIᵉ siècle. Actif à Anvers. Éc. flamande.
Peintre.
Mentionné en 1676 comme apprenti et en 1688 comme maître.

ABROH Johan
Né au milieu du XVIIᵉ siècle au Danemark. Mort le 2 mai 1709. XVIIᵉ-XVIIIᵉ siècles. Danois.
Peintre.
Il était peintre de la cour.

ABROOCK Torys
XVᵉ siècle. Actif à Anvers. Éc. flamande.
Peintre verrier.
Il fut l'élève de Jan Hack, le célèbre peintre verrier d'Anvers, et finit son apprentissage en 1495.

ABRUSCA Carlo Antonio
XVIIᵉ siècle. Travailla à Rome de 1650 à 1690. Italien.
Peintre et dessinateur.
Barend Van Baillin grava d'après un dessin de cet artiste, cité par Zani, une gravure représentant Minerve et un génie.

ABRY Léon Eugène Auguste
Né le 6 mars 1857 à Anvers. Mort le 6 novembre 1905. XIXᵉ-XXᵉ siècles. Belge.
Peintre d'histoire, scènes de genre, portraits, aquarelliste, dessinateur, graveur à l'eau-forte.
Fils d'un général, son enfance passée dans le monde militaire prépara sa carrière de peintre de scènes historiques et militaires. Il prit part aux principales expositions belges dès l'âge de vingt ans, devint, en 1886, membre de la Société des Aquarellistes et fut décoré de l'ordre de Léopold. Ses œuvres figurèrent à Paris en 1888 et 1895 ; à Anvers, en 1885 ; à Berlin, en 1886 et 1896 ; à Dresde, en 1887 ; à Munich, en 1901.
Parmi ses tableaux, on peut citer : *Portrait du roi Léopold II, à cheval aux grandes manœuvres* (Salon de 1903), *L'assassinat du*

Bourgmestre de Liège, Laruelle (1878), *Le Lion de Flandres* (1881), *Gilbert à l'Hôtel-Dieu* (1884).

L EON ABRY

L·ABRY

L EON ABRY

Musées : ANVERS : *Le Pansage* – BRUXELLES : *Ralliement après un combat à pied*.
Ventes Publiques : VIENNE, 13 mars 1979 : *Avant le départ pour la chasse* 1892, aquar. et gche (50x35) : ATS 10 000 – LONDRES, 18 juin 1986 : *Soldats et chevaux au bord d'une rivière* 1901, h/t (143x207) : GBP 6 500.

ABRY Louis ou Abri
Né le 25 juillet 1643 à Liège. Mort le 18 juillet 1720 à Liège. XVIIᵉ-XVIIIᵉ siècles. Éc. flamande.
Graveur au burin.
Il fut l'élève de Gérard de Lairesse, qu'il accompagna dans plusieurs voyages. Il obtint le titre de graveur épiscopal. Il fut également écrivain.

ABRY Paul
Né le 28 décembre 1865 à Huningue (Haut-Rhin). XIXᵉ siècle. Français.
Sculpteur.
Il fut l'élève de E. Dogg, à Strasbourg, puis il passa en Suisse et s'établit à Zurich, où l'on voit de lui la fontaine monumentale sur le quai d'Uto.

ABRY Simon Joseph
XVIIIᵉ siècle. Liégeois, actif au XVIIIᵉ siècle. Éc. flamande.
Peintre.
Il fut héraut d'armes de la Principauté de Liège et peintre en titre de la principale église de la ville, en 1739.

ABSALON
Né en 1964 en Israël. Mort le 10 octobre 1993. XXᵉ siècle. Actif en France. Israélien.
Sculpteur d'installations.
Absalon vécut et travailla à Paris. Il a fait ses études à l'École des Beaux-Arts de Paris avec Christian Boltanski. Il a exposé dans des manifestations collectives en 1987 à Paris à la Villa Alésia, en 1988 à Lyon pour *Octobre des Arts*, à Nice à la villa Arson, en 1989 au C.N.A.C. (Centre National d'Art Contemporain) de Paris *Sous le soleil exactement* en 1989, en 1989-1990 au CREDAC d'Ivry-sur-Seine pour la *Carte blanche à Jean de Loisy*, en 1990 à la Fondation Cartier pour l'art contemporain à Jouy-en-Josas, en 1992 à la Documenta IX de Cassel, et en 1993 à la Biennale de Venise. Il a présenté personnellement son travail en 1990 à Jérusalem à la galerie Aika *Propositions d'habitat*, et à la galerie Crousel-Robelin/Bama à Paris, à Bruxelles et à Glasgow, en 1991 *Compartiments* à la FIAC à Paris, en 1993 six cellules au Musée d'Art Moderne de la Ville de Paris.
Absalon réalise des maquettes pour un mobilier utopique, recouvert uniformément d'un plastique blanc parfaitement uniforme et aseptisé, non utilisable mais animé du désir de modifier le quotidien ou jouant en références comme les *Compartiments* de 1989 évoquant sarcophages et tombeaux antiques. Auteur d'environnements ou d'espaces clos où sont insérés les éléments, Absalon a basé sa réflexion sur les concepts de forme et d'usage des objets. « Le design comme l'archéologie nous propose un inventaire de formes qui nous permet d'établir d'autres liens entre les formes et leur utilité pour construire une culture nouvelle. » ■ F. M.
Bibliogr. : Virginie Luc : *Le Cheval d'Arson*, Beaux-Arts Magazine, sept. 1989, nᵒ 71 – Claire Bernstein : *Pas à côté, pas n'importe où*, Art Press, oct. 1989 – Olivier Zahm : *Absalon, Andrieu, Sanchez*, Art Press, nᵒ 144, fév. 1990 – Catal. de l'exposition *Absalon. Propositions d'habitat, échelle 1 :1*, galerie Aika, Jérusalem, 1990 – André Magnin : *Absalon, l'inversion du monde*, Art Press, nᵒ 151, sept. 1990, pp 53-55 – Catal. de l'exposition *Mouvements 1 et 2*, Galeries Contemporaines, Musée National d'Art Moderne, Paris, 8 mai-16 juin 1991 – Béatrice Parent : *Absalon*, Musée d'Art Moderne de la Ville, Paris, 1993.

Musées : Bordeaux (CAPC, Mus. d'Art Contemp.) – Paris (Mus. d'Art Mod. de la Ville) : *Prototypes* 1990 – *Cellules* 1990.

ABSCHROT Heinrich
xve siècle. Actif à Nuremberg. Allemand.
Tailleur de pierre et sculpteur.
Il fut admis au nombre des citoyens de Nuremberg en 1415.

ABSHOVEN. Voir APSHOVEN

ABSIEL F.
xviiie siècle. Hollandais.
Sculpteur de sujets religieux, statues.
Il sculpta en marbre une statue de la Vierge pour l'église catholique d'Amsterdam.

ABSIL Gilbert
Né en 1944 à Paris. xxe siècle. Français.
Artiste de performances.
Il réalisa, en activité de groupe, des environnements assimilables au happening, en ce qu'ils requéraient la participation des spectateurs, en particulier la *Promenade en flèches*, créée pour la Biennale des Jeunes de Paris en 1971.

ABSILLE Rémy ou Absile
xviiie siècle. Français.
Sculpteur.
Parisien, il avait été reçu à l'Académie de Saint-Luc le 17 octobre 1752, et il en faisait toujours partie lors de sa liquidation, en 1776. En octobre 1764, alors qu'il demeurait rue du Faubourg Saint-Martin, il est mentionné, au titre de créancier, dans la succession du sculpteur Michel-Ange Slodtz, pour qui il avait sans doute travaillé. Il vivait encore en 1789. Il collabora à la décoration de la salle d'Opéra de Versailles, entre 1753 et 1770, et plus tard exécuta des travaux dans l'aile neuve du château, du côté de la chapelle.

ABSOLON Hugh Wolfgang
xixe siècle. Travaillait à Londres vers 1855. Britannique.
Peintre.
Exposa à la Royal Academy en 1855.

ABSOLON John
Né en 1815 à Lambeth (Angleterre). Mort en 1873 ou 1895. xixe siècle. Britannique.
Peintre de genre, figures, paysages, aquarelliste.
Absolon fut remarquable par sa précocité ; dès l'âge de quinze ans, il commença à peindre des portraits à l'huile. Il avait été l'élève de Ferrigi, puis avait étudié au British Museum. Il fut, de bonne heure, un des aides de Grieve, le décorateur des théâtres du Drury Lane et de Covent Garden. Il y peignait les figures. Il avait dix-sept ans lorsque, en 1832, il exposa pour la première fois à Suffolk Street Gallery, une étude de paysage. Absolon vint passer quatre années à Paris. A son retour à Londres, en 1839, il avait abandonné la peinture à l'huile pour l'aquarelle, et il prenait part avec deux tableaux, *Le Petit Savoyard* et *La Première gorgée*, à l'exposition de la New Water-Colours Society de 1839. Admis, la même année, comme membre de cette société, il en reste le secrétaire durant de longues années. Il exposa également à la British Institution et à la British Arts Gallery. Son tableau : *Le Vicaire de Wakefield en prison*, le rendit populaire et ce succès s'affirma aux expositions qui suivirent. Absolon y reparut quelquefois avec des peintures à l'huile, notamment en 1857, par une toile intitulée : *Boulogne en 1857*.
Un grand nombre des dessins et tableaux de cet artiste ont été reproduits par la gravure et par d'autres procédés, ce qui le fit pénétrer profondément dans le grand public. ■ H. H.
Musées : Sydney : *Les Filles du Vicaire de Wakefield*, aquarelle.
Ventes Publiques : Londres, 11 juin 1909 : *Un vieux village* : **GBP 18** – Londres, 18 juin 1909 : *Consultation* : **GBP 4** – Londres, 18 avr. 1910 : *Un buveur*, dess. : **GBP 4** – Londres, 22 jan. 1965 : *La bergère*, aquar. : **GNS 50** – Londres, 14 nov. 1967 : *Paysage*, aquar. : **GNS 50** – Londres, 14 déc. 1971 : *Peinture* : **GBP 280** – Londres, 12 déc. 1978 : *Mauvaises nouvelles 1881*, aquar. (56x75) : **GBP 450** – Londres, 13 nov. 1979 : *Les Moissonneurs*, aquar. (37x55,5) : **GBP 600** – Écosse, 1er sep. 1981 : *Full Highland fring*, aquar. (49,5x31,5) : **GBP 500** – Londres, 29 mars 1983 : *Les ramasseurs de tourbe*, aquar. et cr. (42x87) : **GBP 1 300** – Londres, 1er juin 1984 : *An eastern princess 1872*, h/t (91,5x61) : **GBP 7 500** – Londres, 30 mai 1985 : *Paysans au bord d'une rivière*, aquar. et cr. (27,5x54) : **GBP 620** – Londres, 29 avr. 1987 : *The picnic from the Vicar of Wakefield*, aquar./traits de cr. (36x51) : **GBP 850** – Londres, 3 juin 1992 : *Cueillette de fleurs*, h/t

(diam. 61) : **GBP 605** – Londres, 6 juin 1997 : *Le Repos de la Moissonneuse*, cr. et aquar. reh. de gche et de griffures (28,3x38,5) : **GBP 3 220**.

ABSOLON John, dit de Mansfield
xixe siècle. Travailla à Londres dans la seconde moitié du xixe siècle. Britannique.
Peintre de natures mortes.
Il figura à Suffolk Street avec quatre ouvrages, exposés entre 1862 et 1868.

ABSOLON Kurt
Né en 1925. Mort en 1958. xxe siècle. Autrichien.
Peintre de paysages.
Ventes Publiques : Vienne, 13 sep. 1983 : *Na ja 1952*, lav. d'encre de Chine (22,2X21,5) : **ATS 15 000** – Vienne, 19 mars 1985 : *Crâne 1950*, encre de Chine, aquar. (40x30) : **ATS 30 000** – Vienne, 20 jan. 1987 : *Paysage 1949*, h/pap. (50x36) : **ATS 70 000**.

ABSOLON Louis
xixe siècle. Vivait à Londres entre 1873 et 1888. Britannique.
Peintre, aquarelliste.
Absolon fut membre de l'Institut des Peintres à l'Huile à Londres ; il exposa à la Royal Academy et à la New Water-Colours Society.

ABT Bonaventura ou Apt
Né au xvie siècle à Brunswick. Mort en octobre 1595 à Meiningen. xvie siècle. Allemand.
Peintre.
Aidé de son fils, il exécuta une peinture de plafond dans l'église de Meiningen, pour laquelle il lui fut payé 8 florins. Il mourut accidentellement, ainsi que son fils, par suite d'une chute dans la tour de l'église, où ils travaillaient tous les deux.

ABT Jacob ou Apt
Mort en 1518. xvie siècle. Actif à Augsbourg. Allemand.
Peintre.
Reçu maître à Augsbourg en 1510. On lui attribue des arabesques décorant les bâtiments d'une cour de la maison seigneuriale des Fugger. Cette décoration, qui porte le monogramme *A*, avait été précédemment attribuée à Altdorfer.

ABT Michael ou Apt
xvie siècle. Actif à Augsbourg de 1520 à 1527. Allemand.
Peintre.

ABT Peter ou Apt
xve siècle. Actif à Augsbourg vers 1460. Allemand.
Peintre.
On le trouve enregistré à cette date sur le livre des métiers.

ABT Ulrich, l'Ancien ou Apt
Né vers 1455 ou 1460 à Augsbourg (Bavière). Mort en 1532 à Augsbourg. xve-xvie siècles. Allemand.
Peintre de compositions religieuses, portraits.
Les archives d'Augsbourg le mentionnent à plusieurs reprises dans cette ville. Il figure à différentes dates, de 1490 à 1517, sur le livre des métiers : en 1486, il présentait des apprentis.
Il peignit en 1496, dans la chapelle de Sainte-Afra, sur le Lechfeld, le martyre de cette sainte. La même année, il fit une bannière pour le couvent de Saint-Ulrich, sur les deux côtés de laquelle il représenta encore le martyre de sainte Afra. Auteur de nombreux retables, il réalisa notamment l'*Adoration des Mages* et l'*Adoration de l'Enfant*, à l'église Sainte-Croix d'Augsbourg ; la *Crucifixion*, au retable de Rehlingen. On lui doit aussi des portraits.
Bibliogr. : In : *Diction. de la peint. allemande et d'Europe centrale*, coll. Essentiels, Larousse, Paris, 1990.
Musées : Augsbourg – Karlsruhe : *Adoration de l'Enfant* – New York (Metropolitan Mus.) : *Portrait d'un couple* – Paris (Mus. du Louvre) : *Adoration des Mages*.
Ventes Publiques : Londres, 9 juil. 1976 : *Portrait de jeune homme au béret noir*, h/pan. (29,2x21) : **GBP 16 000**.

ABT Ulrich, le Jeune ou Apt
xvie siècle. Actif à Augsbourg en 1512. Allemand.
Peintre.

ABTS Wauter
Né en 1582 probablement à Anvers. Mort vers 1643 probablement à Anvers. xviie siècle. Éc. flamande.
Peintre.
Il fut reçu franc maître de la gilde de Saint-Luc, en 1604. Deux

ans plus tard, il épousait Cornélia de Mellelo. Il eut de nombreux élèves, entre autres Adrian de Bie. Les autres ne se firent pas une aussi brillante réputation que celui-ci ; ce sont : Math. Machielsen, Leonhard Coymans, Frédéric Van Gelder, Mich. Giskeir, Alex. Pourre, Egid. Van Haelbeeck, Phil. Garibaldo, Corn. Bocx.

ABTSHOVEN. Voir APSHOVEN

ABU-BEKR-MOHAMMED-BEN-HASSAN
Mort en 997. xe siècle.
Peintre.
Aucune des œuvres de cet artiste arabe célèbre n'est connue de nous.

ABU-SHAKRA Asim
Né le 11 novembre 1961 à Umm el Fahm. xxe siècle. Israélien.
Peintre de sujets militaires, figures, animaux, natures mortes, peintre de techniques mixtes, dessinateur.
D'origine arabe palestinienne, il appartient à une famille d'artistes. Il fut élève de l'école des Beaux-Arts de Tel-Aviv, où il enseigna en 1987-1988, et où il vécut et travailla.
Il a participé à des expositions collectives : 1988, 1991, 1993 musée des Beaux-Arts de Tel-Aviv, où il est lauréat de la fondation culturelle Amérique-Israël ; 1989 Biennale de Venise ; 1990 Biennale d'Art Asie-Europe à Ankara, Städtische Kunsthalle de Düsseldorf, Maison des Arts de Moscou, musée d'Israël à Jérusalem ; 1995, 1996 Centre d'art Le'Omanut d'Ein Harod ; 1996-1997 musée d'Arad ; 1996 Signes de terre au musée-galerie de la Seita à Paris, avec l'Israélien juif Avi Trattner. Il montrait ses œuvres dans des expositions personnelles : 1988, 1989 Galerie Wraf à Tel-Aviv ; 1990 Kibboutz de Cabri ; 1991 musée d'Israël de Jérusalem ; 1994 musée des Beaux-Arts de Tel-Aviv.
Il débuta avec des scènes de guerre, dans lesquelles planent des avions menaçants, inspirées de la guerre du Liban ; des animaux ; puis vint la série des Porte-Jarretelles. À partir de 1988, il se concentre autour de la figure emblématique du cactus (en hébreu « sabra » qui désigne tout enfant juif né en Israël), et en particulier de sa fleur, présentée frontalement, évoquant le déracinement des Palestiniens. Dans des compositions simples, composées d'aplats, il adopte une palette terreuse, dominée par les ocres et les bruns.
BIBLIOGR. : Catalogue de l'exposition Asim Abu-Shakra, Musée des Beaux-Arts, 1994 – Myriam Boutoulle : Terre de signes, Beaux-Arts, n° 149, Paris, oct. 1996 – Catalogue de l'exposition Signes de Terre : Asim Abu-Shakra, Musée-galerie de la Seita, Paris, 1996.
MUSÉES : TEL-AVIV (Mus. des Beaux-Arts) : Avion 1988 – Cactus 1989.
VENTES PUBLIQUES : TEL-AVIV, 11 avr. 1996 : Cactus 1988, h/pap. (120x80) : USD 27 600.

ABULARACH Rodolfo
Né le 9 janvier 1934. xxe siècle. Actif aux États-Unis. Guatémaltèque.
Peintre. Tendance fantastique.
Il fit des études d'ingénieur, tout en s'initiant à la peinture en 1953 à Pasadena. Il expose depuis 1947, tout en poursuivant sa formation. Séjour au Mexique jusqu'en 1955. Bourse aux États-Unis pour la gravure en 1959, en même temps que sélectionné pour la Biennale des Jeunes de Paris. En 1955 il a été nommé professeur à l'Ecole des Beaux-Arts de Guatemala City. Il se fixa définitivement à New York en 1958.
D'abord influencé par les grandes fresques de Carlos Merida, faisant fusionner décor précolombien et abstraction géométrique, il évolua ensuite vers le fantastique, prenant l'œil pour sujet unique.
BIBLIOGR. : In : Diction. de l'Art Mod. et Contemp., Hazan, Paris, 1992.
MUSÉES : BOLIVIE – CARACAS (Mus. des Beaux-Arts) : L'œil bleu 1968 – GUATEMALA – ÉTATS-UNIS.
VENTES PUBLIQUES : NEW YORK, 8 mai 1981 : Stella Maya 1957, h/t (105,5x40,5) : USD 1 000 – NEW YORK, 30 mai 1984 : Espacial rojo-ojo, h/t (61x61) : USD 1 100 – NEW YORK, 20-21 nov. 1990 : Espace n° 23 « Mars » 1976, h/t (203x203) : USD 6 600.

ABYBERG Eva
Née le 21 août 1588 à Schwyz. Morte le 2 février 1669. xviie siècle. Suisse.
Peintre.
On connaît de cette artiste un tableau conservé à l'église des capucins à Arth.

ABYS-LOTZ Anna
Née en 1861 à Bâle. xixe siècle. Suisse.

Peintre.
Elle commença ses études dans sa ville natale et vint ensuite travailler à Paris, s'adonnant surtout au portrait, à l'huile et au pastel. Elle vécut quelque temps à Saint-Galmier, séjourna à Bâle et, après son mariage, s'établit à Berne. Elle a figuré à de nombreuses expositions.

ACACCIATI. Voir SCACCIATI

ACAR Charles Louis
Né en 1804 à Oudenaarde. xixe siècle. Hollandais.
Peintre de compositions religieuses, scènes de genre, portraits, paysages, intérieurs.
Après avoir étudié à l'Académie d'Oudenaarde, Acar vint à Bruxelles profiter de l'enseignement d'Odevaere à l'Académie de cette ville. En 1824, il avait acquis une habileté professionnelle suffisante pour pouvoir envoyer quelques portraits à l'exposition de Gand. En 1842, il prenait part au Salon de Bruxelles avec un tableau intitulé La Leçon de dessin.
A la suite d'un voyage en Hollande, il produisit un certain nombre de paysages dont les motifs avaient été pris durant son séjour à La Haye et à Amsterdam. Acar s'essaya dans tous les genres. Plus tard, il exécutait le Martyre de sainte Barbe, œuvre importante, pour le maître-autel de Saint-Hermas à Renaix et La Vierge au temple, pour l'église de Lootenhulle, près de Gand.
VENTES PUBLIQUES : HANOVRE, 19 mars 1982 : Scène d'intérieur, h/t (51x40) : DEM 2 000.

ACAR Kuzgun
Né en 1928 à Istamboul. xxe siècle. Turc.
Sculpteur.
Il a été sélectionné pour la Turquie, en 1961, à la fois pour la Biennale des Jeunes de Paris et pour celle de São Paulo.

ACARD-PICARD Christine Claude Jacqueline
Née à Auxerre (Yonne). xxe siècle. Française.
Peintre de portraits, natures mortes.
Elle fut élève de Fernand Bivel et de Jacques Simon. Elle exposa à Paris au Salon des Femmes peintres et sculpteurs, ainsi que, à partir de 1932, au Salon des Artistes Français.

ACARIO Giovanni
xive siècle. Travaillait à Bologne en 1352. Italien.
Peintre.
Ce moine exécuta différents travaux pour le couvent des dominicains, entre autres le tableau du maître-autel de la chapelle de Saint-Dominique.

ACART Guillaume
xive siècle. Éc. bourguignonne.
Peintre.
On le connaît par un mandat de paiement de 14 livres parisis qui lui fut délivré, le 28 septembre 1345, par le duc Philippe de Bourgogne.

ACART Jean
xive siècle. Actif au début du xive siècle.
Peintre.
Il travailla surtout pour la comtesse Mahaut d'Artois et exécuta pour elle des peintures au château de Lens et au château d'Arras.

ACCAMA Bernardus
Né en 1747 à Leeuwarden. Mort en 1768. xviiie siècle. Hollandais.
Peintre de portraits.
Il fut le fils et l'élève de Mathys Accama et neveu de Bernardus Accama I. Ce fut un bon peintre de portraits.

ACCAMA Bernardus I
Né en 1697 à Leeuwarden (Hollande). Mort en 1756 à Leeuwarden. xviiie siècle. Hollandais.
Peintre d'histoire, portraits.
Accama fut un bon portraitiste et ne réussit pas moins bien dans l'histoire. Il était considéré dans sa ville comme un artiste hors ligne, mais sa réputation ne s'étendit pas plus loin. L'Hôtel de Ville de Leeuwarden possédait un grand nombre des ouvrages de cet artiste, détruits pendant les émeutes de 1795.
VENTES PUBLIQUES : BELGIQUE, 1900 : Portrait de Guillaume IV d'Orange : FRF 620.

ACCAMA Mathys
Né à Leeuwarden. Mort en 1783 à Leeuwarden. xviiie siècle. Hollandais.
Peintre.

Il était frère de Bernardus Accama. Il visita l'Italie où il copia les maîtres anciens. Il peignit avec talent l'histoire et les allégories.

ACCAMA Simon
Né en 1735 à Leeuwarden. Mort en 1752. XVIIIᵉ siècle. Hollandais.
Peintre.
Il était fils de Mathys Accama et fut son élève.

ACCARD Eugène
Né en 1824 à Bordeaux (Gironde). Mort en 1888 à Paris. XIXᵉ siècle. Français.
Peintre de genre, portraits. Académique.
Élève de Pujol et d'Abel, il exposa au Salon, de 1848 à 1887.
Il passa volontiers du portrait à la scène de genre, brossant des sujets moralisateurs, comme La jeune mère, L'enfant malade ou faisant revivre des scènes de la Renaissance, des XVIIᵉ et XVIIIᵉ siècles. Ces œuvres historiques lui permettaient de mettre en valeur sa virtuosité à rendre les brocarts, les velours, les matériaux précieux.
BIBLIOGR. : Gérald Schurr : Les Petits Maîtres de la peinture 1820-1920, t. V, Les Éditions de l'Amateur, Paris, 1989.
MUSÉES : BREST : Mme Vattier d'Ambroyse – NICE (Mus. Chéret) : L'Amateur de gravures 1853 – SAINT-LÔ : Jeune femme devant une glace.
VENTES PUBLIQUES : PARIS, 15 juin 1905 : Personnages en costume Louis XIII : FRF 220 – PARIS, 12-14 juin 1922 : Portrait de Seigneur : FRF 380 ; La toilette de la mariée : FRF 210 – PARIS, 20 mai 1942 : La lecture : FRF 4 000 – NICE, 5 juin 1942 : Jeune femme au miroir : FRF 2 500 – VIENNE, 15 sep. 1982 : Jeune femme à son miroir, h/pan. (40,5x30,5) : ATS 40 000 – NEW YORK, 1ᵉʳ mars 1984 : La lettre d'amour, h/pan. (32,4x23,8) : USD 1 500 – PARIS, 3 déc. 1987 : Sans titre, h/pan. (25x29) : FRF 24 500 – AMSTERDAM, 3 mai 1988 : Dame en robe de soirée devant son miroir, dans un intérieur rococo, h/pan. (21,5x16) : NLG 3 450 – NEW YORK, 26 mai 1992 : Jeune femme devant sa coiffeuse admirant ses perles, h/t (69,1x58,4) : USD 7 700.

ACCARDI Carla
Née en 1924 à Trapani. XXᵉ siècle. Italienne.
Peintre. Abstrait-lyrique.
Elle fréquenta brièvement les Écoles des Beaux-Arts de Palerme et Florence, et fréquenta à Rome l'atelier de Guttuso, avant la première exposition de ses peintures, en 1947 à Rome. En même temps que Antonio Sanfilippo, avec qui elle se maria, elle signa alors le manifeste Forma 1 du groupe d'artistes qui se veulent marxistes et abstraits, en opposition au réalisme socialiste. Son expression plastique fut abstraite dès ses débuts. En 1951, au cours d'un voyage à Paris, elle rencontra Magnelli et Hartung. D'entre les expositions auxquelles elle participe : Biennale de Venise en 1948, et de nouveau en 1964 avec une salle entière, Quadriennale de Rome en 1955, en 1958 Pittsburgh et Osaka, Tokyo en 1961, etc.
Après une période normalement évolutive, partie, en 1947, d'une abstraction typiquement européenne, se référant encore au regard sur l'extérieur, en 1954, elle décida de se limiter au noir et blanc, dans des signes graphiques enchevêtrés, sorte de calligraphie fort libre dans la ligne de l'abstraction lyrique. Après 1957, sa peinture se caractérise par des séquences rythmiques, oppositions de formes et contre-formes graphiquement rigoureuses, se développant sur des plages de couleurs vives tendant à des jeux optiques. Depuis 1966, elle a étendu ses interventions picturales à l'environnement, rideaux, paravents, murs, draps, etc. ■ J. B.
BIBLIOGR. : V. Bramanti : Accardi, Ravenne, 1983 – divers : Catalogue de l'exposition Forma 1, Mus. de Brou, 1987 – in : Diction. L'Art Mod. Contemp., Hazan, Paris, 1992.
MUSÉES : LERICI – ROME (Mus. d'Art Mod.).
VENTES PUBLIQUES : ROME, 11 juin 1981 : Lilla Celeste 1964, temp. (76x100) : ITL 1 800 000 – ROME, 29 avr. 1984 : Equilibre 1953-1954, h/t (60x100) : ITL 5 000 000 – ROME, 22 mai 1984 : Opera N° 226 1960, h/t (60x70) : ITL 1 800 000 – ROME, 3 déc. 1985 : Vert et turquoise 1963, temp. (150x103) : ITL 7 500 000 – ROME, 15 nov. 1988 : Vert et turquoise 1963, détrempe à la caséine/pap./t. (150x103) : ITL 7 500 000 – MILAN, 14 déc. 1988 : Composition 1963, détrempe/pap. (34x50) : ITL 2 000 000 – MILAN, 7 juin 1989 : Capriccio espagnol n. 836 1982, acryl./t. (130x86) : ITL 9 500 000 – MILAN, 8 nov. 1989 : Lilas céleste 1964, temp./pap./t. (76x99) : ITL 15 500 000 – ROME, 30 oct. 1990 : Composition 1956, h/t (50x70) : ITL 16 000 000 – MILAN, 13 déc. 1990 : rouge-bleu 264 1961, h/t (59x70) : ITL 12 500 000 – NEW YORK, 12

nov. 1991 : Sans titre, h/t (61,5x161,3) : USD 24 200 – ROME, 9 déc. 1991 : Intégration 1958, détrempe/cart. (42x70) : ITL 7 475 000 – MILAN, 14 avr. 1992 : Composition 1961, temp./pap. entoilé (47,5x67,5) : ITL 6 000 000 – ROME, 12 mai 1992 : Carmin-violet 1962, détrempe à la caséine/t. (55x65) : ITL 12 000 000 – MILAN, 9 nov. 1992 : « Giallolilla », temp. (56,5x38) : ITL 2 400 000 – NEW YORK, 24 fév. 1993 : Sans titre, h/t (135,6x62,9) : USD 7 700 – MILAN, 22 nov. 1993 : Les cloisonnements 1957, temp. à la caséine/t. (64x136) : ITL 21 213 000 – ROME, 19 avr. 1994 : Arbres bleus et noirs 1960, caseine/t. (81x116) : ITL 17 250 000 – MILAN, 28 mars 1995 : Composition bleu-violet 1972, temp. à la caséine/t. (60x68) : ITL 5 290 000.

ACCARDI Gian Rodolfo d'
Né le 6 juin 1906 à Palerme (Sicile). XXᵉ siècle. Italien.
Peintre de paysages animés.
Après des études classiques à Palerme et à Naples, il s'installa en 1925 à Milan. Il a figuré à la Biennale de Venise en 1948. Peintre autodidacte, il montre son œuvre lors de nombreuses expositions personnelles dans plusieurs villes italiennes, parmi lesquelles Rome et Milan puis aux États-Unis, à New York.
Il réalise des paysages peuplés de chevaux stylisés, associant tendances abstraites et légers accents expressionnistes.
VENTES PUBLIQUES : MILAN, 21 déc. 1982 : Chevaux dans un paysage 1976, h/t (59x69) : ITL 550 000 – MILAN, 16 déc. 1987 : Chevaux et cavaliers, h/cart. (40x50) : ITL 950 000 – MILAN, 8 juin 1988 : Personnages et voiliers sur la rivière, h/t (90x110) : ITL 2 400 000 – MILAN, 16 nov. 1993 : Été, h/t (80x70) : ITL 1 955 000 – MILAN, 5 mai 1994 : Chasseur dans un bois, h/rés. synth. (70x50) : ITL 1 265 000 – MILAN, 26 oct. 1995 : Vallée silencieuse 1957, h./cpntre plaqué (50x60) : ITL 2 185 000.

ACCARDI Michelangelo
XVIIIᵉ siècle. Travaillait à Rome en 1727. Italien.
Peintre.

ACCART Paul
Né à Paris. XXᵉ siècle. Français.
Peintre.
A exposé une toile au Salon d'Automne de 1924 : Homme de cirque. Il en a envoyé au Salon des Indépendants en 1926 et 1928.

ACCAULT Moïse
Né à Sens (Yonne). XXᵉ siècle. Français.
Peintre.
Élève de L. Cabié. Sociétaire du Salon des Artistes Français, il y a exposé des gouaches : Paysage (1939), Paysage de Provence (1941).

ACCHIARDI Guido
Né le 12 janvier 1890 à Rome. XXᵉ siècle. Actif en Argentine. Italien.
Peintre.
Après avoir été élève de l'École des Beaux-Arts de Rome, et voyagé à travers l'Europe, il se fixa en Argentine, où il devint professeur à l'École d'Art de Buenos Aires. Il expose dans les manifestations collectives d'Argentine.
MUSÉES : BUENOS AIRES – TENDIL.
VENTES PUBLIQUES : MONACO, 21 avr. 1990 : Village au bord de la mer 1932, h/t (129x161) : FRF 66 600.

ACCHILINO
Né à Bologne. XIVᵉ siècle. Actif à Bologne vers 1324. Italien.
Peintre.
On lui attribue le Portrait de Can Grande, qui mourut en 1329.

ACCIACCAFERRI Antongiacomo
Né à San Severino. Mort après 1545. XVIᵉ siècle. Actif au début du XVIᵉ siècle. Italien.
Peintre.
On l'a dit à tort élève de Pinturicchio. Ce fut Bernardino di Mariotto de Pérouse qui l'instruisit. Acciaccaferri, en 1519, aida son maître dans des travaux dont celui-ci fut chargé à San Severino, notamment de la peinture des armoiries de la ville. Antongiacomo, plus tard, termina un tableau du Christ crucifié pour l'église San Francisco à San Severino. On retrouve le nom de cet artiste dans les documents jusqu'en 1545.

ACCIACCAFERRI Francesco
XVIᵉ siècle. Actif à San Severino au début du XVIᵉ siècle. Italien.
Sculpteur sur bois.
Fils de Pierantonio, dont il paraît avoir partagé les travaux.

ACCIACCAFERRI Pierantonio
Mort après 1529. XVIᵉ siècle. Travaillait à San Severino. Italien.

Sculpteur sur bois.

Il fut l'élève de Domenico Indivini, de San Severino, et exécuta, aidé par son fils Francesco, les stalles du chœur de la principale église de la ville. On croit que le père et le fils aidèrent Indivini à l'exécution des bois sculptés de l'église San Francisco, à Assise, et aux travaux que celui-ci exécuta également dans la cathédrale de Jesi. Pierantonio sculpta aussi, en 1526, une porte et un tabernacle pour l'Hôtel de Ville de San Severino.

ACCIAJO Paris
xvie siècle. Travaillait à Sarzana. Italien.

Sculpteur sur bois.

Vers 1592 l'évêque commanda un tabernacle à Acciajo. En 1603, on croit qu'il sculpta un confessionnal pour l'évêque Salvago, à Sarzana.

ACCIARI
xxe siècle. Italien.

Peintre.

Ses œuvres sont surréalisantes.

ACCIUS Cesare Antonio ou Accer ou Accfer
xviie siècle. Italien.

Peintre et graveur.

On sait peu de choses sur cet artiste, qui cependant était fort considéré. Il vivait au commencement du xviie siècle. Trois eaux-fortes de lui, représentant des paysages, sont citées ; l'une d'elles porte la date de 1609.

ACCIUS PRISCUS. Voir ATTIUS PRISCUS

ACCOLTI Pietro
xviie siècle. Italien.

Dessinateur.

On cite de cet artiste florentin l'ouvrage intitulé : *Lo inganno deg l'occhi prospectiva pratica*, etc., Firenze, 1625.

ACCONCI Vito
Né le 24 janvier 1940 à New York. xxe siècle. Américain.

Peintre, sculpteur, artiste de performances, multimédia.

Vito Acconci est né dans le Bronx à New York. Il vit et travaille à Brooklyn. Il a fait ses études au Holy Cross College à Worcester dans le Massachusetts et à l'University of Iowa. Il a enseigné dans diverses écoles d'art et universités, notamment la School of the Art Institute of Chicago, l'Université de Yale et la Parsons School of Design de New York. Il a commencé à exposer en 1968. Il a participé aux Documenta V, VI et VII de Kassel en 1972, 1977, 1982, et à la Biennale de Venise en 1976 et 1978. Ses nombreuses expositions personnelles ont eu lieu dans plusieurs villes des États-Unis, New York, Washington, Los Angeles, La Jolla (Californie) et en Europe à Paris, Florence, Naples, Grenoble en 1991, au musée des Arts décoratifs de Vienne en 1993, etc. Plusieurs expositions rétrospectives : Chicago, en 1980 au Musée d'Art Contemporain et en 1987 à la Jolla au Musée d'Art Contemporain, en 1991 au Centre National d'Art Contemporain de Grenoble. Le Centre d'art contemporain, La Criée à Rennes, a exposé en 1995-1996 plusieurs de ses œuvres pour inaugurer sa réouverture.

Vito Acconci a débuté sa carrière comme poète. En 1969, il commence à utiliser des photographies décrivant les actions les plus simples dont les titres laconiques se limitent à quelques mots : *Toe-touch*, 1969 – *Throw*, 1969. Dans les années 1970, il réalise des vidéos et des films accompagnés de textes ou de simples mots. C'est à cette époque qu'il se livre aux pratiques du Body-Art, réalisant de multiples performances et participant aux rencontres internationales de cette activité, dont il reste un des principaux acteurs aux États-Unis. Acconci a alors mis en évidence les différentes sortes de rapports qui peuvent exister entre la production de l'artiste et sa personne propre, faisant du corps le lieu et l'objet de l'activité créatrice. Le geste n'est plus créateur, comme par exemple dans l'abstraction lyrique gestuelle, il est créé, il est l'art. Le geste ne risque plus de n'être que l'instrument d'une éventuelle production conditionnée par les mécanismes acquis, étant sa propre production, il se doit de se manifester neuf à chaque nouvelle action. En 1971, les performances se poursuivent, additionnées d'installations formellement proches de certaines sculptures minimalistes. À partir de 1980, le langage, si présent dans les travaux antérieurs, tend à disparaître pour ne plus jouer qu'un rôle subordonné ; il figure sous forme de titres, toujours assez longs ou de commentaires inscrits sur de nombreuses pièces. Les installations transitoires et éphémères ont laissé la place à des sculptures-objets et des environnements que le public peut investir, voire utiliser, car ils

sont réalisés à l'échelle humaine. Le monologue des premières œuvres a cédé la place au dialogue, le domaine du privé est devenu public. Le regard critique sur la vie sociale et la communauté urbaine habitent toujours les travaux les plus récents. L'humour reste une composante permanente de son travail. Les sculptures de Vito Acconci offrent des environnements ludiques, où le fantastique de certaines inventions rappelle le monde irrationnel et merveilleux des décors de certains contes enfantins. Quand Acconci choisit de parler d'architecture, c'est le mode de l'illogique qu'il adopte : *Houses up the wall*, 1985, présente ainsi des maisons grandeur nature montées sur des échelles d'aluminium, sans murs au premier niveau et coiffées d'un toit ouvrant par une porte. *Making shelter (house of used arts)*, 1985, est construite avec des silhouettes découpées dans ses cloisons et des loggias débordantes de plantes vertes. Les meubles ne sont pas épargnés : un siège est enchâssé dans une montagne en ciment d'où coule une cascade arrosant de faux arbres. Vito Acconci dénonce ainsi les conditionnements qui régissent les sociétés modernes, leurs contradictions, leurs paradoxes. Il est partisan de ce qu'il nomme le « Normal Art », l'art dans les endroits publics, à la portée de tous et inscrit dans la ville de façon permanente, au même titre que l'architecture. Il est l'auteur de réalisations, *Face de la Terre*, en 1984, et *Jardin de colonnes*, en 1987 pour la Compagnie Coca-Cola à Atlanta.

■ F. M., J. B.

Bibliogr. : Catalogue de l'exposition *Vito Acconci ; une rétrospective ; 1969 à 1980*, Mus. of Contemp. Art, Chicago, 1980 – Catalogue de l'exposition *Domestic trappings*, Mus. of Contemp. Art, La Jolla, 1987 – Catalogue de l'exposition *Vito Acconci*, Museum of Modern Art, New York, 1988 – Claude Gintz : interview de Vito Acconci : *L'impossibilité de l'art public*, Art Press, Paris, N° 166, fév. 1992.

Musées : Lille (FRAC, Nord-Pas-de-Calais) : *Adjustable wall bra* 1990 – Lyon (Mus. d'Art Contemp.) – New York (Mus. of Mod. Art) : *Autre voix pour une seconde vue* 1974 – Orléans (FRAC Centre) : *Lookout model maquette, bois, aluminium* – Paris (Mus. Nat. d'Art Mod.) : *Le don américain* 1976.

Ventes Publiques : Milan, 19 déc. 1978 : *Picpus 1971*, report photo. et textes (75x101,5) : ITL 1 200 000 – Paris, 19 Mars 1980 : *Composition* 1970, collages de photos et de textes sur pan. de bois (100x119) : FRF 5 100 – Londres, 23 fév. 1989 : *Texte de performance* 1969, photo-collage/cart. (76x100) : GBP 6 380 – Milan, 8 nov. 1989 : *Études pour intermédiaires 1974*, fus./pap. (51x72) : ITL 4 500 000 – Milan, 27 mars 1990 : *Détournement du mystère 1974*, fus. et collage de photo./pap. (51x68,5) : ITL 3 600 000 – New York, 14 fév. 1991 : *Salle de réception (Naples 1973)*, craies blanche et noire et photo./pap. noir (179,3x113,6) : USD 9 900 – New York, 27 fév. 1992 : *Modèle de rangement de cassettes de films*, craies de coul., bombage et collage de photos/pap. (90,8x365,1) : USD 16 500 – New York, 4 mai 1993 : *Étude pour intermédiaires 1974*, fus./pap. (50,8x71,8) : USD 2 300 – New York, 10 nov. 1993 : *Sauts 1969*, acryl. et craies de coul. sur photo. noir et blanc/14 pan. de mousse (68,5x355,6) : USD 16 100 – New York, 6 mai 1997 : *Light Stop*, photo. noir et blanc, craies blanche et noire/pap./pan., ensemble de quatre panneaux (244x142) : USD 8 050.

ACCOU
xixe siècle. Vivant à Middelbourg au commencement du xixe siècle. Hollandais.

Dessinateur et aquarelliste.

ACCRAVI Andrea
xviiie siècle. Siennois, actif au xviiie siècle. Italien.

Peintre.

Il peignit, dans le chœur de l'église des Saints apôtres Pierre et Paul à Monticiano, deux fresques représentant des scènes de la vie du Bienheureux Antonio Patrizi, qui existent encore.

ACCURSIO Notario
xiiie siècle. Siennois, actif au xiiie siècle. Italien.

Miniaturiste.

Son nom figure dans les archives, en 1248.

ACCURSIO di Ciolo
xive siècle. Travaillait à Orvieto en 1345. Italien.

Sculpteur ornemaniste.

ACEBAL Y DIGORAS Arturo
Né en 1912 près de Buenos Aires. xxe siècle. Argentin.

Peintre, céramiste.

Il vint faire ses études en Espagne, à l'Ecole des Beaux-Arts de

Bilbao, commençant alors à exposer à Bilbao et Paris. Retourné en Argentine, il y participe régulièrement au Salon National, ainsi qu'à des manifestations collectives en Amérique latine, entre autres : Salon de Mar-del-Plata depuis 1946. Il a aussi exposé à Madrid, à l'occasion de la première Biennale en 1951.
Musées : Bilbao – Oviedo – Santander – Victoria.

ACELLY A.
XIXᵉ siècle. Français.
Peintre.
Il a exposé au Salon : *Gibier*, en 1888, *Fleurs*, en 1890.

ACERBI Ezechiele
Né en 1850 à Pavie. Mort en 1920. XIXᵉ-XXᵉ siècles. Italien.
Peintre de portraits, paysages animés, paysages.
Ventes Publiques : Milan, 20 déc. 1977 : *Torrent*, h/t (34,5x18,5) : ITL 1 800 000 – Milan, 14 mars 1978 : *Fillette dans un paysage*, h/t (44x20,5) : ITL 1 400 000 – Milan, 21 déc. 1981 : *Le vieux cimetière de Villanterio*, h/pan. (10x16,5) : ITL 1 100 000 – Milan, 29 mai 1986 : *Il Ticino a Pavia con veduta del Ponte Vecchio*, h/t (13x23) : ITL 3 300 000 – Milan, 30 oct. 1987 : *Portrait de femme*, h/t (48x40) : ITL 2 200 000 – Milan, 9 nov. 1993 : *Portrait de l'avocat Accetti 1908*, h/t (62x50) : ITL 2 300 000.

ACERBI J.
XIXᵉ siècle. Italien.
Dessinateur de paysages.
Il travaillait en Angleterre au commencement du XIXᵉ siècle.

ACEVEDO Cristobal ou Acebedo
Né vers 1540 à Murcie. Mort vers la fin du XVIᵉ siècle. XVIᵉ siècle. Espagnol.
Peintre.
Vers 1585, Acevedo fut l'élève de Bartolomé Carducho. Il adopta le genre historique. Ses premiers travaux lui valurent une réputation suffisante pour que les décorations de plusieurs couvents et églises du pays lui fussent confiées. Ce peintre était remarquable par une grande pureté de dessin, un style large et puissant lui permettant de donner tout le développement compatible avec les sujets de l'histoire sacrée. On cite, notamment, une remarquable composition sur la Vierge, dans la chapelle du Collège de Saint-Fulgence, à Murcie.

ACEVEDO Felicindo Iglesias y
Né en 1898 à Orense (Galice). XXᵉ siècle. Actif à Cuba. Espagnol.
Peintre. Naïf.
Il résida onze années en France, où il exerçait le métier d'exportateur. Il ne commença à peindre qu'en 1939, autour de la quarantaine, lorsqu'il vint se fixer à Cuba. Il exposa dans les deux Amériques, notamment il fut sélectionné en 1957 pour la Biennale de São Paulo.
Bibliogr. : Otto Bihalji-Merin, in : *Les Peintres naïfs*, Delpire, Paris.

ACEVEDO José
Né dans la première moitié du XIXᵉ siècle à Castrapol (Espagne). XIXᵉ siècle. Espagnol.
Peintre, lithographe.
Après avoir terminé ses études à l'Académie de San Fernando, à Madrid, Acevedo prit rang parmi les artistes espagnols comme peintre de genre et comme illustrateur. Il fit, notamment, une partie des dessins pour l'*Histoire de l'Escurial*, ainsi que ceux du *Voyage en Orient de la frégate « Aripiles »*. Acevedo produisit également des lithographies qui furent appréciées par les amateurs. Le tableau qu'il exposa à Madrid en 1860 : *Jeune porteur d'eau ayant cassé sa cruche*, obtint beaucoup de succès.

ACEVEDO Manuel ou Acebedo
Né en 1744 à Madrid. Mort en 1800. XVIIIᵉ siècle. Espagnol.
Peintre.
Il eut pour maître Jose Lope, et ne tarda pas à le dépasser. On trouve de lui, à Madrid, un grand nombre d'œuvres sur des sujets de l'histoire sainte, notamment un *Saint François* et un *Saint Jean Baptiste* dans la chapelle latine.

ACEVES Gustavo
Né en 1931. XXᵉ siècle. Mexicain.
Peintre de figures, nus, pastelliste, dessinateur.
Ventes Publiques : New York, 1ᵉʳ mai 1990 : *Attente de la mue*, past. et fus./pap. (127x96) : USD 3 080 – New York, 2 mai 1990 : *Nu*, past./pap. (91x123) : USD 2 750 – New York, 20-21 nov. 1990 : *Nus*, fus. et past./pap. (125x93) : USD 2 860.

ACÉZAT Kéty Marguerite Henriette
Née à Paris. XXᵉ siècle. Française.
Peintre de paysages, sculpteur.
Elle fut élève d'Ernest Bergès et de Adler, puis exposa, à partir de 1927 à Paris, aux Salons des Artistes Français, de la Société Nationale des Beaux-Arts, et d'Automne. Elle a surtout peint des paysages de Bretagne.

ACÉZAT Michel
Né à Angers (Maine-et-Loire). Mort en 1943. XXᵉ siècle. Français.
Peintre de cartons de vitraux.
Il fut élève de l'Ecole des Beaux-Arts d'Angers. Il exposa au Salon des Artistes Français, dans la section d'art décoratif où il obtint la mention honorable. Il s'est surtout spécialisé dans la restauration et la copie de vitraux du XIIIᵉ au XVIᵉ siècles.

ACH. Voir aussi AACHEN

ACH Hans von
XVᵉ siècle. Travaillait à Bâle en 1477. Suisse.
Peintre.
Brun admet que ce pourrait être le même peintre que Hans von Och, mentionné en 1547.

ACH Heinrich von ou Oche
Mort probablement avant 1520. XVIᵉ siècle. Allemand.
Peintre.
Heinrich von Ach est probablement le même artiste que Heinrich Kalteisen d'Aix-la-Chapelle, que l'on cite comme peintre à Breslau, en 1502, et qui mourut avant 1520. D'autres membres de la même famille travaillèrent comme peintres à Breslau et dans la Silésie. On pourrait peut-être attribuer à cet artiste la composition : *Vénus, Junon, Pallas*, gravée par Robert Boissard, comme d'après Joh. Ach.

ACHALME Simone
Née à Armentières (Nord). XXᵉ siècle. Française.
Sculpteur de figures, bustes.
Elle fut élève de Jean-Marie Camus, le sculpteur spécialiste des bustes et des groupes d'enfants. Exposante à Paris du Salon des Artistes Français depuis 1926, elle en devint sociétaire et obtint la mention honorable en 1930. En 1929, à l'exemple de son maître, elle avait montré un *Enfant rieur*.

ACHARD François
XVIIIᵉ siècle. Français.
Sculpteur.
Résidait à Grenoble.

ACHARD Jacques
XVIIIᵉ siècle. Actif dans la seconde moitié du XVIIIᵉ siècle. Français.
Peintre.
Cet artiste est cité dans la liste des peintres de Toulon, en 1767.

ACHARD Jean Alexis
Né le 17 avril 1807 à Voreppe (Isère). Mort le 20 octobre 1884 à Grenoble (Isère). XIXᵉ siècle. Français.
Peintre de paysages, graveur.
Il débuta au Salon de Paris en 1839.
Lorsqu'il envoya *Vue prise du Caire* au Salon de 1839, sa manière était alors un peu sèche et précieuse, mais sa sensibilité à la nature, les conseils de Corot et de Français lui ont permis d'atteindre une expression pleine de poésie et de délicatesse. Certains de ses paysages, tel : *Une chaumière* qui parut au Salon de 1861, évoquent d'illustres paysages anglais. On retrouve dans ses eaux-fortes originales le même sentiment, la même sincérité d'interprétation. Marcel Reymond en a décrit 48 pièces dans le catalogue qu'il a publié des œuvres du peintre. Il fut le maître d'Harpignies.
Musées : Besançon : *Bords de l'Ain* – Grenoble : *Une chaumière* – *Paysage, vue prise à Saint-Egrève* – *Ruines du château de Beauvoir 1842* – *Massif d'arbres au bord de la mer, environ de Honfleur* – *Clairière ensoleillée* – *Massif de la Grande-Chartreuse* – *Chemin en montagne* – *Un étang* – *Souvenir de Neuville* – *Aqueduc de Sassenage* – Le Havre : *Matinée d'automne dans la vallée de l'Isère* – Nantes : *Vue des environs de la Chartreuse de Grenoble*.
Ventes Publiques : Paris, 1853 : *Vue prise de Saint-Egrève* : FRF 350 – Paris, 1890 : *Vue de Voreppe* : FRF 900 – Paris, 1899 : *Le sentier* : FRF 1 400 – Paris, 24 janv. 1906 : *Paysage en Dauphiné* : FRF 60 – Grenoble, 13 déc. 1971 : *Sous-bois* : FRF 750 – Grenoble, 7 mai 1979 : *Paysage dauphinois*, h/t (60x97) : FRF 6 500 – Grenoble, 18 mai 1981 : *En Dauphiné*, h/pan. (35,5x26,5) : FRF 3 000 – Grenoble, 13 mai 1985 : *Rayon de soleil*

dans la clairière, h/t (75x50) : **FRF 12 000** – Vienne, 29 mai 1986 : *Prairie et pommiers près de Cernay* 1859, h/pan. (26,5x35) : **FRF 8 800** – Grenoble, 11 oct. 1993 : *Arbres, taillis et roches* 1880, aquar. (21,5x16,5) : **FRF 15 500**.

ACHARD Jean Baptiste
Né à Correns (Var). xviii⁰ siècle. Travaillait à Toulon dans la première moitié du xviii⁰ siècle. Français.
Peintre.
En 1718, il exécuta une peinture à la chapelle du *Corpus Domini*, à Toulon, représentant *Melchisédech bénissant Abraham*. En 1725, il décora le plafond de la même chapelle.

ACHARD Jean Georges
Né à Saint-André en Royans (Dauphiné). xvii⁰ siècle. Travaillait à Grenoble à la fin du xvii⁰ siècle. Français.
Sculpteur.
Un autre Jean Achard, également sculpteur, demeura aussi à Grenoble en 1705.

ACHARD Jean Georges Pierre
Né le 13 mars 1871 à Abzac (Gironde). Mort en 1934. xix⁰-xx⁰ siècles. Français.
Sculpteur de figures, bustes.
Il fut élève de Falguière et fit ses débuts au Salon de Paris en 1894. Il en devint sociétaire, obtenant une troisième médaille en 1903, une médaille d'argent 1922, fait chevalier de la Légion d'honneur 1930. Il y figura régulièrement jusqu'en 1935.
Il a sculpté des figures mythologiques ou allégoriques : *Silène* 1911, *Études pour un monument aux morts de la Grande Guerre* 1923 à 1926, mais il s'est surtout spécialisé dans les bustes de personnalités : *Le Président Kruger* 1901, *Tolstoï* 1912, *Le dessinateur Willette* 1929, *Le maréchal Exelmans* pierre 1934, *Masque de Tolstoï* bronze 1935. Il eut aussi parfois l'occasion de commandes dans lesquelles il put associer son art de portraitiste et ses capacités à aborder des compositions allégoriques ambitieuses, comme pour : *L'empereur Nicolas II recevant l'hommage de l'industrie et du commerce français*, pour la Chambre syndicale du commerce et de l'industrie à Paris.
Musées : Paris (Mus. Nat. d'Art Mod.) : *Étude pour un bas-relief*, cr.

ACHARD Michel
Né en 1967. xx⁰ siècle. Français.
Peintre, graveur, photographe. Tendance hyperréaliste.
Il suivit quelques cours de l'École d'Arts Décoratifs de Nice, puis fut élève en dessin de Velickovic à l'École des Beaux-Arts de Paris et diplômé en 1987. Il participe à des expositions de groupe depuis 1981.
Il a une importante activité professionnelle en tant que photographe, pour des périodiques, revues et surtout cinéma. Il dessine, peint à l'huile, à l'acrylique, et à l'aérographe, et grave. Ses œuvres peintes sont directement dérivées de la photographie.

ACHARD Pierre
xviii⁰ siècle. Travaillait à Grenoble vers 1750. Français.
Sculpteur sur bois.

ACHART
Français.
Dessinateur.
Le Musée de Perpignan conserve de cet artiste un dessin au crayon noir : *Guerrier à cheval*.

ACHBAUER Franz
xix⁰ siècle. Vivait à Prague en 1812. Éc. de Bohème.
Peintre.

ACHE Caran d'. Voir CARAN D'ACHE

ACHEN Georg Nicolaj
Né le 23 juillet 1860 à Frederiksund (Danemark). Mort en 1912. xix⁰ siècle. Danois.
Peintre de genre, portraits, intérieurs, paysages.
Il entra à l'Académie des Beaux-Arts de Copenhague à l'âge de seize ans et y travailla sous la direction de Christian Kierkegaard et de Vilh Kyhn, puis il reçut les conseils de P.-S. Kroyers. En 1883, il fit un voyage en Russie. En 1886, il visita la France et l'Allemagne. Deux ans plus tard, ce fut le tour de l'Italie. Enfin, en 1893, Achen allait étudier chez eux les maîtres hollandais, flamands et anglais.
Cet artiste avait acquis une réputation sérieuse dans son pays avec ses portraits, ses paysages et surtout ses intérieurs, dans lesquels il se plaisait à reproduire des scènes de la vie rustique au Danemark. Il fut nommé membre de l'Académie de Copenhague.

Musées : Copenhague : *Portrait de femme (la mère de l'artiste)* – *Tableau d'intérieur* – Stockholm : *Portrait d'un homme âgé (le musicien danois Rasmussen)*.
Ventes publiques : New York, 28 oct. 1981 : *Le cocher* 1892, h/t (125,6x83,7) : **USD 1 200** – Londres, 27-28 mars 1990 : *Mère et enfant dévidant un écheveau* 1901, h/t (67x48,5) : **GBP 16 500** – New York, 13 oct. 1993 : *Dans le parc* 1985, h/t (60,3x83,8) : **USD 9 200** – Londres, 18 nov. 1994 : *Jeune fille à son chevalet*, h/t (53x42,2) : **GBP 5 175** – Londres, 22 fév. 1995 : *Crépuscule* 1898, h/t (42x32) : **GBP 920**.

ACHEN Johann von ou Ach. Voir AACHEN

ACHENBACH Andréas
Né le 29 septembre 1815 à Kassel. Mort en avril 1907 à Düsseldorf. xix⁰-xx⁰ siècles. Allemand.
Peintre de genre, portraits, paysages, marines, paysages d'eau, aquarelliste.
Il naquit dans les conditions les plus favorables pour le développement de son talent. Son père, commerçant à Mannheim, alla s'établir à Pétersbourg en 1828 et emmena avec lui le jeune Andreas. Quatre ans plus tard, le futur peintre entrait à l'Académie des Beaux-Arts de la capitale russe, sous la direction de Shadow et de Schirmer. Après deux années d'études à l'Académie pétersbourgeoise, Andréas fut envoyé à Düsseldorf. L'étude de la nature lui permit d'affirmer une vision personnelle, qui se développa encore à la suite du voyage qu'il fit, en 1832, accompagné de son père, en Hollande et sur les côtes de la Baltique et de la mer du Nord. Il avait vingt ans lorsqu'il quitta Düsseldorf pour Munich et pour Francfort, où il arriva en compagnie de son ami Alfred Rethel. Il acheva dans cette ville son tableau : *Tempête sur la côte de Norvège*, qui avec *Un naufrage dans le Fjord de Hardange*, lui créèrent une importante notoriété. Achenbach consacra dix années encore aux voyages d'études. Il explora la Suède, la Norvège, le Danemark, le Sud et le Nord de l'Allemagne, les montagnes du Tyrol, produisant sur son passage de nombreuses œuvres. L'âge ne diminua pas son ardeur voyageuse et, en 1873, il partit pour l'Italie, où il séjourna pendant deux années, résidant surtout à Capri. On a de lui, vers cette époque, de nombreuses aquarelles représentant des sites du Sud de l'Italie.
Achenbach s'inspira des maîtres hollandais du xvii⁰ siècle pour traduire les différentes scènes de la vie réelle, susceptibles d'animer un paysage, une rue, le bord de la mer. Andreas Achenbach fut surtout le peintre des côtes de la mer du Nord ; il peindra plus à représenter l'embouchure des fleuves. Achenbach était trop véritablement peintre pour ne pas risquer quelques tentatives d'eau-forte et de lithographie ; il fit même des caricatures d'une puissante originalité.
Achenbach est représenté dans presque tous les musées d'Allemagne. Charles Post a gravé d'après lui *Chute d'eau en Norvège*. Son influence fut considérable ; s'il ne forma pas un grand nombre d'élèves (son frère Oswald et Albert Flamm paraissent surtout avoir profité de son enseignement direct), il agit sur l'école allemande en général. L'évolution artistique qui, libérant la peinture des formules d'un classicisme étroit, devait la ramener vers l'étude de la nature, produisit en France les maîtres de l'école de 1830, en Angleterre des artistes tels que Constable et les peintres de l'école de Norwich, trouva en Allemagne, dans Andréas Achenbach, une de ses plus intéressantes manifestations. Achenbach fut un des fondateurs de l'école moderne allemande de paysage. ■ E. B., J. B.

a. Achenbach

Musées : Amsterdam : *Jour de marché en Italie* – Anvers : *Le port à Ostende à la marée, sortie d'un remorqueur* – Berlin : *Vue du port d'Ostende* – *Scheveningen, le soir* – *Port hollandais* – Brême : *Moulin à eau en Westphalie* – *Paysage de Norvège* – *Clair de lune aux abords d'une rivière* – *Rivage à Naples* – *Mäusenturm, près Bingen* – Breslau, nom all. de Wroclaw : *Côtes de la mer du Nord* – Hildesheim – Cologne : *Moulin dans une forêt* – *Départ d'un navire à vapeur* – *Marché aux poissons à Amsterdam* – Darmstadt : *Paysage par temps d'orage* – Düsseldorf : *Paysage montagneux* 1834 – *Paysage norvégien* 1843 – *Tempête en mer* 1848 – *Tempête* 1864 – *Tempête* 1866 – *Clair du lune au quai d'Ostende* 1875 – *Marché aux poissons à Ostende* 1876 – *Motifs pour l'église Saint-Lambert* 1885 – Francfort-sur-le-Main : *Tempête en mer* – Hambourg : *Canal en Hollande* – *Pont près de Blankenbergue* – *Cascade en Norvège* – *Moulin en Westphalie* –

HANOVRE : *Port de Briel* – *Joies d'hiver* – KALININGRAD, ancien. Königsberg : *Le rivage près de Scheveningen* – *Clair de lune* – LEIPZIG : *Ostende 1862* – *Moulin westphalien 1869* – *Vapeur en partance 1884* – LIÈGE : *Vue de Naples* – *Vue d'Italie* – *L'Ariccia près de Rome* – MAYENCE : *Sur le haut lac* – *Entrée de port hollandais à la lumière de la lune* – *Plage scandinave* – MUNICH : *Tempête en mer* – *Matin d'automne dans les Marais Pontins* – *Dans la mer du Nord* – *Marine* – *Tempête en mer* – NEW YORK : *Coup de soleil en Sicile 1853* – OSLO : *Tempête sur le rivage de la mer* – *Plage à Scheveningen* – STUTTGART : *Paysage hollandais*.

VENTES PUBLIQUES : BRUXELLES, 1856 : *Plage au soleil couchant* : **FRF 1 025** – BERLIN, 17 mai 1895 : *Le prince de Bismark et son fils Herbert* : **FRF 3 500** – LONDRES, 1898 : *Paysage du Tyrol* : **FRF 5 500** – LONDRES, 5 mai 1900 : *Le Bateau à provisions* : **GBP 304** ; *Une scène dans les jardins de la Villa Tortonia Frascati, avec fontaines et figures* : **GBP 168** ; *Une vue au-dessus de Florence, une route sur la droite* : **GBP 10** ; *Scène du peuple, personnages dans un sentier sablonneux* : **GBP 241** – NEW YORK, 1900-1903 : *Marine* : **USD 265** – NEW YORK, 1er et 2 avr. 1902 : *Paysage et rivière* : **USD 1 450** – NEW YORK, 25 mars 1903 : *Côte de Hollande* : **USD 825** – PARIS, 22 déc. 1920 : *Marine, effet de soleil couchant* : **FRF 1 250** – LONDRES, 28 oct. 1960 : *Bateaux de pêcheurs et autres voiliers au large* : **GBP 105** – VERSAILLES, 28 jan. 1962 : *Flotille de pêche accostant sur une plage*, bois : **FRF 8 300** – COLOGNE, 14 nov. 1963 : *Le Départ des pêcheurs*, bois : **DEM 13 000** – COLOGNE, 15 avr. 1964 : *Bord de mer par temps d'orage* : **DEM 8 500** – COLOGNE, 5 mai 1966 : *Marins et femmes sur une jetée par gros temps*, bois : **DEM 7 000** – COLOGNE, 27 nov. 1969 : *Bateau par grosse mer* : **DEM 19 000** – COLOGNE, 13 oct. 1972 : *Vue d'un port de Hollande* : **DEM 12 000** – COLOGNE, 6 juin 1973 : *Paysage au moulin, animé de nombreux personnages 1851* : **DEM 36 000** – NEW YORK, 2 avr. 1976 : *Scène de bord de mer 1903*, h/pan. (49,5x61) : **USD 5 000** – MUNICH, 24 mai 1976 : *Le moulin à eau*, eau-forte : **DEM 550** – PARIS, 29 nov. 1977 : *Le Pêcheur de truites 1862*, h/pan. (36x29) : **FRF 36 000** – COLOGNE, 11 juin 1979 : *Scène de port au clair de lune 1891*, h/t (78,5x103,5) : **DEM 36 000** – HAMBOURG, 14 juin 1979 : *Paysage au moulin 1865*, aquar. et cr. (26,5x39) : **DEM 2 900** – HAMBOURG, 7 juin 1980 : *Le naufrage au large de la côte*, gche/cart. (35x50,5) : **DEM 10 000** – NEW YORK, 28 oct. 1981 : *Le retour des pêcheurs*, h/pan. (43x54) : **USD 22 000** – LONDRES, 23 juin 1983 : *Bateau à vapeur et voiliers en mer*, aquar. et cr. reh. de blanc (18x25,5) : **GBP 1 300** – COLOGNE, 21 mai 1984 : *La pêche au clair de lune*, h/pan. (61x49) : **DEM 18 000** – NEW YORK, 30 oct. 1985 : *Marine à l'approche de l'orage 1875*, h/t (70,5x95,2) : **USD 42 000** – NEW YORK, 28 oct. 1986 : *Scène de bord de mer sous l'orage 1873*, h/t (76,2x106,6) : **USD 20 000** – MUNICH, 18 mai 1988 : *Moulin à eau*, h/t (40x62,5) : **DEM 50 600** – COLOGNE, 15 oct. 1988 : *Soleil couchant sur un lac des Alpes 1843*, h/t (24,5x32,5) : **DEM 16 000** – CALAIS, 13 nov. 1988 : *Bateau à l'entrée du port*, h/pan. (18x24) : **FRF 18 000** – COPENHAGUE, 19 avr. 1989 : *Femme dans la campagne romaine 1843*, h/t (28x37) : **DKK 22 000** – NEW YORK, 25 oct. 1989 : *Le Débarquement de la pêche 1852*, h/t (31x39,4) : **USD 10 450** – MUNICH, 29 nov. 1989 : *Pêcheurs avec leurs femmes sur la grève*, h/t (71x93) : **DEM 33 000** – COLOGNE, 29 juin 1990 : *Marine avec des pêcheurs amarrant leur barque à la tombée du jour*, h/t (45x66) : **DEM 18 000** – HEIDELBERG, 12 oct. 1991 : *Chasseur dans un bois avec un lac au fond*, h/t (16x13,7) : **DEM 4 600** – LONDRES, 20 mai 1992 : *Pêcheurs sur la grève 1886*, h/t (77x59,6) : **GBP 5 720** – NEW YORK, 29 oct. 1992 : *Chèvres broutant sur une falaise avec un village au lointain 1855*, h/t (60,3x48,9) : **USD 8 800** – LONDRES, 17 juin 1994 : *Paysage côtier avec des pêcheurs préparant leur matériel sur la grève 1886*, h/t (94,2x76,2) : **GBP 9 775** – LONDRES, 17 nov. 1995 : *La Mer déchaînée 1877*, h/t (56x81,3) : **GBP 7 130** – VIENNE, 29-30 oct. 1996 : *Accostage dans un port salvateur sous la tempête 1865*, h/t (96x140) : **ATS 850 000** – NEW YORK, 26 fév. 1997 : *Peignant dans les Alpes en plein air 1877*, h/t (25,4x32,8) : **USD 2 300** – AMSTERDAM, 18 juin 1997 : *Soleil couchant devant les côtes hollandaises avec cargot à voiles allant à la rencontre d'un bateau pilote vers 1892*, h/t (65x90) : **NLG 27 676**.

ACHENBACH Gabrielle

Née à Nucourt (Val-d'Oise). XXe siècle. Française.
Peintre de figures, natures mortes, fleurs.
Elle travaillait à Paris. Elle fut l'élève de Gustave Courtois, de H. Royer et du peintre réaliste Dagnan-Bouveret.
Elle a exposé à Paris successivement aux Salons des Indépendants et de la Société Nationale des Beaux-Arts en 1901, puis de 1910 à 1912 ; et au Salon des Artistes Français de 1922 à 1936.

ACHENBACH Oscar

XXe siècle. Travaillait à Berlin en 1910. Allemand.

Peintre.
A l'exposition d'art de Berlin (1910), Achenbach avait envoyé un tableau : *Rue à Klein, Machnow, Hiver.*

ACHENBACH Oswald

Né le 2 février 1827 à Düsseldorf (Rhénanie-Westphalie). Mort le 1er février 1905 à Düsseldorf. XIXe-XXe siècles. Allemand.
Peintre de genre, paysages. Réaliste.
Comme son frère Andreas, Oswald Achenbach commença ses études à l'âge de douze ans, à l'Académie de Düsseldorf. Deux ans plus tard, il entra dans l'atelier de son aîné et y acheva son éducation artistique. Il fit de fréquents et prolongés séjours dans les montagnes de Bavière, en Suisse et dans le Nord de l'Italie. Un nouveau voyage lui permit de séjourner à Rome, Venise et surtout à Naples, avant de s'établir définitivement à Düsseldorf. Il fut professeur à l'Académie de sa ville natale, où il enseigna l'esthétique dont son frère et lui s'étaient inspirés.
Il exposa à Londres, à la Royal Academy, notamment en 1860.
Il rapporta de ses voyages, des paysages reproduisant la nature dans ses manifestations les plus émouvantes, les couchers de soleil, les clairs de lune, la tempête, tout en cherchant la puissance des effets, avec un extrême souci de la réalité ne l'abandonnant jamais. Oswald chercha une part de ses sujets dans la représentation de la vie des humbles, les foules pittoresques, les fêtes religieuses, les processions, ou les blancs éclatent sous le soleil. On cite de lui : *Orage dans la campagne romaine* – *Campo Santo de Naples* – *Les Thermes de Caracalla* – *Port hollandais* – *Le Righi* – *Récolte des olives à Sorrente.* Le graveur Guillaume Woernle a reproduit d'après lui : une *Vue de Rome.* ■ E. B.

BIBLIOGR. : Gérald Schurr : *Les Petits Maîtres de la peinture 1820-1920*, t. VII, Les Éditions de l'Amateur, Paris, 1989.
MUSÉES : BERLIN : *Place du marché à Amalfi* – BRÊME : *Bords de la mer* – Naples – BRESLAU, nom all. de Wroclaw : *Paysage d'Italie* – COLOGNE : *Castel gandolfo* – DÜSSELDORF : *Obsèques à Palestrina 1859* – *Côtes italiennes* – *Parc de la villa Borghèse 1886* – *Paysage* – HAMBOURG : *Paysage d'Italie* – KALININGRAD, ancien. Königsberg : *Littoral près de Naples* – LEIPZIG : *Rocca d'Arci 1877* – *Golfe de Naples au clair de lune 1885* – *Au Pausilippe 1886* – MUNICH : *Dans la baie de Naples* – NEW YORK : *Lever de lune près de Naples* – OSLO : *Paysage italien* – STUTTGART : *Golfe de Naples 1885* – *Orage à la campagne 1887* – *Pyramide de Cestius à Rome.*
VENTES PUBLIQUES : PARIS, 1875 : *Laveuses à la fontaine* : **FRF 5 500** – PARIS, 12 déc. 1899 : *Campagne romaine* : **FRF 2 525** – PARIS, 17-21 mai 1904 : *Un enterrement en Italie* : **FRF 1 000** – COLOGNE, 26 nov. 1958 : *Le soir sur le golfe de Naples* : **DEM 17 000** – MUNICH, 18-19 mars 1964 : *Devant la taverne* : **DEM 21 000** – COLOGNE, 26 mars 1971 : *Paysage à Tivoli* : **DEM 46 000** – COLOGNE, 26 mars 1976 : *Fête populaire à Naples 1876*, h/t (100x153) : **DEM 28 000** – COLOGNE, 17 mars 1978 : *La Chapelle dans un paysage alpestre 1848*, gche/t. (102x74) : **DEM 5 000** – COLOGNE, 19 oct. 1979 : *Vue de la baie de Naples*, h/t (77x100) : **DEM 15 000** – COLOGNE, 25 nov. 1981 : *Figures sur la côte napolitaine 1879*, h/t (66x100) : **GBP 10 500** – NEW YORK, 26 mai 1983 : *Paysage de Pompei avec vue sur le Vésuve* (129,5x179) : **USD 31 000** – COLOGNE, 22 nov. 1984 : *Bord de mer, Naples*, h/t (101x151) : **DEM 190 000** – HAMBOURG, 5 juin 1985 : *Paysage des environs de Naples animé de personnages vers 1870*, h/t (66x83) : **DEM 76 000** – LONDRES, 18 juin 1986 : *Subiaco*, h/t (129x110) : **GBP 18 000** – NEW YORK, 25 fév. 1987 : *Le retour des pêcheurs 1894*, h/t (53,5x45) : **USD 10 000** – MUNICH, 10 mai 1989 : *La baie de Sorrente et Capri*, h/t (31x37,5) : **DEM 17 600** – NEW YORK, 1er mars 1990 : *Paysage de montagnes*, h/t (100x123) : **USD 55 000** – NEW YORK, 23 mai 1990 : *La mer houleuse au crépuscule 1858*, h/t (106,7x138,4) : **USD 16 500** – MUNICH, 12 déc. 1990 : *Pèlerins dans un paysage romain près des monts Sabine*, h/t (100x158) : **DEM 110 000** – LONDRES, 11 mai 1991 : *Le palais aragonais à Ischia*, h/t (77,5x100,5) : **GBP 6 600** – MUNICH, 12 juin 1991 : *Venise*, h/pap./t. (25x33,5) : **DEM 11 000** – NEW YORK, 27 mai 1992 : *Le marché dans un village de Sicile avec l'Etna au fond*, h/t (132,1x111,8) : **USD 60 500** – LONDRES, 2 oct. 1992 : *Naples au*

clair de lune, h/t (61x52) : **GBP 4 180** – LONDRES, 19 nov. 1993 : *Le retour de la baronne en Sicile*, h/t (84,7x129,7) : **GBP 19 550** – NEW YORK, 16 fév. 1994 : *Vue d'un château*, h/t (20,3x30,5) : **USD 8 050** – VIENNE, 29-30 oct. 1996 : *Don Quichotte et Sancho Pança 1850*, h/t (73x107) – **ATS 927 000** – NEW YORK, 12 fév. 1997 : *Terrasse sur les hauteurs de Florence 1891*, h/t (119,7x149,9) : **USD 51 750**.

ACHENBACH Philippine
Morte vers 1900. XIXe siècle. Allemande.
Peintre.
Membre de l'Association d'Art de Munich, envoya un tableau de fleurs à l'exposition du Palais de Cristal de cette ville, en 1900.

ACHENBACH Rosa
Née en 1817 à Karlsruhe. XIXe siècle. Allemande.
Peintre de portraits.
Cette artiste figurait à l'exposition de Karlsruhe en 1837, avec son portrait et celui du bourgmestre de Mayence, Stephan Metz.
MUSÉES : MAYENCE : *Portrait du président Jung* – *Portrait du professeur De Braun.*

ACHENER Maurice Victor
Né le 17 septembre 1881 à Mulhouse (Haut-Rhin). XXe siècle. Français.
Peintre de paysages, d'architectures, graveur aquafortiste, illustrateur. Postimpressionniste.
Il acquit une formation accomplie, d'abord à l'Ecole des Beaux-Arts de Strasbourg, dans l'atelier du graveur Peter Halm, et dans celui du peintre Ludwig von Loefftz. Il fut également élève dans l'atelier de Jean-Paul Laurens à Paris. Il a exposé depuis 1914 à Paris au Salon de la Société Nationale des Beaux-Arts, dont il devint associé de la section de gravure en 1925, de la section de peinture en 1929. À Paris, il a également figuré épisodiquement au Salon d'Automne, au Salon des Arts Décoratifs. Il a exposé à Strasbourg et Mulhouse. Il a aussi figuré dans des expositions internationales à Munich, Berlin, Florence, New York, au Chicago Art Institute, etc.
Il a surtout peint et gravé les paysages de la campagne d'Alsace et de Strasbourg, de Bruges et de Belgique, de Toscane, etc. Comme beaucoup de peintres de paysages de cette époque encore marquée par l'impressionnisme, il s'est montré sensible aux effets du climat et des saisons sur la lumière ambiante. ∎ J. B.

ACHER Dominique d'
Née en 1930 à Paris. Morte le 25 octobre 1991 à Paris. XXe siècle. Française.
Peintre, peintre à la gouache, dessinateur. Tendance fantastique.
Au début des années cinquante, elle fut élève de l'École des Beaux-Arts de Paris, où elle connut Jean Criton, de qui elle devint la compagne, et Bernard Réquichot. D'entre les expositions auxquelles elle participe, elle a participé au Salon de Mai à Paris et a été sélectionnée pour la Biennale des Jeunes, à Paris également en 1965. Elle a exposé aussi, entre autres lieux, à la galerie Le Lutrin à Lyon, Le soleil dans la tête à Paris, la galerie Alphonse Chave à Venice, les châteaux d'Ancy-le-Franc et de Tanlay, enfin à la galerie Patricia Dorfmann de Paris, qui organisa une exposition rétrospective de ses œuvres de 1960 à 1991, exposition au soir du vernissage de laquelle elle mourut subitement.
Sa peinture décrit souvent un univers angoissant que hantent des sortes de morts-nés encore tout froissés de l'accouchement, à moins qu'il ne s'agisse de fœtus non avenus. Vision difficile à supporter, dans la mesure où elle induit du côté du peintre un psychisme blessé. Dans les marges du surréalisme, sa peinture est une peinture du rêve éveillé, une peinture des profondeurs et des interdits. Quelques titres révélateurs : *La course des spermatozoïdes sur l'ovule* 1959, *Dévoration-reste du couple* 1975-76. De ces peintures Jean Planche déchiffre une « Fête d'entrailles fruitées, de muqueuses coralliennes ». Pourtant toutes les peintures de Dominique d'Acher ne sont pas cauchemardesques : certaines ont la fraîcheur des dessins d'enfant, mais ici savante autant que l'innocence de Paul Klee, qui figurent une maison compartimentée, dont les fenêtres ouvertes laissent voir à l'intérieur éclairé les habitants dans leurs occupations familiales. Elle a déclaré elle-même qu'elle habitait des marges et cherchait « depuis ces lieux à exprimer un bonheur, un malheur, un amour, une haine ». Et toujours, que son inspiration du moment ait été du côté des bonheurs ou des souffrances, toujours de la lumineuse symphonie des couleurs les plus tendres, les plus

suaves, qui constitue sa tonalité musicale si personnelle et en fonde l'ambiguïté du sens, elle dit : « les couleurs conjurent les sorts que je n'accepte pas. Les situations impossibles prennent une issue mystérieuse ». ∎ J. B.
BIBLIOGR. : Jean Planche : *Dominique d'Acher*, in : Artension, n° 29, Paris, nov. 1991.

ACHER Ernest
Né à Prague. XXe siècle. Tchécoslovaque.
Peintre de paysages, nus.
À partir de 1913, il a figuré à Paris, aux Salons d'Automne et des Tuileries, notamment avec des paysages de Provence, indiquant au moins qu'il ait voyagé en France.
VENTES PUBLIQUES : PARIS, 24 nov. 1950 : *La ferme* : **FRF 400**.

ACHER James
Né à Édimbourg. Mort le 3 septembre 1904 à Halsemere. XIXe siècle. Britannique.
Peintre d'histoire, scènes de genre, portraits, paysages.
Il s'adonna, pendant les dix premières années de sa carrière artistique, à l'exécution de portraits au crayon. En 1838, élève de Sir William Allan. En 1849, il fit un tableau : *La Cène*, très apprécié. Il envoya à l'Exposition d'Édimbourg des scènes historiques, des paysages, des peintures de genre. Son premier tableau aux expositions de la Royal Academy fut un portrait de femme, qu'il envoya en 1850, et, dès lors, il y exposa régulièrement. Ses sujets de romances et de ballades le rendirent populaire. Parmi ses peintures on cite : *La Belle Rosemonde et la reine Eléonor* (R. Acad., 1859), *Jouant à la Reine avec la garde-robe d'un peintre* (Acad. 1861) et la série : *L'histoire du Roi Arthur*. De 1867 à 1889, il exposa à Paris, puis, en 1873, à Vienne, on vit de lui le *Portrait du virtuose Joachim, professeur de violon*, et enfin il prit part à l'Exposition de Berlin, en 1883. A partir de 1862, ce peintre habita Londres.

ACHERMANN Johann Joseph ou Akermann ou Ackermann
Né le 25 novembre 1790 (ou 1794) à Escholzmatt (canton de Lucerne). Mort le 6 mars 1845 près de Lucerne. XIXe siècle. Suisse.
Peintre d'histoire, portraits.
Le talent de cet artiste se développa presque sans instruction. En 1820, il vint à Munich, d'où il partit pour Vienne pour y commencer sa carrière, et travailla comme peintre à l'huile et en miniature, s'essayant à la fois en plusieurs genres. Achermann visita aussi Paris et exposa plusieurs œuvres au Salon du Louvre. Ces ouvrages furent récompensés, notamment en 1841-1843. Plusieurs églises de la Suisse et de l'Allemagne du Sud conservent des tableaux d'autel de ce peintre, qui passa dans ses voyages à Bâle, Zurich, Francfort, Karlsruhe et Stuttgart. Parmi ses meilleurs tableaux, on cite une *Sainte Famille*, possédée par la Société d'art de Lucerne, excellente copie d'une œuvre de Holbein ou de Hans Baldung. On cite encore : *Portrait de l'évêque Salzmann*. Il exposa à Zurich une *Julia Alpinulla*, et *Scène de séduction* ou *Enlèvement*.

ACHERMANN Michael, Frère ou Akermann
Né à Taffers (canton de Fribourg). XIXe siècle. Suisse.
Sculpteur.
Cet artiste était moine et vécut en ermite à Saint-Théodule, près Memberg, vers 1850. Il envoya à diverses expositions suisses des figures de terre modelées. On ne dit pas s'il avait étudié la sculpture avant d'entrer dans les ordres.

ACHERT Jo.
XVIe siècle. Allemand.
Peintre.
Le nom de cet artiste se lit sur une peinture de l'époque Renaissance, ornant un des autels de l'église de Rottweil.

ACHESON Alice, Miss
Née à Pittsburg (États-Unis). XIXe siècle. Américaine.
Peintre.
Étudia à Pittsburg, à Philadelphie et à Paris.

ACHESON Anne, C.
Née à Portadown (Irlande). XXe siècle. Irlandaise.
Sculpteur.
A exposé au Salon des Artistes Français en 1914 et 1922.

ACHIAM
Né en 1916 à Bet-Gan (Galilée). XXe siècle. Actif en France. Israélien.
Sculpteur de monuments.

Il fit d'abord des études à l'Ecole Nationale d'Agriculture de Jérusalem. Il prit part à cette époque à la résistance contre l'occupant anglais. Il ne commença à s'initier lui-même à la sculpture qu'à partir de l'âge de vingt-quatre ans, en adoptant la technique de la taille directe qu'il pratiquait dans une sorte de pierre basaltique gris-noir des environs de Jérusalem. Il vint se fixer à Paris en 1947, et montra en 1948 une première exposition individuelle de son travail. En suite de quoi, il fut invité à participer aux Salons d'Automne, de Mai, de la Jeune Sculpture. Il a dû s'habituer en France à travailler d'autres qualités de pierres, tout en conservant l'esprit de la taille directe, c'est-à-dire tout en préservant, respectant le grain spécifique de chaque sorte. En 1955 lui fut décerné le Prix de l'Etat d'Israël, dont il était le premier lauréat.

La taille directe conditionne l'aspect de ses sculptures, aspect rude, heurté, qui n'est pas sans évoquer, comme c'est le cas aussi pour les mêmes raisons pour Dodeigne, les arts monumentaux primitifs. ■ J. B.

ACHILLE
XIXᵉ siècle. Français.
Graveur sur bois.
Cet artiste a travaillé notamment pour le Magasin Pittoresque et le Mémorial de Sainte-Hélène.

ACHILLE, Maître d'. Voir MAÎTRES ANONYMES

ACHILLE-FOULD George, Mlle
Née le 24 août 1865 à Asnières (Seine). Morte le 24 août 1951 à Bruxelles. XIXᵉ-XXᵉ siècles. Française.
Peintre.
Élève de Léon Cômerre, Antoine Vollon et Dawant. Sociétaire perpétuel et hors concours du Salon des Artistes Français, ce peintre obtint une troisième médaille en 1895, une deuxième médaille en 1897 et une médaille de bronze en 1900 à l'Exposition Universelle. Elle a aussi exposé au Salon des Indépendants de 1928 à 1937. Achille-Fould a peint surtout des tableaux de genre. Certaines œuvres représentent des personnages dans les costumes du passé, c'est le cas pour : *Les Joyeuses Commères de Windsor* (1898) et *Entrée solennelle de la duchesse de Montpensier à Orléans* (1906). Portraitiste, Achille-Fould a exposé au Salon de 1936 : *Le portrait du prince roumain, G. Barbu Stirbey*.
VENTES PUBLIQUES : PARIS, le 28 mars 1949 : *Le panier d'osier* : **FRF 16 000** – PARIS, 1ᵉʳ juil. 1950 : *Cendrillon* : **FRF 3 100** – LONDRES, 5 fév. 1965 : *La mine d'or* : **GNS 60**.

ACHILLES A.
XIXᵉ siècle. Actif au début du XIXᵉ siècle. Allemand.
Peintre de portraits, dessinateur, lithographe.
Cet artiste travailla de 1829 à 1841 à la cour du grand-duc de Mecklenbourg, lithographiant les grands personnages et les artistes du pays.

ACHILLES Heinrich
XVIIᵉ-XVIIIᵉ siècles. Actif à la fin du XVIIᵉ et au début du XVIIIᵉ siècle. Allemand.
Peintre.
On trouve son nom parmi les peintres qui, vers 1700, travaillèrent au château de Salzdahlum (Duché de Brunswick).

ACHILLINO Bolognese
Mort en 1329 à Bologne. XIVᵉ siècle. Travaillait à Bologne au commencement du XIVᵉ siècle. Italien.
Peintre.
Zani le cite comme un habile portraitiste. Il cite un portrait, entre autres, qu'il peignit sur bois, de Can. Grande de la Scala, tyran de Vérone.

ACHIMSKY Sonia
Née le 13 août 1937 à Paris. XXᵉ siècle. Française.
Peintre, dessinateur.
Elle suit des cours dans une école d'arts graphiques. Elle commence par être dessinatrice dans la publicité et le cinéma. Elle se consacre à la peinture depuis 1972. Elle participe à des expositions collectives à Paris et en province : depuis 1972 et régulièrement au Salon d'Automne dont elle est sociétaire ; 1979 et 1981, à la Biennale de Brest ; 1982 au Fonds National d'Art Contemporain du Limousin ; régulièrement depuis 1982 au Salon du dessin et de la peinture à l'eau ; 1985 au Salon des Réalités Nouvelles ; 1985 à Fontenay-le-Comte pour l'exposition *Le dessin aujourd'hui* ; 1986 elle est sélectionnée pour le *Prix Tremplin 1986* au Musée de Niort ; 1987 à la Galerie Parcours Paris ; 1988 à la Galerie *Sculptures* Paris. Elle montre, depuis 1980, ses

œuvres dans des expositions personnelles. Une rétrospective de ses œuvres a eu lieu en 1992 à l'Espace Saint-Jean à Melun, présentant une cinquantaine de peintures, ainsi que de nombreuses œuvres sur papier. Elle obtient en 1984 le Prix Fernand Dupré. Les dessins au fusain et les peintures de Sonia Achimsky sont des compositions équilibrées, sobres dans leurs factures. Elles apparaissent souvent comme des variations, dans lesquelles s'agencent formes construites, plus ou moins abstraites ou entrelacs. Leur lyrisme souvent empreint d'une certaine tristesse, livre une sensation de poésie indéfinissable.
BIBLIOGR. : Jean Marie Tixier : *Sonia Achimsky*, Dossiers d'Art Contemporain, Éditions Porte du Sud, Bussy-le-Repos, 1989.
MUSÉES : CHOLET (Mus) – PARIS (Fonds Nat. Contemp.).

ACHIN
XIXᵉ siècle. Travaillait à Londres dans la seconde moitié du XIXᵉ siècle. Français.
Dessinateur.
Ce fut lui qui, en 1860, fournit à Grace les plans de la décoration du Parlement d'Angleterre.

ACHINGER. Voir AECHINGER

ACHINI Angelo ou Angiolo
Né en 1850 ou 1856 à Milan. Mort en 1930. XIXᵉ-XXᵉ siècles. Italien.
Peintre de figures, aquarelliste.
De 1880 à 1890, il prit part à diverses expositions en Italie. Il exposa également à Vienne et à Munich.
VENTES PUBLIQUES : MILAN, 20 mai 1981 : *Portrait de femme*, aquar. et cr. (42x29) : **ITL 500 000** – MILAN, 29 mai 1986 : *Portrait d'enfant*, h/t (73x56) : **ITL 2 300 000** – MILAN, 6 déc. 1989 : *Portrait d'une jeune femme*, aquar./pap. (46,5x28) : **ITL 2 700 000** – MILAN, 21 nov. 1990 : *Visage de petite fille avec un chapeau* ; *Visage de petite fille avec un ruban bleu*, aquar./pap. (38x29) : **ITL 5 000 000**.

ACHKAR HAMPARSTZOUMIAN Yvette
Née en 1928 à São Paulo. XXᵉ siècle. Libanaise.
Peintre. Abstrait.
Elle se destina d'abord à la musique, puis fut élève de l'ALBA, l'Académie Libanaise des Beaux-Arts, celle-ci. Elle fut influencée alors par le peintre français Georges Cyr, établi au Liban. Une bourse du Gouvernement français lui permit un séjour à Paris, où elle paracheva sa formation. Elle participe à de nombreuses expositions collectives, à Belgrade 1963, Rome et Paris 1972, *Contemporary Lebanese Artists* à Londres 1988, etc., ainsi qu'aux Biennales de Paris, Alexandrie, Bagdad, Rome, São Paulo. Des expositions personnelles aussi au Liban, 1960, 1965, 1970, 1984, etc. En 1957, elle reçut un Prix de l'UNESCO, en 1959 le Prix du Ministère de l'Education Nationale, en 1967 un Prix du Festival de Baalbeck. Elle a enseigné à l'ALBA à partir de 1962, et à l'Institut National des Beaux-Arts de l'Université Libanaise de 1966 à 1987.
Elle pratique une peinture abstraite, constituée de larges touches délicatement teintées, se chevauchant, en contrastes durs ou discrets, au centre de la surface de la toile en général monochrome.
BIBLIOGR. : In : Catalogue de l'exposition *Liban, Le regard des peintres*, Institut du Monde Arabe, Paris, 1989.

ACHMANN Friedrich
XVIᵉ siècle. Vivait à Laufenburg. Suisse.
Peintre.
D'après des livres de comptes, il fut chargé, en 1598, de travaux décoratifs au château de Lenzbourg, résidence des gouverneurs de Berne. On le cite surtout comme peintre d'armoiries.

ACHMANN G.
XVIIIᵉ siècle. Actif au début du XVIIIᵉ siècle.
Peintre de portraits.
Cet artiste est cité par Zani comme ayant travaillé en 1714. Le dictionnaire de Thieme et Becker émet l'hypothèse que le savant italien aurait pu vouloir parler du peintre écossais W. Aikman. Il convient de noter que William Aikman, qui visita l'Italie et la Turquie à partir de 1707, était de retour en Écosse en 1712. La mention de Zani porterait donc sur des travaux exécutés en Grande-Bretagne.

ACHMANN Josef
Né en 1885 à Munich. XXᵉ siècle. Allemand.
Peintre, graveur aquafortiste, de figures, d'intérieurs.
A Paris en 1929, la Bibliothèque Nationale organisa une exposi-

tion de *Peintres graveurs allemands contemporains*, dans laquelle il présentait : *Jeune fille malade – Intérieur – Paravent avec miroir*.

ACHMILLER Franz Xaver
XVIIIe siècle. Travaillait à Munich au commencement du XVIIIe siècle. Allemand.
Sculpteur.
On voit de lui, dans la collection royale de Munich, un dessin représentant la façade d'une maison.

ACHMULLER Georg ou Jorig
XVe siècle. Allemand.
Sculpteur.
Il fut un des six sculpteurs qui, sous la direction de Hans Von Bracheditz, décorèrent la chaire de la cathédrale de Saint-Étienne, à Vienne.

ACHT Jakob
XIXe siècle. Travaillait à Munich vers 1857. Allemand.
Peintre de portraits et de natures mortes.

ACHT René Charles
Né en 1920 à Bâle. XXe siècle. Suisse.
Peintre. Abstrait.
Il fut élève de l'École des Beaux-Arts de Bâle. Sa peinture évolua vers l'abstraction après 1948, se rattachant à la tendance dite alors informelle. Il a été sélectionné à la Documenta II de Kassel en 1959.
VENTES PUBLIQUES : COLOGNE, 8 déc. 1965 : *Etoile II* : **DEM 700** – LUCERNE, 25 mai 1991 : *Personnage calme 1956*, h/t (140x105) : **CHF 4 400.**

ACHTEN Joseph
Né en 1822 à Graz. Mort le 10 novembre 1867 à Meran. XIXe siècle. Allemand.
Peintre, dessinateur.
Cet artiste, qui se forma à l'Institut de Francfort, puis à Munich et à Düsseldorf, était atteint de daltonisme, c'est-à-dire privé du sens des couleurs. Il s'établit à Berlin en 1862 et y obtint un grand succès par ses portraits au crayon et ses grisailles. Il fit sous cette forme des tableaux de genre. Après un séjour de quelques années, il se rendit à Graz, où il demeura jusqu'à la fin de sa vie. Il prit part aux expositions de cette dernière ville et à celles de Berlin. On cite parmi ses peintures : *La Délaissée, Honteuse, Qui vient là ?*.

ACHTENHAGEN August
Né le 22 août 1865 à Berlin. XIXe siècle. Allemand.
Peintre et amateur d'art.
Fit ses études à l'Académie de Berlin, sous la direction de Bracht et Kampf. Il fut ensuite nommé professeur à l'École des Arts décoratifs. Son tableau, *Lisière de forêt*, est au musée de Fribourg.

ACHTERMANN Theodor Wilhelm
Né le 15 août 1799 à Munster. Mort le 26 mai 1884 à Rome. XIXe siècle. Allemand.
Sculpteur.
Une irrésistible vocation amena Achtermann à s'orienter vers une carrière artistique. Son père était maître ébéniste ; d'autres membres de sa famille étaient agriculteurs. Ce fut près de l'un d'eux, un oncle, fermier aux environs de Munster, qu'il passa sa première jeunesse en qualité d'ouvrier agricole. Il avait vingt-huit ans lorsqu'il vint à Berlin travailler à l'Académie. Les premiers essais qu'il avait tentés témoignaient d'un tempérament d'artiste assez accusé pour que Finke eût recommandé le jeune sculpteur à Rauch. Achtermann se consacra exclusivement à la sculpture religieuse. Il débuta par une *Adoration des rois*, pour l'église Sainte-Hedwige, à Berlin. En 1840, il fit un voyage en Italie. Fervent catholique, il trouva à Rome le milieu le plus favorable pour l'expression de sa foi religieuse. En 1842, un *Christ en croix*, acheté par le duc d'Aremberg, mit le sceau à sa réputation. Une grande *Picta*, érigée dans le chœur du Dôme de Munster, dans la même église une *Descente de croix*, datée de 1858 et considérée comme un chef-d'œuvre, un autel en marbre avec trois reliefs sur des sujets de la vie du Christ, sont cités comme ses principaux ouvrages.

ACHTSCHELLINCK Lucas
Baptisé à Bruxelles le 16 janvier 1626. Mort en 1699 à Bruxelles. XVIIe siècle. Éc. flamande.

Peintre de compositions religieuses, portraits, paysages animés, paysages.
À l'âge de 13 ans, il entrait dans l'atelier de Pieter van der Borcht. Ses débuts furent difficiles. Ce ne fut qu'en 1657, alors qu'il était âgé de trente-et-un ans, qu'il fut admis comme maître peintre dans la Ghilde de la ville.
Le mérite ne lui manquait pas, cependant ; il conviendrait plutôt d'y voir l'indépendance de son talent. Sa touche large et hardie contraste avec le faire un peu précieux et trop détaillé de la conception artistique d'alors. On sent dans ses œuvres, dans la légèreté de ses arbres, dans la juste observation des valeurs, l'artiste qui s'est formé surtout dans l'étude de la nature. Achtschellinck mérite la place que tiennent ses œuvres dans les galeries publiques et les collections particulières. Les figures de ses tableaux furent peintes par G. Van Oost, Peeter Bout, etc.
MUSÉES : BERLIN : *Paysage animé* – BRUGES : *Trois paysages* – GAND : *Les Pèlerins d'Emmaüs* – GRAZ : *Répudiation d'Agar* – VIENNE : *Rodolphe de Habsbourg dans un paysage*.
VENTES PUBLIQUES : BRUXELLES, 1779 : *La Sainte famille dans un paysage* : **FRF 212** – PARIS, 1834 : *Paysage boisé avec chaumière* : **FRF 430** / *Paysage avec figures* : **FRF 95** – BRUXELLES, 24 mars 1966 : *Moïse sauvé des eaux*, bois : **BEF 100 000** – LONDRES, 11 déc 1979 : *Paysage boisé avec un moulin*, dess. au lav. reh. de blanc (23,2x36,1) : **GBP 2 700** – VIENNE, 22 juin 1983 : *Voyageurs dans un paysage fluvial boisé*, h/bois (33x57) : **ATS 180 000** – PARIS, 27 mars 1985 : *Paysage*, h/t (63x86) : **FRF 14 000** – AMSTERDAM, 1er déc. 1986 : *Bouleaux en hiver*, craie noire reh. de blanc (30,1x20) : **NLG 3 800** – NEW YORK, 1er juin 1989 : *Vaste paysage avec des personnages sur un sentier*, h/t (166,5x244,5) : **USD 24 200** – PARIS, 14 déc. 1989 : *Paysage de la vallée du Rhin*, pan. de chêne non parqueté (31,5x50) : **FRF 35 000** – STOCKHOLM, 14 nov. 1990 : *Paysage animé avec des constructions*, h/pan. (20x26) : **SEK 19 000** – PARIS, 14 déc. 1992 : *Promeneurs dans un paysage de rivière*, h/t (67,5x94,5) : **FRF 45 000** – LONDRES, 6 juil. 1994 : *Vaste paysage boisé et animé* 1680, h/t (59x84) : **GBP 10 350** – PARIS, 30 oct. 1996 : *Cavalier dans un paysage animé*, pan. (42x60) : **FRF 60 000.**

ACHTSCHELLINCK Pieter
Né à Bruxelles. XVIIe siècle. Travaillait vers le milieu du XVIIe siècle. Éc. flamande.
Peintre.
Il était frère de Lucas Achtschellinck et fut l'élève de Philippe van der Elst, dans l'atelier duquel il entra en 1643. En 1651, il fut maître de la Ghilde de Bruxelles.

ACHTZIGER Hans
Né le 8 mars 1918. XXe siècle. Allemand.
Sculpteur.
Surtout actif, comme sculpteur, en décoration, faïence et porcelaine.

ACIER Adrian d'. Voir DASSIER

ACIER Michel Victor ou Dassier
Né le 20 janvier 1736 à Versailles. Mort en 1799. XVIIIe siècle. Français.
Sculpteur.
Il fit ses études à Paris, entra à l'École de l'Académie Royale protégé par Étienne M. Falconet et concourut en 1759 pour le grand prix de sculpture à l'ancienne École académique. C'est à Paris qu'il produisit ses premières œuvres, notamment plusieurs statues pour une église de Bourgogne. Acier fut appelé, en 1764, en Saxe et entra en qualité de sculpteur modeleur à la manufacture royale de porcelaine de Meissen. Cet artiste est l'auteur d'un grand nombre de figurines et de plusieurs groupes en terre cuite dont le plus remarquable représente la mort du général Schwerin. Il était considéré comme un des meilleurs artistes de la manufacture et ses œuvres concurrent une grande vogue. Il demeura attaché à la fabrique de Meissen jusqu'en 1781, date à laquelle une pension lui fut accordée. L'Académie de Dresde l'admit au nombre de ses membres en 1782.

ACIN Raimundo
Né à Saragosse (Espagne). XXe siècle. Espagnol.
Peintre.
Peintre de fleurs et de natures mortes, il a exposé à la Société Nationale des Beaux-Arts en 1929.

ACKAERT Mauris
XVIIe siècle. Vivait à Anvers au commencement du XVIIe siècle. Éc. flamande.
Peintre.

On le trouve mentionné en 1604 à cause d'une dette à la Ghilde de Saint-Luc.

ACKE Johan Axel Gustav, pseudonyme de Andersson
Né le 1er avril 1859 à Stockholm. Mort en 1924. xixe-xxe siècles. Suédois.
Peintre de genre, paysages, graveur, décorateur.
De 1876 à 1881, il travailla à l'Académie, puis il vint étudier à Paris à l'École des Beaux-Arts et voyagea en Italie, en Hollande, en Belgique et en Finlande où il demeura longtemps. Il a participé à des expositions collectives, notamment en 1929 à l'Exposition d'Art suédois au Musée du Jeu de Paume à Paris avec *Marine* (1910).
Il peignit des scènes de la vie rustique à Aland, dans une première manière de conception réaliste. Il exécutait en même temps, d'intéressantes eaux-fortes. Acke ne réussit pas moins bien dans le portrait. Vers 1898, une évolution se fit dans sa forme artistique : l'esprit des légendes scandinaves le pénétra. Son tableau : *Le Temple de la forêt* donne une large part au rêve, à la fantaisie : Cette tendance s'affirma encore dans l'illustration qu'il fit pour la collection des *Légendes de Topelins*, pleine de naïveté originale. On lui doit aussi la décoration d'une salle de la villa Thiel, au jardin zoologique de Stockholm. Acke s'occupa également d'art décoratif et fit des dessins pour des meubles.
Musées : STOCKHOLM : *Marine* 1910.
Ventes Publiques : STOCKHOLM, 7 avr. 1965 : *Othello* : SEK 1 200 – STOCKHOLM, 26 oct. 1982 : *Traîneau dans un paysage d'hiver* 1891, h/t (75x105) : SEK 50 000 – STOCKHOLM, 26 avr. 1983 : *L'église* 1915, h/t (118x64) : SEK 8 000 – STOCKHOLM, 22 avr. 1986 : *Paysage d'été* 1887, h/t (43x32) : SEK 21 000 – STOCKHOLM, 20 oct. 1987 : *Paysage au lac* 1883, h/t (81x55) : SEK 78 000 – STOCKHOLM, 15 nov. 1988 : *Vue de Asarne près de Eddan*, h. (150x105) : SEK 6 000 – STOCKHOLM, 14 nov. 1990 : *Le retour du fils prodigue*, h/t (154x11) : SEK 10 000 – STOCKHOLM, 29 mai 1991 : *Jeune fille tricotant*, h/t (114x64) : SEK 20 000 – STOCKHOLM, 19 mai 1992 : *Couleurs du soleil – Rio de Janeiro* 1912, h/t (64x76) : SEK 25 000.

ACKEIN Marcelle
Née le 26 novembre 1882 à Alger. Morte en 1952. xxe siècle. Française.
Peintre de paysages, marines.
Elle fut élève de Fernand Humbert. Elle a exposé très régulièrement au Salon des Artistes Français, dont elle est devenue sociétaire, obtenant une troisième médaille 1911, une médaille d'or 1933, de nouveau un médaille d'or à l'occasion de l'Exposition Internationale de 1937, Hors-concours. Elle a également figuré une fois au Salon d'Automne de 1920, et au Salon des Indépendants de 1926 à 1931. Elle a exposé aussi en 1936.
Deux parties dans son œuvre de paysagiste : jusqu'à la guerre de 1914, elle a surtout peint des paysages et des marines de Bretagne. Après la guerre, elle a beaucoup voyagé, du côté du soleil, rapportant des paysages de nombreux pays d'Afrique.

ACKEIN

Bibliogr. : Lynne Thornton : *La femme dans la peinture orientaliste*, Paris, 1985 – Maurice Arama : *Itinéraires marocains : regards de peintres*, Paris, 1991.
Ventes Publiques : PARIS, 22 juin 1992 : *Vréneaux, uniformes et haïks*, h/t (150x150) : FRF 480 000 – PARIS, 21 juin 1993 : *Le repos*, lav. et aquar. (62,5x48) : FRF 15 000 – PARIS, 22 avr. 1996 : *Femmes au Maroc*, h/t (89x116) : FRF 60 000.

ACKER Florimond Marie van, ou Flori-Marie
Né le 6 avril 1858 à Bruges. Mort en 1940. xixe-xxe siècles. Belge.
Peintre d'histoire, scènes de genre, portraits, paysages, aquarelliste, pastelliste. Post-romantique.
Il fut élève des Académies de Bruges, d'Anvers et de Jan Portaels à l'Académie de Bruxelles. Il obtint le Grand Prix de Rome en 1883. Il exposa souvent à Bruxelles, Anvers, Gand. Il fut directeur de l'Académie de Bruges de 1910 à 1926.
Il a peint des compositions bibliques dans de nombreux édifices religieux de Flandre, Harlebeke, Boitshoucke, dans l'église des Jésuites à Bruges en 1899 : sept peintures murales sur la vie de saint François-Xavier dans la chapelle des Xaviéristes, une *Résurrection du Christ* dans l'église de Bassevelde.
Il fit le portrait de nombreuses personnalités belges de l'époque.

Musées : BRUGES : *Vue panoramique du vieux Bruges* 1900.
Ventes Publiques : BRUXELLES, 17 mars 1987 : *Le fumeur*, h/t (55x65) : BEF 85 000 – PARIS, 7 oct. 1991 : *Le retour au village*, h/t (38x51) : FRF 7 200 – LOKEREN, 12 mars 1994 : *Une ferme à Heyst*, h/pan. (18x25) : BEF 30 000 – AMSTERDAM, 5 nov. 1996 : *Moulin de Saint-Michel près de Bruges* 1907, h/t (55x65) : NLG 2 124.

ACKER Herbert van Blarcom
Né en 1895 à Pasadena (Cal.). xxe siècle. Américain.
Peintre.
Il a exposé au Salon d'Automne en 1923 et en 1924 à la Société Nationale une toile intitulée : *Outremer et blanc*.

ACKER Jacob
xve siècle. Actif à Ulm. Allemand.
Peintre.
Acker appartenait à une famille d'artistes d'Ulm. On sait qu'il est l'auteur de peintures religieuses décorant la chapelle de Saint-Léonard, dans l'église de Risstissen. Elles portent sa signature et la date de 1483. Il décora également, en 1473, les portes de l'orgue du Munster à Ulm. On suppose que c'est le même artiste que l'on signale comme peintre verrier au xve siècle. Deux artistes de la même famille ont également porté le prénom de Jacob, notamment le peintre verrier cité vers 1417.

ACKER Johannes Baptista van
Né en 1794 à Bruges. Mort en 1863. xixe siècle. Éc. flamande.
Peintre miniaturiste.
Il fut l'élève de Ducq et, dès le commencement de sa carrière, il fit preuve d'une grande habileté. En 1833, il vint à Paris. Son succès fut considérable. Il collabora même au *Journal des Gens du monde*, fondé par Gavarni. Cependant, bien que les commandes ne lui fissent pas défaut, il revint dans sa ville natale. Peu après, il était appelé à Bruxelles par le roi Léopold Ier. Il fit le portrait de ce souverain, ainsi que ceux des autres membres de la famille royale. Après un séjour en Angleterre, Acker revint à Bruges et y demeura jusqu'à la fin de sa vie. Le musée de Bruges conserve deux portraits de sa main.

ACKERL Johannes Christoph
xviiie siècle. Actif à Villach (Carinthie) dans la première moitié du xviiie siècle. Allemand.
Peintre.
Il exécuta, en 1735, un tableau représentant sainte Véronique pour l'église de Saint-Pierre.

ACKERMAN ou Ackermann. Voir aussi ACHERMANN

ACKERMAN André
Né le 21 juillet 1896 à Paris. Mort le 22 octobre 1991 à Fréjus (Var). xxe siècle. Français.
Peintre de nus, paysages, natures mortes. Postimpressionniste.
Dans les années 1920, il a travaillé dans une petite troupe d'acrobates artistiques au Moulin Rouge, aux Nouveautés. Après la guerre, il s'installa dans le Var, où il continua de travailler jusqu'à sa mort. Il a exposé ses œuvres à Paris et dans la région varoise.
Ses peintures sont le plus souvent des huiles sur papier, dont la grande maîtrise de la couleur peut rappeler la manière de Bonnard, qu'il connaissait d'ailleurs personnellement.

ACKERMAN Paul
Né le 17 septembre 1908 à Jassy (Roumanie). Mort en 1981. xxe siècle. Depuis 1912 actif en France. Français.
Peintre, aquarelliste. Pré-cubiste.
Il fit ses études au Lycée Charlemagne, puis dans les Facultés de Droit et de Lettres de Paris, où il était arrivé avec sa famille à l'âge de quatre ans. Avant la guerre de 1939, il fréquenta l'Atelier Fernand Léger et, fin 1940, se lia avec Bonnard. Fait prisonnier à la guerre, il reprit la peinture avec acharnement à son retour de captivité. A partir de 1947, il exposa à Paris, Londres, Francfort, Montréal, Québec, etc. En 1950 il remporta le premier Prix Pacquement. Suivirent de nombreuses participations à des expositions collectives, ainsi que des expositions personnelles, notamment à la Galerie Creuze et au Musée Galliéra.
Déjà derrière ses premières gouaches, ses tableaux de fleurs, on devine la lecture de certains textes ésotériques, bien qu'Ackerman ait affirmé : « Je n'ai été guidé par rien, je ne sais d'où ces images ont surgi, ni pourquoi je me suis faites. » La critique en accord a classé Ackerman avec les abstraits des années cinquante. Avec le recul on est amené à moduler ce jugement. Si l'aspect formel superficiel paraît en effet appartenir aux expres-

sions abstraites du moment, un regard plus appuyé ne tarde pas à identifier la réalité concrète inspiratrice, ainsi d'ailleurs qu'en témoignent les titres : Mer de Chine – Le soleil bleu – Le fétiche - etc. En conclusion de cette période dite abstraite, il produisit une suite de peintures en relief sur polystyrène compensé. Après quoi il revint résolument à la figuration, avec des séries telles que : Ombres et lumières de 1962 à 1964, Quelques instants de la vie de Rembrandt..., peintures en clair-obscur, procédé qui caractérise pratiquement toute son œuvre, aussi bien la période abstraite que la figuration des compositions à personnages, dont souvent les titres évoquent le climat psychologique : Veillée poétique – Méditation – Couple vers le soir. Sa propension à l'ésotérisme s'était confirmée, vers 1965, avec sa rencontre de « l'Agartha », ainsi défini par René Guénon dans Le roi du monde : « monde souterrain étendant ses ramifications partout, sous les continents (...) et par lequel s'établissent d'invisibles communications... » Ackerman se voyait, malgré lui, contraint de rendre visible ce monde jusqu'alors invisible : « Je ne dis pas : voilà ce que je vais faire, mais, une fois la chose faite, je me demande ce que j'ai voulu faire. » Sa peinture relève d'une métaphysique, où tout revêt un sens symbolique ou cosmogonique.
∎ Jacques Busse

A cKerman

BIBLIOGR. : Divers : Catalogue de la vente *Ackerman*, Nouveau Drouot, Paris, 1984 – divers : Catalogue de la vente *Ackerman*, Nouveau Drouot, Paris, 29 fév. 1988 – Lydia Harambourg, in : *L'École de Paris 1945-1965*, Ides et Calendes, Neuchâtel, 1993.
MUSÉES : KASSEL – PARIS (Mus. Nat. d'Art Mod.) – PARIS (BN) – RINGLING (États-Unis).
VENTES PUBLIQUES : ROQUEBRUNE-CAP-MARTIN, 28 déc. 1953 : *Paysage* : FRF 40 000 – PARIS, 7 nov. 1982 : *L'artiste et son modèle*, h/t (52x69) : FRF 3 000 – PARIS, 14 mai 1984 : *Aube impressionniste*, past. (23x31) : FRF 10 000 – PARIS, 17 déc. 1984 : *Silhouette dans le lointain*, h/t (134x125) : FRF 80 000 – PARIS, 6 mai 1985 : *Le jugement de Dieu*, h/t (125x205) : FRF 66 000 – PARIS, 6 mai 1985 : *L'espoir de l'orage*, encre de Chine (50x65) : FRF 30 000 – PARIS, 6 mai 1985 : *Le soleil jaune*, techn. mixte (73x84) : FRF 29 000 ; *Apparition*, sculpt. en cart. (51x22x20) : FRF 7 800 – NEUILLY, 7 nov. 1987 : *Composition* 1958, h/t (88x129) : FRF 14 700 – PARIS, 11 déc. 1987 : *La pause*, h/t (115x147) : FRF 14 500 – PARIS, 29 fév. 1988 : *Une chose dans le ciel*, acryl. et cr. coul. (60x97) : FRF 16 000 ; *Voyons Dante*, acryl. et cr. coul. (50x70) : FRF 8 000 ; *Paysage d'hiver*, acryl. et cr. coul. (63x54) : FRF 16 500 – PARIS, 7 juin 1988 : *Morceau de soleil*, h/t (64x80) : FRF 2 600 – NEUILLY, 20 juin 1988 : *Composition*, h/t (97x146) : FRF 17 500 – PARIS, 14 déc 1988 : *Le jardin*, h/isor. (47x61) : FRF 5 500 – VERSAILLES, 5 mars 1989 : *Composition*, h/t (97x146) : FRF 23 000 – PARIS, 4 avr. 1989 : *Composition*, pap. mar./t. (45x60) : FRF 7 000 – PARIS, 26 mai 1989 : *L'ange du bizarre* 1963, h/t (80x115) : FRF 8 500 – PARIS, 30 juin 1989 : *Pousse-pousse*, h/t (65x81) : FRF 4 000 – LES ANDELYS, 19 nov. 1989 : *Composition*, h/t (81x116) : FRF 28 000 – PARIS, 17 déc. 1989 : *Abstraction*, h/t (91x72) : FRF 12 500 – PARIS, 5 mars 1990 : *Composition aux deux personnages*, h/t (73x92) : FRF 28 000 – PARIS, 26 avr. 1990 : *Composition*, h/t (97x130) : FRF 20 000 – NEUILLY, 10 mai 1990 : *Lumière rose sur un monde heureux*, h/t (116x89) : FRF 30 000 – PARIS, 15 oct. 1990 : *Sans titre*, h/t (81x100,5) : FRF 15 000 – PARIS, 6 fév. 1991 : *Composition*, h/t (64x81) : FRF 35 000 – PARIS, 8 avr. 1991 : *La visite de Dame Aglaé*, h/t (45x65) : FRF 10 500 ; *Une façon de sublimer le désir*, h/t (134x125) : FRF 14 000 – PARIS, 13 juin 1992 : *Le vaisseau spatial*, h/t (111,5x38,5) : FRF 9 000 – PARIS, 4 avr. 1993 : *Composition période japonaise*, h/t (113x195) : FRF 4 700 – PARIS, 4 oct. 1994 : *Composition*, h/bois (93x205) : FRF 4 500 – PARIS, 24 mars 1996 : *Simone et la chat*, h/t (89x146,5) : FRF 8 000.

ACKERMANN
XVIII⁰ siècle. Actif à Hanovre. Allemand.
Sculpteur.
Il était sculpteur de la cour, et exécuta les remarquables sculptures sur bois de l'autel de l'église de Grasdorf.

ACKERMANN Arthur Gérald ou Gérald
Né en 1876. Mort en 1960. XIX⁰-XX⁰ siècles. Britannique.
Peintre de paysages.
Depuis 1893, il figura aux expositions de Suffolk Street, ainsi

qu'à celles de la Royal Academy, dont il obtint un prix avec *Sentier entre les arbres*. En 1909, il y exposa *Le hangar*.

gerald Ackermann

VENTES PUBLIQUES : LONDRES, 17 nov. 1978 : *Après-midi d'été*, aquar./cr. gras (23x35,5) : GBP 280 – LONDRES, 2 fév. 1979 : *Troupeau aux abords d'un bois* 1900 (90,2x135,8) : GBP 600 – LONDRES, 18 mars 1980 : *Moulin et chaumières au bord d'une route de campagne* 1903, h/t (39x59,5) : GBP 1 100 – LONDRES, 10 mai 1983 : *In the Downs*, aquar. et cr. (23,8x36,1) : GBP 700 – LONDRES, 9 mai 1984 : *The road to the downs*, aquar. et cr. (34x52) : GBP 1 000 – LONDRES, 4 fév. 1986 : *Morston Creek*, aquar. et cr. (23,8x35,5) : GBP 1 500 – LONDRES, 10 fév. 1987 : *On the Medway, Rochester*, aquar. et cr. (17x25) : GBP 800 – LONDRES, 5 mars 1993 : *Le château d'Arundel dans les Downs*, cr. et aquar. (33,7x52,1) : USD 1 150 – LONDRES, 7 juin 1995 : *L'heure dorée* 1897, h/t (41,5x61) : GBP 1 610 – LONDRES, 6 juin 1997 : *Rue dans un village du Devon* 1905, aquar. reh. de blanc (35,5x25,5) : GBP 5 980.

ACKERMANN Conrad
XVII⁰ siècle. Travaillait à Halle ou à Leipzig vers 1689. Allemand.
Peintre de portraits.
On connaît de lui un portrait du théologien de Halle A. -C. Schubart, qui fut gravé par C. Romstedt.

ACKERMANN Georges Friedrich
Né en 1787 à Mayence. Mort en 1843 à Francfort. XIX⁰ siècle. Allemand.
Peintre.
Il était frère de Johann Ackermann et fut son élève. Il se fit une rapide renommée comme paysagiste et s'établit à Francfort près de son frère.

ACKERMANN Johann Adam
Né en 1780 à Mayence. Mort en 1853 à Francfort. XIX⁰ siècle. Allemand.
Peintre.
Cet artiste commença ses études dans sa ville natale, puis il vint travailler à Paris. Il entra à dix-neuf ans, le 22 fructidor, an IX, sur la recommandation de Méhageot, dans l'atelier du graveur Picot. Il dut abandonner l'école pour une cause quelconque, car on constate son admission à nouveau le 9 frimaire, an XII, dans l'atelier de David, sous la protection de Dejoux. Il était de retour à Mayence dans le courant de 1804 et s'y établit. A deux reprises, Ackermann visita l'Italie. Ses paysages d'hiver lui valurent particulièrement une grande réputation.

ACKERMANN Marie Marguerite Jeanne
Née à Toulon (Var). XX⁰ siècle. Française.
Peintre d'intérieurs.
Elle fut élève de Gustave Courtois, du peintre corse Cannicioni et de l'Académie Julian à Paris. Elle a exposé au Salon des Artistes Français à partir de 1927, et en est devenue sociétaire.

ACKERMANN Max
Né en 1887 à Berlin. Mort en 1975. XX⁰ siècle. Allemand.
Peintre. Abstrait.
A Munich, il connut et travailla avec Henry Van de Velde, alors peintre avant de devenir un des architectes les plus importants de sa génération, et avec Franz Von Stuck, un des créateurs du Modern Style, dans l'atelier duquel vinrent s'initier quantité d'artistes, parmi lesquels : Kandinsky et Klee. Puis il rencontra Adolf Hölzel, lequel fut l'un des premiers artistes abstraits en Allemagne, et qui fondait son langage plastique à partir d'une théorie de la couleur. Sous cette influence, la peinture de Max Ackermann à cette époque était violemment colorée. Il commença à enseigner à son tour, mais en 1933, l'arrivée des nazis au pouvoir, lui fut notifiée l'interdiction d'exposer ses œuvres abstraites, qualifiées d'« art dégénéré », puis en 1936 l'interdiction d'enseigner.
Dans cette première période de théorisation, il nomma la peinture qu'il pratiquait : « peinture absolue ». La fin de la guerre lui ouvrit de nouveau la possibilité d'exposer. Ses nouvelles peintures, toujours « peinture absolue », se manifestent cependant dans un registre plus sobre, souvent à dominante bleue, mais toujours fondé sur les six couleurs fondamentales. En 1957, il retrouva un poste de professeur à Stuttgart. En 1962, il montra à Karlsruhe une exposition personnelle de ses peintures, dont on a souvent comparé la conception plastique et rythmique à la composition musicale.
∎ J. B.

BIBLIOGR. : Dominck : *Abstrakte Malerei*.
VENTES PUBLIQUES : HAMBOURG, 19 nov. 1966 : *Electricité III* :
DEM 4 800 – DÜSSELDORF, 14 nov. 1973 : *Composition* 1948 :
DEM 7 500 – HAMBOURG, 1er jun 1978 : *Composition* 1924, h/cart.
(39,5x29,7) : **DEM 2 800** – MUNICH, 30 nov. 1979 : *Autoportrait*
1927, eau-forte (31,5x21) : **DEM 800** – HEIDELBERG, 11 avr. 1981 :
Personnages 1949, past. (23,5x8,2) : **DEM 3 500** – HAMBOURG, 12
juin 1981 : *Nuit italienne* 1933, h/cart. (30x19) : **DEM 3 400** –
MUNICH, 30 juin 1982 : *Le paradis des animaux*, h/t (95x119) :
DEM 6 000 – COLOGNE, 4 juin 1983 : *Lautengesang* 1914, temp.
(30,5x32,5) : **DEM 2 000** – MUNICH, 26 nov. 1984 : *Composition*
1953, h/t (80x64,5) : **DEM 9 000** – MUNICH, 25 nov. 1985 : *Composition en jaune* 1964, h/t (65,3x50,2) : **DEM 6 000** – MUNICH, 24
nov. 1986 : *Composition au point rouge sur fond bleu* 1954, past.
(31x25) : **DEM 4 200** – COLOGNE, 9 déc. 1986 : *Arbre en fleurs*
1952, h/t (70x57) : **DEM 7 000** – COLOGNE, 31 mai 1986 : *Couple*,
craies coul. (23x16,2) : **DEM 2 600** – HEIDELBERG, 14 oct. 1988 :
Composition en bleu 1958, sérig. (44,8x35) : **DEM 1 000** –
MUNICH, 1er juin 1989 : *Composition aux personnages* 1940, past.
(16x25) : **DEM 12 000** – MUNICH, 26-27 nov. 1991 : *Rome III* 1964,
past. (24,5x35) : **DEM 11 500** – MUNICH, 26 mai 1992 : *Composition à personnages* 1938, past. (14x20) : **DEM 5 750** – HEIDELBERG,
5-13 avr. 1994 : *Tour colorée* 1958, litho. en coul. (49,2x31) :
DEM 1 000 – PARIS, 25 mai 1994 : *Sans titre* 1950, gche et cr./pap.
(24,5x16) : **FRF 6 000** – HEIDELBERG, 15 oct. 1994 : *Sans titre* 1957,
h/t (65x50) : **DEM 37 000** – PARIS, 27 mars 1995 : *Composition*
1959, past. (45x22,4) : **FRF 51 000**.

ACKERMANN Otto
Né le 14 février 1872 à Berlin. Mort en 1953. XIXe-XXe siècles.
Allemand.
Peintre de paysages.
Il fut élève, à Berlin, du peintre de marines Wilhelm Hermann
Eschke. Il se fixa ensuite à Düsseldorf, d'où il rayonna le long du
Bas-Rhin jusqu'aux ports hollandais ou belges. À partir de 1904,
il a exposé à Düsseldorf, Dresde, Munich. Outre ses paysages de
ports ou de rivages de dunes, il se montra sensible aux varia-
tions de la lumière selon l'heure ou les saisons : *Lever de l'aurore
– Jour d'hiver.*
VENTES PUBLIQUES : COLOGNE, 25 juin 1976 : *Pêcheurs sur la
plage*, h/t (54x60) : **DEM 1 400** – COLOGNE, 20 mars 1981 : *Le
retour des pêcheurs*, h/t (50,5x60) : **DEM 2 000** – COLOGNE, 18
mars 1983 : *Paysage d'Automne*, h/t (61x80,5) : **DEM 2 200** –
COLOGNE, 15 oct. 1988 : *Ressac*, h/t (60x80) : **DEM 1 200**.

ACKERMANN R.
XIXe siècle. Vivait à Brighton en 1854. Britannique.
Sculpteur.
Cet artiste exposa en 1854 à Suffolk Street.

ACKERMANN Rudolf Werner
Né en 1908 à Wuppertal. XXe siècle. Allemand.
Peintre de paysages.
Il fut élève de l'École des Arts et Métiers de Wuppertal. Il tra-
vaille à Düsseldorf.

ACKERS Charles
Né en 1835 à Near Hollis (Maine). Mort en 1906 à New York.
XIXe siècle. Américain.
Sculpteur.

ACKERSON Lloyd Garrison
Né en 1835 à Portage (Michigan). XIXe siècle. Américain.
Peintre.

ACKRELL W.
XIXe-XXe siècles. Britannique.
Peintre.
Peintre de genre et de paysages, a exposé à la Royal Academy en
1899 : *Ferme dans le Devonshire* et *Relique du temps passé.*

ACLAND A., Miss
XIXe siècle. Active dans la seconde moitié du XIXe siècle. Bri-
tannique.
Peintre.
Elle vivait à Oxford vers 1875 et exposa cette même année un
tableau à la Royal Academy de Londres.

ACLAND Hugh Dycke
XIXe siècle. Actif au début du XIXe siècle. Britannique.
Peintre paysagiste et dessinateur.
Il vint sur le continent en 1828 et séjourna particulièrement en
Suisse. Ce fut sans doute à la suite de ce voyage qu'il fit les des-
sins pour l'illustration du Vaudois par Ed. Finden, publié à
Londres en 1831.

ACLOCQUE Paul Léon
Né le 19 janvier 1834 à Montdidier. XIXe siècle. Français.
Peintre.
Élève de Picot et Bluhm. Il fut d'abord militaire, puis abandonna
la carrière des armes pour se vouer à la peinture ; mais renonça
bientôt partiellement à celle-ci pour fonder un établissement
métallurgique ; dans la suite, il devint député. Malgré ces absor-
bantes occupations, Aclocque trouvait encore le temps de produire un certain nombre de bons portraits et de tableaux de
genre qui, lors de leur apparition, obtinrent un succès considérable, comme le *Fumoir de l'Assemblée Nationale*, dans lequel on
pouvait reconnaître les effigies des principaux politiciens des
premières années de la troisième République. On cite parmi ses
œuvres : *Portrait de M. T...*, Salon de 1881, *Portrait du colonel
Azaïs, commandant la Garde républicaine.*
MUSÉES : CHAMBÉRY : *Portrait du capitaine Moreau.*

ACLOCQUE DE SAINT-ANDRÉ Louis Victor
Né le 12 août 1811 à Paris. XIXe siècle. Français.
Peintre.
Il se forma sous la direction d'Eugène et d'Achille Deveria. Il
trouva, au cours d'un voyage en Italie, les sujets de nombreux
tableaux de genre dans la vie rustique de ce pays. Il peignit aussi
des tableaux d'histoire. Il débuta au salon de 1844 par *La Couturière* et *Mendiants à Rome*. En 1861, il envoyait au Salon :
Pêcheuse d'Ischia.

ACOCK W. W.
XIXe siècle. Britannique.
Peintre de natures mortes.
En 1870-1871, il exposa à Suffolk Street à Londres deux tableaux
de fruits.

ACON John
XIXe siècle. Travaillait à Londres vers 1832. Britannique.
Graveur au burin.
On cite de lui : *Vues du Rhin*, d'après U. Tombleson, et *Vues de la
Tamise*, d'après le même.

ACOQUAT Louise Marie
Née à Pontivy (Morbihan). XIXe-XXe siècles. Française.
Peintre.
Élève de Luigi Loir et de Mme Dumoulin. Travaillant à Neuilly-
sur-Seine, ce peintre de fleurs, également aquarelliste, a exposé
aux Salons de 1879 et 1880 des gouaches. Des paysages de Paris
et de Bagatelle figurèrent au Salon des Indépendants en 1928 et
1929 ; une aquarelle fut envoyée par elle au Salon des Artistes
Français de 1939.

ACOSTA Cayetano, don
Né en 1710 à Séville, d'origine portugaise. Mort en 1780 à
Séville. XVIIIe siècle. Espagnol.
Sculpteur.
Acosta se forma surtout lui-même. Il suivit la manière de Pedro
Cornejo, de Geronimo Barbas et de Donoso jusqu'à l'exagération. Il est l'auteur de sculptures à l'entrée du chœur de San Salvador. Il y exécuta aussi, en 1770, une statue gigantesque pour le
tabernacle de l'autel. Acosta, en outre, remplaça par des œuvres
originales les trois statues de Montanez chez les frères Barna-
bites, ainsi que plusieurs ouvrages de Cano.

ACOSTA Joseph Camille
Né le 3 février 1864 à Collobrières (Var). Mort le 8 octobre
1923 à Collobrières. XIXe-XXe siècles. Français.
**Peintre de compositions religieuses, allégoriques,
figures, nus, portraits, paysages animés, marines, aquarelliste.**
De famille de condition très modeste, ce fut une bourse de la
municipalité qui lui permit, de 1883 à 1889, de devenir élève de
l'École des Beaux-Arts à Paris. De son existence parisienne n'est
parvenu aucun témoignage, autre que celui de son mariage en
1898. En 1914, du fait de la guerre, il quitta Paris et revint se fixer
définitivement à Collobrières. À partir de 1919, son existence
matérielle fut dépendante du bureau de bienfaisance de la ville, à
laquelle il céda, puis légua, la plus grande partie de son œuvre.
En 1988, une exposition posthume de l'ensemble de son œuvre a
eu lieu à la Mairie de Collobrières.
Il a traité les thèmes les plus divers dans la technique enseignée à
l'École des Beaux-Arts de l'époque. Dans sa période post-
scolaire parisienne, il s'attaquait aux compositions les plus ambitieuses dans l'esprit et le style perpétués en particulier par Élie
Delaunay, son maître à l'École des Beaux-Arts, dans ses grandes
décorations officielles. Revenu dans le Var, il s'est voué à des

sujets familiers plus modestes, paysages et marines de la région, où la sincérité de l'inspiration libère une sensibilité communicative.

ACOSTA Manuel
Né en 1787 à Séville. Mort en 1800 à Séville. XVIIIe siècle. Espagnol.
Peintre.

Il avait donc treize ans quand il mourut. Cependant le court espace que dura sa carrière lui permit, en faisant montre de ses dispositions extraordinaires, d'exécuter un certain nombre d'ouvrages, un épisode de la *Passion de Jésus-Christ*, et plusieurs autres peintures, des groupes modelés et des dessins permettant de dire qu'il eût été un artiste extraordinaire. Le tout est conservé à l'Académie de Séville.

ACOSTA Pedro de
XVIIIe siècle. Actif à Séville dans la première moitié du XVIIIe siècle. Espagnol.
Peintre.

On voit de lui au musée de Séville, le portrait de Don Manuel Jos. de Licht, daté de 1732.

ACOSTA Walker Henry John Lewis d'
XIXe siècle. Actif de 1883 à 1889. Espagnol.
Peintre.

Il fut élève de Alex Cabanel et de Benjamin-Constant. Entre 1883 et 1889 il vécut à Paris travaillant à la Villa des Arts et exposant au Salon : en 1887 – *Un poste de gendarmerie sous le Premier Empire*, et en 1889 – *Une noce au musée de Cluny* et *Le pillage*. Il avait également exposé en 1886, à l'Institut des Beaux-Arts de Glasgow – *La fête du curé*.
VENTES PUBLIQUES : NEW YORK, 23 fév. 1989 : *Retour de partie de campagne*, h/pan. (26x38,7) : USD 7 150 – AMSTERDAM, 19 oct. 1993 : *Les nouvelles de la guerre*, h/t (104,5x77) : NLG 11 500.

ACOSTA LEON Angel
Né en 1930 à La Havane. Mort en 1964. XXe siècle. Cubain.
Peintre. Abstrait.

Il étudia à l'Académie San Alejandro de La Havane. Dans les années cinquante, il travailla comme manœuvre et conducteur dans une compagnie de transports. Il séjourna à Paris en 1963. En décembre 1963, de retour d'un voyage en Europe il se suicida en sautant par dessus bord. Une exposition lui a été consacrée en juillet 1991 au Musée National des Beaux-Arts de Santiago du Chili.
Sa peinture, bien qu'abstraite, semble se référer à quelque réalité observée. Elle présente de riches accords de tons sombres et est constituée de détails ornementaux à la façon d'étoffes artisanales. Il peint des ustensiles communs, des machines imaginaires, dans un style apparenté au fantastique. On trouve dans sa peinture des réminiscences de Paul Klee.
MUSÉES : LA HAVANE (Mus. Nat. Cubain).
VENTES PUBLIQUES : NEW YORK, 25 nov. 1992 : *Sans titre 1964*, h/t (79,3x148) : USD 16 500 – NEW YORK, 18 mai 1993 : *Sans titre 1963*, h/cart. (69,2x120) : USD 23 000 – NEW YORK, 23-24 nov. 1993 : *Sans titre*, h/t (79x148) : USD 13 800 – NEW YORK, 18 mai 1994 : *Vélocipède 1961*, aquar. et encre/cart. (25,4x30,5) : USD 4 600 ; *Sans titre 1964*, h/t (79,4x148) : USD 21 850 – NEW YORK, 16 nov. 1994 : *Nature morte*, h/rés. synth. (56x121,9) : USD 32 200 – NEW YORK, 16 mai 1996 : *Sans titre 1960*, h/t/t. (51,5x78,5) : USD 20 700 – NEW YORK, 28 mai 1997 : *Quema del Canaveral*, h./masonite (193x118,7) : USD 96 000 – NEW YORK, 24-25 nov. 1997 : *Sans titre 1964*, h/t (79x148) : USD 57 500.

ACQUA Dall'. Voir DALL'ACQUA
ACQUA Dell'. Voir DELL'ACQUA
ACQUALAGNA Pierleone da
XVIe siècle. Actif à Rome. Italien.
Peintre.

Il était renommé surtout pour les tapisseries en cuir peint et gaufré. Suivant Bellori, il aurait été le premier maître de Frederico Barocci.

ACQUAPARTA da
XVIe siècle. Actif à Rome en 1590. Italien.
Peintre.

Fussli dit que cet artiste peignit à la villa Borghèse un tournoi ayant eu lieu dans la cour du Belvédère, au Vatican.

ACQUARELLI
XVIIe siècle. Actif à Naples vers 1640. Italien.
Peintre.

Il possédait une grande habileté comme décorateur et peintre d'architecture. Acquarelli exécuta de nombreux travaux d'ornement dans les églises, les palais et les théâtres. Il travailla fréquemment en collaboration avec Scoppa.

ACQUARONE L.
XIXe siècle. Travaillait à Palerme, croit-on, en 1800. Italien.
Peintre de genre, portraits.

On cite de lui à la National Gallery of Portraits, à Londres, une copie datée de 1799 du portrait de Nelson par Léon Cuzzardi.
MUSÉES : LONDRES (Nat. Gal. of Portraits) : *Portrait de Nelson* 1799, d'après Léon Cuzzardi.
VENTES PUBLIQUES : MILAN, 6 déc. 1989 : *Spectacle équestre mimant les tournois 1891*, h/t (65x120,5) : ITL 7 200 000.

ACQUARONI Antonio
XIXe siècle. Italien.
Graveur de paysages urbains.

Il fut employé par la Chalcographie et fit pour elle une série de vues de Rome. Paraît identique à Giuseppe ou Giovanni Acquaroni.

ACQUARONI Giuseppe ou Giovanni
Né en 1780 à Rome. Mort en 1847 à Rome. XIXe siècle. Italien.
Dessinateur et graveur en taille-douce de paysages urbains.

Sous le nom de Acquaroni, on trouve un Antonio, un Giuseppe, et un Giovanni qui ne sont sans doute qu'un seul et même artiste. On lui doit un grand nombre des principaux monuments et des ruines de Rome. Ces estampes, plutôt médiocres, parurent dans différents ouvrages sur la ville éternelle.

ACQUAVIVA Pietro Paolo
XIXe siècle. Actif à Naples au début du XIXe siècle. Italien.
Sculpteur et modeleur en porcelaine.

On cite de lui quatre médaillons en biscuit du portrait de Napoléon Ier, qu'il exécuta à la manufacture royale de porcelaine. Acquaviva fut un des artistes qui composèrent les décorations lors du retour des Bourbons de Naples. Il fut nommé professeur de sculpture en 1802.

ACQUAVIVA Vincenzo
Né en 1832 à Foggia. XIXe siècle. Italien.
Peintre de genre, d'histoire et de portraits.

Il fut d'abord, à Foggia, élève de Domenico Caldara. A dix-huit ans, il vint à Naples, à l'Institut des Beaux-Arts. Son premier ouvrage important est une œuvre peinte pour sa ville natale. En 1864, on le rencontre installé à Naples. Acquaviva prit part à de nombreuses expositions en Italie et à l'étranger. A partir de 1877, sa réputation étant solidement établie, il se consacra au portrait.

ACQUEL Paul
Né le 14 juin 1825 à Besançon. XIXe siècle. Français.
Peintre dessinateur.

Il fut l'élève de Staal, et entra en 1846 à l'École des Beaux-Arts. S'adonna particulièrement au pastel et au dessin, débuta au Salon de Paris de 1848, par un dessin d'après la *Sainte Madeleine* de Murillo. Exposa en 1861 et 1868 deux portraits.

ACQUERMAN Pierre
XVIIe siècle. Vivait à Dunkerque dans la seconde moitié du XVIIe siècle. Français.
Peintre.

On trouve son nom en 1663, comme aide de Jean de Reyn, peintre des armoiries de la ville de Dunkerque.

ACQUISTABENE, maestro
Né à Brescia. XIIIe siècle. Actif vers 1295. Italien.
Peintre, dessinateur, architecte.

ACQUISTI Luigi
Né en 1745 à Forli. Mort en 1823 à Bologne. XVIIIe-XIXe siècles. Italien.
Sculpteur.

Cet artiste qui, de son temps, jouit d'une notable réputation, travailla surtout à Rome, à Milan et à Bologne, où on le trouve mentionné dès 1788. Dans la première ville, on cite notamment la décoration de l'autel de la chapelle de San Giuseppe Colasonzio dans l'église de San Pantaleo. Il fit également, pour l'escalier du palais Braschi, des reliefs représentant des scènes des poèmes d'Homère et de l'histoire romaine. A Bologne, on cite de lui l'ornementation de l'Oratoire de San Giobbe et quatre importantes statues dans la coupole de Santa Maria della Vita. En 1805, un groupe important, *La Paix*, représentée par Vénus calmant l'ardeur belliqueuse de Mars, fut acheté par le célèbre amateur italien, le comte de Sommariva pour sa villa du lac de Côme. L'année suivante il était à Milan, où il produisit des travaux importants. On lui doit encore les statues des papes Nicolas XII et Pie VI qui décorent le dôme d'Orvieto. Acquisti exécuta plusieurs copies de la Vénus de Médicis, avec des modifications dans le buste et les bras.

ACRAMAN Edith
XIXᵉ siècle. Travaillait à Londres vers le milieu du XIXᵉ siècle. Britannique.
Peintre.
Elle exposa, de 1847 à 1852, cinq tableaux à la Royal Academy.

ACRAMAN W. H.
XIXᵉ siècle. Travaillait à Hastings dans la seconde moitié du XIXᵉ siècle. Britannique.
Peintre paysagiste.
De 1856 à 1868 il prit part à plusieurs expositions à Suffolk Street, à Londres, et exposa en 1856 à la Royal Academy.

ACRES E.
XVIIIᵉ-XIXᵉ siècles. Actif à la fin du XVIIIᵉ et au début du XIXᵉ siècle. Britannique.
Peintre de miniatures.
Travaillait à Londres en 1800 et exposa, cette année-là, treize miniatures à la Royal Academy.

ACRES J.
XIXᵉ siècle. Actif à Londres entre 1800 et 1813. Britannique.
Peintre de miniatures.
Il exposa à la Royal Academy de Londres en 1802 et 1813. Sans doute identique au miniaturiste E. Acres.

ACRET John F.
XIXᵉ siècle. Britannique.
Peintre de portraits.
A pris part à plusieurs expositions de la Royal Academy et de Suffolk Street, de 1884 à 1893.

ACTON, Mrs
XIXᵉ siècle. Travaillait en Angleterre vers 1806. Britannique.
Peintre.
Elle exposa un portrait à la Royal Academy de Londres en 1806.

ACTON Arlo
Né le 11 mai 1933 à Knoxville (Iowa). XXᵉ siècle. Américain.
Sculpteur.
Il fut élève du California Institute of Arts. Il expose depuis 1962 à San Francisco. Il a été sélectionné pour la Biennale des Jeunes de 1963 à Paris. En 1963 également il a été nommé professeur à l'Université de Californie, à Berkeley.

ACTON John. Voir **ADAMS-ACTON**

ACTON S.
XVIIIᵉ-XIXᵉ siècles. Actif à la fin du XVIIIᵉ et au début du XIXᵉ siècle. Britannique.
Peintre, graveur de sujets d'architectures.
Il vécut à Londres entre 1791 et 1802. Il exposa à la Royal Academy de Londres.

ACUNA Antonio de
Né à Puerta Santa Maria (Espagne). XIXᵉ siècle. Espagnol.
Peintre et sculpteur.
On cite de lui, notamment, deux bustes et une statue équestre d'Alphonse XII. Comme les types pittoresques du monde des toréadors, picadors, les scènes de chasse, les animaux l'inspirèrent particulièrement, on cite encore dans son œuvre : *Picador à cheval, Chiens et chevaux de chasse anglais, Cavalier espagnol.*

ACUNA Cosme de
XVIIIᵉ siècle. Espagnol.
Peintre.
Maître de José Madrazo.

ACUNA Luis Alberto
Né en 1904 à Suiata (province de Santander, Colombie). XXᵉ siècle. Colombien.
Peintre, sculpteur. Post-cubiste.
Il vint et séjourna en France, où il fut élève des sculpteurs Henri Bouchard et Paul Landowsky. Il commença à exposer en 1926 au Salon des Artistes Français : une tête sculptée *Petit prince Inca.* Toujours au Salon des Indépendants, il exposa de 1926 à 1929 : *Jupiter et Antiope* en 1927.
Ce fut à ce moment qu'il aborda la peinture, avec des natures mortes influencées par le cubisme analytique, frôlant parfois l'abstraction. S'il a cédé à la mode du muralisme venue du Mexique, il le fit en s'opposant à l'académisme sous toutes ses formes. Historien et critique d'art, Acuna fut un des propagateurs des expressions européennes en Amérique Latine.
BIBLIOGR. : Damian Bayon et Roberto Pontual : *La Peinture de l'Amérique latine au XIXᵉ siècle,* Mengès, Paris, 1990.
VENTES PUBLIQUES : PARIS, 29 oct. 1926 : *Nessus séduisant Déjanire* : FRF 3 000 – NEW YORK, 3 déc. 1981 : *L'Annonciation* 1948, h/t (70,5x104,8) : USD 500 – NEW YORK, 28 nov. 1984 : *Berger* vers 1945, h/t (80,7x68,6) : USD 900.

ACUNA Sebastian de
XVIᵉ siècle. Travaillait à Séville vers le milieu du XVIᵉ siècle. Espagnol.
Peintre.
En 1542, il travailla à l'Alcazar de Séville en compagnie d'Antonio Portuguès.

ACUNTO Giuseppe d'
XVIIᵉ siècle. Napolitain, actif au XVIIᵉ siècle. Italien.
Sculpteur.
Dans un poème paru en 1627, le poète Gio Battista Basile parle avec de grands éloges d'un des ouvrages de cet artiste, qui fut également jurisconsulte.

ACUTUS
XIIᵉ siècle. Travaillait à Pianella dans la seconde moitié du XIIᵉ siècle. Italien.
Sculpteur.
Suivant une inscription, cet artiste a achevé la chaire de San Angelo, à Pranella.

ADALBALDUS
IXᵉ siècle. Actif à Tours. Français.
Moine, miniaturiste.

ADALBERT
Xᵉ siècle. Allemand.
Enlumineur.
Ce moine de Tegernsee est mentionné comme auteur d'un livre de psaumes, exécuté pour une noble dame nommée Heilwich. L'œuvre n'a pas été conservée, mais les vers de la dédicace, écrits par Froumund de Tegernsee, se trouvent encore à Munich. Une miniature, dans une collection de la Bibliothèque nationale de Munich, est attribuée à un Adalpertus et date du IXᵉ siècle, mais il n'est pas improbable qu'elle soit de la main du moine.

ADALBERT
XIIᵉ siècle. Actif probablement à Montamiata. Italien.
Miniaturiste et calligraphe.
Collabora à la composition et à la décoration d'une Bible en quatre ou cinq volumes pour la bibliothèque des Chartreux, à Calci, près de Pise, laissée par le cardinal Nicolas de Prato au monastère dominicain de Viterbe, en 1321. L'œuvre a été terminée en 1169. Cette Bible ne doit pas être confondue avec la célèbre *Bible de Montamiata* qui a été écrite sous le pontificat de Grégoire le Grand, vers 590. Le style des miniatures, selon le dictionnaire de Thieme et Becker montrerait l'influence de l'art byzantin, jusqu'alors inconnu dans l'école toscane.

ADALBERT
XIIIᵉ siècle. Actif à Bamberg. Allemand.
Miniaturiste.
Il était diacre. On le croit auteur des miniatures de l'ouvrage sur la *Vie de Henri et Cunegonde,* conservé à la Bibliothèque Royale de Bamberg. Adalbert était le fils du comte Wolfram von Abensberg.

ADALBERT Per
Né en 1953. XXᵉ siècle. Suédois.
Peintre technique mixte.
VENTES PUBLIQUES : STOCKHOLM, 30 mai 1989 : *The original electric desert hôtel* 1987, techn. mixte/pap. (52,5x66,5) : SEK 7 200 – STOCKHOLM, 19 mai 1992 : *Composition,* techn. mixte (144x220) : SEK 51 000.

ADAM
XVᵉ siècle. Vivait à Cologne à la fin du XVᵉ siècle. Allemand.
Sculpteur, graveur sur pierre.
Il fut appelé en 1487, avec d'autres maîtres en son art, afin d'établir les plans de la partie ouest de l'église de Saint-Victor, à Xanten.

ADAM
XVᵉ-XVIᵉ siècles. Travaillait à Cracovie de 1499 à 1521. Polonais.
Peintre.

ADAM
XVIᵉ siècle. Vivait à Sterzing au commencement du XVIᵉ siècle. Allemand.
Sculpteur.
On lui doit le tombeau de Guillaume de Wolkenstein, daté de 1523.

ADAM
XVIᵉ siècle. Travaillait à Brême vers 1578. Allemand.
Sculpteur.
Cet artiste reçut une somme de cinquante thalers pour le portail de l'Hôtel de Ville de Brême, donné à la ville par le duc Julius de Brunswick.

ADAM
Mort en 1596 à Varsovie. XVIᵉ siècle. Travaillait à Varsovie à la fin du XVIᵉ siècle. Polonais.
Peintre.
On sait que dès 1588 il exerçait son art à Varsovie ; peignant surtout des tableaux religieux. Les ouvrages mentionnés dans son testament confirment qu'il s'adonnait particulièrement à ce genre.

ADAM
XVIIᵉ siècle. Travaillait à Neuhaus (Bohême) dans la première moitié du XVIIᵉ siècle. Autrichien.
Peintre.
Il peignit, en 1630, une *Assomption* pour l'église de Propst. Cette œuvre périt dans un incendie, en 1801.

ADAM
XVIIIᵉ siècle. Actif à la fin du XVIIIᵉ siècle. Français.
Dessinateur et graveur à l'eau-forte.
Selon C. Blanc, cet artiste, qui travaillait dans le goût de Perignon, a laissé six paysages.

ADAM
XIXᵉ siècle. Travaillait en Russie au commencement du XIXᵉ siècle. Français.
Peintre sur porcelaine.
En 1807, il était attaché à la manufacture de porcelaine de Saint-Pétersbourg. Le musée de l'Ermitage conserve de lui une *Sainte famille*.

ADAM Albert
Né en 1833 à Paris. XIXᵉ siècle. Français.
Lithographe.
Fils et élève de Victor Adam, qu'il aida souvent dans ses travaux.

ADAM Albrecht
Né en 1786 à Nordling en Bavière. Mort le 28 août 1862 à Munich. XIXᵉ siècle. Allemand.
Peintre de sujets militaires, portraits, animaux, paysages, graveur, lithographe.
Adam Albrecht compte parmi les peintres militaires de l'Allemagne. A l'âge de 23 ans, en 1809, il suivit les armées française et bavaroise contre l'Autriche ; trois ans plus tard, il obtenait le titre de peintre de la cour de Bavière.
Adam représenta quelques-unes des scènes de la campagne de 1812 ; la *Bataille de la Moskowa*, *Napoléon entouré de son état-major* sont citées parmi les plus célèbres. Cet artiste, dont les sympathies étaient demeurées attachées à la France, suivit l'armée de Napoléon III lors de la campagne de 1859 contre l'Autriche, et exécuta un grand nombre de dessins et d'esquisses. Son dernier ouvrage important, commandé par le roi Maximilien de Bavière, représente la *Charge de la cavalerie prussienne à la bataille de Zorndorf*. Adam ne se consacra pas uniquement à la peinture militaire ; on a de lui des portraits, des paysages, quelques eaux-fortes et des lithographies. Ses ouvrages sont remarquables par le souci de vérité dont l'artiste y fait preuve.

Musées : Berlin : *L'écurie – Atelier du peintre* – Cologne : *L'amie du guerrier* – Czernin : *Paysage avec une récolte de blé* – Darmstadt : *Chevaux au pâturage* – Hambourg : *A l'écurie : jument et poulain* – *Sur le champ de bataille de la Moskowa 1812* – Hanovre : *Napoléon au siège de Ratisbonne* – Kaliningrad, ancien. Königsberg : *Chevaux* – Munich : *Dans l'écurie* – *Le comte Radetzky à cheval* – *Assaut des fortifications de Duppel, 13 juin 1849* – *La bataille de Custozza, 25 juin 1848* – *La bataille de Novara, 23 mai 1849* – *Camp de cavalerie* – *Un cheval tacheté* – Weimar : *Vue de Friedrichshafen*.

Ventes Publiques : Londres, 11 juin 1904 : *Une étable* : GBP 27 ; *Une étable avec chevaux et paysans* : GBP 26 ; *Juments et poulains* : GBP 27 – Lucerne, 23-26 nov. 1962 : *Chevaux, chiens et chat dans une grange, avec deux forgerons et un cavalier* : CHF 7 500 – Cologne, 18 nov. 1965 : *Cheval dans un paysage* : DEM 14 000 – Cologne, 5 mai 1966 : *Chevaux dans un paysage* : DEM 8 000 – Vienne, 4 déc. 1973 : *Chevaux dans un paysage 1827* : ATS 120 000 – Cologne, 18 mars 1977 : *Chevaux à l'écurie 1826*, h/t (56x70) : DEM 8 000 – Cologne, 23 nov. 1978 : *Trois pur-sang dans un paysage 1846*, h/t (56x67) : DEM 22 000 – Londres, 26 nov. 1982 : *Scène de chasse 1827*, h/t (69,5x100,5) : GBP 13 000 – New York, 29 fév. 1984 : *Scène de chasse 1827*, h/t (69x100) : USD 20 000 – Cologne, 20 nov. 1986 : *Chevaux à l'abreuvoir 1839*, h/t (69,5x76) : DEM 42 000 – New York, 25 fév. 1988 : *Près du puits*, h/t (48x64) : USD 26 400 – Cologne, 18 mars 1989 : *Intérieur d'écuries avec des chevaux entrant dans leurs stalles 1844*, h/t (51x67) : DEM 55 000 – Londres, 21 nov. 1989 : *État-major autrichien surveillant la bataille 1815*, h/t (72x103) : GBP 26 400 – Munich, 29 nov. 1989 : *Dans l'écurie*, fus. et aquar. avec reh. de blanc (27x39) : DEM 11 550 – Munich, 31 mai 1990 : *Chevaux près du puits 1835*, h/t (48x64) : DEM 66 000 – New York, 29 oct. 1991 : *Officier de cavalerie sur cheval 1856*, h/t (23,5x20,2) : USD 12 100 – Londres, 17 mars 1995 : *Chevaux dans un pré 1817*, h/t (31,6x39) : GBP 9 200 – Munich, 27 juin 1995 : *Chevaux au pré 1839*, h/t (58,5x76) : DEM 34 500 – Munich, 25 juin 1996 : *Les princes Karl et Luitpold de Bavière 1841*, h/t (37x47) : DEM 18 000.

ADAM Benno
Né le 15 juillet 1812 à Munich. Mort le 9 mars 1892 à Kelheim. XIXᵉ siècle. Allemand.
Peintre animalier, aquarelliste, lithographe.
Fils aîné et élève d'Albrecht Adam, Benno se fit très jeune une place marquante parmi les peintres animaliers allemands. Il fit d'abord des lithographies, des études d'animaux.
Musées : Bâle : *Renard saisissant un coq* – Hambourg : *Renards* – Kaliningrad, ancien. Königsberg : *Famille d'ânes* – Munich : *Une chasse à courre* – *Chèvres* – *Deux cerfs morts et oiseaux de proie* – *Marché aux bestiaux dans les montagnes bavaroises* – *Une écurie* – *Une chouette surveillée par un chien*.
Ventes Publiques : Vienne, 17 mars 1964 : *Canards fuyant* : ATS 28 000 – Cologne, 5 mai 1966 : *Anes dans une étable* : DEM 2 200 – Munich, 9 mai 1973 : *Intérieur d'étable* : DEM 10 000 – Lucerne, 19 nov. 1976 : *La basse-cour 1845*, h/pan. (33x45,5) : CHF 9 500 – Cologne, 25 juin 1982 : *La chasse au renard 1833*, h/t (40x32,5) : DEM 5 500 – Londres, 23 juin 1983 : *Deux chiens basset 1869*, aquar. et cr. reh. de blanc (16,2x24) : GBP 450 – Lindau, 9 mai 1984 : *Âne à l'étable 1866*, h/t (38x72) : DEM 7 500 – Londres, 19 mars 1986 : *Le repos des chasseurs 1854*, h/t (70x92,5) : GBP 6 500 – Berne, 26 oct. 1988 : *La chasse au renard 1863*, h/t (23x28) : CHF 13 000 – Cologne, 18 mars 1989 : *Un bouc et deux chevreaux dans une prairie 1861*, h/t (74x93) : DEM 12 000 – Munich, 10 mai 1989 : *Trois ânes à l'étable 1873*, h/pan. (20x25) : DEM 1 100 – New York, 7 juin 1991 : *Dans la grange 1857*, h/t (57,2x78,1) : USD 9 350 – Londres, 19 juin 1992 : *Le chien préféré de la princesse Léontine de Fürstenberg 1852*, h/t (117x175,3) : GBP 8 800 – New York, 28 mai 1993 : *Animaux de ferme 1828*, h/pan. (47,5x63,5) : USD 4 025 – Londres, 22 fév. 1995 : *Deux chiens de meute dans un paysage 1851*, aquar. avec reh. de blanc (17x26,5) : GBP 1 150 – Londres, 14 juin 1996 : *Chien de Poméranie et teckel près d'un terrier de renard 1854*, h/t (87,6x116,2) : GBP 13 225.

ADAM C.
XVIIIᵉ siècle. Travaillait à Augsbourg dans la seconde moitié du XVIIIᵉ siècle. Allemand.
Graveur à l'eau-forte et au burin.
A produit plusieurs vues de perspectives médiocres, entre autres une de la ville de Dresde, copiée d'après la gravure de C.-C. Werner, pour la collection de Thiel (1768).

ADAM C.
XIXᵉ siècle. Actif au début du XIXᵉ siècle. Allemand.
Peintre paysagiste.
Suivant Fussli, cet artiste étudia à Dresde, en 1819, et exposa six paysages en 1820.

ADAM Carle, dit **Adam le Jeune**
XVIIIᵉ siècle. Français.
Peintre.
Petit-fils de Jacob-Sigisbert Adam, fils de Nicolas Sébastien Adam, il se livra à la peinture. Il était donc cousin germain de Clodion, qui fut élève de son oncle Lambert-Sigisbert Adam. On le trouve inscrit sur le registre de l'Académie Royale, comme élève entré le 1ᵉʳ octobre 1758. Actif dans la seconde moitié du XVIIIᵉ siècle, il fut le dernier de la lignée des Adam de Nancy.

ADAM Charles
Né à Strasbourg. XIXᵉ siècle. Français.
Dessinateur lithographe.
Expose au Salon de Paris en 1897 et 1898.

ADAM Claude
Né en Lorraine. XVIIᵉ siècle. Travailla à Rome au milieu du XVIIᵉ siècle. Éc. lorraine.
Sculpteur.
Exécuta à Rome une statue, d'après l'abbé Titi, pour l'église de Santa Prudenziana. Baldinucci le cite comme l'auteur d'une des quatre statues de la fontaine de la Piazza Navona.

ADAM Clémence
Née à Paris. XIXᵉ siècle. Travaillait dans la seconde moitié du XIXᵉ siècle. Française.
Peintre sur porcelaine et miniaturiste.
Élève de Mme de Cool, elle exposa au Salon de 1869 et à celui de 1870 des peintures sur porcelaine et une miniature : *Portrait du jeune A. L...*
VENTES PUBLIQUES : PARIS, 17 nov. 1950 : *Portraits présumés du baron et de la baronne Haussmann*, tableau sur porcelaine : **FRF 10 500.**

ADAM David Livingston
Né en 1883 à Glasgow (Écosse). Mort en 1924 à Chicago. XXᵉ siècle. Britannique.
Peintre.
Il est actif aux États-Unis.
VENTES PUBLIQUES : PARIS, 3 nov. 1983 : *Bords de fleuve sous la neige* 1906, h/t (38x55) : **FRF 8 000** – REIMS, 27 oct. 1985 : *Bord de rivière et péniches amarrées sous la neige* 1906, h/t (38x55) : **FRF 17 000.**

ADAM Denovan Joseph. Voir **ADAM Joseph Denovan**

ADAM Edmond Victor Charles, dit **A. Fils** pour **Adam** fils
Né en 1868. Mort en 1938. XIXᵉ-XXᵉ siècles. Français.
Peintre de marines.
Il signe quelquefois Adam fils.
VENTES PUBLIQUES : LONDRES, 12 mars 1985 : *Le voilier Belle of Lagos par forte mer* 1885, h/t (60x91) : **GBP 2 000** – PARIS, 6 déc. 1990 : *Le vapeur mixte Orient portant le pavillon du pilotage du Havre à l'artimon*, h/t (62x92) : **FRF 18 000.**

ADAM Edouard Marie, dit **Adam du Havre**
Né en 1847. Mort en 1929. XIXᵉ-XXᵉ siècles.
Peintre.
Il était peintre du Ministère de la Marine.
VENTES PUBLIQUES : PARIS, 5 avr. 1978 : *Havre de Bordeaux, Trois-Mâts* 1880, h/t : **FRF 10 500** – PARIS, 24 nov. 1979 : *Le vapeur Druentia faisant route en vue du Havre* 1894 (50x92) : **FRF 9 500** – BOLBEC, 7 déc. 1981 : *L'Ariane* 1897, h/t (91x144) : **FRF 10 600** – LE HAVRE, 25 avr. 1983 : *Le Ville-de-Marseille*, h/t (60x92) : **FRF 26 500** – LONDRES, 5 juin 1985 : *Le Alumbach à l'ancre* ; *Le Alumbach par forte mer* 1882, deux h/t (61x91) : **GBP 3 500** – PARIS, 22 oct. 1986 : *le Lorme au large de la côte* 1877, h/t (48x91,5) : **FRF 36 500** – PARIS, 4 déc. 1987 : *Yacht vu par tribord avec son canot en remorque, à l'entrée du port du Havre*, h/t (61x43) : **FRF 22 000** – PARIS, 19 déc. 1988 : *Portrait de navire* 1886, h/t (40x62) : **FRF 20 000** – PARIS, 12 juin 1988 : *Le port du Havre*, h/t (38x55) : **FRF 10 000** – LONDRES, 31 mai 1989 : *Le steamer Werneth Hall quittant Le Havre*, h/t (62x92) : **GBP 2 090** – LONDRES, 5 oct. 1989 : *Le paquebot Aislaby* 1907, h/t (61x90) : **GBP 1 045** – COPENHAGUE, 21 fév. 1990 : *Marine avec un voilier au large des côtes* 1887, h/t (60x90) : **DKK 11 500** – LONDRES, 10 mai 1990 : *Le vapeur Taunton*, h/t (61x91,5) : **GBP 1 540** – NANTES, 18 mai 1992 : *Portrait du bateau La Loire-Inférieure* 1896, h/t (63x93) : **FRF 38 000** – LONDRES, 20 mai 1992 : *Le steamer Oakley*, h/t (62x92) : **GBP 1 862.** 17 juil. 1992 : *Le Trois-Mâts américain Servia au large du Havre*, h/t (61,6x92,1) : **GBP 8 800** – MONTRÉAL, 23-24 nov. 1993 : *Personnages au pied d'un phare observant un naufrage* 1885, h/t (61x40,6) : **CAD 1 500** – LE

HAVRE, 27 mars 1994 : *Voiliers de Trouville* 1884, h/t (54x65) : **FRF 28 000** – PARIS, 3 avr. 1996 : *Le bateau à vapeur* 1899, h/t (54x89) : **FRF 24 000.**

ADAM Emil
Né le 20 mai 1843 à Munich. Mort en 1924 à Munich. XIXᵉ-XXᵉ siècles. Allemand.
Peintre de sujets militaires, scènes de genre, scènes de chasse, chevaux, aquarelliste.
Fils aîné de Benno Adam, il fut d'abord l'élève de son père. Il travailla également avec son oncle Frantz Adam. Très jeune, il trouva des protecteurs qui lui permirent de mettre son talent en lumière. C'est ainsi que, à dix-sept ans, il peignit des chevaux pour le grand-duc Charles-Louis. L'année suivante (1861), il exposa un grand tableau : l'*Armée autrichienne au camp de Cologne*. Emil Adam voyagea beaucoup, allant d'abord à Hohenheim puis en Bohême. Il alla ensuite à Bruxelles étudier avec Portael.
Continuant la tradition familiale, il prit une place distinguée dans la peinture allemande moderne. En 1885, il vint pour la première fois en Angleterre. Son succès près des sportmen anglais fut considérable, et plusieurs des plus en vue lui confièrent des travaux. Il ne réussit pas moins bien avec les propriétaires d'écuries de courses français.

⅃. Adam

VENTES PUBLIQUES : PARIS, 2 juin 1950 : *Fillette portant un pain*, aquar. : **FRF 400** – ZURICH, 31 mai 1965 : *Maure tenant un cheval en bride* : **CHF 3 000** – LONDRES, 17 mars 1967 : *Ambush II, gagnant du Grand National de Liverpool* : **GNS 200** – LONDRES, 27 juil. 1973 : *Portrait d'une Lady* 1871 : **GNS 1 800** – NEW YORK, 21 jan. 1978 : *Matthew Dawson avec Melody et Mons Meg dans un paysage*, h/t (108x153) : **USD 2 900** – MUNICH, 24 nov. 1982 : *Scène d'auberge*, aquar. (26,5x31) : **CHF 2 000** – LINDAU, 3 oct. 1984 : *Abbesse de Jouarre* 1889, h/t (43x53) : **DEM 7 500** – NEW YORK, 7 juin 1985 : *Northeast avec son jockey* 1908, h/t (72,5x92,5) : **USD 13 000** – NEW YORK, 5 juin 1986 : *Merman avec son jockey sur le champ de courses de Newmarket* 1897, h/t (71x91) : **USD 22 000** – NEW YORK, 28 oct. 1987 : *H. R. H prince Edward of Wales at a stag Shoot* 1885, aquar. et gche (24,8x41) : **USD 2 600** – AMSTERDAM, 3 mai 1988 : *Lavandières au lavoir du village*, h/t (54x73) : **NLG 9 200** – NEW YORK, 9 juin 1988 : *Nasby et Confidence, couple de hunters* 1914, h/t (60,2x110,5) : **USD 18 700** – LONDRES, 21 juin 1989 : *Le Pur-sang Diamond Jubilee* 1900, h/t (71x91,5) : **GBP 29 700** – LONDRES, 15 nov. 1989 : *Rock Sand le pur-sang bai brun de Sir James Miller monté par son jockey* 1904, h/t (89x115,5) : **GBP 15 400** – PARIS, 12 oct. 1990 : *Paysage au bord de mer*, h/t : **FRF 11 000** – LONDRES, 28 nov. 1990 : *Le cheval Missouri monté par le jockey E. Pretzner* 1917, h/t (72x92) : **GBP 9 900** – LONDRES, 14 juil. 1993 : *Isinglass monté par son jockey*, h/t (80x105,5) : **GBP 11 500** – LONDRES, 16 mars 1994 : *Rother Stadl et l'entraîneur John Reeves* 1908, h/pan. (42x55) : **GBP 5 175** – MUNICH, 25 juin 1996 : *Chevaux*, cr. et craies coul. avec reh. de blanc/pap. brun, trois études (19,5x24,8) : **DEM 3 360** – LONDRES, 13 nov. 1996 : *Patience* 1905, h/t (58x72) : **GBP 9 200** – LONDRES, 12 nov. 1997 : *Le Pur-sang bai Mackintosh dans une écurie* 1901, h/t (71x91) : **GBP 11 500.**

ADAM Eugen
Né le 22 janvier 1817 à Munich. Mort le 4 juin 1880 à Munich. XIXᵉ siècle. Allemand.
Peintre de sujets militaires, scènes de genre, intérieurs, paysages, aquarelliste, lithographe.
Il fut l'élève de son père, Albrecht Adam.
Très jeune, il s'adonna à la lithographie. Ce fut ainsi qu'il produisit un certain nombre de vues de Salsbourg (1837). Son goût des voyages l'amena à plusieurs reprises en Hongrie, en Dalmatie, en Croatie, dont il retraça les mœurs pittoresques. Lors de la guerre de 1870, il suivit l'armée allemande durant l'invasion. Il peignit divers tableaux sur les combats autour de Sedan, d'Orléans et de Paris assiégé.
MUSÉES : MUNICH : *Sur le champ de bataille de Solferino*.
VENTES PUBLIQUES : MUNICH, 4 juin 1981 : *La côte de Sicile avec le château de Brolo*, aquar. sur trait de cr. et pl. (25,5x37) : **DEM 2 000** – ZURICH, 3 juin 1983 : *Soldats dans un paysage alpestre* 1863, h/t (93,5x113,5) : **CHF 12 000** – LONDRES, 16 juin 1992 : *Deux salles du palais de l'empereur François Joseph d'Autriche à Milan* 1857, aquar., une paire (chaque 45x50) : **GBP 12 100.**

ADAM F.
XVIIIe siècle. Actif dans la seconde moitié du XVIIIe siècle. Allemand.
Graveur.
On connaît de lui une perspective de la ville d'Augsbourg.

ADAM François
XVIe siècle. Actif à Lyon. Français.
Peintre.
Ce peintre, qui vivait à Lyon, en 1533, doit peut-être être rattaché aux peintres du nom de Martin dit Adam, qu'on trouve dans la même ville à la fin du XVIe siècle et au XVIIe.

ADAM François
Né à Paris. XXe siècle. Français.
Sculpteur.
A exposé au Salon d'Automne de 1923 un bronze : *La Vieille et l'enfant*, acquis par l'État.

ADAM François
Né à Paris. XXe siècle. Français.
Peintre.
Figura au Salon d'Automne de 1928. Il exposa aussi au Salon des Tuileries : *L'Homme au chapeau, L'Homme au bonnet, L'Homme au tricorne*, des paysages et des chats.

ADAM François Gaspard Balthasar
Né le 23 mai 1710 près de Nancy. Mort en 1761 à Paris. XVIIIe siècle. Français.
Sculpteur.
Il fut, comme ses frères Lambert Sigisbert et Nicolas Sébastien, élève de son frère Jacob Sigisbert, puis, comme eux, il vint à Paris assez jeune. Il obtint, en 1740, un second prix au concours de l'Académie, et, en 1741, un premier prix avec son œuvre : *La Guérison de Tobie*. Il partit alors pour Rome, où ses deux frères étaient déjà, et travailla avec eux pour le cardinal de Polignac. En 1746, il revint en France, et de Paris se rendit à Berlin, en qualité de premier sculpteur du roi de Prusse, Frédéric II. Il y resta treize ans et revint malade à Paris, pour y mourir peu après. C'est le moins connu des Adam, peut-être parce qu'il travailla surtout en Prusse, notamment dans les jardins du château de Sans-Souci, et que son œuvre y resta. Ses statues sont moins classiques, peut-être, mais possèdent, en revanche, une note d'originalité qui fait défaut à l'œuvre de ses frères.
Musées : POTSDAM. CHÂTEAU ET JARDINS DE SANS-SOUCI : *Apollon – Uranie – Zéphire et Flore – Cléopâtre – Apollon sur son rocher – Diane – Junon – Jupiter – Vulcain et Vénus – Cybèle et Triptolème – Minerve – Mars – Faune – Le Triomphe de Galatée – Thétis – Andromède – Centaure et Déjanire – Enlèvement d'Europe.*

ADAM Frantz
Né le 4 mai 1815 à Milan. Mort le 29 septembre 1886 à Munich. XIXe siècle. Allemand.
Peintre de sujets militaires, animaux.
Il était fils d'Albrecht Adam ; il fut son élève et, comme lui, suivit les armées en campagne, mais ce fut dans les rangs autrichiens que, en 1859, il recueillit les documents qui lui servirent dans la suite à d'importantes compositions militaires. Frantz Adam résida surtout à Vienne et à Munich ; il fut membre des Académies des deux villes.
Il prit part avec succès aux Salons de Paris et de Berlin.
Musées : BÂLE : *Uhlans saisissant des chevaux escortés par des hussards –* BERLIN : *Retour de Russie des Français – Combat de Floing dans la bataille de Sedan – Surprise de la brigade de Bredon à Mars-la-Tour,* Vionville – MUNICH : *Le 13e régiment d'infanterie bavaroise à Orléans, 11 oct. 1870 – Attaque de Mars-la-Tour – Cuirassiers français pendant l'incendie de Moscou – La sortie de Floing, épisode de la bataille de Sedan, 1er septembre 1870 –* STUTTGART : *Marché Hongrois Valaque.*
Ventes Publiques : COLOGNE, 28 avr. 1965 : *Chevaux au pâturage*, h/t : **DEM 10 350 –** MUNICH, 23 nov. 1978 : *Chevaux dans une clairière,* h/t (22x22) : **DEM 6 500 –** LUCERNE, 25 mai 1982 : *Le repos du cavalier,* h/t (15,5x18,5) : **CHF 5 000 –** MUNICH, 16 mars 1983 : *Promenade dans le parc,* h/t : **DEM 16 000 –** MUNICH, 13 juin 1985 : *Deux chevaux devant un portail,* h/cart. (17x14,5) : **DEM 3 200 –** MUNICH, 1er juil. 1987 : *Carrioles et chevaux dans un paysage,* h/t (25x35,5) : **DEM 10 000 –** MUNICH, 10 déc. 1992 : *Militaire à cheval,* h/t (61,5x50) : **DEM 7 910 –** VIENNE, 29-30 oct. 1996 : *Transport de prisonniers français pendant la guerre de 1870,* h/t (52,5x91) : **ATS 69 000.**

ADAM Gaspar
Né au XVe siècle à Tolède. XVe siècle. Actif à Séville. Espagnol.
Sculpteur.
Élève de Jéronimo Hernandez, vers 1573.

ADAM Gaspard Louis Charles
Baptisé à Paris, paroisse de St-Germain-l'Auxerrois, le 2 septembre 1760. XVIIIe siècle. Français.
Sculpteur.
Il était fils de Nicolas Sébastien Adam. Il eut personnellement assez peu de renommée et est connu comme un des derniers représentants de la famille des Adam. Par sa tante, Anne Adam, qui épousa Thomas Michel, il se trouva être le cousin germain de Claude Michel, dit Clodion. On a longtemps ignoré jusqu'à son existence. Les « Nouvelles archives de l'art français » ont découvert une pétition adressée par lui au roi Louis-Philippe, dans laquelle G. L. Charles Adam, âgé de soixante-dix-sept ans et malade, ainsi que sa femme, exposait au roi sa misère, rappelait que son père avait été sculpteur des anciens rois de France, ainsi que de Stanislas, roi de Pologne, et que leur ruine provenait du fait de la Révolution. Il disait également quel patriote avait été son père et concluait en sollicitant une pension. Dans cette pétition, Gaspard Louis Charles Adam parlait uniquement de son père et ne disait pas un mot de son œuvre, sur laquelle les documents font défaut. Le registre de l'école de l'Académie Royale mentionne son admission le 19 novembre 1779 dans l'atelier de Ch. Antoine Bridan (son père était mort le 27 mars 1778).

ADAM Georg
Né en 1784. Mort en 1823 à Nuremberg. XIXe siècle. Allemand.
Peintre de paysages à la gouache et graveur.
Cet artiste produisit un grand nombre de gravures intéressantes d'après ses dessins et ses gouaches. Il résida surtout à Munich et s'y perfectionna par la fréquentation des artistes. Il visita le Tyrol à plusieurs reprises. Le graveur Schwarz a reproduit d'après lui : *Le Danube près de Ratisbonne.*

ADAM Grégoire Joseph
Né en 1737 à Valenciennes (Nord). Mort en 1820 à Valenciennes. XVIIIe-XIXe siècles. Français.
Sculpteur.
Cet artiste, dont les répertoires artistiques ne parlent pas, fut jugé digne par Gombert, l'architecte lillois chargé de la construction de l'hôtel Merghelynck, à Ypres, de concourir avec les meilleurs artistes de la Flandre française, à la décoration de cette expression si complète de l'art du XVIIIe siècle. Grégoire Adam eut à orner un des salons. Il y exécuta les médaillons de Louis XV et de Marie Leczinska et celui de Voltaire.

ADAM Hans
Mort probablement en 1568. XVIe siècle. Actif à Nuremberg vers 1535. Allemand.
Dessinateur et graveur.
Une gravure intitulée *Représentation et description de la bataille de Silbershausen,* porte une figure d'Adam nu debout près d'un arbre, avec les lettres H. A.

H A.

ADAM Heindrich
Né en 1787 à Nordlingen. Mort en 1862 à Munich. XIXe siècle. Allemand.
Peintre de paysages animés, paysages, aquarelliste, graveur.
Frère cadet d'Albrecht, Adam étudia à Augsbourg et à Munich. En 1811, il fit, en compagnie de son aîné, un séjour au lac de Côme et peignit un grand nombre d'aquarelles. En 1813, on le trouve à Milan ; il y exécuta, entre autres, six sujets de chasse. Heindrich était un charmant paysagiste, soucieux, comme son frère aîné, d'introduire la vérité dans ses œuvres.

HA 1832

Musées : MUNICH : *La place Max-Joseph et les quatorze monuments de Munich – Ancienne place Schrannen entourée de quatorze monuments.*
Ventes Publiques : MUNICH, 5 nov. 1967 : *Lac alpestre,* aquar. : **DEM 500 –** ROUEN, 20 fév. 1983 : *Paysage vallonné animé de calèches et de promeneurs 1831,* aquar. (21x32) : **FRF 5 000 –** MUNICH, 24 nov. 1983 : *La place de l'Hôtel de Ville de Riva, au bord du lac de Garde 1837* (69x92) : **DEM 42 000 –** NEW YORK, 13 fév. 1985 : *Paysage d'Italie animé de personnages 1829,* h/t (36x52) : **USD 4 750 –** LONDRES, 19 juin 1986 : *Les courses à Theresienwiese, près de Munich,* aquar. et cr. reh. de blanc

(24x39,5) : **GBP 11 000** – Amsterdam, 16 nov. 1988 : *Place du marché à Riva sur le lac de Garde en Italie avec de nombreux personnages* 1847, h/t (35x44) : **NLG 78 200** – Paris, 19 nov. 1992 : *Vue du village d'Eger sur le lac Tagern* 1834, aquar. avec reh. de gche (20,7x32,5) : **FRF 11 000**.

ADAM Henri

Né en 1864 à Rouen (Seine-Maritime). Mort en 1917. xıxᵉ-xxᵉ siècles. Français.

Peintre de paysages, aquarelliste.

S'il a suivi des cours à l'École des beaux arts de Rouen, sous la direction de Philippe Zacharie, il ne se consacra à son art qu'à l'âge de quarante cinq ans, au moment où ses fonctions de professeur de dessin et de peinture au Collège de Normandie lui laissèrent suffisamment de loisirs pour s'adonner à la peinture et surtout à l'aquarelle.

Il marque une prédilection pour cette dernière technique qui lui permet de noter ses impressions instantanées avec une économie de moyens qui convient à sa sensibilité. La légèreté de sa touche rend l'atmosphère de l'heure, la luminosité des côtes allant de la Bretagne à Ostende et la poésie des rues de Rouen.

Bibliogr. : Gérald Schurr : *Les Petits Maîtres de la peinture 1820-1920*, t. VI, Les Éditions de l'Amateur, Paris, 1989.

Musées : Rouen : *deux Vues de Rouen.*

ADAM Henri Albert

Né en 1766 à Genève. Mort en 1820 à Saint-Pétersbourg. xvıııᵉ-xıxᵉ siècles. Suisse.

Peintre émailleur.

Il travailla à Genève puis en Russie. Le Louvre possède de lui une tabatière peinte en 1798 ; une miniature de lui (portrait d'homme) est passée dans la vente René Ch..., 1919 (520 fr.) ; une autre (Adrienne Lecouvreur) est au Musée de Genève.

ADAM Henri Georges

Né en 1904 à Paris. Mort le 27 août 1967 à Perros-Guirec (Côtes-d'Armor). xxᵉ siècle. Français.

Sculpteur, graveur, créateur de cartons de tapisseries. Abstrait.

Son père était bijoutier-orfèvre et lui enseigna les rudiments de son métier en même temps qu'il suivait les cours du Collège Lavoisier. Il suivit aussi très tôt les cours de dessin de l'Ecole Germain-Pilon, puis ceux de l'Atelier de la Ville de Paris à Montparnasse. Il entra enfin à l'Ecole des Beaux-Arts. Il aurait à ce moment exposé quelques peintures entre 1926 et 1929. Vers 1932, âgé de vingt-huit ans, immobilisé à la suite d'un accident (peut-être de moto, dont il était passionné), il s'initia à la gravure au burin, ce à quoi son apprentissage d'orfèvrerie l'avait sans doute préparé. Dans la suite, il demeura inflexible sur les principes que la gravure doit rester en noir et blanc, et que le burin en est l'outil noble. Il est probable que ce fut dans le même temps qu'il abandonna la peinture pour la sculpture. En 1943, il fut l'un des fondateurs dans la clandestinité du Salon de Mai, où se regroupèrent tous les peintres et sculpteurs qui s'opposaient esthétiquement et politiquement à l'occupation allemande et à l'idéologie nazie. Bien évidemment ce Salon de Mai dut attendre la Libération pour se manifester publiquement. Adam exposait alors encore au Salon des Indépendants, il réserva ensuite ses participations au Salon de Mai, dont il fut membre du comité, et aux expositions collectives d'intérêt international. Il montrait aussi son travail dans des expositions personnelles, dont la plus importante fut l'exposition rétrospective que lui organisa le Musée National d'Art Moderne en 1966, juste avant sa mort brutale. Après sa mort, des expositions rétrospectives furent organisées : au nouveau Musée du Havre en 1972, par la ville d'Antony en 1982. Conjointement à son œuvre sculpté, il poursuivait la production de gravures de grandes dimensions et la création de cartons de tapisseries, très typées du fait de la limitation au noir et blanc et d'une technique de tissage très particulière dans l'obtention de dégradés progressifs du noir au blanc. Il fut nommé professeur de gravure à l'Ecole des Beaux-Arts de Paris, puis, en 1959, professeur de sculpture monumentale.

En 1943, Jean-Paul Sartre lui commanda les décors et costumes pour sa première pièce *Les mouches*, que créa Charles Dullin. Adam imagina de coiffer les personnages d'énormes masques à l'Antique, très expressifs pour les faciès humains, très inventés pour les mouches. Il eut aussi à concevoir deux statues de quatre mètres de haut, qui marquèrent le début de son œuvre monumentale. Du même moment datent le *Buste de Catherine*, exposé au Salon des Indépendants en 1945, et le *Gisant* de 1943, exposé seulement au Salon de la Libération en 1945, caractérisés par

leurs dimensions inaccoutumées, hors-échelle, qu'on retrouve dans ses autres œuvres de cette époque : *L'épouvantail* – *La femme endormie*. Picasso s'intéressa à lui, jusqu'à lui prêter son atelier de la rue des Grands-Augustins et une maison près de Gisors. Les œuvres de cette époque dénotent clairement l'influence de Henri Laurens, qu'il allait probablement visiter villa Brune. Bien que très interprétées, désarticulées puis recomposées, déformées expressivement et plastiquement, ces sculptures étaient encore relativement figuratives. A partir de *La pointe* – *Femme debout* – *Grand nu*, Adam s'attacha de plus en plus à la pureté des lignes, des plans et de leur articulation entre eux, dans l'esprit de ce que le langage traditionnel des sculpteurs nomme « tendre la forme », Pompon et Brancusi opposés à Rude et Zadkine. Il sculpte encore *La poupée* et *Bête à cornes* en 1946. Cette période intermédiaire de transition se prolongea encore jusqu'à la *Tête noire* de 1955. Par la conquête de cette idéalisation spirituelle de la forme, il se détachait résolument de la notion de ressemblance par rapport à un quelconque contexte réel, il prenait même ses distances avec l'émotion subjective originelle. Désormais, sculptures, gravures, tapisseries, seront définitivement abstraites et s'attachent avant tout à résoudre le problème purement plastique de l'espace monumental. Et dans le sens de cette recherche, il saisit les occasions qui s'offrent à lui d'une création véritablement en symbiose d'architecture-sculpture. Ainsi de son grand *Signal*, intégré dans la conception de la Maison de la Culture du Havre et conçu en coordination avec l'architecte, longue forme de vingt-deux mètres, ovoïde et pointue, évidée en sa partie inférieure d'un œil pour regarder au large, nautile avide d'envol ou conque déployée échouée par le ressac. Ainsi encore du *Phare des morts* qu'il sculpta en 1957-58, pour le monument commémoratif d'Auschwitz. Toutefois, s'il recherche désormais des formes extrêmement épurées, sa pratique du burin fut peut-être pour quelque chose dans le fait que très souvent il anima ensuite les grandes surfaces de ses sculptures de réseaux de striures, soit en incisions creuses, soit en relief, aux rythmes de tressage aussi diversifiés que ceux des vanneries ou des maillages de pêche qu'il pouvait voir sécher sur les quais des ports bretons en été, ainsi pour la *Femme gravée* de 1949, pour les *Stèles* de 1954-1955. A partir de 1959, ce procédé se généralisa à toutes ses œuvres. Dans les dernières, dont celle qui subit les déprédations incessantes des prétendus étudiants de la Faculté de Droit de la rue d'Assas, si les formes qui les composent ou dont elles sont composent, sont évidemment abstraites, elles n'en évoquent pas moins des proues de navires en attente d'improbables départs ou quelques géantes coquilles aujourd'hui disparues, striées de nervures entrelacées portant trace de séculaires érosions marines. ■ Jacques Busse

Bibliogr. : Waldemar-George, Ionel Jianou : *Henri Georges Adam, Les grands sculpteurs*, 1968.

Musées : Hakona (Open Air Mus.) – Paris (Mus. Nat. d'Art Mod.).

Ventes Publiques : Paris, 7 mars 1962 : *Femme marchant*, bronze : **FRF 780** – Honfleur, oct. 1976 : *Coques gravées*, bronze (15x11x11) : **FRF 900** – Paris, 26 mai 1986 : *Le cygne* 1962, bronze patiné (H. 20) : **FRF 6 000** – Paris, 9 fév. 1987 : *Le crapaud*, bronze (H. 13 cm) : **FRF 5 500** – Paris, 29 nov. 1996 : *Les Oiseaux de mer*, tapisserie d'Aubusson (260x220) : **FRF 32 000**.

ADAM Hippolyte Benjamin

Né le 28 septembre 1808 à Paris. Mort en 1853 à Paris. xıxᵉ siècle. Français.

Peintre de genre, portraits, décorateur. Tendance romantique.

Il fut élève de Langlois, puis de Paul Delaroche à l'École des Beaux-Arts de Paris.

Entre 1833 et 1841, il exposa au Salon, des scènes de genre et des portraits, dont *Les Reîtres* 1833 – *Chartreux en prière* – *La récréation* 1841.

Il peignit principalement des petites scènes populaires de la vie quotidienne, tel : *Marché au poisson à Marseille* 1834, notant avec précision des détails documentaires. L'atmosphère de ses rues sombres et marchés surpeuplés, était assez inquiétante et faisait penser aux romans de Zola ou d'Eugène Sue. C'est dans un style romantique qu'il traita ses portraits, tandis qu'à la fin de sa vie, il se consacra à des travaux de décoration.

Bibliogr. : Gérald Schurr : *Les Petits Maîtres de la peinture 1820-1920*, t. VI, Les Éditions de l'Amateur, Paris, 1989.

Ventes Publiques : Paris, 6 juin 1990 : *Les pêcheurs*, deux h/t (chaque 55x73) : **FRF 26 000**.

ADAM Isaac
Né en 1768 à Genève. Mort en 1841 à Genève. XVIIIᵉ-XIXᵉ siècles. Suisse.
Peintre de miniatures.
Signe *Adam fils*, 1790, un *Portrait de femme* en miniature.

ADAM J.
XVIIIᵉ siècle. Travaillait en Galicie et en Podolie vers la fin du XVIIIᵉ siècle. Polonais.
Dessinateur et graveur en taille-douce.
On cite de cet artiste deux gravures, l'une représentant saint Antoine au couvent des Franciscains, à Kamieniec en Podolie, l'autre, saint Jacques Strepa, archevêque d'Halicz. Le nom d'Adam dont elles sont signées paraît être une abréviation du nom d'Adamski.

ADAM J. Louis
Né en 1789 à Paris. XIXᵉ siècle. Français.
Peintre décorateur.
On cite de lui : *La Prise du Trocadéro*, à l'Hôtel de Ville d'Angoulême, ainsi que les peintures décoratives de l'hôtel Rothschild et de l'hôtel Schickler (Place Vendôme).

ADAM Jacob Sigisbert
Baptisé le 28 octobre 1670 à Saint-Sébastien de Nancy. Mort le 27 mai 1747 à Nancy ou à Paris. XVIIᵉ-XVIIIᵉ siècles. Éc. lorraine.
Sculpteur.
Ce fut le fondateur de la dynastie artistique des Adam de Nancy, dont Claude Michel, dit Clodion, sera un descendant. Il était fils d'un fondeur, Lambert Adam, et de Anne Ferry dite Dauphin. C'est à tort que certains biographes, trompés par une erreur matérielle de son acte de décès, signalent comme date de sa naissance 1657, ce qui aurait pu le faire frère de Jean Adam né en 1670 à Nancy. On possède aujourd'hui son acte de baptême, en date du 28 octobre 1670. Par contre, on est fort indécis sur la question de sa mort. On sait qu'elle survint le 27 mai 1747, mais certains auteurs, parmi lesquels M. Olivier Merson, déclarent qu'il mourut à Nancy ; d'autres, parmi lesquels M. Jacquot, dans son ouvrage *Les Adam, les Michel et Clodion*, affirment qu'il mourut à Paris, chez son fils, Lambert Sigisbert Adam. Ce qui est indiscutable, c'est qu'il fut élève de César Bagard, sculpteur lorrain fort réputé, et qu'il ne quitta pas la Lorraine avant les six dernières années de sa vie, qu'il passa à Paris. Il demeura toujours à Nancy, sauf durant son séjour à Paris et douze années qu'il passa à Metz. Il fut sculpteur de Léopold, duc de Lorraine. En 1699, il épousa Sébastienne Leal, dont il eut trois fils et deux filles, dont l'une, Anne, épousa Thomas Michel et en eut dix enfants, dont le dernier fut le sculpteur Clodion. Il exécuta des statues et des sculptures décoratives, avec plus d'abondance que de talent, et particulièrement des *Furies* et des *Parques*. Sa vogue, un instant assez grande, ne lui survécut guère, et son nom n'aurait guère passé à la postérité si certains de ses descendants ne l'avaient illustré à leur tour. On cite, parmi ses œuvres : un *Cupidon* entouré de grenouilles (1701) ; quatre figures d'animaux ; deux statuettes de musiciens ; une tête de *Christ* et un groupe destiné au château de Lunéville (1715). À l'exposition rétrospective de Nancy, en 1875, se trouvaient plusieurs de ses ouvrages, entre autres un *Saint Christophe*, une *Vierge* et des fragments d'une *Nativité*. Diverses terres cuites qui figuraient à la même exposition lui étaient, en outre, attribuées.

ADAM Jacqueline Hélène
Née à Paris. XXᵉ siècle. Française.
Peintre et graveur.
A exposé à la Société Nationale des Beaux-Arts en 1940 : *Liliacées*. Sociétaire du Salon d'Automne, ses envois y figurent depuis 1941.

ADAM Jacques. Voir JACADAM

ADAM Jacques
XVIIIᵉ siècle. Français.
Maître sculpteur.
Reçu en 1746 à l'Académie de Saint-Luc, à Paris.

ADAM Jacques Félix
Mort avant 1787. XVIIIᵉ siècle. Français.
Sculpteur.
Fils de Nicolas Félix Adam. Nommé membre de l'Académie de Saint-Luc en 1759. Il épousa la fille de Pierre Royer, peintre de la Reine et ancien directeur de l'Académie de Saint-Luc.

ADAM Jakob
Né en 1748 à Vienne. Mort en 1811 à Vienne. XVIIIᵉ-XIXᵉ siècles. Allemand.
Graveur.
Ce distingué graveur acquit une grande renommée, notamment par la série de portraits de personnages illustres autrichiens qu'il exécuta en collaboration avec son ami Johann-Ernst Mansfeld. Le portrait de l'impératrice Marie-Louise peut être considéré comme le meilleur. Les planches qu'il exécuta en 1803 pour une bible illustrée, la *Bilder bible*, obtinrent un succès considérable. Jakob Adam fut membre de l'Académie de Vienne.
VENTES PUBLIQUES : PARIS, 19 et 20 déc. 1921 : *Allégorie funéraire*, pl. et aquar. : FRF 420.

ADAM Jan van
XVIIᵉ siècle. Travaillait à Londres. Éc. flamande.
Peintre.
Cité dans le journal de Turquet de Mayerne, médecin du roi Charles Iᵉʳ d'Angleterre.

ADAM Jean
XVᵉ siècle. Français.
Peintre verrier.
Il travaillait à Troyes en 1420.

ADAM Jean
Né le 31 octobre 1630 à Nancy. XVIIᵉ siècle. Éc. lorraine.
Sculpteur.
Il était fils d'un Lambert Adam, dont on n'a pas de traces et qui serait né vers 1600. On considère que c'est le même artiste mentionné en 1657 comme menuisier en ébène de la maison du roi.

ADAM Jean
XVIIIᵉ siècle. Français.
Sculpteur.
Il travaillait à Paris en 1757. Probablement le même que Jean-Baptiste Adam que l'on trouve mentionné en 1766.

ADAM Jean
XVIIIᵉ-XIXᵉ siècles. Actif au début du XIXᵉ siècle. Français.
Graveur d'architectures.
Il fut élève de Sellier père et de Van Mechel. On cite de lui les planches de l'*Architecture Hydraulique*, de Bélidore, de l'*Attaque et la défense des places*, de Carnot, de la *Construction des ponts*, de Moirer, des *Ruines de Pompéi* et plusieurs gravures pour le *Grand ouvrage sur l'Égypte*, publié sur l'ordre de Napoléon Iᵉʳ (Chalcographie du Louvre). Beraldi mentionne aussi de lui deux planches : *Vue du Pont de Libourne* et *Vue du Pont de Bordeaux*. Adam employa pour prendre le dessin de cette dernière planche, un jeune dessinateur, alors peu connu, Guillaume Chevalier, qui, plus tard, sous le nom de Gavarni, acquit la réputation que l'on sait. Père de Pierre Michel Adam et de Victor Jean Adam.

ADAM Jean Baptiste
Mort en 1766. XVIIIᵉ siècle. Actif à Paris. Français.
Maître sculpteur.
Frère de Nicolas Félix Adam. Il fut reçu en 1716 à l'Académie de Saint-Luc, dont il devint recteur en 1731, puis directeur.

ADAM Jean Edme
Mort en 1770. XVIIIᵉ siècle. Actif à Paris. Français.
Sculpteur sur marbre.
Reçu en 1740 à l'Académie de Saint-Luc.

ADAM Jean François
XVIIIᵉ siècle. Actif à Paris. Français.
Maître sculpteur.
Reçu en 1760 à l'Académie de Saint-Luc.

ADAM Jean Nicolas
Né en 1786 à Paris. Mort vers 1840 à Paris. XIXᵉ siècle. Français.
Graveur en taille-douce.

ADAM Johan Gottfried Benjamin
Né vers 1771. Mort en 1813 à Dresde. XVIIIᵉ-XIXᵉ siècles. Allemand.
Sculpteur.

ADAM John
XVIIIᵉ siècle. Actif à la fin du XVIIIᵉ siècle. Britannique.
Graveur.
Cet artiste est connu par les planches illustrant l'histoire des personnes illustres depuis les temps d'Henri VIII jusqu'à Jacques II, par Caulfield, ainsi que celles de la biographie des personnages écossais de distinction, de Herbert. On cite encore de John Adam les portraits de la *Reine Elisabeth* et de *Robert Dudley*, d'après F. Zucchero.

ADAM Joseph
Né vers 1744 à Rouen. XVIIIe siècle. Français.
Peintre.
On trouve son nom, au mois de février 1766, comme élève de Hallé, sur le registre des élèves protégés à l'Académie Royale. Au mois d'avril 1772 il est mentionné sur le même registre comme élève de Chardin.

ADAM Joseph, dit l'Ancien
Né à Glasgow. XIXe siècle. Britannique.
Peintre de paysages animés.
Il travaillait en Angleterre dans la deuxième moitié du XIXe siècle. Il exposa fréquemment à la Royal Academy, de 1858 à 1880, des paysages représentant des sites écossais. À la fin de sa carrière, il vint s'établir à Londres. Il signait : J. Adam. Joseph Denovan Adam était son fils.
Musées : GLASGOW : *Vue de Glendaruel, collines de Butes – Paysage écossais.*

ADAM Joseph Denovan I, l'Aîné
Né en 1842 à Glasgow. Mort en 1896 à Glasgow. XIXe siècle. Britannique.
Peintre animalier, paysages, natures mortes, fleurs, aquarelliste.
Joseph Denovan Adam compte parmi les précurseurs de l'école de Glasgow. Il vint à Londres fort jeune, avec son père, Joseph Adam, peintre de paysages, dont il fut l'élève. Il travailla également au South Kensington Museum, qui devait devenir le Victoria and Albert Museum. Comme l'ont fait un grand nombre de peintres anglais et non des moindres, ce fut surtout en travaillant constamment d'après nature, que Joseph Denovan Adam forma son expression artistique. Bien que résidant à Londres, les montagnes du pays natal attiraient le jeune artiste et il fit plusieurs voyages en Écosse. Il finit même par s'y établir, en 1871. Il signait : J. Denovan Adam.
Joseph Denovan Adam n'avait pas attendu cette date pour prendre rang parmi les artistes écossais. Plusieurs ouvrages de lui avaient figuré aux expositions de la Royal Scottish Academy, à partir de 1868. Il en devint associé en 1884, puis membre en 1890. Joseph Denovan Adam soutint avec succès le renom de la peinture écossaise à divers Salons de Paris, troisième médaille en 1894, et de Munich.
Joseph Denovan Adam consacra une partie de son temps à l'enseignement. Il jouissait d'une grande renommée comme peintre de moutons et de bestiaux de montagne et il ouvrit, en 1887, une école de peinture d'animaux à Craigwell, près de Stirling, où se réunirent un nombre important d'élèves.   ■ E. B.
Musées : ÉDIMBOURG : *Le soir – Strathspey* – GLASGOW : *Automne à Balmoral – Dans le trèfle* – LONDRES (Nat. Gal.) : *Balmoral.*
Ventes Publiques : LONDRES, 12 fév. 1910 : *Le Byre* : **GBP 17** – LONDRES, 12 fév. 1971 : *Peinture* : **GNS 55** – GLASGOW, 2 oct. 1980 : *Troupeau traversant une rivière* 1882, aquar. (65x107) : **GBP 500** – GLASGOW, 1er oct. 1981 : *Troupeau des Highlands traversant une rivière,* h/t (45x76) : **GBP 400** – ÉCOSSE, 20 août 1983 : *Troupeau au pâturage,* h/t (71x122) : **GBP 700** – GLASGOW, 30 jan. 1985 : *Troupeau à l'abreuvoir dans les Highlands* 1882, h/t (92x153) : **GBP 1 500** – PERTH, 27 août 1985 : *Troupeau traversant un ruisseau* 1882, aquar. reh. de gche (65x105) : **GBP 800** – QUEENSFERRY, 29 avr. 1986 : *Troupeau dans les Highlands,* h/t (61x91) : **GBP 650** – ÉDIMBOURG, 30 avr. 1986 : *Biches dans un paysage, avec vue du château d'Inveraray à l'arrière-plan,* h/t (71,1x121,8) : **GBP 1 600** – NEW YORK, 9 juin 1989 : *Deux setters dans un paysage,* h/pan. (23,8x30) : **USD 1 760** – ÉDIMBOURG, 26 avr. 1990 : *Moutons broutant parmi les touffes d'ajoncs* 1885, h/t (25,4x35,5) : **GBP 935** – SOUTH QUEENSFERRY (ÉCOSSE), 1er mai 1990 : *Cerfs dans les Highlands,* h/t (76x127) : **GBP 1 760** – AMSTERDAM, 2 mai 1990 : *Bovins des Highlands dans un paysage d'été* 1875, h/pan. (34,5x29,5) : **NLG 2 530** – LONDRES, 5 juin 1991 : *Roses sauvages* 1861, h/t (30,5x25,5) : **GBP 1 155** – PERTH, 20 août 1991 : *Nature morte de fruits dans une forêt,* h/t (71x91,5) : **GBP 6 380** – ÉDIMBOURG, 28 avr. 1992 : *Le repas des veaux* 1886, h/cart. (40x55) : **GBP 1 430** – PERTH, 31 août 1993 : *Une famille de bovins des Highlands,* h/t (75x127) : **GBP 2 990** – PERTH, 20 août 1996 : *Bétail des Highlands* 1880, h/t (69x102) : **GBP 2 645** – AUCHTERARDER (ÉCOSSE), 26 août 1997 : *Étude champêtre* 1860, h/t (80x52,5) : **GBP 10 925.**

ADAM Joseph Denovan II, le Jeune
Mort après 1919. XIXe-XXe siècles. Britannique.
Peintre de genre.
Sans doute fils de Joseph Denovan Adam I.

Ventes Publiques : ÉCOSSE, 31 août 1982 : *Who saids rabbits ?* 1919, h/t (53x61) : **GBP 320.**

ADAM Julius I
Né le 26 janvier 1826 à Munich. Mort le 2 février 1874 à Munich. XIXe siècle. Allemand.
Peintre d'animaux, paysages animés, lithographe.
Il était le quatrième fils d'Albrecht Adam et fut son élève. Julius Adam peignit d'abord des paysages avec des figures et des animaux, puis il s'adonna à la lithographie. On lui doit, dans ce genre, plusieurs portraits de son père et de ses frères. Il publia avec ces derniers un ouvrage lithographié sur les campagnes de l'armée royale en Italie. A la fin de sa vie, il se fit photographe.
Musées : MUNICH : *Entre nous.*
Ventes Publiques : LONDRES, 10 fév. 1987 : *Personnages au bord d'un chemin de campagne – Ramasseurs de fagots sur un chemin de campagne,* h/t (76,2x127) : **GBP 1 500** – NEW YORK, 25 oct. 1989 : *Jeux de chatons dans un panier* 1867, h/pan. (20,1x15,2) : **USD 16 500** – LONDRES, 28 mars 1990 : *Refuge douillet,* h/pan. (15x20) : **GBP 19 800** – NEW YORK, 28 fév. 1991 : *Un peu de place dans le panier,* h/pan. (14,3x20,3) : **USD 29 700** – LONDRES, 16 juil. 1991 : *Les bons amis,* h/pan. (14,4x20) : **GBP 3 300** – MUNICH, 27 juin 1995 : *Deux chevaux dans leur écurie,* h/t (39x55,5) : **DEM 12 650** – NEW YORK, 18-19 juil. 1996 : *Chatons jouant dans une boite,* h/pan. (14,6x20) : **USD 15 525.**

ADAM Julius II
Né le 18 mai 1852 à Munich. Mort en 1913 à Munich. XIXe-XXe siècles. Allemand.
Peintre de genre, animaux.
Après avoir fait ses premières études artistiques sous la direction de son père, il aida celui-ci dans son exploitation photographique. Il partit pour l'Amérique et vécut près de six ans à Rio de Janeiro. De retour en Allemagne, il se remit à la peinture, étudia avec les professeurs Echter et W. Diez, et ne tarda pas à se faire une réputation comme peintre de chats.

Musées : WASHINGTON D. C. (Nat. Mus.).
Ventes Publiques : MUNICH, 10 juin 1959 : *Quatre chatons :* **DEM 3 000** – MUNICH, 5 déc. 1967 : *Deux chats angoras,* **DEM 1 550** – NEW YORK, 21 jan. 1978 : *Le Dîner des chats* 1885, h/pan. (20x30) : **USD 9 750** – NEW YORK, 1er fév. 1981 : *Le pique-nique des chats,* h/t (26,5x39,5) : **USD 18 000** – LONDRES, 18 avr. 1983 : *Chatons jouant,* h/t (19x29) : **GBP 4 200** – MUNICH, 15 mars 1984 : *Chat et chatons,* h/t (72x55) : **DEM 35 000** – NEW YORK, 13 fév. 1985 : *Chat et chatons jouant,* h/t (61,5x82) : **USD 13 000** – NEW YORK, 21 mai 1986 : *Chatons jouant,* h/t (21,3x27,3) : **USD 13 000** – NEW YORK, 21 mai 1987 : *Trois chatons,* h/pan. (14,6x20) : **USD 27 000** – NEW YORK, 17 oct. 1991 : *« D'où viens-tu, toi ? »* 1908, h/t (26,7x42,2) : **USD 40 700** – MUNICH, 10 déc. 1991 : *Chatons dans une corbeille,* h/t (23x33,5) : **DEM 44 850** – NEW YORK, 20 fév. 1992 : *Chatons tirant une brindille chacun à une extrémité,* h/pan. (15,2x20,3) : **USD 29 700** – NEW YORK, 26 mai 1993 : *Chatons dans un lit de poupée à roulettes,* h/t (31,4x41,3) : **USD 18 400** – NEW YORK, 15 fév. 1994 : *Chaton maintenant une souris par la queue sous le regard envieux d'un jeune chiot,* h/pan. (155,9x20) : **USD 27 600** – NEW YORK, 1er nov. 1995 : *La Nouvelle Famille,* h/t (62,2x81,9) : **USD 25 875** – NEW YORK, 23-24 mai 1996 : *Chatons dans un panier,* h/pan. (32,4x42,5) : **USD 34 500** – LONDRES, 17 oct. 1996 : *Chatte et ses chatons,* h/t/ cart. (38x38) : **GBP 3 680.**

ADAM Lambert Sigisbert, dit **Adam l'Aîné,** par rapport à son frère **Nicolas Sébastien**
Né le 10 octobre 1700 à Nancy. Mort le 13 mai 1759 à Paris. XVIIIe siècle. Français.
Sculpteur.
Fils aîné de Jacob Sigisbert Adam, il commença à étudier avec son père. Celui-ci, frappé de son jeune talent, l'envoya à Paris où il arriva en mai 1719 et où il travailla sans doute dans l'atelier de François Dumont. Lambert Adam remporta le grand prix de Rome en 1723 et partit pour cette ville, où il devait demeurer jusqu'en 1733. À Rome, il fut protégé par le cardinal de Polignac qui lui confia la restauration des antiques de sa collection et acquit de lui, en 1727, les bustes de *Neptune* et d'*Amphitrite.* Adam obtint le prix du concours ouvert par ordre du pape Clément XII pour l'érection de la fontaine de Trévi, fontaine qu'il n'exécuta

d'ailleurs pas. Clément XII lui commanda alors, pour l'église Saint-Jean-de-Latran un bas-relief représentant l'*Apparition de la Vierge à saint André Corsini*, œuvre pour laquelle il fut nommé membre de l'Académie de Saint-Luc. Il rentra ensuite en France avec Bouchardon, en 1733, et se fixa à Paris, où il commença à mener une vie prodigieusement active et toute de travail opiniâtre. Il exécuta pour le duc d'Orléans le groupe de la cascade de Saint-Cloud, fut employé à la décoration de l'Hôtel Soubise, aujourd'hui Hôtel des Archives Nationales, et de très nombreux hôtels particuliers, et il entreprit, aidé de ses frères, le *Triomphe de Neptune et d'Amphitrite*, mis en place, en 1740, dans la cascade de Neptune à Versailles. Louis XV fit présent à Frédéric II de Prusse des deux marbres *La Chasse*, et *La Pêche*, primitivement destinés au parc de Choisy. Adam ne parvint pas toujours à se dégager de la manière du Bernin dont il avait subi l'influence durant son séjour en Italie. Ce fut un artiste très habile, très minutieux, mais dont le goût n'était pas toujours très sûr. Bachaumont a dit de lui qu'il fit « mesquin et de petite manière », et ce reproche est assez justifié. Parmi ses œuvres, citons : *Neptune* (Potsdam) ; *Amphitrite* (id.) ; *La Sainte Vierge apparaissant à Saint André Corsini* (Rome) ; *La Douleur* ; *La Jonction de la Seine et de la Marne* (Parc de Saint-Cloud) ; *Une chasseresse* ; *Un chasseur tenant un lion dans ses filets* ; *La Pêche* (Potsdam) ; *La Chasse* (id.) ; *Neptune calmant les flots* (Louvre) ; *Saint Grégoire donnant l'absoute au peuple* ; *Le Triomphe de Neptune et d'Amphitrite* (Parc de Versailles) ; *Une jeune nymphe se jouant avec un cygne* ; *Hyacinthe Rigaud* ; *Apollon et les Génies de la Guerre et des Arts* ; *Vénus au bain* ; *Sainte Adélaïde quittant Saint-Odilon* (Chapelle du Château de Versailles) ; *Le roi Louis XV, en Apollon* ; *Les quatre Éléments* ; *Enfant pincé à la main par un homard* ; *La Poésie lyrique* (Louvre). – *Saint Jérôme* (Église Saint-Roch) ; *Le prince de Rohan* (Reims) ; *J. François Rogier* (Musée de Reims) ; *L'Abondance*.

Ventes Publiques : Paris, 1897 : *Une fontaine formée par deux dauphins rejetant l'eau que versent deux Amours* : FRF 100 – Paris, 1929 : *Fontaine* : FRF 400 – Paris, 1929 : *Jeune femme vêtue de blanc accoudée contre un soubassement de colonne* : FRF 5 200 – Paris, 1929 : *Deux femmes drapées à l'antique, assises côte à côte* : FRF 250 – Paris, 17 fév. 1978 : *L'Abondance, sous les traits de Madame de Pompadour* 1758, terre cuite (51x30) : FRF 13 800.

ADAM Laurent
Né à Auxerre. xve siècle. Travaillait dans la seconde moitié du xve siècle. Français.
Sculpteur.
Il sculpta, de 1465 à 1469, la chaire épiscopale de la cathédrale de Rouen. Cette œuvre est disparue depuis la Révolution.

ADAM Louis Alexandre
Né à Paris. Mort en 1813 à Paris. xixe siècle. Français.
Peintre miniaturiste.
Établi à Genève vers 1765.

ADAM Louis François
Né le 11 août 1871 à Évran (Côtes-d'Armor). xixe-xxe siècles. Français.
Graveur, lithographe.
Il fut élève du lithographe Alfred Broquelet. Il fut surtout graveur de reproduction : *La paye des moissonneurs* en 1905 d'après Lhermitte, *L'apothéose de Carpeaux* et *Les voix du tocsin* d'après Albert Maignan.

ADAM Manny. Voir ADAM-LAURENS Suzanne, dite Nanny

ADAM Maurice Louis Firmin
Né à Paliseul. xxe siècle. Belge.
Peintre de paysages.
Il fut élève de Bonnat et Léon Lhermitte. Il exposa à Paris au Salon des Artistes Français à partir de 1934 et en devint sociétaire. Il a surtout peint des paysages de l'Isère belge.

ADAM Maxime. Voir ADAM-TESSIER Maxime

ADAM Michel
Né vers 1513 à Jargeau (Loiret). xvie siècle. Français.
Sculpteur et architecte.
Il alla en Italie. Certains biographes disent qu'il fut l'élève de Michel-Ange Buonarotti. Il est indiscutable qu'il subit l'influence du grand Florentin. A son retour en France, il se fixa à Orléans et fut du nombre des artistes qui construisirent les « Petits logis » ou hôtels qui ont donné à la ville l'une de ses parures.

ADAM Miguel
xvie siècle. Actif à Séville vers 1590. Espagnol.
Sculpteur.
Cet artiste fit les sculptures du retable de l'église de Santiago, à Alcala de Guadaria, et d'autres œuvres moins importantes. De leur ensemble, il résulte qu'Adam Miguel, sans égaler Montanes, Mesa et Hernandez, tient une place très honorable parmi les sculpteurs espagnols.

ADAM Nicolas Félix
Né en 1707 à Paris. Mort le 19 juillet 1759 à Paris. xviiie siècle. Français.
Sculpteur.
On ne cite pas d'œuvres de cet artiste, qui fut directeur de l'Académie de Saint-Luc. On le connaît par son acte de décès dressé en la paroisse Saint-Nicolas du Chardonnet en présence de son fils, Jean-Félix Adam, et de ses frères Jean et Jean-Baptiste, tous trois sculpteurs. Ils n'appartenaient pas à la famille des Adam de Nancy.

ADAM Nicolas Sébastien
Né le 22 mars 1705 à Nancy. Mort le 27 mars 1778 à Paris. xviiie siècle. Français.
Sculpteur de monuments, statues, bas-reliefs, restaurateur, décorateur.
Deuxième fils de Jacob Sigisbert Adam, il quitta Nancy à l'âge de seize ans et vint se perfectionner à Paris. Ses progrès furent rapides et si concluants que sa réputation s'étendit vite assez loin. Il fut appelé au Château de la Mosson, près de Montpellier, par le trésorier-général du Languedoc, qui lui confia le soin de décorer son château de sculptures. Nicolas Sébastien Adam y resta quatre ans, puis se rendit à Rome, en 1726. Il s'y fit remarquer par son acharnement au travail et fut employé, avec son frère Lambert Adam, à la restauration des antiques du cardinal de Polignac. Il quitta Rome en 1734, revint à Paris rejoindre son frère aîné. Il devait, au cours des années suivantes, exécuter différents travaux pour le Château de Versailles, l'Abbaye de Saint-Denis, la Cathédrale de Beauvais. Il collabora d'autre part à la décoration intérieure de l'Hôtel de Soubise et travailla à la façade de l'ancienne Chambre des Comptes et au portail des Pères de l'Oratoire de la rue Saint-Honoré. Entre-temps, il aida son frère aîné dans les dessins et l'exécution du bassin de Neptune, à Versailles. L'accord des deux frères cessa vers 1740, Nicolas s'étant lassé de jouer dans l'association le rôle subalterne, et il commença à voler de ses propres ailes. De cette époque datent ses meilleures œuvres. Il fut agréé, en 1735, à l'Académie, fut académicien en 1762 et nommé professeur en 1778, mais il était déjà presque aveugle, et ce titre était purement honorifique.
Il entra en lutte avec Bouchardon pour le mausolée du cardinal Fleury, et bien que les dessins de son concurrent eussent été choisis, l'avis général des connaisseurs fut en sa faveur. Il exécuta, de 1747 à 1749, le mausolée de Catherine Opalinska, reine de Pologne et de Lorraine, dans la chapelle de Bon-Secours, à Nancy, et diverses décorations pour la cathédrale de Beauvais, le mausolée du prince Ossolinski, la chapelle des Jésuites de la rue Saint-Antoine, la Chapelle du Collège de Grammont et l'ancien Hôtel de Choiseul. Il dut aussi travailler à Chantilly (entre 1760 et 1775). Sa dernière œuvre fut une statue d'Iris qu'il laissa inachevée et qui fut terminée par son neveu Michel Clodion.
Ce fut un artiste très adroit, mais, comme Lambert, il manqua souvent de goût. Son art n'a guère de style et demeure plat, même dans ses meilleures œuvres, qui ne sont louables qu'en raison de son extraordinaire habileté d'exécution.
Parmi ses œuvres, citons : *Clytie* – *Sacrifice d'Iphigénie* – *Prométhée* – *La Prudence se regardant dans un miroir* (bas-relief) – *La Justice, la Prudence avec deux Amours* (Chambre des Comptes). – *Mercure* – *Cléopâtre* – *La Vierge* – *Un crucifix* – *La Nativité de Jésus* (médaillon) – *Jésus au Jardin des Oliviers* (médaillon) – *Sphinx* – *Angélique et Médor* – *La Charité* (bas-relief). – *Prométhée* (Amiens). – *Diane* (id.) – *Apollon* (id.) – *Assomption* – *Le Triomphe de Neptune et d'Amphitrite* (Parc de Versailles). – *Le Martyre de Sainte Victoire*, bas-relief (Chapelle du Chateau de Versailles).

Musées : Paris (Mus. du Louvre) : *Iris* – Paris (Mus. Carnavalet) : *Apollon et Daphné*, bas-reliefs – *Latone et les paysans*, bas-reliefs – *Apollon et la Sybille*, bas-reliefs – *Apollon et Coronis*, bas-reliefs.

Ventes Publiques : Monte-Carlo, 30 nov. 1986 : *Neptune calmant la mer* vers 1765, terre cuite (H. 54) : FRF 140 000.

ADAM P.
XVIIe siècle. Actif à la fin du XVIIe siècle. Britannique.
Graveur.
Cet artiste paraît s'être formé sous l'influence de Claude Mellan. On connaît de lui quelques eaux-fortes de paysages, d'une exécution très ordinaire.

ADAM Patrick William
Né le 12 octobre 1854 à Édimbourg. Mort en 1929. XIXe-XXe siècles. Britannique.
Peintre de paysages, de paysages urbains, d'intérieurs.
Il fut élève de l'Académie Royale des Beaux-Arts d'Écosse, sous la direction de George Paul Chalmers et de MacTaggart. Il a exposé à la Royal Academy de Londres à partir de 1878, à Édimbourg au moins en 1897 : *Le Matin*.
Comme en témoignent ses envois de 1908 : *Home* et de 1909 : *Intérieur*, il fut volontiers peintre d'intérieurs. D'autre part, ses vues de villes, Édimbourg, Venise, Florence, Paris, etc., sont plus fréquentes dans son œuvre que les paysages ruraux.
MUSÉES : ABERDEEN : *Venise* – ÉDIMBOURG (Nat. Gal. of Scotland) : *Le Matin* 1895.
VENTES PUBLIQUES : LONDRES, 9 juin 1979 : *Coin d'atelier* 1915, h/t (76,2x51) : **GBP 1 100** – ÉCOSSE, 1er sep. 1981 : *Les dunes*, h/t (28x45) : **GBP 350** – ÉCOSSE, 30 août 1983 : *Clarkington* 1912, h/t (91,5x66) : **GBP 750** – PERTH (Écosse), 27 août 1985 : *Le Pont-Neuf* ; *Les quais de la Seine, Paris*, deux h/pan. (26x20) : **GBP 2 000** – LONDRES, 6 mars 1986 : *The green bureau*, h/t (133,3x76,2) : **GBP 800** – ÉDIMBOURG, 30 août 1988 : *Une plate-bande de fleurs* 1929, h/t (57,5x105) : **GBP 2 640** – ÉDIMBOURG, 22 nov. 1988 : *Le pont d'Austerlitz à Paris*, h/pan. (21,7x26,6) : **GBP 2 200** – PERTH, 29 août 1989 : *L'attente* 1894, h/t (110x91,5) : **GBP 12 100** – ÉDIMBOURG, 22 nov. 1989 : *Le miroir doré* 1929, h/t (133,3x76,2) : **GBP 2 640** – SOUTH QUEENSFERRY (Écosse), 1er mai 1990 : *Église St Zacharie à Venise*, h/t (84x43) : **GBP 1 485** – PERTH, 27 août 1990 : *Intérieur avec un haut miroir* 1922, gche (54x36,5) : **GBP 2 530** – GLASGOW, 22 nov. 1990 : *Le Ponte Vecchio à Florence* 1888, h/t (67,9x96,8) : **GBP 3 300** – GLASGOW, 5 fév. 1991 : *La cathédrale St Giles à Édimbourg* 1924, h/t (109x61) : **GBP 1 430** – SOUTH QUEENSFERRY (Écosse), 23 avr. 1991 : *Jardin ensoleillé*, h/t/cart. (27x40,5) : **GBP 2 420** – ÉDIMBOURG, 2 mai 1991 : *Venise, la Piazzetta* 1890, h/t (53x101,6) : **GBP 7 700** – ÉDIMBOURG, 28 avr. 1992 : *Le hall de Bryanston square* 1922, h/t (76x61) : **GBP 2 970** – PERTH, 31 août 1993 : *Le salon à Ardilea* 1926, h/t (113x68) : **GBP 5 980** – PERTH, 30 août 1994 : *La nappe de satin* 1929, h/t (85x59) : **GBP 4 025** – PERTH, 29 août 1995 : *Venise* 1911, aquar. (48x65) : **GBP 1 725** – GLASGOW, 16 avr. 1996 : *La salle à manger un soir de novembre* 1914, h/t (81x63,5) : **GBP 5 175** – ÉDIMBOURG, 27 nov. 1996 : *Intérieur, Ardilea, North Berwick* 1921, h/t (100,3x115,8) : **GBP 29 900**.

ADAM Peter
XVIIIe siècle. Actif vers 1730. Allemand.
Peintre et graveur.
On cite six paysages gravés par cet artiste.

ADAM Philipp
Né à Neumarkt-sur-Etsch (Tyrol). XVIIe siècle. Travaillait dans la seconde moitié du XVIIe siècle. Allemand.
Peintre paysagiste et graveur à l'eau-forte.
Cet artiste se rendit en Italie et vécut pendant quelque temps à Rome. Ses gravures, exécutées dans une forme grossière, semblent vouloir se rapprocher du style des Perelle.

ADAM Pierre Michel
Né le 29 mai 1799 à Paris. XIXe siècle. Français.
Graveur au burin.
Élève de Guérin et de Oortman. Prit rang parmi les graveurs classiques de la Restauration et du règne de Louis-Philippe. Il fut professeur de gravure à l'Institut Royal des Sourds-Muets. Parmi les nombreuses productions de son burin, on cite la suite de portraits qu'il grava d'après Gérard, sous le titre : *Œuvre du Baron François Gérard*, 1789-1836. Les registres des élèves de l'Académie Royale et de l'école des Beaux-Arts mentionnent que Pierre Michel Adam entra à l'École le 26 janvier 1813. Son père était le graveur Jean Adam.

ADAM Pietro
XVIIIe siècle. Actif vers 1730. Italien.
Peintre.
Peignit les marines avec un véritable talent.

ADAM Raoul
Né à La Châtre (Indre). XXe siècle. Français.
Peintre de paysages.
Il a exposé à Paris, au Salon de la Société Nationale des Beaux-Arts à partir de 1912.

ADAM Richard Benno
Né le 5 mars 1873 à Munich. Mort en 1937. XIXe-XXe siècles. Allemand.
Peintre de portraits, scènes de sport et de chasse, chevaux.
Il était le fils aîné du peintre de chevaux Emil Adam, dans une longue lignée d'animaliers. À l'École des Arts et Métiers de Munich, il fut l'élève de Nikolaus Gysis, Sigmund Strahuber et Ludwig von Langenmantel. Les sources consultées indiquent également qu'il reçut les conseils de Erwin Knirr et de Hermann Baisch. Erwin Knirr tenait à Munich une école d'art que Paul Klee avait fréquentée avant l'Atelier von Stuck. Enfin Richard Benno Adam travailla avec son père qui lui conféra sa propre spécificité de peintre animalier.
VENTES PUBLIQUES : LONDRES, 22 fév. 1980 : *Portrait de femme*, h/t (92x72) : **DEM 3 200** – MUNICH, 13 sep. 1984 : *Cavalier dans un paysage* 1898, h/pan. (48,5x58) : **DEM 3 500** – VIENNE, 13 fév. 1985 : *Le pur-sang Kahlenberg* 1910, h/t (54x66) : **ATS 22 000** – MUNICH, 1er juil. 1987 : *Cheval dans un paysage*, h/cart. (31x38,8) : **DEM 1 500** – NEW YORK, 5 juin 1992 : *Joyeux galop* 1923, h/t (114,3x83,8) : **USD 5 500** – LONDRES, 17 juin 1992 : *Titina montée par Bernard Carlslake* 1907, h/t (72x92) : **GBP 7 150** – MUNICH, 26 mai 1992 : *Paysan conduisant un troupeau de chevaux*, h/pap. (34x29,5) : **DEM 3 795** – NEW YORK, 29 oct. 1992 : *Chasse à courre dans un paysage montagneux*, h/t (64,7x85) : **USD 3 520** – LONDRES, 22 fév. 1995 : *Pâturage* 1903, h/t (58,5x80) : **GBP 2 530** – LONDRES, 13 nov. 1996 : *Va Banque monté par Bernard Carslake* ; *Lappalie monté par H. Aylin* 1911, h/pan., une paire (chaque 30,5x38) : **GBP 13 800**.

ADAM Robert
Né en 1728 à Édimbourg (Écosse). Mort en 1792 à Londres. XVIIIe siècle. Britannique.
Dessinateur d'architectures, intérieurs, paysages, aquarelliste, graveur, architecte.
Il était fils d'un architecte réputé à Édimbourg et son père lui fit donner une excellente éducation. Les études classiques de Robert Adam ne l'empêchèrent pas de travailler le dessin et l'aquarelle ; aussi à sa sortie du collège, put-il partir pour Rome afin d'y étudier les chefs-d'œuvre de l'architecture italienne. Robert Adam y consacra plusieurs années. A son retour à Londres, il fut nommé architecte du roi.
Parmi les nombreux dessins exécutés durant son séjour sur le continent, figurait une série représentant les ruines du palais de Dioclétien à Spalato, en Dalmatie. En collaboration avec Clérisseau, Adam en composa un ouvrage illustré de soixante-et-une gravures d'après ses dessins, qui fut publié en 1764, et par lequel il attacha, selon son souhait, son nom à une étude d'architecture théorique et pratique.
MUSÉES : LONDRES (Victoria et Albert Mus.) : *Paysage classique avec cascade* – *Château sur un rocher* – *Paysages, aquar.*
VENTES PUBLIQUES : LONDRES, 20 mars 1979 : *Château dans un paysage montagneux* 1784, aquar. (25x32) : **GBP 420** – LONDRES, 13 mars 1983 : *Une ville fortifiée au bord d'une rivière*, aquar. et pl. (19,5x32) : **GBP 400** – NEW YORK, 21 jan. 1983 : *Paysage au pont*, aquar. (38,4x32,4) : **USD 2 100** – LONDRES, 11 déc. 1985 : *Section of Findlater Castle* 1789, pl. et lav. (29,5x46,1) : **GBP 2 600** – NEW YORK, 11 jan. 1994 : *Cheminée gothique avec décor de feuillage*, encre, deux versions, une paire (12,7x18,6 et 12,4x15) : **USD 7 475**.

ADAM Robert
Né en 1917. Mort en 1984. XXe siècle. Britannique.
Sculpteur.
VENTES PUBLIQUES : LONDRES, 1er mars 1989 : *Forme de hache* 1971, sculpt. en bronze poli (h. : 44,5) : **GBP 1 500** – LONDRES, 9 nov. 1990 : *Figure debout*, bois poli (H. 58,5) : **GBP 2 420**.

ADAM S. L., Mlle
XIXe siècle. Française.
Sculpteur.
On cite parmi ses ouvrages : *Étude*, statue en plâtre, Salon 1883 ; *Diane enfant*, statue en bronze, Salon 1888 ; *Général Bourbaki*, buste en plâtre, et *Saint Jean Baptiste*, statue en bronze, Salon 1890 ; *Sainte Geneviève*, statue en pierre, et la *Reine de Saba*, buste en plâtre, Salon 1892. Le musée de Bayonne conserve d'elle la *Statue de sainte Geneviève*.

ADAM Sigisbert
XVIIe siècle. Travaillait à Nancy, au XVIIe siècle. Français.
Sculpteur.
Il était le frère du fondeur Lambert Adam et, par conséquent, l'oncle de Jacob Sigisbert Adam.

ADAM Stephen
XIXe-XXe siècles. Actif à Glasgow. Britannique.
Peintre verrier.
Exposa à la Royal Academy, de 1892 à 1899.

ADAM Suzanne. Voir ADAM-LAURENS

ADAM Thomas
XVe-XVIe siècles. Actif à Anvers. Éc. flamande.
Peintre.
Cet artiste, élève du graveur Lenart Van Bergen, fut reçu maître peintre de la Corporation de Saint-Luc en 1499. On le voit mentionné encore en 1516.

ADAM Victor Gabriel
XVIIIe siècle. Actif à Paris. Français.
Maître sculpteur.
Fut reçu à l'Académie de Saint-Luc en 1763.

ADAM Victor Jean
Né en 1801 à Paris. Mort en 1866 à Viroflay (Yvelines). XIXe siècle. Français.
Peintre d'histoire, batailles, aquarelliste, graveur.
Fils du graveur Jean Adam, dont il reçut les premiers principes de dessin, il entra à l'École des Beaux Arts à l'âge de treize ans et y demeura jusqu'en 1818. Durant ces quatre années, il fréquentait également les ateliers de Meynier et du baron Regnault. À dix-huit ans, il débuta au Salon de Paris de 1819 et y exposa jusque vers 1838. Deux médailles lui furent décernées, la première au Salon de 1824 et la deuxième à celui de 1836. Ses premières toiles exposées : *Herminie secourant Tancrède* (1819), comme ses tableaux de bataille : *Le Combat de Werdt* (1837) ou *La Prise de Menin* ou encore *L'entrée de l'armée française à Mayence* (1838), faisaient preuve d'une imagination servie par un dessin facile et des connaissances techniques propres à l'enseignement classique. Sa mise en page était ample et, si les personnages étaient parfois traités avec gaucherie, les chevaux l'étaient avec élégance. Comme beaucoup de peintres de son époque, Victor Adam, dès 1824, s'était essayé à la lithographie avec son album : *Un an de la vie de jeune homme*. D'autres suivirent et l'artiste prit un tel goût à cette expression de son talent facile qu'il cessa de peindre. Adam eut-il conscience de ce que sa peinture avait de factice et de superficiel ; se voua-t-il au dessin sur pierre à cause du produit plus rémunérateur, le champ des suppositions reste ouvert. Il semble certain qu'il se soit laissé aller à une extrême facilité et, à partir de 1848, ses productions prirent un caractère de plus en plus commercial ; d'ailleurs, son œuvre lithographique comprend près de sept à huit mille sujets.
■ E. B., A. P.
BIBLIOGR. : Gérald Schurr : *Les Petits Maîtres de la peinture 1820-1920*, t. VI, Les Éditions de l'Amateur, Paris, 1989.
MUSÉES : BÉZIERS : *Inauguration de la statue de Paul Riquet*, litho. – NANCY : *Cheval à l'écurie – Scène militaire*, dess. – *Piqueur à cheval*, dess. – TARBES (Mus. Massey) : *Le Hussard désarçonné* – VERSAILLES : *Prise de Menin – Bataille de Neuwied, 1797 – Combat de Werdt – Entrée de l'armée française à Mayence – Combat de Varoux – Capitulation de Nordlingen – Bataille de Castiglione 1796 – Catherine Blin Opalinska, reine de Pologne*.
VENTES PUBLIQUES : PARIS, 14 mars 1919 : *Cheval et lad*, dess. : FRF 13 – PARIS, 10 déc. 1926 : *Berline attelée à la Daumont*, pierre noire reh. : FRF 1 775 – PARIS, 3-4 mai 1928 : *Le coup de l'étrier*, h/t : FRF 760 – PARIS, 1er fév. 1937 : *Le cortège de la mi-carême sur les Boulevards en 1843*, pl. et aquar. : FRF 1 300 – PARIS, 6 nov. 1942 : *Le paquebot*, h/t : FRF 2 600 – PARIS, 17 nov. 1948 : *Scène de carnaval*, aquar. : FRF 11 000 – LONDRES, 22 nov. 1967 : *La diligence Paris-Versailles* : GBP 1 000 – VERSAILLES, 30 nov. 1975 : *Chasse à courre*, aquar. (35x51) : FRF 3 200 – PARIS, 22 juin 1977 : *Le Roi de Navarre, futur Henri IV passant devant ses vaincus de Coutras (1587)* : FRF 90 000 – HANOVRE, 7 mai 1983 : *Chevaux des Pyrénées*, h/t : DEM 5 000 – MONTE-CARLO, 23 juin 1985 : *Les courses au Champ-de-Mars 1836*, h/t (46,5x62) : FRF 190 000 – PARIS, 5 juin 1987 : *Portrait du navire Frangis 1880*, h/t (38x61) : FRF 11 000 – PARIS, 28 nov. 1988 : *L'apothéose de Napoléon III*, h/pan. (24,5x33) : FRF 4 300 – MONACO, 3 déc. 1989 : *Deux soldats en faction*, h/pan., une paire (27,5x22) : FRF 31 080 – PARIS, 22 nov. 1991 : *Rendez-vous de chasse 1860*, aquar. gchée (37x55) : FRF 43 000.

ADAM William
Né en 1846 à Tweedmouth (Angleterre). Mort en 1931. XIXe-XXe siècles. Britannique.
Peintre de genre, intérieurs, marines.
VENTES PUBLIQUES : LOS ANGELES, 23 juin 1981 : *The kitchen and indien oven*, h/cart. (25,5x35,5) : USD 650 – SOUTH QUEENSFERRY (Écosse), 23 avr. 1991 : *Barques de pêche au large de la côte 1890*, h/t (61x91,5) : GBP 1 430 – NEW YORK, 12 sep. 1994 : *La lecture près du foyer de la cheminée 1877*, h/t (46,4x61) : USD 2 875.

ADAM Zéphirin
XVIIe-XVIIIe siècles. Vivait encore en 1703. Français.
Sculpteur.
Il était élève de l'Académie et remporta le premier prix de sculpture en 1685, avec un relief représentant *La Construction de l'Arche de Noé*. Il partit pour Rome avec une pension du roi. Son séjour y dura cinq ans. En 1688, il envoya une copie de la statue d'Auguste. En 1691, de retour à Paris, il collabora à la décoration du chœur de l'église des Invalides et exécuta divers travaux à Versailles et à Marly. Il n'est plus fait mention de lui dans les comptes à partir de 1703.

ADAM d'Aubelmer
XVIe siècle. Travaillait à Troyes au commencement du XVIe siècle. Français.
Sculpteur sur bois.
Il dirigea les travaux des barrières du chœur de la cathédrale de Troyes en 1524 et 1525.

ADAM d'Avesne
XVIe siècle. Travaillait à Arras au commencement du XVIe siècle. Français.
Peintre.
En 1501, il remit en état le panneau du maître-autel de l'église de la Sainte-Croix et peignit des bannières pour la même église.

ADAM de Bellesmes
XVIe siècle. Actif au début du XVIe siècle. Éc. flamande.
Sculpteur sur bois.
Il travailla en 1507 pour l'église Saint-Riquier, à Abbeville.

ADAM de France
XIVe-XVe siècles. Travaillait à Amiens entre 1389 et 1416. Français.
Peintre.
Les archives d'Amiens contiennent un reçu de cet artiste, en date de 1416. On sait qu'il exécuta diverses figures de saints.

ADAM de La Porte
XIVe siècle. Français.
Sculpteur.
Il a travaillé en 1305 au château d'Hesdin (Pas-de-Calais).

ADAM de Lublin
XVe siècle. Actif dans la seconde moitié du XVe siècle. Polonais.
Peintre.
Il serait l'auteur, en 1477, du grand triptyque de Wieclawice, peint avec maîtrise et d'un réalisme sans passion.

ADAM de Wurmbs
Né à la fin du XIVe siècle probablement à Worms. XIVe-XVe siècles. Allemand.
Peintre.
On trouve son nom pour la première fois dans les archives à la date du 26 novembre 1408. En 1421, il habitait Nuremberg. Le 10 juillet 1423, il renonçait à son droit de cité dans cette ville. On lui attribue, à cause des dates, deux tableaux dans l'église Saint-Sebald : *La Cène* et *Le Christ au jardin des Oliviers*.

ADAM-FERON Louis Henri Eugène
Né à Saint-Denis (Réunion). XXe siècle. Français.
Sculpteur.
Élève de J. Coutan et Ch. Pourquet. Exposa au Salon des Artistes Français : *Bacchante*, en 1923, et des bustes, en 1924.

ADAM-KUNZ
XIXe-XXe siècles. Actif en Allemagne. Allemand.
Peintre de natures mortes.
VENTES PUBLIQUES : NEW YORK, 1905 : *Nature morte* : USD 220.

ADAM-LAURENS Suzanne, dite Nanny
Née le 20 février 1861 à Crest (Drôme). Morte en 1915. XIXe-XXe siècles. Française.
Peintre.
Élève du graveur Jules Laurens, a exposé régulièrement au

Salon des Femmes Peintres et a obtenu une troisième médaille au Salon des Artistes Français de 1902. Parmi ses toiles, *La Route de Sainte-Garde* figura au Salon de 1892, et *Venise, jour d'octobre*, au Salon de 1905. *Voir aussi JUGE-LAURENS.*
Musées : Avignon (Mus. Calvet) : *Venise, crépuscule de juin.*

ADAM LE CIGNE ou Cygne. Voir LE CIGNE

ADAM LE NÉRU E., Mlle
XIXᵉ siècle. Française.
Sculpteur.
A exposé au Salon de Paris : *Tête de chat* (plâtre), en 1883, *Chien lévrier* (cire), en 1892.

ADAM-SALOMON Antony Samuel, dit Adama
Né en 1818 à la Ferté-sous-Jouarre (Seine-et-Marne). Mort le 28 avril 1881. XIXᵉ siècle. Français.
Sculpteur de bustes, médaillons, photographe.
Il fut élève de Vercelli et s'occupa surtout de photographie.
Comme sculpteur, il exposa pour la première fois à Paris, en 1844, sous le pseudonyme d'Adama.
La plupart de ses bustes et médaillons furent exécutés d'après des photographies. On cite, entre autres, le buste de *Lantara*, à Fontainebleau, celui d'*Hubert Robert*, au Louvre, le médaillon de *Lamartine*, au musée d'Orléans, les bustes en plâtre de *Victor Cousin* et d'*Odilon Barrot*, au Salon de Paris 1881.
Musées : Châlons-sur-Marne : *Béranger*, bas-relief – Londres (Nat. Portrait Gal.) : *Sir Edwin Chadwick*, buste – Orléans : *Lamartine*, médaillon – Paris (Mus. du Louvre) : *Buste d'Hubert Robert* – Provins : *Marin*, buste – Vire : *Buste de Philippe de la Renaudière*, plâtre.

ADAM-SALOMON Georgine Cornélie, née Coutellier
Morte le 8 février 1878. XIXᵉ siècle. Française.
Sculpteur.
Femme d'Antony Samuel Adam-Salomon qu'elle épousa en 1850 ; elle prit part au seul Salon de Paris de 1853, exposant les médaillons du *Comte de Bubnow*, du *Baron de Shonen* et de *Blanche de Païva*.

ADAM-TESSIER Maxime
Né le 2 juin 1920 à Rouen (Seine-Maritime). XXᵉ siècle. Français.
Sculpteur. Abstrait.
Il commença à travailler à l'Académie Julian en 1939, puis dans l'Atelier Despiau. En 1945, il fit la connaissance d'Henri Laurens et put bénéficier de ses conseils amicaux. Il participe à des expositions collectives, notamment très régulièrement à Paris, au Salon des Réalités Nouvelles, dont il est membre du comité. En 1992 à Paris, la galerie E. de Causans a montré une exposition personnelle rétrospective de son œuvre.
S'étant dégagé des influences qui lui avaient été pour un temps bénéfiques, il sculpta alors quelques œuvres personnelles : *Le cheval mort – Le roi mort – Le guerrier*. Malgré la précision figurante de ces titres, ces sculptures appartenaient déjà à l'abstraction, les titres n'ayant qu'un rôle métaphorique. En 1950, il sculpta sa première œuvre en taille directe : *Tobie et Sarah*, et à partir de là il s'est tenu à cette technique, où, contrairement à la fonte, le contact de l'artiste avec l'œuvre en cours est immédiat. En complément des influences précédemment reçues, Adam-Tessier s'intéressa alors de très près à l'œuvre de Brancusi et aux solutions qu'elle a proposées quant au rapport de la forme du volume-sculpture à l'espace qui la contient et la complète. Ses œuvres de 1957 à 1960 accusent cette nouvelle influence, qu'il poussa jusqu'à ses extrêmes limites dans la recherche de la pureté de la forme. Ayant épuisé les ultimes possibilités de cette ascèse volontaire, Adam-Tessier décida de redonner libre cours à son propre tempérament. Il sculpta après 1960 des formes plus spontanées : *Rachel – La reine de Saba – Balthasar – Pasiphaë*. Il a eu quelques occasions de créer des œuvres monumentales, notamment en milieu religieux, des autels et des chemins de croix pour les églises de : Saint-Nazaire, Reyersviller, Strasbourg-Meinau. Il a aussi sculpté une importante fontaine pour Rezé-lez-Nantes et un bas-relief en acier inoxydable pour la station *La Défense* du Métro express régional parisien. ■ J. B.
Bibliogr. : *Nouveau diction. de la sculpt. mod.*, Hazan, Paris, 1970.

ADAM-VIDARD Jeanne
Née à Saint-Pierre-le-Moutier (Nièvre). XIXᵉ siècle. Française.
Graveur sur bois.
Élève de l'école spéciale de la rue de Laval et de M. Perrichon, elle exposa en 1877 et 1878.

ADAMA. Voir ADAM-SALOMON Antony Samuel

ADAMAS, fils d'Adamas
IIᵉ siècle avant J.-C. Antiquité grecque.
Sculpteur.
Athénien de la fin du IIᵉ siècle av. J.-C. D'après une inscription de Délos, il exécuta, avec ses frères Dionysodoros et Moschion, une statue (*Isis ?*) qui fut érigée dans cette ville.

ADAMEK Johann
Mort en 1840. XIXᵉ siècle. Allemand.
Miniaturiste.
Il fut élève de l'Académie des Beaux-Arts de Vienne ; auteur de portraits, de sujets mythologiques et surtout de nombreuses miniatures.

ADAMI Franco
Né en 1933 à Pise. XXᵉ siècle. Actif en France. Italien.
Sculpteur. Abstrait.
Il fut élève de l'Institut Léonard de Vinci à Pise, de l'Ecole d'Art de Cascina, de l'Ecole des Beaux-Arts de Florence. Il s'est fixé à Paris depuis 1959. Il participe à de nombreuses expositions collectives en France et en Italie, notamment au Salon des Réalités Nouvelles à Paris, à la Biennale Européenne de Sculpture au Centre d'Art de Jouy-sur-Eure en 1982, à l'Exposition Internationale de Sculpture de Collioure en 1986, etc. Il a également montré son travail dans de nombreuses expositions personnelles, à Pise 1977, Abidjan (Côte-d'Ivoire) 1979, Cholet 1982, au Musée de Saint-Quentin 1983, etc. Il a obtenu plusieurs prix, dont le Prix Fernand-Dupré de sculpture à Cholet 1981. Il a réalisé des monuments en Côte-d'Ivoire et au Togo.
S'il a d'abord travaillé le bois dans ses débuts, il se consacre depuis au marbre poli et au bronze. Sa sculpture, formellement abstraite, correspond toutefois à une conception anthropozoomorphique du monde. Dans des marbres rouges ou noirs, ces sortes de heaumes, masques ou totems, à évocations animalières, rappellent parfois la statuaire précolombienne. ■ J. B.
Bibliogr. : Christine Debrie : *Franco Adami*, Arted, Paris, 1983.
Ventes Publiques : Paris, 20 juin 1988 : *Personnage*, sculpt. en porphyre (H. 42 cm) : FRF 23 000 – Saint-Germain-en-Laye, 23 avr. 1989 : *Développement 1983*, sculpt. en bronze poli (H. 46) : FRF 30 000 – Paris, 15 fév. 1990 : *La Truite de Schubert* 1971, h/t (200x148) : FRF 980 000 – Paris, 10 juin 1990 : *I progressi di una Carriera* 1971, acryl./t. (180x264) : FRF 450 000 – Paris, 18 juin 1990 : *Cucina* 1968, h/t (64,5x81) : FRF 240 000 – Paris, 30 oct. 1990 : *L'Aurige*, marbre noir de Belgique (20x42x38) : FRF 70 000 – Paris, 21 mars 1994 : *Anthor* 1993, marbre noir de Belgique (H. 28) : FRF 55 000 – Paris, 23 janv. 1995 : *Sans titre*, bronze (H. 63) : FRF 40 000 – Paris, 13 mai 1996 : *Le Casque d'Alexandre* à patine brune (41x16x25) : FRF 39 000.

ADAMI Pietro
XVIIIᵉ siècle. Italien.
Peintre mosaïste, dessinateur.
Il travailla d'abord avec son père, Filippo Cocchi, de Rome, aux mosaïques de la sacristie et de la chapelle baptismale de Saint-Pierre de Rome, dont Franceschini et Trevisani avaient fourni les dessins. En 1710, il fut employé à la restauration des mosaïques de la façade de la cathédrale d'Orvieto.
Ventes Publiques : New York, 7 janv. 1981 : *La fontaine de Trevi, Rome*, pl. et lav. (28,3x37,5) : USD 800.

ADAMI Salomon
XVIIIᵉ siècle. Actif au milieu du XVIIIᵉ siècle. Danois.
Peintre et miniaturiste.
Bien que connu surtout par ses miniatures, il peignit également des tableaux à l'huile. On croit qu'il travailla aussi en Suède.

ADAMI Valerio
Né le 17 mars 1935 à Bologne. XXᵉ siècle. Actif aussi en France. Italien.
Peintre de scènes mythologiques, compositions animées, sujets de sport, portraits, animaux, intérieurs, aquarelliste, fresquiste, peintre de compositions murales, décorateur de théâtre, graveur, dessinateur. Nouvelles figurations.
Il vit à Milan, où il fit ses études à l'Académie de la Brera, de 1951 à 1954, dans l'atelier d'Achille Funi. Il vint à Paris pour la première fois en 1955, où il rencontre Wifredo Lam et Matta. A partir de 1957, il partage sa vie entre l'Italie et Paris, faisant en outre de nombreux voyages : New York, Inde, Cuba, Londres, Mexico, Carracas, Marrakech, Ostende, Allemagne, etc. Il participe à quantité d'expositions collectives internationales, par exemple

dans ses débuts : VIIIe Quadriennale de Rome 1959, une présentation de *Jeune Peinture Italienne* au Musée Kamakura (Japon) 196O, *Documenta* de Cassel 1964, etc. Il obtient le Prix Marzotto en 1956, le Prix Lissone en 1961. A Paris, il a été appelé à faire partie du comité du Salon de Mai à partir de 1968. Il multiplie ses expositions personnelles dans le monde, depuis sa première à Milan en 1957, notamment à l'Institut d'art contemporain de Londres 1962, à Venise 1964, à l'A.R.C. au Musée d'art moderne de la Ville de Paris 1970, la même année à la Galerie Maeght, ensuite Lelong, où il fera ses expositions suivantes à Paris, la rétrospective du Musée National d'Art Moderne de Paris, Centre Pompidou, et au Palazzo Reale de Milan en 1985, etc. Il a eu l'occasion de réaliser des œuvres intégrées à l'architecture : en 1974 cinq grands panneaux muraux pour la First National City Bank de Madison (Wisconsin), en 1985 huit vitraux monumentaux pour le nouvel Hôtel de Ville de Vitry (Val-de-Marne), en 1986 deux immenses fresques sur le thème du voyage de Persée à la Gare d'Austerlitz, en 1989 quatre peintures marouflées pour la loggia du Théâtre du Châtelet rénové de Paris, représentant sept figures allégoriques du spectacle et de la danse. Il a encore illustré des poèmes édités par Jacques Dupin, *The Age of Anxiety* de Wystan H. Auden en 1969-70, réalisé une série de décors de théâtre à Genève en 1986.

Ses œuvres de première jeunesse ont pu être dites expressionnistes. Depuis les années soixante qui ont vu apparaître un renouveau de la figuration, d'ailleurs sous des formes diverses, motivé par lassitude et réaction contre l'abstraction alors dominante, Adami, pour sa part marqué par la figuration arrivée d'Amérique avec le « pop'art », décrit par et dans sa peinture le décor et les figurants de la vie la plus quotidienne, la plus anonyme et médiocrement contemporaine, avec peut-être une prédilection pour les lieux les plus impersonnels : salles de bains, couloirs d'autobus, intérieurs le plus banalement, éventuellement hydrothérapiquement « modernes », parce que ce type de décor est celui de la vérité collective. En ce sens, la peinture d'Adami est résolument anti-pittoresque et anti-romantique, de la même façon que le fut celle de Manet et des autres peintres dits alors « du plein-air », repoussant toute anecdote artificielle pour ne retenir que la vérité du regard. Le style pictural d'Adami, car dans son cas on peut parler à ce moment d'un style, n'est pas sans rapports avec l'« écriture de constat » des écrivains du Nouveau Roman. Le regard qui constate son alentour, ce dans quoi s'inscrit de gré ou de force sa propre vie, se constate spéculairement lui-même, tel qu'en lui-même dans un reflet, tel que ce qu'il fait et que l'aspect qu'il confère à son univers et à son temps. Adami s'en explique clairement : « C'est seulement quand j'ai le crayon en main que je me rends compte de la façon dont j'ai vécu ». Son écriture, graphiquement et non plastiquement parlant, volontairement impersonnelle, au « tire-ligne », produit adultérin de la bande dessinée et du dessin industriel, bien qu'elle constitue à première vue, un constat strictement objectif de la réalité, entretient un rapport évident et remarquable dans sa conception formelle avec les raisonnements plastiques de l'abstraction dite « froide ». En fait, c'est presque son refus d'organiser la réalité, de la trier, de la modifier, de la travestir, sa volonté de la recueillir telle qu'elle se présente, ses différents éléments s'imbriquant les uns les autres dans l'instant de la perception, qui se manifestent par cette vision syncrétique si caractéristique de la peinture d'Adami, vision syncrétique qui accuse la difficulté qu'on éprouve à décrypter notre univers le plus familier dès que le moindre évènement fortuit vient soudain rompre la continuité de nos habitudes.

On peut situer quelques repères au long de son travail, les thèmes apparemment étrangers, en fait métaphores de son propre quotidien : 1963 série d'*Alice au pays de la violence*, 1965 *Les Massacres privés*, 1968 peintures sur des thèmes urbains, 1971 portraits de James Joyce, Anton Webern, Gustav Mahler, 1972 thèmes politiques, 1978-79 thèmes mythologiques... Depuis 1985 environ, une double évolution s'est manifestée dans son travail : d'une part la figuration, toujours évidente dans la totalité de son œuvre, mais jusque là morcelée comme en un kaléidoscope, s'est reconstituée presque dans son aspect littéral, perdant dans l'évidence accrue peut-être ce que le puzzle lui apportait, d'autre part l'ajout systématique de réseaux de fines striures internes aux plans colorés pour en suggérer le volume n'était peut-être pas non plus nécessaire. Le même doute pointe ici, comme dans des cas comparables : Magnelli en milieu ou Hélion en fin de carrière par exemple, lorsqu'ils rejoignirent la figura-

tion réaliste avec leurs écritures abstraites. Dans le cas d'Adami, gagne-t-il à plus de lisibilité, quand, par exemple, les peintures polissonnes *Clear Midnight* de 1985, *Anagrammi* de 1987, se proposent dans leur crudité ? Ou bien peut-être cherche-t-il à transgresser le moment culminant où un style à son aboutissement tend au maniérisme ? Ne manifeste-t-il pas lui-même ce doute confus quand il écrit : « Aujourd'hui, un tableau reste en suspens entre ce qu'il est et la tendance qu'il représente. »

■ Jacques Busse

BIBLIOGR. : H. Damish, H. Martin : *Adami*, Maeght, Paris.J.-F. Liotard : *Adami*, cahier Repères n° 6, Maeght, Paris, 1983 – Dore Ashton, J.-F. Lyotard, A. Pacquement : Catalogue de l'exposition rétrospective *Adami*, Mus. Nat. d'Art Mod., Centre Pompidou, Paris, 1985 – A.-R. Mengs : *Adami*, cahier Repères n° 47, Maeght, Paris, 1988 – Valerio Adami : *Les règles du montage*, Plon, Paris, 1989 – Daniel Lelong : *89 Adami*, cahier Repères n° 59, Maeght-Lelong, Paris, 1989 – Valerio Adami, Jean-Luc Chalumeau : *Adami*, in : *Opus International*, Paris, janvier 1990.
MUSÉES : MARSEILLE (Mus. Cantini) – PARIS (Mus. Nat. d'Art Mod.) : *Intérieur colonial 1967 – Il Gilè di Lenin 1972.*
VENTES PUBLIQUES : MILAN, 16 mars 1976 : *Sans titre*, pointe-sèche (105x74) : **ITL 140 000** – BRUXELLES, 24 mars 1976 : *Intérieur 1968*, h/t (72x60) : **BEF 180 000** – MILAN, 6 avr. 1976 : *Dans un paysage 1974*, acryl./t. (90x116) : **ITL 4 800 000** – MILAN, 13 déc. 1977 : *Le vieux timide et l'adultère dans la piscine 1966*, h/t (81x100) : **ITL 2 800 000** – MILAN, 13 juin 1978 : *Cinéma 1972*, acryl./t. (116x89) : **ITL 6 500 000** – MILAN, 26 avr. 1979 : *Piccolo ufficio 1970-1971*, acryl./t. (100x81) : **ITL 4 000 000** – MILAN, 24 juin 1980 : *Portrait urbain 1971*, Tempera (77x57) : **ITL 1 500 000** – PARIS, 25 oct. 1982 : *L'hôtel 1967*, acryl./t. (130x162) : **FRF 45 000** – LONDRES, 6 déc. 1983 : *La doccia in cucina 1969*, h/t (250x170) : **GBP 4 500** – PARIS, 25 mars 1984 : *Studio per il dissenso 1977*, aquar. (73x53) : **FRF 20 000** – MILAN, 8 nov. 1984 : *Culture physique 1974*, acryl./cart. (90x66,5) : **ITL 6 000 000** – ROME, 3 déc. 1985 : *Henri Matisse che lavora a un quaderno di disegni 1966-1970*, acryl./t. (180x243) : **ITL 19 000 000** – PARIS, 17 déc. 1985 : *I'm no Angel 1970*, mine de pb et cr. gras (77x56) : **FRF 7 600** – ANVERS, 22 avr. 1986 : *Pelouse interdite 1974*, aquar. (52x72) : **BEF 90 000** – MILAN, 27 oct. 1986 : *L'art pour l'art 1978*, acryl./t. (146x198) : **ITL 27 000 000** – MILAN, 27 mai 1987 : *Lo schermo 1974*, acryl./t., étude (89x116) : **ITL 110 000** – PARIS, 3 déc. 1987 : *The collector of Lindberghiana 1974*, h/t (147,5x197) : **FRF 76 000** – PARIS, 24 mars 1988 : *Nudo in cucina*, acryl./t. (92x73) : **FRF 60 000** – MILAN, 8 juin 1988 : *Arona 1963*, techn. mixte (62x82) : **ITL 3 300 000** – PARIS, 17 juin 1988 : *Panico all' alba*, acryl./t. (97x130) : **FRF 95 000** – ROME, 15 nov. 1988 : *Le cuirassé Potemkine-La Benda 1970*, acryl./t. (100x81) : **ITL 13 500 000** – PARIS, 20 nov. 1988 : *La promenade du sceptique 1981*, acryl./t. : **FRF 152 000** – PARIS, 23 mars 1989 : *Vénus nue dans une coquille 1976*, gche (76x56) : **FRF 70 000** – PARIS, 4 juin 1989 : *Diario coloniale 1973*, acryl./t. (198x147) : **FRF 300 000** – MILAN, 16 juin 1989 : *Petite école de danse 1968*, acryl./t. (57x43,5) : **ITL 18 000 000** – PARIS, 15 juin 1989 : *L'Uomo sandwiche, autoportrait avec le peintre Euphronios 1979*, h/t (198x147) : **FRF 380 000** – PARIS, 9 oct. 1989 : *Étoile du matin 1981*, acryl./t. (147x198) : **FRF 380 000** – MILAN, 8 nov. 1989 : *Intérieur avec un billard 1969*, acryl./t. (89x116) : **ITL 52 000 000** – ROME, 28 nov. 1989 : *Exit 1969*, h/t (82x64) : **ITL 38 000 000** – PARIS, 14 déc. 1989 : *Il caso della cameriara di buon cuore 1967*, acryl./t. (195x130) : **FRF 580 000** – PARIS, 15 fév. 1990 : *La truite de Schubert 1971*, h/t (200x148) : **FRF 980 000** – PARIS, 18 fév. 1990 : *Bruyère*, h/t (97,5x130,5) : **FRF 370 000** – LONDRES, 22 fév. 1990 : *Sur la rive du lac*, acryl./t. (116,2x88,2) : **GBP 41 800** – MILAN, 27 mars 1990 : *Intérieur avec un piano 1968*, h/t (73x90) : **ITL 67 000 000** – PARIS, 28 mars 1990 : *Follow the Flute*, h/t (198x147) : **FRF 100 000** – PARIS, 30 mai 1990 : *Personnage*, acryl. (92x80) : **FRF 150 000** – PARIS, 21 juin 1990 : *Intérieur 1967*, h/t (73x60) : **FRF 200 000** – PARIS, 29 oct. 1990 : *Cartolina di un amico dai Caraïbi 1974*, acryl./t. (130x97) : **FRF 440 000** – ROME, 3 déc. 1990 : *L'Alpiniste*, acryl./t.

(96x73) : **ITL 51 750 000** – Londres, 21 mars 1991 : *Course d'obstacles à Ascot*, acryl./t. (129,5x161,7) : **GBP 33 000** – Paris, 15 avr. 1991 : *Sérigraphie 1990* (152x72,2) : **FRF 7 000** – Milan, 20 juin 1991 : *Ex-libris, dessin de ruines 1986*, acryl./t. (96x130) : **ITL 42 000 000** – Lokeren, 23 mai 1992 : *Piano*, cr. et past. (29x20) : **BEF 65 000** – Milan, 9 nov. 1992 : *Intérieur 1967*, h/t (81x65) : **ITL 18 500 000** – Paris, 26 nov. 1992 : *La chambre d'hôtel 1967*, h/t (70x100) : **FRF 65 000** – Londres, 25 mars 1993 : *Vitrine 1968*, acryl./t. (72,5x91,3) : **GBP 14 950** – Milan, 20 mai 1993 : *Intérieur-extérieur 1973*, cr. gras (47x35,5) : **USD 3 000 000** – Paris, 17 nov. 1993 : *La mote d'Orfeo*, acryl./t. (97,5x130) : **FRF 62 000** – Lokeren, 4 déc. 1993 : *Intérieur 1977*, aquar. (70x50) : **BEF 150 000** – Milan, 14 déc. 1993 : *Bain turc 1969*, acryl./t. (50x60) : **ITL 9 200 000** – Paris, 6 avr. 1994 : *Plein air 1968*, acryl./t., triptyque (245x495) : **FRF 330 000** – Milan, 9 mars 1995 : *Intérieur d'une école de danse*, acryl./t. (130x96) : **ITL 34 500 000** – Londres, 30 nov. 1995 : *Le Ballet royal 1969*, acryl./t. (97x130) : **GBP 14 950** – Paris, 24 mars 1996 : *Petite gymnastique de chambre 1970*, aquar. (75x55) : **FRF 8 500** – Milan, 28 mai 1996 : *Le Tracteur du golf 1968*, acryl./t. (73x91,5) : **ITL 29 900 000** – Paris, 1er juil. 1996 : *Hominum rosa est voluptas. Romantiska*, acryl./t. (197x146) : **FRF 100 000** – Paris, 5 oct. 1996 : *I'm no angel 1970*, acryl./t. (198x147) : **FRF 160 000** – Paris, 28 oct. 1996 : *Intérieur au travesti 1969*, h/t (243x366) : **FRF 155 000**.

ADAMINUS de Sto. Georgio
XIIe siècle. Italien.
Sculpteur et architecte.
D'après une inscription, il travailla aux colonnes de la crypte de Saint-Zeno, à Vérone.

ADAMISIO Paolo
XVe siècle. Travaillait en Italie. Italien.
Peintre.
Il s'engagea par contrat, le 5 juillet 1485, à exécuter, à la détrempe, la prédelle de l'autel, pour l'église San Giovanni di Padova, à Cerreto.

ADAMO Albert
Né en 1850 à Munich. Mort le 8 février 1887. XIXe siècle. Allemand.
Peintre de genre, portraits.
Élève de son frère, Max Adamo ; il fut pendant plusieurs années professeur de dessin au Wilhemgymnasium. Le temps qu'il consacra à l'enseignement lui laissa peu de loisirs pour s'occuper de peinture. Dans ses rares tableaux, il s'inspira avec succès des vieux maîtres hollandais. Ses œuvres les plus connues sont : *Atelier dans les Pays-Bas*, *Toilette du matin*, et le *Portrait de Henri II*. On cite encore le *Portrait de Louis II de Bavière*, conservé au Wilhemgymnasium.

ADAMO Max
Né le 3 novembre 1837 à Munich. Mort le 13 décembre 1901. XIXe siècle. Allemand.
Peintre et illustrateur.
Il fit ses études artistiques à l'Académie de Munich, sous la direction de W. Kaulbach et de K.-V. Piloty. Son tableau historique : *La Chute de Robespierre*, qu'il exposa en 1860, fut un grand succès, qui lui valut une médaille. Cette œuvre, acquise par l'État, est conservée à la Galerie nationale de Berlin. Il vint à Paris en 1870 et exposa au Salon. La guerre franco-allemande l'obligea à retourner en Bavière.

ADAMO di Arcidosso ou di Colino
XVe siècle. Siennois, actif au XVe siècle. Italien.
Peintre.
Il exécuta, en 1419, la décoration de la voûte du dôme de la cathédrale de Sienne. L'année suivante, il peignit le plafond de l'hôpital de la même ville. On le trouve mentionné encore en 1441. Cet artiste paraît être le même que Adamo di Arcidosso, cité sur la liste des peintres, en 1428.

ADAMO di Perino
XIVe siècle. Actif à Orvieto. Italien.
Sculpteur sur bois.
Il travailla, avec Giov. Ammannati, aux stalles du chœur dans la cathédrale de Sienne vers 1330.

ADAMOFF Héléna
Née le 21 mai 1906 à Moscou. XXe siècle. Active en France. Russe.
Peintre. Naïf.

Elle vint en France dès l'âge de quinze ans et s'y fixa. Rien ne la préparait à la peinture. Ce ne fut qu'à la suite d'un accident qu'elle commença à représenter ses souvenirs d'enfance de la campagne russe, à partir de 1956. Tôt remarquée d'entre les peintres dits naïfs, elle expose à Paris, aux Salons annuels (Artistes Français, Indépendants, Automne, etc.), ainsi qu'en Autriche et en Grande Bretagne.
Musées : Paris (Etat Français) – Paris (Mus. d'Art Mod.).
Ventes Publiques : Paris, 23 mars 1988 : *Sans titre*, h/t (51x66) : **FRF 4 000** – Neuilly, 23 fév. 1992 : *Paysage animé 1958*, h/t (27x41) : **FRF 3 800**.

ADAMOVICZ Thomas
Né en 1617. Mort en 1671. XVIIe siècle. Actif à Cracovie. Polonais.
Peintre.
Travaillait à Cracovie. En 1660, il était le doyen d'âge de la corporation des peintres.

ADAMOWICZ Ewa
Née en 1953. XXe siècle. Depuis 1988 active en France. Polonaise.
Peintre, technique mixte.
Elle est diplômée de l'École Supérieure de Cracovie. Vit et travaille à Paris depuis 1988. En 1984 et 1985, elle eut deux expositions personnelles en Pologne, puis en France figura au Salon Comparaisons en 1990.
Ventes Publiques : Paris, 7 fév. 1991 : *Aile froissée*, techn. mixte/t. (89x116) : **FRF 12 500** – Paris, 14 avr. 1991 : *Erois dame blanche*, techn. mixte/t. (83x116) : **FRF 9 500** – Paris, 17 nov. 1991 : *Extrême blanche*, techn. mixte/t. (91x118) : **FRF 7 200** – Paris, 21 mars 1992 : *Sans titre 1991*, techn. mixte (92x73) : **FRF 6 000** – Paris, 5 avr. 1992 : *Discipline dans le plein air*, techn. mixte/t. (73x116) : **FRF 6 500** – Paris, 21 nov. 1993 : *Vers la terre ulro II*, techn. mixte/t. (89x116) : **FRF 8 500**.

ADAMS
XVIIIe siècle. Actif à Londres vers 1780. Britannique.
Peintre de sujets allégoriques.
Exposa à la Free Society of Artists, à Londres.

ADAMS, Mrs
XIXe siècle. Active à Londres entre 1806 et 1832. Britannique.
Peintre de fleurs.
On vit de ses œuvres à la Royal Academy de Londres.

ADAMS A.
XIXe siècle. Actif au début du XIXe siècle. Britannique.
Peintre de portraits.

ADAMS A. J.
XIXe siècle. Actif dans la seconde moitié du XIXe siècle. Britannique.
Peintre de portraits, architecte.
Il vivait à Londres entre 1874 et 1879. Se spécialisant dans la reproduction de sujets d'architecture, cet artiste exposa de ses ouvrages à la Royal Academy, entre 1874 et 1879. Exposa en 1815, à la Royal Academy, le portrait de A. Oldham.

ADAMS Albert G.
XIXe siècle. Britannique.
Peintre de genre, paysages.
Il exposa plusieurs fois à Londres, de 1854 à 1887, à la Royal Academy et à la British Institution, mentionné dans le catalogue de la Royal Academy, en 1893.

ADAMS Arthur Christopher
Né en 1867 à Southampton (Angleterre). XIXe siècle. Britannique.
Peintre.
Obtint en 1928 une mention honorable au Salon des Artistes Français (section des dessins). Exposa en 1929 à la Société Nationale des Beaux-Arts. Il signe « Chris Adams ».

ADAMS Beal
XIXe siècle. Britannique.
Peintre de marines et paysagiste.
Ancien étudiant de l'Université d'Oxford. Il renonça aux carrières libérales pour se vouer à la peinture. Habitant d'Ives (Cornouailles), il a souvent reproduit les côtes de cette île. Membre de la Royal Society of British Artists.

ADAMS Beatrice, Miss
XXe siècle. Active à Sheffield (Angleterre). Britannique.
Peintre.

Cette artiste figurait à l'Exposition de la Royal Academy en 1907 avec une toile : *Intérieur du musée de South Kensington*.

ADAMS Bromfield
XIXᵉ siècle. Actif en Angleterre. Britannique.
Sculpteur.
Le musée de Warrington conserve de lui le *Buste de Lord Winmarleigh* (marbre).

ADAMS C.
XIXᵉ siècle. Actif en Angleterre, vers 1830. Britannique.
Aquarelliste.
On trouve au British Museum une *Scène de pêche*, signée C. Adams. Dans son remarquable catalogue des dessins conservés au musée anglais, M. Binyon, l'éminent secrétaire de cette institution, émet l'hypothèse que cette œuvre pourrait être du peintre de paysages, Charlotte Adams.

ADAMS Caroline
XIXᵉ siècle. Active dans la première moitié du XIXᵉ siècle. Britannique.
Peintre de paysages, aquarelliste.
Cette artiste, qui s'était établie à Billericay entre 1834 et 1837, exposa à Suffolk Street et à la New Water-Colours Society.

ADAMS Charles
XVIIᵉ siècle. Britannique.
Graveur.
Il est cité comme l'auteur d'un portrait équestre de Charles Iᵉʳ d'Angleterre.

ADAMS Charles James
Né sans doute en 1859. Mort en 1931. XIXᵉ-XXᵉ siècles. Britannique.
Peintre de paysages et animalier.
Il fut élève de l'aquarelliste Wilmot Pilsbury. Il commença d'exposer en 1982, à Suffolk Street et à la Royal Academy de Londres. S'il a peint quelques compositions historiques, il s'est surtout manifesté en tant que peintre de paysages animés. Sensible aux variations et effets de la lumière, il a recherché les effets de brouillard, le soleil de l'aube, etc. On cite ses compositions avec des chevaux : *Chevaux chez le maréchal*.
Musées : LEICESTER : *Matinée brumeuse sur les coteaux du Sussex*.
Ventes Publiques : LONDRES, 19 mai 1981 : *Passing throught* 1898, aquar. (48x76) : **GBP 950** – LONDRES, 12 juil. 1982 : *Rue de village, près de Teignmouth*, h/t (26x36) : **GBP 300** – LONDRES, 27 oct. 1983 : *Paysage de printemps*, aquar. (38x56) : **GBP 1 200** – LONDRES, 17 oct. 1984 : *Jour de marché* 1900-01, aquar. (103x152) : **GBP 2 400** – LONDRES, 30 mai 1985 : *Troupeau au bord d'un ruisseau*, aquar. (28x38) : **GBP 580** – LONDRES, 16 oct. 1986 : *A rest by the way* ; *The edge of the moor*, deux aquar. (35x51) : **GBP 3 400** – LONDRES, 24 sep. 1987 : *Berger et troupeau de moutons*, aquar. (37x54,5) : **GBP 1 750** – LONDRES, 25 jan. 1989 : *Bétail près d'un buisson*, aquar. (36,5x51) : **GBP 1 540** – LONDRES, 31 jan. 1990 : *La traversée du ruisseau* 1884, aquar. avec reh. de gche (25,5x35,5) : **GBP 825** – LONDRES, 26 sep. 1990 : *Chevaux à l'abreuvoir*, aquar. (51x76) : **GBP 8 800** – LONDRES, 30 jan. 1991 : *Un sentier dans le Surrey*, aquar. (38x56) : **GBP 3 400** – PERTH, 26 août 1991 : *Discussion d'un marché*, aquar. (64x96) : **GBP 7 700** – LONDRES, 7 oct. 1992 : *Un chemin dans le Sussex*, aquar. (26,5x37,5) : **GBP 858** – LONDRES, 13 nov. 1992 : *Fin de journée en hiver*, cr. et aquar. (48,9x74,2) : **GBP 2 420** – LONDRES, 3 nov. 1993 : *Prairie près de la ferme*, aquar. (37x54) : **GBP 1 955** – LONDRES, 6 nov. 1995 : *Chevaux de labour se désaltérant à l'abreuvoir*, cr. et aquar. (50,8x75,6) : **GBP 7 820** – LONDRES, 15 avr. 1997 : *Striking a bargain*, aquar. (63,5x95,5) : **GBP 12 650**.

ADAMS Charles L.
Né le 26 novembre 1857 à New York. XIXᵉ siècle. Américain.
Peintre.
Il fut élève d'Oudinot, professeur à Boston. Ses œuvres furent exposées à l'Academy of Design à New York, ainsi qu'à Boston, Philadelphie et Saint Louis.

ADAMS Charles Partridge
Né le 12 janvier 1858 à Franklin. Mort en 1942. XIXᵉ-XXᵉ siècles. Américain.
Peintre.
Autodidacte en peinture, il semble pourtant avoir reçu quelques conseils d'un élève du paysagiste américain George Innes. Après avoir parcouru l'Europe, il se fixa à Denver (Colorado). Il a figuré dans de nombreuses expositions collectives américaines.

Ventes Publiques : NEW YORK, 23 mai 1979 : *Paysage du Colorado*, aquar. (20,5x30,5) : **USD 950** – SAN FRANCISCO, 21 jan. 1981 : *Sierra bianca evening*, h/t (25,3x38) : **USD 1 000** – NEW YORK, 27 mars 1981 : *The spanish peaks, Cucharas valley*, aquar. (13,3x17,8) : **USD 700** – NEW YORK, 21 sep. 1984 : *Paysage d'automne, Colorado* 1898, h/t (30,7x46) : **USD 2 000** – SAN FRANCISCO, 28 fév. 1985 : *Crépuscule*, h/t (58,5x76,2) : **USD 1 800** – SAN FRANCISCO, 27 fév. 1986 : *Light showers*, h/t (35,5x51) : **USD 3 000** – NEW YORK, 20 mars 1987 : *Paysage d'automne*, h/t (58,4x76,8) : **USD 2 200** – LOS ANGELES-SAN FRANCISCO, 7 fév. 1990 : *Feuillages dorés*, h/t (56x76) : **USD 6 050** – NEW YORK, 18 déc. 1991 : *Rivière dans une vallée*, h/t (48,3x66) : **USD 2 750** – NEW YORK, 25 sep. 1992 : *Matin brumeux*, h/t (101,6x153,7) : **USD 2 420** – NEW YORK, 4 mai 1993 : *Paysage montagneux*, h/t (35,5x91,5) : **USD 2 300**.

ADAMS Charlotte, Miss
XIXᵉ siècle. Active à Londres au début du XIXᵉ siècle. Britannique.
Peintre de paysages.
Elle exposa à la Royal Academy et à Suffolk Street, à Londres, entre 1829 et 1843.

ADAMS Clarissa M.
XIXᵉ siècle. Britannique.
Sculpteur.
Auteur de nombreux bustes de marbre exposés entre 1870 et 1875. Celui de la reine Victoria, exposé à la Royal Academy, fut favorablement accueilli par le public.

ADAMS Cole A.
XIXᵉ-XXᵉ siècles. Actif en Angleterre entre 1873 et 1902. Britannique.
Architecte et peintre.
Cole Adams traita surtout des sujets d'architecture et exposa à la Royal Academy de Londres six œuvres vers 1880.

ADAMS Dennis
Né le 15 novembre 1948 à Des Moines (Iowa). XXᵉ siècle. Américain.
Artiste, créateur d'environnements.
Il vit et travaille à New York et Berlin. Il expose dans de nombreuses galeries aux États-Unis. En 1987 il a présenté ses travaux à l'Alternative Museum de New York, au Westfälisches Landes museum de Munster et au musée Folkwang d'Essen. Adams joue sur les rapports qu'entretient l'architecture avec les images dans des œuvres critiques au sujet politique. Il crée des environnements architecturaux qui vont servir de cadres à ses textes, images photographiques ou autres. Il réalise des projets aussi bien temporaires que permanents. Ses environnements sont des lieux ouverts au public : les *podiums* 1985, et les *abri-bus* 1987 – réalisés en aluminium, plexiglas, bois et émail – pouvaient être utilisés par le spectateur mais l'expérience de sa rencontre était modifiée par les autres composantes de l'œuvre ; là où habituellement l'utilisateur voit une image publicitaire, il rencontrait une photographie des époux Rosenberg prise à l'époque de leur arrestation pour espionnage. Adams travaille généralement sur les années 50, une période de l'histoire qui le fascine. Son œuvre est un questionnement de la mémoire, de son rôle et de son impact sur la conscience politique d'un pays. ■ F. M.
Musées : CHÂTEAUGIRON (FRAC Bretagne) : *Anus solaire* 1992, alu., lumière fluorescente, Plexiglas et cibatrans – DOLE (FRAC de Franche-Comté) : *The Fall* 1987.
Ventes Publiques : PARIS, 11 juin 1990 : *Abris de bus VIII* 1988 : **FRF 70 000** – FRANCFORT-SUR-LE-MAIN., 14 juin 1994 : *Patricia Hearst de A à Z* 1979-89, 26 sérig. (chaque 40,6x50,8) : **DEM 18 500**.

ADAMS Douglas
XIXᵉ siècle. Britannique.
Peintre de paysages animés, paysages.
Paysagiste exposant depuis 1880, à la Royal Academy, à Suffolk Street et à la New Gallery.
Ventes Publiques : LONDRES, 23 avr. 1910 : *Georges de Sannox dans l'Ile d'Aran* : **GBP 42** – LONDRES, 8 mai 1981 : *Bord de mer escarpé* 1894, h/t (91,5x152,4) : **GBP 380** – NEW YORK, 8 juin 1984 : *The Doone valley* ; *Brough to bay near Poolock Weir* 1896, deux toiles (76,2x122,6) : **USD 4 200** – LONDRES, 11 juin 1986 : *Enfants dans un champ*, h/t (86x76) : **GBP 10 000** – PERTH, 31 août 1993 : *Le grand lac sur la rivière Tummel près de Pitlochry* 1898, h/t (77x123) : **GBP 2 530**.

ADAMS Dunlap
XVIIIᵉ siècle. Travaille en 1764. Américain.
Graveur.

ADAMS E.
XIXe-XXe siècles. Vivait en 1900-1901 à Park City (États-Unis d'Amérique). Américain.
Peintre.
Membre de la Society of Utah Artists.

ADAMS E., Miss
XIXe siècle. Travaillait à Londres entre 1828 et 1833. Britannique.
Peintre de paysages.
Exposa à Suffolk Street. Comparer avec Miss Charlotte Adams.

ADAMS Eliott Ashfield
XIXe siècle. Travaillait à Liverpool vers 1870. Britannique.
Paysagiste.

ADAMS Elisabeth
Née en 1924 à Stoke-on-Trent. XXe siècle. Britannique.
Peintre de portraits.
Après des études d'architecture en Angleterre, elle vint à Paris, s'inscrivant, en 1946, à l'École des Beaux-Arts, et devenant l'élève d'Édouard Mac-Avoy à l'Académie de la Grande-Chaumière, puis la massière de l'atelier. Elle travailla ensuite à l'Atelier Fernand Léger. En 1955, elle quitta Paris et se fixa à Antibes. Elle se maria alors avec Pierre Gastaud. Artiste discrète, elle expose peu : au Salon de Mai à Paris après 1965, en 1988 à Vichy avec Gastaud.
Dans son œuvre, les influences se succédèrent, celles de Nicolas de Staël, qu'elle ne connut que par ses œuvres au Musée d'Antibes, et de Geer Van Velde, ayant contribué à son expression personnelle subtile et proche de l'abstraction.
BIBLIOGR. : Lydia Harambourg, in : L'École de Paris 1945-1965, Ides et Calendes, Neuchâtel, 1993.

ADAMS Elizabeth Livingston
Née à Albany. XIXe-XXe siècles. Américaine.
Peintre.
Au début du XXe siècle, elle a figuré au Salon des Artistes Français de Paris.

ADAMS F.
XIXe siècle. Actif à Montréal. Canadien.
Graveur.
On cite particulièrement de lui une série d'ex-libris avec armoiries, parue en 1860.

ADAMS Frances Mathilde
Née vers 1784 en Angleterre. Morte en 1863. XIXe siècle. Britannique.
Peintre de fleurs et aquarelliste.
Peintre de la reine Adélaïde ; exposa souvent, de 1806 à 1832, à la Royal Academy de Londres. Elle s'est uniquement consacrée à la peinture de fleurs.

ADAMS Francis E.
XVIIIe siècle. Britannique.
Graveur en taille-douce.
Il reçut en 1760, un prix de la Société des Arts, publia une feuille satirique en 1773 et exécuta vers 1774 plusieurs portraits à l'encre.

ADAMS Frank
XIXe-XXe siècles. Actif à New York en 1903. Américain.
Illustrateur.

ADAMS George Gammon
Né le 21 avril 1821 à Staines. Mort le 4 mars 1898 à Acton Green Lodge (Chiswick). XIXe siècle. Britannique.
Sculpteur et médailleur.
Élève de Will. Wyon à la Monnaie royale. Il établit sa réputation en exécutant une sculpture d'après une miniature de la reine Victoria et des époux princiers. Ce fut le commencement d'une longue série de travaux parmi lesquels il faut citer les huit statues-portraits de Trafalgar Square.
MUSÉES : LONDRES : Portrait d'Albert, prince consort d'Angleterre – Portrait de sir William Napier – Portrait de Hugh, 1er vicomte de Gough – Buste en plâtre du 1er baron de Brougham et Vaux – Buste en plâtre de Campbell, 1er baron de Clyde – Buste en plâtre de John Bird Sumner – Buste en plâtre de sir George Wakelyn Smith – Buste en plâtre de sir James Napier.

ADAMS Georges Louis
XIXe siècle. Français.
Dessinateur et aquafortiste.

Inspecteur des travaux à la Sainte-Chapelle. Il réunit cent quatre-vingt-douze eaux-fortes sous le titre de Recueil de sculptures gothiques dessinées et gravées à l'eau-forte, d'après les plus beaux monuments de France (1856). En 1861, il fit un ensemble de cent panneaux, pour décorations intérieures, d'après les graveurs français, hollandais et autres.

ADAMS H. Isabel
XIXe siècle. Britannique.
Aquafortiste et illustrateur.
On lui doit notamment les charmantes illustrations du livre enfantin : Le Petit Chaperon Rouge, de la Banburg Cross serie, ainsi que des ex-libris.

ADAMS Hans. Voir ADAM Hans

ADAMS Harry Percy
XIXe siècle. Actif à Ipswich (Angleterre) dans la seconde moitié du XIXe siècle. Britannique.
Peintre d'architectures.
Il exposa à Londres, en 1888, à la Royal Academy et se spécialisa dans la représentation de sujets d'architecture.

ADAMS Harry William
Né en 1868 à Worcester. Mort en 1947. XIXe-XXe siècles. Britannique.
Peintre de paysages.
Il commença à exposer en 1896 à la Royal Academy de Londres, avec : Paysage d'hiver. Il se fit une spécialité de paysages sous la neige : Soleil sur la neige 1907 – Ruisseau bordé de glace 1908.
MUSÉES : LONDRES (Tate Gal.) : Soleil d'hiver.
VENTES PUBLIQUES : LONDRES, 2 juin 1978 : Paysage fluvial boisé en hiver, h/t (120,7x182) : GBP 650 – LONDRES, 11 mars 1981 : Arbres au bord d'une rivière en hiver, h/t (123x123) : GBP 650 – LONDRES, 15 fév. 1983 : Paysage d'hiver 1903, h/t (61x51) : GBP 300.

ADAMS Herbert
Né le 28 janvier 1858 à West-Concord (États-Unis). Mort en 1945. XIXe-XXe siècles. Américain.
Sculpteur.
Il commença à l'école normale des arts, à Boston, des études qu'il acheva avec Mercié, à Paris. Il resta cinq ans dans cette dernière ville, où il sculpta son premier buste de marbre : celui de sa fiancée, miss Adeline V... Pond. Herbert Adams s'acquit, par cette œuvre, une réputation de sculpteur élégant, qui fut le commencement de sa célébrité. Il était membre de l'Académie nationale de dessin. Adams exposa à Paris, où ses ouvrages reçurent une mention honorable en 1888-1889, et à Chicago, à Saint Louis et à Charleston. Parmi ses œuvres les plus intéressantes, on cite son Buste de sa femme, sa composition intitulée : La lumière, les statues de William Ellery Channing, et d'autres bustes coloriés. Semble différent de Herbert Sidney, dit Adams.
VENTES PUBLIQUES : NEW YORK, 27 sep. 1996 : Méditation, buste de femme, bronze polychrome (H. 41,3) : USD 2 990 – NEW YORK, 23 avr. 1997 : Nymphe 1915, bronze or (H. 43,2) : USD 2 760.

ADAMS J.
XVIIIe-XIXe siècles. Américain.
Graveur.
Il travailla à Exeter (Amérique du Nord). Il est l'auteur d'ex-libris gravés entre 1770 et 1810.

ADAMS James
XIXe siècle. Actif à Londres dans la première moitié du XIXe siècle. Britannique.
Dessinateur d'architectures.
Il exposa, entre 1808 et 1819, des sujets d'architecture à la Royal Academy de Londres.

ADAMS James L.
XIXe siècle. Actif à Leeds. Britannique.
Peintre.
Exposa à la Royal Academy, en 1880 : Le Déserteur.

ADAMS James Seymour
XIXe siècle. Britannique.
Peintre de paysages animés, paysages.
Exposa à la Royal Academy et à Suffolk Street, en 1885.
VENTES PUBLIQUES : LONDRES, 16 mars 1983 : Un jour d'été 1888-89, h/t (61x91,5) : GBP 850 – LONDRES, 13 juin 1990 : Pêcheurs à la ligne près de Pangbourne dans les Berks ; Environs de Haslemere dans le Surrey 1885, h/t, une paire (chaque 61x91) : GBP 5 500.

ADAMS Jane
XIXe siècle. Britannique.

Peintre.

Miss Jane Adams exposa à Londres, entre 1822 et 1831, à la Royal Academy, à Suffolk Street et à la British Institution, un certain nombre de tableaux de genre.

ADAMS Joan
XIXᵉ siècle. Britannique.
Peintre.

Elle exposa, en 1893, à la Royal Academy de Londres : *Le Garde-manger des laboureurs*.

ADAMS Johann Rudolf
Né en 1820 à Düsseldorf. XIXᵉ siècle. Allemand.
Peintre de portraits.

Travailla à Munich et se perfectionna durant ses voyages en Italie, en France et en Belgique. Il vint ensuite s'établir à Cologne, où il exposa en 1847 et 1848.

ADAMS John
XIXᵉ siècle. Britannique.
Peintre.

Son principal tableau cité, l'*Orage*, fut reçu à la Royal Academy, en 1869.

ADAMS John Clayton
Né en 1840. Mort le 20 juin 1906 à Ewhurst-Hill, près Guildford. XIXᵉ siècle. Britannique.
Peintre de genre, paysages animés, paysages, aquarelliste, graveur.

Cet artiste délicat prit part aux expositions de la Royal Academy de Londres, depuis 1863. Il exposa presque toujours des paysages.

MUSÉES : LONDRES (Victoria and Albert Mus.) : *Où les eaux coulent paisiblement* – *Faneurs dans les prairies* – *Le Soleil du soir* – *Pont dans un paysage*, aquar. – READING : *L'ancienne sablière* – SHEFFIELD : *Temps de moisson* – SUNDERLAND : *Herbages au bord de la rivière*.

VENTES PUBLIQUES : LONDRES, 23 fév. 1901 : *Noon* 1894 : **GBP 115** – LONDRES, 28 nov. 1908 : *Ferme, Norfolk* : **GBP 11** ; *Automne, Surrey* : *Les Foins* : **GBP 4** – LONDRES, 12 déc. 1908 : *De Coneyhurst à Leith Hill, Surrey* : **GBP 4** – LONDRES, 6 fév. 1909 : *L'étang de la ferme* : **GBP 8** ; *Fleurs de pommier* : **GBP 2** – LONDRES, 13 fév. 1909 : *Soir dans le Devonshire* : **GBP 10** – LONDRES, 6 mars 1909 : *Tristesse de la Nature* : **GBP 5** – LONDRES, 4 juin 1909 : *Le coude de la rivière* : **GBP 23** – LONDRES, 16 juil. 1909 : *L'Étang* : **GBP 22** – LONDRES, 28 juil. 1909 : *Moisson près de Cromer* : **GBP 3** – LONDRES, 7 mars 1910 : *Près des montagnes, Surrey* : **GBP 5** – LONDRES, 2 avr. 1910 : *Automne* : **GBP 8** – LONDRES, 4 avr. 1910 : *Dans les bois, Surrey* : **GBP 2** ; *Mauvaises herbes* : **GBP 2** – LONDRES, 9 avr. 1910 : *Route de Surrey* : **GBP 14** – LONDRES, 23 mai 1910 : *L'Étang de la ferme* : **GBP 4** – LONDRES, 17 juin 1910 : *Le temps de la moisson* : **GBP 60** – LONDRES, 4 juin 1970 : *Paysage fluvial* : **GNS 160** – LONDRES, 21 mars 1972 : *Bords de rivière* : **GBP 750** – LONDRES, 4 oct. 1973 : *Paysage fluvial boisé* : **GNS 1 800** – NEW YORK, 15 oct. 1976 : *Paysage*, h/t (74x125) : **USD 2 700** – LONDRES, 29 juil. 1977 : *Paysage fluvial* 1897, h/t (130,8x197,3) : **GBP 1 000** – LONDRES, 3 juil. 1979 : *Troupeau de moutons dans un paysage* 1898, h/t (105x151) : **GBP 1 800** – LONDRES, 30 juil. 1981 : *The silver dart* 1899, h/t (168,2x106,7) : **GBP 1 200** – LONDRES, 7 mai 1982 : *Paysage fluvial avec moissonneurs* 1874, h/t (34,3x52) : **GBP 1 200** – LONDRES, 24 déc. 1982 : *Moutons dans un paysage*, aquar. reh. de blanc (36x33,3) : **GBP 200** – LONDRES, 14 juil. 1983 : *On the downs*, h/t (56x96,5) : **GBP 1 200** – LONDRES, 27 juil. 1984 : *Silver summer* 1880, h/t (127,6x102,2) : **GBP 3 800** – CHESTER, 12 juil. 1985 : *Scène de moisson* 1872, h/t (51x76) : **GBP 2 700** – LONDRES, 30 sep. 1987 : *Soir d'automne* 1897, h/t (61x91,5) : **GBP 3 600** – LONDRES, 23 sep. 1988 : *Troupeau de moutons et ânes dans les collines* 1889, h/t (108x153) : **GBP 8 250** – LONDRES, 2 nov. 1989 : *Personnages se reposant près de bottes de blé un après midi d'été* 1895, h/t (50,7x76,2) : **GBP 3 300** – LONDRES, 13 fév. 1991 : *Ewhurst Hill près de Guildford* 1885, h/t (56x97) : **GBP 3 960** – LONDRES, 11 oct. 1991 : *Sur la Tweed*, h/t (106,7x152,4) : **GBP 9 020** – LONDRES, 12 juin 1992 : *Après l'averse* 1886, h/t (108x183) : **GBP 6 600** – NEW YORK, 17 fév. 1993 : *Sur le chemin du marché*, h/t (76,2x121,9) : **USD 36 800** – LONDRES, 7 juin 1995 : *Moisson au bord de la Tamise* 1898, h/t (60x90) : **GBP 4 025** – LONDRES, 6 juin 1996 : *Sur la Dee, Pays de Galles*, h/t (29,2x34,2) : **GBP 1 150** – LONDRES, 12 mars 1997 : *Chaude Journée* 1873, h/t (76x122) : **GBP 5 980** – LONDRES, 5 nov. 1997 : *Retour à la bergerie*, h/t (97x152) : **GBP 4 140**.

ADAMS John Otis
Né le 8 juillet 1851 à Amity (Indiana). Mort en 1927 à Indianapolis. XIXᵉ-XXᵉ siècles. Américain.
Peintre de paysages.

Il étudia à Londres et à Munich, et, revenu en Amérique, devint plus tard vice-président de la Société des artistes de l'Ouest. Il obtint une médaille de bronze, en 1904, à l'Exposition de Saint Louis. Cet artiste exposa dans les principales villes des États-Unis, et exerça les fonctions de professeur à l'Art Institute de John Herron, à Indianapolis.

VENTES PUBLIQUES : LOS ANGELES, 5 oct. 1981 : *Shady landscape* 1903, h/t (56x81,5) : **USD 2 200** – BOLTON, 11 sep. 1987 : *American plein air*, h/t (41x56) : **USD 7 900** – NEW YORK, 22 mai 1991 : *Une crique au printemps* 1897, h/t (56x81,5) : **USD 17 600** – NEW YORK, 6 déc. 1991 : *Paysage de printemps* 1895, h/t (74x56) : **USD 33 000**.

ADAMS John Otis, Mrs. Voir ADAMS Winifred Brady

ADAMS John Quincy
Né le 21 décembre 1874 à Vienne. Mort en 1933. XXᵉ siècle. Autrichien.
Peintre de genre, de portraits.

Il fut élève de l'Académie des Beaux-Arts de Vienne, poursuivit ses études à Munich, puis à Paris il fut élève de Jean-Paul Laurens et de Benjamin Constant. A Paris, il a exposé régulièrement au Salon des Artistes Français jusqu'en 1912, obtenant une médaille en 1908. Il figura aussi à l'exposition d'art autrichien de Londres en 1906 et aux expositions de Berlin en 1909 et 1910.
En tant que portraitiste, il a peint le *Portrait de la femme du peintre* en 1906, *Portrait de groupe du peintre et de sa famille* en 1910, des portraits de personnalités de l'époque, comme par exemple : *Portrait de Mademoiselle M. Hoflenfel dans la pièce d'Oscar Wilde* : « Le mari idéal ». En tant que peintre de genre, on cite de lui : *La prière pour les morts* dans la chapelle ardente du cimetière de Volendam (Hollande), un triptyque : *Des tribulations nécessaires pour arriver au royaume de Dieu*, qui lui valut une médaille d'or ou encore dans un genre très différent : *Une opération*. ■ J. B.

VENTES PUBLIQUES : VIENNE, 21 juin 1983 : *Baigneuse* 1911, h/cart. (93x68) : **ATS 14 000** – VIENNE, 18 mars 1986 : *Le moulin à vent* 1903, h/t (55x50) : **ATS 13 000** – LONDRES, 28 oct. 1992 : *Joueur de billard*, h/pan. (46x30,5) : **GBP 3 850**.

ADAMS John Talbot
XIXᵉ siècle. Britannique.
Paysagiste.

Il exposa, entre 1861 et 1877, à Suffolk Street et à la British Institution, et en 1862, la *Fille du Jardinier* à la Royal Academy.

ADAMS John Wolcott
Né en 1874 à Worcester (Massachusetts). Mort en 1925 à New York. XXᵉ siècle. Américain.
Dessinateur, illustrateur.

Il descendait des deux présidents des États-Unis du même nom. Il étudia à Boston et fut élève de Howard Pyle à New York. Il dessinait à la plume et au crayon. Il fut publié dans les magazines les plus importants. Il illustra des recueils de chansons anciennes, de récits historiques, de poésies.

BIBLIOGR. : Marcus Osterwalder : *Diction. des illustrateurs 1800-1914*, Hubschmid et Bouret, Paris, 1983.

ADAMS Joseph Alex.
Né en 1803 à New Germantown. Mort en 1880. XIXᵉ siècle. Américain.
Graveur sur bois.

Il travailla plusieurs années comme imprimeur, puis il se consacra à la gravure sur bois, qu'il étudia d'abord seul ; plus tard il reçut les conseils du graveur Alex. Anderson. Devenu maître, il entreprit, avec ses élèves et collaborateurs, le grand ouvrage qui fit sa réputation : la *Bible de Harper*. Les meilleures gravures de cet ouvrage sont *La dernière flèche*, d'après Chapman et des reproductions de sujets bibliques.

ADAMS Katherine Langhorne, Mrs
Née à Plainfield (New Jersey). XXᵉ siècle. Américaine.
Peintre graveur.

ADAMS Kenneth
Né à Topeka (Kansas). XXᵉ siècle. Américain.
Peintre.

Paysagiste ayant exposé au Salon d'Automne, en 1922.

ADAMS L.
XIXᵉ siècle. Actif à Londres vers 1833. Britannique.

Peintre de portraits.

L. Adams exposa des portraits à Suffolk Street, en 1833 et 1834.

ADAMS L. B.
XIXᵉ siècle. Britannique.

Peintre de genre.

Voir la notice suivante.

ADAMS Lewis Brian
Né en 1809. Mort en 1853 à Caracas (Venezuela). XIXᵉ siècle. Actif aussi au Venezuela. Britannique.

Peintre de portraits.

Il fit ses études à la Royal Academy de Londres et exposa à Suffolk Street et à la British Institution entre 1828 et 1844.

Lors de son séjour à Caracas, il fit de nombreux portraits de la société vénézuelienne de l'époque du général José Antonio Paez et de quelques Anglais émigrés.

MUSÉES : CARACAS (Gal. d'Art Nat.) : *Trois Portraits* – EL TOCUYO : *Portrait* – MÉRIDA (Mus. Diocésain) : *Portrait*.

ADAMS Lisa
XXᵉ siècle. Américaine.

Sculpteur. Abstrait.

Elle a figuré à l'exposition *Smoggy Abstraction : Recent Los Angeles Painting* au Haggerty Museum of Art, Marquette University, en 1996. Elle montre ses œuvres dans des expositions personnelles, dont : 1994, Los Angeles.

Elle réalise des sculptures fantasques, aux formes organiques coupées dans le bois ou formées à partir de Plexiglas et de silicone, peintes de couleurs industrielles, et potentiellement mobiles (difficiles à mouvoir), dans la tradition de Calder, Arp ou Tatlin.

BIBLIOGR. : James Scarborough : *Lisa Adams/Lari Pittman*, Artpress, nᵒ 196, Paris, nov. 1994.

ADAMS Lucy
XIXᵉ siècle. Active à Billericay (Essex). Britannique.

Peintre et aquarelliste.

Miss Lucy Adams, entre autres travaux, est auteur d'un portrait de Mrs Trollope (British Museum). Elle a exposé, de 1815 à 1843, à la Royal Academy et à Suffolk Street.

ADAMS Maurice B.
XIXᵉ siècle. Britannique.

Artiste.

Il travaillait à Londres entre 1876 et 1893. Maurice Adams exposa des sujets d'architecture à la Royal Academy.

ADAMS Patricia, dite Pat
Née en 1928 à Stockton (Californie). XXᵉ siècle. Américaine.

Peintre. Abstrait.

Après son diplôme de l'Université de Californie obtenu en 1949, elle vint étudier avec Max Beckmann, John Ferren, à la Brooklyn Museum School. Elle séjourna et travailla en 1951-52 à Florence, en 1956-57 à Paris. Depuis 1954, elle a fait de nombreuses expositions individuelles aux Etats-Unis. Peintre abstrait, ses œuvres se caractérisent par l'accumulation de signes graphiques ténus et minutieux, qui l'ont fait rapprocher de Tobey ou Wols.

ADAMS R.
XIXᵉ siècle. Actif au début du XIXᵉ siècle. Britannique.

Peintre de paysages.

Ses paysages, exposés entre 1820 et 1824, représentent surtout des vues de la Suisse, de Rome, Tivoli et de la Tamise.

ADAMS Richard
Né vers 1645. XVIIᵉ siècle. Travaillait à Amsterdam. Hollandais.

Peintre.

ADAMS Robert
Né en 1540 à Londres. Mort en 1595 à Londres. XVIᵉ siècle. Britannique.

Architecte, dessinateur et graveur.

C'était un homme d'un grand mérite et sa compétence lui valut l'emploi d'architecte de la reine Elisabeth. Il existe une suite de gravures très rares, exécutées d'après ses dessins par Augustus Ryther, et publiées en 1589.

ADAMS Robert
Né le 5 octobre 1917 à Northampton. Mort en 1984. XXᵉ siècle. Britannique.

Sculpteur, graveur. Abstrait.

Il fut élève de l'Ecole d'Art de Northampton. Il a commencé à

exposer en 1947. Depuis 1949 il est professeur à l'Ecole Centrale des Arts et Métiers de Londres. Il participe à des expositions collectives internationales : Biennale de São Paulo 1951, à laquelle il obtint un Prix de Gravure, et 1957 ; Biennale de Venise 1952, etc. Avant 1955, ses sculptures en bois s'inspiraient de formes animales. Dans la suite, il utilisa des matériaux divers, bois, métal, pierre. Il a alors abandonné toute référence à une réalité du monde extérieur, pour accéder à une sculpture totalement abstraite, conçue sur le modèle de l'abstraction architecturale. Ces sculptures sont souvent constituées d'un grand plan médian et principal, de chaque côté duquel il articule, en avant et en retrait, des formes géométriques simples, présageant un peu les structures primaires que prôneront bientôt les minimalistes. L'utilisation du métal accentue encore l'effet de légèreté que produisent ses œuvres de ce type. ■ J. B.

VENTES PUBLIQUES : LONDRES, 1ᵉʳ nov. 1967 : *Forme rectangulaire Nᵒ 2*, bronze : GBP 40 – LONDRES, 3 nov. 1982 : *Figures 1949*, bois d'if (H. 98,5) : GBP 1 500 – LONDRES, 2 nov. 1983 : *Mère et enfant* vers 1949-50, chêne et acajou (H. 76) : GBP 1 600 – LONDRES, 3-4 mars 1988 : *Deux 1977*, acier (Haut. 262 cm) : GBP 3 850 – LONDRES, 10 nov. 1989 : *Sans titre 1957*, métal (H. 19,1) : GBP 2 420 – NEW YORK, 10 oct. 1990 : *Maquette pour « Trio »* 1966, acier (H. 54,9) : USD 2 090 – LONDRES, 26 mars 1993 : *Formes en balance 1962*, acier à patine bronze (H. 44) : GBP 1 782 – LONDRES, 25 oct. 1995 : *Construction dans l'espace avec spirale 1950*, fil d'acier et boules de bois (H. 99) : GBP 5 520.

ADAMS S. H.
XIXᵉ siècle. Français.

Sculpteur.

Il exposa au Salon de Paris en 1888 : *Buste en plâtre* et un *Fragment de Fontaine*, obtenant une mention honorable. En 1890, il envoya : *Bacchus enfant*, statue de marbre, et *John Marsh*, buste en marbre.

ADAMS Simon
XIXᵉ siècle. Actif à Bruxelles. Belge.

Peintre de paysages et de marines.

ADAMS Steven
Né en 1629 à Tours. XVIIᵉ siècle. Français.

Peintre.

Se maria à Amsterdam, où il vivait en 1656.

ADAMS T.
XVIIIᵉ siècle. Vivait en Angleterre au commencement du XVIIIᵉ siècle. Britannique.

Peintre.

Connu surtout pour le *Portrait de Sir Will Johnson*, que grava, d'après lui, Ch. Spooner.

ADAMS Thomas
XIXᵉ siècle. Britannique.

Peintre.

Se spécialisa dans l'étude des fruits ; il exposa, de 1865 à 1879 à Suffolk Street et à la British Institution à Londres.

ADAMS W. J.
XIXᵉ siècle. Actif à Londres vers 1830. Britannique.

Sculpteur.

Adams exposait à Suffolk Street et à la Royal Academy.

ADAMS Wayman
Né en 1883. Mort en 1959. XXᵉ siècle. Britannique.

Peintre de genre, paysages, animalier, aquarelliste.

VENTES PUBLIQUES : NEW YORK, 24 oct. 1979 : *Paysage de printemps*, aquar. (35,5x51) : USD 600 – NEW YORK, 20 avr. 1982 : *The old scout*, h/t (76,2x63,5) : USD 800 – NEW YORK, 14 juin 1987 : *« Snippy », a Wire Haur Terrier*, h/t (71,4x56,5) : USD 7 900 – NEW YORK, 10 juin 1992 : *Jeu sur les marches*, h/pan. (25,5x17,8) : USD 9 350 – NEW YORK, 2 déc. 1992 : *Promenade en carriole*, h/pan. (37,5x29,2) : USD 3 520.

ADAMS William
XIXᵉ siècle. Vivait à Londres vers 1822. Britannique.

Paysagiste.

ADAMS William Dacres
Né en 1864 à Oxford ou à Reading. Mort en 1951. XIXᵉ-XXᵉ siècles. Britannique.

Peintre de figures, portraits, aquarelliste.

Après avoir commencé à travailler à Birmingham, il fut élève de sir Hubert von Herkomer à Bushey. Il a commencé à exposer en 1892 à la Royal Academy et dans des organismes collectifs de Londres. À Paris, il figura au Salon de la Société Nationale des

Beaux-Arts en 1937 et 1939. De ses figures, on cite : *La blonde Hélène* – *Le veuf* – *Le chapeau neuf*. Il a aussi peint quelques paysages : *La rue du village* – *Les portes du parc*.

VENTES PUBLIQUES : LONDRES, 18 mai 1976 : *The little princess* 1901, h/t (60x49) : **GBP 210** – LONDRES, 30 mars 1982 : *The outcast* 1902, h/t (81,5x61) : **GBP 600** – CHESTER, 30 mars 1984 : *Le cercle magique*, h/t (93x81,5) : **GBP 700**.

ADAMS Winifred Brady, Mrs
Née en 1871 à Muncie (Indiana). XIXᵉ-XXᵉ siècles. Américaine.
Peintre.
Femme de John Otis Adams.

ADAMS-ACTON John
Né en 1834 à Acton (Middlesex). XIXᵉ siècle. Britannique.
Sculpteur.
Élève de l'Académie royale, puis de John Gibson, à Rome. Il exposa régulièrement depuis l'âge de vingt ans jusqu'en 1892. Son œuvre comprend de nombreux médaillons, des bustes, des statues, et des monuments. Cet artiste exposa à la Royal Academy sous le nom de *John Adams* jusqu'en 1868, date à laquelle il commença à se servir de son nom composé d'Adams-Acton, peut-être pour se distinguer du peintre *John Adams*, qui travaillait à la même époque et exposait également à la Royal Academy. Adams-Acton était membre de la Society of British Artists.
MUSÉES : LONDRES (Art Gal.) : *Albert, prince consort* – *S. M. la reine Victoria*, bustes en marbre – *Sir Titus Salt*, buste en marbre.

ADAMS-TELTSCHER George
Né en 1904 à Purkersdorf (Vienne). XXᵉ siècle. Actif en Angleterre. Autrichien.
Dessinateur, peintre décorateur.
Il fut élève de l'Ecole des Arts Décoratifs de Vienne, puis, de 1921 à 1923, du Bauhaus à Dessau. Sans doute sous l'influence d'Oscar Schlemmer, il devint décorateur de théâtre à Vienne en 1925. Son activité de graphiste le mena à Hambourg et Berlin de 1927 à 1933, puis à Barcelone de 1934 à 1936, enfin à Londres, où il s'est fixé comme graphiste et designer.

ADAMSE Marinus
Né le 17 octobre 1891 à Dordrecht. XXᵉ siècle. Hollandais.
Graveur.
Il travaille à Dordrecht, Rotterdam et Munich.

ADAMSKI Hans Peter
Né en 1947. XXᵉ siècle. Allemand.
Peintre de sujets divers.
Il fit ses études artistiques à l'Académie de Düsseldorf. Il a figuré dans plusieurs expositions collectives parmi lesquelles on peut citer : *Adamski* – *Barry* – *Buren* – *Lord* à la galerie Paul Maenz à Cologne, en 1981 au Groninger Museum, en 1982 *10 jeunes peintres allemands* au Musée Folkwang d'Essen, *12 jeunes artistes allemands* à la Kunsthalle de Bâle et au musée Boymans-van-Beuningen de Rotterdam, en 1983 *Expressionisten – Neue Wilde* au musée de Dortmund, en 1984 à la Kunsthalle de Budapest, à la Biennale de Venise, à la galerie Sonnabend à New York, en 1985 à la galerie Leo Castelli de New York. Il a exposé personnellement en 1981 à la galerie Paul Maenz à Cologne, en 1982 à la galerie Buchmann à St Galllen, en 1983 à la galerie Ascan Crone de Hambourg, à la galerie Heinrich Erhardt de Madrid, à la galerie Six Friedrich de Munich, en 1984 au Bonnefantenmuseum de Maastricht, à la galerie Ado de Bonheide, au Städtisches Kunstmuseum de Bonn, en 1985 à la Reinhard Onnasch Galerie à Berlin et à la galerie Asperger & Bischoff de Chicago.
Ses peintures de grand format mettent en scène des figures et des objets tracés hâtivement, cernés d'épais traits noirs sur des fonds unis.
BIBLIOGR. : Catal. de l'exposition *Hans Peter Adamski*, Reinhard Onnasch galerie, Berlin, déc. 1985 – jan. 1986.
VENTES PUBLIQUES : LONDRES, 25 juin 1985 : *Portrait d'homme* 1983, h/t (260x230) : **GBP 6 500**.

ADAMSON, Miss
XIXᵉ siècle. Britannique.
Peintre de fleurs et de fruits.
Elle exposa entre 1845 et 1858 à la Royal Academy.

ADAMSON Amandus Heinrich, dit Amand
Né le 31 octobre 1855 à Hunkas (près de Port Baltique, Estonie). XIXᵉ siècle. Estonien.
Sculpteur et graveur sur bois.
Il fit ses études à l'Académie de Saint-Pétersbourg, et sous la

direction du professeur Bock, à Paris en 1886 et 1891. Il exposa à Paris une statue de marbre : *La Vague*, et *La Faim*, épisode de la famine en Russie. Participant au Salon des Artistes Français, jusqu'en 1928, il obtint une mention honorable à l'Exposition Internationale de 1889.

ADAMSON Crawford
Né en 1953 à Édimbourg. XXᵉ siècle. Britannique.
Peintre de portraits, figures.
Il fut élève du Duncan of Jordanstone College à Duncan, puis poursuivit sa formation en France et au Canada. Il a participé à de nombreuses expositions collectives en Angleterre, au Japon, en France et aux États-Unis. Il montre ses œuvres dans des expositions personnelles à Londres et Édimbourg.
MUSÉES : NEW YORK (Metropolitan Mus.).

ADAMSON David Comba
XIXᵉ siècle. Britannique.
Peintre de genre, portraits, aquarelliste.
Il exposa à la Royal Academy en 1889 et 1893, et à Paris en 1891 et 1894.
VENTES PUBLIQUES : LONDRES, 13 nov. 1986 : *The scarlet parasol*, h/t (91,5x71,2) : **GBP 14 000** – CHESTER, 9 avr. 1987 : *La garde du palais* 1897, aquar. (29x15) : **GBP 580**.

ADAMSON John
Né en août 1865. XIXᵉ siècle. Britannique.
Peintre.
Élève de l'Académie royale de Londres. Il exposa, à partir de 1890, des portraits et des tableaux de genre. Cet artiste a exposé en 1908 à la Royal Academy, à Londres, le *Portrait de H.-R. Robertson, esq.*

ADAMSON Penryhn Stanley
Né en 1877 à Dundee (Écosse). XXᵉ siècle. Américain.
Peintre, illustrateur.

ADAMSON Sarah Gough
Née à Manchester (Angleterre). XXᵉ siècle. Britannique.
Peintre.
Elle a commencé à exposer à Paris en 1913 au Salon des Artistes Français. Elle a aussi figuré à l'Exposition des Arts Décoratifs de 1925.
VENTES PUBLIQUES : GLASGOW, 6 fév. 1990 : *Les prophéties anciennes*, aquar. et gche (54x36,5) : **GBP 825**.

ADAMSON Sydney
Né à Dundee (Ecosse). XIXᵉ-XXᵉ siècles. Britannique.
Peintre de genre, portraits, illustrateur.
Il fut actif de 1892 à 1914. Il travailla comme illustrateur pour les principaux périodiques de Londres et de New York. Pour le magazine Leslie's, il accompagna les troupes américaines dans les Philippines et en Chine en 1899-1900. Il a exposé à la Royal Academy de Londres à partir de 1908.
Il affectionnait les sujets de genre de la vie écossaise et particulièrement d'Édimbourg.
VENTES PUBLIQUES : PARIS, 7 nov. 1949 : *Messe militaire à la cathédrale Saint-Gilles à Édimbourg* : **FRF 4 500** – NEW YORK, 15 avr. 1992 : *La charge des rebelles* 1899, h/t (67,3x101,6) : **USD 2 640** – PARIS, 22 juin 1992 : *Dames turques à l'entrée de leur maison*, aquar. (41x35,5) : **FRF 10 000** – NEW YORK, 2 déc. 1992 : *La charge des rebelles* 1899, h/t (67,3x101,5) : **USD 4 400**.

ADAMSON-ERIC Eric Karl Hugo
Né le 18 août 1902 à Tartu (Estonie). XXᵉ siècle. Estonien.
Peintre de portraits, natures mortes, décorateur.
Grâce à une bourse de l'Etat d'Estonie sur le fonds spécial des Beaux-Arts, il fut élève de l'Ecole des Métiers d'Art de Berlin, puis des Académies libres Colarossi et Ranson à Paris, ainsi que de l'Atelier André Lhote et du peintre russe Vassili Choukhaïeff. Depuis 1925 il expose régulièrement en Estonie. Il a également exposé à Berlin en 1925. À Paris, il a exposé successivement aux Salons d'Automne 1927-1928, des Tuileries 1928-1929, des Indépendants 1928-1930, et y a participé en 1929 à l'Exposition d'Art Estonien. En 1929 il a exposé à Helsingfors et à Lübeck. Il a eu aussi une activité de créateur de meubles et de décorateur d'intérieur.
MUSÉES : HELSINKI (Atheneum) : *Portrait de Madame Barbarus* – PARIS (Jeu de Paume) : *Portrait du père de l'artiste* – TALLINN : *Nature morte*.
VENTES PUBLIQUES : STOCKHOLM, 5-6 déc. 1990 : *Sérénade* 1924, h/t (92x65) : **SEK 13 500** – STOCKHOLM, 30 mai 1991 : *Composition la sérénade*, h/t (80x64) : **SEK 5 000**.

ADAMSZ Adam
XVIIe siècle. Hollandais.
Peintre.
Il faisait partie, en 1653, de la corporation des peintres de Leyde.

ADAMSZ Adam
XVIIIe siècle. Travaillait en Hollande au commencement du XVIIIe siècle. Hollandais.
Peintre.
Il acheta son titre de citoyen hollandais le 15 mai 1721.

ADAMSZ Matthys
XVIe siècle. Vivait à Amsterdam. Hollandais.
Peintre.
On trouve son nom dans des actes d'achat et de vente d'une maison, datés de premier de 1564, le second de 1602.

ADAMSZ Scholte
XVIIe siècle. Actif à Amsterdam vers 1611. Hollandais.
Graveur en taille-douce.

ADAMSZ Seger
XVIIe siècle. Hollandais.
Peintre.
Fut élève de Joast Cornelisz Drooschsloot, à Utrecht, en 1621.

ADAN Étienne
Né à Limoges. XXe siècle. Français.
Peintre.
Exposa au Salon d'Automne en 1923 : *Le Pont Neuf, Froidepont, Portrait* ; au Salon des Indépendants en 1927 : *Portrait du peintre.*

ADAN F.
XIXe siècle. Actif à Londres vers 1878.
Peintre de fleurs.
Il exposa deux tableaux à Suffolk Street.

ADAN Juan
Né à Tarragone. Mort le 4 juin 1816. XVIIIe-XIXe siècles. Espagnol.
Sculpteur.
D'abord élève de José Ramirez, il alla se perfectionner à Rome. De retour en Espagne, vers 1778, il travailla pour l'État et fut nommé directeur de l'Académie de San Fernando, à Madrid, en 1814. D'entre ses œuvres, il faut citer : *Hercule et Anter* pour une fontaine à Aranjuez, une *Vierge* dans la cathédrale de Malaga, une statue équestre de *Charles IV* à l'Escorial.

ADAN Louis Emile
Né le 20 mars 1839 à Paris. Mort en 1937. XIXe-XXe siècles. Français.
Peintre de paysages animés, natures mortes, aquarelliste, illustrateur.
Il fut élève de François Picot et d'Alexandre Cabanel à l'École des Beaux-Arts de Paris.
Durant sa longue vie, il exposa à tous les Salons de 1863 à 1937. Ses envois lui valurent plusieurs médailles, dont une troisième médaille en 1875, une deuxième en 1882 et la médaille d'or en 1889. Chevalier de la Légion d'honneur en 1892, il fit partie du jury du Salon et du comité du Salon des Artiste français en 1900 ; il obtint le Prix Bonnat en 1931.
Malgré les titres de ses toiles : *L'Abandonnée – L'Approche de l'hiver – La Fille du passeur*, les personnages ne sont que prétexte à des compositions où le paysage est, en fait, le sujet essentiel. Il sait rendre la modulation des tons verts des feuillages reflétés dans les étangs, mais aussi les tons vifs de certaines scènes anecdotiques ou de natures mortes. À côté des aquarelles, qui tiennent une place importante dans son œuvre, il fit de nombreuses illustrations, dont celles des *Fables* de La Fontaine et de Florian, *Un cœur simple* de Flaubert, *Les Filles de feu* et *Gertrude* d'A. Theuriet. On cite de lui : *Dernier jour de vente* 1875 – *La Leçon de danse – L'Été de la Saint-Martin – Soir d'automne* 1882.

BIBLIOGR. : Gérald Schurr : *Les Petits Maîtres de la peinture 1820-1920*, t. II et III, Les Éditions de l'Amateur, Paris, 1989.
MUSÉES : ALENÇON : *On attend le parrain* – LYON : *Le Maître de chapelle* – MULHOUSE : *Soir d'été* – PARIS : *L'Abandonnée – Novembre – Les Brûleurs d'herbe – Femmes de pêcheurs* – ROUEN : *Moines dominicains présidant aux fouilles pratiquées dans l'église Saint-Clément à Rouen* – SAINT-ÉTIENNE : *Un coin du ghetto à Rome.*

VENTES PUBLIQUES : PARIS, 1872 : *Les quatre parties du monde*, h/t : **FRF 3 000** – PARIS, 1900 : *La fille du passeur*, h/t : **FRF 180** – NEW YORK, 23 jan. 1903 : *En promenade*, h/t : **USD 60** – PARIS, 29 mars 1943 : *Paysanne au bord de l'étang* : **FRF 3 000** – PARIS, 23 juin 1943 : *Villageoise patinant*, aquar. : **FRF 1 600** – PARIS, 20 nov. 1950 : *La cueillette des fleurs*, h/t : **FRF 4 000** – NEW YORK, 24 fév. 1971 : *Champ de pommes de terre*, h/t (125x183) : **USD 1 500** – NEW YORK, 24 fév. 1982 : *La cueillette de fleurs*, h/pan. (33x24) : **USD 2 000** – ENGHIEN-LES-BAINS, 24 mars 1984 : *Jeune femme assise près de la rivière*, aquar. (38x54) : **FRF 15 000** – NEW YORK, 24 mai 1984 : *Gulliver au pays des géants*, h/t (114,2x212) : **USD 65 000** – NEW YORK, 13 fév. 1985 : *Jeune femme dans un jardin*, h/pan. (40,5x32,5) : **USD 7 750** – BARCELONE, 2 avr. 1987 : *Paysage d'été* 1863, h/t (147x92) : **ESP 875 000** – NEW YORK, 24 mai 1989 : *La musique* ; *La danse*, h/t, une paire (chaque 36,9x24,1) : **USD 13 200** – NEW YORK, 15 fév. 1990 : *Les voyeurs*, h/t (52x84) : **GBP 3 300** – PARIS, 7 mars 1990 : *Le cordonnier et son apprenti*, h/t (38x55,5) : **FRF 16 000** – NEW YORK, 29 oct. 1992 : *Le prétendant*, h/pan. (64,1x94,6) : **USD 16 500** – PARIS, 22 déc. 1993 : *Retour du marché*, h/t (34,5x53) : **FRF 7 800** – LONDRES, 18 mars 1994 : *Le nid*, h/t (54,6x73,7) : **GBP 24 150** – NEW YORK, 16 fév. 1995 : *La lettre*, h/t (41,9x58,4) : **USD 43 125.**

ADAN Miguel
XVIe siècle. Travaillait en Espagne. Espagnol.
Peintre.
On trouve sa signature et la date 14 mars 1593 sur l'acquit d'un acompte de trente ducats, reçus du majordome de l'église Santiago, de Séville, sur une somme de cinq cents ducats devant lui être payée pour les décorations de l'autel ; il vivait encore en 1598.

ADANISIO Paolo
XVe siècle. Italien.
Peintre.
Il exécuta, en 1485, un tableau d'autel avec prédelle, pour S. Giov. di Padova, à Cerreto.

ADCOCK
XIXe siècle. Actif à Londres vers 1845. Britannique.
Artiste.
Ce nom est cité, sans aucun renseignement, dans l'index du catalogue de la Royal Academy de l'année 1845. Peut-être le même que G. Adcock.

ADCOCK G.
XIXe siècle. Britannique.
Graveur en taille-douce.
Il exécuta des portraits de savants, d'acteurs, de poètes et d'hommes célèbres, d'après Reynolds, Saunders, Lawrence et autres.

ADCROFT
XVIIIe siècle. Britannique.
Graveur.
On cite de lui un ex-libris fait pour Rich. Harrison vers 1780.

ADDA Francesco d', comte
Mort en 1550. XVIe siècle. Italien.
Peintre amateur.
Le comte d'Adda fut l'élève et l'imitateur de Léonard de Vinci. Il exécuta de petites peintures très finies sur panneaux de bois et sur ardoise.

ADDAMIANO Natale
Né en 1943. XXe siècle. Italien.
Peintre. Abstrait.
Il se rattache au courant abstrait qu'on a pu qualifier d'expressionniste ou de gestuel.

ADDAMS J. Howard
Mort en 1924. XXe siècle. Américain.
Peintre.

ADDAMS Mez, Miss
XXe siècle. Américaine.
Peintre.
Elle vivait en Angleterre en 1905-1906.

ADDARI Élyane, née **Laverdet**
Née en 1936 à Brest (Finistère). XXe siècle. Française.
Peintre de paysages animés, compositions à personnages. Postimpressionniste.

Elle suivit les cours de Maurice André à l'Académie Charpentier en 1953-1954. Elle a créé alors une vingtaine d'affiches pour la chaîne de magasins Uniprix. Mariée et fixée à Toulon (Var), elle participe à des expositions de groupe dans le Midi, Marseille, Toulon, mais aussi à Deauville, Mégève, Strasbourg, etc. Elle figure aussi régulièrement à Paris, aux Salons d'Automne et de la Société Nationale des Beaux-Arts, ainsi que dans des groupes aux États-Unis, au Japon, en 1992 à New-Orléans (U.S.A.), Hong-Kong... Nombreuses expositions personnelles à Hyères de 1976 à 1979, puis dans une galerie parisienne, notamment en 1994, ainsi qu'à Toulouse, Metz, etc.

Elle traite surtout des sujets intimistes : scènes de plage et jardins avec femmes et enfants. Sa référence est sans doute Renoir, toutefois, dans certaines peintures de facture plus libre, elle se rapproche plus nettement de Bonnard.

E Addari

BIBLIOGR. : Marc Gaillard : *Addari*, Collect. Terre des Peintres, Paris, 1990.
MUSÉES : HYÈRES.
VENTES PUBLIQUES : PARIS, 18 jan. 1990 : *La petite fille au chat*, h/t : FRF 7 500 – LEVALLOIS-PERRET, 30 jan. 1992 : *Nu à la toilette*, h/t : FRF 5 000.

ADDE-VIDAL V.
XIXe-XXe siècles. Français.
Peintre.
Exposa au Salon des Artistes Français jusqu'en 1914, des portraits et des paysages.

ADDENBROOKE Rosa, Miss
XIXe siècle. Vivait à Salisbury (Angleterre) vers 1891. Britannique.
Peintre.
Peintre de natures mortes, elle exposa à la Royal Academy, en 1891 et à Suffolk Street, en 1892.

ADDERLY, Miss
XIXe siècle. Active à Londres vers 1842. Britannique.
Peintre de paysages.
Miss Adderly figura avec un tableau à la British Institution, en 1842.

ADDERTON C. W.
XIXe siècle. Britannique.
Paysagiste.
Ses toiles principales sont : *Effets de lumière à midi et le soir*, *Printemps précoce*, *Coup de vent sur la mer*, exposées à la Royal Academy, à partir de 1895.

ADDEY Joseph Poole
XIXe-XXe siècles. Irlandais.
Peintre de figures, fleurs.
Actif à Dublin au XIXe siècle, il exposa, en 1897, à la Royal Academy, une peinture de fleurs ; depuis, ses tableaux figurèrent seulement à la Royal Hibernia Academy.
VENTES PUBLIQUES : LONDRES, 28 avr. 1987 : *Le guitariste* 1902, aquar. reh. de gche (74x47) : GBP 1 800.

ADDICKS Chr. J.
XXe siècle. Actif à Rotterdam. Hollandais.
Peintre.
Cet artiste figurait à l'Exposition universelle de Bruxelles, en 1910, avec une toile : *L'Homme à la lanterne*. On retrouve son nom dans une vente ayant eu lieu à Amsterdam le 17 décembre 1901, avec une toile : *Maisonnette rustique à Oost-Voorne*.

ADDINGTON Sarah
XVIIIe siècle. Travaillait en Angleterre. Britannique.
Miniaturiste.
Elle exposa, en 1778, deux portraits miniatures à la Royal Academy de Londres.

ADDIR Cornélius
XVIe siècle. Vivait à Nuremberg. Allemand.
Peintre de portraits.
Probablement le même que le peintre Cornélius d'Anvers, à qui il fut permis de vendre ses tableaux à l'Hôtel de Ville.

ADDIS E., Miss
XVIIIe siècle. Travaillait en Angleterre. Britannique.
Peintre.
Elle exposa, en 1773, son propre portrait, à la Royal Academy.

ADDISON, Mrs
XIXe siècle. Active à Ickenham et à Londres entre 1831 et 1843. Britannique.
Peintre de paysages.
Le nom de Mme Addison figure dans les catalogues de la Royal Academy et de Suffolk Street, entre 1831 et 1843.

ADDISON G. H. M.
XIXe siècle. Travaillait à Adélaïde (Australie). Britannique.
Peintre.
Auteur d'un tableau : *Norman Porch Canterbury*, exposé à Londres, à la Royal Academy, en 1883.

ADDISON Williams Grylls
Mort le 3 octobre 1904. XIXe siècle. Britannique.
Paysagiste et aquafortiste.
Il exposa souvent à la Royal Academy, entre 1876 et 1895. On lui doit aussi plusieurs eaux-fortes pour la petite publication : *Salisbury*.

ADE Mathilde
Née en 1877 à Sarbogard (Hongrie). XXe siècle. Active en Allemagne. Hongroise.
Dessinateur, illustrateur.
Elle a surtout illustré des livres pour enfants, par exemple le : *Livre d'images pour grands enfants* en 1902. Elle a figuré au Salon des Humoristes de Paris. Elle a collaboré aux *Meggendorfer Blätter*.

ADÉAGBO Georges
Né en 1942 à Cotonou. XXe siècle. Béninois.
Créateur d'installations.
Ancien étudiant en droit en France, Adéagbo, à la mort de son père, regagne le Bénin en 1971. Il ne suit pas la voie toute tracée de chef de famille exerçant un métier « sérieux », mais occupe son temps à créer ce que en Occident le milieu de l'art appelle des installations. Interné à plus reprises à la demande de ses proches, il mettra plusieurs années avant d'imposer sa façon de vivre.
Il participe à des expositions collectives, parmi lesquelles : 1995, *Dialogues de Paix*, Genève (ONU). Il montre ses œuvres dans des expositions personnelles, la première, en 1997, à Paris, à la galerie Obadia.
Ses installations sont composées de notes écrites par lui-même sur des objets trouvés ici ou là (des articles de journaux, des statuettes africaines, une chaise, une tête de poupée...), disposant le tout sous forme de créations éphémères à même le sol. On y discerne un parti pris architectural de même qu'une vision picturale, mais sans esthétisme déclaré. Les installations de Georges Adéagbo semblent interroger le mouvement de l'histoire africaine et occidentale dans une photographie du temps rythmée par les pensées de l'artiste. Georges Adéagbo compte parmi les quelques figures d'influence sur la jeune génération des artistes africains. ■ C. D.
BIBLIOGR. : *Georges Adéagbo*, catalogue de l'exposition, galerie Nathalie Obidia, Paris, 1997.

ADEL Cécile
XVIIIe siècle. Travaillait en Allemagne à la fin du XVIIIe siècle. Allemande.
Miniaturiste.
Le catalogue de sa collection de miniatures a été publié chez Jaffé.

ADELA, pseudonyme de Rodriguez Pelliza y Duflos-Realico
Née le 7 juin 1947 à Realico. XXe siècle. Active aussi en Espagne. Argentine.
Peintre, dessinateur, lithographe. Tendance hyperréaliste.
En 1971, elle devint professeur d'histoire en 1971. Elle vécut à Buenos Aires jusqu'en 1974, ensuite un peu à Miami, enfin se fixa avec sa famille à Barcelone, consacrant uniquement son activité à la peinture et au dessin. Elle participe à de nombreuses expositions collectives, depuis le Salon de l'Association Argentine des Artistes Plasticiens à Buenos Aires en 1972, sélectionnée par le jury argentin pour la IXe Biennale Internationale de Paris en 1974, puis surtout des groupes à Barcelone. Elle a eu aussi des expositions personnelles, à Buenos Aires 1973, 1974, Miami 1975, Barcelone 1976, 1979, etc.
Dans ses dessins et peintures, soit elle donne une représentation

quasi photographique des objets les plus humbles : par exemple un croûton de pain, créant cette ambiguïté, caractéristique de l'hyperréalisme, de l'importance de la technique en regard de l'insignifiance du représenté, soit elle frôle la technique ancienne du trompe-l'œil, quand, par exemple, elle représente un adolescent, elle-même pendant ses études peut-être, peint très réaliste sans plus, placé devant un dessin d'Ecole des Beaux-Arts épinglé au mur, qui lui, en abîme, représente, en technique hyperréaliste, le moulage d'une sculpture antique. ■ J. B.
Ventes Publiques : Barcelone, 12 mai 1981 : *Jeune femme au grand chapeau*, gche (20x15) : **ESP 42 000**.

ADELA-RUMINY Héloïse
xixe siècle. Française.
Peintre.
Elle exposa au Salon des Indépendants de 1886 à 1889.

ADELAIDE von Epfig
xiiie-xive siècles. Allemande.
Miniaturiste et calligraphe.
Elle était religieuse au couvent d'Unterlinden (Alsace), où elle exécuta plusieurs travaux remarquables.

ADELBERT
xiie siècle.
Miniaturiste.

ADELBERT
xviiie siècle. Travaillait en Russie. Russe.
Miniaturiste.
Il dut exercer son art à Saint-Pétersbourg, car plusieurs œuvres de lui sont conservées au Palais d'Hiver, entre autres une charmante tabatière, dont le couvercle représente un prince russe.

ADELBORG Eva Ottilia
Née le 6 décembre 1855 à Karlskrona. Morte en 1936. xixe-xxe siècles. Suédoise.
Dessinateur, illustrateur.
De 1878 à 1884, elle fut élève de l'Académie des Beaux-Arts de Stockholm. Elle a illustré plusieurs livres pour enfants : *L'alphabet fleuri des princes – Les enfants de Snaskeby* et en 1901 : *Le vent d'été*. Elle dirigea à Gagnef une Ecole d'Art Décoratif.
Bibliogr. : Marcus Osterwalder : *Diction. des illustrateurs, 1800-1914*, Hubschmid et Bouret, Paris, 1983.
Ventes Publiques : Stockholm, 9 déc. 1987 : *Verna rosa*, aquar. (20x16) : **SEK 10 000**.

ADELCRANTZ Carl Fredrik
Né en 1716. Mort en 1796. xviiie siècle. Suédois.
Dessinateur, architecte.
Ventes Publiques : Stockholm, 19 mai 1992 : *Projet de décoration pour une cérémonie royale*, aquar. et encre (22x45) : **SEK 6 500**.

ADELER Charles
Allemand.
Peintre.
Actif en Allemagne. Cet artiste est cité avec sa marque dans le *Dictionnaire des monogrammes* de Ris Paquot.

ADELHAUSER Hans
Né au xvie siècle en Allemagne. xvie siècle. Allemand.
Peintre.
On trouve cet artiste travaillant en Pologne vers 1567 ; il y exécuta notamment un dessin représentant une *Vue de Grodno*.

ADELINE Jules
Né le 28 avril 1845 à Rouen (Seine-Maritime). Mort en septembre 1909 à Rouen. xixe siècle. Français.
Graveur, dessinateur, illustrateur, architecte, écrivain d'art.
Il exposa pour la première fois au Salon de Paris en 1873.
Jeune architecte, il fit d'abord quelques dessins et projets d'architecture, puis, à partir de 1872, se livra à l'illustration de ses écrits sur les monuments et quartiers pittoresques de Rouen. Citons, parmi ses ouvrages : *Les quais de Rouen autrefois et aujourd'hui* ; *Le Tréport* (1875) ; *Rouen disparu et Rouen qui s'en va* (1876) ; *La troupe de Molière à Rouen* (1878). Il illustra également *Le Rhin* de Victor Hugo, *Le violon de faïence* de Champfleury et fit le catalogue de l'œuvre gravé d'Hippolyte Bellangé, en 1880. Il participa aussi au *Monde moderne*, à la *Revue des Arts décoratifs*, à la *Revue illustrée*, tandis qu'il réalisa un *Lexique des termes d'art*, en 1884. Malgré l'éclectisme de son œuvre, il

travailla dans un style sobre, clair, donnant une vision globale, sans détails encombrants, jouant d'effets d'éclairages, de contrastes et d'oppositions de tons, dans des compositions qui restent classiques.
Bibliogr. : Gérald Schurr : *Les Petits Maîtres de la peinture 1820-1920*, t. VII, Les Éditions de l'Amateur, Paris, 1989.
Musées : Lyon (Mus. des Beaux-Arts) : *Vieille femme réparant son rouet* 1864, pl. et encre brune.
Ventes Publiques : Paris, 1890 : *Le violon de faïence* : **FRF 20** – Paris, 10 mars 1910 : *Le vieux Rouen* : **FRF 5** – Paris, 19 avr. 1985 : *Enfants revenant de la pêche*, h/t (63x41) : **FRF 4 300**.

ADELLA Firmin ou Adelha
xive siècle. Travaillait à Montpellier. Français.
Peintre verrier.
Il exécuta d'importants travaux pour la cathédrale de cette ville, en 1358.

ADELMANN Jean Georges
Né vers 1786 à Paris. xixe siècle. Français.
Peintre.
Il entra à l'école des Beaux-Arts, dans l'atelier de Boizot, à l'âge de dix-sept ans. Le registre d'admission mentionne la date du 16 frimaire, an XI.

ADELMANN Johann Christian Wilhem
Né en 1780 à Nuremberg. xixe siècle. Allemand.
Graveur en taille-douce.
Il fut élève d'Ambroise Gabler et travailla spécialement pour l'imprimerie. On cite de lui deux portraits : celui de *Marie Reizammer* et celui de *Nanette Kuhn*.

ADELR ou probablement Adelrich
vie-viie siècles. Actif au début du Moyen Age. Allemand.
Sculpteur.
On trouve sur un mur de la chapelle de Sainte-Anne, dans la cathédrale de Worms, un vieux relief de pierre, représentant *Daniel dans la fosse aux lions*.

ADELS Gerrit
xviiie siècle. Travaillait en Hollande. Hollandais.
Peintre.
Il acheta son titre de citoyen en 1744.

ADELSKÖLD Karl Gabriel
Né le 6 octobre 1830 à Alingsas. xixe siècle. Suédois.
Peintre de marines.
Après avoir servi comme officier dans la flotte suédoise, il donna sa démission pour se consacrer à l'art.

ADELSPARRE Sofia
Née en 1808. Morte en 1852. xixe siècle. Suédoise.
Peintre.
On voit d'elle à Drottningholm, un *Portrait du pape Pie XI*.

ADELSPERGER Mary
xxe siècle. Vivait à Chicago en 1909-1910. Américaine.
Sculpteur.

ADELSWÄRD Gustave
Né en 1843 à Lyon, de parents suédois. Mort le 17 novembre 1895. xixe siècle. Suédois.
Peintre de paysages.
Il était tout d'abord ingénieur, puis élève de Bonnat.
Il a exposé en Suède et à Paris, de 1876 à 1895, des paysages de Suède, de Hollande, de Venise, de Normandie et surtout des environs de Paris.

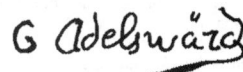

Ventes Publiques : Paris, 1890 : *Falaises à Étretat* : **FRF 105** – Londres, 22 juin 1983 : *Une échoppe au Caire* 1878, h/t (32,5x41) : **GBP 420** – Stockholm, 11 avr. 1984 : *Bord de mer* 1888, h/t (123x195) : **SEK 6 800** – Londres, 16 mars 1989 : *Le Bacino à Venise* 1885, h/t (67x127) : **GBP 11 000** – Stockholm, 19 avr. 1989 : *Allée forestière* 1880, h/t (139x198) : **SEK 12 000** – Stockholm, 14 nov. 1990 : *Sous-bois d'automne* 1880, h/t (139x198) : **SEK 18 500**.

ADELUS Jean Baptiste
Né le 28 octobre 1801. xixe siècle. Français.
Paysagiste et peintre de marines.
Élève de Jugelet et de Ferd. Perrot, il exposa à Paris de 1839 à

1848. Son dernier tableau exposé représentait une *Vue du château Elisabeth à Jersey*. On lui doit le *Christ sur la Croix*, de l'église Sainte-Marie des Batignolles.

ADÉMA Hélène
Née le 20 avril 1906 à Decazeville (Aveyron). XXᵉ siècle. Française.
Peintre de portraits, paysages, natures mortes, fleurs.
Élève de Alice Bastide. Elle expose depuis 1945, principalement aux Salons de l'Horticulture. Elle a figuré aussi en 1945 au Salon d'Hiver. Elle n'expose pratiquement que ses peintures de fleurs : *Les tulipes – Les anémones – Les renoncules – Le cyclamen*, etc.

ADEMAR
XIIᵉ siècle. Français.
Peintre miniaturiste.
D'après un document conservé à la Bibliothèque de Paris, Adémar aurait été moine d'un monastère de Limoges.

ADEMOLLO Carlo
Né en 1824 ou 1825 à Florence. Mort en 1911. XIXᵉ siècle. Italien.
Peintre d'histoire, sujets militaires, animaux, paysages.
Il était le neveu du peintre d'histoire Luigi Ademollo. Sous la direction de Bezzuoli, il peignit d'abord des animaux et des paysages, mais son tableau de la bataille de Saint-Martino lui ayant acquis une certaine célébrité en 1859, il s'adonna complètement depuis à la peinture des épisodes des guerres d'Italie.
Musées : FLORENCE : *Pasquale Cova à la bataille de Varèse – Épisode de la bataille de S. Martino en 1859*.
Ventes Publiques : LONDRES, 22 avr. 1966 : *La moisson* : GNS 60 – MILAN, 14 mars 1978 : *Mort d'Anna Cuminello*, h/t (116x147,5) : ITL 6 000 000 – MILAN, 19 juin 1979 : *L'Exécution de Felice Orsini*, h/t (80x136) : ITL 1 000 000 – BARI, 5 avr. 1981 : *Portrait de femme*, h/t (40,5x32,5) : ITL 750 000 – MILAN, 8 nov. 1983 : *Soldats devant un couvent*, h/t (78x50) : ITL 6 000 000 – MILAN, 29 mai 1984 : *Addio al celibato*, aquar. (29x44) : ITL 2 400 000 – MILAN, 11 déc. 1986 : *L'Exécution de Felice Orsini* 1875, h/t (80x135) : ITL 7 500 000 – MILAN, 31 mars 1987 : *Le petit chasseur*, h/t (109x77,5) : ITL 1 900 000 – MILAN, 1ᵉʳ juin 1988 : *La course de chars du cirque Massimo*, h/t (164x63,5) : ITL 22 000 000.

ADEMOLLO Luigi
Né le 30 avril 1764 à Milan. Mort le 11 février 1849 à Florence. XVIIIᵉ-XIXᵉ siècles. Italien.
Peintre d'histoire, sujets allégoriques, scènes de genre, compositions décoratives, dessinateur, aquarelliste, graveur en taille-douce. Néo-classique.
Après des études à Milan et à Rome, on le fit venir à Florence pour décorer le théâtre de la Pergola aujourd'hui détruit. Il s'installa dans cette ville jusqu'à la fin de sa vie et y fut considéré comme l'un des maîtres de la peinture néo-classique de Toscane. Au début de sa carrière, il fut surtout peintre d'arabesques, puis son talent s'élargit et il entreprit, pour Ferdinand III, la décoration de la chapelle du Palais Pitti ainsi que la peinture des salles, qu'il orna de sujets allégoriques et historiques. L'un de ses ouvrages représente la *Délivrance de Vienne*.
Bibliogr. : A. Cera : *La peinture néo-classique italienne*, 1987.
Ventes Publiques : ROME, 19 mai 1981 : *Scena di vita romana*, temp. (48x98) : ITL 2 200 000 – LONDRES, 19 avr. 1991 : *Edward et Eleonore*, h/t (49,2x61,5) : GBP 10 450 – MILAN, 13 mai 1993 : *Cincinnato*, encre et craie/pap. (47,7x31,2) : ITL 1 200 000 – NEW YORK, 11 jan. 1994 : *Course de chars dans une arène romaine*, craie noire, encre, aquar. et gche, projet pour le rideau de scène du Théâtre della Pergola à Florence (48,8x48,8) : USD 1 955 – LONDRES, 4 juil. 1994 : *Fête romaine : fresque illustrant les luttes d'endurance et une scène de bataille*, encre et gche (32,4x47,7) : GBP 736.

ADENAIKE Tayo
Né en 1954. XXᵉ siècle. Nigérian.
Peintre de genre, compositions animées.
Il fut élève du peintre Udechukwu, qui influença de nombreux artistes. Il peint la société nigériane dans le style *uli*, qui s'inspire des moyens d'expression traditionnels des femmes, et notamment de motifs décoratifs anciens qui tendent à l'abstraction.
Bibliogr. : Jutta Stöter-Bender : *L'Art contemporain dans les pays du « tiers-monde »*, L'Harmattan, Paris, 1995.

ADENET
XIVᵉ siècle. Français.
Peintre verrier.
Il travailla pour la cathédrale de Troyes, de 1375 à 1379, avec Guillaume Brisetout, et il produisit ensuite d'autres œuvres plus personnelles.

ADENET
XVIIIᵉ siècle. Français.
Peintre.
Il reçut deux prix, en 1710 et en 1711, pour ses tableaux : *Abraham* et *Tobie*.

ADENET
XIXᵉ siècle. Vivait à Paris vers 1825. Français.
Graveur en taille-douce.

ADENET Michel
XVIIᵉ siècle. Travaillait à Angers. Français.
Peintre.
On trouve son nom dans des documents entre 1660 et 1681.

ADENOT Laurent
Né le 29 janvier 1848 à Nuits-Saint-Georges (Côte-d'Or). XIXᵉ siècle. Français.
Peintre de genre, paysages.
Élève de Gaitet et Ronot. Il a participé au Salon des Artistes Français de 1904 à 1923, a également exposé à Dijon, Langres, Poitiers, Saint-Étienne, Troyes, et y a été médaillé.
Musées : BEAUNE : *Antibes, marine* – CHALON-SUR-SAÔNE : *Un philosophe* – TOURNUS : *Le dernier couplet*.

ADEODATUS. Voir DEODATUS

ADERER Camille, Mlle
Née en 1859. Morte le 1ᵉʳ janvier 1892 à Paris. XIXᵉ siècle. Française.
Peintre de portraits.
Elle fut élève de Mme Thoret, de Henner et de Carolus Duran et se fit une spécialité de portraits de femmes. Elle exposa plusieurs fois entre 1879 et 1889.

ADERS C., Mrs
XIXᵉ siècle. Active à Londres vers 1893. Britannique.
Peintre.

ADERS Eliza, Mrs
Née en 1785. XIXᵉ siècle. Britannique.
Miniaturiste.
Fille du peintre et aquafortiste Raph. Smith, elle se distingua dès l'âge de dix-huit ans. Elle est connue surtout comme miniaturiste. Elle exposa à Berlin, en 1830, un tableau de la *Vierge*, d'après Van Eyck, et, en 1841, une miniature à la Royal Academy, à Londres.

ADÈS Edmone
Née le 29 août 1916 à Paris. XXᵉ siècle. Française.
Peintre de paysages animés, aquarelliste, graveur.
Elle est fille de l'écrivain Albert Adès, mais n'avait que quatre ans à sa mort. Elle avait à l'origine une formation musicale, mais l'occupation allemande l'obligeant à se cacher, elle abandonna le piano et commença à dessiner, peindre, puis graver. Elle fut encouragée par Francis Carco et le critique André Warnod. Depuis 1951, elle expose au Salon des Femmes Peintres et Sculpteurs. Elle a aussi figuré en 1957 au Salon du Dessin et de la Peinture à l'eau, à l'exposition *La gravure contemporaine* à la Bibliothèque Nationale de Paris en 1973. Depuis 1953, elle a fait de nombreuses expositions personnelles, notamment très nombreuses à Paris, New York, Bordeaux, Londres, Bruxelles, Lisbonne, et encore 1976 Rio-de-Janeiro, 1987 Chapelle Jean Cocteau à Villefranche-sur-Mer, 1988 Saint-Jean Cap-Ferrat.
Surtout aquarelliste, elle situe les lieux avec vivacité de quelques traits et taches de couleurs légères.
Musées : JÉRUSALEM (Mus. Bézalel) : aquarelle – MENTON (Mus. des Beaux-Arts) – PARIS (Mus. mun. d'Art Mod.) : aquarelle – PARIS (BN, Cab. des Estampes).

ADES Josiah V.
Né le 3 avril 1899 au Caire (Égypte). XXᵉ siècle. Actif en France. Britannique.
Peintre de genre, de paysages, de portraits.
Il était cousin de l'écrivain Albert Adès, et fit les mêmes études de droit que lui. Avocat au Caire puis à Alexandrie, il peignait en amateur, jusqu'à ce que la vocation devînt plus forte. Il se fixa à Paris à partir de 1921. L'exemple de Cézanne guida sa recherche. Il a exposé aux Salons d'Automne et des Tuileries depuis 1926, et figura aussi aux Indépendants.
D'entre ses scènes de genre, on cite : *Le buveur* 1926, *La dan-*

seuse en vacances, 1929, L'acrobate au béret rouge 1931. Il peignit de nombreux paysages de Bretagne et des portraits.
BIBLIOGR. : Jacob : Josiah Adès 1930.
VENTES PUBLIQUES : PARIS, 30 juin 1943 : Buste de femme laurée : FRF 120.

ADESSO Francesco d'
XVIIe siècle. Actif à Rome. Italien.
Sculpteur.
Il était, en 1664, supérieur de la « scalpellini ».

ADET Édouard
XXe siècle. Français.
Sculpteur.
Exposa à la Société Nationale des Beaux-Arts en 1913 et 1914 des bustes et Le Rameur.

ADET Jean
XVIe siècle. Français.
Maître verrier et peintre.
On sait qu'il se maria en 1579. On le trouve également mentionné dans les comptes comme ayant été employé « aux travaux d'ornementation, tableaux, chapeaux de triumphes, escussons, armoyries », etc., lors de l'entrée du Dauphin dans la ville de Nantes.

ADEVOR
Né en 1929 à Lugano. XXe siècle. Actif en Angleterre. Italien.
Peintre, sculpteur. Abstrait, puis figuratif.
Peintre et sculpteur anglais d'origine italienne. Depuis 1957 il expose en Italie, en France, aux États-Unis et en Asie. Il vit et travaille à Londres.
Son inspiration première est liée à l'abstraction lyrique, puis évolue peu à peu vers l'expression du corps.
VENTES PUBLIQUES : PARIS, 14 déc. 1990 : Torse, bronze (H. 24) : FRF 11 000.

ADEY Virginia
XIXe siècle. Active à Lyndhurst (Angleterre) dans la seconde moitié du XIXe siècle et à Londres entre 1879 et 1881. Britannique.
Peintre.
Deux tableaux de cette artiste figurèrent à Suffolk Street en 1879 et en 1881.

ADGAMOV Roman
Né en 1951 à Léningrad (Saint-Pétersbourg). XXe siècle. Russe.
Peintre de natures mortes, fleurs.
Il fut élève de l'École des Beaux-Arts de V. Serov. Il a participé à de nombreuses expositions collectives nationales.
VENTES PUBLIQUES : PARIS, 19 juin 1991 : Lilas 1988, h/t (100x67) : FRF 5 500.

ADHÉMAR DE LA BAUME d'
Né à Paris. XXe siècle. Français.
Peintre de natures mortes.
Il a figuré à Paris au Salon d'Automne en 1935, avec une Nature morte aux pommes, et a continué d'y exposer, ainsi qu'au Salon des Indépendants.

ADIE Edith Helena, Miss
XIXe-XXe siècles. Britannique.
Peintre de paysages, aquarelliste.
Miss Adie exposa à Londres, en 1892 et 1893, à la Royal Academy, à la New Water-Colours Society ainsi qu'à Suffolk Street. On la trouve encore à l'exposition de la Royal Academy, en 1909, avec Bordighera vu de la Marlola.
VENTES PUBLIQUES : LONDRES, 27 fév. 1985 : La loggia, Villa Capponi, Florence, aquar. (36x26) : GBP 500 – LONDRES, 26 sep. 1990 : Un jardin de Taormina, aquar. (19x28) : GBP 1 870.

ADILON Georges
Né le 5 février 1928 à Lyon (Rhône). XXe siècle. Français.
Peintre de paysages. Tendance abstrait-paysagiste.
Il fut élève de l'École des Beaux-Arts de Lyon, où il est fixé et continue de travailler. Il ne commença à peindre qu'en fin de son passage aux Beaux-Arts. Il fut le lauréat du Grand Prix Othon Friesz 1956. Il a figuré dans plusieurs Salons annuels de Paris. En 1990, le Musée de Brou, à Bourg-en-Bresse, a présenté de lui rassemblées plus de mille peintures, réalisées au cours des cinq années précédentes, exposition transférée ensuite à Goppungen.
Il peint en pleine pâte, par un travail de couches superposées, ce qu'on rencontre relativement fréquemment chez les peintres

qu'on dit de l'école de Lyon, Fusaro, surtout Cottavoz, entre autres. Le dessin passe en second et peut rester au stade ébauché, parfois presque gestuel, la richesse pigmentaire suffisant à affirmer la forme. S'il s'inspire des paysages de la région lyonnaise, sa peinture n'est pas loin de pouvoir être apparentée avec ce qu'on a pu appeler le « paysagisme abstrait », en fait très caractéristique de l'abstraction française en général. ■ J. B.
VENTES PUBLIQUES : VERSAILLES, 15 fév. 1981 : Les ramasseurs de pommes de terre, h/t (63x90) : FRF 2 600 – LYON, 8 nov. 1984 : Composition, h/pap. (92x66) : FRF 9 500.

ADIN le Neveu
XIVe siècle. Actif à Bouchain. Français.
Sculpteur.
Prit part aux travaux d'ornementation de la cathédrale de Cambrai, en 1393 et 1394.

ADJA, parfois pseudonyme de Adja Yunkers. Voir YUNKERS.

ADJEMIAN Nercès
Né à Constantinople. XXe siècle. Français.
Sculpteur.
A exposé au Salon des Artistes Indépendants à Paris : Après le péché et En moto, en 1929 et 1935.

ADKINS Harriet S., Miss
XXe siècle. Active en Angleterre. Britannique.
Peintre.
A pris part à l'Exposition de Brighton en 1909 avec une toile : Vers le soir, le silence s'étend.

ADLARD Alfred
XIXe siècle. Actif à Londres. Britannique.
Graveur.
On le trouve, vers 1850, gravant notamment trois ex-libris cités par Finchmam.

ADLARD Henry
XIXe siècle. Actif à Londres. Britannique.
Graveur en taille-douce.
Connu surtout pour ses estampes sur acier représentant des monuments, des châteaux et des couvents. Parmi ses meilleures gravures, il convient de citer ses reproductions d'Hogarth.

ADLEN Michel
Né le 15 mai 1898 à Saki (Russie). Mort en 1980. XXe siècle. Depuis 1923 actif et naturalisé en France. Russe.
Peintre de portraits, paysages, de fleurs, graveur, illustrateur.
Très jeune il se fixa à Vienne et y fut élève des Écoles d'Art, commençant même à exposer. En 1923, il était à Berlin, où il participa à plusieurs expositions, se manifestant déjà surtout comme graphiste. Il vint alors à Paris et s'y fit naturaliser. Il trouva très vite sa place dans le microcosme « montparnassien ». Il exposa régulièrement aux Salons des Indépendants, d'Automne, des Tuileries. Il participe aussi à des expositions en Allemagne, Autriche, U.R.S.S. En tant que graphiste-illustrateur, il collaborait, entre 1929 et 1939, à des publications parisiennes, étant membre des groupes L'Araignée – La Satire – Les Imagiers. Autour de 1925, il était influencé par le post-cubisme ambiant, puis fit un retour à Cézanne dans des peintures de paysages de l'Ile-de-France, qu'il abordait dans la tradition du paysage français du XIXe siècle, du post-romantisme à l'impressionnisme, non sans une note de nostalgie slave. Après 1950, en même temps qu'il avait éclairci sa palette, sa vision devint plus heureuse, et il peignit d'éclatants bouquets de fleurs. Graveur-lithographe-illustrateur, il a publié : Banlieues, texte d'André Salmon 1932 ; Clowns de Paris, texte de Serge 1960 ; Ile-de-France, texte de Mac-Orlan 1963 ; un album de reproductions de ses dessins et gravures depuis 1920, texte de M. Bannier 1969. ■ J. B.
BIBLIOGR. : Armand Lanoux : Michel Adlen, Paris, 1956.
MUSÉES : KIEV – MOSCOU – PARIS (Mus. des Arts et Trad. Pop.).
VENTES PUBLIQUES : PARIS, 20 avr. 1964 : Nature morte : **FRF 700** – VERSAILLES, 29 nov. 1971 : Vase de tulipes : **FRF 2 300** – VERSAILLES, 28 mars 1976 : Le hameau en Limousin, h/t (38x61) : **FRF 1 800** – VERSAILLES, 25 avr. 1976 : La femme au perroquet, monotype (73x39) : **FRF 550** – TEL-AVIV, 16 mai 1983 : Vieille ferme à Antibes 1952, h/t (46x64,5) : **ILS 36 000** – TEL-AVIV, 17 juin 1985 : La forêt, h/t (53x64) : **ILS 950 000** – PARIS, 23 oct. 1987 : Portrait de jeune fille 1961, h/t (46x33) : **FRF 4 000** – PARIS, 20 mars 1988 : Bouquet de fleurs 1968, h/t (65x50) : **FRF 2 200** – DOUAI, 23 avr. 1989 : L'orchestre 1952, aquar. (27,5x30) :

FRF 3 200 – Paris, 24 jan. 1990 : *Portrait de jeune fille* 1961, h/t (46x33) : **FRF 5 000** – Tel-Aviv, 3 jan. 1990 : *Cavaliers et leurs montures*, h/cart. (54x45) : **USD 1 320** – Tel-Aviv, 19 juin 1990 : *Juif priant*, h/t (55x46) : **USD 1 430** – Paris, 14 jan. 1991 : *Portrait d'homme*, h/t (81x60) : **FRF 4 000** – Tel-Aviv, 6 jan. 1992 : *Vase de fleurs*, h/t (73,5x38) : **USD 770** – Paris, 17 mai 1992 : *Intérieur*, h/t (61x50) : **FRF 4 800** – Paris, 27 mars 1994 : *La péniche*, h/t (37x55) : **FRF 4 000**.

ADLER

XIXᵉ siècle. Allemand.
Aquafortiste.
On suppose qu'il travailla sous la direction de Nothnagels, à Francfort, au commencement du XIXᵉ siècle. Il a laissé une gravure peu importante reproduisant le buste d'un homme coiffé d'un béret.

ADLER Andreas

Né en 1782 à Pozsony (Hongrie). XIXᵉ siècle. Hongrois.
Peintre de fleurs.

ADLER Christian Mathias

Né en 1786 ou 1787 à Triesdorf, près d'Ansbach. Mort en 1842 ou 1850 à Munich. XIXᵉ siècle. Allemand.
Peintre d'histoire, portraits, peintre sur porcelaine, aquarelliste.
Il reçut ses premières notions d'art du professeur Naumann à Ansbach ; il travailla ensuite, vers 1811, à la manufacture royale de Nymphenburg ; il y fut nommé chef des ateliers de peinture et inspecteur. Il compte dans son genre parmi les meilleurs maîtres allemands. Il est surtout réputé pour ses reproductions des vieux maîtres. Citons d'entre ses œuvres, des grands vases ornés de portraits des membres de la famille royale bavaroise.
Ventes Publiques : Munich, 10 déc. 1991 : *Louis Iᵉʳ, Roi de Bavière*, h/t (73x57,5) : **DEM 28 750**.

ADLER Edmund

Né en 1871. Mort en 1957. XIXᵉ-XXᵉ siècles. Allemand.
Peintre de genre, figures, animalier.
Il peint dans une technique réaliste très maîtrisée dans le détail, et s'est spécialisé dans les scènes enfantines.
Ventes Publiques : New York, 13 oct. 1978 : *Enfants regardant une grenouille dans un bocal*, h/t (61x76) : **USD 2 300** – Londres, 28 nov. 1979 : *Enfants tenant une cage à oiseau*, h/t (69x59) : **GBP 6 000** – Vienne, 17 nov. 1981 : *Fillette et garçon*, h/t. (52x41) : **ATS 140 000** – New York, 25 fév. 1982 : *Enfant regardant un canari dans sa cage*, h/t (56x68,5) : **USD 5 500** – Munich, 4 mai 1983 : *Un service d'amour*, h/t (53x42) : **DEM 7 500** – Vienne, 14 mars 1984 : *Le petit lapin*, h/t (56x102) : **ATS 160 000** – Vienne, 11 sep. 1985 : *Les sœurs*, h/t (55x69) : **ATS 150 000** – Vienne, 4 déc. 1986 : *Enfants faisant leurs devoirs*, h/t (55x68) : **ATS 110 000** – Vienne, 10 déc. 1987 : *La jeune sœur*, h/t (54x67) : **ATS 110 000** – New York, 25 fév. 1988 : *En cas de pluie*, h/pan. (52,7 x 42) : **USD 7 150** – New York, 23 fév. 1989 : *Les animaux familiers*, h/t (68,8x55,3) : **USD 5 500** – Londres, 7 juin 1989 : *L'heure du repas*, h/t (56x77) : **GBP 3 520** – Londres, 28 nov. 1990 : *Prêts pour une descente en luge*, h/t (55x67) : **GBP 5 500** – New York, 20 fév. 1992 : *La Confection du drapeau*, h/t (55,2x68,6) : **USD 14 850** – Londres, 5 nov. 1992 : *Deux enfants jouant à dorloter leur petit chien*, h/t (49,5x39) : **GBP 9 900** – New York, 12 oct. 1993 : *Fais un vœu !*, h/t (55,9x68,9) : **USD 16 675** – New York, 15 fév. 1994 : *La Tresse*, h/t/rés. (68,9x55,9) : **USD 18 400** – Londres, 18 nov. 1994 : *La Leçon de tricot*, h/t (55,8x69) : **GBP 13 800** – New York, 24 mai 1995 : *Le nouveau cor*, h/t (68,6x55,2) : **USD 14 950** – New York, 18-19 juil. 1996 : *L'Aide cuisinier*, h/t (68,6x55,9) : **USD 10 925** – Londres, 26 mars 1997 : *Le Nouveau Cadeau*, h/t (53x66,5) : **GBP 6 440** – Munich, 23 juin 1997 : *Enfants à la cage aux oiseaux*, h/t (54,5x68) : **DEM 21 600**.

ADLER Friedrich Gottlob

Mort en 1787 à Dresde. XVIIIᵉ siècle. Allemand.
Peintre.
Il fut peintre de la cour de Saxe.

ADLER Georg Gottfried

Né en 1700. Mort en 1755. XVIIIᵉ siècle. Allemand.
Peintre décorateur.
Il travaillait à Leipzig.

ADLER Jankel

Né le 26 juillet 1895 à Tuszyn (Lodz). Mort en 1949 à Londres. XXᵉ siècle. Depuis 1941 actif en Angleterre. Polonais.

Peintre de figures, nus, natures mortes, technique mixte, peintre à la gouache, aquarelliste, pastelliste, dessinateur, graveur. Expressionniste.
Il est né dans une famille juive hassidique de Lodz. Il mena de bout en bout une vie de nomade. Dès 1912, il était à Belgrade, étudiant l'orfèvrerie et la gravure auprès du graveur de la cour. S'il s'établit en 1913 à Barmen, en Allemagne, puis à Düsseldorf, il continuait de parcourir l'Europe : Pologne, Espagne, France. Le 22 décembre 1918, il était de nouveau à Lodz, où il participait à la deuxième Exposition des Artistes et Amateurs, qui lui valut une critique élogieuse dans *La Voix de la Pologne* : « ... puissance d'expression (...) œuvres mystérieuses (...) sens de la couleur, de la forme, de la lumière et de l'ombre (...) expression des visages, le mouvement des formes et des mains, le drapé et les couleurs des vêtements. » À l'arrivée des nazis au pouvoir en 1933, il quitta Düsseldorf et s'installa en France, où il travailla la gravure dans l'*Atelier 17* de S.W. Hayter. En 1939, il s'engagea volontaire dans l'armée polonaise constituée en France, mais en fut réformé en 1941. Il retourna alors à Londres définitivement. Il a exposé en Allemagne, Belgique, Suisse, Pologne, Angleterre, Israël, aux États-Unis.
Dans les années 1916 à 1919, à Lodz encore, les légendes concernant les fondateurs du hassidisme : Rabbi Ba'al-Shem-Tov, Izrael Eleazer, Rabbi Dow Ber, furent la principale source d'inspiration de peintures fortement expressives, et fondant dans la construction des personnages les normes byzantines avec le maniérisme du Greco. Est-ce pour les raisons de nomadisme déjà évoquées qu'il s'exprima ensuite surtout par le dessin, le fusain, les techniques légères, et quant à l'huile souvent sur carton, traçant des figures d'hommes et de femmes, les compositions plus complexes, mais toujours fondées sur la représentation humaine ? Toutefois, lors de son installation et de son séjour durable à Londres, il a produit alors quelques peintures à l'aquarelle, d'intention abstraite. ■ J. B.

Adler (signature)

Bibliogr. : In : catalogue de l'exposition *Jankel Adler*, Städtische Kunsthalle, Düsseldorf, 1985-1986.

Ventes Publiques : Londres, 14 déc. 1960 : *Les Quais* : **GBP 200** – Londres, 15 déc. 1971 : *Figure couchée* : **GBP 780** – Los Angeles, 20 nov. 1972 : *Le voyou* : **USD 4 000** – Londres, 3 déc. 1977 : *Deux figures*, h/t (19,5x23) : **GBP 540** – Cologne, 3 déc. 1977 : *Paysanne polonaise* 1928, gche et aquar./pap. mar./pan. (47x63) : **DEM 5 600** – Londres, 19 sep. 1979 : *Portrait de femme* 1947, h/cart. (63,5x51,5) : **USD 2 200** – Londres, 5 déc. 1980 : *Composition* 1947, h/cart. (76x57) : **USD 2 800** – Cologne, 29 mai 1981 : *Angelika* 1923, h/t (106,5x58,3) : **DEM 26 000** – Londres, 30 sep. 1981 : *Nu dans un intérieur*, aquar. et gche/pap. mar./cart. (40,3x29,2) : **GBP 850** – Londres, 3 mars 1982 : *Tête de femme*, h/pan. (34,5x29,5) : **GBP 1 900** – Cologne, 5 juin 1982 : *Nature morte* vers 1912-13, past. (48x62) : **DEM 8 500** – Londres, 23 avr. 1983 : *Personnage et fruits* 1945, aquar., pl. et gche (17,2x14) : **GBP 400** – Tel-Aviv, 16 mai 1983 : *Femme aux bras croisés*, h., plâtre et techn. mixte/pan. (30x65) : **ILS 215 250** – Londres, 8 fév. 1984 : *Composition* 1947, h/cart. (64,5x51,5) : **GBP 3 000** – Tel-Aviv, 4 juin 1984 : *Nu dans un intérieur*, gche et aquar./pap. mar./cart. (40x29) : **USD 1 800** – Tel-Aviv, 4 juin 1984 : *Tête de femme*, fus. (59x44) : **USD 2 500** – Londres, 23 oct. 1985 : *Méditation*, h/t (106,5x71,5) : **GBP 7 000** – Cologne, 5 déc. 1985 : *Nature morte aux poissons*, temp. et sable/cart. (30x23) : **DEM 7 000** – Londres, 8 mai 1985 : *Femme assise près d'une table*, pl. (50,7x37,2) : **GBP 550** – Tel-Aviv, 2 juin 1986 : *Destruction* 1943, h/t (110x85) : **USD 24 000** – Londres, 21 oct. 1987 : *Nature morte aux coquillages et au verre* 1925, h. et sable/t. (38,5x56) : **GBP 5 000** – Tel-Aviv, 2 jan. 1989 : *Cerf-volant*, encre et past. (19,5x25) : **USD 930** – Tel-Aviv, 30 mai 1989 : *Femme tenant une torche*, h/t (130x66,5) : **USD 27 500** – Londres, 25 oct. 1989 : *Personnage debout*, h/pan. (73,5x54) : **GBP 12 100** – Londres, 10 nov. 1989 : *Nature morte*, aquar. (49,4x62,3) : **GBP 7 150** – Tel-Aviv, 31 mai 1990 : *Nus*, encre (55x74,5) : **USD 2 200** – Tel-Aviv, 31 mai 1990 : *L'atelier de l'artiste*, h/t (73x116) : **USD 39 600** – Tel-Aviv, 19 juin 1990 : *Composition* 1947, h/cart. (64,5x52) : **USD 15 400** – Tel-Aviv, 1ᵉʳ jan. 1991 : *Nus*, gche (12x10,5) : **USD 820** – *Deux chiens* 1938, h/t (81x100) : **USD 19 800** – Tel-Aviv, 12 juin 1991 : *Personnages*, aquar. (16,5x22) : **USD 3 740** – Tel-Aviv, 26 sep. 1991 : *Portrait de femme* 1928, h. et techn. mixte/t. (58x45) : **USD 19 800** – Tel-Aviv, 6 jan. 1992 : *Nature morte d'une assiette de fruits*, h/cart./t. (39x54) : **USD 14 300** – Londres, 30 juin 1992 : *Le rabbin Ba'al Shem accordant sa bénédiction*, h/t (107,2x48) : **GBP 66 000** – Tel-Aviv, 20 oct. 1992 : *Nature morte*, techn. mixte et h/t/cart. (56x64,8) : **USD 17 050** – Tel-Aviv, 14 avr. 1993 : *Fleurs et fruits sur une commode basse*, h./ et gesso/cart. (65x51) : **USD 23 000** – Londres, 23 juin 1993 : *L'enlèvement d'Europe* 1941, h. et techn. mixte/pan. (56,5x77) : **GBP 26 000** – Tel-Aviv, 27 sep. 1994 : *Portrait d'un homme avec un oiseau*, h/pan. (91,4x70,5) : **USD 43 700** – Tel-Aviv, 22 avr. 1995 : *Plantation d'arbres*, h/t (138x93) : **USD 88 300** – New York, 29 juin 1995 : *Gamin au maillot rayé tenant un coq dans ses bras* 1929, techn. mixte/pap./cart. (62,2x48,3) : **USD 33 350** – Londres, 20 mars 1996 : *Nature morte*, h/cart. (30,3x24,2) : **GBP 2 760** – Tel-Aviv, 7 oct. 1996 : *Soldat au bordel* vers 1922, techn. mixte et h/pan. (11,8x28,5) : **USD 11 500** – Tel-Aviv, 26 avr. 1997 : *Femme à la chaise* 1941, h/cart./pan. (76,7x56,1) : **USD 28 750** – Tel-Aviv, 12 jan. 1997 : *Femme se mettant à table*, cr. (32x26,5) : **USD 1 955** – Tel-Aviv, 25 oct. 1997 : *Le Roi David* vers 1945, h/t (116x73,2) : **USD 46 000**.

ADLER Jean Alfred
Né le 30 septembre 1899 à Paris. xxᵉ siècle. Français.
Peintre de portraits, de nus, paysages.
Il fut élève de Jules Adler, Louis Biloul, Paul Baudouin pour la fresque, et Ernest Laurent. Il a exposé régulièrement au Salon des Artistes Français de Paris depuis 1922, dont il était sociétaire, mention honorable 1924, diplôme en arts décoratifs, Prix du Maroc. Il a figuré aussi aux Salons des Indépendants, d'Automne et des Tuileries. Il fut secrétaire de la Corporation de la Fresque. On citait surtout ses paysages de la province française et ses portraits de jeunes filles.

ADLER Johann Georg
Mort en 1741. xviiiᵉ siècle. Allemand.
Sculpteur.
On fait mention de lui en 1729 à Dresde. Il travailla aux ornements plastiques de l'église catholique de la cour de cette ville.

ADLER Jules
Né le 8 juillet 1865 à Luxeuil (Haute-Saône). Mort le 11 juin 1952 à Nogent-sur-Marne (Val-de-Marne). xixᵉ-xxᵉ siècles. Français.
Peintre de scènes de genre, figures, paysages animés, paysages urbains, intérieurs.
À l'École des Beaux-Arts de Paris, il fut élève de Bouguereau, de Dagnan-Bouveret et de Robert-Fleury. Il reçut plusieurs médailles et bénéficia d'une bourse de voyage de l'État. Participant régulièrement au Salon des Artistes Français, il en devint sociétaire, puis membre du Comité et du Jury. Il fut membre fondateur du Salon d'Automne et exposa au Salon des Tuileries en 1926. Il a participé à plusieurs expositions universelles, notamment en 1900 à Paris, où il obtint une médaille d'argent, à Pittsburgh, Bruxelles, Liège, où il montra des fresques décoratives, à Venise, Barcelone, Madrid, Munich et Tokyo. À l'Exposition Internationale de Paris, en 1937, il reçut un diplôme d'honneur tandis qu'il eut le Prix Bonnat en 1938. Durant la première guerre mondiale, il fut envoyé en mission aux armées. Chevalier de la Légion d'Honneur en 1907, il devint officier en 1923.
S'il a peint de nombreux paysages, surtout d'Ile-de-France, de Bretagne, notamment au Faouët, il a montré un intérêt constant pour les scènes de genre, la vie dramatique des humbles, se complaisant dans un certain misérabilisme, servi par une palette tendre et un dessin vigoureux. ■ A. P.

JULES ADLER

Musées : Amiens : *Camelot* – Bayeux : *Intérieur d'usine* – Besançon : *l'Homme à la blouse* – Budapest – Buenos Aires – Chicago – Dijon : *L'accident* – *Le Retour de l'Enfant Prodigue* – Douai : *Fanfare de village* – Gray : *Paris, l'été* – Lyon : *Gavroches* – New York – Paris (Mus. Nat. d'Art Mod.) *Chanson de la grande route* – *Les Hâleurs* – Paris (Mus. du Petit Palais) : *La soupe des pauvres* – Pau : *Grève du Creusot* – Reims : *Le trottoir* 1903 – Remiremont : *Marché au faubourg Saint-Denis* 1895 – Santiago – Tokyo – Varsovie.

Ventes Publiques : Paris, 12 déc. 1921 : *Le départ des barques de pêche* : **FRF 430** – Paris, 8 mars 1922 : *Rue à Montigny-sur-le-Loing* : **FRF 600** – Paris, 28 jan. 1924 : *Le marchand de fleurs Place de la Madeleine* : **FRF 1 200** – Paris, 24 fév. 1928 : *Les remparts de Montreuil-sur-Mer* : **FRF 2 000** – Paris, 12 mars 1934 : *Jeune garçon assis*, dess., fus. et cr. de coul. : **FRF 155** – Paris, 23 déc 1942 : *Les commères*, aquar. : **FRF 1 100** – Paris, 15 jan. 1943 : *Intérieur*, cr. : **FRF 3 500** – Paris, 15 mai 1944 : *Le vieux men-*

diant : **FRF 1 450** – Paris, 24 nov. 1950 : *Le marchand ambulant* : **FRF 5 500** – Paris, 4 mars 1964 : *Paysage* : **FRF 420** – Paris, 27 oct. 1967 : *Douarnenez* : **FRF 500** – Genève, 2 Jul. 1971 : *Nature morte* : **CHF 10 600** – Paris, 22 oct. 1973 : *L'ouvrier dans les champs* 1910 : **FRF 2 800** – Versailles, 24 oct. 1976 : *Le paysan*, h/cart. (56x47) : **FRF 3 600** – Versailles, 23 juin 1977 : *Jeux d'enfants à Septeuil* 1930, h/t (175x153) : **FRF 9 000** – Enghien-les-Bains, 10 déc. 1978 : *Les buveurs* 1941, h/t (55x45,5) : **FRF 11 000** – New York, 2 mai 1979 : *Le villageois* 1899, t. mar./cart. (89,5x71,1) : **USD 1 800** – Versailles, 5 avr. 1981 : *Cheminot à Pontorson* 1905, h/t (64,5x80,5) : **FRF 3 200** – New York, 19 avr. 1984 : *Jeune garçon dans un verger* 1906, h/t (100,5x76,5) : **USD 4 000** – New York, 13 fév. 1985 : *Soir de fête* 1907, h/t (200x251) : **USD 30 000** – Paris, 23 avr. 1985 : *Femmes à la fontaine* 1909, past. et fus. (33x27) : **FRF 3 600** – Enghien-les-Bains, 24 nov. 1985 : *Un banc aux Champs-Elysées*, fus. et gche (59x45) : **FRF 18 000** – Brest, 26 juin 1986 : *Paysage animé*, h/pan. (39x49) : **FRF 15 000** – Paris, 6 avr. 1987 : *Les usines*, h/cart. (65x81) : **FRF 21 000** – Calais, 8 nov. 1987 : *Jeune paysanne dominant la vallée de la Creuze en 1918*, fus. et past. (53x37) : **FRF 2 600** – Paris, 6 mai 1988 : *La femme au béret*, h/pan. (46x31) : **FRF 8 800** ; *L'homme au chapeau*, past. et fus. (51x36) : **FRF 2 900** – Paris, 30 mai 1988 : *Musicien des rues*, aquar. (52x36) : **FRF 2 200** ; *Fillette dans un jardin*, h/cart. (29x24) : **FRF 3 600** – Versailles, 23 juin 1988 : *Paysanne sur la lande*, h/cart. (40x50x) : **FRF 10 000** – Versailles, 25 sep. 1988 : *Paris, place de la République animée*, h/t (81x65) : **FRF 40 000** – Reims, 16 avr. 1989 : *Portrait de ma sœur*, h/t (46x55) : **FRF 8 500** – Paris, 8 nov. 1989 : *Pêcheurs à Boulogne* 1906, h/cart. (37x50) : **FRF 22 000** – Calais, 10 déc. 1989 : *Jeune berger et son troupeau près de la rivière* 1903, h/t (112x160) : **FRF 17 000** – Paris, 11 mars 1991 : *Le pêcheur*, h/t (54x64) : **FRF 60 000** – Paris, 13 déc. 1991 : *Paysage à Perros-Guirec*, h/t (66x54) : **FRF 12 000** – Paris, 25 nov. 1992 : *Le jeune marin*, past. (32x27) : **FRF 5 500** – Paris, 2 juin 1993 : *Jeune fermière portant un seau*, past. (32x27) : **FRF 6 500** – Paris, 27 mai 1994 : *Douarnenez*, h/t : **FRF 18 000** – Paris, 15 déc. 1995 : *Femmes et enfants dans un paysage du Midi*, h/pan. (55x46) : **FRF 17 000**.

ADLER Marie
xixᵉ siècle. Autrichienne.
Aquafortiste.
Viennoise, elle fut élève du professeur Michalek. Elle devint plus tard présidente du club des aquafortistes viennoises ; ce club possède une de ses gravures : *La ruelle Rankenstein, à Vienne.*

ADLER Moritz
Né en 1826 à Althofen (Hongrie). Mort en 1902 à Budapest. xixᵉ siècle. Hongrois.
Peintre d'histoire et de portraits.
Après avoir travaillé à Vienne à partir de 1842 avec Gselhofer, Kupelwieser et Ender, il voyagea, vint à Munich, où il prit des conseils de Schnerr. En 1846, on le trouve à Paris, poursuivant ses études chez Horace Vernet et Paul Delaroche. De retour à Budapest en 1848, il y prit rang très vite parmi les peintres les plus en vue de son époque. Ses tableaux firent sensation. On lui doit aussi d'excellents portraits.

ADLER Oswald
Né le 24 juillet 1912 en Roumanie. xxᵉ siècle. Depuis 1960 actif en Israël. Roumain.
Peintre de portraits, animaux, paysages, graveur.
Il se fixa en 1934 à Bucarest, où il eut une activité de publicitaire et graphiste. Sa formation fut très tardive : Académie des Arts Appliqués de Vienne 1968-69, deux Écoles d'Art à Londres 1970-71. Il a participé à des expositions de groupe en Israël, Roumanie, Hollande, Italie. Une exposition rétrospective lui a été consacrée en 1983 au Musée d'Art de Bat- Yam.
Peinture et dessin sont fidèlement figuratifs. Ses paysages d'Israël traduisent son amour de ce pays. Il a peint aussi des portraits, des animaux. Sa carrière s'est surtout fondée sur la création de timbres pour les Postes de nombreux pays : Israël, Malte, Congo, Tchad, Haïti, etc.
Bibliogr. : Ionel Jianou : *Les artistes roumains en Occident*, Acad. américano-roum. d'arts et sciences, Los Angeles, 1986.

ADLER Philippe
Né en 1484 à Nuremberg. xviᵉ siècle. Allemand.
Graveur.
On connaît, d'après lui, une gravure, datée de 1518, représentant saint Christophe portant l'Enfant Jésus et gravée par David Hopfer. Serait-il le Philippe Adler qui vivait à Augsbourg vers

1515 et exerça les fonctions de conseiller chez l'Empereur Maximilien Ier ?

ADLER Salomone
XVIIIe siècle. Italien.

Peintre de portraits.
Cet artiste travaillait à Milan dans la seconde moitié du XVIIIe siècle. Il figure avec un *Autoportrait* dans le catalogue de la Brera, à Milan.
MUSÉES : MILAN (Brera) : *Autoportrait*.
VENTES PUBLIQUES : LONDRES, 12 déc. 1986 : *Portrait d'un jeune homme à la veste rouge*, h/t (45x36,5) : **GBP 22 000**.

ADLER Tobias
XVIIe siècle. Travaillait à Ratisbonne, vers 1650. Allemand.

Miniaturiste.
La collection du baron Rolas du Rosey possède un paysage en miniature, daté de 1647, seule œuvre connue de ce peintre.

ADLER Yankel. Voir ADLER Jankel

ADLER-MESNARD Eugène Édouard
Né vers 1845. Mort en 1884 à Paris. XIXe siècle. Français.

Graveur à l'eau-forte et au burin.
Il travailla avec Willmann et J. Sulpis ; on cite de lui un paysage gravé, d'après Poussin, puis une série d'eaux-fortes représentant les monuments antiques de la Grèce et de l'Italie, d'après W. Klose.

ADLERBERG Bror Reinhold
Né en 1791. Mort en 1834. XIXe siècle. Suédois.

Sculpteur.
Il exécuta surtout des bustes portraits. Il était élève de G. Gosse.
MUSÉES : STOCKHOLM : *Odman Samuel*, médaillon – *G.-F. Wirséin*, plâtre bronzé.

ADLERFLYCHT Suzanna Rebekka Elisabeth von
Née le 23 septembre 1775. Morte le 15 mars 1846. XIXe siècle. Allemande.

Peintre de portraits, paysages, fleurs, aquarelliste.
On cite de cette artiste l'importante vue de la vallée du Rhin (de l'embouchure de la Nahe à celle de la Moselle), dont elle recueillit les éléments au cours d'un voyage qu'elle fit, en 1811, sur le grand fleuve. Cette œuvre, exécutée en couleurs, fut lithographiée et obtint un grand succès.

ADLERSPARRE Rolf
Né en 1859 à Karlskrona (Suède). XIXe siècle. Suédois.

Sculpteur.
Il fut élève de l'Académie des arts à Stockholm. Une statue de lui, *La Vague*, fut exposée au Salon de 1892. Il est l'auteur de plusieurs œuvres décoratives dont la ville de Stockholm est ornée, entre autres les quatres statues placées sur le pont du jardin zoologique, et de celles qui se trouvent sur la terrasse de l'Opéra.

ADLERSPARRE Sofia Adolfina
Née le 8 mars 1808 à Oland. Morte le 23 mars 1862 à Stockholm. XIXe siècle. Suédoise.

Peintre d'animaux, fleurs, copiste.
Elle commença ses études avec le sculpteur Zvarnstrom et le peintre Ekman, les continua à Paris, en 1832, avec Cogniet, plus tard à Dresde et à Munich. Elle habita longtemps Rome. Ses copies de Murillo et de Raphaël sont remarquables.
VENTES PUBLIQUES : PARIS, 21 fév. 1924 : *Fleurs dans un vase* : FRF 110.

ADLINGTON E. C., Miss
XIXe siècle. Britannique.

Peintre de natures mortes.
Cette artiste est citée dans le catalogue de la Royal Academy de Londres de l'année 1893.

ADLOFF Karl
Né le 12 janvier 1819 à Düsseldorf. Mort le 15 avril 1863. XIXe siècle. Allemand.

Peintre d'architectures, paysages animés, paysages.
Ses paysages représentent généralement des vues des canaux hollandais ; le jeu de la lumière et les reflets de l'eau y sont traités avec finesse. Cependant certains critiques lui reprochent de ne pas avoir une personnalité suffisamment marquée et de ne pas avoir un coloris suffisamment puissant. Adloff est aussi l'auteur de plusieurs ouvrages d'architecture.
MUSÉES : DÜSSELDORF : *Vue de Dordrecht* 1852 – *Paysage au matin* 1861.
VENTES PUBLIQUES : LONDRES, 21 juil. 1976 : *Enfant patinant sur un*

canal gelé 1849, h/cart. (17x26) : **GBP 680** – COLOGNE, 25 juin 1982 : *Bord de mer animé de personnages* 1844, h/t (60x85,5) : **DEM 2 400**.

ADLY Suzanne, Mlle
Née à Constantinople. XXe siècle. Égyptienne.

Peintre.
Expose en 1931 au Salon des Indépendants à Paris des scènes de genre se passant en Proche-Orient.

ADMIRAL B.
XVIIe siècle. Actif vers 1662. Hollandais.

Peintre.
Cet artiste est mentionné par les biographes en raison d'une peinture signée de lui et portant la date de 1662, représentant l'entrée d'une ville avec de nombreux personnages, dont plusieurs portent des costumes orientaux. Ce tableau rappelle, la manière de Weenix.

ADNET Françoise
Née le 30 juin 1924 à Paris. XXe siècle. Française.

Peintre de compositions à personnages, figures, portraits, paysages, natures mortes, peintre de cartons de tapisseries, illustrateur.
Fille et nièce de Jacques et Jean Adnet, frères jumeaux, décorateurs réputés des années 40-50. Avant d'opter pour la peinture, elle fut pianiste, élève de Marguerite Long et Alfred Cortot. Elle reçut les conseils de nombreux artistes de l'entourage familial, mais fut surtout sensible à l'expression angoissée et au graphisme incisif d'un Francis Gruber, dont elle a conservé l'écho dans son œuvre propre.
Elle participe à des expositions collectives traditionnelles ou thématiques depuis 1950, dont les principaux Salons institutionnels parisiens, Salon des Moins de Trente Ans en 1942, 1943, 1948 ; Salon des Tuileries depuis 1951 ; Salon de la Jeune Peinture 1954, 1958 ; Salon d'Automne, dont elle est sociétaire ; Salon Comparaisons à partir de 1956 ; Salon de Mai en 1956 ; et : 1951 Paris *28 jeunes femmes par 28 jeunes peintres* ; 1956 Musée Galliéra Paris, Salon des Peintres Témoins de leur Temps *Le Portrait* ; 1958 Musée Galliéra Paris, Salon des Peintres Témoins de leur Temps *Les Parisiennes* ; 1964 Musée Galliéra Paris, Salon des Peintres Témoins de leur Temps *L'Amour* ; etc.
Elle montre surtout très régulièrement ses peintures dans des expositions personnelles nombreuses, dont : 1956, 1957 Paris, galerie Monique De Groote ; 1959 Paris, galerie Espace ; 1961, 1963, 1964, 1965 Paris, galerie Philippe Reichenbach ; 1961 Paris, galerie David et Garnier ; 1962, 1964, 1966, 1968 Toronto, galerie Dresdnère ; 1965 New York, galerie Findlay ; 1966 New York, galerie Frank Partridge ; 1968-1972 Bruxelles, Knokke-le-Zoute, galerie Isy Brachot ; 1979 Centre Culturel de Troyes, *Itinéraire de Françoise Adnet* ; 1992, 1995 Paris, galerie Denise Valtat ; 1998, *Françoise Adnet – De l'obscurité jaillit la lumière*, au Musée de Vicq.
Parallèlement à sa carrière picturale, elle a participé à la décoration de plusieurs paquebots, créé des cartons de tapisseries, illustré La Fontaine, Gide, Troyat. Elle a remporté plusieurs Prix et distinctions, notamment le premier Prix de la Biennale de Bruges, été distinguée à la Biennale de Menton, obtenu le Grand Prix de la Ville de Marseille.
La volonté psychologique du regard qu'elle porte sur le monde se manifeste préférentiellement dans la peinture de figures composées ou de portraits individualisés, où elle fait preuve d'une virtuosité qui concilie une compréhension aiguë du modèle et un sens inné d'une élégante mise en situation des accessoires, excellant particulièrement dans la restitution de la matière des étoffes et des objets. Son activité de portraitiste la destine souvent aux collections confidentielles, tandis que ses savantes compositions, soit de personnages, soit d'objets de natures mortes, mais dans les deux cas situés devant un paysage ou un décor intérieur, par exemple sur un balcon devant les toits de Paris ou bien devant les châssis retournés contre le mur de son atelier, reçoivent un accueil plus étendu. ■ J. B.
BIBLIOGR. : Louis Pauwels : *Françoise Adnet*, Art et Industrie, Paris, 1980 – Christine Counord, in : *La Réaction figurative*, Alan, Paris, 1990 – Lydia Harambourg, in : *L'École de Paris 1945-1965*, Ides et Calendes, Neuchâtel, 1993.
MUSÉES : HOUSTON : treize peintures – PARIS (Mus. d'Art Mod. de la Ville).
VENTES PUBLIQUES : PARIS, 11 déc. 1961 : *Enfant à la rose* :

FRF 300 – New York, 15 mai 1963 : *On joue la comédie* : USD 550 – Paris, 10 juil. 1983 : *Intérieur à la lecture* 1961, h/pan. (89x129) : FRF 10 500 – Fontainebleau, 21 nov. 1987 : *Les pommes vertes*, h/t (72x49) : FRF 3 000 – Douai, 23 oct. 1988 : *Le Manège* 1956, h/t (60x81) : FRF 2 500 – Montréal, 1er mai 1989 : *Fillette assise avec un fruit* ; *Nature morte*, h/t, une paire (chaque 53x32) : CAD 1 500 – Paris, 19 nov. 1990 : *Portrait de jeune fille*, h/t (100x81) : FRF 14 000 – Paris, 21 nov. 1990 : *Discussion de jeunes filles* 1958, h/t (185x126) : FRF 56 000 – Paris, 6 oct. 1991 : *Le mur rouge* 1956, h/t (170x153) : FRF 28 000 – Paris, 6 nov. 1992 : *La poupée à la pendule Louis XVI*, h/cart. (45x54) : FRF 5 500 – Paris, 8 juil. 1993 : *Ludy, la tricoteuse*, h/t (117x89) : FRF 12 000 – Paris, 13 juin 1994 : *L'assiette de cerises*, h/t (116x81) : FRF 8 000 – Paris, 4 nov. 1994 : *Mélancolie*, h/t (116x81) : FRF 12 000 – Paris, 24 jan. 1996 : *Les amies à la chaise et au chapeau de paille* 1958, h/t (185x126) : FRF 29 000.

ADNET Jacques et Jean
Nés le 20 avril 1900 à Chatillon-Coligny (Loiret). Jacques mort en 1984. xxe siècle. Français.
Peintres et décorateurs.
Ces jumeaux ont exposé ensemble au Salon des Artistes Français, obtenant ensemble une bourse de voyage en 1927. Ils ont été sociétaires du Salon d'Automne, ont exposé aussi aux Salons des Indépendants et des Tuileries. Ils peignirent surtout exposé des paysages, mais en outre ils ont aussi fait des envois de meubles. D'ailleurs, leurs carrières se déroulèrent ensuite dans le domaine des arts décoratifs : Jacques créa la *Compagnie des arts français*, puis devint directeur de l'École des Arts Décoratifs de Paris. Jean fut longtemps responsable des services de décoration d'un grand-magasin parisien.
Ventes Publiques : Paris, 27 sep. 1978 : *Les danseurs de tango*, bronze, Jacques Adnet (H. 34 cm) : FRF 4 500 – New York, 5 déc. 1981 : *Les danseurs de tango*, bronze argenté, Jacques Adnet (H. 34 cm) : USD 8 000.

ADNEY Edwin Tappau
Né le 23 juillet 1868 à Athens (Ohio). xixe siècle. Américain.
Peintre et dessinateur.
Cet artiste se forma à New York et travailla surtout l'illustration. Dans cet ordre d'idées, il prit un rang fort honorable dans la grande cité américaine. On cite particulièrement ses dessins pour un ouvrage sur les oiseaux de l'est de l'Amérique du Nord, pour lequel des études précédemment faites dans la Caroline lui furent très utiles. Adney, en véritable Américain, alla chercher des sujets de nature à toucher le public parmi les chercheurs d'or du Klondyke. Les illustrations qu'il publia dans le *Harper's Magazine*, en 1897, à la suite de ce voyage, furent très remarquées. On cite peu de ses peintures.

ADO, pseudonyme de Sato Ado
Né le 23 décembre 1936 à Tokyo. Mort en 1994 à Paris. xxe siècle. Depuis 1962 actif en France. Japonais.
Peintre, sérigraphe. Abstrait.
Fils de Key Sato, d'où le choix de son prénom en pseudonyme. Il fut diplômé, en 1960 de la section d'histoire de l'esthétique de l'Université Keio, à Tokyo. Il vint en France, en 1962, à Paris où son père, Key Sato, s'était fait connaître et fixé totalement. Il participe à de très nombreuses expositions collectives, d'entre lesquelles : *Tendances dans l'art japonais contemporain* en 1970 au Musée d'art moderne de Tokyo, *Artistes japonais contemporains* en 1971 au Palais des Beaux-Arts de Bruxelles et dans les principales villes de Belgique, *Gravures françaises contemporaines* dans les musées d'art moderne d'Aix-la-Chapelle et de plusieurs villes d'Allemagne en 1972, etc. À Paris, il figure aussi dans les Salons Comparaisons, Grands et Jeunes d'aujourd'hui, Réalités Nouvelles depuis 1965. Il fut sélectionné à la Biennale des Jeunes de Paris de 1965 à 1971. Il participe à de nombreuses biennales de gravure. Soit en peinture, soit en sérigraphie, nombreuses expositions personnelles depuis 1964, à Londres, Paris, Luxembourg, Musée de Verviers en Belgique, Tokyo, Toulouse, Cannes, Madrid, New York, Liège, Gand, Musée d'art moderne de la ville de Paris (A.R.C.) en 1971, Bruxelles, etc. Il a reçu de nombreuses distinctions.
Depuis ses débuts, il a évolué assez considérablement, surtout en ce qui concerne les thèmes, car la technique, la facture, au contraire est restée, caractéristique fréquente chez les peintres japonais de sa génération, très glacée, ce qu'on a appelé l'abstraction froide. Dans une période de son évolution se situant dans les années 70, sous l'aspect de symboles abstraits et austèrement géométrisés, il faisait souvent jouer des formes issues

de l'arsenal des organes sexuels. À la fin des années 80, il a adopté une technique de surfaces couvertes de sortes de clous. Dans un beau texte que lui a consacré un certain C. C., celui-ci énumère en conclusion les points qu'il n'y a pas traités, ce qui est une façon d'indiquer que ces différents points y existent : « La poésie des œuvres d'Ado, Le sexuel dans ses œuvres, Les relations entre la peinture d'Ado et ses travaux de designer, Le caractère japonais de la Peinture d'Ado. » ■ J. B.
Bibliogr. : C. C. : *Pour Ado*, galerie Arnaud, Paris, 1975.
Ventes Publiques : Paris, 16 nov. 1988 : *Composition géométrique* (150x150) : FRF 8 000.

ADOLFFZ
Allemand.
Graveur.
Il est l'auteur d'un portrait équestre gravé du duc de Biron, Maréchal de France, pièce très rare.

ADOLFI Benedetto
Né en 1640 à Bergame. Mort en 1720. xviie-xviiie siècles. Italien.
Peintre.
Il étudia à Venise et eut trois fils peintres.

ADOLFI Ciro
Né en 1683 à Bergame. Mort en 1758. xviiie siècle. Italien.
Peintre, fresquiste.
Il était fils de Benedetto Adolfi et apprit à peindre à ses côtés. Ciro fit preuve de très bonne heure de qualités artistiques qui le placèrent en bon rang parmi les peintres de fresques les plus habiles. De grands travaux lui furent confiés dans ce genre. On cite à Bergame, dans l'église de Santo Alessandro della Croce : *Les Quatre Évangélistes* ; à Santa Maria della Grazie, une remarquable *Descente de croix* ; à l'église paroissiale : *La Décollation de saint Jean*.

ADOLFI Giacomo
Né en 1682 à Bergame. Mort en 1741. xviiie siècle. Italien.
Peintre.
Fils de Benedetto et frère de Ciro Adolfi. Tassi affirme que, comme ses frères, il n'eut pas d'autre maître que son père. Les travaux d'histoire qu'il exécuta lui acquièrent une brillante réputation. La décoration de plusieurs monuments publics lui fut confiée. Son *Couronnement de la Vierge*, dans l'église du monastère del Paradiso, l'*Adoration des Mages*, à l'église de Santo Alessandro della Croce, sont des œuvres très remarquables.

ADOLFI Giovanni
xviie siècle. Vivait à Rome en 1695. Italien.
Sculpteur sur bois ou graveur en taille-douce.

ADOLFI Nicola
xviie-xviiie siècles. Actif à la fin du xviie et au début du xviiie siècle. Italien.
Peintre.
Fils de Benedetto et frère de Ciro et Giacomo Adolfi. On ne cite de lui aucune œuvre marquante.

ADOLFS Gerard Pieter, dit Ger
Né en 1897 à Semarang. Mort en 1968 en Hollande. xxe siècle. Hollandais.
Peintre de scènes et figures typiques, nus, paysages typiques. Orientaliste.
D'origine hollandaise, il naquit à Semarang. Il décida de se consacrer à la peinture en 1925. Pendant les années 1928-29, il voyagea en Égypte et en Europe, puis au Japon et en Extrême-Orient et enfin aux États-Unis et en Amérique du sud. Il vécut et travailla à Soerabaya en Indonésie et mourut en Hollande.
Ventes Publiques : Zurich, 7 nov. 1981 : *Les deux Bédouins*, h/t (40x50) : CHF 6 000 – Amsterdam, 18 fév. 1992 : *Soerabaya*, h/cart. (40x50) : NLG 2 185 – Amsterdam, 14-15 avr. 1992 : *Combat de coqs*, h/t (60x80) : NLG 16 675 – Amsterdam, 21 avr. 1993 : *Nu*, h/t (50,5x40) : NLG 4 370 ; *Marchands d'oiseaux de Soerabaya*, h/pan. (30x40) : NLG 9 200 – Amsterdam, 19 oct. 1993 : *Personnages élégants devant la « Porta della Merceria »* à Venise 1935, h. (40,5x30,5) : NLG 4 370 – Amsterdam, 19 avr. 1994 : *Paysage d'Indonésie*, h/cart. (30x40) : NLG 1 323 – Amsterdam, 8 nov. 1994 : *Personnages dans le Kampong*, h/t (79,5x114,5) : NLG 39 100 – Amsterdam, 11 avr. 1995 : *Paysage des environs de Djocjacarta* 1927, h/pan. (44,5x65) : NLG 10 620 – Amsterdam, 23 avr. 1996 : *Pêcheur sur un quai* 1936, h/pan. (50x60) : NLG 47 200 – Singapour, 5 oct. 1996 : *Scène de marché* 1959, h/t (61x80) : SGD 40 250.

ADOLPH Carl
XVIIIe siècle. Autrichien.
Peintre animalier.
Valet de l'archevêque Maximilien, qui mourut en 1776, il fit, pour la galerie de peintures de son maître, au château de Kremsier, une série de six tableaux. Ce fut un bon peintre d'animaux.

ADOLPH Johann Samuel
XVIIIe siècle. Actif à Breslau. Allemand.
Graveur.
Fils de l'imprimeur sur toile, John David Adolph.

ADOLPH Jos. Ant.
Né le 8 octobre 1729 à Nikolsburg. Mort le 17 janvier 1762 à Vienne. XVIIIe siècle. Allemand.
Peintre.
Il travailla à l'Académie des arts à Vienne et ensuite à Paris. Il se rendit plus tard à Londres où ses portraits eurent le plus grand succès et lui valurent des lettres de noblesse. On cite de lui le *Portrait équestre de Georges III, roi d'Angleterre*, gravé par Bernard Baron.

ADOLPH Joseph Franz
Né en 1671 en Autriche. Mort le 2 novembre 1749 à Nikolsburg. XVIIe-XVIIIe siècles. Autrichien.
Peintre animalier, paysages animés.
Père de Carl et Joseph Adolph. Il était à la cour du prince Carl Max de Dietrichstein ; il s'y fit une réputation comme peintre d'animaux, en reproduisant les plus beaux chevaux des écuries de Kuprowitz.
VENTES PUBLIQUES : LONDRES, 18 mai 1979 : *Trophées de chasse* 1701, h/t (39,2x33,6) : **GBP 1 400** – VIENNE, 11 sep. 1985 : *Oiseaux dans un paysage fluvial*, h/t (78x110) : **ATS 35 000**.

ADOLPHE Albert Jean
Né le 17 février 1865 à Philadelphie (Pennsylvanie). Mort en 1940. XIXe-XXe siècles. Américain.
Peintre de genre, portraits, paysages, marines, aquarelliste.
À Paris, il fut élève de Gérome à l'École des Beaux-Arts ; à Anvers, d'Albert De Vriendt à l'Académie des Beaux-Arts ; et de l'Académie des Beaux-Arts de Pennsylvanie. Il travailla aussi à Munich. Il a exposé à Anvers, Chicago, Munich, Saint-Louis, obtenant diverses distinctions et médailles, et à Paris, au Salon des Artistes Français en 1898, 1899, en 1900 une mention honorable pour l'Exposition Universelle, 1901 et 1902.
VENTES PUBLIQUES : PARIS, 14-15 déc. 1925 : *La Brume sur le fleuve, le soir* : **FRF 170** – NEW YORK, 20 mars 1987 : *Paysage maritime* 1883, h/cart. (17x32,5) : **USD 1 400** – NEW YORK, 20 mars 1996 : *Un après-midi de printemps*, h/cart. (30,5x34,3) : **USD 1 495**.

ADOLPHO F. R.
XIXe siècle. Actif au début du XIXe siècle. Britannique.
Graveur à l'eau-forte.
Il est connu pour ses ex-libris avec armoiries qu'il signait « Adolpho » ou « F.-R. Adolpho, 134 Oxford-Street ».

ADOLSKI Grigori
XVIIe-XVIIIe siècles. Russe.
Peintre.
Il travailla avec Ossip Kolugin et Maxim Wirowski, pour le palais de Pierre Ier, à Saint-Pétersbourg, de 1712 à 1725.

ADOLSKI Iwan, dit le Grand
XVIIIe siècle. Russe.
Peintre de portraits, graveur en taille-douce.
Il travaillait à Saint-Pétersbourg vers 1711. Son chef-d'œuvre est le *Portrait de l'impératrice Catherine*, qui figure dans la collection de l'État-major à Saint-Pétersbourg.

ADOLSKI Iwan, le Jeune
XVIIIe siècle. Russe.
Peintre de compositions religieuses.
Cet artiste, dont le nom est cité de 1706 à 1745, exécuta les peintures de la chapelle de Peterhof. On mentionne aussi, dans l'église de Sainte-Marie à Moscou, son tableau représentant les archanges Michel et Gabriel.

ADOLUS Joannes
XVIe siècle. Actif à Nicée (Chypre) avant 1588. Grec.
Peintre.
Zani rapporte qu'Adolus reproduisit une ancienne peinture byzantine, *Portrait d'Epiphanias, évêque de Constance*, du IVe siècle.

ADORATION, Maître de l'. Voir MAÎTRES ANONYMES

ADORNE DE TSCHARNER Louise, dite Églée
Née à Strasbourg. XIXe siècle. Française.
Peintre d'histoire, de figures, portraits, pastelliste.
Elle exposa au Salon de Paris, de 1848 à 1851, sous le nom d'Églée, des figures au pastel et des portraits. Elle fut médaillée en 1848.

ADORNI Francesco
XVIIIe siècle. Vivait à Parme vers 1710. Italien.
Sculpteur sur bois.
Ce fut lui qui sculpta le monument funéraire du duc Francesco Farnèse, en 1727. Il travailla également à celui de l'Empereur Charles VI, en 1741.

ADORNO da Varese
XIVe siècle. Vivait à Gênes. Italien.
Peintre.
On le connaît par son testament, daté de 1357, dans lequel il est question d'une dette contractée envers lui, par le peintre Francesco di Oberto.

ADORYAN Hélène
Née à Budapest (Hongrie). XXe siècle. Française.
Peintre de paysages, de natures mortes, de fleurs.
Elle a commencé d'exposer à Paris, au Salon des Indépendants en 1930 et jusqu'en 1939, au Salon des Artistes Français de 1934, elle a aussi figuré dans les années quarante aux Salons d'Automne et des Tuileries.

ADOUR Pauline Françoise
Née à Paris. XXe siècle. Française.
Peintre de paysages, de marines.
Elle fut élève de Luc-Olivier Merson, Raphaël Collin, Jean-Paul Laurens. Elle a surtout exposé au Salon des Artistes Français, de 1905 à 1937, sociétaire, troisième médaille 1909. Elle figurait également au Salon des Indépendants.

ADOVASIO Ferdinando
XVIIIe siècle. Italien.
Graveur en taille-douce.
On a de lui une *Éruption du Vésuve*, d'après N. Menzala, et datée de 1751.

ADOYAN Wostanig. Voir GORKY Arshile

ADRIAANSZ Willem
Né au XVIIIe siècle à Amsterdam. XVIIIe siècle. Hollandais.
Peintre.
Il est mentionné pour avoir acheté son droit de citoyen le 4 septembre 1739.

ADRIAENS Claes
XVIIe siècle. Hollandais.
Sculpteur sur pierre.
Il vint de Delft à Amsterdam vers 1611 ; c'est de cette dernière ville, croit-on, qu'il envoya à Nimègue les sculptures relatives à Hendrik de Keyser.

ADRIAENS Michiel
XVIIe siècle. Actif au début du XVIIe siècle. Hollandais.
Sculpteur sur bois.
Il travaillait, en 1604, à la décoration de l'hôtel de ville d'Arnheim.

ADRIAENSEN Dondari Claes. Voir DONDARI Claes Adriaensen

ADRIAENSEN Jasper
Mort en 1632. XVIIe siècle. Actif à Anvers. Éc. flamande.
Peintre.
Il était maître libre de la guilde de Saint-Luc. Lorsque le paysagiste Abraham Goyvaerts mourut, laissant son œuvre inachevée, les camarades d'Adriaensen le supplièrent de terminer les tableaux du maître, reconnaissant ainsi la valeur de son talent.

ADRIAENSSEN Alexander
Né en 1587 à Anvers. Mort le 30 octobre 1661. XVIIe siècle. Éc. flamande.
Peintre d'animaux, natures mortes, fleurs et fruits, peintre verrier, graveur.
Il fut élève de A. van Laeck et fit partie de la guilde d'Anvers en 1610. Excellent peintre de fleurs, d'oiseaux, de poissons, il s'adonna aussi à la peinture sur verre et sur poterie, dans laquelle il réussit tout particulièrement à obtenir les tons argen-

tés. On a de lui une gravure en taille-douce de A. van der Does, d'après Van Dyck.

ALEXANDER ADRIAENSSEN FECIT. 1660. 𝖠𝖠

Alex Adrieanssen +.

BIBLIOGR. : G. Spiessens : *Leven en Werk van de Antwerpe Schilder Alexander Adriaenssen*, 1990.
MUSÉES : AMSTERDAM : *Poissons – Nature morte* – ANVERS : *Fruits, oiseaux, poissons et chat* – BERGUES : *Nature morte* – BERLIN : *Nature morte* – BUDAPEST : *Nature morte* – DARMSTADT : *Poissons* – DUNKERQUE : *Jambon, crabes et couteau* – KASSEL : *Nature morte* – LEIPZIG : *Nature morte* – MADRID (Prado) : *Poissons – Gibier – Table avec fromage et sardines* – *Saumon* – MAYENCE : *Nature morte* – OSLO : *Oiseaux* – TOURNAI : *Oiseaux* – VALENCIENNES : *Marchand de poissons* – *Nature morte* – VIENNE : *Perdrix mortes et petits oiseaux* – YPRES : *Nature morte*.
VENTES PUBLIQUES : PARIS, 1772 : *Corbeille de fruits* : **FRF 24** – BRUXELLES, 1775 : *Fruits, gibiers, poissons* : **FRF 63** – PARIS, 1850 : *Nature morte* : **FRF 34** – BRUXELLES, 1853 : *Table chargée de gibier* : **FRF 230** – PARIS, 1865 : *Poissons* : **FRF 600** ; *Gibier* : **FRF 210** – PARIS, 1873 : *Le Garde-manger* : **FRF 690** – PARIS, 1899 : *Poissons* : **FRF 140** – PARIS, 1899 : *Poissons* : **FRF 180** – PARIS, 1899 : *Poissons* : **FRF 220** – PARIS, 1899 : *Poissons sur une table* : **FRF 190** – PARIS, 1900 : *Nature morte* : **FRF 410** – PARIS, 1903 : *Fruits 1634* : **FRF 2 100** – PARIS, 1907 : *Collation* : **FRF 125** ; *La Jardinière de cuivre* : **FRF 360** – PARIS, 1907 : *Gibier* : **FRF 850** – PARIS, 1914 : *À la poissonnerie* : **FRF 355** – PARIS, 5 juin 1924 : *Le Jambon* : **FRF 850** – PARIS, 1939 : *Nature morte* : **FRF 1 000** – PARIS, 29 déc. 1950 : *Oiseaux, fruits et orfèvrerie* : **FRF 350 000** – PARIS, 10 juin 1958 : *Nature morte* : **FRF 500 000** – PARIS, 29 mars 1960 : *Nature morte* : **FRF 2 000** – PARIS, 16 juin 1961 : *Nature morte au champ* : **FRF 12 500** – PARIS, 19 jan. 1965 : *Nature morte aux poissons* : **FRF 2 850** – MILAN, 31 mai 1966 : *Nature morte* : **FRF 3 600** – PARIS, 3 mars 1967 : *Nature morte au poisson* : **GNS 300** – LONDRES, 26 juil. 1968 : *Nature morte* : **GNS 2 800** – AMSTERDAM, 30 mai 1978 : *Nature morte 1632*, h/pan. (42,5x56,5) : **NLG 6 500** – NEW YORK, 25 mars 1982 : *Nature morte aux poissons 1644*, h/t (54x64) : **USD 2 000** – MONTE-CARLO, 25 juin 1984 : *Nature morte au jambon*, h/pan. (39x56) : **FRF 40 000** – MILAN, 26 nov. 1985 : *Nature morte aux poissons et aux huîtres 1640*, h/pan. (34x55) : **ITL 13 500 000** – MILAN, 10 juin 1988 : *Nature morte avec langouste et poissons*, h/pan. (56x81) : **ITL 15 000 000** – AMSTERDAM, 14 nov. 1988 : *Nature morte avec des victuailles et un verre près d'une cruche sur une table*, h/pan. (49,5x64) : **NLG 28 750** – PARIS, 30 juin 1989 : *Nature morte aux poissons*, h/t (111x80,5) : **FRF 28 000** – LONDRES, 5 juil. 1989 : *Nature morte de fleurs et d'insectes*, h/pan. (73x48,5) : **GBP 26 400** – PARIS, 9 avr. 1990 : *Nature morte aux crustacés et poissons près d'un vase de fleurs*, h/pan. de chêne (37x56) : **FRF 165 000** – AMSTERDAM, 14 nov. 1990 : *Nature morte d'un trophée de chasse*, h/pan. (43,5x57) : **NLG 40 250** – LONDRES, 3 juil. 1991 : *Nature morte de tulipes et autres fleurs dans un vase de cristal sur un entablement de marbre*, h/pan. (80x45) : **GBP 61 600** – PARIS, 26 avr. 1993 : *Nature morte au jambon*, h/pan. de chêne (46,5x74) : **FRF 44 000** – NEW YORK, 8 oct. 1993 : *Nature morte de gibier sur une table*, h/pan. (47,6x38,1) : **USD 6 325** – PARIS, 17 juin 1994 : *Nature morte aux fleurs, fruits, oiseaux et crabes*, h/pan. (344x71) : **FRF 72 000** – NEW YORK, 20 juil. 1995 : *Nature morte de gibier posé sur une table*, h/pan. (47,6x38,1) : **USD 5 462** – LONDRES, 30 oct. 1996 : *Nature morte de roses et pivoines dans un vase en verre sur un entablement de marbre*, h/pan. (54,5x43,2) : **GBP 21 850**.

ADRIAENSSEN Alexander, le Jeune
Né en 1625 à Anvers. Mort en 1685 à Anvers. XVIIe siècle. Éc. flamande.
Peintre.
Membre de la guilde de Saint-Luc à Anvers.
VENTES PUBLIQUES : PARIS, 1873 : *Garde-manger* : **FRF 690**.

ADRIAENSSEN Antoon ou **Anthoni**
XVIIe siècle. Actif à Anvers. Éc. flamande.
Peintre.
Il fut élève du maître Hendrik van Bâlen Ier, vers 1605, et fut maître de la corporation de Saint-Luc. On croit que c'est le même artiste qu'Antonio Adriani, mort en 1649, à Rome.

ADRIAENSSEN Jan ou **Adriaensen Jean**
XVIe siècle. Éc. flamande.

Peintre.
Membre de la guilde de Saint-Luc à Anvers. Il en fut nommé doyen en 1544. Il est cité comme maître accompli, mais on le connaît surtout par ses élèves : Lodewijk van Dale (1544), Cornelis van Dalem (1544) et Cornelis Priers (1549). On le confond parfois, à tort, avec Jan Adriaensen de Weert ou avec Jan Adriaensen, paysagiste à Leyde en 1604.
VENTES PUBLIQUES : PARIS, 1803 : *Perspective d'un chemin conduisant à une maison de campagne de Hollande* : **FRF 6**.

ADRIAENSSENS Régnier, le Jeune
Mort entre le 18 septembre 1723 et le 18 septembre 1724. XVIIe-XVIIIe siècles. Éc. flamande.
Peut-être peintre à l'huile et graveur.
Il fut admis, en 1689, comme fils du maître Adriaensen l'aîné, dans la corporation de Saint-Luc, dont il devint plus tard le doyen.

ADRIAENSZ Adriaen
XVIIe siècle. Travaillait à Delft au commencement du XVIIe siècle. Hollandais.
Peintre de vitraux.
Il exécuta, vers 1615, six vitraux qui furent donnés par les villes de Dordrecht, Haarlem et Gouda, au maire de Soetermeer, Geerit Oltshoorn.

ADRIAENSZ Cornelis
Mort avant 1634 à Anvers. XVIIe siècle. Éc. flamande.
Peintre.

ADRIAENSZ Floris
XVIIe siècle. Actif à Haarlem, en 1621. Hollandais.
Peintre.
Peut-être le même que Floris van Dyck.

ADRIAENSZ Gérard
XVIIe siècle. Hollandais.
Peintre de portraits, graveur.
Il est seulement connu par une gravure, datée de 1630, reproduisant le portrait du curé de Leeuwarden, et sur laquelle son nom est mentionné comme peintre.

ADRIAENSZ Gérard
XVIIe siècle. Actif à la fin du XVIIe siècle. Hollandais.
Peintre.
Il étudia vers 1658, étant élève de Cornelis de Gilde, à Alkmaar.

ADRIAENSZ Heinrich
XVIe siècle. Actif à Leyde dans la seconde moitié du XVIe siècle. Hollandais.
Peintre.
Son testament, fait à Leyde, porte la date de 1573.

ADRIAENSZ Jan
XVIe siècle. Éc. flamande.
Peintre.
Il fut élève de Philipp van Atrecht et travaillait à Anvers vers 1531.

ADRIAENSZ Jan
XVIe siècle. Hollandais.
Peintre.
Il vivait à Leyde vers 1586. Peut-être le même que le peintre Jan Adriaensz que l'on cite à Utrecht vers 1570.

ADRIAENSZ Jan
XVIe siècle. Actif dans la seconde moitié du XVIe siècle. Hollandais.
Peintre de compositions religieuses.
Il fut, en 1569, membre de la corporation des peintres à Utrecht. On le croit auteur du *Christ sur la Croix*, donné par le curé catholique d'Amsterdam au couvent de Sainte-Cécile, à Calcar.

ADRIAENSZ Nicolaes
Né vers 1599 à Leyde. XVIIe siècle. Hollandais.
Peintre.
Mentionné pour avoir fait partie de l'Université à Leyde, en 1613, et de la corporation des peintres de la même ville, en 1649.

ADRIAENSZ Pieter
XVIe siècle. Vivait à Pijlsteeg, en 1572. Hollandais.
Peintre verrier.
On a surtout quelques détails sur sa vie privée. On sait qu'il avait épousé Lucie Simonsdr. ; qu'il maria sa fille au peintre connu Pieter Pietersz et que deux de ses enfants furent enterrés dans la vieille église d'Amsterdam, le 23 mai 1557.

ADRIAENSZ Vincent ou **Adriaenssen**
Né en 1595 à Anvers. Mort sans doute avant le 16 août 1675 à Rome. XVIIe siècle. Actif à Anvers et à Rome. Éc. flamande.

Peintre de compositions mythologiques.
Musées : Berlin (Château de Charlottenburg) : *Apollon et les nymphes*, cuivre.
Ventes Publiques : Paris, 5 juin 1996 : *Le Bain des nymphes*, pan. de chêne (53,5x70,5) : FRF 130 000.

ADRIAN
xvɪᵉ siècle. Vivait à Hambourg, vers 1558. Allemand.
Peintre.

ADRIAN Jean
xvɪᵉ siècle. Français.
Peintre verrier, décorateur.
Il exécuta, vers 1526, un grand vitrail pour la cathédrale de Rennes. En 1532, il fut chargé de diriger les fêtes solennelles données à l'occasion du couronnement du dauphin François, duc de Bretagne ; il remplit la même fonction en 1565, lors de l'entrée de Charles IX.

ADRIAN Laurentius
xvɪᵉ siècle. Hollandais.
Graveur de portraits.
Il travailla pour la cour de Dantzig, vers 1531. Ses ouvrages, traités dans le style hollandais, furent malheureusement détruits ou dispersés.

ADRIAN Marc
xxᵉ siècle. Français.
Sculpteur, créateur d'environnements. Cinétique.
Dans les années soixante, il a participé au courant alors important de l'art cinétique. Il créait des « environnements » pour lesquels le déplacement du spectateur à l'intérieur provoquait, du fait des modifications de l'angle de vision, des mouvements apparents des composantes de l'ensemble. Il déclarait rechercher « l'intégration optimale du spectateur dans la genèse de l'œuvre d'art ».

ADRIAN Pic
Né le 3 septembre 1910 à Moinesti (Roumanie). xxᵉ siècle.
Actif en Espagne. Roumain.
Peintre. Abstrait.
Il fit des études de droit à Bucarest et publia d'abord plusieurs volumes de poésies. Il voyagea en Israël en 1952, en France en 1953-54, où il rencontra de nombreux artistes : Brancusi, Arp, Léger, Chagall. Depuis 1953, il s'était établi à Barcelone. Il publia alors des études sur divers artistes contemporains, puis des essais sur la théorie de l'art. Entre-temps il avait commencé à peindre et à exposer dans des groupes en Espagne, France, à Londres, etc. Sa première exposition personnelle eut lieu en 1962 à Barcelone, suivie d'autres à Madrid, Paris, Bruxelles, Bâle, Milan, etc. En 1965 il publia *Du réalisme naturaliste au réalisme essentialiste*, où il définit les principes de l'essentialisme, qu'il appellera bientôt « l'art principiel ». Il est le fondateur et promoteur du groupe *Tendances essentialistes*, qui présenta des expositions à Barcelone et Madrid en 1967 et 1969.
La peinture d'Adrian est extrêmement austère : sur des fonds monochromes se situent de rares traits horizontaux ou verticaux et quelques petits cercles, parfois une section de courbe de grand rayon. Pour reprendre son terme d'essentialisme, qui, dans les années soixante, ambitionnait de s'opposer à l'existentialisme philosophique encore alors dominant, sa peinture paraît en effet tendre à l'essentiel des rapports plastiques à suggérer. Austérité d'un vocabulaire qui rappelle évidemment Fontana et qui peut annoncer Geneviève Asse. ■ J. B.
Bibliogr. : P. Restany : *Pic Adrian*, Le Musée de poche, Paris, 1977 – divers : *Pic Adrian*, Condal Edit., Barcelone, 1984 – Ionel Jianou : *Les artistes roumains en Occident*, Acad. américano-roum. d'arts et sciences, Los Angeles, 1986.

ADRIAN van Peghem
xvᵉ siècle. Actif vers 1496. Éc. flamande.
Peintre ornemaniste.
Il peignit des armoiries et des bannières.

ADRIAN DU TRAIT
xvɪᵉ siècle. Travaillait en Normandie, au commencement du xvɪᵉ siècle. Français.
Sculpteur d'ornements.
Il exécuta, en 1507, différents meubles pour le château de Gaillon, qui appartenait au cardinal d'Amboise.

ADRIAN-NILSSON Gösta, pseudonyme : Gan
Né en 1884 à Lund. Mort en 1965. xxᵉ siècle. Suédois.
Peintre de figures, portraits, intérieurs, peintre à la gouache.

Il acquit sa formation à Copenhague et à Paris. Il exposa au premier Salon d'Automne de Berlin en 1913. Vers 1925, avec Éric H. Olson, ils formèrent le *Halmstadgruppen*, dans la petite ville de Halmstad sur le Kattegat. Le groupe se référait alors au post-cubisme. Il séjourna souvent à Paris, exposant au Salon d'Automne : *Portrait d'un marin* 1921. Il figura surtout à l'Exposition d'Art Suédois, organisée au Musée du Jeu de Paume en 1929 avec *Portrait de femme, Femme à la lampe, L'Annonciation*. En 1958, le Liljevalchs Konsthall de Stockholm lui organisa une exposition rétrospective.
Il fut un des représentants de l'avant-garde suédoise, introduisit le cubo-futurisme en Suède, puis fut sensible au surréalisme à partir de 1939.

Gösta Adrian-Nilsson

Ventes Publiques : Göteborg, 31 mars 1977 : *Scène de rue*, gche (50x35) : SEK 11 000 – Göteborg, 8 nov. 1978 : *L'atelier*, h/pan. (80x63) : SEK 8 200 – Stockholm, 23 avr. 1980 : *Étude de figure*, gche (14x20) : SEK 3 200 – Stockholm, 26 nov. 1981 : *Homme dans la rue*, gche (49,5x34,5) : SEK 24 500 ; *Automatcafé 1919*, h/pan. (33x28,5) : SEK 92 000 – Göteborg, 31 mars 1982 : *Le spartiate*, aquar. (13x8) : SEK 8 500 – Stockholm, 25 nov. 1982 : *Hafen II 1919*, h/t (75x54) : SEK 134 000 – Stockholm, 27 avr. 1983 : *Composition*, cr. et aquar./pap. (23X31) : SEK 4 000 – Stockholm, 29 nov. 1983 : *La ville 1919*, h/t (57x77) : SEK 360 000 – Stockholm, 30 nov. 1983 : *Arlequin/robot 1922*, métal peint. (H. 68) : SEK 155 000 – Stockholm, 16 mai 1984 : *Le moteur 1914*, aquar. (38x35) : SEK 74 000 ; *Berns 1917*, h/pan. (80x113) : SEK 500 000 – Stockholm, 20 avr. 1985 : *Composition géométrique*, gche (20x24) : SEK 18 000 – Stockholm, 16 nov. 1985 : *Le feu*, h/pan. (94x71) : SEK 230 000 – Stockholm, 27 mai 1986 : *Personnage nourrissant des volatiles*, h/t (72x49) : SEK 50 000 – Stockholm, 6 juin 1988 : *Vue de Paris* (56x45) : SEK 145 000 – Stockholm, 21 nov. 1988 : *Farce 1921*, aquar. (22,5x12,5) : SEK 10 000 – Stockholm, 5-6 déc. 1990 : *Gastar 1919*, h/t (42x32) : SEK 70 000 ; *Tête en gris 1954*, aquar. (20,5x15) : SEK 14 000 – Stockholm, 30 mai 1991 : *Projet de costume pour le ballet « Krelatems och Eldeling »* 1921, aquar. (31x24) : SEK 12 500 – Stockholm, 19 mai 1992 : *Les bâtisseurs*, aquar. (37x29) : SEK 47 000 – Stockholm, 10-12 mai 1993 : *L'escalier 1923*, h/pan. (33x22) : SEK 130 000.

ADRIANI Antonio. Voir ADRIAENSSEN Antoon ou Anthoni

ADRIANO
Né à Cordoue. Mort en 1630. xvɪɪᵉ siècle. Espagnol.
Peintre de compositions religieuses.
Il fut élève de Pablo de Cespedes. Ses études terminées, il entra dans l'ordre des Carmes déchaussés, mais il continua à exercer son art. Pacheco, qui le connut, en fait l'éloge comme d'un grand maître. Palomino rapporte que son couvent posséda longtemps une tête de Vierge digne du Titien. Adriano, profondément épris de son art, ne trouvait pas sur toile ni sur pinceau réalisé son rêve. Il effaçait ses tableaux au fur et à mesure qu'il les terminait. Quelques-uns furent cependant sauvés par ses amis, mais ils sont extrêmement rares.

ADRIANO Fiammingo
xvɪɪᵉ siècle. Actif à Florence au début du xvɪɪᵉ siècle. Italien.
Peintre de paysages.
Il fut, d'après Füssli, un paysagiste habile ; on croit qu'il a signé plusieurs fois « Vincenzo Malo ».

ADRIANO da Bologna
xvɪᵉ siècle. Vivait à Rome, vers 1583. Italien.
Peintre.

ADRIANO da Norcia
xvɪᵉ siècle. Vivait à Rome, vers 1561. Italien.
Peintre.

ADRIAZOLA José
xvɪɪɪᵉ-xɪxᵉ siècles. Espagnol.
Peintre.
Également mathématicien, publiciste et soldat.

ADRICH Chr.
xɪxᵉ siècle. Allemand.
Graveur.
Auteur d'un plan et d'une vue de l'ancienne Jérusalem, mentionnés dans le catalogue des estampes du comte de Sternberg-Manderscheid (Dresde, 1845).

ADRICHHEM Filps van ou Adrichem Philips Claesz
XVIIᵉ siècle. Vivait à Delft. Hollandais.
Peintre verrier et sur faïence.
Il entra, en 1620, dans la corporation de Saint-Luc.

ADRIEN Caroline
Née à Paris. Morte en 1845. XIXᵉ siècle. Française.
Peintre de fleurs et aquarelliste.
Elle exposa souvent à partir de 1834.

ADRIEN le Flamand
XVᵉ siècle. Éc. flamande.
Peintre d'animaux, décorateur.
Il est mentionné à Quiers, en 1475.
Trois de ses tableaux, représentant des animaux sauvages, servirent comme ornements lors d'une fête donnée pour le prince de Tarente, à Turin.

ADRIEN DE MONCEAU
XVIᵉ siècle. Français.
Peintre de paysages urbains, décorateur.
Il dessina sur parchemin, pour le maréchal de Châtillon, en 1518, une vue générale d'Amiens, et c'est lui qui peignit, en 1520, les oriflammes des bateaux qui transportaient le fourrage au camp du Drap d'Or.

ADRIEN DE TOURS
XVᵉ siècle. Français.
Sculpteur, orfèvre.
Il lui fut payé, en 1492, une somme de 431 livres 10 sols pour l'exécution d'une châsse de Saint-Eutrope.

ADRIEN-TANOUX H.
XIXᵉ siècle. Français.
Peintre de portraits.
A exposé le portrait de Mme T. van G... et *Chaudronnier*, au Salon de Paris en 1888.

ADRIENSEN Johannes Baptista
XVIIIᵉ siècle. Hollandais.
Peintre.
Mentionné à l'enregistrement de Leyde, le 14 décembre 1759, avec la désignation « Bruxellensis ».

ADRIENSENCE Henriette, née Pasqualini
Née le 10 décembre 1936 à Louvroil (Nord). XXᵉ siècle. Française.
Peintre, aquarelliste, pastelliste de genre, paysages, natures mortes et nus.
Élève du peintre dijonnais André Claudot de 1973 à 1975, elle a exposé, aux Salons d'Automne, des Artistes Français, des Indépendants et de la Société Nationale des Beaux-Arts, dont elle est sociétaire. Elle a également montré ses œuvres dans de nombreuses expositions personnelles, notamment à Orsay, où elle dirige un atelier de peinture, en Italie (Santarcangelo di Romagna et Torriana), à Paris (galerie l'Esquisse du Temps, 1990) et à Pékin (1994).
Elle fait surtout des aquarelles à la touche rapide soulignée par quelques traits épais et violents. Elle peint en général des paysages de Cassis, Marseille et autres ports de pêche du Midi. Elle réalise également des huiles aux couleurs vives, peuplées de figures allégoriques ou de personnages célèbres : Mozart, Rimbaud, Van Gogh...
VENTES PUBLIQUES : PARIS, 16 oct. 1989 : *Au bassin des Tuileries*, h/t (41x33) : FRF 9 500 ; *Les puces à La Capte*, h/t (89x116) : FRF 17 000 ; *Marché à Gif*, aquar. (37x49) : FRF 8 000.

ADRIGHETTI Jean Baptiste
Né le 27 juin 1796 à Prato del Val di Maggio. Mort le 6 mars 1872 à Fribourg (Suisse). XIXᵉ siècle. Suisse.
Peintre.
Il exposa à Zurich, en 1832.

ADRIN Olle
Né en 1918. XXᵉ siècle. Suédois.
Sculpteur.
Il réalise des sculptures de verre. Le Moderna Musee de Stockholm conserve de ses œuvres.

ADRION Lucien
Né en 1889 à Strasbourg (Bas-Rhin). Mort en 1953 à Paris.
XXᵉ siècle. Français.
Peintre de paysages, aquarelliste. Postimpressionniste.
Après des débuts de dessinateur technique à Strasbourg, il devint dessinateur de mode à Paris, dès l'âge de dix-huit ans,

puis s'en alla à Londres, Munich, Francfort. Il fit l'apprentissage de la gravure chez Hermann Struck à Berlin, revint dans sa ville natale en 1919 et s'installa enfin à Paris, où il se lia notamment avec Soutine, Kikoïne, Krémègne.
Il exposait régulièrement aux Salons des Indépendants, d'Automne et des Tuileries.
Il a traité toutes sortes de sujets en extérieur, affectionnant toutefois le paysage parisien dans ses aspects les plus pittoresques, les scènes de plage et les courses de chevaux. Sa production, aisée et séduisante dans une technique postimpressionniste attardée, fut fort abondante.

Adrion

BIBLIOGR. : Gérald Schurr, in : *Les Petits Maîtres de la peinture 1820-1920, valeur de demain*, t. II, Les Éditions de l'Amateur, Paris, 1982.
VENTES PUBLIQUES : PARIS, 25 jan. 1923 : *Notre-Dame de Paris* : FRF 1 120 – PARIS, 8 mai 1929 : *La Bourse* : FRF 1 000 – PARIS, 30 avr. 1941 : *La plage de Menton* : FRF 3 100 – PARIS, 3 mai 1944 : *Champs-Elysées* : FRF 1 500 ; *La plage* : FRF 2 250 ; *Dahlias* : FRF 2 050 – PARIS, 11 mars 1949 : *Clamart, quai de la gare* : FRF 8 500 – PARIS, 19 avr. 1951 : *Jardin du Luxembourg* : FRF 15 000 – NEW YORK, 18 nov. 1955 : *Marché à Sanary* : USD 200 – NEW YORK, 6 mai 1959 : *La Seine* : USD 500 – PARIS, 9 nov. 1959 : *La Seine au quai Voltaire* : FRF 112 000 – NEW YORK, 18 mai 1960 : *Course de chevaux à Longchamp* : USD 750 – PARIS, 8 fév. 1962 : *Le Pont de Bry-sur-Marne* : FRF 6 100 – LONDRES, 30 juin 1966 : *Boulevard des Capucines* : GBP 200 – MUNICH, 7 juin 1967 : *Scène de rue vers 1922* : DEM 2 800 – PARIS, 9 mars 1970 : *Le Jardin du Luxembourg* : FRF 3 200 – VERSAILLES, 14 mars 1971 : *Le Hockey sur patins à roulettes*, aquar. (23x28) : FRF 700 – COLOGNE, 27 avr. 1972 : *Le Pont des Arts* : DEM 3 200 – GENÈVE, 8 juin 1972 : *La procession* : CHF 4 500 – LONDRES, 1er déc. 1976 : *Courses à Auteuil 1929*, h/t (80x100) : FRF 2 000 – PARIS, 2 déc. 1977 : *Les Planches de Deauville*, h/t (73x92) : FRF 11 000 – LONDRES, 7 déc. 1978 : *Scène de plage*, h/t (71x90) : GBP 2 000 – PARIS, 12 mars 1979 : *Rue Royale, vue du parvis de la Madeleine*, h/t (60x73) : FRF 7 000 – NEW YORK, 12 mars 1980 : *La place de la Concorde*, h/t (65x81) : FRF 17 600 – ZURICH, 7 nov. 1981 : *L'île Saint-Louis, Paris*, h/t (54x65) : CHF 7 500 – PARIS, 14 juin 1982 : *La bourse*, h/t (73x92) : FRF 9 000 – LONDRES, 28 juin 1983 : *Le port de Saint-Tropez 1930*, h/t (60x82,5) : GBP 4 800 – COLOGNE, 7 déc. 1984 : *Paysage de banlieue*, h/cart. mar./t. (46x54,4) : DEM 5 700 – NEW YORK, 30 mai 1985 : *Scène de plage, Deauville*, h/t (33x41,2) : USD 3 000 – COLOGNE, 31 mai 1986 : *La place Saint-Augustin, Paris*, h/t (65x81) : DEM 7 000 – PARIS, 16 déc. 1987 : *Le côteau à Bièvres 1932*, h/t (50x61) : FRF 8 100 – NEW YORK, 18 fév. 1988 : *Les Champs-Élysées*, h/t (54,6 x 66) : USD 8 250 – VERSAILLES, 21 fév. 1988 : *Les arbres en fleurs 1924*, h/t (61x50) : FRF 8 000 – LONDRES, 24 fév. 1988 : *Hiver à Paris*, h/t (61 x 50) : GBP 3 300 – VERSAILLES, 20 mars 1988 : *Dans la banlieue*, h/t (50x73) : FRF 11 500 – LA VARENNE-SAINT-HILAIRE, 29 mai 1988 : *Sur la plage 1929*, h/t (60x73) : FRF 45 000 – CALAIS, 3 juil. 1988 : *Verger en fleur*, h/t (61x50) : FRF 10 000 – LA VARENNE-SAINT-HILAIRE, 23 oct. 1988 : *Promeneurs dans le port de Saint-Tropez*, h/t (60x73,5) : FRF 66 000 – PARIS, 21 nov. 1988 : *La gare de Clamart*, h/t (58,5x79) : FRF 19 000 ; *La Seine, les guichets du Louvre*, h/t (65x81) : FRF 45 000 – PARIS, 2 fév. 1989 : *Les jardins du Luxembourg*, h/t (38x49,8) : GBP 3 300 – COLOGNE, 18 mars 1989 : *Vue de Cartach 1927*, h/t (52x64) : DEM 2 200 – PARIS, 11 juin. 1989 : *Vue de Paris et le Panthéon*, h/t (60x81) : FRF 40 000 – PARIS, 20 juin 1989 : *Cannes, La Croisette*, h/t (54x65) : FRF 110 000 – PARIS, 22 nov. 1989 : *Courses à Auteuil*, h/t (54x65) : FRF 72 000 – AMSTERDAM, 13 déc. 1989 : *Boulevard Montparnasse à Paris*, h/t (73x60) : NLG 17 250 – PARIS, 26 avr. 1990 : *La bourse*, h/t (65x81) : FRF 80 000 – AMSTERDAM, 22 mai 1990 : *Rue de village en France 1929*, h/t (62x74) : NLG 10 350 – PARIS, 30 mai 1990 : *Les Cavaliers*, h/t (65x81) : FRF 120 000 – LONDRES, 23 mai 1990 : *Sur la plage de Deauville*, h/t (38x46) : GBP 9 900 – CALAIS, 8 juil. 1990 : *Vase de fleurs*, h/t (53x33) : FRF 27 000 – NEW YORK, 7 mai 1991 : *Les Falaises 1936*, h/t (59x79) : USD 6 600 – LE TOUQUET, 19 mai 1991 : *Les Bords de la Canche au Touquet*, h/t (46x55) : FRF 29 000 – LONDRES, 16 oct. 1991 : *Le Jardin des Tuileries*, h/cart. (46x55) : GBP 4 400 – PARIS, 6 avr. 1993 : *Le Jardin du Luxembourg*, h/t/pan. (46x55) : FRF 43 000 – LONDRES, 13 oct. 1993 : *Les Courses*, h/t (65x81) : GBP 4 025 – NEW YORK, 8 nov. 1994 : *La Plage à Cannes*, h/t (38x45,8) : USD 5 175 – LONDRES, 25 oct. 1995 : *La Croisette à*

Cannes, h/t (65x81) : **GBP 10 925** – PARIS, 10 avr. 1996 : *Le 14 Juillet à Paris*, h/t (73x92) : **FRF 10 000** – NEUILLY, 9 mai 1996 : *La Plage*, h/t (65x81) : **FRF 25 000** – NEW YORK, 12 nov. 1996 : *Deauville*, h/t (81,3x100,4) : **USD 8 625** – PARIS, 8 déc. 1996 : *Le Jardin en fleurs 1936*, h/t (60,5x81,5) : **FRF 8 000** – PARIS, 25 mai 1997 : *Le Champs de courses à Auteuil*, h/t (66x81) : **FRF 28 000**.

ADRON Henry
XIXe siècle. Britannique.
Sculpteur.
Il exposa à la Royal Academy, de 1852 à 1857, une série de huit bustes, entre autres le sien et celui de sa femme.

ADSHEAD Joseph
XIXe siècle. Britannique.
Paysagiste.
Auteur de trois tableaux exposés à Londres : *Jardin à l'automne, Printemps précoce* et *Sur les dunes* (1864-1877).

ADVENIER Charles Joseph
Né vers 1762 à Tours. XVIIIe siècle. Français.
Peintre.
Advenier entra à l'âge de seize ans à l'Académie Royale de Paris, comme élève de Lagrenée l'aîné. Le registre de l'école le mentionne encore en octobre 1780.

ADVIER Victor André
Né à Cahors (Lot). XXe siècle. Français.
Peintre de portraits, d'intérieurs.
Il fut élève de René Xavier Prinet, probablement dans son Académie libre de Montparnasse, et de Paul Quinsac. Il a exposé au Salon des Artistes Français entre 1927 et 1933. D'entre les portraits qu'il a peint : celui de la cantatrice soprano Lili Pons. Quant aux peintures d'intérieurs, on cite ceux de salons du château de Versailles.

ADVINENT Étienne Louis
Baptisé à Lyon le 12 juillet 1767. Mort en 1831 à Versailles. XVIIIe-XIXe siècles. Français.
Peintre de figures, portraits, paysages animés, natures mortes, miniatures.
Il paraît s'être fixé à Versailles vers 1818. Il exposa à Marseille en 1818 et à Paris en 1819.
Il a peint des paysages avec animaux dans la manière de Pillement et des natures mortes (surtout des oiseaux morts). Il a gravé à l'eau-forte douze planches ; le graveur aixois Raynaud a reproduit plusieurs de ses œuvres. Advinent est représenté aux musées de Lyon et de Marseille par des tableaux d'animaux.
MUSÉES : MONTPELLIER : *Jean Bestien.*
VENTES PUBLIQUES : PARIS, 1887 : *Paysage et figures* : **FRF 275** – PARIS, 8 avr. 1954 : *Portrait d'homme en habit noir et gilet jaune*, miniature de forme ronde : **FRF 12 000**.

ADYE John, Sir, général
XIXe siècle. Actif à Londres. Britannique.
Peintre.
Cet artiste se spécialisa dans la représentation de forts et exposa à la New Water-Colours Society, en 1888.

ADYE Thomas
XVIIIe siècle. Travaillait à Londres. Britannique.
Sculpteur.
Auteur de petits travaux sur ivoire, exécutés entre 1737 et 1744.

ADZAK Roy, pseudonyme de **Wright Royston**
Né le 14 février 1927 à Reading. Mort le 30 janvier 1987 à Paris. XXe siècle. Depuis 1962 actif en France. Britannique.
Sculpteur. Pop'art.
Grand voyageur, photographe autant que sculpteur, il se fixa à Paris dans les hauts de Belleville, dans une ancienne crémerie, devenue garage, qu'il suréleva lui-même en 1982-83. Il a voué ce lieu à une activité d'accueil pour des expositions de jeunes artistes. Lui-même exposait dans des groupements correspondant à sa tendance ou dans des manifestations internationales, et figura à Paris régulièrement au Salon de Mai.
Sa démarche, bien que très personnelle, s'apparente par certains aspects à des expérimentations et exploitations propres au pop art. Ses sculptures sont généralement réalisées en résines synthétiques. Son procédé favori, fondé sur la notion de trace, consiste à sculpter les formes ou volumes en creux, ce qui en rend pour le spectateur la lecture aléatoire, trompeuse dans la mesure où ce spectateur lit en plein ce qui est en creux, mais se pose alors des questions sur le fait que les ombres se trouvent du côté d'où vient l'éclairage. Pour ces jeux de reliefs et d'éclairages

aberrants, il utilise un registre formel très restreint. C'est le procédé qui l'intéresse, non l'image produite, procédé et image se rejoignant dans la teneur humoristique retirée de la perception, par exemple, d'une jambe en position de course et qui, multipliée par quatre, comme des aiguilles d'horloge en creux dans un cercle, semble se courrir après, faisant intervenir, outre la notion de trace, la notion de temps. Il utilise évidemment d'autres images que jambe ou bras, mais le processus de création et le fonctionnement de la perception qu'on en retire sont constants. Conservant la trace de l'ancien occupant disparu hors du temps, au seuil et sur le sol du centre d'accueil qu'il a voulu, l'empreinte de ses mains, plus haut sur la façade un moulage de son visage.
■ J. B.

VENTES PUBLIQUES : PARIS, 2 déc. 1976 : *Bouteilles 1969*, relief négatif en plastique et en bois (60x74) : **FRF 2 800** – PARIS, 6 déc. 1986 : *Negative object, Apollo 1968*, relief, h. et bois (112x105) : **FRF 12 500** – NEW YORK, 6 mai 1987 : *Statue-variation 1966*, plastique/pan. (100x102,3x12) : **USD 2 400** – PARIS, 20 mars 1988 : *De la première à la dernière goutte (objet en négatif) 1966*, sculpt. h/t et bois (100x100x8) : **FRF 6 500** – VERSAILLES, 5 mars 1989 : *Sans titre 1968*, empreinte et techn. mixte/pan. (111x92) : **FRF 11 000** – PARIS, 15 mars 1989 : *Service de table 1964*, peint., relief peint. à l'acryl./t. et plastique (100x100) : **FRF 6 000** – PARIS, 18 fév. 1990 : *Nu (forme négative)* vers 1965, peint. en relief (101x103) : **FRF 33 000** – PARIS, 4 juil. 1991 : *Visages*, empreinte-relief (50x50) : **FRF 6 000** – PARIS, 6 oct. 1991 : *Sex machinemasturbation box* 1967, sculpt. en bois peint en jaune avec un système électrique et miroir (H. 200, l. 68 prof. 38) : **FRF 20 000** – PARIS, 14 mai 1992 : *Bouteilles 1965*, techn. mixte (101x100) : **FRF 7 100** – PARIS, 1er juil. 1996 : *Revolvers 1963*, plâtre et h/t (111x131) : **FRF 14 000**.

ADZARA Francesco
XVe siècle. Travaillait à Naples. Italien.
Sculpteur.
On le trouve, dans deux documents, mentionné parmi les six sculpteurs qui furent rétribués, en 1458, pour avoir travaillé à l'arc de triomphe situé près du Castel Nuovo à Naples. Il ne faut pas le confondre avec le peintre Francesco Laurana.

ADZUARA Domingo
XVe siècle. Actif à Valence. Espagnol.
Enlumineur.
Les avocats Miguel Bataller et Juan Carcino possèdent, dans des documents datés de 1438 et 1467, quelques détails sur sa vie et ses travaux.

AEBERHARD Jakob
Né vers 1552 à Zurich. XVIe siècle. Suisse.
Peintre.
Fils de Thomann Aeberhard. Le même, probablement que Hans-Jacob Aeberhard. On le connaît seulement par un document de 1570.

AEBERHARD Thomann, dit **Trumeter**
XVIe siècle. Suisse.
Peintre.
Père de Jakob Aeberhard, et élève de Hans Aspers. Il acheta, à Zurich, en 1537, son droit de membre de la corporation de la Meise.

AEBI Hans
Né en 1923. Mort en 1985. XXe siècle. Argentin.
Peintre. Abstrait. Groupe Concret.
En 1952, il a formé, avec Antonio Fernandez Muro, Sarah Grilo et Miguel Ocampo le groupement *Artistas modernos de la Argentina*, qui a exposé à Rio de Janeiro, puis au Stedelijk Museum d'Amsterdam en 1953. Il s'était lié au groupe « concret » mis en place, entre autres, par le peintre argentin Tomas Maldonado.
BIBLIOGR. : Damien Bayon et Roberto Pontual : *La Peinture de l'Amérique latine au XXe siècle*, Mengès, Paris, 1990.
VENTES PUBLIQUES : ZURICH, 4 déc. 1988 : *Forêt de pins 1947*, h/pan. (89x49) : **CHF 1 000**.

AEBI Urs Jakob
XVIIe-XVIIIe siècles. Actif à Soleure entre 1685 et 1726. Suisse.
Peintre.

AEBI Wolfgang
Né en 1638. Mort en 1694. xvɪɪᵉ siècle. Actif à Soleure. Suisse.
Peintre.

AEBLI Matthaeus
Né vers 1720 à Glaris. Mort en 1750 à Glaris. xvɪɪɪᵉ siècle.
Suisse.
Graveur sur cuivre et médailleur.
On cite de lui son portrait gravé par lui-même.

AEBY Hans Ulrich et **Peter**
xvɪɪᵉ siècle. Suisses.
Peintres-verriers.
Ils étaient frères, travaillaient ensemble et faisaient partie tous
deux de la confrérie de Saint-Luc à Lucerne, en 1641.

AECHINGER Jacob ou **Achinger** ou **Aichinger**
xvɪɪɪᵉ siècle. Actif au milieu du xvɪɪɪᵉ siècle. Autrichien.
Graveur, dessinateur.
On a de lui quelques rares eaux-fortes, dont *Marie avec l'Enfant*,
d'après F. Sigrist. Cette œuvre fut attribuée à tort, par Füssli, à
Ehinger.

AECKEN Hans Pieters van
xvɪɪᵉ siècle. Actif à Leyde. Hollandais.
Peintre.
Il était, en 1648, membre de la corporation de Leyde ; il y est
encore mentionné comme peintre vers 1651.

AECKEN Peter van
xvɪɪɪᵉ siècle. Éc. flamande.
Peintre.
Maître-libre de la corporation de Saint-Luc à Anvers, en 1701.

AEGEMANN Sim. Sev.
xvɪɪᵉ siècle. Allemand.
Graveur.
On possède de lui une eau-forte datée de 1616, représentant une
exécution de malfaiteurs et de sorciers par ordre de l'empereur.

AEGERI Carle ou **Carolus von** ou souvent **Egeri**
Né à Zurich. xvɪᵉ siècle. Vivait vers 1510. Suisse.
Peintre verrier.
Il appartenait à une famille de Zurich, mentionnée dans les
archives de la ville dès le xɪvᵉ siècle ; ce fut un des peintres de
vitraux les plus célèbres de la Suisse.

AEGERI Hans Rudolph von ou **Egeri**
Né en 1550 à Zurich. Mort en 1593. xvɪᵉ siècle. Suisse.
Peintre verrier.
Fils de Carle Aegeri et très probablement son élève. Il renouvela
le droit de la corporation de la Meise, en 1572 ; on le cite comme
ayant reçu, en 1579, le paiement de dix vitraux reproduisant les
armoiries de Zurich.

AEGERI Jacob von
xvɪᵉ siècle. Actif à Bade et à Zurzach vers 1565. Suisse.
Peintre.
Auteur des peintures du plafond de l'église de Zurzach. On sait
qu'il fut occupé aussi, vers 1583, au couvent de Wettingen.

AEGERI Johannes Heinrich von
Mort le 31 octobre 1633. xvɪɪᵉ siècle. Suisse.
Peintre verrier.
Il est seulement connu par une verrière armoriée, signée de lui,
qui se trouve au couvent de Wettingen (galerie du Nord).

AEGERI Ursus von
xvɪᵉ siècle. Suisse.
Peintre.
Probablement parent de Johannes Aegeri. Il travailla aussi à
l'église de la fondation, à Zurzach, en 1565, et, en 1571, au
couvent de Wettingen.

AEGERY Johannes von
xvɪᵉ siècle. Suisse.
Peintre.
On a de lui, au Musée de Colmar, deux diptyques datés de 1582,
représentant des scènes de la vie de saint Jean Baptiste, et l'*Annonciation* de la Sainte Vierge.

AEGID D., Frère
xvɪɪᵉ siècle. Éc. flamande.
Graveur.
On croit qu'il s'agit du frère Aegidius, de l'abbaye de Bonne-
Espérance, en Belgique. Il serait l'auteur d'une gravure repré-
sentant *Marie de l'Espérance*, laquelle se trouve dans les *Plaintes*

amoureuses de Jésus et de Marie, par Auguste de Felleries
(Mons, 1661), ainsi que d'une copie datée de 1653, d'après un
original anonyme.

AEGIDIUS von Wiener-Neustadt
xvᵉ siècle. Autrichien.
Sculpteur.
Il travaillait à Padoue en 1420 ; il y sculpta, pour la paroisse de
Montemerlo, voisine de la ville, une statue de l'*Archange saint
Michel*.

AEKE Petrus van
xvɪɪɪᵉ siècle. Actif à Leyde. Hollandais.
Peintre.
Il entra dans la corporation de Leyde, le 17 août 1751. On possède de lui un *Repas de paysans*, daté de 1772, conservé dans la
maison Benzelrath.

AELBERTSZ Egbert
xvɪɪᵉ siècle. Actif à Utrecht en 1615. Hollandais.
Peintre.
On le cite comme élève de Paulus Moreelse.

AELBERTSZ Jan
xvɪɪᵉ siècle. Actif à Utrecht. Hollandais.
Peintre.
Il faisait partie de la corporation des peintres de cette ville en
1611.

AELBRECHTSZ Aelbrecht
Né le 1ᵉʳ août 1575. xvɪɪᵉ siècle. Hollandais.
Peintre.
Il est mentionné comme ayant habité Leyde en 1593 et 1595 ; il y
était élève du peintre connu Ysaac Claesz van Swanenburch.

AELFVINE
xᵉ-xɪᵉ siècles. Britannique.
Miniaturiste.
Sa signature se trouve sur deux manuscrits conservés à Oxford
et au British Museum.

AELHA Firmin
xɪvᵉ siècle. Français.
Peintre verrier.
Il exécuta de nombreux travaux pour la cathédrale de Montpellier, en 1358. Ses œuvres valent par la netteté de la composition et la justesse de la perspective.

AELS N.
Allemand (?).
Graveur.
Il existe une planche signée de ce graveur, représentant saint
Joseph, sur un fond de paysage, tenant l'Enfant Jésus.

AELSIN ou **Aelsinus**
xᵉ siècle. Britannique.
Miniaturiste.
On sait qu'il travailla aux miniatures d'un manuscrit du British
Museum.

AELST Cock Van. Voir **COCK Van Aelst**

AELST Evert van
Né en 1602 à Delft. Mort le 19 février 1657 à Delft. xvɪɪᵉ siècle.
Hollandais.
Peintre de natures mortes, fleurs et fruits.
Il excellait dans la peinture des natures mortes, des vases d'or ou
d'argent, du gibier mort. Ses ouvrages rappellent la manière de
P. Glaesz ; très finis et d'un éclairage intéressant, ils sont rares et
recherchés. Aelst eut une grande influence sur le style de son
neveu Willem. Il avait été admis dans la corporation des peintres
de Delft le 15 avril 1632.
Musées : Berlin : *Nature morte*.
Ventes Publiques : Paris, 1878 : *Nature morte* : **FRF 400** – Paris,
1881 : *Fleurs* : **FRF 2 200** – Paris, 1891 : *Fruits* : **FRF 800** – Paris,
1941 : *Nature morte* : **FRF 33 000** – Paris, 24 fév. 1943 : *Grappes
de raisins, cerises et noix sur une table* : **FRF 11 200** – Paris, 12
juin 1953 : *Nature morte à l'écrevisse* : **FRF 135 000** – Amsterdam, 10 nov. 1970 : *Nature morte aux fruits* : **NLG 5 800** – Paris, 5
fév. 1973 : *Vase de fleurs* : **FRF 72 000** – Londres, 8 juil. 1976 :
Nature morte 1639, h/pan. (39x30,5) : **GBP 3 800** – Londres, 8 juil.
1977 : *Nature morte aux fleurs, h/pan.* (34x28) : **GBP 3 800** –
Londres, 18 avr. 1980 : *Nature morte aux fruits, h/pan.* 1642,
h/pan. (30,5x33,6) : **GBP 15 000** – Amsterdam, 10 mai 1994 :
*Nature morte de tulipes et autres fleurs dans un vase de verre
avec des coquillages sur une table, h/pan.* (70x53) : **NLG 59 800**.

AELST Guiliam van
Mort en 1688. XVIIe siècle. Actif à Anvers. Éc. flamande.
Graveur en taille-douce.
Il était, en 1688, membre de la corporation des peintres anversois.

AELST Isaeck van
XVIIe siècle. Travaillait à Amsterdam. Hollandais.
Graveur en taille-douce.
Il exécuta, en 1629, plusieurs travaux sur le modèle de David Vinckboons, pour l'édition de Jan Jansz à Amsterdam. Il est cité en 1663 et 1665.

AELST Michiel van. Voir **JANSENIUS**

AELST Nicolaus van
Né vers 1527 à Bruxelles. Mort en 1612 à Rome. XVIe-XVIIe siècles. Éc. flamande.
Graveur, dessinateur, éditeur d'estampes.
Il apprit le dessin et la gravure dans sa ville natale, puis il se rendit à Rome, où il établit un important commerce d'estampes. Bien que son commerce de gravures lui prît la plus grande part de son temps, il ne dédaignait pas de reprendre son burin. Defer dit que Nicolaus Van Aelst n'est pas l'éditeur de l'estampe de la statue de Henri II ; elle aurait été gravée par Tempesta.

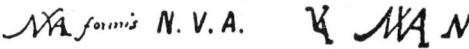

VENTES PUBLIQUES : PARIS, 4 juil. 1929 : *Scène religieuse : un évêque et sept figures*, dess. : **FRF 400**.

AELST Willem van ou **Aalst**, dit en Italie **Guillielmo d'Olanda**
Né en 1626 ou 1627 à Delft. Mort vers 1683 à Amsterdam. XVIIe siècle. Hollandais.
Peintre de natures mortes.
Fils d'un notaire. Élève de son oncle Evert van Aelst, dont il imita le style et qu'il surpassa. La Confrérie de Saint-Luc l'admit au nombre de ses membres en 1643. Deux ans après sa réception comme maître peintre, il vint en France et y résida pendant quatre ans. En 1649, il se rendit en Italie, où son succès fut considérable. Le fini de ses œuvres ravissait les amateurs. Le grand-duc de Toscane l'ayant fait travailler lui marqua sa reconnaissance en lui offrant la chaîne d'or et la médaille que les princes et les grands seigneurs donnaient aux artistes comme une sorte de décoration. Le séjour d'Aelst en Italie se prolongea pendant sept ans. En 1656 il était de retour en Hollande : sa renommée l'y avait précédé. Il visita d'abord sa ville natale, puis alla s'établir à Amsterdam.
Ses ouvrages étaient si fort prisés des amateurs qu'il pouvait difficilement satisfaire aux commandes. Ce succès se maintint jusqu'à sa mort. Ses tableaux représentent les natures mortes, le plus souvent de poissons et de gibier. Willem van Aelst avait conservé de son séjour en Italie l'habitude de signer son prénom « Guillielmo ». ■ E. B.

MUSÉES : AMSTERDAM : *Oiseaux morts* – ANVERS : *Fruits et accessoires* 1639 – BÂLE : *Déjeuner* – BERLIN : *Gibier sur un marbre* 1653 – *Fruits* 1659 – BRUXELLES : *Gibier et attirail de chasse* 1667 – *Gibier de plume* – CHERBOURG : *Fleurs* – COPENHAGUE : *Déjeuner* – *Coq blanc mort* – FLORENCE (Pitti) : *Objets de cuisine* – *Gibier et attirail de chasse* – *Fruits* – *Vases et fruits* – FLORENCE (Offices) : *Oiseaux morts* – GLASGOW : *Fruits, verres* – LA HAYE : *Fleurs* – *Nature morte* – KASSEL : *Fruits* – MUNICH : *Perdrix sur un marbre* – PARIS (Louvre) : *Raisins et pêches* 1670 – ROTTERDAM : *Fleurs* – STOCKHOLM : *Gibier sur une plaque de marbre* – *Pêches et raisins* – STUTTGART : *Perdrix et gélinote pendues à un clou* – TOULOUSE : *Fleurs et fruits* – VALENCIENNES : deux natures mortes.
VENTES PUBLIQUES : AMSTERDAM, 1703 : *Vase de fleurs* : **FRF 104** – AMSTERDAM, 1706 : *Oiseaux et attributs de chasse* : **FRF 320** – PARIS, 1888 : *Fleurs* : **FRF 875** – LONDRES, 1889 : *Vase de fleurs* : **GBP 126** – PARIS, 8 mai 1891 : *Fruits* : **FRF 520** – PARIS, 1891 : *Fruits* : **FRF 880** – PARIS, 1892 : *Gibier mort* : **FRF 400** – PARIS, 1892 : *Oiseaux morts* : **FRF 600** – PARIS, 1897 : *Fruits* : **FRF 485** – PARIS, 1899 : *Fruits* : **FRF 220** – LONDRES, 21 juin 1900 : *Nature morte* : **GBP 126** – PARIS, 1900 : *Fruits* : **FRF 620** – PARIS, 1907 : *Pêches, raisins* : **FRF 700** – PARIS, 1908 : *Gibier et légumes sur une table de cuisine* : **FRF 200** – PARIS, 1909 : *Nature morte* : **FRF 420** – LONDRES, 1909 : *Nature morte sur une table* : **GBP 9** – LONDRES, 1909 : *Gibier et instruments de chasse* : **GBP 16** – LONDRES, 1911 : *Fleurs* : **GBP 294** – LONDRES, 1911 : *Fleurs* : **GBP 147** – LONDRES, 1919 : *Fleurs et fruits* : **GBP 294** – PARIS, 1920 : *Nature morte* : **FRF 1 510** – LONDRES, 1921 : *Gibier mort* : **GBP 50** – PARIS, 2 mars 1921 : *Oiseau mort* : **FRF 600** – PARIS, 19 déc. 1928 : *Grenade, pêches, raisin, citron, cerises* : **FRF 5 200** – PARIS, 22 mai 1930 : *Vases de fleurs et fruits*, deux toiles, Éc. de : **FRF 5 100** – PARIS, 3 déc. 1941 : *Nature morte* : **FRF 28 000** – PARIS, 1942 : *Nature morte aux grenades* : **FRF 26 500** – PARIS, le 7 déc. 1950 : *Nature morte aux fruits* : **FRF 205 000** – LONDRES, 29 juin 1962 : *Roses, iris et autres fleurs dans un vase, avec un papillon* : **GNS 4 800** – AMSTERDAM, 3 sep. 1964 : *Nature morte aux fleurs* : **NLG 10 500** – LONDRES, 8 déc. 1965 : *Nature morte* : **GBP 2 000** – LONDRES, 16 mars 1966 : *Fleurs dans un vase* : **GBP 3 800** – LONDRES, 24 mars 1972 : *Nature morte aux fleurs* : **GNS 12 000** – AMSTERDAM, 15 nov. 1972 : *Nature morte aux fleurs* : **NLG 37 000** – PARIS, 5 déc. 1975 : *Nature morte aux pêches* : **FRF 155 000** – AMSTERDAM, 24 avr. 1976 : *Nature morte aux fruits*, h/t (74,3x57) : **NLG 62 000** – AMSTERDAM, 9 juin 1977 : *Bouquet de fleurs* 1677, h/t (32x26) : **NLG 44 000** – LONDRES, 30 mai 1979 : *Nature morte*, h/t (72,4x55,2) : **GBP 26 000** – PARIS, 26 mars 1981 : *Nature morte*, h/t (79,5x59) : **FRF 150 000** – LONDRES, 13 juil. 1983 : *Bouquet de roses dans un gobelet en verre*, h/t (52,5x45) : **GBP 15 500** – NEW YORK, 18 jan. 1984 : *Trophées de chasse sur une table* 1674, h/t (47x40,7) : **USD 9 500** – LONDRES, 12 avr. 1985 : *Nature morte au gibier*, h/t (98x77,6) : **GBP 22 000** – LONDRES, 22 oct. 1986 : *Nature morte au gibier* 1682, h/t (53x44,5) : **GBP 16 500** – MONTE-CARLO, 3 avr. 1987 : *Nature morte aux fruits*, h/t (77,5x64,5) : **FRF 280 000** – LONDRES, 5 juil. 1989 : *Nature morte d'une perdrix pendue dans une niche avec des martin-pêcheurs et un cornet à poudre posés sur un coussin sur la margelle* 1671, h/t (82x66,5) : **GBP 37 400** – PARIS, 12 déc. 1989 : *Fruit dans une corbeille en osier, pêches sur un plat et noix sur une corniche en marbre*, t. (78x64,5) : **FRF 350 000** – AMSTERDAM, 14 nov. 1990 : *Nature morte de fleurs dans un vase sur un entablement de marbre* 1682, h/t/pan. (42x33,5) : **GBP 241 500** – NEW YORK, 9 oct. 1991 : *Nature morte d'une perdrix et d'un faisan avec une gibecière sur une table avec d'autres oiseaux, une corne de chasseur et des godets à poudre suspendus* 1675, h/t (67,3x54,6) : **USD 82 500** – LONDRES, 11 déc. 1991 : *Nature morte d'une panoplie de chasseur avec un coq et une perdrix*, h/t (98x77,5) : **GBP 13 200** – LONDRES, 8 juil. 1994 : *Perdrix mortes, faucon pélerin et cornet à poudre suspendus au-dessus d'un entablement drapé* 1674, h/t (49,3x41,3) : **GBP 27 600** – NEW YORK, 11 jan. 1996 : *Grande composition florale avec des roses, des tulipes, des œillets, du lilas et autres fleurs avec des papillons et des libellules*, h/t (57,8x45,7) : **USD 772 500**.

AELTIN Lienhard
XVe siècle. Actif à Kelheim. Allemand.
Sculpteur.
Il vint à Ulm, en 1492, pour y travailler à la construction de la cathédrale.

AELTRE Cornelius van
XVe siècle. Actif à Bruges. Éc. flamande.
Sculpteur sur bois.
Il fut employé, avec Gilles de Houtmeersch, à l'exécution des sculptures de l'hôtel de ville de Bruges, spécialement à celles des voûtes, du portail et des portes élégantes de la salle du tribunal. Cette dernière salle sert maintenant de bibliothèque municipale. Les travaux avaient été commencés en 1397 par Pierre de Oost.

AENAE Petrus ou **Aene** ou **Aeneae**
XVIIe siècle. Actif à Francker à la fin du XVIIe siècle. Allemand.
Graveur.
On ne connaît pas le maître de cet artiste. Aenae grava surtout des portraits : il les exécutait à l'aquatinte. On a de lui plusieurs portraits de la famille royale de Nassau. On cite encore le portrait de Nicolaus de Bloukard, professeur à Francfort.

AENVANCK Theodor van
Baptisé à Anvers le 30 novembre 1633. Mort à la fin de 1690. XVIIe siècle. Éc. flamande.
Peintre de natures mortes.
Il fut, croit-on, élève de Jan de Heem, vers 1647. Il adopta le genre des natures mortes. On croit qu'il quitta sa ville natale en sortant de cet atelier et qu'il voyagea, mais il revint à Anvers et fut reçu franc-maître en 1670.
MUSÉES : ANVERS : *Nature morte de fruits*.
VENTES PUBLIQUES : PARIS, 1894 : *Nature morte* : **FRF 480** – PARIS,

30 mai 1949 : *Nature morte* : FRF 130 000 – Londres, 28 mars 1979 : *Nature morte*, h/t (56x80,5) : GBP 4 500 – New York, 7 avr. 1989 : *Nature morte de fruits dans une coupe de faïence, d'autres fruits et un verre de vin sur un entablement ; Fruits dans une coupe de faïence et un compotier d'argent avec un crabe sur un entablement*, h/t, une paire (chaque 47,5x55,5) : USD 44 000 – Londres, 13 déc. 1991 : *Pêches, prunes, cerises et raisin dans une coupe de porcelaine bleue et blanche sur un entablement de pierre*, h/pan. (25x31,5) : GBP 11 000 – New York, 30 jan. 1997 : *Nature morte de fruits, d'une cruche bleue et blanche, d'une flûte de vin, d'un roemer et de deux boîtes en bois, le tout sur une table drapée près d'une fenêtre ouverte* 1653, h/t (58,1x79,1) : USD 63 000.

AEPPLI Éva
Née en 1925 à Zofingen. xxe siècle. Suisse.
Peintre, sculpteur de figures.
Elle fut élève de l'École des Métiers d'Art de Bâle. Elle fut la compagne de Jean Tinguely. Elle se fixa à Paris en 1953. Elle a montré une exposition personnelle en 1996 à Paris, à la galerie Samy Kinge.
Dans une première période, elle pratiqua une peinture aux frontières de l'abstraction, bien que suggérant des silhouettes humaines. Après 1968, peut-être en accord avec le climat de contestation généralisée dans la mouvance des émeutes de mai 68, elle abandonna la peinture pour créer en volume des sortes de mannequins, sculptures en étoffes de couleurs, ou tout en noir, souvent plus grands que nature.
Bibliogr. : In : *Diction. Univers. de la Peint.*, Robert, Paris, 1975.
Ventes Publiques : Paris, 29-30 juin 1995 : *Cantatrice* 1972, sculpt. de tissu et bourrage montée sur une tige (215x48) : FRF 20 000 – Londres, 27 juin 1996 : *La sorcière*, fer soudé, dentelle, coton, t., rembourrage et h., en collaboration avec Tinguely (154x103x86) : GBP 13 800.

AERA Lorenzo de
xve siècle. Travaillait à Rome en 1473. Italien.
Sculpteur.

A ER BAI ou A Êrh Pai, ou A Eul Pai, nom de pinceau : Xianggu
xviiie siècle. Chinois.
Peintre d'oiseaux, fleurs. Traditionnel.
Peintre mandchou à la cour de l'empereur Qianlong (1736-1796). Il était influencé par Lang Shining.
Musées : Taipeh : *Oies sauvages parmi les feuilles de lotus*, œuvre signée.

AERDE Herman Van. Voir NAZARETH Herman Van

AERDE J. P. van
xviiie siècle. Hollandais.
Peintre.
Il semble qu'il ait travaillé à Middelbourg. Il est l'auteur du *Portrait du médecin Paulus de Wind*.

AERDEN Willem Van
Né en 1912 à Heverlee. xxe siècle. Belge.
Peintre de figures, nus, pastelliste, sculpteur, dessinateur.
Il fut élève des Académies de Malines et de Bruxelles. Il devint professeur à l'Académie de Bruges. Il représente surtout l'homme dans ses manifestations psychologiques, et la jeune femme dans son éclosion.
Bibliogr. : In : *Diction. biogr. illustré des Artistes en Belgique depuis 1830*, Arto, Bruxelles, 1987.
Ventes Publiques : Anvers, 24 oct. 1979 : *Nu couché*, past. (47x98) : BEF 18 000.

AERDENBORCH Jacob van
xviie siècle. Actif à Anvers. Éc. flamande.
Peintre.
Il faisait partie de la corporation d'Anvers ; il fut élève de Joh. Popels en 1650, il devint maître en 1662.

AERDS. Voir ARDS Willem

AEREN Jan von
xvie siècle. Travaillait à Malines en 1549. Éc. flamande.
Sculpteur.
Mentionné comme ayant été rétribué pour le montage d'un soleil derrière la statue de Marie (N.-D. du Soleil), à l'église Notre-Dame, à Malines.

AERENS Robert
Né en 1883 à Gand. Mort en 1969. xxe siècle. Belge.

Peintre de portraits, paysages, natures mortes. Groupe de Laethem-Saint-Martin.
Après avoir suivi les cours de Jean Delvin à l'Académie de Gand, il s'installa à Laethem avec Frits van den Berghe, puis épousa, en 1910, l'écrivain Éliza Verwest. Il fit plusieurs séjours en France, Italie et Suisse avant de devenir professeur à l'Académie de Gand. Il fut l'un des membres actifs du second groupe de Laethem-Saint-Martin, qui, dans la génération précédente, avait un peu tenu la place du Barbizon des paysagistes français du milieu du xixe siècle. Ses premières œuvres avaient un caractère austère et géométrique. Ensuite, sous l'influence de son entourage, il s'orienta vers un art impressionniste, plus chaudement coloré, non sans garder un rythme donné par des formes schématiques.
Bibliogr. : Gérald Schurr : *Les Petits Maîtres de la peinture 1820-1920, valeur de demain*, t. VII, Les Éditions de l'Amateur, Paris 1989.
Ventes Publiques : Anvers, 20 oct. 1976 : *Près du poêle*, h/t (150x100) : BEF 60 000 – Lokeren, 16 mai 1987 : *Femme assise*, h/t (84x55) : BEF 180 000 – Lokeren, 8 oct. 1994 : *Paysage 1923*, h/t (50x74) : BEF 44 000.

AERENTS Ghysbrecht ou Arents ou Aerendts
Né à Audenarde. Mort le 16 mai 1641. xviie siècle. Éc. flamande.
Sculpteur.
Il exécuta, en 1635, plusieurs œuvres pour l'église de l'hôpital Notre-Dame, à Audenarde, entre autres un tabernacle et un panneau d'autel.

A ÊRH PAI. Voir A ER BAI

AERIENSE Joris
Mort avant le 3 mars 1653. xviie siècle. Hollandais.
Peintre.
Il orna de dorures le portail et l'orgue de la grande église de Rotterdam. Plusieurs de ses tableaux furent estimés cent soixante-dix florins.

AERNAUT Joseph
Né en 1861. xixe siècle. Actif à Bruxelles. Belge.
Peintre de paysages, intérieurs, natures mortes.

AERNHOFER Balthasar
xviie siècle. Allemand.
Peintre, dessinateur.
Nagler lui attribue un portrait à la sanguine et à la pierre noire, signé B. A., et daté de 1612, conservé dans la collection de Munich.

AERNHOFER Hans ou Airenhofer, Ernhofer
Mort en 1621. xviie siècle. Actif à Munich. Allemand.
Sculpteur.
Il fut élève de Hans Aesslinger et aida Arnold Abel à sculpter le tombeau de l'empereur Maximilien. En 1571, étant passé maître, il fut chargé par la cour d'exécuter plusieurs bustes du duc Max-Burg, en pierres différentes, d'après nature.

AERNI Franz Theodor
Né le 19 octobre 1853 à Aarbourg. Mort en 1918. xixe-xxe siècles. Allemand.
Peintre de genre, paysages.
Il étudia avec Malatesta, à l'Académie de Modène, accompagna Herm-Carrodi dans son voyage en Égypte et à Chypre et en rapporta de nombreuses études (1879). Il peignit surtout des vues de Naples et de Rome.
Ventes Publiques : New York, 1er et 2 avr. 1902 : *Passage en montagne* : USD 350 / *Village italien* : USD 275 – Londres, 19 jan. 1973 : *Scène de marché* : GNS 2 000 – Londres, 20 fév. 1976 : *Élégante compagnie sur une terrasse surplombant Rome 1895*, h/t (48x95) : GBP 800 – New York, 12 mai 1978 : *Pêcheurs préparant leurs filets*, h/t (34x52) : USD 2 000 – Lindau, 9 mai 1979 : *Les Vendanges*, h/t (66x80) : DEM 3 000 – Londres, 20 juin 1980 : *Le retour du marché avec vue de Rome à l'arrière-plan*, h/t (73,6x47) : GBP 1 600 – Lindau, 2 oct. 1985 : *Paysage d'Italie animé*, h/t mar./pan. (63x76) : DEM 3 300 – New York, 20 mai 1986 : *Un sentier de montagne 1897*, h/t (113x72,4) : USD 2 500 – Londres, 23 mars 1988 : *Bateaux de pêche sur la côte italienne près de Capri*, h/t (79x133) : GBP 7 700 – Munich, 18 mai 1988 : *Scènes de la vie des pêcheurs au bord d'un lac 1890*, h/t (69x124) : DEM 11 000 – Londres, 17 mars 1992 : *Un après-midi d'été dans les environs de Capri 1887*, h/t (40x56) : GBP 7 480 – Londres, 19 nov. 1993 : *Dans un parc*, h/pan. (21x30,8) : GBP 6 900.

AEROSOL Jef
xxe siècle. Français.

Peintre, technique mixte. Nouvelles Figurations.
VENTES PUBLIQUES : LES ANDELYS, 19 nov. 1989 : *Goo Goo Bara-bajagal*, acryl./t. (93x73) : FRF 3 000 – PARIS, 26 avr. 1990 : *Wilko*, pochoir acryl./t. (116x81) : FRF 5 200 – CALAIS, 8 juil. 1990 : *James (Dean, Jumpin) in the night* 1986, techn. mixte/t. (81x64) : FRF 5 500.

AERSCHODT Severeyn Willem van
Né en 1819 à Louvain. Mort le 13 novembre 1885. XIX⁰ siècle. Éc. flamande.
Sculpteur.
Fils de Thomas Guillaume van Aerschodt et de Anne Maximilienne van den Gheyn. Il travailla à l'Académie des arts de Louvain et alla ensuite se perfectionner à Paris. Il fut admis à l'École des Beaux-Arts, dans l'atelier d'Antoine Etex. La perturbation apportée dans la vie des artistes par la Révolution de 1848 l'obligea à quitter la France. Il avait commencé à exposer en 1842.

AERSSEN Théophile
Mort le 6 mars 1852 à Louvain. XIX⁰ siècle. Éc. flamande.
Peintre paysagiste.
Il exposa en 1848, à l'exposition de Bruxelles, *Paysage allemand*, et, en 1851, *Paysage des Ardennes*.

AERSSINGER Michael ou Aerstinger
XVI⁰ siècle. Actif à Munich vers 1530-1546. Allemand.
Peintre.

AERT Berthe
XIX⁰ siècle. Belge.
Peintre.
Connue pour ses tableaux de fleurs.

AERTGEN van LEYDEN. Voir CLAESZ Aert

AERTS Gregorius
XVII⁰ siècle. Actif vers 1600. Hollandais.
Sculpteur.

AERTS Guillaume ou Arts, Aertsen, Aertsens
XV⁰ siècle. Vivant à Louvain vers 1450. Éc. flamande.
Sculpteur.
Il travailla à l'ornementation de l'Hôtel de Ville.

AERTS Gustave
Né en 1839 à Anvers. Mort le 24 octobre 1866, du choléra. XIX⁰ siècle. Éc. flamande.
Peintre de fleurs.
Il exposa en 1864 à Anvers, et à Gand en 1865.

AERTS Hendrick ou Arts
Mort en 1575. XVI⁰ siècle. Éc. flamande.
Peintre d'architectures, intérieurs, dessinateur.
Il fut actif à Amsterdam en 1553. Il peignit et dessina des intérieurs d'églises, dont l'un fut gravé par J. Londerseel.
VENTES PUBLIQUES : LONDRES, 1er déc. 1978 : *Intérieur d'une cathédrale imaginaire avec une procession*, h/cuivre (30x41,5) : GBP 11 500.

AERTS Jean ou Arts, Aertsen, Aertsens
XVI⁰ siècle. Éc. flamande.
Maître sculpteur.
Maître libre de la corporation de Saint-Luc, à Anvers, en 1507, mentionné sur les factures de cette corporation, pour avoir exécuté certains travaux à Sierre, vers 1515.

AERTS Jean François
Né le 6 avril 1741, d'après Meyers. XVIII⁰ siècle. Actif à Anvers. Éc. flamande.
Graveur.
Cet artiste a dû être admis dans la corporation en 1761, son nom cependant n'y est pas enregistré.

AERTS Joannes
XVIII⁰ siècle. Éc. flamande.
Graveur en taille-douce.
Membre de la corporation en 1752. On le croit auteur de l'estampe intitulée : *Satyre portant un panier de livres*.

AERTS Joos ou Arts, Aertsen, Aertsens
Mort en 1577. XVI⁰ siècle. Actif à Bruges. Éc. flamande.
Sculpteur.
Il se joignit au fondeur Jacques Jonghelinck et au sculpteur Jean de Smet, pour édifier le tombeau de Charles le Hardi (église Notre-Dame).

AERTS Lambert
XVI⁰ siècle. Belge.
Peintre.

Franc-maître à Anvers en 1555, année où il épousa Catherine, petite-fille de Roger van der Weyden.

AERTS Pierre ou Arts, Aertsen, Aertsens
XVI⁰ siècle. Éc. flamande.
Sculpteur.
Un des meilleurs représentants du bel art de la Renaissance. Vers 1540, il construisit la porte monumentale qui se trouve du côté est de la forteresse de Bruges.

AERTS Willem ou Arts, Aertsen, Aertsens
Mort le 8 avril 1537. XVI⁰ siècle. Vivait à Bruges au commencement du XVI⁰ siècle. Éc. flamande.
Maître sculpteur.
Maître remarquable de l'École Brugeoise, à la fin du XV⁰ siècle : il dessina, avec Jacques Dodekin, en 1525, les plans du vieil Hôtel de Ville de Bruges.

AERTSEN. Voir aussi AERTS

AERTSEN Aert ou Arend. Voir PIETERSZ Aert

AERTSEN Antoon
XV⁰ siècle. Travaillait à Anvers. Éc. flamande.
Miniaturiste.
Il était maître libre en 1463 et prit pour élève Jan Dictus, en 1469.

AERTSEN Dirk ou Dierck
XVI⁰-XVII⁰ siècles. Hollandais.
Peintre.
Il était fils de Pieter Aertsen. On se demande si ce n'est pas le même que Dierck Aertsen qui devint maître libre de la gilde de Saint-Luc à Anvers en 1607, et se rendit en France pour travailler à Fontainebleau.

AERTSEN Geert
XVII⁰ siècle. Hollandais.
Peintre.
Cet artiste était petit-fils de Pieter Aertsen.

AERTSEN Johan
XVII⁰ siècle. Hollandais.
Peintre.
Il offrit, en 1630, au gouvernement d'Utrecht, un verre peint, orné des armoiries de la ville.

AERTSEN Nicolas
XVII⁰ siècle. Éc. flamande.
Peintre.
Élève d'Abraham Gouvaerts (qui fut lui-même élève de Jean Brueghels). En 1625, membre de la corporation de Saint-Luc, à Anvers.

AERTSEN Pieter ou Aertszen ou Arijdensz, dit Lange Pier, Pierre le Long
Né en 1507 ou 1508 à Amsterdam. Mort le 3 juin 1575 à Amsterdam. XVI⁰ siècle. Hollandais.
Peintre de compositions religieuses, scènes de genre, portraits, intérieurs, natures mortes.
Cet artiste devait son surnom, Lange Pier, à sa grande taille. Il était fils d'un fabricant de bas. Il fut d'abord élève d'Alaert Claessen, puis, vers l'âge de dix-huit ans, il alla étudier dans le Hainaut. À Anvers, il logea chez son compatriote le peintre Jean Mandyn. Aertsen travailla encore à Louvain avant de revenir à Amsterdam ; il paraît avoir partagé sa vie entre sa ville natale et Anvers. En 1535, il fut reçu franc-maître de la gilde de Saint-Luc d'Anvers. Par contre, en 1547, il occupe la charge d'échevin à Anvers. En 1552, de retour à Anvers, il était admis au nombre des bourgeois de la ville. Aertsen s'y maria avec la tante de Joachim Bueckelaer, son élève. Il revint à Amsterdam en 1556 et y demeura jusqu'à sa mort. Il eut trois fils qui furent peintres. Lange Pier fut d'abord peintre de genre ; il exécuta des intérieurs et surtout des cuisines qui obtinrent un grand succès, des natures mortes. Il fit aussi de la peinture d'histoire avec une égale réussite. On cite parmi ses meilleurs tableaux un triptyque qu'il exécuta pour l'église Notre-Dame d'Amsterdam, représentant la *Mort de la Vierge*, et, sur les côtés, *Nativité* et *L'Adoration des Mages* (Sandarrt affirme qu'il lui fut payé 2000 couronnes). Aertsen décora un grand nombre d'autres édifices religieux ; malheureusement, beaucoup furent détruits par les iconoclastes en 1566. Entre 1543 et 1552, il peint des retables (*Crucifixion* d'Anvers), des scènes de genre (*Laitière* de Lille), des natures mortes (*Étal de boucher* d'Upsal). Avec la *Kermesse* de Vienne, le *Portement de Croix* de Berlin, la *Statue de Nabuchodonosor* de Rotterdam, il imagine, peintes d'une touche plus alerte, des compositions à petits personnages multiples, qui influenceront

Brueghel. De 1554 à 1562, c'est de nouveau une période de grands retables, dont il ne reste que des fragments et les deux retables complets (*Joies* et *Douleurs de la Vierge*) de Saint-Léonard-de-Léau. C'est aussi l'époque des scènes de genre de la maturité (*Cuisinières de Bruxelles*, *Les crêpes* de Rotterdam), où l'éclat des blancs dans des lumières chaudes exprime la dignité de la vie populaire quotidienne. Dans les compositions de la fin de sa vie, il donne, dans un métier élargi à la touche plus grasse, toute l'importance à la nature morte (*Cuisinières de Stockholm*, *Marchands de légumes* de Rotterdam). Henrick Bary a gravé d'après lui, notamment : *Un ménage champêtre* et un *Paysage*. L'influence de ce peintre fut grande dans l'école néerlandaise. L'un des premiers aux Pays-Bas, il donna la première place à la nature morte au lieu de la traiter en accessoire. En ce sens, il est le prédécesseur direct des Snyders, Fyt et, par son élève J. Benckelaer, amorce la brillante école de la nature morte du XVIIe siècle flamand et hollandais. ■ E. B.

𝔸 𝔸 𝔸 🜍 🜎 🜏

Musées : AMSTERDAM : *Danse des œufs* – *Jésus au Temple* – *Naissance du Christ* – *Père de famille* – ANVERS : *Christ entre les deux larrons* – *Portement de Croix* – *Paysans au marché* – BERGUES : *Pêcheur étalant ses poissons* – BERLIN : *Femme et enfant* – *Chemin de Croix* – BONN : *Deux aveugles* – BRUXELLES : *La cuisinière* – *Jésus chez Marthe et Marie* – BUDAPEST : *Paysans au marché 1516* – DESSAU : *Fragment* – FRANCFORT-SUR-LE-MAIN : *Le Christ et la femme adultère 1559* – GÊNES : *Cuisinière* – HAARLEM : *Jeunes gens dans la fournaise* – KASSEL : *Raisins* – SAINT-PÉTERSBOURG : *Le Christ et la femme adultère* – SIENNE : *Fête villageoise* – *Marché* – STOCKHOLM : *Cuisine* – TOULON : *Marthe préparant le souper* – VIENNE : *Fête de paysans 1550*.

Ventes Publiques : AMSTERDAM, 7 juin 1808 : *Intérieur avec personnages, oiseaux et fruits* : FRF 86 ; *Un Christ* : FRF 90 ; *Un autre Christ* : FRF 240 ; *Une femme faisant des crêpes* : FRF 45 ; *Paysage avec poules* : FRF 45 – PARIS, 1841 : *La mort de la Vierge* : FRF 700 – BRUXELLES, 1899 : *Apprêts d'un festin* : FRF 600 – BRUXELLES, 12 nov. 1905 : *Intérieur rustique* : FRF 2 000 – PARIS, 24 juin 1929 : *Intérieur de cuisine*, dess. : FRF 1 220 – AMSTERDAM, 7 avr. 1936 : *Marché aux poissons à Anvers* : NLG 1 025 – PARIS, 16 juin 1950 : *Le portement de Croix* : FRF 125 000 – LONDRES, 24 juin 1959 : *Place du marché* : GBP 900 – LONDRES, 29 nov. 1963 : *Jésus en liberté de Barabas* : GNS 550 – PARIS, le 1er avr. 1965 : *Les préparatifs du repas*, bois : FRF 46 000 – LONDRES, 16 mars 1966 : *Le calvaire* : GBP 1 800 – LONDRES, 21 avr. 1967 : *Nature morte* : GNS 1 800 – VIENNE, 19 sep. 1972 : *La Multiplication des pains* : ATS 9 000 – VIENNE, 16 mars 1976 : *Triptyque* : l'*Adoration des Rois mages*, panneau central, l'*Adoration des bergers*, panneau droite, la *Présentation au temple* pan. gauche (89,5x56,3 et 89,5x27 et 89,5x26,5) : ATS 160 000 – ANVERS, 26 oct. 1977 : *L'Adoration des bergers 1561*, h/pan. (92x74) : NLG 46 000 – LONDRES, 14 avr. 1978 : *Christ et la femme adultère*, h/pan. (56x104) : GBP 3 000 – BRUXELLES, 21 mai 1981 : *L'Adoration des bergers*, h/bois (95x125) : BEF 150 000 – NEW YORK, 16 jan. 1986 : *Tête de jeune femme regardant vers le bas*, craies noire, rouge/pap. bleu (24,6x18) : USD 19 000 – NEW YORK, 11 jan. 1989 : *Portrait d'une dame de vingt-quatre ans, vêtue d'un costume brun et noir avec un col de dentelle et une coiffe et tenant des gants 1562*, h/pan. (42,5x32,3) : USD 88 000 – LONDRES, 5 juil. 1989 : *La Nativité 1562*, h/pan. (139,8x109) : GBP 52 800 – PARIS, 12 déc. 1989 : *Le Départ des Hébreux, Joseph faisant distribuer du blé aux Égyptiens*, deux pan., deux pendants (84x157 et 84x158) : FRF 350 000 – NEW YORK, 10 oct. 1990 : *Tête de femme*, h/pan. (29,9x20,5) : USD 7 700 – LONDRES, 26 oct. 1990 : *Les vieillards*, h/pan., fragment (70x77,2) : GBP 7 700 – PARIS, 14 oct. 1992 : *Cuisine d'auberge*, h/pan. (84x114) : FRF 120 000 – LONDRES, 9 juil. 1993 : *Étal de boucher avec au fond la Sainte Famille distribuant des aumônes pendant la fuite en Égypte 1551*, h/pan. (116,8x167,8) : GBP 111 500.

AERTSEN Pieter, dit **de Jonge**
XVIe-XVIIe siècles. Hollandais.
Peintre.
Il était fils de Pieter Aertsen dit le Long et frère de Pietersz Aert. Il était actif entre 1540 et 1630.

AERTSENS. Voir aussi **AERTS, ARTSENS Jean**

AERTSENS Jeronimus ou **Aertssens**
Mort en 1683. XVIIe siècle. Actif à Anvers. Éc. flamande.
Peintre.

AERTSSENS Égide Émile
Né le 30 mars 1833 à Etterbeck (près de Bruxelles). XIXe siècle. Belge.
Sculpteur.
Il fit ses études à l'Académie de Bruxelles ; il fut ensuite élève de Guillaume Geefs et de P. Puyenbroeck, puis vint, en 1852, à Paris où il travailla dans l'atelier de R. Frison. En 1857, il exposa, à Bruxelles, sa première œuvre : *Fleurs de printemps* (plâtre).

AERTSSENS Jan Baptist
XVIIIe siècle. Éc. flamande.
Peintre.
Sa mort est enregistrée dans les archives de la corporation à Anvers, en 1734 ; il était passé maître en 1720.

AERTSZ Anthonis
XVIe siècle. Actif à La Haye à la fin du XVIe siècle. Hollandais.
Peintre.
Connu seulement pour avoir fait partie de la corporation de Saint-Luc.

AERTSZ Dirck
Mort en 1644 à Amsterdam. XVIIe siècle. Hollandais.
Peintre d'histoire et paysagiste.
On a peu de détails sur cet artiste, dont le mérite est établi par un certain nombre d'œuvres connues, et lorsque celles-ci paraissent dans les ventes publiques, elles y font assez bonne figure. On cite notamment : *Le Jugement de Paris*, *Jésus dans le désert*, *Acléon*, *Le Prophète Élie*, *L'Adoration des Mages*, *Nuit de Noël*, *La Tour de Babel*, *Diane à la chasse*, *Pyrame et Thisbé*.

AERTSZ Lambert Ryck ou **Arestszoon**
XVIe siècle. Actif à Anvers. Éc. flamande.
Peintre.
Il était maître libre de la corporation de Saint-Luc en 1558, et épousa, la même année, l'arrière-petite-fille du célèbre Rogier Van der Weyden. Son nom est cité pour la dernière fois en 1561.

AERTSZ Richard ou **Aertszoon Rickaert**
Né en 1482 à Wyck. Mort en 1577 à Anvers. XVIe siècle. Hollandais.
Peintre de compositions religieuses, cartons de vitraux.
Il était fils d'un pauvre pêcheur hollandais. Ayant été atteint d'une brûlure assez grave pour nécessiter l'amputation d'une jambe, on lui chercha une profession en rapport avec l'infirmité qui le frappait. Les remarquables dispositions dont il faisait preuve le firent placer chez Jan Mostaert l'aîné, qui florissait alors à Haarlem. La tradition rapporte que le jeune Aertsz était aimable et spirituel ; ces qualités morales et l'intérêt que provoquait son malheur contribuèrent peut-être à ce que le maître s'occupât particulièrement de son élève. Il est certain que, lorsque Aertsz quitta Mostaert, il possédait un talent supérieur à celui-ci. Son premier ouvrage fut une peinture représentant des scènes de la vie de Joseph, qu'il exécuta sur les volets du tableau de maître-autel dans la grande église de Haarlem. Il se rendit ensuite à Anvers et fut reçu membre de l'Académie de cette ville, en 1520. Aertsz était le grand ami de Frans Floris, qui exécuta son portrait. Il peignait l'histoire et faisait montre, particulièrement dans les vues, d'une habileté exceptionnelle. Ses confrères le chargèrent souvent de peindre des figures dans leurs tableaux. La même année 1520, il épousa Catharina Dircksdr. Il a exécuté de nombreux dessins de vitraux.
Ventes Publiques : COLOGNE, 1862 : *L'Adoration des Mages* : FRF 431.

AERTTINGER Karl August
Né le 17 avril 1803 à Munich. Mort le 30 avril 1876. XIXe siècle. Allemand.
Peintre de sujets militaires, portraits.
Il acquit ses premières notions artistiques à l'école d'Augsbourg, avec Klemens Zimmermann, puis il fréquenta, de vingt à vingt-cinq ans, l'Académie de Munich ; il travailla aussi à Paris, vers 1830. Il eut une certaine renommée comme portraitiste, mais il abandonna ce genre de peinture pour les scènes militaires.

AERTVELT Andries van. Voir **EERTVELT**

AESCHBACHER Arthur
Né le 3 avril 1923 à Genève. XXe siècle. Actif en France. Suisse.
Peintre de collages. Abstrait.
De 1941 à 1945 il fut élève de l'École des Beaux-Arts de Genève. Il participe à de très nombreuses expositions collectives depuis

1951, et surtout à toutes les manifestations plastiques sur la lettre, le mot, l'écriture, le signe : *50 ans de collages* au Pavillon de Marsan du Louvre en 1964, *Écritures dans la peinture* à la Villa Arson de Nice en 1984. Depuis 1968 il s'est fixé à Paris. Il obtint le Prix de la Peinture abstraite à Lausanne en 1959. Sa première exposition personnelle date aussi de 1951 à Paris, et fut suivie de nombreuses autres, à Londres, Bruxelles, Vaduz, Nantes, etc. En 1991, le Centre d'Art Contemporain de Corbeil-Essonne lui a consacré une exposition rétrospective, suivie d'une exposition personnelle Galerie Krief à Paris en 1992.

On cite de lui des collages et des assemblages. Dans un premier temps, il utilisait des caractères d'imprimerie qu'il composait à son gré. À partir de 1960 environ, il a surtout utilisé des affiches, comme d'autres artistes parallèlement. Lui les découpe en bandes régulières et les redispose et réunit bord à bord, mais dans un ordre évidemment différent. Le texte préexistant, ainsi dispersé, devient illisible, selon une redistribution que Aeschbacher nomme la *Poésie de l'illisible*. Il est important de noter également que, dans le souci de mettre en évidence l'efficacité du procédé et des combinatoires obtenues, il a pratiquement toujours utilisé la même affiche, d'une pièce de Eugène Ionesco choisie non innocemment, variant à partir de là indéfiniment l'ordre de redistribution des éléments composant les pièces de la série des *Théâtres déchirés*. Dans une période postérieure, il a peint ou sérigraphié sur des lamelles régulières ces mêmes bandes d'affiches découpées, qu'il nomme des *Stores d'ultra-lettres* ou *Stores-surfaces*, qui, plus ou moins déployés, présentent des versions différentes des « non-textes ». Par opposition à la démarche des affichistes nouveaux-réalistes, Hains, Villéglé et autres, le critique Charles Estienne avait joliment dit que les peintures-collages de Aeschbacher par rapport à l'affiche, ici aussi matériau originel, se voulaient : « reconstituer la lettre, et ne pas s'attarder à la maladie ». On a aussi dit depuis que quand les affichistes viennent de la rue, lui, Aeschbacher, vient de l'imprimerie. Quand ceux-là lacèrent, lui imprime et compose. Relativement fidèle à sa démarche originelle, il introduit pourtant des variantes dans ses procédés, parfois aléatoires, au cours de ses expositions successives. La dimension aléatoire signalée, semble lui ouvrir des espaces de liberté plus personnels. Dans le courant des peintres qui, depuis les lettristes, ont intégré lettres, signes, écritures dans la peinture, Aeschbacher se distingue par la qualité de précision du tracé et le souci d'une composition rigoureuse, qui l'apparentent, entre autres, à un Constantin Xenakis. ■ J. B.

Bibliogr. : Claude Minière : *La blanche*, catalogue de l'exposition Arthur Aeschbacher, Paris, 1986 – Giovanni Joppolo : *Arthur Aeschbacher, en visite à la casse*, Opus international, Paris, fév., mars 1989.

Ventes Publiques : Paris, 29 jan. 1988 : *Poème illisible*, collage affiches découpées (64x49) : FRF 2 000 – Paris, 14 oct. 1989 : *Peut-on oblitérer Matisse ?* 1984, pap. d'affiche peint (100x81) : FRF 17 000 – Paris, 22 déc. 1989 : *Quartier périphérique*, h/t (81x100) : FRF 11 000 – Paris, 30 mai 1990 : *Composition* 1984, techn. mixte (100x81) : FRF 25 000 – Paris, 21 juin 1990 : *Sans titre* 1985, affiches arrachées/t. (130x162) : FRF 50 000 – Paris, 28 jan. 1991 : *Tout en désir* 1963, collage d'affiches lacérées (45x23) : FRF 5 100 – Neuilly, 1ᵉʳ déc. 1991 : *Oreilles 100 miroirs* 1963, collage d'affiches arrachées/pan. (62x47,5) : FRF 15 000 – Paris, 28 jan. 1991 : *Peut-on oblitérer Matisse ?* 1984, acryl./t. (150x97) : FRF 9 500.

AESCHBACHER Hans
Né le 18 janvier 1906 à Zurich. Mort en 1980. xxᵉ siècle. Suisse.
Sculpteur. Abstrait.

Il n'accéda pas à une possibilité d'études artistiques, devant gagner jeune sa vie comme plâtrier, cependant dans ses moments de repos il s'initiait lui-même au dessin et à peindre aussi. En 1936, il commença à sculpter avec des moyens précaires d'abord. Heureusement son talent fut assez tôt reconnu. Il a exposé dans des manifestations collectives internationales : Biennale de Venise 1956, Documenta de Kassel 1959. Il a fait des expositions personnelles à Zurich et Bâle, en 1950, 1952, 1959.

Lorsqu'en 1936 il commença à sculpter, il utilisa d'abord le plâtre de son métier gagne-pain, puis des essais de terre-cuite. Il se forma à la taille directe et produisit alors des torses et des portraits en ronde.

Après 1946, il évolua progressivement à l'abstraction. Dans ses *Visages-abstractions*, il élimina de plus en plus les détails pour tendre à un volume synthétisé, à une forme pure. Ensuite, les

Idoles féminines sont des statues de pierre, qui ne révèlent plus de correspondances organiques que par métaphores plastiques. En 1952, dans son évolution vers la pureté formelle, il fut peut-être influencé par l'œuvre de Arp, mais celui-ci ne l'était-il pas par Brancusi et Brancusi par Pompon, etc. ? Son art devint ensuite encore plus austère, il n'utilisa plus que des formes géométriques régulières, presque déjà les « structures primaires » des minimalistes américains des années soixante-dix. Ce furent alors des sortes de stèles, dans le matériau rebelle à toute préciosité qu'est la lave, pour l'utilisation de laquelle Pierre Courthion a écrit qu'« il inscrit dans la lave ses reliefs anguleux », formées de ces volumes simples articulés verticalement par imbrication de leurs sections, selon des angles de pénétration généralement obliques, sauf à être parfois rééquilibrés par une rupture horizontale. Il est un classique, il n'use que des volumes élémentaires, rectilignes et orthogonaux, la courbe la plus tendue lui est déjà baroque. Les volumes parallélépipédiques s'élèvent, se chevauchant successivement dans un élan hautement spirituel. ■ Jacques Busse

Bibliogr. : Pierre Courthion : *Hans Aeschbacher* – A. M. Vogt, Hans Aeschbacher : *Werkkatalog Hans Aeschbacher Zeichnungen 1924-1972*, H.-R. Lutz, Zurich, 1972.

Ventes Publiques : Paris, 13 oct. 1973 : *Collage* : FRF 750 – Berne, 20 juin 1979 : *Tête de jeune fille* 1942, pierre (H. 34,5 cm) : CHF 4 000 – Zurich, 28 oct. 1983 : *Torso* 1939, plâtre peint (H. 130) : CHF 950 – Zurich, 14-16 oct. 1992 : *Tirelire* 1975, bronze (H. 56) : CHF 11 000 – Lucerne, 15 mai 1993 : *Dessin 24* 1971, encre rouge/pap. (50x38) : CHF 1 000 – Zurich, 9 juin 1993 : *Tête de femme* 1942, pierre (H. 38) : CHF 5 175 – Lucerne, 20 nov. 1993 : *Figure XV* 1959, laiton sur socle d'alu. (H. 45,3) : CHF 4 000 – Zurich, 3 déc. 1993 : *Figure IX* 1960, alu. (H. 17) : CHF 8 000.

AESGO
xivᵉ-xvᵉ siècles. Actif en Frise à la fin du xivᵉ siècle et au commencement du xvᵉ siècle. Hollandais.
Peintre.

Il était frère lai de l'abbaye de Lidlum (Frise) et il y travailla aux peintures de l'autel entre 1386 et 1422.

AESSLINGER Hans ou Asslinger ou Esslinger
xviᵉ siècle. Actif à Munich vers le milieu du xviᵉ siècle. Allemand.
Sculpteur.

Il sculpta le tombeau de l'archevêque Michael de Salzburg, achevé en 1588. Il est connu comme ayant été le maître d'Arnhof, en 1571 ; son portrait se trouve dans la collection de l'archiduc Ferdinand de Tyrol.

AESSLINGER Ulrich
xviᵉ siècle. Actif à Munich vers 1500. Allemand.
Peintre.

Nagler lui attribue, à tort, le monogramme HNE, découvert en 1516. On croit qu'il appartient à la même famille que le peintre bavarois Hans Aesslinger et les sculpteurs Hans et Leinhardt Aesslinger.

AETHELWOLD
viiiᵉ siècle. Actif de 724 à 740. Britannique.
Miniaturiste.

Il était évêque de Lindisfarne et on le considère comme l'auteur des miniatures qui ornent la plus ancienne des Bibles anglaises (Livre de Durham), conservée au British Museum.
Musées : Londres (British Mus.).

AETHELWOLD
xᵉ siècle. Britannique.
Miniaturiste.

Cet évêque de Winchester, comme beaucoup de princes de l'Église, a dû être un artiste exécutant. Winchester fut le centre le plus important de l'art en Angleterre. Aethelwold en fut évêque de 963 à 984. La *Bénédiction d'Aethelwold*, en possession du duché de Devonshire, le chef-d'œuvre des miniatures du couvent de Newminster à Winchester, au xᵉ siècle, est l'œuvre du moine Godemann.

AETHERICUS
xᵉ-xiᵉ siècles. Britannique.
Peintre de miniatures.

D'après les caractères de son écriture, il faut mentionner cet artiste, qui fut moine de l'abbaye de Westminster, parmi les peintres miniaturistes anglais les plus importants des xᵉ et xiᵉ siècles.

AETION ou Eetion
ivᵉ siècle avant J.-C. Antiquité grecque.

Peintre.

Probablement Ionien de la seconde moitié du IVe siècle av. J.-C. Lucien décrit de lui un tableau représentant le *Mariage d'Alexandre avec Roxane*, princesse de Sogdiane, dont le souvenir nous est peut-être indirectement conservé par les *Noces Aldobrandines*. Le texte de Lucien incita le Sodoma (ou Raphaël ?) à reprendre le même sujet. Selon Pline, qui fait de l'artiste également un bronzier, Aétion avait peint aussi une *Vieille femme portant devant elle une lampe.*

AETTERLI Gylian ou Etterli

XVe-XVIe siècles. Actif à Fribourg de 1498 à 1509. Suisse.

Sculpteur, graveur sur pierre et architecte.

Il travailla à la chapelle tombale de Saint-Nicolas (Fribourg) et sculpta en 1501 les fonts baptismaux de l'église de Guin (canton de Fribourg).

A EUL PAI. Voir A ER BAI

AEXII. Voir ALEXII

AF suivi d'un patronyme. Voir ce patronyme

AFAMADOS DE SANS Gladys

Née en 1928 à Montévidéo. XXe siècle. Uruguayenne.

Peintre, graveur.

Ayant très jeune appris à peindre en autodidacte, elle s'inscrivit en gravure à l'École Nationale des Beaux-Arts de Montévidéo. Elle participe régulièrement au Salon National, dont elle a obtenu le Premier Prix en 1966 et 1967.

AFANASSIEV Dimitri

Né en 1928 à Léningrad (Saint-Pétersbourg). Mort en 1988. XXe siècle. Russe.

Peintre de portraits, figures, paysages urbains animés, décorateur de théâtre.

Il fit ses études à l'Académie des Beaux-Arts de Léningrad (Institut Répine) sous la direction de N. Akimov et en sortit en 1956. Il a travaillé comme décorateur surtout à Léningrad et depuis 1964 il fut professeur à l'Institut de théâtre de Léningrad (Institut N. Tcherkasov). Il fut nommé Artiste du Peuple de Russie.

MUSÉES : KIEV (Mus. des Beaux-Arts) – MOSCOU (Gal. Trétiakov) – MOSCOU (Mus. du Théâtre) – ODESSA (Mus. des Beaux-Arts) – SAINT-PÉTERSBOURG (Mus. Russe) – VLADIVOSTOK (Mus. des Beaux-Arts).

VENTES PUBLIQUES : PARIS, 29 nov. 1990 : *L'été en ville*, h/t (15x25) : FRF 3 500.

AFANASSJEFF ou Afanassi, Afanassjewitsch

Né le 16 février 1758. Mort en 1800. XVIIIe siècle. Russe.

Graveur en taille-douce.

Il étudia avec B.-L. Henriquez, à l'Académie de Saint-Pétersbourg, plus tard avec S.-F. Ivanoff. Sa première œuvre fut *La Fillette à la poupée*, d'après Greuze, en 1774. Après avoir quitté l'Académie, il fut employé dans l'administration (1783-1784), et il finit par devenir laquais.

AFANASSJEFF ou Afanasii

XIXe siècle. Travaillait entre 1809 et 1826 à Moscou. Russe.

Graveur en taille-douce.

Il appartint à l'école de l'imprimeur et collectionneur moscovite, P.-P. Beketoff, et exécuta, sous la direction de J. Rosanoff, N.-Z. Sokoloff et A.-J. Ossipoff, une série de portraits des Russes célèbres. Ces portraits, au nombre de trois cents, furent publiés entre 1821 et 1824, en trois volumes.

AFANASSJEFF Alexander Gawrilowitsch

XIXe siècle. Actif à Moscou de 1816 à 1856. Russe.

Graveur en taille-douce.

Il est l'auteur des portraits des empereurs qui régnèrent de Rurick à Nicolas Ier, de celui du général Tormasoff, mort en 1819, et de 30 reproductions de paysages, d'après les maîtres étrangers, exécutées pour un journal, le *Télégraphe de Moscou*, 1825-1830. Il est sans doute identique au précédent.

AFANASSJEFF Constantin Jakowlewitsch

Né en 1793 à Saint-Pétersbourg. Mort en 1857. XIXe siècle. Russe.

Graveur.

Afanassjeff fut le premier artiste russe qui grava sur acier et la netteté de sa taille, la sûreté de son burin lui méritèrent une place distinguée parmi les artistes de son pays. Il avait vingt ans quand il entra à l'Académie de Saint-Pétersbourg. Il y étudia sous Klauber et Utkin. Ses débuts paraissent avoir été difficiles ; cependant, en 1818, durant un séjour qu'il fit au château de Pawlowsk, il grava plusieurs paysages pour l'album de l'impératrice douairière Maria Feodorowna et il obtint un très grand succès. À son retour à Saint-Pétersbourg, les commandes lui vinrent en si grand nombre qu'il avait grand-peine à y satisfaire. Afanassjeff excellait dans les portraits. Il fut nommé membre de l'Académie en 1839. Présente des similitudes avec les deux précédents.

AFANASSJEFF Peter

XVIIe siècle. Actif à Nijni-Novgorod. Russe.

Peintre.

Il fut appelé à Moscou, avec d'autres peintres, pour y décorer les murs de l'église du Rédempteur. À son retour, il aida Markoff à exécuter une série de figures de saints pour le patriarche d'Antioche, Markarius.

AFANASSJEFF Wassilii

XVIIe siècle. Travaillait à Moscou. Russe.

Peintre.

Il fut chargé de la direction artistique des peintres religieux occupés aux décorations murales du couvent de Sarwinski ; en 1669, il remplit la même fonction au couvent de Kolomine, et exécuta ensuite plusieurs peintures décoratives dans les appartements du Tsar, à Moscou.

AFESA Pietro, dit della Basilicata

XVIe siècle. Vivait à Naples vers le milieu du XVIe siècle. Italien.

Peintre.

On ne sait pas quel fut son maître. Il vint à Naples et prit un rang honorable parmi les excellents peintres qui y vivaient alors. Il devait son surnom à sa province natale. Il fut chargé de décorations dans les édifices publics. On cite notamment son *Assomption*, dans la chapelle du couvent de Marsico Nuovo, tableau d'autel d'un grand mérite.

AFFANDI Kusuma

Né en 1907 à Cirebon (Java). Mort en 1990. XXe siècle. Indonésien.

Peintre de compositions animées, figures, nus. Expressionniste.

Il travailla à l'Académie Seni Rupa de Yogyarkata. Il fut le fondateur des associations « Communautés d'Artistes » en 1946, et « Artistes du Peuple » en 1947. Au début des années 1950, le gouvernement indien lui accorda une bourse qui lui permit de voyager aux Indes. Il poursuivit son voyage par l'Angleterre, la Hollande, la Belgique, la France et l'Italie. En 1955, de retour en Indonésie, il devint enseignant à l'Académie des Beaux-Arts de Yogyakarta. Il est le plus connu des artistes indonésiens.

Il put montrer plusieurs expositons personnelles de ses œuvres aux Indes. Au cours de son périple en Europe, il eut également des occasions d'expositions. Il reçut le prix du Ministère de l'Éducation et de la Culture Indonésien (1969), le Prix Dag Hammarskjoeld en Italie (1977) et la médaille d'or du gouvernement indonésien (1978).

Il s'attacha à représenter l'homme dans son environnement quotidien.

BIBLIOGR. : Jutta Stöter-Bender : *L'Art contemporain dans les pays du « tiers-monde »*, L'Harmattan, Paris, 1995.

VENTES PUBLIQUES : AMSTERDAM, 8 nov. 1994 : *Nu assis 1936*, h/t (65x76) : NLG 33 350 – SINGAPOUR, 5 oct. 1996 : *Homme tenant un coq de combat 1965*, h/t (127x98) : SGD 59 800.

AFFANI Garibaldi

Mort en 1917 à Buenos Aires. XXe siècle. Argentin.

Sculpteur.

Il réalisa plusieurs monuments dont celui de Nicolas Avellaneda à Buenos Aires. Le musée de Buenos Aires conserve de ses œuvres.

AFFANNI Garibaldo

Né en 1862. Mort en 1891 à Parme. XIXe siècle. Italien.

Sculpteur.

À peine âgé de quinze ans, il exposa deux statuettes qui furent très favorablement jugées par les critiques. Il sculpta, au cimetière de Parme, en 1887, le tombeau d'Anette Ceresini, qu'il orna d'un beau portrait de la morte, exécuté en relief. Il mourut malheureusement avant sa trentième année.

AFFANNI Ignazio

Né le 22 mars 1828 à Parme. Mort le 29 juillet 1889. XIXe siècle. Italien.

Peintre.

Il fut élève de Callegari, de Gaibazzi et de Scaramuzzo, et reçut le prix de Rome de l'Académie de Parme pour son tableau : *Raphaël présenté par Ferrante au pape Jules II*. Son art s'étend à tous les genres ; il est l'auteur de plus de quatre cents tableaux religieux, historiques ou allégoriques, dont plusieurs se trouvent dans les galeries publiques. Après un séjour de plusieurs années à Milan, il revint mourir près de sa ville natale, dans la « maison des pauvres » de Borgo Saint-Donnino. La Galerie antique et moderne de Florence conserve de lui un tableau : *L'aumône secrète*.

AFFEITA Isidore ou Affaita
XVIIe siècle. Actif vers 1657.
Dessinateur.
Il passa la plus grande partie de sa vie en Pologne, où il prit part, comme ingénieur, aux guerres contre la Suède et la Russie. On a de lui un plan du siège de Cracovie par les Suédois (1657), conservé à Vienne.

AFFELTRANGER Jean
Né le 22 avril 1874 à Toss (Zurich). Mort en 1955. XXe siècle. Suisse.
Peintre.
Il commença à peindre à Winterthur, où il se fixa, puis, en 1899, fut élève de l'Académie de Munich, où il exposait encore en 1909 une peinture : *Encoignure*.
VENTES PUBLIQUES : ZURICH, 5 mai 1976 : *Tössegg*, h/t (64,5x80,5) : CHF 1 500 – ZURICH, 14 mai 1982 : *Tössegg*, h/t (64,5x80,5) : CHF 950 – BERNE, 21 oct. 1983 : *La rue du village*, h/t (53x73,5) : CHF 1 800.

AFFLATOUN Inji
Née en 1924 au Caire. XXe siècle. Égyptienne.
Peintre de compositions à personnages, scènes de genre, figures, paysages.
Elle s'est formée en autodidacte hors des institutions. Elle participe à des expositions collectives depuis 1941, notamment à des manifestations internationales : 1952, et 1958, Biennale de Venise, 1953 Biennale de São Paulo, 1960, et 1965, Biennale de la Méditerranée, 1966 Salon des Indépendants de Paris, 1967 Rome et Paris, Paris de nouveau pour l'exposition *Visages de l'art contemporain égyptien* au Musée Galliéra en 1971, etc. Nombreuses expositions personnelles : 1952 au Caire, suivie de beaucoup d'autres, ainsi qu'à Dresde, Berlin-ex-Est, Varsovie, Moscou, etc. Elle a obtenu des distinctions : 1959 Premier Prix du *Paysage Égyptien*, 1965 Bourse d'État du Ministère de la Culture.
Elle a un dessin elliptique, synthétique, qui recherche l'arabesque graphique beaucoup plus que le modelé du volume. Elle s'attache à l'ornement plus qu'à la psychologie. Elle équilibre de quelques éléments décoratifs angulaires, carrelages, vitrages, la profusion des lignes courbes qui épousent les contours des tuniques et des voiles. Des titres : *Fellah – Femme au Karbradé – Le pain de notre vie* attestent son attachement aux sujets et thèmes reliés à la vie quotidienne égyptienne. ■ J. B.
BIBLIOGR. : Catalogue de l'exposition *Visages de l'art contemporain égyptien*, Musée Galliéra, Paris, 1971.
MUSÉES : ALEXANDRIE (Mus. d'Art Mod.) – LE CAIRE (Mus. d'Art Mod.) – DRESDE (Mus. des Nouveaux Maîtres) – MOSCOU (Mus. d'Art Orient.) – VARSOVIE (Mus. Nat.).

AFFLECK Edouard Louis
Né en 1874 à Ayr (Écosse). XXe siècle. Britannique.
Graveur de paysages urbains à l'eau-forte, peintre.
Il fut élève de l'École des Beaux-Arts de Paris, avec comme professeurs Jules Lefebvre et Tony Robert-Fleury. En 1905, il exposa au Salon des Artistes Français de Paris une peinture de portrait et des eaux-fortes de paysages. Son moyen d'expression de prédilection restera l'eau-forte, par lequel il traitera surtout des vues urbaines de : Édimbourg, Paris, Rome, Venise, etc.

AFFLECK William
Né en 1869 à Rochdale. Mort en 1909. XIXe siècle. Britannique.
Peintre de genre, paysages, fleurs, aquarelliste.
Il exposa d'abord à Londres, en 1890, à la Royal Institution, ensuite à la Royal Academy, de nombreuses aquarelles représentant, en général, des paysages de printemps et d'automne ou des fleurs. William Affleck a peint aussi des scènes de genre, comme le prouve son tableau de la Royal Academy, en 1908 : *Idylle d'été*, et celui de l'Exposition de Derby, en 1909 : *En attendant le train*.
VENTES PUBLIQUES : LONDRES, 13 fév. 1909 : *Homme bêchant des pommes de terre* : GBP 18 – LONDRES, 3 oct. 1978 : *Jardins fleuris*, deux aquar. (30,5x45,5 et 28,5x41,5) : GBP 280 – LONDRES, 27 avr. 1982 : *Sunday Afternoon*, reh. de gche (39,5x30,5) : GBP 680 – LONDRES, 16 fév. 1984 : *Jeune fille nourrissant des canards*, aquar. et cr. reh. de blanc (53x42) : GBP 1 200 – LONDRES, 22 mai 1986 : *Enfants jouant au bord d'une rivière*, aquar. reh. de gche (38x56) : GBP 1 500 – LONDRES, 24 sep. 1987 : *Jeune fille dans un jardin de campagne*, aquar. (32x43) : GBP 2 000 – NEW YORK, 23 fév. 1989 : *Fleurs des champs*, aquar. (40,5x30,7) : USD 18 700 – LONDRES, 26 sep. 1990 : *Berger passant devant les maisons à toits de chaume*, aquar. (28x38) : GBP 1 430 – LONDRES, 22 nov. 1990 : *Élégante jeune femme dans un jardin de fleurs*, aquar. (29,9x42) : GBP 3 850 – LONDRES, 3 juin 1992 : *Dans le jardin du cottage*, aquar. (46,5x31) : GBP 3 300 – LONDRES, 12 juin 1992 : *Distribution de grain aux poussins*, aquar. avec reh. de blanc (49,3x33) : GBP 3 080 – LONDRES, 12 nov. 1992 : *Les cueilleurs de pommes*, aquar. (82x65) : GBP 2 420 – LONDRES, 11 juin 1993 : *Dimanche après-midi*, aquar. et gche (41x31,7) : GBP 3 680 – LONDRES, 30 mars 1994 : *Halte au bord de la rivière*, aquar. avec reh. de blanc (41x30,5) : GBP 4 025 – LONDRES, 7 juin 1995 : *Cueillette de fleurs des champs*, aquar. (55,5x75,5) : GBP 6 325 – LONDRES, 5 juin 1996 : *La Fille du fermier*, aquar. reh. de blanc (41x30,5) : GBP 3 450.

AFFOLTER. Voir CONDÉ André

AFFONSO Lorenço
XIVe siècle. Portugais.
Sculpteur.
Il travaillait, vers 1399, à la construction du couvent des Carmélites de Lisbonne, pour le compte du connétable Pereira et jouissait d'une certaine célébrité.

AFFONSO Sarah
Née à Lisbonne. XXe siècle. Portugaise.
Peintre.
Exposa au Salon d'Automne, en 1928.

AFFRANDI
Né vers 1907. Mort le 23 mai 1990 à Java. XXe siècle. Indonésien.
Peintre de paysages, de scènes typiques. Naïf-primitif.
Ses peintures ont été montrées à plusieurs reprises à Paris.
Dans ses débuts, il peignit surtout le paysage indonésien. Ensuite, il s'attacha aux scènes de la vie populaire : marchés, combats de coqs, la pêche, etc. Ses compositions pittoresques sont animées et hautes en couleur.

AFFRE Charles François Albert
Né à Oran (Algérie). XXe siècle. Français.
Peintre de paysages.
Élève du Toulousain Gaston Pierre Galey. Il figure régulièrement depuis 1926, à Paris au Salon des Artistes Français, avec des paysages de Provence, de Bretagne, etc.

AFFRY Adèle d'. Voir MARCELLO

AFFRY Louis Auguste Augustin, comte d'
Né le 28 août 1713 à Versailles. Mort le 10 juin 1793. XVIIIe siècle. Français.
Graveur.
Le comte d'Affry, qui était également diplomate, a gravé de petites estampes représentant des paysages.

AFINGER Bernhard
Né le 6 mai 1813 à Nuremberg. Mort le 25 décembre 1882 à Berlin. XIXe siècle. Allemand.
Sculpteur.
Fils d'un pauvre artisan, il dut, dès son jeune âge, et malgré ses aspirations artistiques, exercer avec son père le métier de tisseur. Traversant son pays, en qualité d'ouvrier, après quatre années d'apprentissage, il parvint à se faire admettre dans une fabrique d'argenterie de Nuremberg ; il en profita pour fréquenter l'école d'art de cette ville et travailla d'après les modèles du Moyen Âge. Enfin, lorsque Rauch vint à Berlin, en 1840, il devint son élève et, sous sa direction, se perfectionna complètement. Sa première œuvre notoire fut un grand Christ de pierre, exécuté en 1842 pour l'église de Dinkelsbühl, mais on admire surtout sa statuette de l'actrice Rachel, commandée par Guillaume II pour l'île du Paon, près de Potsdam.

AFINGER Nikolaus
Né le 20 décembre 1818 à Nuremberg. Mort le 10 octobre 1852. XIXe siècle. Allemand.
Graveur en taille-douce.

Frère de Bernhard Afinger. Il fournit les illustrations de plusieurs ouvrages, mais ses œuvres n'ont qu'une importance secondaire. On croit que le graveur N. Afinger, dont la présence est mentionnée à New York en 1850, n'est autre que lui. Il mourut, tué par un de ses parents.

AFNAN Maliheh
XXᵉ siècle. Depuis 1974 active en France. Libanaise.
Peintre. Abstrait.
Elle fut élève de la Corcoran School of Art de la George Washington University de Washington. Depuis 1962, elle participe à des expositions collectives, d'abord à Washington ; en 1971 à Beyrouth ; depuis 1977 à Paris, notamment aux Salon des Réalités Nouvelles, Comparaisons, Mac 2000, d'Automne dont elle est sociétaire ; ainsi qu'à Londres ; etc. Elle montre des ensembles de ses peintures dans des expositions personnelles, notamment : 1965 à l'Université américaine de Beyrouth ; 1971 à Bâle avec une présentation de Mark Tobey ; 1974 à Paris avec une présentation de Michel Tapié ; 1978 galerie Principe, Paris ; 1980 galerie Brigitte Shéhadé, Paris ; 1993 Leighton House Museum, Londres ; 1994 Théâtre de Beyrouth et Galerie 10 Bonaparte, Paris.
Sa peinture, abstraite, constituée de tons sobres, de matières sensuellement travaillées, semble se partager en deux séries : l'une de signes rappelant les caractères cunéiformes, l'autre de visages à peine suggérés et comme voilés.
Musées : Londres (British Mus.) – Paris (Mus. de l'Inst. du Monde Arabe).

AFOLABI Jacob
XXᵉ siècle. Nigérian.
Peintre.
Il est l'un des représentants de l'art oshogbo, qui explore « les mythes yoruba avec les techniques picturales modernes » et qui se caractérise par « son expressivité, ses couleurs sensuelles et ses compositions fantastiques ou surréelles » (Jutta Stöter-Bender).
Bibliogr. : Jutta Stöter-Bender : *L'Art contemporain dans les pays du « tiers-monde »*, L'Harmattan, Paris, 1995.

AFOLTER Gustav
Né le 27 février 1817 à Solothurn. Mort le 29 novembre 1851. XIXᵉ siècle. Suisse.
Lithographe.
On cite de lui une planche, *Portrait de Martin Disteli*, d'après Ziegler, dans la collection de gravures à l'Institution polytechnique de Solothurn.

AFONINA Taissia
Né en 1913 à Kiev. XXᵉ siècle. Russe.
Peintre de natures mortes, fleurs.
Il fut élève de Ioganson à l'Institut Répine, à Léningrad (Saint-Pétersbourg). Il devint membre de l'Union des Peintres d'URSS. Il peint des compositions fleuries, dans une touche légère, mettant en valeur la transparence des vases.
Musées : Moscou (Direction des expositions) – Omsk (Mus. des Beaux-Arts) – Saint-Pétersbourg (Mus. de l'Inst. Répine) – Saint-Pétersbourg (Mus. d'Hist.).
Ventes Publiques : Paris, 24 sep. 1991 : *Composition aux fruits et fleurs*, h/t (59x46) : FRF 4 200 – Paris, 5 avr. 1992 : *Les pivoines*, aquar. (60x50) : FRF 4 000.

AFONSO Jorge ou Affonso
Né vers 1475. Mort vers 1540. XVᵉ-XVIᵉ siècles. Portugais.
Peintre de compositions religieuses.
Il vécut à Saint-Domingue et fut le beau-frère du peintre Francesco Henriques. Il fut nommé peintre à la cour du roi Manuel Iᵉʳ en 1508, et, vers 1529, à la cour du roi Jean III. Il dirigea à Lisbonne, un atelier où travaillèrent son gendre Gregorio Lopes, son neveu Garcia Fernandes, de nombreux autres artistes et, en 1514, Vasco Fernandes.
C'est peut-être de cet atelier que sortirent les scènes de la vie du Christ de la rotonde des Templiers de Tomar, vers 1510, où l'influence flamande laisse libre cours à un sens de la couleur très ibérique. On lui attribue également le panneau de l'*Apparition du Christ à la Vierge* 1515, du retable de l'église de la Madre de Deus, à Xabregas, près de Lisbonne.
Bibliogr. : In : *Dictionnaire de l'Art et des Artistes*, Hazan, Paris, 1967 – in : *Dictionnaire de la peinture espagnole et portugaise du Moyen-Âge à nos jours*, coll. Essentiels, Larousse, Paris, 1989.

AFONSO Nadir
Né le 4 décembre 1920 à Chaves (Portugal). XXᵉ siècle. Actif en France. Portugais.
Peintre. Cinétique.
Après avoir obtenu un diplôme d'architecte, il eut l'opportunité de venir travailler en France auprès de Le Corbusier, puis au Brésil auprès d'Oscar Niemeyer. Il revint en France en 1954, et prit contact avec les artistes qui étaient alors au début des recherches cinétiques. Il participa alors à des expositions collectives, entre autres au Salon des Réalités Nouvelles en 1958, quand ce Salon représentait l'abstraction dans sa plus grande austérité. Il fut invité à la Biennale de São Paulo en 1969.
Sa formation d'architecte l'a incité, en tant qu'artiste peintre, à une réflexion et à intervenir sur l'espace, et ce par la figuration de structures régulières. Dans ses peintures qu'il nomme *Espacillimités*, on retrouve la même rigueur géométrique, tempérée d'un lyrisme formel que la technique picturale permet dans son artificialité par rapport au réel extérieur. Ses peintures pourraient évoquer des paysages, mais coulés dans les moules modulaires de l'abstraction géométrique. ■ J. B.

AFRIAN. Voir ARFIAN

AFRICANO Nicholas
Né le 12 novembre 1948 à Kankabee (Illinois). XXᵉ siècle. Américain.
Peintre.
Il vécut dans une petite ville au sud de Chicago, issu d'une famille d'émigrés siciliens. Il fit des études littéraires et artistiques à l'Université de Normal, dans l'Illinois, d'où il sortit en 1975. Tout d'abord évrivain, il illustrait ses textes qui, peu à peu diminuaient, jusqu'à ce que l'image supplante l'écrit. Il a participé à plusieurs expositions collectives, dont la Biennale de New York en 1977, aux expositions *Painting and Sculpture Today* à Indianapolis en 1978 et 1982, *Words and Images* à Philadelphie en 1979, *Les Nouveaux Fauves* à Aachen (Allemagne) en 1980, *Aspects of Post Modernism* à Princeton en 1982, *C'est de tableaux qu'il va être question* à la galerie Gilles Peyroulet de Paris en 1992. Sa première exposition personnelle s'est déroulée à Chicago en 1976, suivie de plusieurs autres en 1978, 1979, 1982, puis à New York en 1977, 1979, 1980, 1981, 1982, à Londres et Paris en 1979, Los Angeles en 1979, 1981, 1983, Rotterdam 1980, Washington 1981, Amsterdam 1982, Paris 1991.
Les premiers tableaux d'Africano mettent en scène des petits personnages, vus de profil, perdus dans un espace immense et nu. *Le Cri* (1976), comme la plupart de ses tableaux, raconte une histoire qui, dans ce cas, a été vécue par le peintre : il s'agit d'un homme, rendu fou par sa femme et qu'Africano a voulu aider, sans succès, puisque celui-ci s'est mis à crier. L'homme est assis tandis que, derrière lui, la femme, debout, pose une main sur son épaule. Les personnages, minuscules par rapport à l'ensemble de la toile, sont traités en relief comme s'ils étaient faits en papier froissé et dans un style maladroit, à la manière de l'art naïf. Africano s'intéresse aux relations psychologiques entre les caractères, il renforce une intimité étrange entre les spectateurs et les personnages de ses tableaux, dont la petite échelle les oblige à s'approcher d'eux. La mentalité du spectateur n'est alors pas très éloignée de celle d'un voyeur, notamment pour une peinture comme *Get away from me you fucker* (1980). Le vide autour des figures donne la mesure de leur propre vide, leur peu d'importance dans le monde qui les entoure et auquel ils sont aliénés. Ces premiers travaux, jusque vers 1980, montrent combien Africano était resté attaché au vécu. Il sera ensuite inspiré par la littérature, puis le théâtre va l'inspirer.
Il place dans un monde plus poétique, à mi-chemin entre la satire et la tragédie, les acteurs de la série tirée de l'opéra de Puccini : *La Fanciulla del West*. Ils sont plus grands, placés au premier plan, comme s'ils étaient sur scène. Les couleurs deviennent lumineuses, l'héroïne prend des apparences radieuses, tout en ayant l'aspect d'une marionnette. Ce n'est plus le désespoir vécu au quotidien, mais la tragédie ramenée à l'état de cliché.
Dans la série *Jekyll and Hyde*, autour de 1982, les personnages ne sont plus présentés de profil, mais de face, ils affrontent le spectateur et sont traités à grands coups de pinceau, dans les tonalités de noir scandé de zébrures blanches. Le fond n'est plus plat, la profondeur est donnée grâce à l'ombre du protagoniste. Enfin, avec *Pétrouchka*, d'après l'œuvre de Stravinky, Africano personnifie le conflit entre l'artifice et la réalité, montre la lutte de la marionnette pour échapper au monde artificiel du théâtre et parvenir à une existence humaine.
La peinture narrative d'Africano s'est élaborée au gré de ses émotions personnelles, surtout littéraires, laissant toujours

transparaître son goût pour les investigations psychologiques. Le bien et le mal, l'espoir et le désespoir, la douleur et le salut sont les pôles autour desquels tourne son œuvre. C'est avec une grande économie de moyens, dans un style proche de celui de l'art naïf qu'il rend ses idées maîtresses. ■ Annie Pagès

BIBLIOGR. : Catalogue de l'Exposition *Nicholas Africano, Paintings 1976-1983*, North Carolina Mus. of Art, 1983-1984.

MUSÉES : CHICAGO (Mus. of Contemporary Art) : *I get hurt* – NEW YORK (Mus. of Mod. Art) : *The Scream*.

VENTES PUBLIQUES : NEW YORK, 8 oct. 1986 : *Untitled working painting* 1983, acryl., h. et magma/isor. (43,5x42,5) : **USD 4 750** – NEW YORK, 5 mai 1987 : *Sans titre n° 7* 1983, h., acryl. et magma/t., avec cadre en bois peint. (226,7x176) : **USD 20 000** – NEW YORK, 3 mai 1988 : *Petit garçon dans un arbre* 1986, verre, pb et h. (66x62,3x52) : **USD 63 250** – NEW YORK, 4 mai 1988 : *L'ombre du boxeur*, h., acryl., cire/pan. (122x182,3) : **USD 19 800** – NEW YORK, 8 oct. 1988 : *Encore des huîtres au vinaigre !* 1981, h/rés. synth. (38,2x68,6) : **USD 4 400** – NEW YORK, 3 mai 1989 : *Mr Jekyll et Mr Hyde : il quitte la scène de ses excès* 1985, h., acryl. et magma/t. (131x160) : **USD 24 000** – NEW YORK, 4 oct. 1989 : *Elle saigne du nez* 1977, acryl., craie grasse et h/t (189x211) : **USD 14 300** – NEW YORK, 9 nov. 1989 : *Il quitte la scène de ses excès* 1982, h., acryl. et tissu/t. (167,7x232,5) : **USD 52 250** – NEW YORK, 23 fév. 1990 : *Le jeune garçon perdu* 1987, h/verre sur une base de ciment et de marbre (29,5x41,3x41,3) : **USD 44 000** – NEW YORK, 27 fév. 1992 : *Levez les bras* 1978, h. et vernis/t. (165,1x207) : **USD 6 050** – NEW YORK, 17 nov. 1992 : « *Flesh, Armor* » 1986, collade bois et h/t préformée (50,3x43,2) : **USD 3 300** – NEW YORK, 4 mai 1993 : *Laissez moi vous aider, n'êtes-vous pas celui que j'aime ?* 1981, h., acryl. et mélange au vernis/rés. synth. (123,8x213,4) : **USD 12 650** – NEW YORK, 15 nov. 1995 : *Maquillage* 1978, acryl., cire et h/t (152,4x213,2) : **USD 5 175** – NEW YORK, 8 mai 1996 : *Remord et gratitude* 1983, acryl., h. et mélange/t. (156,2x207) : **USD 9 775** – NEW YORK, 19 nov. 1996 : *Toutes les femmes dorment* 1991, cire et h/t (148x124,5) : **USD 4 600** – NEW YORK, 6 mai 1997 : *The Carew Murder* 1982, plastique et h/t (170,3x259,1) : **USD 6 900**.

AFRIKA, pseudonyme de **Bugaev Sergei**
XXe siècle. Russe.
Peintre. Art-sots.
Né vers 1960. Il fait partie de la génération qui a commencé à s'exprimer pendant la période de libéralisation du régime par Gorbatchev. L'art « sots » est ce que les Russes ont proposé en parallèle relative au pop'art américano-européen. Ces jeunes artistes ont conservé le matériel iconique de l'art officiel stalinien, l'ont vidé de ses signifiés pour l'utiliser au titre d'élément purement plastique.

AFRIN Bartolomeo
XVIIe siècle. Italien.
Peintre.
Membre de la corporation des peintres de Padoue.

AFRO, pseudonyme de **Basaldella Afro**
Né en 1912 à Udine. Mort en 1976 à Zurich. XXe siècle. Italien.
Peintre, peintre de compositions murales. Abstrait.
Le patronyme étant pris par le sculpteur Dino Basaldella, leur frère aîné, Afro et Mirko, tous deux artistes aussi, se contentèrent de pseudonymer leurs prénoms. Afro fut élève de l'École d'Art de Venise jusqu'en 1931. Il se fixa alors à Rome. Dès 1932, il fit une exposition personnelle à Milan à la Galerie del Milione. Entre 1936 et 1939 il exécute de grands décors muraux à Venise, Udine et Rome. Entre 1946 et 1948, se formait en Italie le groupe du *Nouveau Front des Arts*, qui, avec des objectifs ancrés à la réalité quotidienne, était formellement encore influencé par un post-cubisme en voie pour l'Europe d'académisation. Cette influence-là, Afro l'avait dépassée, il n'adhéra donc pas. En 1952, il fit partie d'un rassemblement limité de *Huit peintres italiens*, groupe patronné par l'historien et critique d'art Lionello Venturi. Il a participé à de très nombreuses expositions de groupe internationales, parmi lesquelles : la Biennale de Venise avec le groupe des *Huit peintres italiens* en 1952 l'année de leur fondation, *The new Decade* à New York 1955, *Documenta* de Kassel 1955 et 1959, etc., ainsi que celles où il obtint des Prix : Biennale de São Paulo 1951 et 1953, Biennale de Venise où il remporta le Premier Prix pour un peintre italien en 1956, le Prix Carnegie à

Pittsburgh en 1958, un Prix de la Fondation Guggenheim à New York en 1960. Il a également montré des ensembles de ses œuvres dans de très nombreuses expositions personnelles à travers le monde, et en particulier très fréquemment à New York. Il a exécuté une peinture murale pour la *Banco Nazionale del Lavoro* à Rome, en 1958, alors en Californie, il réalisa la peinture murale *Le Jardin de l'espérance*, commandée pour le Siège de l'UNESCO à Paris. Il a créé des cartons pour des mosaïques. Il a réalisé des décors de théâtre, notamment pour le ballet *Portrait de Don Quichotte*, représenté à l'Opéra de Rome.
Dans la première période de ses tout débuts, la découverte, en 1939-40, des peintures de Picasso et Braque l'avait profondément marqué et conduit à pratiquer cette sorte de néo-cubisme alors tellement répandu à travers l'Europe. Il joua ensuite un rôle de première importance dans le renouvellement de la peinture italienne de l'après-guerre. Il récusa définitivement la recherche de l'illusion de la troisième dimension, il renonça à toute espèce de description vaine, et, comme surgis des profondeurs de l'inconscient, par de grands signes tourmentés, à la fois graphiques et chromatiques, des taches projetées violemment, il suggéra des évocations mystérieuses, des réminiscences oniriques, des états-d'âme en suspens. Et pour ce faire, pour communiquer l'incommunicable, depuis ses débuts Afro a fait le choix de la couleur, pour laquelle J. J. Sweeney lui applique cette phrase écrite pour un autre par les Goncourt : « Ses couleurs ne sont pas des couleurs de peintre, mais des touches de poète. »
■ Jacques Busse

BIBLIOGR. : G. Marchiori : in : *Arte e artisti d'avanguardia in Italia, 1910-1950*, Edit. di Comunita, Milan, 1960 – J. J. Sweeney : *Afro*, Arte Moderna, Roma, 1961 – Cesare Brandi : *Afro*, Editalia, Rome, 1977 – Renato Barilli : in : *L'Art en Italie après la seconde guerre mondiale*, Il Mulino, Bologne, 1979.

VENTES PUBLIQUES : NEW YORK, 26 oct. 1960 : *Le soir n° 2* : **USD 5 000** – MILAN, 21 nov. 1961 : *Paysage verdoyant* : **ITL 2 100 000** – LONDRES, 9 juil. 1965 : *Jeune fille jouant aux cartes*, aquar. : **GNS 170** – MILAN, 16 oct. 1973 : *La Vierge* : **ITL 2 600 000** – LONDRES, 22 juil. 1976 : *Open Gate*, sérig. (83,2x149,5) : **GBP 150** – MILAN, 16 mars 1976 : *Figure*, litho. (50x39) : **ITL 100 000** – MILAN, 16 mars 1976 : *Trophée* 1958, h/car. (124x61) : **ITL 7 000 000** – MILAN, 5 avr. 1977 : *Palude* 1960, h/t (99x72) : **ITL 7 000 000** – ROME, 19 mai 1977 : *Fonte amara* 1952, techn./cart. (99x55) : **ITL 3 000 000** – ROME, 23 mai 1978 : *Palude* 1960, h/t (99x72) : **ITL 7 000 000** – NEW YORK, 13 juin 1978 : *Composition* 1952, gche et encres de coul. (18x29,5) : **USD 700** – NEW YORK, 18 oct. 1979 : *Sans titre, n° 1* 1962, gche/pap. mar./t. (45x59) : **USD 1 400** – NEW YORK, 14 nov. 1979 : *Le torbe* 1957, h/t (75x109,2) : **USD 5 750** – MILAN, 24 juin 1980 : *Trois œufs, trois yeux* 1951, h/t (75x87) : **ITL 5 500 000** – ROME, 11 juin 1981 : *La forcola* 1971, techn. mixte/t. (80x100) : **ITL 22 000 000** – MILAN, 16 juin 1981 : *Composition* 1961, techn. mixte/t. (32x50) : **ITL 4 000 000** – MILAN, 6 avr. 1982 : *Composition* 1963, h/t (22,5x44) : **ITL 4 200 000** – NEW YORK, 19 avr. 1983 : *Vulcani I*, eau-forte en coul. (48,8X69,5) : **ITL 1 500 000** – LONDRES, 29 juin 1983 : *Composition* 1957, gche et encre (45,7x64,8) : **GBP 3 800** – NEW YORK, 16 fév. 1984 : *For garden of hope* 1958, gche (46x63,5) : **USD 2 600** – ROME, 22 mai 1984 : *Nature morte* 1943, h/t (66x52) : **ITL 14 000 000** – MILAN, 10 déc. 1985 : *Sans titre* 1957, h/t (58x87) : **ITL 25 000 000** – ROME, 3 déc. 1985 : *Composition* 1960, encre noire/pap. (70x100) : **ITL 7 500 000** – VERSAILLES, 26 oct. 1986 : *Sans titre* 1960, aquar. (102x67) : **FRF 100 000** – NEW YORK, 13 nov. 1986 : *La rencontre* 1954, h/t (145,4x174,6) : **USD 50 000** – MILAN, 9 nov. 1987 : *Figures couchées* 1954, h/t (99x150) : **ITL 72 000 000** – LONDRES, 30 juin 1988 : *Sans titre* 1956, aquar./ pap. (52x66,7) : **GBP 6 820** – NEW YORK, 8 oct. 1988 : *New York*, h/t cartonnée (92x43,8) : **USD 29 700** – ROME, 15 nov. 1988 : *La grille* 1973, techn. mixte/t. (54x65) : **ITL 42 000 000** – MILAN, 14 déc. 1988 : *Phœnix, Silos III°, n° 20* 1958, h/t (79,5x120,5) : **ITL 88 000 000** – MILAN, 20 mars 1989 : *Chronique noire* 1951, techn. mixte/t. (144,5x174,5) : **ITL 380 000 000** – NEW YORK, 4 mai 1989 : *New York* 1953, h/pap. (99,7x66) : **USD 33 000** – MILAN, 6

juin 1989 : *Malalbergo 1962*, techn. mixte (125x160) :
ITL 240 000 000 – PARIS, 14 juin 1989 : *Composition*, h./ardoise
(25x41) : **FRF 70 000** – LONDRES, 29 juin 1989 : *Sans titre 1953*, h/t
(119,5x160) : **GBP 110 000** – ROME, 6 déc. 1989 : *Nature morte
1947*, h/t (39x46,5) : **ITL 80 500 000** – NEW YORK, 27 fév. 1990 : *La
crevasse 1956*, h/t (91,5x150) : **USD 253 000** – NEW YORK, 4 oct.
1990 : *Composition 1951*, aquar. fus. et cr./pap. (22,5x29,8) :
USD 16 500 – ROME, 3 déc. 1990 : *Jeune femme assise*, h/t
(100x65) : **ITL 15 525 000** – MILAN, 20 juin 1991 : *Jaune, rouge et
noir 1964*, techn. mixte/pap./t. (70x100) : **ITL 95 000 000** – NEW
YORK, 25-26 fév. 1992 : *Sans titre 1952*, h/t (54x74,3) : **USD 60 500**
– MILAN, 14 avr. 1992 : *Composition*, gche/pap. (29x40) :
ITL 24 000 000 – LUCERNE, 21 nov.
1992 : *Nature morte 1944*, h/t (45x58) : **CHF 17 000** – LONDRES, 3
déc. 1992 : *Printemps 1957*, h/t (45x60) : **GBP 35 200** – MILAN, 6
avr. 1993 : *La Roche de Susans 1958*, h/t (97x147) :
ITL 250 000 000 – NEW YORK, 5 mai 1993 : *La Ville morte 1953*, h/t
(108,9x68,9) : **USD 34 500** – ROME, 30 nov. 1993 : *Sans titre 1962*,
h. et techn. mixte/pan. (46,5x36,5) : **ITL 47 150 000** – ROME, 8
nov. 1994 : *Sans titre*, litho. coul. (50x65) : **ITL 1 610 000** – ROME,
28 mars 1995 : *Composition 1950*, aquar. et sanguine/pap. jaune
(48x30) : **ITL 3 680 000** – NEW YORK, 7 mai 1996 : *Sans titre 1956*,
aquar./pap. (22,8x24) : **USD 2 300** – VENISE, 12 mai 1996 :
Composition, fus./pap. (62x47) : **ITL 10 000 000** – MILAN, 20 mai
1996 : *Uccello di fuoco 1957*, h/t (80x120) : **ITL 244 250 000** –
MILAN, 28 mai 1996 : *L'Usine de Saint-Pierre 1960*, h. et collage/t.
(150x200) : **ITL 283 800 000** – MILAN, 25 nov. 1996 : *Printemps
1957*, h/t (45x60) : **ITL 104 130 000** – ROME, 8 avr. 1997 : *Portrait
d'homme 1939*, h./contreplaqué/pan. (55,5x40,5) :
ITL 22 135 000 – MILAN, 19 mai 1997 : *Agosto in Friuli 1952*, h/t
(120x142) : **ITL 385 500 000**.

AGA Lucien
Né à Limay. XXᵉ siècle. Français.
Peintre de paysages.
Il expose en 1937 et 1938, au Salon des Indépendants à Paris.

AGA-IZA ou Riza
XVIIᵉ siècle. Éc. persane.
Peintre de miniatures.
L'un des maîtres de la dernière grande époque de la miniature
persane, sous le règne du Shah Abbas Iᵉʳ qui établit sa résidence
à Ispahan et en fit la capitale des arts. Aga-Iza, dont l'identité
demeure assez confuse, est, avec Riza-Abbasi, à la limite du
temps où les artistes persans commenceront à faire des imitations de tableaux européens. On lui attribue l'*Histoire des Prophètes*, conservée à la Bibliothèque Nationale à Paris. Il fut surtout connu comme peintre de portraits élégants et maniéristes.
On voit de ses dessins à la Morgan Library de New York, et au
Fogg Art Museum de Harvard.

AGA-MIREK ou Mirak
XVᵉ-XVIᵉ siècles. Actif à Tébriz. Éc. persane.
Peintre de miniatures.
Il acquit une grande réputation dans le même temps que le
maître Behzad, comme ce dernier, conférant à la miniature persane un caractère purement national. On lui attribue cinq miniatures du *Nizami*, du British Museum, peint entre 1539 et 1543.

AGABITI Pietro Paolo
Né à Sassoferrato. Mort à Cupramonte. XVIᵉ siècle. Actif de
1511 à 1540. Italien.
**Peintre de compositions religieuses, sculpteur, archi-
tecte.**
Cet artiste alla s'instruire à l'école des grands Vénitiens. On ne
sait pas s'il fut élève de Lorenzo Lotto, mais il est certain qu'il
s'inspira de la conception de ce maître.
Les églises de sa ville natale sont décorées de nombreuses peintures d'Agabiti. Santa Maria del Pano possède *La Vierge entre
sainte Catherine et saint Jean Baptiste* et une autre peinture
signée *Petrus Paulus Agaluti di Sassoferrato MDXVIII*. Cependant le tableau d'autel représentant *La Vierge et l'Enfant Jésus*,
qu'il peignit à l'église du Padri Reformati, près de Jesi, est considéré comme son chef-d'œuvre.
VENTES PUBLIQUES : VIENNE, 17 mars 1960 : *La Vierge et l'Enfant
dans un paysage* : **ATS 17 000** – NEW YORK, 10 jan. 1980 : *La
découverte de la Sainte Croix*, trois prédelles (16,5x32,5) :
USD 15 000 – LONDRES, 12 déc. 1990 : *Vierge à l'Enfant avec le
jeune saint Jean et sainte Catherine d'Alexandrie 1522*, temp./
pan. (192x149) : **GBP 27 500**.

AGABITO Veit ou Vitto ou Agapito
XVIIIᵉ siècle. Italien.

Peintre.
Il était actif en Italie ou en Dalmatie vers 1731-1740. Auteur d'une
peinture de la galerie du cardinal Fesch : *L'Adoration des ber-
gers*, datée de Rome en 1732.
VENTES PUBLIQUES : PARIS, 1843 : *L'Adoration des bergers* :
FRF 155.

AGACHE Alfred Pierre
Né le 29 août 1843 à Lille (Nord). Mort le 15 septembre 1915 à
Cour-Cheverny (Loir-et-Cher). XIXᵉ-XXᵉ siècles. Français.
Peintre de sujets allégoriques, genre, paysages.
C'est après un long parcours qu'il osa peindre son premier
tableau, en 1880, il avait trente-sept ans. Destiné par sa famille à
devenir chef d'entreprise dans l'industrie, il abandonna rapidement cette voie, se consacrant tout d'abord à des études musicales assez approfondies. Un voyage en Italie le convertit à la
peinture, qu'il commença à étudier jusqu'à la guerre de 1870,
date à laquelle il dût revenir en France. Vers 1872, il partit pour
l'Égypte, puis l'Inde et enfin le Japon, travaillant sans cesse à se
perfectionner. De retour en France, il entra à l'Académie de Lille,
suivant les cours de Pluchart puis d'Alphonse Colas. Il retourna
en Italie pour compléter ses connaissances, copiant les maîtres
anciens, avant d'effectuer sa première toile.
Il participa au Salon des Artistes Français de Paris et reçut rapidement des récompenses : une mention honorable en 1882, une
troisième médaille en 1885, une médaille d'argent à l'exposition
universelle de 1889, tandis qu'il devint sociétaire du Salon de la
Société Nationale des Beaux-Arts en 1890, dont il fut secrétaire
en 1910, 1911, et 1912, et président, pour la section des Arts
décoratifs, en 1914. Il participa à l'Exposition de Bruxelles en
1910. Il était officier de la Légion d'honneur.
Son premier tableau était un *Paysage des Flandres*, mais il
s'orienta vers une peinture allégorique, traitant des sujets tels
que *Une Fortune – Vanité – Le Secret – La Loi*. Enfin, il se tourna
vers une peinture ornementale.

ALF. AGACHE

BIBLIOGR. : Gérald Schurr : *Les Petits Maîtres de la peinture
1820-1920, valeur de demain*, t. VII, Les Éditions de l'Amateur,
Paris, 1989.
MUSÉES : AMIENS : *Le Vieux Conquérant* – LILLE : *La Diseuse de
bonne aventure 1885* – ROUEN : *Énigme* – VALENCIENNES : *Étude de
femmes*.
VENTES PUBLIQUES : PARIS, 1ᵉʳ juin 1950 : *Femmes en prière* :
FRF 6 200 – NEW YORK, 15 fév. 1968 : *Cow-boy* : **USD 3 700** –
ENGHIEN-LES-BAINS, 24 mai 1981 : *Le Destin 1895*, h/t (127x50) :
FRF 37 100 – NEW YORK, 23 mai 1996 : *La Diseuse de bonne aven-
ture 1895*, h/t (127x50,2) : **USD 57 500**.

AGAGGIO d'
Né en 1937 à Nice (Alpes-Maritimes). XXᵉ siècle. Français.
Peintre, sculpteur, céramiste. Abstrait.
Il vit et travaille à Antibes. Il expose régulièrement en France et
aux États-Unis. L'État lui a commandé plusieurs céramiques-
sculptures monumentales.
À partir de 1975, il atteint à une abstraction, qualifiée par René
Huygue de « thématique ». Il travaille notamment sur des
thèmes scientifiques.
VENTES PUBLIQUES : PARIS, 14 déc. 1990 : *Antumalal (au cœur du
paradis) 1988*, h/t (100x100) : **FRF 20 000**.

AGAM Yaacov, pseudonyme de Gibstein Jacob
Né le 11 mai 1928 à Rishon-le-Zion (Israël). XXᵉ siècle. Depuis
1951 actif aussi en France. Israélien.
**Peintre, peintre de décorations murales, sculpteur.
Cinétique.**
Il est le fils d'un rabin de village. Il fut élève de l'École d'art Béza-
lel de Jérusalem. Il fut arrêté par les Anglais en 1945 et empri-
sonné pendant deux ans. Il voyagea ensuite en Europe. En
Suisse, il fut élève, à l'École des Métiers d'Art de Zurich, de
Johannes Itten, le théoricien de la couleur et naguère créateur
du Cours Préparatoire du Bauhaus. Il arriva à Paris en 1951, et
s'inscrivit à l'Atelier d'Art Abstrait de Jean Dewasne et Edgard
Pillet. On constate qu'il sut trouver avec discernement la forme
d'art qu'il recherchait. Au cours d'un voyage en Amérique, il fit à
Chicago en 1961 une conférence sur la peinture en quatre
dimensions, proposition qu'on retrouvera en examinant
l'œuvre. Il participe à un grand nombre d'expositions collectives, parmi lesquelles : l'exposition *Mouvement* Paris 1955 ;
Biennale de São Paulo 1963, où il obtint le Prix de la Recherche
Artistique ; l'exposition historique de 1967 *Lumière et Mouve-*

ment au Musée d'Art Moderne de la Ville de Paris, etc. Il fit sa première exposition personnelle à Paris en 1953, de nombreuses autres suivirent : Paris 1956, Musée de Tel-Aviv 1956, Palais des Beaux-Arts de Bruxelles 1958, Londres 1959, Bâle et Zurich 1962, New York 1966, musée national d'Art moderne de Paris 1993, etc. Outre sa production de tableaux à destination individuelle, étant donnée la dimension décorative de sa pratique, il a heureusement rencontré des opportunités de réalisations murales, pour exemples : un plafond pour le *National Convention Center* de Jérusalem ; une *Paroi métamorphique* pour le paquebot israëlien *Shalom* en 1964 ; un environnement de 3 000 m² pour le Forum de Leverkusen en 1970 ; des décors pour la Faculté des Sciences de Montpellier en 1971 ; un salon pour le Palais de l'Élysée en 1974, commandé par le président Georges Pompidou, qui était particulièrement sensible à cet art cinétique alors nouveau, après lui déposé au Musée National d'Art Moderne ; des structures mobiles en tubes d'acier inoxydable au Parc Floral de Vincennes, au Lincoln Center de New York, au Palais de la Présidence de la République à Jérusalem, à l'aéroport John Fitzgerald Kennedy de New York ; une fontaine lumineuse et musicale sur le Parvis de la Défense à Paris, etc.

Il a été mentionné qu'en 1961 à Chicago, Agam prononça une conférence sur la peinture en quatre dimensions, cette quatrième dimension étant bien sûr le temps. Très tôt il fut sensibilisé à ce qu'il nomme « l'irréversibilité du temps », ce qui serait plutôt l'inévitabilité du temps. Il a fondé tout son œuvre à partir de la prise en compte de ce constat. Il restera comme un des principaux représentants de l'art cinétique, entendu au sens large car ses créations ne sont pas toutes, il s'en faut, douées de mouvement propre. Pourtant, dès 1952, il créait des tableaux transformables par l'action d'un élément pivotant. Il y eut aussi à ce moment des œuvres « tactiles » dont la mise en mouvement requérait une action effective du spectateur sur le tableau. Cette mise en œuvre d'éléments mobiles se raréfiera au bénéfice d'un mouvement visuel provoqué de l'extérieur par le déplacement du spectateur parallèlement aux œuvres qu'il appelle « polyphoniques » ou « métapolyphoniques ». Dans de nombreuses déclarations écrites, il s'est expliqué sur son œuvre, son fondement, ses prolongements. Ses raisons sont parfois discutables. De même que, lorsqu'il relate que, dans sa jeunesse, il s'intéressa à ce qu'il appelle les sciences occultes, il y mêle gaiement cabale, chiromancie et graphologie, lorsqu'il pose que la peinture classique se dévoile d'un seul coup et n'a donc qu'une existence artificiellement figée hors du temps, hors de la vie, il ignore le cheminement de l'œil parcourant un décor, un spectacle, un paysage. Dans sa grande affaire qui aura toujours été de donner à l'objet créé un prolongement dans le temps, il omet que l'on retrouve ce souci, plus ou moins clairement exprimé dans l'art des siècles, depuis les peintures pariétales, en passant par les fresques de Tavant, la *Légende de Sainte Ursule* de Carpaccio, *L'embarquement pour Cythère* de Watteau, jusqu'au futurisme et après. Malgré ces quelques réserves, l'œuvre d'Agam n'en a pas moins d'importance dans les investigations contemporaines sur l'ouverture de l'œuvre plastique à la quatrième dimension. La recherche des prolongements possibles de l'objet plastique dans le temps l'a amené à s'intéresser aux orgues de couleurs, aux incidences de la lumière sur l'apparence des formes, aux phénomènes stroboscopiques, à la polyphonie liée au mouvement, bref à la programmation de la mise en scène globale des spectacles cinétiques, dont la fontaine de la Défense est un exemple achevé.

L'art d'Agam est sans concessions dans ce qu'il veut être. Ses créations sont pures d'aucune autre signification qu'elles-mêmes, sous une autre forme on retrouvera ce souci chez les minimalistes américains. Dans aucun de ses ouvrages on ne trouvera de formes tendant à une signification, encore moins provenant d'une représentation plus ou moins avouée. On ne peut même pas dire qu'il provienne de l'abstraction géométrique. Ce n'est pas tant en termes d'esthétique, malgré leur richesse décorative quelque peu orientale, qu'on peut parler de ses œuvres, mais en termes de physique optique. Couleurs et formes s'imposent à lui en fonction du phénomène optique qu'il veut provoquer. Par delà l'usure des effets de mode sur la production artistique des époques, Agam laissera du moins les marques de sa trajectoire : ses œuvres, ces objets d'une finition parfaite, qui, faute d'avoir saisi le temps dans son infinité, en ont agrippé des bribes qu'ils nous restituent dans l'étonnement des illusions d'optique, où se révèle au moins la relativité de nos perceptions. ■ Jacques Busse

Bibliogr. : Michel Seuphor : *La sculpture de ce siècle*, Le Griffon, Neuchâtel, 1959 – in : *Dictionnaire des artistes contemporains*, Librairies associés, Paris, 1964 – Frank Popper, in : *Nouveau diction. de la sculpt. abstr.*, Hazan, Paris, 1970 – divers : *Agam*, C.N.A.C., Paris, 1972.

Musées : Paris (Mus. Nat. d'Art Mod.) : *Double métamorphose III (Contrepoint et enchaînement)* 1968-1969.

Ventes Publiques : Paris, 18 mars 1972 : *Sculpture à bulles de savon* : FRF 17 500 – New York, 26 oct. 1972 : *Tableau tactile, au-delà du visible et dans l'espace* : USD 6 500 – Paris, 12 juin 1974 : *Composition* : FRF 26 000 – New York, 27 fév. 1976 : *Arc-en-ciel de minuit*, h/bois (33x35,5) : USD 3 750 – New York, 5 mai 1976 : *Star of love*, sérig. (34,5x32) : USD 600 – New York, 12 mai 1977 : *L'échelle de Jacob* 1964, bois peint (136x33,5) : USD 7 500 – Londres, 28 juin 1978 : *Étoile d'Amour* 1974, h./alu. (95,5x95,5) : GBP 4 200 – New York, 19 oct. 1979 : *Thora mantel design* 1972, h/pan. (73x73x7) : USD 8 750 – Paris, 7 déc. 1980 : *Puissance neuf, objet sculpture en or, tirée à dix exemplaires, poids 430 g* (11,5x11,5) : FRF 50 000 – New York, 12 mai 1981 : *In all directions* 1969, cuivre doré (106,5x70x57) : USD 11 000 – New York, 5 mai 1982 : *Tableau tactile au-delà du visible et dans l'espace* 1963, baguettes de métal peint./pan. (60x75) : USD 2 600 – Paris, 24 avr. 1983 : *Composition transformable* 1956, pièces de bois peintes et amovibles sur fond de bleue (23,5x88) : FRF 50 000 – New York, 31 oct. 1984 : *Au-delà* 1971, h./alu. (152,4x222x35) : USD 45 000 – New York, 6 mai 1986 : *Expending space* 1971, h. et collage pap./alu. (65,5x63,5x3,3) : USD 10 000 – Paris, 20 mars 1988 : *Composition cinétique* vers 1970, agamographie (28x38) : FRF 10 500 – Paris, 20 juin 1988 : *Kochay (star)* 1968-70, acryl./pan. cinétique (diam. : 32) : FRF 39 000 – Londres, 20 oct. 1988 : *Sans titre*, gche/pap. (27x32) : GBP 660 – Paris, 16 avr. 1989 : *Tableau relief* (63x90) : FRF 60 000 – New York, 3 mai 1989 : *Sans titre* 1971, sculpt. laiton plaqué or (H. 52) : USD 19 800 – Tel-Aviv, 30 mai 1989 : *Étude pour « Pace of Time »*, h/métal (51x44) : USD 30 800 – Calais, 10 déc. 1989 : *Composition* 1970 (97x61) : FRF 23 000 – Tel-Aviv, 3 jan. 1990 : *« Un peuple-un cœur »*, collage (48,5x48,5) : USD 7 150 – Neuilly, 7 fév. 1990 : *Composition* 1952, h/pan. (48x40) : FRF 91 000 – Paris, 18 fév. 1990 : *Tableau relief*, sérig. sur relief en plastique (65x90) : FRF 50 000 – Paris, 10 juin 1990 : *Composition cinétique*, sérig. (65x90) : FRF 42 000 – New York, 14 nov. 1990 : *Apparences*, laque acryl./alu. (116,8x157,5) : USD 57 750 – Paris, 14 avr. 1991 : *Deux fois trois égale quatre*, sérig. sur plastique, tableau relief (63x90) : FRF 40 000 – New York, 3 oct. 1991 : *Espace ouvert*, sculpt. d'acier inox. en quatre parties (H. 274,3) : USD 27 500 – New York, 17 nov. 1992 : *Maquette des « Quatre premiers jours de la Création »* 1961, acryl./t. (38x45,7) : USD 3 850 – Tel-Aviv, 14 avr. 1993 : *Maquette pour le monument de la Maison présidentielle de Jérusalem* 1974, alu. (H. 30,2) : USD 8 050 – Paris, 11 juin 1993 : *Maquette « Ferrari 512 S »*, bois peint (31,5x13,5) : FRF 22 000 – Paris, 14 oct. 1993 : *Ambiance* 1958, pan. de bois peint, perforé et éléments métalliques polychromes (99x121) : FRF 44 000 – New York, 11 nov. 1993 : *Puissance*, collier d'or en neuf éléments (25,4x14x2,5) : USD 4 140 – New York, 25-26 fév. 1994 : *La puissance 9* 1971, sculpt. en neuf unités d'acier inox. (L. variable 181,6) : USD 17 250 – Lokeren, 12 mars 1994 : *Mouvement et transformation* 1977, sculpt. de cuivre (H. 20, l.20,8) : BEF 60 000 – Paris, 21 mars 1994 : *Relief spatial*, assemblage variable d'éléments métalliques peints sur un pan. peint et perforé (44x39x28) : FRF 52 000 – Tel-Aviv, 4 avr. 1994 : *Quatre thèmes en contrepoint* 1959, h. sur construction de bois (84x114) : USD 50 600 – New York, 26 mai 1994 : *Mémoires-contrepoints 4 thèmes* 1965, h./relief de bois et métal (88,5x114) : GBP 12 650 – New York, 24 fév. 1995 : *Shalom menoreh*, métal plaqué or (H. 22,2) : USD 4 312 – Tel-Aviv, 11 oct. 1995 : *Tableau tactile : la Vérité* 1972, h., métal, relief/pan. (108x143) : USD 20 700 – Zurich, 17-18 juin 1996 : *Continuation interrompue* 1954, éléments métalliques peints sur pan. percé et peint. (40,4x33) : CHF 8 000 – Tel-Aviv, 10 nov. 1997 : *Relief transformable spatial* 1958, fer coul./bois peint et percé (45x39x26) : USD 25 300 – Londres, 23 oct. 1997 : *Triangle Volande* 1973, chrome (116,2x99x99) : GBP 10 350.

AGAMEDES. Voir **POLYMEDES**

AGAMEMNON Jean
Né le 19 décembre 1921 à Mantes-la-Jolie (Yvelines). XXᵉ siècle. Français.
Peintre de collages. Surréaliste puis abstrait.
Il se manifesta d'abord par la poésie, encouragé par Paul Eluard,

Tristan Tzara, Robert Desnos. Il collaborait à différentes revues poétiques. Il délaissa progressivement la poésie et, à partir de 1945, reconvertit son activité créatrice dans le collage, étant bien entendu que le collage est la technique plastique la mieux apparentée à l'écriture, puisque utilisant le plus souvent des éléments signifiants. Il découpait ces éléments dans des catalogues, des revues, des planches anatomiques. Dans un premier temps, il recherchait une production de sens dans une perspective surréaliste de création aléatoire, puis, évoluant à des exigences plus plasticiennes, il se retrouva dans la suite des collages cubistes ou abstraits.

VENTES PUBLIQUES : DOUAI, 11 nov. 1990 : *Rencontre ou la pipe*, collage (25,5x20) : FRF 4 000.

AGAMEMNONE di Francesco

XVe siècle. Pérugien, actif au XVe siècle. Italien.
Peintre.
Mentionné pour avoir fait partie de la corporation des peintres de Pérouse.

AGAMIRZAÏEV Djavid

Né en 1936 à Daghestan (Caucase). XXe siècle. Russe.
Peintre de compositions.
Il vit et travaille à Moscou. En 1985, il est devenu Membre de l'Union des Artistes. Il participe à de nombreuses expositions nationales.
Il élabore ces compositions, touches à touches, pour faire jaillir le motif des fonds riches en matière.
VENTES PUBLIQUES : PARIS, 17 nov. 1990 : *La fête à Lénine 1973*, h/t (89x117) : FRF 3 000.

AGAPI Ivan Karlovich

Né en 1838. XIXe siècle. Russe.
Peintre de paysages.
Il étudia à l'Académie Impériale entre 1853 et 1860 où il exposa pendant sa dernière année.
VENTES PUBLIQUES : LONDRES, 17 juil. 1996 : *Vue de la Neva depuis l'île Petrovsky à Saint-Pétersbourg 1860*, h/t (69x100) : GBP 9 200.

AGAPIC ou Gapic

Né vers 1540 dans l'île de Cherso. XVIe siècle. Italien.
Peintre.
Il vivait à Rome vers 1562-1576. On a de lui un grand *Saint Jérôme*, daté de 1563, peint pour le collège illyrique.

AGAPITO. Voir AGABITO

AGAR Charles d'

Né en 1669 à Paris. Mort en mai 1723. XVIIe-XVIIIe siècles. Français.
Peintre de portraits.
Il était fils de Jacques d'Agar ; il passa sa jeunesse en Angleterre, et ce furent des graveurs anglais : J. Simon, John Smith, et George White, qui reproduisirent les nombreux portraits peints par lui, notamment : *Le comte de Strafford* ; *Anne, comtesse de Sunderland*, Simon sc. ; *François Cornaro* ; *Bessey, comtesse de Rochefort* ; *Olivier Sanson* ; *Anne Watson*, Smith, sc.
VENTES PUBLIQUES : LONDRES, 2 mars 1983 : *Portrait of James Walwyn and his wife Anna, née Taylor*, deux h/t (126x100,5) : GBP 2 400 – LONDRES, 10 juil. 1985 : *Portrait d'un jeune garçon*, h/t (125x101) : GBP 9 000 – LONDRES, 14 mars 1990 : *Portrait de Lady Henrietta Churchill, Duchesse de Marlborough avec son fils William*, h/t (124x93) : GBP 15 400 – NEW YORK, 12 jan. 1994 : *Portrait de Lucy, Duchesse de Rutland, vêtue d'une robe argentée garnie de ruban bleu et tenant un brin de fleurs assise de trois-quarts dans un paysage*, h/t (127,6x101,9) : USD 6 900 – LONDRES, 12 juil. 1995 : *Portrait d'une lady, de trois quarts, vêtue d'une robe de satin blanc et tenant une corbeille de fleurs*, h/t (130x135) : GBP 3 910 – LONDRES, 13 nov. 1996 : *Portrait d'Elizabeth, duchesse du Dorset*, h/t (122x96,5) : GBP 3 220.

AGAR Eileen

Née le 1er décembre 1904 à Buenos Aires (Argentine). Morte en 1991 ou 1992 à Londres. XXe siècle. Britannique.
Peintre, peintre de collages, technique mixte. Surréaliste.
Elle fut élève de Léon Underwood à Londres, puis fit un séjour à Paris de 1928 à 1930. Elle fut membre du London Group en 1933. Elle a participé à l'exposition internationale surréaliste, qui eut

lieu à Londres en 1936. Des expositions personnelles à partir de 1942, à Londres, New York, Amsterdam.

MUSÉES : LONDRES (Tate Gal.) : *Tête de Dylan Thomas*.
VENTES PUBLIQUES : LONDRES, 4 fév. 1981 : *A jug of verse 1968*, h/cart. (60x49) : GBP 280 – LONDRES, 9 nov. 1984 : *« From the broken branch came forth words and blood », Dante Inferno, Canto XIII*, h/cart. (65x49,5) : GBP 2 800 – LONDRES, 15 mars 1985 : *Churchyard flowers (Wordsworth) 1943*, gche et collage (35x25,3) : GBP 1 200 – PARIS, 10 mai 1985 : *La muse moderne 1934*, h/t (101x81) : FRF 25 000 – LONDRES, 12 mai 1989 : *Nature morte avec un pichet et des jonquilles*, h/t (58,8x43,7) : GBP 1 870 – LONDRES, 9 juin 1989 : *Edith Sitwell la sorcière 1960*, h/t (55,9x38,2) : GBP 3 080 – LONDRES, 10 nov. 1989 : *La maison des muses*, gche et techn. mixte (49,4x74,3) : GBP 3 520 – LONDRES, 29 nov. 1989 : *L'ange de la miséricorde 1934*, collage et aquar. sur plâtre (H. 44) : GBP 14 300 – LONDRES, 9 mars 1990 : *Lewis Caroll avec Alice*, h/t (59x90,3) : GBP 8 800 – LONDRES, 20 sep. 1990 : *Fruits et pichet 1967*, h/t (39x59) : GBP 2 420 – LONDRES, 8 mars 1991 : *Une carafe de poésie 1949*, h/t (76x63,5) : GBP 5 500 – LONDRES, 27 sep. 1991 : *Groupe de nus féminins*, cr. et aquar. (44,5x48) : GBP 550 – LONDRES, 18 déc. 1991 : *Composition abstraite*, h/t (59,5x49) : GBP 1 870 – LONDRES, 6 mars 1992 : *Vase transformé 1944*, h/t (61x35,5) : GBP 5 280 – LONDRES, 21 juin 1993 : *L'ange du pardon 1934*, plâtre avec collages et aquar. (H. 44) : GBP 18 400 – LONDRES, 22 mai 1996 : *Masque de guerre 1976*, h/t (50,8x76,2) : GBP 2 645 – LONDRES, 23 oct. 1996 : *Fleur de lune 1966*, h/t (60,4x76,3) : GBP 2 875.

AGAR Gaston

Né à Douai (Nord). XXe siècle. Français.
Peintre de paysages.
Il expose en 1939, au Salon des Indépendants à Paris, deux paysages de Montmartre, et de nouveau en 1943.

AGAR Jacques d'

Né en 1640 à Paris. Mort en 1715 à Copenhague. XVIIe-XVIIIe siècles. Français.
Peintre d'histoire, portraits.
Il fut élève de Simon Vouet et débuta comme peintre d'histoire. Soit que les commandes de ce genre fussent rares ou que le jeune artiste préférât le portrait, il ne tarda pas à abandonner la grande peinture pour ce dernier genre. Son succès y fut très grand. En 1675, il était admis à l'Académie et, peu après, le brevet de peintre du roi lui était accordé. La plus brillante carrière semblait s'ouvrir devant ce peintre : la Révocation de l'Édit de Nantes vint tout remettre en question. Agar étant protestant, fut exclu de l'Académie, son emploi à la cour lui fut retiré, et il dut quitter la France sans esprit de retour. Il trouva un asile et un accueil chaleureux à la cour de Danemark, où le roi Christian V l'avait invité. Agar fit dans la suite un voyage en Angleterre et fut non moins bien reçu par la reine Anne. Les portraits qu'il exécuta des personnages les plus éminents eurent un grand succès. Le portrait de l'artiste, exécuté par lui-même sur l'ordre du roi de Danemark, est à la galerie de Florence. Hubert Schaten a gravé d'après lui le *Portrait de Christian V, roi de Danemark*.
■ E. B.
MUSÉES : FLORENCE : *Autoportrait*.
VENTES PUBLIQUES : PARIS, 27 avr. 1950 : *Scène de bataille* : FRF 61 000 – COPENHAGUE, 2 mai 1984 : *Portrait de Frederik IV ; Portrait de la reine Louise*, deux h/t (78x88 et 77x66) : DKK 60 000.

AGAR John Samuel

XIXe siècle. Actif au début du XIXe siècle et vivait encore en 1835. Britannique.
Peintre de portraits, graveur.
Il peignait le portrait et prit part aux expositions de la Royal Academy de Londres de 1796 à 1806. Il fut président de la société des graveurs anglais.

AGARD Charles Jean

Né le 3 janvier 1866 à Savignac-de-Nontron (Dordogne).

Mort en 1950 à Nesles-la-Vallée (Val d'Oise). XIXe-XXe siècles. Français.

Peintre de portraits, paysages, natures mortes, fleurs. Postimpressionniste.

Boursier de son département natal, il étudia à l'École des Beaux Arts de Paris, sous la direction de Bonnat. Engagé politiquement, il prit une position anti-colonialiste, collaborant aux *Temps Nouveaux* avec Pissarro, Luce et Sisley.

Sous les conseils de Puvis de Chavannes, il commença d'exposer. On le vit, dès 1893, au Salon des Indépendants, dont il fit partie du comité ; jusqu'en 1942, il exposa au Salon de la Société Nationale des Beaux-Arts, dont il était associé depuis 1914. Il participa également au Salon d'Automne.

La qualité lumineuse de ses toiles, s'apparente parfois à celle des paysages de Pissarro, notamment dans ses gammes de verts tendres et rouges légers. On cite de lui : *Soleil d'automne – Le petit village de Bennecourt – Les frais ombrages* 1910.

Bibliogr. : Gérald Schurr : *Les Petits Maîtres de la peinture 1820-1920, valeur de demain,* t. II, Les Éditions de l'Amateur, Paris 1982.

Ventes Publiques : New York, 10 jan. 1981 : *Paysage fluvial au crépuscule,* h/t (39,5x56) : **USD 600** – Berne, 21 oct. 1983 : *Maternité,* h/t (65x81) : **CHF 1 500** – Londres, 4 déc. 1984 : *Ile dans la rivière,* h/t (38x51) : **GBP 1 000** – Paris, 21 oct. 1985 : *L'après-midi au jardin,* h/t (61x80) : **FRF 20 000** – New York, 27 fév. 1986 : *La promenade dans le jardin,* h/t (60x81) : **USD 7 500** – New York, 21 fév. 1990 : *Mère et fille dans le jardin,* h/t (40,7x32,4) : **USD 4 400.**

AGARD J.

XIXe-XXe siècles. Français.

Sculpteur.

A exposé des portraits au Salon des Artistes Français de Paris, de 1911 à 1914.

AGARONIAN Gregoir

Né au XXe siècle à Tiflis (Caucase). XXe siècle. Russe.

Sculpteur.

Il exposa à Paris un bronze au Salon d'Automne de 1928, et son propre buste, au Salon des Artistes Français en 1929.

AGAS. Voir AGGAS

AGASIAS, fils de Ménophilos

Originaire d'Éphèse. Ier siècle avant J.-C. Antiquité grecque.

Sculpteur.

Sculpteur de la première moitié du Ier siècle av. J.-C. D'après certaines inscriptions de Délos, il aurait exécuté pour l'Agora de cette ville plusieurs statues-portraits. En outre, deux bases signées de lui ont été trouvées dans le sanctuaire de Poséidon, sur l'île de Ténos : elles supportaient, selon les inscriptions, un groupe de bronze représentant le *Combat d'Eros et d'Antéros* en présence de Niké, dont plusieurs des peintures companiennes.

Œuvre conservée : le *Galate blessé* de Délos (musée d'Athènes), dont le sujet est vraisemblablement repris d'Epigonos.

Musées : Athènes : *Galate blessé de Délos.*

AGASIAS, fils de Dositheos

Originaire d'Éphèse. Ier siècle avant J.-C. Antiquité grecque.

Sculpteur.

Son nom se lit notamment, au Louvre, sur la statue du *Gladiateur Borghèse* (copie d'un original en bronze remontant à l'école de Lysippe ou dérivé d'un original pergaménien). La forme des lettres reporte l'inscription au Ier siècle avant Jésus-Christ.

AGASSE Jacques Laurent

Né le 24 mars 1767 à Genève. Mort le 27 décembre 1849 à Londres. XIXe siècle. Depuis 1800 actif en Angleterre. Suisse.

Peintre d'histoire, genre, portraits, animaux et graveur.

Issu d'une riche famille d'origine écossaise, Agasse eut toutes les facilités pour développer ses goûts artistiques dans les meilleures conditions possibles. Il fut encouragé par les peintres Massot et Toppfer et alla à Paris, où il entra dans l'atelier de David le 5 septembre 1787, puis travailla sous la direction d'Horace Vernet. Il resta à Paris jusque vers 1798, tandis que des revers de fortune le décidèrent à accepter les offres d'un riche Anglais, qui l'emmena à Londres à la fin d'octobre 1800. Il y vécut d'une existence modeste, n'étant présenté au Régent qu'une vingtaine d'années après son installation dans la capitale anglaise.

Il donna quelques peintures d'histoire, où toutefois, les animaux ont leur place : *Adonis tué par un sanglier – Alexandre domptant Bucéphale – Romulus et Rémus allaités par une louve – Androclès et son lion.* Certaines de ses peintures de genre montrent également leur relation avec le monde animal : *Le départ pour la chasse – Un intérieur d'écurie – Cour de maquignon.* Mais avant tout, Agasse fut un peintre animalier, d'une grande sensibilité, connaissant bien les animaux en compagnie desquels il passait de longues journées, et dont il savait rendre l'expression avec beaucoup de véracité. Il fut également, à la manière des animaliers anglais, peintre des animaux élégants, notamment des chevaux de race. Un grand nombre des ouvrages d'Agasse ont été reproduits par la gravure et la lithographie, notamment un important *Recueil d'animaux* dû à la pointe sèche de Schenck. Mentionnons encore deux planches originales : *Moutons,* pour un ouvrage de Ch. Pictet sur les moutons mérinos.   ■ E. B.

Bibliogr. : Gérald Schurr : *Les Petits Maîtres de la peinture 1820-1920, valeur de demain,* t. VII, Les Éditions de l'Amateur, Paris, 1989.

Musées : Bucarest (Mus. Simu) : *Tête de cheval – Tête de brebis – Cheval en liberté* – Genève (Rath) : *Étude de cheval bai brun – Le lieu de récréation – Chien de chasse couché – Étude de cheval blanc – La forge de Lausanne – Halte devant une ferme – Marché aux chevaux* – Genève (Ariana) : *Chien de chasse brun en arrêt – Chien de chasse couché – Renard en fuite – Portrait d'une négresse assise sur un rocher – Âne blanc et âne brun – Chien terrier couché dans un bois – Cheval et chien – Cheval blanc et son cavalier en manteau rouge.*

Ventes Publiques : Londres, 1910 : *Rivière :* **USD 199** 10 – Londres, 18 nov. 1960 : *« Dash » (chien se tenant sur trois pattes) :* **GBP 787** 10 – Berne, 5 déc. 1964 : *Chasseur et son chien dans un paysage,* aquar. : **CHF 1 800** – Genève, 24 avr. 1970 : *Lord Rivers et ses deux lévriers :* **CHF 28 000** – Londres, 22 juin 1979 : *George Irving à cheval,* h/t (86,3x110,4) : **GBP 1 600** – Londres, 9 déc. 1981 : *The Wellesley Arabian,* h/t (85x110) : **GBP 78 000** – Londres, 18 nov. 1983 : *Daniel Beale at his farm at Edmonton,* h/t (63,5x76,2) : **GBP 12 000** – Londres, 14 mars 1984 : *Vue de la Tamise à Southwark vers Blackfriars Bridge et la cathédrale Saint Paul's,* h/t (35x52) : **GBP 10 500** – New York, 7 juin 1985 : *Chiens de chasse dans un paysage vers 1813,* h/t (86,3x106) : **USD 8 500** – Londres, 19 nov. 1986 : *Cheval arabe gris dans un paysage alpestre,* h/t (74,5x62) : **GBP 136 000** – Londres, 15 avr. 1988 : *La poissonnerie John Young et fils,* h/t (64,1x77,5) : **GBP 9 350** – Londres, 15 juil. 1988 : *Deux léopards jouant au Exeter Change Menagerie 1808,* h/t (152,4x123,2) : **GBP 3 850 000** – Londres, 20 avr. 1990 : *Laboureur se reposant assis sur sa charrue près de son cheval et d'autres animaux,* h/t (27,7x37,5) : **GBP 14 300** – Londres, 12 juil. 1990 : *Chez le marchand de chevaux,* h/t (102x126) : **GBP 132 000** – Londres, 6 avr. 1993 : *Jument grise devant son écurie dans un paysage,* h/t (61x74) : **GBP 31 050** – Londres, 7 avr. 1993 : *Miss Cazenove, montant en amazone un hunter gris pommelé avec un chien les accompagnant,* h/t (77,6x67,4) : **GBP 78 500** – Londres, 9 juil. 1993 : *Portrait de Edward Cross en habit gilet à carreaux rouges et chapeau haut de forme noir et tenant un lionceau ; Portrait de Mrs Edward Cross en robe de satin noir, et châle de paisley coiffée d'un bonnet de dentelle,* h/t, une paire (91,8x71 et 89,5x70,7) : **GBP 199 500** – Londres, 13 avr. 1994 : *Ondine 1843,* h/t (85x55) : **GBP 67 500** – New York, 12 oct. 1994 : *Le groom de Lord Rivers menant un cheval alezan vers une course dans le Hampshire 1808,* h/t (68,6x61,6) : **USD 189 500** – New York, 9 juin 1995 : *Lord Rivers sur le champ de courses de Newmarket,* h/t (125,1x94) : **USD 365 500** – Zurich, 12 juin 1995 : *Oiseau,* aquar./ pap. (7,5x13) : **CHF 2 300** – Londres, 12 juil. 1995 : *George Irving avec son hunter noir devant un vieux chêne, la meute se dirigeant vers le couvert au fond,* h/t (88,5x112,5) : **GBP 155 500** – New York, 12 avr. 1996 : *Georgina et George Booth,* h/t (76,2x63,5) : **USD 167 500** – Zurich, 14 avr. 1997 : *Cavalier au bord du lac de Genève,* h/t (38,5x55) : **CHF 36 800.**

AGASSE-LAFONT Léon

Né à Albi (Tarn). XXe siècle. Travaillait à Paris vers 1907. Français.

Peintre de genre.

A exposé au Salon d'Automne, en 1907 : *Étude* (dessin) et, la même année, il envoya six toiles à l'Exposition des Indépendants à Paris.

AGASSIS Édouard Louis
Né le 15 février 1867 à Paris. xixᵉ-xxᵉ siècles. Français.
Aquarelliste, graveur.
Élève de M. L. Dautrey. Il a gravé de nombreuses eaux-fortes d'après Dupré, Turner, Corot, E. Burnand. Il exposa au Salon des Artistes Français, et obtint une mention honorable en 1907. Ses aquarelles ont figuré au Salon des Indépendants de 1926 à 1935.

AGASSIS Joseph Marius
Né le 30 janvier 1811 à Lyon (Rhône). Mort le 9 juin 1889 à Lyon. xixᵉ siècle. Français.
Dessinateur de portraits et paysages.
Il apprit le dessin sous la direction d'Anthelme Trimolet, mais travailla dans une étude de notaire. Il fut aussi connu pour sa collection de dessins et d'estampes.
Ses dessins furent exposés tout d'abord à Lyon, à partir de 1873, puis à Paris, à partir de 1874.
En compagnie d'Adolphe Appian, il parcourait la campagne lyonnaise et du Jura, exécutant de nombreux dessins au fusain, auxquels on peut surtout reprocher le manque de relief et de vigueur. Il fit de nombreux portraits, notamment d'artistes lyonnais, exécutés au crayon, au fusain rehaussé de sanguine, d'aquarelle ou de craie blanche.

AGASSIS Louise, Mlle. Voir **COLLOMB-AGASSIS,** Mme

AGATE Alfred T.
Né en 1812 à Sparta. Mort en 1846 à Washington. xixᵉ siècle. Américain.
Peintre de portraits.
Ses portraits miniatures lui valurent un certain renom. Il était membre de l'Académie de New York.

AGATE Frédéric S.
Né en 1803 à Sparta (États-Unis). Mort vers 1844. xixᵉ siècle. Américain.
Peintre d'histoire, sujets religieux.
Frère aîné d'Alfred Agate. Il fut un des premiers membres de l'Académie des Arts de New York. Ses tableaux : *Assomption, Pietà, Christophe Colomb et l'œuf,* lui valurent une grande réputation.

AGATHANOR
vᵉ siècle avant J.-C. Travailla à Athènes dans la seconde moitié du vᵉ siècle av. J.-C. Antiquité grecque.
Sculpteur.
Ce métèque domicilié à Alopéké (près d'Athènes) figure parmi les bénéficiaires des paiements pour les frises de l'Erechthéion en 408-407.

AGATHARCHOS
ivᵉ siècle avant J.-C. Antiquité grecque.
Sculpteur.
Connu par une signature de Thasos (consécration à Pan et Aphrodite).

AGATHARCHOS, fils de Dionysios
Originaire de Béotie. iiᵉ siècle avant J.-C. Antiquité grecque.
Sculpteur.
Son nom se lit sur une inscription appartenant au milieu du iiᵉ siècle avant Jésus-Christ, trouvée dans l'Amphiareion d'Oropos.

AGATHARCHOS, fils de Peionios
Antiquité grecque.
Bronzier.
Samien, il est connu par deux signatures d'Éphèse, apposées seulement au moment de la restauration des statues, sous Tibère.

AGATHARCHOS
xᵉ siècle. Éc. byzantine.
Peintre.
On croit qu'il vivait à la Cour de Constantin Porphyrogenetos.

AGATHARCHOS de Samos, fils d'Eudémos
vᵉ siècle avant J.-C. Antiquité grecque.
Peintre.
Samien qui travaillait à Athènes au temps de Périclès, dans la seconde moitié du vᵉ siècle avant Jésus-Christ.
On dit qu'il peignit un décor pour les *Sept contre Thèbes* d'Eschyle. Précurseur de Zeuxis et de Parrhasios, il s'attachait aux effets de perspective, et visait à donner la ressemblance parfaite.

AGATHINOS, fils de Ménippos
ivᵉ siècle avant J.-C. Antiquité grecque.
Dit à tort sculpteur.
Connu par la signature inscrite sur l'élément d'appui en forme de tronc d'arbre, d'une statue de marbre (non conservée) de Privernum.

AGATHOKLES I
Originaire de Soloi. iiᵉ siècle avant J.-C. Antiquité grecque.
Sculpteur.
Ionien, il travailla durant la première moitié du iiᵉ siècle av. J.-C. Une signature de lui a été retrouvée à Rhodos.

AGATHOKLES II, d'Antioche
iiᵉ-iᵉʳ siècles avant J.-C. Actif à la fin du iiᵉ siècle et au début du iᵉʳ siècle av. J.-C. Antiquité grecque.
Sculpteur.
Il nous est connu par deux inscriptions de l'Acropole de Lindos, datées l'une de l'année 104, l'autre (statue de Timachidas fils d'Hagésitimos) de la première guerre mithridatique (88-84).

AGATHON
vᵉ siècle avant J.-C. Antiquité grecque.
Peintre de vases.
La *pyxide* signée d'Agathon représente une scène d'offrande que le nom des personnages situe dans l'Olympe. Le dessin est encore « sévère », mais plus libre cependant que sur la pyxide de Mégaklès. Son œuvre se date, par le style, aux alentours de 450 av. J.-C.

AGATHON, fils d'(Aga)thoklès
iiiᵉ siècle avant J.-C. Antiquité grecque.
Sculpteur.
À Cyrène, entre les temples d'Apollon et d'Isis, il a signé une consécration du prêtre Aristis à Horos (vers 250 avant J.-C.).

AGATHON
iiiᵉ siècle avant J.-C. Antiquité grecque.
Bronzier.
Éphésien de la première moitié du iiiᵉ siècle av. J.-C., il collabora avec Ariston de Chios pour une offrande de Timothéos fils d'Euphanès, dont l'inscription a été retrouvée sur l'Acropole de Lindos (date : 270 av. J.-C. environ).

AGATHON Léonard
Né en 1841. Mort en 1923. xixᵉ-xxᵉ siècles. Français.
Sculpteur de sujets mythologiques, portraits, bustes.
Ventes Publiques : Lyon, 9 oct. 1980 : *Salomé*, bronze doré, ivoire et pierres de coul. (H. 37) : FRF 29 000 – Paris, 17 déc. 1996 : *Femme au foulard en buste*, bronze argenté et ivoire (H.9,5) : FRF 8 500.

AGATIA di Benedetto
xvᵉ siècle. Vivait à Bologne vers 1495. Italien.
Peintre.
Son père et son frère sont aussi cités comme peintres.

AGAZARIAN Marie Louise Jacqueline
Née à Paris. xxᵉ siècle. Française.
Peintre de genre, de natures mortes.
Elle fut élève du peintre anglais Franck Spenlove-Spenlove. Exposant à Paris au Salon des Artistes Français, elle en devint sociétaire. Des œuvres qu'elle y montra, on cite des natures mortes, telles : *Le plat blanc* de 1935, des scènes de genre, telles : *Le dernier groupe – La cuisinière* en 1936.

AGAZZANI G.
xviiiᵉ siècle. Travaillait à Modène. Italien.
Peintre et graveur.
Il est l'auteur d'une gravure faite d'après le tableau de saint Roch, de la cathédrale de Mirandole. Peut-être est-il le même que Giulo Agazzini.

AGAZZI Carlo Paolo
Né en 1870 à Milan. Mort en 1922. xixᵉ-xxᵉ siècles. Italien.
Peintre de paysages, natures mortes.
Il fut remarqué pour une nature morte figurant en 1889 à l'exposition de la Brera à Milan où il travaillait. Il a exposé également à Munich, notamment un paysage *La neige à Milan* en 1909.
Ventes Publiques : Milan, 10 nov. 1982 : *Paysage boisé*, h/t (60x80) : ITL 500 000 – Milan, 27 mars 1984 : *Paysage d'automne*, aquar. (85,5x86) : ITL 1 900 000 – Bologne, 8-9 juin 1992 : *Enfants au bord d'un lac*, aquar. (33,5x62) : ITL 2 300 000 – Milan, 19 déc. 1995 : *Paysage alpestre avec un petit lac et des vaches*, h/cart. (55,5x85) : ITL 3 335 000.

AGAZZI Ermenegildo

Né en 1866 à Mapello (Bergame). Mort en 1945 à Bergame. xixᵉ-xxᵉ siècles. Italien.

Peintre de compositions à personnages, figures, portraits, paysages animés, paysages. Réaliste.

Il fut élève de l'Académie Carrara de Bergame. Il a participé à des expositions collectives en Italie, à Dresde, à l'Exposition Décennale de Paris en 1900 avec un portrait, à Munich 1909, Bruxelles 1910, etc. Il faisait partie du groupe des *Derniers véristes* « de la fin du xixᵉ à aujourd'hui » ainsi que se situait la critique italienne de l'époque. Sa production fut importante, tant dans les compositions réalistes à personnages : *La famille du pêcheur*, que dans les paysages animés : *La maison rustique* ou les figures : *La bergère*.

Musées : Milan (Gal. d'Art Mod.) : *Paysage*.

Ventes Publiques : Milan, 8 nov. 1967 : *Paysage alpestre* : ITL 440 000 – Milan, 20 nov. 1973 : *Portrait de femme* 1929, h/t : ITL 1 500 000 – Milan, 28 oct. 1976 : *Portrait de femme* 1915, h/t (78,5x55) : ITL 2 000 000 – Milan, 14 déc. 1978 : *Marine* 1932, h/t (66x76) : ITL 6 500 000 – Milan, 5 avr. 1979 : *Chalets de montagne* 1929, h/t (45,5x60,5) : ITL 3 800 000 – Milan, 6 nov. 1980 : *Paysage* 1888, h/t (53x99) : ITL 8 500 000 – Milan, 12 déc. 1983 : *Jour de marché sur la place Saint-Marc à Venise*, h/t (42x64) : ITL 7 500 000 – Milan, 13 déc. 1984 : *Bergère et moutons*, h/t (129x104,5) : ITL 10 500 000 – Milan, 17 mai 1984 : *Portrait de jeune fille*, h/isor. (76x58) : ITL 4 300 000 – Milan, 2 avr. 1985 : *Paysage fluvial*, h/t (55x68) : ITL 5 000 000 – Milan, 28 oct. 1986 : *Vue d'un village*, h/isor. (35x51) : ITL 2 600 000 – Milan, 31 mars 1987 : *Lac de Côme* 1921, h/pan. (36x50) : ITL 4 000 000 – Milan, 23 mars 1988 : *Valcava* 1918, h/cart. mar./t. (41x71) : ITL 6 500 000 – Milan, 7 nov. 1991 : *Marine* 1920, h/pan. (29x36,5) : ITL 3 400 000 – Milan, 19 mars 1992 : *Gondoles à Venise*, h/cart. (20x14,5) : ITL 6 400 000 – Milan, 3 déc. 1992 : *Ferme de montagne* 1929, h/t (49x59) : ITL 7 345 000 – Milan, 22 nov. 1993 : *Le val Brambana* 1926, h/t (70x100) : ITL 22 391 000 – Milan, 29 mars 1995 : *Paysage fluvial*, h/t (70x90,5) : ITL 8 050 000.

AGAZZI Rinaldo

Né en 1857 à Mapello. Mort en 1939 à Bergame. xixᵉ-xxᵉ siècles. Italien.

Peintre de portraits, paysages.

Il a souvent été confondu avec AGAZZI Ermenegildo.

Ventes Publiques : Milan, 19 mars 1981 : *Tête de jeune fille*, past. (78x55,5) : ITL 2 600 000 – Milan, 10 juin 1981 : *Portrait de jeune fille*, h/t (67x58) : ITL 4 400 000 – Rome, 1ᵉʳ juin 1983 : *Jeune fille aux pommes*, techn. mixte (58x45) : ITL 1 800 000 – Milan, 17 mai 1984 : *Portrait de jeune fille*, h/isor. (76x58) : ITL 4 300 000 – Berne, 8 mai 1987 : *La petite marchande de fleurs* 1929, h/t (94x59) : CHF 4 800 – Milan, 11 avr. 1989 : *Portrait*, h/t (90,5x68,5) : ITL 8 500 000 – Milan, 16 juin 1992 : *La femme de l'artiste* 1935, h/pan. (33x18) : ITL 1 500 000 – Milan, 21 déc. 1993 : *Deux jeunes filles* 1920, h/t (126x71) : ITL 13 225 000 – Milan, 14 juin 1995 : *Femme près d'une fontaine* 1924, h/t (59,5x54,5) : ITL 2 990 000 – Milan, 26 mars 1996 : *Jeune fille*, h/cart. (71,5x49) : ITL 9 775 000.

AGAZZINI Alessandro di Giov. Pietro ou **Agazzino**

xviiᵉ siècle. Actif à Milan au début du xviiᵉ siècle. Italien.

Peintre.

Il vivait à Rome, où il travailla avec le peintre espagnol Juan Cocquoid et Giov. Maria Girardo, en 1609. On le cite pour la dernière fois en 1649.

AGAZZINI Giulio

xviiiᵉ siècle. Italien.

Peintre.

Il est, d'après Gualandi, qui le vit en 1840, l'auteur d'une *Sainte famille*, conservée à Bologne dans une collection particulière.

AGELADAS ou **Hagelaïdas**

viᵉ-vᵉ siècles avant J.-C. Antiquité grecque.

Bronzier.

Les anciens considéraient Agélados, animateur de l'École argienne, comme l'instructeur de Polyclète ; on lui donnait aussi pour élèves Phidias d'Athènes et Myron d'Eleuthères.

Agélados a été l'auteur de maintes statues d'athlètes. Pausanias lui attribue le *Zeus Ithomatas* dressé sur la montagne sainte de la Messénie, et un *Zeus de bronze imberbe* conservé à Ægion. On cite également de lui un *Héraklès Alexikakos* et une *Muse* tenant le barbiton. Enfin, les *chevaux de bronze* d'une consécration delphique des Tarentins vainqueurs des Italiotes du Sud (en 473) avaient été fondus par lui.

AGELLI Paolo

Né en 1778 à Forli. Mort le 12 janvier 1841, fou. xixᵉ siècle. Italien.

Peintre.

Fils de Giacomo Agelli. Il étudia dix ans à Rome avec Landi et fut nommé professeur à Milan. De son école sortirent : Pompignoli, Pasquale Bargossi, Giovanni Giulaini et Zauli Saiani Francesco, qui furent tous meilleurs dessinateurs que peintres. Les chefs-d'œuvre de Paolo Agelli se trouvent dans sa ville natale.

AGELLIO Giuseppe

Né en 1570 à Sorrente. xviᵉ-xviiᵉ siècles. Actif à Rome vers 1620. Italien.

Peintre de paysages.

Élève de Roncalli dit « delle Pomarancie », Agellio possédait de remarquables qualités de paysagiste. Il montrait également une grande habileté dans la peinture des motifs d'architecture. Il fut souvent employé par les peintres de son temps pour l'exécution des paysages et des terrains de leurs tableaux.

AGENOIS A., comte d'

xviiiᵉ siècle. Vivait vers 1730. Français.

Aquafortiste amateur.

On a de lui deux gravures : *Scène grivoise près d'une chapelle* et les *Maraudeurs*.

AGERBEEK Ernst Ch. L.

Né en Hollande. xxᵉ siècle. Actif aussi en Indonésie. Hollandais.

Peintre de scènes animées, dessinateur. Orientaliste.

Il fit ses études à Bruxelles. Peintre et dessinateur, il travailla en Indonésie pendant les années 1920-30. En 1929, vivant à Surabaya, il fut membre de la *ereeniging van Beeldende Kunstenaars* (Association des Beaux-Arts) de Jakarta. Il participa à l'exposition collective *Juliana Tentoonstelling*, à Jakarta, en 1936-37.

Ventes Publiques : Singapour, 5 oct. 1996 : *La partie de cartes* 1927, h/cart. (101x61) : SGD 50 600.

AGERET Paul

xixᵉ siècle. Français.

Peintre, aquarelliste.

Ventes Publiques : Paris, 17 déc. 1918 : *La Tempête*, aquar. : FRF 42.

AGERO

xixᵉ-xxᵉ siècles. Espagnol.

Sculpteur. Cubiste.

Il est déplorable qu'on ne retrouve pas d'autres traces de ce sculpteur, qui connut Picasso à Montmartre, et surtout qui figura à la première exposition de la *Section d'or*, créée autour du groupe de Puteaux, à l'initiative de Jacques Villon, et qui préludait à ce qu'on pourrait appeler plus tard l'abstraction française, non tout-à-fait affranchie d'un regard ou d'un souvenir sur l'extérieur.

AGERON Louis Noël

Né le 28 avril 1865 à Valence (Drôme). xixᵉ siècle. Français.

Peintre.

Élève de J.-B. Poncet, à l'École des Beaux-Arts de Lyon, puis, à Paris, de Gérome, a exposé à Lyon depuis 1891 des portraits, des paysages, des scènes d'histoire et de genre. À Paris il a exposé, depuis 1895, des figures, dessins et pastels.

AGERSKOV Kathinka Hedwig

Née le 8 août 1859 à Flensbourg. Morte en 1890 à Copenhague. xixᵉ siècle. Danoise.

Elle fut élève de V. Kyhn, de Carl Thomsen et Thörrestrup ; elle peignit surtout des paysages et des intérieurs avec enfants.

AGERSNAP Hans ou **Mortensen**

Né en 1857 ou 19 novembre 1859 à Ansager (Jutland). Mort en 1925. xixᵉ-xxᵉ siècles. Danois.

Peintre de compositions religieuses, portraits, paysages.

Bien qu'auteur de quelques portraits et de motifs religieux, il se spécialisa dans l'étude de son pays et reproduisit les steppes du Jutland sous différents aspects ; ses effets de neige sont particulièrement intéressants.

Ventes Publiques : Copenhague, 2 oct. 1976 : *Jour d'hiver*, h/t (40x51) : DKK 2 300 – Copenhague, 24 août 1982 : *Paysage*, h/t (100x150) : DKK 6 000 – Copenhague, 25 fév. 1987 : *Jour d'hiver* 1904, h/t (94x150) : DKK 4 600 – Göteborg, 18 mai 1989 : *Paysage d'hiver*, h/t (57x87) : SEK 15 000.

AGESCY Bernard d'

Né en 1757 à Niort (Deux-Sèvres). Mort en 1828. xviiiᵉ-xixᵉ siècles. Français.

Peintre de compositions religieuses, scènes mythologiques, portraits, copiste. Néoclassique.
Ses sujets religieux, mythologiques et ses portraits sont parfois pourvus d'un lyrisme qui fait penser à l'art de Delacroix. Il est également connu pour son ouvrage : *Projets d'organisation d'une nouvelle direction générale des Arts*, Paris, 1805.
Bibliogr. : Gérald Schurr : *Les Petits Maîtres de la peinture 1820-1920, valeur de demain*, t. IV, Les Éditions de l'Amateur, Paris, 1988.
Musées : Niort : *Tête de chien – Tête de lion – Portrait de femme – Bulles de savon – Étude de moines – Étude pour une sainte Cécile – Descente de Croix – Mort de la Vierge – L'âne – La Vierge et l'Enfant Jésus – La chauve-souris – Sacrifice à l'amour – Les chats*, copie d'après Salvator Rosa – *Sébastien Bourdon – Mercure et Argus*, copie d'après Salvator Rosa – *Portrait*, copie d'après van Dyck – *Tête de lion*, copie d'après Rubens – *Plan d'un projet d'embellissement du château et du parc de la Mothe Saint-Héraye – L'abbé Maury – La muse Érato – Vieillard endormi (le philosophe) – Offrande au dieu Pan – N.-D. des sept douleurs*, esquisse du tableau de N,D. de Niort.

AGGAS
Britannique.
Graveur.
On le cite pour un *Portrait de John Mathieu*, gravé par lui.

AGGAS Ralph
Né entre 1540 et 1545 à Stoke-by-Nayland (Angleterre). Mort en 1617 ou 1621. xvıᵉ-xvıɪᵉ siècles. Britannique.
Dessinateur.
Il publia, en 1578, un plan de Cambridge et, dix ans plus tard, un plan d'Oxford. Il est également l'auteur de l'important plan de Londres à vol d'oiseau, gravé sur bois et publié en 1621.

AGGAS Robert
Né vers 1616. Mort en 1679 à Londres. xvııᵉ siècle. Britannique.
Peintre.
Il fut employé par le roi Charles II d'Angleterre. Un de ses tableaux est conservé à la salle de la Corporation des peintres, à Londres.

AGGER Knud
Né en 1895 à Holstebro. Mort en 1973. xxᵉ siècle. Danois.
Peintre de compositions à personnages.
Après des études d'architecture, il s'initia seul à la peinture. Il voyagea dans le Nord de l'Europe et jusqu'en France. En dehors du Danemark, il a figuré dans des expositions collectives internationales, par exemple : la Biennale de Venise en 1942. Il avait remporté le Prix Edward Munch en 1938. Il eut l'occasion de plusieurs décorations murales : Salle des fêtes du Lycée de Struer 1939, Salle du conseil de l'Hôtel-de-Ville de Sollerod 1941, projets pour le Laboratoire de Biologie Marine d'Helsingör 1962.
Il était un peintre de la réalité, ce qu'on peut appeler un regard naturaliste, soutenu par une construction dessinée rigoureuse. Dans une première période, il peignait dans des harmonies sourdes. Il éclaircit sa palette dans une période suivante, jusqu'à évoquer la lumière de Bonnard. Dans une ultime époque, il a changé radicalement de registre : retournant à des gris et des bruns sombres, il peint un univers imaginaire à prolongements cosmiques. ■ J. B.
Musées : Copenhague : *À la fenêtre* 1939 – *La femme de l'artiste* 1952 – Gothenburg – Malmö .
Ventes Publiques : Copenhague, 24 nov. 1976 : *Paysage d'été*, h/t (90x90) : DKK 3 200 – Copenhague, 8 mars 1977 : *Paysage*, h/t (120x140) : DKK 5 500 – Copenhague, 5 mars 1980 : *Jour d'été*, h/t (105x78) : DKK 17 000 – Copenhague, 24 avr. 1985 : *Maryhill*, h/t (65x85) : DKK 12 000 – Copenhague, 25 nov. 1987 : *Paysage*, h/t (55x65) : DKK 12 500 – Copenhague, 4 mai 1988 : *Paysage d'été* (67x78) : DKK 4 000 – Copenhague, 30 nov. 1988 : *Jour d'été dans un port*, h/t (47x65) : DKK 7 000 – Copenhague, 10 mai 1989 : *Paysage de dunes*, h/t (84x118) : DKK 6 500 – Copenhague, 31 oct. 1990 : *Paysage avec une maison*, h/t (90x100) : DKK 8 000 – Copenhague, 1ᵉʳ avr. 1992 : *Vue sur la mer*, h/t (54x130) : DKK 4 500 – Copenhague, 13 avr. 1994 : *Vue du rivage de Maryhills près du Sundet*, h/t (90x100) : DKK 24 000 – Copenhague, 17 avr. 1996 : *Sur le rivage de Maryhill vers Helsingor*, h/t (100x80) : DKK 4 000.

AGGERI Francis
Né à Vialas (Lozère). xxᵉ siècle. Français.
Peintre.

Expose des paysages au Salon des Indépendants à Paris en 1935, 1937, 1938.

AGGHAZY Julius ou **Gyula**
Né en 1850 à Dombovar (Hongrie). Mort en 1919. xıxᵉ-xxᵉ siècles. Hongrois.
Peintre de compositions religieuses, scènes de genre, animaux.
Il étudia d'abord à l'Académie de Vienne, puis avec Alex. von Wagner, et ensuite à Paris chez Munkacsy. À vingt-quatre ans, il envoya son premier tableau à l'Exposition de Budapest. Mention honorable à l'Exposition Universelle de 1889, à Paris.
Il exécuta, pour l'église de Bartfa, une série de peintures religieuses représentant *La légende de Saint Egidius*.
Ventes Publiques : Vienne, 30 nov. 1965 : *Le permissionnaire* : ATS 10 000 – Vienne, 18 nov. 1981 : *Troupeau au pâturage*, h/t (59x101) : ATS 13 000 – Cologne, 26 oct. 1984 : *Enfants dans une cour de ferme*, h/t (28x34) : DEM 3 300.

AGHA. Voir **AGA**

AGHELADAS d'Argos
vıᵉ-vᵉ siècles avant J.-C. Argien, de la fin du vıᵉ, début vᵉ siècle avant J.-C. Antiquité grecque.
Sculpteur.
Considéré comme le maître de Polyclète, et peut-être de Phidias et de Mirón. Fut l'auteur de nombreuses statues d'athlètes et de divinités.

AGHIB Joan
Née à Rochester (New York). xxᵉ siècle. Active en Belgique. Américaine.
Peintre de paysages urbains, graveur.
Elle est diplômée de l'Université du Michigan en philosophie et littérature. Elle fut l'élève en peinture de Hans Hofmann à New York et de Stanley William Hayter en gravure, dans son célèbre *Atelier 17* de Paris. Elle introduisit en Belgique la technique très particulière de Hayter, par encrages polychromes à la poupée et aux rouleaux de duretés différentes.
Dans sa peinture, elle traite souvent le thème symbolique de la fragilité des entreprises humaines par l'image de villes abandonnées à l'érosion du temps.
Bibliogr. : *Diction. biogr. des artistes en Belgique depuis 1830*, Arto, Bruxelles, 1987.

AGHINETTI, dit **Guccio del Sero**
xıvᵉ siècle. Italien.
Peintre.
Cet artiste florentin vivait en 1331. Il fut considéré de son temps comme un des peintres les plus habiles, avait un neveu, nommé Maestro Guccio, qui fut également un peintre distingué et qui mourut en 1409.

AGHINETTI, dit **Maestro Guccio**
Mort en 1409 à Florence. xıvᵉ siècle. Italien.
Peintre.
Petit-fils ou neveu du précédent. Il est mentionné en 1367, au sujet d'armoiries qu'il peignit au-dessus de la Porte de Falconieri, dans la cathédrale.

AGHION Janine
Née à Arques-la-Bataille (Seine-Maritime). xxᵉ siècle. Française.
Peintre de figures, de portraits.
Elle exposa un portrait à Paris, au Salon d'Automne de 1913.
Ventes Publiques : Paris, 1925 : *Jeune femme* : FRF 300.

AGIAS, fils d'Aristoménès
Originaire de Messène. ıɪᵉ siècle avant J.-C. Actif à la fin du ıɪᵉ siècle av. J.-C. Antiquité grecque.
Sculpteur.
Son nom lit sur une base de statue, à Olympie.

AGID Olivier
Né le 20 janvier 1951 à Paris. xxᵉ siècle. Français.
Peintre, sculpteur, dessinateur, illustrateur, réalisateur d'interventions.
Olivier Agid a débuté ses études en 1970-1971 dans une unité d'enseignement et de recherches sur l'environnement. Il a ensuite suivi des études d'architecture entre 1971 et 1976 puis s'est inscrit en Arts Plastiques à l'Université de Paris VIII.
Jusqu'en 1980 il réalisait des light-shows et des performances musicales, seul ou en groupe. Il a édité des livres : *Banlieues, 1979 – Cité, 1980 – Color ville, 1981* aux éditions Atelier Alpha Bleue. Il a participé à de nombreuses expositions collectives :

1976 et 1977 à la galerie l'Œil de bœuf à Paris, 1980 *La fête et l'imaginaire* au Forum des Halles, 1981 à Paris *La bande-dessinée témoin de son temps*. Il a figuré dans plusieurs salons : 1977-1978 Jeune Peinture, 1978-1980-1981 Figuration critique, 1977 Contradiction, 1978-1979 Écriture, 1978-1980 Sculptures contemporaines à Fontenay. En 1984 il a participé aux *Ateliers 84* au Musée d'Art Moderne de la Ville de Paris. Il a présenté personnellement son travail en 1982 au Centre d'Action Culturelle Jacques Prévert de Villeparisis lors d'une exposition intitulée *Olivier Agid Petits mondes*. Il réalise des interventions environnementales depuis 1971, comme la *Peinture sculpture installation* pour l'usine du Creux de l'Enfer à Thiers exécutée en 1987. En 1983 il a exécuté les décors et les illustrations projetées pour la pièce de Raymond Roussel *Poussière de soleils* à Nice. Il montre son travail dans des expositions personnelles : 1987 Thiers, 1995 musée de Valence.
Olivier Agid peint des images, des formes brutes qui ne sont pas sans parenté avec les figures de la bande-dessinée. Décrivant généralement notre environnement urbain dans des récits fonctionnant par épisodes, ses gouaches, encres, huiles ou pastels ont créé un univers figuratif où règnent profusion et animation, bien avant la Figuration Libre. Entre 1987 et 1989 il a réalisé un travail sculpté exécuté à partir d'outils trouvés à Thiers. S'emparant de ces formes, moules de couverts, couteaux et autres, il les a exposés tels quels, les élevant au statut de ready-made ou après transformation, assemblés ou reforgés en une nouvelle forme. Ils étaient ici autant des objets de rituels africains, pour des œuvres hybrides et ludiques. ■ Florence Maillet
Bibliogr. : Catalogue de l'exposition *Olivier Agid Petits Mondes*, Centre Culturel Jacques Prévert, Villeparisis, 1982.
Musées : Paris (FNAC) : *Sculpture agricole : quelqu'un* 1994-1995.
Ventes Publiques : Paris, 26 sep. 1989 : *Tous* 1985, techn. mixte (120x80) : FRF 5 800 – Paris, 28 nov. 1989 : *Ambiance atmosphère*, past. et h/pap. mar. sur t., tryptique (120x80) : FRF 13 000.

AGII Cordelia ou Agi, Aghi. Voir PREVITALI

AGIN Alex Alexejewitsch
Né en 1818. Mort vers 1870. XIXᵉ siècle. Russe.
Dessinateur et illustrateur.
Il fut élève de K. Brüloff et de F. Bruni, à Kiew. C'est lui qui illustra *Les Âmes mortes* de Gogol et qui fit les dessins de *l'Ancien Testament*, gravés par K.-J. Afanassjeff.

AGINULFI Bartholomeo de
XVᵉ siècle. Italien.
Peintre.
Il appartint, en 1451, à la corporation des douze Anziani, de Plaisance.

AGIOUT Antonio d'
XIXᵉ siècle. Actif à Naples vers 1883. Italien.
Sculpteur.
Il y a de lui, au cimetière du Père-Lachaise, une statue de bronze, représentant une femme au repos qui tient un bouquet de roses dans sa main.

AGLANE, pseudonyme de Aglave Georges
Né en 1912 à Nivelles. XXᵉ siècle. Belge.
Peintre de compositions à personnages, de portraits, de natures mortes, sculpteur.
Il fut élève de l'Académie des Beaux-Arts de Bruxelles. Il s'inspire avec évidence des maîtres de la Renaissance, dans des compositions religieuses ou mythologiques. Il a décoré l'église collégiale de Nivelles.

AGLAOPHON I
VIᵉ-Vᵉ siècles avant J.-C. Thasien, actif au tournant du VIᵉ et du Vᵉ siècles av. J.-C. Antiquité grecque.
Peintre.
Père et maître de Polygnote et d'Aristophon, il est sans doute le grand-père d'Aglaophon II. Certaines traditions font de lui l'inventeur du type de la *Niké volante*.

AGLAOPHON II, fils d'Aristophon
D'origine thasienne. Vᵉ siècle avant J.-C. Travailla à Athènes dans la seconde moitié du Vᵉ siècle avant J.-C. Antiquité grecque.
Peintre.
Neveu de Polygnote et petit-fils d'Aglaophon I, il exécuta des peintures votives (*Olympias et Pythias couronnant Alcibiade*,

Alcibiade sur les genoux de Néméa), et Elien signale de lui un *Cheval*. Son style, au goût de Quintilien, était primitif (*Inst. Orat.*, XII, 10, 3 : « propre rudia (...) primordia »).

AGLIANIS Domenico
XIXᵉ siècle. Napolitain, actif au commencement du XIXᵉ siècle. Italien.
Sculpteur.
Il sculpta, en 1813, les bénitiers de marbre de l'église de la Trinité, à Naples.

AGLIANO Michele d'
XIXᵉ siècle. Piémontais, actif au XIXᵉ siècle. Italien.
Peintre de paysages.
Il s'est surtout adonné aux marines ; exposa à Turin, en 1880 et 1881, et à Rome, en 1884, de nombreuses toiles, dont nous citerons : *Calme*, *Marine à Sestri*, *À la Pêche*, *Bourrasque*, *Novembre*.

AGLIATI Luigi
Né en 1816. Mort en décembre 1863. XIXᵉ siècle. Italien.
Sculpteur.
Milanais, il est l'auteur de plusieurs monuments funéraires, de bustes et de statues, dont les plus belles sont : *Méléagre*, *Vestale*, et celle qu'il exposa à Milan, représentant une *Jeune fille en pleurs disant son chapelet*.

AGLIO. Voir ALLIO

AGLIO Agostino
Né en 1777 à Crémone. Mort en 1857. XIXᵉ siècle. Italien.
Peintre de portraits, paysages animés, paysages, aquarelliste, peintre de compositions murales, décorateur de théâtre, décorateur, illustrateur.
Il fit ses études à Milan, à la Brera. En 1803, il vint en Angleterre pour collaborer avec William Wilkins, le célèbre architecte, à un ouvrage sur les antiquités de la Grande Grèce, qui fut publié en 1807. Aglio ne se contenta pas de ce travail, il fit preuve de ses talents de décorateur et, durant plusieurs années, il fut employé dans les théâtres, les églises, les châteaux d'Angleterre et d'Irlande. Il fit aussi ses preuves comme peintre de portraits ; celui de la reine Victoria, qu'il peignit, a été gravé. De 1820 à 1830, il publia plusieurs ouvrages d'art, entre autres : *Collection de motifs et de frises dessinés d'après l'antique* et *Les Antiquités du Mexique*, ouvrages illustrés de plus de mille gravures d'après ses dessins. Aglio se montra également habile aquarelliste.
Musées : Londres (Victoria et Albert Mus.) : *Tempio della Torre – Tivoli*, aquar..
Ventes Publiques : Londres, 10 mai 1979 : *Paysage de la Campagne Romaine* 1805, aquar. et gche (31x33) : GBP 380 – Monaco, 2 déc. 1988 : *Paysage avec ruines de monuments antiques* 1805, gche (39,5x59,5) : FRF 24 420 – Londres, 10 avr. 1991 : *Paysage italien avec des paysans gardant leur troupeau près de ruines* 1818, h/t (97,5x138) : GBP 9 350 – Londres, 12 fév. 1993 : *Vendanges à Colli Romani* 1827, h/t (73,1x108,6) : GBP 7 700.

AGLIO Augustine
XIXᵉ siècle. Britannique.
Peintre de paysages.
Probablement fille d'Agostino Aglio, cette artiste travailla à Londres entre 1836 et 1875. Elle exposa à la British Institution, à la Royal Academy et à Suffolk Street.

AGLIO Claudio
D'origine allemande. XVIIᵉ siècle. Vivait à Rome vers 1641. Allemand.
Peintre et graveur.
Heinecken fait mention d'une gravure de la *Madone avec l'Enfant Jésus*, dédiée par Aglio au cardinal Montalti.

AGLIO Domenico
XVIIᵉ siècle. Italien.
Peintre de compositions religieuses, copiste.
Il vivait, vers 1670, à Capri, où l'on retrouve son nom dans les livres de la confrérie de Saint-Roch. Il y est cité comme copiste des peintures de Guido Reni qui ornent l'autel de Saint-Roch.

AGLIO Domenico, dit Il Gobbo
XVIIIᵉ siècle. Actif au début du XVIIIᵉ siècle. Italien.
Sculpteur.
Natif de Vicence, il y travailla dans l'atelier des sculpteurs Bassanais, Orazio et Angelo Marinali. Il vint ensuite avec sa famille à Vienne, où son talent se développa. On conserve dans cette ville, à l'Oratoire de Santa Maria della disciplina, un de ses principaux ouvrages : un crucifix de marbre avec deux figures, l'une à droite, l'autre à gauche.

AGLIO Mary Elisabeth
XIXe siècle. Britannique.
Peintre et aquarelliste.
Elle exposa, en 1851, à Londres, une aquarelle et un tableau :
L'Entrée du Christ à Jérusalem.

AGLIO P. B.
XVIIIe siècle. Allemand.
Sculpteur sur marbre.
Il fut employé à la construction du château de Hubertusburg, en 1751.

AGLIO di Antonio di Arço Andrea Salvatore
Né en 1736 à Lugano. Mort en 1786. XVIIIe siècle. Italien.
Peintre.
On prétend que cet artiste fut le premier à découvrir le moyen de peindre sur marbre.

AGLOSS
Né en 1939. XXe siècle. Français.
Peintre, peintre à la gouache. Abstrait-musicaliste.
Dans les années soixante, à Vallauris, il reçut quelques conseils du sculpteur et peintre Anton Prinner. En 1991, la galerie Carnot de Paris lui a consacré une exposition personnelle.
Dans une première période, il peignit des vues de Paris. Vers 1970, il opta pour l'abstraction. Se référant aux musicalistes des années trente, il peint des enchevêtrements de segments de cercles concentriques aux couleurs vives et contrastées.
VENTES PUBLIQUES : LA VARENNE-SAINT-HILAIRE, 8 juil. 1990 : *Construction d'étoiles*, h/cart. (63x45) : FRF 3 800 – AUXERRE, 25 nov. 1990 : *Secrets sacrés*, h/t (81x65) : FRF 3 500 – TROYES, 20 avr. 1991 : *Crescendo*, h/t (80x80) : FRF 4 800.

AGNEESENS Edouard Joseph Alexander
Né le 24 août 1842 à Bruxelles. Mort le 20 août 1885 à Uccle.
XIXe siècle. Belge.
Peintre de genre et portraits.
Après avoir été élève à l'Académie de Bruxelles, il entra dans « l'atelier libre » de Portaëls et fut, en 1868, l'un des membres fondateurs de la Société libre des Beaux-Arts. En 1869, à Saint-Pétersbourg, il travailla pour des personnages célèbres tels que le tragédien Somotloff. De retour à Bruxelles, il s'y fixa et y travailla jusqu'en 1880, date à laquelle il fut atteint de folie et suspendit toute activité artistique.
Dès 1866, il figura au Salon de Paris, et participa à l'exposition rétrospective d'Art belge au Salon d'Automne de 1907, à Paris.
On cite de lui : *Une étude de jeune femme – Java – Bravo.* Il fit aussi de nombreuses études pour un tableau : *Tuilliers au travail*, dans le style de Meunier. En 1868, il peignit un portrait du sculpteur van der Stappen et, en 1876, un *Diana Vernon*. En 1870, il conçut un plan pour un grand tableau : *Marché d'esclaves*, dont il ne laissa que l'ébauche.
À ses débuts, il fut peintre de portraits, mais surtout de la femme, dont les nus sont particulièrement sensuels. Son graphisme nerveux, son raffinement velouté des couleurs n'est pas sans évoquer l'art des grands peintres espagnols Vélasquez ou Goya.

Ed Agneessens

BIBLIOGR. : Gérald Schurr : *Les Petits Maîtres de la peinture 1820-1920, valeur de demain*, t. IV, Les Éditions de l'Amateur, Paris, 1988.
MUSÉES : BRUXELLES : *Portrait du sculpteur Marchand.*
VENTES PUBLIQUES : PARIS, 19-20 oct. 1988 : *Intérieur* : FRF 540 – BRUXELLES, 7 déc. 1942 : *La Vénus au miroir* : BEF 17 000 – BRUXELLES, 24 mars 1950 : *Gourmandise* : BEF 22 000 – BRUXELLES, 12 déc. 1963 : *Paysage d'hiver* : BEF 2 400 – LOKEREN, 19 oct. 1985 : *Féline, la Javanaise*, h/t (50x31,5) : BEF 75 000 – BRUXELLES, 29 oct. 1986 : *Portrait de femme*, h/t (52x43) : BEF 38 000 – NEW YORK, 13 oct. 1993 : *Étude d'un adolescent nu*, h/pan. (30,5x43,2) : USD 1 380 – LOKEREN, 4 déc. 1993 : *Deux enfants*, h/pan. (31x45) : BEF 42 000 – LONDRES, 16 nov. 1994 : *Nu masculin debout* 1870, h/t (198x70) : GBP 4 600 – LOKEREN, 11 mars 1995 : *Jeune femme*, h/t (100x75) : BEF 80 000.

AGNELELLO di Puccio
XIVe siècle. Italien.
Peintre décorateur.
Il exécuta, en 1339, avec Cola Prefetti, les peintures du plafond de la cathédrale d'Orvieto.

AGNELLI Bartolommeo de
XIXe siècle. Actif au début du XIXe siècle. Italien.
Graveur en taille-douce.

AGNELLI Fausto
XXe siècle. Suisse.
Peintre.

AGNELLI Federico
XVIIIe siècle. Actif à Milan vers 1700. Italien.
Peintre et graveur.
Agnelli se consacra particulièrement au portrait ; cependant son œuvre contient un certain nombre de pièces emblématiques et de sujets d'architecture. On cite, dans son œuvre gravé, une suite de planches représentant la cathédrale de Milan, qu'il signa en ajoutant le nom de l'architecte Carlo Butio.

AGNELLI Giacomo ou Angelli
XVIe siècle. Italien.
Peintre.
Connu par trois tableaux : à Saint-François d'Acquaviva, une *Madone entourée d'anges, avec quatre saints* (1561) ; à l'église de Collina, une *Madone assise sur un trône, avec deux saints à ses côtés* (1565) ; enfin, à l'église paroissiale de Polesio, *Jésus crucifié, avec saint Jean et Marie-Madeleine* (1568).

AGNELLI Gianantonio
XVIe siècle. Italien.
Graveur au burin.

AGNELLI Giovan. Battista ou Angelli, dit da Patrignone
XVIIe siècle. Italien.
Peintre.
Il demande, en 1617, au maire de Ripatransone, l'autorisation de peindre un tableau pour l'autel de la chapelle de Saint-Charles, dans la cathédrale de la ville.

AGNELLI Jacopo
XVIIIe siècle. Actif à Ferrare vers 1740. Italien.
Graveur d'ornements.

AGNELLI Marino
XVIe siècle. Actif vers l'an 1500. Italien.
Peintre.
On croit qu'il est né à Sienne. L'Académie de cette ville possède un tableau qu'on lui attribue. Une autre de ses œuvres, représentant une Madone, est au Musée de Genève.

AGNELLI N.
Né probablement à Rome. XVIIIe siècle. Italien.
Peintre.
Lanzi, en parlant de cet artiste, dit qu'il exécuta à Rome et à Turin divers travaux dans la manière de Pietro da Cortona et de Carlo Maratta. Il paraît avoir été, pendant un certain temps, peintre officiel à la cour des ducs de Savoie. Il décora, notamment, une des grandes salles du Palais ducal.

AGNELLO Dominique
Né le 21 juillet 1921 à Tunis. XXe siècle. Tunisien.
Peintre. Post-cubiste.
À partir de 1953, il a figuré à Paris aux Salons des Indépendants, de la Société Nationale des Beaux-Arts et d'Automne. S'il a été quelque peu marqué par le cubisme, comme beaucoup de sa génération, il s'en est dégagé par une coloration forte et un graphisme tourmenté.

AGNELLO Niccolo
Italien.
Dessinateur.
D'après R. Weigel, il a fourni des dessins pour le *Civitates orbis terrarum*, de Braun.

AGNENI Eugenio
Né en 1819 à Sutri près de Rome. Mort en 1888 à Rome. XIXe siècle. Italien.
Peintre de compositions religieuses, sujets mythologiques, fresquiste, décorateur.
Cet artiste fut élève de Franc Coghetti, sous la direction duquel il se plaça en 1832.
Le pape Pie IX, en 1847, lui confia l'exécution des peintures de la salle du Trône au Quirinal. En 1852, il vint à Paris et la notoriété dont il jouissait fut suffisante pour lui faire donner une place parmi les artistes chargés de travailler à l'ornementation du Louvre. Il se rendit ensuite à Londres, où la reine Victoria lui confia l'ornementation d'une salle à Covent Garden ; il y peignit

des fresques, ayant pour sujets des scènes mythologiques. Agneni ne se borna pas à son rôle de décorateur ; il fit, pour la souveraine anglaise, une importante *Sainte Famille*.
VENTES PUBLIQUES : LONDRES, 20 fév. 1976 : *Ève, Caïn et Abel combattant le serpent*, h/t (159x114) : **GBP 350** – NEW YORK, 2 oct. 1996 : *Sainte Cécile*, h/t, de forme ovale (47,3x38) : **USD 1 495**.

AGNES
Née au XIIᵉ siècle. XIIᵉ siècle. Allemande.
Peintre.
Religieuse, fille du margrave Arnold de Meissen, abbesse de Quedlinbourg, elle porta la crosse abbatiale de 1184 à 1203, et, durant ce temps, elle se montra miniaturiste renommée. On lui attribue un évangile dont elle aurait peint les initiales.

AGNÈS, pseudonyme de Frank Agnès Ovando de
Née à Oruro. XXᵉ siècle. Bolivienne.
Peintre.
Elle fut élève de l'École des Beaux-Arts de Santiago du Chili. Elle expose régulièrement au Salon National et en obtint le Grand Prix en 1966. Elle a été nommée professeur à l'École des Beaux-Arts de Cochabamba, puis à celle de La Paz.
BIBLIOGR. : Catalogue de l'exposition *Les peintres boliviens contemporains*, Mus. Mun. d'Art Mod., La Paz, 1973.
MUSÉES : LA PAZ (Mus. Nat. d'Art) – LA PAZ (Pina. mun.).

AGNES Louis
Né en 1668 à Paris. XVIIᵉ siècle. Français.
Peintre.
Mentionné dans le registre des naissances de l'église Saint-Sulpice à Paris.

AGNES Philippe
Né à Turin. XVIIᵉ siècle. Italien.
Peintre.
Il travailla à Turin et à Grenoble. On le trouve mentionné dans les archives de sa ville natale en 1622 et en 1676.

AGNESE Francesco Maria
Italien.
Sculpteur.
Il vécut et travailla à Gênes.

AGNESE Gian Battista
XVIᵉ siècle. Italien.
Miniaturiste.
Vénitien, on possède de lui un Atlas sur lequel sont représentés les constellations, des bateaux, etc. Le Musée Municipal Correr, à Venise, possède aussi de lui un petit ouvrage maritime.

AGNESIA Benedetto
XVᵉ siècle. Italien.
Peintre verrier.
On le trouve mentionné en Ligurie.

AGNESINI Francesco
Né en 1616 à Carrare. XVIIᵉ siècle. Italien.
Sculpteur.
Il fut élève de Aless. Algardi. Il produisit ses œuvres, dans diverses parties de l'Italie. On possède de lui deux petites statues de saint Laurent et de saint André, dans la cathédrale de Sarzana ; un *Adonis* dans le jardin du comte Varita à Lavagna ; *Saint Paul* à Ferrare ; *Buste du comte Manfredi* (1659) à Ferrare. En 1661, il entra au service du duc de Mantoue et du comte Alfonso II Gonzaga di Novellara.

AGNESIUS Jacobus
Originaire de Calw dans le Wurtemberg. XVIIᵉ siècle. Actif probablement dans la première moitié du XVIIᵉ siècle. Allemand.
Sculpteur sur ivoire.
Il est l'auteur d'un remarquable groupe d'ivoire conservé au Musée d'Albi, œuvre représentant le massacre de la Saint-Barthélemy. L'ouvrage porte l'inscription suivante : *Jacobus Agnesius Caluensis, sculpteur*, 1638.

AGNETIS Francesco
Né probablement à Savone. XVIIᵉ siècle. Travaillait à Rome en 1677. Italien.
Peintre.

AGNETTA
XVIIIᵉ siècle. Active à York (Angleterre). Britannique.
Peintre.
Cette artiste exposa, en 1774, à la Society of Artists de Londres.

AGNETTI Vicenzo
Né en 1926 à Milan. Mort en 1981. XXᵉ siècle. Italien.

Artiste. Arte povera, conceptuel.
Il a figuré dans de nombreuses manifestations collectives d'art contemporain international, en particulier : *Dokumenta 5* de Kassel en 1972, Biennale de Venise 1974-1978-1980. Il a exposé personnellement ses travaux à partir de 1967 au Palais des diamants de Ferrare, et dans de nombreuses galeries européennes et américaines.
Il appartient au vaste ensemble des artistes un temps assimilés au groupe de l'Arte Povera, lors de leurs premières manifestations collectives. Son œuvre se maintient ensuite dans une lignée conceptuelle, procédant essentiellement d'une interrogation sur le langage.
VENTES PUBLIQUES : MILAN, 8 juin 1976 : *Pensa, prendi, pesa, usa* 1973, 4 pan., texte et photo. (42x52) : **ITL 750 000** – MILAN, 7 juin 1989 : *Sans titre*, techn. mixte (87x63) : **ITL 8 000 000** – MILAN, 8 nov. 1989 : *Le livre de souvenirs oubliés* 1970, livre de t. bleue (69,5x50,5) : **ITL 21 000 000** – MILAN, 27 mars 1990 : *« Dato un punto qualsiasi abbiamo comunque... »* 1971, rés. synth. gravée (70x70) : **ITL 25 000 000** – MILAN, 13 juin 1990 : *« Femmes géografiques »* 1980, collage de photo. et encre/cart. (51x72) : **ITL 2 600 000** ; *Il segno ripetuto diventa un altro segno* 1972, rés. synth. incisée et peinte (80x80) : **ITL 15 500 000** – MILAN, 14 nov. 1991 : *Description de nu* 1970, lettres d'imprimerie/feutre peint (118x80,5) : **ITL 11 000 000** – MILAN, 21 mai 1992 : *« Gli eventi precipitano »* 1975, collage et encre (50x72) : **ITL 3 000 000** – MILAN, 6 avr. 1993 : *Livre dédicacé en souvenir* 1970, livre gravé et couverture toilée (70x50) : **ITL 5 500 000**.

AGNEW Caroline
XIXᵉ siècle. Active à Manchester. Britannique.
Peintre.
Elle exposa, en 1874, à l'Académie royale de Londres : *Le matin* et *Lumière*.

AGNEW Constance
XIXᵉ-XXᵉ siècles. Active à Édimbourg. Britannique.
Peintre.
Cette Écossaise exposa à la Royal Academy of Scotland, à l'Institut d'Art Décoratif de Glasgow et, en 1904, à la Royal Academy de Londres. En 1908, on la trouve figurant encore à la Royal Academy de Londres avec : *La Penserosa*.

AGNI Zanino
XVᵉ siècle. Travaillait en Lombardie. Italien.
Peintre verrier.
Il fut un des artistes qui travaillèrent, en 1416, à l'achèvement des vitraux de la cathédrale de Milan.

AGNOLI Micheli
XIVᵉ siècle. Italien.
Cet artiste florentin fut actif à la fin du XIVᵉ siècle.

AGNOLINO d'Andreuccio
XVᵉ siècle. Travaillait à Pérouse. Italien.
Peintre.

AGNOLINO di Gentile
XIVᵉ siècle. Siennois, actif au XIVᵉ siècle. Italien.
Peintre.
Mentionné dans un document daté de 1353.

AGNOLO
XVᵉ siècle. Italien.
Sculpteur sur bois.
Avec Giovanni et Paolo Pasquini, il sculpta (en 1450) le chœur de Monte Oliveto Maggiore.

AGNOLO Andrea d'. Voir SARTO Andrea del

AGNOLO Bernabe d'. Voir BERNABE d'Agnolo

AGNOLO Francesco
XVIᵉ siècle. Travaillait à Florence vers 1545. Italien.
Peintre.

AGNOLO Giovanni Vincenzo d'
XVIᵉ siècle. Actif à Naples. Italien.
Sculpteur.
Il est probablement le descendant de Gabriel d'Agnolo, signalé seulement par certaines sources. En 1570, il fit la chaire de l'église Saint-Augustin à Naples, nommée *alla Zecca*.

AGNOLO di Baldino
XVᵉ siècle. Italien.
Peintre.
Il est mentionné dans la Corporation de Saint-Luc, à Florence, en 1404.

AGNOLO il Cosentino
XIIIe siècle. Travaillait à Naples. Italien.
Sculpteur sur pierre et sur bois.
Il est mentionné vers 1230.

AGNOLO di Domenico di Donnino mazziore
Né en 1466 à Florence. Mort en 1513. XVe-XVIe siècles. Italien.
Peintre.
Vasari le mentionne dans la *Vita de Cosimo Roselli* avec qui Agnolo fut très lié. L'historien des peintres l'admire surtout comme dessinateur, et indique deux de ses portraits au crayon : celui de Cosimo Rosselli et celui de Benedetto da Rovezzano. Il est aussi l'auteur de fresques à l'Hôpital San Bonifazio de Florence, et à la salle d'audience du Palazzo dell'Opera di San Jacopo, de Pistoia.

AGNOLO da Imola
XVe siècle. Vivait à Ferrare. Italien.
Peintre.
Il collabora aux décorations pour les fêtes qui furent données lors du mariage d'Éléonore d'Aragon. Après 1473, son nom n'est plus mentionné ; peut-être se confond-il avec Agnolo, peintre qui travailla pour les princes de la maison d'Este.

AGNOLO di maestro del Giovanni
XIVe siècle. Italien.
Peintre.
Mentionné dans la liste des peintres de Florence en 1334.

AGNOLO di Masolo
Mort en 1399. XIVe siècle. Travaillait à Gubbio de 1351 à 1391. Italien.
Peintre fresquiste.
En 1351, il fut chargé de restaurer une Madone à La Fraternita dei Bianchi de Gubbio (Congrégation di Carita). Peu avant de mourir, aidé d'autres artistes, il peignit des fresques peu importantes et d'exécution médiocre dans la chapelle de la confrérie de Sainte-Marie des Laïques.

AGNOLO del Moro. Voir **ANGOLO**

AGNOLO di Nalduccio Marretti
XIVe siècle. Siennois, actif au XIVe siècle. Italien.
Peintre.
Il est mentionné dans le *Libro delle Capitudini delle arti* de 1363, et dans la liste des Peintres de 1389, ainsi que son frère Fede et son fils Sano, peintres également.

AGNOLO di Pietro
XIVe siècle. Siennois, actif au XIVe siècle. Italien.
Peintre.

AGNOLO di Polo
Né en 1470 à Florence. XVe siècle. Italien.
Sculpteur.
Fils de Polo d'Angelo de Vetri et frère du médailleur et graveur en pierres précieuses Domenico di Polo. D'après Vasari, Agnolo serait l'auteur de nombreuses terres cuites exécutées pour des églises de Florence.

AGNOLO da San Apollinare
XVIIe siècle. Travaillait à Venise. Italien.
Miniaturiste.

AGNOLO di Vanni
XIVe siècle. Italien.
Peintre.
Mentionné en 1358 dans la liste des peintres florentins.

AGNOLO di Ventura
XIIIe-XIVe siècles. Italien.
Sculpteur.
Agnolo fut élève de l'école des Pisani. Il collabora avec Guido di Pace à la construction du château de Grosseto et dans de nombreux ouvrages avec Agostino di Giovanni. Après 1349, il n'est plus fait mention de cet artiste.

AGNOLO ZOTTO, dit **Angelo Aloisio da Padova**
XVe siècle. Travaillait à Padoue. Italien.
Peintre.
Il appartient à l'École du Squarcione. En 1489, il peignit, dans le vieux réfectoire de Sainte-Justine, à Padoue, une fresque représentant le Crucifiement. Père d'ANDREA d'Agnolo Zotto.

AGNUS Germaine
XXe siècle. Française.
Sculpteur.

Elle exposa au Salon des Tuileries à Paris un buste de bronze, en 1933.

AGNUS Odo
XVIe siècle. Travaillait à Gray de 1564 à 1568. Français.
Peintre.

AGOFONOFF Gregor Michailowitch
Né le 9 janvier 1819. Mort le 2 septembre 1869 à Wologda.
XIXe siècle. Russe.
Peintre de mosaïques.
Élève de l'Académie de Saint-Pétersbourg, il se consacra, dès 1853, à la peinture des mosaïques, et travailla surtout à celles de l'église de Saint-Isaac, d'après les plans de K.-T. Neff et Beidemann.

AGOFROY Hélène
Née en 1953 à Troyes (Aube). XXe siècle. Française.
Sculpteur, dessinateur, auteur d'installations, vidéaste.
Hélène Agofroy vit et travaille à Paris. Elle a participé en 1985 et 1989 à l'exposition collective *Jeune sculpture* à Paris. Elle a aussi exposé à Belfort, Amiens, Vitry et Nîmes. Elle montre ses œuvres dans des expositions personnelles : à la galerie Passages de Troyes, à la galerie K. d'Alkmaar (Pays-Bas), à la galerie Zographia de Bordeaux, en 1988 à la galerie Carreton-Laune de Nîmes, en 1989 au cloître Saint-Trophime d'Arles et à l'Abbaye de Tournus, en 1997 au Quartier, centre d'art de Quimper. En 1983 elle a bénéficié de la Bourse Médicis [Hors les murs].
Les sculptures d'Hélène Agofroy prennent leur sources dans les peintures du Quattrocento. Elle s'est intéressée à la position des objets figurés dans les fresques et les tableaux italiens en étudiant leurs multiples et savants effets perspectifs pour les incorporer ensuite à sa sculpture. À partir d'éléments pauvres comme le bois, le plâtre et la résine, Hélène Agofroy construit des structures ajourées et légères à la géométrie complexe, évoquant tour à tour des carènes renversées, de légers berceaux ou, dans les *Bouées*, fonctionnant par référence au « mazzocchio », chapeau coiffant les personnages des toiles de Paolo Uccello. ■ F. M.

AGONAC Raymond d'
XVIe siècle. Français.
Artiste.
Enlumineur bordelais.

AGORAKRITOS ou Agoracrite
Originaire de Paros. Ve siècle avant J.-C. Actif dans la seconde moitié du Ve siècle avant Jésus-Christ. Antiquité grecque.
Sculpteur.
Agoracrite ouvre la série des grands artistes pariens qui s'installèrent et s'illustrèrent en Attique. Il fut l'un des élèves les plus directs de Phidias dont il devint le favori à l'époque de la maturité du maître. Un passage de Pline (H. N. XXXVI, 17) nous invite à penser que les deux artistes avaient entre eux de grandes ressemblances de style ; et, d'ailleurs, la statue de culte de la Mère des dieux à l'Agora d'Athènes est attribuée dans les textes tantôt à Agoracrite, tantôt à Phidias. Cette *Cybèle* assise, accompagnée de lions flanquant son trône, est pour nous presque entièrement perdue. Nous connaissons mieux l'*Athéna Itonia* de Béotie, en bronze, qu'Agoracrite avait groupée avec un dieu funéraire (Hadès ou Arès) à Coroné : une Athéna de la villa Albani, coiffée de la *kuneê* (tête de loup ou de chien qui est le « signe » de l'Hadès) nous en garde le souvenir. Pour le temple de Rhamnonte (non loin de Marathon), Agoracrite de Paros avait encore exécuté et signé, vers 435-420, une *Némésis* colossale en marbre, qui, peut-être, était associée avec un Zeus. La déesse ressemblait à une Aphrodite : Agoracrite, disait-on, avait concouru sur ce thème avec Alcamène ; ce dernier ayant été vainqueur avec l'Aphrodite « aux Jardins », le Parien dépité avait voulu que son œuvre figurât La Jalousie des dieux. Deux fois grandeur nature, la *Némésis* portait sur la tête une couronne métallique ; dans la dextre elle tenait une coupe, et sa main gauche élevait un rameau de pommier : ce geste nous est conservé par la *Déméter* du Vatican, ainsi que par la *Héra* Borghèse de Montecalvo. La base de la *Némésis* de Rhamnonte était sculptée en haut-relief ; le sujet de ces sculptures, qui étaient peut-être d'Agoracrite, reste dans l'ensemble mystérieux. On croit cependant pouvoir restituer au centre de la base *Léda conduisant Hélène vers Némésis*. Certains érudits ont soupçonné Agoracrite d'être l'auteur tantôt du fronton ouest du Parthénon, tantôt de la déesse d'Ariccia ; on a voulu reconnaître son style à l'Erechthéion et dans la *Niobide blessée* des Jardins de Salluste... Ce sont là de simples hypothèses.

AGORALLOS, fils de Sarpédon
IIe siècle avant J.-C. Actif au début du IIe siècle avant J.-C.
Antiquité grecque.
Sculpteur.
Trois signatures déliennes nous conservent son nom.

AGORDINO Angelo
XVe siècle. Actif à Trévise. Italien.
Peintre.
Il fut l'élève et le collaborateur de Vivarini.

AGORRETA Garcia
XVIe siècle. Vivait à Séville. Espagnol.
Sculpteur.
Cet artiste, cité par M. Gestoso, travailla, en 1534, à la décoration de la voûte du porche des « casas capitulares » de la cathédrale de Séville.

AGOSTA C. J.
XIXe siècle. Italien.
Peintre de figures.
A exposé : *Jeune fille à l'étude*, au Salon de Paris, en 1890.

AGOSTI Giovanni di Cristoforo ou **Agosta**
XVIIe siècle. Actif à Casal Maggiore. Italien.
Peintre.
Il se forma à Crémone sous la direction de Malosso ; vers 1600, on le trouve travaillant dans les villes lombardes où, aujourd'hui encore, sont conservés un grand nombre de ses tableaux. Il mourut très jeune.

AGOSTI Jean-Paul
Né le 17 août 1948 à Paris. XXe siècle. Français.
Peintre.
Il fit ses études entre 1967 et 1969 à l'École des Beaux-Arts de Paris. Il a présenté une exposition personnelle de son travail à Lucerne en 1975. Il montra son travail durant l'opération d'ateliers ouverts au public qui se déroula en 1985 dans le quartier de la Bastille à Paris appelée *Génie de la Bastille*, en référence à la colonne de la place.
En 1975 il n'avait montré que des dessins exclusivement réalisés en noir et blanc, dotés de titres aux accents poétiques : *Scène avec pierre* 1973, *Objet poétique N° 2* 1974. Ces œuvres minutieuses et soignées ressemblaient à des projets imaginaires. En 1985 il a adopté peinture et couleur, sans se départir de son intérêt pour l'infime : ses peintures présentent en général un élément de la nature, détail de paysage ou de feuillage, isolé à la manière d'un gros plan photographique. L'objet choisi est alors compris comme un motif abstrait, et traité soit à l'aquarelle, soit aux crayons de couleurs rehaussé d'or. ■ F. M.

AGOSTI Juan
XVe siècle. Actif à Valence. Espagnol.
Peintre.
Il reçut, en 1497, de Martin Mendéz, la somme de 42 scueldos pour l'exécution de peintures destinées à l'Hôpital et à l'Hospice de la paroisse Saint-André.

AGOSTINI Angelina
Née à Rio de Janeiro. XXe siècle. Brésilienne.
Peintre de portraits, de nus.
Elle fut élève du peintre brésilien Henrique Bernadelli. Elle a travaillé en France et a figuré au Salon des Artistes Français de Paris en 1921 avec : *Coin d'atelier*. Elle figura ensuite au Salon de la Société Nationale des Beaux-Arts, à partir de 1924, nommée associée en 1925.
VENTES PUBLIQUES : VERSAILLES, 15 nov. 1964 : *Sitoes* : FRF 650 – LONDRES, 6 juin 1990 : *Lecture devant la cheminée*, h/t (110x140) : GBP 5 500.

AGOSTINI Carola de
Née en 1878. Morte en 1957. XXe siècle. Italienne.
Peintre de genre, paysages animés, pastelliste.
VENTES PUBLIQUES : BERNE, 22 oct. 1980 : *Personnages dans un parc*, h/cart. (48x36) : CHF 1 200 – MILAN, 26 mars 1996 : *Sonate au clair de lune*, past./pap. (32x49) : ITL 2 070 000.

AGOSTINI Francesco da Fabriano
XVIe siècle. Travaillait à Rome. Italien.
Sculpteur.
Il est mentionné comme expert dans le contrat pour l'exécution de la statue du Pape Paul IV, de Jac. Cassignola.

AGOSTINI Guido
XXe siècle. Italien.

Peintre de paysages.
VENTES PUBLIQUES : LONDRES, 21 juil. 1976 : *Paysage alpestre*, h/t (58x84) : **GBP 220** – LONDRES, 20 juil. 1977 : *Paysage au pont avec vue de Florence à l'arrière-plan* 1886, h/t (56x86) : **GBP 1 300** – BERNE, 2 mai 1979 : *Paysage alpestre* 1898, h/t (70x90) : **CHF 6 000** – LONDRES, 14 jan. 1981 : *Paysage d'Italie*, h/t (56x85) : **GBP 500** – ROME, 3 avr. 1984 : *Pêcheurs sur le Tibre*, h/pan. (26x21,5) : **ITL 750 000** – NEW YORK, 29 oct. 1987 : *Paysage de Toscane*, h/t (60x88,8) : **USD 6 500** – ÉDIMBOURG, 22 nov. 1988 : *Certaldo la patrie de Boccace*, h/t (42x31,7) : **GBP 1 300** – LONDRES, 15 mars 1989 : *Florence depuis Settignano*, h/t (50x63,5) : **GBP 8 800** – BRUXELLES, 19 déc. 1989 : *Lango d'Elsa* 1881, h/cart. : **BEF 55 000** – ROME, 16 avr. 1991 : *Paysage* 1872, h/cart. (38,3x45,5) : **ITL 3 680 000** – AMSTERDAM, 22 avr. 1992 : *Le village de Poppi en Toscane* 1879, h/t (54x54) : **NLG 4 600** – LONDRES, 22 mai 1992 : *Sorrente*, h/t (42x32) : **GBP 2 200** – LONDRES, 17 juin 1992 : *Château Saint-Ange à Rome*, h/t (50x59) : **GBP 6 820** – PARIS, 10 oct. 1994 : *Paysage d'Italie*, h/pan. : **FRF 6 000**.

AGOSTINI Hubert
Né le 7 décembre 1935 à Marseille. XXe siècle. Français.
Peintre de figures, nus, paysages, natures mortes, fleurs. Post-cubiste.
Il fut élève de l'École des Beaux-Arts de Marseille, de 1948 à 1955. Il expose régulièrement à Marseille et à Paris. Il a aussi montré ses peintures à Lyon, Nîmes, Montpellier, Londres, Montréal, etc.
Il peint surtout des paysages, des scènes campagnardes, des vues de ports, dans une écriture post-cubiste stylisée.
BIBLIOGR. : Frédéric Benoit : *H. Agostini*, Vision sur les Arts, Paris, s.d.

AGOSTINI Johannes Paulus
XVe siècle. Actif à Padoue en 1400.
Peintre.

AGOSTINI Max-Michel ou **Max-Agostini**
Né le 14 décembre 1914 à Paris. Mort le 14 janvier 1997. XXe siècle. Français.
Peintre de portraits, paysages, natures mortes. Post-impressionniste.
Il fut élève de l'École des Beaux-Arts de Paris. Il y acquit la technique minimale qui convenait à ses désirs de peinture. Il a vécu et travaillé sur le motif successivement à Paris, dans la Creuse et le Midi.
Il est resté indifférent aux mouvements qui agitèrent la création artistique au début du siècle. Ils furent nombreux entre les deux guerres les peintres qui, comme lui, eurent pour but de recréer un monde paisible et heureux. Autour de Brianchon, Oudot, ils furent ainsi qualifiés de « peintres de la vie heureuse ». Promenant sur le monde un regard bienveillant, il a traité tous les thèmes rencontrés : portraits, paysages, natures mortes, bouquets de fleurs, marines à l'occasion. Sa palette de coloriste, lointain continuateur de l'impressionnisme, s'est toujours accordée à la joie de vivre et de voir qu'il voulait faire partager. ■ J. B.

MaxAgostini

VENTES PUBLIQUES : VERSAILLES, 29 fév. 1976 : *Sur la plage*, h/t (55x33) : **FRF 5 500** – VERSAILLES, 18 déc. 1977 : *Jeune femme lisant dans le jardin fleuri*, h/t (33x55) : **FRF 12 000** – MARSEILLE, 27 juin 1979 : *La plage*, h/t (38x61) : **FRF 26 000** – AIX-EN-PROVENCE, 17 juil. 1980 : *Nature morte*, h/t (38x55) : **FRF 28 000** – MARSEILLE, 10 juil. 1981 : *Nature morte*, h/t (38x61) : **FRF 38 000** – PARIS, 18 mars 1984 : *Paysage aux environs d'Allauch (près de Marseille)*, h/t (33x55) : **FRF 7 500** – PARIS, 4 déc. 1985 : *Bois de Boulogne*, h/t (81x116) : **FRF 11 000** – VERSAILLES, 15 nov. 1987 : *Plage animé à Marseille*, h/t (46x65) : **FRF 17 000** – MARSEILLE, 27 mai 1989 : *Plage animée à Marseille*, h/t (46x65) : **FRF 32 000** – PARIS, 26 avr. 1990 : *Bateaux de pêche sur la plage*, h/t (46x55) : **FRF 20 000** – PARIS, 9 déc. 1991 : *La montagne Sainte-Victoire*, h/t (48x61) : **FRF 23 000** – PARIS, 21 mars 1994 : *Nature morte au violon*, h/t (50x65) : **FRF 43 500** – PARIS, 24 jan. 1996 : *Confidences*, h/t (33x41) : **FRF 4 600** – PARIS, 30 oct. 1996 : *Maternité*, h/pan. (72x50) : **FRF 5 900**.

AGOSTINI Peter
Né en 1913 à New York. XXe siècle. Américain.
Sculpteur, auteur d'assemblages.
Il fut élève de la Leonardo da Vinci School de New York. Il a participé à des expositions collectives internationales, dont, en 1963,

la Biennale de São Paulo. Depuis 1960, il a eu de nombreuses expositions personnelles à New York et quelques-unes à Chicago. Il a été nommé professeur à la Colombia University de 1961 à 1965, puis depuis 1966 à l'Université de la Caroline du Nord, à Greensboro.

La technique fait partie intégrante de son œuvre. Il utilise essentiellement le plâtre et il fait des moulages de certaines choses, mais non des moulages classiques par l'extérieur, des moulages de l'intérieur d'enveloppes diverses : ballons de baudruche, taies d'oreiller, etc., dans des matériaux également fragiles : tissus, caoutchouc, plastique. L'effet provient de l'opposition entre la délicatesse du moulage dans tous leurs moindres détails de volumes originellement insaisissables, et la pesanteur du plâtre des volumes obtenus. La blancheur de ce plâtre leur confère en outre une pureté de marbre. Une fois ces moulages obtenus, il les agence entre eux selon le principe du collage, mais évitant ici la règle de l'acceptation du fortuit, au bénéfice d'une réflexion plastique. ■ J. B.

BIBLIOGR. : Robert Goldwater, in : *Nouveau diction. de la sculpt. mod.*, Hazan, Paris, 1970.

VENTES PUBLIQUES : NEW YORK, 28 mai 1976 : *Papillon* 1959, pierre (H 64) : **USD 1 000**.

AGOSTINI Renzo
Né à Pistoia (Italie). XXᵉ siècle. Italien.
Peintre.
Il exposa au Salon d'Automne de 1935 un paysage : *Bords de Marne*.

AGOSTINI S.
XVIIIᵉ siècle. Actif à la fin du XVIIIᵉ siècle. Italien.
Dessinateur.
Désigné comme l'auteur du *Portrait du comte B. d'Arsi*, gravé à cette époque, par Cesare Laurentio.

AGOSTINI Tony
Né le 29 avril 1916 à Bastia (Corse). Mort en 1990 à Antony (Hauts-de-Seine). XXᵉ siècle. Français.
Peintre de scènes animées, figures, paysages, paysages urbains, intérieurs, natures mortes, fleurs, peintre à la gouache, dessinateur. Post cubiste.
Au cours d'une carrière administrative, il connut Gen-Paul, Francis Carco et Marcel Aymé à Montmartre en 1944, et vint alors à la peinture. Il a figuré dans plusieurs des salons de Paris, puis : à partir de 1953 Salon des Peintres Témoins de leur Temps ; en 1955 et annuellement *École de Paris*, galerie Charpentier ; ainsi que les expositions thématiques qui y sont organisées : 1955 *Découvrir*, 1957 Prix Greenshields, 1961 *Formes et Couleurs* ; en 1957 Salon des Tuileries ; ainsi que des participations à des expositions collectives à l'étranger. Il a fait de nombreuses expositions personnelles, depuis la première en 1947 et la seconde en 1948, puis en 1951, 1952, à Paris, galerie Visconti ; 1957, 1963 galerie Charpentier ; 1959, 1962 New York ; 1960, 1962 San Francisco ; etc.
Peut-être influencé par Gen-Paul dans la couleur, à la fois heurtée et glauque, quant à la forme, il observe les stricts principes cézanniens, parfois infléchis par le cubisme. Dans ses débuts peintre des foules et des places et rues de Paris, il privilégia ensuite la nature morte.

BIBLIOGR. : *Vision sur Agostini*, Editions Vision sur les arts, Béziers, 1972 – Lydia Harambourg, in : *L'École de Paris 1945-1965*, Ides et Calendes, Neuchâtel, 1993.
MUSÉES : AJACCIO – ALBI – AMSTERDAM – LE CATEAU – MUNICH – PARIS (Mus. d'Art Mod. de la Ville) – TOURS (Mus. du Gemmail).
VENTES PUBLIQUES : NEW YORK, 11 avr. 1963 : *Paysage de l'Ile-de-France* : **USD 350** – VERSAILLES, 15 juin 1967 : *La Raie* : **FRF 950** – PARIS, 20 oct. 1972 : *Nature morte cubiste* : **FRF 2 100** – VERSAILLES, 2 mai 1976 : *Composition à la palette*, h/t (81x100) : **FRF 2 600** – VERSAILLES, 22 fév. 1981 : *Les Carafons bleus* 1957, h/t (55x46) : **FRF 3 100** – PARIS, 29 fév. 1984 : *Le Bouquet de roses* 1958, h/t (65x46) : **FRF 4 200** – VERSAILLES, 23 nov. 1986 : *Carrefour des Quatre Chemins*, h/t (81x100) : **FRF 5 500** – PARIS, 22 avr. 1988 : *Fleurs dans un vase*, h/t (65x46) : **FRF 5 500** – VERSAILLES, 15 mai 1988 : *Nature morte aux fruits* 1955, h/t (27x35) : **FRF 8 900** – PARIS, 17 avr. 1989 : *Nature morte*, h/t (92x60) : **FRF 19 200** – PARIS, 5 juil. 1989 : *L'Atelier d'artiste*, h/t (27x22) : **FRF 6 800** – LA

VARENNE-SAINT-HILAIRE, 9 juil. 1989 : *Les Fleurs rouges*, h/t (73x50) : **FRF 23 000** – LA VARENNE-SAINT-HILAIRE, 3 déc. 1989 : *Musiciens de Jazz*, h/t (61x50) : **FRF 7 500** – VERSAILLES, 10 déc. 1989 : *Nature morte à la chaise*, h/t (81x60) : **FRF 105 000** – VERSAILLES, 28 jan. 1990 : *Les Iris bleus*, h/t (73x50) : **FRF 24 000** – SCEAUX, 10 juin 1990 : *Le Pont Neuf à Paris*, h/t (70x90) : **FRF 11 000** – PARIS, 6 fév. 1991 : *Intérieur de cuisine*, h/t (81x60) : **FRF 9 500** – PARIS, 28 mars 1991 : *Port de Marseille*, h/t (65x80,5) : **FRF 8 500** – LE TOUQUET, 14 nov. 1993 : *Vase de roses*, h/t (46x27) : **FRF 8 500** – NEW YORK, 9 juin 1994 : *Nature morte de fruits et de fleurs*, h/t (45,7x33) : **USD 1 380** – PARIS, 10 avr. 1995 : *L'Homme à la mandoline*, h/t (72,5x60) : **FRF 7 500** – LE TOUQUET, 21 mai 1995 : *Nature morte aux fruits*, h/t (38x46) : **FRF 13 000** – PARIS, 7 mars 1997 : *Nature morte aux fleurs et aux fruits* 1955, h/t (54x65) : **FRF 9 000** – CALAIS, 23 mars 1997 : *Pichet et Vase de fleurs*, gche (48x39) : **FRF 4 000** ; *Nature morte aux fleurs et aux fruits*, h/t (24x33) : **FRF 7 500**.

AGOSTINO
XVᵉ siècle. Italien.
Sculpteur sur bois.
Il travaillait à Bologne. Il exécuta une statue de la Vierge pour la façade du Palais public, en 1463.

AGOSTINO, Don
XVIᵉ siècle. Italien.
Miniaturiste.
Il travaillait à Gubbio au commencement du XVIᵉ siècle. On le mentionne à propos de miniatures qu'il exécuta en 1500, pour les moines bénédictins de Gubbio.

AGOSTINO Bosia
Née à Turin (Piémont). XXᵉ siècle. Italienne.
Peintre.
Exposa à la Société Nationale des Beaux-Arts, en 1932.

AGOSTINO Gaetano d'
XIXᵉ siècle. Napolitain, actif au XIXᵉ siècle. Italien.
Peintre.
Ses sujets de prédilection sont les coutumes de sa province. Il exposa à Naples, en 1877 : *Les Saltimbanques à Pompéi*, et à Turin en 1884 : *La vie romaine à l'époque de Claude*.

AGOSTINO Philippo
XVIIIᵉ siècle. Italien.
Peintre.
Zani le mentionne à Parme en 1766.

AGOSTINO d'Andrea
XVᵉ siècle. Actif à Sienne en 1470. Italien.
Peintre.

AGOSTINO d'Antonio di Duccio, appelé aussi di Guccio ou Agostino Ducci, et, d'après sa propre signature : Agostino da Firenze
Né en 1418 à Florence. Mort avant 1498 à Pérouse. XVᵉ siècle. Italien.
Sculpteur de sujets religieux, architecte.
Il était fils du tisseur Antonio di Duccio. Il exécuta des œuvres en marbre et des terres cuites, dans le genre de Della Robbia. Ses premières œuvres connues sont des bas-reliefs, au nombre de quatre, dans la cathédrale de Modène. En 1446, il se trouvait à Florence, mais fut accusé d'un vol et dut fuir à Venise. On retrouve sa trace à Rimini en 1449, exécutant de nombreux bas-reliefs pour le temple des Malatesta, ainsi que les tombeaux de Sigismond Malatesta et d'Isotta degli Atti. En 1457, il est à Pérouse et exécute des sculptures sur la façade de l'Oratoire de San Bernardino, et un autel à l'église San Domenico. Il visite Bologne en 1462, on le retrouve à Florence où il travaille au Dôme et repart en 1470 pour Pérouse. De ses dernières années datent plusieurs *Madones à l'Enfant* (Londres, Washington, Louvre).

AGOSTINO di Basilio
XVᵉ siècle. Travaillait à Venise. Italien.
Sculpteur sur pierre.
Il travailla à la décoration de la Scuola Grande de San Giovanni Evangelista, ainsi qu'à la façade de San Zaccaria.

AGOSTINO di Bastiano. Voir AGOSTINUCCI

AGOSTINO da Bergamo
XVᵉ siècle. Actif à Venise. Italien.
Sculpteur sur pierre.
Il fut employé à la décoration plastique du palais Guistiano près de San Moisé, à Venise.

AGOSTINO di Betto
xive siècle. Italien.
Peintre.
Zani le cite parmi les artistes occupés à Bologne en 1349. Fils de
maestro Betto.

AGOSTINO da Cesena
xve siècle. Ombrien. Italien.
Peintre.
D'après Bertolotti, il exécuta des travaux, en collaboration avec
Pietro Giacomo da Forli, au Palais del Tesoriere, à Cesena, en
1467.

AGOSTINO di Domenico
xve siècle. Italien.
Sculpteur sur pierre.
Cité par Bertolotti à Rome en 1471.

AGOSTINO di Elemosina di Omoder
xive siècle. Italien.
Miniaturiste.
Il est mentionné, en 1323, comme faisant partie de la Corporation des miniaturistes de Pérouse.

AGOSTINO da Gari
xve siècle. Actif en Ligurie, en 1490. Italien.
Peintre verrier.

AGOSTINO di Giovanni
Mort en 1350. xiiie-xive siècles. Italien.
Sculpteur de sujets religieux, monuments, statues.
Ce sculpteur sortit de l'école des Pisani, se maria en 1310, et eut
deux fils, Giovanni et Domenico, qui furent choisis comme
« Capomaestri » pour la construction de la cathédrale de Sienne.
Il travailla souvent avec son fils Giovanni d'Agostino.
Agostino di Giovanni collabora avec Agnolo di Ventura dans
plusieurs œuvres intéressantes, notamment, en 1326 à la façade
de la cathédrale d'Orvieto, dans la composition et la construction du monument funéraire de l'évêque Guido Tarlati à Arezzo
(daté de 1330), et pour lequel il aurait été aidé dans l'achèvement
des détails par son fils Giovanni di Agostino. Dans la même ville,
les deux sculpteurs Agostino di Giovanni et Agnolo di Ventura
firent aussi les statues au-dessus du portail de côté de la cathédrale, ainsi que la statue du Pape Grégoire X. Dans la cathédrale
à Pistoia, ils exécutèrent les mausolées de Cino de Sinibaldi et de
l'évêque Ricciardi ; à Volterra, le relief de la cathédrale représentant la Vie des saints. Dans leur ville natale, ils composèrent des
statues de prophètes, de saints. Agostino di Giovanni fut maître
d'œuvre de la cathédrale de Sienne, de 1338 à 1348. À Florence,
il travailla seul à un mausolée de Gastone della Torre, que quelques-uns attribuent à Tino da Camaino.   ■ B. A. V. B., J. B.

AGOSTINO di Jacopo
xive siècle. Travaillait à Padoue en 1316. Italien.
Peintre.

AGOSTINO di maestro Manno
xiiie siècle. Italien.
Peintre.
Il est mentionné à Bassano, le 23 novembre 1290.

AGOSTINO da Mantova
xve siècle. Travaillait à Venise. Italien.
Peintre.
Il décora de peintures la maison de Pietro Priuli, laquelle était la
propriété des procurateurs de San Marco.

AGOSTINO di Marsiglio
Mort en 1469. xve siècle. Travaillait à Bologne. Italien.
Peintre.
Il fut chargé d'importants travaux, pendant une dizaine d'an-
nées, à Sienne. Ce furent d'abord, à partir de 1442, des peintures
décoratives pour les chapelles San Giovanni et San Crescenzia.
Il fit aussi des bannières, des étendards, ainsi qu'un crucifix. On
cite encore deux figures pour l'autel de la chapelle Nuova.

AGOSTINO di Martino di Viviano
xive siècle. Travaillait à Sienne. Italien.
Sculpteur sur pierre.
On trouve son nom mentionné jusqu'en 1381.

AGOSTINO da Massa
xvie siècle. Italien.
Peintre.
En 1578, il fut chargé de l'exécution du plafond de la chapelle
della Liberta, dans la cathédrale de Lucques. On lui doit également les peintures de la voûte au-dessus de l'autel San Regolo,
de la même église.

AGOSTINO da Montebello
Né au xve siècle à Pavie. xve siècle. Travaillait encore à Pavie
en 1491. Italien.
Peintre.
Élève de Leonardo Vidolenghi, il épousa sa fille ; mais, comme
artiste, il se rapproche plutôt de Borgognone. Il peignit (1491) la
grande fresque du Couronnement de la Vierge dans la demi-
coupole de l'autel de San Michel, à Pavie.

AGOSTINO di Mozanega
xvie siècle. Travaillait à Mantoue. Italien.
Peintre.
On cite de lui d'importants travaux au Palais du Tè, à Mantoue,
entre autres dix tableaux dans la « Salle des vins ».

AGOSTINO dei Musi ou Mussi. Voir MUSI Agostino
Veneziano

AGOSTINO di Niccolo da Siena
xve siècle. Italien.
Sculpteur.
Il fut engagé, en 1407, pour l'exécution en marbre des fonts baptismaux gothiques de la cathédrale d'Orvieto ; il les exécuta en
collaboration de Sano di Matteo, de Sienne. On trouve encore
son nom le 13 mai 1415.

AGOSTINO di Padova
xvie siècle. Actif à Padoue en 1540. Italien.
Sculpteur.

AGOSTINO di Paolo, frate
xvie siècle. Travaillait à Florence au xvie siècle. Italien.
Peintre.
Il fut l'auxiliaire de Fra Bartolommeo, qu'il précéda au couvent
des dominicains de San Marco (1493). Comme son illustre ami, il
subit l'influence de Savonarole et fit partie du groupe de jeunes
artistes, Baccio della Porte, Botticelli, Lorenzo di Credi et autres,
que le réformateur comptait parmi ses plus chauds partisans.
On croit qu'Agostino di Paolo aida Fra Paolino à l'exécution de
sa fresque à San Spirito, à Sienne.

AGOSTINO di Paolo Augustino
xve siècle. Italien.
Peintre, graveur.

AGOSTINO di Pasquino
xvie siècle. Siennois, actif au xvie siècle. Italien.
Peintre.
On trouve, dans un document du Tribunal de Florence, son nom
figurant parmi les accusés.

AGOSTINO da Pavia
Né à Vaprio. xve siècle. Travaillait à Pavie à la fin du xve siècle.
Italien.
Peintre.
Il fut l'auxiliaire de Léonard de Vinci. En 1490, parmi les peintres,
le duc Ludovico Sforza, de Milan, le choisit pour collaborer à
l'exécution de la décoration dans son palais.

AGOSTINO di Piermatteo, dit della Monna
xve siècle. Italien.
Peintre.
Fils, et probablement élève de Piermatteo di Angelo di Giovanni.
Il fit partie de la corporation des peintres de Pérouse.

AGOSTINO delle Prospettive
xvie siècle. Vivait à Bologne vers 1525. Italien.
Peintre.
Cet artiste paraît s'être distingué comme peintre d'attributs et de
trompe-l'œil. Son exécution était si parfaite dans la représentation des fenêtres, des portes, des escaliers que bêtes et gens s'y
trompaient, affirment ses biographies. Il peignit notamment au
Carmine une peinture qui pouvait être considérée comme un
chef-d'œuvre pour ses raccourcis.

AGOSTINO di Ristoro
xive siècle. Italien.
Peintre.
Cet artiste florentin fut mentionné en 1358 dans la Corporation
des peintres de Florence.

AGOSTINO di San Agostino
xvie siècle. Actif à la fin du xvie siècle. Italien.
Graveur.

Entre autres gravures, on cite de lui : *Saint Jean l'Évangéliste*, d'après le Corrège, et la *Zingara*.

AGOSTINO Veneziano. Voir MUSI Agostino dei

AGOSTINO da Verona
xviie siècle. Travaillait à Venise dans la première moitié du xviie siècle. Italien.
Peintre.
Il était fils du peintre Maffeo. Zani, en citant son nom, mentionne la date de 1647.

AGOSTINO di Vivalo
xive siècle. Italien.
Peintre.
Il fit partie de la corporation des peintres de Pérouse en 1398.

AGOSTINUCCI ou Agostino di Bastiano
xviiie siècle. Italien.
Sculpteur.
D'après Vernarucci, il travailla dans différentes villes des Marches urbiniennes.

AGOSTO ou Agostino, dit Decio da Milano. Voir DECIO Agosto

AGOTHA Johann
xixe siècle. Hongrois.
Peintre de portraits.
Connu comme portraitiste, il fut célèbre pendant la période de 1830-1840. On cite particulièrement son effigie du *Roi Ferdinand V*, conservée à Marosvasarhely (Hongrie). Plus tard, il se retira à Nagyszeben.

AGOTHY Louis d'
xviiie siècle. Actif dans la seconde moitié du xviiie siècle. Français.
Peintre.
On cite de cet artiste le portrait d'un médecin célèbre en son temps : *Joseph Gustaldy*, œuvre conservée au Musée Calvet d'Avignon, et que l'auteur exécuta en 1787.

AGOTY Gautier d'. Voir GAUTIER d'AGOTY

AGRAMUNT Augustin
Né à Vinarot (Espagne). xxe siècle. Espagnol.
Sculpteur.
Élève de Jean Boucher. Il a exposé en 1934, au Salon des Artistes Français : *Sportive*.

AGRASOT Y JUAN Joaquim
Né en 1837 à Orihuela. Mort en 1919 à Valence. xixe-xxe siècles. Espagnol.
Peintre de compositions religieuses, scènes de genre, figures, portraits, paysages.
Il se forma à l'Académie de San Carlos, à Valence, sous la direction de Francisco Martinez, et alla se perfectionner à Rome.
Agrasot exposa pour la première fois en 1860, à une Exposition à Alicante, six tableaux, parmi lesquels on cite le *Sacrifice d'Abraham* et l'*Éducation de la Vierge*. En 1864, il figura à l'Exposition nationale de Madrid avec deux tableaux, qui eurent un grand succès. On le retrouve encore plusieurs fois à Madrid, à Paris. A l'Exposition universelle de 1889, Agrasot obtint une mention honorable avec une *Bergère de la campagne de Léon*.
Il fit également le portrait de don Juan Alfonso de Albuquerque, évêque de Cordoue et des paysages.
Ventes Publiques : Londres, 1888 : *L'atelier de Fortuny* : FRF 3 375 – Londres, 26 mars 1892 : *Posada espagnole* : GBP 29 – Londres, 22 fév. 1902 : *Travelling conjuros* 1873 : GBP 94 – Paris, 1910 : *Quadrille espagnol* : FRF 400 – New York, 10 oct. 1973 : *Jeune garçon nu dormant* 1869 : USD 3 000 – Londres, 6 mai 1981 : *Muletiers devant une ferme*, h/pan. (21,5x35) : GBP 2 000 – Barcelone, 25 oct. 1984 : *Jeune femme à sa couture*, h/t (82x44) : ESP 500 000 – Londres, 7 oct. 1987 : *Dolce far niente*, h/t (37x55) : GBP 5 000 – Londres, 22 juin 1988 : *Femme assise*, h/pan. (27x17) : GBP 5 500 – Londres, 23 nov. 1988 : *Femme cousant*, h/t (44x35) : GBP 5 500 – New York, 23 mai 1989 : *Jour de « fiesta » à Valence* 1881, h/t (48,2x77,5) : USD 88 000 – Londres, 21 juin 1989 : *Belle jeune fille espagnole avec un panier de fleurs*, h/t (80x60) : GBP 30 800 – Londres, 15 fév. 1990 : *A la fontaine*, h/pan. (17,5x27,5) : GBP 9 900 – New York, 17 oct. 1991 : *La sérénade*, h/t (73,7x44,5) : USD 27 500 – New York, 10 fév. 1992 : *Le Sultan et son harem*, h/t (32,4x53,3) : USD 6 600 – Londres, 29 mai 1992 : *La chanson improvisée*, h/pan. (31,1x41,3) : GBP 20 900 – New York, 26 mai 1993 : *Le cabinet du collection-*

neur 1871, h/pan. (40,6x28,6) : USD 17 250 – New York, 16 fév. 1995 : *La lecture du « Bon ton »*, h/t (93,3x52,7) : USD 9 200.

AGRATE Antonio Ferrari da ou Ferrari Antonio
Né à Agrate. xvie siècle. Italien.
Sculpteur.
Il appartenait à la famille des Ferrari d'Agrate. Il exécuta à Rome, en marbre, les encadrements et les colonnes des fenêtres pour la façade de l'hôpital de la Miséricorde. En 1505, il sculpta les remarquables compositions ornementales de la façade de l'ancienne église San Sepulcro.

AGRATE Gian Francesco Ferrari da
Né à Parme. xvie siècle. Italien.
Sculpteur et architecte.
Fils d'Antonio da Agrate. Son nom est mentionné pour la première fois en 1515, comme constructeur des colonnes de la bibliothèque et du *Studio* du chapitre de la cathédrale à Parme. En 1521, il travailla à l'église de la Madone della Steccata, à Parme. Son dernier ouvrage (1547) est la décoration en marbre du Ponte di Mezzo, à Parme.

AGRATE Marco d' ou Gra, Grate, Grado
Né vers 1500 à Agrate (près de Monza). xvie siècle. Italien.
Sculpteur.
Il appartient à la famille d'artistes de Ferrari, et était fils d'Antonio, et frère de Gian Francesco Ferrari da Agrate. En 1540, il fut l'un des artistes employés aux travaux de l'église de la Madone della Steccata.

AGRÉDA Esteban
Né le 26 décembre 1759 à Logrono. Mort en 1842. xviiie-xixe siècles. Espagnol.
Sculpteur.
En 1775, il entra dans l'atelier de Robert Michel ; ensuite il fit des camées, entre autres les portraits du couple royal ; il travailla aussi pour la manufacture royale de porcelaine. En 1797, il fut admis à l'Académie, où il fit un modèle à cheval pour une statue équestre de Philippe V. Il fut directeur général de l'Académie, puis Charles II le nomma peintre de la Cour. Madrid et Burgos possèdent des œuvres de cet artiste. On voit à Aranjuez sa *Fontaine de Narcisse*, celle *de Cérès*, et deux *Groupes d'Enfants* à la Fontaine d'Apollon.

AGRÉDA Manuel de
Né en 1773 à Haro. xviiie-xixe siècles. Espagnol.
Sculpteur.
Frère d'Esteban Agréda. Il fut membre de l'Académie de San Fernando à Madrid, en 1827. Cette Académie possède, de Manuel de Agréda, un relief de l'*Heure espagnole*, et un *Bacchus*. L'église de Haro conserve trois statues de saints, dues à son ciseau. De 1805 à 1808, il fut modeleur à la Manufacture de Buen-Retiro.

AGREDANO Rafael
Né en 1955 à Cordoue. xxe siècle. Espagnol.
Peintre.
Il vit et travaille à Séville. En 1987 il a exposé à la galerie La Maquina espanola de Séville. C'est sa propre histoire qu'il raconte au fil de ses tableaux comme dans un vaste collage, tout en y introduisant des références à l'art contemporain et des jeux de mots. Sa technique lisse facilite la lecture de ces œuvres simplement anecdotiques faites avec humour et dérision.

AGRELO Daniel Marcos
Né en 1897 à Buenos Aires. xxe siècle. Argentin.
Peintre, graveur.
Fils d'Emilio Cornelio Agrelo, il reçut les conseils de son père, ainsi que ceux d'Alfonso Bosco, qui fut l'introducteur de la gravure en Argentine. Participant aux expositions collectives d'Amérique latine, il y reçut des distinctions. Il fonda une revue d'art : *Nativa*.
Musées : Buenos Aires (Mus. des Beaux-Arts).

AGRELO Emilio Cornelio
Né le 16 septembre 1856 à Buenos Aires. Mort le 16 septembre 1933 à Buenos Aires. xixe-xxe siècles. Argentin.
Graveur.
Autodidacte, il fit de très nombreuses eaux-fortes et fut l'initiateur de cette technique en Argentine dans les dix dernières années du xixe siècle, technique totalement ignorée jusqu'ici ; Emilio Agrelo était obligé de passer ses commandes à Paris. Une des salles du Musée National de Buenos Aires porte son nom. Il est également représenté au Musée Castagnino de Rosario.

AGREN Olof
Né en 1874. XIXe-XXe siècles. Suédois.
Peintre de paysages.
De 1898 à 1903, il fut élève de l'Ecole des Beaux-Arts de Paris, travailla ensuite à Berlin, revint à Paris de 1908 à 1910. Il séjourna en Italie vers 1920, puis se fixa dans le Sud de la France. Il a exposé en 1929 au Musée du Jeu de Paume. Il a surtout peint des paysages italiens, en Toscane notamment, et des paysages de Provence, surtout des ports méditerranéens.

AGRESTI Daniele
XVe siècle. Actif à Vérone. Italien.
Peintre.
Une pétition qu'il adressa au marquis Nicolas III d'Este nous apprend qu'il naquit à Vérone, mais exécuta ses œuvres à Ferrare.

AGRESTI Livio
Né à Forli. Mort en 1580 à Forli. XVIe siècle. Travailla à Rome vers 1550. Italien.
Peintre de compositions religieuses, fresquiste, dessinateur.
Agresti appartient à la catégorie des peintres qui continuèrent l'œuvre de Raphaël. Il fut l'élève de Perino del Vaga. Le pape Grégoire XIII l'employa fréquemment dans les grands travaux qu'il fit exécuter au Vatican. Dans le grand escalier, on remarque une importante fresque de ce maître, représentant Philippe d'Aragon soumettant son royaume au pape Eugène III. Agresti décora également plusieurs églises et monuments publics de Rome. A Santa Catarina de Funari, il peignit *Saint Pierre et Saint Paul* et une *Annonciation*. On cite aussi le tableau d'autel représentant l'*Assomption*, œuvre d'une grande beauté, qu'il exécuta pour une des chapelles de San Spirito in Sassia. Ses meilleurs ouvrages, cependant, se trouvent à Forli, dans la cathédrale : *La Cène* et de superbes figures de prophètes décorant la voûte. Certains biographes ont dit qu'Agresti alla en Allemagne, mais on ne cite aucune peinture murale de lui hors l'Italie. Le British Museum conserve un fort beau dessin de lui pour son tableau de *La Cène*. On cite parmi les œuvres gravées d'après lui : *La Cène*, Cherubino Alberti sc., *Mise en croix*, Cavalleriis sc., *La Vierge et l'Enfant Jésus entourés d'anges dans les cieux*, même graveur.

Livius For Imitasais

VENTES PUBLIQUES : LONDRES, 22 oct. 1984 : *La Cène*, pl. et lav. sur trait de craie noire (26x17,4) : **GBP 1 800.**

AGRETTI Luigi
Né en 1878 à La Spezia. XXe siècle. Italien.
Peintre d'histoire.
Élève du professeur D. Bruschi. A pris part en 1900 au Concours Alinari avec son tableau *Mater Amabilis.*

AGRICOLA Christoph Ludwig
Né le 5 novembre 1667 à Ratisbonne. Mort en 1719 à Ratisbonne. XVIIe-XVIIIe siècles. Allemand.
Peintre de portraits, paysages animés, paysages, animaux, natures mortes, fleurs, peintre à la gouache, graveur.
Cet artiste a le grand mérite de s'être formé lui-même par l'étude de la nature. On peut regretter cependant, pour son originalité, que par le voyage qu'Agricola fit en Italie, la vue des œuvres de Poussin l'ait impressionné et qu'il ait subi l'influence du maître normand. Il se fixa à Naples durant quelques années et plusieurs des tableaux qu'il produisit alors passèrent en Angleterre.
Ses paysages, d'un grand style, contiennent souvent des motifs d'architecture et des figures. Il a peint aussi quelques portraits. Ses gravures ne sont pas moins intéressantes. Il signait quelquefois : *Agricola fecit*, ou seulement de ses initiales *C. L. A.*

℀ƒ

MUSÉES : BRESLAU, nom all. de Wroclaw : *Paysages et montagnes* – FLORENCE : *Paysage de nuit – Paysage pendant la pluie – Petit paysage, l'aurore – Paysage avec arc-en-ciel –* KASSEL : *Paysage avec monument funéraire – Paysage avec découverte d'une statue –* VIENNE : *Paysage.*
VENTES PUBLIQUES : PARIS, 1767 : *Moulin à poudre détruit par le feu ; Effet de lune :* FRF 200 – PARIS, 1776 : *Deux batailles de cavalerie :* FRF 57 ; *Une vue de mer :* FRF 60 – PARIS, 1777 : *Seize feuilles de papillons, deux feuilles d'oiseaux, quatre feuilles de petites plantes :* FRF 320 ; *Deux oiseaux perchés sur des branches d'arbre :* FRF 40 ; *Une branche de roses et une branche d'oranger en fleurs :* FRF 48 ; *Deux oiseaux morts, roses fraîches, framboises et barbeaux :* FRF 90 – PARIS, 1858 : *Paysage avec arc-en-ciel et figures :* FRF 28 ; *Bouquet de fleurs avec papillons :* FRF 9 ; *Petit perroquet à tête noire :* FRF 4 – PARIS, 1895 : *Têtes, sujets, paysages,* 6 pièces : FRF 7 – PARIS, 13 oct. 1950 : *Coquillages :* FRF 9 500 – LONDRES, 3 mai 1979 : *Paysage fluvial au crépuscule*, gche (17,5x22,2) : GBP 520 – LONDRES, 23 juin 1981 : *Oiseau sur une branche*, gche sur parchemin (25,8x19,8) : GBP 300 – MONTE-CARLO, 5 mars 1984 : *Études de fleurs : Gardénia et rose*, deux gches (29,3x21,4 et 28,9x21,4) : FRF 48 000 – VERSAILLES, 16 nov. 1986 : *Oiseaux perchés sur les branches d'un arbre*, deux gches (28x25) : FRF 19 000 – PARIS, 10 nov. 1988 : *Oiseau sur une branche*, gche (25,5x18,5) : FRF 15 000 – PARIS, 22 mars 1991 : *Oiseaux perchés sur un arbre*, gche, une paire (chaque 28x25) : FRF 25 000 – MONACO, 5-6 déc. 1991 : *Deux oiseaux sur des branches*, gche, une paire (27,3x19) : FRF 11 655 – LONDRES, 11 déc. 1992 : *Paysage avec des voyageurs aidant un infirme à passer le gué, une ferme et des paysans au lointain* 1708, h/t (59,7x65,4) : GBP 2 860 – LONDRES, 16 mars 1993 : *Pinsons*, gche/vélin, ensemble de trois (28,6x21) : GBP 3 220 – LONDRES, 23 avr. 1993 : *Vaste paysage italien avec un Oriental et des paysans sur un chemin*, h/t (39,1x49,5) : GBP 3 910 – MONACO, 2 juil. 1993 : *Mésange sur une basse branche*, gche/vélin (162x125) : FRF 6 660 – PARIS, 16 nov. 1993 : *Canari jaune (Serinus flaviventris)*, gche/vélin (28x20) : FRF 12 000 – LONDRES, 18 avr. 1994 : *Martin-pêcheur sur une branche*, gche (29,3x21) : GBP 1 840 – PARIS, 20 oct. 1994 : *Étude de perroquet*, gche (26,5x19) : FRF 7 500 – PARIS, 21 juin 1996 : *Paysage animé*, gche (11x16,3) : FRF 12 000 – LONDRES, 3 juil. 1996 : *Pinson ; Passereau sur un fond de ciel rose*, gche/vélin, une paire (28x20) : GBP 1 495 – AMSTERDAM, 11 nov. 1997 : *Oiseaux morts suspendus*, gche/vélin/pan., deux trompe-l'œil (chaque 29,4x21,7) : NLG 15 340.

AGRICOLA Eduard
Né en 1800 à Stuttgart. XIXe siècle. Allemand.
Peintre de paysages.
Élève de l'Académie de Berlin, visita Salzbourg en 1825 et voyagea en Italie en 1830. Il vint se fixer à Karlsruhe en 1848. Ses ouvrages sont très nombreux. Le graveur Hasse a gravé d'après lui : *Le château de Portici.*
MUSÉES : KALININGRAD, ancien. Königsberg : *Vue du Pœstum – Le golfe de Salerne – Le temple de Neptune.*
VENTES PUBLIQUES : LONDRES, 17 juin 1994 : *Mergellina à Naples* 1845, h/t (61x90,7) : GBP 12 650.

AGRICOLA Filippo
Né en 1776 à Urbino. Mort en 1857 à Rome. XIXe siècle. Italien.
Peintre de compositions religieuses, portraits.
Élève de l'Académie de Saint-Luc, à Rome, Agricola se perfectionna par l'étude des grands maîtres du XVIe siècle et des antiques. On le considéra bientôt comme un des plus habiles peintres romains. D'importants travaux lui furent confiés. Il peignit dans les églises de San Onofrio, San Giovanni in Laterano et autres. Il travaillait à Saint-Paul-hors-les-Murs lorsque la mort le surprit. C'était un portraitiste distingué. On cite parmi les effigies qu'il exécuta : *La Princesse royale de Danemark* (1822), *La Comtesse Perticari.* Ses tableaux, *Laure et Pétrarque* et *Dante et Béatrice*, méritent d'être mentionnés. Le graveur Domenico Marchetti a reproduit cette dernière composition.

AGRICOLA Gabriel
XVIIe siècle. Autrichien.
Peintre.
En 1806, on voyait encore, dans l'église de Jägerndorf (Austro-Silésie), un tableau peint sur bois, signé *G. Agricola*, et daté de 1609.

AGRICOLA Jérôme
XVIIe siècle. Travaillait à Innsbruck. Allemand.
Dessinateur.
Il dessina des décors de théâtre à Innsbruck.

AGRICOLA Joachim
XVIIIe siècle. Allemand.
Peintre.
L'Encyclopédie de Zani le mentionne sans autres détails que les dates de 1758 et 1785.

AGRICOLA Karl Joseph Aloys
Né en 1779 à Seckingen (duché de Bade). Mort en 1852 à Vienne. XIXe siècle. Allemand.

Peintre de sujets mythologiques, scènes de genre, portraits, aquarelliste, miniaturiste, graveur, lithographe.

Il commença ses études artistiques à Karlsruhe, puis se rendit à Vienne, en 1798, pour travailler sous la direction de Füger, à l'Académie.

Il se fit remarquer très vite par de petits tableaux mythologiques, à l'huile et à l'aquarelle. L'un d'eux, *L'Amour et Psyché*, obtint un grand succès. Ses eaux-fortes, ses lithographies augmentèrent sa renommée. Il réussit encore mieux avec ses miniatures, pour lesquelles il avait adopté le style de la fin du XVIIIe siècle. Il reproduisit sous cette forme plusieurs tableaux d'Elsheimer, de Poussin, de Mazzuola, de Zampieri et autres maîtres classiques. Rahl a gravé d'après lui le portrait des comtes de Harrach et de Dietrichstein et l'on doit à Ruolte des estampes d'après les compositions d'Agricola : *Diane, Cérès.*

α B A B

VENTES PUBLIQUES : VIENNE, 23 avr. 1963 : *La mère et ses deux filles*, aquar. : ATS 1 400 – BERNE, 17 nov. 1967 : *Amour et Psyché*, pan. : CHF 600 – VIENNE, 14 sep. 1976 : *Chasseur et son chien dans un paysage*, h/pan. (32x21,5) : ATS 30 000 – PARIS, 3 mars 1980 : *Cavaliers et villageois* ; *Pêcheurs*, deux gches, formant pendants (17x22,5 et 17,5x23) : FRF 8 200 – VIENNE, 6 mai 1980 : *Flore* 1829, h/t (190x127) : ATS 32 000 – COPENHAGUE, 12 avr. 1983 : *Moines secourant un blessé dans un bois* 1843, h/t (66x77) : DKK 26 000 – MONACO, 16 juin 1990 : *Portrait présumé du roi de Rome* 1833, h/pan. (24x18,2) : FRF 16 650 – AMSTERDAM, 21 avr. 1994 : *Nature morte avec une pipe, une tasse et une soucoupe dorées et un perroquet tenant du pain et une petite cuillère*, h/pan. (38x32,5) : NLG 12 650.

AGRICOLA Luigi
Né vers 1750 à Rome. XVIIIe siècle. Italien.
Peintre.
Il suivit la manière de son maître, Christoph Unterberger, et peignit surtout des tableaux d'églises. Il exécuta aussi des dessins pour la reproduction en gravure, notamment : *Jésus-Christ en croix*, De la Cour sc., et *Vie de Jésus et de la Vierge*, Giuseppe Perini sc.

AGROTE Antonio
XVIIIe siècle. Actif à Milan vers 1750. Italien.
Peintre d'architectures.
Une des chapelles de l'église des Carmélites de Milan et l'église Santa Maria de Brescia possèdent des peintures de cet artiste. Carboni exécuta les figures dans celles du dernier monument.

AGTERBERG Chris
Né en 1883. Mort en 1948. XXe siècle. Hollandais.
Sculpteur de figures.
VENTES PUBLIQUES : AMSTERDAM, 24 nov. 1986 : *Tête de femme*, bronze patiné (H. 23) : NLG 2 800 – LOKEREN, 5 mars 1988 : *Tête de femme* 1922, bronze patine noire (H 23) : BEF 95 000.

AGTHE Curt
Né le 28 juillet 1862 à Berlin. Mort en 1943. XIXe-XXe siècles. Allemand.
Peintre de sujets mythologiques, scènes de genre.
Il fut élève à l'Académie royale des Arts, et du professeur Max Michaël.
Il exposa à Berlin, notamment en 1909 et 1910.
Ses sujets favoris sont les Nymphes, des Naïades, des Baigneuses et des fantaisies italiennes.
VENTES PUBLIQUES : VIENNE, 19 mars 1985 : *Danseuse de Pompei*, h/t (99,5x52) : ATS 70 000 – COLOGNE, 23 mars 1990 : *Dryade*, h/t (113x94) : DEM 4 600.

AGUADO Y GUERRA José
Né à Triguero (Espagne). Mort en 1905. XIXe siècle. Espagnol.
Peintre de figures, portraits, paysages.
Il fit ses études à l'Académie des Beaux-Arts, à Madrid, fut élève de Dominguez. Il se fit connaître aux Expositions de Madrid en 1892, 1895, 1897, 1898, 1901. On signale parmi ses œuvres : *Le repas au jardin, Portrait d'enfant, Soleil d'automne, Un jardin.*

AGUANEVADA Lope Fernandez. Voir FERNANDEZ AGUANEVADA Lope

AGUAYO Fermin
Né le 14 août 1926 à Sotillo-de-la-Ribera (Castille). Mort le 23 novembre 1977 à Paris. XXe siècle. Depuis 1952 actif en France. Espagnol.

Peintre. Nouvelles Figurations. Groupe Portico.
La jeunesse de Aguayo se passa pendant la guerre civile espagnole. Sans avoir reçu aucune formation, il commença à peindre en 1945. Dès 1947, il fut un des fondateurs du groupe *Portico*, qui réunissait les premiers peintres abstraits espagnols, et qui exposa entre 1947 et 1952 à Saragosse, Madrid, Bilbao, Santander. En 1952, il vint à Paris où il fut pris en charge par la galerie Jeanne Bucher, qui s'occupa de lui jusqu'à sa mort, et continua ensuite de montrer ses œuvres. Il y eut sa première exposition personnelle en 1958, qui fut suivie d'une autre à New York. À partir de 1958 également il exposa régulièrement au Salon des Réalités Nouvelles de Paris. D'autres expositions ont témoigné de son évolution : Musée Fabre de Montpellier, Leicester Gallery à Londres, Hastings Gallery à New York. En 1976, l'année d'avant sa mort, une importante exposition rétrospective eut lieu au Musée Fabre de Montpellier, puis à Madrid et dans plusieurs grandes villes d'Espagne. En 1993, la galerie Jeanne Bucher a montré une exposition de ses peintures d'Espagne de 1947 à 1952 et de son arrivée à Paris de 1953 à 1958.
Suivant en cela les exemples que lui proposait l'époque, ses premières peintures étaient à la fois abstraites et expressionnistes, très hautes en couleur, à dominantes violet et jaune. C'était alors l'apparition en force de l'expressionnisme abstrait et de l'abstraction lyrique et gestuelle, qui venaient contrebalancer la domination de l'abstraction géométrique ou froide. Après son arrivée à Paris et jusqu'en 1957-1958 il poursuivit sa production expressionniste abstraite animée par ses souvenirs nostalgiques de l'Espagne, puis il fut amené à réviser sa position envers l'expressionnisme abstrait et, en 1957-1958, il revint progressivement à la figuration, avec d'abord ce qu'il appela ses *Paysages retrouvés* et *Paysages imaginés*, puis en peignant des personnages ou des objets isolés dans un univers qui a pu être qualifié de « mystique » ou « métaphysique », dans une gamme volontairement pauvre des formes très allongées se dégageant à peine de fonds schématisés à l'extrême : *Les pigeons* de 1964-1965, *Trois nus pour un espace* en 1968. Son exposition personnelle de 1974 à Paris, fut préfacée par Claude Estéban, qui devint l'ardent défenseur de cette peinture alors encore à contre-courant. Dans sa recherche solitaire, il a fait évoluer sa peinture dans le sens d'une réintégration du réel, objets ou personnages, dans son ancienne écriture abstraite. Plus que la réalité des choses, il a semblé vouloir en dévoiler l'essence cachée. ■ Jacques Busse
BIBLIOGR. : Claude Esteban : *Aguayo ou l'Ambiguïté du réel*, in Cimaise, N°133-134, Paris, 1977 – Lydia Harambourg, in : *L'École de Paris 1945-1965. Diction. des Peintres*, Ides et Calendes, Neuchâtel, 1993.
MUSÉES : DIJON (Mus. des Beaux-Arts, Donation Granville) – MARSEILLE (Mus. Cantini) : *Espagne 1936* – MONTPELLIER (Mus. Fabre).
VENTES PUBLIQUES : PARIS, 15 fév. 1988 : *Portrait de femme 1962*, h/t (45x38) : FRF 2 000 – PARIS, 17 juin 1988 : *Composition 1956*, h/t (50x60) : FRF 3 800 – PARIS, 29 sep. 1989 : *Pigeon 1963*, h/t (46x33) : FRF 12 000.

AGUAYO Urban de
XVIIe siècle. Actif à Madrid vers 1623. Espagnol.
Sculpteur sur bois.
Il fabriqua particulièrement du mobilier d'art.

AGUCCHI Giovanni
XVIe siècle. Actif à Milan. Italien.
Graveur.
On cite de lui deux gravures ; l'une, de la cathédrale de Milan, signée *Agucchi fece Milano* ; l'autre, le portail d'un important bâtiment, avec les initiales *G. A.* Certains critiques doutent que les deux pièces soient de la même main et attribuent la dernière à Federico Agnelli.

G A·

AGUELI Ivan
Né en 1869 en Suède. Mort en 1917 en France. XIXe-XXe siècles. Suédois.
Peintre de figures, nus, portraits, paysages. Symboliste.
En 1890 il fait la connaissance d'Émile Bernard dont il devient l'élève. Il rejoint alors l'École de Pont-Aven. Il peint seulement pendant deux périodes, entre 1890 et 1895 d'abord, puis de 1911 à sa mort. Entre temps il mène une existence errante soit en France, soit en Orient dont l'étudie les religions. Il s'intéresse à Gauguin, Cézanne et Van Gogh et participe au mouvement du symbolisme qui veut rendre les correspondances entre esprit et matière.

VENTES PUBLIQUES : STOCKHOLM, 26 oct. 1955 : *Paysage avec coucher de soleil :* **SEK 4 000** – STOCKHOLM, 13 oct. 1960 : *Tête de petite fille regardant de face :* **SEK 12 000** – GÖTEBORG, 31 mars 1979 : *La Rue de village,* h/t (25x32) : **SEK 21 500** – STOCKHOLM, 25 nov. 1982 : *Homme asis,* h/pan. (39x59) : **SEK 30 700** – STOCKHOLM, 29 nov. 1983 : *Paysage au bord de mer,* h/pan. (36x92) : **SEK 142 000** – STOCKHOLM, 24 avr. 1984 : *Étude de nu,* h/t (53x35) : **SEK 16 000** – STOCKHOLM, 17 avr. 1985 : *Paysage d'été,* h/t (18,5x19) : **SEK 24 500** – STOCKHOLM, 5-6 déc. 1990 : *Le littoral méridional avec des arbres au bord de l'eau,* h/t (32x45) : **SEK 78 000** – STOCKHOLM, 5 sep. 1992 : *Le sommet de la falaise,* h/t (27x40) : **SEK 130 000**.

AGUERO Benito Manuel de
Né en 1626 à Madrid. Mort en 1670 à Madrid. XVIIᵉ siècle. Espagnol.
Peintre de sujets militaires, paysages.
Aguero peignit surtout des paysages et des batailles. Il fut l'élève de Mazo Martinez, dont il adopta la manière. Il tenta de s'inspirer du Titien, mais il n'atteignit jamais à la largeur de style, à la puissance d'expression du grand Vénitien. Ses ouvrages sont rares.

AGUERO Miguel de
XVIIᵉ siècle. Espagnol.
Sculpteur de monuments, statues.
En 1699, il exécuta, avec Fernando de Mazas, les statues de Saint Augustin, Saint François et Saint Sébastien, au portail principal de l'hospice de Saint-Augustin, dans le faubourg d'Osma.

AGUERO Pablo Emiliano
Né à Paris, d'origine espagnole. XIXᵉ siècle. Français.
Peintre.
Élève de Gérome et de Bonnat. Il fit surtout des natures mortes et figura, à partir de 1880, dans de nombreuses expositions de Paris. Citons, de ses œuvres : *Poissons, Paniers avec fruits et légumes, Études de gibier.*

AGÜERO TORRES Leopoldo. Voir TORRES AGÜERO

AGUERRE Ricardo
Né en 1897. Mort en 1967. XXᵉ siècle. Uruguayen.
Peintre.

AGUERREGARAY Charles Jean
Né à Bayonne (Pyrénées-Atlantiques). XXᵉ siècle. Français.
Peintre de paysages, marines.
Il expose à Paris au Salon des Artistes Français depuis 1922. Il peint surtout les paysages du Pays basque et les ports de la côte Atlantique.

AGUESCA Jérônimo
XVIIᵉ siècle. Actif à Huesca au milieu du XVIIᵉ siècle. Espagnol.
Graveur en taille-douce.
Il grava surtout des saints : *Saint Juste,* la *Vierge apparaissant à des bergers, Saint Laurent,* etc. Il signait ses estampes : *Jeronimo Aguesca, Oscoe* ou *Agüesca.*

AGUESCA Laurenzo
XVIIᵉ siècle. Actif vers 1645. Espagnol.
Graveur en taille-douce.
Il grava le frontispice pour le *Museo de las medallas desconocidas espagnolas,* par don Vicenzio Ivan de Lastanosa, senor de Figaruelas.

AGÜESCA Teresa
Née en 1654 à Huesca. XVIIᵉ siècle. Espagnole.
Graveur en taille-douce.
Elle était fille de Jérônimo Aguesca. A l'âge de neuf ans, elle gravait déjà une image de saint Antoine.

AGUESSEAU d'
XIXᵉ siècle (?). Français.
Dessinateur.
On cite de lui le portrait de R. Boscovich.

AGUET William Jean Édouard
Né à Paris, d'origine suisse. XIXᵉ-XXᵉ siècles. Suisse.
Peintre.
Exposant au Salon des Indépendants en 1927 et 1930, il a surtout peint des paysages.

AGUIAR Joào José
Né au XVIIIᵉ siècle à Bellas (Portugal). XVIIIᵉ siècle. Portugais.
Sculpteur.
Il commença à étudier le dessin au château de Lisbonne, puis, en 1785, il se rendit à Rome, pensionné par l'Intendance. Dans cette

ville, il suivit pour le dessin les leçons de Labruzzi et pour la sculpture celles de Joseph Angeli. Ce dernier ayant été atteint d'aliénation mentale, Aguiar devint l'élève de Canova. De retour en Portugal, il succéda, comme sculpteur de la fonderie, à François Antoine. Dans cet atelier, il exécuta, pour Mafra, quelques sièges de chœur en bronze ouvragé. On doit à cet artiste la statue du Roi, qui se trouve à l'Arsenal, ainsi que les sculptures du palais d'Ajuda.

AGUIAR José
Né en 1895 aux Iles Canaries. XXᵉ siècle. Espagnol.
Peintre. Expressionniste.
Il a participé à l'exposition d'art espagnol contemporain, qui eut lieu au Musée du Jeu de Paume de Paris en 1936, avec une peinture murale peinte à la cire. Il a exposé fréquemment en Espagne et dans les pays d'Amérique latine. Sa peinture ressortit à un expressionnisme tragique, qu'on rencontre dans la tradition espagnole depuis le Greco, Murillo, Goya et jusqu'à Picasso.
MUSÉES : BARCELONE – BUENOS AIRES – LISBONNE – MADRID – OSLO .

AGUIAR Tomas de
Mort vers 1679 à Madrid. XVIIᵉ siècle. Espagnol.
Peintre de portraits.
Ce fut un des bons élèves de Velasquez. Il ne tarda pas à se faire remarquer par la liberté de son exécution et la parfaite ressemblance de ses portraits. Le poète Antonio de Solis, qu'il peignit, le célébra dans un sonnet. Aguiar a également très bien réussi les petites figures.

AGUIKUCHI
XXᵉ siècle. Japonais.
Peintre.
A exposé deux peintures au Salon des Tuileries de 1933.

AGUILA Baltasar del
XVIᵉ siècle. Espagnol.
Peintre de compositions religieuses.
Il exécuta, en 1570, l'autel de l'Hospice de Saint-Sébastien, à Cordoue.

AGUILA Francisco del
XVIᵉ siècle. Actif à Murcie à la fin du XVIᵉ siècle. Espagnol.
Peintre, décorateur.
Par un document daté du 6 octobre 1590, on sait que cet artiste demanda l'autorisation de peindre et de dorer le tombeau de don Alonso le Sage (dans la cathédrale de Murcie).

AGUILA Gaspar del
XVIᵉ siècle. Espagnol.
Sculpteur.
Divers documents le montrent travaillant de 1571 à 1590, à Séville.

AGUILA Luis del
XVIᵉ siècle. Espagnol.
Sculpteur de sujets religieux.
Il travailla à Jaen, sous la direction de Pedro de Valdelviria. Il fut appelé par le chapitre de la cathédrale de Séville, en 1553, pour évaluer les travaux des côtés du tabernacle au maître-autel.

AGUILA Miguel del
Mort en 1736 probablement à Séville. XVIIIᵉ siècle. Vivait à Séville. Espagnol.
Peintre.
Le comte de la Vinaza mentionne, dans sa notice, un peintre de ce nom cité dans la relation d'un autodafé qui eut lieu à Séville le 18 mai 1692, et Céan parle d'un Miguel del Aguila, imitateur de Murillo, mort à Séville en 1736. Ces deux Miguel pourraient n'être qu'une même personne.

AGUILAR Alonso de
XVIᵉ siècle. Espagnol.
Sculpteur.
Un document indique qu'il prit un élève en 1561. Il était à Séville vers 1575.

AGUILAR Bartolomé de
XVIᵉ siècle. Espagnol.
Sculpteur, décorateur.
Il travaillait à Henares. En 1518, il fut chargé de la décoration de la Salle des Fêtes du Collège Saint-Ildefonse de l'Université d'Alcala de Henares.
Dans la peinture du plafond, se trouvent des réminiscences mauresques et le reste de la décoration fut exécuté dans le style de la Renaissance. Cette partie de la décoration laisse deviner l'influence de Raphaël.

AGUILAR Diego de
XVIᵉ siècle. Espagnol.
Peintre, sculpteur.
Actif à Tolède. Cet artiste fut chargé par la fabrique, avec Sébastian Hernandez, le 20 février 1587, d'expertiser les sculptures et dorures du cadre destiné au tableau célèbre du Greco, désigné sous le titre de : *Jésus-Christ présenté au peuple.*

AGUILAR Gonzalo de
XVIᵉ siècle. Espagnol.
Peintre.
Actif à Séville, cet artiste se porta garant pour le peintre Tomas Fernandez en 1509.

AGUILAR Homero
Né en 1953. XXᵉ siècle. Colombien.
Peintre. Tendance hyperréaliste.
Séjournant à Paris à la fin des années quatre-vingt, il y participe à des expositions collectives, notamment au Salon Grands et Jeunes d'Aujourd'hui en 1988, avec une peinture, non d'esprit mais de facture hyperréaliste, représentant un intérieur dans lequel il met en œuvre la procédure connue de « la peinture dans la peinture ». En 1991, il a participé à l'exposition *Paris, de Lutèce à la Grande-Arche*, à la Mairie du IX arrondissement de Paris.
VENTES PUBLIQUES : NEW YORK, 21 nov. 1988 : *Intérieur* 1987, h/t (94x127) : **USD 4 180.**

AGUILAR José
Né en Catalogne. XIXᵉ siècle. Espagnol.
Peintre de portraits, miniatures.
On cite parmi ses œuvres : les portraits du *Roi Alphonse XII* et de la *Reine Marie-Christine*, qui lui valurent le titre de miniaturiste de la Cour.

AGUILAR José Roberto
Né en 1941 à São Paulo. XXᵉ siècle. Brésilien.
Peintre.
Il fut invité à la Biennale de São Paulo en 1963, et fit partie de la sélection brésilienne à la Biennale des Jeunes de Paris en 1965. Son art n'est plus totalement abstrait, il y intègre des lettres, se situant entre le lisible et l'illisible. Ainsi, *La Divine Comédie*, par son air de fête, n'est qu'un masque pour mieux dénoncer le fouillis général du monde.
BIBLIOGR. : Damien Bayon et Roberto Pontual : *La Peinture de l'Amérique latine au XXᵉ siècle*, Mengès, Paris, 1990.

AGUILAR Manoel d', marquès
Né en 1767 à Porto. XVIIIᵉ-XIXᵉ siècles. Portugais.
Graveur en taille-douce.
Il étudia à l'Académie de Porto jusqu'en 1793, puis il alla à Londres se perfectionner chez le graveur de paysages Thomas Milton. Revenu en 1796 dans son pays, il grava des sujets d'histoire naturelle, des costumes asiatiques et des portraits de la famille royale de Portugal.

AGUILAR Roger
Né en 1947 à Pilon (Granma). XXᵉ siècle. Cubain.
Graveur, lithographe, graphiste.
Il fut diplômé de l'École d'Enseignement Artistique en 1965. Il participe à des expositions collectives depuis 1967. En 1975, il obtint le Premier Prix de Lithographie, au Salon National de Gravure. Il est graphiste au Ministère de la Culture.
BIBLIOGR. : Divers, dont Alejo Carpentier, in : Catalogue de l'expos. *Cuba. Peintres d'aujourd'hui*, Mus. d'Art Mod. de la Ville, Paris, 1977-1978.

AGUILAR Sergi
Né en 1946 à Barcelone (Catalogne). XXᵉ siècle. Espagnol.
Sculpteur. Abstrait-géométrique.
Il fut élève du Conservatoire des Arts de Barcelone. Il participe à des expositions collectives, notamment à l'Institut Britannique de Barcelone 1969, dans plusieurs des grandes villes d'Allemagne, etc.
Ses sculptures utilisent le volume premier du cube presque en tant que module, qu'il décompose et recompose sous d'autres aspects par des systèmes de charnières.

AGUILAR-AGON Jorge
Né en 1936. XXᵉ siècle. Espagnol.
Peintre de paysages, paysages d'eau.
VENTES PUBLIQUES : GRENOBLE, 10 déc. 1979 : *Animation sur le canal à Dublin*, h/t (50x73) : **FRF 5 200** – GRENOBLE, 11 oct. 1982 : *Clocher et beffroi de Hollande*, h/t (65x80) : **FRF 6 400** – GRENOBLE, 12 mars 1984 : *Clocher et beffroi en Hollande*, h/t (65x80) :

FRF 6 000 – PARIS, 9 déc. 1985 : *Sur la route du village*, h/t (54x65) : **FRF 5 500** – GRENOBLE, 18 mai 1987 : *La route près du canal*, h/t (46x61) : **FRF 5 000** – GRENOBLE, 20 mai 1989 : *Sur le grand canal*, h/t (51x76) : **FRF 4 500.**

AGUILAR-ALCUAZ Federico
Né en 1932 à Manille. XXᵉ siècle. Actif en Europe. Philippin.
Peintre, peintre de cartons de tapisseries. Néo-expressionniste et abstrait.
Il fit d'abord des études de droit à Madrid, et seulement plus tard, en 1954, étudia la peinture dans la même ville, à l'Académie de San Fernando. Son appartenance philippine l'oblige évidemment à voyager beaucoup à travers le monde. Il est marié avec une Allemande, séjourne souvent à Paris, fait tisser ses tapisseries en Tchécoslovaquie. Sans s'attarder sur les très nombreuses expositions collectives auxquelles il a participé dans le monde, on notera qu'il a remporté des prix à Manille, Barcelone, Paris. Il a montré ses œuvres depuis 1953, dans quantité d'expositions individuelles, à Manille, Madrid, Santander, Barcelone, Bilbao, Paris, Lisbonne, Tokyo, Heidelberg, etc.
Ses peintures à l'huile se rattachent avec évidence au courant néo-expressionniste renaissant dans les années soixante-dix – quatre-vingt. Tandis que les tapisseries sont résolument abstraites, même si parfois se rapprochant de l'expressionnisme abstrait : couleurs franches, graphismes noirs en volutes, en arabesques. On pense parfois à Miro. D'ailleurs le Philippin Aguilar-Alcuaz ne revendique aucun exotisme et se réclame au contraire de l'art européen-international. ■ J. B.
BIBLIOGR. : Catalogue de l'exposition *Aguilar-Alcuaz*, Gal. Vermeer, Bilbao, 1974.

AGUILAR CASADO Antonio
Né à Madrid. XIXᵉ siècle. Espagnol.
Peintre de paysages.
Il fut l'élève de Antonio Munoz-Degrain, et s'adonna surtout au paysage. En 1904, à l'Exposition de Madrid, il reçut une mention honorable. On cite parmi ses œuvres : *Les hauteurs de la Casa del Campo, Le Port de Carthagène*.

AGUILAR-MORE Ramon
Né en 1924. XXᵉ siècle. Espagnol.
Peintre de compositions animées, paysages.
VENTES PUBLIQUES : BARCELONE, 21 déc. 1982 : *Le concert*, h. et craie/pap. (34x50) – ESP 44 000 – BARCELONE, 11 mai 1989 : *Paysage rural* 1986, h/pan. (30x44) : **ESP 150 000.**

AGUILERA Diego de
XVIᵉ siècle. Espagnol.
Peintre d'histoire, sculpteur.
Cet artiste, sur lequel on ne possède presque aucun détail, sinon qu'il vivait à Tolède vers 1587, a laissé la réputation d'un homme d'esprit conciliant et d'excellentes manières. Il était considéré comme un bon juge en matière d'œuvres d'art et souvent amateurs et artistes le prenaient comme arbitre, pour fixer le prix des œuvres de ces derniers. La majeure partie des ouvrages d'Aguilera a été détruite par le feu.

AGUILERA José
Né en 1900. XXᵉ siècle. Argentin.
Peintre de paysages.

AGUILI de Froly Luigi
XVIIIᵉ siècle. Italien.
Sculpteur.
Ris-Paquot, dans son *Dictionnaire de monogrammes*, le mentionne à la date de 1745.

AGUILO. Voir **ANGELO DA COMO**

AGUIRRE Anton de
XVIIᵉ siècle. Espagnol.
Sculpteur.
Il travaillait à Séville vers 1628.

AGUIRRE Domingo de
XVIIIᵉ siècle. Espagnol.
Dessinateur de paysages.
Huit gravures, représentant des vues du château d'Aranjuez et de ses environs, furent exécutées, de 1773 à 1775, d'après ses dessins.

AGUIRRE Francisco de
XVIIᵉ siècle. Vivait à Tolède en 1646. Espagnol.

Peintre de portraits.

Ce peintre, qui fut l'élève d'Eugenio Caxès, appartient à la catégorie de ceux dont les amateurs d'art doivent détester le souvenir pour le nombre d'œuvres qu'ils dégradèrent sous prétexte de « restauration ». Aguirre commença sa désastreuse carrière de réparateur dans la cathédrale de Tolède, en 1646. Il repeignit suivant sa conception personnelle et dans le goût du jour plusieurs tableaux de maîtres anciens. Comme peintre original, on ne connaît de lui que quelques médiocres portraits.

AGUIRRE Ginés de
Né en 1731 à Yecla. XVIIIᵉ siècle. Espagnol.

Peintre de portraits, copiste.

Cet artiste vint de bonne heure à Madrid, se livra à une étude sérieuse de Vélasquez et de Luca Giordano, en copiant ces deux maîtres. Ginés de Aguirre fit de nombreux portraits du roi Charles III. Peut-être serait-il le même que José Ginés de Aguirre, mentionné en 1785, au Mexique.

AGUIRRE Ignacio
Né en 1900 à Jalisco. Mort en 1990. XXᵉ siècle. Mexicain.

Peintre de compositions murales, graveur.

Autodidacte, il commença à dessiner très jeune, mais interrompit toute activité artistique pendant la révolution, de 1915 à 1917. Ensuite, il se fixa à Mexico, où il fut assistant à professeur de dessin à l'Université. En 1937, il fut l'un des co-fondateurs de l'Atelier de Peinture Populaire.

En 1947, il a publié une série d'*Estampes de la Révolution Mexicaine*. Il a réalisé des peintures murales à Mexico même et à l'extérieur.

VENTES PUBLIQUES : NEW YORK, 7 déc. 1980 : *Ouvrier et tas de ferraille* 1943, h/t : USD 1 500.

AGUIRRE Juanes
XVIᵉ siècle. Actif à Ségovie. Espagnol.

Sculpteur de statues, décorateur.

Élève et beau-frère de Mateo Inverto, il travailla dans la paroisse de Villacastin, avec Mateo Inverto, à l'exécution du grand tabernacle du maître-autel et, en 1594, il en exécuta un autre avec les statues des Évangélistes et plusieurs autres saints.

AGUIRRE Lorenzo
Né le 14 décembre 1883 à Pampelune. XXᵉ siècle. Espagnol.

Peintre.

Il faisait partie de la sélection officielle de l'Exposition d'Art Espagnol Contemporain, qui fut montrée au Musée du Jeu de Paume à Paris en 1936.

AGUIRRE Marcial
Né le 22 novembre 1841 à Vergara. Mort le 10 mai 1906 à Saint-Sébastien. XIXᵉ siècle. Espagnol.

Sculpteur de statues.

Il étudia à Rome, sous la direction du sculpteur Giuseppe Obici. En 1864, il débutait à Madrid avec la statue d'un chasseur ; en 1866, il exposa un *Saint Ignace de Loyola*, œuvre qui lui valut une médaille.

AGUIRRE Pedro de
XVIᵉ siècle. Travaillait à Séville vers 1537. Espagnol.

Sculpteur ornemaniste, décorateur.

Cet artiste prit part à la construction ou à l'ornementation des édifices publics de Séville.

AGUIRRE HORTES DE VELASCO Josef Maria, don, marquis de Montehermoso
XVIIIᵉ siècle. Espagnol.

Peintre.

En 1756, il fut nommé membre de l'Académie de San Fernando, où sont plusieurs de ses œuvres, tableaux et dessins.

AGUIRRE Y MONSALBE Manuel
Mort en 1855. XIXᵉ siècle. Espagnol.

Peintre d'histoire et de portraits.

Élève de Vicente Lopez. En 1846, professeur à l'Académie de San Luis, à Saragosse. On remarque au Casino de cette ville une série de portraits des rois d'Aragon, peinte par lui.

AGUIRRE Y RODRIGUEZ Miguel
Né au XIXᵉ siècle à Cadix. XIXᵉ siècle. Espagnol.

Peintre de genre, natures mortes.

Il étudia à Madrid et, à partir de 1871, fut représenté aux principales Expositions de la métropole espagnole. On cite parmi ses œuvres : *La punition, Une partie de cartes, La cruche*.

AGUJARI G.
XIXᵉ siècle. Vivait à Londres entre 1869 et 1877.

Peintre.

Trois tableaux de figures de cet artiste ont été exposés à la British Institution.

AGUJARI José
Né en 1843 à Venise. Mort le 15 octobre 1885 à Buenos Aires. XIXᵉ siècle. Italien.

Peintre, aquarelliste.

Il fit ses études à la Royal Academy of Art de Venise et plus tard fut nommé directeur de l'École des Beaux-Arts de Trieste. Arrivé en Argentine en 1871, il appartint à la Société pour le développement des Beaux-Arts. Il fut représenté à l'exposition : *Un siècle d'Art en Argentine* à Buenos Aires en 1936. Le musée National de Buenos Aires conserve de ses œuvres.

AGUJARI Tito
Né en 1834 à Adria. Mort en 1908. XIXᵉ siècle. Travaillait à Trieste. Italien.

Peintre de scènes de genre, portraits, aquarelliste.

On cite de lui le portrait du baron P. Revoltella, fondateur du Musée de Trieste, conservé dans cet établissement.

MUSÉES : TRIESTE : *Portrait du baron P. Revoltella*.

VENTES PUBLIQUES : VIENNE, 15 sep. 1982 : *La diseuse de bonne aventure*, aquar. (62x43) – ROME, 2 juin 1994 : *Enfant dans un jardin*, aquar./pap. (50x37) : ITL 1 840 000 – LONDRES, 21 nov. 1996 : *La Partie de pêche*, cr., aquar. et gche (72,5x107,2) : GBP 4 600.

AGULLO Francisco
Né à Concentaina. Mort en 1646 à Concentaina. XVIIᵉ siècle. Espagnol.

Peintre d'histoire, compositions religieuses.

En 1637, il peignit un tableau d'autel pour le couvent Saint-Sébastien de sa ville natale.

AGULLO Thierry
Né en 1945 à Bordeaux (Gironde). Mort en 1980 à Barbezieux (Charente). XXᵉ siècle. Français.

Artiste. Conceptuel, tendance sociologique.

Lorsqu'Agullo a montré, en 1973 à Paris, une « collection » de fers à-chaussures collectés à travers le monde et présentés chacun avec ses références ou bien lorsque, en 1974, il a exposé un ensemble de porte-monnaie dans le même esprit de présentation, il s'affirmait en tant que proche de l'art sociologique, qui se définissait dans le même moment.

VENTES PUBLIQUES : PARIS, 26 mai 1986 : *Treize matériaux divers...* 1972, assemblage et montage de fer et de semelles de chaussures usées dans une boîte (36x30) : FRF 4 000.

AGULLO Y JUST Pascual
XIXᵉ siècle. Travaillait en Espagne. Espagnol.

Sculpteur de sujets religieux.

Il fut élève de Cloostermans ; en 1828, devenu membre de l'Académie de Valence, il fut nommé directeur de la classe de sculpture. Il exécuta des travaux dans les églises de Potries, Orihnela, Almoradi.

AGURTO L.
XXᵉ siècle.

Sculpteur.

Il exposa au Salon des Artistes Français de 1913.

AGUSOLLI Vincenzo di ser Alfonso degli
XVIᵉ siècle. Actif à Ferrare. Italien.

Peintre.

Il est mentionné dans des documents de 1550.

AGUSTIN Y GRANDE Francisco
Né en 1753 à Barcelone. Mort en 1800. XVIIIᵉ siècle. Espagnol.

Peintre de compositions religieuses, dessinateur.

Il commença ses études dans sa ville natale, puis se rendit à Rome, où il se plaça sous la direction de Raphaël Mengs. Agustin devint un des plus habiles imitateurs de son maître. De retour en Espagne, il fut le premier directeur de l'école de dessin de Cordoue. En 1799, il fut nommé membre de l'Académie de San Fernando, à Madrid. Agustin a surtout peint dans les églises, particulièrement dans celles de Cordoue.

AGUSTONE Francesco
XVIIᵉ siècle. Italien.

Sculpteur de sujets religieux, modeleur.

Il travailla à la cathédrale d'Osimi près d'Ancône, en 1660, plus tard à Matelica, et à la Sapienza, à Rome.

AGUTTE Georgette
Née le 17 mai 1867 à Paris. Morte le 4 septembre 1922 à Chamonix (Haute-Savoie). XIXᵉ-XXᵉ siècles. Française.

Peintre de portraits, paysages, fleurs, peintre de panneaux décoratifs, sculpteur. Fauve.

À l'École des Beaux-Arts de Paris, elle fut élève de Gustave Moreau, comme le furent de sa génération Matisse et Rouault. Elle devint l'épouse de Marcel Sembat, homme de culture et lettré, qui fut député socialiste et ministre en 1916. A partir de 1904, elle exposait au Salon des Indépendants. Elle participa à la fondation du Salon d'Automne, y exposant régulièrement et dont elle devint membre d'honneur. Amie des peintres du fauvisme, dont elle se réclamait pour sa propre peinture, ainsi que de bien d'autres artistes, elle œuvra beaucoup en faveur de l'art moderne, le salon des Sembat en devenant un fief. En 1910, elle participa à l'Exposition de Bruxelles. Elle a peint dix panneaux représentant sous différents aspects le jardin de Marcel Sembat à Bonnières. À la mort de Marcel Sembat elle ne voulut pas lui survivre, elle légua une grande partie de ses collections au Musée de Grenoble, contribuant à en faire un important musée d'art contemporain. Le poète et critique d'art Gustave Kahn organisa une exposition rétrospective de ses peintures, aquarelles et sculptures, au Salon d'Automne de 1922.

Sa peinture s'apparente au fauvisme par un chromatisme vif et contrôlé, qu'on a pu dire parfois un peu aigre. Elle a peint de nombreux portraits de personnalités de l'époque, dont celui de Gustave Kahn, exposé au Salon d'Automne de 1920. Elle peignait aussi des personnages d'imagination : en 1913 elle exposait *Mitsouko à sa toilette*, personnage du roman, alors célèbre, de Claude Farrère : *La bataille*. Outre les portraits, elle a souvent peint des paysages, dont certains de montagne et des tableaux de fleurs. ■ J. B.

VENTES PUBLIQUES : PARIS, 6 déc. 1924 : *Bords de rivière* : FRF 420 – PARIS, 1er juil. 1943 : *Les genêts* : FRF 1 050 – CLERMONT-FERRAND, 20 déc. 1950 : *Toulouse la rose*, aquar. : FRF 1 500 – GRANVILLE, 4 nov. 1984 : *La femme aux fleurs*, h/t (50x65) : FRF 7 000 – GRANVILLE, 5 mai 1985 : *La femme aux bas noirs*, h/t (33x46) : FRF 9 800 – BAYEUX, 20 avr. 1987 : *Femme brodant*, h/t (65x55) : FRF 6 800.

AGUTTE Jean Georges
Né à Paris. XIXe siècle. Français.
Peintre.
Il fut élève de Barrias et de Corot. En 1863 et 1865, il exposa des paysages, pour la plupart des vues de Chantilly et de ses environs. Il est le père de Georgette Agutte.

AGUZZI Girolame da Finale
XVIIIe siècle. Actif à Modène. Italien.
Peintre.

AHAMMER Anton
Allemand.
Peintre.
Il peignit un grand crucifix derrière l'autel de l'église Saint-Jean à Iéna.

AHEARN John
Né en 1951. XXe siècle. Actif aux États-Unis. Anglais.
Sculpteur de figures.
Il commença par apprendre la peinture au cours de ses études à la Cornell University entre 1969 et 1973 et réalisa ensuite des films.
Il a figuré dans la Nouvelle Biennale de Paris en 1985. Il a exposé personnellement en 1979 au Bronx Museum de New York *South Bronx Hall of Fame*, en 1982 à la galerie Rudolph Zwirner à Cologne, en 1983 à New York avec Rigoberto Torres.
Vers 1970-1972 il créait des tableaux et des dessins-portraits. Il installe ce qu'il appelle des « ateliers d'artistes en situation », pratique qui se résume dans l'exécution de portraits dans les lieux publics tels que des bowlings, des écoles primaires, des maisons de santé, où sa relation au sujet peint consiste en l'échange de séances de pose contre l'œuvre achevée. C'est en 1979 qu'il exécute son premier moule vivant *lifecast* ; par cette pratique il désire toucher un public élargi, faisant ainsi de la sculpture un art populaire. Son procédé fut d'une empreinte prise directement sur le modèle. Le moule peut être retravaillé et affiné avant d'être peint dans une gamme chromatique établie selon la personnalité du modèle. Il s'établit au cours de la réalisation de ces moulages une relation intime avec le modèle, qui reçoit toujours un des moulages en échange de sa contribution. Donnant à l'autre une image de lui-même et de son milieu social, John Ahearn a ainsi trouvé comment donner une tangibilité sociale à son métier d'artiste. Les sculptures montées sur socle constituent parfois des saynètes où évoluent plusieurs figures et des objets, comme une bicyclette dans *Back to School*.

BIBLIOGR. : In *Artforum*, vol. 21, n° 3, nov. 1982, pp 73-74 – Toni Shafrazi, in Catalogue de la *Nouvelle Biennale de Paris*, Paris, 1985, Electa-Le Moniteur, pp 254-255.
VENTES PUBLIQUES : NEW YORK, 1er oct. 1981 : *Esther Lugo* 1980, plâtre et acryl. (64,2x61x18) : USD 4 000 – NEW YORK, 9 mai 1984 : *Luis Fento (South Bronx)* 1979, plâtre et acryl. (37x24x39,4) : USD 3 750 – NEW YORK, 13 nov. 1986 : *Bust from « Five in the Bronx »* 1981, acryl./plâtre (H. 66) : USD 2 600 – NEW YORK, 5 nov. 1987 : *Sculpture Ricky* 1983, plâtre peint (61x58,5x21,6) : USD 4 750 – NEW YORK, 23 fév. 1990 : *Sans titre*, acryl./plâtre (55,6x43,5x14,6) : USD 5 500 – NEW YORK, 7 mai 1992 : *Clyde avec les bras croisés*, moulage de plâtre peint (66x50,8) : USD 7 700 – NEW YORK, 19 nov. 1992 : *Esteban* 1983, relief mural, plâtre peint (113x83,8x39,4) : USD 9 350 – NEW YORK, 23-25 fév. 1993 : *Sans titre*, moulage de plâtre peint (53,3x43,2x19,1) : USD 5 750 – NEW YORK, 25-26 fév. 1994 : *Janice « Peanut » Harvey* 1983, moulage de plâtre peint (87,6x53,3x22,9) : USD 26 450 – NEW YORK, 16 nov. 1995 : *Pat* 1982, moulage de plâtre peint (72,4x48,3x25,4) : USD 5 175.

AHEDO CALDERON Diego
XVIIe siècle. Espagnol.
Peintre.
En 1610, il fut *alcade* à Séville avec Miguel Guëlles. En 1613, il fut membre d'une confrérie de la maison professe des Jésuites.

AHERDAN Mahjoubi
Né en 1923 à Oulmès. XXe siècle. Marocain.
Peintre, dessinateur. Tendance surréaliste.
Il est aussi poète et homme politique. En dessin et peinture, il pratique une sorte d'écriture automatique. Son univers intérieur se révèle plastiquement en « convulsions inquiétantes (...), lacis monumental (...) hérissé de griffes, d'épines ».
BIBLIOGR. : Khalil M' Rabet : *Peinture et identité L'expérience marocaine*, L'Harmattan, Rabat, après 1980.

AHIKIAN
XXe siècle. Russe.
Peintre.
A pris part à l'Exposition d'Art Russe, à Londres en 1910, avec une toile : *Étude*.

AHIL Enrique
Né en 1927 à Campana. XXe siècle. Actif aussi en France. Argentin.
Peintre.
Il suivit des cours de peinture de 1950 à 1953. De 1958 à 1960 il travailla à Madrid, puis se fixa à Paris en 1966, où il s'est fait connaître en exposant depuis 1971, dans les divers Salons annuels.

AHIME Josette
Née le 20 mars 1940 à Antisirabé (Madagascar). XXe siècle. Française.
Peintre de paysages animés. Naïf.
Elle est venue se fixer en France en 1965, et a commencé à peindre en 1969, exposant bientôt en France et en Italie. Habitant Antibes, elle aime traiter les aspects folkloriques de la vieille ville, surtout quand l'animent les fêtes qui s'y tiennent nombreuses. Elle peint aussi les paysages régionaux de l'arrière-pays accidenté, qu'elle apprécie particulièrement quand il est enneigé.

AHL Henry Hammond
Né en 1869 à Hartford (Connecticut). Mort en 1953. XIXe-XXe siècles. Américain.
Peintre de paysages. Postimpressionniste.
Comme beaucoup de peintres impressionnistes américains, il avait poursuivi ses études en Europe, à l'Académie Royale Bavaroise de Munich. De retour aux États-Unis, il adopta pleinement le style impressionniste. Il exposait dans les galeries de Boston. Dans les premières années du XXe siècle, vivant à Washington, il passait les étés en Nouvelle-Angleterre pour peindre. Vers 1920 il acheta une propriété à Newburyport (Massachusetts) et continua à peindre des paysages. Il était connu comme peintre de vastes prairies et pâturages. Bien que tardif, son impressionnisme est remarquablement en accord avec les origines, notamment avec l'époque des *Nymphéas* de Monet. Il recherche les effets de brumes qui réduisent la profondeur, déstructurent la forme, au profit de la planéité de la composition, des harmonies colorées et de la poésie intime du paysage.
VENTES PUBLIQUES : LOS ANGELES, 3 mai 1982 : *The golden hour* 1905, h/cart. (27x21) : USD 750 – BOLTON, 11 sep. 1987 : *Paysage d'automne*, h/cart. (16,5x69) : GBP 500 – NEW YORK, 13 sep. 1995 : *Paysage aux iris sauvages*, h/t (64,1x76,8) : USD 13 800.

AHLBERG Arvid Magnus
Né en 1851 à Carlskrona. Mort en 1932. xixᵉ-xxᵉ siècles. Suédois.
Peintre de paysages, marines.
Il fut élève à Düsseldorf du peintre suédois de paysages et de marines Axel Nordgren, fixé dans cette ville. Comme celui-ci il se spécialisa dans la peinture de marines et de paysages, mais Ahlberg se consacra aux paysages de la Suède.
VENTES PUBLIQUES : GÖTEBORG, 31 mars 1982 : *Marine 1891*, h/t (60x90) : SEK 7 500 – STOCKHOLM, 29 avr. 1988 : *Marine avec voiliers sur mer démontée*, h/t (22x31) : SEK 3 200 – STOCKHOLM, 15 nov. 1989 : *Marine avec la corvette « Saga » 1896*, h/t (96x146) : SEK 56 000 – STOCKHOLM, 19 mai 1992 : *Marine avec la corvette « Saga » 1896*, h/t (96x146) : SEK 31 000.

AHLBERG Emil
Né en 1865 à Cottenburg (Suède). xixᵉ siècle. Suédois.
Peintre.
Ahlberg étudia sous A. Collmander. En 1901, il résida à Minnetonka Mills, Minnesota (États-Unis).

AHLBERG Johan
Né en 1752. Mort en 1813 à Uppsala. xviiiᵉ-xixᵉ siècles. Suédois.
Peintre de portraits.
Il fut élève de Lorenz Pasch Le Jeune à l'Académie de Stockholm. En 1786, il fut maître de dessin à l'Université d'Uppsala. Johann Ahlberg fut nommé membre de l'Académie de Suède en 1791. On cite surtout ses portraits.

AHLBERG Nils Axel
Né en 1840. xixᵉ siècle. Suédois.
Peintre.
La profession d'ingénieur qu'il avait embrassée ne l'empêcha pas de peindre des portraits.

AHLBERG Olof
Né en 1876. xxᵉ siècle. Suédois.
Sculpteur de figures.
Il fut élève de l'École des Arts Décoratifs de Stockholm. Il fit ensuite des voyages d'étude en Allemagne, Italie, France. Il fut sélectionné à l'occasion de l'Exposition d'Art Suédois Contemporain, organisée au Musée du Jeu de Paume de Paris dans les années trente, avec un : *Portrait d'homme*, sculpté en taille directe.

AHLBORN August Wilhelm Julius
Né le 11 octobre 1796 à Hanovre. Mort le 24 avril 1857 à Rome. xixᵉ siècle. Allemand.
Peintre de sujets allégoriques, paysages, copiste.
Après avoir commencé ses études à Berlin sous la direction de Wach, il partit pour l'Italie en 1827. Le milieu artistique, la beauté des sites, l'y firent s'y établir. Ce long séjour influa sur sa conception artistique : il adopta la forme italienne. Les envois qu'il fit aux expositions de Berlin établirent sa réputation. Au cours d'un de ses voyages en Allemagne, il fut élu membre de l'Académie de Berlin.
La plupart des paysages d'Ahlborn représentent des sites d'Italie, mais il peignit aussi des vues du Tyrol et du Nord de l'Allemagne. Il fit également quelques belles copies d'après Fra Angelico, Perugin et autres primitifs.
MUSÉES : BÂLE : *Allégorie : la floraison du Moyen Age* – *Partie du parc d'Ariccia* – BERLIN : *Wernigerode* – *Florence* – HAMBOURG : *Paysage italien* – HANOVRE : *Vue de Syracuse à la lumière du matin* – *Salzbourg avec les monts Stauffen* – *Au lac de Garde* – *Vue de Spoleto*.
VENTES PUBLIQUES : NEW YORK, 28 fév. 1990 : *La Baie de Naples*, h/t (24,1x81,2) : USD 6 050 – LONDRES, 31 oct. 1996 : *Soleil levant sur le lac de Côme 1842*, h/t (60x73,5) : GBP 1 840.

AHLBORN Léa, née **Lundgren**
Née en Suède. xixᵉ-xxᵉ siècles. Suédoise.
Sculpteur.
Cette artiste a obtenu une médaille de bronze à l'Exposition Universelle de 1889.

AHLBORN Sophia
xixᵉ siècle. Suédoise.
Peintre, graveur et lithographe.
Elle grava en taille-douce et fit des lithographies, vers le milieu du xixᵉ siècle.

AHLERS-HESTERMANN Friedrich ou **Fritz**
Né en 1883. Mort en 1973. xxᵉ siècle. Allemand.
Peintre de paysages, natures mortes, aquarelliste, pastelliste, dessinateur.
Il a séjourné et travaillé à Paris autour de 1910. Dans ces mêmes années, il a figuré parmi les artistes qui se groupaient sous le sigle de la *Sezession*, et qui, à partir de 1900 environ, avaient voulu marquer leur rupture avec l'académisme.
VENTES PUBLIQUES : COLOGNE, 8 déc. 1965 : *Nature morte* : DEM 1 600 – COLOGNE, 8 et 9 déc. 1966 : *Cour de ferme*, past. : DEM 700 – MUNICH, 11 déc. 1978 : *Vue de la fenêtre 1912*, h/t (92,5x74) : DEM 5 700 – BERLIN, 24 avr. 1980 : *Paysage de Corse 1910*, aquar. sur trait de cr. (21,8x31,3) : DEM 1 100 – HEIDELBERG, 15-16 oct. 1993 : *La femme du peintre*, craie (59,8x46,1) : DEM 1 900.

AHLGREN Lauri
Né en 1929. xxᵉ siècle. Finlandais.
Peintre. Abstrait.
Il fut sélectionné dans la section finlandaise de la Biennale de São Paulo en 1961. Peut-être a-t-il été plus directement influencé par le Danois Mogens Andersen que par l'abstraction lyrique des Hartung, Soulages, Franz Kline. En effet, comme chez Andersen, dans ses peintures un fort graphisme noir enserre et fait valoir les plages de couleur intercalaires.

AHLGRENSON Björn
Né en 1872. xixᵉ-xxᵉ siècles. Suédois.
Peintre d'intérieurs, paysages, marines.
Il était le fils de Fredrik Ahlgrenson.
Il fut élève de Sven Richard Bergh à Stockholm, où il montra une exposition de ses œuvres en 1897. Il a consacré son talent à dépeindre le charme des intérieurs typiquement suédois et des sites campagnards ou maritimes de la Suède. Il a figuré à l'Exposition Universelle de Paris en 1900.
MUSÉES : GÖTEBORG : *Intérieur au crépuscule* – STOCKHOLM (Mus. Nat.) : *Soleil de Mars 1906*.
VENTES PUBLIQUES : STOCKHOLM, 20 oct. 1987 : *La fonte des neiges 1910*, h/t (39x52) : SEK 55 000.

AHLGRENSON Fredrik August ou **Fritz**
Né le 31 janvier 1838 à Stockholm. Mort le 26 octobre 1902. xixᵉ siècle. Suédois.
Peintre décorateur.
Il se perfectionna à Paris et à Vienne, où il peignit des décors de théâtre. Ahlgrenson fut le collaborateur et le successeur de son premier maître, Emil Roberg, au Théâtre royal de Stockholm. En 1868, il abandonna sa place et se rendit à Paris, où il resta jusqu'en 1883. Ses décorations sont peintes avec goût et talent ; le coloris en est brillant. Il a peint aussi des aquarelles et de petits tableaux à l'huile. On lui doit encore des caricatures.

AHLM Gerda Maria
Née en 1869 à Vesteros (Suède). xixᵉ-xxᵉ siècles. Suédoise.
Peintre.
Élève de l'Académie royale de Stockholm et des écoles d'art de Paris et de Rome, elle résida à Chicago en 1909 et devint membre de la Société des Artistes Suédois, à Stockholm.

AHLSTEDT Auguste Fredrik
Né le 24 avril 1839 à Abo (Finlande). Mort en 1901. xixᵉ siècle. Finlandais.
Peintre de genre, portraits.
Il étudia dans sa ville natale, sous la direction d'Ekman. En 1866, il alla travailler à Stockholm. Une étroite continuant ses études à Düsseldorf, de 1869 à 1874. Il fut nommé professeur à l'École d'Art, à Abo, en 1874, puis occupa le même poste à l'École d'Art d'Helsingfors, en 1876. Enfin il fut attaché à l'Université d'Helsinki en 1893. De 1880 à 1881, il vécut à Paris. Ahlstedt peignit des paysages, des scènes champêtres et des portraits. Il obtint une médaille de bronze à l'Exposition Universelle de Paris en 1900 avec trois toiles : *Le Rosier au bord du golfe*, *Misère*, *Portrait du général Sederholm*. La même récompense lui avait été décernée en 1889. A l'Exposition de Nijni-Novgorod, en 1896, figuraient trois de ses œuvres : *Portrait de l'archevêque Renvald*, *Malheur* et *Myrtille*.
MUSÉES : HELSINKI : *Perspective d'Aurajarvi à la chapelle de Kuru* – *Portrait de W.-H. Pinello* – *Portrait du peintre G.-W. Finnberg* – *Portrait du peintre K.-T. Janson* – *A la table de maman au jour de sa fête* – *Repos pendant la récolte* – *Paysage d'hiver* – *Portrait de l'architecte Th. Decker* – *Matti sur la lande*.

AHMAD ibn UMAR al DHAKI
xiiiᵉ siècle. Syrien.
Ciseleur.

Trois objets en cuivre, au Musée de Cleveland, au Louvre, et dans une collection privée suisse, sont signés par lui et datés entre 1223 et 1242. Il se dit de Mossoul, et eut un atelier célèbre et de nombreux élèves.

AHMAD MOUSA
XIVe siècle. Éc. persane.
Peintre.
Travailla entre 1317 et 1335. Est considéré comme le fondateur de la peinture persane classique. Des peintures dans des manuscrits conservés à Istanbul lui sont attribuées.

AHMED Rifaat
Né en 1931 au Caire. XXe siècle. Égyptien.
Peintre. Lettres et signes.
Il fut élève de la section libre de la Faculté des Beaux-Arts du Caire. Il a obtenu une bourse d'études pour l'Atelier de Louksor, où il est resté de 1959 à 1962. Il participe à de nombreuses expositions collectives internationales : Zagreb 1962, 1966, Biennale des Jeunes à Paris 1965, Festival de Dakar 1966, Biennale de Venise 1968, *Visages de l'Art Contemporain Egyptien* au Musée Galliéra de Paris 1971, etc. Il a montré aussi ses peintures dans de très nombreuses expositions personnelles en Egypte.
Sa peinture est très typée : en graphisme calligraphique, sur des fonds préparés riches de matière picturale dense, il trace des signes évidemment inspirés de la calligraphie arabe et des hiéroglyphes égyptiens, qui tantôt se satisfont par eux-mêmes de leurs volutes et arabesques, tantôt figurent schématiquement au passage quelque silhouette identifiable : *L'homme et la barque,* et *Inspiration du Nil,* toutes deux de 1970. ■ J. B.
BIBLIOGR. : Catalogue de l'exposition *Visages de l'Art Contemporain,* Mus. Galliéra, Paris, 1971.
MUSÉES : ALEXANDRIE (Mus. d'Art Mod.) – LE CAIRE (Mus. d'Art Mod.).

AHMET-ALY
Né au XIXe siècle à Constantinople. XIXe siècle. Turc.
Peintre.
Élève de Gustave Boulanger et de Gérome, il travaillait à Paris en 1870.

AHMET PACHA Cheker
Né en 1841 en Turquie. Mort en 1907. XIXe siècle. Turc.
Peintre de paysages, natures mortes.
Pionnier de la peinture à l'huile en Turquie. La protection impériale lui permit d'étudier auprès de Boulanger et de Gérôme en 1862. Une certaine influence de Gustave Courbet se manifeste dans quelques-unes de ses toiles, mais sa naïveté expressive l'apparente davantage au douanier Rousseau. Les conceptions techniques occidentales ne lui ont pas fait perdre ses affinités orientales.

AHMETTOV Élias
Né le 27 janvier 1893 en Russie. XXe siècle. Depuis 1930 actif en Argentine. Russe.
Peintre d'histoire.
Il fut élève de l'Académie alors Impériale de Saint-Pétersbourg. En 1915, il devint professeur dans la même ville, exposant en Russie et en Yougoslavie. Il a consacré son œuvre à des thèmes religieux.
MUSÉES : FÉODORIC – SARAJEVO .

AHNFELDT Gerhard
Né en 1916. XXe siècle. Actif en Égypte. Allemand (?).
Peintre.
Il a vécu en Egypte, peignant essentiellement des thèmes égyptiens, dans une technique en aplats, à la manière du cloisonnisme des Nabis.

AHORN Andreas
XVIIIe siècle. Polonais.
Peintre de compositions religieuses, fresquiste.
Il fut d'abord jésuite, puis prêtre séculier et curé. Il peignit diverses fresques pour la décoration de l'église des Jésuites, plus tard dite église des Piaristes, à Piotrkôw.

AHORN Franz
XVe siècle. Actif à Schaffhouse. Suisse.
Sculpteur.
On trouve son nom dans des documents datés de 1465 et 1471.

AHORN Lukas
Né en 1789 à Constance. Mort en 1856 à Constance. XIXe siècle. Suisse.
Sculpteur sur pierre.

Le *Lion de Lucerne,* qu'il exécuta en 1820-1821, lui valut une juste célébrité. Son portrait fut peint plusieurs fois, entre autres par Augustin Schmid.

AHRENBERG Johan Jakob
Né en 1847 à Wiborg (Finlande). XIXe siècle. Suédois.
Aquarelliste, décorateur.
Il étudia d'abord à Helsingfors, en 1866 ; à partir de 1870, il travailla à Stockholm et fit des voyages d'études. En 1886, il fut nommé architecte du gouvernement. Il a beaucoup construit, en Finlande, en Suède, en Russie. Comme aquarelliste, il a surtout exécuté des peintures architecturales. Mention honorable à l'Exposition Universelle de Paris, 1889.
MUSÉES : HELSINKI : *Intérieur hollandais,* aquar..
VENTES PUBLIQUES : PARIS, 5 fév. 1965 : *Salle à manger XIXe siècle,* aquar. et gche : FRF 180.

AHRENDTS Carl Eduard
Né en 1822. Mort en 1898. XIXe siècle. Hollandais.
Peintre de genre, paysages animés, paysages d'eau, marines.
Il s'est totalement spécialisé dans les quelques sujets les plus typiques de la Hollande, c'est-à-dire les activités sur les canaux, aussi bien en hiver avec les patineurs qu'en été avec les barques.
VENTES PUBLIQUES : COLOGNE, 16 juin 1977 : *Les Joies du patinage,* h/t (48x63) : DEM 5 000 – AMSTERDAM, 30 oct. 1979 : *Paysage animé de personnages,* h/t (34,5x47) : NLG 3 200 – COLOGNE, 18 nov. 1982 : *Bateaux de pêche au large de la côte,* h/pan. (35x45) : DEM 4 200 – COLOGNE, 9 mai 1983 : *Patineurs dans un paysage d'hiver,* h/pan. (16x20,5) : DEM 2 000 – AMSTERDAM, 30 oct. 1991 : *Patineurs sur la glace près de moulins à vent avec Delft à distance,* h/pan. (29x34) : NLG 5 980 – AMSTERDAM, 18 fév. 1992 : *Voyageur sur un chemin dans une vallée boisée,* h/pan. (22,5x29) : NLG 2 530 – AMSTERDAM, 3 nov. 1992 : *Personnages dans les dunes avec une barques échouée au fond,* h/pan. (28x42) : NLG 3 105 – AMSTERDAM, 9 nov. 1994 : *Personnages près d'un cottage en hiver 1846,* h/pan. (20,5x26) : NLG 1 610 – AMSTERDAM, 16 avr. 1996 : *Personnages dans une barque à rames avec des voiliers à distance,* h/t/pan. (13,5x18,5) : NLG 1 357.

AHRENDTS Conrad
Né le 17 décembre 1855 à Müncheberg. Mort le 6 décembre 1901 à Weimar. XIXe siècle. Allemand.
Peintre de genre, animaux, paysages, illustrateur.
Il fut élève, à Weimar, de Ferdinand Schauss, puis, à Berlin, de Karl Gussow. En 1879, il revint à Weimar où il prit la manière d'Albert Brendel. Il fit surtout des tableaux de genre et des animaux. Il exposa à Berlin pour la première fois en 1880.
VENTES PUBLIQUES : AMSTERDAM, 6 sep. 1976 : *Paysage fluvial,* h/pan. (18,5x22,5) : NLG 3 200.

AHRENFELDT Eva Hélène
Née à Londres. XXe siècle. Britannique.
Sculpteur.
Élève de Bouchard, elle exposa au Salon des Artistes Français une sculpture de pierre : *Jaune,* qui lui valut une mention honorable et une statue de plâtre : *Indigène,* en 1939.

AHRENS Carl
XIXe-XXe siècles. Canadien.
Peintre.
Il vivait à Lamblon Mills, Ontario, en 1900-1901. Il fut membre associé de la Royal Canadian Academy.

AHRENS Ellen Wetherald
Née le 6 juin 1859 à Baltimore (États-Unis). XIXe siècle. Américaine.
Peintre et illustratrice.
Elle étudia, à Boston, au Musée des Arts, puis à l'Académie des Arts de Pennsylvanie et enfin à l'Institut Drexel. Ellen Ahrens obtint un succès très appréciable dans toutes les expositions où elle figura. Le prix de mille dollars de l'Institut Carnegie et une médaille d'argent lui furent décernés à Pittsburg. A l'Exposition de Saint Louis, ses miniatures furent parmi les meilleures. On cite parmi ses illustrations les plus réussies celles de *Alcotts Jo's Boys* et *A Maid of Bar Harbor.*

AHRENS PI.
XIXe siècle. Allemand.
Graveur sur acier.
Cet artiste travailla surtout pour l'éditeur G.-G. Lange, à Darmstadt.

AHTYRKO Anna
XXe siècle. Russe.

Peintre, dessinateur. Abstrait-constructiviste.

Elle fut l'élève d'Alexander Rodchenko et membre de son groupe Constructiviste installé en avril-mai 1921 à Vkhutemas. On a pu voir de ses œuvres, rares et modestes, à l'exposition *L'Avant-Garde russe et les Artistes Abstraits Américains* au Musée d'Art de Miami, en 1983.

VENTES PUBLIQUES : LONDRES, 23 mai 1990 : *Composition de triangles et de cercles*, cr. (36,6x23) : **GBP 1 100**.

AHU S. R.
XXᵉ siècle. Français.
Peintre.
Exposa au Salon des Indépendants en 1926, 1927, 1929.

AHUMADA
XVIIIᵉ siècle. Espagnol.
Graveur en taille-douce.
Connu par une feuille signée de son nom et datée de 1725, représentant un *Saint avec l'Enfant Jésus sur les bras*.

AICARD
XVIIIᵉ siècle. Français.
Sculpteur.
En 1773, il fut nommé membre de l'Académie des peintres et sculpteurs dans la ville de Marseille ; en 1790, on l'appelait au poste de professeur-adjoint.

AICARDI Giacinto
Mort en 1667. XVIIᵉ siècle. Travaillait à Parme. Italien.
Graveur à l'eau-forte, ornemaniste.

AICARDI Hubert
Né le 21 mars 1922 à Marseille (Bouches-du-Rhône). XXᵉ siècle. Français.
Peintre. Tendance surréaliste.
Il fut élève de l'Ecole des Beaux-Arts de la Place Carli à Marseille, de 1940 à 1942, où il eut pour professeurs Frégier, Engrand et Marcel Poggioli. Puis, il vint à Paris comme élève de l'Ecole des Beaux-Arts de 1943 à 1949. Il a participé à Paris à divers Salons annuels, Indépendants et Automne entre autres. Il participait aussi à des expositions collectives, d'entre lesquelles : Biennales de Menton et d'Aix. Il a fait de nombreuses expositions personnelles, à : Paris, Marseille, Londres, Bruxelles, New York, Rio de Janeiro, São Paulo, Tokyo, Osaka. Il a réalisé des peintures murales dans la ville d'Oran et pour la chapelle de Croix-Sainte dans les Bouches-du-Rhône.
Il traite des thèmes figuratifs d'une manière insolite, les composant dans l'optique des peintres abstraits. Cette étrangeté de leur présentation les a fait parfois taxer de surréalisme. ■ J. B.

hubert Aicardi

MUSÉES : CINCINNATI.

AICHELE Paul
XIXᵉ-XXᵉ siècles. Allemand.
Sculpteur de groupes, statues.
Il exposa pour la première fois à l'Exposition des Arts à Berlin, en 1891, une statuette : *Bacchante*. L'année suivante, il envoyait à l'Académie des Arts : *Esclave enchaînée* (statuette). En 1900, ce fut un groupe : *Taquinerie enfantine*. A l'Exposition du Palais de Cristal, à Munich, il donna : *la Faucheuse*. En 1902, il exposa à l'Exposition des Arts à Düsseldorf : *Sacrifice*. En 1904, à Berlin, on remarquait encore plusieurs de ses œuvres, puis en 1909 : *la Fillette à l'escargot*, et, en 1910 : *le Paradis perdu*.

VENTES PUBLIQUES : LONDRES, 11 mars 1977 : *Jeune baigneuse* 1890, bronze (H. 54) : **GBP 420** – LONDRES, 5 nov. 1987 : *Le chasseur d'aigles* vers 1895, bronze (H. 40) : **GBP 3 000** – STOCKHOLM, 14 nov. 1990 : *Bacchus chantant*, bronze à patine brune (H. 48) : **SEK 5 200**.

AICHELIN Adam.
XVIIᵉ siècle. Allemand.
Peintre de compositions religieuses.
En 1620 il exécuta des travaux pour l'église du couvent de Ochsenhausen.

AICHEMANN Christoph
Né à la fin du XVIᵉ siècle à Velden. XVIᵉ-XVIIᵉ siècles. Allemand.
Peintre.
Il fit ses études de 1604 à 1608 à Nuremberg, auprès de Hans Dorn.

AICHEN Viktor
XVIIIᵉ siècle. Travaillait à Steyer. Allemand.
Peintre.
En 1740, on le cite pour des travaux qu'il exécuta à l'église de Garstner.

AICHENFELDER Hans
XVIᵉ siècle. Actif à Salzbourg. Allemand.
Peintre.
Il travailla aussi à Munich de 1530 à 1537.

AICHHORN J. B. S.
XVIIIᵉ siècle. Travaillait en Bavière. Allemand.
Graveur en taille-douce.
On cite de lui une vue de Wasserbourg (1790).

AI CH'I-MÊNG. Voir SICHELBART Ignatius

AICHINGER Albert
Né le 5 mars 1866 à Munich. XIXᵉ-XXᵉ siècles. Allemand.
Graveur à l'eau-forte.
Élève de Peter Halm à l'Académie, où il resta jusqu'en 1905. A partir de 1906, il fut professeur de photographie. Il a surtout gravé des paysages avec figures et des vues de Munich.

AICHINGER Helga
Née en 1937 à Traun (Autriche). XXᵉ siècle. Autrichienne.
Peintre, pastelliste, graveur, illustratrice.
Elle a suivi des cours de calligraphie et de typographie à l'Ecole des Beaux Arts de Linz, puis a travaillé la peinture et la gravure en autodidacte. Depuis 1960, elle fait des gravures sur bois, pastels, collages, livres pour enfants, poupées. Elle a exposé à Vienne, Linz, Traun, Prague, Istanbul, Ankara et a participé à des expositions collectives à Bologne, Bratislava, Belgrade, à la Biennale de Menton et à Beyrouth. Diplôme « Les plus beaux livres » de la ville de Vienne (1965), diplôme de la Biennale internationale des Illustrations de Bratislava (1969-1971), prix du graphisme à la Foire de Bologne (1973), prix de l'Etat autrichien « Merveilleux livres » (1975), médaille de bronze « Les plus beaux livres du monde entier » à Leipzig (1976).
Son art humoristique, aux compositions décentrées, aux formes simplifiées, s'adapte bien au monde du livre pour enfants.

MUSÉES : AMSTERDAM (Mus.Stedelijk) – NEW YORK (Mus. d'Art Mod.) – OFFENBACH-AM-MAIN (Mus. Klingspor) – VIENNE (Mus. de l'Art Appliqué).

AICHL. Voir aussi SANTINI

AICHL Josef ou Aichlin
Né à Ochsenhausen. Travaillait à Murzzuschlag. Allemand.
Peintre.

AID George Charles
Né en 1872 à Quincy (Illinois). Mort en 1938. XXᵉ siècle. Actif aussi en France. Américain.
Peintre de portraits, aquafortiste.
Aux États-Unis il fut élève de l'École des Beaux-Arts de Saint Louis. Venu en France, il travailla sous la direction de Jean-Paul Laurens et Benjamin-Constant. Aux États-Unis, il exposait dans plusieurs institutions artistiques, et obtint une médaille d'argent à l'Exposition Universelle de Saint Louis en 1904. En France, il fut membre de l'Association des Artistes Américains de Paris, où il habitait. Exposant aussi au Salon des Artistes Français, il y obtint une mention honorable en 1903. Il semble qu'à l'époque, ce furent ses gravures à l'eau-forte qui furent les plus appréciées, en particulier pour leur qualité technique.

VENTES PUBLIQUES : LONDRES, 10 juin 1986 : *La femme à la rose*, h/t (63,5x80) : **GBP 1 400** – PARIS, 30 oct. 1987 : *Mère et son enfant dans un parc*, h/t (65x81) : **FRF 30 000** – NEW YORK, 26 mai 1993 : *Joueuses de bridge*, h/t (114,5x145) : **USD 23 000** – LONDRES, 22 fév. 1995 : *Une dame en rose*, h/t (67x69) : **GBP 2 070**.

AIDÉ Hamilton
XIXᵉ siècle. Vivait à Londres vers 1880. Britannique.
Peintre de paysages.
Aidé envoya, en 1880, trois tableaux à la Grafton Gallery.

AIFFRE Raymond René
Né le 29 juillet 1806 à Rodez (Aveyron). Mort le 18 août 1867 à Paris. XIXᵉ siècle. Français.
Peintre.
Il entra, en 1825, à l'atelier de Guillon-Lethière. Aiffre se consacra à la peinture historique et peignit surtout des sujets religieux et allégoriques. Il fit aussi beaucoup de portraits. Son dernier tableau : *Le Christ chassant les marchands du Temple*, figura au Salon de 1867.

AIGAI Takahisa Chô
Né en 1796 à Shimotsuke. Mort en 1843. xixe siècle. Japonais.
Peintre de paysages.
Il appartient à l'école de Nanga. Après des études avec Tani Buncho, il voyage et s'établit à Kyoto mais préférera Edo plus tard. Il fut fortement influencé par I-Fu-Chiu et Taiga, et peignit essentiellement des paysages.

AIGASA Masayoshi
Né en 1939 à Tokyo. xxe siècle. Japonais.
Peintre, graveur. Surréaliste.
Il fut élève de la Faculté des Beaux-Arts à l'Université de Tokyo, dont il fut diplômé en 1962. Il participe aux expositions d'art japonais contemporain.

AIGEN Anton Franz
Né le 20 septembre 1694 à Olmutz (Moravie). xviiie siècle. Allemand.
Peintre.
Cet artiste, peu connu, était le frère cadet de Karl Aigen.

AIGEN Johann Franz
Né en 1680 à Olmutz (Moravie). xviiie siècle. Allemand.
Peintre.
Il était frère du peintre Karl Aigen.

AIGEN Karl
Né en 1684 à Olmutz (Moravie). Mort en 1762 à Vienne. xviiie siècle. Allemand.
Peintre de genre, figures, paysages animés, paysages.
Fit ses études à Vienne et s'y établit comme peintre de paysages et de figures. Il fut élu membre de l'Académie de Vienne en 1754 et y devint plus tard professeur et directeur.
Musées : Vienne : *Devant la porte d'une ville – Paysage avec une fête villageoise.*
Ventes Publiques : Paris, 25 oct. 1994 : *La famille du Pacha pique-niquant près d'une fontaine romaine,* h/t/pan. (34x44) : FRF 60 000.

AIGLON. Voir **SASSY Attila**

AIGLSTORFER Augustin
xviiie siècle. Allemand.
Peintre de compositions religieuses, fresquiste.
On cite de cet artiste bavarois les fresques du Marché de Gars et la décoration de la nef de l'église du couvent de cette ville, en 1777.

AIGLSTORFFER Johann Peter
Mort le 2 janvier 1747. xviiie siècle. Actif à Graz en 1724. Allemand.
Peintre.

AIGLSTORFFER Paulus ou **Paul**
xviiie siècle. Allemand.
Peintre.
Membre de la confrérie des peintres de Graz en 1706.

AIGNANI Michele
Mort le 6 novembre 1400 à Bologne, enterré à San Martino. xive siècle. Travailla à San Martino. Italien.
Sculpteur.
Il appartenait à l'ordre des Carmes, et il publia des ouvrages de théologie sous le nom de Fra Michele de Bolonia. D'après Ghirardacci, il fut aussi un sculpteur, dont l'église des Carmes de San Martino maggiore possède des sculptures. Après être entré dans les ordres religieux, il vint faire ses études à Paris et fut reçu docteur. Son portrait, sculpté par lui-même, orne sa pierre tombale devant la chapelle du maître-autel.

AIGNAUX Yvette d'
Née le 10 août 1922 à Aix-en-Provence (Bouches-du-Rhône). xxe siècle. Française.
Peintre.
Elle interrompt des études musicales pour la peinture. Exposant à Paris au Salon des Artistes-Français, elle est devenue membre de la société. Elle a obtenu quelques succès, notamment lors d'une exposition au Musée de Toulon.

AIGNER A. F.
Mort en 1789. xviiie siècle. Actif à Prague. Éc. de Bohême.
Sculpteur de monuments.
Il fit le monument en marbre rouge du général Karl Reinhardt, baron d'Ellrichshausen, que l'Empereur Joseph II érigea, sur le fort Sainte-Marie, à Vienne. Ce monument fut construit de nouveau sous l'Empereur François-Joseph et transporté en 1889 au cimetière protestant de Prague-Wolschau.

AIGNER Anthoni
xviiie siècle. Allemand.
Sculpteur sur pierre.
Sculpteur de la cour de Leipzig, il s'occupa des travaux de marbre au château de Hubertusburg, en Saxe, de 1733 à 1751. Peut-être identique au précédent.

AIGNER Conrad
xvie siècle. Allemand.
Peintre.
En 1527, on le trouve occupé à Ingolstadt, et à partir de 1535, à Landshut.

AIGNER Hans Jacob
Mort en 1684. xviie siècle. Travaillait à Innsbruck. Allemand.
Peintre.
Son nom paraît pour la première fois en 1663. En 1674, il peignit les crèches, en 1675, le Saint Sépulcre de l'église Saint-Nicolas, près d'Innsbruck. Il obtint, en 1683, l'autorisation de vendre ses tableaux dans un magasin près la Porte de la Cour.

AIGNER Johann
xviie siècle. Travaillait à Innsbruck à la fin du xviie siècle. Allemand.
Peintre.
Probablement le fils du peintre Hans-Jacob Aigner. Il se maria en 1687. Il eut pour élève Eustachius Stipler, peintre verrier.

AIGNER Joseph Matthäus ou **Mattahaus**
Né en 1818 à Vienne. Mort en 1886. xixe siècle. Autrichien.
Peintre de portraits, animaux.
Il entra dans l'atelier d'Amerling et, sous la direction de ce maître, devint très bon peintre de portraits. En 1848, il prit part au mouvement révolutionnaire à Vienne ; commandant de la Légion académique, il fut fait prisonnier après la prise de la ville. Condamné à mort, l'artiste dut sa grâce au prince de Windischgratz. En 1886, Aigner se pendit.
Ventes Publiques : Vienne, 17 mars 1964 : *La Princesse Pauline Metternich,* bois, forme ovale : ATS 3 200 – Vienne, 13 jan. 1970 : *Le jeune pêcheur* : ATS 5 000 – Londres, 15 fév. 1978 : *Portrait de jeune fille* 1857, h/t (56x40,5) : GBP 420 – Londres, 19 juin 1985 : *Frère et sœur avec leur chien* 1864, h/t (157x125) : GBP 3 000 – Vienne, 29-30 oct. 1996 : *Portrait d'un jeune garçon à la ceinture tricolore* 1876 (152x84) : ATS 126 500.

AIGNER Karl
xviiie siècle. Actif probablement à la fin du xviiie siècle. Polonais.
Peintre.
Il était frère de l'architecte Pierre Aigner. Le roi de Pologne Stanislas-Auguste l'envoya à Rome, en 1786, pour se perfectionner dans l'art de peindre. Il fréquenta avec distinction l'Académie du Capitole. Il mourut jeune.

AIGNER Marie-Thérèse
Née à Paris. xxe siècle. Française.
Illustratrice.
Elle exposa au Salon d'Automne de 1934 des illustrations pour : *Manon Lescaut,* de l'abbé Prévost, *Les Discours du Dr. O. Grady,* d'André Maurois, *L'Altana, ou la Vie vénitienne,* d'Henri de Régnier.

AIGNER Michael
Né le 20 mai 1805 à Vienne. xixe siècle. Allemand.
Graveur au burin.
Cet artiste se livra surtout à la gravure industrielle. On cite pourtant de lui les planches : *Monument funèbre de Beethoven,* au cimetière de Waehringe, près de Vienne, le monument funèbre de Schubert, dans le même cimetière, et les portraits de P.-J. Meissner, J.-B. Bartak, Wenzel Scholz. On cite encore de lui *La Vierge et l'Enfant Jésus,* d'après Cipriani.

AIGNER Richard
xixe-xxe siècles. Allemand.
Sculpteur de figures, portraits.
Il travaillait à Munich, où il exposait souvent. En 1909, il a figuré également à l'Exposition de Berlin, avec un sujet de genre. Il exposait dans les principales villes d'Allemagne. Il a aussi sculpté des bustes officiels : *Le prince Luitpold régent de Bavière,* marbre.
Ventes Publiques : Cologne, 31 mars 1979 : *La Centauresse,* bronze (H. 89) : DEM 2 800.

AIGON Antonin
Né en 1837 à Montpellier. Mort en 1885 à Paris. xixe siècle. Français.

Sculpteur de groupes.
Le Musée de Montpellier conserve de cet artiste un groupe bronze : *Chat sauvage et faisan.*

AIGON sculp

AIGREMONT. Voir aussi **DAIGREMONT**
AIGREMONT Louis Narcisse Jacob, marquis d'
Né en 1768 à Lille. Mort en 1829. XVIIIe-XIXe siècles. Français.
Miniaturiste et amateur d'art.
Il fut conservateur du Musée de Lille.

AIGROZ Marguerite, née **Darier**
Née le 8 juillet 1662 à Genève. XVIIe siècle. Suisse.
Peintre de fleurs.
Ne s'adonna à l'art qu'après la mort de son mari.

AIGUIER E.
XIXe siècle. Français.
Sculpteur.
A exposé deux médaillons en plâtre au Salon en 1881 ; trois médaillons en plâtre en 1882 ; trois portraits (médaillons en plâtre) en 1883.

AIGUIER Louis Auguste Laurent
Né le 23 février 1819 à Toulon (Var). Mort le 7 juin 1865 à Marseille (Bouches-du-Rhône). XIXe siècle. Français.
Peintre de paysages, marines, aquarelliste.
Ses parents, modestes cultivateurs originaires de La Garde, le mirent en apprentissage chez un coiffeur. Ce fut dans l'échoppe d'un barbier que s'éveillèrent ses goûts artistiques, son besoin d'exprimer la forme. Il l'a dit lui-même : sa vive admiration pour la peinture le fit s'essayer à imiter tout ce qui frappait ses yeux. Il s'attachait surtout à crayonner les sites pittoresques de sa ville natale « et les beaux navires qu'il voyait se balancer sur les eaux bleues de la Méditerranée ». Il travailla ainsi seul, puisant une technique rudimentaire dans l'interprétation des dessins à la sépia, fort à la mode à cette époque. À vingt ans, Aiguier vint se fixer à Marseille. La rencontre qu'il fit dans la cité de deux jeunes gens, coiffeurs comme lui et comme lui épris d'art, qui devaient devenir, l'un l'animalier François Simon, l'autre le peintre de marine François Pierre Barry, fut précieuse pour lui. Elle l'incita à poursuivre ses études. Probablement sur le conseil de ses jeunes amis, Aiguier alla voir Loubon, l'excellent peintre qui dirigeait alors l'École des Beaux-Arts de Marseille. L'accueil fut excellent et pendant quelque temps le jeune peintre suivit les cours de dessin de l'école. Mais ce n'était pas cet enseignement qu'il lui fallait, et il ne tarda pas à retourner à ses études sur la nature même. En 1853, il vint à Paris, et vit Hébert qui lui conseilla d'étudier Claude Lorrain. Aiguier, s'il profita de la vision du grand paysagiste, conserva toujours son originalité. Pendant de longues années, le jeune Toulonnais employa toutes ses heures disponibles à peindre et à dessiner. Il s'était marié avec une modiste et l'on rapporte que, lorsque les panneaux de petites dimensions sur lesquels il travaillait d'ordinaire lui faisaient défaut, il peignait sur les cartons hors d'usage de sa femme. Vers 1865, Aiguier eût certainement commencé une fortune peut-être brillante, mais certainement honorable si la maladie n'eût brisé prématurément cette belle carrière artistique. Depuis longtemps atteint d'une affection de poitrine, Aiguier était venu s'établir au Pradet, près de Toulon. Si son labeur de peintre ne lui avait pas valu de grands bénéfices d'argent, sa renommée comme coiffeur pour dames s'en était ressentie. M. Gouirand rapporte que la création d'un modèle de chapeau que l'on surnomma l'*Auguste* obtint un succès considérable et valut à son auteur un important bénéfice. Il s'éteignit sans souffrance, ayant réalisé son rêve d'artiste.
En 1855, Aiguier débuta à Paris, à l'Exposition Universelle, avec deux tableaux : *Soirée d'Automne aux Catalans* (Musée de Toulon) et *Paysage aux environs de Marseille* (Musée de Marseille). Ces deux œuvres obtinrent l'approbation générale des artistes, et classèrent le peintre toulonnais. Continuant modestement son œuvre, Aiguier, en 1859, exposait à Paris : *Coucher de soleil sur la Méditerranée* et *Montagnes de Montredon* (environs de Marseille) œuvre d'une grande délicatesse. Le Salon de 1861 compta d'Aiguier : *Pêcheurs de Saint-Mandrier* et *Golfe du Val Bonête,* qui fut désigné par la commission pour figurer dans la section artistique française à l'Exposition de Londres, en 1862. En 1863, l'artiste envoyait à Paris : *La Calanque du Val Bonête, entre Toulon et Hyères,* et *La Pêche au Bourgni.* Les Salons de 1864 et de 1865 ne reçurent chacun

qu'une toile : *l'Ile des Saints* (golfe de Cannes) et *Tamaris* (environs de Toulon).
Les œuvres d'Aiguier sont rares, la vente qui eut lieu à Marseille en 1866 comportait quarante tableaux et 193 études. C'étaient, dès ses débuts, surtout des ombres dorées, les vapeurs chargées de la lumière chaude du soleil couchant, dont le jeune peintre cherchait à traduire le charme poétique. Antoine Gouiraud, dans son intéressant ouvrage, *Les Peintres Provençaux,* évoque avec raison, à son sujet, les noms de Turner, de Claude Gellée, de Corot. ■ E. B., J. B.

Lepnum. f.

Musées : Marseille : *Soleil couchant sur la Méditerranée – Paysage* – Toulon : *Soirée d'automne aux Catalans – Tamaris – Paysage à Thienay.*
Ventes Publiques : Paris, 1881 : *Site de Provence* : FRF 420 – Paris, 1918 : *Chercheur de nids* : **FRF 1 000** ; *Entrée du port de Marseille* : **FRF 810** – Marseille, le 18 déc. 1948 : *Le vieux port* : **FRF 17 000** ; *Maisons de pêcheurs aux environs de Toulon* : FRF 3 300 – Marseille, le 8 avr. 1949 : *Marine* : FRF 1 800 – Paris, 1er juil. 1992 : *Les pêcheurs en Provence,* aquar. gchée (28x15,5) : **FRF 12 000**.

AIGUILLON de Droues
XIVe siècle. Français.
Sculpteur.
Son nom se trouve sous *l'Histoire de Noé* au portail sculpté de la cathédrale de Bourges, avec la date 1356.

AI HSÜAN. Voir **AI XUAN I**

AIK Alexei
Né en 1919. Mort en 1986. XXe siècle. Russe.
Peintre de compositions à personnages, portraits. Postimpressionniste.
Il fut élève de Viktor Orechnikov à l'Institut Répine de Leningrad. Membre de l'Union des Artistes de l'U.R.S.S., il devint professeur à l'Académie des Beaux-Arts. Il fut nommé Artiste du Peuple. À partir de 1950, il a participé à des expositions tant nationales qu'internationales.
Une peinture assez indéfinissable, sur des sujets mièvres, tardivement inspirée du réalisme autour de Courbet et d'un impressionnisme bâtard.
Bibliogr. : In : Catalogue de la vente *L'École de Leningrad,* Drouot, Paris, 19 nov. 1990.
Musées : Krasnodar (Gal. d'Art Contemp.) – Moscou (Gal. Trétiakov) – Moscou (min. de la Culture d'U.R.S.S.) – Novgorod (Mus. des Beaux-Arts) – Rostov-sur-le-Don (Gal. d'Art Soviet. Contemp.).
Ventes Publiques : Paris, 19 nov. 1990 : *Jour de bonheur* 1953, h/t (80x60) : FRF 30 000.

AÏKA Brown
Né en 1935 à Tel-Aviv. Mort en 1964, accidentellement. XXe siècle. Israélien.
Peintre. Matiériste.
Il fut élève de l'Ecole d'Art Bézalel de Jérusalem. Il reçut le Prix du Ministère de l'Education et de la Culture en 1958. En 1959, il se fixa à Paris. Il s'est limité à une palette composée de noir, de blanc et d'un rouge-brique, dont l'austérité est compensée par la richesse de la matière. Dans les peintures de la dernière période, il a intégré des matériaux hétérogènes : tissus, bois, cordes. De l'ensemble de son œuvre se dégage un sentiment tragique.
Bibliogr. : In : *Diction. Univers. de la Peint.,* Robert, Paris, 1975.
Ventes Publiques : Tel-Aviv, 3 mai 1980 : *Poupées* 1961, techn. mixte/t. (55x46) : ILS 50 000.

AIKEN Charles A.
Né en 1872 à Georgia (Vermont). XXe siècle. Américain.
Peintre.
Actif dans l'État de Massachusetts en 1909-1910, il devint membre de l'Art Club de Boston.

AIKEN John Macdonald
XXe siècle. Actif à Aberdeen (Ecosse). Britannique.
Peintre de portraits, paysages.
Il exposait régulièrement à la Royal Academy de Londres. Il a également participé au Salon des Artistes Français de Paris, avec des portraits, obtenant une médaille d'argent en 1928, envoyant un *Autoportrait* en 1932, puis ensuite des paysages.
Ventes Publiques : Écosse, 29 août 1978 : *Portrait de l'artiste*

avec sa femme 1910, h/t (179x112) : **GBP 3 000** – Londres, 3-4 mars 1988 : *Un jour d'été sur la plage de st-Andrews,* h/t (60x90) : **GBP 2 310.**

AIKEN W.-C. Chetwood. Voir CHETWOOD-AIKEN

AI K'I-MONG. Voir SICHELBART Ignatius

AIKMAN Alexandre T.
XIXᵉ siècle. Britannique.
Graveur en taille-douce.
Il travaillait vers 1841. Il collabora à la publication : *Les meilleurs tableaux des grands maîtres, gravés par Aikmann, Bell, Dick, et d'autres artistes éminents.*

AIKMAN G.
XIXᵉ siècle. Travaillait à Edimbourg vers 1800. Britannique.
Graveur.
On cite un ex-libris portant sa signature.

AIKMAN George W.
Né en 1830 ou 1831. Mort en 1905 ou 1906. XIXᵉ siècle. Britannique.
Peintre de portraits, paysages, graveur à l'eau-forte.
Établi à Edimbourg, il exposa souvent à la Royal Scottish Academy, et, à partir de 1874, fut représenté pendant plus de vingt années aux Expositions de la Royal Academy de Londres, par des paysages d'été et de printemps.
On cite parmi ses eaux-fortes : *Fort the good of the church, Château de Warkworth, Sur la Lande à l'approche de l'orage, L'Église de la Sainte Trinité, Stratford-sur-Avon, Château de Warkworth, Vers le soir, Limites de la forteresse, Château de Harlech.* Il convient peut-être de lui attribuer le *Portrait du comte de Haddington,* gravé par John Smith.
Ventes publiques : Perth, 13 avr. 1981 : *Warkworth Castle, Northumberland,* h/t (50x75) : **GBP 400** – Perth, 26 août 1991 : *Champ moissonné au clair de lune,* h/t (46x76) : **GBP 1 210** – Perth, 1ᵉʳ sep. 1992 : *La Tay vue depuis Newburgh,* h/t (76x102) : **GBP 880.**

AIKMAN John
Né en 1713. Mort en 1731. XVIIIᵉ siècle. Britannique.
Peintre.
Fils unique de William Aikman, qu'il ne faut pas confondre avec le peintre verrier contemporain ; son père mourut de chagrin de sa mort prématurée, et tous deux reposent dans le même tombeau. John Aikman a laissé quelques études de têtes.

AIKMAN Walter Monteith
Né en 1857 à New York. XIXᵉ siècle. Américain.
Graveur sur bois.
Élève de Frank French et de J.-D. Swithmick, il se forma dans sa ville natale, puis vint à Paris, étudier la peinture. Ses gravures lui méritèrent des médailles aux Expositions de Paris 1889, de Buffalo et de Chicago.

AIKMAN William
Né le 24 octobre 1682 à Cairney (Écosse). Mort le 4 juin 1731 à Londres. XVIIIᵉ siècle. Britannique.
Peintre de portraits.
Aikman se destinait au barreau, mais son inclination pour la peinture le décida à changer de profession. Après avoir passé trois années sous la direction de sir John Médina, il se rendit en Italie en 1707 et y résida pendant trois ans. Il revint en Écosse en 1712, ayant passé deux années en Turquie. Son succès comme peintre de portraits fut très grand. En 1723, il vint à Londres et sa réussite n'y fut pas moindre. Aikman résida dans la métropole anglaise jusqu'à la fin de sa vie. Son portrait par lui-même est à la Galerie des Offices à Florence. Le graveur G. White a reproduit son *Portrait de Allen Ramsay ;* l'on doit à James Basire la gravure de celui de James Thomson et à Simon celle du Duc d'Argyle. Voir aussi l'article ACHMANN (G.).
Musées : Édimbourg : *Portrait de l'artiste par lui-même* – Florence (Gal. roy.) : *Le peintre par lui-même* – Londres : *Portrait de John Campbell, duc d'Argyle et duc de Greenwich.*
Ventes publiques : Londres, 6 nov. 1919 : *Lady Charlotte :* **GBP 110** ; *John Cochrane :* **GBP 63** – Londres, 10 nov. 1982 : *Portrait of Major General Lord Charles Hay of Linplum,* h/t (125x100) : **GBP 3 800** – Londres, 15 nov. 1989 : *Portrait de William Kent vêtu d'un habit gris avec un manteau vert olive et tenant une palette et des pinceaux,* h/t (197x104) : **GBP 6 500** – Londres, 12 juil. 1991 : *Portrait de John, 2ᵉ Duc d'Argyll, vêtu d'un manteau rouge et portant l'insigne de l'Ordre de la Jarretière,* h/t (122x106) : **GBP 1 980** – Londres, 8 avr. 1992 : *Portrait de Lady*

Jane Boyle, h/t (73,5x61) : **GBP 8 360** – Londres, 15 déc. 1993 : *Portrait d'un jeune homme de buste en veste rouge brodée d'argent sur une chemise blanche* (76,2x63,5) : **GBP 5 175** – Londres, 20 juil. 1994 : *Portrait d'une dame vêtue d'une robe blanche, en buste,* h/t (74x61) : **GBP 1 955.**

AIKMAN William
XIXᵉ-XXᵉ siècles. Britannique.
Peintre verrier et émailleur.
A partir de 1893, il exposa des plans et des exécutions de ses œuvres. William a cherché à régénérer en Angleterre la science des maîtres verriers de la Renaissance aussi bien que celle des artistes de l'époque gothique.

AILLARD
XVIIIᵉ siècle. Travaillait à Paris. Français.
Graveur en ornements.
Les ouvrages connus de cet artiste sont exécutés d'après les dessins de P.-G. Cauvet.

AILLAUD André Marius Auguste
Né à Hanoi (région du Tonkin). Mort en 1972 à Paris. XXᵉ siècle. Français.
Peintre de figures, portraits.
Il fut élève de Devambez, Roger et Colin, à l'Ecole des Beaux-Arts de Paris. Peintre de la tradition, il expose depuis 1934 au Salon des Artistes Français, des compositions à personnages, par exemple son *Job* de cette année-là, un des portraits. Il a obtenu une mention honorable en 1935, une médaille d'argent en 1936.
Ventes publiques : Paris, 25 oct. 1994 : *Venise,* h/pan. (33x41) : **FRF 4 200.**

AILLAUD Antoine Alphonse
Né à Rouen. XIXᵉ siècle. Français.
Peintre.
Cet artiste fut élève de Langlois et travailla à l'École municipale de peinture de Rouen. On cite de lui : *La bataille de Magenta* (1863), *Portrait du maréchal de Magenta et du colonel B...* (1866). Il exposa aux Salons de Paris de 1863 à 1868.
Musées : Rouen : *La prise de Magenta – Garde nationale de Rouen – Batterie d'artillerie.*

AILLAUD Gilles
Né le 5 juin 1928 à Paris. XXᵉ siècle. Français.
Peintre d'animaux et paysages. Nouvelles Figurations. Groupe des Malassis.
Il est le fils de l'architecte Emile Aillaud. Peignant depuis l'âge de douze ans, il abandonna des études de philosophie pour revenir à la peinture en 1951. Très jeune, il commença à exposer au Salon de la Jeune Peinture, dont il devint rapidement un des animateurs avec d'abord Arroyo et Récalcati, puis ses amis du Groupe des *Malassis,* redonnant à ce Salon devenu très sage un élan contestataire et politique. Il en devint président en 1965. Dans ses mêmes premières années, il fut aussi invité au Salon de Mai, qui était alors le lieu de l'aristocratie artistique, où exposaient annuellement jusqu'à leur disparition, selon la tradition de leur génération, Picasso, Max Ernst, Miro, Calder, etc. En 1959, il obtint le Prix Fénéon.
Depuis ces débuts, il a participé à de nombreuses expositions collectives, dont : la Biennale de Paris 1963, Biennale de Tokyo *New image in painting* 1974, Biennale de Venise 1976, *Mythologies quotidiennes 2* au Musée d'art moderne de la Ville de Paris 1977, etc. En outre, il montre des expositions personnelles d'ensembles de ses œuvres, à Paris, Caracas, Bologne, Rome, Turin, Milan, et notamment celle qu'il organisa le Musée d'art moderne de la Ville de Paris en 1971. G. Gassiot-Talabot le compta au nombre des peintres qu'il groupa sous le sigle de la *Figuration narrative* en une exposition historique de 1965, qui marquait fortement un des retours de la figuration en un temps d'abstraction dominante. En outre, Aillaud a une activité importante de metteur en scène, il a publié des poésies et écrit une pièce de théâtre : *Vermeer et Spinoza.*
Au cours de son activité, il est resté étonnamment fidèle à une technique totalement impersonnelle, académique volontairement par souci de véracité dans les témoignages qu'il porte, ainsi qu'à son thème des animaux emprisonnés dans la fausse liberté des zoos, contredite par le géométrisme de certains éléments inévitables de leur environnement : murs orthogonaux d'une cellule, grillage ou barreaux des cages : *Orang-outan* de 1967, carrelage du *Serpent* de 1971. À part un certain amusement provoqué par quelques correspondances plastiques entre

l'animal et des éléments de son environnement artificiel : *Python et tuyau* de 1970, Aillaud rejette toute motivation esthétique des expressions artistiques, pour viser à un langage immédiatement accessible, nécessaire à la communication d'un contenu social, idéologique ou politique. Dans cette recherche de l'anonymat de la technique, au profit de l'immédiateté de la communication, il a souvent participé à des œuvres collectives avec ses amis des Malassis, dont la plus célèbre parce que la plus controversée reste *La fin tragique de Marcel Duchamp (Vivre et laisser mourir)*. Dans ses peintures animalières, qui constituent donc la plus grande part de sa production, plus qu'à exprimer la solitude des animaux, et de ce fait par métaphore implicite, celle des hommes, Aillaud tente de mettre en relief l'artifice fondamental de l'environnement zoologique qu'un camouflage étudié veut faire passer pour naturel, extrapolant sans doute sur les conditions de vie en ce siècle. Ne nous indique-t-il pas ses intentions lorsqu'il écrit : « Les images que sont les tableaux ne nous intéressent que dans la relation qu'elles entretiennent avec l'ensemble de la réalité historique dans laquelle elles apparaissent. » Derrière ses aspects innocents, la peinture d'Aillaud pose au contraire bien des questions à force de feindre n'en pas poser. Et ce ne sont pas les grands paysages de grèves, vides de toute présence animale, peints à la fin des années quatre-vingt, qui éclairciront ces questions, à moins de les considérer en opposition à son thème majeur antérieur de l'enfermement, comme un hymne à la liberté. ■ Jacques Busse

BIBLIOGR. : Gilles Aillaud -*Le proche et le lointain*, Éd. du Regard, Paris, 1980 – Lydia Harambourg, in : *L'École de Paris 1945-1965. Diction. des Peintres*, Ides et Calendes, Neuchâtel, 1993.

MUSÉES : GRENOBLE (Mus. des Beaux-Arts) – PARIS (Mus. Nat. d'Art Mod.) : *La fosse* 1967 – SAINT-ÉTIENNE (Mus. d'Art et d'Industrie) : *Hippopotame* 1975 – STRASBOURG (Mus. d'Art Mod.) : *Python* 1975.

VENTES PUBLIQUES : PARIS, 14 juin 1977 : *Tête de rhinocéros* 1967, h/t (80x100) : FRF 3 900 – PARIS, 31 mai 1978 : *Chacal* 1966, h/t (89x116) : FRF 4 800 – PARIS, 26 avr. 1982 : *Le renard en captivité* 1977, h/t (90x116) : FRF 9 500 – PARIS, 5 déc. 1983 : *Le gorille* 1966, h/t (96x129) : FRF 16 000 – PARIS, 26 nov. 1984 : *Intérieur* 1964, h/t (130x160) : FRF 21 000 – PARIS, 6 juin 1985 : *L'hippopotame* 1966, acryl./t. (100x79) : FRF 14 000 – PARIS, 12 juin 1986 : *Otaries dans l'eau* 1976, acryl./t. (195x250) : FRF 80 000 – PARIS, 3 déc. 1987 : *Tortues* 1975, past. et cr. (50x65) : FRF 8 000 – PARIS, 20 juin 1988 : *Fennecs* 1974, h/t (97x130) : FRF 22 000 – PARIS, 18 juin 1990 : *Bébé phoque* 1966, h/t (80x99) : FRF 40 000 – PARIS, 9 déc. 1990 : *Terrier* 1974, aquar. (65x50) : FRF 8 000 – PARIS, 12 fév. 1991 : *Nomades au bord d'un ravin*, h/cart. (41x50,7) : FRF 8 000 – PARIS, 4 nov. 1992 : *Mangoustes dans la nuit* 1976, h/t (195x130) : FRF 45 000 – PARIS, 26 nov. 1994 : *La table d'entomologiste*, h/t (80x100) : FRF 23 000.

AILLEFOL Jacquet
XIVe siècle. Actif à Troyes de 1374 à 1381. Éc. champenoise.
Peintre.
Il travailla en Champagne et fut occupé, en 1380, à l'église Saint-Étienne à Troyes.

AILLET Edgard Adrien Jean
Né le 5 mars 1883 à Eauze (Gers). Mort le 8 juin 1959 à Paris. XXe siècle. Français.
Peintre de portraits, paysages, pastelliste.
Il fut élève de Léon Bonnat et de Luc-Olivier Merson. Il exposa d'abord au Salon des Artistes Français de 1912 à 1929, puis à la Société Nationale des Beaux-Arts de 1930 à 1933. En 1919, à l'Exposition des Œuvres des Artistes Combattants organisée par le Salon d'Automne, il avait figuré avec un paysage. Il exposait également au Salon des Indépendants depuis 1926 et a continué jusqu'en 1945. Parmi les portraits nombreux qu'il eut à peindre : *Portrait de la princesse de Faucigny-Lucinge* en 1922. Il peignit aussi des figures de composition : *Andalous à la cape* et des nus.
MUSÉES : PARIS (Mus. mun. d'Art Mod.) : *Vieux quartier de Fontarabie* – PARIS (Mus. de la Légion d'honneur) : Une sanguine exécutée sur le front en 1915.

AILLET Jean ou **Ayllet, Ailliez, Alluet,** dit **Fréminet**
XVIe siècle. Actif à Troyes. Français.
Peintre verrier.
Cet artiste fit deux vitraux pour l'église Sainte-Madeleine, dont l'un d'après le carton du peintre Guillemin Passot. En 1518, il fit plusieurs vitraux pour l'église Saint-Jean, et, de 1521 à 1522, il un vitrail pour l'église Notre-Dame-aux-Nonnains.

AILLET Maxime Pierre Henri
Né le 13 juin 1888 à Bordeaux (Gironde). XXe siècle. Français.
Peintre de paysages.
Il figurait régulièrement au Salon des Indépendants de Paris. Il a exposé à Bayonne, Pau, ainsi qu'à Prague en 1927. Il a peint principalement au Pays basque.

AILLIOD Clotilde
Morte le 27 janvier 1887 à Lyon. XIXe siècle. Française.
Peintre de compositions religieuses, scènes de genre, portraits, intérieurs, pastelliste.
Elle a exposé à Lyon, où elle était fixée. Elle avait débuté au Salon de Paris de 1848-1849. Elle peignait à l'huile et au pastel.

AILLOT Simon d'
XVIIIe siècle. Français.
Peintre sur émail et sur porcelaine.

AIMARDUS
XIIe siècle. Français.
Peintre miniaturiste.
D'après l'inscription que porte une bible (Paris) du XIIe siècle, Aimardus travailla à un *liber floratum* qui contenait la *Légende de saint Martial de Limoges*.

AIMÉ Madeleine Marie
Née à Douai (Nord). XXe siècle. Française.
Peintre de figures, paysages.
Elle paraît être de la famille de Paul Charles Aimé et de Simone Aimé. Elle fut élève de Sabatté et Xavier Prinet à l'Ecole des Beaux-Arts de Paris. Elle a exposé à partir de 1932 au Salon des Artistes Français et en est devenue sociétaire. Elle a également figuré au Salon d'Automne en 1943. Elle a aussi peint des natures mortes et des intérieurs. Ses paysages sont souvent des vues de Douai ou des environs. Elle a créé, en 1942, un *Chemin de croix* pour l'église Sainte-Thérèse de Douai.

AIMÉ Paul Charles
Né à Douai (Nord). XXe siècle. Français.
Peintre de paysages.
Paraît être de la famille de Madeleine Marie Aimé et de Simone Aimé. Comme elles, il fut élève de Sabatté. Il reçut aussi les conseils d'Eugène Selmy. A partir de 1929 il a figuré au Salon des Artistes Français à Paris, avec des vues de Douai et des paysages du Nord.

AIMÉ Simone
Née à Douai (Nord). XXe siècle. Française.
Peintre de paysages, intérieurs.
Elle paraît être de la famille de Madeleine Marie Aimé et de Paul Charles Aimé. Comme eux, elle fut élève de Sabatté. Elle a exposé au Salon des Artistes Français à Paris à partir de 1932, principalement des vues de Douai.

AIMÉ-BOUTROIS Charlotte
Née à Grandcamp-les-Bains (Calvados). XXe siècle. Française.
Peintre de portraits, paysages, intérieurs, fleurs.
Elle pourrait être apparentée à la famille Aimé de Douai. Elle aussi fut élève de Fernand Sabatté, et également de Georges Bourgogne. Exposant régulièrement au Salon des Artistes Français à Paris, elle en fut nommée sociétaire et y exposa à partir de 1929 : des paysages ruraux, des natures mortes avec fleurs, des portraits, et comme la famille Aimé des vues de Douai.

AIME-PERRET. Voir **PERRET Aimé**

AIMERICI Giovanni ou **Giovannino**
XIVe siècle. Italien.
Peintre.
On sait seulement de lui que, de 1377 à 1395, il vécut dans la rue Saint-Silvestre, à Rimini.

AIMERIO da Como
XIIIe siècle. Actif à Gênes. Italien.
Peintre.
En 1261, cet artiste prit comme apprenti dans son atelier un certain Tealdino di Rubaldo de Chiavari. Cet Aimerio da Como est probablement le même personnage que le peintre Aimerio mentionné en 1280, à Vercelli.

AIMI Kose A.
IXe-Xe siècles. Vivant à Kyoto entre le IXe et le Xe siècle. Japonais.
Peintre.
Fils et élève de Kanaoka, fondateur de l'école Kose. Il fut membre

de la commission de peinture du gouvernement. Comme son père, il fit surtout des œuvres ayant trait à Bouddha. Il peignit aussi des fantaisies.

AI Mitsu, pseudonyme de Ishimura Akiro
Né le 24 juin 1907 dans la province d'Hiroshima. Mort en 1946 à Shanghai. XXᵉ siècle. Japonais.
Peintre de figures. Surréaliste.
Lorsqu'il s'inscrivit à l'Ecole des Beaux-Arts de Tensaï à Osaka en 1924, il prit le nom de AIKAWA Mitsurô, dont il fit AI Mitsu. En 1925, il vint à Tokyo et s'inscrivit à l'Institut des Beaux-Arts Occidentaux de Taihel, où il connut les peintres Inoué Chôsaburô et Tsuruoka Masao. Il a commencé d'exposer en 1926, au Salon Nikka, Salon de peinture et sculpture, et à d'autres expositions collectives, au cours desquelles il a reçu plusieurs distinctions. En 1939, il a participé à la fondation de l'Association pour la Culture et l'Art. En 1943, il a créé l'Association des Peintres Nouveaux.
Il avait subi d'abord l'influence de Rouault, peignant dans des gammes sombres : *Jeune fille appuyée sur un parapluie* de 1930 ou *Musicien aveugle* de 1934. Il évolua ensuite progressivement au surréalisme, avec déjà en 1938 : *Paysage aux yeux*, tendance qui s'amplifia à partir de 1939, tandis que l'armée de l'empereur Hiro-Hito tentait de faire censurer les artistes d'avant-garde ou considérés tels. ■ J. B.

AIMO Domenico ou Lamia, ou de Jami, dit Il Varignana, ou Il Vecchio Bolognese
Mort en 1537 à Bologne. XVIᵉ siècle. Italien.
Sculpteur.
Cet artiste prit part à un concours pour la meilleure œuvre en cire reproduisant le groupe de Laocoon, retrouvé dans les Thermes de Titus à Rome, en 1506. Ses concurrents étaient Zaccharia Zacchi de Volterre, Alonso Berruguete de Valladolid et Jacopo Sansovino de Florence. Ce dernier fut vainqueur, d'après le jugement de Raphaël, et sa copie de cire fut reproduite en bronze.

AIMONE Giuseppe. Voir AJMONE

AIMONE Victor
Né à Novare. XIXᵉ-XXᵉ siècles. Italien.
Sculpteur de statues, groupes, portraits.
Il travaillait à Turin. En 1897, il exposa au Salon de Paris : *Le Plaidoyer du bouffon* et obtint une mention honorable, en 1911 : *Gloire à la Nation* et *Repos de Diane*, en 1912 : *Audacieux ébats*, puis des portraits, en 1913 et 1914.
VENTES PUBLIQUES : NEW YORK, 18-19 juil. 1996 : *Entrée triomphale de Garibaldi* 1877, relief de bois sur fond de velours (35,6x33) : USD 3 162.

AIMONETTO da San Ippolito
XIVᵉ siècle. Italien.
Sculpteur.
En 1370, il travailla au Palais papal à Avignon.

AINDI de Forli Giuseppe
XIXᵉ siècle. Actif dans la première moitié du XIXᵉ siècle. Italien.
Sculpteur de sujets religieux.
Cet artiste exécuta, pour la chapelle B. V. del Juaca dans la cathédrale de Forli, la table d'autel et deux murailles du chœur, travaux en marbre d'une remarquable exécution, d'après les plans de l'architecte Luigi Mirri et de Gaetano Stegan.

AINECY Henri d', comte de Montpezat
Né en 1817 à Paris. Mort en 1859. XIXᵉ siècle. Français.
Peintre de portraits, scènes de chasse, animaux.
Élève de Dubouloz. Il exécuta le portrait du roi Guillaume III qui appartient actuellement à la reine des Pays-Bas. Il obtint une médaille de troisième classe en 1845.
MUSÉES : BRUXELLES : *Rendez-vous de chasse au bois de Boulogne* – LA HAYE (Mus. comm.) : *Portrait équestre d'Alex. Piet. Françoise Tinne, à l'âge de 14 ans* – SAINT-OMER : *Rendez-vous de chasse.*
VENTES PUBLIQUES : PARIS, 1900 : *Le rendez-vous de chasse* : FRF 800 – PARIS, 20-22 mai 1920 : *Cavaliers Louis XV faisant de la haute école* : FRF 850 – LONDRES, 1ᵉʳ juil. 1927 : *Promenade de l'Empereur au Bois de Boulogne* : GBP 110 ; *Chiens en pleine course* ; *Le Repos de la chasse*, les deux : GBP 199 – PARIS, 7 déc. 1934 : *La Calèche* : FRF 3 350 – PARIS, 17 nov. 1948 : *Le Départ pour la chasse*, aquar. : FRF 20 000 – BRUXELLES, 2 déc. 1950 : *Kermesse à Lembeck* : BEF 3 200 – BERNE, 21 oct. 1977 : *Cheval à l'écurie* ; h/t (50x61) : CHF 4 000 – PARIS, 14 juin 1982 : *Les Quatre*

Saisons, 4 h/t (88x68) : FRF 200 000 – PARIS, 31 janv. 1983 : *L'Attelage au trot*, h/t (65x82) : FRF 53 000 – NEW YORK, 24 mai 1985 : *Elegants personnages dans un parc*, aquar. et gche/tarit de cr. (30,5x40,2) : USD 950 – LONDRES, 20 mars 1986 : *Scène de chasse*, aquar. (21x28) : GBP 1 150 – NEW YORK, 24 mai 1988 : *Lévriers dans un paysage*, h/t (114,3x146,7) : USD 18 700 – CALAIS, 13 nov. 1988 : *Jeune cavalier*, aquar. (49x40) : FRF 6 000 – AMSTERDAM, 10 avr. 1990 : *Cheval emballé sur un champ de bataille*, encre, aquar. et gche/pap. (14x19) : NLG 1 380 – PARIS, 29 nov. 1991 : *Chevaux au paillage*, h/t (19x25) : FRF 17 000 – NEW YORK, 16 fév. 1993 : *Personnages élégants dans un parc*, h/t (41,9x60,3) : USD 2 750 – NEW YORK, 26 mai 1993 : *Partie de chasse*, h/t (42,5x59,7) : USD 6 325 – NEW YORK, 12 oct. 1993 : *La Rencontre*, h/t (66,1x94,6) : USD 14 950 – AMSTERDAM, 19 oct. 1993 : *Le Rassemblement*, h/pan. (20x27,5) : NLG 8 625 – LA ROCHELLE, 26 fév. 1994 : *Notre dernière portée*, h/t (74x93) : FRF 81 000 – NEW YORK, 12 oct. 1994 : *Portrait équestre de Charles-Rodolphe, comte de Baillon*, h/t (81,6x111,8) : USD 13 800 – PARIS, 23 juin 1995 : *Deux chevaux au repos*, h/t (65,5x83) : FRF 160 000 – LONDRES, 21 nov. 1996 : *La Sortie de l'été*, h/t (70,9x101) : GBP 8 280 – CALAIS, 16 déc. 1996 : *Cheval scellé*, h/t (60x73) : FRF 72 000 – NEW YORK, 11 avr. 1997 : *Le Rendez-vous de chasse*, h/t (69,8x100,3) : USD 40 250 – LONDRES, 11 juin 1997 : *Épagneuls du Roi Charles jouant*, h/t (75x92) : GBP 16 100.

AINHAUSER Paul
Né à Freising (Haute-Bavière). XVIIᵉ siècle. Allemand.
Peintre d'histoire, portraits, paysages.
Cet artiste fut élève d'Egid Schor ; il se maria en 1604, dans le Tyrol, à Hall. Dans l'église de Hall se voient des bannières et ornements de reliquaires peints par lui. L'église des jésuites de la même ville possède également des portraits de sa main. Le Ferdinandeum d'Innsbruck conserve son tableau : *La fuite en Égypte.*

AINHOLZEL Rupert
XVIᵉ siècle. Actif à Salzbourg en 1524. Allemand.
Peintre.

AINMILLER Heinrich
Né en 1837. Mort en 1892 à Salzbourg. XIXᵉ siècle. Allemand.
Peintre de cartons de vitraux, dessinateur.
Cet artiste, fils de Max Emmanuel Ainmiller, fut l'élève de son père et de Heinrich Hess. Il travailla surtout sous la direction du premier, à l'Institut royal de peinture sur verre. On lui doit de nombreux modèles pour des vitraux d'église.

AINMILLER Max Emmanuel
Né en 1807 à Munich. Mort en décembre 1870. XIXᵉ siècle. Allemand.
Peintre de figures, intérieurs d'églises, cartons de vitraux, peintre sur verre et sur porcelaine.
Il étudia d'abord l'architecture à l'Académie de Munich. Les dispositions dont il fit preuve pour l'ornementation lui firent obtenir l'emploi de dessinateur à la manufacture royale de porcelaine de Nymphenburg. Ainmiller ne se cantonna pas dans cette situation secondaire. Son goût pour la peinture sur verre se manifesta d'abord dans des essais, puis dans des travaux plus importants qui mirent leur auteur en évidence. On doit à Ainmiller des vitraux à la cathédrale de Ratisbonne, à Spire, à Cologne et à Saint-Paul, de Londres. Geissler a gravé d'après lui *L'Intérieur de l'église Saint-Laurent, à Nuremberg.*

MUSÉES : BÂLE : *Chœur de l'Abbaye de Westminster à Londres* – HANOVRE : *La cathédrale Saint-Étienne, à Vienne* – MUNICH : *Intérieur de l'Abbaye de Westminster à Londres* – *Dans le chœur de l'Abbaye* – *La cathédrale de Reims* – *Église italienne.*
VENTES PUBLIQUES : COLOGNE, 25 juin 1976 : *Intérieur d'église*, h/t (97x77,5) : DEM 6 500 – COPENHAGUE, 9 nov. 1977 : *Femme et enfant à la porte d'un monastère*, h/t (30x39) : DKK 7 000 – MUNICH, 9 mars 1978 : *A la porte du cloître 1843*, h/t (30x39) : DEM 3 500 – VIENNE, 17 mars 1982 : *Deux personnages dans une cathédrale 1845*, h/t (60x49) : ATS 25 000 – MUNICH, 14 mai 1986 : *Intérieur d'une église gothique 1841*, h/t (63x81) : DEM 11 000.

AINOLFI Bartolomeo
XVᵉ siècle. Travaillait à Parme. Italien.
Peintre.
On le connaît par son testament, daté du 5 février 1475 et conservé aux archives de Parme.

AINSCOUGH Hilda
Née à Buenos Aires (Argentine). XXᵉ siècle. Britannique.

Sculpteur de figures, portraits.
Elle fut élève d'Antoine Bourdelle. Elle a figuré au Salon des Artistes Français jusqu'en 1924, puis à celui de la Société Nationale des Beaux-Arts, toujours à Paris.
Techniquement, elle utilise des matériaux très divers, terre cuite, bois rares, fonte de bronze. Sculpteur de figures, elle les groupe parfois, et affectionne le monde panthéiste des faunes et faunesses.

AINSLEY G.
XVIIIe-XIXe siècles. Britannique.
Peintre de paysages.
Douze tableaux de ce peintre ont été exposés à la Royal Academy de Londres entre 1799 et 1819.

AINSLEY J.
XIXe siècle. Actif à Mansfield (Angleterre). Britannique.
Peintre.
J. Ainsley exposa un tableau à la Royal Academy, en 1840.

AINSLEY Olivier
XXe siècle. Actif en 1909-1910 à New York. Américain.
Peintre, aquarelliste, pastelliste.

AINSLEY P.
XIXe siècle. Britannique.
Peintre de paysages.
Les catalogues de la Galerie de Suffolk Street à Londres citent des ouvrages de cet artiste, exposés entre 1868 et 1871.

AINSLEY Samuel James
Né avant 1820 en Angleterre. Mort en 1874. XIXe siècle. Britannique.
Peintre de paysages animés, paysages, graveur à l'eau-forte, lithographe, dessinateur.
Cet artiste travailla, en 1842 et 1843, en Étrurie, en collaboration avec G. Dennis, l'auteur de *Cités et Cimetières d'Étrurie*, et fit de nombreuses ébauches des pays et sites et antiquités de cette région. Il exposa aussi des tableaux : 1836, 1844, à la Royal Academy.
MUSÉES : LONDRES (British Mus., Cab. des Estampes) : Cent dessins.
VENTES PUBLIQUES : LONDRES, 17 mars 1982 : *Cicéron dans le jardin de sa villa* 1841, h/t (80x121,5) : **GBP 1 000**.

AINSLIE
XIXe siècle. Britannique.
Peintre.
Cette artiste amateur exposa, comme membre honoraire, à la Royal Academy de Londres, de 1823 à 1835. Elle peignit surtout des animaux, des fleurs, des fruits ; on a aussi d'elle quelques œuvres sportives.

AINSLIE John
XIXe siècle. Actif à Londres entre 1827 et 1834. Britannique.
Peintre, aquarelliste.
Plusieurs institutions de Londres reçurent des œuvres de cet artiste, notamment la British Institution Suffolk Street et la New Water-Colours Society.

AINSWORTH
XIXe siècle. Actif à Londres vers 1834. Britannique.
Peintre de paysages.
Trois ouvrages de cet artiste sont mentionnés dans les catalogues de la Royal Academy de Londres.

AINZA Joaquim
XVIIIe siècle. Espagnol.
Peintre.
D'après un de ses tableaux, Vicente Mariani grava, en 1792, le portrait en pied de Don Carlos Josef de los Rios y Rohan.

AI QIMENG. Voir **SICHELBART Ignatius**

AIRA Giovanni et **Bonino d'**
XVe siècle. Italiens.
Sculpteurs.
Ces artistes travaillèrent avec leur frère, le sculpteur plus connu Michele. Giovanni exécuta (1490) un monument pour Savone. Pietro da Carona fut l'élève et l'auxiliaire des d'Aira.

AIRA Michele d'
Né à Aira (val d'Intelvi). XVe siècle. Italien.
Sculpteur de monuments.
Cet artiste fut le premier qui fut chargé de l'exécution de monuments érigés en Ligurie pour les citoyens notables. Il en exécuta un en 1466, pour Francesco Vivaldi ; en 1473, un autre pour Anciano Spinola ; en 1475, un autre encore pour Domenico Pastine.

AIRAULT François
Né à Chambon-sur-Vouèze (Creuse). XXe siècle. Français.
Peintre de compositions à personnages. Naïf.
Probablement autodidacte en peinture. Il expose à partir de 1926 au Salon des Indépendants, qui fut cher au Douanier. De ceux qu'on appelle maladroitement naïfs, et mieux primitifs populaires, il a la fraîcheur de l'inspiration et l'authenticité d'une technique sommaire. En 1945, pour célébrer la Libération de la France, il composa deux peintures qui le firent remarquer : *Honneur à la France combattante* et *Honte à la trahison*.

AIRD Edith
XIXe siècle. Britannique.
Miniaturiste.
Elle exposa chaque année, à partir de 1896, à la Royal Academy de Londres.

AIRD Reginald James Mitchell
Né le 14 janvier 1890 à Londres. XXe siècle. Britannique.
Peintre de portraits, décorateur.
Cet Anglais fut élève de l'Ecole des Beaux-Arts de Paris. Il eut une importante activité de décorateur. Il eut toutefois des commandes de portraits, dont le *Portrait de la duchesse d'York*.

AIRE Jean d'. Voir **JEAN D'AIRE**

AIRER Johann. Voir **AYRER Johann**

AIROLA Angela Veronica
Morte en 1670 à Gênes. XVIIe siècle. Italienne.
Peintre de compositions religieuses.
Cette artiste, qui avait étudié la peinture avec Domenico Fiasella dit Sarzana, exécuta plusieurs tableaux pour les églises de Gênes. Elle prit le voile dans le couvent de San Bartolomeo dell'Oliveta, à Gênes, mais elle continua à peindre après son entrée en religion.

AIROLDO da Bissone
XIVe siècle. Italien.
Sculpteur.
Cet artiste travailla à la cathédrale de Milan, en 1387.

AIRY Anna
Née en 1882. Morte en 1964. XXe siècle. Britannique.
Peintre de genre.
On sait qu'elle vivait et travaillait à Londres. Elle y exposait régulièrement à la Royal Academy depuis 1907. Elle exposa dans d'autres groupements constitués dans d'autres villes. Les thèmes de ses envois dénotent bien les sujets de genre alors encore en faveur : *Penseuse – Potins*.
VENTES PUBLIQUES : LONDRES, 6 fév. 1985 : *Summer glory*, h/t (76x63) : **GBP 5 200** – LONDRES, 30 sep. 1986 : *Vase de fleurs*, h/t (30,5x25,5) : **GBP 1 000** – LONDRES, 22 juil. 1987 : *Vase de roses*, h/cart. (35,5x30,5) : **GBP 1 800** – LONDRES, 2 mars 1989 : *Les roses « Gloire de l'été »*, h/t (75x62,5) : **GBP 7 700**.

AISCHINES
Antiquité grecque.
Sculpteur.
Rhodien, il est connu seulement par une mention de Diogène Laërce.

AISEKI Shinzui
Né à Kishu. XIXe siècle. Actif au début du XIXe siècle. Japonais.
Peintre de paysages.
Il avait été élève de Kaiseki, et avait appartenu à l'école Nanga.

AI SIUAN. Voir **AI XUAN**

AISON
Ve siècle avant J.-C. Actif dans la seconde moitié du Ve siècle avant Jésus-Christ. Antiquité grecque.
Peintre de vases.
La coupe du Musée archéologique de Madrid qui nous garde sa signature représente les exploits de Thésée. Deux autres coupes de sujet analogue, mais non signées, présentent avec celle-ci une incontestable parenté. La maîtrise du dessin invite à considérer Aison comme un grand artiste. Il prête à l'ensemble de la décoration de chaque vase une élégance telle, qu'on peut le considérer comme le successeur du peintre de vases Aristophane et comme le précurseur de Meidias.

AISOPOS
VIe siècle avant J.-C. Actif en Attique dans le premier quart du VIe siècle avant Jésus-Christ. Antiquité grecque.

Sculpteur.
Son nom, accompagné de la mention de ses frères, a été trouvé sur une base de Sigée, en Troade. Les caractères de l'inscription sont attiques.

AITA de la Pennuela Mathilde
Née à La Havane (Cuba). xixᵉ siècle. Espagnole.
Peintre.
Cette artiste fut élève d'Ary et d'Henry Scheffer. A partir de 1859, elle exposa aux Salons de Paris et d'Anvers.

AITCHERSON S.
xixᵉ siècle. Active à Strood (Angleterre). Britannique.
Peintre de fleurs.
Elle fut connue vers 1839. Elle envoya un tableau à Suffolk Street, en 1839.

AITCHISON Alfred
xixᵉ siècle. Actif à Londres vers 1879. Britannique.
Artiste.
Aitchison se spécialisa dans la représentation d'églises. On cite un ouvrage de lui exposé à la Royal Academy de Londres.

AITCHISON Craigie
Né en 1926 en Écosse. xxᵉ siècle. Britannique.
Peintre de compositions religieuses, portraits, paysages, natures mortes.
Il fit ses études à la Slade School de Londres. Lauréat d'une bourse d'étude, il voyagea en Italie. Il peint à partir de 1970. Dans une technique vaporeuse, délibérément floue, il peint avec une certaine naïveté des images diverses, volontiers symbolistes. Il peint des crucifixions, qu'à la manière des artistes renaissants italiens il situe dans les paysages qui l'entourent, des nativités, des portraits où apparait l'influence de Derain, des natures mortes et des paysages nocturnes.
BIBLIOGR. : Helen Lessore : *A partial testament, essays on some moderns in the great traditions*, The Tate Gallery, 1986, Londres – Catal. de l'exposition *Craigie Aitchison, peintures 1982-1987*, mai 1987, Abermarle Gallery, Londres.
VENTES PUBLIQUES : LONDRES, 11 mars 1981 : *Roses dans un verre*, h/t (30x20) : **GBP 560** – LONDRES, 9 nov. 1984 : *Radiation*, aquar., craies noire et rouge (44,5x32) : **GBP 500** – LONDRES, 30 avr. 1986 : *Paysage à l'arbre*, h/t (127x95) : **GBP 3 200** – LONDRES, 8 sep. 1988 : *Nature morte nᵒ 1* 1973, h/t (76,2x63,5) : **GBP 9 900** – LONDRES, 20 oct. 1988 : *Papillon*, h/pap. (63x50) : **GBP 5 720** – LONDRES, 23 fév. 1989 : *Crucifixion 8*, h/t (221x188) : **GBP 26 400** – LONDRES, 24 mai 1990 : *Crucifixion* vers 1984, h/t (51x41) : **GBP 14 300** – LONDRES, 21 mars 1991 : *Crucifixion 1984*, h/t (46x36) : **GBP 9 020** – LONDRES, 6 nov. 1992 : *Nature morte à la poterie chinoise*, h/t (10,5x13) : **GBP 2 640** – LONDRES, 25 mai 1994 : *Crucifixion 8*, h/t (221x188) : **GBP 21 275** – LONDRES, 23 oct. 1996 : *Garçonnet avec un canard*, h/t (221x188) : **GBP 11 500**.

AITCHISON George
xixᵉ siècle. Britannique.
Peintre d'architectures.
George Aitchison devint membre associé de la Royal Academy de Londres, où il exposa nombre d'œuvres entre 1852 et 1893.

AITKEN James
xixᵉ-xxᵉ siècles. Britannique.
Peintre de paysages, aquarelliste.
Il exposa à différentes reprises, de 1889 à 1901, à la Royal Academy : *Jour de retraite, Matin de septembre, Jour de beau temps*.
VENTES PUBLIQUES : MONTRÉAL, 23-24 nov. 1993 : *Paysage côtier*, aquar. (33x49) : **CAD 750**.

AITKEN James Alfred
Né en 1846 à Edimbourg. Mort le 21 décembre 1897 à Glasgow. xixᵉ siècle. Britannique.
Peintre de paysages, aquarelliste.
James Alfred Aitken alla tout jeune à Dublin et c'est dans cette ville qu'il commença son instruction artistique. A vingt ans, il revenait à Glasgow se placer sous la direction d'Horatio McCulloch. Plus tard, il voyagea beaucoup en Amérique et en Europe.
Cet artiste fut représenté dans les Expositions écossaises, presque régulièrement, de 1870 à 1898. Il envoya aussi de ses œuvres à l'Institut de Glasgow, à l'Académie royale de Dublin et à l'Académie royale de Londres (1874).
Aitken fit surtout du paysage et, à la fin de sa vie, produisit beaucoup d'aquarelles. Il fut associé de la Royal Hibernian Academy

et l'un des fondateurs de la Royal Scottish Water-Colours Society.

ꭻ Aitken

VENTES PUBLIQUES : LONDRES, 11 mars 1981 : *A village in the hills*, h/t (34x21) : **GBP 240** – TORONTO, 3 nov. 1982 : *Mount Aitken, Selkirks*, aquar. (28,8x48,1) : **CAD 500**.

AITKEN John Ernest
Né en 1881. Mort en 1957. xxᵉ siècle. Britannique.
Peintre de paysages, marines, aquarelliste.

John E. Aitken.

VENTES PUBLIQUES : GLASGOW, 4 fév. 1987 : *Les quais à Rotterdam*, aquar. reh. de gche (35,5x51) : **GBP 700** – LONDRES, 31 jan. 1990 : *Vue d'un port hollandais*, aquar. (34x49) : **GBP 968** – LONDRES, 18 oct. 1990 : *La pêche du matin dans l'île de Man*, cr. et aquar. (33x49,5) : **GBP 660** – LONDRES, 11 oct. 1995 : *Rotterdam ; Le vieux port de Rotterdam*, aquar., une paire (chaque 33,5x49) : **GBP 2 645**.

AITKEN Mélita
Née à Ontario (Canada). xxᵉ siècle. Canadienne.
Peintre.
Elle exposa au Salon des Artistes Français, en 1932 et 1933.

AITKEN Pauline
Née en 1893 à Accrington. xxᵉ siècle. Britannique.
Sculpteur de figures.
De 1925 à 1929, elle a figuré à Paris au Salon des Artistes Français, avec des statuettes de bronze, représentant des femmes souvent surprises en mouvement : *Danse – Bacchante*.

AITKEN Peter
Né le 16 juin 1858 à Dundas (Canada). xixᵉ siècle. Canadien.
Graveur sur bois.
Il se perfectionna à New York avec Timothy Eole, puis à Paris. Ses ouvrages furent récompensés aux Expositions Universelles de Chicago et de Buffalo. En 1900, il prit part à l'Exposition Universelle de Paris avec trois gravures : *Petite Princesse, Portrait*, d'après Gilbert Stuart, *Madone et Enfant*.

AITKEN Robert
Né en 1734 à Dalkeith. Mort en 1802 à Philadelphie. xviiiᵉ siècle. Américain.
Graveur.

AITKEN Robert Ingersolt
Né le 8 mai 1878 à San Francisco. Mort en 1949. xixᵉ-xxᵉ siècles. Américain.
Sculpteur de monuments, figures.
A San Francisco, il fut élève de l'Institut du sculpteur Mark Hopkins, où il devint plus tard professeur, succédant au sculpteur de sujets sportifs Douglas Tilden. Il commença à exposer en 1896. Son œuvre la plus connue est le monument érigé en l'honneur de la marine américaine : *Victory*, placé sur un socle d'environ trente mètres.
VENTES PUBLIQUES : NEW YORK, 29 sep. 1977 : *Robert Burns*, bronze patiné (H. 66) : **USD 1 800** – NEW YORK, 22 mai 1980 : *Figures*, deux bronzes (H. 19) : **USD 2 200** – NEW YORK, 27 sep. 1990 : *Pan, fontaine de bronze* (H. 109,9) : **USD 9 350** – NEW YORK, 11 mars 1993 : *Mercure fatigué* 1907, bronze (H. 76,8) : **USD 6 900** – NEW YORK, 3 déc. 1996 : *Jeanne d'Arc*, bronze, groupe équestre (H. 48,3) : **USD 3 220** – NEW YORK, 27 sep. 1996 : *Satyre et Sirène*, bronze patine brun vert (H. 72,4) : **USD 4 830**.

AITKEN Wilhelmine Rose
Née à Bedford (Angleterre). xxᵉ siècle. Britannique.
Peintre de portraits.
Elle exposa au Salon des Artistes Français : *Tête de jeune fille*, et au Salon d'Automne : *Portrait d'enfant*, en 1924.

AITKEN William Costen
Né en 1817 probablement à Dumfries. Mort en 1876 à Birmingham. xixᵉ siècle. Britannique.
Peintre, dessinateur.
William Aitken avait environ vingt ans lorsqu'il vint à Birmingham. Il prit rapidement une place intéressante comme professeur et surtout comme dessinateur industriel. Le Musée de la

grande cité anglaise conserve de lui deux dessins représentant *La chambre de James Watt, à Birmingham.*

AITKIN E. V.
XIXe siècle. Actif à Putney (près de Londres) vers 1886. Britannique.
Peintre.
Cet artiste exposa un tableau à Suffolk Street, en 1886.

AITKINS J. M.
XIXe siècle. Actif à Londres. Britannique.
Peintre.
Cet artiste exposa, en 1824, à la Royal Academy, le tableau *Hanover Terrace, Regents Park.*

AIVAZOVSKI Ivan Konstantinovich
Né en 1817 à Théodosie (Crimée). Mort en 1900. XIXe siècle. Russe.
Peintre de paysages, marines.
Il fit ses études à l'Académie de Saint-Pétersbourg, puis fut élève de Philippe Tanneur, mais se forma surtout en copiant des œuvres de Joseph Vernet, au Musée de l'Ermitage. En 1840, il commença un long voyage en Europe, visitant l'Italie, l'Espagne, la Hollande et l'Angleterre. De retour en Russie en 1844, il devint célèbre et fut nommé Premier Peintre de la Marine russe impériale, membre de l'Académie de Saint-Pétersbourg, mais aussi des Académies de Rome, Florence, Stuttgart et Amsterdam. Il fit don, à sa ville natale, d'une église, d'un musée d'histoire et d'archéologie, d'une école et d'un musée d'art qui porte son nom.
Il exposa dans tous les centres artistiques d'Europe, notamment à Paris en 1843, où il obtint une médaille d'or ; en 1857, date à laquelle il reçut la Légion d'honneur ; puis en 1879, 1887, 1890. Il participa à l'Exposition Universelle de Paris en 1900, avec son tableau : *L'Océan.*
Ses paysages et notamment ses marines, aux couleurs fluides qui dissolvent les formes dans des contre-jours savants, prennent des allures mystérieuses.

Aïbazobскïй

BIBLIOGR. : N. Novouspenski : *Ivan Aivazovskii œuvres 1841-1900,* Librairie du Globe, 1985 – Gérald Schurr : *Les Petits Maîtres de la peinture 1820-1920, valeur de demain,* t. III, Les Éditions de l'Amateur, Paris, 1988.
MUSÉES : BREST – FLORENCE (Mus. des Offices) : *Autoportrait –* HELSINFGORS : *Vue de Constantinople – La mer –* MOSCOU (Roumianzeff) : *L'île de Patmos – Marine – Vue de Crimée – La nuit en Crimée – Tempête sur la mer Noire – Vue de la mer – L'île Ischia – Des Tchoumaks – Clair de lune à Venise – Ruines d'Herculanum – Coucher de soleil dans la petite Russie – Marine –* SAINT-Pétersbourg : *La mer agitée au clair de lune – Ile au milieu de la mer, par un clair de lune –* MOSCOU (Trétiakoff) : *La côte de mer – Goursamph la nuit – Un arc en ciel – En Théodosie – La mer Noire –* MUNICH : *À Saint-Pétersbourg – Une tempête sur le rivage –* SAINT-PÉTERSBOURG : *Étude de nuages – Le neuvième fléau – Le déluge universel – La création du monde – La tempête près du Cap d'Aï – Le flot – Vue de la ville d'Odessa – L'île de Crète en 1867 – L'île de Crète en 1897.*
VENTES PUBLIQUES : PARIS, 1870 : *Marine :* FRF 1 450 – PARIS, 25 mai 1928 : *Effet de soleil couchant sur les plaines de Russie :* FRF 5 800 – PARIS, 14 juin 1950 : *Vue du pont d'Odessa :* FRF 30 000 – LONDRES, 12 juin 1959 : *Lever de soleil sur la mer Noire :* GBP 126 – NEW YORK, 1er mai 1969 : *Le naufrage 1875, h/t (76x126) :* USD 2 300 – LOS ANGELES, 13 nov. 1972 : *Marine :* USD 4 500 – LOS ANGELES, 9 juin 1976 : *La vague émeraude 1849, h/pan. (28x40) :* USD 3 000 – VIENNE, 14 juin 1977 : *Bord de la mer Noire au coucher de soleil 1866, h/t (58x75) :* ATS 150 000 – NEW YORK, 3 mai 1979 : *L'Arrivée dans le port de Theodosia en Crimée, d'un bateau américain amenant des vivres 1892, h/t (46x67,5) :* USD 15 000 – LONDRES, 27 nov. 1981 : *Le retour des champs au crépuscule 1874, h/t (62,2x99) :* GBP 9 500 – NEW YORK, 21 mai 1982 : *Le naufrage 1875, h/t (76x126) :* USD 18 000 – LONDRES, 23 fév. 1983 : *Bord de mer 1861, encre/pap. (19x27) :* GBP 1 500 – LONDRES, 24 juin 1983 : *Falaises au bord de la mer avec bateaux au loin 1884, h/t (115x151) :* GBP 17 000 – NEW YORK, 25 mai 1984 : *Le port d'Odessa sur la mer Noire 1852, h/t (114,3x144,8) :* USD 60 000 – VIENNE, 20 mars 1985 : *La côte méridionale de la Crimée au clair de lune 1856, h/t (100x151) :* ATS 550 000 – LONDRES, 13 fév. 1986 : *Un bateau turc en feu 1888, h/t (70,5x107) :*

GBP 30 000 – LONDRES, 25 mars 1988 : *Bateau de sauvetage dans la tempête 1874, h/t (39x55) :* GBP 15 400 – LONDRES, 6 oct. 1988 : *Une côte au clair de lune avec un fort et un minaret 1888, h/t (33x28) :* GBP 22 000 – LONDRES, 14 nov. 1988 : *Côte de Crimée au clair de lune, h/t (95x147,5) :* GBP 20 350 – NEW YORK, 23 fév. 1989 : *La mer noire 1899, h/t (101,6x155,3) :* USD 51 700 – LONDRES, 17 mars 1989 : *Le canot de sauvetage par mer démontée 1892, h/t (71x89,4) :* GBP 13 200 – PARIS, 23 avr. 1989 : *La route de Gurzuf vers 1878, h/t (40x53) :* FRF 220 000 – LONDRES, 20 juin 1989 : *La cathédrale Saint-Isaac à Saint-Pétersbourg, h/cart. (110x143) :* GBP 231 000 – LONDRES, 5 oct. 1989 : *Bateaux dans la tempête 1860, h/t (81x116) :* GBP 41 800 – COPENHAGUE, 21 fév. 1990 : *Voilier au large d'une côte rocheuse 1890, h/t (33x27) :* DKK 75 000 – LYON, 21 mars 1990 : *Le vaisseau abandonné 1843, h/t (61x105) :* FRF 50 000 – PARIS, 13 juin 1990 : *Tempête sur la mer, h/t (51x69) :* FRF 135 000 – LONDRES, 10 oct. 1990 : *Navigation sur les côtes de la Mer Noire 1895, h/t (36,5x59,2) :* GBP 22 000 – NEW YORK, 23 oct. 1990 : *Le sauvetage 1849, h/t (61x92,1) :* USD 27 500 – LONDRES, 28 nov. 1990 : *Pêcheurs sur le rivage au clair de lune 1866, h/t (41x51) :* GBP 25 300 – PARIS, 12 déc. 1990 : *Entrée d'un voilier au port, h/t (22x27) :* FRF 42 000 – LONDRES, 17 mars 1993 : *Marché à Constantinople avec Sainte Sophie à l'arrière plan 1860, h/t (64x55,5) :* GBP 21 850 – NEW YORK, 16 fév. 1994 : *Naufrage près d'une côte au clair de lune 1863, h/t (76,2x59,1) :* USD 90 500 – AMSTERDAM, 21 avr. 1994 : *Marine avec un canot s'approchant d'un deux-mâts 1853, h/t (58x90) :* NLG 94 300 – NEW YORK, 16 fév. 1995 : *Le naufrage 1871, h/t (110,5x129,5) :* USD 134 500 – LONDRES, 15 juin 1995 : *Panorama de Constantinople avec la Corne d'or et la mosquée Nusretyi 1856, h/t (125x195) :* GBP 326 000 – LONDRES, 17 juil. 1996 : *Cavaliers surveillant la mer depuis le sommet d'une falaise au soleil couchant 1883, h/t (100,5x66) :* GBP 84 000 – LONDRES, 21 nov. 1996 : *Constantinople au-delà de la Corne d'or, h/t (28x41,2) :* GBP 25 300 – LONDRES, 11 oct. 1996 : *Turcs admirant la pleine lune 1875, h/t (46,5x68) :* GBP 33 350 – LONDRES, 19 déc. 1996 : *Deux bateaux dans la tempête 1860, h/t (80,5x117) :* GBP 87 300 – LONDRES, 11-12 juin 1997 : *Vue de Baydarsky Gate, h/t (72,5x110) :* GBP 106 000 – LONDRES, 17 oct. 1997 : *Coucher de soleil sur la Corne d'Or 1866, h/t (120x167) :* GBP 408 500 ; *Vue de Constantinople 1874, h/t (109x158) :* GBP 287 500.

AIX, d'. Voir au prénom

AIXA José
Né vers 1850 à Valence. XIXe siècle. Espagnol.
Sculpteur de statues, bustes.
Cet artiste fut élève à l'Académie de San Carlos à Valence. Plus tard, il étudia en Allemagne. Son chef-d'œuvre est une *Statue du philosophe Louis Vivès* (élevée dans l'Université de Valence). On cite aussi une statue du *P. Jofré* (à l'Hôpital général de Valence) et un buste de *Sainte Thérèse.*

AI XUAN ou Ai Hsüan ou Ai Siuan
Originaire de Nankin. XIe siècle. Chinois.
Peintre.
Spécialiste de fleurs et d'oiseaux, il est membre de l'Académie de Peinture sous le règne de l'empereur Shenzong (1068-1085).
MUSÉES : PÉKIN (Mus. Nat.) : *Aubergines et Choux,* œuvre signée.

AI XUAN
Né en 1947 à Zhujiang. XXe siècle. Chinois.
Peintre de compositions animées, figures, paysages.
Fils du poète Ai Qing, il grandit dans un milieu cultivé dont il garde l'empreinte. Il commença ses études artistiques à l'École Centrale Préparatoire des Beaux-Arts de Pékin en 1963. La Révolution Culturelle survint juste avant qu'il obtînt son diplôme en 1967. De 1969 à 1973, il servit dans une ferme militaire du Tibet. Cantonné dans le Sichuan en 1973, mais toutefois reconnu en tant qu'artiste, il put reprendre ses activités et se consacrer à la peinture. En 1987, il entreprit un voyage aux États-Unis et revint en Chine l'année suivante où il travaille actuellement. Depuis 1980, il a participé à des expositions nationales chinoises et remporté la médaille d'argent de la Deuxième Exposition Nationale pour la Jeunesse. En 1986, il figura à la Deuxième Exposition d'Art Asiatique au Japon et au Salon de Paris. En 1987, lors de son séjour aux États-Unis, plusieurs galeries new-yorkaises lui consacrèrent des expositions.
Son œuvre étant fortement inspirée des paysages sévères et de la vie rude des Tibétains, il l'explique : « J'essaie d'exprimer un sentiment complexe (...) Mes peintures ne sont pas une simple représentation de la vie tibétaine (...) J'y traduis mes propres sentiments et mon sens du destin ». Une certaine inquiétude, un

sentiment de solitude se dégagent de ses toiles, ainsi le regard d'une petite fille perdue entre terre et ciel de *Peut-être disait-elle la vérité*.

VENTES PUBLIQUES : HONG KONG, 30 mars 1992 : *Légère neige de minuit* 1991, h/t (89,5x89,5) : **HKD 264 000** ; *Brume du matin* 1991, h/t (65,3x81) : **HKD 88 000** – HONG KONG, 28 sep. 1992 : *Calme toundra* 1992, h/t (102x102) : **HKD 285 000** – HONG KONG, 22 mars 1993 : *Le chant des adieux* 1990, h/t (91,5x91,5) : **HKD 207 000** – HONG KONG, 30 oct. 1995 : *Nu près d'une mare à nénuphars* 1988, h/t (76,2x55,9) : **HKD 120 750**.

AIZELIN Eugène Antoine
Né le 10 juillet 1821 à Paris. Mort en 1902. XIXe siècle. Français.
Sculpteur de statues, groupes.
Il fut élève de Ramey et de Dumont à l'École des Beaux-Arts et débuta au Salon en 1852 par une *Sapho*, plâtre qu'il exposa en bronze l'année suivante.
On cite parmi ses œuvres principales : *Nissya au bain* (troisième médaille, Salon de 1859), même sujet en marbre (deuxième médaille, Salon de 1861), *Psyché*, 1863 (Musée de Quimper), *L'Enfant et le Sablier*, 1864, *Une Suppliante*, 1865 (Musée de Montpellier), *Orphée descendant aux enfers*, 1870 (Musée de Reims), *Une veuve*, 1872, *L'Idylle* (Cour du Louvre), *Ophélia*, *La Sortie de l'église*, 1875, *Amazone vaincue*, 1876, *Pandore*, *La Pastorale*, 1876, *Mignon*, 1883, *Marguerite*, 1884, *Agar et Ismaël*, 1888 (Musée du Luxembourg), *Judith* (Musée du Luxembourg), *Saint Grégoire et Saint Cyrille* (Trinité), *Sainte Geneviève et un évêque* (Saint-Roch), *Un archer*, *Bailly et Madame de Sévigné* (Hôtel de Ville). Il obtint une deuxième médaille en 1878, une médaille d'or en 1889. Aizelin était officier de la Légion d'honneur.

E^{ne}AIZELIN

MUSÉES : MONTPELLIER : *Une Suppliante* 1865 – PARIS (Mus. d'Orsay) : *Agar et Ismaël* 1888 – PARIS (Mus. d'Orsay) : *Agar et Ismaël* 1888 – QUIMPER : *Psyché* 1863 – REIMS : *Orphée descendant aux enfers* 1870.
VENTES PUBLIQUES : NEW YORK, 23 nov. 1977 : *Pandore et Hébé* 1864, deux bronzes (H. 59,5) : **USD 1 500** – LONDRES, 25 nov. 1982 : *Jeune fille tenant un jeune berger par l'épaule* vers 1867, bronze (H.53) : **GBP 520** – LONDRES, 7 nov. 1985 : *Mignon* vers 1880, bronze patiné (H. 80) : **GBP 1 700** – LONDRES, 20 mars 1986 : *Nymphe de Diane* vers 1880, bronze patine brune (H. 79) : **GBP 3 600** – NEW YORK, 25 mai 1988 : *Mignon* 1880, bronze (H 79,4) : **USD 4 180** – LOKEREN, 9 déc. 1995 : *Pandora* 1864, bronze (H. 60) : **BEF 33 000**.

AIZELIN Sophie, née Berger
Née à Dijon. Morte en 1882 à Paris. XIXe siècle. Française.
Peintre de portraits, paysages, pastelliste, sculpteur.
Femme du sculpteur Eugène-Antoine Aizelin, elle fut l'élève de Devosge et de Mme Rude. De 1847 à 1849, elle exposa au Salon de Paris sous son nom de jeune fille, et de 1857 à 1870 sous son nom de femme.
VENTES PUBLIQUES : PARIS, 1897 : *Portrait de femme* : **FRF 155** – PARIS, 13 avr. 1910 : *Mignon*, bronze, statuette : **FRF 350**.

AIZENBERG Roberto
Né en 1928. XXe siècle. Argentin.
Peintre. Surréaliste.
Disciple du peintre surréaliste Juan Battle Planas, il cherche à reprendre certaines expériences de collages entreprises par Max Ernst. Il est l'auteur de petits tableaux qui mettent en scène des personnages minuscules contemplant le crépuscule du haut de terrasses de villes inconnues, dans de vastes paysages aux horizons infinis. Il emploie des tonalités grises ou dorées, ce qui rend ses toiles plus intimes et plus secrètes.
BIBLIOGR. : Damien Bayon et Roberto Pontual : *La Peinture de l'Amérique latine au XXe siècle*, Mengès, Paris, 1990.
VENTES PUBLIQUES : NEW YORK, 5 mai 1981 : *Personnage* 1979, cr. noir et cr. vert (76,5x57) : **USD 1 600** – NEW YORK, 19 nov. 1987 : *Sans titre* 1974, h/t (23,8x17,8) : **USD 7 500** – NEW YORK, 18-19 mai 1992 : *Tour* 1982, h/t/cart. (90,2x56) : **USD 11 000** – NEW YORK, 25 nov. 1992 : *Tour* 1971, h/t/rés. synth. (150,6x62,3) : **USD 17 600**.

AÏZPIRI Paul Augustin
Né le 14 mai 1919 à Paris. XXe siècle. Français.
Peintre de genre, figures, paysages, fleurs, lithographe. Expressionniste.
Son père, d'origine basque, Ignacio Gorriti, souhaita le voir acquérir un métier. Il entra à l'École Boulle, dans la section des

meubles de style, où il resta peu de temps. A dix-sept ans, en 1936, Aïzpiri entra à l'Ecole des Beaux-Arts, où il travailla pendant trois ans dans l'atelier de Sabatté. Il vécut ensuite deux années à Marseille, puis voyagea en Italie, séjournant notamment à Venise. Il participait alors à des expositions collectives, parmi lesquelles : le Salon de la Jeune Peinture, dont il obtint un Prix en 1946 et où il voisinait avec Buffet, Minaux, Rebeyrolle, à cette époque où ce Salon promouvait un retour à la figuration, voire au réalisme, la Biennale de Venise en 1951, année où lui fut attribué le Prix National de Peinture. Depuis 1943, il fait de nombreuses expositions individuelles, à Paris le plus souvent, notamment à la galerie Pétridès à partir de 1954, puis galerie Romanet de 1963 à 1971, ensuite galerie Tamenaga, ainsi qu'à New York, Londres, Tokyo en 1971, etc. En 1952, le Musée de l'Athénée à Genève lui consacra également une exposition personnelle.
Pendant son séjour à Marseille, il prit ses thèmes à partir de la mer et du spectacle permanent de la ville reine en couleurs, comme l'était également alors sa peinture, où se reconnaissent encore quelques traces de fauvisme et d'un post cubisme uniquement stylistique et très tempéré. Son voyage à Venise, bien que bref, eut une influence plus durable, puisqu'il en retira le thème des personnages de la Commedia dell'arte, qui peupleront définitivement sa peinture. C'est à partir de cette période qu'il se défit des traces stylistiques cubistes, au profit d'une écriture plus dynamique et qu'on peut apparenter au courant expressionniste. Il a une production abondante, que justifie un apparent bonheur de peindre et de peindre un monde heureux. Il est resté à peu près indifférent aux secousses qui ébranlent en permanence le milieu de l'art. Il veut communiquer son propre plaisir, le faire partager par l'intermédiaire d'une peinture sécurisante, dont l'action sur son public est encore amplifiée par une considérable production lithographique et d'illustrateur.
∎ J. B.

AÏZPIRI

BIBLIOGR. : Anouilh, P. Cruysmans, P. Perret : *Aïzpiri*, Gal. Tamenaga, Paris, vers 1972 – Jean Dalevèze : *Aïzpiri*, Biblioth. des Arts, Paris, 1975 – Lydia Harambourg : *L'École de Paris 1945-1965. Diction. des Peintres*, Ides et Calendes, Neuchâtel, 1993.
VENTES PUBLIQUES : PARIS, 20 déc. 1948 : *Bord de canal* : **FRF 400** – PARIS, 5 jan. 1960 : *Nature morte* : **FRF 2 500** – PARIS, 13 mars 1961 : *La Seine à Paris* : **FRF 4 600** – NEW YORK, 11 jan. 1962 : *Nature morte* : **USD 900** – NEW YORK, 20 mai 1964 : *Nature morte*, temp. : **USD 325** – LONDRES, 4 mai 1965 : *Clown au chat* : **GBP 270** – PARIS, 28 avr. 1966 : *Le repos de l'enfant* : **FRF 3 800** – NEW YORK, 1er déc. 1967 : *Vase de fleurs* : **USD 750** – PARIS, 9 nov. 1973 : *Arlequin* : **FRF 7 600** – PARIS, 27 fév. 1976 : *Fleurs*, h/t (73x60) : **FRF 3 400** – PARIS, 22 mars 1976 : *La lieutenance à Honfleur*, gche (53,5x72) : **FRF 2 300** – PARIS, 26 avr. 1976 : *Un port*, litho. : **FRF 520** – VERSAILLES, 17 mars 1977 : *Notre-Dame de Paris*, h/t (54x72,5) : **FRF 5 000** – LOS ANGELES, 16 oct. 1979 : *Nature morte : chaise et parapluie*, h/t (81,3x60) : **USD 2 000** – NEW YORK, 21 oct. 1980 : *Nature morte à l'échiquier*, h/t (85,5x101,5) : **USD 6 000** – PARIS, 24 juin 1981 : *Bateaux dans un port*, aquar. reh. de gche (64x49) : **FRF 6 500** – PARIS, 8 déc. 1982 : *Venise, l'entrée du grand canal*, h/t (90x130) : **FRF 53 000** – PARIS, 10 juil. 1983 : *Saint-Jean de Luz*, h/pan. (90x130) : **FRF 58 000** – ZURICH, 25 mai 1984 : *Nature morte*, techn. mixte (94,5x64,9) : **CHF 1 200** – PARIS, 22 juin 1984 : *Vase de fleurs*, h/t (73x58) : **FRF 31 100** – NEW YORK, 18 déc. 1985 : *Le clown à la clarinette*, h/t (100x65) : **USD 3 000** – PARIS, 3 juil. 1986 : *Joueur de balles*, h/t (92x73) : **FRF 60 000** – PARIS, 21 juin 1987 : *Le jongleur* (50x31) : **FRF 14 500** – PARIS, 11 déc. 1987 : *Bouquet au vase bleu*, h/t (100x50) : **FRF 48 000** – PARIS, 28 mars 1988 : *La Place Dauphine et le Pont-Neuf*, h/t (73x60) : **FRF 66 000** – NEW YORK, 13 mai 1988 : *Pichet et tapis rouge*, h. et gche/t. (60x92) : **USD 13 200** – VERSAILLES, 23 juin 1988 : *La baigneuse*, h/t (130x81) : **FRF 158 000** – PARIS, 8 déc. 1988 : *Arlequin*, h/t. (80x40) : **FRF 67 000** – LONDRES, 21 fév. 1989 : *Clown au fond vert*, h/t (73x49,9) : **GBP 11 000** – VERSAILLES, 12 mars 1989 : *Personnages de la Commedia dell'arte*, h/to (60x46) : **FRF 108 000** – PARIS, 7 avr. 1989 : *Le fiacre*, h/t (65x81) : **FRF 145 000** – NEW YORK, 9 mai 1989 : *Arlequinade*, gche, aquar. et encre/pap. (74,3x55,2) : **USD 10 450** – PARIS, 9 oct. 1989 : *Nature morte aux fruits et au pichet*, h/t (19x27) : **FRF 105 000** – PARIS, 8 nov. 1989 : *Venise, le grand canal*, h/t (90x110) : **FRF 130 000** – PARIS, 20 fév.

1990 : *Nature morte à la jardinière*, h/t (46x38) : **FRF 155 000** – New York, 21 fév. 1990 : *Scène de port*, h/t (116,8x89) : **USD 115 500** – Orléans, 10 mars 1990 : *Bouquet de fleurs*, h/t (65x54) : **FRF 460 000** – New York, 10 oct. 1990 : *Nature morte avec des fleurs*, h/t (73,7x59,7) : **USD 85 250** – Paris, 17 oct. 1990 : *Fleurs dans un vase*, gche (63x48) : **FRF 152 000** – Paris, 6 nov. 1990 : *Saint-Tropez*, h/isor. (78x97) : **FRF 450 000** – Paris, 30 nov. 1990 : *Collioure*, h/t (73x91) : **FRF 270 000** – Paris, 16 mars 1991 : *Le Brusc (Var)*, h/t (73x92) : **FRF 180 000** – New York, 7 mai 1991 : *Le clown*, h/t (64,8x54) : **USD 44 000** – Lucerne, 25 mai 1991 : *Nature morte*, h/t (55x45) : **CHF 11 500** – Paris, 19 nov. 1991 : *Arlequin à l'oiseau*, h/t (133x105) : **FRF 195 000** – New York, 12 juin 1992 : *Sainte Maxime*, h/t (54x64,8) : **USD 16 500** – New York, 22 fév. 1993 : *Pichet de fleurs*, h/pan. (99,5x64,8) : **USD 20 900** – Paris, 30 avr. 1993 : *Le jeune violonniste*, encre de Chine (64,5x48,5) : **FRF 8 000** – Paris, 22 juin 1994 : *Ste Maxime*, h/t (54x65) : **FRF 61 000** – Amsterdam, 7 déc. 1994 : *Nature morte de fleurs*, h/t (60,5x50) : **NLG 9 200** – Paris, 15 déc. 1994 : *Clown*, h/t (100x73) : **FRF 100 000** – New York, 7 nov. 1995 : *Sait-Tropez, vu du champ carnaval*, h/t (79x99,7) : **USD 23 000** – Londres, 28 nov. 1995 : *Tête de jeune homme*, h/t (35x27) : **GBP 8 050** – Tel-Aviv, 14 jan. 1996 : *Vase avec des fleurs*, h/t (74x54,5) : **USD 5 290** – New York, 12 nov. 1996 : *Vase de fleurs*, h/t (61x50,8) : **USD 18 400** – Londres, 23 oct. 1996 : *Tête de garçon*, h/t (65x54) : **GBP 7 475** – New York, 10 oct. 1996 : *Cartomancière à l'éventail*, h/t (100,3x81,3) : **USD 16 100** – Paris, 28 avr. 1997 : *Personnage au chapeau jaune*, h/cart. (50x25) : **FRF 27 000** – Londres, 19 mars 1997 : *Bouquet de fleurs*, h/t (73,5x54,5) : **GBP 8 050** – Paris, 18 juin 1997 : *Bouquet de fleurs*, h/t (92x73) : **FRF 69 000** – Paris, 19 oct. 1997 : *Tête d'Arlequin*, feutre bleu/pap., dessin (55,5x36) : **FRF 3 600**.

AJA de la. Voir LA AJA Martinz et Rodriguez

AJABA Abdallah
Né en 1950. xxe siècle. Tanzanien.
Peintre de compositions animées, animaux.
Il peignit dans le style de Tinga Tinga et Linda, adoptant la peinture sur carré de scènes de village, d'animaux et de motifs ornementaux, s'inspirant de la décoration traditionnelle des maisons et murs de son pays.
Bibliogr. : Jutta Stöter-Bender : *L'Art contemporain dans les pays du « tiers-monde »*, L'Harmattan, Paris, 1995.

AJDUKIEWICZ Sigismund ou Zygmunt von
Né le 21 mars 1861 à Witkowice (Galicie). Mort en 1917. xixe-xxe siècles. Actif à Vienne. Autrichien.
Peintre d'histoire, scènes de genre, portraits.
Il resta de 1883 à 1885 à Munich ; ensuite vécut à Vienne. Il peignit des portraits mais surtout des tableaux de genre et des sujets historiques et exposa à Cracovie en 1883. Il exécuta, en 1896, le portrait du comte L. Wolzicki (Vienne). Les plus connues de ses œuvres sont douze scènes de l'histoire de Kosciusko. Figurait à l'exposition de Munich en 1909 avec un *Portrait de femme*.
Ventes Publiques : New York, 1905-1907 : *Le Thessalonien* : **USD 135** – New York, 29 mai 1980 : *Le retour des chasseurs dans un paysage de neige 1888*, h/t (52x82,5) : **USD 7 250** – Vienne, 17 mars 1981 : *Autoportrait*, h/pan. (41x30,5) : **ATS 9 000** – New York, 26 mai 1983 : *La promenade en traineau 1900*, h/t (41,7x58,2) : **USD 3 000** – Vienne, 16 mai 1984 : *Une jeune paysanne*, h/pan. (24x18) : **ATS 22 000** – Londres, 25 mai 1985 : *Jeune gitane 1911*, h/t (38,5x32) : **GBP 600** – New York, 22-23 juil. 1993 : *Portrait d'un homme (Tolstoï ?)*, h/t (81,3x64,8) : **USD 1 380**.

AJDUKIEWICZ Thaddéus ou Thaddaüs von
Né en 1852 à Cracovie. Mort en 1916. xixe-xxe siècles. Polonais.
Peintre d'histoire, scènes de genre, sujets typiques, portraits.
D'abord élève de Joseph von Brandt, à l'Académie de Seitz, dans sa ville natale, ensuite à Munich, et enfin à Vienne, où son talent se développa. En 1874, il publia ses *Scènes de la Révolution Polonaise de 1863*. Fit des voyages en Égypte, en Asie Mineure, en Russie et envoya, à partir de 1877, ses œuvres aux diverses expositions. En 1893, il fut appelé à Londres pour peindre le portrait du Prince de Galles, plus tard, Edouard VII. Cet artiste se fixa ensuite à Bucarest.
Musées : Bucarest : *Cavalier arabe*.
Ventes Publiques : Londres, 2 fév. 1966 : *Portrait du comte Potocki* : **FRF 2 211** – Londres, 31 mars 1978 : *L'Heure de la*

prière 1886, h/t (76x127) : **GBP 1 300** – Cologne, 22 juin 1979 : *L'enlèvement*, h/t (70x112) : **DEM 25 000** – Londres, 24 nov. 1982 : *L'heure de la prière*, h/t (60,5x113) : **GBP 3 000** – Londres, 10 oct. 1984 : *Le départ pour la guerre 1879*, h/cart. (39x48) : **GBP 1 600**.

AJIAJIA ou A-Chia-Chia ou A-Kia-Kia
xiiie-xive siècles. Active sous la dynastie des Yuan (1279-1368). Chinoise.
Peintre de sujets religieux.
Probablement religieuse.

AJMONE Giuseppe
Né le 17 février 1923 à Carpignano-Sesia. xxe siècle. Italien.
Peintre de nus, paysages, natures mortes, aquarelliste, pastelliste, graveur. Figuratif.
Il fut élève de l'Académie Brera de Milan. Il a bénéficié d'une audience exceptionnelle, à en juger par ses sélections à des expositions collectives d'intérêt international : Biennale de Venise 1948-1950-1952-1962, Triennale de Milan 1951-1954-1957-1960, Biennale de São Paulo 1951-1959, Quadriennale de Rome 1955-1959, Sélection pour le Prix Carnegie de Pittsburgh 1955-1958. Il a d'ailleurs remporté un Prix à la Biennale de Venise 1962, ainsi que d'autres distinctions.
Figuratif, on pourrait le dire réaliste, à l'instar de nombre de peintres italiens de sa génération, dans la mesure où il se veut en prise directe avec la réalité et les événements, n'était un certain lyrisme technique qui déborde la narration. ■ J. B.
Musées : Côme – Milan – Rio de Janeiro – Rome – La Spezia – Turin.
Ventes Publiques : Versailles, 25 mars 1962 : *Nu*, past. : **FRF 474** – Milan, 29 nov. 1966 : *Lumière d'Octobre* : **ITL 500 000** – Milan, 27 avr. 1967 : *Nu*, aquar. : **ITL 400 000** – Milan, 23 mars 1971 : *Nu* : **ITL 950 000** – Rome, 12 avr. 1973 : *Jardin 1963* : **ITL 750 000** – Milan, 9 nov. 1976 : *Pont dans le brouillard 1959*, h/t (72x90) : **ITL 950 000** – Milan, 15 nov. 1976 : *Nu*, litho. (69x49) : **ITL 55 000** – Milan, 16 juin 1981 : *Nu dans l'atelier 1962*, h/t (92x73) : **ITL 2 400 000** – Milan, 8 juin 1982 : *Temporale 1958*, h/t (73x60) : **ITL 1 600 000** – Milan, 26 mai 1983 : *Bœuf écorché*, h/t (129x97,5) : **ITL 2 800 000** – Milan, 26 mars 1985 : *Fleurs jaunes 1957*, h/t (93x73) : **ITL 3 000 000** – Milan, 19 juin 1986 : *Paysage 1970*, h/t (130x152) : **ITL 6 000 000** – Milan, 1er déc. 1987 : *Nu*, temp. (48x33) : **ITL 500 000** – Milan, 14 déc. 1988 : *Reflets 1958*, h/t (73x60) : **ITL 3 700 000** – Paris, 16 déc. 1988 : *Nu debout 1960*, h/t (114,5x72) : **FRF 15 000** – Milan, 20 mars 1989 : *Fruit et gibier 1954*, h/t (47x38) : **ITL 4 000 000** – Rome, 17 avr. 1989 : *Hiver 1955*, h/t (45,5x26,5) : **ITL 2 000 000** – Milan, 7 juin 1989 : *Dans le fond 1978*, h/t (195x130) : **ITL 9 000 000** – Milan, 19 déc. 1991 : *Souvenir d'automne*, h/t (145x96) : **ITL 16 000 000** – Rome, 25 mars 1993 : *Nature morte 1952*, h/t (60x73) : **ITL 7 500 000** – Milan, 15 mars 1994 : *Orage 1955*, h/t (162x130) : **ITL 13 225 000** – Milan, 26 oct. 1995 : *Neige sur les branches 1957*, h/t (130x82) : **ITL 8 050 000** – Milan, 20 mai 1996 : *Imbrunire 1958*, h/t (73x60) : **ITL 3 450 000** – Milan, 27 mai 1996 : *Verso il Bosco 1989*, h/t (72,6x59,8) : **ITL 3 680 000**.

AJO Giovanni Battista del
xviiie siècle. Italien.
Modeleur.
Il travailla au chapitre du Couvent de Neuburg (Basse-Autriche), en 1735. D'après les plans de Felice Donato d'Allios, aidé des frères Santino et de Antonio Cajetano Bussi, il exécuta les riches travaux de stuc des poêles et des cheminées. On remarque particulièrement les œuvres en stuc de ces artistes pour les chambres impériales et les escaliers qui y conduisent.

AJOLFI Elia
Né en 1879 à Bergame. Mort en septembre 1906 à Bergame. xixe-xxe siècles. Italien.
Sculpteur.
Elia Ajolfi travailla à Milan. Il fut l'élève du Prince Troubetzkoï. L'année même de sa mort, on vit, à l'Exposition de Milan, une statue de lui, *Jeune fille assise*.

AJON Jean Louis
Né vers 1765 à Toulouse. xviiie siècle. Français.
Sculpteur.
Il entra à l'école de l'Académie Royale à Paris le 12 juin 1786 dans l'atelier de Bridan. En 1787 on le voit cité pour une troisième médaille.

AJTAI Michel D.
Probablement d'origine hongroise. xviiie siècle. Vivait vers 1775 à Vienne. Autrichien.
Graveur en taille-douce.

AJURIA Grégorio de, Mme
XIXe-XXe siècles. Vivait à New York en 1900. Américaine.
Peintre miniaturiste.

AKABA Untei
Né au Japon. XXe siècle. Japonais.
Calligraphe.
Il participe à la Biennale de São Paulo en 1961.

AKABORI Sanei
Né en 1904 à Okayama. XXe siècle. Japonais.
Peintre animalier.
Il est membre de l'Association Nationale d'Art.

AKAGI Kojiro
Né le 3 janvier 1934. XXe siècle. Actif en France. Japonais.
Peintre de paysages.
Il s'est fixé à Paris, où il fut élève de Brianchon à l'Ecole des Beaux-Arts. Il expose aux Salons des Indépendants, de la Société Nationale des Beaux-Arts et d'Automne dont il est sociétaire. Il fait des expositions personnelles à Paris et au Japon.
Dans une gamme chromatique intimiste, qu'il tient peut-être de son maître qui fut de ces peintres qu'on disait « de la réalité poétique », il peint souvent le paysage parisien, auquel il a d'ailleurs consacré un livre : *Mon Paris*.
BIBLIOGR. : *L'Officiel des arts*, Paris, 1988.
VENTES PUBLIQUES : PARIS, 29 jan. 1988 : *Paris je t'aime n°1* : **FRF 2 600** – PARIS, 26 mai 1988 : *Nu*, h/t (46x38) : **FRF 7 000**.

AKANA Hiroshi
Né en 1922 à Kokkaido. XXe siècle. Japonais.
Peintre, graveur, lithographe. Abstrait.
Il fut élève de Inokuma Gen-Ichiro au Collège des arts industriels de Tokyo. Il commença à exposer en 1946, et a participé à plusieurs Biennales de Tokyo. Il est membre du Shinseisa Ku (Création nouvelle), qu'avait créé son maître. Il est devenu professeur à l'Université de Chiba.

AKANJI Adebisi
XXe siècle. Nigérian.
Sculpteur.
Il fut élève de l'artiste autrichienne Susanne Wenger qui travailla à Oshogbo, restaurant et rebâtissant les sanctuaires de la région. Il s'est spécialisé dans la sculpture en ciment et participa à la reconstruction des sanctuaires du bois d'Oshun, à Oshogbo.
BIBLIOGR. : Jutta Stöter-Bender : *L'Art contemporain dans les pays du « tiers-monde »*, L'Harmattan, Paris, 1995.

AKAR Alexis
Né à Kiev. XXe siècle. Travaille à Paris. Russe.
Peintre.
Il expose des natures mortes, un portrait au Salon des Indépendants en 1931 et 1932.

AKAROVA, pseudonyme de **Acarin Marguerite**, épouse **Baugniet**
Née en 1903. XXe siècle. Belge.
Peintre, peintre de costumes de théâtre.
Elle fut surtout danseuse. Elle était la femme du peintre Marcel Louis Baugniet, et ce fut sans doute dans son sillage d'artiste d'avant-garde qu'elle-même se manifesta en peinture. Des expositions en Belgique, au temps de ses quatre-vingt-neuf ans (1992) ont marqué sa contribution à l'art du début du siècle.

AKELEY Carl Ethan
Né en 1864 à Clarendon. Mort en 1926 à Mont Mikeno (Zaïre, à l'époque Congo belge). XIXe-XXe siècles. Américain.
Sculpteur animalier.
À côté de son œuvre de sculpteur, il agença les salles africaines du Roosevelt Museum d'Histoire naturelle de New York.
BIBLIOGR. : Dorothy Green : *Carl Akeley, sculpteur et taxidermiste*, American Magazine of Art, 1924.
VENTES PUBLIQUES : NEW YORK, 13 oct. 1976 : *Le Camarade blessé* 1913, bronze, patine noire (H 30,5) : **USD 3 000** – NEW YORK, 2 fév. 1979 : *Lion terrassant un buffle* 1914, bronze (H. 30,5) : **USD 2 200** – NEW YORK, 23 avr. 1982 : *The wounded comrade* 1913, bronze (H. 29,2) : **USD 10 500** – NEW YORK, 3 juin 1983 : *Stug, éléphant et serpent*, bronze (H. 23,2) : **USD 2 800** – NEW YORK, 5 déc. 1986 : *The wounded comrade* 1913, bronze, patine brun foncé (H. 30,5) : **USD 10 000** – NEW YORK, 26 mai 1988 : *La morsure du serpent* 1914, bronze (H 23,5) : **USD 3 080** – NEW YORK, 24 mai 1990 : *La charge du troupeau d'éléphants*, bronze à patine noire (H. 34,3) : **USD 18 700** – NEW YORK, 25 sep. 1991 : « *Stung* » éléphant 1914, bronze (H. 22,9) : **USD 3 850**.

AKELYEN Roger Van
Né en 1948 à Anvers. XXe siècle. Belge.
Peintre de figures, aquarelliste, graphiste. Tendance surréaliste.
Il évoque la détresse inhérente à la condition humaine, usant parfois de l'imagerie surréalisante.
BIBLIOGR. : In : *Diction. biogr. illustré des Artistes en Belgique depuis 1830*, Arto, Bruxelles, 1987.

AKEMA
XVIIIe siècle. Actif dans la première moitié du XVIIIe siècle. Hollandais.
Dessinateur.
Cet artiste est désigné comme auteur du *Portrait de la princesse Anne d'Angleterre*, gravé par Balthasar Bernards.

AKEN Anthonis Van
XVIIe siècle. Hollandais.
Peintre.
En 1613, cet artiste fournit au Gouvernement de Gouda un verre peint. En 1636, il eut pour élève Pietersz Swertsenburg.

AKEN Arnout Van
XVIIIe siècle. Actif en Angleterre au début du XVIIIe siècle. Hollandais.
Graveur.
Il était frère de Joseph Van Aken. On sait qu'il grava pour les libraires de Londres des frontispices pour des pièces de théâtres et autres petits ouvrages.

AKEN C. Van
XVIIIe siècle. Actif vers 1750. Hollandais.
Graveur.
Il est cité par Ch. Le Blanc. On lui doit *Franckensierstorpff (Petrus Josephus)*, évêque d'Anvers.

AKEN François Van
XVIIe-XVIIIe siècles. Actif de 1671 à 1734. Hollandais.
Peintre de genre, natures mortes, fleurs et fruits.
Signe de son nom ou de ses initiales : *F.V.A.*
MUSÉES : BERGUES : *Tireuse de cartes*.
VENTES PUBLIQUES : PARIS, 1941 : *Danse dans le parc* : **FRF 8 700** – PARIS, 11 déc. 1961 : *La rôtisseure* : **FRF 2 200**.

AKEN Henry
XIXe siècle. Britannique.
Peintre de sujets de sport, graveur.
Il se fit une réputation par ses sujets de sport. Il débuta en 1816, par les *Qualités et défauts des chevaux*. En 1821 paraissaient *Les Sports nationaux de la Grande Bretagne*, contenant cinquante planches ; d'autres ouvrages similaires suivirent. En 1849, il publia *L'Art et la pratique de l'eau-forte* et enfin, en 1869, *Jorrock's Jawnts and Jollities*.

AKEN Jan Van
Né en 1614 en Hollande. Mort en 1661 sans doute à Amsterdam. XVIIe siècle. Hollandais.
Peintre animalier, paysages, graveur, dessinateur.
Comme sur trop de petits maîtres hollandais, on a peu de détails sur cet artiste. On sait seulement qu'il fut l'ami de Pieter Van Laer, dit Bamboccio, et qu'il voyagea certainement en Italie et dans la région du Haut-Rhin.
Peintre de paysages et d'animaux, il fut influencé par les paysagistes italianisants comme Swaneveldt. On connaît des eaux-fortes représentant des vues du Rhin et une suite d'études de chevaux dans de fort jolis paysages. Il exécuta également quelques gravures d'après Hermann Saftleven.

MUSÉES : BRUXELLES (Mus. roy. des Beaux-Arts) : Dessins – PARIS (Mus. du Louvre) : Dessins.
VENTES PUBLIQUES : PARIS, 1776 : *Sept petits paysages*, dess. à la pl. : **FRF 44** – PARIS, 1855 : *Trois grands paysages*, pl. et lav. : **FRF 56** – PARIS, 8-10 juin 1920 : *Paysage rhénan*, lav. : **FRF 650** – LONDRES, 4 oct. 1967 : *Le marchand de légumes* : **GNS 650** – AMSTERDAM, 18 nov. 1985 : *Paysages montagneux animés de personnages*, dess. à la pl. et au lav./traits de craie noire, une paire (9,8x15,5) : **NLG 6 400** – PARIS, 12 déc. 1988 : *Paysage de rivière*, h/pan. (41,5x51,5) : **FRF 66 000** – AMSTERDAM, 16 nov. 1993 : *Paysage montagneux rocheux*, craie noire et lav. (18,5x29,9) : **NLG 5 290** – AMSTERDAM, 15 nov. 1995 : *Paysage montagneux avec un cavalier sur le chemin d'une ville*, craie noire et lav. (15,7x21) : **NLG 3 540**.

AKEN Jan Van
Né le 25 mars 1661 à Amsterdam. xvııᵉ siècle. Hollandais.
Graveur.

AKEN Jan Van
Né à Herzogenbusch. xvıııᵉ siècle. Hollandais.
Peintre.
Le 14 septembre 1745, il acheta, à Amsterdam, son droit de
citoyen.

AKEN Joris Van
xvıᵉ siècle. Travaillait à Anvers. Éc. flamande.
Peintre.
Élève de Nicolas Herman, en 1558. Fut maître en 1561. On
trouve mention de lui jusqu'en 1589.

AKEN Jozef ou Joseph Van
Né en 1709 ou 1699 à Anvers. Mort le 4 juillet 1749 à
Londres. xvıııᵉ siècle. Éc. flamande.
Peintre de genre, paysages animés.
Probablement frère d'Alexander Van Haecken. Cet artiste fit ses
études dans sa ville natale, puis il passa en Angleterre, où
s'écoula la majeure partie de son existence. Il possédait à fond
l'art de peindre les draperies ; les artistes les plus éminents l'utili-
saient pour la peinture des vêtements de leurs personnages.
Cette habileté lui valut le surnom de « Van Aken le tailleur ». Il
peignit aussi sur velours et satin, et produisit d'excellents
tableaux.
Ventes Publiques : Londres, 29 mai 1959 : *La Place de Covent
Garden* : **GBP 19 910** – Londres, 26 mars 1976 : *Old Covent Garden Market*, h/t (61x73,5) : **GBP 3 800** – Londres, 6 avr. 1977 :
Portrait d'une famille anglaise, h/t (61x72,5) : **GBP 1 800** –
Londres, 19 juil. 1978 : *Le Jeu de quilles*, h/t (66,5x112) :
GBP 2 400 – Londres, 10 déc. 1980 : *La Partie de cartes*, h/t
(39x47) : **GBP 3 200** – Londres, 17 nov. 1989 : *Artistes dessinant
en bavardant près des ruines classiques*, h/t (103,5x86,5) :
GBP 13 200 – Londres, 8 juil. 1994 : *Bourgeoise achetant des
légumes à des fermiers*, h/cuivre (38,6x52,3) : **GBP 5 290** –
Londres, 5 juil. 1996 : *Vue du marché de Covent Garden avec
l'église St Paul*, h/t (72,2x92,8) : **GBP 62 000** – Londres, 16 avr.
1997 : *Personnages festoyant sur une terrasse ; Personnages
jouant de la musique sur une terrasse*, h/t, une paire (chaque
63x60) : **GBP 14 375.**

AKEN Leo Van
Né le 30 novembre 1857 à Anvers. Mort le 11 janvier 1904 à
Anvers. xıxᵉ siècle. Belge.
Peintre de genre, figures, intérieurs, natures mortes.
Il fut élève à l'Académie d'Anvers, et travailla surtout avec P.
Beaufaux. Il figura au Salon de Paris ; mention en 1889.
Il peignit des scènes de la vie du peuple et quelques intérieurs,
dans le goût de Struys.

Leo Van Aken

Musées : Anvers : *Tireurs d'arcs – La malade.*
Ventes Publiques : New York, 29 juin 1983 : *Nature morte aux
grappes de raisin et au melon 1900*, h/t (49,5x75) : **USD 2 200** –
Lokeren, 10 déc. 1994 : *Le musicien*, h/pan. (32,5x24,5) :
BEF 70 000.

AKEN Martinus Adrianus Van
Né le 24 juin 1854 à Gravenhage. xıxᵉ siècle. Hollandais.
Graveur.

AKEN Sébastiaen Van
Baptisé à Malines le 31 mars 1648. Mort le 21 novembre 1722
à Malines. xvııᵉ-xvıııᵉ siècles. Éc. flamande.
Peintre d'histoire.
Cet artiste fut élève de Lucas Franchoys. Il a dû devenir maître
en 1666. Il visita l'Italie et travailla près de Carlo Maratta, dont il
adopta le coloris. Son seul ouvrage conservé est un *Saint Norbert, recevant de la Vierge l'habit de l'Ordre*, qui se trouve dans la
chapelle de Notre-Dame-du-Bonvouloir, dans le village de Duf-
fel, près de Malines.

AKERBERG Knut
xxᵉ siècle. Allemand.
Sculpteur de figures.
Il a commencé à exposer en 1901, au Palais de Glace de Munich :
une pierre en taille directe, technique qu'il pratiquera conjointement à la fonte de bronze. En 1906, il participa à l'Exposition
de la Sécession à Munich. Il a souvent tiré ses thèmes de la
mythologie.

AKERBLADH Alexander
Né le 25 avril 1886 à Sundsvalt. xxᵉ siècle. Actif en Angleterre. Suédois.
Peintre de portraits, aquarelliste, aquafortiste.
Avant d'opter pour la peinture, il avait commencé des études
d'architecture. Il fit ses études artistiques à Londres, puis se fixa
en Ecosse. Il expose depuis 1930, principalement à Londres, à la
Royal Portrait Society et à la Royal Academy, ainsi qu'à la National Portrait Society de Liverpool.

AKERBOOM
xvııᵉ siècle. Hollandais.
Peintre paysagiste.
Houbraken vit de lui une admirable vue de la Villa Doornink.
Akerboom se plaisait à représenter des intérieurs de villes et de
villages, d'une exécution magistrale. D'après W. Schmidt, le
nom d'*Akerboom* serait une fausse manière de lire *A. Verboom.*

AKERFELDT Gotthardt Wilhelm
D'origine suédoise. xvıııᵉ siècle. Suédois.
Peintre de portraits.
Cet artiste, élève de Pals, travailla en Danemark. Après la mort
de son maître, en 1776, il acheva le portrait du roi Christian VII.

AKERLAND Erik
Né en 1754 près de Stockholm. xvıııᵉ siècle. Suédois.
Graveur en taille-douce.
Cet artiste se perfectionna à l'École de Floding. Il grava de bons
portraits et une grande quantité de cartes géographiques, ainsi
que des fleurs. On cite encore cinq illustrations pour les *Poèmes*
de Lidner. Ces dernières gravures ayant été jugées très
médiocres, son nom fut effacé des illustrations pour les *Poèmes*
de don Sébastian, 1825, et d'Ottar Tralling.

AKERLÖF Augusta Amalia Carolina
Née en 1829. Morte en 1878. xıxᵉ siècle. Suédoise.
Peintre.
Quelques portraits d'elle se trouvent au château d'Ulriksdal et au
Musée national de Stockholm.

AKERLUND Emma Matilda Paulina, née **Neumuller**
Née le 4 novembre 1857. xıxᵉ siècle. Suédoise.
Peintre de portraits, pastelliste.
Femme d'Erik Akerlund, elle fit des portraits à l'huile et au pas-
tel, qui figurèrent à diverses expositions.

AKERLUND Erik Johan
Né le 25 mai 1856. Mort le 25 janvier 1902. xıxᵉ siècle. Sué-
dois.
Peintre.
On doit surtout à cet artiste des tableaux de genre, des scènes de
cirque.

AKERLUND Peter
Né vers 1835. Mort en 1871. xıxᵉ siècle. Suédois.
Peintre de genre, illustrateur.
Cet artiste exposa des tableaux de genre. On lui doit aussi la
remarquable illustration du grand ouvrage de Fries sur les cryp-
togames.

AKERMAN Anders
Né en 1718 en Suède. Mort le 3 février 1788. xvıııᵉ siècle. Suédois.
Graveur en taille-douce.
Cet artiste fut le maître du graveur en taille-douce Frédérik
Akrel ; il fut occupé surtout à Uppsala où il grava des cartes et
des globes terrestres. Il fit aussi des gravures zoologiques et
botaniques et même quelques portraits. Il fut directeur d'un Institut des Sciences.

AKERMAN Bror Morgan Werner
Né le 1ᵉʳ janvier 1854 à Göteborg. Mort le 6 février 1903. xıxᵉ
siècle. Suédois.
Sculpteur.
Akerman étudia à l'Académie des Arts à Stockholm, de 1883 à
1886 ; de 1886 à 1893, il résida le plus souvent à Paris, et passa un
hiver à Rome. Ses œuvres principales sont *Gelée de printemps,
Statue de femme* (1889), *Abandonnée* (1890), *Madone* (1891). On
a aussi de lui des bustes et des médaillons.
Musées : Stockholm : *Abandonnée*, statuette.
Ventes Publiques : Stockholm, 29 oct. 1985 : *Nu debout 1898*,
marbre blanc (H. 162) : **SEK 46 000.**

AKERMAN Jean Adam. Voir **ACKERMANN Johann
Adam**

AKERMAN Jeanette
XIXe siècle. Suédoise.
Peintre.
Elle peignit vers 1817. Le château de Rosersberg contient des paysages de sa main.

AKERMANN ou **Ackermann**. Voir aussi **ACHERMANN**

AKERMANN Janusz
Né en 1917. XXe siècle. Polonais.
Peintre, sculpteur.
Diplômé de l'Institut Supérieur des Beaux-Arts de Gdansk.
Il participe régulièrement à de très nombreuses expositions collectives nationales et internationales.
Artiste officiel, ses œuvres figurent dans des musées polonais et à la Bibliothèque Nationale de Varsovie.

AKERS Benjamin, appelé **Paul** ou **Saint Paul** (à cause de sa piété)
Né le 10 juillet 1825 à Saccarappa (Maine). Mort le 21 mai 1861 à Philadelphie. XIXe siècle. Américain.
Sculpteur.
Son père, ouvrier tourneur, fut son premier maître. Akers étudia la sculpture à Boston et, en 1850, ouvrit un atelier à Portland, en société avec le peintre Tilton. Il fit des bustes de Longfellow, du gouverneur Gilman, et la tête idéale de Charlotte Corday. Il alla à Florence en 1852. De retour à Washington, il fit les bustes du président Pierce, d'Edw. Everett et d'autres hommes connus, puis se rendit à Rome où, en 1855, il ouvrit un atelier qui devint, dans cette ville, le centre de l'art étranger. Le chef-d'œuvre d'Akers fut le *Pêcheur de Perles*. La carrière de ce brillant artiste fut malheureusement interrompue par une mort prématurée au cours d'un voyage en Amérique.

AKERS Charles
Né le 15 novembre 1836 non loin de Hollis (Maine). Mort le 16 septembre 1906 à New York. XIXe siècle. Américain.
Sculpteur de bustes, dessinateur.
Son frère, Benjamin Akers, fut son maître à Rome, de 1857 à 1858. Charles Akers exécuta un grand nombre de bustes et de médaillons d'hommes célèbres, entre autres : le *Général Neal Dow*, le *Gouverneur Washburne Charles Eliot Norton*, etc. En 1871, sa santé délicate l'obligea à abandonner la sculpture. Dès lors, il se consacra au dessin. Il vécut à New York, mais ne prit plus part aux expositions.

AKERS John
XIXe siècle. Actif à Oxford. Britannique.
Peintre.
Cet artiste exposa des paysages à partir de 1826, à l'Institut britannique, en 1832 et en 1844, à l'Académie royale.

AKERS S. W.
XIXe siècle. Travaillait en 1821. Britannique.
Peintre de portraits.

AKERSLOOT Cornelis
XVIIe siècle. Hollandais.
Peintre, dessinateur.
Cet artiste est mentionné dans la corporation de Haarlem en 1677. En 1679, il fut commissaire. A la date du 4 mai 1688, sa veuve vendit quelques-uns de ses tableaux. Van der Willigen possédait son portrait dessiné. Quelques paysages dessinés que possède le Cabinet d'Amsterdam sont peut-être de lui. Cet artiste est mentionné dans la corporation de Harlem en 1677. En 1679, il fut commissaire.

AKERSLOOT Jacob
XVIIIe siècle. Hollandais.
Dessinateur.
En 1704, il fit partie de la Corporation de La Haye. Dans de vieux catalogues, se trouvent mentionnés plusieurs dessins avec paysages, exécutés par Akersloot.

AKERSLOOT Outgert Arisz
XVIIe siècle. Hollandais.
Peintre.
Commissaire de la Corporation des peintres de Haarlem, en 1631. On croit qu'il fut le père du graveur en taille-douce, Willem Outgertsz Akersloot.

AKERSLOOT Willem Outgertsz
Né vers 1600 à Haarlem. XVIIe siècle. Vivait encore en 1651.
Hollandais.
Graveur en taille-douce.

Probablement le fils d'Outgert Akersloot. Cet artiste, qui travaille à Haarlem et Paris, grava un certain nombre de portraits et de reproductions de tableaux et ses estampes méritent l'attention des amateurs.

AKERSTRÖM Jonas
Né en 1759 à Helsingland (Suède). Mort en 1795 à Rome.
XVIIIe siècle. Suédois.
Peintre de compositions mythologiques.
Cet artiste appartenait à une famille de modestes cultivateurs, et habitait un village très retiré du Nord de la Suède. Ce ne fut que très tard, en 1782, qu'il vint étudier chez Holm, à Stockholm. Peu après, il était admis en qualité d'élève à l'Académie. Ses remarquables dispositions attirèrent l'attention de ses maîtres, et il fut considéré comme un sujet plein de promesses. Plus tard, il fut le collaborateur du peintre Jean-Louis Deprez et se rendit à Rome en 1788. En 1794, il fut nommé membre de l'Académie et exposa la même année : *Bacchus et Ariane, Céphale et Procris, Endymion et Diane*, œuvres qui appartiennent maintenant à des particuliers. Akerström, qui tient une place intéressante dans l'École suédoise du XVIIIe siècle, peignit surtout des scènes mythologiques.
VENTES PUBLIQUES : STOCKHOLM, 27 oct. 1981 : *Scène mythologique*, h/t (75x60) : **SEK 24 500**.

AKESSON Jonas
Né en 1879 à Malmö. XXe siècle. Suédois.
Peintre de portraits. Expressionniste.
Il fut d'abord militaire et commença l'étude de la peinture en 1901, à l'Académie des Arts de Stockholm. En 1904, il fit un séjour à Paris et, tout en continuant d'envoyer aux expositions suédoises, il prit part au Salon des Artistes Français, mention honorable en 1905. En 1909, il participa également à l'Exposition de Munich avec le : *Portrait du comte de Lewenhaupt*.
Essentiellement peintre de portraits, pourtant, passant outre les exigences de la commande, de laquelle dépend cette spécialité, il a su et pu imposer un chromatisme puissant, peut-être sous l'influence des peintres fauves et expressionnistes du moment.

AKESTOR
Originaire de Cnossos. Ve siècle avant J.-C. Vivait au début du Ve siècle avant Jésus-Christ. Antiquité grecque.
Bronzier.
On le croit père d'Amphion, à qui fut attribué parfois, à tort, l'*Aurige* de Delphes. Pour Olympie, il avait fait la statue d'Alexibios d'Héraia, vainqueur au pentathlon (75e Olympiades en 480 avant Jésus-Christ).

AKESTOR, fils d'Aischron
IIIe siècle avant J.-C. Actif à Argos. Antiquité grecque.
Sculpteur.
Il travailla en collaboration avec Toron, fils d'Apellion, son compatriote, pour une statue votive de Trezène.

AKHERMANN Hans Ludwig
XVIIe siècle. Travaillait à Graz. Allemand.
Sculpteur.
Il est mentionné dans un document en 1623 et on le cite jusqu'en 1636. Cet artiste fit l'autel de l'église de Tolbad.

A-KIA-KIA. Voir **AJIAJIA**

AKI Mario Masato
Né en 1918 à Kochi. XXe siècle. Actif au Brésil. Japonais.
Peintre. Groupe Seibi.
Il étudia le dessin à Osaka. Membre du groupe Seibi, il participa aux expositions organisées par celui-ci. Depuis 1933, il s'est fixé au Brésil, où, en 1971, il obtint une charge de professeur à l'Académie Brésilienne de Culture Japonaise.

AKIMOFF Elisabeth
Née à Astrakan (Russie). XXe siècle. Travaillait à Paris vers 1907. Russe.
Peintre.
A exposé au Salon d'Automne à Paris, une toile : *Fillette en bleu*.

AKIMOTO Stsuro
Né en 1899 à Tokyo. XXe siècle. Japonais.
Peintre.
Il fut élève de la Kawabata Art School, de Matsuoka Eijyu et aussi du portraitiste Ito Shinsui. Membre du Jitsugetsu Sha, il participe aux expositions officielles.

AKIMOW Ivan Akimowitsch
Né le 22 mai 1753. Mort le 15 mai 1814 à Saint-Pétersbourg.
XVIIIe-XIXe siècles. Russe.

Peintre de compositions religieuses, sujets allégoriques.
Cet artiste fut admis, en 1762, comme élève à l'Académie de
Saint-Pétersbourg, et la fréquenta jusqu'en 1772. Il se rendit
ensuite en Italie comme pensionnaire du gouvernement russe. A
Bologne, où il fréquenta l'Académie, il copia de nombreux
ouvrages et se forma surtout d'après le Guerchin. En 1774, il
visita Rome, et était de retour à Bologne l'année suivante.
Musées : Moscou (Gal. de Tretiakoff) : *Le Temps coupe les ailes
de l'Amour.*
Ventes Publiques : Paris, 3 juil. 1991 : *Le Christ et la Samaritaine*, h/t (42x48) : FRF 11 000.

AKIN James
Né en 1773 probablement dans la Caroline du Sud. Mort en
1846 à Philadelphie. xviiie-xixe siècles. Américain.
Graveur en taille-douce, illustrateur.
De la Caroline du Sud, cet artiste se rendit à Philadelphie. Il vécut
aussi à Newburyport et à Salem (Massachusetts). On a de lui un
portrait de Franklin, des illustrations et des ex-libris. Mrs. Akin
(probablement sa femme) a fait aussi de la gravure, vers 1800.

AKIN Louis B.
Né en 1872 à Portland. Mort en 1913 à Flagstaff. xixe-xx^e
siècles. Américain.
Peintre.
En 1909-1910, il est connu à New York et dans l'État d'Arizona.

AKINCHINE Mikhail
Né en 1927 dans la région de Kousk. Mort en 1983 à Zaporojié. xxe siècle. Russe.
Peintre de scènes animées, natures mortes.
De 1945 à 1951, il étudia à l'École des Beux-Arts de Tachkent. Il
devint en 1968, membre de la section de Zaporojié de l'Union
des Peintres d'Ukraine.
Ventes Publiques : Paris, 13 mars 1992 : *Le parc de Zaporojié*,
h/t (91,5x123) : FRF 6 800 – Paris, 17 juin 1992 : *Village de montagne 1973*, h/cart. (50x70) : FRF 7 700.

AKININOFF A.
Né en 1850 en Russie. Mort en 1877. xixe siècle. Russe.
Peintre.
La Galerie de Tretiakoff à Moscou conserve un tableau de cet
artiste : *A la campagne.*

AKINO Fuku
Née en 1908 à Shizuoka. xxe siècle. Japonaise.
Peintre. Traditionnel.
Elle fut élève de Ishii Rinkyo. Elle expose à la Biennale de Tokyo,
ainsi que à Sozo Bijutsu Kyokai et à Shinseisaku Kyokai. Elle est
devenue professeur à l'Université des Beaux-Arts de Tokyo. Elle
peint, quant aux thèmes et à la technique, dans la pure tradition
japonaise. On sait que, jusqu'à présent, coexistent dans l'enseignement et dans la pratique l'art traditionnel et l'art dit occidental.

AKIYAMA Hiromi
Né en 1937 à Hiroshima. xxe siècle. Actif aussi en France et
Allemagne. Japonais.
Sculpteur de monuments. Abstrait.
De 1954 à 1957, il fit des études de peinture à Tokyo, puis de
sculpture jusqu'en 1961. En 1966, il vint à Paris, où il fréquenta
l'École des Beaux-Arts jusqu'en 1968. Il participe à des expositions collectives en Autriche, Tchécoslovaquie, France, Hollande, Allemagne, et naturellement au Japon. Il prend part à des
symposiums de sculpture en Autriche 1967, Tchécoslovaquie,
Italie, Allemagne à Linz 1970, 1971, 1973, Canada. Depuis 1966, il
vit et travaille à Paris, avec des interruptions à travers l'Europe.
Il a fait des expositions personnelles à Nürnberg 1972, Sarrebruck 1973, à Francfort-sur-le-Main Galerie Appel et Fertsch
1977-1978, 1993, 1998. Il est professeur à l'École des Beaux-Arts
de Karlsruhe.
Il travaille presqu'exclusivement la pierre : grès, granit, basalte,
marbre, porphyre. Dans tous les cas, c'est lui qui façonne ses
sculptures du début jusqu'à la finition. Avec lui, toute pierre
devient marbrière. Il fait alterner les surfaces polies comme des
miroirs avec des côtés à peine dégrossis. Pour des raisons matérielles, il crée des sculptures de petites dimensions, entre 25 et 50
centimètres, mais ces petites œuvres sont de toute évidence
comme des esquisses, maquettes de sculptures monumentales
dont l'exécution est pratiquement subordonnée à des
commandes. Il est plus à l'aise avec des sculptures de trois
mètres de hauteur ou bien de 9 mètres sur 2 mètres 50 dans le
cas du marbre de Vancouver. L'échelle monumentale lui est

naturelle, d'autant que ses sculptures paraissent conçues pour
s'intégrer dans les paysages, à moins que ce ne soit le paysage
qui s'intègre en elles. Si certaines s'apparentent à la géométrie
du minimalisme américain, ce n'est que fortuitement. Au
contraire, son imagination plastique, bien que toujours liée à
une conception et à une exécution rigoureuses, est fertile et
dénuée de tout systématisme. Sa rigueur n'est pas austère. Dans
une période antérieure, ses sculptures participaient d'un élan
vertical, mais non géométriquement vertical, au contraire s'élevant selon des plans courbes et cintrés d'une rare élégance.
Dans une période plus récente, ses sculptures sont fermement
ancrées au sol par quelques piliers de soutien à section carrée, et
développent surtout horizontalement comme des échafaudages
de poutres selon des entrecroisements orthogonaux. Les
sculptures de dimensions modestes sont taillées à partir d'un
seul bloc de pierre. Dans ses différentes périodes, en constantes
toujours s'opposent le lisse et le rugueux, et surtout le plein et le
vide, ces vides que ménagent les pleins devenant parties inté-
grantes de la sculpture, ainsi constituée de volumes de pierre et
de volumes d'air, de lumière, de nature. Il renouvelle avec
aisance ses variations les plus diverses et les plus inattendues à
partir de quelques éléments formels très simples, ce qui définit
peut-être le classicisme.   ■ J. B.
Bibliogr. : Catalogue de l'exposition *Hiromi Akiyama*, Gal.
Appel et Fertsch, Francfort-sur-le-Main, 1977.
Musées : Bratislava (Nat. Mus.) – Hakone, Japon (Mus. en Plein
Air) – Linz – Nuremberg – Sarrebruck – Vancouver, Canada.

AKKERINGA E.
xixe siècle. Actif au début du xixe siècle. Hollandais.
Dessinateur.
Il dessina des sujets de l'histoire naturelle en Hollande, vers
1804.

AKKERINGA Johannes Evert Hendrik
Né le 17 janvier 1861 ou 1864 dans l'île de Banka. Mort en
1942. xixe-xxe siècles. Hollandais.
**Peintre de genre, animaux, paysages animés, marines,
fleurs, peintre à la gouache, aquarelliste.**
Il étudia aux Académies des Beaux-Arts de La Haye et de Rotterdam. Il aurait été élève de Willemus Zwart, bien qu'ayant à peu
près le même âge. Il se fixa à Scheveningue. Il figura dans des
expositions internationales : l'Exposition Universelle de Paris en
1900, l'Exposition de Munich de 1901 avec *La racommodeuse de
filets* et celle de 1909, l'Exposition de Bruxelles de 1910 avec
Enfants sur la plage.
Il peignit les rivages de Scheveningue, le port, les jardins ensoleillés de la ville, les fleurs, les campagnes environnantes, les animaux des basses-cours. Ces aimables sujets obtinrent un succès
précoce.

[signature] J.Akkeringa

Ventes Publiques : New York, 1903 : *Scheveningen, enfants sur
la plage* : USD 110 – Amsterdam, 25 sep. 1904 : *Pêcheurs passant
avec deux chevaux sur la plage* : NLG 120 – Amsterdam, 9-10 fév.
1909 : *Les porcelets* : NLG 220 ; *Sur la plage* : NLG 420 – Amsterdam, 15 nov. 1976 : *Le café en plein air*, aquar. (14,5x24,5) :
NLG 13 000 – Amsterdam, 31 oct. 1977 : *Deux fillettes dans un
paysage 1888*, aquar. (23,5x21) : NLG 10 400 – Amsterdam, 24
nov. 1979 : *L'Heure de la traite*, h/t (60,5x101) : NLG 9 200 – Amsterdam, 25 nov. 1980 : *Paysage d'été*, h/t (47x67) : NLG 9 500 –
Londres, 24 juin 1981 : *Enfants sur la plage*, h/t (32x44) :
GBP 4 500 – Amsterdam, 11 mai 1982 : *Femme assise à l'orée
d'un bois*, aquar. (26,5x40) : NLG 1 200 – Amsterdam, 30 nov.
1982 : *Paysage d'été animé de personnages*, h/t (30x40) :
NLG 9 500 – Londres, 23 fév. 1983 : *La réparation des filets*, h/t
(55x69) : GBP 1 800 – Amsterdam, 15 mars 1983 : *Jeune fille et
poules dans un jardin*, aquar. (29x49) : NLG 6 600 – New York, 19
oct. 1984 : *Fillettes cueillant des fleurs*, h/pan. (31,8x39,4) :
USD 4 500 – Fontainebleau, 27 jan. 1985 : *Les enfants au jardin*,
aquar. (45x29) : FRF 10 000 – Amsterdam, 15 avr. 1985 : *Jeux
d'enfants*, h/pan. (17,5x22,5) : NLG 15 500 – Londres, 26 juin
1987 : *Une journée au bord de la mer*, h/t (63,5x87,5) : GBP 35 000
– Amsterdam, 3 mai 1988 : *Enfants jouant sur la plage*, h/t (25x30) :
NLG 12 750 – Amsterdam, 30 août 1988 : *Coquelicots dans un
vase de porcelaine de Chine sur une table* (41,5x34,5) : NLG 4 370
– Amsterdam, 16 nov. 1988 : *Paysans brisant la glace d'une rivière
gelée près d'une carriole*, h/t (41x41) : NLG 16 100 – Amsterdam,

28 fév. 1989 : *Pont de bois en forêt*, h/t/pan. (26x33,5) : **NLG 1 035** – AMSTERDAM, 25 avr. 1990 : *Nature morte d'un vase de chrysanthèmes*, h/t (45,5x57,5) : **NLG 18 400** – AMSTERDAM, 6 nov. 1990 : *Enfants sur la plage de Scheveningen*, h/pan. (26x33) : **NLG 46 000** – AMSTERDAM, 23 avr. 1991 : *Enfants jouant sur une plage*, h/t (33x46) : **NLG 36 800** – AMSTERDAM, 24 avr. 1991 : *Enfants jouant sur une plage*, cr., craie noire et aquar./pap. (16,5x23,5) : **NLG 14 950** – AMSTERDAM, 5-6 nov. 1991 : *Découpage de la glace pour les glacières*, h/t (36x36,5) : **NLG 18 400** – MONTRÉAL, 19 nov. 1991 : *Roses de Noël*, h/pan. (40,6x30,5) : **CAD 3 000** – AMSTERDAM, 14-15 avr. 1992 : *Femme réparant les filets*, aquar. et gche (36x53) : **NLG 9 775** – AMSTERDAM, 2 nov. 1992 : *Le potager*, h/t (34x46) : **NLG 2 300** – AMSTERDAM, 20 avr. 1993 : *Enfants sur la plage*, h/t (37x46,5) : **NLG 28 750** – AMSTERDAM, 8 nov. 1994 : *Jeux d'enfants sur une plage*, h/t (63x103) : **NLG 109 250** – AMSTERDAM, 5 nov. 1996 : *Poules dans une cour de ferme*, h/t (24x34,5) : **NLG 3 304** ; *Paysannes dans les dunes*, h/pan. (30x52) : **NLG 11 800** – AMSTERDAM, 30 oct. 1996 : *Nature morte aux fleurs*, h/t (32x35) : **NLG 14 991** – AMSTERDAM, 19-20 fév. 1997 : *Roses blanches dans un vase*, h/t (54,5x46) : **NLG 19 604**.

AKKERMAN Philip
Né en 1957. XXᵉ siècle. Hollandais.
Peintre de portraits.
Il vit et travaille à La Haye. Il figure à l'exposition *Art – Pays-Bas – XXᵉ siècle – Du concept à l'image*, à l'ARC, Musée d'Art Moderne de la Ville de Paris en 1994. Il montre ses peintures dans des expositions personnelles, notamment en 1988 au Gemeentemuseum, à Arnhem.
Akkerman peint inlassablement des autoportraits depuis une douzaine d'années, qu'il travaille et dispose en séries, notant scrupuleusement les variations de son moi physique, preuve de son existence.
BIBLIOGR. : In : Catalogue de l'exposition *Art – Pays-Bas – XXᵉ siècle. Du concept à l'image*, Musée d'Art Moderne de la Ville de Paris, 1994.
MUSÉES : HEERLEN (coll. Stadsgalerij).

AKKERSDIJK Jacob
Né le 12 février 1815 à Rotterdam. Mort le 4 janvier 1862. XIXᵉ siècle. Hollandais.
Peintre de genre, intérieurs, vues de villes, lithographe.
Il exposa à Rotterdam de 1840 à 1860.
Cet artiste, reprenant la tradition des anciens maîtres flamands et hollandais, peignit des intérieurs, des kermesses de paysans, des réunions joyeuses, des vues de villes et de villages. On lui doit aussi des lithographies.
VENTES PUBLIQUES : AMSTERDAM, 31 mars-8 avr. 1902 : *Le Vieux Galant* : **NLG 85** ; *Que lui répondrai-je ?* : **NLG 50** ; *La claveciniste* : **NLG 62** – NEW YORK, 2 avr. 1976 : *La Partie de cartes 1842*, h/pan. (53,5x39) : **USD 1 900** – NEW YORK, 28 avr. 1977 : *Les Mangeurs de moules 1853*, h/pan. (49,5x66) : **USD 1 800** – NEW YORK, 26 jan. 1979 : *La Lecture du journal 1843*, h/pan. (49x41) : **USD 5 000** – COLOGNE, 21 mai 1981 : *Retour des champs*, h/pan. (35x45,5) : **DEM 16 000** – AMSTERDAM, 14 avr. 1986 : *Scène de taverne 1840*, h/pan. (53,5x43,5) : **NLG 9 000** – NEW YORK, 23 mai 1991 : *La Nouvelle Poupée 1850*, h/pan. (36,2x48,8) : **USD 4 400** – LONDRES, 4 oct. 1991 : *Fête paysanne devant la taverne*, h/pan. (60,3x81,2) : **GBP 3 080** – AMSTERDAM, 21 avr. 1993 : *Homme faisant la lecture à une dame dans un intérieur 1844*, h/pan. (30x24) : **NLG 5 750** – NEW YORK, 28 mai 1993 : *Devant les écuries 1847*, h/t (61,5x83,8) : **USD 2 300** – AMSTERDAM, 21 avr. 1994 : *Marché aux volailles sur la Nieuwe Markt de Rotterdam 1861*, h/t (64x81) : **NLG 25 300** – AMSTERDAM, 5 nov. 1996 : *Homme et femme sur le seuil d'une maison*, h/pan. (26x22) : **NLG 3 776** – NEW YORK, 26 fév. 1997 : *Dans l'attente des nouvelles 1857*, h/pan. (39,4x52) : **USD 5 175**.

AKMEN Danièle
Née en 1945 à Monaco. XXᵉ siècle. Monégasque.
Peintre. Naïf.
Elle fut élève de l'Ecole des Arts Décoratifs de Nice, puis de celle de Limoges. Elle participe à des expositions régionales, parmi lesquelles l'exposition du Festival d'Avignon de 1967. On a pu comparer la fraîcheur de son inspiration à celle des petits semis de fleurs couleur pastel des tissus imprimés *Liberty*.
VENTES PUBLIQUES : PARIS, 19 jan. 1992 : *Le bain 1979*, acryl./t. (195x114) : **FRF 20 000**.

AKNAY Janos
Né en 1949 à Nyiregyhaza (Hongrie). XXᵉ siècle. Hongrois.
Peintre.

Il fut l'un des membres fondateurs de l'atelier d'art graphique de Szentendre, de l'atelier Lajos Vajda et du mouvement Art'Eria. Il fut lauréat du Prix des Jeunes Artistes en 1977. Il a participé à de nombreuses expositions collectives ou individuelles en Hongrie et aussi à l'étranger : Athènes, Istamboul (1983) – Madrid (1984) – *L'Art hongrois Contemporain* à l'Espace Cardin (1984) – Japon (1987) – Allemagne.
Plutôt abstrait, il peint des motifs simples, colorés en aplats.
VENTES PUBLIQUES : PARIS, 14 oct. 1991 : *Métamorphose*, acryl./t. (130x120) : **FRF 6 500**.

AKNIN, pseudonyme de Aquenin Anne, née Burdo
Née le 10 novembre 1922 ou 1924 à Bialystok (Biélorussie). XXᵉ siècle. Active en France. Russe.
Peintre de tapisseries.
Elle expose à Paris aux Salons des Femmes Peintres et Sculpteurs, des Indépendants et d'Automne. Dans son cas, on ne peut la désigner en tant que peintre de cartons de tapisseries. En effet, ses tapisseries ne sont pas tissées, mais formées de tissus qu'elle-même découpe et assemble.

VENTES PUBLIQUES : PARIS, 16 avr. 1991 : *Le Sacré Cœur*, h/t (65x50) : **FRF 9 000**.

AKOPIAN Georges
Né le 18 février 1912 à Bakou (Caucase). XXᵉ siècle. Actif en France. Russe.
Peintre de figures, natures mortes.
Il a exposé à Paris, notamment au Salon d'Automne. Autour de 1955, il fut sélectionné pour une exposition du Prix Othon Friesz.

AKREL Carl Fredrik af ou Acrel
Né le 1779. Mort le 11 septembre 1868 à Stockholm. XIXᵉ siècle. Suédois.
Graveur en taille-douce, dessinateur.
Fils de Fredrik Akrel. Il fut d'abord ingénieur et prit part en cette qualité à la campagne en Allemagne, contre Napoléon. Il fut blessé à la bataille de Leipzig en 1813. En 1819, il fut anobli. On le connaît surtout par ses dessins et ses gravures à l'aquatinte.

AKREL Fredrik
Né en 1748 à Oja (Suède). Mort en 1804 à Stockholm. XVIIIᵉ siècle. Suédois.
Graveur en taille-douce.
Dirigé par Akerman, il fit son éducation à Uppsala. Son père était prêtre. Il grava plusieurs vues de la ville d'Uppsala et quelques portraits. En 1771, Fredrik Akrel visita Stockholm et travailla à l'Académie. En 1773, il vint à Paris, mais n'y fit pas un long séjour. On a de lui une suite de dix beaux portraits de personnages suédois. Il épousa, en 1777, la fille du graveur Berquist.

AKRON, fils de Praton
Originaire de Sélinonte. Vᵉ siècle avant J.-C. Sicilien, actif dans la seconde moitié du Vᵉ siècle avant Jésus-Christ (?). Antiquité grecque.
Sculpteur.
Son nom se lit à Delphes sur une base pour deux statues (*Asklépios* et *Hygiea* ?) consécration de l'Asklépiade Philistion. Le document est antérieur à 400.

AKSOUH Mohamed
Né le 1er juin 1934 à Alger. XXᵉ siècle. Depuis 1965 actif en France. Algérien.
Peintre de paysages urbains, graveur. Tendance abstraite.
Depuis 1949, il était serrurier professionnel. En 1959, il commença à sculpter et à peindre. Depuis 1965 à Paris, il a exercé son métier de serrurier jusqu'à sa retraite, environ 1995. En 1970, il s'initia à la gravure. La qualité technique de sa peinture et de sa gravure induirait une formation en École d'Art, alors que ses biographies le donnent comme autodidacte.
Depuis 1964, nombreuses participations à des expositions collectives à Paris, en province, dont : Jeune Gravure Contemporaine au Musée d'Art Moderne de Paris 1974, et tous les ans le Salon des Réalités Nouvelles, dont il est membre du comité. Une quinzaine d'expositions personnelles : 1964, 1966 à Alger, 1965 Strasbourg, 1974 La Rochelle, 1975 Bordeaux, 1975 Pau, 1979, 1982, 1992 Amsterdam, 1981, 1983 Toulouse, 1990 Neuchâtel, etc., et surtout Paris en 1970, 1972, 1980, 1984 au Centre Culturel

Algérien, 1988, 1989 à la Galerie Faris, 1991 de nouveau au Centre Culturel Algérien de Paris, 1994 dans son propre atelier à l'occasion de la manifestation *Pleins Feux sur Ivry*. En 1998, il a exposé à La Ciotat, galerie du port et Chapelle des Pénitents Bleus.

Si la peinture d'Aksouh se situe d'évidence dans cette abstraction française d'une élaboration plastique raisonnée, issue d'une sensation visuelle vécue, elle n'en apporte pas moins dans la pérennité de l'abstraction un accent d'origine, sans lequel, d'où qu'il émerge, l'abstraction internationale risquerait de se fondre dans l'indifférencié. Comme, après Cézanne, Morandi, Bissière, Vieira da Silva, Aksouh, qui vient aussi du Sud, s'il y puise, ne se soucie pourtant plus du regard original sur l'image réelle, dont il ne retient que celle de la lumière qui s'est révélée jusqu'à la dissoudre par l'éblouissement. Le geste du peintre qui, après avoir posé la couleur, la voile d'un glacis blanc, se conforme à la violence de l'action du soleil sur la perception phénoménologique qu'on reçoit du monde méditerranéen. Sur la rive de la Méditerranée, la casbah était la citadelle du seigneur. Aksouh est un seigneur qui ne soumet à son vouloir d'autre citadelle que celle de la lumière. ■ J. B.

AKSOY Neveser
Née en 1953 en Turquie. XXᵉ siècle. Active aussi en France. Turque.
Peintre. Groupe Art-Cloche.
Elle a étudié à l'Ecole des Beaux-Arts de Paris et a fait un DEA d'arts plastiques à l'Université de Paris I. Elle a exposé à Paris et Istanbul, appartenant au mouvement de l'Art-Cloche des années quatre-vingt en France.
BIBLIOGR. : In : Catalogue de la vente *Art cloche*, Nouveau Drouot, Paris, 30 janv. 1989.
VENTES PUBLIQUES : PARIS, 30 jan. 1989 : *Volet*, h/t (68x40) : FRF 3 000.

ALA João dos Santos
XVIIIᵉ siècle. Actif vers 1735. Portugais.
Peintre de compositions religieuses.
Cet artiste fut l'élève d'Andrea Gonçalves. Il peignit *Saint Dominique* et un *Chemin de Croix* et les images du Rosaire pour les processions pour San Domingos ; le plafond de l'église des Commendadeiras da Encarnaçao ; la *Vie de la Vierge* pour l'église de Jésus ; des saints. Il eut un genre plus libre que son maître.

ALA Ponzoni, comte Giuseppe Sigismondo
XVIIIᵉ siècle. Vivait à Crémone. Italien.
Graveur à l'eau-forte, dessinateur.
On ne connaît pas d'autres détails sur cet ami des arts, collectionneur.

ALABARDI Giuseppe, dit **Schioppi**
Mort avant 1650. XVIIᵉ siècle. Travaillait à Venise. Italien.
Peintre d'histoire, compositions religieuses, fresquiste.
Cet artiste peignit à l'huile et à fresque dans le palais des doges. On a également de lui des peintures dans les églises et les monuments de Venise. Il réussit particulièrement dans les vues perspectives.

ALABASTER H.
XIXᵉ siècle. Actif à Londres vers 1871-1874. Britannique.
Artiste.
On cite de ses œuvres dans les annales des expositions de Suffolk Street.

ALABASTER Mary Ann. Voir **CRIDDLE Mary Ann**

ALABASTER Palacia Emma, Mrs **Henry Alabaster**, née **Fakey**
XIXᵉ siècle. Britannique.
Peintre, aquarelliste.
Citée en 1887 et 1888 à Londres. Cette artiste exposa surtout des œuvres d'inspiration siamoise.

ALABERN Juan
XIXᵉ siècle. Actif à Barcelone. Espagnol.
Graveur en taille-douce.
Cet artiste grava, en 1820, trois estampes qui représentent les derniers moments du général Lacy.

ALABERN Y CASAS Camilo
Né en 1825 à Barcelone. Mort le 14 septembre 1876 à Madrid. XIXᵉ siècle. Espagnol.
Graveur.
Camilo Alabern prit part aux expositions de Madrid, à partir de 1858.

ALABERN Y MOLES Pablo
Né en 1804 à Barcelone. Mort en 1860 à Barcelone. XIXᵉ siècle. Espagnol.
Graveur en taille-douce.
Il fut, à Barcelone, élève de l'École de dessin de la Junta. Sa collaboration fut recherchée pour la plupart des publications des éditeurs de la Catalogne, de 1823 à 1850.

ALADCHALOFF Manouk Ch. ou **Aladjalov**
Né en 1862. Mort en 1934. XIXᵉ-XXᵉ siècles. Russe.
Peintre de paysages.
MUSÉES : MOSCOU (Gal. Tretiakov) : *Vers le printemps*.

ALAERTS Dierick
XVIᵉ siècle. Travaillait à Anvers, au XVIᵉ siècle. Éc. flamande.
Peintre.
En 1535, il est mentionné dans la Corporation de Saint-Luc parmi les maîtres libres.

ALAERTS Karel
XVIᵉ siècle. Éc. flamande.
Peintre.
Il est connu en qualité de tuteur des filles de Joachim Patenir, après la mort de celui-ci, en 1524.

ALAGARDA Y EISARCH José Vicente
XVIIIᵉ siècle. Actif à Orihuela. Espagnol.
Graveur en taille-douce.
En 1760, il publia un ouvrage en souvenir des fêtes qui furent célébrées à l'occasion du couronnement de Charles III à Orihuela. Cet ouvrage contient des vignettes et des gravures de la main de Alagarda.

ALAIN
XIIIᵉ siècle. Français.
Sculpteur.
Il est mentionné dans un document de 1292 à Paris.

ALAIS Alfred Clarence
XIXᵉ siècle. Travaillait à Londres vers 1881. Britannique.
Graveur.

ALAIS Exupère François
Né en 1815 à Vire (Calvados). Mort en 1866. XIXᵉ siècle. Français.
Sculpteur.
Artiste satirique dont la plupart des œuvres sont perdues, le Musée de Vire conservant seulement quatorze mascarons grotesques.

ALAIS Guillaume Édouard
Né vers 1759 à Rouen. XVIIIᵉ siècle. Français.
Le registre de l'École de l'Académie de peinture mentionne l'entrée de cet artiste sous la protection de Cochin, le 8 juillet 1784.

ALAIS J.
XVIIIᵉ siècle. Travaillait à Londres au commencement du XVIIIᵉ siècle. Britannique.
Graveur.

ALAIS William Wolfe
XIXᵉ siècle. Britannique.
Peintre de portraits.
En 1829 et en 1833, cet artiste exposa, à l'Académie de Londres, trois portraits.
VENTES PUBLIQUES : PARIS, 2 avr. 1909 : *Portrait de femme* : FRF 4 200 – PARIS, 5-6 avr. 1909 : *Portrait de grand seigneur* : FRF 1 405.

ALAJOUANINE-AUMONT Marie-Jeanne
Née le 22 novembre 1893. XXᵉ siècle. Française.
Peintre.
Elle fait des copies d'après les grand peintres du passé et expose aux Salons des Artistes Français et des Indépendants.

ALAKRAM Olaf
Né le 3 septembre 1856 à Elverum (Norvège). Mort le 1ᵉʳ mai 1904. XIXᵉ-XXᵉ siècles. Norvégien.
Peintre.
Cet artiste commença tard son éducation. Après avoir travaillé, vers 1890, avec les peintres Werenskjold et Gerhard Munthe à Oslo, il alla se perfectionner à Copenhague sous la direction de Zarhman, en 1895. Trois ans plus tard, il partit pour un voyage d'études dans les principales villes d'Europe, passant tour à tour à Vienne, à Berlin, à Paris. Il s'adonna surtout au paysage.

ALALE Pajuma
Né en 1934. Mort vers 1980. XXᵉ siècle. Depuis 1964 actif en Tanzanie. Mozambicain.

Sculpteur.
Il travailla d'abord dans les plantations de Sisal, avant de se consacrer à la sculpture sur bois et développer un style personnel, avec les *Ujaamas*, arbres de famille, « qui représentent des familles ou des collectivités groupées autour d'un tronc en forme de pilier dont sortent les têtes et les corps. Un personnage soutient l'autre tandis qu'un esprit ou une figure ancestrale domine la communauté » (J. Stöter-Bender). Il eut de nombreux disciples. Il vécut et travailla dans la banlieue de Dar-es-Salaam.
Bibliogr. : Jutta Stöter-Bender : *L'Art contemporain dans les pays du « tiers-monde »*, L'Harmattan, Paris, 1995.

ALALOU-JONQUIÈRES Tatiana
Née en 1902 à Bialystok. XXᵉ siècle. Active en France. Russe.
Sculpteur de portraits et de figures.
Elle fut élève en sculpture de l'Académie des Beaux-Arts de Moscou, où elle reçut les conseils d'Archipenko, puis, arrivée à Paris, elle poursuivit sa formation avec Bourdelle. Elle a exposé, de 1924 à 1933, au Salon des Tuileries. Figurant aussi régulièrement au Salon d'Automne, ses relations personnelles lui permirent d'y montrer les bustes de *Igor Stravinsky, André Derain, Georges Rouault*. Dans les années soixante, sa sculpture semble avoir évolué dans le sens de l'abstraction.

ALAMAGNA, d'. Voir au prénom

ALAMAN Henri. Voir HENRI ALAMAN

ALAMAN Jean d', l'Ancien
Peut-être d'origine allemande. XIVᵉ siècle. Français.
Peintre ou sculpteur.
Cet artiste est mentionné en 1331 à Montpellier. De 1354 à 1388, il fut huit fois consul de la corporation. Probablement parent de Henri Alaman.

ALAMAN Jean d', le Jeune
XVᵉ siècle. Français.
Sculpteur ou peintre.
Peut-être le fils de Jean d'Alaman l'Ancien. En 1413, il est mentionné à Montpellier.

ALAMANDINI Girolamo
XVIIᵉ siècle. Italien.
Graveur à l'eau-forte.
Le nom de Girolamo Alamandini fut écrit deux fois à la plume, sur le bord d'une gravure à l'eau-forte représentant *Saint Isidore assistant à la messe*.

ALAMANNO Pietro de Ghoetbei. Voir PIETRO Alamanno de Ghoetbei

ALAMANNO de Ghoetbei Pietro. Voir PIETRO Alamanno

ALAMANNUS
XVIIᵉ-XVIIIᵉ siècles.
Graveur.
Une feuille gravée représentant le Capitole et les bâtiments environnants de la vieille Rome, qui se trouve dans les ouvrages de A. Donatus : *Roma vetus et recens* (1639, 1695, 1725), et *Descrizione di Roma antica* (1727), est signée de ce nom.

ALAMINAS Juan
Né à Baeza (Espagne). XIXᵉ siècle. Espagnol.
Peintre de genre, portraits, illustrateur.
Il fut élève de l'Académie des Beaux-Arts à Madrid et se distingua surtout par ses portraits et ses peintures de genre. En 1871, il fut représenté, à l'Exposition des Arts, par un *Portrait du roi Amédée de Savoie*. Il illustra aussi divers ouvrages.

ALAMINOS José
Né le 20 octobre 1889 à Grenade (Espagne). XXᵉ siècle. Naturalisé en Argentine en 1909. Argentin.
Peintre et graveur.
Venu tôt en Argentine, il fut élève de l'Ecole des Beaux-Arts de Tucuman. Il y devint professeur de peinture en 1917. Il prit part à de nombreuses expositions collectives, notamment au Salon National de Buenos Aires.
Musées : Buenos Aires – Mendoza – Santa Fé .
Ventes Publiques : Paris, 21 juin 1990 : *L'ouverture de la corrida*, h/pan. (25x17) : FRF 4 200.

ALAMUDDINE Ida
Née en 1947 à Beyrouth. XXᵉ siècle. Active en Angleterre. Libanaise.
Aquarelliste, pastelliste, dessinatrice, illustratrice. Tendance hyperréaliste.
Elle fut d'abord élève dans les Ecoles d'Art à Londres, de 1967 à 1971. Après six années d'interruption, elle reprit ses études artistiques aux Etats-Unis, de 1981 à 1983, enfin de nouveau à Londres en 1987. Elle participe à des expositions collectives nombreuses en 1988, notamment à Londres : *Femmes peintres arabes* et *Artistes libanais contemporains*, d'autres encore à Londres ou circulant en Grande-Bretagne, et une exposition personnelle. Elle est fixée à Londres. Elle fit d'abord des travaux d'illustration, puis se consacra résolument au dessin, fusain souvent rehaussé de pastel et d'aquarelle. La technique est nettement référencée à l'hyperréalisme. Ce qui caractérise ses dessins est que ce qu'elle représente scrupuleusement, figure métaphoriquement autre chose : deux volatiles tués, plumés, l'un couché sur l'autre tandis qu'un cosses entrouvertes posées côte-à-côte : *Caresses matinales*, etc.
Bibliogr. : In : Catalogue de l'exposition *Liban. Le regard des peintres*, Institut du Monde Arabe, Paris, 1989.

ALANCI Francisco
XVIIIᵉ siècle. Actif à Séville vers 1738. Espagnol.
Peintre.

ALANDT Max
XIXᵉ siècle. Hollandais.
Peintre de paysages.
Ventes Publiques : Amsterdam, 15 et 16 oct. 1907 : *Berger conduisant son troupeau* : NLG 16 – Londres, 30 avr. 1909 : *Sentier à travers bois* : GBP 2.

ALANDT Maximiliaan
Né le 8 juin 1875 à Amsterdam. Mort en 1929. XXᵉ siècle. Hollandais.
Peintre de paysages animés.
Il travaille d'après nature ou d'après ses notations au cours de ses nombreux voyages en Hollande, Belgique, France et dans les pays scandinaves.
Ventes Publiques : Amsterdam, 15 oct. 1907 : *Berger conduisant son troupeau* : NLG 16 – Londres, 30 avr. 1909 : *Sentier à travers bois* : GBP 2 2 s.

ALANIS D. Vincente
Né en 1723. XVIIIᵉ siècle. Vivait encore en 1803. Espagnol.
Peintre.
Cet artiste fut professeur à l'Académie des Arts pendant vingt-cinq ans. Parmi ses œuvres, on vante ses peintures décoratives qui ornèrent la façade des *Casas capitulares* de la cathédrale, lors de l'entrée du roi Charles IV.
Musées : Séville : *Fernand Cortès – Le fils prodigue*.

ALANKO Uuno
XXᵉ siècle. Finlandais.
Peintre.

ALANO
VIIIᵉ siècle. Italien.
Peintre de miniatures.
Ce moine travaillait en Italie.

ALANORE Christiane
Née le 26 décembre 1924 à Paris. XXᵉ siècle. Française.
Peintre. Art brut.
Elle vit et travaille à Cannes. Sa première exposition a lieu à la Galerie Jeanne Castel à Paris en 1952. En 1973, ses œuvres sont présentées dans le cadre d'une rétrospective sur *L'Art marginal* au Musée d'Art de Flayosc (Var). Elle expose depuis régulièrement dans des galeries à Paris, en province et à l'étranger. Sa peinture terreuse, épaisse et travaillée évoque l'art de Dubuffet.
Bibliogr. : Catalogue *Christiane Alanore*, Galerie Alexandre de la Salle, Saint-Paul-de-Vence, 1989 – in : catalogue *Le pluriel des singuliers*, « Espace 13 », Galerie d'Art du Conseil Général des Bouches-du-Rhône, Aix-en-Provence, Actes Sud, 1998.

ALANTAR Erdal
Né en 1932 à Istamboul. XXᵉ siècle. Actif en France. Turc.
Peintre, graveur. Abstrait.
Il fut élève de l'Académie des Beaux-Arts d'Istamboul de 1949 à 1956, puis suivit les cours de fresque murale aux Beaux-Arts de Florence en 1958. Il vit à Paris depuis 1959 et est professeur d'arts plastiques depuis 1972. Il a participé à de nombreuses expositions collectives, parmi lesquelles : Biennale de Venise 1958, *L'art turc aujourd'hui* à Paris, Bruxelles, Berlin, Londres en 1964, Biennale des Jeunes de Paris 1965 et 1967, Salon d'Automne de Paris 1970-1973, Salons de Mai et des Réalités Nou-

velles 1971, 1980-81, etc. Il a aussi montré ses travaux dans des expositions personnelles depuis 1954, à Istamboul, Ankara, Florence, Paris, Nancy, en 1996 à la Maison des Arts et de la Nature de Châtillon (Hauts-de-Seine), ainsi qu'en Hollande, Belgique, Allemagne, etc. Il a obtenu diverses distinctions : Prix de l'Exposition d'État d'Ankara, deux médailles à la Biennale d'Ancona-Italie, Prix de la Ville de Bayeux 1980.
Ses peintures et ses gravures se rattachent de toute évidence au courant de l'abstraction lyrique, gestuelle. De sa technique, on a pu dire : « Il part du bas et remonte, à la vitesse d'un éclair. Visé, touché. C'est fini. Reste la trace. Sans retour, sans remords, sans repeints. Tout en un geste... » Comme souvent dans les peintures et les estampes de Jean Messagier, les véloces traces de la brosse, les furieux effacements parfois ou devrait dire les ébouriffements, les échevellements ou écheveleures sur les toiles d'Alantar peuvent évoquer les chevelures chères à Baudelaire.
■ J. B.

BIBLIOGR. : Catalogue de l'exposition *Alantar*, Centre culturel de La Courneuve, 1983.
MUSÉES : BAYEUX – BODRUM, Turquie – BRUXELLES (Bibl. roy.) – ISTANBUL – LONDRES (Victoria and Albert Mus.) – PARIS (BN) – TOULOUSE.

ALAOUI Hamid
Né le 21 juin 1937 à Fez. XXᵉ siècle. Marocain.
Peintre. Abstrait-géométrique.
Il fut élève de l'Ecole des Beaux-Arts de Casablanca, puis, pendant un long séjour à Paris de 1957 à 1975, il suivit des cours à l'Ecole des Beaux-Arts de Paris et à l'Ecole du Louvre. Il quitta Paris quand il fut nommé directeur de l'Ecole des Beaux-Arts de Casablanca, poste qu'il occupa de 1975 à 1981. Il a commencé à exposer en 1969, expositions collectives parmi lesquelles : *Peinture marocaine contemporaine* dans de nombreuses villes d'Allemagne de l'Ouest en 1972, *Cinq artistes géométriques* Galeries Krebs à Berne en 1974, et annuellement depuis 1975 les Salons des Réalités Nouvelles et Grands et Jeunes d'aujourd'hui, et encore des groupes en Suisse, aux Etats-Unis, en Yougoslavie, au Japon, etc. Il a aussi montré des expositions personnelles, notamment à Paris, Tanger, Rabat, Casablanca, Marrakech, d'autres villes marocaines, et Berne, Madrid.
Comme souvent chez les artistes de culture musulmane interdisant la représentation figurative, Alaoui se reconnut abstrait d'instinct. Il recherche la synthèse entre la sensibilité du rythme et de la couleur, et l'intelligence de l'organisation de la forme. Il a également orienté son travail sur ce qu'il définit en tant que « pouvoir optique du contre-jour », en utilisant des contrastes violents et des dégradés obtenus par une technique en pointillés juxtaposés passant progressivement d'une teinte à une autre.
■ J. B.

ALAPHILIPPE Camille M. P.
Né à Tours (Indre-et-Loire). XXᵉ siècle. Français.
Sculpteur de sujets de genre. Académique.
Il fut élève de Barrias à l'Ecole des Beaux-Arts de Paris et remporta le Prix de Rome en 1898. Il exposa régulièrement au Salon des Artistes Français et semble ne plus y avoir figuré après 1914. Les titres de ses principaux envois induisent une sculpture très située dans l'époque et le style 1900 : *La consolatrice – Les mystères douloureux – L'amour pèlerin* - Il avait obtenu une troisième médaille en 1905, puis une médaille d'argent pour son dernier envoi : *La danse*, en 1914.

ALARCON Félix
Né en Andalousie. XIXᵉ siècle. Espagnol.
Peintre de genre, paysages.
On cite de lui *Le Porteur d'eau*, qui figura à l'Exposition provinciale de Séville de 1867. Depuis, il a donné, notamment en 1895, plusieurs tableaux dont les principaux sont : *D'après ma concierge, A la porte de l'église, Le Printemps.*
VENTES PUBLIQUES : PARIS, 21 fév. 1924 : *Le retour du marché (Algérie)* : FRF 320 – PARIS, 9 mai 1951 : *Jeune élégante sous la pluie* : FRF 6 000 – COLOGNE, 20 oct. 1978 : *La course de taureaux* : DEM 2 000 – PARIS, 10 avr. 1981 : *Chasse à courre*, h/t (38x46) : FRF 4 100 – LONDRES, 3 fév. 1984 : *La promenade à dos d'âne*, h/t (35x19) : GBP 600 – NEW YORK, 23 mai 1985 : *Au café*, h/pan. (25x20) : USD 3 100 – PARIS, 21 oct. 1987 : *Campement de gitans*,

h/t (110x63) : FRF 6 000 – PARIS, 13 déc. 1989 : *Bord de Méditerranée*, h/t (36x46) : FRF 4 000.

ALARCON-SUAREZ José
Né à Madrid. XIXᵉ siècle. Espagnol.
Peintre de genre, figures, portraits.
Élève de l'Académie des Beaux-Arts de Madrid. Exposa pour la première fois en 1871, à l'Exposition des Arts, deux tableaux : *Dans l'antichambre* et le *Panneau d'autel de Maese Pedro*, épisode de *Don Quichotte*.
VENTES PUBLIQUES : LONDRES, 20 mars 1981 : *Artiste et modèle 1889*, h/t (42x61) : GBP 2 400 – PARIS, 17 fév. 1984 : *Jeune femme à l'éventail et à la mantille*, h/t (100x74) : FRF 5 000 – MADRID, 22 jan. 1985 : *Jeune fille à la guitare*, h/t (90x64) : ESP 140 000 – LONDRES, 23 nov. 1988 : *L'atelier de l'artiste*, h/t (43x62) : GBP 3 850 – LONDRES, 1ᵉʳ oct. 1993 : *Une beauté espagnole*, h/t (109,9x109,3) : GBP 1 495.

ALARD
XVIIIᵉ siècle. Français.
Graveur, illustrateur.
Illustra les fables de La Fontaine, d'après les dessins d'Oudry, vers 1776.

ALARD Claude
Né en 1939 à Fleurus (Hainaut). XXᵉ siècle. Actif en France. Belge.
Sculpteur de monuments, peintre.
Il s'est formé seul, après avoir appris le métier de serrurier en 1959. Il fut décorateur de théâtre à la Maison de la Culture de Bourges. Depuis 1972 il se consacre entièrement à la sculpture monumentale. Il travaille surtout l'acier forgé, mais aussi la fonte de bronze, l'acier inox, le grès, etc. Il a créé des décorations dans de nombreux groupes scolaires : Bourges, Issoudun, Vierzon, Amboise, etc.
BIBLIOGR. : Diction. Biogr. des Artistes en Belgique depuis 1930, Arto, Bruxelles, 1987.

ALARD Pierre Nicolas
Né à Paris (?). XVIIIᵉ siècle. Travaillait à Paris vers 1734. Français.
Peintre.
Ses œuvres sont inconnues. Son nom est mentionné à l'occasion de la mort de son père, Nicolas Alard, mort le 17 sept. 1734.

ALARD DU MORET
Né à Tournay. XVᵉ siècle. Éc. flamande.
Sculpteur.
Auteur de la pierre tombale qui décore la sépulture du chanoine Le Mercier, dans la cathédrale de Cambrai, entre les chapelles de la Trinité et de Sainte-Elisabeth (1440). Quatre ans plus tard, il donna un monument analogue pour un autre chanoine.

ALARDIN PARQUET
XVIᵉ siècle. Français.
Peintre ornemaniste.
En 1576, il organisa, à Bourges, les fêtes qui accompagnèrent l'entrée du duc d'Alençon dans la ville.

ALARDO
XVIᵉ siècle. Travaillait à Venise. Italien.
Sculpteur sur bois.
C'est à lui que fut confiée, le 2 juillet 1503, la commande des deux anges de la Scuola grande de San Rocco.

ALARDS Nicolas
XIVᵉ siècle. Vivait à Louvain, dans la seconde moitié du XIVᵉ siècle. Éc. flamande.
Peintre.

ALART, dit le Parisien, ou de Paris
Né vers 1450 à Valenciennes. XVᵉ siècle. Français.
Décorateur.
Collabora, en 1468, aux *Entremets de Bruges*, à l'occasion du mariage du duc de Bourgogne.

ALARY Gérard
Né le 23 novembre 1945 à Beyrouth (Liban). XXᵉ siècle. Français.
Peintre, dessinateur. Expressionniste.
Il fut élève de l'Ecole des Beaux-Arts de Lyon jusqu'au diplôme terminal qu'il obtint en 1973. Il figure dans des expositions collectives depuis 1976 dans de nombreuses villes de France, en Belgique, Suisse, etc., et a montré des expositions personnelles en 1984 à Lyon et Paris, 1985 Genève, 1986 Lyon, 1988, 1990

Paris, Centre d'Art Contemporain de Corbeil-Essonnes 1990, Tongeren et Bruges 1991, *Rituel laïc* à Paris 1992, Paris *Sortie de secours, peintures, dessins 1993-1994* 1994, etc. Il a été professeur à l'Ecole des Beaux-Arts de Macon, de Toulon, et est maintenant titulaire à l'Ecole Nationale des Beaux-Arts de Dijon.

Pendant assez longtemps il ne fit que de grands dessins représentant des corps nus et comme torturés, avec des parties à peine esquissées ou manquantes, amputées, dessins qui ne sont pas sans parenté avec ceux de Luis Caballero. Longtemps, le dessin domina le pictural dans ses peintures. En peinture, il a repris ce thème, dans un chromatisme sonore, qui ne recule pas devant des heurts de couleurs pures ou parfois au contraire se cantonne dans les bruns. La figuration des personnages, surgissant de fonds nocturnes, y est moins anatomiquement fidèle que dans les dessins antérieurs, ils se déforment progressivement, se défont, s'estompent. On dirait que Alary veut se dépouiller du dessinateur émérite qui l'habite, pour accéder au pur pictural. Les attitudes, les contextes des personnages ne sont plus définis clairement, à l'exemple de Gérard Garouste qui aussi, dans son exposition de Beaubourg en 1988, montrait une évolution semblable vers le schématique, l'à-peine esquissé, tendance assez généralisée en cette fin des années quatre-vingt. Toutefois, dans ce contexte d'époque, dans les parages visités par Bacon ou Caballero, où les corps liés, attachés, abattus, sont livrés aux fantasmes sado-masochistes, Alary trouve l'autonomie de son écriture. Dans certaines de ses peintures, autour de 1990, les corps ne sont plus dessinés que succinctement, « primitivement », juste suffisamment pour tenir lieu de figurines d'envoûtements qu'Alary crible alors des graffitis sacrificiels de type pariétal. Dans un texte, dont on peut regretter la rhétorique ambitieuse, Christian Noorbergen décèle pourtant qu'« Alary franchit les interdits qui barrent l'accès au réel ancien et monstrueux de l'animal humain ». Doit-on voir dans ces figurations humaines, si constamment cruelles, quand le corps si naturellement tend à la douceur, de la part d'Alary une autothérapie de l'ordre de la catharsis, qui l'aurait arrêté en d'autres temps de jeter l'esclave aux murènes et la femme infidèle aux fauves ? ■ J. B.

Bibliogr. : Gérard Xuriguera : *Les figurations de 1960 à nos jours*, Mayer, 1985 – Catalogue d'exposition *Alary*, Galeries Lacourière-Frélaut et Guy Mondineu, Paris, 1988 – Christian Noorbergen : *Gérard Alary ou la préhistoire du dedans*, in : Artension, n° 29, Paris, nov. 1991 – Giovanni Joppolo : *Entretien avec Gérard Alary*, Opus International, n° 128, Paris, sep. 1992.

Ventes Publiques : Paris, 23 fév. 1987 : *Le modèle*, h/t (210x195) : FRF 8 500 – Paris, 8 oct. 1989 : *Le visage du fleuve*, techn. mixte/pap. (80x80) : FRF 5 800.

ALARY Pierre
Né le 7 août 1924 à Paris. xxᵉ siècle. Français.
Peintre, peintre de cartons de tapisseries, affichiste, illustrateur.
En 1944, il fut élève de Brianchon à l'Ecole des Arts Décoratifs de Paris. Il expose depuis 1950 aux Salons d'Automne, depuis 1965 Comparaisons, et a figuré au Salon des Peintres Témoins de leur Temps depuis 1958 jusqu'à sa disparition en 1982. En 1957, il fit sa première exposition personnelle à Paris, galerie des Beaux-Arts.
Ces participations aux divers Salons indiquent un choix figuratif, qu'il développe dans de nombreuses illustrations de livres.
Bibliogr. : Lydia Harambourg, in : *L'École de Paris 1945-1965. Diction. des Peintres*, Ides et Calendes, Neuchâtel, 1993.

ALARY-RUELLE F.
xixᵉ siècle.
Sculpteur.
A exposé un médaillon au Salon de Paris, en 1888.

ALASONIERE Fabien Henri
Né en 1852 à Amboise. xixᵉ siècle. Français.
Aquafortiste.
A étudié la peinture avec J.-P. Laurens et la gravure avec Lalanne, Ch. Courtry et Desboutin. A exposé, depuis 1881, de nombreuses estampes et des portraits, surtout d'artistes. Médaille de troisième classe en 1897 ; de bronze en 1900 ; de deuxième classe en 1902. Ses eaux-fortes figurent dans plusieurs musées, notamment à La Roche-sur-Yon. Il a pris part à l'Exposition de Bruxelles, en 1910, avec *L'Adoration des mages*, d'après Tiepolo.

ALASTAIR, pseudonyme de Vogt ou Voight, baron Hans Henning von
Né en 1889. Mort en 1969. xxᵉ siècle. Allemand.

Dessinateur, illustrateur. Tendance fantastique.
Il n'eut pas de formation artistique. Il vécut en Allemagne et souvent à Paris, où l'attirait l'étude de la magie noire et du travestisme. Chez des éditeurs d'Europe et d'Amérique, il a illustré un grand nombre d'ouvrages littéraires : Th. Gautier, Barbey d'Aurevilly, Lacros, Mérimée, Poë, L'abbé Prévost, Wedekind, Oscar Wilde.
On a relevé dans son dessin les influences d'Aubrey Beardsley, du Nouveau Style, et un goût prononcé pour l'étrange, le fantastique.
Bibliogr. : Marcus Osterwalder : *Diction. des illustrateurs 1800-1914*, Hubschmid et Bouret, Paris, 1983.
Ventes Publiques : Paris, 25 juin 1975 : *Notre-Dame des Sept Douleurs*, gche reh. d'or (30x25) : FRF 3 200 – Hambourg, 9 juin 1983 : *Salomé and Jokanaan* ; *guerrier, verso*, encre de Chine et aquar./pap. (19,1x20,4) : DEM 1 800.

ALATERRE Louis Georges
Né à Chateaudun (Eure-et-Loir). xxᵉ siècle. Français.
Peintre de figures, paysages.
Il fut élève de Cormon à l'Ecole des Beaux-Arts de Paris. Il expose au Salon des Artistes Français depuis 1911 et en est sociétaire. Il a aussi envoyé des paysages au Salon des Indépendants entre 1926 et 1938. D'entre ses principaux envois aux Artistes Français, on peut citer quelques titres significatifs de l'ensemble de son œuvre : *Pont gothique à Espalion* de 1936, *L'homme au joug* de 1939.

ALATO di Bonaccorso
xivᵉ siècle. Vivait à Florence vers 1300. Italien.
Peintre.
Est mentionné dans un document qui figure aux archives de la cathédrale (11 novembre 1302).

ALAUJET Jean François
Né à Villefranche-de-Rouergue (Aveyron). xxᵉ siècle. Français.
Artiste.
Exposa au Salon d'Automne de 1944.

ALAUX Alexander
Né en 1851 à Commercy. xixᵉ siècle. Américain.
Peintre.

ALAUX Aline
Née le 31 janvier 1813 à Bordeaux (Gironde). Morte le 12 octobre 1856 à Billère (Pyrénées-Atlantiques). xixᵉ siècle. Française.
Peintre animalier, paysages, architectures, natures mortes, aquarelliste.
Fille du peintre Jean-Paul Alaux, dit Gentil, nièce de Jean Alaux, dit le Romain, qui l'ont tous deux initiée à la peinture. Elle a exposé au Salon de Paris, de 1833 à 1843, jusqu'à son mariage ; ayant obtenu une médaille d'or dès 1833.
Principalement peintre des animaux de basse-cour et d'oiseaux, elle fit aussi quelques tableaux de style architectural et des paysages du Sud-Ouest de la France, parfois à l'aquarelle. Sincère et fidèle à la nature, son art n'innove pas, mais reste un exemple de ces paysages du xixᵉ siècle, dont l'aspect documentaire n'ôte rien au sentiment poétique. Citons : *Nature morte – Animaux*.
Bibliogr. : Gérald Schurr : *Les Petits Maîtres de la peinture 1820-1920, valeur de demain*, t. VII, Les Éditions de l'Amateur, Paris, 1989.
Musées : Paris (Mus. du Louvre, Cab. des Dessins).

ALAUX Daniel
Né le 30 mai 1855 à Bordeaux (Gironde). Mort le 12 novembre 1933 à Caudéran-Bordeaux. xixᵉ-xxᵉ siècles. Français.
Peintre, illustrateur.
Il était le petit-fils de Jean-Paul Alaux, dit Gentil. À l'École des Beaux-Arts de Paris, il fut élève de Pierre Victor Galland, puis de Léon Bonnat. Il exposa au Salon de Paris, de 1881 à 1886. Il fut conservateur du Musée des Beaux-Arts de Bordeaux, de 1907 à 1923. Après qu'il y eût organisé une remarquable exposition d'art espagnol avec un hommage à Goya, il fut décoré, en 1919, commandeur de l'ordre de Charles III. Avant de prendre sa retraite, il mit à jour le catalogue du Musée.
En collaboration avec son frère, le peintre Guillaume Alaux, il réalisa les illustrations de l'édition nationale des *Œuvres* de Victor Hugo.
Musées : Bernay : *Porche de l'église de La Teste (Gironde)*.

ALAUX Fanny

Née le 17 avril 1797 à Paris, où elle est morte le 19 janvier 1880 à l'Institut. XIXᵉ siècle. Française.

Peintre de portraits, pastelliste.

Elle était veuve en premières noces du peintre Léon Pallière, et en deuxièmes noces de Jean Alaux, dit le Romain. Elle exposa au Salon de Paris, de 1830 à 1841.

Musées : Versailles : *Portrait de Lanneau de Marey, fondateur du Collège Sainte-Barbe.*

ALAUX François

Né le 11 octobre 1878 à Bordeaux (Gironde). Mort le 16 avril 1952 à Bordeaux. XXᵉ siècle. Français.

Peintre de portraits, marines. Orientaliste.

Élève de l'atelier Léon Bonnat à l'École des Beaux-Arts de Paris, son condisciple Othon Friesz y fit son portrait en 1900. Il a exposé à Paris au Salon de la Société Nationale des Beaux-Arts, dont il était membre associé depuis 1900. Il a cessé d'y exposer en 1939. Il a également figuré au Salon d'Hiver. Il prit aussi part à des expositions collectives dans de très nombreuses villes de France. Il a beaucoup voyagé dans les pays méditerranéens, séjournant assez longtemps à Tanger vers 1904. Il fut nommé peintre officiel de la Marine en 1930. Il a peint quatre décorations murales à Guétary.

Il aborda le portrait, les scènes d'intérieur, le paysage, ses voyages lui fournissant les thèmes de ses peintures, par exemple : *Aveugles à Tanger* pour ce qui concerne les sites ou bien : *Vent arrière, forte houle* pour les marines.

F. Alaux   AEX

Musées : Le Bourget (Mus. de l'Air) : *L'Atelier Voisin* – Paris (Mus. Nat.) : *Vague à contre-jour* 1926.

Ventes Publiques : Paris, 7 fév. 1951 : *Portrait de jeune femme* : FRF 3 000 – Paris, 12 juin 1995 : *Aveugles de Tanger*, h/t (200x285) : FRF 40 000.

ALAUX Guillaume

Né le 16 septembre 1856. Mort le 3 août 1912 à Bordeaux (Gironde). XIXᵉ-XXᵉ siècles. Français.

Peintre de portraits, compositions animées, scènes typiques, marines, pastelliste.

Il fut élève de Léon Bonnat, Fernand Humbert, Henri Gervex. À Paris, en 1882 il exposa au Salon des Artistes Français, avant de le quitter pour celui de la Société Nationale des Beaux-Arts, dès sa fondation en 1890. Il en sera successivement membre associé, sociétaire, membre du jury et secrétaire. En 1900, lors de l'Exposition Universelle, il obtint une médaille d'or.

Il a décoré le chœur de l'église d'Arcachon. Peintre de figures et de portraits : *Jeanne d'Arc* 1888, *Portrait de M.G.B.*, sénateur 1900, de paysages : *Maison de Montesquieu à Clairac* 1906, *Château de Clairac* 1906, il fut surtout remarqué comme peintre de marines et de scènes de pêche bretonnes : *À la côte* 1882, *Jetée de Sainte-Marine (Finistère).*

Musées : Château-Thierry : *Sardiniers en pêche.*

Ventes Publiques : Paris, 29 mai 1942 : *L'Attente des pêcheurs*, past. : FRF 520 – Paris, 28 sep. 1982 : *Sarah Bernhardt et sa fille* (32, 3x40, 3) : FRF 8 300 – New York, 13 déc. 1985 : *Pêcheurs dans leurs barques*, h/t (81,5x117,5) : USD 3 750 – Versailles, 19 oct. 1986 : *Marine*, h/pan. (46x54) : FRF 7 300 – Troyes, 26 juin 1987 : *Pêcheurs dans leur barque* : FRF 6 000.

ALAUX Gustave

Né le 21 août 1887 à Bordeaux (Gironde). Mort le 27 février 1965 à Paris. XXᵉ siècle. Français.

Peintre de portraits, marines, décorateur, graveur, illustrateur.

Il fut élève de Marcel Baschet et de Henri Royer à l'École des Beaux-Arts de Paris. Il a exposé au Salon des Artistes Français dès 1913 et en fut sociétaire, médaille d'argent 1920, médaille d'or 1927, hors-concours, Légion d'Honneur et Prix James Bertrand 1928, Prix Jehan Peccard 1932, une nouvelle médaille d'or à l'occasion de l'Exposition Internationale de 1937, officier de la Légion d'Honneur 1950. Il figura aussi au Salon d'Automne en 1921 et 1922, et à la Société Coloniale en 1941 et 1942. Il a montré des ensembles de ses œuvres dans de nombreuses expositions personnelles à Paris et en province. En 1926, il fut nommé Peintre officiel de la Marine et, en 1946 membre de l'Académie de Marine. Hors de France, il fut fait chevalier de l'ordre d'Isabelle la Catholique en 1926, officier de l'ordre du Mérite d'Haïti en 1938.

Il exécuta des œuvres pour la décoration des croiseurs *Colbert* et *Tourville*, ainsi que pour le *Vauquelin*, le *Bougainville*, l'*Amiral Charner*, et pour les paquebots *Formose, Carimari, Valparaiso* et *Antilles.*

Il a illustré de bois gravés de nombreux ouvrages, dont les principaux : *Christophe Colomb, Magellan, Vasco de Gama, Les belles croisières françaises, Le Boucan de cochon, Surcouf, Une femme dans chaque port, Tourville*, etc. Il publia chez Bernard Grasset : *Les Cahiers de Louis Adhémar Thimothée Le Golif, dit « Borgne-fesse », capitaine de la flibuste*, soit-disant découverts dans une cave de Saint-Malo, qui n'étaient en fait qu'un merveilleux canular, réédité en 1986, dans la collection *Les Cahiers rouges.*

À part quelques exceptions : des nus : *Étude de nu* exposée en 1922 au Salon d'Automne, des scènes familières, des portraits, au début de sa carrière, il a essentiellement peint des scènes de l'histoire de la marine, se rapportant à Christophe Colomb, à la Fayette, aux corsaires, etc., à l'histoire de la France d'outre-mer ou bien ce qu'on pourrait appeler des « portraits de bateaux », avec une préférence pour ceux du XVIIIᵉ siècle. Une liste chronologique de ses œuvres principales confirme la prééminence de ses thèmes : 1920 *Les Conquistadors* ; 1925 *Les Conquérants de l'or* ; 1921 *Départ de Christophe Colomb* ; 1926 *Christophe Colomb* ; 1928 *Le Départ de La Fayette* ; 1929 *Le Navire hollandais* ; 1930 *Saint-Malo cité corsaire à la fin du XVIIIᵉ siècle*, œuvre la plus importante (6,50 mètres x 2,90) ; 1931 *Soir de fête chez les flibustiers* ; 1932 *La Fin du Soleil royal* ; 1937 *Le Pourquoi pas ?* du commandant Charcot.

Musées : Casablanca : *Corsaires barbaresques devant Alger* – Dunkerque : *C'est Jean Bart qui passe* – Papeete : *Les Navires de Bougainville dans la baie de Matava* – Paris (Mus. de la Marine) : *La Fin du « Soleil royal »* – *L'Arrivée de l'escadre du Comte De Grasse à Saint-Domingue* – *Alain Gerbault arrivant à Tahiti* – *Le Cuirassé « Bouvet »* – *La Frégate La Belle Poule* – *Le Yacht Ailée* – *Le Vaisseau Le Bon* – *Le Bailly de Suffren débarquant à Port-Louis le 12 novembre 1783* – Paris (min. de la Marine) : *Le Croiseur Duguay-Trouin* – *Le Tourville* – Paris (min. de l'Air) : *L'Aérostat de Pilatre de Rozier en montgolfière au-dessus du château de La Muette* – Paris (min. de la Culture) : *Un grand mariage* – *Repas de noces* – Port-au-Prince (Mus. Vincent) : *Toussaint L'Ouverture* – Saint-Servan : *Le Pourquoi pas ?.*

Ventes Publiques : Paris, 5 juil. 1955 : *Le Cuirassé Duguay-Trouin* : FRF 7 500 – Paris, 27 mai 1963 : *Danse exotique* : FRF 1 350 – Conches-genève, 11 oct. 1976 : *La Pêche aux Antilles*, h/t (48,5x63,5) : CHF 1 200 – Enghien-les-Bains, 17 avr. 1983 : *L'Arrivée de l'escadre aux îles*, h/t (65x100) : FRF 21 000 – New York, 30 mai 1985 : *Femme à son miroir*, h/pan. (20,5x15,3) : USD 550 – Londres, 28 mai 1987 : *Bougainville à Tahiti*, h/t (190x257,8) : GBP 13 000 – Paris, 16 oct. 1988 : *Alain Gerbault en vue de Bora-Bora*, h/t (50x61) : FRF 4 300 – Paris, 12 avr. 1989 : *Scènes de cabaret : Orgie* et *Le rat qui pette*, deux pendants (40x50) : FRF 90 000 – Paris, 13 juin 1990 : *La Fête de la Silleria dans la cathédrale de Tolède*, h/pan. : FRF 8 000 – Fontainebleau, 31 mai 1992 : *Le Croiseur Duguay-Trouin en rade de Phygène* (Grèce) : FRF 14 500 – Nice, 27 oct. 1992 : *Corsaires ramenant une prise à Saint-Malo* : FRF 78 000 – 10 mars 1993 : *Martinique, le bain du matin* : FRF 10 000 – Paris, 22 nov. 1995 : *Le Rendez-vous sentimental*, h/t (50x61) : FRF 8 500 – Paris, 5 juin 1996 : *Le Départ des corsaires, Saint-Malo*, h/t (130x110) : FRF 85 000.

ALAUX Jean, dit le Romain

Né le 15 janvier 1786 à Bordeaux (Gironde). Mort le 2 mars 1864 à Paris. XIXᵉ siècle. Français.

Peintre d'histoire, sujets mythologiques, compositions à personnages, portraits, intérieurs, aquarelliste, peintre de compositions murales, dessinateur.

Il était le deuxième fils de Pierre Joseph Alaux, peintre et décorateur. Il fut d'abord élève de Pierre Lacour l'aîné à l'École des Beaux-Arts de Bordeaux, puis de François André Vincent aux Beaux-Arts de Paris, où il fut condisciple d'Horace Vernet, ensuite de Pierre Narcisse Guérin, où il connut Ary Scheffer et Eugène Delacroix. En 1815, il remporta le Grand Prix de Rome avec *Bridéis pleurant le corps de Patrocle dans la tente d'Achille*. De 1817 à 1821, il fut pensionnaire de la Villa Médicis, où il se lia d'amitié avec Ingres, qui, en 1818, fit de lui deux portraits à la mine de plomb. Jean Alaux fera le *Portrait d'Ingres dans son atelier*, qui restera l'une de ses œuvres les plus connues, aujourd'hui au Musée de Montauban. Il participa très régulièrement au Salon. En 1828, il fut fait chevalier de la Légion d'honneur, en

1841 officier. En 1847, il fut nommé directeur de l'Académie de Rome, charge qu'il conserva jusqu'en 1852. En 1851, il fut nommé membre de l'Institut.

Dès 1821, grâce à son ami le baron Taylor, Intendant de Louis XVIII, il bénéficia de commandes de la Maison du Roi. Cependant, il dut attendre 1824 pour attirer l'attention du grand public avec *Combat des Centaures et de Pandore*. Il devint le peintre favori de Louis-Philippe, qui lui confia d'importants travaux, plafond pour le Conseil d'État au Louvre, pour le Palais du Luxembourg et surtout pour le château de Versailles. À Versailles, il exécuta entièrement la décoration de la Salle des États Généraux et plusieurs panneaux de la Salle des Batailles, dont : *Valenciennes prise d'assaut par Louis XIV (1677)* – *Bataille de Denain (1712)* – *Bataille de Villaviciosa (1715)* – *Bataille de Lawfeld (1742)*. En 1854, Napoléon III le choisit pour décorer la grande coupole du Palais du Sénat (alors Galerie du Trône, aujourd'hui Salle des Conférences) sur le thème de la glorification de Napoléon Iᵉʳ. En 1858, Achille Fould, ministre de la Maison de l'Empereur et Ministre d'État, lui confia la restauration des fresques du Rosso, dans la Galerie François Iᵉʳ du château de Fontainebleau. Il y restaura également les fresques du Primatice de la Galerie Henri II. Au cours de sa carrière de peintre de commandes monumentales, il fut aussi un peintre de portraits. Les historiens de l'art ne peuvent ignorer l'ampleur de son œuvre officiel, mais lui préfèrent les peintures d'intérieurs intimistes, de petits formats, datant souvent du séjour à Rome. ■ J. B.

Musées : Bayonne (Mus. Bonnat) – Besançon (Mus. des Beaux-Arts) – Bèze, Côte-d'Or (Église) – Bordeaux (Mus. des Beaux-Arts) : *Une jeune Druidesse* – *Le Xanthe* – *L'intérieur d'un temple avec figures en prière devant l'autel de la Vierge* – Compiègne (Mus. Vivenel) – Dijon (Mus. Magnin) – Eu (Château, Mus. Louis-Philippe) : *La reine Victoria au balcon du château d'Eu, le 2 sept. 1843* – Lille (Mus. des Beaux-Arts) : *Sujet grec* – Montauban (Mus. Ingres) : *Portrait d'Ingres dans son atelier* – Narbonne (Mus. des Beaux-Arts) : *Ruine du temple à Paestum* – Nice (Mus. Chéret) – Orléans (Mus. des Beaux-Arts) – Paris (Louvre) : *Poussin arrivant de Rome, est présenté par le cardinal Richelieu au roi Louis XIII*, Salle de céramique antique, Ire salle, plafond – *Les Travaux d'Hercule*, voussures, douze médaillons d'or en souvenir des compositions du Poussin sur ce sujet, plafond de la Salle des Origines comparées – Paris (Louvre, Cab. des Dessins) – Paris (BN, Cab. des Estampes) – Paris (Mus. Victor Hugo) – Paris (École Nat. Sup. des Beaux-Arts) – Paris (Manufacture Nat. des Gobelins) – Paris (Église Sainte-Élisabeth) – Pontoise (Château) : *Première idée d'un portrait d'homme* – deux sépias – Quimper (Mus. des Beaux-Arts) – Reims (Mus. des Beaux-Arts) : *Baptême de Clovis* – Rome (Villa Médicis) – Rouen (Mus. des Beaux-Arts) : *Profil de jeune fille* – Semur-en-Auxois (Mus. des Beaux-Arts) : *Diomède enlevant le Palladium dans le temple de Minerve* – Sèvres (Mus. de la Céramique) – Strasbourg (Mus. des Beaux-Arts) – Strasbourg (Préfecture du Bas-Rhin) – Versailles (Château) : *Plusieurs états-généraux de Paris* – *Philippe le Bel rend le Parlement sédentaire à Paris* – *Assemblée des notables à Rouen* – *Valenciennes prise d'assaut par Louis XIV (1677)* – *Bataille de Denain (1712)* – *Bataille de Villaviciosa (1715)* – *Bataille de Lawfeld (1742)* – *Philippe-Auguste et le roi Jean d'Angleterre devant la Cour des Pairs* – *États Génaraux de Tours* – *Assemblée tenue à Bonneuil-sur-Marne par Clotaire II* – *Assemblée tenue à Bourges par Pépin le Bref* – *Hugues Capet proclamé roi par les Grands du royaume* – *Affranchissement des communes par Louis le Gros* – *Charlemagne associe son fils Louis le Débonnaire à l'empire* – *États Généraux de Blois* – *Retour du Parlement à Paris* – *Affranchissement des serfs par Louis le Hutin* – *États Généraux de Compiègne* – *Le Parlement de Paris casse le testament de Louis XIV et confère la régence du royaume au duc d'Orléans* – *Charlemagne empereur d'Occident* – *Portrait du baron Gérard*, d'après Lawrence.

Ventes Publiques : Monte-Carlo, 7 déc. 1987 : *Narcisse 1818*, h/t (95,5x76) : FRF 50 000 – Paris, 7-12 déc. 1988 : *Scène de l'antiquité romaine*, lav. de bistre et d'encre de Chine reh. de blanc/pap. (24x39,5) : FRF 5 500 – Paris, 24 nov. 1995 : *Joueur de guitare entouré de femmes près d'une fontaine*, aquar. (23,5x24,5) : FRF 5 500.

ALAUX Jean Marius
Né le 19 avril 1925. XXᵉ siècle. Français.
Peintre de genre, paysages.

Il expose à Paris, aux Salons des Artistes Français, des Artistes Indépendants, de l'École Française, dont il est sociétaire. Au Salon des Artistes Français, il a obtenu une médaille d'argent en 1961 et les Prix Désiré Lucas, Chantal de Chauvigny et celui de l'Yser. Il figure aussi dans des expositions collectives dans des galeries de Paris, en Allemagne, aux États-Unis. Il est membre du comité de l'Académie Léonard de Vinci à Rome.

ALAUX Jean-Paul, dit Gentil
Né le 4 octobre 1788 à Bordeaux (Gironde). Mort le 24 janvier 1858 à Bordeaux. XIXᵉ siècle. Français.
Peintre d'histoire, sujets mythologiques, paysages, paysages urbains, aquarelliste, graveur, lithographe, dessinateur.

Il fut élève de Pierre Lacour l'aîné et Horace Vernet à l'École des Beaux-Arts de Bordeaux. De 1807 à 1858, il fut professeur de dessin au Lycée de Bordeaux et directeur de l'École des Beaux-Arts pendant plus de vingt-cinq ans. En 1858, peu avant sa mort, il fut fait officier de l'Instruction publique.

Il exposa au Salon de Paris, pour la première fois en 1827, avec *Site de la côte de Floirac*, puis en 1831 *Vue de Bordeaux prise de Floirac*, en 1833 *Vue de Bordeaux entre la caserne Saint-Raphaël et l'église Sainte-Eulalie*, et pour la dernière fois en 1841. Avec un Lesueur ou d'après Eustache Lesueur, il publia quinze grandes planches représentant des *Vues choisies des monuments antiques de Rome*.

Musées : Bordeaux (Mus. des Beaux-Arts) : *Site de la côte de Floirac* vers 1827 – *Vue de Bordeaux prise de Floirac* vers 1831 – *Vue de Bordeaux entre la caserne Saint-Raphaël et l'église Sainte-Eulalie* vers 1833 – Bordeaux (Mus. d'Aquitaine) : *Vue du Colisée de Rome* – *Vue de la Chartreuse près de Bordeaux* – Bordeaux (Église Saint-Paul) : *L'Extase de saint Paul* 1830.

Ventes Publiques : Paris, 1880 : *Talma dans « La partie de chasse d'Henri IV »* ; *Atala* ; *Faune et Bacchante* ; *Femme italienne baisant la main d'un religieux*, 4 aquar. et sépia ; FRF 19 – Vienne, 19 mars 1968 : *Le montreur de marionnettes* : ATS 20 000.

ALAUX Jean-Pierre
Né en 1783, à Rochefort-sur-Mer (Charente-Maritime) ou à Lautrec (Tarn) selon d'autres sources. Mort le 26 janvier 1858 à Vanves (Hauts-de-Seine). XIXᵉ siècle. Français.
Peintre de panoramas, décorateur de théâtre.

Il fut élève de Pierre Lacour l'aîné et Horace Vernet à l'École des Beaux-Arts de Bordeaux. En 1801, on le retrouve à Paris, élève dans des ateliers de décoration. En 1820, ayant obtenu le privilège du roi Louis XVIII, il ouvrit le Théâtre du Panorama Dramatique. En 1924, il rejoignit son frère Jean à Rome. Vers 1826, il fit un séjour en Angleterre.

En 1827, s'ouvrirent les portes des Néoramas, dont la technique repose sur un procédé de peinture circulaire qui donne l'illusion de la vie aux panoramas. Le succès fut énorme. Après la visite que leur fit le roi Louis-Philippe, Jean-Pierre Alaux fut fait chevalier de la Légion d'honneur en 1828.

Il signa *Ozion* ses peintures de jeunesse. Dans le Théâtre du Panorama Dramatique, il présentait les somptueux décors qui suscitaient l'admiration du public. À son retour de Rome, il mit au point son premier Néorama : *Saint-Pierre de Rome*, 17 mètres de haut sur 54, toile qui doit se présenter circulairement avec des éclairages produisant des effets d'ombres et de lumières. À son retour d'Angleterre, il réalise un nouveau Néorama, *L'Abbaye de Westminster*, 18 mètres de haut sur 66. En 1832, malgré le succès, mais à la suite de la récession économique et de l'épidémie de choléra qui avait vidé Paris, les Néoramas fermèrent leurs portes. Le créancier de Jean-Pierre Alaux les offrit au roi. Ils furent, dès 1833, entreposés dans les combles du Louvre. En 1959, le ministre de la culture André Malraux les découvrit, au cours d'une promenade dans les combles du Louvre ; mais, chaque rouleau pesant près de trois tonnes, ils furent laissés en l'état. Personne ne les avait vus depuis 1833. Les travaux pour la réorganisation du Grand Louvre nécessitant leur déplacement, Pierre Rosenberg, conservateur en chef du département des peintures, obtint, grâce à un mécénat, leur déroulement en vue d'une restauration future. C'est en décembre 1989 que quelques privilégiés et restaurateurs ont pu les découvrir, étalés dans la nef du Grand-Palais des Champs-Élysées. Le manque de crédits, et peut-être d'emplacement, interdit actuellement de sortir les Néoramas de l'oubli. Le grand public reste privé du spectacle de ces toiles immenses, partie intégrante du patrimoine national, chefs-d'œuvre de la perspective et du trompe-l'œil.

ALAUX Jean-Pierre
Né le 14 novembre 1925 à La Ciotat (Bouches-du-Rhône). Mort en 1982. XXᵉ siècle. Français.

Peintre de compositions à personnages, figures, nus, portraits, intérieurs, natures mortes, aquarelliste, sculpteur, lithographe, illustrateur. Symboliste, tendance fantastique.

Fils de François Alaux, il est d'une famille de peintres depuis plusieurs générations. De 1943 à 1949, il fut élève de Jean Dupas à l'École des Beaux-Arts de Paris. Encore élève, il obtint plusieurs Prix, en 1949 pour l'affiche, en 1950 deux autres et le Prix du *Concours international du Portrait de Jenny.*

Il a commencé à participer très tôt à des expositions collectives.
À Paris, il figure régulièrement au Salon des Artistes Français, dont il est sociétaire, médaille d'argent 1949, médaille d'or 1951, hors-concours. Depuis 1952, il figure au Salon de la Société Nationale des Beaux-Arts, dont il est également sociétaire, membre du comité, dont il fut trésorier pendant quatorze ans et qui, en 1973, lui décerna le Prix Puvis de Chavannes. Depuis 1952 aussi, il expose régulièrement au Salon de la Marine, en 1975 nommé Peintre Officiel. Depuis 1953, il expose annuellement au Salon d'Automne, il est sociétaire, membre du Conseil, président de la section peinture à l'eau, depuis 1987 sociétaire en sculpture. Depuis 1958, il a figuré au Salon des Peintres Témoins de leur Temps, jusqu'à sa disparition, y obtenant le Grand Prix en 1974. Il est membre du comité du Salon du Dessin et de la Peinture à l'eau ; responsable de la section « visionnique » du Salon Comparaisons. En 1991, il a été nommé Peintre de l'Air et de l'Espace, et expose depuis au Salon du Bourget. Il expose encore occasionnellement dans d'autres associations : en 1991, il a pris part à l'exposition de la Mairie du IXe arrondissement de Paris, sur le thème *Paris, de Lutèce à la Grande Arche.* En outre, hors Paris, il participe à de nombreux Salons de la région parisienne, de province et de l'étranger. De très nombreux Prix, distinctions et médailles lui sont décernés. En 1988, il a été fait chevalier de la Légion d'honneur.

Depuis 1951, il montre ses œuvres dans des expositions personnelles, à Paris : galerie Cardo ; 1953, 1974, 1980, 1988, galerie Drouant et galerie d'Art de la Place Beauvau ; à Cannes en 1965, Le Mans, Toulouse, Enghien, etc. ; ainsi qu'à Bruxelles, New York, Boston, etc. En 1974, le Salon de la Société Nationale des Beaux-Arts, et en 1987 le Salon d'Automne, lui organisèrent une exposition rétrospective au Grand Palais. D'autres rétrospectives suivent : 1987 Chalon-sur-Saône, Musée Denon ; 1988 Antibes, Musée du Bastion Saint-André ; 1991 Brest ; 1993 La Ciotat, sa ville natale, avec *Cinquante Ans de peinture.*

Il a réalisé des décorations diverses : 1959, *Showboat descendant le Mississipi,* pour le cargo mixte *Mississipi ; Le Limousin* pour une cabine du paquebot *France* ; décoration du carré des officiers supérieurs du porte-avions *Foch* ; à Paris, décoration de l'école maternelle de la rue Boulard. Il a illustré quelques ouvrages littéraires, créé une trentaine de lithographies. Depuis 1955, parfois, en été surtout, il modèle à partir d'un matériau de sa composition ou sculpte en taille directe à partir de bois flottés ou de toutes autres matières.

La peinture de Jean-Pierre Alaux a toujours été difficile à classer : symboliste, onirique, fantastique ? C'est une peinture d'imagination, mêlant allusions poétiques, musicales, littéraires, dérivant parfois sur l'humour, dont les images constituées se rattachent souvent au répertoire surréaliste. Il situe souvent des personnages étranges, figures symboliques, mythiques, énigmatiques, comme issues de métamorphoses, dans des paysages ou des environnements fantastiques. Pour exemple, en 1983-1984, il a peint un triptyque de 192 sur 266 centimètres : *L'escalier,* d'après un escalier étonnant de la rue Hégésippe-Moreau à Paris, et pour lequel il a écrit un texte énumérant les symboles qu'il y a vus ou qu'il y a conférés. Ses thèmes sont nombreux : la femme presque toujours présente, le nu, le paysage, la nature morte et, comme dans les *Vanités* d'autrefois, le temps et la mort ; on dirait qu'il a des objets fétiches qu'on retrouve par périodes : sabliers, horloges solaires, astrolabes ; il peint aussi des portraits de célébrités : *Guy de Maupassant, Clément Ader, Salvador Dali, Antoine de Saint-Exupéry, Maria Callas* ; des « portraits de villes » : *Venise, Paris, Berlin, Angers,* etc.

La technique se veut le plus fidèle possible, le plus photographiquement méticuleuse : le fantastique doit paraître réel au spectateur, obligation commune avec le surréalisme de Dali ou de Tanguy. Comme en témoignent les catalogues d'expositions ou la monographie le concernant, la technique méticuleuse et maîtrisée n'a pas fait obstacle à une abondante production et à une généreuse imagination. ■ J. B.

BIBLIOGR. : Divers : *Jean-Pierre Alaux,* Imprimerie Poirot,

Sainte-Geneviève-des-Bois, 1980 – divers et Bertrand Duplessis : Catalogue de l'exposition *Jean-Pierre Alaux,* Mus. Denon, Chalon-sur-Saône, 1987 – Jean-Pierre Alaux : *L'escalier,* Galerie de la Place Beauvau, Paris, 1988 – Catalogue du *Salon de Printemps,* Notre-Dame-de-Gravenchon, 1989 – Lydia Harambourg, in : *L'École de Paris 1945-1965. Diction. des Peintres,* Ides et Calendes, Neuchâtel, 1993.

MUSÉES : LES BAUX-DE-PROVENCE : *La face cachée de la lune* – CHALLANS (Mairie) – CHALON-SUR-SAÔNE (Mus. Denon) : *La sphinge rabot-galère* – FONTAINEBLEAU : *Front de mer* – PARIS (Mus. Nat. d'Art Mod.) : *Paysage de Provence* – PARIS (Mus. mun. d'Art Mod.) – PARIS (Mus. de la Marine) : *Hommage à Joseph Vernet* – *Carnaval de la mer* – RIOM : *Paysage de La Ciotat* – TOKYO (Mus. Ueno) – VILLENEUVE-SUR-LOT (Mus. Rapin) : *L'A.D.N. ou le Rêve de l'escalier.*

VENTES PUBLIQUES : VERSAILLES, 29 fév. 1976 : *Jeunes femmes dans la campagne de fleurs de tournesols,* h/t (65x100) : **FRF 3 600** – NEW YORK, 19 jan. 1981 : *Les vendanges,* h/pan. (28x40,5) : **USD 250** – PARIS, 10 juil. 1983 : *Uzerches,* h/pan. (89x129) : **FRF 14 000** – BRUXELLES, 19 mars 1986 : *La nageuse,* h. et broderie/pan. (60x160) : **BEF 100 000** – FONTAINEBLEAU, 21 nov. 1987 : *Visage de femme dans un miroir de forme hexagonale,* gche (31x23) : **FRF 4 100** – NANTES, 4 mai 1988 : *Contrepoint,* h/t (116x73) : **FRF 7 200** – BRUXELLES, 16 mai 1988 : *Le repos,* h/pan. (57x120) : **BEF 130 000** ; *L'œil* 1969, h/t (38x55) : **BEF 34 000** ; *La baignade,* h/t (38x60) : **BEF 42 000** – PARIS, 14 oct. 1989 : *La mer,* h/t (52x47) : **FRF 16 000** – VERSAILLES, 29 oct. 1989 : *Visages,* techn. mixte/pan. (51x110) : **FRF 8 200** – NEW YORK, 12 juin 1991 : *La Belle et la Bête,* h/t (64,8x81,3) : **USD 1 045** – PARIS, 20 mai 1992 : *La belle et la bête,* h/t (64,8x81,3) : **FRF 5 000** – CANNES, 24 avr. 1993 : *La vannière :* **FRF 6 000.**

ALAUX Pierre Joseph
Né le 16 juillet 1756 à Lautrec (Tarn). Mort sans doute à Bordeaux (Gironde). XVIIIe-XIXe siècles. Français.
Peintre de décorations murales.
Ce fut avec son père, Joseph, né au début du XVIIIe siècle, peintre décorateur et maître tapissier, qu'il apprit la peinture et la décoration. Il eut, entre autres, trois fils qui furent tous peintres : Jean-Pierre l'aîné, créateur du Néorama, Jean dit le Romain, Jean-Paul dit Gentil.
Il travailla surtout à Bordeaux, ville en pleine expansion. En 1801, il fut appelé à y être le peintre et le décorateur du Grand Théâtre et du Théâtre Français. En 1812, il fut ensuite appelé à Lyon pour en décorer le Théâtre. En 1813, il fut appelé à Kassel.

ALAUX Sophie
Née le 19 juin 1952 à Paris. XXe siècle. Française.
Peintre, aquarelliste, graveur.
Fille de Jean-Pierre Alaux, sa vocation ne fut pas contrariée. Elle vit et travaille à Paris. En 1974, elle fut admise élève de l'Académie Met de Penninghen. Puis, admise à l'École des Métiers d'Art, elle fut élève de Jacques Houplain en histoire de l'art et gravure, de Bernard Mougin en histoire de l'art et de Robert Wogensky en peinture. À la Kunstgewerbeschule de Bâle, elle s'initia à la lithographie. Elle a aussi mené un cursus universitaire d'Histoire de l'Art et d'Arts Plastiques complet : 1980 licence d'histoire de l'art ; 1988 licence d'arts plastiques ; 1989 Certificat d'Aptitude à l'Enseignement Supérieur (CAPES) ; 1993 agrégation d'arts plastiques.
Depuis 1969 à Paris, elle participe régulièrement à des expositions collectives : Salon du Dessin et de la Peinture à l'eau, ainsi que les Salons de la Société Nationale des Beaux-Arts et d'Automne dont elle devint sociétaire en 1978. En 1971, elle participa au Salon de la Jeune Gravure Contemporaine ; en 1984 au Salon des Femmes Peintres et Sculpteurs ; elle participe à des expositions et Salons de la périphérie parisienne et en province, obtenant diverses distinctions. Elle expose aussi individuellement : 1978 Knokke-le-Zoute, galerie Dandoy, avec son père ; 1983 Roscoff, Hôtel-de-Ville ; 1984 Paris, galerie du XVIe (fondation Henri Collet) ; 1984 Paris, galerie Troy ; 1986 Paris, galerie du Parvis.
MUSÉES : PARIS (Fonds Nat.) : *Le désert* – PARIS (Fonds mun.) : *L'embarcation,* dess..

ALAVOINE
XVIIe siècle. Français.
Sculpteur.
Établi à Bourges, il travailla, en 1661, au portail de l'hôpital de cette ville.

ALAVOINE Adèle
XIXe siècle. Française.

Graveur au burin, dessinatrice.
Citée par Ch. Le Blanc, à Paris en 1827. On connaît d'elle un *Alphabet manuel pour les Sourds-Muets.*

ALAVOINE Georges
Né à Paris. Mort le 9 mars 1772 à Paris. XVIIIe siècle. Français.
Peintre.
On le trouve désigné comme « maître peintre ». Mais il ne semble avoir acquis sa maîtrise que comme peintre en voitures.

ALAVOINE Georges Florentin
Né vers 1772 à Paris. XVIIIᵉ-XIXᵉ siècles. Français.
Peintre.
Petits-fils du peintre d'équipages Georges Alavoine. Entra à l'École des Beaux-Arts le 13 nivôse, an V. Son père est mentionné à cette date comme peintre de voitures.

ALAVOINE Jean Antoine, chevalier
Né en 1776 à Paris. Mort le 13 novembre 1834 à Paris. XIXᵉ siècle. Français.
Graveur à l'eau-forte, dessinateur.
On cite de cet artiste, qui fut aussi architecte : *Projet de fontaine pour la place de la Bastille*, composé par J.-A. Alavoine, sous la direction de M. le baron Denon (le modèle de l'Éléphant a été exécuté de la grandeur du monument par M. Bridan, statuaire, pendant les années 1808-1814), J.-A. Alavoine, sculp. ; *Calvaire exécuté dans le parc de Pont-du-Saint.*
VENTES PUBLIQUES : PARIS, 1846 : *Denon*, dess. : **FRF 22**.

ALAYMAZ Georges
XVIIᵉ siècle. Français.
Sculpteur.
Travailla à l'ancienne fontaine de la place de Lans à Chambéry (1671), d'après les dessins de François Crenot.

ALAZET-ROCAMORA Dolorez
Née le 17 mai 1878 à Buenos Aires. XXᵉ siècle. Argentine.
Peintre.
Sans doute à l'Ecole des Beaux-Arts de Buenos Aires, elle fut élève de plusieurs peintres locaux et surtout du graveur Bosco. Elle a participé à diverses expositions collectives dans les grandes villes d'Argentine et surtout, depuis 1911 au Salon National de Buenos Aires. Elle a souvent voyagé en Europe. Elle a obtenu plusieurs distinctions, dont le premier prix du Salon des Femmes en 1939, et un prix au Salon de Gand en Belgique.
MUSÉES : BUENOS AIRES (Mus. des Beaux-Arts).

ALBA Édouard de
Né à Madrid. Mort en 1900. XIXᵉ siècle. Espagnol.
Peintre.
Élève d'Edouard Pelayer, prit part avec distinction aux Expositions de Madrid en 1895, 1897, 1899. A remarquer au Musée de l'Art moderne un tableau de lui : *Troupeau de brebis.*

ALBA Emilia
Née à Valence. XIXᵉ siècle. Espagnole.
Peintre.
Élève de Dom Eduardo de Solar. On la cite surtout comme auteur de natures mortes.

ALBA Macrino d'. Voir MACRINO d'ALBA

ALBA Pietro d'. Voir PIETRO d'ALBA

ALBA Roméo
Né à Schio. XXᵉ siècle. Italien.
Peintre.
A exposé au Salon des Indépendants en 1931, 1937 et 1938.

ALBA Théodor
Né à Lixheim (près de Phalsbourg). XVIIᵉ siècle. Travaillait en Lorraine. Français.
Peintre.
Exécuta, en 1630, sur l'ordre du prince Louis de Lorraine, divers tableaux religieux, dont le plus célèbre est le *Saint Guy* qui se trouve dans l'église de Heringen.

ALBA Y RODRIGUEZ Enrique de
Né à Madrid. XIXᵉ siècle. Espagnol.
Graveur.
Fut élève de l'Académie des Beaux-Arts de Madrid. Ses gravures sur bois ont figuré aux Expositions de Madrid en 1876, 1878, 1881, etc.

ALBACCINI Filippo
XIXᵉ siècle. Romain, actif vers 1800. Italien.
Sculpteur.

ALBACETE Alfonso
Né en 1950 à Antequera. XXᵉ siècle. Espagnol.
Peintre de figures, paysages, paysages urbains, intérieurs. Figuration libre.
Il étudie l'architecture et l'art à Valence et à Madrid, jusqu'en 1977. Effectue un voyage en Grèce en 1983 qui enrichit son travail sur le plan de la lumière. Sa première exposition personnelle date de 1972. En 1986 il expose à la Galerie Egam de Madrid une série de paysages urbains. S'il a oscillé un temps entre l'abstraction et la figuration, il s'est orienté ces dernières années vers une analyse existentielle de son environnement.
BIBLIOGR. : In : *Diction. de la Peinture Espagnole*, Larousse, Paris, 1989.
MUSÉES : CUENCA – MADRID (Mus. Esp. d'Arte Contemp.) – MURCIA .

ALBACINI Achille
Né le 19 avril 1841. XIXᵉ siècle. Italien.
Sculpteur.
Étudia à l'Académie de Saint-Luc à Rome, où il travailla quelque temps. Auteur de statuettes de genre et de bustes historiques. Sa *Rebecca* se trouve à Melbourne. On a également de lui une *Andromaque.*

ALBACINI Carlo
XVIIIᵉ-XIXᵉ siècles. Actif à Rome. Italien.
Sculpteur de monuments.
Professeur à l'Académie de Saint-Luc, à Rome, il s'occupa surtout de la restauration d'œuvres antiques. Il vivait encore en 1807. En 1780, il exécuta, pour le compte de l'Impératrice Catherine de Russie, le tombeau de Raphaël Mengs, à Saint-Pierre de Rome.

ALBACINI Carlo
Né en 1777 à Rome. Mort en 1858. XIXᵉ siècle. Italien.
Sculpteur.
S'inspira de Canova, mais chercha à donner à ses ouvrages une expression plus réaliste et la fit tomber dans l'exagération. Son réalisme finit par friser la grossièreté, notamment dans certaines de ses statuettes qui figurent à l'Oratoire dei Pescivendoli à Rome. On lui doit les copies de statues antiques, *Silène et Dionysos enfant, Xenon, La Vénus Callipyge* et l'*Apollon du Belvédère*, conservés au Musée de Hanovre.

ALBADA Henri Van
Né en 1907 à Uccle. XXᵉ siècle. Belge.
Sculpteur. Tendance abstraite.
Il fut élève des Académies de Bruxelles et de La Cambre. Il pratique la taille directe et la polychromie. Il a sculpté les chapiteaux de l'église Sainte-Alène de Forest.
BIBLIOGR. : In : *Diction. biogr. illustré des Artistes en Belgique depuis 1830*, Arto, Bruxelles, 1987.

ALBAGHINI Carlo ou Albacini
XVIIIᵉ siècle. Actif au début du XVIIIᵉ siècle. Italien.
Sculpteur.
Auteur d'un buste de Pierre le Grand (1724), sur l'ordre duquel il créa le groupe en marbre symbolisant la paix de la Russie avec la Suède.

ALBALAT Augustin
Né le 13 octobre 1930 à Valence. XXᵉ siècle. Espagnol.
Peintre. Abstrait.
Il fut élève de l'Ecole des Beaux-Arts San Carlos de Valence, à partir de 1945, âgé de quinze ans. En 1955, il reçut le Premier Prix du Salon d'Automne de Valence. En 1962, il fit partie de la sélection espagnole à la Biennale de Venise.
Il pratique une peinture par larges aplats de couleurs contrastées, dont les contours graphiques laissent encore suggérer l'origine d'un regard sur la réalité extérieure, comme marquant encore une hésitation devant l'abstraction radicale, à moins qu'il ne s'agisse au contraire d'un retour nostalgique à la réalité, ce qui fut le cas de la dernière période de De Staël.

ALBAN Constant Jozeph
Né le 20 janvier 1873 à Rotterdam. XIXᵉ-XXᵉ siècles. Hollandais.
Peintre, graveur.

ALBAN Vicente
XVIIIᵉ siècle. Équatorien.
Peintre de figures.
VENTES PUBLIQUES : NEW YORK, 24 nov. 1992 : *Les Castes*, h/t, ensemble de quatre peintures représentant les différents habitants de l'Équateur (81,5x106,7) : **USD 154 000**.

ALBAN de Lesgallery Jean Jacques

Né le 20 septembre 1808 à Bordeaux. XIXe siècle. Français.

Peintre de genre, paysages, peintre à la gouache, lithographe.

Il travailla avec Lacour fils, à l'École des Beaux-Arts de Bordeaux, se destinant à la peinture d'histoire, mais il se fixa bientôt dans les limites plus modestes du genre et du paysage. Il figurait à l'Exposition de Bordeaux, en 1831, avec un *Intérieur d'une cour de roulage à Paris*. Il y exposait encore en 1855, et faisait surtout alors de la peinture décorative et des gouaches. Le Musée du Périgord possède de lui une importante gouache : *Vue de Périgueux prise du Pont Royal* (1838). Alban de Lesgallery a lithographié plusieurs monuments de Bordeaux.

ALBANASI. Voir ALBANESI

ALBANE

XVIIIe siècle. Actif à la fin du XVIIIe siècle. Français.

Aquafortiste.

Il travailla à Lille. On lui doit *La Fédération des départements du Pas-de-Calais, du Nord et de la Somme, le 6 juin 1790*, et le *Banquet civique donné à Lille, les 27-28 juin 1790*. Est-ce le même que le peintre auteur d'un portrait du général Mathieu Dumas (Musée de Montpellier) ?

VENTES PUBLIQUES : PARIS, 1858 : *La Fédération à Lille – Le banquet civique* : FRF 17.

ALBANE, L'. Voir ALBANI Francesco

ALBANELL Pedro

XVIe siècle. Catalan. Espagnol.

Peintre.

On trouve la preuve, par des comptes, qu'il travaillait vers 1504.

ALBANESE Francesco ou Albanesi

Né à Vicence. XVIIe siècle. Travaillait à Vicence vers 1665. Italien.

Sculpteur.

Il était fils du sculpteur Gerolamo Albanese.

ALBANESE Gerolamo

Né à Vicence. Mort en 1660. XVIIe siècle. Italien.

Sculpteur de sujets religieux, statues.

Frère de Giovanni Battista. Eut deux fils : Domenico Giovanni Battista, qui fut écrivain et Francesco qui fut sculpteur. D'après les renseignements puisés dans les *Lacrime di Parnaso*, il fut sculpteur, peintre et architecte. Il a laissé un certain nombre d'œuvres religieuses, notamment une statue du *Christ en croix*, une du *Christ ressuscité*, une de la *Vierge* et une de *Saint Jean Baptiste*.

ALBANESE Giovanni Battista

XVIIe siècle. Travailla à Vicence et à Venise, dans la première moitié du XVIIe siècle. Italien.

Sculpteur de sujets religieux, statues.

Frère de Girolamo Albanese. Indépendamment des travaux d'architecture dont nous n'avons pas à nous occuper, on doit à cet artiste cinq statues en marbre ornant la façade de l'église San Giorgio-Maggiore, à Venise.

ALBANESI Angelo ou Albanasi ou Albanetti par erreur

XVIIIe siècle. Travaillait dans la seconde moitié du XVIIIe siècle, à Rome et à Londres. Italien.

Graveur.

Auteur d'eaux-fortes, d'après des monuments romains, et d'une série d'estampes au pointillé, dont les plus connues sont : *La Madeleine*, *Nymphes*, d'après Angelica Kaufmann (Londres 1784), et des tableaux-portraits, tels celui de la danseuse *Giovanna Barcelli*, *Vénus*, d'après Sicurta.

ALBANESI Domenico

XVe siècle. Travaillait à Bologne, vers 1420. Italien.

Sculpteur.

Fut le collaborateur de Bartolomeo, de Giacomo, de Capelli et Dominico di Gozzoli dans l'ornementation du palais Anziani à Bologne et dans celle de la salle des séances des seize *Reformatori* (sculptures des fauteuils aux couleurs de Bologne).

ALBANESI M.

XIXe siècle. Actif dans la première moitié du XIXe siècle. Autrichien.

Miniaturiste.

On cite de lui une œuvre intéressante, exécutée en 1839 et qui figura à l'Exposition des Miniatures de Vienne, en 1906.

ALBANI

XVIIIe siècle. Travaillait à Rome et en Russie à la fin du XVIIIe siècle. Italien.

Sculpteur.

Entra d'abord au service du roi de Pologne. Ensuite conservateur de la collection d'antiquités de Saint-Pétersbourg. Fut engagé par l'empereur Paul (1797-1800) pour collaborer à l'ornementation du palais Michailow.

ALBANI Concezio

XVIIIe siècle. Travaillait à Rome vers 1775. Italien.

Sculpteur.

ALBANI Francesco

XVIe siècle. Italien.

Sculpteur.

Mentionné à Rome dans un document de 1591.

ALBANI Francesco, dit l'Albane

Né le 17 mars 1578 à Bologne. Mort le 4 octobre 1660 à Bologne. XVIIe siècle. Italien.

Peintre de sujets mythologiques, compositions religieuses, paysages animés, compositions murales, fresquiste, décorateur.

Fils d'un marchand de soieries, Albani eut à lutter contre la volonté paternelle qui le poussait vers le commerce. Il manifesta, très jeune, un goût fort vif pour les arts et entra, à treize ans, dans l'atelier du peintre et architecte flamand, Denis Calvaert. Il y connut Guido Reni et tous deux quittèrent ensemble l'atelier de Calvaert pour entrer dans celui des Carracci, où ils trouvèrent le Dominiquin. Les progrès de Francesco Albani furent si rapides que les Carracci l'associèrent très vite à leurs travaux. Devenu veuf en 1616, il se remaria et eut dix enfants d'une telle beauté que l'on affirma souvent qu'il n'eut jamais d'autres modèles.

Albani collabora notamment avec Annibal Carrache à la décoration de la chapelle de San Diego, dans l'église Saint-Jacques-des-Espagnols de Rome, ainsi qu'aux fresques de Monte Cavallo, au plafond d'une salle du palais Verospi, à Rome, qu'il orna de sujets empruntés aux poésies d'Ovide. Cette dernière œuvre lui valut alors une énorme réputation et la faveur du duc de Mantoue. Ce prince le chargea d'exécuter en son palais des peintures murales ayant trait à l'histoire de *Diane et d'Actéon* et à celle de *Vénus et Cupidon*, aujourd'hui au Louvre. Cette popularité lui attira également l'animosité de Guido Reni.

Francesco Albani fut considéré comme un des maîtres de son époque et son influence sur le XVIIIe siècle fut considérable. Au surplus, elle fut assez pernicieuse et la critique contemporaine en a fait justice. Certes, Francesco Albani, que l'on surnomma de son temps « le Peintre des Grâces » et l'« Anacréon de la peinture », ne fut pas sans talent ; tous sujets gracieux, études de femmes, nymphes prenant leurs ébats, paysages ensoleillés, furent traités par lui avec assez de charme, mais la technique est banale. Il semble qu'il fut quelque peu dénué d'imagination, et que, dès ses premières toiles, il en ait épuisé toutes les ressources. Son œuvre est monotone et fastidieuse et il ne faut pas chercher ailleurs que dans son imitation la déplorable absence d'invention qui caractérisa toute une école du XVIIIe siècle. Au point de vue pictural proprement dit, Albani manifeste les mêmes qualités et les mêmes défauts. Hanté par le désir perpétuel de faire gracieux, il néglige souvent de faire vrai. Ses anatomies sont pauvres et ses nymphes restent toujours de jolies femmes de cire, sans vie et sans relief. Ce qu'il faut retenir de lui, c'est surtout son œuvre de décorateur. Il s'entoura de nombreux élèves, parmi lesquels : Giovanni Battista Mola, Carlo Cignani, Andrea Sacchi, Giovanni Maria Galli, Stefano et Battista Speranza, Girolamo Borini, chez lesquels on retrouve toujours la fâcheuse tendance à l'excès de grâce mignarde qui le caractérise. Toutefois, indépendamment des décorations mentionnées plus haut, on cite parmi ses ouvrages les plus intéressants : une belle *Fresque d'enfants*, au Palais Colonna, à Rome, *Europe et le Taureau* au Palais Torlonia, et son chef-d'œuvre : *Les Quatre Éléments*, qu'il peignit pour Maurice de Savoie, après 1625. Il faut aussi lui reconnaître un goût de la nature assez rare de son temps, ce pour quoi Fragonard et Boucher l'admirèrent.

■ R. Boucheny de Grandval, J. B.

FA FA. FRA.

Madone entre sainte Madeleine et sainte Catherine – *Baptême de Jésus* – *Madone dans une gloire* – *Père Éternel* – *Vierge* – Bruxelles : *Adam et Ève* – Caen : *Tête de Vierge* – Calais : *Bacchus et Ariane* – Chantilly : *Sainte Madeleine* – Cherbourg : *Salutation angélique* – *Circoncision* – Compiègne : *Le baptême du Christ* – Coutances : *La toilette de Vénus* – Dijon : *Sainte Famille* – Dresde : *Ronde d'enfants* – Dulwich : *Salmacis et Hermaphrodite* – Florence (Offices) : *Jésus debout* – *Saint Pierre et l'Ange* – *Le Petit Saint Jean* – *Danse d'amours*, réplique de Milan – *Enlèvement d'Europe* – Florence (Pitti) : *Apparition de Jésus à la Vierge* – *Sainte Famille aux Anges* – *Délivrance de saint Pierre* – Gênes : *Amours* – *Noli me tangere* – Grenoble : *Repos de la Sainte Famille* – *Jésus servi par les Anges* – Le Havre : *Jacob protège Rachel* – *Moïse sauvé des eaux* – Helsinki : *Apollon et Daphné* – Londres (Wallace) : *Vénus et Amours* – Lyon : *Prédication de saint Jean Baptiste* – *Baptême de Jésus* – Madrid : *Toilette de Vénus* – *Jugement de Pâris* – Le Mans : *Repos en Égypte* – *Sainte Famille* – Milan (Ambrosiana) : *Triomphe de Galathée* – *Sujets mythologiques* – *Enlèvement d'Europe* – Milan (Brera) : *Danse d'amours* – *Sainte Famille et Saints* – Montauban : *Sujet allégorique* – Montpellier : *Adam et Ève chassés du Paradis* – *Loth et ses filles* – Moulins : *Vénus arrivant dans l'atelier de Vulcain* – Munich : *Vénus et Mars* – Paris (Louvre) : *Toilette de Vénus* – *Apollon et Daphné* – *Saint François en oraison* – *Diane et Actéon* – *Salmacis et Hermaphrodite* – *Vénus et Adonis* – *Repos de Vénus et de Vulcain* – *Triomphe de Vénus* – *Amours désarmés* – *Jésus et Madeleine* – *Sainte Famille* – *Annonciation* – Rome (Palais Ghisi) : *Néréides dans ses bras* – Saintes : *Étude d'enfant* – *Étude d'enfants* – Sète : *Le Père Éternel envoie l'ange Gabriel vers Marie* – Troyes : *Jugement de Pâris* – *Diane et Calypso* – Turin : *Éléments* – *Salmacide et Hermaphrodite* – Versailles : *Portrait de l'artiste* – Vienne : *Triomphe de Galathée*.

Ventes Publiques : Amsterdam, 1716 : *Un paysage avec Diane et Endymion* : **FRF 100** – Rotterdam, 1722 : *La Vierge lisant avec l'Enfant Jésus dans ses bras* : **FRF 100** – Paris, 1780 : *Paysage mythologique* : **FRF 1 305** – Paris, 1784 : *St Jean prêchant dans le désert* : **FRF 950** – Paris, 1790 : *Vénus à sa toilette* : **FRF 480** – Paris, 1792 : *Salmacis et Hermaphrodite* : **FRF 1 590** – Paris, 1800 : *Sainte Famille, la Laveuse* : **FRF 10 000** ; *Le Baptême du Christ* : **FRF 17 500** ; *Communion de Sainte Madeleine* : **FRF 5 000** – Paris, 1800 : *Jésus et la Samaritaine* : **FRF 1 100** – Paris, 1801 : *Diane et ses Nymphes* : **FRF 1 200** – Paris, 1842 : *L'Annonciation* : **FRF 1 350** – Paris, 1843 : *Berger enlevé par une Divinité de l'air* : **FRF 2 550** – Paris, 1846 : *Le Christ apparaissant à Marie-Magdeleine* : **FRF 10 000** – Paris, 1849 : *Vénus se reposant sur des nuages* : **FRF 9 805** – Paris, 1850 : *Triomphe de Vénus sur la mer* : **FRF 2 100** – Paris, 1857 : *Le Baptême du Christ* : **FRF 2 900** – *La fuite en Égypte* : **FRF 4 400** – New York, 1908 : *Vénus et Cupidon* : **USD 250** – Paris, 28 juil. 1909 : *Andromède* : **FRF 15** – Paris, 29-30 avr. 1920 : *La toilette de Vénus* : **FRF 8 200** ; *Le printemps, l'été, l'automne et l'hiver*, 4 toiles, de forme ovale : **FRF 100 000** – Paris, 1er mai 1925 : *Triomphe de Vénus marine* : **GBP 84** – Paris, 28 oct. 1927 : *Apollon et des nymphes*, dess. : **FRF 130** – Paris, 24 avr. 1929 : *Le triomphe de Galatée* : **FRF 7 000** – Londres, 9 mars 1939 : *Jeu d'amours* : **GBP 1 550** – Nice, 26 mars 1942 : *Enlèvement d'Europe* : **FRF 43 000** – Paris, 28 juin 1954 : *Nymphes dérobant leurs armes aux amours endormis* : **FRF 81 000** – Paris, 24 juin 1959 : *Le triomphe de Vénus* : **GBP 2 700** – Cologne, 2-6 nov. 1961 : *Déification des Aeneas* : **DEM 3 000** – Lucerne, 23-26 nov. 1962 : *Venus mit Amor*, gche : **CHF 950** – Lucerne, 7 déc. 1963 : *Le repos de la Sainte Famille pendant la fuite en Égypte* : **CHF 18 000** – Londres, 1964 : *Diane chassant* : **GNS 140** – Londres, 19 jan. 1966 : *Vénus et Adonis dans un paysage* : **GBP 650** – Londres, 10 avr. 1970 : *Les trois Maries au Saint-Sépulcre* : **GNS 1 600** – Rome, 11 juin 1973 : *Vénus et Vulcain* : **ITL 4 000 000** – Londres, 2 avr. 1976 : *Mars, Venus et angelots dans un paysage fluvial*, h/t (128x178) : **GBP 7 500** – New York, 9 jan. 1981 : *L'enlèvement d'Europe*, h/t (140x189) : **USD 8 000** – Milan, 16 juin : *La Sainte Famille entourée d'angelots*, h/cuivre (38,5x30) : **ITL 22 000 000** – Monte-Carlo, 20 juin 1987 : *Saint Jérome dans un paysage*, h/cuivre, de forme ovale (13x17,5) : **FRF 260 000** – New York, 12 jan. 1990 : *Diane et Actéon*, craies noire et rouge (47x58) : **USD 8 250** – Londres, 2 juil. 1991 : *Tête de femme tournée vers la gauche*, craies rouge, noire, brune et blanche/pap. beige clair (32,4x23) : **GBP 14 300** – Londres, 3 juil. 1991 : *La sainte Famille*, h/cuivre (33x25,5) : **GBP 44 000** – Paris, 20 mars 1992 : *Les quatre saisons*, quatre toiles, forme ovale (chaque 172x225) : **FRF 1 400 000** – Londres, 10 juil. 1992 : *Saint Jean Baptiste prê-

chant dans le désert*, h/cuivre (29,2x39,2) : **GBP 16 500** – Lugano, 1er déc. 1992 : *La Communion de Madeleine*, h/t (72x54) : **CHF 9 500** – Monaco, 2 juil. 1993 : *Le ballet des putti*, h/pan., forme ovale (90x119) : **FRF 188 700** – Paris, 29 nov. 1993 : *L'ange de l'Annonciation*, sanguine (15,2x19,2) : **FRF 4 800** – New York, 16 mai 1996 : *Amours dansant dans un paysage avec Vénus sur un nuage avec Cupidon et Pluton enlevant Proserpine*, h/cuivre (114,3x92,7) : **USD 266 500**.

ALBANI Ludovico
XVIe siècle. Actif à Florence et à Rome. Italien.
Sculpteur.
Mentionné dans un document de 1577, concernant sa veuve.

ALBANI Malatesta
Italien.
Dessinateur.
Cet amateur d'art dessina, pour les *Documenti d'Amore* de Franc. Barberino, une figure allégorique de la Justice, une des huit planches gravées par Cornelius Blœmaert.

ALBANI Pierre
XVIIIe siècle. Français.
Peintre de genre.
Il était actif à la fin du XVIIIe siècle.
Ventes Publiques : Paris, 2 juin 1982 : *La Fête villageoise 1778* ; *La Fête foraine*, peint./métal, une paire (35x51) : **FRF 68 000**.

ALBANI Santo di Crisfoforo
XVIIIe siècle. Italien.
Peintre.
Mentionné en 1743 dans la corporation des peintres de Pérouse.

ALBANI Sigismondo
XVIIe siècle. Travailla à Urbino. Italien.
Peintre.
Quelques tableaux trouvés au palais de Clément XI portent sa signature.

ALBANIS de Beaumont Jean François
Né en 1747 en Piémont probablement. Mort vers 1810 en Angleterre. XVIIIe-XIXe siècles. Naturalisé en Angleterre. Italien.
Peintre, graveur, dessinateur.
Cet amateur d'art publia à Gênes, en 1787, une suite de douze gravures, en couleur, sous le titre de *Voyage pittoresque aux Alpes Pennines*, achevé en 1806, et qui sont une série de vues du Midi de la France, des Alpes et de l'Italie. Ces eaux-fortes, en couleur, furent d'abord gravées par lui. Il reprit plus tard cette publication à Londres, avec Thom. Gorland. Il a exposé, comme peintre, en 1806. On pense que c'est le même Beaumont qui grava : *Beaumont à 19 ans*, *Francis Renatus Chauray*, *Tête d'homme*, d'après Stef. della Bella, *Trois têtes de jeunes filles*.

ALBANO Giovanni d'
XVIe siècle. Travailla à Rome. Italien.
Miniaturiste.
Mentionné dans des documents qui figurent aux archives de San Luca, à Rome.

ALBANO Salvatore
XIXe siècle. Italien.
Graveur.
Obtint une médaille de troisième classe au Salon de 1878.

ALBANO Salvatore
Né le 29 mai 1841 à Oppido Mamertino. Mort le 13 octobre 1893 à Florence. XIXe siècle. Italien.
Sculpteur de groupes, statues.
Se fit remarquer, dès son enfance, par le goût avec lequel il sculptait des crèches de Noël. En 1860, entra à Naples, dans l'atelier de Sorbille et ensuite à l'Académie sous la direction du sculpteur Tito Angelini. Il obtint un succès considérable en 1864, avec un groupe de marbre intitulé *Conte Ugolino*. Premier prix de l'Académie de Naples en 1865 pour son *Christ au Jardin des Oliviers*. Au Salon de 1881, à Paris, il a exposé deux statues en plâtre : *Méphistophélès* et *Marguerite*.
Ses qualités maîtresses sont la distinction de bon goût dans la conception et l'élégance de la virtuosité dans l'exécution. La statue d'esclave, conservée au Musée Simu, à Bucarest, nous paraît devoir être attribuée à notre artiste.
Musées : Bucarest (Mus. Simu) : *Esclave*.
Ventes Publiques : Newport, 23 juil. 1985 : *La rimembranza 1879*, marbre blanc (H. 1879) : **USD 5 000**.

ALBANO Vincenzo
Mort vers 1748. XVIIIe siècle. Actif à Ferrare. Italien.

Peintre, décorateur.

VENTES PUBLIQUES : BRUGES, 5 nov. 1966 : *Scène allégorique* :
BEF 12 000.

ALBANUS Hans
Né à Steier (Styrie). XVIIᵉ siècle. Travaillait au commencement
du XVIIᵉ siècle. Allemand.
Peintre.
En 1612, élève le Mausolée de l'archiduc Charles II à Sekkau. En
1631, a peint une pierre commémorative d'un baptême, à Knittelfeld.

ALBARATI. Voir ALBARINI Raffaelo

ALBAREDA Francisco
XIVᵉ siècle. Espagnol.
Peintre.
Ce peintre catalan, travaillait à la cathédrale de Palma en 1328.

ALBAREDA Lorenzo
XVIᵉ siècle. Vivait à Valence, au commencement du XVIᵉ siècle.
Espagnol.
Peintre.
On trouve dans les archives de Valence un document écrit de sa
main avec également la signature de sa femme Ursule.

ALBARÈDE André René
Né à Paris. XXᵉ siècle. Français.
Peintre de portraits, paysages animés.
Exposant à Paris au Salon des Artistes Français à partir de 1933,
il obtint une mention honorable en 1934, médaille d'argent 1937
pour l'Exposition Universelle. Il y figura jusqu'en 1940, avec sur-
tout des vues et scènes pittoresques de Paris.
VENTES PUBLIQUES : PARIS, 28 mars 1985 : *Terrasse à la porte de
Saint-Ouen*, h/t (97x130) : FRF 4 700 – PARIS, 4 mars 1991 : *Char-
lotte à 9 ans* 1891, h/t (46x38) : FRF 7 600.

ALBARELLI Genesio
XVIᵉ siècle. Travaillait à Mirandole en 1599. Italien.
Sculpteur sur bois et marqueteur.
On le mentionne parmi les artistes occupés à cette date à la cha-
pelle de Collevati dans l'église de l'abbaye de Sainte-Marie-
Madeleine, à Mirandole.

ALBARELLI Giacomo ou Alberelli ou Alborello
Né à Venise. Mort vers 1630 à Venise. XVIIᵉ siècle. Italien.
Peintre, sculpteur de sujets religieux, bustes.
Fut l'élève de Palma le Jeune, avec lequel il travailla pendant
trente-quatre ans. A participé à la décoration d'un certain
nombre de monuments. A Naples, Rudolfi lui attribue le buste de
Palma qui se trouve au-dessus de la porte de la sacristie de
l'église San Giovanni Paolo. Son œuvre principale fut un *Baptême du Christ*, décorant l'église Ognissanti.

ALBARET Jacques
Né le 16 avril 1920 à Asnières (Seine-Saint-Denis). Mort le 13
novembre 1995 à Meudon (Hauts-de-Seine). XXᵉ siècle. Français.
Peintre. Expressionniste.
Il s'est formé seul à la peinture et expose régulièrement dans les
Salons annuels de Paris, de la Jeune Peinture, d'Automne, des
Indépendants, de la Société Nationale des Beaux-Arts, etc., ainsi
que dans de nombreux groupements en province, et dans plusieurs pays étrangers. Figuratif, ses peintures participent du
renouveau expressionniste qui anime les décennies soixante-dix
et quatre-vingt, en contrepartie des avant-gardes conceptuelles.
MUSÉES : PARIS (Mus. Nat. d'Art Mod.).
VENTES PUBLIQUES : PARIS, 21 nov. 1990 : *Les bûcherons* 1951, h/t
(131x81) : FRF 8 000.

ALBARETI
Né à Rome. XVIᵉ siècle. Italien.
Peintre.
Il se fit connaître vers 1520. Le nom de cet artiste fut découvert
sur un tableau représentant le *Christ dans la Gloire* et appartenant à l'Académie de Parme. Cette œuvre, peinte dans la
manière des élèves de Raphaël, avait été attribuée auparavant au
génial artiste lui-même.

ALBARINI Raffaelo ou Albarati ou Albaretti
Mort après 1525. XVᵉ-XVIᵉ siècles. Italien.
Élève d'Andréa Mantegna, à Mantoue, et mentionné dans le testament du maître. D'après Coddi Gualandi et Carlo d'Arco, il a
dû compter parmi les collaborateurs de Giulio Romano dans la

décoration du palais del Té, à Mantoue, ce qui a permis de fixer
approximativement la date de sa mort.

ALBASI Gaetano
Né le 2 janvier 1770 à Plaisance. XVIIIᵉ-XIXᵉ siècles. Italien.
Peintre.
Il vint à Parme en 1789, fut élève de l'Académie, qui lui décerna
un prix. On ne dit rien de ses ouvrages. Il vécut à Parme où il se
maria d'abord, en 1818, avec Margherita Visconti, et en 1832, en
deuxième noce, avec Rosa Pietralunga.

ALBATI Johannes Antonius
XVIIIᵉ siècle.
Sculpteur.
Il est mentionné à Neisse et Reichenstein en 1700.

ALBATRE, Maître d'. Voir MAITRES ANONYMES

ALBAZZI DE KWIATOWSKA Iza, comtesse
Née à Lopatynka (Russie). XIXᵉ-XXᵉ siècles. Active en France.
Polonaise.
Sculpteur de bustes, médailleur.
Elle fut élève de Falguière, ainsi que du graveur en médailles
Daniel Dupuis. Elle exposa au Salon des Artistes Français à Paris
à partir de 1896 jusqu'en 1923, mention pour la gravure en
médaille 1898. Elle figura aussi à la Société Nationale des Beaux-
Arts en 1913 et 1914.

ALBE D. Joaquin
XIXᵉ siècle. Travaillait à La Havane entre 1850 et 1859. Italien.
Peintre.
Pour Thieme et Becker, cet artiste pourrait être le même person-
nage que le peintre Giacomo Albé.

ALBÉ Giacomo
Né à Viadana. XIXᵉ siècle. Actif à Milan. Italien.
Peintre de portraits.
Sans doute le même qu'Albé D. Joaquin. Il commença ses études
dans sa ville natale, puis alla se perfectionner à Venise, et travailla à La Havane avant de se fixer à Milan. Les portraits d'enfants le firent particulièrement remarquer aux Expositions italiennes, notamment à Milan, en 1881, et à celle de Bologne, en
1888.

ALBE Maurice
Né le 15 janvier 1900 à Sarlat (Dordogne). XXᵉ siècle. Français.
Peintre, graveur sur bois, illustrateur.
Il a exposé au Salon des Indépendants de Paris de 1925 à 1930, et
au Salon d'Automne entre 1928 et 1944. Il s'est également manifesté à Bordeaux. Il a réalisé les illustrations de plusieurs
ouvrages, parmi lesquels : *Jacquou le Croquant* d'Eugène Le
Roy.

ALBEAUX Marie-Madeleine
Née à Paris. XXᵉ siècle. Française.
Peintre de scènes de genre, paysages.
Elle fut élève de Gaston Balande et du paysagiste André Strauss.
Elle a figuré au Salon des Artistes Français de 1931 à 1938, au
Salon des Indépendants de 1932 à 1935. Ses paysages sont le
plus souvent peints en forêt de Fontainebleau.

ALBECCI Giuseppino
XVIIᵉ siècle. Actif à Rome vers 1650. Italien.
Peintre.
Mentionné par Zani.

ALBEE Grace Arnold
Née le 28 juillet 1890 à Scituate (Rhode-Island). XXᵉ siècle.
Américaine.
Peintre, graveur sur bois.
Elle était l'épouse de Percy F. Albee. Elle fut élève de l'Ecole
d'Art de Rhode-Island, puis à Paris du graveur Paul Bornet. Pen-
dant son séjour, elle a exposé aux Salons de la Société Nationale
des Beaux-arts et d'Automne. Aux Etats-Unis, elle a surtout
exposé à Philadelphie.
MUSÉES : KANSAS-CITY – LOS ANGELES – PROVIDENCE .

ALBEE Percy F.
Né le 26 juin 1883 à Bridgeport (Connecticut). Mort en 1959.
XXᵉ siècle. Américain.
Peintre d'histoire, lithographe.
Il fut élève de l'Académie de Pennsylvanie. Il exposa dans des
manifestations collectives dans diverses villes des Etats-Unis,
notamment à l'Art Institute de Chicago, et à Providence. Il était
membre de clubs artistiques de Providence et New York. A par-

tir de 1926 il a exposé en France, aux Salons de la Nationale des Beaux-Arts et d'Automne. Il a réalisé des peintures murales à thèmes ou symboliques.

PERCY ALBEE

MUSÉES : PROVIDENCE.
VENTES PUBLIQUES : NEW YORK, 31 mars 1993 : *Libre entreprise*, aquar./cart. (55,9x76,2) : **USD 748**.

ALBEGG Michele
XVIIIe siècle. Italien.
Peintre.
Napolitain, son nom est mentionné dans un certificat du 6 février 1777.

ALBEN Michael
XVIIe siècle. Vivait à Knittelfeld. Allemand.
Peintre de compositions religieuses.
Peignit quatre tableaux pour des églises, en 1673.

ALBEN Volguerto Van
XVIIe siècle. Autrichien.
Peintre.
Peintre de l'Empereur. On cite de lui son tableau de la *Ville de Graz*, peint en 1685, qui lui fut commandé par la ville moyennant cent cinquante florins, d'après Thieme et Becker.

ALBENGA Domenico
XVIIe siècle. Travaillait à Naples dans la seconde moitié du XVIIe siècle. Italien.
Sculpteur.
Fut le collaborateur de Michel-Ange Zaccardo et de Fabricio Candato, pour l'exécution des sculptures en marbre polychrome de l'église de la Chartreuse de San Martino (1667).

AL BENGSTON Billy
Né en 1934 à Dodge-City (Kansas). XXe siècle. Américain.
Peintre, aquarelliste, sculpteur. Abstrait.
Sa famille s'installa en 1948 à Los Angeles, et à partir de 1952 il fréquenta plusieurs écoles d'art, travaillant avec Richard Diebenkorn et Peter Voulkos. Ayant commencé à exposer à New York dès 1962, il continua cependant de fréquenter les Universités de Californie et du Colorado jusqu'en 1969, tandis que, en 1968, le Country Museum de Los Angeles lui consacrait une exposition.
Il est considéré comme un des créateurs, à la fin des années soixante, d'un nouveau style de la Côte Ouest. Avec d'autres : Ed Rusha, Larry Bell, Edward Mose, Robert Graham il a créé un nouveau langage caractérisé par l'extrême simplification « stylisée » des éléments de compositions à fin délibérément décorative. Dans sa peinture, il tente une synthèse d'abstraction « froide », géométrique, issue de l'exemple de Josef Albers, et d'abstraction « lyrique », gestuelle, tendant parfois au *dripping* de Jackson Pollock. Ses sculptures sont constituées d'assemblages soudés d'éléments métalliques.
VENTES PUBLIQUES : NEW YORK, 13 mai 1981 : *Billy the Kid* 1961, h/isor. (30,5x60,5) : **USD 3 000** – NEW YORK, 6 mai 1986 : *Sans titre* 1974, aquar. (56,6x77,5) : **USD 2 400** ; *Bahia Santa Maria Draculas* 1975, acryl./t., six panneaux (152,4x495,4) : **USD 9 000** – NEW YORK, 3 déc. 1992 : *Aquarelle d'août* 1985, aquar./pap. (106,7x73,7) : **USD 2 200** – NEW YORK, 22 fév. 1993 : « *Punta entrada Draculas I* » 1976, acryl./t. (111,8x198) : **USD 6 050** – NEW YORK, 11 nov. 1993 : *Alamo*, laque et rés. de polyester sur alu. en 4 parties (91,4x86,4) : **USD 6 210** – NEW YORK, 25-26 fév. 1994 : *Alamo* 1968, laque et rés. de polyester sur alu., une unité : **USD 4 025**.

ALBENIZ Laura
Née le 16 avril 1890 à Barcelone. XXe siècle. Espagnole.
Peintre.
A commencé à exposer à la Libre Esthétique de Bruxelles, en 1906.

ALBER Johann Nepomuk
XVIIIe siècle. Travaillait à Nuremberg. Allemand.
Graveur en taille-douce.
Fit des estampes médiocres et grava des cartes géographiques pour l'*Histoire universelle* de S.-J. Baumgarten (Halle 1744).

ALBER Lukas
XVIe siècle. Allemand.
Graveur sur bois.
Appartint, avec sa femme Barbara, de 1507 à 1519, à la Conférence de Sainte-Barbe, à Innsbruck.

ALBERE Marco
Né en 1722, à Gaëte (Latium) d'après Zani. XVIIIe siècle. Italien.
Peintre de paysages, dessinateur.
Il s'adonna particulièrement au genre du paysage. On cite une de ses œuvres conservées à Gaëte. Bassan ajoute que le marquis de Montmirail grava, en 1733, six estampes d'après Albere. En comparant cette date avec celle donnée par Zani pour la naissance de l'artiste, on est forcé de conclure que l'un des deux historiens est dans l'erreur.

ALBEREGNO Jacopo
Mort avant 1397. XIVe siècle. Travaillait à Venise. Italien.
Peintre.
Il existe de lui, à l'Académie des Beaux-Arts, à Venise, un Triptyque : *Le Christ en Croix* avec saint Jean et Marie et sur les côtés saint Jérôme et saint Augustin.

ALBERES Antonio
XVIIe siècle. Napolitain. Italien.
Peintre.
On cite simplement son nom dans la liste des membres de la corporation des peintres de Naples (1686).

ALBERGANTI Alessandro
XVIIIe siècle. Travaillait à Parme. Italien.
Peintre de sujets mythologiques, dessinateur.
Élève de l'Académie royale des Beaux-Arts de Parme, sous Benigno Bossi, obtint un prix en 1783 pour son tableau *Hector et Andromaque* ; en 1788, il obtint encore des récompenses pour ses tableaux : *Le fléau de la peste* et *Achille baigné dans le Styx*. C'est lui qui fit le dessin du *Baptême du Christ*, gravé par G. Silvestri.

ALBERGHETTI Antonio
XVIIe-XVIIIe siècles. Travaillait à Florence. Italien.
Sculpteur, médailleur.
Cité par Zani. Appartenait vraisemblablement à la famille bien connue d'artistes de ce nom qui, de la Renaissance à la fin du XVIIIe siècle, furent à la fois fondeurs et sculpteurs, à Ferrare, à Florence et à Venise où plusieurs d'entre eux eurent la charge de fondeurs de l'Artillerie de la Sérénissime République.

ALBERGHETTI Giovanni
XVIIe-XVIIIe siècles. Italien.
Sculpteur, fondeur, ornemaniste.
Voir l'article ALBERGHETTI Antonio.
VENTES PUBLIQUES : LONDRES, 3 mai 1977 : *Fonds baptismaux*, bronze (H. 36,5, diam. 43.2) : **GBP 12 000**.

ALBERGHI Pietro Paolo
XVIe siècle. Travaillait à Fornello près de Casale di Monferrato, puis à Rome, au XVIe siècle. Italien.
Peintre.
Il fit ses premières études dans sa ville natale, puis vécut quelque temps en Espagne, à Barcelone. Il y acquit, avec sa peinture, une certaine fortune, dont il disposa par un testament daté du 20 mars 1584, fait à Rome, où il s'était retiré.

ALBERI Clemente
Né en 1812 à Ferrare. Mort en 1850. XIXe siècle. Italien.
Peintre.
Fils de Francesco Alberi. Paraît s'être inspiré surtout de l'école des Carrache ; prit une place importante parmi les peintres italiens de son époque. On cite notamment la coupole de Saint-Dominique, à Bologne. Fut membre de l'Académie de Saint-Luc de Rome. Il figure à la Galerie d'Art moderne à Florence avec un *Portrait de Thérèse Guvarrini*.

ALBERI Francesco
Né le 3 mars 1765 à Rimini. Mort le 24 janvier 1836. XVIIIe-XIXe siècles. Italien.
Peintre d'histoire, compositions religieuses, portraits.
Fils d'Odoardo Alberi. Travailla dans sa jeunesse chez Corvi, professeur à l'Académie de Rome. Vint à Londres en 1785 pour se perfectionner, puis retourna à Rimini en 1790. Là il exécuta des fresques dans les palais Battaglini, Garampi, Ganganelli et Spina. Fut maître de dessin, en 1799, au Lycée de Rimini ; en 1803, professeur de peinture à l'Académie de Bologne, et, en 1806, à Padoue. En 1810, il retourna à Bologne où il resta jusqu'à sa mort.
Il s'adonna surtout à la peinture d'histoire classique. Néanmoins, il convient de noter un tableau d'autel, œuvre de jeunesse, qui figure dans l'église Sainte-Marie à Forli ; plus tard, une *Sainte*

Famille, achetée par le roi de Hollande. Parmi ses portraits, on cite celui du pape Pie VII.

VENTES PUBLIQUES : STOCKHOLM, 23 avr. 1986 : *Portrait du Pape Pie VII*, h/t (94x78) : **SEK 22 000**.

ALBERI Giovanni
Né vers 1790 à Rome. XIXe siècle. Italien.
Peintre d'histoire.
Fit ses études à Rome, puis vint se fixer à Bologne. Peignit avec un certain succès quelques tableaux pour des églises, d'autres pour des palais.

ALBERI Michel dagli
XVe siècle. Italien.
Peintre.
Il est connu seulement parce que son nom est cité dans deux actes notariés qu'on trouve aux archives de Venise (11 mai 1470 et 26 novembre 1485) et aussi dans le testament de Graziosa, fille du sculpteur sur bois Antonio di Mares.

ALBERICCI ou Alberici. Voir aussi ALMERICI

ALBERICI Augusto
Né en septembre 1846 à Rome. XIXe siècle. Italien.
Peintre d'histoire, paysages.
Ce collectionneur d'art étudia la peinture d'histoire et le paysage à l'Académie de Saint-Luc. Ses meilleures œuvres sont le *Passage du Rubicon par Jules César* et la *Bataille de Crescentino*.
VENTES PUBLIQUES : ROME, 20 mai 1987 : *La terrasse du pincio, Rome* 1887, h/t (84x125) : **ITL 8 500 000** – ROME, 28 mai 1991 : *Désert*, h/t (23,5x54) : **ITL 2 400 000** – LONDRES, 29 nov. 1991 : *Éventaires devant le Temple de Minerve à Rome*, h/t (75,5x62,2) : **GBP 7 150**.

ALBERICI Enrico. Voir ALBRICCI Enrico

ALBERICI Stefano
Né le 8 février 1957 à Parme. XXe siècle. Depuis 1990 actif en France. Italien.
Peintre. Abstrait.
Il participe à des expositions collectives dans divers pays et expose individuellement depuis 1984 à Parme, Paris, Milan.
Dans des matières en épaisseurs, il pratique une abstraction de barres et signes graphiques assez élémentaires.

ALBERICUS
XIIe siècle. Travaillait à Saint-Denis. Français.
Peintre mosaïste.
Parmi les fragments des mosaïques, provenant de Saint-Denis et qui se trouvent maintenant au Musée de Cluny, il en est un qui porte cette inscription : *Hoc presbyter Albericus nobile fecit opus*. Ces fragments sont uniques comme application de la mosaïque en verre aux décorations monumentales.

ALBERICUS
XIIe siècle. Italien.
Sculpteur de monuments.
Auteur, avec son fils Petrus, d'un des crucifix en pierre, de Saint-Petronio de Bologne (1159). Ce travail donne la caractéristique exacte de la plastique de la Lombardie au XIIe siècle.

ALBERINO Giorgio
Né vers 1606 à Casale. XVIIe siècle. Italien.
Peintre.
Piémontais, il fut élève de G. Caccia Guglielmo, appelé Moncalvo, dont il fut plus tard le collaborateur.

ALBERIO Vitruvio
XVIe siècle. Travaillait à Rome en 1585. Italien.
Peintre.
Fut chargé, concurremment avec Giulio Cesare Mascarino, des décorations funéraires pour l'enterrement du pape Grégoire XIII.

ALBERIS Stefano di
XVIe siècle. Actif dans la dernière moitié du XVIe siècle. Éc. vénitienne.
Peintre.

ALBERMANN Wilhelm
Né le 28 mai 1835 à Werden-sur-le-Ruhr. XIXe siècle. Allemand.
Sculpteur.
Fit son apprentissage de sculpteur à Elberfeld. Entra ensuite à l'Académie des Arts de Berlin, où il étudia jusqu'à 30 ans, sous la direction du professeur Fischer, et, plus tard, de Hagen. En 1865, il alla s'établir à Cologne. Il y fut, pendant vingt-cinq ans, professeur de modelage.

ALBEROLA Francisco
Mort avant 1822. XIXe siècle. Espagnol.
Sculpteur.
Fut professeur, puis directeur à l'Académie des Beaux-Arts de San Carlos, à Valence. De lui, une statue de San Jaime et deux bas-reliefs, à l'Académie de San Fernando, à Madrid.

ALBÉROLA Jean-Michel
Né le 11 janvier 1953 à Saïda (Algérie). XXe siècle. Français.
Peintre, pastelliste, sculpteur, graveur, dessinateur. Conceptuel.
Jean-Michel Albérola a vécu en Algérie jusqu'en 1962. Il est ensuite venu en France et a habité successivement plusieurs villes : Marseille, Toulouse, Avignon, Paris... Il a fait ses études à Marseille et Aix-en-Provence. Jusqu'en 1982 il était professeur d'Arts plastiques des lycées et collèges. Il a alors vécu et travaillé au Havre ; est-ce seulement alors qu'il y fut élève de l'École des Beaux-Arts ? En 1991, il a été nommé professeur à l'École des Beaux-Arts de Paris.
Il prend part à de nombreuses expositions collectives : en 1975-1976, il expose au Salon de Toulon. En 1981, il figure dans le choix d'artistes effectué par Alain Oudin et Jean de Loisy pour une exposition appelée *Premier accrochage*, au Salon de Montrouge. La même année, il participe à l'exposition organisée par Bernard Lamarche-Vadel dans son appartement parisien : *Finir en beauté*, manifestation qui regroupe les futurs protagonistes du mouvement appelé plus tard *La Figuration libre* : Robert Combas, Hervé di Rosa, Jean-Charles Blais, Remi Blanchard, François Boisrond, Jean-François Maurige, Catherine Viollet. Il participe aux ateliers 1981-1982 au Musée d'Art Moderne de la Ville de Paris. En 1982, il figure à la Biennale de Venise et dans l'exposition *Mythe, Drame, Tragédie* du musée de Saint-Étienne. En 1983, il fait partie de la sélection de *Trans-Figuration* à Marseille et de celle de *Bonjour Monsieur Manet* au Centre Georges Pompidou à Paris. En 1984, ses œuvres figurent dans l'exposition *Pierre Loti* au musée de Bayonne et dans deux manifestations aux États-Unis : *French Spirit Today* en Californie et *An International Survey of Recent Painting and Sculpture* au Museum of Modern Art de New York. En 1985, il expose aux Biennales de Venise et Paris. En 1989, il a participé à l'exposition *Les magiciens de la terre* au Musée d'Art Moderne de Paris.
Sa première exposition personnelle a été organisée à la galerie Daniel Templon à Paris en 1982. Depuis cette date, il y expose régulièrement ses nouveaux travaux. En 1984 le musée de Saint-Priest a exposé ses œuvres sous le titre *Les images peintes*. En 1985, il a donné au Musée National d'Art Moderne de Paris, en 1986, il présente ses travaux sous le titre *De tous les saints*, à Naples et à Marseille au musée Cantini. En 1987 a lieu la *Présentation de l'ex-voto (Actéon Invenit)* à la galerie Pietro Sparta à Chagny. En 1993, le Cabinet d'art graphique du Musée National d'Art Moderne lui consacre une exposition particulière ; en 1996 le FRAC (Fonds Régional d'Art Contemporain) Picardie à Amiens ; en 1997, le Musée d'Art Moderne de la Ville de Paris.
En 1974, Albérola fait de grands dessins au crayon de personnages marchant dans la rue, cadrés sans visage et souvent exécutés d'après des photographies trouvées. Dans le même temps il reproduit des portraits de peintres toujours d'après photographie, par exemple : *Piet Mondrian*. Ces dessins, invariablement en noir et blanc, sont toujours accompagnés d'un monochrome blanc, en tant que faire-valoir ? En 1980 apparaissent de grandes surfaces verticales aux couleurs mouvantes, où abstraction et figuration s'entremêlent.
C'est en 1982 que naît le travail dont on voit ensuite les développements successifs. Plutôt que de s'affirmer peintre, Jean-Michel Albérola préfère dire qu'il s'occupe de peinture. Il voit la peinture en termes d'espaces et d'accumulations, comptant nombre de régions à parcourir et conquérir, et où l'on interviendra plus aisément si l'on possède plusieurs cordes à son arc. La multiplicité des médias artistiques qu'il exploite a parfois déconcerté les observateurs : il est un des rares artistes contemporains à utiliser avec virtuosité le pastel ; dans ses œuvres, Albérola utilise indifféremment des photos agrandies, retouchées ou laissées telles quelles ; il réalise des films et des vidéos afin de mieux travailler la lumière ; des trouvailles du hasard et des objets récupérés viennent s'ajouter aux peintures ; il réalise des sculptures et surtout écrit des textes, partout, en recueils, sur les œuvres, débordant sur les murs. Dans cette volonté de créer du chaos, à l'image du monde contemporain, certaines de ses expositions montrent ainsi de vieilles photographies jaunies ou de teinte sépia, accrochées à la cimaise à côté de textes soigneu-

sement encadrés, quand les tableaux se trouvent hors de portée du regard, sous le plafond. À l'inverse de certains artistes conceptuels ayant accédé à une démarche picturale, Albérola intègre de plus en plus d'éléments extérieurs à la peinture dans son œuvre. Aucune différence hiérarchique n'est induite entre ces différents moyens d'expression : l'emploi des nombreux médias est un moyen de continuer à parler de peinture quand elle devient absente. Ce ne sont finalement que de multiples « façons de peindre ». Plastiquement, c'est un des moyens utilisés par l'artiste pour se situer historiquement, en tant que peintre, dans les années 1980, après les acquis des avant-gardes artistiques des années 1970. Albérola ne dit-il pas : « Un peintre seul ne suffit plus, il faut être trois : un pour la peinture traditionnelle, un pour la rupture, et moi ».

Une question qui sous-tend l'œuvre entier, qu'elle soit clairement énoncée ou bien dissimulée, est cette « idée de la fin de la peinture » et de la possibilité d'être peintre actuellement. S'il a titré une de ses expositions *Les images peintes*, c'était bien dans le but d'affirmer la quasi absence de peintures qu'on y trouvait. Une telle diversité dans les formes (et les objectifs) de l'expression pose alors le problème de la radicalité de l'œuvre, ici résolu par l'utilisation de la signature : depuis 1983, l'inscription *Actéon Fecit* s'est substituée au nom d'Albérola. La réunification du travail s'opère ici : Actéon fecit en est l'unique centre. L'auteur devient alors insaisissable (ce n'est pas moi Albérola, Monsieur, c'est l'autre !) : « L'Actéon Fecit c'est l'œuvre qui se signe elle-même ». Vérité proclamée, inscrite en grandes lettres colorées sur les toiles qui peuvent être lues comme autant de mises en scènes du nom. Ce désir de brouiller les pistes à force de fluctuations est lié à la richesse et l'abondance des sources d'Albérola : l'Afrique, terre de l'enfance qui résonne en profondeur dans tout l'œuvre, présente sous la forme de la pierre dans la bouche de Saint-Agathon ou par certains objets issus de sa culture : des pagaies, de pseudo *Masses Africaines*, des tabourets ; l'origine espagnole explique une prédilection pour le bassin méditerranéen ; le A sans barre d'Actéon représente cette perte d'horizon, il est synonyme d'errance et d'exil, mais surtout significatif de la volonté d'abolir les clivages entre les catégories esthétiques. L'œuvre est comprise comme une vaste agora sur laquelle sont convoquées pêle-mêle toutes les références de Jean-Michel Albérola dans un vacarme de citations et de dédicaces. L'histoire de l'art est visitée en tous sens, du Tintoret, Titien et Vélasquez, à Duchamp et Broodthaers, sans oublier Manet et bien d'autres... Ainsi, Albérola crée des couplages, là où on ne les attendait pas. Son travail raconte une histoire qui s'intercale entre deux autres, appartenant à des domaines respectifs très différents : l'histoire de Suzanne et des vieillards d'origine biblique, dont la référence iconographique majeure est la peinture de Tintoret au Louvre, et la fable mythologique d'Artémis et Actéon. Dans ces deux récits, le héros principal n'est autre que le regard, c'est à cause de lui que le destin des personnages est transformé. Pour Jean-Michel Albérola, la juxtaposition des deux histoires est intéressante en ce qu'elle crée une dynamique, la mythologie n'étant jamais dans le même lieu que la religion ; une troisième histoire va alors apparaître : celle d'Actéon qui devient pour Albérola un nouveau mythe, celui du travail de la vue, celui de la peinture. L'histoire de Suzanne se verra ainsi compliquée à plaisir, doublée de celle d'Actéon, regonflée d'épisodes. Elle se développe sur des toiles articulées comme des paravents, des triptyques ou des dessins. Certains éléments sont invariants : les miroirs, les tapis, les bassins, les coffrets, autant d'attributs des représentations de Suzanne de la peinture classique qu'Albérola reprend de toile en toile. La citation presque littérale est pratiquée avec bonheur : une perspective audacieuse et plongeante assortie de rehauts de blanc rappellera Tintoret, une tête d'évêque sera peinte « à la manière de » Titien. La peinture ne semble alors avoir d'existence possible que dans le renvoi à ses références.

Mêler ainsi l'Histoire et la petite histoire des souvenirs personnels, voilà qui pourrait être un des sujets possibles de la peinture d'Albérola, ce qu'il appelle « courir deux lièvres à la fois ». D'une part, Jean-Michel Albérola est préoccupé par « cette idée de la fin de la peinture » qui se pose à l'artiste contemporain ; en finir avec la peinture et finir avec elle : être le dernier peintre possible pour comble de l'orgueil. D'autre part, la dimension politique de l'œuvre d'Albérola, réside essentiellement dans le constat de l'incohérence du chaos universel et le choix de répercuter ce chaos dans son œuvre, d'abord métaphoriquement par sa propre prolifération anarchique, ensuite par le renvoi à des images accusatrices, souvent à travers des fragments de cita-

tions, d'ailleurs hautement culturelles beaucoup plus que brutalement efficaces, d'un innocent massacré de Poussin, d'un pauvre paysan des Le Nain, d'un casseur de pierres de Courbet, d'une tête hurlante de Picasso. S'il est clair qu'Albérola participe à l'indignation pieuse qui accompagne l'orchestration médiatique des multiples et si diverses atrocités qui se perpétuent à travers le monde, sa réflexion ou plutôt l'image que son œuvre en réfléchit, dévie du crime que la quotidienneté banalise, pour se focaliser sur la condition humaine en général, sur la vie, sa mort. Certes, le chasseur (d'images ?) Actéon surprend Artémis (Suzanne ?) au bain ; mais la déesse vue nue (la vérité ?), offusquée le change en cerf (le peintre pluriel ?), que sa propre meute (la profusion des œuvres ?) dévore.

■ Florence Maillet, Jacques Busse

BIBLIOGR. : *Jean-Michel Albérola, un peintre seul ne suffit plus*, interview par Catherine Strasser, *Art Press*, n° 79, mars 1984 – Bernard Marcadé : *Pour une esthétique du bordel*, Paris, 1985 – Isabelle Monod-Fontaine, *Occupation peinture*, Paris, 1985 – Jean-Luc Chalumeau : *Eighty*, n° 7, mars-avril 1985 – Catherine Millet, *L'art contemporain en France*, Flammarion, Paris, 1986 – Bernard Marcadé et Catherine Strasser, *Jean-Michel Albérola*, Artstudio, *Situations françaises*, n° 5, été 1987 – Philippe Dagen : *La peinture de Jean-Michel Albérola pour comprendre et résister*, Le Monde, Paris, 17 janv. 1997.

MUSÉES : PARIS (Mus. Nat. d'Art Mod.) : *Derrière Suzanne* 1983 – PARIS (Mus. d'Art Mod. de la Ville) : *Dérèglement de comptes* 1987-1996 – *Une famille* 1997 – PARIS (FNAC).

VENTES PUBLIQUES : PARIS, 4 déc. 1986 : *Actéon* 1982, past. (102x78) : **FRF 13 000** – PARIS, 27 nov. 1987 : *Suzanne et les vieillards* 1984, past. (114x620) : **FRF 95 000** – PARIS, 20 mars 1988 : *L'attente de Suzanne* 1981, h/t, triptyque (195x250) : **FRF 80 000** – PARIS, 23 mars 1988 : *Dorceus III* 1983, past./pap. (130x150) : **FRF 35 000** – PARIS, 15 juin 1988 : *La Fortune* 1984, past., diptyque (140x150 et 140x50) : **FRF 50 000** – PARIS, 16 juin 1988 : *Bodegon Fecit* 1986, aquar. et past./pan. (110x75) : **FRF 15 000** – PARIS, 16 oct. 1988 : *Tenir à l'histoire* 1983, h/t (220x200) : **FRF 62 000** – NEW YORK, 10 nov. 1988 : *Suzanne et le retour des vieillards* 1984, h/t (163x150,1) : **USD 9 350** – NICE, 20 mai 1989 : *Six fictions de Suzanne 1, 2, 3* 1982, h/t (130x162) : **FRF 70 000** – PARIS, 8 oct. 1989 : *Sans titre, série la Poussière du roi* 1988, past. (73x73) : **FRF 60 000** – PARIS, 26 nov. 1989 : *Sixième fiction de Suzanne*, h/t (129,5x162) : **FRF 190 000** – PARIS, 18 juin 1990 : *L'Allégorie de Suzanne*, h/t (195x220) : **FRF 160 000** – PARIS, 21 juin 1990 : *Hilaeus* 1981, past. et fus./pap. (157x120) : **FRF 102 000** – NEW YORK, 27 fév. 1992 : *Melampus III* 1983, craies coul. et graphite/pap. (147,3x167,7) : **USD 5 280** – NEW YORK, 9 mai 1992 : *Suzanne et les vieillards : invasion de sauterelles*, h/t (149,8x161,9) : **USD 6 050** – PARIS, 18 oct. 1992 : *Présentation de la nature morte* 1986, aquar. et past./pap. (109x74) : **FRF 9 500** – NEW YORK, 17 nov. 1992 : *Suzanne et les vieillard : l'idée reçue* 1983, h/t (55x199,5) : **USD 6 050** – NEW YORK, 3 mai 1994 : *L'Afrique n'est que de l'enfance cachée derrière les yeux* 1983, h/t (200x200) : **USD 7 475** – PARIS, 24 nov. 1996 : *Alcé II* 1983, past./pap. (105x149) : **FRF 45 000**.

ALBEROLA Rafaël

Né à Novelda (Espagne). XIXe siècle. Espagnol.

Peintre, aquarelliste.

Élève de l'Académie des Beaux-Arts de Madrid et de Frédéric Ruiz. S'adonna surtout à l'aquarelle et exposa, à partir de 1871 et surtout depuis 1878, à la Société des aquarellistes.

ALBERONI

Né en 1931 à Paris. XXe siècle. Français.

Peintre de scènes et paysages animés, paysages urbains.

Il descend d'un autre Albéroni, d'origine piémontaise et fixé à Montmartre. Celui-ci est resté attaché à Montmartre, dont il peint les aspects disparus. Il peint aussi des paysages rustiques de l'Ile-de-France, notamment des scènes de basse-cour.

VENTES PUBLIQUES : PARIS, 18 déc. 1983 : *Le Moulin de la galette, vers 1880*, h/t (50x61) : **FRF 5 200** – ÉVREUX, 29 janv. 1984 : *Le vieux moulin*, h/t (27x35) : **FRF 6 000** – HONFLEUR, 9 juin 1985 : *Paysage au moulin*, h/t (50x40) : **FRF 4 500** – GIEN, 28 nov. 1987 : *Les lavandières en sous-bois*, h/t (50x40) : **FRF 8 000** – GIEN, 17 avr. 1988 : *La récolte des pommes-de-terre*, h/t (55x38) : **FRF 7 000** – ROUEN, 20 mars 1989 : *La bourrasque*, h/t (60x75) : **FRF 10 000** – REIMS, 23 avr. 1989 : *Le voyageur*, h/t (73x60) : **FRF 14 500** – VERSAILLES, 10 déc. 1989 : *Berger dans le marais*, h/t (30x60,5) : **FRF 5 200** – REIMS, 26 oct. 1997 : *Paysage au moulin à vent*, h/t (65x49) : **FRF 3 000**.

ALBERONI Giovanni Baptista
XVIIIe siècle. Italien.

Peintre de décorations murales.

Élève de Ferdinand Galli de Bibiena, membre de l'Académie Bolonaise. Il a contribué à l'ornementation des théâtres de Bologne, Rovigo, Modène, etc.

ALBERS A.
XIXe siècle. Travaillait à Londres au commencement du XIXe siècle. Britannique.

Peintre paysagiste.

Il exposa, notamment à la Royal Academy, en 1819, deux toiles : *Le Mont Blanc, Le Lac de Genève*. On croit que c'est le même artiste que Albers Antoine l'Aîné.

ALBERS Anni
Née vers 1900 à Berlin. XXe siècle. Active en Amérique. Allemande.

Dessinatrice.

Après des études à Berlin et Hambourg, elle fut élève du Bauhaus de 1922 à 1930, devenant l'épouse de Josef Albers, et professeur-adjoint d'un atelier de tissage. En 1933, elle s'exila aux Etats-Unis, où elle vécut à New Haven (Connecticut).

Dès le Bauhaus, où elle dirigea les classes techniques, elle enseignait à combiner en sorte de tissages les matériaux naturels avec les synthétiques : « Le matériau détermine ses propres limites face aux tâches imposées par l'imagination. » Elle reprit cet enseignement au Mountain College, participant à la considérable influence de ce lieu privilégié sur ce qui allait devenir l'école américaine des années quarante.

BIBLIOGR. : Catalogue de l'exposition *Le Bauhaus*, Paris, Mus. Nat. d'Art Mod., 1969 – J. D. Prown et B. Rose : *La peinture américaine*, Skira, Genève, 1969.

ALBERS Antoine, l'Aîné
Né en 1765 à Brême. Mort en 1844 à Lausanne. XVIIIe-XIXe siècles. Allemand.

Peintre paysagiste.

Fils d'un marchand aisé, Albers l'Aîné fit d'abord du commerce avec l'idée de succéder à son père. Se consacra ensuite à la peinture et fit ses études à Paris, puis voyagea en France, dans les Pays-Bas, l'Angleterre, l'Espagne et finalement vint se fixer à Lausanne, où il mit au point les différents croquis qu'il avait rapportés de ses voyages. Ses paysages se trouvent fréquemment aujourd'hui dans des collections privées. Le Musée de Brême conserve une toile de lui : *Paysage d'Italie*.

VENTES PUBLIQUES : VIENNE, 13 mars 1962 : *La chasse à l'ours* : ATS 4 500 – VIENNE, 25 juin 1963 : *La chasse au lièvre* : ATS 2 200.

ALBERS Antoine, le Jeune
Né le 23 novembre 1877. XXe siècle. Allemand.

Peintre de portraits, paysages, graveur sur bois.

Il était fils d'un marchand de Brême, et parent éloigné du précédent. Né en 1897, à l'Académie de Karlsruhe, où il fut élève de Schönelber. Puis il vint à Paris et alla ensuite à Rome terminer son éducation. Ses principaux tableaux sont des paysages et des portraits. Il fit quelques gravures en couleur sur bois, dont la plus intéressante est *Femme devant la machine à coudre*.

ALBERS Josef
Né en 1888 à Bottrop (Westphalie). Mort en mars 1976 à Orange (New Haven-Connecticut). XXe siècle. Depuis 1933 actif aux États-Unis. Allemand.

Peintre. Abstrait-géométrique, tendance cinétique.

Il fut élève à partir de 1913, puis diplômé de l'Académie des Beaux-Arts de Berlin en 1915, poursuivit ses études à l'École des Arts Appliqués d'Essen de 1916 à 1919, et à Munich. En 1920, il entra comme élève au Bauhaus, qui venait d'ouvrir en 1919 à Weimar, où en 1923, juste avant le transfert dans les nouveaux locaux de Dessau, Gropius le nomma professeur, d'abord de l'atelier de vitrail en suite d'expérimentations qu'il avait effectuées dès 1921 de « tableaux de verres colorés », puis de l'atelier du meuble, où il créa des prototypes industriels, notamment un fauteuil de bois laminé et cintré dès 1928. Assumant enfin à partir de 1928 la direction du cours préparatoire (*Vorkurs*), qu'avait fondé Johannes Itten. En 1933, les nazis firent fermer le Bauhaus et Albers s'exila aux Etats-Unis. Il fut aussitôt appelé à participer à la création du Black Mountain College à Ashville, en Caroline du Nord, où il reprit son enseignement jusqu'en 1950, poursuivant ensuite sa carrière d'enseignant à la Yale University de New Haven, où il dirigea le département de dessin jusqu'en 1960. La réputation de son enseignement avait attiré au Black Mountain College, Motherwell, De Kooning, et Rauschenberg qui le reconnut pour le meilleur professeur qu'il eût eu. Toutefois l'artiste restait relativement peu connu et il subit même la gêne à New Haven jusqu'en 1965, moment à partir duquel il fut reconnu comme un des précurseurs de l'art optique et cinétique. Il avait cependant fait partie du groupe *Abstraction-Création* et exposé avec lui à Paris dans les années trente, puis du groupe *American Abstract Artists* aux Etats-Unis. Le Museum of Modern Art de New York lui consacra des expositions rétrospectives : en 1965 et une exposition itinérante en 1967. En 1971, ce furent le Metropolitan Museum de New York et le Westfälisches Landesmuseum de Münster. En 1988 le Solomon R. Guggenheim Museum de New York organisa une exposition posthume de l'ensemble de son œuvre. La Galerie Denise René avait montré sa première exposition personnelle à Paris dès 1957.

Après une brève période expressionniste, dans l'expérimentation radicalisée des phénomènes colorés, il fut bien le continuateur de Johannes Itten, de même qu'au célèbre traité des couleurs de celui-ci répond celui de Albers : *Interaction of Colour* publié en 1963. Dans un premier temps, avec les « tableaux de verres colorés », à partir de 1921, il avait expérimenté des ruptures de l'espace pictural traditionnel. Dès lors, allait conditionner sa vie et sa production entières le problème de rompre avec le statisme du tableau traditionnel, sans recourir à l'expédient sommaire de l'animation. Comment prolonger l'espace de l'image dans le temps ? « Pour faire bouger la forme, je n'ai pas besoin du mouvement réel. » Dans ses cours, il entreprenait avec ses élèves des expériences sur les illusions optiques, qui seront répercutées très largement par ses anciens disciples à travers le monde, ainsi de Bortnyck qui ouvrit en 1928 à Budapest un atelier, que fréquenta parmi les premiers élèves : Vasarély. En de 1932, il créa des variations sérielles colorées à partir de surfaces géométriques simples : de 1932 à 1935 : les *Clés de sol*, puis expérimenta ces variations sur des réseaux de lignes et de surfaces alternés, dont la lecture optique peut se faire soit en creux, soit en relief à la façon des marqueteries de cubes à trois faces, expérimentations d'ailleurs typiques de la méthodologie générale pratiquée au Bauhaus et qui connut une considérable progéniture. Toutes ces illusions optiques se fondaient sur des habitudes visuelles, sur des associations conditionnées, et surtout sur des mécanismes « gestaltistes » incontournables.

Depuis 1948-1949, il a consacré presqu'exclusivementson activité picturale à développer les variations inépuisables qui constituent *L'hommage au carré*. La série des *Constellations*, abordée antérieurement à la suite des *Clés de sol*, traitait déjà de l'ambiguïté de la perception de l'espace, et se poursuivit conjointement aux *Hommages au carré*. En 1949-1950, il créa la peinture murale *Amerika* pour l'Université Harvard, construite par Walter Gropius. Il eut encore dans la suite l'occasion de panneaux muraux pour l'Institut de Technologie de Rochester (État de New York) en 1967 et 1970. Dans les *Hommages au carré*, trois ou quatre carrés sont emboîtés les uns dans les autres, jamais concentriques, mais légèrement décentrés vers le bas. A partir du schème, toutes les combinaisons chromatiques sont possibles, soit de heurts violents des couleurs ou des valeurs, qui éprouvent durement le pouvoir séparateur oculaire et perturbent complètement la perception des limites des différents champs et de la couleur aux abords de ces limites, soit de tons si rapprochés qu'ils semblent gommer les frontières entre eux. Ce qui stupéfie à regarder ces *Hommages au carré*, c'est d'en subir le charme peu définissable mais peu résistible à partir de moyens d'une telle économie. ■ Jacques Busse

BIBLIOGR. : In : *American Abstract Artists*, New York, 1946 – J. Albers : *Interaction of Colour*, New Haven, Londres, 1963 – Michel Seuphor, in : *Le style et le cri*, Seuil, Paris, 1965 – E. Grominger : *J. Albers*, Keller, Starnberg, 1968 – J. D. Prown et B. Rose, in : *La peinture américaine*, Skira, Genève, 1969 – J. Miller : *Josef Albers Prints : 1915-1970*, New York, 1973 – in : Catalogue de l'exposition *Abstraction-Création*, Paris, Mus. Mun. d'Art Mod., 1978 – divers : Catalogue de l'exposition *Josef Albers : A Retrospective*, Solomon R. Guggenheim Mus., New York, 1988.

MUSÉES : BÂLE (Mus) : *Fugue* 1925 – MONTRÉAL (Mus. d'Art Contemp) : *Tuscany* 1964 – NEW YORK (Mus. of Mod. Art) : *Homage to the square* 1949 – NEW YORK (Solomon R. Guggenheim Mus) : *Homage to the square* 1949 – *Apparition, hommage au carré* 1959 – NEW YORK (Whitney Mus) : *Homage to the square* 1949 – NEW YORK (Brooklyn Mus) : *Structural Constellations* 1953-1958 – PARIS (Mus. Nat. d'Art Mod.) : *Hommage au carré* 1965 – PARIS (Mus. Nat. d'Art Mod.) : *K= Trio* 1932 – *Étude pour Hom-*

mage au carré 1965 – Zurich (Kunsthaus) : *City* 1928, peint./verre opaque.

Ventes Publiques : Paris, 24 juin : *Hommage au carré*, gche (8,5x8,5) : **FRF 2 100** – New York, 26 avr. 1961 : *Hommage au carré* : **USD 1 900** – New York, 13 oct. 1965 : *Hommage au carré*, h/isor. : **USD 6 000** – Milan, 2 déc. 1971 : *Hommage au carré* : **ITL 11 000 000** – New York, 26 oct. 1972 : *Hommage au carré, clair* 1959 : **USD 40 000** – Londres, 5 juil. 1973 : *Hommage au carré, Nowhere* 1961 : **GBP 25 000** – New York, 27 mai 1976 : *Hommage to the square* : apparition 1959, h/cart. (61x61) : **USD 15 000** – New York, 10 nov. 1976 : *Astatic* 1944, grav./bois : **USD 1 000** – New York, 12 mai 1977 : *Hommage au carré : afternoon* 1969, h/cart. (101,6x101,6) : **USD 29 000** – New York, 18 mai 1978 : *Étude pour l'Hommage au carré* 1966, h/isor. (60x60) : **USD 24 000** – New York, 15 juin 1979 : *Composition* 1947, gche (41,5x58,5) : **USD 2 600** – New York, 8 nov. 1979 : *Hommage au carré : Breathing* 1967, h/cart. (121x121) : **USD 52 000** – New York, 12 nov. 1980 : *Hommage au carré : At sea B* 1964, h/isor. (122x122) : **USD 52 000** – New York, 6 oct. 1981 : *Six variants* 1969, suite composée de six sérig. en coul. (63,5x66) : **USD 2 300** – New York, 5 mai 1982 : *Study to hommage to the square Orange Redminder* 1961, h/isor. (61x61) : **USD 14 000** – New York, 9 nov. 1983 : *Hommage au carré : light reveille* 1964, h/isor. (61x61) : **USD 26 000** – Londres, 6 déc. 1984 : *Hommage au carré « grisaille and ground »* 1961, h/cart. (101x101) : **GBP 18 000** – New York, 1er mai 1985 : *Hommage au carré : Surprise* 1963, h/isor. (101,5x101) : **USD 23 000** – New York, 6 mai 1986 : *Hommage au carré : In time* 1967, h/isor. (121x121) : **USD 32 000** – Londres, 25 fév. 1988 : *Etude pour Hommage au carré* 1962, h/rés. synth. (76,2 x 76,2) : **GBP 17 600** – New York, 3 mai 1988 : *Etude pour l'Hommage au Carré : esprit renouvelé, croyance renforcée* 1955, h./alu. (60,7x60,7) : **USD 29 700** – New York, 8 oct. 1988 : *Etude pour [Hommage au carré : éveil]* 1957, h/rés. synth. (45,7x45,7) : **USD 25 300** – Londres, 20 oct. 1988 : *Etude pour hommage au carré, Easterly II* 1971, h/rés. synth. (81x81) : **GBP 19 800** – New York, 10 nov. 1988 : *Étude pour Hommage au carré : Ombre ombrée* 1963, h/rés. synth. (101,5x101,5) : **USD 88 000** – Londres, 23 fév. 1989 : *Hommage au carré : résonnance lumineuse* 1962, h/rés. synth. (101,6x101,6) : **GBP 44 000** – Milan, 6 juin 1989 : *Hommage au carré Auric* 1957, h/rés. synth. (60,5x60,5) : **ITL 57 000 000** – New York, 29 juin 1989 : *Hommage au carré, profonde tonalité* 1968, h/t (60x60) : **GBP 41 800** – Milan, 8 nov. 1989 : *Étude pour Hommage au carré, l'Éveil* 1963, h/rés. synth. (61x61) : **ITL 73 000 000** – New York, 8 mai 1990 : *Variant : Harboured*, h/rés. synth. (43x62,5) : **USD 121 000** – New York, 9 mai 1990 : *Étude pour Hommage au carré blond automne* 1964, h/rés. synth. (81,3x81,3) : **USD 176 000** – Milan, 13 juin 1990 : *En cuir* 1963, h/rés. synth. (77x77) : **ITL 100 000 000** – New York, 5 oct. 1990 : *Hommage au carré : surprise* 1963, h/pan. (101,6x101,6) : **USD 93 500** – Londres, 6 déc. 1990 : *Étude pour Hommage au carré : confirmé* 1954, h/rés. synth. (61x61) : **USD 211 500** – New York, 1er mai 1991 : *Hommage au carré : réveil de la lumière* 1964, h/rés. synth. (61x61) : **USD 57 200** – Londres, 27 juin 1991 : *Étude pour Hommage au carré : reposé* 1957, h/cart. (76,2x76,2) : **GBP 29 700** – New York, 5 mai 1992 : *Hommage au carré : préservé* 1959, h/rés. synth. (121x121) : **USD 143 000** – New York, 19 nov. 1992 : *Étude pour hommage au carré : avec jaune safran* 1962, h/rés. synth. (60x60) : **USD 46 200** – Londres, 3 déc. 1992 : *Hommage au carré : ardoise contre ciel* 1962, h/rés. synth. (101,6x101,6) : **GBP 44 000** – New York, 23-25 fév. 1993 : *Vice versa C* 1943, h/pap. (37,5x55,9) : **USD 9 775** – Londres, 26 mai 1994 : *Hommage au carré intérieur et extérieur* 1959, h/rés. synth. (101,6x101,6) : **GBP 31 050** – New York, 2 nov. 1994 : *Hommage au carré : Haut centre* 1967, h/rés. synth. (121x121) : **USD 211 500** – New York, 3 mai 1995 : *Degrés* 1937, gche/pap. (39,4x52,1) : **USD 24 150** – Paris, 28 oct. 1995 : *Yellow Affirmation* 1957, h/isor. (45x44,5) : **FRF 88 000** – Londres, 30 nov. 1995 : *Étude pour Hommage au carré : Fruits mûrs* 1965, h/cart. (60,5x60,5) : **GBP 35 600** – Paris, 4 déc. 1995 : *Variation sur Hommage au carré*, h/t (120x120) : **FRF 265 000** – New York, 7 mai 1996 : *Étude pour Hommage au carré : Puissant* 1968, h/rés. synth. (101,6x101,6) : **USD 145 500** – Londres, 23 mai 1996 : *Hommage au carré : l'Année dernière* 1964, h/rés. synth. (101,6x101,6) : **GBP 51 000** – New York, 20 nov. 1996 : *Étude pour Hommage au carré : Malgré la brume* 1967-1968, h./masonite, diptyque (101,6x203,2) : **USD 662 500** – New York, 20 nov. 1996 : *Hommage au carré* 1961, h./masonite (101,6x101,6) : **USD 46 000** – New York, 18-19 nov. 1997 : *Hommage au carré : Obligeance* 1959 : **USD 74 000** – New York, 7 mai 1997 : *Hom-*

mage au carré : *Mesure pleine* 1955, h./masonite, étude (61x61) : **USD 37 375** – New York, 8 mai 1997 : *Étude pour Hommage au carré : légère diane B* 1964, h./masonite (76,2x76,2) : **USD 85 000** – Londres, 26 juin 1997 : *Hommage au carré* 1968, h./masonite (61x61) : **GBP 48 800** – New York, 7 mai 1997 : *Hommage au carré : Distant* 1966, h./masonite (121x121) : **USD 85 000** – Londres, 25 juin 1997 : *Étude pour Hommage au carré : R-J.L* 1968, h./masonite (81,3x81,3) : **GBP 40 000** – Londres, 27 juin 1997 : *Étude pour Hommage au carré – Towards fall I* 1958, h./masonite (61x61) : **GBP 18 400**.

ALBERT
XIVe siècle. Allemand.
Peintre.
Figure dans le livre de la Chambre de Lübeck, de 1316 à 1338.

ALBERT
Mort le 1er janvier 1472. XVe siècle. Actif à Sekkau. Allemand.
Peintre.
Il était également chanoine à Sekkau.

ALBERT
XVIe siècle. Allemand.
Peintre de compositions religieuses.
En 1523, peignit une Vierge avec deux anges pour l'église de Friemersheim.

ALBERT
XVIe siècle. Allemand.
Peintre de compositions religieuses, compositions murales.
Le frère Albert appartenait à l'ordre des Capucins. Il vint en 1597 à Bar-le-Duc, où il décora la chapelle du tiers ordre des Capucins.

ALBERT
XVIIIe siècle. Allemand.
Peintre de compositions murales, décorateur.
On signale, vers 1754, sa collaboration dans la décoration du château de plaisance que le prince Henri de Prusse possédait à Rheinsberg.

ALBERT
XVIIIe siècle. Travaillait à Paris. Français.
Sculpteur.
Il prit une part importante aux travaux entrepris, par ordre du prince de Condé, de 1768 à 1774, à l'hôtel de Lassay et au Palais Bourbon. Il restaura, notamment, les dix groupes d'enfants qui furent érigés sur la balustrade du toit du palais Bourbon.

ALBERT Adolphe
Né en 1853 à Paris. Mort en 1938 aux Andelys (Eure). XIXe-XXe siècles. Français.
Peintre de genre, portraits, paysages, natures mortes, fleurs, graveur.
Après avoir commencé une carrière militaire, il s'orienta vers une activité artistique, sans doute après avoir connu le caricaturiste Jean Veber en Afrique du Nord. Il prit des cours auprès de Bonnat et Cormon, fut le meilleur ami de Toulouse-Lautrec, dont il fut le légataire universel. Il fut également très lié au groupe des impressionnistes, autour de Claude Monet.
De 1886 à 1938, il prit part aux expositions des Artistes Indépendants et à celles des peintres graveurs. En 1906, au Salon de la Société Nationale des Beaux-Arts, il exposa : *Intérieur d'atelier* ; l'année suivante il envoya au Salon des Indépendants six toiles, paysages, fleurs et un portrait. Il figura aussi au Salon d'Automne en 1921.
Il peignit surtout des paysages dont les touches assurées notent l'espace dans un style qui fait penser à celui de Cézanne. On cite de lui : *La répétition* 1883 – *Intérieur de menuisier* 1884 – *Paysage des bords de Seine* 1921.
Bibliogr. : Gérald Schurr : *Les Petits Maîtres de la peinture 1820-1920, valeur de demain*, t. V, Les Éditions de l'Amateur, Paris, 1981.
Ventes Publiques : Paris, 6 juin 1906 : *Brouillard sur la Seine* : **FRF 55** – Paris, 12 déc. 1921 : *Le Chemin creux* : **FRF 50** – Paris, 13 mars 1944 : *Canal en Hollande* : **FRF 1 000** – Paris, 30 juin 1950 : *Paysage au soleil* ; *Paysage au printemps*, les deux : **FRF 2 000** – New York, 14 juin 1995 : *Un pont sur la Seine* 1899, h/t (47x55,9) : **USD 3 565**.

ALBERT Albert et Peter, maîtres
XIIIe siècle. Lombards, travaillèrent en Hongrie au XIIIe siècle. Italiens.

Sculpteurs de monuments.

Mentionnés dans des chroniques de l'an 1272, ayant été mandés en Hongrie pour exécuter le tombeau de Sainte Marguerite, fille du roi Béla II de Hongrie, sur l'île Margarete, sise entre Pest et Ofen. De ce monument, qui a dû être une imposante œuvre d'art, il ne reste que quelques bas-reliefs en marbre rouge et blanc.

ALBERT Alfred
XIXe siècle. Travaillait à Paris. Français.

Dessinateur, aquafortiste.

Acteur à l'Ambigu, a gravé à l'eau-forte des vignettes de frontispice pour *Le Gil Blas du Théâtre*, par Michel Morin (1833), et pour *Caliban, par deux ermites de Ménilmontant* (1833). Alfred Albert a été, de plus, dessinateur des costumes de l'Opéra, de 1856 à 1876.

ALBERT Arthur
XXe siècle. Américain.

Peintre, dessinateur.

Il fut élève du peintre de marines Reginald Marsh, à l'Art Student's League de New York, entre 1940 et 1950.

VENTES PUBLIQUES : NEW YORK, 17 mars 1988 : *Le dancing*, encre de Chine, encre brune, reh. de gche blanche et aquar. rouge (37,5x45) : **USD 2 090**.

ALBERT B., Miss
XIXe siècle. Active à Londres dans la seconde moitié du XIXe siècle. Britannique.

Peintre de marines.

B. Albert exposa une œuvre à Suffolk Street, en 1874.

ALBERT C. G.
XVIIIe siècle. Actif dans la seconde moitié du XVIIIe siècle. Allemand.

Peintre ornemaniste.

Affecté à la manufacture de porcelaine de Fürstemberg, il décora de gibier et d'oiseaux un certain nombre de services dont quelques-uns figurent au Musée ducal de Brunswick et au Musée royal de Cassel.

ALBERT Erika d'
Née à Vienne. XXe siècle. Autrichienne.

Peintre de portraits, fleurs.

Elle semble avoir séjourné en France et a figuré au Salon de la Société Nationale des Beaux-Arts, en 1935 avec un portrait. Cette même année passèrent deux de ses peintures en ventes publiques, également à Paris.

VENTES PUBLIQUES : PARIS, 10 mai 1935 : *Diane*, cart. : **FRF 400** ; *Hortensia*, cart. : **FRF 230**.

ALBERT Ernest
XIXe siècle. Actif à Londres dans la seconde moitié du XIXe siècle. Britannique.

Peintre de paysages.

Ce paysagiste exposa une œuvre à la Royal Academy, en 1891. On cite particulièrement de lui des scènes de rivières. Peut-être identique au suivant.

ALBERT Ernest
Né en 1857 à Brooklyn. Mort en 1946. XIXe-XXe siècles. Américain.

Peintre de paysages, natures mortes. Postimpressionniste.

Il a vécu à Rochelle-Park, dans l'Etat de New York. Sa peinture *Chute de neige*, passée en vente publique le 1er décembre 1989, avait auparavant été accrochée à la Maison Blanche de 1977 à 1989.

VENTES PUBLIQUES : NEW YORK, 15 jan. 1937 : *La Source* : **USD 300** – NEW YORK, 29 mai 1981 : *Paysage d'été*, h/t (76,2x101,6) : **USD 7 500** – PORTLAND, 9 juil. 1983 : *Bleu et Or*, h/t (61x50,8) : **USD 2 800** – NEW YORK, 31 mai 1984 : *Juste au-dessus de zero* 1934, h/t (61x91,5) : **USD 5 000** – NEW YORK, 15 mars 1985 : *Misty morning* 1944, h/t (63,7x76,2) : **USD 5 500** – BOSTON, 19 nov. 1987 : *Ogunquit, ME*, aquar. (54,6x65,5) : **USD 6 000** – NEW YORK, 4 déc. 1987 : *Manteau de neige* 1937, h/t (63,6x76,6) : **USD 12 000** – NEW YORK, 24 jan. 1989 : *Crépuscule sur un paysage enneigé*, h/t (62,5x75) : **USD 10 450** – NEW YORK, 25 mai 1989 : *Le chemin longeant la rivière* 1936, h/t (81,8x101,6) : **USD 15 400** – NEW YORK, 1er déc. 1989 : *Chute de neige* 1922, h/t (66,7x71,1) : **USD 12 100** – NEW YORK, 31 mai 1990 : *Ruisseau gelé dans un paysage d'hiver*, h/t (91,4x101,6) : **USD 16 500** – NEW

YORK, 14 mars 1991 : *Paysage givré*, h/t (103x127,5) : **USD 15 400** – NEW YORK, 4 mai 1993 : *Journée dorée*, h/t (60,4x76,5) : **USD 4 600** – NEW YORK, 1er déc. 1994 : *Clair de lune en Nouvelle Angleterre*, h/t (76,2x81,3) : **USD 7 475** – NEW YORK, 25 mai 1995 : *Opalescence*, h/cart. (29,8x40) : **USD 7 187** – NEW YORK, 30 oct. 1996 : *Ruisseau en hiver*, h/t (40,6x50,8) : **USD 4 887**.

ALBERT Ernest
Né en 1900 à Berchem. Mort en 1976 à Anvers. XXe siècle. Belge.

Peintre de portraits, nus, paysages, natures mortes, aquarelliste.

Il fut élève de l'Académie des Beaux-Arts d'Anvers et du paysagiste Franz Courtens à l'Institut Supérieur d'Anvers. En 1927, il fut membre fondateur du groupe *Art Moderne*. Il fut aussi membre du groupe *Quand je peux*. En France, il a séjourné et peint dans la Drôme.

MUSÉES : ANVERS.

VENTES PUBLIQUES : LOKEREN, 12 mars 1994 : *Ponsas*, aquar. (48x57) : **BEF 44 000** – AMSTERDAM, 2-3 juin 1997 : *Nature morte de fleurs*, h/t (70x60) : **NLG 8 260**.

ALBERT Friedrich Wilhelm Ferdinand Théodor
Né le 28 juin 1822 à Magdebourg. XIXe siècle. Allemand.

Peintre de paysages, aquarelliste, lithographe.

Élève de l'Académie royale de Berlin, de 1841 à 1846, se consacra au paysage. De 1853 à 1855, fit un voyage d'études sur le Rhin, à Rügen, aux bains de Taunus. Depuis lors, s'occupa indistinctement d'aquarelle, de lithographie avec impressions coloriées. Un buste en bronze, qui se trouve au Musée des Arts Décoratifs de Bruxelles, le représente.

ALBERT Gustave, pseudonyme de **Andersson Gustaf Albert**
Né le 30 octobre 1866 à Eskilstuna (Suède). Mort le 27 février 1905 à Gouvieux (Oise). XIXe siècle. Depuis 1890 actif en France. Suédois.

Peintre de paysages animés, paysages. Postimpressionniste.

Après avoir été copiste au Musée National de Stockholm, puis élève chez Carl Larsson à l'École Valand de Göteborg, il est l'un des plus jeunes peintres de l'Association des artistes, créée en 1886, dont les membres s'attachent à renouveler le paysage romantique suédois. Il fait un séjour à New York de 1887 à 1890, date à laquelle il arrive à Paris, où il s'installe jusqu'à sa mort. À partir de ce moment, Gustav Albert expose régulièrement au Salon de la Société Nationale des Beaux-Arts de 1893 à 1905, sauf en 1903. À l'Exposition Universelle de 1900, il reçoit une médaille de bronze pour *Nuit sur la côte*, et il devient Associé au Salon de la Société Nationale des Beaux-Arts. Il a obtenu, en 1898, une exposition personnelle à la Galerie des Artistes Modernes de Chaivet et Simonson.

Pour Gustave Albert, venir à Paris est un rêve de jeunesse que l'on peut situer avec l'*Exposition des bords de la Seine* inaugurée le 1er avril 1885 à Stockholm, à la Galerie de Theodor Blanch. Et, sur douze ans de travail, sa production peut se définir ainsi : une peinture consacrée avant tout au paysage français, de Moret-sur-Loing, Saint-Mammes, Chantilly, Gargilesse, Honfleur, etc. De 1897 à 1905, ses recherches vont toujours dans le même sens : l'étude des variations de la lumière, et de la loi du contraste simultané des couleurs selon les théories du chimiste et physicien Chevreul, dans des paysages dont la composition dorénavant donne largement l'importance à un horizon totalement dégagé que l'on peut qualifier de « panoramique ». C'est dans la région de Chantilly, où il s'installe en 1896, qu'il va poursuivre ses différentes recherches datant de 1894, qui consistent à peindre en séries, comme le fait Claude Monet avec la *Cathédrale de Rouen* depuis 1892. Les variations sur les heures de la journée ou sur les différentes saisons se retrouvent ensuite en permanence dans ses œuvres : *Temps gris, Effet du matin* (Moret) 1894 ; *Écluse de Saint-Mammes, Effet de neige* 1894 ; *Crépuscule d'été à Chantilly* 1896 ; *Crépuscule d'hiver à Chantilly* 1896 ; *Première neige, Gouvieux* 1899 ; etc... Il étudie également les effets lumineux particuliers de la mer et de l'eau dans certains de ses tableaux, comme *Matin à Honfleur* 1898. Une autre série, plus particulière, est consacrée à l'Hôtel de Ville de Paris vu du quai de la Tournelle, peinte en 1904 à différents moments de la journée.

Peintre de plein air et tout imprégné de la leçon impressionniste, Gustave Albert crée cette lumière froide qui trahit ses origines nordiques, tandis qu'il s'éloigne en fait des œuvres d'un Sisley ou d'un Carl Fredrik Hill, pour se rapprocher d'un Armand Guillaumin ou des représentants régionaux tels que ceux de l'École de Crozant dont historiquement il fait partie depuis son passage à Gargilesse en 1897. Cependant, il ne faut jamais oublier le rôle et l'importance qu'ont pu avoir certains de ses compatriotes, notamment ceux de cette École de Crozant. ■ Frank Claustrat

MUSÉES : ESKILSTUNA : Carrière, New York 1889 – La Seine à Paris 1892 – Vingt-huit autres tableaux – GÖTEBORG : Paysage avec moutons – STOCKHOLM (Nat. Mus.) : La vallée de l'Oise 1904 – Clair de lune – Vue de Dordrecht 1901 – Le moulin – Paysage côtier – Paysage fluvial 1902 – Moulin à eau – Paysage en été – Paysage d'hiver – Paysage avec rivière.

VENTES PUBLIQUES : PARIS, 1900 : Matinée d'hiver : FRF 105 – STOCKHOLM, 4 nov. 1986 : Paysage animé 1887, h/t : SEK 60 000.

ALBERT Heinrich
Né vers 1766 à Dresde. Mort en 1820. XVIIIᵉ-XIXᵉ siècles. Allemand.
Peintre de portraits, miniatures.
Les biographes ne sont pas d'accord sur la date de naissance de cet artiste. Klache indique 1766, tandis que Fussli porte 1768. Il eut successivement pour maîtres Schenau, puis Casanova. On cite surtout son portrait du graveur Raspe. Il ne paraît pas téméraire de lui attribuer le portrait de Musio Clementi, gravé en 1803 par F.-W. Bollinger.

ALBERT Jos pour Joseph
Né en 1886 à Bruxelles. Mort en 1981 à Bruxelles. XXᵉ siècle. Belge.
Peintre de figures, paysages, natures mortes. Fauve, puis tendance cubiste, puis figuratif.
Il fut élève de l'Académie de Saint-Josse-ten-Noode. En 1914 il figura au dernier Salon de la Libre Esthétique à Bruxelles. Il fréquenta également l'Atelier libre de L'Effort, séjourna à Paris en 1919, et y exposa au Salon d'Automne entre 1924 et 1934. Il a été déclaré hors-concours au Prix Europe 1971. Il était membre de l'Académie Royale de Belgique. En 1977, un Hommage à Jos Albert s'est tenu aux Musée Royaux des Beaux-Arts de Bruxelles.
Entre 1909 et 1918, il subit l'influence de l'impressionnisme et du fauvisme. Vers 1914, il est marqué par la peinture de Rik Wouters et proche de celle du groupe des Fauves brabançons. S'ouvre ensuite une période d'influence cubiste, durant laquelle il abandonne la référence au sujet pour s'attacher à la construction de l'image et assombrir sa gamme chromatique. À partir de 1923, il revient à une manière réaliste et à une technique minutieuse, imitée des anciens maîtres flamands, pour peindre le plus fidèlement le décor et les objets de la réalité quotidienne : La ménagère, 1926. Ses paysages se situent dans la lignée de Bruegel et de la peinture hollandaise du XVIIᵉ siècle. On peut alors qualifier Jos Albert de représentant belge de la Neue Sachlichkeit et du Réalisme Magique. La dernière partie de sa carrière demeure véritablement empreinte de tradition.

BIBLIOGR. : In : Diction. biogr. des artistes en Belgique depuis 1830, Arto, Bruxelles, 1987 – in : Dictionnaire de la peinture flamamnde et hollandaise, Larousse, 1989.

MUSÉES : BRUXELLES (Mus. roy. de Belgique) : L'enfant au chariot – GAND (Mus. des Beaux-Arts) : Paysage brabançon 1929 – GRENOBLE (Mus. des Beaux-Arts) : Nature morte aux poissons 1922.

VENTES PUBLIQUES : ANVERS, 19 oct. 1976 : Dans la cuisine 1916, h/t (117x90) : BEF 130 000 – LOKEREN, 12 mars 1977 : Nature morte, h/t (27x35) : BEF 50 000 – BRUXELLES, 15 mars 1978 : Le lit défait, h/t (50x60) : BEF 120 000 – ANVERS, 8 mai 1979 : Jeune Femme 1917, h/t (90x73) : BEF 120 000 – BRUXELLES, 21 mai 1981 : Coin de cuisine, aquar. et cr. (18x21) : BEF 34 000 – BRUXELLES, 28 oct. 1981 : Verger, h/t (53x43) : BEF 75 000 – LOKEREN, 23 avr. 1983 : Nature morte, h/pan. (17x23) : BEF 55 000 – BRUXELLES, 10 déc. 1984 : Intérieur, h/t (41x52) : BEF 110 000 – LOKEREN, 19 oct. 1985 : Intérieur, h/t (47x50) : BEF 200 000 – LOKEREN, 10 oct. 1987 : Jeune femme dans un intérieur 1917, h/t (80x65) : BEF 650 000 – LOKEREN, 28 mai 1988 : Les confitures, h/t (61,5x88) : BEF 220 000 – AMSTERDAM, 23 mai 1989 : Nature morte aux pommes 1917, h/t (54x67) : NLG 18 000 – LOKEREN, 21 mars 1992 : Chemin de campagne à Grimbergen, h/t (63x70) : BEF 180 000 – LOKEREN, 23 mai 1992 : Nature morte au maïs, h/t (50x40) : BEF 65 000 ; Église en Brabant 1932, h/t (64x78) : BEF 120 000 – LOKEREN, 10 oct. 1992 : Les Saules, h/t (47x55) : BEF 70 000 – LOKEREN, 28 mai 1994 : Femme accoudée 1916, aquar. et past. (25x33) : BEF 26 000 – LOKEREN, 9 déc. 1995 : Nature morte 1913, h/t (49,5x68) : BEF 380 000 – AMSTERDAM, 17-18 déc. 1996 : Nature morte 1919, h/t (101x101) :

NLG 112 100 ; Vanité, past./pap. (76x52,5) : NLG 30 680 – LOKEREN, 6 déc. 1997 : Toits vers 1914, h/pan. (24,5x32) : BEF 65 000.

ALBERT L.
Né à Metz (Moselle). XIXᵉ-XXᵉ siècles. Français.
Peintre.
Fixé à Munich en 1913, il envoya au Salon d'automne de la même année une peinture : Cimetière.

ALBERT Léonard
Né en 1791 à Limoges. XIXᵉ siècle. Français.
Peintre.
Entra à l'École des Beaux-Arts dans l'atelier de Regnault, le 4 février 1812.

ALBERT Lilian
Née à Sydney. XXᵉ siècle. Australienne.
Peintre de miniatures, aquarelliste.
Elle fut élève à Paris de Camille Carlier-Vignal. Durant ce séjour, elle exposa au Salon des Artistes Français, où elle obtint une mention honorable en 1930, pour une aquarelle : La soupe, et une miniature.

ALBERT Marcel
Né le 12 février 1914 à Baugé (Maine-et-Loire). XXᵉ siècle. Français.
Peintre. Abstrait-informel.
C'est avec des peintures proches de l'informel qu'il s'est manifesté à partir de 1951, tant à titre individuel que dans des expositions collectives.

ALBERT Maurice Léon
Né à Paris. XXᵉ siècle. Français.
Peintre de marines.
Depuis 1926, il figure régulièrement au Salon des Indépendants, avec des paysages et des marines de la côte normande et très spécialement d'Arromanches et du port et des falaises de Port-en-Bessin.

ALBERT Max
Né en 1911 à Ellefeld (Allemagne). XXᵉ siècle. Danois.
Peintre, dessinateur.
Il a étudié à l'Académie de Rome et a exposé avec des artistes danois, notamment à Scharlottenborg.

ALBERT Nicolas
Né en 1770 à Lyon. XVIIIᵉ-XIXᵉ siècles. Français.
Peintre.
Il serait entré (à quarante ans ?) à l'École des Beaux-Arts à Paris le 10 septembre 1810.

ALBERT Patrick
XXᵉ siècle. Français.
Peintre, décorateur. Nouvelles Figurations.
Il peint avec des couleurs acryliques, et volontiers sur des tapis comme supports. Il fait partie de ces jeunes artistes des années quatre-vingts, qui cherchent à fonctionner en dehors des circuits du marché traditionnel de l'art. En 1986 il a exposé dans une usine. La même année lui furent demandés les décors pour Les plaisirs et les jours à la Comédie des Champs-Elysées. En 1987, il a exposé dans son propre atelier, au cours de l'opération collective dite des Génies de la Bastille. En cette même année 1987, le personnel du grand couturier Christian Lacroix lui offrit une peinture de Patrick Albert pour l'ouverture de sa maison. On peut dire que, malgré l'insolite des matériaux utilisés, les peintures de Patrick Albert, souvent teintées d'un orientalisme d'artifices, atteignent à une certaine somptuosité. ■ J. B.

VENTES PUBLIQUES : PARIS, 17 avr. 1988 : Lévitation de Roger, acryl./tapis (230x145) : FRF 10 000 ; Dragon sur fond jaune, acryl./tapis d'Orient (225x145) : FRF 9 500.

ALBERT Pierre
XVIIIᵉ siècle. Vivant à Grenoble et à Belley. Français.
Sculpteur.
Tout ce qu'on sait de lui, c'est qu'il se maria à Grenoble en 1743, quitta cette ville en 1750 et habita Belley jusqu'à sa mort.

ALBERT Pierre
Né vers 1752 à Lyon. XVIIIᵉ siècle. Français.
Sculpteur.
Le registre des élèves de l'Académie Royale de peinture et de sculpture mentionne son entrée dans l'atelier d'Allegrain le 1ᵉʳ octobre 1778. Peut-être était-il parent de Pierre Albert de Grenoble.

ALBERT Rafaël
Né à Agullent (province de Valence). XIXᵉ siècle. Espagnol.

Peintre de genre, marines.
Élève de l'Académie de San Carlos à Valence. Exposa à Madrid, en 1884, un tableau : *Mer et Pêcheurs*.

ALBERT Romain
Né à la Bastie d'Embrun. XVIIᵉ siècle. Travaillait à Grenoble au commencement du XVIIᵉ siècle. Français.
Peintre et verrier.
Il était établi maître peintre en 1610. Cinq ans plus tard, il épousait la sœur du peintre Jacques Julien, originaire de Gap, et au service du maréchal de Lesdiguières. M. Meignien nous apprend qu'il fut chargé de différents travaux.

ALBERT Schallo
XIIIᵉ-XIVᵉ siècles. Allemand.
Sculpteur sur pierre.
D'après des documents de l'époque, paraît avoir occupé une brillante situation à Cologne, de 1285 à 1336.

ALBERT Simon
Né en 1523 à Haarlem. XVIᵉ siècle. Éc. hollandaise.
Peintre d'histoire.
Cet artiste fut élève de Mostaerel. Il vécut jusqu'à un âge très avancé.

ALBERT Wenceslas
XVIIIᵉ siècle. Travaillait à Munich. Allemand.
Peintre.
Ce peintre paraît être le même que J. Wenzeslaus Albrecht, de Plan (Bohême), qui fut membre de l'Académie des Beaux-Arts de cette ville en 1770.

ALBERT Youri Felixovitch
Né le 16 octobre 1959. XXᵉ siècle. Actif aussi en Amérique. Russe.
Artiste.
Encore très peu connu. Il fait partie de la génération qui accéda à l'expression artistique au moment de la libéralisation du régime effectuée par Gorbatchev. L'abandon des thèmes naguère obligés a entraîné certains, tel Youri Albert à fonder leur action sur la réflexion engendrée par la soudaine rupture entre contenu social et forme.

ALBERT de Brunswick, prince
XVIIIᵉ siècle. Travailla de 1725 à 1745. Allemand.
Aquafortiste.
Fils du duc Ferdinand Albrecht II. Dilettante éclairé, on cite de lui une eau-forte : *Paysage au château royal*, signée de lui : *Albrecht Dux B. et L. fecit a. 1737*.

ALBERT de Saxe-Cobourg, prince
Né en 1819 près de Cobourg. Mort en 1861 à Windsor. XIXᵉ siècle. Allemand.
Peintre, dessinateur.
Époux de la reine Victoria, amateur très éclairé, il fut peintre et compositeur. La reine Victoria grava, à l'eau-forte, une *Nonne avec chapelet*, ainsi qu'une bataille de chevaliers et deux têtes d'après les dessins du prince.

ALBERT de Saxe-Teschen Casimir, duc
Né le 7 novembre 1738 à Maritzbourg (près de Dresde). Mort en 1822 à Vienne. XVIIIᵉ-XIXᵉ siècles. Allemand.
Dessinateur.
Fils du roi Auguste III et fondateur de la fameuse collection de gravures et dessins connue sous le nom d'*Albertina*. Lui-même s'essaya dans l'expression artistique. J. Meyer cite des ouvrages dessinés par ce prince : *Portrait du Prince Moritz d'Issenburg*, C.-F. Holzmann sc., *Polonais tenant un bâton*, caricature d'après une esquisse gravée par C.-F. Bœtius, *Ulysse enlevant le fils d'Andromaque*, dessin d'après le Calabrese, gravé par J.-L. Schmutzer.

ALBERT von Soest
Mort vers 1590 à Lüneburg. XVIᵉ siècle. Allemand.
Sculpteur sur bois.
On cite son nom vers 1567, et jusqu'à sa mort on le trouve mentionné dans différents documents de Lüneburg. Il est l'auteur des remarquables sculptures sur bois qui ornent la salle des séances de l'Hôtel de Ville de Lüneburg.

ALBERT von Westphalie. Voir ALDEGREVER

ALBERT-BERGEVIN Julien Paul. Voir BERGEVIN Albert Julien Paul

ALBERT-BLOCH, pseudonyme de Bloch Albert
Né le 2 août 1882 à Saint-Louis (Missouri). Mort le 9 décembre 1951 à Lawrence (Kansas). XXᵉ siècle. Actif aussi en Allemagne. Américain.
Peintre de compositions à personnages, scènes animées, figures, groupes. Expressionniste.
De 1890 à 1900, il fut élève de la Washington School of Fine Arts. Il vécut à Munich de 1908 à 1921. Il était très proche du groupe du *Blaue Reiter* (Cavalier bleu), et exposa à l'occasion avec eux ; en tout cas il fut des quatorze exposants du premier groupe de 1911. À partir de 1912, il participa aux expositions du groupe *Sturm*. Il retourna aux États-Unis en 1921 et exposa régulièrement à Chicago et New York. Après son retour, il enseigna pendant un an à l'Académie des Beaux-Arts de Chicago, puis fut nommé directeur du département de peinture et dessin de l'Université du Kansas à Lawrence.
Sa peinture est restée dans l'esprit de l'expressionnisme des deux groupes auxquels il avait appartenu. Ses compositions complexes, de personnages, d'animaux et d'éléments divers du décor, sont pleinement et fortement construites, dans l'espace de la toile et par rapport à l'espace où se passe la scène, d'un dessin ferme et superbement peintes dans des coloris assourdis qui modulent puissamment les volumes. S'il semble parfois se référer à Toulouse-Lautrec, c'est chez lui avec une coloration mystique affirmée. Il s'apparente plus profondément à la *Neue Sachlichkeit* (Nouvelle Objectivité) de Otto Dix et Georg Grosz, avec lesquels il a en commun une vision caricaturale et une critique sociale de l'humanité. ■ J. B.

BIBLIOGR. : H. Adams, sous la direction de.. : *Albert Bloch : Le Cavalier bleu américain*, Prestel, 1997.
VENTES PUBLIQUES : MUNICH, 11 déc. 1978 : *Les Habitués* 1921, h/pap. (59,5x39,5) : DEM 70 000 – LOS ANGELES, 19 juin 1979 : *Figures agenouillées en cercle* 1914, h/t (137,2x101,6) : USD 1 700 – ZURICH, 14 mai 1982 : *Ascona-Phantasie* 1918-1921, h/t mar./cart. (34x54,5) : CHF 5 200 – NEW YORK, 18 mars 1983 : *Bariolé*, h/cart. (45x52,3) : USD 3 500 – LONDRES, 24 juin 1986 : *Ragtime* 1911, h/t (75,2x90,2) : GBP 26 000 – MUNICH, 8 juin 1988 : *Le Danseur* 1911, h/t (75,2x90,2) : DEM 82 500 – NEW YORK, 9 nov. 1995 : *Souvenir* 1921, h/t (90,8x110,5) : USD 134 500.

ALBERT-DURADE Alexandre Louis François d'
Né le 2 décembre 1804 à Lausanne. Mort le 27 juin 1886 à Genève. XIXᵉ siècle. Suisse.
Peintre.
Étudia d'abord la théologie, puis se voua à la peinture et entra dans l'atelier de J. Hornung, où il se distingua dans quelques scènes historiques. Épousa, en 1834, Julie Covelle, peintre de fleurs.

ALBERT-DURADE Julie d', née Covelle
XIXᵉ siècle. Travaillait à Genève dans la première moitié du XIXᵉ siècle. Suisse.
Peintre de fleurs.
Elle avait épousé le peintre Albert-Durade et figura, avec succès, à différentes expositions suisses, avec de beaux spécimens de ses fleurs.

ALBERT-GARREAU Alice
Née à Conflans-Jarny (Meurthe-et-Moselle). XXᵉ siècle. Française.
Peintre de paysages.
Elle figura au Salon d'Automne de 1937 et 1938, puis au Salon des Indépendants en 1939 et 1945.

ALBERT-LASARD Lou ou Albert-Lazar
Née en 1885 à Metz (Moselle). Morte le 21 juillet 1969. XXᵉ siècle. Depuis 1928 active en France. Allemande.
Peintre de portraits, paysages, aquarelliste, lithographe, dessinatrice. Expressionniste.
C'est à Paris qu'on la voyait le plus souvent, où elle s'était fixée depuis 1928, dans ses dernières années ombre goyesque de ses souvenirs enfuis, mais elle avait parcouru l'Europe et visité les Indes. Elle fut la compagne de Rainer Maria Rilke, dont elle a commenté l'œuvre. Elle a participé à des expositions à Berlin, Munich, Londres, Prague, Zurich. À Paris, elle a figuré aux Salons des Tuileries et des Indépendants avant et après la guerre de 1939-1945. Elle a aussi laissé un livre de souvenirs.
Elle a lithographié un album consacré à des vues de Montmartre. Sinon, elle pratiquait une technique de dessin rehaussé d'aquarelle. C'est avec ces moyens que, profitant de l'étendue de ses relations, elle a peint les portraits d'une quantité d'écrivains, philosophes, savants du monde entier, parmi lesquels Rilke et Paul Valéry. Une exposition rétrospective de ses œuvres, à Paris en 1985 pour commémorer le centenaire de sa naissance, a per-

mis de mieux situer son apport. Non insensible à l'influence alors dominante du cubisme, et surtout proche du groupe de la *Brücke*, puis de celui du *Blaue Reiter*, elle a su intégrer la règle du cubisme à la violence de son témoignage, donnant un écho authentique de l'expressionnisme allemand des années vingt, issu de la défaite, de la révolte, de la fuite dans la provocation.

■ Jacques Busse

Musées : Cologne – Leipzig .
Ventes Publiques : Tel-Aviv, 4 avr. 1994 : *Corrida*, h/t (50x61) : USD 3 220.

ALBERT-LEFEUVRE Louis Étienne Marie
Né à Paris. xixᵉ siècle. Français.
Sculpteur de groupes, statues, bustes.
Élève de Dumont et de Falguière. Exposa pour la première fois en 1875 : *Jeanne d'Arc enfant*, statue de marbre. A exposé au Salon de Paris en 1881 : *Pour la patrie*, groupe en plâtre, et *Joseph Bara*, statue en plâtre ; en 1882 : *Le pain*, groupe en plâtre ; en 1888 : *Frère et Sœur*, groupe en pierre, et *Portrait de Louis Ulbach*, buste en bronze ; en 1890 : *Pour la Patrie*, groupe en marbre ; en 1892 : *La Muse des bois*, statue en plâtre ; en 1905 : *Sonnez, trompettes immortelles*, bas-relief en cire et *Bara, volontaire aux hussards de la République*, statuette en plâtre. On cite encore de lui : *L'Adolescence*, marbre, Musée de Montpellier ; *Après le travail*, marbre, Musée de Perpignan.
Ventes Publiques : Paris, 26 nov. 1980 : *Nymphe jouant de la double flûte*, bronze doré à deux patines (H. 77) : FRF 9 500.

ALBERT-MATHIEU Joseph
Né à Albi (Tarn). xxᵉ siècle. Français.
Peintre de paysages, architectures.
Il fut élève du portraitiste Ernest Laurent. Il a exposé d'abord au Salon des Artistes Français 1927-1928, au Salon des Indépendants 1928-1930, au Salon d'Automne à partir de 1934. Il a souvent peint des vues de Montmartre.
Ventes Publiques : Cologne, 23 mars 1990 : *Le bistro de la Butte à Montmartre*, h/t (46x38) : DEM 1 800.

ALBERT-PICARD
Né à La Chartre-sur-le-Loir (Sarthe). xxᵉ siècle. Français.
Peintre.
Exposa au Salon des Indépendants : *Iles sur le Loir*, en 1929.

ALBERTACCIO de Firenze
xvᵉ siècle. Italien.
Sculpteur.
Étudia à Pise (1470), avec Antonio de Leonardo da Bologna. Collabora, avec le maître Francesco di Giovanni da Firenze, aux stalles de la cathédrale de Pise, qui furent achevées dans les années suivantes, après avoir été commencées en 1462 par le maëstro Leonardo di Checco di Marti de Lucca.

ALBERTAL Johann ou Alberthal
Né à Treffen en Strain. xviiᵉ siècle. Allemand.
Sculpteur, dessinateur.
On a de lui un dessin du beau portail principal de la cathédrale d'Agram, en Croatie. D'après les annales de la ville, en 1655, on lui doit l'ornementation du couvent de Sittich, à Krain. Il fut aussi architecte.

ALBERTAL Joséphine
xixᵉ siècle. Travaillait à Berlin, au commencement du xixᵉ siècle. Allemande.
Dessinatrice.
Ludw. Buchhorn grava, d'après un dessin d'elle, le portrait du philologue G.-L. Spalding.

ALBERTAZZI Girolamo
xviiᵉ siècle. Italien.
Sculpteur.
Collabora, en 1605, avec Ambroglio Zarron, à la construction de l'église des chanoines de Latran, à Bologne.

ALBERTI Achille
Né en mars 1860 à Milan. xixᵉ-xxᵉ siècles. Travaillait à Milan. Italien.
Sculpteur.
Élève de l'Académie des Arts de la Brera. A pris part à de nombreuses expositions, aussi bien à Munich qu'à Vienne et à Paris. Ses œuvres sont presque toutes des bronzes. Alberti est un réaliste plein de vie. Il convient de citer : *La bassesse*, qui figura à l'Exposition Universelle de 1900, *Premier amour* (bronze, Exposition de Munich, 1909) et *Repoussé*, Exposition de Bruxelles, 1910.

ALBERTI Alberto
Né en 1526 à Rome. Mort le 1ᵉʳ novembre 1599 à Rome. xviᵉ siècle. Italien.
Sculpteur.
Il était fils de Giovanni di Giuliano di Alberto Alberti ; architecte et ingénieur, il se signale à Florence dans la construction du château-fort des Médicis. Auteur de plans nombreux de couvents, et de portails d'églises.

ALBERTI Alberto d'Andrea
xviᵉ siècle. Italien.
Peintre miniaturiste.
Il figure à Bologne en 1513 dans la liste des peintres de la Société des Artistes Bolonais, sous le nom d'*Albertus Magistri Andrea Alberti pictoris*.

ALBERTI Alessandro
Né le 9 mars 1551 à Borgo San Sepolcro. Mort le 10 juillet 1596 à Rome. xviᵉ siècle. Italien.
Peintre.
Fils d'Alberto et élève de Gasparo di Silvestro, peintre de Pérouse peu connu. Alessandro Alberti alla, avec son oncle Ludovico, se fixer à Rome, en 1566, et là, eut de nombreuses commandes des princes romains pour des palais et des églises. Il mourut tandis qu'il exécutait la décoration de la Sala Clementina, qui lui avait été confiée par le pape Clément XIII. Plusieurs de ses œuvres se trouvent à Borgo San Sepolcro, à Naples et à Mantoue. Cherubino Alberti grava d'après lui : *Sainte Suzanne*.

ALBERTI Antonio
Originaire de Ferrare. xvᵉ siècle. Italien.
Peintre d'histoire, compositions religieuses, portraits, fresquiste.
Jouit d'une certaine célébrité de son temps. La sacristie de l'église San Bernardino, près d'Urbino, possède de lui une *Madone et un Christ sur le trône*, datés de 1439. On possède de lui également les fresques de la chapelle de Bolognini à San Petronio de Bologne, représentant des scènes de la Passion, du Paradis et de l'Enfer, ainsi que de nombreuses figures de saints et d'anges. Les décorations de l'abbaye de Saint-Antonio de Ferrare représentent la *Vierge et l'Enfant Jésus entre saint Benoît et saint Sébastien* ; un *Saint et un Ange tenant une balance* lui sont également attribués par Crowe et Cavacaselle.

ALBERTI Antonio
Mort en 1770. xviiiᵉ siècle. Actif à Reggio. Italien.
Sculpteur sur bois de statues.
D'après Lami, Antonio Alberti était en pleine possession de son talent vers 1713. On cite de lui quelques statues à Ferrare, une statue colossale de saint Jérôme à Saint-Girolama, deux statues de saints debout à Saint-Giuseppe et deux autres à Saint-Silvestro.

ALBERTI Carl
Né à Darmstadt. xixᵉ siècle. Actif au début du xixᵉ siècle. Allemand.
Peintre de scènes de batailles, portraits.
Il fut le peintre de la cour du grand-duc de Hesse, dont il fit le portrait. Il peignit aussi des batailles pour la cour de Russie. Malgré ces patronages officiels, il ne paraît pas être arrivé à une position brillante, car, à la fin de sa carrière, il travailla comme retoucheur chez Albert, à Munich. On cite de lui : *L'Archiduc Charles à la bataille d'Aspern*, gravé par Emile Rouargue.

ALBERTI Carlo Filippo
xviiiᵉ siècle. Piémontais, actif en 1736. Italien.
Peintre.
Il fit surtout de la décoration de théâtres. Il fut aussi architecte.

ALBERTI Cesare
Né le 6 janvier 1562 à Borgo San Sepolcro. xviᵉ siècle. Italien.
Peintre et graveur.
Il était fils de Girolamo di Giovanni. Le peintre Rafaëlo del Colle fut son parrain. Il fit de la gravure en taille-douce, à Rome. Gualandi estime que ses œuvres sont rares et précieuses. Cependant aucune d'elles n'est mentionnée dans les ouvrages sur la gravure.

ALBERTI Cherubino, dit **Borgheggiano**
Né en 1553 à Borgo San Sepolcro. Mort en 1615 à Rome. xviᵉ-xviiᵉ siècles. Italien.
Peintre de figures, portraits, fresquiste, graveur, dessinateur.

La famille des Alberti occupa à Borgo San Sepolcro, au XVIIe siècle, une place comparable à celle des Carracci à Bologne. Cherubino fut le plus célèbre. Il était le second fils d'Alberto Alberti, architecte et sculpteur, et fit son éducation artistique auprès de son père, en compagnie de ses deux frères, Alessandro et Giovanni, qui, comme lui, étudiaient la peinture. Les trois frères ne tardèrent pas à fournir la preuve de leur talent, soit qu'ils travaillassent seuls ou en collaboration. Borgo San Sepolcro possède encore dans ses monuments plusieurs peintures de Cherubino. Le jeune artiste se rendit à Rome et y obtint le même succès que dans sa ville natale ; des travaux importants à fresque et à l'huile lui furent commandés dans les églises et dans les palais. Il fut nommé membre de l'Académie de Saint-Luc, dont il devint, par la suite, le président. Cependant, quel que soit le mérite de Cherubino Alberti comme peintre, ce fut surtout comme graveur qu'il prit une place marquante dans l'école italienne. On ignore quel fut son maître dans cette technique. Certains biographes supposent qu'il dut travailler d'abord sous la direction de Cornelis Cort. Dans tous les cas il paraît indiscutable que les ouvrages d'Agostino Carracci et de Francesco Villamena influèrent considérablement sur son expression.

Alberti est, par excellence, un buriniste. Son œuvre gravé comprend plus de 180 pièces, dont 75 pièces originales. Bartsch en catalogue 170. On lui doit la reproduction d'un grand nombre d'ouvrages de Polidoro da Carravaggio, aujourd'hui disparus, et dont les estampes nous permettent d'apprécier le grand mérite. ■ E. B.

Musées : FLORENCE : *Portrait de l'artiste peint par lui-même* – NANCY : *Portrait d'homme tenant une flèche*.

Ventes Publiques : PARIS, 21 jan. 1924 : *Amour et figures diverses*, dess. : **FRF 140** – PARIS, 7 mars 1955 : *Combat de guerriers romains*, pl. et lav. de bistre : **FRF 3 200** – LONDRES, 28 juin 1979 : *Nu d'homme vu de dos*, sanguine (30,5x21,5) : **GBP 1 800** – MILAN, 4 déc. 1986 : *Étude de personnages*, pl. et lav. reh. de blanc (22,5x16,2) : **ITL 5 000 000** – MONTE-CARLO, 20 juin 1987 : *recto : Guerrier, satyre et chapeau ; verso : Marc-Aurèle*, dess., études (23,5x33,2) : **FRF 110 000** – NEW YORK, 12 jan. 1990 : *Feuille d'études d'un soldat, d'un satyre et d'un chameau au recto, Marc-Aurèle, portrait équestre au verso*, craie et lav. (23,5x33,2) : **USD 11 000** – MILAN, 13 mai 1993 : *Putto volant*, encre et cr. (19x15) : **ITL 3 200 000** – NEW YORK, 12 jan. 1995 : *Personnage debout vu de dos*, craie noire, encre et lav. brun (24,7x13,2) : **USD 4 830** – PARIS, 26 mars 1996 : *Sainte Madeleine enlevée par les anges*, eau-forte : **FRF 4 200** – PARIS, 26 nov. 1996 : *Figures féminines*, dess. d'encre brune, étude (40,5x28) : **FRF 35 000** – NEW YORK, 29 jan. 1997 : *Projet de décoration de frise avec les emblèmes du Pape Sixtus V*, pl. et encre brune et lav. sur craie noire (19,1x54,3) : **USD 10 350**.

ALBERTI Chiara
Morte en 1660. XVIIe siècle. Vivant à Rome. Italienne.
Peintre.
Elle était fille du peintre Durante Alberti. Elle prit le voile et mourut abbesse du couvent della Principesse, à Rome. On lui attribue le tableau *La Pietà*, du maître-autel de l'église del Buon Gesù, à San Sepolcro.

ALBERTI Cosimo
Mort le 17 février 1596 à Rome. XVIe siècle. Italien.
Peintre, graveur, sculpteur.

ALBERTI Donato
XVIe-XVIIe siècles. Italien.
Peintre.

ALBERTI Durante, dit del Nero
Né en 1538 à Borgo San Sepolcro. Mort en 1613. XVIe-XVIIe siècles. Italien.
Peintre de compositions religieuses, fresquiste.
Il était fils de Romano Alberti. Il fit ses études à Rome, où son talent lui fit confier d'importants travaux pour des églises et divers monuments. À San Girolamo della Carita, une des chapelles est entièrement peinte à fresque par lui. Le maître-autel est décoré par un tableau à l'huile de sa main, représentant *la Vierge, l'Enfant Jésus, Saint Barthélemy et Saint Alexandre*. À Santa Maria de Monti, il peignit une *Annonciation* fort remarquable. La famille Alberti possédait encore un catalogue dressé par l'artiste lui-même, de toutes ses œuvres de 1587 à 1607. Ce sont, pour la plupart, des sujets religieux destinés à des couvents

et à des églises de Borgo San Sepolcro et des cités voisines. D'après Gandellini, il aurait été aussi graveur en taille-douce et sculpteur sur bois. Certains biographes contestent le fait. Dans tous les cas, on ne cite aucune œuvre de lui dans ce genre. À sa mort, il fut enterré en grande pompe par les artistes contemporains. Son portrait existe à l'Académie de Saint-Luc. ■ E. B.

NERO.

ALBERTI Elisabetta
Née le 26 juin 1555. XVIe siècle. Italienne.
Peintre.
Fille d'Alberto di Giovanni. D'après Coleschi, elle peignit pour l'autel principal de l'église del Buon Gesù une *Pietà*, œuvre remarquable, qui, suivant d'autres, doit être attribuée à Chiara Alberti.

ALBERTI Francesco
XVIe siècle. Actif à Venise vers 1550. Italien.
Peintre de compositions religieuses.
Imitateur de Battista del Moro. Boschini lui attribue une Madone qui se trouvait autrefois dans l'église Santa Maria Maggiore et *Saint Jean-Baptiste avec saint Marc*. Suivant Ridolfi et quelques autres, ces tableaux seraient l'œuvre de Battista del Moro. Il ne serait pas impossible que cet artiste fût le même que Francesco Alberti, peintre à Bologne, cité par Malvasia, qui donna des tableaux pour la sacristie de San Petronio et de San Giovanni. Cependant les œuvres de ce dernier paraissent postérieures.

℞.℞.

Musées : VENISE (Gal. roy.) : *La Vierge sous un arbre entre saint Jean Baptiste et saint Marc*.

ALBERTI Francesco
XVIIIe siècle. Actif à Rimini. Italien.
Peintre.

ALBERTI Francesco
Né le 4 mars 1941 à Triulzi (Milan). XXe siècle. Depuis 1970 actif au Canada. Italien.
Peintre.
Il avait étudié la musique. En 1966, il se décida pour la peinture. Fixé au Canada, il voyage sans cesse et expose son travail dans une multitude de villes du monde entier.

ALBERTI Francesco, dit Fiumana
XVIe siècle. Italien.
Peintre.
Ce peintre qui travaillait à Bologne, d'après Malvasia, vers 1550, peut-être le même artiste que Francesco Alberti, de Venise.

ALBERTI Gasparo
XVIe siècle. Actif à Rome à la fin du XVIe siècle. Italien.
Graveur et éditeur.

ALBERTI Giorgio
Né le 5 janvier 1572 à Rome. XVIe-XVIIe siècles. Italien.
Peintre.
Eut pour parrain, Giorgio Vasari. Militaire, il fut chargé des travaux de défense du port de Gaete et fut nommé ingénieur-général de l'Empereur Rudolph II.

ALBERTI Giovanni
Né le 19 octobre 1558 à Borgo San Sepolcro. Mort en 1601 à Rome. XVIe siècle. Italien.
Peintre de compositions religieuses, paysages.
Quatrième fils d'Alberto Alberti et frère de Cherubino et Alessandro. Il travailla d'abord avec son frère Alessandro. Vint à Rome de bonne heure, sous le pontificat de Grégoire XIII qui lui confia des travaux pour son palais de Monte Cavallo et pour le Vatican. Il excellait dans la peinture des paysages et dans les perspectives, laissant à son frère le soin d'y placer les personnages. Clément VIII lui confia la décoration de Saint-Jean de Latran. Avec la collaboration de ses deux frères Alessandro et Cherubino, il décora aussi la salle Clémentine au Vatican. Ce travail fut payé aux trois frères (Alessandro étant mort au cours de l'exécution), 3050 scudi. Il contribua aussi à l'ornementation des églises de Borgo, Mantoue, Pérouse et Florence. Son portrait est à l'Académie de Saint-Luc à Rome et à la Galerie des Offices à Florence. Il fut très apprécié de ses contemporains en raison de la pureté des formes et de la finesse d'exécution de ses peintures décoratives. Il laissa un fils qui fut modeleur, architecte et sculpteur sur bois.

VENTES PUBLIQUES : MILAN, 4 déc. 1986 : *Étude de personnage pour la Sala Clementina*, sanguine et cr. (19,8x28) : ITL 4 800 000.

ALBERTI Giovanni Baptista, dit Bartolomeo
Né vers 1466 à Sierra. Mort après 1532. XVᵉ-XVIᵉ siècles. Italien.
Peintre.
Il entra, à quatorze ans, dans l'atelier de Neroccio et resta avec lui jusqu'à l'âge de trente-deux ans. En 1508, il acheva un tableau du maître destiné à l'église de San Giuliano de la commune de Gavorzano, et que celui-ci avait laissé inachevé.

ALBERTI Giovanni di Borghese
XIIIᵉ siècle. Travaillait à Bologne. Italien.
Peintre.
C'est le plus ancien de cette famille des Alberti, originaires de Borgo San Sepolcro et qui fournit, aux XVIᵉ et XVIIᵉ siècles, toute une théorie de peintres, de sculpteurs, de graveurs et d'artistes de tous genres. De Giovanni, nous savons seulement qu'il vivait vers 1275 et fut connu comme peintre à Bologne.

ALBERTI Giovanni di Giuliano di Alberto, dit Liso
Né en 1483. Mort en 1553. XVIᵉ siècle. Italien.
Peintre et sculpteur.
On a de lui, à Rome, à l'église San Lorenzo a Damaso, le martyre de ce saint. Ses quatre fils, Lodovico, Alberto, Girolamo et Romano, sont tous connus comme peintres : le dernier fit également de la littérature, et est connu comme écrivain.

ALBERTI Girolamo
Mort le 16 février 1582 à Rome. XVIᵉ siècle. Italien.
Peintre, graveur sur bois.
Il était fils du peintre Giovanni di Giuliano di Alberto, dit Liso. A Rome et à Pérouse, en collaboration avec ses neveux Cherubino et Giovanni et aussi avec celle de son frère Alberto, cet ingénieur militaire aida à la restauration du castel et des murs de San Sepolcro. Il alla à Rome en 1566. Son portrait figure au Palais Alberti à San Sepolcro.

ALBERTI Girolamo, le Jeune
Mort en 1623. XVIᵉ-XVIIᵉ siècles. Italien.
Peintre.
Fils de l'architecte militaire Francesco Alberti.

ALBERTI Giuseppe
Né le 3 octobre 1640 à Tesero (principauté de Trente). Mort le 3 février 1716 à Cavalese. XVIIᵉ-XVIIIᵉ siècles. Italien.
Peintre de compositions religieuses.
Cet artiste se consacra d'abord à l'étude de la médecine, à Padoue, mais l'abandonna pour se consacrer uniquement à son art. Son maître fut Piedro Liberie de Venise. Plus tard, il vint à Rome, où il fit de l'architecture. Ensuite il se fixa à Trente, où il bâtit, par ordre de l'archevêque Francesco Alberti Poja, la chapelle du Crucifiement de la cathédrale, qu'il dut ensuite orner de peintures à fresque. Il se voua ensuite au sacerdoce et fut consacré prêtre à Trente. Dès lors, il n'a plus produit que des tableaux religieux. *Le Martyre de saint Simon*, qu'on peut admirer au *Ferdinandeum* d'Innsbruck, est considéré comme son chef-d'œuvre. Il forma de nombreux élèves, parmi lesquels il convient de citer Michel-Ange de Pleims, Unterberger, Dominico Bonora, Paul Troger et John-Georges Gorsmaï.

ALBERTI Giuseppe Vizzotto
Né en mai 1862 à Oderzo. Mort le 30 novembre 1931 à Venise. XIXᵉ-XXᵉ siècles. Italien.
Peintre de portraits, paysages.
Frère d'Enrico Vizzotto, il fut élève de l'académie des beaux-arts de Venise.
MUSÉES : BAUTZEN (Mus. mun.) : *À la fontaine* – ROME (Gal. d'Art) : *Sur la plage* – *Cardo selvatico*.
VENTES PUBLIQUES : LONDRES, 28 mars 1990 : *Mariage en gondole sur la lagune*, aquar. avec reh. de gche (37x64) : **GBP 1 430** – MILAN, 18 oct. 1990 : *Rendez-vous galant sur la place Saint Marc à Venise*, h/pan. (47x34) : **ITL 21 000 000** – LONDRES, 4 oct. 1991 : *La pêche dans la lagune à Venise* 1892, aquar./pap. (53,3x34,8) : **GBP 2 200** – LONDRES, 7 avr. 1993 : *Pêcheurs sur la lagune vénitienne* 1891, aquar. et gche (63,5x34) : **GBP 2 070** – MILAN, 26 mars 1996 : *Cartomancienne dans une étable*, h/t (110x185) : **ITL 34 500 000**.

ALBERTI Henri
Né le 18 janvier 1868 à Paris. XIXᵉ-XXᵉ siècles. Français.
Peintre de compositions religieuses, scènes de genre, portraits, illustrateur.

Élève de Doucet, J. Lefebvre et Luc Olivier Merson. Il débuta au Salon des Artistes Français, en 1894 et y figura jusqu'en 1920.
Ce peintre s'est particulièrement attaché à faire figurer dans ses tableaux des portraits de personnalités contemporaines, notamment dans ses toiles : *La Loge d'Yvette Guilbert*, *Une répétition générale aux Folies-Bergère*. Ses tableaux sont surtout répandus dans les galeries anglaises et américaines.
Alberti est un brillant coloriste et un portraitiste habile et estimé.
Principales œuvres : *Le Père Biet*, *Le Christ et les Pêcheurs*, *La Poissonnière à Honfleur*, *La Saint-Roch à Vasauv*, *Voiture cellulaire*, *Daphnis et Chloé*, *Le Retour de la Grande Pêche*, *La jolie plaignante*, *Les invités du Groom*. A illustré les chansons de Mme Xanrof.
VENTES PUBLIQUES : PARIS, 8 déc. 1949 : *Portrait de jeune femme* : **FRF 6 000** – PARIS, 29 juin 1987 : *Couple sur une terrasse*, h/t (78x106,5) : **FRF 14 000** – AMSTERDAM, 9 nov. 1994 : *Jeune marchande de fleurs aun costume de Scheveningen le soir*, h/t (88x115) : **NLG 3 450** – PARIS, 26 juin 1995 : *Ce soir à 9 heures*, h/t (60x81) : **FRF 7 000** – LONDRES, 11 oct. 1995 : *Dame dans un jardin en été*, h/t (31x38) : **GBP 805**.

ALBERTI Ignaz ou Albrecht
Mort en 1801. XVIIIᵉ siècle. Travailla à Vienne, de 1780 à 1801. Autrichien.
Graveur en taille-douce, dessinateur.
Fut, d'après Bartsch, élève du paysagiste Brand. En 1787, avait un important atelier où il occupait une vingtaine de graveurs à des cartes géographiques et à des dessins anglais. On lit son nom sur le titre des Essais de Spalart sur le Costume (Vienne, 1796-1801).

ALBERTI J. S.
XIXᵉ siècle. Actif à Maestricht. Hollandais.
Peintre d'histoire.

ALBERTI Jean
XVIᵉ siècle. Italien.
Peintre, graveur, dessinateur.
On cite de lui un dessin à la plume représentant un portique qui figurait dans la collection de Mariette et qui fut vendu 8 livres.

ALBERTI Jean Eugène Charles
Né le 21 juin 1777 à Maestricht. Mort vers 1850. XIXᵉ siècle. Hollandais.
Peintre, lithographe, dessinateur.
Vint à Amsterdam à l'âge de cinq ans et y commença ses études ; à 26 ans partit pour Paris comme pensionnaire du roi de Hollande, et fut admis à l'École des Beaux-Arts le 5 mars 1807 sur la présentation d'Isabey. Alla ensuite en Italie et fit des copies de Guido Reni et de Van Dyck. Revint enfin se fixer à Paris. Son tableau, *Marius devant les ruines de Carthage*, exposé au Salon de 1805, lui valut une médaille d'or. On possède de cet artiste plusieurs gravures originales et d'après les maîtres. A publié un cours complet de l'art du dessin. Il a dessiné pour le « Musée Français » de Filhol, *Le Réveil de saint Jérôme*, de F. Barbieri, gravé par Chataignier. On cite également une lithographie de lui : *Ecce Homo*, d'après Guido Reni.

ALBERTI Johann. Voir ALBRECHT Hans

ALBERTI Juliette
XIXᵉ siècle. Française.
Peintre de miniatures.
De 1849 à 1863, elle a donné à la bibliothèque du Jardin des Plantes, à Paris, quatre-vingt-deux miniatures, qui font partie de la Collection des plantes et des animaux.

ALBERTI Leo Battista degli
Né le 18 février 1404 à Florence, d'une famille noble. Mort en 1472. XVᵉ siècle. Italien.
Peintre, sculpteur.
Entra dans les ordres pour pouvoir se livrer à son goût des beaux-arts avec plus de liberté et moins de distraction. Chanoine de la Métropole de Florence et abbé de San Savino de Pise, on a de lui des ouvrages d'architecture à Florence, Rome, Mantoue et Rimini. Son œuvre considérable d'architecte et de théoricien de la perspective n'entrant pas dans le cadre de notre dictionnaire, nous avons toutefois voulu faire mention de son nom, notamment en considération de son influence considérable sur les peintres de son temps (cf. Pierre Francastel : *Art et Société*).

ALBERTI Lodovico
XVIᵉ siècle. Italien.
Peintre, sculpteur de monuments, graveur sur bois.

Il était fils du peintre et sculpteur Giovanni di Giuliano di Alberto Alberti dit Liso. Il fit le tombeau du peintre Raffaelino del Colle, décédé le 14 novembre 1566.

ALBERTI Marie Agathe ou Maria
Née le 14 novembre 1767 à Hambourg. Morte en 1810 à Münster. XVIIIe-XIXe siècles. Allemande.
Peintre de compositions religieuses.
Fille d'un pasteur, elle se convertit au catholicisme et se fit religieuse à Münster. Peignit surtout des Madones. Goethe en fait mention et apprécie beaucoup son talent.

ALBERTI Michele
XVIe siècle. Actif à Florence dans la dernière moitié du XVIe siècle. Italien.
Peintre d'histoire.
Coleschi dit qu'il était originaire de Borgo San Sepolcro. Il appartiendrait très probablement, dans ce cas, à la célèbre famille des Alberti. Il fut élève de Daniele Ricciarelli de Volterre, et se fit une place honorable parmi les peintres d'histoire de son temps. Son œuvre principale est un Massacre des Innocents, qui se trouve à l'église de la Trinità dei Monti à Rome. Malheureusement, ce tableau a beaucoup souffert.

ALBERTI Nikolaus
XVIIe siècle. Allemand.
Sculpteur.
On sait, d'après une inscription, qu'il est l'auteur de la chaire de style baroque de l'église du couvent de Clèves (à présent église Sainte-Anne).

ALBERTI Pier Francesco
Né en 1584 à Borgo San Sepolcro. Mort en 1638 à Rome. XVIIe siècle. Italien.
Peintre de compositions religieuses, sculpteurs, graveur.
Fils de Durante Alberti et frère d'Alberto Alberti. Élève à l'école de son père, il fit des tableaux que l'on peut encore admirer dans sa ville natale, dans la cathédrale, à San Giovanni et à Rome. On cite encore L'Assomption de la Vierge à San Bartolomeo de Borgo San Sepolcro. Auteur d'une gravure intitulée L'Académie de Pittori, pièce très importante et comportant un grand nombre de figures, d'une exécution spirituelle très personnelle. Alberti est également l'auteur d'un certain nombre de pièces gravées.

ALBERTI Piotr
Né en 1913 à Astrakan. XXe siècle. Russe.
Peintre de compositions à personnages, paysages.
Il fit ses études à l'Institut Répine de l'Académie des Beaux-Arts de Leningrad. En 1946 à Moscou, il expose pour la première fois à l'Exposition Artistique de l'URSS, par la suite il participera à de nombreuses expositions nationales et internationales.
Dans une facture assez grasse, il peint des scènes familières de la vie quotidienne.
MUSÉES : MOSCOU (Gal. Trétiakov) – MOSCOU (Mus. Central de l'Armée Soviétique) – OMSK (Gal. d'Art Soviétique) – SAINT-PÉTERSBOURG (Mus. Russe) – SAINT-PÉTERSBOURG (Mus. d'Hist.) – VOLODIMIR (Mus. des Beaux-Arts).
VENTES PUBLIQUES : PARIS, 10 fév. 1991 : Paysanne dans sa cuisine 1950, h/t (42x34) : **FRF 6 000** – PARIS, 15 mai 1991 : Les écolières 1958, h/cart. (33x46) : **FRF 10 500** – PARIS, 25 nov. 1991 : La leçon de piano, h/cart. (18x26) : **FRF 11 000** – PARIS, 6 déc. 1991 : Déjeuner en forêt 1956, h/cart. (17x24) : **FRF 4 000** – PARIS, 13 mars 1992 : Dans le musée russe de Saint-Pétersbourg, h/t (80,2x100,5) : **FRF 7 500** – PARIS, 20 mai 1992 : Dimanche au parc 1970, h/cart. (42x55) : **FRF 8 200**.

ALBERTI Rafaël
Né le 16 décembre 1902 à Cadix (Espagne). XXe siècle. Actif et naturalisé en Argentine. Espagnol.
Peintre animalier, peintre à la gouache.
Il fut élève de l'Académie Royale San Fernando de Madrid. Il a toujours beaucoup voyagé à travers le monde et se fixa tôt à Buenos Aires, prenant la nationalité argentine. Il a figuré dans des expositions à Buenos Aires, Montevideo, Madrid, etc.
VENTES PUBLIQUES : MADRID, 22 fév. 1983 : Oiseaux et fleurs 1920, gche (60x47,5) : **ESP 75 000** – MADRID, 20 mars 1984 : Oiseaux et fleurs 1920, gche (60x47,5) : **ESP 100 000** – MADRID, 24 fév. 1987 : Fleurs et oiseaux 1920, gche (60x47,5) : **ESP 120 000**.

ALBERTI Romano
Né en 1593 à Borgo San Sepolcro. XVIIe siècle. Travailla à Rome. Italien.

Peintre de compositions religieuses, sculpteur, graveur.
Fut secrétaire de l'Académie romaine de Saint Luc, fondée par Zuccharo. Publia à Rome, en 1585, un Trattato sopra la nobilità della pittura. Il existe une fresque de lui dans l'ancien couvent des Minori Osservanti in San Sepolcro, représentant Saint François bénissant la ville.

ALBERTI Urbano
Né le 10 mai 1671 à Pérouse. XVIIe-XVIIIe siècles. Italien.
Peintre de miniatures.
Appartenait à la corporation des miniaturistes de Pérouse.

ALBERTI Vitruvio
XVIIe siècle. Italien.
Peintre.
Il travaillait à Rome.

ALBERTI da Saint-Ambrogio Giorgio
XVIIIe siècle. Italien.
Sculpteur de monuments.
Appelé à Ferrare, en 1797, pour exécuter, avec l'aide d'autres sculpteurs de Vérone, un maître-autel en marbre pour la cathédrale, qui devait être achevé pour Noël de la même année.

ALBERTI Y BARCELO Fernando
Né le 17 avril 1870 à Madrid. XIXe-XXe siècles. Espagnol.
Peintre de sujets de genre, figures, portraits, aquarelliste, illustrateur.
Il fut élève de l'Académie de San Fernando de Madrid. Il a exposé depuis 1892, aux Expositions de Madrid, ainsi qu'à Munich en 1909. Il a travaillé pour des journaux illustrés, notamment pour le célèbre Blanco y Negro.

ALBERTIER Claude Pierre
Né vers 1787 à Dijon. XIXe siècle. Français.
Peintre.
Entra à l'École des Beaux-Arts à l'âge de 12 ans, le 14 germinal, an VIII (1799), sur la recommandation de Suvée. Il fut élève de Le Barbier.

ALBERTIN André
Né le 4 juin 1867 à Grenoble (Isère). Mort en 1933 à Grenoble. XIXe-XXe siècles. Français.
Peintre de paysages, aquarelliste.
Journaliste et critique d'art, il fut formé à la peinture par l'abbé Laurent Guétal et le peintre Ernest Hareux.
Il exposa aux divers Salons parisiens en 1895, 1896 et 1899. On a pu voir de ses peintures, datées de 1897 à 1917, lors de l'exposition 150 ans de peinture dauphinoise au château de La Condamine en 1980.
Il n'a pratiquement peint que des paysages de l'Isère, sachant en rendre les changements rapides au gré du temps dans une touche légère, limpide et transparente.
BIBLIOGR. : Gérald Schurr : Les Petits Maîtres de la peinture 1820-1920, valeur de demain, t. VI, Les Éditions de l'Amateur, Paris, 1985.

ALBERTIN André Léon
Né à Fontenay-le-Comte (Vendée). XXe siècle. Français.
Peintre de paysages, marines, fleurs.
Il expose à la Société Nationale des Beaux-Arts depuis 1930.
VENTES PUBLIQUES : PARIS, 4 nov. 1948 : Paysage et cathédrale : **FRF 1 000** – BREST, 18 mai 1980 : Belle-Île, côte sauvage, h/t (38x46) : **FRF 2 500**.

ALBERTIN Louis
XIXe siècle. Vivait à Londres dans la première moitié du XIXe siècle. Britannique.
Peintre de genre, aquarelliste.
Albertin envoya six œuvres à Suffolk Street et quatre à la New Water-Colours Society de Londres, en 1832 et 1833.

ALBERTINELLI Ludovico
XIXe siècle. Vivait à Padoue. Italien.
Peintre d'histoire.

ALBERTINELLI Mariotto
Né le 13 octobre 1474 à Florence. Mort le 5 novembre 1515 à Florence. XVe-XVIe siècles. Italien.
Peintre de compositions religieuses, fresquiste.
La vie d'Albertinelli est particulièrement intéressante à étudier. Il fut batteur d'or jusqu'à l'âge de 20 ans. C'est à cette époque qu'il entra dans l'atelier de Cosimo Roselli, où il fit connaissance de Fra Bartolomeo. Les deux jeunes gens se lièrent d'une profonde amitié et firent une sorte d'association artistique. Ils peignirent

ainsi en collaboration un grand nombre de tableaux qu'ils signèrent d'un monogramme (une croix entre deux anneaux). Mais il existait entre eux une telle différence de caractères que leur association ne dura pas. Fra Bartolomeo, disciple de Savonarole extrêmement austère, entra dans les ordres, lassé de l'existence de débauche que menait son compagnon. Cependant Albertinelli et Fra Bartolomeo se réconcilièrent peu après et collaborèrent encore, de 1509 à 1512 ; puis ils se brouillèrent définitivement. Albertinelli se fit alors aubergiste, et Vasari prétend que cette décision fut prise à la suite des critiques faites sur sa peinture. Il revint cependant à la vie artistique, mais il était déjà très malade et mourut d'épuisement, âgé de 41 ans à peine.

C'était une nature puissante, prodigieusement intéressante. Doué d'un tempérament artistique remarquable, il eût pu prétendre à une toute première place parmi les grands maîtres de l'art italien. Dans les toiles qu'il peignit en collaboration avec Fra Bartolomeo, il est bien difficile parfois de distinguer la part qui revient à chacun d'eux. C'est ainsi qu'à Pise, l'église Sainte-Catherine possède une *Madone et l'Enfant Jésus*, datée de 1506 et signée des deux artistes, sur laquelle les critiques ont varié d'avis, en ce qui concerne la participation de Fra Bartolomeo. Les ouvrages ne s'étendent pas sur l'œuvre d'Albertinelli, s'ils accordent plus d'intérêt anecdotique au personnage du peintre devenu aubergiste, le subordonnant totalement à la personnalité du Fra Bartolomeo, de qui il fut en effet le collaborateur. Pourtant, lorsque Albertinelli vint retrouver, au milieu des moines artistes du couvent de Saint-Marc en 1509, son ami le frère pour s'associer de nouveau avec lui pour de nouvelles œuvres, il avait auparavant peint en son nom propre des œuvres non négligeables : la *Visitation*, des Offices, en 1503, la *Sainte Famille*, du Palais Pitti, qui est de la même époque, le *Crucifiement*, peint à fresque en 1506, dans la chartreuse de Val d'Ema, près de Florence, la *Vierge, avec l'Enfant Jésus, saint Jérôme et saint Zénobe*, au Louvre, qui doit dater également de 1506. De cette nouvelle collaboration devaient, entre autres œuvres, naître : en 1509, la *Vierge en gloire*, de la cathédrale de Lucques, et les *Saints Protecteurs de Florence autour de la Vierge*, œuvre qui demeura inachevée en 1512, lors de leur séparation. Son activité d'aubergiste acceptée de si bon cœur ne lui ayant pas apporté toutes les satisfactions qu'il en attendait, il dut reprendre les pinceaux dès 1513, participant aux décorations du Palais Médicis, pour célébrer l'élection de Léon X à la papauté. La même année, il acheva l'*Adam et Ève* de Fra Bartolomeo (à la galerie du château Howard) et peignit, seul, le *Sacrifice d'Abraham* (conservé au même endroit). L'*Annonciation* du Musée de Munich, doit être de la même époque. Il alla à Rome, où il effectua divers travaux, notamment la *Vierge avec l'Enfant Jésus, sainte Catherine de Sienne et saint Dominique*, à l'église Saint-Silvestre di Montecavallo. On cite également à la Chartreuse de Val d'Emma : *Jésus en croix*, 1506 ; à Venise, à Santa Maria della Salute : *Vierge* ; à la cathédrale de Volterra : *Annonciation*. De passage à Viterbe, il tomba malade et se fit transporter à Florence pour y mourir le 5 novembre 1515.

Il a, certes, laissé un œuvre de moins d'éclat que celui de Fra Bartolomeo, d'autant que peint dans une gamme pâle, mais non sans qualités de charme et de tendresse.

BIBLIOGR. : Gustave Gruyer : *Fra Bartolomeo et Mariotto Albertinelli*, Rouam, Paris, s. d – vers 1900.

MUSÉES : BERGAME (Acad. Carrara) : *Le Christ et trois religieux* – Deux saints – CAMBRIDGE (Mass. Fogg Mus.) : *Sacrifice de Caïn et Abel* – CHANTILLY : *Sainte Marie-Madeleine* – CHARTRES : Triptyque de la collection Campana – FLORENCE : *Sainte Famille – Visitation* – *Jésus-Christ mort au pied de la croix* – LILLE : *Étude de femme* – LONDRES : *Vierge à l'Enfant* – MUNICH : *Annonciation* – PARIS (Louvre) : *Vierge et l'Enfant adoré par saint Jérôme et sainte Zénobie* 1506 – *Le Christ apparaissant à sainte Madeleine* – PRATO : *Sainte Famille – Annonciation – Trinité* – ROME (Borghese) : *Sainte Famille – Rédempteur*.

VENTES PUBLIQUES : PARIS, 1823 : *La Vierge devant l'Enfant endormi* : FRF 720 – PARIS, 1826 : *La Vierge présentant l'Enfant à saint Jérôme* : FRF 400 – PARIS, 1852 : *Jésus apparaissant à sainte Madeleine*, dess. : FRF 59 – PARIS, 1865 : *Vierge à l'Enfant et saint Jean* : FRF 12 500 – PARIS, 1871 : *Vierge debout tenant l'Enfant Jésus* : FRF 400 – PARIS, 1880 : *Vierge et l'Enfant* : FRF 3 020 –

PARIS, 1881 : *Sainte Famille aux Anges* : FRF 700 – PARIS, 1900 : *Trois petits panneaux* : FRF 380 – NEW YORK, 1909 : *Martyre de sainte Christine* : USD 100 ; *Miracle d'un saint* : USD 100 – PARIS, 1912 : *Jésus et Madeleine*, anc. Coll. Beurnonville : FRF 1 600 – LONDRES, 1919 : *Madone, Crucifixion, Saint-Étienne, Saint Sébastien*, l'ensemble : GBP 315 – PARIS, 26 et 27 mai 1919 : *Femme agenouillée*, dess. : FRF 6 100 – PARIS, 21 et 22 mai 1928 : *La Vierge, l'Enfant Jésus et saint Joseph*, attribué à : FRF 9 200 – LONDRES, 13 fév. 1936 : *La Madone et l'Enfant Jésus avec saint Jean* : GBP 15 – MILAN, 19 nov. 1963 : *La circoncision* : ITL 4 200 000 – LONDRES, 26 nov. 1965 : *Nolli me tangere* : GNS 9 000 – ROME, 27 mai 1986 : *La Vierge et l'Enfant avec saint Jean*, h/pan. (97x74) : ITL 125 000 000 – NEW YORK, 15 jan. 1993 : *Marie et Joseph adorant l'Enfant Jésus*, h/pan. tondo (diam. 86) : USD 57 500 – LONDRES, 8 déc. 1993 : *Vierge à l'Enfant ou Vierge à la grenade*, h/pan./t. (87,7x68) : GBP 41 100.

ALBERTINI Alessandro
Né à Florence. XVIe siècle. Travailla à Rome, au XVIe siècle. Italien.
Sculpteur.
Aurait été, d'après un document de 1591, consul de la Congrégation romaine des tailleurs de pierres.

ALBERTINI Antonio
XVIIe siècle. Travaillait à Milan. Italien.
Sculpteur.
A travaillé, vers 1670, à la cathédrale de Milan.

ALBERTINI Bernard
Né à Lucciana (Corse). XXe siècle. Français.
Peintre de portraits, paysages, fleurs.
Il a exposé au Salon des Indépendants en 1928, 1929 et 1930.

ALBERTINI Carlo degli
Né le 25 décembre 1889 à Vérone. XXe siècle. Italien.
Peintre de portraits, animalier.
D'abord officier de cavalerie, il quitta l'armée. Il vint à Paris et fut élève de l'Atelier André Lhote. De sa première carrière, il a gardé la passion des chevaux, qu'il aime peindre galopant en liberté. Il peint de préférence des sujets violents ou en tout cas agités. On cite aussi son *Autoportrait*.

ALBERTINI Dominique
Né à Castirla (Corse). XXe siècle. Français.
Peintre de figures, paysages.
Il a exposé au Salon des Artistes Français à partir de 1933, et a figuré au Salon d'Automne de 1941. Il a peint des paysages de la région parisienne, et des scènes de l'ancien Annam, où il a sûrement voyagé.

ALBERTINI Francesco, dit **Il Nerone**
XVIe siècle. Italien.
Sculpteur.
Cet artiste florentin travailla à Rome, vers 1591, au Palais du Pape.

ALBERTINI Giuseppe
XVIIIe siècle. Travaillait à Pesaro, en 1740. Italien.
Peintre.
Élève de Giov. Andrea Lazzarini. A copié surtout des maîtres anciens.

ALBERTINI Innocenzo
XVIIe siècle. Travaillait à Ferrare. Italien.
Sculpteur.
Fut appelé par Francesco Mocchi pour travailler à deux statues équestres de deux ducs de Ferrare, qui furent élevées à Plaisance en 1620 et 1624.

ALBERTINI Luigi
Né en 1830 à Padoue. XIXe siècle. Italien.
Peintre de compositions religieuses.
On cite de lui un tableau à Saint-André, à Padoue : *Le Triomphe de la Croix*.

ALBERTINI Oreste
Né en 1887 à Torre del Mangano. Mort en 1953 à Besana Brianza. XXe siècle. Italien.
Peintre de scènes de genre, paysages.
Il a peint des triptyques à plusieurs reprises. Il exprime dans ses peintures un enthousiasme très personnel pour la vie.

VENTES PUBLIQUES : MILAN, 10 juin 1976 : *Il sasso lungo*, h/isor. (34x45) : ITL 850 000 – MILAN, 19 juin 1979 : *Les Dolomites* 1938, h/t (180x120) : ITL 1 800 000 – MILAN, 12 déc. 1985 : *Paysage* montagneux 1929-32, pap., triptyque (78x764) : **ITL 9 000 000** – MILAN, 14 mars 1989 : *Paysage lacustre*, h/t (60x79,5) : **ITL 3 600 000** – MILAN, 6 déc. 1989 : *Paysage de montagne au soleil couchant* 1923, h/pan. (24x29) : **ITL 1 400 000** – MILAN, 21 nov. 1990 : *Ponte Tresa* 1922, h/pan. (24,5x29) : **ITL 2 600 000** – MILAN, 19 mars 1992 : *Paysage automnal* 1927, h/pan. (50x40) : **ITL 3 500 000** – ROME, 27 avr. 1993 : *Une prairie en montagne* 1927, h/pan. (40x70) : **ITL 5 630 200** – MILAN, 25 oct. 1994 : *Panorama de Viconago avec effets de soleil*, h/t (120x180) : **ITL 17 250 000** – MILAN, 18 déc. 1996 : *Le soir dans le val Ceresio* 1939, h/pan. (39x49) : **ITL 5 359 000**.

ALBERTINI Pietro
XVIIe siècle. Travaillait à Rome. Italien.
Sculpteur.
Mentionné dans un document de 1606.

ALBERTINO
XIVe siècle. Italien.
Peintre.
D'après les registres des dépenses du trésor des ducs di Acaia, Albertino peignit, en 1330, les salles d'audience du duc.

ALBERTINO
XVe siècle. Italien.
Peintre d'histoire.
Il vivait à Padoue, au XVe siècle. On trouve son nom cité dans des comptes pour travaux de peinture.

ALBERTINO Pisano
XIVe siècle. Travaillait à Pise. Italien.
Sculpteur.
Mentionné dans un document de l'an 1300, comme un des sculpteurs ayant décoré l'église de Pise.

ALBERTINO Vincenzo
XVIIe siècle. Italien.
Sculpteur.
D'après Zani, travailla à Plaisance comme sculpteur, vers 1622.

ALBERTINO da Milano
XIIe siècle. Italien.
Sculpteur.
Il aurait produit de 1190 à 1200.

ALBERTINO di Niccolo
Mort après 1400. XIVe-XVe siècles. Travaillait à Padoue. Italien.
Peintre.
Il appartenait à l'école de Giotto. Travailla à côté de Giusto Menabuoi à Padoue. En 1370, Jacobo di Obizone lui loua son atelier pour un an. Il fut obligé, pour gagner sa vie, de travailler chez Ludovico di Jacobello de Venise.

ALBERTIS Eduardo de
XIXe-XXe siècles. Actif à Gênes. Italien.
Sculpteur.
Cet artiste a pris part aux expositions italiennes les plus importantes depuis 1893, ainsi qu'à celles de Munich. On cite parmi ses envois dans cette dernière ville un important relief en marbre, en 1901.

ALBERTIS Giuseppe de
Né vers 1760. Mort après 1828. XVIIIe-XIXe siècles. Actif à Milan. Italien.
Peintre de compositions religieuses, miniatures.
Il fut mentionné en 1828, pour une *Madone*.
VENTES PUBLIQUES : MILAN, 28 mai 1992 : *Sainte Famille*, h/t (119x93,5) : **ITL 12 000 000**.

ALBERTIS Paolo de
XIXe siècle. Napolitain, actif au XIXe siècle. Italien.
Peintre d'histoire, paysages.
Fit ses études à l'Académie de Naples, et s'adonna particulièrement au paysage. Il se livra cependant au genre historique et, en 1815, il possédait une notoriété suffisante pour que le Gouvernement lui confiât la mission de représenter l'entrée du roi Ferdinand à Naples. En 1828, Albertis brigua une chaire à l'Académie. Il exposa, en 1833, un remarquable tableau : *La Mort de saint André*. On lui doit un certain nombre de lithographies.

ALBERTIS Sebastiano de
Né le 14 juin 1828 à Milan. Mort en 1897 à Milan. XIXe siècle. Italien.
Peintre de sujets militaires.
Il se perfectionna avec Domenico Induno, mais il sut garder sa personnalité. Peintre militaire, il étudia tout spécialement le che-

val de guerre et trouva le moyen d'utiliser cette spécialité dans ses tableaux militaires de l'indépendance italienne. Il exposa, en 1872, à Milan : *Logement militaire, La charrue, Cheval abandonné, Les deux cousins, Masaniello à cheval.* A Naples, en 1877, on admira de lui : *Garibaldi dans les Vosges.* Mais sa renommée ne fut réellement assurée qu'à l'apparition de *La bataille de Pastrengo*, qui suscita un véritable enthousiasme. A Venise, en 1881, de Albertis exposa : *Trop de confidence, Madame se fait attendre, Aux avant-postes.* A Milan, la même année : *Le général Medici le 9 janvier 1878, Après le travail.* Enfin, dans le reste de son œuvre, nous relevons : *Portrait de mémoire* (fait sans modèle), *Cheval de Prédilection, Vieux carabiniers de 1848, Charge du régiment de cavalerie de Gênes, Reddition du fort d'Ampola, La gardeuse d'oies.* On conserve de lui au Musée de Trieste son tableau : *Le Parc.*
VENTES PUBLIQUES : MILAN, 8 nov. 1967 : *Colonne de soldats* : **ITL 450 000** – MILAN, 16 nov. 1972 : *La charge de cavalerie* : **ITL 600 000** – MILAN, 28 oct. 1976 : *La charge de cavalerie à Montebello*, h/t (55x100) : **ITL 8 500 000** – LOS ANGELES, 16 mars 1981 : *La légion étrangère sur une route*, h/cart. (33x40,5) : **USD 4 500** – MILAN, 5 nov. 1981 : *Charge de cavalerie*, aquar. (13x22) : **ITL 4 000 000** – MILAN, 8 nov. 1983 : *Charge de cavalerie* 1887, h/t (17x46) : **ITL 12 000 000** – MILAN, 27 mars 1984 : *chevaux au galop* 1883, h/t (83x130) : **ITL 24 000 000** – MILAN, 21 mars 1985 : *Episodio del Risorgimento*, h/t (48x61) : **ITL 6 000 000** – LONDRES, 27 mars 1987 : *Après la bataille*, aquar. (16,5x29,5) : **GBP 1 300** – LONDRES, 29 avr. 1988 : *Charge de cavalerie*, h/pan. (15x28) : **GBP 4 620** – MILAN, 14 mars 1989 : *Amazone sur le bord d'un lac* 1892, h/pan. (39x27) : **ITL 20 000 000** – MILAN, 6 déc. 1989 : *Scène de bataille*, h/pan. (11x22,5) : **ITL 14 000 000** – MILAN, 21 nov. 1990 : *Soldat et son cheval*, aquar./pap. (12x8,5) : **ITL 1 300 000** – MILAN, 6 juin 1991 : *Après la bataille*, aquar./pap. (6x15) : **ITL 4 000 000** – MILAN, 29 oct. 1992 : *À l'assaut du camp ennemi* 1887, h/pan. (29x49) : **ITL 32 000 000** – MILAN, 9 nov. 1993 : *Garibaldi à cheval*, h/pan. (9,5x18,5) : **ITL 9 430 000** – MILAN, 22 mars 1994 : *Épisode militaire*, h/t (73x98) : **ITL 6 900 000** – MILAN, 19 déc. 1995 : *Pièces d'artillerie tirées par des chevaux*, h/pan. (12x35) : **ITL 23 000 000** – ROME, 28 nov. 1996 : *Charge de cavaliers*, aquar./cart. (20x16) : **ITL 4 500 000**.

ALBERTO
XIIIe siècle. Travaillait à Pise. Italien.
Peintre.
Morrona signale de lui un tableau pour le maître-autel de l'église San Francisco de Pise.

ALBERTO, maestro ou **Albertino**
XIIIe siècle. Travaillait à Bologne vers 1285. Italien.
Sculpteur.
Cité par Zani.

ALBERTO
XIVe siècle. Travaillait à Bologne. Italien.
Peintre.

ALBERTO ou **Berto**
Mort en juillet 1481. XVe siècle. Actif à Venise. Italien.
Peintre.
Mentionné dans un document de 1469. Eut deux fils, Francesco et Lodovico.

ALBERTO
XVe siècle. Travaillait à Venise. Italien.
Sculpteur.
Exécuta, en 1491, les statues de Vitruve, de Catulle, de Pline, d'Em. Macer et de Cornelius Nepos, qui se trouvent au Palais de Consiglio Comunale à Vérone.

ALBERTO, prete, dit aussi **Prè Alberto** et **Zio Alberto**
XVIe siècle. Travaillait à Venise en 1524. Italien.
Peintre mosaïste.
Issu d'une famille bourgeoise vénitienne, est nommé, en 1524, maître des travaux de mosaïque de la voûte de la sacristie de San Marco, où il exécuta les figures de saint Zacharie et de David.

ALBERTO
XVIe siècle. Travaillait à Ferrare. Italien.
Sculpteur sur pierre.
Collaborait, en 1542, avec Giacomo d'Andréa de Ferrare, à la construction du couvent des Dominicains de cette ville, sous la direction de Terribilia.

ALBERTO Antonio, dit **Antonio de Ferrare**
Mort vers 1450 à Ferrare. XVe siècle. Italien.

Peintre de compositions religieuses, portraits.
Élève d'Angelo Gaddi. Exécuta à Urbino et à Citta di Castello plusieurs beaux ouvrages qui se font remarquer par la vivacité et la douceur du coloris, le soin apporté aux figures et la variété des attitudes. De lui : *La Vierge tenant son enfant*, le *Miracle de la Vierge* et un autre tableau remarquable, sans titre.
VENTES PUBLIQUES : PARIS, 1859 : *Le miracle de la Vierge*, dess. : FRF 6 – COLOGNE, 1862 : *La Vierge tient son enfant dans ses bras* : FRF 2 437.

ALBERTO Bartolomé, dit Alberto
XVIIe siècle. Actif à la fin du XVIIe siècle. Espagnol.
Peintre de compositions religieuses, fresquiste.
Exécuta les fresques de la chapelle du couvent de Orihuela et diverses peintures représentant Saint Thomas, Saint Raymond, Saint Vincent, Saint Dominique, Sainte Catherine et Saint Pierre. On trouve également des tableaux de lui à Albaida.

ALBERTO di Arnoldo, dit Alberto Fiorentino
Né probablement à Florence. XIVe siècle. Italien.
Sculpteur de sujets religieux, statues.
Fils d'un Maestro di Pietra, Arnoldo, qui vint à Florence au commencement du XIVe siècle. On trouve son nom pour la première fois, en 1351, dans un document de l'époque. En 1359, la Congrégation de la Miséricorde de Florence lui commanda une statue colossale de la *Pitié*, avec deux anges portant des candélabres. Il fut aussi architecte.

ALBERTO di Betto da Assisi
XVe siècle. Actif à Sienne. Italien.
Sculpteur sur bois.
D'après un document du 29 janvier 1420, obtint la commande de quatre statues pour la chapelle du Crucifiement, de la cathédrale de Sienne.

ALBERTO da Bissone
XIVe siècle. Travaillait à Milan. Italien.
Sculpteur.
Fut employé, en 1387, à la construction de la cathédrale de Milan.

ALBERTO da Campione
XIIIe siècle. Actif à Modène. Italien.
Sculpteur de sujets religieux.
Fils d'Anselme et neveu d'Arrigo, il fut employé en tant qu'architecte à la construction de la cathédrale de Modène jusqu'après 1244.

ALBERTO da Campione
XVe siècle. Actif à Milan. Italien.
Sculpteur.
Créa, d'après le plan du peintre Rodini da Montorfano en 1404, la statue de marbre *Homo Salvaticus* pour le groupe gigantesque qui orne le sommet de la nef sud de la cathédrale de Milan.

ALBERTO da Carona
XIVe siècle. Italien.
Sculpteur.
Travailla, en 1387, à la cathédrale de Milan.

ALBERTO da Carona
XVIe siècle. Italien.
Sculpteur.
Travailla, en 1545, à la cathédrale de Milan.

ALBERTO Fiorentino. Voir ALBERTO di Arnoldo

ALBERTO di Giacomo
Mort en 1481. XVe siècle. Italien.
Peintre.
Immatriculé sous le nom d'Albertus Domini Jacobi dans la corporation des peintres de Pérouse, en 1466. Fut massier au premier semestre de 1465 et camerlingue au second semestre de 1466. Fut enfin prieur en 1479.

ALBERTO di Giovanni da Borgo San Sepolcro
XVIe siècle. Italien.
Sculpteur sur bois.
Il reçut, de l'évêque Filidori, mission d'orner les chaises de l'église San Fortunato de Todi avec des reliefs sculptés et des marqueteries.

ALBERTO di Giovanni da Venezia
XVe siècle. Italien.
Sculpteur de groupes.
Exécuta, à Rome, concurremment avec Ambrogio di Giovanni,

en 1468, les groupes de marbre du jardin du palais de San Marco.

ALBERTO di Guglielmo
XIVe siècle. Travaillait à Bologne. Italien.
Miniaturiste.
Son nom est enregistré dans les statuts de la société de Santo Giacomo di Loreto.

ALBERTO de Holanda
XVIe siècle. Espagnol.
Peintre de vitraux.
Cet artiste, très probablement originaire des Pays-Bas, s'engagea, devant les membres du chapitre de la cathédrale d'Avila, en 1520, à décorer, avec tout l'art possible, les vitraux de la principale chapelle. Il y représenta la Vierge, des Apôtres et des Martyrs. Ce travail achevé, il partit pour Tolède (1522) où il fut également chargé de peindre les vitraux de la cathédrale.

ALBERTO da Marzolara
Né vers 1103 à Reggio d'Emilia. XIIe siècle. Italien.
Peintre.
L'époque de sa naissance a été prouvée par des pièces des archives de Santo Prospero, retrouvées à Reggio.

ALBERTO da Milano, appelé Becherio
XIIIe siècle. Actif à Gênes. Italien.
Peintre.
On sait, d'après des documents datés de 1282, que, dès sa jeunesse, il était devenu aide du peintre Accorso Mascarello.

ALBERTO da Modena
XVe siècle. Travaillait à Bologne dans la seconde moitié du XVe siècle. Italien.
Peintre.
Il exécuta, en collaboration avec Gasparo de Modena les peintures des vitraux du couvent Saint-Michel, à Bologne. Peut-être est-il le même que le peintre du même nom, cité en 1532, dans les actes des tribunaux ?

ALBERTO da Montorfano
XVe siècle. Italien.
Peintre.
Il appartenait à une famille qui a produit de nombreux artistes et il était le fils d'Abramo da Montorfano, qui travaillait à la cathédrale de Milan, en 1430. Alberto da Montorfano est cité sur une liste des peintres italiens, datée de 1481.

ALBERTO da Parma
XVe siècle. Actif vers 1496. Italien.
Peintre et sculpteur.
Il est mentionné par Zani. Lopez suppose qu'il fut élève de Jacopo Loschi.

ALBERTO da Pisa
XIIe siècle. Italien.
Sculpteur.
On trouve son nom dans le dossier d'un procès qui se déroula à Pise au XIIe siècle, entre le chapitre du Dôme et la famille Gualandi. La pièce en question n'est pas datée, mais on croit qu'elle a été écrite en 1183.

ALBERTO di Sette
XVe siècle. Actif à Bologne vers 1496. Italien.
Peintre.

ALBERTO da Tolmezzo
Né à Tolmezzo. Mort le 15 mai 1506. XVe siècle. Italien.
Peintre.
Il avait un fils, Floriano, d'après lequel la famille adopta plus tard le nom de Floriani. Contemporain de Domenico et de Martino, il travaillait, comme eux, à Udine.

ALBERTO da Ungheria
XVIe siècle. Italien.
Peintre.
Il s'engagea, en 1514, à peindre pour la commune de Castro Peticulo (Italie du Sud) un tableau d'autel représentant *la Madone avec saint Nicolas et saint Sébastien* en prenant pour modèle celui de Santo Giovanni di Rocca.

ALBERTO da Verona
XVe-XVIe siècles. Actif à Venise à la fin du XVe siècle et au début du XVIe siècle. Italien.
Peintre et miniaturiste.
On trouve sa signature au bas d'un testament fait le 1er octobre 1485, et l'on sait qu'il travailla à la chapelle Zen en 1527.

ALBERTO di Viera
XVe siècle. Italien.
Peintre.
Mentionné en 1472 à Udine.

ALBERTO da Volterra
XIIe siècle. Italien.
Miniaturiste.
Il fut rétribué à Pise, en 1169, pour avoir collaboré à la décoration d'une Bible, à la Chartreuse de Calci, près de Pise.

ALBERTO TAYAPREDA
XVe siècle. Actif à Vérone. Italien.
Sculpteur.
C'est lui qui sculpta, en marbre rouge, la rosace de la façade principale de San Francesco del Prato, à Parme, en 1461. Lorsque le cardinal Antonio degli Oddi, fondateur de l'église du Saint-Sépulcre, voulut y faire construire son propre tombeau, il confia l'exécution de ce monument à Alberto Tayapreda. Le sculpteur reproduisit, sur la pierre tombale, le cardinal revêtu de ses habits sacerdotaux.

ALBERTOLLI Alberto
Né au XVIIIe siècle à Aoste. XVIIIe siècle. Italien.
Modeleur.
Fils de Michele Albertolli de Bedano. On lui doit les belles décorations de la grande salle et de l'atrium du palais épiscopal d'Aoste.

ALBERTOLLI Fedele
Né en 1789 à Bedano. Mort en février 1832 à Monza. XIXe siècle. Italien.
Peintre décorateur.
Il fut élève de Darsato, à l'Académie de Venise. Vers 1812, il travailla dans plusieurs palais de Milan.

ALBERTOLLI Ferdinando
Né le 11 novembre 1781 à Bedano. Mort le 24 avril 1844 à Milan. XIXe siècle. Italien.
Graveur au burin, dessinateur.
Comme dessinateur, il convient de noter les ornements exécutés d'après ses dessins aux autels de marbre des églises dont il dirigea la construction en tant qu'architecte ainsi qu'un monument funèbre du duc de Lodi, près du lac de Côme. Mayer connaît sept gravures de cet artiste.

ALBERTOLLI Giocondo
Né le 24 juillet 1742 à Bedano. Mort le 15 ou 16 novembre 1839 à Milan. XVIIIe-XIXe siècles. Italien.
Sculpteur ornemaniste, dessinateur.
Il étudia d'abord à Parme dans l'atelier d'un sculpteur, et à l'Académie, ensuite à Rome. Il ne tarda pas à devenir fameux par ses ornements d'architecture. Il fut élu, en 1776, professeur d'ornements à l'Académie de Milan, mais une faiblesse de la vue l'obligea à abandonner ce poste. En 1809, Napoléon le décora de la croix de la Couronne de fer. Également architecte, Albertolli fut fréquemment employé dans la décoration des monuments publics d'Italie dont a donné une forme nouvelle à l'art décoratif de son pays. Ses peintures sont rares. On remarque de lui une *Vierge et l'Enfant Jésus* à l'église Saint-Roch, à Milan.
VENTES PUBLIQUES : NEW YORK, 11 jan. 1994 : *Plafond avec un médaillon central et une frise d'aigles, de putti et de lions,* craie noire, encre brune et lav. (25,2x45,3) : **USD 920.**

ALBERTOLLI Giocondo
XIXe siècle. Actif à Torricella. Italien.
Sculpteur.
Il figura à l'Exposition de Zurich, en 1883, avec *Le Vaurien* et *La Mélancolie.*

ALBERTOLLI Grato
Mort en 1812. XIXe siècle. Actif à Bedano. Italien.
Modeleur et sculpteur d'ornements.
De 1772 à 1775, il travailla avec son frère, Giocondo Albertolli, à la villa ducale al Poggio Reale, près de Florence ; il exécuta seul, plus tard, les travaux de décoration du Palazzo Reale de Florence.

ALBERTOLLI Raffaello
Né en 1770 à Bedano (près de Lugano). Mort en 1812 à Milan. XVIIIe-XIXe siècles. Italien.
Graveur à l'eau-forte, dessinateur.
Raffaello était le fils de Giocondo Albertolli et son élève à la Brera de Milan, où il grava nombre d'études de tête d'après les Antiques. Parmi ses œuvres se trouvent des portraits de hauts personnages de son époque. On cite notamment : un *Portrait de*

Pietro Moscati, Saint Joseph, d'après Guido Reni, et d'autres estampes à la manière noire. Raffaello collabora aussi avec son cousin Ferdinando Albertolli.

ALBERTOLLO da Bellinzona
XVe siècle. Italien.
Peintre.
Il est cité, en 1471, parmi les artistes qui furent employés à la cathédrale de Milan.

ALBERTONI Antonio
XVIe siècle. Actif à Bologne vers 1590. Italien.
Sculpteur, ornemaniste, dessinateur.

ALBERTONI Francesco
Né en 1645 à Bologne. Mort en 1708. XVIIe siècle. Italien.
Sculpteur et architecte.

ALBERTONI Giovanni
Né le 28 novembre 1806 à Varallo Sesia (Piemont). Mort en 1887 à Gioberti (près Turin). XIXe siècle. Italien.
Sculpteur.
Après avoir visité les Académies de Milan et de Turin, il se rendit à Rome, où il devint l'élève de Thorwaldsen ; il y resta deux ans et fut rappelé à Turin par la reine Marie-Adélaïde. Il sculpta alors le superbe tombeau de la reine Marie-Christine, que l'on peut voir à l'abbaye de Haute-Combe (Haute-Savoie). La Russie, l'Angleterre et l'Amérique ont acheté plusieurs de ses sculptures.

ALBERTONI Giovanni Battista
XVIIIe siècle. Actif à Bologne. Italien.
Graveur sur pierre, sculpteur.
En 1705, il prit part à un concours d'architecture pour la construction d'un viaduc, mais il s'adonna surtout à la décoration plastique. On remarque de lui l'armoirie des Malvezzi à Santo Petronio, à Bologne.

ALBERTONI Nicolo
XVIe siècle. Actif à Bologne vers 1596. Italien.
Sculpteur d'ornements.

ALBERTONI Paolo
Mort vers 1695. XVIIe siècle. Italien.
Peintre de compositions religieuses, fresquiste.
Ce fut un disciple de Carlo Maratta, dont il imita la manière. Il était membre de l'Académie de Saint-Luc en 1695, peu de temps avant sa mort. Il travailla surtout à Rome, où il laissa des fresques et des tableaux qu'on peut voir dans diverses églises, notamment à Santo Carlo, dans le Corso, à Santa Maria dans le Campo Marza.

ALBERTONO Cecchino
XVIe siècle. Actif à Rome vers 1591. Italien.
Sculpteur.

ALBERTRANDI Anton
Né vers 1730 à Varsovie. Mort en 1808. XVIIIe siècle. Polonais.
Peintre de compositions religieuses, portraits.
On croit que sa famille était d'origine italienne. Il alla lui-même en Italie pour y étudier la peinture et de retour dans sa patrie, il fut, vers 1765, peintre de la cour du roi Stanislas Auguste, qui devint son élève. Il dirigea une école de peinture à Varsovie et composa un poème en cinq chants, sur l'art, à l'usage des jeunes étudiants. Il est l'auteur de plusieurs tableaux religieux. Mais il fut surtout portraitiste ; ses œuvres sont conservées dans sa ville natale.

ALBERTS Dietrich Wilhelm
XXe siècle. Travaillait en Allemagne. Allemand.
Peintre de genre, portraits.
A pris part à l'Exposition de Berlin de 1910 avec les tableaux : *Musique, Femmes médecins, Portrait du paysagiste Widhagen.*

ALBERTS Gerrit
Né vers 1690 à Nimègue. Mort en 1750 ou 1755. XVIIIe siècle. Hollandais.
Peintre de portraits.
Il a laissé de nombreux portraits ; son exécution était large, sa couleur fine et claire, mais à la fin de sa vie, sa touche s'altéra, devint maniérée et froide.
VENTES PUBLIQUES : LONDRES, 21 oct. 1994 : *Portrait de Christoffel van de Berghe ; Portrait de sa femme avec leur deux fils Isaak et Edward Christian,* h/t, une paire (chaque 71x59,2) : **GBP 6 325.**

ALBERTS Jacob
Né le 30 juin 1860 à Westerhever (Silésie). XIXe-XXe siècles. Allemand.

Peintre de paysages, intérieurs, lithographe.
Alberts, qui fut d'abord destiné à l'Église, abandonna ses études pour l'art. Il commença à travailler la peinture en 1880-1882 sous Peter Janssen à Düsseldorf et Wilhelm Diez à Munich. Puis il voyagea en Hongrie où il fit quelques portraits. Il séjourna aussi quelque temps à Florence où il reçut des conseils de F. Vinea. De 1886 à 1890 on le retrouve à Paris élève de l'Académie Julian et profitant de l'instruction de Jules Lefebvre et de Benjamin-Constant. Alberts passa aussi quelque temps à Londres et y laissa des portraits. Depuis 1890 il se fixa à Berlin, travailla comme professeur à l'école d'art des femmes-peintres. Il débuta au Salon de Paris en 1890 avec un tableau : *Entre Pavots*. A Berlin il s'affilia d'abord à la Société des XI et y exposa des intérieurs et des paysages. Il affirma ses tendances vers la jeune école allemande moderne dans ses envois à la *Secession* à Berlin. On lui doit une lithographie : *Le Vieux Moulin du Hallig* qui figura à l'Union artistique des lithographes en 1902. On cite également ses deux tableaux à la *Secession* de 1909 : *Mon pays* et *Hallig au mois de mai*. Jacob Alberts est représenté aux Musées de Kiel et de Magdebourg.

ALBERTS John Bernhard
Né en 1886 à Louisville. XXe siècle. Américain.
Peintre.

ALBERTS Nicolaus
XVIIe siècle. Allemand.
Sculpteur.
On cite de lui les sculptures de la chaire de l'église Sainte-Anne à Clèves.

ALBERTSEN Andreas Marius Valdemar
Né en 1868 à Middelfort (Fünen). XIXe siècle. Danois.
Peintre de paysages, aquarelliste.
Il étudia à l'Académie des Arts en 1890-1891.

ALBERTSHAUSER Johann
Né au XVIIIe siècle à Vienne. XVIIIe siècle. Autrichien.
Peintre.
Il fit des études artistiques à Ofen et y travailla ensuite. En 1740 il fut admis dans la corporation des peintres ; son nom est encore mentionné vers 1759.

ALBERTSHAUSER Paul
XVIIIe siècle. Actif à Budapest vers 1765. Hongrois.
Peintre.
Fils de Johann Alberthauser.

ALBERTSHOFER Georg
Né le 19 octobre 1864 à Neuburg-sur-Danube. XIXe siècle. Allemand.
Sculpteur de monuments.
Il travailla à Munich où il avait été élève de l'Académie et du professeur von Rümann. Il resta quelques années dans l'atelier du fondeur d'étain Miller ; plus tard il prit part avec succès à divers concours et exécuta différents monuments entre autres celui de Kneipp à Worrishofen (1902) qui est considéré comme son chef-d'œuvre.

ALBERTSZ Jan
XVe-XVIe siècles. Éc. hollandaise.
Peintre.
Il vécut vers la fin du XVe et le commencement du XVIe siècles à Amsterdam.

ALBERTSZ Jan
Né vers 1611. XVIIe siècle. Actif à Amsterdam. Éc. hollandaise.
Graveur en taille-douce.

ALBERTSZ Jan
XVIIe siècle. Éc. hollandaise.
Peintre.
Il acheta son droit de citoyen le 27 mai 1664 à Amsterdam.

ALBERTSZ Reynier
XVIIe siècle. Éc. hollandaise.
Peintre.
Il est fait mention de sa veuve, alors âgée de 70 ans, le 23 janvier 1638.

ALBERTSZ Warner
XVIIe siècle. Actif à Amsterdam en 1616. Éc. hollandaise.
Peintre.

ALBERTUS
XIIIe siècle. Actif à Salzbourg. Allemand.
Peintre.

La mort d'un peintre de ce nom se trouve enregistrée deux fois dans une nécrologie de Salzbourg ; on présume donc qu'il y eut dans cette ville deux peintres du même nom. On ne sait d'ailleurs rien sur leurs travaux.

ALBERTUS
XIIIe siècle. Italien.
Sculpteur.
On le trouve cité sur une pièce de la corporation siennoise des « maîtres de la pierre » au XIIIe siècle. Il y figure à côté d'un Albertus de Pancole qu'il ne faut pas confondre avec lui.

ALBERTUS
XIVe siècle. Français.
Peintre enlumineur.
Moine de l'abbaye de Saint-Bénigne à Dijon.

ALBERTUS, magister
Mort avant 1360. XIVe siècle. Allemand.
Peintre et sculpteur sur bois.
Citoyen de Soest, travaillait à Lübeck vers 1355.

ALBERTUS, pictor
XVe siècle. Actif dans la dernière moitié du XVe siècle. Suédois.
Peintre.
On croit qu'il était originaire de l'Allemagne du Nord, mais c'est en Suède qu'on retrouve toutes ses œuvres. Quatre peintures en détrempe de l'église d'Uppland sont signées de son nom. On lui attribue aussi celles des églises d'Herkeberga, d'Härnevi, de Dingtuna et peut-être de Floda.

ALBERTUS Castelanus Venetus, frater
XVIe siècle.
Dessinateur ?
Il est mentionné par erreur dans le « Meyers Lexicon » et « Nagler Monogr. III » comme dessinateur des gravures sur bois du Missel romain publié par Bernardinus Stagninus en 1509. Or, à la fin de ce livre, il n'est pas noté comme artiste, mais comme savant, pour avoir ajouté au texte les citations de la Bible et des Théologiens.

ALBERTUS Hans Christoph
Né à Dresde. XVIIe siècle. Allemand.
Peintre, graveur.
Il étudia de 1611 à 1622 sous la direction d'un orfèvre, puis il s'adonna à la peinture. On connaît de lui le portrait de Johann Zechendorf recteur et professeur à Zwickau, qu'il grava d'après sa peinture. Cette pièce donne la marque d'un talent peu commun.

ALBERTUS Monachus
XIIe siècle. Italien.
Peintre.
Il est cité pour avoir peint, en 1187, un crucifix romain dans le dôme de Spolète. Il est signé : *Opus Albertini Sotii, 1187.*

ALBERTUS de Drea
XVe siècle. Français.
Peintre.
Entre 1416 et 1427, il eut plusieurs fois les honneurs du Consulat, à Montpellier.

ALBERTUS de Pancole
XIIIe siècle. Italien.
Sculpteur.
Son nom est cité sur un statut de la corporation des « maîtres de la pierre » à Sienne, au XIIIe siècle.

ALBERTUS de Trèves
XIIe siècle. Français.
Enlumineur.
Un certain Albertus, originaire de Trèves, fut mentionné parmi les abbés du couvent de Cluny, entre 1109 et 1122, sous le nom de Pontius, et plus tard, 1122 à 1157 sous le nom de Pierre. Il travailla en même temps qu'Opizon, à une Bible extraordinaire, dont la reliure fut incrustée de pierres précieuses et qui fut conservée dans la bibliothèque de Cluny. Ce superbe ouvrage n'existe plus, mais l'on peut supposer qu'il était un des chefs-d'œuvre de cette école, si originale, dont Cluny fut le centre au XIIe siècle.

ALBERTY Jacob
Né le 14 octobre 1811 à Berlin. XIXe siècle. Allemand.
Sculpteur sur marbre et sur bois.
Il fut élève de Ludwig Wichmann et de l'Académie de Berlin. Il travailla comme sculpteur sur bois pour la maison royale de

Prusse, et Frédéric-Guillaume II lui acheta sa première œuvre. Après la mort de Frédéric-Guillaume, il reproduisit, en marbre, le buste du prince. Cet ouvrage est conservé dans la chambre mortuaire de Sans-Souci.

ALBERU Luis
Né au xxᵉ siècle à La Havane (Cuba). xxᵉ siècle. Cubain.
Peintre.
Exposa un portrait à la Société Nationale des Beaux-Arts, en 1939.

ALBERY
Né le 4 octobre 1944 à Belem (Argentine). xxᵉ siècle. Actif en France. Brésilien.
Peintre de portraits.
Il commença d'exposer en 1967. Après 1970, il se fixa en France, y commençant une carrière de portraitiste, tout en prenant une certaine marge de liberté avec ses modèles, qu'il dote volontiers d'attributs symboliques pouvant tendre au fantastique.

ALBETIZ. Voir **ALBITIZ**

ALBIENTZ Charles Léon
Né à Belfort. xxᵉ siècle. Français.
Peintre.
Exposa à la Société Nationale des Beaux-Arts, en 1936 : *Paysage parisien.*

ALBIGNAC François d'
Né en 1903. Mort en 1958. xxᵉ siècle. Français.
Peintre de genre, peintre à la gouache, aquarelliste, sculpteur, dessinateur.
Il entra à l'Ecole Nationale des Arts Décoratifs de Paris en 1921. Tenté par la sculpture, il suivit les cours des sculpteurs Camille Lefebvre et Pierre Seguin. Premier prix au concours international de la Terra Cota de Chicago, il participa à la réalisation de divers monuments et travaux.
Ses dessins sont empreints d'une grande méticulosité et traitent les domaines de la mode féminine et masculine, de la vie parisienne, des habitués et danseurs des bars américains et des sportifs. Il sait particulièrement saisir la beauté du geste sportif, mais aussi il faire revivre le Paris des années trente.
Musées : Paris (Mus. Galliéra).
Ventes Publiques : Paris, 24 avr. 1988 : *Projet pour la revue « Le golf » du 15 août 1930*, gche et encres (29x24,5) : **FRF 2 300** ; *Nu de profile* 1930, pl. et aquar. (23,5x25,5) : **FRF 1 350** ; *Le chapeau-cloche* 1929, lav. et aquar. : **FRF 1 400** ; *L'extase*, aquar. et cr. (34x25) : **FRF 1 500** ; *Jazz Band*, gche (48x31,5) : **FRF 2 300** ; *Le grand Jules, Lulu et la môme Toupie* 1945, aquar. (39x31) : FRF 3 200.

ALBIKER Hélène
Née le 14 novembre 1878 à Prague. xxᵉ siècle. Active en Allemagne. Tchécoslovaque.
Peintre de figures, portraits.
Elle vint acquérir sa formation à Munich et à Rome. Après avoir épousé le sculpteur Karl Albiker, elle se fixa avec lui à Ettlingen près de Karlsruhe, où elle eut les occasions d'exposition, notamment lors des festivités du Jubilé en 1906. En 1909, elle figura aussi à l'Exposition de Berlin, avec deux portraits de jeunes filles.

ALBIKER Karl
Né le 16 juin 1878 à Uhlingen (Bade). Mort en 1961. xxᵉ siècle. Allemand.
Sculpteur de figures, nus. Monumental.
Il fut élève du sculpteur Hermann Volz à l'Académie de Karlsruhe en 1898. Il vint à Paris en 1899, et fut sensible à l'influence de Rodin. Il alla poursuivre sa formation à Munich, de 1900 à 1902, puis à Rome jusqu'en 1905. Il commença à exposer en 1901, à Munich, Berlin, Karlsruhe. En 1919, il fut nommé professeur à l'Académie de Dresde.
De son séjour à Rome, il prit pour idéal la statuaire antique, et particulièrement la grecque. Il s'efforça de concilier à son propre usage cette admiration avec celle qu'il avait auparavant éprouvée pour Rodin, concilier la monumentalité grecque avec l'expression postromantique. Il a sculpté surtout des nus féminins, souvent jeunes filles. Toutefois, sous le IIIᵉ Reich, il dut infléchir son style en fonction des commandes que lui proposaient les nouveaux maîtres de l'Allemagne, dont les goûts esthétiques ne connaissaient que le colossal. ■ J. B.
Ventes Publiques : Cologne, 20 mai 1965 : *Jeune fille se peignant*, bronze : **DEM 3 910** – Heidelberg, 13 oct. 1979 : *Nu agenouillé* vers 1905-10, bronze patiné (H. 26) : **DEM 1 600**.

ALBIN, pseudonyme de **Woehl Albin**
Né le 17 février 1941 à Paris. xxᵉ siècle. Français.
Peintre, aquarelliste, sculpteur, dessinateur, décorateur. Polymorphe.
Il fut élève à Paris de l'École des Arts Appliqués à l'Industrie en sculpture et décoration murale, de l'École des Beaux-Arts en gravure et lithographie. Depuis 1965, il expose à Paris, aux Salons de la Peinture à l'eau, de la Jeune Peinture, des Indépendants, d'Automne, Comparaisons, Grands et Jeunes d'Aujourd'hui. En 1972, il a été sélectionné pour la Biennale des Jeunes de Paris. Il a participé à des expositions collectives à Paris, Zurich, Rome, Milan, Florence. Il a montré ses travaux dans des expositions personnelles à Nanterre 1971, Orly 1972, Colombes 1973, Paris 1975, 1976, 1978, 1986 et 1989, Malakoff et Montpellier 1976, Musée municipal d'Orange 1978, etc.
Il réalise des décors pour la télévision, le cinéma, le théâtre et l'opéra. L'État français lui a commandé des sculptures et des fresques.
Sa peinture se définit tantôt en ce qu'elle aborde franchement l'abstraction, tantôt en tant que figuration traitée d'une manière cinématographique, sur plusieurs plans, avec des éclairages ponctuels sur chaque sujet.

ALBIN Bertha
xixᵉ siècle. Vivant à Mecklembourg. Allemande.
Peintre de compositions religieuses.
Elle était religieuse. On a d'elle, dans l'église de Gielow, un tableau d'autel représentant le *Christ et Saint Pierre dans une barque* ; dans l'église de Blievenstorf, un crucifix daté de 1892.

ALBIN Eleazar, pseudonyme de **Weiss**
D'origine allemande. Mort vers 1740. xviiiᵉ siècle. Allemand ou Anglais.
Aquarelliste, dessinateur.
Savant d'origine allemande, il vécut à Londres, où il publia un nombre important de dessins d'histoire naturelle, entre 1720 et 1740. Son *Histoire naturelle des oiseaux* comprend 306 planches d'après nature. L'ouvrage correspondant *Histoire naturelle des insectes* est aussi illustrée par lui. La galerie de Cassel possède de lui une toile représentant : *L'Homme riche et Lazare.*

ALBIN Jean
xvᵉ siècle. Vivant à Orléans. Français.
Peintre et sculpteur.

ALBIN John
xviᵉ siècle. Britannique.
Peintre.
Il est connu par l'inventaire de Philippe II d'Espagne.

ALBINA, d'. Voir **ALVINO**

ALBINET Jean-Paul
Né en 1954 à Albi (Tarn). xxᵉ siècle. Français.
Peintre. Techno-pub. Groupe Untel.
Au milieu des années 1970, Jean-Paul Albinet avait fondé avec Philippe Cazal et Alain Snyers le groupe *Untel* dont les multiples opérations prenaient pour champ d'investigation le quotidien social, politique, économique et intime des Français vivant en milieu urbain. L'œuvre la plus aboutie du groupe fut sans doute l'*Environnement de type Grand Magasin* exposé à la X Biennale de Paris en 1977 : 80 mètres carrés de présentoirs contenant des constats d'actions, des affiches publicitaires laissées telles quelles ou détournées, constituaient aux yeux de leurs auteurs « une réflexion sur le conditionnement mental, l'aliénation et l'anonymat ». Si l'œuvre de Jean-Paul Albinet seul est actuellement moins virulent et moins critique, sa préoccupation majeure reste proche de cette déclaration. Jean-Paul Albinet utilise les informations et les signaux produits par notre société technologique, médiatique et publicitaire. Il relève des slogans, des « logos » (sigles graphiques de marques commerciales) notamment à l'occasion de son exposition personnelle à Paris en 1989, sur des périodiques, des affiches qui concernent le sport, la finance, la politique, la mode et bien d'autres sujets. Il les repeint à la main, avec de la peinture acrylique, de la façon la plus impersonnelle possible, sur des papiers dont le format est invariable : (75x105). La série progressive est une collection qui s'agrandit régulièrement. Les panneaux peuvent se regarder isolés ou en groupe. Sous chacune de ses scènes, Albinet introduit le code à barres, qui indique le prix de l'œuvre, la date, et la signature par le biais de la lettre A. Pour lui, « c'est une façon parfaitement ironique de s'approprier un signe technologique adopté par plus de quarante pays, et le plus impersonnel qui soit ». Jean-Paul

Albinet fait enfin plastiquement référence au vitrail en compartimentant ses images. Il a étudié le vitrail en 1983, et le considère comme les premières images de masse, les premières tentatives de communication populaire voire la première forme de logo. Il rejoint ici le désir d'anonymat qui animait le groupe *Untel*. Lors d'une expositions de groupe, *L'art décodé*, présentée en 1990 à la Bourse de commerce, il a exposé deux peintures que l'on pouvait décoder avec un pistolet laser, le message s'affichant simultanément sur l'écran : *La lune, rêve promis – Le bonheur est à l'intérieur.*

Les travaux de Jean-Paul Albinet s'inscrivent dans la lignée des œuvres du Mecanichal-Art ou Mec'Art, apparu en 1965. Ces artistes (Gianni Bertini, Alain Jacquet, Mimo Rotella) utilisaient les procédés mécaniques nouveaux pour bouleverser des images volontairement neutres et documentaires. Les artistes du contexte Techno-Pub travaillent sur les images qui sous-tendent et servent une société de communication hautement médiatisée, pour en pervertir l'efficacité et en multiplier les détournements. En fait de détournement, à partir de la reproduction et de l'assemblage de ces logos graphiques, les œuvres d'Albinet ont pu être rapprochées des productions de l'abstraction froide ou du constructivisme. ■ Florence Maillet

BIBLIOGR. : Giovanni Joppolo, *Dans le quotidien de l'espace urbain, groupe « Untel »*, Opus International, n° 65, hiver 1978 – Giovanni Joppolo, *Albinet, le quotidien toujours*, Opus International, in *Art Techno-Pub*, n° 109, Paris, juil.-août 1988.

ALBINI
XVIIIe siècle. Italien.
Stucateur.
Milanais, il travailla, entre 1750 et 1764, au service du marquis d'Anspach et de Bayreuth, qui l'employa, avec Martino Petrozzi, dans la décoration de son château. On croit qu'il contribua aussi à l'ornementation du château de Neubau.

ALBINI Alessandro
Né en 1568. Mort en 1646. XVIe-XVIIe siècles. Actif à Bologne. Italien.
Peintre.
Ce fut un des bons élèves de l'école des Carracci, et il acquit une grande réputation par les dessins qu'il fit pour les funérailles d'Agostino. On remarque de lui, à l'église San Michele, de Bologne, une peinture représentant la *Sépulture de saint Valérien et de saint Tiburce*. On trouve ses œuvres à Bologne, cependant certains auteurs affirment qu'il travailla également à Rome. Il est aussi l'auteur d'un *Crucifiement* exécuté pour l'oratoire du sépulcre à Capri et transporté plus tard à Saint-Francesco (dans la même ville). Un tableau d'autel peint par Albini pour le monastère de Saint-Pierre-Martyr, à Bologne et représentant ce saint entouré de sainte Catherine, sainte Cécile et sainte Agnès, avait été transféré au Musée de Bologne (il n'y figure plus actuellement).

ALBINI Benedetto di Giovanni
XVIe siècle. Travaillait à Rome. Italien.
Sculpteur sur pierre.
Travailla à Saint-Pierre de Rome, en 1508.

ALBINI D. M.
XVIIIe siècle. Actif vers 1744. Italien.
Graveur d'ornements.
On cite de lui une suite de planches : *Diversi disegni moderni di gioiellieri, Anno 1774*.

ALBINI da Moncalieri Amedeo
XVe siècle. Italien.
Peintre miniaturiste.
Peintre de la cour du duc de Savoie à Turin, entre 1470 et 1492. En 1497, il peignit, pour le prince Charles, un livre de prières.

ALBINO ou Arbino da Pinerolo
XVIe siècle. Italien.
Peintre.
Caffaro l'identifie à Giovanni Albino Longhi ou Longo ou Giovanni Arbino, dont le nom fut souvent mentionné dans les documents de Pignerol. Bertea, au contraire, distingue un Giovanni et un Albino, ou Arbino, qui descendraient du peintre Jacobino Longhi et désigne les peintres Vespasiano et Raffaele Longhi comme fils d'Albino. D'après Caffaro, Albino vivait vers la fin du XVIe siècle et produisait encore en 1602. On ne connaît de lui que des œuvres secondaires, peintes entre 1559 et 1585. On suppose qu'il jouissait d'une situation honorable, car il appartenait au Conseil des Cent à Pignerol (1583-1597).

ALBINO Lombardo
XVe siècle. Italien.
Sculpteur sur pierre.
Il travailla, en 1461, pour le pape Pie II à Rome. On croit qu'il fut le père de Pietro Albino de Castiglione.

ALBINO Luca
Né en 1884. Mort en 1952. XXe siècle. Italien.
Peintre de scènes animées, paysages, marines.
VENTES PUBLIQUES : MONTEVIDEO, 20 août 1979 : *Barques à Naples*, h/cart. (22x27) : **UYU 8 800** – MILAN, 11 avr. 1989 : *Rappezzatori di reti*, h/cart. (47x63,5) : **ITL 3 800 000** – ROME, 6 déc. 1994 : *Le Marché*, h/pan. (18x30) : **ITL 4 478 000** – ROME, 5 déc. 1995 : *Village au bord de la mer*, h/t (47x37) : **ITL 2 003 000**.

ALBINYANA Antonio
XVe siècle. Travaillait à Barcelone, au XVe siècle. Espagnol.
Peintre.
On cite de lui la décoration d'un bouclier de tournoi, vers 1436.

ALBIOL-LOPEZ José
Né à Valence. XIXe-XXe siècles. Espagnol.
Peintre de portraits, paysages animés.
Il fut élève de l'Académie des Beaux-Arts de Valence. Il exposa ensuite au Salon officiel de Madrid, où il reçut une mention honorable en 1897. Outre des portraits, il peint des scènes animées : *Le débarcadère de Barca – Vendanges* - etc.

ALBIOLI Bernardino
XVIIe siècle. Actif à Rome vers 1615. Italien.
Peintre et miniaturiste.

ALBIOLI Giuseppe
XVIIIe siècle. Italien.
Sculpteur sur bois.
Il sculpta, en 1717, le cadre d'un tableau d'autel, peint par le Guerchin en 1634, pour la chapelle de Saint-Roch dans la cathédrale de Ferrare. Ce tableau fut restauré en 1717 par Parolini.

ALBIS Christian
XVIe siècle. Suisse.
Peintre.
Son nom est cité dans les documents d'une confrérie de Zurich, dont il était membre.

ALBISETTI Natale
Né à Stabio. XIXe-XXe siècles. Suisse.
Sculpteur de figures.
Il fut élève des sculpteurs P.-J. Cavelier et Louis Ernest Barrias à l'Ecole des Beaux-Arts de Paris. Il exposa au Salon des Artistes Français à Paris de 1880 jusqu'en 1922, ayant obtenu une mention honorable en 1898, une médaille d'argent à l'occasion de l'Exposition Universelle de 1900. Il sculptait des statuettes, des sujets de genre : *Réconciliation*, des bustes. Il a sculpté quatre statues pour l'Institut Polytechnique de Zurich.

ALBISTUR Leonardo
XIXe siècle. Espagnol.
Graveur en taille-douce.
Il était graveur à la cour de Charles IV, à Madrid, vers 1800. On a de lui le *Portrait de Charles IV* et *Notre-Dame du Carmel*, 1802.

ALBITES Ad.
XIXe siècle. Actif à Paris en 1843. Français.
Graveur.

ALBITIZ Domingo de, Don ou Albituz, Albetiz
XVIe-XVIIe siècles. Espagnol.
Peintre de compositions religieuses, sculpteur.
Il exécuta, avec Luis Gabeo, entre 1598 et 1603, des sculptures et des peintures dans le chœur de la cathédrale Saint-Domingo de la Calzada à Burgos.

ALBITIZ Pedro de
XVIe-XVIIe siècles. Actif à Burgos, entre 1598 et 1603. Espagnol.
Sculpteur.
Il travailla, avec Don Domingo Albitiz et Luis Gabeo, au chœur de la cathédrale Saint-Domingo de la Calzada.

ALBITZ Richard
Né en 1876. Mort en 1954. XXe siècle. Allemand.
Peintre de paysages.
Il a exposé à la grande Exposition d'Art de Berlin en 1909 et 1910, deux compositions dans lesquelles l'accent est mis sur la coloration psychologique conférée par la qualité de la lumière selon l'heure et la saison : *Soirée d'hiver – Jour d'hiver*. Ce regard

sur les choses fut très caractéristique du paysage romantique allemand autour de Caspar David Friedrich.

VENTES PUBLIQUES : COLOGNE, 1er déc. 1982 : *Familienbad 1925*, h/cart., étude (37,8x28,8) : **DEM 1 300**.

ALBITZKY B.
xxe siècle. Français.
Peintre.
Il exposa au Salon de 1900 un tableau remarqué : *Pan consolant Psyché*.

ALBIZI Antonio
xviie siècle. Actif à Florence, vers 1600. Italien.
Dessinateur d'ornements.

ALBIZI Rinaldo
Né à Ancône. xve siècle. Travaillait à Florence en 1437. Italien.
Miniaturiste et calligraphe.

ALBIZO di Jacopo
xive siècle. Italien.
Peintre.
Figure dans la gilde de Saint Luc à Florence en 1391.

ALBIZO di Piero
xve siècle. Italien.
Sculpteur sur pierre.
Avec d'autres artistes, il fut occupé en 1411 aux sculptures d'une niche en marbre pour une statue de Saint Marc à Or San Michele à Florence.

ALBOIN. Voir ALBOUIN

ALBON Charles Frédéric
xixe siècle. Britannique.
Peintre de paysages, marines, aquafortiste.
Exposa à Londres en 1874 à Suffolk Street, et de 1885 à 1892 à la Royal Academy, des paysages et surtout des marines peintes aux environs de Dunkerque, de Scheveningen et de Pehiedem. Il figura aussi d'une façon permanente à la Société des peintres graveurs anglais.

ALBONETTI da Cortona Niccolo
xve siècle. Travaillait à Pérouse. Italien.
Peintre.

ALBONI Paolo ou Paolo Antonio
Né en 1670 ou 1650 à Bologne. Mort en 1730 ou 1734. xviie-xviiie siècles. Italien.
Peintre de paysages, dessinateur.
Après avoir travaillé à Rome, à Naples et à Faenza, il vint à Vienne en 1710 ; il y résida pendant dix ans. Ayant été privé de l'usage de sa main droite à la suite d'une attaque de paralysie, il revint dans sa ville natale et s'exerça à peindre de la main gauche ; il y réussit pleinement. Paolo Alboni imita le style de Ruysdael et des paysagistes hollandais du xviie siècle. Ses dernières productions sont inférieures aux premières. Ses plus beaux paysages sont aux palais Pepoli et Fabri à Bologne. L'Albertina, à Vienne, possède un dessin de lui, représentant aussi un paysage. Il forma deux élèves : sa fille Rose et le moine Gabriele Giuseppe Patarazzi. La Galerie royale de Venise conserve de lui un petit tableau sur cuivre représentant un *Curé de campagne et un paysan*.

VENTES PUBLIQUES : PARIS, 1816 : *Les ruines dans le bois*, dess. : **FRF 4** – BRUXELLES, 12-13 juil. 1905 : *Paysage avec nombreuses figures* : **FRF 850**.

ALBONI Rosa ou Luigia Maria Rosa
Originaire de Bologne. Morte en 1759. xviiie siècle. Italienne.
Peintre de paysages.
Fille et élève de Paolo Alboni, elle se distingua comme peintre de paysages. Elle exécuta plusieurs copies des tableaux de son père. Rosa Alboni épousa le procureur Ludovici Nobili.

ALBORESI Giacomo
Né en 1632 à Bologne. Mort le 9 février 1677 à Bologne. xviie siècle. Italien.
Peintre d'histoire, compositions religieuses, architectures, fresquiste.
Il fut d'abord l'élève de Domenico Santi, puis d'Agostino Mitelli, dont il épousa la fille. Il peignit des tableaux d'histoire, mais sa réputation s'établit surtout par ses tableaux d'architecture et ses fresques. On a de lui, à l'église San Petronio, de Bologne, la *Mort et la canonisation de saint Antoine de Padoue*, exécutée en collaboration avec Fulgenzio Mondini. Il peignit aussi, dans l'église

de San Giacomo Maggiore, des sujets de perspective dans lesquels Bartolommeo Passarotti exécuta les personnages. Plusieurs palais et églises de Bologne sont ornés de ses peintures.

ALBORNOZ Bernardo
xvie siècle. Espagnol.
Peintre.
Il travailla, vers 1588, à la cathédrale de Séville.

ALBOTTI Francesco. Voir ALBOTTO

ALBOTTO Francesco ou Albotti, peut-être Alboro
Né vers 1723. Mort le 13 janvier 1758. xviiie siècle. Italien.
Peintre de vues de villes, graveur.
Né vers 1723, il était contemporain de Bellotto, né entre 1720 et 1724, de Guardi, né en 1712, de Gian Domenico Tiepolo, né en 1727. Tous Vénitiens, ils débutaient en peinture quand était établie la gloire de Canaletto, né en 1697. Albotto fut élève de Michele Marieschi, qui mourut en 1744 et dont il épousa la veuve. Il imita la manière de son maître, à un tel point que Mariette le définit, en tant que graveur en taille douce, comme un « deuxième Marieschi ». En tant que peintre, il créait des vues de Venise et des paysages où, à la manière de son maître, qui lui-même imitait Carlevaris, il mêle certains éléments réels avec des ruines classiques ou des éléments d'architectures fantaisistes, passant de la « veduta » au « capriccio ».
Il reste très étrange que ce peintre de vues principalement de Venise, n'apparaisse dans les catalogues de ventes publiques qu'à partir de 1989, cependant avec des cotes importantes. Une nouvelle incertitude s'y établit presqu'aussitôt, puisque ces œuvres sont souvent dites « d'atelier » ou « de suiveurs ». Serait-il licite de s'interroger sur d'éventuelles attributions antérieures d'Albotto à Marieschi, dont, au contraire, la liste d'œuvres passées en ventes publiques est de longtemps abondante ? ■ J. B.

BIBLIOGR. : In : *Allgemeines Künstler-Lexikon*, Seemann, Leipzig, 1983.

VENTES PUBLIQUES : MILAN, 4 avr. 1989 : *Capriccio avec des ruines antiques et des personnages*, h/t (54x91) : **ITL 15 500 000** – LONDRES, 6 juil. 1990 : *La Piazzetta, le palais des Doges et le Campanile à Venise*, h/t (57x97) : **GBP 60 500** – NEW YORK, 11 jan. 1991 : *Capriccio d'escaliers et de monuments animés*, h/t (72,5x92,7) : **USD 41 800** – LONDRES, 3 juil. 1991 : *Le Grand Canal ; Place Saint-Marc*, h/t, une paire (chaque 62x98) : **GBP 96 800** – LONDRES, 11 déc. 1991 : *Le Pont du Rialto vu du sud*, h/t (55,7x84,6) : **GBP 110 000** – LONDRES, 1er avr. 1992 : *L'Entrée du Grand Canal*, h/t (57x80,5) : **GBP 18 700** – LONDRES, 23 avr. 1993 : *Le Pont du Rialto à Venise vu depuis le sud*, h/t (62,5x98,4) : **GBP 67 500** – LONDRES, 20 avr. 1994 : *Capriccio d'un port méditerranéen avec des personnages européens et orientaux sur le quai*, h/t (87x125) : **GBP 47 700** – NEW YORK, 19 mai 1994 : *Capriccio avec un portique gothique en ruine et un obélisque au bord d'une rivière*, h/t (72,4x86,4) : **USD 23 000** – NEW YORK, 11 janv. 1995 : *La Ca'Foscari et le Palais Balbi depuis le Grand Canal à Venise*, h/t (61x97,2) : **USD 85 000** – LONDRES, 5 juil. 1996 : *Le Môle depuis le bassin Saint-Marc avec des barques et des gondoles ; Santa Maria della Salute avec des barques et des gondoles sur le Grand Canal*, h/t, une paire (62,3x96,5) : **GBP 530 000** – LONDRES, 13 déc. 1996 : *Le Môle depuis le bassin de Saint-Marc*, h/t (62x97) : **GBP 43 300** – NEW YORK, 3 oct. 1996 : *Vue de l'église des Saints Giovanni e Paolo et de l'école de Saint-Marc*, h/t (59,1x95,3) : **USD 23 000** – NEW YORK, 30 jan. 1997 : *L'est-ouest du Grand Canal vu du Chiesa degli Scalzi jusqu'à la Fondamenta della Croce, avec San Simeone Piccolo, Venise* vers 1750, h/t (62,9x96,5) : **USD 37 375** – LONDRES, 31 oct. 1997 : *Un quai avec un obélisque et des marchands conversant près d'une villa*, h/t (71x94) : **GBP 23 000**.

ALBOUIN
Né probablement à Avignon. xixe siècle. Travaillait à Avignon au commencement du xixe siècle. Éc. provençale.
Peintre.
Fils et probablement élève de son père.

ALBOUIN Joseph ou Alboin
Né à Villeneuve-lès-Avignon. xviiie siècle. Travaillait à Avignon à la fin du xviiie siècle. Français.
Peintre.
Cet artiste fut élève de Philippe Sauvan et de Joseph Vernet, à Avignon, puis du frère Imbert, chartreux établi à Marseille, dont l'église de Villeneuve-lès-Avignon possède plusieurs toiles de valeur. Le musée d'Avignon conserve d'Albouin : *La Pêche*, paysage maritime, *Paysage boisé*.

ALBOY-REBOUET Alfred
Né le 30 novembre 1841 à Paris. Mort le 31 mars 1875 à Gand. xixe siècle. Français.
Peintre de genre.
Il étudia avec Gleyre et Gérome et exposa aux Salons entre 1864 et 1868. Il signa ses premiers portraits du nom de Rebouet. On cite de lui son dernier tableau : *Un parti avantageux*, qui obtint beaucoup de succès.

ALBOZZI Pierfrancesco
xviie siècle. Actif à Rome vers 1696. Italien.
Peintre.

ALBRACHT Willem
Né en 1861 à Anvers. xixe siècle. Belge.
Peintre de genre, portraits, paysages.
Il fut élève de l'Académie et de l'Institut des Beaux-Arts de sa ville natale et de Ch. Verlat. Ses œuvres les plus importantes sont : *L'ancien laboratoire de l'administration de la bienfaisance d'Anvers* (1902), au musée d'Anvers, *L'ancienne pharmacie* (même musée), *La Cuisine de l'asile des vieillards à Zandvoort* (1905). Plusieurs de ses tableaux figurèrent aux expositions de Berlin, entre 1891 et 1896 et une autre œuvre à l'exposition de Bruxelles en 1910 : *Pour les relevailles*. Le Catalogue du musée d'Anvers (édition 1905) le mentionne sous le nom d'« Albrecht » ; celui de l'exposition de Bruxelles, avec l'orthographe « Albraecht ».

Willem Albracht

Ventes Publiques : Londres, 21 jan. 1966 : *La cuisine* : **GNS 40**.

ALBREC Peter
D'origine française. Mort en 1777. xviiie siècle. Allemand.
Sculpteur sur bois.
Il travailla pour l'église Sainte-Croix de Gmünd (Wurtemberg).

ALBRECHT
xve siècle. Actif à Leipzig à la fin du xve siècle. Allemand.
Peintre enlumineur.

ALBRECHT
xve-xvie siècles. Actif à Nuremberg. Allemand.
Sculpteur de monuments.
Des documents indiquent qu'il travailla à Berne et aux environs de cette ville entre 1492 et 1525. Il modela une série d'armoiries des gouverneurs de Berne pour la grande chambre du conseil. Il sculpta aussi des fonts baptismaux en 1525.

ALBRECHT Albrecht
Mort en 1593 probablement. xvie siècle. Allemand.
Sculpteur sur pierre.
Il était citoyen de Nuremberg en 1564 ; en 1586, il restaura, dans cette ville, la grande rosace de l'église de Saint-Laurent.

ALBRECHT Andreas
Mort en 1560. xvie siècle. Allemand.
Sculpteur.
Il était citoyen de Nuremberg en 1549 ; il vécut en France, surtout à Lyon, entre 1552 et 1555. On sait que Wenzel Jamnitzer appréciait son talent, mais jusqu'à présent on ne signale pas d'ouvrage de lui.

ALBRECHT Balthasar Augustin
Né en 1687 à Berg (Bavière). Mort en 1765 à Munich. xviiie siècle. Allemand.
Peintre.
Cet artiste bavarois fut l'élève de Nikolaus Gottfried Stuber et étudia à Venise et à Rome. A son retour dans son pays, en 1719, il devint populaire comme peintre d'histoire, et fut nommé peintre de la cour. Les églises et les musées bavarois possèdent de nombreuses peintures de lui, entre autres dans la galerie de Schleissheim, des groupes d'enfants représentant la *Peinture*, la *Sculpture*, l'*Architecture*, la *Vendange*. D'après l'inventaire fait en 1770, on voit qu'il exécuta plusieurs grands tableaux pour la résidence des princes, à Munich. Le professeur Franciszek Ignacy Oefele fut formé à son école.

ALBRECHT Bernhard
Mort en 1823 à Wiener Neustadt. xixe siècle. Autrichien.
Peintre de genre, peintre à la gouache, aquafortiste, dessinateur.
Professeur de dessin à l'Académie militaire de Wiener Neustadt à partir de 1788. On cite notamment de lui de nombreuses gouaches représentant des scènes de la vie des jeunes élèves. Il a

gravé au burin un certain nombre de ces compositions. On mentionne encore deux eaux-fortes d'après des paysages de Brand et de Jacob Ruysdael.

ALBRECHT C.
xviiie siècle. Allemand.
Graveur.
Il fournit aux libraires de Berlin des gravures sans grand intérêt. On croit que ce Berlinois ne fait qu'un avec le graveur C. Albrecht, du xviiie siècle, auteur de la gravure de Léopold, prince d'Anhalt-Dessau, revêtu de son armure.

ALBRECHT C. G.
xviiie siècle. Allemand.
Peintre.
Cité par Lutsch, à la date de 1749 à Breslau.

ALBRECHT Carl
xviiie siècle. Allemand.
Graveur et architecte.
On trouve ses traces en 1749 à Breslau. On pense qu'il se confond avec le peintre connu simplement sous le nom d'Albrecht, d'après les dessins duquel des eaux-fortes furent gravées à Memmingen, en 1779.

ALBRECHT Carl
Né le 2 avril 1862 à Hambourg. Mort en 1927. xixe-xxe siècles. Actif à Königsberg. Allemand.
Peintre de paysages, natures mortes.
Il étudia de 1884 à 1889 à Weimar, surtout sous la direction du professeur Hagen. Il vint s'établir ensuite à Hambourg. En 1905, il obtint à Munich une médaille d'or pour son tableau du *Sculpteur*. En 1905, on le nomma professeur à l'Académie de Königsberg. On cite particulièrement deux de ses œuvres : *Rue d'un village allemand* et *Nature morte*, 1902.
Musées : Munich : *Rue de village – Nature morte – Vieille église de Segeberg*.
Ventes Publiques : Lindau, 6 mai 1981 : *Nature morte*, h/t (100x80) : **DEM 2 000** – Londres, 16 fév. 1990 : *Dans le parc*, h/t/cart. (19x26) : **GBP 3 300** – Londres, 17 nov. 1995 : *Salle à manger avec la table du petit déjeuner dressée*, h/t (57,7x56) : **GBP 5 520**.

ALBRECHT Caspar
xviie siècle. Vivait à Leipzig. Allemand.
Peintre de compositions religieuses, portraits.
En 1650, il exécuta des travaux importants pour les églises Saint-Nicolas et Saint-Thomas, à Leipzig. Mais il se distingua surtout dans le portrait. Ceux qu'il fit du surintendant J. Höppner, mort en 1645, et de Ch. Lange, mort en 1657, ont une réelle valeur.

ALBRECHT Christian Frédérik
Né en 1766. Mort le 22 décembre 1789. xviiie siècle. Danois.
Peintre de fleurs.

ALBRECHT Claes
xviiie siècle. Travaillait en Hollande, vers la fin du xviiie siècle. Hollandais.
Graveur amateur.
Cité par Ch. Le Blanc.

ALBRECHT Clarence John
xxe siècle. Américain.
Sculpteur.

ALBRECHT Daniel
Mort en 1680. xviie siècle. Vivait à Altenbourg. Allemand.
Peintre.

ALBRECHT Georg
xviie siècle. Vivait à Mörsbourg vers 1615. Allemand.
Peintre.
Il a surtout peint des vitraux pour des églises et des armoiries pour des personnages importants de sa région.

ALBRECHT H.
xixe siècle. Vivant à Berlin au commencement du xixe siècle. Allemand.
Peintre.
Il fut élève de Wach. En 1839, il exposa à l'Académie de Berlin un portrait d'homme.

ALBRECHT Hans
xve-xvie siècles. Allemand.
Peintre.
Admis au nombre des citoyens de Nuremberge le 3 août 1499, on trouve son nom mentionné dans des documents de l'année 1508 et de l'année 1511.

ALBRECHT Hans
Mort en 1551. XVIᵉ siècle. Actif à Nuremberg. Allemand.
Sculpteur sur pierre.
Hampe estime que cet artiste est le même que Johann Albrecht, architecte de Naumbourg-sur-la-Save, qui, d'après Andressen, vint s'établir à Nuremberg vers 1540. Thieme et Becker ajoutent que Hans Albrecht, qui paraît étranger à Nuremberg, y fut admis comme citoyen en 1539.

ALBRECHT Henry
Né le 30 avril 1857 à Memel. XIXᵉ siècle. Allemand.
Dessinateur, illustrateur.
Ayant commencé seul son éducation artistique, il alla à Munich, en 1882, où il devint l'élève d'Otto Seitz. Destiné à devenir mécanicien, il étudia à l'Académie sous les professeurs Chreutrant, Thurmann, Knille. Mais ses années d'études furent interrompues par le temps qu'il consacra à l'illustration des journaux humoristiques. Dès 1883, il travailla pour plusieurs feuilles illustrées. En 1890, il dessina des illustrations pour un journal de New York. Il a aussi illustré de nombreux ouvrages allemands.

ALBRECHT Ignaz. Voir **ALBERTI Ignaz**

ALBRECHT J. Wenzeslaus. Voir **ALBERT Wenceslas**

ALBRECHT J. Wolfgang
XVIIIᵉ siècle. Allemand.
Dessinateur.
Il vivait à Francfort, et travailla aussi à Mayence. Ce fut d'après son dessin que H. Ostertag grava la scène de l'élection de l'Empereur, le 20 novembre 1741. Il dessina aussi l'entrée de l'Electeur Palatin à Francfort, gravée par Holdenniter et Ostertag.

ALBRECHT Johann
XVIIᵉ-XVIIIᵉ siècles. Allemand.
Peintre.
Frère de Balthasar Augustin Albrecht. On pense qu'il a dû travailler à Wels.

ALBRECHT Johann. Voir **ALBRECHT Hans**

ALBRECHT Jürgen
Né en 1954. XXᵉ siècle. Allemand.
Sculpteur.
Il vit et travaille à Hambourg. Il montre ses œuvres dans des expositions personnelles en Allemagne et en France.
Ses structures aux formes minimalistes révèlent, lorsqu'on regarde dans les extrémités ouvertes, un espace architecture par l'ombre et la lumière. Ces « boîtes » lumineuses invitent à la méditation.
BIBLIOGR. : Ami Barak : *Jürgen Albrecht,* Art Press, n°178, Paris, mars 1993.
MUSÉES : PARIS (FNAC).

ALBRECHT Karl Ludwig
Né le 1ᵉʳ octobre 1834 à Leipzig. XIXᵉ siècle. Allemand.
Sculpteur.
Il acquit les premiers éléments de sculpture de Knaur. Il entra ensuite à l'Académie des arts de Leipzig et se perfectionna plus tard par l'étude des œuvres de Rietschel et de Hanel. Ses deux premières œuvres, un *Bacchus* et un *Gambrinus*, obtinrent un tel succès qu'on les multiplia de tous côtés en terre cuite. Il exécuta aussi de nombreuses statuettes destinées à être reproduites en argent.

ALBRECHT Kurt
XXᵉ siècle. Allemand.
Peintre de paysages animés.
Il a participé à la grande Exposition d'Art de Berlin en 1909 et 1910, avec deux paysages dont le contenu poétique respectif est fortement marqué, dans un cas par l'activité humaine : *Dans le port,* et dans l'autre par le climat saisonnier : *La première neige.*
VENTES PUBLIQUES : NEW YORK, 29 mai 1986 : *The Brooklyn bridge,* h/t (72,4x97,2) : **USD 8 500.**

ALBRECHT Mathias
Mort le 24 janvier 1717 à Breslau. XVIIIᵉ siècle. Allemand.
Peintre de compositions religieuses.
Ce peintre, qui fut professeur à Breslau en 1699, a laissé un tableau remarquable et qui a fait sa célébrité : *La Crucifixion.*

ALBRECHT Nicolaas
XVIIIᵉ siècle. Hollandais.
Peintre, graveur.

On pense que c'est celui-là même dont la collection de tableaux fut mise aux enchères le 11 mai 1772 à Amsterdam. On lui attribue quelques paysages, dont un daté de 1765 et une eau-forte signée *N. A. fecit,* représentant un joueur de clarinette en voiture.

ALBRECHT P. M.
XVIIᵉ siècle. Allemand.
Dessinateur.
En 1672, il dessina à Leipzig pour le *Jardin de plaisir,* du géomètre Tobias Beutel, le frontispice qui fut gravé en taille-douce par N. Weishun.

ALBRECHT Siegfried
XXᵉ siècle. Allemand.
Sculpteur d'environnements. Lumino-cinétique.
A partir de certains constats relevés par Goethe dans sa *Théorie des couleurs,* il produit par la projection de faisceaux chromatiques sur des objets, des ombres mouvantes aux colorations inattendues, dues pour partie aux phénomènes de contrastes simultanés, pour partie à l'entrecroisement des faisceaux colorés qui provoque une décomposition artificielle de la lumière.

ALBRECHT Willem. Voir **ALBRACHT**

ALBRESPIT Jean Baptiste Bouquet
Né vers 1782 à Bataille. XIXᵉ siècle. Français.
Peintre.
Il entra à l'École des Beaux-Arts dans l'atelier de Defresne, le 28 floréal, an VII (1798). En 1804, il passa dans l'atelier de Regnault.

ALBRESPY André
Né le 22 septembre 1833 à Montauban. Mort en 1887 à Montauban. XIXᵉ siècle. Français.
Peintre de paysages, natures mortes.
Il fut l'élève de Léon Cogniet. Artiste fécond, il produisit un grand nombre d'ouvrages. Ses tableaux furent exposés au Salon de 1861, 1863, 1864. Malgré son talent, il abandonna la peinture pour se vouer à la littérature d'art. Le musée de Montauban conserve un *Paysage de lac.*

ALBRICCI. Voir **ALBRIZZI**

ALBRICCI Enrico ou **Alberici, Albrizzi**
Né en 1714 à Vilminore, près de Bergame. Mort en 1775 à Bergame. XVIIIᵉ siècle. Italien.
Peintre de sujets religieux, compositions à personnages.
Il étudia dans l'atelier de Ferd. Cairo, à Brescia, et commença par peindre des tableaux de sainteté pour des églises, notamment pour l'église Santa Maria dei Miracoli. Mais quand il s'établit à Bergame, il modifia son genre et se plut à représenter des scènes grotesques à la manière de Everardi et de Bocchi. En particulier, il se plut à représenter des groupes de nains.
MUSÉES : BERGAME (Acad. Carrara) : Croquis d'un tableau de l'église de Alzano-Magiore à Bergame.
VENTES PUBLIQUES : NEW YORK, 7 juin 1978 : *Scènes de rue à Lilliput,* h/t (69,5x93) : **USD 5 250** – NEW YORK, 30 mai 1979 : *Personnages grotesques dans un chariot,* h/t (25,5x37) : **USD 2 300** – NEW YORK, 20 jan. 1983 : *Nains festoyant dans une taverne,* h/t (70x98,5) : **USD 8 500** – MILAN, 4 juin 1985 : *Nains traversant un pont,* h/t (56x76) : **ITL 5 500 000** – MILAN, 26 nov. 1985 : *Le repas des nains,* pl. et encre brune (21,3x33,3) : **ITL 1 600 000** – MILAN, 10 juin 1988 : *Paysage avec des nains,* h/t (57x72) : **ITL 10 000 000** – MILAN, 12 déc. 1988 : *Le renard et les nains,* h/t (73x84) : **ITL 27 000 000** – MILAN, 29 nov. 1990 : *La tasse de chocolat,* h/t (53x72) : **ITL 23 000 000** – MILAN, 21 mai 1991 : *Nains volant du vin,* h/t (37x47,5) : **ITL 45 200 000** – NEW YORK, 15 jan. 1993 : *Fête de mariage des nains,* h/t (66,7x90,2) : **USD 18 400.**

ALBRIER Joseph
Né le 4 octobre 1791 à Paris. Mort en mars 1863 à Paris. XIXᵉ siècle. Français.
Peintre d'histoire, sujets mythologiques, scènes de genre, portraits, peintre à la gouache, aquarelliste.
Il fut élève de Regnault à l'école des Beaux-Arts en 1805. Dès 1819, il débuta au Salon de la Société Nationale des Beaux-Arts, exposant ensuite en 1822, 1824, 1827, 1836.
Ses grandes compositions, comme *Narcisse et Cyparus* ou *Vénus et Adonis* conservent le caractère lyrique des œuvres de son maître, dans des compositions amples et bien ordonnées. Il fut aussi l'auteur de nombreux portraits rétrospectifs de personnages historiques. On a gravé d'après lui : *Daphnis et Chloé* et *Narcisse et Cyparisse.*
MUSÉES : AGEN : *Vénus et Adonis* – BÉZIERS : *Portrait de Madame*

la marquise de Montesson – VERSAILLES (Mus. du château) : *Jacqueline de Longwy, duchesse de Montpensier* – *Louis de Lorraine, cardinal de Guise* – *Fr. de Lorraine, grand prieur de France* – *René de Lorraine, marquis d'Elbeuf* – *Marie-Amélie de Saxe, reine d'Espagne* – *Duc de Châteauvillain* – *Charlotte de la Haye, marquise de Montesson* – *Marguerite de Lorraine, duchesse d'Orléans* – *Fr. de Bourbon, duc de Montpensier* – *Comtesse de Joyeuse* – *Henri IV* – *Marie de Médicis* – *Mademoiselle de la Vallière* – *François Bourbon, prince de Conti* – *Emmanuel de Savoie, duc de Nemours* – *François d'Épinay* – *Duchesse de Joyeuse* – *André de Montalembert* – *Thomas de Savoie, prince de Carignan* – *Anne-Victoire de Bourbon* – *Princesse de Condé* – *Henri de Bourbon, marquis de Maülause* – *Mademoiselle de Montpensier* – *Fr. de Vendôme, duc de Beaufort, amiral de France* – *Marie de Lorraine, princesse de Monaco* – *Henri II* – *Catherine de Médicis* – *François II* – *Marie Stuart* – *François d'Alençon* – *Paul IV, pape* – *Comtesse de la Roche-sur-Yon* – *Renée de Lorraine, abbesse de Saint-Pierre de Reims* – *Pontus de Thiard, évêque de Châlons-sur-Marne* – *Théodore de Thiard, évêque de Bissy* – *Marg. de Busseuil, dame de Bissy* – *Seigneur de Saint-Luc, maréchal de France* – *Stéphanie, comtesse de Genlis* – *Marie-Adélaïde, comtesse de Valence* – *Jean-Rodolphe Perronet, ingénieur et architecte* – *La Toison d'or.*

VENTES PUBLIQUES : PARIS, 1859 : *La Jeune Fille et le Petit Chien* : FRF 350 – PARIS, 1863 : *La Peur de l'orage* : FRF 775 – LONDRES, 7 avr. 1977 : *La Visite agréable*, aquar. et gche (18,5x14,5) : GBP 900 – BRUXELLES, 25 nov. 1982 : *Portrait de Marie Christine Amélie Thérèse, princesse des deux Siciles, Reine de Sardaigne*, h/t (120x134) : BEF 100 000 – PARIS, 15 mai 1996 : *Portrait de Charles de Bourbon, comte de Charolais*, h/t (65x54) : FRF 25 000.

ALBRIGHT Adam Émory
Né le 15 août 1862 à Monroe (Louisiane). Mort en 1957.
XIXe-XXe siècles. Américain.
Peintre de portraits, paysages, fleurs.
Il fut élève de l'Institut d'Art de Chicago, de l'Académie des Beaux-Arts de Philadelphie. Il eut, entre autres, Thomas Eakins pour maître. Venu parfaire sa formation en Europe, il fut élève de Karl von Marr à Munich et de Benjamin-Constant à Paris. Il était le père de Ivan Le Lorraine Albright. Ses œuvres ont été montrées dans plusieurs musées.
Outre ses sujets de prédilection, paysages et fleurs, il peignit, dans une période ultérieure, une série de portraits d'enfants de la campagne.
VENTES PUBLIQUES : LOS ANGELES, 15 oct. 1979 : *Enfants pêchant 1912*, h/t (50,8x66,3) : USD 1 700 – NEW YORK, 1er juin 1983 : *Troupeau à l'abreuvoir 1896*, h/t (15,2x24,7) : USD 800 – NEW YORK, 30 sep. 1985 : *Roses trémières*, deux toiles (76,8x51,5) : USD 3 500 – NEW YORK, 1er oct. 1987 : *Jeune pêcheur dans une barque 1909*, h/t (61x77) : USD 17 000 – NEW YORK, 30 sep. 1988 : *Terrasse californienne*, h/t (87x66,3) : USD 4 400 – NEW YORK, 16 mars 1990 : *Promenade d'été*, h/t (91,5x183,4) : USD 63 800 – NEW YORK, 31 mai 1990 : *Trois enfants en promenade le long d'un ruisseau*, h/t (66x91,5) : USD 14 300 – NEW YORK, 14 mars 1991 : *Les petits cueilleurs de baies 1916*, h/t (66x51) : USD 5 500 – NEW YORK, 12 sep. 1994 : *Les glaneurs 1931*, h. en cr./t. (43,2x35,6) : USD 3 220 – NEW YORK, 25 mars 1997 : *Corvées de ferme*, h/t (45,7x61) : USD 9 200 – NEW YORK, 5 juin 1997 : *Enfants s'amusant avec un cerf-volant*, h/t (76,2x134,7) : USD 48 300.

ALBRIGHT Herman Oliver
Né en 1876 à Mannheim (Allemagne). XXe siècle. Américain.
Peintre de paysages, fleurs, peintre à la gouache, aquarelliste.
Il a exposé dans l'Est des Etats-Unis, notamment à New York et en Californie.

ALBRIGHT Ivan Le Lorraine
Né en 1897 à North Harvey (Illinois). Mort en 1983 à Chicago. XXe siècle. Américain.
Peintre de figures, portraits, natures mortes, peintre à la gouache, graveur, dessinateur. Tendance fantastique.
Il est né d'une famille d'artisans et peintres allemands émigrés aux États-Unis au XVIIIe siècle. Son père Adam Émory Albright avait été élève de Thomas Eakins, considéré comme le précurseur de cette tradition américaine appelée *réalisme magique*.
Il est dit que, dès l'âge de huit ans, Ivan Albright copiait les œuvres de Eakins. Outre cette première influence, sa technique picturale a une double origine : il fit tout d'abord des études d'architecture à l'Université de l'Illinois. Puis, s'étant engagé dans

l'armée en 1918, il fut envoyé en France comme dessinateur militaire. On ne sait pour quelle funèbre raison il eut de ce fait à dessiner le plus exactement possible des parties anatomiques présentant des blessures ou bien en décomposition. Il obtint une mention honorable à l'Art Institute de Chicago en 1926 et un Prix en 1928. L'Art Institute de Chicago organisa une rétrospective de son œuvre en 1964. Élu académicien de la National Academy of Design en 1950 et membre du National Institute of Arts and Letters en 1957.
Il a peint des images provocantes, associant la technique de la peinture de genre américaine du XIXe siècle et le précisionnisme surréalisant le plus académique. Ce style et ce genre dans la lignée de l'œuvre de Thomas Eakins, qu'il avait en commun avec Peter Blume, Louis Guglielmi, Eugène Berman et George Tooker, a été nommé par la critique américaine : *réalisme magique*. Albright a peint des figures et des sortes de natures mortes en décomposition sous une lumière onirique bleuâtre. Parfois il peignit un visage accompagné des aspects successifs de sa propre décomposition. Sans doute Peter Greenaway, le cinéaste du film *Zoo*, dans lequel les décompositions progressives de corps d'animaux et d'hommes sont nombreuses, connaissait-il ce peintre. De ces portraits macabres aux attributs fantastiques, le plus connu, présenté à l'exposition de la Fondation Carnegie de Pittsburgh en 1946, s'intitulait, d'après Oscar Wilde : *Portrait de Dorian Gray*. Le fondement spirituel et littéraire de la peinture d'Albright est l'expression de la décrépitude des corps du fait de l'écoulement fatal du temps, ce qu'exprime le titre d'une de ses œuvres de 1929-1930 : *Temps qui fuis, tu m'as délaissé vieillard*. La précision clinique du rendu des détails fait basculer l'apparent réalisme du côté du fantastique panique.
■ Jacques Busse

BIBLIOGR. : J. D. Prown et B. Rose : *La peinture américaine*, Skira, Genève, 1969 – in : *L'Art du XXe siècle*, Larousse, Paris, 1991 – in : *Dict. de l'art mod. et contemp.*, Hazan, Paris, 1992.
MUSÉES : CHICAGO (Art Inst.) : *Une âme nommée Ida vint au monde 1929-1930* – *Ce que j'aurais dû faire et que je n'ai pas fait 1931-1941* – NEW YORK (Metropolitan Mus.) : *Temps qui fuit, tu m'as laissé vieillard 1929-1930*.
VENTES PUBLIQUES : NEW YORK, 29 jan. 1964 : *Buste nu* : USD 1 400 – NEW YORK, 5 mai 1976 : *Self portrait 1947*, litho. (37x25,8) : USD 850 – NEW YORK, 20 avr. 1979 : *Portrait de jeune fille*, gche et aquar. (33,6x45,7) : USD 6 500 – NEW YORK, 18 fév. 1981 : *Show case doll 1954*, litho. (43,6x64,2) : USD 2 800 – NEW YORK, 9 mars 1983 : *Heavy the oar to him who is tired, heavy the coat, heavy the sea 1939*, litho. (43,2x27,2) : USD 11 000 – NEW YORK, 1er juin 1984 : *La prise de Lobsterman*, h/t (51x76,1) : USD 8 000 – NEW YORK, 29 mai 1986 : *Still life in Maine*, h/t (52,1x77,5) : USD 10 000 – NEW YORK, 24 jan. 1989 : *Scène d'intérieur 1931*, aquar./pap. (34,2x24,4) : USD 2 750 – NEW YORK, 14 mars 1996 : *La marque du temps 1969*, gche/t. cartonnée (40,6x50,8) : USD 7 475.

ALBRIGHT Malvin Marr
Né en 1897 à Chicago (Illinois). XXe siècle. Américain.
Sculpteur.

ALBRIL
XIXe siècle. Espagnol.
Paysagiste.

ALBRION Domingo de
XVIe siècle. Espagnol.
Sculpteur.
Il exécuta, vers 1587, en collaboration avec Nicolas Laraut, deux statues, représentant *Aaron et Melchisedech*, pour les côtés du tabernacle de la chapelle del Sagramento, dans la cathédrale de Tarragone.

ALBRITIUS. Voir ALBRIZZI Orazio

ALBRIZZI Orazio ou Albrizio, Albritius, Albricci, Alberici
XVIIe siècle. Travaillait à Plaisance. Italien.
Sculpteur et fondeur de bronze.
De 1620 à 1624 on fait mention de lui à Plaisance et à Rome. Il aida Francesco Mocchi pour l'exécution de deux grandes statues équestres des ducs de Plaisance.

ALBRIZZI da Lendinara Giambatista
XVIIe siècle. Italien.
Peintre.
Cité par Zani à Rovigo vers 1656.

ALBRYCHTOWICZ Johann
XVIIIe siècle. Polonais.

Peintre.

Il fut maître dans la corporation des peintres à Cracovie en 1745 et conseiller en 1750.

ALBU Véronica
Née à Londres. XXe siècle. Britannique.
Aquarelliste, sculpteur animalier.
Elle fut élève de l'aquarelliste japonais Yoshio Aoyama et de Pierre Tranchant. Elle exposa à Paris, au Salon des Artistes Français de 1932 à 1938, au Salon des Tuileries en 1933, et aux Indépendants en 1937 et 1939. Elle a sculpté presque uniquement des statuettes de volatiles.

ALBUERNE
XIXe siècle. Espagnol.
Peintre.
Un tableau représentant le général Proust et gravé par Tardieu est signé *Albuerne P.*, 1862. Il ne faut pas le confondre avec Manuel Albuerne.

ALBUERNE Manuel
XVIIIe siècle. Travaillait vers la fin du XVIIIe siècle. Espagnol.
Graveur en taille-douce.
Il fut élève de l'Académie de San Fernando et, d'après ce qu'en dit Ottley, il fut aussi l'élève de Manuel Salvador Carmona. Il grava les portraits de Murillo, de Ferdinand VII, de l'infante Isabelle, de don Carlos, d'Isidore de Bourbon, et les illustrations de *Don Quichotte* de l'édition de 1797.

ALBUFÉRA Malvina, duchesse d'
Née à Paris. XIXe siècle. Française.
Peintre de genre.
Elle fut l'élève de Ch. Muller et de Robert Fleury. Elle a exposé aux Salons entre 1855 et 1863.

ALBURIQUE ou Alborique
XVe siècle. Actif en Espagne vers 1474. Espagnol.
Graveur sur bois.

ALBUYA J. D.
XIXe-XXe siècles. Vivant à Tenador, dans l'Équateur. Péruvien.
Peintre.
Il a peint le portrait de Gonzalès Suarez, qui a été exposé en 1900, durant l'Exposition décennale de Paris.

ALBUYANA Antonio
XVIIe siècle. Espagnol.
Peintre, décorateur.
Cité pour avoir peint des décorations sur des armures à Barcelone vers 1636.

ALBY Jules
Né à Marseille. XIXe siècle. Français.
Peintre de genre, portraits, aquarelliste, pastelliste.
Élève de Cabanel. Il a fait des portraits et des pastels. Il a exposé aux Salons de Paris de 1877 à 1888 : *Le foulage du blé* (1881), *Les fagots, fin octobre* (1882), *Les femmes de Marseille prennent part à la défense de la ville contre les impériaux du connétable de Bourbon* (1883), *Cincinnatus* (1888).

ALCADE Francisco
XVIIe siècle. Actif à Burgos en 1682. Espagnol.
Peintre verrier.

ALCAIDE G.
XIXe siècle. Actif à Rome en 1834. Italien.
Graveur au burin.
Présente des similitudes avec José ALCAYDE.

ALCAIDE J.
XXe siècle. Actif à Madrid. Espagnol.
Peintre de natures mortes, fruits.
Figurait avec deux tableaux de fruits à l'Exposition de Bruxelles en 1910.

ALCAIDE José. Voir ALCAYDE

ALCAIDE Mariano
Né vers 1792 à Valence. XIXe siècle. Espagnol.
Peintre de paysages.
Frère de José Alcayde. Il étudia successivement à l'Académie de San Carlos, à Valence et à Madrid, avec Canella. Il acheva son éducation artistique à Rome de 1822 à 1823.
Alcaide a reproduit dans ses paysages de nombreux sites des environs de Madrid. On cite également son tableau : *Port de Genzano sur le lac Nemi*.

ALCAIDE Zamorano
XIXe siècle. Espagnol.
Sculpteur.

ALCAIN Alfredo
Né en 1936 à Madrid. XXe siècle. Espagnol.
Peintre.
Il a participé à la Biennale des Jeunes de Paris en 1967.

ALCAÏS Yves
Né le 24 avril 1938 à Dornas (Ardèche). XXe siècle. Français.
Peintre. Abstrait-géométrique.
Depuis 1960, il vit à Paris. De 1962 à 1968, il fut élève de l'Académie de la Grande Chaumière et de l'Atelier Henri Goetz. Il participe à des expositions collectives, des groupes d'artistes abstraits notamment avec Michel Seuphor, les Salons de Mai, des Réalités Nouvelles, Grands et Jeunes d'Aujourd'hui, Comparaisons, en 1986 et 1988 MAC 2 000. Il montre des ensembles de ses peintures dans des expositions personnelles, dont : de 1971 à 1973 plusieurs Maisons de la Culture de la périphérie parisienne ; 1974 et 1975 dans des galeries parisiennes ; 1977 Paris, galerie Christiane Colin ; etc.
Ses grands formats, bien qu'abstraits-géométriques et tendant au monochrome, se réfèrent au paysage de sa région d'origine.
BIBLIOGR. : Gérard Xuriguera, in : Catalogue de l'exposition *Alcaïs*, Espace BOA, Paris, 1989.
MUSÉES : DUNKERQUE – SAINT-OMER .
VENTES PUBLIQUES : PARIS, 12-13 juin 1997 : *Sur les pas de Gupka 1996*, h/t (130x97) : **FRF 13 000**.

ALCALA d', duc
XVIe siècle. Actif à Séville. Espagnol.
Peintre.
Il fut l'ami et l'élève de Francisco Pacheco.

ALCALA Hernando de. Voir FERNANDEZ Juan Antonio

ALCALA Juan Fernandez de. Voir FERNANDEZ de Alcala Juan

ALCALA-GALIANO Alvaro, appelé aussi Comte del Real Aprecio
Né le 21 mai 1873 à Bilbao. XIXe-XXe siècles. Espagnol.
Peintre de paysages animés.
Il fut élève de José Aranda et de Joaquin Sorolla. Il a figuré aux expositions de Madrid, où il fut distingué en 1897 et 1899. A Paris il a exposé au Salon des Artistes Français jusqu'en 1914, mention honorable en 1902. Il a figuré à l'Exposition Universelle de 1900, et reçut une médaille. Il a exposé encore en d'autres lieux, notamment à Düsseldorf. Il aime traiter des sujets liés aux folklores régionaux : *Le feu de joie en Bretagne* 1905 – *Grand-messe au Pays Basque*.
VENTES PUBLIQUES : PARIS, 28 nov. 1977 : *Hollandaises au bord du canal 1901*, h/t (50x73) : **FRF 6 000**.

ALCALAY Albert
Né en 1917. XXe siècle. Américain.
Peintre, dessinateur.
A figuré à l'exposition de dessins américains contemporains de 1962.

ALCALDE Juan
Né le 9 février 1918 à Madrid. XXe siècle. Espagnol.
Peintre de compositions à personnages, paysages. Expressionniste.
Il fut élève de l'Académie Royale de San Fernando à Madrid. Il effectua ensuite un long voyage au Venezuela, de 1950 à 1957, exposant à Caracas et obtenant un Prix. Revenu en Europe, il exposa dans de nombreuses villes d'Espagne, ainsi qu'à Londres, à Paris où il se fixa à partir de 1960 et où il a participé au Salon d'Automne en 1965, 1967.
Sa peinture présente des points de rencontre avec celle de ses compatriotes immigrés à Paris, c'est-à-dire qu'elle est assez typiquement espagnole, par l'élégance de la composition et la chaleur de la couleur, non exemptes d'un sentiment facilement dramatique du monde et de la vie, dans lequel résonne encore l'écho des hallucinations de Goya.   ■ J. B.
BIBLIOGR. : Catalogue de l'exposition *Juan Alcalde*, Casa de Espana en Paris, 1985.

ALCAMÈNE ou Alkamenes
Ve siècle avant J.-C. Actif à la fin du Ve siècle avant Jésus-Christ. Antiquité grecque.
Sculpteur.
Sans doute fils d'un clérouque athénien établi à Lemnos. Contemporain de Phidias, dont il fut le disciple et l'émule, Alcamène travailla surtout pour Athènes et fut l'un des représentants

de l'Ecole attique. Ses années de production sont très discutées. Selon Pausanias, il aurait exécuté le fronton ouest du temple de Zeus à Olympie (vers 460) ; mais une autre tradition littéraire le met en cause pour une consécration de Thrasybule à l'Héra-kléion de Thèbes (en 403). On s'est étonné d'une telle longévité, et certains érudits ont cru devoir distinguer un Alcamène l'Ancien et un Alcamène le Jeune. Plus simplement, il est probable que le nom d'Alcamène est resté attaché au fronton ouest d'Olympie pour quelque réfection tardive (vers 421 ?). Le repère chronologique le plus sûr nous est d'ailleurs donné par l'indication d'une *Hécate Epipyrgidia* qui n'a pu être mise en place sur le Bastion d'Athéna Niké. à l'entrée de l'Acropole d'Athènes, qu'a-_____ _____ copie réduite de l'Hécate _____ _____ urichien d'Ottenstein qui _____ _____ normes flambeaux harmo-_____ _____ vivante des Grâces drapées, _____ _____ ur ere antérieur à l'Hécate Epipyrgidia, en _____ cas son voisin sur le chemin menant à l'Acropole, un *Hermès Propylaeos* gardait, au contraire, le type de la statue hiératique archaïsante. Deux copies avouées de cette œuvre ont été trouvées à Pergame et à Éphèse. Le groupe retrouvé de *Procné et d'Itys*, consécration (et sûrement œuvre) d'Alcamène sur l'Acropole d'Athènes, marque dans l'art grec la naissance du pathétique. L'attitude craintive de l'enfant contrastant avec la figure matronale, immobile et rigide, est singulièrement émouvante. Alcamène avait refait, disait-on, la statue de culte du petit temple d'Héra, entre Athènes et Phalère. A voir la Procné de l'Acropole et les figurations de *Héra* sur certains bas-reliefs de la fin du ve siècle avant Jésus-Christ, on peut considérer Alcamène, sinon comme le créateur, du moins comme l'ordonnateur principal du type le plus classique de l'épouse de Zeus (cf. *Héra* de la Bibliothèque de Pergame, par ex.).

Mais le chef-d'œuvre d'Alcamène était sans doute l'*Aphrodite aux Jardins* (lieu saint situé sur les premières pentes du versant nord de l'Acropole d'Athènes). Pausanias et Lucien en vantent la perfection et la finesse. Peut-être une belle tête d'*Aphrodite* portant au front l'« ampyx », découverte en 1929 à Leptis Magna (Musée de Tripoli), nous garde-t-elle le souvenir de l'œuvre fameuse ; peut-être aussi, le torse acéphale de Tralles (Musée de Smyrne) et le type féminin longtemps appelé à tort Euterpe (Louvre, Naples). Un *Dionysos* chryséléphantin, exécuté vers 420 avant J.-C. pour le nouveau Dionysien d'Athènes, compte aussi parmi les œuvres d'Alcamène. D'après les monnaies, le dieu, de type barbu archaïsant, était assis sur un trône, tenant dans la main droite un canthare et dans la main gauche le thyrse. Il est permis d'évoquer à propos de cette réalisation la splendide tête en bronze du Musée de Naples (Dionysos « mitréphoros » d'Herculanum). Entre 420 et 415, Alcamène créa, en bronze, pour l'Héphaïstion d'Athènes, deux statues de culte, représentant *Athéna* et *Héphaïstos*. S'il n'est pas certain que l'Hermès du Vatican, coiffé d'un bonnet conique des artisans, reproduise bien les traits de l'Héphaïstos, il semble que nous ayons une copie réduite de l'Athéna Héphœstia dans l'Athéna « à l'acanthe » de Cherchell. De l'*Athéna associée avec Héraklès*, qui constituait l'offrande de Thrasybule dans l'Hérakléion de Thèbes, nous ignorons tout. Mais une dernière effigie divine d'Alcamène est peut-être l'original d'une série de répliques dont fait partie le *Mars Borghèse* du Louvre : ce serait son *Arès*, consacré dans le sanctuaire d'Arès et d'Athéna sur l'Agora d'Athènes. Tout proche du *Mars Borghèse* par l'expression pensive et le rythme du mouvement, le *Discobole* en marbre, trouvé sur la Via Appia (Musée du Vatican), dérive peut-être aussi d'un original alcaménien. Et l'on songe à la célèbre statue de bronze du Vainqueur au pentathle, appelée l'*Encrinoménos* (« l'Athlète reconnu parfait »), sorte de canon attique en réponse aux créations de Myron et de Polyclète. L'éminente personnalité d'Alcamène, élève le plus remarquable de Phidias, marbrier peut-être plus que bronzier, et spécialiste des images divines, lui a valu de se voir attribuer par certains archéologues, tantôt les sculptures du Métrôon d'Agra, tantôt les figures du fronton est du Parthénon... Dans l'état actuel de nos connaissances, ce sont là simples conjectures.

ALCAN Adolphe
XIXe-XXe siècles. Actif à Vernon (Eure). Français.
Peintre miniaturiste et enlumineur.
Fut un des membres les plus actifs de la Société des Miniaturistes et Enlumineurs de France. A enluminé des missels et aussi un éventail avec dentelles.

ALCANTARA Alonzo de
Né à la Puebla de la Guadeloupe. XVIe siècle. Actif à Séville en 1552. Espagnol.
Peintre.

ALCANTARA Antonio
Né le 27 juin 1918 à Caracas. XXe siècle. Vénézuélien.
Peintre de paysages. Postimpressionniste.
Il fut élève de l'Ecole des Beaux-Arts de Caracas.

ALCANTARA Diégo de
Mort le 11 avril 1587. XVIe siècle. Actif à Madrid. Espagnol.
Sculpteur.
Il fut l'élève de Herrera, qui l'appela à Madrid en 1573 pour l'aider dans ses travaux à l'église de l'Escurial, ainsi que pour d'autres constructions. Alcantara travailla également à l'Alcazar comme architecte.

ALCANTARA F.
XVIIIe siècle. Actif à Madrid. Espagnol.
Peintre, dessinateur, illustrateur.
Il dessina les vignettes qui servirent à la publication de *Don Quichotte*, à Madrid, 1798-1799, et qui furent gravées par Moreno Texada et B. Amettler.

ALCANTARA Juan de
XVIe siècle. Actif à Séville au début du XVIe siècle. Espagnol.
Sculpteur.
Cet artiste prit part aux travaux de construction et d'ornementation des édifices publics de Séville, vers 1537.

ALCANTARA Pedro
Né en 1942 à Cali. XXe siècle. Colombien.
Peintre de figures, dessinateur. Expressionniste.
Il vint poursuivre sa formation en Europe, principalement en Italie de 1959 à 1963. Retourné en Colombie, il fut nommé professeur à l'Ecole des Arts Plastiques de Cali. Il participe à de nombreuses expositions collectives, en Amérique latine et en Europe. Expositions individuelles en 1964, 1965, 1970 au Musée La Tertulia de Cali, 1965 au Musée d'Art Moderne de Bogota, 1966 Maison de la Culture de Bogota, 1970 Galerie El Morro de San Juan de Puerto-Rico, etc. Il a obtenu de nombreux Prix de Dessin, quatre fois le Prix National de Dessin, deux fois le Prix Gubbio en Italie, le Prix de Dessin de l'Exposition Latino-Américaine de Caracas en 1971.
Ses peintures rappellent les têtes emblématiques d'Arcimboldo, tandis que ses dessins, travaillés avec à la fois minutie et talent, créent une sorte de malaise, voire d'effroi, tant les formes qui le constituent, paraissent violentées et atrocement douloureuses : *La mort de Miguel Suarez* 1973 – *La mort de Agostinho Kalundu* 1973 – *Portrait de Guadalupe Salcedo* 1973 – etc. ■ J. B.
BIBLIOGR. : Beatriz Viggiani, in : *Catalogue de la sélection colombienne*, Biennale de São Paulo, 1973.

ALCANTARA Pedro d'
Né en Algarve. XVIIIe siècle. Portugais.
Peintre de paysages et de décors de théâtre.
Il décora les théâtres de Lisbonne entre 1747 et 1763.

ALCANYIS Miguel de
Né dans la région de Valence. XVe siècle. Espagnol.
Peintre de compositions religieuses. Gothique international.
Il fut actif, entre 1408 à 1447, à Valence, à Barcelone, puis à Majorque.
Il exécuta, en 1434, un tableau d'autel pour l'église de Soller.
Il réalisa, à partir de 1421, le *Retable de saint Michel,* pour l'église de Jérica, en Aragon. À partir de cette œuvre majeure du style Gothique international, on a pu lui attribuer divers ouvrages, dont : une *Vierge à l'Enfant* et une *Crucifixion* (diptyque) ; le *Retable de saint Marc* ; le *Retable de la sainte Croix*, vers 1408. Durant son séjour à Majorque, de 1442 à 1447, il peignit des panneaux consacrés à la Vierge Marie, pour l'église de l'Alcudia ; ainsi que le *Retable de la Vierge de Miséricorde*, pour le couvent de la Conception à Palma.
BIBLIOGR. : In : *Dictionnaire de la peinture espagnole et portugaise du Moyen Âge à nos jours*, coll. Essentiels, Larousse, Paris, 1989.
MUSÉES : LYON (Mus. des Beaux-Arts) : *Retable de saint Michel*, pan. latéraux – PITTSBURGH (Mus. of Art) : *Crucifixion*, attr. – POLLENSA : *Retable de la Vierge de Miséricorde* – VALENCE : *Retable de la sainte Croix* vers 1408, attr..

ALCARAZ Gutierre de
XVIe siècle. Actif à Séville au milieu du XVIe siècle. Espagnol.

Peintre.

Sollicita du roi l'exemption d'un impôt, d'accord avec ses collègues : Alonso de Sala, Hernando de Toledo, Juan de la Fuente, Juan Diaz, Alonso de Solis, Francisco de Soria, Andres Martinez, Francisco de Morales, Diego Vaez et Andres Fernandez, peintres, le jeudi 9 février 1542.

ALCARAZ Rodrigo de
XVIe siècle. Espagnol.
Sculpteur.
Mentionné en 1538, dans les livres de comptes de la cathédrale à Séville.

ALCARAZ-LAUS Rodolpho
Né en 1936 à Mexico. XXe siècle. Mexicain.
Artiste multimédia. Conceptuel.
Remarqué à la Biennale des Jeunes à Paris en 1971. Il présentait sous le titre de *Double 1*, une confrontation entre un danseur et l'image de ce danseur, réalisation conceptuelle qui tournait autour du thème alors en faveur : le corps et sa représentation.

ALCAYDE José ou Alcaide
Né à Valence. Mort en 1860 à Valence. XIXe siècle. Vivant à Rome. Espagnol.
Graveur en taille-douce.
On sait qu'en 1822, il se rendit à Rome pour étudier sous la direction du graveur italien Marchetti. On a de lui des portraits de Pie VIII et de Léon XII, le buste de la duchesse d'Albe, les portraits de différents membres de la cour papale, ainsi que deux estampes représentant les quatre principales basiliques de Rome, d'après Ag. Valentini, 1832, 1834.

ALCAYDE-MONTOYA Julia
Née à Gijon. XIXe siècle. Espagnole.
Peintre.
Élève de Manuel Ramirez, elle se consacra à la peinture des fleurs, des fruits et des natures mortes. Elle excella dans ce genre et s'acquit une certaine réputation. Ses œuvres furent exposées pour la plupart à Madrid, depuis 1878. On cite avec éloge : *La marchande de fruits*, *Au pied d'une haie*, *Sur les hauteurs*, *La place du marché de ma rue*. On a d'elle plusieurs études de têtes et quelques portraits. Elle fit aussi des aquarelles et des pastels.

ALCAZAR Pedro de
XVIe siècle. Espagnol.
Peintre.
Il travailla pour la ville de Séville et des documents mentionnent des payements qu'il reçut en 1564, 1567 et 1570. Sa veuve en reçut un le 11 janvier 1574, ce qui permet de fixer la date de sa mort à quelques années près. Ce peintre fut accrédité auprès de maîtres tels que le sculpteur Jérôme Hernandez. On cite de lui des peintures pour le duc d'Aoste.

ALCAZAR Y RUIZ Manuel
Né à Albacete. XIXe siècle. Espagnol.
Peintre de genre, graveur.
Il fut élève de l'Académie de Madrid et se consacra avec succès à la gravure et à la peinture de genre. Il commença à exposer ses œuvres en 1876, à Madrid, où il reçut une médaille. On signale *Les sans-abris*, qui représente un épisode d'un tremblement de terre en Andalousie.
VENTES PUBLIQUES : LONDRES, 22 juin 1988 : *Invitées dans la sacristie*, h/t (49x32) : GBP 5 280 – NEW YORK, 19 juil. 1990 : *Invitées dans la sacristie*, h/t (48,7x32) : USD 8 800 – NEW YORK, 1er nov. 1995 : *La chasse au sanglier* 1904, h/t (127x205,7) : USD 28 750.

ALCAZAR-TEJEDOR José
Né vers 1850 à Madrid. XIXe siècle. Espagnol.
Peintre de genre.
Élève à l'Académie des Beaux-Arts de Madrid, il se perfectionna sous la direction de Enrique Ximenès et de Vincente Palmorali. À parir de 1876, il exposa dans sa ville natale, puis participa à plusieurs expositions à l'étranger, notamment à Munich.
C'est d'une touche rapide et brillante qu'il traite ses sujets de genre. On cite de lui : *Retour du cimetière* 1878.
BIBLIOGR. : Gérald Schurr : *Les Petits Maîtres de la peinture 1820-1920, valeur de demain*, t. IV, Les Éditions de l'Amateur, Paris, 1979.
VENTES PUBLIQUES : PARIS, 16 mars 1983 : *Espagnole à la mantille dans un intérieur*, h/bois (39x31) : FRF 10 100.

ALCHECH Eliézer
Né à Viddin (Bulgarie). XXe siècle. Bulgare.

Peintre.
Il a exposé des paysages au Salon d'Automne de 1938, et au Salon des Indépendants de 1938.

ALCHERIO Giovanni
XVe siècle. Italien.
Artiste.
Milanais, il travailla à Paris. Il est cité par J. Dupont et C. Gnudi : *La Peinture gothique* (Skira, Genève).

ALCHIMOWICZ Casimir
Né en 1840 à Dziembrowo. XIXe-XXe siècles. Travaillait à Varsovie en 1900. Polonais.
Peintre.
Il étudia à Varsovie sous le professeur Gerson, vint ensuite à Munich et à Paris, où il se perfectionna. Il vécut à Wierchotorya, à l'est de l'Oural, jusqu'en 1863. Il se fixa ensuite à Varsovie où il se consacra à la peinture de genre et d'histoire. La plus importante de ses œuvres se trouve à Cracovie, au musée national. À la décennale de 1900 de Paris, il exposa un tableau : *Franc-tireur oublié*.
VENTES PUBLIQUES : LONDRES, 26 juin 1987 : *La tombe du héros* 1901, h/t (131x201) : GBP 2 800 – NEW YORK, 22-23 juil. 1993 : *Un colporteur* 1890, h/t (193x138,4) : USD 11 500.

ALCHIMOWICZ Hyacinthe
Né le 11 septembre 1841 à Dziembrowo. XIXe siècle. Polonais.
Peintre.
Il étudia sous la direction de son frère Casimir. Plus tard, il vint à Paris et entra à l'école des Beaux-Arts en 1876. Il fut nommé professeur de dessin à Perpignan.

ALCIATI Ambrogio Antonio
Né le 5 septembre 1878 à Vercelli. Mort le 8 mars 1929 à Milan. XXe siècle. Italien.
Peintre de portraits.
Il fut élève de l'Académie des Beaux-Arts de Milan, où il s'est fixé. À Milan, il devint professeur à l'Académie de Bréra.
Il a fait une courte mais brillante carrière de portraitiste officiel et mondain. On cite le *Portrait de Son Altesse Royale le Prince de Piémont* en 1927, qui figura au Palais du Sénat à Rome.
VENTES PUBLIQUES : MILAN, 20 nov. 1973 : *Portrait de femme* 1927 : ITL 1 100 000 – MILAN, 28 oct. 1976 : *Portrait*, h/pan. (41,5x31,5) : ITL 200 000 – MILAN, 10 nov. 1977 : *Le Rêve*, h/t (100x70) : ITL 1 200 000 – MILAN, 5 déc. 1979 : *Portrait de femme*, h/t (180x104) : ITL 1 600 000 – MILAN, 21 déc. 1981 : *La petite Madone* 1923, h/t (84x80) : ITL 3 000 000 – MILAN, 23 mars 1983 : *Le marché de Tripoli*, h/t (48x63) : ITL 1 600 000 – MILAN, 13 déc. 1984 : *Portrait de femme* 1914, h/t (110x95) : ITL 4 500 000 – MILAN, 28 oct. 1986 : *Contemplazione* 1925, temp./t. (77x66) : ITL 2 800 000 – MILAN, 14 juin 1989 : *Portrait de femme en vert*, h/t (134x96) : ITL 19 000 000 – MILAN, 18 oct. 1990 : *Portrait de femme*, h/t (80x59,5) : ITL 6 500 000 – MILAN, 7 nov. 1991 : *Portrait de femme avec une capeline blanche* 1915, h/pan. (52x36,5) : ITL 3 500 000 – MILAN, 19 mars 1992 : *Pensées vagabondes*, h/t (63x48) : ITL 6 700 000 – BOLOGNE, 8-9 juin 1993 : *Vierge à l'Enfant*, h/t (40x34) : ITL 5 750 000 – MILAN, 20 déc. 1994 : *Portrait d'une jeune femme assise vêtue d'une robe rose*, h/t (55,5x50,5) : ITL 9 200 000.

ALCIATI Andrea
XVIe siècle. Travaillait à Milan de 1530 à 1550. Italien.
Graveur ornemaniste.

ALCIATI Henri
Né à Marseille. XIXe-XXe siècles. Travaillait à Marseille. Français.
Sculpteur.
Cet artiste a obtenu une mention honorable en 1886 au Salon des Artistes Français où il exposa jusqu'en 1913.

ALCIATI Pietro Antonio
XVIe siècle. Travaillait à Rome. Italien.
Peintre.
En 1560 et 1562, il fut payé pour avoir doré les appartements du pape Innocent et pour des tableaux qu'il peignit dans une des six Stanze de Boschetto. En 1581, il est fait mention de lui comme procurateur du peintre Giovanni Venusti.

ALCIMAQUE
Ve siècle avant J.-C. Antiquité grecque.
Peintre.
Cité par Pline, vivait en l'an 410 avant Jésus-Christ.

ALCOBIER H. D.
XIXe siècle. Vivait à Londres vers le milieu du XIXe siècle. Britannique.

Peintre de genre.
Cet artiste exposa une œuvre à la Royal Academy de Londres, en 1845.

ALCOCK
XVIIIe siècle. Actif à Bath dans la seconde moitié du XVIIIe siècle. Britannique.
Peintre miniaturiste.
Il fut l'ami du malheureux Chatterton.

ALCOCK
XIXe siècle. Actif dans la première moitié du XIXe siècle. Britannique.
Sculpteur de médaillons.
Il était sculpteur et chirurgien. C'est lui qui a sculpté le médaillon en marbre de Charles Thomas Haden, père de Francis-Seymour Haden. Ce dernier reproduisit à l'eau-forte l'œuvre de Alcock.

ALCOCK Edward
XVIIIe siècle. Britannique.
Peintre de portraits.
Il se distingua surtout dans le portrait. Il peignit, en 1750, l'effigie du poète William Shenstone, qui se trouve actuellement dans la Galerie nationale de Londres. On pense que c'est ce même peintre qui exposa en 1778 deux petites têtes à la Royal Academy, à Londres.
VENTES PUBLIQUES : NEW YORK, 7 nov. 1984 : *Portrait de jeune garçon aux jouets, dans un paysage* 1769, h/t (43x30) : USD 1 000.

ALCOCK Harriett, plus tard **Elasthead**
XIXe siècle. Active au début du XIXe siècle. Britannique.
Peintre de portraits.
Elle résida à Dulwich. Elle exposa, de 1832 à 1835, à la Royal Academy de Londres, des portraits d'hommes et de femmes.

ALCONIERE Theodore
Né en 1798 ou 1797 à Nagy Marton (Hongrie). Mort le 10 juin 1865 à Vienne. XIXe siècle. Autrichien.
Peintre.
Fils de parents juifs, il s'appela d'abord Cohn. Plus tard, s'étant fait baptiser, il prit le nom d'Alconière. Se sentant du talent pour la peinture, il alla à Vienne pour y étudier et se perfectionner dans son art. Il y resta longtemps. Venu ensuite à Rome, il fut peintre à la cour du duc de Parme. De Rome il alla à Budapest et vint s'établir définitivement à Vienne. Alconière figura aux expositions de 1832, 1834, 1835, 1836, 1837, 1840, 1841 et 1845. Il se distingua surtout dans le portrait. Il peignit aussi des sujets humoristiques.

ALCOPLEY, pseudonyme de **Copley Alfred L.**
Né en 1910 à Dresde (Allemagne). XXe siècle. Naturalisé aux États-Unis. Allemand.
Peintre. Lettres et signes.
Il fit des études diverses, fréquentant les facultés de médecine, sciences naturelles, art, histoire de la peinture et philosophie. En 1935, il quitta l'Allemagne du IIIe Reich et séjourna en Suisse jusqu'en 1937, d'où il gagna les États-Unis. Depuis 1946, il a exposé aux États-Unis où il est membre de l'Association *American Abstract Artists*, en Suisse, Allemagne, au Japon, à Londres, Bruxelles, Amsterdam et Paris où il a figuré notamment au Salon des Réalités Nouvelles. À New York, à côté de son activité picturale, il travailla comme scientifique dans plusieurs Universités et y enseigna également. À partir de 1952, il résida assez souvent à Londres et entre 1952 et 1959 à Paris où il fut membre du groupe *Espace*.
Il organisa en Europe l'exposition *L'Encre de Chine dans la calligraphie et l'art japonais contemporain*, présentée en premier au Stedelijk Museum d'Amsterdam en 1955. L'œuvre d'Alcopley se situe dans le mouvement calligraphique américain, inspiré de la calligraphie extrême-orientale, et qu'ont surtout marqué Tobey, Kline et Tomlin. Ses peintures sont produites par séries, par exemple sur le thème de New York ou bien sous un titre générique. Sur des fonds souvent monochromes, colorés diversement, il trace des signes diversifiés, points, segments de lignes, croisillons, de couleurs franches. ■ J. B.
BIBLIOGR. : Michel Seuphor : passim – Lydia Harambourg, in : *L'École de Paris 1945-1965. Diction. des Peintres*, Ides et Calendes, Neuchâtel, 1993.
MUSÉES : AMSTERDAM (Stedelijk Mus.) – NEW YORK – PARIS (Mus. d'Art Mod. de la Ville) – TOKYO.

ALCORTA Rodolfo
Né le 9 décembre 1876 à Buenos Aires. XXe siècle. Argentin.

Peintre de nus, portraits, paysages.
À l'origine docteur en médecine, il devint conseiller artistique à l'Ambassade de la République d'Argentine à Paris. Il fit connaître l'art français en Amérique Latine. Lui-même devint peintre et, vivant en France, commença à exposer à Paris, d'abord au Salon d'Automne à partir de 1907, il devint associé de la Société Nationale des Beaux-Arts en 1921, participa aussi au Salon des Indépendants, puis au Salon des Tuileries jusqu'en 1931.

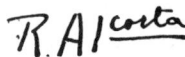

VENTES PUBLIQUES : PARIS, 1920 : *Saint-Jean-de-Luz* : FRF 6 000.

ALCOTT May, plus tard Mrs **Ernest Nieriker**
Née en mars 1840 à Concord (États-Unis). Morte en 1879. XIXe siècle. Américaine.
Peintre.
Elle étudia à Boston et à Paris, et figura aux expositions de ces deux villes, ainsi qu'à celles de Londres et d'Amérique. Elle peignit surtout des fleurs. On lui doit aussi d'excellentes copies de Turner.

ALCOVERO Y AMOROS José
Né à Tirenys en Tarragone. XIXe-XXe siècles. Espagnol.
Sculpteur.
Il fut élève de l'Académie des Beaux-Arts de Madrid et étudia sous la conduite de José Piquer. À l'exposition de Madrid de 1867, on remarqua son œuvre : *Ismaël mourant de soif*. Il reçut plusieurs médailles. Parmi ses ouvrages, on cite : *Saint Jean-Baptiste, Lazare et le mauvais riche*. Il tailla un *Crucifix* en bois dans le style des christs en croix des époques antérieures. À l'exposition décennale de Paris, en 1900, on remarqua *Saint Isidore* et *Un combat*, statues de plâtre.
MUSÉES : MADRID (Mus. Nat.) : *Jérémie*.

ALCOVERO Y LOPEZ José
Né à Madrid. XIXe-XXe siècles. Espagnol.
Sculpteur. Symboliste.
Il était le fils de José Alcovero y Amoros. S'il fut élève de l'Académie San Fernando de Madrid, il bénéficia aussi des conseils de son père. Il a participé à l'Exposition officielle de Madrid à partir de 1899. Son œuvre la plus connue est : *La Vague*, figurée par une femme nue allongée.

ALDA José Garnelo. Voir **GARNELO Y ALDA José Ramon**

ALDANA Alonso de
Actif à Séville. Espagnol.
Peintre.

ALDANA Gonzalo
XVe siècle. Actif à Séville à la fin du XVe siècle. Espagnol.
Peintre.
Figure dans un mémoire adressé à la ville, en 1480, parmi les maîtres les plus notables de son art.

ALDANA Hernando de
XVIe siècle. Actif à Séville de 1528 à 1550. Espagnol.
Peintre.
Ce peintre avait pour élève Alonzo Sanchez, fils de Sancho de Belmonte, le 30 septembre 1529 ; il se maria la même année et eut d'autres élèves jusqu'à 1550.

ALDANA MONTES Francisco
Né à Malaga. XIXe siècle. Espagnol.
Peintre.
Il fut élève de l'Académie des Beaux-Arts de Madrid et peignit surtout des paysages. On sent dans ses ouvrages un fervent observateur de la nature. Il a été récompensé aux expositions de Madrid de 1892 et 1894.

ALDANO MALDO Amadis de
XVIIIe siècle. Italien.
Peintre, graveur à l'eau-forte.
On a de lui trois paysages à l'eau-forte, qui rappellent la manière de Zuccarelli.

ALDAZ
XIXe siècle. Espagnol.
Peintre de genre, paysages.
VENTES PUBLIQUES : LONDRES, 30 jan. 1909 : *Jardins espagnols* : GBP 9 – LONDRES, 28 juil. 1909 : *Foire à Séville* : GBP 4 – MILAN, 8

mars 1990 : *Danseuses gitanes à Grenade*, h/pan. (25,5x20) : ITL 6 500 000.

ALDAZ Miguel

XVIᵉ siècle. Actif à Séville vers la fin du XVIᵉ siècle. Espagnol.
Peintre.
Cité dans une enquête en 1579.

ALDE H. van. Voir van ALDEWERELD Herman

ALDE Martin

XVᵉ siècle. Actif à Xante. Espagnol.
Sculpteur sur pierre.
Il livra, en 1481, une colonne destinée à l'église Saint-Victor, à Xante.

ALDE Yvette

Née le 28 juin 1911 à Paris. Morte en 1967. XXᵉ siècle. Française.
Peintre de compositions à personnages, scènes animées, portraits, paysages, natures mortes, fleurs, peintre à la gouache, illustratrice.
Elle fut élève de Picart-Le-Doux et d'André Lhote. Elle devint la femme de Lorjou. Elle a fait de nombreux voyages, notamment en Espagne, Italie, Belgique, Hollande. Elle a participé très régulièrement aux Salons annuels parisiens : de 1932 à sa mort au Salon d'Automne dont elle était sociétaire, des Tuileries, des Indépendants, de la Société Nationale des Beaux-Arts, le Salon de Mai en 1948, 1949, 1950, le Salon des Peintres Témoins de leur Temps de 1956 à 1967, le Salon Comparaisons de 1957 à 1967, et autres très nombreux groupements. En 1939, elle a participé à l'Exposition d'Art Français Contemporain à Cambridge, en 1951 à la première Biennale de São Paulo. Elle a montré des ensembles de ses peintures dans des expositions personnelles depuis 1936, notamment en 1949, 1950, 1956, galerie Drouant-David de Paris ; en 1962 à Cannes ; 1967 Paris, galerie Montmorency.
Elle a réalisé des compositions murales : triptyque pour la cathédrale de Kabgayi dans l'ex-Congo belge, peinture au Lycée de jeunes filles de Douai, une autre à l'hôtel de ville du Pré-Saint-Gervais.
Dans ses compositions, elle mêle souvent le rêve, l'imaginaire, à la réalité : *Moi avec les anges* de 1943. Elle a peint le tragique des courses de taureaux, de la Passion du Christ. Parmi ses portraits, elle a eu l'occasion de peindre celui de Soutine.

BIBLIOGR. : Jean-Albert Cartier : *Y. Alde*, P. Cailler, Genève, 1956 – Lydia Harambourg, in : *L'École de Paris 1945-1965. Diction. des Peintres*, Ides et Calendes, Neuchâtel, 1993.
MUSÉES : COGNAC – DJAKARTA – ELATH – GRENOBLE : *Paysage mystique* – HONFLEUR – LIMOGES – MONTPELLIER – ORAN – ORLÉANS – PARIS (Mus. mun. d'Art Mod.) : *Portrait de Soutine* – POITIERS – SAINT-DENIS – SAN FRANCISCO – SÈTE – TEL-AVIV – TOULON – TOULOUSE – VALENCE.
VENTES PUBLIQUES : PARIS, 30 juin 1954 : *Fleurs aux papillons* : FRF 40 000 – VERSAILLES, 29 sep. 1963 : *Paysage de Majorque*, gche : FRF 200 – PARIS, 25 mars 1972 : *La cascade* : FRF 1 200 – VERSAILLES, 18 juin 1986 : *Aux courses, le vainqueur*, gche (29x45) : FRF 4 000 – VERSAILLES, 19 oct. 1986 : *Le café 1964*, h/t (46x55) : FRF 4 200 – PARIS, 10 fév. 1988 : *La femme au bouquet*, h/t (81x100) : FRF 10 000 – PARIS, 11 avr. 1988 : *Le pénitent blanc*, gche (64x49) : FRF 3 800 ; *Bréhat*, h/t (50x61) : FRF 7 000 – VERSAILLES, 17 avr. 1988 : *Autoportrait en ange rouge 1942*, h/t (65x46) : FRF 3 100 – VERSAILLES, 25 sep. 1988 : *Aux courses le vainqueur*, gche (48x62) : FRF 6 000 – PARIS, 28 nov. 1988 : *La rêveuse au bouquet*, h/t (46x65) : FRF 130 000 – PARIS, 13 déc. 1989 : *Paysage*, h/t (46x65) : FRF 5 500 – VERSAILLES, 22 avr. 1990 : *Composition 1948*, h/t (64,5x80) : FRF 5 000 – PARIS, 14 juin 1991 : *Coupe de fruits 1955*, h/t (38x61) : FRF 6 500.

ALDE von ARWYLRE Peter

XVᵉ-XVIᵉ siècles. Travaillait à Cologne à la fin du XVᵉ siècle. Allemand.
Peintre.
On trouve son nom dans des documents, depuis l'année 1484 jusqu'à l'année 1504. On sait qu'il posséda deux maisons et que le 14 avril 1497 il fit son testament.

ALDE-GRAVE. Voir ALDEGREVER

ALDEBERT Émile

Né à Millau (Aveyron). XIXᵉ siècle. Français.

Sculpteur.
Il s'établit à Marseille. C'est lui qui exécuta les deux lions ainsi que les armoiries qui ornent la façade du Palais de Justice de cette ville. Il travailla aussi au palais de la Préfecture. Il est le créateur du mausolée en marbre de la chapelle de l'Hôtel-Dieu à Carpentras (Vaucluse). Il fit paraître plusieurs de ses œuvres, aux divers Salons de Paris, à partir de 1868 et y obtint des mentions honorables en 1883 et 1886.

ALDEBERTUS

XIᵉ siècle. Vivait au Puy-en-Velay (Haute-Loire). Français.
Sculpteur.
Fils de Gunsmarus de Maximiaco et de Marie. Prieur de Saint-Romain-le-Puy (Loire) en 1017. Élève des Maîtres qui avaient construit l'église abbatiale de Saint-Martin d'Ainay à Lyon. Passe pour avoir construit l'église de Saint-Romain-le-Puy.

ALDEFELD Ferdinand

XIXᵉ siècle. Allemand.
Peintre de paysages.
Il travailla au début du XIXᵉ siècle, à Berlin et ensuite à Dresde. Ses tableaux parurent aux expositions de Berlin de 1826 à 1828.

ALDEGREVER Heinrich ou Alde Grave, pseudonyme de Trippenmeker

Né en 1502 à Paderborn (Westphalie). Mort vers 1558 à Sœst. XVIᵉ siècle. Allemand.
Peintre de compositions religieuses, portraits, graveur.
On n'est pas d'accord sur son lieu de naissance ; certains biographes indiquent la ville de Paderborn, où résidaient ses parents ; d'autres disent Sœst. Il est certain que ses études terminées, il se fixa dans cette dernière localité. Albert Rosemberg, dans son étude sur les petits maîtres, proteste contre la qualification « d'élève d'Albert Dürer » généralement donnée à Aldegrever. Il dit même que celui-ci n'alla jamais à Nuremberg, malgré l'affirmation de Van Mander rapportant que Aldegrever travailla au maître-autel d'une église de cette ville. On ne peut méconnaître, cependant, l'influence que le grand graveur allemand exerça sur Aldegrever. On pourrait ajouter qu'il n'échappa pas, à celle de Barthel Beham et de Georg Pencz.
À Sœst, il se livra d'abord exclusivement à la peinture. Suivant Füssli, il exécuta divers tableaux pour les églises et les couvents de la ville. Ces œuvres sont aujourd'hui dispersées. Il réussit surtout dans le portrait. Aldegrever se plaisait à représenter ses compatriotes dans leurs riches costumes seigneuriaux.
Après quelques années, il se consacra presque entièrement à la gravure à l'eau-forte et au burin et acquit une réputation considérable parmi les « Petits Maîtres » allemands, ainsi désignés parce qu'ils exécutèrent surtout des planches de petites dimensions. Son œuvre gravé s'élève à environ trois cents pièces. Son exécution est remarquablement nette et précise et son style fait penser évidemment à celui de Dürer. Ses compositions sont intéressantes et extrêmement poussées, son dessin est souple et paraît indiquer qu'il étudia les maîtres italiens de la Renaissance. On a de lui un grand nombre de vignettes d'ornement qui tiennent de l'art de l'orfèvrerie. ■ E. B., J. B.

MUSÉES : BERLIN : *Suzanne* – BESANÇON : *Philippe de Spire, prévôt de Wissembourg* – BUDAPEST : *Loth et ses filles* – CHANTILLY : *L'Artiste par lui-même* – DUBLIN : *Portrait d'un homme*, attr. – LONDRES (Nat. Gal.) : *Portrait d'un jeune homme* – LONDRES (British Mus.) : collection de gravures.
VENTES PUBLIQUES : PARIS, 1857 : *Christ* : FRF 450 – PARIS, 1858 : *Descente de croix* : FRF 475 – COLOGNE, 1862 : *Autel portatif* : FRF 525 ; *Figure de Sauveur* ; *La mère de douleurs* : FRF 169 ; *L'ensevelissement du Christ* : FRF 170 ; *Crucifiement du Christ*, représentation détaillée : FRF 4 612 – PARIS, 1867 : *Portrait du maître* : FRF 305 – PARIS, 1869 : *Lucrèce se donnant la mort* : FRF 1 065 – PARIS, 1881 : *La parabole du mauvais riche* : FRF 400 – LONDRES, 20 fév. 1914 : *Portrait de dame* : GBP 71 – LONDRES, 8 déc. 1918 : *Un bourgmestre* : GBP 105 – LONDRES, 28 fév. 1919 : *Ascension* : GBP 84 – LONDRES, 9 nov. 1923 : *Seigneur endormi* : GBP 336 – MUNICH, 25 nov. 1976 : *Absalon invite David et ses frères*, cuivre : DEM 520 – MUNICH, 27 nov. 1980 : *Die Geschichte des ersten Menschen 1540*, grav./cart., suite de six : DEM 4 400 – HEIDELBERG, 10 avr. 1981 : *Nemesis 1555*, cuivre (11,4x8,1) : DEM 2 600 – PARIS, 20 avr. 1983 : *La Vierge assise sur un banc de gazon 1553*, burin : FRF 13 000 – BERNE, 17 juin 1987 : *L'Alphabet entre deux génies* vers 1530, cuivre : CHF 3 900 – MUNICH,

26-27 nov. 1991 : *Vierge couronnée* 1553, cuivre : **DEM 9 660** –
Paris, 21 fév. 1992 : *Loth et ses filles* 1555, burin (11,3x8) :
FRF 4 500.

ALDENBURGH Daniel
XVIIe siècle. Travaillait à Cologne au commencement du XVIIe
siècle. Allemand.
Graveur en taille-douce.

ALDENFELTER Gottfrid Friedrich
Né à Mersebourg. XVIIIe siècle. Travaillait à Ohlau. Allemand.
Sculpteur.
Marié à Breslau le 21 juillet 1739.

ALDENRATH Henri Jacob
Né le 17 février 1775 à Lübeck. XIXe siècle. Allemand.
Miniaturiste, lithographe.
Il fut l'élève de Johan Jacob Tischbein et de Friedrich Carl Gröger. Il forma avec ce dernier une amitié qui ne prit fin qu'avec la
mort de Gröger, survenue en 1838. Ils visitèrent ensemble les
académies de Berlin, de Dresde, de Paris, et après avoir séjourné
à Lübeck, Kiel, Copenhague, ils vinrent s'établir, en 1841, à Hambourg. Les deux amis collaborèrent souvent au même tableau.
On affirme qu'Aldenrath fit treize fois le portrait du roi de Danemark.

ALDER Émile
Né en 1870 à Zurich. Mort en 1933. XIXe-XXe siècles. Suisse.
Peintre de paysages, illustrateur.
Il a beaucoup exposé dans les Salons annuels de Paris : Indépendants à partir de 1907, Société Nationale des Beaux-Arts entre
1927 et 1932. Il a surtout peint les paysages de la Suisse. Il a illustré de Jean Lorrain : *Le sang des dieux*.
Ventes Publiques : Zurich, 22 nov. 1978 : *La Pêche* 1909, h/t
(115x70) : **CHF 2 400** – Zurich, 16 mai 1980 : *Les pêcheurs à la
ligne* 1909, h/t (115x69) : **CHF 4 000** – Paris, 6 oct. 1993 : *L'île
Saint-Louis et la Seine* 1919, h/t (50x61) : **FRF 4 000**.

ALDEWERELD Herman van ou Aldewerelt ou Alde
Né vers 1628 à Amsterdam. Enterré dans la nouvelle église
d'Amsterdam le 17 juillet 1669. XVIIe siècle. Hollandais.
Peintre de compositions religieuses, portraits.
Aldewereld signa souvent H. Van Alde en y ajoutant le croquis
d'un globe terrestre.
Cet artiste, qui fut plutôt un amateur, s'appliqua surtout au
genre du portrait. Il fit celui de plusieurs personnages célèbres,
dont un grand nombre furent gravés par Jean Brauwer et
Michel Mosyn. On cite notamment de lui les portraits gravés par
Michel Mouzin de : *Joh. Ever, Joh. van Galen, amiral, Michel
Ruyter, amiral, Joh. de Witt, grand pensionnaire de Hollande*.

Ventes Publiques : Amsterdam, 15 avr. 1739 : *La Naissance du
Christ* : **FRF 20** – Londres, 24 avr. 1976 : *Portrait de Gérard Kock ;
Portrait de Geertruik van Schijlenburg* 1661, deux h/t (104,2x82) :
GBP 3 000.

ALDHAM Kate
XIXe siècle. Travailla à Islington. Britannique.
Peintre.
Elle exposa plusieurs fois ses tableaux, de 1867 à 1877, à la Royal
Academy de Londres.

ALDI Pietro
Né en 1852 à Manciano. Mort le 18 mai 1888. XIXe siècle. Ita-
lien.
Peintre d'histoire, animaux, fresquiste.
Élève de l'Académie de Sienne, il étudia sous la direction de
Biringucci et surtout sous celle de Mussini. En 1878, il exposa à
Rome, mais ce qui fit sa réputation ce fut en 1883 : *Les Dernières
Heures de la liberté siennoise*, maintenant dans la galerie du
Capitole à Rome. En 1887, avec Cassioli et Cesare Maccari, il pei-
gnit des fresques représentant des scènes de la vie de Victor-
Emmanuel, au palais public de Sienne.
Musées : Rome (Gal. du Capitole) : *Les Dernières Heures de la
liberté siennoise*.
Ventes Publiques : New York, 24 fév. 1983 : *Combat de coqs*
1883, h/t (44x63) : **USD 1 900**.

ALDIGHIERI Dominique
Né à Vérone. XXe siècle. Actif en France. Italien.
Peintre de figures, paysages, fresquiste.

Il figura régulièrement à Paris au Salon des Indépendants de
1926 à 1938, y exposant surtout des scènes bretonnes et des panneaux décoratifs. Il pratiquait la fresque et dans cette technique,
on cite un *Saint-Luc*.
Ventes Publiques : Zurich, 11 mai 1978 : *Jeune bretonne sur la
plage*, h/pan. (72x147) : **CHF 3 600**.

ALDIGHIERI Veronese da Zevio ou Alighieri. Voir ALTICHIERO

ALDIGLAEN
XXe siècle.
Peintre.
Il exposa au Salon des Indépendants de 1945.

ALDIN Alfred
XIXe siècle. Britannique.
Peintre.
Il exposa un tableau à la Royal Academy de Londres, en 1868.

ALDIN Cecil Charles Windsor
Né le 28 avril 1870 à Slough. Mort le 6 janvier 1935. XIXe-XXe
siècles. Britannique.
**Aquarelliste de sujets de sport, scènes de genre, dessi-
nateur, illustrateur.**
Il étudia l'anatomie et la peinture animalière avec le peintre animalier William Frank Calderon à la Kensington Art School.
Outre ses expositions en Angleterre, il montra un important
ensemble de ses œuvres à Paris, Galerie Georges Petit, en 1905.
Ses dessins aquarellés, au trait sûr et aux couleurs franches, le
firent connaître. Il fut aussi l'auteur-illustrateur de nombreux
livres pour enfants : *Black le sage – Black et ses amis – Le livre des
toutous* – etc. Il a illustré des ouvrages littéraires, dont *Les
papiers posthumes du Pickwick Club* de Dickens.
Il a souvent traité des sujets de sport et des scènes de la vie quotidienne anglaise. On décèle dans sa manière l'influence de John
Leech et surtout celle du célèbre illustrateur Randolph Caldecott.
Il a aussi produit quelques affiches, dont celle du bleu pour lessive Colman, représentant un paysan français « à la Millet »,
avec ses deux chevaux blancs.   ■ J. B.

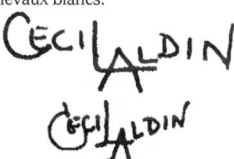

Bibliogr. : Marcus Osterwalder : *Diction. des Illustrateurs 1800-
1914*, Hubschmid et Bouret, Paris, 1983.
Ventes Publiques : Paris, 27 nov. 1919 : *York stage-coach*,
aquar. : **FRF 250** – Paris, 2-4 juin 1920 : *La rencontre de la fille du
pasteur*, dess. : **FRF 605** – Paris, 6 juil. 1951 : *Le passage de la
rivière*, aquar. : **FRF 3 000** – Londres, 21 déc. 1982 : *The South
Dorset Hunt*, past./pap. (104,4x189,5) : **GBP 2 800** – Londres, 10
mai 1983 : *Scènes de chasse*, aquar. et pl. reh. de blanc, une paire
(25x36) : **GBP 2 400** – Londres, 5 juin 1984 : *Poursuite autour du
Croissant Royal*, aquar. et pl. (38x28) : **GBP 650** – Londres, 18
déc. 1984 : *Confound all presents wot eat*, craies noire et brune,
pl. et reh. de blanc/parchemin (17,5x45,7) : **GBP 1 800** – Londres,
14 fév. 1985 : *A quiet beer and smoke*, aquar. : **GBP 3 000** – New
York, 5 juin 1986 : *Scène de chasse* 1901, h/t (73,5x90) :
USD 7 500 – Londres, 25 jan. 1988 : *La colline est dangereuse*,
aquar. (30,5 x 38) : **GBP 1 210** – Londres, 25 jan. 1989 : *Intérieur
de relais de poste : en voiture, Messieurs !*, aquar. (61x108) :
GBP 7 700 – Londres, 14 fév. 1990 : *Teckel chiot endormi*, past.
(20x32,5) : **GBP 1 400** – Londres, 14 fév. 1990 : *Un lévrier de couleur fauve* 1897, h./porcelaine (15,2x19,1) : **GBP 2 860** – Londres,
26 sep. 1990 : *Le coche est arrivé !*, aquar. et gche (49x71) :
GBP 5 500 – Londres, 16 juil. 1991 : *Une bonne roulade* 1902,
craies noire et blanche avec reh. de blanc (36,7x26,7) : **GBP 418** –
Londres, 3 juin 1992 : *Mickey et Carcker, les chiens de l'artiste*,
encre, lav. et craies/ivoire (12,5x18) : **GBP 1 595** – Londres, 20
juil. 1994 : *Polo*, aquar. et cr. (23x33) : **GBP 1 955** – Londres, 7 juin
1995 : *Le coche d'Édimbourg*, aquar. et encre (22x72,5) :
GBP 3 680 – New York, 9 juin 1995 : *Scène de chasse à courre*,
aquar./pap. (43,2x91,4) : **USD 6 325** – Londres, 7 juin 1996 : *Le
Flirt : Pékinois et deux terriers*, cr., encre noire, pl. et craies de
coul. avec reh. de blanc/ivoirine (36,2x28,6) : **GBP 2 760**.

ALDINE, pseudonyme de Abdellatif Ala el Dine
Né en 1917 au Caire. XXe siècle. Actif en France. Égyptien.

Peintre, sculpteur. Abstrait.

Après ses études secondaires en France, il passa un doctorat en sciences. De 1953 à 1960, il fut conseiller culturel à l'Ambassade d'Égypte à Paris. S'il peint depuis 1948, il ne s'y consacre exclusivement que depuis l'abandon de sa carrière administrative en 1960.

Il a participé à de nombreuses expositions collectives, dont : 1960 Paris Salon Grands et Jeunes d'Aujourd'hui ; 1960 Biennale de Venise ; 1961 Paris, École de Paris, galerie Charpentier ; 1962, 1965 Paris, Salon Comparaisons ; 1962 à 1971 Paris, Salon de Mai. Il a montré des ensembles de ses œuvres dans des expositions personnelles : 1960 Paris, galerie Suffren ; 1961 Paris, galerie du Fleuve ; 1962 Paris, galerie La Roue ; 1964 Paris, galerie A. Rosenberg.

Des cernes noirs découpent des sortes de fenêtres, souvent circulaires, derrière lesquelles, en pleine clarté, apparaissent comme des paysages lunaires ou de rêve. On y a vu aussi, ce qui est une vertu du paysagisme abstrait qu'on puisse y voir ce qu'on désire, des représentations imaginées des entrailles et de l'envers de la terre ou encore les profondeurs de l'inconscient et la mémoire collective du paysage antédiluvien. ■ J. B.
Bibliogr. : Lydia Harambourg, in : *L'École de Paris 1945-1965. Diction. des Peintres,* Ides et Calendes, Neuchâtel, 1993.
Ventes Publiques : Paris, 18 déc. 1891 : *Composition anonyme,* h/t (96x129) : **FRF 1 550** – Paris, 8 avr. 1984 : *Les Plans de la conquête N°3* 1963 (89x116) : **FRF 2 100** – Paris, 21 avr. 1985 : *Les Fonds Marins* 1970, h/t (130x195) : **FRF 7 000** – Paris, 31 jan. 1990 : *L'extrême limite* 1967, h/t (130x97) : **FRF 3 200** – Paris, 12 fév. 1992 : *Sans titre* 1980, acryl./t. (97x130) : **FRF 3 500**.

ALDINE Marc
Né en 1917. xxᵉ siècle. Français ou Italien.
Peintre de paysages urbains. Postimpressionniste.
Les catalogues et annuaires de ventes publiques considèrent que ce peintre, totalement spécialiste de vues de Venise, peintes dans la tradition postimpressionniste, serait le même que la Aldine, pseudonyme de Abdellatif Ala El Dine, peintre abstrait des années soixante, ce qui paraît invraisemblable. Cette ambiguïté se prolonge dans la similitude de date de naissance, 1917 attribuée à celui-ci, qui pour Aldine, pseudonyme de Abdellatif, est avérée.
Ventes Publiques : Paris, 26 oct. 1976 : *Venise,* h/t, deux pendants (38x55) : **FRF 6 000** – Londres, 28 nov. 1979 : *Le Grand Canal, Venise,* h/t (48x59) : **GBP 850** – New York, 24 fév. 1982 : *Le Grand Canal, Venise,* h/t (60,5x81) : **USD 1 400** – Berne, 6 mai 1983 : *Vue de Venise,* h/t (51x65) : **CHF 2 800** – Londres, 10 oct. 1984 : *Vue de Venise au coucher du soleil,* h/t (64x99) : **GBP 1 700** – Bolton, 26 nov. 1985 : *Venise,* h/t (50,5x65) : **USD 2 700** – La Varenne-Saint-Hilaire, 4 mai 1987 : *La Salute à Venise,* h/t (50x65) : **FRF 34 500** – Paris, 17 fév. 1988 : *Le trou de la serrure,* h/t (60x73) : **FRF 3 800** – Cannes, 15 juin 1989 : *Vue de Venise,* h/t (59x92) : **FRF 48 000** – Londres, 14 fév. 1990 : *Vue du Palais des Doges entourée de l'île San Giorgio à Venise,* h/t (49x63,5) : **GBP 5 280** – Paris, 22 mars 1990 : *La Gondole,* h/t (55x38) : **FRF 22 000** – Reims, 16 déc. 1990 : *Vues de Venise,* h/t, une paire (55x38) : **FRF 57 000** – Paris, 24 mai 1991 : *Vue d'un canal à Venise,* h/t (55x38) : **FRF 28 000** – Londres, 22 mai 1992 : *Le Grand Canal à Venise,* h/t (60x120) : **GBP 4 400** – Londres, 17 nov. 1993 : *Canal vénitien,* h/t (54x36,5) : **GBP 3 450** – Paris, 3 déc. 1993 : *Vue de Venise,* h/t (54x82) : **FRF 29 000** – Londres, 16 mars 1994 : *Le Grand Canal à Venise,* h/t (53x80) : **GBP 7 820** – Calais, 25 juin 1995 : *Venise,* h/t (19x24) : **FRF 15 000** – Londres, 12 juin 1996 : *Vue de la côte méditerranéenne,* h/t (50x65) : **GBP 2 530** – Londres, 31 oct. 1996 : *Le Grand Canal,* h/t (46x64,5) : **GBP 5 980** – Paris, 22 nov. 1996 : *Vue de Venise, la Salute,* h/t (38x55) : **FRF 18 000** – Londres, 26 mars 1997 : *Le Grand Canal à Venise,* h/t (60x120) : **GBP 10 350**.

ALDINI Giuseppe
xviiᵉ siècle. Travaillait à Bologne en 1670. Italien.
Peintre.
Il peignit surtout des sujets d'architecture.

ALDIS C. M.
xixᵉ siècle. Vivait à Londres au milieu du xixᵉ siècle. Britannique.
Peintre.
Il envoya des paysages et des portraits à la Royal Academy, à Suffolk Street et à la British Institution, de 1835 à 1841.

ALDIVERTI Alfonso
xviiᵉ siècle. Actif à Rovigo au début du xviiᵉ siècle. Italien.

Peintre.
Il était fils de notaire. À la demande de son oncle, le franciscain Fabrizio Aldiverti, il peignit, en 1615, dans l'église de Santa Maria della Neve, des scènes de la vie du Christ. Bartoli dit que ces peintures sont exécutées dans un style antique et rappellent les gravures de Dürer. Il peignit un *Saint Charles Borromée* pour l'église de Rovigo, dédiée à ce saint. En 1617, il travailla pour les salles du château de Lendinara et peignit des fresques pour l'église de San Biagio.

ALDONI Boniforte
xviᵉ siècle. Italien.
Peintre.
Mundler a trouvé dans une collection privée de Vercelli un tableau signé Bonifortus de Aldonibus operabatur anno 1548.

ALDOUS W.
xixᵉ siècle. Britannique.
Peintre de portraits.
Il exposa à Londres, où il travaillait au début du xixᵉ siècle, un portrait à la Royal Academy, en 1824.

ALDOVERA Simone
xviiiᵉ siècle. Travaillait vers 1754. Espagnol.
Peintre.

ALDOVRANDINI. Voir **ALDROVANDINI**

ALDRETE D. Bernardo José
xviᵉ siècle. Actif au début du xviᵉ siècle. Espagnol.
Graveur en taille-douce.

ALDRICH Annie
xxᵉ siècle. Active à Roxbury (États-Unis) en 1900 et 1901. Américaine.
Peintre.
Cette artiste fut membre du Boston Art Club.

ALDRICH C. E.
xixᵉ siècle. Actif en France. Britannique.
Peintre, lithographe.
Il a travaillé à Paris. On cite cet artiste pour son affiche en couleurs pour la salsepareille de Hood.

ALDRICH George Ames
Né en 1872 à Worcester (Massachusetts). Mort en 1941. xixᵉ-xxᵉ siècles. Américain.
Peintre de paysages, graveur.
Au début du siècle, il fit des séjours dans le nord-ouest de la France, peignant des vues de Normandie et de Bretagne.
Ventes Publiques : New York, 4 jan. 1907 : *Le chemin de la rivière ; La chapelle à Marne :* **USD 195** – New York, 12 fév. 1909 : *Un vieux moulin en Bretagne :* **USD 84** – Milwaukee, 12 déc. 1980 : *Chaumière au bord d'une rivière,* h/pan. (73,5x61) : **USD 1 500** – New York, 19 sep. 1984 : *Vieux moulins à Saint-Martin-l'Église,* h/t (63,7x73,6) : **USD 2 600** – New York, 26 sep. 1986 : *Lavandière au bord de la rivière,* h/t (61x76,5) : **USD 2 200** – New York, 24 juin 1988 : *Après-midi d'automne en Normandie* 1908, h/t (80x120) : **USD 4 400** – New York, 31 mars 1993 : *Paysage d'hiver,* h/t (63,5x76,2) : **USD 5 290** – New York, 28 nov. 1995 : *Moulin à eau en hiver,* h/t (61x71,5) : **USD 7 475**.

ALDRICH W.
xixᵉ siècle. Vivait à Londres au commencement du xixᵉ siècle. Britannique.
Peintre de genre.
W. Aldrich envoya, entre 1819 et 1823, des œuvres à la Royal Academy et à Suffolk Street, à Londres.

ALDRIDGE E. W.
xviiiᵉ siècle. Travaillait à Londres. Britannique.
Peintre d'histoire, scènes de genre, portraits.
Cet artiste exposa trois portraits, à la Royal Academy de Londres, de 1775 à 1778.

ALDRIDGE Frédéric James
Né en 1850. Mort en 1933. xixᵉ-xxᵉ siècles. Britannique.
Peintre de paysages, marines, aquarelliste.
Établi à Worthing, il exposa à partir de 1884, à la Water-Colours Society, puis à la Royal Hibernian Academy, à Liverpool, et enfin à la Royal Academy, à Londres. On le trouve aussi figurant à l'Exposition de Brighton, en 1909, avec un paysage maritime : *Sur l'Escaut,* et à Dorchester, en 1910, avec une marine (aquarelle).
Ventes Publiques : Londres, 20 jan. 1909 : *Katmyk et un village du comté de Dorsetshire :* **GBP 5** – Londres, 18 juin 1909 : *Sur le*

Dort : **GBP 5** – LONDRES, 12 juil. 1977 : *Bateaux sur la Tamise,* aquar. (36x52) : **GBP 160** – LONDRES, 21 déc. 1982 : *Vue de Venise,* aquar. (26,3x37,5) : **GBP 450** – LONDRES, 27 fév. 1985 : *Bateaux au large de la côte,* aquar. (49,5x75) : **GBP 500** – LONDRES, 3 juin 1986 : *Off the island,* aquar. reh. de gche (33x51) : **GBP 720** – LONDRES, 25 jan. 1989 : *Shoreham,* aquar. (35,5x52) : **GBP 1 045** – LONDRES, 18 oct. 1990 : *Une forte brise 1891,* aquar. (51x76) : **GBP 880** – LONDRES, 22 mai 1991 : *Embarcations prenant la mer,* aquar. (24x37,5) : **GBP 1 100** – LONDRES, 20 mai 1992 : *Débarquement des marchandises,* h/t (61x51) : **GBP 770** – LONDRES, 3 juin 1992 : *Sur la Tamise,* aquar. (33x49) : **GBP 1 155** – LONDRES, 20 juil. 1994 : *Mer houleuse 1856,* aquar. et cr. (49x67) : **GBP 977**.

ALDRIDGE John
Né le 26 juillet 1905 à Woolwrich. XXe siècle. Britannique.
Peintre de paysages, illustrateur, décorateur.
En plus de son activité de paysagiste, il a illustré de nombreuses parutions. Il a également peint sur tissu d'ameublement et papier de tenture.

John Aldridge

MUSÉES : LONDRES (Tate Gal.) : *Aberayron, evening.*
VENTES PUBLIQUES : LONDRES, 22 juil. 1986 : *The Mill, great Bardfield,* h/cart. (58x76) : **GBP 950** – LONDRES, 29 juil. 1988 : *Coings et artichauts 1965,* h/cart. (45x64) : **GBP 1 760** – LONDRES, 1er mars 1989 : *La vallée Deya à Mayorque 1968,* h/t (91,5x101,5) : **GBP 2 800** – LONDRES, 9 mars 1990 : *Little Sampford,* h/cart. (31,8x42) : **GBP 3 850.**

ALDRIGO Valentino
Originaire d'Udine. XVIe siècle. Italien.
Peintre.
Missirini le cite parmi les professeurs de l'Académie S. Luc, à Rome, mais Bertolotti ne trouve aucune notice sur lui dans les archives de cette ville.

ALDRING
XVIIIe siècle. Travaillait à Paris. Français.
Graveur en taille-douce.
Portalis et Béraldi citent de lui une série de petites gravures en forme de boutons.

ALDROVANDI Ulysse, comte
Né en 1772 à Bologne. XVIIIe-XIXe siècles. Italien.
Peintre de miniatures, dessinateur.
Cet artiste fut, à Modène, élève du miniaturiste Antonio Verni. Il obtint une grande célébrité avec ses portraits en miniature.

ALDROVANDINI Domenico
Né à Bologne. XVIIe-XVIIIe siècles. Italien.
Peintre décorateur.
Fils de Giuseppe Aldrovandini. On croit qu'il fut surtout l'élève de son frère Tommaso, dont il continua les travaux et conserva les traditions. On signale notamment sa présence à Parme en 1704 et 1710.

ALDROVANDINI Giuseppe
Né probablement à Rovigo. XVIIe siècle. Travaillait à Bologne dans la seconde moitié du XVIIe siècle. Italien.
Dessinateur, peut-être peintre.
Frère aîné de Mauro Aldrovandini. Élève de A. Sirani. Il eut trois fils : Tommasso, Domenico et Giacomo Aldrovandini ; les deux premiers furent peintres. On cite de Giuseppe Aldrovandini un dessin qui fut gravé par Andrea Rotti.

ALDROVANDINI Mauro
Né probablement à Rovigo. Mort probablement après 1680. XVIIe siècle. Actif à Bologne dans la seconde moitié du XVIIe siècle. Italien.
Peintre décorateur, fresquiste.
Il s'était fait une grande réputation par la décoration des salles de spectacles et autres édifices publics et particuliers, à Bologne, Venise, Vérone et peut-être Vienne, où il aurait été le collaborateur de Francesco Ferrari. Comme son neveu Tommaso, Mauro fut élève de Carlo Cignani et il est probable que s'il n'atteignit pas à la renommée de son parent, c'est qu'il mourut jeune. Les œuvres connues de ce maître sont les fresques de la chapelle du Portico de S. Luca, et de l'église de S. Giovanni dei Fiorentini, à Bologne.

ALDROVANDINI Mauro
XVIIIe siècle. Actif à Bologne. Italien.

Peintre de compositions religieuses, fresquiste, décorateur.
Cet artiste, qu'il ne faut pas confondre avec le père de Pompeo, est l'auteur d'une fresque à l'autel de S. Maria degli Angeli à Bologne.

ALDROVANDINI Pompeo
Né en 1677 à Bologne. Mort en 1735 à Rome. XVIIIe siècle. Italien.
Peintre décorateur.
Fils de Mauro Aldrovandini. Il fut l'élève puis l'aide de son cousin Tommaso. Son instruction artistique achevée, Pompeo travailla à Turin, à Vienne, à Dresde, à Prague, ornant de fresques et d'élégantes décorations les théâtres, les églises, les maisons seigneuriales. Il vint ensuite s'établir à Rome et termina sa carrière avec la réputation d'un peintre aussi habile qu'élégant. Il eut pour principaux élèves Gioseffo Orsoni et Stefano Orlandi, qui s'associèrent pour les travaux de peinture décorative.

ALDROVANDINI Tommaso
Né le 12 décembre 1653 à Bologne. Mort le 23 octobre 1736 à Bologne. XVIIe-XVIIIe siècles. Italien.
Peintre décorateur.
Fils aîné de Giuseppe, élève de son oncle Mauro, ainsi que de C. Gennari et de Carlo Cignani, il est le plus illustre représentant de la famille des Aldrovandini. Entre 1685 et 1725 il décora de peintures un grand nombre d'églises et de demeures particulières à Parme, Turin, Ferrare, Bologne et Gênes, où il vécut longtemps et où il donna toute la mesure de son talent. Les fresques qu'il peignit avec Franceschini dans la salle du Grand Conseil au Palais municipal de cette ville (1702-1704) passent pour être son chef-d'œuvre. Il se retira à Bologne en 1725 et devint membre en 1729 de l'Académie Clémentine.

ALE Gilles ou Hallet
Né le 23 avril 1620 à Liège (Flandres). Mort en 1694 à Rome, ou en 1689 selon d'autres auteurs. XVIIe siècle. Éc. flamande.
Peintre.
Fils de Jan Hallet, il étudia avec Walter Dammery, son oncle. Très jeune, il vint à Rome, étudia les maîtres italiens et se fit remarquer par la pureté de son style. Il peignit, en collaboration avec Morandi, Bonatti et Romanelli. On lui doit le tableau d'autel, le plafond de la chapelle, et une fresque pour l'église de Santa-Maria del Anima, à Rome. De retour dans son pays, il décora plusieurs églises. La plupart de ses dernières peintures furent détruites lors de l'attaque de Liège par les Français, en 1691.

ALEANDER Johann Abraham
Né en 1766 en Suède. Mort en 1853. XVIIIe-XIXe siècles. Suédois.
Peintre et graveur.
Cet artiste fut professeur suppléant à l'Académie de Stockholm. Il grava des fleurs et des fruits. On cite aussi une perspective du Cap, d'après G. Le Moine. On lui doit aussi des portraits.

ALEAS RODRIGUEZ José
Né à Madrid. XIXe-XXe siècles. Espagnol.
Peintre.
Élève de Alejandro Ferrani, il s'est fait remarquer aux expositions de Madrid, en 1897 et 1899. On cite de lui : *Une salle d'hôpital.*

ALEAS VASCO DE TROYA Leonardo
XVIe siècle. Espagnol.
Sculpteur.
Cet artiste exécuta, de 1537 à 1552, de nombreux travaux ornementaux pour la cathédrale de Tolède, notamment les armoiries du cardinal Tavera et celles du chanoine Diego Lopez de Ayala, au-dessus de l'entrée de la tour.

ALEBRAM D'ALEMAIGNE. Voir la notice Abraham

ALECHINSKY Pierre
Né le 19 octobre 1927 à Bruxelles. XXe siècle. Depuis 1948 actif en France. Belge.
Peintre de technique mixte, aquarelliste, graveur, dessinateur. Entre expressionniste et abstrait. Groupe COBRA.
En 1944, il fut élève de l'École d'Architecture et d'Arts Décoratifs de Bruxelles, s'intéressant aux métiers du livre, typographie, gravure, etc. Il gardera toujours ce goût de la chose-livre et de l'écriture, donnant une part importante de son temps à la gravure, à l'illustration de livres d'amis poètes, à écrire lui-même.

En 1947, il voyagea au Maroc et en Yougoslavie. En cette même année 1947, il commença à exposer à Bruxelles, devenant membre de *La jeune peinture belge*. En 1948, il fit un premier séjour à Paris, participant à l'exposition des *Mains éblouies* à la Galerie Maeght, qui consacrait l'arrivée de la jeune deuxième génération abstraite. À ce moment, Alechinsky adhéra au groupe COBRA (pour Copenhague-Bruxelles-Amsterdam). Rappelons brièvement l'origine du groupe : pendant la guerre, plusieurs artistes danois avaient réussi à exprimer leurs idées, en particulier sur l'art, dans la revue *Helhesten* (Le cheval d'enfer). Après la guerre, Asger Jorn prit contact avec des Hollandais : Appel, Constant, Corneille, et avec le poète belge Christian Dotremont. Ils rencontrèrent alors des écrivains français du *Groupe Surréaliste-Révolutionnaire*. L'accord ne se fit pas sur le programme dogmatique des Français, et Danois, Hollandais, Belge se retirèrent et créèrent sur le champ, dans un bistro parisien, le groupe COBRA. Dotremont en rédigea le manifeste, issu des précédents *Groupes expérimentaux* danois et hollandais : « Le seul chemin pour continuer l'activité internationale est une collaboration organique expérimentale, qui évite toute théorie stérile et dogmatique... » Si COBRA eut un manifeste, si COBRA eut une revue, COBRA, antidogmatique, ne définit jamais de programme et put assimiler des personnalités aussi différentes que l'Allemand Karl-Otto Götz, le Franco-Belge Ubac, les Français Atlan et Doucet. Hors de tout dogme, COBRA se reconnaissait toutefois autour de quelques caractéristiques, dont les deux fondamentales d'être expérimental et collectif. Ce fut sans doute sur ces deux caractéristiques qu'Alechinsky rallia le groupe.

L'expérimentation s'oppose, par définition, à l'esprit de système. Alechinsky n'a jamais hésité à expérimenter en art, souvent à contre-courant, parfois contre lui-même, en tout cas en négligeant totalement de se soucier de la grande querelle du moment : abstraction ou figuration, balançant de l'une à l'autre ou les fusionnant. Quant à la caractéristique COBRA d'être collectif, Alechinsky s'est souvent plu à peindre en commun une peinture avec l'un ou l'autre de ses amis, dont Jean Messagier, à collaborer pour certaines œuvres avec le sculpteur Reinhoud, à exposer en 1963 les *Peintures à quatre mains* réalisées avec Wallace Ting. En 1950, il voyagea au Danemark et en Suède, et le Prix de la Jeune Peinture Belge lui fut décerné. En 1951 il se fixa à Paris, allant travailler la gravure dans le célèbre *Atelier 17* de Stanley-William (Bill) Hayter. Durant ces années, il participait à de très nombreuses expositions de groupe, en Belgique, France, Italie, Hollande, dans les Pays Scandinaves, etc. En 1954, il montra la première exposition individuelle de ses peintures à Paris. En 1955, il fit un séjour très important au Japon, se faisant initier à la calligraphie japonaise, et tournant un film sur ce thème. Pendant ce séjour, il fit une exposition personnelle à Tokyo. À son retour, il fut nommé membre du comité du Salon de Mai de Paris en 1958. Il participait à des expositions collectives toujours plus nombreuses, en Suisse, aux États-Unis, en Angleterre, etc. En 1959, il fut invité à la Biennale de São Paulo. En 1960 lui fut attribué à New York, le Premier Prix Hallmark, pour son *Hommage à Ensor*. La même année, il représentait la Belgique à la Biennale de Venise. En 1961 avait eu lieu sa première exposition dans un musée, au Stedelijk Museum d'Amsterdam. Ses expositions personnelles se multipliaient, désormais le plus souvent dans des musées, en Allemagne, à Buenos Aires, aux États-Unis : New York, Pittsburgh, Chicago, Minneapolis. En 1968 il remportait le Premier Prix Marzotto. En 1973 il représenta de nouveau la Belgique à la Biennale de Venise, son pavillon remportant un important succès personnel, à défaut des récompenses qui avaient été supprimées. En 1977, il remportait encore le Prix Million du Carnegie Institute de Pittsburgh. En 1969, le Palais des Beaux-Arts de Bruxelles montra sa première exposition rétrospective, qui fut reprise au Danemark et en Allemagne. En 1975, fut mise en place une salle permanente Alechinsky au Musée Louisiana de Humlebaek au Danemark. En 1978, le Centre Beaubourg à Paris montra une exposition rétrospective de ses dessins. En 1981, le Musée d'Art Moderne de New York montra une rétrospective des gravures. En 1983, Alechinsky fut nommé professeur à l'École des Beaux-Arts de Paris, poste accepté par curiosité mais dont il démissionna en 1987, sans doute un peu lassé de voir une salle permanente Alechinsky. En 1984 lui fut décerné le Grand Prix National (français) des Arts et Lettres. En 1985, il créa un timbre pour les Postes Françaises, et il décora le salon d'attente du Ministère de la Culture à Paris. En 1987, le Musée Guggenheim de New York montra une exposition rétro-

spective des peintures, dessins et gravures à remarques marginales et prédelles, qui alla ensuite à Des-Moines (Iowa), Hanovre et Bruxelles et il a été nommé membre associé de l'Académie Royale de Belgique. En 1988 lui a été commandée une peinture monumentale pour le grand hall du nouveau Ministère des Finances de Paris. En 1998 à Paris, le Musée du Jeu de Paume lui a consacré une exposition d'ensemble.

Il est toujours vain de tenter de transcrire la peinture en mots. D'autant que, dans le cas d'Alechinsky, l'abondance se multiplie de diversité. D'aucuns évoquent à son sujet l'expressionnisme belge, ce que justifie l'écho et l'admiration pour l'œuvre d'Ensor qu'on y rencontre parfois. On peut y reconnaître aussi un lien avec le surréalisme et la pratique de l'écriture (peinture) automatique, lien que consacra l'amitié d'André Breton. Mais avant tout, l'œuvre d'Alechinsky caractérise surtout le groupe et l'esprit COBRA, d'autant qu'elle est une de celles qui lui ont conféré l'existence concrète, par-delà les déclarations de principes. En plein accord avec cet esprit COBRA, par tempérament et par fidélité, Alechinsky offre par sa peinture un exemple de générosité, à l'inverse, sans condamnation implicite, de l'artiste retiré du monde et produisant chichement dans la souffrance.

Dans les années cinquante, après quelques peintures en accord avec l'abstraction tempérée du moment, il fut le plus près de l'expressionnisme-abstrait, avec des entrelacs pouvant évoquer des formes viscérales. Fut-ce délibéré ou fortuit, de sa part ou de la part des organisateurs, l'exposition rétrospective du Jeu de Paume en 1998, paraissait avoir un peu écarté l'aspect figuratif de l'œuvre d'Alechinsky, et en privilégier tout au long l'aspect abstrait, parti pris dont l'avantage aura au moins été d'en mettre en évidence la pérennité et la compatibilité avec l'existence de son univers figuré. Dans les années soixante proliférèrent les petits monstres, échappés de quelque Carnaval, grouillant de partout, hauts en couleur et certainement forts en gueule. De 1965, lors d'un long séjour aux États-Unis, date *Central-Park*, la première peinture comportant des « remarques marginales », pratique qui ne fera que se généraliser dans les années soixante-dix et quatre-vingts, facilitée par l'utilisation de peintures acryliques sur supports de papiers divers, souvent du Japon, technique à laquelle venait de l'initier Wallace Ting. Désormais sont marouflés sur toile, en bas en prédelle ou sur tout le pourtour du motif central, des dessins, parfois peints et colorés, qui se succèdent à la façon des bandes dessinées, commentant le thème central ou bien l'accompagnant sans préméditation. Ces bandes dessinées constituent parfois toute la peinture sans qu'il y ait de motif central. D'ailleurs, à ce propos, et sans minimiser stupidement le talent pictural d'Alechinsky, on doit souligner sa verve de dessinateur inépuisable, qui trouva dans cette ouverture des remarques marginales à assouvir sa torrentielle imagination graphique.

Toujours à ce même propos, il convient de nouveau de faire mention de sa très importante activité de graveur et d'illustrateur. Devant l'abondance, on ne peut que renvoyer au Catalogue des gravures, eaux-fortes et lithographies, et à celui des ouvrages littéraires, en général poétiques, qu'il a accompagnés, ponctués de ses commentaires visuels, parmi lesquels : *La Reine des murs* de Christian Dotremont, 1960 ; *Moi qui j'avais* du même, 1961 ; *Carré blanc* de Joyce Mansour, 1965 ; *Hoirie-Voirie* de Michel Butor, 1970 ; *La vie comme elle tourne* d'André Frénaud, 1979 ; *Poèmes à voir* de Jean Tardieu, 1986 ; *Chaque matin* d'Eugène Ionesco, 1988 ; etc. On doit aussi mentionner son goût de l'écriture, son talent d'écrivain, sur des sujets intimes ou d'essayiste, dont on trouvera quelques traces dans la rubrique bibliographique.

À la suite des émeutes d'étudiants du mois de mai 1968, au cours desquelles était, entre bien d'autres, revendiqué l'accès à l'information, il dessina à l'encre et sur grands formats la série des *Sources d'information*, dessins à sujets multiples qui sont le début de plusieurs séries, qui auront pour thème central l'écoulement, le ruissellement, l'expulsion : *Vulcanalogies* de 1970, *Le Bruit de la chute* et autres peintures inspirées des mouvements d'eau de 1975. D'entre les séries qui se succèdent ensuite, dont Daniel Abadie donne le détail dans le catalogue du Jeu de Paume, celle des *Arbres*, qui fit l'objet d'une de ses expositions à la galerie Lelong à la fin des années quatre-vingt-dix, montrait le côté le plus spontané, on oserait dire le plus « buissonnier » d'Alechinsky.

Ici comme ailleurs, le commentaire descriptif-analytique de l'œuvre d'Alechinsky revient toujours sur l'importance, la prolifération, l'intarissable verve de son dessin. Certes, le dessin y est prédominant, souvent même pur de toute coloration ou purement monochrome, notamment dans les remarques marginales. Pourtant, Alechinsky n'est pas du tout un infirme de la couleur. On peut penser qu'il n'est pas ce qu'on appelle un coloriste d'instinct, mais bien plutôt un professionnel de la couleur. Il en connaît et en exploite toutes les ruses, qu'on ne saurait inventorier ici. Quelques stratégies chromatologiques se retrouvent fréquemment activées, depuis les plus délicates : toutes les couleurs ensemble s'harmonisent si elles sont toutes également désaturées par éclaircissement ou assombrissement, jusqu'aux plus brutales : toutes les couleurs ensemble dans leur pureté prismatique originelle retrouvent une unité d'éclat par le contraste violent avec la profondeur d'un fond noir. Au long et à travers les différentes périodes qu'on peut dénombrer et distinguer provisoirement dans l'œuvre d'Alechinsky, depuis les entrelacs viscéraux de sa première exposition parisienne, périodes assez nombreuses pour avoir écarté tout risque de monolithisme et pour en assurer l'intérêt toujours renouvelé et le frémissement de la vie même, pourtant une constante s'impose avec évidence, qui relie en une totalité l'infinité d'aspects et de moments de cette création, c'est ce qu'il convient d'appeler l'écriture d'Alechinsky, écriture dans la liberté COBRA, écriture de très adroit gaucher, qui s'est frottée à la calligraphie japonaise, cette écriture qui confirme que pour Alechinsky, la peinture n'est pas une sorte d'artisanat supérieur, c'est un mode d'expression, un langage à part entière, et il a justement beaucoup de choses à dire : la joie et la peine, la beauté et la laideur, la vie sous tous ses modes d'emploi. L'imagination, c'est-à-dire la faculté de former des images, ce n'est peut-être pas sans intérêt de la trouver chez un peintre. ■ Jacques Busse

main droite : au crayon, tous les dessins et gravures

main gauche : au pinceau, les tableaux

BIBLIOGR. : Jean-François Revel : Préface de l'exposition *Alechinsky*, Gal. de France, Paris, 1962 – Jacques Putman : *Pierre Alechinsky*, ODEGE, Paris, 1967 – *Alechinsky, Catalogue de l'œuvre gravé, 1947-1967*, Van de Loo, Munich, 1967 – Luc de Heusch : Préface de l'exposition *Alechinsky*, Palais des Beaux-Arts, Bruxelles, 1969 – Pierre Alechinsky : *Roue libre*, Skira, Genève, 1971 – Alain Bosquet : *Alechinsky*, Le Musée de poche, Paris, 1971 – divers : Catalogue de l'exposition *Alechinsky*, Pavillon belge, 36e Biennale de Venise, 1972 – Joyce Mansour : *Alechinsky à la ligne*, Gal. de France, Paris, 1973 – Max Loreau : *Alechinsky*, cahier Repères n°17, Maeght, Paris, 1984 – Pierre Alechinsky : *Ensortilèges*, Fata Morgana, Montpellier, 1984 – Pierre Descargues : *Alechinsky*, Repères n° 24, Maeght, Paris, 1986 – Jacques Dupin : *Alechinsky*, Repères n° 53, Lelong, Paris, 1988 – divers : Catalogue de l'exposition *Pierre Alechinsky : centres et marges*, Mus. d'Art Mod., Bruxelles, 1988 – Pierre Daix, divers : Catalogue de l'exposition rétrospective *Pierre Alechinsky*, Mus. Nat. du Jeu de Paume, 1998, très complète documentation.

MUSÉES : AALBORG, Dan. (Kunstmus.) – AMSTERDAM (Stedelijk Mus.) – AMSTERDAM (Peter Stuyvesant Foundat.) – ANVERS (Mus. des Beaux-Arts) – BALTIMORE – BERKELEY (Mus. of University) – BERLIN (Nat. Gal.) – BRUXELLES (Mus. roy. des Beaux-Arts) – BUENOS AIRES (Inst. Torcuato di Tella) – BUFFALO (Albright Knox Mus.) – CHICAGO (Arts Club) – COLOGNE (Wallraf-Richartz Mus.) – COPENHAGUE (Mus. Nat. d'Art) – COPENHAGUE (New Carlsberg Foundat.) – DETROIT (Mus. of the University of Michigan) – EINDHOVEN (van Abbe Mus.) – GAND (Mus. des Beaux-Arts) – GRENOBLE – HAARLEM (Fr. Hals Mus.) – LA HAYE (Gemeentemus.) – HOUSTON (Mus. of Fine Arts) – HUMLEBAEK (Louisiana Mus.) : salle permanente Alechinsky – JÉRUSALEM (Israël Mus.) – KURASHIKI

(Ohara Mus.) – LIÈGE (Mus. des Beaux-Arts) – LA LOUVIÈRE (Mus. comm.) – MARSEILLE (Mus. Cantini) : *Vulcanologie* – MEXICO (Mus. Nat. d'Art Mod.) – MINNEAPOLIS (Walker Art Center) – MONTRÉAL (Mus. d'Art Contemp.) : *Diaphragmes* 1967 – NEW YORK (Mus. of Mod. Art) – NEW YORK (Solomon R. Guggenheim Mus.) – OSLO (Sonja Henie and Niels Onstad Foundat.) – OSTENDE (Mus. des Beaux-Arts) – PARIS (Mus. Nat. d'Art Mod.) : *Sous le feu* 1967 – *Au pays de l'encre* 1959 – PARIS (BN, Cab. des Estampes) – PARIS (Mus. Nat. d'Art Mod.) : *Sous le feu* 1967 – PERPIGNAN (Mus. Rigaud) : *Ancêtres* 1976 – PHILADELPHIE (Mus. of Art) – PHOENIX (Mus. of Fine Arts) – PITTSBURGH (Carnegie Inst.) – RIDGEFIELD, (Larry Aldrich Mus.) – ROME (Gal. Nat. d'Art Mod.) – ROTTERDAM (Boymans-van Beuningen Mus.) – SAINT-LOUIS (Mus. of the University) – SAINT-LOUIS (City Arts Mus.) – SÃO PAULO (Mus. de Arte Mod.) – SCHIEDAM, Hol. – SIDNEY (Power Inst.) – SILKEBORG, Dan. – SKOPJE – TEL-AVIV – TOKYO (Bridgestone Mus.) – VARSOVIE (Mus. d'Art Mod.) – VARSOVIE (Cab. des Estampes) – VENISE (coll. Peggy Guggenheim) – VERVIERS (Mus. comm.).

VENTES PUBLIQUES : MILAN, 13-15 nov. 1962 : *Qui vive ?* : ITL 1 900 000 – VERSAILLES, 1er déc. 1963 : *Tour* : FRF 9 000 – GENÈVE, 27 nov. 1965 : *Composition* : CHF 4 500 – ANVERS, 10 oct. 1972 : *La charrette* : BEF 210 000 – NEW YORK, 5 mai 1973 : *L'appareil judiciaire* 1963 : USD 6 500 – PARIS, 12 juin 1974 : *Personnages* 1961 : FRF 34 000 – NEW YORK, 24 mai 1976 : *Astre au bord du désastre* 1969, acryl. (114 x 153) : USD 11 000 – MILAN, 15 nov. 1976 : *En société*, litho. : ITL 110 000 – MILAN, 5 avr. 1977 : *Composition* 1958, techn. mixte/cart. entoilé (100x148) : ITL 2 400 000 – BREDA, 25 avr. 1977 : *Du côté de Binche* 1966, h/t (100x100) : NLG 37 000 – ANVERS, 8 mai 1979 : *Composition* 1974, aquar. (57x43) : BEF 16 000 – LOKEREN, 13 oct. 1979 : *Cube*, bronze (150x15x15) : BEF 28 000 – ZURICH, 3 nov. 1979 : *Promenade* 1960, h/t (37x91) : CHF 22 000 – NEW YORK, 2 oct. 1980 : *Vanité* 1968, techn. mixte, collage/t. (112,3x76,5) : USD 8 250 – ROME, 11 juin 1981 : *Journal déplié* 1963, encre/cart. (69x90) : ITL 8 000 000 – MILAN, 16 juin 1981 : *Source d'information en couleurs* 1968, techn. mixte/cart. entoilé (98x65) : ITL 4 000 000 – LONDRES, 29 juin 1982 : *Insecticide* 1969, acryl./t. (100x95) : GBP 5 000 – LONDRES, 23 mars 1983 : *Les polyglottes* 1960, temp./ pap. mar./t. (100x150) : GBP 5 000 – ZURICH, 9 nov. 1983 : *Chassez le naturel* 1968, acryl./pap. mar./t. (114x151) : CHF 22 000 – AMSTERDAM, 5 juin 1984 : *Naturellement* 1972, acryl./t. (115x154) : NLG 24 000 – LONDRES, 25 juin 1985 : *Entrechars et taches* 1982, aquar. (74x98) : GBP 4 500 – LONDRES, 27 juin 1985 : *L'isle* 1960, h/t (127x111) : GBP 34 000 – LONDRES, 27 juin 1985 : *La cage*, pinceau et encre noire (90x150) : GBP 8 000 – COPENHAGUE, 6 mai 1986 : *Silence* 1973, aquar. (93x63) : DKK 62 000 – NEW YORK, 11 nov. 1986 : *Vanité* 1968, encre et gche/pap., collage/t. (113x76,8) : USD 18 000 – NEW YORK, 4 mai 1987 : *Le théâtre aux Armées* 1967, acryl./pap. mar./t. (204,5x274,3) : USD 210 000 – PARIS, 15 oct. 1987 : *Composition*, aquar. et encre/pap. mar./t. (98,5x148) : FRF 145 000 – NEW YORK, 20 fév. 1988 : *Rien de plus* 1984, h/t (60,3 x 51,3) : USD 18 700 – COPENHAGUE, 24 fév. 1988 : *La fête du transparent* 1963 (73 x 60) : DKK 200 000 – LONDRES, 25 fév. 1988 : *Composition*, encre/pap. (68 x 49) : GBP 2 420 – LOKEREN, 5 mars 1988 : *Carta Canta, Paris* 1987, livre avec dix illustration coul. numéroté 23/130 : BEF 100 000 – LONDRES, 30 juin 1988 : *À l'enseigne qui grince* 1965, acryl./pap. (100x155) : GBP 33 000 – PARIS, 16 oct. 1988 : *Sans titre*, lav. encre de Chine (47x62) : FRF 39 000 – LOKEREN, 8 oct. 1988 : *Gravure 190*, litho. (75,2x53,2) : BEF 12 000 – NEW YORK, 8 oct. 1988 : *Bleu de Sèvres* 1977, acryl./pap./t. (103x65) : USD 29 700 – COPENHAGUE, 8 nov. 1988 : *La fête du bus noir* 1963, h/t (130x58) : DKK 380 000 – PARIS le prisme 1966, h/t (137x141) : DKK 600 000 – PARIS, 20 nov. 1988 : *Le monde perdu* 1959, h/t (205x307) : FRF 1 650 000 – LONDRES, 1er déc. 1988 : *Par la bride* 1975, acryl./pap./t. (153x151) : GBP 30 800 – PARIS, 22 fév. 1989 : *Cycle* 1975, aquar./pap. de Chine (95x59) : FRF 75 000 – LONDRES, 23 fév. 1989 : *En voie de disparition* 1980, aquar./eau-forte/pap. Japon (215x88) : GBP 18 700 – PARIS, 16 avr. 1989 : *Paysage vertical* 1969-1970, acryl./pap./t : FRF 350 000 – NEW YORK, 3 mai 1989 : *Réponse poussiéreuse* 1961, h/t (132x101,5) : USD 143 000 – COPENHAGUE, 10 mai 1989 : *Couple d'habitués*, h/t (54x80) : DKK 380 000 – AMSTERDAM, 24 mai 1989 : *Puits perdu* 1973, acryl./pap./t. (100x77) : NLG 92 000 – PARIS, 21 juin 1989 : *Bonnet blanc et blanc bonnet* 1977, acryl./pap. (114x152) : FRF 351 000 – NEW YORK, 9 nov. 1989 : *Le principe féminin* 1970, acryl. et gche/pap./t. (154x298) : USD 297 000 – PARIS, 17 déc. 1989 : *Soutien de famille* 1960, h/t (132x120) : FRF 1 500 000 – PARIS, 18 fév. 1990 : *La responsabilité* 1960, h/t (205x200) : FRF 2 000 000 – COPENHAGUE,

21-22 mars 1990 : *Les soleils artificiels* 1966, h/t (55x46) : **DKK 350 000** – Paris, 28 mars 1990 : *D'une seule venue* 1966, h/t (95x90) : **FRF 630 000** – Londres, 5 av. 1990 : *Épave* 1959, h/t (205x248) : **GBP 297 000** – Amsterdam, 22 mai 1990 : *Les grands transparents* 1958, h/t (200x300) : **NLG 862 500** – Londres, 28 juin 1990 : *Compartiment réservé* 1969, acryl./pap./t. (120x166) : **GBP 60 500** – New York, 4 oct. 1990 : *Sans titre* 1961, aquar./pap. (26,5x44,4) : **USD 17 600** – Paris, 28 oct. 1990 : *C'est jusque là*, h/t (116x89) : **FRF 680 000** – New York, 7 nov. 1990 : *Les enfants sages* 1961, h/t (113,6x145,4) : **USD 154 000** – Stockholm, 5-6 déc. 1990 : *Composition*, encre/pap./t. (65x54) : **SEK 15 000** – Londres, 6 déc. 1990 : *Massacre du printemps* 1967, acryl./pap./t. (119x152) : **GBP 46 200** – Londres, 21 mars 1991 : *Solitaire à plusieurs* 1964, h/t (65x54) : **GBP 22 000** – Paris, 25 mars 1991 : *Jaune comme tout* 1974, acryl./pap./t. (119x74) : **FRF 360 000** – New York, 2 mai 1991 : *Sans titre* 1960, gche et aquar./pap. (43,7x27,3) : **USD 7 920** – Amsterdam, 22 mai 1991 : *Le règne végétal*, acryl./pap./t. (62x55,5) : **NLG 48 300** – Milan, 20 juin 1991 : *Composition et personnages* 1970, encre aquarellée/pap. entoilé (94x185) : **ITL 16 000 000** – New York, 3 oct. 1991 : *Le langage des liens* 1962, h/t (41x33) : **USD 16 500** – Copenhague, 4 déc. 1991 : *La flamme verte* 1966, h/t (143x135) : **DKK 950 000** – Londres, 5 déc. 1991 : *Légèrement parlant* 1985, acryl. et encre/pap./t. (273,5x249) : **GBP 44 000** – New York, 21 mars 1992 : *Composition* 1978, aquar. (38x25,5) : **BEF 500 000** – New York, 6 mai 1992 : *Carré de ciel* 1978, acryl./pap./t. (117,3x92,7) : **USD 55 000** – Amsterdam, 21 mai 1992 : *Le Volcan* 1971, aquar./pap./t. (98x67) : **NLG 1 100 000** – Stockholm, 21 mai 1992 : *La fête des morts*, h/t (46x55) : **SEK 65 000** – Londres, 2 juil. 1992 : *Promenade sur plan* 1982, acryl. et collage/pap./t. (158x208) : **GBP 57 200** – Lokeren, 10 oct. 1992 : *Composition* 1990, lav./pap./t. (136x75) : **BEF 800 000** – Paris, 28 oct. 1992 : *Le rose habité* 1960, h/t (180,2x199,3) : **FRF 650 000** – Paris, 28 oct. 1992 : *Sans titre* 1960, aquar. et gche/pap. Japon (49,5x64,5) : **FRF 60 000** – Paris, 21 juin 1993 : *Vents et marées* 1975, acryl., encre et gche/pap./t. (154x152) : **FRF 420 000** – Copenhague, 1ᵉʳ nov. 1993 : *Raz de marée* 1950, gche (32x41) : **DKK 45 000** – Copenhague, 1ᵉʳ déc. 1993 : *Fête des gros yeux* 1963, h/t (65x54) : **DKK 176 000** – Londres, 2 déc. 1993 : *Sur nature* 1968, acryl./pap./t. (154,8x149,8) : **GBP 63 100** – Amsterdam, 9 déc. 1993 : *La Transparence du regard* 1983, acryl./pap./t. (105x150) : **NLG 94 300** – Paris, 21 déc. 1993 : *Sans titre* 1970, encre et aquar. (24,5x19) : **FRF 8 000** – New York, 23 fév. 1994 : *Le dessus* 1978, acryl./pap./t. (66x52) : **USD 13 800** – Milan, 5 mai 1994 : *Tout le plaisir est pour moi* 1964, h/t (65x50) : **ITL 58 650 000** – Lokeren, 8 oct. 1994 : *Composition* 1957, h/t (116x89) : **BEF 1 600 000** – Copenhague, 21 sep. 1994 : *Jardin ordinaire* 1980, acryl./pap./t. (75x122) : **DKK 260 000** – Paris, 12 oct. 1994 : *Union House ou Inscrit sur le registre* 1978, acryl. et collage/pap./t. (158x150,5) : **FRF 310 000** – Zurich, 2 déc. 1994 : *Tenir la pose* 1976, h/pap./t. (57,5x76,5) : **CHF 34 000** – Lokeren, 20 mai 1995 : *En trois vagues* 1985, acryl./pap./t. (218x92) : **BEF 1 500 000** – Copenhague, 7 juin 1995 : *Gardienne de phare* 1975, acryl./pap./t. (76x57) : **DKK 90 000** – Londres, 26 oct. 1995 : *International Park* 1969, acryl./pap./t. (120x185,5) : **GBP 221 500** – New York, 16 nov. 1995 : *La Haye* 1980, lav. d'encre/carte géographique/t. (62,2x104,1) : **USD 11 500** – Paris, 8 mars 1996 : *Oiseaux* 1973, aquar./pap. (52,4x43,3) : **FRF 52 000** – Amsterdam, 5 juin 1996 : *Chevelure* 1960, h/t (45x37) : **NLG 25 300** – Londres, 27 juin 1996 : *Retour aux sources* 1973, acryl./pap./t. (250x365) : **GBP 287 500** – Paris, 24 mai 1996 : *Aérolithe* 1963, encre noire/pap. mar./t. (150x177) : **FRF 200 000** – Paris, 1ᵉʳ juil. 1996 : *Plaque* 1986, encre de Chine et graphite/pap. Japon (98,5x60) : **FRF 32 000** – Paris, 24 nov. 1996 : *Personnages* 1974, dess. à l'encre de Chine/lettre manuscrite datée 1764 (18x28,5) : **FRF 12 500** – Paris, 13 déc. 1996 : *Composition* 1983, aquar./lettre manuscrite (24x37,5) : **FRF 20 000** – Londres, 5 déc. 1996 : *En observation* 1964, h/t (102x142) : **GBP 84 000** – Copenhague, 29 jan. 1997 : *La Fête des moi-je* 1963, h/t (100x100) : **DKK 380 000** – Paris, 28 avr. 1997 : *Le Labyrinthe* 1971, aquar./pap. (97x65) : **FRF 85 000** – Copenhague, 15 mars 1997 : *Krach* 1973, litho. : **DKK 10 400** – Amsterdam, 2-3 juin 1997 : *Tak* 1963-1964, h/t (61,25x50,25) : **NLG 59 000** – Londres, 25 juin 1997 : *Le Théâtre aux Armées* 1967, acryl./pap./t., encre/pap./pan. bois, assemblage (203,2x276 en tout) : **GBP 188 500** – Londres, 25 juin 1997 : *L'Heure du coucher* 1980, acryl./pap./t. (93x110) : **GBP 31 050** – Londres, 27 juin 1997 : *L'Ordre des choses* 1970, acryl./pap./t. (100x154,5) : **GBP 27 600** – Paris, 3 oct. 1997 : *La Route du fer* 1982, encre/carte topographique (130x146) :

FRF 190 000 – Londres, 23 oct. 1997 : *Puissance bleue* 1968, acryl./pap./t. (100x77,5) : **GBP 23 000**.

ALEFOUNDER John
Mort en 1795 à Calcutta. XVIIIᵉ siècle. Britannique.
Peintre de portraits, miniatures.
Cet artiste étudia à la Royal Academy, à Londres. Il partit pour les Indes en 1786, mais ne put en supporter le climat ; il continua pendant quelques années à faire des portraits et des miniatures pour la Royal Academy, de 1787 à 1793.
On cite de lui un portrait de l'acteur J. Edwin, qui fut gravé par Hodges en 1784, et, de la même année, celui de Pierre le Sauvage, gravé au pointillé par Bartolozzi.
Ventes Publiques : Londres, 11 juil. 1984 : *Portrait of Mrs Graham of Kinross and her daughter attented by a Jamadar*, h/t (75x63) : **GBP 3 400**.

ALEGIANI Francesco
XIXᵉ-XXᵉ siècles. Italien.
Peintre de natures mortes. Trompe-l'œil.
Il fut actif à Rome dans la deuxième moitié du XIXᵉ siècle et début du XXᵉ.
Il s'est spécialisé tardivement dans un genre toujours très apprécié du grand public depuis le XVIIᵉ siècle.
Ventes Publiques : Londres, 23 juil. 1976 : *La tribuna illustrata avec portrait de Verdi* 1900, h/t, trompe l'œil (76,2x53,3) : **GBP 700** – Londres, 22 juil. 1977 : *Trompe-l'œil : Gravures accrochées à un mur*, h/t (99,7x74,3) : **GBP 680** – New York, 7 mai 1980 : *Le président Portfirio Diaz du Mexique à cheval* 1902, h/t (160x115) : **USD 3 500** – Milan, 14 nov. 1990 : *Trompe-l'œil avec le portrait de Béatrice Cenci de G. Reni, un dessin de paysage et des timbres poste*, h/t (55,5x30,5) : **ITL 7 500 000** – Londres, 4 oct. 1991 : *Trompe-l'œil avec des portraits d'après Raphaël cloués sur un panneau de bois*, h/t (50,8x34,6) : **GBP 6 820** – New York, 26 mai 1993 : *Trompe-l'œil avec une paire de coqs* 1869, h/t (98,4x73) : **USD 9 488**.

ALEGJ Giuseppe ou Alegii
XVIᵉ siècle. Actif à Pérouse. Italien.
Peintre.
Cet artiste fut un des quatre peintres élus, en 1576, pour remplacer Orazio di Paris Alfani, qui avait donné sa démission de peintre et architecte de la ville.

ALEGRE José
Né à Calatayud. Mort en 1865. XIXᵉ siècle. Espagnol.
Sculpteur.
Il habitait Saragosse, où il était membre de l'Académie de Saint-Louis. Il orna plusieurs églises de la Catalogne et de l'Aragon. On lui doit les sculptures de la chapelle Saint-Joseph, à l'église basilique de Santa Maria del Pilar.

ALÈGRE Léon
Né le 14 décembre 1813 à Bagnols-sur-Cèze (Gard). Mort le 27 novembre 1884 à Bagnols-sur-Cèze. XIXᵉ siècle. Français.
Peintre de portraits, paysages, natures mortes.
Peintre habile et consciencieux, il donna des œuvres dont la naïveté n'enleva rien à leur grâce ni à leur caractère. Mais il fut surtout connu pour avoir fondé, en 1850, le premier musée cantonal dans sa ville natale et une bibliothèque. La ténacité de Léon Alègre permit donc de créer à Bagnols-sur-Cèze : un musée d'enseignement et des Beaux-Arts qui occupe sept vastes salles à l'hôtel de ville, une bibliothèque, enfermant plus de sept mille volumes, installés dans l'ancien hôtel Mallet, ainsi que l'école de dessin et le Musée lapidaire.
Chevalier de la Légion d'honneur, Alègre était membre des Académies de Nîmes et de Vaucluse, membre de la Société française d'archéologie pour la conservation des monuments historiques, membre de la commission de la topographie des Gaules et de nombreuses sociétés savantes.
Bibliogr. : Gérald Schurr : *Les Petits Maîtres de la peinture 1820-1920, valeur de demain*, t. IV, Les Éditions de l'Amateur, Paris, 1979.
Musées : Bagnols-sur-Cèze.

ALEGRE Manuel
Né en 1768 à Madrid. XVIIIᵉ siècle. Espagnol.
Graveur en taille-douce.
Il travailla sous la direction de Manuel Salvador Carmona, et devint membre de l'Académie S. Fernando en 1790. On cite parmi ses principales œuvres : une *Sainte Madeleine*, d'après M. Cerezo, un *Saint Jérôme*, d'après A. Pereda, *le portrait de Murillo* (1790). Il a gravé, en outre, des portraits de personnages

illustres, qui font partie de la collection de la Chalcographie royale de Madrid.

ALEGRE Ramon
Né dans la province de Valence. xixᵉ siècle. Espagnol.
Sculpteur.
Élève de son père José, qu'il secondait utilement. On cite de lui un *Mercure*, en terre cuite, qui lui valut une médaille d'argent à l'Exposition des arts de Madrid (1850).

ALEGRE Y GORRIZ Pascual
Né à Valence. Mort le 2 octobre 1879 à Madrid. xixᵉ siècle. Espagnol.
Graveur.
Cet artiste fut professeur à l'École des arts, d'abord à Valence, ensuite à Madrid. En 1866, il envoya à l'Exposition nationale une gravure du *Christ à la croix* de Velasquez, et une autre d'après un portrait de Goya. Par la suite, il grava des estampes pour l'*Histoire de l'Escurial*, de don Antonio Rotondo ; il reproduisit aussi des tableaux de maîtres, exposés à la collection de l'Académie San Fernando.

ALEGRETTE da Fabriano. Voir **NUZI Allegretto**

ALEGRETTO
Mort avant 1495. xvᵉ siècle. Italien.
Sculpteur.
Cet artiste florissait à Venise ; il collabora avec d'autres artistes, à l'ornementation des grands chapiteaux de la nef de l'église S. Zaccaria.

ALEGREY
xixᵉ siècle. Actif au début du xixᵉ siècle. Britannique.
Peintre et dessinateur.
On cite de lui le portrait de M. Sherwill (alpiniste qui fit l'ascension du Mont Blanc en 1825), qui fut gravé ensuite par G.-P. Harding.

ALÉGRIA C.
Né à Santiago (Chili). xixᵉ-xxᵉ siècles. Chilien.
Peintre.
Exposa à la Société Nationale des Beaux-Arts : *Étude*, en 1913.

ALEIJADINHO, pseudonyme de **Antonio Francisco Lisboa**
Né en 1730 ou 1738. Mort en 1814. xviiiᵉ-xixᵉ siècles. Brésilien.
Sculpteur.
Surnommé ainsi (le petit infirme), à cause d'une maladie qui, depuis 1777, lui rongeait doigts et orteils. Il sculptait, ciseau et maillet attachés aux moignons. Mulâtre, il rencontra beaucoup de difficultés à exercer son art. À Ouro-Preto, il exécuta le frontispice de l'église de Carmo et les décorations extérieures et intérieures de Saint-François. Il dut également construire ces deux édifices, on le mentionne donc comme architecte. Au chœur de Saint-François, Aleijadinho, joua avec le bleu, l'or et le blanc dont il couvrit les sculptures, donnant à l'ensemble une allure de sanctuaire bavarois. À l'extérieur il fit jouer deux couleurs avec la pierre grise pour les sculptures et ocre pour la structure. Décrochements, moulures en accolade font penser au style rocaille français, ce qui est d'autant plus curieux de la part d'un artiste métis, dans un pays sous influence portugaise, qui ne prisait pas particulièrement ce style. Après 1795, à Congonhas do Campo, il sculpta les stations d'un Chemin de Croix en bois peint, et de grandioses statues des douze apôtres, placées sur l'esplanade de la ville. Son art est tout à fait exceptionnel, et G. Bazin, passionné par cette personnalité écrire : « *avec lui se clôt un monde : il est dans l'expression religieuse le dernier artiste de génie* ». ■ J. B.
Bibliogr. : G. Bazin : *Aleijadinho, et la sculpture baroque au Brésil*, Éd. du Temps, Paris.

ALEJA Giuseppe ou **Aleya** ou **Aloja**
xviiiᵉ siècle. Italien.
Graveur.
Il travaillait à Naples.

ALEJANDRO ou **Alessandro** et **Julio**
Peut-être d'origine italienne. Morts vers 1530. xviᵉ siècle. Espagnols.
Peintres, fresquistes, peintres de compositions murales, décorateurs.
Élèves, à Rome, de Jean de Udine, disciple de Raphaël, ces deux artistes furent mandés par Charles V et chargés de peindre des plafonds et des voûtes à l'Alhambra de Grenade. Ils exécutèrent

d'une façon admirable les travaux qui leur furent confiés ; aussi furent-ils appelés par la suite à peindre plusieurs palais de la ville. Leurs procédés de peinture à la fresque ne furent pas connus de leur vivant, on dit même qu'ils en avaient l'un et l'autre de spéciaux qu'ils se cachaient mutuellement ; mais on les retrouva dans leurs papiers, après leur mort.

ALEJANDRO José Ramon
Né en 1943 à La Havane. xxᵉ siècle. Depuis 1963 actif en France. Cubain.
Peintre, peintre à la gouache, graveur. Tendance fantastique.
Il fut élève de l'École des Beaux-Arts de Buenos Aires, puis de celle de Montevideo. Il vint à Paris travailler dans l'Atelier du graveur Friedlaender. Pendant son séjour, il montra son travail dans plusieurs expositions personnelles et participa en 1971 au Salon Grands et Jeunes d'Aujourd'hui. Il travaille à Paris.
Sa peinture, photographiquement réaliste dans le souci de la description du détail, fantastique dans les sujets, figure des sortes de machines infernales, qui induisent à quelque torture, à moins que plus innocemment à des machines de science-fiction, mais qui semblent toutefois agressivement flotter dans un espace non défini. Non tant la technique, mais les sujets peuvent faire penser à la peinture de Matta, à cause de cette ambiguïté entre engins de supplice et satellites artificiels. Ces derniers laissent place ensuite à des paysages, puis à des représentations de fruits appétissants, enfin à des nus. ■ J. B.
Bibliogr. : In : *Dictionaire de l'art mod. et contemp.*, Hazan, Paris, 1992 – Catalogue de l'exposition *Ramon Alejandro*, galerie Berthet Aittouares, Paris, 1992.
Musées : Caen (Mus. des Beaux-Arts) – Paris (Mus. d'Art Mod. de la Ville) – Paris (CNAC) – Paris (BN).
Ventes Publiques : Paris, 14 mai 1986 : *Composition* 1978, gche/pap. mar./t. (100x118) : FRF 6 000 – New York, 28 mai 1997 : *Osan Quirinan* 1994, past./pap. Canson (75x110) : USD 8 050 – New York, 24-25 nov. 1997 : *Alla Va Eso* 1994, h/t (89x116) : USD 16 100.

ALEKSANDROFF. Voir **ALEXANDROFF**
ALEKSANDROVIC. Voir **ALEXANDROVIC**
ALEKSIC. Voir **ALEXIC**
ALEKSYEER. Voir **ALEXYEER**
ALEMAGNA Giorgio. Voir **GIORGIO d'Alemagna**
ALEMAN. Voir à **Fernandez Jorge** et aux prénoms
ALEMANNI
xviiᵉ siècle. Travaillait à Forli.
Peintre décorateur.
On doit à cet artiste dont le nom est peut-être voilé sous la désignation de nationalité, les fresques de l'église S. Carmine et du presbytère.

ALEMANNI Giuseppppe, padre
Né vers 1675 à Correggio. Mort en 1739 à Rimini. xviiiᵉ siècle. Italien.
Peintre.
Élève de Cignani. On cite de lui, dans l'église S. Francesco à Rimini, une *Immaculée Conception*, d'après Carlo Maratta. On lui prête également un portrait du moine Andrea Conti, dans la chapelle de S. Francesco à Ferrare.

ALEMANNO Justus. Voir **GIUSTO d'Allamagna**
ALEMANNO della Badia
xiiiᵉ siècle. Italien.
Sculpteur.
En 1293, sous la direction de Ramo di Paganello de Sienne, il travailla, avec Paolo della Badia et d'autres maîtres, à l'ornementation des sculptures de la façade de la cathédrale d'Orvieto.

ALEMANNY Pietro
xvᵉ siècle. Actif dans la seconde moitié du xvᵉ siècle. Italien.
Peintre.
Il fut élève de Carlo Crivelli. Il y a, dans plusieurs églises d'Ascoli, des œuvres de ce peintre, intéressantes plutôt en raison de l'époque où elles ont été produites que par leur valeur artistique. Feu M. Barker, à Londres, possédait dans sa collection un tableau d'Alemanny : *La Vierge et l'Enfant Jésus sur le trône*.
Musées : Ascoli : *Madone entre quatre saints* 1489 – Milan (Brera) : *Quatre saints*, deux tableaux – Richmond (coll. Cook) : *Madone* – Richmond (Anc. coll. Sartoris) : *Madone*.

ALEMANS Nicolas ou **Halemans**
Né au xviiiᵉ siècle à Bruxelles. xviiiᵉ siècle. Éc. flamande.

Peintre.

Cet artiste a peint des portraits, des animaux et aussi des miniatures. On cite de lui une nature morte au musée Roumianzeff, à Moscou.

ALEMANT
XVIIIᵉ siècle. Actif à Lyon en 1712. Français.

Sculpteur.

Mentionné dans les Archives municipales de Lyon.

ALEMANY
XIVᵉ siècle. Travaillait à Barcelone. Espagnol.

Sculpteur.

On sait qu'il travailla en 1389 aux chapiteaux de la cathédrale.

ALEMANY
XVIᵉ siècle. Actif à Barcelone. Espagnol.

Peintre.

Sans doute apparenté à la famille d'artistes du même nom vivant à Barcelone aux XIVᵉ et XVᵉ siècles. Le peintre Alemany fit, en 1537, par ordre de la ville, douze panneaux armoriés pour les députés aux Cortès de la province. On le signale encore exécutant un crucifix pour les processions, et, en 1551, travaillant à un vitrail portant les armes de la ville.

ALEMANY Arnau
Né en 1948 à Barcelone (Catalogne). XXᵉ siècle. Espagnol.

Peintre de paysages urbains, graveur, lithographe. Fantastique.

Il participe depuis 1972 à des expositions collectives régionales, dans des galeries privées : Barcelone, Gérone, Madrid, Murcie, Valence, etc. Il montre aussi ses œuvres dans des expositions personnelles : 1978, 1980, 1983 Barcelone, 1982, 1987 Madrid, 1985 Albstadt en Allemagne, 1991 Paris. On peut s'étonner qu'avec une peinture aussi aboutie, savante, et un thème aussi typé, il ne soit, jusqu'ici, pas invité à participer à des manifestations de niveau international. Il est vrai que son univers poétique et sa pratique picturale ne s'intègrent dans aucune des modes du moment.

Indépendamment des situations dans lesquelles il compromet radicalement toute vraisemblance concernant les diverses composantes de ses paysages oniriques, il convient dans un premier temps de souligner la perfection technique avec laquelle il décrit les immeubles d'habitation, les rues, les escaliers et les ponts, les soubassements, les souterrains et les caves éventrés, les terrains vagues, les abords périphériques désertiques et les rochers escarpés, les proliférations sauvages d'arbres et de végétations étouffantes. Seuls les constructions, les automobiles ou les vêtements des rares passants permettent de dater ces sites improbables. Des vestiges de murailles et de viaducs indiquent une implantation ancienne, quelques façades d'églises classiques subsistent du XVIIIᵉ, presque tous les immeubles bourgeois dénotent le sérieux des constructions du début de siècle, dans les quelques autres on reconnaît le vite-fait des tours d'habitation actuelles, des parties d'usines insolites et probablement désaffectées émergent des toitures. Complémentairement au dessin minutieux et incisif, ces paysages, de cataclysme mais pourtant bien urbains, sont traités par des gris discrets, alternativement ocrés ou bleutés. Pas toujours explicable naturellement, comme d'un coup de projecteur au théâtre, surgie de la grisaille d'un temps couvert, une lumière violente éclaire soudain l'un des bâtiments. C'est ici qu'il doit se passer quelque chose.

Techniquement, il paraît improbable qu'il puisse imaginer intégralement dans tous leurs détails, bien qu'ils paraissent oniriques par bien des aspects, les immeubles qui constituent l'élément principal des thèmes de ses peintures. Des documents photographiques figurent certainement à la base de son travail d'interprétation et de dérive dans le fantastique. A partir de ces documents photographiques, il peut, soit procéder par découpage et collage, soit projeter par épiscope sur la toile et assembler à sa guise les images des documents photographiques, pour disposer les éléments du paysage et édifier les immeubles, pourtant d'aspect bien bourgeois, au-dessus des ruines effondrées de ponts, de sous-sols, de catacombes, les isoler au centre de paysages désolés ou au contraire les agglutiner entre eux comme des frères siamois, les cerner, enserrer de rochers abrupts et d'une étranglante végétation de savane ou brousse, urbainement improbables.

Arnau Alemany, jusqu'ici peu connu, constitue un cas peu banal. D'autres que lui, souvent dans le fantastique et chez les surréalistes daliniens, maîtrisent pareillement cette technique picturale de la précision du dessin, de la perspective, du bien-peint, qui n'est autre que celle de la tradition classique. Mais là où il est singulier, c'est dans ses imaginations poétiques qui en font, transposé à la fin du XXᵉ siècle, le continuateur sans solution de continuité de Claude Lorrain, du Piranèse, d'Hubert Robert, en ce que ceux-ci déjà, contrairement aux vedutistes comme Canaletto ou Guardi, introduisaient subrepticement le doute dans la certitude, l'illusion dans le vérisme, l'inquiétude dans le quotidien. ■ Jacques Busse

BIBLIOGR. : Guy Vignoht, in : Catalogue de l'exposition *Arnau Alemany*, Gal. Alain Daune, Paris, 1991.

ALEMANY Gabriel
XVᵉ siècle. Espagnol.

Peintre.

Gabriel Alemany était fils de Tomas Alemany. Il travaillait à Barcelone. Le 3 janvier 1450, il fut nommé peintre de la ville de Barcelone. Après la mort de son père, on lui confia, le 29 décembre 1451, le soin d'exécuter des groupes représentant la procession du *Corpus Christi*. En 1458, il exécuta une partie des décorations de la salle du conseil. En 1463, il décora aussi la salle des cent. Ce fut lui qui exécuta le modèle de l'habit de cérémonie des juges du pays.

ALEMANY Juan, dit aussi Johan de Alemanya
XVᵉ siècle. Travaillait à Barcelone vers la fin du XVᵉ siècle. Espagnol.

Sculpteur.

Une confrérie de tailleurs de drap ayant, en 1489, sous la conduite de Miguel Longuer, commencé l'exécution d'un autel pour l'église Saint-Augustin dans la ville de Valence, le sculpteur Juan Alemany fut chargé de l'achever en 1491.

ALEMANY Nicolas
XVᵉ siècle. Vivait à Valence au milieu du XVᵉ siècle. Espagnol.

Sculpteur.

En 1495, il fut payé par le chapitre de la cathédrale de Valence pour exécuter des sculptures sur l'un des portails de l'église.

ALEMANY Pedro
XVᵉ siècle. Actif à Barcelone. Espagnol.

Peintre.

On croit que plusieurs de ses ouvrages ont été exécutés en collaboration avec Rafaël Vergos. Le 21 juin 1492, ils entreprirent ensemble la peinture des tableaux de l'autel de la chapelle du Rosaire, à Vich. En 1497, Pedro Alemany décora l'autel de la Vierge pour la paroisse de Saint-Martin à Teya. En 1498, il exécuta pour l'église de Calella, un tableau représentant l'archange saint Michel. Les tableaux d'autel de *Saint Sébastien*, de *Sainte Thécla*, ainsi que le tableau de la *Visitation* du cloître de la cathédrale de Barcelone, tous trois fort appréciés, lui sont attribués.

ALEMANY Tomas
Mort avant le 29 décembre 1451. XVᵉ siècle. Actif à Barcelone. Espagnol.

Peintre.

En 1449, il fut chargé par la ville d'exécuter un groupe représentant la procession du *Corpus Christi*. On trouve son nom mentionné avec éloges dans des documents.

ALEMANYA Johan de. Voir ALEMANY Juan
ALEN. Voir OOLEN
ALENI Tommaso de ou Alenis, dit Il Fadino
XVIᵉ siècle. Travaillait à Crémone au commencement du XVIᵉ siècle. Italien.

Peintre.

Il fut élève de Galeazzo Campi, et s'inspira aussi des œuvres de Perugino. Il peignit des sujets historiques, en imitant le style de ces deux maîtres. Travaillant en même temps que Campi à San Domenico de Crémone, il exécuta des peintures reproduisant si bien le style de ce maître, qu'il est impossible de distinguer la part de chacun. Le tableau de la *Vierge à l'Enfant et un saint*, signé par lui, porte la date de 1500. Une *Nativité*, actuellement à l'hôtel de ville de Crémone, est datée de l'année 1515.

Thomal de alente cremonesis pinsit 1515

MUSÉES : BERGAME (Acad. Carrara) : *La Présentation au Temple* – MILAN (Brera) : *La Vierge, l'Enfant Jésus, saint Antoine de Padoue et saint François.*

VENTES PUBLIQUES : BRUXELLES, 1738 : *Le sauvetage de Moïse*, dess. : FRF 15.

ALENSON Jan Jansz
XVIIᵉ siècle. Hollandais.

Peintre.
On sait qu'il travailla à Amsterdam en 1630.

ALENTORN Eduardo B.
Né à Falset (Tarragone). XIXᵉ siècle. Espagnol.
Sculpteur.
Il fit ses études à l'École des Arts, à Barcelone. Il s'est distingué par l'étrangeté de son talent. En 1881, il exposa à Madrid une statue en plâtre : *L'Enfant prodigue*, et un buste en terre cuite. On signale de lui une composition : *Les Émigrants*, ainsi qu'un groupe. Mais il est surtout connu par le monument, d'une exécution large et puissante, érigé à la mémoire du général Vara del Rey à Ibiza.

ALENZA Y NIETO Leonardo
Né le 6 novembre 1807 à Madrid. Mort le 30 juin 1845 à Madrid. XIXᵉ siècle. Espagnol.
Peintre d'histoire, sujets allégoriques, scènes de genre, portraits, graveur.
Il fut élève de Jean Rizera et de José Madrazo y Agudo. Il jouit d'une grande considération. En 1842, il fut nommé membre de l'Académie des Beaux-Arts de Madrid.
Il se distingua de bonne heure dans la peinture de portraits, mais cela ne l'empêcha pas d'entreprendre des tableaux de genre qui le rendirent très vite célèbre. Dans cette forme d'expression picturale, Alenza s'inspira à tel point de Goya qu'on peut le considérer comme un de ses meilleurs disciples. Les scènes populaires qu'il s'est plu à représenter ont beaucoup de la puissance d'expression de son modèle. Toujours comme Goya, Alenza a exécuté un certain nombre d'eaux-fortes pleines d'intérêt. Son chef-d'œuvre dans la peinture de genre est son enseigne pour le *Café de Levante*, aujourd'hui disparue.

L. A.

BIBLIOGR. : M. Condor Orduna : *Le mois de mai 1808 à Madrid dans la peinture : le 2 mai*, Villa de Madrid, n° 88, 1986 – J. Gutier-rez Buron : *L'histoire de la guerre d'Indépendance dans la peinture du XIXᵉ siècle*, Les cahiers de l'art et de l'iconographie, 1989.
MUSÉES : MADRID (Mus. du Prado) : *Portrait de l'auteur – Portrait de Passuti*, fondé de pouvoirs du duc d'Ossuna – MADRID (Mus. mun.) : *Café de Levante*, étude d'enseigne – MADRID (Mus. Romantico) : *Satires du suicide romantique* – MADRID (École des Beaux-Arts) : *Concierge de l'Académie* – MADRID (BN) : *Dessins*.
VENTES PUBLIQUES : PARIS, 19 déc. 1919 : *Scène populaire* : FRF 205 – PARIS, 27 avr. 1928 : *La danse devant l'auberge*, attr. : FRF 450 – MADRID, 21 mai 1991 : *La mort de Daoiz dans le parc de l'artillerie de Monteleon*, h/t (105x203) : ESP 10 080 000 – PARIS, 14 juin 1991 : *La sorcellerie*, h/t (36x27) : FRF 35 000 – LONDRES, 20 avr. 1994 : *Personnages rassemblés dans une grotte*, h/pan. (44x35) : GBP 7 475.

ALEOTTI Antonio, dit Il Sansone
Né à Argenta. XVᵉ siècle. Italien.
Peintre de compositions religieuses, fresquiste.
On a peu de détails sur cet artiste. On pense qu'il s'agit du même artiste qu'Antonio dall' Argento, dit Sansone, qui vivait en 1495, et qui peignit les fresques de la Chiesa della Morte à Ferrare. Il fut élève de l'école de Ferrare. On possède de lui : une petite peinture qui fit partie de la galerie Costabili en 1498 représentant le *Christ entre deux anges* et signée *D. P. P.*
Il convient aussi de rapprocher ce peintre des deux frères Sado-chi.
MUSÉES : CASENA (Gal. communale) : *Madone* – FERRARE (Ateneo) : *Le Christ entre deux anges* – RAVENNE : *La Vierge et L'Enfant avec saint Jérôme et saint Jean*.

ALEPEE Paul
Né à Évreux (Eure). XXᵉ siècle. Français.
Peintre.
Il exposa au Salon des Indépendants en 1932 et 1935 des paysages bretons.

ALERDINCK Evert
XVIIᵉ siècle. Travaillait à Munster (Westphalie). Allemand.
Peintre, graveur.
On a de lui un plan de la ville, gravé en 1636.

ALERME Jeannine Marie Eugénie
XXᵉ siècle. Française.
Peintre.
Sociétaire du Salon des Artistes Français, elle exposa un paysage en 1941.

ALERS Rudolf
Né en 1812 à Helsmtadt. XIXᵉ siècle. Allemand.
Peintre de compositions animées, sujets allégoriques.
On sait qu'il mourut à l'hôpital de Brunswick.
VENTES PUBLIQUES : VIENNE, 8 avr. 1987 : *Idylle champêtre* 1886, h/t (69x85,5) : ATS 11 000.

ALÈS Auguste François
Né le 9 mai 1797 à Paris. Mort en mai 1878. XIXᵉ siècle. Français.
Graveur.
Il fut élève de Tardieu et de Fortin. Il grava la *Madonna della Sedia*, de Raphaël, et l'*Odalisque* d'Ingres. En 1839, il fit des gravures pour l'album l'*Espérance*. Il travailla aussi pour les Galeries de Versailles. On cite encore de lui quelques portraits, ainsi que des images de piété.

ALÈS Nikolaus OU Mikolas
Né le 18 novembre 1852 à Mirotic, près Pisek (Bohème). Mort en 1913 à Prague. XIXᵉ-XXᵉ siècles. Tchèque.
Peintre d'histoire, compositions à personnages, paysages animés, paysages, aquarelliste, peintre de compositions murales, dessinateur, illustrateur. Post-romantique.
Après avoir fréquenté le gymnase jusqu'en 1869, il entra à l'Académie des Beaux-Arts de Prague, où il étudia avec M. Trenkwald et J. Swerts jusqu'en 1875. La plupart de ses tableaux ont été peints entre 1877, date à laquelle il a fait un séjour à Suchdol près de Prague, et 1882, moment où il était incompris du public et avait abandonné presque entièrement la création picturale pour se consacrer à l'aquarelle, au dessin, à l'illustration.
Il exposa au Salon des Artistes Français de Paris en 1900, pour l'Exposition Universelle.
L'incompréhension du public avait déjà frappé son cycle *Ma Patrie*, qu'il avait réalisé au foyer du théâtre national de Prague en 1878. Pourtant, le pathétisme romantique de la *Marche de Rakoczy* ou l'atmosphère pensive et grave du *Hussite sur la Baltique*, en font des chefs-d'œuvre de la peinture tchèque du XIXᵉ s. On lui doit aussi l'ornementation de l'église de Wodnian. Ses œuvres picturales sont traitées à larges touches grassement empâtées, dans des tons de gris et bruns rehaussés de pointes de rouges assourdis. Alès peut passer du goût grandiose de la décoration picturale, comme le montre sa composition *Le Feu* pour un paravent à trois volets illustrant les quatre éléments, à l'intimité de ses esquisses touchantes des paysages de la Bohème du Sud aux illustrations pour des chansons populaires. Le trait vif de ses dessins et aquarelles donne une impression de mouvement et de vie, ponctuée par la lumière particulièrement sensible dans des œuvres comme *La Gitane* ou *Cavaliers*.
MUSÉES : PRAGUE (Narodni Gal.) : *Un hussite sur la Baltique* 1877, h. – *Marche de Rakoczy* 1877, h. – *Entrevue de Georges de Pode-brady avec Mathias Corvin* 1878, h., étude – *Le Feu* 1878, h. – *Brille sur mon chemin, ô soleil doré* 1878, h. – *Le Corbeau de Karlstejn* 1882, h. – *La Gitane* 1881, dess. à l'encre de Chine, craie noire, aquar. – *Cavaliers* 1881, dess. à la sanguine et aquar. – *Hussards* 1890, dess.à l'encre de Chine, aquar. – *Les Régiments d'Igor* 1902, dess. au fus., aquar. – *Levy Hradec* 1907, dess.à l'encre de Chine, aquar. – *Au nom du Seigneur* 1908, dess. au fus., aquar..

ALESI Hugo d'
Né en 1849 en Roumanie. Mort le 11 novembre 1906 à Paris. XIXᵉ-XXᵉ siècles. Français.
Peintre de paysages d'eau, paysages, dessinateur, affichiste.
Cet artiste se fit connaître surtout par ses affiches en couleurs. Il travailla beaucoup pour les compagnies de chemins de fer, reproduisant dans une forme assez goûtée du public les sites pittoresques de la France et de l'étranger.

J. Hugo d'Alesy

VENTES PUBLIQUES : PARIS, 11 déc. 1987 : *Coucher de soleil sur le Nil*, h/t (34x46) : FRF 4 000 – PARIS, 17 mars 1989 : *La citadelle et les tombeaux mameluques*, h/t (64x112) : FRF 20 000 – PARIS, 24 avr. 1991 : *La mer de glace*, h/t (77,5x112,5) : FRF 10 000.

ALESIIS Francesco de. Voir FRANCESCO de Alesiis
ALESIO. Voir ALESSIO

ALESSANDRI Achille
Né en 1665. Mort en 1751. XVIIᵉ-XVIIIᵉ siècles. Vivant à Milan. Italien.
Peintre.
Cet artiste est plus connu comme architecte que comme peintre.

ALESSANDRI Angelo
XIXᵉ siècle. Travaillait à Venise dans la première moitié du XIXᵉ siècle. Italien.
Peintre.
Cet artiste fut employé fréquemment par John Ruskin, pendant le séjour que celui-ci fit à Venise, à des copies des grands maîtres vénitiens, ainsi qu'à des études de motifs d'architecture de la cité des lagunes. Le Musée Ruskin à Sheffield possède nombre de ces travaux. Le musée de Birmingham en conserve également.

ALESSANDRI Filippo
Né en 1713. Mort le 9 février 1773. XVIIIᵉ siècle. Italien.
Peintre.
Il était fils d'Achille Alessandri et de Vittoria, comtesse Benaglia. Il se forma à l'école de son père. C'est sous sa direction et d'après ses plans que furent construites les églises d'Urgnano, de Medolago, ainsi que celles dell'Arca, de Cassetta et de Bergame. Quelques façades des palais de Bergame sont aussi de lui.

ALESSANDRI Giovanni Alessandro
Né peut-être en 1679 en Écosse. XVIIIᵉ siècle. Travaillait à Rome en 1718. Italien.
Graveur.
On signale de lui six gravures d'après les Loges de Raphaël, ainsi que l'Échelle de Jacob, qui furent dédiées à Cosimo III, duc de Toscane.

ALESSANDRI Innocente
Né vers 1740 à Venise. XVIIIᵉ siècle. Italien.
Graveur.
Il fut l'élève de Bartolozzi avant que cet artiste quittât l'Italie. Lié d'amitié avec Pietro Scataglia, Alessandri et lui gravèrent ensemble les deux cents planches pour la *Description des quadrupèdes*, de Lodi Leschi, à Venise, de 1771 à 1775. Innocente Alessandri a gravé de nombreuses planches au burin et à l'aquatinte. On cite particulièrement de lui quatre planches représentant *L'Astronomie, La Géométrie, La Musique* et *La Peinture*, d'après Domenico Maggiotto, *La Vierge, l'Ange gardien* et les *Âmes du Purgatoire*, d'après Piazzetta, *La Fuite en Égypte*, deux paysages d'après Marco Ricci, *L'Annonciation*, d'après Le Moine. On signale aussi, toujours d'après les mêmes auteurs, deux séries de douze paysages.

ALESSANDRI Joseph
Né le 16 février 1940 à Tunis. XXᵉ siècle. Français.
Peintre. Abstrait.
Il participe à des expositions collectives depuis 1965, notamment, à Paris : Salon de Mai 1974, *Trois villes, trois collections* dans la Galerie Contemporaine du Centre Beaubourg 1978, *Cantini 80* au Musée Cantini de Marseille 1980, etc. De 1961 à 1973, il a exposé seul dans plusieurs lieux de Marseille. Depuis 1976, ses expositions personnelles ont eu lieu également à Paris (Galerie Visconti), Bordeaux, Aix-en-Provence, Lyon, Montpellier, Metz, Amiens, etc., ainsi qu'au Danemark et en Suisse.
Ses peintures ou parfois ses assemblages, comportent souvent une infrastructure dessinée au trait, qui situe dans l'espace de la toile les diverses formes qui constituent la totalité de l'œuvre, en une organisation, ici abstraite, qui se souvient de l'ordonnance des natures mortes de Cézanne ou bien encore de celles de l'époque du cubisme analytique.   ■ J. B.
BIBLIOGR. : J.-L. Ferrier : Préface de l'exposition *Joseph Alessandri*, Gal. Visconti, Paris, 1976 – Catalogue de l'exposition *Joseph Alessandri*, Gal. Visconti, Paris, 1988.
MUSÉES : LYON (Mus. des Beaux-Arts) – MARSEILLE (Mus. Cantini) – MARTIGUES (Mus. Ziem).

ALESSANDRI Lorenzo
Né en 1927 à Turin. XXᵉ siècle. Italien.
Peintre. Surréaliste.
Avant d'être amené à prendre en considération certaines formes de peintures relativement spontanées en tant que ressortissant au surréalisme par l'automatisme du geste graphiste, André Breton ne considérait comme surréalistes que les peintures visant à la minutieuse description photographique des rêves ou prétendus rêves du peintre ou d'un narrateur. C'est à ce courant que se rattache Alessandri dans la complaisante description de scènes d'atrocités.

ALESSANDRI Marco
Né en 1664. Mort le 19 août 1719. XVIIᵉ-XVIIIᵉ siècles. Italien.
Peintre.
Frère d'Achille Alessandri, il ne fit jamais de l'art qu'en dilettante, mais ses tableaux, représentant tous des scènes de bataille, sont appréciés surtout pour l'excellence du dessin dans les chevaux. Plusieurs autels de Bergame furent en outre construits d'après ses plans. Il fut chanoine de la cathédrale de Bergame.

ALESSANDRIA Antonio, dom
XVIIIᵉ siècle. Travaillait à Plaisance vers le milieu du XVIIIᵉ siècle. Italien.
Peintre.
On sait qu'il était prêtre, et on croit qu'en 1755 il a dû exécuter des fresques dans l'église de Sant'Alessandro.

ALESSANDRIA Antonio
Mort vers 1840. XIXᵉ siècle. Travaillait à Milan au commencement du XIXᵉ siècle. Italien.
Miniaturiste.

ALESSANDRIA Giuseppe
XIXᵉ siècle. Vivant à Turin au commencement et au milieu du XIXᵉ siècle. Italien.
Peintre, miniaturiste.
Il se distingua surtout dans les portraits en miniature, mais il peignit aussi des portraits à l'huile et des pastels. On sait qu'en 1847 il travailla à Lucerne, où on le retrouve encore en 1858.

ALESSANDRINI Adriano
Né en 1909 à Recanati. XXᵉ siècle. Italien.
Peintre, décorateur.
Il réalise surtout des décorations murales, des mosaïques. Il a une manière très particulière de cerner les contours.

ALESSANDRINI Gi. Alberto
XVIIᵉ siècle. Travaillait à la fin du XVIIᵉ siècle. Italien.
Peintre.
On ne sait rien sur cet artiste. Dans le cabinet des estampes, à Amsterdam, on trouve sa signature au bas d'un paysage dessiné à la plume sur parchemin.

ALESSANDRINO Francesco
XVIIIᵉ siècle. Travaillait à Milan. Italien.
Peintre.

ALESSANDRO. Voir aussi **ALEJANDRO**

ALESSANDRO
XIIIᵉ siècle. Travaillait à Bologne. Italien.
Peintre miniaturiste.
On sait que, de 1275 à 1287, il travailla beaucoup. Son atelier fut vendu à cette époque.

ALESSANDRO, dit aussi **Fiorentino**
XVᵉ siècle. Italien.
Peintre verrier.
Cet artiste, qui fut l'élève de Domenico Ghirlandajo, acquit une réputation méritée.

ALESSANDRO, prete
XVIᵉ siècle. Travaillait à Venise vers le commencement du XVIᵉ siècle. Italien.
Peintre.
On sait par des documents qu'en 1518 et 1519 il peignit à San Pietro di Castello, des décorations murales, ainsi que des fresques dans la chapelle du *Corpus Domini*.

ALESSANDRO
XVIᵉ siècle. Italien.
Sculpteur.
On sait qu'en 1549 il travailla, en collaboration avec Domenico Rosselli et d'autres artistes, à la construction d'un portail en marbre de la chapelle Pauline, au Vatican.

ALESSANDRO
XVIᵉ siècle. Travaillait à Venise. Italien.
Peintre.
Il peignit surtout des vitraux.

ALESSANDRO Francesco d'
XVIᵉ siècle. Vivait à Fiesole. Italien.
Sculpteur.
C'est lui qui, de 1524 à 1526, sculpta, d'après un dessin fait par Rocco da Vicenza, le magnifique maître-autel qu'on admire dans l'église de la Madonna di Mongiovino à Pérouse. Les statues qui

ornent le maître-autel furent achevées par Valentino Martelli de Pérouse.

ALESSANDRO Francesco
XVIIe siècle. Napolitain, travaillait à Rome au XVIIe siècle. Italien.
Peintre.
Un très beau panneau qu'on admire à l'autel de l'église Gesù e Maria, au Corso, a été peint par lui.

ALESSANDRO di Alessandro
XVIIe siècle. Napolitain, travaillait au XVIIe siècle. Italien.
Sculpteur.

ALESSANDRO di Antonio da Caravaggio
XVe-XVIe siècles. Italien.
Sculpteur.
Il travaillait à Venise. Il fut chargé, en 1493, d'exécuter, d'après un modèle, les sculptures sur bois de l'autel de l'église Saint-Martin, à Val Brembana de ultra Agugian ; à la même époque, il sculpta sur bois un reliquaire destiné à recevoir le corps de saint Jean l'Aumônier. On retrouve les traces de cet artiste jusqu'en 1518.

ALESSANDRO del Barbiere. Voir FEI

ALESSANDRO da Bergamo
XVIe siècle. Travaillait à Venise. Italien.
Peintre.
Il est fait mention de lui en 1529.

ALESSANDRO da Bologna
XVe siècle. Vivait à Bologne. Italien.
Peintre.
Zani dit qu'il mourut en 1440, mais comme tout porte à croire que c'est la même personne que le peintre connu sous le nom de Alessandro di Orazio, il est fort probable qu'il vivait encore en 1458.

ALESSANDRO da Carona
Né vers la fin du XVe siècle à Carona. XVe-XVIe siècles. Italien.
Sculpteur sur pierre.
Il travailla à l'École de Saint-Marc de Venise.

ALESSANDRO da Carpi
Né à Carpi. XVIe siècle. Travaillait à Ferrare. Italien.
Peintre.
Il fut élève de Lorenzo Costa. Il aida dans leurs travaux Tommaso da Carpi ainsi que d'autres artistes de l'époque. En 1523, il travailla à la décoration du plafond d'une salle du palais Schifanoja à Ferrare.

ALESSANDRO da Como
XVIe siècle. Travaillait à Rome. Italien.
Peintre de miniatures.
Il fut l'élève de Maximilien de Monceau. Ils héritèrent ensemble de Clodio de Massarellis, en 1578, de différents instruments.

ALESSANDRO di Cristofano. Voir ALLORI

ALESSANDRO di Cristoforo da Nembro
Travaillait à Venise. Italien.
Sculpteur sur bois.

ALESSANDRO da Fanano
XVe siècle. Travaillait à Rome. Italien.
Sculpteur.
En 1460, il fut chargé par le pape Pie II de l'exécution de travaux importants.

ALESSANDRO de Felice. Voir FELICE

ALESSANDRO da Ferrara
XVe siècle. Italien.
Peintre.
Il travaillait, d'après Zani, vers 1467.

ALESSANDRO da Firenze, padre
XVIe siècle. Vivait à Florence en 1560. Italien.
Peintre de miniatures.

ALESSANDRO di Giacomo da Trevizi
XVIe siècle. Italien.
Peintre.
Il travaillait, d'après Zani, à Trévise vers 1548.

ALESSANDRO dei Leoni. Voir ALESSANDRO da Milano

ALESSANDRO di Marco. Voir FERRUCCI Sandro

ALESSANDRO da Michele
XVIe siècle. Travaillait à Venise. Italien.
Sculpteur sur bois.

ALESSANDRO da Milano, appelé aussi Alessandro dei Leoni
XVe siècle. Vivait à Ferrare. Italien.
Peintre de miniatures.
Moine, ce peintre se distingua aussi comme calligraphe. Ce fut lui qui, en 1452, enlumina un missel. Alessandro fut aidé dans ce travail par un artiste du nom de Giraldi. Or son grand-père portait ce prénom ; peut-être fut-il cet aide. De 1459 à 1469, Alessandro dei Leoni travailla à Sienne, notamment pour le couvent de Monte Oliveto Maggiore.

ALESSANDRO da Modena
XVIIe siècle. Vivait à Bologne. Italien.
Peintre.
Malvasia le place parmi les élèves de Carrache. Quant à Zani il fait mention de lui, disant qu'il travaillait en 1620, et tirait son origine de la famille Bagni.

ALESSANDRO di Orazio ou di Oratii, dit Orazi da Bologna
XVe siècle. Actif à Bologne en 1458. Italien.
Peintre.
Peut-être le même artiste qu'Alessandro da Bologna. Malvasia cite de lui une *Vierge*, dans l'église San-Francisco de Bologne.

ALESSANDRO da Padova
XVIe siècle. Vivait à Syracuse dans les premières années du XVIe siècle. Italien.
Peintre.
On possède de lui une peinture au musée de Syracuse *Santa Casa di Loretto*, signée et datée de 1507.

ALESSANDRO da Rimini
XVIe siècle. Travaillait à Modène en 1579. Italien.
Peintre.

ALESSANDRO di Sant'Agostino, fra
XVIe siècle. Italien.
Peintre verrier.
D'après Zani, il peignit à Orvieto des vitraux, en 1575.

ALESSANDRO de Saronna
XVIe siècle. Travaillait à Padoue au commencement du XVIe siècle. Italien.
Sculpteur.
De 1502 à 1516, il fut occupé, en même temps que le maître Gaelazzo de Lugano, à la construction de la chapelle de l'église Saint-Antoine-de-Padoue.

ALESSANDRO da Sesso
XVe siècle. Italien.
Miniaturiste.
Il vivait au couvent des Olivetains de Saint-Michel, à Bosco, dans la seconde moitié du XVe siècle.

ALESSANDRO Veronese. Voir TURCHI

ALESSANDRO di Vicenzio. Voir FEI

ÀLESSI Tito
Né en 1858 à Florence. Mort le 17 février 1917 à Florence. XIXe-XXe siècles. Italien.
Peintre de genre, portraits, aquarelliste.
Élève de l'Académie des Beaux-Arts de Florence. Il exposa à Paris où il habita longtemps. Médaille à Munich en 1893.
MUSÉES : FLORENCE : deux portraits – ROME (Mus. d'Art Mod.) : *Bernardo Cennini*.
VENTES PUBLIQUES : ANVERS, 1898 : *Jour d'audience au Vatican*, aquar. : FRF 3 600 – PARIS, 12-15 avr. 1899 : *Un moine*, aquar. : FRF 160 – PARIS, 30 mai et 1er juin 1912 : *La Lecture des nouvelles*, dess. : FRF 820 – LONDRES, 21 juin 1929 : *L'Épicurien*, dess. : GBP 31 – NEW YORK, 1er mai 1930 : *Un puritain lisant* : USD 150 – LONDRES, 20 juin 1984 : *Paris, le boulevard des Italiens* 1884, h/pan. (44,5x76) : GBP 14 000 – LONDRES, 20 juin 1985 : *Mère et enfants dans un intérieur*, aquar. reh. de blanc (48x61,5) : GBP 3 200 – LONDRES, 24 mars 1988 : *Essai du parapluie*, aquar. (24,5x21) : GBP 1 045 – ROME, 14 nov. 1991 : *Après le repas* 1884, h/pan. (27x21,5) : ITL 5 750 000.

ALESSII ou Alesiis. Voir FRANCESCO de Alesiis

ALESSIO Adriano
Vivait à Rome. Italien.

Peintre.
De l'Ordre de Saint-Dominique, on ne connaît que son nom, mentionné par Zani.

ALESSIO Antonio di ou Alesio
XVIe siècle. Italien.
Graveur, dessinateur.
Zani dit qu'il fut aussi éditeur. Pour ce qui concerne ses œuvres, Otley cite trois gravures d'ornementation : un Frontispice contenant une dédicace adressée à l'éditeur Ant. Lafreri, la deuxième représente des trophées d'armes et un sphinx, et une troisième un triton jouant du violon, un masque et un sphinx.

ALESSIO Benedetto, dit De'Marchis. Voir MARCHIS Alessio de'

ALESSIO Elia
Travaillait à Naples. Italien.
Peintre.

ALESSIO Filippo
XIXe siècle. Travaillait au commencement du XIXe siècle. Italien.
Peintre.

ALESSIO Matteo Perez de, dit aussi Matteo de Lecce, ou da Leccio, et non Johan de Alemanya
Né en 1547 à Rome. Mort vers 1600 à Rome. XVIe siècle. Italien.
Peintre.
Élève de Michel-Ange. Selon Salviati, il devint membre de l'Académie de Saint-Luc en 1573, puis membre de la confrérie des Virtuoses en 1582. Il a peint l'Histoire de saint Antoine à la Chapelle Sixtine, et aurait ensuite travaillé à Malte. Après quelques années de séjour en Espagne, où il avait été attiré par la protection que Philippe II accordait aux artistes, il quitta le pays. Certains biographes prétendent que la gloire de Luis de Vargas lui portait ombrage. D'autres pensent qu'il se retira par un sentiment de modestie, s'inclinant devant la réputation d'un talent qu'il ne se sentait pas la force d'égaler. En tous cas, on ignore où il se rendit en quittant l'Espagne ; Baglione dit qu'il alla aux colonies espagnoles à Lima au Pérou, et qu'après avoir acquis de grandes richesses, il mourut très pauvre. On ne voit absolument pas pourquoi certaines sources le désignent aussi en tant que JOHAN de Alemanya.
Il devint célèbre par le tableau qu'il exécuta en 1584 pour la cathédrale de Séville, représentant, dans des proportions gigantesques, Saint Christophe portant l'Enfant Jésus sur ses épaules. Dans cette œuvre qui, à son apparition, obtint un immense succès, on retrouve la conception de dessin du grand Florentin près duquel Alessio s'était formé ; toute la composition du tableau rappelle le style de Michel-Ange. Dans la même église de Séville, il exécuta aussi des fresques. En 1587, il traita une seconde fois, mais dans des proportions moindres, le sujet de saint Christophe pour l'église de San Miguel. Matteo Perez d'Alessio a fait aussi des gravures à l'eau-forte. ■ E. B.

ALESSIO Onofrio d'
XVIIe siècle. Travaillait à Naples. Italien.
Sculpteur.
Il prit part à la décoration de la chapelle del Tesauro, dans la cathédrale de Naples.

ALESSIO Pietro Antonio
XVIe siècle. Vivait à San Vito (Frioul), à la fin du XVIe siècle. Italien.
Peintre.
Il fut l'élève de Pomponio Amalteo et s'inspira de Seccanti et de son maître.
VENTES PUBLIQUES : AMSTERDAM, 1727 : Paysages : FRF 80.

ALESSIO di Stefano Fiorentino
XVe siècle. Travailla à Pérouse en 1497. Italien.
Sculpteur sur bois.
Il travailla à la cathédrale de Pérouse.

ALESSIO da Verona
XVe siècle. Vivant à Trente. Italien.
Sculpteur.
Il fut aussi architecte.

ALESSIO da Vico
XVe siècle. Travaillait à Salerne en 1412. Italien.
Sculpteur.
Travailla en collaboration avec Baboccio. Il est l'auteur des figures d'anges qui ornent le Monument funèbre de Marguerite de Durazzo.

ALESSO d'Andrea
XIVe siècle. Toscan, actif au XIVe siècle. Italien.
Peintre.
Il fit, en collaboration, des peintures pour la chapelle Saint-Jacques à Pistoie. On suppose qu'il est le même que le peintre Alesso d'Andrea, inscrit sur la liste des peintres en 1341.

ALET. Voir ALLET

ALET Thierry
Né en 1969 à Pointe-à-Pitre. XXe siècle. Français.
Il fait partie de la promotion 1992 de l'École Régionale des Arts de la Martinique.
Il s'attache à peindre la déchéance humaine, dans la série Le Roi déchu. Sur des fonds neutres, vivement colorés.

ALEU Jaime
XVe siècle. Espagnol.
Peintre.
Il mourut vers 1460. Cité par Sanpere y Miquel.

ALEU-SOCIAS Marcos
Né en 1922 à Barcelone. XXe siècle. Espagnol.
Peintre, décorateur. Post-cubiste.
Il a voyagé en Europe. Il est surtout peintre de décorations murales ou de grands formats, dans lesquels il rend plus accessibles au public élargi l'écriture de Picasso et la fantaisie poétique de Chagall.

ALEU Y TEIXIDO Andrès
Né au XIXe siècle à Barcelone. XIXe siècle. Espagnol.
Sculpteur.
Cet artiste, membre de l'Académie catalane, fut professeur à l'Académie des arts de Barcelone. En 1867, il fit un Saint Georges terrassant le dragon, pour lequel il obtint une médaille de première classe à l'exposition de Madrid.

ALEUAS, fils de Kréon
Originaire d'Athènes. Ve-IVe siècles avant J.-C. Vivait au tournant du Ve et du IVe siècle avant Jésus-Christ. Antiquité grecque.
Sculpteur.
Deux inscriptions de l'Acropole de Lindos (statues votives) nous gardent sa signature. Elles peuvent être datées de 400 environ. L'artiste se confond sans doute avec le sculpteur mentionné par Pline.

ALEUAS
Antiquité grecque.
Bronzier.
Cité par Pline (XXXIV, 86) comme ayant exécuté des statues-portraits de philosophes.

ALEVELDT Wlf van ou Aneveld
XVe siècle.
Sculpteur.
Auteur des fonts baptismaux de l'église de Gettorf, près Kiel. Cité en 1424.

ALEWYN Abraham ou Alewijn
Né en 1673 à Amsterdam. Mort en 1735 à Amsterdam. XVIIe-XVIIIe siècles. Hollandais.
Peintre de marines.
Le Rijksmuseum, à Amsterdam, conserve une marine de lui.

AAlewyn: 1701

ALEWYN Dirk ou Alewijn
Né en 1797 à Amsterdam. Mort en 1837 ou 1842 à Amsterdam. XIXe siècle. Hollandais.
Peintre de paysages animés, paysages d'eau, paysages.
Il est le fils de Villem.
VENTES PUBLIQUES : AMSTERDAM, 8 nov. 1994 : Bergers dans la montagne près d'une baie, h/pan. (37x42) : NLG 5 175 – LONDRES, 14 juin 1995 : Paysage de la côte grecque 1834, h/pan. (37x41) : GBP 2 070.

ALEWYN Villem ou Alewijn
Né le 9 mai 1769 à Amsterdam. Mort le 4 décembre 1839 à Utrecht. XVIIIe-XIXe siècles. Hollandais.
Peintre, copiste.
Il acquit une certaine célébrité pour ses copies des grands maîtres hollandais.
MUSÉES : AMSTERDAM (Rijksmuseum) : Le Vieillard.

ALEX
XIXᵉ-XXᵉ siècles. Autrichien.
Peintre de miniatures.
À l'exposition de 1905, à Vienne, figurait de lui un portrait en miniature d'une dame. Cet ouvrage porte la date de 1836.

ALEX Joseph Charles
Né le 20 juin 1850 à Lyon (Rhône). XIXᵉ siècle. Français.
Peintre de paysages.
Élève des Écoles des Beaux-Arts de Lyon depuis 1879 et de Paris, des architectes Benoît et Blondel, il exposa à Lyon dès 1886, à Paris à partir de 1898.
Il peignit des paysages pris dans le Lyonnais, l'Isère, les Dombes et la Creuse. Il eut également une activité d'architecte.

ALEX Kosta, de son vrai nom : **Kosta Alex**
Né en 1925 à Elizabethville (New Jersey). XXᵉ siècle. Américain.
Sculpteur de figures. Expressionniste.
Il fit sa première sculpture à l'âge de quinze ans et, l'année suivante en 1941, il figura dans un groupe au Whitney Museum of Art de New York. En 1947, il se fixa pour longtemps à Paris, participant à plusieurs Salons annuels : Comparaisons, Salon de Mai, Jeune Sculpture.
Il s'est créé une technique particulière. Il découpe des cartons ondulés d'emballage, qu'il coud ensemble, assemble en volumes ou en les superposant par strates à la façon des maquettes de courbes de niveaux, et constitue ainsi des figures burlesques, qui rappellent souvent les têtes monstrueuses des personnages de Carnaval. ∎ J. B.
Ventes Publiques : Paris, 9 juin 1976 : *La jungle* 1976, h/t (20x20) : **FRF 4 400** – New York, 27 fév. 1981 : *L'homme de la page 5* 1973, collage/cart. (56x40,5) : **USD 1 400** – New York, 10 mai 1984 : *Sun God* 1960, bronze (H. 86,5) : **USD 8 000** – Londres, 27 juin 1985 : *Flora* 1955, bronze (67,5x30x85) : **GBP 5 500** – New York, 7 oct. 1987 : *Head of a man*, bronze (H. 58,5) : **USD 5 000** – New York, 4 mai 1993 : *Waldo* 1955, bronze (52,1x32,1x66) : **USD 4 600** – Paris, 17 jan. 1994 : *La jeune femme..future* 1969, collage et acryl./pap. cartonné (40x45) : **FRF 4 000** – Paris, 1ᵉʳ avr. 1996 : *Homme au chapeau #84* 1967, assemblage de cart. ondulé et pap. (65x57) : **FRF 10 000**.

ALEX Mihaïl
Né à Bucarest. XXᵉ siècle. Roumain.
Sculpteur.
Élève de Bourdelle, il a exposé au Salon des Artistes Français de 1934 : *Croix*, pour un mausolée.

ALEXANDER
Né à Lübeck. XIIIᵉ siècle. Allemand.
Peintre, sculpteur.
Cet artiste est mentionné dans un livre de Lübeck, le 25 mars 1280.

ALEXANDER
XIIIᵉ siècle. Italien.
Sculpteur.
Son nom est inscrit sur le portail nord de l'église Saint-Jean, à Venere (Abruzzes).

ALEXANDER
XVᵉ siècle. Actif à Florence au XVᵉ siècle. Italien.
Peintre, enlumineur.
Il est le fils d'Antonio Simeone de Florence. Ermite de l'ordre de Saint-Augustin, il fit les enluminures d'un livre de prières pour Lorenzo Strozzi, ouvrage conservé dans la Bibliothèque Fitzwilliam à Cambridge.
Musées : Cambridge, Massachusetts (Bibl. Fitzwilliam) : Livre enluminé.

ALEXANDER
XVᵉ siècle. Actif à Cracovie vers 1486. Polonais.
Peintre.

ALEXANDER
XIXᵉ siècle. Britannique.
Peintre de fleurs.
Elle prit part, vers 1820, à l'Exposition de la Royal Academy de Londres. Elle est peut-être à rapprocher de la suivante.

ALEXANDER
XIXᵉ siècle. Britannique.
Peintre de paysages.

Elle était active à Londres au milieu du XIXᵉ siècle. Elle exposa une œuvre à Suffolk Street, à Londres, en 1861.

ALEXANDER
XIXᵉ-XXᵉ siècles. Français.
Peintre.
Il exposa, en 1907, au Salon de la Société Nationale des Beaux-Arts de Paris, dont il était membre. Il fut promu chevalier de la Légion d'honneur.

ALEXANDER Antonio
XVIIIᵉ siècle. Actif à Londres dans la dernière moitié du XVIIIᵉ siècle. Britannique.
Peintre de paysages.
Il exposa une œuvre à la Royal Academy, en 1776.

ALEXANDER Arthur Oskar
XXᵉ siècle. Autrichien.
Peintre.
Il exposa à Paris, en 1900, deux tableaux : *Salomé* et *Pourquoi ?* Il participa également au Salon de Munich en 1909.

ALEXANDER C.
XIXᵉ siècle. Actif à Londres vers 1874. Britannique.
Peintre de scènes de genre, paysages.
A exposé *Les Gamins s'amusent*, au Salon de Paris, en 1890.

ALEXANDER Carl
XIXᵉ siècle. Actif au début du XIXᵉ siècle. Allemand.
Peintre de genre.
Il exposa à l'Académie des Beaux-Arts, à Berlin, de 1832 à 1834 : *Une famille de brigands en fuite*, *Révolte des Tyroliens*, *La Création d'Adam*.

ALEXANDER Charles
XIXᵉ siècle. Actif à Wooton-under-Edge (Grande-Bretagne) vers la fin du XIXᵉ siècle. Britannique.
Peintre de portraits, paysages.
Il exposa, en 1893 et 1894, à la Royal Academy de Londres, deux portraits et *Le Printemps à Menton*.

ALEXANDER Charles
Né à Galt (Canada). Mort en 1915 à Londres. XIXᵉ-XXᵉ siècles. Canadien.
Peintre.
Alexander fut associé de la Royal Canadian Academy. Il obtint une médaille de bronze à l'Exposition Universelle de Paris en 1889.

ALEXANDER Clifford Grear
Né en 1870 à Springfield (Massachusetts). XIXᵉ siècle. Américain.
Peintre, illustrateur.

ALEXANDER Cosmo
XVIIIᵉ siècle. Actif à Édimbourg vers la fin du XVIIIᵉ siècle. Britannique.
Peintre de portraits.
Peintre écossais, cet artiste fut reçu comme maître dans la gilde des peintres de La Haye vers 1763. Il devint membre de la Société des artistes de Londres en 1766. Il partit dans l'Amérique du Nord, puis revint à Édimbourg, vers 1772.
On cite de lui le *Portrait de John Ross*.
Ventes Publiques : Londres, 22 juin 1979 : *Portrait d'un officier* 1755, h/t (125,7x100,3) : **GBP 1 900** – Londres, 9 juil. 1986 : *Portrait d'un officier*, h/t (89x69) : **GBP 3 000** – Londres, 22 nov. 1989 : *Portraits de William Gordon et de Ernest Gordon* 1752, h/t chaque, deux pendants (61x50,5) : **GBP 2 200** – Édimbourg, 22 nov. 1989 : *Portrait de George, Lord Elibank vêtu de l'uniforme de la marine avec un tricorne sous un bras*, h/t (74,9x62,2) : **GBP 2 860**.

ALEXANDER Edith Méta
Née à Dublin. XXᵉ siècle. Irlandaise.
Peintre de paysages, portraits, natures mortes, graveur.
Elle a exposé à Paris, de 1928 à 1935, à la Société Nationale des Beaux-Arts.

ALEXANDER Edwin John
Né le 1ᵉʳ février 1870 à Édimbourg. Mort le 23 avril 1926. XIXᵉ-XXᵉ siècles. Britannique.
Peintre animalier, de paysages, fleurs, peintre à la gouache, aquarelliste.
Il fut élève de l'École des Beaux-Arts d'Édimbourg, de 1886 à 1888, puis vint conforter sa formation à Paris. Mais, ce fut surtout l'étude des peintres japonais qui lui fut profitable. Membre

de la Old Water Colour Society, il participa à l'album que cette Société offrit au roi Édouard VII. On cite de lui l'aquarelle : *Paon et serpent*.

Musées : Londres (Tate Gal.).

Ventes Publiques : Perth, 19 avr. 1977 : *Pensées*, gche (31x17) : **GBP 300** – Glasgow, 4 juin 1979 : *Un papillon* 1903, aquar. (22,5x14) : **GBP 680** – Édimbourg, 2 juil. 1981 : *Teazle*, aquar. (37,5x17,5) : **GBP 680** – Édimbourg, 30 nov. 1982 : *Le paon mort*, aquar. et gche (94x193) : **GBP 2 400** – Londres, 10 juin 1983 : *Deux colombes sur une branche* 1902, aquar. et gche (50,8x46,5) : **GBP 2 800** – Écosse, 22 août 1984 : *Marshland* 1901, aquar. reh. de gche (28x43) : **GBP 900** – Perth, 28 août 1989 : *Branche de prunier en fleurs*, aquar. et gche (26,5x15) : **GBP 1 650** – Londres, 21 sep. 1989 : *Mouettes dans un estuaire* 1906, aquar. et gche/t. (35,6x43,3) : **GBP 3 300** – Glasgow, 6 fév. 1990 : *Mésange bleue*, aquar./pap. teinté (25,5x33) : **GBP 2 090** – Glasgow, 4 déc. 1991 : *Herbes et fleurs sauvages*, aquar. avec reh. de blanc (37x18) : **GBP 1 210** – Édimbourg, 28 avr. 1992 : *Un crapaud*, aquar./soie (13x18) : **GBP 880** – Édimbourg, 23 mars 1993 : *Un lapin* 1900, aquar./tissu (37,5x48,5) : **GBP 3 795** – Édimbourg, 13 mai 1993 : *Une paonne endormie*, aquar. et gche (71,2x99,1) : **GBP 4 180** – Perth, 30 août 1994 : *Bouvreuils sur un chardon*, aquar. (47,5x25) : **GBP 2 070** – Londres, 14 mai 1996 : *Bouvreuils sur une tige de ronce* 1915, aquar./tissu (49,5x48,2) : **GBP 4 025**.

ALEXANDER Esther Frances
Née à Boston. xixe-xxe siècles. Américaine.
Peintre.
Fille de Francis Alexander, élevée à Florence, elle publia à Boston une légende italienne appelée *La Sorellacia*, qu'elle illustra de compositions originales.

ALEXANDER Francis
Né en 1800 dans le comté de Windham en Connecticut. Mort en 1880 ou 1881 à Florence. xixe siècle. Américain.
Peintre de portraits, graveur.
Portraitiste et lithographe distingué. Il étudia à New York, sous la direction d'Alexander Robertson, secrétaire de l'Académie des Beaux-Arts. Il habita Boston et Providence, où il acquit une certaine renommée comme portraitiste. Venu en Europe, en 1853, il collectionne les Primitifs Italiens, ce qui ne fut pas sans conséquences sur son propre style, qui en reçut un accent plus naïf que primitif. Ses paysages, où les personnages tiennent peu de place, dégagent une poésie de la solitude. Le Musée de Boston possède de lui un *Portrait de M. Fletcher Webster*, en manteau d'hermine.

ALEXANDER Fritz
Né en 1870 à Berlin. Mort en 1895 à Florence. xixe siècle. Allemand.
Peintre de portraits.
Une rétrospective de ses œuvres eut lieu au Salon de Munich, en 1896.

ALEXANDER George
xixe siècle. Actif au milieu du xixe siècle. Britannique.
Peintre de portraits.
Il habita Greenwich et exposa à la Royal Academy, à Londres, de 1843 à 1846.

ALEXANDER George
Né en 1832. Mort en 1913. xixe-xxe siècles. Britannique.
Peintre de paysages animés, dessinateur, architectures.
Il exerça une activité d'architecte. Il exposa, à la Royal Academy de Londres, deux dessins d'architecture (portails d'église) et un tableau : *Loin de la foule* (1897-1899).
Ventes Publiques : Londres, 5 mars 1982 : *Bolton Abbey* 1872, h/t (61x91,5) : **GBP 600** – Londres, 27 juil. 1984 : *Guarding the bag* 1894, h/t (78,8x106,8) : **GBP 3 200**.

ALEXANDER Gottlieb
xviiie siècle. Actif dans la seconde moitié du xviiie siècle. Allemand.
Peintre.
Il est cité à Breslau en 1763.

ALEXANDER Henry
Né en 1859 ou 1860 à San Francisco (Californie). Mort en 1894 ou 1895 à New York. xixe siècle. Américain.
Peintre de scènes de genre.
Il étudia sous la direction de Loefftz et de Lindenschmidt, et exposa à Munich à partir de 1879.
Ventes Publiques : New York, 16 mars 1990 : *Restaurant chinois*, h/t (76,2x91,5) : **USD 12 100**.

ALEXANDER Herbert
Né en 1874 ou 1875 à Brighton. Mort en 1946. xxe siècle. Britannique.
Peintre de compositions à personnages, natures mortes, fleurs et fruits, aquarelliste.
Il fut élève de la Slade School de Londres. Il voyagea en Italie, travaillant un temps à Florence. Surtout peintre de natures mortes, de fleurs et de fruits. Il peignit cependant aussi des compositions de scènes champêtres, idylliques ou bucoliques : *Le Jugement de Pâris*.
Ventes Publiques : Londres, 10 sep. 1984 : *Les chevaux de Saint-Marc, Venise* 1903, aquar. (27x37) : **GBP 650**.

ALEXANDER J.
xixe siècle. Active à Londres entre 1851 et 1853. Britannique.
Peintre de scènes de genre.
Cette artiste exposa à la Royal Academy de Londres trois tableaux de genre.

ALEXANDER Jane
Née en 1959 à Johannesburg. xxe siècle. Sud-Africaine.
Artiste d'assemblages.
Elle a participé en 1994 à l'exposition *Un Art contemporain d'Afrique du Sud* à la galerie de l'esplanade, à la Défense à Paris. Elle a exposé en 1993 à la South African National Gallery.
Elle réalise des photo-montages, intégrant des sculptures d'êtres étranges. Ses créatures, mi-hommes, mi-bêtes, cornues, sans sexe ni oreilles, constituées de plâtre et d'os, révèlent un monde en mutation, inquiétant, où l'inhumain a sa place.

ALEXANDER Johann
xviiie siècle. Actif dans la seconde moitié du xviiie siècle. Allemand.
Peintre.
Il habitait Breslau en 1756.

ALEXANDER John
Né au xviiie siècle en Écosse. xviiie siècle. Actif entre 1715 et 1752. Britannique.
Peintre de sujets mythologiques, portraits, graveur.
Cet artiste, qui étudia à Florence, pratiqua la gravure à Rome, en 1718. Ses planches sont des eaux-fortes d'après les fresques de Raphaël. En Écosse, en 1720, cet artiste s'adonna à la peinture mythologique. On cite notamment : *L'Enlèvement de Proserpine*, placé dans l'escalier de Gordon Castle. L'artiste grava aussi un portrait de son parent, le peintre George Jameson, et peignit celui de Lord George Drummond, qui, plus tard, fut gravé à la manière noire par A. Bell, à Édimbourg.

ALEXANDER John
xixe siècle. Britannique.
Peintre de fruits.
Cet artiste vécut à Batham (Grande-Bretagne). Il exposa à Suffolk Street, à Londres, en 1878.

ALEXANDER John
Né en 1945 à Beaumont (Texas). xxe siècle. Américain.
Peintre de compositions religieuses, sujets d'imagination.
John Alexander a exposé personnellement ses œuvres en 1975 au Contemporary Arts Museum de Houston, en 1977 au Museum of Art de Long Beach en Californie, en 1978 à la Max Huntchinson Gallery de New York, en 1980 à Washington, en 1983 à l'Institute of Contemporary Art de Boston, en 1984 au Museum of Fine Arts de Houston et en 1985 à la Malborough Gallery de New York.
Il est le chef de file de l'école régionale de Houston dite du « Fresh Paint ». Ses compositions religieuses sont empreintes d'un goût pour le théâtre et le décor traité dans des couleurs franches et un graphisme parfois primitiviste. Il réalisa également nombre de scènes fantastiques.
Musées : Beaumont (Texas) – Dallas (Southern Methodist Univ.) – Houston (Mus. of Fine Arts) – Louisville (Kentucky) – New York (The Metropolitan Mus. of Art) – Washington D. C. (Corcoran Gal. of Art).
Ventes Publiques : New York, 20 fév. 1988 : *Sans titre*, h/t (122,4x121,8) : **USD 1 760** – New York, 3 mai 1988 : *Sanctuaire*, h/t (198,2x213,4) : **USD 17 600** – New York, 8 oct. 1988 : *Belzébuth et ses suppôts dansant autour des feux de Ishtar* 1985, h/t (228,6x254) : **USD 25 300** – New York, 3 mai 1989 : *Sans titre* 1982, h/t (162,5x178) : **USD 13 000** – New York, 13 nov. 1991 : *L'Annonciation* 1984, h/t (229x254,6) : **USD 11 000** – New York, 18 nov. 1992 : *L'effroi par les chasseurs* 1982, h/t (198,1x213,4) :

USD 8 800 – New York, 29 sep. 1993 : *Mousse au chocolat* 1984, h/t (96,5x121,9) : **USD 4 600** – New York, 3 mai 1994 : *Grands-ducs à la poursuite de quelque chose*, h/t (203,2x167,2) : **USD 12 650** – New York, 15 nov. 1995 : *Feux à Xanadu* 1991, h/t (195,6x210,8) : **USD 17 250** – New York, 9 mai 1996 : *La mort de l'Importance* 1986, h/t (195,6x210,8) : **USD 21 850** – Paris, 13 déc. 1996 : *Le Royaume paisible* 1986, h/t (196x213) : **FRF 30 000** – New York, 21 nov. 1996 : *Hillbilly Haven* 1991, h/t (195,6x211,5) : **USD 9 200**.

ALEXANDER John White
Né le 7 octobre 1856 à Allegheny City (Pennsylvanie). Mort le 1er juin 1915. xixe-xxe siècles. Américain.
Peintre de portraits, fresquiste. Tendance symboliste.
Il fit ses études à Munich, Paris et Florence.
Membre de la Société Nationale des Beaux-Arts, il y exposa en 1893 : *Noir et gris*. Participant à l'Exposition universelle de 1900 et au Salon en 1902 et 1909, il obtient la croix de chevalier de la Légion d'honneur en 1901. Il était également présent au Salon d'Automne de 1912, avec : *Portrait de femme*.
Avant tout, portraitiste, il excelle dans les portraits de femmes exécutés dans une manière qui montre l'influence de Whistler, avec lequel il avait travaillé quelque temps à Venise. Sa collaboration au *Harper's Magazine* lui apporta le goût d'une mise en page assez osée. Il fut aussi l'auteur de décoration murale pour le Carnegie Institute de Pittsburg : *Le Couronnement du travail*, pour laquelle symbolisme et Art nouveau s'allient avec élégance.
Musées : Cincinnati : *Portrait de Rodin* – New York : *W. Whitman* 1889 – *Étude en blanc et gris* – *Le Ring* 1911.
Ventes Publiques : New York, 5 juin 1980 : *Étude de femme*, h/t (101x57) – New York, 8 déc. 1983 : *Jeune femme se coiffant*, h/t (101x55,9) : **USD 22 000** – New York, 25 oct. 1985 : *Portrait de Margaret Hyde Hamilton* 1908, h/t (177x165) : **USD 22 000** – New York, 16 mars 1990 : *Femme en robe rouge* 1900, h/t (121x90) : **USD 20 900** – New York, 24 mai 1990 : *Jeune fille en robe verte*, h/t (61x50,8) : **USD 26 400** – New York, 2 déc. 1992 : *Alphonse Daudet, croquis pris sur le vif* 1886, fus./cart. (49,6x46,3) : **USD 1 100** – New York, 30 nov. 1995 : *Alethea* 1895, h/t (61,3x33,4) : **USD 530 500** – New York, 23 mai 1996 : *La robe verte*, h/t (102,2x54,6) : **USD 51 750** – New York, 26 sep. 1996 : *Femme avec une tasse à thé vers 1881-1884*, h/t (68,6x55,9) : **USD 68 500**.

ALEXANDER Josef
xviie siècle. Vivant à Leipnick (Moravie) vers 1653. Autrichien.
Peintre.

ALEXANDER Lena
xxe siècle. Britannique.
Peintre de fleurs.
Ventes Publiques : Glasgow, 6 fév. 1990 : *Roses* 1907, past. (40x30) : **GBP 715** – South Queensferry (Écosse), 1er mai 1990 : *Nature morte de roses*, past. (51x61) : **GBP 1 430** – Perth, 29 août 1995 : *Nature morte de fleurs dans un pot vernissé* 1947, past. (39,5x49,5) : **GBP 1 035**.

ALEXANDER Marion, Miss
xixe siècle. Active à Farnborough (Grande-Bretagne) dans la dernière moitié du xixe siècle. Britannique.
Peintre de genre.
Miss Marion Alexander figura avec divers ouvrages à la Grafton Gallery et à la New Gallery, entre 1887 et 1893.

ALEXANDER Peter
Né en 1939 à Los-Angeles. xxe siècle. Américain.
Peintre. Minimaliste.
Il fut élève des Universités de Pennsylvanie et de Berkeley (Californie) de 1957 à 1962. En 1972, il a exposé à la Documenta N°5 de Kassel, des juxtapositions de bandes diversement colorées et d'opacités et transparences inégales.
Ventes Publiques : New York, 18 mai 1979 : *Peter*, cinq pan. polyester, relief (165,5x147,5) : **USD 1 600**.

ALEXANDER R. M.
xixe siècle. Britannique.
Graveur.
Il fit surtout des scènes de pêche (gravures originales).

ALEXANDER Robert L.
Né en 1840 à Kibwinning (Écosse). Mort en 1923. xixe-xxe siècles. Actif à Édimbourg dans la dernière moitié du xixe siècle. Britannique.
Peintre animalier, aquarelliste.
Robert Alexander exposa quatre œuvres à la Royal Academy de Londres, entre 1878 et 1888. Il fit partie de la Royal Scottish Water-Colours Society, et fut membre de la Royal Scottish Academy. Il envoya à Paris en 1900 une toile très remarquée : *Chiens et chats*. Il signe parfois : R. Robert.
Musées : Édimbourg : *Cheval fourbu, sous la pluie*.
Ventes Publiques : Édimbourg, 12 nov. 1979 : *Jeunes colleys*, h/t (18x23) : **GBP 900** – Édimbourg, 12 avr. 1983 : *A dog's dinner* 1884 : **GBP 2 400** – Londres, 17 déc. 1986 : *Un colley et ses petits*, h/t (105,5x84) : **GBP 4 000** – Londres, 12 mai 1989 : *Chèvre à Tanger*, h/t (25x32,5) : **GBP 605** – Londres, 16 juil. 1991 : *La pâtée du soir* 1884, h/t (104x137) : **GBP 8 800** – Glasgow, 4 déc. 1991 : *Cheval dans son box* 1899, h/t, une paire (chaque 64x77) : **GBP 1 650** – Londres, 13 mars 1992 : *Scott – un colley*, h/cart. (30,5x22,8) : **GBP 880**.

ALEXANDER William
Né en 1767 à Maidstone. Mort le 23 juillet 1816 près de Maidstone. xviiie-xixe siècles. Britannique.
Peintre de sujets de genre, paysages animés, paysages, paysages d'eau, marines, aquarelliste, dessinateur.
Il vint à Londres en 1782 et y fut élève de Vill. Parr, puis du paysagiste Ibbetson. Admis comme élève à la Royal Academy, en 1784, il y fit de bonnes études et accompagna, en 1792, le comte Mac Cartney à Pékin afin d'exercer les fonctions de dessinateur à la cour chinoise. Revenu à Londres, on le nomma, en 1802, professeur de dessin à l'École Militaire Royale de Great-Varlow, métier auquel il renonça pour accepter le poste de conservateur adjoint au British Museum, où il devint conservateur des Dessins et des Estampes.
Musées : Dublin : *Faubourgs d'une ville chinoise – Une jonque chinoise* – Manchester : *Barque sur les glaces près de Ning-Po*, aquarelles.
Ventes Publiques : Londres, 7 déc. 1908 : *Vue d'une mission en Chine*, dess. : **GBP 6** ; *Marine avec navire*, dess. : **GBP 6** – Londres, 21 mai 1958 : *Estuaire d'une rivière chinoise, avec de nombreuses jonques*, dess. : **GBP 250** – Londres, 16 juin 1961 : *Scène sur une rivière dans une ville chinoise*, aquar. : **GBP 315** – Londres, 1er avr. 1976 : *Voilier à l'ancre dans le détroit de Mi-a-Tau au large de Tenchoo-fou* 1793, aquar. (21x38) : **GBP 4 200** – Londres, 30 avr. 1984 : *Le fumeur d'opium*, aquar./traits de cr., une paire (37x24,5) : **GBP 1 400** – Londres, 5 nov. 1985 : *Vue de la rivière Ming-po, Chine*, aquar. (14x20,5) : **GBP 1 500** – Londres, 13 mars 1986 : *A churchyard at Conway, North Wales* 1801, lav. de bleu et gris/traits cr. (24x29,5) : **GBP 700** – Londres, 12 mars 1987 : *Un garde chinois*, aquar. (18,5x12,5) : **GBP 2 000** – Londres, 25 jan. 1988 : *Vieilles demeures à Westbury près de Wells dans le Somerset*, aquar. (17,5x24,5) : **GBP 440** – Londres, 25 jan. 1989 : *Partie de l'abbaye St Augustin à Canterbury*, aquar. et cr. (19,5x27) : **GBP 825**.

ALEXANDER William
xixe siècle. Britannique.
Peintre de scènes de genre, paysages.
Il vécut à Salisbury. Ses paysages furent exposés, entre 1889 et 1898, à la Royal Academy de Londres.

ALEXANDER de Abyngton
xiiie siècle. Vivant vers 1290. Britannique.
Sculpteur.
Il travailla au monument érigé à la mémoire de la reine d'Angleterre (1290), dans la chapelle du Monastère de Lincoln. Il collabora à la décoration de l'église des Pères Prédicateurs, à Londres. Il exécuta d'admirables sculptures aux fameuses croix, dont trois sont conservées, notamment celles de Waltham et de Northampton.

ALEXANDER de Bononia
xvie siècle. Vivant à Florence au début du xvie siècle. Italien.
Miniaturiste.
Il était moine. On connaît de lui des manuscrits qu'il illustra pour les Médicis.

ALEXANDER de Bruges
xve siècle. Vivant à Gênes en 1408. Éc. flamande.
Peintre.
Son nom se trouve parmi ceux des témoins d'un procès.

ALEXANDER von Halle
xiiie siècle. Vivait à Lübeck. Allemand.
Peintre, sculpteur.
Certains biographes estiment qu'il ne faut pas le confondre avec un autre Alexander mentionné à Lübeck le 25 mars 1280.

ALEXANDER Paduano. Voir **PADUANO**

ALEXANDER de Spina
XIVe siècle. Italien.
Miniaturiste.
Moine dominicain. Il est cité au couvent de Sainte-Catherine de Pise.

ALEXANDER-KATZ Bianca. Voir **EHRLICH Bianca**

ALEXANDERSEN Georg Henrik Gerhard
XIXe siècle. Actif à Copenhague en 1818. Danois.
Peintre.
Il étudia à l'Académie des Arts de 1831 à 1838, et fut employé à la fabrique royale de porcelaine. Entre 1837 et 1846, il exposa des dessins et plusieurs tableaux de fleurs.

ALEXANDRE, dit **Alexandre l'Athénien**
IVe-IIIe-IIe siècles avant J.-C. Antiquité grecque.
Peintre. Néo-attique.
Il a signé une peinture monochrome sur marbre trouvée à Herculanum, conservée au Musée de Naples. On connaît cette composition sous le nom de : *Joueuses d'osselets* ; il s'agit de Phoebé qui tente de réconcilier Leto et Niobé, brouillées en jouant aux osselets, tandis qu'Ileaira et Aglaé poursuivent leur jeu, agenouillées à terre. Son style gracieux rappelle l'élégance de la céramique attique à fond blanc.
MUSÉES : NAPLES : *Joueuses d'osselets*, peint. sur marbre.

ALEXANDRE
XIIe siècle. Français.
Peintre de miniatures, enlumineur.
Moine, il illustra un manuscrit de Saint Augustin : la *Cité de Dieu*.
MUSÉES : BOULOGNE-SUR-MER (Bibl.) : *La Cité de Dieu*.

ALEXANDRE
XIVe siècle. Français.
Sculpteur d'ornements.
Il était actif en France, au commencement du XIVe siècle. Il travailla, en 1320, à l'ornementation de la cathédrale de Sens.

ALEXANDRE
XVIe siècle. Suisse.
Peintre en armoiries.
Il est cité dans les Archives cantonales des comptes des trésoriers de Suisse. Il travailla à Fribourg de 1511 à 1515.

ALEXANDRE
XVIIIe siècle. Français.
Sculpteur.
Il travailla à la décoration de la chapelle du château de Versailles, de 1709 à 1711. Serait-ce le même qui exposa un Crucifix en marbre, à l'Académie de Saint-Luc à Paris, en 1751 ?

ALEXANDRE
XIXe siècle. Français.
Graveur.
Le Blanc mentionne deux Alexandre sans prénoms, tous deux graveurs, qui travaillèrent à Paris entre 1830 et 1841. La première notice cite des gravures à l'eau-forte, représentant des costumes, des traîneaux russes, et des scènes satiriques sur des sujets politiques de l'époque de Louis-Philippe ; cependant que la seconde mentionne des aquatintes et des ouvrages à la manière noire faits pour la maison Turgis à Paris, entre 1838 et 1841. Ne seraient-ils pas l'œuvre du même artiste ?

ALEXANDRE A. C.
XIXe siècle. Travaillait à Bordeaux vers 1830. Français.
Graveur au burin.
On lui doit : *Façade des Quinconces*, 1834. Peut-être est-il un des deux graveurs cités par Le Blanc sans prénoms et qui travaillaient à cette même époque à Paris ?

ALEXANDRE Augustin
Né à Paris. Mort vers 1870. XIXe siècle. Français.
Sculpteur.
Il débuta au Salon de 1857.

ALEXANDRE Edmé
Né à Nevers (Nièvre). XXe siècle. Français.
Peintre de paysages, fleurs.
Il a exposé régulièrement à Paris au Salon des Indépendants, depuis 1926 jusqu'à la guerre. Il s'est surtout consacré à peindre le paysage et la flore de son Nivernais.

ALEXANDRE Émile
Mort vers 1973. XXe siècle. Belge.

Peintre de figures, nus, paysages, marines. Expressionniste.
En 1993, la galerie de l'Académie Royale des Beaux-Arts de Liège et la galerie Arcane de la même ville ont exposé l'œuvre de ce peintre très méconnu, qui fut pourtant professeur à l'Académie des Beaux-Arts de Liège.
Il a peint des visages aux grands yeux étonnés, des nus charnels, des vues des quartiers de Liège et des marines. Quoi qu'il ait peint, sa vision est toujours restée extrêmement personnelle et ce n'est que faute de mieux qu'on a pu la qualifier d'expressionniste.

ALEXANDRE Éva
Née à Limoges. XIXe-XXe siècles. Française.
Peintre.
Elle exposa au Salon des Indépendants, en 1908, des natures mortes et des portraits.
MUSÉES : LIMOGES : *Chrysanthèmes en bouquet dans un vase – Roses trémières rouges doubles – Panier de framboises*.

ALEXANDRE Gaston
Né en 1908. Mort en 1971. XXe siècle. Français.
Peintre de paysages, architectures.
Il a été membre du jury du Salon de Rouen.

g alexandre

VENTES PUBLIQUES : PARIS, 2 juin 1993 : *La cathédrale de Rouen* 1948, h/t (89x116) : FRF 17 500.

ALEXANDRE Julien
Né vers 1653 à Nantes. Mort en 1679. XVIIe siècle. Français.
Peintre.

ALEXANDRE Léon Désiré
Né en 1817 à Paris. XIXe siècle. Français.
Peintre de compositions religieuses, scènes de genre, portraits, intérieurs.
Il fut élève de Léon Cogniet. Il exposa au Salon de Paris, avec *La Romance*, en 1839 ; au Salon de 1877, il envoya *La Mort du Christ*, d'après Mantegna. Ensuite parurent des portraits et des peintures de genre, et, en 1851, des intérieurs orientaux.
VENTES PUBLIQUES : BERNE, 11 mai 1984 : *Portrait de jeune fille* 1849, h/t ovale (64x54) : CHF 4 500.

ALEXANDRE Louis
XVIIe siècle. Actif à Nantes vers le début du XVIIe siècle. Français.
Peintre de compositions religieuses.
Il travailla, en 1625, 1626, 1627 à la coupole de la cathédrale de Nantes.

ALEXANDRE Louis
Né en 1759 à Reims (Marne). Mort en 1827 à Reims. XVIIIe-XIXe siècles. Français.
Peintre de scènes mythologiques, portraits.
MUSÉES : REIMS (Mus. des Beaux-Arts) : *Iole s'empare des armes d'Héraclès*, camaïeu bleu sur vélin – *Portrait de l'auteur* – *Caqué, médecin* – *L'Abbé Anot* – *Le Pont de bois de Fléchambault, brûlé en 1814*.

ALEXANDRE Louis Henry
Né à Paris. XIXe-XXe siècles. Français.
Peintre de scènes de genre, paysages.
Il fut élève de Luc Olivier Merson et Raphaël Collin. Il exposa au Salon des Artistes Français de Paris : *Vieille boutique*, en 1935, *Paysage*, en 1936.

ALEXANDRE Patrice
Né en 1951 à Paris. XXe siècle. Français.
Sculpteur de figures, compositions à personnages, peintre. Figuratif puis abstrait, tendance conceptuelle.
Il fut élève de Georges Jeanclos à l'École des Beaux-Arts de Paris, et pensionnaire de la Villa Médicis à Rome en 1983. Outre de très nombreuses participations à des expositions collectives : Salon de Mai 1975, 1981, Biennale de Paris 1980, etc., il a déjà montré ses sculptures dans de nombreuses expositions personnelles depuis 1973, parmi lesquelles : Musée du Mans et École des Beaux-Arts de Rouen en 1976, École des Beaux-Arts d'Angoulème en 1978, Foire Internationale d'Art Contemporain (FIAC) à Paris en 1980 et 1981, Académie de France à Rome 1983, Musée de Dieppe 1986, galerie Alain Margaron à Paris 1995 (peintures), etc.

De Jeanclos il tient sa technique de terre cuite, ainsi que quelques tours-de-main. Son domaine poétique est tout différent : dans des dimensions très modestes, de l'ordre de cinquante, soixante centimètres, il constitue par exemple une arène qu'il peuple de centaines de minuscules personnages qui, regardés presqu'à la loupe, sont complètement individualisés dans leur physique et leurs attitudes. Le seul risque de ces créations étonnantes de virtuosité est de ressembler peut-être à des assemblages de santons. Sans doute conscient de ce risque, il a abandonné totalement ce flatteur savoir-faire vers 1985. Depuis, il réalise des sortes de stelles, constituées d'assemblages de briques, taillées, percées, entassées, œuvres désormais austères, et dont l'idée, la conception, révèlent l'influence de l'art conceptuel ambiant et surtout celle de l'*arte povera* italien. Il ne s'oppose en outre pas à exposer les esquisses préparatoires à ces sculptures, dessinées et rehaussées avec sa virtuosité naturelle retrouvée. Les plus dépouillées de ces sculptures ont en général pour titre *Usines*. D'autres, plus complexes, plus meurtries, plus violentes, s'associent à des éléments étrangers, souvent de la ferraille tordue et enroulée. La rupture entre les deux périodes principales de ce sculpteur encore jeune, peut laisser prévoir d'autres évolutions. ■ Jacques Busse
Bibliogr. : Divers : *Patrice Alexandre*, Edit. Autrement, Paris, 1983 – A. Avila : *Grandes esquisses*, Edit. A et A, 1986.
Musées : Angers – Assises – Paris (Mus. des Arts Décoratifs) – Paris (Mus. mun. d'Art Mod.).

ALEXANDRE Pierre Jean Baptiste
Né en 1797 à Orléans. Mort en 1858. XIXᵉ siècle. Français.
Dessinateur.
On a de lui une *Vue de la nef de la cathédrale de Sainte-Croix* et un album composé de vingt et une vues d'Orléans et de ses environs. Cet album est au Musée d'Orléans.

ALEXANDRE Robert
XXᵉ siècle. Français.
Peintre de paysages.
Dans les années trente, il a exposé des paysages aux Salons d'Automne et des Tuileries.

ALEXANDRE Thomas
Mort vers 1787. XVIIIᵉ siècle. Français.
Sculpteur.
IL travailla, de 1773 à 1781, à Valognes, en Normandie.

ALEXANDRE Yves
XVIIIᵉ siècle. Français.
Peintre.
Il est cité sur les registres de l'Académie Royale de Peinture, où il entra sous la protection de Vien, vers 1760.

ALEXANDRE Z.
XIXᵉ-XXᵉ siècles. Français.
Peintre.
Il exposa au Salon des Artistes Français : *Portrait*, en 1912, *Paresse*, en 1914.

ALEXANDRESCO Alkar Nicolas
Né à Bucarest. XXᵉ siècle. Roumain.
Peintre décorateur de théâtre.
Il eut une activité importante comme dessinateur de costumes de scène. À ce titre, il exposa à Paris au Salon des Indépendants en 1927. On cite dans une collection privée : *L'Idole assyrienne*.

ALEXANDRESCO Hélène
Née à Calarasi. XXᵉ siècle. Active aussi en France. Roumaine.
Peintre de portraits, natures mortes.
Elle fut élève de Louis François Biloul à Paris, où elle exposa au Salon des Artistes Français de 1925 à 1931, et au Salon des Indépendants de 1927 jusqu'à 1931 également, ce qui semble indiquer la fin du séjour en France.

ALEXANDRESCO Titus
XXᵉ siècle. Roumain.
Peintre.
Il exposa, en 1900, à Paris : *Sur le Boulevard*.

ALEXANDRESCU Dudu
Né à Bucarest. XXᵉ siècle. Roumain.
Peintre.
Il exposa à la Société Nationale des Beaux-Arts, en 1935.

ALEXANDRINE
Née le 31 juillet 1903 à Djokjakarta (Java, Indonésie). XXᵉ siècle. Active en Hollande. Hollandaise.
Peintre de paysages. Naïf.
Elle quitta son île natale en 1916, vécut quelques années en Espagne, puis, à La Haye, se maria avec le peintre-sculpteur Toon Kelder. Elle fit de nombreux séjours en Espagne et en France et c'est à Vence qu'elle commença à peindre, seulement en 1960. Ensuite elle a figuré dans les principales expositions consacrées à cet art que l'on dit naïf : Bratislava et Tokyo 1966, Londres et Laval pour l'inauguration du Musée d'Art Naïf 1967, Lille 1968, Londres 1969, etc. À Paris en outre, elle a figuré régulièrement au Salon d'Automne de 1967 à 1972.
Non sans rappeler le Douanier Rousseau, elle s'évade du quotidien en évoquant par la peinture les paysages et les animaux fabuleux de son enfance lointaine, à cette différence près que, dans son cas, on sait qu'elle les connut en effet. ■ J. B.
Bibliogr. : Anatole Jakovsky : Préface pour l'exposition *Alexandrine*, Paris, 1964.

ALEXANDRINE, pseudonyme de Bertman Claude
Née le 25 décembre 1930 à Paris. XXᵉ siècle. Française.
Peintre de scènes animées oniriques, peintre à la gouache, aquarelliste, illustrateur.
Elle expose individuellement à Paris, Bruxelles, Milan, Londres. Elle illustre de nombreux recueils de poètes, ainsi que pour la revue *Sicilia*. Elle décrit dans des gouaches figuratives, généralement de petit format, un monde foisonnant où se mêlent la mythologie et les végétations tropicales.

ALEXANDRINO DE CARVALHO Pedro
Né en 1730 à Lisbonne. Mort en 1810 à Lisbonne. XVIIIᵉ-XIXᵉ siècles. Portugais.
Peintre d'histoire, sujets religieux, portraits, natures mortes, compositions murales, dessinateur. Baroque.
Il eut pour maître et collaborateur André Gonçalves.
Il exécuta des fresques de style baroque dans plusieurs églises de Lisbonne, dont : église São Francisco de Paula, église de l'Incarnation, église des Martyrs. Il peignit à l'huile avec autant d'habileté. Son chef-d'œuvre est le *Christ Sauveur du Monde* 1778, à la cathédrale de Lisbonne.
Bibliogr. : In : *Dictionnaire de la peinture espagnole et portugaise du Moyen-Âge à nos jours*, coll. Essentiels, Larousse, Paris, 1989.
Musées : Lisbonne (Mus. d'Art Ancien) : *Christ Sauveur du monde*, esquisse – Porto (Mus. Soares dos Reis) : *Vierge* – Saintes.

ALEXANDROFF Iwan Petrowitsch
Né en 1780 à Iwanowo. Mort en 1822 à Saint-Pétersbourg. XIXᵉ siècle. Russe.
Peintre.
Fut attaché au service du comte de Scheremetjeff. En 1800, pensionnaire de l'Académie et élève d'Ugrumoff. En 1805, dessinateur d'une ambassade de Russie en Chine. Le Musée de Saint-Pétersbourg possède de lui un portrait à l'huile d'un parent de l'empereur de Chine, exécuté en grandeur naturelle, et un portrait d'Alexandre Iᵉʳ. Il exerça les fonctions de professeur de dessin au collège d'Orlow, de 1808 à 1813, et entra comme peintre de portraits au service du comte Kamensky, en 1813.

ALEXANDROFF J. A.
Né en 1837 en Russie. XIXᵉ siècle. Russe.
Peintre de paysages, fleurs.
Musées : Moscou (Gal. Tretiakov) : *Arbre desséché*.
Ventes Publiques : New York, 17 jan. 1990 : *Vase de pivoines*, h/t (72,5x62,3) : USD 2 090.

ALEXANDROFF UWASCHNIJ Michael Pawlowitsch
Né en 1758. Mort après 1807. XVIIIᵉ-XIXᵉ siècles. Russe.
Sculpteur.
Il étudia à l'Académie de Saint-Pétersbourg en 1764, et fut envoyé, aux frais de cette institution, à l'étranger, en 1779. On a de cet artiste une copie du *Lutteur mourant*, et une œuvre originale, *Hercule dormant*. En 1791, il fut nommé académicien pour un bas-relief représentant *David triomphant de Goliath*. Son frère Wassili Pawlowitsch, né en 1770, était peintre de portraits.

ALEXANDROS. Voir ALEXANDRE l'Athénien

ALEXANDROS, fils de Ménidès
Originaire d'Antioche du Méandre. Iᵉʳ siècle avant J.-C. Antiquité grecque.
Sculpteur.
Deux signatures de lui, d'après les caractères, semblent remonter au début du Iᵉʳ siècle avant Jésus-Christ. Certains savants ont voulu raccorder une base du Louvre portant le nom d'Alexandros (inscription Mélienne) avec la plinthe de la *Vénus de Milo*.

ALEXANDROV Mikhail
XXᵉ siècle. Russe.
Peintre.
Il a travaillé à Tallin (Estonie).
VENTES PUBLIQUES : PARIS, 7 nov. 1988 : *Rendez-vous*, h/t (56x68) : FRF 14 000.

ALEXANDROVIC Ljubomir ou Aleksandrovitch
Né en 1828, originaire de Yougoslavie. Mort en 1890. XIXᵉ siècle. Yougoslave.
Dessinateur de figures, portraits. Romantique.
Il était réputé comme l'un des meilleurs dessinateurs et coloristes romantiques de Yougoslavie. On cite de lui une *Vendangeuse* (1872) et des portraits de femmes.

ALEXANDROVITCH Alexandre Joseph
Né le 17 mars 1873 à Telschy (Russie). XXᵉ siècle. Actif puis naturalisé en France. Russe.
Peintre d'histoire, portraits, paysages, pastelliste, lithographe.
Membre du Salon des Artistes Français de Paris, il a figuré également au Salon des Indépendants de 1903 à 1932. La mairie de Clichy lui organisa en 1925 une exposition personnelle de portraits en lithographie de personnages politiques révolutionnaires.
Son œuvre consiste surtout en portraits lithographiés, de nombreux personnages de son époque : Berthelot, Anatole France, Henry Ford, Verlaine, Tolstoï, Ibsen, et en particulier de personnages politiques de gauche : Lénine, Henri Barbusse, Gorki, Jean-Baptiste Clément, Karl Marx, Jules Vallès. Il est probable qu'au moins certains de ces portraits furent lithographiés d'après documents. Son engagement politique apparaît aussi dans ses peintures, par exemple : *Appel au prolétariat*, et même dans certains paysages dont le choix surprend : *L'Usine-à-gaz de Clichy*. Peut-être pour y avoir habité, il a souvent peint des aspects du vieux Belleville, comme il n'en existe plus.   ■ J. B.

ALEXANDROWICZ
XVIIIᵉ siècle. Actif à la fin du XVIIIᵉ siècle. Polonais.
Peintre de portraits.
Il fut élève du peintre Lukas Smuglewicz, à Varsovie. Après ses études, il travailla de 1777 à 1794 à la cour des Grands de Pologne.
Il copia de nombreux portraits de personnages polonais du XVIIᵉ et du XVIIIᵉ siècle et notamment des œuvres de Bacciarelli. Il fit le *Portrait du Prince Carl Radziwill*, Palatin de Wilna, et celui du prêtre Czyzewski, en 1794.
MUSÉES : CRACOVIE : *Portrait du Prince Carl Radziwill – Portrait du prêtre Czyzewski*.

ALEXANDROWICZ Johann
XVIIᵉ siècle. Travailla vers 1663 à Lemberg. Polonais.
Peintre.
Ce peintre, qui fut au service du roi Jean-Casimir, fonda une école de peinture à Lemberg.

ALEXANDROWICZ-HOMOLACS Nina
Née vers 1888 en Pologne. XXᵉ siècle. Active puis naturalisée en France. Polonaise.
Peintre de paysages, fleurs, natures mortes, animaux, aquarelliste, Sculpteur.
Elle exposa à Paris, d'abord en tant que sculpteur à la Société Nationale des Beaux-Arts en 1911 et 1912. Elle abandonna alors la sculpture pour la peinture, et exposa ensuite au Salon d'Automne, de 1919 à 1938, et dont elle devint sociétaire. Elle exposa aussi au Salon des Tuileries en 1928 et 1933.
Soit à l'huile, soit à l'aquarelle, elle a peint des sujets très divers : paysages, fleurs, natures mortes, figures, et souvent des chats.

ALEXANDROWSKY Stephan Féodorowitsch
Né en 1842 à Riga. XIXᵉ siècle. Russe.
Peintre aquarelliste.
Ce peintre étudia à l'Académie de Saint-Pétersbourg et fut célèbre par ses portraits à l'aquarelle. La Maison Impériale possède une trentaine de portraits de chefs de l'Asie Centrale par cet artiste. Plusieurs de ses œuvres font partie du Musée Russe.
MUSÉES : SAINT-PÉTERSBOURG (Mus. Russe) : *Le Portrait de la mère de l'auteur*, aquar. – SAINT-PÉTERSBOURG (coll. de Dachkoff) : *Le Portrait du procureur général du Sénat, comte P. J. Jagouchinsky – Portrait de l'instituteur du tzarevitch Pierre Alekseütch – Prince B. A. Galitzin – Général-amiral comte Th. M. Apraksine – Prince V.*

V. *Dolgoroukoff – Portrait du feld-maréchal comte A. G. Rasumovsky – Portrait du comte K. G. Rasumovsky – Portrait du comte chancelier A. P. Bestuchef-Rumine – Portrait du général, feld-maréchal, prince N.-I. Repnine – Portrait du prince Th. J. Romodanovsky – Portrait du comte A. V. Souvoroff Rimnixeky – Portrait de l'amiral V. Y. Tchitchagoff – Portrait du général feld-maréchal, prince N. V. Repnine – Portrait de l'écrivain M. N. Zagoskine – Portrait de l'historien M. P. Pagodine – Portrait du prince général procureur A. Vias-Kamensky – Portrait du comte général feld-maréchal P. S. Saltikoff – Portrait de l'écrivain russe N. J. Novikoff – Portrait de l'amiral Th. Th. Ouchakoff – Portrait du prince Galitzin à Moscou, D. M. Galitzin – Portrait du feld-maréchal comte M. Th. Kamensky.*

ALEXEEV. Voir ALEXEIEFF

ALEXEIEFF Alexandre
Né le 5 avril 1901 à Kazan. Mort le 9 août 1982. XXᵉ siècle. Actif en France. Russe.
Graveur, illustrateur, cinéaste.
Il collabora d'abord à des mises en scène théâtrales de Georges Pitoëff, Louis Jouvet, Gaston Baty. Il inventa une technique de gravure sur bois et cuivre et, après 1925, il se consacra à la gravure et au livre de luxe. Il a figuré souvent à Paris au Salon d'Automne. Il a exposé à Édimbourg 1967, Paris 1968, Milan et Annecy 1975. En 1931, il inventa un procédé d'assistance à l'exécution de dessins-animés, qu'il utilisa aussi pour ses illustrations. En 1951, il perfectionna sa technique d'animation « totalisée », qui fut montrée à la Biennale de Venise en 1952 et lui valut un prix pour *L'Écran d'épingles*, animation totalisée. Il participa à de nombreux festivals de cinéma expérimental.
Il fut très réputé pour ses illustrations gravées de livres de luxe : *La Pharmacienne* de Giraudoux de 1926, *Journal d'un fou* de Gogol 1927, *Guillaume Apollinaire ou Reflets de l'incendie* de Philippe Soupault 1927, *Les Frères Karamazov* de Dostoïevsky, *Le Nègre* de Philippe Soupault, et *Petits poèmes en prose* de Baudelaire 1934, *Le Docteur Jivago* de Boris Pasternak, etc. Son talent doit un caractère théâtral à son expérience de la mise en scène.
BIBLIOGR. : In : *L'Art du XXᵉ siècle*, Larousse, 1991 – Luc Monod, in : *Manuel de l'amateur de Livres Illustrés Modernes 1875-1975*, Ides et Calendes, Neuchâtel, 1992.
MUSÉES : ÉDIMBOURG (Nat. Library of Scotland) – PARIS (BN).
VENTES PUBLIQUES : NEW YORK, 26 fév. 1986 : *Deux amies*, h/t (146,7x89,5) : USD 4 000.

ALEXEIEFF Alexandre Alexejewitsch
Né en 1811. Mort en 1878 à Saint-Pétersbourg. XIXᵉ siècle. Russe.
Peintre de scènes de genre, portraits, architectures, paysages.
Élève du peintre d'histoire sainte Krjiloff, et, depuis 1825, de Venezianoff, puis pensionnaire de l'Association pour l'encouragement des arts. Il fut aussi professeur de dessin au service des gouvernements de Pleskau, Archangel et Olonetzi. Il a exposé au Salon de Paris en 1882 : *Jeune fille jouant de la mandoline.*
On connaît de lui un tableau à l'hôpital de Obuchoff : *La Joie des souffrants*, et plusieurs portraits.
MUSÉES : MOSCOU (Roumianzeff) : *Vue du Kremlin – Palais vénitien – Les Cavernes de Kiev – Vue de Zwinger à Dresde – Église du Sauveur – Vue derrière la grille d'or –* MOSCOU (Tretiakoff) : *Le Château Michaïlovsky – Aleko, portrait de l'artiste – Un garçon de village – Quai de la Néva, de la forteresse de Petropawlovski – Dans l'église Saint-Marc, à Venise –* SAINT-PÉTERSBOURG (Mus. Russe) : *Vue du Kremlin – Quai anglais à Saint-Pétersbourg – Vue de Bachtchysara, ville de Crimée – Inondations à Saint-Pétersbourg en 1824.*

ALEXEIEFF Alexandre Ignatjewitsch
Né en 1842 à Moscou. XIXᵉ siècle. Russe.
Peintre de portraits, paysages.
Il fut élève des Académies des Beaux-Arts de Moscou et de Saint-Pétersbourg. Plus tard, il continua ses études à Paris. Il exposa au Salon des Artistes Français de Paris en 1890 : *La Fête des Fleurs* et un portrait.
Il se spécialisa dans la peinture des têtes de femmes et d'enfants et fit plus tard des paysages.

ALEXEIEFF Feodor
XIXᵉ siècle. Russe.
Graveur en taille-douce.
Il travailla à Moscou de 1815 à 1839. Il reçut les conseils de A. A.

Ossipoff, à l'école de gravure fondée par P. P. Beketoff. A citer quelques-unes de ses œuvres : le portrait d'*Alexandre Ier* (1815), celui de l'*Impératrice Elisabeth Alexejevna* (1827), celui de l'*Empereur Nicolas*, celui de l'*Impératrice Feodorovna* (1826). On cite encore une trentaine de portraits de personnages historiques, publiés par Beketoff (1821-1843) et quatre planches sur lesquelles il grava : *Le Dernier Jour de Pompéi*, d'après Brülow.

ALEXEIEFF Iwan
XVIIe siècle. Russe.
Peintre d'histoire.
Peintre d'histoire sainte. Il travailla, en 1661, dans la chapelle du château de Sainte-Eudoxie, puis à la cathédrale de Dmitrowa et au couvent de Sabbas.

ALEXEIEFF Michael Nikolajewitsch
Né en 1842 en Russie. XIXe siècle. Russe.
Peintre de portraits.
Il étudia chez son père Nikolai Michailowitsch Alexeieff et à l'Académie de St-Pétersbourg, et laissa plusieurs portraits.

ALEXEIEFF Nikolai Michailowitsch
Né en 1813. Mort en 1880 à Jaroslaw. XIXe siècle. Russe.
Peintre.
D'abord élève de Stupin à Arsamas, il travailla à l'Académie de Saint-Pétersbourg. On le nomma académicien, pour son tableau : *Stupin entouré de ses élèves*. Il fit aussi des miniatures sur ivoire, peignit plusieurs portraits, notamment celui de *Nicolas Ier* et celui d'*Alexandre II*. Enfin il devint peintre mosaïste et décora l'église de Saint-Isaac, à Saint-Pétersbourg. En 1873, il fut pensionné et se retira à Iaroslav.

ALEXEÏEV Fiodor Iakovlevitch ou Alexeieff, parfois Alexyeer Teodor Jokovlevich (?)
Né en 1754 à Saint-Pétersbourg. Mort en 1824 à Saint-Pétersbourg. XVIIIe-XIXe siècles. Russe.
Peintre de paysages urbains, architectures, natures mortes, fleurs et fruits, décorateur de théâtre.
Fils d'un soldat retraité employé comme gardien à l'Académie des Beaux-Arts de Saint-Pétersbourg, il s'y forma de 1766 à 1773. Il fut ensuite envoyé comme boursier à Venise, de 1773 à 1778, travaillant dans la classe de peinture de perspective de Gaspari, afin de devenir peintre de décors de théâtre. Il exerça cette fonction, à son retour à Saint-Pétersbourg, de 1779 à 1786. Mais sa véritable vocation était celle de *vedutiste*, copiant tout d'abord les *Vues* de Canaletto et de Bellotto, conservées dans les collections russes. En 1795, l'impératrice Catherine l'envoya en mission officielle pour peindre les villes de la Russie méridionale et de la Crimée, nouvellement conquises. En 1800-1802, il s'en alla à Moscou pour y faire des esquisses et des aquarelles représentant les rues de la vieille capitale. En 1803, il fut nommé professeur de peinture de perspective, puis, en 1805, membre du Conseil de l'Académie. Son meilleur élève, Vorobiev, l'aida à réaliser la commande des *Vues* des chefs-lieux des gouvernements de Russie en 1815.
Il fut l'un des principaux *vedutistes* de la Russie, au tout début du XIXe siècle, ce qui lui valut le surnom de *Canaletto russe*. Ses vues urbaines sont souvent peuplées de petits personnages et même de scènes de genre, ce qui les rapproche des œuvres de Bellotto.
BIBLIOGR. : In : *La Peinture russe à l'époque romantique*, catalogue de l'exposition des Galeries nationales du Grand Palais, Paris, 1976-1977.
MUSÉES : MOSCOU (Gal. Tretiakov) : *Vue des portes Voskressenskaïa et Nokolskaïa prise de la rue de Tver et du pont sur la Neglinnaïa à Moscou* 1811 – MOSCOU (Mus. hist.) – SAINT-PÉTERSBOURG (Mus. de l'Ermitage) : plusieurs vues de Moscou.

ALEXI Johann
XVIIIe siècle. Actif dans la seconde moitié du XVIIIe siècle. Autrichien.
Peintre de compositions religieuses, sujets allégoriques.
Probablement originaire de Brünn ; c'est lui qui décora le maître-autel d'un *Saint Stanislas*, à l'église de Boskowitz, en 1781.
VENTES PUBLIQUES : NEW YORK, 24 avr. 1995 : *Putto offrant une brassée de fleurs à une nymphe*, h/t (61x98,4) : USD 4 312.

ALEXIC Nicolas ou Aleksitch
Né en 1811. Mort en 1873 en Serbie. XIXe siècle. Yougoslave.
Peintre.
L'un des plus féconds d'entre les fondateurs de l'école yougoslave ; il a laissé plusieurs centaines de tableaux d'église et de portraits. On lui a parfois accordé le charme d'un primitif.

ALEXIEVIC Spiridion
Né en 1769 en Herzégovine. Mort en 1841. XVIIIe-XIXe siècles. Autrichien.
Peintre d'histoire.
D'abord moine, il s'adonna à la peinture ensuite, et fit la décoration de plusieurs églises de Dalmatie.

ALEXII Andréas ou Alexis
Né à Durazzo en Albanie. Mort en 1504 à Spalato. XVe-XVIe siècles. Italien.
Sculpteur et architecte.
Cet artiste, né de parents slaves, passa toute sa vie en Dalmatie, surtout à Spalato, dans cette ville. Son œuvre consista principalement en restauration et réfection de chapelles. On cite celle de Sainte-Catherine, à l'église de Saint-Dominique de Spalato ; celle de Saint-Jérôme et Saint-Nicolas, dans l'église, qui n'existe plus aujourd'hui de Saint-Jean-Baptiste de la ville d'Arbe, sur l'île du même nom ; également la chapelle de baptême gothique, dans l'église d'Arbe. En 1466, il fut appelé à Trau pour bâtir un nouveau baptistère dans l'église et pour achever la chapelle de Saint-Jean de Trau. Son corps repose dans la chapelle de la confrérie du Saint-Esprit, à Spalato, dans le monument qu'il avait lui-même édifié.

ALEXINSKY-LOUKINA Tatiana
Née à Varsovie. XXe siècle. Polonaise.
Peintre.
Peut-être à l'occasion d'un séjour en France, elle a figuré aux Salons des Artistes Français en 1930, puis des Indépendants de 1931 à 1937.

ALEXIS. Voir aussi ALEXII

ALEXIS
Ve siècle avant J.-C. Actif à la fin du Ve siècle avant Jésus-Christ. Antiquité grecque.
Bronzier.
Il fut cité par Pline dans le groupe des disciples de Polyclète (Éc. Argienne).

ALEXIS
XVe siècle. Actif à Lyon à la fin du XVe siècle. Français.
Peintre, modeleur.
Collaborateur de Jehan Perréal dans les ouvrages édifiés à l'occasion de l'entrée à Lyon, en 1494, de la reine Anne de Bretagne ; il fut chargé de faire « les patrons des ystoires ».

ALEXIS Balthazar
Né le 1er mai 1786 à Lyon. Mort le 2 juillet 1872 à Lyon. XIXe siècle. Français.
Peintre, graveur.
Il fut d'abord ouvrier graveur. Il a peint et dessiné des paysages et des portraits et gravé des eaux-fortes. Il est surtout connu comme amateur ; sa collection fut vendue à Lyon en février 1873.

ALEXIS Johann Gottlieb
XVIIe siècle. Actif à Lübeck entre 1639 et 1641. Allemand.
Peintre.

ALEXIS Victor
Né à Aix-en-Provence (Bouches-du-Rhône). Mort en 1840 à Saint-Pétersbourg. XIXe siècle. Français.
Peintre, lithographe.
Il exposa au Salon entre 1835 et 1840. Il voyagea en Italie et en Espagne et travailla pendant les dernières années de sa vie à Saint-Pétersbourg. On lui doit surtout des vues de châteaux.

ALEXIUS de Kvietna Daniel
Né à Pilsen (Bohême). Mort en 1619 à Prague. XVIIe siècle. Autrichien.
Peintre.
Il fit des peintures à fresque dans la résidence de l'archevêque, à Prague. En 1614, il restaura des tableaux dans la chapelle de Wenzel, à la cathédrale de Saint-Vitus, Prague. Il finit sa vie dans cette ville.

ALEXOMATI N.
XIXe siècle. Français.
Peintre.
A exposé une *Tête de femme* à la Société nationale des Beaux-Arts, en 1890.

ALEXOS Sebastian de. Voir SEBASTIAN de Alexos

ALEXY Janko
Né le 25 janvier 1894 à Liptovsky Mikulas (Slovaquie). Mort le 22 septembre 1970 à Bratislava. XXe siècle. Tchécoslovaque.

Peintre de compositions à personnages, portraits, paysages, pastelliste. Réaliste.

À l'Académie des Arts Plastiques de Prague, qu'il fréquenta de 1919 à 1925, il eut pour professeurs Vlacho Bukovac, Maximilian Pirner, Max Svabinsky. Il voyagea ensuite à travers l'Europe, à Paris en 1920, et Autriche, Italie, Pologne, Allemagne. Il se fixa à Bratislava comme professeur de dessin. De 1921 à 1932, avec Milos A. Bazovsky et Zolo Palugyay, il exposa dans des groupements. Dès ses années d'études à l'Académie, il écrivait aussi sur l'art, ce qui lui conféra dans les années suivantes un rôle d'organisateur, notamment en ce qui concerna en 1933 la création et l'animation de la colonie d'artistes de Piestany. En 1954, il eut une exposition d'ensemble de son œuvre à Bratislava. En 1964, il fut nommé artiste du peuple.

Son œuvre peut se diviser en plusieurs périodes : Dans ses première années d'activité, il était inspiré par les traditions rurales populaires et le folklore spécifiquement slovaques. Dans sa maturité, il évolua un peu dans le sens réaliste des nouvelles directives politiques et, dans des compositions de dimensions et d'intentions plus ambitieuses, il se consacra à l'illustration de la vie en société dans les villes modernes. Juste avant la Seconde Guerre mondiale, il utilisa le pastel dans des ensembles de portraits et de paysages, uniquement fondés sur l'expression de ses sensations personnelles. Pendant la guerre, il peignit plusieurs séries de compositions historiques. À la fin de sa vie, il revint à la peinture de portraits et à l'illustration de légendes populaires. Toutefois, ces diverses époques ne sont pas rigoureusement tranchées, mais s'interpénètrent au contraire. ■ J. B.

ALEXY Karl
Né en 1823 à Poprad (Hongrie). Mort vers 1880. XIXe siècle. Hongrois.
Sculpteur.
Il fit ses études à l'Académie de Vienne, mais bientôt il se révéla indépendant. On a de lui une *Statue équestre de la reine Victoria*, en bronze. En 1843, il fit un voyage d'études en Allemagne, en Italie et en France ; en 1847, il était à Presbourg, à Londres en 1852, où il travailla à l'atelier de William Behnes et où il se tailla un succès avec des bustes de Raphaël et de La Fornarina, au Palais de cristal. Il revint en Hongrie en 1861, et s'occupa de l'ornementation de la Redoute de Budapest. Il fit le buste colossal, en marbre, du comte Batthynay, une suite de seize statuettes en bronze (maréchaux célèbres du XVe siècle) et une foule d'autres œuvres.

ALEXYEER Teodor Jokovlevich. Voir **ALEXEÏEV Fiodor Iakovlevitch**

ALFANI Cesare di Domenico di Paride
Mort en 1571. XVIe siècle. Actif à Pérouse. Italien.
Peintre.
Il était fils naturel du peintre Domenico di Paride Alfani, et fut reconnu en 1520. Admis dès 1533 dans la corporation des peintres de Pérouse, il en fut huit fois camerlingue et même prieur en 1568. Il semble n'avoir jamais été que l'aide de son père ou de son frère. Il eut le droit de cité en 1565.

ALFANI Domenico di Orazio. Voir **ALFANI Orazio**

ALFANI Domenico di Paride
Mort après 1553. XVe-XVIe siècles. Actif à Pérouse en 1479 ou 1480. Italien.
Peintre de compositions religieuses.
Fils de l'orfèvre Paride Alfani. Il étudia avec Le Perugin et fut le condisciple et l'ami de Raphaël et de Rosso. Son fils Orazio fut son meilleur disciple ; on a d'ailleurs longtemps attribué un grand nombre de ses œuvres à son fils.
Sa première œuvre connue date de 1518 et représente une *Madone et un Enfant Jésus entre saint Grégoire et saint Nicolas*, au collège Gregoriano à Pérouse. Domenico di Paride travailla pour nombre d'églises à Pérouse, notamment pour San Simone del Carmine, où il eut la collaboration de Pompeo d'Anselmo (ouvrage actuellement à la Pinacothèque). Il exécuta aussi certains travaux pour le pape Paul III. S'il avait subi fortement, au début de sa carrière, l'influence de Raphaël, après 1522, on reconnaît dans ses œuvres, notamment dans la Madone entourée de quatre saints et d'anges, aujourd'hui conservée à la Pinacothèque, le reflet de la manière des Florentins plus proches de lui, Fra Bartolommeo, Andrea del Sarto et Rosso Fiorentino.

DOMENICO FECIT
M.DX VIII

MUSÉES : GRENOBLE : *Vierge et Enfant* – PÉROUSE (Pina.) : *Vierge adorant l'Enfant, avec saints et anges* 1536 – *Vierge couronnée*

par des anges avec l'Enfant et des saints 1524 – *La Vierge et l'Enfant à qui saint Joseph offre une grenade* vers 1508, d'après un dessin de Raphaël – *Madone entre deux saints* 1518 – ROME (Vatican) : *Madone entre quatre saints.*

ALFANI Emmanuel
Mort vers 1730. XVIIIe siècle. Actif à Pérouse. Italien.
Peintre.

ALFANI Ignazio
XIXe siècle. Actif en Italie. Italien.
Peintre de sujets militaires.
Le Musée de Prato conserve de ce peintre militaire : *Le Départ des Garibaldiens en 1859.*

ALFANI Orazio
Né vers 1510 probablement à Pérouse (Ombrie). Mort en décembre 1583 à Rome. XVIe siècle. Italien.
Peintre de compositions religieuses.
Membre de la Confrérie des peintres de Pérouse en 1545, il fonda avec Raffaele Sozi, en 1573, l'Académie de cette ville, dont il devint plus tard le directeur. Il passa les années entre 1539-1544 à Trapani et à Palerme et acquit dans cette dernière ville les droits de citoyen.
Il collabora avec son père Dominico di Paride Alfani dans ses travaux à San Francesco, et exécuta plusieurs ouvrages pour San Sebastiano, Santa Maria dei Servi, le Palazzo Publico et d'autres bâtiments de Pérouse. Orazio s'associa avec d'autres artistes italiens tels que Fazio Gagini, Martorana, pour les travaux décoratifs à la Tribune de la cathédrale de Palerme. On mentionne encore de lui : *Résurrection du Christ, Annonciation* et *Madone*, qui sont des fragments de fresques conservées autrefois à la Confraternita dell' Addolorata, *Crucifiement* et figures de l'église San Francesco (en collaboration avec son père), *Repos de la Sainte Famille pendant la fuite en Égypte.*
MUSÉES : FLORENCE (Gal. des Offices) : *Sainte Famille* – PARIS (Louvre) : *Mariage mystique de sainte Catherine d'Alexandrie* 1548 – PÉROUSE (Pina.) : *Résurrection du Christ* – *Annonciation* – *Madone* – *Crucifiement* – *Repos de la Sainte Famille pendant la fuite en Égypte* – *Figures de l'église San Francesco.*
VENTES PUBLIQUES : MILAN, 10 juin 1988 : *Dieu le Père donnant sa bénédiction entouré d'anges*, h/pan. (73x66) : ITL 4 400 000 – NEW YORK, 31 mai 1989 : *Vierge à l'Enfant*, h/pan. (56x45,7) : USD 49 500.

ALFANO Angel
Né en 1940 en Calabre. XXe siècle. Actif aux États-Unis. Italien.
Peintre.
Il reçut une éducation artistique de son père. À partir de 1957, il a participé à plusieurs expositions collectives en Italie, aux U.S.A., au Canada, en France et en Angleterre. Il a présenté ses œuvres à Rome en 1968-1970, à New York en 1981. En 1971, il s'est installé aux États-Unis où il a continué ses études. Il donne une vision quelque peu grave et désespérée de la nature.

ALFANO Carlo
Né en 1932 à Naples. XXe siècle. Italien.
Sculpteur. Minimaliste.
Il a participé en 1967 à la Biennale de Venise. Ses sculptures sont abstraites et se rattachent au courant minimaliste : elles sont formées de tubes métalliques disposés sur un même plan.
VENTES PUBLIQUES : MILAN, 6 nov. 1973 : *Autoportrait* : ITL 1 200 000 – ROME, 18 juin 1976 : *Aprospettico et perspex/b* (126x200x19) : ITL 750 000.

ALFANO Giovanni d'
XVIe siècle. Sicilien probablement, actif au XVIe siècle. Italien.
Sculpteur.
Son nom se trouve cité avec ceux de Gagini et de Tagliante dans un acte de donation du 14 décembre 1528.

ALFANO Nicola
XVIIIe siècle. Italien.
Peintre décorateur.
Deux peintres de ce nom travaillèrent en la même année 1762, l'un au couvent de San Andrea della Dorne, l'autre à la chapelle du palais Gravina, à Naples. Ce dernier travail ne prit fin qu'en 1782 et il est possible que les deux peintres aient été un seul et même artiste.

ALFANO Vincenzo
Né le 11 novembre 1854 à Naples. XIXe-XXe siècles. Italien.
Sculpteur.

Il fut élève de Morelli et Palizzi. Alfano fut une des personnalités les plus intéressantes de l'école réaliste italienne. Abandonnant les formules classiques, il chercha à donner à ses terres cuites l'intensité d'émotion de la vie. Attaqué d'un côté avec une extrême violence, il eut par contre de chauds partisans. Sa statue de *David*, en 1887, exposée à Venise, fut achetée pour la galerie nationale des Arts à Rome. Enfin, en 1891, il remporta le prix du concours de Naples. Il décida de faire consacrer son talent en Amérique et fut accueilli par un retentissant succès (1902). Il fut professeur honoraire de l'Académie Royale de Naples et professeur à l'Industrial Museum de New York.

ALFANO di Piero. Voir ALVARO di Piero

ALFANZ
Né au XIXe siècle à Vienne. XIXe siècle. Autrichien.
Sculpteur.
Élève de Balthazar Permoser. On trouve ses œuvres principales à Berlin. Il y exécuta, sous Frédéric Guillaume Ier, les deux lions de la porte du « Sackenschen Palast » et diverses autres œuvres.

ALFARO Andrès
Né le 5 août 1929 à Valence. XXe siècle. Espagnol.
Sculpteur. Abstrait.
Autodidacte de formation. À partir de 1955 il exposa à Valence. En 1957, il participa à la fondation du groupe *Parpallo*, qui édite la revue *Arte viva*. En 1961, il fut invité à la Biennale de São Paulo. En 1965, lui fut organisée une exposition rétrospective à Barcelone. En 1967 et 1968, il participa à Paris au Salon de la Jeune Sculpture. En 1968 et 1995, il fut invité à la Biennale de Venise. La Galerie de France lui a organisé une exposition personnelle à Paris en 1989, où il montrait des colonnes torses de grande et sobre élégance.
Il commença par réaliser des dessins figuratifs. Après des débuts à la gouache et en projets de sculptures en 1958, influencés par l'abstraction géométrique constructiviste, il a évolué vers une expression plus souple, à partir d'une technique très particulière, dans l'esprit de certains exercices pratiqués au Bauhaus : utilisant les matériaux les plus divers, aluminium, acier inoxydable, cuivre, matériaux plastiques de couleur, bois, etc., jouant de leurs couleurs propres ou les couvrant de couleurs vives, il les découpe, les courbe et les plie, sans raccords d'aucune sorte ni soudure, obtenant des sculptures en élégantes volutes spatiales. Certaines de ses réalisations sont conçues en relation avec ses préoccupations personnelles du moment : *Hommage au Viet-cong* 1966. À partir de 1966, il leur conféra des effets cinétiques, par des effets de trames et des mobilités réelles qui en modifie l'aspect par rétractation et dilatation. Abstraites, ses sculptures curvilignes, spiraloïdes, évoquent cependant des dynamiques ascendantes, libérées, heureuses, l'élan de la vague, l'envol de l'oiseau, l'assaut de la flamme. ■ J. B.
BIBLIOGR. : Giovanni Carandente, in : *Nouveau diction. de la sculpt. mod.*, Hazan, Paris, 1970 – in : *L'Art du XXe siècle*, Larousse, Paris, 1991.

ALFARO Anton de. Voir ANTON de Alfaro

ALFARO ECHEVARRIA Angel
Né en 1922 à Yaguajay. XXe siècle. Actif en France. Cubain.
Peintre.
Cet artiste a déjà connu plusieurs périodes : naturaliste, abstraite, puis de nouveau figurative mais dans un style plus détaché, plus impulsif.

ALFARO Nicolas
Originaire des îles Canaries. XIXe siècle. Actif dans la première moitié du XIXe siècle. Espagnol.
Peintre.
Élève de Carlos de Haës. Ses premières œuvres, qui figurèrent à l'exposition des provinces des Canaries, en 1862, furent : *Bonheur et Abondance*, des paysages, des portraits d'enfants et une aquarelle. Plus tard, en 1866, à l'exposition de Madrid, il donna : *L'Abîme de Jimenes et d'Almeida*. Plus tard encore, *Souvenir d'Olot, les environs de Comprodon* et une *Vue de Gerone*.

ALFARO Y GOMEZ Juan de, dit aussi Juan de Alfaro
Né en 1640 à Cordoue. Mort en 1680 à Madrid. XVIIe siècle. Espagnol.
Peintre, graveur, poète, écrivain.
Il étudia avec Antonio del Castillo et ensuite sous la direction de Velasquez à Madrid et copia les œuvres du Titien, de Rubens, de Van Dyck. *L'Incarnation*, de l'église des Carmélites, *L'Ange gar-*

dien, du collège Royal de Madrid, témoignent du talent d'Alfaro. Il voyagea beaucoup et rapporta d'intéressantes notices sur Becerra, Cespedes et Velasquez. Il fit aussi le portrait de Calderon, qu'on plaça au-dessus de la tombe du célèbre auteur, dans l'église San Salvador de Madrid. Il fut, dit-on, ingrat envers son protecteur, l'amiral de Castille, lorsque celui-ci fut banni, et il mourut de mélancolie et de tristesse lorsque, ayant rendu visite à l'amiral, revenu au pouvoir, il en fut éconduit. Parmi ses œuvres gravées, on a de lui une planche d'un portrait de *Don Hernando de Alarcon*, d'après Le Titien. Alfaro fut un imitateur du style de son maître Velasquez, mais n'acquit point sa perfection de dessin ni la souplesse de sa facture, ni la force de ses empâtements. Au Musée de Madrid on a de lui une *Assomption de la Vierge* datée de 1668. On connaît également de cet artiste quelques paysages.
VENTES PUBLIQUES : PARIS, 1843 : *Saint Joseph* : FRF 205 – PARIS, 1890 : *Jeune dame vénitienne* : FRF 1 400 – PARIS, 1892 : *Portrait de Don Bernave Ochova de Chinchetru* : FRF 1 300.

ALFARO SIQUEIROS David. Voir SIQUEIROS

ALFEI Francesco di Bartolomeo
Né en 1421 à Montalcino. Mort après 1491. XVe siècle. Italien.
Peintre.
On le trouve, en 1456, peignant des armoiries pour le vicariat du Castel Monzo ; en 1473, il travailla à Macerata ; en 1474, on lui voit peindre une chaise à porteur, en 1481, encore des armoiries pour S. Quirico d'Orcia.

ALFELT Else
Née le 16 septembre 1910 à Copenhague. Morte en 1975. XXe siècle. Danoise.
Peintre. Abstrait. Groupe COBRA.
Elle fut élève de la section artisanat de l'École Technique de Copenhague, de 1925 à 1927. Elle se maria avec le peintre Carl-Henning Pedersen. Elle a commencé à exposer au Salon d'Automne de Copenhague de 1936 à 1941, à Stockholm en 1940, Gothenburg 1943, avec le groupe COBRA à Amsterdam en 1949, au Carnegie Institute de Pittsburgh en 1952 et 1964, Rome et Paris en 1955, Rotterdam 1966, etc. De 1942 à 1949, elle fit partie du groupe *Höstudstillingen*, du groupe COBRA de 1949 à 1951, des Artistes Indépendants en 1972.
Dès ses premières années d'activité, elle connaissait les artistes groupés par la revue *Linien*, qui introduisit au Danemark les idées des créateurs de l'art non-figuratif. Encore pendant la guerre, elle était proche du groupe *Helhesten*, qui allait bientôt se fondre dans COBRA. Ses peintures, entrelacs de lignes cernant des surfaces en forme de flammèches, sont composées à partir des éléments primitifs de la nature, variations abstraites sur des thèmes de formes aiguës : feuilles, montagnes, emmêlées avec ciel, étoiles, lune. Cette abstraction décorative fondée sur le regard, doit plus à l'École de Paris qu'aux artistes de COBRA. Elle a également étudié avec minutie les nombreuses possibilités à partir des spirales cosmiques, qu'elle traite dans des séries constituées sur chaque thème de propositions chromatiques différentes. ■ J. B.
BIBLIOGR. : In : *Diction. de l'art mod. et contemp.*, Hazan, Paris, 1992.
MUSÉES : AALBORG (Nordjyllands kunstmus) – AARHUS – COPENHAGUE (Statens Mus. for Kunst) – COPENHAGUE (Louisiana Mus) – GOTHENBURG – ODENSEE .
VENTES PUBLIQUES : COPENHAGUE, 11 mai 1977 : *Composition*, h/t (100x56) : DKK 6 300 – COPENHAGUE, 10 oct. 1979 : *Composition* 1944, h/t (102x102) : DKK 16 000 – COPENHAGUE, 25 nov. 1981 : *Lapland* 1946, h/t (63x85) : DKK 11 000 – COPENHAGUE, 31 mars 1982 : *Composition* 1949, aquar. (31x47) : DKK 5 500 – COPENHAGUE, 7 déc. 1982 : *Composition* 1943, h/t (96x97) : DKK 20 500 – COPENHAGUE, 2 juin 1983 : *Composition* 1942, aquar. (30x41) : DKK 6 200 – COPENHAGUE, 10 mai 1984 : *Bord de mer* 1950, aquar. (32x48) : DKK 6 500 – COPENHAGUE, 25 sep. 1985 : *Composition* 1948, aquar. (31x38) : DKK 16 000 – COPENHAGUE, 15 oct. 1985 : *Composition Tiger rag* 1939, h/t (68x98) : DKK 88 000 – COPENHAGUE, 26 fév. 1986 : *Composition* vers 1945, h/t (42x62) : DKK 43 000 – COPENHAGUE, 6 mai 1986 : *Montagnes* 1949, aquar. (31x48) : DKK 18 000 – COPENHAGUE, 25 fév. 1987 : *Composition* 1942, gche (39x48) : DKK 20 000 – COPENHAGUE, 24 fév. 1988 : *Image d'Automne* 1941 (67x98) : DKK 110 000 ; *Le bois de Fjellet* 1949, aquar. (31x48) : DKK 19 000 – COPENHAGUE, 8 nov. 1988 : *Les sommets*, aquar. (31x41) : DKK 22 000 ; *Composition en vert* 1938, h/t (60x77) : DKK 75 000 – COPENHAGUE, 8 fév. 1989 : *Composition en jaune* 1942, h/t (97x97) : DKK 100 000 – AMSTER-

DAM, 24 mai 1989 : *Composition*, aquar./pap. (38x45) : **NLG 7 475** – COPENHAGUE, 20 sep. 1989 : *Fjelde*, h/t (56x70) : **DKK 65 000** – COPENHAGUE, 21-22 mars 1990 : *Paysage reverdissant* 1947, h/t (106x126) : **DKK 110 000** – AMSTERDAM, 10 avr. 1990 : *Image rouge* 1939, h/t d'emballage (54x44) : **NLG 18 400** – COPENHAGUE, 14-15 nov. 1990 : *Fjelde* 1946, craie grasse (22x30) : **DKK 11 000** – COPENHAGUE, 13-14 fév. 1991 : *Märsfjell en Laponie* 1946, peint./t. enduite (80x136) : **DKK 95 000** – COPENHAGUE, 2-3 déc. 1992 : *Fjelde* 1946, h./contre-plaqué (63x85) : **DKK 55 000** – COPENHAGUE, 3 juin 1993 : *Fjelde* 1946, aquar. (19x26) : **DKK 5 000** – COPENHAGUE, 3 nov. 1993 : *Poème autour de Vansai 2* 1971, aquar. (31x48) : **DKK 22 000** – LOKEREN, 11 mars 1995 : *Montagnes* 1947, aquar. (38x45) : **BEF 40 000** – COPENHAGUE, 7 juin 1995 : *Fjelde* 1949, aquar. (30x46) : **DKK 21 000**.

ALFEN Jean. Voir **ALPHEN Eusebius Johann**

ALFÉRA Gilles
Né en 1940 à Paris. XXe siècle. Français.
Peintre, graveur. Tendance abstraite.
En 1963, il fut élève de Claude Schurr à l'Académie Julian de Paris. De 1965 à 1970, il voyagea et exposa ses travaux en Allemagne, Italie, Espagne, aux Pays-Bas. En 1972 à Paris, il exposa au Salon d'Automne. Il participe ensuite à des expositions collectives, dont à Paris : 1977 Salon Grands et Jeunes d'Aujourd'hui, 1978 Salon des Réalités Nouvelles, 1980 invité dans la section « Livres » du Salon d'Automne, 1986 de nouveau Salon des Réalités Nouvelles, etc. Il figure aussi dans des groupements en province ou à l'étranger : 1977 Passau (Allemagne), 1983 Festival *Art et Lumière* à l'Abbaye de Fontevrault. Il montre régulièrement les phases de son travail dans des expositions personnelles : 1975 Paris avec une préface de Max-Paul Fouchet, 1979 Crypte de l'église Saint-Merri à Paris, 1982 Galerie Le Lucernaire à Paris, 1985 et 1986 Maison Mansart de Paris, 1992 Librairie Combescot-Monod à Paris et Galerie de la Mairie du VIIe arrondissement, 1993 Tokyo, 1994 crypte de Saint-Pierre du Gros-Caillou à Paris, etc. Il organise aussi des expositions et colloques : 1980 réalisation d'une exposition sur le thème du cloître, itinérante dans le cloître de Pont-à-Mousson, les Musées de Saint-Paul-de-Vence, Nantes, abbayes de Fomcaubault, Saint-Benoît-sur-Loire. Poète et graveur, il a réalisé et tiré lui-même plusieurs ouvrages, dont : 1979 *Graduel*, 1981 *Cantique*, 1986 *Anna*. Peintre, il travaille par juxtaposition d'aplats, hauts en couleurs tout en étant accordés pour une célébration joyeuse. Son œuvre se partage entre deux tendances. Son inspiration la plus profonde est d'origine spirituelle. Dans les peintures de cette catégorie, les « peintures intentionnelles », l'architecture apparemment abstraite de la composition inclue quelques symboles clairs, dont l'autel, la croix, le ciboire. À la seconde tendance ressortissent des abstractions paysagées, voire clairement des paysages, qui se souviennent du de Staël de la période d'Antibes, avec lesquels Alféra se rassure sur son aptitude à apprécier la beauté de la création. ■ J. B.
BIBLIOGR. : Divers : *D'une peinture moderne symbolique*, Édit. bénédictines *Zodiaque*, Paris, 1972 – René Deroudille : « *Art intentionnel* » *de Gilles Alféra*, Lyon Matin, 24 déc. 1991.

ALFF Paulus Nicolaas van
Né le 10 mars 1878 à Gravenhage. XXe siècle. Hollandais.
Graveur.

ALFIAN Antonio de
XVIe siècle. Espagnol.
Peintre.
Il travailla de 1542 à 1575 à Séville, seul et avec Pedro de Campana. Il était marié, eut plusieurs élèves. Il peignit le retable de la chapelle du maréchal dans l'église de la Purification, et reçut, de Mexico, pour ses œuvres, des sommes relativement importantes. Il mourut, ignoré, dans le faubourg de Triana, à Séville.

ALFIANO Epifanio d', don
XVIe-XVIIe siècles. Actif à Salvi de Vallombrosa entre 1591 et 1607. Italien.
Graveur.
Il aurait été l'élève de Domenico Vitus, moine de son ordre à San Spirito de Florence. Ce moine toscan, mentionné par Heinecken comme un amateur d'art, grava une suite de planches représentant des fêtes et des décorations de fêtes, datées de 1592. On cite, de lui, des dessins et ornements, dans un livre calligraphié de Giuseppe Secaro, en 1607.

ALFIERI Attilio
Né en 1904 à Loreto. Mort en 1992 à Milan. XXe siècle. Italien.

Peintre de natures mortes.
Il commença à peindre sous la double influence du cubisme et du futurisme. Vers 1930, il expérimenta aussi la technique du collage. Il traversa ensuite une période de figuration classique, puis évolua dans le sens d'une abstraction informelle et matiériste. Ces matières épaisses et généreuses sont assez constantes à travers ses diverses périodes, et notamment dans celle du retour à la figuration qu'on constate dans la série des natures mortes aux légumes, prestement brossées.

A.ALFIERI

VENTES PUBLIQUES : MILAN, 8 juin 1982 : *Nature morte* 1973, h/t (30,5x40) : **ITL 600 000** – MILAN, 26 mars 1985 : *Nature morte* 1977, h/t (30x40) : **ITL 1 200 000** – MILAN, 18 juin 1987 : *Composition* 1957, h/cart. (65x91) : **ITL 2 000 000** – MILAN, 15 mars 1994 : *Nature morte avec des courgettes et des carottes*, h/rés. synth. (35x50) : **ITL 1 265 000** – MILAN, 9 mars 1995 : *Maisons* 1940, h/t (65x90) : **ITL 4 370 000**.

ALFIERI Aurelio
Né le 7 octobre 1800 à Milan. XIXe siècle. Italien.
Graveur en taille-douce.
Il fut professeur de taille-douce à l'Académie de la Brera, où il avait été l'élève de son prédécesseur Longhi. Il réhabilita la gravure à l'école de Pavie, où celle-ci était tombée en désuétude (1855). Avec Pietro Anderloni, il acheva la gravure que Longhi avait commencée : *Le Jugement dernier*. On possède encore de lui quelques dessins et des aquarelles.

ALFON, maese
XVIe siècle. Actif à Séville vers 1503. Espagnol.
Peintre de compositions religieuses.
Il peignit une chapelle pour la comtesse d'Aguilar et divers tableaux.

ALFON Juan
Né à Tolède. XVe siècle. Actif à Tolède. Espagnol.
Peintre.
On lui attribue, d'après un document de l'époque conservé dans les archives de l'église, la paternité des ailes de l'autel de la chapelle des rois à Tolède (1418).

ALFON Juan
XVe siècle. Espagnol.
Peintre.
Peignit des oiseaux, vers 1450, à San Salvador de Séville.

ALFON Juan
XVe siècle. Vivait à Séville. Espagnol.
Peintre.
Il était frère de Logre, potier ; il fut tué par Juan Guillen et Lorenzo, cordonnier, avant le 2 mai 1498. Cet artiste, cité par M. Gestoso dans son dictionnaire, est peut-être le même que le précédent.

ALFONCE Alexander
XIXe siècle. Actif dans la première moitié du XIXe siècle. Polonais.
Graveur.
Il était sous-directeur du génie à Varsovie. Vers 1811, fit plusieurs gravures à l'aquatinte signées : *Alf. fecit*.

ALFONS Sven
Né en 1918 à Lund. XXe siècle. Suédois.
Peintre. Surréaliste.
Il se forma seul à la peinture.
MUSÉES : STOCKHOLM (Mod. Mus.).
VENTES PUBLIQUES : STOCKHOLM, 6 déc. 1989 : *Composition avec des poissons et des plantes aquatiques* 1952, h/pan. (60x91) : **SEK 12 000** – STOCKHOLM, 14 juin 1990 : *Composition avec figure*, h/t (92x65) : **SEK 21 000** – STOCKHOLM, 21 mai 1992 : *Paysage campagnard* 1963, h/t (65x92) : **SEK 8 000**.

ALFONSO, maese
XIVe-XVe siècles. Actif en Aragon. Espagnol.
Peintre.
Exécuta des fresques pour l'ermitage de Sta Fé de Barbastro, représentant des *Scènes de la vie de sainte Eulalie*.

ALFONSO Jaime
XVe siècle. Espagnol.
Sculpteur.
Il bâtit, en 1468, le cloître du couvent de Saint-Jérôme au Val de

Hebron, près Barcelone, et exécuta, avec Pedro Baret, en 1470-1471, différents travaux au même couvent. Sanpere y Miguel l'identifie avec l'« Alfonso de Baena », mentionné dans Puiggari, et qui érigea, en 1494, un ossuaire à l'église des Mercenaires à Barcelone.

ALFONSO Jorge
XVIe siècle. Actif à Séville au commencement du XVIe siècle. Espagnol.
Peintre.
Il fut mêlé, avec Alonso, aux informations que nécessita une querelle survenue entre peintres, le 6 décembre 1518. Cité par M. Gestoso.

ALFONSO DE BAENA. Voir ALFONSO Jaime

ALFONSO di Cordova
XVe siècle. Actif entre 1442 et 1458. Italien.
Miniaturiste.
Il décora quelques manuscrits pour la maison royale de Naples.

ALFONSO de Cordova ou Cordoba
XVIe siècle. Espagnol.
Peintre de miniatures.
Les dates rendent impossible son identification avec Alfonso di Cordova. Il travailla entre 1509 et 1517, pour la cathédrale de Tolède.

ALFONSO da Mantova
XVIe siècle. Actif à Mantoue dans la première moitié du XVIe siècle. Italien.
Sculpteur de bronze.
D'après certains biographes, cet artiste se confondait avec un Alfonso Mantovano mort à Mantoue en 1599 à l'âge de 80 ans. Il aurait exécuté en 1528 la *Statue du philosophe Pietro Pomponazzi* pour le Cardinal Ercole Gonzaga, à l'église des Franciscains à Mantoue.

ALFONZO Carlos
Né en 1950. Mort en 1991. XXe siècle. Depuis 1980 actif aux États-Unis. Cubain.
Peintre. Expressionniste-abstrait.
Il fut élève de l'académie des Beaux-Arts San Alejandro de Cuba, puis, de 1974 à 1977, de l'université de La Havane. Quand il arriva aux États-Unis en 1980, il figurait déjà dans l'avant-garde cubaine. Il voyagea en Italie en 1986 et fut séduit par le baroque italien. En 1987, de retour aux États-Unis, ses travaux prirent place dans l'exposition *L'Art hispanique aux États-Unis*, et en 1991 à la Biennale du Whitney Museum de New York. Il montra ses œuvres pour la première fois dans une exposition personnelle en 1976 à La Havane.
Ses peintures sont d'une conception et d'une exécution assez sommaires. Des éléments humains ou matériels allusifs, mains, têtes, boîtes, etc., s'y combinent avec des rythmes abstraits ou signes symboliques.
VENTES PUBLIQUES : NEW YORK, 25 nov. 1992 : *Naissance* 1989, h/t (213x153,2) : **USD 16 500** – NEW YORK, 18 mai 1993 : *Alarme #1* 1990, h/t (77x127,7) : **USD 9 200** – NEW YORK, 18-19 mai 1993 : *Sans titre*, acryl./t. (212,7x213,4) : **USD 31 050** – NEW YORK, 22-23 nov. 1993 : *L'artiste et le génie* 1988, acryl./t. (244,2x183,2) : **USD 24 150** – NEW YORK, 23-24 nov. 1993 : *L'histoire de l'éveil*, h/tissu (243,8x182,8) : **USD 40 250** – NEW YORK, 17 mai 1994 : *Formes de pensée* 1987, h/tissu (226,1x228) : **USD 26 450** – NEW YORK, 17 nov. 1994 : *Danse macabre* 1987, h/t (244x183) : **USD 19 550** – NEW YORK, 21 nov. 1995 : *Paix profonde* 1988, h/t (150,5x219) : **USD 17 250** – NEW YORK, 14-15 mai 1996 : *La peur des clowns* 1987, h. et acryl./t. (182,6x241,6) : **USD 23 000** – NEW YORK, 25-26 nov. 1996 : *Yemaya* 1987, h./masonite (121,9x91,4) : **USD 6 900** – NEW YORK, 29-30 mai 1997 : *Vénitienne* 1987, h/t (132,1x213,4) : **USD 31 050** – NEW YORK, 24-25 nov. 1997 : *Confiance* 1990, h. et acryl./t. (243,8x182,8) : **USD 27 600**.

ALFORAE Nicolo Guglielmi
Né en Lorraine. XVIIe siècle. Français.
Graveur en taille-douce.
Il habita Rome, probablement au XVIIe siècle. On a de lui douze gravures fermement exécutées représentant des fleurs.

ALFORD Agnes
XIXe siècle. Vivait à Londres dans la dernière moitié du XIXe siècle. Britannique.
Peintre de fleurs.
Elle exposa une toile à Suffolk Street en 1881.

ALFORD Leonhard C.
XIXe-XXe siècles. Actif à Southampton à la fin du XIXe siècle. Britannique.

Peintre de paysages.
Exposa, depuis 1885, plusieurs fois à la Royal Academy de Londres ; en 1904, à la Royal Academy de Dublin. Parmi ses tableaux on cite : *Une nuit de tempête, Nuages de tempête s'éclaircissant* (1885), *Vers la mer* (1888), *La Grande Route silencieuse* (1900), *Départ de Beschey Head* (1904).

ALFORD Marian Margaret, Vtesse, née Compton
Née en juin 1817 en Italie. Morte le 8 février 1888. XIXe siècle. Américaine.
Dessinatrice.
Ses œuvres ont figuré aux expositions de Philadelphie et à la galerie de Kensington.

ALFRED Henry Jervis
XIXe siècle. Actif au milieu du XIXe siècle. Britannique.
Peintre d'animaux, paysages d'eau, natures mortes.
Il travailla à Londres, où il exposa deux œuvres à Suffolk Street, en 1855. Ce peintre excella dans la représentation du gibier et des poissons.
VENTES PUBLIQUES : ÉDIMBOURG, 30 avr. 1986 : *Saumons dans la rivière* 1882, deux h/t ovales (13,9x20,3 et 15,3x21,6) : **GBP 1 900** – LONDRES, 15 nov. 1991 : *Brochet, truites et brême sur la berge d'une rivière* 1855, h/t (61x91,5) : **GBP 6 600**.

ALFRED Kenneth
Né en 1959. XXe siècle. Français.
Graveur.
D'origine trinidadienne, il vit et travaille à Montreuil.
Il a figuré à l'exposition *En Filigrane – un regard sur l'estampe contemporaine* à la Bibliothèque nationale à Paris en 1996-1997. Le masque est un thème central de son travail.

ALFRED-DUPRAT Cyprien Jean
Né à Arcachon. XIXe-XXe siècles. Français.
Peintre.
Il fut élève de son père et de A. Guillemet et Nicolas Escalier. Il exposa des aquarelles, en 1905, au Salon des Artistes Français.

ALFRED-LOP Myrtil
Né à Saint-Cyr-sur-Mer (Var). XXe siècle. Français.
Peintre de portraits, paysages.
Il a exposé à Paris, à la Société Nationale des Beaux-Arts de 1934 à 1941. Il a figuré aussi parfois, entre 1935 et 1939, aux Salons des Indépendants et d'Automne.

ALGABA Hernando de
XVIe siècle. Travaillait à Séville en 1548. Espagnol.
Peintre.

ALGAN Nicole
Née le 13 juin 1924 à Épinal (Vosges). XXe siècle. Française.
Sculpteur de portraits. Figuratif et abstrait.
Elle fut élève de l'École des Beaux-Arts de Paris. On cite ses bustes d'André Derain et d'Albert Camus. Elle a parallèlement créé quelques sculptures monumentales abstraites.

ALGARDI Alessandro, dit l'Algarde
Né en 1595 ou 1602 à Bologne (Émilie-Romagne). Mort le 10 juin 1654 à Rome. XVIIe siècle. Italien.
Sculpteur de compositions religieuses, figures, bustes, dessinateur.
Fils d'un marchand de soie, il se forma à Bologne sous Lodovico Caracci et le sculpteur Giulio Cesare Conventi. En 1622, il fut appelé à la cour du duc Ferdinand et on lui reconnut quelque talent pour la sculpture de l'ivoire, et se perfection-ner. Il alla à Venise, à Mantoue, puis à Rome, en 1625, pour se perfectionner. En 1640, il fut primat de l'Académie de Saint-Luc, et c'est de là que datent ses grandes commandes.
À Rome, il s'employa au service du cardinal Ludovisi, pour lequel il restaura des antiquités et auquel il dédia son premier marbre, une allégorie de *Sicurezza* (enfant sur une tortue), comme pendant d'un *Enfant mordu par un serpent*. À la même époque il fit un *Hercule luttant contre l'Hydre*, statue qui se trouve actuellement au Capitole. À Naples, en 1630, il orna la chapelle de Bandini à S. Silvestro. On cite de lui un groupe en ivoire de la Pieta. On cite une autre statuette en ivoire : *David vainqueur*. On signale encore, dans une chapelle de Munich, un crucifix en ivoire, qui est son œuvre. C'est en 1640 que fut achevé le grand groupe, en marbre : *Saint Philippe de Néri avec l'ange agenouillé*, au-dessus de l'autel de la sacristie de l'église de Sainte-Marie, à Valicella, œuvre qui fit sa réputation. On a coutume de le mettre en parallèle avec le Bernin, par rapport à qui il représente la continuation du courant classique, même s'il en

subit parfois l'influence, en dépit d'une brouille survenue entre eux en 1630. Sous Innocent X (1644-1655), le Bernin n'étant plus en faveur, l'Algarde se vit confier de nombreuses commandes, dont son très important *Saint Léon arrêtant Attila*, de Saint Pierre-de-Rome.

Musées : HANOVRE : *Niobé – Niobide – Adrien – Lucius Vérus*, copies d'antiques – VERSAILLES : *Urbain VIII, pape*, buste.
Ventes Publiques : PARIS, 1741 : *Cinquante-six dessins dont le combat d'Hercule et d'Archeloüs* – FRF 85 – PARIS, 1756 : *Le repos en Égypte et le Christ descendu de croix*, dess. : FRF 76 ; *Sainte Famille*, dess. : FRF 96 ; *Vierge et enfant Jésus servis par deux anges*, dess. : FRF 36 – PARIS, 1772 : *Une religieuse*, dess. : FRF 12 – PARIS, 1775 : *Six dessins* : FRF 72 – LONDRES, 2 juin 1964 : *Flagellant*, dess. : GNS 520 – PRATOLINO, 21 avr. 1969 : *Le pape Léon Iᵉʳ combattant Attila*, terre cuite : ITL 12 000 000 – NEW YORK, 25 mars 1972 : *Le repos pendant la fuite en Égypte*, bronze : USD 2 900 – LONDRES, 24 sep. 1979 : *Buste de Monsignor Antonio Cerri*, marbre blanc (H. 85,5) : GBP 150 000 – LONDRES, 9 juil. 1981 : *La Sainte Famille avec deux anges*, craie noire (26x20) : GBP 11 200 – LONDRES, 15 juin 1983 : *Christ sur la croix* 1647, pl. et encre brune/trait de craie rouge/pap. (48,5X33) : GBP 6 400 – LONDRES, 2 juil. 1990 : *Vénus ou Amphitrite dans un char tiré par les tritons*, craie noire (30,2x44,7) : GBP 66 000 – LONDRES, 2 juil. 1991 : *Dessin pour la décoration de la proue de la galère du Pape Urbain VIII aux armes des Barberini*, mine de pb et encre (21,6x41) : GBP 49 500 – LONDRES, 2 juil. 1996 : *Dessin de décoration pour la proue de la galère du Pape Urbain VIII aux armes des Barberini*, mine de pb et encre (21,6x41) : GBP 87 300.

ALGAROTTI Francesco
Né en 1712 à Venise. Mort en 1764 à Pise. XVIIIᵉ siècle. Italien.
Graveur, dessinateur.
Fils d'un riche marchand, il s'intéressa beaucoup à l'art, et fit quelques eaux-fortes. Frédéric le Grand le fit venir à sa cour et l'anoblit. Il s'occupa de littérature d'art et publia, en 1763, un ouvrage sur ce sujet, qui fut traduit en plusieurs langues. Dans un catalogue d'une collection de son père (1776), on désigne vingt dessins de sa main. Ses eaux-fortes sont, pour la plupart, des esquisses faciles de têtes antiques. Son portrait, d'après Liotard, fut gravé par Raff. Morghen.

ALGARRA Y HURTADO Cosme
Né à Caudate (province d'Alicante). XIXᵉ siècle. Actif dans la première moitié du XIXᵉ siècle. Espagnol.
Peintre d'histoire, paysages.
Élève de l'Académie S. Fernando à Madrid et de José Aparicio. Il figura à l'Exposition de S. Fernando, en 1840, avec plusieurs portraits qui furent remarqués. Plus tard, il alla à Paris, puis à Londres, où il fit des décors de théâtres. Il consacrait à l'étude ses instants de liberté : c'est ainsi qu'il fit quelques aquarelles, parmi lesquelles *Les Soldats de Cromwell lisant la Bible* attirèrent l'attention du public anglais. En 1857, il retourna dans son pays. Il donna plusieurs tableaux à l'exposition de Madrid : *Une femme charmante*, un portrait et quatre aquarelles. Il prit part à la plupart des expositions d'art. Ses œuvres principales sont : *Les Laveuses. – Un paysage, Vue d'Écosse*, acquis par l'État, un *Crucifiement* et divers portraits.

ALGAS
XIXᵉ siècle. Actif à la fin du XIXᵉ siècle. Français.
Graveur.
On connaît de lui : *La Visite à l'atelier*.

ALGEIER Lorenz
Né en 1835 à Vienne. XIXᵉ siècle. Autrichien.
Peintre, sculpteur.
Professeur au gymnase de Leoben. Élève de l'Académie des Arts, puis de Fernkorn, Rahl et Kuppelwieser. Il a donné une série de tableaux d'autels et de portraits.

ALGENSTADT Carl Friedrich
Né en 1788. XIXᵉ siècle. Allemand.
Peintre.
Vivait encore en 1819.

ALGENSTADT John Christ. Ludwig
Né en 1752. XVIIIᵉ-XIXᵉ siècles. Allemand.
Peintre.
Vivait en 1819.

AL-GEORR Ibrahim
XIXᵉ siècle. Libanais.
Peintre de compositions religieuses, portraits.
On ne sait que peu sur ce peintre. Il fut aussi sculpteur et physicien. Il aurait appris la peinture auprès d'un peintre italien orientaliste qui vivait au nord de Beyrouth dans les deux dernières décennies du XIXᵉ. Il a peint des portraits de personnalités de la fin du siècle, dans une technique minutieuse et timide, presque naïve.
Bibliogr. : Catalogue de l'exposition *Liban, le regard des peintres*, Institut du Monde Arabe, Paris, 1989.

ALGER Vivan C.
XIXᵉ siècle. Actif à Londres puis à Bedford vers la fin du XIXᵉ siècle. Britannique.
Peintre de paysages.
Cet artiste envoya huit œuvres à la Royal Academy de Londres, de 1882 à 1889.

ALGERI Pietro ou Algieri
Actif à Venise. Italien.
Peintre.

ALGERIA Alvarez
XIXᵉ siècle. Actif à la fin du XIXᵉ siècle. Français.
Peintre de genre, aquarelliste.
On connaît de lui : *Un cardinal* (aquarelle).

ALGERMISSEN August
Né le 4 juin 1872 à Hildesheim. XIXᵉ-XXᵉ siècles. Allemand.
Peintre de figures.
Il étudia à l'Académie de Düsseldorf, de 1892 à 1903, et exposa dans cette ville.

ALGHISI G.
XVIᵉ siècle. Éc. bolonaise.
Peintre.
On connaît de lui *Le Palais de Ferrare*, gravé par Pellegrini (Domenico dit Tibaldi).

ALGHISI Squarzotto
Né à Carpi. XVIᵉ siècle. Italien.
Il épousa Bernardina Scarsella, fille d'un peintre de Ferrare, Hippolyte Scarsellino, né en 1551.

ALGIE Jessie
XIXᵉ-XXᵉ siècles. Britannique.
Peintre de fleurs.
Elle exposa à la Royal Academy de Londres au début du siècle.
Musées : LIVERPOOL : *Bleuets et œillets*.

ALGNER Charles
Né le 27 novembre 1921 à Strasbourg (Bas-Rhin). XXᵉ siècle. Français.
Peintre. Abstrait.
Il fit de la peinture figurative jusqu'en 1960. En 1959, il avait fondé à Strasbourg le groupe *Prisme*. Techniquement il a usé de nombreux média : collages, assemblages, calligraphie. L'étude de la philosophie zen l'a amené à l'abstraction lyrique gestuelle.

ALGORA Gabriele de
XVIIIᵉ siècle. Travaillait vers 1754. Espagnol.
Peintre.

ALGUERO José
Né le 10 janvier 1926 à Flix. XXᵉ siècle. Espagnol.
Peintre de paysages.
Il a exposé aux États-Unis et dans les Salons annuels de Paris. Il peint surtout les paysages de Catalogne.

ALGUERO Rafael
Né à Tortosa. XIXᵉ siècle. Espagnol.
Sculpteur.
Élève de Jeronimo Sunol et de Novas. Il exposa pour la première fois en 1878, à l'exposition de Madrid, quatre bustes, dont celui du roi Alphonse XII. À celle de 1881, il obtint une médaille de troisième classe. Parmi ses œuvres, on cite : *Une surprise, Le Jour des trois rois* (plâtre), *Le Porteur d'eau* (marbre).

ALHART
XIVᵉ siècle. Actif à Klosterneuburg. Allemand.
Peintre verrier.
Fils du célèbre peintre sur verre Eberhard, auquel il succéda, à la chapelle de Saint-Jean de Klosterneuburg, en 1331.

ALHAZIAN Ohannès
Né à Van (Turquie). XIXᵉ-XXᵉ siècles. Actif en France. Français.
Peintre de paysages.
Il y a tout lieu de supposer que cet Arménien né en Turquie, n'a pas gardé la nationalité turque, vivant en France. Il commença à exposer à Paris, des paysages au Salon d'Automne à partir de 1907. Depuis 1912, il a figuré régulièrement au Salon de la Société Nationale des Beaux-Arts, dont il devint associé en 1929. Les titres de ses paysages attestent des voyages, surtout en Espagne. Quant à la France, il y a surtout peint en Provence. Parfois il dépasse la littéralité simple du site pour aborder le paysage d'impression, communiquant des nuances psychologiques : *Effet de lune – Soleil couchant – Neige inattendue –* etc.
Ventes Publiques : Paris, 17-18 juin 1925 : *Le pêcheur près du pont* : FRF 70 – Paris, 1-3 juil. 1927 : *Étang de Berre aux Martigues* : FRF 1 000 – Paris, 17 jan. 1951 : *Maison au soleil* : FRF 2 800 – Paris, 22 mars 1985 : *Village sous la neige*, h/t (38x46) : FRF 4 200.

ALHEIM Alexandrina, Mme, née Puschkin
Née à Moscou. XIXᵉ siècle. Russe.
Peintre de portraits, fleurs.
Cette artiste, femme de Jean d'Alheim, usa de divers pseudonymes. On la trouve dans le catalogue de plusieurs Salons figurant sous le nom de Jacques Nevers et un portrait de la sœur du peintre Breton fut signé Jeanne Puschkin.
Musées : Nice : *La Halle aux poissons d'Arles.*

ALHEIM Jean d'
Né vers 1840 en Russie. Mort en octobre 1894 à Paris. XIXᵉ siècle. Actif aussi en France. Russe.
Peintre de scènes de genre, paysages animés, paysages, marines, fleurs.
Il exposa au Salon de la Société Nationale des Beaux-Arts en 1866, 1875 et 1878.
Ses paysages de Provence, Italie ou Russie sont traités avec brio, aisance, dans des tonalités fondues, où les personnages ne sont que, le plus souvent, suggérés.
Bibliogr. : Gérald Schurr : *Les Petits Maîtres de la peinture 1820-1920, valeur de demain,* t. V, Les Éditions de l'Amateur, Paris, 1981.
Musées : Béziers : *Pins maritimes à Antibes –* Nice : *L'Embouchure de la Roya* 1848 – Roanne : *Vallée houillère près de la Ricamarie – Femme au bain* – Troyes : *Une vue de Raguse.*
Ventes Publiques : Paris, 22-23 déc. 1898 : *Paysage et fleurs,* pan. décoratifs : FRF 260 – Paris, 6 mai 1929 : *Vue de Dalmatie* : FRF 1 400 – Lucerne, 1ᵉʳ déc. 1967 : *Paysage fluvial* : CHF 700 – Berne, 24 oct. 1979 : *Une foire à Alassimof,* h/t (26x100) : CHF 2 600 – Berne, 6 mai 1981 : *Le départ des pêcheurs,* h/cart. (27x54) – Cologne, 26 oct. 1984 : *Vue de Venise,* h/t (83x66) : DEM 6 000 – Paris, 10 avr. 1996 : *Paysage maritime,* h/t (65x53) : FRF 5 500 ; *Marine,* h/t (75x150) : FRF 6 200.

ALHIMOVITCH
XIXᵉ-XXᵉ siècles. Russe.
Peintre.
Exposa en Angleterre, à l'Exposition de l'Art Russe, une toile intitulée : *Le Logis familial.*

ALHOSTE Jan ou Allotte
XVIᵉ siècle. Éc. flamande.
Peintre.
Il seconda Hendrick van Cleve dans l'exécution des peintures décoratives qu'on fit à Gand pour la réception solennelle du duc Albert et de sa femme Isabelle.

ALI. Voir aussi aux noms qui y sont adjoints

ALI ibn HAMMOUD
XIIIᵉ siècle. Actif dans la seconde moitié du XIIIᵉ siècle. Éc. proche-Orientale.
Graveur.
On lui attribue trois objets, à Florence et au Musée archéologique de Téhéran.

ALI ibn HUSAYN
XIIIᵉ siècle. Actif à la fin du XIIIᵉ siècle probablement à Mossoul. Éc. proche-Orientale.
Graveur.
Il signa trois objets, conservés au Musée des Arts Décoratifs de Paris, au Louvre et au Caire.

ALI Samur
XXᵉ siècle. Tanzanien.

Sculpteur.
Il travaille dans la tradition de la sculpture makondé, au style expressif, qui a renouvelé l'art en Tanzanie, qu'il interprète de manière originale et eut de nombreux disciples.
Bibliogr. : Jutta Stöter-Bender : *L'Art contemporain dans les pays du « tiers-monde »,* L'Harmattan, Paris, 1995.

ALI Sultan
XXᵉ siècle. Indien.
Peintre.
Il puise son inspiration dans le tantrisme et ses symboles.
Bibliogr. : Jutta Stöter-Bender : *L'Art contemporain dans les pays du « tiers-monde »,* L'Harmattan, Paris, 1995.

ALIAMET François Germain
Né en 1734 à Abbeville. Mort le 5 février 1790 à Londres. XVIIIᵉ siècle. Français.
Graveur.
La brillante réussite de son frère aîné, Jacques Aliamet, contribua sans doute au choix que fit François-Germain de la carrière artistique. Il étudia d'abord le dessin avec Garet, artiste abbevillois, puis partit pour Paris, où il se perfectionna sous la direction de son frère. Vers 1756, jugeant peut-être que le mérite supérieur de Jacques lui porterait ombrage, François-Germain alla chercher fortune en Angleterre. Il s'établit à Londres, ouvrit une école de dessin et s'y maria. Comme graveur, il travaillait sous la direction de Robert Strange. Il mourut par accident à l'âge de cinquante-quatre ans. On a de lui une vingtaine de pièces.

ALIAMET Jacques
Né le 30 novembre 1726 à Abbeville. Mort en 1788 à Paris. XVIIIᵉ siècle. Français.
Graveur.
Frère de François Germain Aliamet. Certains biographes le font naître à tort, Lempereur en 1727, Michaud Pouillet, en 1720, d'autres en 1728, mais M. Delignières, dans l'excellente monographie qu'il a publiée du maître graveur abbevillois, nous donne l'acte de baptême de celui-ci, pièce dans laquelle figure la date que nous indiquons plus haut. Jacques était le deuxième enfant de six ou huit issus du premier mariage de H. Antoine Aliamet avec Catherine Germain. Antoine Aliamet était marchand à Abbeville. Il fut élu second juge-consul en 1735 et mourut en 1745. Dès son plus jeune âge, Jacques fit montre d'un goût très vif pour le dessin. Il avait environ quinze ans quand ses parents lui donnèrent pour maître un artiste de la ville, Philippe-Auguste Lefèvre, qui ne put qu'encourager le jeune Aliamet dans son désir de se livrer aux beaux-arts. Après dix-huit mois d'études, il fut décidé que Jacques irait à Paris. Lefèvre le confia à un de leurs compatriotes, Robert Hecquet. Celui-ci le fit entrer chez Le Bas, dont il fut bientôt un des élèves favoris. Après deux ou trois ans passés dans l'atelier du célèbre graveur, Jacques Aliamet se plaça sous la direction de Carle Van Loo, alors directeur de l'Académie, et pendant six mois se livra à l'étude exclusive du dessin. Il quitta ce nouveau maître pour s'établir, et peu après, le 12 août 1740, il épousait Marie Henot, nièce de Hecquet. Il en eut cinq enfants. Aliamet fut membre de l'Académie Royale. Il fut un des plus brillants graveurs de son époque. Son burin est d'une admirable sûreté et sa pointe n'est pas moins remarquable. Ses épreuves d'eau-forte pure sont charmantes, fraîches, légères et d'une très jolie couleur ; elles témoignent de sa connaissance parfaite du dessin. Aliamet fut un des huit graveurs choisis pour reproduire les batailles de la Chine pour l'empereur de ce pays. Le tirage de ces gravures fut expédié en Chine, la plupart des rares épreuves que nous possédons sont revenues d'Extrême-Orient. Aliamet signait ses ouvrages : *Aliamet ; Jac. Aliamet ; J. Aliamet ; Aliamet J. d'.*   ■ E. B.

LA'Sc.

ALIANI Lorenzo
Né en 1825 à Florence (Toscane). Mort en 1862. XIXᵉ siècle. Italien.
Peintre de paysages urbains, paysages, architectures.
Il fut apprécié comme paysagiste.
Ventes Publiques : Londres, 20 oct. 1978 : *Vue de Venise* 1844, h/t (35x52,5) : GBP 1 300 – Milan, 7 nov. 1985 : *La place Saint-Marc et la basilique, Venise* 1847, h/pan. (46,8x64) : ITL 8 500 000.

ALIAPERS ou Aliaps. Voir JOHANNES dit Jan von Prag

ALIBASYAH Abas
XXᵉ siècle. Indonésien.

Peintre. Abstrait.
Il fut élève de l'École des Beaux-Arts de Yogyakarta, où il eut pour professeurs Hendra et Trubus.
Il développe un style décoratif, dans des compositions abstraites.
Bibliogr. : Jutta Stöter-Bender : *L'Art contemporain dans les pays du « tiers-monde »*, L'Harmattan, Paris, 1995.

ALIBERT
xviiie siècle. Actif à Marseille. Français.
Sculpteur.
Il eut un troisième prix à l'Académie de Marseille, en 1783 et, en 1784, un second prix. Membre de l'Académie de Marseille en 1788.

ALIBERT David Louis
Né en 1765 à Paris. xviiie siècle. Français.
Peintre.
Il entra à l'Académie de Peinture et Sculpture le 2 nivôse, an V, et y fut élève de Descamps.

ALIBERTI Gian Giacomo
xviiie siècle. Actif à Asti. Italien.
Peintre.
Il étudia à Rome et succéda à Cignani et Maratta, mais ne put se libérer de l'affectation caractérisant la facture italienne de cette époque. Un de ses tableaux, qu'il montra au prince de Savoie, en 1793, lui concilia les bonnes grâces de ce souverain et lui valut un emploi à la cour.

ALIBERTI Giancarlo
Né en 1680, d'après Lanzi. Mort vers 1740. xviiie siècle. Actif à Asti. Italien.
Peintre.
Il appartient à la catégorie des nombreux maîtres du xviiie siècle qui se complurent dans l'exécution de fresques immenses et peintes très vite. À Saint-Agostino d'Asti, se trouve, de lui, l'*Image du saint patron porté par des anges*, et un autre épisode de la vie du même saint, dans le chœur de cette église. Il peignit aussi une *Vue du paradis*, dans l'église Saint-Martin. Il travailla également à Pavie, à l'église Saint-Pierre, où il peignit *Saint Pierre dans la prison.*

ALIBERTI Giuseppe Amedeo
Né à Asti. xviiie siècle. Italien.
Peintre, graveur en taille-douce.
Fils de Giancarlo, il vint, en 1728, comme jeune abbé, à Rome, pour étudier la peinture, aux frais de l'État. Il était aussi secouru par la cassette particulière du roi, mais il s'aliéna la faveur royale à la suite d'un scandale féminin. Comme peintre, il exécuta un portrait équestre du roi Carlo Emmanuel III de Sardaigne. Il a laissé des médaillons, des vignettes et des lettres ornées dans le volume des *Fêtes données à l'occasion du mariage du roi de Sardaigne, en 1750.*

ALIBRANDO Girolamo, dit Il Raffaello di Messina
Né en 1470 à Messine (Sicile). Mort dans la première partie du xvie siècle. xve-xvie siècles. Italien.
Peintre.
Il fit son éducation artistique dans l'école de son compatriote Salvo d'Antonio. Après la mort de son père, il voyagea en Italie. À Milan, il profita de l'enseignement de Léonard de Vinci ; à Rome, il se lia avec Raphaël et étudia l'antiquité classique : on signale encore son passage à Ferrare et à Parme. Son chef-d'œuvre fut une *Présentation au Temple*, peinte en 1519, pour la Compagnie della Candèlora, à Messine, et conservée à présent à l'église Saint-Nicolo dei Cisterciensi, et signé : *Jésus-Hieronymus de Alibrando Messanus faciebat 1519*. D'après Crowe et Cavalcaselle, il fit, en outre, une *Sainte Lucie*, dans la chapelle Saint-Jean de la cathédrale de Messine, et d'après G. di Marzo, neuf peintures, en 1513, dans la tribune de l'église S. Giorgio à Modica, et une *Adoration des rois* dans l'église de Venetico (Sicile).

ALICE Antonio
Né le 23 février 1886 à Buenos Aires. Mort le 24 août 1943 à Buenos Aires. xxe siècle. Argentin.
Peintre d'histoire, portraits.
Dès l'âge de onze ans, il fut élève du peintre italien, qui séjourna longtemps en Argentine, Decoroso Bonifanti. À l'École des Beaux-Arts de Buenos Aires, il obtint le Prix de Rome. Il poursuivit sa formation à l'École Royale des Beaux-Arts de Turin, et à Rome, où il remporta trois médailles d'or. Il revint en Argentine

en 1910, où il figura aux Salons officiels à partir de 1911, ayant toutefois été sélectionné en 1910 pour l'exposition *La Peinture argentine du centenaire*, à Buenos Aires. Il figura aussi à Paris au Salon des Artistes Français en 1914, ainsi qu'à San Francisco en 1915.
Il accomplit une carrière brillante de portraitiste et exécuta en outre des compositions historiques, notamment : *Los constituyantes de 1853*, œuvre qui devait être achetée après sa mort par le Gouvernement Fédéral en 1944.
Musées : Buenos Aires – et tous musées de provinces en Argentine.

ALICH Heinrich von
xive siècle. Allemand.
Peintre.
Membre d'un tiers ordre et plus tard entré au couvent de Saint-Pierre, à Erfurt, où il peignit, en 1302, la chapelle Corporis Christi, dans l'église de ce couvent, à l'occasion d'une restauration de ce bâtiment.

ALICO Giovanni
Né en 1906 à Catania (Sicile). xxe siècle. Italien.
Peintre.
Il a participé régulièrement à des manifestations collectives, notamment à la Biennale de Venise. Ses peintures s'inspirent de la réalité, qu'elles expriment très librement au travers d'une technique d'empâtements pigmentaires épais.

ALICORNI Giovanni di Napoli
xve siècle. Italien.
Peintre de compositions religieuses.
Il peignit, en 1481-1491, la chapelle Salato, dans la cathédrale d'Amalfi.

ALIÉ Pedro. Voir YSERN Y ALIE Pedro

ALIENZA Francesco de
xvie siècle. Travaillait à Séville en 1510. Espagnol.
Peintre.

ALIG, pseudonyme de Maréchal Édouard
xixe-xxe siècles. Français.
Dessinateur.
Il était le neveu du graveur Marcel-Paul Fleury. Il fut élève en architecture de l'École des Beaux-Arts de Paris. Entre 1908 et 1922, il a dessiné plusieurs centaines de croquis très enlevés. L'École des Beaux-Arts de Paris décerne annuellement un Prix en son nom.

ALIGHIERI Giovanni
xvie siècle. Italien.
Peintre.
Un manuscrit orné de miniatures, de la bibliothèque des Carmélites de S. Paolo de Ferrare, porte, à la fin, la signature de ce peintre.

ALIGHIERI Veronese da Zevio ou Aldighieri. Voir ALTICHIERO

ALIGHIERO E BOETTI. Voir BOETTI

ALIGNINI Antonio
xviiie siècle. Travaillait à Rome. Italien.
Sculpteur.
Le pape Clément XI lui commanda la trente-troisième statue des colonnades de la place Saint-Pierre.

ALIGNON Gabriel
Né au Puy-en-Velay (Haute-Loire). xixe siècle. Vivait au Puy-en-Velay vers 1868. Français.
Sculpteur.

ALIGNY Caruelle d'. Voir CARUELLE D'ALIGNY Claude Félix

ALIMANDI Enrico
Né à Turin. xxe siècle. Italien.
Peintre. Expressionniste.
Il s'est formé seul en peinture. Il fit un séjour à Paris en 1928 et adhéra au mouvement futuriste de 1929 à 1932. Puis, il fut intéressé par le surréalisme. Il a montré des expositions personnelles de ses peintures à Turin 1931, 1947, 1951, à Milan 1946, 1967, et à Paris en 1964.
A partir de sa période surréaliste, il peignit alors des paysages fantastiques imaginaires, peut-être issus de ses rêves. Il peignit aussi des nus. Il a de plus en plus évolué vers un expressionnisme halluciné, influencé par Chagall et Goerg, qu'il avait

connus pendant son séjour parisien. Il s'exprime par un dessin flou et des harmonies colorées sombres. Son expressionnisme est souvent teinté de fantastique et d'allusions érotiques. ■ J. B.

Musées : Asti (Mus. Civ.) – Gênes (Mus. d'Arte Sperimentale) – Turin (Mus. Civ. di Arte Mod.).

ALIMAZI Yoseph. Voir FRANCIS Yoseph

ALIMPI. Voir ALIPI

ALINEI Domenico et Raimondo
XVIII⁰ siècle. Napolitains, actifs au XVIII⁰ siècle. Italiens.
Peintres.
Signataires, en 1770, d'une pétition.

ALINERI Luca ou Alinari
Né en 1943 à Florence. XX⁰ siècle. Italien.
Peintre.
Il a exposé depuis 1972 dans de nombreuses galeries à Florence, Brescia et Bologne et à la Galleria Communale « P. Pascucci » de Grossetto en 1981.
Il peint des scènes irréelles où les éléments du quotidien sont brutalement soumis à de nouvelles lois d'équilibre et à de nombreux bouleversements. L'iconographie simplifiée qu'il utilise rapproche ces œuvres de l'illustration.
Ventes Publiques : Milan, 7 juin 1989 : *Paysage*, h/tissu de coton entrecollé/pan. (80x120) : ITL 4 500 000 – Milan, 8 nov. 1989 : *Petite baie*, techn. mixte/contre plaqué (100x100) : ITL 6 000 000 – Milan, 12 juin 1990 : *Paysage*, h/t (100x100) : ITL 5 000 000 – Milan, 27 sep. 1990 : *Fleurs dans un paysage*, h/t (70x70) : ITL 2 400 000 – Milan, 13 déc. 1990 : *Composition*, h/t/pan. (108x166,5) : ITL 8 500 000 – Milan, 26 mars 1991 : *Montagne*, h/pan. (68x68) : ITL 4 000 000 – Milan, 14 nov. 1991 : *Il suo io di un tempo*, h/pan. (78x78) : ITL 6 000 000 – Milan, 6 avr. 1993 : *Paysage*, h/pan. (82x140) : ITL 5 500 000 – Milan, 16 nov. 1993 : *Paysage*, h/t/pan. (80x100) : ITL 4 600 000 – Rome, 28 mars 1995 : *Paysage dans un tondo*, h/pan. (diam. 105) : ITL 5 750 000 – Milan, 20 mai 1996 : *Il Dato eterno*, émail/isor. (80x80) : ITL 4 025 000 – Venise, 12 mai 1996 : *Figure*, acryl./t. (100x80) : ITL 5 400 000.

ALINGTON Gervase
XX⁰ siècle. Actif à West Malvern en 1910. Britannique.
Peintre.
Il a pris part à l'Exposition d'Automne à Birmingham, en 1910, avec une toile intitulée : *Scarborough*.

ALINOVI Giuseppe
Né le 25 février 1811 à Parme (Emilie-Romagne). Mort le 9 août 1848 à Parme. XIX⁰ siècle. Italien.
Peintre de paysages, paysages urbains, paysages d'eau, aquarelliste, décorateur de théâtre.
Successeur distingué de Giuseppo Boccaccio, il exposa pour la première fois, en 1837, une *Vue du Lac de Côme*. En 1839, il peignit, par ordre de l'archiduchesse Marie Louise d'Autriche, un joli site de la route de Parme à Pontremoli, ainsi qu'un charmant décor de théâtre avec une vue de la ville d'Ischl.
Musées : Parme (Mus. de peinture) : *Vues de l'Oratoire della Grazie, à Parme.*
Ventes Publiques : Milan, 17 déc. 1992 : *Le jardin privé de Marie Louise dans le Palais Ducal de Parme*, aquar./pap. (26,5x35) : ITL 4 500 000.

ALINTAS Yurdaer
XX⁰ siècle. Turc.
Peintre.
Ses peintures sont directement inspirées des contes populaires de son pays ou bien des histoires et légendes que représente traditionnellement le théâtre d'ombres.

ALIONE Giuseppe
XVII⁰ siècle. Travaillait à Pignerol. Italien.
Peintre.
Il fut chargé du portrait de S. Grato, à Saint-Maurizio, à Pignerol, en 1602, si l'on s'en réfère aux livres de comptes du prince Acaia.

ALIOT Francisco
XIX⁰ siècle. Actif à Valence. Espagnol.
Peintre, graveur en taille-douce.
Il aida son maître, Vicente Castello, aux peintures de l'église S. Salvador de Valence. Plus connu comme graveur. On cite de lui les planches de la *Vie de sainte Philomène* et de nombreuses illustrations à la *Semaine pittoresque*, au *Musée de la famille et de l'éducation des enfants*.

ALIOT Marie. Voir ALIOT-BARBAN

ALIOT Pierre Louis Charles
Né à Villeneuve-Saint-Georges. XIX⁰ siècle. Français.
Graveur sur bois.
Élève de Trichon et de Barbant ; travailla à Paris. Il exécuta des gravures sur bois d'après Ruysdael, Rembrandt, Murillo, Montbard et Philipoteaux et exposa au Salon entre 1885 et 1893.

ALIOT-BARBAN Marie Juliette
Née à Paris. XIX⁰ siècle. Française.
Graveur sur bois.
Élève de l'École nationale de dessin et de Mme Brux. Elle exécuta des gravures sur bois d'après Ch. Jacque, Michel-Ange et Van Dyck. Obtint une mention honorable au Salon des Artistes Français, en 1896. Voir aussi Aliot.

ALIOTTI Claude
Né le 1ᵉʳ décembre 1925 à Caudéran (Gironde). Mort en 1989. XX⁰ siècle. Français.
Peintre de compositions à personnages, paysages animés.
Il a commencé à peindre en 1944 à Paris. Il expose le plus souvent à Paris depuis 1950, puis presque chaque année, il a exposé aussi à Lausanne entre 1955 et 1959, à Fécamp de 1960 à 1965, à Honfleur 1970, entre 1973 et 1977 à Los Angeles et Chicago, Périgueux 1975, Bordeaux 1976, etc. Bien que figurative dans les thèmes, sa peinture issue d'un dessin très elliptique tend à l'abstraction. Des formes calmes se juxtaposent pour emplir la surface de la composition d'un chromatisme tempéré.
Ventes Publiques : Paris, 26 fév. 1988 : *Le café*, h/t (73x92) : FRF 2 350 – Paris, 12 mai 1989 : *Tennis 1987*, h/t (100x65) : FRF 14 800 ; *Bois de Boulogne 1981*, acryl./pap. (46x24) : FRF 4 500.

ALIPI ou Alimpi, appelé aussi A. Petschersky
Mort le 17 août 1114. XI⁰-XII⁰ siècles. Russe.
Peintre.
Moine, il tira son nom du couvent des grottes de Kiev. Peintre d'images des saints les plus anciens. Il apprit l'art des Byzantins qui ornèrent, en 1084, l'église du couvent avec leurs peintures. On lui attribue quelques madones encore conservées.

ALIPPI da Cremona
XVIII⁰ siècle. Actif à la fin du XVIII⁰ siècle. Italien.
Peintre.
Moine habile évantailliste qui signe : *Alippi da Cremona*, 1781, et *F. Alipius Mediol*, 1783.

ALIPRANDI Antonio
XVIII⁰ siècle. Actif à Milan. Italien.
Sculpteur.
Il fut appelé, après 1700, par Corrado Rodulfo, à Valence, et travailla au portail principal de la cathédrale et à la chapelle de la Conception, de la maison de profession des Jésuites.

ALIPRANDI Giacomo
XVI⁰ siècle. Italien.
Peintre.
Il est mentionné dans un document de l'hôpital de Mantoue, en 1566, comme peintre.

ALIPRANDI Giacomo
XVIII⁰-XIX⁰ siècles. Actif à la fin du XVIII⁰ siècle et au début du XIX⁰ siècle. Italien.
Graveur, illustrateur.
Graveur à la manière pointillée et lignée, ce fut surtout un illustrateur. Il fit quelques scènes d'après Fragonard, quelques autres de la Révolution, d'après Le Barbier, des portraits de Louis XVIII, d'A. du Morrona. Il illustra l'almanach de Venise de l'an 1827.

ALIPRANDI Michelangelo
XVI⁰ siècle. Actif à Vérone de 1560 à 1582. Italien.
Peintre.
Cet artiste paraît avoir été l'élève de Paul Véronèse ; il fut, dans tous les cas, son imitateur. On a de lui, exécuté à la manière de Caliari, un tableau de maître-autel à l'église Saint-Nazaro e Celso, à Vérone, représentant la *Vierge et l'Enfant Jésus entre saint Roch et saint Sébastien*.

ALIPRANDO Gaspare
XVI⁰ siècle. Espagnol.
Peintre.
Il fut mentionné, en 1535, comme membre de l'Académie de Saint-Luc, à Rome.

ALIS Marcantonio et Matteo
XVIIe siècle. Actifs à Côme. Italiens.
Sculpteurs.
En 1633, ils travaillèrent ensemble à Monte Belluna au bel autel en marbre de la Vierge dei Battuti.

ALISERIS Carlo Washington
XXe siècle.
Peintre.
Il exposa un portrait à la Société Nationale des Beaux-Arts en 1940.

ALISON David
Né en 1882 à Dysart (Ecosse). Mort en 1955. XXe siècle. Britannique.
Peintre de portraits.
Il était invité à Paris au Salon des Artistes Français, où il obtint une médaille d'argent en 1931, pour son *Portrait de S. W. Atherton esquire*.
VENTES PUBLIQUES : LONDRES, 26 oct. 1979 : *Jour d'été*, h/t (65x49,5) : GBP 80 – QUEENSFERRY, 29 avr. 1986 : *Roses*, h/t (61x51) : GBP 520 – ÉDIMBOURG, 15 mai 1997 : *Roses*, h/t (73,6x58,4) : GBP 3 220.

ALISON François ou Alizon
XVIe siècle. Vivait à Grenoble de 1538 à 1585. Français.
Peintre.
Il est mentionné parmi les peintres qui, en 1548, travaillèrent à la décoration de la ville pour l'entrée du roi Henri II à Grenoble.

ALISON M., Miss
XIXe siècle. Vivait dans la seconde moitié du XIXe siècle à Acton (Angleterre). Britannique.
Peintre de paysages.
Les galeries de Suffolk Street et de la Royal Academy reçurent plusieurs œuvres de cette artiste, entre 1868 et 1874.

ALISON-GREEN Annie
Née à Dorset. XXe siècle. Britannique.
Peintre de portraits, sculpteur.
Elle se manifesta en France, d'abord comme sculpteur, au Salon des Artistes Français en 1920 et 1929, ainsi qu'en exposant régulièrement des peintures au Salon de la Société Nationale des Beaux-Arts, de 1921 à 1939, dont elle devint sociétaire en 1928.

ALISON-HELEN Rose
Née à Édimbourg. XXe siècle. Britannique.
Peintre.
Elle exposa à la Société Nationale des Beaux-Arts en 1933 et au Salon des Artistes Français en 1934.

ALITENIUS GATTI ou Gattus, Gatto
XVIIe siècle. Italien.
Graveur.

ALIX François
Né en 1753 à Honfleur. Mort en 1794 à Paris. XVIIIe siècle. Français.
Peintre, graveur.
Il entra à l'École de l'Académie en 1778, sous la direction de Chardin. Il y travaillait encore en 1781. Il est le même que le graveur Alix, mentionné par Le Blanc.

ALIX Jean
Né en 1615 à Paris. XVIIe siècle. Français.
Peintre, graveur.
Il fut l'élève de Ph. de Champaigne pour la peinture et travailla, probablement, la gravure avec Morin.

ALIX Jean Baptiste
Né le 20 juin 1801 à Paris. XIXe siècle. Français.
Sculpteur.
Élève de David d'Angers et de Léon Cogniet. Il entra, en 1828, à l'École des Beaux-Arts. Il exposa au Salon, en 1835, une statue plâtre : *Marius proscrit*, et, en 1836, une autre : *Marcus Brutus consultant l'histoire de Polybe*. Il figura pour la dernière fois au Salon en 1839.

ALIX Jeanne
Née le 7 mars 1884 à Paris. XXe siècle. Française.
Peintre de paysages urbains.
Elle fut élève, à l'École des Beaux-Arts de Paris, de Diogène Maillart, Eugène Carrière et Jean-Paul Laurens. Elle a exposé régulièrement au Salon des Artistes Français, mention honorable 1920, Prix Marie Bashkirtseff 1921, médaille d'argent 1925, médaille spéciale de l'Exposition Internationale de 1937.

Elle a surtout peint des vues des quartiers de Paris les plus pittoresques et adhéra à la Société des Peintres du Paris Moderne.

ALIX Laure Justine Joséphine
Née à Paris. XIXe siècle. Française.
Peintre de scènes de genre, portraits, fleurs.
Elle a exposé de 1876 à 1880. Elle a participé vers 1886 aux Expositions de la Société du Blanc et Noir, avec des aquarelles et des pastels. Elle a également peint sur porcelaine.

ALIX Louise
Née à Paris. XXe siècle. Française.
Peintre de paysages, décoratrice.
Elle reçut les conseils d'Yvonne Delattre et de Henri Zo. Elle a exposé régulièrement, de 1926 à 1941, au Salon des Artistes Français, mention honorable en 1928, Prix Bernheim de Villiers 1933, médaille d'argent en Arts Appliqués 1935. Elle a également figuré épisodiquement au Salon des Indépendants.

ALIX Marie. Voir MARIE-ALIX Alice

ALIX Pierre Michel
Né en 1762 à Paris. Mort le 27 décembre 1817 à Paris. XVIIIe-XIXe siècles. Français.
Graveur.
Il est surtout célèbre par ses portraits.
VENTES PUBLIQUES : MUNICH, 25 nov. 1976 : *Portrait de Molière*, aquat., d'après Garneray : DEM 450.

ALIX Yves
Né le 19 août 1890 à Fontainebleau (Seine-et-Marne). Mort le 22 avril 1969 à Paris. XXe siècle. Français.
Peintre de compositions à personnages, figures, paysages, peintre de cartons de tapisseries, graveur, illustrateur, décorateur de théâtre. Post-cubiste.
Il fut élève de l'Académie Julian, puis fut reçu à l'École des Beaux-Arts mais préféra s'inscrire à l'Académie Ranson, où enseignaient Bonnard, Vuillard, K.-X. Roussel, Maurice Denis, Sérusier. Il commença à exposer en 1912 au Salon des Indépendants, dont il devint membre du comité, ainsi que de celui du Salon d'Automne. Il a également exposé au Salon des Tuileries et au Salon Comparaisons. Son œuvre a fait l'objet de nombreuses expositions personnelles, surtout dans des galeries parisiennes, ainsi qu'à Strasbourg, et en 1990 pour le centenaire de sa naissance une rétrospective à l'Hôtel Donadeï de Campredon de L'Isle-sur-la-Sorgue. Il a peint de nombreuses décorations murales, parmi lesquelles : Hôtels de Ville de Saint-Mandé, Poissy, Puteaux, École Normale Supérieure de Jeunes-filles, Lycée Camille Sée, le Pavillon de l'Île-de-France à l'Exposition Universelle de 1937, le hall d'Air France sur les Champs-Elysées, le paquebot *Normandie*. Il a fait tisser de nombreux cartons de tapisseries. Il a créé de nombreux décors, d'entre lesquels : *Le Carrosse du Saint-Sacrement, Le Menteur, Le Bourgeois gentilhomme, Lohengrin* et *Le Marchand de Venise* à l'Opéra de Paris, *Les Surprises de l'amour* à la Comédie Française, etc. Il a illustré de nombreux ouvrages, parmi lesquels : *Mademoiselle de La Ferté* de Pierre Benoît, *Antigone* de Sophocle, etc. Il était officier des Arts et Lettres et officier de la Légion d'honneur.
Après 1913, il fut influencé durablement par André Lhote. Le poète Roger Allard décrit sa manière : « À l'exemple des maîtres anciens, il procède par masses sombres ou lumineuses, et c'est à la limite des unes et des autres que les contours se révèlent ; un modelé particulièrement vigoureux peut se passer de l'artifice du sertissage qui donne l'illusion de la fermeté ». Peintre de paysages, il est allé chercher ses motifs dans l'Oise, en Bretagne, en Picardie et surtout en Provence, où à partir de 1950 il passait une partie de l'année. Ses portraits contribuèrent à ses sucès, en particulier le *Portrait du ténor Koubitzky* de 1923 fut très remarqué, mais aussi le *Portrait de Marie Laurencin* de 1913, d'autres encore. Ce furent peut-être ses nombreuses commandes de peintures murales qui le firent composer de plus en plus fermement la surface de ses tableaux et l'incitèrent à des compositions de personnages : *Quatre filles au bain* de 1962, *Nus provençaux* de 1965. De ces compositions, Raymond Cogniat a écrit : « ... Il poussera de plus en plus loin cette discipline qui aboutit à une construction totale du tableau, affirmant fortement les grands rythmes, les larges répartitions de l'espace et de la lumière, mais sans toutefois adhérer à des formules totalement abstraites... »
En résumé, Yves Alix, peintre au métier solide, touché par un

cubisme bien tempéré, fut un exemple caractéristique de l'École de Paris de l'entre-deux-guerres. ■ Jacques Busse

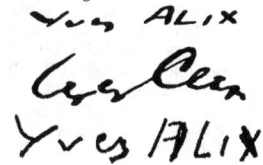

BIBLIOGR. : Roger Allard : *Yves Alix*, Les peintres français nouveaux n° 20, N.R.F., Paris, 1924 – François Fosca : *Yves Alix*, L'amour de l'art, 1929 – Raymond Cogniat : *Yves Alix ou le droit de déplaire*, La femme de France – Jean Cassou : *Yves Alix*, La feuille blanche, Elzévir, Paris, 1946 – Raymond Cogniat : *Hommage à Yves Alix*, Catalogue du Salon d'Automne, 1973 – Gérald Schurr : *Les petits maîtres de la peinture*, Paris, 1985 – Catalogue de l'exposition *Yves Alix*, Hôtel Donadeï de Campredon, L'Isle-sur-la-Sorgue, 1990 – Lydia Harambourg, in : *L'École de Paris 1945-1965*. Diction. des Peintres, Ides et Calendes, Neuchâtel, 1993.
MUSÉES : ALBI – ALGER – AMIENS – BELFORT – BELGRADE – CHICAGO – DJAKARTA – ÉPINAL (Mus. départ. des Vosges) : *Fleurs* 1959 – LA HAYE – LISBONNE – LYON (Mus. des Beaux-Arts) : *Le Ténor Koubitzky chantant* – MÂCON – MONACO – MONTEVIDEO – MOSCOU – ORLÉANS – PARIS (Mus Nat. d'Art Mod.) : *La Reddition espagnole* – *Le Maître de moisson* – *L'Arc de triomphe de Titus* – *Le Colisée* – PARIS (Chalcographie du Louvre) : *L'Escalier roulant*, eau-forte – *La Reddition*, eau-forte – PARIS (Mus. des Invalides) : *La Reddition*, eau-forte – PARIS (Mus. des Invalides) – LA ROCHELLE – ROUEN – SAINT-ÉTIENNE – SAINT-PÉTERSBOURG (Mus. de l'Ermitage) : *Scène du palais de justice* 1928 – SKOPJE – TOKYO (Maison Franco-Japonaise).
VENTES PUBLIQUES : PARIS, 7 avr. 1924 : *Les hortensias bleus* : FRF 600 – PARIS, 12 déc. 1927 : *Les avocats* : FRF 2 300 – PARIS, 2 mars 1929 : *Le ténor Koubitzky chantant* : FRF 3 000 – PARIS, 28 fév. 1930 : *Maisonnettes* : FRF 2 400 – PARIS, 14 mai 1943 : *Le labour* : FRF 2 800 – PARIS, 20 juin 1944 : *Paysage de Provence* : FRF 4 100 – PARIS, 21 avr. 1950 : *La jeune femme à la cigarette* : FRF 11 000 – PARIS, 7 déc. 1953 : *Paysans grecs* : FRF 14 600 – PARIS, 10 déc. 1968 : *Nuages* : FRF 4 000 – VERSAILLES, 24 oct. 1976 : *Jeune femme au miroir* 1943, h/t (65x46) : FRF 3 500 – PARIS, 5 déc. 1980 : *Depuis la citadelle Saint-Tropez* 1956, h/t (33x43) : FRF 3 100 – PARIS, 30 sep. 1983 : *La plage*, h/t (146x114) : FRF 10 500 – PARIS, 12 mars 1984 : *Les pavillons, Saint-Tropez* 1950, h/t (73x92) : FRF 7 500 – PARIS, 30 juin 1986 : *Saint-Tropez* 1953, h/t (73x92) : FRF 12 000 – PARIS, 23 fév. 1987 : *Le golfe de Saint-Tropez* 1947, h/t (60x73) : FRF 10 500 – PARIS, 6 avr. 1987 : *Le point de vue* 1952, h/t (60x81) : FRF 20 000 – PARIS, 12 juin 1988 : *Le cargo* 1957, h/t (92x73) : FRF 19 000 – VERSAILLES, 23 juin 1988 : *Au plan de la tour*, h/t (65x81) : FRF 17 500 – VERSAILLES, 25 sep. 1988 : *Soir sur le port* 1952, h/t (146x70) : FRF 17 500 – PARIS, 14 mars 1990 : *Pâquerettes* 1944, h/t (22x16) : FRF 11 000 – PARIS, 15 avr. 1991 : *Les joueurs de cartes* 1930, h/t (55x46) : FRF 23 000 – NEUILLY, 23 fév. 1992 : *Paysage de Provence* 1943, h/cart. (50x73) : FRF 22 000 – NEUILLY, 20 mai 1992 : *Rouge et bleu* 1963, h/t (60x81) : FRF 55 000 – PARIS, 20 déc. 1995 : *Paysage aux maisons*, h/t (50x61) : FRF 7 000.

ALIXANDRE Guillaume
XVe siècle. Français.
Enlumineur.

ALIZARD Antoine Julien
Né le 14 mars 1827 à Buironfosse (Aisne). Mort le 1er avril 1912 à Langres. XIXe-XXe siècles. Français.
Pastelliste de portraits.
Élève de Léon Cogniet et de l'École des Beaux-Arts. A exposé souvent de 1851 à 1857.

ALIZARD J.-B. ou Allizart
Né probablement en Flandre française. XVIIIe siècle. Français.
Peintre d'histoire, compositions religieuses.
Il était actif dans la seconde moitié du XVIIIe siècle. Il obtint un deuxième prix, en 1762, pour son tableau *La Mort de Socrate*, et, en 1763, un premier prix pour *Cleobis et Biton*. On conserve de lui, dans l'église Saint-Pierre, à Douai, un *Massacre des Innocents*, signé *J.-B. Allizart* (1776) et le dessin de ce tableau figure au Musée de cette ville, qui fut peut-être sa ville natale. Il est peut-être le même que le peintre du même nom signalé au 1er octobre 1758 sur les registres de l'Académie Royale.

MUSÉES : DOUAI : *Massacre des Innocents* 1776, dessin du tableau du même titre.

ALIZARD Joseph Paul
Né le 12 août 1867 à Langres (Haute-Marne). Mort le 23 novembre 1948 à Châteauvillain (Haute-Marne). XIXe-XXe siècles. Français.
Peintre de sujets de genre, portraits, graveur, dessinateur.
Il fut élève de J.-B. Laurens, Benjamin Constant, Davant et de son père. Exposant au Salon des Artistes Français de Paris, entre 1897 et 1942, il obtint une deuxième médaille en 1908, la croix de chevalier de la Légion d'honneur en 1926 et fut classé hors-concours. Il a figuré à l'Exposition de Bruxelles en 1910 et a participé à d'autres manifestations en Belgique, en Amérique et au Japon.
Peintre de portraits, il a fait également des tableaux de genre comme : *Fille d'Ève* (1928), *Perplexité* (1936), *À l'ombre de Beethoven* (1939). La mairie du VIIIe arrondissement de Paris possède de lui : *Le Baiser*.
MUSÉES : LANGRES : *La Mère Jeannette* – *Chose vue un jour de printemps* – *Confidence* – MORLAIX : *Dans le passé* – NICE : *Confidence* – PARIS (Mus. d'Orsay) : *Chose vue un jour de printemps*, fus. – *Pour l'absent* 1903, fus. – ROME : *Le Rédempteur assis sur l'arc-en-ciel*.
VENTES PUBLIQUES : NEW YORK, 31 oct. 1980 : *Le wagon de 2e classe*, h/t (114,3x146,7) : USD 1 500.

ALIZON François. Voir ALISON

ALIZON H.
XIXe-XXe siècles. Français.
Peintre de paysages.
On connaît de lui une *Colline sous la neige* vendue à Amsterdam en 1909, et deux *Vues des Vosges* dans la Galerie Roussel.
MUSÉES : BREST : *Environs de Verdun*.
VENTES PUBLIQUES : PARIS, 30 jan. 1929 : *Paysage d'hiver* : FRF 95.

ALKAMENES ou Alkamène. Voir ALCAMÈNE

ALKAN-LÉVY Fernand
Né à Amiens (Somme). XXe siècle. Français.
Peintre de paysages urbains.
Avant la première guerre mondiale, il exposa à Paris au Salon des Artistes Français, mention honorable 1909. De 1926 à 1932, ce fut au Salon des Indépendants qu'il donna à voir ses paysages parisiens, ainsi que ceux rapportés de ses quelques voyages.
VENTES PUBLIQUES : MONTRÉAL, 23-24 nov. 1993 : *Le modèle dans l'atelier*, h/t (50,6x61) : CAD 900.

ALKE Stephen
Né le 14 mai 1874 à Augusta, en Kentucky (États-Unis). XIXe-XXe siècles. Américain.
Peintre, illustrateur.
Alke étudia à Cincinnati, et fut élève de Duveneck, Noble et Nowottny. Il devint membre de l'Art Club de Cincinnati.

ALKEMA Tjeerd
Né en 1942 à Harlingen (Frise). XXe siècle. Depuis 1963 actif en France. Hollandais.
Sculpteur d'environnements, multimédia, dessinateur. Tendance conceptuelle.
Dès les années soixante, il s'est fixé à Montpellier. En 1970, avec Jean Azémard, Alain Clément et Vincent Bioulès, il participa à la création du groupe *ABC Productions*, qui organisa à Montpellier l'exposition *100 artistes dans la ville*, en liaison avec les réflexions du groupe *Support-surface* sur les modes de lecture d'une œuvre et sur sa diffusion. Il a commencé à participer à des expositions collectives en 1980 au Musée de Toulon, puis 1981 Montpellier, Bordeaux, Montréal, 1982 *Ateliers 81-82* à l'ARC du Musée d'Art Moderne de la Ville de Paris, Nantes et Montpellier de nouveau, 1983 au Musée des Augustins de Toulouse, Fondation Joan Miro de Barcelone, 1984 pour le Centenaire de Bachelard à Romilly-sur-Seine, 1985 au Musée de Stockholm, 1986 Villa Médicis à Rome, Montpellier, Marseille, 1988 *Rome-Rodez* au Musée de Rodez, *Mages-Images* à Albi, en 1998 au Centre d'Art de Tanlay, *Le Champ des Illusions*, avec François Loriot, Chantal Mélia, Markus Raetz, etc. Il a séjourné à la Villa Médicis en 1985-1986. Il a été nommé professeur à l'École d'Architecture de Montpellier, puis à l'École des Beaux-Arts de Nîmes.
Ses activités sont diverses : sculpture bien sûr, mais aussi objets, livres, photographie. Depuis 1980, à partir d'études sur plans

d'architecture, il construit, en matériaux simples : plâtre blanc, briques, des environnements pénétrables, qui mettent en évidence pour le spectateur-visiteur, des questionnements sur l'espace, d'autant plus qu'il y intègre souvent, sculpture dans la sculpture, un volume géométrique anamorphosé, que ce spectateur ne peut donc déchiffrer qu'à partir d'un seul point de vue, n'en voyant de tous les autres que des aspects éclatés et dispersés à l'intérieur de l'espace de l'environnement, non identifiables. À moins qu'il n'ait conçu l'environnement lui-même comme sculpture-anamorphosée, auquel cas c'est à l'extérieur de son volume que le spectateur devra rechercher l'unique point de vue, à partir duquel il aura la perception, illusoire mais globale, de la conception de l'artiste. D'un point de vue, on peut percevoir l'anamorphose, donc une « illusion » d'optique signifiante, et de tous les autres points de vue on ne peut percevoir que la « réalité » des composantes de l'anamorphose, mais privée de sens. Restait à Alkema à décider si la recherche du bon point de vue faisait partie ludique de la perception de ses constructions ou s'il convenait de lui indiquer la solution par l'indication au sol du bon placement du spectateur. Il a opté pour la seconde possibilité. ■ Jacques Busse

Bibliogr. : Nathalie Abou-Isaac, in : Catalogue de l'exposition *L'Art moderne à Marseille, la collection du Musée Cantini*, Marseille, 1988.

Musées : Marseille (Mus. Cantini) : *Étude pour un portique*, dess.

Ventes Publiques : Paris, 8 oct. 1989 : *Étude pour un cube*, craie et past./pap. (85x100) : **FRF 4 500**.

ALKEMA Wobbe
Né en 1900 à Borger. Mort en 1984 à Kampen. XXᵉ siècle. Hollandais.

Peintre. Abstrait.

À Groningue il suivit un apprentissage en sulpture et en dessin de meubles. Dès 1920, sous l'influence de Bart van der Leck et de Vilmos Huszar, il se rapproche du mouvement De Stijl, tout en restant figuratif. En 1924, il travaille à Groningue comme architecte de bureau. Il entre en contact avec les constructivistes belges et publie des œuvres dans des revues telles que *Het Overzicht – De Driehoek – The Next Call*. Sa peinture désormais abstraite est alors influencée par Moholy-Nagy. Entre 1928 et 1930 il effectue un voyage en Allemagne et voit à Hanovre le *Cabinet des abstraits* de Lissitsky.

Bibliogr. : In : *Dictionnaire de la peinture flamande et hollandaise*, Larousse, 1989 – in : *L'Art du XXᵉ siècle*, Larousse, Paris, 1991.

Musées : Groningen : *Composition VII* 1926.

Ventes Publiques : Amsterdam, 15 mars 1983 : *Hommage à Jozef Peeters* 1960, h/t (100x74) : **NLG 1 900** – Amsterdam, 8 déc. 1987 : *Composition abstraite* 1931, aquar., gche et cr. (29x29) : **NLG 4 000** – Amsterdam, 9 déc. 1992 : *Composition 1967 nº 3* 1967, h/cart. (81x60) : **NLG 15 525** – Amsterdam, 1ᵉʳ juin 1994 : *Sans titre* 1925, aquar./pap. (12x9) : **NLG 2 875** – Amsterdam, 4 juin 1997 : *Composition nº 16* 1960-1961, h/pan. (82x60) : **NLG 10 378** – Amsterdam, 1ᵉʳ déc. 1997 : *Composition 1960 nº 1* 1960, h/pan. (80x60) : **NLG 11 800.**

ALKEN Henry. Voir ALKEN Samuel Henry

ALKEN Henry Thomas, l'Ancien
Né en 1774 ou 1785. Mort en 1850 ou 1851. XVIIIᵉ-XIXᵉ siècles. Britannique.

Peintre de genre, scènes de chasse, sujets de sport, portraits, aquarelliste, graveur, dessinateur.

Il figura à la Royal Academy de Londres, en 1801 et 1802, avec deux portraits.

Cet artiste a peint surtout des sujets de chasse et de sport. Il publia, en 1816, *Les Beautés et les Défauts de formes des chevaux*. En 1821 parurent *Les Sports nationaux de la Grande-Bretagne*, suite de cinquante planches coloriées.

Musées : Manchester : *Chasse à la loutre*.

Ventes Publiques : Paris, 1865 : *Chasse aux renards*, aquar., quatre pendants : **FRF 280** ; *Combat au taureau et de bouledogues*, aquar. : **FRF 62** – Londres, 1898 : *Le relais* : **FRF 910** ; *Le départ pour le Derby* ; *Le retour du Derby*, deux pendants : **FRF 1 000** – Londres, 1899 : *série de six aquarelles relatives aux Steeple Chase* : **FRF 2 750** – Londres, 26-27 fév. 1903 : *Cotherstone, gagnant du Derby*, peint. : **GBP 200** – Londres, 1914 : *Chasse au renard* : **GBP 131** – Londres, 1919 : *Chasse au renard* : **GBP 126** ; *Route de la vie* : **GBP 94** – Paris, 10 fév. 1926 : *Cavaliers et chaise de poste*, pl. et aquar. : **FRF 230** – Londres, 1936 :

Dancaster Saint Léger : **GBP 5** – New York, 4 déc. 1941 (chez Jones) : *Le départ du Derby* 1850 : **USD 1 600** – Londres, 20 juil. 1951 : *The Grand Leicestershire Steeplechase, mai 1812* 1829, h/t, suite de huit (26,5x37) : **GNS 1 000** – New York, 21 jan. 1961 : *La diligence Exeter-Lymington-Poole* : **USD 350** – Londres, 17 mars 1961 : *La Poste Royale, Londres-Carlisle* : **GBP 609** – Londres, 20 mars 1963 : *Scènes de pêche*, pan., deux pendants : **GBP 1 000** – Londres, 15 juil. 1964 : *Le départ du Derby* ; *L'arrivée du Derby*, t., deux pendants : **GBP 2 500** – Versailles, 19 déc. 1965 : *Cavalier sautant une rivière* : **FRF 530** – Londres, 13 juil. 1966 : *Scène de chasse*, t., suite de quatre formant pendants : **GBP 7 600** – Londres, 18 oct. 1966 : *Le poulain*, aquar. et cr. : **FRF 5 514** – Londres, 22 nov. 1967 : *Scène de chasse*, t., suite de quatre : **GBP 16 000** – Londres, 17 mars 1971 : *La malle-poste Hull-Londres* : **GBP 1 700** – Londres, 13 déc. 1972 : *La malle-poste dans un paysage d'hiver*, pan., une paire : **GBP 3 200** – Londres, 31 oct. 1973 : *Scènes de chasse*, t., série de quatre : **GBP 25 000** – Londres, 28 avr. 1976 : *Scènes de chasse*, h/t, série de quatre (24x32) : **GBP 20 000** – Londres, 23 mars 1977 : *Doncaster St-Leger* ; *Doncaster Cup* 1850, h./cartons, une paire (chaque 20x29) : **GBP 3 200** – Londres, 23 juin 1978 : *La Chasse au renard*, t., série de quatre (43,7x74,2) : **GBP 15 000** – Londres, 22 juin 1979 : *The Doncaster St-Leger* 1850, t., suite de quatre (37,5x52,6) : **GBP 30 000** – Londres, 30 juin 1981 : *In training* 1838, aquar. et cr. (19x24) : **GBP 700** – Londres, 7 juil. 1982 : *The Grand Leicestershire Steeplechase, mai 1812* 1829, h/t, suite de huit (26,5x37) : **GBP 56 000** – New York, 20 avr. 1983 : *Cavalier à cheval*, aquar. et cr. (27x37,5) : **USD 1 300** – New York, 10 juin 1983 : *La malle-poste Exeter-Londres dans un paysage*, h/t, une paire (27,5x36,5) : **USD 24 000** – New York, 11 avr. 1984 : *Scènes de chasse*, aquar. et mine de pb, suite de quatre (26x37) : **USD 6 500** ; *Scènes de chasse*, h/t, suite de quatre (33x46) : **USD 70 000** – Londres, 13 mars 1985 : *Scènes de chasse*, h/t, suite de trois (45,5x61) : **GBP 60 000** – Londres, 14 mars 1985 : *An arab horse and groom*, aquar. (23,7x33,8) : **GBP 4 800** – Londres, 19 mars 1985 : *Études d'animaux et personnages*, craie rouge et cr., suite de treinze dess. (9x33 et 10x34) : **GBP 8 000** – New-York, 6 juin 1986 : *Scènes de chasse*, h/pan., une paire (30,5x45,7) : **USD 50 000** – Londres, 15 juil. 1988 : *Le Rassemblement* ; *Par-dessus la clôture*, h/t chaque, une paire (26,7x36,9) : **GBP 46 200** – Londres, 15 nov. 1989 : *Le départ du Derby en 1848* ; *Le vainqueur du Derby en 1848*, h/t, une paire (chaque 37x52) : **GBP 44 000** – New-York, 1ᵉʳ mars 1990 : *Sur le chemin du Derby*, h/t (51,4x61,6) : **USD 57 200** – Londres, 11 juil. 1990 : *Retour de chasse*, h/t (44,5x59) : **GBP 4 180** – New York, 7 juin 1991 : *Derrière la meute !* ; *Mise à mort*, h/t, une paire (chaque 45,1x61) : **USD 22 000** – Londres, 12 juil. 1991 : *L'Équipage de Oakley*, h/t (101,6x162,5) : **GBP 77 000** – New York, 30 oct. 1992 : *Vers le rendez-vous de chasse* ; *Retour de chasse*, h/t, une paire (chaque 33x41,9) : **USD 10 450** – Londres, 7 avr. 1993 : *Scènes de chasse à courre*, h/t, ensemble de quatre œuvres (chaque 28x38,2) : **GBP 36 700** – New-York, 3 juin 1994 : *Encolure à encolure*, h/t (31,1x40,6) : **USD 33 350** – Londres, 10 juil. 1996 : *Scènes de chasse à courre*, h/cart., ensemble de quatre œuvres (chaque 23x30,5) : **GBP 16 100** – Londres, 9 juil. 1997 : *Scènes de chasse à courre*, h/t, ensemble de quatre œuvres (chaque 30,5x41) : **GBP 54 300** – Londres, 12 nov. 1997 : *La Diligence postale*, h/pan. (33x45,5) : **GBP 6 900** ; *Le Départ du Derby 1849* ; *L'Arrivée du Derby 1849*, h/t, une paire (chaque 38,5x54) : **GBP 71 900.**

ALKEN Samuel
Né en 1750. Mort en 1815. XVIIIᵉ-XIXᵉ siècles. Britannique.

Peintre de scènes de chasse, sujets de sport, paysages, aquarelliste, graveur, dessinateur.

Il fut le premier de la dynastie des Alken, Henry Thomas, Samuel Henry, qui seront tous peintres de sujets équestres et de chasse. Il travailla à Londres de 1780 à 1798.

Graveur à l'aquatinte, il s'adonna surtout à l'illustration d'ouvrages topographiques, tels que *Vues du Cumberland et du West-moreland*, en 1796, et *Vues du pays de Galles du Nord*, en 1798. On mentionne également de lui un ouvrage d'ornement.

Musées : Manchester : *Chasse au coq de bruyère*.

Ventes Publiques : Londres, 28 fév. 1910 : *Épagneul et faisans* ; *Chien d'arrêt et Perdrix*, les deux : **GBP 5** – Londres, 12 mars 1910 : *Grand Steeplechase à Liverpool* ; *Chiens pour la chasse aux renards* ; *Une voiture* : **GBP 81** ; *Scènes de Voiture* : **GBP 63** – Londres, 23 mars 1977 : *La Diligence dans un paysage de neige*, h/pan. (28x41) : **GBP 500** – Londres, 17 mars 1978 : *Scène de chasse* 1816, h/t (97x123,8) : **GBP 3 200** – Londres, 20 nov. 1979 :

Scènes de chasse deux datées 1819 et une datée 1820, six aquar. et cr. (20,3x27) : **GBP 1 500** – LONDRES, 16 juil. 1982 : *Jockeys saddling up the race*, deux h/t (35x42,5) : **GBP 4 800** – LONDRES, 27 juil. 1982 : *Chasseurs et chiens dans un bois*, aquar. et cr. (40,5x54) : **GBP 450** – LONDRES, 29 mars 1983 : *Scène de champ de course 1808*, aquar. et cr. (35,2x52,3) : **GBP 1 700** – NEW YORK, 10 juin 1983 : *Course opposant Trafalgar à Météorite à Newmarket 1806*, h/pan. (26x36,8) : **USD 13 000** – NEW YORK, 8 juin 1984 : *La malle-poste Hull-Londres arrêtée devant une poste*, h/t (45,4x61) : **USD 5 000** – NEW YORK, 7 juin 1985 : *Trafalgar et Météorite courant à Newmarket 1806*, h/pan. (26,8x36,2) : **USD 15 000** – LONDRES, 21 nov. 1985 : *Grey Diomed*, aquar. (29x48) : **GBP 800** – NEW YORK, 25 oct. 1989 : *Départ de la meute*, h/t (29,2x34,3) : **USD 6 050** – LONDRES, 28 fév. 1990 : *Palefrenier conduisant un étalon vers une jument 1810*, h/pan. (23,5x30) : **GBP 1 100** – LONDRES, 12 juil. 1991 : *Chasseurs et la meute à l'orée d'un bois 1807*, h/t (61x79) : **GBP 5 500** – LONDRES, 13 nov. 1997 : *Scènes de chasse 1784*, aquat., quatre pièces (chaque 2,75x3,85) : **GBP 3 910**.

ALKEN Samuel Henry
Né en 1810. Mort en 1894. XIXe siècle. Britannique.
Peintre de scènes de chasse, sujets de sport, chevaux, aquarelliste, graveur, dessinateur.
Il fut le dernier de la dynastie des Alken, tous peintres de sujets équestre et de chasse, dans un registres des très populaires gravures anglaises du XIXe siècle.

H·ALKen

VENTES PUBLIQUES : LONDRES, 26 mars 1976 : *On Shank's Pony*, h/t (34,5x44,5) : **GBP 750** – LONDRES, 23 juin 1978 : *La Diligence Ipswich-Londres dans un paysage de neige 1875*, h/t (37x61,5) : **GBP 4 200** – LONDRES, 22 juin 1979 : *La Mort du renard*, h/t (34,2x52) : **GBP 5 000** – NEW YORK, 11 fév. 1981 : *Crucifix avec son jockey 1842*, h/t (35,5x44,5) : **USD 6 000** – LONDRES, 18 nov. 1983 : *Chevaux et volatiles*, deux h/cart. (24,1x29,2) : **GBP 1 800** – LONDRES, 13 juil. 1984 : *Scène de chasse*, quatre h/t (25,4x35,5) : **GBP 35 000** – NEW YORK, 15 fév. 1985 : *La Chasse aux perdrix*, aquar. (18,5x26,7) : **USD 1 000** – LONDRES, 22 nov. 1985 : *The Epsom Derby 1853*, h/t (40,6x55,9) : **GBP 70 000** – LONDRES, 24 avr. 1986 : *The London to Dover Mail Coach* ; *The London to Dumfries Mail Coach*, aquar./pap. bleu, une paire (27x40) : **GBP 1 550** – NEW YORK, 9 juin 1988 : *Le Passage de la rivière du steeplechase*, h/t (40,6x61) : **USD 14 300** – LONDRES, 15 juil. 1988 : *La Chasse aux perdrix*, aquar. (30x43,1) : **GBP 18 700** – LONDRES, 18 nov. 1988 : *Chasse au faisan et Chasse au lapin*, h/pan. (20,7x27,4) : **GBP 10 450** – NEW YORK, 24 mai 1989 : *La Malle royale Londres sur une route en rase campagne l'hiver*, h/t (33x47) : **GBP 8 800** – LONDRES, 14 mars 1990 : *Le Prix de Cambridge en 1853*, h/cart., une paire (chaque 20x29) : **GBP 13 750** – LONDRES, 18 mai 1990 : *Le coche Douvres-Londres gravissant une côte*, h/t (28x37) : **GBP 2 750** – NEW YORK, 7 juin 1991 : *Le rassemblement des membres d'une chasse à courre*, h/pan. (45,4x75,9) : **USD 42 900** – LOKEREN, 21 mars 1992 : *Composition 1972*, encre (33,5x23,5) : **BEF 36 000** – LONDRES, 6 avr. 1993 : *Le Coche Chester-Londres sur une large route*, h/t (32x52) : **GBP 1 840** – NEW YORK, 4 juin 1993 : *Scènes de la chasse à courre*, h/t, ensemble de quatre peintures (chaque 25,4x35,6) : **USD 12 075** – PARIS, 11 juin 1993 : *Deux chevaux, jockeys et lads*, aquar. (19x26) : **FRF 14 500** – LONDRES, 14 juil. 1993 : *L'Arrivée du Derby en 1867 avec le cheval de Mr Chaplin, Ermite, en tête, et les tribunes remplies de monde à l'arrière-plan 1867*, h/t (49,5x81,5) : **GBP 27 600** – LONDRES, 10 nov. 1993 : *Scènes de chasse à courre*, h/pan. (chaque 22x37) : **GBP 4 600** – NEW YORK, 3 juin 1994 : *Après la course*, h/t (40,6x55,9) : **USD 9 200** ; *La Malle-poste York-Londres dans la neige* ; *Coche attelé à quatre*, h/pan., une paire (chaque 29,8x45,7) : **USD 28 750** – NEW YORK, 9 juin 1995 : *Le rassemblement* ; *La mise à mort*, h/t (chaque 27,9x38,1) : **USD 46 000** – NEW YORK, 12 avr. 1996 : *Les péripéties de la chasse*, une paire (chaque 35,6x45,7) : **USD 8 625** – LONDRES, 13 nov. 1996 : *Le Pur-sang de Mr Goddard monté par son jockey*, h/t (29,5x39,5) : **GBP 5 175** ; *L'Arrivée au Cesarewitch*, h/cart. (20x29) : **GBP 8 625** – NEW YORK, 11 avr. 1997 : *Quatre phases de la chasse à courre*, h/t, série de quatre (chaque 30,5x50,8) : **USD 14 950** – LONDRES, 12 nov. 1997 : *Le Départ du Prix du Cambridgeshire* ; *L'Arrivée du Prix du Cambridgeshire 1853*, h/pan., une paire (chaque 19,5x28,5) : **GBP 13 800**.

ALKENS J. M.
XVIIIe siècle. Hollandais.

Peintre.
Th. Koning grava d'après cet artiste le portrait de J. C. Mohr.

ALKHOVSKY Alexander
Né en 1912 à Vitebsk. Mort en 1978. XXe siècle. Russe.
Peintre de paysages, de natures mortes. Académique.
Il commença ses études à l'École des Beaux-Arts de Vitebsk sous la direction de Y. Pene, puis fut admis à l'institut Répine de Léningrad où il travailla dans l'atelier de Brodski. Il devint Membre de l'Union des Artistes d'URSS.
Comme dans la plupart des cas des artistes reconnus par les instances culturelles de l'ère soviétique, aux sujets les plus banals correspond une honnête technique académique.
MUSÉES : MOSCOU (min. de la Culture) – SAINT-PÉTERSBOURG (Mus. de l'Acad. des Beaux-Arts) – SAINT-PÉTERSBOURG (Mus. d'Hist.) – SAINT-PÉTERSBOURG (Mus. de la Ville) – STAVROPOL (Mus. d'Art Contemp.).
VENTES PUBLIQUES : PARIS, 26 avr. 1991 : *Nature-morte à la pastèque*, h/t (89,5x79) : **FRF 6 000**.

ALKIMACHOS
D'origine inconnue. IVe siècle avant J.-C. Antiquité grecque.
Peintre.
Il vivait à l'époque d'Alexandre le Grand. Pline le compte parmi les « primis proximi ». Il avait fait le portrait d'un olympionique (vainqueur au pancrace).

ALKINS Anne Drayton
XXe siècle. Américaine.
Peintre.
Elle était active à Philadelphie en 1907-1908.

ALKINSON E.
XIXe siècle. Américaine.
Peintre.
Elle vivait à Boston (États-Unis) dans la seconde moitié du XIXe siècle. Elle se spécialisa dans la peinture d'église et exposa à Suffolk Street, à Londres, en 1877.

ALKIPPOS
Originaire de Paros. IVe siècle avant J.-C. Antiquité grecque.
Sculpteur.
Son nom se lit sur une base trouvée à Anaphé (près Théra). L'inscription remonte au début du IVe siècle avant Jésus-Christ.

ALKISTHENE
Antiquité grecque.
Peintre.
Ce serait le nom d'une femme-peintre de l'antiquité, mais le passage de Pline est controversé ; au lieu de « (pinxit) Alkisthene saltatorem », peut-être faut-il lire « Alkisthenem Saltatorem ». Alkisthène serait alors seulement le nom d'un danseur représenté par un tableau de l'époque grecque.

ALKMAAR, Maître d'. Voir **MAÎTRES ANONYMES**

ALKOCK P.
XVIIe siècle. Hollandais.
Peintre de portraits.
Il est cité par Nagler avec la date de 1620.

ALKON
Antiquité grecque.
Bronzier.
Selon Pline, il exécuta pour Rhodes une statue d'Héraklès en fer.

AL-KUTAMI
Xe siècle. Égyptien.
Peintre.
Il appartenait à la tribu Kutama et fut élève de Banu-el-Muallim qui peignit la mosquée sur les grandes montagnes Karafa, près du Caire, en 976 après Jésus-Christ. Il peignit un *Joseph à la fontaine*.

ALLA Angelo
Mort avant le 15 septembre 1560. XVIe siècle. Actif à Venise. Italien.
Peintre.

ALLABRE Marin
XVIIIe-XIXe siècles. Actif à Chartres à la fin du XVIIIe et au début du XIXe siècle. Français.
Peintre.
Imagier.

ALLAC Jean André
Né en 1922 à Paris. xxᵉ siècle. Français.
Peintre.
Il a figuré dans les Salons annuels de Paris depuis 1960. Il a exposé aussi souvent dans les pays d'Amérique-Latine, où il a voyagé.

ALLAERT J. F.
xviiiᵉ siècle. Travaillait à Gand. Éc. flamande.
Sculpteur d'ornements.
En 1739, il prit part, avec Laurent Delvaux, à un concours pour la construction de la cathédrale Saint-Bavon. Le sujet du concours était une chaire pour laquelle l'artiste donna un certain nombre de terres cuites. On lui doit aussi une statue de Saint Sébastien à l'église de Saint-Michel, à Gand. Cité par Edm. Chevalier dans *La Sculpture belge*.

ALLAI Antonio
Originaire de Reggio. xviiiᵉ siècle. Actif au début du xviiiᵉ siècle. Italien.
Sculpteur.
Il fut employé par la Cour de Parme et revint à Reggio à un âge avancé pour y mourir. On mentionne, de lui, quatre statues à Reggio, pour S. Domenico, et d'autres travaux à S. Francesco.

ALLAIN André
Né à Paris. xxᵉ siècle. Français.
Peintre de paysages, natures mortes.
Il figura au Salon des Indépendants de 1926 à 1929, avec des natures-mortes, et des paysages de différentes régions de France.

ALLAIN Jean
xviiᵉ siècle. Actif à Rouen vers 1668. Français.
Peintre.

ALLAIN Ludger
Né à Paris. xixᵉ siècle. Français.
Aquafortiste.
Élève de Gaucherel. Exposa en 1880 : *Le pont de Saint-Denis, le Canal de l'Ourcq*, et, en 1881, un *Paysage* (d'après Corot).

ALLAIN Pasquet
xviiᵉ siècle. Travaillait à Rouen en 1635. Français.
Peintre et sculpteur.
Il exécuta divers travaux à l'église paroissiale de Saint-Éloi. A signé, en 1631, les statuts de la corporation des peintres et sculpteurs de Rouen.

ALLAIN Pauline, Mme. Voir **JAMET**

ALLAIN René Louis
Né à Baccarat (Meurthe-et-Moselle). xixᵉ-xxᵉ siècles. Français.
Peintre de paysages.
Il vivait à Vierzon dans le Cher, dont il a peint souvent les paysages de rivière, les exposant à Paris au Salon des Indépendants. Il a également voyagé en Bretagne.

ALLAIN Samuel
xviiᵉ siècle. Actif à Rouen. Français.
Peintre.
Il est mentionné dans les statuts de la corporation des peintres de cette ville, en 1631.

ALLAIRE Guillaume
xviᵉ siècle. Actif à Rennes vers 1570. Français.
Peintre d'ornements.
A travaillé souvent en collaboration avec Robert Godivière.

ALLAIS
Mort en 1762. xviiiᵉ siècle. Français.
Peintre de portraits, pastelliste.
Actif à Paris, il est probablement le père de Pierre Allais qui meurt en 1782. On pense qu'en 1726 il obtint un premier prix. Il n'est mentionné que par son patronyme, toutefois on sait qu'il exposa régulièrement à l'Académie de Saint Luc, entre 1751 et 1756, notamment plusieurs portraits à l'huile et au pastel. De 1753 à 1756 il y est adjoint au professeur.
D'après Füssli, ce fut lui qui exécuta le portrait du médecin J.-A. Peissonnel, et P. Aveline grava d'après lui le frontispice d'un livre de dévotion.
VENTES PUBLIQUES : PARIS, 1907 : *Jeune femme au livre* : FRF 750 ; *Homme* 1749 : FRF 1 220 – PARIS, 1909 : *Femme au Manchon* : FRF 820 – PARIS, 10 nov. 1919 : *Portrait présumé du marquis de Tourny* : FRF 1 500 – PARIS, 28 jan. 1949 : *Portrait de femme* : FRF 10 000 – PARIS, 10 avr. 1992 : *Portrait d'une jeune femme à la robe rouge tenant une navette de dentellière 1751*, h/t (100x81) : FRF 150 000.

ALLAIS
xviiiᵉ siècle. Française.
Peintre.
Peut-être est-elle la même que Elisabeth Allais, fille du sculpteur Jean-Louis Allais. Elle exposa, de 1779 à 1787, au Salon de la Correspondance à Paris.

ALLAIS Angélique, née **Briceau**
xviiiᵉ siècle. Française.
Peintre de portraits, graveur.
Fille du graveur Briceau ; elle vint à Paris où elle fit des eaux-fortes dans le genre de l'aquatinte et du crayon. En 1789, elle collabora avec d'autres artistes aux portraits des députés de l'Assemblée nationale. On possède d'elle plusieurs planches coloriées, dans le genre d'Alix, notamment un beau *Portrait de Mirabeau* et de *Marat*. Cette artiste, connue comme graveur, a dû faire également de la peinture et il semble que l'on puisse lui attribuer une *Charlotte Corday* vendue 110 fr. à Paris à une vente du 30 mai 1910.

ALLAIS Antoine Joseph
xviiiᵉ siècle. Actif à Paris. Français.
Peintre.
Second fils de Pierre Allais. Il était membre de l'Académie de Saint-Luc. On le rencontre surtout entre 1781 et 1784.

ALLAIS C.
xixᵉ siècle. Français.
Graveur à la manière noire.

ALLAIS Claude Louis
xviiiᵉ siècle. Actif à Paris. Français.
Sculpteur.
Il fut reçu à l'Académie de Saint-Luc en 1757.

ALLAIS Jean Alexandre
Né en 1792 à Paris. Mort en 1850 à Paris. xixᵉ siècle. Français.
Graveur au burin et en manière noire.
Son père Louis-Jean Allais, et sa mère, née Briceau, étaient tous deux graveurs. Jean-Alexandre apprit donc la gravure comme il apprit à parler. Il ne se borna pas, du reste, à cet enseignement familial : Louis David, pour le dessin, Urbain Massard, Fossoyeux, pour la gravure, furent aussi ses maîtres. Malheureusement, Allais ne s'éleva jamais au-dessus d'une exécution sûre et correcte, mais qui nous paraît plutôt être la pratique d'un métier que d'un art. Jean-Alexandre épousa la fille de son maître Fossoyeux.

ALLAIS Jean Louis
Mort le 22 août 1786. xviiiᵉ siècle. Actif à Paris. Français.
Sculpteur.
Il eut une fille, Élisabeth Allais, qui s'adonna à la peinture.

ALLAIS Jenny Augustine. Voir **REYS J. A.**

ALLAIS Louis Jean
Né en 1762 à Paris. Mort le 27 août 1833 à Paris. xviiiᵉ-xixᵉ siècles. Français.
Graveur.
D'abord peintre, élève d'Allegrain (1781-1785), puis graveur au pointillé et à l'aquatinte, interprète de Swebach et de C. Vernet. Père et maître de Jean-Alexandre Allais.

ALLAIS Madeleine Louis
xviiiᵉ siècle. Actif à Paris. Français.
Sculpteur.
Il fut reçu à l'Académie de Saint-Luc en 1756.

ALLAIS Nicolas
xviiiᵉ siècle. Français.
Peintre.
Fils aîné de Pierre Allais. Il travailla entre 1781 et 1786.

ALLAIS Paul
Né le 13 avril 1827 à Paris. xixᵉ siècle. Français.
Graveur à l'eau-forte, au burin et à la manière noire.
Fils de Jean-Alexandre. Celui-ci commença son éducation artistique, mais Paul n'en put recevoir que les premiers éléments, car il n'avait que 13 ans lorsque son père mourut. Il fut ensuite élève de Drolling. Au début, Paul Allais employa le procédé de gravure de son père : burin ou eau-forte joints à la manière noire ; plus tard, il exécuta beaucoup d'œuvres au burin seul. Ce fut un

des reproducteurs très employés de son époque et une partie importante du fonds de l'éditeur Bulla est de lui.

ALLAIS Pierre
Né vers 1700. Mort le 25 mars 1782 à Paris. XVIIIᵉ siècle. Français.
Peintre de portraits.
Il fut membre de l'Académie de Saint-Luc. Il travailla à Paris.
VENTES PUBLIQUES : VERSAILLES, 19 juil. 1981 : *Portrait d'homme* 1747, h/t (81x65) : FRF 7 700 – PARIS, 12 juin 1986 : *Portrait présumé de d'Alembert* 1747, h/t (116x89) : FRF 28 000 – MONACO, 5-6 déc. 1991 : *Portrait de femme en robe bleue* 1751, h/t (99x79) : FRF 366 300 – PARIS, 18 déc. 1996 : *Portrait de jeune fille à la robe brodée de tissu rose*, h/t (65x54) : FRF 60 000.

ALLAIS de BEAULIEU Jean
XVIIᵉ siècle. Français.
Graveur.
Il vivait à Paris en 1680. On a de lui soixante-dix-neuf pièces. Il fit deux suites de modèles d'écriture, accompagnées de son portrait.

ALLAMAGNA Justus d'. Voir GIUSTO d'Allamagna
ALLAMANO Giuseppo d'. Voir DALLAMANO
ALLAN A. F.
XIXᵉ siècle. Vivait à Londres au milieu du XIXᵉ siècle. Britannique.
Peintre.
Cette artiste réussit brillamment dans la peinture des fruits. Elle envoya des œuvres à la Royal Academy et à Suffolk Street, de 1866 à 1870.

ALLAN Archibald Russell Watson
Né en 1878. Mort en 1959. XXᵉ siècle. Britannique.
Peintre de figures, animalier.
Il peignait les rudes personnages de la campagne, dans leurs travaux quotidiens de culture ou d'élevage. Sa technique est restée conventionnellement tributaire du réalisme du XIXᵉ siècle, légèrement influencée par les couleurs claires des Préraphaélites.
VENTES PUBLIQUES : LONDRES, 2 fév. 1979 : *Le laboureur*, h/t (181x181) : GBP 500 – GLASGOW, 2 oct. 1980 : *Le laboureur*, h/t (76x135) : GBP 620 – GLASGOW, 8 avr. 1982 : *Clydesdales*, h/t (58x111) : GBP 280 – PERTH, 28 août 1984 : *Chevaux de trait*, h/t (101,5x76,8) : GBP 1 300 – PERTH, 29 août 1989 : *Berger apportant de la nourriture à ses moutons*, h/t (55x78) : GBP 1 430 – PERTH, 26 août 1991 : *Moutons autour de leur mangeoire*, h/t (55x77,5) : GBP 1 980 – PERTH, 1ᵉʳ sep. 1992 : *Colombes*, h/t (51x91,5) : GBP 4 950 – GLASGOW, 14 fév. 1995 : *Marée basse*, h/t (76x102) : GBP 690 – PERTH, 29 août 1995 : *Cygnes*, h/t (99x148,5) : GBP 5 060 – AUCHTERARDER (Écosse), 26 août 1997 : *L'Aéroplane*, h/t (183x183) : GBP 13 800.

ALLAN C.
XIXᵉ siècle. Vivait à Hillhead (Grande-Bretagne) dans la seconde moitié du XIXᵉ siècle. Britannique.
Peintre de genre.
Il exposa, à Londres, en 1880.

ALLAN Christina
XIXᵉ siècle. Vivait à Londres dans la seconde moitié du XIXᵉ siècle. Britannique.
Peintre de marines.
Cette artiste exposa deux œuvres à la Grafton Gallery de Londres, en 1884 et 1885.

ALLAN David
Né en 1744 à Alloa (Écosse). Mort en 1796 à Édimbourg. XVIIIᵉ siècle. Britannique.
Peintre de scènes de genre, portraits, aquarelliste, dessinateur, graveur.
Cet artiste, surnommé le « Hogarth écossais », fut instruit à l'Académie fondée, à Glascow, par les imprimeurs Robert et Andrew Fonlis. Il avait 20 ans lorsqu'il partit pour l'Italie et suivit l'enseignement de l'Académie de Saint-Luc, à Rome. Pendant son séjour en Italie, de 1764 à 1777, il fut introduit auprès de l'ambassadeur d'Angleterre à Naples, Sir William Hamilton qui le fit connaître de la société anglaise d'Italie dont il fut très apprécié. Il résida en Italie près de quatorze années. Il revint à Londres en 1777 et s'y établit comme peintre de portraits jusqu'en 1780, date à laquelle il vint se fixer définitivement à Édimbourg ; il y fut nommé professeur à l'Académie. Les Associations artistiques de Londres, notamment la Royal Academy, la Free Society et la Société des Artistes, reçurent des envois de D. Allan de 1771 à 1779.

Sa composition : *Jeune fille Corinthienne dessinant l'ombre de son amoureux* lui valut une médaille. Il fit, en 1787, quatre dessins humoristiques sur le Carnaval de Rome, gravés par Paul Sandby. Il grava lui-même, d'après ses dessins, une série d'illustrations pour le *Gentle Shepherd* d'Allan Ramsay. On a également de lui quelques planches, exécutées pour les *Chansons des Basses-Terres d'Écosse*, publiées après sa mort, en 1798. Le portrait de David Allan, peint par lui-même, fait partie de la « Scottish National Gallery ».
MUSÉES : ÉDIMBOURG : *La Noce de Village – L'origine de la peinture – Portrait de sir William Worthy et du gentil berger* – GLASGOW : *Divertissements du soir à Rome – Divertissements du soir à Naples – Scène domestique* – LONDRES : *Portrait de sir William Hamilton*.
VENTES PUBLIQUES : LONDRES, 29 mai 1963 : *Les amateurs d'art* : GBP 800 – LONDRES, 30 nov. 1978 : *A Highland Dance*, aquar., cr. et pl. (25,5x44) : GBP 900 – LONDRES, 21 mars 1979 : *Portrait of David William Murray and his brother George, sons of David, 7th Viscount Stormont*, h/t (75x68) : GBP 6 800 – LONDRES, 19 juin 1979 : *The Cotter's Saturday Night*, deux aquar. et cr., l'une reh. de blanc (32,5x46,5) : GBP 1 500 – LONDRES, 18 juin 1980 : *Catechising in the Church of Scotland* 1795, aquar., cr. et pl. (32x48,8) : GBP 500 – LONDRES, 6 juil. 1983 : *Portrait of Lady Elisa Hope*, h/t (66x52) : GBP 5 000 – LONDRES, 10 avr. 1991 : *Duo napolitain*, h/t (96x75) : GBP 6 600 – LONDRES, 10 avr. 1992 : *Groupe de trois jeunes garçons en uniforme de Windson, l'un tenant un fusil, un autre caressant une chouette avec un manoir à l'arrière-plan*, h/t (119,5x148,5) : GBP 68 200 – LONDRES, 13 juil. 1993 : *Sur la sellette*, cr. et craie (34,3x45,7) : GBP 920.

ALLAN E.
XIXᵉ siècle. Vivait à Londres au milieu du XIXᵉ siècle. Britannique.
Peintre.
Elle peignit surtout des fruits et exposa à la British Institution et à Suffolk Street.

ALLAN Eva Dorothy
Née à Southampton (Angleterre). XXᵉ siècle. Britannique.
Sculpteur.
Exposa au Salon des Artistes Français : *Portrait d'un acteur*, en 1927 et *Après la tempête*, en 1929.

ALLAN J. Mac Grégor
XIXᵉ siècle. Vivait à Londres au milieu du XIXᵉ siècle. Britannique.
Portraitiste.
En 1854-1856, Allan envoya cinq portraits à la Royal Academy.

ALLAN JOHN
Né en 1875. XIXᵉ-XXᵉ siècles. Canadien.
Peintre de paysages.
Il commença à dessiner dès son jeune âge. Plus tard, il produisit de nombreux travaux inspirés de ses notes rapportées d'un voyage effectué en Inde en 1893, alors qu'il était encore tout jeune homme.

ALLAN Marie
Née à Paris. XIXᵉ siècle. Française.
Peintre de portraits et de genre.
Elle fut élève de Brun et Fouqué et débuta au Salon de 1868, avec *Jeune fille en prière*. L'année suivante, Mlle Allan exposait le *Portrait de Mme M. S...*

ALLAN Patrick
XIXᵉ siècle. Vivait à Paris au milieu du XIXᵉ siècle. Britannique.
Peintre d'histoire.
On vit des œuvres de ce peintre à la Royal Academy et à la British Institution, en 1840-1841.

ALLAN Robert Weir
Né le 11 novembre 1852 à Glasgow. Mort en 1942. XIXᵉ-XXᵉ siècles. Britannique.
Peintre de marines et de paysages animés, de portraits, aquarelliste.
A part la technique de la lithographie que lui enseigna son père, il se forma d'abord seul en peinture, puis vint à Paris, se perfectionner dans l'Atelier d'Alexandre Cabanel à l'Ecole des Beaux-Arts ainsi qu'à l'Académie Julian. Fixé à Londres, il fut reçu associé de la Royal Colour Society et membre de la Royal Scottish Water Colour Society. Il avait participé d'abord à l'Exposition de Glasgow, puis figura aux expositions de nombreuses associations de Londres. Il envoyait aussi à Paris, au Salon des

Artistes Français, obtenant des médailles en 1889 et 1900 pour l'Exposition Universelle, et fut classé hors-concours. Il y figura jusqu'en 1939.

Outre l'Ecosse et la Hollande, revenant fréquemment en France, il peignit des marines à Honfleur, Dieppe. En 1934, il peignit un *Portrait de Loyd George*.

Musées : BRISTOL : *L'entrée du port* – GLASGOW : *Le retour des pêcheurs de harengs* – *Sur la côte de Berwickshire* – *Dans une porte* – *A l'abri de la mer orageuse* – LEEDS : *Fort Groalior, pélerins couchés* – LIVERPOOL : *Vers la mer* – MANCHESTER : *Travail en plein soleil,* aquar. – LIVERPOOL : *Eglise de Middleton* – *Vieux aqueducs de Barton,* aquar. – SYDNEY : *Débarquant du bac,* aquar..

VENTES PUBLIQUES : LONDRES, 14 juil. 1972 : *A Noreaster :* GNS 800 – ÉCOSSE, 24 août 1978 : *Scène de bord de mer,* h/t (59,5x90) : **GBP 720** – ÉCOSSE, 28 août 1979 : *Le Retour des pêcheurs,* h/t (51x90) : **GBP 850** – PERTH, 13 avr. 1981 : *Iona,* aquar. (38x56) : **GBP 280** – LONDRES, 10 juin 1981 : *S. Giorgio Maggiore, Venise 1904,* h/t (44,5x148,5) : **GBP 420** – ÉCOSSE, 31 août 1982 : *In from North Sea,* h/t (86x122) : **GBP 1 400** – LONDRES, 10 mai 1983 : *La fontaine de la place du marché, Assise,* aquar. (37x52) : **GBP 700** – LONDRES, 8 nov. 1984 : *Vue du Caire,* aquar./trait de cr. (52x75) : **GBP 1 900** – LONDRES, 15 mai 1985 : *Le bac de Douarnenez 1876,* h/t (53,5x91,5) : **GBP 1 500** – ÉDIMBOURG, 30 août 1988 : *Dans l'Ouest,* h/t (61x82) : **GBP 2 090** – LONDRES, 2 juin 1989 : *La Tamise à Henley,* h/t (50,8x76,2) : **GBP 2 200** – CHESTER, 20 jul.1989 : *Débarquement de la pêche,* h/t (35x52) : **GBP 1 320** – GLASGOW, 6 fév. 1990 : *Ecclefechan 1881,* aquar. avec reh. de gche (37x51) : **GBP 1 540** – PERTH, 27 août 1990 : *Le retour de la flottille de pêche,* h/pan. (35,5x51) : **GBP 1 320** – SOUTH QUEENSFERRY (Écosse), 23 avr. 1991 : *Jour de marché,* aquar. (28x35,5) : **GBP 715** – LONDRES, 15 mai 1991 : *Flottille de pêche dans un port,* cr. et aquar. (28x53,4) : **GBP 2 200** – PERTH, 26 août 1991 : *Raccommodage des filets,* aquar. (33x49) : **GBP 1 210** – NEW YORK, 20 jan. 1993 : *Village au bord de la mer ; Les quais de la Seine,* aquar./pap., une paire (chaque 39,4x55,9) : **USD 2 875** – PERTH, 31 août 1993 : *Barques de pêche dans le port de Fife,* aquar. (34,5x51) : **GBP 1 610** – LONDRES, 5 nov. 1993 : *Matin d'été,* cr. aquar. (51,2x75,6) : **GBP 2 530** – PERTH, 26 août 1996 : *La traversée à marée basse 1893,* aquar. (37x52) : **GBP 2 300** – GLASGOW, 11 déc. 1996 : *Assouan, Égypte,* aquar. (52x74,5) : **GBP 3 105** – MONTRÉAL, 18 juin 1996 : *Banff Bridge,* aquar. (35,5x52) : **CAD 1 700**.

ALLAN Ronald

Né le 21 août 1900 à Cheadle Heath (Cheshire). XXᵉ siècle. Britannique.

Peintre de portraits, nus, paysages, fleurs, aquarelliste.

Il fut élève de l'Ecole des Beaux-Arts de Manchester. Il exposait à la Société Royale d'aquarellistes d'Ecosse, ainsi que dans de nombreuses villes de Grande-Bretagne. En France, il a figuré à Paris au Salon de la Société Nationale des Beaux-Arts, de 1927 à 1932. Il été membre de l'Académie des Beaux-Arts de Manchester et membre de la Société Internationale des aquarellistes.

ALLAN William, Sir

Né en 1782 à Édimbourg. Mort en 1850 à Édimbourg. XIXᵉ siècle. Britannique.

Peintre d'histoire, batailles, scènes de genre, intérieurs, aquarelliste, graveur, dessinateur.

Cet artiste débuta comme apprenti chez un peintre de voitures ; puis il devint élève de l'Académie des Beaux-Arts d'Édimbourg, où il eut comme camarades David Wilkie et le graveur John Burnet. William Allan ne tarda pas à aller chercher fortune à Londres, adoptant le genre d'Opie, qu'il imita dans son tableau *Jeune Bohémien et Ane,* qu'il envoya à l'exposition de la Royal Academy de Londres, mais il obtint peu de succès et il partit pour Saint-Pétersbourg. Il visita ensuite l'intérieur de la Russie, la Tartarie, la Turquie, réunissant un grand nombre d'études pour les œuvres qu'il exécuta plus tard sur les mœurs et costumes de l'Orient. En 1809, il envoya à la Royal Academy un tableau représentant des *Paysans Russes observant leur jour de repos.* L'année 1814 l'avait ramené à Londres. Ses tableaux : *Captives Circassiennes* et *Chef circassien vendant à un pacha turc les captives d'une tribu voisine, enlevées pendant la guerre,* sujets dont il avait été témoin durant ses voyages, parurent sans succès à la Royal Academy. William Allan se disposait à se retirer au fond de la Circassie, lorsque Walter Scott, en organisant une loterie, permit à notre artiste de se trouver à la tête d'une somme considérable. Sur les conseils de Sir Walter Scott, il abandonna le genre auquel il s'était livré jusqu'alors pour se livrer à la pein-

ture d'histoire. Le succès vint alors pour l'artiste, et ses tableaux, dont les sujets furent souvent empruntés au grand romancier écossais, devinrent populaires par les gravures qu'en fit John Burnet. William Allan paya son tribut de reconnaissance à la mémoire de son illustre ami dans son tableau de *L'Orpheline,* représentant la fille du romancier, Anne Scott, assise sur le parquet près de la chaise vide de son père à Abbotsford (Buckingham Palace). En 1830, Allan fit un second voyage sur le continent et, en 1834, visita l'Espagne. *La lettre d'amour de la Mauresque* le fit nommer académicien. En 1838, il était choisi comme président de l'Académie royale d'Écosse et en 1841, il succéda à son ami et compatriote, Wilkie, comme peintre de la Reine pour l'Écosse, fonction qui lui valut des lettres de noblesse. Il figura dans diverses expositions collectives : en 1841, à l'Académie royale de Londres ; en 1842, à l'Académie royale écossaise d'Édimbourg ; en 1843, il exposa son tableau de la *Bataille de Waterloo,* lequel Napoléon est la figure principale, lequel fut acheté par le duc de Wellington. Le même sujet, de dimensions plus vastes, exposé la même année à Westminster Hall, ne trouva pas d'amateur. En 1844, il alla à nouveau à Saint-Pétersbourg et y peignit pour l'Empereur Nicolas : *Pierre le Grand enseignant à ses sujets l'art de construire les vaisseaux,* actuellement au Palais d'hiver. La mort vint surprendre le peintre devant son tableau de la *Bataille de Bannockburn,* actuellement à la Galerie Royale d'Écosse. Sir William Allan fut également membre des Académies des Beaux-Arts de New York et de Philadelphie.

MUSÉES : ÉDIMBOURG : *Le Nain noir* – *Le coup de l'étrier* – GLASGOW : *La fiancée d'Abydos* – *La bataille de Bannockburn* – LONDRES (Gal. Nat. Écossaise) : *Portrait de Walter Scott* – LONDRES (Victoria and Albert Mus.) : *Tartares se partageant le butin* – SALFORD : *Portrait de John Dalton.*

VENTES PUBLIQUES : LONDRES, 13 fév. 1909 : *Entrevue de Napoléon avec des marins anglais à Boulogne :* **GBP 18** – LONDRES, 4 juin 1909 : *Cabinet de travail de Walter Scott à Abbolsford,* grav. : **GBP 31** – LONDRES, 2 juil. 1909 : *Intérieur de Cottage, paysan et sa famille :* **GBP 10** – LONDRES, 20 mai 1936 : *Détachement de la presse :* **GBP 5** – PERTH, 13 avr. 1976 : *Strachur 1849,* h/t (48x105) : **GBP 100** – ÉDIMBOURG, 17 nov. 1981 : *Sir Walter Scott in his study 1826,* h/pan. (32x25,5) : **GBP 15 000** – LONDRES, 15 mars 1984 : *Voleurs tartares partageant leur butin,* aquar. sur traits de cr. (36,5x29,5) : **GBP 1 300** – LONDRES, 17 oct. 1986 : *John Knox admonishing Mary, queen of Scots 1829,* h/pan. (66x96,5) : **GBP 8 000** – LONDRES, 12 juil. 1989 : *Un incident dans la vie de Napoléon 1848,* h/t (91x142) : **GBP 20 900** – ÉDIMBOURG, 19 nov. 1992 : *L'enfant perdu et retrouvé 1840,* h/pan. (64,6x99,1) : **GBP 2 420.**

ALLANSON John

Né après 1800 à Newcastle (Northumberland). Mort en 1859 à Toronto (Canada). XIXᵉ siècle. Britannique.

Graveur sur bois.

Élève de Bewick, à Newcastle. Il travaillait à Leipzig vers 1840 ; en 1844 il prit part à l'Exposition de l'Académie de Berlin. En France, il travailla pour le *Musée des Familles* et autres publications.

ALLAR André Joseph

Né le 22 août 1845 à Toulon (Var). Mort en 1926. XIXᵉ-XXᵉ siècles. Français.

Sculpteur de scènes mythologiques, sujets allégoriques, groupes, figures.

Il fut élève de Dantan, de Guillaume et de Cavelier. Grand prix de Rome en 1869, il figura au Salon de Paris, puis au Salon des Artistes Français. Il obtint une première médaille en 1873 ; une autre à l'Exposition de 1878 ; la médaille d'honneur lui fut décernée en 1882, ainsi qu'une médaille d'or aux expositions universelles de 1889 et de 1900. En 1878, il fut fait chevalier de la Légion d'honneur et en 1896, il était promu officier de l'ordre ; en 1905, il fut élu membre de l'Institut.

Ses œuvres principales sont : *Hécube et Polydore,* relief en plâtre, *Enfant des Abruzzes,* bronze, *Le rêve d'un poète* (plâtre, 1875), *La tentation* (groupe en marbre), *L'éloquence* (à l'église de la Sorbonne, 1878).

MUSÉES : COMPIÈGNE : *Enfant des Abruzzes,* bronze – LILLE : *La tentation,* marbre – TOULON : *Assemblée des Grecs* – *Dispute d'Achille et d'Agamemnon* – Modèles des quatre cariatides de la façade du Musée – *Hercule retrouvant son fils mort* – Modèle du haut relief de la porte de l'école Rouvière – Maquette du monument de la Fédération – Ornements faisant partie de la décoration murale du Musée.

VENTES PUBLIQUES : PARIS, 1er fév. 1980 : *La Science*, bronze (H. 54,5) : **FRF 3 000** – PARIS, 25 oct. 1985 : *Étude pour un groupe*, terre cuite (H. 25) : **FRF 4 500.**

ALLAR Gaudensi
Né en 1841 à Toulon (Var). Mort en 1904 à Marseille (Bouches-du-Rhône). XIXe siècle. Français.
Peintre de paysages, architecte.
Frère du sculpteur André Allar, il fut architecte, mais aussi peintre de paysages, traités à larges coups de brosse, dans une pâte généreuse. Il était aussi capable de rendre avec une vérité d'ethnologue, des vues de villes algériennes, sans succomber à la tentation orientaliste.
BIBLIOGR. : Gérald Schurr : *Les Petits Maîtres de la peinture 1820-1920, valeur de demain*, t. VII, Les Éditions de l'Amateur, Paris, 1989.
MUSÉES : TOULON : *Au cap Brun* 1887.

ALLAR Marguerite
Née à Marseille (Bouches-du-Rhône). XXe siècle. Française.
Peintre de natures mortes, fleurs.
Élève de Patricot. A exposé au Salon des Artistes Français des tableaux de fleurs, en 1929 et 1931.

ALLARD Abraham
Né vers 1676 à Amsterdam. Mort le 26 janvier 1725 à Amsterdam. XVIIe-XVIIIe siècles. Travaillait en Hollande à la fin du XVIIe siècle. Hollandais.
Graveur.
Est peut-être frère de Paul et le fils de l'éditeur Hugo Allard. Grava une suite de six gravures d'après Ostade, Nolpe et d'autres : *Deliciæ rustic ofte Bœren Bankek*.
A. Allard produisit un grand nombre de planches d'histoire naturelle, notamment des oiseaux et des papillons. Il se fit surtout une grande réputation par les gravures politiques et satiriques qu'il exécuta sur les événements de la guerre de succession d'Espagne.

ALLARD André
XVIIe siècle. Vivait à Grenoble vers le milieu du XVIIe siècle. Français.
Peintre, dessinateur.
Il fonda en 1654, avec huit autres peintres grenoblois, une académie de dessin.

ALLARD André Marie Paul Jacques
Né à Rouen (Seine-Maritime). XXe siècle. Français.
Peintre de paysages.
Il fut un des nombreux élèves de Gustave Moreau à l'Ecole des Beaux-Arts de Paris. Il débuta en 1905 au Salon des Artistes Français, avec le traditionnel *Portrait de la mère de l'artiste*. Il envoya un paysage de Bretagne au Salon des Indépendants de 1907. Ensuite, il exposa au Salon d'Automne en 1911 et 1912.

ALLARD Antonie ou Allart
XVIIe-XVIIIe siècles. Vivait à Amsterdam à la fin du XVIIe siècle et au commencement du XVIIIe siècle. Hollandais.
Graveur.
On connaît douze vues de *Villes de la Frise* par cet artiste-marchand.
Cet artiste, qui portait peut-être aussi le prénom d'Abraham, a souvent été confondu à tort avec ce dernier.
MUSÉES : LONDRES (British Mus.) : *Le Jardin d'amour, Het Just Hof van Flora.*

ALLARD Carel
Né le 19 janvier 1648 à Amsterdam. Mort le 1er février 1709 à Amsterdam. XVIIe siècle. Hollandais.
Graveur.
On a de lui plusieurs portraits de célébrités anglaises gravés à l'aquatinte d'après les tableaux de Lely. Il s'est également consacré à la gravure des combats navals. Sans doute parent du précédent.
MUSÉES : LONDRES (British Mus.) : *Les Saisons*, quatre gravures.

ALLARD Charles
XIXe siècle. Actif à Toulon. Français.
Peintre de compositions murales, sujets allégoriques.
Peignit, en 1878, la coupole de la cathédrale Sainte-Marie à Toulon et l'orna d'allégories.

ALLARD Eugène. Voir ALLARD Jean Pierre

ALLARD Georges Joseph
Né à Lonrai (Orne). Mort vers 1870. XIXe siècle. Français.

Sculpteur.
Exposa des médaillons et des bustes en 1869 et 1870.

ALLARD Huijch ou Hugo ou Allardt, Allert
XVIIe siècle. Actif à Amsterdam à la fin du XVIIe siècle. Hollandais.
Graveur.
On a de cet artiste *La Fuite du roi Jacques II après la bataille de Boyne*, datée de 1690 et signée : *Hugo Allard fecit, Carolus Allard excudit*. Il semble qu'on puisse identifier ici Carel Allard, également actif à Amsterdam à la fin du XVIIe siècle. D'Hugo Allard, on a conservé aussi des portraits, parmi lesquels il convient de citer celui d'Adriann Parno, un des négociateurs de la paix de Munster.

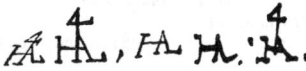

ALLARD J.
XIXe siècle. Français.
Sculpteur.
A exposé un médaillon en terre cuite au Salon de Paris en 1892.

ALLARD Jean Joseph
XVIIIe siècle. Travailla à Bayeux entre 1779 et 1787. Français.
Peintre.
Mentionné dans un document local.

ALLARD Jean Pierre, dit Eugène
Né le 23 février 1829 à Lyon. Mort le 21 avril 1864 à Rome. XIXe siècle. Français.
Peintre de sujets religieux, portraits, paysages, fleurs, aquarelliste, fresquiste.
Fut élève de Janmot à l'école des Beaux-Arts de Lyon (1850), de l'école des Beaux-Arts de Paris, puis d'Hippolyte Flandrin, avec qui il travailla aux fresques de Saint-Vincent-de-Paul. Il exposa au Salon de Lyon en 1853-54 et 1855-56, au Salon de Paris, en 1861, des portraits et des tableaux religieux.
Il a laissé, en outre, de nombreuses aquarelles faites en Italie, des portraits et des études pour des sujets religieux. Il fut assassiné par le fils d'un de ses modèles. Il signait : *Eugène Allard*.
VENTES PUBLIQUES : PARIS, 5 fév. 1951 : *Vue d'Auxerre* : **FRF 2 000.**

ALLARD Marie Mathilde, née Tournemine
XIXe siècle. Française.
Peintre de portraits.
Élève de Léon Cogniet. Exposa aux Salons de 1879-1880 et 1882.

ALLARD Olivier
XXe siècle. Français.
Sculpteur.
Il travaille le bois. Ses sculptures de figures tendent à une simplification anthropomorphique des lignes.
VENTES PUBLIQUES : PARIS, 20 nov. 1988 : *Personnage 1988*, bois polychrome, sculpture (H.150) : **FRF 6 000** – PARIS, 9 avr. 1989 : *Personnage*, bois, tilleul, sculpture (H. 220) : **FRF 5 200** – PARIS, 22 mai 1989 : *L'Africaine* 1989, bois satiné, sculpture : **FRF 11 000** – NEUILLY, 3 fév. 1991 : *Sans titre 1990*, sculpt., bois (184x40) : **FRF 9 000.**

ALLARD Paul
Né le 19 janvier 1640 à Amsterdam. XVIIe siècle. Hollandais.
Graveur.
Fils de Hugo Allard, éditeur connu, et de Maria de Goyer. Édita surtout des cartes de géographie et des portraits, jusque vers 1706.

ALLARD Pierre
Né en 1645 à Angers (Maine-et-Loire). Mort en août 1680 à Angers. XVIIe siècle. Français.
Peintre de portraits.
VENTES PUBLIQUES : PARIS, 26 juin 1992 : *Portrait d'homme au jabot de dentelle 1666*, h/t (60x52) : **FRF 6 500.**

ALLARD Pierre
XVIIIe siècle. Actif à Paris. Français.
Peintre.
Il figura en 1759 à l'Académie de Saint-Luc de Paris.

ALLARD René
Né en 1878 à Châteauneuf-sur-Sarthe (Maine-et-Loire). XXe siècle. Français.
Peintre de paysages, peintre de cartons de vitraux, dessinateur.

Il fut élève d'un atelier de peinture à Angers, où il se spécialisa dans la restauration de vitraux anciens. Il vécut et travailla long-temps à Chartres, ce qui s'explique facilement dans son cas, puis fut nommé professeur de peinture sur verre à Paris, à l'ancien Centre d'Artisanat qui se tenait à l'hôtel Salé, aujourd'hui musée Picasso. Il a exposé à Paris au Salon des Artistes Français, de 1922 à 1930.

A titre personnel, il dessinait des paysages à la plume. Praticien expérimenté et cultivé, il a participé à la restauration de vitraux dans de nombreux lieux : cathédrales de Bourges, de Chartres, Chapelle de Vendôme, et nombreuses églises. Il a aussi collaboré à l'exécution de pastiches de vitraux du XIIIᵉ siècle destinés à la cathédrale de La Plata, et collaboré à l'exécution de vitraux d'après des cartons d'artistes contemporains.

ALLARD Toussaint
Né à Angers. XVIIIᵉ siècle. Travaillait à Angers en 1781. Français.
Graveur.

ALLARD-CAMBRAY Célestin
XIXᵉ siècle. Français.
Peintre et aquafortiste.
Parmi ses tableaux, on cite : *La répétition interrompue.*

ALLARD-FRÈRE Noémie
Née à Rouen (Seine-Maritime). XXᵉ siècle. Vivait à Rouen au début du XXᵉ siècle. Française.
Paysagiste.
Exposa au Salon des Indépendants des paysages de Bretagne, en 1907 et en 1910.

ALLARD-L'OLIVIER Fernand
Né le 12 juillet 1883 à Tournai. Mort en 1933 à Yanongé (Zaïre). XXᵉ siècle. Belge.
Peintre de genre, figures, paysages. Postimpressionniste.
Il fut élève à l'École des Beaux-Arts de Paris, de Jules Adler et Jean-Paul Laurens. Il exposa en 1910 au Salon des Indépendants de Paris, des paysages de Paris et de Belgique. Dans la suite, il figura régulièrement au Salon des Artistes Français : mention honorable 1912, médaille d'argent 1920, médaille d'or 1924, Hors-concours et chevalier de la Légion d'honneur. Il a aussi travaillé au Zaïre où il est mort.
Parmi ses œuvres, on cite surtout les scènes de genre : *Le pied blessé* 1913, *Peintre et modèle* 1913, *Après le bain* 1934. Il fut à l'occasion peintre d'histoire : *Portrait de la Reine des Belges, assistant le chirurgien Depage pendant la guerre* 1925. Il est aussi l'auteur de paysages de Belgique et d'Île-de-France, dont les couleurs prennent un caractère lyrique, dans des compositions concertées.

Allard L'Olivier

Bibliogr. : Gérald Schurr : *Les Petits Maîtres de la peinture 1820-1920, valeur de demain,* t. II, Les Éditions de l'Amateur, Paris, 1982.
Musées : Bruxelles (Mus. de l'armée) – Paris (Mus. de la guerre) – Tournai.
Ventes Publiques : Paris, 29 oct. 1926 : *Près du bassin* : FRF 3 100 – Lokeren, 13 oct. 1979 : *Une ville en hiver* 1914, h/t (81x65) : BEF 50 000 – Bruxelles, 21 mai 1980 : *L'Afrique,* h/t (123x121) : BEF 30 000 – Bruxelles, 25 mars 1982 : *Le dîner des « imbéciles » au cercle artistique* 1924, gche : BEF 17 000 – Anvers, 22 oct. 1985 : *Le déjeuner en plein air,* h/t (40x50) : BEF 38 000 – Aatsleaard (Belgique), 13 oct. 1987 : *La terrasse,* h/t (70x89) : BEF 170 000 – Londres, 24 fév. 1988 : *Le goûter dans le jardin,* h/t (80x100) : GBP 5 100 – Paris, 7 mars 1988 : *Femmes sur la colline,* aquar. (34x24) : FRF 1 500 – Bruxelles, 20 juin 1989 : *Pardon des enfants en Bretagne,* h/t (82x100) : BEF 44 000 – Paris, 22 juin 1990 : *Pasteur Tutsi du Ruanda,* h/cart. (27x35) : FRF 5 000 – Lokeren, 23 mai 1992 : *Les mines de cuivre du Katanga,* h/t (46x55) : BEF 70 000 ; *Jardin en fleurs,* h/t (80x100) : BEF 160 000 – Paris, 27 oct. 1997 : *La Côte d'Azur* 1925, h/t (81x100) : FRF 20 000.

ALLARDICE S.
XVIIIᵉ-XIXᵉ siècles. Américain.
Graveur.
Élève et rival du graveur R. Scott, à Philadelphie. Il grava des illustrations de 1794 à 1803, travaillant surtout en taille douce.

ALLARDICE Samuel ou Allerdice
Mort en 1798. XVIIIᵉ siècle. Américain.
Graveur.

ALLARDYCE Mary R.
XIXᵉ siècle. Vivait à Londres. Britannique.
Peintre de genre.
Cette artiste exposa une toile à la Royal Academy, en 1891.

ALLART
XVᵉ siècle. Travaillait à Laon, vers 1410. Français.
Peintre.

ALLART
XIXᵉ siècle. Française.
Portraitiste.
Elle débuta au Salon de 1827 avec une étude et exposa, de 1831 à 1834, divers portraits.

ALLART Bruno
Né en 1948. XXᵉ siècle. Français.
Peintre. Art optique.
Frère de Patrice, il a travaillé dans le même esprit. Semble ne plus se manifester en tant qu'artiste.

ALLART Claes
XVIᵉ siècle. Actif à Amsterdam dans la première moitié du XVIᵉ siècle. Hollandais.
Graveur et orfèvre.

ALLART Patrice
Né le 19 avril 1945 à Paris. XXᵉ siècle. Français.
Peintre. Art optique.
En 1962, il faisait des études musicales à l'Ecole Moderne de Musique. Après quoi, et bien qu'il se donne pour autodidacte en peinture, il fut élève de Vasarély. En 1971, il a figuré au Salon des Réalités Nouvelles à Paris, mais c'est au Salon Grands et Jeunes d'Aujourd'hui qu'il expose régulièrement et où il a trouvé le contexte le plus favorable au courant de l'art optique auquel il s'est intégré. Il expose également en Suisse.
Il a assimilé les lois optiques de la chromatologie, qui permettent de créer des phénomènes de perceptions subjectives, aberratives : halos, moirages, etc. Avec le recul, ces productions de l'art optique, qui connurent le succès dans les années soixante-soixante-dix, d'une part sont apparues très répétitives, les phénomènes exploités étant finalement en nombre limité, même si les combinatoires en sont illimitées, d'autre part se sont reléguées d'elles-mêmes dans les domaines de la physique amusante, et, au mieux, d'un style décoratif désormais très daté. ■ J. B.

ALLASON Ernesto
Né en 1822 à Turin (Piémont). Mort le 1ᵉʳ mars 1869. XIXᵉ siècle. Italien.
Peintre de paysages, paysages d'eau, paysages de montagne.
Cet artiste renonça au barreau pour se vouer à la peinture, et ne tarda pas à prendre une place intéressante parmi les peintres de montagnes. On cite de lui un paysage appartenant à la duchesse de Gênes.
Ventes Publiques : Milan, 25 oct. 1994 : *Paysage fluvial avec un pont* 1858, h/t (66x52,5) : ITL 4 485 000.

ALLASON Silvio
Né en 1843 à Turin. XIXᵉ siècle. Italien.
Peintre paysagiste.
Il fut l'élève de Gastaldi et Perotti et prit, dans l'école piémontaise, une place assez importante pour que le poste de professeur à l'Académie de Turin lui fût confié. Allason a cherché ses sujets dans les paysages alpins ; on lui doit aussi des marines.

ALLASSEUR Jean Jules
Né le 13 juin 1818 à Paris. Mort en 1903 ou 1913 selon le dictionnaire Larousse. XIXᵉ siècle. Français.
Sculpteur.
Élève de David d'Angers. Entra en 1835 à l'École des Beaux-Arts. A partir de 1846, exposa aux Salons. En 1853, obtint une deuxième médaille pour son groupe de plâtre : *Moïse sauvé des eaux,* puis une première avec le même groupe exécuté en marbre, 1859 ; enfin une médaille d'argent à l'Exposition universelle de 1889. Chevalier de la Légion d'Honneur en 1867. Il convient de citer encore *La statue de Malherbe* (1867) et *La pêche* (1877).
Musées : Toulon : *Statue de Rameau.*

ALLASSON Th.
XIXᵉ siècle. Actif au début du XIXᵉ siècle. Britannique.

Dessinateur, architecte et graveur.

Cet artiste est cité comme l'auteur du dessin d'après lequel le graveur anglais John Concy a gravé la *Cathédrale de Milan*.

ALLAY W.
XIXᵉ siècle. Britannique.

Peintre de scènes de batailles.

VENTES PUBLIQUES : LONDRES, 1860 : *Bataille de Saint-Vincent* : FRF 5 250.

ALLBA Eduardo de
Né à Madrid. Mort vers 1900. XIXᵉ siècle. Espagnol.

Peintre.

Il fut élève de Eduardo Pelayo et travailla à Madrid.

ALLBON Charles Frederick
Né en 1856. Mort en 1926. XIXᵉ-XXᵉ siècles. Actif à Croydon (Grande-Bretagne) dans la seconde moitié du XIXᵉ siècle. Britannique.

Peintre de paysages animés, paysages, aquarelliste, graveur.

Allbon envoya six toiles à la Royal Academy et six à Suffolk Street, à Londres, de 1874 à 1892. On cite de lui comme graveur : *Soir près de Harrow*.

VENTES PUBLIQUES : LONDRES, 20 jan. 1993 : *Envol ; Anvers vu du Casino* 1889, aquar. (chaque 48x70,5) : GBP 2 990.

ALLCHIN Harry
XIXᵉ siècle. Britannique.

Paysagiste.

Il exposa à Londres, à la Royal Academy, en 1885, 1902, 1904, des paysages de New York et d'Ipswich. Il prit part également à d'autres expositions, notamment à celles de la Société of British Artists et de la New-Gallery.

ALLCHIN J. Herbert
XIXᵉ siècle. Britannique.

Peintre d'animaux, paysages, fleurs, peintre à la gouache, aquarelliste, graveur.

Il exposa des gravures à l'eau-forte aux Expositions de la Société des peintres graveurs. De 1877 à 1881, il envoya à la Royal Academy, les tableaux : *Vie et mort, Roses sauvages, Fleurs et papillons, Automne, La dernière tombe, Poisson d'or et Papillon*.

VENTES PUBLIQUES : LONDRES, 30 avr. 1984 : *Fleurs et papillons*, aquar. et gche (20x35) : GBP 900.

ALLCOCK S. A.
XIXᵉ siècle. Britannique.

Peintre, portraitiste.

En 1821, Allcock fit le portrait de son père, exposé à Londres à la Royal Academy, et, en 1832, celui d'une dame.

ALLCOT John C.
Né en 1888. Mort en 1973. XXᵉ siècle. Australien.

Peintre de paysages, marines, peintre à la gouache, aquarelliste.

VENTES PUBLIQUES : SYDNEY, 6 oct. 1976 : *Bord de mer, Newport*, h/t mar./cart. (46x61) : AUD 800 – SYDNEY, 21 mars 1978 : *Le loch Ative* 1930, aquar. (31x38,5) : AUD 800 – SYDNEY, 21 mars 1979 : *Voilier en mer, Botany Bay*, h/t (51x61) : AUD 1 500 – SYDNEY, 2 mars 1981 : *H. M. S. Queen Elizabeth* 1915, h/cart. (30x45) : AUD 800 – SYDNEY, 14 mars 1983 : *Voiliers au large de la côte* 1934, gche (26x36) : AUD 1 100 – SYDNEY, 25 mars 1985 : *Croisant vers l'Ouest*, gche (35x52) : AUD 1 500 – SYDNEY, 29 juin 1987 : *L'orange*, gche (30x45) : AUD 4 200 – SYDNEY, 17 avr. 1988 : *L'Australie et Valley scene* 1952, h/t (57x34) : AUD 2 600 – SYDNEY, 4 juil. 1988 : *Le Balranald*, gche (53x36) : AUD 1 900 – SYDNEY, 20 mars 1989 : *Le loch Ative*, h/cart. (38x48) : AUD 6 500 – SYDNEY, 3 juil. 1989 : *La Marion*, aquar. (32x22) : AUD 3 000 – LONDRES, 30 nov. 1989 : *Chemin de campagne dans les Darling Downs*, h/cart. (35,5x45,7) : GBP 990.

ALLCOTT Walter H.
Né en 1880. XXᵉ siècle. Britannique.

Portraitiste.

Il exposa en 1910, au Salon d'Automne de la Royal Society à Birmingham, le *Portrait de Mrs Jane Landon*.

ALLDRIDGE Emily
XIXᵉ siècle. Britannique.

Peintre de figures, portraits.

Richard, Emily et Florence Alldridge (probablement frère et sœurs), vivaient à Old Charlton dans le Kent, dans les années 1860. Voir l'article ALLDRIDGE Richard L.

ALLDRIDGE Florence Maude
XIXᵉ siècle. Britannique.

Peintre de figures, portraits.

Richard, Emily et Florence Alldridge (probablement frère et sœurs), vivaient à Old Charlton dans le Kent, dans les années 1860. Voir l'article ALLDRIDGE Richard L.

ALLDRIDGE Richard L.
XIXᵉ siècle. Actif de 1866 à 1887. Britannique.

Peintre de genre, figures, portraits, aquarelliste.

Richard, Emily et Florence Alldridge (probablement frère et sœurs), étaient peintres de portraits et de personnages. Ils vivaient à Old Charlton dans le Kent, dans les années 1860. En 1869 Richard partit pour Londres. Il exposa six œuvres à la Royal Academy de 1866 à 1877. Emily et Florence demeurèrent à Old Charlton. Tous trois exposèrent à Suffolk Street, Richard en 1867, 1873-74, Emily de 1865 à 1879 et Florence de 1868 à 1875. Ils animèrent également la Dudley Gallery à Piccadilly créée en 1865, qui précéda la Grosvenor Gallery, ouverte en 1877, où exposaient les artistes du groupe *Aestheticism*. Les œuvres de R. Alldridge, comme celles de ses sœurs, sont rares.

VENTES PUBLIQUES : LONDRES, 29 mars 1996 : *Ange de Miséricorde* 1868, aquar. (33,6x28,6) : GBP 2 530.

ALLÉ Paul
Né le 15 juin 1932 à Marseille (Bouches-du-Rhône). XXᵉ siècle. Français.

Peintre de paysages, de figures.

Il fut élève de l'École des Beaux-Arts de Marseille de 1950 à 1954. Outre des expositions personnelles, il participe à de nombreux groupes, dont le Salon d'Automne à Paris. À partir de 1976, il vit et travaille à Marseille, peignant des paysages typiques du Midi. Selon les époques, il a mis l'accent sur la matière (peinture au couteau), sur les accords chromatiques, sur la lumière.

ALLEAUME
Né à Angers (Maine-et-Loire). XIXᵉ-XXᵉ siècles. Français.

Peintre de cartons de vitraux.

Il avait son atelier à Laval. Il fut surtout l'exécutant de son frère Ludovic, réalisant les vitraux d'après les cartons de celui-ci. Leurs réalisations se trouvent surtout en Anjou. Il a également créé les vitraux destinés à *La chapelle des bords de Loire*, qui fut érigée dans le contexte de l'Exposition Internationale de Paris en 1937.

ALLEAUME Bernard
Né vers 1925. XXᵉ siècle. Actif à Paris. Français.

Peintre.

ALLEAUME H.
XIXᵉ siècle. Français.

Aquafortiste.

Il exécuta douze gravures à l'eau-forte, pour l'ouvrage de G. Duplessis : *Les douze apôtres, émaux de Léonard Limosin, conservés à Chartres*.

ALLEAUME Louis
Né le 14 août 1900 à Paris. XXᵉ siècle. Français.

Peintre de paysages.

Il expose au Salon des Indépendants à partir de 1930. Ses paysages relèvent du néo-impressionnisme.

ALLEAUME Ludovic
Né le 24 mars 1859 à Angers (Maine-et-Loire). Mort en 1941. XIXᵉ-XXᵉ siècles. Français.

Peintre de scènes mythologiques, compositions religieuses, scènes de genre, cartons de vitraux, décorateur, lithographe. Académique.

Il fut élève de Hébert et de Luc-Olivier Merson à l'École des Beaux-Arts de Paris. Il fut ensuite un exposant fidèle du Salon des Artistes Français, de 1883 à 1938 : deuxième médaille en lithographie 1896, et en peinture : deuxième médaille 1905, Prix Bonnat et chevalier de la Légion d'Honneur en 1927, hors concours en peinture. En 1934, il fut vice-président du comité pour la gravure et la lithographie. À partir de 1894, il exposa aussi avec la Société des Peintres-lithographes. Il a exposé accessoirement aux Salons des Humoristes et d'Hiver. En 1890, il avait fait un voyage en Palestine, d'où il rapporta de nombreuses études, qu'il utilisa dans la suite de ses œuvres. Il a collaboré à la *Revue de Bretagne et d'Anjou* et à Paris au *Monde illustré*.

Il a peint de nombreuses compositions sur des sujets bibliques, par exemple : *Caïn* 1889, *La sainte famille* 1895, des compositions murales dans plusieurs églises, ainsi que les cartons pour les vitraux de la Chapelle Notre-Dame du Val-d'Or, près de Saint-

Cloud. Il a peint le plafond de la Caisse d'Epargne de Laval. Il a peint des allégories : *Pomone* 1929, *Flore* 1930, *Offrande à l'amour* 1936. Il a aussi peint des sujets d'observation : *A la campagne* 1896, *Promenade au soleil* 1934, et quelques portraits, parmi lesquels : *La belle Gabrielle*. Indifférent à toute audace picturale depuis celles des peintres de Barbizon, dans l'ensemble de sa production, abondante et diverse, il est volontairement tenu à la technique la plus académique, à la facture la plus lisse. Il a lui-même lithographié bon nombre de ses principales compositions décoratives. ∎ J. B.

Musées : ANGERS : *Nuit de Noël à Bethléem* 1893 – LAVAL : *Le soir* – RIO DE JANEIRO : *Nocturne en Champagne.*

Ventes Publiques : ORLÉANS, 11 déc. 1982 : *Résidences de campagne, roses, citrouilles, fougère*, huit aquar. et une gche : **FRF 2 650** – RAMBOUILLET, 20 oct. 1985 : *Léda*, h/t (55x46) : **FRF 8 500** – CHESTER, 9 oct. 1986 : *Sur la terrasse*, h/t (42,5x34) : **GBP 900** – PARIS, 7 avr. 1987 : *Plainte sur la mort d'Orphée*, h/pap., étude (Diam. 25,5) : **FRF 7 500** – PARIS, 4 juil. 1995 : *Le départ pour la chasse*, h/t (41x33) : **FRF 4 600** – PARIS, 28 fév. 1996 : *Plainte pour la mort d'Orphée*, h/pap., esquisse (diam. 25,5) : **FRF 6 000**.

ALLEAUME M. M., Mlle
XVIIIe siècle. Active à Paris en 1751. Française.
Peintre.

ALLEBÉ August
Né le 19 avril 1838 à Amsterdam. Mort le 10 janvier 1927. XIXe-XXe siècles. Hollandais.
Peintre de genre, portraits, animalier, paysages animés, aquarelliste, graveur.
Après avoir commencé ses études à Amsterdam, où il fut élève de Greive, il les continua à l'Académie d'Anvers en 1855. Il vint perfectionner l'étude de la gravure à Paris, dans l'atelier de Mouilleron. De retour à Amsterdam en 1860, il devint professeur à l'Académie de cette ville, dont il fut directeur de 1880 à 1906.
Il commença à exposer en 1861, notamment à La Haye, avec *De bonne heure à l'église* ; puis à Rotterdam en 1862, avec *Le tyran de la mer*. Il reçut une médaille à l'exposition de La Haye en 1866. Ayant travaillé la lithographie avec Adolphe Mouilleron, le graveur de Delacroix et de Descamps, il subit l'influence de ces deux peintres, notamment dans la notation de la couleur, mais il resta attaché aux valeurs du réalisme, s'opposant aux tendances impressionnistes de l'École de La Haye.
Bibliogr. : Gérald Schurr : *Les Petits Maîtres de la peinture 1820-1920, valeur de demain*, t. V, Les Éditions de l'Amateur, Paris, 1981 – W. Heer Allebé : *La vie et l'œuvre d'August Allebé*, Zwolle, 1988.
Musées : AMSTERDAM : *La Vérité – Heure matinale à l'église – Au déclin de la vie – Jeune femme – Un enfant bien gardé.*
Ventes Publiques : AMSTERDAM, 17 déc. 1901 : *Intérieur d'écurie* : **NLG 200** – AMSTERDAM, 27 avr. 1976 : *Méditation* 1874, h/pan. (30x16) : **NLG 2 650** – AMSTERDAM, 5 déc. 1978 : *Rabbin regardant un baromètre* 1861, h/pan. (27,5x20) : **NLG 6 000** – AMSTERDAM, 8 juin 1982 : *La conquête de Nates*, h/t (86x129) : **NLG 20 000** – AMSTERDAM, 3 mai 1988 : *Paysage et enfant près d'un puits dans une cour de ferme* 1969, h/pan. (51x38,5) : **NLG 23 000** – AMSTERDAM, 25 avr. 1984 : *Femme lisant près d'une cage à oiseau dans un intérieur* 1857, aquar. (27x22) : **NLG 1 380** – AMSTERDAM, 12 déc. 1990 : *Paysanne rentrant à la ferme* 1868, encre avec reh. de blanc et d'aquar./pap. (29x23) : **NLG 8 625** – AMSTERDAM, 17 sep. 1991 : *La visite du musée* 1870, h/t, étude (47x38) : **NLG 20 700** – LOKEREN, 15 mai 1993 : *Les jeunes chevreaux*, h/pan. (62x45,5) : **BEF 400 000**.

ALLEGRAIN Christophe Gabriel
Né le 8 octobre 1710 à Paris. Mort le 17 avril 1795 à Paris. XVIIIe siècle. Français.
Sculpteur de scènes mythologiques, sujets allégoriques, figures.
Il était fils de Gabriel Allegrain. Il épousa la sœur de Pigalle. Il n'eut pas la même valeur que son père et son beau-frère. Certains biographes affirment qu'il exécuta beaucoup des œuvres signées par Pigalle. Il fut professeur, puis directeur, de l'Académie de peinture et sculpture.
Ses œuvres les plus intéressantes sont une *Diane*, un *Narcisse* et une *Vénus entrant au bain*.
Musées : PARIS (Louvre) : *Vénus entrant au bain* – TOURNUS : *Baigneuse*, plâtre.
Ventes Publiques : PARIS, 14 déc. 1981 : *Baigneuse*, bronze (H. 87) : **FRF 9 000** – PARIS, 10 déc. 1984 : *Grande baigneuse* 1767,

pierre (H. 174) : **FRF 45 000** – LONDRES, 21 mars 1985 : *Vénus au bain*, bronze, patine brune (H. 85) : **GBP 2 400**.

ALLEGRAIN Étienne
Né en 1644 à Paris, ou en 1653 selon Larousse. Mort en 1736 à Paris. XVIIe-XVIIIe siècles. Français.
Peintre de scènes mythologiques, architectures, paysages animés, paysages, peintre à la gouache, dessinateur.
Il reste méconnu jusqu'en 1688, date à laquelle il peint des vues du parc de Versailles pour la galerie de Trianon. Il travaille encore pour le roi en 1695 et en 1700 à la Ménagerie. Il est malheureusement fort difficile de distinguer ses œuvres de celles de son fils Gabriel, car leurs toiles, assez semblables, ne sont généralement pas signées.
Les critiques du XVIIIe siècle ont été parfois injustes à l'égard d'Étienne Allegrain, dont certaines toiles évoquent les meilleures œuvres de Jean-Francisque Millet le père. Étienne Allegrain, dans certains tableaux, notamment dans le *Paysage* qui figure au Musée de Dijon, fait preuve de sérieuses qualités de composition. Imitateur de Poussin, il sait bien rythmer ses paysages par des « fabriques », mais ne garde malheureusement pas l'unité colorée de son modèle.
Musées : ALENÇON : *Paysage* – BESANÇON : *Bergères* – DIJON : *Deux paysages – Un paysage avec figures* – NANTES : *Paysage* – PARIS (Louvre) : *Trois paysages* – SAINT-PÉTERSBOURG (Ermitage) : *Paysage* – SOISSONS : *Vénus et Adonis* – VERSAILLES (Trianon) : *Quatre paysages.*
Ventes Publiques : PARIS, 1756 : *Deux paysages* : **FRF 80** – PARIS, 1763 : *Deux paysages* : **FRF 61** – PARIS, 1845 : *Paysage* : **FRF 220** – PARIS, 1858 : *Paysage*, dess. : **FRF 7,50** – PARIS, 1873 : *Le Temple de l'amour*, gche : **FRF 260** ; *Le Temple de l'amitié*, gche : **FRF 610** – PARIS, 1890 : *Deux paysages* : **FRF 130** – PARIS, 1894 : *Paysage d'Italie* : **FRF 100** – PARIS, 21-22 fév. 1919 : *Paysage orné de fabriques*, dess. : **FRF 50** – MILAN, 12-13 mars 1963 : *Paysage* : **ITL 1 400 000** – VERSAILLES, 20 juil. 1976 : *Paysage de rivière avec des personnages à l'antique et divers monuments*, h/t (123x198) : **FRF 24 000** – VERSAILLES, 13 nov. 1977 : *Paysage de rivière avec des personnages*, h/t (123x198) : **FRF 25 000** – NEW YORK, 5 juin 1980 : *Paysage boisé avec un monastère*, h/t (59,6x76,2) : **USD 3 200** – PARIS, 20 déc. 1988 : *Paysage classique*, h/t (36,5x54) : **FRF 55 000** – ROME, 8 mars 1990 : *Paysage classique avec des bateliers et des paysannes au repos*, h/t (62x86) : **ITL 38 000 000** – LONDRES, 14 déc. 1990 : *Paysage classique boisé avec un personnage incarnant Flore*, h/t (84,5x102,9) : **GBP 6 050** – PARIS, 28 juin 1993 : *Paysage aux monuments antiques*, h/t (52x71,5) : **FRF 135 000** – PARIS, 16 mars 1994 : *Paysage*, lav. (19,2x29) : **FRF 15 500** – MONACO, 19 juin 1994 : *Paysage classique*, h/t (60x87) : **FRF 310 800** – PARIS, 27 mars 1996 : *Paysage classique*, gche (61x91) : **FRF 42 000** – PARIS, 28 juin 1996 : *Paysage classique avec des voyageurs se reposant sur le bord d'un chemin*, h/t (91x117,5) : **FRF 82 000** – VIENNE, 29-30 oct. 1996 : *Paysage italien classique avec porteurs d'eau sur un sentier devant les murs d'une ville*, h/t (86x75) : **ATS 161 000**.

ALLEGRAIN Gabriel
Né en 1679 à Paris. Mort en février 1748 à Paris. XVIIIe siècle. Français.
Peintre de compositions religieuses, architectures, paysages.
Fils d'Étienne Allegrain, il n'eut pas d'autre maître que son père et il lui prit ses qualités et ses défauts. Il exposa au Salon de Paris, de 1737 à 1747. Cet artiste épousa Anne-Madeleine Grandcerf et eut deux fils et une fille ; dans son acte de mariage, on l'appelle « peintre du roi ». Son tableau : *La Fuite en Égypte*, le fit admettre à l'Académie.
Il s'est consacré plus particulièrement à la peinture de paysages, des jardins de Versailles, du château de Saint-Germain-en-Laye et de celui de Vincennes. Doué d'une imagination assez riche, il eût pu être un véritable artiste, si ses œuvres n'étaient si effacées comme coloris. En outre, il est d'une uniformité un peu monotone parfois, et ses sites, sans grand caractère, sont composés selon une tradition immuable. Il s'inspirait de la manière de Francisque Millet.
Musées : ALENÇON : *Paysage* – LA FÈRE : *Paysages* – LILLE : *Paysage* – TOURS : *Apollon et la Deiphobé* – TROYES : *Paysage* – VERSAILLES : *Vue des jardins de Versailles, pris du côté du parterre du nord – Vue du château neuf de Saint-Germain, du côté de la Terrasse – Vue du château de Vincennes, côté du Parc – Vue de la Cascade en buffet dans le jardin de Trianon.*

VENTES PUBLIQUES : PARIS, 1795 : *Paysage* : FRF 101 – PARIS, 1798 : *Paysage* : FRF 41 – PARIS, 1840 : *Paysage* : FRF 2 200 – PARIS, 1852 : *Les disciples d'Emmaüs* : FRF 340.

ALLEGRAIN Gabriel
Né le 29 octobre 1733. Mort en 1779. XVIIIᵉ siècle. Français.
Sculpteur de figures.
Fils de Christophe Gabriel Allegrain et de Geneviève Pigalle. Il habita Paris, dans la paroisse Saint-Nicolas-des-Champs ; il avait le titre d'officier de sa Majesté à la Monnaie de Paris, lorsqu'il reçut (1764) le poste de sculpteur de la marine au port de Rochefort, sur la recommandation de son oncle Pigalle. Il occupa ce poste jusqu'en 1774.

AG

VENTES PUBLIQUES : NEW YORK, 6 mai 1972 : *Vénus*, bronze : USD 2 000.

ALLEGRAIN Jean Baptiste
Né le 8 février 1644. Mort vers 1714. XVIIᵉ-XVIIIᵉ siècles. Actif à Paris. Français.
Sculpteur.
Il était frère du paysagiste Étienne Allegrain et grand-oncle du sculpteur Gabriel-Christophe.

ALLÈGRE Raymond
Né le 27 août 1857 à Marseille (Bouches-du-Rhône). Mort en 1933 à Marseille. XIXᵉ-XXᵉ siècles. Français.
Peintre de paysages, paysages urbains, paysages d'eau, paysages portuaires, natures mortes.
Il fut élève de A. Vollon, Bonnat et J.-P. Laurens. Il exposa au Salon des Artistes Français de Paris, entre 1881 et 1932, obtenant le prix Raigecourt-Goyon, en 1893, une médaille de bronze à l'Exposition Universelle de 1900. Il envoya trois tableaux à l'Exposition décennale de Paris en 1900, parmi lesquels deux *Vues de Marseille*, et présenta 19 toiles à l'Exposition coloniale de Marseille en 1906. Il fut fait chevalier de la Légion d'honneur en 1903.
Il est connu pour ses paysages de Venise ou de la Provence. Selon Gérald Schurr, il multiplia le nombre de ses vues de Venise, les faisant de mémoire, mais étant capable de restituer la spontanéité du motif pris sur le vif.
MUSÉES : AIX (Mus. Granet) : *Les Martigues* – ROANNE : *En Provence* – ROUEN (Mus. des Beaux-Arts) : *Les Martigues*.
VENTES PUBLIQUES : LONDRES, 1903 : *Venise* : GBP 290 – PARIS, 22 fév. 1919 : *Les Martigues* : FRF 410 – PARIS, 17 juin 1921 : *Nature morte : homard, pot et chaudron* : FRF 450 – PARIS, 27 jan. 1923 : *Lais Rastoubié (Étang de Berre)* : FRF 500 – PARIS, 3 et 4 mars 1926 : *Un canal à Venise* : FRF 160 – PARIS, 6 juil. 1928 : *Église et canal à Venise* : FRF 1 220 – PARIS, 22 juin 1942 : *Venise* : FRF 5 100 – PARIS, 22 fév. 1943 : *La Tour* : FRF 2 500 – PARIS, 8 mai 1944 : *Gondole à Venise* : FRF 3 100 – MARSEILLE, 18 déc. 1948 : *Entrée du vieux port* : FRF 8 500 – PARIS, 4 mai 1951 : *Paysage d'été*, bois : FRF 4 000 – NICE, 11-12-13 oct. 1954 : *Les Martigues, l'atelier de Ziem* : FRF 11 500 – PARIS, 26 mars 1971 : *Souvenir de la côte méditerranéenne* : FRF 600 – AVIGNON, 29 oct. 1978 : *Venise*, h/pan. (67x67) : FRF 3 200 – VERSAILLES, 4 oct. 1981 : *Baigneuse près de la rivière*, h/pan. (62x36) : FRF 3 500 – PARIS, 25 mai 1983 : *Les Martigues, Provence*, h/t (73x92) : FRF 5 300 – BERNE, 26 oct. 1984 : *Paysage de la Côte d'Azur*, h/pan. (23,5x33) : CHF 1 800 – LONDRES, 3 déc. 1985 : *Les Martigues*, h/pan. (23,5x32,5) : GBP 950 – PARIS, 7 mars 1988 : *Canal à Venise*, h/t (92x60) : FRF 7 200 – PARIS, 20 juin 1990 : *Paysage provençal*, h/pan. (24x33) : FRF 5 200 – PARIS, 22 juin 1992 : *Venise*, h/t (92x66) : FRF 22 000 – NEW YORK, 20 juil. 1994 : *Venise*, h/t, une paire (46,4x32,7) : USD 3 680 – PARIS, 30 nov. 1994 : *Vue d'un port*, h/t (70x172) : FRF 7 500 – PARIS, 11 déc. 1995 : *Ville et port d'Alger*, h/t (65x100) : FRF 44 000 – PARIS, 5 juin 1996 : *Venise 1914*, h/t (150x100) : FRF 40 000 – PARIS, 10-11 juin 1997 : *Café des Platanes, Alger*, h/pan. (32x46) : FRF 15 000.

ALLEGRETTI Antonio
Né en 1840 à Cuneo. XIXᵉ siècle. Italien.
Sculpteur.
D'origine piémontaise, il fut, à Gênes, l'élève de Santo Varni ; dans cette ville, il reçut la médaille d'or de l'Académie, pour sa statue de *Caïn* ; il fit le *monument funéraire de Luigi Montano*, œuvre un peu fantaisiste. A Florence, il exécuta le *buste du marquis Gino Capponi*. Il se fixa à Rome, où il eut une chaire de professeur à l'Académie des Arts. Œuvres principales : *Marguerite et Faust, Ève commettant le péché.*

ALLEGRETTI Carlo
Né à Monteprandone. XVIᵉ siècle. Italien.
Peintre.
Il se forma à Venise et fut actif dans la première moitié du XVIᵉ siècle. On a de lui un tableau de *Saint Barthélemy* dans l'église éponyme à Ascoli, signé, daté 1608, œuvre fort intéressante. On cite deux autres tableaux, représentant des *Martyrs*, à l'église San-Lorenzo près d'Acquaviva.

A C.

ALLEGRETTO NUZI. Voir **NUZI**

ALLEGRI Antonio. Voir **CORREGIO**

ALLEGRI Antonio
XVIᵉ siècle. Actif à Carpi dans la seconde moitié du XVIᵉ siècle. Italien.
Peintre.
Dans un document de 1581, Allegri est nommé *Antonio di Alegri, pittore da Coregia*. Il semblerait être le petit-fils du célèbre peintre de l'école de Parme. On n'a aucun renseignement sur ses œuvres.

ALLEGRI Ermete
XVIIIᵉ siècle. Travaillait à Vérone. Italien.
Peintre.

ALLEGRI Lorenzo
Mort en 1527 à Correggio. XVᵉ-XVIᵉ siècles. Italien.
Peintre.
Il vivait à Correggio à la fin du XVᵉ siècle et au commencement du XVIᵉ siècle. On sait peu de chose de cet artiste, dont l'histoire ferait à peine mention s'il n'eût été l'oncle d'Antonio Allegri (il Corregio) et son premier maître. En 1503, il exécuta une peinture pour le couvent de San Francisco de Correggio. A sa mort, il légua ses biens à son frère Pellegrino et à son neveu Antonio.

A.C

ALLEGRI Marco
Mort entre 1528 et 1538. XVIᵉ siècle. Travaillait à Venise. Italien.
Sculpteur sur bois.

ALLEGRI Pomponio
Né le 3 septembre 1521 à Correggio. Mort après 1593. XVIᵉ siècle. Italien.
Peintre de compositions religieuses, sujets allégoriques.
Il était fils d'Antonio Allegri, dit Le Corrège, et bénéficia de la grande renommée de son père. Malheureusement, il fut orphelin à peine âgé de treize ans et ne put recevoir du Corrège que les premiers éléments de son art. On croit qu'il fut surtout instruit par Francesco Rondani, élève du Corrège. Pomponio se trouva, à vingt et un ans, à la tête d'une fortune importante. Il alla s'établir à Parme et ne tarda pas à y être chargé d'importants travaux. Mais il n'avait hérité que le nom et la fortune de son père, mais non son génie. Pomponio ne possédait pas, sans doute, l'esprit d'ordre et d'économie de son père et de son grand-père, car, malgré les ressources que lui procuraient ses travaux, il dut vendre ses biens, et sa situation de fortune devint embarrassée. A l'exemple de son père, il prit quelquefois le nom de *Lieti* ou *Laetus*, traduction latine du mot italien *Allegri*. Il signa presque toujours, même dans les actes publics, Pomponio Lieti. Après lui, on ne trouve plus de trace de la famille du créateur de tant de chefs-d'œuvre, et elle paraît s'être éteinte pauvre.
Un certain nombre de ses ouvrages existant encore dans les églises de la ville, et un tableau d'autel conservé à l'Académie des Beaux-Arts de Parme, *Moïse montrant aux Israélites les tables de la loi*, prouvent qu'il s'inspirait de la manière paternelle, mais sans s'élever au-dessus d'une honnête médiocrité.
VENTES PUBLIQUES : PARIS, 1843 : *La femme adultère* : FRF 350 – MILAN, 12-13 mars 1963 : *Trois anges jouant* : ITL 300 000 – MILAN, 13 déc. 1989 : *Jeu de putti*, h/t (22x18,5) : ITL 8 500 000.

ALLEGRI Quirino
XVIᵉ siècle. Travaillait à Correggio vers 1500. Italien.
Peintre.
Zani le mentionne comme fils de Lorenzo Allegri et cousin du célèbre Corrège.

ALLEGRI da Gubbio Francesco. Voir **ALLEGRINI Francesco**

ALLEGRINI Anna Angelica
XVIIᵉ siècle. Vivait à Rome. Italienne.

Peintre et miniaturiste.
Cette artiste était fille et élève de Francesco Allegrini. Elle l'aida dans ses travaux, mais elle se consacra surtout à la miniature.

ALLEGRINI Flaminio
XVIIe siècle. Italien.
Peintre de figures.
Fils de Francesco Allegrini, il travailla à Gubbio de 1625 à 1635. Le nom de cet artiste se trouve parmi ceux des éditeurs du *Trésor du Pape*, 1629.
VENTES PUBLIQUES : NEW YORK, 13 jan. 1993 : *Gymnastes en costumes classiques formant une pyramide*, craie noire et encre avec lav. brun, bleu et orange (33,2x26,5) : **USD 9 350.**

ALLEGRINI Francesco, dit da Gubbio
Né en 1587 à Gubbio. Mort en 1663 à Rome. XVIIe siècle. Italien.
Peintre d'histoire, scènes mythologiques, compositions religieuses, sujets allégoriques, peintre à la gouache, fresquiste, dessinateur.
Il fut élève de Giuseppe Cesari d'Arpino, et il forma lui-même un grand nombre d'élèves, parmi lesquels il convient de citer son fils Flaminio et sa fille Angelica.
Il s'adonna au genre historique. On le chargea de nombreux travaux, tant à fresque qu'à l'huile, dans les palais et les églises de Rome. Il peignit également dans les établissements religieux à Gubbio, à Gênes et à Savona. On cite encore de lui des peintures dans la casa Durazzo, à Gênes, et dans la Casa Pamphili. On croit qu'il peignit des figures dans quelques paysages de Claude Lorrain.
MUSÉES : COLOGNE : *Le Mariage de la Vierge*.
VENTES PUBLIQUES : BARI, 5 avr. 1981 : *Le Triomphe de David*, h/t (219x143) : **ITL 9 000 000** – LONDRES, 9 avr. 1981 : *Figures allégoriques*, suite de quatre gches/parchemin (7,5x47 et 7,7x10,6) : **GBP 600** – MILAN, 15 avr. 1985 : *Ruggero e Ipalca (Ariosto, Rolando Furiosco)*, pl. et encre brune (11x14,5) : **ITL 1 200 000** – ROME, 10 nov. 1987 : *Apollon et Marsyas*, h/pan. (40x76) : **ITL 16 000 000** – PARIS, 9 mars 1988 : *La naissance de la Vierge*, pl., lav. brun et sanguine (21x19,8) : **FRF 80 000** – LONDRES, 2 juil. 1990 : *Études pour le martyr d'une sainte*, encre sur craie rouge (16,5x22,7) : **GBP 1 375** – PARIS, 22 mars 1991 : *Déploration du Christ*, pl. et lav. sur dess. à la sanguine (9,3x11) : **FRF 9 000** – LONDRES, 2 juil. 1991 : *Pégase dompté par Persée sous le regard de Jupiter et de Diane*, craie noire, encre et lav. brun et gris (36,2x38) : **GBP 28 600** – PARIS, 11 mars 1994 : *Clorinde délivrant Olinde et Sophronie ; Clorinde défendant les portes de Jérusalem*, gche/parchemin, une paire (chaque 11,7x19,7) : **FRF 60 000** – LONDRES, 4 juil. 1994 : *Scène de bataille près d'un pont*, gche/vélin (15,7x19,5) : **GBP 1 725** – NEW YORK, 12 jan. 1995 : *recto : La décapitation de Saint Jean-Baptiste ; verso : Apollon et son char tiré par trois chevaux*, encre et lav. rouge et noire (155,2x11,8) : **USD 3 450** – LONDRES, 5 juil. 1995 : *Scène d'histoire militaire*, h/pan., une paire (chaque 70x56) : **GBP 17 250** – NEW YORK, 10 jan. 1996 : *Élégante compagnie dansant devant des musiciens*, encre et lav. (12x18) : **USD 3 450** – LONDRES, 16-17 avr. 1997 : *Groupe de personnages, peut-être en martyre*, pl. et encre brune (6,5x11,2) : **GBP 517.**

ALLEGRINI Francesco
Né vers 1729 à Florence (Toscane). XVIIIe siècle. Italien.
Graveur, dessinateur.
Il publia, en collaboration avec son frère Giuseppe, une collection de cent portraits de la famille des Médicis, avec un frontispice gravé par lui-même. Il exécuta également quatorze portraits de Florentins fameux. On possède aussi de lui une gravure de la statue de *Saint François d'Assise*.

ALLEGRINI Giuseppe
XVIIIe siècle. Actif vers 1746. Italien.
Graveur.
Il était frère de Francesco, avec lequel il travailla. On a de lui les planches suivantes : *La Vierge Marie et l'Enfant Jésus, La Circoncision, La Lapidation de Saint Étienne, Renaud et Armide, Scène d'opéra*, d'après Chamont. Il fut établi à Florence comme marchand d'estampes.

ALLEGRO Agostino
Né en 1820. Mort en 1889. XIXe siècle. Italien.
Sculpteur sur bois.
Parmi ses meilleurs ouvrages, on cite la restauration des stalles, à la cathédrale de Gênes, et une armoire au château royal de Turin.

ALLEGRUCCI Ettore
Originaire de Rome. XXe siècle. Italien.
Peintre.
Exposa à Paris au Salon d'Automne de 1928.

ALLEGRUCCI Frédéric
Né à Paris. XXe siècle. Italien.
Peintre.
Envoya un paysage au Salon de la Société Nationale des Beaux-Arts, en 1930.

ALLEGRUCCI Marcantonio di Bartolommeo
XVIIIe siècle. Travaillait à Pérouse en 1713. Italien.
Peintre.
On trouve son nom dans la liste de la corporation des peintres de Pérouse.

ALLEGRUCCI Palmerino
XVIIe siècle. Travaillait à Gubbio. Italien.
Sculpteur et stucateur.
On a conservé des travaux de cet artiste, faits dans le genre du XVIe siècle, dans l'église della Piaggiola. Dans la chapelle de la Pieta de la même église, existe un relief en stuc, *Le couronnement d'épines* ; sur les murs, différentes scènes de la Passion.

ALLEITNER Jacob
XVIIe siècle. Travaillait en Allemagne, vers 1668. Allemand.
Peintre et graveur à l'eau-forte.

ALLÉLIT Augustin François
Né en 1825 à Orléans. Mort en 1865 à Orléans. XIXe siècle. Français.
Sculpteur.
Il fut professeur de modelage à l'École de dessin d'Orléans, de 1855 à 1865. Le Musée de cette ville possède de lui un dessin de *Saint Paul assis*.

ALLEMAGNE Edmond d'
XIXe siècle. Français.
Peintre.
Exposa au Salon des Indépendants en 1893.

ALLEMAN Albert
Né en 1892 à Roulers. Mort en 1933 à Jette (Brabant). XXe siècle. Belge.
Peintre de compositions à personnages, figures, paysages.
Il a subi l'influence des artistes de l'époque de Minne, Servaes, Laermans. Paysagiste, il se consacre surtout au Pays flamand. Dans ses compositions il traite surtout des sujets religieux.

ALLEMAN Rogier
XVIIe siècle. Travaillait en Hollande. Hollandais.
Peintre.
Il fut de la corporation des peintres de Harlem en 1636.

ALLEMAND. Voir aussi au prénom

ALLEMAND
XIXe siècle. Travaillait à Toulon et à Rochefort. Français.
Sculpteur.
Il fut employé à Toulon. En 1830, il fut envoyé à Rochefort, comme sculpteur de la marine. Il travailla à la décoration de l'Arsenal et de la Préfecture maritime.

ALLEMAND, L'. Voir L'ALLEMAND

ALLEMAND Gustave
Né le 9 juillet 1846 à Lyon (Rhône). Mort le 20 avril 1888 à Paris. XIXe siècle. Français.
Peintre de figures, intérieurs, paysages animés, paysages, paysages d'eau, natures mortes, graveur, dessinateur.
Fils du peintre aquafortiste lyonnais, Hector Allemand, Gustave Allemand fut élève de son père, de Danguin (à l'École des Beaux-Arts de Lyon, où il entra en 1862), puis, à Paris, de Cabanel et d'Harpignies. Il débuta au Salon de Lyon, en 1868, avec une *Nature morte*, au Salon de Paris, en 1869, avec *Intérieur du cabinet de M. X...*, et exposa au même Salon, jusqu'en 1888, quelques intérieurs ou natures mortes, des figures, et surtout, depuis 1875, des paysages qui constituent la partie la plus importante de son œuvre. Il a laissé des dessins. Il a gravé à l'eau-forte ; Béraldi cite de lui douze planches.
VENTES PUBLIQUES : PARIS, 3 mai 1967 : *Bord de rivière* : **FRF 420** – VERSAILLES, 22 juin 1986 : *Bergère près d'une rivière*, h/t (71x110) : **FRF 15 000** – PARIS, 20 jan. 1988 : *Paysage du Lyonnais 1870*, lav. de brun et reh. de blanc (22,6x33,4) : **FRF 3 200** – VER-

SAILLES, 6 nov. 1988 : *Maisons au bord de l'eau*, h/t (48x81) : FRF 8 000 – VERSAILLES, 5 mars 1989 : *Bord de rivière*, h/t (48x80,5) : FRF 6 000.

ALLEMAND Jean
Né le 21 juillet 1948 à Toulon (Var). XXe siècle. Français.
Sculpteur d'environnements.

Il est l'un des co-fondateurs du groupe *Space*. Il expose depuis 1970 dans plusieurs Salons annuels de Paris, dont Grands et Jeunes d'Aujourd'hui, ainsi qu'à la Biennale de l'Estampe et la Biennale des Jeunes de Paris en 1971. En 1977, il figura à l'exposition *Meubles-Tableaux* du Centre Beaubourg à Paris.
Il crée des environnements par assemblage de structures géométriques.

MUSÉES : PARIS (FRAC d'Île-de-France) : *Composition 1975 – Tension 1982.*

VENTES PUBLIQUES : PARIS, 7 juin 1985 : *Composition 1979*, h/t (150x150) : FRF 8 100 – PARIS, 13 oct. 1987 : *Espace 1977*, h/t (80x80) : FRF 8 000.

ALLEMAND Jean-Baptiste
Mort le 14 décembre 1815 à Toulon (Var). XVIIIe-XIXe siècles. Français.
Sculpteur.
Il travaillait à Toulon dès 1765.

ALLEMAND Joao Henrique
Né en 1935. XXe siècle. Brésilien.
Peintre. Nouvelles figurations.

Dans les années soixante, il fait partie de cette vague d'artistes brésiliens qui recomposent un monde édénique, entre l'art populaire et l'art naïf.

BIBLIOGR. : Damien Bayon et Roberto Pontual : *La Peinture de l'Amérique latine au XXe siècle*, Mengès, Paris, 1990.

ALLEMAND Louis Hector ou Hector
Né le 5 mars 1809 à Lyon. Mort le 13 septembre 1886 à Lyon. XIXe siècle. Français.
Peintre de figures, paysages animés, paysages d'eau, graveur.

Allemand fit son éducation artistique d'abord avec son père, qui dessinait, et avec sa mère, miniaturiste, élève de Gérard et de Gros. Cependant le jeune homme entra dans le commerce et fut successivement employé, directeur puis patron d'une maison de fils et de lacets. Vers 1845, ayant acquis une situation indépendante, il abandonna l'industrie pour suivre ses goûts artistiques. Il débuta à l'Exposition de Lyon en 1846 et au salon de Paris en 1848. Il avait pris pour modèles les vieux hollandais et Claude Lorrain, mais il chercha aussi son inspiration dans l'étude constante de la nature. Il continua à prendre part aux Expositions de Paris et de province et se créa une réputation très honorable parmi les artistes. En 1876, une attaque de paralysie lui fit craindre d'être obligé de renoncer à la peinture, mais il s'exerça à peindre de la main gauche et y acquit une habileté suffisante pour pouvoir prendre part aux Expositions lyonnaises de 1878 et 1879. Il est représenté dans plusieurs musées de France et de l'étranger. Il grava pour lui, tirant ses épreuves à petit nombre, sans consentir à en mettre aucune dans le commerce.

H Allemand 65

MUSÉES : BROU : *Quai du Rhône* – GRENOBLE : *Matinée d'avril à Cernay 1856* – *Étang à Creys 1856* – *Étang à Crémieu 1855* – LYON : *Fin d'orage à Crémieu* – MONTPELLIER : *Pâturage – Mare aux vaches* – Deux paysages.

VENTES PUBLIQUES : PARIS, 1942 : *Paysage* : FRF 3 300 – PARIS, 29 nov. 1976 : *Femme au bord d'une rivière*, h/t (23,5x31,5) : FRF 1 300 – VERSAILLES, 28 juin 1981 : *La mare*, h/pan. (24x32) : FRF 4 000 – VERSAILLES, 27 nov. 1983 : *Paysage de Barbizon 1862*, h/t (45x62) : FRF 6 000 – PARIS, 20 jan. 1988 : *Bord de rivière 1860*, aquar. gchée (20x30,3) : FRF 4 200 ; *Bergère au bord de la rivière 1886 ?*, h/pap. mar./t., tondo (24x31,5) : FRF 10 000 – PARIS, 22 nov. 1996 : *Le Peintre de vases grecs 1895*, h/t (76x60) : FRF 12 500.

ALLEMANDE Jean-Baptiste
XVIIIe siècle.
Peintre de paysages animés.

VENTES PUBLIQUES : NEW YORK, 19 juil. 1990 : *Lavandières près d'un ruisseau*, aquar. et gche/pap. (24,2x40) : USD 3 300.

ALLEMANO Giovanni ou Alamannus. Voir GIOVANNI d'Alamagna

ALLEMANS Albert
XVIIIe siècle. Travaillait à Bruxelles. Éc. flamande.
Sculpteur.
En 1775, il termina un confessionnal dans l'église Sainte-Gudule à Bruxelles.

ALLEMEERSCH Andy
Né en 1934 à Roulers. XXe siècle. Belge.
Peintre de paysages d'eau.

Il obtint le Grand Prix de Peinture d'Ostende en 1960. Il peint surtout des vues de quais, des écluses, des calles-sèches, presque toujours dans des harmonies glauques, qui peuvent évoquer les romans d'un autre Belge, Georges Simenon.

ALLEN
XVIIIe siècle. Vivait à Londres vers 1771. Britannique.
Portraitiste.

Exposa deux tableaux à la Society of Artists, en 1771. On est en droit de se demander s'il n'est pas le même artiste que le sculpteur Allen. Il est peut-être le fils d'Andrew Allen.

ALLEN
XVIIIe siècle. Vivait à Londres. Britannique.
Sculpteur.
Exposa trois œuvres à la Society of Artists de Londres, en 1771 et 1772.

ALLEN
XVIIIe siècle. Vivait à Greenwich (Angleterre) au milieu du XVIIIe siècle. Britannique.
Peintre de marines.

On cite quatorze œuvres de cet artiste, parues à la Free Society de Londres, entre 1767 et 1772. Peut-être est-ce le même artiste que Allen (Master), cité par Graves comme exposant en 1773 à la Free Society.

ALLEN, master
XVIIIe siècle. Actif à la fin du XVIIIe siècle. Britannique.
Dessinateur.
L'artiste exposa un dessin, en 1773, à la Free Society de Londres. Cité par Graves.

ALLEN Andrew
XVIIIe siècle. Britannique.
Peintre portraitiste.

Il travailla, vers 1730, à Edimbourg. Ses portraits : *Sir Walter Pringle, Lord of Session*, mort en 1726, *William Carteret*, gravés par Richard Cooper l'Ancien, sont justement estimés. W. Robinson peignit son portrait que R. Cooper l'Ancien grava à Edimbourg.

ALLEN Anne
XVIIIe siècle. Travaillait à Paris en 1760. Française.
Graveur d'ornements.
Elle grava des fleurs d'après Pillement.

ALLEN Anne Huntington
Née en 1858 à New York. XIXe siècle. Américaine.
Peintre.

ALLEN Annie C.
XIXe siècle. Vivait à Londres vers la fin du XIXe siècle. Britannique.
Peintre de fleurs.
Elle envoya deux tableaux à Suffolk Street, entre 1881 et 1883.

ALLEN Arthur W.
XIXe siècle. Actif à Londres vers 1886. Britannique.
Peintre de genre.
Une œuvre de ce peintre est citée dans le catalogue de Suffolk Street, en 1886.

ALLEN C. W.
XIXe siècle. Vivait à Londres vers 1891. Britannique.
Paysagiste.
L'artiste exposa un tableau à Suffolk Street.

ALLEN Charles Curtis
Né en 1886. Mort en juin 1950. XXe siècle. Américain.
Peintre de paysages.

VENTES PUBLIQUES : PORTLAND, 12 avr. 1980 : *Mt Monadnock, New Hampshire*, h/t (61x91,5) : USD 1 600 – NEW YORK, 27 jan. 1984 : *Automne dans un village de la Nouvelle Angleterre 1937*, h/t (101,6x91,5) : USD 2 700.

ALLEN Charles John
Né en 1862 ou 1863 à Greeford (Middlesex). Mort en 1956. XIXe-XXe siècles. Britannique.

Sculpteur de figures, de portraits, de compositions mythologiques.

A partir de 1890, il exposa régulièrement à la Royal Academy. Il figura aussi au Salon des Artistes Français de Paris, y obtenant une médaille d'or en 1900. A l'exemple de William Morris, il diversifia ses activités et son œuvre aujourd'hui la plus connue est le monument d'environ dix-sept mètres de haut, à la mémoire de la Reine Victoria.

Musées : Dublin : *L'amour et la sirène – Sir Bart. Walcker – Alderman Rathbone* – Liverpool (Gal. Walker) : *Amours et nymphes* – autres œuvres.

Ventes Publiques : Londres, 2 oct. 1985 : *Love on the mermaid*, bronze (H. 54) : **GBP 4 500** – Londres, 15 juin 1988 : *Femme et ange* 1895, bronze (H. 33) : **GBP 4 950**.

ALLEN Eliza
xixᵉ siècle. Vivait à Greenwich, au milieu du xixᵉ siècle. Britannique.

Peintre de genre.

Entre 1860 et 1864, cinq œuvres de cette artiste furent exposées à Suffolk Street.

ALLEN F.
xviiᵉ siècle. Britannique.

Graveur en taille-douce.

Son nom se trouve sur une gravure : *Portrait d'Archibald Campbell, duc d'Argyle.*

ALLEN Fanny
xixᵉ siècle. Vivait à Londres. Britannique.

Peintre d'histoire.

Elle exposa, en 1833, à Suffolk Street.

ALLEN Folpert van Ouden. Voir OUWENALLEN

ALLEN Frank Leonard
Né en 1884 à Portland (Maine). xxᵉ siècle. Américain.

Peintre.

ALLEN Frans
Né aux Pays-Bas. xviiᵉ siècle. Hollandais.

Graveur en taille-douce.

Il travailla d'abord dans les Pays-Bas et dans l'Allemagne du Nord à partir de 1654, puis, à Dantzig. Après 1685, on n'a plus aucune trace de cet artiste. Ses œuvres furent, en général, des vignettes, frontispices et illustrations variées pour divers ouvrages.

ALLEN Frederick Warren
Né en 1888 à North Attleboro (Mass.). Mort en 1961. xxᵉ siècle. Américain.

Sculpteur de portraits, bas-reliefs.

Ventes Publiques : New York, 30 nov. 1989 : *Bas-relief d'Abraham Lincoln* 1922, bronze à patine brune (H. 90,8) : **USD 6 600**.

ALLEN G.
xviiiᵉ-xixᵉ siècles. Britannique.

Peintre.

Un G. Allen exposa à la Royal Academy, en 1830, un portrait de femme, mais il n'est pas certain que ce G. Allen soit notre artiste. On cite de G. Allen, le portrait du philosophe et mathématicien Th. Wright, mort en 1785, gravé par P. Fourdrinier.

Ventes Publiques : Paris, 23 mai 1894 : *Portrait de femme et d'enfants* : **FRF 180** – Londres, 19 fév. 1910 : *Paysage* 1825 : **GBP 3**.

ALLEN Geraldine Whitacre
xixᵉ siècle. Vivait à Londres vers 1890. Britannique.

Peintre.

Géraldine Allen se spécialisait dans la représentation de la nuit et des effets de lune. Elle exposa, en 1890-1893, à Suffolk Street.

ALLEN Gregory Seymour
Né en 1884 à Orange (New Jersey). xxᵉ siècle. Américain.

Sculpteur.

ALLEN H.
xixᵉ-xxᵉ siècles. Britannique.

Peintre de portraits, copiste.

Il est connu une copie d'un *Portrait de Sir Henri Irving*, d'après le tableau de Sir John Millais.

Musées : Londres (Nat. Gal. of portraits) : *Portrait de Sir Henri Irving.*

ALLEN Harry Epworth
Né en 1894. Mort en 1958. xxᵉ siècle. Britannique.

Peintre de paysages animés, paysages, paysages d'eau.

Ventes Publiques : Londres, 10 mars 1982 : *Paysage d'hiver*, temp. (49x61,5) : **GBP 780** – Londres, 29 juil. 1988 : *Le soir dans les collines*, h/cart. (32,5x48,3) : **GBP 440** – Londres, 21 sep. 1989 : *Paysage des environs de Clifden dans le Connemara*, h/cart. (46,8x59,7) : **GBP 9 900** – Londres, 10 nov. 1989 : *Les abords d'un village*, h/cart. (35,6x48,7) : **GBP 7 150** – Londres, 3 mai 1990 : *L'été dernier dans le Derbyshire*, temp./t. cartonnée (37x51,5) : **GBP 9 900** – Belfast, 30 mai 1990 : *Un lac au Connemara*, h/cart. (35,5x50,8) : **GBP 1 650** – Londres, 14 mai 1992 : *Les environs du village*, h/cart. (35,5x49) : **GBP 3 520** – New York, 28 mai 1993 : *Journée d'automne* 1919, aquar./pap. (53,6x71,2) : **USD 2 875** – Londres, 2 juin 1995 : *Vue depuis Keel dans l'île d'Achill, Comté Mayo*, temp./cart. (35,5x51) : **GBP 3 450**.

ALLEN Hugh, Mrs
xixᵉ siècle. Vivait à Highgate (Angleterre) vers 1893. Britannique.

Aquarelliste et peintre de fleurs.

Elle exposa à la New-Colour Society, en 1893.

ALLEN James Baylie
Né le 18 avril 1803 à Birmingham. Mort le 10 janvier 1876. xixᵉ siècle. Britannique.

Graveur sur acier et sur bois.

Il fut l'élève de son frère Josiah et de Vincent Barber. En 1824, il vint à Londres où il travailla d'abord pour la banque d'Angleterre. L'*Art journal*, 1849, a publié un certain nombre de ses estampes. Il fit surtout des scènes de bataille et des paysages classiques. Il travailla aussi pour la *Galerie royale de l'art britannique* de Finden et pour la *Galerie royale de l'art* de Hall.

ALLEN James C.
Né au début du xixᵉ siècle à Londres. xixᵉ siècle. Britannique.

Graveur.

Il fut l'élève de William Cooke, avec lequel il collabora, en 1821, à la publication de quinze gravures représentant des vues de l'*Intérieur du Colisée à Rome*. *La Défaite de l'Armada espagnole*, d'après Loutherbourg, 1831, est l'une de ses meilleures gravures. Il illustra également un grand nombre de livres. Il mourut fort jeune.

ALLEN James E.
Né en 1894. Mort en 1964. xxᵉ siècle. Américain.

Peintre de compositions animées, graveur, dessinateur, sculpteur. Figuratif puis abstrait.

Il étudia à Chicago et New York, notamment sous la direction de Joseph Pennell et de William Auerbach-Levy. Le musée-galerie de la Seita à Paris a présenté de ses œuvres en 1996 à l'exposition : *L'Amérique de la dépression – Artistes engagés des années trente.*

Il réalisa des pointes sèches avant de se consacrer à l'eau-forte. Dans les années trente, avec des compositions engagées, représentant des travailleurs dans les vastes chantiers de construction, il travailla pour la *WPA*, *Work Projects Administration*, énorme entreprise à l'échelle américaine pour venir en aide aux artistes frappés par la récession, mise en place par l'administration de Roosevelt, et qui leur offrit, entre 1935 et 1939, des milliers de commandes diverses. Il évolua vers l'abstraction subissant l'influence de Hans Hofmann.

Bibliogr. : Catalogue de l'exposition : *L'Amérique de la dépression. Artistes engagés des années trente*, musée-galerie de la Seita, Paris, 1996.

ALLEN Joel
Né en 1755 à Farmington (Conn.). Mort en 1825. xviiiᵉ-xixᵉ siècles. Américain.

Graveur.

ALLEN Joel Nott
Né en 1866 à Ballston (État de New York). xixᵉ siècle. Américain.

Peintre.

Joel N. Allen dut son développement artistique aux conseils de H. Siddons Mowbray. Il habita New York.

ALLEN John
xviiiᵉ siècle. Américain.

Graveur.

Il travailla à New York ainsi qu'à Boston et à Philadelphie, pour différents éditeurs. Il grava en taille-douce.

ALLEN John Whiteacre
xixᵉ siècle. Actif au milieu du xixᵉ siècle. Britannique.

Peintre de paysages, aquarelliste.

Il vivait à Bath (Angleterre). Entre 1859 et 1886, il exposa dans plusieurs galeries de Londres, notamment à la Royal Academy, à Suffolk Street et à la New Water-Colours Society de Londres.
VENTES PUBLIQUES : LONDRES, 6 fév. 1985 : *Cour de ferme,* h/t (49x75) : **GBP 750.**

ALLEN Joseph
Né vers 1770 à Birmingham. Mort le 19 décembre 1839 à Erdington. XVIIIe-XIXe siècles. Britannique.
Peintre de scènes de genre, portraits.
Cet artiste fut élève à la Royal Academy de Londres et figura aux Expositions, de 1792 à 1822. De 1800 à 1817, il résida à Londres. Il peignit de nombreux portraits et quelques tableaux de genre. Il envoya des portraits à Manchester, Preston et dans d'autres villes du Nord.
MUSÉES : SALFORD : *Portrait de Peter Clare.*
VENTES PUBLIQUES : LONDRES, 18 mars 1977 : *Les Enfants de John et Anne Hohnson of Arley,* h/t (195,5x149,7) : **GBP 1 800 –** LONDRES, 10 juil. 1991 : *Portrait de Mary Evans – Mrs Fryer Todd portant un collet de fourrure et un chapeau noir,* h/t (73,5x61,5) : **GBP 9 900.**

ALLEN Joseph William
Né en 1803 à Lambeth. Mort en 1852 à Londres. XIXe siècle. Britannique.
Peintre de scènes de genre, paysages, aquarelliste, décorateur de théâtre, dessinateur.
Il était fils d'un maître d'école de Hammersmith ; il fit ses études à Saint-Paul's school et travailla pendant un certain temps dans une Académie, à Tawton. Il retourna à Londres et entra d'abord chez un marchand de tableaux. Il fut ensuite peintre de décors et devint associé de Charles Tomkins et de Clarkson Stanfield. Allen prit une part active à la fondation de la Société des artistes anglais, dont il fut le secrétaire. Il fut professeur de dessin à l'École de la Cité de Londres, depuis sa fondation.
Pendant le séjour de Mme Vestris à l'Olympia theatre, ce fut lui qui peignit la majeure partie des décors. Ces occupations ne l'avaient pas empêché de se livrer à des manifestations plus sérieuses dans ses études de paysages et de scènes de genre. Sa réputation, notamment, comme peintre de vastes horizons, ne tarda pas à s'affirmer lors de l'Exposition de 1847, grâce à son tableau de *La vallée de la Clyde. Leith Hill,* l'année suivante, n'eut pas moins de succès.
VENTES PUBLIQUES : LONDRES, 7 mai 1982 : *Paysage orageux* 1850, h/t (34,2x44,4) : **GBP 250 –** LONDRES, 11 nov. 1982 : *Une chaumière près d'un pont,* aquar. sur trait de cr. (31x42,5) : **GBP 300 –** LONDRES, 7 juil. 1983 : *Paysage champêtre animé de personnages,* aquar. et cr. (42,5x59) : **GBP 620.**

ALLEN Kate
XIXe-XXe siècles. Britannique.
Dessinateur ornemaniste.
Elle travailla à New-Cross ; elle composa des dessins modernes pour des ornements en argent. Ses parures féminines en émail, très ornées, furent appréciées.

ALLEN L. Barbara M.
XIXe siècle. Vivant à Londres dans la seconde moitié du XIXe siècle. Britannique.
Peintre de genre.
Exposa, entre 1872 et 1877, trois œuvres à Suffolk Street.

ALLEN L. Jessie
XIXe siècle. Vivait à Londres. Britannique.
Peintre de fleurs.
Exposa sept œuvres à Suffolk Street, entre 1881 et 1886.

ALLEN Lewis
XIXe siècle. Vivait à Londres dans la première moitié du XIXe siècle. Britannique.
Peintre.
Lewis Allen se plut à représenter les vieilles églises d'Angleterre. Il exposa une œuvre, à Londres, en 1832.

ALLEN Luther
Né en 1780 à Enfield (Conn.). Mort en 1821 à Ithaca (N. Y.). XIXe siècle. Américain.
Peintre et graveur.

ALLEN M.
XVIIIe siècle. Active à Dublin et à Manchester. Britannique.
Peintre.
On signale sa présence d'abord à Dublin, plus tard à Manchester et, dans ses dernières années, à Newtownmount, Kennedy ; elle exposa souvent aux Expositions d'art de Dublin et de Manchester, en 1780 et 1790.

ALLEN M.
XIXe siècle. Britannique.
Peintre de portraits, miniaturiste.
En 1807-1813, elle exposa, à la Royal Academy à Londres, des miniatures, dont son propre portrait. Elle est cité par Graves.

ALLÈN Marcus
XIXe siècle. Vivait à Londres au milieu du XIXe siècle. Britannique.
Peintre de genre.
Exposa une œuvre à Suffolk Street, en 1864.

ALLEN Margaret Newton
Née en 1894 à Lincoln (Mass.). XXe siècle. Américaine.
Sculpteur.
VENTES PUBLIQUES : BELFAST, 30 mai 1990 : *Le chant des oiseaux,* h/t (66,1x52,1) : **GBP 3 520.**

ALLÈN Marie
XIXe siècle. Vivait à Taunton, Somerset (Angleterre). Britannique.
Paysagiste.
Exposa une œuvre à Suffolk Street, en 1889.

ALLEN Marion, née **Boyd**
Née en 1862 à Boston. XIXe-XXe siècles. Américaine.
Peintre.
Exposa à la Société Nationale des Beaux-Arts : *The green Veil,* en 1914.

ALLÈN Meadows
XIXe siècle. Vivait à Londres au milieu du XIXe siècle. Britannique.
Peintre de genre.
Exposa, en 1864, à Suffolk Street.

ALLEN O., Mrs
XIXe siècle. Vivant à Grasmere (Grande-Bretagne), dans la seconde moitié du XIXe siècle. Britannique.
Peintre de genre.

ALLEN Ralph
Né en 1926 à Raunds (Northamptonshire). XXe siècle. Britannique.
Peintre.
Il fut élève du célèbre peintre anglais Graham Sutherland à l'Ecole des Beaux-Arts de Londres. Il s'est fixé au Canada en 1957. Il expose, entre autres, au Salon du Printemps, du Musée de Montréal, dont il reçut un Prix en 1959.

ALLÈN Samuel
XIXe siècle. Vivait à Londres au milieu du XIXe siècle. Britannique.
Sculpteur.
Il exposa une œuvre à la Royal Academy et une à Suffolk Street, entre 1869 et 1879.

ALLEN Sarah Lockhart
Née en 1793 à Salem (Mass.). Morte en 1877 à Salem. XIXe siècle. Américaine.
Miniaturiste et pastelliste.

ALLEN T.
XIXe siècle. Travaillait en Angleterre. Britannique.
Peintre miniaturiste.
En 1854, cet artiste exposa, à la Royal Academy de Londres, le portrait sur émail d'un gentleman.

ALLEN Terry
Né le 7 mai 1943 à Wichita (Kansas). XXe siècle. Américain.
Artiste, sculpteur, créateur d'environnements, réalisateur de performances et de vidéos.
Il a fait ses études au Art Institute de Los Angeles. À partir de 1966, il participa à de nombreuses expositions collectives aux États-Unis. Il exposa personnellement ses travaux à partir de 1968 aux États-Unis : 1971 Chicago Museum of Contemporary Art, 1975 Contemporary Art Museum of Houston, 1983 Museum of Contemporary Art de La Jolla en Californie.
Terry Allen réalise des environnements où sont mêlés images et textes inspirés des pays où il a voyagé ou vécu : Mexique, Colorado, Thaïlande et Chine. Certaines images (une chaussure à haut talon, des cartes à jouer, la silhouette d'un oiseau) reviennent comme des leitmotivs dans l'œuvre sous différentes expressions plastiques : dessin, sculpture, texte. Ses sculptures sont généralement exécutées en plomb.

BIBLIOGR. : Catal. de l'exposition *Terry Allen*, 1983, Museum of Contemporary Art, Californie.

ALLEN Thomas
XVIIIe siècle. Actif vers le milieu du XVIIIe siècle. Britannique.
Peintre de marines.
Il peignit notamment des scènes du voyage de la reine Charlotte et de son arrivée en Angleterre. Ses œuvres furent gravées par P.-Ch. Canot. On cite de lui : *Vue de Harwich avec les yachts qui sortent, Embarcation de la reine Charlotte à Stade, Tempête pendant le voyage de la reine.* Il exposa à la Free Society.

ALLEN Thomas
Né vers 1803. Mort le 20 juillet 1838, du choléra. XIXe siècle. Britannique.
Dessinateur, graveur sur acier et sur cuivre.
Fils d'un graveur de cartes géographiques, cet artiste également écrivain topographe mourut avant l'achèvement de son livre : *Histoire du Comté de Lincoln*, 1834. On cite de lui : *L'histoire de la paroisse de Lambeth et du palais archiépiscopal*, 1827. Allen dessina et grava la plupart des planches de cet ouvrage, dont le texte est également de lui.

ALLEN Thomas
Né le 19 octobre 1849 à Saint Louis. Mort en 1924 à Worcester (Massachusetts). XIXe-XXe siècles. Américain.
Peintre.
Il fut élève de Pattison. A l'âge de vingt ans, il partit en tournée d'étude dans les Montagnes Rocheuses. Son premier tableau, *Pont de Lissingen*, 1876, parut à New York et le fit aussitôt connaître. Il n'eut pas moins de succès au Salon de 1882, avec *Soir sur la place du marché de Sant'Antonio*. En 1871, il était à Düsseldorf et travailla chez Dücker. Il vint à Paris l'année suivante et se fixa à Écouen, dans la banlieue parisienne. Après un séjour de dix ans à l'étranger, il vint s'établir à Boston. Dans cette ville, il fut successivement nommé membre de la Société d'artistes et, en 1884, associé de l'Académie nationale de dessin ; en 1893, membre du Jury de l'Exposition Universelle de Chicago ; en 1904, président du Jury de l'Exposition de Saint Louis. Ses œuvres les plus estimées sont des paysages et des animaux, ainsi : *Idylle en Berkshire* (1883), *Au-dessus des sommets est le repos* (1887), etc. Il fit aussi des caricatures très appréciées.

ALLEN Thomas Will
Né le 23 avril 1855 à Londres. XIXe siècle. Actif à Greencroft, comté de Surrey. Britannique.
Paysagiste.
De 1882 à 1902, il exposa régulièrement à l'Académie royale de Londres.

ALLEN W., captain
XIXe siècle. Actif à Londres dans la première moitié du XIXe siècle. Britannique.
Paysagiste.
Entre 1828 et 1847, il exposa cinq œuvres à la Royal Academy et une à Suffolk Street.

ALLEN W. H.
XIXe siècle. Britannique.
Peintre de paysages, aquarelliste.
W. H. Allen fit partie de la New Water-Colours Society, où il exposa, ainsi qu'à la Royal Academy et à Suffolk Street, entre 1865 et 1908.

ALLEN W. S. Vanderbilt
XXe siècle. Vivant en 1905-1906 à Bronxville (New York). Américain.
Peintre.

ALLEN Walter James
XIXe siècle. Vivait à Londres au milieu du XIXe siècle. Britannique.
Peintre de genre.
Une œuvre de lui parut, entre 1859 et 1861, à la Royal Academy, mais il envoya des tableaux à d'autres expositions de Londres, à cette époque.

ALLEN William
XIXe siècle. Vivait à Londres dans la première moitié du XIXe siècle. Britannique.
Paysagiste.
Peut-être identique à BRUNNING (William Allen). Exposa une œuvre à Suffolk Street et une à la Royal Academy, en 1828.

ALLENBACH Jean Edouard René
Né à Nanterre (Hauts-de-Seine). XXe siècle. Français.

Peintre de paysages urbains, graveur.
Entre 1920 et 1928, il a exposé à Paris, aux Salons d'Automne et des Artistes Français, essentiellement des vues de Strasbourg, peintes à la détrempe ou gravées à l'eau-forte.

ALLENDER W. E.
XXe siècle. Actif en 1909-1910 à Washington, D. C. (États-Unis). Américain.
Peintre.

ALLÉON Maurice Paul
Né à Paris. XIXe-XXe siècles. Français.
Peintre de portraits, pastelliste.
Il a exposé *Algérienne*, au Salon de Paris en 1888. Il participa aux Expositions Internationales de Blanc et Noir en 1885 et 1886.
VENTES PUBLIQUES : PARIS, 9 juil. 1992 : *Portrait de femme*, past., de forme ovale (68x56) : FRF 4 500.

ALLÉOUD Caroline
XIXe siècle. Suisse.
Peintre de portraits.
Elle fut l'élève de Hornung et exposa à Genève en 1832, 1841, 1845 et 1847 ; elle faisait surtout des portraits d'enfants. Cette artiste peignit aussi sur porcelaine.

ALLER Abraham
XVIe siècle. Travaillait probablement à Lyon. Allemand.
Graveur sur bois.
Gandellini le mentionne en 1526 et assure qu'il fit beaucoup d'illustrations pour les œuvres de « Gringord » et de « Giovanni di Anton ». Sans doute fait-il allusion à l'ouvrage de P. Gringore, *Le Château de labeur* (Lyon, 1526), et aux *Épîtres envoyés au Roy de France...* (Lyon, 1509) de Jehan Danton. Abraham Aller, selon toute vraisemblance, était allemand.

ALLERAY A. C.
XIXe siècle. Français.
Peintre de paysages.
L. Lusigny a gravé d'après lui *Le Pêcheur.*

ALLERDICE. Voir ALLARDICE

ALLERS Christian Wilhelm
Né le 6 août 1857 à Hambourg. XIXe siècle. Allemand.
Dessinateur et peintre.
Issu d'une ancienne famille de marchands, il commença ses études fort jeune et entra dans un atelier de lithographie. A Karlsruhe, il se perfectionna sous l'enseignement de W. Riefstahl, H. Gude, E. Hildebrand et surtout de Keller. Il fit un voyage d'études en Tyrol, avec le professeur Th. Poeckh, en 1880. De 1880 à 1881, il fit son service dans la marine, d'où ses études pour *Notre Marine*. De retour à Hambourg, il se consacra à la lithographie. Il voyagea en Hollande, en Angleterre, en Suède, en Italie et y fit de nombreuses études. Éditeur de ses œuvres, à Hambourg, il y publia *Toutes sortes de choses non poétiques*, 1885 ; en 1887 ; *Derrière les coulisses* et *Mikado* (quarante-deux estampes), *Union de Club*, 1888 (estampes) ces différentes publications, fort appréciées du public, lui firent trouver enfin des éditeurs.

ALLERS Théodor
XVIIe siècle. Allemand.
Sculpteur.
Cet artiste travaillait à la cour du duc de Schleswig-Holstein-Gottorp, au XVIIe siècle. Il résida à Kiel en 1695.
Il fut justement considéré pour son adresse. On a conservé de lui quatre figures d'autel en bois sculpté : à Flemhude, 1685, à Hohenstein (Oldenbourg), 1688, à Probsteierhagen, 1695, et Tellingstedt (Ditmarschen), vers 1696. Il prit part à l'ornementation du château de Gottorp et de ses jardins en y sculptant de nombreuses figures.

ALLERT. Voir ALLARD

ALLET Jean Charles ou Alet
Né vers 1668 à Paris. Mort sans doute 1732 à Rome. XVIIe-XVIIIe siècles. Français.
Dessinateur et graveur.
Après avoir fait ses études à Paris, il partit pour l'Italie, où, dès l'âge de 22 ans, il était déjà établi. Il fit des portraits et des gravures d'après l'histoire sainte, s'inspirant de la manière de F. Spierres et de Cornelius Bloemaert, mais sans y réussir parfaitement. Le fait qu'il signa ses planches *Carolus Alet* et *Jean Alet* avait fait supposer l'existence de deux artistes différents ; la complète similitude des ouvrages a permis de rectifier cette erreur.

ALLEVELT Hinricus ou Hinrike ou Alvelde
XVe siècle. Allemand.
Peintre et sculpteur.
Il est mentionné, en 1442 et 1443, dans les archives de la ville de Lübeck.

ALLEWYN Willem
Né à Amsterdam. XVIIIe siècle. Travaillait à Amsterdam vers 1750. Hollandais.
Peintre.
Il acquit le droit de cité à Amsterdam en 1742.

ALLEYN Edmund
Né le 9 juin 1931 à Québec. XXe siècle. Actif aussi en France. Canadien.
Peintre, technique mixte. Abstrait puis nouvelles figurations.
Il fut élève de l'Ecole des Beaux-Arts de Québec. Il a séjourné à Paris de 1956 jusqu'à environ 1970. Par la suite, il devint professeur à l'université d'Ottawa.
A Paris, il a exposé régulièrement aux Salons des Réalités Nouvelles et de Mai, tout en continuant de figurer à la Biennale Canadienne. Il reçut une médaille à la Biennale de São Paulo 1959, fut invité à la Biennale de Venise 1960, et à la Biennale des Jeunes à Paris en 1963. Il a participé à deux reprises à des expositions au Guggenheim Museum de New York en 1957 et 1960. Il fait des expositions personnelles au Canada, en Suisse, à Paris, etc.
Pendant une brève période il fut proche de l'expressionnisme abstrait, non insensible aux principes de l'« action painting » américaine. Coïncidant à-peu-près avec son installation à Paris, il se tourna vers la figuration, influencé nettement vers 1964 par le Pop'art et la figuration politique, mettant en cause, dans une mise en images impersonnelle, le conditionnement industriel, technologique, que s'inflige elle-même l'humanité. Puis, délaissant au moins provisoirement la peinture, il s'est intéressé, paradoxalement par rapport à sa position antérieure, à l'utilisation de matériaux industriels, en les détournant il est vrai de leur destination originelle. Après une longue élaboration, conceptuelle et mécanique, il a présenté au Musée d'Art Moderne de Paris en 1970 « l'Introscaphe », coquille vaginale, qu'on clôt hermétiquement sur soi, et où l'on assiste à un spectacle total, d'images, de musique, d'odeurs, et où l'on perçoit des sensations synesthésiques à partir du chaud et du froid. ■ Jacques Busse
BIBLIOGR. : In : *Diction. Univers. de la Peint.*, Robert, Paris, 1975 – in : *Dict. de l'art mod. et contemp.*, Hazan, Paris, 1992.
MUSÉES : MONTRÉAL – OTTAWA (Gal. Nat. du Canada) : *Icare* 1966 – QUÉBEC – TORONTO – VANCOUVER.
VENTES PUBLIQUES : MONTRÉAL, 27 avr. 1986 : *Femme assise* 1952, h/t (97x69) : **CAD 6 200** – MONTRÉAL, 20 oct. 1987 : *Sans titre* 1959, h/isor. (73x50) : **CAD 1 400.**

ALLEYNE Francis
XVIIIe siècle. Britannique.
Peintre de portraits.
Il était actif en Angleterre de 1774 à 1790. Il exposa en 1774 à la Royal Academy, à Londres.
VENTES PUBLIQUES : LONDRES, 26 mars 1976 : *Henry and Rebecca Sewell*, h/t (91,5x69,3) : **GBP 900** – LONDRES, 17 juin 1981 : *The Murdoch Family*, h/t (100x124) : **GBP 3 000** – LONDRES, 18 oct. 1985 : *Portrait of a gentleman*, h/t ovale (45x36,8) : **GBP 800** – LONDRES, 18 nov. 1987 : *Portrait of a lady*, h/t, de forme ovale (45x37,5) : **GBP 3 000** – LONDRES, 16 mai 1990 : *Portrait d'une noble dame vêtue d'une robe rose et tenant une partition musicale*, h/t (48x42) : **GBP 1 980** – LONDRES, 13 juil. 1993 : *Portrait de deux étudiants de Eton en uniforme de leur collège*, h/t (58,4x45,1) : **GBP 9 200** – LONDRES, 5 juin 1997 : *Portrait d'un gentilhomme, de trois quarts, vêtu d'un manteau marron, assis dans une bibliothèque un livre à la main* ; *Portrait d'une dame, de trois quarts, vêtue d'une robe blanche et grise, assise dans un intérieur avec une fenêtre ouverte*, h/pan., une paire (27,9x21,6) : **GBP 2 760.**

ALLEYNE Francis
XIXe siècle. Britannique.
Peintre de portraits.
Il était actif à Londres dans la première moitié du XIXe siècle. La Society of Artists, la Free Society et la Royal Academy de Londres reçurent des œuvres de cet artiste, qui est à rapprocher du précédent.

ALLEYNS Aerdt
XVIe siècle. Travaillait à Anvers. Éc. flamande.
Peintre.
Il fut maître libre de la corporation de Saint-Luc, en 1522. On le trouve mentionné pour la dernière fois en 1549-1550.

ALLEYNS Marten
Mort entre 1579 et 1586. XVIe siècle. Travaillait à Anvers. Éc. flamande.
Peintre.
Il fut maître libre de la corporation de Saint-Luc, en 1549. Il prit des élèves de 1572 à 1577 et fut doyen dans ses dernières années.

ALLFREY Henry W.
XIXe siècle. Actif à Stratford-on-Avon (Angleterre), au milieu du XIXe siècle. Britannique.
Peintre de paysages.
Il figura à la Royal Academy, à Suffolk Street et à la British Institution, à Londres, de 1842 à 1861. En 1865, il exposa deux tableaux à la British Institution.
VENTES PUBLIQUES : LONDRES, 23 mai 1980 : *Cader Idris* 1866, h/t (83,2x128,8) : **GBP 500.**

ALLGEYER Julius
Né le 29 mars 1829 à Haslach (Kinzigtal). Mort le 6 septembre 1900 à Munich. XIXe siècle. Allemand.
Graveur en taille-douce.
A quatorze ans, cet artiste entra dans un atelier de lithographie de Karlsruhe. Il prit au mouvement révolutionnaire. Banni, il alla en Suisse, puis revint à Karlsruhe. En 1854, il vint à Düsseldorf chez Keller. Il y rencontra Brahms et Clara Schumann. Allgeyer grava pour Benziger et Cie. De 1856 à 1860, l'artiste résida à Rome et reproduisit, d'après les dessins de Feuerbach, les prophètes et les sibylles de la Chapelle sixtine. On lui doit encore les reproductions de la *Pieta* et *Dante en exil*, d'après Feuerbach.

ALLI Aïno Sofia, née Neumann
Née le 17 juin 1879 à Uleaborg. XXe siècle. Finlandaise.
Peintre de portraits, pastelliste et peintre de miniatures.
Elle fut élève de l'Ecole d'Art de Viborg, puis vint à Paris, où elle fréquenta les Académies libres de Montparnasse : Julian et Colarossi. Elle reçut aussi les conseils de Henri Morisset. Elle se fit connaître pour ses portraits à l'huile, au pastel ou en miniatures. A Paris, elle exposa au Salon d'Automne, et fit même partie du jury. Elle exposa aussi à Londres de 1927 à 1929. Dans les Pays Scandinaves, elle exposa à Viborg en 1909, Stockholm 1918, et de nouveau à Stockholm en 1923, où elle montrait au Salon Strindberg, soixante peintures et trente miniatures, Helsingfors 1927.
Il est à remarquer qu'elle a peint presque exclusivement des portraits féminins de personnalités de l'époque, parmi lesquels : *Portrait de Madame Annie Furuhjelm, député à la Diète* 1929, et *Portrait de Mademoiselle Relander, fille du Président de la République* 1929 également. ■ J. B.

ALLI Cav. Silvio degli
XVIIe siècle. Italien.
Graveur en eau-forte.
Page au service du cardinal Carlo di Toscano, il grava quelques eaux-fortes pour le divertissement *Ipermnestra*, qui fut donné à Florence en 1658.

ALLIAUD Jean Baptiste
Né en 1782. Mort en 1865. XIXe siècle. Français.
Sculpteur.
Son monument funéraire est au Père Lachaise, tombeau qu'il commença et ne put achever.

ALLIAZI G.
XIXe siècle. Italien.
Dessinateur et graveur.
On cite de cet artiste : *La capella di Rinuccini, à S. Croce di Firenze*, *La ville de Florence en 1541*, et quatre gravures en taille-douce.

ALLIE ROY de Correvon Jean François Louis de. Voir CORREVON

ALLIER Achille
Né en 1808 à Moulins (Allier). Mort le 3 avril 1836 à Bourbon-l'Archambault (Allier). XIXe siècle. Français.
Graveur et lithographe, et aussi écrivain.
Allier a pour nous l'intérêt d'être resté artiste local, d'avoir fait un essai de décentralisation artistique. Après avoir fait un certain nombre d'eaux-fortes, (notamment le titre du volume d'Alfred Rousseau : *Un an de poésie*), de 1835 à 1836, il dirigea, à Moulins, un journal local, *l'Art en province*. Il s'était consacré

surtout à la reproduction du Bourbonnais, son pays natal. On lui doit les *Esquisses bourbonnaises* (Moulins, 1832), avec treize lithographies, et l'*Ancien Bourbonnais* (Moulins, 1833-1837), œuvre qui fut continuée après sa mort sous la direction de Aimé Chenavard. Allier exposa aux Salons de 1835 et 1836.

ALLIER Antoine
Né le 6 décembre 1793 à Embrun (Hautes-Alpes). Mort le 27 juillet 1870 à Paris. XIXe siècle. Actif à Paris. Français.
Sculpteur.
Il fut d'abord militaire ; en 1818, il entra à l'atelier de Gros ; il délaissa bientôt la peinture pour la sculpture. En 1822, il exposa deux statues : *Jeune marin mourant* et *Camille, de retour d'Ardée, renversant les balances des Gaulois.* On lui doit également les bustes de Sully (Bibliothèque de l'Arsenal), de Baude, Labbey de Pompières et du *comte d'Hauterive* (Grenoble), en 1833, les bustes *d'Arago* et *d'Odilon Barrot* et le *masque de Napoléon Ier* mort, modelé de mémoire ; en 1854, une petite statue en marbre *d'Ariane* lui mérita une médaille de deuxième classe. On cite encore : *L'Éloquence*, statue au cimetière du Père-Lachaise.

ALLIER Élisa
XIXe siècle. Française.
Peintre d'histoire, scènes de genre.
Elle exposa au Salon de Paris, de 1842 à 1848.
Musées : VALENCE : *Une Circassienne – Un Pélerin.*
Ventes Publiques : PARIS, 12 juin 1925 : *Mme Dubarry dans sa prison* : FRF 320 – PARIS, 22 juin 1992 : *Débarquement de l'armée française à Sidi Ferruch en Algérie, en 1830* 1838, h/t (60x49,5) : FRF 27 000.

ALLIER Nicolas
XVIIe siècle. Actif à Paris vers la fin du XVIIe siècle. Français.
Peintre.
Cité dans les Nouvelles Archives de l'Art Français.

ALLIER Paul
Né à Montpellier (Hérault). XXe siècle. Français.
Peintre de paysages urbains, figures, natures mortes, décorateur.
Après avoir exposé des meubles au Salon d'Automne depuis 1913, il y envoya assez régulièrement des peintures aux sujets divers. Il a également figuré aux Salons de la Société Nationale des Beaux-Arts et des Tuileries.

ALLIÈS Mary M.
XIXe siècle. Vivant à Londres dans la seconde moitié du XIXe siècle. Britannique.
Graveur.
Elle exposa à Londres, en 1874.

ALLIMANDI Enrico. Voir ALIMANDI

ALLIN
XIXe siècle. Travaillait au commencement du XIXe siècle. Français.
Peintre.
Le Musée Calvet d'Avignon possède le portrait du marquis Fortia d'Urban, signé sur l'envers *Allin anno pinxit 1807.*

ALLIN Alexis Michel
XVIIIe siècle. Français.
Graveur.
Il est mentionné comme maître-graveur à Paris, d'après un document de 1782.

ALLIN J. S. W.
XIXe siècle. Vivant à Londres dans la seconde moitié du XIXe siècle. Britannique.
Peintre de genre.
Il exposa cinq tableaux à Suffolk Street, entre 1870 et 1874.

ALLIN Nicolas
XVIe siècle. Actif à Paris. Français.
Peintre.
Cité en 1570 ; habite alors rue des Lombards.

ALLIN Thomas
XVIIIe siècle. Travaillait en Angleterre. Britannique.
Dessinateur d'architectures.
On possède d'un dessinateur anglais de ce nom, probablement du XVIIIe siècle, les dessins pour les gravures suivantes : *Église de Sainte-Anne*, gravée par Thorpe, *Une vue de Saint Paul à Deptford*, gravée par Toms.

ALLINGER F. J.
XIXe siècle. Vivait en 1864. Britannique.
Paysagiste.
Exposa, en 1864, un tableau à Suffolk Street.

ALLINGHAM A.
XIXe siècle. Active à Londres au milieu du XIXe siècle. Britannique.
Peintre de scènes de genre.
Un tableau de cette artiste parut à Suffolk Street, en 1853.

ALLINGHAM A.
Née au XIXe siècle en Angleterre. XIXe siècle. Britannique.
Peintre, aquarelliste.
Elle exposa à l'Exposition décennale de Paris, 1900, et y obtint une mention honorable.

ALLINGHAM Charles
Né au XIXe siècle en Angleterre. XIXe siècle. Britannique.
Peintre de genre et de portraits.
Plusieurs des portraits faits par cet artiste furent gravés par S.-W. Reynolds, J. Flight et G. Clint. Dans la galerie de Dublin se trouve le *Portrait du poète Thomas Dermody*, par Allingham. Il exposa à la Royal Academy, de 1802 à 1812, quelques portraits et tableaux de genre.

ALLINGHAM Helen, née Patersen
Née le 26 septembre 1848 près de Barton-on-Trent. Morte en septembre 1926. XIXe-XXe siècles. Britannique.
Peintre de scènes de genre, paysages animés, paysages, aquarelliste, dessinatrice, illustratrice. Pré-impressionniste.
Fille de médecin, élevée dans un milieu familial cultivé, aînée de 7 enfants, elle eut une enfance heureuse. Sa grand-mère maternelle Sarah Smith Herford avait acquis un renom confidentiel de peintre avant son mariage, son exemple eut quelque influence sur ses filles et petites filles. La vie d'Helen Allingham fut bouleversée par la mort de son père et d'une de ses sœurs des suites d'une épidémie de diphtérie. Elle avait 13 ans, sa mère s'installa à Birmingham près de la famille de son mari. Ses tantes appréciant son talent lui firent prendre des leçons à l'Ecole de dessin de Birmingham où elle obtint de nombreux prix, puis elle fut admise à l'École de l'Académie Royale de Londres en 1867. Elle fut déçue par l'enseignement : une femme n'étant pas admise à dessiner des modèles nus, elle devait se contenter de les copier. En 1868, elle visita l'Italie. Afin d'aider sa mère financièrement, elle peignit des aquarelles et publia au début des années 1870 des dessins dans des magazines. Elle travailla également comme illustratrice de livres. Puis, elle réussit à se faire engager à la fois comme artiste et comme reporter dans un nouveau magazine, *Graphic*, devenant ainsi l'une des premières femmes journalistes de Londres. Ce fut au cours d'une représentation théâtrale où elle réalisait des croquis pour son journal qu'elle rencontra le poète irlandais, William Allingham, ami de Carlyle et de Dante Gabriel Rossetti, en l'occurrence journaliste pour une autre revue. Elle l'épousa en 1874, date à laquelle il prit la direction du *Fraser's Magazine.* Elle put alors se consacrer entièrement à son art. Cette même année elle eut deux aquarelles acceptées à la Royal Academy : *La laitière* et *Attendez-moi*, et fut élue en 1875 membre-associé de la Société Royale des Peintres-Aquarellistes. Ce n'est qu'en 1890 qu'une femme put être reconnue membre à part entière de cette association, où et en quoi elle fit encore figure de pionnier. La famille s'installa pour environ sept années à Chelsea, mais fit de nombreuses excursions campagnardes ou au bord de la mer.
Dans cette première époque de la vie et de la carrière d'Helen Allingham, les personnages étaient encore le pôle d'intérêt de ses peintures à l'occasion de scènes de genre ou familières : *Donnant la nourriture aux poulets, Ramassant la fougère*, ainsi que pour quelques portraits : *Châtelaine, Tête de jeune-fille* et surtout en 1882 le *Portrait de Carlyle*, mais peu-à-peu des paysages du Kent, puis du Surrey, plus tard encore de l'île de Wight, apparurent dans ses œuvres, d'abord comme décor des précédentes scènes, puis en tant que sujet principal. D'autant qu'en 1881, la famille s'installa dans un hameau du Surrey, et l'art d'Helen Allingham en fut transformé. Séduite par les paysages elle abandonna le travail en atelier et ne peignit plus qu'en extérieurs. Graduellement le paysage continua de gagner sur les personnages, qui ne disparurent pas mais prirent une place secondaire dans ses œuvres. Pendant sa période « Surrey », Helen Allingham eut une production très prolifique, exposant deux fois par an à La Société Royale de Peintres-Aquarellistes de Londres. Son succès était tel que la Société des Beaux-Arts lui consacra une exposi-

tion personnelle intitulée *Les cottages du Surrey* en 1886, suivie d'une autres *A la campagne*, en 1887. Le *Times* déclara : « Son travail est le modèle de ce que doit être l'aquarelle anglaise. »
La médiocre santé de son mari la contraignit à regagner Londres en 1888 où elle s'installa à Hampstead près de sa mère et de sa sœur et de son amie Kate Greenaway, peintre, graveur, illustrateur et écrivain. Son mari mourut en 1889, la laissant sans grandes ressources avec trois enfants à élever. Travaillant plus que jamais, elle trouvait ses modèles dans des villages proches où elle se rendait par le train, puis elle s'aventura dans le Kent pour peindre les alentours de Westerham, puis ses amis Tennysons lui prêtèrent leur résidence d'hiver dans l'île de Wight. En 1890, elle était au sommet de son art et de sa popularité. Paris, Bruxelles et Saint Petersburg lui consacraient des expositions. Pour satisfaire la demande, elle devait travailler six jours par semaine de l'aube au soir et, quand le temps devenait trop humide, elle terminait en atelier les personnages et les animaux de ses toiles. Désireuse de se renouveler, elle visita Venise en 1901 et 1902, mais les peintures qu'elle rapporta de ses voyages ne furent pas appréciées et elle dut revenir à ses sujets traditionnels. En 1926, elle habitait avec le peintre, illustrateur et poète Walford Graham Robertson, dans la maison de Sandhills qu'il lui avait achetée quarante ans auparavant, peignant toujours les collines environnantes. Helen Allingham est encore considérée comme la plus grande aquarelliste de l'époque victorienne, et, si ses sujets traditionnels connaissent toujours la même faveur, ses vues de Venise sont maintenant également appréciées. La facture de ses aquarelles est typique de l'école anglaise. Alors qu'ailleurs l'aquarelle est considérée comme un moyen de notations rapides ne recouvrant pas totalement la feuille, mais jouant au contraire, par les « réserves » et par transparence, avec le blanc ou la teinte du papier, l'aquarelle anglaise tend et parvient à la densité de la peinture à l'huile. Quant à cette technique, si spécifique, Helen Allingham la pratiqua à la perfection. En outre, elle sut choisir des sites toujours ravissants et qu'elle transcrivait avec un sens poétique très personnel, délicat et intime. Historiquement, sa peinture se situe dans la continuité des peintres du plein-air, et frôle souvent le « toucher » pré-impressionniste. Elle est au cottage britannique ce qu'Eugène Boudin est au rivage normand. ■ Monique Marcaillou, J. B.

H·Allingham

BIBLIOGR. : Ina Taylor, John Christian : Catalogue de la vente de la *Marley Collection of Watercolours by Helen Allingham*, Christie's, Londres, 19 sep. 1991.
MUSÉES : BIRMINGHAM : *Ferme dans les bois – Vieux cottages à Pinner* – SYDNEY (Nat. Gal.) : *Ramassant la fougère – La couture – Hillside Cottage*.
VENTES PUBLIQUES : LONDRES, 6 mars 1909 : *La vieille place* : **GBP 35** – LONDRES, 16 juil. 1909 : *Vieux Cottages de Kent* : **GBP 34** – LONDRES, 23 avr. 1910 : *Châtelaine* : **GBP 131** – LONDRES, 17 juin 1910 : *Cottages* : **GBP 33** – LONDRES, 25 mai 1936 : *Vieille maison dans le Gloucestershire*, dess. : **GBP 36** – LONDRES, 14 juin 1966 : *L'île de Wight*, aquar. : **GBP 40** – LONDRES, 19 juil. 1977 : *Pat-a-cake*, aquar. et reh. de blanc (29x25) : **GBP 650** – LONDRES, 13 fév. 1979 : *Études de jeunes filles*, deux aquar. de forme ronde (diam. 10) : **GBP 500** – LONDRES, 24 mars 1981 : *Chaumière près de Torquay*, aquar. (36x46) : **GBP 3 000** – NEW YORK, 21 jan. 1983 : *The dairy farm near Crewkerne, Dorset*, aquar. (39,4x55,9) : **USD 11 500** – LONDRES, 15 mai 1984 : *Tigbourne farm near witley*, aquar. (27x38) : **GBP 8 000** – NEW YORK, 24 mars 1985 : *Jacinthe des taillis*, aquar. (29,8x31,7) : **USD 12 000** – LONDRES, 24 sep. 1987 : *Fillette cueillant des boutons d'or dans un verger*, aquar. (25,5x35,5) : **GBP 8 200** – LONDRES, 25 jan. 1988 : *La fugue*, aquar. (29,5x23) : **GBP 5 060** ; *Une fruiterie à Venise*, aquar. (35,5x30,5) : **GBP 9 020** – LONDRES, 25 jan. 1989 : *Newchurch dans l'île de Wight*, aquar. (21,5x27,5) : **GBP 23 100** – LONDRES, 26 avr. 1989 : *Cottage du Surrey*, aquar. reh. (27x21,5) : **GBP 13 000** – CHESTER, 20 juil. 1989 : *Compagnons de jeu*, aquar. (22,3x19) : **GBP 15 400** – LONDRES, 31 jan. 1990 : *Pound Green près de Freshwater dans l'île de Wight*, aquar. (24x33) : **GBP 12 650** – LONDRES, 25-26 avr. 1990 : *L'église du Rédempteur sur le canal de la Giudecca à Venise*, aquar. (37x27) : **GBP 9 350** – LONDRES, 26 sep. 1990 : *Vieux cottage de Freshwater dans l'île de Wight*, aquar. (27x18) : **GBP 22 000** – LONDRES, 1er nov. 1990 : *La boutique de fruits au pied du Campanile à Venise*, aquar. (37,5x29,3) : **GBP 7 040** –

LONDRES, 30 jan. 1991 : *Jardin dans le Kent*, aquar. (27x23) : **GBP 20 900** – LONDRES, 14 juin 1991 : *Maison couverte de chaume près de Peaslake dans le Surrey*, aquar. (23x24,5) : **GBP 7 480** – LONDRES, 19 sep. 1991 : *Cottage près de Witley dans le Surrey*, aquar. avec reh. (48x37,5) : **GBP 46 200** ; *Le petit chat noir*, aquar. avec reh. (32,5x25,1) : **GBP 26 400** ; *Devant la ferme de Godalming*, aquar. avec reh. (45x36,3) : **GBP 28 600** – LONDRES, 29 oct. 1991 : *Dans le bois aux primevères*, aquar. (36,2x28,5) : **GBP 22 000** – LONDRES, 12 juin 1992 : *La ferme de East End à Moss Lane près de Pinner*, cr. et aquar. (33,7x44,2) : **GBP 20 900** – LONDRES, 13 nov. 1992 : *Promenade dans les collines du Kent vers Westerham*, cr. et aquar. (30,5x39,4) : **GBP 8 800** – LONDRES, 5 mars 1993 : *Cottage entouré de bruyère*, cr. et aquar. (22,3x26,7) : **GBP 12 075** – LONDRES, 4 nov. 1994 : *Le jardin dee Gertrude Jekyll à Munstead Wood*, cr. et aquar. (40,7x28,9) : **GBP 16 100** – LONDRES, 6 nov. 1995 : *À l'école verte dans l'île de Wight*, cr. et aquar. (43,1x35,9) : **GBP 13 225** – LONDRES, 5-7 juin 1996 : *Le Livre d'images*, aquar. (11,5x11,5) : **GBP 5 175** ; *Cottage près de Witley, Surrey*, aquar. (29x23,5) : **GBP 19 550** – LONDRES, 8 nov. 1996 : *Le Lapin favori*, aquar. avec griffures (25,4x17,8) : **GBP 6 200** – LONDRES, 14 mars 1997 : *L'Heure de la traite, Valewood Farm*, cr. et aquar. (30x39,3) : **GBP 10 350** – LONDRES, 4 juin 1997 : *Un cottage du Dorsetshire*, aquar. (29x24,5) : **GBP 10 350** – LONDRES, 5 nov. 1997 : *Le Jardin du cottage*, aquar. reh. de griffures (34x48,5) : **GBP 23 000** ; *Le Printemps – Le Cottage sur le pré communal, Sandhills, Witley 1887*, aquar. reh. de griffures (28x39) : **GBP 10 350**.

ALLINGTON Edward
Né en 1951. XXe siècle. Britannique.
Sculpteur, peintre, dessinateur, technique mixte.
Il a montré à Paris en 1989, une exposition personnelle de sculptures, peintures et dessins, dont le thème était de mettre en doute, à la suite d'un voyage décevant en Grèce, l'universalité des canons de la beauté tels que définis dans l'Antiquité ou autrement dit le concept de beauté platonicien. A cette obsession des motifs classiques, il ajoute une sophistication hyperréaliste qui confine au vulgaire. Ces débordements l'on fait qualifier par certains de « surréaliste néo-baroque ».
BIBLIOGR. : Caroline Smulders, *La sculpture anglaise entre rigueur et baroque*, Art Press, Nº 140, oct. 1989.
VENTES PUBLIQUES : VERSAILLES, 5 mars 1989 : *Cadeau d'Aphrodite*, sculpt. en plâtre, métal et fruits en plastique (H 132) : **FRF 30 000**.

ALLINGTON Grace
Née à Penn Jan (Yates, New York). XIXe siècle. Américaine.
Peintre.
Cette artiste fit ses études au Pratt Institute, à Brooklyn, New York, et travailla particulièrement à l'aquarelle et au pastel. Elle a exposé à l'Art Institute of Chicago.

ALLINNE Henry
Né à Paris. XXe siècle. Français.
Peintre de paysages, fleurs, natures mortes.
Il a figuré au Salon des Indépendants à Paris, de 1935 à la guerre de 1939.

ALLINSON Adrian Paul
Né en 1890 à Londres. Mort le 20 février 1959 à Londres. XXe siècle. Britannique.
Peintre de paysages, sculpteur.
Il abandonna ses études de médecine pour être élève de la Slade School of Art de Londres. De 1910 à 1912, il étudia aussi à Paris et Munich. Il fut membre du London Group en 1914, de la Royal Society of British Artists en 1933, du Royal Institute of Oil Painters en 1936. Il fut professeur au Westminster Technical Institute.
VENTES PUBLIQUES : LONDRES, 18 nov. 1977 : *Chorus line 1916*, h/cart. entoilé (40,5x49,5) : **GBP 500** – LONDRES, 12 juin 1981 : *Nature morte aux fleurs et au livre*, h/t (91,5x61) : **GBP 200** – LONDRES, 26 sep. 1984 : *Chorus line : l'Alhambra 1916*, h/cart. (40,5x48) : **GBP 1 400** – LONDRES, 4 mars 1987 : *Dahlias*, h/t (68,5x56) : **GBP 800** – LONDRES, 7 juin 1990 : *Baigneurs au bord de la rivière*, h/t (43x61,5) : **GBP 4 400** – LONDRES, 7 nov. 1991 : *Portrait de Mr. Watkins*, h/t (56x68,5) : **GBP 7 700** – LONDRES, 14 mai 1992 : *Le pont Cleveland à Bath 1928*, h/t (56x70) : **GBP 2 200** – LONDRES, 11 juin 1992 : *Calaos*, pierre (H. 28,5) : **GBP 550** – LONDRES, 20 juil. 1994 : *Scène d'hiver*, gche. cr. et craie noire/pap. chamois (25,5x31) : **GBP 517**.

ALLIO Matteo di Gauro ou Aglio, Alio, Laglio, Lallio
XVIIe siècle. Travaillait à Milan. Italien.

Sculpteur, architecte.
Cet artiste travailla à Padoue, où il exécuta les anges de l'autel du Christ de l'église San Francesco. Avec son frère, Allio décora, dans la chapelle del Santo, à San Antonio de Padoue, les trois côtés extérieurs du pilier de droite.

ALLIO Tommaso
XVIIᵉ siècle. Actif à Milan. Italien.
Sculpteur.
Cet artiste, frère de Matteo Allio, mais qui n'atteignit pas à son talent, travailla à Padoue. On cite de lui, dans une église de la ville, les statues de : *Foi* et *Charité*, sculptées en 1663, les statues du maître-autel de S. Benedetto-Vecchio et, vers 1664, *Foi et Espérance*. En voyant une statue du même *Saint Laurent*, œuvre supérieure à la sienne, que Gabriel Brunelli, élève d'Algardi, avait exécutée, l'artiste mourut de chagrin.

ALLION. Voir LYON Jacob

ALLIOT
XIXᵉ siècle. Française.
Graveur à l'eau-forte.
Elle grava des fleurs et fruits, d'après Prévost. Elle est peut-être la même que Marie Aliot-Barban.

ALLIOT François
Né en 1654 à Ligny-en-Barrois (Meuse). Mort le 27 avril 1708 à Nancy (Meurthe-et-Moselle). XVIIᵉ siècle. Français.
Peintre de portraits.
Cet artiste est connu par des portraits (1699), disparus pour la plupart, et par ses travaux de peinture décorative, exécutés pour le duc de Lorraine (1698). Il est sans doute fils de Nicolas Alliot.

ALLIOT Lucien Charles Edouard
Né le 16 novembre 1877 à Paris. Mort en 1967. XXᵉ siècle. Français.
Sculpteur de figures.
Il fut élève de Barrias et Jules Félix Coutan. Il exposa très fidèlement au Salon des Artistes Français : troisième médaille et bourse de voyage 1907, sociétaire et médaille d'or en 1920 ; déclaré hors-concours, il fit partie du jury de sculpture de 1934 à 1939. Il sculpta des allégories : *La paix* 1939, et de nombreuses illustrations religieuses : *Sacré-cœur* 1924, *Vierge et enfant Jésus* 1925, *Saint-François d'Assise* 1933, etc.
VENTES PUBLIQUES : PARIS, 22 mai 1979 : *Danseuse aux cymbales*, bronze et ivoire (H. 50) : **FRF 6 000** – LONDRES, 12 juil. 1982 : *Figure ailée*, bronze (H. 47) : **GBP 650** – NEW YORK, 1ᵉʳ oct. 1983 : *Nu allongé*, bronze patine brun-vert (H. 31,1) : **USD 1 500** – LONDRES, 7 juin 1984 : *Diane chasseresse* vers 1902, bronze patine brune (H. 79) : **GBP 1 300** – MADRID, 23 mai 1985 : *Diane chasseresse*, bronze (80x23x95) : **ESP 400 000** – PARIS, 6 juin 1988 : *Le baiser*, bronze à patine brune et or (L. : 39cm) : **FRF 6 500** – PARIS, 6 avr. 1990 : *Femme nue allongée*, bronze (H. 30) : **FRF 9 000** – CHAUMONT, 17 sep. 1995 : *Diane chasseresse*, bronze (H. 80, L. 95) : **FRF 13 000**.

ALLIOT Nicolas ou Aliot
Né à la fin du XVIᵉ siècle à Ligny-en-Barrois (Meuse). XVIᵉ-XVIIᵉ siècles. Français.
Peintre.
Exécuta, par ordre d'Adrien Agliata, pour Saint-François de Pise, un tableau d'autel qui existe encore. Il représente la *Nativité de la Vierge avec les donateurs du tableau en adoration*. L'inscription date de 1624.

ALLIOT Violette Lucienne
Née à Neuilly (Hauts-de-Seine). XXᵉ siècle. Française.
Peintre.
Élève de Pierre Laurens, P.-A. Laurens, L. Roger. Exposa au Salon des Artistes Français et obtint une mention honorable avec *Pèlerins d'Emmaüs*, en 1936.

ALLIS Geneviève
Née le 15 mars 1864 à Derby (États-Unis). Morte en 1914 à Derby. XIXᵉ-XXᵉ siècles. Américaine.
Peintre.
Elle fit ses études artistiques à l'École d'Art de Yale New Haven, et, plus tard, à New York, sous J. Alden Weir, W.-L. Lathrop. Elle reçut aussi les conseils de Henry B. Snell et de Ben Foster. Cette artiste a pris rang parmi les bons peintres du nouveau monde. Ses meilleurs tableaux sont : *Coucher de soleil sur le lac George* et *Vieille ville anglaise le soir*. Elle fut professeur de peinture à Derby.

ALLIS Harry
Né à Dayton (États-Unis). XIXᵉ-XXᵉ siècles. Américain.

Peintre.
Il a voyagé et travaillé en Amérique et en Europe. Il résida pendant quelque temps à Paris et à Grez-sur-Loing. Exposa : *Le soir, Montreuil-sur-Mer*, Salon de Paris 1906. Peintre de paysages à l'aquarelle et au pastel, il représenta avec talent la jeune école américaine.

ALLISON F.
XVIIIᵉ siècle. Travaillait à Londres. Britannique.
Peintre miniaturiste.
De 1792 à 1799, cet artiste exposa des portraits d'hommes et de femmes à la Royal Academy de Londres.

ALLISON John William
Né à Hull. Mort en 1934. XXᵉ siècle. Britannique.
Peintre de scènes de genre, portraits, miniaturiste.
Il alla chercher sa formation artistique en Italie, puis, à Paris, il fut élève de Benjamin Constant à l'Ecole des Beaux-Arts. Il dirigea ensuite une école à Londres et eut une fonction pédagogique à Kensington. En 1908, il exposa à la Royal Academy de Londres.
VENTES PUBLIQUES : LONDRES, 13 nov. 1986 : *The young task master*, h/cart. (44,4x60,5) : **GBP 1 300**.

ALLISON William, dit aussi Allison of Southampton
XVIIIᵉ-XIXᵉ siècles. Actif au début du XIXᵉ siècle. Britannique.
Peintre de portraits.
Il travailla à Southampton. En 1817, il envoya un tableau à la Royal Academy de Londres.
VENTES PUBLIQUES : LONDRES, 27 juin 1980 : *Un couple avec ses sept enfants dans un paysage boisé* 1817, h/t (103,5x134,6) : **GBP 1 700**.

ALLIX. Voir ALIX

ALLIX Thérèse Mirza
Née à Fontenay-le-Comte (Vendée). XIXᵉ siècle. Française.
Peintre sur porcelaine et miniaturiste.
Cette artiste fut élève de Steuben et Wappers ; elle exposa au Salon de Paris, de 1877 à 1882, des portraits.

ALLIZART J. B. Voir ALIZARD

ALLJO Bartolome
Né au XIXᵉ siècle à Valence. XIXᵉ siècle. Espagnol.
Sculpteur.
Élève de l'Académie S. Carlos, à Valence. Il exécuta de nombreux bustes et médaillons. Il a fait un *Lion* en pierre pour une fontaine d'Almansa (1868).

ALLMACHER
XVIIIᵉ siècle. Allemand.
Peintre.
On cite de cet artiste quelques tableaux dans la galerie de Pommersfelden, au château de Weissenstein.

ALLMER J. C.
XIXᵉ siècle. Britannique.
Graveur au pointillé.
Il travaillait en Angleterre au début du XIXᵉ siècle.

ALLMER Josef
Né le 7 mars 1851 à Pöllau. XIXᵉ siècle. Actif à Graz. Autrichien.
Peintre.
Cet artiste exposa des portraits, des natures mortes et tableaux de genre.
MUSÉES : GRAZ : *La promesse*.

ALLMOND Katherine, plus tard Mme Charles Allen Hulbert. Voir HULBERT

ALLNER Heinz
Né en 1909 à Dessau. XXᵉ siècle. Actif en Amérique. Allemand.
Peintre. Abstrait.
Entre 1927 et 1930, il fut élève du Bauhaus, et notamment de Paul Klee et Kandinsky. Il se fixa pour un temps à Paris en 1933, où, d'entre les disciplines acquises au Bauhaus, il s'occupa de graphisme et de typographie. Il resta à Paris jusqu'en 1948, exposant ses peintures abstraites à tendance géométrique, aux premiers Salons des Réalités Nouvelles, créés en 1946. En 1949, il se fixa aux Etats-Unis, et y exposa ses œuvres.

ALLNUT Mabel
XIXᵉ siècle. Vivait à Windsor (Angleterre) vers 1891. Britannique.

Peintre paysagiste.
Le catalogue de Suffolk Street de 1891 cite un tableau de cette artiste.

ALLO
XIVe siècle. Italien.
Sculpteur sur bois.
Travaillait en Lombardie en 1352, d'après Zani.

ALLODOLI ou Allodoni
XIXe siècle.
Peintre de genre.
VENTES PUBLIQUES : PARIS, 1894 : *L'Almée couchée au miroir* : FRF 210.

ALLOIS Benjamin
Né en 1815 à Autun. Mort en 1880. XIXe siècle. Français.
Peintre de paysages.
Élève d'Ingres, puis de Cogniet, il fut professeur de dessin dans sa ville natale.
Surtout intéressé par l'archéologie, il donne à ses paysages une valeur documentaire, relevant, le plus souvent, les vues de ses fouilles ou les paysages des alentours des sites sur lesquels il travaille.
BIBLIOGR. : Gérald Schurr : *Les Petits Maîtres de la peinture 1820-1920, valeur de demain,* t. II, Les Éditions de l'Amateur, Paris, 1982.
MUSÉES : AUTUN (Mus).

ALLOJA Alessandro ou Aloja
Actif en Calabre. Italien.
Graveur en taille-douce.

ALLOJA Giuseppe ou Aloja
XVIIIe siècle. Italien.
Peintre et graveur en taille-douce.
Il travailla à Naples. Il fournit des gravures pour la *Statica de Vegetabili* et pour l'*Antichita di Ercolano,* et aussi une grande vue de Naples (1759), sur huit planches.

ALLOJA Raffaello ou Aloja
XVIIIe-XIXe siècles. Travaillait à Naples vers la fin du XVIIIe et au commencement du XIXe siècle. Italien.
Graveur à l'eau-forte et au burin.
On cite de lui : *Saint Jean-Baptiste* et *Saint Joseph avec l'Enfant Jésus,* d'après Reni, *La mise au tombeau,* d'après Ribera, une *Sainte-Famille,* d'après Rubens, et des *Costumes du royaume des Deux-Siciles* (1791).

ALLOJA Vincenzo ou Aloja
XVIIIe-XIXe siècles. Travaillait à Naples à la fin du XVIIIe et au commencement du XIXe siècle. Italien.
Graveur à l'eau-forte et au burin.
Cet artiste fut élève de Georg Hackert, puis professeur à l'Académie de Naples. Il grava surtout des paysages, des vues des environs de Naples, d'après J.-Ph. et Carl Hackert, Anna Dunouy, etc., et notamment du *Recueil des plus belles vues de Naples et de ses environs,* vingt-sept planches (1804-1806). On cite encore *Paesiello,* d'après Mme Lebrun.

ALLOM A.
XIXe siècle. Vivait à Londres au milieu du XIXe siècle. Britannique.
Paysagiste.
Trois tableaux de cet artiste sont mentionnés dans le catalogue de Suffolk Street de 1859-1860.

ALLOM Thomas
Né le 13 mars 1804 à Londres. Mort le 21 octobre 1872 à Barnes. XIXe siècle. Britannique.
Peintre de paysages animés, graveur, architecte.
En tant qu'architecte, il fut élève de Francis Goodwin, avec lequel il collabora à d'importants travaux dans diverses villes d'Angleterre. Dès 1834, il fournit des dessins pour le palais du Parlement, qui furent gravés, sur ordre de la Chambre des Communes. Il entreprit de nombreux voyages afin de faire des illustrations de paysages, publiées dans des ouvrages spécialisés.
Il illustra ainsi une série d'ouvrages, dont *Les paysages du Devonshire - Le Lake District - Les Comtés du Nord - l'Écosse illustrée.* Pour en augmenter l'intérêt, il anima ses paysages, de personnages ou de scènes historiques qui s'étaient déroulées sur ces sites. Il montra, par exemple, les clans assemblés par le prince Charles Stuart dans *La vue de Lochiel,* tandis qu'on voit les prisonniers faits à la bataille de Falkerk dans *Le château de*

Doon, et *Lilethgow Palace* est représenté lors de son incendie. Un voyage en Orient, lui permit d'illustrer des ouvrages sur Constantinople et l'Asie Mineure, toujours agrémentés d'épisodes historiques, tel le déploiement de l'étendard du Prophète dans la mosquée du sultan Achmet (dite Mosquée bleue), avant le massacre des Janissaires par Mahmoud II. En 1846, invité par Louis-Philippe à Saint-Cloud, il exécuta une commande de dessins sur le château de Dreux et d'autres monuments de la famille royale. Étant en France, il en profita pour dessiner des paysages, mais surtout dans les environs de Périgueux, Rouen, entre autres. Dans son pays natal, il a naturellement représenté des vues de Londres. Enfin, il fut l'un des fondateurs de l'Institute of British Architects.
BIBLIOGR. : Gérald Schurr : *Les Petits Maîtres de la peinture 1820-1920, valeur de demain,* t. V, Les Éditions de l'Amateur, Paris, 1981.
MUSÉES : MANCHESTER : *Maisons à Andrinople.*
VENTES PUBLIQUES : PARIS, 15 déc. 1921 : *Vue intérieur du British Museum, figures,* sépia : FRF 400 – PARIS, 11 fév. 1954 : *La salle des Antiques,* lav. et sépia : FRF 5 000 – MILAN, 6 avr. 1966 : *Temple antique à Tivoli,* aquar. : ITL 80 000 – LONDRES, 4 mai 1977 : *Le Grand Bazar de Constantinople,* aquar. (25x35,5) : GBP 260 – LONDRES, 8 nov. 1979 : *Projet de jardin zoologique dans le goût chinois,* aquar./trait de cr. (37x65) : GBP 850 – LONDRES, 12 fév. 1982 : *Les funérailles,* h/t (91,5x70,5) : GBP 700 – LONDRES, 29 avr. 1982 : *Les esclaves circassiennes à Constantinople,* aquar. sur trait de cr. (30x22) : GBP 620 – LONDRES, 26 mai 1983 : *A perspective view of the Army and Navy Club, Pall Mall, London,* pl. et aquar. sur trait de cr./pap. (72,5x124) : GBP 1 700 – LONDRES, 17 fév. 1984 : *Derwent Walter, Cumberland,* h/t (32,4x47) : GBP 1 300 – LONDRES, 19 mars 1985 : *Hastings,* aquar. (26x37,5) : GBP 850 – CHESTER, 19 avr. 1985 : *La côte d'Écosse, Au bord de l'étang,* deux h/cart. (19x29,5) : GBP 1 200 – LONDRES, 24 mars 1987 : *The mosque of Shah-Za-Deh Djamesi, Constantinople,* aquar., cr. et pl. (20x30) : GBP 4 000 – LONDRES, 25 jan. 1989 : *Collège de l'Université d'Oxford,* aquar. et cr. (16,5x25) : GBP 660 – NEW YORK, 14 oct. 1993 : *Le Pasha,* aquar./pap. (23,5x25,3) : USD 5 175.

ALLONGÉ Auguste
Né le 19 mars 1833 à Paris. Mort le 4 juillet 1898 à Marlotte (Seine-et-Marne). XIXe siècle. Français.
Peintre de paysages animés, paysages, paysages d'eau, fleurs, aquarelliste, pastelliste, graveur, dessinateur, illustrateur, lithographe.
Il fut élève de Léon Cogniet et de Ducornet à l'École des Beaux-Arts. Il s'essaya d'abord comme peintre d'histoire et prit part sans succès au Concours de Rome. Il exposa à Londres en 1876 et 1878.
Le paysage, auquel il s'adonna, lui réussit mieux. Il fut, avec Bernier et Corot, un des premiers paysagistes qui cherchèrent à traduire le charme pittoresque de la Bretagne. Mais sa voie véritable et dans laquelle il obtint un grand succès, fut le paysage au fusain ; dans ce genre il rivalisa avec Maxime Lalanne. Très jeune, il s'essaya dans la lithographie et dessina quelques sujets qui n'ont pas été mis dans le commerce. Il fit aussi quelques eaux-fortes. Plus tard, il devint un des plus brillants collaborateurs de l'*Illustration* et du *Monde Illustré.* Il a également participé à l'illustration des *Reines du Monde,* d'Armangaud, de l'*Histoire des peintres* de Ch. Blanc, des *Promenades de Paris.* On lui doit encore les dessins de la *Forêt de Fontainebleau,* de Jules Claretie et de l'*Élevage des Gallinacés* de M. Lemoine. Il a publié deux *Cours de fusain,* albums qui ont obtenu un grand succès à leur heure.

Allongé

MUSÉES : BREST : *Lever de la lune en octobre,* past. – CLAMECY : *Le gué du Ru de Vaux à Mélusien, près Avallon – Paysage* – LE HAVRE : *La Mer* – LIMOGES : *Vue prise des hauteurs de la Gatine, forêt de Fontainebleau* – LONDRES (Victoria and Albert Mus.) : *Vue en Angleterre* – PONTOISE : *Le Sully - Apremont* – LE PUY-EN-VELAY : *Vue du Puy* – LA ROCHELLE : *Plateau de la Mare aux Fées,* aquar. – ROUEN : *Le Cousin à Mélusien* – SENS : *Environs d'Avallon,* fus. – SYDNEY : *Scène sur un lac - Étang de Chaville.*
VENTES PUBLIQUES : PARIS, 1872 : *Le Pont du Faouet, Morbihan,* fus. : FRF 400 ; *La Vallée de Royat,* fus. : FRF 320 ; *Un abreuvoir* : FRF 335 ; *La Vallée du Gouët,* fus. : FRF 830 ; *La Forêt de*

Fontainebleau, fus. : **FRF 680** – PARIS, 1893 : *Étude de bouleaux en automne*, aquar. : **FRF 300** ; *Chemin à Marlotte* : **FRF 400** ; *Dans la campagne*, aquar. : **FRF 305** ; *Sentier à Martinvast*, aquar. : **FRF 520** ; *Mare, l'hiver*, aquar. : **FRF 450** ; *Le Printemps*, aquar. : **FRF 700** ; *Bords du Loing*, aquar. : **FRF 410** – PARIS, 1898 : *Paysage*, aquar. : **FRF 105** – PARIS, 1898 : *Givre en forêt*, aquar. : **FRF 170** – PARIS, 1899 : *Paysage d'automne*, aquar. : **FRF 265** – PARIS, 1899 : *Paysage*, aquar. : **FRF 52** ; *Pêcheurs à la ligne*, aquar. : **FRF 150** – PARIS, 29 nov. 1902 : *Bords de rivière*, aquar. : **FRF 115** ; *Lisière de bois*, aquar. : **FRF 150** – PARIS, 23-26 nov. 1908 : *Le Petit Pont*, aquar. : **FRF 50** – PARIS, 21-23 juin 1909 : *Bord de rivière et canards*, aquar. : **FRF 260** – PARIS, 20-30 nov. 1909 : *Sous-bois avec éclaircie et petit lac* : **FRF 100** – PARIS, 30 mai 1910 : *La Route*, aquar. : **FRF 190** – PARIS, 8 mars 1919 : *Étude d'arbres et paysage*, peint. : **FRF 100** – PARIS, 7 mars 1921 : *Bords de rivière en Auvergne*, peint. : **FRF 185** – PARIS, 18 déc. 1922 : *Bord de rivière*, fus. : **FRF 395** – PARIS, 19 jan. 1925 : *Cour de ferme*, peint. : **FRF 220** – PARIS, 14 fév. 1927 : *L'Automne*, peint. : **FRF 750** – PARIS, 9 fév. 1942 : *Le Chemin de terre*, aquar. : **FRF 500** – PARIS, 13 jan. 1943 : *Paysage*, peint. : **FRF 1 700** – PARIS, 14 juin 1944 : *Fontainebleau. En forêt*, aquar. : **FRF 700** – PARIS, 17 nov. 1948 : *Bords de rivière* : **FRF 1 800** – PARIS, 17 juin 1949 : *La barque Créteil* : **FRF 5 000** – PARIS, 14 déc. 1949 : *Sous-bois en automne*, aquar. : **FRF 3 800** – PARIS, 3 mars 1965 : *Bord de rivière animé* : **FRF 300** – LONDRES, 15 déc. 1966 : *Paysage fluvial* : **GNS 90** – BERNE, 21 oct. 1976 : *Lavandières dans un paysage fluvial 1880* (50x85) : **CHF 2 600** – BERNE, 20 oct. 1977 : *Paysage fluvial*, h/t (30x65) : **CHF 2 400** – ZURICH, 2 nov. 1979 : *Bord de rivière au crépuscule*, h/pan. (28x56) : **CHF 3 500** – PARIS, 29 juin 1981 : *Cathédrale au bord de l'Oise 1898*, h/t (36x65) : **FRF 12 500** – VERSAILLES, 18 avr. 1982 : *La Forêt en automne*, aquar. (55,5x76,6) : **FRF 4 000** – ENGHIEN-LES-BAINS, 26 juin 1983 : *Moscou sous la neige 1897*, h/t (75x122) : **FRF 300 000** – ENGHIEN-LES-BAINS, 25 nov. 1984 : *Rochers dans le sous-bois*, aquar. (50,5x77,5) : **FRF 9 500** – ENGHIEN-LES-BAINS, 10 fév. 1985 : *Lavandières au bord d'un ruisseau*, h/t (75x150) : **FRF 14 200** – FONTAINEBLEAU, 26 jan. 1986 : *Bruyère en forêt*, aquar. (55x78) : **FRF 28 000** – VERSAILLES, 20 mars 1988 : *Le Moulin dans la vallée*, h/t (44,5x74,5) : **FRF 23 000** – PARIS, 23 mars 1990 : *Sous-bois*, aquar. (25,5x37) : **FRF 4 500** – NANCY, 20 mai 1990 : *Les Étangs 1879*, cr. et lav./cart. (161x126) : **FRF 11 500** – REIMS, 21 oct. 1990 : *Bouquet de fleurs colorées dans une corbeille*, aquar. (77,5x55) : **FRF 13 000** – CALAIS, 9 déc. 1990 : *Forêt de Fontainebleau à l'automne*, aquar. (54x76) : **FRF 16 000** – BARBIZON, 13 oct. 1991 : *La Rivière aux canards*, h/t (55x33) : **FRF 30 000** – PARIS, 22 juin 1992 : *L'Étang*, h/t (35x58) : **FRF 16 500** – PARIS, 24 mars 1995 : *En forêt*, aquar. (51x33) : **FRF 22 000** – NEW YORK, 23 mai 1996 : *Dans la prairie 1880*, h/t (59,7x99,7) : **USD 9 300** – PARIS, 13 déc. 1996 : *Paysage*, aquar./pap. (76x55) : **FRF 7 000** – PARIS, 30 mai 1997 : *Le Torrent*, aquar. (53,5x75,5) : **FRF 8 500**.

ALLONSIUS Daniel Jacques

Né le 28 février 1923 à Paris. XXᵉ siècle. Français.
Peintre de natures mortes, paysages, portraits, sculpteur, dessinateur, designer.
Il fut élève de l'Ecole des Beaux-Arts de Paris, de 1940 à 1943. En 1950-1951, il fut professeur à l'Ecole des Arts Appliqués de Fort-de-France. Il eut ensuite à Paris des activités ponctuelles d'enseignement. Depuis 1978, il consacre son activité à la peinture et à des sculptures géométriques abstraites. Il participe à des expositions collectives, notamment à Paris au Salon des Artistes Indépendants, dans des villes de province. Il est l'auteur du traité de géométrie constructive : *Créer avec un compas* aux Editions Dessain et Tolra, 1987.

ALLORI Agnolo di Cosimo, dit il Bronzino. Voir BRONZINO

ALLORI Alessandro, dit le Bronzino.

Né le 3 mai 1535 à Florence (Toscane). Mort le 22 septembre 1607 à Florence. XVIᵉ siècle. Italien.
Peintre de scènes mythologiques, compositions religieuses, portraits.
Étant demeuré orphelin à l'âge de cinq ans, il fut recueilli et adopté par son oncle, Angelo Allori, dit le Bronzino. Alessandro, fils de peintre, montra dès son plus jeune âge des dispositions exceptionnelles pour le dessin. Il était bien placé pour les développer. À dix-sept ans, il exécuta sur ses propres dessins un tableau d'autel qui fut jugé digne d'être placé dans la chapelle d'une villa d'Alexandre de Médicis. Deux ans plus tard, en 1554, il partit pour Rome, où il séjourna jusqu'en 1556, étudiant sur-

tout Michel-Ange. Le grand style de l'illustre Florentin le toucha profondément, et le fit se ranger parmi ses imitateurs. De retour à Florence, il bénéficia de la protection que les Médicis accordaient à son oncle.
D'importants travaux lui furent confiés dans les églises et autres monuments publics. Il n'eut pas moins de succès avec les portraits qu'il exécuta d'après les plus illustres personnages de la Toscane. Les classiques lui reprochèrent quelquefois d'avoir introduit dans ses tableaux d'histoire des personnages vêtus des costumes du temps, mais bien d'autres artistes, et non des moindres, méritèrent le même reproche. En 1590, il publia son *Dialogo sopra l'arte del designare le figure*, traité de l'art du dessin. Plus encore qui pour Bronzino lui-même, on peut taxer son œuvre de froideur académique.

ALESSANDRO
BRONZINO
ALLORI TACIVA

MUSÉES : BERGAME : *La Cène 1582* – BERLIN : *Jeune femme* – BRESLAU, nom all. de Wroclaw : *Portrait de femme* – CHANTILLY : *Sainte Famille 1603* – FLORENCE (Offices) : *Noces de Cana 1600* – *Le Tasse* – *Vénus et l'Amour* – *Bianca Cappello* – *Saint François* – *Suzanne au bain* – *Joseph* – *Hercule couronné par les Muses* – *Saint Laurent* – *Saint Pierre* – *Prédication de Saint Jean-Baptiste* – FLORENCE (Pitti) : *Vierge et l'Enfant* – *Card. de Médicis* – LONDRES : *Portrait d'homme* – MADRID : *Portrait de Garcia* – MILAN (Ambrosienne) : *Portrait d'un homme de loi* – *Madone* – *Ange* – MONTPELLIER : *Vénus et l'Amour* – *Saint Jean dans le désert 1586* – ROME (Gal. Colonna) : *Vénus et l'Amour avec un satyre* – ROME (Doria Pamphili) : *Jésus-Christ portant sa croix.*

VENTES PUBLIQUES : LONDRES, 1797 : *Madone, Jésus et Sainte Catherine* : **FRF 4 470** – LONDRES, 1800 : *Vénus et l'Amour* : **FRF 39 750** – PARIS, 1863 : *Portrait en buste d'une jeune femme blonde* : **FRF 980** – LONDRES, 1885 : *Portrait de Don Garcia de Médicis* : **FRF 23 625** – LONDRES, 1885 : *Léonard de Tolède* : **FRF 20 470** – PARIS, 1895 : *Diane pleurant la mort d'Adonis* : **FRF 200** – PARIS, 1898 : *Portrait* : **FRF 145** – PARIS, 1898 : *Portrait d'homme* : **FRF 215** – PARIS, 1900 : *Portrait de l'Impératrice* : **FRF 245** ; *Patricienne* : **FRF 280** – PARIS, 1900 : *Portrait d'homme* : **FRF 165** – NEW YORK, 1906 : *Les Fiançailles* : **FRF 1 700** – PARIS, 1907 : *Jeune femme brune* : **FRF 480** – NEW YORK, 1909 : *Lucrèce et son fils* : **USD 800** – PARIS, 1913 : *Éléonore de Tolède* : **FRF 2 100** – LONDRES, 1936 : *La Vierge et l'Enfant* : **GBP 11** ; *Saint en prière* : **GBP 23** – VERSAILLES, 14 mars 1962 : *Portrait d'Eleonore de Tolède* : **FRF 60 000** – LUCERNE, 24 juin 1966 : *Vierge à l'enfant* : **CHF 8 000** – LONDRES, 24 mars 1976 : *La Charité*, h/métal (23x18,5) : **GBP 4 200** – MENTMORE, 25 mai 1977 : *Portrait d'un jeune homme*, h/pan. (133x104) : **GBP 35 000** – LONDRES, 21 avr. 1982 : *Portrait d'un jeune homme*, h/pan. (133x104) : **GBP 75 000** – LONDRES, 5 juil. 1984 : *Jeune fille se coiffant*, craie noire (27,5x19,6) : **GBP 8 500** – MILAN, 21 avr. 1986 : *Portrait d'un gentilhomme*, h/pan. (50x39) : **ITL 16 000 000** – LONDRES, 1ᵉʳ juil. 1986 : *Personnage agenouillé*, craie noire, d'après Le Jugement dernier de Michel-Ange, de forme irrégulière (16,6x15,2) : **GBP 3 500** – LONDRES, 8 juil. 1988 : *Mater Dolorosa*, h/pan. (76,9x57,5) : **GBP 13 200** – NEW YORK, 11 jan. 1990 : *Saint Jean dans le désert*, h/cuivre (39,5x28,5) : **USD 110 000** – AMELIA, 18 mai 1990 : *Portrait de Bianca Cappello*, h/t (67x51) : **ITL 38 000 000** – ROME, 19 nov. 1990 : *La Sainte Famille*, h/pan. (142x106) : **ITL 92 000 000** – NEW YORK, 18 mai 1994 : *François Iᵉʳ de Médicis assis devant une table et vêtu d'un pourpoint brodé tenant une miniature de sa sœur Lucrèce di Cosimo*, h/pan. (89,8x69,1) : **USD 42 550** – NEW YORK, 12 jan. 1995 : *Portrait de jeune femme*, h/t (66x54) : **USD 51 750** – PARIS, 12 juin 1995 : *Portrait de Bianca Capella*, h/pan. (85,5x68) : **FRF 900 000.**

ALLORI Angelo di Cosimo. Voir BRONZINO

ALLORI Cristofano, dit quelquefois Bronzino

Né le 17 octobre 1577 à Florence. Mort en 1621 à Florence. XVIIᵉ siècle. Italien.
Peintre de scènes mythologiques, compositions religieuses, portraits, dessinateur.
Il fut d'abord élève de son père Alessandro, qu'il quitta pour se perfectionner sous la direction de Lodovico Cardi da Cigoli et Gregorio Pagani.
Une de ses premières œuvres fut un tableau représentant la *Vie de S. Manetto*, pour la chapelle dell Antella, à S. Annunciata, 1602. Son œuvre qui lui valut le plus de succès fut *Judith avec sa servante* (Florence, galerie Pitti) ; sa maîtresse, étant très belle, lui servit de modèle pour cette peinture. Elle posa aussi pour sa

Madeleine pénitente dans le désert. En 1608, il peignit, sur un reliquaire, pour S. Maria Novella : *Saint Benoît et Saint Julien en adoration devant le Christ.* Cet artiste fut aussi un portraitiste renommé. D'après Baldinucci, il peignit la belle *Maddalena Scarlatti et d'autres.*
Musées : Amiens : *Femme inconnue –* Cherbourg : *Sacrifice d'Abraham –* Cleveland : *Sainte Catherine –* Florence (Offices) : *Madeleine, copie d'après Corrège – L'Enfant Jésus endormi sur la croix – Judith – Disciples d'Emmaüs – Vierge à l'Enfant –* autres œuvres – Florence (Pitti) : *Hospitalité de Saint Julien – Portrait de religieux – Sacrifice d'Abraham – Judith – Saint Jean dans le désert – Adoration des bergers –* Genève : *Donna Mazzafiora de Florence –* Lyon : *Mariage mystique de Sainte Catherine –* Madrid : *Madeleine d'Autriche – Cosme II –* Milan (Ambrosienne) : *Homme inconnu –* Montpellier : *Étude pour un David – La Vierge embrasse l'Enfant Jésus –* Munich : *Mercure et un vieillard – Suzanne au bain – Jeune faune –* Paris (Louvre) : *Isabelle d'Aragon aux pieds de Charles VIII –* Turin : *Vision de Jacob –* Vienne : *Judith et la tête d'Holopherne.*
Ventes Publiques : Bruxelles, 1833 : *Salomon sacrifiant aux idoles* : **FRF 80** – Paris, 1840 : *Cosme de Médicis* : **FRF 500** – Paris, 1840 : *Une Sainte Martyre* : **FRF 1 200** – Paris, 1843 : *Portrait d'une femme vue à mi-corps* : **FRF 500** – Paris, 1865 : *Judith* : **FRF 3 800** ; *Vierge regardant l'Enfant* : **FRF 320** – Paris, 1881 : *Portrait d'une jeune femme* : **FRF 1 850** – Paris, 1893 : *Portrait de Pierre de Médicis* : **FRF 500** – Paris, 1897 : *Loth fuyant Sodome* : **FRF 120** – New York, 1907 : *Les Fiançailles* : **USD 1 800** – New York, 1909 : *Portrait d'une dame noble italienne* : **USD 600** – Paris, 7 mars 1955 : *Jeune homme en buste* : **FRF 4 200** – Paris, 2 juin 1981 : *Judith et Holopherne* vers 1600, h/t (130x100) : **FRF 45 000** – New York, 18 jan. 1983 : *La Vierge et l'Enfant avec Saint Laurent, Saint Joseph et un donateur,* h/t (109,5x128) : **USD 9 500** – Monte-Carlo, 20 juin 1987 : *Homme en cape tourné vers la droite,* au recto : *Personnages et tête de saint Jean-Baptiste,* dess. (44,5x28,5) : **FRF 30 000** – Londres, 1989 : *Saint François en prière,* h/cuivre (31x24,5) : **GBP 12 100** – New York, 11 avr. 1991 : *Portrait d'un chevalier de l'ordre de Saint Etienne,* h/t (61x47) : **USD 19 800** – New York, 10 jan. 1995 : *Étude de mains,* craies noire et rouge (20,3x26,7) : **USD 5 175** – Londres, 3 juil. 1996 : *Tête de jeune garçon portant une casquette de travers,* sanguine (25x18,3) : **GBP 29 900.**

ALLOTTI D'ARGENTO Antonio. Voir ALEOTTI Antonio
ALLOU Adélaïde
XVIIIe siècle. Vivait à Paris à la fin du XVIIIe siècle. Française.
Peintre, graveur à l'eau-forte.
Une de ses meilleures estampes est : *Ruines des bains de Néron,* d'après H. Robert (1771). Elle reproduisit d'autres ruines d'après H. Robert et Fragonard, ainsi que des vases étrusques.

ALLOU Antoine Roger Henri
Né à Paris. XIXe siècle. Français.
Paysagiste.
Il fut élève de Guillemet et exposa à maintes reprises aux Salons de Paris, de 1881 à 1885.

ALLOU Gilles
Né en 1670 à Paris. Mort le 2 février 1751 à Paris. XVIIe-XVIIIe siècles. Français.
Peintre de portraits, pastelliste, dessinateur.
Cet artiste, originaire d'une famille de Beauvais, se maria en 1702 ; dans son acte de mariage, on l'appelle : peintre et architecte. En 1711 il devint membre de l'Académie, sur la présentation des portraits de Coypel, Coysevox et Boulogne (Versailles). Il fit le portrait de sa femme, dont la gravure porte l'inscription : *L'Optique.*
Ventes Publiques : Paris, 27 mars 1919 : *Deux bustes de femmes,* dess. : **FRF 40** – Paris, 29 jan. 1926 : *Portrait d'homme* ; *Portrait de femme,* deux past. : **FRF 7 000** – Paris, 6 mars 1950 : *La leçon de géographie* : **FRF 14 000** – New York, 7 nov. 1984 : *Autoportrait (?)* 1713, h/t (72x84,5) : **USD 4 750** – New York, 7 avr. 1988 : *Portrait d'un homme une pipe à la main* 1715, h/t (72x84,5) : **USD 5 775** – Paris, 30 nov. 1990 : *Portrait de famille,* h/t (113x147) : **FRF 70 000.**

ALLOUARD Edmond
Né à Paris. XIXe-XXe siècles. Français.
Peintre de natures mortes, fleurs, paysages.
Il fut élève d'Edmond Lechevallier-Chevignard à l'Ecole des Arts Décoratifs de Paris. Il a exposé régulièrement au Salon des Artistes Français, de 1881 à 1924, et y obtint une mention honorable en 1898.

Ventes Publiques : Paris, 10 mai 1895 : *Nature-morte* : **FRF 45** ; *Nature-morte* : **FRF 46.**

ALLOUARD Henri
Né le 11 juillet 1844 à Paris. Mort le 12 août 1929. XIXe-XXe siècles. Français.
Peintre, sculpteur de figures, groupes.
Il eut pour maîtres Lequesne et Schanewerck. Il exposa au Salon des Artistes Français de Paris, entre 1865 et 1928, des sculptures et des tableaux, obtenant une médaille d'Or en 1900. Membre du Jury de Sculpture et des Arts Décoratifs depuis 1889 ; il fut aussi président du cercle Volney.
Musées : Bordeaux : *Lutinerie –* Dunkerque : *Souviens-toi – Jeanne d'Arc –* Montpellier : *Molière mourant –* Paris (Luxembourg) : *Loin du monde –* Rouen : *Héloïse au Paraclet – Beaumarchais – Candeur –* Saint-Brieuc : *Bacchus enfant –* Toul : *Buste du général Balland –* Vire : *Raoul Baudoin.*
Ventes Publiques : Paris, 29 nov. 1943 : *Lutinerie,* bronze, groupe : **FRF 6 200** – Paris, 17-18 fév. 1944 : *Candeur ou L'Éveil à l'amour,* terre cuite : **FRF 6 000** – Saint-Étienne, 20 fév. 1982 : *Laboureur et son enfant,* bronze (H. 76) : **FRF 12 600** – New York, 16 oct. 1984 : *La nuit 1900,* marbre blanc, albâtre et métal doré (H. 99) : **USD 16 000.**

ALLOUCHERIE Jocelyne
Née en 1947 à Québec. XXe siècle. Canadienne.
Artiste, auteur d'installations, sculpteur, dessinateur.
Elle met en scène des espaces symboliques qui touchent à l'homme (chambre, tombe...), mêlant dessins et sculptures, et depuis 1987 photographies, modifiant les échelles habituelles pour un monde agrandi, étrange.
Bibliogr. : In : *Dict. de l'art mod. et contemp.,* Hazan, Paris, 1992.

ALLOUEL Claude Nicolas
Mort le 18 juin 1780 à Paris. XVIIIe siècle. Français.
Peintre.

ALLOUEL M. F.
XVIIIe siècle. Travaillait à Paris, vers 1770. Français.
Graveur.
Cité par Heineken, il a gravé le portrait de J.-J. Rousseau et *Le Père de famille,* d'après Van Ostade, en 1764.

ALLOUETEAU Pierre
Né vers 1955. XXe siècle. Belge.
Peintre de compositions à personnages, de natures mortes. Fantastique.
Il fut élève de l'Ecole des Arts Décoratifs de Paris. Son objectif a toujours été d'acquérir la technique des Flamands du XVe siècle. Il vit et travaille sur une péniche, près du port d'Anvers. Dans ses compositions à personnages, il se réfère à Van Eyck, y mêlant des réminiscences de Delvaux ou de Dali. Dans ses natures-mortes, il se réfère plutôt aux Hollandais du XVIIe : W.-C. Héda ou Adriaen Coorte. Il tient systématiquement à ignorer tout de l'art contemporain.

ALLOUIS
XVIIIe siècle. Travaillait à Paris en 1760. Français.
Graveur.
On connaît, de cet artiste, neuf gravures en taille-douce, d'après J.-A. Meissonnier.

ALLOY Léonce
Né à Fauquembergues (Pas-de-Calais). XXe siècle. Français.
Sculpteur.
Il fut élève de Barrias, Chaplain, F. de Vernon et Jules Coutan, à l'Ecole des Beaux-Arts de Paris. Il a exposé au Salon des Artistes Français de Paris, entre 1902 et 1942, en devint sociétaire ; médaille de troisième classe 1902, médaille d'argent 1925.

ALLOYS Paul Louis Félix Langevin
Né à Agen. XXe siècle. Français.
Peintre de paysages.
Expose des paysages au Salon des Indépendants de Paris en 1926.

ALLPORT C. Lily
XIXe siècle. Active à Londres vers 1891. Britannique.
Peintre.
Miss Allport exposa des œuvres à la Royal Academy, de 1891 à 1900.

ALLPORT Harvey
XIXe siècle. Vivait à Londres dans la dernière moitié du XIXe siècle. Britannique.

Peintre de paysages.
Entre 1888 et 1890, des tableaux d'Allport parurent à la Royal Academy et à Suffolk Street.

ALLPORT Henry Curzon
Né en 1788. Mort en 1854. XIXᵉ siècle. Britannique.
Peintre de sujets de genre, paysages animés, paysages, architectures, aquarelliste, dessinateur.
Cet artiste travailla à Aldridge, près de Birmingham ; il exposa en 1811 et 1812, à la Royal Academy, des paysages ; en 1813, il figura à l'Exposition de la Société des aquarellistes. Les années suivantes, il envoyait à cette Société des paysages, la plupart des « Capriccios » avec d'importants monuments. Il en fut nommé membre en 1818. En 1823, il envoya une fois encore des dessins, surtout des scènes italiennes.
MUSÉES : LONDRES (British Mus.) : esquisses de paysages 1814-1816.
VENTES PUBLIQUES : LONDRES, 10 fév. 1982 : *Vue de Sydney* 1843, aquar. sur trait de cr. (25x39,5) : **GBP 2 800** – LONDRES, 16 mars 1984 : *Great Barr Hall, Staffordshire* 1818, h/t (75,5x113,5) : **GBP 4 000** – LONDRES, 26 avr. 1985 : *Great Barr Hall, Staffordshire* 1818, h/t (75,5x113,5) : **GBP 8 000** – LONDRES, 13 avr. 1994 : *Paysage des Highlands avec un lac* 1847, h/t (75x111,5) : **GBP 6 325**.

ALLPORT J.
XVIᵉ-XVIIᵉ siècles (?). Britannique.
Peintre et graveur à l'eau-forte.
Il existe une gravure de Marie Stuart gravée d'après un tableau de cet artiste, et d'un V. Allport, probablement le même que celui-ci, et trois planches à l'aquatinte, portraits de jeunes filles.

ALLPORT John
XIXᵉ siècle. Vivait à Londres au milieu du XIXᵉ siècle. Britannique.
Peintre de genre.
On cite des œuvres de cet artiste, exposées à la British Institution et à Suffolk Street, de 1831 à 1850.

ALLPORT S.
XIXᵉ siècle. Vivait à Pastow (Grande-Bretagne), au milieu du XIXᵉ siècle. Britannique.
Peintre de genre.
Exposa à Suffolk Street, en 1865.

ALLRIDGE H. L.
XIXᵉ siècle. Britannique.
Peintre de genre et de portraits.
De 1866 à 1877, il exposa à la Royal Academy de Londres.

ALLSOP C.
XIXᵉ siècle. Vivait à Londres au milieu du XIXᵉ siècle. Britannique.
Peintre de fruits.
Allsop exposa, en 1864-1865, quatre tableaux à la British Institution.

ALLSOP J.
XIXᵉ siècle. Vivait à Birmingham (Angleterre), au milieu du XIXᵉ siècle. Britannique.
Paysagiste.
Exposa à Suffolk Street, en 1857.

ALLSTON Washington
Né en 1779 à Charleston (Caroline du Sud). Mort en 1843 à Cambridge (Massachusetts). XIXᵉ siècle. Américain.
Peintre.
On le destinait à une carrière libérale et il fut élève à l'Université de Harvard où il étudia les classiques. Cependant ses goûts artistiques romantiques l'emportèrent, et il fut profondément touché par Schiller et les illustrations de Füssli pour la *Galerie Shakespeare de Boydell*. Désireux de hâter ses études, il se rendit à Londres en 1801, et, dès son arrivée, suivit les cours de la Royal Academy, où il rencontra son compatriote West, qui en était Président et dont le romantisme des œuvres, telle la *Mort sur un Cheval pâle*, le surprit. En 1804, Allston partit pour Paris, puis pour Rome, où il se fixa. Après un an de séjour dans cette dernière ville, il produisit son tableau du *Rêve de Joseph*. Allston rencontra à Rome Washington Irving, et l'amitié qui s'établit entre eux dura autant que leur vie. Il devint également l'ami de Coleridge et du sculpteur Thorwaldsen. En 1809, il revint en Amérique et épousa une sœur du Dr Channing. Il fit, l'année suivante, un nouveau voyage en Europe et peignit un tableau historique qui produisit le plus grand effet et valut à son auteur un prix de 200 guinées de la British Institution (actuellement à l'Aca-

démie des Beaux-Arts de Philadelphie). *La Délivrance de Saint Pierre par les anges* suivit ; ce tableau rapporté en 1859 en Amérique, fut offert, en 1877, à l'hôpital des fous de Worcester (États-Unis). *Uriel dans le soleil*, qui fait partie de la collection du duc de Sutherland, et *Le rêve de Jacob*, de Petworth Gallery, parurent ensuite. En 1818, Allston revenait s'établir à Boston ; le chagrin qu'il éprouva à la mort de sa femme et l'excès de travail avaient considérablement altéré sa santé. La même année, il fut admis comme associé à la Royal Academy. Parmi ses dernières œuvres, on remarque surtout : *Le prophète Jérémie*, actuellement au Yale College, *Saül et la pythonisse d'Eudor*, *Le chant de Miriam*, *Dante et Béatrice*. En 1830, Allston se remaria avec la fille du juge Dana, de Cambridge (Massachussetts), et il se fixa dans cette ville. Ce fut alors qu'il peignit un de ses meilleurs tableaux : *Spalatro voyant la main sanglante*, sujet emprunté au roman d'Anne Radcliffe : *L'Italien*. Allston mourut, laissant inachevé un tableau très important représentant *Le Festin de Balthazar*, auquel il travaillait depuis près de quarante ans et qui est conservé à l'Athenæum de Boston. Les portraits de *Benjamin West* et du poète *Coleridge*, que l'on voit à la National Gallery of Portraits de Londres, prouvent que l'artiste ne réussissait pas moins dans ce genre. Allston, qui a été surnommé le Titien américain, est surtout remarquable par le charme de son coloris et sa puissance d'effet dramatique. Le Musée de Munich et le Metropolitan Museum de New York possèdent de lui des tableaux.
BIBLIOGR. : J. D. Prown et B. Rose : *La peinture américaine, de la période coloniale à nos jours*, Genève, 1969.
VENTES PUBLIQUES : LONDRES, 22 déc. 1965 : *Portrait de jeune fille assise sur une terrasse* : **GBP 140** – NEW YORK, 31 mai 1985 : *Danger, whose form of giant mould...* 1815, mine de pb et pl./parchemin (29,5x24) : **USD 3 800**.

ALLSWORTH W.
XIXᵉ siècle. Vivait à Londres dans la première moitié du XIXᵉ siècle. Britannique.
Peintre de genre et de portraits.
Exposa, entre 1836 et 1856, à la Royal Academy et à la British Institution.

ALLUAUD Eugène
Né le 25 mars 1866 à Limoges (Hte-Vienne). XIXᵉ-XXᵉ siècles. Français.
Peintre de paysages.
Il fut élève de Bouguereau et Tony-Robert Fleury. Il a exposé au Salon des Indépendants en 1910. La même année il a figuré à l'Exposition de Bruxelles. Puis, à partir de 1911, il a exposé au Salon d'Automne, dont il fut président du jury de peinture en 1928. Chevalier de la Légion d'honneur. Également céramiste, il fut conservateur au musée Adrien Dubouché de Limoges.
De sa région natale, où il travailla de 1907 à 1910, il a peint des paysages du Limousin et de la Creuse, dont le style se rapproche davantage de celui de Guillaumin que de celui de ses maîtres. Il a aussi peint des paysages de Provence et de l'Ariège.
MUSÉES : LIMOGES .
VENTES PUBLIQUES : PARIS, 22 nov. 1977 : *Paysage à la rivière*, h/t (65,5x82) : **FRF 4 100** – BRUXELLES, 22 nov. 1979 : *Paysage d'hiver*, h/t (55x44) : **BEF 60 000** – LIMOGES, 2 déc. 1981 : *Brume sur la Creuse à Crozant*, h/t (82x100) : **FRF 9 000** – PARIS, 23 mars 1994 : *La carrière*, h/t./cart. (49x59) : **FRF 8 500** – PARIS, 23 juin 1997 : *Bord de rivière au printemps* 1906, h/t (73,5x59) : **FRF 28 000**.

ALLUYS Jean François
Né en 1799 à Brioude (Haute-Loire). XIXᵉ siècle. Français.
Peintre d'histoire, portraits.
Élève d'Abel de Pujol, cet artiste exposa au Salon de Paris, entre 1831 et 1838. Voir le suivant.
MUSÉES : VERSAILLES : *Éléonore de Bourbon, princesse d'Orange – Anne-M.-L., duchesse de Montpensier – Jeanne de Baden-Baden, duchesse d'Orléans*, d'après Belle – *Henri de Lorraine, duc de Mayenne et d'Aiguillon*.

ALLUYS Jean François
Né en 1826 à Brioude (Haute-Loire). XIXᵉ siècle. Français.
Sculpteur.
On conserve de cet artiste une *Étude de femme nue* offerte au Musée de Saint-Omer par l'auteur en 1839. Le rédacteur du Catalogue fait remarquer avec raison que, d'après les dates, la statue en question serait l'œuvre d'un sculpteur de treize ans. On peut se demander s'il n'y a pas une erreur et si le buste de femme nue n'est pas l'œuvre de Jean-François Alluys, né à Brioude en 1799.
MUSÉES : SAINT-OMER : *Étude de femme nue*, attrib..

ALLWOOD
XVIIIe siècle. Vivait à Londres dans la dernière moitié du XVIIIe siècle. Britannique.
Peintre de marines.
Exposa un tableau à la Society of Artists, en 1776.

ALLWOOD Thomas
XVIIIe siècle. Vivait à Londres dans la dernière moitié du XVIIIe siècle. Britannique.
Sculpteur.
Exposa quatre œuvres à la Society of Artists de Londres, entre 1770 et 1772. Il était Fellow de cette Association.

ALLY Claudius
XVIIIe siècle. Actif à Eger. Autrichien.
Peintre.
Il fut citoyen de Prague le 21 février 1702.

ALLYE N.
XIXe siècle. Français.
Peintre.
Lorrain, il est cité dans la *Gazette des Beaux-Arts* de 1874.

ALM Emanuel
Né en 1767. Mort en 1810. XVIIIe-XIXe siècles. Finlandais.
Peintre.
Le musée d'Helsinki conserve une de ses œuvres.

ALM Gerda Maria
Née le 27 mai 1869 à Vesteros. XIXe siècle. Suédoise.
Peintre.
Elle fit ses études à l'Académie des Beaux-Arts de Stockholm et entreprit de longs voyages d'études en France, en Allemagne, en Angleterre, en Italie. Elle exposa des paysages de ces différents pays. *Voir aussi* AHLM Gerda Maria.

ALM-PONS Birgit
Née en Suède (Laponie). XXe siècle. Depuis 1974 active en France. Suédoise.
Peintre.
Elle fut élève de la Faculté d'Art de Stockholm et d'André Lhote à Paris. Dans les années soixante, elle a enseigné arts appliqués et histoire de l'art au département de design, architecture et art, à l'Université de Cincinnati. Depuis 1974, elle s'est fixée à Paris. Depuis 1963, elle participe à des expositions collectives et expose individuellement en Allemagne, au Kunstverein de Karlsruhe ; en France, au SAGA (Salon d'Arts Graphiques Actuels), en 1996 individuellement à la galerie Mantoux-Gignac ; en Suède, à Stockholm notamment galerie Leif Stahle ; aux États-Unis, au Contemporary Arts Center de Cincinnati.
Son travail s'apparente au courant « Lettres et Signes ». Sa peinture a pu être dite « nomade, sans domicile fixe ». Recherchant les effets du hasard, elle assemble et colle sur toile libre ou tendue sur chassis, des fragments hétéroclites, papiers, photos, tissus, broderies, sable, bois, etc., dans l'attente que quelque juxtaposition fortuite atteigne à une expression autonome.

ALMA Peter
Né le 18 janvier 1886 à Médan (Sumatra). Mort en 1969 à Amsterdam. XXe siècle. Hollandais.
Peintre de natures mortes, de paysages, de figures, peintre de décorations murales, graveur.
Il fit ses études à l'Académie des Beaux-Arts de La Haye entre 1904 et 1906. Il fut ensuite influencé successivement par l'impressionnisme puis par le cubisme. Habitant Paris en 1914, il fréquenta Fernand Léger et Diego Rivera. Il travailla à Amsterdam. Il appartient au groupe hollandais de Paris avec Conrad Kickert, Piet Mondrian et Lodewijk Schelfout. Il exposa en 1912-1913 au Moderne Kunstkring d'Amsterdam, au Sonderbund Ausstellung de Cologne et au Salon des Artistes Indépendants à Paris. Dès ses débuts, ses tableaux de genre, essentiellement des natures mortes et des paysages étaient réalisés dans une figuration stylisée qui tend au monumental. En 1914, il vécut aux Pays-Bas à Laren, entrant en contact avec Mondrian, Le Fauconnier et Bart van der Leck qui le marqua particulièrement. C'est à cette époque qu'il définit son style propre : des couleurs primaires, des surfaces planes, des formes élémentaires, des compositions fondées sur l'opposition des verticales et des horizontales. En 1921 il se rend en U.R.S.S. où il rencontre Kandinsky, Lissitsky, Tatlin et Malévitch. À son retour il voit la première exposition d'art russe à Berlin à la galerie Van Diemen. Il entre alors en contact avec le peintre allemand Gerd Arntz qui s'installera ensuite aux Pays-Bas en 1934. Ses œuvres associent parfois une

facture très simplifiée à un contenu critique, comme dans la toile *Chômeurs dans une salle d'attente.*

PETER ALMA

BIBLIOGR. : In : *Dictionnaire de la peinture flamande et hollandaise*, Larousse, 1989.
MUSÉES : AMSTERDAM (Stedelijk Mus.) : *Chômeurs dans une salle d'attente* 1929 – AMSTERDAM (hist. Mus.) : *La Guerre* 1937.
VENTES PUBLIQUES : AMSTERDAM, 11 mai 1982 : *Nature morte au poisson*, h/t (22x19) : **NLG 2 800** – AMSTERDAM, 28 sep. 1987 : *Poisson* 1960, h/pap. (28,5x41,5) : **NLG 900.**

ALMA-TADÉMA Anna
Née à Londres. Morte en 1943. XIXe-XXe siècles. Britannique.
Peintre de paysages, portraits, fleurs.
Fille de Sir Lawrence Alma-Tadéma. Elle a exposé à la Royal Academy à partir de 1885. Elle a aussi exposé au Salon de Paris, où elle a obenu une deuxième médaille en 1889. Elle a exposé un *Autoportrait* à Vienne en 1894.
VENTES PUBLIQUES : PARIS, 24 déc. 1906 : *Portrait de M. et Mme Dalou et leur fille* : **FRF 580** – LONDRES, 29 juin 1976 : *Drapeaux*, h/t (80x6,5) : **GBP 130** – LONDRES, 2 oct. 1979 : *Eton College Chapel* 1885, h/t (52x36) : **GBP 1 700** – LONDRES, 5 juin 1981 : *Jeune-fille à la fenêtre* 1908, h/t (77,5x57,2) : **GBP 3 800** – LONDRES, 21 jan. 1986 : *Eton Chapel* 1885, aquar. (52x36) : **GBP 6 500** – LONDRES, 5 juin 1991 : *Le salon doré* 1884, aquar. (33x45) : **GBP 12 100** – LONDRES, 2 nov. 1994 : *Un arc en ciel* 1899, h/pan. (diam. 14,5) : **GBP 1 610.**

ALMA-TADEMA Laura Thérèsa, Lady
Née en avril 1852 à Londres. Morte le 15 août 1909. XIXe siècle. Britannique.
Peintre de sujets de genre, paysages, natures mortes, fleurs, aquarelliste.
Elle est la femme du peintre Sir Lawrence Alma-Tadema et la fille du Dr G.-N. Epps, peintre imitateur des maîtres hollandais du XVIIe siècle. Elle figura à la Royal Academy de Londres, à partir de 1873, et à Berlin, où elle envoya : *Hush-a-bye, Hiver, Fierté de mère, Satisfaite.* Pour ce dernier tableau, l'artiste reçut une médaille d'or. Elle exposa aussi à la Grafton Gallery, et à d'autres expositions de Londres, ainsi qu'au Salon de Paris en 1881 : *Une dévideuse.*
Lady Tadema représenta souvent des scènes enfantines dans un décor des temps anciens.
VENTES PUBLIQUES : NEW YORK, 28 mars 1901 : *Le Toast* : **USD 500** – NEW YORK, 23 jan. 1903 : *En bonnes mains* : **USD 700** – LONDRES, 16 déc. 1905 : *A Roman Street : Design for Coriolanus*, aquar. : **GNS 270** – LONDRES, 18 juin 1909 : *A Roman Street : Design for Coriolanus*, aquar. : **GNS 40** – NEW YORK, 1945 : *Fleur de Circée* : **USD 550** – LONDRES, 28 nov. 1972 : *Nature morte aux fleurs* : **GBP 380** – LONDRES, 4 juin 1982 : *A Roman Street : Design for Coriolanus*, aquar. : **GBP 6 000** – NEW YORK, 28 oct. 1982 : *Fillette cueillant des pensées* 1902-1904, h/pan. (33x24) : **USD 4 500** – NEW YORK, 15 nov. 1984 : *Afternoon Reading*, h/pan. (61x46,5) : **USD 7 500** – NEW YORK, 23 mai 1990 : *La Cueillette des pensées*, h/pan. (33x24) : **USD 22 000** – LONDRES, 1er nov. 1990 : *Une aubade*, h/pan. (38,1x23,5) : **GBP 6 380** – LONDRES, 8-9 juin 1993 : *Nature morte de vases de verre de narcisses, arums et mimosa*, h/t (64x50,5) : **GBP 5 520** – LONDRES, 6 nov. 1995 : *Hiver*, h/t (91,4x71,7) : **GBP 23 000** – LONDRES, 7 nov. 1997 : *Hiver : une étude de traîneau*, h/pan. (28x20,3) : **GBP 15 525.**

ALMA-TADEMA Lawrence, Sir
Né le 8 janvier 1836 à Dronryp près de Leuwarden (West-Friesland). Mort le 25 juin 1912. XIXe-XXe siècles. Actif surtout en Angleterre. Belge.
Peintre d'histoire, scènes de genre, compositions animées, figures, portraits, intérieurs, graveur, dessinateur.
Alma-Tadema fut un enfant prodige. Dès ses plus jeunes années il montra un goût très vif et des dispositions particulièrement heureuses pour le dessin. Mais sa santé précaire détourna ses parents de lui faire donner des leçons et ce ne fut qu'à son insu qu'il obtint de partir pour Anvers. Il y suivit les cours de l'Académie sous la direction de Wappers, puis de Reyzer. Mais, ayant reçu la commande d'un tableau, il y travailla si assidûment qu'il laissa passer les trois semaines d'absence, délai maximum qui entraînait la radiation du coupable. Il quitta donc l'Académie d'Anvers, et se mit au travail seul. Ayant connu vers cette époque un professeur d'histoire du nom de Louis de Taey, il

commença sur ses conseils à s'adonner à la peinture d'histoire qui fut son premier genre de prédilection et auquel il dut son premier succès. En 1861, en effet, il exécuta une belle toile : *L'Éducation des enfants de Clotilde*, laquelle, mise en loterie, fut gagnée par le roi des Belges et décora longtemps le palais de Bruxelles. Mais dès 1859, Alma-Tadema avait rencontré à Anvers celui qui fut son maître véritable, le baron Leys, avec lequel il travailla et dont lui-même se dit l'élève lors de son envoi au Salon de Paris du tableau *La dix-huitième Dynastie* qui lui valut la médaille d'or. En 1862, son tableau *Venantius Fortunatus* lui valut sa première médaille d'or à Amsterdam et mit le sceau à sa réputation naissante. Cette toile, achetée par le chevalier Hooft on Vandenberg, fut payée à la mort de celui-ci 14.000 florins et affectée au musée de Dordrecht. Deux ans plus tard, sa toile *Frédégonde et Prétextat*, achetée pour la tombola du Salon Bruxellois, lui créa dans la capitale belge une telle renommée que Tadema se décida à quitter Anvers pour aller s'établir à Bruxelles. Au surplus, la critique d'art du monde entier loua avec une unanimité concluante la nouvelle œuvre du jeune artiste, et M. Paul de Saint-Victor déclara à ce sujet « que désormais aucun peintre ne pourrait se représenter Frédégonde sous d'autres traits que ceux que lui avait prêtés le peintre frison ».

Dès cette époque, la peinture d'Alma-Tadema était très goûtée en Angleterre où ses toiles furent très en vogue dès qu'une d'elles eut été exposée à la Royal Academy ; cette vogue, au surplus, est logique. Le public anglais ne goûte guère alors l'impressionnisme moderne et la peinture néo-classique de Tadema devait lui donner toute satisfaction. Cet accueil enthousiaste décida l'artiste à s'établir définitivement à Londres aussitôt après son second mariage, contracté avec Mlle Thérèse Epps, elle-même peintre. Il reçut, en 1873, de la reine Victoria, ses *letters patent of denization* et, dès lors, il s'affirma de plus en plus comme un peintre anglais de cœur et d'inspiration. En 1878, il donna à l'Exposition Universelle de Paris dix toiles qui furent classées parmi les envois des maîtres anglais. À la suite de cet envoi, qui lui valut la médaille de première classe, Alma-Tadema fut décoré de la Légion d'honneur. Il participa ensuite assez rarement aux Salons français, réservant ses meilleures œuvres pour Londres.

L'élément le plus particulier encore de sa technique est le soin méticuleux qu'il apporte à la reproduction des moindres détails. « Un tableau – a-t-il dit lui-même – est une combinaison dans laquelle aucun détail ne doit être omis. Tous doivent s'harmoniser, car tous sont indispensables à l'impression que le peintre a voulu donner. Un tableau digne de ce nom doit être autre chose qu'un bon morceau de peinture. » Tout l'art d'Alma Tadema se trouve résumé en cette formule. Il ne faut pas oublier qu'il fut un portraitiste habile, ayant reproduit les traits des personnalités les plus en vue d'Angleterre, notamment ceux du ministre Balfour, de Paderewski, du comte de Bylandt, de Louis Barnay, de Hans Richter, de George Hendschel, de Mme Adama van Scheltema. Il a réussi dans ce genre, notamment le portrait du sculpteur George Simonds et de sa famille, et celui de Mme Rowland Hill et ses enfants, mais c'est assurément dans ses compositions classiques qu'il a donné le plus exactement la mesure de son talent. Son amour de l'antiquité grecque et romaine l'a inspiré dans la majorité de ses toiles. Il peuple ses jardins de gracieuses figures de vierges souples dans les tuniques de gaze ou de linon. Dans le lointain, la mer miroite, unissant son bleu glauque au bleu plus sombre du ciel.

■ M. Boucheny de Grandval

L Alma Tadema

Musées : Breslau, nom all. de Wroclaw : *Fleurs de printemps* – Cardiff : *Poésie* – *Prose* – Francfort-sur-le-Main : *Fête chez Dionys* – Lille : *En voulez-vous ?* – Madrid : *Scène pompéienne* – Moscou (Gal. Tretiakoff) : *Frédégonde et l'évêque Prétextat*.

Ventes Publiques : Bruxelles, 1873 : *Frédégonde et Prétextat* : FRF 15 500 – Londres, 1894 : *L'Hiver* : FRF 12 100 – Londres, 14 juil. 1896 : *Un coin de mon atelier*, h/t (61x45,7) : GNS 1 800 – Londres, 18 juin 1897 : *Gunthram Bose et ses filles* : *l'embuscade* 1862, h/t (66x99) : GNS 280 – Londres, 1906 : *L'atelier du sculpteur* : GBP 2 300 – Londres, 1907 : *Bacchante* : GBP 18 100 ; *Les Ruines* : GBP 3 600 ; *Thermes Antonia* : GBP 20 000 – Londres, 30 avr. 1909 : *Le Printemps* : GBP 945 – Londres, 18 juin 1909 : *Après la promenade en voiture* : GBP 115 – New York, 1945 : *Printemps* : USD 3 600 ; *Entrée d'un théâtre antique* : USD 1 300 – Paris, 18 mars 1955 : *Plan* : FRF 42 000 – Londres, 6

juin 1958 : *Dans le jardin* : GBP 245 – Londres, 9 oct. 1959 : *Dans le temple* : GBP 136 – Londres, 2 déc. 1960 : *La découverte de Moïse* : GBP 252 – Londres, 23 juin 1961 : *La voix du printemps*, pan. : GBP 105 – Londres, 20 nov. 1963 : *Antoine et Cléopâtre* : GBP 2 000 – Londres, 8 juil. 1966 : *Le baiser* : GNS 1 500 – Londres, 4 juin 1969 : *Le baiser d'adieu* : GBP 4 600 – Los Angeles, 28 fév. 1972 : *Printemps* : USD 55 000 – Londres, 6 nov. 1973 : *Moïse sauvé des eaux* : GBP 30 000 – Amsterdam, 27 avr. 1976 : *La Danseuse au tambourin*, h/pan. (31x24) : NLG 10 500 – Londres, 3 fév. 1978 : *L'Éducation des enfants de Clovis* 1868, h/pan. (63,4x90,1) : GBP 9 500 – Londres, 20 mars 1979 : *La Crue de la Biesboch* 1421, h/t (56x66) : GBP 5 600 – Londres, 25 sept 1979 : *The death of the first born*, craie noire (36x51) : GBP 1 600 – Londres, 6 oct. 1980 : *Un artiste romain, l'art du dessin*, aquar. (30,5x28,5) : GBP 3 500 – Londres, 24 oct. 1980 : *Un coin de mon atelier*, h/t (61x45,7) : GBP 32 000 – New York, 9 juin 1981 : *Automne*, cr. (16,5x54,6) : USD 7 000 – Londres, 15 mars 1983 : *Le Baiser* 1891, h/pan. (46x63,5) : GBP 50 000 – Londres, 10 mai 1983 : *Joueurs d'échecs égyptiens* 1868, aquar. (38x55,5) : GBP 15 000 – New York, 19 oct. 1984 : *Entre l'espérance et la peur* 1876, h/t (78x128) : USD 150 000 – New York, 31 oct. 1985 : *Expectation or Impatient* 1900, aquar. (19,5x14,5) : USD 13 000 – New York, 15 nov. 1985 : *Jeu égyptien*, h/pan. (40x55,8) : USD 45 000 – New York, 25 fév. 1987 : *The Roman Dance*, h/pan. (41,3x58,1) : USD 29 000 – New York, 24 mai 1988 : *Poisson doré* 1900, h/pan. (18,7x40,6) : USD 104 500 – Londres, 24 nov. 1989 : *Bacchanale* 1871, h/pan. (42,5x82,5) : GBP 330 000 – New York, 23 mai 1989 : *Hero* 1898, h/pan. (39,3x24,7) : USD 137 500 – Londres, 20 juin 1989 : *Les Trois Grâces : quatre médaillons dans les angles représentant les Trois Grâces de l'État, du Foyer, de la Religion et de l'Art*, h/t/pan. (en tout 86x84) : GBP 20 900 – New York, 28 fév. 1990 : *Scribe romain rédigeant des lettres* 1865, h/pan. (55,9x39,4) : USD 110 000 – Londres, 19 juin 1990 : *La Bague de fiançailles*, h/pan. (63,5x44,5) : GBP 286 000 – Amsterdam, 6 nov. 1990 : *Étude de tête d'un jeune nègre*, h/pan. (41,5x34,5) : NLG 9 775 – Londres, 25 oct. 1991 : *Portrait du chanteur George Henschel au piano chez l'artiste à Townshend House* 1879, h/pan. (28,3x34,2) : GBP 46 200 – Paris, 4 déc. 1991 : *Scène antique*, litho. coul. (41x83) : FRF 4 000 – New York, 18 fév. 1993 : *Le Colisée, fête romaine*, h/pan. (111,8x71,8) : USD 462 000 – Amsterdam, 21 avr. 1993 : *Farniente : une Romaine au repos*, cr., encre et aquar./pap. (25,5x17,5) : NLG 46 000 – New York, 26 mai 1993 : *Les Bains de Caracalla*, h/t (152,4x95,3) : USD 2 532 500 – Londres, 8-9 juin 1993 : *Caracalla et Geta* 1882, h/t (126x155) : GBP 1 431 500 – Londres, 11 juin 1993 : *Les Roses d'Heliogabale*, h/t (132,7x214,4) : GBP 1 651 500 – Londres, 3 nov. 1993 : *Joueurs d'échecs égyptiens*, h/pan. (40,5x55,5) : GBP 73 000 – New York, 16 fév. 1994 : *La Conversion de Paula par saint Jérôme*, h/pan. (50,8x112,7) : USD 497 500 – Londres, 25 mars 1994 : *L'Éducation des enfants de Clovis* 1861, h/t (129,5x178,7) : GBP 133 500 – Londres, 2 nov. 1994 : *Le Paradis terrestre* 1891, h/t (86,5x165) : GBP 242 500 – New York, 16 fév. 1995 : *Confidences d'après-midi*, h/t (55,9x39,4) : USD 442 500 – New York, 23-24 mai 1996 : *Dans mon atelier* 1893, h/t (61,6x47) : USD 442 500 – Londres, 7 juin 1996 : *Artiste romain*, cr. et aquar. (29,2x29,2) : GBP 11 270 – Londres, 20 nov. 1996 : *Le Laurier-rose*, h/pan. (92,5x65,5) : GBP 166 500 – Londres, 8 nov. 1996 : *Danseuses Égyptiennes* 1868, cr., craie rouge et aquar. (34x24,7) : GBP 13 000 – Londres, 14 mars 1997 : *Vue des Fire-hills de Fairlight, Hastings*, h/t/pan. (17x25,5) : GBP 2 530 – New York, 9 jan. 1997 : *Portrait d'un gentilhomme barbu* vers 1855, h/pap./t. (51,4x39,1) : USD 8 625 – London, 6 juin 1997 : *Une différence d'opinion* 1884, h/pan. (38,1x22,3) : GBP 80 700 – Londres, 7 nov. 1997 : *Un jongleur* 1870, h/pan. (78,7x50,1) : GBP 276 500 – Londres, 5 nov. 1997 : *A balneator*, aquar. reh. de griffures (36,5x26,5) : GBP 35 600.

ALMADA-NEGREIROS José Sobral de

Né en 1893 à Fazenda-Saudade (île de Sao-Tomé). Mort en 1970 à Lisbonne. xxᵉ siècle. Portugais.

Peintre de décorations murales, de cartons de vitraux. Futuriste, post-cubiste.

Il fut un témoin actif de son époque pour le Portugal. Par des moyens très divers il ne cessa d'essayer d'ouvrir le Portugal à l'Europe et au monde moderne. Écrivain, poète, polémiste, dramaturge, il ne reçut aucune formation artistique. En 1913, il commença à donner des dessins aux journaux et réalisa sa première exposition individuelle, à l'occasion de laquelle il connut le grand poète Fernando Pessoa, avec lequel il resta lié. En 1916, il entretint une correspondance avec Sonia Delaunay. En 1917, il partagea l'effervescence de la Session futuriste du Théâtre de la République de Lisbonne, et collabora au numéro unique de *Portugal futuriste*, qui fut aussitôt interdit par la censure. En 1918, il passa une saison à Paris. En 1959, il reçut le Prix National des Arts, que suivirent d'autres distinctions.

A partir de 1925, il eut d'assez nombreuses occasions de peintures murales : pour le Café *O Brasileira*, qui devint de ce fait pour les intellectuels qui le fréquentaient « le musée d'art moderne que le Portugal n'a pas », en 1927 pour des bâtiments de la nouvelle Cité Universitaire et pour des cinémas, en 1938 il réalisa les vitraux de l'église N.-D. de Fatima à Lisbonne, que suivront d'autres commandes nombreuses pour des gares maritimes, notamment celle de Rocha da Conde de Obidos, dont les peintures murales de Almada Negreiros sont considérées comme l'œuvre majeure de la peinture murale portugaise au XXᵉ siècle. En 1939, pour le *Bristol Club* il peignit des nus allongés assez voluptueusement. Si dans ses débuts se manifestait quelque influence du dessin maniériste de Modigliani, l'ensemble de ses œuvres ultérieures est marqué par le cubisme synthétique alors dominant, à l'intérieur duquel il a fait preuve d'une débordante imagination narrative et formelle, qui le rend singulier.
■ Jacques Busse

BIBLIOGR. : Bernardo Frey Pinto de Almeida, in : *Cien anos de pintura en Espana y Portugal*, Antiquaria, Madrid, 1988.

ALMAGIA A.
Né à Marseille (Bouches-du-Rhône). XIXᵉ-XXᵉ siècles. Français.
Peintre de scènes de genre, portraits.
Il exposa à la Société Nationale des Beaux-Arts de Paris en 1909, 1910, 1912.
VENTES PUBLIQUES : ROME, 31 mai 1990 : *Retour de la messe*, h/t (137x182) : **ITL 19 000 000.**

ALMAN. Voir FRANÇOIS ALLEMAND

ALMANAH
XVIIᵉ siècle. Autrichien.
Dessinateur et peintre.
Il vécut en Carniole, en particulier à Laybach, où il peignit des fresques dans le réfectoire du couvent des Franciscains. Il peignit, dans le style de l'école allemande, le portrait de Johann Daniel Erberg et de sa femme Margaretha Dinzel d'Angertbourg, en 1667. La bibliothèque de l'Archevêché de la ville d'Agram possède des dessins de lui.

ALMANARO Baldassare
XVIᵉ siècle. Actif à Naples vers 1579. Espagnol.
Peintre.
Il est nommé comme témoin dans un document de Naples du 22 février 1579.

ALMANCHINO Giuliano ou Mancino
Originaire de Carrare. Mort probablement à Palerme. XVIᵉ siècle. Italien.
Sculpteur.
Le nom de cet artiste est souvent cité dans les documents, de 1503 à 1519. Il exécuta, en collaboration avec Berettaro, à Sciacca, en 1503, une *Statue de la Madone* qui existe encore à la Chiesa Maggiore. En 1508, il fit une autre *Madone portant l'Enfant Jésus*, pour l'église principale de Polizzi. Il travailla le marbre à Palerme et y laissa de nombreux ouvrages. Le musée Pepoli, à Trapani, conserve de lui : *Résurrection du Christ* (marbre).

ALMANDE Charles
XVIIIᵉ siècle. Londonien, travaillait dans la dernière moitié du XVIIIᵉ siècle. Britannique.
Peintre.
On a de lui un tableau : *Un coup de vent*, exposé, en 1777, à la Royal Academy. Il participa également aux Salons de la Society of Artists.

ALMANSA Francisco
Né à Alacant. XXᵉ siècle. Espagnol.
Sculpteur. Abstrait-géométrique.
Il fut élève de l'École d'Architecture de Barcelone, puis de l'École des Beaux-Arts de San Fernando à Madrid. Depuis 1980, il participe à des expositions collectives : concours national de sculpture d'Almeria 1980, concours national d'arts plastiques de Madrid 1980, 1981. A Paris, il expose aux Salons Grands et Jeunes d'Aujourd'hui, d'Automne, de Mai, à la IIᵉ Biennale Européenne de Sculpture de Normandie à Jouy-sur-Eure 1984, etc.
Il travaille l'acier, le bronze, la céramique, pour des sculptures destinées à des parcs de Barcelone, Bruxelles, Monte-Carlo. Ses sculptures sont composées d'éléments aux découpes géométriques, articulés entre eux.

ALMANSA Martin de
Mort en 1605. XVIᵉ siècle. Espagnol.
Peintre verrier.
Très apprécié de Philippe II, cet artiste fut chargé, en 1593, de la peinture des vitraux de l'Escurial.

ALMANT Thomas
Né en Allemagne. XVIIᵉ siècle. Allemand.
Sculpteur sur bois.
D'origine allemande, ce sculpteur vint travailler à Rouen, en 1642, et exécuta les travaux du chœur de la cathédrale de cette ville sous Philibert Viart.

ALMASIO Giovanni
Originaire de Milan. Mort en 1855. XIXᵉ siècle. Italien.
Sculpteur sur bois.

ALMAZNIKOV Alexandre Petrovitch
Né en 1730. Mort en 1813 à Pétrograd. XVIIIᵉ-XIXᵉ siècles. Russe.
Peintre miniaturiste.

ALMECH-GAGELIN Jean
Né à Paris. XXᵉ siècle. Français.
Peintre de genre et de portraits, sculpteur.
Il a figuré au Salon d'Automne de Paris en 1923, puis au Salon des Indépendants de 1926 à 1938.

ALMÉIDA
XIXᵉ siècle. Portugais.
Peintre.
Il travailla à Rome entre 1822 et 1826.

ALMEIDA Belmiro de. Voir BELMIRO DE ALMEIDA

ALMÉIDA Bento José d'
XIXᵉ siècle. Actif au début du XIXᵉ siècle. Portugais.
Graveur.

ALMÉIDA Braz, Blasius de ou Almeyda
Né à Lisbonne. XVIIᵉ siècle. Portugais.
Peintre, sculpteur, dessinateur et graveur.
Il existe deux manuscrits, signés de cet artiste et qui sont des Traités de géométrie. On a trouvé aussi à la première page d'un ouvrage : *Teatro Historico*, généalogie de la maison de Souza une signature à peu près identique à la sienne : *B. d'Almeyda*. Il paraît à peu près certain que, malgré la différence d'orthographe, il s'agit d'un seul artiste ; d'Almeyda se trouvait à Paris en 1694.

ALMÉIDA Féliciano d'
XVIIᵉ siècle. Actif à la fin du XVIIᵉ siècle. Portugais.
Peintre.
Félix da Costa mentionne ce peintre dans un de ses manuscrits. Si on doit le juger sur certaines de ses œuvres qui se trouvent dans la chapelle N. Senhora Madre de Deos, cet artiste ne possédait pas une originalité bien marquée.

ALMÉIDA Félix Vincente d'
Mort vers 1769. XVIIIᵉ siècle. Portugais.
Architecte et sculpteur.
Frère du sculpteur José d'Alméida, il fut l'architecte et le décorateur de la Maison Royale, vers 1750.

ALMÉIDA Francisco Thomas d'
Né vers 1775 à Lisbonne. XIXᵉ siècle. Portugais.
Graveur en taille-douce.
Élève de Bartolozzi, cet artiste fut professeur à l'Académie des Arts, à Lisbonne, en 1845. On connaît de lui plusieurs gravures d'après Raphaël, Sequeira, Grao Vasco. Cette dernière œuvre, qui ornait autrefois l'église de Paraiso, se trouve maintenant à l'Académie des Beaux-Arts de Lisbonne.

ALMÉIDA Ignacia d'
Née vers 1640. XVIIᵉ siècle. Portugaise.
Sculpteur.
Fille du peintre Luiz da Costa, cette artiste travailla la cire et l'argile. On lui attribue un groupe en terre glaise représentant *La mort de la Sainte Vierge*, qui se trouvait dans l'église Saint-Roch, à Lisbonne.

ALMÉIDA J.
XIXᵉ siècle. Français.
Peintre.

A exposé : *La fuite en Égypte*, Salon de Paris 1881, et *Pendant le Repos*, 1882.

ALMÉIDA José d'
Né vers 1700. Mort en 1769. XVIII⁰ siècle. Portugais.
Sculpteur.
Envoyé à Rome par le roi, il travailla d'après Pietro da Cortona, Ciro Ferri et Carlo Monaldi en même temps que Ignacio de Oliveira. Il concourut, avec Alessandro Giusti, à Lisbonne. On connaît de lui un marbre représentant *Saint Paul* et qui se trouve au Palais Necessidades, les *statues de Sainte Isabelle* et de *Saint Jean-Baptiste*, qui se trouvent à Bemposta, achevées en 1813 par Joachim J. de Barros, *un Christ et des Anges en adoration*. On a de lui aussi des statues de bois : *Saint Onofrio* et *Le Christ*, qui se trouvent à Sta-Trinidade. Les élèves de ce sculpteur furent Francisco Xavier, Fr. Antonio, Ant. Machado. Son frère fut l'architecte Félix Vincente d'Almeida.

ALMEIDA Léopold de
Né en 1838. XIX⁰ siècle. Portugais.
Peintre, sculpteur.
VENTES PUBLIQUES : PARIS, 21 oct. 1991 : *Portrait équestre de Don Miguel du Portugal*, h/t (54x40,5) : **FRF 23 000.**

ALMÉIDA Mauricio de
Né à Estarreja (Iveiro). XX⁰ siècle. Portugais.
Sculpteur.
Élève de Landowski et Fexerra Lopes. Expose au Salon des Artistes Français à Paris en 1922 et 1923.

ALMELOVEEN Jan Van
XVII⁰ siècle. Actif à Utrecht. Hollandais.
Peintre et graveur.
Il est connu par des gravures de paysages exécutées avec une grande intelligence et une légèreté de pointe pleine de goût, rappelant la manière de Saftleven. On ne connaît aucune de ses peintures. Parmi ses gravures, on cite : *Un portrait de Gibert Voetius*, la suite de 12 paysages avec figures, les *Quatre saisons* et, d'après Saftleven, douze vues de villages hollandais. Jan van Almeloveen était le petit-fils de l'éditeur Jan Jansz à Arnhem, le frère aîné du savant Theodor Janssonins.

J·A·f J.A.f.
VENTES PUBLIQUES : PARIS, 26 fév. 1923 : *La Ville au bord de l'eau*, dess. : **FRF 200** – PARIS, 17 et 18 mars 1927 : *Route dans une campagne montagneuse*, dess. : **FRF 200.**

ALMENRALDER Frederick
Né en 1832 à Wiesbaden (Allemagne). XIX⁰ siècle. Allemand.
Sculpteur.
Almenrader fit son éducation à l'Institut Stadel à Francfort-sur-Le-Main (Allemagne), et résida à Chicago.

ALMER Johan Christian
Né en 1741 à Copenhague. Mort en 1792. XVIII⁰ siècle. Danois.
Peintre.
Élève de Pilo à l'Académie des Arts. Il visita Rome et Paris (1772). Plus tard, il reçut pour son tableau : *Israélites récoltant la manne*, une médaille d'or. Cette œuvre se trouve dans la collection de l'Académie des Arts. Il exerça pendant quelque temps les fonctions de professeur à l'Académie de Copenhague.

ALMERAS Alexandre Maurice
Né en 1784. Mort en 1841. XIX⁰ siècle. Actif à Genève. Suisse.
Peintre de paysages.
Élève de Jérémias Arlaud, il peignit des paysages de montagne et des fleurs.

ALMERICI Baldassare ou Almericci, Albericci
Né à S. Ippolito. XVI⁰ siècle. Italien.
Sculpteur décorateur.
Travailla, en collaboration avec d'autres sculpteurs de sa ville natale, à l'ornementation sculpturale de la chapelle del Sacramento, à Fossombrone, en 1572.

ALMERICI Costantino ou Almericci, Albericci
Né à S. Ippolito. XVI⁰ siècle. Italien.
Sculpteur.
Cet artiste travailla spécialement à la sculpture des monuments religieux. Il travailla à la chapelle del Sacramento, à Fossombronne, en 1572 et exécuta une statue de la Vierge, aujourd'hui détruite.

ALMERICI Domenico, Federigo et Sébastiano ou Almericci, Albericci
Nés à S. Ippolito. XVI⁰ siècle. Italiens.

Sculpteurs.
Les œuvres de ces artistes sont confondues, car ils travaillèrent en collaboration avec Baldassare et Costantino Almerici. Toutefois, on trouve de leurs travaux dans les églises et dans les palais de la région d'Urbino.

ALMES Paulin
XIX⁰ siècle. Français.
Peintre.
Le Musée de Béziers possède, depuis l'année 1874, une de ses œuvres : *Lisière de la Forêt près Valenciennes*.

ALMES Pierre Edmond Guillaume
Né le 10 novembre 1880 à Béziers (Aude). XX⁰ siècle. Français.
Peintre de paysages animés, céramiste.
Il fut élève de Cormon à l'Ecole des Beaux-Arts de Paris. Entre autres il a peint des paysages de l'Aveyron, qu'il a exposés au Salon d'Automne et surtout au Salon des Artistes Français, dont il était sociétaire.
VENTES PUBLIQUES : PARIS, 1ᵉʳ juil. 1966 : *Environs de Lattes près Montpellier* : **FRF 410.**

ALMEYDA B. d'
XVII⁰ siècle. Travaillait en 1693. Portugais.
Graveur.
On retrouve son nom à la date sus-indiquée, sur la feuille de titre de *Teatro Historico*, généalogie de la Maison de Souza. Sans doute identique avec Braz d'Alméida.

ALMEYDEN Roeland van der
XVI⁰ siècle. Vivait vers 1556. Éc. flamande.
Peintre.
Franc-Maître, en 1556, à la gilde des peintres d'Anvers.

ALMGILL G. T.
XIX⁰ siècle. Vivait à Londres dans la dernière moitié du XIX⁰ siècle. Britannique.
Peintre de genre.
Exposa un tableau à Londres, en 1877.

ALMGREN Gösta
Né en 1888. XX⁰ siècle. Suédois.
Sculpteur.
Il a voyagé à travers l'Europe. En France, il a eu l'occasion d'exposer au Salon des Artistes Français, et surtout à l'Exposition d'Art Suédois de 1929, qui se tint au Musée du Jeu de Paume de Paris, et où il montra : *Masque de l'Archevêque Söderblom*.

ALMI Bartolomeo di Francesco degli
Mort en 1579. XVI⁰ siècle. Actif à Sienne. Italien.
En 1533, il fut nommé expert à la Commission chargée d'examiner les Statuts de la gilde des peintres. En 1547-51, il travailla à l'autel de Sainte-Ursule, au couvent de la Conception à Sienne.

ALMON Carmen
Née en 1950 à Guatemala City. XX⁰ siècle. Active aux États-Unis. Guatémaltèque.
Peintre de compositions à personnages, aquarelliste, dessinateur, technique mixte.
Elle fit ses études en 1968-69 à New Orleans, en 1969-70 au Newport College of Art en Angleterre, de 1970 à 1972 à la Corcoran School of Art de Washington, où elle s'est fixée. Elle participe à des expositions collectives depuis 1971 surtout à Washington, ainsi qu'à la 9⁰ Biennale des Jeunes Artistes à Paris en 1975.
Utilisant des techniques très diverses, du crayon de couleur à l'acrylique, elle réalise des dessins coloriés à la fois naïfs et minutieux, à partir d'intentions qu'on peut presque qualifier de conceptuelles, qu'elle commente de façon confuse, et sur des thèmes parfois étranges : *L'adoration des fontaines, La déclaration d'indépendance, La plus belle station balnéaire du monde*.

ALMONACID Sebastian de
XV⁰-XVI⁰ siècles. Actif à Torrijos entre 1494 et 1527. Espagnol.
Sculpteur.
Ce sculpteur s'engagea à livrer, pour le couvent d'El Parral près de Ségovie, quatre figures de pierre, en 1494, et on cite de lui, dans l'église de ce couvent, les monuments funéraires qu'il fit pour la famille de Don Juan Fernandez Pacheco. En 1500, il collabora, avec le maître hollandais Copin, à l'exécution de travaux de sculpture dans la cathédrale de Tolède, et plus tard, il en fit de même, avec Pedro de Trillo, à la cathédrale de Séville.

ALMOND William Douglas
Né le 28 avril 1866 à Londres. Mort en 1916. XIX⁰-XX⁰ siècles. Britannique.

Peintre de sujets de genre, paysages animés, dessinateur.

Élève du Kings College, il fut membre du Club de dessin de Langham. Il exposa assez souvent à l'Académie Royale de Londres. Son portrait de Camille Desmoulins reçut, à l'Exposition de Paris en 1900, une récompense. Le *Art Journal* et le *Studio* ont reproduit des esquisses très intéressantes de cet artiste.
Musées : Derby : *Buvette à Pont-Aven*.
Ventes Publiques : Londres, 9 déc. 1981 : *An afternoon call*, h/cart. (48x27) : **GBP 700** – Londres, 8 juin 1989 : *Harmonie du gris au vert* 1894, h/pan. (23,8x15) : **GBP 1 375**.

ALMOR Juan
Mort à la fin du XVIIIe siècle près de Saragosse. XVIIIe siècle. Espagnol.
Peintre, moine.
Il vécut à la Chartreuse de la Conception, près de Saragosse, et il exécuta différentes peintures pour la chapelle de ce monastère.

ALMQUIST Ester
Née le 3 novembre 1863 à Bromma (Suède). XIXe siècle. Suédoise.
Peintre de portraits, paysages, graveur.
Exposa, depuis 1897, des paysages et des études. En 1900, elle exposa : *Bois de Bouleaux au crépuscule* (M de Göteborg). En 1902 : *Pleine lune de juillet*. En 1903 : *Clarté du soir*. Le Musée de Göteborg possède encore d'elle un portrait. Elle exécuta aussi des fusains, des pastels, des eaux-fortes.

ALMSO Moisello Antonin
Né à Viviers (Ardèche). XXe siècle. Français.
Peintre de paysages, natures mortes.
Expose à Paris au Salon des Indépendants, en 1937, 1938, 1939.

ALMSTADT Franz Xaver
XVIIIe siècle. Allemand.
Peintre.
En 1786, il signa une gouache, *La Sainte Famille*, qui orna le presbytère de Mondorf (Province du Rhin).

ALO. Voir HALLO Charles Jean

ALOCCO Marcel
Né en 1937 à Nice (Alpes-Maritimes). XXe siècle. Français.
Artiste multimédia. Tendance Support-Surface, tendance Lettres et Signes. Groupe Fluxus.
Il vit et travaille à Nice. Après une formation littéraire, il s'associe, dans les années soixante, au mouvement *Fluxus*. Il participe à certaines expositions des artistes du groupe *Support-Surface*, et expose avec des artistes utilisant lettres et signes dans leurs peintures, notamment à l'exposition *Du construit à la lettre*, à Arras en 1987. Il figure également, en 1992, à une rétrospective « Support-Surface », *Estampes et Multiples*, chez Artcurial, à Paris, et au Musée Seibu à Tokyo. Il montre des œuvres dans expositions personnelles : 1974, Saint-Paul-de-Vence ; 1976, Marseille et Châteauroux ; 1977, Galerie 30, Paris ; 1992, Galerie Alain Oudin, Paris ; 1992, Foire d'Art de Los Angeles, présenté par la Galerie Alain Oudin ; 1993, Musée d'Art Moderne et Contemporain de Nice ; 1993, Musée de l'Éphèbe, Cap d'Agde ; 1996, À l'enseigne des Oudin, Paris, etc.
Entre concept et « happening », ses réalisations, dans les années soixante, donnent des éléments de réponses au problème des rapports entre langage et peinture. Au cours des années soixante-dix, il peint un *Patchwork* constitué d'éléments juxtaposés peints, déchirés ou cousus, peut-être en référence aux *Merzbau* de Schwitters. Dans ses patchworks, il rassemble et fait correspondre des pièces diverses, colorées, des signes d'Orient et d'autres territoires du monde. Il réalise ensuite des œuvres par « brouillages et détériorations » de fil à fil : il détisse les toiles des châssis, parfois les re-tend, tout en leur imprégnant aussi des traces peintes. Il s'inspire au départ de tableaux célèbres comme la *Ève* (1528), de Lucas Cranach qu'il fait cotoyer avec les chevaux peints de la grotte de Lascaux et les Mickeys de Walt Disney. Au fil des temps, son travail se fait moins suggestif, plus sobre pour insister sur les oppositions de textures, fil, laine, cheveux, qu'il laisse déborder des châssis. « La toile est vraiment libre tout autrement que chez les autres peintres : les bords déchiquetés, frangés, font que ce morceau de toile communique avec l'extérieur. De plus le tissu se fait transparent, se met à s'assouplir. Le travail sur la continuité et discontinuité rappelle des considérations concernant la physique moderne », écrit Michel Butor. Alocco et Michel Butor ont fabriqué en commun un cartable coloré qui se déplie comme un livre. ■ C. D.

Bibliogr. : *Fragments du Patchwork*, catalogue d'exposition, Galerie 30, Paris, 1977 – in : *Du construit à la lettre*, catalogue d'exposition, Arras, 1987.
Ventes Publiques : Paris, 26 oct. 1990 : *Rubans sergés nº 16, 17, 18* 1971, triptyque, rubans de toiles montés sur châssis (73x60) : FRF 34 000 – Paris, 10 fév. 1991 : *Patchwork 46* 1975, peint. et toiles cousues (217x115) : FRF 17 000.

ALOE Giuseppe
Né à Macerata. XVIIIe siècle. Italien.
Peintre.
Cet artiste peignit une *Conversion de Saint Paul*, en 1791, dans la voûte d'une chapelle de l'église Santa-Maria dei Lumi, à S. Severino.

ALOIGI di Francesco Fiorentino
Mort vers 1411. XIVe-XVe siècles. Travaillait à Pérouse. Italien.
Peintre.
Il peignit, sur la façade de la cathédrale de Pérouse, en 1383, des scènes de trahison, et de crimes d'État. En 1385, il entra dans la corporation de S. S. Annunziata et y devint camerlingue en 1386.

ALOISE. Voir aussi ALVISE

ALOÏSE ou Aloyse, pseudonyme de Corbaz Aloïse
Née en 1886 à Lausanne (Vaud). Morte en 1964 à l'asile de la Rosière à Gimel. XXe siècle. Suissesse.
Peintre de figures. Naïf, art-brut.
Internée en 1918, elle ne mourra qu'en 1964, n'étant plus ressortie de la solitude schizophrénique que, toutefois, par le moyen de communication symbolique de ses très nombreux dessins. Son père était employé des postes, sa mère mourut alors qu'elle n'avait pas neuf ans. Elle était passionnée d'opéra, étudia la musique, aurait aimé devenir cantatrice. Elle étudia aussi le latin et diverses langues, puis suivit une école de couture. Après son baccalauréat, elle devint institutrice, d'abord en Suisse, puis en Allemagne, où elle s'occupa de l'éducation des enfants de l'aumônier de Guillaume II. Là, elle fut déjà en proie à des crises érotico-mystiques, écrivant par exemple à l'empereur qu'elle se meurt « lentement d'un amour ineffable que me suggère votre regard splendide rencontré par hasard à la revue de Potsdam 1913. » La guerre de 1914 obligea Aloïse à rentrer à Lausanne, où elle se réfugia toujours plus dans ses rêves et à se retirer du monde de la quotidienneté. En pleine rue elle tenait des propos anti-militaristes. N'étant socialement plus viable, sa famille la fit alors enfermer en 1918. Le matin elle s'occupait à des travaux de repassage, l'après-midi, enfermée dans les cabinets, elle couvrait des pages d'écritures, rédigées d'abord horizontalement, puis par dessus en diagonales, surabondance scripturale fréquente chez les schizophrènes, ce qui en rend le déchiffrage malaisé. Pourtant en 1925, une manifestation inattendue se produisit : elle se mit à dessiner, avec des craies ou des crayons de couleur, rassemblant avec des points de couture les feuilles calibrées qu'on lui procurait, jusqu'à constituer des rouleaux dont certains mesurent quatorze mètres, les couvrant dans tous le sens aussi bien de ses dessins que d'écritures souvent poétiques : *Fleur de souffre-douleur – Colombe immolée sur l'autel*, de collages, de broderies à l'aiguille, les bordant de sortes de festons. Se libérant graphiquement de ses phantasmes, elle retrouva, sur le plan de la vie quotidienne de l'asile, un équilibre suffisant, ce qui a amené Jean Dubuffet à la conclusion qu'Aloïse n'était pas folle, qu'elle simulait, alors que par le dessin elle s'était guérie elle-même. En 1963, eut lieu au Musée Cantonal de Lausanne la première exposition personnelle de ses dessins, qui fut suivie de quelques autres, dont celle, en 1993, du Centre culturel suisse de Paris. En 1975, l'actrice Delphine Seyrig interpréta son rôle dans le film de Liliane de Kermadec *Aloïse*. En 1988, l'actrice Aurore Prieto mit ces écrits en scène dans *Aloïse, d'Aloïse*.
Ses personnages de prédilection, puisqu'ils sont chargés par elle de ses propres potentialités affectives, doivent être au-dessus de toute critique. Aussi, par prudence à cet égard, choisit-elle des personnages historiques, qu'elle mélange d'ailleurs à des personnages de la presse du cœur du moment, qui sont eux aussi, comme on sait, irréprochables. Cléopâtre, Napoléon, Pie XII, Marie-Antoinette, et le général De Gaulle, qui sont fabuleux. Ils sont tous superbes et font régner l'harmonie universelle. Les femmes ou plutôt « La femme » est omniprésente, fardée, chevelure luxuriante, poitrine généreuse, c'est elle qui règne, féminité, mère et déesse, sur les hommes plus discrets bien que couverts de décorations, dans un monde fleuri de camélias et peuplé d'éléphants et de papillons. L'univers morbide d'Aloïse s'est résolu dans la réconciliation du monde avec lui-même dont

elle a été l'artisan, et dans la symphonie de traits et de couleurs dont elle a composé les personnages de sa féérie. Aussi déchiffre-t-on aisément dans les détails de ses dessins, l'évacuation sublimée de ses propres obsessions de rapports sexuels, guipuz-maternité. De ces personnages où elle se fond et se confond, les yeux surtout attirent et inquiètent. Soit qu'ils soient occultés d'un loup de carnaval ou voilés de lunettes, soit que grand ouverts et la pupille alors en dévore toute la surface, ces yeux sont ailleurs. Ils ne voient pas, sans doute parce qu'ils ne veulent pas voir. Quand, un an avant sa mort, Aloïse eut l'occasion de voir la première exposition de ses œuvres, au Musée Cantonal de Lausanne, elle déclara : « C'est joli, mais c'est trop fané. » ■ Jacques Busse

BIBLIOGR. : Michel Thévoz : *Présentation de Écrits bruts d'Aloïse,* Lausanne – Alain Bonfand, Jacqueline Porret-Forel, Guy Tosatto : *Aloïse,* La Différence, 1989 – Jacqueline Porret-Forel : *Cahier de l'Art Brut spécial Aloïse* N°7, réédition, 1993 – Françoise Monnin : *Tableaux choisis. L'art brut,* Editions Scala, Paris, 1997.
MUSÉES : LAUSANNE (Mus. de l'Art Brut) : l'œuvre presque complet.

ALOISER Pierre ou Aloyser
Né à Besançon. XVIIᵉ siècle. Français.
Peintre.
Il habita Rome en 1671. On trouva son nom mentionné dans les documents d'une plainte qu'il fit contre un voleur de tableaux.

ALOISI ou Aloisio
Originaire de la Calabre. Italien.
Graveur en taille-douce.
Travailla à Palerme. Le portrait du cardinal Nicolaüs de Pagni et qui fut signé : *Alois. Calab. Panorm.,* est sans doute une de ses œuvres.

ALOISI Baldassare, dit il Galanini
Né en 1577 à Bologne. Mort en 1638 à Rome. XVIIᵉ siècle. Italien.
Peintre et graveur.
Il entra à l'école des Carrache, de qui il était parent. Ses progrès furent rapides et il fut bientôt à même d'affirmer son talent dans les diverses églises de Bologne, où il travailla. Sa *Visitation,* à S. Maria della Carita, sa *Vierge, l'Enfant Jésus, Saint Jean-Baptiste et Saint François,* à San Paolo di Monte, sont des œuvres remarquables. Il visita Rome sous le pontificat d'Urbain VIII et y fut fréquemment employé à peindre les portraits des plus illustres personnages du temps. Il peignit également dans plusieurs églises de Rome et, parmi ses peintures, on cite un grand tableau d'autel dans l'église S. Gesu e Maria représentant le *Couronnement de la Vierge.* Ses gravures sont des répliques des gravures de Lanfranco, Badalocchio et Guido Reni. On mentionne, entre autres, cinquante planches d'après les loges de Raphaël, au Vatican. On hésite sur son nom de famille, Baglione, un contemporain l'appelle Baldassare Aloïsi, et Zanotti Cazzoni croit qu'il se nomme Galanini.

ALOISI-GALANINI Giovanni Battista
Né à Crevalcore. Mort en 1647 à Bologne. XVIIᵉ siècle. Italien.
Peintre.

ALOISI-GALANINI Giuseppe Carlo
Mort à trente ans. XVIIᵉ siècle. Italien.
Peintre.
Ce Bolonais fut probablement élève de son père Baldassare. Malvasia dit qu'il peignait de préférence des motifs tristes et effrayants. Il vécut à Rome, où il a laissé une œuvre connue : *La Mort coupant les jambes d'un âne monté par un paysan.*

ALOISI-GALANINI Vito Andrea
XVIIᵉ siècle. Actif à Bologne. Italien.
Peintre.
Il était fils de Baldassare et frère aîné de Giuseppe Carlo Aloïsi.

ALOISIO Aniello, Agnello d'
XIXᵉ siècle. Italien.
Peintre.
Il travaillait à Naples. En 1816, il fut chargé, par le gouvernement italien, de l'exécution d'un tableau représentant la fondation de l'église San Francesco de Paola. Ce tableau se trouve maintenant dans la galerie de Capodimonte. En 1850, il dirigea les travaux de restauration des mosaïques de Raffaël Piedimonte, dans la chapelle de S. Maria del Principio de la basilique de S. Restituta, et peignit les fresques de la coupole de cette chapelle.

ALOITIS Pedro de
XVIIᵉ siècle. Espagnol.
Sculpteur et architecte.
Il sculpta le maître-autel de l'église paroissiale de Deva (Guipuzcoa) ouvrage auquel il travailla de 1660 à 1671.

ALONCLE
XVIIIᵉ siècle. Actif dans la seconde partie du XVIIIᵉ siècle. Français.
Peintre animalier sur porcelaine.
Travailla à la manufacture de Sèvres. Dans une exposition de Berlin, en 1904, on admirait deux pièces peintes par Aloncle en 1760, représentant des animaux. On possède encore quelques tasses et soucoupes avec peintures d'oiseaux, datant de 1778.

ALONSO
XVIᵉ siècle. Vivant à Séville. Espagnol.
Peintre.
Il fut le collaborateur d'Alejo Fernandez. En 1518, on trouva son nom sur les documents du procès qu'il eut avec le peintre Pedro Sanchez.

ALONSO
Né à Buenos Aires. XXᵉ siècle. Argentin.
Peintre.
Expose un portrait au Salon des Artistes Français en 1923.

ALONSO Angel ou Alonzo
Né le 4 mars 1923 à Laredo (Cantabria). Mort le 20 décembre 1994 à Paris. XXᵉ siècle. Depuis 1948 actif en France. Espagnol.
Peintre, peintre de collages. Abstrait-matiériste.
Il participe peu aux manifestations collectives, toutefois il a figuré, à Paris, en 1951, 1952 au Salon des Réalités Nouvelles et au Salon de Mai ; en 1952 au premier Salon d'Octobre, organisé par Charles Estienne ; en 1960, à l'exposition *Antagonismes* au Musée des Arts Décoratifs de Paris. De 1952 à 1961 il a exposé régulièrement dans des galeries parisiennes, puis après une interruption volontaire, de nouveau depuis 1983, notamment en 1988 à Paris, galerie Jacques Barbier. Voisin dans l'Eure de Pierre Tal-Coat, il lui voue une admiration presque filiale et déclare l'influence qu'il en a reçue. Il a particulièrement étudié les traités anciens sur les matériaux de la peinture et s'est constitué sa propre technique.
Dans ses peintures, la matière pigmentaire est toujours généreuse. Toutefois on peut distinguer les peintures dans lesquelles la matière est prééminente et celles où la qualité de la couleur domine. Michel Faucher en a écrit : « L'œuvre s'impose par la sobriété de ses grands aplats faits de cette étrange matière dense, rugueuse, qui nous ramène à une sorte de sauvagerie primordiale (...) Des œuvres brutes, sensuelles, physiques, faites de terre et de lumière... » Ces peintures phénoménologiquement abstraites pour le regard du spectateur, sont pour Angel Alonso les paysages fidèles de ses jours à travers la campagne ou des souvenirs qu'il s'en remémore dans le silence de son atelier parisien. Ce qui fait la différence entre son regard et le regard de l'autre, c'est que du paysage étendu là sous ses yeux, il a su n'en retenir que l'identité profonde, hors anecdote, la saveur mêlée d'un humus et d'une saison. ■ J. B.
BIBLIOGR. : Michel Faucher : *Alonso,* Cimaise, sep.-oct. 1988 – Françoise Magny : *Portrait : Angel Alonso,* Beaux-Arts, Paris, 1988 – Lydia Harambourg, in : *L'École de Paris 1945-1965. Diction. des Peintres,* Ides et Calendes, Neuchâtel, 1993.
VENTES PUBLIQUES : PARIS, 21 juin 1990 : *Genainvilliers 1972-1978,* techn. mixte et collage (169,5x150) : **FRF 40 000** – PARIS, 5 fév. 1992 : *La Laurence,* h/t (100x100) : **FRF 4 000** – PARIS, 13 juin 1992 : *Genainvilliers,* techn. mixte et collage sur pan. (169,5x150) : **FRF 10 000** – PARIS, 21 déc. 1993 : *Genainvilliers 1979,* grattage et collage/cart. (65x80) : **FRF 30 000**.

ALONSO Avila
XVIᵉ siècle. Travaillait à Valladolid. Espagnol.
Peintre.

ALONSO Carlos
Né en 1929. XXᵉ siècle. Argentin.
Peintre de genre, figures, nus.
VENTES PUBLIQUES : NEW YORK, 18 nov. 1987 : *L'étreinte* 1983, acryl./cart. (137,2x79) : **USD 14 000** – NEW YORK, 19-20 nov. 1990 : *Vieille femme rapportant un fagot sur son dos* 1984, acryl./t. (100x100) : **USD 8 800** – NEW YORK, 18-19 mai 1992 : *Femme dévêtue* 1986, h/pan. (52,3x84,5) : **USD 8 800** – NEW YORK, 18 mai 1994 : *Clown,* h/t (70x50) : **USD 3 680**.

ALONSO Ferrand
Mort peut-être en 1422. xve siècle. Travailla à Séville de 1407 à 1422. Espagnol.
Peintre.
Cet artiste peignit des écus d'armes.

ALONSO Francisco
xviie siècle. Espagnol.
Peintre.
Actif à Séville, il fut mentionné en 1628 et en 1632.

ALONSO Francisco
xviie siècle. Espagnol.
Peintre verrier.
Il vécut à Burgos vers 1645. Peut-être est-il le même que Francisco Alonso de Séville.

ALONSO Ignazio
xviiie siècle. Espagnol.
Sculpteur.
Il fut chargé, avec Diégo Rodriguez de Luna, en l'année 1715, d'évaluer des portes de bronze faites par Raymundo Capuz pour la nef de la cathédrale de Tolède.

ALONSO Matéo
Né le 11 août 1878 à Barcelone. xxe siècle. Actif en Argentine. Espagnol.
Sculpteur de monuments.
Il est surtout connu pour son monumental *Christ rédempteur*, dressé à la frontière entre le Chili et l'Argentine.
Musées : Buenos Aires (Mus. Nat.).

ALONSO Miguel
xve siècle. Vivait à Séville vers 1407. Espagnol.
Peintre sur émail.
Peut-être peut-on l'identifier avec Alonso Ferrand.

ALONSO Rodrigo
xvie siècle. Espagnol.
Graveur en taille-douce.
Grava les armoiries de Don Gomez Tellez Giron, administrateur de l'Archi-Épiscopat de Tolède.

ALONSO DE LLANOS Amaro
xviie siècle. Vivait à Valladolid. Espagnol.
Peintre.
Il vivait encore en 1687. C'est à lui que fut confiée, en 1675, l'exécution de deux tableaux pour l'église de la Passion : *La Cène* et *La décollation de Saint Jean-Baptiste*.

ALONSO DE LOS RIOS Pedro
Né en 1650 à Valladolid. Mort en 1700 à Madrid. xviie siècle. Vivait à Madrid. Espagnol.
Sculpteur.
Ses œuvres sont remarquables par leur simplicité et leur vérité. On cite : *Le crucifix de la Bonne Mort*, qui se trouve dans le vestibule de San Francesco, à Madrid, un *Saint Jean de Sahagun*, à San Felipe le Real, les *statues de Saint Jean et Saint Paul*, au maître-autel de l'église S. Pedro, un *Saint Bruno*, dans la salle du chapitre de la Chartreuse de Paular, près de Madrid.

ALONSO DE SALAMANCA
xvie siècle. Espagnol.
Peintre de compositions religieuses.
Entre 1508 et 1543 cet artiste peignit le rétable de la Chapelle Royale de Grenade, et de nombreuses bannières d'autels.

ALONSO EL RICO
xvie siècle. Actif à Tolède. Espagnol.
Peintre miniaturiste.
Jean de Salazar fut chargé, en 1594, d'évaluer une des œuvres de ce peintre.

ALONSO MARTINEZ Angel
Né le 1er mars 1825 à Burgos (Castille-Léon). Mort le 25 septembre 1868. xixe siècle. Espagnol.
Peintre de compositions religieuses, portraits, paysages, dessinateur.
Il étudia à Madrid, sous la direction de Innocencio Borghini et d'Antonio Maria Esquivel. Plutôt dessinateur que peintre, il a fait cependant des peintures : *Saint Félix de Valois* (église de las Calatravas, à Burgos), une *Madone* (église de Santander), une *Odalisque*, une *Vue de Burgos*, quelques portraits, entre autres celui d'Isabelle II, exécuté pour la salle de la Tribune, à Burgos, et celui de la cantatrice *Adelina Patti*.

ALONSO MORGADO Antonio
Né en Andalousie. xixe siècle. Espagnol.

Peintre.
Exposa pour la première fois à Séville, trois portraits, en 1867, et ensuite, dans la même ville, en 1877, un tableau acheté par Alphonse XII : *Poule et ses poussins*. Il exposa aussi à Paris, en 1878, deux tableaux : *Un enfant* et *Une pie et des lapins*.

ALONSO PEREZ Mariano
Né en 1857 à Saragosse (Aragon). Mort en 1930. xixe-xxe siècles. Actif aussi en France. Espagnol.
Peintre de scènes de genre.
Il exposa très souvent à Paris, à partir de 1894. On a de lui : *Arrivée des pèlerins à Lourdes, L'engagement des servantes, Surpris, Dans la voiture, Le départ*.
Ventes Publiques : Paris, 29 oct. 1919 : *La Comédie en plein air* : FRF 505 – Paris, 20 et 21 mars 1922 : *La chaise à porteurs* : FRF 900 – Paris, 16 nov. 1923 : *Le cordonnier galant* : FRF 370 – Londres, 20 juin 1984 : *Le marché aux fleurs*, h/t (72x59) : GBP 3 500 – Versailles, 5 mars 1989 : *Conversation galante sur le port*, h/t (53,5x65) : FRF 60 000 – Londres, 25 nov. 1992 : *« Où allez-vous ma jolie ? »* 1892, h/pan. (72x58) : GBP 2 640.

ALONSO-ROCHI Alexandre
Né à Léon (Nicaragua). xxe siècle. Nicaraguayen.
Peintre.
Élève de Favrès Antonio, il expose au Salon des Artistes Français en 1933.

ALONSO Y TORRES Lamberto
Né à Godella (province de Valence). xixe-xxe siècles. Espagnol.
Peintre.
Élève de l'Académie San Carlos à Godella et à l'Académie de Pinazo. Exposa à Madrid en 1897 et 1899. On cite de lui : *Étude de nuit, Vendeuse de coings, Un nouveau Narcisse*, et quelques portraits. Il obtint une médaille de bronze à l'Exposition Universelle de 1900.

ALONZO Dominique
Né à Paris. xixe-xxe siècles. Français.
Sculpteur.
Il fut élève de Falguière et a figuré à plusieurs reprises au Salon des Artistes Français à Paris, à partir de 1912.
Ventes Publiques : Paris, 30 mai 1978 : *Porteuse d'eau orientale*, bronze doré et ivoire (H. 34,5) : FRF 4 280 – Washington D. C., 12 déc. 1982 : *La lisette*, bronze et ivoire (H. 61) : USD 2 400 – L'Isle-Adam, 27 janv. 1985 : *La liseuse* vers 1925, bronze patine or et ivoire : FRF 12 100 – Paris, 5 mai 1987 : *Le torse nu*, bronze (H. 28) : FRF 22 000 – Paris, 22 juin 1988 : *Le reflet*, bronze à deux patines brun et or (H. 25cm) : FRF 4 000 – Fontainebleau, 29 avr. 1990 : *Cavalier maure*, bronze chryséléphantin/socle de marbre (H. totale 67) : FRF 100 500 – Paris, 17 avr. 1991 : *Le coffret à bijoux*, chryséléphantine (H. 39) : FRF 30 000.

ALONZO Manuel
Né au début du xixe siècle à Séville (Andalousie). xixe siècle. Espagnol.
Peintre de compositions religieuses, portraits.
Il fut élève de l'Académie des Beaux-Arts à Séville. Portraitiste et peintre d'art religieux, ses portraits sont meilleurs que ses tableaux religieux. Il exposa, en 1858, à Madrid, où il envoya deux portraits et *L'âme du Juste portée au Ciel par un ange*.

ALOPHE Marie Alexandre, dit **Menut**
Né le 6 juin 1812 à Paris. Mort le 10 avril 1883 à Paris. xixe siècle. Français.
Peintre de portraits et graveur.
Élève de Guillaume Roqueplan et de Paul Delaroche, il fut surtout connu pour ses lithographies.
Ses portraits sont plutôt figés, à la manière de modèles photographiques. Il se laissa d'ailleurs aller à son goût pour ce nouvel art, puisqu'à la fin de sa vie, il fonda un important établissement de photographie.
Ventes Publiques : Paris, 1865 : *L'artiste malade* : FRF 300.

ALORDA Y PEREZ Ramon
Né en 1848 en Catalogne. Mort en 1899. xixe siècle. Espagnol.
Peintre de paysages, aquarelliste.
Il fit ses études à Barcelone et à Rome. En 1878, il exposa, à Paris : *La promenade dans le parc de Barcelone* ; quelques vues de la vieille Catalogne et de l'Aragon. Il se spécialisa dans l'aquarelle.
Ventes Publiques : Madrid, 12 nov. 1980 : *Venise*, h/t (45x85) : ESP 50 000.

ALOS Antoine
xxe siècle. Français.
Sculpteur.

ALOTT Robert
Né en 1850. Mort en 1910. xixe-xxe siècles. Autrichien.
Peintre de paysages animés.
Connu par ses œuvres qui passent en ventes publiques, d'après lesquelles il semble avoir surtout peint des bords de mer. La facture en est encore très xixe siècle, anecdotique et précise, mais toutefois animée et bénéficiant d'une lumière méditerranéenne.

VENTES PUBLIQUES : AMSTERDAM, 6-10 fév. 1909 : Vue d'Ajaccio : NLG 110 – LINDAU, 7 oct. 1981 : Scène de rue, Venise, h/t (79x63) : DEM 5 500 – LUCERNE, 26 sep. 1987 : Scène de bord de mer 1901, h/t (42x68) : CHF 4 800 – GIEN, 26 juin 1988 : Bord de mer 1901, h/t (40x67) : FRF 37 600 – VERSAILLES, 5 mars 1989 : Bord de mer animé en Italie 1890, h/t (34,5x58) : FRF 38 000 – LONDRES, 22 mai 1992 : Sur la côte de Capri 1901, h/t (73,7x99,8) : GBP 2 200 – NEW YORK, 13 oct. 1993 : Rue d'un village du sud de l'Italie 1892, h/t (79,4x63,5) : USD 6 900 – NEW YORK, 15 oct. 1993 : Un village côtier 1904, h/t (73,8x100,3) : USD 2 990 – LONDRES, 10 fév. 1995 : Rome 1904, h/t (42,5x70) : GBP 2 875 – LONDRES, 11 avr. 1995 : Une rue romaine 1893, h/t (79x63) : GBP 5 750.

ALOU Guillaume
xive siècle. Français.
Sculpteur.
Travailla, en collaboration avec Jean-Pépin de Huy, au monument érigé à la mémoire de Robert d'Artois et qui se trouve aujourd'hui dans l'abbaye de Saint-Denis.

ALOUL Jean
Né à Tournay. xive siècle. Vivant en Artois. Français.
Sculpteur.
Moine et sculpteur, il exécuta, en 1323, au couvent de Thieuloye, près d'Arras, le monument funéraire en marbre, de la comtesse Mahaut d'Artois. Il travailla aussi au couvent des Chartreux à Gosnay, où il sculpta le monument funèbre de Thierry d'Hireçon.

ALOVIGI Andrea ou **Alois, Aloisi, Aloysii di Luigi.** Voir **INGEGNIO**

ALOVISIO di Salvatore
xvie siècle. Vivait à Orvieto (Italie). Italien.
Peintre mosaïste.
Fut chargé, en 1598, de la restauration des mosaïques de la cathédrale d'Orvieto.

ALOY
xive siècle. Vivait à Barcelone. Espagnol.
Sculpteur.
Exécuta, en 1351, quelques statues de bois pour le chœur de la cathédrale de Gérone.

ALOYER Jehan
xve siècle. Français.
Peintre décorateur.
Travailla, en 1467, aux décorations pour la fête donnée en l'honneur du Duc de Bourgogne.

ALOYSE. Voir **ALOÏSE**

ALOYSE da Napoli
Mort à Naples. xve siècle. Italien.
Miniaturiste.
Artiste employé comme aide par Matteo de Terranova dans ses travaux de livres de chœur à Naples, Monte Cassino, Pérouse, etc. Il semble qu'ils voyagèrent ensemble d'un monastère à l'autre. Caravita donne beaucoup de détails concernant leur œuvre et leur vie. Il nous apprend que cet artiste mourut dans l'indigence, étant encore fort jeune, après avoir mené une vie dissolue.

ALOYSIO da Crema Fr.
Graveur.
On a gravé d'après un artiste de ce nom qui nous demeure inconnu. Voir Alussius (Franciscus).

ALPAÏS G.
xiiie siècle. Actif à Limoges. Français.
Émailleur.
A signé un célèbre ciboire, conservé au Louvre, et venant de l'abbaye de Montmajour.

ALPAR Jean, pseudonyme de **Paraschivescu Ioan Alexandru**
Né en 1855. Mort en 1901 à Bucarest. xixe siècle. Roumain.
Peintre de paysages.
Il subit l'influence de Nicolas Grigorescu. En 1900, donc à la veille de sa mort, il exposa deux paysages au Salon des Artistes Français à Paris.
MUSÉES : BUCAREST (Pina.) : Troupeau à l'abreuvoir.

ALPENNY J. S. Voir **HALFPENNY Joseph Samuel**

ALPERIZ Nicolas
Né le 16 mars 1869 à Séville. Mort en 1928. xixe-xxe siècles. Espagnol.
Peintre de compositions à personnages, de paysages.
En 1895, il obtint une deuxième médaille à l'Exposition de Madrid. Il envoya au Salon de Munich de 1909, au Salon des Artistes Français de Paris en 1913 et 1914. Il a peint des scènes historiques : Alphonse le Sage écrivant son code de lois, des allégories : Présent et passé, des figures : Estudiantina, et des paysages autour de Alcala de Guadaïra.
VENTES PUBLIQUES : LONDRES, 23 fév. 1977 : Galant entretien dans un moulin, h/t (58,5x84,5) : GBP 900 – LONDRES, 26 nov. 1986 : Vue de la cathédrale de Séville, h/pan. (35,5x61) : GBP 5 000 – LONDRES, 22 juin 1988 : Les jeunes musiciens, h/t (83x62) : GBP 8 250.

ALPHE Cécile
Née en 1953. xxe siècle. Française.
Peintre. Abstrait.
Elle expose à Paris, au Salon Grands et Jeunes d'Aujourd'hui.

ALPHEN Cryn Claez Van
xviie siècle. Actif à Amsterdam en 1632. Hollandais.
Peintre.

ALPHEN Eusebius Johann ou **Alf, Alfen, Alwen**
Né en 1741 à Vienne. Mort en 1772 à Vienne. xviiie siècle. Autrichien.
Peintre miniaturiste et pastelliste.
Il rencontra à Paris le peintre miniaturiste danois Corn. Hoyer, en 1764, chez J.-B. Massé, et fut très admiré de cet artiste. Dans la galerie du Belvédère se trouve un pastel de lui représentant le prince Jos. Wenzel de Liechtenstein en uniforme de maréchal, exécuté en 1769. Dans la collection de J.-M. Birkenstock, à Vienne, on trouve de lui six miniatures, quatre portraits, parmi lesquels celui de son père, celui de Marie-Thérèse, celui d'une chanteuse et ceux de trois enfants jouant.

ALPHEN Frits Van
Né le 30 novembre 1894 à Medan (Sumatra). xxe siècle. Hollandais.
Graveur.
Travaille à Harlem.

ALPHEN Michael Van
Né le 7 novembre 1840 à Berg-op-Zoom. xixe siècle. Belge.
Peintre de compositions religieuses, cartons de vitraux, dessinateur.
Il fut élève de J. Portaels, à l'Académie des Beaux-Arts à Bruxelles. Il exposa, en 1866, à Bruxelles et à Amsterdam ; en 1867, à Anvers.
On lui doit des dessins pour des peintures sur verre et notamment celles qu'il exécuta pour Notre-Dame de la Chapelle à Bruxelles, représentant : La Nativité de la Vierge, Présentation de Marie au Temple.
VENTES PUBLIQUES : LONDRES, 3 oct. 1980 : La galerie de tableaux 1870, h/t (43,8x35,5) : GBP 500.

ALPHEN Petronella Cornelia Van
xviiie siècle. Active à la fin du xviiie siècle. Hollandaise.
Dessinateur.
On trouve des dessins d'elle dans un recueil de Poésies de Hiéron. v. Alphen.

ALPHEN DE VIGNON J. W. Daniel Van
Né le 22 décembre 1815 à Leyde. Mort le 19 novembre 1871 à Bathurst. xixe siècle. Hollandais.
Graveur.

ALPHO Emanuel
xviiie siècle. Italien ou Espagnol.
Graveur en taille-douce.
Sa nationalité n'est pas bien déterminée. Il était Espagnol ou Italien du Sud. On connaît de lui une planche, représentant un arc

de triomphe, destiné probablement à glorifier le souvenir de la prise de Messine par les Espagnols (1718).

ALPHONS
Né aux Pays-Bas. XVIIᵉ siècle. Hollandais.
Peintre de compositions religieuses.
Frère Carme de Straubing, il peignit, pour l'église de son ordre, des panneaux d'autel représentant *Saint Simon Stock* (1658) et *Saint Sébastien*.

ALPHONS Théodor
Né le 28 octobre 1860 à Cracovie. Mort le 2 septembre 1897 à Graz. XIXᵉ siècle. Autrichien.
Peintre de scènes de genre, paysages, aquarelliste, graveur.
Il étudia, en 1879, à l'Académie des Beaux-Arts de Vienne, sous la direction de von Lichtenfels et du graveur Sonnenleiter. En 1885, élève de Willial Ungers.
Il grava des eaux-fortes originales, et aussi d'après Defregger, Schindler, Passini, Pettenkofen, etc. Ses principales planches sont : *Monte Cristallo* et *Salzbourg*, et le paysage impressionniste : *Bruyère*. Ses principales aquarelles furent inspirées par les environs de Neustadt-Vienne, le Tyrol du Sud, Venise et Nuremberg.
VENTES PUBLIQUES : VIENNE, 11 avr. 1978 : *Scène d'auberge*, h/pan. (27x18) : ATS 11 000.

ALPHONSE George
XVIᵉ siècle. Vivait au Portugal entre 1508 et 1540. Portugais.
Peintre.
On peut s'étonner de l'orthographe francisée de son nom. Il fut peintre de la Casa Real sous les rois Emmanuel et Jean III.

ALPIN H.
XVIIᵉ siècle. Allemand.
Peintre.
Connu par un *portrait du Maréchal Johann-Friedrich de Waldeck* gravé par Bernigeroth.

ALPUY Julio
Né en 1919. XXᵉ siècle. Actif aussi aux États-Unis. Uruguayen.
Peintre. Figuratif à tendance constructiviste.
Élève de Torres-Garcia, il a vécu plusieurs années à New York, ce qui lui a sans doute permis de mêler une figuration libre et une composition plus strictement constuctiviste. Il travaille le plus souvent sur des planches de bois qu'il peint et taille à sa fantaisie. Ses personnages sont placés selon des règles constructivistes.

A l puy

BIBLIOGR. : Damien Bayon et Roberto Pontual : *La Peinture de l'Amérique latine au XXᵉ siècle*, Mengès, Paris, 1990.
VENTES PUBLIQUES : NEW YORK, 17 oct. 1979 : *L'Aurore* 1966, bois relief (47x86,4) : USD 2 000 – MONTEVIDEO, 17 nov. 1982 : *La gare*, h/t (47x42) : UYU 8 000 – NEW YORK, 19 mai 1987 : *Creacion III* 1963, construction en bois peint. (69x46) : USD 1 500 – NEW YORK, 20 nov. 1991 : *Nature-morte en cinq couleurs* 1948, h/cart. (39,5x50,8) : USD 7 700 – NEW YORK, 24 nov. 1992 : *Ville*, cr. de coul./pap. chamois (15,2x18,4) : USD 2 475 – NEW YORK, 18 mai 1995 : *Genese I* 1964, construction de bois gravé et incisé et encre avec application de plâtre gravé et recouvert de dess. à l'encre et temp. (159,5x191,5) : USD 31 050 – NEW YORK, 21 nov. 1995 : *Construction en couleurs primaires* 1950, h/cart. (44x54) : USD 5 175 – NEW YORK, 16 mai 1996 : *Sans titre* 1966, h. et encre/pan. de bois gravé (91,5x59,7) : USD 8 050 – NEW YORK, 25-26 nov. 1996 : *Torse* 1972, bois peint. (99,1x39,4x30,8) : USD 8 050.

ALQUIN, pseudonyme de Alechinsky Nicolas
Né le 16 juillet 1958 à Bruxelles. XXᵉ siècle. Actif en France. Français.
Sculpteur, dessinateur. Abstrait.
Fils de Pierre Alechinsky, Nicolas a choisi de se faire un nom. Un de ses préfaciers relate qu'il passait beaucoup de temps dans son enfance à tailler arcs et flèches dans l'espoir de devenir un Indien. On ne doit cependant pas oublier que, dans ces mêmes tendres années, il passait aussi beaucoup de temps à dessiner. Il dessinait alors à la plume ou au crayon dur, par des traits ténus, avec une minutie d'hyperréalisme mais avec une sensibilité personnelle, des personnages ou bien, plus souvent, des animaux, des chiens élancés. Puis, très souvent silencieux dans l'atelier de son père, il acquit là peu à peu sa formation artistique, se choisis-

sant finalement sculpteur. Ses premières réalisations se situent peu avant 1980, il participa alors à des expositions collectives : Salon des Réalités Nouvelles 1980, 1982 ; *Foire Internationale d'Art Contemporain* (FIAC) 1982, 1984 ; *À propos de dessin* Paris depuis 1986 ; *Carte blanche à dix jeunes artistes* au Centre Beaubourg Paris 1987 ; etc. Il montre aussi ses sculptures dans des expositions personnelles : Bruxelles 1981, 1986, 1989 ; Reims 1982 ; Paris 1984, 1986, 1988 ; Caen au Théâtre Municipal 1985 ; Abidjan en Côte d'Ivoire au Centre Culturel Français 1986 ; Barcelone 1987 ; Dunkerque : Sculptures et dessins au Musée d'Art Contemporain et dans le Jardin de sculptures 1990 ; *Les Stylites* au Prieuré Saint-Michel de Crouttes (Orne) ainsi qu'à la FIAC (Foire Internationale d'Art Contemporain) de Paris en 1991 ; *Les Passantes* Galerie du Jour à Paris en 1992 ; *Paroles portées*, exposition personnelle à la FIAC (Foire Internationale d'Art Contemporain) de Paris en 1996, présentée par la galerie Fred Lanzenberg de Bruxelles.
Dans cette œuvre encore très jeune, plusieurs étapes distinctes : l'exposition *Des éclipses* de 1986 : des éléments de bois, souvent jumelés, de formes totémiques très simples, incisés de figures géométriques colorées ou surtout dorées à la feuille pour conter le soleil, argentées pour la lune : *Ombre portée – Cuirasse solaire – Point d'or*. Mais, dès cette exposition d'œuvres très abstraites, dont certains aspects, comme chez Frank Stella dans ses années soixante-dix, citent le style « Art Déco 1930 », apparaissent déjà quelques sculptures anthropomorphiques, annonciatrices des sortes de guerriers qui constitueront l'exposition de 1988 : *Gens de mer et de nuit – Bouclier de nuit – Le déserteur*. À cette exposition, il montrait aussi des bronzes, conçus sur un autre thème : *Eveil en ville – Eveil aux oiseaux – Eveil au soleil*, beaux objets emblématiques, de nouveau très abstraits et qui annonçaient sans doute une prochaine évolution du jeune artiste. Dans la série des *Stylites*, sculptures verticales à l'échelle humaine, exposée au Prieuré Saint-Michel de Crouttes et à la FIAC en 1991, on retrouvait le même métier de la taille directe du bois, ainsi que des inclusions à reflets métalliques, de vagues correspondances anthropomorphiques suggérant en effet une présence humaine surélevée, mais une facture plus hurtée, plus sauvage, qui caractérisait cette phase de l'œuvre en cours. Cette rudesse nouvelle désignait d'avance la continuité de l'évolution vers une rigueur accrue des moyens, constatée avec les *Passantes* de 1992, évocations hiératiques, dans la sobriété du seul bois patiné démuni de toute polychromie ou inclusion, de femmes voilées, figées soudain par l'acte du sculpteur qui immobilise le temps. On retrouve ces hautes silhouettes féminines voilées, avec les *Paroles portées* montrées en 1996, mais, en plus de certaines encore sculptées en bois massif mais chaulées de blanc à l'intérieur des plis des vêtements et des striures suggérant les visages, pour la première fois certaines modelées en cire d'abeilles et coulées en bronze, ce qui en accentue la monumentalité. ■ Jacques Busse
BIBLIOGR. : Catalogue de l'exposition *Alquin*, Adrien Maeght, Paris, 1986 – Catalogue de l'exposition *Alquin*, Adrien Maeght, Paris, 1988 – Dora Vallier : *Avoir lieu*, in : Catalogue de l'exposition *Alquin Les Stylites*, Connivences, Paris, 1991.
VENTES PUBLIQUES : PARIS, 8 oct. 1989 : *Sans titre, Mathilde allongée* 1988, encre de Chine/pap. Japon (46x97) : FRF 3 800 – PARIS, 12 oct. 1994 : *Eveil en ville* 1988, bronze (50x35x35) : FRF 25 000.

ALRAM Johann
XIXᵉ siècle. Vivait encore à Vienne en l'année 1820. Autrichien.
Graveur en taille-douce.
On connaît de lui : *Le regret d'Adam*, d'après Dietrich, *L'obéissance d'Abraham récompensée* (Sacrifice d'Isaac), *Suzanne et les deux vieillards*, d'après J.-B. de Lampi (1809), *Négociant dans son cabinet*, d'après A. de Voys, *La faiseuse de dentelles*, d'après Slingeland.

ALS Peder
Né le 16 mai 1725 ou 1726 à Copenhague. Mort en 1776. XVIIIᵉ siècle. Danois.
Peintre de portraits, copiste.
Il commença ses études avec C.-G. Pilo et eut le premier grand prix de l'Académie des Beaux-Arts de Copenhague, en 1755. Il se rendit à Rome et, malgré ses trente ans, entra comme élève dans l'atelier de Raphaël Mengs.
Il se livra particulièrement à des copies de Raphaël, d'Andrea del Sarto, de Titien et du Corrège qu'il exécuta avec un soin extrême. De retour au Danemark, il s'adonna presque exclusive-

ment à la peinture des portraits, mais son coloris trop sombre lui nuisit beaucoup, surtout dans ses portraits de femme. Il fit d'ailleurs un tort considérable à ses ouvrages par l'excès de travail. On trouve au Danemark ses copies de maîtres anciens. Un de ses meilleurs portraits est celui de Winkelmann, dans l'intimité de qui il vécut.

Musées : Oslo : *Portrait de femme.*

Ventes Publiques : Copenhague, 24 mai 1978 : *Portrait d'un aristocrate* 1756, h/t (64x47) : **DKK 55 000** – Copenhague, 18 jan. 1983 : *Portrait d'une dame de qualité,* h/t (71x56) : **DKK 40 000.**

ALSAC Christiane
Née le 11 novembre 1935 à Paris. XXe siècle. Française.
Peintre, peintre à la gouache, de compositions à personnages, de paysages animés, animalier. Naïf.
Son père était fabricant de jouets. Elle en garda un don d'enfance définitif. Elle n'aima vraiment pas l'école, et bien des peintures en témoigneront. Elle ne dut pas s'y attarder. Elle commença à dessiner très jeune, sans doute comme une nécessité, pour exprimer par l'image ses joies et ses soucis qu'une timidité effarouchée l'empêchait de manifester ouvertement. Comme souvent les timides, elle est capable d'audaces soudaines. Ainsi s'inscrivit-elle à l'École des Arts Décoratifs de Paris. D'entre autres, le décorateur Christian Benais se rappelle cette jeune fille enfantine qui ne voulait peindre qu'à la gouache. Ce fut ensuite dans l'Atelier de Busse à l'Académie de la Grande-Chaumière, qu'elle fut initiée à la peinture à l'huile, jusqu'à une grande maîtrise technique, qui d'ailleurs fait souvent mettre en doute à son endroit le qualificatif de peintre naïf, quand l'authentique fraîcheur de son inspiration le confirme, ainsi que le critique qui fait autorité en la matière, Anatole Jacovsky, en ayant présenté deux de ses expositions. Elle participe à de nombreuses expositions collectives institutionnelles, notamment à Paris : 1984 Salon des Artistes Indépendants, depuis 1984 et régulièrement Salon d'Automne, depuis 1986 Salon Comparaisons, 1988 Salon des Artistes Français, etc. Elle figure fréquemment dans les expositions consacrées à cet art qu'on dit imparfaitement naïf, en France, Angleterrre, au Japon, aux États-Unis, en Allemagne, Belgique, au Canada, etc., et notamment à Paris au Salon International annuel d'art naïf depuis 1989. Elle montre régulièrement des ensembles de ses peintures dans des expositions personnelles, à Paris en 1964, puis Galerie J. Massol 1966, 1968 et 1981, à Kiel en Allemagne 1967, à Amsterdam 1971, Paris 1974, Stockholm 1976, Eygalières 1977 et 1982, Paris 1985, Paris Fondation Taylor 1986, Paris Musée d'art naïf 1992, Paris galerie Étienne de Causans 1994, etc.
Dans ses peintures, elle accumule personnages plus mythiques que réels, les animaux qui lui sont plus familiers que les humains, et détails narratifs de la scène, comme si, par souci de perfection, elle craignait de ne pas en faire assez. Sa maîtrise technique mentionnée oppose un jeu de glacis légers à de rudes empâtements. Sa gamme chromatique est très sujette à variations, adaptant, à juste titre, le choix des couleurs à chaque sujet traité, allant d'un registre très large de tons doucement vaporeux à des polychromies très heurtées. Ainsi brode-t-elle des couleurs du bonheur, même si parfois audacieusement bariolées, au fil de ses jours solitaires, la trame d'un monde plus conforme que le vrai à ses rêves peuplés d'anges et de Pères Noël, mais que menacent encore souvent les puissances du mal, représentées essentiellement par les adultes, dont peu de ses proches ont accès à la félicité de son Eden personnel, et surtout pas les terrifiantes et particulièrement horribles maîtresses d'école de ses premières années. Ce sont les chiens qui furent ses chers compagnons, les ânes du Parc des Buttes-Chaumont, les crocodiles du Zoo, et sans exception tous les animaux de l'Arche de Noé, qui font la grande fête de réconciliation de l'univers, à laquelle, avec Guignol, président en jouant les enfants qui s'aiment. ■ J. B.

Bibliogr. : R. Thilmany : *Critériologie de l'Art Naïf,* Paris – Max Fourny : *Album mondial de la Peinture Naïve : La chanson, La fête, L'arche de Noé, Le rêve, Le paradis, L'arbre,* un nouvel album paraissant chaque année.

Musées : Arthabaska, Québec (Mus. Laurier) : *Écoute, toi, là-bas* – Laval (Mus. Henri Rousseau) : *Le rêve de Guignol* – Montfort-L'Amaury (Mus. d'Art Naïf d'Ile-de-France) : *Meunier, tu dors – Chantez, riez, les anges, car « pour Lui », maintenant, il fait bon. (Hommage à Max Fourny)* 1991 – Nice (Mus. Anatole Jakovsky) – Paris (Mus. Max Fourny).

ALSAMORA Estéban
XVe siècle. Catalan, travaillant en 1482. Espagnol.

Peintre.
Ce peintre s'engagea à exécuter, pour l'église Saint-Martin à Viladran, dans le diocèse de Vich, des décorations représentant des *scènes de la vie de saint Martin.*

ALSAMORA Juan
XVe siècle. Catalan, travaillait vers la fin du XVe siècle à Barcelone. Espagnol.
Peintre.
L'artiste exécuta les décorations d'un autel dans la chapelle de Santa Lucia de l'église de Santa Maria del Mar, à Barcelone, en 1494.

ALSAMORE Onofre
Né au XIXe siècle à Barcelone (Catalogne). XIXe siècle. Espagnol.
Peintre et dessinateur.
Onofre Alsamore fut élève de l'École d'art de sa ville natale, et commença à exposer en 1850. On vit de lui une *Vue panoramique* à l'exposition de Barcelone de cette année-là, œuvre qui lui valut une récompense. Il figura aussi à l'exposition nationale de Madrid, en 1864, avec un *Intérieur de l'église de Santa Maria del Mar, à Barcelone.* On cite parmi ses principaux ouvrages : *Vue du cloître de la cathédrale de Barcelone, Intérieur d'un cabaret, Don Quichotte lisant* et une série de vues panoramiques qui sembleraient être la spécialité de cet artiste. On lui doit aussi des aquarelles et dessins, des lithographies, dont les sujets furent empruntés à la Catalogne, pour les *Recuerdos y bellezas de Espana* (Souvenirs et beautés de l'Espagne).

ALSE Peeter
XVIe siècle. Vivait à Anvers. Éc. flamande.
Peintre.
Cet artiste est mentionné dans la gilde de Saint-Luc, en 1552.

ALSENBAC Guillaume
XVIIe siècle. Actif dans la seconde moitié du XVIIe siècle. Français.
Graveur en taille-douce.
Il est cité dans un document des archives de l'état civil en 1667.

ALSINA J.
XIXe-XXe siècles. Français.
Peintre de scènes de genre.
Il exposa au Salon de la Société des Artistes Français de Paris. On cite de lui en 1900 : *Le premier feu de l'année.*

J Alsina

Ventes Publiques : Paris, 30 avr. 1951 : *Divertissement après le repas des cardinaux :* **FRF 28 000** – Paris, 27 juin 1979 : *Jeunes filles préparant le couscous,* h/t (38x55) : **FRF 4 000** – Enghien-les-Bains, 16 oct. 1983 : *Femme algérienne,* h/t (35x27) : **FRF 39 000** – Londres, 16 juin 1993 : *Jeunes filles arabes travaillant au tapis,* h/t (45x60) : **GBP 6 670** – Londres, 17 nov. 1993 : *Rue d'un village arabe* 1898, h/t (64x50) : **GBP 5 290** – Londres, 14 juin 1995 : *Prière dans le désert,* h/t (53,5x72) : **GBP 4 830** – Lokeren, 7 oct. 1995 : *Moisson,* h/pan. (32x18,5) : **BEF 60 000** – New York, 1er nov. 1995 : *L'oasis,* h/t (54,6x73,7) : **USD 13 800.**

ALSINA Y AMILS Antonio
Né au XIXe siècle à Tarraga (province de Lerida). XIXe siècle. Espagnol.
Sculpteur.
Il reçut son éducation artistique à Madrid, chez Juan Samso, et à Rome. Il figura à l'exposition de 1900 à Paris avec un groupe : *Samson et Dalila,* qui lui valut une médaille de 1re classe. Le musée d'art moderne à Madrid possède, de cet artiste, une statue en plâtre, intitulée : *Le Remords.* Parmi ses autres œuvres, on cite : *Le Sacrifice d'Abraham* et *Une Sirène.*

ALSLOOT Denis Van ou Dyonis Van
Né en 1570 à Bruxelles. Mort vers 1628. XVIe-XVIIe siècles. Actif à Bruxelles. Éc. flamande.
Peintre de sujets mythologiques, compositions religieuses, scènes de chasse, paysages animés, paysages, dessinateur.
Il travailla au service de l'archiduc Albert et de l'archiduchesse Isabelle dès 1599. Il laissa peu de tableaux, des paysages, mentionnés pour la plupart dans les catalogues de tableaux vendus à Bruxelles, entre 1773 et 1803. Henri Le Clerck a parfois exécuté les figures de ses paysages. Longtemps on ne connut de lui que quelques tableaux subsistant d'une série consacrée à la *Proces-*

sion de l'Ommegank à N. D. des Sablons (Londres et Prado), bons documents sur les mœurs et les fêtes de cette époque. Depuis 1948, on lui attribue des paysages de 1608 à 1620, inspirés de Coninxloo, qui en font le fondateur du paysage bruxellois.

DENIS & ALSLOOT

Musées : Anvers : *Tobie et l'Ange* 1610 – *Fête à Tervueren* – Blois : *Fête sur la glace* – Bruxelles : *L'Ommeganck de 1615*, *défilé des métiers sur la grande place de Bruxelles*, deux sujets sur huit – Londres (Victoria and Albert Mus.) : *L'Ommeganck de 1615* 1616, 2ᵉ et 5ᵉ sujets – *Vue de Mariemont* 1620 – *Abbaye de la Cambre, hiver* 1616 – *Abbaye de Grœnendael, printemps* 1612 – *Carnaval sur la glace dans les fossés d'Anvers* – Madrid (Prado) : *L'Ommeganck de 1615*, 1ᵉʳ et 6ᵉ sujets – *Patineurs* – Mayence : *Sur la glace de la Schelde (Anvers)* – *Plaisirs d'hiver sur l'Escaut* – Munich : *Mascarade sur la glace* – Nantes : *Ferme de la Belle Alliance près Bruxelles* – Vienne : *Céphale et Procris*.

Ventes Publiques : Bruxelles, 1899 : *Paysage boisé* : FRF 200 – Paris, 1914 : *Orphée* 1610 – FRF 300 – Paris, 16 déc. 1922 : *Chasse au cerf*, dess. et lav. : FRF 325 – Paris, 19 mars 1966 : *Le château et ses douves dans un paysage* : FRF 13 500 – Londres, 29 juin 1966 : *Vue d'une ville* : GBP 3 400 – Londres, 24 juin 1970 : *Paysage d'hiver* : GBP 5 800 – Cologne, 14 juin 1976 : *Paysage d'hiver*, h/t (63x89) : DEM 17 000 – Zurich, 26 mai 1978 : *Élégante compagnie dans un paysage boisé* 1606, h/cuivre (38x54) : CHF 55 000 – New York, 8 jan. 1981 : *Élégants personnages chassant dans une forêt près d'un château*, h/t (141,5x217) : USD 29 000 – Rouen, 16 déc. 1984 : *Paysage boisé s'ouvrant sur un horizon de montagnes*, h/t (117x173) : FRF 200 000 – Paris, 26 avr. 1985 : *Paysage boisé* 1603, pl. et lav. (20,3x27,5) : FRF 88 000 – New York, 17 jan. 1986 : *Scène de carnaval devant les murs d'Anvers*, h/pan. (58,5x109) : USD 100 000 – Londres, 5 juil. 1989 : *Paysage d'hiver boisé avec la fuite en Égypte*, h/cuivre (37x52) : GBP 52 800 – Paris, 9 déc. 1992 : *Paysage boisé avec une rivière et des bateaux*, encre brune et lav. (18,1x22,2) : FRF 16 000 – Paris, 26 avr. 1993 : *Paysage de neige*, h/t (63x90) : FRF 130 000 – Amsterdam, 6 mai 1993 : *Villageois patinant sur un canal gelé près d'un moulin*, h/pan. (50,3x90) : NLG 92 000 – Londres, 7 déc. 1994 : *La Sainte Famille avec St. Jean-Baptiste enfant et des anges serviteurs dans un paysage boisé avec une scène de la fuite en Égypte au fond* 1611, h/pan., en collaboration avec H. de Clarck (104,7x94) : GBP 133 500 – Paris, 13 juin 1997 : *Vénus et Adonis dans un paysage*, cuivre (36,5x27,5) : FRF 250 000.

ALSONA Camillo
xviiᵉ siècle. Travaillait à Plaisance dans la première moitié du xviiᵉ siècle. Italien.
Peintre de fresques.
Cet artiste décora l'atrium du réfectoire de San Sisto, les chapelles des églises disparues de Santa Maria del Carmine et San Lorenzo, le Mont-de-Piété et les façades des palais. De ses travaux, on a conservé des restes à San Sisto, et sur la façade de la Casa Tedeschi da Campagna. Il aurait fait la façade du Mont-de-Piété en 1619.

ALSOP Frederic
xixᵉ siècle. Vivait à Glasgow (Écosse) dans la dernière moitié du xixᵉ siècle. Britannique.
Paysagiste.
Exposa à la Royal Academy, entre 1881 et 1883.

ALSOP J. J.
xixᵉ siècle. Britannique.
Paysagiste.
Exposa à Suffolk Street à Londres, en 1892-1893.

ALSOP Rachel Griscom. Voir CARTER Rachel

ALSOP William
xviiiᵉ siècle. Britannique.
Portraitiste.
Exposa, entre 1774 et 1780, à la Free Society de Londres.

ALSTERLIND Mark
xxᵉ siècle.
Peintre. Abstrait-informel.
En 1997 à Paris, la galerie Christian Forestier a montré un ensemble de ses peintures.
Ventes Publiques : Paris, 9 avr. 1989 : *Sans titre*, acryl. et pigments/laine (146x100) : FRF 7 500 – Paris, 8 oct. 1989 : *Composition jaune*, h/t (115x106) : FRF 15 000.

ALSTON Charlotte M.
xixᵉ siècle. Vivait à Brockley (Angleterre), vers 1881-1893. Britannique.

Aquarelliste.
Cette artiste se spécialisa dans la représentation d'églises. Elle exposa à la Royal Academy, à Suffolk Street et à la New Water-Colours Society de Londres.

ALSTON Edward Constable
xixᵉ-xxᵉ siècles. Britannique.
Portraitiste.
Exposa à la Royal Academy et à Suffolk Street, entre 1887 et 1910.

ALT Elias
xviᵉ siècle. Travaillait à Tubingen et à Herrenberg dans la seconde moitié du xviᵉ siècle. Allemand.
Peintre de portraits.
Alt devint bourgeois de Herrenberg, où il habita de 1570 à 1590. Il peignit sur la commande du duc de Ludwig de Wurtemberg, les portraits des professeurs de Tubingen. Ces portraits obtinrent un tel succès près du duc qu'il en fit faire des reproductions pour sa collection particulière. « Le peintre Jacob Züberlein et le graveur sur bois Jacob Lederlin les gravèrent de main experte », dit une chronique de Tubingen, en 1591.

ALT Franz von, dit Altamura
Né le 16 août 1821 à Vienne. Mort vers 1914 à Vienne. xixᵉ-xxᵉ siècles. Autrichien.
Peintre d'architectures, paysages, paysages d'eau, peintre à la gouache, aquarelliste.
Franz Alt fut élève de son père Jacob, paysagiste, et continua ses études pour le portrait à l'Académie des Beaux-Arts de Vienne ; il s'adonna plus tard à la peinture de paysages et d'architectures. Son attitude d'artiste indépendant date de 1844, époque à laquelle il entreprit un voyage d'études dans le Tyrol et l'Italie du Nord.
Dans ces deux contrées, il peignit des vues de vieux bâtiments pittoresques. De cette année aussi il commença à numéroter ses tableaux, dont le nombre s'élevait, en 1906, à 2700. Alt visita, au cours de ses nombreux voyages, toute l'Europe centrale et méridionale et en rapporta des impressions dans une foule d'études et de vues. Un de ces premiers ouvrages fut un album contenant des vues de Tarvis et ses environs, peintes à l'aquarelle, travail commandé par le comte Casimir Esterhazy. Parmi ses œuvres les plus intéressantes, on cite : *Une vue du grand canal à Venise* (1850), une aquarelle représentant *la Hofburg, à Vienne*, un album avec 12 vues de Vienne (aquarelles). Il fournit aussi de nombreuses illustrations pour les albums de vues, entre autres pour un ouvrage de Hölzel intitulé : *Les Alpes Allemandes*. Plusieurs souverains lui achetèrent des œuvres, notamment l'archiduc.

Ventes Publiques : Vienne, 16 mars 1950 : *Place Saint-Marc à Venise* : ATS 4 000 – Vienne, 13 mars 1962 : *Les arcades à Vérone*, aquar. : ATS 3 200 – Londres, 6 mars 1963 : *Place de la Concorde* : GBP 220 – Munich, 6-8 nov. 1963 : *Arbres*, aquar. : DEM 400 – Vienne, 17 mars 1964 : *Vue de l'église Saint-Étienne à Vienne*, aquar. : ATS 15 000 – Vienne, 22 mars 1966 : *Vue de Venise*, aquar. : ATS 9 000 – Vienne, 19 sep. 1972 : *Vue de Venise*, aquar. : ATS 28 000 – Munich, 30 nov. 1972 : *Place de la Concorde* : DEM 10 500 – Vienne, 20 sep. 1977 : *Vue d'Augsburgh* 1882, aquar. (26x36) : ATS 45 000 – Zurich, 25 mai 1979 : *Vue d'Innsbruck*, aquar. (26,2x37,6) : CHF 2 400 – Vienne, 16 sep. 1980 : *L'Amphithéâtre de Vérone*, h/pan. (21x40) : ATS 90 000 – Londres, 26 mars 1981 : *Scène de rue, Francfort* 1853, aquar. (25,5x19) : GBP 1 050 – New York, 29 fév. 1984 : *La Place Saint-Marc, Venise*, aquar. et cr. (24,5x33,3) : USD 11 500 – Londres, 25 mars 1987 : *La Salle de musique* 1868, aquar. (27x37) : GBP 3 000 – Londres, 25 mars 1988 : *Venise, le Palais des Doges et le Pont du Rialto* 1842, cr. et aquar., deux pendants (chaque 14,6x21) : GBP 1 650 – Monaco, 2 déc. 1988 : *Le Marché à Nice* 1884, aquar. (18,5x26,8) : FRF 33 300 – Munich, 29 nov. 1989 : *Le Château de Johannisberg sur le Rhin* 1881, aquar. (26x36) : DEM 16 500 – New York, 26 oct. 1990 : *Un salon viennois* 1872, aquar. avec reh. de gche/pap. (22,9x31,8) : USD 20 900 – Monaco, 7 déc. 1991 : *Une vue de la baie de Monaco* 1878, h/t (33x75) : FRF 42 180 – Londres, 20 mai 1993 : *Le Joueur de fifre*, aquar./pap. (17,8x11,8) : GBP 977 – Munich, 22 juin 1993 : *Rothenburg* 1883, aquar./pap. (19,5x28) : DEM 7 475 – Amsterdam, 19 oct. 1993 : *Le Salon d'un intérieur bourgeois cossu* 1885, aquar. et gche/pap. (26x19,5) : NLG 4 600 – Munich, 21 juin 1994 : *Marché à Rome*, h/pan. (32x22) : DEM 16 100 – Vienne, 29-30 oct. 1996 : *Élégants devant le palais de Braunschweig*, cr. et aquar./pap. (25,5x35,5) : ATS 299 000.

ALT Jacob
Mort en 1518. XVᵉ-XVIᵉ siècles. Actif à Augsbourg. Allemand.
Peintre.

ALT Jacob, dit **Altamura**
Né le 27 novembre 1789 à Francfort-sur-le-Main. Mort le 30 septembre 1872 à Vienne. XIXᵉ siècle. Allemand.
Peintre d'architectures, paysages animés, paysages, paysages d'eau, aquarelliste, dessinateur.
Il commença ses études artistiques dans sa ville natale et alla les compléter à l'Académie des Beaux-Arts de Vienne. Il ne tarda pas à devenir célèbre comme peintre de paysages. Il fit alors de nombreux voyages à travers l'Autriche et en Italie, marquant son passage par des études et des tableaux. Les bords du Danube, les environs de Vienne le fixèrent particulièrement. À la fin de sa vie, il peignit beaucoup d'aquarelles, entre autres une série de vues à Rome, destinées à l'empereur Ferdinand.
MUSÉES : VIENNE (Gal. du Belvédère) : *Vue de Venise* 1834 – *L'hôtel de ville de Cologne*, aquar. – *Château Halbthurn* – *Vue d'Ofen* – *La cathédrale de Strasbourg* – *Rudesheim sur le Rhin* – *Zell, près de Waibhofen sur le Ybbs et le Sonntagsberg*, aquar. – *La cathédrale d'Aix-la-Chapelle* – *Région d'Aix-la-Chapelle, Île Saint-Georges majeure*, aquar..
VENTES PUBLIQUES : VIENNE, 16 mars 1950 : *Le port de Naples* : ATS 7 000 – LUCERNE, 23 mars 1965 : *La vallée alpestre* : CHF 11 000 – MUNICH, 18 oct. 1966 : *Paysage fluvial avec château et pont*, aquar. : DEM 500 – VIENNE, 30 mai 1966 : *Ruisseau de montagne* : ATS 18 000 – VIENNE, 15 mars 1977 : *Personnage dans un parc*, aquar. (12x17,5) : ATS 11 000 – LONDRES, 6 mai 1977 : *Vue du lac de Starenberg*, h/t (70x100,3) : GBP 1 100 – VIENNE, 13 mars 1979 : *Paysage à la cascade* 1823, aquar. (32x34) : ATS 10 000 – VIENNE, 17 nov. 1981 : *Vue de Vienne*, h/pap. (30x44) : ATS 250 000 – MUNICH, 29 juin 1982 : *Vue du dôme de Milan*, gche sur une aquat. (53,5x75) : DEM 3 200 – VIENNE, 23 mars 1983 : *Vue de Klosterneuburg* 1824, aquar. (41,5x58) : ATS 120 000 – BERNE, 6 mai 1983 : *Am Urnersee* 1869, h/t (74x93) : CHF 4 000 – VIENNE, 15 oct. 1987 : *Vue d'un port* 1865, aquar. (25x36) : ATS 60 000 – LONDRES, 18 mars 1992 : *Vue du Forum* : GBP 16 500 – MUNICH, 22 juin 1993 : *Village du Donautal*, h/t (34x42,5) : DEM 14 375 – MUNICH, 7 déc. 1993 : *Paysage fluvial italien avec un temple en rotonde* 1810, aquar./pap. (9,5x16) : DEM 7 475 – LONDRES, 17 nov. 1994 : *Dame assise à son bureau dans un salon de Beidermeier* 1821, encre et aquar. (19,7x26,4) : GBP 13 800.

ALT Johann
XVIIᵉ siècle. Actif à la fin du XVIIᵉ siècle. Autrichien.
Graveur.
Il vivait à Graz.

ALT Otmar
Né en 1940 à Wernigerode-sur-Henz. XXᵉ siècle. Allemand.
Peintre. Abstrait, pop art.
Il fit ses études à Berlin, où il vit. Il expose depuis 1965 dans des galeries privées allemandes. Il s'intègre dans sa génération, avec des peintures aux formes très découpées et aux couleurs franches, ce qui pourrait le faire rattacher lointainement à Miro, s'il n'avait su adapter cette écriture à l'esthétique heureuse du pop art.

Otmar Alt

VENTES PUBLIQUES : COLOGNE, 2 déc. 1978 : *Vogel Greif* 1973, acryl. (73x120) : DEM 5 300 – MUNICH, 28 mai 1979 : *Mondgrilltauchter 7* 1973, h/t (150x120) : DEM 4 000 – MUNICH, 26 nov. 1979 : *Le grand jardin aux éléphants* 1968, gche (56x43) : DEM 1 650 – MUNICH, 28 nov. 1980 : *La pomme magique* 1966, h/t (70x80) : DEM 7 200 – MUNICH, 1ᵉʳ juin 1981 : *Mondgrilltmaucher 10* 1973, h/t (103x84) : DEM 3 200 – MUNICH, 30 mai 1983 : *Der Mondmann und der kleine Rasenrabe* 1969, acryl./t. (90x79,5) : DEM 9 500 – COLOGNE, 7 déc. 1984 : *Le crapaud et la lune* 1967, h/t (100x70) : DEM 5 200 – COLOGNE, 4 juin 1985 : *L'escargot* 1971, acryl./t. (44x38) : DEM 3 000 – ZURICH, 4 oct. 1987 : *Éléphant* 1969, acryl./t. (115x85) : CHF 7 500 – MUNICH, 30 mai 1989 : *Personnage bleu sur paysage vert* 1969-1971, aquat./t. (120x100) : DEM 135 000 – HEIDELBERG, 3 avr. 1993 : *Un croco vert* 1970, cr. de coul. (27x22,7) : DEM 1 950.

ALT Rudolf von ou **Rudolf von Altamura**
Né le 28 août 1812 à Vienne. Mort le 12 mars 1905 à Vienne.
XIXᵉ siècle. Autrichien.

Peintre de portraits, architectures, paysages animés, paysages, paysages d'eau, peintre à la gouache, aquarelliste, graveur, dessinateur, lithographe.
Il est le frère de Franz von Alt. D'abord élève de son père Jacob Alt, il entra à l'Académie des Beaux-Arts de Vienne dont il devint membre plus tard. Il voyagea beaucoup, visitant l'Italie, l'Autriche, la Suisse, etc. Ses tableaux, la plupart des impressions des pays parcourus par l'artiste, furent exposés à Berlin, Munich, Vienne, Dresde et Paris depuis 1834. Il était aussi membre de l'Académie de Berlin et fut médaillé dans cette ville ainsi qu'à Munich et à Vienne. Il fut couvert d'honneurs.
Établi à Vienne, il exécuta de nombreux portraits. On appréciait particulièrement ses vues de Vienne, qui lui valurent le surnom flatteur de « Canaletto de Vienne ». Parmi ses œuvres on mentionne : 29 lithographies originales ; 63 lithographies d'après Ludwig Libay ; 20 gravures à l'eau-forte originales, et une planche d'après une gravure de Karl Schütz. Il a fait également une grande quantité d'aquarelles, et de dessins.

R Alt ₩₩₩

MUSÉES : HAMBOURG : *Portail de la cathédrale de Côme* – LEIPZIG : *Venise* – VENISE (Mus. roy.) : *Église Saint-Étienne à Vienne* 1831 – *Vue de la nouvelle rue des jardins publics à Venise* 1834 – VENISE (Mus. mun.) : *Vue de la ville de Vienne prise du côté sud* 1840 – VIENNE (Mus. Impérial) : *Le château royal à Venise*, aquar. – *Salle des carabiniers au château impérial de Salzbourg*, aquar. – *Chambre du château de Laeken à Bruxelles*, aquar. – *Souvenir de Léopold Iᵉʳ, roi des Belges, à Laeken* – *L'hôtel de ville à Bruxelles*, aquar. – *Les puits de Trieste* – *La cour et le monument Radetzky à Vienne* – *Intérieur de l'église Saint-Marc à Venise* – *Vue de Budapest et du pont suspendu sur le Danube* – *La croisade pour la Sainte-Croix* – *Vienne vue du haut Belvédère* – *Salle d'auberge à Sand en Tanfertale, en Tyrol* – *Portrait de l'artiste* – *Escalier des géants au palais des Doges, à Venise* – *Petite voiture* – *Gottschachbach à Gastein*.
VENTES PUBLIQUES : VIENNE, 1871 : *La Piazza Navone* : FRF 460 ; *Vue de Vienne* : FRF 420 ; *Vue générale de la ville et des environs de Salzbourg* : FRF 510 ; *Quai de Sainte-Lucie* : FRF 305 ; *Vue de la cathédrale de Milan* : FRF 400 ; *Vue du jardin français, Venise* : FRF 460 – VIENNE, 1896 : *Vallée au pied des montagnes* : FRF 500 ; *Ruines* : FRF 600 ; *Chute d'eau* : FRF 650 – VIENNE, 15 sep. 1949 : *L'université de Vienne* : ATS 2 500 – VIENNE, 14 nov. 1950 : *Vue du Panthéon à Rome* : ATS 12 000 – BERNE, 24 nov. 1956 : *Vue de Vienne du Belvédère supérieur*, aquar. : CHF 4 200 – VIENNE, 12 sep. 1957 : *Brisants sur une côte rocheuse d'Italie* : ATS 18 000 – MUNICH, 3 nov. 1958 : *Paysage du Lac de Gmund*, aquar. : DEM 1 700 – VIENNE, 21 juil. 1960 : *Le Belvédère supérieur*, aquar. : ATS 10 000 – VIENNE, 18 sep. 1962 : *Le pont Ferdinand sur le canal du Danube à Vienne*, aquar. : ATS 55 000 – MUNICH, 6-8 nov. 1963 : *La place du marché à Nuremberg*, aquar. : DEM 6 500 – VIENNE, 2 juin 1964 : *L'arc de triomphe de Titus à Rome*, aquar. : ATS 55 000 – ZURICH, 31 mai 1965 : *Paysage du Tyrol*, aquar. : ATS 80 000 – VIENNE, 21 mars 1972 : *La grand'place d'Eger*, aquar. : ATS 100 000 – LONDRES, 19 jan. 1973 : *La Piazzetta à Venise* 1846 : GNS 3 800 – VIENNE, 13 avr. 1976 : *Un village*, aquar. (24x37,5) : ATS 25 000 – VIENNE, 3 juin 1977 : *Vue de Venise* 1898, aquar. et reh. de blanc (23x9) : ATS 50 000 – AMSTERDAM, 25 avr. 1978 : *Vue de Venise*, aquar. (36x52) : NLG 8 000 – VIENNE, 19 juin 1979 : *Vue du Kahlenberg, Vienne*, aquar. (21,5x34) : ATS 55 000 – VIENNE, 17 mars 1981 : *Vue du Panthéon de la piazza Rotunda à Rome*, aquar. (38,5x50,9) : ATS 160 000 – LONDRES, 25 juin 1982 : *Le port d'Odessa*, h/t (47,5x94) : GBP 17 000 – NEW YORK, 19 oct. 1984 : *Le Stefansdom, Vienne*, aquar. et cr. (49x38,7) : USD 22 000 – LONDRES, 20 juin 1985 : *Pont sur la rivière animé de personnages, Gastein* 1888, aquar. reh. de gche (50,5x33,5) : GBP 24 000 – VIENNE, 12 sep. 1985 : *Rue de village de Bosnie*, dess. au cr. aquar. (23,7x31,3) : ATS 65 000 – NEW YORK, 25 fév. 1988 : *Personnages sur l'esplanade du Palais d'été de Schönbrunn* 1850, aq.et gche (12,8x18,5) : USD 38 000 – LONDRES, 24 juin 1988 : *L'arsenal à Vienne*, aquar. (12,4x18,4) : GBP 6 820 – VIENNE, 23 fév. 1989 : *L'autel de Michael Pacher dans l'église St Wolfgang*, aquar./pap. (17x9,5) : ATS 165 000 – PARIS, 22 mars 1990 : *Le défilé*, h/t (487x28,5) : FRF 105 000 – ROME, 10 déc. 1991 : *Casamicciola à Ischia ; Cuma*, h/cart. entoilé, une paire (26,5x46 et 30,5x45,5) : ITL 15 000 000 – LONDRES, 22 mai 1992 : *Figures près de la cathédrale St Stefan à Vienne*, cr. et aquar./pap. (19,6x16,9) :

GBP 7 920 – LONDRES, 25 nov. 1992 : *Le Palais de Shönbrunn vu depuis Ehrenhof de Vienne*, aquar. et gche/pap. brun (26,5x46,5) : **GBP 33 000** – LONDRES, 16 juin 1993 : *L'Église de Thyn à Prague avec la fontaine Krocni* 1843, cr. et aquar. (35x28) : **GBP 36 700** – LONDRES, 19 nov. 1993 : *Castellamare* 1835, cr. et aquar./pap. (27x37,3) : **GBP 12 075** – MUNICH, 7 déc. 1993 : *Sand près de Tauffers dans le sud Tyrol* 1875, aquar./pap. (36,5x55) : **DEM 69 000** – LONDRES, 13 oct. 1994 : *Panorama de Vienne* 1871, aquar./pap. (39,6x68) : **GBP 89 500** – MUNICH, 6 déc. 1994 : *Une forge près de Ischl*, aquar./pap. (188x23) : **DEM 20 125** – MUNICH, 27 juin 1995 : *Michaelerplatz avec l'ancien Burgtheater à Vienne* 1888, cr. et aquar./pap. (35x50) : **DEM 112 340** – LONDRES, 11 oct. 1995 : *Intérieur des salons du chateau d'Oberwaltersdorf* 1842, aquar./pap. (25x36) : **GBP 19 550** – VIENNE, 29-30 oct. 1996 : *Vue de Saint-Pierre de Rome*, cr. et aquar. avec reh. de blanc (44,5x89,5) : **ATS 1 125 000** – LONDRES, 21 nov. 1996 : *Auto-portrait de l'artiste* 1896, aquar. (152x114) : **GBP 7 475** – LONDRES, 10 oct. 1996 : *L'Orée d'un bois*, cr. et aquar. avec reh. de gche (21,2x28) : **GBP 2 600** – LONDRES, 21 mars 1997 : *La Piazetta, Venise* 1844, aquar. reh. de blanc et gomme arabique (17,5x24,2) : **GBP 19 550** – MUNICH, 23 juin 1997 : *La Place Saint-Pierre à Rome*, aquar./pap./cart. (28,5x59,5) : **DEM 48 000**.

ALT Theodor
Né le 23 janvier 1846 à Döhlau (près de Hof). Mort en 1937. XIXᵉ-XXᵉ siècles. Allemand.
Peintre de scènes de genre, portraits, paysages, paysages d'eau, natures mortes.
Après des études élémentaires au gymnase à Ratisbonne, Alt fréquenta l'école des arts industriels à Nuremberg, puis se rendit à Munich où il travailla avec Hermann Anschütz et Artur von Ramberg.
MUSÉES : BERLIN : *Rodolphe Hirth dans son atelier*.
VENTES PUBLIQUES : MUNICH, 24-25-26 juin 1964 : *Bord de la rivière boisée* : **DEM 3 200** – VIENNE, 22 juin 1976 : *Coucher de soleil sur la Via Appia*, h/t (33x48) : **ATS 30 000** – LONDRES, 25 mars 1981 : *Paysanne plumant une poule*, h/t (37,5x27,5) : **GBP 460**.

ALT Theodor
Né en 1877. Mort en 1936. XXᵉ siècle. Allemand.
Peintre de paysages animés, paysages, aquarelliste.
VENTES PUBLIQUES : COLOGNE, 21 mai 1984 : *Vue de Rothenburg* 1909, aquar. (30,5x43) : **DEM 2 500** – LONDRES, 6 oct. 1989 : *Paysage avec des bergers autour d'un feu au pied d'une tour*, h/pan. (22,5x32) : **GBP 1 100**.

ALTAIRAC Cécile
Née le 26 octobre 1879 à Paris. XXᵉ siècle. Française.
Miniaturiste et pastelliste.

ALTAMIRA Adriano
Né le 17 juillet 1947 à Milan. XXᵉ siècle. Italien.
Peintre et sculpteur. Tendance Arte povera et conceptuel.
A partir de 1967, il présente ses premiers travaux critiques sur les phénomènes de la vision. Ensuite, il s'attache à des structures minimales : tresses, entrelacements, comparables à certaines activités pratiquées en France dans le groupe *Support Surface*. Puis il passe à des études sur le vide, sur la censure, sur les niveaux de culture. En 1973, il commença des travaux montrant des phénomènes de coïncidence en art, mis en évidence dans des groupements de photos identiques tout au moins semblables bien que d'auteurs différents. Il prolongea ce thème en l'appliquant non plus au présent, mais à des artistes appartenant à l'histoire, en particulier au Caravage, auquel il consacra une exposition : *Le Caravage, peintre maudit, vu en tant que limite*. En 1973 encore, il prolongea ces travaux visuels par la publication d'un essai sur la coïncidence.   ■ J. B.

ALTAMURA, dit le Peintre d'Altamura
Vᵉ siècle avant J.-C. Actif dans la 1ʳᵉ moitié du Vᵉ siècle avant J.-C. Antiquité grecque.
Peintre.
Son nom vient du cratère à volutes trouvé à Altamura et conservé à Londres. On a découvert à Spina quelques-unes de ses céramiques à figure rouge. Son activité peut se dater entre 470 et 455 avant J.-C. Il préfère les formes de grands vases sur lesquels il présente des scènes graves, aux compositions aérées empreintes d'un esprit religieux proche de celui d'Eschyle. Il rend les plis avec ampleur, tandis que l'anatomie reste encore archaïque.
BIBLIOGR. : Arias : *Spina*.

ALTAMURA Alessandro
Né en 1855 à Florence (Toscane). XIXᵉ siècle. Italien.
Peintre de portraits, paysages animés, paysages.
Il eut pour maîtres son père, le peintre Saverio Altamura, ainsi que Morelli et Dalbono. On lui doit un certain nombre de portraits et plusieurs belles vues de Venise. On cite parmi ses œuvres principales : *Étude de vagues*, Société nationale des Beaux-Arts en 1890, *Crépuscule d'automne à Venise*, 1901, *L'Orgue de Pergolèse*, Salon de 1906, *Petit coin à Trianon*, Salon de 1910.
VENTES PUBLIQUES : PARIS, 13 oct. 1995 : *La fontaine de l'Observatoire*, h/t (54x81) : **FRF 4 500**.

ALTAMURA Franz et Jakob. Voir **ALT**

ALTAMURA Jean
Né en 1852 à Athènes. Mort en 1878. XIXᵉ siècle. Grec.
Peintre de paysages d'eau, marines.
Ami de l'architecte H. Chr. Hansen, il vint à Copenhague où il fréquenta l'Académie des Beaux-Arts de 1873 à 1876. Il fit surtout des marines.
VENTES PUBLIQUES : COPENHAGUE, 3 juin 1976 : *La Frégate* 1872, h/t (43x61) : **DKK 12 000** – LONDRES, 20 juin 1986 : *Bateau de guerre à l'ancre* 1875, h/t (46x62) : **GBP 11 000** – LONDRES, 6 fév. 1987 : *Trois-mâts par forte mer* 1875, h/t (47x63,5) : **GBP 4 000** – PARIS, 10 avr. 1992 : *Bassin d'un port*, h/t (50,5x61,5) : **FRF 5 800**.

ALTAMURA Rudolf von. Voir **ALT**

ALTAMURA Sandro
Né à Florence. XXᵉ siècle. Travaillait à Paris au début du XXᵉ siècle. Italien.
Peintre.
Il exposa au Salon des Indépendants de 1907 à 1910 des paysages et des vues de monuments. On cite de lui : *Ruines de la maison de Virgile Pausilippe*. Il participa aussi aux Salons de la Nationale des Beaux-Arts.

ALTAMURA DA CORREGIO Francesco Saverio
Né en 1826 à Foggia. Mort le 5 janvier 1897 à Naples. XIXᵉ siècle. Italien.
Peintre d'histoire, portraits, graveur.
Un des premiers disciples des pleinairistes en Italie, Altamura abandonna les traditions de l'Académie de Naples où il étudia pour se créer un style individuel. Il fut également heureux dans le portrait et la peinture d'histoire. Il visita la France, l'Angleterre, et l'Allemagne, habita Florence où se fixa à Naples, en 1860. Il y devint professeur à l'Académie. Il avait abandonné précipitamment Naples, où il fut condamné à mort par contumace pour ses menées révolutionnaires contre les Bourbons, et gagna Florence, où il se fixa.
MUSÉES : FLORENCE (Gal. Nat.) : *Portrait de l'historien Carlo Troya* – FLORENCE (Gal. d'Art Mod.) : *Buon tempo antico* – NAPLES (Gal. Vonwiller) : *Dubbio e Fede* – NAPLES (Palais roy.) : *Peintures religieuses* – ROME (Gal. Colonna) : *Odi vecchi e Amori nuovi*.
VENTES PUBLIQUES : PARIS, 17 mars 1923 : *Portrait de jeune femme* : **FRF 210** – PARIS, 11 mars 1925 : *L'angle du quai des Orfèvres et du boulevard du Palais* : **FRF 240** – ROME, 15 nov. 1973 : *Tête de vieillard* 1848 : **ITL 600000** – COPENHAGUE, 9 nov. 1977 : *Frégate au port* 1875, h/t (49x62) : **DKK 28 000** – MILAN, 17 juin 1982 : *Le mariage mystique de Sainte Catherine*, h/t (108x135,5) : **ITL 4 200 000** – ROME, 6 mars 1984 : *Marie-Madeleine la pêcheresse*, h/t (140x99) : **ITL 4 800 000** – LONDRES, 2 déc. 1986 : *Retour de la guerre* 1871, h/t (121,2x94) : **GBP 2 800** – ROME, 14 déc. 1988 : *Portrait de jeune fille*, h/t (diam. 30) : **ITL 2 200 000** – ROME, 11 déc. 1990 : *Jeune fille pensive*, h/t (30x23) : **ITL 2 300 000** – ROME, 31 mai 1994 : *Étude pour les Vêpres siciliennes*, h/pap./t. (22,5x44,5) : **ITL 4 478 000**.

ALTDORFER Albrecht
Né vers 1480 à Altdorf, à Ratisbonne selon certains historiens. Mort en 1538 à Ratisbonne. XVIᵉ siècle. Allemand.
Peintre de sujets mythologiques, compositions religieuses, scènes de chasse, paysages animés, paysages, aquarelliste, graveur, dessinateur, architecte.
Cet artiste, aussi important que Dürer, acquit probablement les rudiments de son art en travaillant avec son père Ulbrich (dont on sait qu'il devint bourgeois de Ratisbonne, en 1478). On suppose également qu'Albrecht apprit l'art de la miniature. Presque toute l'activité artistique d'Altdorfer s'accomplit à Ratisbonne où il occupa, dès 1508, plusieurs emplois officiels ; il participa assez

activement à la vie publique de cette cité : en 1526, il fut nommé architecte de la ville – il dirigea les travaux d'édification des remparts et des abattoirs – et devint membre du Conseil de la Ville. Ses premières œuvres connues datent de 1507 ; en 1508, il exécuta une peinture pour le chœur de l'église Saint-Pierre, à Ratisbonne. Il peignit en 1510 l'une de ses œuvres les plus significatives : *Saint Georges dans la forêt* (appelée aussi : *Saint Georges terrassant le dragon*) ; cette composition nous permet de voir que, dès cette époque, Altdorfer fut attiré par le fantastique. Plongé au cœur d'une forêt profonde, ouverte sur le ciel et sur le monde des hommes par une simple fenêtre aménagée entre les arbres immenses, Saint-Georges dominant le dragon évoque le mythe du Siegfried combattant le dragon Fafner. Il travailla vers 1511 pour le couvent de l'Abbaye de Saint-Florian, près de Linz, où il exécuta deux retables consacrés à la vie de Saint Florian. L'intérêt que Altdorfer portait à l'architecture se retrouve dans plusieurs de ses grandes œuvres, mais lorsqu'il place un décor d'architecture dans ses tableaux, il lui donne généralement l'aspect d'un monument ou d'une ville fantastique, citons par exemple *Suzanne au bain* (1526). Dans cette œuvre, les personnages tiennent moins de place que l'extraordinaire palais qui donne toute sa dimension au tableau. Nous voyons en outre que Aldorfer, l'un des plus grands paysagistes de tous les temps (l'égal souvent de Dürer), connaissait parfaitement les œuvres des maîtres italiens de la Renaissance. Une commande de Guillaume IV de Bavière lui permit de réaliser, en 1529, son chef-d'œuvre : *La bataille d'Alexandre*, œuvre immense, où chaque partie peut être isolée et forme une scène autonome dans la scène générale : un rassemblement gigantesque d'hommes, de chevaux, de tentes, avec, dans le fond du tableau, une ville se détachant sur un paysage aux tonalités bleues de mer et de montagnes. Altdorfer eut toujours une prédilection pour les forêts mystérieuses, étouffantes et souvent maléfiques. Il aimait peindre la *selva oscura*, habitée par les « hommes sauvages », hostile envers l'être humain normal : cette forêt typiquement germanique : où Arminius attira et défit les légions d'Auguste, ces grands bois fertiles en enchantements de toutes sortes, chers plus tard aux romantiques allemands (Caspar-David Friedrich, entre autres, renouera avec cette tradition créée par Altdorfer). M. Marcel Brion, dans son livre *L'Art fantastique*, a fort bien défini Altdorfer comme l'un des peintres de la « forêt hantée » et l'un des maîtres de l'art fantastique de toujours. Outre ces œuvres si originales, Altdorfer a peint de nombreux tableaux religieux, c'était également un très habile graveur. Considéré par plusieurs historiens comme le principal maître de l'École du Danube, il ne semble pas, comme certains l'ont écrit, qu'il ait jamais rencontré Dürer : cette similitude de technique et d'inspiration peut seulement se concevoir en tant que courant d'une pensée essentiellement allemande, dont les origines remontent au Moyen Age et les prolongements appartiennent à l'humanisme renaissant. ■ Pierre-André Touttain

BIBLIOGR. : M. J. Friedlander : *A. Altdorfer*, Berlin, 1923 – Claire-Hélène Huyghe : *La bataille d'Alexandre*, Paris, 1960 – Marcel Brion : *L'Art fantastique*, Paris, 1961 – Catalogue de l'exposition *Cent cinquante chefs-d'œuvre de l'Albertina de Vienne*, Paris, 1950 – Catalogue de l'exposition *Bosh, Goya et le fantastique*, Bordeaux, 1957 – Catalogue de l'exposition *Les plus belles gravures du monde occidental*, Paris, 1966.
MUSÉES : BERLIN : *Le repos pendant la fuite en Égypte*, peinture – FLORENCE : *Martyre de Saint Florian*, peinture – MUNICH (Pina.) : *La Bataille d'Alexandre*, peinture – *La naissance de Marie*, peinture – *Suzanne au bain*, peinture – *Saint Georges dans la forêt*, peinture – *Paysage près de Ratisbonne*, peinture – NUREMBERG : *L'arrestation de Saint Florian*, peinture – PARIS (Louvre, Cab. des Dessins) : *Départ pour le Sabbat*, pl. avec reh. de gche blanche – ROTTERDAM (Mus. Boymans) : *Paysage à l'église*, aquarelle – SAINT-FLORIAN (Abbaye) : *L'arrestation de Jésus*, peinture – VIENNE (Albertina) : *Vierge à l'Enfant bénissant*, burin – *Hommes sauvages dans un paysage*, peinture – *Paysage de montagnes*, pl. et aquarelle – VIENNE (Kunst-Historisches Mus.) : *Nativité*, peinture.
VENTES PUBLIQUES : TURIN, 1860 : *Descente de Croix* : FRF 170 – PARIS, 1895 : *Chasse au cerf et au renard* : FRF 755 – NEW YORK, 1895 : *Un baptême* : FRF 12 500 – PARIS, 1912 : *Annonciation* 1521 : FRF 17 000 – BERNE, 11 juin 1976 : *Saint Jérome dans la grotte* 1513, grav./bois : CHF 18 000 – BERNE, 8 juin 1977 : *Der Kindermord von Bethlehem* 1511, grav./bois : CHF 3 200 – NEW

YORK, 16 fév. 1979 : *Le Repos pendant la fuite en Égypte* vers 1515-19, grav./cuivre (9,5x4,9) : USD 4 900 – HEIDELBERG, 15 oct. 1982 : *Josuas und Kalebs Rückkher* 1520, grav./bois (12,2x9,6) : DEM 5 500 – BERNE, 24 juin 1983 : *Saint personnage agenouillé devant la Vierge et l'Enfant* vers 1519, grav./bois/pap. filigrané : CHF 26 000 – LONDRES, 5 déc. 1985 : *Paysage avec deux pins dans le centre* 1522-1525, eau-forte (11x16) : GBP 75 000 – MUNICH, 26-27 nov. 1991 : *Judith avec la tête d'Holoferne*, cuivre : DEM 6 555 – MUNICH, 26 mai 1992 : *Chute et rachat du genre humain*, bois gravé, suite de quarante : DEM 32 775.

ALTDORFER Erhard ou Altdorffer ou Altorffer
XVIᵉ siècle. Travaillait entre 1512 et 1561. Allemand.
Peintre de compositions religieuses, graveur sur bois, illustrateur.
Cet artiste est considéré comme devant être le frère d'Albrecht Altdorfer, qui le mentionne dans son testament, en date du 12 février 1538, comme citoyen de Schwerin. Il fut peintre de la cour de Henri le Pacifique et accompagna ce prince à un mariage royal à Wittenberg. On suppose que ce fait lui procura l'occasion de connaître Lucas Cranach, dont l'influence se retrouve dans certaines de ses œuvres. En 1516, il peignit, à Sternberg, un tableau d'autel (aujourd'hui disparu). Dans une lettre au jeune duc Jean-Albert de Mecklembourg, datée de 1552, il parle comme s'il avait suivi la profession d'architecte, ainsi que son frère. Jusqu'ici, Erhard Altdorfer est connu par ses gravures sur bois, dont certaines sont signées d'un monogramme formé des lettres E et S combinées. Il travailla beaucoup pour l'illustration de livres, parmi lesquels il convient de citer la Bible de Lübeck, 1553, et une édition de Reineke Fuchs contenant trente-cinq bois publiée à Rostock en 1539.

ALTDORFER Hans Konrad
Né à Schaffhouse. XVIᵉ siècle. Suisse.
Peintre en armoiries, peintre verrier.
Cité à Schaffhouse en 1552 et 1574. Il travaillait à Constance en 1555 et y était établi en 1588.

ALTDORFER Konrad
XVᵉ-XVIᵉ siècles. Vivant à Schaffhouse en 1479, puis en 1524. Suisse.
Peintre verrier.
Il fut le père de Hans Konrad Altdorfer.

ALTEMER C., Mme
XIXᵉ siècle. Française.
Peintre de portraits.
On cite parmi ses œuvres : *Portrait de Mme Lucy K...*, Salon 1882, *Portrait de M. K...*, Salon 1883.

ALTEMONTE Martino. Voir ALTOMONTE Martin

ALTEN Mathias Joseph
Né le 13 février 1871 à Gusenbourg (province du Rhin). Mort en 1938. XIXᵉ-XXᵉ siècles. Allemand.
Peintre de paysages animés, paysages, marines.
Il commença ses études sous la direction de son père, puis il entra dans le commerce. En 1889, il vint en Amérique où il s'adonna complètement à la peinture. En 1899, il vint à Paris et eut pour maîtres Benjamin-Constant et Whistler. Alten exposa à New York à la National Academy, à Philadelphie et à la Society of Western Artists.
VENTES PUBLIQUES : LOS ANGELES, 28 juin 1982 : *Berger et troupeau dans un paysage* 1909, h/cart./isor. (31x46,5) : USD 1 000 – NEW YORK, 23 sep. 1993 : *Tarpon Springs en Floride*, h/t (61x76,2) : USD 7 475 – NEW YORK, 31 mars 1994 : *Barque espagnole*, h/t (50,8x61) : USD 4 025.

ALTENA Adam
XVIIᵉ siècle. Vivant à Leyde au début du XVIIᵉ siècle. Hollandais.
Peintre.

ALTENA Van Regteren. Voir REGTEREN-ALTENA Maria et Martinus Van

ALTENBOURG, pseudonyme de Ströch Gerhard
Né en 1926 à Rödichen-Schnepfenthal. Mort en 1989 à Meissen (Saxe). XXᵉ siècle. Allemand.
Peintre à la gouache, aquarelliste, technique mixte.
VENTES PUBLIQUES : MUNICH, 26 mai 1978 : *Composition* 1972, aquar., pl., craie et cr. (41,5x59,5) : DEM 3 100 – COLOGNE, 1ᵉʳ déc.

1982 : *Lagerleben*, techn. mixte/cart. (42x60) : **DEM 2 200** – Hambourg, 6 juin 1985 : *Jahrmarkt* 1947, craie de coul. (73,8x96,5) : **DEM 13 500** – Cologne, 31 mai 1986 : *Le gardien de ses animaux* 1972, gche et pl. (18,4x22,9) : **DEM 1 800** – Munich, 26-27 nov. 1991 : *C'est en Thüringe* 1962, craies noire et blanche et fus. (36x69) : **DEM 8 740** – Munich, 26 mai 1992 : *Le réveil des bons sentiments* 1974, encre et craie (32,5x18) : **DEM 9 430** – Heidelberg, 15 oct. 1994 : *Mélancolie profonde* 1971, litho. avec reh. de craie (45x32,3) : **DEM 1 200** – Heidelberg, 8 avr. 1995 : *Jeux sur la glace*, encres de coul. et aquar. (52x66) : **DEM 11 500**.

ALTENBURG Alexandre
Né à New York. xxᵉ siècle. Américain.
Peintre et dessinateur.
Il a figuré au Salon d'Automne de Paris, entre 1911 et 1928.

ALTENBURGER Elisabeth
xxᵉ siècle. Active à Romanshorn (Suisse). Suisse.
Peintre.
Exposa en 1909 au Salon de Munich.

ALTENBURGH Daniel
xviiᵉ siècle. Travaillait probablement à Vienne au début du xviiᵉ siècle. Autrichien.
Graveur.
Cité par Brulliot.

ALTENKIRCH Otto
Né le 2 janvier 1875 à Ziesar. Mort en 1945. xxᵉ siècle. Allemand.
Peintre de paysages.
Il fut élève des Académies de Berlin et de Dresde, villes dans lesquelles il participa à des expositions collectives de 1904 à 1906. Il figura ensuite à l'Exposition de Saxe en 1906, puis au Salon de Munich en 1909.
Ventes Publiques : Hanovre, 7 mai 1983 : *Village de pêcheurs* 1914, h/t (65x90) : **DEM 2 100**.

ALTENKOPF Joseph
Né le 26 janvier 1818 à Vienne. Mort après 1851. xixᵉ siècle. Autrichien.
Peintre de paysages, paysages d'eau, paysages de montagne.
Directeur de la galerie d'Esterhazy, il fut incriminé au moment de la vente de la collection du prince et condamné. Après l'expiration de sa peine, il dut changer de nom.
Ventes Publiques : Lucerne, 7 déc. 1963 : *Paysage fluvial avec pêcheurs* : **CHF 800** – Vienne, 13 mars 1979 : *Paysage à l'étang* 1851, h/pan. (42x53) : **ATS 28 000** – Vienne, 13 oct. 1981 : *Cour de ferme en hiver* 1847, h/pan. (26x34) : **ATS 25 000** – Vienne, 19 mars 1986 : *Village de montagne en hiver*, h/t (42x58) : **ATS 12 000**.

ALTENSTETTER David
Né vers 1547 à Colmar. Mort en 1617 à Augsbourg. xviᵉ-xviiᵉ siècles. Vivant à Augsbourg en 1570. Allemand.
Émailleur et orfèvre.

ALTEREN Johannes Van
xviiᵉ siècle. Hollandais.
Graveur en taille-douce.
Vécut, de 1669 à 1674, à La Haye, où il était élève de Johannes Drappentier.

ALTERIIS Gaetano de
xviiiᵉ siècle. Vivait à Naples. Italien.
Peintre de fleurs et fruits.
Tout en exerçant la médecine à Naples, dans la première moitié du xviiiᵉ siècle, il pratiqua la peinture et laissa de jolis tableaux de fleurs et de fruits, ainsi que quelques copies des toiles de son maître l'abbé Andrea Belvedere.

ALTERIO Ruben ou Reuben
Né en 1949 à Buenos Aires. xxᵉ siècle. Actif en France. Argentin.
Peintre de figures, illustrateur. Nouvelles Figurations.
Il fut élève de l'Ecole des Beaux-Arts de Buenos Aires. Il vit et travaille à Paris depuis 1975. Il est illustrateur de presse et de publicité. Les expositions personnelles de ses peintures ont eu lieu à Buenos Aires et à Rio de Janeiro, ainsi qu'à Paris en 1994 à la galerie Le Monde de l'Art.
Il a une technique saine et relativement traditionnelle. Il traite des sujets réalistes, également dans la tradition, ayant souvent

trait aux peintres et à leurs modèles. Son exposition de 1994 à Paris, a montré une nette évolution tendant à une certaine abstraction.

ALTERION Franz
xviiiᵉ siècle. Actif à Budapest en 1874. Hongrois.
Peintre.

ALTERMATT Johann Kaspar
Né en 1636 à Soleure. xviiᵉ siècle. Allemand.
Sculpteur sur bois.

ALTHAM
xviiᵉ siècle. Actif vers 1660. Allemand.
Peintre.
Il peignait les paysages et les marines avec un grand talent. On croit qu'il fut l'élève de Salvator Rosa.

ALTHAUS Fritz B. ou Althouse
xixᵉ-xxᵉ siècles. Actif à Londres dans la dernière moitié du xixᵉ siècle et au début du xxᵉ siècle. Britannique.
Peintre de paysages d'eau, marines, aquarelliste.
À partir de 1881, Althaus exposa, à Londres, à la Royal Academy, à Suffolk Street, à la New Water-Colours Society, à la Grafton Gallery et à la Royal Society de Birmingham.
Ventes Publiques : Londres, 6 oct. 1981 : *Une ferme du Yorkshire*, aquar. reh. de blanc (29x43) : **GBP 320** – Londres, 3 oct. 1984 : *Scène de port* 1895, h/t (91,5x128,2) : **GBP 3 100** – Londres, 1ᵉʳ nov. 1990 : *Les environs de Brampfield Speke près d'Exeter*, aquar. reh. de blanc (27,5x38,8) : **GBP 682**.

ALTHAYMER Michaël
xvᵉ siècle. Allemand.
Miniaturiste.
On lui doit le manuscrit des poésies de Hugo de Trymberg qu'il écrivit en 1401, conservé à la bibliothèque de Leyde.

ALTHEIM George
Né le 10 mars 1865 à Gross-Gerau (Hesse). xixᵉ-xxᵉ siècles. Allemand.
Peintre de paysages.
Cet artiste, frère de Wilhelm Altheim, étudia surtout la nature. Il chercha l'expression de son sens plastique dans la représentation des sites pittoresques de sa ville natale. Il exposa deux de ses œuvres à la grande exposition de Berlin en 1906 : *Automne* et *Arheilgen*.

ALTHEIM Wilhelm
Né le 2 août 1871 à Gross-Gerau (Hesse). xixᵉ siècle. Allemand.
Peintre de genre, paysages.
De l'année 1886 à l'année 1894, il fut élève de l'institut de Francfort-sur-le-Main. Puis il se fixa à Eschersheim, non loin de Francfort.
Musées : Francfort-sur-le-Main : *Le Goûter – Après le dur travail* – Hambourg : *Le Goûter*.

ALTHEIMER Josef
Né le 12 février 1860 à Aystetten (près d'Augsbourg). xixᵉ siècle. Allemand.
Peintre de sujets religieux.
Il travailla à Ratisbonne, puis fut élève de l'Académie de Munich. Altheimer exécuta plusieurs tableaux d'autels et des peintures murales, dans les églises du Haut-Palatinat, de la Basse-Bavière, et en Franconie. A l'exposition de la Société allemande de l'Art Chrétien, en 1899, il figura avec un autel gothique.

ALTHERR Heinrich
Né le 11 juillet 1878 à Bâle. Mort en 1947. xxᵉ siècle. Suisse.
Peintre de compositions à personnages, figures, portraits.
Il fit ses études artistiques à Munich, puis à Rome. Il connut très tôt un certain succès, ainsi, dès 1904, un musée de Bâle acquit : *Mon ami*. Il peignit des compositions à personnages : *Dans le pays du soleil, jeunes hommes nus dehors*, montré en 1903 à l'Exposition des Arts Réunis à Bâle. Il a aussi peint de nombreux portraits, souvent exposés dans les manifestations bâloises, dont celui de son père, et un autoportrait.
Musées : Bâle : *Mon ami*.
Ventes Publiques : Zurich, 1ᵉʳ juin 1983 : *Femme à demi nue* 1921, h/t (103x63) : **CHF 7 000** – Lucerne, 20 nov. 1993 : *Figures dansant*, h/pap. (40x31) : **CHF 1 100**.

ALTHUSER Heinrich
xvᵉ siècle. Actif à Bâle vers 1470. Suisse.
Sculpteur d'images.

ALTICHIERO Veronese da Zevio ou Alighieri, Aldighieri
Né en 1330 à Zevio, près de Vérone (Vénétie). Mort en 1385.
XIVe siècle. Italien.
Peintre de compositions religieuses, fresquiste.
En collaboration avec Avanzi, Altichiero da Zevio, qui est vraiment l'un des maîtres les plus intéressants parmi les primitifs, peignit à Padoue : les *Scènes de la vie de saint Jacques* dans la chapelle Saint-Félix en 1379 et les *Scènes de la vie de saint Georges* dans l'oratoire de Saint-Georges avant 1385. Dans ce dernier, Altichiero montre une parfaite cohésion entre les personnages et le paysage, surtout pour la décollation de Saint Georges. À l'église Sainte-Anastasie de Vérone, il a peint une fresque votive de la famille Cavalli.
Ses éléments naturalistes montrent la recherche de nouveaux rapports avec la réalité. Il connaît et veut montrer sa science de la composition, mais ne manque pas d'émotion. Ces productions demeurent, avec celles de Giotto et d'Orcagna, les plus remarquables de cette époque.
Musées : Strasbourg : *Naissance de la Vierge*.
Ventes Publiques : Londres, 8 juil. 1977 : *La Crucifixion*, h/pan. (126x140) : **GBP 45 000** – Cologne, 12 juin 1980 : *Vierge et l'Enfant*, h/pan. (107x53) : **DEM 35 000**.

ALTING C. ou Alding
XIXe siècle. Travaillait à Berlin, au commencement du XIXe siècle. Allemand.
Portraitiste.

ALTINI Francesco Fabi. Voir FABI ALTINI Francesco

ALTINI Ignazio
XIXe siècle. Travaillait à Milan, au commencement du XIXe siècle. Italien.
Graveur en taille-douce.
Il fut élève de G. Longhi. On cite *Le Christ à Emmaüs* d'après C. Allori et des portraits de musiciens.

ALTINK Jan
Né en 1885 ou 1887. Mort en 1976. XXe siècle. Hollandais.
Peintre de paysages, natures mortes.
Il a peint les paysages de la Hollande rurale.

J. Altink

Ventes Publiques : Amsterdam, 19 jan. 1982 : *Nature morte aux fleurs 1948*, h/t (59x49) : **NLG 1 100** – Amsterdam, 8 déc. 1987 : *Une forêt*, h/t (91x70) : **NLG 2 200** – Amsterdam, 8 déc. 1988 : *Meules de foin dans une ferme du Brabant 1940*, h/t (50,5x70) : **NLG 2 875** – Amsterdam, 10 avr. 1989 : *Paysage 1928*, h/t (50,5x59) : **NLG 10 500** – Amsterdam, 22 mai 1991 : *Blawborgie 1933*, h/t (60,5x72) : **NLG 6 325** – Amsterdam, 17 sep. 1991 : *Le Lac de Paterswoldse en Groningue 1939*, h/t (60x80) : **NLG 18 400** – Amsterdam, 11 déc. 1991 : *Vue d'une ferme en Groningue*, h/t (40,5x50) : **NLG 12 650** – Amsterdam, 9 déc. 1992 : *Cour de ferme 1937*, h/t (64x50) : **NLG 9 200** – Amsterdam, 27-28 mai 1993 : *Vue de Het Reitdiep à Groningen 1938*, h/t (79x91) : **NLG 27 600** – Amsterdam, 1er juin 1994 : *Ballerine*, h/cart. (65x40,5) : **NLG 9 430** – Amsterdam, 7 déc. 1995 : *Ferme dans un paysage 1924*, h/t (55x65) : **NLG 27 140** – Amsterdam, 1er déc. 1997 : *Blauwborgie 1928*, h/t (38x55,5) : **NLG 14 160**.

ALTINTAS Yurdaer
XXe siècle. Turc.
Peintre.
Sa peinture s'inspire des contes populaires turcs ou du théâtre d'ombres.

ALTIVEIN August
XVIIIe siècle. Actif à Lübeck. Allemand.
Peintre.
Son tableau *La punition d'Ananie et de Saphire*, d'après le carton de Raphaël, conservé dans la chapelle des orfèvres de l'église Saint-Pierre à Lübeck, est de peu de valeur artistique. Il porte sa signature et la date de 1728.

ALTIVIRTH Heinrich
Né le 16 mai 1868 à Schwanenstadt (Haute-Autriche). Mort le 11 avril 1904 à Untermais (près de Méran). XIXe siècle. Allemand.
Peintre, aquarelliste.

Cet artiste reproduisit admirablement les types du peuple du Tyrol et du Méran, et s'essaya aussi avec succès dans le paysage et le portrait. Le musée de Méran possède plusieurs de ses aquarelles. Il avait étudié dans les académies de Vienne et de Munich. Il séjourna quelque temps en Égypte et à Méran, où la phtisie l'emporta.

ALTMAN Harold
Né en 1924 à New York. XXe siècle. Américain.
Peintre.
Il a souvent été sélectionné pour des expositions officielles d'art américain, et notamment à l'occasion de la Biennale des Jeunes de Paris.

ALTMAN Nathan Isaevich
Né en 1889 à Vinnitsa ou Winniza. Mort en 1970 à Leningrad (aujourd'hui Saint-Pétersbourg). XXe siècle. Actif aussi en France. Russe.
Peintre, sculpteur, décorateur de théâtre, dessinateur, illustrateur. Postcubiste.
Il fut élève de l'École des Beaux-Arts d'Odessa de 1903 à 1907, en même temps que Baranov-Rossiné. En 1910-1911, il vint à Paris, fréquenta *L'Académie Libre Russe* de Vasilyeva (Marie Vassilieff), où il ressentit l'influence du cézannisme à travers le cubisme. Retourné en Russie en 1914, d'abord Pétrograd de 1914 à 1920, y exposant *Tramway V* en 1915, puis à Moscou où il participa aux expositions des groupes progressistes *Valet de carreau*, puis *Mir Iskusstva*. En 1918, il prit part à l'organisation et aux préparatifs de mise en scène et de décor pour la célébration du premier anniversaire de la Révolution, réalisant pour sa part un décor monumental pour la Place du Palais d'Hiver de Pétrograd, destiné à un immense spectacle de masse, réunissant les acteurs et le public dans une animation commune, projet dont on retrouvera l'écho dans les activités des années soixante autour du groupe *Fluxus*. En 1919-1921, il réalisa des affiches révolutionnaires. En 1921, il publia un album de dessins consacrés à Lénine, duquel il fit aussi des sculptures. Il prit également part à l'Exposition de Peinture et de Sculpture d'Artistes juifs à Moscou où il tenta de créer un nouvel art moderne juif. En 1922, il était présent à Berlin, à la première exposition d'Avant-garde russe faite autour de la Révolution de 1917. Il vécut de nouveau à Paris de 1929 à 1935, où il créa l'affiche pour le IIe Festival International de Théâtre en 1928, illustra plusieurs ouvrages littéraires : *Les chansons de Bilitis* de Pierre Louÿs, *Le manteau* de Gogol, puis retourna à Leningrad en 1936, travaillant jusqu'à sa mort à des illustrations de livres, des décors de théâtre : *Roméo et Juliette* 1940, *Tristan et Iseult* 1947, *Hamlet* 1955, *Le roi Lear* 1964.
Dans ses premières années d'Odessa, il était influencé par le postimpressionnisme : *L'Été* 1908. À son retour de Paris, ses peintures, parties d'un cubo intérieur : *Portrait d'Anna Akhmatova* de 1915, évoluèrent bientôt au constructivisme dans les natures mortes autour de 1919. Lors de son deuxième séjour en France, il revint à un postimpressionnisme marqué par les couleurs vives du fauvisme des paysages du Midi. Dans la dernière partie de sa vie, ses activités d'illustrateur et de décorateur de théâtre subordonnèrent son expression personnelle aux impératifs de la narration. J. B.
Bibliogr. : P. Cabanne, P. Restany : *L'Avant-Garde au XXe siècle*, André Balland, Paris, 1969 – in : *L'Art du XXe siècle*, Larousse, Paris, 1991.
Musées : Moscou (Gal. Tretiakov) : *Autoportrait* 1916, bronze – Saint-Pétersbourg (Mus. Russe) : *Portrait d'Anna Akhmatova* 1915.
Ventes Publiques : Paris, 12 mars 1985 : *Alphabet* 1926, illustration pour la lettre O, aquar., gche, mine de pb et encres de chine (25x39,3) : **FRF 18 000** – Londres, 13 fév. 1986 : *Vue de Moscou* 1927, cr./pap. mar./cart. (43,5x35) : **GBP 650** – Londres, 6 avr. 1989 : *Chanson des chansons*, dess. au cr. (17x15) : **GBP 2 000** – Londres, 5 avr. 1990 : *Collage*, collage/pap. (23,5x15,1) : **GBP 22 000** – Londres, 23 mai 1990 : *Maisons sur le rivage d'un lac* 1914, h/t (49,5x34) : **GBP 20 900** – Lugano, 14 déc. 1993 : *Boulevard*, h/cart. (17,5x23,5) : **CHF 5 700** – Milan, 14 déc. 1993 : *Sur la route* 1920, fus. (20,5x27) : **ITL 2 185 000** – Londres, 28 juin 1994 : *Nature morte* 1919, h/pap./t. (50x33) : **GBP 13 800** – Londres, 14 déc. 1995 : *Nature morte cubiste au violon* 1920, h. (60x51) : **GBP 16 100**.

ALTMANN Alexandre
Né en 1885 à Sobolewska (province de Kiev). Mort en 1950. XXe siècle. Actif en France. Russe.

Peintre de paysages, natures mortes, fleurs et fruits, pastelliste.

Après des premières études à Odessa, il arriva à Vienne en 1903, puis, en 1909, à Paris, où il entra à l'Académie Julian. Fixé à Paris, il était lié avec les artistes importants de l'époque du fauvisme et du cubisme. Nombre de ceux-ci, dont lui-même, s'enfuirent de France à la déclaration de guerre de 1914 ; certaines sources le font retourner à Moscou en 1912. Il se retrouva à Moscou avec Chagall et quelques autres, et Kandinsky qui arrivait d'Allemagne pour les mêmes raisons.

A Paris, il avait exposé des paysages des environs de Paris ou des campagnes françaises, aux Salons des Indépendants, des Tuileries et d'Automne. Après la guerre, on le retrouva au Salon d'Automne jusqu'en 1922 et il semble qu'il était revenu en France.

Parmi ses paysages, on remarque l'abondance des bords d'étangs et de rivières. Il était attentif aux changements d'heures dans la journée et surtout aux changements de saisons, par exemple : *Effet de neige* ou *Bord d'étang en automne*, etc.

Bibliogr. : Gérald Schurr : *Les Petits Maîtres de la peinture 1820-1920, valeur de demain*, t. II, Les Éditions de l'Amateur, Paris, 1982.

Ventes Publiques : Paris, 12 fév. 1920 : *Effet d'Automne* : FRF 200 – Paris, 24 mars 1930 : *Effet de neige* : FRF 240 – Paris, 9 juil. 1942 : *Bord de rivière* : FRF 1 000 – Paris, 21 oct. 1943 : *Paysage avec rivière* : FRF 2 000 – Paris, 5 mars 1951 : *Paysage* : FRF 5 500 – Versailles, 25 mai 1967 : *Automne* : FRF 800 – Paris, 16 mars 1972 : *Le quai 1912* : FRF 4 500 – Versailles, 13 juin 1976 : *Le village au bord de l'eau*, h/t (47x81) : FRF 2 400 – Paris, 6 mai 1981 : *La terrasse fleurie 1925*, h/t (200x178,5) : FRF 7 700 – Paris, 1er juil. 1982 : *Les platanes sur la place*, h/t (60x81) : FRF 3 000 – Paris, 24 oct. 1984 : *Les jardins sous la neige*, h/t (73x92) : FRF 6 100 – Rambouillet, 20 oct. 1985 : *Rivière normande*, h/t (66x82) : FRF 8 500 – Londres, 17 juin 1986 : *Vue d'un village au bord d'une rivière en été 1910*, h/t (150x194) : GBP 13 000 – Londres, 21 oct. 1987 : *Scène de port*, h/t (81x65) : GBP 8 500 – Paris, 20 mars 1988 : *La route sous les arbres*, h/t (50x61) : FRF 16 000 ; *Bords de rivière 1914*, h/t (65x54) : FRF 16 000 ; *La route des champs 1907*, h/t (57x97,5) : FRF 11 000 – Londres, 24 mars 1988 : *Fleurs d'été*, h/t (78x97) : GBP 13 200 – Londres, 18 mai 1988 : *Le jardin tropical*, h/t (92x90) : GBP 11 000 – Londres, 21 oct. 1988 : *Maisons et rivière*, h/t (93x73,5) : GBP 3 520 – Paris, 26 oct. 1988 : *Les environs de Nemours*, h/t (81x65) : FRF 14 500 – Paris, 3 mars 1989 : *Paysage au pont*, h/t (80x64) : FRF 14 000 – Paris, 16 avr. 1989 : *Arbres en fleurs*, h/t (81x65) : FRF 20 000 – Tel-Aviv, 30 mai 1989 : *Le printemps*, h/t (165x84,5) : USD 15 400 – Londres, 5 oct. 1989 : *Saules au bord de l'eau*, h/t (46,2x55,2) : GBP 1 100 – Paris, 11 oct. 1989 : *Bouquet de fleurs*, h/t (56x38) : FRF 19 000 – Reims, 18 mars 1990 : *Chemin creux dans les arbres*, h/t/cart. (29x22) : FRF 13 500 – Paris, 8 avr. 1990 : *Bord de rivère*, h/t (61x61) : FRF 35 000 – Paris, 30 mai 1990 : *Automne au bord de la Seine*, h/t (73x92) : FRF 65 000 – Tel-Aviv, 31 mai 1990 : *Paysage d'hiver*, h/t (164x65,8) : USD 11 000 – New York, 10 oct. 1990 : *Côte rocheuse 1913*, h/t (99,1x147,4) : USD 2 860 – Calais, 8 juil. 1990 : *Bord de rivière*, h/t (65x54) : FRF 12 000 – Paris, 26 oct. 1990 : *Bouquet de fleurs*, h/t (75x60) : FRF 21 000 – Paris, 4 mars 1991 : *Paysage*, h/t (79x60) : FRF 9 500 – Amsterdam, 23 mai 1991 : *Une pensée pour la Terre sainte*, h/t (73x60) : NLG 2 875 – Tel-Aviv, 26 sep. 1991 : *Le flamboyant*, h/t (73x60) : USD 6 600 – Tel-Aviv, 6 jan. 1992 : *Maisons au bord d'un canal*, h/t (64x80,5) : USD 6 160 – Paris, 19 jan. 1992 : *Paysage hivernal*, h/t (50x73) : FRF 9 000 – Paris, 18 déc. 1992 : *Moulin au bord de la rivière*, h/t (60x73) : FRF 4 800 – New York, 12 mai 1994 : *Les vases de dahlias*, h/t (100,3x81,3) : USD 11 500 – Tel-Aviv, 27 sep. 1994 : *Nature morte de fleurs dans un vase*, h/t (151x50,2) : USD 9 200 – Londres, 26 oct. 1994 : *Le jardin ensoleillé 1919*, h/t (60x73) : GBP 3 220 – Paris, 29 nov. 1994 : *Chemin en automne*, h/t (50x73) : FRF 10 000 – Paris, 23 juin 1995 : *Paysage à la rivière*, h/t (46x81) : FRF 13 000 – Paris, 14 juin 1996 : *Bouquet et Pommes*, h/t (96x56) : FRF 21 000 – Paris, 30 oct. 1996 : *Paysage*, h/t (37,5x55) : FRF 9 800 – Londres, 19 mars 1997 : *Paysage*, h/t (50x73,5) : GBP 1 840 – Paris, 28 mars 1997 : *Bords de rivière 1911*, h/t (54x65) : FRF 12 000 – Paris, 6 juin 1997 : *L'Automne*, h/t (60x73) : FRF 11 000.

ALTMANN Anton, l'Ancien

Né en 1777 à Datschitz (Allemagne). Mort le 26 février 1818 à Vienne. xixe siècle. Allemand.

Peintre de scènes de genre, paysages, paysages d'eau, aquarelliste, fresquiste, décorateur.

Il vint s'établir à Vienne et s'y créa une réputation avec ses décorations à fresques. Il réussissait particulièrement bien les sujets champêtres et les paysages.

Ventes Publiques : Vienne, 3 mars 1962 : *Kalvarienerg en Neuberg*, aquar. : ATS 3 500 – Vienne, 17 sep. 1963 : *Bords de rivière* : ATS 30 000.

ALTMANN Anton, le Jeune

Né le 4 juin 1808 à Vienne. Mort le 9 juillet 1871 à Vienne. xixe siècle. Autrichien.

Peintre de paysages animés, paysages, paysages urbains, paysages d'eau, paysages de montagne, aquarelliste, graveur, dessinateur.

Il est le fils d'Anton Altmann l'Ancien. À partir de 1821, il se perfectionna à l'Académie des Beaux-Arts de Vienne, sous la direction de J. Mössmer, et se consacra spécialement au paysage. Il vint en Hongrie, en 1829, en qualité de professeur de dessin chez le comte Apponyi, mais ne conserva ce poste qu'un an.

On a aussi de lui des aquarelles et des eaux-fortes. On cite, parmi ses œuvres : *Cloître du couvent Maria-Schein en Bohême* (1838), *Sortie de forêt* (1840), *Forge près Rehberg* (1841), *Paysage avec hautes herbes* (1846), *Paysage marécageux* (1846), *Paysage le soir* (1847), *Source dans les champs au sortir de la forêt* (1851), *Moulin dans la montagne* (1851), *Paysage après la pluie* (1852).

Musées : Vienne : *Paysage boisé*.

Ventes Publiques : Paris, 1908 : *Touristes faisant halte devant une auberge* : FRF 95 – Paris, 1943 : *Au bord de la rivière* : FRF 700 – Vienne, 2 juin 1964 : *Paysage boisé en Basse-Autriche* : ATS 5 000 – Vienne, 14 sep. 1965 : *Vue d'une vieille rue à Salzbourg*, aquar. : ATS 4 500 – Vienne, 22 sep. 1970 : *Paysage au moulin* : ATS 18 000 – Lucerne, 30 juin 1973 : *Paysage montagneux* : CHF 9 000 – Vienne, 13 mars 1979 : *Vue de Vienne*, aquar./pap. mar./cart. (51x93) : ATS 32 000 – New York, 12 juin 1982 : *Personnages sur un chemin le long du lac 1849*, aquar. sur trait de cr. (25,2x39,6) : USD 600.

ALTMANN David

xviie siècle. Travaillait à Prague. Allemand.

Peintre.

Il travailla à Breslau, de 1617 à 1621. Puis il vint se fixer à Prague : en 1632, il entreprit gracieusement, dans cette ville, la peinture de la bibliothèque Strahöwe.

ALTMANN Gérard

Né en 1877. Mort en 1940 ou 1948. xxe siècle. Hollandais.

Peintre de paysages ruraux animés, natures mortes, fleurs.

Ventes Publiques : Amsterdam, 30 oct. 1990 : *Paysan sur la berge d'une rivière bordée de saules au soleil couchant*, h/t (31x50,5) : NLG 1 092 – Amsterdam, 17 sep. 1990 : *Vache sous un arbre dans une prairie avec une barque amarrée au bord d'un canal*, h/t (50x40) : NLG 1 265 – Amsterdam, 9 nov. 1993 : *Vaches se désaltérant près d'une barque*, h/t (60,5x90,5) : NLG 4 370 – Londres, 22 fév. 1995 : *Nature morte de fleurs avec un melon*, h/t (64x84) : GBP 517.

ALTMANN Gérard

Né en 1923 à Paris. xxe siècle. Français.

Peintre, peintre de décorations murales, cartons de vitraux, mosaïques. Abstrait.

Il s'est formé seul à Paris dans les années de l'immédiat après-guerre. Après 1952, il s'est fixé en Provence. Il a exposé au Salon de la Jeune Peinture en 1958, donc dans les années de grand rayonnement de ce Salon. Il a aussi exposé à Bruxelles et Amsterdam.

Dans ses premières productions, il était figuratif, peignant surtout des paysages dans des gammes chromatiques sourdes. Recevant de nombreuses commandes de peintures murales, vitraux, mosaïques, il a évolué à une abstraction relative, conservant quelque suggestion de la réalité, où, à l'inverse de sa période figurative, il emploie des harmonies de couleurs fortes.

Bibliogr. : In : *Diction. Univers. de la Peint.*, Le Robert, Paris, 1975.

ALTMANN Harold. Voir **ALTMAN Harold**

ALTMANN Hendrik

Né le 7 novembre 1791 à Zaandam. Mort le 23 décembre 1863 à Rotterdam. xixe siècle. Hollandais.

Peintre de portraits, paysages, lithographe, dessinateur.

Cet artiste fut longtemps professeur en chef d'une école à Rotterdam. Il peignit des églises, des portraits, des paysages. Figura aux Expositions à Rotterdam, 1832, 1834, 1836, 1838, 1850. Un

certain nombre de vues de la ville de Rotterdam sont lithographiées par Carel Christian Anthony Last d'après ses dessins.

ALTMANN Joseph

Né le 29 novembre 1795 à Vienne. Mort le 7 juin 1867 à
Vienne. XIXᵉ siècle. Autrichien.

Peintre de paysages, paysages de montagne.

Il fut élève de l'Académie des Beaux-Arts de Vienne. Dans ses
dernières années, il restaura des tableaux et dirigea, en qualité
d'expert, des ventes publiques d'art, à Vienne.

VENTES PUBLIQUES : VIENNE, 19 mai 1981 : *Paysage alpestre* 1832,
h/pan. (41,5x53) : ATS 18 000.

ALTMANN Karl

Né en 1800 à Feuchtwangen. Mort en 1861 à Munich. XIXᵉ
siècle. Allemand.

Peintre de scènes de genre.

De 1819 à 1822, il fut élève à l'Académie des Beaux-Arts de
Dresde, puis alla se fixer définitivement à Munich. La vie du
peuple de la Haute-Bavière l'inspira pour ses tableaux : bra-
conniers, fêtes de campagne furent ses sujets favoris.

VENTES PUBLIQUES : MUNICH, 24 mai 1977 : *Scène champêtre*
1828, h/pan. (22,5x28,5) : DEM 2 000.

ALTMANN Mathias Franz

Né vers 1690 à Datschitz (Moravie). Mort le 10 septembre
1718 à Brünn. XVIIIᵉ siècle. Allemand.

Peintre de compositions religieuses.

Il fut citoyen de Brünn. Il peignit le panneau du maître-autel de
l'église paroissiale de Kirchmislau.

ALTMANN Roberto

Né le 10 août 1942 à La Havane. XXᵉ siècle. Depuis 1962 actif
au Liechtenstein et en France, naturalisé au Liechtenstein.
Cubain.

Peintre. Lettriste.

Il vit à Paris, ainsi qu'au Lichtenstein, dont il a la nationalité.
Depuis 1962, il prend part à de nombreuses expositions collectives, en France, Allemagne, Belgique, Angleterre, Amérique.
En 1965, l'Institute of Contemporary Art de Londres lui consacra une exposition.

Il a fait partie du groupe Lettriste, utilisant lettres et signes
comme éléments graphiques et plastiques, indépendamment du
sens. Il se sépara du groupe pour fonder la revue : *Apeïros*, en
1972 et le Centre d'Art de Valduz, conçu par l'architecte cubain
R. Porro.

La lettre et le signe restant l'élément plastique fondamental, il
tend à créer des rapports entre le tableau lui-même en tant
qu'ensemble de signes jouant le rôle de poésie plastique, et le
sens des lettres assemblées en mots, porteurs de poésie visuelle
et sonore. Il travaille aussi avec des chorégraphes cherchant à
réaliser une symbiose entre la musique, la peinture et la gestualité.   ■ J. B.

ALTMANN Sybrand

Né le 6 septembre 1822 à Den-Burg-sur-Texel. Mort le 6 juin
1890 à Amsterdam. XIXᵉ siècle. Hollandais.

**Peintre de scènes de genre, portraits, paysages, copiste,
lithographe.**

Il est le fils d'Hendrich Altmann. En 1880, il fut professeur à
l'Académie de dessin d'Amsterdam. Il y avait été élève de Petrus
Van Schendel.

On cite parmi ses tableaux : *Portrait du sculpteur J.-Th. Stracké* et
P. Potter dans son atelier. Altmann fit de nombreuses copies des
maîtres anciens. On mentionne de lui deux lithographies : *Portrait du professeur J. van Gilse*, et *son propre portrait*.

MUSÉES : AMSTERDAM (Rijksmuseum) : *P. Potter dans son atelier*.
VENTES PUBLIQUES : LOKEREN, 21 fév. 1981 : *Paysage ensoleillé*, h/t
(24x34) : BEF 34 000 – AMSTERDAM, 16 nov. 1988 : *Erasme dans la
maison de Thomas Moore* 1862, h/t (64,5x83,5) : NLG 8 625.

ALTMUTTER Franz

Né en 1746 à Vienne. Mort le 21 janvier 1817 à Innsbruck.
XVIIIᵉ-XIXᵉ siècles. Autrichien.

**Peintre de figures, portraits, natures mortes, aquarel-
liste, pastelliste, fresquiste.**

Son premier maître fut Bande ; à l'Académie des Arts, à Vienne,
il travailla aussi avec Schletterer, Sambach et Schmützer. Sous la
haute direction de Bande, son éducation terminée, il alla, durant
six années, en Hongrie et y fut très employé. Après avoir
séjourné à Graz, il alla se fixer à Innsbruck (1781) et y resta jusqu'à sa mort. Altmutter fut un très bon peintre de portraits. Son
œuvre est, du reste, considérable et comprend un nombre

important de tableaux à l'huile, des pastels, des fresques et des
aquarelles. Il peignit surtout des paysages, des fruits, des fleurs,
des figures, de l'architecture. Au Ferdinandeum, à Innsbruck, se
trouvent plusieurs tableaux de lui : *Fruits, Portrait de l'historien
Zoller* et de plusieurs membres de sa famille, celui de l'artiste. On
cite, parmi ses fresques, la peinture de la voûte de l'église Kurat,
à Neustift, dans la vallée de Stubay, Tyrol (1771). On voit également, dans le château impérial d'Innsbruck, plusieurs peintures
murales, représentant des scènes champêtres.

VENTES PUBLIQUES : VIENNE, 28 nov. 1972 : *L'Adoration des bergers* : ATS 60 000.

ALTMUTTER Placidus Jacob

Né le 25 juillet 1780 à Innsbruck. Mort le 22 novembre 1819
près de Schwaz, noyé. XIXᵉ siècle. Autrichien.

Peintre de figures, dessinateur.

Il était fils de Franz Altmutter et reçut de celui-ci les premiers
principes de son éducation artistique. Placidus, dédaignant la
peinture religieuse, chercha son expression dans la réalité. Il
dessina les uniformes et les types différents des troupes de passage et le peuple révolté. Le général de Chasteller, en 1801, l'accompagna à Vienne, où l'envoyait son père pour se perfectionner, mais il gagna peu dans ce voyage. En 1803, atteint de
nostalgie, il retourna dans sa famille. Altmutter, de 1809 à 1811,
mena une existence d'aventures. A la suite de la révolution du
Tyrol, à laquelle il paraît s'être mêlé, il s'enfuit à Klagenfurt, puis
à Vienne, en 1811 ; on le rapatria comme vagabond. Plus tard,
ayant repris ses études, il fut le fondateur de l'École des peintres
des mœurs alpestres du Tyrol.

Le Ferdinandeum d'Innsbruck possède un grand nombre de ses
dessins représentant des scènes de la vie du peuple et des
combats pour la liberté. Ces œuvres sont particulièrement intéressantes, car elles indiquent la mentalité de l'artiste, qui fut un
ardent défenseur de la liberté. Il aimait le peuple et se plaisait à le
fréquenter ; on l'a accusé d'avoir contracté des goûts d'intempé-
rance ; on prétend même que ce fut l'ivresse qui causa l'accident
où il trouva la mort à la suite de sa chute dans l'Inn, où il se noya.

VENTES PUBLIQUES : PARIS, 1823 : *Une troupe de cavalerie et d'infanterie française en marche* : FRF 8,70.

ALTO MEARIM Maria Luisa de, comtesse

Née à Rio de Janeiro (Brésil). XIXᵉ-XXᵉ siècles. Brésilienne.

Peintre.

Élève de José Malhoa. Exposa à Paris en 1900 des tableaux de
genre, des portraits à l'huile, ainsi que des pastels.

ALTOBELLI Gaetano

XVIIIᵉ siècle. Actif dans la première moitié du XVIIIᵉ siècle à
Rome. Italien.

Sculpteur.

Il fut le disciple de Giuseppe Mazzuoli, qui avait subi l'influence
du Bernin ; on suppose qu'Altobelli prit part aux travaux de son
maître.

ALTOBELLO Francesco Antonio

XVIIᵉ siècle. Italien.

Peintre.

Il fut l'élève de Carlo de Rosa. Le prince di Bisignano et d'autres
seigneurs distingués de Naples lui conférèrent d'importants travaux. Son œuvre la plus connue fut exécutée dans la chapelle
Saint Ignace, à San Francesco Saverio de Naples, et représente
le *Saint à genoux devant le Christ portant la croix* ; en haut, Dieu le
père entouré d'anges. Ses peintures diffèrent de celles de son
maître par un coloris plus bleuâtre.

ALTOBELLO dei Meloni. Voir MELONI Altobello

ALTOMONTE Andreas

Né en 1699. Mort le 13 juin 1780 à Vienne. XVIIIᵉ siècle. Autrichien.

Graveur à l'eau-forte, dessinateur.

On a conservé de cet artiste, probablement parent des deux
peintres Bartholomäus et Giacomo Altomonte, plusieurs gravures intéressantes. Comme architecte, il travailla pour la famille
princière Schwarzenberg, à Vienne. Vers la fin de
sa vie, en 1763, il fut dessinateur du théâtre de la Cour à Vienne.
On a de lui une gravure : *Le Sacrifice d'Abraham*, d'après le
tableau de Teniers conservé à la galerie Prenner à Vienne. Certains biographes le croient fils de Martino Altomonte.

ALTOMONTE Bartholomäus

Né le 24 février 1702 à Varsovie. Mort le 12 septembre 1779 à
Linz. XVIIIᵉ siècle. Polonais.

Peintre de compositions religieuses, portraits, fresquiste.

D'autres sources le font vivre de 1707 à 1774. Son père, Martin Altomonte, fut son premier maître. En 1717, il alla chez Marco Antonio Franceschini, à Bologne ; en 1719, à Rome, chez Lutti ; en 1721, chez Francesco Solimena, à Naples ; en 1723, il revint en Autriche et se fixa à Linz ; en 1770, il devint membre de l'Académie des Beaux-Arts. Parmi les œuvres de cet habile artiste, typiquement baroque, et typiquement autrichien, malgré ses ascendances napolitaines, on cite : la décoration du couvent Saint-Joseph, à Vienne ; à Linz, des tableaux, à l'église des Ursulines et une série de fresques à Linz, Saint-Florian, dans la bibliothèque de Herzogenburg. Bartholomäus fut aussi un habile peintre de portraits. Le *Triomphe de l'église*, qu'il peint (1750) dans l'église conventuelle de Wilhering, près de Linz, les fresques de la Bibliothèque de Herzogenburg, les perspectives architecturales peintres pour Spital am Pykin, abondent en détails savoureux et en personnages célestes.

VENTES PUBLIQUES : MUNICH, 28-30 sep. 1966 : *Scène mythologique* : DEM 4 200.

ALTOMONTE Giacomo
XVIIIe siècle. Romain, actif au commencement du XVIIIe siècle. Italien.

Peintre de compositions religieuses, fresquiste.

Cet artiste travailla surtout en Sardaigne, où l'on voit deux de ses tableaux, datés de 1721 et 1722. Il exécuta des fresques dans les palais et les églises de Cagliari, mais son travail le plus important fut la décoration de la sacristie de San Michele, dans cette ville.

ALTOMONTE Martino, pseudonyme de Hohenberg
Né le 8 mai 1657 à Naples (Campanie). Mort le 14 septembre 1745 à Heiligenkreuz (Basse-Autriche). XVIIe-XVIIIe siècles. Italien.

Peintre de scènes mythologiques, compositions religieuses, portraits, fresquiste, graveur, dessinateur.

Il vint à Rome et son maître fut B. Gaulli, dit Baciccio, puis il étudia chez C. Maratta. Il avait 27 ans lorsqu'il fut appelé à Varsovie par le roi Sobieski. À la suite de cet événement, Altomonte traduisit son nom italien en nom allemand de Martin Hohenberg. Pendant près de sept ans, il fut peintre de la Cour polonaise, puis, en 1703, il vint à Vienne et, quatre ans plus tard, il devenait membre de l'Académie de peinture. En 1720, il se rendit à Lainz et devint frère lai de la fondation d'Heiligenkreuz. Il fut, du reste, enterré dans l'église de cette fondation.

Altomonte produisit un grand nombre d'ouvrages, peintures et dessins. On cite également une eau-forte : *Tobie retirant le poisson de l'eau*. On lui doit également des fresques et nombre de tableaux d'autel, dans les églises de Vienne, Linz, S. Pölten, Zwlettl, Kremsmunster. Il convient de mentionner encore les portraits des Habsbourg, qu'il peignit de Rudolf jusqu'à Charles VI.

MUSÉES : BUDAPEST : *Jésus-Christ et le disciple de Naïm* – VIENNE : *Christ en croix* – *Suzanne et les vieillards*.

VENTES PUBLIQUES : VIENNE, 18 mai 1965 : *Saint Antoine* : ATS 18 000 – NEW YORK, 5 juin 1980 : *La Vierge, l'enfant et Saint Joseph*, h/t haut arrondi (74x43) : USD 1 700 – HEIDELBERG, 11 avr. 1992 : *Scène mythologique*, fus. avec reh. de blanc (20,2x32,7) : DEM 3 600 – HEIDELBERG, 15-16 oct. 1993 : *Apparition de Marie avec Jésus à un moine agenouillé*, fus. (20,7x26,6) : DEM 1 600.

ALTON d', Mme. Voir DALTON Maud

ALTON Eduard d', Dr
Né le 11 août 1772 à Aquileja. Mort le 11 mai 1840 à Bonn. XVIIIe-XIXe siècles. Allemand.

Graveur à l'eau-forte, dessinateur.

Ses eaux-fortes valurent à ce graveur amateur un siège à l'Académie de Berlin ; beaucoup d'entre elles furent exécutées d'après des tableaux lui appartenant.

Il dessina notamment pour des ouvrages d'histoire naturelle.

ALTOON John
Né en 1925. Mort en 1969. XXe siècle. Américain.

Peintre technique mixte, aquarelliste, dessinateur.

Il semble avoir traité des sujets divers.

VENTES PUBLIQUES : NEW YORK, 22 mars 1979 : *Sans titre 1968*, aquar., pl. et lav. (76x102) : USD 1 200 – NEW YORK, 19 nov. 1981 : *Sans titre 1968*, aquar. et cr. de coul. (76x102) : USD 1 500 – SAN FRANCISCO, 8 nov. 1984 : *Études de nus*, techn. mixte (75x91) : USD 1 000 – NEW YORK, 27 fév. 1992 : *Trois mouches 1954*, h/t (86,4x122) : USD 935.

ALTORF Johann Coenrad
Né le 6 janvier 1876 à La Haye. XXe siècle. Hollandais.

Sculpteur animalier.

Il travailla d'abord pour d'autres sculpteurs, sans doute en tant que metteur-au-point, jusqu'en 1901. Ensuite, il sculpta pour son propre compte : des singes, des caméléons, des éléphants, des hiboux. Il a souvent associé dans une même œuvre ses deux matériaux de prédilection : l'ivoire et le chêne.

VENTES PUBLIQUES : AMSTERDAM, 19 nov. 1985 : *Un singe* 1904, bronze (H. 18) : NLG 2 800 – AMSTERDAM, 11 déc. 1991 : *Hibou* 1910, ivoire sur base d'os (H. 10) : NLG 2 070.

ALTORFFER. Voir ALTDORFER Erhard

ALTOVITI Sébastiano di Brunoro
XVIe siècle. Actif à Florence. Italien.

Sculpteur sur bois.

Il travailla également à Pérouse. Le sculpteur sur bois Baccio d'Agnolo di Lorenzo, de Florence, en 1529, le nomma son légataire universel.

ALTRI Arnold d'
Né en 1904 à Cesena (Italie). Mort en 1980. XXe siècle. Suisse.

Sculpteur. Expressionniste.

Il fut élève de l'Ecole des Arts et Métiers de Zurich, puis fut l'apprenti d'un sculpteur local. Il vint poursuivre sa formation en Italie, à Paris, à Londres. Il a enseigné dans une Académie privée de Zurich, puis à Kassel après 1959. Outre des participations à des expositions collectives, il a fait des expositions personnelles de ses œuvres : Paris 1951, Milan 1952, Rome 1953, etc. Il a réalisé des sculptures monumentales à Zurich et à Leverkusen.

Il a progressivement dépouillé au maximum les volumes de ses sculptures, jusqu'à les réduire à l'ossature, tel son *Homo faber* de 1957, dont l'aspect décharné à l'extrême le rend difficilement identifiable et le rapproche de l'expressionnisme abstrait tel qu'on le voit en peinture chez un De Kooning par exemple.

BIBLIOGR. : In : *Diction. de la Sculpt. Mod.*, Hazan, Paris, 1960.

VENTES PUBLIQUES : ZURICH, 28 oct. 1981 : *Nu de femme debout*, plâtre (H. 137) : CHF 5 000 – ZURICH, 14 mai 1987 : *Nu*, gde (50,5x33,5) : CHF 650 – ZURICH, 8 nov. 1985 : *Vénus au bras levé*, ciment (H. 91) : CHF 3 200 – LUCERNE, 21 nov. 1992 : *Nu féminin debout*, bronze (H. 44) : CHF 2 500 – LUCERNE, 23 nov. 1996 : *Équilibre, fin de la 50e année*, bronze plastique (41x26x13) : CHF 1 400.

ALTRI-KNODEL Manuela d'
Née à Zurich. XXe siècle. Suisse.

Sculpteur, céramiste.

Fille du sculpteur Arnold d'Altri. Elle se forma très jeune dans l'atelier paternel, à Zurich, puis à l'Art School de Colchester, à la Scuola di Ceramica de Vietri. Elle participe à des expositions dans les villes de Suisse, ainsi qu'en Allemagne et Italie.

ALTRIPP Alo
Né en 1906. XXe siècle. Allemand.

Peintre. Abstrait informel.

Il a étudié à Mayence, puis Munich et Dresde. A des époques différentes, il se lia avec Jawlensky et Paul Klee, puis De Kooning, Soulages, Tobey. Il a pratiqué une peinture informelle, proche de ce qu'on appela alors le tachisme. En 1956, le Musée de Wiesbaden montra une exposition rétrospective de ses œuvres.

ALTSON Aby ou Abbey
XIXe-XXe siècles. Actif de 1894 à 1917. Britannique.

Peintre de portraits.

On cite de lui deux toiles : *Écho et Rita*, exposés au Salon de Paris en 1892. Il fut récompensé au Salon de 1893.

MUSÉES : MELBOURNE : *Portrait d'une dame et sa fille*, d'après Van Dyck, au Louvre – *Un vieil homme*, d'après Rembrandt (N.G.) – *L'Âge d'or*, Salon de 1893.

VENTES PUBLIQUES : NEW YORK, 3 jan. 1907 : *Tête idéale* : USD 230 – PARIS, 28 mars 1949 : *La femme rousse* : FRF 3 800 – LONDRES, 20 juil. 1976 : *Ève*, h/t (60x49) : GBP 1 000 – LONDRES, 21 juil. 1978 : *L'Ange de la nuit* 1903, h/t (71x45,8) : GBP 850 – ARMADALE (Australie), 11 avr. 1984 : *Portrait de femme*, h/t (62x51) : AUD 6 000 – LONDRES, 12 juin 1985 : *Femme en costume roumain*, h/t (60x50) : GBP 2 600 – NEW YORK, 25 mai 1988 : *Au balcon* 1903, h/t (91,5x71) : USD 9 900 – MONTRÉAL, 19 nov. 1991 : *Portrait d'une femme costumée*, h/t (60x50,8) : CAD 4 000 – LONDRES, 12 juin 1992 : *Attente*, h/t (76,2x38,2) : GBP 7 480 – LONDRES, 10 mars 1995 : *Iris*, h/t (61,6x52,1) : GBP 4 140 – NEW YORK, 20 juil. 1995 : *Embarquement sur « l'Hirondelle »* 1902, h/t (100,3x132,7) : USD 11 500.

ALTSON-MYER Daniel
Né à Melbourne. xxe siècle. Australien.
Peintre de portraits.
Il fut élève du peintre de portraits anglais Bernard Lindsay Hall.
En 1927, il a figuré à Paris au Salon des Artistes Français, avec
un portrait.
MUSÉES : MELBOURNE .

ALTUN, appelé aussi **Abbé A. de Weihenstefan**
xiie siècle. Actif entre 1182 et 1197. Allemand.
Peintre de miniatures, dessinateur.
Les dessins à la plume des manuscrits d'Altun constituent des
documents de valeur dans la peinture bavaroise, style haut-
roman ; ils sont dans les manuscrits de la bibliothèque de la Cour
et de l'État de Munich. On a conservé quelques manuscrits de
Weihenstefan renfermant des illustrations représentant l'abbé
Altun apportant le livre au patron de son couvent.

ALTWEIN August
xviiie siècle. Travaillait à Lübeck. Allemand.
Peintre.
Il fit des copies de Raphaël pour des églises de Lübeck.

ALTWIRTH Heinrich
Né le 16 mai 1868 à Schwanenstadt (Autriche). Mort le 11
avril 1904 à Méran (Tyrol). xixe siècle. Autrichien.
Peintre de genre, paysages, aquarelliste.
Il fit ses études à Vienne et à Munich et après un assez long
séjour en Égypte il vint s'établir à Méran où il demeura jusqu'à
sa mort. Il a particulièrement réussi dans l'interprétation des
paysages et des types du Tyrol.

ALTZAR Anders
Né en 1886. Mort en 1939. xxe siècle. Suédois.
Peintre de paysages. Postimpressionniste.
À l'exemple des impressionnistes historiques, il s'est montré
particulièrement sensible aux conditions atmosphériques,
horaires et saisonnières, par lesquelles changent les aspects du
paysage.
VENTES PUBLIQUES : STOCKHOLM, 10 nov. 1982 : *Paysage d'hiver*,
h/t (90x139) : **SEK 8 200** – STOCKHOLM, 11 avr. 1984 : *Paysage
d'été*, h/t (73x98) : **SEK 7 000** – STOCKHOLM, 10 déc. 1986 : *Paysage
d'été 1935*, h/t (93x134) : **SEK 9 200** – STOCKHOLM, 15 nov. 1989 :
*Maison rouge au bord du chemin par une journée d'hiver enso-
leillée 1931*, h. (50x70) : **SEK 17 000** – STOCKHOLM, 28 oct. 1991 :
*Cour de ferme avec des bouleaux au bord d'un ruisseau au prin-
temps 1930*, h/t (40x51) : **SEK 4 900**.

ALTZENBACH Gerhard
xviie siècle.
Éditeur et peut-être graveur.
Il travaillait à Cologne ; et à Strasbourg, d'après Heinecken.

ALTZENBACH Wilhelm
xviie siècle. Actif à Cologne.
Graveur en taille-douce.
Il a dû (d'après Heinecken) travailler à Paris chez Landry, qui
publia la *Tête de l'apôtre Thaddée*, œuvre d'Altzenbach, d'après
H. Watelet ; il a dû aussi travailler à Strasbourg. Il prit part à
l'édition de Gerhard à Cologne et fut ensuite son successeur,
comme on le voit par sa signature apposée à certaines estampes,
au lieu de celle de Gerhard. En 1680, il paraît encore comme éditeur. Comme une de ses gravures : *Fiançailles de sainte Catherine*, est signée *W. Altzenbach le jeune*, Heinecken suppose qu'il
y a eu deux Wilhelm Altzenbach ; mais on n'en a pas de preuve,
cette désignation « le jeune » a pu servir à le distinguer de Gerhard. On cite encore, soit de ce dernier, soit de Wilhelm : le *Portrait de Louis II de Bourbon à cheval* et celui de *Joanna Hervy*.

ALTZIUS Elie
Actif à Tubingue (Allemagne). Allemand.
Peintre.
Cité par Ris-Paquot dans son dictionnaire des monogrammes.

ℍA

ALU Niccolo
xviiie siècle. Italien.
Graveur en taille-douce.
Il travailla à Parme en 1700. Il grava des planches pour l'ouvrage
l'*Esercizio accademico da Pica d'Antonio Vezzani* (Parme, 1688).

ALUES Alfredo Fernando ou **Alves**
Né à Paris. xxe siècle. Actif en France. Brésilien.
Peintre.

Il fut élève de Paul-Albert Laurens à l'École des Beaux-Arts de
Paris. Il figura brièvement au Salon des Artistes Français en
1932 et 1933, puis au Salon d'Automne jusqu'en 1941.

ALUET Marc
Né à Nantin (Nièvre). xxe siècle. Français.
Peintre.
Expose un portrait aux Artistes Français en 1924.

ALUIGI Mario d'
xvie siècle. Actif à Pérouse en 1568. Italien.
Sculpteur et fondeur en bronze.

ALUISETTI Giulio
Mort en 1868. xixe siècle. Actif à Milan. Italien.
Dessinateur.
Il est l'auteur de dessins pour les planches de l'ouvrage bien
connu de J. Stuart, *Les antiquités d'Athènes*, etc., Milan, 1832-
1844, et de dessins pour les 67 planches de l'ouvrage publié par
lui, à Milan, 1847, *Opere dei grandi concorsi premiate dall'J.R.
Accademia di Belle Arti in Milano*. Il fut aussi architecte.

ALUNNO Francesco
xve siècle. Actif à Ferrare. Italien.
Dessinateur.
Juriste, il travaillait à la chancellerie de Venise. Le British
Museum possède de lui un recueil de dessins à la plume.

ALUNNO da Foligno Niccolo, appellation erronée de **Niccolo da Foligno**. Voir **NICCOLO da Foligno**

ALUSSIUS Franciscus
xviie siècle. Travaillait en Italie, vers 1682. Italien.
Peintre.
Mentionné par Zani, est peut-être le même que Aloysio (Fr.).

ALVA
Né en 1901 à Berlin. xxe siècle. Actif en Angleterre et en
France. Allemand.
Peintre. Lettres et signes, tendance abstraite.
Peut-être s'agit-il d'un pseudonyme. Il a commencé à peindre
lors d'un séjour à Paris en 1928, mais ses peintures ne sont deve-
nues abstraites qu'en 1954. Il était alors en Angleterre depuis
1935 et revint à Paris. Il a exposé à Londres, New York, Jérusa-
lem et Bruxelles.
Sur des fonds plutôt neutres se détachent des signes très colorés
et parfois figuratifs.
BIBLIOGR. : Herbert Read – Roger Van Gindertael.

ALVA de la CANAL Ramon
Né en 1892. Mort en 1981. xxe siècle. Mexicain.
Peintre d'histoire, fresquiste. Muraliste.
À la demande de José Vasconcelos, en 1921, il participa, en
même temps que Rivera, à la décoration de l'École préparatoire
de Mexico. Il sut traduire des faits historiques compréhensibles
par tous.
BIBLIOGR. : Damien Bayon et Roberto Pontual : *La Peinture de
l'Amérique latine au xxe siècle*, Mengès, Paris, 1990.

ALVÄR Gunnar
xixe siècle. Norvégien.
Sculpteur.
Cet artiste se perfectionna dans l'atelier du sculpteur Skeibrok à
Oslo ; il exposa dans cette ville de 1892 à 1897.

ALVAR Sunol
Né en 1935 à Montgat. xxe siècle. Espagnol.
Peintre. Figuratif.
Il est venu en France en 1960 et y a montré plusieurs expositions
personnelles. En 1963, il fut sélectionné pour la Biennale des
Jeunes de Paris.
Techniquement, il pratique une peinture très élaborée, de glacis,
de grattages, de frottages, et recherche à traduire la poésie des
clair-obscurs par des oppositions de tons chauds et froids.
VENTES PUBLIQUES : DOUAI, 29 mars 1987 : *Nature morte 1962*, h/t
(83x92) : **FRF 3 500** – PARIS, 8 juil. 1993 : *Femme à la fleur*, h/t
(50x65) : **FRF 3 500** – PARIS, 7 déc. 1993 : *La femme aux colombes*,
h/t (65x81) : **FRF 15 000** – PARIS, 28 fév. 1994 : *Le joueur de pipo
1968*, h/t (65x81) : **FRF 12 500** – PARIS, 10 avr. 1996 : *Composition
1959*, h/t (110x129) : **FRF 14 000**.

ALVARADO
Né à Briones. xvie siècle. Espagnol.
Sculpteur.
En 1596, il fit le tabernacle du maître-autel du couvent des
Ermites de Saint-Jérôme, de la Estrella.

ALVARADO Daniel
Né à Cuenca (Équateur). XIXe-XXe siècles. Équatorien.
Sculpteur.
Cet artiste exposa un buste en bois, à l'Exposition décennale des Beaux-Arts à Paris, 1900.

ALVARADO Fernandez
Né à Malaga. XIXe-XXe siècles. Espagnol.
Peintre.
Quoique cet artiste prit part à l'Exposition de Berlin en 1896, il fut peu connu en dehors de son pays natal. On cite cependant parmi ses œuvres : *Tous les dangers, Tempête du Sud-Ouest* (au Musée de l'art moderne à Madrid).

ALVARADO Palmira, Mlle
XIXe-XXe siècles. Active en Équateur. Équatorienne.
Peintre.
Elle exposa à l'Exposition décennale des Beaux-Arts à Paris, 1900.

ALVAREDA Rafaël de
XVIIe siècle. Travaillait à Valladolid, au XVIIe siècle. Espagnol.
Peintre.
Connu par un procès qu'il eut en 1626.

ALVARES Luis
Mort en 1631. XVIIe siècle. Travaillait à Lisbonne. Portugais.
Peintre, aquarelliste.
A Lisbonne, cet artiste travailla au service du roi, peignit des aquarelles et fut surtout doreur. Dans ce genre de travail, il fut le successeur d'Antonio de Barros. Il est probablement le même que Luis Alvares d'Andrade (voir l'article) qui, d'après Cyrillo Machado, peignit plusieurs tableaux représentant la *Trinité*.

ALVARES Manoel
Mort en 1616 à Goa. XVIe-XVIIe siècles. Portugais.
Peintre de compositions religieuses.
Il travaillait en Portugal vers 1550, puis à Goa au début du XVIIe siècle. Cet artiste jésuite est à Coïmbre à partir de 1549 ; plus tard, dans les colonies de l'Inde orientale ; il travailla surtout à Goa, dans cette ville en 1616. Au collège des Jésuites de Goa, se trouve une *Conversion de saint Paul*, par lui.

ALVAREZ Adrian
Mort en 1599. XVIe siècle. Actif à Valladolid. Espagnol.
Sculpteur de sujets religieux.
Cet artiste était le fils d'un sculpteur nommé Manuel Alvarez. Les documents qui le concernent nous le montrent seulement de 1589 à 1599. Pendant ce court laps de temps, il aurait sculpté, à Medina del Campo, pour l'église San Juan, un tabernacle et un reliquaire dont la composition et l'exécution dénotent un artiste de grande valeur. Diverses expertises dont il fut chargé attestent d'ailleurs qu'on le tenait pour tel. Il sculpta aussi des retables pour le monastère de Saint-Augustin à Valladolid, pour Coca, Torrelobaton et Zamora. Son retable pour le Monastère de San Benito el Real, une de ses plus belles œuvres, resta inachevé. Sa femme s'appelait Maria de Cisneros, mais on ignore si elle appartenait à la grande famille de ce nom.

ALVAREZ Alonso
XVIe siècle. Actif à Séville dans la première moitié du XVIe siècle. Espagnol.
Peintre.

ALVAREZ Alonso
XVIIe siècle. Espagnol.
Sculpteur.
Mentionné à Seville dans un document de 1622.

ALVAREZ Calixto
XIXe siècle. Actif à Valladolid. Espagnol.
Sculpteur de sujets religieux.
Également professeur de sculpture. C'est sous la direction et avec la participation de Calixto Alvarez que fut construit et sculpté, à Valladolid, le retable de l'église des pénitents de Jésus le Nazaréen, substitué à l'ancien retable.

ALVAREZ D. Domingo
Né en 1737 à Mansilla, près de Burgos. Mort le 23 octobre 1800 à Jerez de la Frontera. XVIIIe siècle. Espagnol.
Peintre.
En 1752, il fut élève de l'École des Arts à Madrid, en 1766, membre de l'Académie de San Fernando, et directeur de l'École d'art à Cadix.

ALVAREZ Domingo
Né en 1935 à Saint-Domingue. XXe siècle. Vénézuélien.

Sculpteur d'environnements.
Il est architecte et n'aborde la sculpture que par la conception d'environnements praticables, ce qui fut une forme d'expression plastique caractéristique des années soixante et soixante-dix.

ALVAREZ Dominguez
Né en 1906. Mort en 1948. XXe siècle. Portugais.
Peintre.

ALVAREZ Francisco
XVIe siècle. Espagnol.
Peintre.
Cet artiste peignit, vers 1598, des tableaux pour le chapitre de Séville.

ALVAREZ Francisco
XVIIe siècle. Travaillait à Séville en 1629. Espagnol.
Sculpteur.
Cet artiste fit une statue de Notre-Dame pour la confrérie des Trois Nécessités.

ALVAREZ Joseph
Né en 1771 à Cordoue. XVIIIe-XIXe siècles. Espagnol.
Sculpteur.
Il entra le 6 Vendémiaire, an VIII (1799) à l'Académie Nationale de peinture et sculpture. Il était pensionnaire du roi d'Espagne.

ALVAREZ Juan
Mort le 8 mars 1630. XVIIe siècle. Actif à Valladolid. Espagnol.
Sculpteur.
Il était frère du sculpteur Gregorio Alvarez.

ALVAREZ Julio
XIXe siècle. Espagnol.
Peintre de portraits.
On lit *Julio Alvarez pinx.*, sur le portrait du général espagnol Mina, gravé par Hyrtl.

ALVAREZ Lorenzo
XVIIe siècle. Espagnol.
Peintre de compositions religieuses.
Il fut l'élève de Bartolomé Carducho qu'il suivit à Valladolid et à Madrid. En 1638, il se fixa à Murcie, où il peignit huit tableaux pour le maître-autel de la chapelle de la Conception du couvent des Franciscains, quatre autres pour la sacristie – et une *Sainte Famille*. Ces tableaux religieux représentaient des scènes de la vie du Christ et de la Vierge.

ALVAREZ Luis
Né en 1836. Mort en 1901. XIXe siècle. Espagnol.
Peintre de genre.
Exposa une œuvre à la Grafton Gallery à Londres, en 1880.

L Alvarez

VENTES PUBLIQUES : NEW YORK, 23 mai 1997 : *Les Indiscrètes*, h/t (50,8x88,9) : **USD 36 800**.

ALVAREZ Manuel
Né en 1517. XVIe siècle. Travailla à Palencia et à Tolède. Espagnol.
Sculpteur.
Il fut l'élève de Alonso Berruguete, dans la maison de qui il vécut deux ans à Tolède. En l'an 1553, il est témoin dans le procès d'Innocenzio Berruguete, contre Pedro Gonzalez de Leon. A cette occasion, on dit de l'artiste qu'il pouvait être rangé parmi les meilleurs sculpteurs du royaume. Il se maria avec Isabelle Giralte, et fut le père d'Adrian Alvarez. En 1576, il est à Valladolid. En 1579 et 1582, il reçoit des payements pour un autel et différentes statues qu'il avait fournis pour l'église de Villagarcia.

ALVAREZ Manuel
XVIe siècle. Espagnol.
Sculpteur de sujets religieux.
Il fut élève de Juan de Juni. Avec d'autres disciples de cet artiste, il travailla au tabernacle de l'église paroissiale de Santoyo, tabernacle qui fut commandé à Juni par Sebastian Cordero de Nevares, le secrétaire de Philippe II et exécuté entre 1570 et 1583.

ALVAREZ Manuel ou **Aristegui Manuel Alvarez**
Né en 1923 à Buenos Aires. XXe siècle. Argentin.
Peintre. Abstrait-géométrique.
Il peint depuis 1942 et a évolué à l'abstraction à partir de 1951. Depuis 1949, il a montré de nombreuses expositions personnelles de ses peintures à Buenos Aires, et fut sélectionné en

1957 pour la Biennale de São Paulo. Il expose aussi à Paris depuis 1954.
Sa peinture s'apparente à l'abstraction géométrique, courant très en faveur dans plusieurs pays d'Amérique Latine.

M.A.ARistegui

ALVAREZ Manuel, don

Né en 1727 à Salamanque. Mort en 1797 à Madrid, à la suite d'une très longue maladie. XVIIIᵉ siècle. Espagnol.
Sculpteur de sujets religieux, groupes, statues.
Cet artiste étudia d'abord dans sa ville natale, puis à Madrid avec Alessandro de Castro, qui l'occupa aux travaux de sculpture du nouveau Palais royal. En 1757, il devint membre de l'Académie ; en 1762, vice-directeur. Il concourut pour l'exécution d'une Statue équestre de Philippe V, mais des événements politiques empêchèrent l'exécution de cette entreprise. Alvarez s'occupa également de l'érection d'une Statue équestre de Charles III, dont il dut changer le modèle. Il devint directeur de l'Académie en 1784 ; en 1794, sculpteur de la cour.
Ses œuvres les plus importantes sont plusieurs figures en stuc ; la *Statue de la Conception*, et l'*Autel du Christ à la chapelle royale*, la *Statue de saint Norbert* au portail de l'église des Prémontrés, et d'autres œuvres dans l'oratoire de San Salvator et à San Isidoro el Real. On cite encore : *Les Quatre Saisons* (statues) à la Fontaine d'Apollon sur le Prado. *Les Anges de bronze* du couvent de l'Incarnation et la *Fuite en Égypte* à Saint-Martin, de grandeur naturelle, furent exécutés d'après ses plans. Salamanque, Tolède, Saragosse, Burgos possèdent, comme Madrid, des œuvres de cet artiste.

ALVAREZ Miguel

XVIIIᵉ siècle. Actif vers 1757. Espagnol.
Sculpteur.

ALVAREZ Pedro

XVIᵉ siècle. Actif à Séville en 1551. Espagnol.
Sculpteur.
Le sculpteur s'entendit avec son confrère Lucas de Ugete pour l'aider pendant une année. Cité par M. Gestoso.

ALVAREZ Xavier

Né en 1949. XXᵉ siècle. Français.
Sculpteur de statuettes de sujets divers.
VENTES PUBLIQUES : PARIS, 5 fév. 1990 : *Le Bonsaï* 1985, bronze à patine brun-sombre (36x24x22) : **FRF 7 500** – NEUILLY, 3 fév. 1991 : *Nous deux* 1987, bronze (45x31x13) : **FRF 9 000** – PARIS, 18 mai 1992 : *Le cosmonaute*, bronze (55x29) : **FRF 15 000** – PARIS, 5 oct. 1992 : *La valse à mille temps* 1989, bronze (43x25x20) : **FRF 5 500.**

ALVAREZ de LUGO Luis

Né en 1923 à Caracas. XXᵉ siècle. Vénézuélien.
Peintre de figures, paysages, natures mortes.
Il fut élève de l'Ecole Supérieure des Arts Plastiques de Caracas, puis de l'Ecole d'Art du Massachusetts. Il participe à des expositions collectives nombreuses au Venezuela. Dans des expositions personnelles à Caracas, en 1964, 1966, 1968, il montra des portraits et des personnages féminins. Il peint aussi des paysages et des natures mortes. En 1968, il fonda une Académie privée. En 1973, dans une exposition personnelle à Paris, il montra un ensemble de ses peintures, et particulièrement des paysages de Caracas.

ALVAREZ DE NAVA Luis, don

XVIIIᵉ siècle. Vivait vers le milieu du XVIIIᵉ siècle. Espagnol.
Peintre.
Don Alvarez était Chevalier de l'Ordre de Saint-Jacques et capitaine du corps de la garde royale. Son talent comme peintre et sa situation brillante, la protection qu'il donnait aux artistes lui valurent la nomination de membre de l'Académie de San Fernando, en 1753.

ALVAREZ de SOTOMAYOR Fernando. Voir SOTOMAYOR Y ZARAGOZA Fernando Alvarez de

ALVAREZ ALGECIRAS German

Né à Jerez de la Frontera. XIXᵉ siècle. Espagnol.
Peintre de compositions religieuses, scènes de genre.
Il fut élève de l'École d'art à Cadix, puis étudia à Rome. Il exposa, en 1874, à l'Exposition de Madrid, le tableau *Retour du Golgotha*. Et, dans les années suivantes : *Fin du dessert*, *Le dernier acte d'un drame*, *Les premiers pas*, *Les Héros en miniature* (Salon de Paris de 1878).

ALVAREZ-ASSORIO Leoncid

Né à Séville. XXᵉ siècle. Espagnol.
Peintre.
Expose des portraits à la Nationale en 1934 et aux Indépendants en 1935.

ALVAREZ Y BOUGEL José

Né le 2 février 1805 à Paris. Mort le 22 août 1830 à Burgos. XIXᵉ siècle. Espagnol.
Sculpteur de sujets religieux, groupes, statues, peintre.
Il était fils du sculpteur José Alvarez y Cubiro et frère de l'architecte Anibal Alvarez. De bonne heure, il se montra digne continuateur de son père, qui, sous la direction d'Ingres, avait acquis une expression magistrale. De retour en Espagne, Alvarez exécuta d'importants travaux qui lui promettaient le plus brillant avenir. On cite : *Cupidon* (acquis par le Musée de l'Art moderne à Madrid), *Samson combattant le lion*, œuvre qui valut à son auteur son admission à l'Académie de San Fernando, *Jésus au Mont des Oliviers*, le modèle pour une statue de *Ferdinand VII* (destinée à La Havane) ; peu avant sa mort, Alvarez travailla à une statue de ce souverain et à une de la reine Dona Amalia, qui avaient été commandées par la ville de Saragosse. Il fit aussi le projet d'une troisième, pour Cadix. José Alvarez laissa quelques tableaux d'un remarquable dessin.

ALVAREZ CATALA Luis

Né en 1836 ou 1841 à Helmo (province d'Oviedo). Mort en 1901 à Madrid. XIXᵉ siècle. Espagnol.
Peintre de scènes de genre, portraits, paysages, paysages d'eau, intérieurs.
Il commença fort jeune ses études à l'école de peinture de Raimundo de Madrazo, à Madrid, et, à l'âge de 16 ans, partit pour Rome. Plus tard, revenu à Madrid, il devint directeur du musée du Prado. Luis Alvarez prit une part active au mouvement de l'art moderne, envoyant des ouvrages aux principales expositions européennes. Il fut médaillé à Madrid en 1862, 1864, 1890 ; à Munich, à Berlin et à Paris en 1890.
Très prisé des amateurs américains, nombre d'œuvres de cet artiste qui se spécialisa dans la représentation d'intérieurs opulents figurent dans des collections aux États-Unis.
BIBLIOGR. : Carlos Gonzales et Montse Marti : *Spanish Painters in Rome, 1850-1900*, Barcelone, 1988.
MUSÉES : BERLIN : *Portrait de Philippe II dans son château de Guadar* – MADRID (Gal. d'Art Mod.) : deux toiles.
VENTES PUBLIQUES : LONDRES, 1888 : *Le jeu de clignemusette* : **FRF 3 000** – NEW YORK, 1899 : *Caché et trouvé* : **FRF 1 550** ; *Enlèvement de la Madone* : **USD 1 225** – NEW YORK, 1903-1905 : *La baie de Naples* : **USD 100** – NEW YORK, 1905 : *Un souper* : **USD 275** – NEW YORK, 3 déc. 1936 : *Le boudoir* : **USD 225** – NEW YORK, 13 nov. 1942 : *Le petit-fils de l'amiral* : **USD 625** – NEW YORK, 13 oct. 1967 : *Le nettoyage interrompu* : **USD 650** – NEW YORK, 26 jan. 1979 : *Réception chez le cardinal*, h/t (67x120) : **USD 24 000** – NEW YORK, 28 mai 1981 : *La fête de la Vierge*, h/t (65x121) : **USD 26 000** – LONDRES, 20 juin 1984 : *La leçon de danse*, h/pan. (47x35,5) : **GBP 2 500** – MADRID, 26 mai 1987 : *Réception chez le cardinal* 1877, h/t (67x120) : **ESP 8 000 000** – LONDRES, 22 juin 1988 : *Conversation avec le Pacha* 1888, aquar. (96x62,5) : **GBP 7 700** – LONDRES, 1989 : *Présentation au cardinal* 1877, h/t (66,7x121,3) : **GBP 44 000** – NEW YORK, 22 mai 1990 : *L'inauguration d'une statue*, h/t/cart. (25,7x38,8) : **USD 9 900** – NEW YORK, 22 mai 1991 : *Souper royal* 1883, h/t (68,6x100,3) : **USD 44 000** – NEW YORK, 23 mai 1991 : *Promenade en gondole sur la lagune*, h/pan. (45,4x80) : **USD 16 500** – NEW YORK, 17 oct. 1991 : *La princesse Borghèse dotant des jeunes filles* 1877, h/t (73x125) : **USD 104 500** – LONDRES, 29 nov. 1991 : *Présentation au cardinal* 1877, h/t (66,7x121,3) : **GBP 28 600** – NEW YORK, 20 fév. 1992 : *La visite inattendue* 1879, h/t (45,7x64,8) : **USD 38 500** – NEW YORK, 28 mai 1992 : *Le Passage d'un col de montagne*, h/t (32,1x47,6) : **USD 24 200** – NEW YORK, 30 oct. 1992 : *Naples*, h/pan. (28,2x17,8) : **USD 6 600** – LONDRES, 27 nov. 1992 : *Le Mariage* 1889, h/pap./t. (24,8x46,4) : **GBP 5 500** – NEW YORK, 24 mai 1993 : *Plaisanteries à l'heure du thé* 1875, h/t (47x68,9) : **USD 34 500** – NEW YORK, 24 mai 1995 : *La Boutique du fleuriste* 1880, h/t (57,2x105,4) : **USD 156 500** – NEW YORK, 23 mai 1996 : *Visite au nouveau-né* 1878, h/t (47x68,6) : **USD 36 800** – NEW YORK, 23 oct. 1997 : *Femme devant un miroir* 1878, h/pan., une paire (chaque 40,6x27,9) : **USD 48 300.**

ALVAREZ Y CUBIRO D. José

Né le 23 avril 1768 à Priego. Mort le 26 décembre 1827 à Madrid. XVIIIᵉ-XIXᵉ siècles. Espagnol.

Sculpteur de sujets religieux, statues.
En 1782, cet artiste exécutait déjà des figures pour l'église du couvent de Paular. Il reçut son éducation artistique à Grenade et à Cordoue ; en 1788, il fut élève de l'Académie de San Fernando à Madrid où un premier prix lui fut décerné. En 1799, une bourse de voyage que lui accorda le roi, l'aida à visiter Paris et Rome. En 1804, sa statue de *Ganymède* lui valut un prix ; la même année, il épousa Isabella de Bougel et se rendit à Rome, où il s'associa à Canova. En 1809, Alvarez vint à Engelsburg, n'ayant pas voulu reconnaître Joseph Bonaparte pour son roi : Napoléon cependant l'employa à l'ornementation du Quirinal. Sous Ferdinand VII, Alvarez retourna en Espagne, devint sculpteur de la Cour en 1816, directeur de l'Académie de San Fernando en 1827. On cite parmi ses œuvres *Charles IV et de la reine Marie-Louise*, *La reine Isabelle de Bragance*, monuments funéraires de la duchesse d'Albe et de la marquise d'Ariza, bustes de *Charles IV*, de *Ferdinand VII*, de la reine *Marie-Louise*, des infants *D. Carlos Isidro*, *D. Francisco de Paula*, bustes de *Rossini*, *Cean Bermudez*, *don José Alvarez y Bougel*, des groupes, comme *Antilochos* et *Memnon*, la *Défense de Saragosse*, et beaucoup de personnages mythologiques : *Apollon*, *Vénus*, *Diane*, *Ganymède*, *Prométhée*, *Hercule combattant le lion*, *Antilochos et Nestor* (marbre), *Enfant ou Cygne*.

ALVAREZ-DUMONT César
Né en 1866 à Villareal de San Antonio (Portugal). Mort en 1945 à Marbella (Espagne). XIXe-XXe siècles. Espagnol.
Peintre de compositions animées. Orientaliste.
Élève à l'Académie des Beaux-Arts de Madrid, il voyagea à Paris en 1886, au Maroc en 1902, en Algérie, avant de devenir professeur à l'École d'art de Cadix puis à celle de Malaga.
Dès 1884, il participa aux expositions de Madrid, recevant des distinctions en 1884, 1887, 1890, 1892. Il exposa au Salon des Indépendants à Paris en 1886, tandis qu'en 1900, on le retrouve à Chicago et, de nouveau, à Paris.
Il met en scène des sujets, souvent orientalisants, éclairés par des jeux de lumière qui guident le regard vers l'action principale.
BIBLIOGR. : Gérald Schurr, in : *Les Petits Maîtres de la peinture 1820-1920, valeur de demain*, Les Éditions de l'Amateur, t. VI, Paris, 1985.
MUSÉES : MADRID : *La fleuriste – La prière – Jeune guerrier*.
VENTES PUBLIQUES : LONDRES, 27 oct. 1993 : *Joueur de guitare*, h/pan. (33x19) : **GBP 1 955.**

ALVAREZ-DUMONT Eugenio
Né en 1864 à Tunis. Mort en 1927 à Buenos Aires. XIXe-XXe siècles. Espagnol.
Peintre d'histoire, scènes de genre, sujets militaires.
Il étudia d'abord à Madrid, puis à l'Ecole des Beaux-Arts de Paris, où il obtint le Prix de Rome, qui lui permit un séjour de quatre années d'étude des artistes du passé. Il participa à de nombreuses expositions collectives : à l'Exposition de Madrid, où il obtint des médailles en 1887 et 1892, à Chicago, etc.
Il a surtout peint des sujets militaires, des épisodes historiques, comme par exemple : *Malasina et sa fille se défendant contre les Français en 1808*. D'après les titres de certaines de ses œuvres, il semble qu'il traitait aussi des sujets de genre.
MUSÉES : MADRID (Mus. d'Art Mod.) : *La mort de Churruca (épisode de la guerre de l'Indépendance)*.
VENTES PUBLIQUES : BARCELONE, 19 déc. 1984 : *Corrida 1897*, h/pan. (28x44) : **ESP 600 000** – LONDRES, 22 juin 1988 : *Les préférées de l'abbé 1898*, h/t (60x73) : **GBP 17 600** – LONDRES, 17 fév. 1989 : *L'enlèvement*, h/pan. (19,7x34,6) : **GBP 6 380** – LONDRES, 14 fév. 1990 : *Au café de la Plaza del Plato 1912*, h/t (63,5x91) : **GBP 23 100** – NEW YORK, 17 fév. 1993 : *L'Après-midi à Biarritz 1909*, h/t (88,9x114,3) : **USD 79 500** – NEW YORK, 24 mai 1995 : *Terrasse de café à Mar del Plata en Argentine 1912*, h/t (64,1x91,4) : **USD 71 250.**

ALVAREZ Y ESPINO Gonzalo
Né en Andalousie. XIXe siècle. Espagnol.
Peintre.
On trouve cet artiste, en 1875, à l'exposition de Séville avec le tableau : *Réfectoire du Couvent*. A exposé à Philadelphie : *Préparation à la Première Communion*.

ALVAREZ LEON Luis
Né le 14 avril 1929 à Malaga. XXe siècle. Actif en France. Espagnol.
Peintre de nus, portraits, paysages, natures mortes, fleurs. Polymorphe.
Attiré très jeune par l'art, il vint à Paris en 1952 pour étudier à l'Ecole des Beaux-Arts. Il resta cinq années à Paris, puis voyagea en Bretagne. Depuis 1954, il s'est fixé à Villeneuve-les-Avignon, et expose à Carpentras, Avignon, Arles, obtenant plusieurs distinctions régionales. Il a figuré dans des expositions en Allemagne, Italie, etc.
Il passe indifféremment d'une figuration multiforme à une abstraction nuagiste. Il peint aussi bien des natures mortes, dans la manière de Bernard Buffet, que des portraits, paysages, fleurs, et des nus très détaillés. Si ses débuts ont été marqués par une certaine mièvrerie, il a ensuite abandonné toute apparence maniériste pour retrouver un art figuratif. Sa peinture aux tons fondus, austères, laisse transparaitre une certaine mélancolie. ■ J. B.

ALVAREZ LOZANO José
Né à Zamora. XIXe-XXe siècles. Espagnol.
Peintre.
Élève de Jose Garnelo. A exposé plusieurs tableaux de genre et des études, aux expositions de Madrid.

ALVAREZ-MUNIZ Braulio
Né à Oviedo. XIXe siècle. Espagnol.
Sculpteur de groupes.
Cet artiste se forma sous la direction de Jéronimo Sunol, et débuta avec succès en 1892, à l'Exposition internationale de Madrid. On cite parmi ses œuvres : *Le barbier de village* (groupe en plâtre), au Musée des Beaux-Arts, à Madrid, et un *Habitant des Iles Baléares se servant d'une fronde*.

ALVAREZ MUNOZ Celia
Née en 1937 à El Paso (Texas). XXe siècle. Américaine.
Artiste.
D'origine mexicaine, elle vit et travaille à Arlington (Texas). Elle assemble des photographies interrogeant, par les images et des textes, son enfance, racontant des anecdotes, des expériences initiatiques.
BIBLIOGR. : Bonnie Clearwater : *Arrêt sur enfance*, Art Press, n° 197, Paris, déc. 1994.

ALVAREZ-RIOS Roberto
Né en 1932 à La Havane. XXe siècle. Cubain.
Peintre.
Il fut élève de l'Ecole d'Art San Alejandro, de 1949 à 1955. A Paris, où il fait des séjours depuis 1958, il a participé à la Biennale des Jeunes en 1959 et 1961. Il a fait sa première exposition personnelle à La Havane en 1962. Il prend part également à de nombreuses expositions collectives, notamment l'Exposition d'Art Contemporain Latino-Américain, à Paris en 1962 et 1965, à Rome en 1970, l'exposition *Paris, de Lutèce à la Grande Arche* à la Mairie du IXe arrondissement de Paris en 1991.
BIBLIOGR. : Catalogue de l'exposition *Vision 24*, Institut Italo-Latino-Américain, Rome, 1970.

ALVAREZ-SALA VIGIL Buenaventura ou Ventura
Né en 1869 à Gijon. Mort en 1919 à Gijon. XIXe-XXe siècles. Espagnol.
Peintre de genre.
Après les cours de dessin de l'Ecole Municipale de Dessin de Gijon, il put s'inscrire en 1890 à l'Ecole Spéciale de Peinture de Madrid. Son envoi à l'Exposition Internationale des Beaux-Arts de Madrid en 1892 : *Naufrage sur les côtes de Gijon* fut le début d'une série de succès, qui lui valurent de nombreuses récompenses. A l'Exposition Internationale de Munich en 1905, il reçut une médaille de deuxième classe pour : *Le vœu*, qui reste une de ses peintures les plus populaires.
En 1900, il avait pu faire un assez long séjour à Rome, peignant, entre autres : *Le marché à Rome*, avant de venir se fixer définitivement à Gijon, où il trouvait tous les sujets qu'il aimait traiter : scènes de la vie des paysans dans la campagne, et scènes de la vie des pêcheurs, d'une facture plus franche et d'un sentiment plus authentique que lorsqu'il traitait des « grands sujets », comme, par exemple : *La famille de l'anarchiste le jour de l'exécution*. ■ J. B.
MUSÉES : MADRID (Mus. d'Art Mod.) : *Tous les hommes au gaillard d'arrière – La fiancée*.

ALVAREZ-SALES Cruz
XXe siècle. Vénézuélien.

Peintre de paysages.

Il fut le condisciple d'Antonio Alcantara vers 1940 à l'Ecole des Beaux-Arts de Caracas.

ALVAREZ TORRADO Antonio

xviiie siècle. Travaillait à Cordoue dans la seconde moitié du xviiie siècle. Espagnol.

Peintre de compositions religieuses.

La cathédrale de Cordoue possède, de cet artiste : un *Saint François.* Alvarez restaura de nombreux tableaux des maîtres espagnols et posséda une importante galerie de tableaux.

ALVARO

Né le 20 juin 1957 à Valencia (Venezuela). xxe siècle. Vénézuélien.

Peintre. Surréaliste.

Il débute en 1966 au *Taller libre de Ante del Tigre* à Anzoategui. En 1973, Il arrive à Paris où il fait ses études à l'Ecole des Beaux-Arts. Expose à Paris, Genève et au Venezuela.

ALVARO Giovanni

xviiie siècle. Italien.

Peintre de compositions religieuses.

Il travaillait à Naples, au xviiie siècle. Heinecken dit que A. Maillar grava *l'Enfant Jésus entre Marie et Joseph,* d'après lui.

ALVARO di Piero ou Alvaro de Pedro, ou Alvaro Pires, ou Pirez da Evora

Né à Evora. xve siècle. Portugais.

Peintre de sujets religieux.

Il était actif vers 1450. On croit que cet artiste est le peintre dont Vasari dit qu'il peignit à Volterra et Pise, et fut contemporain de Taddeo di Bartolo dont il adopta le genre. À Santa-Croce de Fossabanda près de Pise, se voit une Madone grandeur naturelle, signée *Alvaro Pirez d'Evora,* entourée de huit anges, dont deux tiennent des instruments de musique, et deux autres offrent des fleurs à l'Enfant-Jésus.

Musées : Brunswick : *Madone et deux saints* 1400 – Volterra (chapelle San Carlo de la cathédrale) : *Madone et deux saints.*

Ventes Publiques : Londres, 10 juil. 1992 : *Sainte Catherine ; Saint Jacques le Majeur,* temp./pan. à fond d'or, une paire (82,5x29 et 82,5x26,5) : **GBP 28 600.**

ALVARUS ou Alvaro

xvie siècle. Portugais.

Peintre miniaturiste.

Il orna les livres de Réforme du roi Jean III. Le livre XI, Estramadure, porte la date 1527 et le nom P. Alvarus sur le titre. Cet artiste est peut-être le même que Pires Alvaro, peintre d'Emmanuel et Jean III, que mentionne Cyrillo Machado.

ALVEAR Gérardo De

Né en 1887 à Santander. xxe siècle. Actif aussi en Argentine. Espagnol.

Peintre de décorations murales.

Il fut élève de l'Académie Royale de San Fernando à Madrid. Il a participé à de nombreuses expositions collectives. A Madrid, il a décoré des plafonds du Palais Pereda et du Palais du Pardo. A Santander, il a décoré la Maison de la Maternité. Il se fixa en Argentine, participa aux expositions locales et y devenant, en 1941, professeur à l'Ecole des Beaux-Arts de Belgrano.

Musées : Bilbao – Buenos Aires – Madrid (Mus. d'Art Mod.) – Santa Fé – Santander .

ALVEDE Hinrike. Voir ALLEVELT

ALVENSLEBEN Oscar von

Né avant 1840. Mort le 5 novembre 1903 à Dresde. xixe siècle. Allemand.

Peintre paysagiste.

ALVERGOT Jean

xve siècle. Français.

Peintre.

Travailla à Marseille (1470-1476), épousa la veuve du peintre Jean de Clèves. Cité par Benza dans son ouvrage sur la peinture en Provence.

ALVERINGUE Léon, dit Alvernhas, c'est-à-dire l'Auvergnat

xve siècle. Travailla à Saint-Maximin et à Aix. Français.

Sculpteur.

On croit qu'Alveringue travailla avec Pierre Soquet de Saint-Quentin (Aisne), à la construction de l'église de Saint-Maximin (Var), de 1465 à 1470. En 1477, il commença la construction de la façade de la cathédrale Saint-Sauveur à Aix, laquelle fut achevée en 1494, Alveringue étant alors déjà remplacé par Soquet. Les sculptures du portail furent conservées (Madone avec les douze apôtres, statues de Louis XI et Charles III, comte de Provence avec sa femme). Il fut aussi architecte.

ALVERSEN Henrik

xviie siècle. Travaillait à Copenhague. Danois.

Sculpteur-décorateur.

Cet artiste collabora à la décoration de l'ancienne Bibliothèque royale à Copenhague (achevée en 1673).

ALVES Alfredo Fernando. Voir ALUES

ALVES Armando

Né le 7 novembre 1935 à Estremoz. xxe siècle. Portugais.

Peintre. Tendance minimaliste. Groupe Os Quatro Vintes.

Il fut élève de l'Ecole Supérieure des Beaux-Arts de Porto. Il a exposé ses travaux à partir de 1958. En 1961, il fut sélectionné pour la Biennale des Jeunes de Paris. En 1962, il devint professeur à l'Ecole des Beaux-Arts de sa jeunesse. Depuis 1968, il fait partie du groupe *Os Quatro Vintes.* Ses peintures sont des monochromes, animés chacun d'un accident, tel que : déchirure, pliage, fente, suggérant l'agression.

ALVES James

Né vers 1738 en Écosse. Mort le 27 novembre 1808 à Inverness. xviiie siècle. Britannique.

Peintre de portraits, dessinateur.

Exposa à l'Académie royale de Londres, en 1775-1778, les tableaux : *Vertumne et Pomone, Arria,* et nombre de miniatures, dont les dernières sont en général au crayon. Peut-être le même artiste que Alves, porté comme élève protégé par Vien, sur le registre de l'Académie Royale de Paris, à la date du 1er octobre 1758.

ALVIANI Getulio

Né en 1939 à Udine. xxe siècle. Italien.

Peintre. Lumino-cinétique. Groupe Nouvelle Tendance.

Il figura à la Documenta IV à Cassel en 1968, et régulièrement dans les expositions de la *Nouvelle tendance* organisées à Zagreb, et à Milan *Arte Programmata.* A partir de 1961, il montre ses réalisations dans de nombreuses expositions personnelles en Italie, Yougoslavie, Belgique, Allemagne et, en 1963, au Städtisches Museum de Leverkusen.

Membre du groupe *Nouvelle Tendance,* il fonde ses réalisations sur l'utilisation de plaques d'aluminium, non planes et travaillées par brossage des parties dans des sens différents, ces différentes parties réfléchissant la lumière dans des directions différentes. Les images ainsi réfléchies changent d'aspect selon l'emplacement qu'occupe le spectateur et selon ses déplacements par rapport à l'œuvre, qui réagit aussi un peu à la manière de miroirs déformants. Dans le même esprit, il réalise des surfaces constituées d'éléments alternativement convexes et concaves ou bien constituées d'alternance de pleins et de vides, de lumière et de noir, etc. Dans un autre ordre d'idées, il a également créé des objets optiques mûs par des mouvements programmés, c'est-à-dire que, dans ce cas, ce n'est plus le mouvement du spectateur qui provoque la modification de l'image, mais celui intégré dans l'œuvre elle-même. La recherche des effets optiques ne fonctionne pas que pour le seul phénomène provoqué et indifféremment à l'aspect formel ; Alviani crée les objets-supports des effets en rapport avec l'esthétique constructiviste, donc ressortissant à l'abstraction géométrique, et, toujours dans la filiation du Bauhaus, il conçoit ses créations dans la perspective d'intégrations architecturales, ainsi de la *Paroi vibratile* mise en place, en 1964, à l'Ecole maternelle de Leverkusen. ■ Jacques Busse

Bibliogr. : Frank Popper, in : *Nouveau Diction. de la Sculpt. Mod.,* Hazan, Paris, 1970 – in : *L'Art du xxe siècle,* Larousse, Paris, 1991.

Ventes Publiques : Milan, 29 mai 1973 : *Superficie et texture vibratile :* **ITL 800 000** – Milan, 27 oct. 1977 : *Superficie et texture vibratile,* alu. et plastique jaune (72x72) : **ITL 1 300 000** – Milan, 16 juin 1981 : *Superficie et texture vibratile,* alu. (56x56) : **ITL 800 000** – Milan, 27 oct. 1986 : *Superficie vibratile* 1972, acier (56,5x60) : **ITL 1 500 000** – Londres, 3 juil. 1987 : *LL lung 9x1.2.3.2.1. sinc* 1964, alu. (124,7x124,7) : **GBP 4 000** – Milan, 20 mars 1989 : *Superficie et texture vibratile,* alu. satiné (70x42) : **ITL 1 900 000** – Florence, 15 juin 1989 : *Cromia* 1970, pigments/pan. (65x65) : **ITL 4 200 000** – Milan, 19 déc. 1989 : *N. 71070,* alu. satiné (72x72) : **ITL 6 000 000** – Milan, 27 mars 1990 : *Superficie* à *texture vibratile 0013*, alu. satiné (97x97) : ITL **7 500 000** – MILAN, 24 oct. 1990 : *Superficie et texture vibratile 1973*, alu., étude (36x42) : ITL **3 800 000** – ROME, 3 déc. 1990 : *Superficie et texture vibratile assonométrique*, alu. et bois (84x85) : ITL **6 900 000** – MILAN, 22 nov. 1993 : *Forme de lumière 1960*, alu./pan. (49,5x48,5) : ITL **4 243 000** – MILAN, 9 mars 1995 : *Superficie et texture vibratile assonométrique*, alu. façonné (84x84) : ITL **4 370 000**.

ALVIM Marco Paulo
Né en 1940 à Belo-Horizonte (Etat de Minas-Gerais). XXᵉ siècle. Brésilien.
Peintre, illustrateur.
Il expose à Rio de Janeiro depuis 1968. Il a illustré *Justine* du marquis de Sade. En 1972, il a reçu une bourse de la Fondation Gulbenkian de Lisbonne. Il est également diplômé en muséologie et professeur à l'Ecole Supérieure de Muséologie de Rio de Janeiro, ainsi que conservateur du Musée des Beaux-Arts.

ALVIN Nicolas
Né en 1767 à Paris. XVIIIᵉ siècle. Français.
Peintre.
Il est mentionné dans les archives de l'Académie de Peinture et Sculpture où il entra le 27 pluviôse, an V (1796).

ALVIN CORREA Henri
Né en 1876 à Rio de Janeiro. XXᵉ siècle. Brésilien.
Peintre d'histoire.
Il fut élève de Detaille et de Jean-Jacques Brunet. Comme eux, il traita des sujets de l'histoire militaire, par exemple : *Les derniers coups de feu – La reconnaissance cernée – Les retardataires du 13 octobre 1870.*

ALVINO Giuseppe d', dit Albina, appelé il Sozzo
Né avant 1550. Mort le 11 avril 1611. XVIᵉ-XVIIᵉ siècles. Italien.
Peintre.
Il fut élève du peintre et sculpteur Giuseppe. Spatafora. On croit qu'il fut aussi sculpteur et architecte, et très bon dessinateur. Bien qu'il paraisse avoir beaucoup produit, on possède peu d'ouvrages de lui.

ALVINO Pietro d' ou Albina
Mort le 9 février 1626, très jeune. XVIIᵉ siècle. Italien.
Peintre.
Fils de Giuseppe Alvino.

ALVIS Michel de
Né à Paris. XXᵉ siècle. Français.
Peintre de paysages, natures mortes.
Il se forma dans les académies libres de Paris et à l'Ecole du Louvre. Il expose individuellement à Paris et en Espagne. Paysages et natures mortes sont composés dans des gammes sourdes, une matière pigmentaire grasse, et décrits par un dessin incisif.

ALVISE fu Francesco di S. Marziale
XVᵉ siècle. Italien.
Peintre.
Il est cité à Venise dans un acte du 7 février 1458.

ALVISE dalle Ganasse
XVIᵉ siècle. Travaillait à Venise. Italien.
Graveur sur bois.
Voir Alvise fu Giovanni.

ALVISE di Giacomo
XVᵉ siècle. Italien.
Peintre.
Signalé à Venise dans un acte notarié du 22 juin 1466.

ALVISE di Giacomo di Pace
XVᵉ siècle. Italien.
Peintre.
Sa signature figure dans un testament vénitien du 18 août 1478.

ALVISE fu Giovanni
XVIᵉ siècle. Italien.
Graveur sur bois.
Il vivait à Venise. Il est mentionné comme témoin dans un acte de donation le 2 septembre 1542. Il est peut-être le même artiste que Alvise dalle Ganasse.

ALVISE di Lorenzo da Cassino
XVᵉ siècle. Italien.
Peintre.
En 1481, Alvise est mentionné comme membre de l'Université des peintres, à Milan.

ALVISE di Marco
XVIᵉ siècle. Italien.
Graveur sur bois.
Son nom est cité à Venise dans les pièces d'un procès en 1524 et 1545.

ALVISE di Michele
XVIᵉ siècle. Actif à Venise. Italien.
Peintre.
Habitant à Valstagna, son nom figure dans un document du 15 mai 1525 à Carpane, près de Bassano.

ALVISE di Michele da Milano
XVᵉ-XVIᵉ siècles. Lombard. Italien.
Sculpteur.
Alvise aida son père Michele da Milano, dans les travaux de sculpture ornementale du Palais municipal de Jesi, en 1486. Michele da Milano aurait quitté Jesi en 1500, pendant que Alvise demeurait encore près de deux ans dans cette ville pour achever les travaux ; puis il rejoignit son père à Ancône en 1502.

ALVISE da Napoli
XVIᵉ siècle. Actif au début du XVIᵉ siècle. Italien.
Miniaturiste.
Aide du peintre Matteo da Terranova, avec lequel il alla de couvent en couvent pour y peindre les livres de chœur. Ils passèrent à Naples, au Mont Cassin et Pérouse. On trouve au couvent San Pedro à Pérouse des enluminures de cet artiste.

ALVISE di Nicolo
Actif à Venise. Italien.
Peintre.

ALVISE di Pietro
XVIᵉ siècle. Italien.
Sculpteur sur bois.
On trouva son nom parmi les membres de la Scuola grande de Saint-Jean de l'Évangéliste, dont les actes le mentionnent jusqu'en 1512.

ALVISE da Vicenza
XVIᵉ siècle. Actif à Venise. Italien.
Sculpteur sur bois.
Le 5 octobre 1531, cet artiste fit un contrat pour les travaux de sculpture du couvent de Saint-Giovanni di Verdara à Venise.

ALVISY Titus Andreas
Originaire de Rome. XVIIᵉ siècle. Hollandais.
Peintre.
A Munster, il épousa Gertrud Volckmans, et passa ses dernières années à Amsterdam. Il fit son testament le 11 mai 1687 à l'hôpital d'Amsterdam Peut-être est-il le même que le peintre Vito Andrea Aloisi-Galanini.

ALVITRETI Francesco
XVIIᵉ siècle. Travaillait à Ascoli vers 1624. Italien.
Dessinateur.

ALVORD-CONWAY Evelyne, Mme
XXᵉ siècle. Américaine.
Sculpteur.
Expose aux Artistes Français en 1923 et 1925.

ALWIS W. de
XXᵉ siècle. Vivait à Ceylan au début du XXᵉ siècle. Britannique.
Peintre, aquarelliste.
Il exposa à Paris en 1900 des aquarelles représentant la vie dans les plantations de l'Inde.

ALXENOR
Originaire de Naxos. Vᵉ siècle avant J.-C. Vivait au début du Vᵉ siècle avant Jésus-Christ. Antiquité grecque.
Sculpteur.
Son nom signe une stèle funéraire trouvée à Orchomène de Béotie (homme barbu vêtu de l'himation et appuyé sur un long bâton, jouant avec un chien auquel il tend une sauterelle). L'œuvre et l'inscription se datent de 490-480. Malgré certains restes d'archaïsme, la stèle d'Alxénor se signale pour l'exactitude du rendu anatomique et l'aisance très détendue du mouvement.

ALY Gustave
Né à Arras (Pas-de-Calais). XXᵉ siècle. Français.
Peintre de paysages.
Il a exposé à Paris, au Salon des Indépendants de 1905 à 1935, notamment un *Effet de neige* en 1907, *L'église de Vélizy* en 1910.

ALY Willem d'
Actif en Allemagne. Allemand.

Dessinateur.
Il dessina pour la grande carte que Decker fit de la ville de Delft.

ALYANAK Hrand J.
Né à Constantinople. xxᵉ siècle. Actif en France. Turc-Arménien.
Peintre de paysages.
Il a exposé des paysages de Turquie et du Midi de la France au Salon des Indépendants, à Paris, de 1926 à 1935.
VENTES PUBLIQUES : PARIS, 12 déc. 1990 : *Plage d'Étretat*, h/t (42x72) : FRF 13 000.

ALYANAKI Léonid
Né à Rostov-sur-le-Don. xxᵉ siècle. Russe.
Peintre de paysages.
Depuis 1934, il a figuré sporadiquement aux Salons de la Société Nationale des Beaux-Arts et d'Automne.

ALYPOS
vᵉ siècle avant J.-C. Sicyonien. Antiquité grecque.
Sculpteur.
Il fut disciple d'un Naucydès d'Argos, contemporain de Polyclète. Alipos réalisa pour Olympie plusieurs statues athlétiques. Il travailla aussi à Delphes vers 405, à l'ex-voto de Lysandre et des vainqueurs spartiates.

ALYS Marso d', Mme
Née à Arras. xxᵉ siècle. Française.
Peintre.
Expose des natures mortes et des animaux au Salon des Indépendants en 1932 et 1935.

ALZAMORA Bernardino
xviiᵉ siècle. Actif à Valence. Espagnol.
Peintre de portraits.
En 1631, cet artiste exécuta, par ordre de la ville, un portrait du roi D. Jaime pour le salon doré du vieux Palais ; ce portrait se trouve actuellement aux Archives de la Casa Consistorial (Valence).

ALZIBAR José de ou Alcibar
xviiiᵉ-xixᵉ siècles. Espagnol (?).
Peintre de compositions religieuses, portraits.
Il était actif de 1751 à 1806 au Mexique. Il fut l'un des premiers professeurs de l'Académie San Carlos de Mexico regroupant un cercle d'artistes autour de Miguel Cabrera.
Son premier travail connu date de 1751. Il peignait dans le style baroque parfois sur toile mais surtout sur métal. Il a peint son œuvre maîtresse *L'Adoration des Mages* pour la sacristie de l'église San Marcos.
VENTES PUBLIQUES : NEW YORK, 19-20 nov. 1990 : *Saint Joseph et l'Enfant*, h/t (105x67) : USD 30 800 – NEW YORK, 22-23 nov. 1993 : *Sœur Maria Manuela Margarita*, h/t (176,5x102,9) : USD 16 100 – NEW YORK, 18 mai 1994 : *Le martyre de Saint Philippe de Jésus (patron de la ville de Mexico)* 1801, h/t (94x70,5) : USD 6 900.

AL-ZIBAWI Mahmoud
Né en 1962 à Saïda. xxᵉ siècle. Actif aussi en France. Libanais.
Peintre de figures, portraits, dessinateur, illustrateur.
Tendance expressionniste.
Il est autodidacte de formation. Il illustre des livres et des revues. Il partage son temps entre Beyrouth et Paris. Il montre ses dessins et peintures dans des expositions personnelles, à Beyrouth depuis 1980, dans d'autres villes libanaises, à Tripoli 1986, à Paris 1989.
Son thème principal est le visage humain, qu'il traite en général de façon expressionniste, en accentuant les traits de caractère, soit parfois en facture traditionnelle académique, surtout lorsqu'il s'agit de portraits.
BIBLIOGR. : Catalogue de l'exposition *Liban – Le regard des peintres*, Institut du Monde Arabe, Paris, 1989.

ALZINE François
xvᵉ siècle. Vivait à Vence. Français.
Peintre de miniatures.
Cité par Bensa dans son ouvrage sur la peinture en Provence.

ALZINE Honoré
xviᵉ siècle. Français.
Peintre de compositions religieuses.
Actif à Provence, il vivait aussi à Vence. En 1521, il décora de peintures la chapelle de Saint-Michel dans l'église paroissiale de Châteauneuf-de-Grasse. Il était peut-être fils de François Alzine et est cité dans quelques documents sous le nom de Honoré Alzine de Saint-Paul de Vence.

AMABERT Esprit
xviiᵉ siècle. Actif à Bramans. Français.
Peintre de compositions religieuses, fresquiste.
Cet artiste orna une chapelle, aux environs de Lanslebourg (Maurienne), de fresques médiocres, représentant *La Vie et les miracles de Saint Philippe*, et signées : *Spiritus Amabertus, Bramanensis picxor pinxit*, 1619-1620. Il décora aussi d'autres chapelles dans la région.

AMABLE, pseudonyme de Amable Petit
Né en 1846 à Rouen. Mort après 1914. xixᵉ-xxᵉ siècles. Français.
Peintre décorateur.
Débuta aux Funambules au boulevard du Temple en 1852, ce qui rend sa date de naissance douteuse, y joua la pantomime, passa au théâtre Comte en 1855, puis revint aux Funambules et y resta jusqu'à la démolition de ce théâtre (1862). Pris du goût de la peinture décorative, il entre comme élève chez Robecchi en 1860 : devenu son associé en 1885, après avoir peint pour la Porte-Saint-Martin le cabinet de Justinien dans *Théodora*, il a, depuis cette époque, fourni un grand nombre de décors à l'Opéra et à tous les grands théâtres.
VENTES PUBLIQUES : PARIS, 4 juin 1993 : *Projet de décor pour Armide* 1905, encre, lav. brun et bleu et aquar. (48,2x79,5) : FRF 7 000.

AMADA H. S.
xxᵉ siècle. Japonais.
Peintre et dessinateur.
Expose à Paris en 1929.

AMADEI Carlo
xviiiᵉ siècle. Actif à Sienne vers 1779. Italien.
Peintre.

AMADEI Emilio
Né le 13 mars 1867 à Florence. xixᵉ siècle. Italien.
Peintre.
Amadei étudia à l'Académie des Arts de Florence, et plus tard sous la direction du professeur Fattori ; en 1889, l'artiste produisit ses études de lumière intense, qui firent sensation à l'Exposition de Florence cette même année. Un *Intérieur avec une figure d'enfant*, des Portraits, furent très admirés.

AMADEI Giuliano
Mort en 1496 à Lucques. xvᵉ siècle. Italien.
Peintre, miniaturiste.
Cet artiste mentionné d'abord en 1446, devint le peintre favori du pape Paul II à Rome. On le retrouve plus tard miniaturiste à Lucques.

AMADEI Stefano
Né le 20 janvier 1589 à Pérouse. Mort le 20 janvier 1644 à Pérouse. xviiᵉ siècle. Italien.
Peintre de compositions religieuses, portraits, dessinateur.
Cet artiste fut élève du peintre Giuliano Cesare Angeli et du mathématicien de Pérouse Lemme Rossi. Il fonda à Pérouse une académie de dessin et peignit pour la chapelle de la Madonna addolorata à Santa Maria Nuova à Pérouse, une grande *Pieta*, et, sur les murs de côté, une *Présentation de Marie au Temple*, ainsi que *les Fiançailles de la Vierge*. Vers 1633, Stefano Amadei exécuta le tableau du grand-autel, *La Vierge glorieuse avec Jésus et six saints*. Orsini, Siepi et d'autres critiques attribuent à cet artiste l'*Image de Dieu le Père avec un Séraphin*, œuvre qui, de Saint-François, fut transportée à la Pinacothèque de Pérouse. Amadei peignit à Pérouse et à Rome, de nombreux portraits.

AMADEO Frederico E.
Né à Buenos Aires. xxᵉ siècle. Argentin.
Peintre de figures.
Il était peut-être aussi sculpteur. Il a exposé à Paris, sans doute au cours d'un séjour ou de plusieurs en France, en 1913 et 1921 au Salon de la Société Nationale des Beaux-Arts.
MUSÉES : BAYONNE (Mus. Basque) : *Joueurs de pelote*.

AMADEO Giovanni Antonio ou degli Amadei
Né en 1447 à Pavie. Mort en 1522 à Milan. xvᵉ-xviᵉ siècles. Italien.
Sculpteur de statues religieuses, bas-reliefs.
Il était fils d'Aloisio ou de Luigi Amadei (?) ; il vécut plus tard à Milan, et à Pavie. Ses œuvres où la sculpture intervient le plus sont la chapelle Colleoni à Bergame, et la Chartreuse de Pavie. Il fut aussi architecte.

VENTES PUBLIQUES : NEW YORK, 18 fév. 1922 : *Vierge à l'enfant,* bas-relief en marbre : **USD 225.**

AMADEO Giovanni Batista
XVIIᵉ siècle. Travaillait à Linz. Italien.
Modeleur et stucateur.
En 1681, il exécuta, avec quelques autres artistes, les remarquables travaux en stuc qui décorent le grand pavillon du jardin de la cour de San Florian, à Linz.

AMADEO Protasio
Né près de Pavie. XVᵉ siècle. Italien.
Peintre et peut-être sculpteur.
Il était frère de l'architecte et sculpteur lombard Giovanni Antonio Amadeo et, comme celui-ci, né vers le milieu du XVᵉ siècle, fils du fermier Aloisio Amadeo, des environs de Pavie. Protasio se forma à l'art de la peinture, et travailla principalement pour son frère, plus célèbre que lui.

AMADEO da Bergamo
XIVᵉ siècle. Lombard, travailla à Reggio au XIVᵉ siècle. Italien.
Sculpteur de monuments.
On conserve un fragment du monument funéraire qu'il sculpta en marbre rouge pour le juriste Pietro da Suzzara (mort à Reggio en 1327). Ce monument, signé par l'auteur, se trouvait autrefois au couvent San Domenico, Reggio. Le relief représente le savant à sa chaire, entouré de quatre élèves qui l'écoutent. Le travail, un peu rude, n'est pourtant pas sans habileté.

AMADI Francesco
XVᵉ siècle. Italien.
Peintre de compositions religieuses.
On attribue à cet artiste une Madone miraculeuse peinte, dans l'église Santa Maria dei Miracoli à Venise, vers le milieu du XVᵉ siècle ; elle fut mise dans une niche en bois par un de ses petits-fils.

AMADIEU Raoul
Né à Montmorillon (Vienne). XIXᵉ siècle. Actif dans la seconde moitié du XIXᵉ siècle. Français.
Peintre.
Il exposa, au Salon de Blanc et Noir, des paysages en 1892.

AMADIO Ambrogio
XVIᵉ siècle. Italien.
Miniaturiste.

AMADIO Andrea
XVᵉ siècle. Travaillait à Venise. Italien.
Peintre et miniaturiste.
On doit à cet artiste le précieux *Herbarium de Bernardino Rinio,* conservé à la Bibliothèque Saint Marc, à Venise, qu'il illustra en 1415.

AMADO Antonio
Né vers 1750. Mort vers 1820. XVIIIᵉ-XIXᵉ siècles. Portugais.
Sculpteur sur bois.

AMADO Jean
Né le 27 janvier 1922 à Aix-en-Provence (Bouches-du-Rhône). Mort en octobre 1995. XXᵉ siècle. Français.
Sculpteur d'intégrations architecturales, monuments, céramiste. Abstrait.
Il étudia d'abord le dessin et la peinture en 1940-1941. Il participa alors à la Résistance contre l'occupation allemande jusqu'en 1944, à Aix, puis dans la Drôme. En 1947, il installa un atelier de céramique à Aix.
Il commença à exposer ses premières sculptures en 1947. Il participe occasionnellement à des expositions collectives : Salon des Réalités Nouvelles 1972, *L'art dans le ville* à Vitry-sur-Seine 1975, IIIᵉ Biennale de Sculpture à Budapest 1975, *Artistes-artisans* au Musée des Arts Décoratifs de Paris 1977, Biennale de Sculpture à Padoue 1979, etc.
En 1970 eut lieu sa première exposition de sculptures à Paris. Se succédèrent ses expositions personnelles, dont : l'exposition rétrospective du Musée de Grenoble 1980, la rétrospective du Musée Kröller-Müller à Otterlo (Hollande), la rétrospective du Musée des Arts Décoratifs de Paris 1985, une rétrospective au Musée Cantini de Marseille 1989, en 1997 à Aix-en-Provence, une triple exposition en trois lieux de la ville.
Entre 1950 et 1954 il évolua vers une sculpture architecturale. Aussi travailla-t-il en relation avec des architectes et eut l'opportunité d'intégrer ses sculptures dans des ensembles construits : encadrements de portes dans des immeubles du Vieux-Port à Marseille, fontaines aux Sablettes, à Berre. En 1955, il créa un

Totem de 40 mètres et cinq fontaines pour un ensemble de l'architecte Fernand Pouillon à Alger. Suivirent dorénavant de très nombreuses réalisations sur commandes. En 1957, il mit au point un matériau nouveau : le *cérastone,* béton réfractaire émaillé, qu'il utilisera pour la plupart de ses travaux, d'entre lesquels : 300 mètres carrés de bas-reliefs pour une galerie marchande à Bron-Parilly 1959, bas-relief pour l'Hôpital d'Aix-en-Provence 1960, etc. À partir de 1963, il créa des sculptures autonomes dans l'espace, et non plus en intégration architecturale, même si parfois faisant partie d'un ensemble construit, mais plus souvent hors toute commande, sculptures pour soi d'abord. Il ne cessait toutefois pas d'accepter d'intégrer des bas-reliefs ou des fontaines dans des constructions nouvelles. En 1971, il décida d'abandonner définitivement l'émaillage de ses sculptures pour l'authenticité du matériau brut, le plus souvent ciment de basalte cru ou cuit, d'aspect rugueux, variant du gris au rouille.
Les sculptures d'Amado surprennent souvent par leurs très grandes dimensions, elles sont vraiment monumentales, architecturales. Tantôt, au-delà de leur appartenance à l'abstraction, elles évoquent des sortes de monstres antédiluviens fossilisés, plus souvent leur convient l'appellation que leur conféra Jorge Amat : « les forteresses du désir », forteresses pour *Le rivage des Syrtes* de Julien Gracq, aussi closes sur elles-mêmes que les *Demeures* d'Étienne-Martin s'ouvrent au contraire avidement sur le dehors. C'est encore une de ces forteresses qu'Amado a érigée en 1988 sur un haut-lieu de Marseille, en *Monument à Arthur Rimbaud,* qui vint mourir à ce rivage, comme une métaphore des dix-sept années d'enfermement en lui-même du poète qui s'était tu. ■ Jacques Busse
BIBLIOGR. : Georges Duby : Catalogue de l'exposition *Amado,* Galerie ; – Jeanne Bucher, Paris, 1976 – Pierre Gaudibert : Catalogue de l'exposition rétrospective *Amado,* Mus. de Peint. et de Sculpt., Grenoble, 1980 – Dora Vallier : Catalogue de l'exposition *Amado,* Galerie Jeanne Bucher, Paris, 1983 – G. Duby, F. Mathey, L. Pons, F. Finidori, B. Noël : Catalogue de l'exposition rétrospective *Amado,* Mus. des Arts-Décoratifs, Paris, 1985.

AMADO Y BERNARDET Ramon
Né vers 1844 à Barcelone (Catalogne). Mort le 8 janvier 1888 à Barcelone. XIXᵉ siècle. Espagnol.
Peintre d'histoire, compositions religieuses, scènes de genre, portraits, aquarelliste, lithographe.
Cet artiste fit ses premières études artistiques à Barcelone ; il les compléta en parcourant l'Europe ; Amado prit une place intéressante aux salons parisiens parmi les peintres espagnols. On cite de lui : *Le mariage* et *Le baptême,* peints à Paris en 1876, *Un marché à Tanger,* exposés à Paris en 1877 et 1880, *Deux têtes de saints,* à l'église San Antonio de Padua à Barcelone, un *Portrait de Pie IX,* un *Portrait du roi Amédée de Savoie.* Ses lithographies valent d'être mentionnées.
VENTES PUBLIQUES : NEW YORK, 17 jan. 1990 : *Femme assise,* h/pan. (21,8x15,8) : **USD 825** – NEW YORK, 17 jan. 1996 : *Un petit somme auprès du feu,* h/pan. (22,2x15,9) : **USD 2 300.**

AMADORI
XIXᵉ siècle. Italien.
Sculpteur.
Romain, on trouve son nom en 1870 sur le catalogue de la quatrième Exposition internationale des Arts à Munich, avec une *Flore.*

AMADORI Domenico
XVIᵉ siècle. Actif à Ferrare en 1500. Italien.
Peintre.

AMADORI Francesco di Bernardino, da Castel Durante ou dell' Amadore
Mort le 3 décembre 1555 à Rome. XVIᵉ siècle. Travaillait à Rome.
Sculpteur.
Élève de Michel-Ange. En 1530, après qu'Antonio Mini fut parti pour la France, Amadori devint l'aide et le serviteur de Buonarotti qui le nomme seulement Urbino. Son maître le chargea de l'exécution d'une partie des travaux en pierre, faits en 1542, au tombeau de Jules II. Amadori servit son maître pendant vingt-cinq ans.

AMADORI Vittorio
XVIIᵉ siècle. Italien.
Peintre.
Actif à Casteldurante, il travaillait aussi à Rome. Un document le

mentionne travaillant en 1646 dans l'atelier de Francesco Rossi à Rome.

AMAH. Voir AMAT José Braulio

AMAKER Johann Jakob
Né à Lichtenstein. Mort en 1848. XIXᵉ siècle. Allemand.
Peintre décorateur.
Cet artiste prit part aux Expositions artistiques de Saint-Gall, en 1832 et 1835.

AMALFI Carlo
Né à Vico. XVIIIᵉ siècle. Travaillait à Naples. Italien.
Peintre d'histoire, portraits.
Il se perfectionna à l'École de Sébastien Conca, di Il Gaetano : en 1752, sa réputation était assez solidement établie pour que la décoration des deux grandes salles du tribunal royal à Naples lui fût confiée. Il l'exécuta avec l'aide du peintre Giovanni Battista Natali, de Plaisance. On doit également à Amalfi une suite de portraits des plus célèbres législateurs d'Italie qu'il peignit dans une petite salle, tandis qu'il en décorait une autre du portrait équestre du roi Carlo III entouré des figures de la Justice, de la Paix, de l'Histoire, de l'Éloquence, de la Géométrie, etc. Il peignit aussi dans la chapelle de San Severo à Naples, à la troisième arche du monument tombal de Raimondo di Sangro, le portrait de ce prince. Amalfi travailla aussi au Castel Capuano de Naples, dans la chapelle dei Padri Pii di San Severo, et dans d'autres églises napolitaines.

AMALFITANO Orazio
XVIIᵉ siècle. Napolitain, actif en 1623. Italien.
Peintre.

AMALIA Marie
Née le 9 novembre 1961. XXᵉ siècle. Française.
Peintre sous verre, animalier. Tendance naïve.
Elle étudie les arts plastiques à l'Université de Paris I (1982-1984), puis suit les cours de l'École Nationale Supérieure des Beaux-Arts (atelier G. Jeanclos). Elle est la fille du sculpteur Cyrille Bartolini.
Elle expose régulièrement de façon collective à Paris (Galerie Benezit), Londres (Galerie Stéphanie Hoppen), Bruxelles (Galerie l'Angle Aigu). Elle montre ses œuvres dans des expositions personnelles : 1988, 1990, 1993 Galerie Bénézit, Paris ; 1990 Galerie Stéphanie Hoppen, Londres.
Elle crée un univers de fêtes, de charmes, puisant ses sujets dans des contes, légendes et histoires bibliques. Différents personnages : clowns, danseurs, marionnettes ou animaux, évoluent dans un espace, que les couleurs – en général sur des fonds noirs ou ocres – et la technique particulière de la peinture sous verre rendent attractifs.

AMALIE Felipe Pilar
Née en 1834. XIXᵉ siècle. Espagnole.
Peintre.
Cette princesse de Bavière, née infante d'Espagne, qui épousa, en 1856, Adalbert, prince de Bavière, et qui en devint veuve en 1875, à Munich, ne dédaigna pas de faire de la peinture. On cite d'elle dans la Neue Pinakothek, Le pont du Tage à Tolède, signé Amalie de Bourbon, 1858.

AMALLO Y MANGET Francisco
Né en 1849 à Madrid. XIXᵉ siècle. Espagnol.
Peintre de genre, paysages, graveur.
Cet artiste fut élève de Pablo Gonzalvo et de Carlos de Haës : il peignit surtout des tableaux de genre, s'attachant particulièrement aux épisodes de corrida. On lui doit aussi des paysages. On cite notamment de lui : La mort de Frascuelo, L'Hiver, Le lever du soleil. Il a fait aussi une eau-forte, Le taureau Barbudo, blessant à mort le torero Pepe Illo.

AMALRICUS
IXᵉ siècle. Italien.
Peintre miniaturiste.
On cite de lui une Bible richement décorée et enluminée aux Archives de la cathédrale à Monza.

AMALTEO Girolamo
Mort vers 1543. XVIᵉ siècle. Italien.
Peintre d'histoire, compositions religieuses, fresquiste.
Il fut instruit par son frère Pomponio et fit preuve d'une grande habileté aussi bien dans de petites peintures que dans les fresques et les tableaux qu'il peignit dans l'église de Saint-Vito-en-Frioul.

AMALTEO Pomponio
Né en 1505 à Motta di Livenza. Mort le 9 mars 1588 à San Vito, dans le Frioul. XVIᵉ siècle. Italien.

Peintre d'histoire, compositions religieuses, fresquiste, graveur, dessinateur.
Il était fils de Leonardo, bourgeois de Motta, et de Natalia, sœur des savants latins Paolo Marcantonio et Francesco Amaltei. Il fut élève et devint le beau-frère de Pordenone. Sa réputation fut rapidement faite et d'importants travaux lui furent confiés dans sa province.
À Belluno, en 1529, il peignit des sujets empruntés à l'histoire romaine. En 1532, il travailla à Udine et l'année suivante il exécuta pour la cathédrale de San Vito, un tableau votif représentant Saint Roch, Saint Apollinaire, Saint Sébastien et deux autres saints. Dans la chaire de l'église Santa Maria di Battisti, à San-Vito, se voient des fresques de lui, datées de 1535, représentant des Scènes de la vie de la Vierge ; elles ont malheureusement beaucoup souffert du temps. En 1555, il peignit les portes de l'orgue à Udine, retraçant des scènes de la Vie du Christ. En 1576, il exécuta La mise au tombeau, à Monte di Pieta à Udine. Les fresques de Daniel et Suzanne, et les Jugements de Salomon et de Trajan, dans la maison de ville de Ceneda, attribués par Ridolfi à Pordenone, sont, d'après Lanzi, d'Amalteo. On cite de lui une gravure : Adam et Ève chassés du paradis.

Pom AMALT
pompamal.

AMALVY Louis
Né le 9 décembre 1918 à Arcueil (Val-de-Marne). XXᵉ siècle. Français.
Peintre de paysages, natures mortes, fleurs, aquarelliste. Expressionniste.
Professeur d'arts plastiques dans un lycée de 1954 à 1969, il abandonne l'enseignement pour se consacrer à la peinture. Il participe à de très nombreuses expositions collectives, parmi lesquelles à Paris : Salons d'Automne depuis 1952, des Indépendants de 1953 à 1972, du Dessin et de la Peinture à l'eau de 1963 à 1965, des Peintres Témoins de leur Temps entre 1967 et 1977. Il fut sélectionné pour la Biennale de Menton en 1955 et 1957, pour le Prix de la Critique à Paris en 1966 et 1968. Il a montré l'ensemble de ses peintures dans de nombreuses expositions personnelles depuis 1950, notamment dans le Midi, mais aussi à Paris, Belfort, Grenoble, etc. Si ses thèmes se rattachent à la vision postimpressionniste, sa technique de touches franches et grasses peut être dite expressionniste et sa couleur fauve.

AMAMA Franz von ou Ammama
XVIIᵉ siècle. Actif à la fin du XVIIᵉ siècle. Allemand.
Peintre de paysages, fleurs.
Il travaillait à Hambourg et à Altona, et fut le premier maître de Balthasar Denner. Il peignit des paysages en miniature, des oiseaux, et surtout des fleurs. On lui doit de nombreuses vues de Hambourg à la sanguine.

AMAN Jörig
XVᵉ siècle. Allemand.
Peintre.
Cité dans les peintres d'Augsbourg vers 1460.

AMAN Théodor
Né en 1831 à Campulung (Roumanie). Mort le 19 août 1891. XIXᵉ siècle. Roumain.
Peintre d'histoire, compositions religieuses, scènes de genre, graveur.
Après des études à Bucarest, sous la direction de Lecca et Wallenstein, il vint à Paris où il fut élève de Drolling et Picot, à l'École des Beaux-Arts en 1850. Présent au Salon de 1853 à Paris, il s'en alla en Crimée et à Constantinople l'année suivante, avant de retourner dans son pays natal en 1858. Il contribua à la fondation de l'Académie des arts de Bucarest, qui fut inaugurée en 1864, et dont il fut le directeur, tout en devenant le conservateur de la Pinacothèque de la même ville. Il prit aussi l'initiative d'organiser le Salon des artistes contemporains en 1865.
Son atelier, qui devint le Musée Théodor Aman, était très prisé et connu pour introduire davantage l'art de Courbet que celui des

impressionnistes, dans les milieux roumains. Ses compositions religieuses, tableaux de genre et d'histoire, scènes de la vie du peuple, sont ordonnés de manière classique et même parfois académique, même s'il lui arrive de donner une touche dynamique et vibrante à certaines œuvres, comme *Massacre des Bulgares par les Turcs* ou *Le grand atelier de l'artiste*. On cite de lui, à ses débuts : *Le champ de bataille de Sébastopol – Bataille d'Oltenitza*, puis *Une odalisque – Plaisir champêtre – Sur la terrasse de Sinaia* qui lui fournirent l'occasion de représenter des personnages connus.

Bibliogr. : Gérald Schurr : *Les Petits Maîtres de la peinture 1820-1920, valeur de demain*, t. V, Les Éditions de l'Amateur, Paris, 1981.

Musées : Bucarest (Mus. Théodor Aman) – Londres (Victoria and Albert Mus.) : *L'orgie – Sorcière bohémienne de Roumanie – Le secret – Mendiants en Roumanie – Femme de Bucarest – L'Odalisque aux perles – Buffles en Roumanie – La ceinture.*

AMAN-JEAN Céline
xxᵉ siècle. Française.
Peintre.
Elle fut sociétaire du Salon d'Automne, dont elle fut membre du jury de peinture en 1924. Elle avait figuré aussi au Salon de la Société Nationale des Beaux-Arts en 1921, 1922.

AMAN-JEAN Charlotte Claire
Née à Paris. xxᵉ siècle. Française.
Peintre.
Elle exposa au Salon de la Société Nationale des Beaux-Arts en 1920, 1921, 1922, obtint une bourse de voyage en 1925. De 1923 à 1933, elle figura régulièrement au Salon des Tuileries. En 1945, elle exposait encore au Salon des Indépendants.

AMAN-JEAN Edmond, pseudonyme de Amand Edmond François Jean
Né le 13 janvier 1858 à Chevry-Cossigny (Seine-et-Marne). Mort le 23 janvier 1936 à Paris. xixᵉ-xxᵉ siècles. Français.
Peintre de compositions murales, portraits, intérieurs, pastelliste, graveur, lithographe. Postimpressionniste, symboliste.
Son père était originaire de Saint-Amand, où il dirigeait une entreprise de batellerie, et où il passa son enfance. Il perdit ses deux parents avant l'âge de dix ans. Il fut alors recueilli par son oncle à Paris. Après ses études classiques chez les Jésuites, il fréquenta l'atelier d'apprentissage du sculpteur Justin Lequien, où il fut le condisciple de Georges Seurat. En 1878, avec Seurat, il devint élève de l'Ecole des Beaux-Arts de Paris, dans l'Atelier de Henri Lehmann, qui eut aussi pour élève Pissarro. En 1879 eut lieu la quatrième exposition des impressionnistes. À l'Ecole des Beaux-Arts, Aman-Jean, Ernest Laurent et Seurat reconnurent leur intérêt commun pour l'impressionnisme et, en conséquence, décidèrent de quitter l'Ecole. Témoignage émouvant et garant de l'époque intense de sa jeunesse : le portrait au fusain que Seurat fit de son ami. Au Salon de 1881, il découvrit Puvis de Chavannes. À partir de 1883 environ, il travailla avec Puvis de Chavannes, qu'il assista dans la réalisation du *Bois sacré*, qui décore un mur du grand escalier du Musée des Beaux-Arts de Lyon. Il fut distingué au Salon une première fois en 1883, puis en 1885 obtint une bourse de voyage pour Rome, où il se retrouva avec Ernest Laurent et Henri Martin. Introduit dans le cercle des mardis de Stéphane Mallarmé, il fut sollicité pour participer au Salon de la Rose-Croix en 1892 et 1893. Ce fut à cette époque qu'il se lia avec Verlaine, auquel il resta fidèle jusqu'à sa mort. Après avoir quitté le trop convenu Salon des Artistes Français, Aman-Jean exposa très régulièrement au Salon de la Société Nationale des Beaux-Arts, dont il devint sociétaire en 1893, président de la section de peinture en 1914, 1921, 1922. Il avait obtenu la médaille d'argent en 1889, médaille d'or 1900 pour l'Exposition Universelle, à laquelle occasion il fut fait chevalier de la Légion d'honneur (il fut fait dans la suite officier, en 1933 commandeur, ainsi qu'officier de l'ordre de Léopold de Belgique). En 1896-1897, avec son épouse, il fit un long séjour dans l'Italie de Naples et Amalfi. À partir de 1899, il exposa souvent avec la Société des Pastellistes de France. En 1899, il fonda la Société Nouvelle de Peintres et Sculpteurs, qui exposa pendant quatorze ans à la galerie Georges Petit. Autour de 1900, il participa à des expositions et voyagea à Munich, Hollande, Belgique, Angleterre, à Vienne comme invité de la *Sécession*. Il multiplie aussi les séjours en Italie. À partir de 1902, il fut invité fréquemment aux États-Unis, pour des commandes de portraits de nombreuses personnalités ou de décorations murales, dans

différentes villes, et aussi pour y exposer, notamment au Carnegie International de Pittsburgh jusqu'en 1914, et dont il fut membre du jury. Il organisa même une exposition d'art français, en 1911-1912, qui fut présentée à Buffalo, Saint-Louis et Pittsburgh. En 1912, il participa au nouveau Salon de la Triennale, avec, entre autres, Maurice Denis et Renoir. En 1913, il fut nommé conservateur du Musée de Château-Thierry, sis dans la maison de La Fontaine. En 1913 encore fut publiée son étude sur Vélasquez, qui connut aussitôt un succès non démenti. La guerre de 1914-1918 provoqua chez lui une cassure, et, pendant quatre années, réfugié (?) à Château-Thierry alors occupé par les Allemands, il cessa presque totalement de peindre. Après 1922, il quitta la Société Nationale, pour fonder, avec Albert Besnard qui en était président, le Salon des Tuileries, dont Aman-Jean et Bourdelle étaient vice-présidents. Il n'exposa que très rarement seul, toutefois, en 1925, avec René Ménard à la galerie Georges Petit. En 1936, le Salon des Tuileries lui consacra une très large exposition d'hommage. Depuis sa mort, il est représenté dans les expositions collectives consacrées à son époque. Le Musée des Arts Décoratifs de Paris lui a consacré une rétrospective en 1970.

Dans les années quatre-vingt-dix, il avait produit des gravures et lithographies. Ses lithographies connurent un considérable succès. Il ne s'occupa guère de la diffusion de ses eaux-fortes. Dessinateur rigoureux, il a utilisé le fusain, le crayon lithographique, les craies de couleur, le pastel. Il a réalisé des compositions décoratives, parmi lesquelles : destinés en principe à divers bâtiments publics de Paris : *Saint Julien L'Hospitalier* en 1883, *Jeanne d'Arc* en 1885, *Le parc* de 1901 pour l'Hôtel-de-Ville de Château-Thierry, en 1908-1909 quatre panneaux pour le Pavillon de Marsan du Louvre, puis l'amphithéâtre de chimie de la Sorbonne en 1912 : *Les quatre éléments*, à la suite duquel le Parlement du Chili lui commanda pour son Palais quatre grands panneaux.

Dans la période juste postérieure à l'Ecole des Beaux-Arts, Aman-Jean pratiqua le divisionnisme de Seurat, puis, assez tôt, il revint à une facture « plate », dans le même temps qu'il aborda les « grands sujets » des quelques compositions décoratives qui lui étaient alors commandées. Le séjour à Naples et Amalfi, de 1896-1897, lui fit découvrir avec ravissement sous une lumière plus crue des couleurs plus éclatantes, auxquelles il se ralliera avec modération durant cette première période de la maturité. À partir de 1912 et progressivement, il fut dans sa propre peinture sensible au charme intimiste de celle de Bonnard. Avec le recul du temps, on apprécie plus aujourd'hui cette part intimiste de son œuvre, qui avait au début quelque peu surpris ses familiers : des portraits de femmes dans leur intérieur : *Portrait de Mlle S. Poncet – Portrait de Mme Juliette Second*, etc., ou bien des jeunes femmes anonymes, porteuses d'un climat psychologique rêveur et mélancolique qu'Aman-Jean affectionnait de communiquer : *La confidence – L'attente – La femme au paon*, où se manifestent heureusement et la rigueur souple de son dessin et les harmonies, de nouveau assourdies bien que ponctuées de notes vives, qui caractérisent surtout la facture de sa dernière période. De ces jeunes femmes, le critique Roger Marx croyait pouvoir déceler que « le mystère insondable de leur regard et leur sourire distant trahissent de troubles pensées ». Il est vrai que la critique d'époque était au psychologisme. Ne peuvent être passés sous silence les nombreux nus, plus du tout porteurs d'allégories mais d'une saine sensualité, qui jalonnent son œuvre, particulièrement son œuvre dessiné, à partir de 1906-1907, et qui témoignent sans détours de l'intérêt qu'il portait à la féminité. Dans son étude définitive sur Aman-Jean, Patrick-Gilles Persin établit le décompte de l'œuvre de celui qu'il sous-titre justement *le peintre de la femme* : « Il ne peint guère plus d'une vingtaine de portraits d'hommes, tous ses amis. Les natures mortes recensées sont moins nombreuses encore. Le paysage pur, c'est-à-dire non animé de personnages, est également assez rare dans l'œuvre d'Aman-Jean, sauf pour les périodes italiennes. » Quant à ses compositions plus ambitieuses, on ne peut oublier qu'elles répondaient pour lui à une idée généreuse qu'il se faisait de l'univers, au centre duquel l'être humain, sous sa forme féminine, témoignait de sa beauté. ■ Jacques Busse

Aman Jean

Bibliogr. : Aman-Jean : *Vélasquez*, Art et Esthétique, Paris, 1913 – Aman-Jean : *Les Salons*, Revue de l'art ancien et

moderne, Paris, 1920 – Aman-Jean : *L'art japonais au Salon de la Société Nationale des Beaux-Arts*, Revue de l'art ancien et moderne, Paris, 1922 – Marius Mermillon : *Aman-Jean*, Crès, Paris, 1927 – Ph. Jullian : *Ces visionnaires de la décadence : Peintres symbolistes des années 1890*, Londres, 1971 – Ph. Jullian : *Les Symbolistes*, Oxford, 1973 – Catalogue de l'exposition Edmond Aman-Jean, galerie Ferrers, Londres, 1975 – Patrick-Gilles Persin : *Aman-Jean, peintre de la femme*, Biblioth. des Arts, Paris, 1993, étude et documentation très complètes.
MUSÉES : AIX-LES-BAINS (Mus. du Dr. Faure) : *Femme au chapeau noir* 1900 – *Femme au châle rose* vers 1905, past. – *Rêverie, étude de nu* vers 1907, fus. et aquar. – *Femme au peignoir* vers 1915, past. – *Baigneuse à la rose* vers 1925 – AMSTERDAM (Rijksmus. Vincent Van Gogh) : *Jeune femme pensive, portrait de madame Thadée Aman-Jean* 1892 – BREST : *Sainte Geneviève devant Paris* 1885 – BRUXELLES (Mus. Charlier) : *Jeune fille aux roses* vers 1920 – BUCAREST : *La Confidence* 1908 – BUENOS AIRES : *La Femme au vase bleu* – CARCASSONNE : *Saint Julien L'Hospitalier* 1882 – *Douteuse* 1900 – CHÂTEAU-THIERRY : *La Violoniste* vers 1905, past. – *La Femme au collier de corail, Miss Ella Carmichaël* vers 1908 – *Portrait du Dr. Ernest de Massary* 1914 – *Portrait de Mme Ladureau* 1933 – CHÂTEAU-THIERRY (Hôtel de Ville) : *Le Parc* 1901, en collabor. avec Aubert – CINCINNATI (Art Mus.) : *Caprice* 1903 – CLEVELAND (Mus. of Art) : *Méditation* 1891 – DIJON (Mus. des Beaux-Arts) : *La Rieuse* vers 1897, litho. – *La Chevelure* vers 1898, litho. – *Rêverie* vers 1898, past. – *Femme au gant* 1902, past. – *Tête de femme au chapeau blanc* 1902, past. – *Portrait de femme, Mme Ernest Chausson* 1902 – *Line Aman-Jean en costume de Marie-Antoinette* 1903 – *Nature morte* vers 1905 – *Petite fille dans les prés* – DOUAI : *Intimité, la lecture* 1904 – *L'Adieu aux hirondelles* 1923 – *Repos après le duo* 1924 – *Pluie d'étoiles* vers 1925 – GRAY : *Jeune femme à l'écharpe jaune* 1895 – *Femme au gant blanc* 1898, past. – *La Pierreuse* 1898, past. – *Étude de femme* vers 1905, fus., past. et détrempe – *Jeune fille aux fleurs* vers 1905 – *Étude de nu à l'abandon* vers 1905, fus., craie et aquar. – *Femme au chapeau de paille* vers 1905, past. – *Nu au chapeau* 1906, fus. et past. – *Portrait de Mr. Edmond Pigalle* 1906, fus. et past. – *Nu à la pergola* 1906-07, fus. et past. – *Portrait de femme, Mme René-Jean* 1907, fus. et past. – *Jeune femme aux yeux bleus* 1920 – INDIANA (Snite Mus. of Art, University of Notre-Dame) : *Portrait de la princesse Galitzine* vers 1900 – KURASHIKI (Ohara Mus. of Art) : *La Chevelure* vers 1910 – *Portrait de famille* 1913 – LIMOUX (Mus. Petiet) : *Jeune fille au chien* 1913 – LYON (Mus. des Beaux-Arts) : *Tête de femme* vers 1907, fus. et past. – *Femme accroupie* vers 1907, past. – *Portrait d'une jeune femme à l'amphore* vers 1907, past. – *L'Amour de soi, femme nue devant une glace* 1928 – METZ : *Portrait de Verlaine* 1892 – NANTES (Mus. des Beaux-Arts) : *Portrait de Mlle Marguerite de Massary* 1909, fus. et past. – *Jeune fille au collier vert* vers 1922 – ORLÉANS : *Jeanne d'Arc en prière* 1889 – *Jeanne d'Arc entrant dans Orléans* vers 1889 – PARIS (Mus. du Louvre, Cab. des Dessins) : *Portrait de femme* vers 1895, cr. et fus. – *Nu couché* 1906, fus. et past. – *Femme au chapeau* vers 1906, past. – *Nu entre deux coussins* 1906, past. – *Femme drapée suivie d'un homme* vers 1908, past. – *Femme au singe* 1908, fus. et past. (Mus. d'Orsay) : *Portrait de Melle Thadée Jacquet* 1892 – *Farniente* vers 1908, past. – *Portrait de femme, Ella Carmichaël* 1904 – *Jeune fille au chien*, Salon de 1914 – *Portrait de Mgr Pechenard, évêque de Soissons* 1916 – Séries de dessins et de pastels – *Femme à la rose*, litho. – PARIS (Mus. des Arts Décoratifs) : *Jeune fille au paon* 1895 – *La Méditation* 1905 – *La Confidence* 1905 – Quatre panneaux, dont La Comédie – *La Collation* vers 1908-09 – *La Petite Vielleuse* vers 1910 – *La Saltimbanque* 1910 – *La France* 1910 – *Scène d'intérieur* 1921 – PARIS (Mus. du Petit-Palais) : *Portrait de Melle Segond* 1900 – *Jeune femme en buste* vers 1902, past. – *Femme nue étendue* 1906, fus. et past. – *Nu debout dans une couronne de feuillage* 1906, fus. et past. – *Nu debout, de dos* 1907, fus. et past. – *Femme nue accroupie tenant des raisins* 1907, past. – *Nu, buste de jeune fille* vers 1908, past. – *Deux femmes nues debout* vers 1908, past. – *Nature morte au cor et au tambour* vers 1930 – PARIS (Fonds de la Ville) : *Les Quatre Éléments* 1912 – PITTSBURGH (Carnegie Instit.) : *La Confidence* 1903 – REIMS : *Jeunesse* vers 1905, past. – RIO DE JANEIRO (Mus. des Beaux-Arts) : *Femme assise en robe noire* vers 1896 – SAINT-DENIS-LA-RÉUNION (Mus. des Beaux-Arts Léon Dierx) : *Projet décoratif pour un plafond* vers 1895 – STUTTGART (Staatsgal.) : *Portrait de femme dans un jardin* 1897 – TOKYO (Nat. Mus. of Western Art) : *Portrait de Mme Kuroki* 1921 – *Jeune Fille au jardin* 1921 – *Femmes lisant* 1922 – *Deux femmes, le sommeil, le repos* 1922 – *Rêverie* 1923 – VIENNE (Isère) : *La Fin du livre* 1896.

VENTES PUBLIQUES : PARIS, 21 jan. 1898 : *Les champs, le soir* : **FRF 100** – NEW YORK, 8 fév. 1907 : *Portrait d'une dame* : **USD 75** – PARIS, 31 mai 1910 : *Les Pommes* : **FRF 380** ; *La Femme au masque* : **FRF 480** – PARIS, 22 mai 1919 : *Nymphe au tambour de Basque* : **FRF 820** – PARIS, 10 mai 1926 : *Nature morte* : **FRF 2 800** – PARIS, 26-27 fév. 1934 : *Baigneuse*, past. : **FRF 1 000** ; *Nu au citron* : **FRF 1 280** – PARIS, 10 mai 1950 : *Cueillette des pommes* : **FRF 22 000** – LONDRES, 9 juil. 1971 : *Méditation* : **GNS 1 900** – PARIS, 14 juin 1976 : *Portrait de mademoiselle V. G.* 1907, h/t (194x128) : **FRF 22 000** – PARIS, 2 déc. 1977 : *Elégantes au clair de lune*, h/t (79x96) : **FRF 17 500** – LONDRES, 10 mai 1979 : *Portrait de jeune femme en buste*, past. (58,5x48,3) : **GBP 3 200** – TOULOUSE, 20 déc. 1979 : *Jeunes filles au bord de l'eau*, h/t (73x60) : **FRF 26 500** – PARIS, 22 juin 1981 : *La fumeuse*, h/t (61x50) : **FRF 20 000** – PARIS, 16 avr. 1982 : *Femme au camélia* 1898, past./cart. (61x50) : **FRF 135 000** – NEW YORK, 26 oct. 1983 : *Sous la guirlande*, h/t (118,5x89) : **USD 8 250** – NEW YORK, 31 oct. 1985 : *Jeune Femme à la rose*, past. (61x50,8) : **USD 18 000** – PARIS, 9 avr. 1987 : *Portrait de femme au gant blanc*, past. (45x37) : **FRF 90 000** – PARIS, 28 mars 1988 : *Femme à la couronne de fruits*, past. (41x33) : **FRF 100 000** – LONDRES, 27 juin 1988 : *La Robe rose*, past. (96x74) : **GBP 93 500** ; *Au bal masqué*, past./pap. (55,9x47) : **GBP 11 000** – PARIS, 16 déc. 1988 : *Les Meules*, h/t (46x61) : **FRF 4 000** – NEW YORK, 3 mai 1989 : *Femme dans un jardin* 1916, h/t (76x60) : **USD 155 400** – GRANDVILLE, 29 avr. 1990 : *Le modèle souriant*, h/pan. (55x38) : **FRF 130 000** – LONDRES, 19 mars 1991 : *Dame pensive assise*, h/t (55x44,5) : **GBP 115 500** – PARIS, 3 fév. 1992 : *Jeune femme rousse*, past. (40,8x33) : **FRF 3 800** – PARIS, 3 avr. 1992 : *La rêveuse et les corbeaux*, h/t (55x46) : **FRF 47 000** – AMSTERDAM, 28 oct. 1992 : *Venise, la belle souveraine de la mer*, h/t (120,5x157,5) : **NLG 34 500** – PARIS, 23 mars 1994 : *Odalisque au chien* 1930, h/t (76x63) : **FRF 31 000** – NEW YORK, 19 jan. 1995 : *Contemplation*, h/t (76,2x62,5) : **USD 5 175** – PARIS, 13 oct. 1995 : *Portrait de femme* 1907, past. (120x80) : **FRF 65 000** – PARIS, 28 juin 1996 : *Jeune Femme au chapeau fleuri* 1909 (72x58) : **FRF 71 000** – PARIS, 14 oct. 1996 : *Femme au citron*, h/t (46x38) : **FRF 20 000** – LONDRES, 31 oct. 1996 : *Dame au repos*, h/t (59x49) : **GBP 3 450** – PARIS, 19 oct. 1997 : *Nu au drapé* 1906, h/t. et past./pap. (51x27,5) : **FRF 9 000** – PARIS, 4 nov. 1997 : *Venise, trois personnages* 1913, h/t (65x54) : **FRF 47 000**.

AMAND Gustaaf
Né le 13 septembre 1833 à Zalt-Bommel. Mort le 2 février 1897 à Amsterdam. XIXe siècle. Hollandais.
Graveur et photographe.

AMAND Jacques François
Né en 1730 à Goult. Mort en 1769 à Paris. XVIIIe siècle. Français.
Peintre d'histoire, sujets mythologiques, graveur, dessinateur.
Cet artiste fut l'élève de Pierre et obtint le prix de Rome en 1756, pour son tableau *Samson et Dalila*. Il fut élu membre de l'Académie, le 26 juillet 1767. Ses ouvrages les plus importants sont : *Samson livré aux Philistins*, *Les ambassadeurs de Cambyse et le roi d'Éthiopie*. Il grava un certain nombre de compositions d'après ses dessins, d'une jolie coloration, montrant des vues de la campagne romaine. Cet artiste nous paraît être le même que le Jean-François Amand ou Aman, cité comme travaillant à Rome en 1759. On connaît de lui trois eaux-fortes : *La jeune mère*, *La leçon interrompue* et *Les bons avis*. Il faut citer aussi la jolie estampe que Fr. Guérin grava d'après lui sous le titre : *La marchande de pommes*.
MUSÉES : MAYENCE : *Samson et Dalila*.
VENTES PUBLIQUES : PARIS, 16 mai 1923 : *Le Galant Jardinier*, sanguine : **FRF 200** – PARIS, 21 mars 1929 : *Ruines romaines avec personnages*, dess. : **FRF 320** – PARIS, 27 juin 1941 : *L'Atelier de menuiserie*, lav. d'encre de Chine : **FRF 4 600** ; *Le Campement*, sanguine : **FRF 2 300**.

AMAND Roger
Né en 1931 à Paris. XXe siècle. Français.
Peintre de compositions à personnages. Symboliste, tendance surréaliste.
Issu d'un milieu ouvrier, il eut un début de vie difficile. Il se forma au dessin dans les Académies libres de Montparnasse, et à la peinture par des voyages en Italie, notamment à Arezzo, pour étudier Piero della Francesca. Il semble que ce peintre se mêle peu au monde des artistes et qu'il expose peu. Toutefois, en mars 1988, une vente au Nouveau Drouot à Paris réunissait un

ensemble de ses peintures, qui motiva un long article dans *La Gazette*.

Ses compositions de personnages font penser à Balthus et à Delvaux. Dans des espaces très précisément délimités, parties de rues dans la ville ou intérieurs de maisons, les personnages prennent leur place, comme les comédiens sur la scène, formant des compositions très élaborées et se figent dans l'attitude qui leur a été prescrite. Quelle action se préparent-ils à jouer ? On ne le saura pas, les titres de chaque tableau renforcent l'énigme : *Le temps du solstice* ou bien *Proximité de la Grande Ourse*. Dans l'article cité, dont on aurait pu prélever de nombreux passages : « Les personnages d'Amand sont pétrifiés dans une solitude désespérée. La disposition de ses figures égarées aux allures de somnambules relève en fait de strictes règles de la géométrie dont elles ne semblent avoir nullement conscience. » ■ J. B.

BIBLIOGR. : J. R. : *L'Étrangeté de Roger Amand ou la solitude des êtres*, in *La Gazette*, Paris, 26 février 1988.

VENTES PUBLIQUES : PARIS, 7 mars 1988 : *La mort du saltimbanque 1955*, h/t (81x116) : FRF 2 000 ; *Figure féminine 1966*, h/t (73x54) : FRF 1 800 ; *Sommeil paradoxal 1971*, h/t (46x81) : FRF 3 500 ; *Fin d'après-midi, Place Mélusine 1975*, h/t (130x162) : FRF 7 000 ; *Icare après la chute 1980*, h/t (130x162) : FRF 12 500 ; *La librairie 1984*, h/t (114x146) : FRF 4 000 – CHAUMONT, 17 sep. 1995 : *La passante*, h/t (92x65) : FRF 9 000.

AMANDRY Robert
Né le 29 janvier 1905 à Romilly-sur-Seine. XXe siècle. Français.
Sculpteur.
Il fut élève du sculpteur-médailleur Patey, de Henri Dropsy et de J. Boucher, à l'Ecole des Beaux-Arts de Paris. Il exposait au Salon des Artistes Français de Paris, où il obtint une mention honorable en 1930.

AMANDUS
IXe siècle.
Miniaturiste.
Sur la dédicace de la Bible Vivien, à Paris, il est cité en même temps que Sigvaldus et Aregarius avec qui il dut collaborer à l'ornementation de ce livre.

AMANDUS de Strasbourg
XVe-XVIe siècles. Actif à la fin du XVe siècle et au début du XVIe.
Miniaturiste.
Il faisait partie de l'ordre des Cisterciens, et vivait au couvent de Langheim. La bibliothèque royale de Bamberg conserve plusieurs de ses ouvrages.

AMANN Hermann
Né en 1934 à Bad Bellingen. XXe siècle. Depuis 1960 actif en France. Allemand.
Auteur de performances, peintre, peintre de décors de théâtre, peintre à la gouache, aquarelliste, graveur, dessinateur. Abstrait.
Artiste très actif, il a également publié des écrits et réalisé de nombreuses conférences sur la peinture. Il participe à des expositions collectives : 1960 Salon des Indépendants à Paris ; 1969 Bibliothèque internationale de musique contemporaine à Fontainebleau ; depuis 1977 régulièrement à la FIAC (Foire Internationale d'Art Contemporain) à Paris présenté par la galerie Spiess ; 1980 École nationale des beaux-arts de Lyon, Fondation Nationale des Arts Graphiques et Plastiques à Paris ; 1983 Maison des artistes de Namur et Cercle des Beaux-Arts de Liège ; 1984 Art Fair de Stockholm ; depuis 1987 régulièrement au SAGA (Salon des Arts Graphiques Actuels) à Paris ; 1995 Cité internationale des Arts plastiques à Paris. Il montre régulièrement ses œuvres dans des expositions personnelles depuis 1964 à Paris : de 1975 à galerie Raph ; depuis 1982 galerie Speiss ; ainsi qu'en Allemagne : 1979 Bad Bellingen.
Peintre, il réalise des œuvres musicales au rythme dynamique, très colorées, composées de figures géométriques, de lignes épaisses ou cernes noires, de formes biomorphiques, des signes graphiques. Il réalise également des gravures (eaux-fortes, monotypes), livres d'artistes (*Jardins* 1989), des affiches et des objets ainsi que des performances en vue de réaliser le tour du monde avec une ligne de couleur rouge (tuyau rempli de peinture).

VENTES PUBLIQUES : PARIS, 8 oct. 1989 : *Mouvement des collines*, h/t (81x116) : FRF 4 500.

AMANN Jean
XVIIe siècle. Travaillait à Amsterdam en 1623. Hollandais.
Graveur sur bois.
On lui doit : *la Passion*, suite de soixante-quatre planches.

AMANO Bukichiro
Né à Tokyo. XXe siècle. Japonais.
Peintre.
Expose au Salon des Indépendants en 1931.

AMANO Kazumi
Né en 1927 dans la préfecture de Toyama. XXe siècle. Japonais.
Graveur. Surréaliste.
En 1945, il reçut le diplôme de l'Ecole des Arts et Métiers de Takaoka, pour la section des arts du bois. Il a participé à la Biennale Internationale de gravure de Tokyo en 1957, puis en 1964, 1966 année où il obtint un Prix, et 1968. Il a participé à l'Exposition d'Art Contemporain du Japon en 1962, 1964, 1968, 1969, et obtint le Prix du Musée National d'Art Moderne de Tokyo. En 1964, il reçut le Prix de la Biennale Internationale de Gravure de Lugano, et en 1967 celui de la Biennale Internationale de Gravure de Ljubljana, année où il figura également à la Biennale de São Paulo.

AMANO Kunihiro
Né en 1929 à Aomori. XXe siècle. Japonais.
Graveur.
Il est membre de l'Association de la Gravure Japonaise. En 1957, il a figuré à la Biennale de Gravure de Tokyo et a été sélectionné pour l'Exposition de la Gravure Japonaise Contemporaine à Chicago. En 1961, il a été sélectionné pour la Biennale des Jeunes de Paris.

AMANO Shige
Né vers 1945 à Tokushima. XXe siècle. Japonais.
Graveur. Abstrait.
Il fut élève en art de l'Université d'Osaka, puis de l'Ecole des Beaux-Arts de Paris, où, de 1970 à 1973, il a participé au Salon des Indépendants et à la Biennale de l'Estampe. En 1970, il a aussi figuré à la Biennale Internationale de Gravure de Cracovie. Ses gravures sont constituées de structures géométriques abstraites, qui comportent toutefois des éléments perspectifs.

AMANS Jacques
Né en 1801. Mort en 1888 à Paris. XIXe siècle. Américain.
Portraitiste.
Il exposa plusieurs fois à Paris entre 1831 et 1837.

AMANS Louise
Née le 5 juin 1860 à Bâle. Morte le 10 février 1897 à Bâle. XIXe siècle. Suisse.
Peintre de portraits, fleurs.
Élève de Gustave Boulanger, de Jean Paul Laurens et de Benjamin Constant à Paris, elle exposa dans cette ville, à partir de 1889, ainsi qu'aux expositions d'œuvres d'art de Bâle et à la première exposition d'art suisse, à Berne, en 1890.

AMANTINI Tommaso
XVIIe siècle. Actif à Urbino. Italien.
Peintre, sculpteur et potier d'art.
Il reçut sa première éducation artistique de Varsajo Bartoccini, dans sa ville natale, et vécut ensuite dans la maison de Frederigo Gioja à San Sepolcro. En 1642, ses frères l'obligèrent à quitter ses études et à ouvrir une poterie d'art, à Urbino. Après la mort de son père, en 1642, il abandonna cette entreprise pour s'adonner exclusivement à la peinture. Il travaillait, en 1660, avec le sculpteur Ercole Ferrata, avec qui il exécuta, en collaboration du stucateur milanais Francesco Agustone, les travaux de stuc de la cathédrale d'Osimo. Les derniers renseignements que l'on possède sur Amantini sont fournis par des documents datés de 1675. On sait qu'il fut rétribué par la *Compagnia della grotta di Urbino* pour un grand relief en terre cuite, devant représenter *La Nativité du Christ* ; l'artiste mourut avant de l'avoir achevé. Ses œuvres les plus importantes furent : la décoration plastique intérieure et extérieure de l'église d'Urbino (l'édifice le plus somptueux de cette époque), les statues des prophètes et des anges placées des deux côtés du maître-autel de Santa-Maria della Vergini à Ascoli Piceno, et les ornements de stuc de l'église San-Filippo Neri. Il est aussi l'auteur de la grande statue du jeune David, dans l'église d'Urbino, et de plusieurs travaux conservés dans les villes d'Italie et à Rome. ■ B. A. V. B.

AMANUS
Actif à l'époque de Tibère (?). Antiquité romaine.
Peintre.

Connu par une épitaphe de la Via Salaria, il était esclave de C. Salustius Crispus.

AMAR Joseph
Né en 1954. XXᵉ siècle. Américain.
Peintre de techniques mixtes.
VENTES PUBLIQUES : NEW YORK, 7 mai 1991 : *Sans titre*, craie grasse, pb et graphite/bois (61,2x48,8) : **USD 2 860** – NEW YORK, 30 juin 1993 : *Sans titre* 1987, bois et pb (H. 61) : **USD 2 760** – NEW YORK, 7 mai 1996 : *Terre et Vert* 1982, t. d'emballage, ficelle et tissu de coton/t. (155x155) : **USD 805** – PARIS, 29 nov. 1996 : *Neuf Trous* 1986, pb/bois (96x58x20) : **FRF 15 000**.

AMARA Mohand
Né en 1952 à Bougie. XXᵉ siècle. Depuis 1953 actif en France. Algérien.
Sculpteur de figures, nus, animaux.
Il fut élève de l'École des beaux-arts de Paris, étudiant d'abord la peinture.
Il pratique une sculpture figurative, en particulier des corps d'hommes ou de chevaux tout en tension.
BIBLIOGR. : In : *Dict. de l'art mod. et contemp.*, Hazan, Paris, 1992.

AMARAL Antonio Henrique
Né en 1935. XXᵉ siècle. Brésilien.
Peintre et graveur.
La prise du pouvoir de Goulart en 1961 a incité les artistes brésiliens à réagir et, en conséquence, à revenir à une figuration leur permettant de dénoncer le régime politique de leur pays. Amaral a ainsi exécuté des gravures pour l'album *Le Mien et le sien* (1967), où ses bouches criantes et dents coupantes sont de véritables appels au secours. C'est, par ailleurs, dans un esprit « tropicaliste » qu'il a peint *Brasiliana* à São Paulo. A partir des années soixante-dix, il confronte sans cesse l'organique et l'inorganique, évoquant les déchirements successifs de la conquête du Nouveau Monde.
BIBLIOGR. : Damien Bayon et Roberto Pontual : *La Peinture de l'Amérique latine au XXᵉ siècle*, Mengès, Paris, 1990.
VENTES PUBLIQUES : NEW YORK, 17 oct. 1979 : *Mort no Sabado II* 1975, h/t (80x116,2) : **USD 2 400** – NEW YORK, 12 mai 1983 : *Bananas* 1973, h/t (137,5x94) : **USD 2 500** – NEW YORK, 28 nov. 1984 : *Bananas* 1973, h/t (122x101,5) : **USD 4 000** – NEW YORK, 30 mai 1985 : *Arvores* 1981, h/t (89,6x119,4) : **USD 2 000** – NEW YORK, 21 nov. 1988 : *Champ de bataille 5* 1973, h/t (182x233) : **USD 28 600** – NEW YORK, 15 mai 1991 : *Bananes vertes* 1970, h/rés. synth. (23x63,5) : **USD 3 300** – NEW YORK, 18-19 mai 1992 : *Nature morte* 1973, h/t (75,6x80,3) : **USD 16 000** – PARIS, 10 fév. 1993 : *Composition* 1977, techn. mixte (47,5x41,5) : **FRF 3 800** – NEW YORK, 23-24 nov. 1993 : *Banane, coutelas* 1971, acryl./t. (85,5x128,3) : **USD 11 500** – NEW YORK, 18 mai 1994 : *Pastèque* 1980, h/t (121x180) : **USD 13 800**.

AMARAL Jim ou John
Né le 3 mars 1933 à Pleaston (Californie). XXᵉ siècle. Actif aussi en Colombie. Américain.
Peintre, dessinateur. Fantastique.
A partir de 1958, il se fixa en Colombie. Il expose aux États-Unis et à Paris.
Stylistiquement son dessin se réfère aux maniéristes de la fin du XVIᵉ siècle, avec des thèmes fantastiques et des suggestions érotiques. Son œuvre se divise en deux séries principales. Dans l'une, qu'il désigne en tant que *Lettres d'amour*, il dispose par séquences les attributs de prédilection de son langage d'images : doigts, bouche, sexe, seins, hors doigts les ongles, hors bouche la langue et les dents. Dans l'autre série, ces mêmes attributs s'organisent, à la manière des visages d'Arcimboldo, pour constituer des figurations fantastiques. ■ J. B.

AMARAL Miguel Antonio
XVIIIᵉ siècle. Portugais.
Peintre de portraits.
Il fut élève de Pinto Pereira en 1740.
VENTES PUBLIQUES : PARIS, 22 mars 1979 : *Portrait d'homme* 1759, h/t (85x65) : **FRF 4 200** – PARIS, 24 sep. 1980 : *Portrait d'homme* 1759, h/t (84,5x65) : **FRF 3 500**.

AMARAL Olga de
Née à Bogota. XXᵉ siècle. Active aux États-Unis. Colombienne.
Peintre de tapisseries.
Epouse de Jim Amaral. Elle a participé à la Biennale de Tapisseries de Lausanne en 1967. Ses tapisseries sont constituées de bandes de textiles prétissées qu'elle superpose.

AMARAL Tarsila do, ou da
Née en 1886 à Capivari (São Paulo). Morte en 1973 à São Paulo. XXᵉ siècle. Active au Brésil. Brésilienne.
Peintre de scènes de genre, illustratrice. Tendance surréaliste.
Elle fut élève de Pedro Alexandrino et de M. E. Renard. Elle travaille à Paris, de 1920 à 1923, notamment avec Lhote et Léger, découvrant le cubisme, le constructivisme, le surréalisme. Elle fut la femme du poète Andrade. Waldemar-George l'a présentée au public parisien.
Elle exposa un portrait au Salon des Artistes Français en 1922 ; a participé à l'Exposition ouverte à Paris en 1946, au Musée d'Art Moderne, par l'U.N.E.S.C.O. Depuis sa mort, elle est représentée dans de nombreuses expositions collectives : 1982 Musée d'Art Moderne ; 1984 Musée d'Art Contemporain de São Paulo ; 1987 à Indianapolis, New York, Miami, Mexico ; 1992 à Séville, Paris, Cologne ; 1993 Musée d'Art Moderne à New York.
Elle tente, dans son art, de renouer avec le génie indigène. De son pays natal, elle retient la culture populaire qu'elle met en scène dans des œuvres pittoresques, d'influences diverses avec des accents fantastiques, qui mêlent tradition et monde contemporain. Elle a illustré : *Feuilles de route* de Blaise Cendrars.
BIBLIOGR. : A. A. Amaral : *Tarsila, son œuvre et son époque*, Editora Perspectiva S. A., São Paulo, 1975 – in : *Dict. de l'art mod. et contemp.*, Hazan, Paris, 1992.
MUSÉES : GRENOBLE : *Composition*.
VENTES PUBLIQUES : PARIS, 29 oct. 1926 : *Composition* : **FRF 3 300** – NEW YORK, 20 nov. 1995 : *Abaporu* 1928, h/t (85x73) : **USD 1 432 500**.

AMARAS Francesco Pedro de
XIXᵉ siècle. Brésilien.
Peintre.
On lui doit la décoration des anciens palais impérial de Rio de Janeiro (avant 1840). Il fut également architecte.

AMARGER Michel
Né en janvier 1957 à Montpellier (Hérault). XXᵉ siècle. Français.
Peintre, dessinateur, photographe, cinéaste. Lettres et signes.
Il a rencontré le groupe *lettres et signes* en 1981. Depuis, il participe aux activités du groupe, quant à lui-même surtout dans le domaine du film et du théâtre. Il a participé à des manifestations collectives : à New York *Lettrism and hypergraphic*, Berlin *Photographie lettriste*, Paris au Grand-Palais *Saga 1988*, Paris *Introduction au lettrisme et à l'hypergraphie*, Naples *L'Imagine*, etc. Il a aussi fait des expositions personnelles. Il a réalisé le film *Rencontres avec le Lettrisme* en 1989.
Ses œuvres plastiques investissent le domaine de la lettre et celui de l'hypergraphie, c'est-à-dire celui de signes nouveaux n'ayant aucun sens antérieur. Le plus souvent ses compositions graphiques en technique mixte, comportent des matériaux photographiques.

AMARGIER Léon Arsène Noël
Né à Paris. XXᵉ siècle. Français.
Peintre.
Expose au Salon des Indépendants de 1929 à 1932, des paysages, des animaux et des fleurs.

AMARI Michele
XIXᵉ siècle. Actif à Rome. Italien.
Sculpteur.
Il fut médaillé pour sa maquette du buste de Mazzini, érigé sur le Monte Pincio, en 1892.

AMARIGLIO Louis
Né à Paris. XXᵉ siècle. Français.
Peintre de paysages.
Il reçut les conseils de Montézin. A partir de 1927, il a exposé à Paris au Salon des Artistes Français, dont il devint sociétaire, et y reçut une mention honorable en 1934. Il y a figuré jusqu'en 1942. Il a peint des paysages de plusieurs régions de France, de l'Eure, de la Somme, d'Auvergne, de la côte méditerranéenne.

AMARONI Benedetto di Cristofano d'Antonio
Né en 1525 à Sienne. XVIᵉ siècle. Italien.
Sculpteur sur bois.
Il travaillait à Sienne et exécuta, en 1569, des sculptures sur bois pour le chœur de la Compagnie del Beato Ambrogio Sansedoni. Il fut aussi chargé des sculptures du chœur de la Compagnia di San Antonio, et fournit plusieurs meubles (armoires et bibliothèques), pour le Dôme de Sienne.

AMAS Ernest Gaston
Né le 1er janvier 1869 à Landrecies (Nord). Mort le 11 août 1959 à Landrecies. XIXe-XXe siècles. Français.
Peintre de genre, portraits, fleurs.
Il fut élève de William Bouguereau et de Luc-Olivier Merson à l'Ecole des Beaux-Arts de Paris. Il a figuré au Salon des Artistes Français à partir de 1889, il en devint sociétaire, obtint une mention honorable 1897, médaille d'argent et Prix Rosa Bonheur 1921.
VENTES PUBLIQUES : LUCERNE, 26 juin 1976 : *Bouquet de fleurs*, h/t (46x38) : CHF 1 300.

AMASIS, dit **Peintre d'Amasis**
Originaire d'Ionie. VIe siècle avant J.-C. Actif dans la seconde moitié du VIe siècle avant Jésus-Christ. Antiquité grecque.
Potier et peintre de vases (?).
Les céramiques sont signées Amasis *epoiesen*, c'est-à-dire *potier* ; *Amasis* le potier n'est peut-être pas le peintre. Nous avons de lui trois amphores, quatre oenochoés et les débris d'une coupe « à yeux ». Il choisit ses sujets dans l'épopée homérique, la légende d'Héraclès, le mythe de Persée et de Gorgone. Les personnages de ses céramiques traitées dans un style attique à figures noires, se détachent très clairement sur le fond uni ; leurs vêtements sont ornés de détails gravés, souvent géométriques. Amasis rehausse de rouge violacé les vêtements et de vernis blanc les chairs féminines. Le cabinet des médailles et le Louvre conservent deux de ses vases.

AMASÖDER Johann Georg ou **Ameisoder**
Né en 1750. Mort avant 1808. XVIIIe siècle. Actif à Nuremberg. Allemand.
Graveur.

AMAT Anna, Mme
Née à Barcelone. XXe siècle. Espagnole.
Sculpteur.
Élève de Claude Devenet et Léo Hermann, elle expose aux Artistes Français en 1930, 1932, 1933.

AMAT Frédéric
Né en 1952 à Barcelone. XXe siècle. Depuis 1979 actif aussi aux États-Unis. Espagnol.
Peintre, technique mixte, dessinateur. Polymorphe.
Étudiant de scénographie et d'architecture entre 1969 et 1973, il se met également à peindre. Ses premières expositions personnelles ont lieu à Barcelone en 1970, 1971 et 1973, puis à Madrid en 1972 et 1977. Il expose par la suite à Milan en 1980, à Berlin en 1982, à New York en 1984, à Barcelone (1992). Il décide de vivre à Oaxaca au Mexique en 1977, et finalement s'établit à New York en 1989. Depuis, il partage son temps entre Barcelone et les États-Unis.
La peinture de Frédéric Amat est caractérisée par la diversité des styles : Action Painting, surréalisme, expressionnisme-abstrait, fantastique, etc., et par la figuration d'un univers où se mêlent des signes, des symboles et des enchaînements métaphoriques qui révèlent la complexité de ce monde que l'artiste tente d'exorciser par ses images. Il intègre très souvent dans ses peintures des matériaux étrangers : tissus artificiels, restes de boisson, cires lisses, pigments concentrés évoquant du sang coagulé. Dans son œuvre, il exploite « l'inépuisable mine du temps, perçu comme une certitude distillée dans l'essence de tout être vivant, et, par extension, comme repère de la nature du peintre » (Anaxtu Zabalbeascoa).
BIBLIOGR. : In : *Diction. de la Peinture Espagnole*, Larousse, Paris, 1989 – Anaxtu Zabalbeascoa, *Frederic Amat*, Art Press, n° 173, Art Press, oct.1992.
MUSÉES : BARCELONE (Mus. d'Art Contemp.) – MADRID (Reina Sofia Mus.).
VENTES PUBLIQUES : NEW YORK, 4 mai 1989 : *Table d'atelier 1984*, pap. artisanal, craie grasse et acryl./bois (114,3x186,7) : USD 4 400 – NEW YORK, 3 mai 1995 : *Homme avec un chat et des dents 1983*, collage techn. mixte (148,6x91,4) : USD 6 325.

AMAT Gabriel ou **Amat-Pagès**
Né en 1899. Mort en 1984. XXe siècle. Espagnol.
Peintre de scènes de genre.
VENTES PUBLIQUES : BARCELONE, 27 avr. 1989 : *Gens sur une terrasse*, h/t (50x61,5) : ESP 160 000.

AMAT Géo
XXe siècle. Français.
Peintre.
Élève d'André Lhote, exposa au Salon des Indépendants de 1945.

AMAT José
Né le 14 décembre 1883 à Barcelone (Catalogne). XXe siècle. Espagnol.
Peintre de figures, paysages, paysages urbains, paysages d'eau, aquarelliste.
Il fut sélectionné, en 1936, pour l'Exposition d'Art Espagnol Contemporain, qui eut lieu au Musée du Jeu de Paume à Paris.
VENTES PUBLIQUES : NEW YORK, 11 avr. 1963 : *Marins* : USD 325 – MADRID, 22 jan. 1978 : *Scène de bord de mer*, h/t (50x65) : ESP 115 000 – BARCELONE, 18 déc. 1986 : *Scène de rue*, aquar. (21x26,5) : ESP 160 000 ; *Paysage urbain*, h/t (58,5x70) : ESP 925 000.

AMAT José Braulio ou **Amah**
XVIIIe siècle. Actif à Séville. Espagnol.
Graveur.
Il représenta la Vierge Marie sous diverses formes et vocables, 1780, 1784, 1790 et 1792, et fit le portrait de F. Santiago Fernandez, en 1794.

AMAT Josep ou **Amat-Pagès**
Né en 1901. XXe siècle. Espagnol.
Peintre de scènes de genre, paysages, architectures.
VENTES PUBLIQUES : BARCELONE, 20 juin 1979 : *Paysage*, h/t (60x80) : ESP 300 000 – BARCELONE, 7 oct. 1980 : *San Pol*, h/t (50,3x68) : ESP 250 000 – BARCELONE, 26 fév. 1981 : *San Gervasio*, h/t (49x63) : ESP 230 000 – BARCELONE, 31 mars 1982 : *Plaza Palacio*, h/t (60x80) : ESP 420 000 – BARCELONE, 27 oct. 1983 : *Les ramblas de Barcelone*, h/t (80x115) : ESP 525 000 – BARCELONE, 23 mai 1984 : *Les quais de la Seine et Notre-Dame de Paris 1935*, h/t (60x73) : ESP 550 000 – BARCELONE, 2 avr. 1987 : *La rue principale de Gravia*, h/t (61x49,5) : ESP 1 000 000 – BARCELONE, 16 avr. 1989 : *Joueurs de pétanque 1984*, h/t (65x50) : ESP 2 600 000.

AMATCHI Carmen
Née à Hendaye (Pyrénées-Atlantiques). XXe siècle. Française.
Peintre de paysages urbains, intérieurs.
Elle a exposé au Salon des Indépendants de Paris à plusieurs reprises, entre 1928 et 1937. Outre les scènes d'intérieur, elle a exposé aussi des paysages de Bruges.

AMATEIS Edmond Romulus
Né en 1897 à Rome. XXe siècle. Américain.
Sculpteur.
VENTES PUBLIQUES : NEW YORK, 1er mars 1980 : *Nu à son miroir*, bronze (H. 31,5) : USD 1 000.

AMATEIS Louis
Né en 1855 à Turin. Mort en 1913 à Washington. XIXe-XXe siècles. Américain.
Sculpteur de monuments, groupes.
Travailla à l'Académie royale de Turin et se fixa ensuite à Washington. Son chef-d'œuvre est le monument des défenseurs de l'Alamo, à Austin (Texas) ; on lui doit aussi le monument de Galveston (Texas) et le groupe *El Caney* qui figura à l'exposition panaméricaine de Buffalo (en 1901). Membre de la Society of Washington Artists et de la National Sculpture Society, de New York.

AMATI Lorenzo
XVIIe siècle. Travaillait à Rome, vers 1650. Italien.
Peintre.

AMATI Pietro
XVIIIe siècle. Actif à Turin à la fin du XVIIIe siècle. Italien.
Graveur en taille-douce.

AMATI Teodoro di Giulio
XVIIe siècle. Vivait à Pesaro vers 1612-1652. Italien.
Peintre.
Une de ses dernières œuvres fut une excellente copie, peinte pour l'église San Giuseppe, d'après la *Sainte Anne* de Francesco Barbieri.

AMATINDA Ignazio Maria
XVIIIe siècle. Italien.
Peintre.
On trouve sa signature à Naples sur un document daté de 1777.

AMATO Domenico d'
XVIe siècle. Napolitain, actif à la fin du XVIe siècle. Italien.
Stucateur.
Il étudia le dessin avec Mariagnola d'Amato et devint célèbre pour ses arabesques en stuc. On retrouve ses travaux dans plusieurs églises de Naples.

AMATO Filippo de, fra
Originaire de Naples. XVIIIe siècle. Italien.
Sculpteur.
Jésuite, architecte, il fut désigné par le roi Charles III pour construire l'obélisque de l'église del Gesu Nuovo.

AMATO Francesco
XVIIe siècle. Italien.
Peintre et graveur.
On sait peu de choses de ses peintures, mais il a laissé un certain nombre d'eaux-fortes, exécutées d'une pointe légère et spirituelle, qui rappellent la manière facile de Reni et de Biscaino de Gênes. On remarque notamment : *Saint Joseph assis et lisant près de l'enfant Jésus, Saint Christophe* et *L'Enfant prodigue.* Otto et Dumesnil lui attribuent une gravure intitulée *Repos pendant la fuite en Égypte,* et Zani le cite comme auteur de plusieurs autres planches. Il convient, d'après Nagler, de lui donner les gravures signées des monogrammes *A. F.* ou *A. M. F.*

AMATO Gennaro d'
Né en 1857 à Naples. Mort en 1949 à Gênes. XIXe-XXe siècles. Italien.
Dessinateur, illustrateur. Réaliste.
Il a collaboré à *The Illustrated London News,* à *The Graphic,* et en France à *L'Illustration.* Entre 1889 et 1910, il a illustré des ouvrages littéraires, parmi lesquels : *Lys sauvage* d'André Theuriet en 1898.
Il s'inspirait surtout de l'actualité. Son dessin visait à rendre crédibles les événements relatés, par une technique très réaliste, vériste. Malgré la propagation dans la suite du reportage photographique, ce style connut de nouveau une certaine vogue en Italie, dans les années 1960.
BIBLIOGR. : Marcus Osterwalder : *Diction. des Illustrateurs 1800-1914,* Hubschmid et Bouret, Paris, 1983.

AMATO Giovannangelo d'
XVIe siècle. Italien.
Peintre.
Collabora à l'exécution d'un tableau d'autel à l'église d'Atrani en 1577.

AMATO Giovanni Antonio, l'Aîné
Né vers 1475 à Naples. Mort en 1555. XVIe siècle. Italien.
Peintre de compositions religieuses, fresquiste.
Il fut l'élève de Silvestro Bruno, ou Buono, maître napolitain en renom à cette époque ; mais il ne put longtemps profiter de cet enseignement, Bruno étant mort alors que son élève était encore fort jeune. Amato s'inspira du Pérugin dont il adopta la manière. Un grand nombre d'églises de Naples possèdent des œuvres de lui, entre autres plusieurs Madones ; il s'était particulièrement voué au culte de la Vierge et la représentait souvent entourée de saints. Une *Nativité du Christ* et une *Vierge avec l'Enfant Jésus sur les bras,* furent peintes par lui pour San Giacomo degl'Italiani ; d'autres tableaux existaient encore à la fin du XVIIIe siècle, ainsi que les peintures de San Lorenzo, de San Domenico, de Santa Catharina et de la cathédrale de Naples. Dans la chapelle des Caroffa de San Domenico, on voit une *Sainte Famille* d'Amato et dans la chapelle de S. S. Severino e Sofia, une apothéose d'anges. Il peignit à fresque et à l'huile et jouit d'une réputation considérable, groupant autour de lui un grand nombre d'élèves, parmi lesquels il convient de citer : Giovanni B. Azzolini, Pietro Negroni, Simone Papa le Jeune, Cesare Turco, Vincenzo Corso, G.-B. Loca et Giovanni Bernardo Lama. Ses fresques les plus importantes étaient celles de Saint-Nicolas, mais elles furent détruites par une incendie.

AMATO Giovanni Antonio d', le Jeune
Né vers 1535 à Naples. Mort en 1598. XVIe siècle. Italien.
Peintre de compositions religieuses.
Il était neveu et élève de Giovanni Amato l'Aîné. Après la mort de son oncle, il continua ses études avec Giovanni Bernardo Lama. Son meilleur ouvrage fut l'important tableau d'autel représentant *L'Enfance du Christ.* Ses peintures se trouvent à San Patrizio, San Pierre Adaram, à San -Giuseppe, à San Domenico Maggiore et dans d'autres églises. Amato le Jeune s'inspira surtout des grands Vénitiens.

AMATO Giuseppe
XVIIe siècle. Napolitain, actif au XVIIe siècle. Italien.
Peintre.
Peintre de batailles.

AMATO Luigi
Né à Spezzano Albanese (Italie). XXe siècle. Italien.

Peintre de scènes de genre, dessinateur.
Il expose au Salon des Artistes Français de Paris, obtenant une mention honorable en 1938 (dessin).
VENTES PUBLIQUES : LONDRES, 4 oct. 1989 : *Chez grand-père,* h/t (93x148) : **GBP 1 980** – LONDRES, 17 juin 1992 : *Chez grand-père,* h/t (93x148) : **GBP 5 500.**

AMATO Mariagnola d'
Née en 1548 à Naples. XVIe siècle. Italienne.
Peintre de compositions religieuses.
Elle était la femme d'Amato le Jeune et, comme lui, appartenait à une famille de peintres ; on cite d'elle dans plusieurs églises, entre autres à San Giuseppe Maggiore, à l'église di Gesu et Maria et à Santa Maria la Nuova, divers tableaux.

AMATO Orazio
Né en 1884 à Anticoli Conado. Mort en 1952 à Rome. XXe siècle. Italien.
Peintre de natures mortes.
VENTES PUBLIQUES : ROME, 25 nov. 1987 : *Nature morte 1934,* h/t (60x82) : **ITL 1 500 000** – ROME, 7 avr. 1988 : *Nature morte à la cruche, moulin à café et fer à repasser,* h/pan. (50x60) : **ITL 950 000** – ROME, 19 avr. 1994 : *Campagne dans la région de Viterbe 1942,* h/cart. (35x45) : **ITL 1 150 000** – ROME, 5 déc. 1995 : *Bicoques sur la Via Cassia 1940,* h/bois (40x50) : **ITL 1 768 000.**

AMATO Paolo
Né le 24 janvier 1634 à Ciminna. Mort après 1714. XVIIe-XVIIIe siècles. Italien.
Graveur, dessinateur.
Dans les planches qu'il a laissées, Paolo s'est montré graveur émérite ; on cite notamment trente-cinq planches intitulées : *La nuova pratica di Prospettiva,* œuvre qu'il ne put achever lui-même et qui fut terminée et publiée après sa mort, à Palerme, en 1733.

AMATO di Fucarino
XVe siècle. Travaillait à Palerme. Italien.
Peintre de miniatures.
Cet artiste, qui était également prêtre, composa, en 1433, un bréviaire sur parchemin. Ce manuscrit, signé et daté, est conservé à la bibliothèque communale de Palerme.

AMATORE Giuseppe
XVIIe siècle. Travaillait à Brescia au commencement du XVIIe siècle. Italien.
Peintre de compositions religieuses.
On possède de lui, dans la chapelle de l'église des Augustins un tableau d'autel représentant *Sainte Monique distribuant des aumônes.*

AMATORE Paolo
XVIIIe siècle. Actif à Brescia au début du XVIIIe siècle. Italien.
Sculpteur sur bois.
Deux de ses œuvres sont conservées à Brescia ; une figure en bois de *Jésus crucifié* et une statue de la Vierge.

AMATORI Flavio
XVIIe siècle. Actif à Sienne. Italien.
Peintre de compositions religieuses.
Un tableau de lui, représentant la *Résurrection de Lazare,* daté de 1607, se trouve dans la « Chiesa del Suffragio » à Sarteano.

AMATUCCI
XIXe siècle.
Peintre de portraits.
Il est connu par une gravure, faite d'après son portrait, du vicomte W.-C.-B. Beresford, gouverneur de l'Académie de Woolwich.

AMATUCCI Carlo
Mort en 1809 à Mafra. XVIIIe-XIXe siècles. Italien.
Sculpteur et modeleur.
Napolitain, il fut élève de Vasallo ; il vint à Lisbonne, en 1804. Il y sculpta la statue de la *Générosité,* pour le palais d'Ajuda ; dans la ville de Mafra, on lui doit aussi le médaillon du prince héritier. Il acquit surtout une certaine célébrité avec ses statuettes de chevaux.

AMAUJAT Jacob
Né dans le Berry. XVIe siècle. Français.
Sculpteur.
Il travaillait à la cathédrale de Bourges, en 1535.

AMAURI
XIIIe siècle. Actif à Paris vers 1292. Français.
Sculpteur.

AMAURY Jean
Mort vers 1254 à Montpellier. XIIIᵉ siècle. Actif à Montpellier en 1235. Français.
Maître d'œuvre.

AMAURY Léo
Né le 18 juillet 1885 à Paris. XXᵉ siècle. Français.
Sculpteur, animalier, bustes.
Il fut élève d'Emmanuel Hannaux. Il exposa régulièrement à Paris, au Salon des Artistes Français à partir de 1911, et en est devenu sociétaire, mention honorable 1921, Prix de Longchamp le même année, médaille de bronze 1928, médaille d'argent 1937.

AMAURY-DUVAL, pseudonyme de **Pineux-Duval Eugène Emmanuel**
Né en 1808 à Paris. Mort le 29 avril 1885 à Paris. XIXᵉ siècle. Français.
Peintre de scènes mythologiques, compositions religieuses, sujets de genre, nus, portraits, aquarelliste, pastelliste, graveur, dessinateur.
Il fut élève de Ingres, au sujet duquel il regrettait « son inconscience » en ce qui concernait son désintérêt pour la couleur. Il se consacra surtout au portrait. On cite de lui ceux de Alexandre Dumas et de Rachel. Mais la partie la plus intéressante de son œuvre réside dans la décoration de nombreuses églises de Paris et de la région parisienne, notamment celles de Saint-Merri, Saint-Germain-l'Auxerrois, et celle de Saint-Germain-en-Laye. Beraldi cite de lui une eau-forte : *Berger grec*, pour le *Musée de 1834* d'Al. Decamps.

AMAURY-DUVAL .

MUSÉES : LILLE : *La naissance de Vénus – Femme de Saint-Jean-de-Luz* – MULHOUSE : *Portrait de Henri Réber, compositeur de musique* – ROUEN : *La baigneuse antique – Le Colin-maillard*.
VENTES PUBLIQUES : PARIS, 1883 : *Tête de jeune fille de Saint-Jean-de-Luz* : **FRF 25** – PARIS, 25 et 26 oct. 1920 : *Le Chasseur Bredouille* ; *En goguette*, aquar. : **FRF 50** – PARIS, 5 et 6 mars 1923 : *Buste de jeune femme nue*, peint. : **FRF 200** – PARIS, 4 déc. 1924 : *La Toilette*, peint. : **FRF 620** – LUCERNE, 20 juin 1964 : *Nu de jeune fille* : **CHF 260** – PARIS, 13 déc. 1976 : *Nu à l'enfant*, h/t (51x34) : **FRF 14 000** – PARIS, 1ᵉʳ juin 1981 : *Portrait de jeune fille*, past. et cr./pap. bistre (50x41) : **FRF 7 000** – PARIS, 18 nov. 1983 : *Portrait d'Alsacienne*, mine de pb, reh. de gche (23x17) : **FRF 4 500** – PARIS, 27 mai 1987 : *Diane au repos*, h/t (32x57) : **FRF 330 000** – PARIS, 28 mars 1988 : *Rachel dans Phèdre 1851*, h/t (46,5x31) : **FRF 190 000** – NEW YORK, 25 fév. 1988 : *Portrait de Charles Gounod assis 1839*, craie noire (39x29,9) : **USD 1 760** – PARIS, 22 mai 1994 : *Portrait de femme 1860*, cr. noir (68x49) : **FRF 16 000** – PARIS, 18 nov. 1994 : *Portrait de femme à la couronne de lierre*, past. et cr. de coul. (55x44) : **FRF 10 500** – PARIS, 7 avr. 1995 : *Portrait d'homme assis*, cr. noir (32,5x25,5) : **FRF 4 000**.

AMAVET Jean François
Né en 1784 à Paris. XIXᵉ siècle. Français.
Peintre.
Il entra à l'Académie de peinture et sculpture le 6 fuctidor, an X (1802), et y fut élève de Regnault.

AMAVIT Giraud
XVᵉ siècle. Français.
Peintre décorateur.
Il travailla, en 1474, pour l'église du collège de Villefranche et pour d'autres bâtiments.

AMAYA
Mort vers 1690 ou 1692. XVIIᵉ siècle. Espagnol.
Peintre d'histoire.
Il fut l'élève de Vincenzo Carducho et le rival de Lorenzo Alvarez. En 1682, il peignit à Ségovie plusieurs scènes de la vie de saint Martin. On lui doit aussi les peintures du maître-autel dans l'église de cette ville.

AMAZONAS Clodomiro
Né à Taubaté (São Paulo), le 14 mars 1883 ou en 1893 selon d'autres sources. Mort à São Paulo, le 22 septembre 1953 ou en 1952 selon d'autres sources. XXᵉ siècle. Brésilien.
Peintre de paysages, fleurs.
Jeune homme, il réalisa quelques peintures au couvent Santa Clara de sa ville natale. A l'âge de dix-huit ans, il vint à São Paulo pour étudier la peinture. Il a commencé à exposer à partir de 1911, à São Paulo, Récife, Fortaleza, Belem-do-Para. Il figura

dès 1934 date de sa création, au Salon Officiel des Beaux-Arts de São Paulo, avec : *Clair de lune après la pluie* et une peinture de fleurs. Il obtint des distinctions importantes en 1938 et 1939. Après sa mort, le Salon de São Paulo lui rendit un hommage posthume en exposant : *Amétistes – La rivière Acarau – Clair de lune*. Après sa mort, il était représenté à l'exposition de 1956 *Cinquante ans de paysages brésiliens* à São Paulo, avec : *Pleine lune – Brouillard – Nature en fête*.
Il a peint essentiellement des paysages typiques du Brésil. Les titres de ses peintures indiquent une sensibilité particulière aux effets naturels, qui confèrent aux paysages une tonalité affective particulière.   ■ J. B.

AMBACHER
XVIIIᵉ siècle. Actif vers 1782-1793. Français.
Graveur sur bois.

AMBAGT Abraham Van
Né à Amsterdam. XVIIᵉ siècle. Hollandais.
Peintre.
Il est mentionné en 1699.

AMBELLAN Harold
Né en 1912 à Buffalo. XXᵉ siècle. Américain.
Sculpteur, peintre de figures.
VENTES PUBLIQUES : PARIS, 11 fév. 1994 : *La Danse*, h/t (130x81,5) : **FRF 40 000** ; *La Sentinelle*, bronze (H. 43,5) : **FRF 35 000** – PARIS, 9 oct. 1995 : *Sibylle*, bronze (H. 17,5) : **FRF 19 000**.

AMBERES Adrian de
Né en 1514. XVIᵉ siècle. Actif à Anvers. Éc. flamande.
Sculpteur.
Il travaillait à Valladolid en 1552.

AMBERES Domingo
XVIᵉ siècle. Espagnol.
Sculpteur.
Cet artiste collabora en 1551 et en 1555 aux sculptures du célèbre retable que peignit Juan de Guerra à Burgos.

AMBERES Francisco de, dit **Franz d'Anvers**
XVIᵉ siècle. Vivait au commencement du XVIᵉ siècle. Éc. flamande.
Peintre, sculpteur.
Venu de Flandre à Tolède, cet artiste exécuta plusieurs peintures importantes à la cathédrale de Tolède (autel Eugenius) en 1502. En 1587, avec Jean de Bruxelles et Lorenzo Gurricio, il orna le dessus-de-porte de la salle d'hiver du chapitre. De 1508 à 1510, il peignit, en collaboration avec Juan de Borgona et Villoldo, l'autel de la chapelle arabe que l'on admire encore.

AMBÉRES Miguel de, dit **Michael d'Anvers** ou **Miguel el Flamenco** ou **Miguel Manrique**
Né en Flandres. Mort vers le milieu du XVIIᵉ siècle. XVIIᵉ siècle. Éc. flamande.
Peintre d'histoire, compositions religieuses, portraits.
Ambéres était sans doute d'origine espagnole. Il entra dans l'atelier de Rubens où il fit ses premières études, puis partit pour Gênes où il travailla sous la direction de Giovanni Andrea de Ferrari et de Cornelius de Waal. Cependant, le goût des armes s'étant développé chez lui, il obtint le grade de capitaine dans l'armée espagnole, et passa en Espagne. Il s'établit à Malaga où l'on remarque plusieurs œuvres de lui dans les églises et les collections. Ses portraits sont exécutés dans le style de ceux d'Anton Van Dyck.

AMBÉRES Nicolas Tiempers de. Voir **TIEMPERS de Amberes Nicolas**

AMBERG Adolphe
Né en 1874 à Hanau (Hesse). XIXᵉ-XXᵉ siècles. Allemand.
Sculpteur.
Il fut élève de l'Académie des Beaux-Arts de Berlin. Il vint à Paris et travailla à l'Académie Julian, exposant au Salon de 1900. Il a surtout exposé à Berlin et Munich.
VENTES PUBLIQUES : PARIS, 26 oct. 1988 : *Enlèvement d'Europe*, émail blanc et or à décor de fleurs sur le drapé d'Europe, sujet en porcelaine (40x40x13,5) : **FRF 21 000**.

AMBERG August Wilhelm ou **Wilhelm**
Né le 25 février 1822 à Berlin. Mort le 10 septembre 1899 à Berlin. XIXᵉ siècle. Allemand.
Peintre de genre, lithographe, illustrateur.
Il fut élève de l'Académie de Berlin et du professeur Herbigs et travailla, de 1839 à 1842, dans l'atelier de Karl Bega. Il exposa

pour la première fois à Berlin en 1842 et reprit ensuite ses études à Paris, chez Léon Cogniet, jusqu'en 1845. Il fit un assez long séjour en Italie, principalement à Rome et à Venise : il vit aussi Naples et Pérouse, puis revint, par Munich, à Berlin où il se fixa. Il y devint, en 1869, membre de l'Académie, et, en 1886, membre du Sénat de l'Académie. Il reçut une médaille à Vienne en 1873, une autre en 1877. Comme peintre de genre, il compte parmi les artistes favoris de Berlin ; il y contribua à l'illustration d'une revue de la famille et s'occupa aussi de lithographie. On voit, dans l'église Sainte-Gertrude à Berlin, un tableau de lui : le *Christ au Jardin des Oliviers*, exécuté vers l'année 1848, et, dans la Villa Ravené, à Moabit, des peintures murales décoratives, datées de 1867.

Musées : Brême : *Dame à l'écureuil* – Cologne : *L'admonition.*

Ventes Publiques : Paris, 22 déc. 1950 : *Jeune femme assise en forêt* : FRF 9 500 – Vienne, 22 sep. 1964 : *La rencontre dans les bois* : ATS 5 000 – Amsterdam, 27 avr. 1965 : *Intérieur* : NLG 2 000 – Vienne, 29 nov. 1966 : *Le repos dans les bois* : ATS 6 500 – Cologne, 12 nov. 1976 : *Baigneuses dans un sous-bois* 1854, h/t (96x133) : DEM 3 800 – Munich, 30 mai 1979 : *Une âpre dicussion* vers 1880, h/t (56x46) : DEM 5 600 – Cologne, 23 oct. 1981 : *Portrait de jeune fille* 1855, h/t, de forme ovale (77x66) : DEM 4 500 – New York, 27 mai 1983 : *Un cas difficile*, h/t (30,5x46,3) : USD 1 500 – Cologne, 28 juin 1991 : *La lettre de l'amant*, h/t (61x50,5) : DEM 6 000 – New York, 26 mai 1992 : *Soubrette fumant une pipe en cachette*, h/t (63,5x47) : USD 2 750 – Amsterdam, 21 avr. 1993 : *Chien aboyant contre une dame et un enfant sur un pont en forêt*, h/t (30,5x44) : NLG 3 450 – Munich, 27 juin 1995 : *Aux aguets*, h/t (34x28,5) : DEM 8 625.

AMBERG Bernhard
XIXᵉ siècle. Actif à Büren vers le milieu du XIXᵉ siècle. Suisse.
Peintre de compositions religieuses, sculpteur.
On cite de lui : *Le Christ au Mont des Oliviers* (peinture) et un *Crucifix* en bois sculpté.

AMBERG Johann
XIXᵉ siècle. Actif à Büren. Suisse.
Sculpteur.
Une statue de bois du frère Niklaus von Flüe et un cadre richement sculpté furent présentés par lui à la première exposition industrielle de Lucerne, en 1852.

AMBERGER Christoph
Né vers 1490, entre 1500 et 1510 selon d'autres biographes. Mort en 1562 ou 1563 à Augsbourg. XVIᵉ siècle. Allemand.
Peintre de sujets religieux, portraits, compositions murales, dessinateur.
Nuremberg (d'après Doppelmayr), Amberg (d'après Nagler), et Ulm (d'après Weyermann) sont indiqués comme lieu de sa naissance. Certains auteurs disent aussi qu'il fut élève de son père, Léonhard Amberger, peintre sur lequel on ne possède aucun détail. Le fait certain, c'est qu'il étudia et travailla à Augsbourg. Il fut, dit-on, élève d'Holbein l'Ancien et de Hans Burgkmair, mais il s'inspira surtout de Holbein le Jeune à tel point que ses ouvrages ont souvent été attribués au grand maître allemand.
Amberger peignit une suite de douze peintures représentant l'histoire de Joseph et de ses frères, œuvres qui lui valurent une grande réputation. Cependant il réussit mieux dans le portrait que dans la peinture d'histoire. Celui qu'il fit de Charles-Quint était considéré par ce souverain, suivant Sandrart, comme équivalent aux plus belles effigies faites de lui par le Titien, alors que la critique moderne remarque surtout l'expression d'extrême stupidité qu'il a attribuée à l'empereur. On y préfère le portrait de Sébastian Münster, et le portrait d'un prince (Augsbourg, 1523). Il a encore peint des portraits de différents membres des familles Mörz et Függer. Plus que ses décorations murales et ses œuvres religieuses, ce sont ses portraits des banquiers augsbourgeois qui permettent de le comparer à Holbein.

ʃ A. C A .

Musées : Augsbourg : *Guillaume IV* – *Afra Moerz* – *Guillaume Moerz* – *Conrad Peutinger et sa femme* – Berlin : *Charles-Quint*, copies à Sienne et Lille – *Sébastian Münster* 1552, copie, original chez Widener – *Saint Augustin* – Brunswick : *Portrait d'homme* – Dijon : *Edgard Iᵉʳ, comte de Frise* – *Inconnu*, attrib – Florence (Mus. des Offices) : *Camille Cross* – Munich : *Marie et l'Enfant Jésus* – *Philippe, prince de Pfatz Neuburg* – *Mathias Schwartz* 1542 – Oldenburg : *Femme* – Reims : *Homme* – Stuttgart : *Afra Moerz* – *Henrich Moerz* – Vicence : *Portrait* – Vienne : *Portrait de Martin Weiss* 1543.

Ventes Publiques : Paris, 1843 : *Ecce homo* : FRF 200 – Paris, 23 oct. 1908 : *Portrait d'homme* : FRF 1 700 – Londres, 23 avr. 1910 : *Portrait de Sébastian Münster* : GBP 157 – New York, 22 mars 1922 : *Portrait d'un gentilhomme* : USD 700 ; *Portrait de Conrad Zeller* : USD 1 375 – Berlin, 1ᵉʳ oct. 1930 : *Portrait d'homme* : DEM 13 500 – Londres, 26 juin 1936 : *La princesse Maria* 1536 : GBP 60 – New York, 14 jan. 1938 : *Portrait de Conrad Zeller* : USD 250 – New York, 2 déc. 1942 : *Portrait d'homme* : USD 700 – Londres, 31 jan. 1947 : *Portrait de la princesse Maria* daté 1536, bois : GBP 252 – Londres, 25 nov. 1960 : *Portrait d'un homme*, pan. : GBP 630 – Lucerne, 27 nov. 1961 : *Portrait en buste d'un homme en habit noir*, pan. : CHF 7 500 – New York, 22 nov. 1963 : *Portrait d'un seigneur* : USD 2 700 – Londres, le 28 mai 1965 : *Portrait de jeune femme de la famille Tetzel de Nuremberg* : GNS 3 400 – New York, 19 jan. 1982 : *Portrait d'Ambrosius Jung et de sa femme Magdalena Mannlichen* 1540, deux h/pan. (79x66,5) : USD 30 000 – Heidelberg, 11 avr. 1992 : *Marc l'évangéliste assis sur un taureau*, craie noire (20,3x15,7) : DEM 3 400 – Londres, 6 déc. 1995 : *Portrait d'une dame, probablement Ursula Harrach, de trois quarts vers la droite, et tenant une paire de gants* 1541, h/pan. de pin (50x42) : GBP 56 500.

AMBERGER Gustave
Né le 28 mai 1831 à Solingen. Mort le 26 février 1896 à Baden-Baden. XIXᵉ siècle. Allemand.
Peintre de sujets allégoriques, paysages animés, paysages, paysages d'eau, graveur.
Il fut élève de Lerius à Anvers et de Cornélius à Rome. Il se trouvait à Bâle en 1848 : il quitta cette ville pour faire un voyage à Rome et y revint ensuite. Amberger visita surtout la Suède et la Norvège qui lui fournirent de nombreux motifs de paysages. Parmi ses œuvres, on doit citer *Léda*, tableau peint à Rome, et acheté par l'impératrice de Russie, *L'Océanide* et *Culte des morts*, gravure sur bois, parue dans un journal illustré, en 1874.
Ventes Publiques : Copenhague, 6 déc. 1990 : *Jeunes femmes près d'un puits dans un paysage italien*, h/t (40x57) : DKK 36 000 – New York, 20 juil. 1995 : *Vue du port au crépuscule à Capri*, h/t (41,9x52,7) : USD 2 070.

AMBERGER Johann
Mort en 1697 à Wittenberg. XVIIᵉ siècle. Actif à Wittenberg (Saxe). Allemand.
Peintre.
Peut-être le fils de Michael Amberger.

AMBERGER Michael
Mort en 1662 à Wittenberg (Saxe). XVIIᵉ siècle. Actif à Wittemberg (Saxe). Allemand.
Peintre.

AMBERT Jos. Robert
XIXᵉ siècle. Actif vers le milieu du XIXᵉ siècle. Suisse.
Peintre de paysages, paysages de montagne.
Il travailla à Büren (canton de Lucerne).
Ventes Publiques : Versailles, 19 oct. 1980 : *Village de montagne* 1880, h/t (48,5x65) : FRF 4 000.

AMBIERLE, Maître d'. Voir MAÎTRE ANONYMES

AMBIGLE d'
XVIIIᵉ siècle. Français.
Peintre et dessinateur.
Il fut un des fondateurs de l'Académie de peinture, sculpture et architecture de Bordeaux en 1768.

AMBILLE Paul
Né le 23 décembre 1930 à Béziers (Hérault). XXᵉ siècle. Français.
Peintre de compositions à personnages, paysages animés, marines, natures mortes, aquarelliste. Expressionniste.
À l'Ecole des Beaux-Arts de Paris, il fut élève de Jean-Théodore Dupas, de Legueult et de Goerg, de 1948 à 1955, année où il remporta le Premier Grand Prix de Rome. Il fut sélectionné pour la Biennale des Jeunes de Paris en 1959, 1963. Exposant régulier du Salon des Artistes Français, il y obtint de nombreuses distinctions et nommé hors-concours, il en fut le président jusque vers 1980. Depuis 1993, il est peintre agréé de la Marine.
Figurative, sa peinture a su intégrer certaines audaces venues du futurisme, aptes à l'expression de mouvements. Elle suggère plus qu'elle ne décrit. Il aime peindre des sujets animés et hauts en couleur, que lui offre généreusement le Midi. ■ J. B.

BIBLIOGR. : Lydia Harambourg, in : *L'École de Paris 1945-1965. Diction. des Peintres*, Ides et Calendes, Neuchâtel, 1993.
VENTES PUBLIQUES : PARIS, 5 juil. 1982 : *Remonte-pente*, h/t (91x200) : FRF 2 200 – VERSAILLES, 16 oct. 1988 : *Nature morte rouge*, h/t (100x73) : FRF 4 300 – VERSAILLES, 23 oct. 1988 : *Cavaliers seuls* 1979, h/t (55x46) : FRF 6 500 – PARIS, 14 déc. 1988 : *Le pantalon rouge*, h/t (60x92) : FRF 5 100 – PARIS, 21 nov. 1989 : *Jardin des Yvelines*, h/t (65x92) : FRF 20 000 – VERSAILLES, 10 déc. 1989 : *Galop*, aquar., fus., cr. (48x62,5) : FRF 3 800 – PARIS, 27 mars 1990 : *L'Orée du bois, paysage animé*, h/t (65x92) : FRF 22 000 – PARIS, 4 juil. 1990 : *Le petit château*, h/t (100x65) : FRF 37 000 – CALAIS, 8 juil. 1990 : *Le ballet* 1989, techn. mixte/t. (92x73) : FRF 32 000 – FONTAINEBLEAU, 18 nov. 1990 : *En mer*, h/t (50x65) : FRF 24 500 – CALAIS, 20 oct. 1991 : *Virant la bouée* 1983, h/t (55x33) : FRF 4 200 – CALAIS, 5 avr. 1992 : *Le port de San Vito Romano*, h/t (100x50) : FRF 7 700 – PARIS, 22 déc. 1993 : *Dans la vague* 1980, h/t (46x61) : FRF 5 000 – PARIS, 26 oct. 1994 : *Les nouvelles du jour*, h/t (130x161,5) : FRF 7 000 – LE TOUQUET, 21 mai 1995 : *Les joueurs de polo* 1975, h/t (61x50) : FRF 11 000.

AMBIVERI Christoforo
Né en 1718 à Bergame. Mort en 1744. XVIIIe siècle. Italien.
Peintre de portraits.
Cité par Zani.

AMBLARD Frédéric
Né le 6 février 1954 à Paris. XXe siècle. Français.
Peintre. Néo-expressionniste.
Il fut élève de Bertholle et d'Olivier Debré à l'Ecole des Beaux-Arts de Paris. Il participe aux Salons de Mai, des Réalités Nouvelles, MAC 2000. En mars 1986, avec le peintre Elisabeth Guilhem, ils investirent plusieurs lieux du quartier du Marais, où ils vivent, pour y montrer leur travail dans des conditions de mise en situation, différentes de l'exposition traditionnelle en galerie. Individuellement, Amblard a exposé à Paris en 1990.
La peinture d'Amblard est violente, remuante dans son graphisme et haute et heurtée en couleur et en matière. Figurative mais loin de tout réalisme, elle s'inscrit dans les courants néo-expressionnistes caractéristiques des années quatre-vingt et pourrait s'inscrire aussi bien, au même titre que De Kooning, dans la mouvance de l'expressionnisme abstrait.
VENTES PUBLIQUES : PARIS, 12-13 juin 1997 : *Les bras relevés avec l'oiseau* 1996, acryl./t. (100x100) : FRF 8 500.

AMBLARD Jean
Né en 1911 à Clermont-Ferrand (Puy-de-Dôme). Mort le 18 juin 1989 à Rochefort-Montagne (Puy-de-Dôme). XXe siècle. Français.
Peintre de compositions à personnages. Réaliste-socialiste.
Il a exposé aux Salons de la Société Nationale des Beaux-Arts à partir de 1930, des Indépendants à partir de 1935, d'Automne dès 1942. Il reçut le prix Blumenthal de peinture en 1948. En 1991, le Musée de la Résistance Nationale à Gentilly (Val-de-Marne), a organisé une exposition d'ensemble de son œuvre.
Après la guerre, au cours de laquelle il s'était engagé dans la Résistance dans les forêts du Massif Central, ce que célébra Paul Éluard, il a adhéré aux principes – d'ailleurs plus politiques qu'esthétiques, mais cela entraînant ceci – de ce qu'on appela le « réalisme socialiste ». Issu des idées sur le rôle de l'art dans la vie sociale, édictées par Jdanov dès les années vingt et trente en Russie soviétique, contre Maïakovsky et les artistes révolutionnaires-progressistes, l'objectif de sa doctrine imposée était de magnifier les vertus du travail et du travailleur et de glorifier les bienfaits de la collectivisation, par les moyens d'une technique et d'un style anecdotiques et académiques. Dans cet esprit, Amblard a décoré la mairie de Saint-Denis en 1948.

AMBLAT Jeanne d'
Née à Paris. XXe siècle. Française.
Peintre.
Expose au Salon des Indépendants en 1932 et au Salon d'Automne en 1934.

AMBLER Esther, Miss
XIXe siècle. Active à Handsworth. Britannique.
Peintre de fruits, aquarelliste.
Esther Ambler exposa un tableau à la Royal Academy en 1891.

AMBOURG Thérèse
Née à Nice (Alpes-Maritimes). XXe siècle. Française.
Peintre de figures, portraits.
Elle fut l'élève du Belge Jules Van Biesbroeck et de l'Italien Felice

Carena. Elle a exposé assez régulièrement à Paris, aux Salons des Artistes Français en 1935, d'Automne en 1936, 1938, des Indépendants en 1939.
VENTES PUBLIQUES : PARIS, 23 mars 1950 : *Sous le pont* : FRF 1 600.

AMBRE Viviane
XXe siècle. Française.
Sculpteur de figures.
Autodidacte en sculpture. Elle participe à plusieurs Salons annuels de Paris : Salon des Femmes Peintres et Sculpteurs depuis 1978, Art Vivant depuis 1979 dont elle obtint le Premier Prix 1981, d'Automne en 1981. Plusieurs expositions personnelles à Paris, Montpellier, La Roche-Guyon, Le Mans. Elle analyse son œuvre : « Mon sujet favori est la méditation, à travers les visages et les mains, mais aussi la plénitude de la vie qui s'épanouit dans les formes voluptueuses de la femme, creuset de chaque vie humaine. »

AMBROGI Domenico, dit **Menichino del Brizio**
Né vers 1600 à Bologne. Mort après 1678. XVIIe siècle. Italien.
Peintre d'histoire, architectures, paysages, fresquiste, graveur.
Il fut l'élève de Bernardino Baldi, et de Calvaert ; après la mort de ce dernier, en 1619, il étudia pendant de longues années avec le maître Francesco Brizio, de qui lui vient son surnom de Menichino del Brizio. Ambrogi ne tarda pas à se faire une bonne réputation comme peintre à l'huile et à fresque. Il ne montrait pas moins de talent comme peintre de paysages, d'architectures et de perspectives. La galerie des Offices, à Florence, conserve deux paysages ornés de sujets tirés de l'Histoire sainte. A San Giacomo Maggiore, se trouve une peinture de l'*Ange gardien*, et à l'église de l'Annunziata, *Saint François dans une gloire d'anges*. Il décora de fresques le palais Paleotti da Dentone, ainsi que plusieurs habitations seigneuriales et édifices publics. On voit encore de lui à Santa Maria della Vita un *Couronnement de la Vierge*. En 1663, il publia des gravures sur bois. Vers la fin de sa vie, estropié, Ambrogi ne travaillait plus qu'assis ; c'est de cette époque que datent ses gravures à l'eau forte. Parmi ses élèves, il convient de citer : Giacinto et Pier Antonio Cervi, Giovanni Antonio Fumiani.
MUSÉES : FLORENCE (Gal. des Offices) : *Prédication de saint Jean Baptiste* – *Baptême de Notre-Seigneur.*

AMBROGIANI Pierre
Né le 17 janvier 1907 à Ajaccio (Corse). Mort en 1985. XXe siècle. Français.
Peintre de compositions à personnages, figures, portraits, nus, paysages, natures mortes, peintre à la gouache, graveur, dessinateur, illustrateur. Expressionniste.
Sa famille s'étant établie à Marseille dès 1908, sa jeunesse fut celle des enfants du peuple du grand port méridional, dont il devait devenir un personnage très populaire et particulièrement haut en couleur. Dès l'enfance, il fut attiré par le dessin et le modelage. Mais, à douze ans, il dut devenir « petit télégraphiste », ce qui ne l'empêchait nullement d'observer autour de lui et de dessiner. En 1937, il sauta le pas et décida de se consacrer entièrement à la peinture.
Il participait à de nombreuses expositions collectives : Salons d'Automne dont il devint sociétaire, des Peintres Témoins de leur Temps, Comparaisons, etc. Il a figuré à des expositions d'art français contemporain, au Musée du Luxembourg 1948, au Whitney Museum de New York 1948, à Stockholm 1949, Sarrebruck 1949, etc. Il a montré de très nombreuses expositions personnelles de ses œuvres à Paris, Avignon, Marseille, Toulon, Toulouse, Valence, Londres, New York, Oxford, Philadelphie, Turin, Zurich. En 1973 eut lieu une exposition rétrospective de son œuvre, au Musée de la Vieille Charité de Marseille. Il a reçu le Prix International de la Biennale de Menton en 1951, le Grand Prix des Peintres Témoins de leur Temps en 1967, le Prix du Gémail en 1968.
Graveur, il a illustré de nombreux ouvrages, parmi lesquels : de gravures à la pointe sèche *Ma destinée s'achève à l'aube* du poète marseillais Toursky en 1947, de lithographies *Le surprenant procès d'un bourreau* de Francis Carco en 1948, de couleur *La vie de François Villon* du même Carco en 1950, de bois en couleur *Le carrosse du Saint-Sacrement* de Prosper Mérimée, *Les Bucoliques* de Marcel Pagnol, etc.
Sa réputation s'est surtout établie sur de très nombreuses natures mortes de poissons de la Méditerranée, dont il était un

très sérieux amateur, et des paysages de Provence, qu'il traitait dans une peinture épaisse et grasse, où il ne ménageait ni les effets d'abondance de la matière, ni les couleurs. Au long de sa vie, il a poursuivi sa carrière d'artiste, traduisant avec un lyrisme de fougueux coloriste tout ce qu'éclaire le soleil d'une Provence, qui a trouvé en lui son peintre populaire. ■ Jacques Busse

Pierre Ambrogiani

BIBLIOGR. : Catalogue de l'exposition rétrospective *Pierre Ambrogiani*, Musée de la Vieille Charité, Marseille, 1973 – André Alauzen : *Pierre Ambrogiani, sa vie, son œuvre,* Tacussel, 1985 – Lydia Harambourg : *L'École de Paris 1945-1965. Diction. des Peintres,* Ides et Calendes, Neuchâtel, 1993.
MUSÉES : MARSEILLE (Mus. Cantini) – MARSEILLE (Mus. Longchamp) : *Le moulin – Portrait de femme* – MONTPELLIER – PARIS (Mus. Nat. d'Art Mod.) – SÈTE.
VENTES PUBLIQUES : PARIS, 24 nov. 1949 : *Nu,* cr. : FRF 60 – PARIS, 8 jan. 1960 : *Nature morte au candélabre* : FRF 2 000 – VERSAILLES, 24 juin 1964 : *Verdolier* : FRF 3 000 – VERSAILLES, nov. 1972 : *La Cueillette de la lavande* : FRF 5 100 – PARIS, 27 fév. 1976 : *Vase de fleurs,* h/t (73x54) : FRF 5 800 – VERSAILLES, 26 fév. 1978 : *Voiliers au port,* gche (47,5x63) : FRF 4 000 – SAINT-BRIEUC, 13 juil. 1979 : *Vase de fleurs,* h/pan. (54x38) : FRF 6 500 – GRENOBLE, 12 mai 1980 : *Paysage de Provence,* gche (44x53) : FRF 3 200 – VERSAILLES, 29 nov. 1981 : *Grand Bouquet de fleurs,* h/t (73x54) : FRF 16 000 – VERSAILLES, 18 avr. 1982 : *Le Chemin près des grands arbres,* gche (36x45) : FRF 3 600 – CANNES, 3 avr. 1984 : *Paysage de Provence,* h/t (73x60) : FRF 13 000 – PARIS, 8 déc. 1987 : *Paysage de Provence,* h/isor. (33x55) : FRF 7 000 – PARIS, 16 déc. 1987 : *Les blés à Saint-Trinid,* h/t (54x73) : FRF 23 000 – VERSAILLES, 15 mai 1988 : *Nature morte aux fleurs* 1957, h/t (60x81) : FRF 18 600 – PARIS, 23 juin 1988 : *Corrida,* h/t (101x81) : FRF 35 000 – VERSAILLES, 25 sep. 1988 : *Portrait de Barbara,* h/t (81x60) : FRF 16 500 ; *Paysage à Aurel,* h/cart. (42x53) : FRF 7 500 – LA VARENNE-SAINT-HILAIRE, 23 oct. 1988 : *Fleurs dans un vase,* h/t (73x54) : FRF 19 000 – PARIS, 3 mars 1989 : *Bouquet de fleurs au vase bleu,* h/t (46x32) : FRF 18 000 – PARIS, 4 avr. 1989 : *Le Couple* 1963, h/t (195x114) : FRF 41 000 – PARIS, 12 avr. 1989 : *Vase de fleurs,* h/t (55x38) : FRF 21 000 – VERSAILLES, 20 juin 1989 : *Bateaux à quai,* h/t (60x81) : FRF 66 000 – PARIS, 11 oct. 1989 : *Nature morte à la chaise et au drapé,* h/pan. (73x50) : FRF 36 000 – LE TOUQUET, 12 nov. 1989 : *Bateaux au port,* h/t (57x39) : FRF 46 500 – VERSAILLES, 10 déc. 1989 : *Nu,* gche (65x50) : FRF 7 800 – PARIS, 17 déc. 1989 : *Paysage,* h/t (91x72) : FRF 46 000 – CALAIS, 4 mars 1990 : *Paysage vallonné,* h/t (54x73) : FRF 50 000 – PARIS, 23 mars 1990 : *Scène de bord de mer,* gche (48x60) : FRF 17 500 – ANGOULÊME, 1er avr. 1990 : *Hommage à Pablo Casals,* h/t (197x295) : FRF 181 000 – NEUILLY, 26 juin 1990 : *Village,* h/t (46x61) : FRF 58 500 – PARIS, 4 juil. 1990 : *Venise,* h/t (50x10) : FRF 75 000 – DOUAI, 24 mars 1991 : *La Moissonneuse,* h/t (162x130) : FRF 69 500 – NEUILLY, 11 juin 1991 : *Le Mas,* fus. (31x41) : FRF 5 500 – PARIS, 20 nov. 1991 : *La Charrette bleue* 1965, h/t (50x61) : FRF 75 000 – PARIS, 8 avr. 1992 : *Paysage,* h/t (60x80) : FRF 75 000 – PARIS, 11 juin 1993 : *Les Parisiennes,* h/t (194x131) : FRF 59 000 – PARIS, 27 mars 1994 : *Granges neuves à Michoule* 1970, h/t (54x74) : FRF 45 000 – CALAIS, 11 déc. 1994 : *Les Ramasseuses de lavande,* h/t (50x61) : FRF 20 000 – ZURICH, 23 juin 1995 : *Les Oliviers,* h/t (50x61,5) : CHF 4 600 – PARIS, 7 juin 1995 : *Scène rurale à Aurel,* gche (55x78) : FRF 15 000 – CALAIS, 24 mars 1996 : *Village de Provence,* h/t (54x73) : FRF 34 000 – CALAIS, 7 juil. 1996 : *Les Maestros* 1962, h/t (65x54) : FRF 22 000 – PARIS, 8 déc. 1996 : *Portrait de femme au corsage rouge,* h/cart. (73x53,5) : FRF 5 000 – PARIS, 20 jan. 1997 : *Le Rêve,* h/pan. (73x60) : FRF 11 000 – CALAIS, 23 mars 1997 : *Repas champêtre en Provence,* h/t (60x81) : FRF 22 000 – PARIS, 19 oct. 1997 : *Portrait du peintre Seyssaud* 1952, gche/cart. (73x52) : FRF 15 500 ; *Le Haut Pays,* h/t (60x50) : FRF 41 000 – PARIS, 17 oct. 1997 : *Les Majorettes,* h/t (27x35) : FRF 5 500.

AMBROGINI
XVIIe siècle. Actif à Rome. Italien.
Sculpteur de sujets religieux, statues.
On connaît seulement de lui la statue de *Saint Charles* dans l'église Saint-Lorenzo, à Damaso.

AMBROGINI Domenico
XVIIe siècle. Actif à Rome en 1604. Italien.

Peintre.
Zani cite un autre peintre romain, du même nom, qui travaillait vers 1696.

AMBROGINO di Meo
XIVe siècle. Actif à Sienne. Italien.
Sculpteur sur bois.
En 1339, orna les stalles de la cathédrale d'Orvieto des statues des douze Apôtres et de celle de saint Glorius.

AMBROGINO da Soncino Ambrosinus, frater
XVe siècle. Actif à Bologne. Italien.
Peintre verrier.
Appartenant à l'ordre des Dominicains, il fit des vitraux pour les églises San Petronio de Bologne, San Giacomo de Soncino. Il décora également les églises Santa Maria delle Grazie et Santa Maria della Rosa.

AMBROGIO
XVIe siècle. Italien.
Peintre.
Il collabora vers 1503 aux peintures de l'appartement des Borgia au Vatican.

AMBROGIO
XVIe siècle. Italien.
Sculpteur.
Il travailla, en 1524, pour la Scuola grande di San Rocco, à Venise.

AMBROGIO, maestro
XVIe siècle. Italien.
Sculpteur.
A San Francesco d'Urbino, se trouvent des petites sculptures de lui.

AMBROGIO
Né à Correggio. XVIe-XVIIe siècles. Italien.
Sculpteur.
Il fut collaborateur du sculpteur Giacomo vers 1600.

AMBROGIO d'Antonio da Cerro
XVe siècle. Italien.
Peintre.
Lombard, il est cité à Milan en 1481.

AMBROGIO da Arluno
XVIe siècle. Italien.
Sculpteur.
Il aida à ériger la couronne de la coupole du dôme de Milan et travailla avec Agostino Busti (appelé il Bambaja) au monument funéraire de Gaston de Foix.

AMBROGIO d'Asti
XVIe siècle. Actif à Pise au début du XVIe siècle. Italien.
Peintre.
On suppose, d'après son nom, qu'il était d'origine piémontaise et ses œuvres font croire qu'il était élève de Domenico Ghirlandajo. Le Museo Civico, à Pise, possède deux tableaux de lui, signés « Ambrosius Astensis » dont *Un Christ bénissant,* placé entre sa Mère et un ange qui lui verse un vase de parfums sur la tête.

AMBROGIO di Baldese, appelé aussi Ventura di Moro
Né en 1352. Mort le 30 octobre 1429. XIVe-XVe siècles. Italien.
Peintre de compositions religieuses, scènes de genre, fresquiste.
En 1387, il peignit le tabernacle au-dessus duquel on devait placer la statue de la Vierge qu'Alberto Arnoldi avait sculptée pour la *Compagnia del Bigallo* et dont on a conservé un fragment. En 1411-1412, il travailla à Prato, dans la maison de Francesco Datini ; en collaboration avec d'autres artistes, il y représenta des scènes de la vie de ce citoyen. À Florence, il peignit les fresques des Évangélistes sur le plafond de la chapelle de l'Oratoire (1415), et des *Scènes de la vie de saint Pierre,* dans la maison de la *Compagnia del Bigallo.* En 1409 et 1412, il exécuta deux tableaux pour la chapelle de la Madonna Cecca de Lupicini et la chapelle de Messer Alamanno de Gherardini. Voir aussi le Pseudo-Ambrogio di Baldese.
MUSÉES : BOSTON : *Madone.*
VENTES PUBLIQUES : PARIS, 15 mars 1944 : *La Vierge à l'Enfant Jésus, deux évangélistes, deux saintes et des anges,* peint. à fond or : FRF 300 000 – LUCERNE, 15 et 16 juin 1967 : *La Vierge et l'Enfant,* bois, fond or : CHF 31 000 – LONDRES, 12 avr. 1978 : *Vierge à*

l'Enfant avec saints personnages, h/pan., fronton cintré (61x39,5) : **GBP 13 000** – AMSTERDAM, 17 nov. 1980 : *La Vierge et l'enfant avec saint Jean Baptiste et autres saints personnages*, h/pan. fond or (85x49,5) : **NLG 82 000**.

AMBROGIO di Bindo
XVᵉ-XVIᵉ siècles. Actif à Sienne à la fin du XVIᵉ siècle et au début du XVᵉ siècle. Italien.
Peintre verrier.
Il était dominicain, et ses œuvres se trouvent principalement dans les églises et les chapelles de Sienne, et on le cite de 1404 à 1416.

AMBROGIO Borgognone. Voir BORGOGNONE

AMBROGIO da Bornago
XVIᵉ siècle. Lombard, actif au commencement du XVIᵉ siècle. Italien.
Sculpteur.
Il fut un de ceux qui aidèrent Agostino Busti (appelé Bambaja), à sculpter le tombeau de Gaston de Foix.

AMBROGIO da Castranuova
XVᵉ siècle. Actif à Milan, à la fin du XVᵉ siècle. Italien.
Peintre.
Il est cité dans la liste des peintres milanais de 1481.

AMBROGIO da Ferrara
XVIᵉ siècle. Actif au début du XVIᵉ siècle. Italien.
Peintre.
D'après un document conservé à Saint-Stefano, à Ferrare, on sait qu'il travaillait dans cette ville vers 1509.

AMBROGIO Francese
XVIᵉ siècle. Italien.
Sculpteur sur bois et marqueteur.
Il travailla, avec Stefano d'Antoniolo et Fra Damiano da Bergamo, à l'exécution des superbes stalles, du pupitre et de la porte du chœur de l'église Saint-Pietro à Pérouse.

AMBROGIO di Giacomo Lombardo
XVIᵉ siècle. Italien.
Sculpteur.
En 1514, il fut occupé à la construction du Cambio de Pérouse, spécialement à celle du portail de la chapelle du Cambio.

AMBROGIO di Giorgio Borgognone. Voir BORGOGNONE Ambrogio

AMBROGIO di Giovanni
XIVᵉ siècle. Actif à Sienne vers 1363. Italien.
Tailleur de pierre.

AMBROGIO di Giovanni da Milano
XVᵉ siècle. Actif à Venise dans la seconde moitié du XVᵉ siècle. Italien.
Sculpteur.
Il fut l'un des maîtres qui travaillèrent au palais de San Marco, construit à Rome par Paul II, et il contribua à l'achèvement de l'église Santa Elena, à Venise.

AMBROGIO di Goro
XIVᵉ siècle. Italien.
Sculpteur.
Il était fils du sculpteur et architecte Goro (mentionné comme aide de Niccolo Pisano, à Sienne) et travailla dans la région de Sienne. Il fut lui-même architecte.

AMBROGIO da Lodi
XVᵉ siècle. Italien.
Peintre verrier.
Il travailla à la cathédrale de Milan, en 1430.

AMBROGIO di Mariotto da Fiesole
XVIᵉ siècle. Actif au début du XVIᵉ siècle. Italien.
Sculpteur.
Travailla à Saint-Pierre de Rome en 1508.

AMBROGIO da Milano I, dit aussi Ambrogino, Ambrogio di Antonio da Milano (parfois da Urbino), peut-être Ambrogio Barocci ou Ambrogio d'Antonio Barocci
Né dans la première moitié du XVᵉ siècle à Milan. Mort après 1530. XVᵉ-XVIᵉ siècles. Italien.
Sculpteur.
Cet artiste travaillait surtout pour les églises et les nobles à Urbino, Venise, Viterbe, Pérouse, Todi, Spolete et Ferrare. Dans cette dernière ville, il exécuta le monument de Lorenzo Roverella à l'église San Giorgio et collabora pour certain ouvrage avec

Albertino et Giocomo Rasconi. Il fut chargé de la décoration sculpturale du Palais de Federigo da Montefeltro à Urbino. Giovanni Santi l'appelle le « créateur de l'arabesque ». C'est sur ce point qu'il semble y avoir confusion avec un Ambrogio Barocci.

AMBROGIO da Milano II
XVIᵉ siècle. Italien.
Graveur sur bois.
Il était actif à Venise.

AMBROGIO da Muralto
XVᵉ siècle. Lombard. Italien.
Peintre.
Il est l'auteur de deux décorations de pilastres à San Lorenzo de Lugano. Ces peintures représentent saint Sébastien et saint Roch ; elles sont datées de 1487 et portent la signature *Ambrosio de Muralto pinxit*.

AMBROGIO da Palermo, appelé Amodeo
XVIᵉ siècle. Éc. sicilienne.
Peintre de miniatures.
Il entra comme moine, en 1508, au couvent San Martino delle Scale de Palerme qui possède un grand *Antiphonaire*, exécuté par lui.

AMBROGIO da Pavia
XVᵉ siècle. Italien.
Peintre.
Il est mentionné en 1415 à Gênes.

AMBROGIO di Pietro
XVᵉ siècle. Lombard, actif à la fin du XVᵉ siècle. Italien.
Peintre.

AMBROGIO di Pietro di Paolo
XVᵉ siècle. Italien.
Miniaturiste.
Il fut notaire à Bologne, au XVᵉ siècle.

AMBROGIO di Porris
XVᵉ siècle. Italien.
Sculpteur.
Travailla à la cathédrale de Milan.

AMBROGIO de Predis. Voir PREDIS Ambrogio

AMBROGIO di Stefano. Voir BORGOGNONE Ambrogio

AMBROGIO di Tura
XIVᵉ siècle. Actif à Sienne au début du XIVᵉ siècle. Italien.
Sculpteur.

AMBROGIO di Vanni
XIVᵉ siècle. Actif vers la fin du XIVᵉ siècle. Italien.
Sculpteur sur bois.
Il collabora, en même temps qu'Andrea di Cesso, à la construction de la cathédrale de Florence. On doit éviter de le confondre avec Ambrosius Johannis, tailleur de pierre siennois, mentionné sur une liste de l'année 1363.

AMBROGIO da Vigevano
XVIᵉ siècle. Milanais. Italien.
Peintre.
Il exécuta, avec Cristoforo de Motti, une série de peintures murales qu'on retrouve, signées et datées de 1514, dans l'église Madonnina à Cantu. D'après Growe et Cavaliaselle, il fut peut-être le même que le peintre Giovanni Ambrogio Belivacqua.

AMBROGIO BETINI Betini
XVᵉ siècle. Italien.
Peintre.
Il était actif à Ferrare, vers 1459.

AMBROISE. Voir aussi AMBROOS

AMBROISE Jules François Achille
Né à Paris. XIXᵉ siècle. Français.
Peintre de paysages, paysages d'eau, marines, dessinateur.
Élève d'Harpignies, il habita Meudon et il a exposé plusieurs fois aux Salons de Paris, entre 1879 et 1896. Un grand nombre de ses tableaux représentent des vues de la forêt de Fontainebleau. Il exposa un fusain : *Ruisseau sous bois* à l'Exposition Internationale Blanc et Noir en 1886.
VENTES PUBLIQUES : PARIS, 30 mai 1990 : *Bateaux*, h/t (22x35) : **FRF 5 000**.

AMBROIX Jean
XVIᵉ siècle. Actif à Turin dans la première moitié du XVIᵉ siècle. Italien.

Sculpteur.
Cité dans les lettres patentes de François Ier, du 13 janvier 1538.
Il était également ingénieur.

AMBROOS, maître ou **Ambroise** ou **Ambrose**
xvie siècle. Britannique.
Peintre. Renaissance.
La reine Marie d'Angleterre le recommande à François Ier par une lettre datée du 13 juin 1530. On y voit qu'Ambroos avait été peintre du célèbre cardinal Duprat et du roi Henri VIII.

AMBROOS Jan Antoon
Né le 2 septembre 1757 à Tessenderloo. Mort en 1845 à Meerhout. xviiie-xixe siècles. Belge.
Peintre de sujets religieux, scènes de genre, paysages.
Il vint à Anvers vers 1815 ; il y exposa, en 1834, ainsi qu'à Liège en 1836, plusieurs tableaux de genre et des sujets tirés du Nouveau Testament. Il peignit aussi des paysages. On voit de lui, dans la paroisse de Tessenderloo, un *Saint Cornelius* et un *Saint Thomas*.

AMBROS Francisco
Né à Tarragone. xxe siècle. Espagnol.
Peintre.
Expose son portrait au Salon des Indépendants en 1928 et 1929.

AMBROS Raphaël von
Né en 1845 à Prague. Mort en 1895. xixe siècle. Tchécoslovaque.
Peintre de scènes de genre, sujets typiques. Orientaliste.
Il exposa au Salon de Miethkes, en 1881, et au Salon de Paris en 1887, *Tueuses d'enfants* et *Vieille Égypte*.
VENTES PUBLIQUES : LONDRES, 31 mars 1906 : *Le Gardien du Harem* : GBP 31 – LONDRES, 5 mars 1910 : *Magasin d'approvisionnements au Caire* : GBP 89 – LONDRES, 24 nov. 1982 : *Le marchand d'oranges* 1884, h/cart. (26,5x18) : GBP 6 800 – ZURICH, 26 nov. 1986 : *Café arabe* 1893, h/pan. (46,5x35) : CHF 15 000 – LONDRES, 24 juin 1987 : *L'école coranique* 1894, h/pan. (80x100) : GBP 7 000 – NEW YORK, 25 fév. 1988 : *Nature morte avec un narguilé, un tambourin et autres objets orientaux* 1886, h/pan. (46,4x35) : USD 8 250 – NEW YORK, 22-23 juil. 1993 : *Scène de marché arabe* 1893, h/pan. (26,7x21,6) : USD 3 450.

AMBROS Y DASI José
Né en 1841 à Valence. xixe siècle. Espagnol.
Sculpteur de sujets religieux.
Il fut l'élève de l'Académie de San Carlos dans sa ville natale, de l'Académie de San Fernando, à Madrid, et de José Piquer. Parmi ses œuvres, il faut citer *L'éducation de la Vierge* (relief plâtre), exposé à Madrid en 1864.

AMBROSE C.
xixe siècle. Britannique.
Peintre de portraits.
Entre 1824 et 1848, il exposa à la Royal Academy, à Londres, une série de portraits, entre autres celui de Chaves, duc de Richmond, qui fut gravé par E. Scrive et celui de Fletcher, compositeur, par Ch. Turner. Il figura également à la British Institution et à Suffolk Street.
VENTES PUBLIQUES : LONDRES, 12 juil. 1991 : *Portrait d'un officier du 12e Royal Lancers avec une charge de cavalerie au fond du paysage* 1837, h/t (92x72) : GBP 2 200.

AMBROSE E.
xixe siècle. Travaillait à Londres entre 1851 et 1864. Britannique.
Sculpteur.
Exposa à la Royal Academy.

AMBROSE Lester J.
xxe siècle. Américain.
Peintre.

AMBROSELLI Gérard
Né à Paris. xxe siècle. Français.
Peintre de paysages, graveur.
Il a exposé, de 1927 à 1935, dans différents Salons annuels parisiens : des Indépendants, Tuileries, d'Automne où, en 1935, il montra dix eaux-fortes destinées au *Venise* d'Abel Bonnard. Il a d'ailleurs souvent peint en Italie.
VENTES PUBLIQUES : PARIS, 23 nov. 1953 : *Santa-Maria in Provengamo (Sienne)* : FRF 15 100.

AMBROSELLI Jean-Baptiste
Né le 1er décembre 1934. xxe siècle. Français.

Peintre, peintre de fresques, mosaïques, vitraux. Abstrait.
Il est le fils de Gérard Ambroselli. Il fut élève de l'Académie Julian à Paris. Il a exposé à Paris en 1964 et 1974, à Fontainebleau en 1965. Il travaille essentiellement pour des collaborations architecturales : Chemin de croix peint à fresque à Valmont (Seine-et-Marne) 1962, vitraux et mosaïques de l'église de la Saint Famille au Kremlin-Bicêtre 1970, vitraux dans la chapelle du Foyer de Riaumont (Pas-de-Calais) 1971.
Il s'est détaché de la figuration de ses débuts pour une conception abstraite, lui semblant plus apte à ses intégrations architecturales, mais au cœur de laquelle il a su préserver une tonalité affective liée encore au sentiment de la nature.

AMBROSI Alfredo Gauro
Né en 1901 à Rome. Mort en 1945 à Vérone. xxe siècle. Italien.
Peintre de portraits. Futuriste.
Une de ses œuvres a été présentée en 1997 à l'exposition *Les Années trente en Europe. Le temps menaçant* au musée d'Art moderne de la Ville de Paris.
Il pratiqua l'aéropeinture, technique chère aux futuristes. Il célébra le régime italien des années trente, notamment avec des portraits de Mussolini, des scènes de combats aériens, exaltant les valeurs guerrières fascistes.
BIBLIOGR. : In : Catalogue de l'exposition *Les Années trente en Europe. Le temps menaçant*, Musée d'Art moderne de la Ville, Paris musées, Flammarion, Paris, 1997.
MUSÉES : TRENTE (Mus. aeronautico Caproni di Taliedo) : *Portrait de Benedito Mussolini* 1930.

AMBROSI Ascanio, appelé aussi **Ascanio Fenizzi** ou **Ascanio della Spagnola**
xviie siècle. Vivait en 1609. Italien.
Peintre de compositions religieuses.
Il était fils de Guido Ambrosi, d'une famille noble d'artistes, d'Urbino. Il est cité pour la première fois en 1556 : il était élève de Federico Barocci. En 1560, il peignit un crucifix pour la *Compagnia del Corpus Domini* à Urbino et, en 1572, une Madone destinée à l'église Santa Margarita. En 1568, il dessina le projet du maître-autel de sa paroisse. Il était aussi architecte.

AMBROSI D.
Italien.
Graveur au burin.
Il est connu par une gravure intitulée *Première vue de Canne, près de Naples*, d'après le dessin de D. Zuccarello.

AMBROSI Donnino
Né à Urbino. Mort le 21 septembre 1599 à Sinigallia. xvie siècle. Italien.
Sculpteur.
Castellani le cite comme auteur d'une statue de bronze que l'on croyait ancienne, représentant la *Fortune* et ornant la fontaine du marché de Fano, et d'une statuette, *Saint Crescentino terrassant le dragon*, qui fut placée sur la colonne de la place communale d'Urbino et qui se trouve maintenant dans la salle du conseil municipal.

AMBROSI Francesco
xviiie siècle. Actif à Venise dans la seconde moitié du xviiie siècle. Italien.
Graveur en taille-douce.
Il grava des vues de Rome, de France et d'Allemagne, d'après Vasi, Vernet, Teniers, Ozanne, Sarrazin.

AMBROSI Francesco
xixe siècle. Actif au début du xixe siècle. Italien.
Graveur en taille-douce.
Il fut l'élève de Giuseppe Longhi. On connaît de lui trois portraits : *Elisa, grande duchesse de Toscane, sœur de Napoléon Ier*, 1811, au pointillé, *Andrea Cesalpino, philosophe, mort en 1603*, *Francesco Aglietti, anatomiste*.

AMBROSI Francesco ou **Franco**
xvie siècle. Italien.
Sculpteur sur bois.
Il est cité pour la première fois en 1593, pour avoir sculpté un pupitre destiné à l'église du Corpus Domini, à Urbino ; en 1599-1600, il exécuta, avec Armellino, le cadre d'un *Crucifiement* de Federigo Barocci et de belles sculptures, dans le style corinthien, pour l'Oratorio della Morte à Urbino.

AMBROSI Gustinus ou **Gyslings**
Né en 1893 à Eisenstadt. Mort en 1975. xxe siècle. Autrichien.

Sculpteur de figures allégoriques, portraits.

Il affectionnait les sujets allégoriques : *Mélancolie – Le Désir – Le Baiser – L'Infidélité...* Il était aussi recherché pour les bustes qu'il sculptait pour des personnalités de l'époque, tels ceux de *Painlevé* et de *Clémenceau*, qu'il exposa au Salon des Artistes Français de Paris, respectivement en 1932 et 1933.

VENTES PUBLIQUES : VIENNE, 22-25 mai 1962 : *Mélancolie*, bronze : ATS 5 500 – VIENNE, 18 sep. 1963 : *Abel* : ATS 12 000 – VIENNE, 15 sep. 1965 : *Le Baiser* : ATS 25 000 – VIENNE, 25 juin 1976 : *Étude de nu 1925*, past. : ATS 12 000 – PARIS, 17 mars 1978 : *Buste de femme 1921*, marbre blanc (H. 69) : FRF 7 500 – VIENNE, 16 mars 1979 : *Caïn*, bronze (H. 82) : ATS 100 000 – VIENNE, 25 mai 1982 : *Le centenaire*, stuc (H. 30) : ATS 12 000 – LONDRES, 29 mars 1984 : *Blüte 1921*, marbre (H. 59) : GBP 5 500 – LONDRES, 28 mai 1986 : *Baigneuse 1913*, marbre (H. 45) : GBP 5 500 – VIENNE, 14 mars 1989 : *Buste d'homme 1943*, sculpt. en bronze (H 47) : ATS 20 000 – PARIS, 27 nov. 1991 : *Le désespoir*, bronze patiné (H. 40) : FRF 16 500.

AMBROSI Hans
XVIIᵉ siècle. Autrichien.
Peintre.
Il est mentionné à Graz en 1623.

AMBROSI Nicollo
Né le 17 novembre 1728 à la Villa Lagarina (près de Trente). XVIIIᵉ siècle. Italien.
Sculpteur.
Encouragé par le comte Maximilien Septimus Lodron, ami des arts, dont la famille habitait la Villa depuis 1456, Ambrosi se rendit de bonne heure à Vienne. On l'y trouve déjà en 1756 ; le 7 février 1781, il y reçut le premier prix de sculpture et fut nommé membre de l'Académie royale et impériale. L'œuvre qui lui avait valu ce succès représentait *Anacréon couronné par une jeune fille, tandis qu'un serviteur remplit sa coupe.*

AMBROSINI Cristoforo
XVIIIᵉ siècle. Actif à Rome. Italien.
Peintre.

AMBROSINI Domenico
XVIIᵉ siècle. Actif à Rome vers 1696. Italien.
Peintre.

AMBROSINI Jérôme. Voir JÉRÔME Ambrosini

AMBROSINI T.
XIXᵉ siècle. Britannique.
Peintre.
Un ouvrage seulement de cet artiste est cité, en 1878, dans le catalogue de l'exposition de Suffolk Street à Londres.

AMBROSINI Vincent
Né à Constantine (Algérie). XXᵉ siècle. Français.
Peintre de paysages, marines.
Il a figuré au Salon des Indépendants de Paris, de 1926 à 1938. Il a souvent traité les effets de clair de lune.

AMBROSINI Virgilio
XVIIᵉ siècle. Italien.
Sculpteur sur bois.
Il travaillait comme architecte à Bologne vers 1670.

AMBROSIO Gabriele
Né en 1844 à Turin. XIXᵉ siècle. Italien.
Sculpteur de monuments, statues, bustes.
Il fut instruit par Vincenzo Vela. Sa première œuvre fut le monument de Giambattista Bodoni, à Saluzzo ; il sculpta ensuite celui de Diodata da Saluzzo, à Ivrea, celui du général Perrone di San Martino, et le grand buste du poète Angelo Brofferio à Turin. Dans cette dernière ville, il sculpta de nombreux tombeaux, entre autres celui de la famille Auxilia. Il fit également des bustes ; sa statuette du sculpteur Carlo Marochetti fut achetée, en 1888, par la Société d'encouragement des Beaux-Arts ; il en existe une reproduction à la National Gallery à Londres.
MUSÉES : LONDRES (Nat. Gal.) : *Le sculpteur Carlo Marochetti*, réplique.

AMBROSIO Louis d'
Né le 21 juin 1879 à Picinisco (Italie). Mort en 1946. XXᵉ siècle. Naturalisé en France. Italien.
Sculpteur de figures, statues, bustes.
Il semble être venu très jeune en France. Il fut élève des sculpteurs Paul Gasq et Henri Greber, à l'École des Beaux-Arts de Paris. À Paris aussi, il fut exposant du Salon des Artistes

Français, de 1908 à 1937, obtenant une mention honorable en 1908 et en devenant sociétaire, médaille de bronze 1923, médaille d'argent 1925, promu chevalier de la Légion d'Honneur 1932. Il a également exposé au Salon des Indépendants, de 1928 à 1942, qui organisa, en 1947 après sa mort, une exposition rétrospective de son œuvre. Il fut aussi vice-président de *La Samothrace*, association des artistes mutilés et blessés des guerres de 1914-1918 et 1939-1945.
Il a réalisé de nombreux portraits en bustes, dont on cite celui de *Péguy*, sculpté en 1936. Il fut surtout le sculpteur d'athlètes monumentaux, destinés en principe à l'intégration dans des ensembles architecturaux, que les commandes ne favorisaient que rarement. Bien que datées d'évidence d'une époque néoclassique, ses sculptures démontrent des qualités de sérieux et de force. ■ J. B.

AMBROSIO Marco degli. Voir MELOZZO da Forli

AMBROSIO da Averara
XVᵉ siècle. Italien.
Peintre.
Il vivait à Brescia en 1465.

AMBROSIO da Marliano. Voir MARLIANO Ambrogio

AMBROSIOS
XVIᵉ siècle. Actif vers l'an 1500. Éc. byzantine.
Peintre de compositions religieuses.
D'après Lanzi, une peinture de lui, le *Jugement dernier*, et signée en caractères grecs : *Ambroise, moine*, se trouve dans l'église de la Charité à Fabriano.

AMBROSIUS
XIIᵉ siècle. Italien.
Sculpteur.
Zani mentionne simplement cette inscription : *Me Ambrosius sculpsit Petrus Abbas Sculpere Jussit ecc* et le cite comme ayant travaillé à Viterbe en 1140.

AMBROSIUS Anthoni
XVIIᵉ siècle. Hollandais.
Peintre.
Il fut, en 1611, élève d'Abraham Bloemaert à Utrecht.

AMBROSIUS Frederick
XVIIᵉ siècle. Hollandais.
Peintre.
Membre de la corporation de Leyde, de 1660 à 1673.

AMBROSIUS Markus ou Ambrozewski
Né à Ostrorog (Posen). XVIᵉ siècle. Polonais.
Graveur sur bois.
Dans son ouvrage : *Arma regni Poloniae*, publié en 1572, se trouve une série de 145 armoiries des familles, des provinces et des diocèses de la Pologne. La gravure principale représente le roi Sigismond-Auguste assis sur son trône.

AMBROSOVA Helena
Née le 31 août 1934 à Liptovsky Mikulas (Slovaquie). XXᵉ siècle. Tchécoslovaque.
Peintre.
Elle est diplômée de l'École supérieure des Arts décoratifs qu'elle fréquenta de 1953 à 1959 et travailla sous la direction de Stanislas Ulman et Karel Svolinsky. De 1967 à 1992 elle exposa dans de nombreuses villes de son pays, notamment Prague en 1967. À l'étranger elle participe à des expositions en Allemagne, Suisse, France.
VENTES PUBLIQUES : PARIS, 31 jan. 1993 : *Le couple au torrent 1964*, h/t (60x85) : FRF 3 800.

AMBROZY Joseph
XVIIIᵉ siècle. Actif à Prague (Bohème). Autrichien.
Peintre miniaturiste.

AMBROZY Wenzel Bernhard
Né en 1723 à Kuttenberg. Mort le 30 avril 1806. XVIIIᵉ siècle. Autrichien.
Peintre d'histoire, portraits, fresquiste.
Élève de son frère, le peintre miniaturiste Joseph Ambrozy. Il fut peintre à la cour de l'impératrice Marie-Thérèse et le dernier président de la guilde des peintres de Prague, fondée par Charles IV et Joseph II. Ambrozy peignit à l'huile des portraits et des tableaux d'autel, mais il ne réussit pas moins bien dans les fresques exécutées à la manière vénitienne dont il décora plusieurs églises et châteaux de Prague et d'autres villes de Bohème. Les peintures du plafond de la chapelle du château de Mesic, près de Prague, sont de lui.

AMBUCCI Torello ou **Ambucchi**
XIXe siècle. Italien.
Sculpteur.
Il vécut à Londres, et exposa à la Royal Academy, de 1851 à 1860, une série de bustes et des sujets allégoriques. Il envoya aussi ses œuvres à la British Institution et à Suffolk Street.

AMBURY
XVIIIe siècle. Britannique.
Dessinateur.
Officier d'artillerie, ses dessins et paysages des Indes ont été gravés par Jukes.

AMBUSCHIER
Actif à Steiermark. Allemand.
Peintre de portraits.
On cite plusieurs portraits peints par lui.

AMÉ
XVIIIe siècle. Français.
Peintre.
Il figure comme élève protégé sur les registres de l'Académie Royale de Peinture et Sculpture en 1758.

AMÉDÉE H. H.
XIXe siècle. Français.
Peintre de genre, paysages.
À partir de 1894, il exposa à peu près chaque année à Paris.

AMÉDÉE Jules
XIXe siècle. Français.
Aquafortiste.
Il publia, en 1856, vingt paysages à l'eau-forte.

AMÉDÉE-WETTER Henri
Né à Montluçon (Allier). Mort en 1930 ? XXe siècle. Français.
Peintre de genre, marines, graveur.
Il était membre du Salon de la Société Nationale des Beaux-Arts, où il exposa de 1911 à 1928, des peintures sur le thème des marchés en plein air ou encore des marines. Il exposa aussi des gravures aux Salons d'Automne et des Tuileries.

AMÉEN Märta, née **Baronne de Sparre**
Née le 28 février 1871 à Vienne. Morte en 1940. XIXe-XXe siècles. Suédoise.
Peintre animalier, sculpteur de groupes.
Elle était de famille suédoise, et fut élève de Courtois et de Dagnan-Bouveret à Paris. Elle débuta par la peinture des animaux, mais elle se consacra ensuite à la sculpture. Deux groupes furent exposés à Paris et à Stockholm : Perncherons au trait, 1899, et Vieux camarades, 1900. En 1900, elle a exposé à Munich : À vendre et Travail.
VENTES PUBLIQUES : STOCKHOLM, 19 avr. 1989 : Chien debout, bronze (H. 13) : SEK 3 700.

AMEGLIO Mério ou **Mario**
Né le 4 octobre 1897 à San Remo (Italie). Mort le 29 juillet 1970 à Paris. XXe siècle. Actif en France. Italien.
Peintre de paysages, paysages urbains, paysages portuaires.
Il s'est formé seul à la peinture, sur la côte française de la Méditerranée où il fut élevé. Ensuite, il a peint dans de nombreuses régions de France : la région marseillaise, la vallée du Loing, la vallée de la Seine, Chartres, et surtout des vues de Paris et de Montmartre, où il habita de 1938 à sa mort.

Merio Ameglio

Merio Ameglio

VENTES PUBLIQUES : PARIS, 30 mars 1949 : Saint-Germain-des-Prés, neige : FRF 10 000 – PARIS, 29 nov. 1954 : Rue Lafitte : FRF 15 000 – NEW YORK, 11 fév. 1965 : Pêcheurs au bord de la Seine : USD 175 – VERSAILLES, 3 déc. 1972 : Vieux Paris : FRF 4 000 – PARIS, 27 fév. 1976 : Saint-Tropez, h/t (54x65) : FRF 2 500 – HONFLEUR, 2 jan. 1977 : Paysage au pont, h/t (56x46) : FRF 7 000 – HONFLEUR, 15 juil. 1979 : Vue de Paris, h/t (46x55) : FRF 5 600 – CANNES, 28 juil. 1981 : Le Pont de Moret, h/t (33x41) : FRF 7 500 – TROYES, 22 avr. 1983 : Marché à Bastia, h/t (56x45) : FRF 8 600 – TROYES, 7 juin 1984 : Paris sous la neige, h/t (38x55) : FRF 5 400 – PARIS, 25 nov. 1985 : Boulevard des Batignolles, h/t

(46x55) : FRF 7 000 – AVIGNON, 23 mars 1986 : Les Gitans, h/t (46x55) : FRF 10 500 – REIMS, 25 oct. 1987 : Port méditerranéen, Villefranche-Mer, h/cart. (22x27) : FRF 9 000 ; Montmartre, Rue de l'Abreuvoir, h/t (46x55) : FRF 6 000 – TROYES, 28 fév. 1988 : Montmartre et le Sacré-Cœur à Paris, h/t (46x55) : FRF 8 000 – PARIS, 14 mars 1988 : La Porte Saint-Martin, h/t (46x55) : FRF 12 000 – REIMS, 24 avr. 1988 : Voiliers à Venise, h/t (50x65) : FRF 5 500 – PARIS, 12 juin 1988 : Coin de marché, h/isor. (55x36) : FRF 20 000 – VERSAILLES, 25 sept. 1988 : Paris, Boulevard animé près de l'église Saint-Augustin, h/t (46x55) : FRF 12 000 – VERSAILLES, 6 nov. 1988 : Bateaux de pêche aux Martigues, h/t (60x92) : FRF 28 000 – PARIS, 20 nov. 1988 : Moret-sur-Loing, h/cart. (50x65) : FRF 40 000 – VERSAILLES, 18 déc. 1988 : Jour de marché à Rouen, h/t (72,5x92) : FRF 35 000 – PARIS, 12 avr. 1989 : Les Martigues, h/t (60x92) : FRF 41 000 – PARIS, 22 oct. 1989 : Le Moulin de la Galette sous la neige 1958, h/t (55x46) : FRF 30 000 – PARIS, 11 juil. 1989 : La Place Pigalle, h/t (65x50) : FRF 22 000 – VERSAILLES, 29 oct. 1989 : Port de pêche méditerranéen, h/t (54x73) : FRF 28 000 – LA VARENNE-SAINT-HILAIRE, 20 mai 1990 : Automne place de la Madeleine, h/pan. (26,5x31) : FRF 23 500 – NEW YORK, 13 fév. 1991 : Notre-Dame de Paris, h/t (46,4x55) : USD 3 850 – NEW YORK, 7 mai 1991 : La Madeleine 1958, h/t (45,7x54,6) : USD 3 300 – LANGRES, 22 juin 1991 : Le Port de Cassis, h/t (60x81) : FRF 20 000 – CALAIS, 5 juil. 1992 : Rivage méditerranéen, h/pan. (22x27) : FRF 7 500 – NEW YORK, 26 fév. 1993 : Place Pigalle, h/t (45,7x54,6) : USD 1 840 – LE TOUQUET, 30 mai 1993 : Port méditerranéen, h/pan. (38x46) : FRF 12 000 – LE TOUQUET, 14 nov. 1993 : Le Port de Marseille, h/t (73x93) : FRF 20 500 – NEW YORK, 14 juin 1995 : Place Pigalle 1953, h/t (45,7x53,3) : USD 2 070 – PARIS, 20 mars 1996 : Vue de Villefranche, h/t (60x91,5) : FRF 11 000 – PARIS, 26-27 nov. 1996 : Villefranche, h/t (46x55) : FRF 10 500 – PARIS, 20 jan. 1997 : La Place Blanche à Paris 1955, h/t (46x55) : FRF 5 800 – PARIS, 17 oct. 1997 : Paris, le Panthéon, h/t (46x55) : FRF 6 200.

AMEIL Guillaume
XIVe siècle. Français.
Sculpteur d'ornements.
Il travaille à Poitiers, en 1383, à la tour de Maubergeon et au palais du duc Jean de Berry.

AMEISODER. Voir **AMASÖDER Johan Georg**

AMELAINE Gaston Claude
Né à Saint-Benin-d'Azy. XIXe-XXe siècles. Français.
Graveur.
Élève de Dézarrois et Dubouchet. Exposa un portrait, d'après Ingres, au Salon des Artistes Français en 1905.

AMELEN Amand
Mort le 18 mai 1495 à la chartreuse de Schent (près de Bruxelles). XVe siècle. Éc. flamande.
Sculpteur.
Il était frère lai à la chartreuse de Schent depuis 1476.

AMELET Mahiet
XIVe siècle. Actif vers 1327. Français.
Miniaturiste.
Collaborateur de Jean Pucelle.

AMELIN
XIXe siècle. Actif dans la première moitié du XIXe siècle. Français.
Peintre de paysages, aquarelliste.
Il peignit des paysages avec des ruines. Il était élève de David.
MUSÉES : BAGNÈRES-DE-BIGORRE : deux aquarelles.

AMELIN Albin
Né en 1902. Mort en 1975. XXe siècle. Suédois.
Peintre. Expressionniste. Groupe Couleur et Forme.
Il vint se former en France de 1930 à 1933, puis en Russie en 1937-1938. Revenu en Suède, il s'imprégna du courant expressionniste, permanent et puissant dans les arts des pays scandinaves, théâtre et peinture en particulier. Il fut un des membres actifs du groupe Couleur et Forme, promoteur précisément de cette orientation esthétique.

Amelin

MUSÉES : OSLO – STOCKHOLM.
VENTES PUBLIQUES : STOCKHOLM, 8 nov. 1972 : Portrait d'homme de profil : SEK 10 000 – STOCKHOLM, 25 juin 1976 : Vase de fleurs

1930, past. (80x68) : **SEK 13 000** – Göteborg, 10 nov. 1977 : *Les pêcheurs* 1949, techn. mixte (82x115) : **SEK 25 000** – Göteborg, 7 nov. 1979 : *Nature morte aux fleurs* 1964, h/t (92x73) : **SEK 33 000** – Stockholm, 23 avr. 1980 : *Nature morte aux fleurs* 1965, h/t (90,5x71,5) : **SEK 71 000** – Stockholm, 16 nov. 1981 : *Vase de fleurs*, gche et past. (97,5x70) : **SEK 13 500** – Stockholm, 9 nov. 1983 : *Mère et fillette cueillant des fleurs* 1951, h/t (215x201) : **SEK 33 000** – Göteborg, 7 nov. 1984 : *Nature morte aux fleurs*, h/t (92x73) : **SEK 36 000** – Göteborg, 5 nov. 1985 : *Nature morte aux fleurs*, h/t (92x73) : **SEK 47 000** – Stockholm, 27 mai 1986 : *Nature morte aux fleurs*, temp. (90x69) : **SEK 37 000** – Stockholm, 9 déc. 1986 : *Nature morte au vase de fleurs*, h/t (92x72) : **SEK 74 000** – Stockholm, 26 mai 1987 : *Nature morte aux fleurs* 1939, h/t (99x79) : **SEK 70 000** – Stockholm, 22 mai 1989 : *Nature morte aux fleurs* 1933, gche (71x57) : **SEK 82 000** – Stockholm, 14 juin 1990 : *Nature morte aux fleurs* 1962, h/t (100x81) : **SEK 77 000** – Stockholm, 5-6 déc. 1990 : *Nature morte avec un bouquet dans une cruche*, gche (99x68) : **SEK 32 000** – Stockholm, 21 mai 1992 : *Nature morte avec des fleurs dans un vase de verre*, h/t (116x104) : **SEK 64 000** – Stockholm, 10-12 mai 1993 : *Portrait d'homme avec un bouquet* 1946, h/t (80x99) : **SEK 30 000**.

AMELIN Paul
Né à Paris. xixe-xxe siècles. Français.
Peintre de paysages.
Il a exposé à Paris, au Salon des Artistes Français, de 1928 à 1933, et simultanément au Salon des Indépendants pendant deux ans.
Ventes Publiques : Paris, 21 juin 1993 : *Sidi Bou Saïd*, h/t (38x55) : **FRF 3 400** – Paris, 21 avr. 1996 : *Sidi bou Saïd*, h/t (46x65) : **FRF 10 000**.

AMELINE
xviie siècle. Vivait à Caen vers 1692. Français.
Sculpteur.

AMELISZ Johan
xviie siècle. Hollandais.
Peintre et éditeur.
Il fut membre de la corporation des peintres d'Utrecht en 1616-1617. Il était également éditeur.

AMELL Y JORDA Manuel
Né vers 1840 à Barcelone (Catalogne). xixe siècle. Espagnol.
Peintre de scènes de genre.
Il fut élève de José Serra. Il exposa à Barcelone à partir de 1866, puis à Paris, en 1891 et 1898.
Ventes Publiques : Londres, 23 nov. 1988 : *Une servante préparant un buffet*, h/t (48x67) : **GBP 4 400** – Londres, 6 oct. 1989 : *L'écharpe neuve*, h/t (66,5x48,5) : **GBP 3 520**.

AMELLE Pierre
xviiie siècle. Actif à Paris en 1755. Français.
Peintre.
Il fut élève de l'école des arts de Barcelone, et exposa, en 1837, une *Statue de Ganymède*.

AMELOT Charles
Né en 1759 à Paris. Mort après 1830. xviiie-xixe siècles. Français.
Peintre de paysages.
Il entra à l'Académie Royale de Paris, le 24 septembre 1778, travaillant sous la direction de Durameau et de Doyen. On l'y retrouve encore en 1791.
L'ordonnance de ses paysages reste encore dans l'esprit du xviiie siècle, tandis qu'il leur ajoute un goût nouveau pour un certain naturalisme.
Bibliogr. : Gérald Schurr : *Les Petits Maîtres de la peinture 1820-1920, valeur de demain,* t. II, Les Éditions de l'Amateur, Paris, 1982.
Musées : Autun (Mus. Rolin) : *Vue de la ville d'Autun, prise du Champ des Urnes.*

AMELRIK Jean
xve siècle. Éc. flamande.
Sculpteur sur bois.
Il travailla en 1448 à l'hôtel de ville de Louvain.

AMELSFOORT Quirinus Van
Né en 1760 à Bois-le-Duc (Hertogenbosch). Mort le 23 février 1820. xviiie-xixe siècles. Hollandais.
Peintre d'histoire, portraits, illustrateur.
Il se perfectionna à Düsseldorf où il exécuta de nombreuses copies. Il s'établit ensuite dans sa ville natale comme peintre de portraits : il peignit aussi des tableaux d'histoire, entre autres une *Minerve* et *Curius Dentatus refusant les cadeaux des Samnites,* pour le palais des États provinciaux à Hertogenbosch. Amelsfoort est surtout remarquable par la vérité et la ressemblance de ses figures. Il travailla aussi à l'illustration de plusieurs livres et dessina pour *Selico,* comédie d'Adriaan Van der Willigen, un frontispice qui fut gravé par Lodewyck Portman.
Ventes Publiques : Londres, 28 juil. 1909 : *Bethsabée ; Une fête champêtre* : **GBP 8**.

AMELSVOORT Dierk Van
xvie siècle. Éc. flamande.
Il était, en 1551, maître-libre de la guilde de Saint-Luc, à Anvers.

AMELUNGE Oswald
xve siècle. Travaillait au milieu du xve siècle à Strasbourg. Français.
Sculpteur.

AMEN Jeanne, Mme
Née le 20 mai 1863 à Belleville-sur-Saône (Rhône). Morte en mai 1923. xixe-xxe siècles. Française.
Peintre de paysages, fleurs.
Élève de A. Grivolas, elle exposa au Salon des Artistes Français de Paris, entre 1911 et 1923, obtenant une médaille d'argent en 1914. Elle s'est occupée aussi d'enseignement artistique et a publié des articles d'art industriel.
Musées : Langres : *Pivoines et aubépines* – Pontoise : *Les oliviers à Beaulieu – Le Var – La Turbie – Fin de la Corniche à Menton – Constantinople, la pointe du Sérail, soleil couchant.*
Ventes Publiques : Saint-Dié, 12 fév. 1989 : *Panier d'œillets,* t. (88x115) : **FRF 21 000.**

Am ENDE Doris
Née le 22 janvier 1854 à Dresde. xixe siècle. Allemande.
Peintre de paysages et aquafortiste.
Elle étudia à Dresde et Munich et figura dans plusieurs expositions de ces deux villes, ainsi qu'à Berlin.

AM ENDE Hans. Voir ENDE Hans ou Hans am

Am ENDE Johann Heinrich
Né le 22 août 1645 à Pirna (Saxe). Mort le 25 avril 1695 à Leipzig. xviie siècle. Allemand.
Peintre d'histoire, portraits.
Il fut probablement l'élève de son oncle, peintre à la Cour de Dresde, Christian Schiebling le Jeune. Il se fixa à Leipzig en 1682 et y exécuta les peintures allégoriques du plafond de la Bourse. Parmi ses portraits on cite les portraits miniatures de 17 négociants de Leipzig, portraits exécutés à l'huile sur parchemin ; la Bibliothèque municipale de Leipzig conserve un grand portrait de l'astronome Christoph Arnold, de Sommerfeld. Différents portraits de cet artiste furent reproduits par des graveurs : celui de *Gottfried Egger* par E. L. Heinzelman, ceux d'*Anna E. Eggerin,* née Winckler et d'*Elisabeth Steger* par Barth Kilian, celui du sénateur *Heinrich Winckler* par van Gunst et ceux des conseillers municipaux *Benedikt Winckler, Caspar Bose* et *Georg Bose* par L. Heckenauer.

AMENDOLA Ferrante ou Ammendola
Né vers 1660. Mort vers 1724. xviie-xviiie siècles. Italien.
Peintre.
Napolitain, on voit, de lui, à Sainte-Marie de Montevergine, deux grands tableaux, ainsi que deux peintures plus petites à Saint-Eligio et à Sainte-Maria Egiziaca.

AMENDOLA Giambattista
Né le 18 janvier 1848 à Salerne. Mort en 1887 à Naples. xixe siècle. Italien.
Peintre et sculpteur de bustes.
Il commença ses études chez le sculpteur Baciloani et les termina à l'Académie des Arts de Naples. Son tableau *Caïn et sa compagne,* exposé à Naples en 1877, et à Paris en 1880, donna lieu à de violents débats artistiques. Une statuette en bronze, l'*Automne,* lui fut achetée pour la Galerie nationale de l'Art moderne, à Rome. Il montra une connaissance réelle de l'art plastique dans l'exécution de son *Pergolèse* (pour la ville de Salerne) et d'une série de bustes exposés à la Royal Academy à Londres, entre 1879 et 1886. Il faut citer, entre autres, les bustes du peintre *Lawrence Alma Tadema* et de sa femme, exposés en 1879.

AMENDUCCI Bartolommeo
xviie siècle. Actif dans la première moitié du xviie siècle. Italien.

Peintre.
On le cite entre 1624-1633.

AMENNECIER Mary Antoinette
Née à Saint-Quentin (Aisne). xxᵉ siècle. Française.
Peintre de paysages.
Elle a figuré plusieurs fois à Paris au Salon de la Société Nationale des Beaux-Arts, entre 1933 et 1942.

AMENOFF Gregory
Né en 1948 à Saint-Charles (Illinois). xxᵉ siècle. Américain.
Peintre. Tendance abstraite.
Il vit et travaille à New York. Il montre des séries d'œuvres dans de très nombreuses expositions personnelles depuis 1977, surtout à Boston, New York, San Francisco, ainsi qu'à Chicago, Houston, Los Angeles, Philadelphie, Cologne, Paris en 1985, galerie Vidal Saint-Phalle en 1991, 1994, 1998.
Il pratique une technique grasse, sensuelle et, pour quelques-uns des thèmes traités, approche d'une certaine abstraction, allusive de faune ou de flore exotiques.
Musées : Boston (Mus. of Fine Arts) – Buffalo (Albright Knox Mus.) – Chicago (Art Inst.) – New York (Metropolitan Mus.) – New York (Mus. of Mod. Art) – New York (Whitney Mus.) – Philadelphie (Pennsylvania Academy) – San Francisco (Mus. of Art).
Ventes Publiques : New York, 4 nov. 1987 : *La chanson de la sirène* 1982, h/t (198,6x193,6) : **USD 16 000** – New York, 3 mai 1988 : *Radix* 1983, h/t (208,3x182,8) : **USD 16 500** – New York, 8 oct. 1988 : *Etoffe* 1985, h/t (213,3x228,6) : **USD 17 600** – New York, 3 mai 1989 : *Frapper à la porte* 1982, h/t (198,2x188) : **USD 15 500** – New York, 6 nov. 1990 : *Descente dans les souvenirs*, h/t (241,3x241,3) : **USD 6 600** – New York, 15 fév. 1991 : *Perdu dans les flots* 1984, h/t (254x208,3) : **USD 11 000** – New York, 3 oct. 1991 : *Lame de fond* 1985, h/t (228x228) : **USD 7 700** – New York, 9 mai 1992 : *Face au nord*, h/t (153x186,3) : **USD 4 400** – New York, 24 fév. 1995 : *Déluge* 1987, h/t (121,9x96,5) : **USD 3 450** – New York, 19 nov. 1996 : *Tramontane* 1984, h/t (203,2x238,8) : **USD 5 520** – New York, 20 nov. 1996 : *Le Cœur de la matière* 1981, h/t (205,7x243,8) : **USD 5 750.**

AMENOMIYA Jiro
Né en 1889 à Ibaragi. xxᵉ siècle. Japonais.
Sculpteur.
Il fut élève de l'Académie des Beaux-Arts de Tokyo, dont il reçut un Prix. Il a été vice-président de l'Association des Sculpteurs Japonais.

AMENT Robert Selfe
Né en 1879 à Brooklyn (New York). xxᵉ siècle. Américain.
Peintre et graveur.

AMEQUIN Benoît
xviiᵉ siècle. Français.
Sculpteur de compositions religieuses.
Établi à Lyon de 1672 à 1690, B. Amequin fut maître sculpteur et menuisier. Il épousa, en 1673, le 21 janvier, à l'église Saint-Nizier de Lyon, Catherine Fourneau, dont il eut un fils, baptisé dans ladite église le 11 février 1683. On lui attribue la chaire de l'église des Carmes, d'après celle de Saint-Étienne-du-Mont, à Paris, sculptée par Lestocart.

AMER Ghada
Née en 1963. xxᵉ siècle. Active en France et aux États-Unis. Égyptienne.
Peintre de cartons de tapisseries, dessinateur.
Elle a été invitée à séjourner en 1994 au Centre d'art contemporain de Pougues-Les-Eaux. Elle vit et travaille à Paris et à New York. Elle participe à des expositions collectives, dont : 1998, Espace Louise Michel, Paris. Elle montre ses œuvres dans des expositions personnelles : galerie Météo, Paris ; 1994 Espace Jules Verne, Brétigny-sur-Orge.
Elle réalise des broderies. Sous les points complexes se dessinent des clichés pornographiques qui apparaissent au loin, et se fondent dans la trame colorée dès qu'on approche de la texture. Son travail féministe dénonce notamment l'image de la femme telle qu'exigée par la culture de l'intégrisme religieux.
Bibliogr. : Pierre Leguillon : *Trois Jeunes Artistes en résidence*, Le Journal des Arts, nº 6, Paris, sept. 1994 – Pascale Cassagnau : *Ghada Amer*, Art Press, nº 197, Paris, déc. 1994.
Musées : Chamalières (FRAC Auvergne) : *Sans Titre* 1993.

AMER Sawsan
Née en 1937 au Caire. xxᵉ siècle. Égyptienne.
Peintre de paysages décoratifs.

Elle a été diplômée de l'Institut Supérieur des Beaux-Arts du Caire en 1958. Elle est employée comme peintre au Musée Agricole du Caire. Elle participe aux principales expositions collectives, à Pékin, à Moscou, à *Visages de l'Art Contemporain Egyptien* qui se tint au Musée Galliéra de Paris en 1971. Elle montre aussi son travail dans des expositions personnelles.
Sa peinture est très « illustrative-décorative ». Elle se réfère volontiers aux éléments architecturaux islamiques traditionnels : coupoles, minarets, avec lesquels elle recompose des paysages de villes imaginaires, par exemple, en 1963 : *Le Caire islamique.*

AMERICA Y MEDINA Fernando
Né le 1ᵉʳ juillet 1866 à Vittoria. xixᵉ siècle. Espagnol.
Peintre paysagiste.
La première de ses œuvres connues, *Soir de Septembre dans la province d'Alava*, parut à l'exposition de Madrid en 1899. Plus tard, il exposa, à la Société nationale des Beaux-Arts, deux tableaux : *Soir de Septembre au bord de la Zadarra* (1903) et *Derrière l'église* (1905).

AMERICO Pedro di Figuiredo, don
Né en 1843 à Areas (Brésil). xixᵉ siècle. Brésilien.
Peintre d'histoire et écrivain.
Il travailla longtemps à Florence : c'est là qu'il exécuta et exposa avec succès un de ses grands tableaux, *La bataille d'Alvahy*. Sa toile *Honneur et Patrie*, parut à l'exposition décennale de Paris. L'empereur d'Allemagne possédait une de ses premières œuvres, *La Carioca.*

AMERIGHI da Caravaggio Michel Angelo ou Amerigi ou Merighi ou Morigi ou Merisi. Voir CARAVAGGIO

AMERIGO A. M.
xviiiᵉ siècle. Actif à Gênes, vers 1706. Italien.
Dessinateur et graveur.
Il est cité par Zani ; on croit qu'il se confond avec Armerigo.

AMERIGO Y APARICI Francisco Javier
Né le 2 juin 1842 à Valence. Mort en 1912. xixᵉ-xxᵉ siècles. Espagnol.
Peintre d'histoire, scènes de genre, figures, aquarelliste.
Il fut élève des Académies des Beaux-Arts de Valence et de Madrid ; après un séjour à Rome, il fut nommé professeur à l'École de peinture de Madrid et membre de l'Académie de San Fernando. Il obtint des médailles aux Expositions de Madrid de 1876 à 1892.
Musées : Valence : *Alphonse le Sage écrivant le Code – Le Pillage de Rome.*
Ventes Publiques : Madrid, 24 avr. 1979 : *Personnages*, aquar. (19x31) : **ESP 90 000.**

AMERIGO Y MORALES Ramon
Né à Alicante. xixᵉ siècle. Actif au début du xixᵉ siècle. Espagnol.
Peintre de natures mortes, de paysages, de fleurs et de portraits.
Il était l'oncle du peintre Amerigo y Aparici. Il commença ses études artistiques dans sa ville natale, les continua à Valence et les acheva à Gênes et à Florence. Citons parmi ses œuvres : *La chartreuse de Paire*, le *Portrait d'une vieille femme* et le *Portrait d'un ecclésiastique*. Amerigo se livra aussi à des travaux de lithographie et collabora à l'illustration de l'*Album du Musée du Prado.*

AMERLING Friedrich von
Né le 14 avril 1803 à Vienne. Mort le 15 janvier 1887 à Vienne. xixᵉ siècle. Autrichien.
Peintre d'histoire, sujets religieux, scènes de genre, portraits, graveur, enlumineur.
Il était de famille pauvre et dut triompher de nombreux obstacles pour s'engager dans la carrière artistique. Il commença par enluminer des cartes géographiques et des gravures en taille-douce. Enfin, en 1816, il parvint à entrer à l'Académie des Beaux-Arts de Vienne ; il y resta jusqu'en 1824, puis il partit pour l'Angleterre en 1826, où il travailla à Londres, sous la direction de Lawrence. Il étudia aussi à Paris, avec H. Vernet. À son retour à Vienne, sa *Didon abandonnée* et son *Moïse législateur* lui valurent le premier prix de l'Académie. Il fit ensuite plusieurs voyages en Italie. Il devint bientôt le peintre de portraits à la mode (mille portraits) tout en continuant à se livrer, à l'occasion, à la peinture d'histoire. Parmi ses meilleurs ouvrages, on cite : son *Portrait de l'empereur François Iᵉʳ*, ceux de *Thorwaldsen* – de

Franz Liszt (collection Alfred Cortot), de *Franz Grillparzer*, du *prince Windischgrätz*, ainsi que *Judith, Ophélie, La Veuve, Femme romaine et son enfant*.
Musées : Graz : *Un Arménien – Portrait de Julie de Bénédec* – Munich : *Tête d'étude d'une jeune fille* – Trieste : *Portrait* – Vienne : *L'apôtre Paul – Archiduc Léopold – Le peintre et lithographe Josef Kriehuber – Le peintre Friedrich Gauermann – Portrait de l'auteur – Le petit pêcheur – Bourgmestre flamand – Portrait du paysagiste Ignaz Raffalt en Falstaff – Portrait de l'auteur – Portrait de l'empereur Ferdinand Ier* – Vienne (Czernin) : *Tête d'un chevalier – Tête d'étude d'un homme*.
Ventes Publiques : Vienne, 13 sep. 1960 : *Caritas* : **ATS 60 000** – Vienne, 19 mars 1963 : *Charretier romain* : **ATS 18 000** – Vienne, 2 juin 1964 : *Autoportrait* : **ATS 25 000** – Vienne, 23 mars 1965 : *Jeune fille au ruban vert* : **ATS 55 000** – Vienne, 22 mars 1966 : *Jeune fille au chapeau de paille* : **ATS 30 000** – Vienne, 3 nov. 1971 : *Portrait du docteur Ludwig Frankl* : **ATS 28 000** – Vienne, 19 juin 1979 : *Portrait de jeune femme*, h/t (95x76) : **ATS 45 000** – Londres, 20 juin 1980 : *Portrait d'une Orientale*, h/t (97x81) : **GBP 2 600** – Vienne, 22 juin 1983 : *Le Rêve*, h/t (116x163) : **ATS 120 000** – Munich, 21 oct. 1987 : *Portrait du peintre Édouard Bendemann*, h/t (51,5x37) : **DEM 9 500** – Londres, 26 fév. 1988 : *Portrait du comte Zichy*, h./y (66x52) : **GBP 1 100** – Londres, 4 oct. 1989 : *Jeune fille avec son livre de prières*, h/t (96x74) : **GBP 7 700** – New York, 22 mai 1991 : *Deux enfants endormis dans un bois avec leur chien montant la garde près d'eux*, h/t (96,5x135,9) : **USD 55 000** – Vienne, 29.30 oct. 1996 : *L'Orientale*, h/t : **ATS 3 215 000**.

AMERO Emilio
Né en 1901 à Ixlahuana. Mort en 1976. xxe siècle. Mexicain.
Peintre, aquarelliste, peintre de compositions murales, illustrateur.
Il fut élève de l'académie des beaux-Arts de San Carlos de Mexico, puis travailla sous la direction de Alfredo Ramos Martinez.
Il eut de nombreuses expositions aux États-Unis et en Amérique Latine.
Il collabora comme illustrateur au journal *Mexico Nuevo*, ainsi qu'à des journaux américains. Il pratiqua la lithographie et fut considéré comme l'un des promoteurs de la renaissance des arts graphiques au Mexique.
Ventes Publiques : New York, 5 nov. 1981 : *Deux nus* 1934, aquar. (34,2x30) : **USD 500**.

AMEROM Cornelius Hendrik
Né en 1804 à Arnhem. xixe siècle. Hollandais.
Peintre de portraits, paysages.
Il était fils et élève de H.-J. van Amerom. Il travailla aussi à Anvers avec Mathias van Bree et fit un séjour à Leyde, où il dessina des portraits au pastel et peignit des paysages du Gelderland. Il revint se fixer à Arnhem.

AMEROM H. J. van
Né le 8 avril 1777 à La Haye. Mort le 5 juin 1833 à Dœtichem. xixe siècle. Hollandais.
Peintre de genre, aquarelliste et dessinateur.
Il fut élève de MM. Moritz, Besters et J. -H. Prins. A Arnhem, où il se fixa, il fut premier maître de l'école des arts, et forma plusieurs élèves, entre autres Reyers et Pitloo. Il peignit quelques tableaux de genre et des miniatures (portraits) mais plus fréquemment des aquarelles d'intérieurs.
Ventes Publiques : Amsterdam, 13 déc. 1966 : *La kermesse au village* : **NLG 2 600**.

AMERON Pieter L. van
Né le 5 février 1786 à Gravenhage. Mort le 23 octobre 1834 à Dœtichem. xixe siècle. Hollandais.
Graveur.

AMERONGEN Friedrich von, baron
Né le 12 février 1878 à Darmstadt. xxe siècle. Allemand.
Peintre d'histoire, de portraits, paysages.
Il alla à Kronberg, où il fut l'élève d'Anton Burger, puis à l'Académie de Karlsruhe, où il fut élève de Wilhelm Trübner, qui eut une grande influence sur lui, notamment en ce qui concerne le paysage. En 1906, il figura à la Grande Exposition de Berlin, avec des paysages. Il exposa aussi à l'ancien Palais de Cristal de Munich.
Pour ce qui est de ses peintures d'histoire et de figures, ce fut aux peintres des Flandres et de Hollande qu'il se référa et avant tout à Rembrandt.

AMERONGEN Jan van
Né en 1591. xviie siècle. Actif à Amsterdam. Hollandais.
Peintre.

AMES Blanche
xixe-xxe siècles. Américaine.
Sculpteur, peintre de natures mortes.
Au début du siècle, en 1903-1904, elle vivait à Lowell (Massachusetts).
Ventes Publiques : New York, 24 oct. 1986 : *Nature morte 1923*, h/t (76,2x62,5) : **USD 1 000**.

AMES Daniel F.
xixe siècle. Américain.
Peintre de portraits, miniaturiste.
Ventes Publiques : New York, 28 jan. 1977 : *Portrait de fillette en robe bleue 1878*, h/t (87x70) : **USD 2 200**.

AMES Edwin Isaak
Né le 3 mai 1862 à Loda (États-Unis). xixe siècle. Américain.
Peintre de portraits et de miniatures sur ivoire.
Étudia à Boston, à San Francisco et à Chicago. Il se fixa dans cette dernière ville. On cite de lui les *Portraits de Mlle Loleta Armour* et de *Mme Joseph Cudahy*.

AMES Ezra
Né en 1768. Mort en 1836. xviiie-xixe siècles. Américain.
Peintre de portraits.
Il fut actif dans l'État de New York. En 1812, il exposa un *Portrait du gouverneur George Clinton*, qui lui valut de nombreuses commandes, spécialement de la part des hommes d'État de New York. La bibliothèque du Capitole d'Albany possède un beau *Portrait de Washington* par cet artiste.
Musées : New York (Metropolitan Mus.) : *Catherine van Schaick*.
Ventes Publiques : New York, 23 sep. 1981 : *Portrait of Abraham van Vechten* vers 1815, h/t (76,2x61) : **USD 1 800** – New York, 27 jan. 1983 : *Mr and Mrs John Meads 1816*, deux h/pan. (76x67,5) : **USD 7 000**.

AMES Francis P.
Né à New York. xixe-xxe siècles. Américain.
Peintre.
Francis Ames fut élève de Courtois et de Collin à Paris.

AMES J.
xviiie siècle. Vivait à Bristol à la fin du xviiie siècle. Américain ou Britannique.
Graveur, dessinateur.
On cite de lui les gravures : *James Rouquet, John Henderson, John Till Adams*, une série de sept ex-libris, signés « Ames. Bristol » et datés de 1788. Il exposa une esquisse en 1809, à la Royal Academy.

AMES Joseph Alexander
Né en 1816 à Rosburg. Mort en octobre 1872 à New York. xixe siècle. Américain.
Peintre de portraits, genre, paysages.
Il fut l'élève de W. Allston. Il exécuta des tableaux de genre et des paysages, mais réussit surtout les portraits. Lors d'un voyage à Rome, en 1848, il peignit l'effigie du pape Pie IX. Ames habita Boston, Baltimore et finalement New York ; il fut membre de l'Académie nationale. On cite de lui : son portrait, ceux de *Miss Butler*, de *R.-W. Emerson*, de *Daniel Webster*, du *Président Felton, Rufus Choate, Miranda*, ses paysages : *Le Matin, Le Soir*, et *La mort de Webster*.
Musées : New York : *James Topham Brady 1869*.

AMES Julius R.
xixe siècle. Américain.
Peintre.
Il vivait entre 1834-1850.

AMES L. Laurence
xixe siècle. Vivant à Orange (New Jersey) en 1898. Américain.
Peintre.

AMES May
Née à Cleveland (Ohio). xixe siècle. Américaine.
Peintre et graveur.

AMES Sarah Fisher
Née en 1817 à Lewes (Delaware). Morte en 1901 à Washington. xixe siècle. Américaine.
Sculpteur.

AMESEDER Eduard
Né le 18 octobre 1856 à Czernowitz. Mort en 1938. XIXe-XXe siècles. Autrichien.
Peintre de paysages et illustrateur.
Il fut élève de l'Académie des Beaux-Arts de Vienne, puis, à l'Académie de Karlsruhe, de Gustav Schönleber. Il fit également un séjour à Munich. Fixé à Vienne, il y devint membre de l'Association des Artistes, à partir de 1893. Surtout peintre de paysages d'ambiances, il eut toutefois l'occasion de peindre deux tableaux pour les collections de la Cour de Vienne. Il collabora aussi à l'ouvrage *La monarchie austro-hongroise*. Mais avant tout il aimait traduire le climat psychologique résultant du passage des heures ou des saisons sur les paysages : *Automne dans la forêt – Hiver*, etc.
Musées : PRAGUE : *Nuit de lune* – VIENNE (Gal. Mod.) : *Etude d'arbres*.
VENTES PUBLIQUES : VIENNE, 29 nov. 1966 : *Le moulin* : ATS 6 000 – LONDRES, 28 nov. 1979 : *Village d'Italie au bord d'une rivière* 1892, h/t (82x143) : GBP 900 – VIENNE, 20 jan. 1981 : *Enfants dans une cour de ferme* 1891, h/t (45x38) : ATS 12 000 – VIENNE, 2 déc. 1986 : *La baignade*, h/t mar./cart. (42x53) : ATS 25 000.

AMESPIL Henri Jean
Né à Salies-de-Béarn (Pyrénées-Atlantiques). XXe siècle. Français.
Peintre.
Élève de Paul A. Laurens, expose un *Intérieur de Saint-Julien-le-Pauvre* aux Artistes Français en 1931 et *Le Pont Marie* en 1932.

AMETLLER Blas
Né en 1768 à Barcelone. Mort le 20 octobre 1841 à Madrid. XVIIIe-XIXe siècles. Espagnol.
Graveur au burin.
Il travailla d'abord à l'école des arts de sa ville natale, puis à Madrid, chez Carmona, grâce à l'appui qui lui fut donné. Sa première œuvre fut *Le Sommeil de Jésus*, d'après A. Pereda (1792). En 1793, il obtint le premier prix de l'Académie de S. Fernando pour son portrait de D. Ventura Rodriguez, d'après Goya. Membre de l'Académie en 1797, il était, en 1821, directeur de l'École de gravure au burin. On lui doit de nombreux portraits : *Goya, Murillo, Ribera, Vélasquez*, et ceux de *V. Lopez, Nic. Garcia, J. Maca, J. Rodriguez, Salesa, A. Pereda, C. Dolci, G. B. Cipriani, Fr. Boucher*. Son dernier ouvrage (1822) est la reproduction des *Funérailles de César*, d'après le tableau de Lanfranco, au Prado.

AMEYDE
Originaire d'Oudenaarde. XVIIe siècle. Hollandais.
Peintre.
Citoyen de Gouda en 1607.

AMEZAGA Eduardo
Né en 1911. XXe siècle. Uruguayen.
Peintre de paysages.
VENTES PUBLIQUES : MONTEVIDEO, 29 juin 1979 : *Paysage boisé*, h/isor. (42x39) : UYU 15 000 – MONTEVIDEO, 26 nov. 1980 : *Le moissonneur*, h/t (40x50) : UYU 21 000 – MONTEVIDEO, 10 oct. 1984 : *« Parva »*, h/isor. (39x42) : UYU 41 000 – MONTEVIDEO, 16 oct. 1985 : *Autoportrait*, h/t (73x48) : UYU 130 000 – MONTEVIDEO, 30 sep. 1987 : *Casa de Salto*, h/pan. (40x50) : UYU 280 000.

AMFREVILLE Henri d'
Né le 8 janvier 1906 à Paris. XXe siècle. Français.
Peintre, lithographe.
Il a figuré au Salon d'Automne de Paris de 1938 à 1941, puis au Salon des Tuileries en 1942 et 1943. Il était aussi poète et historien d'art.

AMI. Voir **GEI-AMI, NO-AMI** et **SO-AMI**

AMI Guillaume
XVe siècle. Travaillait à Dijon, pendant la première moitié du XVe siècle. Français.
Sculpteur.
Il travailla, en 1442, au tombeau de Jean sans Peur.

AMIANI Gambattista
XVIe siècle. Actif à Sienne au début du XVIe siècle. Italien.
Peintre.

AMIARD Bernard
Né le 4 août 1948 à Paris. XXe siècle. Français.
Sculpteur d'installations. Conceptuel, tendance Arte povera.

Se rapprochant d'une certaine façon de l'« Arte povera », il met en rapport les substances, les matières et l'image. Utilisant surtout le néon comme médium graphique, il tend à une redéfinition des objets en tant que matières brutes, et de leurs relations réciproques.

AMIARD H. E., Mlle
XIXe-XXe siècles. Française.
Peintre de fleurs et peintre de genre.
Elle a exposé aux Salons de Paris, à partir de 1898.

AMIAUX Abel
XXe siècle. Français.
Dessinateur humoriste.
Il expose depuis 1923.

AMIC Clarisse, Mlle
Née à Aix. XIXe siècle. Française.
Portraitiste et peintre de genre.
Elle fut l'élève de Mme. Haudebourt ; ses tableaux figurèrent aux Salons de Paris entre 1831 et 1849. Le Musée de Besançon possède d'elle une copie du *Portrait de Louis-Philippe*, par Hersent.

AMICH Mohamed, dit aussi **Abdelwahed**
XXe siècle. Depuis 1964 actif en France. Tunisien.
Peintre de compositions à personnages, décors de théâtre, vitraux, cartons de tapisseries, graveur. Post-cubiste.
A Paris, il est sociétaire des Salons de la Société Nationale des Beaux-Arts, des Artistes Indépendants, associé du Salon des Artistes Français. Il montre aussi ses travaux dans des expositions personnelles, à Tunis 1962, 1964, 1985, 1986, à Madrid 1963, à Paris 1975, 1979, et annuellement depuis 1985, notamment au Centre Culturel Algérien en 1990, à Munich 1987.
De l'exil, il peint la Tunisie des traditions, des fêtes, des métiers. Dans des gammes colorées particulièrement riches, il construit, il compose, rigoureusement selon des schémas directeurs, des structures spatiales, non dénuées de systématisme, issus du cubisme à travers l'enseignement ou l'exemple d'André Lhote.
BIBLIOGR. : Catalogue de l'exposition *Mohamed Amich*, Centre Culturel Algérien, Paris, 1990.

AMICI Antonio Federico
XVIIe-XVIIIe siècles. Vivant à Bologne. Italien.
Peintre.
On le croit originaire d'Urbino ; il fut l'élève de Cesare Gennari et peignit un tableau d'autel pour l'oratoire des Pères Philippins à Bologne.

AMICI Domenico
Né en 1808 à Rome. XIXe siècle. Italien.
Graveur.
On a de lui des gravures et des eaux-fortes représentant pour la plupart des vues d'architecture et des paysages pris à Rome, entre autres : *Ruines romaines* ; 1832-33 (série de 20 feuilles), *Vues dell'Assedio di Roma nel 1849*, comprenant 12 gravures et eaux-fortes, d'après les aquarelles de Carl Werner (1858).

AMICI Francesco
XVIIIe siècle. Vivait à Florence. Italien.
Graveur au burin.
Il a laissé un certain nombre de petites planches d'après des sujets de l'histoire sainte.

AMICI Luigi
Né en 1813 à Jesi. Mort en 1897 à Rome. XIXe siècle. Italien.
Sculpteur.
Il exécuta le *Monument funéraire du pape Grégoire XVI* à Saint-Pierre de Rome.

AMICI Tommaso
XVe siècle. Actif à Crémone, vers la fin du XVe siècle. Italien.
Sculpteur.
On cite de lui l'autel Saint-Nicolas à la cathédrale de Crémone.

AMICINO de la Vagna
XVe siècle. Lombard, actif dans la seconde moitié du XVe siècle. Italien.
Peintre.
Mentionné dans un document de 1472.

AMICIS Christoforo de
Né en 1902 à Alexandrie. XXe siècle. Actif en Italie. Italien.
Peintre de natures mortes, paysages.
VENTES PUBLIQUES : MILAN, 16 déc. 1980 : *Paysage vert-bleu* 1976, h/t (36x50) : ITL 750 000 – MILAN, 25 nov. 1982 : *Nature*

morte 1943, aquar. (23x29) : **ITL 500 000** – Milan, 14 juin 1983 : *Paysage de neige* 1947, h/t (48x34) : **ITL 1 200 000** – Milan, 8 nov. 1984 : *Nature morte*, h/t (50,5x40) : **ITL 1 800 000** – Milan, 26 mars 1985 : *Nature morte*, h/t (20x30) : **ITL 1 100 000** – Milan, 9 déc. 1986 : *Paysage* 1982, h/t (50x70) : **ITL 1 900 000** – Milan, 7 nov. 1989 : *Nature morte* 1980, h/t (80x50) : **ITL 3 600 000** – Milan, 14 déc. 1993 : *Nature morte*, h/t (25x35) : **ITL 2 300 000** – Milan, 22 juin 1995 : *Nature morte* 1928, h/t (60x75) : **ITL 6 325**.

AMICIS Francesco de
Né en 1721 à Campotosto. Mort en 1788 à Pizzoli. xviiie siècle. Italien.
Peintre de sujets religieux.
Poète et savant, il remplit des fonctions ecclésiastiques à Aquila. On cite parmi ses œuvres : *Le Repas des apôtres, La Nativité du Christ, Ecce Homo, Christ sur la croix, Banquet du pharisien.*

AMICK Robert Wesley
Né en 1879 à Canon City. Mort en 1969. xxe siècle. Américain.
Peintre de scènes de genre, aquarelliste.
Ventes Publiques : New York, 20 avr. 1979 : *On top of lookout rock*, h/t (101,5x76,2) : **USD 2 700** – New York, 22 oct. 1981 : *Poursuite*, h/t (76,2x101,6) : **USD 12 000** – New York, 8 déc. 1983 : *Buffalo hunt*, h/t (61x90,8) : **USD 9 500** – New York, 26 oct. 1984 : *Poursuite*, h/t (76,2x101,6) : **USD 5 250** – New York, 3 jan. 1987 : *A chance meeting*, aquar. (56x76,2) : **USD 2 200**.

AMICO David
xxe siècle. Américain.
Peintre.
Il a exposé en 1994 à l'Ace Contemporary Exhibitions de Los Angeles.
Sur des surfaces aux styles variés, qui passent en revue les diverses tendances artistiques modernes, il imprime son sceau, la lettre C, forme géométrique, qui structure l'espace, l'individualise. Il s'approprie l'histoire de l'art, qu'il a assimilée, la restitue avec ses propres données.
Bibliogr. : James Scarborough : *David Amico*, Art Press, no 197, Paris, déc. 1994.

AMICO Pietro d'
xviie siècle. Italien.
Peintre.
Il est venu de Palerme à Rome, où il travaillait vers 1669.

AMICO Tereza d'
Née en 1914 à São Paulo. xxe siècle. Brésilienne.
Peintre. Naïf.
En 1941, au cours d'un séjour aux Etats-Unis, elle s'initia à la sculpture sous la direction de Zadkine, alors réfugié, et de W. Zorach. Revenue au Brésil, elle exposa au Salon d'Art Moderne et obtint une bourse de voyage à travers le pays. Ensuite, elle abandonna la sculpture pour la peinture. Elle expose régulièrement aux Biennales de São Paulo et de Cordoba. Elle a aussi exposé à Milan en 1963, figura au Salon Comparaisons de Paris en 1965, dans un groupe de peintres naïfs brésiliens également à Paris et la même année.
Sa peinture est constituée par assemblage de matériaux très divers, tissus, dentelles, désuets ou d'origine régionale, qui figurent des thèmes populaires sur un mode artisanal.
Musées : São Paulo .

AMICO di Bartolommeo
xve siècle. Actif vers 1423. Italien.
Sculpteur.

AMICO di Caccamo Antonio d'
xvie siècle. Actif vers 1573. Éc. sicilienne.
Peintre.

AMICO DI SANDRO
xve siècle. Italien.
Peintre.
Peintre florentin imaginaire créé en 1899 par Berenson qui lui attribue une quarantaine de tableaux de Botticelli. Actuellement, on ne croit plus à son existence ; Berenson lui-même y a renoncé en 1932.
Ventes Publiques : Paris, 15 mai 1922 : *La Vierge et l'Enfant à la grenade*, peint. : **FRF 8 700**.

AMICONI Bernardo
Né à Londres (?). Mort avant 1880. xixe siècle. Italien.
Peintre de portraits.
Entre 1859 et 1875, il exposa à la Royal Academy de Londres.

Ventes Publiques : Londres, 24 juil. 1980 : *Portrait of Lady Edith and Lady Constance Ashley*, h/t, de forme ovale (134,6x110) : **GBP 550**.

AMIDANO Giulio Cesare, appelé aussi, mais par erreur, Pomponio
Né en 1566 à Parme. Mort en 1630 à Parme, de la peste. xvie-xviie siècles. Italien.
Peintre.
On dit qu'il étudia avec Pomponio Allegri et Ger. Mazzola ; mais, d'après l'analogie de ses œuvres avec celles du Parmesan, on suppose qu'il fut surtout l'élève de ce dernier maître ; dans tous les cas, il s'inspira de Francesco Mazzuoli. Son meilleur ouvrage connu est la peinture qu'il exécuta à l'église de la Madonna del Quartiere, attribuée souvent au Parmesan lui-même. Signalons surtout dans l'oratoire della SS. Trinita, à Parme, et dans l'oratoire San Lucia, d'intéressantes peintures de lui, représentant la *Madone et des saints*. Amidano fut chargé d'une partie de la décoration lors du mariage d'Odoardo Farnèse avec la princesse Margaretha de Médicis, en 1628.
Musées : Parme : *Madone avec saints – Sainte Famille*, plusieurs tableaux – *Adoration des Bergers – Déposition de la croix – Portrait d'homme*.

AMIDANO Luigi
xviie siècle. Travaillait à Parme vers 1650. Italien.
Peintre et aquafortiste.
D'après Zani, il était le père de Giulio Cesare Amidano. Campori cite de lui deux tableaux : *La Conversion de saint Paul* et *La Madone avec l'Enfant*, qui se trouvaient, vers 1640, au Studio Coccapani à Reggio ; il mentionne encore d'autres œuvres qui peuvent avoir été exécutées par Luigi Amidano, sous le nom de l'« Amidano ». On lui attribue également une eau-forte signée *Alvigi Am. F.* 1650, représentant la *Madone et l'Enfant Jésus.*

AMIDEI
xixe siècle. Toscan, actif au xixe siècle. Italien.
Peintre.
Il est l'auteur d'un tableau d'autel, représentant la *Décollation de saint Jean Baptiste*, conservé dans la paroisse SS. Matteo et Margherita à Tufi.

AMIDOU Dossou
Né en 1965 à Coué (Bénin). xxe siècle. Béninois.
Sculpteur de masques.
Tout en restant proche de la tradition des masques « gelede », sculptant des oiseaux, caméléons, etc., il s'éloigne un peu en introduisant des thèmes étrangers, tels des boxeurs ou des avions. Ces masques, très colorés, présentent ainsi un caractère quelque peu maniériste.
Bibliogr. : Catalogue de l'Exposition : *Magiciens de la terre*, Centre Georges Pompidou et la Grande Halle La Villette, Paris, 1989.

AMIEL L. R.
xixe siècle. Français.
Sculpteur.
A figuré au Salon de Paris, de 1883 à 1892.

AMIEL Louis Félix
Né le 3 mars 1802 à Castelnaudary (Aude). Mort en 1864 à Joinville-le-Pont. xixe siècle. Français.
Peintre d'histoire, sujets de sport, portraits.
Il fut élève de Gros, peignit quelques tableaux d'histoire, mais surtout de nombreux portraits. Pendant un certain temps il se fit une spécialité de la peinture des chevaux de courses.
Musées : Versailles : *Pépin le Bref*, buste – *Charlemagne, roi de France, empereur d'Occident*, buste – *Anne de Montmorency – Portrait de Louis V*, buste – *Charles le Gros*, buste – *Aubusson Pierre, grand maître de l'Ordre de Saint-Jean de Jérusalem*, portrait – *Louis La Trémoille*, buste – *Bernadotte, lieutenant au 36e régiment de ligne en 1792*, buste – *Perignon, lieutenant-colonel dans la légion des Pyrénées en 1792*, buste – *Lahire (Étienne de Vignolles, dit)*, buste – *Charles, duc d'Orléans*, buste – *Philippe-Auguste*, buste – *Louis le Bègue*, buste – *Clermont-Tonnerre*, buste – *Louis Ier, duc de Bourbon*, buste.

AMIEL Louis Pierre
Né à Lésignan (Aude). xxe siècle. Français.
Peintre de portraits, natures mortes.
Il fut élève de Henri Royer et de O.B.V. Guillonnet à l'Ecole des Beaux-Arts de Paris. Il exposait au Salon des Artistes Français de Paris de 1921 à 1932, il en devint sociétaire et obtint une men-

tion honorable en 1930. Il figure également occasionnellement au Salon des Indépendants.

AMIEL M.
XIXe siècle. Français.

Peintre de genre.

VENTES PUBLIQUES : PARIS, 1844 : *Jeune fille tenant un livre gothique* : FRF 1 000.

AMIEL Pierre
XVe siècle. Français.

Peintre.

Il fut actif à Montpellier en 1420.

AMIÉNOIS, Maître de l'. Voir MAÎTRES ANONYMES

AMIET Cuno
Né le 28 mars 1868 à Soleure. Mort en 1961 à Oschwand (Berne). XIXe-XXe siècles. Suisse.

Peintre de compositions à personnages, portraits, paysages, natures mortes, aquarelliste, pastelliste, graveur, lithographe, sculpteur. Expressionniste. Groupe Die Brücke.

Il commença ses études artistiques chez Frank Buchser à Feldbrunnen, de 1884 à 1886 ; De 1886 à 1888, il fut élève de l'Académie des Beaux-Arts de Munich. De 1888 à 1891, il fut élève de William Bouguereau et Tony Robert-Fleury à l'Académie Julian à Paris. Jusqu'alors, il avait subi l'influence de l'impressionnisme encore très présent. C'est à ce moment qu'il alla à Pont-Aven, où il prit contact avec O'Connor, Émile Bernard, Sérusier et Armand Seguin en 1892, qui l'initièrent aux idées et techniques proposées par Gauguin à ceux qu'on groupera bientôt en École de Pont-Aven, et qui se désigneront eux-mêmes « Nabis ». Ce fut en 1905 qu'à Dresde, Kirchner, Heckel, Schmidt-Rottluf et Bleyl fondèrent le groupe *Die Brücke*, qui se proposait de fédérer toutes les tendances artistiques progressistes en train de s'éveiller en Allemagne, particulièrement, en écho à l'effervescence des milieux parisiens, après la longue suprématie de l'impressionnisme, avec le symbolisme, les Nabis, le fauvisme. L'année suivante, 1906, Cuno Amiet se joignit à la Brücke, avec Emil Nolde et Kees Van Dongen. Le groupe se réclamait, de façon assez diffuse, à la fois de Cézanne, de Van Gogh, de Gauguin et de Munch, donc à la fois d'une peinture très construite, d'une peinture visionnaire hallucinée, d'une peinture symboliste et d'une peinture expressionniste. En fait, les intentions les plus clairement exprimées par les artistes du groupe, étaient de s'opposer à l'impressionnisme et surtout à ses séquelles embourgeoisées, édulcorées. Sous l'influence dominante de Kirchner, la Brücke devint le bastion de l'expressionnisme européen, qui allait très bientôt s'opposer, cette fois en aval, aux conceptions formalistes du groupe du *Blaue Reiter*, d'où apparurent les premières manifestations de ce qui, au long du siècle, sera l'art abstrait.

Cuno Amiet participa à des expositions collectives : de retour de Pont-Aven en Suisse, en 1892, ses premières œuvres remarquées furent : *Paysage d'hiver* exposé à Genève en 1896, plusieurs portraits exposés à Bâle en 1899 et à Lausanne en 1901. En 1900, à l'Exposition Universelle de Paris, il figurait avec quatre peintures. S'étant lié d'amitié avec Hodler, il exposa avec lui en 1904 à la Wiener Sezession. Ce fut pour Cuno Amiet sa période « Jugendstil ». Entre 1904 et 1906, il exposa à Berlin : *Taches de soleil – Mère et enfant – Paysage d'Automne*. En 1905, il exposa à Munich : *La beauté du soir*. En 1920, il représenta la Suisse à la Biennale de Venise.

Des expositions individuelles lui furent consacrées : à Berne en 1928 ; lors d'une exposition rétrospective de ses œuvres au Glaspalatz de Vienne, se déclara l'incendie qui détruisit ce témoignage du début de l'architecture métallique, et qui anéantit du même coup une très importante partie de l'œuvre d'Amiet ; très affecté, il semble qu'il tenta ensuite de reconstituer les peintures détruites, au détriment de la suite de son évolution. Après sa mort, en 1968, le Musée de Thoune organisa une exposition de ses œuvres postérieures à 1918 ; le Kunsthaus de Zurich en 1979 et, en 1982, la ville de Pont-Aven organisa une exposition de ses peintures locales.

À travers ses diverses périodes, Cuno Amiet traita des thèmes variés, restant toutefois préférentiellement le peintre du jardin et de la récolte. Après 1918, la peinture de Cuno Amiet s'écarta des pâtes épaisses et des couleurs tranchées de ses périodes nabie, « Jugendstil », expressionniste, la touche se fit plus légère, les harmonies rejoignirent le postimpressionnisme, notamment dans une période parisienne de 1932 à 1939. Après 1950, il revint

à des ornements « Jugendstil » et à une touche de nouveau lyrique. Outre ses peintures visibles dans les musées, il a réalisé d'importantes peintures murales : au Kunsthaus de Zurich, au Kunstmuseum de Berne, à l'Hôtel de Ville de Bâle.

Pour sa part Cuno Amiet a représenté une tendance modérée dans le groupe de la Brücke, auquel d'ailleurs il ne fut lié que peu de temps. Il y a trouvé son équilibre entre les formes franchement dessinées des expressionnistes et les couleurs pures et donc fortes des fauves. C'est un art de synthèse. Dans certaines de ses œuvres en camaïeux de bleus ou de rouges, on retrouve la trace de la symbolique des couleurs telle que l'évoquait Gauguin, et aussi la violence graphique de Munch. Art de synthèse aussi en ce qui concerne les thèmes qu'il a tous abordés : compositions à personnages, portraits, paysages, natures mortes. Cuno Amiet fut un des quelques artistes suisses qui, à la charnière des deux siècles, ont contribué à introduire la peinture suisse dans les courants contemporains qui allaient déterminer toute l'histoire de l'art du XXe. ■ Jacques Busse

C A

BIBLIOGR. : Georges Charensol : *Cuno Amiet*, Quatre chemins, Paris, 1932 – G. Jedlicka : *Amiet*, A. Scherz, Berne, 1948 – Fritz Frey : *Le Bürgenstock*, Zurich-Stuttgart, 1967 – M. Huggler : *Cuno Amiet*, Rencontre, Lausanne, 1971 – in : *Diction. de la peint. allemande et d'Europe centrale*, Larousse, Paris, 1990.

MUSÉES : BÂLE – BERNE : *Pont-Aven* 1892 – *Mère et Enfant – L'Enfant malade – Bretonne – Le Chef d'orchestre – Automne – Le Lac de Thun – La Cueillette des pommes – L'Artiste au jardin* 1938 – *Diverses œuvres* – GENÈVE (Mus) : *Boulevard Brune* 1939 – PARIS (Mus. Nat. d'Art Mod.) : *Le Buisson jaune* – SOLEURE : *Richesse du soir* 1899 – *Paysage de printemps* 1905 – *Les Cinq Bernoises* – diverses œuvres – ZURICH : *Portrait de M. Gonthier – La Fontaine de Jouvence* – Diverses œuvres.

VENTES PUBLIQUES : GENÈVE, 12 mai 1962 : *Autoportrait* : **CHF 6 000** – BERNE, 9 mai 1963 : *Bretonne* : **CHF 12 000** ; *Paysanne à sa fenêtre*, past. : **CHF 1 300** – COLOGNE, 30 nov. 1967 : *Coucher de soleil*, aquar. : **DEM 800** – LUCERNE, 27 juin 1969 : *Nature morte près de la fenêtre*, h/t : **CHF 28 000** – ZURICH, 9 nov. 1973 : *Paysage alpestre*, h/t : **CHF 37 000** – ZURICH, 28 mai 1976 : *Bord du lac de Genève à Villeneuve* 1936, h/t (54x65) : **CHF 40 000** – ZURICH, 29 mai 1976 : *La Cueillette des fruits* 1914, litho. : **CHF 2 000** – BERNE, 9 juin 1976 : *Village dans la vallée* vers 1920, aquar./cr. (24,1x30,7) : **CHF 2 200** – ZURICH, 20 mai 1977 : *Jardin, n° 1* 1940, h/t (115x105) : **CHF 90 000** – ZURICH, 26 nov. 1977 : *Femme couchée* 1911, aquar. (22,5x28,7) : **CHF 8 500** – BERNE, 10 juin 1978 : *Paysanne assise, vue de profil* 1905, past. (72,8x53,3) : **CHF 12 000** ; *Jeune Femme au chapeau violet, assise dans le jardin* 1910, h/t (99x91,5) : **CHF 98 000** – ZURICH, 19 mai 1979 : *Le Verger* 1933, h/t (81x99,5) : **CHF 46 000** – BERNE, 20 juin 1979 : *Giovanni Giacometti* 1907, grav./bois : **CHF 5 800** – ZURICH, 6 juin 1980 : *Paysage du Jura* 1895, aquar. (16,3x22,7) : **CHF 4 800** – ZURICH, 26 mars 1981 : *Autoportrait* 1923, h/t (35x27) : **CHF 16 000** – BERNE, 7 mai 1982 : *Grands arbres près des maisons*, aquar. (62x47) : **CHF 19 000** – ZURICH, 13 mai 1983 : *Vue de Florence*, aquar. (21,5x28) : **CHF 5 000** – ZURICH, 9 nov. 1984 : *Portrait de jeune femme à la robe rose* 1927, h/t (46x38) : **CHF 25 000** – BERNE, 28 mai 1985 : *Vue de Paris au crépuscule* vers 1934, h/pan. (33,5x25) : **CHF 14 500** – ZURICH, 12 sep. 1986 : *Panier de fruits sur une nappe à carreaux* 1921, aquar./trait de cr. (16x12,5) : **CHF 8 000** – ZURICH, 6 juin 1986 : *Tête de jeune fille de profil*, cr. (25x22) : **CHF 4 200** – BERNE, 17 juin 1987 : *Nature morte aux fleurs avec le portrait de Berger et une toile* 1934, h/t (81x65) : **CHF 19 000** – BERNE, 30 avr. 1988 : *Jardin avec un ouvrier et un cheval* 1929, h/t (38x46) : **CHF 24 000** – BERNE, 26 oct. 1988 : *Deux Dames dans un jardin fleuri à Oschwand*, h/t (46x35) : **CHF 47 000** – BERNE, 23 juin 1989 : *Jeune Mère dans un parc* 1911 (61x56,3) : **CHF 330 000** – ZURICH, 18 oct. 1990 : *Maison dans un jardin à Oschwand* 1945, h/rés. synth. (38x46) : **CHF 40 000** – ZURICH, 29 avr. 1992 : *Nature morte à la coupe de fruits*, aquar./cart. (32,5x29,7) : **CHF 8 000** – ZURICH, 4 juin 1992 : *Moisson* 1941, h/t (59x73) : **CHF 79 100** – ZURICH, 9 juin 1993 : *Arbres fleuris* 1922, h/t (86x66,5) : **CHF 57 500** – ZURICH, 7 avr. 1995 : *Femme debout*, encre (48x25) : **CHF 2 200** – AMSTERDAM, 31 mai 1995 : *Tournesols* 1941, h/t (78x54) : **NLG 36 902** – ZURICH, 12 juin 1995 : *Pommier* 1944, h/t (81x75) : **CHF 108 750** – ZURICH, 25 mars 1996 : *Jardin vers Oschwand* 1906, h/t (55x61) : **CHF 182 200** – ZURICH, 5 juin 1996 : *Femme dans un jardin* 1912, h/t (73x54) : **CHF 170 900** – LUCERNE, 8 juin 1996 : *Paysage boisé* dans les environs de Oschwand 1911, aquar./pap. (22,4x28,7) : **CHF 6 900** – ZURICH, 10 déc. 1996 : *Près de la fontaine*, h/t (90x128) : **CHF 32 200** – ZURICH, 14 avr. 1997 : *Greti* 1914, h/t (60x55) : **CHF 317 800** – ZURICH, 4 juin 1997 : *Renée* 1939, h/t (81x65) : **CHF 13 800**.

AMIET Georges
Né le 27 septembre 1806 à Soleure. Mort le 12 mai 1856 à Bade. XIXe siècle. Suisse.
Graveur.

AMIET Urs
Mort le 11 mai 1582 à Soleure. XVIe siècle. Actif à Soleure (Suisse). Suisse.
Peintre verrier.
Un des fondateurs de la Confrérie de Saint-Luc, en 1559. Il travailla pour les églises et les cloîtres de son pays. En 1558, il fournit un ouvrage pour le cloître de Saint-Urbain.

AMIET-ENGEL Amanda
Née le 11 novembre 1862 à Twann (lac de Bieler). XIXe siècle. Suisse.
Peintre.
Elle travailla à Bâle avec le professeur Weissbrod, à Paris avec Marcel Baschet, et à Munich avec Angelo Jank. Elle produisit à l'Exposition de Genève, en 1896, une *Étude de pleine lumière*.

AMIGAZZI Giovanni Battista
XVIIe siècle. Actif à Vérone vers le milieu du XVIIe siècle. Italien.
Peintre de scènes religieuses.
Il fut l'élève de Claudio Ridolfi et se montra surtout excellent copiste. Un grand nombre de ses ouvrages ont été pris pour ceux de son maître. La copie qu'il fit d'après le *Repas chez le Pharisien*, de Paul Véronèse, est non seulement parfaitement dessinée, mais encore remarquable par la fraîcheur de son coloris ; elle est conservée dans la galerie Durazzo à Gênes. À Vérone, on trouve des peintures dans plusieurs maisons et églises : à Saint-Francisco di Paolo, à la Misericordia, à Sainte Maria-Antica. Il exécuta aussi quelques fresques à Mezzane di Sotto près de Tregnago (province de Vérone) dans le chœur de l'église paroissiale, entre autres une *Ascension de la Vierge*.

AMIGHETTI Francisco
Né en 1907 à San José. XXe siècle. Costaricain.
Peintre de compositions murales, dessinateur, graveur, illustrateur.
Il étudia la peinture à l'académie des beaux-arts de Costa-Rica, sous la direction de Tomas Povedano y de Arcos, puis enseigna lui-même à Heredia, aux futurs professeurs, le dessin et la gravure et à l'école des beaux-arts de l'université de Costa Rica l'histoire de l'art et la gravure. À Mexico, il découvrit les techniques de la peinture murale sous la direction de Federico Cantu.
Il a montré ses œuvres dans des expositions en Europe, au Japon, en Amérique latine et aux États-Unis.
Ses dessins et bois gravés ont illustré de nombreux livres et magazines.

AMIGO Eudaldo
Né à Barcelone. Mort en 1885 à Barcelone. XIXe siècle. Espagnol.
Peintre verrier.
Il fut élève de l'École des Arts de Barcelone et travailla dans cette ville où l'on peut voir ses œuvres (les premières datent de 1866) dans les églises : Sainte-Maria del Pino et del Palau, de Bon-Secours, de S. Santos Justo y Pastor ; on lui doit aussi les grandes peintures des vitraux, dans le chœur de la cathédrale. Il a pris part aux expositions d'art de Madrid et des autres villes d'Espagne.

AMIGO Martin
XVIIe siècle. Allemand.
Peintre.
Connu par le portrait de Joh. Golling, de Nuremberg, gravé d'après lui par Jacob Sandrart.

AMIGOLI Stefano
XVIIe siècle. Actif à Florence. Italien.
Peintre.

AMIGONI Carlotta ou Amicona
XVIIIe siècle. Active à Londres. Italienne.
Graveur à la manière noire.
On connaît d'elle le portrait d'une danseuse : *La belle Auretti*.
Sœur de Jacopo Amigoni de Venise.

AMIGONI Gasparo degli
XVIe siècle. Actif pendant la première moitié du XVIe siècle. Italien.

Sculpteur sur bois.
Travailla en 1527-28, au Palais del Té, à Mantoue.

AMIGONI Jacopo ou Amiconi
Né en 1675 ou 1682 à Venise (Vénétie), selon d'autres à Naples (Campanie) en 1682. Mort en 1752 à Madrid. XVIIIe siècle. Italien.
Peintre de scènes mythologiques, compositions religieuses, sujets allégoriques, portraits, fleurs, graveur.
Il subit l'influence de Ricci et de Solimena. On cite de lui pour ses débuts deux tableaux d'autel qu'il exécuta à Venise dans l'église des Pères de l'Oratoire et une peinture de *Sainte Catherine et saint André* pour l'Église Saint-Eustache. Dans la suite, il visita Rome, puis il se rendit à Munich où il s'établit pendant quelques années. Il peignit des plafonds dans les châteaux de Schlessheim et de Nymphenbourg. L'Angleterre l'attira plus tard et il y fit à Londres un séjour de dix ans, peignant de nombreux portraits. Quelle que soit la valeur réelle de ses œuvres, elles jouirent d'une grande renommée et les plus hauts personnages firent décorer leurs demeures par Amigoni. En 1739 il revint à Venise. L'âge n'avait pas diminué son goût des voyages : il partit pour l'Espagne en 1747 et y demeura jusqu'à sa mort, travaillant à la décoration des palais d'Aranjuez et du Buen Retiro. Il a gravé au burin un certain nombre de planches. Les principales sont : *Le Sauveur jeune, Jupiter et Callisto, Zéphir et Flore, Bethsabée au bain, La Vierge et l'Enfant Jésus*.
MUSÉES : GLASGOW : *Amours jouant* – *Enfants jouant* et *Bacchus* – HANOVRE : *Proserpine* – *Madone allaitant l'Enfant* – LONDRES : *Saint Antoine de Padoue et l'Enfant Jésus* – MADRID : *Sainte Face* – *Saint Fernand à la réduction de Séville* – *Infante* – MAYENCE : *Madone allaitant l'Enfant* – VENISE : *Fêtes de Diane* – *Vénus et Adonis* – *Esther* – *Salomon et les idoles*.
VENTES PUBLIQUES : LONDRES, 30 Mars 1936 : *Vase de fleurs* : GBP 19 – LONDRES, 27 nov. 1963 : *Portrait de jeune fille* : **GBP 550** – COLOGNE, 11 nov. 1964 : *Scène allégorique* : **DEM 2 000** – VIENNE, 14 sep. 1965 : *Le combat d'Hector et de Patrocle* : **ATS 50 000** – LONDRES, 25 nov. 1970 : *La Vierge et l'Enfant* : GBP 2 300 – LONDRES, 30 mars 1979 : *Apollon et les Muses*, h/t (91,5x141) : **GBP 12 000** – LONDRES, 23 juin 1982 : *Anzia et Abrocome à la fête de Diane*, h/t (139x180) : **GBP 25 000** – LONDRES, 6 avr. 1984 : *Vénus et Adonis*, h/t (213,3x147,5) : **GBP 140 000** – MILAN, 3 mars 1987 : *Vierge à l'Enfant*, h/t (45x38) : **ITL 13 000 000** – NEW YORK, 14 jan. 1988 : *Portrait d'une noble dame*, h/t (74x59,5) : **USD 9 900** – MILAN, 12 déc. 1988 : *Anges méditant sur la Passion du Christ*, h/t (98x126) : **ITL 24 000 000** – MILAN, 4 avr. 1989 : *Portrait d'une dame costumée en Diane*, h/t (92,5x73) : **ITL 24 000 000** – NEW YORK, 2 juin 1989 : *Allégorie : Jeune femme debout dans un paysage*, h/t (88,5x65) : **USD 52 250** – LONDRES, 17 nov. 1989 : *Portrait de Sir Charles Frederick portant un gilet bleu sous un habit gris devant son bureau et tenant un sceau*, h/t (105,5x108,6) : **GBP 85 800** – STRASBOURG, 21 juin 1990 : *Allégorie des Arts sur fond de capriccio architectural*, h/t (78x59) : **FRF 500 000** – PARIS, 16 déc. 1990 : *La Rencontre d'Antoine et de Cléopâtre*, h/t (83x65) : **FRF 320 000**, 14 déc. 1990 : *Embarquement d'Hélène de Troie*, h/t (221x142) : **GBP 55 000** – NEW YORK, 11 jan. 1991 : *Vénus et Adonis*, h/t (216x150,3) : **USD 605 000** – LONDRES, 10 avr. 1991 : *Portrait d'une jeune fille, en buste, vêtue d'une robe bleue et blanche et tenant son jeune chien sur ses genoux*, h/t (59x45) : GBP 24 200 – LONDRES, 5 juil. 1991 : *La conversion de Saül*, h/t (122x154) : **GBP 55 000** – MILAN, 28 mai 1992 : *Portrait d'un gentilhomme avec des gants*, h/t (127x101) : **ITL 27 000 000** – LONDRES, 11 déc. 1992 : *La Conversion de Saül*, h/t (122x154) : **GBP 66 000** – MONACO, 2 juil. 1993 : *Portrait de la princesse royale Anna d'Angleterre*, h/t (116,3x89,9) : **FRF 111 000** – LONDRES, 8 juil. 1994 : *La Continence de Scipion*, h/t (111,8x122,2) : **GBP 40 000** – LONDRES, 18 oct. 1995 : *Putti figurant Apellès et Campaspe*, h/t (121,5x154) : **GBP 8 625** – LONDRES, 3 juil. 1996 : *Rébecca et Éliézer près du puits*, h/t (76,9x64,8) : **GBP 199 500** – VENISE, 7-8 oct. 1996 : *Allégorie de l'Odorat*, grisaille, une paire (chaque 32x25) : **ITL 27 600 000** – NEW YORK, 30 jan. 1997 : *L'Enlèvement d'Europe*, h/t (52,1x61) : **USD 305 000**.

AMIGONI Ottavio ou Amiconi
Né en 1605 à Brescia. Mort en 1661. XVIIe siècle. Italien.
Peintre de scènes religieuses, fresquiste.
Il fut l'élève d'Antonio Gandino et se montra supérieur surtout dans la peinture à fresques. On peut citer parmi ses œuvres : les fresques de la première salle du palais de la Préfecture à Broletto, la *Conception de Marie et sa Présentation au Temple* (1647),

dans l'église Sainte-Marie-dei-Miracoli, la décoration des ailes de l'orgue à Sainte-Agate et un beau tableau de *la Cène*, conservé à Siviano.

AMIGONI Sebastiano degli, dit aussi **Sebastiano dalle Tarsie**
XVIe siècle. Vivait à Mantoue pendant la première moitié du XVIe siècle. Italien.
Sculpteur sur bois.
Peut-être le frère de Gasparo, travailla pour la cathédrale de Trente, en 1518, dont il sculpta les pupitres. On lui doit aussi celui du chœur de l'église Saint-Vigilius, à Arco.

AMIGUET Marcel
Né à Ollon (Canton de Vaud). XXe siècle. Suisse.
Sculpteur.
De 1920 à 1924, il a exposé à Paris chaque année, successivement aux Salons des Artistes Français, des Tuileries et d'Automne.

AMILHAU Durant
Né vers 1330 près de Béziers. XIVe-XVe siècles. Français.
Architecte et sculpteur.
Il habitait Montpellier où il fut architecte de la ville de 1360 à 1418, date de sa mort.

AMILLY M.
XXe siècle. Français.
Peintre de figures et de portraits.
Il est cité en tant qu'exposant du Salon des Artistes Français en 1911 et 1913.
MUSÉES : ALENÇON : *Portrait de femme*.
VENTES PUBLIQUES : PARIS, 8 mars 1919 : *La matelassière* : FRF 76.

AMIN Kamal
Né en 1923 à Tantah. XXe siècle. Égyptien.
Graveur.
Il fut élève en gravure de la Faculté des Beaux-Arts du Caire, après quoi il alla se perfectionner pendant quatre ans en Italie et en France. Il est devenu assistant en gravure à la Faculté où il avait été étudiant. Il participe à des expositions collectives nationales et internationales, notamment à *Visages de l'art contemporain égyptien* au Musée Galliéra de Paris en 1971. Il est figuratif, mais avec un dessin très interprété, morcelé en multiples surfaces courbes presque géométriques, qui mêle personnages reconnaissables, éléments identifiables et sortes de grecques décoratives abstraites, issues de la tradition islamique.
MUSÉES : LE CAIRE (Mus. d'Art Mod.).

AMIN-SOBH
Né au Caire. XXe siècle. Égyptien.
Peintre.
Élève de Poughéon : expose une *Vierge du Nil* aux Artistes Français en 1935.

AMINE KHODJA Saddek. Voir **KHODJA AMINE Saddek**

AMINIANI Giambattista
XVIe siècle. Siennois, actif vers 1510. Italien.
Peintre.

AMINOV Faizrakhman
Né en 1908 à Koungour. Mort en 1984. XXe siècle. Russe.
Peintre de paysages animés, compositions à personnages, portraits, scènes de genre.
Il commença ses études à l'École technique de Perm puis à l'Institut Répine, où il fut élève de R. Frentz. Il devint membre de l'Union des Peintres d'URSS et reçut le titre de peintre émérite de la République de Tartarie. Sa peinture représente fort bien certaines des activités de la vie sociale, *Promenades dans les herbes, La plage, Crimée, Jour d'élection* dans une facture, exécutée parfois, en touches épaisses.
MUSÉES : KAZAN (Mus. des Beaux-Arts) – OUFA (Gal. de Peinture) – PERM (Mus. de la ville) – SAINT-PÉTERSBOURG (Mus. d'Hist.).
VENTES PUBLIQUES : PARIS, 24 sep. 1991 : *Jour d'élection*, h/t (90x120) : FRF 10 000 – PARIS, 5 avr. 1992 : *Jour de vote 1952*, h/t (135x146) : FRF 12 500.

AMIOT
XVIIIe siècle. Français.
Sculpteur, décorateur.
Cet artiste franc-comtois du commencement du XVIIIe siècle travailla, en 1701, en collaboration avec son confrère François Choye, à l'ornementation des églises de Moncey (Doubs) et de Foncine (Jura).

AMIOT F. R.
XVIe siècle. Français.
Sculpteur sur bois.
Son nom ayant été retrouvé avec la date 1532, sur les stalles de l'église de Goupillières, près de Beaumont, on suppose qu'il en a été le sculpteur.

AMIOT Jacques
Né le 3 février 1960 à Sens (Yonne). XXe siècle. Français.
Peintre.
Il fut élève de l'école des beaux-arts de Troyes en 1978, puis de celle de Paris en 1979. Il vit et travaille à Paris.
Il participe à des expositions collectives : 1986 Salon de Mai à Paris et Salon de Montrouge ; 1987 Maison des arts d'Évreux ; 1993 Chapelle de La Salpêtrière à Paris avec le groupe Tatou ; 1994 galerie Hartebye's à Paris. Il a montré ses œuvres dans une exposition personnelle en 1988 à Rochefort-sur-Mer.
En 1992, il a participé à la création du groupe Tatou composé de neuf artistes qui « fouillent la terre, dynamisent les masses dans la contrainte des matières ».

AMIOT Jean
Né le 5 janvier 1920 à Clamart (Hauts-de-Seine). XXe siècle. Français.
Peintre de paysages, de natures mortes, décorateur.
Il fut élève à l'Ecole des Beaux-Arts de Paris entre 1936 et 1940. Dans une première période, il fit des cartons de tapisseries décoratives et des gravures sur staff. Puis il peignit les paysages de Normandie, qu'il exposait au Salon de l'Art Libre, et qui lui valurent un Prix à Deauville.

AMIRA Anna von
XIXe-XXe siècles. Allemande.
Peintre de genre, de portraits, lithographe.
Elle vivait à Munich, où elle exposa en 1904 et 1905. On cite d'elle deux lithographies : *Jeune femme dans sa chambre – Le directeur*.

AMIRAULT Henri
XIXe-XXe siècles. Français.
Peintre.
Il exposa aux Artistes Français en 1883.

AMIS. Voir aussi **AMY**

AMIS J.
XVIIIe siècle. Actif à Londres à la fin du XVIIIe siècle. Britannique.
Peintre de paysages.
Entre 1796 et 1800, il exposa, à la Royal Academy, plusieurs vues de rivières.

AMISANI Giuseppe
Né le 7 décembre 1881 à Mede Lomellina (Pavie). Mort en 1941 à Portofino. XXe siècle. Italien.
Peintre de sujets religieux, compositions à personnages, scènes de genre, figures, portraits, nus, marines, peintre de compositions murales.
Il fut élève de Cesare Tallone à l'Académie des Beaux-Arts de Milan. Il a eu une production abondante et diversifiée. Il eut de nombreuses expositions à Rome, Venise, Milan, Buenos Aires, São Paulo, Le Caire.
Il affectionnait les compositions ambitieuses, à partir de l'histoire religieuse ou d'autres sources. A ce titre, il eut commande pour les décorations du Palais Royal d'Alexandrie en 1924-1925.

VENTES PUBLIQUES : MILAN, 15 mars 1977 : *Portrait de femme*, h/pan. (100x70) : ITL 1 200 000 – MILAN, 25 mai 1978 : *Ballerine*, h/pan. (70x63,5) : ITL 1 200 000 – MILAN, 5 déc. 1979 : *Femme couchée*, h/t (52x68) : ITL 1 200 000 – MILAN, 19 mars 1981 : *Portrait de femme 1908* ; *Portrait d'homme 1908*, 2 h/t (90x60) : ITL 2 800 000 – MILAN, 24 mars 1982 : *Portrait*, h/isor. (75x63) : ITL 1 500 000 – MILAN, 8 nov. 1983 : *Portrait de fillette 1927*, (112x85) : ITL 4 000 000 – ROME, 6 juin 1984 : *Portrait de jeune fille*, h/pan. (64x46,5) : ITL 1 900 000 – MILAN, 7 nov. 1985 : *Portrait de femme aux gants noirs*, h/pan. (116x76) : ITL 3 700 000 – MILAN, 28 oct. 1986 : *Paysage*, h/t (135x135) : ITL 6 000 000 – MILAN, 31 mars 1987 : *Portrait de femme aux fleurs 1918*, h/t, de forme ovale (123x97) : ITL 2 700 000 – MILAN, 11 avr. 1989 : *Personnage au bord de la mer*, h/t (35x48) : ITL 3 000 000 – MILAN, 6 déc. 1989 : *Portrait d'une femme en buste*, h/t (55x55) : **ITL 1 200 000** – MILAN, 29 oct. 1992 : *Marine à Rapallo*, h/cart. (35x47,5) : **ITL 2 600 000** – NEW YORK, 30 juin 1993 : *Princesse Ostheim*, h/t (74,9x91,4) : **USD 4 600** – Milan, 9 nov. 1993 : *Jeune femme endormie sur un divan*, h/pan. (70x100) : **ITL 16 675 000** – MILAN, 20 déc. 1994 : *Portrait de femme*, h/pan. (64x46,5) : **ITL 8 855 000** – MILAN, 23 oct. 1996 : *Nu féminin* 1900, h/t (70x40) : **ITL 5 825 000** – ROME, 28 nov. 1996 : *L'Ombrelle rouge*, h/t (50x70) : **ITL 12 000 000**.

AMISSELLE Jacques, dit Saint-Brieuc
XVIIIe siècle. Actif à Nantes. Français.
Peintre et doreur.
Cité dans des documents de 1748-1762.

AMISTANI Luigi
XVIIIe siècle. Actif à Brescia. Italien.
Peintre.

AMISTEIN Ulrich Émile Louis ou Amstein
Né le 4 avril 1877 à Turin (Piémont), de parents français. XXe siècle. Français.
Peintre de paysages, graveur.
Fils et élève du peintre graveur Ferdinand Amstein, Ulrich Amstein entra, en 1895, à l'École des Beaux-Arts de Lyon. Il a exposé dans cette ville, depuis 1898, des paysages peints à l'huile ou gravés à l'eau-forte.

AMLEHN Franz Sales
Né le 29 janvier 1838 à Sursee (Suisse). XIXe siècle. Suisse.
Sculpteur de sujets religieux, bustes, natures mortes.
Il n'eut pas de maître et se perfectionna lui-même à Munich. Il se fixa dans son pays où il sculpta des bustes, des statues d'église, des autels, des chaires, des tombeaux. Parmi ses peintures, on cite deux natures mortes datées de 1889, ainsi que quelques sujets religieux. Ses principales œuvres sculptées sont : *Bustes de Pestalozzi, Paul Deschwanden, L'Évêque Lachat*, et des statues religieuses pour nombre de villes suisses. D'après Brun, il se servit parfois de l'aide de son fils et de sa fille.

AMLEHN Paul
Né en 1867 à Sursee. XIXe siècle. Suisse.
Sculpteur de sujets religieux.
Il fut élève de la villa Médicis à Rome et étudia plus tard à Paris dans l'atelier d'Ed. Boutry, avec lequel il exécuta une série de travaux en 1894. Ses œuvres principales sont : *Une statue de cavalier*, à l'Hôtel de Ville de Dunkerque. Deux grands groupes en marbre : *Crucifiement*, une Madone et une statue de bois, à Lille. En 1894, il exposa à Paris un médaillon, marbre ; en 1905, un buste plâtre au Salon de Paris.

AMLEHN Salesia, pseudonyme : L. Thibault, Mme Boutry
XIXe siècle. Suisse.
Peintre d'histoire, de paysages et sculpteur.
Elle était la fille du sculpteur Franz Sales Amlehn et exposa sous le pseudonyme de « L. Thibault ». Elle exposa en 1884 deux bustes d'enfants, en marbre.
Parmi ses œuvres, il convient de citer le tableau d'autel de Schenkon, représentant *Saint Antoine* et *La légende du sang sacré* à Ettiswil.

AMLING Franz
Né en 1853 à Trèves. Mort le 27 août 1894 à Schleissheim. XIXe siècle. Allemand.
Peintre d'histoire, de chasse, paysagiste, illustrateur.
Il étudia à l'Institut de Francfort-sur-le-Main et vint à Munich en 1884. On cite parmi ses ouvrages : *Rendez-vous avant la chasse au renard* ; *Dernière charge des cuirassiers français à la bataille de Sedan* ; *Le canal de Schleissheim après le coucher du soleil* ; *Dernière revue.*

AMLING Karl Gustave ou Ambling
Né en 1651 à Nuremberg. Mort en 1702. XVIIe siècle. Allemand.
Graveur, dessinateur.
Maximilien II, électeur de Bavière, l'ayant pris sous sa protection, Amling fut envoyé à Paris et confié à Poilly. Il suivit la manière de son maître mais, tout en devenant fort habile, il ne parvint pas à l'égaler. Revenu à Munich et nommé graveur de la cour de Bavière, il fit le portrait de son protecteur et des principaux membres de sa famille. Amling reproduisit des sujets d'histoire sacrée et profane, exécuta des planches d'Académie pour l'ouvrage de Sandrart et des gravures d'après des tapisseries

faites pour l'électeur de Bavière. Le musée de Pontoise conserve un dessin de cet artiste : *Tête de vieille femme.*

GA
VENTES PUBLIQUES : PARIS, 18-20 mars 1920 : *Portrait d'un électeur de Bavière*, dess. : **FRF 150** – LONDRES, 16-17 avr. 1997 : *Allégorie de la Nuit*, pl. et encre noire et lav. gris, quadrillage sanguine (12x7,6) : **GBP 1 495**.

AMMAN Adam
XVIIe siècle. Suisse.
Sculpteur.
Il est mentionné comme membre de la confrérie de Saint-Luc, à Fribourg (Suisse) vers 1650.

AMMAN Hans
XVIe siècle. Vivait à Ulm entre 1579 et 1589. Allemand.
Sculpteur.
Il exécuta trois monuments funéraires pour la famille von Speth, dans l'église de Hettingen (Hohenzollern), la chaire et les stalles de l'église Saint-Luzen à Hechingen (1589), les portes de la cheminée du château. Il sculpta aussi des meubles.

AMMAN Hans. Voir aussi AMMON

AMMAN J. J.
XVIIIe siècle.
Graveur.
On le connaît seulement par un paysage représentant une ruelle où passe un homme avec un cheval et portant la signature : *J. J. Amman, P. A. sculp. M. Apr* 1771.

AMMANN Johannes
Né en 1695 à Schaffhouse. Mort en 1751. XVIIIe siècle. Allemand.
Graveur.
Il était le fils et l'élève de Jeremias Ammann. Indépendamment des travaux exécutés avec son père, on connaît quelques portraits de lui. On lui attribue aussi 39 compositions de la *Bible en images* dont le frontispice porte la signature *Joh. Ammann sculpsit.*

AMMAN Jost ou Jobst
Né en 1539 à Zurich. Mort le 15 mars 1591 à Nuremberg. XVIe siècle. Depuis 1560 actif en Allemagne. Suisse.
Peintre, graveur, dessinateur, illustrateur.
Comme ses grands devanciers allemands, les Dürer, les Aldegrever, les Beham, Jost Amman porta surtout son effort artistique sur l'expression gravée. De ses peintures on sait peu de choses. Le fait qu'il produisit des vitraux remarquables et d'un brillant coloris s'explique par sa nationalité. Il est permis de supposer qu'avant de quitter Zurich pour Nuremberg, Amman avait pu travailler chez quelques-uns de ces beaux peintres verriers qui occupent, en Suisse, au XVIe siècle, une place si intéressante. Ce qui est certain c'est qu'on ne connaît pas son maître. En 1560 il vint s'établir à Nuremberg et il y vécut dans cette ville jusqu'à la fin de sa vie, continuant avec honneur la tradition des grands artistes qui l'avaient précédé. Son succès fut considérable, s'il faut s'en rapporter à sa production (plus de 540 pièces). Il grava avec une égale autorité sur cuivre et sur bois, prenant une part active à l'illustration de nombreux ouvrages. Jost Amman a beaucoup dessiné à la plume et il a fait preuve dans les œuvres de ce genre de remarquables qualités de trait et de composition. Le Musée de Bâle conserve *Portrait d'un savant*, œuvre considérée comme la seule peinture de lui parfaitement authentifiée.   ■ E. B.

MUSÉES : BÂLE : *Portrait d'un savant.*
VENTES PUBLIQUES : PARIS, 26 nov. 1919 : *Les Arts et les Sciences*, dess. : **FRF 45** – PARIS, 8-10 juin 1920 : *Un homme d'armes chevauchant*, dess. : **FRF 700** – PARIS, 24 nov. 1924 : *Les pèlerins d'Emmaüs* : **FRF 265** – PARIS, 28 nov. 1934 : *Hercule luttant avec le lion*, dess. à la pl. : **FRF 850** – BERNE, 16 juin 1960 : *Soldat en armure*, dess. : **CHF 1 150** – LONDRES, 9 avr. 1981 : *Oberster Feldprofoss*, plume, encre noire (37,8x24) : **GBP 10 000** – BERNE, 25 juin 1982 : *Portrait de Hans Sachs* 1576, eau-forte : **CHF 2 400** – NEW YORK, 4 mai 1983 : *Les quatre continents* 1574, eau-forte colorée à la main et reh. d'or (35,5X45,5) : **USD 5 250** – LONDRES,

30 juin 1986 : *Jeune garçon sur une luge*, pl. et lav. (8,6x12,3) : GBP 2 100.

AMMAN P. A.
Mort après 1771. XVIII⁰ siècle.
Sculpteur.

AMMAN Stephan
XVI⁰-XVII⁰ siècles. Travaillait à Fribourg (Suisse) entre 1586 et 1612. Allemand.
Sculpteur.
On sait, par un document de l'époque, qu'il travailla en 1591 et en 1592, au porche de l'église de Saint-Nicolas ; et on croit qu'il acheva la fontaine Saint-Pierre, érigée en 1592. Il travailla aussi à la fontaine du Sauvage.

AMMANATI Bartolomeo ou Ammannati
Né en 1511 à Florence. Mort le 22 avril 1592 à Florence. XVI⁰ siècle. Italien.
Sculpteur et architecte.
Élève de Bandinelli à Florence et de J. Sansovino à Venise, il travailla pour des particuliers et pour des églises à Padoue, Urbino, Pise, Venise, Naples, Rome, et dans sa ville natale. Il subit l'influence de l'art de Michel-Ange.
Parmi ses œuvres les plus importantes, il convient de citer son premier ouvrage important : un relief avec Dieu le Père et des anges, dans la cathédrale de Pise. Il exécuta les monuments funéraires du *Poète Sannazaro* à Naples, du *Duc Francesco Maria*, à Santa Chiara, de *Benavides*, etc. Il jouit de la faveur de Cosme I⁰ᵉʳ et travailla aussi pour Grégoire XIII. Sa femme était le poète Laura Battiferri d'Urbino. Le Musée de Montpellier conserve de cet artiste une statuette en cire, modèle de la figure de Neptune de la fontaine de la place della Signoria, à Florence, achevée vers 1575. A Florence, on conserve une statuette : *Moïse*, copiée par Ammanati d'après Michel-Ange, et une *Léda* en marbre d'après le même artiste.

AMMANATO Battista
XVI⁰ siècle. Toscan, actif vers 1565. Italien.
Sculpteur.
Élève de Bartolomeo.

AMMANATO Giovanni
Né en 1475. Mort en 1553. XVI⁰ siècle. Italien.
Peintre.
Il travaillait à Naples.

AMMANN Harro
Né à Hombourg (canton de Thurgau). XX⁰ siècle. Suisse.
Sculpteur de sujets de genre, portraits.
Élève de Félix Fesola, il exposa au Salon des Artistes Français de Paris, entre 1934 à 1939 ; obtenant une médaille de bronze en 1935.
On lui doit des bustes et des sujets de genre.

AMMANN Jeremias
Né en 1651. XVII⁰ siècle. Travaillait à Schaffhouse de 1664 à 1671. Allemand.
Graveur de portraits.
Il exécuta, en collaboration avec son fils Johannes Ammann, les planches de l'important ouvrage de Patin : *Imperatum Romanorum Numismata* (1671), dont les dessins sont, en majeure partie, de F. Chauveau. On cite encore *Carolus Drelincourt*, 1666, une *Andromède*, d'après Konrad Meyer.

John sc.

AMMANN Marguerite
Née en 1911 à Bâle. Morte en 1962. XX⁰ siècle. Suisse.
Peintre de compositions décoratives.
Très jeune, elle fut élève de l'Ecole des Arts et Métiers de Bâle, puis en 1927 de l'Ecole des Beaux-Arts de Stuttgart. Ensuite un long séjour en Egypte, de 1931 à 1933, lui fit découvrir les peintures monumentales des époques pharaoniques, dont elle subit quelque influence dans la représentation hiératique des personnages. Elle a commencé à exposer à Bâle dès son retour d'Egypte en 1933. Elle a aussi montré ses peintures à Paris en 1949, à Munich en 1953, à Zurich en 1954. Peut-être aussi à cause de cette influence égyptienne, elle apprit la technique de la tempera (qui ne présente d'ailleurs pas de difficulté notoire), qu'elle appliqua à l'occasion de commandes de décorations pour divers édifices municipaux de Bâle.
VENTES PUBLIQUES : BERNE, 22 oct. 1982 : *Paysage surréaliste* 1951, aquar. sur trait de pl. (20x28) : **CHF 650.**

AMMANNATI Giovanni, appelé aussi Vanni dell'Ammannato ou Giovanni di Tura dell'Ammannato
Mort en 1340 à Orvieto. XIV⁰ siècle. Italien.
Dessinateur et sculpteur sur bois.
En 1305, il fut employé à la restauration du campanile du Palais public à Sienne ; en 1329, il exécuta les dessins des stalles de la Cathédrale d'Orvieto dont il surveilla plus tard l'exécution. Il se trouvait à Sienne en 1337.

AMMANNATI da Settignano Gherardo d'Antonio
XV⁰ siècle. Actif à la fin du XV⁰ siècle. Italien.
Sculpteur.
Il florissait à Pistoia où il sculpta un tabernacle pour l'oratoire du Spedale della Morte.

AMMANNATINI Albizzino
XIV⁰ siècle. Travaillait à Florence. Italien.
Peintre.

AMMANNATINI Manetto, appelé aussi Manetto da Firenze, dit il Grasso Lengajuolo
Né en 1384 à Florence. Mort en 1450 en Hongrie. XV⁰ siècle. Italien.
Sculpteur sur bois et architecte.
Il fut appelé en Hongrie vers 1409 et y travailla pendant quarante ans, pour le maréchal du roi Sigismund et pour le roi lui-même, à la construction de plusieurs églises et palais.

AMMELERVEEN Abraham Jacobsz van
XVII⁰ siècle. Actif pendant la première partie du XVII⁰ siècle. Hollandais.
Peintre.
Il fut, en 1624, élève d'Abraham Bloemaert à Utrecht.

AMMER Julius
XIX⁰-XX⁰ siècles. Allemand.
Dessinateur.
Il exposa à Berlin en 1910 un dessin : *L'Église du village de Blankensee.*

AMMIRATI Carlo
XX⁰ siècle. Américain.
Peintre aquarelliste.
Après avoir été diplômé du Pratt Institute, il a poursuivi ses études à New York et en Europe. Il a fait plusieurs expositions particulières à New York.

AMMIRATO Claude
Né le 4 juin 1900 à Gênes. XX⁰ siècle. Actif aussi en France. Italien.
Peintre de portraits, paysages, fleurs.
Il se fixa à Paris à partir de 1929. Il exposa d'abord au Salon des Artistes Français, puis ensuite de 1934 à 1938 alternativement aux Salons d'Automne et des Indépendants.

AMMIRATO Domenico
Né en mars 1833 à Naples (Campanie). XIX⁰ siècle. Italien.
Peintre de paysages, paysages d'eau, marines.
Il étudia sous la direction de Smargiassi à l'Académie des Beaux-Arts de sa ville natale. Parmi ses œuvres, il convient de signaler des vues du golfe de Naples, notamment : *Sorrente vu de Capodimonte* et *Claire de Lune au Posilippo*, exposés à Florence en 1877.
VENTES PUBLIQUES : ROME, 24 mars 1992 : *Vues du golfe de Naples*, h/pan., une paire (chaque 18,5x28) : **ITL 7 475 000** – ROME, 19 nov. 1992 : *Barques de pêcheurs dans la baie de Naples*, h/pan. (13x21) : **ITL 1 725 000** – NEW YORK, 22-23 juil. 1993 : *La baie de Naples*, h/t (104,1x78,7) : **USD 8 625** – ROME, 13 déc. 1995 : *Barques à Mergellina* ; *Vallée de Pompéi*, h/pan., une paire (13,5x20,5) : **ITL 3 220 000.**

AMMIRATO Nicola
Mort le 8 février 1712. XVII⁰-XVIII⁰ siècles. Italien.
Peintre.
Napolitain, il entra, en 1689, dans la corporation des peintres de Naples.

AMMIRATO-COLLINS Mary
Née à Houston (Texas). XX⁰ siècle. Américaine.
Peintre.
Mary Ammirato-Collins a été élève à Paris de l'Académie Julian. En 1937, elle exposa deux paysages au Salon des Indépendants.

AMMON August Wilhem
Né en 1812 à Vessra. Mort en 1895. XIX⁰ siècle. Allemand.
Peintre d'animaux et de portraits.

Il commença ses études en 1824 et se forma dans les Académies de Berlin, de Munich et à Paris. Il travailla ensuite à Londres, à San Francisco et à Boston. Bien qu'il ait peint aussi des portraits, il s'adonna surtout à la peinture des animaux, des chevaux particulièrement. Quatre études de chasses et d'étables de lui sont citées dans le catalogue à l'Exposition de l'Académie de Berlin en 1832. Peut-être fils du suivant.

AMMON G. G.
XIXᵉ siècle. Actif au début du XIXᵉ siècle. Allemand.
Peintre de chevaux.
Vétérinaire, ses fonctions lui permirent de s'attacher tout spécialement à l'étude des chevaux. Le catalogue de l'Exposition de l'Académie de Berlin (1804) mentionne deux de ses ouvrages.

AMMON Hans ou Amman
XVIIᵉ siècle. Actif à Nuremberg. Allemand.
Peintre et graveur.
Élève de Martin Beheim. Il aida à la restauration de l'hôtel de ville de Nuremberg. En 1778 une peinture signée et datée de 1616 était à cet hôtel de ville. Elle disparut à cette époque et on la croit identique avec un tableau faisant partie de la collection de Mme Leroy à Baden-Baden et portant les mêmes signatures et dates.

AMMON Johann
XVIIᵉ siècle. Actif à Heidelberg. Allemand.
Graveur.
Cet artiste, frère de Klemens Ammon, travailla à Heidelberg et à Francfort-sur-Mein, entre 1645 et 1654. Éditeur d'estampes et libraire, il poursuivit après la mort de Théodore de Bry, avec son frère Klemens, la publication de la *Bibliotheca calcographica*, d'après Le Blanc.

AMMON Johann
XVIIᵉ siècle. Actif à la fin du XVIIᵉ siècle. Allemand.
Sculpteur.
Il travaillait au service de l'évêque d'Eichstatt et fut appelé à la cour du margrave George Friedrich.

AMMON Klemens
XVIIᵉ siècle. Actif à Francfort et à Heidelberg au milieu du XVIIᵉ siècle. Allemand.
Graveur.
Il était beau-fils de Théodore de Bry, avec qui il travailla. Son principal ouvrage est la continuation de la collection de portraits intitulée : *Bibliotheca Calcographica* en 6 volumes in-4o, publiés par son beau-père, auxquels il ajouta deux volumes parus en 1650 et 1652.

AMMON Konrad
XVIIᵉ siècle. Actif à Nuremberg au début du XVIIᵉ siècle. Allemand.
Peintre.
Il obtint son titre de maître à Nuremberg, à la suite de son épreuve : *La fuite en Égypte*, datée du 22 novembre 1611. Il eut comme élèves Hans Weber, en 1613 et Hans Wenzel, en 1618-22. On cite un tableau de lui : *La Vanité*, et on lui attribue une série de dessins, au lavis et à la plume, signés du monogramme C. A. Peut-être est-il le peintre mentionné à Varsovie en 1643 ?

AMMON Wladimir Féodorowitch
Né le 28 décembre 1826. Mort le 11 août 1879 à Moscou. XIXᵉ siècle. Russe.
Peintre de paysages, paysages urbains.
Il fut élève de l'école d'art de Strogonoff et plus tard devint membre de l'Académie de cette ville (1859). On cite de lui *l'Académie des sciences* et *Le quai du Château à Saint-Pétersbourg* (collection de l'Académie) et *Paysage*, au Musée de Roumianzeff.

AMMONIOS, fils de Zopyros
IIᵉ-Iᵉʳ siècles avant J.-C. Vivait au tournant du IIᵉ et du Iᵉʳ siècle avant Jésus-Christ. Antiquité grecque.
Sculpteur.
Son nom figure sur une inscription de Délos ; peut-être s'agit-il du même personnage sur une inscription d'Athènes, mutilée, datée de 101 avant Jésus-Christ.

AMMONIOS, fils de Phidias
IIᵉ siècle. Antiquité gréco-Romaine.
Sculpteur.
Avec son père Phidias, il exécuta en basalte la statue d'un *singe* accroupi, que l'on a retrouvée dans le grand Serapeum de Rome. L'inscription date l'œuvre de 159 après Jésus-Christ.

AMMONIOS, fils d'Apollophanès
Vᵉ siècle. Vivait à l'époque de Sévère. Antiquité gréco-Romaine.

Sculpteur.
Il a signé une statuette féminine grossièrement travaillée, retrouvée à Siout (Lycopolis).

AMMOUN Lohéac
Née en 1912. XXᵉ siècle. Active aussi en France. Libanaise.
Peintre, illustrateur.
Fixée à Paris, elle y participe à des expositions collectives. A la demande du Gouvernement Libanais, elle eut à illustrer l'histoire de la Phénicie à l'occasion d'une exposition à New York en 1939.

AMODEO Antonio
Né à Recio. XXᵉ siècle. Italien.
Peintre de paysages. Expressionniste.
Né au début du siècle. Il peint des paysages sur nature, dans une technique fougueuse.

AMOEDO Rodolpho
XIXᵉ siècle. Brésilien.
Peintre de portraits et de genre.
Il a exposé à Paris en 1882 et 1887, à Rio de Janeiro en 1901 (*Portrait de femme*).

AMOLFO de Florence
XIIIᵉ siècle. Italien.
Peintre.
Cet artiste florentin travailla vers 1250. Il fut collaborateur de Pietro Cavallini, à Rome.

AMON Anton
XVIIIᵉ siècle. Viennois, actif à la fin du XVIIIᵉ siècle. Autrichien.
Graveur en taille-douce.
Après avoir étudié la peinture de paysage avec Christian Brand, il se consacra uniquement à la gravure au burin. Il travaillait à Vienne, entre 1780 et 1800. On a de lui des vues du marché de Schottwien, de Salzbourg et de Hallein.

AMON Carl
Né en 1798 à Graz. Mort le 6 octobre 1843 à Saint-Peter (près de Marbourg). XIXᵉ siècle. Autrichien.
Peintre, fresquiste.
Il peignit à l'huile et à fresque. On cite de lui des travaux dans les églises de Gams et de Frauenberg.

AMON Josef
XVIIIᵉ siècle. Hongrois.
Peintre.
Il est mentionné à Budapest en 1751.

AMON Rosalia
Née le 4 mars 1825 à Palerme. XIXᵉ siècle. Italienne.
Peintre de scènes de genre, portraits, fleurs et fruits.
Elle exposa à partir de 1841. On lui doit : *Portrait du Baron de Hammer-Purgstall* et *L'Aïeule avec ses petits-enfants*.
VENTES PUBLIQUES : VIENNE, 14 sep. 1983 : *La prière 1845*, h/t (78x63) : ATS 28 000.

AMONDE Omari Aloyce
Né en 1945. XXᵉ siècle. Tanzanien.
Peintre.
Reconnu comme éminent professeur de la peinture sur carré, inspirée de la vie quotidienne, des mythes et contes tanzaniens, il a de nombreux disciples.
BIBLIOGR. : Jutta Stöter-Bender : *L'Art contemporain dans les pays du « tiers-monde »*, L'Harmattan, Paris, 1995.

AMONTE Josef
XVIIIᵉ siècle. Autrichien.
Peintre.
Il travailla, de 1738 à 1742, pour la fondation de Rein. Il travaillait à Gratwein, près de Graz.

AMOR E.
XIXᵉ siècle. Travaillait à Londres vers 1870. Britannique.
Peintre de fleurs.
Elle exposa un tableau à la Royal Academy, en 1870.

AMOR Ouanès
Né le 10 octobre 1936. XXᵉ siècle. Depuis 1952 actif en France. Tunisien.
Peintre, graveur. Abstrait.
Il vint en France à l'âge de seize ans. Il fut élève de Roger Chastel à partir de 1960 à l'École des Beaux-Arts de Paris, puis y devint assistant de Gustave Singier en 1970, et enfin professeur chef d'atelier en 1980. Il participe à de très nombreuses expositions collectives en France, Yougoslavie, Japon, et notamment à Paris aux Salons de la Jeune Peinture, de Mai depuis 1967, dont il est

devenu membre du comité, des Réalités Nouvelles depuis 1969, Comparaisons, ainsi que dans des Centres Culturels de nombreuses villes de province et au Musée d'Auxerre, dans les musées de Belgrade, Novisad, etc. Il a également montré ses peintures et gravures à l'occasion d'expositions personnelles, à Paris, Dieppe, Montpellier, Le Touquet, en 1994 à la Maison des Arts et Loisirs de Sochaux. Il a obtenu un Prix de la Ville de Monaco, et un Prix de la Ville de Toulon.

Il traversa d'abord une période d'études figuratives et issues d'influences diverses, période à peu près commune à tous les jeunes artistes en cours de formation. Ensuite, après avoir exploité des motifs décoratifs végétaux ou des graphismes archaïques rupestres, reliés à la tradition ornementale abstraite de l'art arabe ou inspirés des sceaux-cylindres porteurs depuis cinq mille ans des écritures mésopotamiennes, puis être passé à des formes géométriques simples, Amor a fermement situé sa peinture dans une abstraction radicale, dénuée de toute référence au réel vécu. Ces nouvelles peintures furent d'abord constituées de fines touches entrecroisées comme des tressages de laines colorées ; puis, depuis environ 1990, ce sont des minces glacis qui superposent leurs couleurs dans de subtils effets de transparences. Comme l'écrit Yves Michaud : « Il n'y a pas chez lui de processus de construction *a priori* rigide, mais une maturation du tableau au fur et à mesure qu'il se fait et que les couleurs s'appellent et se commandent les unes les autres. Ces couleurs ne viennent pas au hasard de l'inspiration ou dans l'improvisation du geste lyrique, mais dans un mélange de savoir et de délectation. » Aussi n'est-il pas étonnant que ses peintures puissent évoquer, par leurs touches innombrablement entrelacées, entrecroisées ou superposées, selon les périodes, leurs couleurs somptueuses se fondant ainsi optiquement entre elles, les tissages orientaux les plus raffinés. ■ J. B.

Bibliogr. : Philippe Leburgue : Catalogue de l'exposition *Amor*, Gal. Berthet Aittouares, Paris, 1991 – Yves Michaud : *Un coloriste d'instinct*, in : Catalogue de l'exposition *Amor*, Maison des Arts et Loisirs de Sochaux, 1994.

Musées : Grenoble (Centre Culturel) – Monaco – Noyon – Paris (Mus. mun. d'Art Mod.) – Paris (BN, Cab. des Estampes).

Ventes Publiques : Douai, 11 nov. 1990 : *Composition* 1989, h/cart. (38x29) : **FRF 5 800.**

AMORE Antonio d'
XIXe siècle. Italien.
Sculpteur.
Il était Sicilien. Auteur d'une statue : *Ciullo d'Alcamo*, exposée à Parme en 1870. Envoya aussi à l'Exposition de Milan de 1872 : *Femme dessinant*, et à Rome, en 1883 : *Chanson*.

AMORE Dom. del
XIXe siècle. Actif vers 1800. Italien.
Miniaturiste.
Un portrait d'enfant, signé de son nom, parut à l'Exposition de miniatures, à Berlin, en 1906.

AMORE da Casale di Acigliano Gennaro d'
Né en 1713. XVIIIe siècle. Travaillait à Salerne. Italien.
Peintre.

AMORELLO Nicola de
XVIe siècle. Actif à Salerne pendant la première moitié du XVIe siècle. Italien.
Peintre.
On sait que deux tableaux d'autel lui furent commandés l'un, en 1532, l'autre, en 1533.

AMORETTI Andrea
Né le 22 janvier 1758 à Saint-Pancratio (près de Parme). Mort le 6 mars 1807. XVIIIe siècle. Italien.
Prêtre, graveur en taille-douce.

AMORETTI Gabriel
Né le 27 janvier 1861 à Toulon (Var). Mort le 3 août 1947. XIXe-XXe siècles. Français.
Peintre de paysages.
Il commença ses études artistiques à l'Ecole des Beaux-Arts de Toulon, puis, y ayant obtenu une bourse municipale, il vint les poursuivre à l'Ecole des Beaux-Arts de Paris, dans l'Atelier Léon Bonnat.
Il a exposé assez régulièrement à Paris, au Salon des Artistes Français à partir de 1911, en devenant sociétaire, mention honorable en 1928. Il a également figuré au Salon des Indépendants en 1907 et 1910.
Bien qu'ayant exposé aux Artistes Français une nature morte en 1911 et un autoportrait en 1936, il fut essentiellement peintre de paysages de la région de Toulon, de Provence, et parfois de la région parisienne.

Musées : Bucarest : *Vue de Toulon* – Toulon : *Martyre de Saint-Sébastien*, copie d'après Théodule Ribot – *Le cercle de la pluie*.

Ventes Publiques : Versailles, 24 oct. 1982 : *Le village* 1901, h/t (62,5x92) : **FRF 5 000.**

AMORETTI da Mirandola. Voir AMOROTTO Francesco de ou degli

AMORIM Manuel
Né en 1950 à Lisbonne. XXe siècle. Actif en France. Portugais.
Peintre de figures. Nouvelles figurations.
Il participe à des expositions collectives dans la périphérie parisienne, dans des Centres Culturels de province, et aussi à Lisbonne, Cleveland, Bâle, Munich, etc. Depuis 1980 il a montré ses peintures dans plusieurs expositions personnelles, à Paris notamment en 1992, Bâle, Hambourg, Milan.
Il travaille dans des techniques mixtes, pastels, crayon, gouache, encre, superposés, parfois huile ou acrylique. A grands sabrages de brosses larges, il suggère par traces sommaires des personnages, qu'il voue sans aucun doute à la souffrance, corps ou visages réduits à l'état de silhouettes sans identité ni regard.

Musées : Hambourg (Kunsthalle) – Lisbonne (Fond. Gulbenkian) – Paris (FNAC).

Ventes Publiques : Paris, 13 avr. 1988 : *Les peintres (en bâtiment)* 1986, acryl./pap. mar./t. (212x150) : **FRF 7 000** – Paris, 12 fév. 1989 : *Composition*, h/t (215x144) : **FRF 13 500.**

AMOROS Y BOTELLA Antonio
Né à Alicante. XIXe siècle. Espagnol.
Peintre.
Élève de l'Académie de Madrid, il exposa à partir de 1876 dans cette ville, où l'on conserve dans le Musée de l'Art moderne, sa *Cour Andalouse*. Cet artiste fut professeur à l'école d'art de la Coruna (La Corogne). Parmi ses œuvres, on cite : *Rue à Tolède*, *La Toilette en plein air*, *Bonheur des aïeux*, *Laveuse dans la campagne romaine*, etc.

AMOROS Y PLANELLES Manuel
Né en 1862 à Madrid. XIXe siècle. Espagnol.
Peintre de décors.
Il prit part à plusieurs expositions de Madrid, entre autres à celle de 1901. Amoros travailla pour les scènes les plus importantes de Madrid et des autres grandes villes d'Espagne. Sa nomination comme peintre de la Cour vint confirmer la sentence du grand public.

AMOROSI Antonio Mercurio
Né en 1660 à Communanza près d'Ascoli, selon Mariette. Mort après 1736. XVIIe-XVIIIe siècles. Italien.
Peintre de compositions religieuses, sujets de genre, portraits, animaux, fresquiste.
Il vint à Rome pour se préparer à la carrière ecclésiastique mais, encouragé par Giuseppe Ghezzi, il se voua complètement à l'art. Il peignit des fresques à Civita-Vecchia (grande salle de l'hôtel de ville) et des tableaux d'autel pour les églises de Rome (San Rocco, S. Maria in Cosmedin, S. Maria Egiziaca). Mais ce fut surtout comme peintre de *Bambocciate*, ou sujets de fantaisie, qu'il déploya son talent et une véritable originalité. Lanzi déclare que si son coloris eût été un peu plus brillant, il ne l'eût cédé en rien aux maîtres de l'école flamande. Deux de ses tableaux ont été gravés par William Walker. La plupart de ses œuvres sont dispersées dans les grandes villes d'Italie. Amorosi fit preuve d'un réel talent dans ses reproductions d'animaux d'après nature.

Musées : Augsbourg – Stockholm .

Ventes Publiques : Londres, 24 nov. 1961 : *Un groupe de musiciens buvant* : **GNS 800** – Vienne, 30 mai 1967 : *La lettre* : **ATS 40 000** – Londres, 8 déc. 1972 : *L'ouïe* ; *L'odorat*, deux toiles : **GNS 4 800** – Milan, 6 juin 1973 : *Scènes de genre* : **ITL 4 800 000** – Milan, 17 mai 1979 : *Portrait d'enfant*, h/t (42x33,5) : **ITL 2 400 000** – Rome, 19 mai 1981 : *Mendiant et enfant* ; *Mendiant partageant le pain avec un enfant*, deux h/t (50x75) : **ITL 6 500 000** – Paris, 1er déc. 1986 : *La jeune faucheuse*, h/t (40,5x33) : **FRF 40 000** – Milan, 12 déc. 1988 : *Portrait d'une fillette*, h/t (40x33) : **ITL 5 500 000** – Rome, 23 mai 1989 : *La remise d'une lettre*, h/t (43,5x34,3) : **ITL 14 500 000** – New York, 31 mai 1989 : *Le joueur de guitare*, h/t (98,4x74,2) : **USD 44 000** – Londres, 27 oct. 1989 : *Vieille femme avec une quenouille les mains posées sur une chaufferette*, h/t (98,8x73,3) : **GBP 5 720** –

Rome, 8 mars 1990 : *Fillette brodant à l'aide d'un tambour*, h/t (42x32) : **ITL 7 500 000** – Stockholm, 16 mai 1990 : *Enfant*, h/t (64x48) : **SEK 38 000** – Rome, 19 nov. 1990 : *Jeune joueur de mandoline*, h/t (96x73) : **ITL 29 900 000** – Monaco, 21 juin 1991 : *L'enfant aux oiseaux*, h/t (92x70) : **FRF 49 950** – Paris, 12 juin 1992 : *Fillette donnant un biscuit à son chien ; Enfant buvant un verre de vin*, h/pan., une paire (chaque 29x23) : **FRF 56 000** – New York, 7 oct. 1993 : *Petit paysan mangeant du raisin dans un paysage*, h/t (98,1x73,9) : **USD 4 600** – Milan, 18 oct. 1994 : *Portrait d'adolescent*, h/t (96x74) : **ITL 46 000 000** – Rome, 14 nov. 1995 : *Petit paysan avec un nid d'oiseaux*, h/t (93x71) : **ITL 23 000 000** – Londres, 19 avr. 1996 : *Enfant avec un bonnet à plumes et tenant un pendentif de perle*, h/t (41,6x34,6) : **GBP 5 750** – Venise, 25 mai 1997 : *Portrait d'un enfant avec une lettre*, h/t (44x35) : **ITL 8 000 000**.

AMOROSI Filippo. Voir LAMOUREUX Philippe

AMOROSI di Communanza Francesco
Travaillait à Ascoli-Piceno. Italien.
Peintre.

AMOROSO Gennaro
XVIIIe siècle. Actif à Naples en 1777. Italien.
Peintre.

AMOROTTO Francesco de, ou degli, dit Amoretti da Mirandola
XVe siècle. Italien.
Sculpteur.
Il travailla au monument de Borso d'Este, érigé à Ferrare par les deux Baroncelli et détruit lors de la révolution, en 1796. On le croit identique à un sculpteur Francesco della Mirandola qui vivait à Ferrare en 1456.

AMORT Ernst Lukas
Mort en 1692. XVIIe siècle. Allemand.
Peintre.
Il était le second fils de Kaspar l'Ancien et travaillait à Munich.

AMORT Kaspar, l'Ancien
Né en 1612 dans la vallée de la Jachenau. Mort le 7 mars 1675 probablement à Munich. XVIIe siècle. Allemand.
Peintre de compositions religieuses, paysages.
Il vint à Munich en 1631 et étudia sous la direction de Johann Donauer. Il débuta avec son tableau : *Le Christ chez Marthe et Madeleine*, en 1633. Il fit un voyage en Italie et les œuvres de Caravaggio l'influencèrent grandement. Il revint à Munich, en 1640, fut nommé peintre de la cour, en 1642, et chargé de la décoration de plusieurs cloîtres et églises. Parmi ses œuvres, il faut citer le tableau d'autel de l'église Notre Dame, à Munich : *Le Christ apparaissant à saint Thomas*. Dans l'église des Franciscains, à Ingolstadt : *Le Christ portant sa croix*. Dans l'église de Flinsbach : *La lapidation de saint Étienne*. Pour la salle des chevaliers, à Munich, il peignit six paysages.

AMORT Kaspar, le Jeune
Né vers 1640. Mort en 1684. XVIIe siècle. Allemand.
Peintre, dessinateur.
Il étudia avec son père Kaspar l'Ancien (1659) et débuta en 1671 ; il dessina les vignettes, gravées par Michel Wening, pour l'ouvrage : *Monumentum extremi honoris Ferdinandi Mariæ Bavariæ Ducis, Monachii* 1679.

AMORT Vilim
Né en 1864 à Kunratic (près de Prague). XIXe siècle. Autrichien.
Sculpteur.
Il travailla avec son oncle à Olmütz et s'instruisit à l'école de modelage de cette ville, dirigée par le peintre Rabenal. Il exécuta des travaux décoratifs pour plusieurs monuments publics importants. Il fit aussi des bustes et des ornements en stuc.

AMORY Robinet
Mort en 1465. XVe siècle. Français.
Sculpteur sur bois.
Il vivait à Bourges où il entreprit l'exécution du tabernacle de la Sainte-Chapelle. D'après M. Lami, il mourut avant d'avoir achevé son œuvre.

AMOS Imre
Né le 7 décembre 1907 à Nagykallo. Mort en 1945. XXe siècle. Hongrois.
Peintre, dessinateur. Fantastique.
Inscrit en 1929 à l'Académie des Beaux-Arts de Budapest, il y eut des débuts appréciés, suivis d'une période de soucis et d'empêchements. Au cours d'un séjour à Paris en 1937, il connut Chagall, qui avait déjà auparavant influencé sa propre peinture. Malgré une attirance pour le surréalisme, il resta alors encore attaché à la tradition postimpressionniste hongroise. Une exposition rétrospective lui fut consacrée à Budapest en 1957.
De plus en plus dessinateur, cette technique convenait mieux aux nouveaux sujets qu'il abordait ensuite. Peintre et dessinateur de la réalité, certes, mais non pas de la réalité matérielle telle qu'elle nous apparaît, mais sa projection subjective dans la conscience profonde, chargée aussi bien d'éléments du souvenir que de visions prophétiques. Cette tendance consistant à mêler réalité et visions s'accentua à partir de 1940, dans le contexte d'inhumanité et de cauchemar de la guerre déferlante, puis de l'oppression. ■ J. B.
Ventes Publiques : Paris, 23 mars 1993 : *Sur la plage*, h/t (40x51) : **FRF 4 000**.

AMOSSOFF Sergius Sergéjewitsch
Né le 24 mai 1837. Mort le 3 novembre 1886 à Moscou. XIXe siècle. Russe.
Peintre de paysages.
Il étudia à l'école de Moscou. Ses principales œuvres sont : *Entrée du village de Kutusow après la pluie* (1869) *Le champ de Poltawa* (1872). La Galerie Tretiakoff conserve une étude de lui.

AMOURETTE. Voir LANGENDONG

AMOURETTE Henri
XVIIe siècle. Parisien, actif dans la seconde moitié du XVIIe siècle. Français.
Sculpteur.

AMOURETTE Jean Baptiste
XVIIe siècle. Actif à la fin du XVIIe siècle. Français.
Sculpteur.
Il exerçait son art à Toulon. Entre 1682 et 1691 il exécuta plusieurs travaux de sculpture pour la marine.

AMOURETTE Michel
XVIIe siècle. Actif dans la seconde moitié du XVIIe siècle. Français.
Sculpteur.
Il travailla en 1683, à la décoration intérieure du château de Marly.

AMOUREUX. Voir aussi LAMOUREUX

AMOUROUX A.
XIXe siècle. Français.
Sculpteur.
A exposé un médaillon au Salon de Paris en 1883.

AMOUROUX Joseph
Né à Perpignan. XIXe siècle. Français.
Peintre de portraits et de natures mortes.
Il fut élève de Gleyre et exposa, en 1879-80, au Salon de Paris.
Musées : Perpignan : *Un coin d'atelier*.

AMOURRY
XVIIIe siècle. Français.
Peintre.
Son *Portrait de l'évêque François Coëtlogon* a été gravé par N.-R. Jollain.

AMPENOT Édouard Gabriel François
Né à Paris. XIXe-XXe siècles. Actif à Coulommiers vers la fin du XIXe siècle et le commencement du XXe siècle. Français.
Peintre de paysages, natures mortes, fleurs, dessinateur.
Il étudia avec Lucas et Maillard, puis travailla ensuite à la Manufacture des Gobelins. Il exposa au Salon de Paris, entre 1879 et 1881. Ampenot vint dans la suite s'établir à Coulommiers et se consacra presque exclusivement à l'enseignement du dessin. Ampenot fut conservateur du Musée de Coulommiers. Il a peint surtout des fleurs et des paysages.
Ventes Publiques : Versailles, 19 nov. 1989 : *Nature morte aux pêches et raisins*, h/t (50x61) : **FRF 15 500** – Paris, 21 mars 1990 : *Nature morte aux pêches et aux raisins*, h/t (50x61) : **FRF 18 000**.

AMPHIARAOS
VIe siècle avant J.-C. Corinthien, actif au début du VIe siècle avant J.-C. Antiquité grecque.
Peintre potier.

AMPHIKRATES
VIe siècle avant J.-C. Actif en Attique à la fin du VIe siècle avant Jésus-Christ. Antiquité grecque.

Sculpteur.

Cet artiste, dont le nom est cité par Pline, aurait exécuté près de l'entrée de l'Acropole d'Athènes, une statue de *Lionne* en bronze : souvenir symbolique de la joueuse de lyre Leaina qui, amie d'un des Tyrannoctones, s'était coupé la langue, disait-on, pour ne pas trahir, dans la torture, les conjurés.

AMPHION, fils de Akestor, de Cnossos

ve siècle avant J.-C. Actif dans la première moitié du ve siècle avant Jésus-Christ. Antiquité grecque.

Sculpteur.

Disciple de Kritios par son maître Ptolichos, Amphion de Cnossos fut ensuite lui-même le maître de Pison. Représentant de l'école attique, il exécuta pour le sanctuaire de Delphes un *ex-voto commandé par Arcesilas IV*, roi de Cyrène, vainqueur aux jeux Pythiques en 466 ; couronné par Libye, Battos, le colonisateur de la cité africaine, y figurait, menant un char, que guidait par devant la nymphe Cyréné. On lui attribue à tort l'*Aurige de Delphes*.

AMPHISTRATOS

ive siècle avant J.-C. Actif à la fin du ive siècle avant Jésus-Christ. Antiquité grecque.

Sculpteur.

Pline cite de lui une statue en marbre de l'historien *Kallisthénès* (mort en 326), cette œuvre était à l'époque dans les Jardins de Servilius. En outre, selon Tatien, Amphistratos aurait exécuté en bronze la statue d'une poétesse, *Kleitô*.

AMPHLETT Kate

xixe siècle. Active à Londres entre 1878 et 1890. Britannique.

Peintre de paysages.

Miss Amphlett figura avec plus de quarante tableaux exposés entre 1878 et 1890 aux expositions de la Royal Academy et de Suffolk Street.

AMPHOUX Étienne Paul

Né au Havre. xixe siècle. Actif dans la seconde moitié du xixe siècle. Français.

Peintre de portraits et de natures mortes.

Il exposa à Paris en 1877 et 1878.

AMPLIATUS

Actif à l'époque impériale. Antiquité grecque.

Sculpteur.

Une inscription d'Héliopolis (Baalbeck) nous apprend qu'il avait exécuté un *Buste* en collaboration avec un autre artiste : Hermès.

AMPORA Mazzeo de

xvie siècle. Napolitain, actif au xvie siècle. Italien.

Peintre.

Il est mentionné à Naples, en 1541, à l'occasion d'une réunion de la corporation des peintres.

AMPZING S.

Hollandais (?).

Graveur.

On trouve son nom cité dans le catalogue de la vente Firmin Didot.

AMREIN Georges Joseph ou **Amrhein**

Né le 4 février 1844 à Gunzwill (près de Beromunster, canton de Lucerne). xixe siècle. Suisse.

Peintre d'histoire et aquarelliste.

Il étudia d'abord la théologie, puis vint à Paris, et visita la Belgique et Florence. On connaît surtout son aquarelle de Sainte Monique, dont le père bénédictin Desiderius lui avait fourni la composition. On cite encore de lui un tableau : *Cœur de Jésus*. Cet artiste eut une part d'aventures dans sa vie. Il accepta le concours du gouvernement allemand pour aller fonder dans l'Afrique de l'Est un établissement hospitalier. Plus tard il fut aussi marchand d'objets d'art à Rome.

AMRHEIN Wilhem

Né le 13 décembre 1873 à Engelberg. xixe-xxe siècles. Suisse.

Peintre, décorateur.

Il fut élève de l'Académie des Beaux-Arts de Munich. Il semble avoir habité Soleure. En tout cas, il reçut la commande pour décorer l'entrée du Casino d'Engelberg.

AMSCHEWITZ Jacob H.

xixe-xxe siècles. Vivait à Londres en 1908.

Peintre.

Il est cité dans le catalogue de la Royal Academy en 1908, comme auteur de deux toiles : *Le Vent* et *Sylvia*.

AMSDEN Harriet

xxe siècle. Vivait à New York en 1903-1904. Américaine.

Peintre.

AMSDEN William King

xxe siècle. Américain.

Aquarelliste.

Actif à Rockland Lake (New York) en 1900-1901, Amsden fut membre de l'American Water-Colours Society. Il a exposé au Salon de Paris en 1890.

AMSELMB

xviie siècle. Actif à Steiermark (Autriche). Autrichien.

Sculpteur.

On sait qu'il exécuta un Saint Sébastien.

AMSHEWITZ John Henry

Né le 19 décembre 1882 à Ramsgate. xxe siècle. Britannique.

Peintre de portraits.

Il a pris part à diverses expositions collectives, dont : de 1929 à 1931 Salon des Artistes Français de Paris, obtenant une mention honorable en 1929 ; Royal Academy de Londres. Il a exposé aussi à Singapour, au Canada et en Italie.

On cite de lui : *Ason of the veld* ; *Rudolf de Cordova*.

AMSLER Richard Emil

Né le 2 septembre 1859. xixe siècle. Actif à Schaffhouse. Suisse.

Dessinateur et peintre.

Il exerçait, à l'origine, la profession de chimiste. Il fit ses études artistiques avec Hans Sturzenegger et Herm. Gattiker, à Zurich. On a de lui un portrait de son père, le professeur J. Amsler.

AMSLER Samuel

Né le 17 décembre 1791 à Schinznach. Mort le 18 mai 1849 à Munich. xixe siècle. Suisse.

Graveur de compositions religieuses, portraits, dessinateur.

Il reçut ses premières notions de dessin à Wildegg et fut successivement élève du graveur au burin Oberkogler, à Zurich, de Johann-Heinrich Lips, et de Karl Hess à l'Académie de Munich. En 1816, il vint à Rome avec le peintre Joh.-Anton Ramboux et se lia d'amitié avec Overbeck, Cornelius, Thorwaldsen et d'autres jeunes artistes de la nouvelle école, à laquelle il se rallia. Dans cette manière, en collaboration avec son ami Barth, il grava le frontispice des *Nibelungen* de Cornelius et le *Triomphe d'Alexandre* de Thorwaldsen. En 1829, Amsler devint professeur de gravure à l'Académie de Munich où Cornelius, Schnorr, Hess et d'autres de ses amis avaient pris rang. En plus des petits travaux qu'il exécuta à Munich, il grava la *Mise au tombeau* de Raphaël, de la galerie Borghèse, la *Sainte Famille* et la *Madonna di Casa Tempi* du même maître, à la Pinakothek. Son dernier ouvrage fut la gravure de l'importante composition de Overbeck à Francfort : *L'Union de la Religion et des Beaux-Arts*. Ce n'était pas seulement un artiste d'une grande valeur, un homme bon et modeste, c'était encore un instructeur de premier ordre, et il forma des élèves tels que Merz, Kaulbach, Gonzenboch.

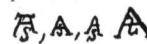

VENTES PUBLIQUES : MUNICH, 4 juin 1981 : *Portrait du peintre Carl Philipp d'après Carl Barth* 1818, eau-forte : **DEM 2 700**.

AM STEIN Kaspar

xviie siècle. Suisse.

Peintre verrier.

Artiste de Willisau, première moitié du xviie siècle. Il travailla pour les églises de Deitingen, de Langenthal et de Saint-Urban.

AMSTEL Cornelis van. Voir **PLOOS van AMSTEL Cornelis**

AMSTEL Hendrick van

Né vers 1603. xviie siècle. Vivait encore en 1655. Hollandais.

Peintre.

Il entra, le 18 mars 1648, dans la corporation de Leyde et y fut mentionné jusqu'en 1655.

AMSTEL Jan van, dit **de Hollander**

Né vers 1500 à Amsterdam. Mort vers 1540. xvie siècle. Hollandais.

Peintre.

Il fut maître dans la gilde de Saint-Luc en 1528 et reçut le droit de cité à Anvers en 1536. Van Mander le mentionne comme peintre de paysages. Probablement frère aîné de Pieter Aertsen, puisqu'il est parfois nommé J.v.A. Aertssone. On l'identifie au Monogrammiste de Brunswick, auquel on attribue des tableaux de petits formats représentant des sujets bibliques en plein air (Amsterdam : *Portement de croix* ; Louvre : *Sacrifice d'Isaac*), des scènes de maisons closes (Anvers, Berlin, Francfort). Metteur en scènes de la Bible ou témoin des scènes de mœurs de son temps, Amstel a influencé Aertsen, G. Mostaert et surtout Brueghel.

AMTHAUER Ambrosius
xvie siècle. Travaillait à Innsbruck, au xvie siècle. Allemand.
Peintre.
Il devint citoyen d'Innsbruck le 31 janvier 1539.

AMUELLE Charles
xviie-xviiie siècles. Français.
Sculpteur sur bois.
Cet artiste travailla à Pérouse, en Italie, entre 1695 et 1701.

AMULUS ou Famulus ou Fabullus
Antiquité romaine.
Peintre.
Actif du temps de Néron. Pline parle d'Amulus comme d'un peintre de sujets communs *humilis rei pictor*. Il a pourtant travaillé avec acharnement à *La Maison d'Or* de Néron.

AMUTIO Y AMIL Federico
Né le 18 juillet 1869 à Madrid. xixe siècle. Espagnol.
Sculpteur, peintre et architecte.
Après avoir étudié à l'Académie de San Fernando à Madrid, l'artiste se rendit à Rome. Ses sculptures obtinrent une première médaille aux expositions de 1890-1892 à Madrid. Parmi ses sculptures, on cite : *Pour la Patrie* (1890, à Rome), qui est maintenant dans le Musée de l'art moderne à Madrid, *Les Fils de Caïn* (1893), au Musée de Bilbao, des médaillons et des bustes. De ses peintures, on mentionne : *Si vis pacem para bellum* (1901), à l'Athæneum de Madrid.

AMY Guillaume ou Amis
xve siècle. Français.
Sculpteur.
Il travailla au tombeau de Jean sans Peur, à Dijon.

AMY Jean Barnabé
Né le 11 juin 1839 à Tarascon (Bouches-du-Rhône). Mort en mars 1907 à Tarascon ou Paris. xixe siècle. Français.
Sculpteur de monuments, portraits.
Il entra le 31 octobre 1864 à l'École des Beaux-Arts de Paris, où il fut élève d'Auguste Dumont et de Jean Marie Bonnassieux.
Il obtint une médaille au Salon de Paris de 1868 et une mention honorable à l'Exposition Universelle de 1900.
D'entre ses œuvres, sont citées : *Le Châtiment*, statue plâtre – *La Muse de Ponsard* 1868, relief plâtre – *Jean Sylvain Bailly*, buste en marbre à l'Institut de Paris – *Figaro*, statue de bronze exécutée en collaboration avec Émile Boisseau, pour la façade de l'hôtel du *Figaro* en 1874 – *Les portraits de Frédéric Mistral, Roumanille et Aubanel* 1875, relief en marbre – *Vien* 1882, statue de pierre sur la façade du musée de Montpellier – *Cuvier*, buste de marbre au musée d'Histoire naturelle – *Paul Souleillet* 1888, buste en bronze – *Le Tambour d'Arcoile* 1897, statue de bronze.
Il est toujours resté très proche de sa Provence natale, faisant des monuments et des portraits à la gloire de plusieurs personnages illustres du Midi, en particulier de Frédéric Mistral. Il est aussi l'auteur de masques en bronze, terre cuite et plâtre teinté (à l'Exposition Universelle de 1900), aux expressions outrées, associant l'homme et l'animal, leur donnant un caractère fantastique.
Sont encore citées de ses œuvres : *La Tarasque*, relief en bronze du Salon de 1883 ; *Marc Bonnefoy*, buste en terre cuite ; et *Pêcheurs du Rhône*, au Salon de 1892 ; panneau de masques et profils, plâtre, au Salon de 1905.
Bibliogr. : Bénédicte Ottinger et Luc Georget : *Jean Barnabé Amy*, Marseille, 1992.
Musées : Avignon : *Les trois félibres, Mistral, Roumanille et Aubanel*, bas relief – Nicolas Saboly – Marseille (Mus. des Beaux-Arts) – Paris (Mus. d'Hist. naturelle) : *Cuvier*.

AMY Nelly-Marguerite
Née à Paris. xxe siècle. Française (?).
Peintre, pastelliste.
Elle figure au Salon des Artistes Français de Paris, de 1939 à 1941 et en est sociétaire.

AMY Philippe
xve siècle. Français.
Sculpteur.
Il vivait à Saumur et y fut chargé d'achever, en 1475, les sculptures sur bois des stalles de l'église Saint-Pierre.

AMYKLAIOS
ve siècle avant J.-C. Corinthien, actif au temps des guerres médiques. Antiquité grecque.
Sculpteur.
A Delphes, il travailla, avec Diyllos et Chionis, à une *Dispute du Trépied*, offrande des Phocéens vainqueurs des Thessaliens.

AMYOT Catherine, Mrs, née Engelhart. Voir ENGEL-HART Catherine Caroline Cathinka

AMYOT C.-G.
xixe siècle. Français.
Paysagiste et peintre de genre.
Il exposa en 1879, à Burlington House (Londres) : *Le retour des repentants*, et, en 1885, à Paris : *Giessbach*.

AMYOT Jean Mathias
xviiie siècle. Actif à Paris dans la seconde moitié du xviiie siècle. Français.
Sculpteur.

ANACKER Otto von
Né le 14 janvier 1867 à Soleure. xixe siècle. Suisse.
Graveur à l'eau-forte.
Il a exécuté des reproductions des gravures et eaux-fortes des maîtres anciens.

ANAGNOSTARAS Théodore C.
Né à Athènes. xxe siècle. Actif aux États-Unis. Grec.
Peintre, dessinateur, de figures, nus, portraits, intérieurs, paysages. Expressionniste.
Il fit ses premières études à Athènes. Dès l'âge de six ans, il commença à chanter, puis entra au Conservatoire National de Musique. Il émigra aux États-Unis pour poursuivre sa carrière de baryton. Il éprouva alors un besoin irrésistible de peindre et abandonna la carrière de chanteur pour la peinture en 1956. Il commença à exposer en 1964. Depuis, il participe à des expositions collectives et montre aussi ses peintures et dessins dans des expositions personnelles.
Figuratif, son dessin et sa peinture le rattachent au courant expressionniste international. Ses thèmes sont variés : figures, nus et scènes d'intérieur, paysages et marines, paysages de Venise et de Grèce.

ANAKIS Angie
Née en 1955 à New York. xxe siècle. Active en France. Américaine.
Peintre. Abstrait.
Angie Anakis vit et travaille à Paris. Elle fut étudiante à l'École Nationale des Beaux-Arts. Elle a participé à des expositions collectives à partir de 1984 : Salon de Montrouge, Salon de Vitry, Beaux-Arts de Paris (dessins), Biennale de lithographie à Mulhouse, 1985 Beaux-Arts de Paris (peintures), *Émergence* aux Entrepôts Lainé de Bordeaux, Génie de la Bastille, 1989 galerie Montenay avec David Webster. Elle a présenté ses travaux lors d'expositions personnelles : 1986 Génie de la Bastille, 1987 galerie Impératif Présent à Toulouse.
Sa peinture et ses dessins sont empreints de références multiples, se réclamant de l'ethnologie, des mythes de l'Afrique et de l'Orient. Le goût du rupestre, du primitif et de la représentation fragmentée sont affirmés. Ses thèmes majeurs sont ceux du deuil et de la résurrection, assortis d'une réflexion sur le corps, l'organique, le charnel. Son registre est porteur de religiosité, mais si croix et calvaire apparaissent dans ses dessins, son art n'en est pas chrétien pour autant. Les peintures des années 1988-1989 sont divisées en diptyques, présentant des jeux chromatiques et matiéristes subtils, dominés par le blanc saturé par des traces d'un gris cendreux. Règne du blanc que viennent troubler quelques traits de crayon esquissant des formes ovoïdes ou circulaires, tandis que des masses opaques et crémeuses naissent au centre. Les motifs des premières toiles ont disparu pour laisser place à une peinture ascétique, presque le sublime. ■ F. M.
Musées : Limoges (FRAC) : *Et il garda ses cheveux* 1993 – Paris (FNAC) : *Serial Killer* 1994.
Ventes Publiques : Paris, 11 oct. 1989 : *Mort et résurrection n°2*, h/t, diptyque (130x167) : FRF 8 500.

ANAKLES
vi^e siècle avant J.-C. Actif dans la seconde moitié du vi^e siècle avant Jésus-Christ. Antiquité grecque.

Potier et peintre de vases (?).
Peintre de style attique à figures noires, il signe parfois en même temps que Nikosthénès.

ANANDA MOHAN SASTRI Kavuta
Né à Ahmedabad (Inde). XXe siècle. Indien.
Peintre.
Expose au Salon de la Société des Artistes Français, en 1933, un tableau intitulé *Shadows*.

ANANGANGOLA Hossein
Né vers 1939. XXe siècle. Tanzanien.
Sculpteur.
Il s'inscrit dans la tradition de la sculpture makondé, au style expressif, qui a renouvelé l'art en Tanzanie. Il a de nombreux disciples.
Bibliogr. : Jutta Stöter-Bender : *L'Art contemporain dans les pays du « tiers-monde »*, L'Harmattan, Paris, 1995.

ANANJIN Constantin
XVIIe siècle. Actif à Jaroslaw. Russe.
Peintre.
On lui doit les peintures murales de l'église de l'Assomption à Moscou (1643) et celles de l'autel du couvent Saint-Sabbas-Staroshewski, à Swenigorod. Il était frère de Wassili Ananjin.

ANANJIN Wassili
XVIIe siècle. Russe.
Peintre de compositions religieuses.
En 1666, il décora le Kremlin. En 1670-1671, avec son frère Constantin et le peintre Feodar Koslow, au village de Kolomensko, il peignit la *Venue du Saint-Esprit* et le *Jugement Dernier*. En 1676, il travaillait à Rostoff. Il réalisa beaucoup de figures de saints.

ANAPOLITAKY Emmanuel ou Anapolitaris
Né en Crète. XXe siècle. Grec.
Peintre.
Élève de Roilo Castelodro. Anapolitaky est un peintre de portraits et de natures mortes ; en 1926 et 1927 il expose à Paris à la Nationale.

ANAS Biranul
XXe siècle. Indonésien.
Dessinateur.
Il est membre de la galerie-studio Decenta, fondée par Pirous, qui participa au développement de l'art moderne indonésien, accueillant les artistes dans divers ateliers et organisant des expositions.
Il pratique le dessin sur tissu.
Bibliogr. : Jutta Stöter-Bender : *L'Art contemporain dans les pays du « tiers-monde »*, L'Harmattan, Paris, 1995.

ANASTAISIE
XVe siècle. Italienne.
Miniaturiste.
Christine de Pise dit qu'elle jouissait d'un grand renom à Paris, sous le règne de Charles VI.

ANASTASESCO Démétre
Né à Rucar. XXe siècle. Roumain.
Sculpteur.
Élève de Jean Boucher, il expose des bustes au Salon des Artistes Français en 1929 et 1930.

ANASTASI Auguste Paul Charles
Né le 15 novembre 1820 à Paris. Mort le 15 mars 1889 à Paris. XIXe siècle. Français.
Peintre de paysages, lithographe.
Élève de Delacroix, Corot et Delaroche, il travailla beaucoup en forêt de Fontainebleau, à Barbizon, et aussi en Normandie. Il fit quelques voyages en Belgique, Hollande, Allemagne, Tyrol, Italie, d'où il rapporta de nombreux paysages. Il fut aussi l'auteur de lithographies très soignées de paysages d'après Cabat, Corot, Diaz, Lambinet, etc., et d'une allégorie au sujet de la naissance du prince impérial en 1856. En 1870, Anastasi devint complètement aveugle et une vente de ses œuvres, organisée par ses camarades, produisit une somme nécessaire à le mettre à l'abri du besoin jusqu'à sa mort. Il fut fait chevalier de la Légion d'Honneur en 1868.
Certaines de ses vues d'Italie, dont *La terrasse de la villa Pamphili* ou *Le Forum au soleil couchant* sont composées et peintes de manière classique, tandis que sa touche et sa mise en page deviennent beaucoup plus libres lorsqu'il peint *Rochers et mer bleue à Douarnenez* ou *Rocher des Nazons* ou *Apremont*. Ses paysages, notamment de Fontainebleau et surtout des gorges d'Apremont, peints à quelques traits, en demi teintes discrètes, évoquent la poésie des heures indécises.

AUC. ANASTASI 67

AUG. ANASTASI

Bibliogr. : Gérald Schurr, in : *Les Petits Maîtres de la peinture 1820-1920, valeur de demain*, Les Éditions de l'Amateur, t. I, Paris, 1975 – Pierre Miquel, in : *Le Paysage français au XIXe siècle 1800-1900, l'école de la nature*, Éditions de la Martinelle, vol. IV, Maurs-la-Jolie, 1985.
Musées : Angers (Mus. des Beaux-Arts) : *Forum au soleil couchant* – Anvers : *Moulins à Schiedam* – Besançon : *Lande à Fontainebleau* – Bourges : *Deux Bretons de Pont-Aven* – *Deux Bretonnes* – Chantilly : *Étangs de Comelle* – *Amsterdam, le soir* – Compiègne : *Lavoir aux environs de Naples* – Lille : *Vue d'Italie*, aquar. – *Les foins* – Marseille : *Paysage* – Mulhouse : *Coucher de soleil* – *Paysage avec vaches* – Nantes : *Paysage* – Paris (Mus. du Louvre) : *La pergola* – *La terrasse de la villa Pamphili* – Reims : *Soir d'hiver* – *Soleil couchant en Hollande* – *Coucher de soleil* – Rennes : *Bords de la Meuse à Zulndrecht* – Valence : *Paysage avec belvédère*.
Ventes Publiques : Paris, 1873 : *Portique d'Octavie, Pescheria (Rome)* : FRF 1 400 – Paris, 1873 : *Amsterdam (le soir)* : FRF 2 310 – Paris, 1873 : *Villa Pamphili* : FRF 1 220 – Paris, 20 nov. 1918 : *Coucher de soleil sur la montagne* : FRF 280 – Paris, 26 fév. 1926 : *Les pêcheurs au bord de la Seine* : FRF 920 – Paris, 27 juin 1949 : *Personnage au bord d'un étang* : FRF 11 000 – Versailles, 27 av. 1967 : *Bord du lac d'Annecy* : FRF 1 400 – Paris, 6 déc. 1972 : *Plateau de Belle Croix à Fontainebleau* : FRF 2 100 – Versailles, 23 mai 1976 : *Le plateau de Belle Croix*, h/pan. (28,5x19) : FRF 3 000 – Paris, 10 mars 1978 : *Fontaine dans la Campagne Romaine* 1870, h/t (80x124) : FRF 14 000 – Londres, 26 mars 1981 : *Paysage fluvial*, aquar. et cr. (19x30) : GBP 450 – Versailles, 10 oct. 1981 : *Bas Bréau : Fontainebleau*, h/cart. (16x21) : FRF 2 000 – Paris, 26 oct. 1983 : *La Seine et le Louvre*, aquar. (33,5x65) : FRF 31 000 – Londres, 10 oct. 1984 : *Bateaux sur la Meuse* 1859, h/pan. (31x46) : GBP 1 000 – Paris, 15 mai 1985 : *Les meules près de la ferme* 1858, h/t (33x25) : FRF 27 500 – Vienne, 18 mars 1987 : *Paysage de Hollande*, h/pan. (23x40) : ATS 40 000 – Paris, 11 mars 1988 : *Arbres au bord d'une rivière*, cr., pl. et lav. gris (26x35,5) : FRF 1 500 – Paris, 11 mars 1988 : *Canal à Auverchie*, cr. et lav. (18x31,5) : FRF 2 500 – Paris, 13 avr. 1988 : *La mare*, h/pan. (20x28) : FRF 5 500 – Versailles, 5 mars 1989 : *Bas Bréau, Fontainebleau*, h/cart. (16x21) : FRF 3 800 – Paris, 19 juin 1989 : *Les meules de foin*, h/t (32,5x24) : FRF 22 000 – Monaco, 16 juin 1990 : *Paysage de rivière*, h/t (21,5x34) : FRF 12 210 – Calais, 10 mars 1991 : *Canards dans les roseaux*, h/t (22x36) : FRF 10 500 – Rome, 19 nov. 1992 : *Paysage de la Campagne Romaine* 1864, h/pan. (53x100) : ITL 12 650 000 – Paris, 29 avr. 1994 : *Vue de Hollande : le canal de Dowerschie*, aquar. (19x30) : FRF 4 500.

ANASTASI Brunoro
XVIe siècle. Italien.
Peintre.
Il était fils du peintre ANASTASIO Mantovano et frère de Giulio Anastasi. En collaboration avec ce dernier et sous la direction de Giulio Romano, il exécuta, en 1531, les peintures du Castello di Corte à Mantoue.

ANASTASI Giovanni
Né en 1654 à Sinigaglia. Mort en 1704. XVIIe siècle. Italien.
Peintre.
On a de lui, à l'église Saint-François, à Rimini, un *Saint Robertus Malatesta*, deux tableaux à Santa Croce, à Sinigaglia.

ANASTASI Giulio
Né en 1513 à Mantoue. Mort le 12 mars 1578. XVIe siècle. Italien.
Peintre.
Il peignit en collaboration avec son frère Brunoro.

ANASTASI Giuseppe
Né vers 1782 à Rome. XIXe siècle. Italien.
Peintre.
Il entra au mois d'octobre 1806 dans l'atelier de Regnault, à l'École des Beaux-Arts à Paris.

ANASTASI Paul Joseph
Né en 1790 à Rome. Mort en 1849 à Paris. XIXe siècle. Français.

Miniaturiste.
Élève de Jacques Berger, il devint aveugle en 1830.

ANASTASIO Gennaro di
XIXe siècle. Napolitain, actif vers 1800. Italien.
Sculpteur.
Lors de l'entrée des Bourbons à Naples, Anastasio fut chargé de la décoration de la ville.

ANASTASIO Pietro
Né le 31 juillet 1859 à Lugano. XIXe siècle. Italien.
Peintre de genre, d'histoire et de portraits.
Il étudia à l'Académie de Saint-Luc, à Rome, et exposa fréquemment : à Zurich, en 1883 ; au Salon de Paris, en 1885, où il obtint une médaille ; à l'Exposition de 1900, où il présenta *Le premier roman* ; enfin à la société d'art de Lugano, en 1892 : *Requiem*.
MUSÉES : BERNE : *Ad. Feras*.

ANASTASIO da Firenze
XVe siècle. Italien.
Miniaturiste.
Actif à Venise et mentionné en 1496.

ANASTASIO Mantovano
XVe-XVIe siècles. Italien.
Peintre.
Père de Brunoro et Giulio Anastasi.

ANASTASIUS
Actif à Prague. Tchécoslovaque.
Graveur.
Il était capucin. Il signait ses ouvrages du monogramme F. A. C. (Frater Anastasius Capucinus) et réalisa nombre de figures de saints.

ANASTASOV Rodoljub
Né en 1935 à Skopje, Macédoine. XXe siècle. Yougoslave.
Peintre de compositions à personnages, aquarelliste, pastelliste.
Il fut élève de l'Académie des Beaux-Arts de Belgrade jusqu'à son diplôme en 1962. Il a figuré, dès 1959, aux expositions de la *Jeune Création Plastique* de Belgrade. Depuis 1965, il est membre de l'Union des Artistes de Macédoine. Il voyage en Italie, Grèce, Autriche, à Munich et Paris. Depuis 1969, il expose dans de très nombreuses villes du monde.
Ses peintures sont difficiles à situer, du fait de la diversité des influences reçues et de ses cycles successifs : *Promenade dans le paysage pour une raison, Recherche de l'Espace perdu, L'Homme et le Temps, L'Homme et l'Espace*. Il a peut-être atteint sa plénitude dans les années quatre-vingt, avec les séries de peintures où il montre, observés de haut, d'une fenêtre d'immeuble, les minuscules silhouettes agitées de dizaines et de dizaines d'êtres humains, perdus dans l'immensité géométrique et pespective des rues et des places, écrasés par l'indifférence hostile de la ville.

R. Anastasov

BIBLIOGR. : Catalogue de la vente *Rodoljub Anastasov*, Paris, 9 nov. 1992.
VENTES PUBLIQUES : PARIS, 9 nov. 1992 : *L'Homme et l'espace XIV* 1980, h/t (100x120) : FRF 9 000 – PARIS, 9 nov. 1992 : *L'Homme et l'espace XCVII* 1989, h/t (105x140) : FRF 10 000.

ANASTASSI Anastasius
XVIIIe siècle. Actif vers 1750. Russe.
Graveur au burin.
On a de cet artiste un *Saint Démétrius, à cheval, terrassant le démon*.

ANASTASSIEVITCH Jean Boris
Né en 1926. XXe siècle. Français.
Sculpteur, graveur. Abstrait.
Il fut élève de l'Ecole des Beaux-Arts de Lyon. Il expose régulièrement au Salon Grands et Jeunes d'Aujourd'hui. Il expose aussi fréquemment en Yougoslavie, notamment à Belgrade, où il a obtenu un Prix. Ses sculptures développent souvent des plans dièdres dans l'espace, tels des voiles aux incidences multiples.
BIBLIOGR. : In : *La sculpt. mod. en France*, Arted, Paris.
MUSÉES : BELGRADE (Mus. d'Art Mod.) – FIUME .

ANATHAN Armand
Né à Verdun (Meuse). XXe siècle. Français.

Peintre de paysages urbains.
Il a figuré au Salon d'Automne de 1934 à 1938, avec des paysages de villes de différentes régions de France.

ANATOLICO Antonio
Né probablement à Camerino. XVIe siècle. Italien.
Peintre.
On croit qu'il fut élève et collaborateur de Bagazotto à Camerino.

ANAXAGORAS
Né à Egines. Ve siècle avant J.-C. Actif dans la première moitié du Ve siècle avant J.-C. Antiquité grecque.
Sculpteur.
Les anciens combattants de Platées (479) lui commandèrent pour l'Altis d'Olympie, près du Bouleuterion, un *Zeus* en bronze, haut de 10 coudées. Un ex-voto de Praxagoras, fils de Lykaios, était aussi son œuvre. Antigonos de Karystos citait Anaxagoras dans ses écrits d'histoire de l'art.

ANAXANDRA
IIIe siècle avant J.-C. Vivait vers le milieu du IIIe siècle avant Jésus-Christ. Antiquité grecque.
Peintre.
Fille et disciple du peintre sicyonien Néalkès.

ANAXANDROS
Antiquité grecque.
Peintre.
Cité par Pline comme artiste de second rang.

ANAXENOR
Actif à Magnesia. Antiquité grecque.
Peintre.
Il peignit le portrait d'un chanteur.

ANAXIMENES, fils d'Eurystratos
Originaire de Milet. IIe siècle. Vivait au temps d'Hadrien. Antiquité grecque.
Sculpteur.
Il exécuta pour Gortyne (Crète) la statue du proconsul Q. Caecilius Rufus ; nous avons l'inscription.

ANCEAUX Émile
Né en 1846. Mort en 1870 durant la guerre franco-allemande. XIXe siècle. Français.
Sculpteur.
Son nom se trouve sur le monument d'H. Regnault, à l'école des Beaux-Arts, à Paris.

ANCEAUX Henri François
XVIIIe siècle. Actif à Paris en 1764. Français.
Peintre.

ANCEL Christiane, née **Bihl**
Née le 27 février 1936 à Colmar (Haut-Rhin). XXe siècle. Française.
Peintre de natures mortes, de fleurs, décorateur. Académique.
Décoratrice-étalagiste de profession, elle se forma à peu près seule à la peinture, en 1975-77. Elle exposa pour la première fois au Musée Bartholdi de Colmar en 1980, puis participa à des expositions collectives régionales, où elle obtint diverses distinctions. Les critiques mentionnent au sujet de sa technique : « un réalisme proche du trompe-l'œil ». Ses peintures de fleurs se réfèrent aux Hollandais du XVIIIe, les sujets des natures mortes rappellent le romantisme un peu naïf de l'académisme fin de XIXe.

Ch Ancel

ANCEL Jean-Pierre
Né le 12 janvier 1941 à Paris. XXe siècle. Français.
Peintre. Abstrait.
En même temps qu'il menait des études de droit en faculté, il fréquenta assidûment l'Atelier André Lhote à Montparnasse, de 1958 à 1960. Cependant, en 1959, il fit la rencontre décisive de Jean Bertholle, dont il suivit l'enseignement à titre individuel, participant en 1963 à l'exposition de peintures d'un groupe de ses élèves. Il expose régulièrement au Salon des Réalités Nouvelles depuis 1974, et a figuré une année au Salon de Mai. En 1979, il a participé à *Tendances actuelles* à la Mairie de Paris. En 1983, il a figuré à *Aspects of painting in France*. Sa première exposition personnelle date de 1980 à Paris, suivie d'une autre à Maillot-les-Sens en 1983 et ensuite de nouveau à Paris en 1985,

1991, 1994, 1998 à la galerie Bellint, en 1998 à Cassis, à la galerie du port et à la Chapelle des Pénitents Bleus.

De par sa formation auprès d'André Lhote sans doute, sa peinture bien que souvent abstraite dans sa formulation, tient ses origines du cubisme d'une part et d'autre part d'une observation de la réalité extérieure, attitude assez caractéristique de ce qu'on peut appeler l'abstraction française. Ses peintures se présentent souvent en agencements de plusieurs petits formats, soit en dispositif horizontal, soit en une sorte de damier. Ces ensembles, en général, figurent plusieurs moments successifs dans le temps extérieur, ou bien la succession dans le temps du spectateur d'un même regard sur le même lieu stable. On est dans ce « bougé » héraclitéen du temps qui passe de part et d'autre, du côté du regardeur ainsi que du côté de la réalité extérieure regardée. Les peintures appartenant à ces séries portent des titres révélateurs : *Parcours* ou *Chronique*. Ajoutons que, dans les dernières années quatre-vingt, Ancel, tout en conservant l'organisation plastique abstraite de ses peintures, y introduit des séquences figuratives, autour de l'année 1990 tout spécialement des séquences de corrida, ou des visages comme dans *Figures du vent* de 1996.

■ Jacques Busse

ANCELET ou Anciau de Cens, ou Ceus
xIVe siècle. Français.
Enlumineur.
Il était actif au début du xIVe siècle. Il travailla, avec Jean Pucelle et Jacquet Maci, à l'ornementation des deux plus beaux manuscrits de son temps ; une Bible latine, datée de 1327, et le Bréviaire de Belleville. Ces ouvrages sont conservés à la Bibliothèque Nationale de Paris.

ANCELET ou Ancel, Anselet
xVIe siècle. Actif à Laon au début du xVIe siècle. Français.
Peintre décorateur et ébéniste.

ANCELET Émile
xIXe-xXe siècles. Français.
Peintre de paysages.
Il a commencé à exposer à la fin du xIXe siècle, au Salon des Artistes Français. Il a souvent peint dans la campagne des environs de Lille, attentif aux jeux du soleil au travers des arbres en fleurs.

E-Ancelet

VENTES PUBLIQUES : PARIS, 24-25 mai 1943 : *Les peupliers à Santes :* FRF 4 200 ; *Les marais de Santes :* FRF 3 700 – VERSAILLES, 13 avr. 1969 : *Verger :* FRF 2 200 – VERSAILLES, 27 juin 1976 : *L'église du village* 1924, h/t (33x46) : FRF 1 200 – VERSAILLES, 29 nov. 1981 : *Les dunes* 1903, h/t (27x41) : FRF 10 000 – ENGHIEN-LES-BAINS, 12 déc. 1982 : *Portrait de fillette* 1909, h/cart. (41x33) : FRF 10 000 – LONDRES, 28 nov. 1984 : *Jeune femme au bouquet* 1915, h/t (94x66,5) : GBP 4 200 – LONDRES, 19 juin 1985 : *Jeune femme au bouquet de fleurs* 1915, h/t (94x66,5) : GBP 3 000 – PARIS, 29 avr. 1988 : *Jeune femme au bouquet,* h/t (96x68) : FRF 42 000 – PARIS, 20 mars 1989 : *Paysage,* h/t (27x41) : FRF 12 000 – DOUAI, 2 juil. 1989 : *Femme étendant un bras* 1920, h/t (60x46) : FRF 24 000 – PARIS, 22 oct. 1989 : *Chemin menant au village* 1924, h/t (33x46) : FRF 20 000 – PARIS, 8 nov. 1989 : *L'allée d'arbres,* h/t (21x31) : FRF 4 500 – PARIS, 4 mars 1991 : *La vieille ferme* 1921, h/t (32,5x41) : FRF 15 000 – DOUAI, 24 mars 1991 : *La plage de Laude* 1903, h/t (27x41) : FRF 17 800.

ANCELIN, Mme
xIXe siècle. Française.
Dessinateur.
Ce nom figure sur une gravure de l'ouvrage : *Les Femmes,* de Balzac (vente Janet, 1851).

ANCELIN Jean
xVIIe siècle. Français.
Peintre, sculpteur.
Il était peintre et sculpteur pour les armées en 1660.

ANCELIN Jean
Mort en 1714. xVIIe-xVIIIe siècles. Français.
Peintre ornemaniste.
Il était peintre pour drapeaux.

ANCELIN Jean Baptiste
xVIIIe siècle. Français.
Sculpteur.
Normand établi à Caen dans la seconde moitié du xVIIIe siècle.

ANCELLOTTI Antonio Girolamo
xVe siècle. Actif à la fin du xVe siècle. Italien.
Miniaturiste.
On trouve son nom dans la liste des miniaturistes de Pérouse, avec la mention : *Vinto li 4 Maggio* 1483.

ANCELME Narcisse
Né le 7 novembre 1862 à Pillon (Meuse). Mort le 10 février 1938 à Pillon. xIXe-xXe siècles. Français.
Peintre de paysages et de portraits.
Il fut élève de Jules Adler à l'École des Beaux-Arts de Paris. Il exposa d'abord au Salon des Indépendants de 1907 à 1909, puis au Salon des Artistes Français de 1922 à 1929. Il a surtout peint des paysages de campagne ou de forêt, souvent empreints du caractère que leur confèrent l'heure ou la saison. Il a également peint des figures ou des portraits, tel le *Portrait du sculpteur Niederhaüsern-Rodo.*

ANCELOT Eugène Joseph
Né à Garches (Hauts-de-Seine). xIXe-xXe siècles. Français.
Peintre sur porcelaine.
Membre de la Société des Artistes Français à Partir de 1884. Participa aux expositions de ce groupement.

ANCELOT Marguerite Virginie, née Chardon
Née le 15 mars 1792 à Dijon. Morte en 1875. xIXe siècle. Française.
Peintre d'histoire, scènes de genre.
Elle exposa, au Salon de Paris, en 1814, 1817 et 1819, des scènes empruntées à l'histoire de France et d'Angleterre.
VENTES PUBLIQUES : ROME, 26 mai 1993 : *Scène historique,* h/t (74x60) : ITL 2 200 000.

ANCERIUS Franciscus
xVIe siècle. Actif à Bergame vers 1510. Italien.
Peintre.

ANCESCHI Giovanni
Né le 12 septembre 1939 à Milan. xXe siècle. Italien.
Sculpteur. Lumino-cinétique. Groupe Gruppo T.
Il a participé à la Biennale de Venise en 1964. Il était membre du groupe d'artistes cinétiques *T,* dans ces années qui virent apparaître et proliférer les réalisations cinétiques ou luminocinétiques, référées à quelques œuvres de précurseurs de l'époque du constructivisme. Pour sa part, il animait par des moteurs des éléments métalliques violemment éclairés et se mouvant à l'intérieur d'un volume cylindrique. Ce courant de l'art cinétique s'est finalement exténué dans sa propre répétition.

ANCHEMANT Jan
xVIIe siècle. Éc. flamande.
Peintre.
Fut, en 1620, maître de la guilde de Saint-Luc à Anvers.

ANCHER Anna Kristine, née Bröndum
Née le 18 août 1859 à Skagen (Jutland). Morte en 1935. xIXe-xXe siècles. Danoise.
Peintre de genre, de portraits, paysages, pastelliste.
Elle fut élève de Peter Vilhelm Kyhn. Elle fut également l'élève à Paris de Puvis de Chavannes et fut surtout influencée par les impressionnistes, influence sensible dans ses paysages du Nord du Jutland. En 1880, elle se maria avec Michael Ancher. Eux deux jouèrent un rôle important dans la création du groupe d'artistes de Skagen.
Elle a souvent exposé hors du Danemark, notamment au Salon de Paris, où elle obtint des médailles en 1889 et 1900, à l'Exposition de 1900 à Saint-Pétersbourg. Elle fut nommée membre de l'Académie des Arts de Copenhague en 1904.
Si le style de certaines de ses œuvres ne se distingue guère de celui de Michael, avec lequel elle a collaboré parfois, notamment pour *Le prix du travail de la journée,* destiné à la Galerie Royale de Copenhague ; d'autres fois, ses peintures de genre ou ses portraits sont éclairés de taches lumineuses colorées, et sont traités dans un style réaliste intimiste, à la Vuillard.
BIBLIOGR. : Gérald Schurr : *Les Petits Maîtres de la peinture 1820-1920, valeur de demain,* t. VII, Les Éditions de l'Amateur, Paris, 1989.
MUSÉES : COPENHAGUE : *Un enterrement – On plume les oies de Noël* – SKAGEN : *Le déjeuner avant la chasse* 1903.
VENTES PUBLIQUES : COPENHAGUE, 5 mai 1976 : *Portrait de madame Brondum,* h/t (60x46) : DKK 18 000 – COPENHAGUE, 20

avr. 1979 : *La Leçon de lecture*, h/t (55x59) : **DKK 26 500** – Copen-HAGUE, 12 juin 1979 : *Petit garçon se faisant couper les cheveux* 1886, h/t (65x55) : **DKK 38 000** – Londres, 24 août 1982 : *Vases de fleurs dans un intérieur*, h/t (40x60) : **DKK 21 000** – Copenhague, 6 mars 1984 : *Vieux couple assis sur un banc dans un jardin*, h/t (80x63) : **DKK 27 000** – Copenhague, 12 août 1985 : *Helga Ancher assise sur un banc* 1889, past. (50x63) : **DKK 50 000** – Copen-HAGUE, 20 août 1986 : *La sœur de l'artiste avec Helga Ancher dans une cour*, h/t (47,5x36) : **DKK 135 000** – Copenhague, 21 jan. 1987 : *Jardin fleuri* 1912, h/t (44x55) : **DKK 70 000** – Londres, 23 mars 1988 : *Portrait d'un peintre peignant sur chevalet*, h/pan. (32x23) : **GBP 7 150** – Londres, 24 mars 1988 : *Jeune fille s'obser-vant dans un miroir* 1900, h/t mar./cart. (29x28,5) : **GBP 14 300** – Londres, 16 mars 1989 : *Skagen*, h/t mar./cart. (18,3x32,5) : **GBP 10 450** – Copenhague, 18 avr. 1989 : *La coupe de cheveux* 1886, h/t (65x55) : **DKK 160 000** – Londres, 27-28 mars 1990 : *Maman nattant les cheveux d'une fillette*, h/t (57,5x52,5) : **GBP 16 500** – Stockholm, 16 mai 1990 : *Les moissonneurs* 1905, h/t (44x57) : **SEK 40 000** – Copenhague, 29 août 1990 : *Clair de lune* 1904, h/t (21x27) : **DKK 32 000** – Copenhague, 6 mars 1991 : *Femme avec ses deux jeunes enfants dans une ruelle entre des maisons*, h/t (28x38) : **DKK 42 000** – Copenhague, 1er mai 1991 : *Femme âgée en train de lire* 1882, h/t (47x42) : **DKK 60 000** – Londres, 17 mai 1991 : *Petites filles faisant une ronde* 1910, h/t (32x38,5) : **GBP 11 000** – Copenhague, 7 sep. 1994 : *Famille réunie autour de la table pour le dîner* 1903, h/t (55x63) : **DKK 125 000** – Copenhague, 17 mai 1995 : *Femme de pêcheur avec son enfant*, h/t (32x23) : **DKK 18 000** – Londres, 19 nov. 1997 : *Petit déjeuner au jardin*, h/t (43x54) : **GBP 40 000**.

ANCHER Michael Peter

Né en 1849 à Rutsker (Bornholm). Mort en 1927. XIXe-XXe siècles. Danois.

Peintre de marines, paysages animés, intérieurs, figures, portraits.

Il fut élève de l'Académie des Arts de Copenhague de 1871 à 1875. Il participa pour la première fois à une exposition collective en 1874 avec : *Chambre à coucher dans le Jutland*. En 1880, il épousa Anna Kristine Bröndum, peintre aussi, qui signa ensuite Ancher. Il devint membre de l'Académie des Arts de Copen-hague en 1889. En 1889 également, il figura au Salon de Paris, obtenant une médaille d'or. Aidé par son épouse, il peignit : *Le prix du travail de la journée* pour la Galerie Royale de Copen-hague.

Durant toute sa carrière, il peignit des scènes de la vie en Jutland, principalement scènes de la vie des pêcheurs au travail ou dans leurs intérieurs, marines, personnages typiques.

■ J. B.

m Ancher
Michael Anchee

Musées : Aarhus : *La noyée* – Budapest : *Portrait de l'artiste* – Copenhague : *Pêcheurs sur la plage, soir d'été* – *Deux pêcheurs* – *La vérification du travail* – Oslo : *Vieillard devant sa maison.*

Ventes Publiques : Copenhague, 24 sep. 1957 : *Vue de la plage avec des canots à rames* : **DKK 12 900** – Copenhague, 4 mai 1961 : *Intérieur pauvrement meublé* : **DKK 9 300** – Copenhague, 23 mai 1963 : *Pêcheur quittant sa femme* : **DKK 24 500** – Copen-HAGUE, 13 nov. 1968 : *Pêcheurs au bord de la mer* : **DKK 49 000** – Copenhague, 25 sep. 1973 : *La lecture du journal* 1897 : **DKK 32 000** – Copenhague, 10 fév. 1976 : *Le retour des pêcheurs*, h/t (112x142) : **DKK 56 000** – Copenhague, 27 sep. 1977 : *Vieux pêcheur assis au bord de la mer* 1917, h/t (53x42) : **DKK 21 500** – Copenhague, 28 août 1979 : *Pêcheurs et leur familles* 1913, h/t (48x62) : **DKK 31 000** – Copenhague, 27 jan. 1981 : *Portrait d'un pêcheur*, h/t (49x37) : **DKK 21 000** – Londres, 27 nov. 1984 : *Pêcheurs* 1890, h/t (126x204) : **GBP 18 000** – Copenhague, 27 fév. 1985 : *Pêcheurs sur une plage du Nord* 1899, h/t (156x250) : **DKK 300 000** – Copenhague, 23 mars 1988 : *Vieille femme avec un châle sur la tête*, h/t (41x30) : **DKK 20 000** – Londres, 23 mars 1988 : *Mer démontée* 1914, h/t (106x149) : **GBP 14 300** ; *Portrait de Herman Sandby jouant du violoncelle*, h/t (77x60) : **GBP 4 180** – Londres, 24 mars 1988 : *Retour des pêcheurs*, h/t (100,3x139,7) : **GBP 24 200** ; *Fête en plein air, procession des jeunes filles* 1912, h/t (67,3x85,7) : **GBP 12 100** – Londres, 16 mars 1989 : *Le vieux pêcheur* 1896, h/t (42x35) : **GBP 4 950** – Copenhague, 5 avr. 1989 : *Joyeuse Elsie* 1907, h/t (62x54) : **DKK 152 000** – Copenhague, 18

avr. 1989 : *Femme sur la plage* 1895, h/t (34x81) : **DKK 850 000** – Londres, 27-28 mars 1990 : *Pêcheur et son fils* 1893, h/t (65x55) : **GBP 22 000** – Copenhague, 6 déc. 1990 : *Jeune fille lisant dans un intérieur près d'une fenêtre*, h/bois (40x32) : **DKK 42 000** – Copenhague, 1er mai 1991 : *Jeune fille avec un fichu fleuri sur la tête*, h/t (36x28) : **DKK 25 000** – Londres, 17 mai 1991 : *Portrait d'Anna Ancher la femme de l'artiste*, h/cart. (35x26,7) : **GBP 4 950** – Londres, 19 juin 1991 : *Décoration de la table sous la charmille*, h/t (66x86) : **GBP 25 300** – Copenhague, 5 fév. 1992 : *Vue d'un lac*, h/t (41x52) : **DKK 19 500** – Stockholm, 5 sep. 1992 : *Pêcheurs près d'une barque échouée sur la grève à Skagen*, h/t (61x80) : **SEK 105 000** – Copenhague, 10 fév. 1993 : *Les sœurs Lachman près d'une barque dans le jardin à Skagen*, h/t (34x27) : **DKK 36 000** – New York, 12 oct. 1993 : *Deux pêcheurs de Skagen* 1907, h/pan. (41,9x54,9) : **USD 690** – Copenhague, 15 nov. 1993 : *Groupe d'artistes : Tuxen, Kroyer, Drachmann et Willumsen* 1907, h/t (47x64) : **DKK 86 000** – Londres, 17 juin 1994 : *Roses grimpantes* 1912, h/t (55,9x41,9) : **GBP 9 200** – Copenhague, 16 nov. 1994 : *Les Tondeurs de moutons*, h/pan. (42x60) : **DKK 34 000** – Londres, 17 mars 1995 : *La Décoration de la table*, h/t (39x53,5) : **GBP 24 150** – Copenhague, 23 mai 1996 : *Le Jardinier Salomon lisant la Bible* 1919, h/t (97x83) : **DKK 27 000** – Londres, 21 nov. 1996 : *Le Retour des pêcheurs*, h/t (100,3x139,7) : **GBP 16 100** – Copenhague, 21 mai 1997 : *Plage du littoral*, peint./bois (28x38) : **DKK 12 000**.

ANCHERMOS

Né à Chios. VIe siècle avant J.-C. Actif dans la première moi-tié du VIe siècle avant J.-C. Antiquité grecque.

Sculpteur.

Il a travaillé à Délos. Dans un passage des « oiseaux » d'Aristo-phane, nous apprenons qu'il aurait, le premier, pourvu d'ailes la déesse Niké.

ANCHETA Miguel ou Juan de

Né en Biscaye. Mort en 1598. XVIe siècle. Espagnol.

Sculpteur.

Cet artiste fit un voyage et un séjour à Séville au début de sa car-rière, et, peu après, sculpta un retable orné de statues pour l'église principale de la ville de Autillo. Rien ne prouve mieux sa valeur que ce fait : le célèbre sculpteur Juan de Juni déclare dans son testament qu'il désigne Miguel Ancheta pour terminer le retable de Santa Maria de Rioseco que la mort ne lui laisse pas le temps d'achever. Toutefois Miguel Ancheta ne termina point cette œuvre, le clergé ou le chapitre de l'église de Santa Maria s'y opposèrent. On ne sait pas bien quelle en fut la raison, mais cette décision de leur part pourrait tenir à ce que cet artiste n'était pas marié avec Catalina de Burgos, qui demeurait avec lui et dont il avait un fils, baptisé sous le nom de Juan, le 14 janvier 1565. Diverses œuvres de ce sculpteur se trouvent à Burgos, à Bri-viesca et à Valladolid. Il visita l'Italie et travailla à Florence. Le nom Catalina de Aguilar, de Burgos, que l'on trouve dans la bio-graphie de Miguel Ancheta cité comme celui de sa maîtresse et dans celle de Juan de Anchieta comme celui de la femme de ce dernier permet de croire que les deux artistes ne sont qu'un seul et même individu.

ANCHIN Jean Baptiste Pierre

Né en 1795. Mort en 1862. XIXe siècle. Français.
Peintre.

ANCHISES da Bologna

XVe siècle. Actif vers 1470. Italien.
Sculpteur.
Cité par Achillini dans son *Viridario*.

AN CHONG DAI ou Zong de an

Né en 1957 à Séoul. XXe siècle. Actif en France. Coréen.
Peintre, technique mixte. Abstrait.
De 1980 à 1982, il a exposé au Musée d'Art Moderne de Séoul ; de 1985 à 1988, établi à Paris, aux Salons de Mai, des Réalités Nouvelles et Grands et Jeunes d'Aujourd'hui ; en 1988 à *Art Jonction* à Nice.

Ses peintures, qu'il intitule *Variations*, suivies d'un qualificatif, évoquent des surfaces textiles, rassemblées, raboutées, rapié-cées comme à gros points.

Ventes Publiques : Paris, 16 juin 1988 : *Variation* 1988, h. et techn. mixte/t. (162x264) : **FRF 9 500** – Paris, 12 déc. 1992 : *Varia-tion* 1988, h. et techn. mixte/t. (260x162) : **FRF 5 000**.

ANCIAU de Sens. Voir ANCELET, ou Anciau de Cens, ou Ceus

ANCIAUX von ELSBERG, appelé aussi Albert d'Elberg

XIXe-XXe siècles. Français.

Sculpteur animalier.

Il fut élève de Louis Barrias et de Pierre Cavelier à l'Ecole des Beaux-Arts de Paris. Il exposait au Salon des Artistes Français, dont il obtint une mention en 1898. Il en devint sociétaire en 1901. En 1936 il y figurait encore avec un *Eléphant d'Afrique*.

ANCILLON Louis
Né à Misserghin (Algérie). XXe siècle. Français.
Peintre de paysages, fleurs, portraits.

Il a exposé au Salon des Indépendants de 1926 à 1938, et au Salon d'Automne de 1935 à 1938. Il a montré, entre autres, des paysages d'Espagne.

VENTES PUBLIQUES : SAINT-JEAN-CAP-FERRAT, 16 mars 1993 : *Bouquet de fleurs dans un vase bleu*, h/t (101x73) : **FRF 16 000**.

ANCILLOTTI Torello
Né en 1844. Mort en 1899. XIXe siècle. Italien.
Sculpteur, peintre de paysages.

Il a exposé une toile au Salon de Paris, en 1888. On cite parmi ses sculptures : *Un pêcheur à la ligne*, statue en plâtre, et *Portrait de M. Sasle*, buste en plâtre (Salon 1881), *Buste du Dr Magitot* (Salon 1892), *L'Amour blessant la Force*. Ancillotti a également peint des paysages parmi lesquels *Le Repos au port de Rouen*, exposé en 1892 à l'Exposition internationale de Blanc et Noir à Paris. Il a obtenu en 1889 une médaille de bronze à l'Exposition Universelle de Paris.

VENTES PUBLIQUES : PARIS, 20 nov. 1942 : *Barque de pêche* : **FRF 300** – NEW YORK, 29 oct. 1992 : *Gentilhomme lisant*, h/pan. (22,5x16,8) : **USD 1 980**.

ANCINI Pietro
Né le 12 février 1616 à Reggio d'Emilia. Mort le 29 mars 1702. XVIIe siècle. Italien.
Peintre et sculpteur.

ANCKARSVÄRD Johan August, comte d'
Né le 14 décembre 1783. Mort le 12 novembre 1874. XIXe siècle. Suédois.
Peintre de paysages, animalier.

Il était officier, politicien renommé et occupa dans l'État des fonctions importantes. Il fut vice-directeur de l'Académie suédoise des Arts, de 1825 à 1870, et encouragea toujours les artistes scandinaves.

ANCKARSVÄRD Mikael Gustaf, comte d'
Né le 25 mars 1792 à Kalmar. Mort le 3 mai 1878 à Stockholm. XIXe siècle. Suédois.
Dessinateur et lithographe.

Il fut d'abord officier et étudia ensuite la peinture à Paris et en Italie, de 1819 à 1822. Il publia des lithographies des principaux monuments suédois (1828-1830) et des *Vues de Suède et de Norvège* (1830-1837). Il fut l'un des fondateurs de la Société des Arts de Stockholm en 1832.

ANCKERS-ANDERSON Nils Elias
Né le 7 juin 1858 à Stockholm. XIXe siècle. Suédois.
Graveur à l'eau-forte.

Il était capitaine dans la marine suédoise et la mer lui fournit les sujets de ses eaux-fortes. Le Musée de Stockholm en possède plusieurs. Il obtint une médaille d'argent au Salon de Paris en 1900 (Exposition Universelle).

ANCLOS Gilles
XVIIIe siècle. Français.
Sculpteur.

Il travailla, de 1735 à 1776, à l'ornementation du clocher de la cathédrale de Cambrai.

ANCONA, d'. Voir aussi au prénom

ANCONA Jacob d'
Né le 18 juillet 1804 à Amsterdam. Mort le 26 novembre 1838 à Amsterdam. XIXe siècle. Hollandais.
Graveur.

ANCONA Kate
XIXe siècle. Britannique.
Peintre.

Elle exposa à Londres deux tableaux à Suffolk Street, en 1873.

ANCONA Margherita, Mlle
Née en Italie. XIXe siècle. Active à la fin du XIXe siècle. Italienne.
Peintre.

Obtint une mention honorable à l'Exposition de 1889.

ANCONA Sylvaine Raymonde
Née le 25 juin 1947 à Tunis. XXe siècle. Française.

Peintre de sujets divers, graveur, sculpteur, décorateur.

De 1965 à 1967, elle fut élève de l'École Municipale de Dessin, et de 1967 à 1971 de l'École des Arts Décoratifs de Nice. De 1981 à 1983, elle fut élève de l'École des Antiquaires. Depuis 1973, elle est professeur d'Arts Plastiques ; depuis 1975 dirige une galerie d'art et d'antiquités à Nice. Elle figure dans de nombreuses expositions collectives, de 1963 à 1966 en Tunisie, ensuite surtout à Nice et dans la région méditerranéenne et provençale, remportant distinctions et Prix régionaux. En 1983, 1986, elle a figuré au Salon des Indépendants à Paris, nommée sociétaire en 1987, elle y expose depuis ; depuis 1989, 1990, elle figure au Salon des Artistes Français à Paris ; en 1993, elle a été admise au Salon d'Automne. Elle montre aussi dans des expositions personnelles : 1983 à Beuil (Alpes-Maritimes) ; 1984, 1985, 1987, à Nice ; 1987 à Cagliari (Sardaigne).

ANCONA Vito d'
Né en 1825. Mort en 1884. XIXe siècle. Italien.
Peintre de sujets de genre, nus, portraits, paysages, intérieurs.

Il participa, sans s'y engager complètement, au très important mouvement des « macchiaioli », né chez les artistes florentins des années 1860, qui préconisait la traduction de la nature en « taches », version italienne de l'impressionnisme, et qui groupa tout ce que l'école italienne du XIXe siècle, bien loin de ses splendeurs passées, comptait d'artistes de valeur. Quant à d'Ancona, il pratiquait un très solide art de plein air, à la façon de Manet, non sans sacrifier à la fameuse « tache » préconisée, et dont il tire effectivement des effets de désinvolture, qui donnent à ses œuvres, un charme certain de spontanéité.

MUSÉES : FLORENCE (Art Mod.) : *Dans l'atelier – Portique – Tête de femme* – ROME (Art Mod.) : *Femme à l'ombrelle* – Autres œuvres.

VENTES PUBLIQUES : MILAN, 4 juin 1970 : *Retour au château* : **ITL 2 800 000** – LONDRES, 14 juin 1972 : *Jeune fille au piano* : **GBP 4 800** – MILAN, 20 nov. 1973 : *Jeune fille au châle orange* : **ITL 2 800 000** – MILAN, 28 oct. 1976 : *Nu de femme*, h/t (27x41) : **ITL 1 900 000** – MILAN, 23 mars 1983 : *Scène d'intérieur*, h/pan. (32x39) : **ITL 3 500 000** – LONDRES, 18 juin 1985 : *Nu couché sur un lit 1872*, h/t (50x65) : **GBP 30 000** – MILAN, 1er juin 1988 : *Nu féminin*, h/cart. (10,5x15,5) : **ITL 10 500 000** ; *Groupe d'objets dans un intérieur*, acryl./pap. (32x38) : **ITL 6 500 000** – LONDRES, 20 nov. 1996 : *Le Bouquet 1869*, h/t (68x50) : **GBP 10 350**.

ANCORA Pietro d'
XIXe siècle. Actif vers 1800. Italien.
Peintre.

Pensionné par l'Académie de Naples. On trouve ses peintures dans différentes églises du Sud de l'Italie.

ANCRE, Maître à l'. Voir Maître B. R. dans le tableau de monogrammes et initiales à la fin de la lettre B

ANCRÉ Claire Thérèse d'. Voir CHARLES Claire Thérèse

ANCRES CROISÉES, Maître avec deux. Voir MAÎTRES ANONYMES

ANCRUM M.
XIXe siècle. Actif à Edimbourg vers 1891. Britannique.
Peintre de paysages.

Exposa une fois à la Royal Academy à Londres.

ANCTIN Pierre
Né le 6 mai 1795 à Courville (Eure-et-Loir). Mort le 28 juin 1862 à Chartres. XIXe siècle. Français.
Peintre.

Après des études juridiques et quelque temps passé dans une banque, il se consacra à la peinture. Il travailla à Chartres avec Gilbert, puis à Paris sans doute avec Corot et Leprince. Il fit surtout des copies d'après des paysagistes contemporains : Malebranche, Cabat, Rémy. Le Musée de Chartres, dont il fut conservateur et dont il rédigea le catalogue, conserve de lui *Barrière des Bonshommes*, d'après Demarne.

ANDAL Michèle
Née en 1931 à Paris. XXe siècle. Française.
Peintre, graveur. Abstrait.

Elle a participé à de nombreuses manifestations collectives dans les années soixante, en particulier à la Biennale des Jeunes de Paris en 1965. Elle a surtout exposé des estampes abstraites.

ANDALIE
Née le 13 octobre 1922 à Tassin-la-Demi-Lune (près de Lyon). XXe siècle. Française.

Peintre. Naïf.
Elle expose avec régularité dans des Salons régionaux, aptes à accueillir l'art naïf auquel elle se rattache : surtout dans le Midi, Bollène, Cannes, Antibes. Comme pour la plupart de ces artistes qu'on dit naïfs, encore convient-il pour chacun de préciser l'appellation discutable. Dans son cas, elle fait œuvre de conteur par l'image, qui dit un monde de rêve, où tout est paix et beauté.

ANDALO DA BOLOGNA
XVᵉ siècle. Italien.
Miniaturiste.

ANDEL Anton
Né le 6 avril 1844 à Gr. Meseritsch (Moravie). XIXᵉ siècle. Autrichien.
Peintre et dessinateur.
Après avoir étudié à l'Académie de Vienne, il devint conseiller, puis professeur, et enfin inspecteur de l'enseignement du dessin dans la Silésie autrichienne. Il est l'auteur de plusieurs ouvrages sur les arts décoratifs.

ANDELOT Adriaen
XVIIᵉ siècle. Hollandais.
Peintre.
Devint citoyen d'Amsterdam le 16 juillet 1692.

ANDERBOUHR Paul Jean ou Anderbouhka
Né en 1909 à Paris. XXᵉ siècle. Français.
Peintre de paysages, paysages urbains, intérieurs.
Il fut élève de Pierre Gaston Rigaud. Il expose régulièrement au Salon des Artistes Français à Paris depuis 1934, en est devenu sociétaire, puis a exposé au Salon d'Automne en 1937 et 1938. Il a voyagé au Maroc, d'où il a rapporté quelques études.
Il peint surtout des vues de Paris ou des environs proches, avec une prédilection pour les bords de Seine et les quais de Paris.
VENTES PUBLIQUES : ORLÉANS, 17 mars 1963 : *Les quais de Paris* : FRF 900 – COLOGNE, 2 juin 1984 : *Paris, le Pont-Marie*, h/t (73x60) : DEM 5 000 – PARIS, 13 nov. 1986 : *L'église de Boussy-Saint-Antoine sous la neige*, h/t (55x46) : FRF 5 500 – LONDRES, 3 juil. 1987 : *Les peupliers*, h/t (73,5x60) : GBP 750 – PARIS, 31 oct. 1991 : *Menton*, h/t (61x50) : FRF 13 000 – PARIS, 12 déc. 1992 : *La place des Vosges*, h/t (54x65) : FRF 12 000 – LOKEREN, 11 mars 1995 : *Une église en France*, h/t (92,5x73) : BEF 24 000.

ANDEREDUS von Corvey
Mort en 958. Xᵉ siècle. Allemand.
Peintre.
Westphalien, il était moine à l'abbaye de Corvey.

ANDEREGG Melchior
XIXᵉ siècle. Actif à Londres entre 1873 et 1877. Britannique.
Sculpteur.

ANDERHALDEN P. Karl
Né le 12 avril 1842 à Sachseln. XIXᵉ siècle. Suisse.
Dessinateur, calligraphe et architecte.
Il dirigea quelques travaux de restauration à Sarnen, ainsi que la construction de l'église de Rickenbach.

ANDERLE Jiri
Né le 14 septembre 1936 près de Rakovnik, Bohême. XXᵉ siècle. Tchécoslovaque.
Peintre, dessinateur. Abstrait.
Il fut élève de l'Académie des Beaux-Arts de Prague, de 1955 à 1961. Il montre ses œuvres dans des expositions personnelles depuis 1966, surtout à Prague. Il a été sélectionné très jeune pour les expositions officielles de graphistes tchécoslovaques, où il montre des dessins aigus et expressifs. Il fait partie de cette génération d'artistes tchécoslovaques qui, tentés à la fois par l'abstraction et le surréalisme, tenta d'apporter à l'alternative une réponse de synthèse.

ANDERLECHT Englebert Van
Né en 1918 à Schaerbeeck. Mort en 1961. XXᵉ siècle. Belge.
Peintre. Expressionniste, puis abstrait-lyrique.
D'origine modeste, il suivit les cours du soir de l'Académie de St-Josse-ten-Noode. Il fut sélectionné à l'Exposition de la Jeune Peinture Belge en 1956 et 1958 et y obtint un Prix. En 1958, il fut un des membres fondateurs du groupe *Hessenhuis* d'Anvers. Il a participé à de très nombreuses expositions collectives de jeune peinture belge, parmi lesquelles : Salon de l'Art Jeune (1942), *L'art du XXᵉ siècle* Charleroi 1958, Biennale de São Paulo 1959, *Forum* à Gand 1961, année où il reçut un Prix Olivetti, etc. Il eut des expositions personnelles : à Bruxelles 1955, 1957, 1959, Anvers 1959, Grenchen 1960, Lausanne 1962. Deux expositions

rétrospectives posthumes lui furent consacrées : à Bochum 1962, Bruxelles 1963.
Dans une première période, influencé par l'œuvre de Cézanne et de Braque, il participait sans éclat spécial d'un courant expressionniste puissant en Belgique. Cinq années seulement avant sa mort prématurée, son adhésion à l'art informel en fit au contraire l'un des peintres belges les plus en vue de sa génération. Il eut alors une production d'une centaine de peintures furieusement lyriques, gestuelles, brossées dans des matières pigmentaires généreuses et un chromatisme puissant, dont il était conscient de leur urgence : « Je peins contre le temps ».
∎ J. B.

BIBLIOGR. : In : *Peintres Contemporains*, Mazenod, Paris, 1964 – in : *Diction. biogr. illustré des Artistes en Belgique depuis 1830*, Arto, Bruxelles, 1987 – in : *Dictionnaire de l'art moderne et contemporain*, Hazan, Paris, 1992.
MUSÉES : BRUXELLES (Mus. d'Art Mod.).
VENTES PUBLIQUES : ANVERS, 7 avr. 1976 : *Je peins contre le temps* 1959, h/t (150x116) : BEF 55 000 – LONDRES, 26 juin 1984 : *Colère bleue*, h/t (155x120) : GBP 1 700 – BRUXELLES, 13 déc. 1990 : *Composition* 1958, h/t (122x112) : BEF 513 000 – LOKEREN, 21 mars 1992 : *Composition*, craie noire (100x70) : BEF 160 000 – LOKEREN, 10 oct. 1992 : *Composition* 1960, techn. mixte (50x41) : BEF 48 000 – LOKEREN, 4 déc. 1993 : *Composition*, lav. (62x48) : BEF 48 000 – LOKEREN, 12 mars 1994 : *Composition* 1957, h/t (169x140) : BEF 380 000 – LOKEREN, 9 déc. 1995 : *Paysage des Ardennes*, aquar. et past. (48,5x63,5) : BEF 36 000.

ANDERLINI Domenico
XVIIIᵉ siècle. Actif à Pesaro entre 1720 et 1760. Italien.
Peintre de paysages.
Il peignit surtout des paysages, pratiquant notamment la peinture à la détrempe.

ANDERLINI Giovanni Paolo
XVIIIᵉ siècle. Actif à Bologne. Italien.
Peintre d'ornements et de fresques.
Il fut l'élève de Stephano Orlandi et de Fr. Rovioli.

ANDERLINI Pietro
XVIIᵉ siècle. Actif à Florence. Italien.
Peintre de perspectives et de fresques.
Il emprunta à l'architecture la composition de ses fresques. Des peintures de ce genre se trouvaient au Palais épiscopal, dans l'église Saint-Giuseppe et dans l'abbaye des Bénédictins.

ANDERLINO Vittorio
XVIᵉ siècle. Italien.
Peintre.
Il était originaire de Montone et travaillait à Rome. Il exécuta notamment, vers 1519, des peintures dans les appartements du cardinal Armellini.

ANDERLONI Faustino
Né en 1766 à Saint-Eufemia. Mort en 1847. XVIIIᵉ-XIXᵉ siècles. Italien.
Graveur au burin.
Il eut pour maîtres deux artistes peu connus : Carloni et Benazzi. Il se rendit à Pavie pour travailler à l'illustration du grand ouvrage du Dr Scarpa sur l'anatomie de l'œil. Il vint à Milan en 1795, mais ayant été nommé professeur de dessin à l'Académie de Pavie, en 1801, il se fixa définitivement dans cette ville. Anderloni illustra beaucoup d'ouvrages scientifiques, entre autres le *Deliciae Florae et Faunae Insubricae* de Scopolis (1786-1788) ; il grava aussi un grand nombre de portraits.

ANDERLONI Pietro
Né en 1785 à Saint-Eufemia (près de Brescia). Mort le 13 octobre 1849 à Cabiate (près de Milan). XIXᵉ siècle. Italien.
Graveur.
Frère de Faustino Anderloni, dont il fut l'élève après avoir étudié les premiers principes avec P. Palazzi. Pietro hésitait entre la peinture et la gravure ; Faustino l'engagea à adopter ce dernier genre. Après voir grandement profité de l'enseignement de son frère, il entra, à l'âge de 20 ans, dans l'atelier de Longhi et y demeura pendant neuf années, aidant son professeur, entre autres dans *La Vision d'Ézéchiel*, d'après Raphaël, et le maître permit à son élève de placer son nom à côté du sien. En 1824, il alla à Rome pour la seconde fois, afin de dessiner l'*Héliodore* et l'*Attila* de Raphaël. En 1831, il succéda à Longhi comme président de l'Académie des graveurs de Milan. Pietro Anderloni appartint à plusieurs académies.

ANDERS ou Andreas
XVIIᵉ siècle. Actif à Odense (Funen). Danois.

Sculpteur.
Il sculpta, en 1653, la chaire de l'église Notre-Dame à Nyborg, et en 1657, l'autel de l'église de Nakskov.

ANDERS Ernst
Né le 26 mars 1845 à Magdebourg. Mort en 1911. XIXe-XXe siècles. Allemand.
Peintre de scènes de genre, portraits.
Il travailla à l'Académie des Beaux-Arts de Düsseldorf, de 1861 à 1868, puis, de 1868 à 1872, avec le professeur Wilhem Sohn. On a de lui : *La convalescente* ; *Échec à la reine* ; *Une question* ; *Joie maternelle* ; *Près de l'âtre*.
VENTES PUBLIQUES : AMSTERDAM, 17 déc. 1901 : *Buste de femme* : **NLG 85** – MONTE-CARLO, 9 fév. 1981 : *Portrait d'une jeune femme blonde*, h/pan. (36x26,5) : **FRF 9 000** – NEW YORK, 24 mai 1984 : *La partie d'échecs* 1887, h/t (103,5x71) : **USD 3 000** – NEW YORK, 25 oct. 1989 : *Jolie jeune femme écrivant une lettre*, h/t (67,2x48,9) : **USD 12 100** – NEW YORK, 15 fév. 1994 : *Jeune femme écrivant à la plume d'oie*, h/t (64,2x49,2) : **USD 20 700** – LONDRES, 16 mars 1994 : *Jeune femme donnant la tétée à son enfant dans un intérieur* 1898, h/pan. (33x24) : **GBP 2 300**.

ANDERS Friedrich
XVIIIe siècle. Italien.
Peintre et restaurateur de tableaux.
Dans une lettre adressée au chevalier Hamilton, le paysagiste Ph. Hackert fait l'éloge de l'habileté d'Anders pour la restauration des tableaux. Il était au service du roi de Naples, vers 1797. Le musée Jenkins, à Rome, possède deux estampes exécutées d'après ses dessins ; elles représentent un relief décorant un vase et qui reproduit les noces d'*Hélène et de Pâris*.

ANDERS Marie Joséphine, née Heseque
Née à Paris. XIXe siècle. Française.
Peintre de fleurs.
Elle fut l'élève de Redouté, et exposa à Paris aux Salons de 1875, 1879 et 1880.

ANDERS Richard
Né le 10 février 1853 à Quedlinbourg. XIXe siècle. Actif à Berlin. Allemand.
Sculpteur et professeur.
Il étudia d'abord à l'Académie de Berlin et travailla ensuite pendant huit ans chez E. Hundrieser. Il exécuta plusieurs monuments importants, dont celui de Gustave Nachtigals à Stendal (1889), le *Monument triomphal de Quedinbourg* (1895), représentant un cuirassier à l'assaut de Mars-la-Tour, et celui de *L'empereur Guillaume* (son chef-d'œuvre), commencé en 1891, inauguré à Cologne le 18 juin 1897. On lui doit aussi de nombreux bustes de bronze et de marbre, entre autres celui de Bismark, pour la maison d'État de Merseburg, et une série de bustes de savants, destinés au ministère des cultes prussien. Il exposa en 1886 (à Berlin), en 1891 et en 1906, et envoya une *Statue du général, comte von Häaseler* à l'Exposition de Berlin en 1909.

ANDERS LARSSON. Voir LARSSON Anders

ANDERSAG Michael
Né le 30 septembre 1799 à Pawigl (Tyrol). XIXe siècle. Autrichien.
Peintre.
Il s'instruisit à l'école de dessin de Bozen, à celle de Graz, et vint, en 1822, à l'Académie de Vienne. Il y obtint une mention honorable pour son tableau de *Sainte Cécile* qui se trouve à présent au Musée Ferdinandeum. En 1826, il alla se perfectionner à Rome : de retour dans son pays, il exécuta : *Le couronnement de Marie* (pour l'église de Marling), une *Madone*, d'après Raphaël, un *Saint Norbert* et un *Saint Augustin*, pour l'église du chapitre à Wilten, et le tableau du maître-autel de l'église Saint-Pancras à Ultental. Vers 1850, Andersag partit pour l'Amérique du Nord ; il prit part à la guerre de Sécession dans laquelle il trouva la mort.

ANDERSEN Alfred Emil
Né le 3 novembre 1860 à Christianssand. XIXe siècle. Norvégien.
Peintre.
De 1877 à 1878, il fut l'élève de Wilhem Krogh à l'Académie de Christiania (Oslo) ; il obtint ensuite une bourse pour l'Académie de Copenhague, dans laquelle il devint plus tard professeur de dessin. De 1883 à 1891, il habita Christianssand. Il exposa à Copenhague en 1888 et à Christiania (Oslo) entre 1885 et 1891. Après un voyage en Angleterre et en Hollande, il partit pour le

Brésil, les Indes Occidentales et le Mexique. Il se fixa à Paraguana en 1892, puis à Curitiba.

ANDERSEN Anders Christian
Né le 19 août 1856 à Bustrup (Danemark). XIXe siècle. Danois.
Peintre de paysages.

ANDERSEN Andreas Martin
Né le 14 août 1869 à Bergen. Mort le 1er février 1902 à Boston. XIXe siècle. Norvégien.
Peintre.
Il fit ses études à l'école d'art de Cowles, à Boston, et à l'Académie Julian, à Paris. On cite de lui : *Le portrait de Mrs Julia Ward Howe* ; *La Femme qui chante*.

ANDERSEN Carl Christian
Né le 7 novembre 1849 à Copenhague. Mort le 2 août 1906 à Copenhague. XIXe siècle. Danois.
Peintre d'histoire, portraits, architectures, paysages animés, graveur.
Il fut élève de l'Académie des Beaux-Arts de Copenhague entre 1863 et 1871. Il peignit, en 1873-1875, des scènes historiques empruntées au règne de Christian II, une vue de la grande salle du château de l'Ermitage (1876), une autre du château de Copenhague (1889). En 1870, il travailla au Conservatoire F.-F. Petersen, ainsi qu'à la galerie royale des peintures de Copenhague, dont il fut plus tard nommé conservateur. Pendant un voyage en Espagne, en Italie et à Tunis, il fut à même de traiter des sujets d'architecture. Andersen n'était pas seulement peintre et aquafortiste, mais écrivain ; il collabora à l'ouvrage : *Danske malede Porträtter*.
VENTES PUBLIQUES : COPENHAGUE, 25 fév. 1976 : *Ruelle à Tunis* 1883, h/t (100x74) : **DKK 8 600** – LONDRES, 4 mai 1977 : *Scène de rue à Tunis* 1883, h/t (97x73,5) : **GBP 900** – COPENHAGUE, 23 avr. 1987 : *Le château de Christianborg* 1884, h/t (59x77) : **DKK 78 000** – NEW YORK, 24 oct. 1989 : *Le palais de Christianborg* 1884, h/t (59x76,2) : **USD 24 200** – COPENHAGUE, 2 fév. 1994 : *Rue de Tunis avec des personnages* 1882, h/t (64x44) : **DKK 6 500**.

ANDERSEN Carl Ferdinand
Né le 24 décembre 1846 à Copenhague. Mort en 1913. XIXe-XXe siècles. Danois.
Peintre de sujets de genre, portraits, dessinateur.
Il étudia à l'Académie des Beaux-Arts de Copenhague, de 1860 à 1870. Il remplit également les fonctions d'inspecteur pour l'enseignement du dessin dans les écoles publiques du Danemark.
VENTES PUBLIQUES : LONDRES, 23 mars 1988 : *Jeune fille à sa broderie* 1909, h/t (71,5x93) : **GBP 2 200**.

ANDERSEN Christian Emil
Né le 2 décembre 1817 à Copenhague. Mort le 2 décembre 1844. XIXe siècle. Danois.
Peintre d'histoire et de genre.
Il se forma à l'Académie de Copenhague et se perfectionna à Paris et à Munich (1842-1843). Ses principales toiles d'histoire sont : *Charles Ier prend congé de ses enfants*, 1839 (galerie royale de Kronborg), *Le Christ à Emmaüs*, 1842 (tableau d'autel de l'église de Wedel, Holstein), *Le bon Samaritain*, 1844 (Musée Thorwaldsen, Copenhague).

ANDERSEN Cilius Johannes Conrad
Né en 1865 à Odense (Danemark). Mort en 1913. XIXe-XXe siècles. Danois.
Peintre de sujets de genre, portraits, intérieurs, paysages, graveur.
Il fut élève de l'Académie des Beaux-Arts de Copenhague vers 1884. Parmi ses ouvrages, on cite : *Une ouvrière avec son enfant*, 1892 ; *Un enterrement d'enfant*, 1893. Dans une autre manière : *On cherche une ménagère*, 1894 ; *Le maire du village*, 1903 ; *Vieux garçon au cabaret*, 1904. Andersen a peint des portraits et des paysages. On lui doit aussi quelques gravures à l'eau-forte.
VENTES PUBLIQUES : COPENHAGUE, 28 sep. 1982 : *Portrait d'une Italienne*, h/t (48x36) : **DKK 4 000** – COPENHAGUE, 7 juin 1983 : *Intérieur de cuisine, Italie* 1904, h/t (65x68) : **DKK 8 000** – COPENHAGUE, 29 oct. 1986 : *Le départ de la famille* 1894, h/t (84x115) : **DKK 16 000** – COPENHAGUE, 5 avr. 1989 : *Intérieur avec une jeune fille debout devant un miroir*, h/t (105x81) : **DKK 74 000** – COPENHAGUE, 21 fév. 1990 : *Satyre amoureux* 1907, h/t (50x62) : **DKK 7 000** – COPENHAGUE, 1er mai 1991 : *Jeune fille à sa toilette matinale* 1905, h/t (39x29) : **DKK 9 000**.

ANDERSEN Frederik Oscar August
Né le 19 juillet 1848 à Copenhague. Mort le 1er mai 1907. XIXe siècle. Danois.

Graveur sur bois.

Il étudia avec Hansen, ainsi qu'à l'Académie de Copenhague, de 1867 à 1870.

Ses ouvrages les plus remarquables sont les gravures des comédies de Ludwig Holberg, et celles des *Contes* d'Andersen.

ANDERSEN Frode ou Frodo

Né en 1915. XXᵉ siècle. Danois.

Peintre de figures, paysages.

Il procède par développement ininterrompu de séries, dans lesquelles il glisse de la figure au paysage.

VENTES PUBLIQUES : COPENHAGUE, 24 nov. 1976 : *Ursula* 1964, h/t (30x23) : DKK 5 300 – COPENHAGUE, 7 mars 1979 : *Ursula* 1963, h/t (30x23) : DKK 7 100 – COPENHAGUE, 27 oct. 1982 : *Portrait* 1963, h/t (27x22) : DKK 5 300 – COPENHAGUE, 10 mai 1983 : *Ursula* 1965, h/t (24,5x20) : DKK 6 600 – COPENHAGUE, 24 avr. 1985 : *Portrait d'Ursula* 1944, h/t (20x16) : DKK 9 500 – COPENHAGUE, 25 nov. 1987 : *Ursulania* 1959, h/t (24x31) : DKK 7 000 – COPENHAGUE, 21-22 mars 1990 : *Ursulania, Bornholm* 1954, peint./rés. synth. (36x27) : DKK 6 200 – COPENHAGUE, 14-15 nov. 1990 : *Tempête à Ursulania* 1972, h/cuivre (24x33) : DKK 5 500 – COPENHAGUE, 2-3 déc. 1992 : *Ursula* 1960, h/pan. (19x13) : DKK 7 800 – COPENHAGUE, 19 oct. 1994 : *Vue d'Ursula – Opus 421B* 1966, h/t (19x14) : DKK 4 600.

ANDERSEN Gustav Albert

Né à Eckilstuna. XIXᵉ-XXᵉ siècles. Suédois.

Peintre de paysages.

Il fit à Paris, notamment, en 1898, une exposition de quarante tableaux.

ANDERSEN H.

XIXᵉ siècle. Norvégien.

Peintre de paysages.

La Société d'Art d'Oslo lui acheta des paysages norvégiens en 1858, 1860, 1862 et 1863.

ANDERSEN Halvor, dit Halvor le Diable

XVIIIᵉ siècle. Actif à Bragernäs. Danois.

Sculpteur sur ivoire.

Ses œuvres font partie des collections royales de Copenhague.

ANDERSEN Hans Christian

Né le 2 avril 1805 à Odense. Mort le 4 août 1875 à Copenhague. XIXᵉ siècle. Danois.

Écrivain, graveur.

L'auteur des *Contes* et des *Histoires sans images* 1840, s'est révélé, à l'occasion, un intéressant graveur : il a laissé de délicates silhouettes représentant des jeunes filles, des amours, des cygnes sous les arbres. Il est également l'auteur de paravents avec « collages ».

ANDERSEN Hendrick Christian

Né en 1872 à Bergen (Norvège). XXᵉ siècle. Actif aux États-Unis. Norvégien.

Sculpteur de bustes et de sujets allégoriques.

Il vint en Amérique pendant sa petite enfance et fut élevé à Boston. Il semble que sa famille eut à se fixer aussi en France et en Italie. Il eut l'occasion d'exposer un buste au Salon des Artistes Français de Paris en 1913. Il a sculpté principalement des sujets de genre ou bien allégoriques, comme par exemple : *Camaraderie – Progrès.*

ANDERSEN Johannes Ejner

Né le 24 janvier 1882 à Nakskov. XXᵉ siècle. Danois.

Peintre de sujets allégoriques.

Il fut élève de l'Académie des Beaux-Arts de Copenhague, de 1900 à 1903. Il a figuré à des expositions dès 1903, avec des compositions telles que : *La mort et le jeune garçon.*

ANDERSEN Martinus

Né en 1878 à Peru (Indiana). XXᵉ siècle. Américain.

Peintre et illustrateur.

ANDERSEN Mogens

Né le 8 août 1916 à Copenhague. XXᵉ siècle. Depuis 1958 jusqu'en 1965 actif en France. Danois.

Peintre, lithographe. Abstrait-lyrique.

Après avoir terminé ses études classiques, Mogens Andersen, dès 1933, décida d'être peintre. De 1933 à 1939, il fut élève de Rostrup Böyesen à Copenhague. Mais auparavant il avait rencontré et avait été encouragé par le peintre expressionniste allemand Emil Nolde, qui réussit ensuite à traverser l'époque nazie en peignant clandestinement sur les côtes de la Mer du Nord. A partir de 1935, il participa à de nombreuses expositions au Danemark et dans les pays scandinaves, entre autres : 1935-1940 Salon d'Automne de Copenhague. En 1938-39, il fit un premier séjour à Paris, où il se lia avec les directeurs de galerie Paul et Léonce Rosenberg, et où une grande exposition Cézanne eut sur lui une influence déterminante. De 1942 à 1948, il exposa au *Boelleblomsten* de Copenhague. De 1953 à 1966 il fit partie du groupe *Grönningen*, puis de 1966 à 1972 du groupe *Den Frie*. Ce fut peut-être parce qu'il avait fait ce premier voyage à Paris avant la guerre que Mogens Andersen occupe une place à part dans la peinture danoise contemporaine du fait qu'il ne fut pas touché par le cercle d'influence du groupe *COBRA*. Il connaissait certainement avant la guerre la revue *Linien* et les peintres qui firent connaître, les premiers au Danemark, l'art non-figuratif et ses grands créateurs, et qui continuèrent leur activité pendant et malgré l'occupation nazie, dans la revue *Hellhesten*, pour s'intégrer après la guerre dans le groupe *COBRA*, tandis que Mogens Andersen, qui était revenu à Paris aussitôt après la guerre, et qui y resta de 1945 à 1948, s'intégrait dans une autre filière, connaissant Henri Laurens, Bazaine, Borès, Soulages et la plupart des artistes de Paris, ce qui lui permettait de publier en 1948 : *Moderne franske Malerkunst.* En France, il commença à exposer en 1947 au Salon des Surindépendants, puis de 1950 à 1956 au Salon de Mai, de 1966 à 1979 au Salon des Réalités Nouvelles. Il était revenu en France avec femme et enfants et habita Montfort-L'Amaury de 1958 à 1965, refaisant dans la suite de nombreux courts séjours. En 1967, il figura à l'exposition du Carnegie Institute de Pittsburgh. Il a continué à exposer dans certaines manifestations collectives dans les musées scandinaves, en France et en Belgique. Il a aussi évidemment montré ses peintures dans de nombreuses expositions personnelles : la première en 1948 à Vence (Alpes Maritimes), puis à Copenhague à la Galerie Birch en 1953, à Paris en 1954, puis de nombreuses autres au Danemark, à Paris, en Suède, à Londres, Varsovie, Zagreb, etc., dont plusieurs eurent lieu dans des Musées : Aalborg 1967, Lund (Suède) 1973 et 1980, Randers 1981, Aarhus 1990. Il a représenté le Danemark à la Biennale de Venise en 1968, exécutant six peintures monumentales qui décoraient la façade du Pavillon Danois. Une grande exposition rétrospective lui a été consacrée à Copenhague en 1976. D'autres ont suivi, dont on trouvera les références en Bibliographie. En 1995, à Paris, la galerie Artcurial a organisé, sous le patronage de l'Ambassade du Danemark, l'exposition *Mogens Andersen – Rétrospective de l'œuvre peint 1934-1994*. Il a eu à plusieurs reprises l'occasion de peintures monumentales : en 1958-59 deux peintures pour la Bibliothèque Municipale de Copenhague, une autre pour la Salle du Conseil de l'Hôtel de Ville de Gentofte en 1971, une pour le *Restaurant Copenhague* à Paris, et un mur au Kunstmuseum de Bochum (Allemagne). Mogens Andersen a également enseigné, à Copenhague de 1952 à 1959. Il a publié plusieurs ouvrages, en général de souvenirs : *Omkring Kilderne*, Edition Gad 1967, *Nödigt men dog gerne*, Edition Gyldendal 1976, *Ungdomsrejsen*, même édition 1979 ? *Huset*, même édition 1986.

Il serait artificiel de diviser l'ensemble de son œuvre en périodes, néanmoins on peut y distinguer : les œuvres de jeunesse d'avant-guerre, ensuite de 1945 à 1953 les peintures d'inspiration cubiste, caractérisées par des recherches de matières et d'accords sourds dans des natures mortes et des figures, qui se rattachent au moment à Braque et parfois à Borès. De 1953 à 1955, le cubisme analytique des années 1910 lui suggère des œuvres plus graphiques et plus abstraites. Mais c'est peut-être depuis 1955 qu'on a vu se développer la partie de son œuvre, d'abord la plus longue et la plus nombreuse, et surtout qui lui est le plus personnelle. La construction graphique de ces peintures réside dans un réseau complexe, touffu, de larges volutes noires, créant une trame, un écran privilégié, et à l'intérieur de l'écran une trame confirmant la bidimensionalité de la surface peinte, où viennent se prendre des effets de clair-obscur ou au contraire de contre-jour des taches bleues, violacées, rougeoyantes, que crèvent des éclats blancs ou blanc-jaune. Abstraites sont les peintures de Mogens Andersen, peintes souvent par séries thématiques, à moins que ne convienne à la perception du spectateur d'y voir sur fonds de ciels les branches et branchages noirs d'arbres dénudés. La peinture de Mogens Andersen est toujours résolument enracinée dans l'Ecole de Paris, mais si elle se développe dans la lignée de l'abstraction lyrique d'Hartung et de Soulages, elle n'en a pas moins un accent très personnel, accent nordique, par où elle rencontre de façon inattendue certains *aspects de COBRA*, accent ethnique qu'on perçoit dans la sauvagerie des furieux coups de brosse et dans la limitation hautaine de la gamme sourde. ■ Jacques Busse

Bibliogr. : Jean Bazaine : *Mogens Andersen*, Politiken, 20 mars 1954 – Ole Naesgaard : *Mogens Andersen*, 1955 – Jacques Busse : *Comment peut-on être Danois*, Kunst, 1960 – Jean Grenier : *Mogens Andersen*, Preuves, 1960 – Lars Rostrup Böyesen : Présentation de l'exposition *Mogens Andersen*, Biennale de Venise, 1968 – Michel Hoog : *A propos de Mogens Andersen*, extrait d'un ouvrage en préparation, Galerie Bellechasse, Paris, 1981 – Villads Villadsen : Présentation de l'exposition : *Mogens Andersen*, Mus. de Randers, 1981 – P. M. Hornung : Présentation de l'exposition rétrospective *Mogens Andersen*, Kunstforeningen, 1988 – Peter Michael Hornung : *Mogens Andersen – Kunstneren i sin tid*, Politikens Forlag, Copenhague, 1991 – Lydia Harambourg, in : *L'École de Paris 1945-1965. Diction. des Peintres*, Ides et Calendes, Neuchâtel, 1993.

Musées : Aalborg (Nordjyllands Kunstms.) : 2 des six peintures monumentales du Pavillon danois de la Biennale de Venise 1968 – Aarhus (Kunstms.) – Cincinatti, États-Unis – Copenhague (Statens Kunstms.) – Copenhague (Cab. des Estampes) – Louisianna (Statens Mus. for Kunst) – Lund, Suède (Kunstms.) – Reykjavik, Islande (Kunstms.) – Skopje, Yougoslavie – Tokyo (Bridgestone Gal.) – Varsovie.

Ventes Publiques : Copenhague, 6 avr. 1976 : *Nature Morte 1952*, h/t (53x64) : **DKK 8 500** – Copenhague, 5 oct. 1977 : *Composition 1975*, h/t (73x60) : **DKK 11 000** – Copenhague, 7 mars 1979 : *Figure assise 1951*, h/t (130x98) : **DKK 10 500** – Copenhague, 8 nov. 1980 : *Composition 1954*, h/t (145x113) : **DKK 18 000** – Copenhague, 8 avr. 1981 : *Composition XII 1967*, h/t (100x74) : **DKK 12 000** – Copenhague, 1er juin 1983 : *Composition 1964*, h/t (97x130) : **DKK 13 500** – Copenhague, 4 avr. 1984 : *Composition 1958*, h/t (65x53) : **DKK 6 500** – Anvers, 24 avr. 1985 : *Composition*, h/t (100x81) : **DKK 14 000** – Copenhague, 16 sep. 1987 : *Composition 1974*, h/t (130x98) : **DKK 32 000** – Danemark, 2 mars 1988 : *Composition*, h/t (100x81) : **DKK 40 000** – Copenhague, 30 nov. 1988 : *Composition 1961*, h/t (41x33) : **DKK 8 000** – Copenhague, 10 mai 1989 : *Composition 1966*, h/t (10x81) : **DKK 18 000** – Copenhague, 22 nov. 1989 : *Composition 1983*, h/t (80x65) : **DKK 13 000** – Copenhague, 30 mai 1990 : *Composition 1964*, h/t (116x89) : **DKK 19 000** – Copenhague, 13-14 fév. 1991 : *Composition 1982*, h/t (91x73) : **DKK 14 500** – Copenhague, 4 déc. 1991 : *Nature morte sur une table 1949*, h/t (75x95) : **DKK 20 000** – Copenhague, 4 mars 1992 : *Composition, aquar. et encre* (64x48) : **DKK 6 500** – Copenhague, 3 juin 1993 : *Composition 1983*, h/t (116x130) : **DKK 20 000** – Copenhague, 1er déc. 1993 : *Nature morte 1954*, h/t (54x65) : **DKK 30 000** – Copenhague, 2 mars 1994 : *Visage 1949*, craie grasse (16x12) : **DKK 4 200** – Copenhague, 14 juin 1994 : *Composition 1968*, h/t (146x115) : **DKK 32 000** – Copenhague, 12 mars 1996 : *Ypsilon 1961*, h/t (155x107) : **DKK 20 000** – Copenhague, 22-24 oct. 1997 : *Composition 1976*, h/t (73x60) : **DKK 15 000**.

ANDERSEN Peder, appelé aussi Peder Nordmand

Né sans doute en Norvège. Mort au printemps 1694. XVIIe siècle. Danois.

Peintre.

Peder Andersen étudia sous l'influence hollandaise au Danemark (Karl van Mander le Jeune et Abr. Wuchters). Nommé peintre de la cour danoise en 1689, il travailla au château de Frederiksborg. Ses tableaux principaux sont : *Le denier*, dans la chapelle royale de Frederiksborg, *Le sacre du roi Christian V*, au château de Rosenborg, et les portraits de *J. Niel* et de *Michel Wiebe*. Il fournit des cartons de tapisseries pour le château de Rosenborg. Maître de Magnus Berg.

ANDERSEN Rasmus Morten

Né le 25 septembre 1861 à Orting (près de Horsens). XIXe siècle. Danois.

Sculpteur de statues, bustes.

Il fut élève de l'Académie de Copenhague (1877-1883) et de V. Bissen. En 1885, il obtint une médaille d'or pour son bas-relief : *Ulysse et le berger Eumaios*. Entre 1889 et 1890, il fit un voyage en Italie et en France. On cite, parmi ses œuvres : *Garçons au bain*, 1887 ; *Kraka*, 1888 ; les bustes du *Professeur Th. Stein*, 1891 (au château de Frederiksborg) et du peintre *Brendekilde*, directeur de l'école Ludw. Schröder (1903). Il sculpta une série de statues pour divers monuments publics : celle de *H.-C. Andersen* (pour l'exposition universelle de Chicago, 1893), de *E.-M. Dalgas* (Aarhus, 1900), de *J.-C. Lacour*, 1903 (pour l'école d'agriculture

de Lyngby), du *Comte Brockenhuus-Schack* (Svendborg, 1904), de *Chresten Berg* (Kolding, 1906) et enfin de *C.-F. Tietgen* (pour la Bourse de Copenhague).

ANDERSEN Robin Christian

Né en 1890. Mort en 1969 à Vienne. XXe siècle. Autrichien.

Peintre de paysages, de natures mortes et de figures.

Groupe Art Nouveau (Neukunstgruppe).

À partir de 1918, il est secrétaire du Sonderbund (Groupement Particulier), lieu de rencontre des artistes du Kunstschau. De 1932 à 1939, et à partir de 1945, il est membre de la « Sécession Viennoise ». Il fut professeur à l'École des Beaux-Arts de Vienne, puis recteur en 1946-48. Hundertwasser fut son élève. Il participa à de nombreuses expositions de groupe, avec notamment Schiele et Kokoschka, et montra ses œuvres das des expositions particulières. Plusieurs prix.

Sa peinture est une évocation lisible et classique de paysages et de natures mortes, où domine la recherche d'une atmosphère, rendue avec la grâce d'une coloration subtile et discrète.

Bibliogr. : *L'Art Autrichien à Paris*, catalogue vente aux enchères publiques, Ader Picard Tajan, Dorotheum, Vienne, 1989.

Ventes Publiques : Vienne, 25 juin 1976 : *Jeune fille assise*, h/t (60x50) : **ATS 6 500** – Vienne, 23 sep. 1977 : *Paysage*, h/t (43x53) : **ATS 10 000** – Vienne, 14 mars 1980 : *Jeune fille aux bas bleus 1913*, h/t mar./cart. (120x81) : **ATS 45 000** – Vienne, 21 jan. 1981 : *Nature morte aux fruits*, techn. mixte/pap. d'emballage (45x53) : **ATS 6 000** – Vienne, 19 mars 1985 : *Nature morte aux poires et aux fleurs*, h/isor. (52x67) : **ATS 25 000** – Vienne, 18 juin 1985 : *Nature morte aux fruits*, gche (44x61) : **ATS 10 000** – Vienne, 17 mars 1987 : *Nature morte*, h/isor. (67x55) : **ATS 25 000** – Paris, 7 mars 1989 : *La tasse à café jaune*, h/t (56x67,5) : **FRF 16 000**.

ANDERSEN Valdemar

Né le 3 février 1875 à Copenhague. XXe siècle. Danois.

Dessinateur humoriste, décorateur, peintre de portraits.

Il fut surtout actif dans le domaine des arts appliqués. Il publia aussi de nombreuses caricatures dans le périodique *Klodshans*. Il a peint des portraits, notamment en 1906 celui de l'écrivain Johann V. Jensen.

Ventes Publiques : Copenhague, 7 juin 1997 : *Politique 1908*, litho. : **DKK 7 000**.

ANDERSEN Wilhelm

Né en 1867. Mort en 1945. XIXe-XXe siècles. Danois.

Peintre de natures mortes, de fleurs.

Il a exposé à Paris, peut-être au cours d'un séjour en France, au Salon des Artistes Français, de 1923 à 1925, et a figuré également au Salon de la Société Nationale des Beaux-Arts.

Ventes Publiques : Londres, 25 mars 1981 : *Nature morte aux chrysanthèmes*, h/t (53x50,5) : **GBP 280** – Londres, 24 mars 1988 : *Vase de chrysanthèmes sur le rebord d'une fenêtre*, h/t (47,5x42) : **GBP 3 080** – Londres, 5 mai 1989 : *Nature morte avec du raisin et des oranges dans une assiette sur une table à côté d'un pichet et d'un verre 1937*, h/t (48x54) : **GBP 495** – Londres, 16 fév. 1990 : *Dahlias dans un pichet de verre devant une fenêtre*, h/t (75,3x63,8) : **GBP 1 540** – Copenhague, 29 août 1990 : *Nature morte de pivoines dans un vase*, h/t (80x65) : **DKK 7 500**.

ANDERSEN-LUNDBY Anders

Né le 16 décembre 1841 à Lundby (près d'Aalborg). Mort en 1923. XIXe-XXe siècles. Danois.

Peintre de paysages.

En 1865, il se perfectionne à Copenhague. A partir de 1876, il exposa à peu près chaque année à Munich. Ses tableaux représentent pour la plupart des paysages d'hiver vus au moment du crépuscule.

Musées : Copenhague (Gal. roy.) : *Paysage d'hiver 1881* – Munich : *Claire journée d'hiver* – Trieste : *Coucher de soleil*.

Ventes Publiques : Copenhague, 6 avr. 1951 : *Paysage alpestre sous la neige* : **DKK 8 000** – Munich, 27 mai 1977 : *Paysage orageux*, h/t (54,5x73) : **DEM 3 800** – Londres, 9 mai 1979 : *Vue de Copenhague 1873*, h/t (41x54,5) : **GBP 1 100** – Londres, 28 nov. 1984 : *Vue de la côte nord de Nouvelle-Zélande 1885*, h/t (41,5x62,5) : **GBP 3 500** – Londres, 20 juin 1986 : *Paysage avec carriole sur une route 1882*, h/t (150,5x247,6) : **GBP 9 000** – Londres, 23 mars 1988 : *La plage 1889*, h/t (41x62) : **GBP 5 500** – Londres, 16 mars 1989 : *Paysage fluvial l'hiver*, h/t (77,5x114,5) : **GBP 12 100** – Copenhague, 5 avr. 1989 : *Paysage lacustre animé avec une église au lointain*, h/t (58x82) : **DKK 30 000** – Stockholm, 19 avr. 1989 : *Paysage d'hiver avec des arbres et des constructions 1875*, h/t (45x63) : **SEK 52 000** – Copenhague, 25 oct. 1989 : *Couple se promenant sur un chemin enneigé*, h/t (50x68) : **DKK 7 000** – Stockholm, 15 nov. 1989 : *Paysage d'hiver avec un renard guettant deux corbeaux* 1875, h/t (34x38) : **SEK 34 000** – Copenhague, 18 nov. 1992 : *Ruisseau dans un paysage de montagne enneigé*, h/bois (60x40) : **DKK 10 500** – Munich, 7 déc. 1993 : *Bûcherons dans le Jardin anglais de Munich* 1890, h/t (150,5x250) : **DEM 93 130** – Londres, 17 juin 1994 : *Paysage hivernal avec un ruisseau et un lac* 1889, h/t (104,1x174,6) : **GBP 16 100** – Copenhague, 23 mai 1996 : *Vaches paissant au bord d'un lac*, h/t (26x36) : **DKK 9 500** – Munich, 3 déc. 1996 : *Le Canal de Nymphenburg* 1883, h/t (65x87,5) : **DEM 30 000**.

ANDERSON. Voir aussi ANDERSSON

ANDERSON
xixe siècle. Actif vers 1880. Américain.
Graveur, illustrateur.
Graveur sur bois, il travailla à l'illustration de plusieurs journaux américains.

ANDERSON
xixe siècle. Actif à Coventry dans la seconde moitié du xixe siècle. Britannique.
Peintre de paysages.
Il exposa de 1858 à 1884, à la Royal Academy de Londres.

ANDERSON A.
xixe siècle. Actif à Bedford vers 1882. Britannique.
Peintre paysagiste.
A. Anderson exposa, entre 1882 et 1885, à Suffolk Street et à la New Water-Colours Society.

ANDERSON Abraham Archibald
Né le 11 août 1847 à New Jersey. xixe siècle. Américain.
Peintre de portraits, genre.
Élève de Bonnat (1873) et de Cabanel à Paris. Membre de la Société des Aquarellistes. Est connu surtout pour ses portraits. Parmi ses tableaux de genre, on cite : *Le Dimanche des Rameaux* ; *Richesse et Pauvreté* ; *Le café du Lion d'Or*, 1883 ; *Jeune Orientale*, 1876 ; *Edison devant le phonographe*, 1890.

ANDERSON Alexander
Né en 1775 à New York. Mort le 17 janvier 1870 à New Jersey. xixe siècle. Américain.
Graveur, dessinateur, illustrateur.
Cet artiste, fils d'un Écossais, fut le premier graveur sur bois en Amérique. Il étudia d'abord la médecine et, en 1796, obtint son diplôme de docteur. Mais il abandonna cette profession. Ses gravures les plus intéressantes sont : *Le Retour de la chasse aux ours*, d'après Ridinger, *Oiseaux aquatiques*, d'après Teniers. Il copia des gravures sur bois de Bewick, de Thompson, la *Danse macabre* de Holbein, les *Fables de Pilpay*, *La Cène*, qu'il grava d'après un dessin anglais, fut le dernier ouvrage qu'il produisit sur cuivre (de 1820 à 1830). À partir de cette date, il se consacra exclusivement à la gravure sur bois. Il grava des vignettes d'après Soltau pour une édition de *Don Quichotte*.

ANDERSON Alexander Charles Maurice
Né à Mauritius. xxe siècle. Britannique.
Peintre de portraits, paysages, paysages d'eau, paysages de montagne, intérieurs.
Il reçut les conseils de Georges Dargouge. Il a exposé à Paris au Salon des Artistes Français à plusieurs reprises entre 1922 et 1936. Il a peint souvent des paysages marins et des paysages de montagne.

ANDERSON Andreas
Né en 1869 à Bergen (Norvège). Mort en 1903 à Boston (Massachusetts). xixe siècle. Américain.
Peintre.

ANDERSON Ann
Née en Amérique. xixe siècle. Travaillait au commencement du xixe siècle. Américaine.
Graveur.
Fille d'Alexander Anderson. Elle s'instruisit avec son père et épousa le graveur au burin Andrew Maverick.

ANDERSON C.
xixe siècle. Travaillait à Kentish Town. Britannique.
Sculpteur.
Il exposa le *Buste de cardinal Manning* et les médaillons de *Gustave Doré* et de *Lesseps*, à la Royal Academy (Londres, 1875-1881).

ANDERSON Charles Goldsborrough
Né en 1865 à Tynemouth. Mort en 1936. xixe-xxe siècles. Britannique.

Peintre de portraits.
Il fut élève de la Royal Academy de Londres, où il exposa plus tard, en 1887, 1888 et en 1909. Travaillant dans la manière de Lawrence et de Romney, ce registre raffiné le détermina à se spécialiser dans le portrait féminin et le portrait d'enfant. Il peignit toutefois aussi des portraits officiels, tels ceux du *Cardinal Manning à Balliol College* et du *Cardinal Vaughan à Westminster*.
Ventes Publiques : Londres, 29 mars 1984 : *Portrait de jeune fille*, h/t (127x66) : **GBP 1 100** – Londres, 17 juin 1987 : *Fillette en robe blanche*, h/t (91x60) : **GBP 2 200** – Londres, 21 mars 1990 : *Portrait de Mrs Irene Watts*, h/t (213,5x112) : **GBP 7 700**.

ANDERSON Charles H. J. A., Sir
xixe siècle. Britannique.
Peintre de marines.
Il travaillait entre 1864 et 1870. Il exposa à Suffolk Street à Londres.

ANDERSON D. J.
xixe siècle. Actif à Londres vers 1872-1874. Britannique.
Graveur sur bois.
Prit part à diverses expositions à Londres.

ANDERSON D. Leuchars
xixe siècle. Britannique.
Peintre.
Le Musée de Victoria (Australie) possède son tableau : *Brûleurs d'herbes*.

ANDERSON David
Né dans le comté de Perth. Mort en 1847 à Liverpool. xixe siècle. Britannique.
Sculpteur.
Cet artiste, cité par Redgrave, n'exposa pas à Londres. Malgré un talent très réel, il se cantonna en province. Le typhus vint abréger sa carrière.

ANDERSON David
xixe siècle. Travaillait à Londres vers 1880. Britannique.
Peintre.
David Anderson tira ses sujets de la vie des pêcheurs. On cite de lui deux tableaux à Suffolk Street (1880-1881).

ANDERSON David
xixe siècle. Vivant à New York en 1898. Américain.
Peintre.
Anderson fut membre de la Society of American Artists, et a exposé à la New York State Fair.

ANDERSON Dorothy Visyu
Née à Oslo (Norvège). xxe siècle. Américaine.
Peintre.

ANDERSON Doug
Né en 1954 à Syracuse (État de New York). xxe siècle. Américain.
Peintre, technique mixte.
Il participe à des expositions collectives, dont : 1989 Karl Bornstein Gallery à Santa Monica (Californie), Galerie Arteunido à Barcelone (Espagne), Stux Gallery à New York, *The Re-invention of Painting*, Rastovski Gallery à New York, *Pre-Pop Post-Appropriation*, Stux Gallery New York ; etc. Il se produit aussi dans des expositions personnelles : 1989 Stux Gallery à New York ; 1990 Kicken Pauseback à Cologne (Allemagne), Galeria Alejando Sales à Barcelone (Espagne).
Ventes Publiques : New York, 5 oct. 1989 : « *Tout ce que vous changez nous change* » 1985, h., acryl. et peint. métallique/t. (178x152,5) : **USD 2 750** – New York, 21 fév. 1990 : *Lumières du nord* 1985, h/t (122x81,4) : **USD 1 650**.

ANDERSON E. A., Miss
xxe siècle. Vivait à Louisville (Kentucky) en 1900. Américaine.
Peintre.
Cette artiste fut membre de la Louisville Art League.

ANDERSON Edgar
xixe siècle. Britannique.
Peintre de portraits, natures mortes.
À partir de 1884, il exposa à la Royal Academy de Londres. Il est l'auteur de portraits et de plusieurs natures mortes.
Ventes Publiques : Londres, 2 juin 1981 : *Homeward bound*, h/t/cart. (22x11) : **GBP 320**.

ANDERSON Elen, Miss
xixe siècle. Travaillait à York à la fin du xixe siècle. Britannique.

Sculpteur.
Exposa à la Royal Academy, en 1890.

ANDERSON Ellen Graham
Née à Lexington (Virginie). Américaine.
Peintre, graveur et illustrateur.

ANDERSON F.
XIXᵉ siècle. Actif à Londres. Britannique.
Sculpteur.
Il exposa à la Royal Academy, en 1859-1860, le buste d'un enfant et une série de camées.

ANDERSON G. Adolph
Né en 1877 à Rochester (Minnesota). XXᵉ siècle. Américain.
Peintre.
Expose à New York en 1905-1906.

ANDERSON G. W.
XIXᵉ siècle. Actif dans la première moitié du XIXᵉ siècle. Britannique.
Peintre paysagiste.
Il exposa à Londres entre 1826 et 1852.

ANDERSON George
XIXᵉ siècle. Actif au début du XIXᵉ siècle. Britannique.
Dessinateur d'architectures.
Six planches des *Plans et vues de l'Abbaye royale de Saint-Denis* ont été gravées à Londres, en 1812, d'après ses dessins.

ANDERSON George Lily
XIXᵉ siècle. Actif à Coventry vers 1893. Britannique.
Peintre de paysages, aquarelliste.
Il exposa en 1893 à la Royal Academy de Londres.
VENTES PUBLIQUES : NEW YORK, 14 oct. 1993 : *Les berges du Nil 1903*, aquar./pap. (33x48,2) : **USD 3 220**.

ANDERSON Gustaf
Né en 1788 à Vexjo (Suède). Mort en 1883. XIXᵉ siècle. Suédois.
Peintre.
Il peignit des miniatures, dont plusieurs copies des maîtres célèbres, et quelques portraits.
MUSÉES : STOCKHOLM : *Portrait du négociant K.-J. Kock 1823 – Portrait du conseiller royal Filen.*

ANDERSON Helen
XIXᵉ-XXᵉ siècles. Canadienne.
Peintre.
MUSÉES : MONTRÉAL. (Art Assoc.) : *Notre maison – Étude d'arbres – Paysage.*

ANDERSON Hendrick Christian. Voir **ANDERSEN**

ANDERSON Hilda
Née à Cojlau (Écosse). XXᵉ siècle. Britannique.
Peintre de portraits.
On a pu voir de ses portraits à Paris, en 1913 au Salon des Artistes Français, et en 1924 au Salon de la Société Nationale des Beaux-Arts.

ANDERSON Hugh
XIXᵉ siècle. Travaillait à Philadelphie, de 1811 à 1824. Américain.
Graveur en taille-douce.
Il grava des portraits pour plusieurs ouvrages.

ANDERSON J. F.
XIXᵉ siècle. Britannique.
Peintre de marines.
J. F. Anderson exposa à Suffolk Street, de 1879 à 1882 à Londres où il travaillait.

ANDERSON J. H.
XIXᵉ siècle. Actif à Londres vers 1892. Britannique.
Peintre de paysages.

ANDERSON J. W., captain
XIXᵉ siècle. Travaillait à Londres entre 1857 et 1865. Britannique.
Peintre de marines.
Il était à la fois Capitaine de marine et artiste peintre. Il exposa à la British Institution et à Suffolk Street.
VENTES PUBLIQUES : NEW YORK, 12 sep. 1994 : *Les bateaux « Alabama » et « Kearsage » au large des côtes de France*, h/t (40,6x61,3) : **USD 4 600**.

ANDERSON James Bell
Né en 1886. Mort en 1938. XXᵉ siècle. Britannique.

Peintre de paysages animés, natures mortes.
VENTES PUBLIQUES : ÉCOSSE, 30 août 1983 : *Nature morte au vase et aux fruits*, h/t (63,5x76) : **GBP 650** – SOUTH QUEENSFERRY (Écosse), 29 avr. 1987 : *Muir, son of Muirhead Moffat*, h/t (152,5x101,5) : **GBP 550** – PERTH, 27 août 1990 : *Bétail paissant sur les berges d'une rivière 1899*, h/t (51x64) : **GBP 2 750** – GLASGOW, 5 fév. 1991 : *Nature morte avec des tomates, un vase, une carafe de vin et une porcelaine représentant un dalmatien*, h/t (51x61) : **GBP 1 320** – ÉDIMBOURG, 23 mai 1996 : *La robe bleue*, h/t (76,2x63,5) : **GBP 4 370**.

ANDERSON Jean Douglas, Mme
Née à Londres. XXᵉ siècle. Britannique.
Peintre.
Élève de Sickert, elle expose au Salon des Artistes Français en 1935. Parmi ses œuvres : *Wellington Barracks*.

ANDERSON Jérémy
Né le 28 octobre 1921 à Palo Alto (Californie). XXᵉ siècle. Américain.
Sculpteur. Abstrait.
Il fut élève du San Francisco Art Institute de 1946 à 1950, où il eut pour professeurs prestigieux : Clyfford Still, Mark Rothko et le graveur anglais, alors réfugié aux États-Unis, Stanley William Hayter. Il expose depuis 1949 à San Francisco, Chicago, Los Angeles. Il est devenu professeur à son tour dans l'Ecole de sa formation.

ANDERSON Jesse Sylvester
Né à Bearlake (près de Manistee Co, Michigan). XXᵉ siècle. Américain.
Sculpteur.
Élève de Landowski, il expose au Salon des Artistes Français en 1922.

ANDERSON Johann Ludolph
XVIIIᵉ-XIXᵉ siècles. Vivant à Hambourg de 1751 à 1814. Allemand.
Graveur à l'eau-forte.
Frère de Johann Wilhem Anderson.

ANDERSON Johann Wilhem Nikolaus
XVIIIᵉ siècle. Actif à Hambourg entre 1750 et 1796. Allemand.
Dessinateur et graveur.
Frère de Johann Ludolph Anderson.

ANDERSON Johannes
Mort à Bergedorf. XVIIIᵉ-XIXᵉ siècles. Travaillait à Hambourg de 1793 à 1851. Allemand.
Peintre de portraits et lithographe.
Il était fils de Johan Ludolph Anderson.

ANDERSON John
Né en Écosse. Mort au début du XIXᵉ siècle. XVIIIᵉ siècle. Britannique.
Graveur, illustrateur.
Il fut élève de Bewick. Graveur sur bois, il illustra la poésie *Grove Hill*, ainsi qu'une édition des *Lettres de Junius*. Suivant Redgrave, il faisait preuve d'une grande habileté. Cependant il abandonna sa profession artistique pour suivre une spéculation sur le continent.

ANDERSON John
XIXᵉ siècle. Actif à Brompton dans la première moitié du XIXᵉ siècle. Britannique.
Peintre de paysages, fleurs.
Il exposa à la Royal Academy de Londres, entre 1827 et 1839.

ANDERSON John
XIXᵉ siècle. Actif à Coventry (Grande-Bretagne) entre 1858 et 1884. Britannique.
Peintre de paysages.
Cet artiste exposa à Londres : à la Royal Academy, à la British Institution et à Suffolk Street.

ANDERSON John
Né le 29 avril 1928 à Seattle. XXᵉ siècle. Américain.
Sculpteur, peintre.
Il fut élève de l'Art Center School de Los Angeles en 1953-54. Il expose depuis 1962.
MUSÉES : NEW YORK (Mus. of Mod. Art).
VENTES PUBLIQUES : LONDRES, 31 oct. 1986 : *London, from Hungerford*, h/t (107x181) : **GBP 14 000**.

ANDERSON John Silvy
XIXᵉ siècle. Actif à Dorking vers 1886-1890. Britannique.

Peintre, aquarelliste.
Ce peintre exposa à la New Water-Colours Society, ainsi qu'à la Royal Academy et à Suffolk Street, à Londres.

ANDERSON Karl
Né le 13 janvier 1874 à Oxford (États-Unis). Mort en 1956. XXe siècle. Américain.
Peintre de scènes de genre, paysages, illustrateur.
Il fut élève de l'Art Institute de Chicago et fit des séjours d'étude en Hollande, en France. Il était membre de la Société des Illustrateurs de New York.
VENTES PUBLIQUES : NEW YORK, 14 jan. 1938 : *La luciole* : **USD 300** – LOS ANGELES, 8 nov. 1977 : *Her Ladyship's attendants* 1916, h/t (132,7x90,8) : **GBP 3 000** – SAN FRANCISCO, 24 juin 1981 : *Après le bain*, h/t (59,5x73,5) : **USD 5 500** – NEW YORK, 22 juin 1984 : *Enfants avec étincelles* 1924, h/t (68x73,7) : **USD 3 250** – SAN FRANCISCO, 20 juin 1985 : *Un jeune berger* 1911, h/t (68,5x74) : **USD 5 000** – NEW YORK, 28 mai 1987 : *Jeune femme dans un paysage*, h/t (74,3x59,7) : **USD 5 000** – NEW YORK, 24 juin 1988 : *Le chemin des lys*, h/t (73,2x67,5) : **USD 1 980** – NEW YORK, 23 sep. 1993 : *Le jardin d'Ésope*, h/t (66x81,3) : **USD 2 875**.

ANDERSON Karl Gustaf
Né le 21 août 1859. XIXe siècle. Suédois.
Sculpteur.
Il fut élève de l'Académie des Beaux-Arts de Stockholm (1879-1891). Il sculpta des statues et des reliefs décoratifs pour le théâtre royal et le théâtre Oscar à Stockholm.

ANDERSON Karl Kristofer
Mort en 1863. XIXe siècle. Suédois.
Graveur, illustrateur.
Il est le fils de Samuel Anderson. Il s'occupa surtout de l'illustration de livres. Il grava en seize planches, *Les Quatre saisons*, d'après A. Lundquist.

ANDERSON Lennart
Né le 29 août 1928 à Detroit (Michigan). XXe siècle. Américain.
Peintre. Réaliste.
Il fut élève de l'Art Institute de Chicago, de 1946 à 1950. Il expose depuis 1962. En 1964 eut lieu une exposition des *Peintres Réalistes Américains*, à laquelle il participait.
VENTES PUBLIQUES : NEW YORK, 17 juil. 1981 : *September Eve* 1960, h/cart. (34,9x30) : **USD 900**.

ANDERSON Millicent
XXe siècle. Britannique.
Peintre.
Cet artiste est cité dans le catalogue de la Royal Academy en 1908.

ANDERSON Natalia
XIXe siècle. Active à Vilnius vers le milieu du XIXe siècle. Russe.
Peintre et lithographe.
On a d'elle une lithographie, représentant la *Vierge avec l'Enfant*.

ANDERSON Nils ou Andersson
Né en 1817 à Ostergötland. Mort le 19 juin 1865 à Vaxholm. XIXe siècle. Suédois.
Peintre de compositions religieuses, scènes de genre, animaux, paysages animés, paysages.
En 1840, il vint à Stockholm et s'instruisit à l'Académie des Beaux-Arts de cette ville, il fit ensuite un voyage à l'étranger et fut quelque temps élève de Couture à Paris, en 1855. De retour dans son pays, il devint professeur de l'Académie de Vaxholm.
Il peignit des tableaux de genre, des sujets empruntés à la Bible, à l'histoire des anciens peuples du Nord et à la vie populaire de ses contemporains, mais il se spécialisa dans la peinture des paysages suédois avec animaux.
MUSÉES : GÖTEBORG : *Paysans se rendant à la ville* – STOCKHOLM : *Paysans de Sorunda en route pour Stockholm* – *Paysage* – *Troupeau de bœufs* – VEXJO : *En route pour la foire de Vernamo*.
VENTES PUBLIQUES : STOCKHOLM, 26 avr. 1982 : *Paysage d'hiver* 1853, h/t (43x59) : **SEK 22 500** – STOCKHOLM, 1er nov. 1983 : *Vieillard et son chien dans un intérieur* 1856, h/t (46x37) : **SEK 22 000** – STOCKHOLM, 29 oct. 1985 : *Traîneaux dans un paysage d'hiver* 1862, h/t (55x86) : **SEK 35 000** – STOCKHOLM, 15 nov. 1989 : *L'été à Vaxholm*, h. (22x29) : **SEK 8 500** – STOCKHOLM, 16 mai 1990 : *Gardiens du troupeau avec leur bétail dans un paysage boisé*, h/t (43x57) : **SEK 27 000**.

ANDERSON Oscar
Né en 1873 à Gotland (Suède). XIXe-XXe siècles. Actif aux États-Unis. Suédois.
Peintre.

ANDERSON Oskar Leonhard
Né en 1836 à Stockholm. Mort en 1868. XIXe siècle. Suédois.
Peintre.
Il débuta comme lithographe, fut élève de l'Académie des arts, de 1853 à 1855, et reçut, en 1864, la médaille royale pour son tableau *Gustave-Adolphe à la bataille de Meve*. Il se rendit ensuite à Düsseldorf et reçut des conseils de Camphausen. Il se spécialisa dans l'étude des chevaux. On cite : *Königshut*, 1860 (au musée d'Orebro), *Tilly après la bataille de Leipzig*, 1866. Il publia les lithographies suivantes : *Jacobo Foroni, maître de chapelle à Stockholm* ; *Études de chevaux et de chiens*.

ANDERSON Percy
XIXe-XXe siècles. Actif à Londres en 1886. Britannique.
Peintre, aquarelliste.
Un tableau de cet artiste est cité dans le catalogue de la New Water-Colours Society, en 1886.
VENTES PUBLIQUES : LONDRES, 25 mars 1980 : *The spirit of the new Century* 1900, reh. de gche et cr. de coul. (106,5x106,5) : **GBP 1 300**.

ANDERSON Peter Bernard
Né en 1898 en Suède. XXe siècle. Actif aux États-Unis. Suédois.
Sculpteur.

ANDERSON Robert
Né en 1842 à Édimbourg. Mort le 24 avril 1885 à Édimbourg. XIXe siècle. Peintre, dessinateur.
Peintre de sujets de genre, peintre à la gouache, aquarelliste, graveur.
Cet artiste acquit une notable réputation comme graveur et, à la fin de sa vie, se consacra à l'aquarelle. Il fut nommé associé de l'Académie d'Édimbourg en 1879 et exposa, en 1880, à la Royal Academy de Londres, le tableau *Curlers, Duldingston Loch*. Il exposa également à la New Water-Colours Society.
MUSÉES : MANCHESTER – SYDNEY (Australie) : eaux-fortes.
VENTES PUBLIQUES : LONDRES, 27 juil. 1982 : *Le déchargement de la charrette de foin*, aquar. et cr. (24,8x35) : **GBP 200** – CHESTER, 19 avr. 1985 : *La pêche aux harengs* 1883, gche (77,5x132) : **GBP 1 900**.

ANDERSON Ronald Lee
Né en 1886 à Lynn (Massachusetts). Mort en 1926 à South Norwalk (Connecticut). XXe siècle. Américain.
Peintre, illustrateur.
VENTES PUBLIQUES : NEW YORK, 21 août 1981 : *Nature morte aux fruits* 1958, h/t (65x77,5) : **USD 550**.

ANDERSON S.
XIXe siècle. Britannique.
Peintre de genre, figures.
Actif à Londres entre 1855 et 1865, il exposa à Suffolk Street, à la British Institution, à la Royal Academy.
VENTES PUBLIQUES : LONDRES, 6 mars 1909 : *Égérie* : **GBP 10**.

ANDERSON S., Miss
XIXe siècle. Britannique.
Peintre de natures mortes.
Active à Londres entre 1863 et 1870, elle exposa à la Royal Academy.

ANDERSON Salomon
Né en 1785 à Vexjo. Mort en 1855. XIXe siècle. Suédois.
Peintre.
Ayant pris part comme officier à différentes campagnes, il fut fait prisonnier par les Français en 1812 ; c'est ainsi qu'il étudia l'art à Paris. À son retour en Suède, il devint l'élève de Westin. Il peignit surtout des tableaux d'autel pour les églises de campagne. Il était frère de Samuel Anderson. Il ne semble pas y avoir de parenté avec Gustaf Anderson, malgré date et lieu de naissance.

ANDERSON Samuel
Né en 1773. Mort le 10 septembre 1857 à Stockholm. XVIIIe-XIXe siècles. Suédois.
Graveur en taille-douce, illustrateur.
Il travailla surtout comme illustrateur, mais il grava aussi des vues et des portraits. En dernier lieu, il fut graveur et fondeur en caractères à la banque nationale de Suède.

ANDERSON Sophie, née Gengembre
Née en 1823 en France. Morte en 1903. XIXe siècle. Active en Angleterre. Française.

Peintre de sujets de genre, portraits, paysages.
Elle est la femme de Walter Anderson. Elle vécut longtemps à Capri, et envoya régulièrement ses œuvres à l'exposition de la Royal Academy à Londres, de 1855 à 1896. En 1894, elle se fixa à Falmouth. Mrs Anderson peignit particulièrement des scènes de la vie domestique. Graves mentionne d'elle dix-neuf envois de ce genre à la Royal Academy.

MUSÉES : LEICESTER : *Jeune Napolitain* – LIVERPOOL (Walker Art Gal.) : *Elaine.*
VENTES PUBLIQUES : LONDRES, 29 juin 1976 : *Portrait de la fille de l'artiste*, h/t (25x30) : **GBP 1 500** – LONDRES, 19 avr. 1978 : *La Belle du harem, Tunis*, h/t (75,5x63) : **GBP 5 800** – LONDRES, 26 oct. 1979 : *Le Son de la mer*, h/t (34,4x29,8) : **GBP 800** – TORONTO, 27 oct. 1981 : *Petite fille au chat*, h/t (24,1x29,2) : **CAD 2 600** – LONDRES, 19 oct. 1983 : *Its touch and go to laugh or not*, h/t (63,5x76) : **GBP 6 400** – LONDRES, 15 juin 1988 : *Rêverie*, h/t (32x37) : **GBP 990** – LONDRES, 2 nov. 1989 : *La leçon*, h/t (30,5x25,5) : **GBP 12 100** – LONDRES, 3 juin 1992 : *« Coccinelle, envole-toi vers la maison »*, h/t (52,5x61) : **GBP 14 080** – LONDRES, 5 mars 1993 : *« C'est mon tour d'être la maman ! »*, h/t (60,9x50,8) : **GBP 2 070** – NEW YORK, 28 mai 1993 : *La jeune fileuse*, h/t (61x50,9) : **USD 5 750** – LONDRES, 9 juin 1994 : *Le mouchoir de dentelle*, h/t (30,5x41) : **GBP 45 500** – NEW YORK, 12 oct. 1994 : *Un nouvel ami*, h/t (35,6x30,5) : **USD 11 500** – LONDRES, 6 nov. 1995 : *La Reine des fées*, h/t (53,3x43) : **GBP 26 450** – LONDRES, 27 mars 1996 : *Concentration*, h/t (30x25,5) : **GBP 21 850** – LONDRES, 7 nov. 1997 : *Le Dernier de la journée 1871*, h/t (81,3x51) : **GBP 12 650** – LONDRES, 5 nov. 1997 : *Atout cœur*, h/t (37,5x32) : **GBP 6 900.**

ANDERSON Stanley
Né le 11 mai 1884 à Bristol. XXᵉ siècle. Britannique.
Peintre de paysages animés, paysages urbains, aquarelliste.
Il a commencé à exposer en 1909 à la Royal Academy de Londres. Il a peint des vues de Bristol et de Londres.
VENTES PUBLIQUES : LONDRES, 13 déc. 1983 : *Le laboureur*, aquar. reh. de blanc (21x27,3) : **GBP 700.**

ANDERSON Sven Anders
Né en 1838. XIXᵉ siècle. Suédois.
Peintre de paysages, illustrateur.
Il étudia à l'Académie de Copenhague, à Düsseldorf et à Berlin, et fut nommé professeur de dessin au Collège de Helsingborg, en 1873. Il travailla aussi comme illustrateur.

ANDERSON T. W.
XIXᵉ siècle. Actif à Londres vers 1839. Britannique.
Peintre de paysages.
Exposa à la Royal Academy.

ANDERSON Torsten
Né le 6 juin 1926 à Östra-Sallerup (Scanie). XXᵉ siècle. Suédois.
Peintre. Abstrait.
Après avoir suivi un cours de peinture en Scanie, il suivit un cours privé à Stockholm, avant d'y être élève de l'Académie Royale des Beaux-Arts de 1946 à 1950. Il fut aussi élève de l'Académie des Beaux-Arts de Copenhague. Il fit des séjours à Paris en 1947 et 1950, à Londres en 1953 et 1957, ainsi qu'en Espagne et en Italie. Il a figuré à la Biennale de São Paulo en 1959 et 1983. Il a figuré dans la sélection suédoise à la Biennale des Jeunes de Paris en 1961 et dans celle de la Biennale de Venise en 1964. En 1981, il faisait partie de l'exposition du Musée National d'Art Moderne de Paris *Sextant : six artistes suédois contemporains.* Il montre les périodes de son travail dans des expositions personnelles : à Stockholm 1954, 1958, 1962, 1966, 1977 une *Rétrospective 1962-1976.* Il est devenu professeur à l'Académie Royale des Beaux-Arts de Stockholm à partir de 1960, poste qu'il quitta en 1969, retournant en Scanie.
En accord avec l'évolution des points de vue sur l'abstraction, il fut d'abord influencé par le courant de l'abstraction dite froide ou géométrique, puis subit l'attrait du courant dit lyrique ou tachiste ou informel. Dans sa première période, on ressent l'influence de Jean Dewasne, plus plasticienne que celle de Vasarely

qui allait s'orienter de plus en plus vers l'art optique et ses phénomènes cinétiques. Toutefois, dans sa première période, aux tons tranchés de Dewasne, il substituait des effets de transparence, jusqu'à abolir les limites des sections géométriques, qui caractérisent sa manière. Suivirent des autoportraits sous l'apparence de masques le peine définis. Dans la seconde, il s'est livré totalement à un expressionnisme abstrait, où la gestualité fougueuse se veut en phase avec les grands phénomènes naturels, mimant les rouleaux de l'océan ou le vol des mouettes, etc., couvrant passionnément de vastes surfaces, qu'il prolonge souvent, en polyptyque, par des panneaux perpendiculaires. Entre 1966 et 1972, il arrêta de peindre. Lorsqu'il reprit son activité picturale, il reprit les motifs antérieurs, la source, l'érable, le bouleau, dans ce qu'il a appelé des « processus de travail », de 1972 à 1982. Ensuite, son travail s'articula à partir de l'art celte et de l'art viking, en tant qu'arts ornementaux, mais métaphoriques de cultures globales, avec leurs sociétés, leurs mythes, leurs religions. ■ Jacques Busse
BIBLIOGR. : In : *Diction. Univers. de la Peint.*, Le Robert, Paris, 1975 – in : *L'art du XXᵉ siècle*, Larousse, Paris, 1991.
MUSÉES : STOCKHOLM (Mod. Mus.) : *Paysage rose 1957 – Source Nº2 1962 – Les nuages entre nous 1966.*
VENTES PUBLIQUES : STOCKHOLM, 5-6 déc. 1990 : *Sans titre 1959*, aquar. (38x45,5) : **SEK 11 500.**

ANDERSON W.
XIXᵉ siècle. Vivait en 1855. Américain.
Graveur.

ANDERSON W., le Jeune
XVIIIᵉ siècle. Actif en Angleterre vers 1799. Britannique.
Peintre de marines.
On cite un tableau de lui dans un catalogue de la Royal Academy, en 1799. Peut-être le parent de William Anderson, le peintre de marines écossais.

ANDERSON Walter
XIXᵉ siècle. Actif à Londres entre 1856 et 1886. Britannique.
Peintre de sujets de genre.
Il épousa le peintre français Sophie Gengembre qui devint en Amérique une portraitiste réputée. Le couple revint en Angleterre en 1854. Walter Anderson exposa à Londres : à la Royal Academy, à la British Institution à Suffolk Street.
VENTES PUBLIQUES : LONDRES, 18 avr. 1978 : *L'Heure de reprisage*, h/t (52x42) : **GBP 1 200** – LONDRES, 10 juil. 1984 : *Rêverie 1866*, h/t (71x91) : **GBP 3 300** – NEW YORK, 20 fév. 1992 : *L'Heure du raccommodage*, h/t (53,3x43,2) : **USD 27 500** – NEW YORK, 28 mai 1992 : *Le chapeau de paille*, h/t (58,4x41,9) : **USD 9 900** – LONDRES, 13 nov. 1992 : *Les bulles de savon*, h/t (30,5x26) : **GBP 3 850.**

ANDERSON Will.
XIXᵉ siècle. Actif à Londres entre 1880 et 1889. Britannique.
Peintre de genre.
Il exposa à la Royal Academy, à différentes reprises, cinq tableaux de scènes domestiques.

ANDERSON William
Né en 1757 en Écosse. Mort le 27 mai 1837. XVIIIᵉ-XIXᵉ siècles. Britannique.
Peintre d'intérieurs, paysages, paysages d'eau, marines, aquarelliste, dessinateur.
Ses tableaux, généralement de petite dimension sont exécutés d'une façon très agréable, d'un crayon simple et doux et d'une savante lumière. Il peignit presque exclusivement des vues de rivières et de marines, mais on a de lui un *Intérieur de l'Abbaye de Westminster* et cinq *Vues de la bataille du Nil*, gravées à l'aquatinte par W. Ellis.
MUSÉES : LONDRES (British Mus.) : Une aquar. datée de 1791 – LONDRES (Victoria and Albert Mus.) : *Bords de la mer avec figures et navires – Frégate entrant dans le port 1795*, aquar..
VENTES PUBLIQUES : LONDRES, 6 fév. 1909 : *Marine* : **GBP 2** – LONDRES, 26 fév. 1910 : *Marine avec navire* : **GBP 6** ; *Marine avec navire à l'ancre* : **GBP 5** ; *Sur la rivière* : **GBP 3** – LONDRES, 8 avr. 1910 : *Château de Calshot* ; *Vue de Portland*, deux autres dess. : **GBP 1** – NEW YORK, 30 nov. 1921 : *Une frégate mouillée devant Medway*, aquar. : **USD 60** – LONDRES, fév. 1936 : *Embouchure d'un fleuve* : **GBP 6** ; *Vue d'Aboukir* : **GBP 21** – LONDRES, 29 mai 1957 : *Vue sur la Tamise* : **GBP 185** – LONDRES, 20 déc. 1961 : *Bataille navale* : **GBP 190** – LONDRES, 18 oct. 1961 : *Southampton Water* : **GBP 50** – PARIS, 3 avr. 1963 : *Vaisseaux anglais ancrés*, deux aquar. : **FRF 2 300** – LONDRES, 17 juin 1966 : *Le duc d'York passant les troupes en revue* : **GNS 180** – LONDRES, 15 mars 1967 :

L'embarquement des hussards : **GBP 2 200** – Londres, 9 mai 1969 : *Vue de la Tamise* : **GNS 6 200** – Londres, 2 avr. 1971 : *Marine* : **GNS 7 500** – Londres, 27 juin 1973 : *Bateaux anglais dans un estuaire* : **GBP 3 800** – New York, 6 déc. 1973 : *L'amiral Lord Howe rejoignant son vaisseau* : **USD 30 000** – Londres, 15 juil. 1976 : *La flotte anglaise au large des Îles Seychelles 1801*, aquar. (46x66) : **GBP 1 700** – Londres, 14 fév. 1978 : *Westminster 1800*, aquar. (23x35,5) : **GBP 1 300** – Londres, 23 juin 1978 : *Bateaux à Deptford 1809*, h/pan. (30,8x39,7) : **GBP 2 600** – Londres, 19 juil. 1979 : *L'Embarquement*, aquar. et cr. (17x24,5) : **GBP 2 300** – Londres, 24 mars 1981 : *Admiral Peter Rainier's Squadron off Seychelles 1801*, aquar. et cr. (46x67,5) : **GBP 1 100** – Londres, 9 juil. 1981 : *Capture of Fort-Royal, Martinique*, h/t (71x104) : **GBP 13 000** – Londres, 15 nov. 1983 : *Bateaux dans un estuaire 1793*, aquar. (20x30) : **GBP 2 600** – Londres, 16 nov. 1983 : *The Tower of London with boats in the foreground 1802*, h/t (29x40,5) : **GBP 7 800** – Londres, 10 juil. 1985 : *La prise de Fort-Royal, Martinique 1794*, h/t (70,5x104,5) : **GBP 19 000** – Londres, 20 nov. 1986 : *Spanish galleons arriving at Portsmouth harbour 1804*, aquar. pl. (17,5x23) : **GBP 3 000** – Londres, 29 jan. 1988 : *Caboteur transportant des passagers le long des côtes hollandaises par mer houleuse, Bateaux hollandais à l'ancre par temps calme 1794*, h/pan. chaque, deux pendants (15x21,5) : **GBP 4 180** – Londres, 26 mai 1989 : *Engagement entre le vaisseau de Sa Majesté « Sibylle » et la frégate française « Foros » dans la baie du Bengale en 1799*, h/t (45x63,7) : **GBP 2 860** – Londres, 31 mai 1989 : *La bataille du Nil 1801*, h/t (79x131) : **GBP 39 600** – Londres, 12 juil. 1989 : *Frégates à l'ancrage par mer calme 1792*, h/t (34x47) : **GBP 13 750** – Londres, 28 fév. 1990 : *Frégates hollandaises et voiliers à l'embouchure d'un estuaire avec des personnages ramassant des clams au premier plan 1817*, h/pan. (15,5x20,5) : **GBP 7 150** – Londres, 18 oct. 1990 : *Barques de pêche hollandaises par temps calme*, h/pan. (38x51) : **GBP 4 950** – Londres, 10 avr. 1991 : *Pêcheurs vendant leurs poissons sur la grève*, h/pan. (14x16,5) : **GBP 2 090** – New York, 7 juin 1991 : *La bataille du Nil 1801*, h/t (78,7x130,8) : **USD 28 600** – Londres, 15 nov. 1991 : *Pêcheurs travaillant près de leurs barques dans une baie abritée par une falaise*, h/t (29,2x45,7) : **GBP 3 300** – Londres, 20 mai 1992 : *Barques de pêche au large des côtes hollandaises*, h/pan. (23x31) : **GBP 3 850** – Londres, 20 jan. 1993 : *Vue d'un port 1797*, aquar. et encre (30x40) : **GBP 2 645** – Londres, 3 mai 1995 : *Chaloupe à rame au large de la tour de Belem à l'embouchure du Tage*, h/t (31x44) : **GBP 5 750** – Londres, 12 juil. 1995 : *Le « Rose » quittant le port de Portsmouth ; Les vaisseaux de guerre « Victory » et « Prince » dans le port de Portsmouth*, h/t, une paire (chaque 44x67) : **GBP 18 400** – Londres, 13 nov. 1996 : *Pêcheurs sur des rochers 1807*, h/pan. (28,5x38,5) : **GBP 3 220** – Londres, 12 nov. 1997 : *Scène côtière avec un pêcheur déchargeant sa prise*, h/pan. (24x34) : **GBP 4 600**.

ANDERSON William
XIXᵉ siècle. Actif à la fin du XIXᵉ siècle à Londres. Britannique.
Peintre de sujets de genre, paysages.
Cet artiste (du même nom que le peintre de marines) exposa entre 1856 et 1893 de nombreux ouvrages à Londres, entre autres dix à la Royal Academy et trente-trois à Suffolk Street.
Ventes Publiques : New York, 1900-1903 : *Gardina, Chiesta, Verona* : **USD 235** ; *Près de Rotterdam* : **USD 110** – New York, 23-24 jan. 1901 : *Ben Venue, Loch Achray* : **USD 100** – Los Angeles, 8 fév. 1982 : *Mère et enfant sur une route de campagne*, h/t (51x76) : **USD 1 400**.

ANDERSSON. Voir aussi ANDERSON

ANDERSSON Edvard
Né en 1891 à Helsingborg (Suède). Mort en 1967. XXᵉ siècle. Suédois.
Peintre, aquarelliste.
Il a exposé au Danemark, en France et aux États-Unis.
Très cultivé, il connaissait particulièrement les auteurs classiques français et étudia, de manière approfondie, les théories de Monge sur la géométrie descriptive. C'est sans doute pour cette raison que ses compositions sont toujours rigoureuses, servies par un trait assuré et un choix de tons vifs et élémentaires posés en aplats.

ANDERSSON Fred
Né en 1921. Mort en 1989. XXᵉ siècle. Suédois.
Peintre de compositions animées. Tendance abstraite.
Il peint des scènes d'intérieur ou d'extérieur, mais n'en conserve que les principaux rythmes et harmonies, tendant ainsi à l'abstraction.

Ventes Publiques : Stockholm, 7 déc. 1987 : *Composition 1966*, h/t (50x64) : **SEK 3 300** – Stockholm, 22 mai 1989 : *Intérieur – composition 1962*, h/t (115x146) : **SEK 5 200** – Stockholm, 5-6 déc. 1989 : *Trafic dans un carrefour*, h/t (50x64) : **SEK 14 000** – Stockholm, 14 juin 1990 : *Composition en vert 1960*, h/t (80x99) : **SEK 12 000** – Stockholm, 5-6 déc. 1990 : *Composition en jaune*, h/t (74x104) : **SEK 7 200**.

ANDERSSON Georgina
Née à Pangbourne. XXᵉ siècle. Britannique.
Peintre de paysages.
Elle a exposé à Paris entre 1936 et 1939 aux Salons des Artistes Français et de la Société Nationale des Beaux-Arts.

ANDERSSON Gustaf Albert. Voir ALBERT Gustave

ANDERSSON Marten
Né en 1934. XXᵉ siècle. Suédois.
Peintre de figures, paysages. Expressionniste.
Il peint des sujets divers, dans des pâtes pigmentaires violemment colorées, épaisses et malaxées fiévreusement.
Ventes Publiques : Stockholm, 18 nov. 1984 : « *Fäboden* » 1972, h/t (72x90) : **SEK 23 000** – Stockholm, 20 avr. 1985 : *Paysage imaginaire 1968*, h/t (100x72) : **SEK 26 000** – Stockholm, 7 déc. 1987 : « *Fäboden* » 1972, h/t (72x90) : **SEK 26 500** – Stockholm, 5-6 déc. 1990 : *Homme attablé au café 1958*, h. et laque/pan. (34x44) : **SEK 4 500**.

ANDERSSON Maya
Née le 25 octobre 1942 à Vevey (Suisse). XXᵉ siècle. Active en France. Suisse.
Peintre.
Elle a fait ses études à l'Ecole des Beaux-Arts de Lausanne, de 1959 à 1963. Depuis 1974, elle vit et travaille à Bordeaux où elle est devenue professeur à l'Ecole des Beaux-Arts de cette ville depuis 1976. Elle a exposé, à partir de 1980, en Suisse, à Lausanne, Bordeaux, Périgueux et Paris à la galerie Stadler. Sur des fonds abstraits, elle pratique les incisions qui dessinent des signes, des silhouettes, évoquant l'art des grottes paléolithiques ou l'art sumérien ou l'art égyptien.

ANDERSSON Mots
Né à Eskilstuno. XXᵉ siècle. Suédois.
Peintre.
Exposa à Paris au Salon d'Automne en 1923, un *Travailleur italien.*

ANDERSSON Nils. Voir ANDERSON

ANDERSSON Oskar
Né le 11 janvier 1877 à Stockholm. Mort le 28 novembre 1906. XIXᵉ siècle. Suédois.
Dessinateur, illustrateur.
Caricaturiste, il a collaboré à de nombreux journaux illustrés.
Ventes Publiques : Stockholm, 21 nov. 1988 : *Un rêve*, encre et aquar., une paire (chaque 34,5x24) : **SEK 7 500**.

ANDERSSON Pär
Né en 1926. XXᵉ siècle. Suédois.
Peintre.
Musées : Stockholm (Mod. Mus.).

ANDERSSON Sven
Né le 24 août 1846 à Smäland. XIXᵉ siècle. Suédois.
Sculpteur.
Étudia à Stockholm, puis se mit à faire des médaillons et des portraits, dont on trouve des spécimens au Parlement, à l'Académie des Sciences, à l'Université. Il a peint un certain nombre de copies.
Musées : Helsinki : *Saint Mathieu l'Évangéliste*, copie d'après Le Guerchin – *La descente de la croix*, copie d'après van Dyck – Stockholm : *Baron Louis de Geer*, médaillon en plâtre.

ANDERSSON Torsten. Voir ANDERSON

ANDERT Nestor Para d'
Né en 1807 à Andert-Condom (Ain). Mort en 1878 à Varces (Isère). XIXᵉ siècle. Français.
Peintre de portraits, de genre et d'histoire, et lithographe.
A exposé à Paris, de 1838 à 1846. Une toile de lui représentant *Luther, Melanchton et Catharina Bora*, après avoir figuré au Salon de 1838, a été acquise par le Musée de Grenoble.

ANDERTON G.
Né vers 1828 à Londres. Mort vers 1890. XIXᵉ siècle. Américain.
Graveur.

ANDERTON Henry
Né en 1630 en Angleterre. Mort en 1665. XVIIᵉ siècle. Britannique.
Peintre.
Walpole dit qu'il fut élève de Robert Streater, et peignit un peu dans tous les genres. Il visita Rome. De retour d'Italie il eut la bonne fortune de peindre la belle duchesse de Richmond, ce qui lui valut la clientèle du roi Charles II et de plusieurs personnes de la cour. Il se donna, à dater de ce moment, entièrement aux portraits. Il aida Pieter Lely, le portraitiste célèbre. Ce travail en commun et la grande rareté des œuvres d'Anderton permettent de supposer que la plupart de ses ouvrages sont inscrits dans les musées et les collections particulières sous le nom de son brillant collaborateur.

ANDIGNÉ Aymée Marie d', Mme. Voir **AYM**

ANDINA Emilio
Né le 28 mai 1875 à Buenos Aires. Mort le 16 avril 1935 à Buenos Aires. XXᵉ siècle. Argentin.
Sculpteur.
Il commença ses études artistiques à Buenos Aires, puis les poursuivit à l'Académie Royale de Brera à Milan, où il fut élève de Bignami (Vespasiano ?) et du sculpteur Enrico Butti. Il passa également par l'Institut Royal de Rome. On a vu de ses sculptures après sa mort aux expositions : *Un siècle d'art en Argentine* en 1936, *Cent ans d'art de Rio della Plata* en 1947, *Peinture et Sculpture argentines de ce siècle* en 1952.
Musées : Buenos Aires (Mus. des Arts Plastiques).

ANDINGER Jacob
XVIᵉ siècle. Travaillait à Fribourg vers 1591. Suisse.
Peintre.

ANDINO Pedro
XVIᵉ siècle. Actif à Séville. Espagnol.
Sculpteur.
Travailla à la cathédrale en 1527. Son fils et élève, Cristobal Andino fut lui même sculpteur, et architecte à Séville au XVIᵉ siècle.

ANDIRAN Frédéric François d'. Voir **DANDIRAN**

ANDLAU Hélène d'
Née le 17 avril 1919 à Paris. XXᵉ siècle. Française.
Graveur de paysages.
Elle avait abordé la sculpture dans l'atelier de Marcel Gimond, puis apprit la gravure en 1953 à l'Atelier Friedlaender, et en 1954 au célèbre *Atelier 17* de S. W. Hayter à Paris. Elle a reçu le Grand Prix des Beaux-Arts de la Ville de Paris en 1963. Bien qu'exposant régulièrement au Salon des Réalités Nouvelles, sa gravure reste figurative.
Elle représente des paysages oniriques, qui émergent d'un flou irréel, poétiquement assez proches de certaines gravures chinoises et japonaises noyées dans les brumes. Ses paysages sont parfois animés de quelques suggestions de personnages.

ANDLAU M. d', Mlle
XIXᵉ siècle. Active à Paris. Française.
Peintre de sujets de genre, portraits.
Elle a exposé au Salon des Artistes Français de Paris, de 1891 à 1896.

ANDLAUER Pierre
Né en 1941 à Guebwiller (Haut-Rhin). XXᵉ siècle. Français.
Peintre de figures, fleurs, graveur. Expressionniste, tendance abstraite.
De 1958 à 1961, il fut élève de l'École des Beaux-Arts de Mulhouse. Il s'est établi à Colmar. Il participe à des expositions collectives à Colmar, Mulhouse, Ingersheim (Villa Niemeyer), Lucerne, Tokyo, etc. Depuis 1961, il expose souvent individuellement, notamment : 1961 à Arwika Wârmland (au cours d'un séjour en Suède) ; 1976, 1978, 1979 Strasbourg, galerie Landwerlin ; 1982 Lucerne ; Stuttgart ; 1984 Lucerne ; 1986 Paris, galerie Katia Granoff ; Colmar, œuvres gravées à la Bibliothèque municipale ; 1987, 1991 Guebwiller, Musée Th. Deck ; 1989 Atlanta ; 1990 Colmar, galerie du Rhin ; 1990, 1992, 1994 Strasbourg, galerie du Petit Pont ; 1991 Bâle ; 1997 Ribeauvillé.
Il peint par larges plages de couleurs franches superposées, cernées d'épais graphismes noirs. Figures et formes évoquées au point de départ tendent souvent, en cours de travail, à s'effacer au profit d'une expression puissamment abstraite.
Bibliogr. : F. Gueth : *Pierre Andlauer*, in : fascicule chez l'artiste, s.l., 1997 ?

ANDLER Jean Paul
Né à Strasbourg. XXᵉ siècle. Français.
Peintre.
Exposa des huiles et des aquarelles aux Indépendants de 1928 à 1932. Parmi ses œuvres : *Fleurs et fruits* ; *Intérieur d'église*.

ANDLER Marie Louise
Née à Paris. XXᵉ siècle. Française.
Peintre.
Exposa des peintures et des pastels aux Indépendants de 1926 à 1932, et à l'Union Française des Peintres et des Sculpteurs en 1929.

ANDLOI T. Bomvivus
Peintre (?).
Raczynski a lu ce nom sur un fourreau d'épée, dans un des tableaux du chœur de l'église du Christ à Setubal. Ces tableaux, au nombre de dix-sept sont un cadeau de la reine Éléonore, veuve de Jean II de Portugal, laquelle les reçut de son cousin Maximilien Iᵉʳ. Le savant auteur du *Dictionnaire historique artistique du Portugal* ajoute qu'ils sont au nombre des meilleurs que possède le Portugal. Haupt pense que pour cette œuvre on pourrait mettre en avant le nom de Gerhard David.

ANDO Kaigetsudo Ando. Voir **KAIGETSU-DO ANDO**

ANDO Natakoro. Voir **ANDO NAKATARO**

ANDOE Joe
Né en 1955. XXᵉ siècle. Américain.
Peintre de fleurs.
Il s'est élaboré une technique maniériste séduisante convenant à son thème général de fleurs et plantes. Sur un fond monochrome sombre, probablement avant séchage, il dessine des épis, branches, fleurs, en grattant jusqu'au blanc du support la préparation avec un instrument aigu.
Ventes Publiques : New York, 5 oct. 1990 : *Sans titre*, h/t (51,1x61,2) : USD 11 000 – New York, 14 fév. 1991 : *Sans titre ; (branche de gui)* 1988, h/t (50,8x61) : USD 4 400 – New York, 2 mai 1991 : *Sans titre (feuille de chêne)* 1989, h/t (50,8x61) : USD 7 700 – New York, 7 mai 1991 : *Sans titre (épis de seigle et fleur)* 1989, h/t (101,6x121,9) : USD 2 860 – New York, 15 nov. 1991 : *Sans titre (tulipe vers la gauche #1)* 1989, h. et vernis/tissu (101,6x121,9) : USD 6 600 – New York, 7 mai 1992 : *Sans titre (Ruche)* 1988, h/tissu(101,6x121,9) : USD 3 850 – New York, 17 nov. 1992 : *Sans titre (branche de chêne)* 1989, h. et vernis/t. (50,8x61) : USD 2 200 – New York, 3 mai 1994 : *Sans titre (guirlande)* 1988, h/tissu (58x61) : USD 1 265 – New York, 16 nov. 1995 : *Sans titre (violette)* 1989, h/tissu (101,6x121,9) : USD 6 325 – New York, 9 mai 1996 : *Sans titre (tulipe)* 1989, h. et vernis/tissu (101,6x121,9) : USD 7 475 – New York, 19 nov. 1996 : *Sans titre (violette)* 1989, h./lin (101,6x122) : USD 5 520.

ANDOKIDES Peintre d'
VIᵉ siècle avant J.-C. Actif à la fin du VIᵉ siècle avant Jésus-Christ. Antiquité grecque.
Potier et peintre de vases (?).
Il passe pour être l'inventeur de la céramique à figure rouge. Sa production comprend à la fois des vases à figure noire et à figure rouge. Il a le goût de l'ornement pour les vêtements, ses nus restent décoratifs avec l'indication géométrique des muscles.

ANDO Kuniye
Né à Tokyo. XXᵉ siècle. Japonais.
Peintre.
Exposa des paysages au Salon en 1924.

ANDOLFATTO Natalino
Né en 1933 à Piave del Grappa. XXᵉ siècle. Italien.
Sculpteur. Abstrait.
Il fut élève de l'Ecole des Beaux-Arts de Paris et travailla également dans l'atelier d'Ossip Zadkine. Il travailla d'abord la pierre et le marbre. A partir de 1962, il fit de la fonte de bronze. Il participe alors à des expositions collectives, notamment il fut sélectionné pour la Biennale des Jeunes de Paris, ainsi que le Symposium de Grenoble en 1967. Après cette date, il expérimenta la fonte d'aluminium, puis, au Symposium de Kosice en Tchécoslovaquie, le fer forgé et soudé.
Ses sculptures évoluèrent de ce fait d'une conception de volumes pleins, statique et close sur elle-même, à une occupation de l'espace par des éléments minces, dégageant des vides entre eux, s'articulant les uns aux autres en porte-à-faux et dans des équilibres apparemment instables, donc dynamiques, éléments linéaires s'accouplant souvent à des éléments annulaires.
■ J. B.

BIBLIOGR. : Denys Chevalier, in : *Nouveau diction. de la sculpt. mod.*, Hazan, Paris, 1970.
VENTES PUBLIQUES : MILAN, 10 déc. 1985 : *Sculpture 1981*, marbre noir (24x50) : **ITL 4 000 000** – MILAN, 27 oct. 1986 : *Sans titre 1982*, marbre (H. 17) : **ITL 2 600 000**.

ANDO Mikié
Né en 1916 à Aïchi. XXᵉ siècle. Japonais.
Peintre de compositions à personnages, graveur sur bois.
Il fut élève du graveur Kitagawa Tamiji. Il expose depuis 1941. Il est membre du groupe *Nika Kaï*. Il peint des compositions de grandes dimensions, dans une technique réaliste qui convient à l'expression de leurs objectifs idéologiques.

ANDON F. d'
XIXᵉ siècle. Français.
Peintre de fleurs et de paysages.
A exposé aux Salons de Paris de 1891 à 1893.

ANDO NAKATARO
Né en 1861 à Tokyo. Mort en 1913. XIXᵉ-XXᵉ siècles. Japonais.
Peintre de portraits.
Il fut élève de Takahashi Yuichi. Directeur de l'école de Tenkaiga Kusha, il formera de nombreux disciples. Plus tard il fut fondateur de l'Association de peintres « Hakubakai » avec Kuroda Seiki et d'autres. Il peignit surtout des portraits. Il participa à l'Exposition Universelle de Paris en 1900, avec une peinture : *Aurore*.

ANDO Nobuya
Né en 1897 à Chiba. XXᵉ siècle. Japonais.
Peintre.
Il fut élève du peintre de paysages Kobayashi Mango. Il était membre des groupes *Sögen Kaï* et *Nitten*. Il obtint un Pemier Prix à l'Exposition Nationale de 1937 et fut nommé professeur à l'Université de Tokyo.

ANDOQUE Agnès
Née le 18 novembre 1948 à Boulogne-Billancourt (Hauts-de-Seine). XXᵉ siècle. Française.
Peintre. Abstrait-paysagiste.
Après des études d'arts appliqués et un métier de graphiste dans la publicité, elle fait une licence d'arts plastiques en 1980 et commence à exposer à partir de 1983, essentiellement dans des salons : « MAC 2000 » à Paris en 1989, Grands et Jeunes d'Aujourd'hui en 1990 et 1991.
Depuis 1981, elle travaille sur le « minéral », au travers duquel on peut saisir, selon elle, l'histoire de l'humanité.

ANDORF Johann Christoph ou Theodor
XVIIIᵉ siècle. Allemand.
Peintre.
Cité vers 1750.

ANDORFF Fried. August
Né le 29 juin 1819 à Scherbitz. Mort le 25 décembre 1875 à Berlin. XIXᵉ siècle. Allemand.
Graveur.
Élève de Buchhorn à l'Académie de Berlin (1838). S'installa comme graveur au burin et à l'eau-forte. Ensuite, vint à Weimar où il fit du portrait. Mais il dut surtout sa célébrité à son burin. Il a reproduit quelques tableaux de genre.

ANDORFF J. A.
XVIIIᵉ siècle. Actif à la fin du XVIIIᵉ siècle. Allemand.
Dessinateur.
Cet Andorff est probablement celui dont il est question dans l'almanach de l'État de Mecklembourg-Schwerin de 1798, comme maître de dessin à l'université de Rostock, où il vivait encore en 1809. J.-P. But grava d'après lui, en 1793, le *Portrait du professeur J.-Ch. von Quistorp*.

ANDORFF Paul
Né le 2 avril 1849 à Weimar. XIXᵉ siècle. Allemand.
Peintre de genre, paysages urbains.
De 1867 à 1873, fut l'élève de l'Académie de Berlin, ensuite maître de l'Académie de dessin à Hanau ; puis professeur à Francfort. Il fit d'abord quelques tableaux de genre, puis il peignit des vieilles ruelles, des places anciennes. Ses œuvres figurèrent aux expositions de l'Académie de Berlin à partir de 1876.

ANDORKO Jules
Né à Bodollo. XIXᵉ-XXᵉ siècles. Hongrois.
Peintre.
Cet artiste prit part à l'Exposition du Salon d'Automne de 1907

avec trois toiles : *Intérieur, Portrait de l'artiste, Jeune fille dans un intérieur.*

ANDOUARD F. ou Andouart
Né en 1734 à Paris. XVIIIᵉ siècle. Français.
Graveur au burin.
A gravé des paysages et des portraits. On mentionne notamment de lui : *Portrait du comte de Bruhl*, d'après Bertaux, *Vaisseau de guerre anglais*, d'après Flottedt Saint Joseph, *Soleil couchant sur mer*, d'après le même.

ANDOUARD Jean Baptiste Marie
Né vers 1779 à Paris. XIXᵉ siècle. Français.
Graveur.
Il dut commencer son éducation avec son père, le graveur F. Andouard, car il avait 23 ans lorsqu'il entra à l'École des Beaux-Arts, le 2 floréal, an X, dans l'atelier de Boverel.

ANDO Yasuhiko
Né en 1947. XXᵉ siècle. Japonais.
Sculpteur.
A la fin des années 80, il séjourne longuement à Stuttgart en Allemagne. Dans cette même période il expose à Paris, au Salon Grands et Jeunes d'Aujourd'hui. Ses sculptures se situent à partir d'un plan horizontal. Elles mêlent des éléments abstraits ou métaphoriques à des figurations précises, personnages par exemple.

ANDRADE Alfredo d'
Né en 1839 ou 1843 à Lisbonne. Mort en 1915 à Gênes. XIXᵉ-XXᵉ siècles. Actif en Italie. Portugais.
Peintre de paysages et architecte.
Après avoir visité l'Exposition Universelle de Paris en 1855, il s'établit à Gênes, où il resta quatre ou cinq ans, étudiant à l'Académie des Beaux-Arts avec Tammar Luxoro. Puis, en 1860, il sejourna quelques mois à Genève, travaillant dans l'atelier de Calame. L'année suivante, il travailla sous la direction d'Auguste Ravier, à Crémieu, dans le Dauphiné. Il s'installa à nouveau à Gênes, où il resta vingt-sept ans, avant de se fixer à Florence en 1892.
Ses paysages, dans des tonalités de gris-bleu et de bruns, sont empreints de nostalgie et d'un certain romantisme.
BIBLIOGR. : *La valeur des peintures du XIXᵉ siècle*, Annuaire de l'Économie de l'Art, 1988-1989 – Gérald Schurr : *Les Petits Maîtres le la peinture 1820-1920, valeur de demain*, t. VII, les Éditions de l'Amateur, Paris, 1989.
MUSÉES : LISBONNE (Mus. Nat. d'Art Contemp.): *L'étang* – MADRID : *Castel Fusano, près de Rome.*
VENTES PUBLIQUES : MILAN, 15 juin 1983 : *Ecclésiastiques sur un chemin boisé*, h/t (100x50) : **ITL 4 500 000** – MILAN, 16 juin 1992 : *Le lac de Viverone 1872*, h/t (15,5x47) : **ITL 5 500 000**.

ANDRADE Angel
Né en 1866 à Ciudad Real. XIXᵉ siècle. Espagnol.
Peintre de genre, sculpteur de bustes.
Étudia la peinture avec Joachim Ferrer et à l'Académie de San Fernando de Madrid. Il vint à Rome en 1891, et depuis 1900 il y fut professeur de dessin. On cite parmi ses œuvres : *L'Anniversaire, La Moisson, Le Reproche*. On cite de lui un buste qui eut une mention honorable à Madrid.

ANDRADE Ellen, Miss
XIXᵉ siècle. Active à Londres entre 1850 et 1857. Britannique.
Peintre.
Cette artiste exposa à la Royal Academy, à la British Institution, à Suffolk Street et particulièrement à cette dernière institution, des tableaux de genre représentant des scènes de la vie domestique.

ANDRADE Farnese de
Né en 1926 dans le Minas Gerais. XXᵉ siècle. Brésilien.
Graveur.
Il fit ses études artistiques à Belo Horizonte, de 1945 à 1948. Il apprit ensuite la gravure au Musée d'Art Moderne de Rio de Janeiro, de 1959 à 1961. Il a été sélectionné pour représenter le Brésil aux Biennales de Venise de 1963 et 1968.

ANDRADE Gaëtano Ayres de
Né vers 1787 en Portugal. XIXᵉ siècle. Portugais.
Peintre.
Professeur de dessin à l'Académie de Lisbonne vers 1843, date à laquelle il figura à une exposition.

ANDRADE J., Miss
XIXᵉ siècle. Active à Londres entre 1849 et 1858. Britannique.
Peintre de fruits.

Elle exposa à Londres une fois à la British Institution et à huit reprises à Suffolk Street.

ANDRADE Jeronimo de
Né en 1715 à Lisbonne. Mort le 25 décembre 1801. XVIIIe siècle. Portugais.
Peintre de perspectives.
Entré le 23 octobre 1746 dans la confrérie de Saint-Luc. Ce fut surtout un peintre de perspectives. L'une de ses plus réussies est celle de la voûte de l'église Saint-Paul, à Lisbonne et celle du plafond de l'église Saint-Pierre. Il eut comme collaborateurs José-Th. Gomes, Vicente Paulo et Gaspar-José Raposo. Il fut considéré, de son temps, comme un des meilleurs peintres de la Cour.

ANDRADE Joseph
XVIIIe siècle. Travaillait en Espagne. Espagnol.
Graveur en taille-douce.
Deux estampes de lui sont connues : *Notre-Dame d'Atocha avec Saint Philippe et Saint Luc* et *Sainte Rosalie en costume de pèlerine.*

ANDRADE Kate L.
XIXe siècle. Active à Londres. Britannique.
Peintre de fleurs.
Exposa à Suffolk Street, en 1893.

ANDRADE Luis Alvarès d'
Mort en 1631 à Lisbonne, à un âge très avancé. XVIe-XVIIe siècles. Portugais.
Peintre et décorateur.
Il fut élève de Francisco de Bovadilhas. Fit des images pour fêtes et processions, vers 1587. D'après Cyrillo Machado, il aurait peint plusieurs tableaux représentant la *Trinité.* Certainement identique à ALVARES (Luis).

ANDRADE Magda
Née à Marcaïlo. XXe siècle. Vénézuélienne.
Peintre de portraits, figures, paysages, fleurs.
Elle obtint une bourse du gouvernement vénézuélien pour travailler à Paris, où elle a exposé de 1934 à 1938 aux Salons de la Société Nationale des Beaux-Arts, d'Automne et des Indépendants.
VENTES PUBLIQUES : PARIS, 28 déc. 1949 : *Fleurs fruits sur un fond de marine :* FRF 3 100 – PARIS, 8 mars 1954 : *Les trois jeunes-filles romantiques :* FRF 10 500.

ANDRADE Oswald de
Né en 1914. Mort en 1972. XXe siècle. Brésilien.
Peintre. Tendance surréaliste.
Probablement fils de l'écrivain et théoricien de l'art Mario de Andrade.
Son art, où se manifestent lyrisme surréaliste et fantastique folklorique, a été rapproché de celui de Chagall.
BIBLIOGR. : Damian Bayon, Roberto Pontual, in : *La Peinture de l'Amérique latine au XXe s,* Mengès, Paris, 1990.

ANDRADE-CALVATANTI Yonaldo
Né en 1933 à Récife. XXe siècle. Brésilien.
Peintre. Abstrait.
On connaît ses peintures à caractère géométrique. Il a aussi une activité en tant que dessinateur de sujets folkloriques.

ANDRADE TORRE Daniel
XIXe-XXe siècles. Actif en Équateur. Sud-Américain.
Sculpteur.
A pris part à l'Exposition Universelle de 1900, avec un buste sculpté sur bois.

ANDRAE Elisabeth
Née en 1876 à Leipzig. XXe siècle. Allemande.
Peintre de paysages animés.
En 1906 elle figura aux expositions de Berlin et de Dresde. Elle exposa de nouveau à Berlin en 1910.

ANDRAGORAS I, fils d'Aristeidas
IIe-Ier siècles avant J.-C. Rhodien, travaillait au tournant du IIe et du Ier siècle avant Jésus-Christ. Antiquité grecque.
Sculpteur.
Une inscription nous apprend qu'il avait exécuté une statue-portrait de Stratoklès, fils de Kairogénès, pour Astypalaia.

ANDRAGORAS II, fils d'Aristoménès
Ier siècle avant J.-C. Rhodien, actif dans la première moitié du Ier siècle avant Jésus-Christ. Antiquité grecque.
Sculpteur.

Une signature de lui nous est conservée par une inscription rhodienne de 75 environ.

ANDRAGORAS III, fils d'Andragoras
Ier siècle avant J.-C. Rhodien, actif au milieu du Ier siècle avant Jésus-Christ. Antiquité grecque.
Sculpteur.
Son nom se lit sur une base en marbre blanc de l'Acropole de Lindos (statue honorifique d'Eupolémos, fils d'Eupolémos). Il s'agit peut-être du fils d'Andragoras, fils d'Aristoménès.

ANDRAL Claude
XXe siècle. Français.
Peintre.
Dans les années quatre-vingt, quatre-vingt-dix, il est un exposant régulier du Salon d'Automne à Paris.
VENTES PUBLIQUES : PARIS, 14 avr. 1991 : *Immeuble réfléchi* 1987, h/t (99x73) : FRF 3 800.

ANDRAS Catherine
Née vers 1775 à Bristol. XVIIIe-XIXe siècles. Britannique.
Sculpteur-modeleur de cire.
Exposa souvent à l'Académie Royale des portraits en cire, de 1799 à 1824. En 1801, elle fut nommée portraitiste en cire de la reine Charlotte et, dans la même année, elle fut récompensée par la Société pour l'encouragement de l'art pour des portraits de Lord Nelson et de la princesse Charlotte. Quelques-uns de ses portraits furent reproduits en gravure.

ANDRAULT Jean-Claude
XXe siècle. Actif au Gabon. Français.
Sculpteur de compositions d'imagination. Fantastique.
Il est médecin au Gabon. Il assemble des ossements de squelettes dans des sortes d'autels démoniaques. Un Andrault sans prénom figurait à la 2e Biennale des Jeunes Artistes, à Paris en 1961.

ANDRAY L.
XIXe siècle. Actif au début du XIXe siècle. Français.
Dessinateur.
Fit une esquisse de la statue de Louis XV, pour la lithographie publiée par Franç. le Villain.

ANDRÉ, Mme
XIXe siècle. Française.
Graveur au pointillé.
Travaillait pour l'éditeur parisien Papavoine ; selon Füssli, elle fit une gravure : *L'enfant trouvé,* d'après un dessin de la comtesse Lavinia Spencer.

ANDRÉ ou Andry
XVe siècle. Français.
Peintre.
Ce peintre, qui vivait à Lyon en 1474 et 1494, travailla pour les entrées de Louis XI et de Charles VIII en 1476 et 1494. En 1476, il peignit des « toyles et autres mistères ». Un peintre et un enlumineur de ce nom étaient établis à Lyon à la fin du XIVe siècle : l'enlumineur en 1363 et 1377, le peintre en 1390 et 1392.

ANDRÉ ou Andry
XVe-XVIe siècles. Actif à Lyon (Rhône). Français.
Tailleur d'images.

ANDRÉ A. E., dit Andrée de Nuremberg et Maître Gérôme
Mort le 7 mai 1556. XVIe siècle. Allemand.
Graveur sur bois.
Defer dit que cet artiste grava la plupart des dessins d'Albert Dürer, ainsi que des planches pour le *Triomphe de Maximilien Ier,* de Hans Burgmair, avec Jobst Dieneckert, d'Augsbourg, et Hans Suetzelburger, de Bâle.

ANDRÉ Aimé Louis
Né à Lyon. XIXe siècle. Français.
Peintre.
Il exposa à Paris de 1845 à 1855.
MUSÉES : DIJON : *Environs de Sachselen – Vue du Rhône à Sierre.*
VENTES PUBLIQUES : PARIS, 1905 : *Guitariste espagnol :* FRF 50 – PARIS, 1907 : *Plage à l'heure du bain :* FRF 820.

ANDRÉ Albert
Né le 24 mai 1869 à Lyon (Rhône). Mort le 11 juillet 1954 à Avignon (Vaucluse). XIXe-XXe siècles. Français.
Peintre de compositions à personnages, nus, portraits, paysages animés, intérieurs, natures mortes, fleurs, cartons de tapisseries, illustrateur. Postimpressionniste.

Il était venu à Paris, en 1889, comme dessinateur industriel. À vingt-trois ans il s'inscrivit dans l'Atelier de William Bouguereau à l'Académie Julian. Il s'y lia avec Ranson, Louis Valtat et le jeune poète et dramaturge, qui se destinait alors à la peinture, Henry Bataille. Il commença à exposer au Salon des Indépendants en 1894. De 1904 à 1944 il a exposé au Salon d'Automne, dont il devint sociétaire et dont il composa l'affiche en 1927. À partir de 1923, il figura parfois au Salon des Tuileries. En 1924 il exposa à New York et à Buenos Aires. Des expositions rétrospectives lui ont été consacrées : au Musée des Beaux-Arts de Besançon en 1964, à la Galerie Arthur Tooth de Londres en 1965. Il a illustré *L'étang de Berre* de Charles Maurras, *Les petites alliées* de Claude Farrère. Il a composé des cartons de tapisseries pour la manufacture de Beauvais. Il travailla dans sa jeunesse à Paris et à Loudun, puis se fixa définitivement dans le Midi, où il devint conservateur du Musée de Bagnols-sur-Cèze, y constituant une importante collection contemporaine, avec des Monet, Renoir, Bonnard, Vuillard, Matisse, Despiau. En 1923, il a écrit un recueil de souvenirs plutôt qu'une étude sur Renoir, de qui il fut un des rares amis, en préface à un album de phototypies d'œuvres de celui-ci.
Sa peinture fut d'abord influencée par Delacroix. La peinture de Cézanne l'amena à cette réflexion sur la construction du volume par la couleur qu'on connait bien : les tons chauds pour les surfaces éclairées, les froids pour les ombres. Mais ce fut sans doute Renoir qui le marqua le plus, d'autant que Renoir ayant remarqué ses peintures dès 1894, l'avait présenté à Paul Durand-Ruel qui devint son marchand. Il a peint sur tous les thèmes et s'affirma surtout dans les compositions à personnages dans des paysages évoquant parfois la vie urbaine, ainsi que dans les scènes d'intérieur, où il savait tempérer sa gamme colorée. Il a peint des paysages de Paris, de Lyon, Marseille, Loudun, nombreux de Bagnols-sur-Cèze, des portraits féminins : *Jeune fille en bleu, Jeune fille tirant son bas*, etc., de précieux témoignages : *Portrait de Renoir – Claude Monet dans son jardin*. ■ J. B.

Albert André

BIBLIOGR. : Marius Mermillon : *Albert André*, Crès, Paris, 1927.
MUSÉES : CHICAGO – ÉPINAL (Mus. départ. des Vosges) : *Le Déjeuner au bord de la mer* 1918 – LYON (Mus. des Beaux-Arts) : *En Provence* – NARBONNE (Mus. d'Art et d'Hist) : *La Toilette* 1952 – NEW YORK (Mus. of Mod. Art) – PARIS (Mus. Nat. d'Art Mod.) : *Le Déjeuner au bord de la mer – Baigneuse – L'Après-midi au square des Batignolles, ou le Jardin public* 1923 – *Au bord de la Seine* 1930 – PARIS (Mus. d'Orsay) : *Le Jeu de ballon – Femme au serin – Maleck peignant dans l'atelier – La Musique* – PHILADELPHIE – WASHINGTON.

VENTES PUBLIQUES : PARIS, 12 déc. 1921 : *Nature morte* : FRF 2 200 – PARIS, 26 nov. 1927 : *Sur la plage* : FRF 1 800 – PARIS, 24 fév. 1943 : *Bagatelle* : FRF 22 000 – PARIS, 24 fév. 1943 : *Femme à sa toilette* : FRF 8 500 – PARIS, 31 mars 1944 : *Vue du village de Loudun* : FRF 6 000 – PARIS, 25 oct. 1950 : *Place Pigalle sous la pluie* : FRF 24 000 – PARIS, 8 juil. 1954 : *Femme nue au lever* : FRF 55 000 – PARIS, 20 déc. 1954 : *Vieilles maisons à Serrières* : FRF 75 000 – PARIS, 29 mars 1957 : *Baigneuse assise* : FRF 100 000 – NEW YORK, 6 mai 1959 : *Les soleils* : USD 650 – PARIS, 1er déc. 1959 : *Environs de Marseille* : FRF 250 000 – NEW YORK, 15 mai 1963 : *Vieille rue à Loudun* : USD 1 250 – PARIS, 20 mars 1964 : *La plage de Boulogne*, aquar. : FRF 400 – LUCERNE, 28 nov. 1964 : *Route de la Corniche à l'Estaque (le soir)* : CHF 10 000 – VERSAILLES, 5 déc. 1971 : *Jeune femme peintre dans la campagne* : FRF 17 500 – LOS ANGELES, 21 mai 1973 : *Femme en rose courant dans le jardin* : USD 2 500 – LONDRES, 6 avr. 1976 : *Jeune femme cousant* vers 1913, h/t (65x65) : GBP 2 400 – LOS ANGELES, 9 nov. 1977 : *Place Pigalle, le 14 Juillet 1919*, h/t (81,3x101) : USD 6 000 – PARIS, 2 nov. 1979 : *Place Pigalle 1925*, h/t (60x81) : CHF 15 000 – PARIS, 18 juin 1980 : *Jeune femme nue au fauteuil rouge dans l'atelier*, h/t (54x65) : FRF 14 000 – PARIS, 19 juin 1981 : *Femme dans un intérieur*, h/t (55x33) : FRF 9 500 – VERSAILLES, 2 juin 1982 : *Jeune femme à la guitare* 1938, h/cart. (81x65) : FRF 26 000 – LONDRES, 24 mars 1983 : *Le Bouquet de feuillages*, h/t (89,2x98,7) : GBP 13 500 – NEW YORK, 16 nov. 1984 : *Boulogne-sur-Mer, petite plage*, h/t (37,8x55,3) : USD 24 000 – LONDRES, 26 juin 1985 : *Pommes et verveine* 1912, h/t (32x44) : GBP 11 500 – VERSAILLES, 11 juin 1986 : *Jeune femme à sa toilette dans un intérieur*, h/t (63x48) : FRF 54 000 – PARIS, 2 mars 1987 : *Femmes romaines à la fontaine*, h/pan. (20,5x31,5) : FRF 14 000 – CALAIS, 8 nov. 1987 : *Paysage du Midi*, h/t (54x65) : FRF 53 000 –

PARIS, 10 fév. 1988 : *Jeune femme enfilant son bas*, aquar. (23x21) : FRF 3 200 – LONDRES, 24 fév. 1988 : *Bouquet de lilas et tulipes* 1948, h/isor. (61x50) : GBP 22 000 – LONDRES, 18 mai 1988 : *Vase de roses*, h/t (32x36) : GBP 7 150 – PARIS, 22 juin 1988 : *Coin d'atelier*, h/t (54x65) : FRF 115 000 – PARIS, 7 juil. 1988 : *Femme lisant dans un intérieur*, h/t (55x46) : FRF 80 000 – PARIS, 7 juil. 1988 : *Bouquet de zinnias*, peint./t. (46x41) : FRF 52 000 – NEW YORK, 6 oct. 1988 : *Place Pigalle*, h/t (72,4x60,9) : USD 44 000 – LONDRES, 21 oct. 1988 : *Bouquet de zinnias*, h/t (46,5x41,5) : GBP 8 800 – NEW YORK, 16 fév. 1989 : *Roquemaure* 1935, h/t (46,3x54,5) : USD 26 400 – PARIS, 12 avr. 1989 : *Portrait de femme*, h/t (46x55) : FRF 45 000 – MONACO, 3 mai 1989 : *Le Modèle dans un fauteuil rouge*, h/t (76x76) : FRF 188 700 – LONDRES, 24 mai 1989 : *Nature morte aux fraises, aux bananes et aux pommes*, h/t (38,3x46,2) : GBP 9 350 – NEW YORK, 6 oct. 1989 : *Intérieur avec une porte ouverte*, h/t (55,2x46,4) : USD 24 750 – PARIS, 22 nov. 1989 : *Le dessert*, h/t (35x47) : FRF 135 000 – PARIS, 26 juin 1990 : *Le Talmudiste dans la chambre obscure*, h/pan. (47x56) : FRF 7 500 – NEW YORK, 26 fév. 1990 : *Fleurs et fruits*, h/t (73,6x91,5) : USD 27 500 – LONDRES, 4 avr. 1990 : *Scène de rue à Paris*, h/t (42x38,5) : GBP 13 200 – PARIS, 24 avr. 1990 : *La Véranda* 1913, h/t (68x63) : FRF 240 000 – PARIS, 30 mai 1990 : *Femme peignant dans un pré*, h/t (65x81) : FRF 48 000 – PARIS, 2 juil. 1990 : *Roses et asters, fond jaune* 1948, h/pan. (60x50) : FRF 105 000 – NEW YORK, 3 oct. 1990 : *Femme mangeant des raisins*, h/t (74,5x100,1) : USD 38 500 – NEW YORK, 15 nov. 1990 : *Dame en blanc assise* 1912, h/t (49,8x49,5) : USD 187 000 – PARIS, 27 nov. 1990 : *Glaïeuls* 1922, h/t (72,5x59,5) : FRF 60 000 – LONDRES, 5 déc. 1990 : *Pommes et verveine* 1912, h/t (32x44) : GBP 8 250 – PARIS, 16 mars 1991 : *La Terrasse*, h/t (46x55) : FRF 92 000 – AMSTERDAM, 22 mai 1991 : *Melon vert et tomates* 1911, h/t (29,5x46,5) : NLG 7 475 – LONDRES, 16 oct. 1991 : *Pommes dans une coupe* 1921, h/pan. (38x55,5) : GBP 4 180 – PARIS, 27 nov. 1991 : *Maison de campagne*, h/cart. (30x40) : FRF 11 000 – PARIS, 27 jan. 1992 : *Nu allongé sur la plage*, h/t (33,5x54,2) : FRF 20 000 – CALAIS, 5 avr. 1992 : *Nu allongé sur la plage*, h/t (34x54) : FRF 28 000 – PARIS, 14 avr. 1992 : *La Promenade à Endoume* 1917, h/cart. (38x55) : FRF 70 000 – NEW YORK, 10 nov. 1992 : *Vue de Rochefort Garse : l'orage*, h/t (38x45,7) : USD 4 400 – LONDRES, 1er déc. 1992 : *Intérieur, femme assise* 1905, h/t (40x30,3) : GBP 15 400 – PARIS, 27 mai 1993 : *Velletri dans les États romains*, h/pap. (19,5x30,5) : FRF 16 500 – PARIS, 23 juin 1993 : *Femme au bain* 1909, h/t (165,5x64) : FRF 34 000 – NEW YORK, 4 nov. 1993 : *Baigneuse s'essuyant* 1909, h/t (165,7x64,1) : USD 21 850 – PARIS, 1er déc. 1993 : *Pommes et verveine*, h/t (32x44) : GBP 11 500 – PARIS, 22 mars 1994 : *Jeune femme ajustant son chapeau*, h/t (31x30) : FRF 11 000 – COPENHAGUE, 16 mai 1994 : *Intérieur d'un café français*, h/t (47x53) : DKK 83 000 – LONDRES, 29 juin 1994 : *Baigneuses : les Catalans à Marseille*, h/pap./t. (95x112,5) : GBP 28 750 – NEW YORK, 9 nov. 1995 : *Paysage avec baigneuses* 1908, h/t (120,7x130,8) : USD 34 500 – PARIS, 21 nov. 1995 : *Vase de fleurs à l'atelier*, h/t (65x54) : FRF 57 000 – LONDRES, 20 mars 1996 : *Pastèque et grenades* 1921, h/t (43x59) : GBP 2 990 – PARIS, 14 juin 1996 : *Pont sur la Seine*, h/cart. (46x82) : FRF 85 000 – NEW YORK, 13 nov. 1996 : *Pont sur la Seine à Paris*, h/t (66x82,2) : USD 34 500 – LONDRES, 3 déc. 1996 : *La Rue Saint-Ferréol à Marseille* 1917, h/t (81x100) : GBP 56 500 – AMSTERDAM, 10 déc. 1996 : *Bouquet de zinnias* vers 1930, h/t (65x54,5) : NLG 18 451 – LONDRES, 23 oct. 1996 : *Vase de dahlias*, h/t (55,5x46,5) : GBP 2 760 – LONDRES, 25 juin 1996 : *Fillette sous la fenêtre* 1893, h/t (55x38) : GBP 16 100 – NEW YORK, 14 mai 1997 : *La Leçon de piano*, h/t (67,3x121,9) : USD 31 050 – PARIS, 11 juin 1997 : *Bord de mer vu de la péniche* 1918, peint./t. (51x65) : FRF 170 000.

ANDRÉ Albert, Mme. Voir **CORNILLAC Marguerite**

ANDRÉ Alexandrine
XIXe siècle. Travailla à Paris de 1830 à 1840. Française.
Graveur en taille-douce.

ANDRÉ Alexis
Né à Paris. XIXe-XXe siècles. Français.
Sculpteur.
Il fut élève de Mercié et de Cavelier. Sociétaire du Salon des Artistes Français de Paris, il y expose dès 1878, obtenant une mention honorable en 1885-1886, une troisième médaille en 1904, et continue à exposer jusqu'en 1933.
Parmi ses œuvres, on mentionne : *Le Renard chez le comédien*, 1886, buste d'*Henry Milne-Edwards* ; *Maréchal Lefèbvre* ; *Jeanne d'Arc* ; *Aphrodite* ; *La Bièvre*.

VENTES PUBLIQUES : NEW YORK, 1er déc. 1978 : *Naïade* vers 1900, bronze à patine brune (H. 44) : USD 3 200.

ANDRÉ Alexis Claire

Né vers 1747 à Paris. XVIIIe siècle. Français.
Peintre.
Il entra, au mois d'avril 1765, à l'École de l'Académie de Peinture, dans l'atelier de Hallé. Le registre des élèves protégés le mentionne encore présent à l'École en 1767.

ANDRÉ Antoine

XVIe siècle. Actif à Paris. Français.
Peintre.
Il fut cité en 1573.

ANDRÉ Antoine

Mort peu après 1710. XVIIe-XVIIIe siècles. Actif dans la seconde moitié du XVIIe siècle. Français.
Sculpteur.
Colbert l'envoya à Carrare, en 1669, choisir des marbres pour l'embellissement du Louvre et d'autres palais, puis lui procura de nombreuses commandes pour Versailles. Il composa, pour le château, des modèles de vases en bronze, des trophées de pierres et une copie d'antique, représentant Tiridate, roi d'Arménie, statue qui se trouve encore aujourd'hui sur la terrasse de Latone. En 1688, sur l'ordre de Seignelay, il alla de nouveau à Carrare « pour le choix des marbres du Roy ». Entre 1691 et 1693 il travailla à l'église des Invalides et en 1710 collabora à la décoration de la chapelle du château de Versailles.

ANDRÉ Camille

XVIIIe siècle. Suisse.
Émailleur.
Il vécut et travailla à Genève.

ANDRÉ Carl

Né en 1935 à Quincy (Massachusetts). XXe siècle. Américain.
Sculpteur et peintre. Abstrait, minimaliste.
En 1951-1953, il fréquenta la Phillips Academy d'Andover (Massachusetts), où il rencontra Frank Stella. En 1954, il voyagea en Europe, découvrant la sculpture de Brancusi et les monuments mégalithiques. Il vit à New York.
Il participe à des manifestations collectives d'artistes américains : en 1966 à l'exposition collective qui fit connaître historiquement le Minimal Art, et qui s'intitulait *Structures Primaires*. Il a participé à toutes les expositions du Minimal Art, notamment celle organisée au Centre National d'Art Plastique Contemporain (CAPC) de Bordeaux en 1985. Il n'expose individuellement que depuis 1965. Depuis lors, ses expositions personnelles se sont multipliées aux États-Unis, en Allemagne, France, etc. Une rétrospective de son œuvre fut montée par la Kunsthalle de Berne en 1975. En 1997 à Marseille, le Musée Cantini et le Centre de la Vieille Charité ont exposé un ensemble important de ses réalisations.
Il est l'un des promoteurs du Minimal Art, ce courant abstrait typiquement américain. Cette forme d'abstraction requiert un retour radical à ce qui est appelé les « formes primaires ». Il s'agit de proposer au spectateur des sensations limitées à leur maximum de pureté, dégagées de toute possibilité d'interprétation synesthésique, de toute tentation affective. Par exemple, la couleur rouge monochrome appliquée sur une très grande surface, submergera le spectateur en tant que la réalité-même du rouge. Un volume cubique de dimensions importantes s'imposera en tant que la réalité-même du cube. Donc, pour atteindre à ces sensations dans leur maximum de pureté, convient-il de mettre en œuvre ces formes primaires avec le minimum de moyens distractifs, ce qui n'exclut pas les très grandes dimensions. Un des critiques les plus concernés dans ce qu'il a appelé « l'art du réel », E. C. Goossen, écrit : « Cette nouvelle conception esthétique a fait éclater l'art : l'expérience de la perception au lieu d'être considérée comme un moyen, est devenue une fin en soi... » Malgré certaines apparences, ce mouvement repousse toute référence au suprématisme de Malévitch ou au monochrome d'Yves Klein, les taxant de spiritualisme. Il est intéressant de remarquer le parallélisme dans la chronologie du Minimal aux États-Unis et du mouvement « Support-Surface » en France, qui, à sa façon, avec ses moyens propres, retourna aussi à la matérialité pure des constituants de la peinture : châssis, couleur sans forme signifiante, tissage de la toile ou nature du subjectile, etc., détachés de toute connotation affective, de toute anecdote. Ce mouvement du Minimal s'est affirmé dans le contexte international du très vaste courant conceptuel qui a

dominé les avant-gardes des années soixante-soixante-dix, et encore quatre-vingt. Dans sa généralité, on peut le caractériser par ses quelques constantes, il est : abstrait, géométrique, modulaire, répétitif, et spécifiquement américain.
Carl André s'est d'abord intéressé aux phénomènes de perception, notamment en ce qui concerne la perception des séries, des phénomènes de répétition. Des matériaux de base, disposés différemment, ne peuvent être perçus identiquement, ainsi d'une installation de huit séries chacune de cent-vingt briques semblables, mais empilées différemment dans chaque série. Aussi, et non seul, Carl André, artiste minimal, s'est souvent manifesté dans le domaine contigu du « Land art », consistant en des interventions minimalistes dans les plus grandes dimensions du paysage, correspondant au déplacement corporel du spectateur. Par exemple, en 1968, à Aspen dans le Colorado, il a réalisé : *Long piece*, série de morceaux de bois alignés dans une forêt, ainsi que : *Tas de rochers*, simple entassement de pierres, dont la critique a dit qu'il constituait : « une approche beaucoup plus directe de la nature ». Ces installations dans la dimension horizontale du paysage pouvant intégrer des matériaux divers, du moment qu'aptes à répétition et série : parpaings, briques, rails, etc. Dans ses pratiques plus strictement minimalistes, Carl André recourt souvent à des volumes cubiques ou dérivés du cube, en assemblages géométriques combinatoires, en général orthogonaux. Une de ses œuvres les plus connues est constituée d'un assemblage bord-à-bord au sol de carrés égaux de métaux différents : aluminium, étain, zinc, manganèse, dont l'aspect en carrelage ne sollicite pas l'imagination, la seule alternance des matières et leur mise en relation devant provoquer la meilleure appréhension du matériau pour lui-même, la neutralité affective des réalisations ne pouvant inclure d'autre titre que le nombre, les dimensions et la disposition de leurs éléments constitutifs.

■ Jacques Busse

BIBLIOGR. : E.C. Goossen : Catalogue de l'exposition : *L'art du réel – U.S.A. – 1948-1968*, Gal. Nat. du Grand-Palais, Paris, 1968 – Béatrice Parent : *Land art*, Opus Intern., Paris, 1971 – Catalogue de l' exposition *Carl André*, Le Nouveau Mus., Villeurbanne, 1983 – in : *L'art du XXe siècle*, Larousse, Paris, 1991 – Doris von Draten : *À l'écart des catégories. Un autre regard sur Tony Smith et Carl André*, in : *Art Press*, no 224, Paris, mai 1997.

MUSÉES : AMSTERDAM (Stedelijk Mus.) – BÂLE (Kunstmuseum) – EINDHOVEN (Van Abbe Mus.) – ÉPINAL (Mus. départ. des Vosges) : *Z II Prime Couple* 1974 – MONTRÉAL (Mus. d'Art Contemp.) : *Nouvelle œuvre en forme de pont, dédiée à Düsseldorf* 1976 – NEW YORK (Mus. of Mod. Art) – NEW YORK (Guggenheim Mus.) – OTTERLO (Rijksmuseum Kröller-Müller) – PARIS (Mus. Nat. d'Art Mod.) : *Black Creeks* 1978 – *Tin squares* 1975, 144 carrés d'étain – *Hearth* 1980, éléments de bois.

VENTES PUBLIQUES : NEW YORK, 17 nov. 1971 : *Équivalent* : USD 3 500 – NEW YORK, 1er nov. 1978 : *8 Blocks and stones* 1973, scories et pierres (chacune 30,5x29x5,5) : USD 2 800 – LONDRES, 5 déc. 1979 : *Poème* 1965, caractères de machines à écrire/pap. (27,5x18,5) : GBP 1 000 – NEW YORK, 16 mai 1980 : *Magnesium Copper Plain* 1970, 36 plaques (5x183x183) : USD 29 000 – NEW YORK, 13 mai 1981 : *17 copper run* 1973 (1x75,5) : USD 1 600 – NEW YORK, 20 mai 1983 : *64 tin squares* 1976, étain (162,5x162,5x1,4) : USD 16 000 – NEW YORK, 16 fév. 1984 : *Trip 82 from 82* 1982, 3 plaques d'alu. (0,5x23,5x5) : USD 1 300 – NEW YORK, 5 nov. 1985 : *Equivalent III* 1969, 120 briques jointes (12,4x34,3x45,8) : USD 41 000 – NEW YORK, 5 mai 1986 : *Tau and Threshold, Element series* 1971, 3 poutres de cèdre rouge (152,4x30,5x91,5) : USD 18 000 – PARIS, 17 juin 1988 : *Fourth piece of nine*, béton (75x210x210) : FRF 135 000 – NEW YORK, 5 oct. 1989 : *Vers le nord, l'est et l'ouest* 1975, cèdre rouge en huit morceaux encastrés (en tout 91,5x122x152,3) : USD 132 000 – PARIS, 17 déc. 1989 : *Zinc-Zinc Dipole* 1975, installation au sol deux plaques en zinc : FRF 210 000 – NEW YORK, 8 mai 1990 : *8 blocs et pierres* 1973, parallélépipède de ciment et galets (en tout 5x421,7) : USD 198 000 – PARIS, 18 fév. 1990 : *Three segment Hexagon* 1973, installation au sol de baguettes plates en acier bleuté 90 unités cellulaires hexagonales, 3 unités par côté (0,8x40 chacune et 245 cm de diamètre) : FRF 400 000 – NEW YORK, 30 avr. 1991 : *Rainures*, douze éléments de cèdre rouge s'imbriquant les uns dans les autres (en tout 152,3x91,5x152,3) : USD 220 000 – NEW YORK, 13 nov. 1991 : *Le carré de Mönchengladbach* 1968, 36 plaques carrées d'acier chauffé (en tout 300x300, épaisseur 8) : USD 110 000 – NEW YORK, 14 nov. 1991 : *Inverted Henge : Méditation sur l'année 1960*, montage de trois madriers verticaux sur un quatrième horizontal (en tout

180x150x30) : **USD 170 500** – New York, 18 nov. 1992 : *Le coup à 45°* 1971, sept plaques d'acier laminées (1x53,2x266,7) : **USD 55 000** – New York, 23-25 fév. 1993 : *Reflets d'aluminium et d'acier*, damier de 36 plaques de métal alternées (chaque 8x30,5x30,5) : **USD 266 500** – Londres, 2 déc. 1993 : *La direction du Sud*, deux morceaux de poutres de cèdre rouge, l'un horizontal dirigé vers le sud accolé à la base de l'autre posé verticalement (chaque 30,5x30,5x91,4) : **GBP 28 750** – New York, 2 nov. 1994 : *La chaîne de bois bleue* 1964, bois peint en bleu (67x14x15,2) : **USD 107 000** – New York, 7 mai 1996 : *81 rectangles d'acier* 1977, acier travaillé à chaud (chaque 18x20,6) : **USD 101 500** – New York, 20 nov. 1996 : *Troll/RS n° 1974-58* 1974, aimants circulaires en céramique, rangée de quarante-sept pièces (1,9x1,9x29,9) : **USD 4 600** – New York, 8 mai 1997 : *144th Travertine Integer* 1985, travertine, cent quarante-quatre cubes (20x240x240) : **USD 90 500**.

ANDRÉ Casper
Né au XVIIe siècle à Casteau (Belgique). XVIIe siècle. Éc. flamande.
Peintre.
Acheta le droit de cité à Amsterdam le 11 décembre 1706.

ANDRÉ Charles Hippolyte
Né à Paris. XIXe-XXe siècles. Actif de 1877 à 1913. Français.
Peintre de paysages.
Il alla se fixer à Pont-Aven (Finistère), où il fit des paysages qui figurèrent au Salon de Paris, puis Salon des Artistes Français, entre 1877 et 1897. En 1913, il y expose une vue de Monaco.
Ventes Publiques : Cologne, 17 mars 1978 : *Paysage d'Île-de-France*, h/t (49x63) : DEM **1 700** – Paris, 21-22 déc. 1987 : *Sortie de Fontainebleau au soleil couchant*, h/t (169x244) : FRF **12 000** – New York, 23 oct. 1990 : *Le petit bras de Seine à Maisons-Laffitte* 1893, h/t (113x144,1) : USD **13 200**.

ANDRÉ David
Né le 16 mai 1684 à Genève. XVIIIe siècle. Suisse.
Miniaturiste.
Fils de Jean Ier, frère d'un Jean II. On cite de lui un portrait du duc d'Orléans, 1725, à Chantilly.

ANDRÉ Dietrich Ernst, appelé aussi **Théod. Ernst Andreae Curonus**
Né vers 1680 à Mitau (nom allemand de Ielgava, Lettonie). Mort après 1735 à Paris. XVIIIe siècle. Allemand.
Peintre de compositions religieuses, sujets allégoriques, portraits, dessinateur.
Il fut élève du peintre et marchand d'objets d'art Justus von Bentum, à Königsberg. Il accompagna celui-ci dans ses voyages et vint avec lui à Brunswick ; s'étant séparé de Bentum, entra au service du duc August-Wilhelm ; il séjourna à Brunswick (1717-1719), si l'on s'en réfère aux indications de ses dessins. Le duc voulait l'envoyer en Italie, mais André préféra d'abord aller en Hollande, puis en Angleterre et finit par venir à Paris, où il se trouvait en 1724. Son propre portrait a été conservé au Musée de Brunswick, ainsi que l'*Adoration des Rois mages* et de nombreux dessins faits de 1719 à 1726. Dans l'église Saint-André de cette ville, on voit une *Scène de Crucifiement*.
Musées : Brunswick : *Autoportrait* – *Adoration des Rois mages* – dessins – Ielgava, ancien nom en all. Mitau : *Muse*.
Ventes Publiques : Londres, 20 fév. 1981 : *Allégorie*, h/t en grisaille (134,5x103,5) : GBP **2 400**.

ANDRÉ Dominique
Né en 1943 à Aubusson (Creuse). XXe siècle. Français.
Peintre, peintre de décors de théâtre. Abstrait.
Fils du peintre Maurice André. À Paris, âgé de quinze ans, il prépara l'admission à l'École des Arts Décoratifs, à l'Académie Charpentier, et, reçu l'année suivante, il y fut élève de Félix Labisse, Marcel Gromaire, Picart-Le-Doux. En 1965, il obtint le diplôme d'*Encouragement à l'Art et l'Industrie*. Depuis 1976, il est chef décorateur dans de très nombreux films et au théâtre.
Il participe à des expositions collectives, dont : 1972, 1974 Paris, Salon de Mai ; 1988 groupe à Montparnasse ; 1991 Nice *Art Jonction*, et Paris à la Compagnie Moderne et Contemporaine ; 1994 Paris, Maison de l'Europe ; etc. Il montre des ensembles de ses peintures dans des expositions personnelles : 1990 Paris, galerie Saint-Germain-des-Prés ; 1995 Vichy, galerie Le Ver-Vert ; 1996 Paris, galerie Carpentier ; etc. Entre 1972 et 1974, il a obtenu le Prix du Dôme et le Prix de la Jeune Peinture à la galerie Septentrion.
De sa peinture, Gérard Xuriguéra écrit qu'elle procède d'une

« abstraction déclarée plus romantique que géométrique, plus optimiste que tourmentée... »

ANDRÉ E. D.
XVIIe-XVIIIe siècles. Français.
Peintre sur émail, miniaturiste.
Molinier mentionne de lui un portrait de prélat, daté de 1709, dans la collection Rosenberg, et dans le catalogue de la collection Jaffé (Cologne, 1905), un portrait de dame avec chapeau à plumes. Il est possible que ce soit le même artiste que Dietrich Ernst André.

ANDRÉ Edmond
Né en 1837. Mort le 24 avril 1877 en Algérie. XIXe siècle. Français.
Peintre de sujets militaires, de genre, marines, graveur.
Fils et élève du paysagiste et premier peintre à la manufacture de Sèvres, Jules André, il suivit également les cours d'Isidore Pils, à Paris.
À partir de 1867, il exposa au Salon, notamment en 1875.
S'il traite avec méticulosité des sujets militaires, il montre beaucoup plus de liberté dans la touche lorsqu'il peint des paysages et même des marines. Il est également l'auteur d'estampes de figures costumées, menus et programmes.
Bibliogr. : Gérald Schurr : *Les Petits Maîtres de la peinture 1820-1920, valeur de demain*, t. V, Les Éditions de l'Amateur, Paris, 1981.
Musées : Chalon-sur-Saône : *Oiseleurs* – Glasgow : *En attendant l'ordre* – Sheffield : *L'introduction*.
Ventes Publiques : Paris, 12 mars 1943 : *Une lecture intéressante* : FRF **500**.

ANDRÉ Emmanuel
XVIe siècle. Vivait encore en 1574. Portugais.
Peintre.
Il fut élève de Garcia Fernandes, et peignit en 1569 le cloître de la cathédrale de Lisbonne.

ANDRÉ Eugène Gabriel
Né à Bayeux (Calvados). XIXe-XXe siècles. Français.
Peintre de paysages.
À partir de 1907 il a exposé au Salon des Indépendants, puis de 1911 à 1914 au Salon des Artistes Français. Il aimait peindre les bords de Seine en Ile de France, et d'autres sujets chers à Monet, comme *Les meules*.

ANDRÉ Françoise
Née en 1926 en France. XXe siècle. Belge.
Peintre.
Elle fut élève des Académies des Beaux-Arts de Bruxelles et d'Anvers. Elle voyage beaucoup, Vancouver au Canada, Philadelphie, Chicago. En Belgique elle est une amie de Jan Cox, au Canada elle fut influencée par l'abstraction new-yorkaise, à Chicago elle s'intéressa au nouveau regard sur la réalité qu'apportait le pop'art, à Philadelphie elle créa des portraits hyperréalistes.
Bibliogr. : In : *Diction. biogr. des Artistes en Belgique depuis 1830*, Arto, Bruxelles, 1987.

ANDRÉ Gaspard
Né le 16 mars 1840 à Lyon. Mort le 12 février 1896 à Cannes. XIXe siècle. Français.
Architecte et aquarelliste.
Élève à l'École des Beaux-Arts de Lyon, de Bonnefond, Jourdeuil et A. Chenavard, puis de Questel, à l'École des Beaux-Arts de Paris, et second grand prix de Rome en 1865. G. André, qui fut un des architectes les plus originaux de la seconde moitié du XIXe siècle, a laissé des paysages peints à l'aquarelle.

ANDRÉ Gaston
Né en 1884. Mort en 1970. XXe siècle. Français.
Peintre de scènes de genre, animaux, paysages, marines, natures mortes.
Élève de Jean-Paul Laurens et d'Adrien Karbowsky, il a exposé au Salon des Indépendants à Paris entre 1910 et 1939.
Il fait partie de ces artistes qui peuvent être qualifiés de grands décorateurs de la Belle Époque. Il peint aussi bien les jeunes beautés souples et hardies que les beautés barbares qui évoquent Joséphine Baker. Ses compositions, d'une technique simple et concise, ont un caractère décoratif. Il a d'ailleurs créé des peintures décoratives pour des théâtres, cinémas, hôtels particuliers etc. Il est connu pour ses scènes galantes, mais aussi scènes de chasse, fleurs, animaux.

VENTES PUBLIQUES : PARIS, 3 déc. 1982 : *L'escale*, h/t (175x240) :
FRF 8 500 – PARIS, 11 avr. 1988 : *Les jardins à la française*, pan.
composé de 12 carrés gainés de parchemin, peint doré et
argenté (101x168) : FRF 6 000 – PARIS, 16 oct. 1992 : *Les arts*,
h./parchemin (116x81) : FRF 8 000.

ANDRÉ Georges
Français.
Graveur.
Auteur d'un *Ecce Homo*, d'après Johann von Achen.

ANDRÉ Jacques
XVIIe siècle. Actif à Paris en 1627. Français.
Graveur d'histoire.
Il grava aussi des vignettes et des ornements.

ANDRÉ Jacques
XVIIIe siècle. Actif dans la seconde moitié du XVIIIe siècle. Français.
Peintre.
Le registre des élèves protégés mentionne sans date et sans indication d'âge son entrée à l'École de l'Académie Royale, dans l'atelier de Challe. Cette admission dut se produire vers 1760 (entre 1758 et 1765).

ANDRÉ Jacques
Né en novembre 1811 à Lyon (Rhône). XIXe siècle. Français.
Peintre de scènes de genre, portraits, pastelliste.
Élève de Delepierre, André exposa au Salon de Paris, entre 1844 et 1849.

ANDRÉ James Paul, le Jeune
XIXe siècle. Britannique.
Peintre de paysages animés.
Cet artiste fécond débuta à la Royal Academy à Londres, en 1823, et continua à y paraître jusqu'en 1859. Il prenait part en même temps aux expositions de la British Institution jusqu'en 1866, ainsi qu'à celles de Suffolk Street jusqu'en 1867.

VENTES PUBLIQUES : COLOGNE, 2 juin 1967 : *Voyageurs se reposant devant une auberge* : DEM 750.

ANDRÉ Jean
XVe siècle. Actif à Nantes en 1481. Français.
Sculpteur.
Il travailla au portail de la cathédrale à Nantes.

ANDRÉ Jean
Né le 7 juin 1646 à Genève. Mort le 24 mars 1714. XVIIe-XVIIIe siècles. Suisse.
Peintre sur émail, miniaturiste.
Il enseigna la peinture sur émail à de nombreux élèves ; on cite de lui plusieurs montres émaillées.

ANDRÉ Jean, appelé aussi Frère André
Né en 1662 à Paris. Mort en 1753 à Paris. XVIIe-XVIIIe siècles. Français.
Peintre de compositions religieuses, portraits.
À l'âge de dix-sept ans, il se fit dominicain. Il alla à Rome et reçut des leçons de Carlo Maratta. André étudia les œuvres de Raphaël. De retour en France, il travailla sous la direction de Jouvenet. Il a tenu un rang honorable dans la peinture française. Il eut pour élèves : Taraval, Dumont le Romain, Charles Michel-Ange Challes.
Parmi ses meilleurs ouvrages, il convient de citer : *La fête des Pharisiens*, dans l'église des dominicains à Lyon ; son portrait, au Louvre ; *Les noces de Cana* et *La multiplication des pains*, à Bordeaux ; *L'Adoration des Mages* ; *N.-D. du Rosaire* ; *La Visitation*, à Toulon ; les portraits de *Sainte Thérèse* et du *Pape Pie V*, tous deux à genoux, à Rodez ; *Le Couronnement du roi Louis XV*, à Pamiers ; et de nombreuses peintures qu'il exécuta pour diverses églises de Paris. Voir aussi l'article : ANDRÉ (frère Jean-Paul d').
MUSÉES : BORDEAUX : *La multiplication des pains* – PARIS (Louvre) : *Autoportrait* – TOULON : *La Visitation*.

ANDRÉ Jean
Né à Auxerre (Yonne). XXe siècle. Français.
Sculpteur animalier.
Entre 1921 et 1938 il a exposé à Paris, successivement aux Salons de la Société Nationale des Beaux-Arts, des Tuileries et d'Automne.

VENTES PUBLIQUES : BREST, 27 oct. 1979 : *Lionne*, bronze, patine brune (L. 56) : FRF 3 300.

ANDRÉ Jean
Né à Paris. XXe siècle. Français.

Peintre de paysages, fleurs.
Depuis 1924 et jusqu'en 1939 il a figuré alternativement aux Salons des Tuileries, des Indépendants, d'Automne, à Paris. Il a surtout peint des paysages pittoresques de Paris et des environs.

VENTES PUBLIQUES : VIENNE, 14 mars 1989 : *Fleurs dans un vase*, h/t (60x75) : ATS 15 000.

ANDRÉ Jean-François
Né en 1948. XXe siècle. Français.
Peintre de figures, paysages, natures mortes.
Il a suivi des cours à l'École des Beaux-Arts de Paris, en même temps qu'il achevait ses études d'ingénieur-physicien. Il a montré des expositions personnelles de ses œuvres. Il pratique une peinture encore issue du postimpressionnisme, dans des gammes chromatiques tantôt chaudes, tantôt à dominante bleue.

ANDRÉ Jean-Paul d', Frère
XVIIe siècle. Actif à Grenoble. Français.
Peintre.
Frère prêcheur, il devint professeur de théologie, tout en s'adonnant à l'art. Il peignit pour le couvent des Dominicains de Grenoble seize tableaux représentant la *Vie du Christ*, qui sont aujourd'hui conservés dans les églises de cette ville. Cet artiste signait *F. André, Jacobin*, et il n'est pas inadmissible qu'il soit le même artiste que le frère Jean André, né à Paris en 1662, qui, après son noviciat, se serait arrêté à Grenoble et y aurait séjourné en allant à Rome ou en revenant.

ANDRÉ John
Né en 1751 à Londres. Mort en 1780 à Tappan-on-Hudson. XVIIIe siècle. Britannique.
Paysagiste amateur, miniaturiste et graveur à l'eau-forte.
Adjudant général de l'armée britannique en Amérique, il fut fusillé par des Américains, dans sa vingt-neuvième année. Son portrait, peint par lui-même, fut gravé par Sherwin.

ANDRE Jules
Né le 19 avril 1807 à Paris. Mort le 17 avril 1869. XIXe siècle. Français.
Peintre de paysages, cartons de céramiques, graveur.
Élève de Jolivard et de Watelet, il fut premier peintre à la manufacture de Sèvres. Il exécuta également des panneaux décoratifs pour le Louvre et l'hôtel d'Albe. Il obtint une médaille de seconde classe en 1835.
Ses voyages en Belgique, dans le sud de la France et au bord du Rhin, lui ont permis de diversifier ses vues. Partagé entre le classicisme à la Poussin et le romantisme, il peint des paysages dont la rigueur de la composition est cachée par un semblant de spontanéité. Il a fait quelques eaux-fortes originales, entre autres, un *Paysage* 1848.

Jules André 1854

BIBLIOGR. : Gérald Schurr : *Les Petits Maîtres de la peinture 1820-1920, valeur de demain*, t. II, Les Éditions de l'Amateur, Paris, 1982.
MUSÉES : AVIGNON : *La fontaine des chèvres – Paysage de la Gironde – Sous l'arbre* – BÉZIERS : *Paysage* – BORDEAUX : *L'étang Duvivray, près de l'Isle-Adam* – CHERBOURG : *Bords de l'Oise à Saint-Léger* – GRENOBLE : *Paysage* – LIÈGE : *Paysage* – LILLE : *Paysage* – PÉRIGUEUX : *Dans les bois, environ de Saint-Dié* – ROCHEFORT : *Vue prise à Saint-Dié* – ROUEN : *Paysage*.
VENTES PUBLIQUES : PARIS, 1837 : *Paysage, entrée d'une forêt avec figures et animaux* : FRF 495 – PARIS, 1870 : *Le déjeuner* : FRF 1 380 – PARIS, 12 juin 1925 : *Chemin creux en Normandie* : FRF 305 – PARIS, 17-18 nov. 1943 : *Paysage montagneux* : FRF 2 700 – PARIS, 11 déc. 1972 : *Bords de rivière* : FRF 2 300 – PARIS, 1er avr. 1977 : *Le Bief*, h/t (43x65) : FRF 3 500 – PARIS, 7 déc. 1981 : *La mare*, h/t (58x88) : FRF 11 000 – PARIS, 25 fév. 1983 : *Paysage animé au bord de la rivière* 1853, h/t (55x81) : FRF 6 500 – PARIS, 15 avr. 1991 : *Troupeau s'abreuvant*, h/t (55x83) : FRF 25 000.

ANDRÉ Maurice
Né le 24 septembre 1914. Mort en janvier 1985 à Paris. XXe siècle. Français.
Peintre, aquarelliste, peintre de cartons de tapisseries, de vitraux, céramiste.
Il a participé à plusieurs Salons annuels de Paris et montré une exposition d'aquarelles en 1952. Grand prix international de

Création à l'exposition de Bruxelles de 1958. Il a été professeur au cours Charpentier de Paris. Il a participé à la tentative d'un renouveau de la tapisserie à la suite de Jean Lurçat. Les manufactures d'Aubusson et des Gobelins ont tissé d'assez nombreuses tapisseries d'après ses cartons. Dans ses diverses techniques, il est resté fidèle à une écriture plastique issue du post-cubisme.

VENTES PUBLIQUES : PARIS, 16 nov. 1988 : *Grande Nocturne*, tapisserie (192x233) : **FRF 23 000**.

ANDRÉ Pierre
Né le 2 janvier 1964 à Brest (Finistère). XXᵉ siècle. Français.
Peintre, dessinateur, lithographe. Abstrait-paysagiste.
En 1984-1985, il fut élève de l'Atelier de Sèvres, puis, de 1986 à 1988, de l'École des Beaux-Arts de Paris. Il participe à des expositions collectives à Paris : 1986 groupe *De la ligne au geste*, 1989 groupe *Gitane, l'inspiratrice*, 1990 Salon de Montrouge, 1991 Salons de la Jeune Peinture et MAC 2 000. Exposition personnelle à la Galerie Galarte de Paris en 1991. Il a réalisé des ensembles de grandes peintures commandées par une chaîne d'hôtels en Allemagne.
Sur des fonds nourris de matière-peinture, il trace au crayon des entrelacs de graphismes dont l'intention paysagiste est volontairement brouillée par la multiplicité des pistes tracées.

VENTES PUBLIQUES : PARIS, 21 juin 1987 : *Monolithe rouge et jaune*, h/pap. mar./pan. (156x115) : **FRF 10 000** – PARIS, 21 mars 1988 : *Composition*, techn. mixte (106x75) : **FRF 7 200** – PARIS, 30 juin 1992 : *Sans titre 1991*, acryl. et cr./t. (210x140) : **FRF 11 500**.

ANDRÉ Pi̇ètre
Originaire d'Italie. XVᵉ siècle. Français.
Peintre de compositions religieuses, miniatures.
D'origine italienne, il dut, comme la plupart des artistes de cette époque, faire une foule de choses, peinture, miniature, calligraphie, etc. ; il est même cité en 1464 comme huissier de salle. En 1455, il était peintre à la cour de Charles d'Orléans ; il travailla à Blois, avec les calligraphes Eliot Chevreul, Jean Fouquère, Jean Hemart, Nicolas Astezan, et les miniaturistes Angelot de la Presse et Jean Moreau, à l'exécution de manuscrits pour la bibliothèque ducale. Peintre de Louis d'Orléans (plus tard Louis XII). Il exécuta un grand tableau d'autel, représentant la *Passion du Christ*, peint en or et azur, pour la chapelle du château de Coucy. C'est probablement lui qui peignit, en 1472, sous le nom de Pierre André, une *Nativité*, pour la chapelle du château de Montilz.

ANDRÉ René
Né à Paris. XXᵉ siècle. Français.
Peintre.
Expose des paysages aux Indépendants en 1926 et 1927, et au Salon d'Automne en 1942 à Paris. Parmi ses toiles, on mentionne des *Vues de Bourgogne*.

ANDRÉ Rudolf
Né le 1ᵉʳ janvier 1873 à Kis-Bér. XXᵉ siècle. Hongrois.
Graveur, lithographe, illustrateur.
Il fut élève des Académies de Vienne et de Munich, et notamment du peintre de genre grec Nicolas Gysis. Il a collaboré aux journaux illustrés de Munich. Il a travaillé aussi à des éditions de livres.

ANDRÉ d'Aix
XIXᵉ siècle. Français.
Peintre verrier.
Exécuta, entre 1869 et 1895, plusieurs vitraux pour des églises d'Aix-en-Provence.

ANDRÉ de Beauvais
XIVᵉ siècle. Actif à Avignon. Français.
Enlumineur.
Il travailla pour le pape Benoît XV.

ANDRÉ de Herde
XVᵉ siècle. Actif à Strasbourg vers 1427. Français.
Sculpteur sur bois.
Son nom vient de son origine, probablement de Hœrdt (Herden, près de Strasbourg). Il était membre du Sénat. Gérard, dans les *Artistes d'Alsace pendant le Moyen Âge*, ajoute qu'André de Herde était un excellent sculpteur et que, en 1487, il dut se joindre à la corporation des peintres, comme tous les sculpteurs sur bois de Strasbourg.

ANDRÉ de Valenciennes
XIVᵉ siècle. Travaillait à Lierre. Éc. flamande.

Sculpteur.
Il fit, en 1383-84, un crucifix pour l'autel de l'église de Saint-Gommaire, à Lierre. C'est peut-être le même artiste que le sculpteur André, cité dans les documents de Malines en 1374-75.

ANDRÉ-BARDON. Voir **DANDRÉ-BARDON**

ANDRÉ-FRANÇOIS. Voir **FRANÇOIS André**

ANDRÉ-MATHIEU Marie Thérèse, Mme
Née à Aix-en-Provence. XXᵉ siècle. Française.
Peintre de portraits, paysages.
Élève de Marius Barret et de Ferdinand Humbert, elle expose, entre 1930 et 1932, aux Salons des Artistes Français à Paris. Parmi ses Œuvres, on mentionne : *Ma fenêtre*, *La Ferme rose*.

ANDRÉ-MORISSET
Né le 3 juillet 1876 à Saint-Sauveur (Yonne). Mort le 12 janvier 1954 à Saint-Aignan (Loir-et-Cher). XXᵉ siècle. Français.
Peintre de paysages.
Il a surtout exposé au Salon d'Automne à partir de 1911 et en est devenu sociétaire. Dans les années 30 il a également figuré parfois aux Salons de la Société Nationale des Beaux-Arts et des Indépendants.
Dans ses paysages il a surtout recherché les effets pittoresques produits par des conditions climatiques particulières, lever ou coucher du soleil, pluie, brouillard, neige, etc.

VENTES PUBLIQUES : LONDRES, 30 nov. 1972 : *Bord de lac à l'aube* : **GBP 700** – VERSAILLES, 16 nov. 1980 : *Paysage aux grands arbres*, h/t (65x50) : **FRF 3 000** – LOKEREN, 20 mai 1995 : *Baie au crépuscule*, h/t (108x134) : **BEF 190 000**.

ANDRÉ-SPITZ
Né vers 1885 à Besançon (Doubs). Mort le 24 août 1977 à Pontarlier (Doubs). XXᵉ siècle. Français.
Peintre de portraits, architectures, paysages, aquarelliste, pastelliste, dessinateur.
Il fut élève de l'école des beaux-arts de Besançon, où il enseigna le dessin. En 1919, il travailla dans l'atelier de Jules Adler à Paris et enseigna au lycée Henry IV. Il séjourna régulièrement aux Saintes-Marie-de-la-Mer, et à Arles où il s'établit en 1940 et devint conservateur du musée Arlaten.
Il a participé à Paris, aux Salons des Artistes Français, dont il est devenu sociétaire (mention honorable en 1927) et de la Société Nationale des Beaux-Arts, où il obtint une médaille d'or en 1932 ; il reçut le prix de Raigecourt-Goyon en 1930, et fut décoré de la Légion d'Honneur deux ans plus tard. La médaille d'argent de l'Exposition Internationale lui fut décernée en 1937. Il exposa régulièrement dans le sud de la France.
Il a surtout peint des vues de monuments anciens dans des quartiers de villes pittoresques, notamment *Le Cloître de Saint-Trophime* d'Arles. Il dessina également des timbres-poste.

ANDRÉ-VIOLLIER Eugénie
Née le 11 février 1844 à Genève. XIXᵉ siècle. Suisse.
Peintre de portraits et pastelliste.
Après avoir terminé son éducation, elle alla se fixer à Florence. Elle fit un certain nombre de copies d'après les anciens maîtres. Elle exposa à Genève en 1896.

ANDREA
XIIIᵉ siècle. Polonais.
Peintre verrier.
D'origine polonaise, il se fit moine. On dit dans les annales de Pise (1222) qu'il exécuta d'après Tronci un vitrail pour le chœur de Santa Caterina.

ANDREA
XIVᵉ siècle. Italien.
Peintre.
Il était actif à Parme.

ANDREA, appelé aussi **Burchiasso**
XIVᵉ siècle. Italien.
Peintre.
Cité en 1366 à Florence..

ANDREA
XVᵉ siècle. Italien.
Sculpteur sur pierre.
Il était actif à Mantoue en 1434.

ANDREA
XVᵉ siècle. Italien.
Peintre.
Il était établi à Padoue en 1455.

ANDREA
xve siècle. Italien.
Peintre.
Vénitien, il se fit remarquer par ses peintures au palais Bernardo Giustinian (1488).

ANDREA
xve siècle. Italien.
Sculpteur.
Actif à Rome à la fin du xve siècle, on connaît de lui un petit relief : *La Madone trônant*, sur le palier de l'hôpital S. Giacomo des Incurables.

ANDREA, fra
xvie siècle. Italien.
Peintre.
Élève de Fra Bartolomeo. En 1502, il travailla à S. Spirito, à Sienne.

ANDREA
Mort en 1527 à Venise. xvie siècle. Italien.
Sculpteur sur bois et peintre.

ANDREA
xvie siècle. Italien.
Peintre.
Peintre vénitien établi à Rome. En 1524, il peignit des drapeaux pour la garde pontificale. Il est probable qu'il travailla sous la direction de Pierin del Vaga.

ANDREA
xvie siècle. Italien.
Sculpteur sur pierre.
Il fit, à Venise, vers 1560-1561, différents travaux à l'église Saint-Samuele.

ANDREA
xvie-xviie siècles (?). Éc. vénitienne.
Sculpteur sur bois.
On lui est redevable des sculptures qui ornent le plafond du dortoir du couvent S. Cyprien di Murano, à Venise.

ANDREA, maestro
xviie siècle. Français.
Graveur sur bois.
Cité dans les documents de Rome, en 1609 et 1619, comme tailleur d'images.

ANDREA
xviie siècle. Italien.
Graveur.
C'est peut-être lui qui, selon Nagler, signait ses gravures A. Sc.

ANDRÉA
xixe siècle (?). Française.
Peintre de natures mortes, fleurs.
VENTES PUBLIQUES : REIMS, 13 mars 1988 : *Nature morte aux fleurs champêtres*, h/t (66x55) : FRF 15 500.

ANDRÉA, pseudonyme de **Barthélémy Chantal**
Née en 1958. xxe siècle. Française.
Peintre, restaurateur.
De 1974 à 1978, elle a suivi une formation de copiste-restaurateur de tableaux, tout en travaillant à ses propres œuvres. D'autre part, elle est titulaire d'une maîtrise de chinois, en Lettres et Arts, et poursuit cette étude aux Académies des Beaux-Arts de Pékin et Shanghai.
Elle participe aux Salons institutionnels de Paris ; de 1984 à 1990, elle figure à des expositions d'échanges internationaux au Palais des Papes d'Avignon, au Palais de la Culture et des Sciences à Varsovie, au Musée d'Art Wallon de Liège.
MUSÉES : LIÈGE (Mus. d'Art Mod.) : *Manifestation.*

ANDREA Alessandro de
Mort en 1711 d'après Heinecken et Zani ou 1771 d'après Gandellini. xviiie siècle. Italien.
Peintre et graveur.
Cet artiste, élève de Solimène, était originaire des Abruzzes. Il fit quelques gravures à l'eau-forte d'après son maître : on cite de lui une *Vue des ruines de Pozzuoli*, d'après J.-B. Natale.

ANDREA Alexandre
xvie siècle. Italien.
Peintre et graveur.
Vers 1578, il grava le portrait de *Gilles de Noailles, ambassadeur de France à Constantinople*, attribué souvent, avec plus de vraisemblance, à Nicolaus Andrea.

ANDREA Cajus d'
Né le 5 janvier 1849 à Innsbruck. xixe siècle. Autrichien.
Peintre d'histoire et de portraits, restaurateur de tableaux.
Cet artiste, qui demeurait à Bozen, fit ses études artistiques sous le professeur Ludwig Seitz à Rome et travailla aussi à Florence. Il visita plusieurs villes d'Italie au cours de ses voyages d'études, notamment Venise, Milan, Sienne, Vérone et Assise. Il devint franciscain.
Andrea s'essaya dans presque tous les genres, peignant à l'huile et à l'aquarelle. On lui doit entre autres : une étude pour des autels de l'église des Franciscains à Bozen, ceux de saint Joseph et de Notre-Dame de Bon-Secours ; une étude pour l'autel principal de l'église de la paroisse de Nordheim au Sarntal (1903) ; plusieurs peintures de saints ; une miniature (propriété de l'Empereur d'Autriche) représentant une madone avec l'Enfant Jésus ; et des portraits de particuliers.
MUSÉES : BOZEN (Collège des franciscains) : Scène de la vie de Jésus, décoration de la chapelle – INNICHEN (Collégiale) : Décoration de deux absides (été de 1895-1896) – ROME (Chapelle du Collège de Saint-Antoine) : *Cœur de Jésus, saint Louis et sainte Elisabeth*, étude pour l'autel (1889) – Peintures à l'huile – BOZEN (Monastère des franciscains) : Scènes de la vie de saint François – GRIES, près de Bozen (vieille église) : *Sainte Hélène.*

ANDREA Cioffi
xive siècle. Italien.
Peintre.
Il travailla à Florence.

ANDRÉA Cornelis Johannes, dit **Kees**
Né en 1914 à La Haye. xxe siècle. Hollandais.
Peintre.
Après les cours d'une école préparatoire, il fut élève de l'École des Beaux-Arts de La Haye.
MUSÉES : LA HAYE (Stedel. Mus.).
VENTES PUBLIQUES : AMSTERDAM, 20 mars 1978 : *Couple dansant dans un paysage*, h/t (50x70) : NLG 1 550 – AMSTERDAM, 21 mai 1992 : *Personnages près d'un puits* 1971, h/t (23,5x29,5) : NLG 1 380 – AMSTERDAM, 9 déc. 1993 : *Danseurs hongrois dans un paysage*, h/t (51x70,5) : NLG 2 300.

ANDREA Guardi
Né à Florence. xve siècle. Travaillait à Pise vers le milieu du xve siècle. Italien.
Sculpteur.
On cite de cet artiste, parmi ses œuvres principales, le relief des *Vertus* à S. Maria della Spina (1452), qui fut attribué à Andrea Buggiano, beau-fils de Brunelleschi. Andrea travailla pour la cathédrale de Pise et pour le Campo Santo, où l'on trouve son chef-d'œuvre : *La Madone aux deux anges*. Il faut citer aussi le *Tombeau de Ricci* et deux reliefs en marbre de la Madone. Le Musée du Louvre possède de lui plusieurs reliefs en marbre ; le Musée de Berlin, un stuc dit Art des Bernardo Rosselino. Est-il identique à Andrea de Guadi, dont on trouve la signature sur un relief du maître-autel du Dôme de Carrare ?

ANDREA Guvina
Actif à Spalato. Italien.
Peintre et sculpteur sur bois.
Des sculptures de Spalato sont attribuées à cet artiste.

ANDRÉA Italo Eugerrio Camerini D'
Né le 28 mai 1919 à Chicago (Illinois). xxe siècle. Américain.
Peintre et graveur.
Élève de J. Luper, de l'École d'Art de Santa Barbara et de l'Art Institute Chouinard de Los Angeles (Californie). Membre de l'Art Association de San Francisco.

ANDREA Jacopo de
Né vers 1820 à Venise. xixe siècle. Italien.
Peintre.
Il envoya quelques tableaux, en 1844, à l'exposition des arts vénitiens. Il reçut, en 1863, du gouvernement italien, la commande d'une copie du plafond de Paul Véronèse, représentant la *Destruction des vices par les foudres de Jupiter*, pour remplacer, dans la salle des conseils du palais ducal à Venise, l'original transporté à Paris par Bonaparte et qui se trouve actuellement au Louvre.

ANDRÉA John de
Né en 1941 à Denver (Colorado). xxe siècle. Américain.
Sculpteur de figures. Hyperréaliste.

Il fit ses études à l'Université du Colorado à Denver en 1965. Depuis 1970, il participe à des expositions collectives très révélatrices de son appartenance à l'hyperréalisme, dans lequel, avec Duane Hanson, il est un des rares sculpteurs : 1970 *Radical realism* au Musée d'Art Contemporain de Chicago, 1971 Biennale de Paris, *Old Realism, New Realism* à New York, 1972 *Sharp-Focus Realism* à New York, Documenta V de Kassel, *Hyperréalistes américains* à Paris, *Recent Figurative Sculpture* exposition circulante à partir de New York, 1974 *Hyperréalisme américain, Réalisme européen* à Paris, etc. Depuis 1970, il a montré de nombreuses expositions personnelles de ses sculptures à New York, et quelques-unes à Los-Angeles, Aspen, San Francisco, ainsi qu'à la Galerie Isy Brachot à Paris et Bruxelles en 1985 et 1988.

Ses sculptures, en polyester peint et complété de cheveux et de poils, représentent des personnages, presque toujours des femmes, nus, dont même l'immobilité ne parvient pas à convaincre qu'ils, qu'elles, ne sont pas réels, vivants. Techniquement ce travail d'illusionnisme est subjuguant. Il paraît évident qu'il appartient de plein droit à l'hyperréalisme, et pourtant un doute subsiste, mais pour l'affaire n'ait jamais été très claire, n'y a t'il pas dans l'hyperréalisme une certaine distance par rapport au modèle, un minimum de décalage par où l'œuvre est telle ? Peut-être ici serait-ce la perfection technique qui rendrait l'œuvre plus vraie que nature ? N'est-on pas aussi un peu gêné par l'évidente provocation sexuelle au premier degré de ces jolies filles nues, qui se proposent dans une beauté quotidienne qui exclut toute transgression dans l'artistique ou le fantasme ? Quelles qu'en soient les raisons, les expositions de sculptures de John de Andréa continuent d'attirer et de fasciner, alors qu'est passée la vogue que l'hyperréalisme en dessin et peinture connut dans les années soixante-dix. ∎ Jacques Busse

VENTES PUBLIQUES : NEW YORK, 13 mai 1981 : *Fleckled woman* 1974, polyester peint (H. 165) : USD 17 000 – LONDRES, 2 déc. 1982 : *Figure allongée* 1972, polyvinyl peint et techn. mixte (122x203x89) : GBP 9 000 – NEW YORK, 9 mai 1984 : *Mary endormie* 1974, rés. de polyester, fibre de verre et techn. mixte (H. 188) : USD 28 000 – NEW YORK, 5 oct. 1989 : *Sans titre (homme)* 1970, rés. de polyester, fibre de verre (H. 180,4) : USD 12 100 – NEW YORK, 11 nov. 1993 : *Arden Anderson et Norma Murphy* 1972, h./polyester et fibres de verre (61x220,8x94) : USD 85 000 – NEW YORK, 3 nov. 1994 : *Aurore* 1986, h., cheveux et verre sur rés. de polyester sur base de formica (122x91,4x45,7) : USD 32 200 – NEW YORK, 22 fév. 1995 : *Expulsion* 1969, h., cheveux, fibre de verre sur la h./ rés. de polyester sur une base de bronze (147,3x64,8x63,5) : USD 26 450 – NEW YORK, 9 mai 1996 : *Sans titre (couple)* 1973, deux personnages de rés. de polyester peintes à l'h. (35,6x182,9x121,9) : USD 33 350.

ANDREA Manoel Hiéronymus
XVIᵉ siècle. Portugais.
Peintre.
Élève de Garcia Fernandes. Mentionné pour ses peintures de 1569 au cloître de la cathédrale de Lisbonne. Il est cité à nouveau en 1574.

ANDREA Nicolaus ou Nicolo
Né à Flensburg (Schleswig-Holstein). XVIᵉ siècle. Allemand.
Peintre et graveur en taille-douce.
Il vécut dans la seconde moitié du XVIᵉ siècle. On le désigna souvent sous le nom de Nicolo di Andrea. Il voyagea beaucoup et laissa des œuvres dans plusieurs villes importantes : des gravures à Augsbourg (1573) ; à Anvers, où il subit l'influence de Philippe Galle et de Lorch (1574) ; à Constantinople (1578-1580) ; à Vienne, en 1581 ; à Dantzig, en 1586 ; à Wilna, en 1590 ; à Copenhague, en 1606. À cette époque on perd ses traces.

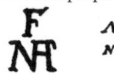

ANDREA Pat
Né en 1942 à La Haye (Pays-Bas). XXᵉ siècle. Actif en France. Hollandais.
Peintre de compositions à personnages, peintre de collages, dessinateur, illustrateur.
Il a participé à de nombreuses expositions collectives à partir de 1970 dont : 1970 Städtische Kunsthalle à Recklinghausen ; 1975 Düsseldorf ; 1976 *Trait pour trait* à la galerie Jean Briance à Paris ; 1977 *Papiers sur nature* au CNAC (Centre National d'Art Contemporain) à Paris ; 1979 *La nouvelle subjectivité* au Palais

des Beaux-Arts à Bruxelles ; 1980 Fondation Maeght à Saint-Paul-de-Vence ; 1982 *Dessin d'expression figurative* au Musée National d'Art Moderne à Paris ; 1984 centre Wallonie-Bruxelles à Paris ; 1986 *À cor et à cri* à Carnac ; 1987 Stedelijk Museum d'Amsterdam ; 1990 dans la manifestation *Pleins feux sur La Haye*, il a été sélectionné pour l'exposition de huit peintres haguenois contemporains à l'Institut néerlandais de Paris, où il a participé au Salon des Bataves en 1995 ; etc. Il a exposé personnellement son œuvre à partir de 1966 dans de nombreuses galeries des Pays-Bas, en Belgique, en Italie et aux États-Unis, 1992 galerie *L'Œil écoute* à Lyon, New York et Buenos Aires ; 1993 Bruxelles, et galerie Jacqueline Moussion Paris ; et en 1994 rétrospective à l'Institut Néerlandais de Paris et au Stedelijk Museum de Schiedam. Il vit et travaille à Paris et parfois à Buenos Aires.

Le travail de Pat Andrea a pour projet d'éprouver les cadres de la figuration. La représentation est perturbée par l'introduction du système du collage dans le domaine pictural, l'espace éclaté, les figures dispersées. Le répertoire iconographique du peintre est composé essentiellement d'images violentes, souvent tronquées, femmes hurlantes, à la fois menacées et offertes, chiens-loups prêts à mordre, hommes au visage menaçant et armés de couteaux, toutes ces attitudes restant en suspens : *Women and dogs – Rooms...* L'image ne donne pas à voir une trame narrative linéaire et compréhensible, mais plutôt une juxtaposition de sujets finalement incohérente, plus que d'aucune réalité représentation des tumultes de l'inconscient. Le sens est d'autant plus perturbé par l'utilisation d'un graphisme inversement clair et lisible. Reprise du procédé des collages dada et surréalistes pour une mise en déroute des procédés d'identification et d'interprétation, la peinture figurative semble pour Pat Andrea vouée à l'errance et à l'échec. ∎ F. M., J. B.

BIBLIOGR. : Jean Clair, l'Art vivant, nº 25, 1971 – Gilbert Lascaux, Le salon d'Art, mars 1986 – J. de Maet : *Pat Andrea ou l'esthétique mise en question*, Bruxelles, 1986 – Pierre Sterckx, Art Press, jun. 1989 – Claude Bouyeure : *Pat Andrea ou une lucidité délirante*, Opus International, nº 125, Paris, été 1991 – Pierre Sterckx : *Pat Andrea*, Galerie L'Œil écoute, Lyon, 1992 – Gérard Durozoi, in : *Diction. de l'art mod. et contemp.*, Hazan, Paris, 1992.

VENTES PUBLIQUES : PARIS, 15 fév. 1986 : *La Tendresse* 1983-85, techn. mixte/pap. (54x69) : FRF 5 000 – BRUXELLES, 25 avr. 1989 : *Toute séparation entre corps et âme est artificielle* 1988, collage (35x40) : BEF 60 000 – AMSTERDAM, 13 déc. 1990 : *La Touriste II*, h., temp. et collage. (122x150) : NLG 10 350 – PARIS, 23 mars 1992 : *Malheur* 1990, collage/pan. (35x40) : FRF 3 900 – PARIS, 19 nov. 1995 : *Sans titre* 1993, cr. et aquar./pap./pan. (23,5x30) : FRF 4 000 – LONDRES, 26 juin 1996 : *Een Hollandse Schilder en zijn model* 1975, aquar. et cr./pap. (70,5x95,5) : NLG 4 248 – AMSTERDAM, 19-20 fév. 1997 : *De quoi parlez-vous ?* 1967, cr. et h/t (33,5x38,5) : NLG 2 537.

ANDRÉA Ramon
XIVᵉ siècle. Espagnol.
Orfèvre et émailleur.
A travaillé au retable d'argent orné d'émaux de la cathédrale de Gérone.

ANDREA S.
XVIIIᵉ siècle. Italien.
Peintre.
Il a peint le portrait du musicien J.-F. Lampe (mort en 1751), reproduit par le graveur J. Mac Ardell.

ANDREA Tafi
XIVᵉ siècle. Italien.
Mosaïste.
Quelques biographes le désignent comme peintre à Florence vers l'an 1300. Il vivait encore en 1320. Vasari le croit plus âgé et le nomme le premier mosaïste toscan, lui attribuant l'importation de cet art de Venise à Florence, alors pourtant que Fra Jacopo est déjà cité comme mosaïste en 1225. Il existe un ouvrage très intéressant d'Andrea Tafi : un grand *Christ trônant*. Cette œuvre se trouve au Baptistère de Florence, ainsi que trois motifs qui furent exécutés plus tard. Il est à noter que ces derniers travaux ne rappellent pas les scènes analogues de Saint-Marc à Venise. Leur style est tout à fait original et marque une époque nouvelle. Vasari cite d'ailleurs Andrea Tafi comme un des plus importants prédécesseurs de Giotto.

ANDREA Wilhelm Lodewijk
Né en 1817. Mort en 1873. XIXᵉ siècle. Hollandais.

Graveur.
On connaît de lui une gravure à l'eau-forte représentant une rivière.

ANDREA d'Agnolo Zotto, dit Andrea Aloisio
xvᵉ siècle. Italien.
Peintre.
Travaillait à Padoue, en 1489, aux côtés de son père Agnolo Zotto, de Padoue, dont il fut l'élève.

ANDREA d'Ambrogio
xvıᵉ siècle. Travaillait à Venise. Italien.
Peintre.
Peintre milanais établi à Venise en 1554.

ANDREA da Ancona
xıvᵉ siècle. Italien.
Peintre, doreur.
Actif à Rome, il fut chargé, en 1377, de peindre et de dorer la chaire du pape.

ANDREA da Ancona ou Nicola di Maestro Antonio di Ancona, dit aussi Antonio da Ancona
xvᵉ siècle. Italien.
Peintre de compositions religieuses.
Rienzi prétend qu'il a fait, en 1472, un tableau d'autel pour l'église S. Francesco delle Scale.
VENTES PUBLIQUES : LONDRES, 13 déc. 1996 : *Saint Antoine entouré des membres d'une confrérie*, temp./pan. fond or (68,5x38) : GBP 89 500.

ANDREA da Ancona. Voir LILIO Andrea

ANDREA d'Angelo della Badia nel Polesine
xvıᵉ siècle. Italien.
Peintre.
Travaillait à Rovigo, d'après Zani, vers 1541.

ANDREA di Angeluccio
xvᵉ siècle. Travaillait à Pérouse vers 1440-1449. Italien.
Peintre miniaturiste.

ANDRÉA dall Aquila
Né à Aquila (Abruzzes). xvᵉ siècle. Italien.
Sculpteur et peintre.
Élève de Donatello à Florence ; il y résida plusieurs années, dans la maison de Cosme de Médicis.

ANDREA Aretino ou d'Arezzo
Mort après 1615. xvııᵉ siècle. Italien.
Peintre.
C'était un élève de Daniele da Volterra et de Michel-Ange.

ANDREA d'Audroin Andrea
Née en 1900 à Paris. xxᵉ siècle. Française.
Peintre.
Expose au Salon d'Automne en 1919, une esquisse pour une fresque de la *Comédie Humaine* devant être exécutée dans un music-hall.

ANDREA de l'Aulla
xvıᵉ siècle. Italien.
Peintre de sujets religieux.
Cet artiste travaillait à Sarzana ; il peignit à la cathédrale de la ville une *Madone* pour la lunette du portail principal, et une *Pietà* au-dessus du portail de gauche. Ces œuvres ont disparu.

ANDREA da Bagnacavallo
xvᵉ siècle. Italien.
Peintre et miniaturiste.
En 1458, il travailla à un livre de cantiques de la bibliothèque du chapitre de Ferrare. L'ouvrage est orné de miniatures et de dessins à la plume.

ANDREA Barbarigo
xvıᵉ siècle. Italien.
Miniaturiste.
En 1503, il orna une Apocalypse de fra Federigo da Venezia, qui appartient aujourd'hui au Musée Correr.

ANDREA di Bartolo
Né en 1389. Mort le 3 juin 1428 à Sienne (Toscane). xvᵉ siècle. Italien.
Peintre de compositions religieuses.
Fils du célèbre Bartolo di Fredi, on suppose qu'Andrea était le père de Giorgio d'Andrea Bartoli. On a conservé, parmi ses nombreux ouvrages, un tableau en quatre parties avec l'*Annonciation de la Vierge, Sainte Marie-Madeleine et Saint Antoine*

Abbé, à l'église de Saint-Pierre-Saint-Paul à Buonconvento ; un tableau d'autel, l'*Assomption*, trouvé en 1873, à Fano, est signé *Andreas de Bartholi*, il est exécuté dans les principes de l'école siennoise de 1400 et a servi de modèle pour un autre, l'*Assomption*, fait par Vecchietta pour la cathédrale de Plaisance. Andrea a beaucoup travaillé pour la cathédrale de Sienne.
VENTES PUBLIQUES : MILAN, 20 nov. 1963 : *Crucifixion*, temp. sur bois : ITL 2 800 000 – LONDRES, 24 juin 1964 : *La Vierge et l'Enfant* : GBP 2 800 – LONDRES, 30 juin 1965 : *Saint Michel*, pan., fond or : GBP 7 000 – LONDRES, 13 déc. 1985 : *Saint Benoît*, h/p, fond or (38,8x15,2) : GBP 18 000 – MONTE-CARLO, 29 nov. 1986 : *Vierge à l'Enfant*, temp./pan. (66,5x44,5) : FRF 300 000 – NEW YORK, 12 jan. 1989 : *La Madone d'humilité avec quatre anges*, détrempe/pan. à fond or (85,5x54,5) : USD 74 250 – PARIS, 11 déc. 1991 : *Sainte Cécile et sainte Marguerite*, temp. sur fond d'or sur des pan. de pilastres (45x15) : FRF 270 000 – MILAN, 2 déc. 1993 : *Crucifixion*, temp./pan. (95x36) : ITL 69 000 000 – LYON, 13-14 juin 1994 : *La Vierge et l'Enfant glorifiés par les anges*, temp. à fond d'or/pan. (42x29) : FRF 640 000.

ANDREA di Benedetto. Voir ANDREA di Bindo

ANDREA da Bergamo
xvᵉ-xvıᵉ siècles. Actif à Venise. Italien.
Sculpteur.
En 1499-1501, il fit l'architrave et les colonnes de la chapelle des Apôtres, dans l'église S. Giovanni Crisostomo, à Venise.

ANDREA di Bindo
xıvᵉ siècle. Actif à Sienne. Italien.
Sculpteur.
En 1363, il fut immatriculé dans la confrérie des maîtres tailleurs de pierre. En 1405, il fut employé à la construction de la chapelle dei SS. Quattro Coronati, à la cathédrale de Sienne. D'après Zani, il s'appelait Andrea di Giovanni di Bindo di Guido. Il semble identique à un Andréa di Benedetto, cité comme maître tailleur de pierres à Sienne, en 1363.

ANDREA da Bologna
xıvᵉ siècle. Italien.
Peintre de compositions religieuses.
Cet artiste, selon certains biographes, serait le même individu qu'Andrea di Guido, miniaturiste, qui vivait en 1382. On croit qu'Andrea est l'auteur d'un tableau d'autel, daté de 1369 (Musée de Fermo) et d'un panneau représentant *La Madone allaitant son enfant*, dans la commune de Pansola (1372). C'est sans doute lui l'auteur des scènes de la vie de sainte Catherine, peintes en 1368 à l'église inférieure de Saint-François à Assise.
MUSÉES : FERMO : tableau d'autel, attribution.

ANDREA da Bologna
xvıᵉ siècle. Italien.
Peintre de compositions religieuses, miniaturiste.
On le cite à propos de la peinture de miniatures dans un missel pour l'abbaye de Saint-Cipriano à Murano, en 1507.

ANDREA da Bologna
xvıᵉ siècle. Italien.
Peintre.
Il travailla à Bologne vers 1540.

ANDREA di Bono
xıvᵉ siècle. Actif à Pérouse. Italien.
Miniaturiste.
Dans les documents de Pérouse (1323), cet artiste figure sous le nom de Mag. Andreas Boni.

ANDREA del Borra
xıvᵉ siècle. Italien.
Peintre.
Il est connu comme aide de Paolo di Neri, en 1382.

ANDREA da Brescia
xıvᵉ siècle. Italien.
Miniaturiste.
Andrea signa un missel en 1342.

ANDREA di Buccio Andreas Butii Vannis Tabarie ou di Puccio
xıvᵉ siècle. Italien.
Peintre.
Ce peintre était établi à Orvieto, où il a décoré un plafond en 1339. Voir aussi Andrea di Puccino.

ANDREA di Cagno
xvᵉ siècle. Italien.

Peintre.

Artiste vivant à Foligno ; il y peignit dans le palais des Priori et aux portes de Foligno, des images de saints aujourd'hui disparues. On le cite encore en 1446.

ANDREA da Carona

XVe-XVIe siècles. Actif à Carona. Italien.

Sculpteur et architecte.

Lui et son frère Antonio da Carona furent employés à l'édification du palais delle Compere à Gênes, de 1490 à 1514. Ils étaient fils du maestro Carlo da Carona.

ANDREA da Carrara

XVIe siècle. Actif à Rome. Italien.

Sculpteur.

En 1527, il travailla avec Giovanni del Mastro. Certains biographes ont prétendu que c'était le même artiste qu'Andrea Vannelli da Carrara, sculpteur romain.

ANDREA del Castagno

Né en 1423 ou 1428. Mort en 1457 à Florence. XVe siècle. Italien.

Peintre de compositions religieuses, figures, portraits, fresquiste.

Né dans une famille de bergers, il passe son enfance à Castagno dont il prit le nom. Dès 1440, il est appelé à Florence où il accepte de peindre les effigies des traîtres vaincus à Anghiari par Cosimo de Médicis. Cette peinture, décorant le fronton du palais du podestat, représentait les rebelles pendus par les pieds. Cela lui valut le surnom d'« André des pendus » et c'est sans doute pour cette raison qu'il dut quitter Florence. On le retrouve à Venise en 1442, travaillant au décor de l'abside de San Zaccaria. De retour en Toscane il peint pour les Pazzi, dans leur chapelle du château de Trebbio, *Saint Jean Baptiste, saint Jérôme et les deux fils de la maison*, aujourd'hui au Palais Pitti à Florence. À Florence, il travaille pour la coupole du dôme, en même temps que Donatello et Uccello. Entre 1445 et 1450, il décore le réfectoire de Sant'Apollonia de fresques monumentales présentant *La Cène, Le Crucifiement, La Résurrection* et *La Mise au tombeau*. En 1449, le recteur de l'église San Miniato lui commande le *Retable de l'Assomption*. À la villa Carducci de Legnaia, dans une loggia sous un encadrement peint, il présente une série de *Femmes* et d'*Hommes illustres*. Il continue, en 1451, à Sant'Egedio, les fresques abandonnées par D. Veneziano. En 1456 il peint au dôme de Florence, en pendant à la fresque de *Giovanni Acuto* réalisée par Paolo Ucello, un portrait équestre de *Niccolo da Tolentino*. L'année suivante, il meurt de la peste.

Andrea del Castagno est un spécialiste de grandes compositions, et il a amélioré la technique de la fresque en adoptant un schéma imprimé sur l'enduit à partir du carton piqueté, et en mélangeant la véritable fresque, pour les ombres et la couleur posée « a secco » (colle et œuf) pour les draperies. La nervosité de sa ligne, la tension dramatique nouvelle de ses compositions, le conduisent vers un certain expressionnisme. Les formes bien délimitées par ce trait énergique, se détachent sur des surfaces polies colorées ou des ouvertures lumineuses. Ses recherches s'apparentent à celles de Donatello, mais Andrea del Castagno réussit à surpasser son côté violent par une lumière qui envahit de sérénité ses meilleures compositions, telle *La Crucifixion* de Sant'Apollonia.

BIBLIOGR. : L. Venturi : *La peinture italienne, les créateurs de la Renaissance*, Genève, 1950 – J. Lassaigne et G.C. Argan : *De Van Eyck à Botticelli*, Lausanne, 1955 – A. Chastel : in *Dictionnaire de l'Art et des Artistes*, Hazan, Paris, 1967 – in : *Dictionnaire de la peinture italienne*, coll. Essentiels, Larousse, Paris, 1989.

MUSÉES : BAGNÈRES-DE-BIGORRE : *Saint Jean Baptiste* – BERLIN : *Retable de l'Assomption* – CHANTILLY : *Saint Jean Baptiste* – ÉDIMBOURG : *Décoration d'autel avec Custode* – FLORENCE (Palais Pitti) : *Portrait d'homme* – FLORENCE (Mus. de Sant Apollonia) : *La Cène* – LONDRES (Gal. Nat.) : *Le Crucifiement* – WASHINGTON (Nat. Gal.) : *David*.

ANDREA di Castellamare

XVe siècle. Actif en Italie. Italien.

Enlumineur.

Il travaillait à Naples en 1491.

ANDREA di Cecco

XVe siècle. Actif à Pérouse en 1443. Italien.

Miniaturiste.

ANDREA di Cecco di Rinaldo

Originaire de Sienne. Mort vers 1361. XIVe siècle. Italien.

Architecte et sculpteur.

En 1360, il succéda à Orcagna, en qualité de premier maître pour la construction de la cathédrale d'Orvieto.

ANDREA di Cesso. Voir l'article AMBROGIO di Vanni

ANDREA di Cione. Voir ORCAGNA

ANDREA da Como

XVe siècle. Italien.

Peintre.

Il travailla en Lombardie. Il était, dit-on, aide de Baldassare d'Este de Reggio d'Emilia en 1471.

ANDREA da Como

XVe siècle. Italien.

Sculpteur.

Il travailla à Bologne.

ANDREA di Cosimo. Voir FELTRINI Andrea

ANDREA da Crema

XVIe siècle. Travaillait à Carrare en 1530. Italien.

Peintre.

ANDREA da Cremezzano

XVIe siècle. Actif à Brescia en 1525. Italien.

Peintre.

ANDREA da Cremona

XVe siècle. Travaillait à Brescia. Italien.

Cité dans les documents de 1496.

ANDREA di Currado

XIVe siècle. Travaillait à Florence en 1379. Italien.

Peintre.

ANDREA di Curso ou Corso

XVe siècle. Travaillait à Palerme. Italien.

Sculpteur.

Cité dans les documents de 1487 à 1508.

ANDREA di Donato Tromba

XVIe siècle. Travaillait à Florence en 1525. Italien.

Peintre.

ANDREA di Ercolano

Originaire de Pérouse. XIVe siècle. Italien.

Peintre miniaturiste.

ANDREA da Ferrara

XVIe siècle. Italien.

Peintre, miniaturiste.

Il vivait à Rome vers 1500.

ANDREA da Ferrara

XVIe siècle. Italien.

Peintre.

Il travaillait à Ferrare vers 1505-1506.

ANDREA da Fiesole. Voir FERRUCCI Andrea

ANDREA da Firenze

XVe siècle. Italien.

Sculpteur.

Il travaillait à Venise en 1488.

ANDREA da Firenze, pseudonyme de : Andrea Nofri di Onofrio di Romolo ; autrefois Ciccione

Né en 1388 à Florence (Toscane). XVe siècle. Italien.

Sculpteur.

Cet artiste paraît s'être établi pendant un certain temps à Naples. On le trouve aussi à Florence exécutant divers travaux, notamment une décoration d'armes et d'armures aux portes du couvent de Sainte-Marie Nouvelle, à Florence, et en 1420, des statues et des ornements pour la chapelle de Saint-Laurent à Santa Lucia de Bardi, dans la même ville.

ANDREA da Firenze, pseudonyme de Andrea di Bonaiuto

Mort en 1377 ou 1379. XIVe siècle. Italien.

Peintre de compositions religieuses, fresquiste.

Il participa, entre 1366 et 1368, à l'exécution des fresques de la chapelle des Espagnols à Santa Maria Novella de Florence, comprenant : *La Passion de Jésus – Le Triomphe de l'Église militante – Le Triomphe de saint Thomas*. Ensuite il exécuta, au Campo Santo de Pise, le cycle de la vie de saint Rainier : *Conversion – Voyage en Terre Sainte – Tentations – Miracles*. Il reçut un dernier paiement pour cette œuvre le 13 octobre 1377. Le 2

novembre 1377, il rédigeait son testament, et il est fait mention de lui, une dernière fois, en 1379, sans doute date de sa mort. On lui attribue parfois aussi la *Crucifixion* de Pise, celle du Vatican, le triptyque de la sacristie du Carmine de Florence.
Si les fresques de Santa Maria Novella montrent une influence de Pietro Lorenzetti, par leur élégance ; celles du Campo Santo de Pise sont plus hiératiques.
VENTES PUBLIQUES : NEW YORK, 11 jan. 1991 : *Panneau central : Vierge à l'Enfant sur un trône et entourée de saints ; Ventaux : Nativité et Crucifixion,* temp./pan. à fond d'or, triptyque (65,4x33 et chaque 58,5x17) : **USD 176 000** – NEW YORK, 12 jan. 1994 : *Panneau central : Couronnement de la Vierge : les saints Catherine, Nicolas de Bari, Étienne, Antoine de Padoue, Jean Baptiste, Bonaventure, Louis de Toulouse, Laurent, François, Claire, Jacques le Majeur et Pierre, et des anges musiciens ; Ventaux : Adoration des Mages et Crucifixion,* temp./pan. à fond or, triptyque (en tout : 62,9x62) : **USD 332 500.**

ANDREA da Firenze
XVe siècle. Actif à Rome à la fin du XVe siècle. Italien.
Sculpteur, architecte.
Il fut occupé, dès 1470, à la construction de la basilique du Vatican ; en 1498 et 1499, sur l'ordre du pape Alexandre VI, il édifia, de concert avec le maître Sante Fiorentino, le palais della Sapienza (Université), près de Saint-Eustache. Cet artiste serait le même artiste que : *Andrea,* qui fit, en 1500, une madone en relief sur le palier de l'hôpital adjoint à Saint-Giacomo des incurables (cette œuvre a été conservée) ; et *Andrea di Tommasso (di Maso, di Masotto) da Firenze (da Settignano)* ; celui-ci, dont le nom figure dans les archives du Vatican, fut chargé d'acheter, en 1499, du marbre et des blocs provenant du Colisée ; il fit son testament à Rome (1507). On cite comme marbrier son père, Masotto da Firenze, qui vivait à Rome vers 1499.

ANDREA da Firenze, dit aussi Andrea di Giusto Manzini
XVe siècle. Actif à Florence (Toscane). Italien.
Peintre.
Il fut aide dans l'atelier de Masaccio. Son nom figure, en 1427, 1436, 1447, dans divers documents des archives florentines.
VENTES PUBLIQUES : MONACO, 2 déc. 1989 : *Vierge à l'Enfant,* temp./pan. à fond d'or (58x28) : **FRF 1 110 000.**

ANDRÉA da Firenze
XVe siècle. Italien.
Peintre de compositions religieuses.
Il est l'auteur d'un très grand tableau d'autel daté et signé en 1437. Il se trouve dans une chapelle de l'église Santa Margaritha de Cortone et représente : *La Vierge portée au Paradis.* À Gubbio, dans la Casa Kamelli, on voit une *Conversion de Constantin* signée de lui.

ANDREA da Firenze, dit aussi Andreas Pauli Johannis de Florentia
XVe siècle. Italien.
Peintre, miniaturiste.
Il vivait à Rome en 1458.

ANDREA del Fornajo. Voir FELTRINI Andrea

ANDREA di Francesco da Carona
XVe siècle. Travaillait à Venise vers 1480. Italien.
Sculpteur.

ANDREA di Francesco da Firenze
XVe siècle. Travaillait à Pise. Italien.
Sculpteur.
Cet artiste travailla à l'autel de S. Rainerius dans la cathédrale de Pise, en 1451. De 1458 à 1462, aidé de son frère Guardi, il y exécuta divers autres travaux, notamment les rampes de marbre du cimetière. On croit pouvoir l'identifier au maître Andrea qui, en collaboration avec son fils Bernardino, travailla aux encadrements de marbre des vitraux de S. Giovanni, à Pise, en 1472-74.

ANDREA di Francesco da Massa Carrara
XVIe siècle. Actif à Rome vers 1572. Italien.
Peintre.

ANDREA di Franciescho
XVe siècle. Actif à Sienne vers 1402. Italien.
Peintre.

ANDREA da Gemona
XIVe siècle. Italien.
Graveur sur bois et peintre.
Il entreprit, en 1391, la peinture d'un tableau d'autel pour S.

Maria della Pieve, à Gemona, près d'Udine. Crowe et Cavalcaselle disent que cette œuvre médiocre a été conservée.

ANDREA di Giandomenico
XVe siècle. Travaillait à Venise vers 1488. Italien.
Peintre.

ANDREA di Giorgio
XVIe siècle. Italien.
Peintre.
Il travailla à Venise à Saint-Giuliano, dans la deuxième moitié du XVIe siècle.

ANDREA di Giorgio da Raguse
Italien.
Sculpteur sur bois.
On lui doit le parquet en mosaïque de la salle des audiences du palais degli Anziani et l'escalier de ce même palais à Ancône.

ANDREA di Giovanni
XIVe siècle. Actif à Pérouse vers 1395. Italien.
Miniaturiste.

ANDREA di Giovanni
XVe siècle. Actif à Venise vers 1470. Italien.
Peintre.

ANDREA di Giovanni del Fornaio
XVIe siècle. Actif à Florence. Italien.
Peintre.
Mentionné dans la confrérie de Saint-Luc, en 1525. Paraît identique à Feltrini (Andréa).

ANDREA di Giovanni di Martino da Parma
XVIe siècle. Travaillait à Rome. Italien.
Peintre.
Il exécuta des peintures pour le cardinal Armellini notamment dans la grande salle et dans d'autres chambres, à Rome, avec Vittorio Anderlino de Montone et Giovenale di Serafino da Narni.

ANDREA di Giovanni da Orvieto
Né à Sienne. XIVe siècle. Italien.
Peintre et mosaïste.
En 1378, il travailla aux peintures du chœur de la cathédrale d'Orvieto, comme aide d'Ugolino di Prete Ilario ; il est mentionné également dans la même ville en 1387 et 1417.

ANDREA di Giovanni da Perugia
XVe siècle. Italien.
Peintre.
Il fut le père de Giovanni da Perugia, surnommé il Sordo, qui fut son élève. Il travailla, en collaboration avec d'autres peintres, à l'ornementation de la cathédrale de Pise. On le cite pour avoir décoré, avec Domenico Ghirlandaio, la Porte de Lucca et la Porte delle Piagge.

ANDREA di Giovanni di Sargie
XIVe siècle. Vivait à Florence vers 1350. Italien.
Peintre.

ANDREA di Giunta
XIIIe siècle. Vivait à Florence vers 1299. Italien.
Sculpteur.

ANDREA di Guido
XIVe siècle. Travaillait à Bologne. Italien.
Miniaturiste.
Mentionné en 1382, paraît le même artiste qu'Andrea di Guido qui travaillait à Sienne vers 1400.

ANDREA di Guido
XVe siècle. Travaillait à Sienne vers 1400. Italien.
Peintre.

ANDREA di Guido da Fiesole
XVe siècle. Vivait à Bologne. Italien.
Sculpteur et architecte.
Il vécut à Bologne, et, en 1403, sculpta plusieurs tombeaux, notamment ceux des juristes Roberto et Ricardo da Saliceto, pour le cloître de San Martino. En 1412, il sculpta un nouveau monument funéraire pour Bartolommeo da Saliceto et le signa. Ce tombeau est actuellement au Musée Civico à Bologne. Dans sa dernière année, il fit le plan de la chapelle du tombeau de saint Dominique à Bologne. Andrea di Guido eut un fils, Domenico d'Andrea da Fiesole.

ANDREA di Jacobo Lombardo
XVIe siècle. Travaillait à Foligno. Italien.

Sculpteur.

En 1506, il décora l'autel de l'Annonciation, à Foligno, dans l'église du même nom.

ANDREA da Jesi, l'Ancien

Né entre 1430 et 1440 à Jési. xvᵉ siècle. Italien.

Peintre décorateur.

Il était fils d'un nommé Bartolo, mort probablement après 1492. Andrea exécuta des peintures décoratives au palais du Podestat à Jesi.

ANDREA da Jesi, le Jeune ou **Andreas Aesinas**

xv1ᵉ siècle. Italien.

Peintre.

La vie de cet artiste n'est pas connue. Il faut noter deux tableaux principaux, dont l'un : *Madone trônant avec l'Enfant Jésus entre saint Antoine et saint François*, se trouve dans l'église de S. Marcello, à Jesi, près d'Ancône. Cette œuvre est datée de 1525. La seconde, un *Couronnement de la Vierge avec saint Michel, saint Jean Baptiste*, etc. L'exécution d'Andrea da Jesi rappelle nettement l'école de Raphaël et l'on peut croire qu'il est le même que le peintre Andrea da Jesi qui, vers 1523 et 1524, orna de fresques les loges du palais communal de Jesi, avec Pietro-Paolo Agabiti.

ANDREA di Lanciano

xIIIᵉ siècle. Italien.

Sculpteur.

Il travailla, en 1203, à une chapelle aujourd'hui démolie, dans les Abruzzes.

ANDREA Landi di Orlando

xIVᵉ siècle. Actif à Sienne. Italien.

Peintre.

D'après Zani, la signature de cet artiste a été reconnue sur un tableau daté de 1381.

ANDREA da Lecce

xvᵉ siècle. Actif aux Abbruzzes. Italien.

Un document de 1450 lui attribue des fresques de l'église Saint-Francesco à Sulmona, celles de Christophorus à S. M. Maggiore à Guardiagrele, de la cathédrale d'Atri et de la chapelle Saint-Sébastien à Isola di Gran Sasso, ainsi qu'une madone dans le palais du baron di Sanita à Sulmona, et un tableau représentant saint Sylvestre dans l'église de Mutignano, près de Teramo.

ANDREA di Leonardo

xvIᵉ siècle. Travaillait à Venise. Italien.

Sculpteur.

Il est mentionné en 1494 pour l'exécution de travaux décoratifs en marbre à la grande École de Sainte-Marie de la Charité.

ANDREA Lombardo

xIIIᵉ siècle. Actif en Toscane vers 1270. Italien.

Sculpteur.

ANDREA Lombardo da Lugano

xvIᵉ siècle. Actif à Venise. Italien.

Sculpteur.

Il est mentionné en 1506 pour l'exécution de travaux de marbre dans l'église de Saint-Sébastien. Cet artiste, d'après certains biographes, est probablement le même que le sculpteur qui travailla aux arcades de l'hôpital del Cambio, à Pérouse, en 1532.

ANDREA di Lorenzo da Carrara

xvIᵉ siècle. Actif à Orvieto. Italien.

Sculpteur.

Mentionné, en 1528 et 1533, pour avoir participé aux travaux de la cathédrale d'Orvieto. Zani cite un artiste de ce nom, en 1538, comme stucateur de Carrare.

ANDREA da Lucca

xvIᵉ siècle. Travaillait à Lucques. Italien.

Sculpteur.

Fils du maître sculpteur Gaspare da Lucca. Il travailla dans sa ville natale en 1583. Cet artiste est probablement le même que celui qui est mentionné dans un document de Rome (1576) sous le nom d'Andrea Luchesino.

ANDREA da Manerbio

xvIᵉ siècle. Italien.

Peintre.

Cet artiste, sur lequel la plupart des biographes sont muets, figure dans le catalogue de l'Académie Carrara, à Bergame,

avec une œuvre : *La Vierge et l'Enfant Jésus*. L'église Santa Maria, à Lovere, conserve des fresques de lui.

ANDREA di Marcantonio da Jesi

xvIᵉ siècle. Actif à Jesi. Italien.

Peintre.

Cité dans un document daté de 1519-1530. Père du peintre Antonuccio da Jesi.

ANDREA di Martino da Siena

xIVᵉ siècle. Italien.

Graveur d'images et marqueteur.

Travailla à Orvieto, avec Giovanni Ammanati da Siena, sous la direction de Niccolo di Nuto, de 1331 à 1335, aux stalles du chœur de la cathédrale où l'on retrouve sa signature et l'indication de la somme qui lui fut payée.

ANDREA di Matteo

Mort en 1457. xvᵉ siècle. Actif à Florence. Italien.

Peintre.

ANDREA di Matteo di Betto

xvIᵉ siècle. Actif à Pistoie. Italien.

Sculpteur sur pierre.

Il travailla à l'église Santa-Maria dell Umilta en 1567.

ANDREA di Michele

xvᵉ siècle. Italien.

Architecte et sculpteur.

En 1461, il travailla, en collaboration avec Desiderio et Giuliano di Leonardo, au plan d'une chapelle destinée à contenir l'image de la Madone byzantine d'Orvieto. Au xvIIᵉ siècle cette chapelle fut démolie et la Madone conservée dans la « Capella Nuova » de la cathédrale. On est appelé à penser que cet artiste est celui qui, sous le nom d'Andrea di Michele da Roma, prit une part active aux travaux du palais San Marco, sous Paul II.

ANDREA di Michele da Como

xIVᵉ siècle. Actif à Pérouse. Italien.

Sculpteur sur bois.

Travailla en 1503 aux stalles du Cambio, sous la direction de Polimante della Spina.

ANDREA Milanese

Mort en 1582. xvIᵉ siècle. Actif à Milan. Italien.

Sculpteur.

On le trouve mentionné dans un document de 1514.

ANDREA da Milano

xvᵉ siècle. Italien.

Sculpteur.

Il travailla, en 1426, au palais ducal de Venise.

ANDREA da Milano

xvᵉ siècle. Actif à Milan. Italien.

Peintre de compositions religieuses.

Un *Saint Jean Baptiste* de lui a figuré à la vente Guidi di Faenza, en 1902.

ANDREA di Mino da Siena

xIVᵉ siècle. Travaillait à Orvieto. Italien.

Peintre verrier et mosaïste.

Exécuta les vitraux de la cathédrale, de 1325 à 1330, et en 1359 les mosaïques de la façade de la cathédrale.

ANDREA da Murano

xvᵉ-xvIᵉ siècles. Italien.

Peintre de compositions religieuses.

Vénitien, il est le fils de Giovanni da Murano et frère de Hieronymus. Il travailla la peinture d'histoire et la sculpture sur bois en même temps que ce dernier. D'après les chroniques, on commence à noter ses travaux à partir de 1462. En 1467, il s'engagea à exécuter, avec Vivarini, un tableau historique en deux parties pour la Grande Scuola de San Marco. Dès 1472, il se servit de la collaboration de Francesco Pexari, appelé dans les documents « fils du charpentier Cristoforo del Giusto ». Il quitta Venise probablement vers 1484 et se rendit à Castelfranco, où il serait resté jusqu'en 1499. La dernière date mentionnée semble avoir été 1507, au sujet d'un travail fait dans l'église de Santa Maria, à Trebaseleghe de Treviso, ouvrage pour lequel il sollicita la collaboration de nombreux membres de sa famille et des élèves de son atelier. On lui doit également une *Madone entre quatre saints* dans l'église de Mussolente.

Musées : VENISE : *Saint Vincent et saint Roch avec d'autres saints.*

VENTES PUBLIQUES : PARIS, 1900 : *La Vierge et l'Enfant* : **FRF 300.**

ANDREA del Natale

xvᵉ siècle. Actif à Padoue de 1441 à 1461. Italien.

Peintre.

ANDREA di Nello da San Miniato ou appelé aussi **Zampino** et **del Todescho**
XIVe siècle. Actif à Orvieto. Italien.
Mosaïste.
Il composa, de 1328 à 1362, des mosaïques pour la façade de la cathédrale d'Orvieto.

ANDREA di Neri
XIVe siècle. Italien.
Peintre.
Mentionné, en janvier 1341, pour l'exécution de peintures à la cathédrale d'Arezzo. Il avait travaillé en 1331 et 1333 à Narni.

ANDREA di Niccolo
Mort vers 1365. XIVe siècle. Italien.
Peintre.
Il était actif à Pérouse.

ANDREA di Niccolo di Giacomo
Né vers 1440. Mort après 1514. XVe-XVIe siècles. Italien.
Peintre de compositions religieuses.
Cet élève de Matteo di Giovanni Bartoli fut actif jusqu'en 1514. En 1470, il travailla, avec Giovanni di Paolo, à l'hôpital della Scala, à Sienne et peignit, la même année, un tabernacle pour la Confrérie di S. Bernardino. En 1477, il orna la façade de la chapelle de Sainte-Lucie. En 1488, il exécuta les panneaux de l'autel principal de l'église du collège de Casole. Il est cité en 1490 pour l'exécution de peintures à la chapelle de la Confrérie della Santissima Trinita, à Sienne. On le retrouve plus tard, vers 1499 à 1500, travaillant à une chapelle de la cathédrale de Massa. Dans la galerie de Sienne, se trouve encore un tableau signé qui fut à l'origine au couvent de S. Chiara, à Radicondoli. En 1502, il faut citer un tableau d'autel représentant un *Christ en croix et des saints*. Son chef-d'œuvre, un grand tableau : *La Madone avec l'Enfant Jésus, saint Roch et saint Sébastien*, fut exposé, ainsi que d'autres œuvres portant sa signature, à l'Exposition des Arts Anciens, au palais public de Sienne, en 1904.
Musées : CAMBRIDGE : *Saint Pierre et saint Jean* – SIENNE : *Nativité et des saints – Crucifixion* 1502 – *Sept saints*.
VENTES PUBLIQUES : LONDRES, 1925 : *Madone* : **GBP 420**.

ANDREA di Niccolo da Viterbo
XVe-XVIe siècles. Italien.
Peintre de sujets religieux.
Il était actif de 1465 à 1512. Il serait peut-être à rapprocher de ANDREA MARIOTTO di Viterbo, actif vers 1483, avec des sujets similaires.
VENTES PUBLIQUES : LOS ANGELES, 21 juin 1978 : *La Vierge et l'Enfant avec de saints personnages*, h/t (50x70) : **NLG 1 550** – NEW YORK, 17 janv. 1985 : *La Vierge et l'Enfant entourés de saints personnages*, h/pan., fond or (39,5x29) : **USD 60 000** – MONTE-CARLO, 6 déc. 1987 : *Vierge à l'enfant entourée de saint Jérome et de sainte Catherine de Sienne*, temp./t. (71x46) : **FRF 170 000** – NEW YORK, 11 janv. 1991 : *Saints Augustin et Jean Baptiste ; Saints Sébastien et Blaise*, deux pan., temp./pan. (160,2x53,5 et 160,8x53,5) : **USD 82 500** – NEW YORK, 19 mai 1994 : *Vierge à l'Enfant devant un parapet dans un paysage*, h/pan. (57,2x34,9) : **USD 9 200**.

ANDREA de Nicolo da Curzola, appelé aussi **Andrea da Sebenico**
XVIe siècle. Italien.
Peintre.
Des documents de l'école des peintres de Venise mentionnent sa mort en 1582.

ANDREA di Nuto
XIVe-XVe siècles. Italien.
Peintre.
Mentionné de 1377 à 1415. Un mosaïste de ce nom, qui travailla, de 1364 à 1368, à la façade de la cathédrale d'Orvieto, est peut-être le même que cet artiste florentin.

ANDREA da Padova
XVe siècle. Actif à Venise. Italien.
Peintre.
Connu par sa signature dans deux testaments du 3 août 1482 et du 22 octobre 1484.

ANDREA di Paolo
XIVe siècle. Actif à Gubbio. Italien.
Sculpteur.
Mentionné au sujet d'un paiement pour la restauration d'un mur au palais del Podesta, en 1383.

ANDREA del Passano
XIVe siècle. Italien.
Cet artiste florentin est cité comme travaillant en 1363.

ANDRÉA di Piero. Voir **FERRUCCI Andrea**

ANDREA di Pietro da Imola
XIVe siècle. Actif à Padoue vers la fin du XIVe siècle. Italien.
Peintre.

ANDREA da Pinerolo
XIVe siècle. Italien.
Peintre.
Son nom est mentionné pour des peintures exécutées, vers 1314, au portique de la chapelle Saint-Georges, dans le château des ducs de Pignerol.

ANDREA da Pisa
XVe siècle. Italien.
Peintre.
Un tableau d'autel, à Pise, représentant la Madone entre saint Pierre et saint Paul, porte sa signature et la date de 1495. Il ne faut pas confondre cet artiste avec Andrea di Ugolino Pisano, qui se fit connaître vers la même époque.

ANDREA Pisano, de son vrai nom : **Andrea di Ugolino Nini**, dit aussi **Andrea da Pontedera**
Né vers 1290 à Pontedera. Mort entre le 26 août 1348 et le 19 juillet 1349 à Orvieto. XIVe siècle. Italien.
Sculpteur, orfèvre, architecte.
En tant que fils d'Ugolino Nini, orfèvre, il dut commencer à apprendre l'orfèvrerie, mais on ne sait rien de ses débuts sinon qu'il entra très probablement dans l'atelier de Lorenzo Maitani d'Orvieto. Entre 1330 et 1336, il fut employé à la sculpture des portes du Baptistère de Florence, avant de devenir, en 1340, maître d'œuvre au Dôme de Florence. Il travaillait alors, entre 1337 et 1343, aux bas-reliefs du soubassement du Campanile, remplaçant Giotto dans ses fonctions de maître d'œuvre. Il n'est pas impossible qu'il soit allé à Pise entre 1343 et 1347, mais il ne reste rien qui prouve son passage. On le retrouve, en 1347, à la cathédrale d'Orvieto. Enfin, en 1348, il transmit ses charges à son fils Nino Pisano (voir cet article). Andrea Pisano est surtout l'homme qui réalisa les fameuses portes en bronze du Baptistère de Florence. Celles-ci étaient divisées en vingt-huit panneaux séparés à l'intérieur desquels étaient représentés, en haut, des épisodes de la vie de *Saint Jean Baptiste*, et en bas, les *Vertus*. Andrea réalisa des petites scènes aux compositions simples et claires, bien détachées du fond, mais sans aucune exagération. C'est un art équilibré, précis, sobre, qui fait penser à l'art de Giotto, malgré son caractère gracieux. Au Campanile, cette grâce est encore accentuée à travers les petites scènes allégoriques des *Sciences*, *Arts* et *Métiers* qui furent certainement exécutées par Andrea, au même titre que la *Genèse*, alors que les *Planètes*, *Vertus*, *Arts Libéraux* et *Sacrements* ne sont pas de sa main. Andrea Pisano se fit l'interprète d'une beauté issue de l'idéal précieux des ivoires français.
BIBLIOGR. : L. Benoist : in *Dictionnaire de l'Art et des Artistes*, Hazan, Paris, 1967.

ANDREA da Pordenone
XIVe siècle. Italien.
Peintre.
Des documents de cette époque le mentionnent pour l'exécution des peintures de la Cantoria et des petites portes de l'orgue de la cathédrale d'Udine.

ANDREA di Puccino ou **di Puccio**
XIVe siècle. Italien.
Peintre.
Mentionné dans la gilde de Saint-Luc. Cet artiste doit être le même que celui qui, sous le nom d'Andrea di Puccino de Massa Lunense, est cité à Lucques de 1383 à 1388.

ANDREA di Puccio. Voir aussi **ANDREA di Buccio**

ANDREA di Rodolfo dei Fiori
XIVe siècle. Actif à Pérouse. Italien.
Peintre.
Un document mentionne un paiement qu'il reçut pour le portrait de saint Ercolano, le patron de la ville. D'après Azzi, ce tableau daterait de 1342. Mais on sait, d'autre part, qu'Andrea di Rodolfo fut « Camerlingue » de 1388 à 1397, ce qui nous permet de penser que cette peinture serait d'une époque plus récente.

ANDREA Romano
XVIe siècle. Italien.

Sculpteur de bustes.
Cité en 1530 pour avoir pris part à l'ornementation d'un palais, sous la direction du Primatice et de Jules Romain. Un document de 1564 le mentionne comme auteur d'un buste pour le parc du château d'Alfonso I de Gonzague de Novellara. On lui attribue aussi un tombeau de l'église S. Maria d'Aracoeli, à Rome, où l'on retrouve une signature semblable à la sienne.

ANDREA da Salerno. Voir **SABBATINI Andrea**

ANDREA di Salvi Barili. Voir **BARILI**

ANDREA da San Quiliano
XVIe siècle. Italien.
Moine, peintre.

ANDREA da Saronno
XVIe siècle. Lombard. Italien.
Sculpteur.
Un document de 1515 le désigne comme ayant travaillé avec Agostino Busti au tombeau de Gaston de Foix.

ANDREA del Sarto, de son vrai nom : **Andrea d'Agnolo di Francesco**. Voir **SARTO Andrea del**

ANDREA da Settignano
XVe siècle. Actif à Rome. Italien.
Sculpteur.
Travailla au Vatican vers 1460, sous le pontificat de Pie II.

ANDREA di Solmona
XVe siècle. Actif à Sulmona. Italien.
Peintre.

ANDREA di Tognino de Campagnia
XVIe siècle. Actif à Pérouse. Italien.
Sculpteur.
Travailla, en 1514, à la construction du Cambio de Pérouse.

ANDREA da Traù
XVe siècle. Actif à Venise. Italien.
Sculpteur.
Travailla à Modène vers 1460.

ANDREA di Turino
XIVe siècle. Actif à Sienne de 1362 à 1382. Italien.
Peintre.

ANDREA da Udine
XVIe siècle. Actif à Ferrare, vers 1500. Italien.
Peintre.

ANDRÉA di Ugolino Nini, dit **Pisano**. Voir **ANDREA Pisano**

ANDREA di Vanni d'Andrea
Né vers 1332. Mort vers 1413 ou 1414. XIVe-XVe siècles. Actif à Sienne. Italien.
Peintre de sujets religieux, fresques.
Il se mêla à la politique de sa ville natale, ce qui ne l'empêcha pas de produire des œuvres estimées, dont peu cependant sont parvenues jusqu'à nous. En 1367, on le trouve travaillant à la cathédrale de Sienne ; trois ans plus tard, en collaboration avec son frère Francesco, il peignit trois chapelles de cette même basilique et décora la voûte de la coupole avec Antonio Veneziano. En 1375, le comte Raimondo del Balzo lui avait demandé de peindre la chapelle du château de Casaluce, mais la mort de ce gentilhomme l'empêcha de mettre son projet à exécution. De retour à Sienne, il fit don à l'église San Martino d'un tableau d'autel représentant le *Martyre de saint Sébastien*. Vers l'année 1384, Andrea fit un long voyage, se fixa à Naples, où il travailla quelque temps, puis passa en Sicile, où on le perd de vue pendant plusieurs années. De retour à Sienne vers 1391, il peignit un tableau d'autel pour l'oratoire de l'Albero di San Francesco. En 1399, il décora la chapelle de San Giacomo Interciso, dans la cathédrale de Sienne, et en 1400, pour San Stefano, il peignit un tableau d'autel représentant *La Vierge entourée de saints*. On cite encore comme œuvre de ce peintre la fresque de *Sainte Catherine*, au couvent de San Domenico, *La Madone des infirmes*, à San Francesco, d'autres *Vierges*, dans la chapelle dei Santissimi Chiodi de Sienne et *L'Annonciation*, à San Pietro, dans la même ville.
VENTES PUBLIQUES : MONTE-CARLO, 22 juin 1985 : *Vierge en majesté entre saint François et saint Paul*, temp./pan. à fond d'or (36,5x24,5) : FRF 320 000 – MILAN, 4 avr. 1989 : *Saint Étienne*, détrempe/pan. à fond d'or (30x24) : ITL 35 000 000.

ANDREA da Velletri
XIVe siècle. Italien.

Peintre.
Le Musée Borgia possède une *Madone* attribuée à cet artiste et datée de 1334.

ANDREA di Ventura
XIIIe-XIVe siècles. Actif à Sienne vers l'an 1300. Italien.
Architecte et sculpteur.
Un document le mentionne comme ayant contribué à la construction du chœur de la cathédrale de Sienne vers la fin du XIIIe siècle.

ANDREA da Verona
Actif à Rome. Italien.
Sculpteur de bustes.
Un document le mentionne comme ayant reçu du Pape le paiement d'un buste qu'il exécuta au palais du Vatican.

ANDRÉA dalle Vese ou **Veze, Vieze**
XVe-XVIe siècles. Italien.
Enlumineur et calligraphe.
Il travailla aux missels et aux antiphonaires de la cathédrale de Ferrare et sans doute pour l'abbaye San Bartolo, près de Ferrare.

ANDRÉA di Vestro
XVe siècle. Actif à Pérouse entre 1443 et 1461. Italien.
Miniaturiste.

ANDREA MARIOTTO di Viterbo
Né à Viterbo. XVe siècle. Italien.
Peintre d'histoire.
Cité par le Art Price's Current. Il était actif vers 1483.
VENTES PUBLIQUES : LONDRES, 25 et 26 mai 1911 : *La Vierge, l'Enfant Jésus et des saints* : GBP 546.

ANDREADAKIS Dimitris
Né en 1964 à la Cannée (Crète). XXe siècle. Depuis 1991 actif en France. Grec.
Peintre d'intérieurs, de natures mortes.
Diplômé des Beaux-Arts d'Athènes en 1990, il s'installe à Paris en 1991 et y poursuit ses études à l'École Nationale Supérieure des Beaux-Arts. Il a déjà participé à de nombreuses expositions collectives en Grèce et en France, et il a eu une exposition personnelle en 1992 à la Galerie Bernanos, à Paris.
Son compatriote Alkis Pierrakos écrit de lui : « Dans ses tableaux, le plus souvent de grandes dimensions et qui décrivent surtout des grandes pièces assez vides, on est pris par la rigueur de la couleur d'ensemble ; on ressent immédiatement combien il a le souci de cette complémentarité que créent les trois éléments – volume, couleur et lumière – et comment il sait les manier afin de rendre l'idée dramatique qu'il a en tête ».

ANDRÉADIS Ianna
XXe siècle. Active en France. Grecque.
Peintre de paysages, marines.
Elle a montré ses œuvres dans une exposition personnelle à Paris en 1997.
Elle peint la mer, dans des compositions très libres, presque abstraites.

ANDREAE August Heinrich
Né le 4 décembre 1804 à Horst (Hanovre). Mort le 6 janvier 1846 à Hanovre. XIXe siècle. Allemand.
Peintre-aquarelliste, graveur, dessinateur.
Fils d'un pasteur de Horst, il prit une place importante parmi les architectes de sa région. On le mentionne comme dessinateur et graveur à l'eau-forte de talent.

ANDREAE J.
XIXe siècle. Travaillait à Munich dans la seconde partie du XIXe siècle. Allemand.
Peintre de paysages.
Il étudia à Munich et exposa en 1863 et 1864. On cite notamment : *Clair de lune à Venise, Lautstetten sur le lac de Starnberg*. Certains prétendent que cet artiste est le même que le peintre Tobias Andreae.

ANDREAE Johann
XVIIe siècle. Actif à Eilenbourg, vers 1667. Allemand.
Peintre.

ANDREAE Karl Christian
Né le 3 février 1823 à Mühlheim-sur-Rhin. Mort le 23 mars 1904 à Helenaberg (près Sinzig-sur l'Ahr). XIXe siècle. Allemand.
Peintre d'histoire, sujets religieux, portraits, fresquiste, graveur, dessinateur.

D'abord élève de Karl Sohn et de Schadow à l'Académie de Düsseldorf (1839-1844), cet artiste se rendit, en 1845, à Rome, où il étudia jusqu'en 1849. De 1857 à 1881, on le trouve à Dresde, et c'est dans cette ville qu'il fonda l'*Union de l'art ecclésiastique*. À la mort de ses parents, Andreae prit possession de sa propriété à Helenaberg, où il demeura jusqu'à la fin de ses jours.
À côté de son mérite, comme peintre de sujets d'histoire sainte, il travailla quelque peu comme portraitiste. Parmi les œuvres gravées par Karl Christian Andreae on mentionne : *Un Panorama de Rome* (1849), *Le Forum Romanum* (1850), *Le Pardon de Kevelaar* et *Le Chevalier Harald*, d'après les poésies de Heine et d'Uhland. Ses premiers tableaux historiques datent de 1844. On mentionne encore de nombreux tableaux d'autel pour des églises des villages saxons, (tels que Nebra, Malkwitz, Lohmen, etc.) et des décorations pour l'église de Capern, à Hanovre. Enfin, on lui doit plus de trois cents cartons, pour des peintures sur verre, et des fresques pour différentes églises.

ANDREAE T.
Allemand.
Graveur.
Strutt le mentionne comme l'auteur d'une planche représentant un sujet emblématique.

ANDREAE Tobias
Né le 6 mars 1823 à Francfort-sur-le-Main. Mort le 22 avril 1873 à Munich. XIXᵉ siècle. Allemand.
Peintre de paysages.
Il fut élève de l'Institut d'Art de Francfort, sous Jakob Becker et s'adonna d'abord à la peinture historique. Il s'adonna au paysage sous l'influence d'Éduard Schleich. Il choisit alors ses sujets sur les côtes d'Italie et de la mer du Nord. On cite deux grands tableaux qui furent exposés à l'Exposition internationale de Munich en 1869 : *Venise* et *Capri dans la nuit*. Il exécuta plus tard quelques paysages de montagnes.
Musées : HAMBOURG (Mus.) – HANOVRE (Mus.) : *Capri au clair de lune.*

ANDREAL Vera Romaine
XXᵉ siècle. Actif à Cincinnati en 1905-1910. Américain.
Sculpteur.

ANDREANI Andrea
Né vers 1560 à Mantoue (Lombardie). Mort en 1623. XVIᵉ-XVIIᵉ siècles. Italien.
Peintre, graveur.
On n'est pas d'accord sur la date de naissance de cet artiste ; certains auteurs indiquent l'année 1540, d'autres : 1546 ; enfin Brulliot mentionne 1560, ce qui paraît probable, ses premiers ouvrages connus étant de 1584. On sait que de chose de sa peinture, et il paraît avoir gravé dès le début de sa carrière, quand il s'établit à Rome. À ce moment la gravure sur bois en *Chiaroscuro* était fort en vogue. Son dessin savant, sa grande maîtrise permirent à Andreani de porter cet art au plus haut degré. Ses gravures se vendant fort bien, on prétend qu'il se fit aider par nombre d'artistes dont il retouchait les ouvrages pour les publier sous son nom.

AA AA AA

VENTES PUBLIQUES : LONDRES, 30 juin 1976 : *La mise au tombeau,* grav./bois, d'après Raphaello Motta da Reggio (41,6x32,3) : **GBP 650** – NEW YORK, 7 mai 1981 : *Femme contemplant un crâne,* grav./bois, d'après Casolani (33,7x21,3) : **USD 1 600** – LONDRES, 5 déc. 1985 : *Enlèvement d'une Sabine* vers 1584, grav./bois clair-obscur en noir et 3 tons de gris-olive (44,5x20,7) : **GBP 2 200** – PARIS, 18 juin 1994 : *Jésus-Christ mis au tombeau* 1585, grav. en camaïeu de bistre : **FRF 31 000**.

ANDREANI Camillo, dit del Cavaliere Monaldo di Fivizzano
XVIIᵉ siècle. Actif à Fivizzano. Italien.
Peintre.
Élève de Guido Reni à Rome. Il est mentionné comme peintre très fécond vers 1634. On lui doit le tableau d'autel de l'église de sa ville natale.

ANDRÉANI Charles
Né à Marseille (Bouches-du-Rhône). XXᵉ siècle. Français.
Peintre de paysages animés. Orientaliste.
Entre 1919 et 1935, il a exposé épisodiquement aux Salons d'Automne et des Indépendants à Paris.
VENTES PUBLIQUES : PARIS, 18-19 mars 1996 : *Entrée du Sultan dans une ville orientale*, h/t (107x160) : **FRF 35 000**.

ANDREANI Enrico
XIXᵉ siècle. Actif à Ancône. Italien.
Peintre décorateur.
Il fit ses études à Milan et à Venise. Il se spécialisa dans la peinture de théâtre.

ANDRÉANI Yvon Léon
Né à Privas (Ardèche). XXᵉ siècle. Français.
Peintre de paysages, natures mortes.
Il a exposé au Salon des Artistes Français à Paris, de 1937 à 1939. Il a peint des paysages de la Corse.

ANDREAS
IIᵉ siècle avant J.-C. Antiquité grecque.
Bronzier.
D'après une inscription d'Olympie, il exécuta avec son frère Aristomachos une statue de Q. Marcius Philippus (Consul en 176 et 169), consécration de la ligue achéenne. D'après une autre inscription d'origine inconnue, les mêmes artistes avaient élevé dans quelque sanctuaire la statue d'un Timéas, fils d'Hagias ; le texte les désigne comme étant « de Kaunos » : sans doute faut-il comprendre qu'ils étaient citoyens d'honneur de la ville carienne. Il reste douteux, si cet Andréas est le même que l'artiste argien, auteur, pour Olympie, de la statue en bronze de l'Éléate Lysippos, vainqueur au championnat de lutte des enfants. En tous cas, le nom d'Andréas signale la renaissance de la statuaire en bronze argienne au IIᵉ siècle avant Jésus-Christ.

ANDREAS
Xᵉ siècle. Éc. byzantine.
Peintre.
Il travaillait à Byzance. Il est cité comme le plus célèbre peintre du temps de Constantin Porphyrogénète.

ANDREAS
XVᵉ siècle. Allemand.
Peintre, graveur sur bois.
Un document le mentionne comme ayant travaillé à Posen de 1443 à 1481.

ANDREAS
XVᵉ siècle. Allemand.
Peintre.
Il était actif à Friberg en Saxe. Plusieurs documents le mentionnent pour des travaux en 1478 à Dresde.

ANDREAS
XVᵉ siècle (?) ou après. Italien.
Sculpteur.
On lui attribue un autel dans la sacristie de Santa Maria del Popolo à Rome.

ANDREAS, Minimus
XVᵉ siècle. Italien.
Enlumineur.
Doit-on entendre : frère minime ? Il exécuta, vers 1459, pour Giovanni-Battista Giraldi, chanoine de Venise, un bréviaire.

ANDREAS
Né à Lemberg. XVIᵉ siècle. Allemand.
Peintre.
Il travaillait à Lemberg. Des documents trouvés aux archives de cette ville mentionnent deux peintres de ce nom, cités vers 1524, 1554 et 1570.

ANDREAS, maître
XVIᵉ siècle. Allemand.
Peintre.
Il vécut au XVIᵉ siècle et il est cité parmi les peintres de la cour de Dresde. Il était actif en Saxe ; peut-être est-il le même que le peintre Andreas de Friberg en Saxe, qui vécut également à Dresde.

ANDREAS ou Andrewes
XVIᵉ siècle (?). Allemand.
Peintre.
Il était actif à Hambourg.

ANDREAS ou Andres
XVIIᵉ siècle. Suisse.
Sculpteur sur bois.
Il travailla, en 1644, à Lucerne aux stalles d'une église.

ANDREAS Johann Wolf
XVIIᵉ siècle. Actif à Friberg (Saxe) en 1684. Allemand.
Sculpteur.

ANDREAS Miciacensis
IXᵉ-Xᵉ siècles. Vivait dans le courant du IXᵉ ou Xᵉ siècle. Italien.

Enlumineur.
Un manuscrit de lui figure à la Bibliothèque Nationale de Paris : *L'Epistola Fulberti*, qu'il écrivit et enlumina.

ANDREAS Rico ou Rizzo
xvie siècle. Italien.
Peintre de sujets religieux.
Il vécut probablement au xvie siècle. Originaire de Crète, il habita Venise. Ce fut le principal représentant de l'école de Crète, si florissante du xve au xvie siècle. La galerie des Offices, à Florence, possède une *Madone* signée de lui, une *Mort de Marie* et plusieurs images de saints et d'anges signées. Les galeries de Parme et de Naples possèdent de lui des tableaux d'autel.
Musées : Florence (Offices) : *Madone – Mort de Marie* – Naples – Parme .
Ventes Publiques : Paris, 1842 : *La Vierge, vue à mi-corps, tenant l'Enfant Jésus*, peint. à la détrempe : **FRF 77**.

ANDREAS Thomas
xviie siècle. Allemand.
Peintre.
Il épousa en novembre 1622 la veuve d'Henrich Röhrer, peintre de Liegnitz, ville où il était lui-même actif.

ANDREAS de Gelnicz
Mort avant 1539. xvie siècle. Polonais.
Peintre.
On sait qu'il se fixa à Cracovie vers 1526.

ANDREAS von Clève
xve siècle. Actif à Xanten. Allemand.
Sculpteur.
On retrouve à Xanten, dans la grande nef de l'église Saint-Victor, une statue de Marie, datée de 1495, qui lui est attribuée.

ANDREAS von Urach Uracensis
xvie siècle. Allemand.
Sculpteur.
On lui attribue deux sculptures : un *Crucifix* et *Le Christ au mont des Oliviers*, à Offenbourg-sur-Kinzig (duché de Bade), et signées d'un A et d'un U (ou V) avec les dates 1521 et 1524.

ANDREASEN Elna Ingeborg
Née le 10 août 1875 à Copenhague. xxe siècle. Danoise.
Peintre de figures, portraits.
Elle fut élève du peintre Viggo Johansen à la section féminine de l'Académie des Arts de 1900 à 1904. Elle exposa ensuite dans les manifestations de cette institution, qui lui décerna une médaille d'or en 1906 pour sa composition : *L'Amazone tuée*.

ANDREASEN Signe
Née le 31 août 1853 en Danemark. Morte en 1919. xixe-xxe siècles. Danoise.
Peintre de fleurs.
Elle fut élève de Olaf August Hermansen. Elle vint à Paris en 1887.
Ventes Publiques : Copenhague, 28 oct. 1987 : *Bouquet de fleurs d'été*, h/t (62x47) : **DKK 4 000** – Londres, 16 fév. 1990 : *Clématites rouges et blanches*, h/t (46x39,5) : **GBP 1 650**.

ANDREASEN-LINDBORG Ingeborg, Mrs. Voir ANDREASEN Elna Ingeborg

ANDREASI Antonio
xviie siècle. Actif à Ferrare, en 1629. Italien.
Peintre.

ANDREASI Eugenio
Né en 1870 à Lecco, originaire de Lombardie. Mort à Venise. xixe siècle. Italien.
Peintre de paysages.
Il travailla surtout à Venise et on lui doit de nombreuses vues de cette ville.
Ventes Publiques : Milan, 20 déc. 1994 : *Le lac de Lecco*, h/t (65,5x100) : **ITL 3 220 000**.

ANDREASI Ippolito ou Andreazio, Andreazzi, dit aussi il Andréasino
Né en 1548 à Mantoue (Lombardie). Mort le 5 juin 1608 à Mantoue. xvie siècle. Italien.
Peintre de compositions religieuses, sujets allégoriques, dessinateur.
Ce peintre étudia probablement à l'école des Mazzola de Parme. On l'a dit à tort élève de Jules Romain ; il en fut seulement l'imitateur. Il s'inspira aussi du style du Parmesan ; il décora plusieurs églises de sa ville natale. Mariette parle également d'une *Annonciation* de ce maître, gravée par Villamène.

Musées : Paris (Mus. du Louvre) : *Sainte Famille.*
Ventes Publiques : Londres, 3 juil. 1989 : *Les armes des Gonzague de Mantoue, soutenues par deux angelots*, encre brune et lav. avec reh. de blanc (13,4x16,8) : **GBP 2 750** – New York, 8 jan. 1991 : *L'Assomption*, encre et lav. avec reh. de blanc (21,3x17,2) : **USD 9 350** – Londres, 16-17 avr. 1997 : *Octobre, homme labourant son champ avec des bœufs*, pl. et encre brune et lav., quadrillage en craie noire (14,2x27,1) : **GBP 1 150**.

ANDREAU René
Né le 12 mars 1870 à Moulins (Allier). Mort le 1er avril 1945 à Semur-en-Auxois (Côte-d'or). xixe-xxe siècles. Français.
Peintre de figures, paysages.
Il fut élève de Joseph Blanc et de Gustave Courtois. Il exposait régulièrement au Salon de la Société Nationale des Beaux-Arts à Paris, dont il fut nommé associé en 1897, sociétaire en 1914. Il avait obtenu une mention honorable à l'Exposition Universelle de 1900. Il fut fait chevalier de la Légion d'honneur. Il y exposait encore en 1938.
Dans sa jeunesse il a beaucoup peint les paysages de la région du Wissant dans le Pas-de-Calais. Comme ce fut souvent le cas dans la suite de l'impressionnisme, Andreau fut particulièrement sensible aux variations apportées au paysage par les changements d'heure, de temps, de saisons, par exemple : *Impression du soir à Wissant* 1897, *Soir dans le Pas-de-Calais* 1901, etc.
Musées : Paris (Mus. du Petit Palais) : *Berger* 1905.

ANDREAZZI. Voir ANDREASI Ippolito

ANDRÉE
xixe siècle. Active à Londres entre 1825 et 1828. Britannique.
Peintre miniaturiste.
Elle exposa huit miniatures à la Royal Academy de Londres.

ANDRÉE Georg
xviiie siècle. Actif à Wittingau (Bohême méridionale). Allemand.
Sculpteur.
Vécut au début du xviiie siècle. Il exécuta plusieurs autels, notamment, de 1709 à 1715, le grand autel et les autels latéraux de l'église du couvent Saint-Aegidius à Wittingau. On cite aussi de lui les autels de la chapelle de l'Agonie du Christ à Wittingau, détruite en 1786.

ANDRÉE LÉNIQUE Clémence, Mlle. Voir LÉNIQUE de FRANCHEVILLE

ANDREEN Axel A.
xxe siècle. Vivait à Chicago en 1903. Américain.
Peintre.

ANDREENKO Mikhail, puis Michel
Né en 1894 ou 1895 à Kherson. Mort le 12 novembre 1982 à Paris. xxe siècle. Actif aussi à travers l'Europe. Russe.
Peintre, décorateur de théâtre. Abstrait-constructiviste.
Il fut élève de l'École Impériale des Beaux-Arts de Saint-Pétersbourg. Dès 1915, âgé de quinze ou seize ans, il figura à l'exposition *Peintres Contemporains* à Saint-Pétersbourg. Très tôt il se consacra au décor de théâtre, d'abord en Russie, puis dans différents pays d'Europe. Il peignit également des toiles géométriques abstraites, d'un dessin très synthétique, par plans et signes énergiquement cernés.

Andreenko

Ventes Publiques : Versailles, 7 mars 1976 : *La grande muraille*, h. et assemblage/pan. (42x59) : **FRF 1 800** – Londres, 29 juin 1977 : *Composition constructiviste* 1922, gche, cr. et reh. d'argent (28x20) : **GBP 780** – Munich, 28 nov. 1980 : *Baigneuses* 1926, gche et collage/trait de cr. (18x19) : **DEM 3 200** – Londres, 30 sep. 1981 : *Composition abstraite*, gche et fus. (27,3x38) : **GBP 350** – Milan, 19 avr. 1983 : *Composition*, gche (28x39) : **ITL 900 000** – Copenhague, 14 avr. 1983 : *Composition*, h/t (46x55,3) : **USD 1 500** – Munich, 26 nov. 1984 : *Composition constructiviste* 1928, h/t (65x50) : **DEM 5 800** – Munich, 26 nov. 1985 : *Construction* 1925, h. et collage (54x45) : **DEM 3 100** – Londres, 2 avr. 1987 : *Composition constructiviste* 1922, gche et peint. argent/trait de cr. (28x19,7) : **GBP 5 200** – Londres, 6 oct. 1988 : *Nu debout*, gche/pap. (49,5x24,2) : **GBP 2 420** – Paris, 26 oct. 1988 : *Orchestration des lignes et des plans* 1963, h/t (71,5x90,5) : **FRF 6 500** – Londres, 21 fév. 1989 : *Baigneur devant une grotte* 1926, gche et collage/pap. (42,5x47,9) : **GBP 1 430** – Paris, 26 mai 1989 : *Construction*, h/t (80x99) : **FRF 7 500** – Paris,

8 nov. 1989 : *Composition,* h/pan. (46x61) : **FRF 5 500** – LONDRES, 23 mai 1990 : *Composition structurale 1929,* h/t (46x61) : **GBP 3 300** – DOUAI, 11 nov. 1990 : *Composition,* h/t (47x65) : **FRF 26 000** – AMSTERDAM, 12 déc. 1990 : *Personnage géométrique,* h/t (54,5x46) – PARIS, 6 fév. 1991 : *Matière en mouvement,* h. et matière/t. (58x91) : **FRF 6 500** – AMSTERDAM, 8 déc. 1994 : *Sans titre 1959,* h/t (65x50) : **NLG 3 450.**

ANDRÉESCO Eugénie
Née à Constantza. XXᵉ siècle. Roumaine.
Peintre de portraits.
De 1926 à 1933, elle a figuré régulièrement aux Salons des Tuileries et des Indépendants à Paris.

ANDREESCO Ian
Né en 1850 à Bucarest. Mort en 1882 à Bucarest. XIXᵉ siècle. Roumain.
Peintre de paysages.
Après des études à l'École des Beaux-Arts de Bucarest, il alla à Paris en 1879, date à laquelle il exposa au Salon des Artistes Français. Il peignit à Barbizon puis retourna en 1881 à Bucarest, où il montra, l'année suivante, un ensemble de ses œuvres, juste avant de mourir.
Marqué par les peintres de plein-air de Barbizon, il allie la gravité des forêts roumaines aux demi-teintes des disciples de Théodore Rousseau.
BIBLIOGR. : Gérald Schurr : *Les Petits Maîtres de la peinture 1820-1920, valeur de demain,* t. II, Les Éditions de l'Amateur, Paris, 1982.

ANDREEV. Voir aussi ANDREIEFF

ANDREEV Igor
Né en 1932 à Léningrad (Saint-Pétersbourg). XXᵉ siècle. Actif en France. Russe.
Peintre de compositions animées, paysages. Naïf.
Il a travaillé à Léningrad, puis a quitté l'URSS au début des années quatre-vingt. Après un séjour de huit mois aux États-Unis, il s'est définitivement établi en France. Il a exposé en France et en Italie.
Ses vastes compositions sont pleines de fantaisie.
VENTES PUBLIQUES : PARIS, 7 nov. 1988 : *Le rusé 1987* (97x130) : **FRF 15 000** – PARIS, 18 mars 1992 : *Paysage fantastique,* h/t (130x97) : **FRF 4 500.**

ANDRÉEV Ivan
Né en 1907 à Léningrad (Saint-Pétersbourg). XXᵉ siècle. Russe.
Peintre d'intérieurs.
Il fit ses études à l'Académie des Beaux-Arts de Léningrad (Institut Répine), où il fut professeur par la suite. Il participa à de nombreuses expositions nationales et internationales.
MUSÉES : MOSCOU (Gal. Trétiakov) – SAINT-PÉTERSBOURG (Mus. Russe) – SAINT-PÉTERSBOURG (Mus. d'Hist.).
VENTES PUBLIQUES : PARIS, 29 nov. 1990 : *La fillette qui peint 1969,* h/t (59x50) : **FRF 9 800.**

ANDREEV Nicolas A. ou Andreieff
Né en 1873. Mort en 1932. XIXᵉ-XXᵉ siècles. Russe.
Sculpteur de monuments, portraits en bustes, dessinateur.
En 1919, il eut l'autorisation de faire des dessins dans le cabinet de travail de Lénine, d'après lesquels il sculpta une série de bustes, qui le rendirent célèbre. Ces mêmes dessins servirent d'ailleurs à d'autres sculpteurs dans la suite. Il sculpta aussi, à Moscou, les monuments de Gogol et de Herzen, l'écrivain révolutionnaire du XIXᵉ siècle.
MUSÉES : MOSCOU (Gal. Tretiakoff) : *Buste de Tolstoï – Lénine écrivant* 1920, bronze.

ANDREI Andréas Rubleff. Voir ROUBLEV

ANDREI Giovanni
Né vers 1757 à Carrare. XVIIIᵉ siècle. Italien.
Sculpteur.
Il est cité, en 1793, comme auteur de la balustrade du grand-autel de Santa Maria Novella, à Florence. Quelque temps après, il fut appelé à Washington pour entreprendre les décorations en marbre du Capitole. À son retour d'Amérique, en 1815, Andrei exécuta, à Carrare, de nombreux travaux en marbre destinés à Washington.

ANDRÉI René Jean Louis
Né le 25 février 1906 à Paris. Mort le 19 août 1987 à Arpajon (Essonne). XXᵉ siècle. Français.

Sculpteur de monuments, figures, peintre, graveur.
Fils d'un artisan statuaire à Paris, il entre, dès 1920, dans l'atelier de Louis Aimé Lejeune et fréquente les académies de dessin de Montparnasse, avant d'entrer à l'École des Beaux-Arts de Paris en 1926, dans les ateliers d'Injalbert et de Bouchard. Il fut deuxième Prix de Rome en 1931 et Pensionnaire à la Casa Velasquez en 1935-36. Il revint à Paris et obtint, en 1937, le Grand Prix National des Arts. Il a exposé au Salon des Artistes Français depuis 1918, obtenant diverses récompenses : mention honorable 1925, médaille de bronze 1929 avec bourse de voyage, médaille d'argent et Prix Henriette Ernestine Boissy 1933, Prix Vital Cornu 1934.
Il reçoit de nombreuses commandes pour des œuvres monumentales, notamment au Mont Valérien, à la Ciotat, au Havre, à Juvisy. Ses statues en marbre, pierre ou bronze accusent des rondeurs qui ne sont pas sans évoquer l'art de Maillol.
VENTES PUBLIQUES : LONDRES, 17 avr. 1984 : *Chasseresse avec son chien,* bronze argenté (H. 37,2) : **GBP 520** – PARIS, 19 nov. 1995 : *Tête de jeune fille,* bronze (H. 11) : **FRF 7 500.**

ANDREIDES Amandus
Né le 22 février 1700 à Olmutz (Moravie). Mort le 9 octobre 1795 à Brunswick. XVIIIᵉ siècle. Allemand.
Peintre d'histoire et dessinateur.
Il étudia la perspective avec Galli Bibbiena, fut élève de Daniel Gran et de C. Sambach à Dresde et à Bayreuth.

ANDREIDES Ernst
XIXᵉ siècle. Allemand.
Peintre, dessinateur.
Il est probablement le fils d'Amandus Andreides. On cite de lui quelques dessins à la plume de vues architecturales.

ANDREIEFF Nicolas A. Voir ANDREEV

ANDREIEV Ivan
Né en 1915 à Smalensk. XXᵉ siècle. Russe.
Peintre de compositions à personnages, paysages, natures mortes.
Il commença ses études en 1940 à l'École artistique de Moscou et les poursuivit, de 1945 à 1951 à l'Institut Répine à Léningrad (Saint-Pétersbourg). Il devint membre de l'Union des Peintres d'URSS en 1975 et à partir de 1989 participa aux expositions de cette association.
VENTES PUBLIQUES : PARIS, 5 avr. 1992 : *Le jeune rémouleur,* h/t (59,5x44) : **FRF 3 800.**

ANDREINI Carlo
XVIIIᵉ siècle. Actif à Cesena, vers 1746. Italien.
Peintre.

ANDREINI Ferdinando
Né le 14 octobre 1843 à Settignano. XIXᵉ siècle. Italien.
Sculpteur de figures, portraits.
Élève d'Ulysse Cambi, il travailla à Florence et exécuta, en 1860, un buste en marbre du roi Victor-Emmanuel, destiné à la salle de réception de la gare principale de Florence. Son œuvre la plus intéressante est la statue en marbre : *Amour enchaîné,* grandeur nature. Plus tard, il fut réduit au rôle de praticien.
VENTES PUBLIQUES : NEW YORK, 23 mai 1989 : *Allégorie d'une jeune fille,* marbre blanc (H. 147) : **USD 16 500** – NEW YORK, 1ᵉʳ nov. 1995 : *Mère et enfant,* marbre (H. 165,1) : **USD 54 625.**

ANDREINI Ferdinando
XIXᵉ-XXᵉ siècles. Italien.
Sculpteur.
En 1977, il figura à l'exposition *Meubles-Tableaux* du Centre Beaubourg à Paris.

ANDREINO
Enterré à San Domenico le 14 avril 1353. XIVᵉ siècle. Actif à Sienne. Italien.
Peintre.

ANDREINO da Edesia
XIIIᵉ-XIVᵉ siècles. Lombard, actif à l'époque de Giotto. Italien.
Peintre de fresques.
Il est probablement d'origine byzantine. Les biographes ne sont pas d'accord à son sujet. Zani le cite de 1290 à 1310 et Lomazzo en 1330. On lui attribue notamment la fresque représentant *Le Couronnement de Marie avec un prélat en Adoration,* à l'église Saint-Michele à Pavie.

ANDREIS Alexandre de, dit Alex
Né vers 1830. XIXᵉ siècle. Belge.

Peintre de sujets militaires et genre.

Au cours de sa carrière militaire, on le retrouve à la cour de Suède, puis au service de la France, en 1859, au moment de la campagne du Maroc, et en Espagne.

Ses toiles présentent soit des militaires aux uniformes colorés, soit des thèmes plus fantaisistes dans un esprit troubadour ou encore des notations rapides et vivantes de scènes se déroulant en Afrique du Nord.

BIBLIOGR. : Philip Hook et Mark Poltimore : *Peinture populaire du XIXᵉ siècle* – Gérald Schurr : *Les Petits Maîtres de la peinture 1820-1920, valeur de demain*, t. V, Les Éditions de l'Amateur, Paris, 1981.

VENTES PUBLIQUES : LONDRES, 11 fév. 1977 : *Les Joueurs d'échec*, h/t (63,5x79) : **GBP 750** – CHESTER, 19 mars 1981 : *Le garde*, h/t (80x63,5) : **GBP 700** – NEW YORK, 26 mai 1983 : *Échec et mat*, h/t (65x81) : **USD 1 800** – LONDRES, 8 juil. 1986 : *Le porte-étendard*, h/t (81,2x53,3) : **GBP 900** – NEW YORK, 25 fév. 1987 : *Chez le roi*, h/pan. (80,6x100,9) : **USD 9 500** – NEW YORK, 23 fév. 1989 : *La partie d'échecs*, h/t (63,5x81,3) : **USD 5 280** – LONDRES, 4 oct. 1989 : *Un invité pour le dîner*, h/t (64x80) : **GBP 4 950** – LONDRES, 16 fév. 1990 : *Cavalier en manteau rouge*, h/t (81x66) : **GBP 1 980** – NEW YORK, 19 juil. 1990 : *Cavalier en manteau rouge*, h/t (81,4x65,4) : **USD 2 200** – NEW YORK, 16 fév. 1993 : *Un cavalier*, h/t (81,2x65,2) : **USD 1 650** – LONDRES, 27 oct. 1993 : *Cavalier buvant dans un intérieur*, h/pan. (54x44,5) : **GBP 920** – MONTRÉAL, 23-24 nov. 1993 : *Le cavalier*, h/t (82,5x64,8) : **CAD 1 000** – NEW YORK, 15 fév. 1994 : *L'arrivée de d'Artagnan*, h/t (82,5x101,6) : **USD 12 650** – LONDRES, 14 juin 1995 : *Un cavalier buvant*, h/t (65x54) : **GBP 2 300** – NEW YORK, 20 juil. 1995 : *Cavalier avec un étendard 1925*, h/t (81,3x66) : **USD 2 530** – NEW YORK, 18-19 juil. 1996 : *Un cavalier*, h/t (73x59,7) : **USD 1 955.**

ANDREIS Geneviève Charlotte d'

Née à Nice (Alpes-Maritimes). XXᵉ siècle. Française.
Peintre de genre.

Elle fut élève du peintre et sculpteur Fernand Sabatté. Elle exposait au Salon des Artistes Français à Paris, dont elle devint sociétaire, obtenant une mention honorable en 1938. Elle peignit surtout des scènes familières d'intérieur.

VENTES PUBLIQUES : NICE, 22-23 déc. 1943 : *La consultation* : **FRF 8 600** – BERNE, 2 mai 1979 : *Cavalier au manteau rouge*, h/t (81x65) : **CHF 1 200.**

ANDREJANOFF Iwan, Paul et Philippe

XVIIᵉ siècle. Russes.
Peintres de sujets religieux, compositions murales.

On cite de ces trois artistes d'importantes peintures murales exécutées, de 1617 à 1684, au couvent de Troire-Sergius, à l'église de Jaroslav, à Nowgorod et au couvent de Kostroma.

ANDREJEFF Akim

XVIIᵉ siècle. Russe.
Peintre d'images religieuses.

Il est mentionné en septembre 1650 pour avoir collaboré, avec des peintres de Jaroslaw et de Kostroma, aux décorations du magasin d'armes de Moscou.

ANDREJEFF Andrei

XVIIᵉ siècle. Actif dans la seconde moitié du XVIIᵉ siècle. Russe.
Peintre d'images religieuses, compositions murales.

Il exécuta les peintures murales du couvent de Sabbas en 1668.

ANDREJEFF Wassili

XVIIᵉ siècle. Vivant dans la seconde moitié du XVIIᵉ siècle. Russe.
Graveur en taille-douce.

Élève d'A. Truchmenski, il reproduisit surtout des œuvres hollandaises. Il existe de lui un grand nombre de reproductions de saints d'après Truchmenski, Simjen, Uschakoff, et d'après ses propres dessins. Son chef-d'œuvre est un livre de prière avec quatorze scènes de la vie du Christ.

ANDREJEVIC Milet

Né le 25 décembre 1925 à Zrenjanin. Mort en 1989. XXᵉ siècle. Actif aux États-Unis. Yougoslave.
Peintre.

À Belgrade, il fut élève successivement de l'École des Arts Appliqués de 1939 à 1941, et de l'Académie des Beaux-Arts de 1942 à 1947. Ensuite il voyagea, habita Paris pendant cinq ans jusqu'en 1958, date à partir de laquelle il se fixa à New York.

VENTES PUBLIQUES : NEW YORK, 11 nov. 1986 : *Alexandre et Diogène 1970-1971*, h/t (101,7x127) : **USD 8 000** – NEW YORK, 9 nov. 1989 : *Angerona, déesse du silence 1972*, h/t (101x127) :

USD 3 850 – NEW YORK, 1ᵉʳ nov. 1994 : *Les trois âges de l'Homme*, h/tissu (102,3x127,6) : **USD 1 725.**

ANDREJEVIC-KUN Djordje

Né en 1904 à Breslau. Mort en 1964 à Belgrade. XXᵉ siècle. Yougoslave.
Peintre, graveur. Réaliste.

Il fut élève de l'École d'Art de Belgrade jusqu'en 1925, puis fit des voyages d'étude en Italie et en France. À son retour, il fut nommé professeur dans l'Académie des Beaux-Arts de Belgrade. Dans un pays dit « non-aligné » (sur la politique de l'U.R.S.S.), il n'était pas contraint d'adhérer aux principes du « réalisme-socialiste » définis par Jdanov, pourtant les thèmes qu'il traita visaient à une similaire édification des masses. Toutefois, sa peinture, au moins du point de vue technique, a échappé au réalisme photographique-académique, et fait preuve d'une certaine éloquence savoureuse et sensuelle, qui aurait pu le faire participer au renouveau expressionniste apparu à la fin de sa vie.

BIBLIOGR. : In : *Diction. Univers. de la Peint.*, Robert, Paris, 1975.

ANDRÉN Anders Viktor

Né le 7 décembre 1856 à Uddevalla (Gothembourg). XIXᵉ siècle. Suédois.
Peintre, dessinateur, illustrateur.

Il étudia à l'Académie des Arts, à Stockholm, de 1876 à 1882. Dès 1878, il se fait connaître par des dessins humoristiques. Il illustra plusieurs livres, et a travaillé à la décoration de l'église de Gustave Vasa, ainsi qu'à celle du nouveau théâtre à Stockholm.

ANDREOCCIO di Bartolomeo da Siena

XIVᵉ siècle. Italien.
Sculpteur.

Il travailla à Pise vers 1389 ou 1390 ; une inscription lui attribue l'autel et d'autres sculptures de l'église San Martino.

ANDREOCCIO di Bonsignore

Actif à Sienne. Italien.
Sculpteur.

ANDREOCCIO di Pietro di Bartolo da Asciano

XVᵉ siècle. Actif à Sienne vers 1441. Italien.
Sculpteur.

ANDREOLA Filippo

Mort en 1734. XVIIIᵉ siècle. Italien.
Peintre.

Napolitain, il fut élève de Solimena. On le mentionne comme ayant contribué à la décoration de plusieurs monuments publics.

ANDREOLETTI Pietro

XIXᵉ siècle. Italien.
Sculpteur.

Le monument funéraire de Louis Favre, constructeur du tunnel du Saint-Gothard, porte la signature de ce sculpteur.

ANDREOLI

XVIIIᵉ siècle. Actif à Naples. Italien.
Peintre de sujets religieux, fresquiste.

Il travailla à la cathédrale de Naples où, en 1750, il peignit des fresques représentant la *Vie de saint Aspreno*, premier évêque de la ville. Il fut élève de Solimena.

ANDREOLI Francesco

Mort en 1815. XIXᵉ siècle. Actif à Forli. Italien.
Sculpteur.

Il fit ses études à Bologne et, de retour à Forli, exécuta deux statues pour la grande porte de l'hôpital.

ANDREOLI Giovanni

XVIIIᵉ siècle. Italien.
Sculpteur.

Cet artiste, d'origine italienne, travailla au Danemark à Hirschholm de 1731 à 1734.

ANDREOLI Giuseppe

Né le 11 janvier 1720. Mort le 3 avril 1776 à Mirandole. XVIIIᵉ siècle. Italien.
Peintre et sculpteur sur bois.

Fait ses études à Bologne, et travaille ensuite à Mirandole, à la cathédrale, à l'église del Tramuschio, et exécute plusieurs tableaux, notamment une *Annonciation*.

ANDREOLI Tommaso

Né en 1868 à Borghetto Lodigiano. XIXᵉ siècle. Italien.
Peintre de genre.

Cet artiste a exposé plusieurs tableaux à Venise.

ANDREOLO
XIVe siècle. Italien.
Sculpteur.
Il fut maître d'œuvre à Padoue.

ANDREOLO
Né vers 1299 à Côme. XIVe siècle. Italien.
Sculpteur.

ANDREOLO Lombardo
XIVe siècle. Actif à Pise. Italien.
Sculpteur.
Travailla en 1304 à la cathédrale de Pise.

ANDREOLO di Martino
XVe siècle. Actif à Pérouse. Italien.
Peintre.

ANDREONE
XVIIe siècle. Italien.
Peintre décorateur.
Travailla à Bologne à l'ornementation de monuments dans la première moitié du XVIIe siècle.

ANDREONI Francesco
XVIIe siècle. Italien.
Peintre de portraits.
Zani le mentionne en 1698 et lui attribue deux portraits gravés par Jean Collin.

ANDREONI Nicolo
XVIIIe siècle. Actif à Florence vers 1740. Italien.
Sculpteur.

ANDREONI Orazio
XIXe siècle. Italien.
Sculpteur de figures, portraits, bustes.
Il a exécuté un grand nombre de travaux qui sont la propriété de collectionneurs anglais et américains. Il exposa en 1884, à Turin, *Le Pharisien* ; en 1892, à Berlin, deux sujets en terre glaise, une *Négresse* et une *Mauresque* ; en 1893, à Munich, *Messaline*.
Musées : Sydney : *L'Aveugle Nidia – Le Pharisien*.
Ventes Publiques : Londres, 2 nov. 1977 : *Ruth* 1884, marbre blanc (H. 117) : **GBP 5 000** – Londres, 8 mars 1984 : *Buste de jeune fille* vers 1890, marbre blanc (H. 70) : **GBP 420**.

ANDREOSI Francesco ou Androsi
Né en 1713. Mort en 1785. XVIIIe siècle. Italien.
Sculpteur.
Travailla à la cathédrale de Padoue et au Prato della Valle, où il fit les statues d'hommes célèbres de Padoue.

ANDREOTTI Federigo ou Frederico
Né le 6 mars 1847 à Florence (Toscane). Mort en 1930.
XIXe-XXe siècles. Italien.
Peintre de sujets allégoriques, scènes de genre, portraits, aquarelliste, créateur de costumes, fresquiste.
Il étudia à l'Académie des Beaux-Arts de Florence sous Pollastrini et Tricca. Il reçut le titre de professeur et une pension. Il exposa à la Royal Academy, à Londres, de 1879 à 1883.
Le roi d'Italie lui commanda un grand tableau : *Savonarole*. Cet artiste devint très populaire par ses reproductions des costumes italiens du XVIIe et du XVIIIe siècle. Il exécuta plusieurs fresques et peintures décoratives à Florence.
Musées : Grenoble : *Le Vin*.
Ventes Publiques : Paris, 1877 : *L'ami de la maison* : **FRF 880** ; *Page et lévrier* : **FRF 1 000** – Vienne, 14 mai 1881 : *Paysan romain* : **FRF 525** – Londres, 4 juin 1887 : *Welcome Suitor* : **GBP 267** – Berlin, 1894 : *À l'atelier* : **FRF 687** ; *Le baiser de main* : **FRF 812** ; *Vieillard mangeant la soupe* : **FRF 318** ; *Page lisant* : **FRF 375** ; *La note difficile* : **FRF 725** – Londres, 28 oct. 1960 : *La partie de barque* : **GBP 357** – Londres, 31 juil. 1968 : *La leçon de musique* : **GBP 520** – Londres, 13 juil. 1966 : *La leçon de musique* : **GBP 800** – Londres, 8 nov. 1967 : *La sérénade* : **GBP 580** – Londres, 9 jan. 1969 : *La déclaration* : **GNS 1 700** – Vienne, 15 juin 1971 : *Le cuisinier amoureux* : **ATS 50 000** – Londres, 13 juin 1973 : *La leçon de musique* : **GBP 3 400** – Los Angeles, 8 avr. 1973 : *Joyeuse compagnie dans un paysage* : **USD 3 600** – Londres, 24 nov. 1976 : *Incursion au cellier*, h/t (64,5x90) : **GBP 6 500** – Milan, 26 mai 1977 : *Portrait de femme*, h/t (46x34) : **ITL 1 500 000** – Londres, 9 mai 1979 : *Le Portrait*, h/t (75x106) : **GBP 6 500** – New York, 25 jan. 1980 : *Le concert*, h/t (89x135) : **USD 23 000** – New York, 15 fév. 1985 : *La leçon de*

musique, h/t (73,6x58,4) : **USD 6 500** – Rome, 16 déc. 1987 : *Couple dans un intérieur*, aquar. (35x43) : **ITL 2 200 000** – New York, 5 fév. 1988 : *La lettre*, h/t (62,2x42) : **USD 16 500** – Londres, 26 fév. 1988 : *La déclaration*, h/t (73x59) : **GBP 24 200** – Londres, 25 mars 1988 : *Le billet doux*, h/pan. (104x74) : **GBP 28 600** – New York, 25 mai 1988 : *Scène de taverne*, h/t. (30,5x40,6) : **USD 3 850** – Londres, 7 juin 1989 : *Le bon vin*, h/t (63,5x47,5) : **GBP 10 450** – Milan, 14 juin 1989 : *Idylle pastorale* 1880, h/t (90x65) : **ITL 32 000 000** – New York, 24 oct. 1989 : *La danse*, h/t (48,3x64,1) : **USD 19 800** – New York, 25 oct. 1989 : *La sérénade*, h/t (63,6x48,2) : **USD 35 200** – New York, 1er mars 1990 : *À l'heure du thé dans le jardin*, h/t (60x74) : **USD 46 200** – Londres, 30 mars 1990 : *Fête champêtre*, aquar. (45x36) : **GBP 1 100** – New York, 22 mai 1990 : « *Prudence est mère de sûreté* », h/t (66x91) : **USD 28 600** – New York, 28 fév. 1991 : *Jeune beauté au tablier rempli de fleurs*, h/t (38,7x29,8) : **USD 25 300** – New York, 17 oct. 1991 : *Le chapeau de paille orné de coquelicots*, h/t (65,4x48,9) : **USD 19 800** – Rome, 14 nov. 1991 : *Jeune fille gracieuse*, h/t (74x59) : **ITL 32 200 000** – Monaco, 6 déc. 1991 : *La Lecture de Pétrarque par Boccace*, h/t (60x109) : **FRF 199 800** – Milan, 19 mars 1992 : *Jeune femme à l'éventail*, aquar./pap. (31x22,5) : **ITL 4 800 000** – New York, 28 mai 1992 : *Le Chapeau de paille avec des coquelicots*, h/t (65,4x48,9) : **USD 16 500** – Rome, 9 juin 1992 : *Jeune fille souriante*, h/t (48x39) : **ITL 7 500 000** – Nice, 27 oct. 1992 : *Jeune femme en robe bleue et blanche sur une terrasse*, h/t (120x77) : **FRF 180 000** – Milan, 17 déc. 1992 : *Rêverie amoureuse*, h/t (45,5x35) : **ITL 35 000 000** – New York, 27 mai 1993 : *Séduction*, h/t (102,9x76,2) : **USD 43 700** – Rome, 31 mai 1994 : *Séduction*, h/t (48,5x39) : **ITL 7 071 000** – Londres, 15 juin 1994 : *La Leçon de musique*, h/t (98x75) : **GBP 9 775** – New York, 16 fév. 1995 : *Journée de plein air*, h/t (61x83,8) : **USD 33 350** – Milan, 19 déc. 1995 : *Maisonnettes de campagne*, h/pan. (9,5x14,5) : **ITL 8 050 000** – Paris, 21 mars 1996 : *Conversation galante sur un banc*, h/t (47,5x73) : **FRF 118 500** – New York, 23-24 mai 1996 : *Séduction*, h/t (105,4x80) : **USD 34 500** – New York, 18-19 juil. 1996 : *La Guirlande de roses*, h/t (48,3x38,7) : **USD 4 600** – Glasgow, 21 août 1996 : *Portrait de femme, en buste*, h/t (42x33) : **GBP 2 185** – New York, 26 fév. 1997 : *Le Récital*, h/t (62,2x83,2) : **USD 13 800**.

ANDREOTTI Libero
Né en 1875 ou 1877 à Pescia (Toscane). Mort le 4 avril 1933 à Florence. XXe siècle. Italien.
Sculpteur de figures allégoriques, portraits en bustes.
Très jeune il travailla à Milan. Sans doute y fut-il élève de l'Académie de Brera ? Il séjourna ensuite à Paris, jusqu'à la déclaration de guerre de 1914, période pendant laquelle il exposa des bronzes aux Salons d'Automne en 1910 et 1911, de la Société Nationale des Beaux-Arts de 1910 à 1913. Il se fixa alors à Florence, où il fut nommé professeur à l'Institut Royal des Beaux-Arts, où il devait former de nombreux élèves. Une Biennale de Venise montra une rétrospective de son œuvre.
S'il n'a pas participé aux grands bouleversements des valeurs esthétiques auxquels contribuèrent les artistes de sa génération dans la première décennie du siècle, il a laissé des œuvres délicates qui se réfèrent aux modèles, élégants dans le grandiose, des portes du Baptistère de Ghiberti ou des figures de Donatello.
Musées : Florence : *Mlle Passigli* – Milan : *La Justice* – Turin : *Mlle Chiappelli*.
Ventes Publiques : Paris, 20 mai 1980 : *Allégorie musicienne*, bronze, cire perdue (H. 59) : **FRF 12 000** – Milan, 18 mars 1986 : *La tentation* 1908, bronze (H. 70) : **ITL 4 500 000** – Paris, 5 oct. 1992 : *Le victorieux*, bronze (51x24x24) : **FRF 14 500** – Milan, 21 déc. 1993 : *Personnage féminin avec un petit chien dans les bras*, bronze (H. 41) : **ITL 8 050 000**.

ANDRÉOU Constantin
Né le 24 mars 1917 à São Paulo, de parents grecs. XXe siècle. Depuis 1945 actif en France. Grec.
Sculpteur, peintre de portraits, paysages, natures mortes, aquarelliste, graveur. Polymorphe, surtout abstrait.
Né au Brésil de parents grecs, il vint avec eux à Athènes en 1925. Dès 1932, il avait décidé de devenir sculpteur, mais devait alors gagner sa vie comme ébéniste. Il pouvait toutefois suivre les cours à l'École des Arts Appliqués de la ville. En 1939, il présenta deux têtes sculptées au Salon Panhellénique, qui furent refusées, puis acceptées en 1942, avec un nu d'enfant en plus, bien que l'ensemble eut été soupçonné d'être des moulages d'après nature. Alors reconnu, il put désormais se consacrer entière-

ment et officiellement à la sculpture, tandis que, de 1940 à 1945, il participait à la résistance contre l'Allemagne nazie. En 1945, il obtint une bourse pour venir étudier à Paris et y fréquenter l'École des Beaux-Arts dans l'atelier de Marcel Gimond. À l'issue de sa bourse, il resta à Paris définitivement. En 1947, il connut Le Corbusier, pour qui il réalisa des maquettes d'architectures et étudia des formes. Jusque là, techniquement il avait surtout travaillé la pierre et le marbre. À partir de 1947, et dans l'intention de se détacher de la tradition, il adopta une technique personnelle de soudure du laiton, soit en tiges, soit en plaques.

À partir de 1952, il participa au Salon de la Jeune Sculpture à Paris, où il participera à plusieurs Salons, notamment d'Automne, du Dessin et de la Peinture à l'eau qui, en 1995, consacre un stand à ses dessins et aquarelles. En 1953 eut lieu l'importante exposition du Petit-Palais de Paris : *Sept sculpteurs grecs à Paris*, et il fut également invité à la Biennale d'Anvers. Il participe encore à des expositions collectives importantes : 1957 1ère Biennale des Jeunes de Paris ; 1960 *Sculpture contemporaine* au Musée Cantini de Marseille ; 1963 Biennale de la Gravure à Ljubljana ; 1965 *Panathénées de la sculpture mondiale* à Athènes ; 1966 Biennale de Venise ; etc. Parallèlement il montre ses sculptures dans de nombreuses expositions personnelles : 1954 Paris ; et la même année, l'occasion d'un retour au Brésil, aux Musées d'Art Moderne de São Paulo et de Rio-de-Janeiro ; 1955 Paris ; 1958 Bruxelles, Liège, São Paulo ; 1959 Paris et en Suisse ; 1964 Mulhouse ; 1967 Athènes ; 1970 rétrospective à la Maison de la Culture de Bourges ; 1971 Musée des Beaux-Arts du Havre ; 1995 à l'Orangerie du Château de Meudon ; 1998 Paris, salles Érik Schaix ; etc. En 1988 lui a été attribué le Prix *Antoine Pevsner*.

L'œuvre d'Andréou consiste surtout dans l'ensemble considérable et divers de ses sculptures, toutefois on ne peut négliger son œuvre peint, commencé dès 1935, avec des paysages, portraits, natures mortes, qui prit autant d'importance que sa sculpture depuis 1956. Envers la peinture dans les années cinquante et après, ce Grec né au Brésil, mais intégré en France, a constamment montré une attitude typiquement française : résolu à passer à l'abstraction, mais ne pouvant se résigner à renoncer à la réalité. En peinture, il a couvert des thèmes plus divers qu'en sculpture : portraits, figures, groupes, paysages, marines. L'écriture en est, à-peu-près constamment, griffée, hachurée, déchirée. Sauf dans ses premières peintures, qui étaient très « École de Paris » de l'après-guerre, derrière Bazaine, Manessier, la surface de la toile pleinement recouverte, calmement compartimentée, en sorte d'échiquier, de formes colorées articulées harmonieusement entre elles, très tôt ensuite apparut son écriture éclatée, peut-être issue du Picasso de la *Femme qui pleure*, pour s'épanouir totalement avec les *Hommes détruits* de 1976. Dans les années quatre-vingt, le thème de l'*Amour des vagues* domina sa production picturale, alors qu'auparavant, éclectique, il passait de sujet en sujet, selon les occasions. On peut s'interroger, à en constater la prédominance figurative et la permanence du thème de la femme, si la peinture n'a pas été pour Andréou, impunément hors sculpture, l'alibi qui permettait au sculpteur abstrait de continuer à célébrer la réalité, la vie et ses bonheurs.

Sculpteur, dans sa première période, de 1935 jusqu'en 1945, Andréou produisait des sculptures figuratives, inspirées des modèles grecs archaïques, comme thème principal : l'enfant, et aussi des groupes, des portraits. Il changea à ce moment radicalement de technique et matériau pour provoquer la rupture avec ces modèles. Ses sculptures en laiton soudé avaient évidemment un aspect tout autre que celui de ses pierres et ses marbres antérieurs. D'ailleurs, d'un coup, il fut conquis à l'abstraction. Une abstraction qui resta toujours relative dans son cas, depuis le thème de *L'oiseau*, abordé en 1951 ; puis les formes aériennes moins caractérisées de 1952, par exemple : *Victoire* ; en 1954 le retour à la figuration, essentiellement animalière dans sa sculpture, avec de nouveau les oiseaux et les séries des *Chevaux* et des *Taureaux* ; en 1956, à partir de carcasses d'oiseaux, la recherche du vide dans la sculpture, recherche fréquente chez les sculpteurs du xxᵉ siècle, avec : *Entrée dans l'aéroport* ; mais, après : en 1956 également le début des peintures, dans lesquelles il sera plutôt figuratif, notamment sur le thème de la femme, les premiers bas-reliefs en couleur de 1957 ; en 1959 les recherches sur le thème de l'œil et le rapport « Œil-soleil » ; le début des gravures en 1961 ; les expériences d'introduction de la notion de temps dans la « lecture » des sculptures : *Colonne Sept Temps* de

1967 ; en 1968 la recherche de structures transparentes s'ouvrant sur les reliefs intérieurs : *Rapports – L'œil du xxᵉ siècle* ; la fascination pour l'eau, les vagues, la mer en 1975 ; etc.

Dans les séries encore figurantes, comme dans les périodes les plus abstraites, la sculpture d'Andréou n'a eu pour objectif que de poursuivre l'évolution de sa pensée, de sa réflexion sur la sculpture, en tant que propositions de lignes, de surfaces, de formes, de pleins, de vides, d'évidements, imposés dans l'espace. Dans l'un et l'autre cas, pour Andréou la sculpture n'est pas une possible « représentation », mais selon sa propre définition : « un lieu d'évasion ». ■ Jacques Busse

Bibliogr. : Michel Seuphor, in : *La sculpt. de ce siècle*, Griffon, Neuchâtel, 1959 – Jean-Louis Ferrier : *Andréou*, Pierre Cailler, Genève, 1959 – in : *Diction. de la sculpt. mod.*, Hazan, Paris, 1960 – René de Solier : *Andréou*, Pierre Domec, Paris, 1961 – Pierre Cabanne : *Andréou, the Eye of the Sun*, Studio International, Londres, 1964 – Pierre Cabanne : *Andréou*, Gal. Nidrecourt, Paris, 1965 – Max Groce, divers et Andréou : *Andréou*, Almanach, Mais. de la Cult., Bourges, 1970 – in : *Les Muses*, tome I, Grange Batelière, Paris, 1970 – Geneviève Testanière : *Andréou sculptures*, Mus. des Beaux-Arts, Le Havre, 1971 – Michèle Dubreucq et divers : *Andréou – 40 ans de sculpture*, Édit. Jauffray, Chennevières-sur-Marne, vers 1976, documentations abondantes – I. Jiannou et divers, in : *La sculpt. mod. depuis 1950*, Arted, Paris, 1982 – in : *Diction. des Noms Propres*, Le Robert, Paris, 1983 – divers : *Andréou*, Édit. du Temps, Paris, 1984, consacré à la peinture – J.-L. Ferrier, sous la direct. de, in : *L'Aventure de l'Art au xxᵉ siècle*, Hachette, Paris, 1988.

Ventes Publiques : Versailles, 6 juin 1962 : *Les chevaux*, aquar. : FRF 350 – Versailles, 29 sep. 1963 : *Composition*, gche : FRF 1 000 – Paris, 30 juin 1964 : *Nature morte aux fruits*, h/t : FRF 1 200 – Manalapan (Floride), 20 mars 1979 : *La jeunesse* vers 1972, bronze (H. 190,5) : USD 3 600 – Paris, 25 juin 1987 : *Les deux oiseaux* 1951, bronze (12x26x15) : FRF 6 900 – Paris, 4 juil. 1990 : *Sans titre*, alliage (H. 47,5) : FRF 3 800.

ANDREOZZI Antonio Francesco
Né vers 1700 à Sienne. xviiiᵉ siècle. Italien.
Sculpteur.
Élève d'Ercole Ferrata, il travailla pour la princesse Violante de Bavière. On cite de lui : *Les statues de la Fidélité* à la chapelle Ferroni, et de *Saint Andreas* à San-Michele, à Florence.

ANDRÉPETIT Henri
Né le 8 octobre 1912. xxᵉ siècle. Français.
Peintre de paysages.
Il s'est formé seul. Il expose aux Salons annuels de Paris, des Indépendants, d'Hiver et surtout des Artistes Français dont il a obtenu une médaille d'argent. Il peint avec sûreté les paysages pittoresques rencontrés au cours de ses voyages en France.
Bibliogr. : In : *L'officiel des arts*, Edit. du Chevalet, Paris, 1988.

ANDRÈS
xvᵉ siècle. Actif à Tolède. Espagnol.
Enlumineur.
Il enlumina, en 1432, un manuscrit de Pedro Sanchez.

ANDRÈS
xviᵉ siècle. Allemand.
Sculpteur sur bois.
Il travailla en 1556 au château Brieger.

ANDRÈS Lazaro
xviiᵉ siècle. Actif à Medina del Campo. Espagnol.
Peintre.

ANDRÈS Léon de, fray. Voir LÉON Andrès de, fray

ANDRES Margaret
Née en 1947 à Bâle. xxᵉ siècle. Suisse.
Peintre de cartons de tapisseries. Abstrait, matiériste.
À partir de 1968 elle consacre son activité à la seule tapisserie. Elle participe à la deuxième voie de renouvellement de cette technique, la première ayant été celle initiée par Lurçat et encore ancrée dans la figuration ou en tout cas dans la reproduction plane des cartons préalables, la seconde, avec Sheila Hickx, Grau-Garriga, Arthur-Bertrand, fondant l'existence de la tapisserie sur ses matériaux constitutifs-mêmes.

ANDRES Otto
Né le 16 août 1855 à Breslau. xixᵉ siècle. Allemand.
Peintre de scènes de genre, paysages, compositions murales, dessinateur.
Il fut élève de l'Académie des Beaux-Arts de Berlin de 1875 à

1881. En 1891, il exposa à Berlin : *L'âge ne protège pas des folies*, en 1904 : *L'Isère*, et en 1910 : *Pont sur le Havel*. Il exécuta les peintures du plafond dans la salle de musique d'Elberfeld. On cite également de lui des dessins humoristiques.

VENTES PUBLIQUES : BERNE, 20 oct. 1977 : *La Partie de cartes*, h/t (50x75) : **CHF 3 600.**

ANDRES ou Andreas, dit de Colmar
XIVe siècle. Français.
Peintre.

ANDRÈS de Castillejo. Voir CASTILLEJO Andres de

ANDRÈS de Najera, appelé aussi Andres de Naxera, ou Andres de San Juan
XVIe siècle. Actif en Castille. Espagnol.
Sculpteur.
Les boiseries du chœur de l'église du couvent de San Benito à Valladolid, conservées aujourd'hui dans le Musée de cette ville, sont un beau spécimen de l'art de la Renaissance, que les Espagnols désignent souvent sous le nom de platéresco ; elles sont d'une grande richesse et d'une variété extraordinaire. Berruguete est toujours cité comme l'auteur des grandes œuvres de cette époque parce qu'il fut en Espagne l'initiateur des transformations apportées dans l'art, mais souvent on lui attribue à tort la paternité de certaines sculptures de premier ordre, et c'est ici le cas d'après D. José Marti y Monso. Selon cet éminent critique d'art le chœur de San Benito serait dû à Andrès de Najera et peut-être même aussi une partie de celui qui se trouve à Santo-Domingo de la Calzada. Les stalles du chœur de Santa Maria de Najera sont aussi en majorité de cet artiste qui sut donner à la moindre de ses statuettes, comme à ses moindres statues, une vie intense. Ses groupes ont une harmonie admirable. Très soigneux des moindres détails, il ne tombait pas dans la mièvrerie et mélangeait avec un rare bonheur les ornements et les personnages. Il travailla souvent en collaboration avec Berruguete et Juan de Juni et mérite sans aucun doute un premier rang parmi les artistes de cette époque les plus justement renommés.

ANDRES von Prewsen
XVe siècle. Actif à Nuremberg. Allemand.
Peintre.

ANDRESDOTTIR Gudmunda
XXe siècle. Islandaise.
Peintre. Post-cubiste.
Dans ses peintures la construction géométrique de l'espace du tableau et des plans en profondeur, la limpidité des plans colorés, se réfèrent à Jacques Villon.

ANDRESEN
XVIe siècle. Allemand.
Sculpteur.
Travailla de 1581 à 1583 à la cour du duc Julius de Wolfenbüttel.

ANDRESEN Emerich
Né le 20 février 1843 à Utersen (Holstein). Mort le 7 octobre 1902. XIXe siècle. Allemand.
Sculpteur.
Élève de Vivié à Hambourg et de Hähnel à Dresde, il devint professeur et dirigea les ateliers de sculpture de la manufacture royale de porcelaine à Meissen, en 1886. Ses œuvres sont nombreuses, on cite notamment : *Psyché enchaînée*, exposée à Berlin ; *Génie de la Gloire*, le monument de *Holderlinden* à Tübingen et celui de *Gutzkow* sur la place Saint-Georges à Dresde. Il est l'auteur d'un grand nombre de sujets en terre cuite, très souvent reproduits, tels que le *Petit garçon à la grenouille* et les *Saisons* personnifiées par des enfants.

ANDRESOHN Erasmus ou Andreasohn, Andersohn et Anderson (par erreur)
Né en 1651 à Mariboe-sur-Laaland. Mort le 14 janvier 1731 à Leipzig. XVIIe-XVIIIe siècles. Danois.
Graveur, calligraphe et peintre.
Andresohn vint à Leipzig vers 1680, où depuis 1682 il collabora à la revue critique mensuelle intitulée *Acta Eruditorum*, à laquelle il fournit de nombreuses illustrations. D'après une gravure disparue, il aurait aussi travaillé à Magdebourg. En 1689, il devint bourgeois de Leipzig, et y exerça le métier de calligraphe à la bibliothèque de l'hôtel de ville. Il fut maître du graveur portraitiste Martin Bernigeroth le vieux, ainsi que du portraitiste et illustrateur Johann-Georg Mentzel, de Leipzig.

ANDRET René Jean Louis. Voir ANDRÉI

ANDRETSOV Nicolay
Né le 4 septembre 1909 à Saint-Pétersbourg. XXe siècle. Russe.
Peintre.
Il fit ses études à l'Institut Répine de Saint-Pétersbourg. Il devint membre de l'Union des Artistes d'URSS.
MUSÉES : KIEV (Mus. des Beaux-Arts) – MOSCOU (min. de la Culture) – SAINT-PÉTERSBOURG (Mus. Russe) – SAINT-PÉTERSBOURG (Mus. d'Hist.).
VENTES PUBLIQUES : PARIS, 27 jan. 1992 : *Perspective sur Saint-Pétersbourg*, h/t (46,3x113,6) : **FRF 5 200** – PARIS, 13 mars 1992 : *Les barques vertes*, h/t (47,5x77,8) : **FRF 5 000.**

ANDREU Felipe
Né à Valence. Mort le 15 juillet 1830. XVIIIe-XIXe siècles. Espagnol.
Sculpteur.
Élève de l'école Saint-Carlos, il est académicien en 1803 et directeur de l'Académie en 1821. Parmi ses œuvres, on cite : *Alexandre devant le grand prêtre* et *Une descente de croix*.

ANDREU Mariano
Né le 10 avril 1888 à Barcelone (Catalogne). Mort en 1977. XXe siècle. Actif en France. Espagnol.
Peintre de portraits, de genre, de décors de théâtre, illustrateur.
Séjournant durablement en France, il exposa aux Salons annuels parisiens, de la Société Nationale des Beaux-Arts en 1914, d'Automne dont il était sociétaire, des Tuileries à partir de 1924. Il avait d'abord exposé à Barcelone, il exposa ensuite également à Londres, Munich, New York, etc., à Paris en 1936 à l'exposition de *L'art espagnol contemporain*.
Il a illustré de lithographies *Mon amie Nane* de Paul-Jean Toulet en 1934, il a illustré aussi la pièce de Jean Giraudoux *Amphytrion 38*. Il a créé des décors pour des opéras. S'il a peint quelques portraits, dont le *Portrait de Jean Giraudoux* et le *Portrait de l'artiste avec sa femme*, il a surtout été un des peintres de la femme, de la jeune femme aguichante d'une époque qui se voulait heureuse, insouciante. ■ J. B.

VENTES PUBLIQUES : PARIS, 3 déc. 1964 : *Étude de femme* : **FRF 650** – PARIS, 11 juin 1974 : *Orphée* : **FRF 9 000** – BRUXELLES, 27 oct. 1976 : *Nature morte*, h/t (60x37) : **BEF 30 000** – BARCELONE, 27 jan. 1982 : *L'as de cœur*, h/t (100x83) : **ESP 575 000** – BARCELONE, 26 mai 1983 : *Nature morte 1919*, h/t (63x76) : **ESP 115 000** – LONDRES, 26 juin 1984 : *Nature morte devant la mer 1926*, h/cart. (75x95,2) : **GBP 2 200** – MADRID, 27 fév. 1985 : *Nature morte aux œufs, oignons et lard 1956*, h/pan. (36,5x50) : **ESP 552 000** – LONDRES, 30 nov. 1988 : *Autoportrait avec sa femme 1920*, h/t (116x93) : **GBP 14 300** – MADRID, 24 jan. 1991 : *La famille à la campagne 1918*, h/t (96x77) : **ESP 672 000** – MADRID, 25 mai 1993 : « *Jinete* », cr./pap. (47x34) : **ESP 138 000** – LOKEREN, 12 mars 1994 : *Répétition à l'Opéra 1945*, h/rés. synth. (40x53) : **BEF 90 000** – LOKEREN, 20 mai 1995 : *Répétition à l'Opéra 1945*, h/parchemin (40x53) : **BEF 120 000** – PARIS, 30 nov. 1995 : *L'écuyère et les musiciens*, h/cart. (64x87) : **FRF 70 000.**

ANDREU Y FERRANDIX Esteban
XVIIe siècle. Actif à Valence. Espagnol.
Sculpteur.
Mentionné en 1629 pour avoir travaillé à la façade de l'église Saint-Miguel de los Reyes.

ANDREU-SENTEMENS Téodoro
Né à Alcira. XIXe siècle. Espagnol.
Peintre de genre.
Élève de l'Académie San Fernando à Madrid et de Joaquin Sorolla ; il a exposé régulièrement aux Expositions de Madrid depuis 1897. On cite notamment : *Mourant de faim, Feu qui s'éteint, Soir d'hiver.*

ANDREUCCI Alberto
XIXe siècle. Italien.
Peintre de genre, paysages.
Toscan d'origine, cet artiste se perfectionna à Florence. Il reproduisit particulièrement des paysages de la campagne de Sienne et des scènes de la vie populaire. Il exposa, de 1887 à 1892, à Florence, à Venise et à Palerme.

ANDREUVE J.
XIXe siècle. Actif à Londres vers 1841. Britannique.
Peintre de fruits.

ANDREUZZO
XIIIe siècle. Actif à Orvieto à la fin du XIIIe siècle. Italien.
Sculpteur.
Travailla à la cathédrale de Sienne.

ANDREW
XIXe siècle. Actif en France. Britannique.
Graveur sur bois.
Il a travaillé à Paris de 1828 à 1852. Sans doute élève de Thompson et attiré en France par lui, Andrew, seul ou surtout associé à Bert et à Leloir, a gravé d'innombrables bois romantiques pour les livres et les journaux. La signature *A. B. L.* désigne d'ordinaire l'équipe.

ANDREW C.
XIXe siècle. Actif à Londres vers 1849. Britannique.
Peintre d'histoire.
Un de ses tableaux fut exposé, en 1849, à la British Institution de Londres.

ANDREW F. W.
XIXe siècle. Actif à Londres vers 1826. Britannique.
Peintre de natures mortes.
Ce peintre exposa trois tableaux de gibier à Suffolk Street. On peut se demander si ce n'est pas le même que l'artiste qui exposa des fleurs à Suffolk Street en 1842 ou son parent.

ANDREW George T.
XIXe-XXe siècles. Américain.
Graveur en taille-douce.
Cet artiste travaillant, en 1882-1892, est le fils de John Andrew et dirigea la « firme » John Andrew et fils.

ANDREW John
Né le 11 mars 1815 à Hull (Angleterre). Mort le 24 janvier 1870 à Boston. XIXe siècle. Américain.
Graveur sur bois, illustrateur.
Il commença ses études chez un graveur au burin et les continua chez un graveur sur bois. En 1848, il partit pour New York et, en 1850, il se fixa à Boston, où il dirigea les travaux d'illustration de plusieurs revues. En 1852, il forma avec deux graveurs la firme *Baker Smith et Andrew*. Il tenta, en 1858, de s'adjoindre un nouvel associé, nommé Filmer. Cette association ne dura pas et, en 1869, Andrew John fonde, avec son fils George T. Andrew, un nouvel atelier. Parmi les reproductions de cet artiste, il convient de citer : *Londres*, en 1845, d'après Valentin, *Nuits arabes*, en 1845, d'après Harvey ; *Le Juif errant*, d'après Valentin, en 1846.

ANDREW Richard
Né en 1867. XIXe siècle. Américain.
Peintre de portraits, paysages, compositions murales, graveur.
Il fut successivement élève de l'école normale d'art de Boston, avec Dennis Miller Bunker. Il vint à Paris et fréquenta l'Académie Julian et l'École des Beaux-Arts.
VENTES PUBLIQUES : NEW YORK, 26 sep. 1986 : *Spring in New England*, h/t (86,4x102,2) : USD 3 200.

ANDREWS
XVIIIe siècle. Active en Angleterre vers 1768. Britannique.
Peintre de paysages.
Cette artiste exposa, entre 1768 et 1771, à la Society of Artists de Londres.

ANDREWS
XIXe siècle. Britannique.
Graveur au burin.
Il travailla pour les *Galeries historiques de Versailles*, publiées par Gavard. On cite de lui le *Portrait de Cl. J. Lecourbe*, d'après Vauchelet. Serait-ce le même qu'Andrew, le graveur sur bois, qui a substitué souvent le cuivre au bois pour ses planches du *Magasin Pittoresque* ?

ANDREWS A.
XIXe siècle. Vivait à Buffalo (États-Unis), vers 1859. Américain.
Peintre de paysages.
Il figura à la Royal Academy de Londres, en 1859.

ANDREWS Ambrose
XIXe siècle. Américain.
Peintre de paysages, paysages de montagne, miniatures.

VENTES PUBLIQUES : NEW YORK, 18 nov. 1976 : *Torrent de montagne* 1857, h/t (76,2x104) : USD 800 – NEW YORK, 21 nov. 1980 : *Paysage du Berkshire*, h/t (91,5x73,7) : USD 3 000.

ANDREWS Bernice
Née le 17 décembre 1881 à Jersey City. XXe siècle. Américaine.
Peintre de miniatures.
Cette artiste fit ses études artistiques à l'Art Students' League, avec Olaf M. Brauner et Theodora Thayer, à New York. Elle est membre de cette institution.

ANDREWS C. W.
XIXe siècle. Actif à Dorchester vers 1865. Britannique.
Peintre.
Andrews peignit particulièrement des scènes de la vie des naturels des îles Philippines.

ANDREWS D. R.
XIXe siècle. Britannique.
Peintre de portraits, miniaturiste.
Il est connu par le portrait de H. Colewell, qu'il exposa en 1820 à la Royal Academy à Londres.

ANDREWS Edward William
XIXe siècle. Britannique.
Peintre de portraits.
Cet artiste exposa à la Royal Academy de Londres, de 1875 à 1897, la première année un *Paysage au clair de lune* et les suivantes plus spécialement des portraits. Il prit part également aux Expositions de la British Institution et à celles de Suffolk Street.

ANDREWS Eliphalet Frazer
Né le 11 juin 1835 à Steubenville (Ohio). Mort le 19 mars 1915 à Washington. XIXe-XXe siècles. Américain.
Peintre de portraits.
Élève de Kraus à l'Académie de Düsseldorf (1859-1863) et, à Paris, de Bonnat (1874), il se consacre au portrait à Washington où il est fixé depuis 1877. Il dirige pendant vingt-cinq ans la Corcoran School of Art.

ANDREWS Eliphalet Frazer Andrews, Mrs. Voir
ANDREWS Marietta Minnigerode

ANDREWS George Henry
Né en 1816 à Lambeth. Mort le 31 décembre 1898 à Hammersmith. XIXe siècle. Britannique.
Peintre de scènes de genre, paysages animés, paysages d'eau, marines, peintre à la gouache, aquarelliste, dessinateur, illustrateur.
Cet artiste avait fait ses études d'ingénieur, mais s'adonna entièrement à la peinture. De 1840 à 1850 il exposa, à la Old Water-Colours Society, un grand nombre d'aquarelles. De 1850 à 1893, il prit part aux Expositions de la Royal Academy. G. H. Andrews occupa une place distinguée parmi les illustrateurs anglais et collabora aux *Illustrated London News*, au *Graphic*, etc.
MUSÉES : CARDIFF : *Rotterdam*, aquar.
VENTES PUBLIQUES : LONDRES, 26 fév. 1910 : *Une dame avec un page noir* : GBP 4 – LONDRES, 7 mars 1910 : *Jeunes filles à la porte d'un Cottage* : GBP 11 ; *Repos dans le bois* : GBP 15 – PARIS, 15 déc. 1921 : *Vue du Port de Portsmouth*, dess. : FRF 90 – PARIS, 6 juil. 1950 : *Le divertissement sur la terrasse*, aquar. : FRF 1 050 – LONDRES, 15 juil. 1960 : *Personnages élégants* : GBP 367 – LUCERNE, 25 juin 1966 : *Le repos des chasseurs* : CHF 4 600 – LONDRES, 13 déc. 1967 : *Scènes de chasse*, deux pendants : GBP 900 – LONDRES, 28 nov. 1972 : *La signature de contrat de mariage* : GBP 1 500 – LONDRES, 20 nov. 1973 : *Pique-nique sur la terrasse* 1859 : GBP 1 300 – NEW YORK, 1er avr. 1981 : *La belle Orientale et le papillon*, h/t (63,5x76,2) : USD 1 700 – LONDRES, 16 juil. 1981 : *Oyster boats at Billingsgate* avant 1850, aquar. et gche sur trait de cr. (26,5x37) : GBP 1 900 – LONDRES, 18 mars 1983 : *La halte des chasseurs* 1850, h/t (108x143,5) : GBP 2 000 – LONDRES, 10 juil. 1984 : *Billingsgate*, aquar. et gche (23,8x34,3) : GBP 1 800 – LONDRES, 12 avr. 1985 : *Une fête champêtre*, h/t (71x92) : GBP 5 000 – LONDRES, 29 oct. 1985 : *Gênes* 1877, aquar. et cr. (39,5x63,5) : GBP 900 – LONDRES, 4 nov. 1987 : *Le déchargement des fruits, Istanbul* 1862, aquar. (49x93,5) : GBP 18 000 – NEW YORK, 21 mai 1991 : *Fête champêtre*, h/t (54,6x43,8) : USD 3 080 – NEW YORK, 20 juil. 1994 : *Partie de chasse*, h/t/cart. (72,4x91,4) : USD 4 887 – LONDRES, 27 sep. 1994 : *La nourriture des colombes*, h/t (73x61) : GBP 2 990 – NEW YORK, 16 fév. 1995 : *Fête champêtre*, h/t (91,4x129,5) : USD 6 325 – LONDRES, 7 nov. 1997 : *Vue de la colonne de Nelson, la National Gallery et St Martin's-in-the-fields à Trafalgar Square* 1841, h/pan. (145x112,5) : GBP 8 970.

ANDREWS Helen Frances
Née en 1872 à Farmington (Connecticut). XIXᵉ-XXᵉ siècles. Américaine.
Peintre.

ANDREWS Henry
XVIIIᵉ siècle. Actif à Londres dans la seconde moitié du XVIIIᵉ siècle. Britannique.
Graveur, dessinateur.
Il paraît être le même que le dessinateur H. Andrews, qui exposa un dessin à la Royal Academy de Londres en 1795. Il travailla le dessin dès son enfance et se spécialisa dans la reproduction coloriée des plantes. Il grava à l'eau-forte les illustrations de plusieurs ouvrages de botanique, dont une série de 19 volumes avec 664 planches (1814).

ANDREWS Henry
Né en 1794. Mort le 30 novembre 1868. XIXᵉ siècle. Britannique.
Peintre de scènes de chasse, sujets de genre, copiste.
Il exposa, de 1830 à 1838, à Londres : à la Royal Academy, à la British Institution et à Suffolk Street.
Il fit des copies de Watteau, vendues comme des originaux et peignit des pastiches de ce genre. On cite de lui : *Scène dans un jardin*, avec un groupe de figures, 1849.
Musées : Glasgow : *Le Pigeon favori – La Toilette*.
Ventes Publiques : Londres, 16 déc. 1949 : *L'Aveugle ; Le Menuet*, deux pendants : GBP 441 – Londres, 23 fév. 1951 : *Garden-party* : GBP 242 – Londres, 20 mars 1963 : *Noce de village* : GBP 700 – Londres, 12 déc. 1978 : *Halte à l'auberge*, h/t (104x169) : GBP 7 500 – Paris, 28 mai 1979 : *Garden-party* 1851, h/t (13x19,3) : FRF 13 000 – Londres, 12 avr. 1985 : *Fête champêtre*, h/t (71x92) : GBP 5 000 – New York, 21 mai 1987 : *Fête champêtre*, h/t (71,7x91,4) : USD 3 500 – New York, 25 fév. 1988 : *Fête galante*, h/t (49,5x66) : USD 5 500 – Londres, 11 juil. 1990 : *La Becquée des colombes*, h/t/cart. (73x61) : GBP 4 400 – Londres, 12 nov. 1992 : *Garden-party*, h/t (96,5x137) : GBP 6 600 – Londres, 3 fév. 1993 : *La Chasse au faucon*, h/t (44,5x77,5) : GBP 1 322 – New York, 20 mai 1993 : *Retour de la chasse à courre* 1839, h/t/cart. (63,5x92,7) : USD 5 750 – New York, 22-23 juil. 1993 : *Partie de cartes*, h/t (96,5x127) : USD 5 750 – New York, 14 jan. 1994 : *Élégante compagnie jouant à colin-maillard dans un parc*, h/t (69,9x90,2) : USD 9 775 – Londres, 12 mars 1997 : *Fête champêtre* 1851, h/t (84x114) : GBP 13 800.

ANDREWS Iris
XXᵉ siècle. Actif à Kenton en 1907-1908. Américain.
Illustrateur.

ANDREWS J.
XVIIIᵉ siècle. Britannique.
Peintre de sujets religieux.
Connu par un tableau : *Visite de Marie à Elisabeth*, qui fut gravé par James Johnson.

ANDREWS James
XIXᵉ siècle. Actif à Londres. Britannique.
Peintre de portraits, fleurs, peintre à la gouache, aquarelliste, dessinateur.
Il se fit connaître, de 1830 à 1861, par l'exécution d'un grand nombre de dessins et peintures. On cite encore, de lui, un portrait d'Ernst Andrews, exposé à la Royal Academy en 1868.
Musées : Londres (British Mus.) : deux aquarelles.
Ventes Publiques : New York, 1ᵉʳ oct. 1987 : *Summer's bounty* 1845, gche et aquar./pap. (38,8x27,9) : USD 700.

ANDREWS James Pettit
XVIIIᵉ siècle. Actif en Angleterre entre 1767 et 1770. Britannique.
Peintre de marines.
Cet artiste exposa des tableaux à la Free Society of Artists ainsi qu'à la Society of Artists à Londres.

ANDREWS John
XIXᵉ siècle. Britannique.
Peintre de portraits.
Il exposa, de 1825 à 1860, une série de tableaux, principalement de portraits, à la Royal Academy de Londres. Il prit part également aux expositions de la British Institution ainsi qu'à celles de Suffolk Street.

ANDREWS John
XIXᵉ siècle. Vivait à Wimbledon. Britannique.
Peintre de paysages.

John Andrews exposa de ses œuvres à Londres, entre 1865 et 1888, à la Royal Academy, à la New Water-Colours Society et à d'autres expositions.

ANDREWS Joseph
Né le 25 juillet 1874 à Birkenhead (Angleterre). XXᵉ siècle. Britannique.
Peintre de paysages, paysages d'eau.
De 1930 à 1934, il a exposé à Paris, au Salon des Artistes Français. Toutefois, ses paysages sont toujours de la campagne ou des côtes anglaises : *Vieux moulin au Pays de Galles – Le Port de Saint-Yves en Cornouailles – Une ferme*.

ANDREWS Marietta, Mrs **Eliphalet Frazer Andrews**, née **Minnigerode**
Née en 1869 à Richmond (Virginie). XIXᵉ siècle. Américaine.
Peintre aquarelliste.
Membre de la Société des Artistes de Washington et du Washington Water-Colours Club en 1898.

ANDREWS Michael
Né le 30 octobre 1928 à Norwich. XXᵉ siècle. Britannique.
Peintre de groupes, figures, nus, paysages.
Il quitta le Norfolk méthodiste et conventionnel pour être élève de la Slade School of Arts de Londres (1949 à 1954). Sa première exposition fut organisée en 1958 par la galerie *Beaux-Arts* de Londres. Il enseigna ensuite dans plusieurs écoles d'art, dont la Slade School de 1963 à 1966. En 1991, il montra une exposition au Centre National des Arts (CNAP) de Paris.
Dans les dix années qui suivirent ses études londoniennes, il peignit la série des *Fêtes*, suivie de la série des *Lumières*. Il peint très lentement, peignant délibérément la personne humaine, choisissant ses modèles dans son entourage immédiat et dans leurs occupations quotidiennes. De 1983 à 1986, de la série des paysages, parmi lesquels ceux de *Ayers Rock*, étonnantes formations rocheuses dans le Parc National d'Uluru, lieu d'Australie découvert par des photos touristiques et où il se rendit, circula avec passion et séjourna, vers 1980.
Il pratique une technique qui associe des parties de la peinture à peine esquissées à d'autres au contraire traitées avec la plus grande minutie dans la figuration de la réalité. D'autre part, dans chaque nouvelle peinture, il juxtapose plusieurs moments de la scène ou plusieurs points de vue sur une même chose. Ces deux procédés rappellent la façon dont se déroulent les rêves dans la conscience endormie, avec leurs précisions troublantes et leurs zones laissées dans le flou, leurs moments intenses et leurs trous dans le déroulement du temps onirique. Dans la série des *Fêtes*, il assemblait des images évocatrices par métaphores d'un certain comportement social. Dans la série des *Lumières*, le ballon, qui représente la cellule du sentiment de soi, voyage à la recherche d'un lieu idéal. À la série des *Lumières* succéda celle des paysages britanniques, tournant encore autour de l'idée de l'appartenance des individus à une communauté, et celle-ci à un lieu ou encore de l'interdépendance entre les individus et leur environnement. Dans la série des *Ayers Rocks* qui suit, il peint une série de peintures consacrées à un lieu d'Australie, considéré par les aborigènes comme étant l'origine de la création.
Avec Francis Bacon, qui l'influença, Lucien Freud, Frank Auerbach, Léon Kossoff, Michael Andrews fait partie de cette école anglaise qui, assez isolément dans l'époque, s'est tenue complètement à l'écart des mouvements artistiques internationaux contemporains, restant attachés à la figuration et à la représentation humaine. ■ J. B.
Bibliogr. : Catherine Lampert : *Michael Andrews à l'Hôtel des Arts*, Arts Info, Paris, jul. 1991 – in : *L'art du XXᵉ siècle*, Larousse, Paris, 1991.
Musées : Londres (Tate Gal.).
Ventes Publiques : Londres, 1ᵉʳ juil. 1982 : *People sunbathing*, h/t (86x81) : GBP 2 000 – Londres, 13 juin 1986 : *The glittering river : the Waveney* 1981, aquar. (32,3x41) : GBP 1 600 – Londres, 3 mai 1990 : *Mélanie endormie* 1976, stylo-bille bleu (23,5x18,5) : GBP 1 485 – Londres, 8 juin 1990 : *Nu contre un mur carrelé*, h/cart. (30,5x30,5) : GBP 3 300 – Londres, 9 nov. 1990 : *Tête d'homme*, h/cart. (19,5x21) : GBP 13 200 – Londres, 8 mars 1991 : *Une fille sur un lit* 1962, h/t. cartonnée (25,5x35,5) : GBP 4 400.

ANDREWS R.
XVIIIᵉ siècle. Britannique.
Peintre de paysages.
Exposa, en 1793 et 1794, plusieurs tableaux à la Royal Academy à Londres. Peut-être le même artiste que R. C. Andrews, qui exposait un paysage à la Royal Academy en 1798.

ANDREWS R. H.
XIXe siècle. Actif à Londres. Britannique.

Peintre de paysages et de natures mortes.

Il exposa à la Royal Academy et à la British Institution de 1854 à 1860.

ANDREWS T. H.
XIXe siècle. Actif à Londres vers 1850. Britannique.

Peintre de paysages.

On cite, cette année-là, deux tableaux de ce peintre, exposés à la Royal Academy. Pourrait être le même artiste que Thomas Andrews cité par Graves.

ANDREWS Thomas
XIXe siècle. Actif à Londres vers 1832-1834. Britannique.

Peintre de paysages.

Thomas Andrews envoya deux tableaux à la Royal Academy. Voir le précédent.

ANDREY James
XXe siècle.

Sculpteur, animalier.

Il exposa un *Buste de J. E. Blanche*, en 1923, aux Tuileries à Paris.

VENTES PUBLIQUES : ENGHIEN-LES-BAINS, 22 fév. 1981 : *Tigre s'apprêtant à bondir*, bronze (H. 28) : **FRF 2 500** – DETROIT, 19 mai 1989 : *Lion* 1930, sculpt. en bronze (H. 42,5) : **USD 1 100**.

ANDREY-PRÉVOST Fernand
Né en 1890 à Paris. Mort en 1961. XXe siècle. Français.

Peintre de paysages urbains, dessinateur caricaturiste.

À partir de 1924, il a exposé ses peintures indifféremment aux Salons des Indépendants, des Tuileries, d'Automne, de la Société Nationale des Beaux-Arts. En tant que caricaturiste des personnages pittoresques du Montmartre de l'époque, il a exposé au Salon des Humoristes en 1923 et 1929. Sauf de rares exceptions, il a peint des vues des vieux quartiers de Paris, du côté de Montmartre le plus souvent, mais aussi des berges de la Seine, de la Place Maubert, du quartier Saint-André-des-Arts.

VENTES PUBLIQUES : PARIS, 27 déc. 1926 : *Saint-Étienne-du-Mont* : **FRF 380** – PARIS, 29-30 mars 1943 : *Le Pont-Neuf* : **FRF 550** – GRENOBLE, 26 avr. 1976 : *Vase de fleurs*, h/cart. (65x54) : **FRF 2 300** – GRENOBLE, 21 nov. 1977 : *Les Deux clowns*, h/t (55x46) : **FRF 2 700** – PARIS, 16 nov. 1981 : *La Contrescarpe*, h/t (53x63) : **FRF 10 000** – GRENOBLE, 26 mai 1983 : *La rue*, h/t (81x60) : **FRF 5 800** – PARIS, 11 oct. 1988 : *Rue de village* 1928, h/t (54x65) : **FRF 13 000**.

ANDREZ P.
XIXe siècle. Français.

Peintre de figures, portraits.

Il a exposé deux toiles au Salon de Paris en 1892.

MUSÉES : PONTOISE : *Étude de jeune fille – Femme vue de dos*.

VENTES PUBLIQUES : PARIS, 15 déc. 1943 : *Femme espagnole* : **FRF 1 000** – AMSTERDAM, 25 avr. 1990 : *Femme adossée à la colonne d'un temple*, h/t (65x49) : **NLG 3 450**.

ANDRI Ferdinand
Né le 10 mars 1871 à Waidhofen-am-Ybbs. Mort le 19 mai 1956 à Vienne. XXe siècle. Autrichien.

Peintre de scènes de genre, sculpteur, graveur, illustrateur. « Nouveau style ». Groupe Secession.

Il fut élève de Julius Berger et d'Edouard Lichtenfels à l'Académie de Vienne, puis à partir de 1892 de Claus Meyer à l'Académie de Karlsruhe. Il revint se fixer à Vienne. En 1895 il sculpta des jouets d'enfants. En 1899, il devint membre de la « Sezession » de Vienne, dont il fut le président de 1905 à 1909.

Dans cette période où s'épanouissait le « nouveau style », il produisit des gravures très caractéristiques, notamment il participa activement comme illustrateur à la revue créée et publiée par le mouvement : *Ver Sacrum*. En 1904, il décora le Pavillon Autrichien de la Foire Universelle de Saint-Louis (U.S.A.), et, à cette occasion, la revue *Ver Sacrum* lui consacra un numéro spécial. En 1904 encore, il illustra *Poèmes* de August Kopisch, publié par Gerlach. Ces gravures, souvent provocatrices, faites d'aplats de noirs et blancs, peuvent faire penser à celles, contemporaines, de Félix Vallotton. En 1909, année où il exposa la peinture *Coupe de bois* à l'Exposition de Berlin, débutant ainsi les sujets qu'il développa ensuite, en tant que sculpteur il réalisa l'importante statue de saint Michel Archange, que lui avait commandée l'architecte Joseph Plecnik pour le Zacherl Haus de Vienne. Dans la suite, Andri fut surtout peintre et se spécialisa dans les scènes de la vie des paysans autrichiens. ■ J. B., M. M.

MUSÉES : BERLIN (Gal. Nat.) : *Marché* – VIENNE : *Marchandes de beurre*.

VENTES PUBLIQUES : VIENNE, 17 mars 1978 : *La Ferme sous la neige* 1903, h/cart. (30x41) : **ATS 20 000** – LINDAU, 7 oct. 1981 : *Jeune paysanne*, h/t (80x95) : **DEM 1 000** – NEW YORK, 13 mars 1982 : *XXVI. Ausstellung der Secession* 1906, litho. (94,7x63,3) : **USD 8 250** – LONDRES, 8 oct. 1986 : *Femme assise au châle bleu* vers 1910, h/cart. (47x49) : **GBP 6 500** – LONDRES, 10 fév. 1988 : *Matin*, h/cart. (46 x 68) : **GBP 2 970** – VIENNE, 18 avr. 1989 : *Sellajoch* 1918, h/t mar./cart. (27x40,5) : **ATS 32 000**.

ANDRIAKA Sergueï Nikolaievitch
Né en 1958 à Moscou. XXe siècle. Russe.

Peintre de paysages urbains, aquarelliste.

Travaille à Moscou. Peint des paysages typiques de la Russie d'autrefois tels qu'ils sont aujourd'hui, par exemple une église de campagne à l'abandon, et aussi notamment des paysages de Moscou, les coupoles du Kremlin, les vapeurs sur la Moscowa.

VENTES PUBLIQUES : PARIS, 7 nov. 1988 : *Petite place à Moscou en hiver*, aquar. (64x50) : **FRF 5 500** – PARIS, 14 mai 1990 : *Un étang immobile*, aquar./pap. (44,5x64,5) : **FRF 3 100**.

ANDRIANI
XVIIIe siècle.

Graveur.

Une eau-forte : *Paysage*, datée de 1763, est signée de ce nom.

ANDRIC Alois
Né le 17 janvier 1832 à Sebenico (Dalmatie). Mort en 1864 à Sebenico (Dalmatie). XIXe siècle. Autrichien.

Peintre.

Cet artiste n'eut, au début, d'autre maître que son inspiration, mais Salghetti ayant vu quelques-uns de ses dessins, s'intéressa à lui et lui facilita des études plus sérieuses en lui faisant suivre les cours de l'Académie à Vienne.

ANDRICH, les frères
Originaires de Curzola. XVIe siècle. Autrichiens.

Sculpteurs.

Travaillèrent en 1506 au palais Fontico à Raguse.

ANDRIEN Mady
Née en 1941 à Engis. XXe siècle. Belge.

Sculpteur de portraits, figures, groupes, monuments. Expressionniste.

Elle fut élève de l'Académie des Beaux-Arts de Liège et obtint le Grand Prix de Sculpture de la Ville de Liège en 1961. Elle a montré un ensemble d'œuvres important à la Galerie Aspasie de Spa en 1992. Depuis 1963 elle est professeur à l'Académie de Liège. Elle a bénéficié de commandes de groupes monumentaux.

Elle sculpte souvent des personnages en pied, souvent aussi des groupes de plusieurs, observés dans la vie quotidienne actuelle : la foule, la fête, la kermesse, une explosion de joie collective, les spectateurs du passage de la course. Les thèmes, une facture impressionniste-expressionniste proche de l'esquisse, du croquis modelé, renvoient évidemment à la sculpture de Medardo Rosso, apprécié de Rodin.

BIBLIOGR. : In : *Diction. biogr. des Artistes en Belgique depuis 1830*, Arto, Bruxelles, 1987.

ANDRIER Dominique
Née vers 1950. XXe siècle. Française.

Peintre de figures, peintre à la gouache, lithographe, dessinateur.

De 1970 à 1975, elle fut élève en architecture à l'École des Beaux-Arts de Paris.

ANDRIES Michael
XVIIIe siècle. Hollandais.

Miniaturiste.

Cet artiste habita Stockholm vers 1748 et retourna à Amsterdam en avril 1749. D'autre part, d'après Meyer, il serait l'auteur de deux peintures à la gouache conservées au Musée de Stockholm et datées de 1748.

ANDRIES Nicolaes
XVIe siècle. Actif à Anvers en 1551. Éc. flamande.

Peintre.

ANDRIES van Mons. Voir **MONS**

ANDRIESSEN Alexander
XVIIe siècle. Hollandais.

Peintre de portraits, natures mortes.

Il peignit un portrait du comte Ulrich von Ost-Friesland, gravé par C. Coninck.

VENTES PUBLIQUES : LONDRES, 12 juil. 1985 : *Nature morte aux poissons, huîtres et verre de vin*, h/pan. (40,6x64,2) : **GBP 4 000**.

ANDRIESSEN Anthony
Né en 1746 à Amsterdam. Mort en 1813 à Amsterdam. XVIIIᵉ-XIXᵉ siècles. Hollandais.
Peintre de sujets de genre, figures, paysages animés, paysages, natures mortes, aquarelliste, peintre de cartons de tapisseries, dessinateur, décorateur.
Il a souvent travaillé en collaboration avec Jurriaan Andriessen, son frère et professeur. Il fut membre de l'Académie de dessin en 1766. Johannes van Troostwijk fut son élève. Il peignit surtout la figure et le paysage.

VENTES PUBLIQUES : PARIS, 10 fév. 1926 : *Paysage hollandais*, lav. : **FRF 100** – PARIS, 11 fév. 1929 : *La Lecture*, dess. : **FRF 290** – PARIS, 24 avr. 1929 : *Poissons sur une table*, peint. : **FRF 700** – AMSTERDAM, 29 oct. 1979 : *Deux jeunes hommes lisant près d'une fenêtre*, aquar. et lav. de gris (19,8x15,6) : **NLG 1 500** – AMSTERDAM, 14 nov. 1983 : *Deux hommes regardant les ruines d'un château* 1776, aquar. et pl. (24,9x33,7) : **NLG 2 000** – NEW YORK, 12 jan. 1994 : *Couple de promeneurs admirant les ruines d'un château avec des paysans près d'une masure à l'arrière plan* 1776, aquar. sur craie noire (24,5x33,6) : **USD 6 900** – AMSTERDAM, 15 nov. 1995 : *Une cour avec des vaches attachées à un piquet*, encre, lav. et aquar. (15,7x22,7) : **NLG 1 416**.

ANDRIESSEN Christiaan
Né le 14 janvier 1775 à Amsterdam. Mort en 1846. XIXᵉ siècle. Hollandais.
Peintre d'histoire, sujets de genre, paysages, intérieurs, dessinateur.
Élève de son père Jurriaan Andriessen, il étudia et copia des tableaux de maîtres dans la galerie de Düsseldorf. Il aborda presque tous les genres de peinture. Entre janvier 1805 et la fin de l'année 1808, il tint un journal illustré de dessins et croquis.

C A.

VENTES PUBLIQUES : AMSTERDAM, 15 nov. 1995 : *Un homme jouant du clavecin dans un intérieur*, encre et craie noire (18,1x25,6) : **NLG 13 570**.

ANDRIESSEN Friedrich
XIXᵉ siècle. Actif à Elberfeld. Hollandais.
Peintre de paysages.
Il exposa plusieurs tableaux à l'Exposition de Berlin, en 1830.

ANDRIESSEN Joris
XVIᵉ siècle. Actif à Anvers vers 1552. Éc. flamande.
Peintre.

ANDRIESSEN Jurriaan
Né le 12 juin 1742 à Amsterdam. Mort le 31 juillet 1819. XVIIIᵉ-XIXᵉ siècles. Hollandais.
Peintre de sujets allégoriques, scènes de genre, portraits, paysages animés, paysages, aquarelliste, peintre de cartons de tapisseries, décorateur de théâtre, dessinateur.
Élève de J.-M. Quinkhard et d'Anthony Elliger, il étudia, en 1760, à l'Académie de dessin d'Amsterdam. Il eut de nombreux élèves, parmi lesquels Jean Grandjean, Daniel Dupré, Wouter Johannès van Troostwijk, Hendrik Voogt, son frère Anthony Andriessen, son fils Christiaan et sa petite-fille Cornelia Aletta van Hulst. Il s'associa avec J. Schmidt pour fonder une fabrique de tapisseries et y fournit les modèles avec son frère. En 1774, il fournit une décoration pour le nouveau théâtre d'Amsterdam. Ses œuvres furent nombreuses, mais ses tableaux sont très difficiles à retrouver. En revanche, un grand nombre de dessins se trouvent à Amsterdam.
MUSÉES : AMSTERDAM : *Portrait de l'artiste* – DUBLIN : *Visiteurs dans un atelier*, dess..
VENTES PUBLIQUES : PARIS, 1857 : *Marche de jeunes filles pour un sacrifice à Cérès*, aquar. : **FRF 8** – PARIS, 4 mai 1928 : *Sujet allégorique*, aquar. : **FRF 210** – PARIS, 4 juil. 1929 : *Le petit garçon au fouet*, dess. : **FRF 285** ; *La jeune mère*, dess. : **FRF 200** – LONDRES, 4 juil. 1978 : *Paysage animé* 1794, aquar. et reh. de blanc (42x33,3) : **GBP 800** – LONDRES, 23 juin 1983 : *Paysage boisé animé de personnages* 1812, aquar. (46x43) : **GBP 550** – LONDRES, 24 oct. 1984 : *Paysage* 1787, h/t (186,5x211) : **GBP 8 500** – AMSTERDAM, 14 nov. 1988 : *Paysans sur le chemin du village*, aquar. et craie (37x41) : **NLG 5 520** – AMSTERDAM, 20 juin 1989 : *La Liberté conduisant Pallas Athénée hors du temple tandis que la Tyrannie*

retient le lion hollandais sous son pouvoir 1784, h/t (175x109,5) : **NLG 94 300** – PARIS, 11 déc. 1989 : *Paysage boisé de femmes et d'enfants, personnages conversant près des ruines antiques*, paire de toiles (193x110) : **FRF 180 000** – LONDRES, 12 déc. 1990 : *Paysage classique avec des personnages sur les escaliers d'une villa* 1787, h/t (189x216,5) : **GBP 16 500** – NEW YORK, 13 jan. 1993 : *Paysage classique avec un temple à portique et un obélisque et des personnages près d'une fontaine* 1794, craie noire, encre et aquar. (42x33,2) : **USD 2 860** – PARIS, 13 nov. 1993 : *Conversation près d'un temple antique*, h/t (38x29) : **FRF 15 000** – PARIS, 12 déc. 1995 : *Caprices architecturaux dans la campagne romaine animés de personnages*, h/t, série de 4 toiles (deux : 180x116, deux : 180x100) : **FRF 170 000** – PARIS, 9 déc. 1996 : *La Rencontre près de la rivière* ; *Le Repos des bergers près de ruines antiques*, h/t, une paire, forme chantournée dans la partie supérieure (194x96 et 194x113,5) : **FRF 130 000**.

ANDRIESSEN Mari Silvester
Né en 1897 à Haarlem. Mort en 1979. XXᵉ siècle. Hollandais.
Sculpteur de figures, groupes, bustes.
Il est souvent représenté dans des sélections officielles de la sculpture en Hollande, comme par exemple à l'Exposition Internationale de Bruxelles en 1958.
Juste après la Libération, il travailla sur photos pour réaliser un monument aux déportés. Cees Doelman écrivit après l'exposition de Sonsbeek en 1949 : « ... Les déportés est, comme monument, l'un des plus expressifs et sensibles de l'exposition, le plus vivant et direct. Les ouvrages que Andriessen montre, font de lui le plus remarquable des cinquante artistes présents. » Il a créé d'autres œuvres sur le thème de la guerre et de la déportation, et les bustes de plusieurs musiciens célèbres : *Mozart, Rossini*.
BIBLIOGR. : Louk Tilanus : *Mari Andriessen, le sculpteur*, La Haye, 1984.
VENTES PUBLIQUES : AMSTERDAM, 15 mars 1983 : *Mozart* 1956, bronze (H. 21) : **NLG 3 800** – AMSTERDAM, 28 sep. 1987 : *Le Docker*, bronze (H. 69) : **NLG 17 000** – AMSTERDAM, 10 avr. 1989 : *Rossini* 1977, bronze (H. 24,5) : **NLG 3 450** – AMSTERDAM, 13 déc. 1989 : *Homme devant un peloton d'exécution*, bronze (H. 74) : **NLG 16 100** – AMSTERDAM, 23 mai 1991 : *Mère et enfant*, bronze (H. 52) : **NLG 3 775** – AMSTERDAM, 11 déc. 1991 : *Nu féminin assis*, sculpt. de pierre (H. 17,5) : **NLG 6 325** – AMSTERDAM, 12 déc. 1991 : *Adriaan Roland Holst*, bronze (H. 27) : **NLG 8 050** – AMSTERDAM, 19 mai 1992 : *Musiciens*, bronze (H. 11,5) : **NLG 3 220** – AMSTERDAM, 10 déc. 1992 : *Alphons Diepenbrock* 1946, bronze (h. 35,5) : **NLG 3 680** – AMSTERDAM, 1ᵉʳ juin 1994 : *Adolescent debout*, bronze (H. 51) : **NLG 5 980** – AMSTERDAM, 30 mai 1995 : *Les Déportés*, bronze (H. 36) : **NLG 20 625** – AMSTERDAM, 4 juin 1996 : *Crucifix*, bois sculpté (H. 32) : **NLG 3 068**.

ANDRIESZ Adriaen
Né à Gouda. XVIIᵉ siècle. Hollandais.
Peintre.
Cet artiste travailla à Rotterdam et à Dordrecht vers 1612-1614.

ANDRIESZ Harmen
XVIIᵉ siècle. Hollandais.
Peintre.
Mentionné en 1620 à Amsterdam.

ANDRIESZ Hendrick ou **Andriessen**
Né en 1607 à Anvers et mort en 1655. XVIIᵉ siècle. Éc. flamande.
Peintre de natures mortes.
C. de Bie le cite comme peintre de natures mortes et donne à ses tableaux, d'ailleurs très chers, une assez grande valeur.
VENTES PUBLIQUES : PARIS, 1903 : *Pâtisseries* : **FRF 410** – COLOGNE, 12 juin 1980 : *Nature morte*, h/t (52x81) : **DEM 10 000** – LONDRES, 9 avr. 1990 : *Vanité avec un crâne surmonté du globe terrestre, d'une couronne, d'une mitre, d'un sceptre, etc*, h/t (65,2x86,2) : **GBP 28 600** – NEW YORK, 31 mai 1990 : *Nature morte avec un chandelier d'argent, une pipe d'écume, un pot à tabac, une mèche, etc., sur un entablement drapé de vert*, h/pan. (29,3x23,8) : **USD 253 000**.

ANDRIESZ Jan, dit **Jean Dandry**
Né vers 1594 à Amsterdam. Mort avant 1641. XVIIᵉ siècle. Hollandais.
Peintre.
Cet artiste vint à Toulouse et s'y maria.

ANDRIESZ Otto
Né au XVIIᵉ siècle à Christiansand. XVIIᵉ siècle. Hollandais.
Graveur en taille-douce.
Vint s'établir à Amsterdam et y acquit la qualité de citoyen le 7 janvier 1699.

ANDRIESZ Pieter
XVIe siècle. Actif à Amsterdam en 1589. Hollandais.
Peintre.

ANDRIESZ Theunis
Né au XVIIe siècle à Oslo. XVIIe siècle. Norvégien.
Peintre.
Vint s'établir à Amsterdam en 1689.

ANDRIESZ Willem
Né au XVIIe siècle à Amsterdam. XVIIe-XVIIIe siècles. Hollandais.
Peintre.
Mentionné le 17 février 1712.

ANDRIEU
XVe siècle. Actif à Amiens. Français.
Peintre.
Cité à Amiens, vers 1414, comme peintre d'armoiries.

ANDRIEU
XVIe siècle. Actif à Béthune. Français.
Peintre.
Cité à Béthune comme peintre d'armoiries vers 1550. Probablement parent du précédent.

ANDRIEU Henri
XIXe siècle. Français.
Peintre.
Il exposa au Salon de Paris : en 1878, *La Chasse aux Alouettes* ; en 1879, *Une rue d'Alet*.

ANDRIEU Jean
XVIIe siècle. Français.
Sculpteur.
Il travailla, vers 1673, à la façade de l'hôtel de ville d'Arles (Bouches-du-Rhône).

ANDRIEU Jean Bertrand
Né vers 1763 à Bordeaux. Mort en 1822 à Paris. XVIIIe-XIXe siècles. Français.
Sculpteur et graveur.
Entra à l'École de l'Académie Royale le 21 août 1788, protégé par Julien. Fréquentait encore l'école en 1791. Cité par M. Herluison, à l'occasion du baptême de son fils, le 3 juin 1789. Il avait appris la gravure chez Lavau et s'était installé à Paris en 1776 dans l'atelier du médailliste Gatteaux. Le Musée de la Monnaie à Paris conserve de lui plusieurs pièces et médailles. Son style est très influencé par l'art gréco-romain, mais ne manque pas d'originalité. Il illustra le *Virgile* édité par Firmin Didot.

ANDRIEU Jean-Marc
Né en 1955 à Villerouge Termenes (Aude). XXe siècle. Français.
Sculpteur, réalisateur d'installations.
Il fit ses études à Aix-en-Provence et Nîmes. En 1986 il a participé à l'exposition collective *Dessins dans la ville* à la galerie Athanor de Marseille, à la 10e Biennale méditerranéenne à la galerie d'art contemporain de Nice, en 1987 à *Sublime indigo* au Musée de la Vieille Charité à Marseille, en 1988 à *Nîmes sur Seine* à Paris, aux *Ateliers 88* à l'ARC au Musée d'Art Moderne de la ville de Paris, à *Adieu les sirènes d'urgence* à la galerie Carreton de Nîmes. Il figura au Crédac à Ivry-sur-Seine avec Absalon et Pauline Stella Sanchez en 1989-1990. Il a présenté personnellement son travail à la galerie Christian Laune de Montpellier et à l'ENAC de Toulouse en 1989, à la galerie Aline Vidal de Paris en 1991.
Ses œuvres sont réalisées à partir de multiples matériaux, verre, cuir, fer, caoutchouc, matière plastique, le citron, le papier journal, le fusain, la photographie, le goudron... autant de textures dont la nature est définie et les qualités énumérées dans un ouvrage qu'il a rédigé : *Petit lexique des matériaux, moyens et thématiques* pour parler de la peinture et de son histoire. Sculptures actives et astucieuses, ces pièces exécutées à partir d'objets - roues de bicyclettes, gants, etc.- cerclés dans du fil métallique, tentent de piéger l'énergie et le mouvement, thème déjà abordé par une génération d'artistes antérieure mais ici traitée sur un mode plus simple et plus léger. ■ F. M.

ANDRIEU Jules
Né en 1844 à la Nouvelle-Orléans. Mort en 1923 à la Nouvelle-Orléans. XIXe-XXe siècles. Américain.
Peintre et sculpteur.
Andrieu étudia avec Ernest Ciceri, à Paris, puis travailla à Pass Christian vers 1907-1908.

ANDRIEU Lucien
Né en 1875. Mort en 1955. XXe siècle. Français.

Peintre de portraits. Expressionniste, tendance cubiste.
À ses débuts, il est en relation avec Picasso, Braque et surtout Juan Gris, à Paris, avant de retourner dans sa province, à Montauban, où il peint dans un style dépouillé, cézannien et cubiste, traitant les volumes en plans schématisés.
BIBLIOGR. : Gérald Schurr : *Les Petits Maîtres de la peinture 1820-1920, valeur de demain*, t. VI, Les Éditions de l'Amateur, Paris, 1985.
MUSÉES : MONTAUBAN (Mus. Ingres) : *Paysanne*.
VENTES PUBLIQUES : MONTAUBAN, 10 oct. 1993 : *Portrait*, gche (46x30) : FRF 4 200.

ANDRIEU M.-A. Ferdinand
Né à Rodez (Aveyron). XXe siècle. Français.
Sculpteur de monuments, de figures, graveur.
Il fut élève du très productif sculpteur Antonin Marcié. Il exposait au Salon des Artistes Français de Paris, dont il devint sociétaire, obtenant une médaille de troisième classe en 1911 pour un *Mercure*. Il exposa encore une allégorie *Invocation* en 1913, le *Maréchal Fayolle* pour la façade du Pavillon de Marsan en 1931, un *Saint Pierre* en 1939.

ANDRIEU Marie Louise Martine Juliette, Mlle
Née à Amiens. XXe siècle. Française.
Peintre de paysages.
Élève de Maurice Le Clercq et de J.-M. Breton, elle expose aux Artistes Français à Paris, entre 1929 et 1932, des paysages, parmi lesquels des vues de la cathédrale d'Amiens.

ANDRIEU Pierre
Né le 12 décembre 1821 à Penouillet. Mort le 30 janvier 1892 à Paris. XIXe siècle. Français.
Peintre d'histoire, compositions religieuses, figures, animaux, paysages, aquarelliste, graveur, dessinateur, illustrateur.
Élève et collaborateur d'Eugène Delacroix, il travailla au château de Guermantes, et restaura le plafond de Delacroix dans la galerie d'Apollon, au Louvre. Sa collaboration avec son maître dans la décoration de l'ancien Hôtel de Ville de Paris fut importante. On peut en juger par les esquisses de ce travail conservées au Musée de la Ville de Paris. Andrieu fit un grand nombre de petits tableaux et d'aquarelles représentant souvent des tigres et des lions. Il fit aussi nombre d'illustrations de livres, souvent à la plume, d'une exécution très spirituelle. Ses dessins sont fort intéressants. Béraldi cite de lui une gravure d'une jolie allure : *Petit paysage*, à l'eau-forte, 1850.
MUSÉES : PARIS (Mus. de la Ville) : esquisses.
VENTES PUBLIQUES : PARIS, 1892 : *Tigre et sa proie* : FRF 205 ; *Trajan* : FRF 290 – PARIS, 10 mai 1902 : *Épisode de la guerre de Vendée* : FRF 100 – PARIS, 15-16 nov. 1918 : *Étude de félins* : FRF 380 – PARIS, 15 avr. 1924 : *Les Saintes Femmes au Tombeau* : FRF 400 – PARIS, 31 mars 1927 : *Tigre à l'affût* : FRF 720 – PARIS, 5 avr. 1932 : *La Justice de Trajan*, étude du tableau de Delacroix conservé au Musée de Rouen : FRF 520 – PARIS, 28 juin 1951 : *Adam et Ève*, en bas timbre de Delacroix : FRF 6 500 – PARIS, le 20 déc. 1954 : *Les convulsionnaires de Tanger*, d'après Delacroix : FRF 15 500 – VERSAILLES, 27 mars 1979 : *Léopards*, h/t (31x48) : FRF 3 500 – PARIS, 15 juin 1981 : *Étude d'après Eugène Delacroix pour la Grèce expirant à Missolonghi*, h/pan. (39x25) : FRF 8 500 – LOUVIERS, 21 avr. 1985 : *Choc de cavaliers*, h/t (38x46) : FRF 48 000 – VERSAILLES, 5 mars 1989 : *Le pêcheur*, h/pan. (58x36) : FRF 6 000 – PARIS, 28 juin 1991 : *Études de sculptures avec des chevaux*, cr. et encre (24x37) : FRF 4 800 – PARIS, 1er juin 1994 : *Deux cavaliers arabes*, h/t (40x32,5) : FRF 4 500.

ANDRIEU de Hereille
XVIe siècle. Français.
Peintre.
Travailla vers 1596 à la cathédrale de Péronne. Comparer avec ANDRIEU (sans prénom).

ANDRIEU de Tavelis. Voir **TAVELIS**

ANDRIEU-GÈZE Monique
Née à Toulouse. XXe siècle. Française.
Sculpteur.
Cette artiste expose des têtes d'enfants, des bustes, au Salon de la Société Nationale des Beaux-Arts à Paris entre 1936 et 1938.

ANDRIEUX Alfred Louis
Né à Paris. Mort en 1945 à Paris. XXe siècle. Français.
Peintre de paysages, natures mortes, animalier.

Depuis 1913, il a exposé à Paris, au Salon des Indépendants, ainsi qu'au Salon de la Société Nationale des Beaux-Arts, dont il devint sociétaire en 1936. Il a peint des paysages des bords de Loire.

Ventes Publiques : Paris, 12 avr. 1954 : *Tigre allongé* : FRF 3 000 – Versailles, 19 déc. 1982 : *La lionne*, h/t (43x64) : FRF 12 000 – Londres, 14 juin 1995 : *La partie de pêche*, h/t (38x48,5) : GBP 2 300.

ANDRIEUX Clément August
Né le 7 décembre 1829 à Paris. Mort en 1880 à Fontainebleau (Seine-et-Marne). XIXe siècle. Français.
Peintre de sujets militaires, genre, aquarelliste, dessinateur, graveur.
Élève de Laurentz, il exposa au Salon, à Paris, de 1850 à 1880. Parmi ses scènes militaires, on note des épisodes de la guerre de 1870. Il peignit aussi des sujets relatifs à la vie campagnarde et à la vie quotidienne moderne.
Bibliogr. : Gérald Schurr : *Les Petits Maîtres de la peinture 1820-1920, valeur de demain*, t. V, Les Éditions de l'Amateur, Paris, 1981.
Musées : Paris (Mus. Carnavalet) : *La Salle des pas perdus de l'ancienne gare de Lyon* – Perpignan – Poitiers .
Ventes Publiques : Paris, 1881 : *Le triomphe des Amours* : FRF 125 – Paris, 19 juin 1933 : *La Dame aux camélias* : FRF 1 520 – Paris, 9 juin 1933 : *L'orateur du carrefour*, aquar. : FRF 2 600 – Paris, 7 mars 1955 : *La partie de cartes*, aquar. : FRF 8 000 – Paris, 19 juin 1972 : *Cavaliers arabes* : FRF 950 – Zurich, 25 mars 1979 : *Le Vieux Garde* 1849, aquar. (48x30,5) : CHF 2 700 – Londres, 27 nov. 1980 : *Cuirassier à cheval*, aquar., cr., pl. et reh. de gche blanche (20,5x21,5) : GBP 480 – Paris, 23 mars 1981 : *La foire du Trône* vers 1870, h/t (41x61) : FRF 3 000 – Berne, 21 oct. 1983 : *Enfants jouant au bord d'un lac* (37x54,5) : CHF 6 000 – Paris, 28 juin 1995 : *Allégorie de la mort*, encre, aquar., cr. noir et estompe (45x37) : FRF 4 000.

ANDRIEUX Isaac
XVIIe siècle. Actif à Paris. Français.
Peintre.

ANDRIEUX Pierre Bernard
Né le 10 avril 1941 à Saint-Ouen-l'Aumone (Val-d'Oise). XXe siècle. Français.
Peintre de paysages. Néo-impressionniste.
Après des études d'architecture, il décide en 1966 de se consacrer à la peinture, et commence à exposer à partir de 1969, dans diverses galeries et salons.
Amoureux des paysages de la Vallée de l'Oise, il s'attache à les représenter dans sa peinture travaillée uniquement au couteau, dont la palette et la lumière vibrante font songer aux Impressionnistes.

ANDRIEUX Raymond Henri
Né à Hellemmes-Lille (Nord). XXe siècle. Français.
Sculpteur de portraits, de figures.
Depuis 1921 il a exposé régulièrement au Salon de la Société Nationale des Beaux-Arts à Paris, et en est devenu sociétaire en 1926. Il a sculpté une *Sainte Thérèse de Lisieux*.

ANDRIGA Martinus van
Né en 1864. Mort en 1949. XIXe-XXe siècles. Hollandais.
Peintre de portraits, paysages.
Ventes Publiques : Amsterdam, 19-20 fév. 1997 : *Portrait d'une jeune femme en robe du soir*, gche/pan. (54x37) : NLG 2 075.

ANDRIKA Adam
Né en Islande. XXe siècle. Français.
Peintre de genre.
Cet artiste prit part à l'Exposition des Indépendants à Paris en 1910 avec : *L'Amour s'en va, L'Amour revient, La Coquetterie*.

ANDRIMONT Marthe d'
XXe siècle. Belge.
Peintre de figures.
Mère de nombreux enfants et grand-mère d'autres, elle expose à Bruxelles en 1991 des compositions de petites filles et de jeunes pages dans des décors fleuris.

ANDRIN, dit l'Entailleur
XIVe siècle. Français.
Sculpteur.
Travailla vers 1370 à Valenciennes et plus tard à la cathédrale de Douai.

ANDRIN Alfred
Né à Villers-les-Maugiennes (Meuse). XIXe siècle. Français.

Graveur sur bois.
Élève de Bande, il expose au Salon des Artistes Français de Paris de 1885 à 1898 ; il y obtint une mention honorable en 1889.

ANDRIN Viktor
Actif en Suède. Suédois.
Peintre.
On lui doit le plafond de l'opéra de Stockholm.

ANDRINGA Tjeerd
Né le 29 juin 1806 à Leeuwarden. Mort le 7 mai 1827. XIXe siècle. Hollandais.
Peintre de sujets de genre, portraits.
Il fut élève de l'Académie des Beaux-Arts d'Amsterdam et de C. Kruseman. Il fit quelques portraits, entre autres le sien, conservé aux archives de Leeuwarden, et quelques tableaux de genre.
Ventes Publiques : Londres, 4 mars 1981 : *Le violoniste au verre de vin*, h/pan. (25,5x20,5) : GBP 360.

ANDRINO. Voir ANDRÉINO

ANDRINOS João Rodriguès
XVIIIe siècle. Actif à Tavira. Portugais.
Peintre.
Cet artiste est mentionné vers 1750. Il eût pour élève sa fille Teodora Maria.

ANDRINOS Teodora Maria
Née en 1737 à Tavira. Morte en 1761. XVIIIe siècle. Portugaise.
Peintre.
Elle fut élève d'Andrinos João-Rodriguès, son père, et mourut avant d'avoir achevé ses études.

ANDRIOLI G.
XVe siècle. Actif à Bologne en 1410. Italien.
Peintre et miniaturiste.

ANDRIOLI Girolamo
Né au XVIIe siècle à Vérone. XVIIe siècle. Italien.
Peintre.
Élève de Brusasorci, il fit plusieurs tableaux, dont l'un, signé et daté de 1606, resta longtemps dans l'église Sainte-Catherine à Sienne. Les œuvres de cet artiste ont été dispersées.

ANDRIOLLI Elviro Michael
Né le 14 novembre 1836 à Wilna. Mort le 23 août 1893 à Nalenczow. XIXe siècle. Polonais.
Peintre d'histoire, sujets de genre, graveur sur bois, dessinateur, illustrateur.
Il commença ses études artistiques à l'école de dessin de Moscou et les continua à Saint-Pétersbourg. Quittant la métropole russe pour se rendre à Rome, où il travailla à l'Académie de San Luca, il poursuivit son voyage d'étude par un séjour à Paris, en Allemagne, en Angleterre et en Orient. En 1871, Andriolli se fixa définitivement à Varsovie.
Le poste de directeur artistique de l'hebdomadaire illustré *Tygodnik Illustroisany* lui fut confié. Pendant douze ans il y fournit un grand nombre de compositions, ayant trait, toutes, à des légendes populaires, des faits historiques ou des coutumes polonaises. De cette époque datent les illustrations pour les *Sonnets de Crimée*, de Mickiewicz, de *Marie*, de Malczewski ; des dessins pour les romans d'Orzeszko et de Kraszewski. La production considérable à laquelle l'artiste fut astreint nuisit à sa qualité ; mais Andriolli affirma cependant la plénitude de son talent dans quelques œuvres, notamment dans *La Polonaise de Jankiel*. En 1883 il vint à Paris travailler pour Firmin Didot, illustrant Shakespeare, Fenimore Cooper et quelques ouvrages d'Homère. Il revint en Pologne pour y mourir. Dessinateur habile, illustrateur hors ligne, Andriolli fut l'admirateur et l'élève de Gustave Doré, dont les dessins romantiques influencèrent beaucoup l'imagination ardente du dessinateur polonais. Cette influence ne fut pas toujours favorable, car elle ôta à Andriolli son caractère national. Le nom d'Andriolli, cependant, restera comme celui du premier illustrateur polonais qui ait implanté à Varsovie les procédés de l'illustration française.
Ventes Publiques : Versailles, 10 déc. 1989 : *Légendes et coutumes populaires, faits historiques* 1884, suite de dix dess. à la pl. reh. de gche : FRF 28 000.

ANDRIOLO
XIVe siècle. Actif à Padoue. Italien.
Miniaturiste.

ANDRIOT François ou Handeriot
Né entre 1655 et 1660 à Paris. XVIIe siècle. Français.

Graveur en taille-douce.
Élève de Vallet. Il reproduisit un grand nombre d'œuvres, notamment de Boitteau, de J. de la Borde, de Ph. de Champaigne, de N. Poussin. Il travailla à Paris et à Rome.

ANDRIQUE Georges
Né à Calais. xxᵉ siècle. Français.
Peintre de paysages, marines.
Il a reçu les conseils de Louis Antoine Leclercq, peintre de genre travaillant dans la région de Calais, et de Albert Paul Guilmet, qui a peint des paysages de la même région. Depuis 1927 il expose régulièrement au Salon des Artistes Français, où il obtint une mention honorable en 1929. Il a peint presque exclusivement des paysages de la région de Calais et surtout des marines, des vues du port ou le retour des pêcheurs.
Ventes Publiques : Calais, 4 juil. 1993 : *Calais, le bassin du Paradis*, h/pan. (35x43) : FRF 3 000.

ANDROBIOS
vᵉ siècle avant J.-C. Actif probablement au vᵉ siècle avant Jésus-Christ. Antiquité grecque.
Peintre.
Il représenta le fameux plongeur *Skyllis*, tranchant les amarres des vaisseaux perses. On peut penser que ce tableau, comme les effigies delphiques de Skyllis et de sa fille Hydna, est assez peu postérieur aux guerres médiques.

ANDROBOULOS
Antiquité grecque.
Bronzier.
Cité par Pline parmi les artistes ayant exécuté des statues-portraits de philosophes.

ANDROKYDÈS
Originaire de Cyzique. vᵉ-ivᵉ siècles avant J.-C. Antiquité grecque.
Peintre.
Il rivalisa avec Zeuxis. Il peignit pour Thèbes vers 380 un *Combat de Cavalerie*. On cite aussi de lui un tableau représentant *Scylla* entourée de poissons remarquablement exécutés, que l'on eut dit vivants. (La légende attribuait à Androkydès un goût particulier pour le poisson !).

ANDROMACHOS
Antiquité grecque.
Sculpteur.
Il signa une stèle d'époque impériale tardive, retrouvée à Kotiaion, en Phrygie.

ANDRON
Antiquité grecque.
Sculpteur.
Cité par Tatien comme l'auteur d'une statue d'« Harmonia ».

ANDRONIKOS Byzantios
xvᵉ siècle. Éc. byzantine.
Peintre, fresquiste.
Travailla, en 1423, à la chapelle Saint-Georges, au mont Athos. Il exécuta une série de fresques, notamment *La Transfiguration du Christ*.

ANDRONIKOS Flavius
Originaire d'Aphrodisias en Carie. Actif à l'époque d'Hadrien. Antiquité romaine.
Sculpteur.
Les restes, trouvés à Rome, d'un *Groupe* en marbre (Zeus, Poséidon, Hélios, Héraclès) exécuté en collaboration avec un sien parent, Flavius Chryséros, sont conservés à la Glyptothèque Ny Carlsberg de Copenhague. Le style, baroque, s'apparente à celui des Centaures d'Aristéas et Papias (eux-mêmes originaires d'Aphrodisias) au Musée du Capitole. Une signature *Androneikos epoiei* a été trouvée à Aphrodisias : il s'agit peut-être du même artiste.

ANDRONOW Nicolaj
Né en 1929 à Moscou. xxᵉ siècle. Russe.
Peintre. Réaliste.
À l'exposition d'art russe, venue officiellement à Paris en 1967, on a pu voir de ce peintre : *Les Pousseurs de radeaux*. Donc, à ce moment-là, Andronov était un artiste reconnu par les instances politico-culturelles soviétiques, c'est-à-dire un artiste ayant adhéré aux principes jdanoviens du réalisme socialiste. On a pu voir de lui une exposition personnelle à Vienne en 1988.
Bibliogr. : H. Mayr, A.W. Wasnezow : Catalogue de l'exposition *Nicolaj Andronow, Natalja Egorschina*, Künstlerhaus, Vienne, 1988.

ANDROSTHENES
ivᵉ siècle avant J.-C. Antiquité grecque.
Sculpteur.
Cet Athénien eut pour maître Eukadmos, et acheva, au temple d'Apollon à Delphes, les groupes de fronton commencés par Praxias.

ANDRÖTTER Matthias ou Antreter
xviiᵉ siècle. Allemand.
Peintre.
Travailla à Rottenmann en 1692.

ANDROUET DUCERCEAU. Voir DUCERCEAU

ANDROUSOW Vadime
Né le 18 août 1895 à Saint-Pétersbourg. xxᵉ siècle. Actif en France. Russe.
Sculpteur.
À partir de 1926 il a figuré de temps à autre aux Salons des Indépendants, des Tuileries, d'Automne. Il a adopté la technique de la terre-cuite.
Ventes Publiques : Paris, 18 mars 1985 : *L'écuyère nue*, terre cuite (H. 39) : FRF 8 500 – New York, 13 juin 1987 : *Nu couché* 1929, bronze (H. 27, L. 50,8) : USD 6 500.

ANDRUS Auguste Arthur
Né à la Chapelle-Iger. xixᵉ siècle. Français.
Graveur sur bois.
Élève de Carbonneau et Bert, il expose au Salon des Artistes Français de Paris de 1886 à 1888.

ANDRUS Vera
Née en 1896. xxᵉ siècle. Américaine.
Peintre, illustrateur, lithographe.
Elle fut élève de l'université et de l'institut d'art de Minneapolis (Minnesota), puis de l'Art Students' League de New York, où elle eut pour professeur Boardman Robinson. Le musée-galerie de la Seita à Paris a présenté de ses œuvres en 1996 à l'exposition : *L'Amérique de la dépression – Artistes engagés des années trente*.
Dans les années trente, elle réalisa des lithographies, pour la *WPA, Work Projects Administration*, énorme entreprise à l'échelle américaine pour venir en aide aux artistes frappés par la récession, mise en place par l'administration de Roosevelt, et qui leur offrit, entre 1935 et 1939, des milliers de commandes diverses. Dans la série *Cyclopes du New Jersey* de 1940, elle met en scène la ville déshumanisée, dans laquelle l'être humain est appelé à se perdre.
Bibliogr. : Catalogue de l'exposition : *L'Amérique de la dépression – Artistes engagés des années trente*, musée-galerie de la Seita, Paris, 1996.

ANDRUZSKI Dmitri Wassiljewitsch
Né le 5 septembre 1814. xixᵉ siècle. Russe.
Graveur au burin.
Élève de l'Académie de Saint-Pétersbourg avec Utkin, et fut l'aide de ce dernier en 1836. On cite de lui le portrait de Pierre Iᵉʳ, ainsi que les planches d'un livre d'armoiries, d'après Matwejew. Il illustra plusieurs livres, de 1844 à 1854.

ANDRY. Voir aussi ANDRÉ

ANDRY François Elisée
Né le 15 juin 1813 à Mons. Mort le 12 mai 1851. xixᵉ siècle. Éc. flamande.
Peintre de paysages.
Élève de Delvaux, il se fixa à Bruxelles et prit part aux expositions de 1836, 1839, 1842, à celles de l'Institut des Arts en 1838 et 1840 à Bruxelles, et à celle de Mons en 1843.

ANDRY-FARCY. Voir FARCY Andry

ANDRYCHIEWICZ Sigismund
Né en 1861 à Justynow. xixᵉ-xxᵉ siècles. Polonais.
Peintre.
Élève de l'École des Arts à Cracovie, vint à Paris pour y demeurer trois ans. Il se fixa ultérieurement à Varsovie. On lui doit principalement des tableaux de genre ou des paysages. On le remarque à l'Exposition des Indépendants en 1907, avec deux toiles : *La Folle, Paysage de Pologne* ; aux Artistes Français de 1911 avec un portrait.

ANDRZEJKOWICZ-BUTTOWT Maria Magdalena
Née le 22 juillet 1852 à Balandycze. xixᵉ siècle. Polonaise.
Peintre de sujets religieux, figures, portraits.
Étudia successivement à Munich (1872 à 1874), en Italie (1875),

puis de nouveau à Munich chez Liezen-Mayer (1876-1877). Elle exposa, en 1876, un tableau remarquable, représentant le *Poète Kochanowski près du cadavre de sa fillette Ursula*. En 1879, après un nouveau séjour en Italie, elle se fixa à Varsovie et peignit plus généralement des scènes religieuses. On cite notamment : *Jésus guérissant un aveugle*. Le Musée National de Cracovie possède le tableau de *Wladyslaw Ellenhoch, roi de Pologne, se cachant dans les montagnes* (1881).

ANDSCHIZ. Voir ENNDERSCHIN

ANDY N.
XIXᵉ siècle. Britannique.
Peintre.
Exposa à Londres, en 1839, à la Royal Academy.

ÂNE DE BALAAM, Maître de l'. Voir MAÎTRES ANONYMES

ANEDA Juan de
Né à Burgos. XVIᵉ siècle. Espagnol.
Peintre d'histoire.
Cet artiste était actif vers 1565. Il y a de lui, dans la cathédrale de sa ville natale, plusieurs toiles intéressantes. Il a travaillé avec Juan de Cea.

ANEHEAU Cornille
XVᵉ siècle. Français.
Sculpteur.
Travailla à Poitiers à l'ornementation du château du duc de Berry (XVᵉ siècle).

ANEHEAU Fléau
XVᵉ siècle. Français.
Sculpteur.
Travailla avec son frère, Cornille, au château du duc de Berry et à la tour de Maubergeon (XVᵉ siècle).

ANELAY
XVIIIᵉ siècle. Britannique.
Peintre de portraits.
Exécuta des portraits de quatre ecclésiastiques, gravés plus tard par W.-H. Egleton.

ANELAY Henry
XIXᵉ siècle. Britannique.
Peintre de paysages.
Exposa de 1858 à 1873, à la Royal Academy à Londres.

ANELLI Pino
XIVᵉ siècle. Italien.
Miniaturiste et calligraphe.
Cet artiste travailla à Parme, vers 1399, pour le couvent des Bénédictins de S. Giovanni.

ANELLO Antonino
XVIIᵉ siècle. Hollandais.
Sculpteur.
Mentionné à Palerme.

ANEMÜLLER Christian W.
Mort en janvier 1890 à Dresde. XIXᵉ siècle. Allemand.
Peintre, peintre de cartons de vitraux.
Élève de l'Académie de Dresde avec Grosse et Pauwels, il étudia la peinture de portraits, de genre, d'histoire et la peinture sur verre. Il exposa à Dresde en 1880 et 1882. L'église de Reuth possède des vitraux de lui.

ANES João ou Annes
XVᵉ siècle. Portugais.
Peintre.
On le croit d'origine flamande. Travailla à Lisbonne vers 1454 et exécuta plusieurs travaux de décorations pour le roi Alfonso V.

ANESI Paolo
Né en 1697 à Rome. Mort en 1773. XVIIIᵉ siècle. Italien.
Peintre de portraits, paysages animés, paysages, paysages d'eau, natures mortes, fresquiste, graveur, dessinateur.
Ses paysages obtinrent un grand succès à Florence et à Rome. Il collabora, avec Antonio Bichierai et Nicolo Lapiccola, aux fresques décorant la villa Albani, près de Rome. Ces peintures sont datées de 1761, et portent la signature *Paolo Anesi fece*. Il peignit des ruines anciennes dans la manière de Pannini et ses ouvrages ont souvent été confondus avec ceux de ce peintre. Anesi fut un des maîtres de Francesco Zuccarelli. Il a gravé des vues et des portraits.

VENTES PUBLIQUES : PARIS, 25 oct. 1922 : *Paysage avec personnages* : FRF 135 – VIENNE, 17 mars 1964 : *Vue d'une ville*, peint. sur cuivre : ATS 4 500 – MILAN, 10 mai 1966 : *Paysage* : ITL 700 000 – MILAN, 12 juin 1979 : *Paysage animé de personnages*, h/t (93x143) : ITL 5 500 000 – ROME, 19 mai 1981 : *Paysages animés de personnages*, quatre h/t (24x24) : ITL 13 000 000 – ROME, 20 nov. 1984 : *Natures mortes au gibier sur fond de paysages*, h/t (28x40) : ITL 15 000 000 – MILAN, 4 nov. 1986 : *Paysage à la rivière animé de personnages*, h/t (90x97) : ITL 14 000 000 – PARIS, 4 mars 1988 : *Paysage avec pont*, dess. cr. avec reh. de blanc/pap. préparé ocre (26,5x39,3) : FRF 3 000 – ROME, 23 mai 1989 : *Paysage fluvial*, h/t (23x39) : ITL 4 000 000 – LONDRES, 7 juil. 1989 : *Vaste paysage fluvial avec des personnages dans des ruines classiques*, h/t (100,5x121) : GBP 26 400 – NEW YORK, 10 jan. 1990 : *Vue du palais Saint-Ange à Rome*, h/t (40,6x163,8) : USD 31 900 – ROME, 8 mai 1990 : *Paysage avec vue sur un port imaginaire*, h/t (45,5x33,2) : ITL 31 000 000 – ROME, 28 avr. 1992 : *Paysage fluvial*, h/t (18,5x26,5) : ITL 6 500 000 – SCEAUX, 13 déc. 1992 : *Paysage de rivière dans la campagne romaine*, h/t (47,5x67) : FRF 195 000 – MONACO, 2 juil. 1993 : *Vues de Rome et de Tivoli*, h/t, une paire (41x74) : FRF 277 500 – MILAN, 2 déc. 1993 : *Paysage avec des lavandières et des bergers*, h/t (61x74) : ITL 32 200 000 – NEW YORK, 14 jan. 1994 : *Vue du Campidoglio et du Campo Vaccino avec l'église de Saint-Luca et Saint-Martin au centre à distance*, h/t (65,4x102,9) : USD 40 250 – LONDRES, 8 juil. 1994 : *Vue de Isola Tiberina avec des bandits au premier plan*, h/t (48,5x64,5) : GBP 18 400 – LONDRES, 6 déc. 1995 : *Personnages et chevaux devant une ferme*, h/t (32,5x72) : GBP 5 750 – NEW YORK, 16 mai 1996 : *Le Forum romain (Campo Vacino)* ; *Le Panthéon*, h/t, une paire (chaque 61,6x76,2) : USD 107 000 – LONDRES, 13 déc. 1996 : *Vue de Valmontone*, h/t (31,8x49,4) : GBP 18 400.

ANET, pseudonyme de Marc Jacques Anet Caspar-Jordan
Né en 1908 à Paris. Mort en 1976 à Paris. XXᵉ siècle. Français.
Peintre de figures, nus, paysages.
Il était fils d'un pasteur missionnaire. Anet fit ses études secondaires au Havre. Il commença à peindre en 1925. Il exposait à Paris, au Salon des Tuileries en 1931, puis de 1941 à 1943, et régulièrement au Salon des Artistes Indépendants. Il a montré un ensemble de ses œuvres dans une exposition personnelle à Paris en 1937.
Il a surtout peint des vues de Paris, la Seine, le Quartier Latin, les Gobelins, ainsi que les paysages de la Méditerranée, où il passait ses vacances à Golfe-Juan. Il a aussi peint quelques figures de jeunes filles et quelques nus.

ANET Guillaume
XVIIIᵉ siècle. Français.
Sculpteur.
Travaillait à Besançon vers 1782-1785.

ANET Jean Jacques
Né en 1665. Mort le 22 avril 1705. XVIIᵉ siècle. Actif à Paris.
Français.
Peintre.

ANET Marc Jacques
XXᵉ siècle. Français.
Peintre de paysages.
Expose aux Tuileries à Paris, en 1931 et de 1941 à 1943.

ANETHAN Alexandre d'
XIXᵉ siècle. Belge.
Peintre de genre, portraits, pastelliste.
Il est l'auteur d'un portrait au pastel de A. Gevaert, compositeur, mais il est plutôt peintre de genre. Il exposa à Paris en 1889, à Bruxelles et à Berlin en 1897.

ANETHAN Alice d'
Née en 1848 à Bruxelles. Morte en 1921 à Paris. XIXᵉ-XXᵉ siècles. Belge.
Peintre de genre, portraits.
Après des études en Belgique, sous la direction d'Émile Wauters et d'Alfred Stevens, elle se perfectionna à Paris, dans l'atelier de Puvis de Chavannes. Elle a participé aux Salons de Paris, Anvers, Bruxelles, et à l'Exposition de Munich en 1909. Grâce à la délicatesse de la touche caractérisent ses portraits et scènes de genre, où les enfants sont souvent présents. Citons : *L'enfant malade* 1887 – *Premières communiantes* 1885 – *Le jardin*, Salon de 1894 – *Les Saintes Femmes* 1909.
BIBLIOGR. : Gérald Schurr : *Les Petits Maîtres de la peinture*

1820-1920, valeur de demain, t. IV, Les Éditions de l'Amateur, Paris, 1979.

Musées : Bruxelles – Gand – Tournai .

ANETSBERGER Hans
Né le 28 octobre 1870 à Munich. xixe siècle. Allemand.
Peintre et graveur.
Élève de l'Académie de Munich, il se fixa dans cette ville, où il exposa plusieurs tableaux, notamment, en 1894 : *Saint Hubert*, en 1899 : *La Légende*, en 1902 : *Portrait d'Emil Dittler*, sculpteur. Il exécuta plusieurs gravures à l'eau-forte, entre autres : *Saint Hubert*, *Idylle*, *Le joueur d'orgue*.

ANFFRAYE Philippe d' ou Anfrye
xvie siècle. Français.
Graveur.

ANFOSSI Roberto
Né en 1950 à San Remo. xxe siècle. Italien.
Peintre de figures, intérieurs, peintre de lavis. Expressionniste.
Il fut élève en 1972 du Lycée Artistique de Savona, en 1984 de l'Académie des Beaux-Arts de Genova. En 1981, il avait obtenu la bourse Duchesse de Galliera décernée par la municipalité de Genova, et en 1984 il reçut le Prix de L'Industrie Italienne du Pétrole (IP). Il participe à de nombreuses expositions collectives depuis 1981, dans les villes d'Italie, surtout Genova, et Pise, Albisola, Palerme, Milan, etc. Il montre ses peintures dans des expositions personnelles depuis 1980 Bordighera, 1983 Imperia, 1986, 1990 Genova, etc.
Dans des empâtements épais et très triturés du bout de la brosse, il peint des figures dans des intérieurs, souvent des autoportraits, personnages et décors comme taillés à la hache.

ANFRANCHI Giovanni Battista
xve siècle. Actif à Ferrare en 1499. Italien.
Sculpteur.

ANFRIE Charles
Né en 1833. xixe siècle. Actif à Paris. Français.
Sculpteur de figures, bustes, médaillons.
Il a exposé les portraits de M.M. *P. Louchet* et *R. Magniaud* (buste et médaillon) au Salon de 1883, à Paris, et des plâtres en 1888 et 1890.
Ventes Publiques : Londres, 20 juin 1979 : *Nymphe* vers 1880, bronze patine brun-vert (H. 85) : **GBP 1 000** – Londres, 23 juin 1983 : *Paysanne appuyée à un tronc d'arbre* vers 1880, bronze patine brune (H. 63,5) : **GBP 500** – Neuilly, 1er mars 1988 : *Sur la brèche, quand vous voudrez*, ou : *les Capitaines de chasseurs* 1886, deux sculpt. bronze patine brune (H 60,5 et 63) : **FRF 23 000.**

ANG Kiukok
Né en 1931 à Davao (Philippines). xxe siècle. Indonésien.
Peintre de figures, animalier, natures mortes, aquarelliste. Expressionniste.
Il étudia à l'Université de Santo Tomaso, sous la direction des maîtres philippins Vitorio Edades, Galo Ocampon, Lorenzo Diosdado et surtout Vincente Manansala qui resta son ami. Il est considéré comme le chef de file de l'expressionnisme philippin. Ses sujets de prédilections demeurent l'homme, la nature morte, la crucifixion et ses chiens furieux, qu'il traite sous un angle dramatique, en couleurs vives, ne manquant jamais de faire naître l'émotion du spectateur.
Bibliogr. : Catalogue de l'œuvre de *ANG Kiukok*, 1991.
Ventes Publiques : Singapour, 5 oct. 1996 : *Sans titre* 1958, aquar./pap. (40x57) : **SGD 4 830.**

ANGARANO, comte Ottaviano ou Angorano
xviie siècle. Italien.
Graveur.
Vécut à Venise. On lui attribue souvent une *Nativité de Jésus*, considérée par Le Blanc comme une œuvre de G. Diamantini, bien qu'elle porte la signature d'Angarano. Angarano fut un admirateur d'Amerighi, et chercha à s'inspirer de la manière de ce maître.

ANGAROLA Anthony
Né en 1893 à Chicago (Illinois). Mort en 1929. xxe siècle. Américain.
Peintre.
Ventes Publiques : New York, 4 juin 1982 : *Légende* 1922, h/pan. (61x66) : **USD 1 800.**

ANGAS George French
Né le 25 avril 1822 à Durham. Mort le 8 octobre 1886. xixe siècle. Britannique.

Peintre de paysages, aquarelliste, dessinateur, illustrateur, lithographe.
Fils de George Fife Angas, un des fondateurs de la colonie australienne du Sud, il voyagea beaucoup et publia plusieurs relations de voyages qu'il illustra de ses dessins. En 1841, il visite les pays de la Méditerranée et publie, en 1842, *Voyage en Sicile et à Malte*, avec illustrations de lui. En 1842 et 1843, il se perfectionna à Londres dans l'art du dessin, et, après un voyage en Australie, il fit paraître un volume : *Australie méridionale*, orné de soixante planches coloriées. Après avoir fait paraître de nouveaux livres, illustrés par lui, il retourna en Australie et publia ses impressions sur les régions aurifères. En 1851, il se fixa à Sydney comme directeur du musée. De retour en Angleterre, il exposa, en 1874, à la Royal Academy, une *Vue de Constantinople*.

R.F.Angas

Ventes Publiques : Melbourne, 11 et 12 mars 1971 : *Port Philip* : **AUD 1 800** – Londres, 20 mars 1973 : *Motupol Pan* : **GBP 1 300** – Londres, 3 nov. 1976 : *Les Chasseurs de papillons* 1844, aquar. reh. de gche (31x23,5) : **GBP 3 200** – Londres, 2 nov. 1979 : *Eagle Hawk Gully, Bendigo* 1852, aquar. et pl. (25,5x35,6) : **GBP 8 500** – Londres, 6 avr. 1982 : *South Australia illustrated* 1847, soixante litho. colorées : **GBP 4 000** – Londres, 20 nov. 1986 : *Engenho Velho, près de Rio-de-Janeiro*, aquar. et cr. (23,4x32,3) : **GBP 2 000.**

ANGE Michel
xviie siècle. Français.
Peintre décorateur.
Peintre des bâtiments du roi. Cet artiste est mentionné en 1671 pour le paiement de peintures et dorures exécutées au plafond de la grande Galerie du Louvre.

ANGE Paul
Né à Saint-Pétersbourg. xxe siècle. Actif aussi en France. Russe.
Peintre de paysages, marines.
Il expose des tableaux au Salon des Indépendants, à Paris, entre 1927 et 1930.
Ventes Publiques : Paris, 22 avr. 1980 : *Marine*, h/t (33x64) : **FRF 3 900.**

ANGEBAUD ou Angebault ou Anjubaud
xviie siècle. Français.
Peintre verrier.
On suppose qu'il appartenait à la famille de peintres verriers portant ce nom et vivant à Nantes au xviie et xviiie siècle.

ANGEL
xxe siècle. Français.
Peintre, illustrateur.
Sans doute surtout illustrateur, il figurait aux Expositions du Livre. En 1912, il prit part au Salon d'Automne de Paris et Guillaume Apollinaire le cita dans son compte-rendu, mentionnant qu'il avait illustré le *Jubilé de Jeanne d'Arc* de Maurice Barrès.

ANGEL, fray
xviiie siècle. Espagnol.
Graveur.
Membre de l'ordre de Saint Jérôme, il grava un frontispice en 1737.

ANGEL Dirck
xviie siècle. Travaillant à Middelbourg. Hollandais.
Peintre.

ANGEL Manuel
Né au xixe siècle à la Guardia. xixe siècle. Espagnol.
Peintre de portraits.
Élève de l'Académie de San Fernando à Madrid, il se fixa à la Havane, d'où il adressa, en 1881, le portrait de *Donna Leonor Tellez, reine de Portugal, prisonnière au couvent de Tordesilla*, à l'Exposition de Madrid ; et, en 1901, *La Pénitence de Don Quichotte*. Il fit en outre un certain nombre de portraits, notamment celui d'Alfonse XII.

ANGEL Pedro ou Angelo
xvie siècle. Travaillait à Tolède à la fin du xvie siècle. Espagnol.
Graveur.
On trouve cet artiste à Tolède à la fin du xvie siècle et au commencement du xviie. Il est considéré comme l'un des premiers bons graveurs espagnols. Il grava des planches pour plusieurs

ouvrages vers 1611-1617. On cite aussi de lui une *Immaculée Conception*, et d'autres sujets de dévotion.

ANGEL Philips
Né en 1616 à Middelbourg, où il fut baptisé le 14 septembre. Mort après 1683. XVIIe siècle. Hollandais.
Peintre de sujets de genre, natures mortes, graveur.
Après avoir été admis dans la gilde de Saint-Luc à Haarlem, Angel se fixa avec sa famille à Leyde, mais en 1641 on le retrouve à Haarlem, où il se maria pour la seconde fois en 1642. En 1645, entra au service de la Compagnie des Indes. Il voyagea aussi en Perse et en Arabie, et accepta le poste de peintre de la cour du Shah de Perse. Il y enseigna aussi le dessin et fut richement récompensé. En 1656, il fut rappelé à Batavia. Vers 1671, il était de retour à Middelbourg. Angel attira l'attention de ses contemporains par une publication parue, à Leyde, en 1642, *L'Éloge de l'art de la Peinture*, dans laquelle il parle longuement de Rembrandt et de Lievens. On lui doit une gravure : *Tête de vieillard* (datée de 1637) qui est une faible imitation de la manière de Rembrandt. On cite aussi une eau-forte : *Paysan dans la campagne*.

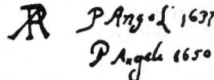

MUSÉES : BERLIN : *Nature morte* 1650 – SAINT-PÉTERSBOURG (Ermitage) : *Intérieur chez des paysans* 1659.
VENTES PUBLIQUES : VIENNE, 17 sep. 1963 : *Nature morte aux volatiles* : ATS 12 000 – VIENNE, 16 mars 1971 : *Le repos des chasseurs* : ATS 28 000 – LONDRES, 20 avr. 1988 : *Nature morte de gibier entassé au pied d'un arbre*, h/t (47x63) : GBP 4 400.

ANGELA
XVe siècle. Italienne.
Miniaturiste.
Elle était religieuse. Elle travailla pour le couvent de Santa Maria Novella de Bologne.

ANGELA Emilio
Né en 1899 en Italie. XXe siècle. Américain.
Sculpteur.

ANGELATON Lamprothéa ou Anghelaton
Née à Corfou. XXe siècle. Active en France. Grecque.
Sculpteur de portraits.
Elle a exposé au Salon de la Société Nationale des Beaux-Arts, à Paris, à partir de 1934, en devint sociétaire en 1937 et y figura encore en 1942.

ANGELECHT A.
XVIIe siècle. Hollandais.
Peintre verrier.
Travailla à Amsterdam vers 1648. On retrouve dans une église un vitrail portant sa signature.

ANGELELLI Giuseppe
Né le 7 décembre 1803 à Coimbre. Mort le 4 février 1846. XIXe siècle. Portugais.
Peintre de portraits, paysages, dessinateur.
Cet artiste fit ses études artistiques à l'Académie de Florence. Il accompagna l'expédition des archéologues Rosellini et Champollion en Égypte (1827). L'ouvrage de Rosellini : *Monuments d'Égypte et de Nubie*, est illustré de près de 400 dessins d'Angelelli dont le Musée des Offices à Florence possède une grande partie. Angelelli fit aussi quelques paysages et des portraits.

ANGELELLUS Burgoli ou Marrini
XIVe siècle. Travaillait à Pérouse vers 1323. Italien.
Miniaturiste.

ANGELETTI
XVIIIe siècle. Romain, actif à la fin du XVIIIe siècle. Italien.
Peintre copiste.
Peut-être Pietro ; envoya cinq copies à la Society of Artists de Londres en 1790.

ANGELETTI Alessandro
XVIIIe siècle. Actif à la fin du XVIIIe siècle. Italien.
Aquafortiste.
Travailla avec Piroli pour un ouvrage sur le théâtre di Tor di Nona, Rome, 1795.

ANGELETTI Pietro
XVIIIe siècle. Actif à Rome. Italien.
Peintre de sujets allégoriques, portraits.

Travailla à Rome de 1758 à 1786 et fit notamment : *La métamorphose de Daphné*, dans la villa Borghèse, et un portrait de l'archevêque Alessandro Borgia, daté de 1771 et gravé par P. Bombelli.

ANGELETTO di Pietro di Buonavere
XIVe siècle. Italien.
Peintre.
Cité en 1393.

ANGELI Alessandro
XVe siècle. Actif à Ferrare. Italien.
Sculpteur.
Travailla probablement à la cathédrale de Ferrare.

ANGELI Alessandro
XIXe siècle. Italien.
Graveur en taille-douce.
Travailla à Milan, de 1821 à 1824, et exécuta une série de gravures, notamment d'après Raphaël, *La Sposalizio* et *La Transfiguration*. On cite aussi trois *Vues de Milan* ; trois médaillons avec *Vues de la cathédrale et de l'Arco della Pace* à Milan ; *Fasti di Milano*, d'après A. Monticelli ; *Vue de la Cathédrale de Côme* ; *Isola Bella* ; *Christ et la Femme adultère*, d'après Titien.

ANGELI Carlo
XVIIe siècle. Travaillait à Anvers. Italien.
Peintre.
Mentionné comme maître libre, en 1655, dans la gilde de Saint-Luc à Anvers.

ANGELI Carlo Francesco
XVIIe siècle. Actif à la fin du XVIIe siècle. Italien.
Peintre.
D'après Orsini et Lazzari, cet artiste serait l'auteur d'un tableau de l'église del Carmine à Ascoli.

ANGELI Eduard
Né en 1942. XXe siècle. Autrichien.
Peintre technique mixte.
VENTES PUBLIQUES : VIENNE, 18 mars 1981 : *Tsington I* 1974, h/t (129x114,5) : ATS 16 000 – VIENNE, 24 juin 1981 : *Paysage* 1972, techn. mixte (44x44) : ATS 7 000 – VIENNE, 22 mars 1983 : *Le salut au drapeau* 1973, h/t (130x129) : ATS 25 000 – VIENNE, 4 déc. 1984 : *Nature morte*, h/t (30,5x51) : ATS 12 000 – VIENNE, 19 mars 1985 : *La cachette* 1976, h/t (80x100) : ATS 12 000 – VIENNE, 19 mai 1987 : *Sans titre* 1969, temp./t. (100x120) : ATS 28 000.

ANGELI Filippo, ou Liano d', dit il Napoletano
Né en 1587 à Rome. Mort en 1629 à Rome. XVIIe siècle. Italien.
Peintre de compositions religieuses, batailles, sujets de genre, paysages animés, paysages, marines, architectures, dessinateur.
Son surnom lui vint de ce qu'il fut envoyé à Naples tout enfant. Élève de son père, il peignit, de petites toiles de genre, des paysages, des batailles, des vues d'architecture, qu'il agrémentait de figures spirituellement traitées. Baglioni rapporte qu'il fut très employé à la décoration des monuments et villas des environs de Rome. La Galerie des Offices à Florence possède le portrait d'Angeli.
VENTES PUBLIQUES : PARIS, 10 juin 1949 : *Une galère*, pl. et lav. de bistre : FRF 6 000 – MILAN, 18 avr. 1972 : *Le paradis* : ITL 5 500 000 – LONDRES, 22 fév. 1984 : *La Fuite en Égypte*, h/t (48x63) : GBP 3 000 – ROME, 16 mai 1985 : *La pesca del corallo*, h/t (114x168) : ITL 15 000 000 – MILAN, 4 nov. 1986 : *Soldats en marche* ; *Scène de bataille*, h/pan. (55x95) : ITL 38 000 000 – MILAN, 27 oct. 1987 : *Paysans et voyageurs dans un paysage fluvial boisé*, h/t (112x146) : ITL 33 000 000 – NEW YORK, 29 mars 1987 : *Maisons et personnages dans un paysage fluvial*, h/t (31,5x52) : USD 13 000 – MILAN, 25 oct. 1988 : *Crucifixion*, h/t (86x140) : ITL 19 000 000 ; *L'Appel de Pierre*, h/t (97,5x127,5) : ITL 24 000 000 – ROME, 27 nov. 1989 : *Paysans et leur bétail s'abritant à l'ombre d'une tour*, h/cuivre (33,5x33) : ITL 6 900 000 – LONDRES, 5 juil. 1991 : *L'Adoration des Mages*, h/t (84x145,7) : GBP 33 000 – LONDRES, 11 déc. 1991 : *Personnages dans un paysage rocheux côtier*, h/cuivre (15x20,5) : GBP 12 100 – LONDRES, 11 déc. 1992 : *L'Adoration des Mages*, h/t (84x145,7) : GBP 26 400 – LONDRES, 10 déc. 1993 : *Paysage fluvial avec un hameau et une vieille tour dans les bois*, h/t (77,5x119,3) : USD 34 500 – MILAN, 31 mai 1994 : *Paysage maritime avec des nuages*, h/t (90x120) : ITL 41 400 000 – LONDRES, 24 fév. 1995 : *Pêcheurs groupés autour d'un feu sous un abri de fortune et des barques amarrées dans une baie*, h/t (71x99,2) : GBP 9 200.

ANGELI Franco
Né le 14 mai 1935 à Rome. Mort en 1988. xxᵉ siècle. Italien.
Peintre. Tendance abstraite.
Il participe à de nombreuses expositions collectives depuis 1960, parmi lesquelles : 1962 *Nouvelles perspectives de la peinture italienne* au Prix Lissone, 1964 Biennale de Venise, 1965-66 *Artistes italiens d'aujoud'hui* Bucarest et Budapest, et Quadriennale de Rome, 1966-67 sélection au Prix Marzotto à Valdagno, Baden-Baden, Amsterdam et Londres, et *Aspects de l'art contemporain en Italie* exposition circulante en France, Allemagne, Norvège, Angleterre, 1972 xᵉ Quadriennale de Rome, etc. Depuis 1960 également il expose personnellement très fréquemment dans les grandes villes d'Italie et en 1965 à Paris.
De 1960 à 1965, ses premières œuvres exposées présentent peu d'unité, sauf qu'elles sont produites en général par des procédés d'empreinte ou de reproduction, empreintes de croix gammées pour *Cimetière allemand* de 1960, reproduction déchirée d'une pièce d'un dollar pour *Fragments* de 1965. Dans les années soixante-dix, ses peintures se rapprochent de l'abstraction géométrique. La série des *Paysages* est composée de formes comme découpées en arêtes vives et juxtaposées en puzzle. Dans le *Paysage occidental*, on retrouve le procédé de reproduction multiple d'une pièce de monnaie américaine recouverte en partie de la reproduction d'une photographie de paysage réel. ■ J. B.
VENTES PUBLIQUES : MILAN, 8 juin 1976 : *Sans titre*, techn. mixte/t. (160x170) : **ITL 600 000** – ROME, 23 mars 1981 : *Paysage rouge et communiste 1974*, acryl./t. (200x200) : **ITL 1 400 000** – ROME, 15 mai 1984 : *Paysage rouge et communiste 1974*, acryl./t. (200x200) : **ITL 1 300 000** – ROME, 23 avr. 1985 : *S.P.Q.R. 1965*, acryl./t. (115x115) : **ITL 2 600 000** – MILAN, 14 déc. 1987 : *Sans titre années 1960*, acryl./t. (80x100) : **ITL 3 000 000** – ROME, 7 avr. 1988 : *Demi-dollar 1965*, vernis/pap. mar./t. (100x140) : **ITL 2 000 000** – ROME, 15 nov. 1988 : *Tous les impérialistes sont des tigres de papier 1967*, acryl./t. (100x200) : **ITL 3 800 000** – MILAN, 14 déc. 1988 : *Grande aile*, h/t (100x100) : **ITL 3 800 000** – MILAN, 20 mars 1989 : *Orientale*, h/t (81x100) : **ITL 1 900 000** ; *Demi-dollar rouge et bleu 1966*, tissu cousu et peint. (130x195) : **ITL 36 000 000** – MILAN, 8 nov. 1989 : *États-Unis d'Amérique 1965*, peint. à la bombe/t. et voile (150x193) : **ITL 30 000 000** – MILAN, 19 déc. 1989 : *Aigle et Étoiles*, peint. au pistolet/t. (81x120) : **ITL 2 200 000** – MILAN, 12 juin 1990 : *Aigles 1975*, peint. à la bombe/t. (60x80) : **ITL 2 800 000** – MILAN, 27 sep. 1990 : *Symboles 1969*, bombe/t. (140x100) : **ITL 3 300 000** – ROME, 30 oct. 1990 : *Piquets noirs 1970*, acryl./t. (80x80) : **ITL 4 500 000** – ROME, 9 avr. 1991 : *L'hiver à la villa Poniatowski 1986*, vernis et acryl./t. (100x150) : **ITL 8 000 000** – MILAN, 14 nov. 1991 : *« States of America »* – demi-dollar, h/t (90x90) : **ITL 2 600 000** – ROME, 9 déc. 1991 : *Sans titre 1965*, vernis/t. (120x120) : **ITL 6 900 000** – ROME, 25 mai 1992 : *Explosion 1965*, gaze et vernis/t. (193-129) : **ITL 10 350 000** – MILAN, 23 juin 1992 : *Demi-dollar 1967*, peint. au pistolet et poudre/t./deux pan. (221x180) : **ITL 10 000 000** – MILAN, 9 nov. 1992 : *Empreintes partisanes 1968*, acryl. et voile/t. (100x70) : **ITL 4 000 000** – ROME, 18 nov. 1992 : *Inauguration d'une exposition d'art contemporain 1972*, acryl./t. (190x200) : **ITL 7 500 000** – MILAN, 6 avr. 1993 : *United States*, acryl./t. (70x120) : **ITL 6 000 000** – MILAN, 22 nov. 1993 : *Fleur du militant*, gesso/gaze et vernis/t. (120x60) : **ITL 5 893 000** – MILAN, 22 juin 1995 : *Sans titre*, vernis/t. (70x70) : **ITL 1 035 000** – ROME, 14 nov. 1995 : *Demi-dollar 1965*, techn. mixte/pap. (100x70) : **ITL 2 300 000** – VENISE, 12 mai 1996 : *Printemps Printemps 1985*, vernis/t. (200x300) : **ITL 11 000 000** – MILAN, 20 mai 1996 : *Dollar coupé en deux*, acryl./t. (70x100) : **ITL 2 070 000** – MILAN, 25 nov. 1996 : *Vive la liberté*, vernis et gesso/t., trois panneaux (140x330) : **ITL 9 200 000**.

ANGELI François
Né le 13 février 1890 à Ambert (Puy-de-Dôme). xxᵉ siècle. Français.
Graveur, illustrateur.
À partir de 1924 il a figuré au Salon d'Automne et jusqu'en 1954. Depuis 1963 il a exposé au Salon des Indépendants. Il représente des scènes de la vie quotidienne en Auvergne et ses paysages. Il a illustré des ouvrages littéraires.

ANGELI Giulio Cesare
Né vers 1570 à Pérouse. Mort en 1630 à Pérouse. xvᵉ-xvɪɪᵉ siècles. Italien.
Peintre d'histoire.
Il vint à Bologne et entra à l'école des Carrache. Dans l'oratoire de San Agostino de Pérouse se trouve une œuvre importante de lui. On le considère plus pour son coloris que pour son dessin. Il eut pour élèves Cesare Franchi et Stefano Amadei.

ANGELI Giuseppe
Né vers 1709 à Venise (Vénétie). Mort en 1798 à Venise. xvɪɪɪᵉ siècle. Italien.
Peintre de compositions religieuses, sujets allégoriques, scènes de genre, portraits, dessinateur, décorateur.
Il fut élève de Piazzetta, dont il imita le style. Il peignit un grand nombre de décorations de meubles. Il ne négligea pas pour cela les sujets de genre et d'histoire ; il exécuta un certain nombre de tableaux d'autels de décorations d'églises et de monuments publics à Venise, Padoue, Rovigo. La coupole de S. Rocco, à Venise, est un de ses meilleurs ouvrages.
MUSÉES : PARIS (Louvre) : *Le Militaire et le petit tambour* – STOCKHOLM : *Tête de sainte*.
VENTES PUBLIQUES : PARIS, 1757 : *Le Militaire et le petit tambour* : **FRF 300** – PARIS, 6-7 mai 1920 : *Les musiciens* : **FRF 3 000** – MILAN, 12-13 mars 1963 : *Portrait d'homme* ; *Portrait d'homme lisant*, deux toiles : **ITL 1 000 000** – NEW YORK, 22 oct. 1970 : *Jeune paysanne endormie* : **USD 15 000** – MILAN, 17 mai 1977 : *Saint. Marc* ; *Saint. Luc* ; *Saint. Mathieu* ; *Saint. Jean*, quatre temperas et past., chaque (48,5x35) : **ITL 1 600 000** – NEW YORK, 17 juin 1978 : *Jeune femme au panier de fruits avec un oiseau* ; *Jeune femme endormie*, deux h/toiles (70x53) : **USD 9 250** – NEW YORK, 21 jan. 1982 : *L'Adoration devant l'Enfant Jésus*, h/t (100,5x120) : **USD 9 000** – ZURICH, 30 nov. 1984 : *Madone en prière*, h/t (63,5x50) : **CHF 8 000** – MILAN, 4 nov. 1986 : *Joseph vendu par ses frères*, h/t (11x170) : **ITL 70 000 000** – MILAN, 25 oct. 1988 : *Allégorie de l'été*, h/t (110x230) : **ITL 19 000 000** – MILAN, 12 juin 1989 : *Joseph vendu par ses frères*, h/t (111x170) : **ITL 75 000 000** – LONDRES, 18 mai 1990 : *Une femme réajustant son voile*, h/t (46x36,5) : **GBP 3 300** – NEW YORK, 12 jan. 1995 : *Tête d'un vieil homme barbu de profil et regardant vers le bas*, craies noire et blanche/pap. bleue (32,2x23,1) : **USD 8 050** – NEW YORK, 24 avr. 1995 : *La Sainte Famille*, h/t (74,9x111,8) : **USD 6 900**.

ANGELI Giuseppe
xvɪɪɪᵉ siècle. Actif dans la seconde moitié du xvɪɪɪᵉ siècle. Italien.
Graveur.
Il grava, d'après un dessin de G.-D. Malerbi, une *Vue de Bagni di Lucca*. Cet artiste est probablement le même que celui qui, sous le nom G. Angeli, grava plusieurs sujets empruntés aux guerres franco-italiennes, notamment, daté de 1796, *La venue des Français à Livourne*, et, daté de 1797, *Le départ des Français de Livourne*.

ANGELI Heinrich von
Né le 8 juillet 1840 à Sopron (Ödenbourg). Mort en 1925. xɪxᵉ-xxᵉ siècles. Autrichien.
Peintre d'histoire, portraits.
Il étudia d'abord à l'Académie des Beaux-Arts de Vienne, puis à Düsseldorf. De 1859 à 1862, il s'établit à Munich, où il exécuta plusieurs peintures historiques importantes. De retour à Vienne, il fit un certain nombre d'ouvrages du même genre. Sous l'influence de Hans Makart, il se consacra au portrait et devint le peintre favori des cours d'Autriche, d'Angleterre, de Russie et d'Allemagne.
On cite particulièrement les portraits de la reine Victoria, de l'empereur Guillaume II, du roi et de la reine de Wurtemberg, de l'impératrice Maria-Féodorowna de Russie ; celui de l'explorateur Stanley, exécuté sur la commande de la reine Victoria ; enfin les portraits de l'Empereur Frédéric et de l'Impératrice d'Allemagne (1882).
MUSÉES : BERLIN : *Portrait du général en chef, baron de Manteuffel* – *Portrait de S. M. l'Empereur Guillaume Iᵉʳ* – *Portrait du professeur von Hoffmann* – *Portrait du professeur Dr von Kekulé* – BRESLAU, nom all. de Wroclaw : *Portrait du maréchal, comte Moltke* – *Portrait de l'Impératrice Frédéric, alors princesse royale* – *Portrait de l'Empereur Frédéric, alors prince royal* – *Portrait du peintre de batailles Blanckarts* – COLOGNE : *Étude* – VIENNE : *Amour de jeunesse*.
VENTES PUBLIQUES : LONDRES, 7 mars 1910 : *Portrait du comte Beaconsfield*, gravé par Atkinson : **GBP 39** – BERNE, 18 nov. 1966 : *Portrait de la princesse Hendrick de Hollande* : **CHF 5 000** – BERNE, 6 mai 1981 : *Portrait de jeune fille à la robe blanche et au chapeau 1901*, h/pan. (30x23,5) : **CHF 2 400** – LONDRES, 23 fév. 1983 : *Portrait de l'Impératrice Alexandra Feodorovna vers 1914*, h/t (69x54,5) : **GBP 3 000**.

ANGELI Horace
Né à Bagni-di-Lucca. xxᵉ siècle. Italien.

Sculpteur de portraits.

Il a exposé à Paris au Salon des Artistes Français entre 1911 et 1914. En 1914 il a sculpté un buste de *Beethoven*.

ANGELI Marianna. Voir **PASCOLI ANGELI Marianna**

ANGELI Michael
xviiie siècle. Actif à Neisse au début du xviiie siècle. Allemand.
Sculpteur.

ANGELI Niccolo
xviie siècle. Italien.
Graveur.

Il était actif en 1635. En collaboration avec son maître Remigio Cantagallina, il grava une suite de planches d'après les dessins de Giulio Parigi, représentant les festivals qui eurent lieu à Florence à l'occasion du mariage du duc de Toscane.

ANGELI Pietro di Simone degli
xviiie siècle. Actif probablement au xviiie siècle. Italien.
Peintre.

ANGELI Scipione
Mort en 1729. xviiie siècle. Italien.
Peintre de fleurs.

Il était actif à Pérouse.

ANGELI Valentino degli
xviiie siècle. Italien.
Peintre.

Il était actif à Moena près de Trente vers 1728.

ANGELI di Bevagna Innocenzo
xviiie siècle. Italien.
Peintre.

Il travaillait à Rome vers 1775 et 1785.

ANGELI-RADOVANI Kosta
Né le 6 octobre 1916 à Londres. xxe siècle. Italien.
Sculpteur de monuments, portraits, nus.

Il fut élève de l'Académie de la Brera à Milan et reçut les conseils du sculpteur Francesco Messina. Il participa à des expositions collectives importantes : Biennale de Venise, Biennale de São Paulo, *Expo 58* de Bruxelles, Exposition Internationale de Sculpture du Musée Rodin à Paris en 1961. Il a réalisé des monuments importants.

ANGELICA
xvie siècle. Active au début du xvie siècle. Espagnole.
Peintre de miniatures.

Cette artiste était active à Tarragone, elle exécuta les peintures du livre de chœur de la cathédrale.

ANGELICI Mellito
xixe siècle. Italien.
Peintre mosaïste.

Il travailla, de 1844 à 1891, à la cathédrale d'Orvieto.

ANGELICO, fra, de son vrai nom : Giovanni da Fiesole,
connu également sous le nom de **Fra Beato** ou **de Fra Giovanni**
Né en 1387 à Vicchio (province de Mugello, Toscane). Mort le 18 mars 1455 à Rome. xve siècle. Italien.
Peintre de compositions religieuses, miniatures, fresquiste.

On est assez peu documenté sur son enfance. On ignore même quel fut exactement son nom, sans doute Guido ou Guidolino, comme son frère Benedetto, moine au même couvent que lui. Nous savons simplement par Vasari que son talent fut très précoce et qu'il s'était déjà révélé artiste de valeur lorsqu'il entra dans les ordres. En 1407 il prononça ses vœux au couvent des Dominicains de Fiesole, près de Florence, d'où l'un de ses noms. Il semble bien établi que ce fut là qu'il s'affirma tout à fait. Sous la direction d'un frère de son couvent, il commença à peindre des miniatures et témoigna bien vite en cet art d'une grande habileté.

Les débuts de la carrière de Fra Angelico paraissent dater de 1420-1425, et c'est entre 1425 et 1430 que se situe l'exécution des quatre panneaux pour les reliquaires de Santa Maria Novella. Des débuts encore la *Madone* au Musée des Offices, une *Annonciation* de 1432, aujourd'hui disparue, pour le couvent de San Alessandro. Une évolution rapide se montre dans l'œuvre du peintre, l'influence de Masaccio y devient sensible, l'espace prend son importance ; dès lors Fra Giovanni se montre acquis à l'esprit du Quattrocento ; le *Couronnement de la Vierge* du Musée de San Marco, celui du Louvre, la merveilleuse *Annoncia-*

tion de Cortone en sont des preuves. Sa piété ardente et un peu mystique, sa douceur et sa candeur lui valurent le surnom de Fra Angelico, sous lequel il est passé à la postérité. Lorsqu'en 1409, Grégoire XII, Benoît XIII et Alexandre V se disputèrent le trône pontifical, les Dominicains de Fiesole, pour échapper aux troubles qui dévastaient l'Italie, abandonnèrent leur couvent et se réfugièrent d'abord en Ombrie, à Faligno, d'où la peste les chassa, en 1414. Ils vinrent alors à Cortone, puis, les guerres religieuses terminées, regagnèrent leur couvent de Fiesole en 1448. Durant dix-sept années, Fra Angelico exécuta dans ce couvent de nombreuses peintures à fresque ou en détrempe, procédé qu'il avait appris en étudiant, à Assise, les œuvres de Giotto, lors de son séjour en Ombrie. En 1436, il vint à Florence où il travailla à la décoration du couvent de San Marco que, selon l'expression de Paul de Saint-Victor : « Il emparadisa en déroulant sur ses murailles le ciel qu'il avait en lui. » Le triptyque de Lindinoli est la première œuvre datée avec certitude : le 11 juillet 1433, l'Angelico passait avec la corporation de l'Arte del Linainoli (art du lin) un contrat pour sa fourniture ; le polyptyque de Pérouse date de 1437. C'est le 14 mai 1447 que Fra Angelico passe avec la fabrique du Dôme d'Orvieto un contrat pour l'exécution d'un *Jugement dernier* dans la chapelle San Brizio, contrat résilié en 1449. Vers 1451-1452, prieur du couvent de Fiesole, il exécute la *Madone del Bosco* à l'ospizio du couvent. Côme de Médicis, alors grand protecteur des arts à Florence, lui commanda également de nombreux ouvrages pour l'église de l'Annonciade, plus tard transférés à l'Académie des Beaux-Arts de Florence. En 1445, le pape Eugène IV invita Fra Angelico à venir à Rome et lui confia des travaux dans la chapelle papale du palais de Saint-Pierre. Fra Angelico exécuta à cet effet des peintures représentant la vie de saint Étienne et de saint Laurent, qui ont malheureusement beaucoup souffert des outrages du temps. Nicolas V, qui avait succédé à Eugène IV, lui confia, en 1447, le soin de décorer le Dôme d'Orvieto, et frappé d'une admiration passionnée pour son talent et pour ses vertus, il voulut le nommer archevêque de Florence. Mais Fra Angelico, toujours aussi peu soucieux des honneurs, supplia le pape de le laisser dans sa modeste situation, alléguant sa totale incapacité à diriger les affaires de l'Église et il indiqua au Saint-Père comme susceptible de tenir mieux que lui ce rôle, un religieux de son couvent qui fut depuis saint Antonin. Il revint alors à ses pinceaux, mais ne put terminer ses travaux à Orvieto qui furent achevés plus tard par Luca Signorelli. Les actes du temps témoignent de la faveur dont il jouissait, et le titre de *magister magistrum*, qui lui est bien souvent attribué dans ces temps-là, indique assez nettement qu'il avait la direction des travaux du dôme célèbre. En fin de 1447, il revint à Rome, y acheva la décoration de la chapelle d'Eugène IV et demeura dans cette ville jusqu'à sa mort. En 1454, on trouve encore mention de son nom à propos de l'estimation des fresques de Bonfigli au Palais Public de Pérouse. L'atelier de Fra Angelico a laissé des noms célèbres : Benozzo Gozzoli, Giacomo da Poli, Giovanni d'Antonia, qui le secondèrent à Orvieto, puis Alezzo Boldovinetti et Zanobi Strozzi. Il fut enterré dans l'église de la Minerve. Le pape Nicolas V qui avait apprécié sa modestie et sa grandeur d'âme, ne voulut pas qu'on lui édifiât un monument fastueux. Son tombeau est une simple pierre sur laquelle quatre vers latins composés par le pape rendent un éternel hommage à son âme d'élite. Fra Angelico n'a guère laissé de disciples. Seul, Benozzo Gozzoli, qui collabora avec lui à la décoration du Dôme d'Orvieto, paraît avoir suivi sa trace.

Ce qui caractérise l'œuvre de Fra Angelico, c'est, avant tout, la conception religieuse de sa peinture. L'art était pour lui un sacerdoce véritable et comme le but de sa vie. Il n'omettait jamais de prier avant de toucher à ses pinceaux, et il traduisit dans sa peinture toute la ferveur de sa piété. Ses personnages ont quelque chose de divin, d'une douceur ineffable, et en eux semble briller un peu de l'espérance céleste. Dans ses tableaux les plus dramatiques, alors même qu'il met en scène des damnés, la mansuétude naturelle de son pinceau subsiste. Il demeure impuissant à reproduire les expressions du mal : ce sont les *Jugements derniers* de la galerie Corsini à Rome et du Kaiser Friedrich Museum de Berlin. Dans ses *Jugements derniers*, les démons ne nous donnent pas une impression de terreur, mais expriment plutôt le désespoir d'avoir perdu le ciel. Le sentiment le plus remarquable et le plus caractéristique de l'œuvre de Fra Angelico, c'est l'ardeur exaltée et quasi douloureuse qu'il mit dans les scènes de la Passion du Christ. On raconte de lui qu'il ne pouvait peindre Jésus en croix sans verser d'abondantes larmes et devant les souffrances que lui-même avait traduites sur le visage du Dieu, il défaillait à demi d'angoisse et de douleur. Or, le peintre de Fiesole est un des artistes dont la forme fut toujours particulièrement soignée. Jusque dans ses plus grands tableaux, on retrouve la délicatesse minutieuse et scrupuleuse du miniaturiste qu'il fut tout d'abord. Son coloris possède des qualités exceptionnelles de clarté et de douceur qui en font vraiment le peintre par excellence de la béatitude religieuse.

■ M. Boucheny de Grandval

MUSÉES : BERLIN (Kaiser Friedrich Mus.) : *Jugement dernier* – BOSTON (coll. Gardner) : *Assomption et mort de la Vierge* – CORTONE (San Domenico) : *Madone avec l'Enfant, des anges, et des saints* – *Madone avec l'Enfant, des anges, et des saints*, fresque – CORTONE (Église du Gésu) : *Annonciation* – *Scènes de la vie de la Vierge* – DUBLIN (Nat. Gal.) : *Saint Cosme et saint Damien suppliciés* – FIESOLE (San Domenico) : *Madone avec l'Enfant, des anges et saints* – *Christ en croix*, fresque – FLORENCE (Cloître de San Marco) : *Couronnement de la Vierge* – *Jugement dernier* – *Annonciation* – *Adoration des Mages* – *Madone de l'Étoile*, panneaux du reliquaire de Santa Maria Novella – *Mariage et Mort de la Vierge* – *Naissance de saint Jean Baptiste* – *Madone des Lindinoli et sa prédelle* – *Madone d'Annalena* – *Descente de croix* – *Pietà et Adoration des Mages* – *Madone avec l'Enfant, des anges et des saints de l'église San Marco* – *Scènes de la vie de saint Cosme et de saint Damien* – *Madonna del Bosco* – *Scènes de la vie du Christ pour une armoire de l'Annunziata* – *Décor à fresque des cloîtres et des cellules* – FLORENCE (Mus. des Offices) : *Madone et l'Enfant de Pontassieve* – LONDRES : *Christ en gloire* – MADRID : *Annonciation* – MONTE-CARLO (Egl. franciscaine) : *Annonciation* – MUNICH : *Scènes de la vie de saint Cosme et de saint Damien* – PARIS (Louvre) : *Couronnement de la Vierge* – *Scènes de la vie de saint Dominique* – *Scène de la vie de saint Cosme et saint Damien* – *Ange en prière* – PARME : *Madone avec l'Enfant et des saints* – PÉROUSE : *Madone avec l'Enfant, des anges et des saints* – ROME (Gal. Corsini) : *Jugement dernier* – TURIN : *Deux anges*.

VENTES PUBLIQUES : PARIS, 1865 : *Homme arraché au démon par un saint* : FRF 7 000 – PARIS, 1900 : *Crucifixion* : FRF 6 700 – PARIS, 15 mai 1922 : *La Vierge et l'Enfant* : FRF 42 000 – LONDRES, 1923 : *Jugement dernier* : GBP 3 570 – PARIS, 12 et 13 juin 1925 : *Concert d'anges*, point d'or : FRF 30 500 – LONDRES, 1er mai 1959 : *La Madone à l'Enfant*, pan., de forme circulaire : GBP 1 890 – LONDRES, 22 juin 1960 : *Saint Benoît*, pan. : GBP 9 500 – LONDRES, 26 juin 1960 : *Saint Nicolas de Bari ; Saint Michel*, deux pan. : GBP 7 800 – LONDRES, 14 juin 1961 : *La nativité*, pan. : GBP 9 000 – LONDRES, le 28 mai 1965 : *Un miracle de saint Jean Cosme et saint Damien*, pan. : GNS 13 500 – LONDRES, 6 déc. 1972 : *Saint Pierre* : GBP 130 000.

ANGELIERI Francesco
Né en 1561 à Este. Mort le 12 novembre 1590. XVIe siècle. Italien.
Peintre et sculpteur.
Étudia les sciences à Padoue et à Venise. Il s'adonna ensuite à la peinture et à la sculpture.

ANGELIN Alphonse
Né vers 1815 à Aix-en-Provence. XIXe siècle. Français.
Peintre d'histoire.
Élève de P. Delaroche, il exposa dans différents Salons, de 1840 à 1847.

ANGELINI Alessandro di Silverio
XVIIIe siècle. Actif à Pérouse vers 1780. Italien.
Peintre.

ANGELINI Angelo d'Alessandro
XVIIe siècle. Actif à Pérouse vers 1618. Italien.
Peintre.

ANGELINI Annibale
Né le 12 mai 1812 à Pérouse. Mort en 1886 à Rome. XIXe siècle. Italien.
Peintre d'histoire, paysages, fresquiste.
Étudia à Pérouse et se perfectionna à Florence avec Facchinelli. D'abord peintre de décors, il s'adonna bientôt aux paysages et aux scènes historiques. Il fut nommé professeur à l'Académie romaine de Saint-Luc. Ses œuvres sont nombreuses. On cite, notamment, le plafond de la grande salle au palais Doria, des paysages au Vatican, et des décorations à fresque et à l'huile à Rome et à Gênes.

ANGELINI Antonio
Né vers 1777 à Rome. XIXe siècle. Italien.

Peintre.
Vint à Paris en 1800 travailler à l'École des Beaux-Arts, dans l'atelier de Barthélémy.

ANGELINI Bartolomeo
XVIe siècle. Actif à Carrare. Italien.
Sculpteur.
Travailla à Saint-Pierre de Rome vers 1581.

ANGELINI Bernadino
XVIIe siècle. Italien.
Peintre.
Père et maître de Scipion Angelini, ce peintre est mentionné, vers 1660, pour la restauration d'une fresque dans la cathédrale de Pérouse.

ANGELINI Cesare
XVIIe siècle. Actif à Pérouse. Italien.
Peintre.
Mentionné comme fils de Gian Domenico, dans des documents de 1606.

ANGELINI Costanzo
Né le 22 octobre 1760 à San Giusto (Abruzzes). Mort le 22 juin 1853 à Naples. XVIIIe-XIXe siècles. Italien.
Peintre de compositions religieuses, portraits, dessinateur.
Vint à Rome se perfectionner sous la direction de Marco Caprinozzi. Il travailla d'après les maîtres de la Renaissance et les statues antiques. Appelé à Naples par l'ambassadeur anglais Hamilton, il travailla pour ce diplomate. Nommé maître de dessin à l'Académie des Arts à Naples, il fonda une école et y forma de nombreux artistes, notamment son fils Tito. On cite de lui de bons portraits : *Mme Rega, Nelson*, et des tableaux de piété : un *Saint Ambroise* à Saint-François de Paule de Naples, et une *Assomption* envoyée en Hongrie.

ANGELINI Domenico
XVIIe siècle. Actif à Rome en 1604. Italien.
Peintre.

ANGELINI Giandomenico
XVIe siècle. Actif à Pérouse. Italien.
Peintre de compositions religieuses, portraits.
Travailla à Rome et fit des tableaux de saints et des portraits, notamment un portrait du Dante et un du roi Ladislas ou Lancelot de Naples. Il fut le maître d'Ortensio Bedini, d'Agostino Marcucci de Sienne et d'Antiveduto Grammatica.

ANGELINI Giovanni
XIXe siècle. Actif à Rome. Italien.
Graveur.
Grava le *Tempio di Venere e Roma*, planche de la suite : *Il Foro romaro* (1809-1836).

ANGELINI Giuseppe
Né vers 1680 à Ascoli. Mort le 20 novembre 1751. XVIIIe siècle. Italien.
Peintre de compositions religieuses.
Élève de Trasi et de Palucci. D'après Ricci, ce peintre n'achevait jamais ses toiles. Les œuvres que l'on connaît de lui semblent plutôt être des esquisses. On cite, dans l'église San Pietro, un grand tableau de Pie V, et un tableau d'autel dans l'église San Tommaso Apostolo.

ANGELINI Giuseppe
Né le 15 février 1735 à Rome. Mort le 15 juin 1811 à Rome. XVIIIe-XIXe siècles. Italien.
Sculpteur.
Il fut élève pour le dessin de Niccolo Ricciolini et travailla la sculpture sous la direction de Cavaceppi. Il vécut à Naples, à Rome, à Paris et à Londres. Il collabora aux décorations de Saint-Pierre de Rome, du Vatican et du Capitole. Un de ses meilleurs ouvrages se trouve en l'église de la Madone à Rome. Le musée de Stockholm possède de lui une statuette en terre.

ANGELINI Giuseppe
Né en 1825 à Pescia. Mort vers 1865 à Florence (Toscane). XIXe siècle. Italien.
Peintre.
Travailla à Rome, au Campo Verano.

ANGELINI Giuseppe di Silverio
XVIIIe siècle. Actif à Pérouse. Italien.
Peintre.

ANGELINI Luigi
XIXe siècle. Italien.

Peintre.
Napolitain, il travailla au xixe siècle et se fit connaître surtout par la publication : *Le migliori pitture della Certosa di Napoli*, parue à Naples en 1840.

ANGELINI P.
Né en 1888 à Forli. xxe siècle. Italien.
Peintre.
La Galerie d'Art Mod. à Rome conserve une de ses œuvres.

ANGELINI Scipione
Né le 14 janvier 1661 à Pérouse. Mort le 8 novembre 1729 à Pérouse. xviie-xviiie siècles. Italien.
Peintre de fleurs.
Il étudia sous la direction de son père le peintre Bernadino Angelini et se fit remarquer dans la peinture des fleurs.

ANGELINI Severo di Francesco
xviiie siècle. Actif à Pérouse. Italien.
Peintre.

ANGELINI Tito
Né en 1806 à Naples. Mort en 1878 à Naples. xixe siècle. Italien.
Sculpteur.
Après des études dans les principaux musées d'Italie, il vint à Paris, prit part aux expositions annuelles et obtint une mention honorable pour son buste de la duchesse d'Aumale. Il fut nommé professeur de sculpture à Naples et plus tard directeur de l'école de dessin de la même ville. On cite parmi ses œuvres les bustes de personnages éminents d'Italie et de l'étranger.

ANGELINO di Andruccio
xive siècle. Actif à Pérouse. Italien.
Peintre.
Cité entre 1381 et 1414.

ANGELINO da Lecco
xve siècle. Italien.
Sculpteur de sujets religieux.
On cite de lui la *Naissance du Christ* pour la Chartreuse de Pavie, œuvre disparue.

ANGELINO di Lotto
xive siècle. Actif à Orvieto. Italien.
Sculpteur.

ANGELINO di Teo di maestro Angelo
xive siècle. Actif à Pérouse. Italien.
Miniaturiste.

ANGELION
D'origine inconnue. vi^e siècle avant J.-C. Travailla à Delos. Antiquité grecque.
Sculpteur.
Il passait pour avoir été l'élève des maîtres crêtois Dipoïnos et Scyllis. En collaboration avec Tektaios, il exécuta pour le Pôrinos Naos un *Apollon* colossal (qui subsistait encore au iie siècle avant notre ère) et d'après Athénagoras, également une *Artémis*. Certaines monnaies nous font connaître l'Apollon d'Angélion et Tektaios : debout, coiffé du calathos, le dieu tenait l'arc dans la main droite, tandis qu'un groupe de trois Charites musiciennes reposait sur sa main gauche. La statue devait être en bois revêtu d'or battu, peut-être avec des parties en ivoire. Stratonice, fille de Démétrios, par la suite, couronna d'or la tête d'Apollon et celle des Charites.

ANGELIS Clotilde de
xixe siècle. Active à Naples. Italienne.
Peintre de figures, paysages.
Auteur d'une *Étude d'après nature* et de *Vallée de Porrano*, toiles qui figuraient à l'Exposition de Naples, en 1877. Cette artiste figura également à l'Exposition de Turin, en 1884, avec un tableau : *Cuisinière rustique*.

ANGELIS Costanzo de
xviiie siècle. Italien.
Graveur au burin.
Travailla probablement à Frascati vers 1760. D'après Le Blanc, il serait l'auteur de la gravure : *Miraculosa Imagine di Maria...* de l'église des Théatins à Frascati.

ANGELIS Deiva de
Née en 1885 à Gubbio. Morte en 1925 à Rome. xxe siècle. Italienne.
Peintre de fleurs.
Ventes Publiques : Rome, 7 avr. 1988 : *Vase de primevères*,

h/pan. (30x24,5) : **ITL 1 400 000** – New York, 15 oct. 1993 : *Transport d'une botte de foin*, aquar./pap. (51,4x36,2) : **USD 575.**

ANGELIS Desiderio de
Né au xviiie siècle à Naples. xviiie siècle. Italien.
Peintre, dessinateur.
Élève de l'Académie de Naples. En 1803, professeur de dessin et plus tard professeur de peinture à la même Académie.

ANGELIS Domenico de
Né en 1852. Mort en 1904. xixe siècle. Italien.
Peintre de sujets allégoriques, fresquiste.
Élève de Marco Benefial, ce peintre exécuta plusieurs fresques dans des palais et des villas, notamment dans la villa Borghèse à Rome. Il a également réalisé le plafond de l'Opéra de Manaus au Brésil, qui représente la glorification des Beaux-Arts.
Ventes Publiques : Milan, 16 déc. 1982 : *Les petits masques* 1875, h/t (54,5x74) : **ITL 8 500 000.**

ANGELIS Francesco de
xviie siècle. Actif à Naples. Italien.
Peintre.

ANGELIS Giovanni De
Né le 23 février 1938 à Ischia. xxe siècle. Italien.
Sculpteur de monuments, figures, dessinateur.
Il exposa à la Quadriennale de Rome à l'âge de dix-huit ans et obtint le Premier Prix à l'Exposition Nationale de Dessin. Ensuite, il fréquenta l'Institut d'Art de Naples, l'Académie des Arts de Florence et, en 1959, l'Académie de Munich grâce à une bourse du Gouvernement Allemand. En 1961 il exposa à Bonn, Cologne, Düsseldorf, en 1962 à Los Angeles, en 1963 à Arezzo, en 1964 à Brême, en permanence à la galleria San Carlo de Milan, en 1993 à Paris, etc.
Si ses dessins témoignent de son ambition de réaliser des ensembles monumentaux, ses sculptures, pourtant issues d'un certain classicisme, dérivent sur l'onirique, voire le fantastique.

ANGELIS Giuseppe de
xviie siècle. Italien.
Peintre.
Il vécut à Bologne et il est l'auteur d'un portrait gravé par B. Farjat. Ce peintre est probablement le même que celui cité sous ce nom en 1706 à Naples et mort en 1713 dans cette ville.

ANGELIS Joseph de
xviiie siècle. Actif à Utrecht dans la première moitié du xviiie siècle. Hollandais.
Peintre, dessinateur.
Il possédait une fabrique pour le tissage des soies. Doyen de la corporation des peintres d'Utrecht en 1734. Bernard Picart, grava, en 1730, d'après un dessin de lui, un frontispice reproduisant *Apollon et les Muses*.

ANGELIS M. E. de
xviiie siècle. Hollandais.
Peintre verrier.
Auteur des vitraux de l'église protestante d'Amsterdam (1759). Sa signature se trouve aussi sur une *Annonciation*.

ANGELIS Mauro de
Mort le 20 mai 1708. xviie siècle. Italien.
Peintre.
Il travaillait à Naples.

ANGELIS Nikolaus de
Mort le 3 août 1828 à Rome. xixe siècle. Italien.
Peintre d'histoire, compositions religieuses.
Cet artiste étudia avec Landi, à Rome. Il fut appelé en Pologne, en 1823, par le comte Louis Pac, qui lui fit exécuter les grands tableaux historiques de son château de Dowspuda (près Augustôw) et de son palais de Varsovie. Angelis peignit aussi les tableaux d'autel des églises de Raczki et de Rozanka, fondées par le même gentilhomme. Il quitta la Pologne en 1828.

ANGELIS Pieter. Voir ANGILLIS

ANGELIS Pietro d'
Italien (?).
Dessinateur.
Un dessin, représentant un incendie, conservé à l'Albertina (Vienne), porte cette signature qui paraît pouvoir être donnée à Pieter Angillis.

ANGELIS Sabatino
Né en 1838. xixe siècle. Italien.
Sculpteur.

Napolitain, il exécuta avec grande habileté des copies de statues antiques. Il convient de citer dans ses œuvres : *L'Apollon du Belvédère*, *Le Rémouleur de Florence*, *Le Faune jouant des timbales devant Mercure*, *Boxeur*, *Repos de Mercure*, qui se trouvent dans les principales capitales d'Europe.

ANGELIS Salvatore d'
Né le 29 janvier 1856 à Naples. XIXe siècle. Italien.
Peintre.
Après avoir fait des études sérieuses à l'Institut des Beaux-Arts de sa ville natale, sous la direction de Palizzi, il s'adonna presque uniquement aux marines. Ses œuvres appartiennent généralement à des collections étrangères : *La Frégate Lancaster*, *Le Yacht égyptien*, *La Numanzia* (navire espagnol).

ANGELIS Secondo de
XVIIIe siècle. Italien.
Graveur au burin.
Cet artiste florissait à Naples vers 1760 ; il signait de différentes manières : *Secondo de Ang., Deang., Seconde Deang., Secundus Angelis, Seconde Deangelis*, etc. On cite de lui deux planches, l'une pour le livre de P. M. Paciaudius : *De cultu S. Johannis Baptistæ* (Rome, 1755), l'autre pour : *Le Pitture antiche d'Ercolano contorani* (Naples, 1757-1779).

ANGELL E. Frank
XIXe siècle. Vivait à Bexley (Angleterre) vers 1873. Britannique.
Peintre paysagiste.
E. Frank Angell figure dans les catalogues de Suffolk Street, entre 1873 et 1876. Peut-être le même artiste que Frank Angell.

ANGELL Frank
XIXe siècle. Actif à Londres vers 1889. Britannique.
Peintre paysagiste.
Deux tableaux de lui sont cités dans les catalogues de Suffolk Street, entre 1889 et 1891. Peut-être le même artiste que E. Frank Angell.

ANGELL Helen Cordelia, née Coleman
Née en janvier 1847. Morte en 1884. XIXe siècle. Britannique.
Peintre de natures mortes, fleurs et fruits, aquarelliste.
Elle exposa pour la première fois en 1866 à la Dudley Gallery. On la voit figurer parmi les membres de la Society of Painters in Water-Colours. Elle épousa, en 1875, T.-W. Angell. Sa dernière peinture fut exposée en 1889 à la Dudley Gallery.
VENTES PUBLIQUES : NEW YORK, 11-12 et 13 mars 1903 : *Sept Roses*, aquar. : **USD 60** – LONDRES, 28 nov. 1908 : *Chrysanthèmes dans un vase* : **GBP 12** ; *Nid de Corbeaux* : **GBP 9** – LONDRES, 29 jan. 1910 : *Chrysanthèmes dans un vase*, dessin : **GBP 2** ; *Un nid de corbeaux*, dessin : **GBP 18** ; *Crocus dans un pot*, dessin : **GBP 4** – LONDRES, 19 mars 1910 : *Azalées dans un vase* : **GBP 7** ; *Oiseaux morts et azalées* : **GBP 5** – LONDRES, 16 avr. 1910 : *Oiseaux morts ; Azalées et Anémones* : **GBP 12** ; *Roses blanches et glaïeuls dans un vase* : **GBP 10** ; *Chrysanthèmes dans un vase* : **GBP 8** ; *Framboises* : **GBP 13** ; *Giroflées et Primevères dans un verre* : **GBP 8** ; *Azalées jaunes* : **GBP 5** ; *Roses blanches et Renoncules* : **GBP 8** ; *Oiseaux morts* : **GBP 22** ; *Azalées blanches* ; *Azalées roses et réséda* : **GBP 8** – LONDRES, 23 mai 1910 : *Fleurs de pommiers et vases* : **GBP 3** – LONDRES, 13 juin 1910 : *Vases de roses blanches* : **GBP 12**.

ANGELL Maude
XIXe-XXe siècles. Britannique.
Peintre de natures mortes, fleurs, aquarelliste.
Cette artiste exposa, à Londres, à la Royal Academy et à Suffolk Street à partir de 1888.
VENTES PUBLIQUES : LONDRES, 15 avr. 1987 : *Natures mortes aux fleurs*, deux aquar. (20x33) : **GBP 500**.

ANGELL Samuel
XIXe siècle. Actif à Paris entre 1835 et 1843. Français.
Graveur à la manière noire.

ANGELL T. W.
XIXe siècle. Actif à Londres entre 1848 et 1852. Britannique.
Peintre de paysages.
Cet artiste exposa à la Royal Academy, à la British Institution et à Suffolk Street.

ANGELLIN Louis
XVIe siècle. Français.
Peintre décorateur.
Il travaillait à Grenoble et prit part, en 1597, à la décoration de la ville, lors de l'entrée du duc de Lesdiguières. Il a peint également des armoiries.

ANGELLOZ Jacques
Né à Bricquebec (Manche). XXe siècle. Français.
Peintre.
Cet artiste expose des paysages, il envoie de ses œuvres à la Société Nationale des Beaux-Arts en 1926.

ANGELO
XIIIe siècle. Italien.
Peintre.
Actif à Trévise, il travaillait probablement pendant la seconde moitié du XIIIe siècle. Mentionné à propos de la mort de son fils Perenzolo, antérieure à 1355.

ANGELO
XIVe siècle. Italien.
Sculpteur.
On trouve son nom inscrit sur une balustrade de la cathédrale de Matera.

ANGELO
XVIe siècle. Italien.
Sculpteur sur bois.
Il fournit un travail de sculpture, en 1540, pour San Ambrosio de Bologne.

ANGELO, maestro
Mort en 1576. XVIe siècle. Actif à Bologne. Italien.
Peintre.

ANGELO
XVIe siècle. Actif à Venise vers 1506. Italien.
Sculpteur.
Il travailla plusieurs années à l'ornementation architecturale de l'extérieur de la chapelle Zen.

ANGELO Anton
Né en 1805. Mort en 1878. XIXe siècle. Danois.
Peintre de batailles, animaux, portraits.
Fils de Teodor Gottfred Nicolaus Angelo. Il étudia à l'Académie et avec Gebauer. Il a peint surtout des portraits. On lui doit cependant quelques tableaux de batailles et de chevaux dans la manière de Gebauer.

ANGELO Antonelli
Originaire de Capoue. XVe siècle. Italien.
Peintre.
Il exécuta plusieurs peintures, en 1482, dans l'église San Elia del Furore à Amalfi.

ANGELO Antonio dall
XVIIe siècle. Italien.
Peintre.
Il était actif à Ferrare, vers l'an 1600.

ANGELO Antonio dell. Voir DELL'ANGELO

ANGELO Christiane, Mlle
Née à Staouëli (Algérie). XXe siècle. Française.
Peintre.
Élève de Paul-Albert Laurens, cette artiste expose aux Artistes Français en 1931 et 1932. Parmi ses toiles : *Jésus et la Samaritaine*.

ANGELO E. d'
XIXe-XXe siècles. Français.
Peintre de portraits.
Il exposa un portrait au Salon de 1900.

ANGELO Filippo d', dit Napolitano
Né en 1587. XVIIe siècle. Italien.
Peintre de scènes animées, paysages animés.
VENTES PUBLIQUES : BARI, 5 avr. 1981 : *Bord de mer animé de personnages*, h/t (72,5x114) : **ITL 3 600 000**.

ANGELO G. F.
XVIIIe-XIXe siècles. Actif à la fin du XVIIIe siècle et au début du XIXe siècle. Britannique.
Peintre.
Il exposa trois paysages à la Royal Academy, en 1798 et 1803.

ANGELO G. N.
XVIIIe siècle. Travaillait à Copenhague en 1798. Danois.
Graveur au burin.
On cite de lui : *Plans de jardins dans le goût anglais*, par Jean-Louis Mausa. Probablement identique à Teodor Gottfred Nicolaus Angels.

ANGELO Giacomo
XVIe siècle. Italien.

Sculpteur.

Dans une lettre écrite de Rome, le 17 juin 1547, cet artiste florentin se recommande à Cosimo Ier et déclare qu'il achève un travail pour le prince Doria.

ANGELO Giulio d'
Né le 13 juin 1904 à Catania. xxe siècle. Italien.
Peintre de paysages. Expressionniste.

Il a figuré au Salon d'Automne de Paris en 1948. En 1950 il fut sélectionné pour la XXVe Biennale de Venise. Son chromatisme robuste pourrait se référer au fauvisme de 1905.

VENTES PUBLIQUES : ROME, 15 nov. 1988 : *Place Saint-Pierre*, h/pan. (20x27) : ITL 650 000.

ANGELO M., Mlle
xixe siècle. Française.
Sculpteur.

On cite parmi ses œuvres : *Portrait de Marcel Pittié*, buste, plâtre (1881), *Buste*, plâtre (Salon 1882).

ANGELO Pedro. Voir ANGEL Oedro

ANGELO Soutz d'
Né à Paris. xxe siècle. Français.
Peintre.

Expose des paysages, des natures mortes ou des tableaux d'animaux, à la Société Nationale des Beaux-Arts entre 1930 et 1932.

ANGELO Teodor Gottfred Nicolaus
Né le 9 octobre 1767 à Schleswig. Mort le 21 juin 1816 à Copenhague. xviiie-xixe siècles. Danois.
Peintre, graveur en taille-douce.

Il fut l'élève du graveur Guittair. On cite de lui deux estampes : le *Portrait de Peter Bugge*, d'après Thorwaldsen (1794) et celui de *Rudolf Buchhave*, d'après Povl Ipsen (1796).

ANGELO Vignatoli
xve siècle. Actif à Pérouse en 1417. Italien.
Miniaturiste.

ANGELO di Bartolo da Siena Angniolo ou Angniolo
xve siècle. Italien.
Graveur sur bois.

Travailla vers 1464 à Rome pour le pape Pie II.

ANGELO da Como ou Aguilo
xve siècle. Italien.
Sculpteur sur marbre.

Sous le pontificat de Pie II (1463), il travailla à la nouvelle chaire de l'église Saint-Pierre à Rome.

ANGELO della Cristina. Voir ANGELO di maestro Antonio

ANGELO d'Elia
xvie siècle. Actif à Pérouse en 1507 et 1508. Italien.
Peintre.

ANGELO da Firenze
xive siècle. Actif à Gênes, vers 1361. Italien.
Peintre.

ANGELO da Foligno
xve siècle. Italien.
Peintre.

Dans un livre de comptes de 1447 à Ferrare, on trouve mentionné l'achat qu'il fit d'une grande quantité d'outremer.

ANGELO di Gabriello Bruno
xve siècle. Italien.
Sculpteur.

Il est l'auteur de remarquables sculptures sur bois, exécutées à Assise ; il a travaillé, croit-on, en 1473, au pupitre du chœur dans la crypte de San Francesco et l'orna de marqueterie.

ANGELO di Gilio
xiiie siècle. Italien.
Sculpteur.

Il fut occupé à la décoration du Dôme d'Orvieto vers 1293.

ANGELO di Goro
xive siècle. Actif à Pérouse vers 1382. Italien.
Peintre.

ANGELO di Lippo
xive siècle. Italien.
Peintre.

Il travailla à Orvieto, à la voûte du chœur de la cathédrale. Un peintre verrier du même nom est cité, à la date de 1433, parmi les artistes occupés à la construction du Dôme de Florence.

ANGELO da Lugano
xve siècle. Italien.
Sculpteur.

A travaillé au palais de la Loggia à Brescia en 1489.

ANGELO di maestro Antonio ou della Cristina
xvie siècle. Italien.
Peintre.

Il travailla, en 1540, aux arcs de triomphe élevés en l'honneur du pape Paul III, lors de son entrée à Pérouse.

ANGELO di maestro Cristoforo da Milano
xvie siècle. Travaillait à Pesaro et à Fabriano, vers 1512. Italien.
Sculpteur sur bois.

ANGELO di Matteo della Spina
Mort en 1587. xvie siècle. Actif à Pérouse. Italien.
Peintre.

ANGELO di Menicuccio da Iglianello ou Igliarello
xve siècle. Italien.
Peintre de compositions religieuses, marqueteur.

En 1489 et 1490, il exécuta des travaux en collaboration des peintres Andrea Lombardo et Antonio di Bernardo Lombardo dans le Dôme d'Orvieto. Il peignit plusieurs tableaux, dont une *Pietà*, et fut chargé, avec Antonio da Forli, de la peinture d'un tabernacle et d'un crucifix.

ANGELO di Meo Cartajolo
xve siècle. Actif vers 1400. Italien.
Peintre.

Élève de Gentile de Fabriano. Il peignit pour l'église Santa Lucia, à Fabriano, un tableau d'autel aujourd'hui disparu.

ANGELO del MORO. Voir ANGOLO del MORO Battista

ANGELO da Orvieto
xvie siècle. Vivait encore en 1590. Italien.
Peintre.

ANGELO Parrasio. Voir MACAGNINI Angelo

ANGELO da Piacenza
xvie siècle. Italien.
Sculpteur sur bois, marqueteur.

Il étudia avec Canozi de Lendinara ; en 1522, il sculpta le buffet de l'orgue pour l'église de la ville. Angelo fut appelé à Modène, en 1540, pour y restaurer les stalles du chœur, dans la cathédrale de Lendinara.

ANGELO di Pietro
xve siècle. Italien.
Miniaturiste.

Il exécuta, en 1410, les miniatures d'un grand missel destiné au chœur de la cathédrale d'Orvieto. Bartolommeo di Pietro avait, pour le même ouvrage, fourni une peinture d'un crucifix.

ANGELO di Pietro d'Assisi
xive siècle. Siennois. Italien.
Sculpteur de sujets religieux, monuments, statues.

Il est, avec Francesco di Pietro d'Assisi, l'auteur du monument funéraire de Sainte Marguerite, élevé en 1362 dans l'église consacrée à cette sainte à Cortone. On doit encore à ces deux artistes le tombeau de l'évêque Ranieri Ubertoni à San Francesco (Cortone) et, d'après Venturi, les trois statues qui ornent le portail du Palais Public de Pérouse.

ANGELO di Pietro Angelus Magistri Petri
xive siècle. Actif à Chieti vers 1380. Italien.
Sculpteur.

ANGELO di Pietro Angelus Petri Juvenalis
xve siècle. Romain, actif vers le milieu du xve siècle. Italien.
Peintre.

Il était le fils de Pietro de Giovenale, peintre de la cour papale (mort en 1464) et le frère de Silvestro di Pietro, peintre à Rome vers 1460.

ANGELO da San Marina
xive siècle. Actif à Venise à la fin du xive siècle. Italien.
Peintre.

ANGELO da San Giovanni, fra
xviiie siècle. Actif à Bologne vers 1780. Italien.
Miniaturiste.

ANGELO di Stefano
xiiie siècle. Italien.

Sculpteur.
Travailla à la cathédrale d'Orvieto à la fin du XIIIe siècle.

ANGELO di Tedaldo
XIVe siècle. Italien.
Peintre.
Vénitien, il est cité en 1324 et en 1344.

ANGELO da Venezia, appelé aussi Angelo Veneziano
XIVe siècle. Vénitien, actif entre 1340 et 1370. Italien.
Peintre de compositions religieuses.
Il a laissé, dans l'église San Giovanni, à Lucques, un tableau d'autel représentant *San Onofrius*.

ANGELO da Viterbo
XVIe siècle. Actif au début du XVIe siècle. Italien.
Sculpteur.
Il travailla, en 1502-1503, à la fontaine de la Piazza di San Pietro.

ANGELO-ALOISIO da Padova. Voir AGNOLO ZOTTO

ANGELO-MUTO Scipione d'
XVIe siècle. Napolitain, actif vers 1574. Italien.
Peintre.

ANGELOCH Robert
XXe siècle. Américain.
Peintre de paysages. Groupe de Woodstock.
De 1946 à 1951 il étudia à l'Art Students' League de New York et devint membre de l'Association des Artistes de Woodstock. Au cours des années 1940-1960, il reçut de nombreuses récompenses, entre autres, le Prix de la Fondation de Woodstock en 1956. Il fut professeur à l'Art Students' League et à l'École d'Art de Woodstock.
VENTES PUBLIQUES : NEW YORK, 28 nov. 1995 : *Neige sur les branches*, h/cart. (91,5x122) : USD 690.

ANGELONI Ascanio ou Angelucci
XVIe siècle. Italien.
Peintre de compositions religieuses.
Frère de Fabio Angeloni. Les deux artistes peignirent, pour l'église de Mevale près de Camerino, un *Jugement dernier*, qui fut signé : *Fabius Joannis cum Ascanio* 1600.

ANGELONI Fabio, le Jeune ou Angelucci
XVIe siècle. Actif à Mevale près de Camerino à la fin du XVIe siècle. Italien.
Peintre de compositions religieuses, fresquiste.
Il était le fils de Giovanni di Fabio, l'Ancien. Il peignit les fresques de l'église de Tazza, près de Pieveteri, qui portent la signature : *Fabius Angelutius* 1580.

ANGELONI Gaspare Fabio et Camillo, père et fils ou Angelucci
XVIe siècle. Actifs à Mevale. Italiens.
Peintres.
Leurs œuvres se trouvent : à Borgo San Antonio di Visso, à Sainte-Marie di Cascia, à Santa Maria della Neve et à Cerreto Ponte. Ces ouvrages portent les dates de 1538, 1547 et 1576.

ANGELONI Giovanni
XVIIIe siècle. Actif à Rome entre 1740 et 1788. Italien.
Peintre de perspectives et décorateur.
Il peignit, avec l'aide de son fils Vincenzo, le plafond de la galerie qui mène à l'église Saint-Pierre la sacristie. On cite aussi quelques copies des loges de Raphaël pour Catherine de Russie.

ANGELONI Vincenzo
XVIIIe siècle. Actif à Rome dans les vingt dernières années du XVIIIe siècle. Italien.
Peintre décorateur.
Il travailla en collaboration de son père Giovanni vers 1788.

ANGELOPOULOS Aristomenis
Né en 1900 à Volos. Mort en 1990 à Paris. XXe siècle. Actif en Égypte puis en France. Grec.
Peintre de figures, compositions à personnages, paysages animés.
Il étudia la peinture en Egypte, à Alexandrie, où il vécut de 1916 à 1955. Il participa à la Biennale de Venise en 1951. De 1955 à 1960, il fut directeur et professeur à la Section Peinture de l'Institut de Khartoum (Soudan). Après de nombreux séjours, il se fixa à Paris à partir de 1960. En 1962, il participa à une exposition du Musée d'Art Moderne de la Ville de Paris : *Peintres et Sculpteurs grecs de Paris*. Il fut aussi invité aux Salons de Mai et Comparaisons, et eut de nombreuses expositions personnelles, à Paris surtout Galerie Mona Lisa.

Dans ses peintures des années soixante, il utilisait une technique de collage à partir de papiers de soie de couleurs translucides, profitant des effets de transparence d'une couleur à travers une autre, équivalant aux effets de glacis. Le thème de cette série était l'écrasement des personnages dans des décors d'architecture urbaine. Plus tard, il adopta une manière assez différente, une expression figurative très minutieuse, avec des scènes de rue proches de l'hyperréalisme d'où transparaît parfois une atmosphère absurde.

ANGELOS KRES
XVIIe siècle. Éc. crétoise.
Peintre de sujets religieux.
Une des peintures de cet artiste, signée et datée de 1630, représente la Madone Hodegetria. Elle est conservée dans l'église du couvent Saint-Georges, près le Caire. Il peignit beaucoup de figures de saints.

ANGELOT Balthazar
XVIIIe siècle. Français.
Peintre.
Il exposa au Salon de Marseille en 1799 : *Portrait d'un chasseur*.

ANGELOT François
XVIe siècle. Actif à La Haye dans la première moitié du XVIe siècle. Hollandais.
Sculpteur.
Il acquit son droit de cité à Arras, en 1537.

ANGELOT de la Presse
XVe siècle. Actif à Blois dans la seconde moitié du XVe siècle. Français.
Peintre de miniatures.
Il travailla fréquemment pour la famille d'Orléans. On mentionne de lui un Missel destiné au duc Charles ; et vingt miniatures peintes dans un livre d'heures de la duchesse d'Orléans, Marie de Clèves. Enlumina le missel de Notre-Dame de Chambourdin, pour lequel il reçut 11 livres, en 1464.

ANGELOV Iwan
Né le 18 mai 1864 à Brenitza (Bulgarie). XIXe siècle. Bulgare.
Peintre de genre.
Il fit ses études artistiques à Rome et à Munich. Il emprunta ses sujets à la vie des paysans bulgares et fut un des premiers artistes de son pays qui adopta la manière moderne. Il fut professeur à l'École des Beaux-Arts de Sofia. On cite de lui : *Idylle*.

ANGELSTÄDT
XVIIIe siècle. Actif à Berlin vers 1798. Allemand.
Peintre.

ANGELUCCI Agnello ou Aniello
XVe siècle. Italien.
Peintre.

ANGELUCCI-COMINAZZINI Leandra
Née en 1890. Morte en 1981 à Foligno. XXe siècle. Italienne.
Peintre, aquarelliste, céramiste.
Elle fut proche du groupe Futuriste dans les années trente, de Marinetti et sa femme Benedetta, et rédigea en 1939 le manifeste de l'*Aéropeinture futuriste ombrienne*. Dans les années quarante, elle évolue dans des œuvres métaphysiques, où elle mêle figuration fantastique et éléments géométriques.
BIBLIOGR. : In : *Dict. de l'art mod. et contemp.*, Hazan, Paris, 1992.

ANGELUCCIO
XVIIe siècle. Actif à Rome. Italien.
Peintre de compositions religieuses, paysages, paysages d'eau, paysages de montagne.
Cet artiste, élève de Claude Lorrain, était actif en 1680. Il était considéré par ses contemporains comme un peintre de premier ordre, mais il mourut fort jeune. Ses œuvres ont dû être souvent attribuées au grand Claude.
VENTES PUBLIQUES : ROME, 23 mai 1989 : *Paysage fluvial avec Jacob et l'Ange*, h/t (73,5x97) : ITL 32 000 000 – PARIS, 30 jan. 1989 : *Vue de Vicovaro dans les montagnes Sabines*, h/t (62x76) : FRF 40 000.

ANGELUCCIO ou Angeluzzo di Lando
Né à Rome. XIVe siècle. Italien.
Mosaïste.
Il exécuta, avec la collaboration de son père Lando di Macario et de ses fils, Andrea et Niccolo, des mosaïques à la cathédrale d'Orvieto entre 1325 et 1345.

ANGELUCCIO di Pieruccio ou di Pietro
XIVe siècle. Actif à Orvieto vers 1337. Italien.
Sculpteur sur marbre.
Il travailla à la décoration de la façade du Dôme. Peut-être le même artiste qu'Angeluccio di Flaviano Petrucciolo cité par Zani, vers 1346-1353.

ANGELUCCIO di Salvuccio
XIVe siècle. Italien.
Peintre.
Cité dans la corporation des peintres de Pérouse en 1369.

ANGELUS
XIIe siècle. Actif à Rome au milieu du XIIe siècle. Italien.
Sculpteur.
Il était le fils du sculpteur Paulus, chef d'une des familles d'artistes qui décorèrent les églises de Rome et des provinces romaines. En collaboration de ses frères Johannes, Petrus et Sasso di Paolo, il sculpta les ciboria de San Lorenzo (1148), de San Cosma et Domiano et de San Marco, à Rome. On doit à Johannes et Sasso celui de Santa Croce, à Jérusalem (1144).

ANGELUS
XIIe siècle. Italien.
Sculpteur.
Il est cité sur un document daté de 1119. Il serait le premier sculpteur florentin dont il soit fait mention.

ANGELUS
XIIIe siècle. Italien.
Peintre.
D'origine vénitienne. Un *Ecce homo*, exécuté dans la manière byzantine et conservé au Musée Correr, porte la signature *Angelus pinxit.*

ANGELUS
XIIIe siècle. Romain, actif au XIIIe siècle. Italien.
Sculpteur.
Travailla au ciborium de la cathédrale de Civita Lavinia, œuvre aujourd'hui disparue.

ANGELUS
XIVe siècle. Italien.
Sculpteur sur bois.
Travailla à la barrière du chœur de la cathédrale de Potenza.

ANGELUS Michel
XVIe siècle. Italien.
Graveur.
Artiste florentin cité par Ris Paquot qui dit que le monogramme est quelquefois suivi des lettres I, V, MIAG, LO. D'après le même auteur, ce monogramme aurait été employé également par Marc Antoine.

ANGELUS de Senis
XIVe siècle. Italien.
Peintre et sculpteur sur bois.
Cet artiste appartient à l'école des Pisani. D'après une inscription placée sur le socle d'une statue de bois, représentant l'*Ange Gabriel*, il en aurait été le sculpteur et le peintre. Cet ouvrage se trouve à San Antonio Abate, à Montalcino ; il est daté de 1370.

ANGENIOL
XXe siècle. Travaille au début du XXe siècle. Français.
Peintre.
Expose au Salon des Artistes Français en 1914. De lui, au Musée de Toul, une copie du *Portrait d'homme* de Bellini, du Musée du Louvre.

ANGER Jacques
Né à Paris. Mort en 1940. XXe siècle. Français.
Peintre de portraits, paysages, graveur.
Il était capitaine de frégate. Il a exposé au Salon des Indépendants entre 1920 et 1930. Il a surtout peint ou gravé des portraits d'officiers de marine et de quelques écrivains.
Musées : LOUVIERS : *La Vire.*
Ventes Publiques : PARIS, 10 mai 1944 : *Environs de Cherbourg* : FRF 380 – VIENNE, 17 nov. 1981 : *Paysage fluvial* 1892, h/t (65x92) : ATS 18 000.

ANGERER Georg
Allemand.
Sculpteur de sujets religieux, statues.
On cite de cet artiste bavarois deux statues dans l'église de Neustift, près de Freising.

ANGERER Mathias
XVIIe siècle. Actif à Znaïm. Allemand.
Sculpteur.

ANGERER Max
Né en 1877. Mort en 1955. XXe siècle. Autrichien.
Peintre de paysages.
En 1909 il a participé à l'Exposition de Munich. Actif à Schwaz dans le Tyrol, il a peint des paysages de montagne, avec une prédilection pour l'hiver et les effets de neige.
Ventes Publiques : VIENNE, 9 oct. 1984 : *Paysage montagneux*, h/t (46x82) : ATS 18 000 – ZURICH, 12 juin 1987 : *Paysage d'hiver*, h/t (48x80) : CHF 1 500.

ANGERMAIR Christof ou Angermayr
Né à Weilheim (Bavière). Mort en 1632 à Munich. XVIIe siècle. Allemand.
Sculpteur sur ivoire.
Fils d'un orfèvre, il vint de bonne heure à Munich, où il fut tourneur de la Cour, de 1618 à 1631. Il fit des œuvres d'art sur ivoire pour la princesse Elisabeth de Lorraine. On a, de lui, un relief : *La Sainte Famille*, de 1632, et *Une Madone entourée de saints* ; quelques autres de ses œuvres se trouvent aussi au Musée de Brunswick.

ANGERMANN Anton
Né en 1722 à Brünn. Mort le 26 août 1779 à Brünn. XVIIIe siècle. Allemand.
Peintre.

ANGERMANN David
Né en 1763 à Eger. Mort après 1808. XVIIIe siècle. Allemand.
Peintre de miniatures.
Il séjourna à Berlin, en 1785 et 1790, et fit son éducation artistique chez Anton Graff. Le catalogue de l'Exposition d'Art de Berlin (1786) mentionne deux miniatures d'un peintre : Angermann de Speyer, qui est probablement le même artiste.

ANGERMAYER Johann Adalbert ou Angermeyer
Né en 1674 à Bilin (Bohême). Mort en 1740 à Prague. XVIIe-XVIIIe siècles. Tchécoslovaque.
Peintre de scènes de chasse, animaux, natures mortes, fleurs.
Il fut élève de Rudolf Byss. Il se fixa de bonne heure à Prague et y resta toute sa vie. Angermayer est cité, le 18 février 1725, dans la corporation des peintres de Prague. On lui doit surtout des natures mortes.
Musées : GENÈVE : *Reptiles et insectes* – SCHWERIN : *Animaux* – VIENNE : *Renard.*
Ventes Publiques : PARIS, 1825 : *Nature morte*, une paire : FRF 71 – PARIS, 1852 : *Nature morte*, une paire : FRF 245 – VIENNE, 19-22 sep. 1961 : *Blumenstilleben mit Laute* : ATS 9 000 – VIENNE, 12 oct. 1965 : *Nature morte* : ATS 6 500 – VIENNE, 22 mars 1966 : *Vanitas* : ATS 3 500 – LONDRES, 11 déc. 1986 : *Roses, tulipes et dahlias dans un vase de verre*, h/t, de forme ovale (36,2x28,5) : GBP 12 000 – LONDRES, 31 mars 1989 : *Nature morte de fruits dans une assiette sur un entablement* 1731, h/métal (23,5x30,5) : GBP 9 680 – NEW YORK, 14 jan. 1993 : *Nature morte de poires, cerises et groseilles sur une table, et de pêches, cerises et groseilles sur une table*, h/métal, une paire (chaque 12x15,2) : USD 10 450 – AMSTERDAM, 13 nov. 1995 : *Renards ligotant un chien de chasse sur un rocher sous un arbre dans un paysage*, h/cuivre (17,5x28,2) : NLG 27 600.

ANGERMEYER Hermann
Né le 14 février 1876 à Hambourg. XXe siècle. Allemand.
Peintre de genre, figures, intérieurs.
Il fut élève de l'Ecole des Métiers d'Art de Hambourg, puis des maîtres de l'Académie de Düsseldorf : Heinrich Lauenstein, Hugo Crola, Arthur Kampf, Peter Janssen, de 1892 à 1904, y devenant l'assistant de Janssen à partir de 1899. A l'Exposition de Munich de 1909, il exposa : *Intérieur en Basse-Saxe.*

ANGERS
XVIIIe siècle. Autrichien.
Peintre.
Bohémien, il peignit, d'après Dlabacz, des sujets d'histoire et d'architecture. Son portrait du sculpteur bohémien Mathias von Braun fut gravé par Johann Balzer.

ANGERS Henri
Né en 1870. Mort en 1963. XIXe-XXe siècles. Canadien.
Sculpteur de figures.
Il sculptait des personnages religieux dans un style archaïque

régional. Lors de l'incendie qui détruisit l'église Saint-Ambroise à Loretteville dans le Québec, quatre de ses sculptures furent brûlées.

ANGERVILLE Sem
Né à Martainville (Calvados). XXᵉ siècle. Français.
Peintre, graveur.
Il fut élève de Tony Robert-Fleury et de Jules Lefebvre à l'Ecole des Beaux-Arts de Paris. Il fut exposant du Salon des Artistes Français à partir de 1905, en devint sociétaire et y obtint une mention honorable pour la gravure en 1907.

ANGES, Maître des. Voir MAÎTRE ANONYMES

ANGÈS Juan de. Voir JUAN de Angès

ANGHEL Georges
Né le 22 août 1904 à Turm-Severin. XXᵉ siècle. Roumain.
Sculpteur. Réaliste.
Après avoir commencé ses études artistiques en Roumanie, il vint à Paris et fut élève d'Injalbert de 1924 à 1927. Pendant ce séjour, il exposa au Salon des Indépendants. Retourné en Roumanie, il participa à de nombreuses expositions, ainsi que dans les pays de l'Est : Moscou, Leningrad, Prague, Varsovie, Pékin, Budapest, et aussi à Berlin et à la XXVIIᵉ Biennale de Venise en 1954, où il figura dans la sélection roumaine. Il fut encore invité à l'Exposition Internationale de Sculpture du Musée Rodin à Paris en 1961. Décoré de l'Ordre du Travail et du titre de Maître Émérite de l'Art, on est fondé à en déduire que son œuvre était alors en conformité avec les directives du Jdanovisme concernant le « réalisme socialiste ».

ANGHEL Vasile
Né à Mirósi. XXᵉ siècle. Roumain.
Peintre.
Peintre de genre, il expose en France, en 1935, au Salon des Indépendants. Parmi ses toiles : *Angoisse, Le foyer.*

ANGHELATON Lamprothéa, Mlle. Voir ANGELATON

ANGIBOULT François, pseudonyme de Hélène d'Oettingen, baronne
Née le 20 mars 1887 à Venise. XXᵉ siècle. Active en France. Russe.
Peintre.
Elle était la sœur du comte Serge Jastrebzoff, connu sous le pseudonyme de Serge Férat. Elle eut une vie cosmopolite, Angleterre, France, Italie, Allemagne. En 1901-1902, elle et son frère se fixèrent à Paris, où ils suivirent les cours de William Bouguereau à l'Académie Julian. Très fortunés, ils acquirent alors de nombreuses peintures, conseillés par Picasso et Apollinaire, du douanier Rousseau et des peintres cubistes. Leurs fêtes étaient recherchées, ils étaient choyés. La révolution russe les ruina, leurs commensaux se raréfièrent. Serge Férat eut une carrière artistique intense. Hélène d'Oettingen a exposé sporadiquement sous son pseudonyme au Salon des Indépendants entre 1912 et 1929, puis au Salon des Surindépendants en 1934. En 1926 elle avait figuré à une exposition au musée de Rotterdam. Sous le pseudonyme de Léonard Pieux, elle a publié des vers aux *Soirées de Paris*, dirigées par son frère et par Apollinaire. Elle écrivit aussi des romans. Sous le pseudonyme de Roch Grey, elle publia une importante étude sur le douanier Henri Rousseau, qu'elle connaissait. ■ J. B.
Musées : PRAGUE (Mus. Nat.) : Peinture.
Ventes Publiques : VERSAILLES, 29 nov. 1987 : *Paysage cubiste*, h/cart. (81x106) : FRF 12 500.

ANGICOURT de THOURY Christiane
Née à Paris. XXᵉ siècle. Française.
Peintre de genre.
Elle prit des cours de peinture et exposa au Salon des Artistes Français de Paris à partir de 1934.

ANGIER Paul
XVIIIᵉ siècle. Vivait à Londres vers 1749. Français.
Graveur.
Cet artiste, probablement français, résidait fort jeune à Londres, où il fut l'élève de John Tinney, suivant Heineken. Il fut d'abord presque constamment employé par les libraires, pour lesquels il exécuta de petites planches, principalement des paysages. On cite de lui : une *Ruine romaine* (1749), d'après Pannini, et une *Vue de Tivoli*, d'après Moucheron, gravée en 1755.

ANGILEIKO Theodor
XVIIIᵉ siècle. Actif en Lituanie. Polonais.

Graveur sur bois.
Travailla pour des livres religieux du couvent de Mohilew en Lituanie, notamment pour le *Hirmologium*, ouvrage paru en 1700, à Mohilew.

ANGILLIS Pieter ou Pierre ou Angelis
Né en 1685 à Dunkerque. Mort en 1734 à Rennes. XVIIIᵉ siècle. Éc. flamande.
Peintre de compositions religieuses, scènes de genre, sujets allégoriques, paysages animés, dessinateur.
Après avoir fait ses premières études dans sa ville natale, il voyagea en Flandre, et pendant quelque temps résida à Anvers, où il fut reçu franc-maître de la gilde de Saint-Luc. Il alla en Angleterre en 1719 et y demeura jusqu'en 1727. À son retour sur le continent, il se fixa à Rennes, où il acheva sa vie.
Il peignait des paysages avec de petites figures. Son style, qui tient à la fois de Watteau et de Teniers, lui fait une place marquante parmi les petits maîtres du XVIIIᵉ s.
Musées : BERLIN : *Collation champêtre* 1727 – STOCKHOLM : *Atelier de sculpture.*
Ventes Publiques : PARIS, 13 avr. 1874 : *Repas champêtre* : FRF 2 000 – PARIS, 1900 : *Marché aux légumes et aux poissons* : FRF 2 050 – PARIS, 1901 : *Marché à Londres* : FRF 2 850 – PARIS, 1903 : *Marché* 1727 : FRF 1 900 – PARIS, 17-18 juin 1924 : *Le Marché* : FRF 7 600 – PARIS, 10 mars 1932 : *Le Marchand de poissons* : FRF 1 250 – LONDRES, 1935 : *Le retour de la chasse* : GBP 1 – LONDRES, 1936 : *La tentation de saint Antoine* : GBP 11 – PARIS, 22 fév. 1937 : *Danse villageoise*, pl. et lav. : FRF 1 850 – LONDRES, 1946 : *Natures mortes*, deux pendants : GBP 157 – PARIS, 11 déc. 1961 : *Le paysan amoureux* : FRF 4 100 – MILAN, 22-23-24 nov. 1964 : *Scènes de genre* : ITL 1 300 000 – COLOGNE, 5 mai 1966 : *Le marchand de légumes*, cuivre : DEM 3 200 – LONDRES, 17 mars 1972 : *Nombreux personnages dans un paysage* : GNS 2 200 – ZURICH, 12 nov. 1976 : *Réunion galante dans un parc*, h/t (34,5x44) : CHF 15 000 – LONDRES, 11 juil. 1979 : *Les comédiens ambulants au bord d'une route*, h/t (62x75,5) : GBP 5 500 – LONDRES, 28 mai 1982 : *Scène villageoise*, h/pan. (48,2x71,7) : GBP 1 800 – LONDRES, 11 déc. 1985 : *Paysans festoyant devant une auberge* ; *Scène de marché* 1725, deux h/t (46x59) : GBP 16 000 – LONDRES, 11 mars 1987 : *A musical assembly*, h/t (74x62) : GBP 65 000 – NEW YORK, 7 avr. 1988 : *Réjouissances paysannes* 1725, h/t mar./cart. (46,5x57) : USD 8 250 – LONDRES, 22 avr. 1988 : *Poissonnier montrant un espadon à ses clientes*, h/t (52,7x39,8) : GBP 20 900 – MONACO, 3 déc. 1988 : *Marché de campagne se tenant hors de l'enceinte du village avec des paysans et des gentilshommes au premier plan et des femmes se querellant à distance*, h/t (196x137,5) : FRF 165 000 – LONDRES, 23 mars 1990 : *Paysans se querellant devant l'auberge*, h/pan. (31,5x66,2) : GBP 11 000 – PARIS, 9 avr. 1990 : *Le repas du Dauphin*, h/t (53,5x65) : FRF 140 000 – AMSTERDAM, 22 mai 1990 : *Groupe de personnages devant une auberge*, h/t (39,5x47,5) : NLG 34 500 – STOCKHOLM, 29 mai 1991 : *Sculpteur au travail dans son atelier*, h/t (41x33) : SEK 10 500 – NEW YORK, 9 oct. 1991 : *Distractions villageoises devant l'auberge*, h/cuivre (22x28,6) : USD 18 150 – LONDRES, 1ᵉʳ nov. 1991 : *Jeune seigneur prenant congé de sa famille dans la cour du château* 1719, h/t (50,5x58,5) : GBP 6 380 – LONDRES, 9 juil. 1993 : *Théâtre de plein air représentant une scène avec un arracheur de dents devant de nombreux spectateurs*, h/t (75x100,5) : GBP 28 750 – PARIS, 6 mai 1994 : *L'Astronomie et la Philosophie*, dess. à la pl., encre brune et lav. gris, une paire (chaque 26,5x18) : FRF 30 000 – MONACO, 19 juin 1994 : *Joueurs de cartes devant une taverne*, h/t (106x75) : FRF 44 400 – LONDRES, 21 oct. 1994 : *Jeune femme près d'un étalage de légumes* 1727, h/t (52,5x46) : GBP 4 600 – NEW YORK, 3 oct. 1996 : *Couple galant achetant des pommes à un producteur*, h/t (53,3x47) : USD 20 700.

ANGIOLETTO da Gubbio
XIVᵉ siècle. Italien.
Peintre de vitraux et mosaïste.
Il travailla, en qualité d'aide, avec Lello Viviani de Pérouse et Buccio da Gubbio, au dôme d'Orvieto. Bonfatti le dit élève de Oderisio et Lucarelli chef de l'école de Gubbio. Il est probable qu'il travailla, avec Piero da Gubbio et Bonino d'Assisi, aux vitraux de la crypte et de la chapelle du crucifiement, dans le sanctuaire de Saint-François d'Assise.

ANGIOLILLO, dit Roccadirame
Mort vers 1458. XVᵉ siècle. Italien.
Peintre de compositions religieuses.
Il fut disciple d'Antonio da Solario, dit Il Zingaro. Il vivait à

Naples vers 1450. Un de ses ouvrages les plus estimés est un tableau de l'église San Lorenzo de Naples, représentant *la Vierge et l'Enfant Jésus, Saint François, Saint Antoine de Padoue, Saint Louis.*

ANGIOLINI Angiolo
XIXe siècle. Actif dans la première moitié du XIXe siècle. Italien.
Peintre, fresquiste.
On cite de lui des fresques dans l'ancien palais des Borghèse, à Florence.

ANGIOLINI Gaetano
Né en 1748 à Plaisance. Mort en 1816 à Rome. XVIIIe-XIXe siècles. Italien.
Peintre.
Cet artiste qui appartenait à l'ordre des Jésuites, travailla en Pologne et en Italie. On cite notamment de lui l'église de Witebsk, qu'il orna lui-même de peintures. Il travailla ensuite en Sicile et à Rome. Il était également architecte.

ANGIOLINI Napoleone
XVIIIe-XIXe siècles. Actif à Bologne entre 1797 et 1864. Italien.
Peintre.
Il fut l'élève de Giovanni Battista Frulli et fut nommé, en 1838, professeur à l'Académie des Beaux-Arts de Bologne.

ANGIOLINI Pietro
XIXe siècle. Travaillant en Russie, au commencement du XIXe siècle. Italien.
Peintre de portraits, miniatures, dessinateur.
Il peignit, pour l'Impératrice de Russie, le *Portrait-miniature du tsar Paul Ier* ; c'est d'après un de ses dessins que fut gravé le portrait du poète allemand Friedrich Max von Klinger.

ANGIOLINI di Giovanni
XVe siècle. Actif à Sienne vers 1483. Italien.
Peintre de miniatures.
Il était également prêtre.

ANGJELOVIC Albert
Né en 1820 à Fiume. Mort en 1849 à Fiume. XIXe siècle. Italien.
Peintre.
Élève de l'Académie de Venise. De retour dans sa ville natale, il s'adonna à la peinture de portraits.

ANGLADA-CAMARASA Hermenegildo ou Hermen
Né entre 1871 et 1873 à Barcelone (Catalogne). Mort en 1959 à Pollensa (Majorque). XIXe-XXe siècles. Actif aussi en France. Espagnol.
Peintre de figures, portraits, paysages urbains, paysages animés, dessinateur. Post-impressionniste.
Il entra jeune à l'École des Beaux-Arts de Barcelone, où il eut pour maître le peintre réaliste Modesto Urgell y Inglada, qu'il tint toute sa vie en grande estime. En 1888 une de ses peintures fut admise à l'Exposition Universelle de Barcelone. Il se lia alors au groupe des *Quatre chats*, animé par Rusino et Picasso. En 1894, il vint à Paris pour y compléter sa formation dans les Académies Julian et Colarossi. La déclaration de guerre de 1914 lui fit reprendre le chemin de l'Espagne.
En 1898 il exposa pour la première fois au Salon de la Société Nationale des Beaux-Arts, dont il devint membre en 1902. En 1900 eut lieu à Barcelone sa première exposition personnelle, où il montrait les peintures de son époque parisienne, consistant surtout en scènes de la vie nocturne : les rues, les personnages, spectateurs, fiacres et chevaux. Ensuite il participa à de très nombreuses expositions internationales, parmi lesquelles : la *Sécession* à Munich, Vienne et Berlin en 1903, 1904, 1906, dont il fut membre correspondant, la *Libre esthétique* à Bruxelles en 1902, la Biennale de Venise en 1903, 1905, 1907, 1911, 1914, dont il remporta le Grand Prix International en 1907. À la fin d'une longue carrière heureuse et reconnue, trois longue suite d'expositions, trois expositions solennelles ont été organisées en son hommage : à l'Exposition Nationale de Madrid de 1954, où il disposait d'une salle entière, lui fut remise la Grand'Croix d'Alphonse X Le Sage, la seconde au Cercle Artistique de Barcelone où toutes ses périodes étaient bien représentées, la troisième en 1955 à Buenos Aires avec les peintures de ses collectionneurs d'Argentine. Il remporta d'autres distinctions, notamment le Prix March à Madrid en 1957.
Dans une dernière période de sa vie où, à la suite de la guerre civile, il vécut assez retiré à Pollensa, il peignit surtout des paysages des Baléares et de Catalogne, en creusant fortement les lointains, stylisant les lignes, accentuant les effets d'éclairage.

Voyageant à travers son pays, il y développa deux thèmes qui se confondent souvent : l'un est la célébration de la beauté féminine, l'autre est l'intérêt qu'il trouve aux manifestations traditionnelles des usages et du folklore andalous, pénétrés par le monde gitan. Parmi ces toiles, inspirées des danses espagnols, on mentionne : *Jardin du théâtre de Cordoue, Danse espagnole à Cordoue, Quadrille parisien, Tziganes, Danses andalouses.*
L'œuvre est divers, de par ses thèmes successifs, et de par les techniques picturales mises en œuvre en fonction des thèmes différents. Peut-être que dans chaque période aurait-il pu montrer un peu plus d'audace, car il y a souvent quelque chose de Matisse dans certains nus sur fond floral, quelque chose de Bonnard dans certains paysages des Baléares. Anglada-Camarasa est un peintre attachant, l'un des plus importants de Catalogne, qui aurait pu se dégager plus nettement des séquelles post-impressionnistes. ■ Jacques Busse

H. Anglada Camara [signature]

BIBLIOGR. : Jaime Socias Palau, in : *Cien anos de pintura en Espana y Portugal*, Antiquaria, Madrid, 1988.
MUSÉES : BARCELONE (Mus. d'Art Contemp.) – BILBAO – BUENOS AIRES – CHICAGO – MADRID (Mus. d'Art Mod.) – NEW YORK – PARIS – SAINT-PÉTERSBOURG – STOCKHOLM – VENISE .
VENTES PUBLIQUES : PARIS, 1907 : *Aux Folies-Bergère* : **FRF 400** – PARIS, 8 mars 1943 : *La loge* : **FRF 5 600** – MADRID, 1er avr. 1976 : *Paysage maritime*, h/t (38x55) : **ESP 650 000** – BARCELONE, 23 avr. 1980 : *Paysage nuageux*, h/t (44x51) : **ESP 650 000** – BARCELONE, 15 juil. 1982 : *Paysage 1923*, h/t (50x60) : **ESP 700 000** – BARCELONE, 27 oct. 1983 : *Bal gitan*, h/pan. (38x53) : **ESP 1 000 000** – BARCELONE, 19 déc. 1984 : *Paysage de Montserrat*, h/pan. (23,5x33) : **ESP 440 000** – MADRID, 20 mai 1985 : *Élégante au chapeau 1908*, h/pan. (55x46) : **ESP 3 250 000** – NEW YORK, 10 avr. 1987 : *Jardin de Paris* vers 1900-1904, h/pan. (22x27) : **USD 18 000** – LONDRES, 22 juin 1988 : *Falaise de la côte à Majorque*, h/t (61x83) : **GBP 61 600** – LONDRES, 23 nov. 1988 : *Ladies dans un jardin*, h/t (64x100) : **GBP 50 600** – NEW YORK, 23 mai 1989 : *Vue de Majorque*, h/pan. (23,5x23,5) : **USD 50 600** – LONDRES, 21 juin 1989 : *Nu féminin se brossant les cheveux*, fus. (105x73) : **GBP 15 400** – NEW YORK, 16 oct. 1991 : *Danse gitane*, h/pan. (53,2x65,5) : **USD 165 000** – LONDRES, 16 juin 1993 : *Le bal blanc*, h/pan. (49x75) : **GBP 67 500** – LOKEREN, 4 déc. 1993 : *Le pêcheur à la ligne*, h/t (38x55) : **BEF 40 000** – PARIS, 10 juin 1997 : *Femme accoudée en chapeau à plumes 1905*, litho. (54,5x47) : **FRF 5 600**

ANGLADE Alexandre
Né à Toulouse. Mort en 1903. XIXe siècle. Français.
Sculpteur de bustes.
Élève de Falguière, a obtenu une médaille de troisième classe en 1891. Il a exposé un buste en plâtre (Salon 1881) ; un buste et un médaillon (Salon 1883) ; deux bustes (Salon 1888) ; un buste en plâtre (Salon 1890) ; *Profil*, marbre, à l'Exposition Universelle de 1900.

ANGLADE André
Né à Bordeaux (Gironde). XXe siècle. Français.
Peintre de paysages.
Il a exposé au Salon des Artistes Français dans les années trente. Il a peint dans différentes régions de France.

ANGLADE Gaston ou Léon
Né le 29 septembre 1854 à Bordeaux. Mort en 1919. XIXe siècle. Français.
Peintre de paysages, aquarelliste.
Élève de Baudet et de Pelouze, il prit part aux expositions de la Société des Artistes Français, dont il fut membre.
La similitude stylistique entre les paysages de bruyères embrumées de Gaston Anglade et ceux de Didier-Pouget est telle qu'elle provoqua un différend judiciaire entre les deux artistes. Cependant Anglade met plus de fantaisie dans ses toiles, scandées par des effets de lumière.

Gaston Anglade [signature]

BIBLIOGR. : Gérald Schurr : *Les Petits Maîtres de la peinture 1820-1920, valeur de demain*, t. II, Les Éditions de l'Amateur, Paris, 1982.
VENTES PUBLIQUES : PARIS, 17 avr. 1907 : *Bords du Lot* : **FRF 100**

– Paris, 10 juin 1942 : *Bruyères* : FRF 2 500 – Paris, 25 mai 1949 : *Paysage de montagne fleuri de bruyères* : FRF 15 200 – Zurich, 29 nov. 1973 : *Paysage* : CHF 4 200 – Los Angeles, 8 mars 1976 : *Paysage à la rivière*, h/t (40,5x62) : USD 500 – Vienne, 8 nov. 1977 : *La Cour de ferme*, h/t (40x60) : ATS 14 000 – Paris, 6 mars 1981 : *Paysage 1906 ?*, h/t (65x81) : FRF 3 400 – Paris, 15 fév. 1985 : *Bruyères en fleurs sur les coteaux d'Espartignac 1910*, h/t (60,5x81) : FRF 15 800 – Versailles, 15 nov. 1987 : *Bruyères fleuries en Corrèze 1918*, h/t (38x61) : FRF 4 500 – Paris, 25 mai 1988 : *Troupeau de moutons dans la bruyère 1919*, h/t (54x65) : FRF 4 200 – Paris, 4 juil. 1988 : *Paysage aux lavandes, effet de brume 1907*, h/t (33x46) : FRF 4 000 – Berne, 26 oct. 1988 : *Paysage avec les fortifications de Sarrès en été*, h/t (38x61) : CHF 1 200 – Paris, 15 fév. 1989 : *Bruyère en Corrèze*, h/pan. (22x27) : FRF 4 500 – Versailles, 5 mars 1989 : *Rivière près des maisons*, h/t (53,5x80,5) : FRF 5 000 – Paris, 26 fév. 1990 : *La Creuse*, h/t (45x54) : FRF 11 300 – Paris, 22 mars 1990 : *Le Matin à bort, Corrèze*, h/t (39x46) : FRF 10 500 – New York, 26 mai 1992 : *Bergère et son troupeau dans un paysage vallonné*, h/t (50,8x66) : USD 2 420 – New York, 16 fév. 1993 : *Bruyère pourpre*, h/t (50,8x73,6) : USD 1 540 – Paris, 22 déc. 1993 : *Bruyères en Corrèze 1907*, h/t (50x65) : FRF 8 000 – Lokeren, 20 mai 1995 : *Bruyères en fleurs avec un bergère 1919*, h/t (73x92) : BEF 33 000 – Calais, 25 juin 1995 : *Côteau fleuri dominant la rivière*, h/t (38x55) : FRF 5 000 – Paris, 28 mars 1997 : *Bruyères en fleurs, Corrèze 1921*, h/t (46x55) : FRF 4 800.

ANGLADE J. B. Jules
XIXᵉ-XXᵉ siècles. Français.
Peintre de paysages.
Membre de la Société des Artistes Français depuis 1890, Chevalier de la Légion d'Honneur.
Ventes Publiques : New York, 1903-1905 : *Le Loing à Montargis* : USD 105 ; *Rives de la Loire* : USD 100.

ANGLADE Jean d'
Né à Paris. XXᵉ siècle. Français.
Peintre de figures.
Il fut élève de Benjamin-Constant et de Jean-Paul Laurens à l'Ecole des Beaux-Arts de Paris. Il a exposé au Salon des Artistes Français à partir de 1914, mention honorable 1924. Il s'est attaché à peindre des personnages typés.

ANGLADE Jean P. G.
Mort en 1896. XIXᵉ siècle. Français.
Peintre.

ANGLADE Vincent. Voir **VINCENT-ANGLADE Henri**

ANGLADE CUVERVILLE Mathilde d', Mlle
Née à Grandivy (Morbihan). XXᵉ siècle. Française.
Peintre.
Élève de Jean-Paul Laurens et Benjamin-Constant, expose en 1928 aux Artistes Français un *Coin d'atelier*.

ANGLADON Jean
Né le 11 août 1906 à Paris. XXᵉ siècle. Français.
Peintre de figures, natures mortes.
Il s'est fixé en Avignon depuis 1926. Il a exposé au Salon des Indépendants.
Musées : Avignon (Mus. Calvet) : *L'aveugle* – Avignon (Hôtel-de-Ville) : *Variation sur un village, projet* – *La dinde*, gche – Avignon (Préfecture de Vaucluse) : *Nature morte au citron*.

ANGLAS Louis Claudius
Mort en 1890. XIXᵉ siècle. Français.
Peintre.

ANGLE Beatrice
XIXᵉ-XXᵉ siècles. Vivait à Londres. Britannique.
Sculpteur de bustes.
Elle exposa, de 1885 à 1899, des bustes et des compositions de fantaisie en bronze ou en terre glaise, à Londres, à Liverpool. Au Salon de Paris en 1892, Beatrice Angle figura avec un *Jeune Vénitien*.

ANGLER Gabriel
XVᵉ siècle. Allemand.
Peintre de compositions religieuses.
De 1434 à 1437, il exécuta les peintures du maître-autel de la Frauenkirche à Munich.

ANGLES Joaquin
Né à Toulouse (Haute-Garonne). XXᵉ siècle. Actif de 1885 à 1905. Français.

Sculpteur de groupes, figures.
Il figura au Salon de Paris avec deux plâtres : *Idylle*, en 1890, et *Gavroche*, à l'Exposition de 1892. Il obtint une mention honorable en 1899.
Ventes Publiques : Enghien-les-Bains, 29 mars 1981 : *Guerrier arabe en garde*, bronze (H. 89,5) : FRF 9 000 – Paris, 8 déc. 1989 : *Sentinelle arabe*, épreuve en bronze, patine brune (H. 88,5) : FRF 17 000 – New York, 14 oct. 1993 : *Sentinelle arabe*, bronze (H. 89) : USD 2 990 – Paris, 21 mars 1996 : *Sentinelle arabe*, bronze (H. 88,5) : FRF 24 000 – Paris, 10-11 avr. 1997 : *Sentinelle arabe*, bronze (H. 89) : FRF 48 000.

ANGLEY Guillaume
Né en Maurienne. Mort en 1772. XVIIIᵉ siècle. Français.
Peintre de portraits, animaux, paysages.

ANGLEY H. J.
XIXᵉ siècle. Travaillait à Lewisham pendant la seconde moitié du XIXᵉ siècle. Britannique.
Aquafortiste.
Cet artiste a fait des eaux-fortes originales et des reproductions. Il vint peut-être un peu tard, alors que le mouvement si intéressant qui se manifesta à Londres parmi les aquafortistes anglais dans la deuxième moitié du XIXᵉ siècle avait perdu de son intensité. Angley a surtout reproduit Constable et Rembrandt. Il a exposé, de 1885 à 1887, à la Royal Academy.

ANGLOIS Guillermo ou **Langlois**
XVIIIᵉ siècle. Français.
Peintre de sujets de genre, portraits, animaux, compositions murales, cartons de tapisseries.
Il était actif en Espagne dans la seconde moitié du XVIIIᵉ siècle. Il travailla aux peintures décoratives du palais de Madrid, avec Alejandro Gonzalez-Velasquez, d'après les dessins de Mengs, en 1750. On lui doit également deux portraits : celui de *Charles III* et de sa femme *Marie-Amélie de Saxe* (à l'Escurial) et plusieurs projets exécutés pour la Manufacture des Gobelins.
Ventes Publiques : Londres, 21 juil. 1989 : *Pigeons près du nid*, h/t (35,6x47) : GBP 2 640.

ANGLUS Benjamin. Voir **WRIGHT**

ANGNER Elis
Né en 1888. Mort en 1942. XXᵉ siècle. Suédois.
Peintre.

ANGO Robert ou **Jean-Robert** ou **Angot**
Mort vers 1773. XVIIIᵉ siècle. Français.
Dessinateur.
On sait peu de choses de sa vie. Il a été supposé collaborateur des Griffoni du XVIIIᵉ siècle et surtout ami de Jean Honoré Fragonard.
Il fut essentiellement copiste, d'après Fragonard, Hubert Robert, Rembrandt, Michel-Ange. Il n'a pas été authentifié d'œuvres personnelles d'Ango. A. Ananoff, spécialiste de l'entourage de François Boucher, découvrit que quelques dessins, jusqu'alors considérés comme des originaux de Fragonard, provenaient d'Ango. À l'inverse de la délicatesse du trait et des dessins dus à la main légère de Fragonard, ces feuilles paraissent lourdes et montrent un trait épais et confus. Ananoff fit la même découverte pour des dessins de Hubert Robert que s'avérèrent des copies d'Ango. Ango signait ces dessins d'un A. derrière la date ou mentionnait le nom de l'artiste copié, mais n'imitait pas la signature. Ananoff situe l'ensemble de ces copies entre 1759 et 1765. En outre, Defer cite de *Robert Angot* quatorze eaux-fortes, gravées, pour la plupart, d'après Rembrandt. ■ J. B.
Bibliogr. : In : *Allgemeines Künstler-Lexikon*, Seemann, Leipzig, 1983.
Musées : Besançon (Mus. des Beaux-Arts) : *Capraro, vue du Palais Farnèse 1765*, d'après Hubert Robert – Budapest (Mus. des Beaux-Arts) : *La charrette embourbée*, d'après Fragonard – Cabinet des Estampes) : *La Villa Pamphili 1760*, d'après Hubert Robert – Londres (British Mus.) – Montpellier (Mus. Fabre) : *L'Assomption de la Vierge*, d'après C. Maratti – Paris (Louvre).
Ventes Publiques : Paris, 9 mars 1988 : *Le chef des huissiers*, sanguine (43x28) : FRF 95 000 – Londres, 2 juil. 1990 : *Recto : Création de la lune et du soleil d'après Michel-Ange, verso : Etudes d'arbres dans un jardin*, craie rouge (19,8x41,5) : GBP 1 012 – New York, 8 jan. 1991 : *Isaias de Michel-Ange au plafond de la Sixtine*, sanguine (38,1x30,8) : USD 3 575 – Paris, 10 avr. 1991 : *Lunette de Michel-Ange à la Chapelle Sixtine 1768*, sanguine (26x43) : FRF 4 500 – Monaco, 5-6 déc. 1991 : *Allégorie de la Prudence*, sanguine (27,2x20) : FRF 4 995 – New York, 15

jan. 1992 : *Le jeu de la Palette d'après Fragonard*, sanguine (34,6x45,8) : **USD 7 700** – Paris, 3 avr. 1992 : *L'Ascension de la Vierge d'après Domenico Cresti*, sanguine (41x25,3) : **FRF 5 200** – Paris, 31 mars 1993 : *L'Annonciation*, sanguine (22,5x31) : **FRF 3 500** – Paris, 19 nov. 1993 : *Scène de rapt*, sanguine (277,3x26,8) : **FRF 4 200** – Paris, 6 mai 1994 : *Allégories de l'abondance et de la charité*, sanguine (32x48) : **FRF 20 500** – Paris, 15 déc. 1994 : *Fête rustique sous de grands arbres*, sanguine (36x48) : **FRF 48 000** – New York, 12 jan. 1995 : *Figures allégoriques de la Paix et de la Justice ; Homme marchant et levant un flambeau de la main droite*, craie noire (27,6x20,2) : **USD 1 035** – Paris, 13 mars 1995 : *Moïse et Josué*, sanguine (76x52,5) : **FRF 11 000** – Paris, 20 nov. 1996 : *L'Enlèvement des Sabines*, sanguine (26x26) : **FRF 8 500**.

ANGOLEVANT Germain ou Angoullevant
Né à Saint-Vincent (près du Mans). xvi⁰ siècle. Vivait pendant la première moitié du xvi⁰ siècle. Français.
Sculpteur et graveur.

ANGOLO del Moro Battista ou Angelo, Agnolo, Angeli
Né en 1514 à Vérone. Mort en 1575. xvi⁰ siècle. Italien.
Peintre de compositions religieuses, fresquiste, graveur.
Il vécut dans la seconde moitié du xvi⁰ siècle. Il fut élève de Torbido, et peut-être du Titien, dont il fut l'imitateur.
Son œuvre se compose surtout de décorations d'églises et de palais. De ses peintures de jeunesse, une fresque, *Paul chez Ananias*, est à Santa Eufemia de Vérone, et les autres, *Les quatre martyrs couronnés*, est à San Pietro in Carnario, de la même ville. Angolo del Moro fit encore des fresques dans le palais du comte Canossa : un tableau représentant *La Madone avec l'Enfant et deux Anges*, qu'il peignit étant encore élève de Torbido. Comme son frère Giulio, cet artiste s'établit à Venise et y travailla plusieurs années. Une *Madone avec saint Jean et saint Marc*, et *Saint Jean l'Évangéliste*, sont des peintures faites en cette ville. Il traita aussi avec talent la miniature, et un certain nombre de gravures au burin sans nom d'auteur, ont été faites avec sa collaboration : *Le Bain de l'Enfant Jésus, Paysage avec Vénus*, d'après le Titien, *Portrait d'Henri II de France, Abraham entouré de trois anges, La fuite en Égypte, Silène avec des nymphes et des satyres, Les quatre saisons, Romulus et Rémus*, d'après Jules Romain.
Il est sans doute identique au Giambattista d'Angelo, dit il Moro, dont le Musée de Venise conserve un *Saint Marc et trois magistrats*. Le graveur Battardito del Moro cité par P. Lelong est sans doute ce même Battista Angolo del Moro.

MA Mᴬ M₁. BM.

Ventes Publiques : New York, 9 jan. 1981 : *La Vierge et l'enfant avec saint Jean Baptiste, saint François et un donateur*, h/t (142x149) : **USD 3 000** – Londres, 17 juin 1983 : *La tombe d'un évêque*, eau-forte, d'après Parmigiano (35,5X25,2) : **GBP 800** – Londres, 11 déc. 1987 : *Vénus, Mars et Cupidon*, h/t (119,5x204,5) : **GBP 38 000** – New York, 11 jan. 1991 : *La Sainte Famille*, h/t (99x152) : **USD 33 000** – Londres, 3 juil. 1991 : *Nu féminin allongé*, h/t (120x171) : **GBP 115 500**.

ANGOLO del Moro Girolamo
Né à la fin du xvi⁰ siècle à Vérone. xvi⁰-xvii⁰ siècles. Italien.
Peintre de compositions religieuses, fresquiste.
Il était frère de Giulio et de Battista Angeli. Le seul ouvrage qu'il ait laissé est une fresque peinte dans une maison de Vérone, portant la signature : *Geronimo dell Angelo, detto del Moro* (1622) et représentant *Le Mariage de sainte Catherine*, d'après le tableau de Paul Véronèse (dans l'église Sainte-Catherine à Venise).

ANGOLO del Moro Giulio ou Angeli ou Agnolo
Né à Vérone. Mort après 1618. xvii⁰ siècle. Italien.
Sculpteur, peintre.
Il était le frère de Battista Angolo. Il travailla surtout à Venise, dans les églises et au palais des doges comme architecte. On trouve encore beaucoup des sculptures de cet artiste, à Venise.

ANGOLO del Moro Marco ou Agnolo, Angeli
xvi⁰ siècle. Italien.
Peintre de sujets religieux, mythologiques, graveur.
Il était Vénitien. Il fut élève de son père Battista Angolo, qu'il seconda dans ses travaux. À San Bartolomeo, à Murano, se trouvait un tableau de la Toussaint daté de 1570 et signé de lui (maintenant à l'Académie de Venise). À Vérone on trouve de lui

une copie de la Madone della Scodella de Jules Romain. On a aussi à Venise, à San Leone, une *Cène*, de sa main, et à San Stefano, à Murano, une *Descente de Croix*. L'une de ses meilleures gravures à l'eau-forte est *Auguste et la Sibylle*.
Musées : Venise (Academia) : *La Toussaint* 1570.
Ventes Publiques : Monte-Carlo, 22 juin : *Nymphes dans une clairière*, h/t (116x166) : **FRF 60 000** – Londres, 3 juil. 1989 : *Le Christ et la Vierge montant aux cieux*, lav. et encre sur craie noire (26,8x24,8) : **GBP 2 420** – Londres, 18 avr. 1994 : *Pélerins se recueillant sur le tombeau d'un saint*, encre et sanguine, recto-verso (22,5x19) : **GBP 6 900**.

ANGON Pierre
xix⁰-xx⁰ siècles. Actif à Lyon. Français.
Sculpteur.
Élève de l'École des Beaux-Arts de Paris ; exposa à Lyon, notamment en 1903, le *Marquis de X...*, et un *Portrait de magistrat*, médaillon plâtre.

ANGOT. Voir ANGO Robert ou Jean-Robert

ANGOT Philippe
Né en 1961. xx⁰ siècle. Français.
Sculpteur. Abstrait.
Dans les années quatre-vingt il expose au Salon Grands et Jeunes d'Aujourd'hui, des sculptures à vocation monumentale. Il s'y montre sensible aux formes courbes et confère à leurs volumes pleins un équilibre aérien.
Ventes Publiques : Neuilly, 3 fév. 1991 : *Sans titre 1990*, ardoise (37x75x25) : **FRF 9 000**.

ANGRAND Charles
Né le 29 avril 1854 à Criquetot-sur-Ouville. Mort le 1ᵉʳ avril 1926 à Rouen. xix⁰-xx⁰ siècles. Français.
Peintre de genre, paysages, aquarelliste, pastelliste. Néo-impressionniste.
Après avoir travaillé dans l'enseignement, en tant que répétiteur à Rouen, il vint s'installer à Paris où il se lia avec Signac et Seurat. En 1884, il participa, à leurs côtés, à la première exposition des Indépendants, où il exposa ensuite en 1887 et 1901. Il participa au Salon d'Art Keller et Reiner en 1901, le Salon des Indépendants lui consacra, en 1927, une grande rétropective, dans laquelle figuraient quelques-unes de ses œuvres les plus importantes : *La femme au chou – Le port – La procession*.
Après 1886, dans des œuvres comme : *La locomotive en marche – Le gardeur de dindons*, il applique avec une grande maîtrise et d'une manière presque scientifique la technique pointilliste, divisionniste, et les phénomènes de contrastes simultanés, ce qui ne l'empêche pas de laisser transparaitre une vive émotion à travers des fusains dont les noirs sont là pour mieux faire vibrer la lumière intime. A partir de 1900, il abandonne le systématisme de sa peinture néo-impressionniste, pour laisser libre cours à une manière plus large, plus libre, surtout sensible à travers ses fusains et pastels.

(HARLES ANGRAND

Musées : Genève (Mus. du Petit-Palais) : *La moisson* 1887 – Paris (Mus. d'Art Mod.) : *La maison blanche*, past..
Ventes Publiques : Paris, 1900 : *Intérieur* : **FRF 190** – Paris, 29 oct. 1927 : *La noce*, past. : **FRF 920** – Paris, 22 mai 1942 : *Sous la lampe*, fus. : **FRF 1 050** – Paris, 22 oct. 1943 : *La maison ruinée*, fus. : **FRF 2 400** – Paris, 23 fév. 1951 : *Paysage* : **FRF 40 000** – Londres, 10 juil. 1957 : *La Seine à Courbevoie* : **GBP 2 800** – Paris, 21 juin 1961 : *Réunion autour de la table*, past. : **FRF 6 200** – Paris, 16 juin 1964 : *Les meules* : **FRF 22 000** – Londres, 6 avr. 1966 : *Les ramasseurs de goëmon*, aquar. : **GBP 1 550** – Paris, 25 mai 1971 : *La ligne de l'Ouest* : **FRF 380 000** – Versailles, 4 avr. 1976 : *Vaches au pâturage*, h/t (50x65) : **FRF 4 300** – Enghien-les-Bains, 27 mai 1979 : *Le Pont animé, un soir à Rouen 1881*, h/t (80x123,5) : **FRF 50 000** – Versailles, 25 nov. 1979 : *Paysage aux grands arbres*, past. (56x74,5) : **FRF 8 000** – New York, 7 nov 1979 : *Antoine endormi* vers 1896, fus. (62,5x47,5) : **USD 5 000** – Honfleur, 1ᵉʳ jan. 1982 : *Scène d'intérieur*, past. (49x65) : **FRF 12 000** – Versailles, 16 juin 1983 : *Mère confiant son bébé à sa fillette aînée*, past. (48x64) : **FRF 20 000** – Paris, 19 juin 1984 : *Maternité*, fus. et estompe (60x47) : **FRF 80 000** – Paris, 11 déc. 1985 : *Ma mère* 1899, cr. noir (60x48) : **FRF 110 000** –

VERSAILLES, 13 déc. 1987 : *Travaux champêtres*, past. (55x74) : **FRF 19 100** – PARIS, 22 juin 1988 : *Maternité 1900*, dess. au fus. (63x49,5) : **FRF 240 000** / *Au verger*, h/t (50x65) : **FRF 150 000** – VERSAILLES, 25 sep. 1988 : *L'enfant déjeunant*, cr./pap. mar./t. (61x46) : **FRF 5 200** – PARIS, 24 nov. 1988 : *Maternité*, dess. au fus. et à l'estompe (58x44) : **FRF 160 000** – CALAIS, 26 fév. 1989 : *Le jardin fleuri*, past. (34x45) : **FRF 37 000** – PARIS, 15 juin 1990 : *Maternité* vers 1895-1896, fus. (58,5x44,5) : **FRF 150 000** – PARIS, 18 juin 1992 : *Deux enfants regardant passer un train*, past. (63x88) : **FRF 28 000** – NEW YORK, 13 mai 1993 : *Tête d'enfant (Emmanuel) 1898*, cr./pap. (62,8x48,2) : **USD 11 500** – PARIS, 17 juin 1994 : *Paysage en Caux 1903*, h/t (50x65) : **FRF 45 000** – PARIS, 15 nov. 1994 : *Maison dans une clairière 1903*, h/t (50x65) : **FRF 80 000** – PARIS, 30 mars 1995 : *Maternité*, cr. (59x43) : **FRF 90 000** – AMSTERDAM, 6 déc. 1995 : *Arbre dans un paysage*, h/pan. (24x19) : **NLG 4 600**.

ANGRAND Louis Aimé
XVIIIᵉ siècle. Français.
Sculpteur.
Admis à l'Académie de Saint-Luc à Paris en 1749, il vivait encore en 1786.

ANGRAND Pierre
XVIIIᵉ siècle. Actif à Paris en 1784. Français.
Peintre.

ANGRAND-CAMPENON Sargines
Née en 1837 à Paris. XIXᵉ siècle. Française.
Peintre de portraits, pastelliste.
Elle fut l'élève d'Abel Lucas et exposa aux Salons de 1863 à 1870. Ses ouvrages sont, pour la plupart, des portraits féminins, au pastel.

ANGREMONT. Voir aussi DANGREMONT
ANGREMONT Marie Thomas d'
Mort en 1788 à Nantes. XVIIIᵉ siècle. Travaillait à Nantes. Français.
Sculpteur.

ANGROGNA Luserna
XIXᵉ siècle. Piémontais, travaillait vers 1805. Italien.
Modeleur.

ANGST Charles-Albert. Voir CARL-ANGST Albert
ANGST Friedrich
XVIIIᵉ siècle. Actif vers 1753. Allemand.
Peintre.

ANGST Jules
Né le 15 mai 1909 à Ebnat-Kappel (Toggenbourg). Mort le 19 février 1989 à Zurich. XXᵉ siècle. Suisse.
Peintre de compositions à personnages, figures, nus, portraits, paysages, intérieurs, peintre de compositions murales, dessinateur. Tendance postcubiste.
Il vécut à Zurich. Il étudia d'abord le violon. A vingt ans, il choisit d'être élève des cours du soir de l'Ecole des Métiers d'Art de Zurich, sous la direction de Willy Hummel pour le nu et Ernst Georg Rüegg. Il a beaucoup voyagé : Paris, Provence, Italie, Grèce, Maroc, Tunisie, Cameroun, Sénégal, Kénia. L'Afrique lui apporta lumière et couleur. Il participe à des expositions collectives : Exposition Nationale Suisse 1946, 1956, Kunsthaus de Zurich 1947, 1950, 1954, et aussi Musée Rath de Genève, Musée Cantonal d'Art de Lausanne, Foire d'Art de Bâle, et a montré ses travaux dans plusieurs expositions personnelles à Zurich 1956, 1989, Genève 1987. Il a réalisé plusieurs peintures murales, notamment à Zurich, et a collaboré pour le Zeughaus de Berne avec Cuno Amiet.
Il construit des compositions constituées de nombreux personnages, souvent disposés frontalement, fééries, spectacles, scènes de la rue, personnages de carnaval ou personnages de tribus africaines, en lesquelles il a trouvé une pureté originelle. Il a aussi laissé peint des portraits, des scènes d'intérieur, des nus, d'ailleurs toujours le même, dans l'atelier du peintre. La gamme colorée est diversifiée selon les thèmes, toujours riche bien qu'assourdie. Son dessin très habile, l'écriture constitutive de ses peintures, synthétique, légèrement géométrisée, le rattachent au postcubisme, bien que lui-même se soit qualifié d'« impressionniste contemporain ». Du fait de ce dessin habile, de cette écriture, un certain systématisme nuit parfois à l'authenticité, mais quand il s'accepte dans sa spontanéité, dans des périodes très écartées, il fait alors partager une émotion convaincante : *L'Île de Pavos, Grèce* de 1966, *Nouveau Pays* de 1981.
■ J. B.

ANGUERRAND Pierre ou Enguerrand
XIVᵉ siècle. Actif dans la seconde moitié du XIVᵉ siècle. Français.
Sculpteur.
Il avait le titre de sculpteur de la cour et travailla, sous la direction de l'architecte Raymond du Temple, au grand escalier du Louvre.

ANGUIANO Raul
Né le 26 février 1915 à Jalisco (Guadalajara). XXᵉ siècle. Mexicain.
Peintre de compositions murales, peintre à la gouache, aquarelliste, dessinateur. Expressionniste.
Il étudia la peinture de 1930 à 1934 à Guadalajara. Il fonda ensuite, en 1938, un atelier populaire de dessin. Il voyagea aux Etats-Unis, à Cuba, en Europe. Il participe aux expositions collectives de peinture mexicaine, tant au Mexique qu'à travers le monde. Il est devenu professeur de dessin à l'Université Nationale Libre de Mexico.
Dès 1936 il a réalisé des peintures murales, dont on connaît l'importance traditionnelle au Mexique depuis l'impulsion que lui conféra Diégo Ribera. En 1955 et 1956 il a réalisé les peintures murales de la Chambre de Commerce de Mexico. Tout en se rattachant à un expressionnisme national robuste, sa peinture témoigne d'un héritage postcubiste, par un dessin et un sens de la composition synthétiques.
MUSÉES : BRUXELLES – MEXICO – NEW YORK (Mus. of Mod. Art) – PÉKIN – SAN FRANCISCO – VARSOVIE .
VENTES PUBLIQUES : NEW YORK, 11 mai 1979 : *Jeune fille assise 1944*, gche (56,5x50,4) : **USD 900** – NEW YORK, 7 mai 1980 : *Femme dans un paysage 1943*, gche et aquar. (44,5x61) : **USD 700** – NEW YORK, 8 mai 1981 : *Cirque dans la rue 1941*, h/t (58,1x86,4) : **USD 4 750** – NEW YORK, 30 mai 1984 : *Trois figures de cirque 1941*, h/isor. (57x79) : **USD 2 250** – NEW YORK, 26 nov. 1986 : *Nu assis* ; *Femme avec poterie 1976*, craies coul., deux dess. (66x47,9 et 66,7x50,8) : **USD 750** – NEW YORK, 21-22 nov. 1990 : *Les saltimbanques 1941*, h/t (58,5x86,5) : **USD 16 500** – NEW YORK, 19 mai 1992 : *Le mendiant 1945*, h/t (90x85) : **USD 8 250** – NEW YORK, 18 mai 1994 : *Pêcheurs 1961*, gche/pap. fort bleu (50x67,5) : **USD 2 875** – NEW YORK, 16 nov. 1994 : *Veillée mortuaire chez les Janitzio 1944*, gche/pap. fort (47x66) : **USD 6 325** – NEW YORK, 17 mai 1995 : *Fillette en bleu 1945*, gche/pap. bleu (99,1x68,9) : **USD 20 700** – NEW YORK, 14-15 mai 1996 : *Femme dans un paysage aride 1943*, gche/pap. chamois (44,4x60,6) : **USD 5 175** – NEW YORK, 25-26 nov. 1996 : *Petite fille en bleu 1945*, gche/pap. (99,1x68,9) : **USD 13 800**.

ANGUIER François
Né en 1604 à Eu. Mort le 9 août 1669 à Paris. XVIIᵉ siècle. Français.
Sculpteur de monuments, statues.
Il eut pour maîtres Martin Caron, à Abbeville, et Simon Guillain, à Paris. Au retour d'un voyage en Angleterre et d'un séjour de deux ans à Rome, il fut employé à la décoration du Louvre. De 1651 à 1658, il sculpta, en collaboration de son frère Michel, et d'autres artistes, le tombeau d'Henry II de Montmorency, dans l'église de la Visitation, à Moulins (actuellement chapelle du Lycée). Il exécuta également le monument funéraire de Jacques-Auguste de Thou, dont la statue de marbre et un relief de bronze sont conservés au Louvre. Le Musée Carnavalet possède, de lui, le *Tombeau de Henri Chabot, duc de Rohan*, et deux statues : *L'Espérance* et *La Sécurité*, qui ornaient autrefois la porte Saint-Antoine. Pour l'église de l'Oratoire, il avait sculpté, en 1658, la *Statue du Cardinal de Bérulle* ; en 1664, un *Saint Benoît* et une *Sainte Scolastique* pour la porte du Val-de-Grâce.
MUSÉES : AIX : *Couronne de fruits* – VERSAILLES : *Henri II, duc de Montmorency, amiral et maréchal de France* – *Maria-Félicie Ursini, duchesse de Montmorency* – *Duc de Rohan* – *Gaspard de La Châtre*.

ANGUIER Guillaume
Né en 1628 à Eu. Mort le 18 juin 1708 à Paris. XVIIᵉ siècle. Français.
Peintre d'ornements.
Il était le frère des célèbres sculpteurs Michel et François Anguier. Il fut l'un des artistes que Colbert fit employer à la manufacture des Gobelins ; il reçut le titre de peintre du roi et travailla à la décoration du grand escalier du Louvre, des châteaux de Saint-Germain-en-Laye et de Versailles. Il était aussi architecte.

ANGUIER Michel

Né le 28 septembre 1612 ou 1614 à Eu (Seine-Maritime). Mort le 11 juillet 1686 à Paris. XVIIᵉ siècle. Français.

Sculpteur de compositions mythologiques, sujets religieux, portraits, groupes, bustes.

Cet artiste est le frère de François et de Guillaume Anguier et travailla à Paris avec Simon Guillain, puis il alla passer dix ans en Italie.

De retour en France, il travailla, en collaboration avec son frère François, au *Mausolée du duc de Montmorency* et fit pour l'église de la Visitation de Moulins : *Un Crucifix* et deux statues : *La Madone* et *Saint Jean*. Ses autres œuvres sont : *Statue de Louis XIII*, en bronze, pour la ville de Narbonne, *Deux anges d'argent portant la tête de saint Rémi* (à Reims), *Six statues des dieux olympiens*, *Reliefs des douze mois*, enfin, en 1668, il sculpta *Un Christ*, en ivoire. En 1655, on trouve Anguier travaillant en 1656, à Vaux, à la superbe résidence de Fouquet. Trois ans plus tard, il érigea, au jardin des Tuileries, les statues d'un *Mars* et d'une *Minerve*. Il fit les sculptures de l'église du Val-de-Grâce, 1665 à 1667, exécuta deux reliefs de bronze : *La Nativité* (aujourd'hui à l'église Saint-Roch) et *La Descente de la Croix* (aujourd'hui à Saint-Paul et Saint-Louis) ; des décorations de bronze pour les fonts baptismaux de Saint-Eustache ; un relief pour le maître-autel de l'église de la Châtre ; *Saint Jean*, pour le couvent des Filles de Dieu ; *Jésus enfant*, marbre, pour la duchesse d'Aumont, et *Un crucifix de marbre*, pour l'église de la Sorbonne (aujourd'hui à l'église Saint-Roch) ; enfin, *Le buste de marbre de Colbert*, qui se trouve au Louvre ; et un groupe : *Hercule et Atlas portant le monde*.

Musées : Paris (Louvre) : *Colbert*, buste de marbre.

Ventes Publiques : Paris, 25 mars 1969 : *Amphitrite*, bronze patiné : FRF 20 000 – Londres, 3 mai 1977 : *Cérès*, bronze patiné (H. 53) : GBP 9 000 – Londres, 8 juil. 1981 : *Amphitrite*, bronze (H. 53) : GBP 1 300.

ANGUIGNANI

XVIIIᵉ siècle. Actif à Milan, pendant la première moitié du XVIIIᵉ siècle. Italien.

Peintre de fresques.

Peignit une *Gloire céleste* sur la voûte de l'église San Alessandro, à Milan.

ANGUILLA Francesco Andrea di

Né vers 1410 à Lucques (Toscane). XVᵉ siècle. Italien.

Peintre de compositions religieuses.

Cet artiste est probablement le même que le peintre Francesco di Andrea, dit Lola, qui travaillait, en 1410 et 1419, à Bologne.

Ventes Publiques : Milan, 10 juin 1988 : *Polyptyque avec au centre la Vierge et l'Enfant et divers saints sur les quatre autres panneaux*, détrempe/pan. à fond d'or (174x180) : ITL 85 000 000.

ANGUILLARA Jean ou Giovanni

XVIᵉ-XVIIᵉ siècles. Actif à Rome. Français.

Sculpteur.

Cet artiste travailla à Rome, en 1599, pour le Cardinal Aldobrandino. En 1609, il orna de chimères et de feuillages sculptés un carrosse destiné au pape Paul V.

ANGUILLARA Luigi

XVIIᵉ siècle. Italien.

Peintre.

Il peignit, en 1614, des frises décoratives à l'Oratorio della Morte à Ferrare.

ANGUILLE Janet

Née le 6 octobre 1920 à New York. XXᵉ siècle. Active en France. Américaine.

Peintre de compositions à personnages, paysages, fleurs.

Elle a été élève de l'Atelier d'André Lhote à Paris. A partir de 1960 elle a participé aux Salons d'Automne et des Indépendants, et a été sélectionnée à l'exposition du Prix Othon Friesz. Elle va à travers la France à la rencontre des sujets qu'elle traite dans une gamme très colorée et qui a gardé de l'enseignement d'André Lhote une écriture très construite.

ANGUISCIOLA Anna Maria ou Angosciola, Angussola

XVIᵉ siècle. Vivait vers 1568 et 1580. Italienne.

Peintre de compositions religieuses, portraits.

Elle était la sœur cadette de Sofonisba ; elle épousa Giacopo de Sommi, de Crémone. Elle peignit de nombreux portraits ; on connaît d'elle une copie de la *Madone della Scala*, d'après le Cor-

rège, à laquelle elle ajouta la figure de saint Jean Baptiste ; on cite aussi une petite toile, *la Madone et l'Enfant*, signée *Annae Mariae Amilcharis Angussolae filiae*.

ANGUISCIOLA Elena

XVIᵉ siècle. Active en 1584. Italienne.

Peintre.

Comme toutes les sœurs de Sofonisba, Elena Anguisciola, la plus âgée après Lucia, fut peintre. Elle travailla aux côtés de son aînée, sous la direction de Campi et de Gatti. Elle entra au couvent San Vincenzo à Mantoue. On ne cite aucun de ses ouvrages.

ANGUISCIOLA Europa

XVIᵉ siècle. Active dans la seconde moitié du XVIᵉ siècle. Italienne.

Peintre de compositions religieuses, portraits.

Lorsque Vasari entra en relations avec la famille Anguisciola, en 1568, Europa était encore jeune fille. Comme ses sœurs, elle s'adonna particulièrement à la peinture des portraits ; elle exécuta celui de sa mère, Bianca (qu'elle envoya en Espagne), et celui de plusieurs seigneurs de Crémone. Elle épousa l'un d'eux : Carlo Schinchinelli. On lui attribue un *Saint François portant les cinq stigmates*, qui se trouvait autrefois dans l'église de Casalbuttano. On cite encore un tableau d'autel représentant la *Vocation de saint André*.

ANGUISCIOLA Lucia

Morte en 1565. XVIᵉ siècle. Italienne.

Peintre d'histoire, portraits.

Cette artiste florissait à Crémone ; elle était, par l'âge, la troisième sœur de Sofonisba Anguisciola, son maître. Elle se distingua comme peintre et musicienne. Un portrait fait par elle, celui du médecin Pietro Maria de Crémone, signé *Lucia Anguisola Amilcaris F. Adolescens*, est à la galerie de Madrid. On cite encore à la Galerie Borghèse et à la pinacothèque de Brescia une *Figure de femme* et un *Portrait de jeune fille*, qui lui sont attribués.

ANGUISCIOLA Minerva

XVIᵉ siècle. Italienne.

Peintre.

C'était la quatrième sœur de Sofonisba Anguisciola ; elle étudia la peinture et mourut jeune.

ANGUISCIOLA Sofonisba ou Angosciola, Anguissola, Angussola

Née vers 1527 à Crémone. Morte en 1625 ou 1626 à Palerme. XVIᵉ-XVIIᵉ siècles. Italienne.

Peintre de portraits.

Originaire d'une ancienne famille patricienne de Crémone, Sofonisba Anguisciola était l'aînée de six filles, qui, toutes, s'adonnèrent aux beaux-arts. Elle étudia la peinture sous la direction de Bernardino Campi et du Sojaro et se montra un des meilleurs portraitistes de son époque. Philippe II la fit venir à Madrid et lui commanda son portrait et ceux de sa famille. A son retour en Italie, elle fit le portrait du pape Pie IV et ceux de nombreux princes. En outre, elle fit plusieurs fois son propre portrait, et ce sont peut-être là ses meilleures œuvres. L'un d'eux se trouve au Musée de Florence ; un autre dans la collection de Lord Spencer ; un autre dans une collection privée de Bologne. Citons encore une toile représentant trois de ses sœurs. Ce tableau fit partie de la collection de Lucien Bonaparte, et est aujourd'hui à Berlin dans la collection du comte Raczinski. Devenue aveugle, elle connut Van Dyck, qui déclarait avoir plus appris dans la conversation de Sofonisba Anguisciola que dans les ateliers des grands maîtres.

Musées : Bergame : *Sainte Famille* 1559 – Bologne : *Portrait de jeune femme* – Florence (Mus. des Offices) : *Portrait de l'artiste* – Londres : *Dame* – Milan (Poldi-Pezzoli) : *Autoportrait* – Modène : *Buste d'homme* – Naples : *Autoportrait* – Palerme : *L'artiste et son enfant* – Rome (Doria) : *Homme et femme* – Sienne : *Bernardino Campi faisant le portrait de l'artiste* – Venise : *L'artiste dans un miroir* – *Autoportrait* 1554 – Zurich : *Vieille*.

Ventes Publiques : Paris, 1813 : *Portrait de l'artiste* : FRF 26 – Paris, 1870 : *Portrait de l'artiste par elle-même* : FRF 1 550 – New York, 1922 : *St Seiriol d'Anglesey* : USD 70 – Paris, 17 nov. 1950 : *Tête de femme parée de perles*, pierre noire reh. de blanc : FRF 1 700 – Londres, 3 juil. 1963 : *Portrait de l'artiste peignant la Vierge*, pan. : FRF 5 000 – Vienne, 29 nov. 1966 : *Portrait de jeune homme un livre à la main*, h. sur ardoise : ATS 65 000 – Londres, 10 avr. 1970 : *La Vierge regardant dormir l'Enfant Jésus* :

GNS 5 000 – LONDRES, 8 juil. 1988 : *Portraits d'une dame en robe pourpre et de sa fille offrant un biscuit à son chien*, h/t (132x100,5) : **GBP 60 500** – ROME, 21 nov. 1995 : *Portrait d'une dame de trois-quarts, en robe noire à boutons de perle et collerette de dentelle blanche près d'une chaise noire*, h/t (116x82) : **ITL 23 570 000.**

ANGUISH J.
XVIIIe siècle. Actif vers 1700. Britannique.
Graveur.
Ottley cite de lui un *Bouclier d'armes, orné de feuillage et surmonté d'un casque.*

ANGUISSOLA Giuseppe
Né en 1863 à Plaisance. XIXe siècle. Italien.
Sculpteur sur bois.
Il travailla surtout au palais Royal de Turin et (après un séjour à Lyon et à Paris) au palais du duc d'Aoste. Il obtint une médaille à l'Exposition de Turin, en 1898.

ANGULO Andres
XVIe siècle. Actif à Séville en 1541. Espagnol.
Sculpteur.
Exécuta diverses œuvres d'art dans la maison de Juan de Alfaro, habitant de la paroisse Sainte-Marie.

ANGULO Balthasar de
XVIe siècle. Espagnol.
Sculpteur sur bois.
Cet artiste serait celui que l'on nomme maître Angulo, qui habitait Séville vers 1534 et qui travailla, en 1542, à la décoration d'une salle de l'Alcazar. Si l'on admet cette supposition de Gestoso, Balthasar de Angulo aurait sculpté aussi un retable pour l'église de Utrera en 1533.

ANGULO Gaspar de
XVIIe siècle. Espagnol.
Peintre.
En 1613, il entreprit les peintures de la chapelle majeure du couvent Portaceli, à Valladolid.

ANGUS John
Né le 23 mai 1821 à Anvers, sans doute d'origine anglaise. XIXe siècle. Belge.
Peintre d'histoire, scènes de genre.
Il reçut les leçons de Ferdinand de Brackeleer l'Ancien. Ses ouvrages ont figuré aux expositions belges, entre 1840 et 1860.
VENTES PUBLIQUES : LONDRES, 5 oct. 1979 : *Famille attablée*, h/pan. (21x17,8) : **GBP 700** – LONDRES, 11 mai 1990 : *Le Retour du père*, h/pan. (44,5x58) : **GBP 3 520** – AMSTERDAM, 5 nov. 1996 : *Bohémienne dansant devant la princesse*, h/pan. (73x95,5) : **NLG 8 496.**

ANGUS Maria
XIXe siècle. Active à Londres entre 1887 et 1893. Britannique.
Peintre, aquarelliste.
Cette artiste exposa à Suffolk Street, à la Royal Academy et à la New Water-Colours Society.

ANGUS William
Né en 1752. Mort en 1821. XVIIIe-XIXe siècles. Britannique.
Graveur, dessinateur, illustrateur.
Il fut élève de William Walker. Il grava et publia un grand nombre d'estampes représentant les demeures seigneuriales d'Angleterre et du pays de Galles, exécutées d'une délicate et agréable manière. Il fut également employé dans l'illustration de nombreuses publications topographiques du temps. Il ne grava pas seulement d'après ses dessins, mais reproduisit des œuvres de Shothard, Paul Sandby, Edward Daynes, Georges Samuel et autres artistes éminents. On lui doit une série de planches pour *The dramatic works of Shakespeare*, l'illustration d'ouvrages de J. Priestley, ainsi que des portraits pour *The European Magazine.*

ANGUS William Louis
Né le 16 septembre 1823 à Anvers. XIXe siècle. Belge.
Peintre d'histoire, scènes de genre.
Il était le frère de John Angus et fut élève de Ferdinand de Brackeleer et d'Hendrick Leys.
VENTES PUBLIQUES : NEW YORK, 28 nov. 1977 : *Travaux ménagers* 1865, h/pan. (50x42,5) : **USD 4 000** – LONDRES, 9 mai 1979 : *Jeune femme et enfants dans un intérieur* 1865, h/pan. (50x42) : **GBP 1 600** – LONDRES, 27 nov. 1985 : *Personnages dans une cour*, h/pan. (67x60) : **GBP 1 600** – LONDRES, 11 mai 1990 : *Intérieur hollandais avec des personnages attablés*, h/pan. (52x65,4) : **GBP 4 620.**

ANGUSOLO Luigi ou Angussola
XVIe siècle. Actif dans le Nord de l'Italie, vers 1512. Italien.
Peintre de compositions religieuses.
Il est probable que cet artiste appartenait à la famille Anguisciola, de Crémone, qui a donné les femmes peintres Sofonisba et Lucia Anguisciola. On peut voir à Modène, dans la galerie d'Este, un tableau signé de son nom, représentant le *Baptême du Christ.*

ANGUY Victor Amédée d'
Né à Morley (Meuse). XIXe siècle. Français.
Graveur au burin.
Il a fourni des gravures d'architecture pour la *Monographie de l'église de la Trinité*, 1868.

ANGYAL Géza
Né à Kremnica. XXe siècle. Tchécoslovaque.
Peintre.
Expose des portraits à la Nationale, en devient membre associé en 1926.

ANHALT DESSAU Léopold von, prince
XIXe siècle. Allemand.
Graveur, dessinateur.
Il grava en amateur nombre de paysages.
VENTES PUBLIQUES : LEIPZIG, 1843 : *Vue du Simplon* : **FRF 4** ; *Vue de Suisse* : **FRF 9.**

ANHOURY Marcelle
Née à Damiette. XXe siècle. Egyptienne.
Peintre.
Cette artiste expose des paysages et des natures mortes, en France, au Salon des Indépendants en 1932, et entre 1937 et 1939.

ANICHINI Pietro
Né en 1610 à Florence. Mort en 1645. XVIIe siècle. Italien.
Graveur.

ANIDO Alberto
Né en 1938 à Santa-Clara. XXe siècle. Cubain.
Dessinateur. Surréaliste.
Il s'est formé seul.

ANIE-MOUROUX
Née à Paris. XXe siècle. Française.
Sculpteur.
Elle fut élève des sculpteurs Louis Bottée et Laurent Marqueste. Elle exposait au Salon des Artistes Français, dont elle est devenue sociétaire, mention honorable en 1913, médaille de bronze 1920, médaille d'argent 1927, chevalier de la Légion d'Honneur 1937. Elle pratique des techniques diversifiées : médailles, faïences, terres cuites, bronze.

ANIELLO Juanita d'
Née à Montevideo (Uruguay). XXe siècle. Américaine.
Sculpteur.
Élève de Jean d'Aniello, cette artiste expose en France, au Salon des Artistes Français en 1929.

ANIEMOLO Vincenzo ou Ainemolo, dit Vincenzo Romano
Né vers la fin du XVe siècle à Palerme. Mort en 1540 à Palerme. XVe-XVIe siècles. Italien.
Peintre de compositions religieuses.
Il commença son éducation artistique dans sa ville natale, où il étudia particulièrement les œuvres du Perugino et d'autres maîtres, et, s'il n'entra pas dans l'atelier de Raphaël, le grand artiste eut une influence décisive sur son style. Aniemolo quitta Rome en 1527, au moment du pillage de cette ville, et se rendit à Messine, puis à Palerme, où il acheva sa vie. Les églises de sa ville natale possèdent un grand nombre d'ouvrages de lui. Il convient de mentionner notamment : *La Vierge et l'Enfant Jésus entre quatre saints, Saint Pierre martyr, la Vierge du Rosaire*, datée de 1540, *Sainte Marie des Anges.*

ANIGONI Pietro. Voir ANNIGONI

ANISFELD Boris Israelovich
Né en 1879. Mort en 1973. XXe siècle. Russe.
Peintre de scènes animées, peintre à la gouache, peintre de décors et costumes de théâtre, dessinateur.
Il fut élève de l'Académie des Beaux-Arts de Saint-Pétersbourg. Il séjourna dans le sud de la France, travaillant sur la fontière espagnole vers 1913, exposant au Salon d'Automne, dont il est devenu sociétaire. Puis il retourna travailler à Pétrograd qu'il

quitta en 1917. Pendant les années 1918-1920, il participa à une exposition itinérante aux États Unis : Brooklyn Museum à New York, Allbright Knox Museum à Buffalo, Chigaco Art Institute, Museum of Art à Saint Louis, et à San Francisco.

VENTES PUBLIQUES : NEW YORK, 24 nov. 1978 : *Le Roi de Lahore*, gche et cr. (25x18,7) : **USD 650** – NEW YORK, 15 mai 1980 : *Rébecca au puits* 1912, h/t (125x133) : **USD 2 600** – NEW YORK, 12 juin 1981 : *Sadko*, aquar., cr. et encre de Chine (45,5x33,1) : **USD 1 000** – NEW YORK, 10 déc. 1982 : *Projet de décor* 1921, h/isor. (63,7x76,4) : **USD 1 000** – NEW YORK, 16 déc. 1983 : *Projet de costume pour un guerrier dans « Turandot »*, gche (35,5x25,4) : **USD 1 100** – NEW YORK, 13 avr. 1983 : *Rébecca au puits* 1912, h/t (125x133) : **USD 1 800** – LONDRES, 2 avr. 1987 : *Scène de bord de lac* vers 1913-1915, h/t (60,5x73) : **GBP 1 400** – LONDRES, 14 déc. 1995 : *Hispania*, h/t (60x73) : **GBP 5 175** – LONDRES, 19 déc. 1996 : *Projet de costume pour l'un des eunuques de Islamei* vers 1912, gche sur cr. (44,5x27,7) : **GBP 8 280**.

ANISSIMOFF
XIXe siècle. Actif au début du XIXe siècle. Russe.
Peintre de genre.
Il se fit une réputation par l'exécution spirituelle de ses petits tableaux, représentant des scènes de la vie du peuple russe.

ANISSIMOFF Artemi Anissimowitsch
Né en 1733. Mort le 11 février 1823. XVIIIe-XIXe siècles. Russe.
Sculpteur de statues.
Il étudia à l'Académie de Saint-Pétersbourg, dont il devint plus tard un membres importants, en même temps qu'il fut nommé surveillant des travaux de sculpture. L'œuvre qui avait établi sa renommée consistait en deux statues, représentant l'*Europe* et l'*Afrique*, exécutées pour la façade de l'Amirauté de Saint-Pétersbourg.

ANITCHKOF Alexandre
Né à Saint-Pétersbourg. XIXe-XXe siècles. Travaillant à Paris. Russe.
Paysagiste.
Cet artiste prit part aux Expositions du Salon d'Automne en 1907 et des Indépendants en 1907-1909-1910 avec des paysages : *Hiver* (Nord de la Russie), *Septembre, Octobre, Après le coucher du soleil en juin, Crépuscule d'octobre*.

ANIVITTI Filippo
Né en 1876 à Rome. Mort en 1955. XIXe-XXe siècles. Italien.
Peintre de compositions à personnages, paysages, aquarelliste.
Il fut élève de l'Ecole des Beaux-Arts de Rome, dont il obtint le Premier Prix en 1899, y étant entré en 1893. En 1900, il participa au Concours Alinari.

VENTES PUBLIQUES : ROME, 29 mars 1976 : *La Via Appia Antica*, h/t (60x35) : **ITL 293 500** – LONDRES, 30 sep. 1981 : *Lac*, aquar. (39,5x52) : **GBP 260** – NEW YORK, 24 mai 1985 : *Vues de la campagne romaine*, aquar., une paire (36,5x54) : **USD 850** – ROME, 20 mai 1987 : *Vue de Tivoli*, h/tempera (68x48) : **ITL 1 200 000** – ROME, 25 mai 1988 : *Église de la Trinité-du-Mont* 1932, aquar./pap. (40x47) : **ITL 4 000 000** – ROME, 30 mai 1989 : *Paysage*, h/cart. (55x100) : **ITL 5 000 000** – ROME, 12 déc. 1989 : *Paysage*, h/pan. (37x52) : **ITL 2 200 000** – ROME, 29 mai 1990 : *Vue de la via Appia*, aquar. (49,5x71) : **ITL 5 520 000** – ROME, 31 mai 1990 : *Toits de Rome*, aquar./pap. (48x66) : **ITL 1 700 000** – ROME, 4 déc. 1990 : *Campagne romaine*, techn. mixte/pan. (17x23) : **ITL 1 400 000** – ROME, 16 avr. 1991 : *Paysanne dans la campagne romaine*, h/t (38x50) : **ITL 2 990 000** – LONDRES, 17 mai 1991 : *Fiumicino à Rome*, cr. et aquar./pap./cart. (33x64,8) : **GBP 1 320** – LONDRES, 19 juin 1991 : *Vendeurs de fleurs sur l'escalier des Espagnols à Rome*, h/t (39x44) : **GBP 7 920** – ROME, 14 nov. 1991 : *La pyramide de Castia et la Porte Saint Paul*, h/pan. (18x24) : **ITL 2 300 000** – NEW YORK, 26 mai 1992 : *Marché aux fleurs dans l'Escalier des Espagnols à Rome*, aquar./pap. (41,2x26,6) : **USD 1 320** – BOLOGNE, 8-9 juin 1992 : *Marché aux fruits*, h/cart., une paire (17x24 et 22x27) : **ITL 5 175 000** – LONDRES, 25 nov. 1992 : *L'Escalier des Espagnols à Rome*, h/t (39,5x44) : **GBP 3 850** – ROME, 31 mai 1994 : *Via Appia Antica*, aquar./pap. (44x65) : **ITL 3 536 000** – ROME, 5 déc. 1995 : *Moutons à Torre Salaria*, aquar./pap. (70x50) : **ITL 3 300 000** – ROME,

23 mai 1996 : *La Porte d'Octavie*, h/pap. (30x20) : **ITL 1 725 000** – LONDRES, 22 nov. 1996 : *L'Escalier espagnol, Rome*, h/pap./pan. (30,5x24,1) : **GBP 2 300**.

ANJARES
XVIe siècle. Espagnol.
Sculpteur.
Il eut pour maître Miguel Florentin, et travailla, vers 1550, avec d'autres artistes, aux sculptures de la chapelle royale, dans la cathédrale de Séville.

ANKAOUA Christine
XXe siècle. Française.
Peintre. Abstrait.
Christine Ankaoua a présenté ses œuvres durant l'opération d'ateliers ouverts au public qui se déroula en 1985 dans le quartier de la Bastille à Paris, appelée *Génie de la Bastille* en référence à la colonne de la place. Les peintures de Christine Ankaoua penchent du coté de l'abstraction tout en réservant par endroits quelque espace à une figure à peine esquissée. Ses œuvres aux couleurs très vives mêlent le geste ample et généreux à la répétition de petites touches précises.

VENTES PUBLIQUES : PARIS, 12 fév. 1991 : *Sans titre* 1987, techn. mixte/pap. (107x73,5) : **FRF 4 000**.

ANKARCRONA Édouard Alexandre Alexis
Né le 25 septembre 1825. Mort le 15 septembre 1901. XIXe siècle. Suédois.
Peintre de paysages.
Il avait, dans l'armée, le grade de lieutenant ; il a laissé un certain nombre de paysages de son pays.

VENTES PUBLIQUES : COPENHAGUE, 29 nov. 1978 : *Paysage d'été*, h/t (43x90) : **SEK 3 100** – STOCKHOLM, 30 oct. 1979 : *Paysage*, h/t (80x119) : **SEK 9 200** – STOCKHOLM, 22 avr. 1981 : *Paysage d'été* 1879, h/t (55,5x82,5) : **SEK 8 700** – STOCKHOLM, 10 fév. 1986 : *Paysage d'été*, h/t (79x119) : **SEK 18 500** – STOCKHOLM, 16 mai 1990 : *Côte rocheuse* 1893, h/t (47x72) : **SEK 6 000**.

ANKARCRONA Henrik August
Né le 14 septembre 1831 à Schonen. Mort en 1917. XIXe-XXe siècles. Suédois.
Peintre d'histoire, batailles, scènes de genre, sujets typiques, paysages animés.
La carrière de cet artiste fut d'abord exclusivement militaire ; ayant demandé son congé avec le grade de colonel, en 1892, il fut quelque temps gouverneur du château de Gripsholm. Il entra ensuite, comme officier, au service de la France, et fit la campagne du Maroc en 1895. L'année suivante, il passa dans l'armée espagnole, prit part à la guerre et retourna dans son pays. C'est alors qu'il reproduisit les scènes guerrières dont il avait été témoin en Afrique. Il exécuta également de très petites peintures des batailles du XVIe et du XVIIe siècle.

MUSÉES : GÖTEBORG : *Caravane dans le désert* – STOCKHOLM : *Paysage avec figures (Afrique septentrionale)*.

VENTES PUBLIQUES : LONDRES, 21 mars 1978 : *L'Heure de la prière* 1874, h/t (57,5x91,5) : **GBP 800** – STOCKHOLM, 8 avr. 1981 : *Caravane passant devant les pyramides*, h/t (74x125) : **SEK 17 500** – NEW YORK, 24 mai 1985 : *Caravane dans le désert* 1892, h/t (54,6x92,2) : **USD 9 500** – STOCKHOLM, 20 oct. 1987 : *Bédouins dans un campement*, h/t (59x99) : **SEK 34 000** – LONDRES, 24 mars 1988 : *Campement dans le désert* 1875, h/t (48x73) : **GBP 5 280** – LONDRES, 15 mars 1989 : *Bataille dans le désert*, h/t (70x124) : **GBP 5 000** – LONDRES, 14 fév. 1990 : *Une bataille dans le désert*, h/t (70x124) : **GBP 3 300** – STOCKHOLM, 16 mai 1990 : *Engagement de cavalerie* 1886, h/t (48x86) : **SEK 39 000** – LONDRES, 22 mai 1992 : *Une caravane arabe*, h/t (61x99) : **GBP 8 580** – LONDRES, 17 nov. 1993 : *Caravane faisant halte dans une oasis* 1894, h/t (60x105) : **GBP 4 025** – NEW YORK, 12 fév. 1997 : *Le Raid nocturne* 1877, h/t (61x100,3) : **USD 20 700**.

ANKARCRONA Jeannette
XIXe siècle. Vivait vers 1800-1840. Suédoise.
Peintre de paysages.

ANKARKRONA Gustav ou Sten Gustaf Herman
Né le 11 mai 1869 à Hakarp (Smaland). Mort en 1933. XIXe-XXe siècles. Suédois.
Peintre de genre, paysages animés.
Il fut élève de l'Académie des Beaux-Arts de Berlin de 1886 à 1889, puis poursuivit sa formation à Munich de 1891 à 1893. Dans sa première manière, il peignit des scènes familières de la vie des paysans et de leur travail dans la campagne. Ensuite il se consacra plutôt au décor du paysage, cherchant ses sujets dans

les pays du nord de l'Europe, particulièrement en Dalécardie. Il s'y montra sensible aux variations de la lumière et du climat poétique en fonction des saisons et de l'heure : *Soleil dans la forêt – L'or du soir*. Il peignit aussi une série de scènes de genre se passant au temps de Charles XII.

Musées : GÖTEBORG : *Labourage à l'automne* 1891 – STOCKHOLM : *Ancien temps* 1897.

Ventes Publiques : STOCKHOLM, 28 oct. 1980 : *Portrait du roi Oscar II* 1897, h/t (86x75) : **SEK 6 000** – LONDRES, 16 juil. 1985 : *Le repos des laboureurs* 1889, h/t (67x82) : **GBP 1 800** – MILAN, 11 déc. 1986 : *Chaumière en hiver, h/pan., de forme irrégulière* (36x39) : **SEK 24 000** – STOCKHOLM, 20 oct. 1987 : *Cour de ferme en été* 1890-1891, h/t (41x51) : **SEK 42 000** – LONDRES, 15 mars 1989 : *Jour d'hiver à Dalecarlia* 1899, h/t (64x109) : **GBP 11 000** – STOCKHOLM, 19 avr. 1989 : *Paysage d'été avec des meules de paille* 1890, h/pan. (16x24) : **SEK 13 000** – STOCKHOLM, 15 nov. 1989 : *Paysage d'hiver avec des chevaux et leurs écuries autour de l'église*, h. (60x73) : **SEK 32 000.**

ANKCORN J.
XIXe siècle. Actif à Londres entre 1864 et 1868. Britannique.
Peintre de natures mortes, fleurs.
Il exposa à Londres : à la Royal Academy, à la British Institution et à Suffolk Street.
Ventes Publiques : LONDRES, 4 nov. 1994 : *Primevères et violettes avec deux nids* 1865, h/cart. (200,3x30,5) : **GBP 1 265.**

ANKEI Okasaki Genshichi. Voir KAIGETSUDO ANDO

ANKEN Joris Van
XVIe siècle. Éc. flamande.
Peintre.
En 1558, il fut élève d'un certain Nicl. Hermans ; maître à Anvers en 1561, et mentionné jusqu'en 1589.

ANKENEY John Sites
Né en 1870 à Xenia (Ohio). XIXe-XXe siècles. Américain.
Peintre.
Vivait à Columbia vers 1909-1910.

ANKER Albert
Né le 1er avril 1831 à Anet (Canton de Berne). Mort le 16 juillet 1910 à Ins. XIXe-XXe siècles. Actif aussi en France. Suisse.
Peintre de genre, portraits, paysages, natures mortes, aquarelliste, illustrateur.
Après des études théologiques en Suisse, il vint à Paris, où il entra dans l'atelier de Gleyre et à l'École des Beaux-Arts. Il resta près de trente ans à Paris, fit des séjours en Italie en 1863 et 1886, retourna dans sa ville natale en 1891.
Il fut surtout l'interprète de la vie rustique bernoise, dont il sut traduire avec tendresse et vérité, la verve populaire et la poésie. Sa touche large et libre montre son intérêt pour l'impressionnisme. Il fut aussi l'auteur d'illustrations de plusieurs ouvrages d'écrivains suisses, dont les *Contes et Nouvelles* de Jérémias Gotthelf.

Bibliogr. : Gérald Schurr : *Les Petits Maîtres de la peinture 1820-1920, valeur de demain*, t. IV, Les Éditions de l'Amateur, Paris, 1981.
Musées : BÂLE : *Déjeuner d'enfants – Le pharmacien du village* – BERNE : *Examen dans une école de village – La petite amie morte – La soupe des pauvres à Anet – Recueillement du grand-père – La petite maman* – GENÈVE (Mus. Rath) : *Assemblée de communes dans le canton de Berne – Tête de jeune fille* – LILLE : *Dans les bois* – NEUCHÂTEL : *Guerre de 1789 ou Pestalozzi et les orphelins Unterwaldois à Morat – Le premier sourire d'un enfant – Le dimanche après-midi -L'hospitalité – Le chemin des Pèlerins à Gleyresse – Jeune fille revenant de l'école – Secrétaire de commune bernois* – SHEFFIELD : *Le notaire public.*
Ventes Publiques : PARIS, 1874 : *La Récolte en Alsace* : **FRF 1 800** – BERNE, 27 nov. 1959 : *Paysan vu à mi-corps, aquar.* : **CHF 12 000** – BERNE, 23-24 oct. 1964 : *Le Fils perdu* : **CHF 48 000** – LONDRES, 11 oct. 1967 : *La Leçon* : **GBP 1 600** – ZURICH, 11 juin 1971 : *Les Buveurs d'absinthe* : **CHF 29 500** – ZURICH, 5 mai 1976 : *La Soupe des pauvres* 1859, h/t (81,5x65) : **CHF 230 000** – BERNE, 24 nov. 1976 : *Le Grand'père* 1909, aquar. (25x34,5) : **CHF 26 500**

– ZURICH, 12 mai 1977 : *Parisienne à la voilette dans une rue animée*, h/t (82x100) : **CHF 27 000** – ZURICH, 29 mai 1979 : *Page à la mandoline*, aquar. et cr. (33,5x19,5) : **CHF 6 500** – ZURICH, 19 mai 1979 : *Fillette blonde, fus.* (35,3x28,5) : **CHF 26 000** – LONDRES, 19 mars 1981 : *Portrait de jeune fille de profil*, aquar. (15,9x12) : **GBP 1 400** – ZURICH, 15 mai 1981 : *Vieille femme tricotant dans un intérieur* vers 1857, h/t (41x33) : **CHF 135 000** – BERNE, 25 nov. 1982 : *Jeune fille lisant* 1908 ; *Le grand-père* 1908, deux aquar. (35x25) : **CHF 82 000** – BERNE, 17 nov. 1983 : *Intérieur rustique, fus./pap.* (30X55) : **CHF 23 000** – BERNE, 18 mai 1984 : *Vieille femme lisant la Bible* 1906, aquar./pap. (35,5x25,5) : **CHF 70 000** – BERNE, 19 nov. 1984 : *La Sœur aînée* 1867, h/t (81,5x65,5) : **CHF 410 000** – BERNE, 19 nov. 1984 : *Vieux paysan fumant la pipe (recto) ; Etude de visage (verso)*, fus. reh. de craie (26x34) : **CHF 22 000** – ZURICH, 6 juin 1985 : *Portrait d'homme allumant sa pipe* 1903, aquar./trait de pl. (35x26) : **CHF 55 000** – BERNE, 1er mai 1985 : *Der Notar in der Falle*, pl. (18,5x26,5) : **CHF 15 000** – ZURICH, 21 nov. 1986 : *Fillette à la poupée (Louise Anker)* 1867, h/cart. (42x31,5) : **CHF 430 000** – BERNE, 17 juin 1987 : *Portrait d'un vieil homme au bonnet* vers 1897, h/t (42x32) : **CHF 72 000** – BERNE, 22 juin 1988 : *Les Deux Sœurs au tricot (Bertha et Rosa Gugger)*, h/t (51,2x62,3) : **CHF 288 000** – BERNE, 26 juin 1988 : *Vieille femme lisant le Zollikofer* 1885, h/t (60,2x45) : **CHF 260 000** – LUCERNE, 30 sept. 1988 : *Femme lisant un billet galant*, sépia et aquar./pap. (35x24) : **CHF 19 500** – BERNE, 26 oct. 1988 : *Jeune fille tricotant*, aquar. (34x24) : **CHF 46 000** – AMSTERDAM, 2 mai 1990 : *Le Génie des morts*, h/t (83x45,5) : **NLG 80 500** – BERNE, 12 mai 1990 : *La Vieille Église de Cerlier* 1891, aquar. (17,5x11,5) : **CHF 17 000** – LONDRES, 22 juin 1990 : *Portrait d'un jeune garçon, peut-être Sammeli Niederhüsler*, h/t (45x35,6) : **GBP 121 000** ; *Portrait d'une fillette*, h/t (42x33) : **GBP 143 000** ; *Nature morte avec deux verres de vin rouge, une bouteille, un tire-bouchon et une assiette de biscuits*, h/t (43,2x36,9) : **GBP 82 500** – ZURICH, 4 juin 1992 : *Jeune fille cousant*, aquar./pap. (14,5x9) : **CHF 6 780** ; *Fillettes avec une poupée*, cr./pap., étude (30x22) : **CHF 7 910** – ZURICH, 9 juin 1993 : *Dans les bois d'Asnières*, h/t/cart. (37,5x54) : **CHF 34 500** – ZURICH, 8 déc. 1994 : *Les Jeunes Ramasseurs de fagots* 1875, h/t (81,5x65,5) : **CHF 509 900** – ZURICH, 12 juin 1995 : *Petite Fille au tricot*, h/t (44,5x30) : **CHF 227 400** – ZURICH, 25 mars 1996 : *Gamin tirant la charrette des bébés*, h/t (51x78) : **CHF 679 500** – ZURICH, 5 juin 1996 : *Jeune Fille en costume populaire avec un livre au recto, Homme épluchant des haricots au verso*, aquar./pap. (35x25) : **CHF 48 300** – ZURICH, 10 déc. 1996 : *Le Cordonnier Feissli* 1870, h/t (55x43) : **CHF 340 400** – ZURICH, 14 avr. 1997 : *Portrait de garçonnet* 1886, h/t (44x34) : **CHF 103 100** – ZURICH, 4 juin 1997 : *La Sœur aînée* 1867, h/t (81,5x65,5) : **CHF 905 400.**

ANKER Annette
Née le 26 septembre 1851 à Nitedalen. Morte le 12 décembre 1885 à Oslo. XIXe siècle. Norvégienne.
Peintre de genre, paysages.
Il est probable que cette artiste se perfectionna à l'école de peinture de Berglien, à Oslo. Elle passa à Paris l'hiver de 1880-1881 et fit ensuite plusieurs voyages d'études en Norvège. Ses ouvrages furent souvent exposés à Oslo.

ANKER Hans
Né le 30 octobre 1878 à Berlin. XXe siècle. Allemand.
Dessinateur, illustrateur.
Il commença probablement ses études artistiques à Berlin, puis fut élève de Jean-Paul Laurens à l'Académie Julian de Paris. Il dut faire de la peinture à cette époque, mais ne se fit connaître dans la suite que par ses illustrations. A l'Exposition de Berlin de 1909, il présentait trois dessins. Il a donné des illustrations pour le *Nouveau trésor des Ballades Allemandes* de 1906. Son dessin est franc de trait, le blanc du papier mis en valeur par contraste avec de larges plages d'encre noire en aplat.
Ventes Publiques : PARIS, 13 juil. 1944 : *Bords de rivière* : **FRF 4 000.**

ANKER Hermanus Franciscus Van den
Né le 14 juillet 1832 à Rotterdam. Mort le 9 juillet 1883 à Paris. XIXe siècle. Hollandais.
Peintre.
Il étudia à l'académie de sa ville natale, puis il vint en France, en 1852. Il devait y mourir, à l'hôpital Dubois, trente années plus tard. Il a laissé des peintures d'intérieurs, avec figures. Anker a résidé à Paris, puis à Pont-Aven où il a habité durant quatorze ans.
Musées : BREST : *A Pont-Aven, visite à l'accouchée.*

ANKER Johan Baptist

Né à Ettenheim (Autriche). XVIIIe siècle. Autrichien.
Miniaturiste.
Il fut élève de l'Académie de Vienne et de Füger. Deux de ses ouvrages, datés de 1790 et 1793, ont figuré à l'Exposition des miniatures à Vienne en 1906.

ANKER Johan Caspar Herman Wedel

Né le 9 décembre 1845 à Nitedalen (près d'Oslo). Mort le 13 mai 1895 à Nordford. XIXe siècle. Norvégien.
Peintre de paysages.
Il travailla à l'École des Métiers de Götegorb, étudia l'architecture à l'École Polytechnique de Hanovre (1866-1869), et la peinture à Oslo (1869-1870). Il se perfectionna ensuite à Copenhague (1871-1874) et à Berlin, où il fut élève de Gude (1881-1887). En 1872, 1873 et 1884, il exposa à Copenhague, ainsi qu'à Berlin et à Oslo. Il peignait surtout des bois de bouleaux.

ANKER Peter Bernard

Né le 5 mai 1825 à Frogner, près d'Oslo. Mort le 13 février 1856 à Düsseldorf. XIXe siècle. Norvégien.
Peintre de scènes de genre.
Il se destinait à la carrière des armes, qu'il abandonna bientôt pour s'adonner à l'art. Il commença à étudier la peinture à Copenhague, puis à l'Académie des Beaux-Arts de Düsseldorf. Ses ouvrages se vendirent facilement en Allemagne et en Norvège.
Il débuta par quelques compositions humoristiques et, suivant l'exemple de son maître Tidemand, il s'exerça ensuite à reproduire des scènes de la vie du peuple norvégien. Après plusieurs voyages d'études, il exécuta son œuvre principale : *La lettre du fils*, qui lui valut un succès enthousiaste.
VENTES PUBLIQUES : ZURICH, 27 mai 1982 : *Vieille paysanne assise au bord de la route*, h/t (72x96) : **CHF 15 000.**

ANKERMANN Y RIERA Ricardo

Né à Palma-de-Majorque (Baléares). XIXe siècle. Espagnol.
Peintre d'histoire, scènes de genre, paysages.
Il s'instruisit à l'école des arts de sa ville natale. Ses tableaux ont paru aux Expositions de Madrid en 1864, 1866 et 1874. Parmi ses œuvres, on mentionne : *Caïn et Abel, Adam et Ève, Ariane, prêtresse de Bacchus, Un homme ivre, Une Manola jouant de la guitare, Le cabinet d'antiquités.* Les trois derniers de ces ouvrages ont figuré à l'Exposition Universelle de Paris, en 1878.
VENTES PUBLIQUES : LONDRES, 26 nov. 1982 : *Palma, Mallorca 1886*, h/t (35x70) : **GBP 4 800.**

ANKIEL Johann ou Angiel

Mort en 1591 à Varsovie. XVIe siècle. Actif à Cracovie. Polonais.
Peintre.
Quitta Cracovie en 1586 et se fixa à Varsovie, où il travailla pour la noblesse de cette ville.

ANLI Hakki

Né le 6 octobre 1920 à Istanbul. XXe siècle. Actif aussi en France. Turc.
Peintre. Postcubiste.
Il fut élève de l'Académie des Beaux-Arts d'Istamboul jusqu'en 1942. Il s'est fixé à Paris depuis 1946. Il y figure aux Salons annuels des Réalités Nouvelles et Comparaisons. Il a fait partie de la sélection turque à la Biennale de Venise en 1956. Il a eu des expositions individuelles à Paris 1958, Saint-Gall en Suisse 1961, Munich 1962.
Il peignit d'abord dans une optique réaliste, à partir de laquelle il fut influencé par l'écriture cubiste-expressionniste de Picasso, tout en subissant quelque attirance pour l'abstraction. Sa peinture est solidement fondée par l'infra structure cubiste, et a su progressivement gagner en liberté.
MUSÉES : AUCKLAND, Nouvelle Zélande – GRENOBLE – ISTANBUL – TEL-AVIV.
VENTES PUBLIQUES : PARIS, 31 jan. 1990 : *Composition en blanc 1966*, h/t (116x81) : **FRF 3 000.**

ANNA Alessandro d' ou Anno

Né en 1746. Mort en 1810. XVIIIe siècle. Actif à Naples dans la seconde moitié du XVIIIe siècle. Italien.
Peintre de scènes de genre, paysages, paysages d'eau, paysages de montagne, peintre à la gouache.
Il était fils de Vito d'Anna. Il est connu pour ses *Éruptions du Vésuve et de l'Etna*, gravées ensuite par V. Aloya, J.-B. Chapuy, E. Strasser et Mixelle.
VENTES PUBLIQUES : LONDRES, 8 déc. 1987 : *Vue de la baie de Naples depuis une terrasse*, dess. (29,6x57,5) : **GBP 3 400** – MADRID, 30 oct. 1990 : *Taverne dans la baie de Naples*, gche/pap. (54x84) : **ESP 3 248 000** – MONACO, 21 juin 1991 : *Danse villageoise*, gche/pap. (50x80) : **FRF 144 300** – NEW YORK, 20 jan. 1993 : *Vues de la baie de Naples*, gche, une paire (chaque 41,3x64,1) : **USD 14 150** – LONDRES, 5 juil. 1993 : *Couple dansant la tarentelle au bord de la mer avec un jeune joueuse de tambourin*, gche (28,4x20,7) : **GBP 4 025** – COPENHAGUE, 8 fév. 1995 : *Vue de Naples depuis Mergellina ; Vue de Salerne depuis la route de Vreti 1796*, gche, une paire (chaque 45x66) : **DKK 85 000** – LONDRES, 18 avr. 1996 : *Une femme de Venafro portant un tonnelet*, gche (32,2x24,3) : **GBP 1 150.**

ANNA Baldassare d'

Né à Venise ou en Flandre. XVIe-XVIIe siècles. Italien.
Peintre d'histoire.
Il appartenait à une riche famille de marchands, établie à Venise. On ne s'accorde pas sur la date de sa naissance. Boni la place en 1560, et contredit ainsi Ridolfi, qui cite cet artiste comme élève de Corona, né lui-même en 1561. En tous les cas, le nom de Baldassarre paraît sur des documents religieux jusqu'à la date de 1639. Ce peintre appartient à l'école des « maniéristes » vénitiens, qui prit naissance avec Palma le Jeune ; ses œuvres rappellent celles de son maître Corona et sont souvent exécutées avec plus de soin. On a conservé seulement l'important tableau représentant *La délivrance des esclaves*, à Santa Maria Formosa, signé, et daté de 1619. En dehors de Venise, on peut voir huit grands tableaux d'autel, retraçant la *Vie de la Vierge*, dans l'église des Jésuites, à Brünn.

ANNA Margit

Née en 1913. XXe siècle. Hongroise.
Peintre de compositions à personnages. Symboliste.
Femme de Imre Amos, représentant important du courant surréaliste en Hongrie, elle eut dans sa propre peinture à peu près le même parcours. Ses peintures de jeunesse se situaient dans la tradition postimpressionniste. L'œuvre de Chagall l'influença ensuite par sa poésie alliant la mémoire de l'enfance et une mise en situation fantastique. La recherche de l'innocence enfantine prévalut sur la veine fantastique, peut-être parce que le modèle surréaliste s'était éteint pour elle avec la mort de son mari en 1945. De façon plus ou moins consciente, elle créa alors des œuvres qu'on peut apparenter à l'art brut. Ses représentations se situent hors du temps, en tout cas hors du temps présent, la vision reste ancrée au regard de l'enfance, d'une enfance idéalisée, aussi a-t-on pu rapprocher sa peinture de celle du grand symboliste Lajos Gulacsy. ■ J. B.
BIBLIOGR. : Lajos Nemeth : *Moderne ungarische Kunst*, Corvina, Budapest, 1969.

ANNA Vito d'

Né en 1720. Mort en 1769. XVIIIe siècle. Actif à Palerme. Italien.
Peintre de compositions religieuses, fresquiste.
Il eut pour maîtres Paolo Vasta d'Arcireale, Olivio Sozzi et Corrado Gianquinto. Il a laissé, à Palerme, de nombreuses fresques, entre autres celles de l'église du couvent del Salvatore, ainsi que les peintures du plafond de Santa Caterina et de San Matteo.
VENTES PUBLIQUES : MILAN, 10 mai 1967 : *Scènes de la vie du Christ*, quatre toiles formant pendants : **ITL 600 000** – LONDRES, 16-17 avr. 1997 : *Apollon inspirateur des arts*, pl. et encre noire et lav. gris avec reh. de blanc/pap., projet de décoration de plafond (42,6x25) : **GBP 747.**

ANNA SELBDRITT au Louvre, Maître d'. Voir MAÎTRES ANONYMES

ANNABLE George O.

XIXe siècle. Vivait aux environs de 1829. Américain.
Sculpteur.

ANNAERT Corneille

XVe siècle. Actif à Bruges, vers 1470 ou 1480. Éc. flamande.
Peintre.

ANNALY, Mme

Née vers 1855 à Bordeaux (Gironde). XIXe siècle. Française.
Peintre de paysages.
Elle fut élève d'Auguin, de Baudit et Pelouse. De 1878 à 1899, elle exposa à Bordeaux, puis à Paris, notamment au Salon, et fit également partie de la Société des Artistes Français.
C'est avec sérénité qu'elle peint des vues de rivières et forêts du Bordelais. Citons : *Vallée de Pierre-Brune – Marais à Saint-Augustin 1878.*

ANNAN Alice Hawthorne
Née à New York. XIXᵉ siècle. Américaine.
Peintre.
Elle fut l'élève de plusieurs artistes : Twachtmann Cox, William Merritt Chase et autres. Ses œuvres figurèrent dans plusieurs expositions.

ANNAN Sylvester P.
Né le 11 mai 1865 à Saint Louis. XIXᵉ siècle. Américain.
Peintre, décorateur.
Sylvester Annan étudia à Paris, avec Jules Lefebvre, Boulanger et Luigi Loir. Il était membre de la Society of Western artists et de la Artists Guilde de Saint-Louis. Il fut aussi architecte.

ANNE Ernest
Né à Paris. Mort en 1894. XIXᵉ siècle. Français.
Graveur sur bois, illustrateur.
Élève de Pannemaker, collaborateur du *Monde Illustré*, expose au Salon de 1884 à 1890.

ANNE Gilles Van
XVIᵉ siècle. Éc. flamande.
Peintre décorateur.
Sous la direction de Jean Braem et de Pierre Vargauwe, il travailla, en 1549, à l'ornementation des arcs de triomphe érigés à l'occasion de l'entrée de l'Infant d'Espagne (le futur Philippe II), dans la ville de Lille.

ANNE Marie
XIXᵉ siècle. Britannique.
Peintre de fleurs, aquarelliste.
Connue par un tableau qu'elle envoya en 1851 à la Royal Academy. Le Musée Victoria and Albert conserve de cette artiste des aquarelles de fleurs.

ANNE-LAN, pseudonyme de **Anne Brigitte Marie Lan Nguyen**
Née le 29 mars 1943 à Perpezac-le-Blanc (Corrèze). XXᵉ siècle. Française.
Peintre de compositions animées, compositions mythologiques, figures, nus, lithographe. Figuration fantastique.
De père vietnamien (alors indochinois) et de mère française, tous deux médecins, elle a passé son enfance dans le Limousin. Fixée à Paris, elle participe à de nombreux salons parisiens : en 1981, 1983, 1987, 1989, 1991, etc., de la Société Nationale des Beaux-Arts, en 1984, 1986, etc., des Indépendants, salons dont elle est membre sociétaire ; en 1986, 1990, etc., Comparaisons ; en 1988 et 1990 Salon des Artistes Français ; ainsi qu'à de nombreuses manifestations de la région parisienne comme le Salon de Montrouge en 1981. Elle montre des œuvres dans des expositions personnelles, notamment au musée du Cloître à Tulle en 1983 et 1986, au musée Ernest Rupin à Brive en 1988, au musée Labenche à Brive en 1993, à Venise *L'Invitation au voyage* en 1996, ainsi qu'aux États-Unis, au Japon, en Suisse, à Venise... Elle a reçu de nombreux prix et distinctions : médaille de bronze en 1983 et d'or en 1985 au Festival international d'Osaka, médaille de bronze de la Ville de Paris, médaille d'argent des Arts, Sciences et Lettres.
Elle réalise de nombreuses peintures sur soie, ainsi que des lithographies. Décorative et illustrative, sa peinture s'inspire de mythes anciens, librement interprétés, dans un aimable compromis entre les traditions orientales et occidentales.

ANNECAR Charles Alexis
Né vers 1763 à Compiègne. XVIIIᵉ siècle. Français.
Sculpteur.
Entra à l'École de l'Académie Française le 1ᵉʳ mars 1785 dans l'atelier d'Allegrin.

ANNEDOUCHE Alfred Joseph
Né le 13 septembre 1833 à Paris. XIXᵉ siècle. Français.
Graveur au burin.
Il étudia d'abord avec A. Martinet et Gleyre, puis il entra à l'École des Beaux-Arts. Il a exposé, à partir de 1863, des gravures exécutées au burin à l'eau-forte ou à la manière noire, reproduisant les œuvres de W. Bouguereau, de Poussin, de Portaels et autres maîtres. On cite notamment de lui un portrait de *Raffaello Sanzio*, d'après le maître, une planche pour la partie zoologique de : *Exploration scientifique de l'Algérie pendant les années 1840, 1841, 1842, Vierge* et *l'Innocence*, d'après Bouguereau ; médaille de troisième classe en 1876 ; deuxième médaille en 1886 ; médaille de bronze à l'Exposition Universelle de 1889.

ANNEDOUCHE Jules
Né à Paris. XIXᵉ-XXᵉ siècles. Français.
Peintre.
A exposé au Salon en 1906.

ANNÉE Charles Antoine Marie
Né le 13 février 1812 à Naples (Campanie), de parents français. Mort en 1842 à Paris. XIXᵉ siècle. Français.
Peintre de scènes de genre.
Il fut élève d'Eugène Devéria et de Léon Cogniet.
MUSÉES : NÎMES : *Jeune fille caressant une colombe.*
VENTES PUBLIQUES : BERNE, 26 oct. 1978 : *La partie de cartes* 1839, h/t (56x46,5) : CHF 3 500.

ANNEEL Freddy d'
Né en 1929 à Ostende. XXᵉ siècle. Belge.
Sculpteur de sujets religieux, nus, peintre.
Il fut élève de l'Académie de Bruxelles. Il devint professeur à l'École d'Arts Plastiques d'Uccle-Bruxelles.

ANNEGRIS Tours
XVIᵉ siècle. Allemand.
Peintre.
Un peintre allemand de ce nom travailla à Lyon, en 1548, pour l'entrée d'Henri II.

ANNEMULLER Gustav
XIXᵉ siècle. Allemand.
Peintre de genre, aquarelliste.
En 1860, il a exposé, à Berlin, deux tableaux à l'huile : *Les frères ennemis, Paysage*, et une aquarelle : *Chaumière de pêcheurs.*

ANNEN George
Né le 27 avril 1842 à Genève. Mort le 26 novembre 1879. XIXᵉ siècle. Suisse.
Peintre de paysages, peintre sur émail.
Il fut l'élève de Mayer à Paris et de Barthélemy Menn à Genève. On possède peu d'ouvrages de lui.

ANNEN Georgina Marie
Née le 24 décembre 1843 à Genève. XIXᵉ siècle. Suisse.
Peintre sur émail, aquafortiste.
Elle était la sœur de George Annen ; elle étudia avec Juliette Hébert, à Genève ; Rivoire, Laïs et Mme Puyroche-Wagner à Lyon. Elle produisit fréquemment ses œuvres dans les expositions de son pays ; le Musée Ariana, à Genève, possède d'elle un grand motif de fleurs.

ANNEN Joseph Dominik
Né le 11 juin 1829 à Arth. XIXᵉ siècle. Suisse.
Peintre de sujets religieux, portraits.
Il fut élève de Paul Deschwanden et travailla quelque temps à Munich. On cite notamment le tableau d'autel de l'église paroissiale de Belfaux. Il réalisa nombre de figures de saints.

ANNENKOFF Maria Nikolajewna
Morte en 1889. XIXᵉ siècle. Russe.
Sculpteur de bustes.
Elle a exposé à l'Académie de Saint-Pétersbourg, dès 1868, et a laissé plusieurs bustes, ainsi que des médailles.

ANNENKOV Yuri ou **Jurii Pawlowitsch**, dit **Georges**
Né le 11 juillet 1889 à Pétropavlosk (Kamchatka). Mort en 1974 à Paris. XXᵉ siècle. Actif aussi en France. Russe.
Peintre, peintre de collages, sculpteur, illustrateur, dessinateur de décors et costumes de théâtre et de cinéma. Cubiste, puis abstrait, puis figuratif.
Fils d'un relégué politique dans le Kamchatka, il put venir à Saint-Pétersbourg en 1898, où il fut étudiant de l'Ecole des Beaux-Arts et dans plusieurs ateliers d'artistes de 1908 à 1911, passionné par le théâtre et la mise en scène. Il vint à Paris en 1911, étudiant avec Maurice Denis et Félix Vallotton, puis alla en Suisse en 1913. Il exposa au Salon des Indépendants de Paris en 1912 et 1913 et repartit pour la Russie, où il se lia au mouvement cubiste-futuriste qui allait devenir la galaxie du constructivisme autour de Malevitch, Tatlin, etc. Il exposa alors aux Salons *Dobytchina* et de *L'Union de la Jeunesse.* Il participa à la fièvre et à l'enthousiasme des premières années de la nouvelle Russie. On sait qu'il composa de grands assemblages métalliques et parfois polychromes non figuratifs, sans doute disparus. Dans la mouvance de fête du moment, il mit en scène de gigantesques spectacles de masse à ciel ouvert, notamment pour les fêtes de la Révolution à Leningrad en 1920. Il fut nommé professeur à l'Académie des Beaux-Arts de Pétrograd. En 1920, il publia *Le théâtre jusqu'à la fin.* En 1924, il fut envoyé à Paris comme repré-

sentant de l'U.R.S.S. à un congrès international d'art, et il oublia de rentrer en Russie.

À Paris, il revint à une peinture figurative expressionniste, qu'il exposait aux Salons d'Automne à partir de 1924, des Tuileries en 1929. Sans doute avait-il peint auparavant les portraits de *Lénine* et de *Trotsky*. Il en peignit ensuite d'autres dont celui de *Henry Torrès*. Mais, il consacrait alors surtout son activité à la création de costumes pour le cinéma, de décors et costumes pour le théâtre : *Hamlet*, pour : *Le passage des princes* de Ch. Méré en 1934, et pour l'opéra, notamment pour les *Ballets russes* de l'Opéra Comique en 1932, et les *Ballets russes* de Monte-Carlo et du Châtelet. Sur cette activité, où il joua un rôle important, il écrivit : *En habillant les vedettes* 1951, et une étude sur : *Max Ophuls* 1962. Il créa aussi des affiches de spectacles et pour l'industrie. Il a illustré nombre d'ouvrages littéraires, parmi lesquels : *Extra-muros* de L. Chéronnet, *Le cirque et le music-hall* de P. Bost, *Crime à San Francisco* de Luc Durtain, etc.

Après 1945, dans un contexte de nouveau favorable, il revint à l'abstraction, avec de grandes compositions en hautes pâtes, qui firent oublier sa discrète période figurative et ravivèrent au contraire le souvenir de son rôle dans le futurisme russe des années dix à vingt. ■ Jacques Busse

G-Annenkov.

Bibliogr. : Pierre Courthion : *Georges Annenkoff* – in : *L'art du XXᵉ siècle*, Larousse, Paris, 1991.

Musées : Bruxelles (Art Mod.) – Moscou (Gal. Tretiakoff) : *Portrait de Sverdlov* 1951 – Paris (Mus. Nat. d'Art Mod.) : *Vieille Bretonne* – Philadelphie – Saint-Pétersbourg (Mus. Russe) : *Portrait d'Éléna Annenkova*.

Ventes Publiques : Londres, 17 mars 1972 : *Paysage* : GNS 2 200 – Hambourg, 2 juin 1976 : *Nature morte*, h/t (181x160) : DEM 8 400 – Amsterdam, 7 nov. 1978 : *Nature morte*, gche (70,7x98) : NLG 4 600 – Amsterdam, 31 oct. 1979 : *Nature morte*, aquar. (60,5x45) : NLG 2 000 – Hambourg, 5 juin 1980 : *Hurlement* 1926, h/t (73,5x92) : DEM 12 000 – Paris, 8 nov. 1982 : *Composition* 1921, collages, aquar. et cr. de coul. (29x24) : FRF 7 000 – Londres, 13 fév. 1986 : *Portrait de femme*, aquar. et cr. (61x46,5) : GBP 1 600 – New York, 8 oct. 1986 : *Vue d'une ville* ; *Femme assise*, encre de Chine, deux dess. (34,3x24,2) : USD 4 000 – Londres, 2 avr. 1987 : *Mains* 1926, h/t (73,5x92) : GBP 4 500 – Londres, 5 oct. 1989 : *Portrait d'Alexandre Nikolaevich Tikhonov* 1922, h., collage, verre et enduit/t. (67x58) : GBP 110 000 – Londres, 23 mai 1990 : *Autoportrait* 1920, h/t (55x55) : GBP 39 600 – Londres, 10 oct. 1990 : *Arche de cathédrale*, h. et enduit/t. (133x97,5) : GBP 8 800 – Paris, 25 nov. 1991 : *Les îles au loin*, h/t (81x100) : FRF 44 000 – Lucerne, 23 mai 1992 : *Nature morte* 1931, gche/bristol (51x36) : CHF 2 350 – Paris, 7 juil. 1992 : *Robe fourreau noire*, cr. noir et gche (50x32,5) : FRF 3 000 – Londres, 17 juil. 1996 : *Portrait de l'écrivain Fedor Dostoïevsky*, cr. et encre reh. de blanc (32,5x23) : GBP 2 645 – Londres, 19 déc. 1996 : *Portrait de l'artiste Nathan Altman*, cr. et craie noire/pap. (43,8x36,8) : GBP 7 130 – Londres, 11-12 juin 1997 : *Portrait d'Anna Akhmatova* 1921, encre sur cr./pap. (36,5x25,5) : GBP 7 130.

ANNER Émil
Né le 3 mars 1870 à Bade. XIXᵉ-XXᵉ siècles. Suisse.
Peintre de compositions animées, portraits, paysages, graveur, illustrateur.
Il fut élève des Académies de Zurich, de Genève, puis de Munich dans l'atelier de Johann Leonhard Raab, surtout graveur de portraits et de compositions. Anner lui-même devint professeur de dessin dès 1901. En tant que peintre, il a surtout traité le paysage, et à ce titre il a figuré au Salon des Artistes Français de Paris en 1903. Graveur, il avait traité dès 1895 des portraits, puis ambitionna, toujours à l'eau-forte, des compositions complexes, par exemple le triptyque de *La création*.

ANNER Heinrich
Né dans la deuxième moitié du XVIIIᵉ siècle à Dättwil (Aargau). Mort en 1842 ou 1844 à Dättwil. XVIIIᵉ-XIXᵉ siècles. Allemand.
Peintre, graveur.
Cet artiste amateur, exécuta plus particulièrement des copies de Rembrandt.

ANNERT Friedrich Albrecht
Né le 25 mai 1759 à Nuremberg. Mort le 9 novembre 1800 à Nuremberg. XVIIIᵉ siècle. Allemand.

Graveur en taille-douce.
Avant de s'adonner en amateur à l'art de la gravure, il avait d'abord été passementier, puis employé à la chambre des Rentes. Il a exécuté plusieurs vues perspectives des environs de Nuremberg. L'une de ses estampes, la première, croit-on, représente l'*Ascension de M. Blanchard au Judenbühl, près Nuremberg*, 1787.

ANNES Jean. Voir ANÉS Joao

ANNESLEY C.
XIXᵉ siècle. Actif vers le milieu du XIXᵉ siècle. Britannique.
Peintre de paysages, dessinateur.
Un dessin représentant un paysage avec un moulin, et portant la signature *C. Annesley*, 1850, est conservé au British Museum.

ANNETSBERGER Franziska, née Beckers
XIXᵉ siècle. Active au début du XIXᵉ siècle. Allemande.
Peintre miniaturiste.
Elle vivait vers 1814 à Munich.

ANNIBALE Rocco d'
XIXᵉ siècle. Actif dans la première moitié du XIXᵉ siècle. Italien.
Graveur au burin.
On connaît de lui les deux gravures suivantes : *Giovanni Rossini* (1827), d'après L. Liperini, et *L. Demartini, danseuse à Milan* (1827), d'après V. dal Favero.

ANNIBALI Annibalo
XVIᵉ siècle. Actif à Saint-Ippolito. Italien.
Sculpteur.

ANNIBALI Ferdinando
XIXᵉ siècle. Italien.
Sculpteur.
Il est membre de la famille déjà nommée ci-dessus, originaire de Saint-Ippolito et s'est fixé à Velletri.

ANNIBALI Giovanni
XVIIIᵉ siècle. Actif à Saint-Ippolito, vers 1798. Italien.
Sculpteur.
On trouve ses œuvres à Pesaro, à Fano et à Urbino.

ANNIC-CHAUFOUR, Mlle
Née à Paris. XXᵉ siècle. Française.
Peintre de paysages,.
Expose au Salon des Indépendants en 1926 et 1927, et au Salon des Artistes Français en 1930. Parmi ses toiles : *Bords de la Marne*.

ANNIELLE Charles
XVIIIᵉ siècle. Travaillait en Italie. Français.
Sculpteur.
Il se rendit en Italie, à Pérouse, où, de 1695 à 1701, il travailla à l'oratoire de la commune de San Agostino.

ANNIGONI Pietro
Né en 1910 à Milan. Mort le 28 octobre 1988 à Florence. XXᵉ siècle. Italien.
Peintre de figures, portraits, natures mortes, graveur, dessinateur.
Il est fixé à Florence. Ses œuvres se retrouvent souvent à l'étranger. Il a figuré dans la sélection de l'Exposition d'Art Italien Moderne, qui eut lieu à Paris, au Musée du Jeu de Paume en 1935. Il devint célèbre en 1955, pour avoir peint le portrait officiel de la reine d'Angleterre.

Ventes Publiques : New York, 14 jan. 1959 : *Tête de jeune fille*, sépia : USD 225 – Londres, 17 mars 1961 : *Le Casseur de pierres* : GBP 682 – Londres, 10 nov. 1971 : *Nature morte* : GBP 900 – Londres, 1ᵉʳ avr. 1977 : *Étude pour un portrait de Margot Fonteyn* 1955, h/pan./cart. (152,5x122) : GBP 800 – Milan, 26 juin 1979 : *Nature morte* 1934, h/cart. entoilé (40x50) : ITL 1 800 000 – Pennsylvanie, 23 mai 1980 : *Allégorie* 1953, h/pan. (61x48) : USD 4 800 – Milan, 17 nov. 1981 : *Portrait de femme*, past. (43x31) : ITL 1 100 000 – Londres, 30 mars 1982 : *Portrait du professeur Roberti* 1948, h/t mar./cart. (43x36) : GBP 1 400 – Londres, 18 jan. 1984 : *Venise* 1970, gche et craie de coul. (38x57) : GBP 1 900 – Milan, 14 mai 1985 : *Tête de jeune fille* 1964, past. (47x36,5) : ITL 2 300 000 – Milan, 11 juin 1985 : *Il capanno*, h/isor. (61x81) : ITL 7 500 000 – Milan, 16 oct. 1986 : *Portrait de jeune fille* 1966, temp./cart. (51x37,5) : ITL 8 000 000 – Milan, 27 nov. 1986 : *Nu couché* 1972, sanguine (38x56) : ITL 3 300 000 – Milan, 6 mai 1987 : *Anachorètes dans le désert*, h/t mar./pan. (80x100) : ITL 40 000 000 – Milan, 14 mai 1988 : *Tête*, sanguine (28,5x29) : ITL 1 600 000 – Milan, 9 mai 1989 : *Visage*, techn. mixte

(57x38,5) : **ITL 10 700 000** – Rome, 8 juin 1989 : *Massaciuccoli*, h/cart. entoilé (21,5x31,5) : **ITL 8 000 000** – Milan, 7 nov. 1989 : *Ischia*, h/pan. (21x32) : **ITL 6 500 000** – Milan, 27 mars 1990 : *Viareggio* 1969, techn. mixte (37x55,5) : **ITL 29 000 000** – Milan, 14 avr. 1992 : *Figure*, techn. mixte/cart. (57x38,5) : **ITL 12 500 000** – Milan, 21 mai 1992 : *La rive gauche* 1949, encre aquar. (38x56) : **ITL 4 800 000** – Milan, 9 nov. 1992 : *Portrait*, techn. mixte/pap./t. (57x39) : **ITL 13 000 000** – Rome, 19 nov. 1992 : *Vecchiano* 1986, h/t (30x40) : **ITL 12 000 000** – Milan, 6 avr. 1993 : *Portrait d'un homme avec un turban*, techn. mixte/pap./pan. (56,6x38,5) : **ITL 10 500 000** – Rome, 27 mai 1993 : *Portrait de femme*, sanguine/pap. (30x21) : **ITL 2 400 000** – Milan, 22 nov. 1993 : *Portrait*, sanguine/pap. (18x13,5) : **ITL 2 828 000** – Milan, 28 mai 1996 : *Visage*, sanguine/pap. (28,3x19,5) : **ITL 2 070 000** – Milan, 23 mai 1996 : *Personnage*, fus. et sanguine/pap. mar./pan. (39x28) : **ITL 4 140 000**.

ANNIN P.
XIXe siècle. Actif dans la première moitié du XIXe siècle. Américain.
Graveur sur bois.
Il a exécuté de nombreuses illustrations. Parmi ses meilleures gravures, on cite : *Les murs du grand Canon*, d'après Th. Moran.

ANNING
XVIIIe siècle. Britannique.
Peintre de fleurs.
Elle était active à Londres vers 1761-1776, où elle exposa à la Society of Artists et à la Free Society of Artists. Une Anning F. M. travaillait à Londres en 1792 et envoya un tableau de fleurs à la Royal Academy.

ANNING-BELL Laure. Voir RICHARD-TRONCY Laure

ANNING-BELL Robert. Voir BELL Robert Anning

ANNIS J.
XVIIIe-XIXe siècles. Actif à Londres vers 1796-1800. Britannique.
Peintre paysagiste.
J. Annis exposa à la Royal Academy.

ANNIS W. T.
XVIIIe-XIXe siècles. Britannique.
Graveur à l'aquatinte.
Cet artiste, sur lequel on sait fort peu de chose, eut le grand honneur de travailler au *Liber studiorum* de Turner. On connaît également de lui *Mary Wollstonecraft Godwin*, d'après Opie. Il exposa des paysages à la Royal Academy, de 1798 à 1811. Ses principales œuvres sont : *Profil de jeune fille*, *Départ de la jeune paysanne*, *Melinda*, *Portrait d'Edward Fitzgerald de New York*, *Mort de Lord Nelson à la bataille de Trafalgar*, John Fawcett, d'après S. de Wilde, *L'Alphabet muet*, d'après Northcote, *La rusée Bohémienne*, d'après Ward, *La Rivière Wye*, d'après Turner (eau-forte), *Douceur de mai sur mer*, d'après Turner, en collaboration avec Easling.

ANNO
Xe siècle. Français.
Miniaturiste.
Connu pour l'inscription d'une miniature se trouvant à la Bibliothèque Nationale à Paris. Cette miniature est très curieuse et semble d'un style plutôt méridional.

ANNO
Xe siècle. Actif à Reichenau. Allemand.
Miniaturiste.
Cet artiste est, croit-on, l'auteur du codex Gerho, manuscrit de la bibliothèque du grand-duc, à Darmstadt.

ANNONCIATION D'AIX, D'AUGSBOURG, DE GARDNER, Maître de l'. Voir MAÎTRES ANONYMES

ANNONE Giovanni Pietro
XVIe siècle. Actif à Côme. Italien.
Sculpteur.
Il travailla également à Rome ; il y cisela, en 1566, les ornements du tombeau du Pape Paul IV.

ANNOT, Mme
Née à Holmenkollen. XXe siècle. Norvégienne.
Peintre.
Exposa en 1927 au Salon des Indépendants, une nature morte et un nu.

ANNOVELLO da Imbonate ou Armovello ou Onnovello
XIVe siècle. Lombard, travaillant à la fin du XIVe siècle. Italien.

Miniaturiste.
Cet artiste est l'auteur du célèbre *Missale Ambrosiano*. Cette œuvre, la seule authentique d'Annovello, ne fut ornée qu'en 1395, mais elle fut écrite en 1370.

ANNUNCIO Palma d'. Voir DAILLION Palma, Mme

ANNUNCIO di Puccio
XIVe siècle. Italien.
Peintre.
Cet artiste florentin travailla vers 1300.

ANNUS Auguste
Né en 1893 à Liepaja (Lettonie). XXe siècle. Letton.
Peintre.
Après des études à Saint-Pétersbourg, il fut élève de l'Académie des Beaux-Arts de Lettonie à Riga, où il eut pour maître Janis Roberts Tilbergs, surtout peintre de portraits, qui avait séjourné à Paris et connu Jacques-Emile Blanche. Il devint professeur dans cette même Académie. En 1931, il obtint le Prix du Fonds de Culture. Il fut sélectionné pour l'Exposition de l'Art Letton, qui fut montrée à Paris en 1939.
Musées : Riga .

ANON Norimb
XIXe siècle. Actif dans la première moitié du XIXe siècle. Allemand.
Peintre et dessinateur.
Ce nom se lit sur plusieurs planches en taille-douce d'après les peintures de Sophie Beezin et de S. Loibel. Ce peintre ou dessinateur fit le portrait du médecin de Berlin *F. A. Stieglitz*, gravé par Bolt, 1827.

ANONE
Britannique.
Graveur au burin.
Il a gravé un portrait d'*Henri VIII, roi d'Angleterre*, estampe très rare.

ANOT Esprit
XVIIe siècle. Français.
Sculpteur.

AN Phan Ke. Voir PHAN KE AN

ANQUETIL Pierre
XVIe siècle. Français.
Peintre verrier.
En 1541, il travaillait pour l'église Saint-Maclou, à Rouen.

ANQUETIL de Petitville
XIIIe siècle. Français.
Sculpteur.
De 1218 à 1228, il travailla comme architecte à la construction de l'église Notre-Dame d'Étretat, aujourd'hui détruite.

ANQUETIN Jean
Né à Dieppe (Seine-Maritime). XXe siècle. Français.
Peintre.
Exposa des paysages à la Société Nationale des Beaux-Arts, en 1924.

ANQUETIN Louis
Né le 26 janvier 1861 à Etrépagny (Eure). Mort en 1932 à Paris. XIXe-XXe siècles. Français.
Peintre de compositions à personnages, nus, portraits, natures mortes, peintre à la gouache, aquarelliste, dessinateur. Postimpressionniste.
Il fit ses études au lycée de Rouen. Il vint étudier la peinture à Paris, pensionné par son père, commerçant aisé, en 1882 dans l'Atelier libre dirigé par Cormon. Là, il fut totalement influencé par les impressionnistes, et Monet en particulier qu'il vénérait, mais aussi Degas, surtout dans ses périodes japonisantes. D'une très grande habileté, il fit impression sur Van Gogh, qui le rencontra lors de son séjour parisien, et sur Toulouse-Lautrec avec qui il fut très lié et qui l'estimait, ce qui n'est pas négligeable. Anquetin, Van Gogh, Lautrec et Emile Bernard, selon certaines sources, se seraient connus chez Cormon. Cette habileté l'incita à inventorier et expérimenter les techniques qui se présentaient à lui, peut-être au dépens d'une réelle personnalité. En 1887, la rigueur du pointillisme et de la théorie de Seurat, que celui-ci appelait impressionnisme scientifique, le séduisit, mais pour peu de temps. En 1888, venant de rencontrer Emile Bernard, il partagea l'admiration de celui-ci et de ses amis pour la peinture de Gauguin, pour ses sujets contemporains, ses teintes en aplats et cernées, bref pour ce qu'on nommait alors encore le synthé-

tisme de Gauguin. Tous se réunissaient au Café Volpini, où ils pouvaient exposer leurs peintures symbolistes-synthétistes. A partir de leur réflexion sur la peinture de Gauguin, Emile Bernard et lui-même en définirent l'un des aspects sous le vocable de « cloisonnisme », vocable dont la paternité devait ensuite être très disputée. Anquetin avait commencé à exposer au Salon des Indépendants en 1888. En 1891, il figura avec les Nabis, admirateurs de Gauguin, chez Le Parc de Bouteville. Il commença à exposer au Salon de la Société Nationale des Beaux-Arts en 1890, en devint sociétaire en 1907, y figura jusqu'en 1914. En 1892, il exposa chez Durand-Ruel au Salon de la Rose-Croix. En 1812, il participa au Salon d'Automne, sur le thème du portrait au XIXᵉ siècle, avec le *Portrait de Monsieur Janvier dans le rôle de Lampourde*, peint probablement par lui avant 1900, peut-être le même que le *Portrait d'acteur* de 1887. En conclusion de ses manifestations officielles, il reçut la commande d'un carton de tapisserie pour les Gobelins sur le sujet de *La guerre et la paix*, et fut décoré de la Légion d'Honneur. A titre privé, il avait aussi peint un plafond : *Renaud et Armide*, chez le baron Empain à Bruxelles, un rideau de scènes pour le Théâtre Antoine de Paris, qui fut acheté par la Ville de Paris, des décorations pour le Cercle Artistique de Nice.
En 1888, la peinture d'Anquetin est alors très proche de celle d'Emile Bernard : *Le faucheur dans les champs* de 1886. Il s'en distingue ensuite avec *Portrait d'acteur* et *La femme dans la rue*. Puis, à partir de 1890, sous des impulsions diverses, intérêt pour l'anatomie, retour à la composition et aux « grands sujets », recherche du mouvement, il reprit l'étude des Flamands du XVIIᵉ siècle, de Rubens et Jordaens. Il quitta définitivement les rangs des novateurs et retourna progressivement à la tradition. Il avait alors trente ans et pour lui l'aventure de la jeunesse était terminée. A partir de 1896, il avait rejeté toutes ses attirances passées pour la modernité, comme en témoigne *Le combat*, exposé cette année-là. Désormais il adopta définitivement le modèle rubénien, dans les thèmes, l'ordonnance de la composition, les détails du décor et des ornements. Il en étudia la technique de façon approfondie, l'emploi des glacis pour les effets de transparence, donc de légèreté aérée des couleurs, et, en cela à juste titre, à l'occasion d'une étude qu'on lui demanda sur Rubens dans sa collaboration au journal *Comoedia*, regretta le manque d'intérêt de ses contemporains pour la technique et réclama l'instauration d'un cours de technique à l'Ecole des Beaux-Arts. Son parcours fut parallèle à celui de son ami Emile Bernard qui, lui aussi, délaissa soudain ses élans prospectifs de jeunesse pour un retour presque obsessionnel à la tradition qui, dans son cas, fut celle des Espagnols du XVIIᵉ siècle, côté Murillo, et des Bolonais, des Carrache, fondateurs de l'Académie. Anquetin fut-il conscient d'un abandon de sa part, d'une désertion ou plus simplement souffrit-il de la désaffection du public concerné par l'art vivant ? Toujours est-il qu'il finit sa vie en solitaire misanthrope. Pourtant, le talent pouvait encore se montrer, notamment quand il retrouvait le contact avec la vérité humaine, comme dans son *Autoportrait* ou le *Portrait de l'acteur Firmin Gémier dans « La Rabouilleuse »*, donnant encore nostalgiquement raison à Signac qui avait dit à son sujet : « Si un esprit créateur avait seulement le dixième de son talent, il produirait des merveilles. »
■ Jacques Busse

BIBLIOGR. : Emile Bernard : *Louis Anquetin*, Le Mercure de France, Paris, 1932 – Emile Bernard : *Louis Anquetin*, L'Art et les Artistes, 1933.
MUSÉES : LONDRES (Tate Gal.) – PARIS (Mus. Nat. d'Art Mod.) : *La Course* – *Profil d'enfant* – *Étude de nature morte* – *La Femme dans la rue* – *Portrait des frères Marguerite* – *Étude d'homme nu s'élançant*, dess. – *Buste de femme de profil*, pl. – LA ROCHELLE : *Tours de La Rochelle*.
VENTES PUBLIQUES : PARIS, 27 avr. 1900 : *La vieille fille* : FRF 152 – PARIS, 14 mai 1900 : *La Croix de Berny* : FRF 400 – PARIS, 13-14 mars 1919 : *La Place Clichy la nuit* : FRF 280 – PARIS, 6 nov. 1924 : *Le retour des courses* : FRF 1 550 – PARIS, 4 mars 1943 : *Dans la rue* : FRF 1 500 – PARIS, 25 juin 1951 : *Nymphe et faune* : FRF 6 000 – PARIS, 20 avr. 1955 : *Femmes nues et artistes en plein air* : FRF 20 000 – LONDRES, 8 juil. 1971 : *Boulevard des Bati-*

gnolles : GBP 2 000 – LONDRES, 5 juil. 1973 : *L'arrivée du Grand Prix à Longchamp* : GBP 2 500 – BREST, 6 juin 1976 : *Femme assise au parapluie*, h/t (65x46) : FRF 2 050 – VERSAILLES, 4 déc. 1977 : *Parisienne à la voilette dans la rue animée*, h/t (82x100) : FRF 27 000 – ENGHIEN-LES-BAINS, 12 déc. 1982 : *Les courses à Auteuil*, h/pap. mar./cart. (48x59,5) : FRF 25 100 – LONDRES, 24 oct. 1984 : *Femme au lilas* 1892, h/t (64x54) : GBP 1 800 – PARIS, 19 mars 1985 : *Aux courses*, aquar. gchée (30x17,5) : FRF 10 000 – LONDRES, 26 fév. 1986 : *Bords de rivière* 1893, h/t (59,8x73,2) : GBP 6 500 – LONDRES, 25 mars 1986 : *Le Foyer du théâtre* 1892, past./pap. (90x70) : GBP 19 000 – PARIS, 3 fév. 1988 : *Baigneuses*, sanguine et cr. coul. (39x32) : FRF 19 000 – PARIS, 11 avr. 1988 : *Nymphe enlevée par un faune*, fus. et estompe (20,5x40,5) : FRF 3 000 – PARIS, 16 déc. 1988 : *Scène mythologique*, past. (59,5x49) : FRF 10 200 – SAINT-GERMAIN-EN-LAYE, 4 juin 1989 : *Deux hommes causant* 1892, h/t (129x98) : FRF 600 000 – ÉVREUX, 18 juin 1989 : *Femme à la toilette* 1891, h/t (81x55) : FRF 840 000 – PARIS, 24 nov. 1989 : *Nu dans un paysage*, h/pan. (26,5x35) : FRF 38 000 – VERSAILLES, 18 mars 1990 : *Centaure*, aquar. et gche (25,5x50) : FRF 11 000 – NEW YORK, 10 oct. 1990 : *Les courses à Auteuil* 1892, h/pap./pap. (48,1x61,6) : USD 9 900 – PARIS, 17 nov. 1991 : *Les ramasseuses de sable en pays de Caux*, h/t (60x73) : FRF 28 000 – PARIS, 18 mai 1992 : *La chasse de Diane*, h/pan. (39x52,5) : FRF 19 000 – PARIS, 27 nov. 1992 : *Nu féminin de dos*, fus. et craie blanche/pap. brun (62,5x39,5) : FRF 12 500 – LONDRES, 18 juin 1993 : *Dans la rue* 1891, ht (73x60) : GBP 9 200 – PARIS, 21 juin 1993 : *Odalisque au paysage marin*, h/pan. (26,5x35) : FRF 26 000 – PARIS, 15 déc. 1994 : *La chaumière de Velhieur* 1892, peint./t. (53x73) : FRF 15 000 – PARIS, 13 oct. 1995 : *Élégante à la robe rouge* 1901, h/pan. (35x27) : FRF 71 000 – PARIS, 18 mars 1996 : *L'Outsider*, encre et lav. (35x50) : FRF 23 000 – NEUILLY, 9 mai 1996 : *Nu de profil*, craie et fus. (62x39) : FRF 5 200 – PARIS, 16 oct. 1996 : *Tête de faune d'après son autoportrait* vers 1920, h/pan. (50x31) : FRF 15 000 ; *La Sybille*, encre et aquar. (22x17) : FRF 8 000 – PARIS, 29 nov. 1996 : *Nymphe et Bacchus*, h/t (79,5x108) : FRF 31 000.

ANQUIER Antoine ou Aucquier
XVIᵉ siècle. Français.
Sculpteur de sujets religieux.
Il demeura à Amiens. En 1530, il fit la *Statue tombale du chanoine Adrien de Henecourt*, dans la cathédrale.

ANQUIER Louis, dit Fleury
XVIIᵉ siècle. Actif à Paris en 1672. Français.
Peintre.

ANQUISE de Bologne
XVIᵉ siècle. Italien.
Graveur sur bois.
Ce personnage, qui était « maître des réparations et fortifications de Narbonne », séjourna à Lyon en 1524-1525, pour visiter les remparts de la ville. Une ordonnance de paiement qui le qualifie « engénieulx » (ingénieur), établit qu'il avait fait « ung portraict en boys sur papier » (gravure sur bois ?) du boulevard Saint-Sébastien.

ANRAEDT Pieter Van
Né en 1640 à Utrecht. Mort le 12 avril 1678 à Deventer. XVIIᵉ siècle. Hollandais.
Peintre d'histoire, sujets de genre, portraits.
Il se maria à Deventer, en 1663, avec la fille du poète Jan Van der Veen. Il travailla à Deventer entre 1660 et 1671, et à Amsterdam de 1672 à 1675. Selon Houbraken, c'était un éminent peintre d'histoire, et il aurait exécuté une peinture pour la Huiszittenhuis d'Amsterdam.

MUSÉES : AMSTERDAM : *Adieux au guerrier* – *Régents et huissier de l'Onde Zyds à Amsterdam* – *Homme* – *Femme* – BERLIN : *Dame âgée* – BRESLAU, nom all. de Wroclaw : *Femme* – GLASGOW : *Musicien* – HAARLEM : *Régentes de la maison du Saint-Esprit* – LEYDE : *Femme*.
VENTES PUBLIQUES : PARIS, 1902 : *Homme* : FRF 1 350 – PARIS, 5 nov. 1911 : *Leçon de musique* : FRF 2 800 – PARIS, 1914 : *Femme* : FRF 270 – VERSAILLES, 20 juil. 1976 : *Portrait d'une famille*, h/t (54x96,5) : FRF 8 000 – PARIS, 3 mars 1980 : *Notable et sa femme réunis près d'une fontaine*, h/t (55x97,5) : FRF 11 500 – AMSTER-

DAM, 29 nov. 1988 : *Portrait d'un gentilhomme accoudé à une table sur un balcon devant un paysage italien* ; *Dame vêtue de sombre dans le même décor* 1664, h/t, deux pendants (125x107,5) : NLG 66 700.

ANRATHER Karl
Né le 21 mai 1861 à Margreid. Mort le 17 janvier 1893 à Margreid. XIXᵉ siècle. Autrichien.
Peintre d'histoire, scènes de genre, portraits, paysages.
Élève à l'École Polytechnique d'Innsbruck, puis de l'Académie de Munich. En 1890, parut son œuvre la plus importante, le grand tableau d'histoire : *Le chancelier Bienner*. On cite aussi *Délaissée*, représentant une jeune fille devant la porte d'un couvent, et *Cartomancienne* (Exposition permanente d'Innsbruck, 1891).

ANREITER Alois von
Né le 16 juin 1803 à Bozen. Mort en 1882 à Vienne. XIXᵉ siècle. Autrichien.
Peintre de portraits, miniatures, aquarelliste.
Cet artiste travailla à Vienne ; il fit des miniatures à l'huile sur ivoire ; un grand nombre fut présenté aux expositions de miniatures à Vienne (1905), et à Troppau (1905). Il peignit également des portraits à l'aquarelle. Deux de ces portraits furent exposés à l'exposition des dentelles et des portraits (Vienne, 1906).

ANREITER Johann
Mort en 1716. XVIIIᵉ siècle. Actif à Steier à Saint-Ruprecht-sur-Rhin. Allemand.
Peintre.

ANRION Adrien Joseph ou Henrion
Né en 1730 à Nivelles (Brabant). Mort en 1773 à Nivelles. XVIIIᵉ siècle. Hollandais.
Sculpteur.
Cet artiste travailla aux constructions érigées par l'architecte Laurent-François de Wez. Il fut l'élève et le disciple médiocre du sculpteur Laurent Delvaux ; alla se perfectionner en Italie, et à son retour se fixa à Bruxelles. On cite de lui : *La Foi* (terre cuite), les statues de *Saint Jean*, *Saint Thomas* et *Sainte Gertrude*, érigées dans l'église Sainte-Gertrude, à Nivelles ; en 1757, dans la même église, il fit les statues de *Pippin* et d'*Itisberge* ; en 1769, il exécuta, pour l'église Saint-Jacques-sur-Caudenberg, près Bruxelles, un groupe représentant *La religion*, et un *Saint Pierre avec le coq*.

ANRIOUD Gaspard
Né en 1809 à Chambéry (Savoie). Mort en 1866. XIXᵉ siècle. Français.
Peintre de paysages.
Il exposa régulièrement à Lyon, à partir de 1846-1847.
Ses paysages peints en Italie, sur le littoral méditerranéen, à Crémieux, en Dauphiné ou plus rarement dans les Vosges, accrochent particulièrement la lumière qui leur donne un rythme et une rigueur architecturale. Les tonalités varient du mauve au blanc, en passant par des bleus et verts pâles.
Bibliogr. : Gérald Schurr : *Les Petits Maîtres de la peinture 1820-1920, valeur de demain*, t. II, Les Éditions de l'Amateur, Paris, 1982.
Musées : Chambéry : *L'automne*.

ANRIQUE
XIVᵉ siècle. Espagnol.
Sculpteur.
Ce fut un des artistes les plus célèbres de son temps. Il fit les statues du monument funèbre du père du roi Jean II, Henrique II (1380), dans la chapelle des nouveaux rois, à la cathédrale de Tolède.

ANRIQUEZ Juan ou Enriquez
XVIᵉ siècle. Vivant à Séville. Portugais.
Peintre.
Cet artiste exécuta, en 1540, un grand autel pour l'église paroissiale de Gibraltar, avec le sculpteur Gomez de Horozco. Sans doute identique à Juan Enrique.

ANRROY Anton Van
Né en 1870. Mort en 1949. XIXᵉ-XXᵉ siècles. Hollandais.
Peintre de genre, aquarelliste.
Il traitait volontiers des sujets de genre, dans un intimisme cher à la tradition hollandaise. En 1910, à l'Exposition d'Automne de Brighton, il envoyait d'ailleurs une peinture sous le titre vermeerien : *La dentellière*.
Ventes Publiques : New York, 26 jan. 1979 : *La route au bord du*

canal, h/t (52x77,5) : USD 1 800 – Londres, 16 fév. 1984 : *Une cour de l'Alhambra*, aquar. et cr. (35x49) : GBP 1 000 – Londres, 23 oct. 1987 : *The Hall, Chilham Castle*, h/t (66x91,5) : GBP 1 300 – New York, 19 juil. 1990 : *Canal à Amsterdam*, aquar./pap. (50,8x71,2) : USD 1 760 – Amsterdam, 24 avr. 1991 : *Le singel à Amsterdam avec l'église luthérienne au fond*, cr. et aquar./pap. (54x73,5) : NLG 4 600.

ANRUBRA Hieronymus
XVIIIᵉ siècle. Hongrois.
Peintre.
Il est mentionné en 1753, à Budapest.

AN RUOWANG. Voir AN TAI

ANS, maese ou Hans
XVᵉ siècle. Allemand.
Sculpteur.
Se fixa à Saragosse, épousa une Espagnole. En 1474, il demanda au roi l'autorisation de se rendre à Perpignan, pour y inspecter des travaux, exécutés d'après ses plans ; en 1477, il acheva l'autel de la cathédrale à Saragosse.

ANSALDI Innocenzo
Né en 1734 à Pescia. Mort le 16 février 1816. XVIIIᵉ-XIXᵉ siècles. Italien.
Peintre de compositions religieuses, portraits.
Citons, parmi ses tableaux d'église : *Martyre de deux saints*, à San Vitale de Pistoie. Il a fait un portrait du compositeur Vincenzo Righini (1756-1812), gravé par Ferdinand Gregori. Il fut également poète et écrivain d'art.

ANSALDO Giovanni Andrea
Né en 1584 à Voltri, près de Gênes. Mort le 20 août 1638 à Gênes. XVIIᵉ siècle. Italien.
Peintre de compositions religieuses, sculpteur.
Élève d'Orazio Cambiaso, il étudia les Vénitiens. Il fut très sensible à l'art de Véronèse, en particulier aux véritables mises en scène de ses compositions, et aussi au naturalisme maniériste de Strozzi. Il connaissait aussi les œuvres de Procaccini à Gênes, mais ce sont surtout Rubens et Van Dyck qui eurent la plus forte influence sur lui. Il fit plusieurs tableaux pour Voltri, dont *Ambroise donnant la communion à Théodose* (oratoire de Saint-Ambrozio). Son chef-d'œuvre est le *Baptême des Trois Rois*, à l'Oratoire de San Antonio Abate et delle cinque Piaghe, à Gênes. Mentionnons encore : *Une descente de croix*, *Saint Étienne lapidé*, à San Stefano, *Une Fortezza*, au palais ducal, un buste d'un jeune guerrier au palais Rosso. Ansaldo exécuta aussi des peintures décoratives à la villa Spinola.
Musées : Rome : *La fuite en Égypte*.
Ventes Publiques : Milan, 27 avr. 1978 : *Saint Sébastien*, h/pan. (59,5x43) : ITL 1 600 000 – New York, 9 jan. 1981 : *Christ mort soutenu par des anges* (94x93) : USD 3 000.

ANSALDY M.
Né à Paris. XXᵉ siècle. Français.
Peintre de genre.
Expose en 1938 aux Indépendants deux tableaux : *Conquistadors* et *Courses de taureaux*.

ANSALONI Edouard Gaétan Charles
Né à Yzeure (Allier). XXᵉ siècle. Français.
Peintre de paysages.
Il fut élève de Gérôme, Benjamin-Constant et Jean-Paul Laurens à l'Ecole des Beaux-Arts de Paris, où il a exposé au Salon des Artistes Français à partir de 1912 et jusqu'en 1939. Il a travaillé dans plusieurs régions de France, notamment dans l'Est et le Centre.
Ventes Publiques : Londres, 24 juin 1988 : *Dans le jardin* 1923, h/t (46x54,5) : GBP 3 850.

ANSALONI Nicolo, dit Nicolo da Modena
XVIᵉ siècle. Actif à Modène vers 1553. Italien.
Stucateur et sculpteur.

ANSALONI Vincenzo
Né à Bologne. XVIIᵉ siècle. Actif vers 1600. Italien.
Peintre de compositions religieuses.
Il fut l'élève de Louis Carrache, et ne tarda pas à devenir un bon peintre d'histoire. Malvasia fait un vif éloge d'un tableau d'autel de la chapelle de la famille Fioravanti, dans l'église San Stefano, de Bologne, représentant le *Martyre de San Stefano*. Son chef-d'œuvre est une *Vierge Marie et l'Enfant Jésus dans les nuages*, dans l'église des Célestins de Bologne.

ANSANO di Francesco
XVIᵉ siècle. Italien.

Sculpteur sur bois.

Travailla à Sienne, en 1572, pour l'oratoire de la confrérie de Saint-Jean-Baptiste.

ANSANO di Pietro. Voir **SANO di Pietro.**

ANSART Gilles, pseudonyme : **Sellig du F.**

Né le 10 novembre 1933 à Amiens (Somme). xxᵉ siècle. Français.

Peintre. Tendance fantastique.

Il fit des études d'architecture à l'Ecole des Beaux-Arts d'Amiens, puis à l'Ecole des Beaux-Arts de Paris. Il exerça son métier d'architecte jusqu'en 1978. Installé à Noirmoutier depuis 1979, il s'y consacre à la peinture. Il expose dans des manifestations collectives régionales et à Paris, au Salon des Artistes Indépendants en 1986. Ayant ouvert lui-même une galerie à Noirmoutier, il y prend une part active à la promotion de l'art.

Son expérience d'architecte lui fait rechercher les effets de perspective à propos de thèmes très divers, depuis le dessous d'une coque de bateau, jusqu'à des édifices vertigineux totalement oniriques.

ANSBACH Jacques

xviiiᵉ siècle. Actif à Paris en 1782. Français.

Peintre.

ANSCHÜTZ Hermann

Né le 12 octobre 1802 à Coblence. Mort le 30 août 1880 à Munich. xixᵉ siècle. Allemand.

Peintre.

Reçut sa première éducation à Coblence ; se rendit à l'Académie de Dresde ; il entra dans l'atelier du peintre d'histoire et de portraits August Hartmann ; de là, se rendit à l'Académie de Düsseldorf, vers 1822. En 1826, il suivit Cornelius à Munich et y exécuta sa première œuvre originale : *Le jugement de Midas* (1827). Ses peintures, dans la salle des Fêtes de la résidence du roi Louis, sont dans le style des fresques pompéiennes. La belle *Assomption*, de lui, se trouve dans l'église de la ville de Fürth (Forêt bavaroise). Il dirigea, pendant trente-six ans, le cours de dessin à l'Académie de Munich.

ANSCHÜTZ M. E.

xixᵉ siècle. Actif à Berlin dans la première moitié du xixᵉ siècle. Allemand.

Portraitiste.

Il fit un portrait de l'actrice Th. Dessoir ; d'après cette œuvre, C. Patzschke dessina une lithographie.

ANSCHUTZ Thomas Pollock ou **Anshutz**

Né le 5 octobre 1851 à Newport (Virginie). Mort en 1912 à Fort-Washington (Pennsylvanie). xixᵉ-xxᵉ siècles. Américain.

Peintre de genre, portraits, aquarelliste, dessinateur.

Il fut élève de Thomas Eakins et de Christian Schussele à l'Académie des Beaux-Arts de Pennsylvanie, à Philadelphie, puis, en 1892 partit pour Paris étudier sous la direction de Bouguereau et de Lucien Doucet à l'Académie Julian. Il fut l'un des maîtres les plus aimés et qui eurent le plus de succès à cette Académie Julian.

Sous l'influence de Thomas Eakins, il recherche de nouvelles formes d'expression pour représenter la vie quotidienne, tandis que l'étude des thèmes antiques lui ont permis de faire des compositions sobres et vastes, exaltant le sentiment de l'âme américaine de l'après-guerre civile. Il a su se dégager de la représentation minutieuse des lignes et des formes reproduisant une action, pour chercher à exprimer l'action elle-même. Dans les années 1879-1880, il montre sa puissance créatrice à travers des œuvres comme *Le fermier et son fils à l'époque des récoltes* ou *Les ferronniers*, toiles où s'opposent la force physique des personnages à la quiétude du paysage, donnant ainsi une forte impression d'équilibre, véritable expression des forces vives de la nation américaine, de sa sérénité, après la tourmente des années de guerre. Après son séjour en France sa peinture révèle l'influence des impressionnistes qu'il transmettra à ses élèves.

On cite de lui : *Travailleurs – Conte de fées* 1902, Philadelphie – *Portrait* 1904, Saint Louis.

Ventes Publiques : New York, 19 mars 1969 : *L'atelier de l'artiste* : **USD 7 250** – New York, 18 oct. 1972 : *Le midi des métallos* : **USD 250 000** – New York, 10 juin 1976 : *Portrait de fillette*, h/t (132x92) : **USD 14 000** – New York, 27 juin 1979 : *Bateau sur la plage, New Jersey* 1895, aquar. et cr. (35x24) : **USD 1 500** – New York, 25 oct. 1979 : *Ships on the Delaware* 1897, h/t (40,6x59) : **USD 9 500** – New York, 30 avr. 1980 : *Jeune femme au jardin ; Maisons dans les arbres* 1894, deux aquar. et cr. (26,7x21 et 28,6x22,9) : **USD 3 000** – New York, 4 juin 1982 : *Homme dans les dunes : Jardinage*, aquar. et cr. double face (26x34,3) : **USD 1 200** – New York, 22 oct. 1982 : *Indians on the Ohio* vers 1907 (76,5x54,5) : **USD 20 000** – New York, 27 sep. 1983 : *A challenge*, past. (76,6x61) : **USD 7 000** – New York, 8 déc. 1983 : *L'atelier de l'artiste*, h/t (43,2x61) : **USD 18 000** – New York, 29 mai 1987 : *La pose*, aquar./pap. (72,5x38,4) : **USD 14 000** – New York, 26 mai 1988 : *Le fermier et son fils à l'époque des récoltes*, h/t (61,5x43,8) : **USD 1 540 000** – New York, 16 mars 1990 : *Brume du matin*, h/t (40x56) : **USD 9 900** – New York, 29 nov. 1990 : *Un regard en passant*, past./t. (106,7x76,2) : **USD 17 600** – New York, 6 déc. 1991 : *Chaluts chargés de caisses*, h/t (41,5x61) : **USD 12 100** – New York, 12 mars 1992 : *Méditation*, past./t. (122x76,2) : **USD 6 600** – New York, 3 déc. 1992 : *La résidence d'été*, aquar./pap. (33,7x50,8) : **USD 7 425** – New York, 11 mars 1993 : *Étude de nu masculin* 1891, fus./pap. (63x47,3) : **USD 3 220** – New York, 25 mai 1994 : *Femme assise dans un intérieur regardant une coiffe*, h/pan. (26x19,7) : **USD 59 700** – New York, 27 sep. 1996 : *Le Fleuve Delaware, Port de Philadelphie*, h/t/pan. (33,4x44,5) : **USD 20 700.**

ANSDELL H.

xixᵉ siècle. Britannique.

Peintre paysagiste.

Il exposa à la Royal Academy de Londres, en 1849.

ANSDELL Richard

Né le 11 mai 1815 à Liverpool. Mort le 20 avril 1885 à Farnborough. xixᵉ siècle. Britannique.

Peintre de scènes de chasse, sujets de genre, animaux, paysages, graveur.

Soit qu'il fût orphelin ou de famille pauvre, Ansdell fut élevé à la *Bleu Coat School*, institution de charité de Liverpool. Comme il avait fait preuve d'un goût marqué pour le dessin, on le mit en apprentissage chez un peintre de portraits de Chatham, W.-C. Smith. Cette condition déplut au jeune garçon qui revint à Liverpool, s'essaya dans le commerce tout en continuant à travailler le dessin. À vingt ans, Ansdell embrassa complètement la carrière artistique. Il suivit les cours de l'Académie de Liverpool. Tout en se préparant pour la peinture d'histoire, le jeune artiste consacrait une large part de ses efforts à l'étude de la nature vivante et particulièrement des animaux. Il débuta en 1840 à la Royal Academy avec *Chasse au coq de bruyère* et *Bidet de ferme*, et continua à prendre part aux mêmes expositions jusqu'en 1847, date à laquelle il vint s'établir à Kensington, près de Londres.

Ansdell, devenu très populaire grâce à la reproduction de ses œuvres par la gravure, jouissait d'une situation brillante. Artiste essentiellement anglais, il traduisait à merveille la conception artistique du grand public. Ses ouvrages, aussi bien à la Royal Academy qu'à la British Institution, obtenaient un grand succès. Ansdell, dans la fin de sa vie, abusa de son extrême facilité de travail. Il s'associa même à d'autres artistes, notamment à E. Creswick et William Powell Frith, pour augmenter sa production. En 1856, il fit un voyage en Espagne et emprunta depuis de nombreux sujets à ce pays. *La chasse aux esclaves*, tableau de cette époque, obtint un succès triomphal. Cet artiste chercha surtout les résultats matériels dans l'exercice de son art, et l'on estime que, durant les vingt-cinq dernières années de sa vie, les cent quatre-vingts peintures qu'il produisit furent vendues plus de trois millions de francs. Il exposa 149 toiles à la Royal Academy.

Musées : Bristol : *Garde-chasse* – Hambourg : *Dîner interrompu* – Leeds : *Animaux sauvages effrayés* – Liverpool : *Bouledogue* – *Chasse dans les montagnes* – *Esclaves poursuivis* – Preston : *Donnant la nourriture aux chèvres dans l'Alhambra* – *Dunes de Lytham* – Reading : *Affection mal placée* – Salford : *La réunion de la Société royale d'agriculture* – Sunderland : *Ravin en Écosse* – *Chasseur et Chiens* – *Retour du chasseur de cerfs* – *Mort de W. Lambton.*

Ventes Publiques : Londres, 21 nov. 1908 : *L'émoi de la brebis* : **GBP 73** ; *Retour des Collines* : **GBP 75** – Londres, 28 nov. 1908 : *Labourage en Espagne – Repos de midi* : **GBP 96** – Londres, 27 mars 1909 : *À l'abri de l'orage menaçant* : **GBP 115** – Londres, 27 juin 1909 : *Un bon coup de fusil – Une promenade en traîneau à rennes* : **GBP 30** ; *La laitière et les veaux* : **GBP 35** – Londres, 24 juin 1909 : *Bavardages espagnols* : **GBP 89** – Londres, 6 mars 1909 : *Brebis et agneaux* : **GBP 21** – Londres, 27 mars 1909 : *Sauvetage* : **GBP 115** ; *Sur la route de Séville* : **GBP 47** ; *Une bonne journée de plaisir* : **GBP 58** – Londres, 24 juin 1910 : *Chevriers* : *Baie de Gibraltar* : **GBP 236** – Vienne, 3-6 déc. 1963 : *Le pur sang* :

ATS 5 500 – LONDRES, 3 juil. 1964 : *Le chasseur et son chien* : GNS 320 – LONDRES, 13 juil. 1965 : *L'Alhambra* : GNS 110 – LONDRES, 9 juin 1967 : *Berger dans un paysage* : GNS 190 – LONDRES, 25 avr. 1969 : *The Caledonian coursing meet* : GNS 34 000 – LONDRES, 5 oct. 1973 : *La chasse au faucon 1865* : GNS 4 200 – LONDRES, 18 juin 1976 : *Antilopes dans un paysage 1842*, h/t (77,5x125,7) : GBP 3 000 – LONDRES, 14 juin 1977 : *Going to the fiesta 1863*, h/t (75x161) : GBP 3 200 – NEW YORK, 26 jan. 1979 : *Berger et troupeau dans un paysage 1866*, h/t (77x138) : USD 5 000 – PERTH, 13 avr. 1981 : *Crossing a burn 1863*, h/t (86,5x168) : GBP 3 000 – LONDRES, 15 mars 1983 : *Quarrying in the Highlands, Loch Laggan 1875*, h/t (137x239) : GBP 13 000 – LONDRES, 26 juil. 1985 : *The stray lamb 1862*, h/t (137,7x71,2) : GBP 13 000 – NEW YORK, 9 juin 1988 : *Epagneul avec un faisan dans un paysage 1874*, h/t (86,4x111,7) : USD 7 700 – LONDRES, 24 juin 1988 : *Attelage traversant le gué*, h/t (104,8x196,9) : GBP 7 700 – NEW YORK, 28 oct. 1988 : *Deux épagneuls King Charles devant un paysage*, h/t (91,4x71,1) : USD 198 000 – STOCKHOLM, 19 avr. 1989 : *Deux cerfs combattant*, h/t (35x50) : SEK 15 000 – LONDRES, 12 juil. 1989 : *Gypsy, le trotteur gris de Mr Thomas Clifton et son chien Bowler 1849*, h/t (56x76,5) : GBP 31 900 – PERTH, 28 août 1989 : *Pointers dénichant un couple de grouses 1884*, h/t (69x117) : GBP 7 700 – LONDRES, 17 nov. 1989 : *Troupeau de bovins et leurs gardiens à cheval sur un étroit sentier des Highlands 1839*, h/t (102,2x160) : GBP 66 000 – ÉDIMBOURG, 22 nov. 1989 : *Le repos du chasseur : Alexander Graham assis entouré de ses chiens et de son cheval avec deux lièvres gisant près d'eux 1845*, h/t (62,8x76,2) : GBP 30 800 – NEW YORK, 22 mai 1990 : *Perdus dans la tourmente*, h/t (82x130,2) : USD 8 800 – PERTH, 27 août 1990 : *Cerfs en forêt*, h/t (165x76) : GBP 26 400 – ROME, 11 déc. 1990 : *Quelle frayeur !* 1869, h/t (125x230) : ITL 16 675 000 – NEW YORK, 23 mai 1991 : *Couple de bergers avec leurs chèvres au dessus de la baie de Gibraltar 1874*, h/t (68,6x122) : USD 8 800 – NEW YORK, 7 juin 1991 : *Jour de chasse 1845*, h/t (86,4x116,8) : USD 209 000 – PERTH, 26 août 1991 : *Vieux amis 1868*, h/t (87,5x68,5) : GBP 15 400 – GLASGOW, 4 déc. 1991 : *Brebis et ses agneaux près d'un héron au bord d'un lac 1867*, h/t (82x112) : GBP 5 500 – LONDRES, 17 juil. 1992 : *Tip et Nell une paire de chiens de meute sur la piste d'une grouse 1839*, h/t (71x92) : GBP 7 700 – PERTH, 1er sep. 1992 : *Troupe de cerfs 1857*, h/t (50,5x152) : GBP 6 820 – LONDRES, 7 avr. 1993 : *Vieux amis 1861*, h/t (91x71) : GBP 36 700 – NEW YORK, 13 oct. 1993 : *La traversée de la lande 1866*, h/t (76,2x137,2) : USD 50 600 – NEW YORK, 3 juin 1994 : *Bons compagnons*, h/t (71,1x90,8) : USD 43 700 – LUDLOW (Shropshire), 29 sep. 1994 : *Le garde-chasse*, h/t (61x44,5) : GBP 11 500 – LONDRES, 4 nov. 1994 : *Les dunes de Lytham 1864*, h/t (91,8x183,5) : GBP 51 000 – PERTH, 29 août 1995 : *Chiens gambadant autour de leur maîtresse pour avoir leur pâtée 1856*, h/t (82,5x108) : GBP 16 100 – LONDRES, 6 juin 1996 : *La Laitière 1864*, h/t (79x64,2) : GBP 4 600 – PERTH, 20 août 1996 : *Famille de cerfs 1855*, h/t (143x119,5) : GBP 33 350 – LONDRES, 8 nov. 1996 : *La Ferme à Alhambra 1881*, h/t (115,6x198) : GBP 7 800 – LONDRES, 6 juin 1997 : *Un faucon attaquant un faisan avec des chasseurs et des épagneuls en arrière-plan 1866*, h/t (75x107,3) : GBP 9 775 – LONDRES, 5 nov. 1997 : *Chasse au faisan ; Chasse aux perdrix ; Chasse au coq de bruyère 1862*, h/t, trois pièces (chaque 30,5x57) : GBP 56 500 ; *À découvert 1874*, h/t (152,5x106,5) : GBP 126 900.

ANSE Luggert Van
XVIIIe siècle. Travaillait en Hollande vers 1712. Hollandais.
Graveur au burin.
On cite de lui : *Lierre desséché* et une planche pour *L'Histoire du vieux et du nouveau Testament, par le sieur de Royaumont.*

ANSEAUX-TIXIER Fernand Alfred Clément
Né à Paris. XXe siècle. Français.
Peintre.
Expose en 1928 au Salon des Indépendants des *Fleurs* et *Ninon.*

ANSEELE Frans
Né le 20 octobre 1819 à Gand. XIXe siècle. Belge.
Peintre de compositions religieuses, portraits.
Cet artiste séjourna dans sa ville natale ; il fut élève de l'Académie et de Pierre de Hanselaer. Il exposa des portraits au Salon de Gand, en 1847, 1850, 1853, 1862, 1868, 1871, et au Salon de Bruxelles, 1869. Il a fait un *Chemin de Croix* qui est à l'église de Bouchaute.

ANSELIN Jean Louis
Né en 1754 à Paris. Mort en 1823. XVIIIe-XIXe siècles. Français.
Graveur au burin, illustrateur.

Élève d'Augustin de Saint-Aubin : il grava des scènes historiques, tableaux de genre, et illustra les poésies de Parny et de Bertin. Pendant la Révolution, il fut du Comité d'instruction de la Société populaire des arts, avec Bervic. Il était entré à l'école des élèves protégés de l'Académie le 28 septembre 1778.

ANSELIN Louis Julien
Né à Amiens. XIXe siècle. Français.
Paysagiste.
Il exposa quelques paysages de son pays, au Salon de Paris, 1846-1848.

ANSELL Alice M.
XIXe siècle. Active à Wimbledon vers 1892. Britannique.
Peintre de paysages.
Elle envoya un tableau à Suffolk Street.

ANSELL Charles
Né en 1752 probablement à Londres. XVIIIe siècle. Actif à la fin du XVIIIe siècle. Britannique.
Peintre de scènes de genre, animaux, aquarelliste, graveur, dessinateur.
On ne trouve son nom qu'en 1781 et 1782 dans les catalogues des expositions de la Royal Academy de Londres. Le registre des élèves protégés de l'Académie Royale de Paris mentionne cependant, à la date du 30 mars 1778, un peintre Charles Anselt (?), né à Londres en 1752, élève de Vincent et protégé par Lepicié. Cet artiste qui s'était fait une grande célébrité avec ses chevaux, traita également des sujets de genre. Sa *Mort d'un cheval de course*, six planches publiées en 1784, est recherchée des amateurs.
VENTES PUBLIQUES : LONDRES, 15 juin 1982 : *Embarking at Dice-Quay for Margate 1788*, aquar. et cr. et touches de blanc (40,2x52,8) : GBP 1 400.

ANSELL George
XIXe siècle. Britannique.
Peintre de paysages.
Il exposa un ouvrage à Londres, en 1879.

ANSELL Robert
XIXe siècle. Britannique.
Peintre.
Il exposa un tableau à Suffolk Street, à Londres, en 1834.

ANSELL W.H.
XIXe-XXe siècles. Britannique.
Peintre de paysages urbains.
Il a exposé à la Royal Academy de 1907 à 1910, des vues de constructions ou des détails de constructions, prises dans des villes ou des villages britanniques, et occasionnellement au Mont Saint-Michel.

ANSELM
XIVe siècle. Éc. hollandaise.
Peintre.
Cet artiste exécuta des peintures à l'Hôtel de Ville d'Arnheim (1390-1391).

ANSELMA Giuseppina. Voir FAINA Giuseppina
ANSELMA Maria. Voir LACROIX Marie
ANSELME
XVe siècle. Milanais, actif au XVe siècle. Italien.
Sculpteur.
Il sculpta des bas-reliefs de marbre à l'occasion de la libération de Milan. Il eut alors une grande popularité.

ANSELME Louise Elisabeth, née Charmasson
Née le 14 novembre 1923 à Bourges (Cher). XXe siècle. Française.
Peintre de nus, paysages urbains, fleurs. Postimpressionniste.
Elle suivit les cours d'art de la Ville de Paris. A partir de 1969, elle participe aux principaux Salons annuels parisiens, des Indépendants, des Artistes Français, où elle obtint une mention honorable en 1979, d'Automne, etc. Elle montre une exposition personnelle de ses peintures chaque année à Paris, et expose aussi à Grenoble, Cannes, Saint-Etienne, etc., obtenant de très nombreuses distinctions locales. Dans une gamme chaude et dorée, elle peint surtout des nus féminins dans des intérieurs fleuris, et des paysages parisiens.

ANSELME Marcel
Né en 1925 à Bourgoin (Isère). Mort en 1982 à Bourgoin. XXe siècle. Français.

Peintre de portraits, paysages urbains animés.

Il fut élève de Léon Garraud de 1948 à 1951. Il participa à des expositions collectives à Paris, Salon des Artistes Français dont il était sociétaire et Salon des Artistes Indépendants. Il a montré des expositions personnelles de ses peintures à Lyon en 1963, à Paris en 1977. En 1992, la *Maison Ravier* à Morestel a montré une exposition rétrospective d'un ensemble de ses œuvres.

Il réalisa des commandes de portraits de personnalités politiques, scientifiques et religieuses, notamment ceux des archevêques de Chypre. Ses compositions sur l'animation des foules dans les ruelles de petites villes sont peintes avec une précision de type photographique. Il excelle à y opposer les parties brutalement éclairées dans les rares zones de soleil et tout ce qui se passe au contraire dans la fraîcheur de l'ombre des ruelles étroites.

Ventes Publiques : Grenoble, 10 déc. 1979 : *Nu sortilège*, h/t (61x46) : **FRF 3 300.**

ANSELME Marguerite d', Mlle
Née à Toulon (Var). xxᵉ siècle. Française.
Peintre de sujets de genre, natures mortes.
Elle fut élève de H. Royer, Laparra et Baschet. Elle exposa une *Nature morte* au Salon des Artistes Français de Paris, en 1939.
Ventes Publiques : Paris, 28 jan. 1987 : *Après la danse*, h/t (54x65) : **FRF 3 500.**

ANSELMI Antonio
Né le 5 novembre 1766. Mort le 24 mars 1806. xviiiᵉ siècle. Actif à Carrare. Italien.
Sculpteur.

ANSELMI Benedetto
Actif à Parme. Italien.
Sculpteur.

ANSELMI Carlo
xviiᵉ siècle. Italien.
Peintre de compositions religieuses.
Vécut et travailla à Naples et en Sicile. Il peignit pour la *Casa professa del Gesu*, à Palerme, un tableau représentant : *Les quatre Pères de l'Église.*

ANSELMI Francesco
xviᵉ siècle. Italien.
Peintre de compositions religieuses.
Aida son père, Michelangelo Anselmi, dans ses travaux aux églises de Parme et de Reggio Emilia.

ANSELMI Giacomo ou Giangiacomo
Né probablement vers 1560. xviᵉ siècle. Actif à Bergame. Italien.
Peintre de compositions religieuses.
A fait, en 1597, un tableau représentant : *La Madone et l'Enfant, entre Saint Joseph et saint Charles agenouillés, sous un dais que supportent deux anges nus.* Cette toile est conservée dans la petite église de Sudorno.

ANSELMI Giorgio
Né en 1723 à Vérone. Mort en 1797. xviiiᵉ siècle. Italien.
Peintre de compositions religieuses, fresquiste.
Fut l'élève de Bâletra. Il peignit des fresques à Mantoue et à Vérone ; son chef-d'œuvre fut la peinture de la coupole de Saint-André, à Mantoue. Il représenta, sous la voûte du chœur, *Le Martyre de saint André* et quelques petites fresques au-dessus des portes de l'église. Il peignit, dans une galerie du palais ducal à Mantoue, toutes les rivières des environs en figures allégoriques (elles sont conservées dans la galerie dei Fiumi, appelée ainsi d'après cette peinture).
Musées : Venise : *L'Olympe.*

ANSELMI Giov. Maria d'Angelo degli
xviiᵉ siècle. Actif à Pérouse, 1693. Italien.
Peintre.

ANSELMI Michelangelo, dit de Lucques ou da Siena ou Scalobrino
Né en 1491 ou 1492 à Lucques. Mort à Parme, en 1550, 1554 ou 1556. xviᵉ siècle. Italien.
Peintre de compositions religieuses, compositions décoratives, fresquiste. Maniériste.
Il fut élève de Bazzi, dit il Sodoma, à Sienne puis devint disciple du Corrège. Il résida surtout à Parme.
Sa première œuvre connue est le décor de grotesques exécuté à la voûte de San Giovanni Evangelista de Parme vers 1520. Dans cette même église, vers 1522, il décora une chapelle des *Docteurs de l'église.* Toujours à Parme, l'un de ses premiers ouvrages fut une œuvre remarquable, exécutée d'après un dessin de Jules Romain, *Le Couronnement de la Vierge.* Il travailla également à Santa Maria della Steccata, d'après Giulio Romano et d'après Parmesan. Il fit plusieurs peintures, d'après ses propres compositions, dans les églises de Parme, notamment à l'oratoire de la Conception, où il a peint les *Scènes de la vie de la Vierge*, entre 1532 et 1535, en collaboration avec Francesco Maria Rondani. Michelangelo Anselmi subit tout d'abord l'influence du Corrège, puis de Parmesan et enfin du maniériste siennois, Beccafumi. Il réussit ainsi à faire une synthèse de ces différents styles.
Bibliogr. : In : *Diction. de la peinture italienne*, coll. Essentiels, Larousse, Paris, 1989.
Musées : Milan : *Saint Jérôme* – Paris (Mus. du Louvre) : *Vierge en gloire, adorée par saint Jean Baptiste et saint Étienne.*
Ventes Publiques : Londres, 28 mars 1969 : *La Vierge et l'Enfant avec sainte Catherine et sainte Claire :* **GNS 1 500** – New York, 21 jan. 1982 : *La Sainte Famille*, h/t (59,5x48) : **USD 22 000** – Milan, 27 nov. 1984 : *La Vierge et l'Enfant avec sainte Catherine et sainte Claire*, h/pan. (40,5x35,5) : **ITL 38 000 000.**

ANSELMI Pellegrino di Giovanni degli
xvᵉ siècle. Actif à Bologne. Italien.
Sculpteur.
Cet artiste travailla pour les chanoines de San Giovanni in Monte, aux stalles du chœur, encore conservées de nos jours, dans l'église San Vittore, près de Bologne.

ANSELMI Pietro
xviᵉ siècle. Actif à Parme vers 1526. Italien.
Peintre.

ANSELMO Gabriel ou Anselmus
Né en 1622 à Bruxelles, où il fut baptisé le 8 septembre. xviiᵉ siècle. Éc. flamande.
Peintre.
Il fut élève de P. Van der Borcht, puis, à Naples, de Luca Giordano, dont il copia fort habilement les œuvres. La mort le surprit au moment où il allait retourner dans son pays.

ANSELMO Giosuè
xvᵉ siècle. Italien.
Peintre.
Travailla à Naples, en 1470, à la restauration d'un panneau en plusieurs parties pour Castelnuovo.

ANSELMO Giovanni
Né en 1934 à Borgofranco d'Ivréa. xxᵉ siècle. Italien.
Sculpteur d'installations. Conceptuel, Arte povera.
Giovanni Anselmo vit et travaille à Turin. Il a participé aux grandes expositions collectives de l'Arte povera, dont l'exposition historique : *Quand les attitudes deviennent formes* à Berne en 1969, aux Documenta V et VII de Kassel en 1972 et 1982, à la Biennale de Sidney en 1976, à la Biennale de Venise en 1978 et 1980, *Identité Italienne*, 1981 au Musée National d'Art Moderne de Paris, *Arte povere, Antiform* au C.A.P.C. de Bordeaux en 1982, à *Electra* au Musée d'Art Moderne de la Ville de Paris, aux *Histoires de sculptures* à Villeneuve d'Ascq et aux *Immatériaux* en 1985 au Musée National d'Art Moderne de Paris... En 1990, il représenta l'Italie à la 44ᵉ Biennale de Venise. Il a exposé fréquemment ses œuvres lors d'expositions personnelles : la galerie Sperone de Turin montre régulièrement son travail depuis 1968, en 1973 il a exposé au Kunstmuseum de Lucerne, en 1979 au Stedelijk Van Abbemuseum d'Eindhoven, en 1980 au Musée de Grenoble, en 1985 au Musée d'Art Moderne de la ville de Paris, en 1989 au Musée d'Art Contemporain de Lyon et en 1995 au musée d'Art moderne et contemporain de Nice.

Il est un des représentants de l'Arte povera (art pauvre), ce courant singulier bien que pluriel dans ses concrétisations formelles, italien d'origine et qui le resta dans sa spécificité, malgré quelques influences décelables chez des artistes conceptuels d'autres pays. Ce courant de l'Arte povera se situe dans le vaste mouvement conceptuel qui envahit la scène artistique dans la décennie soixante, qui fut historiquement aussi celle des contestations sociales, politiques et éthiques. L'Arte povera est aussi contestation, et contestation généralisée, en tout cas contestation de l'art avant tout le reste, ce qui relie clairement l'art conceptuel à Marcel Duchamp. Il peut s'y manifester encore une influence « zen », plus ou moins consciente selon les cas, dans l'invite à méditer sur un tas de cailloux présenté en tant qu'œuvre ou que non-œuvre ou sur toutes autres choses que négligent habituellement le regard et l'esprit. Le terme Arte povera est employé pour la première fois par Germano Celant (son principal instigateur puis historien) en 1967 lors de l'exposition intitulée *Arte povera – Im spazio*, présentée à la galerie La Bertesca à Gênes. Dans ce premier écrit « pauvre », Celant présente ainsi les faits : « Rien ne se passe sur l'écran, un homme dort pendant douze heures ; rien ne se passe sur la toile, il n'y a que la toile et le cadre, la mer est faite d'eau bleue foncé, une glace fond... » De fait, l'extrême variété des œuvres regroupées à l'intérieur du corpus « pauvre » en fait son principal trait distinctif et met à mal toute tentative de définition tant exacte qu'exhaustive. A partir des années 1980, cette catégorie ou concept regroupe les œuvres anciennes ou récentes de douze artistes italiens dont la liste comprend : Giovanni Anselmo, Alighiero Boetti, Pier Paolo Calzolari, Luciano Fabro, Jannis Kounellis, Marisa Merz, Mario Merz, Giulio Paolini, Giuseppe Penone, Michelangelo Pistoletto et enfin Gilberto Zorio. La stabilité de cette liste à présent canonique est un résultat et non un point de départ. La nomenclature des artistes désignés et rassemblés sous le terme depuis son invention a beaucoup varié au fil des années 1970, le cercle s'élargissant parfois à des Italiens qui s'effaceront plus tard mais aussi à des artistes étrangers tels que Jan Dibbets, Richard Long ou Ger Van Elk.

L'œuvre de Giovanni Anselmo convoque l'espace, le temps, le mouvement, des forces telles que la gravitation, le magnétisme, la torsion... Il réalise des installations où l'énergie est maîtresse de toutes les situations, organisant l'espace et dirigeant tout type de rapport existant entre les différents éléments : « Moi, le monde, les choses, la vie, nous sommes des forces en action. Le point essentiel, c'est de ne pas les laisser cristalliser. L'essentiel, c'est de garder libres ces forces vives, en fonction même de notre vie », déclarait-il en 1979. *Les torsions* de 1968 présentent ainsi des fragments de cuir ou de flanelle tordus à l'aide d'une barre de bois ou de fer jusqu'à la limite de leur résistance et maintenus en l'état simplement par le bloquage de la barre contre le mur de telle sorte que l'énergie accumulée ne puisse se restituer par le mouvement inverse. D'autres œuvres mettent en scène la gravité : *Sans titre*, de 1969, donne à voir une pierre accrochée très haut par un cable d'acier. L'homogénéité euclidienne de l'espace se voit contrariée. Une telle suspension du mouvement va de pair avec une suspension du temps, et l'introduction d'une temporalité spécifique au travail : démonstration faite avec la pièce intitulée *Sans titre* de 1968 constituée d'un petit bloc de granit maintenu contre un gros bloc par une salade. Cette dernière ne pouvant assurer la cohésion qu'en conservant la bonne épaisseur... doit être renouvelée à temps.

Les travaux de Giovanni Anselmo viennent ainsi bouleverser l'ordre des choses, généralement dans une grande élégance formelle. Les couleurs ne sont jamais des effets de surfaces, mais des visions contenues dans l'énoncé des matériaux : fer, granit, lumière, coton... Les titres participent de cette poétique : *Panorama avec main le désignant* tandis que *vers l'outre-mer s'allègent les gris*, 1984. ■ Florence Maillet, J. B.

Bibliogr. : Catalogue de l'exposition : *Giovanni Anselmo*, Musée de Grenoble, 1980 – Catalogue de l'exposition : *Giovanni Anselmo, sculptures-installations*, Mus. d'Art Mod. de la ville, ARC, Paris, 1985 – Germano Celant, *Arte povera*, Art Édition, Villeurbanne, 1989 – Artstudio, *Regards sur l'Arte Povera*, n° 13, Été 1989 – in : *L'art du XXᵉ siècle*, Larousse, Paris, 1991.

Musées : Canberra (Australian Nat. Gal.) – Eindhoven (Stedelijk Van Abbe Mus.) – Épinal (Mus. départ. des Vosges) : *Trecento milioni di anni* 1969 – Grenoble – Lyon (Mus. Saint-Pierre) – Otterlo (Mus. Kröller-Müller) – Paris (Mus. d'Art Mod.) : *Direction* 1967-1968 – Rivoli – Rochechouart (Mus. départ. d'Art Contemp.) : *Interférence sur la gravitation universelle* 1969.

Ventes Publiques : Milan, 14 nov. 1991 : *Particularités du côté du point sur l'I majuscule de Infini*, cr. et collage (110x60) : ITL 11 000 000 – Londres, 3 déc. 1993 : *Particularité (correspondant à la barre oblique du premier N d'Infini* 1975, cr./pap. (24x24) : GBP 1 840.

ANSELMO Pietro
XVIIᵉ siècle. Actif vers 1600. Italien.
Peintre de fleurs.

ANSELMO da Bergamo
XVIᵉ siècle. Actif à Venise. Italien.
Sculpteur sur pierre.
Travailla avec son maître Tullio Lombardo à l'église San Salvatore, de Venise, en 1511.

ANSELMO da Campione Anselmus de Campiliono
XIIᵉ siècle. Actif à Campione dans la seconde moitié du XIIᵉ siècle. Italien.

Architecte et sculpteur.
Aïeul de la famille d'artistes, il travailla à la construction de la cathédrale de Modène. Le moment le plus florissant de l'artiste fut vers 1180. J. Burckhardt lui attribue (avec Campori et Borghi) un certain nombre des reliefs de *la Passion*, qui furent incrustés, vers la fin du XIIᵉ siècle, par Ambo, dans les murs de la chapelle du chœur, à droite de la cathédrale de Modène. Fut l'auteur de la Porta Regia, érigée en 1209, et richement ornée.

ANSELMO de Cortesi
XVIᵉ siècle. Actif à Bergame vers 1530. Italien.
Sculpteur.

ANSELMO de Fornari. Voir FORNARI

ANSELMO di Giovanni di Giacobbe
Mort le 14 octobre 1491. XVᵉ siècle. Actif en Ombrie. Italien.
Peintre.
Travailla, en 1470, à Jesi ; de 1472 à 1478, à Sassoferrato ; en 1475, il termina quelques peintures dans l'hôtel de ville et, le 24 septembre 1478, la décoration de la Loggetta et de la Loggia Grande. Il a probablement séjourné, en 1404, à Matelica. A Pérouse, Anselmo peignit avec Niccolo del Priore, en 1404, les armoiries du pape Innocent VIII, sur l'ordre de la ville. En 1486 et en 1489, il travailla à des peintures dans la chambre de Capouffi-cio, à l'hôtel de ville.

ANSELMO di Quintio
XVIᵉ siècle. Actif à Mantoue, vers 1534. Italien.
Peintre.

ANSELMUS
XIIᵉ siècle. Italien.
Sculpteur.
Auteur d'un relief de la *Porta romana* à Milan, relief conservé au musée archéologique de cette ville. Probablement identique à ANSELMO da Campione.

ANSERAMUS von Trani
XIIIᵉ siècle. Actif en Apulie. Italien.
Sculpteur.
Cet architecte bâtit, pour l'Empereur Frédéric II, le castel d'Orta, dans la Capitanata. Dans quelques œuvres signées, l'auteur se montre également sculpteur de talent.

ANSHALM
XIIᵉ siècle. Actif à Ratisbonne. Allemand.
Peintre.

ANSHALM Hans
XVIᵉ siècle. Autrichien.
Peintre de portraits.
Peintre de la cour de l'archiduc Ferdinand de Tyrol, il travailla à la collection de portraits de l'archiduc, vers 1587.

ANSHUTZ Thomas Pollock. Voir ANSCHUTZ

ANSIAU Antoine Jean
Né à Écaussines (Nivelles). XVIIIᵉ siècle. Éc. flamande.
Sculpteur.
Il fut citoyen d'Anvers en 1746, et maître de la confrérie de Saint-Luc en 1750.

ANSIAUX Antoine Jean Joseph Éléonore Antoine
Né en 1764 à Liège. Mort en 1840 à Paris. XVIIIᵉ-XIXᵉ siècles. Français.
Peintre d'histoire, scènes mythologiques, compositions religieuses, portraits.
Il fut élève de Vincent et ne tarda pas à prendre une place marquante parmi les peintres d'histoire de son temps. Il décora plusieurs églises et fit des portraits. Parmi ses ouvrages, on cite : *Saint Paul prêchant à Athènes*, à Saint-Étienne-du-Mont, à la cathédrale de Liège : *Ascension* (1812), *Conversion de saint Paul* (1814), à l'Hôtel de Ville : *Retour de l'enfant prodigue* (1819), à la cathédrale d'Angers : *La Mise en Croix*, à la cathédrale d'Arras : *Résurrection*, à la cathédrale du Mans : *Adoration des Mages*, à la cathédrale de Metz : *La Flagellation du Christ*. Le registre de l'École de l'Académie royale mentionne son entrée à la date du 16 octobre 1783. Comme le remarque Gérald Schurr, il donne une certaine déformation ingresque à ses personnages conçus à la manière des Italiens du XVIIᵉ siècle.

ansiauix fecit 1822

Musées : Bordeaux : *Nicolas Poussin présenté à Louis XIII* – Lille : *Saint Jean devant Hérode* – Versailles : *Kléber (Jean)*,

général de l'armée d'Orient – En pied : Kellermann (François-Christophe), duc de Valmy – En pied : Emmanuel Crétet, comte de Champmol, ministre de l'intérieur – VERSAILLES (Trianon) : *Jean-Joseph, 1674, mort – Jésus-Christ bénissant les enfants – Moïse sauvé des eaux.*
VENTES PUBLIQUES : PARIS, 1818 : *Vénus :* **FRF 59** – PARIS, 1822 : *Une jeune Grecque accompagnée de son amie fait boire une colombe :* **FRF 180** – PARIS, 25 mars 1907 : *Vénus et l'Amour :* **FRF 150** – PARIS, 1919 : *Vieillard :* **FRF 520** – PARIS, 1919 : *Homme,* miniature : **FRF 1 250** – PARIS, 1922 : *Portrait d'un vieillard :* **FRF 420** – PARIS, 11 mai 1951 : *L'Amour et Psyché :* **FRF 9 000** – PARIS, 7 mai 1976 : *Portrait d'homme 1819,* h/t (22x16,5) : **FRF 2 200** – MONTE-CARLO, 22 jan. 1986 : *Portrait de Mme Smits, née Gandolphe, et de son fils,* h/t (209x157) : **FRF 580 000** – PARIS, 9 déc. 1987 : *Réplique du grand tableau du Salon de 1819, acheté par l'État pour l'Hôtel-de-Ville de Paris,* h/t (46,5x55,3) : **FRF 16 000** – PARIS, 9 avr. 1990 : *Angélique et Médor,* h/t (54,5x46,3) : **FRF 160 000** – PARIS, 14 déc. 1992 : *Angélique et Médor,* h/t (54,5x46,3) : **FRF 35 000.**

ANSIGLIONE Léopoldo
Né en 1832 en Piémont. Mort en 1894 à Rome. XIXᵉ siècle. Italien.
Sculpteur de sujets religieux, statues.
Travailla principalement à Rome. Ses statues en marbre : *La Nuit, Flore, Galathée, Ismael,* et un bronze, furent très admirés. Son chef-d'œuvre est une grande statue du Christ, au milieu du Quattro-portico du Campo Verano, à Rome.

ANSINGH Lizzy, pseudonyme de Maria Elisabeth Georgie
Née en 1875 à Utrecht. Morte en 1959. XXᵉ siècle. Hollandaise.
Peintre de portraits, natures mortes.
Elle fut élève de l'Ecole des Beaux-Arts d'Amsterdam. Elle devint membre de l'Association Saint-Luc-des-Arts. Elle travaillait à Amsterdam. Outre ses activités et manifestations en Hollande, elle a figuré à Paris aux Salons des Indépendants et des Artistes Français, où elle obtint en 1912 une mention honorable pour *Péril jaune.* Elle a été également sélectionnée pour l'Exposition du Carnegie Institute de Pittsburgh aux Etats-Unis.
Mis à part quelques portraits, en tant que peintre de natures mortes, elle s'est singularisée par l'introduction de poupées dans celles-ci.

[signature: LA]

MUSÉES : DORDRECHT – PHILADELPHIE – ROME – UTRECHT .
VENTES PUBLIQUES : AMSTERDAM, 14 nov. 1972 : *La statuette immergée :* **NLG 6 000** – AMSTERDAM, 13 sep. 1977 : *Nature morte,* h/t mar. (58x43,5) : **NLG 3 400** – AMSTERDAM, 28 nov. 1978 : *Portrait de femme 1900,* h/pan. (37x32,5) : **NLG 4 200** – AMSTERDAM, 15 mai 1979 : *Nature morte à la poupée,* h/t : **NLG 2 000** – AMSTERDAM, 29 oct. 1980 : *Chez la modiste,* h/t (65x55) : **NLG 4 000** – AMSTERDAM, 14 avr. 1986 : *Les poupées,* h/pan. (51,7x45) : **NLG 3 800** – AMSTERDAM, 3 sep. 1988 : *Marionnette chinoise tenant un bouquet de mariage,* h/pan. (52x39,5) : **NLG 2 185** – AMSTERDAM, 16 nov. 1988 : *Une domestique dans un intérieur bourgeois,* h/t (50x40) : **NLG 2 300** – AMSTERDAM, 2 mai 1990 : *Portrait d'un vieil ouvrier indien 1924,* h/t (50,5x65) : **NLG 6 900** – AMSTERDAM, 14-15 avr. 1992 : *Nature morte avec une poupée et des fleurs,* h/t (31x23) : **NLG 4 830** – AMSTERDAM, 3 nov. 1992 : *Deux femmes dans un jardin d'Amsterdam,* h/cart. (54x46) : **NLG 4 140** – AMSTERDAM, 11 fév. 1993 : *Samouraï,* h/t (60,5x50,5) : **NLG 2 760** – AMSTERDAM, 21 avr. 1993 : *Carnaval à Venise,* h/t (78,5x118,5) : **NLG 10 350** – AMSTERDAM, 11 avr. 1995 : *Conte de fée,* h/t (90x64,5) : **NLG 5 930** – AMSTERDAM, 16 avr. 1996 : *L'heure du thé,* h/t (51x61) : **NLG 8 260** – AMSTERDAM, 30 oct. 1996 : *Le Favori et la Jalouse 1916,* h/t (92x80) : **NLG 10 995** – AMSTERDAM, 19-20 fév. 1997 : *Het Avontuur,* h/t (60x40) : **NLG 5 535.**

ANSINGH Theresia. Voir SORELLA

ANSLEY, née Mary Anne Gaudon
Morte en 1840 à Naples. XIXᵉ siècle. Britannique.
Peintre.
Cette artiste peignit de préférence des sujets mythologiques, qu'elle exposa à la Royal Academy, à la British Institution et à Suffolk Street entre 1812 et 1833. Sa dernière œuvre, exposée en 1833, est un portrait du prince Napoléon.

ANSLIJN Nicolaas Nicolaasz
Né le 12 mai 1777 à Leyde. Mort le 19 septembre 1838 à Alkmaar. XIXᵉ siècle. Hollandais.
Dessinateur et lithographe.
Professeur à Leyde en 1802, à Amsterdam en 1804, à Harlem en 1807. Sa spécialité fut l'histoire naturelle. Il imprimait ses lithographies sur une presse de son invention et les coloriait lui-même.

ANSLO Pieter Laurensz Van
Né vers 1623. Mort en 1680. XVIIᵉ siècle. Actif à Amsterdam. Éc. hollandaise.
Peintre.

ANSON
XVIIIᵉ siècle. Britannique.
Peintre de portraits.
Connue pour un portrait qu'elle exposa à la Royal Academy en 1799.

ANSON F. J.
XIXᵉ siècle. Britannique.
Peintre de portraits.
Il exposait à Londres en 1834-1835. On signale de lui des portraits, à la British Institution et à Suffolk Street à Londres.

ANSON George
Né en 1697. Mort en 1762. XVIIIᵉ siècle. Britannique.
Dessinateur de marines.
Célèbre amiral anglais.

ANSON Minnie Walters
Née le 20 février 1875 à Londres. XXᵉ siècle. Britannique.
Peintre de portraits, miniatures, fleurs.
Elle a figuré dans des expositions collectives ou Salons, à Londres, Bradford, Manchester, Toronto et Paris.

ANSOVINO da Camerino
XVᵉ siècle. Italien.
Peintre.
En 1487, cet artiste peignit des fresques dans la nouvelle chapelle de San Mauro, à San Agostino (Norcia).

ANSPACH
XIXᵉ siècle. Français (?).
Graveur.
Il fut actif vers 1827, à Paris. Il pratiqua la gravure à la manière du crayon.

ANSPACH Henri
Né en 1882 à Bruxelles. XXᵉ siècle. Belge.
Peintre de genre, portraits, paysages, aquarelliste.
Il fut élève de l'Académie des Beaux-Arts de Liège. Il a figuré à l'Exposition Universelle de Bruxelles en 1910, à Paris au Salon de la Société Nationale des Beaux-Arts en 1912, au Salon des Artistes Français en 1913, au Salon d'Automne en 1920, au Salon des Indépendants de 1926 à 1928. Outre quelques portraits, il a peint des paysages ou des scènes de genre typiques de Belgique. Il a également peint des paysages dans le Midi de la France.

[signature: H. Anspach]

MUSÉES : LIÈGE .

ANSPACH Johannes
Né en 1752 à Niederingelheim (Palatinat). Mort le 25 janvier 1823 à Rotterdam. XVIIIᵉ-XIXᵉ siècles. Hollandais.
Peintre de portraits, pastelliste.
Se rendit, en décembre 1792, à Rotterdam, où il devint membre de la corporation des peintres le 8 janvier 1793. Vécut célibataire chez son frère, Ph. Anspach, et voyagea beaucoup en Hollande. Il dessina des portraits au pastel. Quelques-uns ont été gravés, celui du *Curé Willem,* de Vos, par R. Vinkeles et celui de l'*Ingénieur F.-W. Conrad,* par L. Portman.
MUSÉES : LEYDE : *Portrait de Johannes Luchtmans – Portrait de U. Schotsman,* pasteur.

ANSPACH Rudolph
XVIIᵉ siècle. Allemand.
Peintre.
Vécut en France, en 1619 ; il fit, à Saumur, un catalogue de la collection des tableaux de Duplessis-Mornay.

ANSPIRGER Jakob Anton
XVIIIᵉ siècle. Actif vers 1740.
Peintre d'histoire.

ANSTATT Wilhelm
XIXe siècle. Allemand.
Peintre portraitiste.
Travailla à Berlin en 1824, envoya des portraits à l'Exposition de l'Académie Royale ; il perfectionna l'imprimerie en couleur. Il fit paraître le *Temple de l'Honneur allemand.*

ANSTED William Alexander
XIXe siècle. Vivait à Chiswick, près de Londres, vers la fin du XIXe siècle. Britannique.
Graveur.
Il exposa à la Royal Academy entre 1888 et 1893. Le Musée Victoria and Albert à Londres conserve de lui : *Vue de Dartmouth, Vue de Bideford et le Torridge* et *Vue sur le East Lynn* (deux gravures sur la même planche).

ANSTIE S.
XIXe siècle. Britannique.
Peintre de paysages.
Connu pour trois tableaux exposés à la Royal Academy entre 1803 et 1810.

ANSUINO da Forli
XVe siècle. Italien.
Peintre de compositions religieuses, fresquiste.
Une fresque de la chapelle San Agostino de l'église des Ermites à Padoue, représentant le sermon de San Christophe, porte la signature de l'artiste. On attribue à Ansuino deux autres fresques : *Saint Christophe devant le roi* et *La Guérison d'un paralytique par saint Christophe.*
MUSÉES : ALTENBURG : *Vierge à l'Enfant avec Saint Joseph et une donatrice* – VENISE (Correr) : *Jeune homme, signé A.F.,* copie à Toronto.

ANSUISIO Francesco
XVIe siècle. Italien.
Peintre.
Mentionné dans un document de Ferrare, en 1530.

ANSUISIO Roberto
XVIe siècle. Actif à Ferrare. Italien.
Peintre.
Fils de Francesco Ansuisio.

AN TAI ou **An T'Ai** ou **Ngan T'Ai** ou **An Ruowang** ou **Ngan Jouo-Wang,** de son vrai nom **Jean Damascene**
Mort en 1781 à Pékin. XVIIIe siècle. Chinois.
Peintre, graveur.
Il était actif à la cour de l'empereur Qianlong (1736-1796). Le Père Jean Damascene est un Augustin déchaussé, prêtre romain, de son nom de famille Salusti ou Sallusti et dont le nom de religion est Jean Damascene de la Conception. Jésuite, missionnaire de la Propagande, établi à Pékin pendant de longues années, il devient Mgr Sallusti, évêque de Pékin en 1778.
Peintre sans grand talent, il collabore néanmoins aux gravures des conquêtes de l'empereur Qianlong, gravées à Paris de 1767 à 1774, sous la direction de Charles-Nicolas Cochin (1715-1790).
MUSÉES : COPPET (Château de) – FONTAINEBLEAU (Château de) : Exemplaire incomplet – PARIS (Mus. Guimet) : Exemplaire complet – PARIS (BN) : Exemplaire complet – PARIS (Bibl. Mazarine) : Exemplaire complet – SUISSE : Exemplaire incomplet.

ANTAIOS
IIe siècle avant J.-C. Antiquité grecque.
Bronzier.
Cité par Pline parmi les artistes de la 156e Olympiade Son nom marque le renouveau d'activité artistique notable en Grèce au milieu du IIe siècle avant Jésus-Christ.

ANTCHER Isaac, pseudonyme de **Ancer**
Né le 21 janvier 1899 à Peresecina. Mort en 1992 à Paris. XXe siècle. Actif en France. Roumain.
Peintre de paysages animés, paysages, natures mortes, fleurs.
Il vint en France jeune homme, pour y étudier la peinture et s'y fixa. A Paris, il figure aux Salons d'Automne et des Tuileries. Il participe aussi à des groupements à Montpellier, Strasbourg, Berne, Bruxelles, Jérusalem, etc. Des expositions personnelles regroupent des ensembles de ses peintures, telle celle qu'il fit à la Galerie Granoff de Paris en 1990, qui montrait une rétrospective d'œuvres de 1927 à 1981.
Peintre du paysage français, il a rallié la tradition du sentiment poétique de la nature des artistes de Barbizon, avec une touche de mélancolie assez familière aux artistes juifs d'Europe centrale ou de l'Est.
VENTES PUBLIQUES : PARIS, 20 mars 1988 : *Paysage nocturne,* h/t (46x55) : FRF 5 000 – TEL-AVIV, 26 mai 1988 : *Vase de fleurs,* h/t (73x60) : USD 2 750 – PARIS, 20 mars 1988 : *Paysage nocturne,* h/t (46x55) : FRF 5 000 – PARIS, 16 mai 1988 : *La Fontaine de Médicis,* h/t (55x46) : FRF 7 000 – PARIS, 16 avr. 1989 : *Les grands arbres,* h/cart. (45x53,5) : FRF 14 000 – PARIS, 16 avr. 1989 : *Les Grands Arbres,* h/cart. (45x53,5) : FRF 14 000 – PARIS, 8 avr. 1990 : *Maison à travers les arbres,* h/cart. (36x53) : FRF 25 000 – PARIS, 14 avr. 1991 : *Square montmartrois,* h/t (65x81) : FRF 18 000 – NEUILLY, 23 fév. 1992 : *Paysage,* h/cart. (42x54) : FRF 5 500 – PARIS, 17 mai 1992 : *Rabbins in discussion,* h/t (38x56) : FRF 10 000 – PARIS, 4 avr. 1993 : *Paysage,* h/pan. de bois (35,5x41) : FRF 4 800 – PARIS, 27 mars 1994 : *Bouquet,* h/pan. (61x50) : FRF 6 000 – PARIS, 26 mars 1995 : *Nature morte au violon,* h/t (38x46) : FRF 4 500 – CALAIS, 25 juin 1995 : *Le Village,* h/pan. (46x55) : FRF 10 000 – PARIS, 24 mars 1996 : *Paysage aux oliviers,* h/t (81x100) : FRF 12 000 – PARIS, 16 mars 1997 : *Grand Paysage,* h/t (89x116) : FRF 8 500.

ANTE Livia
Née le 8 février 1955 à Ploesti. XXe siècle. Depuis 1976 active et naturalisée en Suède, à partir de 1983 active en France. Roumaine.
Peintre, décorateur de théâtre. Abstrait-paysagiste.
Après avoir été élève du Lycée d'Art Tonitza à Bucarest, elle quitta définitivement la Roumanie en 1971. A Paris, elle fut diplômée de l'Ecole d'Arts Appliqués Duperré en 1974, puis de l'Ecole des Arts Décoratifs en 1976. En cette même année 1976, elle se fixa à Stockholm et acquit la nationalité suédoise. En 1983, elle revint à Paris, où elle vit. Elle participe à des expositions de groupe, et notamment à Paris au Salon Grands et Jeunes d'Aujourd'hui et au Salon de Mai. Elle fit sa première exposition personnelle à Stockholm en 1979, suivie d'autres aux Pays-Bas et en France.
Ses peintures se présentent en séquences de fragments séparés, dont la somme peut atteindre plus de dix mètres. Dans des harmonies modulées en camaïeu, à forte dominante colorée, bleutée ou au contraire orangée ou toute autre, elle suggère des paysages totalement oniriques, d'autant que très proches de l'abstraction, de cette abstraction qui laisse libre champ à l'imagination et incite à un déchiffrage tel celui auquel on s'abandonne à partir des taches d'humidité sur un mur ou de découpes insolites de nuages. ■ J. B.
BIBLIOGR. : Ionel Jianou, in : *Les artistes roumains en Occident,* Acad. américano-roumaine d'arts et sciences, Los Angeles, 1986.

ANTEAUME
XVIIIe-XIXe siècles. Français.
Peintre sur porcelaine.
Il fut nommé parmi les artistes de la manufacture de Sèvres, entre 1753 et 1800. Il s'adonna au paysage ; son signe fut une maisonnette avec des bâtons.

ANTEGNATI Giovanni Pietro
XVIe siècle. Actif à Brescia. Italien.
Peintre.
Mentionné dans un document de 1525 ; il était originaire des environs de Brescia.

ANTEGNATI Matteo ou **Maffeo**
Sans doute originaire de Antegnate. XVIe siècle. Italien.
Sculpteur.
Travailla avec Fostinelli et Bissone, à l'ornementation de la façade de Santa Maria dei Miracoli, à Brescia, attribuée à Prospero Bresciano et à Raffaello da Brescia. Travailla à l'Hôtel de Ville de Brescia, vers 1566.

ANTELAMI Benedetto
XIIe siècle. Italien.
Sculpteur de sujets religieux.
Travailla de 1177 à 1233. Fut un des maîtres de la sculpture du Nord de l'Italie au Moyen Age. On cite de lui un relief en marbre : *Descente de Croix,* à la cathédrale de Parme.

ANTELME Jeanne, Mme
Née à Mauritius. XXe siècle. Britannique.
Peintre.
Elle expose à Paris au Salon d'Automne en 1923.

ANTELME R.
Né à Mauritius. XXe siècle. Britannique.

Peintre.

Expose à Paris aux Indépendants en 1938 deux tableaux : *Le repos des moissonneurs* et *Les perdreaux*.

ANTEM Henri Van

XVIIᵉ siècle. Éc. hollandaise.

Peintre.

Le Musée d'Orléans possède de lui une *Marine*.

ANTEN Djef

Né en 1851. Mort en 1913 à Hasselt. XIXᵉ-XXᵉ siècles. Belge.

Peintre de paysages.

Élève de l'Académie de sa ville natale, il la dirigera plus tard. Subit l'influence de Coosemans. Œuvres au Musée de Bruges.

ANTENOR, fils d'Eumarès

VIᵉ siècle avant J.-C. Athénien sans doute. Antiquité grecque.

Sculpteur et bronzier.

La personnalité d'Anténor domine en son temps toute l'histoire de la plastique attique. Vers 506, il exécuta sur l'ordre de Clisthène un groupe en bronze des *Tyrannoctones* Harmodios et Aristogiton. Malheureusement nous ignorons tout de cette œuvre, enlevée par Xerxès en 480 et rendue seulement par Alexandre, sinon plus tard encore par un Séleucide. Par contre, nous avons, signée d'Anténor, une grande *Coré*, offrande de Néarchos (Musée de l'Acropole d'Athènes, nᵒ 681) qui se date, d'après les lettres de l'inscription, des environs de 510. Avec cette statue, où l'on note une recherche d'ampleur sculpturale toute nouvelle, la plastique attique s'affranchit de l'asservissement ionien. Des ressemblances profondes entre la Coré 681 et certaines figures féminines des frontons du temple des Alcméonides à Delphes (même conception « architectonique ») invitent à porter au mérite d'Anténor la gravité à la fois architecturale et religieuse de l'*Épiphanie des Létoïdes*.

ANTENORE

Mort avant le 21 juin 1579. XVIᵉ siècle. Italien.

Peintre.

Fils du peintre Fortunato, de Sant Angelo de Vado, travailla à Rome et à Urbino.

ANTENORIDES Pline ou **Antorides**

IVᵉ siècle avant J.-C. Antiquité grecque.

Peintre.

Condisciple d'Euphranor. Son maître, Aristeidès, n'est pas le peintre fameux du temps d'Alexandre, mais probablement le grand-père de celui-ci, architecte, sculpteur et peintre. Nous ignorons tout des œuvres d'Anténoridès.

ANTERI-MARAZZANI L. Voir **AUTER Ludovico Marazhani**

ANTÈS Horst

Né en 1936 à Heppenheim (Bade). XXᵉ siècle. Allemand.

Peintre de figures, graveur, illustrateur. Expressionniste, Nouvelles Figurations.

Il fut élève de l'Académie de Karlsruhe de 1957 à 1959, où il eut pour maître le graveur sur bois Hap Grieshaber, personnage attachant qui lui inculqua une solide technique. En 1959, il reçut le Prix de la Ville de Hanovre, qui lui attribua une bourse en 1960. En 1961, il obtint en Allemagne le Prix *Junger Westen*, et en France le Premier Prix de la Biennale des Jeunes, qui lui valut en 1963 une exposition personnelle dans le cadre de cette même Biennale au Musée d'Art Moderne de Paris. Entre-temps, en 1962, il avait aussi remporté le Prix *Villa Romana* à Florence, où il séjourna, ainsi qu'à Rome. Il fit partie de la sélection allemande à la Documenta de Kassel en 1964 et 1968. En 1966 il figurait dans la sélection allemande de la Biennale de Venise. Outre ces sélections dans les Biennales ou concours, et quelques participations à des expositions collectives, il fit des expositions personnelles : 1960 Bâle et Cologne, 1961 Wiesbaden et Fribourg, etc. Depuis 1965, Antès est devenu professeur de l'Académie de Karlsruhe, où il avait fait ses études, poste qu'il quitta en 1971 et reprit en 1984.

Sa peinture se rattache au courant expressionniste international. Lors des nombreux Prix qu'il remporta, ce courant expressionniste n'avait pas encore la vogue qu'il devait connaître, sous des formes diverses, dans les années soixante-dix et quatre-vingt, et, dans cette mesure, Antès faisait alors figure d'isolé, dont on ne savait pas qu'il était en position de précurseur. On fut alors, de toutes parts, intéressé par ce jeune peintre, sorti indemne d'une Allemagne disqualifiée sur tous les plans, qui avait répudié toute forme d'art vivant, et duquel les œuvres retrouvaient le fil de ce qui s'était créé autour de la *Brücke*, du *Blaue Reiter* et du *Bauhaus* avant 1933.

On peut apparenter l'expressionnisme d'Antès, dans une brève première période, à Max Beckmann et à Georges Grosz, c'est-à-dire à l'expressionnisme grinçant qui se manifesta dans l'Allemagne désemparée d'après sa défaite de 1918. Mais dès 1960, il créa la sorte de personnage qui devait devenir son thème unique, un personnage très schématisé, pouvant rappeler ceux d'Oskar Schlemmer, dont un graphisme appuyé et massif cerne des plages colorées, en général très pures, bien que parfois plus sobres. Dans les années soixante-dix, il a incorporé dans ses peintures sur toile des morceaux de carton ou des chiffons, qui diversifient la matière pigmentaire et accroissent l'étrangeté de ses figures. Cet être, sorte de gnome mais dans l'éthymologie grecque de gnômê : intelligence, c'est-à-dire petit génie, est le plus souvent dénué de torse, les bras s'emmanchant directement dans la tête sous les yeux, et les jambes sous le menton, mais dans cette tête par contre, palliant le dénuement corporel, toujours deux yeux superposés et non juxtaposés ou deux paires d'yeux superposées, comme parfois chez Jawlensky ou Paul Klee, plutôt qu'inspirer le dégoût semblent implorer la pitié. Précurseur des nouvelles figurations néo-expressionnistes apparues alors en réaction contre la domination des abstractions, il semble probable qu'Antès ait voulu témoigner d'une désespérance en l'humaine raison. ■ Jacques Busse

H antes

Musées : Cologne – Francfort-sur-le-Main (Städt. Gal.) – Hambourg – Paris (Mus. Nat. d'Art Mod.) – Ulm – Vienne (Mus. du XXᵉ s.).

Ventes Publiques : Munich, 8 juin 1967 : *Figure debout*, past. : **DEM 2 200** – Cologne, 3 déc. 1970 : *Figure sur fond noir moucheté*, aquar. : **DEM 8 600** – Hambourg, 30 nov. 1973 : *Figure bleue* 1961 : **DEM 24 000** – New York, 27 mai 1976 : *Intérieur jaune avec figure* 1964-1965, h/t (99x79,5) : **USD 9 000** – Hambourg, 4 juin 1976 : *Sans titre*, 55 eaux-fortes : **DEM 13 500** – Zurich, 17 nov. 1976 : *Sans titre*, aquar. et gche (68x103) : **CHF 4 000** – Londres, 30 juin 1977 : *Tête verte* 1972, h/t (70x60) : **GBP 2 900** – Munich, 28 nov. 1977 : *Petit matin* 1968, acier et nickel (64x42x28) : **DEM 5 200** – Londres, 7 déc. 1977 : *Figure dans un intérieur jaune* 1966, gche et aquar. (53x42) : **GBP 1 700** – New York, 23 mai 1978 : *Rassemblement* 1966-1967, aquatec (100,5x120) : **USD 12 500** – Londres, 28 juin 1978 : *Tête rouge avec béret rouge* 1970, h/t (70,5x60,5) : **GBP 3 000** – Hambourg, 8 juin 1979 : *Figure à l'enveloppe verte* 1964, h. et temp./t. (89,7x70) : **DEM 29 000** – Munich, 26 nov. 1979 : *Composition verte* 1960, gche et fus. (43x30,5) : **DEM 5 800** – Hambourg, 5 juin 1980 : *Couple* vers 1964, gche et craie (48,8x65,5) : **DEM 4 900** – Hambourg, 12 juin 1981 : *Tête d'homme* vers 1968-1969, techn. mixte/pap. mar./t. (77x54) : **DEM 20 000** – Londres, 1ᵉʳ déc. 1981 : *Grosses Mauerbild VI* 1966, aquatex/t. (160x150) : **GBP 11 000** – Zurich, 27 mai 1982 : *Tête avec pied* 1961, terre cuite (H. 26) : **CHF 7 500** – Zurich, 27 mai 1982 : *Mère et enfant* 1964, gche, stylo feutre et cr. de coul./pap. (33,5x26,5) : **CHF 6 500** – Munich, 30 mai 1983 : *Composition* 1963, craies de coul./pap. (21x30,5) : **DEM 2 400** – Hambourg, 9 juin 1983 : *Escalier et main* 1966-1968, aquatec/trait de cr./t. (120x150) : **DEM 26 500** – Londres, 26 juin 1984 : *Personnage de Davos le trompettiste* 1964, bronze (H. 7) : **GBP 19 800** – Munich, 29 nov. 1985 : *Tête verte* vers 1972-1975, h/pap. (68,5x52) : **DEM 15 000** – Hambourg, 6 juin 1985 : *Grande figure* 1972, fus. (96x57) : **DEM 4 000** – Cologne, 31 mai 1986 : *Carré magique C = 15* 1971, boîte en plexiglas avec plumes (45x33) : **DEM 4 900** – Londres, 5 déc. 1986 : *Figure verte accroupie*, h/pap., gche, craie (107,3x59,7) : **GBP 6 000** – Hambourg, 12 juin 1987 : *Figure noire*, gche et craies de coul. (47,5x72,9) : **DEM 20 000** – New York, 3 mai 1988 : *Visage gris avec nez vert* 1969, gche et fus./pap. (55,8x44,4) : **USD 15 400** – Londres, 6 avr. 1989 : *Kleiner Heilige*, acryl./t. (70x63) : **GBP 19 800** – Cologne, 12 juin 1989 : *Composition*, techn. mixte/pap. (66x48,5) : **DEM 23 000** – New York, 8 nov. 1989 : *Portrait mural : Variation jaune* 1966, h/t (119,4x150,5) : **USD 71 500** – Londres, 30 nov. 1989 : *Figure 27.8.70*, acryl./t. (40x30) : **GBP 18 700** – Paris, 22 fév. 1990 : *Personnage au cerceau*, gche, cr. et fus./pap. (69,5x97) : **GBP 18 700** – New York, 23 fév. 1990 : *Personnages rayés* 1968, acryl./t. (200,2x100) : **USD 68 200** – Londres, 5 avr. 1990 : *Personnage et pierre de meule* 1969, acryl./t. (120x100) : **GBP 52 800** –

ιs, 25 avr. 1990 : *Composition* 1963, techn. mixte (34x49) :
F **18 000** – Rome, 30 oct. 1990 : *Tête ocre 1973*, h. et techn.
ιte/t. (120x100) : ITL **36 000 000** – New York, 15 fév. 1991 :
sonnage masculin avec un chapeau noir 1967, gche/pap.
κ41,8) : **USD 13 200** – Amsterdam, 22 mai 1991 : *Tête*, h/t
κ32,5) : **NLG 29 900** – Lucerne, 25 mai 1991 : *Sans titre* 1982,
ιn. mixte/pap. (66x48) : **CHF 13 000** – Londres, 27 juin 1991 :
sonnage bleu : François d'Assise, h/t (100x80) : **GBP 71 500** –
νich, 26-27 nov. 1991 : *Femme dansant avec un voile*, eau-
ιe (24,5x21) : **DEM 1 000** – Amsterdam, 11 déc. 1991 : *Figures
rant en rond* 1962, cr. de coul. et gche/pap. (44,5x33) :
ιG **11 500** – Londres, 26 mars 1992 : *Figure : le Porteur* 1972,
ι(150,3x120) : **GBP 27 500** – New York, 7 mai 1992 : *Rouge sur
ιhomme bleu* 1965, h/t (130,2x99,7) : **USD 51 700** – Amsterdam,
ιéc. 1992 : *Sans titre*, aquar. et cr./pap. (31,5x23,5) : **NLG 3 220**
ι(unich, 1er-2 déc. 1992 : *Figure en rouge et noir* 1970, peint. à
ιu/t. (130x100) : **DEM 59 800** – New York, 4 mai 1993 : *Agnath*,
ιyl./t. (120,7x101) : **USD 47 150** – Londres, 2 déc. 1993 : *Portrait
ιc une petite figure bleu aquatique*, acryl./t. (130x130) :
ιP **71 900** – Londres, 21 oct. 1994 : *Tête à neuf yeux* 1971,
ιyl./t. (120x100) : **GBP 58 700** – Lucerne, 26 nov. 1994 : *Troi-
ιne tête rouge avec une casquette rouge* 1970, peint. à l'eau/t.
ικ60) : **CHF 17 000** – Lucerne, 7 juin 1997 : *Nature morte ovale
tête et à l'oreille* 1965, gche (50x67) : **CHF 12 000** ; *Deux Têtes
ιs* 1970, encre de Chine/couverture de livre en cuir, boîte en
ιs verni (18x24x3,5) : **CHF 6 400** – Amsterdam, 2-3 juin 1997 :
ιsonnage* 1970, cr./pap. (62x45) : **NLG 4 720** – Londres, 20
ιrs 1997 : *La Tête* 1985, acier (45x46x13,5) : **GBP 4 025** ; *Per-
ιnage* 1968, aquar./pap. (24x19) : **GBP 2 185** – Amsterdam, 18
ι 1997 : *Femme sur fond orangé* 1965, pl. et encre noire, gche
ιcraies/pap. (37x26,5) : **NLG 20 757** – Londres, 26 juin 1997 :
ιsonnage au boa blanc et à la tête inversée* 1965-1966, aqua-
ι't. (120x100) : **GBP 46 600** – Londres, 23 oct. 1997 : *Couple et
ιeau dans un intérieur* vers 1960, h/t (116x111,5) : **GBP 58 700**.

ANTEUNIS Jan
Né en 1896 à Gand. Mort en 1973. xxe siècle. Belge.
Sculpteur de figures.
ιt élève de Geo Verbanck. Son thème de prédilection est le
ιupe femme-enfant, en précisant qu'il les choisit en raison de
ι beauté physique et de leur grâce.
ιTES PUBLIQUES : Lokeren, 21 fév. 1981 : *Jeune fille*, bronze (H.
ι – **BEF 20 000** – Anvers, 22 oct. 1985 : *Enlacement* 1939,
ιnze (H.77) : **BEF 100 000** – Lokeren, 28 mai 1988 : *Maternité
ι4, bronze (H 90) : **BEF 190 000** – Lokeren, 4 déc. 1993 :
ιmme* 1928, marbre blanc (H. 35, l. 21) : **BEF 44 000**.

ANTEZZO Matthew
xxe siècle. Américain.
Artiste. Post minimaliste.
ιit et travaille à New York. Il a exposé à Paris en 1993.
ι'attache à l'image, l'analysant et la mettant en scène dans un
ιre format, avec un médium sophistiqué. Il reproduit notamment
ι photographies extraites de la revue *Art Forum* des années
ιxante-dix avec de la peinture ou par le dessin. Dans la repro-
ιction, lieu d'échange et de re-création, il souligne l'état de
ιnsition, d'une image l'autre.
ιusées : Montpellier (FRAC Languedoc-Roussillon) : *Arts,
ιot. 1971, p. 40* 1993.

ANTHÉAUME Baptiste
xviiie siècle. Actif vers 1700. Français.
Graveur d'ornements.
ιavailla à Paris ; a fait une suite de meubles destinée aux bro-
ιurs et tapissiers.

ANTHEAUME J. J.
xviiie siècle. Actif à Paris en 1766. Français.
Peintre.

ANTHELMIS Matheus de
Né à Venise. xve siècle. Actif à Raguse en 1402. Italien.
Peintre.

ANTHING Friedrich
Mort en 1805 à Pétersbourg. xviiie siècle. Russe.
Peintre, dessinateur.
ιjudant de Souwarow. Publia un volume de cent portraits-
ιhouettes, sous ce titre : *Collection de cent silhouettes de per-
ιnnes illustres et célèbres, dessinées d'après les originaux
ι'93*). Il a fait *L'Empereur Joseph II dans une salle*, gravé par
ιnis, *L'Impératrice Catherine II de Russie, avec sa famille*, gra-
ιe par Dan. Berger, 1789. Plusieurs de ces silhouettes appar-
ιnnt à l'Académie de Pétersbourg.

ANTHIOME E. C.
xxe siècle. Français.
Peintre.
Expose en 1914 un *Canal* aux Artistes Français.

ANTHOINE
xve siècle. Actif à Montpellier. Français.
Peintre.
Cet artiste travailla à Montpellier en 1484.

ANTHOINE
Né vers 1530 à Limoges. xvie siècle. Français.
Peintre.
Exécuta, vers 1572, un grand tableau pour la corporation des
orfèvres de Limoges. Peut-être le même artiste, ou très probablement le parent du sculpteur orfèvre, cité à Limoges, vers
1750.

ANTHOINE Jean, de son vrai nom : Jean de Majoricy
xvie siècle. Italien.
Peintre de fresques.
Cet artiste travailla sous la direction de Rosso, en 1536, à Fontainebleau, et fut payé comme aide. Déjà cité en 1532 comme
peintre de Guillaume du Bellay de Langey, il décora aussi l'abbaye Notre-Dame, à Boulogne, à l'occasion de la rencontre de
François Ier et d'Henri VIII d'Angleterre.

ANTHOINE Lambert
xvie siècle. Actif à Bourges. Français.
Peintre verrier.
Cet artiste exécuta, sur vitraux, de 1500 à 1505, différentes
armoiries du maire et du juge, puis un vitrail représentant *Le
Miracle de saint Antoine de Padoue*, pour la salle basse de l'hôtel
de ville, à Bourges.

ANTHOINE Louis d'
Né le 3 avril 1814 à Beaucaire (Gard). Mort en 1852. xixe
siècle. Français.
Peintre de genre et de portraits.
Élève d'Eugène Delacroix, exposa plusieurs fois au Salon de
Paris, spécialement des portraits. Le Musée de Nantes conserve
sa *Confession du Giaour* (1843), d'après lord Byron.

ANTHONE Armand
Né à Paris. xxe siècle. Français.
Peintre de paysages, paysages d'eau, fleurs et fruits.
Il a exposé régulièrement au Salon des Indépendants à partir de
1907, puis au Salon des Artistes Français en 1938-1939-1941.
Peintre de paysages, il affectionnait les bords de l'eau. Il voyagea
sans doute jusqu'à New York, ayant exposé un *Bord de l'Hud-
son*.

ANTHONE Gustave
Né en 1897 à Bruges. Mort en 1925 à Bruges. xxe siècle.
Belge.
Peintre de paysages, natures mortes.
Il acquit sa formation suuccessivement aux Académies de
Bruges, Bruxelles et Anvers.
Musées : Bruges.

ANTHONE Julius
Né le 21 janvier 1858 à Bruges. xixe siècle. Belge.
Sculpteur de statues.
Cet artiste fut l'élève de H. Pickery de 1874 à 1882. Il entra ensuite
à l'Académie d'Anvers et, en 1885, obtint le prix de Rome. Prit
part au Salon de Paris en 1888 avec une statue plâtre : *Charmeur
de serpent* (médaille honorable). Le Musée d'Anvers conserve de
lui *Le Lys*, statuette de marbre qui a figuré à la Triennale de 1904.

ANTHONIOZ François Marie
Né le 7 mai 1949 à Paris. xxe siècle. Français.
**Peintre, peintre de collages, aquarelliste, sculpteur d'as-
semblages. Abstrait.**
Il suivit les conseils d'André Beaudin qu'il considère comme son
maître et fut élève dans la section dessin de l'École des beaux-
arts de Paris. En 1974, il fut lauréat des concours de la Casa
Velasquez à Madrid, et de l'Académie de France à Rome. L'an-
née suivante, il fut pensionnaire de la Villa Médicis, travaillant
auprès de Balthus.
Il participe à des expositions collectives : 1980, 1984 musée des
Arts décoratifs à Paris. Il montre ses œuvres dans des exposi-
tions personnelles : 1976 Villa Médicis à Rome ; 1983 Galerie
Claude Bernard à Paris ; 1993, 1995, 1997 galerie Pierre Brullé à
Paris.
Il réalise des peintures lyriques, spontanées. Jouant des effets de

variations, il alterne traits fins et épais, solide construction et fluidité, couleurs contrastées et dégradés. Parallèlement, il travaille à des assemblages à partir de matériaux trouvés, en bois brut, qui trouvent leur référence dans la réalité.

BIBLIOGR. : Jean Claude Marcadé : Catalogue de l'exposition *François Marie Anthonioz*, Galerie Pierre Brullé, Paris, 1995.

ANTHONIS, fils de Pawel
XVIe siècle. Actif à Oudenarde. Éc. flamande.
Peintre.
Il représenta la *Légende de sainte Ursule*, en 1549.

ANTHONIS Adriaensz, plus tard appelé Metius
Mort en juin 1648. XVIIe siècle. Éc. hollandaise.
Peintre.
Fils de l'architecte et maire d'Alkmaar, cet artiste prit plus tard le nom de Metius. Il est mentionné par K. Van Mander, à Alkmaar, au XVIIe siècle.

ANTHONIS Jan, fils de François
XVIe siècle. Actif à Malines. Éc. flamande.
Peintre.
Il fut maître libre à Anvers (1580) ; citoyen de cette ville le 21 avril 1581.

ANTHONIS Willem ou Anthonissone
Né en Bourgogne. XVIIe siècle. Éc. flamande.
Peintre.
Cet artiste fut citoyen d'Anvers en 1619, et prit comme apprenti, en 1627, Abraham Willemsens, plus tard célèbre peintre.

ANTHONISSEN Aernout
Né vers 1632 probablement à Amsterdam. Mort vers 1688 à Ziericksee. XVIIe siècle. Hollandais.
Peintre.
Il était fils de Hendrick Anthonissen et petit-fils de Johannes Porcellis. Travailla à Leyde, Middelbourg et Zierikzee. Le Musée de Dublin possède de lui : *Scène de Rivière*. A signé *Aernout Anthonissen*, *A.A.* et *A.V.A.*

ANTHONISSEN Arnoldus Van
Né vers 1630 à Leyde. Mort en 1703 à Zierikzee. XVIIe siècle. Hollandais.
Peintre de paysages d'eau, marines.
Cet artiste, élève de Hendrik Van Anthonissen, fut, en 1662, [Hoofdman] de la corporation de Saint-Luc, à Leyde. Il habita Middelbourg de 1667 à 1669.
Peintre de marines sans grand talent. Ses œuvres, rares, sont signées d'un monogramme que composent les initiales *A. A.*
MUSÉES : LEYDE : *Marine* – deux autres œuvres.
VENTES PUBLIQUES : MUNICH, 30 nov. 1972 : *Marine* : **DEM 10 000** – LONDRES, 21 mai 1976 : *Bateaux par grosse mer*, h/pan. (40,5x65) : **GBP 4 000** – LONDRES, 24 avr. 1981 : *Scène d'estuaire*, h/pan. (47,6x62,8) : **GBP 4 000** – LONDRES, 11 déc. 1987 : *Bateaux au large de la côte*, h/pan. (23,2x29,5) : **GBP 14 000** – LONDRES, 23 mars 1990 : *Barque de pêche à voiles dans le vent avec un trois-mâts au large*, h/pan. (40,3x53) : **GBP 6 050** – LONDRES, 3 juil. 1991 : *Navigation par mer houleuse*, h/pan. (39,4x58) : **GBP 13 200**.

ANTHONISSEN Hendrick Van, ou Van de
Né vers 1606 à Anvers. Mort entre 1654 et 1660 à Amsterdam. XVIIe siècle. Hollandais.
Peintre de paysages animés, paysages, paysages d'eau, marines.
Il épousa à La Haye, Judith Flessiers, fille de Balthasar Flessiers, et fut le beau-frère du peintre de marines Jan Porcellis. Il habita Leiderdorp en 1635, et Amsterdam après 1636 ; en 1645, il se rendit à Rotterdam, venant d'Anvers, où il avait exécuté son tableau : *Coup d'œil sur Anvers*. En 1647, il quitta secrètement sa demeure de la Rosengracht, à Amsterdam.

 HVANTHONISSEN

MUSÉES : AMSTERDAM : *Surprise de trois galions portugais dans la baie de Goa* – *Arquebusiers d'Amsterdam* – ANVERS : *Une rade* – BERLIN : *Marine 1654* – CAMBRIDGE : *Rue de Scheveningen 1641* – ERFURT – LIÈGE : *Paysage avec animaux* – OLDENBOURG : *Coup d'œil sur Anvers* – ORLÉANS – SAINT-PÉTERSBOURG – SCHWERIN – STOCKHOLM : *Combat naval entre Anglais et Hollandais*.
VENTES PUBLIQUES : PARIS, 1897 : *Paysage et animaux* : **FRF 215** – PARIS, 1898 : *Paysage et animaux* : **FRF 100** – PARIS, 11 oct. 1909 : *Marine à l'entrée d'un port* : **FRF 410** ; *Mer agitée* : **FRF 170** –

PARIS, 26 avr. 1944 : *Troupeau près d'un torrent* : **FRF 1 000** – VIENNE, 19 mars 1963 : *Le port de pêche de Haarlem* : **ATS 26 000** – PARIS, 26 nov. 1967 : *Marine* : **FRF 10 000** – AMSTERDAM, 24 mai 1977 : *Bateaux au large d'un port*, h/pan. (69,5x124) : **NLG 48 000** – ZURICH, 25 mai 1979 : *Marine*, h/pan. (24,4x36) : **CHF 23 000** – PARIS, 7 déc. 1981 : *La pêche au dauphin*, h/bois (24x36) : **FRF 48 000** – LONDRES, 26 oct. 1984 : *Bateaux par forte mer 1635*, h/pan. (24,1x38,1) : **GBP 17 000** – PARIS, 5 avr. 1990 : *Pêcheurs regardant des bateaux en mer*, h/pan. (45x73) : **FRF 225 000** – NEW YORK, 11 avr. 1991 : *Vaisseaux hollandais par mer houleuse*, h/pan. (28x37,5) : **USD 38 500** – AMSTERDAM, 14 nov. 1991 : *Barque de pêche hollandaise amarrée près du rivage et un bâtiment de guerre ancré au large*, h/pan. (50x65) : **NLG 43 700** – PARIS, 3 déc. 1991 : *Bateaux de pêche sur une mer agitée*, h/pan. (31,5x40,5) : **FRF 95 000** – LONDRES, 5 juil. 1995 : *Barque de pêche et autres grandes embarcations par forte mer 1633*, h/pan. (32,7x51,5) : **GBP 9 775**.

ANTHONISSEN Louis Joseph
Né le 11 février 1849 à Santoliet (près d'Anvers). Mort en 1913 à Paris. XIXe-XXe siècles. Belge.
Peintre de paysages.
Il étudia tout d'abord à l'Académie d'Anvers, puis à l'École des Beaux Arts de Paris. De 1897 à sa mort, il exposa au Salon de la Société Nationale des Beaux-Arts, et au Salon des Indépendants. Ses paysages du Midi et d'Algérie, sous des effets de lumière soutenue, sont empreints d'un certain lyrisme.
BIBLIOGR. : Gérald Schurr : *Les Petits Maîtres de la peinture 1820-1920, valeur de demain*, t. IV, Les Éditions de l'Amateur, Paris, 1979.
MUSÉES : PAU (Mus. des Beaux-Arts) : *Repasseuses à Trouville*.
VENTES PUBLIQUES : PARIS, 4 mars 1925 : *Coin du vieux Biskra* : **FRF 320** – LIMOGES, 6 déc. 1981 : *Scène arabe*, h/t (57,5x81) : **FRF 12 200** – AMSTERDAM, 24 avr. 1991 : *Chèvres et moutons dans un paysage de collines*, h/t (15,5x17,5) : **NLG 1 840** – NEW YORK, 26 mai 1994 : *Les garnements 1888*, h/t (89,9x129,9) : **USD 12 650** – LOKEREN, 9 déc. 1995 : *La pause 1881*, h/t (128x90) : **BEF 200 000** – ENGHIEN-LES-BAINS, 28 avr. 2985 : *Scène de marché en bordure de la palmeraie*, h/t (90x130) : **FRF 260 500**.

ANTHONISZ Aert
Né entre 1579 et 1580 à Anvers. Mort en septembre 1620 à Amsterdam. XVIIe siècle. Éc. flamande.
Peintre de marines.
Cet artiste se maria à Amsterdam, en 1603, à l'âge de vingt-trois ans, et acheta, dans cette ville, le droit de citoyen (6 avril 1604). Il est peut-être le même que Aert Van Antum.
VENTES PUBLIQUES : PARIS, 26 juin 1981 : *Combat naval vers 1610*, h/t (33x51,5) : **FRF 24 000**.

ANTHONISZ Cornélis ou Teunissen, Teunisz, Theunissen
Mort en 1553 au siège de Thérouanne, après 1561 selon d'autres auteurs. XVIe siècle. Éc. hollandaise.
Peintre, graveur sur bois, aquafortiste.
Cet artiste se maria en 1527. En 1533, il peignit *Repas d'arquebusiers*, qui est à présent à l'hôtel de ville d'Amsterdam ; il le signa d'un monogramme (une clochette entre les lettres C et T). Il fit des eaux-fortes importantes et fut un excellent graveur sur bois. En 1544, il fit un plan d'Amsterdam (douze feuilles) et fut employé par cette ville comme graveur de cartes. En 1544, il était à l'armée de Charles V devant Alger, et peu de temps après il fit une carte de la mer du Nord. Il a gravé, en quatre feuilles sur bois, *le Siège de Thérouanne*.

C.♗.T.

MUSÉES : AMSTERDAM (Hôtel de Ville) : *Repas d'arquebusiers 1533* – *Arquebusiers dans un paysage italien* – *Vue d'Amsterdam au XVe siècle 1536* – AMSTERDAM : *Dix-sept arquebusiers en tenue de guerre 1531*.

ANTHONISZ David
XVIIe siècle. Actif à Amsterdam en 1619. Éc. hollandaise.
Peintre.

ANTHONISZ Pieter
Né à Amsterdam. XVIIe siècle. Éc. hollandaise.
Peintre.
Il acheta le droit de cité à Amsterdam, le 23 mai 1663.

ANTHONIUS
XIVe siècle. Tchécoslovaque.

Miniaturiste.
Auteur d'un manuscrit dans la Bibliothèque du séminaire à Brixen, daté de 1399.

ANTHONIUS
XVIᵉ siècle. Actif à Hambourg. Allemand.
Peintre.
Restaura les tableaux à l'église Jakobi de Hambourg (1563).

ANTHONIUS
XVIᵉ siècle. Vivait à Copenhague en 1581. Danois.
Peintre de portraits.

ANTHONY Albert
Né à Mareuil-sur-Belle (Dordogne). XXᵉ siècle. Français.
Peintre.
Expose aux Indépendants en 1931 et 1932 des paysages et une nature morte.

ANTHONY Andrew Varick Stout
Né en 1835 à New York. Mort le 2 juillet 1906 à West-Newton (près de Boston). XIXᵉ siècle. Américain.
Aquarelliste, graveur, illustrateur.
Voyagea plusieurs années ; puis vint habiter à Boston, et plus tard à New York. Il fut membre de la Société des Aquarellistes. Il a gravé sur bois divers ouvrages, entre autres : *Snow Bound*, *Mabel Martin*, *Hanging of the crane* et *Skeleton in Armor*.

ANTHONY George Wilfred
Né au début du XIXᵉ siècle à Manchester. Mort le 14 novembre 1859 à Manchester. XIXᵉ siècle. Britannique.
Paysagiste et dessinateur.
Cet artiste étudia à Manchester avec Ralston, et à Birmingham sous Joseph Vincent Barber ; devint professeur de dessin dans sa ville natale. Il envoya plusieurs tableaux à l'Exposition de 1831 et à celle de 1832 (Académie royale). Exposa également à la British Institution et à Suffolk Street.

ANTHONY Hans Anders
XVIIᵉ siècle. Suédois.
Sculpteur, décorateur.
Cet artiste exécuta, pour le compte de la Gardie les décorations du château de Jakobsdal, 1664. Il travailla le stuc.

ANTHONY Henry Mark
Né en 1817 à Manchester. Mort le 2 décembre 1886. XIXᵉ siècle. Britannique.
Peintre de sujets de genre, paysages animés, paysages, paysages d'eau.
Il fut élève de son cousin George Wilfred Anthony. Cet artiste fut un des premiers qui importèrent en Angleterre la vision artistique des maîtres français de l'École de 1830. De 1834 à 1840, il vécut à Paris et à Fontainebleau, et entra en relation avec Corot et Dupré, dont il subit l'influence. Il fut très apprécié par Madox-Brown et le groupe des Préraphaélites. Il exposa à Londres, à la Royal Academy, à la British Institution et à Suffolk Street de 1837 à 1884.
Parmi ses toiles, on cite : *Le Lac de Killarney* (1845) qu'acheta le prince Albert, *Matinée de dimanche* (1846), *Stratford-sur-Avon* (1855), *Coucher de soleil* (1861), *La Vallée*, *La fête de la moisson* (Galerie d'art à Salford), *Le chêne coupé*.
MUSÉES : CARDIFF : *Tintern Abbey* – *Vieux cimetière* – LIVERPOOL (Walker Art. Gal.) : *Chant du soir* – SUNDERLAND : *Coucher de soleil*.
VENTES PUBLIQUES : LONDRES, 30 nov. 1908 : *Soir* : GBP 10 – LONDRES, 13 fév. 1909 : *Rêverie* : GBP 6 – LONDRES, 23 mai 1910 : *Le Ferry. – Paysage, rivière avec bateau à vent* : GBP 5 – PARIS, 5 fév. 1951 : *La partie de campagne* : FRF 3 000 – LONDRES, 14 juin 1977 : *La Maison du pêcheur*, h/t (62x110) : GBP 500 – COPENHAGUE, 30 avr. 1981 : *Paysage animé de personnages*, h/t (69x102) : DKK 4 500 – LONDRES, 12 juin 1985 : *Les petits pêcheurs 1847*, h/t (53x40) : GBP 1 200 – LONDRES, 30 mars 1994 : *Mariage au village*, h/t (112x143,5) : GBP 6 325.

ANTHONY Jean-Baptiste
Né le 3 janvier 1854 à Anvers. Mort en 1930. XIXᵉ-XXᵉ siècles. Belge.
Peintre d'histoire, compositions religieuses, sujets de genre, portraits.
Cet artiste, fils d'un orfèvre, eut pour maître le peintre d'histoire L. Hendricx.
À la cathédrale d'Anvers, se trouve son panneau d'autel avec l'*Histoire de Sainte Barbara*. Dans une église de Tilbourg, se voient un *Chemin de Croix* et un *Martyre de saint Denis*, dus à cet artiste. On cite encore : *Sainte Elisabeth de Hongrie*, *Le peseur d'or*, *L'antiquaire*, *Les noces de Cana*, *Marie de Bourgogne en pèlerinage à Dadizele*, *avec les femmes de Bruges*.
VENTES PUBLIQUES : AMSTERDAM, 7 nov. 1995 : *Portrait d'une femme au chapeau rouge de profil*, h/pan. (28,5x21,5) : NLG 2 360.

ANTHONY R. O.
XIXᵉ-XXᵉ siècles. Vivait à New York en 1900. Américain.
Peintre.

ANTHOONS Willy
Né en 1911 à Malines. Mort en 1983. XXᵉ siècle. Belge.
Sculpteur, aquarelliste. Abstrait.
Il fut élève de l'Ecole d'Art Saint-Luc à Schaerbeek, puis de l'Académie des Beaux-Arts de Bruxelles et de celle de La Cambre. Il obtint le *Prix Art Jeune* en 1941, le *Prix d'art populaire* en 1945, année où il adhéra, en tant que seul sculpteur, au groupe de la *Jeune Peinture Belge*, qui fut très important au lendemain de la guerre. En 1948, il fit un long séjour à Paris, y exposant collectivement dans les Salons de sculpture ou seul dans les galeries. En 1961, il obtint encore le *Prix Ars viva*.
Il travailla surtout le bois, mais aussi le granit. Ses sculptures sont le plus souvent fondées sur la verticalité, qu'elles exaltent en formes simples, sobres, évidentes métaphores de l'aspiration spirituelle. Il développe ainsi un classicisme dans l'abstraction, qui doit bien quelque chose de sa pureté formelle à l'exemple brancusien. Anthoons a toujours été attiré par l'intégration de la sculpture à l'environnement architectural. Dans cet objectif, il a créé, en aluminium plié et peint, des mobiles suspendus. Il est aussi auteur d'aquarelles et de collages abstraits, caractérisés par leur chromatisme raffiné. ■ J. B.
BIBLIOGR. : Michel Seuphor : *Willy Anthoons*, Anvers, 1954 – K. Geirlandt : *L'Art en Belgique depuis 1945*, Ed. Mercator, Anvers, 1983.
VENTES PUBLIQUES : LOKEREN, 23 mai 1992 : *Mère et enfant*, bronze (H. 54, l. 27) : BEF 55 000 – LOKEREN, 10 oct. 1992 : *Sève 1966*, bois d'ébène (H. 68, l. 29) : BEF 240 000.

ANTICHI Prospero, pseudonyme de Scavezzi, dit Prospero Bresciano
Né à Brescia. Mort après 1591. XVIᵉ siècle. Italien.
Sculpteur.
Cet artiste, venu très jeune à Rome, fut surnommé « de Antiquis » ; son nom de famille, Scavezzi, se trouve seulement sur une gravure faite d'après sa statue de Sixte-Quint (1589). Il fit surtout des terres cuites et des travaux en stuc ; ses œuvres ne durèrent pas ; quelques-unes ont été gravées. Il travailla pour Saint-Pierre et le Vatican à Rome et collabora avec Valsole, Flaminio Vacca, P. P. Olivieri et d'autres sculpteurs. Il ne faut pas le confondre avec un peintre du même nom à Venise.

ANTICHIO Pietro
XVIIIᵉ siècle. Actif à Venise vers 1715. Italien.
Peintre.
A fait un portrait de Stefano Veneze, dans la collection de cette famille à Rovigo.

ANTICHO Andrea ou Antiquo
XVIᵉ siècle. Actif à Montona, en Istrie. Italien.
Graveur sur bois, dessinateur.
Cet artiste travailla à Rome. Il fut le premier qui grava sur bois des notes de musique pour l'orgue ; le pape Léon X (1517) récompensa cette innovation par un privilège qui lui servit à imprimer (1517) *Frottole intabulate di sonare organi Libr. I.* On y voit une gravure sur bois, représentant deux femmes, dont l'une tient des cymbales, et l'autre un livre de musique.

ANTICI Giov. Battista
XVIIᵉ siècle. Actif à Recanati. Italien.
Peintre.
Il vivait encore en 1669. Cet artiste fut un amateur ; il travailla sous la direction de Guereino da Cento.

ANTICONE Giovanni Battista
XVIᵉ siècle. Actif à Naples vers 1580-1590. Italien.
Miniaturiste.
Cet artiste, d'après Dominici, appartiendrait à la première moitié du XVIᵉ siècle ; il aurait été l'élève de Sofonisba Anguisciola, à Palerme. Les compositions d'Anticone, que cite Dominici, sont : *Pierre et Paul*, une *Madone*, des *Nymphes et satyres*, avec paysage.

ANTIDOTOS
IVᵉ siècle avant J.-C. Antiquité grecque.

Peintre.
Il était l'élève d'Euphranor et devint lui-même le maître du peintre athénien Nikias (ce qui semble indiquer qu'il était Athénien ou du moins travaillait à Athènes. On cite de lui un *Guerrier au bouclier*, un *Lutteur* et surtout un *Trompette*. L'œuvre d'Antidotos, semble-t-il, n'a pas été très étendue, et l'artiste s'en tenait aux teintes sévères. Comme Nikias, son disciple, et comme Aristeidès, le maître d'Euphranor, il pratiquait sans doute la peinture à l'encaustique, mais probablement sans en exploiter toutes les ressources par le coloris.

ANTIDOTOS
IIIᵉ siècle avant J.-C. Actif dans la première moitié du IIIᵉ siècle avant Jésus-Christ. Antiquité grecque.
Peintre.
En 282, il orna de deux tableaux de sa main (moyennant 200 drachmes) le proskénion du théâtre de Délos.

ANTIFALLER Vinzenz
Né en 1854 à Gröden. Mort le 20 novembre 1929 à Meran. XIXᵉ-XXᵉ siècles. Autrichien.
Sculpteur.
Frère puîné d'Anton Santifaller, il fut son assistant.

ANTIGNA Alexandre
Né le 2 mai 1817 à Orléans (Loiret). Mort le 26 décembre 1878. XIXᵉ siècle. Français.
Peintre d'histoire, compositions religieuses, scènes de genre.
Encouragé par André Salmon, alors professeur de dessin dans un collège d'Orléans, Antigna vint à Paris et entra dans l'atelier de Norblin, avant de travailler, durant sept ans, sous la direction de Paul Delaroche. À partir de 1841, il exposa régulièrement aux salons parisiens et fut décoré de la Légion d'Honneur en 1861.
S'il se consacre à la peinture religieuse, de 1841 à 1846, il s'épanouit ensuite dans la peinture de genre, pour laquelle il peut trouver des accents dramatiques, un peu dans la manière de Daumier.

Antigna

BIBLIOGR. : Gérald Schurr : *Les Petits Maîtres de la peinture 1820-1920, valeur de demain*, t. III, Les Éditions de l'Amateur, Paris, 1976.
MUSÉES : ANGERS : *Napoléon III à Angers* – AVIGNON : *L'orage* – BAGNÈRES-DE-BIGORRE : *Le coq du village* – BÉZIERS : *Tête de femme effrayée* – BORDEAUX : *Le marchand d'images – Miroir des bois* – CHARTRES : *Aux écoutes* – LILLE : *Dernier baiser d'une mère* – MONTARGIS (Mus. Girodet) : *Tête de jeune fille* – NANTES : *Intérieur breton* – ORLÉANS : *Baigneuses – Scène d'incendie – Portrait de l'artiste – Enfants* – LA ROCHELLE : *La fille du bouquiniste* – TOULOUSE : *Halte forcée.*
VENTES PUBLIQUES : PARIS, 1878 : *Le roi des moutards* : FRF 1 420 – PARIS, 2 mars 1950 : *La cour de l'asile* : FRF 5 000 – BERNE, 20 oct. 1977 : *Le Mangeur de soupe*, h/t (46x38) : CHF 3 200 – BERNE, 6 mai 1981 : *Jeune fille au puits*, h/t (42x30) : CHF 4 000 – ANVERS, 27 mai 1986 : *Les jeunes amoureux*, h/t (160x115) : BEF 320 000 – PARIS, 30 mars. 1989 : *Petite fille au panier*, h/t (84x60) : FRF 23 000 – NEW YORK, 28 mai 1992 : *Le repos*, h/t (53,3x74,9) : USD 5 280 – NEW YORK, 17 fév. 1993 : *Scène d'atelier*, h/pan. (40,3x32,1) : USD 9 775.

ANTIGNA André
XIXᵉ-XXᵉ siècles. Français.
Peintre.
Membre de la Société des Artistes Français à partir de 1905. Prend part à ses expositions.

ANTIGNA Marc
Né à Paris. XIXᵉ-XXᵉ siècles. Français.
Peintre de paysages animés, miniaturiste.
Cet artiste travailla à Montigny-sur-Loing (Seine-et-Marne). Il prit part aux expositions du Salon des Indépendants, à Paris, en 1907, 1909, 1910. On lui doit des tableaux et des miniatures.
VENTES PUBLIQUES : PARIS, 29 nov. 1989 : *Deux femmes dans un paysage*, h/t (77x65) : FRF 25 000.

ANTIGNA Marie Hélène
Née à Melun. XIXᵉ siècle. Française.
Peintre.
Elle fut élève de Delacroix ; fit des tableaux de genre, figures et scènes de campagne, et des natures mortes. Elle exposa au

Salon de Paris, 1861-1880, et à Londres en 1873. Elle était la femme d'Alexandre Antigna.
VENTES PUBLIQUES : PARIS, 1885 : *Souvenir de la Vendée* : FRF 1 440.

ANTIGNATI Nicolo degli
XVIᵉ siècle. Actif à Brescia. Italien.
Sculpteur.
Travailla à Rome pour le pape Paul IV en 1557.

ANTIGNOTOS
Iᵉʳ siècle avant J.-C. Vivait à l'époque d'Auguste. Antiquité grecque.
Sculpteur.
Deux inscriptions de l'Acropole d'Athènes portant son nom concernent des statues honorifiques élevées aux rois thraces Kotys et Rhaskuporis. Une autre signature trouvée près de l'Asklepieion se rapporte à la statue d'un Romain, Marcus. Pline (*Histoires naturelles* 34, 86) cite un Antignotus comme l'auteur de statues-portraits représentant des philosophes ; il lui attribue également des effigies de lutteurs, un « périxyomène », et un groupé de Tyrannoctones. Pour cette dernière œuvre, il ne peut s'agir que d'une copie (particulièrement connue peut-être) du groupe ancien... ou bien Pline confond avec Anténor.

ANTIGONOS
Originaire de Karystos (Eubée). IIIᵉ siècle avant J.-C. Antiquité grecque.
Bronzier.
Jeune homme, il fut à Erétrie le disciple du vieux philosophe Ménédémos, puis il voyagea. Vers 270, semble-t-il, il vint à Athènes, et ensuite passa à Delphes, Elio, Kos... jusqu'au jour où (en 241 ?) il fut appelé par Attale Iᵉʳ à Pergame. Là, il collabora aux groupes monumentaux qui devaient célébrer les victoires sur les Galates. Quelle fut au juste sa participation ? Nous l'ignorons ; certaines signatures mutilées que l'on pourrait être tenté de lui attribuer peuvent aussi bien être d'Isogonos ou d'Epigonos. Antigonos fut aussi écrivain et Pline a utilisé des ouvrages de lui sur la peinture et la sculpture. Sans doute l'écrit de Polémon *pros Adaion Kai Antigonon* visait-il l'un d'entre eux. Enfin Antigonos paraît avoir écrit des biographies de philosophes ; Athénée et Diogène Laërce citent de lui des fragments importants.

ANTILOCHOS
Actif à l'époque hellénistique. Antiquité grecque.
Sculpteur.
Une signature de lui a été retrouvée à Magnésie du Méandre, au N.-O. du théâtre. L'inscription se rapporte à un *Hermès Tychon* qui lui-même entrait comme élément dans un ensemble complexe (trépied à pattes de lion). L'Hermès, dont l'artiste précise qu'il est « l'Hermès de Chalcis » est la copie assez faible d'une œuvre qui pouvait être d'influence praxitélienne.

ANTIMACHOS
Antiquité grecque.
Bronzier.
Cité par Pline comme auteur de statues de femmes.

ANTIN Paul
Né le 14 avril 1863 à Bordeaux (Gironde). Mort le 8 avril 1930 à Arès (Gironde). XIXᵉ-XXᵉ siècles. Français.
Peintre de paysages, de portraits et de genre.
Élève de Bouguereau, Auguin et Dupuy, il travailla à Paris et à Bordeaux. Dans cette première ville, ses œuvres, pour la plupart des paysages des bords de la Meuse et des scènes de la vie des mineurs, ont été exposées plusieurs fois entre 1888 et 1928. Une toile de ce genre, *L'industrie du charbon*, figura à l'exposition décennale des Beaux-Arts en 1900 (Paris). Médaille de bronze en 1900, d'or en 1925. Légion d'Honneur en 1917.

ANTINO Nicola d'
Né en 1880 à Caramanico. Mort en 1966 à Rome. XXᵉ siècle. Italien.
Sculpteur de figures, peintre.
MUSÉES : ROME (Gal. d'Art Mod.).
VENTES PUBLIQUES : ROME, 14 nov. 1995 : *Danseuse*, bronze (H. 51) : ITL 8 625 000.

ANTIOCHOS, fils de Dryas
Iᵉʳ siècle avant J.-C. Actif à la fin du Iᵉʳ siècle avant Jésus-Christ ou dans les premières années de notre ère. Antiquité grecque.
Sculpteur.

Cet artiste était probablement un sujet des souverains Arsacides. Sa signature (calligraphie grécoparthe) se lit sur le bandeau d'une tête féminine en marbre, récemment retrouvée à Suse (Séleucie de l'Eulaïos). Le document, interprété par M. F. Cumont comme un portrait de la reine Mousa (38/37 à 3/2 avant Jésus-Christ) peut être également la tête d'une Tyché.

ANTIOCHOS I, fils de Démétrios
Originaire d'Antioche. Ier siècle avant J.-C. Antiquité grecque.
Sculpteur.
Il nous est connu par une inscription d'Eleusis.

ANTIOCHOS II
Antiquité grecque.
Sculpteur.
D'après une lecture conjecturale de Pline Antiochos (selon d'autres, Entochos), serait un sculpteur grec dont deux statues (*Oceanus* et *Jupiter*) furent la propriété d'Asinius Pollion. L'identité de cet Antiochos II avec Antiochos I, fils de Demetrios, n'est pas impossible.

ANTIOCHOS III
Originaire d'Athènes ou de Lindos. Antiquité grecque.
Sculpteur.
Signature restituée (selon d'autres, Métiochos) sur une copie néo-attique de l'Athéna Parthénos, appartenant à l'ancienne collection Ludovisi (aujourd'hui au Musée des Thermes).

ANTIOCHOS IV
Ier siècle avant J.-C. Antiquité grecque.
Sculpteur.
Il avait signé dans l'île de Paros une statue honorifique de Zoïlos, fils de Zoïlos (un gymnasiarque).

ANTIOCHUS GABINIUS
Ier siècle avant J.-C. Antiquité romaine.
Peintre (?).
Cet affranchi de Gabinius, actif probablement à l'époque de Cicéron, serait un élève ou un collaborateur du portraitiste Sopolis.

ANTIPHANES I
Originaire du Céramique (Athènes). Ve siècle avant J.-C. Actif à la fin du Ve siècle avant Jésus-Christ. Antiquité grecque.
Sculpteur.
Sculpteur attique, il travailla pour la frise de l'Erechtheion et son nom figure sur le registre des paiements de 408/407.

ANTIPHANES II
V^e-IVe siècles avant J.-C. Actif à Argos à la fin du Ve siècle et au début du IVe siècle avant Jésus-Christ. Antiquité grecque.
Bronzier.
Par son maître Périclytos, il se rattache à l'école de Polyclète, et lui-même eut pour disciple Cléon de Sicyone. D'après Pausanias, Antiphanès était l'auteur d'une effigie du *Cheval de Troie*, consécration delphique des Argiens vainqueurs des Lacédémoniens à Thyréa (414). Par contre, pour la grande consécration des Lacédémoniens après Ægos-Potamos (405), il donna la statue des *Dioscures*. Mais, de nouveau pour les Argiens, il exécuta à Delphes (en 370) un groupe comprenant Héraklès et ses ancêtres jusqu'à Danaos. Enfin, il travailla à l'*ex-voto* dit *des Tégéates*, souvenir d'une campagne heureuse contre Sparte.

ANTIPHANES III, fils de Thrasonidès
Originaire de Paros. Ier siècle avant J.-C. Antiquité grecque.
Sculpteur.
Il a signé un *Hermès* en marbre, trouvé à Mélos (copie adroite d'un original en bronze de style prélysippique). L'inscription peut se dater du Ier siècle avant Jésus-Christ.

ANTIPHIDAS, fils de Diognétos
Originaire de Nisyros. IIIe siècle avant J.-C. Actif dans la première moitié du IIIe siècle avant Jésus-Christ. Antiquité grecque.
Sculpteur.
Il nous est connu par une inscription de l'Acropole de Lindos que l'on date de 272 environ (statue votive consacrée à Athéna Lindia et Zeus Polieus par Pausanias, fils d'Agathagétos, et Polyporos).

ANTIPHILOS I
IVe siècle avant J.-C. Actif à l'époque hellénistique. Antiquité grecque.
Peintre.
Il était originaire d'Égypte et disciple de Ktésidémos. Émule et rival d'Apelles, il l'aurait calomnié auprès de Ptolémée et cela lui aurait valu de devenir son esclave. Comme Apelles, Antiphilos exécuta des portraits officiels, plus ou moins idéalisés : *Alexandre enfant, Philippe et Alexandre en présence d'Athéna* (après Chéronée), et *Ptolémée chassant*. Il traita aussi des sujets mythologiques, et plusieurs de ses tableaux furent transportés à Rome : *Hippolyte et le monstre marin, Cadmos et Europe avec son taureau, Hésione, Dionysos*, et un célèbre *Satyre à la peau de panthère*, dit *aposkopeuôn* parce qu'il ombrageait ses yeux avec la main. En outre, on citait de lui deux tableaux de genre : *des Femmes travaillant la laine* (scène d'intérieur) et un *Enfant soufflant sur le feu* (occasion de vigoureux effets d'éclairage). Enfin Antiphilos imagina de petits portraits parodiques à tête bestiale, dont le nom, *Grylloi*, s'étendra à tout un genre de compositions caricaturales retrouvant dans l'homme des traits d'animaux. À l'origine il y a vraisemblablement le souvenir des danseurs masqués égyptiens (non, quoi qu'en dise Pline, la laideur d'un certain Gryllos ! – *grulos* = cochon de lait). On peut, semble-t-il, se faire une idée des œuvres d'Antiphilos d'après certaines peintures murales de Campanie (scènes de la vie quotidienne et parodies animales). [Verve], dirions-nous, et Quintilien disait « facilitas ».

ANTIPHILOS II
IIe-Ier siècles avant J.-C. Rhodien, actif au tournant du IIe et du Ier siècle avant Jésus-Christ (?). Antiquité grecque.
Sculpteur.
Son nom se lit sur une base de statue trouvée à Lindos.

ANTIPIEFF Peter Antipiewitsch
Né vers 1744 à Katharinenhof. Mort vers 1785 à Pétersbourg. XVIIIe siècle. Russe.
Graveur au burin.
Il débuta comme aide graveur au corps de la marine et put ensuite continuer ses études à l'Académie sous la direction de E.-P. Tschemessoff. Il exécuta avec habileté de nombreux portraits et des copies de G.-F. Schmidt.

ANTIPOVA Eugenia
Née en 1917 à Tver. XXe siècle. Russe.
Peintre de figures, compositions à personnages.
Elle fréquenta l'Académie des Beaux Arts de Léningrad (Institut Répine) et fut l'élève de Alexandre Osmerkine. Membre de l'Association des Artistes d'U.R.S.S. À partir de 1939 elle participe à de nombreuses expositions nationales, à Moscou, Novosibirsk, Léningrad. Elle figure également en 1980 à Prague, pour l'exposition *Les chefs-d'œuvre des Musées Soviétiques*.
Elle a surtout peint des figures et groupes de jeunes femmes, dans leurs occupations familières ou studieuses. Sa technique est alerte et elle pratique une peinture claire, dans la lointaine tradition des pré-impressionnistes.
Musées : ARKHANGELSK (Mus. Art Russe Contemp.) – MOSCOU (Gal. Trétiakov) – MOSCOU (min. de la Culture) – PERM (Mus. des Beaux-Arts) – SAINT-PÉTERSBOURG (Mus. Russe).
Ventes Publiques : PARIS, 11 juin 1990 : *La leçon de musique* 1950, h/t, esquisse (62x78) : **FRF 28 000** – PARIS, 10 fév. 1991 : *La leçon de musique* 1950, h/t (62x78) : **FRF 19 000** – PARIS, 18 fév. 1991 : *Nature-morte aux pommes* 1964, h/t (94x119) : **FRF 6 000** – PARIS, 4 mars 1991 : *La lecture* 1949, h/t (74x56) : **FRF 6 000** – PARIS, 25 mars 1991 : *La leçon de musique* 1950, h/t (19x24) : **FRF 36 000** – PARIS, 26 avr. 1991 : *Les deux bouquets champêtres* 1960, h/t (84,5x99,5) : **FRF 5 000** – PARIS, 29 mai 1991 : *Sur la table* 1936, h/t (51,5x44,5) : **FRF 4 200** – PARIS, 3 juin 1992 : *La fenêtre de Crimée* 1970, h/t (120x100) : **FRF 20 000** – PARIS, 23 nov. 1992 : *Le jardin Nikitinsky en Crimée*, h/t (60,5x91) : **FRF 6 000** – PARIS, 23 avr. 1993 : *Le bouquet d'automne*, h/t (119,5x99,5) : **FRF 7 000** – PARIS, 13 déc. 1993 : *L'été en fleurs*, h/t (89,5x64) : **FRF 4 500** – PARIS, 27 mars 1994 : *Nature morte au balcon*, aquar. (62,5x51,5) : **FRF 4 000**.

ANTIQ Charles Claude
Né en 1824 à Paris. XIXe siècle. Français.
Peintre paysagiste.
Il fut l'élève de Desjobert et de Gustav Saltzmann. Ses œuvres parurent aux Salons de Paris, entre 1859 et 1867.

ANTIQUUS Johannes
Né en 1702 à Groningue. Mort en 1750. XVIIIe siècle. Hollandais.
Peintre de compositions à personnages, portraits, peintre-verrier, décorateur.

Il étudia la peinture sur verre avec Gérard Van der Veen, et la pratiqua pendant quelques années, puis il se plaça sous la direction de Jan-Abel Wassenbergh, peintre honorable de portraits et d'histoire, et il resta plusieurs années auprès de lui. Antiquus vint ensuite en France et y fut surtout employé comme peintre de portraits, mais son désir de visiter l'Italie lui fit abréger son séjour à Paris. Il résida surtout à Florence où il fut employé par les grands-ducs de Toscane pendant six ans. Son œuvre principale est une importante composition représentant la chute des géants. Il revint en Hollande, où la réception la plus flatteuse lui fut faite. Le prince d'Orange l'employa à la décoration du palais de Loo. Il y peignit, notamment, un grand tableau représentant *Mars désarmé par les Grâces*.

ANTIQUUS Lambertus
Né à Groningue. XVIIIe siècle. Actif vers le milieu du XVIIIe siècle. Hollandais.
Peintre décorateur et paysagiste.
Il était le plus jeune frère de Johannes Antiquus et voyagea avec lui en Italie et en France. Il travailla dans sa ville natale.
VENTES PUBLIQUES : PARIS, 4 mai 1943 : *Paysage* : FRF 2 550.

ANTIUS AMPHIO P.
Antiquité grecque.
Sculpteur.
Affranchi d'un romain. Au théâtre de Caesarea (Cherchell), il a signé (en latin) sur la tranche inférieure d'un chapiteau corinthien de marbre blanc.

ANTLERS Max H.
Né le 2 mai 1873 à Berlin. XIXe-XXe siècles. Allemand.
Peintre, illustrateur.
Il fut élève de Jules Lefebvre et de Tony Robert-Fleury à l'Ecole des Beaux-Arts de Paris. Il fut également professeur à New York en 1907.

ANTO Maria, pseudonyme de Antoszkiewicz
Née en 1937 à Varsovie. XXe siècle. Polonaise.
Peintre. Populiste.
En 1960, elle fut distinguée par l'Académie des Arts Plastiques de Varsovie. Outre ses participations à des expositions collectives, notamment à la Biennale de São Paulo en 1963 dans la sélection polonaise, elle montre ses peintures à l'occasion d'expositions personnelles : à Lodz 1961, Varsovie 1962, 1966, etc.
Sa peinture, très narrative, se rattache à l'art populaire traditionnel de Pologne, bien que s'aventurant parfois dans le domaine du fantastique.

ANTO-DIEZ. Voir DIEZ Anton

ANTOGNETTI Francesco
Originaire de Padoue. Travaillait à Rome. Italien.
Peintre.

ANTOHI Richard
Né en 1927 à Milan. XXe siècle. Actif en Italie. Roumain.
Peintre, peintre de décorations murales, architecte.
Né à Milan de père diplomate roumain et de mère italienne, la carrière du père mena la famille à Bruxelles, puis à Lisbonne. Richard Antohi a quitté définitivement la Roumanie à l'âge de treize ans en 1940, puis s'est fixé à Rome en 1946. En 1948 il remporta un Prix dans une exposition de jeunes artistes à la Gallerie d'Art Moderne de Rome. Depuis, en plus de son activité d'architecte, il a participé à de nombreuses manifestations collectives en Italie et dans différents pays étrangers. Il a obtenu plusieurs Prix. Il montre ses peintures dans des expositions personnelles, principalement dans les villes italiennes. Il a réalisé plusieurs commandes de peintures murales, parmi lesquelles : la Salle d'honneur du Stade *Flaminio* de Rome en 1959, les écoles publiques d'Avetrana et de Carloceto en 1968, etc.
Sa peinture a présenté des périodes très différentes : d'abord une période figurative, puis, après 1954, une période abstraite très colorée sur les thèmes : *Mirages – Rapsodies fauves – Chorales – Sources*, etc. Ensuite, il revint à l'image par la manipulation de photographies en séquences et superpositions. Puis, avec les *Iconogrammes*, il se rapproche des « Affichistes » français, en composant ses tableaux à partir d'affiches ou de documents décollés ou prélevés. Suivent encore d'autres périodes avec d'autres manipulations de l'image photographique.
■ J. B.
BIBLIOGR. : Ionel Jianou, in : *Les artistes roumains en Occident*, Acad. américano-roumaine des Arts et Sciences, Los Angeles, 1986.

ANTOINE
XVe siècle. Actif à Lyon en 1408. Français.

Sculpteur.
Sculpteur « imageur ».

ANTOINE, maître
XVe siècle. Actif à Dijon entre 1467 et 1487. Français.
Sculpteur.
Sculpteur « imageur ». On le connaît d'après un document. Les docteurs Thieme et Becker font remarquer qu'il faut éviter de le confondre avec le sculpteur Antoine le Moiturier qui travaillait à Dijon à la même époque.

ANTOINE
XVe siècle. Actif à Lyon en 1496-1499. Français.
Tailleur d'images.

ANTOINE
XVIe siècle. Actif à Troyes vers 1521-1523. Français.
Peintre.
Un document fait mention de cet artiste. Pourrait être le même que l'Antoine cité à Troyes en 1536 pour avoir exécuté des peintures à l'église Saint-Pantaléon.

ANTOINE
XVIe siècle. Actif à Francfort-sur-le-Main au début du XVIe siècle. Allemand.
Graveur sur bois.
On connaît de lui : *L'Empereur Maximilien entendant la messe dans sa chapelle privée*. Le dessin de cette composition, qui a été attribuée à Albert Dürer, semble être plutôt de Hans Burkmair.

ANTOINE
XVIIIe siècle. Vivait pendant la seconde moitié du XVIIIe siècle. Français.
Sculpteur d'ornements.
On sait qu'il était conseiller de l'Académie de Saint-Luc à l'époque de sa liquidation (1776) et que, plus tard, il se fixa à Paris.

ANTOINE Ch.
XVIIIe siècle. Français.
Peintre.
Il fut élève de Vien.
MUSÉES : NARBONNE : *Hercule en fureur – Didon sur le bûcher – Cléopâtre se donne la mort en se faisant piquer par un aspic – Milon de Crotone meurt*.

ANTOINE Charles
Né le 17 janvier 1876 à Douai (Nord). XIXe-XXe siècles. Français.
Sculpteur de monuments.
Il fut élève des sculpteurs Jean Boucher et Louis Barrias à l'Ecole des Beaux-Arts de Paris. Il a figuré au Salon des Artistes Français à Paris, obtenant une mention honorable en 1896. En 1897, il y exposa un monument en marbre : *Soldat blessé*.

ANTOINE Émile Joseph
Né vers 1760 à Douai. XVIIIe siècle. Français.
Peintre.
Le Registre des Élèves protégés de l'Académie royale le mentionne entrant le 3 avril 1784 dans l'atelier de Brenet.

ANTOINE Étienne d'
Né le 20 février 1737 à Carpentras. Mort le 23 mars 1809 à Marseille. XVIIIe siècle. Français.
Sculpteur.
Élève de l'Académie de Marseille. Vers 1759, il commença à travailler à l'ornementation de la façade de l'église Saint-Férréol. Ses principales œuvres sont : une *Minerve assise*, un *Narcisse*, *L'Enlèvement d'Hélène*. En 1766, d'Antoine alla à Rome et obtint un premier prix avec un groupe remarquable : *Jupiter, Junon et la nymphe Io transformée en vache*. Le chef-d'œuvre de cet artiste est le mausolée en marbre de Mgr d'Inguimbert, évêque de Carpentras, dans le chœur de la chapelle de l'Hôtel-Dieu de cette ville. On lui doit encore la *Fontaine des trois Grâces*, à Montpellier, le buste du *Duc d'Orléans*, celui du *Cardinal de Bernis*, ainsi que les bustes de *Puget* et d'*Homère* placés sur des fontaines publiques à Marseille.
MUSÉES : AVIGNON : *Agrippine, voilée, à demi-couchée sur un tombeau et portant l'urne cinéraire de Germanicus, son mari*, bas-relief – *Berger jouant de la flûte, assis sur un rocher, accompagné de son chien et de deux chèvres*, bas-relief – *Vase funèbre décoré d'une frise élégante et d'une double guirlande qui se rattache aux anses*, bas-relief – TOULOUSE : *Pluton*.

ANTOINE Gaston André
Né à Paris. XXe siècle. Français.

Peintre.
Expose des paysages aux Indépendants en 1928.

ANTOINE Innocent
Mort avant 1667. xviiᵉ siècle. Français.
Sculpteur.
Il exerçait son art à Paris.

ANTOINE Jean
Né vers 1690 à Ascoli. xviiiᵉ siècle. Italien.
Peintre d'histoire, paysagiste et graveur.

ANTOINE Jean
Né en 1696 à Nancy. Mort le 2 mars 1771 à Nancy. xviiiᵉ siècle. Français.
Graveur à l'eau-forte.
Il fut également orfèvre et directeur de la Monnaie de Nancy.

ANTOINE Jean Baptiste
Mort le 30 janvier 1778 à Paris. xviiiᵉ siècle. Français.
Peintre et professeur.

ANTOINE Jean Denis
xviiiᵉ siècle. Actif à Paris dans la seconde moitié du xviiiᵉ siècle. Français.
Sculpteur ornemaniste.
Admis à l'Académie de Saint-Luc en 1762, il travailla en 1774 à la décoration de l'Hôtel de la Monnaie.

ANTOINE Louis
xviiiᵉ siècle. Actif à Paris en 1728. Français.
Peintre.

ANTOINE Marguerite
Née en 1907 à Bruxelles. xxᵉ siècle. Belge.
Peintre de compositions à personnages, figures, dessinateur, graveur.
Elle fut élève de l'Académie de Bruxelles. Elle emprunte souvent ses sujets aux mondes de la danse et du cirque.
Bibliogr. : In : *Diction. biogr. illustré des artistes en Belgique depuis 1830*, Arto, Bruxelles, 1987.
Musées : Bruxelles (Cab. des Estampes) – Tournai .
Ventes publiques : Amsterdam, 24 mai 1977 : *Nu assis*, h/t (100x75) : **NLG 2 800** – Amsterdam, 30 mai 1978 : *Jeune danseuse à sa toilette*, h/t (73x54) : **NLG 1 600** – Lokeren, 28 mai 1988 : *La danseuse*, h/t (55x46) : **BEF 65 000** – Bruxelles, 26 avr. 1989 : *Nu assis*, h/t (78x53) : **BEF 65 000**.

ANTOINE Otto
Né le 22 octobre 1865 à Coblentz. xixᵉ-xxᵉ siècles. Actif à Berlin. Allemand.
Peintre de sujets de genre, paysages, architectures.
Il fut élève de l'Académie des Beaux-Arts de Berlin. Il prit part aux expositions de cette ville en 1904, 1906, 1909 et 1910.
Musées : Berlin (Mus. de la Poste) : un tableau de 1905.
Ventes publiques : Cologne, 22 mai 1986 : *La cathédrale de Berlin en hiver*, h/t (72x95) : **DEM 16 000**.

ANTOINE Pierre
xviiiᵉ siècle. Actif à Paris entre 1749 et 1775. Français.
Peintre.
Fils de Jean Denis.

ANTOINE Robert
Né en 1932 à Paris. xxᵉ siècle. Français.
Peintre de fleurs, natures mortes, paysages.
Autodidacte, il a acquis sa culture artistique, seul, en étudiant les œuvres des maîtres flamands, hollandais et français des xviᵉ et xviiᵉ siècles. Il a participé à des expositions de groupe à Paris (entre 1964 et 1980), Hambourg, Caracas, Chicago, Jeddah, Fontainebleau (Art Fantastique, 1981), Louisiane (1984), Avoriaz (1985), Finlande (1985), au Japon (de 1986 à 1989), et aux Salons des Artistes Français, d'Automne, de la Société Nationale des Beaux Arts, des Indépendants, Peintres Témoins de leur Temps. Il a fait des expositions particulières à Paris 1964, 1981, 1983, à Besançon 1980 et de 1977 à 1981, Toulouse 1983, Bruxelles 1975, Lille 1985. Son art est tellement méticuleux qu'il a au delà du simple réalisme pour aboutir au fantastique, plus particulièrement dans certaines compositions qui prennent un caractère surréaliste. Il a également peint des figures construites à partir de légumes, montrant une influence de l'art d'Arcimboldo. ■ J. B.

ANTOINE Sébastien
Né en 1687 à Nancy. Mort après 1761. xviiiᵉ siècle. Français.
Graveur.

On connaît de lui un grand portrait d'*Auguste Calmet*, daté de 1729, *Prométhée*, d'après le plafond de Mignard à Versailles, *Les bijoux utilisés pour le couronnement de Louis XV en 1722*. Antoine fut surtout un buriniste.

ANTOINE Victor Charles
Né à Saint-Dié (Vosges). xxᵉ siècle. Français.
Sculpteur de bustes et de sujets de genre.
Il a figuré au Salon des Artistes Français de Paris à partir de 1911, obtenant une mention honorable en 1913.

ANTOINE d'Avignon ou Antonio d'Avignone
xviᵉ siècle. Actif au milieu du xviᵉ siècle. Français.
Peintre et stucateur.
S'étant fixé à Rome dès 1527, il y devint membre de la gilde des peintres à partir de 1536. Il prit part à l'exécution des travaux de stuc et des peintures de la Loggia du Pape, de 1542 à 1548, sous la direction de Perino del Vaga.

ANTOINE de Bourgogne, Maître d'. Voir MAÎTRES ANONYMES

ANTOINE de Bourgoigne
xviᵉ siècle. Actif à Lyon. Français.
Peintre.
Travailla, en 1548, pour l'entrée de Henri II à Lyon.

ANTOINE de Bruxelles
xvᵉ siècle. Vivait vers le milieu du xvᵉ siècle. Éc. flamande.
Sculpteur.
Il habita Orléans, où il sculpta, en collaboration de Jean Le Page, les armoiries et figures de l'escalier de la tour du vieil hôtel de ville (aujourd'hui le musée).

ANTOINE de Compiègne
Mort avant 1414. xivᵉ-xvᵉ siècles. Actif à Paris à la fin du xivᵉ siècle. Français.
Enlumineur.

ANTOINE de Hansy. Voir HANSY A. de

ANTOINE de Liège
Mort après 1502. xvᵉ siècle. Actif à Liège dans la seconde moitié du xvᵉ siècle. Éc. flamande.
Peintre.
En 1454 et 1458, il travailla pour l'église Saint-Pierre à Liège et fournit un tableau pour le conseil de Namur en 1476. On cite aussi une *Assomption* et une *Purification* à l'église de Saint-Martin à Liège.

AF

ANTOINE de Montyon
xivᵉ siècle. Actif vers la fin du xivᵉ siècle. Français.
Sculpteur.
Il fut employé, par le duc Jean de Berry, à l'ornementation du château de Riom (Auvergne).

ANTOINE-FRANÇOIS Jeanne Marthe
Née à Saint-Maurice (Val-de-Marne). xxᵉ siècle. Française.
Peintre de paysages.
Expose à la Société Nationale des Beaux-Arts, entre 1931 et 1936.

ANTOINE PHILIPPE d'ORLEANS, duc de Montpensier
Né le 3 juillet 1775 à Paris. Mort le 18 mai 1807 à Twickenham (près de Londres). xviiiᵉ siècle. Français.
Peintre et lithographe amateur.
Frère du roi Louis Philippe. Il a appris la peinture chez de Mirys et la lithographie chez Philippe André. Il a exécuté des lithographies pour quelques livres français très précieux.

ANTOKOLSKI Markus Matveïevitch
Né le 21 octobre 1843 à Wilna. Mort le 14 juillet 1902 à Hombourg. xixᵉ siècle. Russe.
Sculpteur de monuments, groupes, figures, portraits, graveur.
Il fut tout d'abord graveur et alla, en 1863, suivre les cours à l'Académie des Beaux-Arts de Pétersbourg. Après un séjour à Berlin, il fit sa statue d'*Ivan le Terrible*, qui lui valut le titre d'académicien. Il encouragea les débuts de Léon Bakst. Il participa aux expositions de Novgorod et Munich. Émigré à Paris en 1881, il y exposa sa statue de Spinoza, qu'il considérait comme son chef-d'œuvre.
Parmi ses autres œuvres, citons : *Le Tailleur juif*, *L'avare* (ivoire), *Le baiser de Judas*, 1867, *La statue d'Ivan le Terrible*, deux fois reproduite en bronze et en marbre, dont une copie se trouve au

Victoria and Albert Museum de Londres, *La Polémique du Talmud*, les statues de *Pierre le Grand, Jaroslaws, Dimitri, Donskoi* et d'*Ivan III, Le Christ devant le Peuple*, bronze, de 1874, *Le monument Puschkins*, pour Moscou (1875).
MUSÉES : BUCAREST (Mus. Simu) : *Cronicarul Nestor*, bronze – Mephitofèle – LONDRES (Victoria and Albert Mus.) : *La statue d'Ivan le Terrible* – MOSCOU (Roumianzeff) : *Buste marbre de N.-A. Lwoff – Le Christ – Méphistophélès – SAINT-PÉTERSBOURG (Ermitage) : Jésus-Christ – L'empereur Nicolas Alexandrovitch – L'impératrice Marie Feodorovna – L'impératrice Alexandra Feodorovna – L'empereur Pierre Ier – Tête de Saint Jean-Baptiste*, marbre – *Socrate mourant*, marbre – *Méphistophélès*, marbre – *Jaroslaf le Sage*, bronze – *Ermack, vainqueur de la Sibérie*, bronze – *L'annaliste Nestor*.
VENTES PUBLIQUES : LONDRES, 14 mai 1980 : *Pierre le Grand*, bronze (H. 80) : **GBP 1 700** – NEW YORK, 14 déc. 1982 : *Tête de Satan*, bronze (H. 53,5) : **USD 900** – LONDRES, 22 oct. 1987 : *Méphistophélès*, bronze (h. 85,6) : **GBP 4 000**.

ANTOLDI Luigi
XIXe siècle. Travaillait à Mantoue vers 1850-1860. Italien.
Peintre.
Il fut renommé pour ses copies des maîtres anciens et exécuta, entre autres, une fresque de la *Cène*, d'après Léonard de Vinci, pour une église de Mantoue. Les fresques peintes par Andrea Mantegna au Castello de Mantoue ont été lithographiées d'après ses dessins.

ANTOLIN
Mort avant 1597. XVIe siècle. Actif à Valladolid. Espagnol.
Sculpteur.

ANTOLINEZ Gilberto
XXe siècle. Vénézuélien.
Peintre de compositions à personnages. Académique.
Il fut condisciple d'Hector Poleo à l'Ecole Nationale des Beaux-Arts de Caracas, dans les années trente. Il prend ses thèmes dans la mythologie indienne.

ANTOLINEZ José
Mort le 16 octobre 1646 à Séville (Andalousie). XVIIe siècle. Espagnol.
Peintre.
Il travailla à Séville, et mourut pauvre.

ANTOLINEZ José
Né le 7 novembre 1635 à Madrid. Mort le 30 mai 1675 à Madrid. XVIIe siècle. Espagnol.
Peintre de compositions religieuses, sujets de genre, portraits, paysages.
Il travaille à Séville avec I. Yriarte, puis vient à Madrid, jeune, étudier avec François Rizi, un des peintres de Philippe IV. Il avait peut-être été élève d'un peintre madrilène peu connu, Julian Gonzalez Benavides, dont il épousa la fille en 1656, à dix-huit ans. D'origine populaire et pauvre, il était de caractère ombrageux. Il mourut des blessures reçues dans un duel.
Ses premières œuvres datent de 1663 : un *Saint-Jean-Baptiste*, à la cathédrale de Valence ; une *Immaculée Conception*, au Prado, dont il peignit plusieurs variantes. Un *Martyre de Saint-Sébastien*, de 1667, ainsi qu'un tableau représentant des notables danois, du Musée de Copenhague. Dans *Le peintre pauvre*, à la Pinacothèque de Munich, il peignit son propre portrait. Remarquable par son coloris, il peignit des sujets d'histoire, des portraits ; les paysages qui servaient de fonds à ses tableaux étaient très admirés. Il s'inspira de Velasquez, de Coello, de Rubens. Deux de ses peintures sont vantées par Palomino.

Iossf. ANTOLINES.f
1668.

MUSÉES : AMSTERDAM : *Couronnement de la Vierge* – COPENHAGUE – DUBLIN : *Délivrance de saint Pierre* – MADRID : *Adoration des Rois Mages – Fuite en Égypte – Sainte Madeleine – L'Immaculée Conception* – MUNICH : *Le peintre pauvre – Saint Jérôme dans une grotte – L'Immaculée Conception* 1668 – SAINT-PÉTERSBOURG (Ermitage) : *Fête champêtre*.
VENTES PUBLIQUES : PARIS, 1822 : *Deux paysages* : **FRF 277** – PARIS, 1887 : *Paysage* : **FRF 285** – PARIS, 27 avr. 1922 : *Le Christ et la Samaritaine* : **FRF 100** – MADRID, 20 juin 1985 : *Une Sainte*, h/t (57,5x46) : **ESP 603 750** – LONDRES, 29 mai 1992 : *Le baptême du Christ*, h/t (166,5x109,5) : **GBP 16 500**.

ANTOLINEZ Y SARABIA Francisco
Né en 1644 à Séville (Andalousie). Mort en 1700 à Madrid. XVIIe siècle. Espagnol.
Peintre de compositions religieuses, sujets de genre, paysages animés, paysages.
Il est le neveu de José Antolinez. Après avoir fait son droit, il étudia avec Murillo et devint peintre d'histoire et de paysages. Il adopta le style et la couleur de son maître. Il se rendit auprès de son oncle en 1672, et bien qu'il se fût fait déjà un nom comme peintre, il abandonna son art pour la littérature et le barreau. Il échoua dans ces voies nouvelles et revint à ses pinceaux pour gagner sa vie. Ce fut alors qu'il produisit nombre de petites peintures d'après des sujets extraits de la Bible et de la vie de la Vierge.

AS^bra-

MUSÉES : MADRID (Prado) : *Portrait de la Vierge – L'Annonciation*, pendant du précédent – *Les fiançailles de la Vierge et de Saint Joseph – Naissance du Christ – L'Adoration des rois – La Fuite en Égypte* – SAINT-PÉTERSBOURG (Ermitage) : *Un enfant dormant*.
VENTES PUBLIQUES : PARIS, 1832 : *Loth et ses filles* : **FRF 153** – PARIS, 1852 : *La Vierge et l'Enfant Jésus* : **FRF 2 065** – LONDRES, 1895 : *Jésus baptisé par Saint Jean* : **FRF 250** – *Assomption de la Vierge* : **FRF 250** – PARIS, 20 fév. 1928 : *L'Adoration des Mages* : **FRF 420** – LONDRES, 14 avr. 1978 : *Paysage fluvial boisé animé de personnages* 1775, h/t (66x91,5) : **GBP 6 500** – NEW YORK, 15 jan. 1988 : *La fuite en Egypte ; Le Christ et la Samaritaine*, h/t, deux pendants (48,5x75 chacune) : **USD 9 350** – LONDRES, 29 mai 1992 : *Le Christ et la Samaritaine ; Noli me tangere*, h/t, une paire (chaque 52x78,5) : **GBP 12 100** – LONDRES, 27 oct. 1993 : *Personnages dans un vaste paysage rocheux*, h/t (52x78,5) : **GBP 1 725**.

ANTOLUCCIO da Jesi
Né en 1530. Mort en 1572. XVIe siècle. Italien.
Peintre.
Fils d'Andrea da Jesi, et élève de Lorenzo Lotto de 1553 à 1555.

ANTOMMARCHI C. François
Né en 1780 en Corse. Mort en 1838 à Cuba. XIXe siècle. Italien.
Sculpteur.
Médecin de Napoléon Ier à Sainte-Hélène ; on lui doit le moulage du masque de l'Empereur pris sur le lit de mort de celui-ci en 1821. Le Musée de Rouen possède un exemplaire de ce moulage.

ANTON Anton a Sto Joanne, frater
Né en 1593 à Lemberg. Mort à Cracovie. XVIIe siècle. Polonais.
Peintre.
Il étudia avec son père, peintre de la ville de Lemberg. En compagnie d'un carme, le père Cyrille, il entreprit ensuite un voyage à Rome pour s'y perfectionner. En 1617, il entra lui-même dans l'ordre des Carmes, pour lequel il peignit de nombreux tableaux d'autel qui existent encore dans plusieurs églises de Pologne, surtout dans celles de Cracovie.

ANTON François
Né le 29 août 1944 à Alger (Algérie). XXe siècle. Français.
Peintre de figures, nus, groupes. Expressionniste.
Autodidacte, il a fait sa première exposition personnelle à Carcassonne en 1975-76, suivie de nombreuses autres, notamment à Perpignan (1977-83-86), Paris (1979-80-84-87-96), Reims (1980-87), Béziers (1980-83-84-86), Lyon (1980-85-87), Berlin (1981), encore Paris (1997), galerie Akka-Valmay.
Ses personnages, très ordinaires et dans des occupations très ordinaires, sont pris, en mouvement, dans un halo de lumière qui efface la particularité de leurs traits, les enveloppe dans une sorte de membrane et les déforme, lointainement à la manière de F. Bacon.
BIBLIOGR. : Catalogue de l'exposition *François Anton*, gal. Akka-Valmay, Paris, 1996.
MUSÉES : BÉZIERS : *Cavalier*.

ANTON de Alfaro
XVe siècle. Actif à Séville vers la fin du XVe siècle. Espagnol.
Peintre.
Signataire dans le mémoire que les peintres adressèrent à la ville en 1480.

ANTON de Brunswick Ulrich, duc ou Anton de Lunebourg
Né en 1633. Mort en 1714. XVIIe-XVIIIe siècles. Allemand.
Graveur.
Ce prince fut tour à tour romancier de valeur, poète et grand collectionneur d'œuvres d'art. Régent en 1685, il s'occupa beau-

coup d'enrichir la galerie de peinture de Brunswick et lui fit prendre une réelle valeur. On cite de lui un petit nombre de planches. On pense qu'il fut conseillé au point de vue technique, par le prince Ruprecht du Palatinat.

ANTONAKOS Stephen

Né en 1926 à Agios Nikolaos (Grèce). xxe siècle. Depuis 1930 actif aux États-Unis. Américain.

Sculpteur multimédia.

Il participe à des expositions collectives depuis 1958, celle intitulée *Kunst Licht Kunst* au Stedelijk Museum d'Eindhoven en 1966, celle consacrée à l'art cinétique à l'Art Council de Londres en 1970, l'exposition *Electra* du Musée d'Art Moderne de la Ville de Paris 1983. Il montre des ensembles de ses réalisations personnelles dans des expositions individuelles : Université du Maine 1958, Museum of Modern Art de Miami 1964, Wright State University Art Gallery de Dayton 1975, Institute of Contemporary Arts de Londres 1975, Fine Arts Center de Hamherst 1978, ainsi que dans des galeries privées de nombreux pays. En 1984 il a exposé au Mus. d'Art Contemporain de La Jolla en Californie.

Il utilise presque exclusivement le néon dans des assemblages d'une sobriété minimaliste. Lorsque les conditions d'exposition le lui permettent, il aime concevoir ses sculptures lumineuses en fonction d'un lieu architectural. Ainsi, pour *Electra* à Paris en 1983, avait-il investi le parvis du musée avec une composition en quadrichromie, englobant quatre des colonnes en façade et enserrant un motif central. Antonakos travaille également avec des architectes, intégrant ses constructions de néon à l'architecture. Il réalise dans cette optique, pour l'Université du Massachusetts, en 1978, une œuvre à l'extérieur du bâtiment, intitulée *Carré incomplet de néon rouge sur un coin extérieur*. Depuis 1980 il réalise des peintures monochromes de grandes dimensions sur lesquelles il appose les néons de formes géométriques. L'aspect décoratif de ces œuvres n'est pas évité. ■ J. B.

BIBLIOGR. : Divers : Catalogues des expositions individuelles ci-dessus mentionnées – divers : *Stephen Antonakos*, Le coin du miroir, Dijon, 1984.

Musées : MIAMI – NEW YORK (Mus. of Mod. Art) – NEW YORK (Whitney Mus.) – PARIS (FNAC) – PHILADELPHIE .

ANTONAROLI Filippo

Né à Rome. xviiie siècle. Italien.

Sculpteur.

Il s'occupa, en 1800, sous la direction de Valadier, de la restauration des fonts baptismaux du dôme d'Orvieto.

ANTONAZA. Voir ANTONIAZZO

ANTONELLI

xvie siècle. Vivait à Aquita vers 1590. Italien.

Dessinateur et graveur sur bois.

ANTONELLI ou Angelo. Voir ANGELO

ANTONELLI Cesare

Né à Bari. xixe siècle. Italien.

Peintre.

Il fit ses études à Rome, où il reçut une médaille pour l'une de ses premières œuvres : *Tramonto d'inverno sul Tevere*.

ANTONELLI Demetrius Iwanowitsch

Né en 1791. Mort le 29 mars 1842 à Saint-Pétersbourg. xixe siècle. Russe.

Peintre.

Il travailla à l'Académie de Saint-Pétersbourg, vers 1812, et en fut nommé membre après l'exécution de son portrait du sculpteur Martos. Il est l'auteur de l'« Iconostase » dans l'église du Saint-Esprit, au couvent Alexandre-Newski, d'un *Crucifiement*, d'un *Ecce Homo* et des figures des quatre évangélistes dans l'église de la manufacture d'Alexandre. On cite aussi ses portraits de l'empereur Nicolas Ier et de l'impératrice Catherine II.

ANTONELLI Franz Iwànowitsch

Né vers 1786. Mort en 1838. xixe siècle. Russe.

Peintre.

Il étudia à l'Académie de Saint-Pétersbourg et fut plus tard nommé professeur à l'école publique Matwejeff, dans la même ville.

ANTONELLI Giovanni

xviiie siècle. Actif à Venise et à Ferrare. Italien.

Graveur au burin.

On cite de lui : un *Portrait du doge Al. Pisani* et toile intitulée : *Pompée se fait acclamer empereur*.

ANTONELLI Salvadore

xviiie siècle. Napolitain, actif vers l'an 1770. Italien.

Peintre.

ANTONELLI Vincenzo

xviiie siècle. Travaillait à Rome vers 1775. Italien.

Graveur au burin.

On cite de lui : *Repos pendant la fuite en Égypte*, d'après Maratta, le *Christ au mont des Oliviers*, d'après le Corrège, une *Madone et l'enfant Jésus*, d'après Fr. Trevisani, et des reproductions de plusieurs statues de la basilique Saint-Pierre.

ANTONELLO

xve siècle. Ombrien, actif à la fin du xve siècle. Italien.

Peintre.

On lit sa signature et la date 1486 sur une fresque représentant *Saint Roch*, dans l'église de la Madone del Latte, à Coldimancio.

ANTONELLO

xvie siècle. Actif à Ferrare, vers 1545. Italien.

Peintre.

ANTONELLO di Capua

xve siècle. Actif à Naples vers le milieu du xve siècle. Italien.

Peintre, brodeur.

Exécuta, en 1472, des peintures dans une chambre du roi Alphonse Ier, et l'année suivante, d'autres travaux pour la duchesse de Termoli.

ANTONELLO da Messina ou de Messine, de son vrai nom : Antonio di Salvadore d'Antonello di Giovanni degli Antoni

Né à Messine, vers 1430 selon certains biographes. Mort en 1479 à Messine. xve siècle. Italien.

Peintre de compositions religieuses, portraits.

D'après Vasari, Antonello serait mort en 1479 à l'âge de quarante-neuf ans ; de cette affirmation, on déduit sa date de naissance. Mais le même auteur nous fait le récit de la rencontre d'Antonello et de Van Eyck, or ce dernier est mort en 1441. Pour justifier cette histoire, certains biographes prétendent qu'Antonello serait né vers 1414, tandis que d'autres le font mourir en 1493. Il semble que la rencontre Antonello-Van Eyck soit proche de la légende, d'après diverses lettres écrites par des hommes célèbres de l'époque d'Antonello, ou vivant peu après lui, et des archives. Il est reconnu que les *[Vies]* de Vasari sont quelquefois romancées et, bien qu'elles nous donnent des renseignements souvent précieux, il arrive qu'elles soient fausses et permettent à l'auteur de faire une démonstration brillante. Enfin, nous savons avec certitude qu'Antonello a fait son testament le 14 février 1479, et il semble, d'après des écrits officiels, qu'il soit mort avant le 25 février de la même année. L'érudit napolitain Summonte, dans une lettre de 1524 à Marc Antoine Michiel, écrit qu'Antonello fut élève du peintre Colantonio à Naples, entre les années 1445 et 1455. Or le Roi René d'Anjou, lors de son séjour à Naples, aurait enseigné à Colantonio à peindre suivant la manière flamande. Ce dernier a-t-il appris à Antonello le secret flamand de la peinture à l'huile ? Entre 1456 et 1457, Antonello était établi à Messine, comme maître indépendant, et il avait chez lui un élève calabrais, Paolo di Ciacio. Ensuite, il n'est mentionné dans sa ville natale qu'en 1460. Que s'est-il passé entre ces deux dates ? Certains ont pensé qu'il était allé à Milan, à la cour des Sforza, où il aurait rencontré Petrus Christus, d'autres ont cru qu'il était allé en Flandre, où il n'aurait naturellement pas rencontré Van Eyck, mais son successeur Petrus Christus. Aucune de ces hypothèses n'a été démontrée avec certitude.

De cette époque, date probablement le *Saint Jérôme dans son cabinet de travail*, de la National Gallery. Cette peinture est un morceau de bravoure à la manière flamande, fait pour étonner le public italien ; rien n'y manque : le choix du sujet, les étagères de livres et d'objets divers, les éléments symboliques placés en avant, les paysages minutieux peints avec une grande virtuosité dans le lointain. Mais en plus, Antonello a ajouté une profondeur toute italienne, grâce à la galerie vue en perspective, et une impression d'espace, par la diffusion de la lumière dorée provenant de plusieurs sources à la fois. Antonello reste à Messine entre 1460 et 1465, et il prend dans son atelier le Frère Giordano. 1465 est d'ailleurs la première date certaine de son œuvre : le *Salvator Mundi*, de la National Gallery de Londres, souvenir flamand par la frontalité absolue du visage, toutefois empreint d'une grande sérénité, et italien par le raccourci de la main avancée pour bénir. De 1465 à 1473, les documents de Messine ne donnent aucun renseignement sur lui ; est-il allé à Palerme, comme le suppose Vasari ? De cette époque datent l'*Ecce Homo* de New York, le *Portrait* de Londres, *L'Annonciation* de Monaco, *La Madone* de Washington, pour lesquels il modèle d'amples volumes grâce à la lumière. Entre 1473-75, Antonello travaille intensément à Messine : il peint alors les *Trois docteurs de l'Église*, le *Portrait* de Berlin de 1474, qui donne l'emplacement spatial idéal du personnage : présentation de trois quart, le buste coupé à la poitrine, le regard profond tourné vers le spectateur. Tout le monde atteste de sa venue à Venise en 1475, date primordiale pour Antonello, mais aussi pour l'histoire de la peinture vénitienne. *Le Condottiere* du Louvre est de cette époque, il montre la virtuosité de l'artiste qui sait communiquer sa connaissance psychologique du personnage. *La Crucifixion* d'Anvers est contemporaine du portrait précédent, la croix se détache dans un ciel limpide, les personnages sont vus par en dessous et prennent un caractère monumental ; Antonello montre ici un sens aigu de la profondeur, il donne une grande importance au paysage qui garde de nombreux détails flamands. Cette impression de sérénité héroïque se retrouve dans son *Saint Sébastien* de Dresde, dont le ciel rappelle Mantegna, et la perspective linéaire est italienne. Le 9 mars 1476, le Duc Galeazzo Maria Sforza écrit à son ambassadeur à Venise, pour faire venir à Milan ce peintre sicilien, remplacer le portraitiste de sa cour, qui avait été élève de Rogier Van der Weyden. Antonello était ainsi considéré comme un peintre ayant bien assimilé la manière flamande. Nous ne savons s'il est allé à Milan, et s'il est revenu ensuite à Venise pour terminer la *Pala de San Cassiano*. De toute façon, un document montre sa présence à Messine en 1476 : en conséquence, s'il est allé à la cour du Duc, il n'y est pas resté longtemps. Il est revenu dans sa ville natale deux ou trois ans plus tard. *Le Christ à la colonne*, acquis par le Louvre en 1992, surprend dans le contexte du xve siècle italien, par le réalisme douloureux de son visage. Du point de vue technique d'ailleurs, la précision « illusionniste » des larmes, des gouttes de sang, des cheveux roux et de la pilosité du menton, des épines de la couronne, indique l'utilisation d'huiles essentielles mélangées à l'huile des couleurs pour les rendre fluides, technique qui venait d'être initiée dans les Flandres.

Pour les détails, la lumière, le brillant, Antonello a parfaitement assimilé la manière flamande qu'il a enseignée aux peintres vénitiens ; mais il a su garder le sens grandiose italien de la composition et de l'équilibre. ■ Annie Jolain

ANTONIVS MESANĒSIS

BIBLIOGR. : Bottari : *Antonello da Messina* – Vigni : Catalogue de l'exposition de 1953 sur *Antonello de Messine* – Vigni : *Antonello da Messina*.
MUSÉES : ANVERS : *Christ sur la croix* – *Tête d'homme* – BERGAME : *Tête d'homme* – BERLIN : *La Vierge et l'enfant Jésus dans un paysage* – *Saint Sébastien* – *Buste d'homme* – *Tête de jeune homme sans barbe et portant de longs cheveux* – *Tête d'homme en robe rouge* – CEFALU : *Tête d'homme vêtu de noir* – DRESDE : *Saint Sébastien* – FLORENCE (Gal. des offices) : *Portrait d'homme* – *Tête d'homme coiffé* – FRANCFORT-SUR-LE-MAIN (Stadel) : *Saint Sébastien* – GÊNES (Palais Giac. Spinola) : *Ecce homo* – LONDRES (Nat. Gal.) : *Le Christ bénissant, Salvator Mundi* – *Le Christ sur la croix* – *Saint Jérôme en habit de cardinal dans son cabinet* – *Tête d'homme coiffé de rouge* – *Madone à l'enfant* – LONIGO (Casa Pierboni) : *Le Christ couronné d'épines, portant la croix, buste dans un paysage* – MESSINE (Mus. Nat.) : *Homme politique* – MILAN (Gal.) : *Buste d'un homme couronné de fleurs* – MILAN (Casa Trivulsi) : *Tête d'homme sans barbe* – MILAN (Casa Marbio) : *Le Christ au tombeau, deux anges le soutiennent, le Golgotha dans le fond* – MONACO (Pina.) : *Annonciation* – MONTPELLIER : *Le Christ pleuré* – MUNICH (Pina.) : *Vierge Marie* – *Corpus Christi* – NAPLES : *Portrait d'homme* – NAPLES (coll. Gaet. Zier) : *Ecce Homo* – NEW YORK (Metropolitan Mus.) : *Portrait* – *Ecce Homo* – PADOUE (Casa Feret Cavalli) : *Portrait d'homme en habit de pourpre* – PADOUE (Casa Maldura) : *Saint Sébastien* – PADOUE (Casa Chiari) : *Ecce Homo* – PALERME (Gal. Nat. de Sicile) : *Saint Jérôme, Saint Grégoire, Saint Augustin* – *Annonciation* – PARIS (Mus. du Louvre) : *Le Christ à la colonne* – *Tête d'homme, dit le condottiere* – *Petit buste d'un jeune homme tête nue* – PAVIE (Gal. Malaspina) : *Portrait d'homme vêtu de rouge* – PHILADELPHIE (Pennsylvania Mus.) : *Portrait* – REGGIO CALABRIA : *Visite des trois anges à Abraham* – *Saint Jérôme en pénitence* – RICHMOND : *Ecce Homo* – ROME (Palais Borghèse) : *Portrait d'homme en barrette noire et habit rouge* – SIBIU : *Crucifixion* – SYRACUSE (Palais Bellomo) : *Annoncia-*

tion – TURIN (Mus. civique) : *Portrait* – VENISE (Acad. des Beaux-Arts) : *Le Christ à la colonne* – *La Vierge lisant sur un pupitre* – VENISE (Mus. mun. Correr) : *Trois portraits d'hommes* – VENISE (Casa Giovanelli) : *Portrait d'un jeune Patricien* – VICENCE : *Ecce Homo* – VIENNE (Mus. Impérial) : *Le corps du Christ tenu par trois anges, dans un paysage* – VIENNE (Kunsthistorisches Mus.) : *Ecce Homo* – *Pala de San Cassiano* – WASHINGTON D. C. (Nat. Gal. of Art) : *Madone à l'Enfant*.

VENTES PUBLIQUES : PARIS, 1807 : *Un antiquaire* : **FRF 162** – PARIS, 1865 : *Portrait en buste d'un homme imberbe* : **FRF 113 500** – PARIS, 1881 : *Portrait d'homme* : **FRF 33 000** – LONDRES, 6 mai 1893 : *Femme* : **GBP 152** – LONDRES, 7 juin 1894 : *Homme (Memling)* : **GBP 425** – LONDRES, 30 jan. 1914 : *Jeune homme* : **GBP 110** – LONDRES, 20 mai 1914 : *Ecce Homo* : **GBP 178** – LONDRES, 26 juil. 1928 : *Jeune homme* : **GBP 199**.

ANTONELLO da Napoli
xve siècle. Vivait pendant la première moitié du xve siècle. Italien.
Peintre.
D'après un document des archives d'Udine, on sait qu'il travailla dans cette ville en 1430-1431, en collaboration de Marco di Venezia.

ANTONELLO di Nicola da Teramo
xve siècle. Actif vers 1456. Italien.
Peintre et écrivain.
Auteur d'un *Jugement dernier* à San Giovanni à Teramo.

ANTONELLO da Palermo, de son vrai nom : Antonello Crescenzio
Né vers 1467 à Palerme. Mort en 1542. xve-xvie siècles. Italien.
Peintre et sculpteur.
Serait fils d'un Antonio Crescenzio. Il aida le sculpteur Gagnino. Il peignit deux copies d'une œuvre de Raphaël qui furent placées l'une dans l'église des Carmes à Palerme, l'autre dans le monastère de Fazello, près de Sciacca. On a de lui deux tableaux datés et signés ; l'un, au Musée de Syracuse, représente une *Madone avec l'Enfant entre Sainte Marguerite et Sainte Barbara* ; l'autre, à l'église Sta Maria degli Angeli, à Palerme, une *Madone entre Sainte Agathe et Sainte Catherine*. Di Marzo et Cavalcaselle identifient Antonello da Palermo à A. Crescenzio, de qui on a conservé, au musée national de Palerme et au couvent di Fazello, à Sciacca, deux copies du *Spasimo* de Raphaël.

ANTONELLO de Saliba ou Antonellus Messanensis ou Antonello Rosaliba
Né vers 1466 à Messine. Mort en 1535. xve-xvie siècles. Italien.
Peintre.
Son père était sculpteur sur bois. Il fut élève de Jacobello di Antonio, peintre à Messine, puis alla se perfectionner à Venise. De retour en Sicile, il y travailla de 1497 à 1535. Son chef-d'œuvre au Musée de Catane représente *Une Madone*, assise sur un trône et tenant entre ses bras l'Enfant Jésus (datée du 2 juillet 1497). On trouve encore des œuvres d'Antonello de Saliba dans quelques églises et musées de Calabre et de Sicile. Antonello subit l'influence de Cima da Conegliano à Venise où il travailla avant 1508. Parmi ses œuvres on cite : *L'Incrédulité de Saint Thomas*, à la pinacothèque de Palerme, une *Madone* et un *Saint-Sébastien*, au Kaiser Friedrich Museum de Berlin, et une *Madone* à la pinacothèque de Spolète.

ANTONELLO da Serravalle
Originaire du Frioul. xve siècle. Actif vers 1485. Italien.
Peintre.
Il est l'auteur de deux fresques à Serravalle, l'une à l'église Saint-André, l'autre à la casa Tedesco.

ANTONELLO de Trévise
xve siècle. Actif à la fin du xve siècle. Italien.
Peintre.

ANTONGINA Raffaele
xixe siècle. Lombard, actif au commencement du xixe siècle. Italien.
Peintre.

ANTONI, maître
xve siècle. Autrichien.
Sculpteur.
Tyrolien, il restaura, en collaboration avec Christoffl et de Pernhard, en 1498, le vieux portail roman, dit « des lions », à l'église Notre-Dame de Bozen.

ANTONI Andrea d'
Mort le 23 décembre 1868 à Palerme. xixe siècle. Italien.
Peintre.

ANTONI Giordano di Giovanni degli. Voir **ANTONJ**

ANTONI Giovanni di M. degli. Voir **GIOVANNI di Michele degli Antoni**

ANTONI Guilliam
xviie siècle. Actif au milieu du xviie siècle. Éc. flamande.
Peintre.
Faisait partie de la gilde de Saint-Luc, à Anvers, en 1644.

ANTONI Jacobello d'Antonello degli. Voir **JACOBELLO d'Antonello degli Antoni**

ANTONI Jan Baptist
xviie siècle. Actif à Anvers en 1645. Éc. flamande.
Peintre.

ANTONI Louis Ferdinand
Né à Alger. xxe siècle. Français.
Peintre de paysages animés. Orientaliste.
Il a exposé à Paris, au Salon de la Société Nationale des Beaux-Arts depuis 1908, en devenant sociétaire en 1922. Il avait reçu la Légion d'Honneur dès 1917, donc probablement à titre militaire.
Musées : Alger (Mus. des Beaux-Arts) : *Cour mauresque – Cavaliers marocains – L'incendiaire.*

ANTONI von Rein
xve siècle. Actif à la fin du xve siècle. Autrichien.
Peintre verrier.
Il est mentionné en 1490 et 1498 et travailla aux fondations Maria Stiegen et maria Otto, dans la chapelle du Sauveur à Vienne.

ANTONIA de HOHENZOLLERN-SIGMARINGEN, princesse infante du Portugal
Née en 1845 à Lisbonne. xixe siècle. Portugaise.
Peintre et aquarelliste.
Le Musée de Bruxelles conserve d'elle une aquarelle, offerte par l'auteur en 1893.
Musées : Bruxelles : *Gentianes et myosotis.*

ANTONIA di Simone ou **Antonio di Simone**
xvie siècle. Travaillait à Nice, vers 1520. Italien ou Italienne.
Peintre.

ANTONIA MARIA de Bavière, duchesse, princesse de Saxe. Voir **MARIA ANTONIA WALPURGIS**, duchesse de Bavière, princesse de Saxe

ANTONIACCI Paolo
xviiie siècle. Actif à la fin du xviiie siècle. Italien.
Peintre de paysages, marines.
Il travaillait à Turin et exécuta, en 1775, trois tableaux de batailles pour le château de Moncalieri.

ANTONIADI A.
Né en Grèce. xixe siècle. Actif à la fin du xixe siècle. Grec.
Portraitiste.
Ses ouvrages furent exposés au Salon de Paris, en 1887, 1893 et 1896.
Ventes Publiques : Paris, 27 juin 1924 : *Femme nue, couchée dans l'herbe* : FRF 50.

ANTONIAK Félix
Né à Cracovie. xxe siècle. Polonais.
Sculpteur.
Expose à Paris à L'Exposition des Artistes Combattants en 1919 *la Paix* (statue en bois).

ANTONIANI Antonio
xvie siècle. Actif à Rome vers 1527. Italien.
Peintre.

ANTONIANI Pietro
Né vers 1740, originaire de Milan (Lombardie). Mort en 1805. xviiie siècle. Italien.
Peintre d'histoire, paysages, paysages d'eau, paysages de montagne, marines.
Ventes Publiques : Londres, 3 juil. 1936 : *La baie de Naples*, 4 pièces : GBP 35 – Milan, 24 nov. 1965 : *Vue d'un port* : ITL 800 000 – Vienne, 30 nov. 1971 : *Seigneur se rendant au Palazzo Reale à Palerme* : ATS 60 000 – Londres, 12 déc. 1980 : *Vues de Naples 1772*, h/pan. (64,7x130,8) : GBP 28 000 – New York, 9 juin 1983 : *Vue de Naples*, h/t (54,5x107) : USD 6 700 – Londres, 24 mai 1985 : *L'éruption du Vésuve*, h/t (49,5x128,2) :

GBP 3 200 – Monaco, 17 juin 1988 : *Éruption du Vésuve*, h/t (50x73) : FRF 49 950 – Londres, 8 juil. 1988 : *Naples et la côte de Chiaia vus depuis le couvent de Sant'Antonio avec au fond le Vésuve*, h/t (31,5x49) : GBP 20 900 – Londres, 9 avr. 1990 : *Naples et la côte de Chiaia vus depuis le couvent Sant'Antonio et vus depuis la Marinella*, h/t, une paire (chaque 61x131,8) : GBP 242 000 – Londres, 14 déc. 1990 : *La baie de Pozzuoli et le village avec des touristes au premier plan*, h/t (41x67) : GBP 11 000 – Rome, 19 nov. 1991 : *Vue du golfe de Pozzuoli*, h/t (41x67) : ITL 24 000 000 – Londres, 11 déc. 1991 : *Naples vue du Palais pendant les festivités du 5 juin 1766*, h/t (31x41) : GBP 31 900 – Londres, 8 juil. 1994 : *Vue de la baie de Palerme avec le Monte Pellegrino au fond ; Vue du front de mer à Palerme avec la Porta Felice*, h/t, une paire (chaque 31,5x48) : GBP 45 500 – New York, 7 oct. 1994 : *Rue de Santa Lucia à Naples*, h/t (61x114,3) : USD 48 875 – New York, 17 oct. 1997 : *Vue de la Strada de Santa Lucia, Naples*, h/t (29,9x45,7) : USD 20 700.

ANTONIANO Allessandro
xviiie siècle. Actif à Milan vers 1735. Italien.
Peintre.
Le Musée municipal de Milan possède son tableau du siège de la ville par les troupes franco-sardes, en 1733.

ANTONIANO Antonio
xvie siècle. Actif à Urbino durant la seconde moitié du xvie siècle. Italien.
Peintre.
Il fut l'un des élèves de Fed. Barocci, de qui on retrouve l'influence dans ses ouvrages. Lanzi croit qu'il est le même qu'Antonio Viviani dit Il Sordo d'Urbino.

ANTONIANO Silvio ou **Antonianus Silvanus**
xvie siècle. Travaillait vers 1566. Italien.
Graveur sur bois.
Suivant Papillon, cet artiste exécuta une suite d'illustrations pour un livre de fables publié à Anvers en 1567, intitulé : *Centum fabulae ex antiquis auctoribus deleclae*. Il s'agit certainement du graveur SYLVIUS ou Silvius ou Bosch (Antonius), qui travailla pour Plantin, à Anvers, de 1553 à 1580.

ANTONIANOS
Originaire d'Aphrodisias. iie siècle. Antiquité grecque.
Sculpteur.
Il a signé un relief (trouvé près de Lanuvium) représentant *Antinoüs en sylvain*. Le document doit être postérieur à 133 après Jésus-Christ, date de l'instauration à Lanuvium du culte d'Antinoüs. Le nom d'Antonianos, insolite avec cette finale grecque, se lit encore sur une inscription de Cyrène, où il s'agit alors d'un Éphésien, sensiblement de la même époque.

ANTONIAZZO Romano, dit aussi **Aquili Antonio** ou **Aquilio Antonio** ou **Atomasso** ou **Antonaza**
xve-xvie siècles. Italien.
Peintre de compositions religieuses, fresquiste.
Ombrien, il travailla entre 1460 et 1508, étant très employé pour la décoration des églises et des couvents de Rome. Une peinture faite en 1464 se trouve dans la sacristie du couvent de S. Antonio del Monte à Reiti. Elle représente *La Vierge et l'Enfant Jésus avec Saint Antoine et Saint François*. Une autre de 1483, est dans la cathédrale de Velletri et une troisième se voit à la cathédrale de Capoue ; elle est signée : *Antonius M For. P. XCCCLLXXXIX* ; elle a été très abîmée par de maladroits restaurateurs.
On trouve dans ses œuvres l'influence et la collaboration de Perugino, de Domenico Ghirlandaio et de Melozzo da Forli. Antoniazzo sut pourtant conserver une certaine originalité de sentiment et de composition. D'après les documents, il exécuta nombre de tableaux d'autel, de fresques, de bannières et des travaux de décoration. Ses principaux ouvrages sont : la décoration de la chambre mortuaire de Sainte Catherine de Sienne, à Santa Maria sopra Minerva ; les fresques du tabernacle au-dessus de l'autel principal, à san Giovanni Evangelista, à Tivoli, près de Rome ; Une *Madone avec saints*, au Musée national de Rome. Dans la galerie du Vatican, on conserve aussi une *Madonna della Rota*, avec le portrait de l'auditeur Zeugnis.
Musées : Altenburg : *Madone – Saints Pierre et Paul* – Bruxelles : *Christ et Saints* – Cambridge (Fogg Mus.) : *Tabernacle, Vierge et anges* – Capoue : *Vierge et saints* – Florence (Offices) : *Vierge – Vierge et Saints Pierre et Paul 1485* – Kassel : *Saint Côme et anges* – Montefalco : *Saint Nicolas de Tolentino – Sainte Illuminata et*

Saint Vincent – NEW YORK (Metrop. Mus.) : *Nativité* – PARIS (Louvre) : *Vierge à l'Enfant* – PÉROUSE : *Vierge* – RIETI : *Saints François et Antoine de Padoue* – *Vierge au donateur* – ROME (Palais Corsini) : *Vierge entre deux saints* 1488 – ROME (Vatican) : *Saint Pierre et douze membres de la Rota* – *Adoration des Mages* – TERNI : *Saints François, Bonaventure, Louis et Jean-Baptiste* 1485.
VENTES PUBLIQUES : LONDRES, 20 juin 1930 : *La Vierge et l'Enfant entourés de saint Dominique et de saint Antoine de Padoue* : **GBP 399** – LONDRES, 25 fév. 1938 : *La Vierge et l'Enfant* : **GBP 225** – NEW YORK, 31 jan. 1946 : *La Vierge, l'Enfant et le petit saint Jean* : **USD 650** – LONDRES, 9 déc. 1959 : *La Vierge et l'Enfant*, pan. : **GBP 850** – PARIS, 31 mai 1988 : *Vierge à l'Enfant*, h/pan., octogonal (39,6x34,8) : **FRF 430 000** – LONDRES, 18 mai 1990 : *La Vierge à l'Enfant*, h/pan. or (50,5x40,8) : **GBP 19 800** – MILAN, 5 déc. 1991 : *La Vierge à l'Enfant et saint Jean-Baptiste*, h/pan. (70x50) : **ITL 265 000 000**.

ANTONIBI Bernardino
XVIᵉ siècle. Vivait à Pérouse pendant la première moitié du XVIᵉ siècle. Italien.
Sculpteur sur bois.
En 1516, il sculpta les stalles de la Salle des Séances. On le cite encore, en 1522, restaurant un panneau d'autel pour la chapelle de la famille Cantagallina, à S. Agostino.

ANTONIBI Lodovico
XVᵉ siècle. Vivait à Pérouse vers le milieu du XVᵉ siècle. Italien.
Architecte et sculpteur sur bois.

ANTONIBON Francesco
Né le 2 avril 1809 à Bassano. Mort le 2 novembre 1883 à Nove. XIXᵉ siècle. Italien.
Peintre d'histoire.
Il s'instruisit à Venise et à Rome. Un de ses tableaux d'histoire se trouve au musée Correr de Venise, d'autres au Musée de Bassano, plusieurs dans des églises ou dans des collections privées.

ANTONII Antonio Maria degli, dit **Rizzino**
XVIIᵉ siècle. Actif à Bologne. Italien.
Peintre de décors.
Les peintures qu'il exécuta pour le Teatro della Fiera à Bologne furent gravées par Guiseppe Maria Mitelli.

ANTONII Cristoforo Cesare
Italien.
Graveur.
Plusieurs paysages, d'après Gandellini, ont été gravés par lui.

ANTONIN
XVIIᵉ siècle. Français.
Dessinateur.
Il appartenait à l'ordre des Capucins. C'est d'après lui que R. Nauteuil grava le *Portrait de Leonor Goyon de Matignon, évêque de Coutances*.

ANTONIN Gabrielle, Mme
Née à Pousseaux (Nièvre). XXᵉ siècle. Française.
Peintre.
Elle expose à Paris au Salon des Indépendants en 1937, 1938, 1939 des paysages et un portrait.

ANTONIN Jean Baptiste
Né vers 1740 à Commercy ou à Forcy (Lorraine). XVIIIᵉ siècle. Français.
Peintre.
Les archives de l'Académie Royale de peinture et de sculpture mentionnent cet artiste comme élève protégé par Carle Van Loo en 1765, puis par Cochin, l'année suivante. Il entra plus tôt à l'école de l'Académie, car on le trouve sur le même registre élève de F. Boucher entre 1758 et 1762.

ANTONINI Carlo
XVIIIᵉ-XIXᵉ siècles. Italien.
Dessinateur, graveur au burin et architecte.
Cet artiste travailla à Rome et à Modène. On a un *Manuale di vari ornamenti traiti dalle fabriche e framenti antichi* (quatre vol. Rome, 1781-1790) gravé et dessiné par lui, un *Manuale di vari ornamenti, componenti la serie de'Vasi antichi* (trois vol. datant de 1821), un *Pianta...d. nuovo teatro d'Imola* (Rome, 1780). Antonini a aussi gravé 85 dessins de Salvator Rosa, les portraits du pape Pie VI et de quelques cardinaux, celui de Tiraboschi pour la *Storia della Badia di Nonantola*.

ANTONINI Dante
Né en 1914 à Paris. Mort en 1985 à Ciboure (Pyrénées-Atlantique). XXᵉ siècle. Français.

Peintre de paysages, marines, dessinateur.
Il a participé à diverses expositions collectives et a montré ses œuvres dans des expositions personnelles à Ciboure, Tarbes, Saint-Jean-de-Luz.
Peintre de plein-air, il s'attache à saisir la fraîcheur des paysages. Ses encres, souvent rehaussées d'huile, sont d'une grande simplicité.
MUSÉES : BAYONNE (Mus. Basque) – CIBOURE (Hôtel de Ville).
VENTES PUBLIQUES : SAINT-JEAN-DE-LUZ, 29 juil. 1989 : *La place de Dare*, dess. et encre (38x51) : **FRF 1 500** – SAINT-JEAN-DE-LUZ, 16 déc. 1989 : *Village espagnol*, h/t (59x44) : **FRF 5 600**.

ANTONINI Domenico
XVIIIᵉ siècle. Vivait à Plaisance pendant la seconde moitié du XVIIIᵉ siècle. Italien.
Peintre.
Il fut nommé membre honoraire de l'Académie Clémentina, à Bologne, en 1790. Travailla à Plaisance.

ANTONINI Giovanni Battista
XVIIIᵉ siècle. Actif à Rome vers 1700. Italien.
Sculpteur.
Cet artiste travailla pour le pape Clément XI.

ANTONINI Giuseppe
Né en 1581. XVIIᵉ siècle. Vivait encore en 1657. Italien.
Peintre.
Ce peintre se fixa à Rome et s'y maria.

ANTONINI Giuseppe
XIXᵉ-XXᵉ siècles. Italien.
Sculpteur.
Il habitait Varallo-Sesia. Ses œuvres parurent dans plusieurs expositions italiennes depuis 1881, notamment à Venise, Milan et Turin.

ANTONINI J.
XIXᵉ siècle. Français.
Sculpteur.
A exposé un buste de *Victor Hugo*, terre cuite, au Salon de Paris, 1888.

ANTONINI Leo
XIXᵉ siècle. Vivait probablement au commencement du XIXᵉ siècle. Italien.
Graveur en taille-douce.
On cite de lui un *Portrait d'Antonio Scarpa*.

ANTONINI Luigi
XIXᵉ siècle. Italien.
Graveur au burin.
On a de lui une *Sainte Madeleine*, gravée d'après Bart.

ANTONINO de Ferrari de Pavia
XVᵉ siècle. Actif à Crémone, vers 1419. Italien.
Peintre.
Il peignit à Crémone en 1419, dans une chapelle de l'église Saint-Luc, des fresques représentant l'histoire de saint Jean-Baptiste, fresques qui sont en partie conservées. On lui attribue une grande fresque avec la *Légende des trois vivants et des trois morts*, dans la sacristie de cette église et un fragment de fresque conservé par le Musée de Crémone.

ANTONIO
XIVᵉ siècle. Italien.
Peintre.
Il était actif à Venise en 1370.

ANTONIO
XVᵉ siècle. Italien.
Sculpteur.
À Venise vers le milieu du XVᵉ siècle, il fut l'élève de Bartolomeo di Domenico qui travailla, en 1444, pour l'église S. Giovanni et S. Paolo.

ANTONIO
XVᵉ siècle. Italien.
En 1446, il exécuta les peintures décoratives de l'Oratoire della Morte, à Modène, ainsi que plusieurs autres travaux pour la sacristie, et quelques compositions pour couvertures de livres (1463).

ANTONIO, fra
XVᵉ siècle. Italien.
Peintre.
En 1450 à Rome, il travailla au Vatican.

ANTONIO
XVe siècle. Italien.
Sculpteur.
Sans doute Lombard, il travaillait à Pérouse vers le milieu du XVe siècle. Il fut occupé à la construction du « Cambio », en 1454.

ANTONIO
XVe siècle. Italien.
Peintre de miniatures.
Il était actif à Venise vers 1458.

ANTONIO
XVe siècle. Italien.
Peintre.
Entre 1474 et 1489, il travailla pour les églises San Salvatore, San Giorgio Maggiore et S. Zacharia, à Venise.

ANTONIO
XVe siècle. Italien.
Peintre de miniatures.
Il était actif à Rome vers 1493.

ANTONIO
Mort en 1517 à Saint-Agostino. XVe-XVIe siècles. Italien.
Sculpteur.
Il vivait à Venise. Il exécuta des frises et différents travaux dans les églises : S. Zachiara, S. Salvatore, et pour la Scuola Grande de S. Giovanni Evangelista. Ce sculpteur pourrait être le même artiste que Antonio di Michelino da Rovigno.

ANTONIO
XVIe siècle. Espagnol.
Sculpteur.
Il était actif à Séville vers 1534.

ANTONIO
XVIe siècle. Italien.
Sculpteur sur bois.
En 1505, il sculpta la frise et l'architrave de l'anti chambre de la salle des audiences, au palais ducal de Venise. Il vivait encore en 1542.

ANTONIO
XVIe siècle. Italien.
Peintre.
Il travailla, avec Paul Véronèse, à la peinture du plafond de l'église S. Sébastiano à Venise.

ANTONIO
XVIe siècle. Italien.
Sculpteur.
Il était actif à Carrara dans la seconde moitié du XVIe siècle. Entre 1560 et 1562, il fut rétribué pour avoir sculpté des armoiries et travaillé à la restauration des antiques du jardin du Belvédère, à Rome, d'après Bertolotti.

ANTONIO, fra. Voir **LORENZINI Gianantonio**

ANTONIO, pseudonyme de **Cardarelli Antonio,** puis **Antoine**
Né le 24 mars 1930 à Spolète (Ombrie). XXe siècle. Depuis 1957 actif, depuis 1993 naturalisé en France. Italien.
Peintre technique mixte, peintre à la gouache, peintre de collages, graveur, peintre de cartons de tapisseries. Tendance abstraite.
Il débuta tôt en peinture, dès 1947 influencé par la peinture métaphysique de Chirico, puis venant à la figuration. En 1957, il s'établit à Paris.
Depuis 1954, il participe à des expositions collectives ou expose individuellement, notamment : 1960 Varsovie, galerie Krzywe Kolo ; 1963 Paris, galerie Camille Renaud ; 1965 Ostende, galerie Mercator ; 1969 Paris, *Peintres et sculpteurs italiens en France*, Centre culturel italien ; 1981 Paris, *Peinture et Musique*, Sainte-Chapelle ; 1986 Rome, *Arts de la table*, Centre culturel français ; 1990 Tunis, Centre culturel français ; et Hauterive/Neuchâtel, galerie 2016 ; 1996 Toronto, Teodora gallery ; 1996 Bruxelles, galerie 2016.
En marge de sa production proprement picturale, en 1982, Antonio a créé un polyptyque destiné au Palais présidentiel de l'Élysée ; en 1983, 1984, 1985, il a réalisé des cartons de tapisseries sur commandes des Manufactures nationales des Gobelins et de Beauvais ; en 1985, des projets de nappes sur commande du Centre national d'Arts Plastiques ; en 1994, six gravures en couleurs sur commande de la galerie 2016 d'Hauterive/Neuchâtel et de Bruxelles.

Depuis son installation à Paris en 1957, son travail se divise en périodes successives. D'abord, la période des « Espaces émotionnels » consiste en huiles, bois polychromes, tempéras, collages, d'intonation abstraite. Depuis 1968, son œuvre se développe dans sa diversité à partir de quelques thèmes, repris en variations : *Fenêtres, Ponts, Chaises, Tamis*, qui parfois se conjuguent en *Chaise-fenêtre* ou en *Table-tamis*. Lui-même place les œuvres de cette période sous le qualificatif de « figuration libre », terme qui ne recouvre pas complètement la réalité des peintures. Certes, les thèmes évoqués, fenêtres, chaises, etc. sont très sommairement traités, avec des moyens picturaux apparemment rudimentaires, mais, premièrement leur évocation synthétique par quelques rares traits ou taches ressortit plus à une abstraction, deuxièmement cette évocation synthétique des thèmes est surtout le prétexte à des variations chromatiques : tantôt flamboyantes, par exemple d'un rouge sensuellement modulé qu'exalte l'intervention ponctuelle d'un noir ou d'un vert sombre ou bien à l'inverse, dans les *Fenêtres nocturnes*, d'un noir omniprésent juste excité de quelques signes clairs, parfois par simple grattage au couteau directement dans la pâte ; tantôt tendrement poétiques dans le raffinement de quelques gris légèrement teintés d'ocre, de rose, d'orangé ou de bleu.
BIBLIOGR. : Catalogue *Antonio*, gal. 2016, Hauterive/Neuchâtel, Bruxelles, Édit. Petruzzi, Città di Castello, 1995.
MUSÉES : MONTPELLIER (Fonds mun.) – PARIS (FNAC).

ANTONIO Antonio d'
Né à Milan. XIXe siècle. Travaillait à Milan pendant la première moitié du XIXe siècle. Italien.
Peintre.
Il reçut une médaille de l'Académie Brera (de Milan) pour son tableau : *La catastrophe du Laocoonte.*

ANTONIO Armenico, frate
XVe siècle. Actif au début du XVe siècle. Italien.
Sculpteur.
On croit qu'il était Arménien de naissance, mais il travailla à Ferrare. On retrouve son nom dans les archives du couvent de Dominicains de cette ville.

ANTONIO Assino
XIXe-XXe siècles. Travaillant à Barcelone. Espagnol.
Sculpteur.
Cet artiste prit part à l'exposition universelle et internationale de Bruxelles, 1910, avec une pièce intitulée : *Danse.*

ANTONIO Beato Cerretano, padre
XVe siècle. Actif à Sienne entre 1480 et 1490. Italien.
Peintre.

ANTONIO Bin. Voir **BIN Antonio**

ANTONIO Cristobal de
Né à Barcelone. XIXe siècle. Espagnol.
Peintre de genre.
Il se fixa en France et prit part, à partir de 1888, à plusieurs expositions parisiennes. Ses œuvres principales sont : *Une Veuve, Priez pour les vivants, Le jardin de la mère Picard, La plaine de l'enfer à Cayeux, Histoire de Jeunesse, A Oury-Champagne.*
VENTES PUBLIQUES : NEW YORK, 20 jan. 1993 : *L'indiscret*, h/pan. (35,6x26,7) : USD 2 300.

ANTONIO D. C.
Italien.
Graveur.
Ce nom, suivi des initiales D. C., est cité par Zani comme figurant sur une copie de la *Paix*, représentant le couronnement de la Vierge, œuvre attribuée à Finiguerra. Il est possible qu'il s'agisse d'Antonio da Cremona.

ANTONIO de Campulo ou **Antonello**
XVe siècle. Actif à Messine, à la fin du XVe siècle. Italien.
Peintre.
Cet artiste est peut-être le même qu'un autre peintre du même nom, cité en 1470 et en 1472. Il exécuta un tableau d'autel, représentant *Saint Théodore*, pour l'église Sainte-Lucie, près de Messine (1497) et une peinture de l'*Annonciation, avec Dieu le Père et deux saints*, pour un noble de Messine, Nicoletto Sollima. Il exécuta un étendard orné de figures pour la confrérie de l'Annonciation, en 1504.

ANTONIO el portugues
XVIe siècle. Actif à Séville en 1524. Espagnol.
Peintre.
Il travailla aux décorations de l'Alcazar, en collaboration avec Sebastian Acana et Francesco Hernandez.

ANTONIO Francisco
Né en 1735. Mort vers 1795 à Lisbonne. XVIIIe siècle. Portugais.
Sculpteur.
Il fut élève de José de Almeida. Il sculpta les statues de bois de Mars et de Vulcain qui se trouvent à la fonderie de bronze de l'arsenal royal de Lisbonne. En 1792, il présida les fêtes des peintres (Saint-Luc) à santa Joanna. Il mourut quelque temps après, à l'âge de 60 ans. Il laissa comme élève et successeur le sculpteur Joào-José de Aguiar.

ANTONIO Giosué d'
XIXe siècle. Actif au début du XIXe siècle. Italien.
Sculpteur et modeleur de porcelaine.
Il fut, entre 1803 et 1806, employé à la manufacture royale de porcelaines, de Naples, et exécuta des groupes de biscuit, entre autres : *Apollon, dieu du soleil, sur son char, entouré de muses* (1804), *Le triomphe de l'Amour, Le Jugement de Pâris.*

ANTONIO Giovanni Maria di
XVIe siècle. Actif à Urbino vers la fin du XVIe siècle. Italien.
Peintre.
Il fut probablement l'élève de Federigo Barocci, car il loua, en 1595, un atelier d'abord occupé par ce maître (1575), puis par ses élèves (1593). On connaît de lui deux peintures fort belles dans la paroisse de S. Batholomeo à Urbino.

ANTONIO Girolamo di. Voir GIROLAMO di Antonio

ANTONIO Guarnerino
XVe siècle. Actif à Padoue au début du XVe siècle. Italien.
Peintre.
Vers 1404, il exécuta des peintures décoratives au vieux château et au palais du conseil (Corte degli Scaligeri), à Vérone.

ANTONIO Joannis
XIVe siècle. Actif à Florence, vers le milieu du XIVe siècle. Italien.
Sculpteur.
Il travailla, en 1345, au palais du Podestat.

ANTONIO Juan
XVIIe siècle. Actif à Séville vers le milieu du XVIIe siècle. Espagnol.
Peintre.
Il fut admis, en 1643, dans la confrérie du Christ de l'église Saint-Augustin.

ANTONIO Julio
Né en 1889. Mort en 1919. XXe siècle. Espagnol.
Sculpteur de bustes. Tendance expressionniste.
Sa mort à l'âge de trente ans, a évidemment coupé court à une carrière prometteuse. Son interprétation de la réalité tendait à une forme d'expressionnisme. *Voir aussi JULIO ANTONIO Rodriguez Hernandez.*
MUSÉES : MADRID (Mus. d'Art Mod.) : *La race*, série de bustes.

ANTONIO Luis
XVIIe siècle. Actif à Séville en 1665. Espagnol.
Peintre.

ANTONIO Manoel
XVIIIe siècle. Actif vers 1770. Portugais.
Peintre.
Cet artiste, élève de Bruno José do Valle, fit probablement des portraits et des ornements religieux, comme son maître.

ANTONIO Marcos
XVIe siècle. Actif à Séville en 1560. Espagnol.
Sculpteur.

ANTONIO Maria
Mort avant 1519. XVe-XVIe siècles. Actif à Venise. Italien.
Miniaturiste.
Peut-être le même qu'Antonio Maria Casanova.

ANTONIO Maria da Carpi ou de Charpi
XVe siècle. Italien.
Peintre.
Vénitien, cet artiste fut l'imitateur de Cima da Conegliano. Le Musée de Budapest conserve de cet artiste une œuvre importante : *La Vierge et l'Enfant,* signée : 1495, Antonius Maria de Charpi pinxit.

ANTONIO Pedro
Né en 1614 à Cordoue. Mort en 1675. XVIIe siècle. Espagnol.
Peintre d'histoire et de genre.
Élève d'Antonio del Castillo. De lui : *Sainte Rose de Lima, Saint*

Thomas d'Aquin, au cloître San Pablo ; *Une Conception* dans une collection particulière. Ses œuvres furent très recherchées des églises et des couvents. Bon nombre de tableaux profanes se trouvent aussi dans des collections privées.

ANTONIO V.
XIXe siècle. Français.
Sculpteur.
A figuré au Salon de 1890.

ANTONIO Vicentino, nommé Tognone
XVIe siècle. Actif à Vicence vers 1580. Italien.
Peintre.
Il fut élève de G.-B. Zelotti, et fut souvent le collaborateur de Palma. A Vicence, il peignit des fresques et des façades. Il abandonna la peinture pour embrasser la carrière militaire, et mourut jeune.

ANTONIO di Agostino
XVe siècle. Actif à Pérouse vers 1483. Italien.
Peintre.

ANTONIO da Alatri
XVe siècle. Actif au début du XVe siècle. Italien.
Peintre.
La signature suivante « Antonio de Alatro me fecit » se trouve sur un petit triptyque conservé à la galerie nationale d'art ancien, à Rome.
MUSÉES : ROME (Gal. Nat. d'Art Ancien) : *Le Christ entre St-Sébastien et la Madone.*

ANTONIO del Albertino
XIVe siècle. Actif à Padoue vers 1361. Italien.
Peintre.
D'après Thieme et Becker, on ne doit pas le confondre avec un autre peintre de Padoue, nommé Albertino, mentionné pour la première fois en 1398.

ANTONIO de Alemania
XVe siècle. Lombard, actif au commencement du XVe siècle. Italien.
Sculpteur.
Il sculpta, en 1403, le groupe de l'*Annonciation*, à Sta-Maria Maggiore, à Bergame.

ANTONIO d'Alessandro da Verona
XVIe siècle. Actif à Ferrare en 1583. Italien.
Peintre.

ANTONIO di Alessio. Voir ALESSIO

ANTONIO d'Ambrogio de Laynate
XVe siècle. Actif à Milan vers 1481. Italien.
Peintre.

ANTONIO d'Ambrosino ou Antonio d'Ambrogio
XVIe siècle. Italien.
Sculpteur.
Il a sculpté quatre portes signées de son nom, entre 1516 et 1519, à Coscogno et dans ses environs.

ANTONIO di Andrea Tafi
XIVe siècle. Actif au milieu du XIVe siècle. Italien.
Peintre.
Il était le fils et l'élève d'Andrea Tafi et appartint à la corporation des peintres de Florence en 1348.

ANTONIO di Andrea
XVIe siècle. Actif à Venise entre 1531 et 1552. Italien.
Sculpteur.
Dans une des maisons de la famille Barbarigo, on peut voir une cheminée dont il est l'auteur.

ANTONIO d'Andrea da Como
XVIe siècle. Lombard, actif dans la première moitié du XVIe siècle. Italien.
Peintre.
Il était élève de Lorenzo Fasolo, travailla à Gênes et en Ligurie. Alizeri fait mention du tableau d'autel peint par lui, en 1528, pour l'église de la Consolation.

ANTONIO di Andrea del Monte
XVe siècle. Actif à la fin du XVe siècle. Italien.
Sculpteur.
Il travailla à Orvieto, en 1499, à la décoration de la cathédrale.

ANTONIO di Andreuccio
XIVe siècle. Italien.

Sculpteur.
Actif à Orvieto vers 1350. D'après Zani, cet artiste ne doit pas être confondu avec le peintre du même nom. Dans ce cas, les deux artistes auraient peut-être été le père et le fils.

ANTONIO di Andreuccio ou Antonius Andreutii de Urbiveteri, Regione Sancti Constantii
xive siècle. Italien.
Peintre et mosaïste.
Il était actif dans la seconde moitié du xive siècle. Il exécuta, au dôme d'Orvieto, entre 1360 et 1386, sous la direction d'Ugolino d'Ilario, de nombreuses peintures murales de différentes dimensions.

ANTONIO di Angelo della Macinaria
xve siècle. Actif à Pérouse vers 1465. Italien.
Miniaturiste.

ANTONIO di Angelo di Ser Lorenzo
xvie siècle. Actif à Pérouse vers 1529. Italien.
Peintre.

ANTONIO di Angeluccio
xive-xve siècles. Actif à Pérouse entre 1378 et 1413. Italien.
Peintre.

ANTONIO di Angiolo
xve siècle. Italien.
Suivant Barotti, cet artiste, peintre de la cour ducale de Ferrare vers 1489, peignit un plafond dans l'église Sainte-Catherine, à Sienne.

ANTONIO d'Antonio dal Borgo
xve siècle. Italien.
Sculpteur sur bois.
Actif pendant la seconde moitié du xve siècle. Il exécuta, à Rome, entre 1468 et 1470, plusieurs sculptures sur bois au plafond du palais de Saint-Marc.

ANTONIO di Archangioli di Giuliano
xvie siècle. Actif à Florence en 1525. Italien.
Peintre.

ANTONIO da Atri
Mort en 1433. xve siècle. Italien.
Peintre.
Trois figures de lui, signées A. D. et datées de 1433, se trouvent sur un mur de la cathédrale d'Atri.

ANTONIO da Avignone. Voir ANTOINE d'Avignon

ANTONIO de Avila
Né en Espagne. xvie siècle. Vivait à Valladolid. Espagnol.
Peintre.
En 1565, à Valladolid, il peignit les arcs de triomphe élevés par la ville en l'honneur de la reine Elisabeth se rendant à Bayonne.

ANTONIO di Baccio
xve siècle. Actif à Ferrare en 1423. Italien.
Peintre.

ANTONIO di Baldassare de Gaislingen
xvie siècle. Travaillait à Venise au début du xvie siècle. Allemand.
Peintre.

ANTONIO di Baldino
xvie siècle. Actif à Rome. Italien.
Peintre.
Il faisait partie de l'Académie de Saint-Luc.

ANTONIO di Banco
xive-xve siècles. Actif à Florence. Italien.
Sculpteur.
Il travailla à la cathédrale de 1394 à 1407.

ANTONIO di Bartolommeo
xve siècle. Actif à Venise à la fin du xve siècle. Italien.
Tailleur de pierre.
En 1495, il sculpta des reliefs et des frises pour la Scuola grande de S. Marco.

ANTONIO di Bartolommeo di Oliviero
xve siècle. Actif à Padoue vers 1459. Italien.
Peintre.

ANTONIO di Bartolomuccio
xive siècle. Actif à Orvieto dans la seconde moitié du xive siècle. Italien.

Sculpteur.
Il est mentionné dès l'année 1362. Il travailla avec Antonius Johannis de Ravenne, au dôme d'Orvieto (1370-1374).

ANTONIO il Basserino
xve siècle. Italien.
Sculpteur.
Il travailla à la cathédrale de Ferrare en 1473.

ANTONIO di Benedetto
xve siècle. Actif dans la seconde moitié du xve siècle. Italien.
Peintre, moine.
Il peignit, en 1461, les miniatures d'un missel destiné au Dôme de Sienne.

ANTONIO Bergamino. Voir BERGAMINO A.

ANTONIO da Bergamo
xve siècle. Actif à Venise vers 1462. Italien.
Peintre.
Il exécuta plusieurs travaux décoratifs (dorures et peintures) dans la vieille église S. Zaccaria.

ANTONIO di Bernardino
xvie siècle. Actif à Venise vers 1581. Italien.
Peintre.

ANTONIO di Bettino da Bologna
xve siècle. Actif à Bologne vers 1446. Italien.
Peintre.

ANTONIO da Bissone
xvie siècle. Actif à Venise au début du xvie siècle. Italien.
Sculpteur.
Il fut chargé, en 1518, de la restauration de l'autel de l'église de Bissone. Peut-être identique à GAGGINI (Antonio) II.

ANTONIO da Bologna
xve siècle. Actif à Bologne vers 1478. Italien.
Peintre de miniatures.
Cet artiste est peut-être le même qu'un miniaturiste de ce nom cité vers la fin du xve siècle.

ANTONIO da Bologna
Mort en 1467 au couvent des Dominicains à Palerme. xve siècle. Actif à Bologne. Italien.
Peintre.
Il était frère dominicain, et il est mentionné comme tel dans un document daté de 1434.

ANTONIO da Bologna
xvie siècle. Actif vers 1550. Italien.
Peintre, moine.
Il peignit, pour son couvent de San Michele, à Bosco, un *Saint Sébastien*, et exécuta également un autre tableau, pour le couvent Scaricalasino et une fresque au Monte Oliveto Maggiore.

ANTONIO da Bologna Ant. Basilio Arengheria
Italien.
Peintre de miniatures, calligraphe.
Ce notaire à Bologne a exécuté un Codex conservé dans la bibliothèque de l'Académie dei Concordia, à Rovigo.

ANTONIO di Bonaventura
xve siècle. Actif à Padoue vers 1406. Italien.
Peintre.

ANTONIO de Bongino da Como
xve siècle. Vivait à Urbino vers 1490. Italien.
Sculpteur.
Il travailla à la construction du palais ducal et pour les églises S. Croce, Corpus Domini et S. Antonio Abate.

ANTONIO di Borghese
xive siècle. Actif à Pise. Italien.
Peintre.
Fils de BORGHESE di Pasquino.

ANTONIO da Borgo San Sepolcro
xve siècle. Actif vers 1428. Italien.
Miniaturiste.

ANTONIO da Brême
xive siècle. Actif à Vercelli vers 1391. Italien.
Peintre.

ANTONIO de Brescia, appellation de Antonio di Giovanni de Brixia
xve siècle. Actif à Rome entre 1464 et 1472. Italien.

Sculpteur.

Il fut chargé de l'exécution de sculptures pour le Vatican, ainsi que pour l'église et le palais S. Marco.

ANTONIO da Brioni
XVe siècle. Actif à Venise vers 1495. Italien.
Sculpteur.

D'après les plans et modèles d'Antonio di Marco Gambello, il exécuta des ornements de marbre dans l'église S. Croce della Giudecca.

ANTONIO di Brunaccio
XIVe siècle. Actif à Sienne dans la seconde moitié du XIVe siècle. Italien.
Sculpteur.

Il travailla à l'ornementation d'une fontaine, en 1369, et il exécuta, vers la même époque, des incrustations de marbre dans le dôme de Sienne.

ANTONIO da Buvra
XVIe siècle. Actif à Trévise vers 1504. Italien.
Peintre.

ANTONIO da Campione
Originaire de Campione. XIVe siècle. Travaillait à Bergame vers 1360. Italien.
Sculpteur.

Il aida Giovanni di Ugo da Campione dans ses travaux pour l'église de Santa Maria Maggiore à Bergame, notamment pour les sculptures de la porte sud.

ANTONIO da Caravaggio
XVe siècle. Actif à Rome vers 1475. Italien.
Sculpteur.

ANTONIO del Cario. Voir CARIO

ANTONIO da Carona
Né à Carona près Lugano. XVe-XVIe siècles. Italien.
Sculpteur.

Il était le fils de maestro Carlo da Carona ; il prit part, entre 1490 et 1514, à la sculpture des colonnes et de la porte de la citadelle de Gênes. Il travailla aussi avec son frère Andréa au palais delle Compere, dans la même ville.

ANTONIO da Carona
XVIe siècle. Italien.
Sculpteur.

Fils de Domenico. Il travailla, en 1517, avec Pietro Aprile, au tombeau d'Eleonore Malaspina, à Massa.

ANTONIO da Carpena, dit il Carpenino
Mort avant 1564. XVIe siècle. Actif à Spezia. Italien.
Peintre.

Il peignit à la manière de Raphaël. En 1530, on le cite pour l'exécution des étendards peints, à Spezia. En 1533, il peignit les armoiries et insignes ayant servi à la décoration lors de l'entrée de Catherine de Médicis dans la ville. Un tableau d'autel, depuis 1798 dans la salle de l'école publique de Spezia, représente l'*Apothéose de Saint Nicolas de Tolentino* ; il est signé, daté de 1539, et a été restauré en 1873. Une autre peinture d'autel, qui lui fut commandée en 1541 pour Sta Maria, à Sarzana, n'a pas été conservée ; par contre, on trouve dans le chœur de l'église di Riformati, à Recco, un panneau de *la Madone, avec Saint Jean-Baptiste, Saint Paul, Saint François d'Assise et Bernardin de Sienne*, signé, et daté de 1542.

ANTONIO da Carrara. Voir GAGGINI Antonello

ANTONIO di Ceccarello
XIVe siècle. Actif à Orvieto en 1367. Italien.
Mosaïste.

Il prit part, comme aide d'Ugolino d'Ilario, aux travaux de mosaïque de la façade de la cathédrale. Cet artiste est presque certainement le même que Antonio di Andreuccio.

ANTONIO del Ceraiolo
XVIe siècle. Italien.
Peintre de sujets religieux, portraits.

Il fut longtemps élève de Lorenzo di Credi, puis de Ridolfo del Ghirlandajo. Vasari le cite comme auteur de nombreux portraits. Il peignit également deux grandes compositions : l'une, un *Archange Saint-Michel*, peint pour S. Annunziata à Florence, a aujourd'hui disparu ; l'autre, un *Christ sur la croix avec Saint-François et Ste Marie-Madeleine* à l'Académie des Beaux-Arts.

MUSÉES : CHAMBÉRY (Mus. des Beaux-Arts) : *Christ au jardin des Oliviers* – FLORENCE (Acad. des Beaux-Arts) : *Christ sur la croix avec Saint-François et Ste Marie-Madeleine*.

VENTES PUBLIQUES : LONDRES, 22 mai 1968 : *Vierge à l'Enfant* : GBP 600 – LONDRES, 30 nov. 1979 : *La Vierge à l'Enfant avec Saint Jean-Baptiste*, h/pan. (81,2x63) : GBP 9 000.

ANTONIO da Cesena, fra
XVIe siècle. Actif à Cesène vers 1576. Italien.
Peintre.

Moine augustin, il pratiqua la peinture.

ANTONIO di Chellino da Pisa Michellino
XVe siècle. Actif au milieu du XVe siècle. Italien.
Peintre.

Il fut l'un des quatre aides qui travaillèrent avec Donatello au maître-autel du Santo de Padoue, et il est possible qu'il ait auparavant travaillé avec lui à Florence. Il était à Padoue entre 1446 et 1448. Il y exécuta l'un des quatre reliefs qui représentent les *Symboles des évangélistes* : il représenta le lion ou le taureau, tandis que l'ange et l'aigle furent faits par Urbano da Cortona et Giovanni da Pisa.

ANTONIO da Chesa. Voir CHIESA Antonio

ANTONIO del Chierico
XVIe siècle. Travaillait à Bologne au commencement du XVIe siècle. Italien.
Sculpteur sur bois et marqueteur.

En collaboration avec le maître Pellegrino, il fit, en 1506, des stalles ornées de marqueterie pour l'église des Carmes S. Martino Maggiore.

ANTONIO di Ciomeo da Leccio
XIVe-XVe siècles. Vivait à Pise. Italien.
Peintre verrier.

De 1386 à 1420, il a travaillé aux vitraux du Dôme.

ANTONIO da Colle
XVe siècle. Actif vers le milieu du XVe siècle. Italien.
Sculpteur sur bois.

Il sculpta, en 1469, les deux portes de la sacristie dans l'église du collège de S. Gimignano.

ANTONIO da Como
XVe siècle. Actif à Venise vers le milieu du XVe siècle. Italien.
Sculpteur.

Il exécuta la frise de pierre du palais épiscopal de Bellune et travailla, en 1459, pour l'église et le couvent de S. Zaccaria. Peut-être le même artiste que Antonio da Como qui travaillait à Urbino de 1427 à 1438.

ANTONIO da Como
XVe siècle. Actif à Urbino entre 1427 et 1438. Italien.
Sculpteur.

Il travailla dans le vieil hôpital de la ville, pour l'église duquel il exécuta, dans les chapelles, des autels de marbre.

ANTONIO di Consiglio
XVe siècle. Vivait à Palerme vers 1493. Italien.
Peintre.

ANTONIO di Contolo
XVe siècle. Actif à Pérouse vers 1420. Italien.
Peintre.

ANTONIO della Corna
XVe siècle. Travaillait à Padoue vers 1469. Italien.
Peintre.

Élève de Mantegna. Deux dates précises nous sont seules connues dans la vie de cet artiste. La première, 1478, est celle qui se trouve au bas du tableau que possède la collection Beguami, près de Cassal Maggiore, représentant *Un meurtre tiré de la légende de saint Julien*. La deuxième, 1490, indique l'époque à laquelle il se rendit à Milan. On lui attribue un *Crucifiement* et une *Descente de croix* (dans l'église del Carmine, à Pavie), ainsi qu'une *Madone entre saint Joseph et saint Jérôme* (dans la casa Martinelli, à Soncino).

VENTES PUBLIQUES : NEW YORK, 30 jan. 1997 : *Le Christ lavant les pieds des Apôtres*, fond or, temp./pan. (41x29,9) : USD 29 900.

ANTONIO il Corso. Voir CORSI

ANTONIO da Cortona
XVe siècle. Actif au début du XVe siècle. Italien.
Peintre verrier.

ANTONIO da Cremona, dit il Cremonese
XVIe siècle. Actif vers 1560. Italien.
Graveur sur bois.

Ses œuvres sont exécutées en clair-obscur. On lui attribue six estampes : une *Fuite en Égypte,* signée *Ant. Crem.,* et datée de 1547, une *Sainte Famille,* signée *Ant. Cremonensis,* 1550. – un *portrait de Mucius Scaevola,* une *Mariage de Sainte Catherine,* d'après Parmigianino, une *Pietà,* et un *Christ devant Pilate,* d'après Giov. da Bologna. On a voulu l'identifier avec Antonio Campi da Cremona, sans que cette supposition semble très défendable. Voir aussi ANTONIO D. C.

ATCA

ANTONIO da Crevalcore. Voir **LEONELLO da Crevalcore Antonio,** ou **LEONELLI**

ANTONIO di Cristoforo
XVe siècle. Italien.
Sculpteur.
Cet artiste florentin est l'auteur du modèle de la statue équestre, en bronze, de Nicolas III d'Este (mort en 1441). Quant à la statue, il n'en fit que le cavalier, le cheval ayant été commandé à Nicolo di Giovanni Baroncelli. Ce monument fut érigé le 2 juin 1451, sur une place publique, devant la cathédrale de Ferrare, puis détruit plus tard, pendant la Révolution de 1796. Antonio di Cristoforo est encore l'auteur d'une statue en terre glaise de la *Madone avec l'Enfant Jésus,* datant de 1451.

ANTONIO di Dino
XVe siècle. Actif à Florence vers 1441. Italien.
Peintre.

ANTONIO di Domenico Veneziano ou **da Firenze**
Mort le 4 juin 1500. XVe siècle. Actif à Pise. Italien.
Peintre et miniaturiste.
Il entra dans l'ordre des Franciscains en 1484. En 1489, il fut chargé de décorer une partie du Dôme. Il fut chargé de dessiner, pour l'empereur Maximilien, une carte de la Toscane, en 1496, ainsi qu'une autre semblable, en 1498, pour la « Signoria » vénitienne.

ANTONIO di Domenico
XIVe-XVe siècles. Sicilien, actif aux XIVe et XVe siècles. Italien.
Sculpteur.
Il fut l'aide de Lorenzo Ghiberti, de Florence.

ANTONIO di Domenico da Orvieto
XIVe siècle. Vivait pendant la seconde moitié du XIVe siècle. Italien.
Sculpteur.
Il travailla à la construction du Dôme d'Orvieto entre 1362 et 1383.

ANTONIO di Donnino di Domenico
Mort le 2 septembre 1547. XVIe siècle. Actif à Florence. Italien.
Peintre.
Mentionné dans le livre des peintres florentins en 1525 et enregistré dans la corporation le 22 décembre 1536. Il fut l'élève de Franciabigio. Il peignit surtout des paysages et des chevaux, dont Vasari loue le dessin. La plupart de ses travaux ont disparu, entre autres les fresques qu'il avait peintes au couvent de S. Agostino al Monte Sansovino, les peintures du palais épiscopal d'Arezzo, et d'autres fresques représentant des *Scènes de la mort des martyrs,* exécutées à l'Annunciata de Florence.

ANTONIO di Elia
XVIe siècle. Actif dans la première moitié du XVIe siècle. Italien.
Sculpteur.
Il habitait Venise en 1505, et fut pendant plusieurs années au service du duc Alfonse d'Este. Vers 1517, il exécuta, à Rome, une célèbre copie de bronze du groupe de Laocoon.

ANTONIO d'Enrico, ou d'Errico. Voir **TANZIO da Varallo**

ANTONIO da Fabriano I, appellation de **Antonio di Franceschino di Francesco da Fabriano**
XVe siècle. Italien.
Peintre.
Il était actif à Fabriano. Son testament, daté du 24 novembre 1449, a été trouvé dans les actes notariés de Gaspare Stellati.

ANTONIO da Fabriano II, appellation de **Antonio di Agostino di Ser Giovanni da Fabriano**
Né à Fabriano. Mort après 1485 à Fabriano. XVe siècle. Italien.
Peintre.
Il était actif à Fabriano et à Sassoferrato dans la dernière moitié du XVe siècle. Le Dr. Brun discute le document de Ricci, dans

lequel ce peintre aurait été élève de Gentile da Fabriano, car ce maître, mourant en 1427 à Rome, serait difficilement professeur d'Antonio, dont la carrière artistique commença vers 1450. Il aurait travaillé entre cette année et 1485.
Son premier ouvrage, encore conservé, est un *Saint Jérôme dans sa Cellule,* daté de 1451 (conservé à la Galerie Fornari, à Fabriano). On cite aussi un *Crucifix,* dans le Palazzo Piersanti à Matelica (1452) et des œuvres dans une église paroissiale de Genga, près Fabriano, notamment *Une Madone avec saint Jean-Baptiste et St Clément,* pape, un *Gonfalon avec la Madone, Dieu le Père et des Saints,* ainsi qu'un *Gonfalon avec Madone et Patron,* dont le côté opposé montre une crucifixion. En 1454, il peignit un tableau pour San Francesco de Sassoferrato. En 1468, on lui commanda du travail pour le Palazzo communal de Sassoferrato, où il aurait peint les trois figures, la *Madone, Saint Jean-Baptiste* et *Saint François,* au-dessus du Tribunal. Enfin, en 1471, il peignit pour l'autel de Santa Croce à Sassoferrato, une *Madone,* une *Crucifixion,* des *Saints.* La Casa Morichi conserve un *Couronnement de la Vierge,* qu'on lui attribue également.

ANTONIO da Faenza
XVIe siècle. Italien.
Sculpteur.
Il exécuta à Naples, dans l'église du couvent de S. Martino, l'énorme croix du maître-autel.

ANTONIO da Faenza, appellation de **Antonio di Mazzone de Domenichi**
XVIe siècle. Italien.
Peintre.
Il travailla surtout à Faenza. Artiste réputé, il peignit, sur l'ordre de Léon X, en 1515, sur deux portes d'orgue, un sujet représentant l'*Annonciation.* Cette peinture fut attribuée longtemps à Jacopo Bassano. En 1525, il peignit, pour le couvent de Montelupone, un tableau d'autel qui fut très apprécié. On a aussi de lui un tableau : *La Résurrection de Lazare,* dans l'église de Classe à Ravenne, et *Une Madone entourée de saints,* dans la Pinacothèque de Faenza. Enfin, dans la même ville encore, il dirigea l'exécution de plusieurs fresques, dans l'hôtel de ville, qui représentaient les vertus et les armoiries du Pape Paul III.

ANTONIO Federighi dei Tolomei ou **Antonio di Federigo**
Né en 1420. Mort en 1490. XVe siècle. Italien.
Sculpteur et architecte.
Artiste siennois, on le trouve mentionné dans des actes de la cathédrale de Sienne, en 1444, comme ayant travaillé au monument funèbre de l'évêque Carlo Bartoli et à l'autel de la chapelle de San Crescenzio. D'après les dessins de Guasparre di Agostino, il travailla, en 1458, à l'*Histoire des deux Aveugles* de la façade de la cathédrale, et, en 1473, à l'*Histoire de Béthulie.* Ayant quitté Sienne, il voyagea et fut employé, dans différentes villes ; de retour dans sa ville natale, il obtint le poste de maître des bâtiments de la cathédrale, à laquelle il avait travaillé, notamment avec son maître Jacopo della Quercia. En tant qu'architecte, il édifia, toujours dans sa ville natale, le palais des Turchi et les arcades de la loggia del Papa. Comme sculpteur, il éleva trois statues de saints et des reliefs à la loggia dei Nobili.

ANTONIO da Ferrara, l'Ancien
XIVe siècle. Travaillait vers 1380. Italien.
Peintre.
Peignit, en 1394, un tableau pour le maître-autel de la cathédrale de Ferrare.

ANTONIO da Ferrara
XIVe siècle. Actif vers la fin du XIVe siècle. Italien.
Sculpteur.
Il sculpta, en 1387, un crucifix de bois pour la cathédrale de Ferrare. On peut le voir encore aujourd'hui dans la sacristie.

ANTONIO da Ferrara
XVe siècle. Actif à Montone vers 1420. Italien.
Peintre.
Il exécuta des peintures dans les maisons de Braccio-Forte Braccio ; ces œuvres ont été détruites.

ANTONIO da Ferrara. Voir **GUIDO Alberti** ou **Antonio di ANTONIO de Ferrare**. Voir **ALBERTO Antonio**

ANTONIO de Ferrari
XVe siècle. Actif à Crémone. Italien.
Peintre.
Il exécuta en 1491, avec Bernardino de Ferrari, des travaux de

peinture et dorure à la cathédrale de Crémone (stalles, tabernacle).

ANTONIO de Ferrari
xviie siècle. Actif à Brescia. Italien.
Peintre.

ANTONIO de Ferrari. Voir aussi ANTONINO de Ferrari

ANTONIO di Filippo da Pistoia
Originaire de Pistoia. xve siècle. Travaillait à Sienne vers 1428. Italien.
Artiste.

ANTONIO Fiorentino
xve siècle. Italien.
Sculpteur.
Il prit part à la construction du Cambio à Pérouse, vers 1481.

ANTONIO Fiorentino
xvie siècle. Actif à Rome au début du xvie siècle. Italien.
Sculpteur.
Il travailla, en 1501, à la fontaine de la place Saint-Pierre.

ANTONIO da Firenze
xve siècle. Italien.
Sculpteur.
Il travailla, en 1450, au couvent de S. Michele, à Bosco, près de Bologne. En 1463, il exécuta un tabernacle.

ANTONIO da Firenze
xve siècle. Actif à Pérouse. Italien.
Sculpteur.
Il travailla, en 1434-1435, aux stalles du chœur et au pupitre de Saint-Pierre, à Pérouse.

ANTONIO da Firenze
xve siècle. Travaillait à Udine pendant la seconde moitié du xve siècle. Italien.
Peintre.
En 1484, il exécuta des peintures dans la chapelle de S. Stefano, de l'église du même nom.

ANTONIO da Firenze, appelé aussi Antonius de Florentina
xve siècle. Actif à Venise au début du xve siècle. Italien.
Peintre.
Il était le contemporain de Vivarini ; quatre tableaux d'autel, qui étaient autrefois dans l'église dei Servi, sont signés : *Ant. de Florentia pinxit*. Bochini les attribue à Vivarini et Zanetti à Gerolamo da S. Croce. Dans l'Académie des Beaux-Arts se trouvent de ces deux tableaux : *S. Agostino et S. Filippo di Firenze, S. Martino da Todi et Peregrinus de Forli*, qui appartiennent plutôt à l'école florentine qu'à l'école vénitienne.

ANTONIO Florentin Micer
xvie siècle. Espagnol.
Sculpteur.
C'est le fils et l'élève de Miguel de Florence, qu'il suivit en Espagne. S'étant installé à Séville, il travailla à l'édification du célèbre *Monumento*, dans la cathédrale de cette ville, qui, selon la coutume du pays, doit être érigé tous les ans pour la semaine sainte. Pendant cinq ans, de 1545 à 1550, l'artiste se consacra à cette grandiose sculpture qui atteignait la voûte du chœur et dont les statuettes et les figures étaient innombrables. En 1554, Antonio Florentin fit un plan d'une grille en fer pour la chapelle de la Madone de la Antigua.

ANTONIO da Foligno
xive siècle. Actif à Bettona. Italien.
Peintre.
Travailla pendant longtemps, pour Sta Maria Maggiore, à un gonfalon qui a été conservé et dont un des côtés représente le *Crucifiement du Christ*.

ANTONIO da Forli
xve siècle. Actif à Orvieto. Italien.
Peintre.
Exécuta des peintures décoratives dans le Dôme d'Orvieto.

ANTONIO da Formigine. Voir MARCHESE Andrea di Pietro

ANTONIO da Fortichino
xve siècle. Italien.
Sculpteur.
Habitait Pérouse, où il travailla, en 1476, à la construction de la chapelle des Lombards, à Sainte-Marie dei Servi.

ANTONIO della Franca
xvie siècle. Actif à Urbino. Italien.
Peintre.
Élève de Raphaël. Il est probablement l'auteur d'un tableau d'autel : *Saint Jérôme dans le désert*, que Lazzari affirme avoir vu à San Domenico d'Urbino en 1801, mais qui, depuis cette époque (1813), est perdu.

ANTONIO di Gasparino
xvie siècle. Italien.
Sculpteur.
Originaire de la Lombardie ou de la région de Lugano. Travailla, en 1510 et en 1511, à la construction de la belle fontaine de marbre de Santa Maria Maggiore, à Spello. Il fit exécuter, en 1519, les travaux de construction de la cathédrale de Pérouse avec Rocco da Vincenza.

ANTONIO da Gessate
Italien.
Peintre.
Une copie de la Cène de Leonardo, retrouvée, en 1890, à l'Ospedale Maggiore, porte la signature *Antonio de Giaxiate*.

ANTONIO di Giacomo
xve siècle. Vénitien, actif vers 1496. Italien.
Mosaïste.
Il travailla beaucoup dans l'église Saint-Marc où l'on voit, dans le cloître, en face de la porte principale, deux saints qui sont de lui : *Saint Bernardin et Saint Paul ermite*.

ANTONIO di Giansimone
xvie siècle. Actif à Florence vers 1525. Italien.
Peintre.

ANTONIO di Gilio Egidio
xive siècle. Actif à Pérouse vers 1399. Italien.
Peintre de miniatures.
Cet artiste est sans doute à rapprocher d'Antonio del Maestro.

ANTONIO di Giorgio
xvie siècle. Actif à Ferrare vers 1540. Italien.
Sculpteur.

ANTONIO de Giovannelli. Voir GIOVANNELLI

ANTONIO di Giovanni
Mort le 7 avril 1486. xve siècle. Actif à Venise. Italien.
Peintre de miniatures.
Il a pratiqué la peinture de miniatures sur glace.

ANTONIO di Giovanni
xve siècle. Actif à Venise vers le milieu du xve siècle. Italien.
Sculpteur sur bois.
On sait seulement qu'il avait, en 1451, un atelier près de S. Giovanni Novo.

ANTONIO di Giovanni
xve siècle. Italien.
Peintre.
Cité dans *Breve dell' Arte de' pittori senesi*.

ANTONIO di Giovanni
xvie siècle. Actif à Venise vers 1531. Italien.
Peintre.

ANTONIO di Giovanni Andrea
xve siècle. Actif à Bologne. Italien.
Miniaturiste.
Il restaura plusieurs manuscrits pour la basilique de San Petronio.

ANTONIO di Giovanni di Anghiari
xve siècle. Actif dans la première moitié du xve siècle. Italien.
Peintre.
En 1427, il exécuta un tableau d'autel pour l'église S. Francesco, à Borgo San Sepolcro.

ANTONIO di Giovanni da Borgosesia
xive siècle. Actif à Vercelli vers 1362-1371. Italien.
Peintre.
Peut-être le même qu'Antonio di Giovanni di Manfredo, appelé da Calvizio ou da Mecenascho, cité parmi les peintres de Vercelli dans les documents.

ANTONIO di Giovanni da Campestri de Valle di Lucana Lombardiae
xve siècle. Travaillait à Orvieto vers 1460. Italien.
Sculpteur.

Il fut employé, avec son frère Giovanni, à la construction des chapelles de la partie nord de la cathédrale.

ANTONIO di Giovanni da Firenze
xve siècle. Italien.
Sculpteur sur bois.
Artiste qui grava une armoire à Pistoia, en 1445. On pense que cet artiste n'est autre (à moins que ce ne fût son petit-fils) que l'Antonio di Giovanni da Firenze qui, en 1495, était aide de Gherardo Ammannati et travaillait sous ses ordres à un crucifix-tabernacle de l'Oratoire de l'Hôpital de la Mort, et qui, en 1506, fit les sculptures de l'orgue du couvent des religieuses de Sainte-Marie del Letto, à Pistoia.

ANTONIO di Giovanni da Lodi ou Antonio di Giovanni de Laude, appelé aussi Antonius-Joh. de Bononia
xive siècle. Actif entre 1372 et 1398. Italien.
Peintre.
Il appartenait à l'école de Giotto, de Bologne. Il travailla dans cette ville et peignit, à Lodi, dans l'église S. Francesco. Il exécuta également plusieurs travaux dans différentes églises de Padoue et de Bologne.

ANTONIO di Giovanni di Piero da Venezia
xvie siècle. Actif à Venise. Italien.
Peintre.
Membre de la famille des Solari. Émigra, avec les Crivelli, dans les Marches, car il est mentionné par un document de Fermo, de 1502 à 1509. En 1502, il fut chargé par Giacomo Crivelli de terminer, pour S. Francesco d'Osimo, un tableau d'autel laissé inachevé par son père, Vittorio Crivelli. Il peignit encore, en 1503, *Une Madone entourée de Saints*, pour la même église S. Francesco d'Osimo. Thieme et Becker ont reconnu une des œuvres d'Antonio di Giovanni dans l'autel de la Madone du Trône, entourée de saints, qui se trouve dans l'église du Carmine.

ANTONIO di Giovanni de Rossi
Mort en 1495, de la peste. xve siècle. Italien.
Miniaturiste.
Il était moine au couvent de Sta Maria Novella, pour lequel il écrivit et orna des antiphonaires.

ANTONIO di Giovanni da Siena
xve siècle. Italien.
Sculpteur ou orfèvre.
Gonzati lui attribue un *Miracle opéré dans le cœur d'un avare*, au maître-autel de Saint-Antoine de Padoue.

ANTONIO di Giovanni da Venezia
xve siècle. Actif vers le milieu du xve siècle. Italien.
Peintre.
Il travailla à Venise, en 1454, et à Bologne. Dans les archives de cette dernière ville, on le trouve cité sur la liste des peintres à la date du 25 mai 1454.

ANTONIO di Girolamo d'Antonio d'Ugolino
xvie siècle. Actif à Florence vers 1526-1530. Italien.
Peintre.
Auteur de huit miniatures exécutées dans deux antiphonaires du Dôme de Florence.

ANTONIO di Giuliano
xve siècle. Actif à Rome dans la seconde moitié du xve siècle. Italien.
Peintre.
Cité, en 1478, parmi les fondateurs de la corporation de Saint-Luc. Il fut banni à perpétuité des États de l'Église, en 1481, pour avoir ajouté à l'un de ses tableaux de bataille, très admiré des Romains, un épisode obscène.

ANTONIO di Giusa. Voir GIUSA Antonio di

ANTONIO di Gregorio
Mort en 1503. xve siècle. Travaillait à Ferrare. Italien.
Sculpteur.
Il prit part, entre 1499 et 1503, en collaboration avec Domenico et Bernardino de Milan, aux premiers travaux exécutés pour l'érection de la statue équestre d'Ercole Ier. Cette statue ne fut jamais terminée.

ANTONIO di Guglielmo
xve siècle. Lombard, travaillait à Pérouse entre 1475 et 1476. Italien.
Sculpteur.
Il y fut employé à la construction de la chapelle dei Lombardi, à Sta Maria dei Servi.

ANTONIO di Guglielmo
xvie siècle. Actif à Venise en 1500. Italien.
Sculpteur.
Travailla à la Scuola della Misericordia.

ANTONIO di Guido da Carrara
xvie siècle. Actif à Naples vers 1505. Italien.
Sculpteur.

ANTONIO de Hollanda
xvie siècle. Portugais.
Miniaturiste et dessinateur.
Il appartenait à une famille d'origine hollandaise fixée au Portugal. On croit qu'il arriva à Lisbonne avant 1495 et travailla pour la femme de Jean II. On a longtemps prétendu à tort qu'il introduisit l'art de la miniature au Portugal, mais il y introduisit la « grisaille ». Son fils, qui fit une *Histoire de la peinture* raconte que l'empereur Charles-Quint dit à son père devant plusieurs grands d'Espagne qu'il considérait le portrait en miniature qu'Antonio avait fait de lui pendant son séjour à l'Alcazar de Tolède, en 1525, comme plus ressemblant et plus naturel que celui du Titien à Cologne. Raczyuski dit qu'il florissait sous les règnes de Don Emmanuel (1495-1521) et de Don Jean III (1521-1557). En 1540, il était peintre héraldique de ce dernier. Son fils affirme qu'il fit des dessins pour les tapisseries, dessins qui furent emportés par Gian Francesco Peni et exécutés en Flandres. Aux Archives nationales de Paris, un document mentionne que A. de Hollanda jouissait d'une pension de 10000 reis. En 1540, il résidait à Evoro où il travaillait pour le couvent de Thomar.

ANTONIO da Imola
xve siècle. Actif vers 1470. Italien.
Peintre.
Un ouvrage de lui, représentant le *Couronnement de Marie*, se trouve, d'après Crowe et Cavalcaselle, dans la galerie Lovatelli à Ravenne ; il est signé et daté du 17 octobre 1470.

ANTONIO di Jacopo
xve siècle. Italien.
Peintre.
Cet artiste florentin travailla vers 1415.

ANTONIO di Jacopo
xvie siècle. Italien.
Sculpteur sur bois.
Il travailla, sous la direction de Baccio d'Agnolo Baglioni, à l'exécution de la tribune de la nouvelle salle du grand Conseil, dans le palais Signoria, à Florence.

ANTONIO di Jacopo da Verona
xve siècle. Actif à Ferrare, vers 1499. Italien.
Peintre.

ANTONIO da Lecco
xve siècle. Lombard, actif dans la seconde moitié du xve siècle. Italien.
Sculpteur.
Il travailla, en 1464, avec Angelino da Lecco, à la Chartreuse de Pavie. A la même époque, il fut employé à la construction de la cathédrale de Reggio Emilia où, en collaboration des sculpteurs Martino d'Ambrogio de Ponzone et Ambrogio di Giovanni Mantegazza, il exécuta, d'après les plans donnés, la « Turfina » du portail principal, orné des figures de lions. Les trois maîtres fournirent également les colonnes et les bases, ainsi que les socles des statues des Lions pour la grande porte de l'église S. Leonardo, à Reggio Emilia. Un sculpteur qui paraît être le même fut occupé, en 1473, à la construction de la Loggia de Strazzaroli, à Ferrare.

ANTONIO di Leonardo
xve siècle. Actif à Udine de 1404 à 1443. Italien.
Peintre.

ANTONIO di Leonardo da Bologna
xve siècle. Actif à Pise. Italien.
Graveur sur bois.

ANTONIO de Llouye. Voir LLOUYE

ANTONIO di Locate
xve siècle. Actif dans la seconde moitié du xve siècle. Italien.
Sculpteur.
Il est l'un des artistes qui, en 1473, exécutèrent les délicates sculptures de la Chartreuse de Pavie.

ANTONIO di Lodovico
xvie siècle. Actif à Venise au début du xvie siècle. Italien.

Sculpteur.

En 1508, il travailla, pour « la Scuola nuova de la Misericordia ».

ANTONIO Lombardo
xve siècle. Vivait pendant la seconde moitié du xve siècle. Italien.

Sculpteur.

Il travailla avec Angelo Lombardo et d'autres artistes lombards, sous la direction de Meo di Pace da Fabriano, à la reconstruction du palais Priori, dans la ville d'Arcevia, en 1475. Il est peut-être le même qu'Antonio Lombardo qui, après 1460, fut chargé, en collaboration du maître Rosso, des travaux d'agrandissement du couvent et de l'église S. Angelo Magno, à Ascoli Piceno.

ANTONIO Lombardo
xvie siècle. Italien.

Il fut, en même temps que Giuliano Lombardo, chargé d'évaluer les travaux d'une chapelle érigée par Francesco di Guido Fiorentino, à San Agostino à Pérouse.

ANTONIO di Lorenzo
xive siècle. Travaillait au milieu du xive siècle. Italien.

Sculpteur d'ornements.

Travailla vers 1317 à la cathédrale d'Orvieto.

ANTONIO di Lorenzo
xive siècle. Actif à Florence, vers 1391. Italien.

Peintre.

ANTONIO di Lorenzo di maestro Alessandro da S. Severino
xvie siècle. Italien.

Peintre.

Étudia chez son père, avec son frère Giov. Gentile, puis chez Bernardino di Mariotto de Pérouse, de 1502 à 1521. A partir de 1514, Antonio est cité comme peintre de diverses armoiries, avec son condisciple Anton-Giacomo Acciaccaferri ; il vivait encore en 1563. Giov. Gentile, dont on voit une fresque dans l'église S. Maria del Lumi, à S. Severino, mourut le 19 décembre 1576. En 1548, ils peignirent un tableau représentant *La Vierge couronnée, avec Saint Pierre, Saint Jean-Baptiste, Saint Martin et Saint Augustin,* aujourd'hui à la cathédrale de S. Severino.

ANTONIO di Lorenzo del Vescovo
xve siècle. Italien.

Sculpteur.

Actif à Rovigo, cet artiste fut mentionné à Venise de 1473 à 1480. Il travailla avec son père, Lorenzo Vescovo, à la construction de l'église S. Michele, à Murano.

ANTONIO da Lucca
xive siècle. Actif à Ancône vers 1391. Italien.

Peintre.

ANTONIO di Lucrezio
xve siècle. Actif à Bologne vers 1400. Italien.

Miniaturiste.

Cet artiste, moine dominicain, orna, pour le couvent de Bologne, les antiphonaires, le *collectaire* et quelques feuilles des livres de chant (tous à présent au Musée Municipal à Bologne).

ANTONIO da Lugano
xve siècle. Italien.

Sculpteur.

Travailla à Venise. En 1449, il était occupé à Santa-Maria da Vanzo, à Padoue. On suppose qu'Antonio et Antonius da Lugano ne font qu'un.

ANTONIO da Lugano
xve-xvie siècles. Actif à Lugano. Italien.

Peintre.

Cet artiste a fait, en collaboration avec Nicolo da Lugano, les peintures murales gothiques dans la nef de l'église del Collegio, à Ascone (1400).

ANTONIO di maestro Giovanni da Firenze
xvie siècle. Actif à Florence vers 1539. Italien.

Sculpteur.

ANTONIO di maestro Simone
xve siècle. Actif à Sienne de 1428 à 1471. Italien.

Peintre.

Il peignit la décoration d'une loggia.

ANTONIO del Maestro
xive siècle. Vivait à Pérouse à la fin du xive siècle. Italien.

Peintre de miniatures.

Cet artiste semble être le même qu'Antonio di Gilio Egidio.

ANTONIO di Manno
xive siècle. Actif à Pise. Italien.

Peintre.

Il est cité dans les archives de la cathédrale de Pise, en 1396.

ANTONIO di Manno
xive siècle. Italien.

Sculpteur.

Siennois cité comme maître sculpteur, dans un document du 15 décembre 1317.

ANTONIO da Mantova
xve siècle. Actif à Venise. Italien.

Sculpteur sur bois.

Travailla, en 1497, au couvent Saint-Giovanni e Paolo. Au commencement de l'année 1500, il fit, avec son frère Paolo, les armoires de la sacristie de Saint-Marc, avec incrustations.

ANTONIO di Maria da Termini
xve siècle. Italien.

Peintre.

En 1486, avec Niccolo Graffeo, cet artiste sicilien entreprit la peinture décorative du buffet d'orgue, à l'église paroissiale de Polizzi.

ANTONIO di Martino
xve-xvie siècles. Italien.

Peintre.

Travailla à Venise, vers 1500.

ANTONIO di Martino
xve siècle. Actif à Sienne. Italien.

Sculpteur sur bois.

Exécuta, en 1414, avec son frère Paolo et Simone d'Antonio, les stalles de la chapelle du Palais, à Sienne.

ANTONIO del MASSARO da VITERBO. Voir ANTONIO da Viterbo

ANTONIO di Matteo
xve siècle. Italien.

Peintre.

Travailla à Venise et habita près de Sta Maria Nuova ; a été mentionné de 1462 à 1469.

ANTONIO di Mazzone. Voir ANTONIO da Faenza

ANTONIO da Melaria
xve siècle. Italien.

Sculpteur et marqueteur.

Travailla à Reggio Emilia ; en 1462, il reçut d'Antonia Bojardi-Fiordibelli la commande de travaux pour le chœur de l'église des Dominicains de Reggio Emilia.

ANTONIO di Meo
xve siècle. Italien.

Miniaturiste.

Travailla, vers 1440, à Pérouse ; membre de la corporation des miniaturistes.

ANTONIO da Messina
xvie siècle. Actif au début du xvie siècle. Italien.

Peintre.

On possède de cet artiste une *Madone* (dans la collection H. Cook, à Richmond).

ANTONIO di Michele
xive siècle. Italien.

Peintre.

Il est mentionné en 1398 dans la corporation de Saint-Luc, à Florence.

ANTONIO di Michele da Viterbo
xve siècle. Italien.

Sculpteur sur bois.

Ce dominicain travailla à Rome vers 1450. Par ordre du pape Eugène IV, fra Antonio exécuta les ornements de l'aile en bois de la porte de l'un des portails de côté de la basilique de Saint-Pierre.

ANTONIO di Michelino da Rovigno
xvie siècle. Actif à Venise vers 1506. Italien.

Sculpteur.

Travailla au couvent de San Salvatore.

ANTONIO da Milano
xve siècle. Actif à Reggio. Italien.

Sculpteur.

Demeurait à Reggio. Par un contrat, de 1474-1475, il exécuta des travaux de sculpture, à la porte du palais Bosio Sforza, à Parme.

ANTONIO de Miraguel
xvie siècle. Italien.

Peintre.

Vénitien, cet artiste demeura, en 1536, près de Sta Maria Mater Domini et eut un fils, nommé Francesco.

ANTONIO de Miranda
xviie siècle. Travaillant à Séville vers 1607. Espagnol.

Sculpteur.

ANTONIO da Monza, fra
xve siècle. Travaillait à Milan vers la fin du xve siècle. Italien.

Peintre miniaturiste et graveur en taille-douce.

Une remarquable miniature, conservée à l'Albertina, à Vienne, porte sa signature.

ANTONIO da Morbegno
xvie siècle. Lombard, actif à Mantoue au commencement du xvie siècle. Italien.

Sculpteur.

Il exécuta à Mantoue, le monument funéraire de la comtesse Lucia Rangoni Rusca, dans la chapelle de famille de l'église de Modène, ainsi que celui de son mari comte Francesco Maria Rangoni. Ces deux œuvres furent achevées en 1515.

ANTONIO da Murano
xve siècle. Vénitien, actif dans la seconde moitié du xve siècle. Italien.

Peintre.

Il ne faut pas le confondre avec l'artiste du même nom, qui appartient à la famille Vivarini.

ANTONIO da Napoli
xve siècle. Actif à Naples de 1489 à 1491. Italien.

Peintre.

Avec deux autres artistes, Antonio da Napoli fut employé à la décoration de différents objets, entre autres des coffrets dorés, joints au trousseau de mariage de Béatrice d'Este.

ANTONIO da Negroponte
xve siècle. Italien.

Peintre.

On cite de lui un grand tableau peint à la détrempe qui se trouve dans la chapelle Morosini à San Francesco della Vigna, à Venise. Il représente la Madone tenant son enfant sur les genoux avec deux petits anges de chaque côté du trône.

ANTONIO di Niccolo
xve siècle. Italien.

Sculpteur.

Il travailla, en 1489, à la cathédrale de Pise.

ANTONIO di Nicolo
xive siècle. Siennois, actif vers 1398. Italien.

Peintre.

ANTONIO di Nicolo, dit da Venezia
xve siècle. Travaillait à Venise. Italien.

Sculpteur.

Exécuta, en 1446, un sujet d'autel pour l'église S. Lorenzo, à Vicenze. Un autre Antonio da Venezia travaillait à Ferrare en 1430. Il est probable que ce soit le même artiste.

ANTONIO di Nicolo da Napoli
xive siècle. Actif à Padoue en 1379. Italien.

Peintre.

ANTONIO di Nicolo da Verona
xive siècle. Travaillait à Vérone vers 1367. Italien.

Peintre.

ANTONIO da Novara
xive siècle. Travaillait à Vercelli. Italien.

Peintre.

Il décora, en 1387, la façade du Palais Communal avec des armes et des fresques.

ANTONIO di Orlando, dit Cicogna
xiiie siècle. Travaillait à Bologne de 1265 à 1287. Italien.

Peintre miniaturiste.

A exécuté des figures au Palais du Peuple, à Bologne.

ANTONIO da Orte
xve siècle. Italien.

Peintre.

Il travailla à Rome au service du Pape Nicolas V, en 1453.

ANTONIO d'Ostiglia
xvie siècle. Travaillait à Bologne dans la première moitié du xvie siècle. Italien.

Sculpteur.

Il fut employé aux travaux de San Pétronio.

ANTONIO di Paciolo Romano
xve siècle. Travaillait à Rome dans la seconde moitié du xve siècle. Italien.

Sculpteur sur bois.

Exécuta les poutres du plafond de la chapelle Saint-André dans la basilique de Saint-Pierre, construite par Pie II.

ANTONIO da Paderno ou Antoninus de Paderno
xve siècle. Italien.

Peintre et architecte.

Cet artiste, installé à Milan fut consulté pour la construction de la voûte commencée par Joh Mignothus, le 26 mars 1401. Il essaya aussi de faire une expérience de peinture de vitraux avec Paolino de Montofano. Il fut connu de 1399 à 1437.

ANTONIO da Padova
xive siècle. Vivait à Padoue. Italien.

Peintre.

On lit au-dessus de la porte de la chapelle baptismale de Saint-Luc, au Santo de Padoue, l'inscription suivante : *Opus Joannis et Antonii de Padua*, ce qui fit croire à Michiel que l'artiste exécuta non seulement les peintures de l'intérieur de cette chapelle, mais aussi celles de la chapelle S. Luca, dans la basilique Saint-Antoine. Les fresques du baptistère furent fort endommagées vers la fin du xviiie siècle. On cite un peintre du nom d'Antonio di Giov. da Bologna qui, d'après les documents de la ville de Padoue, aurait vécu vers la fin du xive siècle ; Gennari en mentionne un autre en 1400 et 1402 ; Moschini cite un Ant. Zucconi da Padova qui, en 1423, exécuta des peintures au Dôme de Padoue. Un Antonio da Padova, mort avant 1453, eut un fils, nommé Tito Livio, qui travailla comme peintre à Ferrare, de 1453 à 1473 ; il est peut-être identique à notre artiste.

ANTONIO de Padua
xviiie siècle. Actif à Lisbonne. Portugais.

Sculpteur.

Il a exécuté l'autel principal et deux autres autels à l'église du monastère de Lourigal.

ANTONIO da Pandino, l'Ancien
xve siècle. Travailla à Milan et à Pavie. Italien.

Peintre, verrier, sculpteur, architecte.

Fils ou père de Stefano de Pandino. Fit des vitraux pour la Chartreuse de Pavie, en particulier celui représentant : *Saint Michel terrassant le dragon*. Il travailla aussi au Dôme de Milan, où il peignit des pendentifs de la coupole de San Satiro.

ANTONIO da Pandino, le Jeune
xve siècle. Actif à Milan. Italien.

Peintre de fresques, peintre verrier et architecte.

Fils de Stefano da Pandino. On le trouve, comme son oncle Antonio da Pandino l'Ancien, dont il continuait peut-être les travaux, occupé à la Chartreuse, où il exécuta dans la chapelle de Saint-Siro, un important vitrail.

ANTONIO di Paolo
xve siècle. Actif à Pérouse. Italien.

Peintre.

ANTONIO di Paolo dei Fabbri da S. Marino
Mort vers 1522. xvie siècle. Actif à Rome et à Pérouse. Italien.

Peintre et orfèvre.

ANTONIO da Parma
xve-xvie siècles. Travailla à Parme entre 1488 et 1510. Italien.

Sculpteur sur pierre.

Il sculpta des colonnes pour l'église Saint-Jean-l'Évangéliste de Parme.

ANTONIO da Pavia
xvie siècle. Actif dans la première moitié du xvie siècle. Italien.

Peintre.

Il s'inspira de Vivarini et de Mantegna, et collabora à la décoration du Palazzo del Tè, à Mantoue. Son œuvre principale, un tableau représentant Saint Yvon, Saint Augustin et Saint Jean-Baptiste, date de 1514 ; cette œuvre est conservée à la Bréra de Milan. Les villes de Pavie et de Mantoue possèdent des œuvres de cet artiste.

ANTONIO del Perrione
xve siècle. Actif à Carrare. Italien.
Sculpteur.
A été chargé, en 1493, de la réfection du tombeau de l'empereur Henri VII au Campo Santo, à Pisa.

ANTONIO da Pesaro, dit Braga
xve siècle. Travaillait à Pesaro. Italien.
Peintre.
Il était fils de Marchionne de Fede. Il existe un autel de Saint-Antoine, signé de lui (1469), dans la Sacristie de l'église Sant Antonio de Pesaro.

ANTONIO da Piacenza
xve siècle. Italien.
Peintre.
Était probablement au service de Nicolas III d'Este, auquel il fit présent d'un petit tableau d'autel.

ANTONIO di Pier Paolo dalle Masegne. Voir MASEGNE

ANTONIO di Piero
xve siècle. Travaillait à Sienne vers 1441. Italien.
Sculpteur sur bois.

ANTONIO di Pietro
xive siècle. Actif à Orvieto. Italien.
Peintre verrier et mosaïste.
Il est cité dans les documents relatifs à la construction de l'église, en 1386 et 1390.

ANTONIO di Pietro
xive siècle. Italien.
Miniaturiste.
Il est question de lui dans les pièces d'un procès de Bologne en 1391.

ANTONIO di Pietro
xve siècle. Italien.
Sculpteur.
Probablement le tailleur de pierre qui appartenait à la corporation des sculpteurs lombards de Pérouse en 1451.

ANTONIO di Pietro
xve siècle. Travaillait à Venise en 1489. Italien.
Sculpteur sur pierre.
Il travailla à l'église Sainte-Hélène. Pourrait être le même artiste que le sculpteur Antonio di Pietro, de Venise, qui travailla à Ferrare en 1512.

ANTONIO di Pietro di Briosco
Italien.
Sculpteur.
Milanais, il travailla aussi à Bologne. Il acheva les portes de S. Petronio à Bologne, laissées inachevées par Giacomo della Quercia.

ANTONIO di Pietro da Como
xve siècle. Actif à Gubbio. Italien.
Sculpteur sur pierre.
Il reçut le droit de cité à Gubbio, le 16 janvier 1407.

ANTONIO di Pietro da Venezia
xvie siècle. Actif à San Severino. Italien.
Sculpteur.
Auteur, en 1580, avec son frère maestro Francesco, de la fontaine monumentale de la Grande Place de San Severino.

ANTONIO di Pietro da Verona
xive siècle. Actif à Padoue vers 1393 à 1398. Italien.
Peintre.

ANTONIO da Pisa
xive siècle. Travaillait à Florence. Italien.
Peintre verrier.
Auteur d'une superbe verrière de la porte Sud du dôme de Florence (1395). On reconnaît sa manière également aux vitraux du dôme d'Assise. Il a laissé un traité de peinture sur verre.

ANTONIO da Pisa
xve siècle. Actif à Naples vers 1458. Italien.
Sculpteur.
Il travailla, pour Alfonso d'Aragon, à l'Arc de Triomphe de Castelnuovo.

ANTONIO de Plasencia. Voir PLASENCIA

ANTONIO da Plurio
xve siècle. Italien.
Peintre.
Travailla avec Dionigi da Galliano à Milan.

ANTONIO da Pordenone
Mort avant 1398 à Pordenone. xive siècle. Italien.
Peintre.
Mentionné dans un parchemin du Musée de Padoue.

ANTONIO di Rabotto
xiie siècle. Vivait à Piperno. Italien.
Sculpteur et architecte.
Cet artiste construisit le portique de la cathédrale de Piperno, selon l'inscription qui date de l'année 1183. On lui attribue aussi certaines sculptures de cette église.

ANTONIO di Raffaele
xvie siècle. Travaillait à Rome. Italien.
Sculpteur.
Travailla, en 1569, avec Dominico Roseno, au portail en marbre de la chapelle Pauline au Vatican.

ANTONIO da Reggio
xve siècle. Italien.
Peintre.
Il travailla à Ferrare, puis à Reggio, étant recommandé comme peintre dans une lettre du duc de Ferrare du 13 juin 1481 au Gouverneur de Reggio.

ANTONIO da Rho
xve siècle. Travaillait à Milan. Italien.
Peintre.
Prit part, en 1474, à la décoration du Castello Sforzesco, à Milan.

ANTONIO da Rigesio
xve siècle. Travaillait à Venise en 1425-26. Italien.
Sculpteur sur pierre.
Collabora à l'ornementation des fenêtres et à la sculpture des marbres de la loggia du palais dit Cà d'Oro.

ANTONIO di Rigo
xve siècle. Travaillait à Venise en 1488. Italien.
Sculpteur sur pierre.
Fut chargé des entablements de la Scuola de Saint-Marc et également de l'ornementation de maisons particulières.

ANTONIO da Rimpacta da Bologna
xvie siècle. Bolonais, travailla à Naples. Italien.
Peintre.
Il avait reçu mission, le 22 septembre 1509, des Chanoines de San Pietro, de peindre un tableau d'autel avec la Madone et les Saints pour le maître-autel. Ce tableau se trouve maintenant au Musée National de Naples et jusqu'à la découverte du document en question, était passé pour l'œuvre d'Antonio Solario.

ANTONIO di Romagna
xve siècle. Italien.
Sculpteur et architecte.
Il fut appelé en Apulie, vers 1423, par l'évêque Angelo, de Troja, pour diriger, avec Giacomo della Marca, les travaux de restauration du Dôme, commencés depuis 1407.

ANTONIO Romano
xve siècle. Travaillait à Pavie. Italien.
Sculpteur et architecte.
Travailla, en 1491, à la façade de la Chartreuse.

ANTONIO dalla Rosa
xve siècle. Travaillait à Bologne en 1410. Italien.
Peintre.

ANTONIO della Rosa
xvie siècle. Travaillait à Pistoie. Italien.
Sculpteur sur bois.
Sculpta les stalles du chœur de l'église de Pistoie.

ANTONIO di S. Angelo in Vado, maestro
xvie siècle. Italien.
Sculpteur d'ornements.
Il était également fondeur de cloches et de canons.

ANTONIO Sacho
xve siècle. Italien.
Sculpteur sur pierre.
Il travaillait en 1468 au Palais et à l'église Saint-Marc, à Rome.

ANTONIO de Sacile
Originaire du Frioul. xvie siècle. Travaillait à Udine vers 1500. Italien.

Peintre.

On trouve mention de lui, dans un document, de 1500, au sujet d'un tableau d'autel pour Udine.

ANTONIO da San Benedetto

XVIIe siècle. Travaillait à Venise vers 1664. Italien.

Peintre et graveur.

On a de lui un portrait de l'abbé Aurelius Nomosius.

ANTONIO da San Canziano

XVe siècle. Travaillait à Padoue vers 1469. Italien.

Peintre.

ANTONIO da San Zuane Evangelista

XVIe siècle. Italien.

Sculpteur.

Vénitien, il travailla, en 1508 à la façade sur le canal du Dormitorio di S. Giorgio Maggiore.

ANTONIO dal Santo

XVe siècle. Italien.

Peintre.

On lui attribue le tableau de la *Madone miraculeuse* de l'église Santa-Maria del Torresino, à Padoue.

ANTONIO di Sanzio

XIVe siècle. Actif à Avignon. Italien.

Peintre.

Exécuta, en 1370-71, avec le maître Nobis, le tableau de la *Muse* au Palais du pape Urbain V.

ANTONIO di ser Bartolommeo

XVe siècle. Actif à Pérouse entre 1445 et 1453. Italien.

Peintre de miniatures.

ANTONIO di ser Naddo

XVe siècle. Travaillait à Sienne en 1427. Italien.

Peintre.

Mentionné dans des comptes, en date de 1448, comme ayant fait quatre tableaux sur la vie de Saint Nicolas.

ANTONIO di Silvestro

XVe siècle. Actif à Pérouse vers 1416. Italien.

Miniaturiste.

ANTONIO di Simone

XVe siècle. Travailla à Orvieto. Italien.

Peintre verrier.

En 1471 ; cet artiste en compagnie d'un maître inconnu, exécuta le vitrail de la chapelle dell SS. Corporale, à la cathédrale d'Orvieto.

ANTONIO di Simone Fiorentino

XVe siècle. Italien.

Sculpteur.

Il est souvent question de cet artiste dans les documents de Bologne. Il travailla au Palais Bolognini à la Piazza San Stefano de Bologne.

ANTONIO di Simone Francesco da Urbino

Né au XVe siècle à Montecalende. XVe siècle. Italien.

Architecte et sculpteur.

Antonio construisit à Urbino, vers 1470, la loggia, de l'hôpital de cette ville. On croit qu'il travailla également au palais ducal et à l'église S. Bernardino.

ANTONIO de Tisoio

XVIe siècle. Travaillait à Venise au commencement du XVIe siècle. Italien.

Peintre d'histoire.

On cite de cet artiste un important tableau d'autel, autrefois à l'église d'Orzes, conservé aujourd'hui dans la galerie Lichtenstein et divisé en cinq parties, représentant la *Vierge, Saint Georges, St Sébastien, St Jean-Baptiste et St André*, et signé : *Antonio de Tisoio pinxit*, 1512 ; cette œuvre peinte à Venise, fut apportée à Vienne dans la célèbre galerie. On mentionne encore, à Bellume, une *Madone*, signée, et une toile à la Casa Carlo Miari, Piazza del Mercato. Certains critiques le croient identique à Antonio da Cesa.

ANTONIO di Tommaso

XVe siècle. Travaillait à Florence au milieu du XVe siècle. Italien.

ANTONIO di Tommaso Romano

Né probablement à Rome. XVe siècle. Italien.

Peintre.

Mentionné en 1472 pour des travaux de dorure. En 1478, fondateur de la corporation des peintres.

Sculpteur.

Cet artiste fut un des aides de Lorenzo Ghiberti pour l'exécution des portes de bronze de S. Giovanni. Peut-être le même artiste qu'Antonio di Tommaso, mentionné à Rome vers 1420.

ANTONIO Toscano

XVe siècle. Travaillait à Ancône. Italien.

Peintre.

En 1450, cet artiste exécuta à Ancône les peintures de la voûte d'une loggia, qui fut brûlée en 1554. Certains auteurs supposent qu'il est peut-être le même qu'Antonio d'Ancona, qui a peint, en 1472, un tableau d'autel pour l'église S. Francesco delle Scale, à Ancône.

ANTONIO da Trento, dit **Antonio Fantuzzi**

Né vers 1508 à Trento. Mort après 1550 à Fontainebleau (Seine-et-Marne). XVIe siècle. Actif à Bologne dans la première moitié du XVIe siècle. Italien.

Peintre de scènes mythologiques, compositions religieuses, graveur.

Élève du Parmesan pour la peinture, cet artiste se consacra bientôt à la gravure sur bois et fut peut-être alors élève de Ugo da Carpi. Il resta dans l'atelier du Parmesan jusque vers 1530, et grava d'après ce maître. À partir de cette date, on n'entend plus parler de lui en Italie ; il passa probablement en France et travailla à Fontainebleau sous le nom d'Antoine Fantose, avec le Primatice, dessina des grotesques pour la Galerie et grava des planches en cuivre. La similitude de style des gravures et le choix des sujets d'après le Parmesan, font penser qu'il s'agit bien là du même artiste. Il est plus connu comme graveur que comme peintre.

VENTES PUBLIQUES : LONDRES, 30 juin 1976 : *Jason cherchant la dent du dragon*, eau-forte (22,8x25,6) : GBP 420 – LONDRES, 26 juin 1985 : *Troupes en marche d'après G. Romano*, eau-forte/pap. (28x43,8) : GBP 3 500 – LONDRES, 5 déc. 1985 : *Le martyre de Saints Pierre et Paul* 1527, grav./bois, clair-obscure, en noir verdâtre, vert-bleu et vert pâle (29,3x48,1) : GBP 5 000 – LONDRES, 1er juil. 1987 : *Auguste et la Sibylle Tibertine*, grav./bois (34,2x26,1) : GBP 4 500 – MUNICH, 26 mai 1992 : *La Madone avec des saints*, bois gravé : DEM 1 012.

ANTONIO da Trevisi

XVe siècle. Travaillait à Trévise au commencement du XVe siècle. Italien.

Peintre.

Cet artiste paraît avoir occupé un rang important. On le trouve mentionné peignant pour S. Nicolas, à Trévise, un *S. Christophe portant l'Enfant Jésus*. On cite également le *Martyre de Saint Pierre*, peint en 1414, pour la *Confraternita de' Nobili*.

ANTONIO di Troiano

XVIe siècle. Actif à Pérouse vers 1561-1565. Italien.

Peintre.

ANTONIO da Venezia

Mort en 1464. XVe siècle. Travaillait à Orvieto. Italien.

Peintre verrier.

En 1463, cet artiste fournit les dessins pour la restauration d'un vitrail de la cathédrale d'Orvieto.

ANTONIO da Venezia

Mort avant 1496. XVe siècle. Italien.

Peintre.

Participa à la décoration pour les fêtes en l'honneur de la réception à Ferrare de l'empereur Frédéric III, en fournissant des dessins de costumes. Il était fils de Cristoforo da Milano.

ANTONIO VENEZIANO, de son vrai nom : **Antonio Francesco da Venezia**

Né avant 1340 à Venise. Mort sans doute après 1387 à Florence. XIVe siècle. Italien.

Peintre de compositions religieuses, fresquiste.

Il reçut sans doute une première formation à Venise, avant de venir à Florence, où il fut l'élève de Taddeo, et non d'Agnolo Gaddi, comme l'indiquait Vasari. En 1370, à Sienne, il peint pour la cathédrale ; en 1374, il est mentionné à nouveau à Florence ; entre 1384 et 1387, il travaille à la décoration du Campo Santo de Pise, où il termine le cycle de San Raneiro, commencé par Andrea da Firenze. Malheureusement les trois peintures de la main d'Antonio sont très endommagées.

Sa peinture, dans la tradition florentine, et particulièrement de Giotto, laisse toutefois une place d'importance au paysage et aux architectures.

BIBLIOGR. : In : *Diction. de la peinture italienne*, coll. Essentiels, Larousse, Paris, 1989.
MUSÉES : ALTENBURG : *Six apôtres en prière* – BOSTON (Mus. of Fine Arts) : *Madone à l'Enfant* – PALERME (Mus. diocésain) : *Flagellation et 18 médaillons* 1388 – VENISE : *Triptyque*.
VENTES PUBLIQUES : NEW YORK, 18 juin 1982 : *Le couronnement de la Vierge*, h/pan., fond or, fronton cintré (82x64) : **USD 15 000.**

ANTONIO di Venturino
XVe siècle. Travaillait à Venise. Italien.
Sculpteur sur pierre.
En 1494, cet artiste est mentionné à Venise, avec Mauro Coducci, parmi les sculpteurs employés aux décorations de la Scuola grande de S. Marco. On trouve sa trace jusqu'en 1499.

ANTONIO da Venzone
XVe siècle. Travaillait à Venise. Italien.
Peintre.
En 1462, il travailla chez le peintre Léonardo à Venise. Le maître Leonhard (Thanner) Teutonicus de Venzone l'appela à Cividale pour expertiser un de ses tableaux.

ANTONIO da Vérona
XVIe siècle. Actif à Rome. Italien.
Peintre.
En 1527, membre de l'Académie romaine de S. Luc.

ANTONIO da Vigiù
XVIe siècle. Italien.
Sculpteur.
D'après Zani et Nagler, en 1556-90, il travailla à la cathédrale de Milan. On cite parmi ses œuvres : *Le tombeau du pape Pie V* (mort en 1572), une *statue du Christ*, et deux cariatides femmes, d'après le dessin de Martino Bassi.

ANTONIO de Violono
XIVe-XVe siècles. Italien.
Peintre.
Il est mentionné à Pignerol, de 1379 à 1405. En 1401, il peignit une chambre dans le palais de cette ville.

ANTONIO da Viterbo, appelé aussi **Antonio Massari da Viterbo**, dit **Pastura**
Mort en 1516. XVe-XVIe siècles. Italien.
Peintre de compositions religieuses.
Cité, en 1478, comme membre de l'Académie de San-Luca à Rome.
MUSÉES : LONDRES : *Madone* – NEW YORK (coll. Michel Friedsam) : *Vierge à l'Enfant entre Saint Jérôme et Saint François* – SETTIGNANO : *Madone*.
VENTES PUBLIQUES : MILAN, 3 nov. 1982 : *Scènes de la vie de Saint Antoine*, suite de quatre h/pan. (20,5x34) : **ITL 30 000 000** – LONDRES, 9 avr. 1990 : *Vierge à l'Enfant avec Saint Jérôme et Saint François*, h/pan. (25x19,5) : **GBP 39 600.**

ANTONIO di Vivian dei Valnigrenis da Miràguel
Originaire de Bergame. XVe-XVIe siècles. Travailla à Venise de 1462 à 1506. Italien.
Peintre.

ANTONIO di Viviano da Albino
XVe siècle. Actif à Venise vers 1497. Italien.
Peintre.

ANTONIO BAIETTI, dit parfois **Tommasii**
XVe siècle. Actif dans la première moitié du XVe siècle. Italien.
Peintre.
Il aida Domenico d'Udine dans les peintures qu'il exécuta à Marano, en 1410, et au chœur de S. Giusto, à Trieste, en 1422.

ANTONIO dall'Angelo. Voir DALL'ANGELO

ANTONIO dall'Argento. Voir ALEOTTI Antonio

ANTONIO MARIA Casanova. Voir CASANOVA

ANTONIO MARIA di Francesco da Cola. Voir COLA

ANTONIO Maria da Milano
XVIe siècle. Actif à Trévise. Italien.
Architecte et sculpteur.
Travailla, de 1505 à 1509, au tombeau de Lod. Marcello, à Trevise ; au presbytère et à l'abside du chœur de l'église del Priorato, dans la même ville. On le suppose le même personnage que le précédent.

ANTONIO SFORZESCO di Giovanni
D'origine lombarde. XVe siècle. Italien.
Sculpteur.
On le trouve cité à Pérouse en 1476 dans la corporation des sculpteurs lombards.

ANTONIO Ursini da Milano
XVe siècle. Italien.
Peintre.
En 1436, il est mentionné pour les dessins de trois plans de Ferrare et des environs de Crémone.

ANTONIOLI Fausto
Né en 1814 à Bergame. XIXe siècle. Italien.
Peintre.
En 1844, cet artiste exposa des paysages à Bergame.

ANTONIOLLO di Bartolomeo
XVe siècle. Actif à Ferrare. Italien.
Le 14 mai 1494, Giovanni Guasconi remit à cet artiste une pension de 100 livres pour lui permettre d'étudier la peinture pendant un an.

ANTONIOLO da Brenna
XVe siècle. Italien.
Peintre verrier.
Cet artiste exécuta un certain nombre de vitraux pour la cathédrale de Milan en 1430.

ANTONIONI Michelangelo
Né en 1912 à Ferrare. XXe siècle. Italien.
Cinéaste, peintre de paysages, écrivain. Figuration-onirique.
Peintre d'instinct, il utilise l'aquarelle ou l'huile ou parfois des matériaux inhabituels. Il fait ensuite des agrandissements photographiques de ses peintures et ce sont les agrandissements qu'il montre publiquement. A plusieurs reprises il est intervenu comme peintre dans ses films, coloriant autrement les décors naturels, notamment dans *Le désert rouge*. Ses thèmes sont des évocations, à la limite de l'abstraction, des plaines du Pô ou bien de ce qu'il a intitulé *Montagnes magiques*.

ANTONISIO di Gaspare da Camerino
XVe siècle. Italien.
Sculpteur sur bois.
On le trouve occupé à Rome, au Palazzo di San Marco, en 1468-70. Il y sculpta des plafonds et des panneaux. En 1470-71, il fit le plafond de bois à San Lorenzo in Pesce. Cet artiste est peut-être à rapprocher avec Antonisio di Niccolo de Urbe.

ANTONISIO di Niccolo de Urbe ou **Antoniazzo di Niccolo de Urbe**
XVe siècle. Italien.
Sculpteur sur bois.
Il fit les sculptures sur bois qui ornaient le jardin du palais de S. Marco, à Rome. En 1480, il exécuta un plafond de la bibliothèque de Sixte IV. Il pourrait être identique à Antonisio di Gaspare da Camerino.

ANTONISSEN Henri Joseph ou **Henricus Josephus**
Né le 9 juin 1734 ou 1737 à Anvers. Mort le 4 avril 1794 à Anvers. XVIIIe siècle. Éc. flamande.
Peintre d'animaux, paysages animés, paysages, aquarelliste.
Il fut pendant trois ans, à partir de 1752, élève de Balthasar Beschey et il reçut maître de la gilde de Saint-Luc après ce terme. À deux reprises, il fut doyen de cette corporation. Son œuvre considérable est surtout répandu dans les collections particulières. Il eut un grand nombre d'élèves, entre autres Ommeganck.
MUSÉES : FRANCFORT-SUR-LE-MAIN : *Pâturage* – GENÈVE : *Paysage et animaux divers*.
VENTES PUBLIQUES : PARIS, 1779 : *Paysage avec moutons et vaches* : **FRF 411** – PARIS, 1844 : *Paysage montagneux et boisé avec figures et animaux* : **FRF 660** – PARIS, 1895 : *Le passage du gué* : **FRF 210** – PARIS, 13 juin 1922 : *Troupeau de moutons et de vaches dans un paysage* : **FRF 105** – PARIS, 4 mai 1928 : *Paysans au repos avec leur troupeau dans les pays d'Ardennes*, aquar. : **FRF 800** – PARIS, 26 mai 1933 : *Le Pâtre* : **FRF 620** – PARIS, 19 juin 1934 : *La Bergère et le Chasseur* : **FRF 1 900** – LONDRES, 7 juil. 1972 : *Paysage fluvial avec chaumières* : **GNS 2 600** – LONDRES, 7 juil. 1978 : *Paysage fluvial boisé animé de personnages* 1775, h/t (66x91,5) : **GBP 6 500** – ROUEN, 20 fév. 1983 : *Paysage montagneux avec personnages et animaux* 1783, h/pan. (32x42) : **FRF 50 000** – AMSTERDAM, 15 avr. 1985 : *Bergère et son troupeau*

dans un paysage 1790, h/t (56x72) : **NLG 4 200** – New York, 22 mai 1992 : *Paysans avec leur cheptel sur une route de campagne* 1794, h/pan. (30,8x43,8) : **USD 8 250** – Amsterdam, 9 nov. 1993 : *Paysage vallonné et animé avec du bétail sur un pont de bois* 1781, h/pan. (51x79) : **NLG 11 500** – Paris, 16 oct. 1994 : *Paysage fluvial avec berger* ; *Promeneurs dans un paysage* vers 1766, h/pan., une paire (chaque 25x33,5) : **FRF 65 000**.

ANTONISZ Rombout
XVIIe siècle. Hollandais.
Peintre.
Cité dans les documents d'Amsterdam de 1619-1629.

ANTONIUCCI Pierre
Né le 26 novembre 1943. XXe siècle. Français.
Peintre, dessinateur, graveur, sculpteur.
Il vit et travaille à Paris. Il a commencé à participer à des expositions collectives avec le Salon de la Jeune Gravure au Musée Galliéra de Paris en 1968, le Salon de Mai, le Salon Grands et Jeunes d'Aujourd'hui et *Cent artistes dans la ville* à Montpellier en 1970, puis, d'entre ses autres participations : *Expositions sans titres ou les figures du vide* Rennes 1981, Biennale d'Alexandrie (Italie) 1982, un groupe avec François Bouillon et Fonchain à la Galerie de France en 1983, *Les couleurs de l'ombre* Chapelle de la Sorbonne 1986, exposition d'affiches pour Wagons-Lits à la Galerie ARCURIAL et expositions des FRAC (Fonds Régionaux d'Art Contemporain) de Basse-Normandie et du Limoussin. Il montre également son travail dans des expositions personnelles : 1970 à Paris, 1986 Galerie de France Paris, 1987 Luxembourg, Bruxelles et Knokke-le-Zoute en Belgique, Galerie Oniris à Rennes, 1988 Bruxelles, 1989 Galerie Oniris à Rennes, 1990 Galerie Barbier-Belz à Paris, 1992 présenté par la galerie Oniris à *Découvertes* au Grand-Palais à Paris puis de nouveau à Rennes, 1992-1993 au Musée de Morlaix, etc. Dans le résumé des expositions, on aura remarqué l'édition d'une affiche pour la Compagnie des Wagons-Lits. Il a bénéficié d'autres commandes publiques : 1981 une céramique monumentale (200 mètres carrés) dans le quartier Saint-Charles à Paris, 1987 deux peintures (500x230) à la Cité Judiciaire de Rennes, 1988 une peinture (340x170) pour l'Arche de la Défense à Paris. Il a été professeur à Tours, puis à Rennes.
L'affiche des Wagons-Lits, les peintures murales, aident à préciser l'appartenance, non évidente, de la peinture d'Antoniucci à une certaine figuration. Le processus fondateur de sa peinture est à rechercher dans *L'atelier circulaire* (250x200) de 1982. Sur cette grande toile, étendue sur le sol de l'atelier, et en tournant autour, il projeta sur ses marges les images des objets, des « choses » disposées sur son pourtour : commode, lit, secrétaire, fontaine d'angle, échelle, miroir, chaise, tenture murale, chacune de ces choses, représentées plutôt schématiquement dans une gamme colorée narrativement diversifiée, étant incluse dans un petit polygone, l'ensemble de ces polygones disposé autour d'un vide central. Le processus s'avère d'autant plus déstabilisant pour la perception du spectateur que, la toile une fois redressée verticalement, l'espace de la peinture s'en trouve renversé par rapport à l'espace de la réalité. Quant à ce rejet des centres d'intérêt sur les bords de la surface peinte, Yves Michaud le compare aux photographies prises au « fish-eye ». Yves Michaud précise que dans certains cas les peintures de cette série « étaient faites de fragments à disposition aléatoire, qu'on pouvait réorganiser à volonté. » Depuis, plusieurs séries se sont construites selon le même principe sur des thèmes différents : chevaux abattus en cercle d'on ne sait quel combat, les chevaux basculés dessinés schématiquement comme toujours chez Antoniucci et disposés sur un fond ornemental qui peut rappeler Klimt, dans une autre série : sortes de gisants de pierre d'on ne sait quelles tombes, à moins qu'il s'agisse de la figuration du père foudroyé. Pour s'attarder au thème du cheval, quelque peu obsessionnel chez Antoniucci, Yves Michaud ose extrapoler de la forme au sens en disant : « ... c'est la totalité du cheval qu'il faut faire tenir, quitte à ce que la tête se retrouve entre les pattes... Il ne faut rien perdre de la bête disloquée – ou plutôt c'est la collection de la bête disloquée qui fait l'unité de la peinture... La peinture est ainsi à la fois pleine et vide, palpitante et morte... Cette animalité vulnérable est aussi proche du/d'étrangère... Elle est la métaphore de notre propre animalité... » Dans une série qui marque un retour à l'atelier : *Fenêtre et atelier*, regard au dehors de l'atelier : *Fenêtre et barque*. Dans cette peinture-ci, le renversement de l'espace de la peinture fait que, entre les côtés occupés par une échelle, un rideau, un fragment de paysage au-delà d'un élément de fenêtre,

le vide central devient ciel, en haut duquel flotte la barque.
Bibliogr. : Xavier Girard : *La peinture kaléidoscopique de Pierre Antoniucci*, Art Press, Paris, déc. 1983 – Claude Bouyeure : *Pierre Antoniucci*, Opus, Paris, automne 1986 – Yves Michaud : Catalogue de l' exposition *Pierre Antoniucci*, Gal. de France, Paris, 1986 – Elisabeth Vedrenne : *Le combat du peintre et du cheval*, Décoration Internationale, Paris, 1986 – Bernard Lamarche-Vadel : Catalogue de l'exposition *Pierre Antoniucci – Le ciel et la barque*, Gal. Oniris, Rennes, 1989 – Emilie Daniel : *Pierre Antoniucci*, Beaux-Arts, Paris, octobre 1989.
Musées : Paris (FNAC) : Six séries de dessins.
Ventes Publiques : Paris, 3 juil. 1991 : *Le voyage* 1983, acryl./t. (194x194) : **FRF 8 000** – Lokeren, 4 déc. 1993 : *Nu allongé* 1987, h/t (92x130) : **BEF 85 000**.

■ Jacques Busse

ANTONIUCCI Volti. Voir VOLTI

ANTONIUS de Paullo de Fossa
XVe siècle. Travailla à Aquila. Italien.
Peintre.
Il fit des peintures murales pour l'église S. Domenico, à Aquila en 1436.

ANTONIUS de Silves
XIVe siècle. Actif à Avignon. Français.
Sculpteur.
Vivait à Avignon, où, vers 1370, il fut employé, comme maître lapidaire, à la construction du palais du pape Urbain V.

ANTONJ Antonio
XIXe siècle. Travaillait à Milan vers 1812. Italien.
Peintre.

ANTONJ Giordano di Giovanni degli ou Antoni
XVe siècle. Actif à Messine vers 1473. Italien.
Peintre.
Frère d'Antonello da Messina.

ANTONJ Giovan Salvo degli ou Antoni
XVe-XVIe siècles. Italien.
Peintre de compositions religieuses.
Le plus ancien document relatif à son existence, remonte à 1493, et l'on sait qu'il vivait encore en 1522 à Malines. Le seul tableau cité de lui, *La Mort de Marie* (au dôme, de Messine), témoigne de la valeur des œuvres disparues.

ANTONOFF L. K., Mlle
XXe siècle. Russe.
Peintre.
A pris part à l'Exposition de l'Art Russe à Londres, en 1910, avec une *Étude*.

ANTONOV Sergei Nikolaievich
Né en 1884. Mort en 1956. XXe siècle. Russe.
Peintre, peintre de décors de théâtre.
On regrette d'autant plus de manquer presque totalement d'informations sur ce peintre, que son cas est historiquement exemplaire. Dans les années vingt, donc peu après la Révolution d'Octobre, Jdanov avait déjà repris le pouvoir dans le domaine des arts, contre le progressisme de Lounatcharsky, qui jusque là avait fait figure d'une sorte de ministre de la culture, et, Lénine se sachant incompétent et lui faisant confiance, avait soutenu énergiquement l'action du poète Maïakovsky et de ses amis artistes Malevitch, Kandinsky et les autres. L'officielle *Union des artistes* édicta alors les normes du *réalisme socialiste*, et octroyait ou plus souvent n'octroyait pas, le droit de créer et de vivre de son art. Les Larionov, Gontcharova, Malevitch, etc., qui animaient le groupe du *Valet de carreau*, pour la plupart commençaient à émigrer à l'Ouest. A l'intérieur, un groupe, auquel appartenait Antonov, se reformait sous le sigle de *Groupe des huit*. Non reconnus par l'Union des artistes, ils devaient créer dans l'ombre, également interdits d'expositions. Avec la légère libéralisation qui intervint sous le gouvernement Khrouchtchev et qui se poursuivit un peu après sa chute en 1964, et malgré sa totale aversion ignorante pour l'art vivant, ces artistes purent alors montrer publiquement leurs œuvres, et notamment dans le lieu très officiel qu'est le *Manège*. On peut espérer qu'avec la « transparence », promue par Gorbatchev à partir de 1988-89, on retrouvera au moins la trace d'un Antonov et des artistes qui ont été écrasés par le stalinisme. ■ J. B.
Ventes Publiques : Londres, 14 déc. 1995 : *Décor pour un tableau décrivant la procession autour de l'église aux domes d'or dans le spectacle « Tsar Fiodor Ivanovich »* 1920, gche (67x67) : **GBP 1 840**.

ANTONOV Waltscho
Né le 21 novembre 1871 à Kozludja. XIXᵉ-XXᵉ siècles. Bulgare.
Peintre de genre et portraitiste.
Élève de Liezen-Mayer à Munich ; il fit, dans cette ville, un tableau : *Les Enfants de duc Max Emmanuel*, ainsi que le portrait de plusieurs célèbres personnages bulgares. Ses meilleures œuvres sont : *La mort d'un héros de la Révolution, Hadji Dimitri, Les cruautés des Tsherkessen* (1876), *L'esclave macédonien*. Cet artiste peignit encore des paysages, des portraits.

ANTONOZZI Antonio Maria
XVIIᵉ siècle. Vivait à Rome. Italien.
Miniaturiste.
Peignit, en 1633, des miniatures sur ivoire destinées au palais vieux du Vatican.

ANTONOZZI Francesco
Né à Ancône selon Zani, à Osimo selon Ricci. XVIIᵉ siècle. Actif à la fin du XVIIᵉ siècle. Italien.
Peintre de paysages.
Ce peintre habitait Ancône. Spécialisé dans les tableaux d'église, il a laissé un tableau d'autel à l'église S. Niccolo de' Lorenesi, à Rome.

ANTONOZZI Leopoldo
Mort après 1658. XVIIᵉ siècle. Italien.
Miniaturiste.
Il fut employé par le pape, à Rome, en 1629. Il publia, en 1638, un ouvrage intitulé : *De'caratteri*. Cet artiste fut également chanteur à la chapelle Sixtine.

ANTONOZZO Innocenzo
XVIIᵉ siècle. Travaillait à Rome en 1635. Italien.
Miniaturiste.
Il était parent des miniaturistes Antonio Maria et Leopoldo Antonozzi.

ANTONUCCIO da Jesi
XVIᵉ siècle. Actif à Jési entre 1530 et 1572. Italien.
Peintre.
Élève de Lorenzo Lotto de 1553 à 1555.

ANTONUCCIUS J. A. ou Antonucci ou Antonozzo
XVIIᵉ-XVIIIᵉ siècles. Italien.
Peintre.
Nicola Oddi a gravé d'après cet artiste romain le *portrait du R. P. Rizerius*.

ANTORIELLO Francesco
Né à Naples. XIXᵉ siècle. Italien.
Peintre.
Il fut élève de Filippo Palizzi. Parmi ses tableaux on cite : *La mort de Coligny* et le grand tableau : *Socrate visite Aspasie*. En 1870, il publia un ouvrage sur la perspective des lignes. Antoriello fut professeur à l'Institut royal des Beaux-Arts.

ANTOYAN Arès
Né le 30 janvier 1955 à Los-Angeles, d'origine arménienne. XXᵉ siècle. Depuis 1981 actif puis naturalisé en France. Américain.
Peintre de figures. Tendance symboliste.
Il est fils de Kero Antoyan. Il fut élève de l'Institut des Arts de California. En 1980 il fit une exposition personnelle à Los Angeles. Il se fixa à Lyon à partir de 1981. Expositions personnelles en 1986 à Paris, 1987 à Lyon.
Essentiellement peintre de la femme, il choisit ses modèles dans les rangs des « sexe symboles ». Dans un contexte onirique et sensuel, reflet de la vie et de la mort, il les fait se vêtir, ou plutôt se dévêtir, et prendre des poses en accord avec l'intérêt très particulier qu'il veut éveiller.
VENTES PUBLIQUES : AUBAGNE, 21 mai 1989 : *Amazone*, h/t (146x113) : **FRF 997 500** – LYON, 14 nov. 1989 : *Love*, h/t (146x114) : **FRF 19 000** – RAMBOUILLET, 10 déc. 1989 : *Lady in the night*, h/t (130x90) : **FRF 32 000** – AUBAGNE, 25 fév. 1990 : *L'ange* 1989, h/t (145x113) : **FRF 34 000** – NEUILLY, 26 juin 1990 : *Rebecca*, h. et acryl./t. (100x73) : **FRF 10 000** – PARIS, 10 juil. 1991 : *Miss Midnight* 1990, acryl./t. (146x89) : **FRF 18 500** – PARIS, 5 fév. 1992 : *Confrontation* 1991, acryl./t. (162x129,5) : **FRF 10 000**.

ANTOYAN Kero
Né en 1914. Mort en 1993 à Los Angeles. XXᵉ siècle. Depuis les années trente actif aux États-Unis. Arménien.
Peintre de paysages, natures mortes, peintre de cartons de vitraux. Postimpressionniste.
Immigré aux États-Unis, il fut photographe pendant la seconde guerre mondiale. Il décida ensuite d'être peintre. Il exposait essentiellement en Californie. À partir des années trente, il eut une importante activité de professeur de peinture. Il est le père de Arès Antoyan.

ANTRAL Louis Robert
Né le 13 juillet 1895 à Châlons-sur-Marne (Marne). Mort en 1939 à Paris. XXᵉ siècle. Français.
Peintre de portraits, paysages, paysages portuaires, natures mortes, fleurs, aquarelliste, pastelliste, graveur.
Il fut élève de Cormon à l'école des Beaux-Arts de Paris en 1913. Il fut mobilisé à la guerre de 1914, blessé, décoré de la Croix-de-Guerre avec citation à l'ordre de l'armée. Il a exposé régulièrement au Salon des Indépendants de 1920 jusqu'à sa mort. Il a figuré aussi au Salon d'Automne, dont il était sociétaire. Il fut un des animateurs d'un certain Salon de l'Araignée, disparu assez vite. Le Salon d'Automne de 1941 lui consacra une exposition rétrospective posthume, comptant seize peintures et cinq aquarelles. Le Musée Galliéra organisa une rétrospective plus importante en 1945.
Outre ses sujets favoris, il a peint deux autoportraits. Voyageant beaucoup, il a peint à l'aquarelle ou au pastel des vues d'Italie, Espagne, Portugal, Angleterre, Hollande, Belgique. Graveur et lithographe, il a illustré : *Le Pays de Retz* – *Titine* d'Alfred Machard, *Huis-clos* de Pierre Mac Orlan, etc. Il a publié une importante étude sur Hogarth.
De même que Marquet, avec lequel il a des points communs, fut à ses débuts sensibilisé au fauvisme pour s'en écarter très tôt, Antral, dans ses tout débuts aussi, fut un peu influencé par le cubisme, alors dominant, dont il garda le sens d'une composition fermement calée dans le format et un dessin synthétique énergique et austère. Toutefois, après 1930, il produisit une peinture plus facile d'accès, tant par une facture plus convenue que par les thèmes très grand-public. Ses deux registres principaux sont les ports maritimes et les paysages de Paris. Dans les deux cas, on peut être surpris par la quasi permanence de la pluie, qui rend il est vrai les ciels plus denses, plus mouvementés, et les éclairages plus dramatiques. Il peint presque toujours dans une gamme froide de gris-bleus, comme attentif à rendre compte, sans marquer d'émotions indiscrètes. ■ J. B.

Antral

MUSÉES : CHALONS-SUR-MARNE : *Bretonnes* – DUNKERQUE – LE HAVRE – MANCHESTER – NANTES : *Neige à La Villette* – PARIS (Mus. Nat. d'Art Mod.) : *La poterne des peupliers – Pluie au Pont-Neuf – Port de Lorient – Un port*, eau-forte – *Audierne*, eau-forte – LA ROCHELLE – VINCENNES (Mus. de la Guerre).
VENTES PUBLIQUES : PARIS, 3 fév. 1944 : *Saint-Malo : les Trois-mâts* : **FRF 6 500** – PARIS, 29 oct. 1948 : *Port du Château d'Oleron* : **FRF 9 500** – PARIS, 20 déc. 1950 : *Bateaux dans le port*, aquar. : **FRF 4 000** – PARIS, 5 juil. 1951 : *Bateaux à quai, pont d'Auteuil* : **FRF 15 000** – PARIS, 11 fév. 1954 : *Audierne, l'avant-port* : **FRF 88 000** – PARIS, 30 mars 1955 : *Village du Morbihan*, aquar. : **FRF 22 000** – PARIS, 30 oct. 1963 : *Le Port du Palais à Belle-Ile* : **FRF 2 100** – PARIS, 8 fév. 1971 : *Le Port de Nantes* : **FRF 3 000** – VERSAILLES, 11 mars 1973 : *Le Port de Brest 1934* : **FRF 8 000** – VERSAILLES, 7 mai 1978 : *Le Port de Dunkerque*, h/t (54x65) : **FRF 3 000** – VERSAILLES, 9 mars 1980 : *Le Port de Rochefort-sur-Mer*, h/t (73x92) : **FRF 5 000** – PARIS, 8 déc. 1982 : *Dordrecht 1936*, aquar. gchée (26x44) : **FRF 25 000** – PARIS, 30 mai 1984 : *Au café du Roulis*, h/cart. (58x44) : **FRF 6 300** – VERSAILLES, 17 mars 1985 : *Le Port*, h/t (54x65) : **FRF 27 000** – LA VARENNE-SAINT-HILAIRE, 11 mai 1986 : *Le Port de Honfleur*, h/t (43x71) : **FRF 12 000** – COMPIÈGNE, 25 oct. 1987 : *Pont transbordeur*, aquar. (30,5x42) : **FRF 4 800** – LA VARENNE-SAINT-HILAIRE, 19 mai 1988 : *Le Port de Cherbourg*, h/t (65x81) : **FRF 33 000** – VERSAILLES, 23 juin 1988 : *Village aux grands arbres*, h/t (65x81) : **FRF 38 000** – VERSAILLES, 23 oct. 1988 : *Le port*, h/cart. (41x33) : **FRF 14 500** – CALAIS, 13 nov. 1988 : *L'entrée du port* 1935, h/pan. (33x41) : **FRF 17 000** – VERSAILLES, 18 déc. 1988 : *Paris, personnages sur les quais en hiver*, h/cart. (33x41) : **FRF 19 500** – PARIS, 1ᵉʳ mars 1989 : *Bateaux à la carène*, h/t (54x65) : **FRF 27 000** – LA VARENNE-SAINT-HILAIRE, 21 mai 1989 : *Le Port*, aquar. (25x44) : **FRF 6 300** – VERSAILLES, 29 oct. 1989 : *Bateaux au port*, aquar. (45x26,5) : **FRF 9 500** – VERSAILLES, 26 nov. 1989 : *Le Port 1934*, h/cart. (33x41) : **FRF 22 000** – CALAIS, 10 déc. 1989 : *Jeune Fille à la mandoline*, h/t (76x55) : **FRF 27 000** – VERSAILLES, 21 jan. 1990 : *Le*

Port, h/t (46x55) : **FRF 36 000** – Paris, 4 mai 1990 : *La Place pluvieuse*, h/cart. (33x41) : **FRF 13 500** – Versailles, 8 juil. 1990 : *Barques au port*, aquar. (26,5x43) : **FRF 9 000** – Paris, 20 nov. 1991 : *Bateaux-lavoirs à quai*, h/t (50x65) : **FRF 11 500** – Paris, 18 déc. 1992 : *Barques échouées sur la plage*, h/cart. (32x40) : **FRF 5 500** – Paris, 24 mars 1995 : *Paquebot à quai*, aquar. (45x30) : **FRF 3 800** – Calais, 24 mars 1996 : *Le Port de Toulon 1927*, h/t (46x55) : **FRF 12 500** – Paris, 29 nov. 1996 : *Bateaux à quai*, h/t (65x81) : **FRF 17 000** – Paris, 20 jan. 1997 : *Paris, le canal Saint-Martin 1930*, h/t (54x65) : **FRF 6 500**.

ANTROBUS Edmund. G.
xixe siècle. Actif de 1865 à 1877 à Londres. Britannique.
Peintre de sujets de genre, paysages.
Il exposa à Londres, vers 1876-1877.
Ventes Publiques : New York, 17 mai 1994 : *Fête sur le lac de Texcoco 1865*, h/t (85,4x137,8) : **USD 96 000**.

ANTROBUS John
Né en 1907 à Detroit (Mich.). xxe siècle. Américain.
Peintre.

ANTROPOFF Alexei Petrowitsch
Né le 14 mars 1716. Mort le 12 juin 1795. xviiie siècle. Russe.
Peintre de portraits.
Fils d'un soldat de la garde, il travailla, dès sa seizième année, sous la direction de différents artistes russes et étrangers, A. Matwejeff, M.-A. Sacharoff, U.-J. Wischnjakoff et L. Carravac, ou Louis Caravaque. Il invita Rotari, qui fut appelé à Saint-Pétersbourg, en 1747, pour s'occuper de lui. Il aida à l'exécution des peintures du palais d'Anitschkoff et à celles du nouvel Opéra.
Musées : Moscou (Roumianzeff) : *Comtesse Andrewna Roumianzeva* – Moscou (Tretiakoff) : *Portrait d'un homme* – Saint-Pétersbourg : *Comtesse Roumianzeva*.
Ventes Publiques : Paris, 3 juin 1931 : *Portrait d'un Seigneur* : **FRF 2 000** – Paris, 1er déc. 1989 : *Portrait du comte Michaël Ilarionovich Vorontsov 1761*, h/t (81x64) : **FRF 30 000**.

ANTROPP Joseph
xviiie siècle. Allemand.
Graveur au burin.

ANTSIRANE
Née à Rochefort-sur-Mer. xxe siècle. Française.
Peintre.
Expose aux Indépendants en 1935 : *La symphonie en jaune* et *L'évasion*.

ANTTROBUS A. Lizzie
xixe siècle. Active à New-Ascot (Angleterre) en 1882. Britannique.
Peintre de fleurs.
Cette artiste exposa un tableau à Suffolk Street.

ANTUM Aert van, pseudonyme de Aert Anthonisz
Né en 1580. Mort en 1620. xviie siècle. Actif de 1630 à 1640. Hollandais.
Peintre de paysages d'eau, marines.

AERT ANTVM

Musées : Amsterdam : *Combat de vaisseaux anglais et hollandais contre l'Armada 1608* – *Le yacht des États passe devant Ysselmonde 1617* – Berlin : *Bataille navale* – Emden : *Marine 1604* – Graz : *Mer houleuse* – Haarlem : *Mer agitée avec navire* – La Haye (Mus. comm.) : *Vue de la plage de Scheveningue* – Mayence : *Marine* – Prague : *Mer houleuse*.
Ventes Publiques : Londres, 25 nov. 1970 : *La chasse à la baleine* : **GBP 1 700** – Amsterdam, 30 nov. 1981 : *Voiliers au large de la côte*, h/pan. (28x65) : **NLG 16 000** – Lille, 24 avr. 1983 : *Marine*, h/bois (22x47) : **FRF 60 000** – Paris, 16 mars 1988 : *Marine, bateaux au large* ; *Bataille navale*, h/cuivre, 2 pendants (17,5x25) : **FRF 53 000** – Amsterdam, 20 juin 1989 : *Trois-mâts de la marine marchande pris dans la tempête*, h/pan. (42,5x74) : **NLG 23 000** – Londres, 6 juil. 1990 : *L'Amiral Frederico Spinola attendant l'arrivée du Prince Maurice de Nassau-Orange dans l'estuaire de la Scheldt en 1603*, h/t (138,2x244,7) : **GBP 93 500** – Amsterdam, 17 nov. 1993 : *Navigation par mer démontée*, h/pan. (44x99) : **NLG 21 850** – Paris, 16 fév. 1996 : *Vaisseaux par mer agitée*, h/cuivre (12x18) : **FRF 40 000**.

ANTUNEZ Nemesio
Né en 1918 à Santiago. xxe siècle. Chilien.
Peintre, graveur, architecte. Réaliste-poétique.

En 1943 il fut élève du graveur Stanley William Hayter qui, du fait de la guerre, avait transféré son célèbre *Atelier 17* de Paris à New York. Il fut subjugué par le personnage, ingénieur de formation, peintre et graveur de vocation, homme de culture plus que tout. Antunez resta sept ans à l'*Atelier 17*, puis, à son tour, monta un atelier de ce type à Santiago. À son propre compte il a exposé dans des groupes, notamment à la Biennale de São Paulo, où il reçut des distinctions.
Venu d'un réalisme vériste, il a évolué et produit une peinture aux prolongements expressifs et poétiques. Ses toiles présentent des séries d'objets reconnaissables sur des quadrillages en fuite ou des villes imaginaires vues sous une violente perspective aérienne ou des stades remplis de minuscules figures anonymes. L'ensemble traité des tonalités de gris, met l'accent sur la déshumanisation du monde moderne.
Bibliogr. : Damien Bayon et Roberto Pontual : *La Peinture de l'Amérique latine au xxe siècle*, Mengès, Paris, 1990.
Ventes Publiques : New York, 8 mai 1981 : *Fin de fête 1968-1972*, acryl./t. (126x126) : **USD 3 000** – New York, 20 mai 1987 : *N.Y., N.Y. 10056 1968*, h/t (127x127) : **USD 1 800** – New York, 17 mai 1989 : *Sans titre 1962*, h/t (66x100,5) : **USD 2 200** – New York, 1er mai 1990 : *Bal populaire en haut d'un escalier 1980*, h/t (63,5x91,5) : **USD 4 400** – New York, 19 mai 1992 : *Éclipse 1960*, h/t (65x100) : **USD 4 400** – New York, 17 nov. 1994 : *Le soleil sur la ville 1976*, h/t (127x102,6) : **USD 14 950**.

ANTY Henry d'
Né le 8 septembre 1910 à Paris. xxe siècle. Français.
Peintre de paysages urbains, figures, natures mortes. Néo-expressionniste.
D'Anty est un curieux cas sur le marché de la peinture. Il commença à dessiner en 1933, mais ne se mit à la peinture qu'en 1955-60, à la suite du choc ressenti devant le paysage breton. Sans formation, sans doute totalement autodidacte en peinture, n'exposant que peu dans les groupements institutionnalisés, il se fit d'abord connaître, puis remarquer, par la fréquence des passages de ses peintures dans les ventes publiques, dénotant d'ailleurs une production abondante. Ses expositions personnelles sont désormais fréquentes, surtout à Paris. Il obtint un certain Prix Cézanne en 1959, le Prix Populiste en 1973. Il peint par couleurs pures, dans une gamme violente surtout à base de blanc, rouge, bleu, à la manière rustique d'Ambrogiani ou peut-être naïvement en référence au fauvisme. Son dessin est sommaire et peut rappeler le Vlaminck producteur de paysages de la Beauce sous la neige. Il a peint quelques figures, des compositions de maternités et de crucifixions, mais l'essentiel de sa production consiste en paysages, d'une facture assez stéréotypée.

d'Anty

Bibliogr. : Divers : *Vision sur d'Anty, Vision sur les arts*, Paris, 1986.
Ventes Publiques : Paris, 19 mars 1951 : *Tête de jeune-fille* : **FRF 2 400** – Paris, 1er juil. 1959 : *La rue montante (Montmartre)* : **FRF 3 400** – Paris, 5 jan. 1960 : *Le hameau sous la neige* : **FRF 1 900** – Berne, 2 nov. 1963 : *Le perroquet* : **CHF 1 740** – New York, 19 jan. 1967 : *Don Quichotte* : **USD 150** – Paris, 25 fév. 1976 : *Le sac sous la neige*, h/t (100x50) : **FRF 1 800** – Grenoble, 21 nov. 1977 : *La mère et l'enfant*, gche vernie (75x71) : **FRF 2 000** – Honfleur, 26 fév. 1978 : *Venise, Le Grand Canal*, h/t (46x55) : **FRF 3 000** – Zurich, 8 nov. 1980 : *Chat assis 1960*, h/t (73x60) : **CHF 2 200** – Zurich, 29 oct. 1982 : *Nature morte au pichet*, h/pap. (58x52) : **CHF 1 900** – Zurich, 13 mai 1983 : *Jeune femme et enfant*, gche (55x46) : **CHF 2 000** – Zurich, 9 nov. 1984 : *Arlequin et bébé*, gche (55x26) : **CHF 1 100** – Honfleur, 14 juil. 1985 : *Le clown*, h/t (73x54) : **FRF 7 100** – Paris, 19 juin 1987 : *La vente aux enchères*, h/t (73x92) : **FRF 6 500** – Paris, 6 juin 1988 : *Don Quichotte* (100x50) : **FRF 1 800** – Paris, 17 juin 1988 : *Fleurs dans un vase*, h/t (50x100) : **FRF 6 200** – Berne, 26 oct. 1988 : *Vue partielle d'un village avec l'église*, h/t (22x27) : **CHF 800** – Göteborg, 18 mai 1989 : *Nature morte avec un bouquet*, h/t (50x100) : **SEK 3 500** – Paris, 19 mai 1989 : *Les toits rouges*, h/t (40x51) : **FRF 3 000** – Paris, 20 juin 1989 : *Le village aux toits rouges*, h/t (40x51) : **FRF 4 800** – Versailles, 21 jan. 1990 : *La veille église*, h/t (46,5x55) : **FRF 5 000** – Versailles, 28 jan. 1990 : *Montmartre, rue animée*, h/t (46x55) : **FRF 7 800** – New York, 21 fév. 1990 : *Toits*

rouges, h/t (64,8x81,4) : **USD 1 650** – Paris, 28 mai 1990 : *Scène de cirque*, h/t (89x116) : **FRF 21 000** – Montréal, 30 avr. 1990 : *Scène de village*, h/t (46x56) : **CAD 1 100** – Berne, 12 mai 1990 : *Groupe de maisons parmi les arbres*, h/t (50x100) : **CHF 1 400** – Calais, 9 déc. 1990 : *Village sous la neige*, h/t (46x56) : **FRF 13 000** – Paris, 6 fév. 1991 : *Le petit clown*, h/t (26x50) : **FRF 8 000** – Douai, 24 mars 1991 : *Le clown*, h/cart. (99x57) : **FRF 19 000** – Paris, 6 juil. 1992 : *Paysage de neige*, h/t (55x46) : **FRF 13 500** – New York, 30 juin 1993 : *Bateaux dans un port*, h/t (60,3x120,7) : **USD 805** – Zurich, 24 juin 1993 : *Paysage hivernal*, h/t (55x46) : **CHF 1 600** – Le Touquet, 14 nov. 1993 : *Traineau dans un paysage de neige*, h/t (46x55) : **FRF 8 000** – Paris, 14 mars 1994 : *Maréchals ferrants*, h/t : **FRF 6 000** – Boulogne-sur-Seine, 29 mai 1994 : *Scène d'hiver au village*, h/t (55x46) : **FRF 9 800** – Paris, 26 oct. 1994 : *Le vigneron*, h/t (92x73,5) : **FRF 11 500** – Paris, 24 mars 1996 : *Le mariage juif*, h/t (54x65) : **FRF 10 500** – New York, 10 oct. 1996 : *Bois breton*, h/t (81,3x100,3) : **USD 1 380** – Paris, 27 fév. 1997 : *Le Bûcheron*, h/t (92x73) : **FRF 5 000**.

ANUNCIAÇAO Tomas de
Né le 26 novembre 1818 à Lisbonne. Mort le 3 avril 1879. xixᵉ siècle. Portugais.
Peintre de paysages, animalier.
Élève à l'École des Beaux Arts de Lisbonne, entre 1837 et 1844, il devint professeur de cette école en 1852, puis directeur, peu de temps avant sa mort. Présent à l'Exposition Universelle de 1867 à Paris, il fit la connaissance d'Adolphe Yvon, de Rosa Bonheur et de Constant Troyon. On cite parmi ses œuvres principales : *En allant au travail*, *Retour du travail*, *Le Battage*. Ses premiers paysages sont peints dans un style conventionnel, suivant les règles du décor du xviiiᵉ siècle. Mais, par sa formation de dessinateur au Museum d'histoire naturelle du palais d'Ajuda, il a la tendance à animer ses paysages, d'animaux. Tendance qui se précisera après son passage à Paris, et grâce à son attirance pour le mouvement naturaliste français, il se tournera plus particulièrement vers l'art animalier.
Bibliogr. : Gérald Schurr : *Les Petits Maîtres de la peinture 1820-1920, valeur de demain*, t. VII, Les Éditions de l'Amateur, Paris, 1989.
Musées : Lisbonne (Mus. Nat. d'Art Contemp.) : *Vue d'Amora* – *Chemin de Sintra* – *Troupeau dans le paysage* – *Vue de Penha de França* – Lisbonne (palais d'Apida) – Lisbonne (palais das Necessidades).

ANUSKIEWICZ Richard
Né en 1930 à Erie (Pennsylvanie). xxᵉ siècle. Américain.
Peintre. Art optique.
Il fut élève du Cleveland Institute of Art (1948-1953) et de Josef Albers à la Yale University (1953-1955). L'influence d'Albers est évidente dans sa propre production. Il y traite de phénomènes optiques provoqués par les contacts par juxtaposition des couleurs entre elles, les effets de contraste ou au contraire de fusion-contamination. En outre, il utilise surtout le carré, en tant que module ainsi qu'en tant que format. Plus près du cinétisme statique qu'Albers, il recherche les effets d'instabilité dans la perception des couleurs, alors qu'Albers recherchait en tant que plasticien des accords rares.
Dans les constructions géométriques strictes, il intègre à des couleurs de fond intenses, des réseaux graphiques ténus de couleurs très opposées ou au contraire de gris colorés très doux, de telle sorte que l'angle de vision du spectateur, le degré de son attention ou au contraire de sa distraction, l'incidence de la lumière, l'infime mouvement de l'œil ou le déplacement franc du spectateur, provoquent des modifications incessantes de la perception de la figure, certains des éléments constitutifs prenant tour à tour le pas sur les autres, le fond ou bien l'un des réseaux graphiques, puis l'autre. Il est clair qu'on trouve ces phénomènes conditionnés par la physiologie de la vision, largement exploités par Vasarely, Bridget Riley et bien d'autres également dans les années soixante. Anuskiewicz prend place parmi eux. Avec le recul, il semble que les subtils accords chromatiques stables d'Albers, résistent mieux au temps que les curiosités optiques plus ou moins cinétiques. Anuszkiewicz a réalisé des peintures murales, notamment pour le Y.M.C.A. Building de New York en 1972. ■ Jacques Busse
Musées : Trenton (Mus. d'Etat) : *Un quart*.
Ventes Publiques : New York, 22 jan. 1972 : *Fission du rouge*, acryl./pan. : **USD 4 100** – New York, 13 mai 1977 : *Sans titre* 1966, collage acryl./cart. (59,5x59,5) : **USD 2 800** – New York, 20 oct. 1978 : *Sans titre* 1968, acryl./t. (152,5x152,5) : **USD 3 400** – New

York, 19 oct. 1979 : *Soir teinté de vert* 1972, acryl./cart. (66x50,8) : **USD 2 000** – New York, 15 mai 1980 : *Sans titre* 1977, acryl./pan. (213x122) : **USD 3 000** – New York, 19 nov. 1981 : *Sans titre* 1968, émail/t. (122x122) : **USD 3 400** – New York, 10 nov. 1982 : *Rouges structurés* 1968, liquitex/t. (91,5x91,5) : **USD 3 500** – New York, 9 nov. 1983 : *Lumineux* 1965, liquitex/pan. (60,5x60,5) : **USD 4 500** – New York, 9 mai 1984 : *Sun game* 1970, acryl./t. (152,4x152,4) : **USD 9 500** – New York, 23 fév. 1985 : *Carré rose pâle* 1978, acryl./pan. (111,8x111,8) : **USD 3 600** – New York, 8 oct. 1986 : *Radiant saturation* 1961, acryl./t. (125,8x120,7) : **USD 3 750** – New York, 7 oct. 1987 : *Parthénon* 1968, acryl./t. (213,5x320,4) : **USD 7 500** – New York, 21 fév. 1990 : *La possession des choses vue en rouge* 1964, acryl./cart. (99,9x60,3) : **USD 3 300** – New York, 13 fév. 1991 : *Force magnétique* 1964, liquitex/rés. synth. (121,3x121,3) : **USD 7 700** – Londres, 17 oct. 1991 : *Évoqué par mélange* 1964, liquitex/cart. (122x122) : **GBP 3 520** – New York, 9 mai 1992 : *Sans titre* 1976, acryl./t. (124,5x152,4) : **USD 6 050** – New York, 17 nov. 1992 : *Sans titre* 1972, acryl./t. (152,4x152,4) : **USD 6 600** – New York, 26 fév. 1993 : *Fission complémentaire* 1964, liquitex/rés. synth. (121,9x121,9) : **USD 5 750** – New York, 1ᵉʳ oct. 1994 : *Sans titre* 1961, acryl./t. (137,2x132,1) : **USD 4 025** – New York, 7 mai 1996 : *Jeux de soleil* 1970, acryl./t. (152,4x152,4) : **USD 9 775** – New York, 19 nov. 1996 : *Translumina with purple, blue, greens and orange* 1987, acryl./construction bois (106,7x121,9) : **USD 7 475** – New York, 10 oct. 1996 : *Le compendium* 1960-1961, marker/pan. (20x15,2) : **USD 747**.

ANVERS de 1518, Maître d'. Voir MAÎTRES ANONYMES

ANWANDER Andreas
xviiiᵉ siècle. Allemand.
Peintre.
Cet artiste bavarois a peint un tableau de plafond, pour l'église de Prittriching, en 1753. Peut-être est-il le même artiste que F.A. Anwander.

ANWANDER F. A.
xviiiᵉ siècle. Allemand.
Peintre.
Il a peint un tableau d'autel *(Martyre de Sainte Afra)*, en 1771, et, en 1788, en collaboration avec J.-P. Anwander, *Messe de Saint-Ultrich*, à l'autel du chœur de l'église de Spötting.

ANWANDER Gottfried
xviiiᵉ siècle. Allemand.
Peintre.
Cet artiste bavarois est probablement le parent de J.-B. Anwander. Il a laissé un tableau, pour le plafond de la nef de l'église de Grunertshofen *Saint Laurent distribuant des aumônes*, signé *Gottfried Anwander* 1752.

ANWANDER J. B.
xviiiᵉ siècle. Travaillait en Bavière. Allemand.
Peintre.
On cite de cet artiste des plafonds dans les églises de Grunertshofen (1752) et de Hausen, près Geltendorf, *Glorification de Saint Nicolas*, signé *J. B. L'Ascension de Marie* dans l'église de Kluigen, signée *B. Anwanger*, 1794, pourrait lui être attribuée.

ANWANDER J. P.
xviiiᵉ siècle. Allemand.
Peintre.
On cite de cet artiste bavarois un tableau d'autel, *Messe de Saint-Ulrich*, à Spötting, en collaboration avec F. A. Anwander.

ANWANDER Johann
Né en 1715 à Landsberg. Mort en 1770. xviiiᵉ siècle. Allemand.
Peintre.
Ce peintre décorateur, qui s'inspira du baroque français, travailla en Souabe et en France, et surtout à la fondation de Bamberg. Il fut le chef d'une famille d'artistes. On lui doit d'intéressantes peintures pour la façade de l'hôtel de ville à Bamberg (1756) ; quelques travaux plus modestes se trouvent au cloître des dominicains et dans des maisons particulières à Bamberg. Il peignit un plafond à l'ancienne église des dominicains à Gmünd. On mentionne aussi des fresques représentant la vie de la Vierge, au plafond de l'église catholique d'Unterkochen.

ANXOINE A.
xixᵉ siècle. Français.
Peintre de paysages.
Une de ses toiles a figuré à Paris, au Salon de 1888.

VENTES PUBLIQUES : PARIS, 13 déc. 1989 : *Sous-bois*, h/t (100x81) : FRF 7 000.

ANXOLABEHERE René
Né à Boulogne. XXᵉ siècle. Français.
Peintre.
Expose à la Nationale en 1941 et 1942.

ANZAI Keimei
Né en 1905 à Tokyo. XXᵉ siècle. Japonais.
Peintre animalier.
Il fut élève du peintre Ryûshi Kawabata, qui passa de la peinture occidentale à la peinture traditionnelle. Anzai est membre du groupe *Seiryu Sha*. Il expose, entre autres groupes, à la Biennale de Tokyo.

ANZENHOFER Ignaz
Né à Eger. XVIIIᵉ siècle. Hongrois.
Sculpteur sur bois.
On conserve de lui un crucifix au Musée national de Budapest.

ANZIANI Giacomo ou Anciani
Né en 1681. Mort en 1733, d'après Zani. XVIIIᵉ siècle. Italien.
Peintre et architecte.
Il eut pour élèves Beltrani, A. Tuschini et Dom Capaci. Le théâtre de Ravenne, construit en 1721 par le cardinal Bontivogli, a été édifié d'après les plans. En 1783, on citait plusieurs tableaux de cet artiste dans une collection particulière.

ANZINGER Siegfried
Né en 1953 à Weyer/Enns. XXᵉ siècle. Autrichien.
Peintre, dessinateur. Expressionniste-abstrait.
De 1971 à 1977, il poursuit des Études à l'Académie des Beaux-Arts de Vienne. Il vit à Cologne et à Vienne. Depuis 1976, il a exposé en Autriche, Allemagne, Belgique, Espagne, États-Unis et Suisse. Il a exposé à la Holly Solomon Gallery de New York en 1984.
Il peint à l'acrylique sur toile, à la gouache sur papier ou dessine à la pierre noire et au fusain. Très gestuelle à ses débuts, sa peinture pouvait alors être dite informelle. Dans une deuxième période, ses compositions sont empreintes d'un expressionnisme coloré où apparait fugitivement la figure.
VENTES PUBLIQUES : LONDRES, 26 juin 1984 : *Sans titre* 1983, acryl./t. (240x200) : GBP 1 800 – VIENNE, 10 sep. 1985 : *Sans titre* 1982, techn. mixte/pap. (100x70) : ATS 20 000 – LONDRES, 6 déc. 1985 : *Le bâtard* 1984, h/t (201x107,2) : GBP 2 800 – VIENNE, 18 mars 1986 : *Sans titre* 1980, dispersion et gche/pap. (40,5x51) : ATS 14 000 – LONDRES, 20 mai 1987 : *Sans titre*, aquar. et gche/pap. (41x59) : GBP 700 – PARIS, 7 mars 1989 : *Sans titre* 1981, gche aquarellée/pap. (48,5x68) : FRF 10 000 – VIENNE, 17 mai 1989 : *Trois minutes* 1982, dispersion et acryl./t. (130x126) : ATS 110 000 – LUCERNE, 24 nov. 1990 : *Donald Duck* 1982, acryl./pap. (55x42) : CHF 2 500 – STOCKHOLM, 5-6 déc. 1990 : *Plongeur* 1982, acryl./pap. (55x42) : SEK 8 000 – LUCERNE, 23 mai 1992 : *Sans titre* 1982, gche/pap. (68x49,5) : CHF 2 000 – LUCERNE, 26 nov. 1994 : *Composition au cheval* 1980, gche/pap. (70x50) : CHF 2 000 – LUCERNE, 20 mai 1995 : *Sans titre* 1977, temp./pap. (38x18,7) : CHF 1 050 – LONDRES, 26 oct. 1995 : *Enfant au ballon* 1984, h/t (90x65) : GBP 2 300.

ANZINGH Lizzi
XIXᵉ siècle. Hollandais.
Peintre.
VENTES PUBLIQUES : AMSTERDAM, 9-10 fév. 1909 : *Jeune femme à sa toillette* : NLG 46.

ANZINO Giuseppe P.
XXᵉ siècle. Actif à Rochampton. Britannique.
Peintre.
Il exposa en 1907, à la Royal Academy, un portrait de Mrs Stannus.

ANZOLA MONTAUBAN Luis Eloy
Né à Caracas (Venezuela). XXᵉ siècle. Vénézuélien.
Peintre.
Expose en 1938 à Paris, à la Société Nationale des Beaux-Arts, des paysages.

ANZOLINO da Brescia ou Angelo da Brescia
XVᵉ siècle. Actif à Pavie. Italien.
Sculpteur.
Il fit, en 1468, pour l'église degli Eremitani, à Milan, un tableau d'autel avec des bas-reliefs en terre cuite. On le croit également l'auteur de reliefs semblables, à la Chartreuse de Pavie. Au commencement du XVIᵉ siècle, il y eut un tailleur de pierre

nommé Anzolino, à Mantoue, qui travailla aux sculptures de deux mausolées. C'est peut-être le même artiste.

AODO Nagata Zenkichi
Né en 1747 à Sukagawa. Mort en 1822. XVIIIᵉ-XIXᵉ siècles. Japonais.
Peintre de paysages.
Il fit partie de l'école de Yoga, et étudia la peinture Nanga sous la direction de Gessen ; il s'intéressa plus tard à la peinture occidentale. Il fut au service du seigneur Matsudaira comme peintre. Il peignit des paysages.

AOKI Daijo
Né en 1891 à Osaka. XXᵉ siècle. Japonais.
Peintre animalier.
Il fut élève du Collège d'Art de Kyôto. Il participe aux expositions du *hintosha*, puis du *Dainichi Bijutsu In*.

AOKI Hiroshi
Né en 1933 à Tokyo. XXᵉ siècle. Japonais.
Sculpteur. Cinétique.
Il fut élève de l'Université de Musashino, dans la section Beaux-Arts, à Tokyo. Il a montré ses œuvres dans des expositions personnelles à Tokyo en 1966 et 1967.

AOKI MOKUBEI. Voir MOKUBEI

AOKI-SHIGERU
Né en 1882 à Fukuoka. Mort en 1911. XXᵉ siècle. Japonais.
Peintre de figures.
Il fut élève de Koyama Shotaro, qui s'était formé à la peinture occidentale et qui avait ouvert une Ecole Privée à Tokyo. Il revint se fixer à Fukuoka. Il reçut une distinction lors d'une exposition de *Hakubakai*.

AOKI Sokei
XVIIᵉ siècle. Japonais.
Peintre.
Il appartenait au monastère de Taïma, dans la province de Yamato. Une seule œuvre de lui nous est parvenue. C'est un grand Kakemono, ou « Mandara », c'est-à-dire : « Ensemble pourvu de la forme parfaite », nom que donnaient souvent les Japonais à certains groupements symboliques des divinités et par extension à de grandes compositions d'ensemble figurant dans leur totalité des sujets mystiques, tels que le Paradis de Soukhavati, représenté par le Kakémono de Aoki Sokoi. Il représente Amida entouré de ses deux fils spirituels, Kanon et Seisi et de plusieurs centaines de Bodhisatwas, qui sont, après les Bouddha, les plus hauts degrés de la Sainteté Bouddhique. Bien que ce sujet, dont l'origine remonte au VIIIᵉ siècle environ, ait été très souvent traité, la peinture d'Aoki Sokei méritait une mention spéciale par la délicatesse de l'exécution et le style très pur des figures. ■ Henri Portier

AONDI Antoine
XVIᵉ siècle. Actif au début du XVIᵉ siècle. Français.
Peintre.
Il vivait à Saint-Paul de Vence. On cite de lui à la chapelle de l'Hôpital d'Antibes un *Christ porté sur le suaire*.

AOUAD Farid
Né en 1924 à Maïdan. Mort en 1982. XXᵉ siècle. Actif aussi en France. Libanais.
Peintre de compositions à personnages, de figures. Postimpressionniste.
Il fut élève de l'Académie Libanaise des Beaux-Arts, de 1943 à 1947, puis de l'Ecole des Beaux-Arts de Paris, où il fréquenta surtout les Ateliers libres d'Othon Friesz et d'André Lhote, de 1948 à 1951. Il retourna au Liban pour sept ans et, en 1959, se fixa définitivement à Paris, où il termina sa vie malade et dans la misère. Il figura à Paris au Salon des Réalités Nouvelles en 1963-1964, exposa en Allemagne en 1969, à Rome en 1972. En 1982, le Musée Sursock de Beyrouth lui consacra un hommage dans une exposition groupant quelques artistes disparus.
Dans une technique postimpressionniste par touches brèves et juxtaposées, apparentée à la technique du pastel, il a souvent représenté des foules, sur le quai du métro parisien, attendant le train dans une gare ou bien des personnages du quotidien aux terrasses de cafés.
BIBLIOGR. : In : Catalogue de l'exposition *Liban – Le regard des peintres*, Institut du Monde Arabe, Paris, 1989.
VENTES PUBLIQUES : PARIS, 9 déc. 1985 : *Terrasses de café*, h/t (90x87) : FRF 7 000.

AOUSTEN
XIXᵉ-XXᵉ siècles. Actif à Avignon. Français.

Sculpteur.

Il reçut, en 1861, la commande d'une partie des sculptures du nouveau Palais de justice à Marseille.

AOYAMA Kumaji
Né en 1886 à Hyôgo. Mort en 1932. xxᵉ siècle. Japonais.
Peintre.

Il fut élève de l'Ecole des Beaux-Arts de Tokyo. Il fit un long séjour en Europe. Il travaillait sur des grands formats.

AOYAMA San-U
xxᵉ siècle. Japonais.
Calligraphe. Traditionnel.

Il a fait partie de la sélection japonaise à la Biennale de São Paulo en 1961.

AOYAMA Yoshio
Né le 10 janvier 1894 à Kanagawa. xxᵉ siècle. Japonais.
Peintre de paysages, natures mortes, fleurs, nus.

Il s'initia à l'aquarelle au sein de l'Association Japonaise d'Aquarellistes. Il vint en France après la première guerre mondiale. Il y fut élève de Matisse. A Paris, il a exposé au Salon d'Automne de 1921 à 1934, et au Salon des Indépendants de 1928 à 1930. De même que Oguiss l'a fait après la seconde guerre mondiale, Aoyama a adopté une facture totalement occidentale, dans la tradition figurative, pour peindre le paysage français. Outre quelques natures-mortes de fleurs, il a aussi peint des nus.

VENTES PUBLIQUES : PARIS, 24 mars 1930 : *A la campagne, le soir* : FRF 920 – PARIS, 2 mars 1942 : *Pot et assiette – Pot et boite d'allumettes* : FRF 1 400 – PARIS, 19 mars 1951 : *Paysage du Midi* : FRF 1 500 – VERSAILLES, 12 mars 1967 : *Fleurs dans un vase* : FRF 450 – PARIS, 21 nov. 1980 : *Fleurs*, h/t (55x46) : FRF 3 500 – PARIS, 6 avr. 1981 : *Jeux dans le parc*, h/t (73x92) : FRF 9 000 – LYON, 1ᵉʳ déc. 1987 : *Nature morte au pichet 1927*, h/t (46x55) : FRF 13 000 – NEW YORK, 7 mai 1991 : *La plage*, h/t (60x72,8) : USD 6 050 – NEUILLY, 17 juin 1992 : *Bouquet de fleurs*, h/t (46x55) : FRF 8 500 – PARIS, 10 avr. 1996 : *La vache rouge 1925*, h/cart. (47x70) : FRF 11 000 – PARIS, 25 mai 1997 : *Nature morte au bougeoir 1927*, h/pan. (41x32,5) : FRF 7 000.

APARICI. Voir aussi AMERIGO Y APARICI

APARICI J.
xixᵉ siècle. Italien.
Graveur.

Ce graveur et éditeur de planches à la manière noire fut cité par Le Blanc, travaillait en 1831.

APARICI SOLANICH Antonio
Né au xixᵉ siècle à Valence. xixᵉ siècle. Espagnol.
Peintre de fleurs.

En 1878, il offrit à la reine Mercédès, première femme d'Alphonse XII, un tableau de fleurs qui établit sa réputation. On cite de lui *Souvenir de Valence, Bouquet de fleurs, une Grotte.*

APARICIO Antonio
xxᵉ siècle. Vénézuélien.
Peintre.

Il a participé à la 2ᵉ Exposition Hispano-Américaine à Paris en 1950 avec Balthazar Lobo et Hector Poléo.

APARICIO Esteban
Né au xixᵉ siècle à Madrid. xixᵉ siècle. Espagnol.
Peintre.

Élève de son père, José Aparicio. Il fut professeur de dessin à l'institut de Santander, et au conservatoire des arts à Madrid (1870). Il a fait un *Portrait d'Alphonse XII.* Aparicio a publié une traduction du livre du docteur Fau : *Anatomie des formes extérieures du corps humain.*

APARICIO Vincent
Né vers 1787 à Alicante. xixᵉ siècle. Espagnol.
Sculpteur.

Il entra dans les ateliers de Chaudet et de Vincent au mois d'août 1806.

APARICIO Y INGLADA José
Né en 1770 selon certains biographes ou en 1773 à Alicante (Valence). Mort en 1838 à Madrid. xviiiᵉ-xixᵉ siècles. Espagnol.
Peintre d'histoire, compositions religieuses, sujets allégoriques, batailles, portraits.

Il fut élève de l'Académie des Beaux-Arts de Valence, puis de celle de Madrid. Il vint ensuite à Paris, en 1799, étudier dans l'atelier de David, comme pensionnaire de la Cour d'Espagne. Le registre de l'École des Beaux-Arts de Paris mentionne son entrée à la date du 9 vendémiaire an VIII. Il séjourna ensuite à Rome. De retour dans son pays en 1814, il devint peintre de cour de Ferdinand VII, puis fut nommé directeur de l'Académie des Beaux-Arts de Madrid.

On cite de lui : *La Sainte-Trinité*, au cloître des Capucines à Madrid ; *La bataille de San Marcial* ; *Athalie* ; *l'Épidémie d'Espagne* ; et un certain nombre de portraits.

BIBLIOGR. : In : *Dictionnaire de la peinture espagnole et portugaise du Moyen-Âge à nos jours*, coll. Essentiels, Larousse, Paris, 1989.

MUSÉES : CASTRES : *Socrate instruisant un jeune poète* – MADRID (Mus. du Prado) : *L'année de la famine à Madrid – Rachat de captifs.*

APARICIO MORENO Manuel, don
xviiiᵉ siècle. Actif à Tolède. Espagnol.
Peintre sur verre.

Vers 1773, il peignit des vitraux à Tolède et à Léon.

APARIN Sergei
Né en 1961 à Voronez. xxᵉ siècle. Russe.
Peintre de compositions animées. Fantastique.

Il fut élève de l'Institut d'Art de Voronez. Ses peintures se situent dans un courant des années quatre-vingt qui a trouvé un public pour une imagerie fantastique, chez lui prolongée dans le domaine de la science fiction, cautionnée par une technique artisanale du détail.

MUSÉES : GRUYÈRES (Mus. du Centre Internat. de l'Art Fantastique) : *Musique des Sphères.*

APARTIS Athanase
Né à Smyrne. xxᵉ siècle. Grec.
Sculpteur de bustes, peintre de portraits.

Il a exposé au Salon d'Automne depuis 1921, au Salon des Tuileries depuis 1923, au Salon des Indépendants depuis 1926. Il semble avoir cessé d'exposer en 1938. Bustes ou portraits, il a surtout travaillé d'après des personnalités du moment, par exemple : l'ancien Premier Ministre grec Venizelos, le philosophe français Alain, le romancier Georges Duhamel. Il a aussi exposé des statuettes.

APATI. Voir THAN Moritz

APATURIOS
Originaire d'Alabanda (Carie). Actif à l'époque hellénistique. Antiquité grecque.
Peintre décorateur.

Il avait, nous apprend Vitruve, décoré les murs de l'*Ekhlesiasterion de Tralles* avec une extraordinaire peinture où l'on voyait une architecture déjà riche et chargée d'une abondante parure plastique (statues, centaures soutenant l'architrave, corniches en têtes de lions), s'élever un deuxième ensemble comportant des dômes, des porches, des demi-frontons et autres ornements architecturaux. L'artiste avait savamment ménagé les différentes teintes, de façon qu'il semblait que toutes les saillies fussent réellement en relief, et les habitants de Tralles étaient fort satisfaits, lorsque le mathématicien Likymnios leur fit remarquer qu'on avait jamais vu de maisons ni de colonnes posées sur les toits et les tuiles d'autres maisons, et convainquit Apaturios de changer sa décoration. Ce peintre est intéressant comme précurseur du style décoratif en honneur au temps de Vitruve : style purement ornemental, sans souci des possibilités architectoniques (le petit théâtre de Pompéi).

APCHER Lucile, Mlle
Née à Paris. xxᵉ siècle. Française.
Peintre de paysages, natures mortes, fleurs.

Expose au Salon des Indépendants à Paris entre 1926 et 1929 des natures mortes, des paysages et des fleurs.

APCHIE de GREZELS Blanche Clémentine
Née à Bordeaux (Gironde). xxᵉ siècle. Française.
Peintre de portraits et d'histoire.

Elle fut élève de William Bouguereau et de Gabriel Ferrier à l'Ecole des Beaux-Arts de Paris. A partir de 1900, elle a figuré assez régulièrement à Paris au Salon des Artistes Français, exposant en général des portraits, sauf la première année où elle envoya une peinture d'histoire : *Charles VIII enfant à Amboise*, sans doute dernier écho des sujets proposés alors aux Beaux-Arts. Elle semble avoir cessé d'exposer à partir de 1922.

VENTES PUBLIQUES : CHARTRES, 2 juin 1984 : *Jeune paysanne avec gerbe sur le dos 1897*, h/t (100x72) : FRF 9 500.

APEGHEHEM Henry d'
D'origine flamande. xive siècle. Éc. flamande.
Sculpteur ornemaniste.
Il travailla en 1356-1357, au château d'Escaudœuvres, près Cambrai.

APEL Hans
xviie siècle. Actif à Nuremberg vers 1654. Allemand.
Graveur au burin.
Ses gravures jouirent d'une grande popularité.

APEL J.
xviiie siècle. Vivait à Cassel. Allemand.
Aquafortiste.
Meyer lui attribue, sous réserve, huit eaux-fortes. D'après W. Schmidt, cet artiste est peut-être identique à J.-H. Apel ou à Wilhelmina-Caroline von Apell, née Tischbein, qui, elle aussi, grava à l'eau-forte et vécut à Cassel.

APEL J. H.
xviiie siècle. Actif à la fin du xviiie siècle. Allemand.
Graveur à l'eau-forte.
Travailla aux gravures des œuvres de Teniers et d'autres maîtres, dont il sut rendre à la perfection les qualités. Il ne faut pas le confondre avec le peintre décorateur Johann Henrich Apel, vivant à la même époque.

APEL Marie
Née à Upton Park. xxe siècle. Britannique.
Sculpteur.
Elle expose des bustes à Paris à la Société Nationale des Beaux-Arts en 1912 et aux Artistes Français en 1913.

APELDOORN Jan
Né le 27 janvier 1765 à Amersfoort. Mort le 10 février 1838 à Amersfoort. xviiie-xixe siècle. Hollandais.
Peintre de paysages et dessinateur.
Il fit ses études artistiques dans sa ville natale puis il alla s'établir à Utrecht, où il demeura près de cinquante ans. Il fit peu de peinture à l'huile et se consacra surtout au dessin. Il vint finir ses jours à Amersfoort. Son héritage, composé de dessins et de quelques tableaux, a été vendu aux enchères publiques en 1839.

APELLAS
ve-ive siècles avant J.-C. Vivait au tournant du ve et du ive siècle avant Jésus-Christ. Antiquité grecque.
Sculpteur.
Il ne fait qu'un vraisemblablement avec APELLEAS, fils de Kalliklès, artiste mégarien de l'école de Théokosmos, disciple de Phidias. Apellas avait fait, au témoignage de Pline, des *Femmes en prière* (« adorantes se » et non « adornantes » malgré Amelùng). D'autre part, Pausanias lui attribue un *char attelé* avec son conducteur et *Cynisca*, fille d'Archidamos, la première femme qui eut été jugée digne de la victoire dans l'hippodrome de l'Altis. On situe cette consécration sous le règne d'Agésilaos de Sparte, frère de Cynisca : plus précisément entre 396 et 389.

APELLE Auguste
Né à Constantinople (Istanbul). xxe siècle. Français.
Peintre de paysages, fleurs, portraits.
Il a exposé à Paris à partir de 1923 dans différents Salons annuels : des Tuileries, des Indépendants, et une fois à celui de la Société Nationale des Beaux-Arts en 1938. Il semble qu'il n'ait plus exposé ensuite. Surtout peintre de paysages, de fleurs, de marines aussi, il a peint quelques portraits, dont celui d'*Aristide Briand*.
Ventes Publiques : Paris, 22 mars 1926 : *Rivière* : FRF 380 – Paris, 7 avr. 1943 : *Marine* : FRF 700.

APELLES, fils de Pythéas ou **Apelle**
Originaire de Colophon (Lydie). ive siècle avant J.-C. Actif dans la seconde moitié du ive siècle avant Jésus-Christ. Antiquité grecque.
Peintre.
Il est considéré comme le plus grand nom de l'école de Sicyone. Son père, Pythéas, semble appartenir à la grande lignée de toreutes ioniens ; son frère, Ktésilochos (ou Ktésiochos) était peintre comme lui-même. Après avoir été élève de l'Éphésien Éphoros, Apelles suivit les leçons de Pamphilos, le chef de la fameuse école Sicyonienne : ces années d'apprentissage le mettent en possession d'une technique très sûre sans étouffer en lui le tempérament ionien, et son génie très personnel s'affirme. Vers 340, âgé d'une trentaine d'années (?) Apelles se rend en Macédoine, patrie de Pamphilos, où il devient le peintre de cour

ordinaire de Philippe et d'Alexandre : ce dernier lui donnera, comme au sculpteur Lysippe et au graveur Pyrgotélès, le privilège exclusif de reproduire ses traits. L'expédition d'Asie le ramène en Ionie et il est alors Éphésien d'adoption *(thesei)*. Différents voyages conduisent encore l'artiste à Kos (il est parfois désigné comme *Kôos*), à Rhodes (où il rencontre Protogènes) et aussi à Alexandrie d'Égypte (où il est mal reçu par Ptolémée Sôter) ; mais on ne peut préciser la chronologie de ses déplacements. Il est vraisemblable en tout cas qu'Apelles est mort à Kos, alors qu'il travaillait à une *Aphrodite*. Les anecdotes sur Apelles sont nombreuses mais n'offrent, pour la plupart, aucune garantie d'authenticité. En vain a-t-on voulu leur donner pour source une soi-disant autobiographie : tout ce que l'artiste a écrit doit être cet ouvrage théorique sur la peinture destiné, nous dit Pline, à son disciple Perseus. Invraisemblables sont ses réponses à Alexandre : que ses appréciations faisaient rire même les petits enfants qui broyaient les couleurs, ou que son cheval, en hennissant devant son image équestre, prouvait qu'il s'y connaissait mieux que lui en peinture. Le premier de ces « mots » est d'ailleurs attribué à Zeuxis, et le second se réfère au lieu commun de la ressemblance parfaite. De même pour l'histoire de l'éponge, qui, lancée dans un geste de désespoir, va justement mettre à la bouche du cheval peint l'écume que l'artiste s'efforçait en vain de rendre : l'anecdote est rapportée parfois à Protogène ou à Néalkès ! Quant à l'injonction adressée à un cordonnier qui avait fait rectifier un détail du soulier, « de ne pas juger au-dessus de la chaussure », est l'histoire étiologique. Plus véridiques pourraient être ces critiques, devant un tableau d'*Hélène*, somptueusement parée. « Tu ne pouvais pas la faire belle alors tu l'as faite riche », et devant un tableau bâclé que son auteur se vantait d'avoir achevé dans un temps très bref : « Je m'étonne seulement que tu n'en aies pas fait comme cela un plus grand nombre » ; mais ces répliques n'ont pas une valeur individuelle assurée. Restent les anecdotes sur le talent de l'artiste et les jugements qu'il aurait portés sur ses contemporains : là nous avons peut-être des témoignages assez fidèles. Apelles, nous dit-on, reconnaissait à Mélanthios la supériorité dans la composition et à Asklepiodoros une harmonie plus grande dans la proportion des parties du corps, mais il affirmait l'emporter sur tous par la *grâce (charis)* ; et tel semble bien avoir été son mérite suprême. Vis-à-vis de Protogènes, d'autre part, retenons, sinon la tradition selon laquelle il l'aurait « lancé » en faisant courir le bruit qu'il allait acheter ses œuvres pour les revendre comme siennes, du moins la légende des trois lignes de plus en plus fines tracées par les deux artistes, concours où Apelles avait eu le dessus. Il y a là une indication de sa virtuosité en *dessin* que confirment la devise « nulla dies sine linea » et l'histoire qui le montre faisant reconnaître à Ptolémée en quelques traits au charbon l'homme qui lui avait transmis une fausse invitation au banquet royal. Notons enfin l'attrait pour les *couleurs* fraîches et les formes nerveuses qui, selon la tradition, porta l'attention d'Apelles sur la jeune Laïs, rencontrée près de la fontaine Peiréné, à Corinthe. Ces indications sont complétées par le renseignement, donné par Pline, que l'artiste peignait dans les quatre couleurs traditionnelles (blanc, noir, rouge, jaune) mais se servait d'un vernis de sa composition pour éclaircir les teintes sombres et adoucir les taches trop éclatantes. Même si l'on écarte la grande composition collective pour laquelle il aurait collaboré avec Mélanthios (*Aristratos sur un char conduit par la Victoire*), l'œuvre personnelle d'Apelles reste abondante et variée. Son *Aphrodite Anadyomène*, exécutée pour l'Asklépieion de Kos et plus tard transportée à Rome par Auguste, est célébrée par des épigrammes enthousiastes. La déesse était représentée sortant de la vague, seul le haut du corps hors de l'eau, et tordant ses cheveux. L'exécution en était si parfaite que le jour où la peinture vint à être endommagée, nul n'osa, dit-on, se charger de la retoucher. Une seconde *Aphrodite* (à Kos ?) resta inachevée, l'artiste étant mort, nous apprend Cicéron, quand il n'en était arrivé qu'à la partie supérieure de la poitrine. L'une de ces deux peintures est-elle la *Mononèmos* dont parle Pétrone ? Nous l'ignorons, de même que nous sommes mal renseignés sur les autres images divines exécutées par Apelles : une *charis* vêtue qui était à Smyrne, une *Tyché* assise, une *Artémis* dans le chœur des Nymphes conservée à Éphèse, un *Héros* nu, et un *Héraklès* de dos, non signé, mais qui, à Rome, passait pour être de sa main. Par contre, nous connaissons de lui toute une série de portraits : *Philippe*, qui était borgne et que l'artiste représentait sans doute de profil, de même qu'*Antigonos*, *Alexandre tenant le foudre* (Éphèse) œuvre dont on peut se faire une idée par une gemme signée Neison ; nous savons que le roi était peint à la manière ancienne, en couleur sombre, et Pline rapporte que la main tenant le foudre semblait sortir du tableau, *Alexandre avec son cheval* (Éphèse), *Alexandre avec Niké et les Dioscures* et *Alexandre sur le char triomphal* : l'un et l'autre transportés sur le forum d'Auguste à Rome. Différents personnages aussi de la suite d'Alexandre : *Archélaos* avec sa femme et sa fille (groupe qui fait songer à certains reliefs funéraires), *Néoptolémos* combattant à cheval contre les Perses (composition qui pouvait être analogue au relief de Dexileos), *Kleitos* à cheval prenant son casque des mains d'un valet d'armes, *Antigonos* et son cheval à la bataille, *Antigonos* à cheval, de profil... Et il faut citer encore une favorite d'Alexandre, *Pankaspé*, nue (Apelles en serait tombé amoureux et le roi lui aurait fait cadeau de cette femme), le satrape *Ménander* et *Antaios* (Rhodes), le tragédien *Gorgosthénès* (Alexandrie), *Habron* (Samos). – plus des « expirantium imagines » (figures funéraires ou combattants blessés à mort). Restent trois grands ensembles à multiples personnages : *la Procession du Mégabyze* (Éphèse) qui se réduisait peut-être au groupe principal, *le Sacrifice du taureau* (Kos) qui était surtout admiré par les anciens pour le délicat incarnat du plus jeune servant et les reflets brillants des ustensiles en argent, et enfin le fameux tableau de la *Calomnie*, décrit par Lucien et que Botticelli et Dürer auraient essayé de reconstituer. Circonvenu par Ignorance et Prévention, un juge aux grandes oreilles tend la main vers Calomnie, très belle, le teint allumé par la colère et par la rage, qui, tenant une torche de la main gauche, traîne de la main droite, par les cheveux, un jeune homme qui lève les bras au ciel pour prendre les dieux à témoin ; Jalousie la précède sous les traits d'un homme pâle aux yeux perçants, et elle est accompagnée par Cabale et Tromperie, tandis que, par derrière Remords, une femme en vêtements sombres et déchirés, se retourne en pleurant vers Vérité. Voir dans ces personnages de froides allégories, c'est méconnaître des créations bien vivantes du sentiment artistique et religieux, toutes proches, d'ailleurs, des *Bronté, Astrapé* et *Kéraunobolia* dont font mention certains textes : nul doute qu'elles fussent dignes du grand Apelles.

APENZALLER Franz ou Appenzeller
XVIᵉ siècle. Actif à Chur. Suisse.
Peintre.
Il fut maître de Hans Ardüser. On connaît de cet artiste des peintures allégoriques décoratives, qu'il exécuta vers 1580, dans une maison particulière de Flims.

APERGIS Achille
Né en 1909 à Corfou. XXᵉ siècle. Grec.
Sculpteur. Abstrait.
Il fut élève de l'École des Beaux-Arts d'Athènes. Il a participé à des expositions collectives, parmi lesquelles les Biennales de Venise, São Paulo, Padoue. Il a aussi montré ses œuvres dans des expositions personnelles en Grèce, Angleterre, Italie, etc.
Jusqu'en 1950, sa sculpture était figurative, il évolua ensuite progressivement à l'abstraction. Dans une première série de sculptures en tôles métalliques soudées, les volumes se référaient encore à l'observation de la nature. Ensuite, il prit comme matériaux des barres de fer qui donnèrent aux sculptures un aspect plus robuste dans un caractère plus détaché de la figuration. Dans une période suivante, à partir de 1962, il édifia des ensembles constitués d'éléments verticaux, barres ou plaques de bronze. Ensuite, utilisant des fils métalliques assemblés par fusion, il a créé des formes inspirées des systèmes combinatoires complexes et aboutis des structures cristallines.
BIBLIOGR. : Denys Chevalier, in : *Nouveau diction. de la sculpt. mod.*, Hazan, Paris, 1970.
VENTES PUBLIQUES : PARIS, 5 oct. 1996 : *Palais de chimère* vers 1968, sculpt. fer oxydé et soudé (212x37x40) : **FRF 19 000.**

APEUS Cornelis
XVIIᵉ siècle. Actif à Groningue vers 1634-1635. Hollandais.
Graveur en taille-douce.
Il habita Leeuwarden en 1666. A Amsterdam, il grava, avec M. Noé, la reproduction du tableau de F. Carré : *Obsèques du gouverneur Guillaume Frédéric.* Il a gravé aussi quelques portraits, celui de Cornelis Guilielmus Cromstreyen, probablement en 1688.

APFALTERER Martin
Né près d'Innsbruck. XVIIᵉ siècle. Autrichien.
Peintre.
Cet artiste n'est connu que par ses différents avec les peintres d'Innsbruck.

APFELAMANN Hans
XVIᵉ siècle. Travaillait à Vienne dans la seconde moitié du XVIᵉ siècle. Autrichien.
Peintre.
Il fut chargé de décorer un certain nombre d'appartements du vieux Burg, à Vienne.

APFELBAUM Polly
Née en 1955 à Abington (États-Unis). XXᵉ siècle. Américaine.
Sculpteur. Abstrait.
Elle vit et travaille à New York. Elle participe à des expositions collectives, notamment en 1997 à la Biennale d'art contemporain de Lyon. Elle montre ses œuvres dans des expositions personnelles à partir de 1986 dans des galeries des États-Unis, notamment : 1996, Boesky & Callery, New York.
La sculpture de Polly Apfelbaum se veut simple et directe. Avec des matériaux immédiatement identifiables comme le bois et l'acier, l'œuvre véhicule tout un jeu d'écritures ouvrant sur de multiples interprétations, comme les références aux poèmes de Federico Garcia Lorca et les romans d'Italo Calvino. Ses sculptures utilisent des formes géométriques comme le cercle, allusion à la lune et au visage et des symboles issus des cultures populaires. Elle met également en scène la situation de la femme privilégiant dans certaines de ses œuvres des matériaux « féminins » comme des tissus, du velours...
BIBLIOGR. : S. Westfall, in : *Art in America*, déc. 1988 – P. C. Philips, in : *Art Forum*, sept. 1988 – M. R. Rubinstein et D. Wiener, in : *Flash Art*, été 1988 – M. Babius, in : *Kunstform*, jan. 1989.

APHRODISIOS I
Originaire de Tralles (Carie). Antiquité grecque.
Sculpteur.
Selon Pline, des œuvres de lui se trouvaient dans les Palais impériaux de Rome.

APHRODISIOS II, fils de Démétrios
Actif à la fin de l'époque impériale. Antiquité grecque.
Sculpteur.
Il nous est connu par son épitaphe, retrouvée devant les murs de Rome, entre la Via Latina et la Via Appia. Nous savons ainsi qu'on le nommait aussi Épaphras et qu'il était *agalmatopoios egkauslès.*

APICE Vincenzo d'
XVIIIᵉ siècle. Travaillait à Naples. Italien.
Sculpteur.
Exécuta à Naples, en 1748, sous la direction de l'architecte Constantino Manni, au cloître Croce di Lucca, les pignons et certaines parties de la porte.

APIN Mochtar
XXᵉ siècle. Indonésien.
Peintre de compositions animées, paysages, natures mortes.
Il fut élève à l'École des Beaux-Arts Seni-Rupa à Bandung créée en 1950, où il eut pour professeur le peintre hollandais Ries Mulder, et où il enseigna à partir de 1964. Il participa, en 1971, à la première exposition d'art graphique de la galerie-studio Decenta, fondée par Pirous.
BIBLIOGR. : Jutta Stöter-Bender : *L'Art contemporain dans les pays du « tiers-monde »*, L'Harmattan, Paris, 1995.

APLEMAIN Pierre
XVᵉ siècle. Bourguignon, actif à Dijon au commencement du XVᵉ siècle. Français.
Sculpteur.
Travailla, vers 1401, sous la direction de Claus Sluter, au portail de l'église des Chartreux de Champmol près de Dijon.

APOIL Charles
Né à Sèvres. XIXᵉ-XXᵉ siècles. Français.
Peintre de genre.
Fils de Charles Alexis. Exposa aux salons de Paris, depuis 1887, à peu près tous les ans jusqu'en 1919. Chevalier de la Légion d'honneur.

APOIL Charles Alexis
Né le 24 octobre 1809 à Nantes. Mort le 22 décembre 1864 à Sèvres. XIXᵉ siècle. Français.
Portraitiste et peintre de genre.
Il fut élève d'Eugène Deveria et travailla aussi à la Manufacture de porcelaine de Sèvres (1851-1864). Le Musée d'Avignon possède de lui un portrait de *César de Bus*, fondateur de la congrégation de la Doctrine chrétienne.

APOIL Suzanne Estelle, née **Béranger**
Née le 19 octobre 1825 à Sèvres. Morte après 1874. XIXe siècle. Française.
Peintre de figures, natures mortes, fleurs et fruits, aquarelliste, peintre sur émail, copiste.
Cette artiste, femme de Charles-Alexis Apoil, travailla surtout à la Manufacture de Sèvres. Le gouvernement lui confia, en 1874, la décoration des deux vases offerts à l'impératrice de Russie. En dehors de ses travaux professionnels, elle exposa, depuis 1846, des aquarelles, des peintures sur émail, des fleurs, des figurines, des copies de Raphaël et de Guido Reni.
VENTES PUBLIQUES : PARIS, 9 déc. 1966 : *Nature morte aux fruits* : **FRF 700** – MONACO, 17 juin 1989 : *Fleurs sur un entablement de pierre* 1846, h/t (62,5x79) : **FRF 105 450** – NEW YORK, 23-24 mai 1996 : *Panier de fleurs, nid, baies et oiseaux au bord d'une rivière* 1849, h/t (64,8x54) : **USD 9 200**.

APOL, Jr.
XVIe siècle. Hollandais.
Peintre ou dessinateur.
Sa célébrité acquise dans la seconde moitié du XVIe siècle, aux Pays-Bas, serait une erreur. La personnalité d'Apol Junior dont on ne trouve aucune trace par ailleurs serait fictive, à moins qu'il ne s'agisse de Franciscus de Wit.

APOL Armand Adrien Marie
Né en 1879 à Bruxelles. Mort en 1950. XXe siècle. Belge.
Peintre de paysages, marines, graveur.
Il a surtout exposé en Belgique, et notamment à l'Exposition Internationale et Universelle de Bruxelles en 1910. En France il a figuré au Salon des Artistes Français de Paris en 1906 et au Salon d'Automne de 1922. Il a surtout peint des paysages belges, soit de la campagne, soit des villes, avec une prédilection pour les bords de rivières ou de canaux. Il a aussi gravé d'après des peintres belges célèbres.

Armand Apol

BIBLIOGR. : W. Ritter : *Armand Apol*, Genève, 1919.
MUSÉES : VERVIERS .
VENTES PUBLIQUES : BRUXELLES, 3 mai 1943 : *La bruyère* : **BEF 8 500** – BRUXELLES, 1er mars 1967 : *Bateaux sur le canal* : **BEF 16 000** – BRUXELLES, 11 avr. 1972 : *Vue de Bruges* : **BEF 9 500** – ANVERS, 6 avr. 1976 : *Bateaux le long du quai*, h/pan. (24x32) : **BEF 22 000** – BERNE, 27 avr. 1978 : *Nature morte aux fleurs* 1920, h/t (50x60) : **CHF 1 300** – BRUXELLES, 22 nov. 1979 : *Barques et péniches à Nieuport*, h/t (100x120) : **BEF 65 000** – ANVERS, 22 avril 1980 : *Sur la terrasse* 1920, h/t (85x110) : **BEF 120 000** – SAN FRANCISCO, 18 mars 1981 : *Les prisonniers* 1915, aquar. (71x103) : **USD 750** – BRUXELLES, 21 mai 1981 : *Maisons espagnoles le long du canal en hiver*, h/t (85x106) : **BEF 55 000** – BERNE, 7 mai 1982 : *Bords de l'Arve*, h/t (35x45) : **CHF 2 500** – BRUXELLES, 28 avr. 1983 : *Paysage avec canal* 1902, h/t (90x80) : **BEF 45 000** – LOKEREN, 20 oct. 1984 : *Bord de rivière* 1940, h/pan. (45x55) : **BEF 48 000** – ANVERS, 22 oct. 1985 : *La loge*, h/t (32x65) : **BEF 55 000** – BRUXELLES, 23 sep. 1986 : *Barques sur le canal*, h/t (85x105) : **BEF 90 000** – LOKEREN, 8 oct. 1988 : *La danse* 1924, h/t (83x70) : **BEF 110 000** – LONDRES, 21 fév. 1989 : *La danse* 1924, h/t (81,3x68,5) : **GBP 3 300** – ANVERS, 18 avr. 1989 : *Marine*, h/t (100x120) : **BEF 200 000** – BRUXELLES, 19 déc. 1989 : *Vue de village*, h/t (53x62) : **BEF 20 000** – LOKEREN, 15 mai 1993 : *« Foorwagens »*, h/t (60x80) : **BEF 60 000** – LOKEREN, 8 oct. 1994 : *Paysage de rivière avec des barques*, h/t (101x120) : **BEF 85 000** – AMSTERDAM, 31 mai 1995 : *Barques de pêche dans un port*, h/t (64x75) : **NLG 7 670** – LOKEREN, 11 oct. 1995 : *Péniches en hiver*, h/t (75x90) : **BEF 60 000** – LOKEREN, 11 oct. 1997 : *Vue en Provence*, h/t (54x65) : **BEF 70 000**.

APOL Lodewyk Franciscus, Hendrick pour **Louis**
Né le 6 septembre 1850 à La Haye. Mort en 1936. XIXe-XXe siècles. Hollandais.
Peintre de paysages animés, paysages, paysages d'eau, peintre à la gouache, aquarelliste, dessinateur.
Il fut élève de J. Hoppenbrouwer et de Pierre Stortenbeker. Cet artiste obtint un grand succès à l'Exposition de La Haye, en 1875, avec son tableau *Hiver dans la forêt*, acquis par l'État. Il a depuis pris une place importante parmi les peintres hollandais modernes.
MUSÉES : AMSTERDAM : *Jour de Janvier* – LA HAYE (Mus. comm.) : *Paysage d'hiver, bois de La Haye – Soir sur la Uddelermer – Cou-*

cher de soleil en hiver – MONTRÉAL : *Le Velp près de Arnheim* – MUNICH : *Matin d'hiver* – ROTTERDAM (Boy mans) : *Paysage d'été*.
VENTES PUBLIQUES : PARIS, 1900 : *Soir d'hiver* : **FRF 1 365** – NEW YORK, 12-13 mars 1903 : *Soirée d'hiver* : **USD 110** – NEW YORK, 13 nov. 1908 : *Dordrecht* : **USD 150** – NEW YORK, 14 nov. 1908 : *Chaumière en hiver* : **USD 200** – NEW YORK, 15 nov. 1908 : *Lune d'hiver* : **USD 250** – AMSTERDAM, avr. 1947 : *Paysage d'hiver* : **NLG 360** – LONDRES, 13 nov. 1963 : *Paysage fluvial par temps d'hiver* : **GBP 320** – AMSTERDAM, 24 juin 1966 : *Route enneigée* : **NLG 3 000** – AMSTERDAM, 11 mai 1971 : *Paysage d'hiver* : **NLG 6 300** – AMSTERDAM, 12 mars 1976 : *Deux personnages sur une route enneigée*, h/t (79x62) : **NLG 130 000** – NEW YORK, 7 oct. 1977 : *Paysage de neige*, h/t (57x82,5) : **USD 9 500** – BERNE, 2 mai 1979 : *Paysage d'hiver boisé*, temp. (48x61) : **CHF 2 700** – AMSTERDAM, 15 mai 1979 : *Kermesse dans une ville de Hollande*, h/t (54x74,5) : **NLG 20 000** – AMSTERDAM, 24 fév. 1981 : *Paysage au pont*, gche (16x20,5) : **NLG 2 400** – COPENHAGUE, 28 avr. 1981 : *Paysage boisé sous la neige* 1889, h/pan. (48x36) : **DKK 32 000** – AMSTERDAM, 15 mars 1983 : *Char à foin dans une forêt enneigée*, h/t (68,7x53,5) : **NLG 10 500** – AMSTERDAM, 28 mai 1986 : *Une forêt en hiver*, h/t (63x86) : **NLG 16 000** – DÜSSELDORF, 1er avr. 1987 : *Paysage fluvial en hiver*, h/t (30x41) : **DEM 7 000** – AMSTERDAM, 10 fév. 1988 : *Une forêt en hiver*, h/t (24x31) : **NLG 1 725** – AMSTERDAM, 26 mars 1988 : *Cours d'eau sous la lune*, h/pan. (24x35) : **NLG 8 625** – AMSTERDAM, 3 mai 1988 : *Paysans traversant un pont de bois au-dessus d'un ruisseau enneigé devant la ferme*, h/t (58x44) : **NLG 36 800** – AMSTERDAM, 30 aoû. 1988 : *Ferme près d'un ruisseau en hiver*, h/t (33x45) : **NLG 8 625** – AMSTERDAM, 16 nov. 1988 : *Carriole sur un chemin enneigé en forêt*, aquar. et gche/pap. (15x20) : **NLG 1 955** ; *Paysans suivant un tombereau sur un chemin enneigé, le village de Beekbergen au fond*, h/t (80x120) : **NLG 39 100** – AMSTERDAM, 10 avr. 1990 : *Paysage hivernal avec un cavalier sur le chemin de halage près d'un voilier*, aquar. et gche/pap. (36x55) : **NLG 9 775** – AMSTERDAM, 2 mai 1990 : *Paysage d'hiver avec des paysans dans une barque au crépuscule*, h/t (54x74) : **NLG 48 300** – AMSTERDAM, 5-6 nov. 1991 : *Canards sur une mare en forêt* 1870, aquar. (44,5x35,5) : **NLG 5 980** ; *Figures et attelage devant le Gevangenenpoort à La Haye en hiver*, h/t (44x59) : **NLG 59 800** – MONTRÉAL, 19 nov. 1991 : *Toutes voiles dehors*, aquar. (53,3x41,1) : **CAD 2 000** – AMSTERDAM, 22 avr. 1992 : *Paysage d'hiver avec un paysan guidant une barque à la perche entre les blocs de glace et une paysanne sur un chemin enneigé*, h/t (41x60) : **NLG 55 200** – AMSTERDAM, 2 nov. 1992 : *L'orée du bois en hiver*, h/pan. (27,5x41,5) : **NLG 13 800** – AMSTERDAM, 21 avr. 1993 : *Tombereau à cheval sur un chemin enneigé sous un soleil d'hiver*, h/t (122x81,5) : **NLG 34 500** – LONDRES, 18 juin 1993 : *Retour à la maison*, h/t (56x76) : **GBP 10 350** – AMSTERDAM, 7 nov. 1995 : *Paysage d'hiver avec un personnage sur un chemin enneigé le long d'une rivière*, h/pan. (24x32) : **NLG 17 110** – AMSTERDAM, 16 avr. 1996 : *Bûcheron rentrant avec sa charrette de bois par un chemin enneigé*, aquar. et gche (37x51,5) : **NLG 13 570** – AMSTERDAM, 30 oct. 1996 : *Paysage d'hiver avec un paysan et ses chevaux sur un chemin enneigé aux abords d'un château*, h/t (60x88) : **NLG 78 417** – AMSTERDAM, 19-20 fév. 1997 : *Paysan et cheval traversant un pont près d'un moulin à vent dans un paysage hivernal*, cr., encre noire, aquar. et past./pap. (37x26,5) : **NLG 3 459** – AMSTERDAM, 22 avr. 1997 : *Vue du Merwede près de Dordrecht*, h/t/pan. (35,5x52) : **NLG 20 680** – AMSTERDAM, 2 juil. 1997 : *Ramasseurs de bois en lisière de forêt au crépuscule*, h/t (31,5x41,5) : **NLG 14 991** – AMSTERDAM, 27 oct. 1997 : *Une allée enneigée*, h/t (70x55) : **NLG 68 440**.

APOL Yan
Né à Leyde. XXe siècle. Hollandais.
Sculpteur et peintre de portraits.
Il semble ne s'être manifesté en France qu'au Salon d'Automne de Paris en 1913, avec un buste du poète américain *Walt Whitman*, probablement imaginaire puisque celui-ci était mort depuis 1892.

APOLLINAIRE Guillaume, pseudonyme de **Kostrowitzky Wilhelm Albert Wladimir Alexander Apollinaris de**
Né le 26 août 1880 à Rome. Mort le 9 novembre 1918 à Paris. XXe siècle. Français.
Peintre et dessinateur amateur.
Il était fils d'une Polonaise et d'un Italien. Après avoir fait ses études à Monaco, Nice, puis Paris, il commença en 1902 à écrire pour diverses publications, dont *La revue blanche*. En 1913, il

fonda *Les soirées de Paris*. Le grand poète, romancier, drama-turge, essayiste, critique d'art, fut étroitement lié à l'art vivant de son époque. Comme ses amis, il s'intéressa aux primitifs, à l'art nègre, aux dessins d'enfants. Il fut un des découvreurs du doua-nier Rousseau, et surtout il fit connaître Picasso, Braque, Matisse, Dufy, Derain, Vlaminck, Friesz, Boccioni, Balla, Carrà, Severini, et la liste n'est pas exhaustive. En 1913 il publia *Les peintres cubistes*, première approche théorique de l'une des avant-gardes historiques les plus importantes du début du siècle. A partir de cette prise de conscience, il en distingua un courant sous l'apellation d'*Orphisme*, et qui comprenait, entre autres, Kupka et Robert Delaunay. Ami des futuristes italiens, il sut comprendre aussi la dérive « métaphysique » de Chirico. Dans le sous-titre de sa pièce *Les mamelles de Tirésias* il inventa le mot *surréalisme*.

Enfin, en amateur mais amateur éclairé et prolifique, lui-même a dessiné, aquarellé, soit sur des feuillets séparés, soit sur les lettres envoyées à ses amis. Son compagnon, le poète André Sal-mon possédait bon nombre de ces missives enluminées, en par-ticulier envoyées du front. Ses dessins aquarellés étaient même en général dotés de titres : *Les fraises au Mexique* de 1916 – *Nu au bord de la rivière* aquarelle et gouache de 1916 aussi. Il a publié le recueil d'idéogrammes : *Et moi aussi je suis peintre*, il a ranimé l'ancienne tradition des calligraphes, de la Renaissance ou de civilisations autres, dans son recueil : *Calligrammes*. Enfin, on peut dire que, compagnon de vie de Marie Laurencin, il sut guider ses débuts de peintre. ■ Jacques Busse

BIBLIOGR. : Catalogue de l'exposition *Apollinaire*, Bibliot. Nat., Paris, 1969.

VENTES PUBLIQUES : PARIS, 25 juin 1986 : *Paysage*, gche (21x27) : **FRF 19 000** ; *Ce qu'on peut s'amuser avec les nombres astrono-miques ! !*, aquar. (13x21,5) : **FRF 26 000** – PARIS, 25 juin 1986 : *Portrait de sa mère Madame de Kostrowzky*, dess. (31x20) : **FRF 11 000** –PARIS, 04 mars 1989 : *Les fraises au Mexique* 1916, aquar./cr./pap. (20,4x12,9) : **FRF 235 000**.

APOLLINI
XIXe siècle. Actif vers 1840. Italien.
Graveur au burin.

APOLLODORO Francesco, dit di Porcia
XVIe siècle. Actif à Padoue au milieu du XVIe siècle. Italien.
Peintre.
Cet artiste figure dans la liste des peintres de Padoue en 1606, et eut comme élève Giambattista Bissono. Dario Varotari fut son maître. Il se fit connaître en publiant les portraits de tous les pro-fesseurs de Padoue de son temps.

APOLLODORO Paolino
Né à Padoue. XVe-XVIe siècles. Italien.
Peintre.
Il fit le portrait d'Alessandro Fortezza. Pietrucci le croit identique à Francesco Apollodoro, d'autres biographes le supposent fils ou neveu de celui-ci.

APOLLODOROS I
V^e-IVe siècles avant J.-C. Antiquité grecque.
Bronzier.
Pline le cite comme auteur de statues de philosophes, et raconte que, dans son insatiable appétit de perfection, il avait détruit, à peine achevées, la plupart de ses œuvres : d'où son surnom de « fou ». Silanion dans le portrait qu'il fit d'Apollodoros, avait bien marqué, paraît-il, le caractère extravagant de l'artiste ; mais nous ne savons rien d'autre de ce portrait dont Kekulé voulait reconnaître la copie dans le buste d'*Eschyle* du Capitole. Rien ne nous est conservé de l'œuvre d'Apollodoros ; seule une inscrip-tion mutilée portant son nom a été retrouvée sur l'Acropole d'Athènes. Il est vraisemblable que le bronzier Apollodoros s'identifie avec le fervent disciple de Socrate, natif de Phalère, dont nous parlent le *Banquet* de Platon, l'*Apologie* et le *Phédon*.

APOLLODOROS II, fils de Zénon de Phocée
Actif à l'époque hellénistique. Antiquité grecque.
Sculpteur.
Son nom se lit sur une base d'Erythrae découverte à proximité du port, qui supportait la statue-portrait d'un certain *Theudoros, fils d'Artémon.*

APOLLODOROS III, fils de Menestratos
Actif à l'époque hellénistique. Antiquité grecque.
Sculpteur.
Artiste dont une signature a été trouvée à Milet.

APOLLODOROS, dit le Skiagraphe
Ve siècle avant J.-C. Actif à Athènes vers 430-415 av.J.-C. Antiquité grecque.

Peintre.
Il fut, selon la tradition, le véritable pionnier de la grande pein-ture. On dit qu'il a peint sur tablettes de bois en utilisant l'eau mélangée au jaune d'œuf. Avant lui, Agatharchos avait posé le problème de la perspective et cherché, en peignant des décors de théâtre, à donner l'illusion de la réalité. Mais Apollodoros fut, semble-t-il, le premier à noter correctement les ombres portées et à tirer parti des oppositions d'ombre et de lumière, tant pour les paysages que pour le rendu des formes corporelles. Plu-tarque précise qu'il procédait par tons dégradés et atténués.

De ses tableaux, par contre, on ne nous cite que très brièvement quelques sujets : un *Prêtre en prière*, un *Ulysse* coiffé du pilos, un *Ajax foudroyé*, et une composition inspirée des « Suppliantes » d'Euripide : *Alkmène et sa petite-fille Makaria* implorant contre Eurystheus l'assistance de Démophon (d'ailleurs, pour cette der-nière œuvre, le nom de Pamphilos est également prononcé).

On croit reconnaître son influence sur les peintures de vases des dernières années du Ve siècle ; d'ailleurs Pline nous fait savoir qu'il peignit des monochromes en blanc. Il avait ouvert la porte de l'art, dit une épigramme, et Zeuxis y passa. Nul doute que l'œuvre de ce dernier fit plus ou moins oublier celle de son prédécesseur. Mais Apollodoros défendit âprement sa gloire (« mômèsetai tis mallon è mimèsetai », ce qui peut se tra-duire par « il est plus facile de critiquer que d'imiter ») et son nom est encore connu à une époque tardive.

APOLLONI Adolfo
Né en 1845 à Rome. XIXe siècle. Italien.
Sculpteur.
Chercha d'abord longtemps sa voie, essaya des sciences exactes, puis s'adonna à la sculpture. Il commença par voyager pendant deux ans tant en France qu'en Angleterre et en Amé-rique. Il rentra à Rome où il s'établit définitivement. On lui doit plusieurs fontaines décoratives. Il obtint une médaille d'or à l'Ex-position Universelle de 1900 à Paris, avec une statue de marbre : *Le Poète.*

APOLLONIO
XIIIe siècle. Italien.
Peintre.
Travailla à la voûte du baptistère de Florence.

APOLLONIO, maestro
XVIe siècle. Travaillait à Venise vers 1561. Italien.
Sculpteur d'ornements.

APOLLONIO Giacomo
Né en 1582 ou 1584 à Bassano. Mort le 2 décembre 1654 à Bassano. XVIIe siècle. Italien.
Peintre.
Il était petit-fils de Giacomo da Ponte et fut l'élève de ses oncles Girolamo et Giambattista da Ponte. Appolonio a peint, dans la cathédrale de Bassano, une *Madeleine*, et dans l'église des Padri Reformati, un *Christ sur la croix, adoré par Saint Bonaventure*, signé et daté de 1611. Son ouvrage le plus estimé est *Saint Sébas-tien et d'autres Saints*, dans l'église de ce saint. On possède encore de cet artiste une *Madone avec Saint Laurent et Saint Charles* et une *Assomption*.

VENTES PUBLIQUES : LONDRES, 30 juin 1965 : *La procession* : **GBP 2 400**.

APOLLONIO Marcantonio
Né en 1653. Mort en 1729. XVIIe-XVIIIe siècles. Actif à Bassano. Italien.
Peintre.
A peint de nombreuses fresques.

APOLLONIO Marina
XXe siècle. Suisse (?).
Sculpteur. Cinétique.
MUSÉES : LAUSANNE (Mus. canton. des Beaux-Arts) : *Dinamica circolare 6S/5F* 1970.

APOLLONIO Petrocchi da Ripatransone
Né en 1440. Mort à Assise, ou Ripatransone selon d'autres sources. XVe siècle. Italien.
Sculpteur sur bois.
Il était fils du sculpteur Giovanni Petrochi. Il a sculpté le chœur de l'église basse San Francesco à Assise. Appolonio fut pro-bablement l'élève de Paolino di maestro Giovanni da Ascoli et s'associa avec lui vers 1469. Il se retira à Assise vers 1475 et y mourut.

APOLLONIO de Bonfratelli ou da Capranica. Voir BON-FRATELLI

APOLLONIO del Celandro
XVᵉ siècle. Travaillait à Pérouse vers 1470. Italien.
Miniaturiste.
D'après Gualandi, il a peut-être été confondu avec le peintre du même nom qui vivait à Florence en 1461.

APOLLONIOS I de Magnésie
IIIᵉ-IIᵉ siècles avant J.-C. Actif à l'époque hellénistique. Antiquité grecque.
Sculpteur.
Son nom se lit sur une base retrouvée à Délos devant les grands Propylées ; elle supportait une consécration du *Koinon tôn nèsiôtôn* et se date de la fin du IIIᵉ siècle avant Jésus-Christ ou du début du IIᵉ siècle.

APOLLONIOS II, fils d'Archias
Originaire de Marathon. IIIᵉ siècle avant J.-C. Actif à l'époque hellénistique. Antiquité grecque.
Sculpteur.
Son nom se lit sur une base d'Athènes, qui se date, d'après la forme des lettres, du IIIᵉ siècle avant Jésus-Christ. On a, par ailleurs, une signature d'Archias, fils d'Apollonios. A cette famille d'artistes appartient aussi vraisemblablement Apollonios VI.

APOLLONIOS III, fils d'Artémidoros et fils adoptif de Ménékratès
Originaire de Tralles (Carie). Antiquité grecque.
Sculpteur.
Avec son frère Tauriskos, il représenta Amphion et Zéthos liant au taureau leur belle-mère Dirké. Ce groupe sculpté dans un seul bloc, au dire de Pline, passa de Rhodes à Rome où il devint la propriété d'Asinius Pollion. Le *Taureau Farnèse* (Musée de Naples) trouvé au XVIᵉ siècle dans les Thermes de Caracalla traite le même sujet. Si l'on fait abstraction des figures ajoutées par le copiste, on peut y reconnaître la composition dramatique de l'œuvre originale, animée certes, mais de facture encore sévère. Apollonios et Tauriskos étaient-ils contemporains des maîtres Rhodiens du Laocoon ?

APOLLONIOS IV, fils de Tauriskos
Actif à l'époque impériale (?). Antiquité grecque.
Bronzier.
Peut-être avons-nous là le fils ou le petit-fils de l'un des artistes du Taureau de Dirké. Sa signature se lit sur une base retrouvée dans le théâtre de Magnésie du Méandre. La statue de bronze que supportait cette base était consacrée à Dionysos Enagonios.

APOLLONIOS V, fils de Nestor
Iᵉʳ siècle avant J.-C. Athénien, actif dans la première moitié du Iᵉʳ siècle avant Jésus-Christ. Antiquité grecque.
Sculpteur.
Il a signé (sur la courroie du ceste de la main gauche) le *Pugiliste* de bronze du Musée des Thermes (Rome), et il est également l'auteur du fameux *Torse du Belvédère*, où l'on a vu, longtemps, à tort, un Héraklès (la peau de bête qui couvre le siège est une peau de panthère et non une peau de lion). Le style d'Apollonios, fils de Nestor, visiblement éclectique, dénote du goût, sinon une originalité bien grande.

APOLLONIOS VI, fils d'Archias
Originaire d'Athènes. Iᵉʳ siècle avant J.-C.-Iᵉʳ siècle. Actif à l'époque augustéenne. Antiquité grecque.
Bronzier.
Il appartient vraisemblablement à la même famille que Apollonios II. Nous lui devons un *buste* en bronze, d'exécution parfaite, qui reproduit la tête du Doryphore de Polyclète. Ce document trouvé dans la Villa dei papiri, à Herculanum, est conservé au Musée de Naples.

APOLLONIOS VII
Antiquité grecque.
Sculpteur.
D'après Chalcidius, il travailla à une image chryséléphantine de Jupiter Capitolin. Si Chalcidius emprunte son information à Cicéron, l'œuvre d'Apollonios s'élevait sans doute dans le temple bâti par Sylla qui, en 69 après Jésus-Christ, brûla entièrement, et peut-être une monnaie d'argent de Galba nous en offret-elle la reproduction. Mais si, dans ce passage, Chalcidius ne démarque pas un écrivain antérieur, il faut songer plutôt au temple bâti par Domitien en 82 après Jésus-Christ.

APOLLONIOS VIII
Originaire d'Athènes. Actif à l'époque impériale. Antiquité grecque.

Sculpteur.
La signature de lui qu'on peut lire sur un fragment de statue du Musée de Sparte ne permet aucune assimilation avec l'un des artistes précédents.

APOLLONIOS IX
Actif à l'époque impériale. Antiquité grecque.
Sculpteur.
Auteur d'une statue d'Apollon trouvée près d'Aricia dans les ruines d'un temple. Il s'agit d'une élégante copie en marbre de l'Apollon archaïque en bronze de Pompéi. Le document, après avoir appartenu à la collection Despuig, de Majorque, est passé à la Glyptothèque Ny Carlsberg de Copenhague. La signature ne correspond ni à Apollionos VI ni à Apollionos VII.

APOLLONIOS X, fils d'Ainéas
Antiquité grecque.
Sculpteur.
Son nom se lit sur une inscription votive de Smyrne.

APOLLONIOS XI, fils de Hermod(oros) d'Alexandrie
Iᵉʳ siècle. Antiquité grecque.
Sculpteur.
Sculpteur grec dont le nom se lit (avec celui de son fils Démétrios) sur une inscription de Messène que l'on date du Iᵉʳ siècle après Jésus-Christ.

APOLLONIOS XII
Peut-être d'origine égyptienne malgré son nom grec. Antiquité grecque.
Sculpteur.
Il a signé et consacré un relief représentant une *tête d'Isis* de pur style égyptien : le document appartenait à la collection Hoffmann.

APONTE Pedro de ou Ponte
Né au début du XVᵉ siècle à Saragosse (Aragon). XVᵉ siècle. Espagnol.
Peintre de compositions religieuses.
Il fut peintre de Jean II d'Aragon. Ferdinand V l'appela en Castille et le nomma, en 1479, « pintor de camera ». On croit qu'il étudia en Italie avec Luca Signorelli et Ghirlandajo. On le considère comme un des fondateurs de l'école d'Aragon.
Il peignit un tableau d'autel à San Lorenzo, à Huesca et d'autres tableaux religieux tels que le tableau d'autel à Sainte-Madeleine de Saragosse. Ces toiles furent presque toutes détruites au XVIIIᵉ siècle.
VENTES PUBLIQUES : MILAN, 4 avr. 1989 : *Sainte Catherine d'Alexandrie*, h/pan. à fond d'or (99x43) : **ITL 19 000 000.**

APONTE Sébastian de
XVIᵉ siècle. Travaillait à Médina del Campo. Italien.
Sculpteur sur bois.
Cet artiste sculpta les stalles de l'église collégiale Saint-Antolin à Médina del Campo.

APOSTOLI Nicodemo
XVIIᵉ siècle. Actif dans la seconde moitié du XVIIᵉ siècle. Italien.
Peintre.
On a de cet artiste également moine un portrait du Christ qui se trouve dans l'église Saint-Athanase, à Lithines, en Crète.

APOSTOOL Cornelis
Né le 6 août 1762 à Amsterdam. Mort le 10 février 1844 à Amsterdam. XVIIIᵉ-XIXᵉ siècles. Hollandais.
Peintre, graveur.
Ce fut surtout un amateur. Ayant travaillé la peinture et la gravure à l'aquatinte, il visita l'Angleterre et revint dans son pays en 1796. En 1808, il fut nommé directeur du Musée d'Amsterdam, poste qu'il conserva jusqu'à sa mort. On a de lui : le *Portrait de Lavinia Feuton, duchesse de Bolton*, d'après Hogarth, des paysages, des vues du Sud de la France et des vues de l'Hindoustan, d'après Daniell.
MUSÉES : AMSTERDAM : *Paysage italien avec cascade.*

APOSTU George
Né le 20 décembre 1934 à Stanisesti. XXᵉ siècle. Actif en France. Roumain.
Sculpteur de monuments. Abstrait.
Il a été diplômé de l'Institut d'Arts Plastiques Nicolas Grigorescu de Bucarest en 1959, ayant eu le sculpteur Constantin Baraschi comme maître... Il participe à de nombreuses expositions collectives en Roumanie, France où il prit part à la Biennale des Jeunes de Paris en 1967, Italie, Belgique, Angleterre, Hollande, Allemagne, Danemark, etc. Il a pris part à de nombreux symposiums

de sculpture en France, Roumanie, Autriche, Hongrie, Yougo-slavie, Japon. Il a obtenu plusieurs Prix, notamment ceux de l'Académie de la République Populaire Roumaine et de l'Union des Artistes Plasticiens de Roumanie. Il a également bénéficié de bourses d'études en France, Italie et Danemark. Depuis sa pre-mière exposition personnelle à Bucarest en 1964, il a exposé en France, pour la première fois à Paris en 1967, Belgique, Italie, Danemark, Finlande, etc. Il a quitté définitivement la Roumanie depuis 1982 et s'est établi à Paris. Ses œuvres se trouvent en grand nombre dans des parcs, sur des places publiques de plu-sieurs pays, Roumanie, France, Italie, Autriche, Hongrie, etc. Il a aussi créé des décors de théâtre au Canada.

Dans une première période, il s'est inspiré de l'art populaire rou-main traditionnel, puis évolua très tôt dans le sens d'une abstrac-tion croissante, suivant en cela l'exemple de Brancusi, dont l'abstraction part presque toujours d'un regard sur la réalité extérieure, tête féminine, oiseau, etc. Apostu pratique la taille directe sur bois et sur pierre ou marbre, sur bois, dans la tradi-tion populaire, pour exprimer les formes primordiales, dans son cycle majeur de *Père et fils*, dans celui du *Christ crucifié*, dans quelques portraits, par exemple celui de *Hélène Négri*, sur pierre ou marbre pour exprimer la plénitude des volumes galbés, qu'il polit alors très méticuleusement. Un autre cycle important, celui des *Papillons*, est constitué de piliers de bois, dont certains ont la forme de vis-sans-fin, rappelant encore la *Colonne sans fin* de Brancusi. Lorsque certaines des sculptures, primitivement conçues pour le bois, doivent être érigées en extérieur dans des lieux publics, Apostu les réalise en pierre pour des raisons de préservation, ainsi en fut-il pour le cycle de *Père et fils* à Magura, Grenoble, Voronetz, pour le cycle des *Femmes lapones* à Lindabrunn et Magura. Malgré le poids de l'héritage bran-cusien, Apostu a su affirmer sa propre personnalité.

■ Jacques Busse

Bibliogr. : Octavian Barbosa : *George Apostu*, Méridiane, Bucarest, 1968 – Denys Chevalier, in : *Nouveau diction. de la sculpt. mod.*, Hazan, Paris, 1970 – Ionel Jianou : *George Apostu*, éditions Mayer, 1985 – *Les Artistes roumains en Occident*, Acade-dem. américano-roumaine des arts et sciences, Los Angeles, 1986 – Ionel Jianou et Gabrielle Ionesco : *Témoignages sur Apostu*, Association des Amis de George Apostu, 1987.

Ventes Publiques : Paris, 14 avr. 1991 : *L'église Arbore* 1990, h/t (85x85) : FRF 4 300.

APÔTRES de..., Maîtres des. Voir MAITRES ANO-NYMES

APOUX Joseph
Né vers 1860 au Blanc (Indre). XIXᵉ siècle. Français.
Peintre d'histoire, scènes de genre.
Élève de Gérome, il a participé aux Salons de Paris, à partir de 1880 et a pris part à l'Exposition internationale de Blanc et Noir de 1886.
Il montre un goût pour le baroque et parfois le tragique, dans des toiles où la touche est rapide et riche.
Bibliogr. : Gérald Schurr : *Les Petits Maîtres de la peinture 1820-1920, valeur de demain*, t. IV, Les Éditions de l'Amateur, Paris, 1979.

APP Bernd
XVIIᵉ siècle. Allemand.
Sculpteur.
Après avoir travaillé avec Hans Hartung le jeune, il exécuta la chaire qui figure toujours dans la petite église des anciens luthé-riens à Wernigerode (Saxe).

APP Peter Wilhelm
Né à Darmstadt. XIXᵉ siècle. Actif au début du XIXᵉ siècle. Alle-mand.
Peintre d'histoire.
Il étudia à Munich et à Düsseldorf. On possède de lui le plan d'une fresque, *Le Jugement de Midas*, pour le château de M. de Plessen à Eller près Düsseldorf, un tableau, *Hermann vainqueur retourne chez les siens*, exposé à Darmstadt en 1841, *Luther au Reichstag*, à Worms (1521), gravé par Anschütz.

APPARICIO, abbé
Mort en 1787. XVIIIᵉ siècle. Portugais.
Peintre.
Peintre de portraits célèbres, suivant Taborda.

APPARUIT Jacques
Né en 1666. Mort le 23 décembre 1737. XVIIᵉ-XVIIIᵉ siècles. Français.

Peintre.
Son acte de décès, publié par Herluison, le mentionne comme peintre de « Sa Majesté catholique ».

APPARUTI Albert Léon ou Apparoti
Né à Pouilly-sur-Saône (Côte-d'Or). XIXᵉ siècle. Français.
Peintre de paysages.
Élève d'Harpignies, Dubufe et Mazerolle. Exposa aux Salons de 1875 à 1877 : *Le Hoc à Cancale (Ille-et-Vilaine)* et *Environs d'Auvers-sur-Oise*. Le Musée de Louviers conserve de lui : *Marine, Marée basse*.

APPAY Émile
Né en 1876. Mort en 1935, accidentellement. XXᵉ siècle. Fran-çais.
Peintre de paysages, aquarelliste, pastelliste.
Il fut élève d'un grand-père, imprimeur lithographe, et il reçut les conseils de Henri Harpignies et Paul Lecomte. De 1922 à 1932, il parcourut plusieurs pays d'Europe, participant à la réali-sation des décors de théâtre de la troupe de Georges Pitoëff. À Paris, il participait au Salon des Artistes Français, dont il était sociétaire, et exposait dans plusieurs galeries de l'époque.
Il a surtout peint de nombreux paysages de France et de Corse.

APPEL Amalie, née Tischbein
XVIIIᵉ siècle. Travaillait en Allemagne. Allemande.
Miniaturiste.
On possède d'elle, au Musée de Kassel, le *Portrait de Philippine de Hesse*, signé et daté de 1780.

APPEL André
Né en 1920 en Afrique du Nord. XXᵉ siècle. Français.
Peintre de figures, paysages.
Il fut élève de Roger Debat né à Constantine, et de Paul Jobert né à Tlemcen. Il participe à des expositions collectives, notamment au Salon des Indépendants de Paris depuis 1955. Il a montré un ensemble de ses peintures dans une exposition personnelle à Paris en 1982. Sa peinture est marquée par le souvenir de sa jeu-nesse méditerranéenne.

APPEL Arnout
Né en 1645 ou 1646 à Rotterdam. XVIIᵉ siècle. Hollandais.
Peintre.
Il se maria à Amsterdam le 5 avril 1670.

APPEL Charles P.
Né le 11 juillet 1877 à Brooklyn. Mort en 1928. XXᵉ siècle. Américain.
Peintre de paysages.
Il fut élève de William Chase, Francis Luis Mora, Frédérick Du Mond, à la National Academy of Design de New York.
Ventes Publiques : New York, 26 juin 1981 : *Vue de Manhattan*, h/t (23x30,8) : USD 850 – Detroit, 21 déc. 1983 : *Paysage au cré-puscule*, h/t (30,5x56) : USD 1 000 – New York, 15 mars 1986 : *Paysage au coucher de soleil*, h/t (51,1x76,8) : USD 8 500 – New York, 24 juin 1988 : *Ville portuaire à la tombée de la nuit*, h/t (45x60) : USD 5 225 – New York, 14 fév. 1990 : *Le demi-jour*, h/t (36x51) : USD 2 200 – New York, 31 mars 1994 : *Retour à la mai-son*, h/t (50,8x76,2) : USD 2 300.

APPEL Huybertus
Né en 1647 à Rotterdam, de parents qui habitèrent ensuite le Danemark. XVIIᵉ siècle. Hollandais.
Peintre.

APPEL Jacob
Né vers 1719 à Amsterdam. XVIIIᵉ siècle. Hollandais.
Peintre décorateur.
Fils et élève de Jacob Appel. Son portrait, par lui-même, est conservé au Musée d'Amsterdam.

APPEL Jacob
Né le 29 novembre 1680 à Amsterdam. Mort le 7 mai 1751. XVIIIᵉ siècle. Hollandais.
Peintre, miniaturiste.
Il apprit le dessin chez Timotheus de Graef, puis la peinture chez David van der Plaes et chez Albert Meyeringh. Après différents séjours à Haarlem et à La Haye, il retourna à Amsterdam, où, grâce à la protection de Clifford, il trouva à peindre des por-traits. Marié en 1702, il s'adonna à la peinture décorative dans le Hoogstraat et plus tard encore à Vijgendam. Son œuvre princi-pale date de 1725. Son fils Jacob et l'un des fils de Gérard de Lai-resse furent ses élèves.
Musées : Amsterdam : *Intérieur d'une maison*, miniat..

APPEL Karel
Né le 25 avril 1921 à Amsterdam. XXᵉ siècle. Actif en France. Hollandais.

Peintre de compositions murales, nus, portraits, animaux, paysages, peintre à la gouache, aquarelliste, peintre de technique mixte, collages, sculpteur, lithographe. Expressionniste. Groupe COBRA.

Il fut élève, en même temps que Corneille, de l'Académie des Beaux-Arts d'Amsterdam, de 1940 à 1943, ayant des intérêts mélangés pour l'impressionnisme, l'École de Paris, les arts primitifs, africains en particulier, Picasso, et montrant dans son travail les influences mêlées de Picasso, Klee et Matisse. En 1946, il se rendit en Belgique avec Corneille. Il exposa pour la première fois en 1946. En 1947 il rencontra Constant. En 1948 il participa à la création d'un *Groupe expérimental*, avec ses compatriotes Corneille et Constant, complété par la revue *Reflex*, en opposition à l'abstraction géométrique alors dominante au Pays-Bas dans le sillage de Mondrian et van Doesburg. En 1949 le groupe s'intégra au groupe COBRA, dans une parfaite concordance de vues : distances envers la sclérose post-cubiste des « peintres de la tradition française », références à l'expressionnisme et à l'abstraction non-géométrique, lyrique et gestuelle, volonté d'expérimentation des matériaux et des techniques de l'expression picturale, désir exprimé d'expérimenter aussi les possibilités de création collective. Pour Appel, ce fut l'époque, 1947, des assemblages anthropomorphiques, et, 1948-1949, de la série de peintures tri-dimensionnelles des *Enfants interrogateurs*. Appel se fixa à Paris à partir de 1950. Il participe aux plus importantes manifestations internationales : Biennales de São Paulo et de Venise, Documenta de Kassel. En 1954, il obtint le Prix de l'UNESCO à la Biennale de Venise, en 1959 le Prix de Peinture de la Biennale de São Paulo, en 1960 le Prix International de la Fondation Guggenheim. Il montre aussi évidemment sa peinture et sa sculpture dans de très nombreuses expositions personnelles à travers le monde, dont l'énumération n'appartient pas aux normes d'une notice de dictionnaire. À Paris, Michel Tapié organisa sa première exposition à New York en 1954, en même temps que son exposition parisienne au Studio Facchetti. Très jeune, il avait déjà reçu commande de peintures murales pour l'hôtel de ville d'Amsterdam, qui, refusées, avaient été recouvertes. Peu après 1950, il put exécuter une décoration murale pour le Musée municipal d'Amsterdam, en 1955 il peignit le *Mur de l'énergie* à Rotterdam, symbolisant sur cent mètres de long l'évolution de l'homme à partir du chaos originel, et en 1958 il fit une décoration murale au Siège de l'UNESCO à Paris : *Rencontre au printemps*, et, la même année, peignit la coupole du Pavillon Néerlandais à l'Exposition Internationale de Bruxelles. À partir de 1960, il exécuta quelques collages en incorporant dans les peintures des fragments de journaux. En 1961, il réalisa des grandes sculptures en bois d'olivier, taillé à la hache et polychromé, et, à plusieurs reprises, il créa des sortes de bas-reliefs colorés et des constructions spatiales en matières synthétiques. En 1968, il réalisa, à Rotterdam, un relief en béton armé et vitrail de vingt-cinq mètres de long.

Avant d'être élève de l'Académie d'Amsterdam, Appel avait peint quelques paysages sans grande originalité. Au cours de ses années d'Académie, il subit successivement ou simultanément les influences déjà évoquées. L'apparition de sa personnalité se produisit avec la création du *Groupe expérimental* et la fusion dans COBRA. L'expressionnisme abstrait, en opposition radicale avec toutes les formes d'abstraction géométrique ou de constructivisme, requit alors toute son attention. Il correspondait pour lui à des exigences spirituelles inhérentes au contexte artistique de l'après-guerre. Après quelques peintures encore influencées par la figuration expressionniste d'Ensor, Appel, en accord avec les principes COBRA, pratiqua une peinture violemment gestuelle et matiériste, dénuée de toute référence à quelque réalité. Cette exigence était dans l'air du temps et se manifestait au même moment et sous une forme différente dans l'*action painting* américaine. Toutefois, il se rendit compte très vite que son expression véhémente et bariolée s'accommodait mal de s'exercer dans le vide de l'informel, et par un retour aux sources du dessin d'enfants ou de primitifs, il reconstitua à son propre usage un graphisme à l'état sauvage, qui lui permet ce minimum de figuration allusive dont il éprouve le besoin pour exprimer pleinement, d'abord peignant des paysages imaginaires, des animaux indéfinissables, des nus douloureux, des enfants sauvages, puis dans les portraits de musiciens de jazz, Count Basie, Miles Davis, Dizzy Gillespie, exécutés en 1957 pendant son premier séjour aux États-Unis qui fut suivi de nombreux autres, les séries de portraits et de nus de 1962-1963, les sentiments violents que lui inspire le monde. En 1964, il débuta la réalisation de grands reliefs polychromes et de sculptures en bois et polyester, puis en 1971 de sculptures en aluminium peint. En 1976, il collabora à des peintures murales avec les habitants des bidonvilles de Lima au Pérou. En 1977-1979, il commença les séries des *Arbres*, des *Champs*, des *Fenêtres*. Il a voulu créer une peinture « barbare », aux visages grimaçant ou hurlant, aux empâtements de couleurs exacerbées, dans laquelle se sont parfois incorporés des massacres de poupées en Celluloïd et de jouets guerriers. Il aima toujours, et c'est une de ses caractéristiques, collecter les objets de rebut, les déchets urbains, pour les recycler dans ses peintures. En 1982, il peignit une série de portraits imaginés, il n'est d'ailleurs pas certain que ceux-ci soient toujours pertinents. Si ceux de Sartre et de Kafka peuvent émouvoir, ceux de Mahler ou de Einstein laissent réticent. Jean Messagier se heurte par périodes à ce même piège : l'image dans l'image, le mouton dans le nuage, la figuration insolite dans l'abstraction. La peinture de Appel peut apparaître comme la pure expression d'une colère destructrice et d'une violence vengeresse. Robert Rousseau fait remarquer que l'art hollandais a toujours été écartelé entre les deux pôles extrêmes : Vermeer et Franz Hals, Breitner et Van Gogh, Mondrian et Appel. Et pourtant les peintures de Appel ne sont pas si désespérées. D'ailleurs, de temps à autre, surviennent des séries dans lesquelles les formes s'apaisent en courbes tendres et les couleurs, naguère encore agressives, s'enchantent de leurs éclats joyeux. Cette gaieté fut très évidente dans une série de peintures en relief, faites de contreplaqués découpés et collés les uns sur les autres, technique souvent employée par Arp puis par Dubuffet. Quand il s'y agit de choses malfaisantes, les œuvres de Appel ne s'y complaisent pas, mais, tentent de les exorciser, et, bien plus souvent, il faut y voir, venant de ce bon géant quelque peu toni-truant qui déverse dans sa peinture son trop-plein d'énergie, une célébration primitive de la condition humaine, plutôt dyonisiaque même s'il ne cherche pas à dissimuler que la colère y a sa part. ■ Jacques Busse

BIBLIOGR. : H. Klikenberg : *Karel Appel*, Pastra, vol. I, n° 3, 1946 – Christian Dotremont : *Appel*, Biblioth. COBRA, Copenhague, 1950 – Michel Tapié : *Un art autre*, Paris, 1952 – Hugo Klaus : *Appel*, Abrahms, New York, 1962 – J. Vryman : *La vérité de Karel Appel*, Livre de poche, Amsterdam, 1962 – Hugo Klaus : *Karel Appel painter*, Strengolt, Amsterdam, 1962 – S. Vinenoog : *L'histoire de Karel Appel, une épreuve de constatation*, Livre de poche, Bruna, Utrecht, 1963 – P. Bellew : *Karel Appel de 1943 à 1967*, Fabbri, Milan, 1967 – Pierre Restany : *Street Art de Karel Appel*, Galilée, Paris, 1982 – Michel Ragon : *Catalogue raisonné des peintures de Karel Appel, 1937-1957*, Edit. Art Center et Galilée, Paris, 1988 – Jean-Clarence Lambert : *Karel Appel, œuvres sur papier* Cercle d'Art, Paris, 1988 – Caroline Naphegyi : *La peinture à bras-le-corps de Karel Appel*, in : Beaux Arts, n° 145, mai 1996.

MUSÉES : AMSTERDAM (Stedelijk Mus.) – ANVERS (Mus. roy. des Beaux-Arts) – BRUXELLES (Mus. des Beaux-Arts) – CARACAS (Mus. Della Artes) – COPENHAGUE (Nat. Mus.) – DUNKERQUE – HAARLEM (Franz Hals Mus.) – LIÈGE (Mus. des Beaux-Arts) – LONDRES (Tate Gal.) : *Hip, Hip, Hourra* 1949 – MONTRÉAL (Mus. d'Art Contemp.) : *Drôle de tête* 1966 – NEW YORK (Mod. Art Mus.) – NEW YORK (Sol. Guggenheim Mus.) – PARIS (Mus. Nat. d'Art Mod.) : *Enfants interrogeant* 1948 – ROTTERDAM (Mus. Boymans) – UTRECHT (Central Mus.) : *La Rencontre*.

VENTES PUBLIQUES : NEW YORK, 15 avr. 1959 : *Garçon dans la lune* : USD 400 – LONDRES, 4 mai 1960 : *Tapié-Lupasco* : GBP 500 – NEW YORK, 26 avr. 1961 : *Le vent flambant* : USD 2 500 – GENÈVE, 11 nov. 1961 : *Composition*, aquar. : CHF 2 400 – MILAN, 13-15 nov. 1962 : *Lucie et son animal* : ITL 2 200 000 – PARIS, 14 juin 1963 : *Paysage tournant* : FRF 10 000 – NEW YORK, 6 avr. 1967 : *Danse dans un espace blanc* : USD 3 250 – GENÈVE, 13 juin 1970 : *Nu flambant* : CHF 19 000 – MILAN, 12 déc. 1972 : *Pastorale* : ITL 4 500 000 – LONDRES, 4 avr. 1974 : *Personnage* 1957 :

GBP 7 500 – Amsterdam, 15 nov. 1976 : *Oiseau* 1950, bronze (H. 43) : NLG 9 000 – Londres, 27 avr. 1976 : *Personnages* 1970, litho., suite de huits (51,5x67) : GBP 600 – Milan, 16 mars 1976 : *Figure*, litho. (50x39) : ITL 100 000 – Londres, 2 déc. 1976 : *Vue déserte* 1961, gche (59x118) : GBP 2 100 – New York, 28 juin 1978 : *Couple in wood* 1976, multiple sculpt. en bois peint (45x63) : USD 1 900 – New York, 3 nov. 1978 : *Deux têtes dans l'espace* 1960, h/t (129x195) : USD 15 000 – Amsterdam, 29 avr. 1979 : *Enfant et oiseau* 1955, gche (49x43) : NLG 9 200 – Copenhague, 8 oct. 1980 : *Composition* 1974, gche (67x82) : DKK 15 000 – New York, 27 fév. 1980 : *Eléphant debout* 1978, bois (112x73,5) : USD 6 000 – New York, 18 fév. 1981 : *Homme tenant un oiseau* 1975, litho. coul. (99x66) : USD 700 – Londres, 2 déc. 1982 : *Trois personnages* 1950, gche (49,5x76) : GBP 3 000 – New York, 9 nov. 1983 : *Sans titre*, céramique peinte (65x43x26,5) : USD 5 000 – New York, 9 nov. 1983 : *Rouge et Noir* 1959, gche (76x57) : USD 6 000 – New York, 8 mai 1984 : *Oiseau et Poisson* 1956, h/t (129,5x195,6) : USD 20 000 – Amsterdam, 5 juin 1984 : *Oiseaux et maisons* 1951, gche (48x67) : NLG 16 500 – Londres, 22 oct. 1986 : *Les enfants et les chevaux* 1970, gche et collage/pap. (121,5x160) : GBP 8 000 – New York, 22 nov. 1986 : *Close together* 1977, multiple en bois peint par l'artiste (H. 73,6) : USD 7 750 – Paris, 25 nov. 1987 : *Composition aux deux visages* 1969-70, acryl./pap. mar./t. (76x105) : FRF 45 000 – Paris, 7 avr. 1987 : *Le trompettiste* 1974, acryl./bois en relief (122x153) : FRF 100 000 – Paris, 20 mars 1988 : *Composition* 1970, h., gche et collage/pap. mar./t. (122x161) : FRF 100 000 – Paris, 20 mars 1988 : *Composition* 1958, h/t (66x81) : FRF 210 000 – Paris, 20 mars 1988 : *Un cri* 1957, gche (68,5x52,5) : FRF 75 000 – Milan, 24 mars 1988 : *Patchwork* 1977, collage de tissus (130x143) : ITL 18 000 000 – Londres, 29 mars 1988 : *Sans titre*, h/pap./t. (29,2x33,3) : GBP 6 050 – Paris, 24 avr. 1988 : *Sans titre* 1980, acryl./pap. et collage (75x56) : FRF 20 000 – New York, 4 mai 1988 : *Sans titre*, acryl./t. (40,7x50,8) : USD 20 900 – New York, 13 mai 1988 : *Une fois je fus le soleil* 1978, acryl./pap. mar./t. (57x76) : USD 7 150 – Paris, 23 juin 1988 : *La tempête* 1956, gche/pan. (39x54) : FRF 66 600 – Londres, 30 juin 1988 : *Enfants interrogeant* 1949, techn. mixte (84x65) : GBP 68 200 ; *Tête* 1953, h/t (96,5X72,1) : GBP 115 500 – L'Isle-Adam, 25 sep. 1988 : *Composition à fond rose*, acryl./pap mar./t. (68x50) : FRF 51 000 – Paris, 16 oct. 1988 : *Figures*, tapisserie (180x300) : FRF 36 000 – Copenhague, 8 nov. 1988 : *Composition* 1966, acryl./t. (65x80) : DKK 80 000 – Copenhague, 8 nov. 1988 : *Animal* 1948, h/t (65x44) : DKK 400 000 – Paris, 21 nov. 1988 : *Personnages* 1956, gche (78x53) : FRF 280 000 – New York, 10 Nov. 1988 : *Les visages*, acryl./pap./pan. (74,4x109,5) : USD 24 200 – Londres, 1er déc. 1988 : *Tête éclatée* 1960, h/t (195x150) : GBP 44 000 – New York, 14 fév. 1989 : *Tête* 1974, acryl./t. (51,1x40,4) : USD 26 400 – Calais, 26 fév. 1989 : *Personnage debout* 1974, gche (73x51) : FRF 43 000 – Paris, 23 mars 1989 : *Personnage* 1966, acryl./pap./t. (120x90) : FRF 190 000 – Londres, 6 avr. 1989 : *Personnage* 1971, h/t (61x91) : GBP 26 400 – Paris, 12 avr. 1989 : *Le Cheval* 1970, h/t (61x81) : FRF 160 000 – Milan, 20 mars 1989 : *Personnage*, h/t (100x100,5) : ITL 92 000 000 – New York, 4 mai 1989 : *Sans titre*, h/t (106,7x 68,6) : USD 55 000 – Copenhague, 10 mai 1989 : *Composition*, h. et acryl./pap. (123x161) : DKK 220 000 – Amsterdam, 24 mai 1989 : *Un chat* 1951, cr. coul., aquar. et gche/pap. (46,5x62,5) : NLG 103 500 – Londres, 25 mai 1989 : *Couple d'animaux* 1952, h/t (87,5x109) : GBP 60 500 – Paris, 5 juin 1989 : *Le Départ* 1962, h/t (66x61) : FRF 310 000 – Versailles, 24 juin 1989 : *Composition*, h/pap./t. (120x161) : FRF 375 000 – Londres, 29 juin 1989 : *Animaux et fleurs* 1952, h/t (97x130) : GBP 115 500 – Paris, 20 juil. 1989 : *Personnage* 1969, h/t (100x81) : FRF 420 000 – Copenhague, 20 sep. 1989 : *Composition à personnages* 1948, gche (25x37) : DKK 150 000 – Paris, 9 oct. 1989 : *Looking through the window*, h/t (189,5x169,5) : FRF 620 000 – New York, 9 nov. 1989 : *Amants II* 1974, h/t (149,8x149,8) : USD 110 000 – Paris, 26 nov. 1989 : *Composition à l'oiseau*, cr. gras et gche/pap. (51x66) : FRF 210 000 – Stockholm, 6 déc. 1989 : *Paysage animal* 1985, h/t (72x91) : SEK 180 000 – Paris, 15 déc. 1989 : *Tropical Street* 1985, h/t (150x195) : FRF 640 000 – Paris, 18 fév. 1990 : *Tête*, acryl./pap. mar./t. (76x56,5) : FRF 100 000 – New York, 27 fév. 1990 : *Sans titre* 1958, h/t (64,8x91,4) : USD 99 000 – Copenhague, 21-22 mars 1990 : *Trois visages*, h/t (65x81) : DKK 360 000 – Londres, 5 avr. 1990 : *Femme et oiseau* 1953, h/t (142x109) : GBP 165 000 – Paris, 8 avr. 1990 : *La Sauterelle barbue* 1960, h/t (195x130) : FRF 1 500 000 – Amsterdam, 10 avr. 1990 : *Composition* 1954, gche/pap. (56x75) : NLG 62 100 – Paris, 9 mai 1990 : *Sans titre*,

gche/pap. (61x88) : FRF 100 000 – Amsterdam, 22 mai 1990 : *Sauterelle souriante* 1960, h/t (194,9x130,2) : NLG 345 000 – Copenhague, 30 mai 1990 : *Vie nocturne* 1977, h/t (46x55) : DKK 200 000 – Paris, 10 juin 1990 : *Paysage méditerranéen* 1960, h/t (128x196) : FRF 1 600 000 – Bruxelles, 12 juin 1990 : *Canard* 1974, h/t (62x41) : BEF 520 000 – Paris, 21 juin 1990 : *Oiseau coloré* 1951, gche (25x30,5) : FRF 52 000 – New York, 4 oct. 1990 : *Les Têtes comme les arbres* 1962, h/t (116,2x88,9) : USD 110 000 – New York, 10 oct. 1990 : *Eléphant debout* 1978, bois peint, sculpt. (H. 108) : USD 22 000 – Londres, 18 oct. 1990 : *Les Grandes Personnes* 1957, h/t (114x87) : GBP 60 500 – New York, 14 nov. 1990 : *Tête problèmatique* 1967, h/t (71,7x55,8) : USD 55 000 – Paris, 24 nov. 1990 : *Personnage* 1969, peint./cart. (61x89) : FRF 145 000 – Rome, 3 déc. 1990 : *Portrait dansant* 1971, acryl. et collage/pap./t. (65x50) : ITL 27 600 000 – Londres, 6 déc. 1990 : *Femme et chien dans la rue* 1953, h/t (143,5x110,2) : GBP 154 000 – Amsterdam, 12 déc. 1990 : *Oiseaux en vol* 1956, h/t (70x90) : NLG 126 500 – Amsterdam, 13 déc. 1990 : *Sans titre* 1957, h/t (120x82) : NLG 212 750 – Copenhague, 13-14 fév. 1991 : *Personnage* 1988, h/t (116x81) : DKK 220 000 – New York, 14 fév. 1991 : *Tête* 1956, h/t (73,6x49) : USD 44 000 – Londres, 21 mars 1991 : *Paysage* 1959, h/t (114x195) : GBP 121 000 – Amsterdam, 23 mai 1991 : *Le coq* 1953, craie et gche/pap. (40,5x54,5) : NLG 69 000 – Paris, 30 mai 1991 : *Personnages* 1969, techn. mixte/cart. (61x89) : FRF 130 000 – Paris, 2 juin 1991 : *Tête* 1987, acryl./pap./t. (90x61) : FRF 124 000 – Londres, 27 juin 1991 : *Nurse* 1950, h/t (130x115) : GBP 154 000 – Paris, 30 nov. 1991 : *Portrait de Jean-Paul Sartre* 1982, h/t (191x191) : FRF 180 000 – Amsterdam, 11 déc. 1991 : *Deux têtes divergentes* 1959, h/t (114,3x146,1) : NLG 109 250 – New York, 25-26 fév. 1992 : *Animal* 1955, h/t (54,9x46) : USD 46 750 – Copenhague, 4 mars 1992 : *Personnage IV* 1983, acryl. et craie grasse/pap. (212x136) : DKK 125 000 – New York, 7 mai 1992 : *Tête bleue*, h/cart. (80x64,8) : USD 38 500 – Amsterdam, 19 mai 1992 : *Tête dans un paysage* 1964, h/t (190x230) : NLG 138 000 – Stockholm, 21 mai 1992 : *Composition avec un homme et un oiseau*, h/pan. (51x65) : SEK 52 000 – Londres, 2 juil. 1992 : *Les Animaux du désert* 1954, h/t (110,5x142) : GBP 93 500 – Heidelberg, 9 sep. 1992 : *Rencontre du soleil*, litho. coul. (52,5x71,5) : DEM 1 300 – New York, 8 oct. 1992 : *Matin d'été* 1961, h/t (130x195) : USD 52 800 – Lokeren, 10 oct. 1992 : *Moulin à vent* 1985, acryl./pap. mar./t. (102x152) : BEF 1 100 000 – Amsterdam, 9 déc. 1992 : *Chat sauvage attrapant un oiseau piaillant* 1952, h/t (100x110) : NLG 149 500 – Milan, 15 déc. 1992 : *Personnages*, h/t (73x92) : ITL 18 000 000 – Stockholm, 10-12 mai 1993 : *Cavalier* 1983, h/t (100x81) : SEK 62 000 – Copenhague, 3 nov. 1993 : *Composition à personnages*, acryl./pap./t. (70x100) : DKK 135 000 – New York, 10 nov. 1993 : *Nu allongé* 1966, h/t (189,9x229,5) : USD 107 000 – Stockholm, 30 nov. 1993 : *Cavalier* 1983, h/t (100x81) : SEK 65 000 – Londres, 2 déc. 1993 : *Cri de liberté* 1953, h/t (115,5x89) : GBP 98 300 – Paris, 11 avr. 1994 : *Personnage* 1958, gche (50,5x64) : FRF 65 000 – Lokeren, 8 oct. 1994 : *Composition*, acryl./pap./t. (90x75) : BEF 330 000 – Londres, 1er déc. 1994 : *La femme aux boucles rouges* 1953, h/t (116x89) : GBP 133 500 – Amsterdam, 7 déc. 1994 : *Le couple* 1953, h/t (142x110) : NLG 299 000 – Milan, 9 mars 1995 : *Composition* 1973, acryl./pap. entoilé (56x76) : ITL 13 800 000 – Paris, 24 mars 1995 : *Visages*, h/t (80x100) : FRF 200 000 – New York, 3 mai 1995 : *Comme les planètes* 1959, h/t (129,5x194,9) : USD 71 250 – Amsterdam, 30 mai 1995 : *Cri pour la liberté* 1948, h/t (100x80) : NLG 531 250 – Tel-Aviv, 12 oct. 1995 : *Sans titre* 1973, h/t (162x130) : USD 34 500 – Paris, 22 nov. 1995 : *Paysage comme une tête* 1960, h/t (89x116) : FRF 250 000 – Londres, 30 nov. 1995 : *Femmes, enfants, animaux* 1951, h/t (170x280) : GBP 386 500 – Zurich, 26 mars 1996 : *Tête* 1958, h. et gche/pap. (36x53) : CHF 5 000 – Amsterdam, 4 juin 1996 : *Paysage humain* 1959, h/t (130x195) : NLG 236 000 – Paris, 28 juin 1996 : *Tête jaune* 1972, h/t (97x130) : FRF 140 000 – Paris, 14 oct. 1996 : *Peuple angoissé*, h/t (114x146) : FRF 680 000 – Londres, 24 oct. 1996 : *Visage paysage* 1977, h/t (200x200) : GBP 45 500 – Londres, 4 déc. 1996 : *Homme* 1951, h/tissu (220x60) : GBP 166 500 – Amsterdam, 18 déc. 1996 : *Tête* 1976, acryl./pap. (48x34) : NLG 10 378 ; *Oiseau volant* 1951, h/t (33x41) : NLG 161 448 ; *Nu* 1957, h/t (129x88) : NLG 115 320 – New York, 10 oct. 1996 : *Poisson volant* 1977, bois peint. (H. 53,3 et L. 89) : USD 9 200 – Tel-Aviv, 30 sep. 1996 : *Les ombres de la vie* 1986, h/t (197x158) : USD 48 300 – New York, 20 nov. 1996 : *Deux Visages* 1971, acryl./t. (76,2x101,6) : USD 34 500 – Lokeren, 8 mars 1997 : *Visages en nuages* 1977, h/t (38x46) : BEF 340 000 –

AMSTERDAM, 2-3 juin 1997 : *Bloem met blauwe Ogen* 1977, h./contreplaqué (H. 450) : **NLG 7 080** ; *Sans titre* 1949, past. gras et cr./pap. (33,3x47,7) : **NLG 47 200** – LONDRES, 25 juin 1997 : *Les Solitaires (La Famille)* 1953, h/t (142x110) : **GBP 128 000** – LONDRES, 26 juin 1997 : *Femme et oiseaux* 1958, h/t (162,5x130,2) : **GBP 65 300** – LONDRES, 27 juin 1997 : *Sans titre* 1967, acryl., past. et collage pap./pap. (89x118) : **GBP 12 650** – LONDRES, 23 oct. 1997 : *Tête tragique* 1953, h/t (93x68) : **GBP 56 500**.

APPEL Karl
Né le 10 janvier 1866 à Altona. XIXᵉ-XXᵉ siècles. Allemand.
Peintre animalier.
Après avoir travaillé à l'Académie de Düsseldorf où il reçut les leçons d'Eugène Dücker et de Julius Bergmann, il se donna complètement à l'étude des tableaux d'animaux sauvages. Il exposa des tableaux à Düsseldorf en 1902 et au Palais de Cristal, à Munich, en 1906.

APPEL Madeleine
Née en 1919 à Laeken. XXᵉ siècle. Belge.
Peintre.
Elle a été élève de l'Académie des Beaux-Arts de Bruxelles et de l'Institut d'Art Supérieur d'Anvers.

APPEL-FABRY Hélène
Née à Saint Eugène (Alger). XXᵉ siècle. Française.
Peintre.
Elle a exposé au Salon des Indépendants en 1938, au Salon d'Automne de 1940 à 1944.

APPELBAUM Gustave Adolf
Né le 2 mai 1865 à Berlin-Fürstenwalde. XIXᵉ siècle. Allemand.
Peintre de scènes de genre, portraits.
Avant de s'installer à Méran, où il passa la majeure partie de sa vie, il fit de sérieuses études, d'abord à l'Académie de Berlin, auprès des professeurs Hugo Vogel et Max Koner, puis à Munich et Paris.

APPELIUS Jean
XVIIIᵉ siècle. Travaillait à Middelburg. Hollandais.
Peintre de genre et de portraits.
On cite parmi ses portraits ceux de Jacobus Willemsen, celui de Joannès de Fremery à Middelbourg.

APPELMAN Barend
Né en 1640 à La Haye. Mort en 1686. XVIIᵉ siècle. Hollandais.
Peintre de portraits, paysages animés, paysages, dessinateur.
Cet artiste visita l'Italie, et en rapporta un grand nombre d'études et de dessins, qu'il utilisa plus tard. En 1676, il entra dans la gilde des peintres de La Haye.
Ses paysages représentent généralement des sites des environs de Rome. Il fut employé par le prince d'Orange pour la décoration d'un salon au palais de Soestdijk.
MUSÉES : NANTES : *Paysages avec troupeaux et ruines* – VIENNE (Palais Lichtenstein) : *Paysage.*
VENTES PUBLIQUES : PARIS, 18 avr. 1991 : *Paysage italianisant aux grands arbres*, h/t (56,5x47,5) : **FRF 28 000**.

APPELMAN Gonsales ou Appelmans
XVIIᵉ siècle. Actif à Cologne. Allemand.
Graveur en taille-douce.
Il exécuta, en 1689, un grand portrait de *L'Électeur Palatin Jean Guillaume.* Il fournit des illustrations pour plusieurs ouvrages publiés à Leyde, vers 1671.

APPELMANS C. G.
XVIIᵉ siècle. Travaillait à Anvers. Éc. flamande.
Graveur en taille-douce.
Il grava vers 1633 des reproductions de tableaux et des illustrations pour des éditeurs, notamment le frontispice pour l'ouvrage intitulé : *Allocutiones Gymnasticæ Vicentii Guinisii.* Cette estampe porte une figure allégorique de l'Éloquence avec le monogramme C. A. F. On cite également de lui le portrait de Juliana Morell, poète, daté de 1617.

APPELMANS Jacop
XVIIᵉ siècle. Vivait à Anvers. Éc. flamande.
Enlumineur.

APPELMANS Peter
XVᵉ-XVIᵉ siècles. Travaillait à Anvers, de 1477 à 1520. Éc. flamande.
Sculpteur.
Il descendait de l'architecte Peter Appelman. Il a contribué à l'édification de la cathédrale d'Anvers.

APPELSTAAT Christian Jakob ou Appelstat
Né en 1658. Mort le 17 décembre 1736 à Dresde. XVIIᵉ-XVIIIᵉ siècles. Allemand.
Peintre.
Il fut peintre de la cour de Saxe. On cite de lui, notamment, le *Portrait d'Ernest Diedrich, comte de Taube,* gravé par Bodenehr en 1695.

APPENZELLER Charles Félix
Né en 1892 à Buchillon. Mort en 1964. XXᵉ siècle. Suisse.
Peintre.
Il a exposé des peintures en France, au Salon d'Automne de Paris entre 1924 et 1936.
VENTES PUBLIQUES : GENÈVE, 24 nov. 1985 : *Portrait d'Yvonne Roland* 1912, h/t (60x46) : **CHF 1 100**.

APPERLEY George ou Jorge Owen Wynne
Né le 17 juin 1884 à Wentnor (Pays de Galles). Mort en 1960 à Tanger. XXᵉ siècle. Actif en Espagne. Britannique.
Peintre de compositions à personnages, sujets mythologiques, aquarelliste. Tendance symboliste.
Né dans une famille de tradition militaire et puritaine, il dut combattre l'opposition familiale à sa vocation. Il vint se fixer en Espagne en 1917, à Grenade. Jusque là il avait exposé à la Royal Academy de Londres, puis à la Royal Scottish Academy d'Édimbourg. Il exposa pour la première fois à l'étranger en 1913, au Salon des Artistes Français de Paris, ainsi qu'à la Biennale de Venise. Ses peintures furent ensuite montrées surtout en Espagne, notamment à Madrid. Dès son arrivée en Espagne en 1917, il obtint le Premier Prix du Cercle des Beaux-Arts de Grenade, avec *La Rose.* En 1918, le roi visita son exposition à l'Hôtel Palace de Madrid et l'État acquit une de ses œuvres. À partir de 1932, il se fixa à Tanger, en raison de la guerre civile. En 1945 il fut décoré de l'Ordre d'Alphonse X le Sage. En 1951 il fut fait académicien d'honneur de l'Académie des Beaux-Arts de San Telmo.
Les peintures de ses débuts dénotent une formation académique, notamment dans le choix de sujets mythologiques. Dans une deuxième période, il garda les sujets mythologiques, mais dans une facture très influencée par les Préraphaélites. *Le Songe des nymphes* est caractéristique de cette époque, durant laquelle il copiait souvent Titien, Rembrandt, Véronèse. Au contact d'une foule mêlée d'Andalous et de Gitans, il abandonna les sujets mythologiques et peignit les thèmes locaux : *Le Manteau de Manille – Cante Jondo,* etc. Dans la dernière période de sa vie, il peignit de nouveau des sujets mythologiques, tout en continuant à traiter les sujets typiques. ■ J. B.
VENTES PUBLIQUES : MADRID, 27 nov. 1979 : *Les Trois Grâces* 1916, h/t (225x225) : **ESP 170 000** – NEW YORK, 13 juin 1980 : *Danseuse de la vieille Égypte*, h/t (189x273) : **USD 14 500** – LONDRES, 21 mai 1986 : *Talavera* 1924-1925, aquar. reh. de gche (63,5x51) : **GBP 5 800** – LONDRES, 12 nov. 1987 : *Portrait de Hilda, la femme de l'artiste* 1908, aquar. et gche (31x18,8) : **GBP 450** – LONDRES, 9 juin 1988 : *Jeune fille en costume espagnol* 1920, aquar. et gche (33,8x23,8) : **GBP 3 850** – LONDRES, 8 juin 1989 : *Talavera* 1925, aquar. (62,8x50,8) : **GBP 13 200** – LONDRES, 23 juin 1989 : *La mort de Procris* 1915, aquar. et gche (77,5x133,3) : **GBP 55 000** – NEW YORK, 28 fév. 1990 : *Danseuse de l'Égypte antique,* h/t (190,5x273,7) : **USD 29 700** – AMSTERDAM, 23 mai 1991 : *Vue de Grenade avec la Sierra Nevada* 1926, aquar./pap. (12,5x17,5) : **NLG 2 300** – PARIS, 22 juin 1992 : *Rue animée de Tetouan au Maroc* 1934, past. (16,5x25) : **FRF 3 000** – LONDRES, 12 nov. 1992 : *Portrait de l'artiste* 1915, aquar. et gche (51x41) : **GBP 13 750** – LONDRES, 12 mai 1993 : *Paysages d'Andalousie,* aquar., une paire (chaque 24,5x17) : **GBP 2 760**.

APPERT A.
XIXᵉ siècle. Travaillait à Paris vers 1840. Français.
Graveur à l'eau-forte et à l'aquatinte.

APPERT Eugène
Né le 28 décembre 1814 à Angers (Maine-et-Loire). Mort le 8 mars 1867 à Cannes (Alpes-Maritimes). XIXᵉ siècle. Français.
Peintre d'histoire, compositions religieuses, scènes de genre, portraits, natures mortes.

Il vint à Paris en 1837 pour entrer dans l'atelier de Ingres. Il ne tarda pas à se faire une place parmi les peintres de son époque. Il fut chevalier de la Légion d'honneur.

Célèbre comme portraitiste, il ne réussit pas moins bien dans les tableaux de genre. On cite parmi ses œuvres : *Le Pape Alexandre III en mendiant, Néron devant le cadavre d'Agrippine*, les fresques de l'église Sainte-Marie, à Angers.

Musées : ANGERS : *Bacchante ivre – Les Papillons – Charles Le Brun –* AUTUN : *Portrait de Le Nôtre –* DIJON : *Nature morte –* MAYENNE : *Le Pape Alexandre III –* MONTAUBAN : *Néron devant le cadavre d'Agrippine –* VERSAILLES : *Sœurs de la Charité secourant des blessés.*

Ventes Publiques : PARIS, 1894 : *La fleuriste et le mousquetaire :* **FRF 103** – PARIS, 1900 : *Chiens de chasse :* **FRF 150** – LONDRES, 20 mars 1909 : *Dans l'attente ; Musique enchanteresse :* **GBP 10** – PARIS, 25 juin 1910 : *Vase sur un piédestal :* **FRF 100** – PARIS, 7 avr. 1941 : *Femme renversée, la gorge décolletée :* **FRF 450** – PARIS, 22 mai 1944 : *Ève :* **FRF 310** – PARIS, 6 mars 1950 : *Le concert :* **FRF 7 000** – PARIS, 7 mars 1950 : *Ouvriers construisant un palais :* **FRF 8 000** – NEW YORK, 5 mars 1981 : *La charge de cavalerie, h/t* (54x65) : **USD 1 500** – SEMUR-EN-AUXOIS, 30 jan. 1983 : *Conservation galante dans la taverne, h/t* (65x81) : **FRF 9 000**.

APPERT Pauline, née Lair
Née en 1810 à Paris. XIXᵉ siècle. Française.
Peintre de portraits, pastelliste, miniaturiste.
Femme d'Eugène Appert, elle fut élève d'Aubry, de Saint et de Granger. Elle exposa au Salon de Paris, en 1831 et 1868.
Ventes Publiques : LONDRES, 14 jan. 1981 : *Le jardinier, h/t* (44,5x59,5) : **GBP 600**.

APPIA Adolphe
Né en 1862 à Genève. Mort en 1928 à Nyon. XIXᵉ-XXᵉ siècles. Suisse.
Peintre de décors de théâtre.
Homme de théâtre, musicien, scénographe, metteur en scène, il crée des décors où l'espace est rythmé par de simples verticales, horizontales et obliques ; des jeux de contrastes de noirs, de gris et de blancs.
Bibliogr. : Gérald Schurr : *Les Petits Maîtres de la peinture 1820-1920, valeur de demain*, t. VII, Les Éditions de l'Amateur, Paris, 1989.
Musées : GENÈVE (Mus. d'Art et d'Hist.) : *Espace rythmique ou Porte à gauche.*

APPIA-DABIT Béatrice
Née en 1899 à Eaux-Vives. XXᵉ siècle. Suissesse.
Peintre de paysages, figures, nus, aquarelliste.
Elle a souvent exposé en France, dans les grands Salons annuels parisiens : Tuileries et Automne depuis 1924, des Indépendants depuis 1926.
Ventes Publiques : PARIS, 17-18 nov. 1943 : *Marrakech*, aquar. : **FRF 130**.

APPIAN Adolphe, pseudonyme de Jacques Barthélémi
Né le 23 août 1818 à Lyon (Rhône). Mort le 29 avril 1898 à Lyon. XIXᵉ siècle. Français.
Peintre de paysages animés, paysages, dessinateur, graveur.
Élève à l'École de dessin de Lyon entre 1833 et 1836, il expose pour la première fois au Salon de Paris en 1835, puis à celui de Lyon en 1847 et reparaît à celui de Paris en 1855. Il expose, ensuite, régulièrement à ces deux Salons et reçoit une médaille d'or à Paris, en 1868. Il participe à l'Exposition Universelle de Londres en 1862. Mention honorable à l'Exposition Universelle de 1889. Chevalier de la Légion d'honneur en 1892.
Il a exécuté un grand panneau décoratif : *Bords de la rivière d'Ain* pour l'escalier de la Préfecture du Rhône à Lyon. On cite de lui : *Roger dans l'île d'Alcina – Idylle – Marais de la Burbance – Bords du Furon à Rossillon 1868 – Environs de Rochefort, Ain – Marais de Virieu-le-Grand – Avant la pluie dans les marais – Lever de lune – Matin brumeux 1889.*
Musicien et peintre, il décide de se consacrer à la peinture en 1852, année où il rencontre Corot et Daubigny, qui ont une grande influence sur son art. Il fait de nombreux séjours à Fontainebleau, peignant en compagnie des peintres de Barbizon. Pratiquant beaucoup l'art du fusain, Appian montre une prédilection pour les contre-jours, les oppositions d'ombre et de lumière. Puis, ayant découvert la lumière méditerranéenne, il

éclaircit sa palette, écrase les détails, d'une touche rapide, laissant paraître l'influence de son ami Ziem.

APPIAN

Bibliogr. : Pierre Miquel, in : *Le Paysage français au XIXᵉ siècle 1800-1900, l'école de la nature*, Éditions de la Martinelle, vol. IV, Maurs-la-Jolie, 1985.

Musées : AMIENS : *Pont près Virieu –* ARRAS : *Moulins à Artenare –* AVIGNON : *Environs de Martigues 1875 –* BÉZIERS : *Coin de moulin de Très-Pont –* BOURG-EN-BRESSE (Mus. de l'Ain) : *Souvenir, rochers près de Collioure –* BOURGES : *Retour des champs –* CHAMBÉRY : *Paysage de forêt – Un canal aux Martigues – Paysage –* DIJON : *Le soir –* GRENOBLE : *L'écluse –* LYON (Mus. des Beaux-Arts) : *Un temps gris – Femme – Retour du marché –* MONTPELLIER : *Nature morte –* MULHOUSE : *Rochers dans les communaux de Rix – Bords du lac du Bourget – Après la pluie – La plage du faubourg Collioure –* NANTES : *Paysage – Vaches à l'abreuvoir –* NICE : *Le soir au chemin de Crémieux 1859 –* PONTOISE : *Marine, bateaux –* LE PUY-EN-VELAY : *Lisière de forêt –* LA ROCHELLE : *Avant l'orage – Port de Monaco – Sentier des Roches –* ROUEN : *Environs de Carquérane (Var) – Une plage –* TOURNUS : *Femme à Cerpeyrieux –* VESOUL : *Un soir au bord du Rhône à Rix.*

Ventes Publiques : PARIS, 1883 : *Le pont de Villeneuve-Saint-Georges :* **FRF 480** – PARIS, 24 mars 1923 : *Bords de rivière :* **FRF 1 500** – PARIS, 6 mars 1942 : *Rue de village :* **FRF 6 550** – PARIS, 17 mars 1950 : *Paysage :* **FRF 30 000** – BERNE, 7-8 mai 1965 : *Marine :* **CHF 5 800** – PARIS, 16 juin 1972 : *L'embarcadère :* **FRF 2 000** – BERNE, 21 oct. 1976 : *Paysage fluvial*, aquar. (32,5x48,5) : **CHF 1 900** – PARIS, 22 déc. 1976 : *Bord de mer, h/t* (42x70) : **FRF 8 800** – LYON, 12 déc. 1978 : *Bord de Méditerranée, h/t* (35x62) : **FRF 11 700** – BERNE, 2 mai 1979 : *La Côte à Marseille 1894, h/t* (73x133) : **CHF 18 000** – LYON, 5 oct. 1981 : *Chemin dans la campagne, h/pan. :* **FRF 22 000** – BERNE, 6 mai 1983 : *Marine à Martigues 1875, h/t* (74x134) : **CHF 24 000** – PARIS, 14 juin 1985 : *Dans le bois de Barbanche, h/t* (36x66) : **FRF 35 000** – PARIS, 23 fév. 1987 : *Ruisseau en forêt, h/pan.* (26,5x41,5) : **FRF 14 000** – PARIS, 20 jan. 1988 : *Tartane 1872, h/t* (43x74) : **FRF 38 000** – *Martigues, embarcadère sur l'Étang-de-Berre, h/t* (30x56) : **FRF 70 000** – PARIS, 11 oct. 1988 : *Bord de rivière 1887, h/t* (22x39,5) : **FRF 23 000** – PARIS, 20 oct. 1988 : *Rivière en sous-bois avec pêcheur à la ligne*, pierre noire et estompe/pap. crème : **FRF 28 500** – BERNE, 26 oct. 1988 : *Rochers en forêt de Fontainebleau, h/t* (37x68) : **CHF 2 500** – LUCERNE, 25 déc. 1988 : *Reflets dans une rivière en été 1868, h/t* (40x68) : **CHF 8 000** – PARIS, 15 mai 1989 : *La gardeuse de troupeau, h/t* (26x35) : **FRF 21 000** – AMSTERDAM, 19 sep. 1989 : *Un homme lisant dans un paysage 1870, h/t* (40,5x32,5) : **NLG 3 910** – MONACO, 3 déc. 1989 : *Le Soir aux environs de Rix dans l'Ain 1864, h/t* (56,5x88) : **FRF 86 580** – BERNE, 12 mai 1990 : *Paysage fluvial, h/t* (37,5x63,5) : **CHF 4 000** – MONACO, 16 juin 1990 : *Troupeau dans la campagne 1864, h/cart.* (18,5x32) : **FRF 33 300** – PARIS, 22 juin 1990 : *Bord de rivière* (26x51) : **FRF 43 000** – PARIS, 26 oct. 1990 : *Avant la pluie dans les marais de Virieu (Ain), h/t* (101x106) : **FRF 40 000** – PARIS, 14 nov. 1990 : *Barque sur la rivière, h/t* (27x35,5) : **FRF 9 500** – CALAIS, 7 juil. 1991 : *Chaumière à l'orée de la forêt, h/t* (27x38) : **FRF 14 500** – LYON, 8 avr. 1992 : *Marine, h/pan.* (25x43,5) : **FRF 30 000** – LONDRES, 12 juin 1992 : *Bergère au bord d'une rivière 1868, h/t* (70x131) : **GBP 3 850** – PARIS, 17 nov. 1992 : *Lyon – l'île Barbe 1896, h/pan.* (14x23,5) : **FRF 21 000** – PARIS, 25 mars 1994 : *Pêcheur en canot au bord d'une rivière 1887*, eau-forte (31x47) : **FRF 4 800** – BOULOGNE-BILLANCOURT, 27 nov. 1994 : *Le golfe des Saulettes, h/t* (102x154) : **FRF 65 000** – AMSTERDAM, 11 avr. 1995 : *Personnages dans un paysage côtier, h/cart.* (30,5x51) : **NLG 1 888** – LONDRES, 13 mars 1996 : *Vue de Venise, h/t* (43x84) : **GBP 1 495** – PARIS, 26-27 nov. 1996 : *Le Ruisseau à Artemare, h/t* (29x54) : **FRF 18 100**.

APPIAN Jacques Barthélémy ou Barthélémi. Voir APPIAN Adolphe

APPIAN Louis
Né le 18 octobre 1862 à Lyon (Rhône). Mort le 11 décembre 1896 à Lyon. XIXᵉ siècle. Français.
Peintre de nus, portraits, paysages, marines, natures mortes, graveur.

Fils d'Adolphe Appian, il mourut très jeune, deux ans avant son père. Il suivit les cours des Écoles des Beaux-Arts de Lyon et de Paris, puis de Cabanel.
Il débuta au Salon de Lyon en 1886, et au Salon de Paris en 1888. Après avoir montré des portraits, nus et natures mortes, il peignit des paysages, notamment après un voyage en Algérie. Ses coloris sont plus tendres que ceux des paysages de son père, et sont posés avec plus de délicatesse. On cite de lui : *Portrait de jeune fille* – *La Lecture* – *Frédégonde* – *Farniente 1891* – *Le Soir aux Martigues* – *Portrait de son père* – *Autoportrait*. Il a gravé une dizaine d'eaux-fortes.
BIBLIOGR. : Gérald Schurr : *Les Petits Maîtres de la peinture 1820-1920, valeur de demain*, t. II, Les Éditions de l'Amateur, Paris, 1982 – Pierre Miquel, in : *Le Paysage français au XIXᵉ siècle 1800-1900, l'école de la nature*, Éditions de la Martinelle, vol. IV, Maurs-la-Jolie, 1985.
VENTES PUBLIQUES : VERSAILLES, 8 déc. 1985 : *Pêcheurs en mer près de Toulon*, h/t (65x94) : **FRF 27 000** – ZURICH, 12 juin 1987 : *Scène de bord de mer*, h/t (55x73) : **CHF 4 600** – PARIS, 13 juin 1990 : *Port de Méditerranée*, h/t (55x43,5) : **FRF 28 000**.

APPIANI Andrea
XVIIᵉ siècle. Italien.
Sculpteur.
Il est probablement originaire de Porto Milanese (Porto Morcote, sur le lac de Lugano). En 1625, il fut employé comme premier maître, par le cardinal Borghèse, à Rome, à la construction d'une villa devant la Porte del Popolo, aux églises Madonna della Vittoria, S. Grisogono, à celles du Monte Compatri, du Monte Fortino et de Cervetri. Il avait fait son testament le 17 août 1656 ; mais des actes de procédure, dans lesquels figure le nom de son neveu Ambrogio Appiani, donnent à supposer qu'il vivait encore en 1664.

APPIANI Andrea, l'Aîné
Né en 1754 à Milan. Mort le 8 novembre 1817 à Milan. XVIIIᵉ-XIXᵉ siècles. Italien.
Peintre d'histoire, compositions mythologiques, compositions religieuses, portraits. Néoclassique.
Il fut élève du chevalier Carlo Maria de Giudici, et profita des conseils du peintre florentin Giuliano Traballesi, qu'il aida dans ses travaux. Il travailla à Milan, Florence, Rome, Naples, puis à Paris à partir de 1801. À l'arrivée des Français en Italie, Bonaparte le désigna pour aider le peintre Gros au choix d'œuvres d'art destinées au Louvre. Il lui demanda également d'exécuter son portrait, dont il fut si satisfait que, plus tard, en 1805, il le nomma premier peintre de l'empereur, alors qu'il était devenu Napoléon Iᵉʳ. À la restauration, Andrea Appiani perdit sa pension, et une attaque d'apoplexie en 1815 le mit dans la nécessité de vendre ses dessins et les œuvres d'art qu'il possédait. Il vécut d'expédients jusqu'en 1817, date à laquelle une nouvelle attaque l'enleva. Il était aussi chevalier de la Croix de Fer.
À ses débuts, dans sa ville natale, il était renommé pour l'exactitude un peu appliquée de ses portraits et les décorations à fresque de la coupole de l'église Santo-Celso. Au moment où il avait été distingué par Bonaparte, il reçut plusieurs commandes, notamment de portraits, dont celui du *Général Desaix*, mort peu après à Marengo, et celui de *Madame Regnaud de Saint-Jean-d'Angély*. Il réalisa aussi un cycle commémoratif : *L'Apothéose de Napoléon*, en trente-cinq épisodes, peints au Palais Royal de Milan de 1807 à 1810, ruinés en 1943, mais connus par des gravures de Rosasphira. Ses sujets historiques restent solennels, donnant des compositions où les personnages prennent des poses grandiloquentes et immobiles. Les portraits d'aristocrates milanais, de poètes ou musiciens, tels, son ami : *Ugo Foscolo* ou *Cherubini*, sont caractérisés par un dessin d'une linéarité néoclassique et un clair-obscur vigoureux, contrebalancés par une suavité à la Corrège. Parmi ses peintures à l'huile, sont cités : *Renaud dans les jardins d'Armide* – *L'Olympe* – *Vénus et l'Amour*. À côté de ses œuvres conservées dans les musées, on peut citer une *Rencontre de Jacob et de Rachel*, à l'église de San Martino d'Alzano Maggiore, à Bergame.

MUSÉES : BERGAME (Acad. Carrara) : *Portrait de M. Sommariva* – *Rachel et Jacob*, dess. – COMPIÈGNE : *Bacchante* – *Les Dieux de l'Olympe* – *Hercule et Vénus* – *Vénus et Adonis* – FLORENCE (Gal. roy.) : *Autoportrait* – MILAN : *Autoportrait* – *Jupiter couronné par les Heures* – *Portraits de Bonifacio Ascoli*, de *F. Melzi d'Eril*, de la

comtesse *Sabellonii*, de la princesse *Belfiojoso* – *Portrait de Napoléon Bonaparte* – *Apollon et Hyacinthe mourant*, fresque – *Apollon poursuivant Daphné*, fresque – *Saint Jean l'Évangéliste*, fresque – *Le Char d'Apollon* – MILAN (Bibl. Ambrosiana) : *Portrait de la cantatrice Grassini* – *Portrait de Mgr Bonsignori, évêque de Faenza* – MILAN (Gal. Brera) : *Apollon et les muses* – *Jupiter et l'Amour* – *Vénus et Psyché* – *Mercure et Psyché* – PARIS (Mus. du Louvre) : *Desaix* – VERSAILLES : *Napoléon ordonne de jeter un pont sur le Danube, à Ebersdorf, pour passer dans l'île de Lobau* – VIENNE : *Booz et Ruth.*
VENTES PUBLIQUES : PARIS, 1839 : *Vénus caressant l'Amour* : **FRF 600** – PARIS, 1890 : *L'Amour* : **FRF 820** – PARIS, 1913 : *Hébé* : **FRF 2 000** – PARIS, 12-13-14 juin 1933 : *Portrait de l'empereur Napoléon Iᵉʳ* : **FRF 10 100** – MILAN, avr. 1950 : *Les Dieux*, h/t, suite de quatre : **ITL 160 000** – MILAN, 3 mars 1966 : *L'Enlèvement de Déjanire* : **ITL 1 000 000** – MILAN, 6 mars 1967 : *Portrait de Napoléon*, temp./t. à vue ovale : **ITL 1 200 000** – LONDRES, 5 déc. 1969 : *Portrait de Napoléon Bonaparte* : **GNS 24 000** – MILAN, 6 nov. 1980 : *L'Enlèvement de Déjanire*, h/t (97x72) : **ITL 28 000 000** – LONDRES, 11 juin 1981 : *Tête de jeune garçon*, craies noire, rouge et blanche (25,2x20,3) : **GBP 550** – MILAN, 30 oct. 1984 : *Descente de Croix*, h/t (88x65,5) : **ITL 9 000 000** – ROME, 20 mars 1986 : *Sainte Élisabeth de Hongrie secourant les pauvres*, h/t (180x120) : **ITL 65 000 000** – LONDRES, 8 avr. 1986 : *Les dieux de l'Olympe festoyant*, craies noire et blanche/pap. ocre (21,5x37,6) : **GBP 2 800** – ROME, 10 mai 1988 : *Portrait d'un gentilhomme 1817*, h/t (59x44) : **ITL 33 000 000** – LONDRES, 19 mai 1989 : *Portrait d'un consul en buste, vêtu d'un manteau gris*, h/t (59,1x34,8) : **GBP 3 850** – MILAN, 14 nov. 1990 : *Apollon chantant les louanges de Zeus*, h/t (97x142) : **ITL 32 000 000** – MILAN, 13 mai 1993 : *Vénus et Adonis*, cr. et pl. (15,5x19) : **ITL 1 300 000** – PARIS, 18 juin 1993 : *Flore et Zéphyr*, cr. noir et blanc (42x79) : **FRF 34 000** – LONDRES, 7 déc. 1994 : *Portrait d'une dame avc son enfant*, h/pan. (61x43,5) : **GBP 3 680** – MUNICH, 27 juin 1995 : *Herzogin Auguste Amalie von Leuchtenberg, née princesse von Bayern 1807*, h/t (74,5x59,5) : **DEM 36 800** – NEW YORK, 16 mai 1996 : *Vénus tenant une amphore et Cupidon pleurant*, h/t (73,7x58,4) : **USD 33 350**.

APPIANI Andréa, le Jeune
Né en 1817 à Milan. Mort le 18 décembre 1865. XIXᵉ siècle. Italien.
Peintre d'histoire.
Il était petit-neveu du peintre célèbre du même nom. Après avoir fait ses études à Rome sous Minardi et Francisco Hayez, il devint peintre d'histoire. Il fut employé par le roi d'Italie, par l'empereur d'Autriche et par d'autres personnages de marque. Parmi ses meilleurs ouvrages il convient de noter : *Laure et Pétrarque* (1852), *La Povera Maria* (1859) et un *Booz et Ruth*, peint pour l'empereur d'Autriche.
VENTES PUBLIQUES : MILAN, 16 mars 1971 : *La glaneuse* : ITL 2 400 000.

APPIANI Francesco
Né en 1704 à Ancone. Mort en 1792 à Pérouse. XVIIIᵉ siècle. Italien.
Peintre.
Il fut d'abord l'élève de Domenico Magatta et de F. Trevisani. Il se rendit à Rome et y devint l'intime de Conca et de Mancini. Son tableau de la *Mort de saint Dominique* fut peint par ordre de Benoît XIII, pour l'église de San Sisto Vecchio à Rome. Le Souverain Pontife témoigna sa satisfaction en donnant à l'artiste une chaîne et une médaille d'or. Francesco Appiani résida la majeure partie de sa vie à Pérouse, où il décora le chœur de la cathédrale et plusieurs églises. On cite aussi des œuvres qu'il fit à l'église de Santa Maria degli Angeli à Assise ; la *Madone avec saints*, à Rome, à Santa Maria Nuova (1740), les décorations dans l'église du couvent des Rimurate, à Citta di Castello.
MUSÉES : POITIERS : *Deux femmes et un enfant*, dess. à la pl..

APPIANI Giuseppe
Né dans le Milanais. Mort en 1786 à Mayence. XVIIIᵉ siècle. Italien.
Peintre, graveur.
Giuseppe Appiani fut employé à la cour de Mayence, mais travailla pour d'autres villes de l'Allemagne, notamment Saarbrück, Meersbourg, Würzbourg, et la Suisse. Il fit les fresques dans l'église des Quatorze-Saints, aux coupoles, et aux autels. Dans l'église Saint-Michel à Würzbourg, il peignit des fresques, et fit de même pour l'église d'Arlesheim (Suisse) (1760). Il décora aussi l'église à Meersbourg, et travailla entre autres à celle de

Saint-Pierre, à Mayence. Parmi ses œuvres gravées, on cite une planche représentant *Quatre génies dans les nuages*.

APPIANI Jacob
Né à Porto (Milanais). XVIIIe siècle. Vivait dans la première moitié du XVIIIe siècle. Italien.
Stucateur.

APPIANI Niccolo ou Nicola d'Appiano
XVIe siècle. Travaillait à Milan au commencement du XVIe siècle. Italien.
Peintre.
Il fut, dit-on, l'élève de Leonard, et Cesariani le compare aux plus grands maîtres de son temps. On cite de lui deux ouvrages à la Brera, à Milan : *L'Adoration des Mages* et le *Baptême du Christ*, un tableau d'autel à Santa Maria delle Grazie, et *Le Mariage de sainte Catherine*, conservé par la Pinacothèque de Turin. Des dessins de ce peintre se trouvent dans le Castello Sforzesco, à Milan.

APPIANO, don
XVIe siècle. Espagnol.
Peintre miniaturiste.

APPIER Jean
Mort avant 1620. XVIIe siècle. Français.
Peintre, graveur.
Père de Jean Appier dit Hanzelet, il fut ingénieur des ducs de Lorraine.

APPIER Jean, dit Hanzelet
Né le 15 novembre 1596 à Toul (?). Mort après 1630 en Italie. XVIIe siècle. Français.
Graveur.
Travaille à Pont-à-Mousson de 1618 à 1630, puis en Italie comme graveur et éditeur. Il était maître de l'artillerie du duc de Lorraine.

APPILA Jean
Né à Voreppe (Isère). Mort le 20 mai 1671 à Grenoble. XVIIe siècle. Français.
Sculpteur.
Maître maçon, il construisit la maison d'Alexandre de Morard. Cité par Maignien.

APPLEBROOG Ida
Née en 1929. XXe siècle. Américaine.
Peintre, dessinatrice. Figuratif, tendance pop'art.
Reconnue dans les années quatre-vingt comme une artiste primordiale issue de l'imagerie *Pop*, Ida Applebroog figure dans d'importantes collections américaines, dont la Collection de Sol Le Witt. En 1989, elle figurait à l'exposition *200 ans de peinture américaine. Collection du Musée Wadsworth Atheneum*, présentée à Paris, aux Galeries Lafayette.
Ses compositions souvent de très grandes dimensions, se présentent volontiers en tryptiques accompagnés de scènes en prédelle. Elles décrivent un univers sombre et provocateur. Sans doute proche du *Dissent* (la contestation), le peintre tout en répétant les scènes stéréotypées de la vie américaine, les prolonge par une critique virulente de l'*Establishment*. Elle stigmatise particulièrement l'usage abusif du pouvoir conduisant à la violence, considérant d'ailleurs que la responsabilité de l'artiste est de décrire cet état de fait.
VENTES PUBLIQUES : NEW YORK, 19 fév. 1997 : *Gardez la porte ouverte !* 1980, encre et rhoplex/vélin, en cinq parties (chaque 26,7x24,1x1,5) : USD 13 800.

APPLEBY Ernest W.
XIXe-XXe siècles. Britannique.
Peintre.
Cet artiste établi à Londres, a exposé dès 1886 à la Royal Academy et à Suffolk Street. Il a peint des paysages, des portraits et des tableaux de genre. Citons notamment, en 1907, *La Petite Fille*, exposé à la Royal Academy.

APPLEBY J.
XIXe siècle. Britannique.
Graveur au burin.
Il fit des ex-libris à Londres vers 1820.

APPLEBY Théodore
Né en 1923 à Long Beach (New Jersey). Mort en 1985 à Alba (Ardèche). XXe siècle. Depuis 1950 actif en France. Américain.
Peintre, graveur. Abstrait.

Il commença à étudier la peinture en 1938. Après la guerre il fit un séjour de près de deux ans à Yokohama, où il s'initia aux techniques de gravure traditionnelles du Japon. Bien que déjà en activité et exposant dans des groupes à New York, à Paris, où il a figuré au Salon des Réalités Nouvelles de 1950 à 1961, à partir de 1950, il fréquenta dans l'Atelier libre de Fernand Léger. Il participa encore à diverses expositions collectives et fit une unique exposition personnelle à Paris en 1956, studio Paul Facchetti.
BIBLIOGR. : Lydia Harambourg, in : *L'École de Paris 1945-1965. Diction. des Peintres*, Ides et Calendes, Neuchâtel, 1993.
VENTES PUBLIQUES : NEUILLY, 15 mars 1989 : *Composition* 1951, h/t (97x133) : FRF 4 500.

APPLEBY Y. S.
XIXe siècle. Britannique.
Peintre.
Il exposa un paysage à Suffolk Street, à Londres, en 1828.

APPLEGATE Frank
Né en 1882 à Atlanta (Illinois). XXe siècle. Vivait à Trenton, New Jersey, vers 1909-1910. Américain.
Sculpteur.

APPLEGATE K. E., Miss
XIXe-XXe siècles. Britannique.
Peintre miniaturiste.
Trois miniatures de cette artiste parurent à l'exposition de la Walker art Gallery, à Liverpool, en 1910.

APPLETON Honor C., Miss
XXe siècle. Travaillant en Angleterre. Britannique.
Peintre aquarelliste.
Cette artiste envoya deux aquarelles à l'exposition de Brighton en 1909 : *L'Arc en ciel* et *Fantaisie*.

APPLETON M., Miss
XIXe siècle. Britannique.
Peintre.
Elle exposa à Londres vers 1810, à la Royal Academy.

APPLETON T. W.
XIXe siècle. Travaillait à Londres en 1840. Britannique.
Graveur au burin.

APPLETON Thomas G.
XIXe siècle. Travaillant à Londres dans la seconde moitié du XIXe siècle. Britannique.
Aquarelliste, graveur à la manière noire.
Cet artiste appartient à la catégorie des graveurs anglais qui ont tenté de rendre à la gravure à la manière noire la puissance d'expression des maîtres de la fin du XVIIIe et du commencement du XIXe siècle. Il exposa à la Royal Academy à partir de 1877. Plusieurs musées d'Angleterre conservent de ses gravures et le Musée de Birmingham annonce dans son catalogue l'aquarelle faite par lui pour sa gravure du *Portrait de Mary Amelia, comtesse de Salisbury*. Il a beaucoup travaillé pour les célèbres éditeurs Graves.

APPLETON Thomas Gold
Né en 1812 à Boston. Mort en 1884 à Boston. XIXe siècle. Américain.
Peintre.
Il a peint des paysages à l'aquarelle et à l'huile, et gravé, en 1847, quatre croquis en Grèce.

APPLEYARD C.
XIXe siècle. Britannique.
Peintre.
Il exposa un paysage à la Royal Academy de Londres, en 1810.

APPLEYARD Fred
Né le 9 septembre 1874 à Middlesbrouah. Mort le 23 février 1963. XXe siècle. Britannique.
Peintre de portraits, paysages.
Il a figuré aux expositions de la Royal Academy de Londres au début du siècle.
MUSÉES : LONDRES (Tate Gal.).
VENTES PUBLIQUES : LONDRES, 4 fév. 1981 : *Flood water*, h/cart. (40,5x30) : GBP 380 – LONDRES, 20 juin 1983 : *Lever de lune et Souvenirs*, h/t (91x137) : GBP 2 900 – VIENNE, 13 mars 1984 : *Le rêve*, h/pan. (71x91) : ATS 40 000 – LONDRES, 13 nov. 1985 : *By the dam*, h/t (76x89) : GBP 14 500 – LONDRES, 4 mars 1987 : *Les trois Marie*, h/t (71x228) : GBP 1 300.

APPOLD Johann Leonhard
Né le 12 octobre 1809 à Dennenlohe. Mort le 5 décembre 1858 à Nuremberg. XIXe siècle. Allemand.

Graveur en taille-douce et sur acier.
Ses gravures sont faites soit d'après les anciens maîtres, soit d'après ses contemporains.

APPOLD Karl
Né le 25 janvier 1840 à Nuremberg. Mort le 25 septembre 1884 à Munich. xixᵉ siècle. Allemand.
Graveur.
Fils et élève de Johann Léonhard Appold, il abandonna la gravure à cause de la faiblesse de ses yeux. Il se rendit à Munich en 1860. De 1865-66, il eût pour maîtres à l'Académie des Beaux-Arts de Munich, Philipp Foltz et Schwind. Il a fait des illustrations et des dessins pour la gravure sur bois.

APPOLLONI Agostino
xviᵉ siècle. Italien.
Peintre, stucateur, potier d'art.
Originaire de S. Angelo de Vado ; il apprit la peinture chez son oncle Lucio Dolce, qui lui laissa son héritage. Il fonda alors, à Castel-Durante, une fabrique de poteries. En 1585, il exécuta dans cette ville des peintures murales et des travaux en stuc pour l'église S. Francesco.

APPOLONI Q. M.
xixᵉ siècle. Italien.
Graveur en taille-douce.
On connaît de lui quelques planches d'après le Corrège, Longhi et d'autres grands maîtres.

APPOZZO Gaétan
xviiiᵉ siècle. Éc. napolitaine.
Peintre.
Son nom figure dans un acte daté de 1770.

APPUN Karl Ferdinand
xixᵉ siècle. Allemand.
Peintre de paysages.
Il fut d'abord élève de l'Académie de Berlin, puis il alla parfaire ses études en Italie, en 1843. En 1840, 1842 et 1844, il exposa à l'Académie des Arts de Berlin, des paysages grecs, *Une maison de pêcheurs au rivage*, un *Paysage de l'Elbe*. Il existe une belle eau-forte, signée A, 1854, représentant un *Garçon pêchant* ; selon Nagler, elle serait l'œuvre d'Appun.

APRATTI Francesco
xviiiᵉ siècle. Actif au début du xviiiᵉ siècle. Italien.
Peintre de fleurs.

APREA Giuseppe
Né en 1879 à Naples. xxᵉ siècle. Italien.
Peintre de sujets religieux, figures, paysages.
Il fut élève du peintre d'histoire Domenico Morelli et du peintre réaliste Filippo Palizzi, à l'Académie des Beaux-Arts de Naples. Dès 1900, il montrait sa peinture *La Reine du ciel* à un concours organisé à Florence. En 1903, il peignit la fresque *Christ sur la croix* à San Domenico Soriano, à Naples. Il fut essentiellement peintre de sujets religieux.
Ventes Publiques : Rome, 24 mars 1992 : *Venise – la lagune*, h/t (76x132) : ITL 10 925 000.

APRET Franz Werner Tamm ou Dapper ou d'Apret. Voir TAMM

APRIL Franz
xviiiᵉ siècle. Allemand.
Peintre.
Il peignit surtout en détrempe ; termina, en 1710, l'ornementation du château de Stolberg.

APRILE ou Apprile, d'Aprile, Aprili
xvᵉ-xviᵉ siècles. Italiens.
Sculpteurs.
Nom d'une famille d'artistes. Les Aprili furent actifs à Carona (près de Lugano), ils eurent leur atelier près de la porte de Vacca à Gênes. Cette famille présente des similitudes avec la famille des sculpteurs LOMBARDO.

APRILE Andrea
xviᵉ siècle. Actif à Carrare. Italien.
Sculpteur.

APRILE Andrea di Carlo
xvᵉ siècle. Actif à la fin du xvᵉ siècle. Italien.
Sculpteur.
Il possédait à Gênes, vers 1470, en commun avec Antonio Aprile, un atelier réputé jusque dans la première moitié du xviᵉ siècle. Aprile était peut-être le père de Giorgio Aprile, de Gênes (1499). On dit qu'il pourrait être le même qu'Andrea Aprile, à Carrare.

APRILE Antonio
xvᵉ siècle. Italien.
Sculpteur.
Il est connu pour avoir possédé, à Gênes, un célèbre atelier, en commun avec Aprile Andrea di Carlo.

APRILE Antonio Maria
xviᵉ siècle. Italien.
Sculpteur.
Il était fils de Giovanni et frère de Pietro et de Giovanni Antonio Aprile et vivait à Gênes. Au commencement du xviᵉ siècle, il travailla au tombeau de don Pedro Enriquez de Ribera (mort en 1519), dans l'église de l'Université de Séville. En 1522, aux côtés de Giovanni Angelo Molinari, il commença les travaux de la chaire de la cathédrale de Savone. Appelé de nouveau à Séville en 1526, il va se fixer dans cette ville où, au cours de plusieurs années et pour le compte de particuliers, il exécutera un nombre important d'ouvrages (dans la seule église de l'Université on compte dix monuments qui sont sortis de son atelier).

APRILE Bartolommeo
xviiᵉ siècle. Travaillait à Rome. Italien.
Stucateur.
Il travailla dans l'atelier de son compatriote, le stucateur Francesco Checcia da Morcote.

APRILE Battista
xviᵉ siècle. Italien.
Sculpteur.
Il était fils de Pietro Aprile. Le 14 mars 1524, il prit l'engagement de sculpter un crucifix pour Lucrèce Malaspina, marquise de Massa-Carrara.

APRILE Battista d'
xviiᵉ siècle. Sicilien, actif au xviiᵉ siècle. Italien.
Sculpteur.
Il travailla à la Piazza Vigliena, à Palerme.

APRILE Carlo d'
xviiᵉ siècle. Italien.
Sculpteur.
Cet habile artiste florissait à Palerme : il a exécuté de nombreux travaux, parmi lesquels on cite : *Sainte Agathe, Sainte Sylvie, Sainte Christine, Saint Serge et Saint Agathon*, sur la place de la cathédrale de Palerme, les *statues de Charles V, Philippe II, Philippe III, Philippe IV*, plusieurs figures pour un monument détruit en 1848, *Philippe IV* sur la place Vittoria, la statue en bronze du roi, que l'artiste modela lui-même en 1633, remplacée, depuis 1856, par celle de *Philippe V*.

APRILE Francesco
xviiᵉ siècle. Actif à la fin du xviiᵉ siècle. Italien.
Sculpteur.
Cet artiste a travaillé à Rome à partir de 1642. Ses œuvres les plus connues sont : *Le Tombeau en marbre de la famille Bolognetti*, à l'église Jésus et Maria, dans la même église, des figures en stuc, pour les chapelles de la Madone et de Saint-Joseph, à S. Giovanni de Fiorentini, des figures de jeunes hommes, des médaillons, des stucs pour la chapelle principale, en collaboration avec Michel Anguier, Pietro Senese et Filippo Carrari, enfin la statue en marbre de *Sainte Anastasie*.

APRILE Francesco
xviiiᵉ siècle. Italien.
Sculpteur.
De 1731 à 1750, sous le règne de Charles Emmanuel III, il fut attaché à la cour de Savoie ; travailla à la chapelle du bienheureux Amédée de Savoie.

APRILE Giorgio
xvᵉ siècle. Italien.
Tailleur de pierre.
Cité en 1499, comme fils de Andrea di Carlo Aprile.

APRILE Giovanni Antonio
xviᵉ siècle. Italien.
Sculpteur.
Il était fils de Giovanni Aprile et frère de Pietro et de Antonio Maria Aprile. Cet artiste résida de temps à autres à Savone et à Carrare. Son œuvre principale est le *Mausolée de l'évêque Francesco Ruiz d'Avila*, dans l'église de l'Université à Séville. Ce monument avait été commencé par Ordonez ; il fut continué par Pier Angelo della Scala et Giovanni Antonio Aprile, qui y travailla seul pendant l'absence de son frère Antonio Maria Aprile, en 1521 ; enfin, l'œuvre achevée put être transportée à Séville en 1526.

APRILE Giovanni Battista I
XVI⁰ siècle. Italien.
Sculpteur sur bois.
Il travailla, en 1524, avec Tullio Lombardo à Venise, plus tard avec Aless. da Carona. Il était aussi architecte.

APRILE Giovanni Battista II
XVI⁰-XVII⁰ siècles. Italien.
Sculpteur.
Cité, à Palerme, en 1597 et en 1600.

APRILE Giovanni di maestro
XVI⁰ siècle. Vivait encore en 1509. Italien.
Sculpteur.
Père de Pietro, Giovanni Antonio et Antonio Maria.

APRILE Leonardo
XVI⁰ siècle. Italien.
Sculpteur.
Il travailla à la cathédrale de Côme en 1569 également comme ingénieur.

APRILE Martino. Voir MARTINO da Carona

APRILE Pietro
XVI⁰ siècle. Italien.
Sculpteur sur pierre.
C'était le fils de Giovanni Aprile, et le frère aîné de Giovanni Antonio et de Antonio Maria Aprile. Il était déjà célèbre à Gênes à la fin du XV⁰ siècle, et pendant de longues années, de 1504 à 1558, son nom est cité, soit à Gênes, soit à Carrare. Présente des similitudes avec LOMBARDO (Pietro).

APRILI Giambattista
XVIII⁰ siècle. Italien.
Sculpteur-décorateur.
Cet artiste, italien, se fixa en Danemark, où il fit en 1708, deux plafonds au château de Frederiksberg.

APRILIS Maetius
II⁰-III⁰ siècles. Romain, actif aux débuts de l'époque chrétienne. Antiquité romaine.
Sculpteur.
Son nom et ses insignes de profession (le marteau et le ciseau) sont conservés par une épitaphe des catacombes de Priscilla, à Rome.

APRUZZESE Giuseppe
XVI⁰ siècle. Italien.
Sculpteur.
On connaît de lui quatre vases ornés de fleurs d'argent pour la Chartreuse S. Martino, à Naples.

APSCH Jérom Andreas
Né vers 1490 à Nuremberg. Mort en 1556. XVI⁰ siècle. Allemand.
Graveur sur bois.
Il aida Hans Burgmair dans l'exécution des bois d'un ouvrage publié à Vienne sous ce titre : *Le Roi sage*, ayant trait à la vie et au règne de Maximilien I⁰ʳ.

APSEL
Mort en 1471. XV⁰ siècle.
Enlumineur.

APSHOVEN Ferdinand van, l'Aîné
Né en 1576 à Anvers, où il fut baptisé le 17 mai. Mort en 1651 ou 1655. XVI⁰-XVII⁰ siècles. Actif à Anvers. Éc. flamande.
Peintre.
En 1592, il fut l'élève d'Adam Van Noort, et, en 1596, il fut admis franc-maître dans la corporation des peintres d'Anvers. Il peignit l'histoire et le portrait. Les registres de la gilde mentionnent sept de ses élèves, de 1597 à 1626.

APSHOVEN Ferdinand van, le Jeune
Né en 1630 à Anvers, où il fut baptisé le 1⁰ʳ mars. Mort en 1694. XVII⁰ siècle. Éc. flamande.
Peintre.
Fils de Ferdinand Apshoven l'Aîné et frère de Thomas Apshoven. Il fréquenta l'atelier de David Teniers le jeune et en 1657, il fut admis dans la gilde de Saint-Luc comme fils de maître. Les peintures de Ferdinand Apshoven, ainsi que celles de ses frères, ressemblent aux ouvrages de D. Teniers, et un grand nombre d'entre elles ont été vendues sous le nom du maître flamand. *Un intérieur avec deux figures*, presque l'équivalent d'un Teniers, est conservé au Musée de Rotterdam ; une autre pièce est conservée au Musée de Dunkerque.

Musées : DARMSTADT : *Scène champêtre* – DRESDE : *Nature morte – Intérieur, atelier de peintre* – DÜNKIRCHEN : *Intérieur, avec deux figures* – ROTTERDAM : *Chambre de paysan – Un homme âgé plaisante avec une jeune fille.*
Ventes Publiques : PARIS, 6 déc. 1922 : *Les Fumeurs :* **FRF 3 000** – GENÈVE, 10 mars 1951 : *Campement de bohémiens, bois :* **CHF 1 850** – VIENNE, 8 jan. 1963 : *Le joueur de boules :* **ATS 10 000** – LUCERNE, 26 juin 1965 : *Paysans dansant, bois :* **CHF 4 000.**

APSHOVEN Ferdinand van
Né en 1649 à Anvers. XVII⁰ siècle. Éc. flamande.
Peintre.
C'était le fils de Thomas van Apshoven.

APSHOVEN Thomas van
Né en 1622 à Anvers, où il fut baptisé le 30 novembre. Mort en septembre 1664. XVII⁰ siècle. Éc. flamande.
Peintre de compositions religieuses, sujets de genre, paysages animés, intérieurs.
Il était fils de Ferdinand Apshoven l'Aîné, et frère de Ferdinand le Jeune. Il devint l'élève favori de Teniers, dont il imita la manière avec grand succès. Thomas Apshoven a eu pour élèves Hendrik van Voren ou Voor en 1650-1651, et, en 1651-1652, Hendrik van Erp ou Herp III, qui devint un bon peintre d'intérieurs. Les plus célèbres musées d'Europe conservent de ses œuvres ainsi que nombre de grandes collections flamandes. Apshoven épousa, le 22 mars 1645, Barbara Janssens dont il eut quatre enfants.
Ainsi que son maître, il peignit des scènes villageoises, des intérieurs rustiques, des kermesses, des tavernes avec des paysans se régalant ou s'amusant, des corps de garde, des alchimistes, et dans ses diverses compositions, il approche de la facture de Téniers au point que ses œuvres sont aisément prises pour celles de ce maître. La touche de Thomas Apshoven est remarquablement claire et spirituelle, son coloris brillant et argenté.
Musées : DOUAI : *Paysage avec figures* – GLASGOW : *Paysage et figures – Le bienfaisant cordial* – GRAZ : *Marchand de poissons.*
Ventes Publiques : AMSTERDAM, 1739 : *Un intérieur :* **FRF 60** – AMSTERDAM, 1772 : *Intérieur de corps de garde :* **FRF 400** – AMSTERDAM, 1845 : *La partie de cartes :* **FRF 279** – BRUXELLES, 1846 : *Intérieur de cabaret :* **FRF 200** – PARIS, 1851 : *Le Toucher ; Le Goût,* les deux : **FRF 70** – PARIS, 1865 : *Un corps de garde de singes :* **FRF 130** – PARIS, 1865 : *Corps de garde :* **FRF 85** ; *Les cinq sens :* **FRF 340** – PARIS, 1872 : *La tour de Babel :* **FRF 940** – PARIS, 1873 : *La jeune artiste :* **FRF 240** – PARIS, 1874 : *La halte de chasse :* **FRF 15 000** – PARIS, 27-28 déc. 1926 : *Le joyeux buveur :* **FRF 170** ; *La buveuse :* **FRF 240** – PARIS, 23 mars 1929 : *Intérieur flamand :* **FRF 550** – PARIS, 28 juin 1934 : *Les Fumeurs :* **FRF 620** – PARIS, 14 fév. 1944 : *Paysans attablés devant une auberge ; Le Tir à l'arc,* deux pendants : **FRF 30 000** – PARIS, 25 mai 1950 : *Le repos devant l'auberge, métal :* **FRF 29 000** – BRUXELLES, 21 mai 1951 : *Intérieur d'alchimiste :* **BEF 3 200** – VIENNE, 17 mars 1960 : *Paysage montagneux avec des paysans jouant aux quilles :* **ATS 28 000** – LUCERNE, 21-27 nov. 1961 : *Une rue de village :* **CHF 4 600** – BRUNSWICK, 8-9 avr. 1965 : *La famille paysanne, bois :* **DEM 2 200** – BRUXELLES, 28 fév. 1967 : *Joyeuse compagnie dans un intérieur, bois :* **BEF 40 000** – LONDRES, 17 nov. 1972 : *Fête villageoise :* **GNS 6 000** – AMSTERDAM, 18 mai 1976 : *Scène villageoise, h/pan.* (42x72) : **NLG 12 000** – NEW YORK, 11 mars 1977 : *Scène de cabaret, h/t* (45x66) : **USD 7 500** – AMSTERDAM, 23 avr. 1979 : *La Diseuse de bonne aventure, h/pan.* (23x34,3) : **NLG 11 000** – PARIS, 5 mars 1984 : *La femme au puits, h/pan.* (31,4x41) : **FRF 35 000** – PARIS, 15 déc. 1986 : *La tentation de saint Antoine, h/cuivre* (55x71) : **FRF 60 000** – LONDRES, 10 juil. 1987 : *Scène villageoise, h/pan.* (29x43,8) : **GBP 7 500** – PARIS, 28 sep. 1989 : *Intérieur de corps de garde avec joueur de cartes, h/t* (57,5x87) : **FRF 132 000** – NEW YORK, 7 avr. 1989 : *Intérieur de taverne avec une fête paysanne, h/t* (55x79) : **USD 12 100** – LONDRES, 21 juil. 1989 : *Paysannes étendant de la toile sur de la terre à blanchir en dehors du village, h/pan.* (38,8x46,4) : **GBP 11 000** – PARIS, 14 déc. 1989 : *Les souris dansent, t.* (43,5x56,5) : **FRF 36 000** – NEW YORK, 5 avr. 1990 : *Soldats protestants investissant un village catholique, h/pan.* (35,5x52,5) : **USD 9 900** – PARIS, 22 juin 1990 : *La fête du village, h/t* (80x106,5) : **FRF 280 000** – COLOGNE, 26 nov. 1992 : *Personnages conversant sur le chemin de la ville, h/pan.* (42x72) : **DEM 12 000** – DOULLENS, 23 jan. 1994 : *La distribution des pains, h/t* (108x82) : **FRF 56 000** – PARIS, 19 juin 1995 : *Fête villageoise, h/pan.* (18,8x25,7) : **FRF 55 000** – PARIS, 27 mars 1996 : *Buveurs à l'extérieur d'une auberge, h/pan.* (23x28,5) : **FRF 30 000.**

APSHOVEN Willem van
Né le 7 septembre 1664. Mort le 30 avril 1694. XVIIᵉ siècle.
Éc. flamande.
Peintre.
Cet artiste, mort jeune, était fils de Thomas Apshoven ; il fut
élève de Joseph Lamorlet en 1679.

APT. Voir ABT

APUATIMI Declan
Né vers 1920. Mort en 1985. XXᵉ siècle. Australien.
**Sculpteur de personnages, technique mixte. Tradition-
nel aborigène.**
Indien aborigène, il sculpte des personnages dans la technique
sommaire traditionnelle, dont les éléments identificateurs : yeux,
nez, bouche, costume, sont peints, y ajoutant plumes ou ornements divers. Le risque de ce type de survivance d'arts primitifs
dans un contexte de société développée, est qu'ils deviennent
facilement artisanat folklorique.
BIBLIOGR. : Margaret K. C. West, in : *Creating Australia*, Art Gall.
of South Australia, 1988.

APVRIL
Né à Paris. XVIᵉ siècle. Français.
Sculpteur, orfèvre.
Il obtint le droit de cité à Valenciennes en 1561.

APVRIL Edouard d'
Né le 8 janvier 1843 à Grenoble (Isère). Mort le 12 octobre
1928. XIXᵉ-XXᵉ siècles. Français.
Peintre de genre, portraits.
Élève de l'Académie de Grenoble auprès de Félix Cottavoz, il
entra ensuite dans l'atelier d'Isidore Pils à l'École des Beaux-Arts
de Paris en 1866. Il participa régulièrement au Salon de Paris,
entre 1868 et 1884. Il était représenté à l'exposition : *Le portrait
en Dauphiné au XIXᵉ siècle*, à la Fondation Hébert d'Uckermann à
La Tronche, en 1981.
Influencé par un voyage en Hollande, où il fut séduit par les
maîtres intimistes comme Peter de Hooch, il se consacra à la
peinture de genre, représentant de pauvres paysans ou des
enfants tristes. Son trait est rapide, précis et son coloris clair.
BIBLIOGR. : Gérald Schurr : *Les Petits Maîtres de la peinture
1820-1920, valeur de demain*, t. III, Les Éditions de l'Amateur,
Paris, 1976.
MUSÉES : GRENOBLE (Mus.des Beaux-Arts) : *Scène d'intérieur –
Autoportrait*.
VENTES PUBLIQUES : VERSAILLES, 12 oct. 1975 : *Fillette à la robe
bleue*, h/t (60x38) : **FRF 1 700** – GRENOBLE, 13 déc. 1978 : *La
consultation*, h/t (61x50) : **FRF 4 500** – GRENOBLE, 7 mai 1979 : *La
Marché dans la campagne* 1897, h/t (110x76) : **FRF 11 000** –
PARIS, 27 avr. 1987 : *Portrait de fillette* 1884, h/t, de forme ovale
(55x45) : **FRF 5 000** – LYON, 23 nov. 1988 : *Femme et enfant*,
h/pan. (27x22) : **FRF 19 000** – PARIS, 4 juil. 1997 : *Scène d'intérieur
aux enfants*, h/t (46x43) : **FRF 6 800**.

APY-VIVES Charles Joseph
XIXᵉ-XXᵉ siècles. Français.
Peintre.
Il exposa aux Artistes Français, notamment en 1900, une toile :
Colline Vierge-de-la-Garde, à Marseille. Il reçut une mention
honorable en 1899 et la Légion d'honneur en 1923.

AQUADO A.
XVIIIᵉ siècle. Espagnol.
Graveur au burin.
Il fit les gravures de l'ouvrage : *Descripcion de los ornatos publi-
cos con que la corte de Madrid ha solemnizado la exaltation al
trono de Don Carlos IV... Madrid 1789*.

AQUADRO Frederico
XXᵉ siècle. Vivait à Saint Louis, Missouri, vers 1909-1910.
Américain.
Peintre.

AQUAVIVA. Voir ACQUAVIVA

AQUES Lucas de
XVIᵉ siècle. Espagnol.
Sculpteur.
Il eut un procès avec Cristobal Velasquez, à propos de travaux
faits à l'hôtel de ville de Valladolid.

AQUIJARI
XIXᵉ siècle. Actif à Vienne. Autrichien.
Aquarelliste.

Une aquarelle, exposée en 1870 à la Maison des Artistes et achetée par l'empereur d'Autriche, intitulée : *Réception des restes de
Maximilien de Mexique à Trieste*, commença sa réputation.

AQUILA Andrea dall'. Voir ANDREA dall' Aquila et
DALL'AQUILA Andrea

AQUILA Francesco Faraone
Né vers 1676 à Palerme. Mort vers 1740 à Rome. XVIIIᵉ siècle.
Italien.
Graveur en taille-douce.
Il était le neveu et l'élève de Pietro Aquila, célèbre graveur. Il alla
à Rome vers 1690 et y demeura jusqu'à sa mort. Ses gravures
sont nombreuses et certaines d'entre elles sont très estimées. Il
travaillait quelquefois au burin seul. Un certain nombre de ses
planches sont faites d'après ses dessins. Sa touche est franche et
possède les qualités de brio propres à l'art italien.

AQUILA Giorgio d'. Voir GIORGIO d'Aquila

AQUILA Horace Santi d' ou Aquilano. Voir SANTIS Ora-
zio di, dit Aquilano

AQUILA Johannes
Originaire de Radkersburg-en-Steiermark. XVᵉ siècle. Actif
vers 1400. Hongrois.
Peintre.
Ce primitif hongrois a travaillé pour un grand nombre d'églises ;
on cite de lui *La Mort de Saint Martin* dans l'église des Martyrs
(Kom. Vas) ; au-dessus de ce tableau on lit une signature : *per
manus Joannis Aquile de Rakespurga oriundi*. Aquila exécuta des
peintures murales pour les églises de Velemér et Totlak, et en
1405, d'après Janisch, des fresques pour l'église de Radkers-
burg. La galerie de Vienne conserve un panneau signé de maître
Johannes Aquila, et un tableau en deux parties représentant *la
Sainte Famille*, à gauche *la Vierge et l'Enfant Jésus avec quatre
anges jouant de la musique* ; à droite, *Sainte Elisabeth apprenant
à écrire à saint Jean*. Il était aussi architecte.

AQUILA Louis de Bourbon, comte d'
Né en 1824 à Naples. Mort en 1897 à Paris. XIXᵉ siècle. Italien.
Peintre.
Cet artiste, frère du roi François II, fut l'élève de Smargiassi à
Naples ; il peignit un grand nombre de marines, dont plusieurs
figurèrent au Salon de Paris, notamment : *Apaisement du vent à
Villiers-sur-Mer*.

AQUILA Nicola di Antonio
Né en 1807 à Parme. Mort en 1877. XIXᵉ siècle. Italien.
Peintre décorateur.
Il fut élève de l'Académie de Parme. En 1860, il fut nommé pro-
fesseur d'ornement à l'Académie royale des Beaux-Arts de sa
ville natale. En 1838, il décora des tribunes pour les théâtres de
Rovigo et d'Ancône ; l'année suivante, il travailla pour la cour de
Parme et pour la duchesse Marie-Louise d'Autriche. Le Musée
de Parme possède plusieurs de ses maquettes.

AQUILA Pietro
Né en 1650 à Marsala. Mort à l'automne 1692 à Alcamo. XVIIᵉ
siècle. Italien.
Peintre, graveur.
La première partie de sa vie s'écoula dans un séminaire. À son
arrivée à Rome, il se fit moine, mais cela ne l'empêcha pas de
suivre son inclination pour l'art. Baldinucci dit qu'il était peintre
de talent, mais la renommée du graveur a primé celle du peintre.
Son dessin était excellent et sa pointe hardie et libre. Ses meilleurs ouvrages sont gravés d'après les Carraches et Pierre de
Cortone.

₽ P. A qᵃ

AQUILA Pompeo Cesura ou Aquilano, appelé aussi
Pompeo d'All'Aquila. Voir CESURA

AQUILA Salvato d'. Voir SALVATORI d'Aquila, ou Aqui-
lano

AQUILA da ROCHA MIRANDA Luis
Né en 1943 à Rio de Janeiro. XXᵉ siècle. Brésilien.
Peintre de paysages.
Il fut élève d'Aloisio Carvao à Rio de Janeiro. En 1962, il s'installa
dans la nouvelle capitale Brasilia. De 1965 à 1967 il voyagea en
France et en Angleterre. Ensuite, il est devenu professeur de
dessin à Brasilia.
Il peint les paysages des hauts-plateaux du Brésil. Son dessin est
synthétique, ne prenant en compte que les lignes essentielles à la
représentation de ces étendues illimitées.

AQUILANTE di Jacopo di Paolo
XVIᵉ siècle. Actif à la fin du XVIᵉ siècle. Italien.
Peintre.
Ce peintre fut admis dans la confrérie des peintres de Pérouse en mars 1558 ; son testament est daté du 20 octobre 1571.

AQUILES Julio de, dit aussi **Julio Romano**
XVIᵉ siècle. Romain, actif au XVIᵉ siècle. Italien.
Peintre.
Il s'était fixé en Espagne ; selon Alonso Berruguete, il fut appelé, en 1533, à donner son avis sur l'évaluation d'un tabernacle d'autel pour l'ancien cloître S. Benito el Real à Valladolid ; Villaamil l'identifie avec le peintre de fresques Julio.

AQUILI Antonio. Voir **ANTONIAZZO Romano**

AQUILINI Arcangelo
XVIᵉ-XVIIᵉ siècles. Romain, actif à la fin du XVIᵉ siècle et au commencement du XVIIᵉ. Italien.
Peintre.
Il était membre de l'Académie de Saint-Luc.

AQUILIO. Voir **ANTONIAZZO Romano**

AQUILIO Bernardino
XVᵉ-XVIᵉ siècles. Romain, actif à la fin du XVᵉ siècle et au commencement du XVIᵉ. Italien.
Peintre.
C'était le plus jeune fils de Antoniazzo Romano ; il est cité dans les documents de Carrare en 1547 et 1549. Il travailla, vers la fin du XVᵉ siècle, pour la Compagnia del Corpo di Cristo, à la chapelle de ce nom, à S. Andrea, à Carrare. Des vestiges de cette œuvre ont été découverts en 1856.

AQUILIO Marcantonio ou **Marco**
XVᵉ-XVIᵉ siècles. Italien.
Peintre.
Fils aîné de Antoniazzo Romano, peintre également. On ne connaît de lui qu'une œuvre, dans la sacristie de Sta Chiara à Rieti (signée, datée de 1511), qui représente la *Résurrection avec saint Étienne et saint Laurent, Dieu le Père entre saint François et saint Antoine*, et la *Passion du Christ*.

AQUINO Adriano de
Né en 1946. XXᵉ siècle. Brésilien.
Peintre.
Il remet en question le support sur lequel est réalisée la peinture. Adriano de Aquino donne à ses œuvres des formes cassantes inhabituelles.

AQUINO Filippo ou **d'Aquino**
XVIIᵉ siècle. Italien.
Graveur.

AQUINO Giambattista d'
XVIIᵉ siècle. Actif vers 1650. Italien.
Peintre.

AQUIS Jean de
XVᵉ siècle. Suisse.
Peintre de miniatures.
Il fut reçu comme citoyen à Genève le 8 juin 1487.

AQUISGRAN Huberto
D'origine allemande. XVIᵉ siècle. Travaillant en Espagne.
Ébéniste d'art.
Mentionné sur un document en 1577.

AQUOSSE Enguerrand
XIVᵉ siècle. Picard, actif au XIVᵉ siècle. Français.
Peintre, sculpteur.
En 1344, il fut architecte et expert à Noyon.

ARA K.H.
Né en 1914 à Secundrabad. XXᵉ siècle. Indien.
Peintre de nus, natures mortes.
Il fut élevé à Bombay, où il arriva en 1920. Il se forma à la peinture en autodidacte. Il fit un voyage en Europe en 1961.

ARABACHAHI Massioud. Voir **ARABSHAÏ Masoud**

ARABIS André Assad
Né en 1941 à Damas (Syrie). XXᵉ siècle. Actif et depuis 1986 naturalisé en France. Libanais.
Peintre. Abstrait-paysagiste.
Il fut élève de l'École des Beaux-Arts de Damas en 1966, diplômé en peinture de l'École des Beaux-Arts de Paris en 1982. En 1987, il a soutenu un Doctorat d'État sur l'esthétique de l'art géométrique musulman par rapport à l'art cinétique-optique.

Il participe à des expositions collectives depuis 1972, notamment : 1973 Biennale d'Alexandrie, 1975 Biennale de São Paulo, 1986 Paris Salon Comparaisons, depuis 1989 Paris Salon des Réalités Nouvelles, 1991 Paris Salon de Mai, etc. Il montre aussi son travail dans des expositions personnelles : de 1967 à 1974 Beyrouth et Damas, 1981 Paris, 1983 Rome, 1988 Paris Institut du Monde Arabe, 1992 Paris Centre Culturel Algérien.
Par tradition en même temps que par modernité, ses peintures sont résolument abstraites. Elles se composent librement en rectangles suggérés par des horizontales et des verticales qui se coupent sans systématisme, pouvant laisser supposer des paysages indéterminés où, sur fond de bleu azuréen ou aquatique ensoleillé, se placent spontanément quelques éléments mobiles comme barques à l'échouage.
BIBLIOGR. : Catalogue de l'exposition *A. Arabis*, Centre Culturel Algérien, Paris, 1992.

ARABOT Pedro
XIVᵉ-XVᵉ siècles. Actif à Valence. Espagnol.
Peintre.
En 1391, il exécuta un tableau du Crucifix pour la chapelle des Jurados, dans la vieille Maison de la ville. En 1429, il restaura un autel de la Vierge dans la Puerta del mar.

ARABSHAÏ Masoud
Né en 1937 à Téhéran. XXᵉ siècle. Iranien.
Peintre.
Il fut élève de l'École des Beaux-Arts et de l'École des Arts Décoratifs de Téhéran. Il fut membre du groupe *Sagha Khaneh*, composé en 1960 de jeunes artistes se référant aux arts traditionnels de la Perse ancienne. Il fit partie de la sélection iranienne à la Biennale des Jeunes de Paris en 1965.

ARACHEQUESNE Jean Louis Pierre
Né en 1793. Mort en 1867. XIXᵉ siècle. Français.
Peintre de genre.
Cet artiste travailla à Paris ; il fut l'élève de Guérin et Picot. Il exposa à plusieurs reprises, de 1827 à 1836.
VENTES PUBLIQUES : PARIS, 6 fév. 1929 : *Le billet de logement* : FRF 300.

ARACYO-COSTA Thomas F. d' ou **Arango-Costa**. Voir **COSTA Thomas d'Aracyo**

ARADI Sigmund
Né en 1839 à Arad. XIXᵉ siècle. Vivant à Venise. Hongrois.
Sculpteur.
Il commença ses études à l'École polytechnique de Karlsruhe et travailla d'abord la mécanique. L'abandonnant pour l'art, il devint l'élève de Gasser, à Vienne, et de l'Académie de cette ville. Son premier envoi à l'Exposition de la Société d'Art de Pesth, fut *Rome en deuil*, qui fut acheté. Ce succès et une seconde bourse lui fournirent l'occasion de prolonger son séjour en Italie, d'abord à Milan, puis à Venise, où il se fixa. On cite un monument funèbre en l'honneur de morts tombés pour la liberté en 1849, au vieux cimetière catholique, à Arad, et une suite des célébrités hongroises, maintenant au Musée National de Budapest.

ARADY Aurel
Né à Arad (Hongrie). XXᵉ siècle. Travaillant à Paris. Hongrois.
Peintre de paysages, natures mortes.
Cet artiste prit part à l'Exposition des Indépendants en 1909, avec deux toiles : *Moret-sur-Loing, Nature morte*.

ARAEEN Rasheed
Né en 1935 à Karachi. XXᵉ siècle. Pakistanais.
Créateur d'installations. Abstrait.
Il avait d'abord suivi des études d'ingénieur. Il s'initia à la peinture, puis transposa sa réflexion et son travail en trois dimensions. Il expose à Karachi, dans plusieurs villes d'Angleterre, à New York, etc. Il construit des assemblages métalliques de grandes dimensions et prend part à des événements en plein air, répandant sur l'eau des disques en polystyrène, notamment à Paris sur la Seine.
BIBLIOGR. : Jutta Stöter-Bender : *L'Art contemporain dans les pays du « tiers-monde »*, L'Harmattan, Paris, 1995.

ARAEL, pseudonyme de **Georges Lagache**
Né à Béthune (Pas-de-Calais). XXᵉ siècle. Français.
Peintre.
Exposa au Salon des Indépendants en 1929 et en 1931 à la Nationale des *Paysages*. En 1932-1936 il envoya aux Artistes Français : *Avant la fête du village*, des vues de Saint-Jean-du-Doigt et de Moret.

ARAGALL Juan
XVIᵉ siècle. Actif à Barcelone vers la fin du XVIᵉ siècle. Espagnol.
Sculpteur.

ARAGAN Joan
XVᵉ siècle. Travaillait à Leon vers 1424. Espagnol.
Peintre verrier.

ARAGAO Joaquim-Pedro
Né vers 1801. XIXᵉ siècle. Portugais.
Sculpteur.
Il fut membre de l'Académie à Lisbonne.

ARAGAY Joseph
D'origine catalane. XXᵉ siècle. Espagnol.
Céramiste.
En 1920, on vit de lui des céramiques à Paris, à l'Exposition des Artistes catalans.

ARAGO Alfred
Né le 20 juin 1816 à Paris. Mort en janvier 1892 à Paris. XIXᵉ siècle. Français.
Peintre d'histoire, scènes de genre, paysages.
Second fils du célèbre astronome Arago et élève de Paul Delaroche, il s'adonna surtout à la peinture d'histoire. Cet artiste exposa à partir de 1841. En 1853, il devint inspecteur des Beaux-Arts. Le Musée de Perpignan conserve de lui : *Charles Quint au couvent de Saint-Just.*

ARAGO Jacques Étienne Victor
Né en 1790 à Estagel, près de Perpignan (Pyrénées-Orientales). Mort en 1855 à Paris. XIXᵉ siècle. Français.
Peintre de paysages d'eau, paysages portuaires, aquarelliste, graveur.
VENTES PUBLIQUES : LONDRES, 28 mai 1987 : *Une vue du port de Sidney* 1819, aquar., croquis d'après nature (28,9x45,7) : GBP 25 000.

ARAGON A. d'
XIXᵉ-XXᵉ siècles. Français.
Sculpteur.
Exposa au Salon entre 1883 et 1908.

ARAGON D. Andrés de
XVIIᵉ-XVIIIᵉ siècles. Actif à Séville à la fin du XVIIᵉ et au début du XVIIIᵉ siècle. Espagnol.
Peintre.
Il peignit un drapeau portant les armes du roi, pour le fort de San Felipe à Santiago.

ARAGON Édouard
Né à Avignon. XXᵉ siècle. Français.
Peintre.
Élève de Joseph Bail, il exposa aux Artistes Français en 1932.

ARAGON Fanny
Originaire de Cologne. XIXᵉ-XXᵉ siècles. Allemande.
Peintre et sculpteur.
Cette artiste travailla à Rome, où elle exposa, en 1873, à l'Union des artistes et amis de l'art, deux portraits et deux bustes (*Bacchante* et *Ciocciara*). En 1874, elle envoya, à l'Exposition d'Art de l'Académie de Berlin, une tête de faune, en marbre.

ARAGONES DE MENDIOLA J., Sra.
Née à Malaga. XIXᵉ siècle. Espagnole.
Peintre.
Cette artiste se voua à la peinture des fleurs et des natures mortes. Ses œuvres principales furent exposées à partir de 1872, dans les expositions de sa ville natale. Elle figura à l'Exposition Universelle de Paris, 1878, avec *Première illusion.*

ARAGONESE Alessandro
D'origine espagnole. XVIᵉ siècle. Espagnol.
Peintre.
Père de Sebastiano Aragonese di Ghedi.

ARAGONESE di Ghedi Sebastiano
Né en 1523 à Chiedi. XVIᵉ siècle. Vivait encore en 1567. Italien.
Peintre, dessinateur.
Il était fils du peintre espagnol Alessandro Aragonese, dont il fut l'élève. Il travailla aussi avec Girolamo Romanino et adopta son genre. On cite de lui : *La Madone sur un trône avec les apôtres Pierre et Paul*, signée : *Sebastianus Ragonensis faciebat*, 1558, dans l'église de Torri, près Malcesine, sur le lac de Garde ; à Bagnolo Mella, près Brescia, on a conservé quelques fresques

signées *Sebastianus Brixiensis*. A Brescia, on regarde comme son œuvre un tableau d'autel de 1567, dans l'église S. Alessandro, représentant *Jésus-Christ avec saint Louis, roi de France, saint Roch et saint Sébastien*, signé *L. S. A.*, ainsi qu'un martyre sur le maître-autel de l'église S. Agata. Aragonese était, paraît-il, amateur d'antiquités, et laissa une collection de seize cents dessins à la plume, représentant les médailles de la collection Ottavio Rossi, à Brescia. On cite également de lui un grand nombre de dessins des monuments de Brescia, pour *Monumenta antiqua urbis et agri Brixiani... M D L XIIII*. La Bibliothèque de Brescia possède encore le manuscrit de cet ouvrage et les archives de la ville, les trente-quatre bois exécutés d'après ses dessins. L'œuvre d'Aragonese, comme dessinateur, comprend encore deux cents encadrements et ornements de sa composition.

ARAGONI ou Aragonio
XVIIᵉ siècle. Actif à Brescia. Italien.
Peintre.
Connu par un tableau de l'église paroissiale del Borgo, représentant le *Martyre de deux saints avec les bourreaux et des anges*, peint sur toile, signé, daté de 1607.

ARAIGNON Claude
XVIIIᵉ siècle. Français.
Peintre.

ARAIN Samuel
XVIᵉ-XVIIᵉ siècles. Français.
Peintre.
Cité comme maître-peintre de Bordeaux vers 1620.

ARAÏ Rokno
Né à Tokyo. XXᵉ siècle. Japonais.
Peintre de natures mortes.
Il a effectué un long séjour à Paris. Il y a exposé aux Salons de la Société Nationale des Beaux-Arts et d'Automne à partir de 1922. Il exposait encore en France en 1935. Il utilisa le procédé du collage. On connaît de lui des natures mortes décoratives.
VENTES PUBLIQUES : PARIS, 8 juin 1966 : *Mosaïques*, h. et collages/t. : FRF 500.

ARAÏ Shôri
Né en 1895 à Tokyo. XXᵉ siècle. Japonais.
Peintre.
Il fut élève de Hankô Kajita et de Yasuda Yukihiko. Il a fait partie du groupe *Nihon Bijutsu*, avec lequel il exposait. Il a aussi figuré à des expositions à l'étranger, notamment en Égypte. Il a été nommé professeur au Collège d'Art de Tama.

ARAKAWA Shusaku
Né en 1936 à Nagoya (préfecture d'Aichi). XXᵉ siècle. Depuis 1961 actif aux États-Unis. Japonais.
Peintre. Lettres et signes, conceptuel.
On ne connaît pas sa formation. Il fut d'emblée influencé par Marcel Duchamp. Ses débuts se situent en 1960, lorsqu'il se souciait de représentations d'espaces impossibles, ce qui correspondait aux préoccupations scientifiques de Duchamp sur la quatrième dimension, et dont on retrouvera des traces dans ses œuvres ultérieures. Il participe à des expositions collectives internationales importantes : avec les peintres japonais contemporains au Musée d'Art Moderne de New York 1966, Documenta IV de Kassel 1968, etc. Il a commencé à exposer dans des galeries privées à titre individuel à Tokyo en 1963, puis à Düsseldorf, Los Angeles, New York, Paris (Galerie Maeght et Yvon Lambert) Milan, Zurich, etc. Il a aussi exposé dans des musées : 1958 Musée d'Art Moderne de Tokyo, 1965 Palais des Beaux-Arts de Bruxelles, 1966 Stedelijk van Abbemuseum d'Eindhoven, 1969 Whitney Museum de New York, 1970 à l'ARC du Musée d'Art Moderne de la Ville à Paris, Kunstverein d'Hanovre, Biennale de Venise où une salle entière lui était attribuée, 1974 Minneapolis Institute of Art, 1977 Stadtische Kunsthalle Düsseldorf et à la Documenta 6 de Kassel, 1978 Stedelijk Museum d'Amsterdam, 1979 Seibu Museum de Tokyo, 1981 Kestner Gesellschaft d'Hanovre, etc. Le principe de base de son travail consiste à poser que le nom des choses les situe ou représente, mieux que leur image, du moment qu'on s'intéresse aux catégories dans lesquelles ressort les objets plus qu'aux objets singuliers pris individuellement. A partir de ce principe fondateur, ses peintures présentent des surfaces de fond unies, blanches ou grises, sur lesquelles s'inscrivent les mots-repères « désignants » reliés entre eux par des lignes et quelques graphismes suggérant on ne sait trop quoi, créant ainsi des sortes de fausses pistes. Mais ce sur quoi il convient d'insister, c'est que ces pein-

tures et les éléments qui les composent, fonds, lettres et signes graphiques, sont exécutés avec la même précision qui caractérise une bonne part de la peinture abstraite à tendance géométrique japonaise des années soixante-dix et quatre-vingts. Il en résulte ici une peinture austère dans son propos énigmatique, mais d'un grand charme visuel. ■ J. B.

BIBLIOGR. : In : *Diction. Univers. de la Peint.*, Robert, Paris, 1975.
MUSÉES : COLOGNE (Wallraf-Richartz Mus.) : *Sans titre 1964-65.*
VENTES PUBLIQUES : LONDRES, 1er juil. 1976 : *From Webster's Dictionnary, n° 2* 1965-1971, acryl./t. (123x183) : **GBP 4 600** – MILAN, 25 oct. 1977 : *Sans titre 1969*, h/t (124x123) : **ITL 4 000 000** – NEW YORK, 2 nov. 1978 : *Separated continuums* 1966, h/t (159x228) : **USD 14 500** – NEW YORK, 19 oct. 1979 : *Le diagramme de rencontre* 1965, techn. mixte (58x73) : **USD 5 000** – PARIS, 14 déc. 1979 : *Look at it, n° 3* 1968, h/t (124,5x183) : **FRF 40 000** – LONDRES, 1er juil. 1980 : *Paysage* 1969, acryl./t. (122x183) : **GBP 3 800** – NEW YORK, 13 mai 1981 : *Sans titre 1968*, techn. mixte/pap. (55x75,5) : **USD 2 000** – MILAN, 6 avr. 1982 : *Sky n° 2 1968*, acryl./t. (119x95,5) : **ITL 3 600 000** – NEW YORK, 5 mai 1983 : *That in which 1978*, litho. en coul. (78,8X149,9) : **USD 1 400** – LONDRES, 28 juin 1983 : *Théorie d'Arakawa 1965*, h., cr. et encre/t. (230x168,5) : **GBP 6 500** – LONDRES, 26 juin 1984 : *Forget about any gray – Forget about any non-gray 1972*, gche., acryl., cr. et collage/pap. (89x116) : **GBP 1 800** – NEW YORK, 7 nov. 1985 : *X-ray of a diagram n° 3 1968*, acryl., h., encre de Chine et mine de pb/t. (123x184) : **USD 11 000** – NEW YORK, 11 nov. 1986 : *A study of Twins n° 2 after walking or talking 1976*, cr., aquar. et cr. coul./pap. froissé (127x96,5) : **USD 9 000** – NEW YORK, 21 fév. 1987 : *À la fenêtre 1967-1968*, acryl., stencil, stylo feutre, pl. et encre noire/t., ensemble de six pan. (dim. totale 183x147) : **USD 120 000** – NEW YORK, 20 fév. 1988 : *Baiser 1968*, techn. mixte (124,7x183,9) : **USD 15 400** – NEW YORK, 4 mai 1988 : *Sans titre 1963*, acryl., feutre noir, cr. et porte-manteau (230x160) : **USD 57 200** – LONDRES, 29 juin 1989 : *Sculpting 1970-1971*, acryl./t. (165x246) : **GBP 33 000** – NEW YORK, 3 mai 1989 : *Une vieille histoire (explosion) d'une explosion (grande histoire) 1967*, h/t (204,5x158,8) : **USD 49 500** – NEW YORK, 9 nov. 1989 : *Un demi-pouce d'une chaine de confusion 1963*, h. et cr. avec du plastique, du métal et du bois collés/t. (215,2x132) : **USD 126 500** – NEW YORK, 9 mai 1990 : *Le souhait de Marx (du mécanisme de la compréhension) 1969*, h/t (244x335,5) : **USD 176 000** – LONDRES, 18 oct. 1990 : *Issu du Dictionnaire Webster n° 2*, acryl./t. (123x183) : **GBP 39 600** – NEW YORK, 15 fév. 1991 : *Cette toile est un rectangle parfait 1966*, h/t (115x76) : **USD 23 100** – NEW YORK, 2 mai 1991 : *That in wich*, graphite et acryl./t. (168,2x304,4) : **USD 60 500** – LONDRES, 27 juin 1991 : *Paysage 1969*, peint./t. (122x183) : **GBP 27 500** – MILAN, 23 juin 1992 : *Exclusion du compas*, h/t (161x239) : **ITL 28 500 000** – NEW YORK, 18 nov. 1992 : *Midi 1977*, acryl./t. (167,6x248,9) : **USD 88 000** – LONDRES, 3 déc. 1992 : *Des mécanismes des degrés de la compréhension (La guerre des mondes)*, acryl., h., encre noire et mine de pb, diptyque (183x250,8) : **GBP 55 000** – NEW YORK, 4 mai 1993 : *Demi-pouce de la chaine de confusion*, h., cr., cr. coul. avec collage plastique, métal et bois/t. (215,3x132,1) : **USD 76 750** – LUCERNE, 20 nov. 1993 : *Peintures 1969*, impressions/feuille alu. (117x89) : **CHF 1 200** – NEW YORK, 9 mai 1996 : *Cette toile est un rectangle parfait 1966*, acryl./t. (113x75,6) : **USD 9 200.**

ARAKI Jypo
XIXe-XXe siècles. Actif à Tokyo. Japonais.
Peintre.
Il obtint une mention honorable à l'Exposition Universelle de 1900, à Paris.

ARAKI Kwampo
XIXe-XXe siècles. Actif à Tokyo. Japonais.
Peintre animalier.
Il obtint une médaille d'argent à l'Exposition Universelle de 1900 à Paris. *Voir aussi* KAMPÔ Araki.

ARAKI Tanre
XIXe-XXe siècles. Actif à Tokyo. Japonais.
Peintre paysagiste.
Il participa à l'Exposition Universelle de 1900 à Paris.

ARAKI Tetsuo
Né le 1er juin 1937 à Tokyo. XXe siècle. Japonais.
Graveur. Abstrait-lyrique.
Il fut élève de l'École d'Art de Musashino à Tokyo. Il vint à Paris et travailla dans l'Atelier du graveur Friedlaender. Comme le cas est fréquent chez les graveurs, à cause du tirage multiple, Araki expose depuis 1964 dans de très nombreuses manifestations collectives de gravure à travers l'Europe.

ARALDI Alessandro
Né vers 1460 à Parme. Mort après 1530, de la peste. XVe-XVIe siècles. Italien.
Peintre.
Il fut témoin en 1483. Son premier fils naquit en 1486. Il fit son testament en 1528 et mourut de la peste. Il fut l'élève de F. Mazzola et de C. Caselli. La galerie de Parme possède une peinture de ce maître, représentant l'*Annonciation*. La cathédrale possède une fresque, *La Vierge, l'Enfant Jésus et saint Joseph*, datée de 1520. Il décora également d'autres églises de Parme.
MUSÉES : BERGAME : *Saint Antoine de Padoue* – FLORENCE : *Barbara Pallavicini* – PARIS (Louvre) : *Madone entre Saint Quentin et Saint Benoît*, sans doute de Bianchi Ferrari – PARME : *Annonciation avec sainte Catherine et saint Sébastien.*

ARALDI Carlo Francesco d'. Voir DARALDI

ARALDI D. Joaquin
XVIIIe siècle. Espagnol.
Sculpteur et stucateur.
Il est peut-être le même que Joaquin Arali.

ARALDI Felice
XVIIIe siècle. Actif à Viadana. Italien.
Peintre.
Cet artiste, en 1750, devint peintre de la cour de la Duchesse Maria-Eleonora de Guastalla, dont il peignit le portrait ; il fit aussi celui de la duchesse Theodora de Hesse-Darmstadt, qui le nomma son peintre de cour (1763). En 1760, il peignit les fresques de la coupole de la cathédrale de Guastalla, représentant *Les Quatre Évangélistes* ; il fit aussi le tableau pour l'autel du Santissimo. Plus tard, il travailla dans la ville natale de Viadana, où il peignit, en 1770, pour l'Oratorio di S. Paolo : *La Conversion et le martyre de l'apôtre Paul.* On cite encore de lui : *La Nativité du Christ* et l'*Adoration du Sacré-Cœur de Jésus par Saint Jacques, Saint Nicolas, saint Antoine abbé et saint Ignace*, évêque, ainsi qu'une *Madone*, très vénérée du peuple, à Viadana, où l'on voit *Saint François et saint Charles Borromée agenouillés* (gravé par Felice Guglielminetti).

ARALDI Josaphat
XVIe siècle. Actif à Parme. Italien.
Peintre.
Il a signé un *Saint Sébastien*, dans la galerie de Parme.

ARALDI Paolo
Né à Casalmaggiore. Mort en 1811. XVIIIe-XIXe siècles. Italien.
Peintre.
Il fut l'élève de Chiozzi, et de l'Académie de Parme. On voit de ses tableaux d'autel dans les églises de Casalmaggiore et des villes des environs. Il fut le maître de Giuseppe Diotti.

ARALI D. Juan
XVIIIe siècle. Espagnol.
Sculpteur et architecte.

ARALI Joaquin
XVIIIe siècle. Vivait à Saragosse, à la fin du XVIIIe siècle. Espagnol.
Sculpteur.
Il travailla pour les églises de cette ville.

ARALICA Stojanvier
Né en 1883 à Skare. XXe siècle. Yougoslave.
Peintre de paysages, natures mortes. Expressionniste.
Il trouva sa formation d'abord à Munich en 1909 pour la peinture, puis à Prague pour les techniques graphiques. À partir de 1920 il voyagea en Italie, Espagne, Afrique du Nord. De 1925 à 1934 il vécut à Paris, revint ensuite en Yougoslavie, puis se fixa à Stockholm de 1946 à 1948. Après quoi il se fixa dans son pays. Il avait fait sa première exposition à Zagreb en 1919, âgé de trente-six ans. Lors de son long séjour à Paris, il y exposa aux Salons annuels des Indépendants, d'Automne, des Tuileries. En 1954 il fit partie du *Groupe des six*, après avoir appartenu au groupe *Oblik.*
Sa peinture, partant de natures mortes ou de paysages, est tellement transposée par rapport au modèle qu'elle relève d'un expressionnisme informel. Elle est maçonnée dans des épaisseurs pigmentaires très grasses, violemment triturées.

ARAM, pseudonyme de Gottlieb Michaël S.
Né le 7 mars 1908 à Storozynetz (aujourd'hui Karpazkayo, Ukraine). XXe siècle. Actif en France. Israélien.
Peintre de portraits, paysages. Post-cubiste, puis abstrait.

Ses parents se fixèrent à Berlin quand il était encore enfant. Il y entra très jeune à l'École des Beaux-Arts, où il reçut un enseignement académique, tout en se tenant au courant de ce qui se passait du côté du Bauhaus, avec Kandinsky et Klee entre autres. C'est à Berlin qu'il commença à travailler pour les décors de théâtre. À l'arrivée d'Hitler au pouvoir, il émigra en Palestine. Il travailla pour le Théâtre de Tel-Aviv, ce qui lui assurait les moyens d'existence

En 1946 il vint à Paris, où il rencontra Picasso qui l'encouragea à s'y fixer. À cette époque, quant à son travail personnel, il peignait des paysages et des portraits, fortement marqués de l'influence cubiste, alors encore dominante, même pour lui qui avait pourtant eu connaissance des débuts de l'abstraction. À partir de 1960, il a évolué à une abstraction radicale, restant marquée par la rigueur de la construction cubiste de l'espace de la toile et des volumes figurés.

Bibliogr. : In : *Diction. Univers. de la Peint.*, Robert, Paris, 1975.
Musées : Paris (Mus. Nat. d'Art Mod.) – Paris (Mus. mun. d'Art Mod.).
Ventes Publiques : Paris, 17 juin 1991 : *Mars.3.1964*, h/t (55x33) : FRF 9 500.

ARAMA Maurice
Né en 1934 à Meknès. xxᵉ siècle. Marocain.
Peintre.
Après des études à Paris, il devient directeur de l'École des Beaux-Arts de Casablanca, puis s'installe de nouveau à Paris. Il est aussi l'auteur d'ouvrages sur Delacroix et les peintres orientalistes, cinéaste et graphiste.
Il expose peu par choix personnel.
Sensible aux formes artistiques contemporaines, il poursuit une voie propre. Demeurant fidèle à sa culture, il cherche à créer de nouvelles images, hors des modes, privilégiant les effets de matière et de transparence.
Bibliogr. : In : *Dictionnaire de l'art mod. et contemp.*, Hazan, Paris, 1992.

ARAMBATCHITCH D.
xxᵉ siècle. Actif en France. Russe.
Peintre, sculpteur.
Il est connu pour avoir exposé une sculpture : *Épave*, au Salon des Artistes Français de Paris en 1914, et pour une *Nature morte* vendue à New York.
Ventes Publiques : New York, 17 oct. 1963 : *Nature morte* : USD 175.

ARAMBURU Ricardo
Né à Séville. xixᵉ siècle. Espagnol.
Peintre.
Cet artiste fut l'élève de Teodoro Aramburu et de Eduardo Cano. Il exposa pour la première fois à Madrid en 1881. Il prit part également à l'Exposition des aquarellistes.

ARAMBURU Teodoro
Né à Séville. xixᵉ-xxᵉ siècles. Espagnol.
Peintre.
Cet artiste fut élève de Joaquin Becquer. On cite de lui : *Il prit la poudre d'escampette* et *Deux frères del Rosario de la Aurora de Sévilla*.

ARAMESCU Constantin Emile Tico
Né en 1914 à Galati. Mort en 1966 à Miami. xxᵉ siècle. Actif aux États-Unis. Roumain.
Sculpteur. Abstrait.
Il fut d'abord Docteur en Droit de l'Université de Bucarest en 1938, et travailla comme conseiller juridique de 1940 à 1947. Il avait alors voyagé en France, Italie, Espagne, Angleterre. Il quitta la Roumanie en 1948 pour rejoindre sa sœur Georgeta aux États-Unis. À New York d'abord, il travailla comme photographe, puis comme conseiller juridique de 1950 à 1957 à la Bibliothèque du Congrès de Washington, où en même temps il obtenait le diplôme de maîtrise en art en 1955. En 1958 il se fixa à Miami, où il travailla dans la réparation de radios et de télévisions. De ce moment date son activité de sculpteur. Il exposa pour la première fois en 1961 au Festival d'Art de Miami, dont il obtint le deuxième prix. Sa première exposition personnelle eut lieu à Palm Beach en 1962, en même temps que les peintures de sa sœur, exposition en duo qu'ils répétèrent ensuite à Miami à plusieurs reprises et à Woodstock. Puis eurent lieu des expositions posthumes : Museum of Modern Art of Miami 1967, exposition itinérante aux musées de Galati, Iassy, Bucarest, Cluj-Napoca en 1968, et de nouveau Iassy en 1977.

Les exigences matérielles ne lui ayant pas permis de songer à la sculpture avant 1957 environ, ce fut à plus de quarante ans qu'il aborda sa période de formation, qui, comme c'est le cas généralement, commença avec des œuvres figuratives, selon certaines sources que d'autres ne confirment pas. Plus fréquente est la version selon laquelle Aramescu, totalement autodidacte, aurait commencé à assembler, dans ce qu'il appelait des *Sculptures électroniques*, des déchets d'appareils de radio et de télévision en forme de masques, de danseuses, on cite des *Têtes de bisons*, un *Don Quichotte*, un *Jeune homme à la fleur*, tout ceci faisant penser au Calder de 1920-1930, à l'époque du *Cirque*. En fait, les œuvres qui le font singulier, commencent avec la découverte des bois de navires échoués ou engloutis depuis des siècles. Il pratique la taille directe sur ces bois d'épaves, dont il respecte la patine des ans et, s'ils s'y prêtent, certaines caractéristiques formelles d'origine. Dans l'abstraction pure se constituent alors les sortes de colonnes, qui vont désormais former l'essentiel de son œuvre : *La Colonne des ancêtres* – *La Colonne des Daces* – *La Colonne roumaine* – *Le Voévode* – *L'Épouse du Voévode* – *La princesse*, etc. Dans la mesure où la pratique de la taille du bois retrouvait une industrie paysanne ancestrale, l'art d'Aramescu est encore consonnant avec Brancusi, le grand modèle roumain. Entre les premiers assemblages métalliques et les sculptures de bois, Aramescu, qui ne fut sculpteur que pendant six années, a cependant produit cent soixante-dix œuvres.

■ Jacques Busse

Bibliogr. : Ionel Jianou, in : *Nouv. Diction. de la Sculpt. Mod.*, Hazan, Paris, 1970 – Ionel Jianou, in : *Les artistes roumains en Occident*, American Romanian Acad. of Arts and Sciences, Los Angeles.

ARAMESCU Georgeta Florica Gigi
Née le 25 juillet 1910 à Galati. xxᵉ siècle. Active aux États-Unis. Roumaine.
Peintre. Abstrait.
Elle était la sœur aînée de Constantin Tico Aramescu. Comme lui, elle ne se destinait pas à l'art. Elle vint passer une licence de droit à la Faculté de Grenoble en 1934. En 1947, elle épousa le colonel américain P. A. Anderson et quitta la Roumanie avec lui en 1948. D'abord à New York, elle s'y inscrivit à l'Art Student's League, étudiant la peinture de 1953 à 1957, ainsi qu'aux cours d'été de Woodstock, recevant les conseils d'artistes en renom : Zygmund Menkes, Vaclav Vytlacil et Hans Hoffmann. Elle participa pour la première fois à une exposition à Miami, où elle eut ensuite sa première exposition personnelle en 1954. Elle exposa ensuite en même temps que son frère exposait ses sculptures, puis après la mort de celui-ci, elle exposa de nouveau seule. Fixée à Miami, elle y a créé le groupe *Florida Abstract Painters*, et y est devenue professeur.
On peut distinguer trois séries dans son œuvre : des peintures au graphisme très délié, en arabesques décoratives, les grands panneaux décoratifs compartimentés utilisant des motifs d'art populaire roumain et des rappels des sculptures de son frère, enfin les peintures réussissant la synthèse des éléments précédents dans une écriture picturale proche de l'*Action Painting*.

■ J. B.

Bibliogr. : Ionel Jianou, in : *Les artistes roumains en Occident*, Amer. Rouman. Acad. of Arts and Sciences, Los Angeles, 1986.

ARANA Alfonso
Né en 1927 à Porto Rico. xxᵉ siècle. Actif aussi en France. Portoricain.
Peintre, pastelliste.
Il expose à Paris, au Salon des Artistes Français ; médaille d'argent, 1990.
Ventes Publiques : New York, 19-20 nov. 1990 : *Arpège I,*, craie blanche et past./pap., fusain (65x50) : USD 7 150.

ARANCIO Francesco
Né en 1844 à Palerme. xixᵉ siècle. Italien.
Peintre.
Élève de Salvatore Lo Forte, il travailla dans sa ville natale, fut peintre de genre et fit aussi des tableaux d'autel et des portraits. En 1870, un *Garibaldi*, grandeur nature, à l'Exposition d'Art à Palerme, obtint un grand succès. On cite, parmi ses tableaux d'autel : *La Madonna dell Arco*, à S. Francesco da Paola, et *La Madonna del Perpetuo Soccorso*, à S. Pietro e Paolo, à Palerme, et un *Saint Antoine*, dans l'église del Sepolcro, à Bagheria, près Palerme.

ARANDA Diego de
xviᵉ siècle. Espagnol.

Sculpteur.

Il fut, à Grenade, ami et élève de Diego de Siloe, artiste mort en 1563.

ARANDA José Jimenès. Voir **JIMENEZ Y ARANDA**

ARANDA Y DELGADO Francisco
Né le 18 juillet 1807 à Grenade. XIXᵉ siècle. Espagnol.
Peintre.
Cet artiste commença son éducation artistique sous la direction de Louis Muriel ; plus tard, il s'adonna surtout à la peinture décorative. Il travailla surtout pour les théâtres de Saragosse, de Valence, pour ceux de la Cruz et du Principe à Madrid, et pour le Lycée de Barcelone. Il fit une série de lithographies.

ARANDE Thomas
XVIᵉ siècle. Français.
Peintre.
Vit à Lyon en 1552 et 1561. Il est peut-être le même artiste que le maître peintre Thomas « maistre painctre conducteur de l'œuvre » des peintres pour l'entrée de Charles IX à Lyon, en 1564. On a attribué au Thomas de 1564 – qu'on a appelé « le maistre à la Capeline » – les illustrations d'une série d'ouvrages lyonnais.

ARANGO Alejandro
Né en 1950 à Mexico. XXᵉ siècle. Mexicain.
Peintre.
C'est à l'âge de onze ans qu'il commença à s'initier à l'art dans l'Atelier pour enfants de l'Unité Cuauhtémoc de Mexico. De 1967 à 1970 il étudia la publicité. En 1976 il voyagea à travers l'Europe et en 1978 aux États-Unis pour parfaire ses études. Il travaille aussi comme illustrateur de livres et magazines. Il a des expositions personnelles à Mexico, aux États-Unis et en Espagne.
VENTES PUBLIQUES : NEW YORK, 19 nov. 1987 : *Rêve avec singe* 1987, h/t (168,9x144,5) : **USD 1 300** – NEW YORK, 18 mai 1994 : *La chaussée des cyprès* 1990, h/t (99,9x99,9) : **USD 4 600**.

ARANGO Firmin
Né en Asturies. XXᵉ siècle. Espagnol.
Peintre.
Probablement au cours d'un séjour en France, il a figuré au Salon d'Automne de Paris entre 1910 et 1924.

ARANGO José Maria
Né vers 1787 à Séville. Mort dans la première moitié du XIXᵉ. XIXᵉ siècle. Espagnol.
Peintre.
En 1814, cet artiste devint professeur-adjoint à l'école d'art de sa ville natale ; en 1829, il en fut directeur.
MUSÉES : SÉVILLE : *Sujet mythologique*.

ARANGO Ramiro
Né en 1946 à Fredonia. XXᵉ siècle. Actif aussi en France. Colombien.
Peintre, pastelliste. Tendance surréaliste.
De 1967 à 1972, il étudia jusqu'au diplôme les sciences économiques à l'Université de Bogota. De 1975 à 1978, il fut élève en Arts Plastiques de l'Université de Paris. Il expose depuis 1979 dans de nombreux groupements, d'entre lesquels : 1981 *Jeunes Artistes Latino-Américains* à la Mairie de Paris et Salon de Montrouge, 1982 *L'Amérique Latine à Paris* au Grand-Palais, depuis 1983 et annuellement le Salon *Figuration Critique*, 1984 et 1985 XVIIIᵉ et XIXᵉ Prix International d'Art Contemporain de Monte-Carlo, 1988 *Figuration* à Bordeaux, 1991 *Figuration Critique* à la Nouvelle Galerie Tretiakov de Moscou... Il montre ses peintures dans de très nombreuses expositions personnelles, jusqu'à cinq certaines années, dans les grandes villes de Colombie, en Belgique, États-Unis, France, etc.
Ses peintures et pastels rappellent l'art de Magritte, par la technique de restitution photographique des éléments représentés, par des cadrages paradoxaux, personnages et objets situés en partie hors-champ, par leurs « rencontres » insolites.

ARANNIUS
XVᵉ siècle. Lombard, actif vers 1480-1482. Italien.
Peintre.

ARANO Pedro
XVIᵉ siècle. Actif en 1516, à Valence. Espagnol.
Peintre.

ARANSON N. Voir **NAOUM-ARANSON**

ARANYOSSY Akos von
Né en 1872 à Kassa. Mort en 1898 à Kassa. XIXᵉ siècle. Hongrois.

Peintre, graveur à l'eau-forte.
Cet artiste étudia à Munich chez Hollosy, Hackl, Löfftz et Höcker, grava à l'eau-forte avec Raab ; il travailla plus tard à Rome, Budapest et Kassa. Aranyossy a surtout peint des portraits. Comme graveur, travailla le plus souvent à l'eau-forte. Ses meilleures estampes sont : *L'Évêque Bubics* et *Laveuse*.

ARANZAZU Francisco de Asis
Né à Madrid. XIXᵉ siècle. Espagnol.
Sculpteur.
Cet artiste travailla à l'Académie des Beaux-Arts. On cite particulièrement sa statue de Moïse, qui figura à l'Exposition de Madrid, en 1860.

ARAOZ Andrés de, l'Ancien
XVIᵉ siècle. Actif en Espagne. Espagnol.
Sculpteur.
Cet artiste était originaire de Vitoria. Il fit les stalles de chœur de l'église paroissiale de Guetaria, en Guipuzcoa. Il fit aussi le maître-autel de l'église paroissiale de Deva, en Guipuzcoa.

ARAOZ Andrés de, le Jeune
XVIIᵉ siècle. Travaillait à Guipuzcoa. Espagnol.
Sculpteur.
Fils de Juan de Araoz. En 1618, cet artiste sculpta une figure en pierre de *Saint Michel* au-dessus d'une porte de l'église paroissiale de Gibur, en Guipuzcoa.

ARAOZ Juan de
Mort en 1606. XVIᵉ siècle. Actif dans la province de Guipuzcoa. Espagnol.
Sculpteur.
Fils d'Andrés, l'Ancien, dont il fut l'élève. L'œuvre principale de cet artiste est le maître-autel de l'église paroissiale de Eibar, dans la province de Guipuzcoa, que son père avait commencé en 1567.

ARAPOFF Alexis
Né en 1904 à Saint-Pétersbourg. Mort en 1948. XXᵉ siècle. Russe.
Peintre de portraits, paysages, aquarelliste.
Hors de Russie, il semble avoir vécu au moins en France, ayant figuré à Paris, aux Salons des Indépendants et des Tuileries en 1928, et ayant peint des paysages de Paris et des environs.

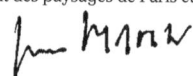

VENTES PUBLIQUES : NEW YORK, 5 avr. 1958 : *La Marne* : **USD 210** – VERSAILLES, 24 oct. 1976 : *Bateaux sur la Seine* 1927, h/cart. (47x65) : **FRF 3 500** – GENÈVE, 8 déc. 1977 : *Paris la nuit*, h/t (54x81) : **CHF 1 800** – ZURICH, 8 nov. 1980 : *Le tramway*, h/t (46x65) : **CHF 4 500** – ZURICH, 29 oct. 1981 : *Nu debout* 1927, h/t (109x74) : **CHF 10 000** – VERSAILLES, 27 nov. 1983 : *Nu debout au fauteuil rouge*, h/t (109x76) : **FRF 13 000** – ZURICH, 18 mai 1984 : *Vase de fleurs*, h/t (50x65) : **CHF 4 800** – PARIS, 12 mars 1986 : *Les cyclistes*, h/t (50x65) : **FRF 16 500** – PARIS, 24 nov. 1987 : *Portrait de William Horace Littlefield* 1933, aquar. et cr. (32x51) : **FRF 4 800** – PARIS, 17 fév. 1988 : *Le Bois de Boulogne*, h/t (60x81) : **FRF 11 000** – VERSAILLES, 16 oct. 1988 : *Grand vase de fleurs* 1928, h/t (100x65) : **FRF 9 000** – PARIS, 12 avr. 1989 : *Nice, le corso fleuri* 1928, h/cart. : **FRF 27 000** – PARIS, 8 nov. 1989 : *Les trois vases de fleurs*, h/t (81x65) : **FRF 28 500** – NEW YORK, 9 mai 1989 : *Un homme et son chien* 1927, h/t (91,4x58,4) : **USD 5 000** – LUCERNE, 23 mai 1992 : *Maison au bord d'un ruisseau*, h/t (73x92) : **CHF 4 200** – NEW YORK, 9 mai 1994 : *Homme et son chien* 1927, h/t (91,5x58,5) : **USD 1 840**.

ARAPOV Vassili
Né en 1934. XXᵉ siècle. Russe.
Peintre de compositions à personnages, paysages animés, natures mortes, fleurs.
Il fit ses études à l'Institut Répine de Léningrad et travailla sous la direction de Boris Ioganson. Il a été membre de l'Association des Peintres de Léningrad.
Une technique par larges touches franches posées comme au couteau, qui structurent le dessin en plans synthétiques, confère à ses peintures un cachet de modernité.
VENTES PUBLIQUES : PARIS, 15 mai 1991 : *Pavots et pivoines* 1961, h/t (94x75) : **FRF 6 000**.

ARAPOVA Yulia Grigorievna, épouse **Kapitanova**
Née en 1890 ou 1892. Morte en 1976. XXᵉ siècle. Russe.

Peintre de compositions à personnages, scènes animées, figures. Expressionniste.

Elle commença sa carrière artistique en 1915 en tant qu'élève de Pavel Filonov, et resta l'un de ses disciples puis associés les plus proches tout au long de sa vie. L'École de Filonov dura de 1925 à 1932. Les élèves de Filonov pouvaient exposer leurs œuvres à la Maison de la Presse de Léningrad. Quant à Arapova, en 1932, le caractère socio-politique polémique de ses peintures la fit interdire définitivement d'exposition en Union Soviétique, sous l'accusation de pornographie infantile.

On reconnaît l'élève de Filonov à sa maîtrise technique, à son dessin fouillé se jouant de toutes les complexités, à son exploitation d'un registre coloré très étendu et violent. Elle a illustré le thème de la prostituée du poème d'Alexandre Blok *Les Douze*. Se différenciant de l'option plasticienne de Filonov, elle développe un expressionnisme exacerbé, qui l'apparente aux compositions les plus dures d'Otto Dix.

Bibliogr. : John Bowlt, in : *Pavel Filonov*, Art News, 1977.

Ventes Publiques : Londres, 4 juil. 1980 : *Vénus assise mangeant des graines de tournesol* 1928, h/t (84x66) : **GBP 2 800** – Londres, 2 avr. 1987 : *L'établissement du pouvoir soviétique* 1920-1924, h/t (86,3x127) : **GBP 10 000** – Londres, 14 déc. 1995 : *La Vénus aux graines de tournesol* 1928, h/t (85x67) : **GBP 13 225**.

ARAQUE Ruy Lopez de
xvie siècle. Actif à Valladolid. Espagnol.
Peintre.

ARAR René
Né le 12 août 1908 à Talence (Gironde). Mort le 24 mai 1973 à Bordeaux. xxe siècle. Français.
Peintre de portraits, paysages, fleurs, aquarelliste, illustrateur. Postimpressionniste.

Il exposait régulièrement à Bordeaux, ainsi qu'à Paris, au Salon des Artistes Français. Chevalier de l'Ordre National du Mérite. Il a peint des vues de Bordeaux, du Bassin d'Arcachon, des bords du Tarn.

ARAUJO Carlos Alberto de
Né en 1950. xxe siècle. Brésilien.
Peintre de figures, paysages. Tendance abstraite-nuagiste.

À l'intérieur d'une peinture résolument abstraite, rattachée au paysagisme-abstrait ou nuagisme, il évoque, non sans finesse, avec presque une habileté trop élégante, des visages, des personnages.

Ventes Publiques : New York, 21 nov. 1989 : *Sans titre* 1986, encaustique et h/pan. (159x98,5) : **USD 7 700** – New York, 20 nov. 1991 : *Apocalypse* 1988, h/pan. (160x120) : **USD 12 100** – New York, 18-19 mai 1992 : *Roberta dans l'attente* 1986, h/pan. (140,5x100) : **USD 14 300** – New York, 25 nov. 1992 : *Figure*, h/t/pan. (181x160,3) : **USD 14 300** – Calais, 11 déc. 1994 : *La danseuse*, techn. mixte/pan. (158x105) : **FRF 25 000**.

ARAUJO Félix
xviiie siècle. Espagnol.
Graveur en taille-douce.
Il est mentionné à Séville en 1715.

ARAUJO Iaponi
Né en 1942 à Sao-Vincente. xxe siècle. Brésilien.
Peintre. Tendance naïf.
On sait qu'il a exposé au Brésil, aux États-Unis, mais aussi à Londres, Milan, Paris. Sa source d'inspiration vient du sentiment religieux, à travers ses manifestations de prière, de crainte ou de jubilation.

ARAUJO Joaquim dos Santos de
Né en 1741. Mort en 1795. xviiie siècle. Portugais.
Peintre de sujets religieux, paysages animés, aquarelliste, peintre de compositions murales, décors de théâtre, décorateur.

Cet artiste fut surtout un habile décorateur. Il dirigea le théâtre de Bairo Alto. Entré au couvent de Jésus du Tiers Ordre de Saint-François, il comprit rapidement qu'il s'était trompé de vocation. Après avoir exécuté quelques peintures dans ce cloître, il sortit de la vie monastique, et, plus tard, se maria.

Ventes Publiques : Paris, 17-18 oct. 1919 : *Marché à Vigo*, aquar. : **FRF 35**.

ARAUJO Pedro de
xviiie siècle. Espagnol.
Sculpteur.
En 1700, il fut sculpteur du roi d'Espagne.

ARAUJO Y RUANO Joaquin
Né en 1851 à Ciudad Real (Castilla-La-Mancha). Mort en 1894. xixe siècle. Espagnol.
Peintre de sujets allégoriques, scènes de genre, portraits, paysages, graveur.

Il fut élève de don Ignazio Suarez Llanos et de Léon Bonnat, à Paris. Il prit part aux principales expositions espagnoles et étrangères, obtenant une médaille d'argent à l'Exposition Universelle de Paris en 1889.

Ses œuvres les plus connues sont : *Le Départ de Don Quichotte, Voiture arrêtée par les Carlistes, Mauvaise affaire, La Plaza mayor à Madrid, Nuit de Noël, Le Tondeur de mulets, L'Enfer de Dante, La Chanteuse des rues*. On lui doit quelques eaux-fortes.

Musées : Madrid (Mus. d'Art Mod.) : *Deux têtes*, eau-forte – Madrid (Gal. des Beaux-Arts) : quelques eaux-fortes.

Ventes Publiques : Madrid, 24 jan. 1991 : *Propos galants dans un jardin*, h/t (21x27) : **ESP 336 000**.

ARAUJO Y SANCHEZ Ceferino
Né à Santander. xixe siècle. Espagnol.
Peintre.

Critique d'art, cet artiste a publié, entre autres : un livre sur Goya et une œuvre très importante et érudite sur les musées d'Espagne. Comme peintre, il fut élève de Carlos de Hues et s'adonna surtout à la peinture de paysage. Cependant on lui doit aussi quelques portraits. A partir de 1858, il prit part à la plupart des Expositions d'art de Madrid. On cite de lui : *La Noria en ruines, Environs d'Avila, La Fontaine de Neptune*, au Musée du Prado à Madrid.

ARAUS Alonso de
Né en 1625 à Salamanque. xviie siècle. Actif à Séville. Espagnol.
Peintre.

ARAVANTINO Marilène
Née le 23 décembre 1930 à Athènes. xxe siècle. Grecque.
Peintre, décoratrice.

Elle a participé au Salon des Artistes grecs en 1952, 1965, 1975, a exposé à Athènes en 1975 et à Paris en 1976. Elle est l'auteur de nombreux décors de théâtre et de cinéma. Elle traite des séries de toiles dont les sujets sont répétés, tels *Maternité* ou *Ciel rouge* ou *Nocturne*. À l'intérieur de plans fortement découpés, elle dessine de fins profils qui semblent faits d'un cordon blanc, un peu à la manière de ceux de Cocteau. Les couleurs éteintes mais non moins denses sont servies par une matière épaisse et grumeleuse.

ARAYNES Jean François Marie d'
xviiie siècle. Travaillait à Paris. Français.
Peintre.

Cet artiste fut admis à l'Académie de Peinture de Paris le 30 juin 1781, sans devenir académicien. La même année, il exposa au Louvre une *Sainte Famille*. On cite encore *Les Quatre Saisons*, que grava P. Laurent.

ARBANT Louis
Né à Mâcon (Saône-et-Loire). xixe siècle. Français.
Peintre de natures mortes.

Cet artiste étudia à l'École des Beaux-Arts de Lyon et exposa au Salon de Paris, de 1849 à 1879.

Ventes Publiques : Paris, 15 déc. 1950 : *Tableau de chasse* : **FRF 12 000**.

ARBARETAZ Jean-Louis
Né le 1er mars 1942 à Montluçon (Allier). xxe siècle. Français.
Peintre de collages, décorations murales, graveur de sujets religieux.

Il fut élève de l'École des Beaux-Arts de Paris, où il obtint le Second Grand Prix de Rome de gravure en 1966. Surtout graveur, il traite souvent des thèmes religieux, dans un climat chromatique et psychologique sombre, voire inquiétant.

ARBARO Gennaro d'
xvie siècle. Italien.
Graveur sur bois.
Cet artiste travailla à Naples.

ARBAS Avni
Né le 27 avril 1919 à Istanbul. xxe siècle. Depuis 1946 actif en France. Turc.

Peintre. Figuratif.

Il fut élève de l'Académie des Beaux-Arts d'Istanbul, de 1937 à 1946, du temps où Léopold-Lévy en fut professeur-directeur. En 1946, bénéficiant d'une bourse, il vint à Paris où il se fixa. Il exposa aussitôt au Salon d'Octobre, créé par Charles Estienne, au Salon de l'École de Paris, au Salon de Mai nouvellement apparu. Il participe aux expositions consacrées à l'art turc et qui ont lieu dans différents pays d'Europe. Il a eu des expositions personnelles en Turquie, Suisse, au Musée d'Antibes en 1958, à New York en 1961.

Arbas n'a pas ou peu été influencé par le grand courant abstrait des années de l'après-guerre. La peinture est pour lui avant tout un moyen de communication clair, par l'image des choses déchiffrable pour tous.

Bibliogr. : Lydia Harambourg, in : *L'École de Paris 1945-1965. Diction. des Peintres*, Ides et Calendes, Neuchâtel, 1993.

Musées : Antibes – Istanbul – Tel-Aviv .

ARBASIA Cesare

Né sans doute vers 1550 à Saluzzo. Mort sans doute vers 1607 en Espagne. XVIᵉ-XVIIᵉ siècles. Italien.

Peintre.

Cet artiste, bien qu'élève de Federico Zuccaro, s'inspira surtout du style de Léonard. Arbasia peignit surtout des fresques. Son chef-d'œuvre est une peinture murale décorant le plafond de l'église des Bénédictins, à Savigliano. On cite de lui d'excellents ouvrages à Malaga et à Cordoue, en fresques et à l'huile. À Cordoue, en 1583, il peignit à fresque, dans le sanctuaire de la cathédrale, les martyrs de cette cité. Il vint à Rome, où il fut un des fondateurs de l'Académie de Saint-Luc, dont Zuccaro fut le premier président. Il est possible qu'il soit retourné en Espagne. En 1597, on le trouve en Piémont, et quelques années plus tard, en 1604, le duc de Savoie, le nomma peintre de la cour avec une pension. Cesare fit des portraits des princes de la famille régnante, pour une galerie bâtie par Charles Emmanuel Iᵉʳ.

ARBAUD

XVIIIᵉ siècle. Actif à Toulon au début du XVIIIᵉ siècle. Français.

Sculpteur.

ARBAUMONT Henri

Né à Épernay (Marne). XXᵉ siècle. Français.

Peintre.

Il a exposé aux Artistes Français en 1936 et 1937.

ARBEIT Eugène

Né le 9 août 1825 à Weigscheid (Alsace). XIXᵉ siècle. Français.

Peintre de genre, paysages.

Élève de Delacroix et de Corot, il participa au Salon de Paris, notamment en 1882. Il voyagea quelque temps en Italie.

Ses paysages ont le charme de l'éclairage à l'italienne, mais il est surtout un des précurseurs de l'école alsacienne, prenant pour sujets des scènes de la vie quotidienne en Alsace et dans les Vosges.

Bibliogr. : Gérald Schurr : *Les Petits Maîtres de la peinture 1820-1920, valeur de demain*, t. IV, Les Éditions de l'Amateur, Paris, 1979.

Musées : Mulhouse (Mus) : *Paysage – Le lac de Sewen.*

Ventes Publiques : Paris, 19 mars 1986 : *La leçon de tissage*, h/t (63,5x50,5) : FRF 7 800.

ARBEL Marie

Née à Paris. XXᵉ siècle. Française.

Peintre.

Elle a d'abord figuré au Salon des Artistes Français en 1934. On la revit ensuite au Salon d'Automne de 1941 à 1945.

ARBENZ, Mme. Voir CHENOT-ARBENZ Denise

ARBESSER Josef von

Né le 14 décembre 1850 à Judenburg. XIXᵉ siècle. Autrichien.

Peintre de paysages, architectures.

Élève de l'Académie de Vienne et du peintre de la cour Jul. Lange, à Munich. Ses premiers travaux furent des intérieurs d'églises de Styrie ; plus tard, les sujets d'architecture de Venise le séduisirent. Il travailla à Gratz et, à partir de 1883, il se fixa à Venise.

ARBEY Gabrielle, Mlle

XIXᵉ-XXᵉ siècles. Française.

Peintre.

Membre de la Société des Artistes Français depuis 1904. Elle a pris part à plusieurs expositions de cette Association.

ARBEY Mathilde

Née le 24 janvier 1890 à Paris. XXᵉ siècle. Française.

Peintre de scènes typiques, paysages, illustratrice.

Elle fut élève de Jean-Paul Laurens, Fernand Humbert et Fernand Sabatté à l'École des Beaux-Arts de Paris. Elle a figuré dans différents Salons annuels de Paris : d'Automne entre 1919 et 1924, des Tuileries en 1931, et surtout au Salon des Artistes Français à partir de 1924, y obtenant aussitôt la mention honorable, médaille d'or 1930, médaille d'argent pour l'Exposition Universelle de 1937.

Ventes Publiques : Genève, 19 jan. 1990 : *Devant les vitrines du Bazar de l'Hôtel de Ville*, h/pan. (37x26) : CHF 2 500 – Lokeren, 4 déc. 1993 : *Les Géraniums*, h/t (81x65) : BEF 110 000 – Paris, 9 déc. 1996 : *Les Cyprès du général*, past. (44x53) : FRF 6 500.

ARBEY Pol Ferdinand

Mort en 1898. XIXᵉ siècle. Français.

Peintre.

Il a exposé au Salon en 1882.

ARBIEN Hans ou Johan

Né le 5 janvier 1713 à Christiania (Oslo). Mort le 14 décembre 1766 à Copenhague. XVIIIᵉ siècle. Norvégien.

Peintre.

Arbien se perfectionna à l'étranger. En 1741, il était à Hambourg ; à partir de 1750, à Copenhague, où il devint maître de dessin des pages du roi, et, en 1754, à l'Académie des Cadets. Parmi ses tableaux, on cite : *Frédéric V*, gravé par Busford, *Hedwige-Eleonore Hoppe*, gravée par O.-H. de Lode, ainsi que *Le Pasteur C.-J. Heise*, à Hambourg, peint en 1741.

ARBIOL Vicente

Né en 1812 à Madrid. Mort en 1876 à Saragosse. XIXᵉ siècle. Espagnol.

Peintre.

Fut élève à l'Académie de San Fernando. A fait des tableaux de genre, de paysages et quelques toiles d'histoire. On cite de lui : *La Mort de Moïse, Une scène chinoise, Le Roi don Juan Iᵉʳ.*

ARBIT BLATAS. Voir BLATAS Arbit

ARBO Anna Eliza, née Thomas

Née le 12 janvier 1854 à Alten (Norvège). XIXᵉ siècle. Norvégienne.

Peintre de genre.

Femme du peintre d'histoire Peter Nicolai Arbo. Cette artiste se forma près des peintres Bergslien à Christiania, professeur Roed à Copenhague (1874), Barrias à Paris (1876-1880). Elle exposa à Paris, 1880-1881, à Vienne, 1881, à Stockholm et Christiania, 1890. Elle voyagea en Bretagne, en Écosse, en Suisse, à Paris.

ARBO Peter Nicolai

Né le 18 juin 1831 à Drammen (Norvège). Mort en 1892 à Christiania (Oslo). XIXᵉ siècle. Norvégien.

Peintre d'histoire, sujets allégoriques, portraits.

Cet artiste étudia à Copenhague, où il fut élève de Helsted. Il se rendit ensuite à Düsseldorf, où il fréquenta l'Académie des Beaux-Arts sous la direction de Karl Sohn. Enfin, il vint à Paris, où il résida de 1861 à 1870. À son retour à Christiania (Oslo), il fut chargé de la direction de l'école de dessin.

Arbo s'appliqua à reproduire des légendes et des scènes historiques du Nord. On cite notamment : *Les Walkyries, La Chasse sauvage, Ingelborg, La Mort de Bjarke et de Hjalte, La Bataille de Waterloo.*

P.N Arbo

Musées : Helsinki : *Portrait de Mme Kann-Winterhjelm – Walkyrie à cheval se précipitant en avant dans les nuages* – Oslo : *Walkyrie se rendant au combat en parcourant l'air à cheval – Asgaardsrejen (nom de la cavalcade aérienne éternelle et inquiète que la mythologie scandinave attribue à ses dieux) – Portrait de l'aquarelliste H.-J.-F. Berg.*

Ventes Publiques : Berne, 2 mai 1986 : *L'attaque du porte-étendard*, h/t (73x90) : CHF 18 000.

ARBOEN Eugène

Né à Tours. XXᵉ siècle. Français.

Peintre de paysages, fleurs.

Il exposa en 1931, 1932, 1935, au Salon des Indépendants.

ARBONDO Luis

Né en 1939 à Artigas. XXᵉ siècle. Uruguayen.

Peintre.

Il a participé en 1967 à la Biennale de Paris.

ARBORELIUS Olof Per Ulrik
Né le 4 novembre 1842 à Orsa. Mort en 1915. xixᵉ-xxᵉ siècles. Suédois.
Peintre de scènes de genre, paysages animés, paysages d'eau, paysages, dessinateur.
Il fut élève à l'Académie d'Art de Stockholm en 1861. En 1868, il obtint une bourse de voyage avec : *Forêt de chênes*. Il vint à Paris, et y séjourna trois ans, puis il visita Munich, Rome, et enfin travailla à Stockholm. En 1881, il devint professeur en chef de dessin à l'École technique de la même ville, et en 1901, professeur de peinture de paysage à l'Académie d'Art. Il exposa en Allemagne, en particulier à Munich : *Soir dans le désert* (1905), *Printemps* (1909).
Il peignit des paysages sur des sujets de son pays, comme : *Matin d'automne en Dalécarlie* (1865), *Intérieur d'une forêt avec chasse aux ours*, 1867.
Musées : GÖTEBORG : *Lac en forêt* – HELSINKI : *Le dimanche à l'église de Flydo* – *Nuit d'été à Bergslogen* – MALMÖ : *Soir après un jour de pluie* – *Tempête* – STOCKHOLM : *Soirée après une journée pluvieuse* – *Paysage suédois* – *Vue d'un lac suédois* – *Bestiaux au pâturage, clair de lune*.
Ventes Publiques : STOCKHOLM, 19-22 avr. 1967 : *Paysage d'été* : SEK 9 000 – MALMÖ, 2 mai 1977 : *Réjouissances champêtres* 1884, h/t (103x180) : SEK 78 500 – STOCKHOLM, 11 nov. 1981 : *Paysage*, h/t (90x186) : SEK 15 200 – STOCKHOLM, 13 nov. 1987 : *Paysage d'été*, h/t (76x117) : SEK 47 000 – STOCKHOLM, 27 avr. 1988 : *Paysage avec un pont de pierre, près de l'écluse de Borgs, Östergötland* 1912, h/t (73x60) : SKR 30 000 – STOCKHOLM, 29 avr. 1988 : *Paysage avec une maison près d'une rivière dans la région de Östergötland* 1912, h/t (73x60) : SEK 30 000 – STOCKHOLM, 19 avr. 1989 : *Paysage italien avec une grange et des animaux à l'abreuvoir*, h/t (50x89) : SEK 14 000 – STOCKHOLM, 15 nov. 1989 : *Paysage suédois boisé avec une maison au bord d'un étang* 1887, h. (32x40) : SEK 31 000 – STOCKHOLM, 16 mai 1990 : *Cour de ferme en été*, h/t (23x34) : SEK 14 500 – STOCKHOLM, 14 nov. 1990 : *Littoral avec des barques de pêcheurs*, h/t (37x60) : SEK 30 000 – STOCKHOLM, 29 mai 1991 : *Paysage boisé avec une maison rustique en été*, h/t (59x89) : SEK 17 500 – STOCKHOLM, 28 oct. 1991 : *Paysage fluvial au printemps*, h/t (68x103) : SEK 24 000 – STOCKHOLM, 13 avr. 1992 : *Promenade du soir sur la Söder*, h/t (69x104) : SEK 6 200 – STOCKHOLM, 10-12 mai 1993 : *Cour de ferme avec des paysans chargeant des charrettes de foin en hiver*, h/t (100x198) : SEK 39 000.

ARBOS
xixᵉ siècle. Actif à Paris en 1831. Français.
Graveur au pointillé.
Il a gravé le portrait de Napoléon, en buste.

ARBOS Y AYERBE Manuel
Mort en 1875 à Madrid. xixᵉ siècle. Espagnol.
Peintre miniaturiste.
Ferdinand VII l'envoya se perfectionner à Rome. Il devint peintre du roi, puis de la reine Isabelle lorsqu'il revint en Espagne.

ARBOUIN Sidney
Né à Cognac (Charente). xixᵉ siècle. Français.
Peintre.
Cet artiste fut l'élève de L. Gros. De 1875 à 1885, il exposa à plusieurs reprises des tableaux des bords de la Seine, aux Salons de Paris. De 1875 à 1877, il exposa à l'Académie royale à Londres.

ARBOUSSE Jean Alphonse
Né en 1791 à Paris. xixᵉ siècle. Français.
Aquarelliste, dessinateur.
Il exposa, en 1824, au Salon, des aquarelles, entre autres une *Vue du Père-Lachaise*.

ARBOUT Jean Marie
xviiiᵉ siècle. Actif à Lyon de 1788 à 1792. Français.
Sculpteur.

ARBRINGEN J. H.
xixᵉ siècle. Britannique.
Peintre.
Exposa un portrait en 1818 à la Royal Academy de Londres.

ARBUCKLE George Franklin
Né en 1909. xxᵉ siècle. Canadien.
Peintre de paysages.
Il a surtout peint des paysages, urbains ou ruraux, typiques du Canada.

Ventes Publiques : TORONTO, 27 mai 1981 : *The berry picker*, h/cart. (30x40) : CAD 1 100 – STOCKHOLM, 4 nov. 1986 : *La promenade en luge*, h/t (27x32) : SEK 55 000 – MONTRÉAL, 17 oct. 1988 : *Ville canadienne dans le nord, Haliburton dans l'Ontario*, h/pan. (51x61) : CAD 1 400 – MONTRÉAL, 30 oct. 1989 : *Vieille maison de Montréal*, h/pan. (31x41) : CAD 1 320.

ARBULO MARGUVETE Pedro
Mort en 1608 à Briones. xviᵉ-xviiᵉ siècles. Espagnol.
Sculpteur.
Cet artiste travailla à Santo Domingo de la Calzada vers 1565. Il a fait aussi probablement, dans cette ville, plusieurs autres tabernacles et statues, qui furent attribués à Berruguete, dont il fut l'imitateur. Il travailla, durant les dernières années de sa vie, à Briones.

ARBURU José
xixᵉ siècle. Actif à la Havane. Américain.
Peintre.

ARBUS André
Né en 1903 à Toulouse (Haute-Garonne). Mort en décembre 1969 à Paris. xxᵉ siècle. Français.
Sculpteur de bustes, décorateur.
Après une considérable carrière d'architecte-décorateur, il s'initia à la sculpture, obtenant de nombreuses commandes de monuments commémoratifs, bustes, torses. Il fut sélectionné pour la Biennale de Venise en 1956. En 1958, il reçut le Prix Blumenthal et le Grand Prix de l'Exposition Internationale de Bruxelles. Il fut professeur à l'École des Arts Décoratifs de Paris.

ARBUTHNOT George
xixᵉ siècle. Britannique.
Peintre de paysages.
Il exposa, en 1829 et 1835, deux tableaux de paysage à la Royal Academy de Londres. On attribue à Arbuthnot des vues coloriées de Golconde avec le texte, du commencement du xixᵉ siècle. Il exposa de nombreux ouvrages à Suffolk Street entre 1829 et 1854.

ARC-VALETTE Louise, Mme
Née à Longué (Maine-et-Loire). xixᵉ-xxᵉ siècles. Française.
Peintre.
Élève de Thirion, P. Vauthier et A. de Richemont, elle a exposé au Salon de 1903 à 1914 et en 1923 des paysages ; elle fait partie de la Société des Artistes Français. Elle exposa aux Salons de Blanc et Noir et participa à de nombreuses expositions de province. Médaille de troisième classe en 1905.

ARCA Michele d'
xviᵉ siècle. Italien.
Sculpteur.
Exécuta, en collaboration avec trois autres sculpteurs, le tombeau des Ducs d'Orléans à Saint-Denis, commandé par Louis XII.

ARCABAS, pseudonyme de **Pirot Jean-Marie**
Né en 1926 à Frémery (Moselle). xxᵉ siècle. Français.
Peintre de compositions à personnages, religieuses, paysages, peintre de compositions murales, cartons de mosaïques, vitraux, décors de théâtre, sculpteur. Polymorphe.
Il fut élève de l'École des Beaux-Arts de Paris et diplômé. Il fut l'ami du peintre Dimitri Varbanesco. Il expose dans de nombreuses villes de France et à l'étranger. De 1950 à 1969, il fut professeur à l'École des Arts Décoratifs de Grenoble, de 1969 à 1972 artiste invité au Canada et professeur à l'université d'Ottawa. À son retour en France, il dirigea l'atelier d'arts plastiques *Éloge de la main* à l'Université des Sciences Sociales de Grenoble. Depuis 1986, il vit et travaille à Saint-Pierre-de-Chartreuse (Isère).
Il est un artiste « à toutes mains », aussi bien figuratif qu'abstrait. Essentiellement peintre de compositions murales, il adapte son style aux opportunités des lieux. Dans nombre de cas, un dessin sobre et efficace, une gamme de tons à la fois riches et retenus, l'apparentent à Georges Braque. Il a créé les décors et costumes de plusieurs pièces de théâtre : *La Danse de mort* de Strindberg, *Les Justes* de Camus avec la Comédie des Alpes, *L'Histoire du soldat* de Ramuz et Stravinsky au Canada. Il a offert une toile à la salle des fêtes du sanatorium des étudiants de Saint-Hilaire-du-Touvet. On cite de lui quelques paysages : *Maison des étudiants de Saint-Hilaire-du-Touvet* et *Église de Saint-Hugues-de-Chartreuse*. Il a effectué divers travaux de décoration d'édifices

publics, notamment à Grenoble et dans l'Isère. Surtout, de 1953 à 1986, il a entièrement décoré de scènes bibliques l'église de Saint-Hugues-de-Chartreuse.
.
Bibliogr. : Maurice Wantellet : *Deux Siècles et plus de peinture dauphinoise*, Maurice Wantellet, Grenoble, 1987.
Musées : Grenoble (Mus. des Beaux-Arts) – Paris (BN).

ARCACHE Marcelle
Née en Égypte. xxᵉ siècle. Française.
Peintre.
Elle a exposé au Salon des Indépendants en 1929 et 1930 des paysages.

ARCAIX Louis Auguste
Né à Alès (Gard). xxᵉ siècle. Français.
Sculpteur.
Élève d'Injalbert et de Bouchard, il expose aux Artistes Français de 1932 à 1936.

ARCAMBOT Pierre
Né le 27 mai 1914 à Braux (lequel ?). xxᵉ siècle. Français.
Peintre de paysages animés. Naïf.
Il exerça d'abord de nombreux métiers. Il s'initia seul à la peinture. Il expose dans plusieurs Salons annuels de Paris : des Artistes Français, des Indépendants, d'Automne, Comparaisons.
Arcambot se définit lui-même en tant que « primitif d'aujourd'hui ». Il peint des paysages animés de scènes à nombreux petits personnages.
Musées : Paris (Mus. Nat. d'Art Mod.) – Paris (Mus. mun. d'Art Mod.).

ARCANGELIS Auguste d'
Né le 22 juin 1868 à Lanciano. xixᵉ siècle. Italien.
Peintre.
Il étudia à Naples ; plusieurs de ses toiles lui valurent des médailles. *Mon songe, Innocence, Une tête, Amélie*, furent exposées à Naples.

ARCANGELO Allan d'
Né en 1930 aux États-Unis. xxᵉ siècle. Américain.
Peintre. Pop'art, puis abstrait-lyrique.
Jusqu'en 1953 il était étudiant à l'Université de Buffalo. En 1956 il vint à New York, puis en 1958-1959 au Mexique. Depuis 1963 il a figuré aux principales manifestations collectives consacrées au pop art, art de la récupération du réel le plus quotidien : cadre urbain ordinaire, objets usuels, rebuts, déchets, bandes dessinées et leurs héros, etc. Depuis 1963 il a assuré de nombreuses expositions personnelles, à New York, dans de nombreux pays, en particulier à Paris en 1965, 1968. Il a été nommé professeur à la School of Visual Arts de New York.
Dans le pop art, où il est arrivé avec la seconde vague, en ce qui concerne la mise en évidence, célébration ou critique, des lieux communs de l'environnement quotidien au début de la deuxième moitié du xxᵉ siècle, pour sa part d'Arcangelo a choisi la mise en images simples (pop' : populaires), du monde de l'autoroute, qu'il traite en larges aplats synthétiques. Dans le traitement de son thème, il a utilisé différentes techniques selon les périodes : en 1960 utilisation de véritables grillages et d'éléments réels de barrages routiers, en 1965 suppression de la perspective au profit de compositions frontales.
Dans une deuxième période, il a évolué à l'abstraction. Sur de grandes surfaces, matérialisant la réalité de l'espace (résurgence de son époque autoroutière), il disperse, en bleu et en noir, des signes et des taches aux intentions paysagistes, que l'on en croit les titres : *Terra mia, Vicino al deserto, Ai pianeti del cielo*. ■ J. B.
Bibliogr. : Annellie Pohlen : *Arcangelo*, cahier Repères nᵒ 34, Maeght-Lelong, Paris, 1987 – Laurence Cabidoche : *Arcangelo*, Art Press, mars 1992.
Ventes Publiques : New York, 24 mars 1977 : *Highway U.S. 1, panel 3* 1963, acryl./t. (177x206) : **USD 10 250** – New York, 9 mai 1984 : *Paysage* 1968, acryl./t. (137,1x122) : **USD 3 800** – New York, 20 fév. 1987 : *Barrier nᵒ 3* 1964, acryl./t. (178x152,5) : **USD 3 500** – Londres, 6 avr. 1989 : *Quatre carrés* 1964, h. et collage/t. (66x66) : **GBP 2 200** – Paris, 13 déc. 1989 : *Nyc*, h/t (65x50) : **FRF 46 000** – New York, 21 fév. 1990 : *Viaduc* 1970, rétroviseur peint et monté sur tubes de métal et base de plexiglas (H. 80,1) : **USD 2 090** – New York, 6 nov. 1990 : *Paysage* 1967, h/t (101,6x91,1) : **USD 19 800** – New York, 7 mai 1991 : *Highway #4* 1965, acryl./t. (218,5x152,4) : **USD 7 700** – New York, 8 nov. 1993 : *Sans titre*, sérig. sur un rétroviseur de voiture sur une base

de plexiglas (17,8x14,5x14) : **USD 748** – New York, 11 nov. 1993 : *Smoke dream* 1963, acryl./t. (129,9x111,8) : **USD 13 800**.

ARCANGELO Francesco Antonio di
Mort en mai 1681. xviiᵉ siècle. Italien.
Peintre.
Napolitain, il fit partie de la corporation des peintres en 1665.

ARCANGELO di Cola da Camerino, appelé aussi **Arcangelo di Ghese Vanni**
xvᵉ siècle. Actif de 1416 à 1429. Italien.
Peintre de compositions religieuses, fresques.
À Città di Castello, en 1416, il exécuta une fresque représentant *Sainte Marie Madeleine*, pour la grande salle du Palais communal. Il eut un atelier au district S. Egidio, à Florence, où il termina un panneau d'une chapelle de l'église Santa Lucia. Le pape Martin V lui commanda des peintures pour l'église S. Jean de Latran, à Rome. Quelques-uns de ces tableaux furent détruits par l'incendie du couvent del Isola, en 1889.
Musées : Londres : *Vierge et Christ – Crucifixion*, diptyque.
Ventes Publiques : New York, 11 jan. 1990 : *L'Annonciation*, temp./pan. à fond d'or, une paire (chaque 94x34) : **USD 1 100 000** – Londres, 10 juil. 1992 : *L'Annonciation*, temp./ pan. à fond d'or, une paire (chaque 94x34,2) : **GBP 330 000**.

ARCANGELO DI GHESE VANNI. Voir ARCANGELO DI COLA DA CAMERINO

ARCANGELO da Parma
xvᵉ siècle. Actif à Ferrare. Italien.
Miniaturiste.

ARCANZOLI di Anzoli Vittore di
xviᵉ siècle. Actif en Vénétie. Italien.
Sculpteur sur bois.

ARCAY Wifredo
Né en 1925 à La Havane. xxᵉ siècle. Cubain.
Peintre, sculpteur, graveur. Abstrait.
Il fut élève de l'Académie des Beaux-Arts de La Havane, où il obtint un premier prix de sculpture. Il vint à Paris en 1949. De 1950 à 1952 il fut élève de l'Atelier d'Art Abstrait de Dewasne et Pillet à Montparnasse. Il commença à exposer dans des manifestations collectives en 1950. Il fut sélectionné pour la Biennale de São Paulo en 1955, puis à l'exposition *Structures* au Musée de Leverkusen en 1961. Il eut une première exposition personnelle à Paris en 1952, galerie Arnaud.
Bibliogr. : Lydia Harambourg, in : *L'École de Paris 1945-1965. Diction. des Peintres*, Ides et Calendes, Neuchâtel, 1993.

ARCAYNA Pedro
xvᵉ siècle. Espagnol.
Peintre.
Il peignit, en 1400, les panneaux du plafond d'une salle de l'hôtel de ville de Barcelone, et, en 1401, une fontaine de cette même ville.

ARCE
xviᵉ siècle. Espagnol.
Peintre verrier.
Il restaura, vers 1581, les vitraux de la nef de la cathédrale de Burgos.

ARCE D. Celedonio de
Né en 1739 à Burgos. xviiiᵉ siècle. Espagnol.
Sculpteur.
Élève de Gregorio Barambio, membre de l'Académie de S. Fernando. Nommé, en 1788, sculpteur de la cour du roi. On a de lui une *Statue de Charles IV*.

ARCE Josef de
xviiᵉ siècle. Espagnol.
Sculpteur.
Élève de Juan Martines Montanes, il exécuta, en 1657, huit statues en pierre et de dimensions colossales, représentant des Évangélistes et des Pères de l'Église, pour la cathédrale de Séville.

ARCE Rodrigo de
Né en 1527. xviᵉ siècle. Actif à Valladolid. Espagnol.
Peintre.

ARCEDIANO de Antequera
xvᵉ siècle. Espagnol.
Peintre religieux.
Il répara un tableau, en 1479, à Séville.

ARCELIN Jean
Né en 1963. xxᵉ siècle. Franco-Suisse.

Peintre de compositions à personnages, architectures.
Il vit et travaille à Paris. Il a fait ses études à l'École des Beaux-Arts de Paris et à l'Institut d'histoire de l'art et d'archéologie de la Sorbonne. Il a présenté ses toiles dans des expositions de groupe à partir de 1988 : en 1988 à l'Hôpital Suisse de Paris, en 1989 à l'Institut à Paris pour l'*Exposition de portraits Paul Louis Weiller*, à « La porte de la Suisse » à Paris, à Genève et au Salon *Figuration critique* au Grand Palais à Paris. Il a reçu le Premier Prix de dessin des Peintres et Sculpteurs Suisses de Paris en 1988. Il a exposé personnellement à la galerie Véronique Masi à Paris en 1990 et au Hardof de Bâle, mécénat « Ebel », en 1990-1991 à la galerie Alain Blondel à Paris.
Ventes Publiques : Paris, 13 avr. 1988 : *Rouleaux*, h/t (130x162) : **FRF 5 500** – Paris, 3 mai 1996 : *La Vague*, acryl./t. (230x230) : **FRF 4 000**.

ARCERIUS Johann
XVIIe siècle. Vivait à Francfort. Allemand.
Graveur au burin.
Libraire à Francfort, il publia le portrait de Joh. Maccovius, qui fut gravé par van Dalen.

ARCHAIMBAUD Karen
Née en 1948. XXe siècle. Française.
Peintre. Abstrait.
Elle expose régulièrement au Salon Grands et Jeunes d'Aujourd'hui, à Paris. Elle peint souvent des compositions divisées en plusieurs parties, soit par un quadrillage de la surface, soit par tout autre système de partition, par exemple : rectangles superposés en forme d'échelle. Sur ces surfaces ainsi constituées, elle développe des thèmes en façon de variations : *Murs – Passages protégés* – etc.

ARCHAINBAUD P. G.
XIXe siècle. Français.
Peintre de portraits.
Exposa au Salon de Paris, entre 1887 et 1890.

ARCHAMBAUD Jane
Née à Niort (Deux-Sèvres). XXe siècle. Française.
Peintre.
Elle a exposé des peintures et des pastels en 1929, 1930, 1931, aux Indépendants.

ARCHAMBAULT Anna Margaretta
Née à Philadelphie. XIXe-XXe siècles. Américaine.
Peintre, miniaturiste et portraitiste.
Cette artiste eut un grand succès à Philadelphie, où elle obtint la médaille d'or en 1902. Elle étudia à l'Académie des Beaux-Arts, à Philadelphie, et chez Julian, à Paris, puis sous Eakins, Hovenden, et Constant. Elle participa aux principales expositions en Amérique à partir de 1893.

ARCHAMBAULT Jacques
Né à Boulogne (Hauts-de-Seine). XXe siècle. Français.
Peintre de paysages.
Entre 1913 et 1935 il a figuré dans différents Salons annuels de Paris : d'Automne, de la Société Nationale des Beaux-Arts, des Artistes Français.

ARCHAMBAULT Louis
Né en 1915 à Montréal. XXe siècle. Canadien.
Sculpteur, céramiste.
Il fit ses études à Montréal, puis devint professeur à l'école du meuble à Montréal. Il fut l'un des signataires, avec Pellan notamment, du manifeste *Prisme d'yeux*, annonçant le renouveau des arts plastiques au Canada. Il fit figure de précurseur au Canada, en matière de sculpture. Il rompt avec les formes traditionnelles, tendant vers une abstractisation de la représentation, influencé par le cubisme et Miro. Il a reçu de nombreuses commandes publiques, notamment, pour des places et aéroports, pour le pavillon de l'Exposition universelle de Bruxelles en 1958 et celle de Montréal en 1967.
Bibliogr. : In : *Diction. de l'art mod. et contemp.*, Hazan, Paris, 1992.
Musées : Ottawa (Mus. des Beaux-Arts du Canada) : *Les Dames lunes* 1955.

ARCHAMBAULT Pierre
XVIe siècle. Français.
Peintre décorateur.
Travailla, en 1506, à la peinture de la maison et de la chapelle du Lydieu au château de Gaillon, pour le compte du cardinal d'Amboise.

ARCHE Jorge
Né en 1905 à Las Villas (Cuba). XXe siècle. Cubain.
Peintre de portraits, figures.
Il commença ses études à l'âge de treize ans à la Fondation Villate de La Havane et en 1923 entra à l'Académie San Alejandro. En 1937, il participa à l'exposition patronnée par la municipalité de La Havane, et il fut nommé professeur à l'École normale de Santa-Clara. En 1940, il présenta un grand nombre de toiles à l'exposition rétrospective de peintres cubains à l'Université de La Havane.
Les portraits qu'il exposa en 1937 à l'exposition patronnée par la municipalité de La Havane, sont l'expression graphique de sa propre personnalité et de son caractère.
Ventes Publiques : New York, 18 mai 1994 : *Portrait*, h/t (66x55,6) : **USD 3 450**.

ARCHEDEMOS de Théra
Ve siècle avant J.-C. Actif dans la seconde moitié du Ve siècle avant Jésus-Christ, travaillant en Attique. Antiquité grecque.
Tailleur de pierre et sculpteur (?).
Il participa à la transformation de l'une des grandes grottes naturelles au S. de l'Hymette (près du village actuel de Vari) en sanctuaire de Pan, des Nymphes et des Charites. Au bas de la paroi centrale de la grotte, Archédémos s'est représenté lui-même (?) avec sa tunique d'ouvrier, son marteau à pointe et son équerre.

ARCHELAIS
XIXe siècle. Français.
Peintre, décorateur sur porcelaine.
Il travailla à la manufacture de Sèvres dans le commencement du XIXe siècle.

ARCHELAOS, fils d'Apollonios
Originaire de Priène. IIIe siècle avant J.-C. Actif à la fin du IIIe siècle avant Jésus-Christ. Antiquité grecque.
Sculpteur.
Son nom signe le relief dit de l'*Apothéose d'Homère*, découvert au XVIIe siècle sur la Via Appia, près de Bovillae et conservé au British Museum. Le document représente une fête d'Homère au Mouseion d'Alexandrie : Homère trônant (à ses côtés les filles Immortelles) reçoit un sacrifice accompli par des personnages costumés en cortège poétique (des chapiteaux supportant un velum indiquent assez qu'il s'agit d'une sorte de représentation théâtrale). Il y a là, désignés par leur nom, Historia, Mythos, Poièsis, Tragôdia, Kômôdia, puis en groupe serré Physis, Arêtê, Mnêmê, Pistis et Sophia. Au-dessus de cette scène sont les dieux : Zeus tout en haut, puis Apollon citharède et la ronde des Muses. Les deux figures les plus curieuses sont, derrière Homère, en train de le couronner, Kronos et Likouménê (symboles du règne à travers le temps et à travers l'espace), sous les traits de Ptolémée IV Philopator et de son épouse Arsinoé III. L'identification des deux princes, grâce aux portraits que nous en gardons sur les monnaies, est certaine. Elle permet de dater le relief des dernières années du IIIe siècle (probablement 206-205). La façon dont les Muses sont représentées, en s'inspirant semble-t-il, du groupe de Philiskos de Rhodes, et le paysage encore très simple donné pour fond au tableau (la pente d'une montagne) s'accordent bien avec cette date. La destination du relief a pu être discutée. La présence à droite de la grotte où se tient Apollon d'une statue de poète derrière laquelle il y a un trépied ferait penser volontiers à la consécration d'un poète vainqueur.

ARCHENAULT Adrien François Théodore
Né le 25 décembre 1825 à Paris. XIXe siècle. Français.
Peintre de scènes de genre, portraits.
Exposa plusieurs fois à Paris, de 1859 à 1879. Il était élève de H. Vernet et d'Abel de Pujol.

ARCHENAUT
XIXe siècle. Français.
Miniaturiste.
Actif en 1800. L'artiste signa une excellente miniature sur ivoire, probablement le portrait de Mme Récamier, et qui fut vendue aux enchères à Waldenburg.

ARCHENEIDES
VIe siècle avant J.-C. Antiquité grecque.
Peintre de vases.
La signature *Archenèidès me* se lit sur les deux côtés d'une coupe attique à figures noires.

ARCHER Archibald
XIXe siècle. Travailla à Londres au commencement du XIXe siècle. Britannique.
Peintre de portraits.
Archer travailla aussi à Liverpool, et exposa à la Royal Academy, à Londres, entre 1810 et 1845.

ARCHER Charles
Né en 1855. Mort en 1931. XIXe-XXe siècles. Actif à Birmingham (Grande-Bretagne). Britannique.
Peintre de fleurs, natures mortes.
Il exposa à Suffolk Street, en 1873.
VENTES PUBLIQUES : LONDRES, 20 mars 1979 : *Natures mortes aux fruits*, t., une paire (35x44,5) : **GBP 2 000** – LONDRES, 22 nov. 1982 : *Fleurs*, h/t (76x64) : **GBP 900** – LONDRES, 12 juin 1985 : *Nature morte aux fruits*, h/t (76x61) : **GBP 2 800** – LONDRES, 2 nov. 1989 : *Nature morte de violettes, primevères et fleurs de pommier à côté d'un nid sur une bordure de mousse* 1863, h/t (50,8x76,2) : **GBP 3 850** – LONDRES, 9 fév. 1990 : *Nature morte d'une pêche, de raisin et d'une fraise sur un entablement*, h/pan. (14x17,8) : **GBP 770** – LONDRES, 3 juin 1992 : *Nature morte de fruits* 1882, h/t (51x61) : **GBP 3 300** – LONDRES, 8-9 juin 1993 : *Nature morte de raisin et d'une pomme*, h/t (23x28) : **GBP 920** – NEW YORK, 18-19 juil. 1996 : *Pêches et framboises ; Pommes et raisin*, h/t, une paire (21x26 et 20,3x25,4) : **USD 5 175**.

ARCHER Edmund
Né à Richmond (Virginie). XXe siècle. Américain.
Peintre de genre.
Il fut élève de Allen Tucker et de Kenneth Hayes Miller à l'Art Student's League de New York. Il vint aussi travailler à l'Académie Colarossi à Paris. Il a obtenu le Prix W.A. Clark et en 1930 une médaille de bronze au Prix Corcoran. En 1933 le Worcester Art Museum lui organisa une exposition personnelle. Il est devenu conservateur du Whitney Museum de New York.

ARCHER Edwin ou **Edward**
XIXe siècle. Actif à la fin du XIXe siècle à Great Malvern. Britannique.
Peintre de paysages.
Il envoya ses tableaux à la Royal Academy, à la Grafton Gallery, à la New Gallery et à d'autres expositions de Londres, entre 1884 et 1891.

ARCHER F. S.
XIXe siècle. Actif à Londres. Britannique.
Sculpteur.
Exposa à la Royal Academy, en 1836 et en 1851.

ARCHER J.
XVIIIe siècle. Vivait à Londres dans la seconde moitié du XVIIIe siècle. Britannique.
Peintre de portraits.
J. Archer exposa à la Society of Artists et à la Free Society, entre 1779 et 1791.

ARCHER J. S.
XIXe siècle. Actif à Londres. Britannique.
Peintre.
Exposa, entre 1808 et 1827, à la Royal Academy.

ARCHER J. S.
XIXe siècle. Vivait à Londres dans la première moitié du XIXe siècle. Britannique.
Sculpteur.
Il exposa à la Royal Academy, entre 1836 et 1851.

ARCHER J. S.
XIXe siècle. Britannique.
Peintre de sujets de sport.
Il exposa à la Royal Academy, en 1850.

ARCHER James
Né en 1823 ou 1824 à Édimbourg. Mort le 3 septembre 1904. XIXe-XXe siècles. Britannique.
Peintre de sujets de genre, portraits.
James Archer, membre de la Royal Scottish Academy, envoya des tableaux à Londres à la Royal Academy, ainsi que quelques toiles à la British Institution et à Suffolk Street.
MUSÉES : ÉDIMBOURG : *Rosalinde et Célie* – GLASGOW : *Bacchante sur un âne* – *Portrait de John Ure* – LONDRES (Guildhall) : *Ma bisaïeule* – LONDRES (Burlington House) : *Portrait du violoniste Joachim* – VICTORIA (Art Galleries) : *Portraits de George Win-Fose, 9e lord Kinnaird, de John Win. Ramsay, 13e comte de Dalousie, de John Maclauchlan, de Frank Henderson.*

VENTES PUBLIQUES : LONDRES, 25 avr. 1873 : *La partie de cartes* 1866, h/t (79x108) : **GNS 245** – LONDRES, 29 juil. 1977 : *Fillettes cueillant des fleurs* 1863, h/t (56x75) : **GBP 2 000** – LONDRES, 26 oct. 1979 : *Jeune fille posant pour Van Dyck* 1868, h/t (61x47) : **GBP 7 000** – GLASGOW, 1er oct. 1981 : *La partie de cartes* 1866, h/t (79x108) : **GBP 8 000** – LONDRES, 15 mars 1983 : *How the little lady stood to van Dyck* 1868, h/t (61x46) : **GBP 8 000** – LONDRES, 30 sep. 1987 : *Jeux d'enfants*, h/pan. (15x24) : **GBP 1 150** – LONDRES, 15 juin 1988 : *La petite fille au canari* 1865, h/t (61x46) : **GBP 2 200** – PERTH, 26 août 1991 : *Atout : Cœur !* 1866, h/t (81x112) : **GBP 28 600** – PERTH, 31 août 1993 : *Petites filles cueillant des fleurs dans la campagne* 1863, h/t (58,5x76) : **GBP 8 625** – PERTH, 26 août 1996 : *Rose Bradwardine*, h/t (92x61) : **GBP 4 600**.

ARCHER James
XIXe siècle. Actif aussi aux États-Unis. Britannique.
Graveur en taille-douce.
Actif de 1820 à 1834, il fit partie du groupe des graveurs de J.-M.-W. Turner. Travailla en Amérique du Nord, où il fit un certain nombre de vues de New York, et une vue de l'Université de Harvard, près Boston. Citons : *Porte de l'Abbaye de Bermondsey, ruines – Porte de l'Évêché* (burin).

ARCHER Janet, Miss
XIXe siècle. Britannique.
Peintre de genre, portraits.
Elle travailla à Londres, où elle exposa plusieurs fois, à l'Académie Royale, de 1873 à 1893.
VENTES PUBLIQUES : LONDRES, 5 mars 1910 : *Petite Miss Primrose* : **GBP 42**.

ARCHER John Wykeham
Né le 2 août 1808 à Newcastle-upon-Tyne. Mort le 25 mai 1864. XIXe siècle. Britannique.
Aquarelliste, graveur.
Venu à Londres en 1820 pour travailler avec John Scott, le célèbre graveur d'animaux. Il grava, à Newcastle, en 1827, une série de grandes eaux-fortes de *Fountain Abbey*, dans le Yorkshire. On cite encore une eau-forte de l'*Église de l'abbaye et de la Tour des abbés à Hexham*. Après un séjour à Édimbourg, où il fit une série de dessins d'anciens édifices et d'anciennes rues de cette ville, il revint à Londres, pour entrer chez W. et E. Finden, afin d'apprendre la gravure sur acier. Élu membre de la New Society of painters in Water-Colours, il fit des aquarelles de St-Mary Overy, avant la restauration de cette église, et de Lambeth Palace sous ses différents aspects. Archer est l'auteur de *Vestiges of Old London*, recueil d'eaux-fortes, ainsi que d'une série de gravures parues dans *Douglas Yerrold's Magazine*, intitulée : *Les Récréations de M. Zigzag l'aîné*. Il collabora à un grand nombre de journaux. Ses principaux dessins consistent en une série de plusieurs centaines de pièces parues dans *William Two pennies magazine*, représentant d'anciens monuments de Londres et de sa banlieue. Sa collection de dessins est au British Museum. Il exposa soixante-trois ouvrages à la New Water-Colours Society entre 1842 et 1864.
MUSÉES : LONDRES (Victoria and Albert Mus.) : *Holland House – Esquisse d'architecture.*

ARCHER-SHEE Martin. Voir **SHEE Martin Archer**

ARCHERMOS, fils de Mikkiadès
Originaire de Chios. VIe siècle avant J.-C. Actif probablement vers la fin de la première moitié du VIe siècle avant Jésus-Christ. Antiquité grecque.
Sculpteur.
Il appartient à une famille d'artistes Chiotes dont l'ancêtre, selon Pline, avait nom Mélas (mais ce Mélas n'est peut-être que le héros fondateur mythique de la ville, fils de Poséidon et d'une Nymphe). Ce qui est sûr, c'est qu'Archermos avait pour père Mikkiadès, et qu'il eut pour fils Boupalos et Athénis. D'après Pline, Archermos s'illustra à Lesbos et à Délos. À Délos, a été retrouvée une base signée de Mikkiadès, et Archermos, qui supportait, selon toute apparence un sphinx ou un griffon. Il faut renoncer en tout cas à mettre en relation avec cette base la divinité féminine ailée retrouvée également à Délos et longtemps désignée sous le nom de « Niké d'Archermos ». Certes, une scholie d'Aristophane attribue à Archermos (non plus à Aglaophon de Thasos, père de Polygnote) le type de la Niké ailée, tout comme celui de l'Éros ailé, mais la combinaison de deux documents déliens, base et statue, est impossible. Dans la Niké, il faut reconnaître plutôt l'acrotère faitier, de style attique, du Pôrinos Naos. Une seconde signature d'Archermos, plus récente que la

première, se lit sur le fût d'une colonne cannelée de l'Acropole d'Athènes ; mais ne s'agit-il pas d'un autre Archermos, descendant du père de Boupalos et d'Athénis ?

ARCHESTRATOS I
IIIe siècle avant J.-C. Athénien, actif à l'époque hellénistique (deuxième moitié du IIIe siècle avant Jésus-Christ). Antiquité grecque.
Sculpteur.
Il avait signé, à Rhodes, une consécration de Rhodoklès, fils d'Aristandros, à Athéna Polias et à Zeus Polieus.

ARCHESTRATOS II
Ier siècle. Antiquité grecque.
Sculpteur.
Son nom se lit sur une base de l'acropole de Lindos que l'on date de l'année 64 (statue votive).

ARCHEVESQUE, L' Julien. Voir L'ARCHEVESQUE

ARCHEVILLE d'. Voir SABOUREUX d'Archeville

ARCHI Donato
XVIIIe siècle. Italien.
Peintre.
Il vécut et travailla à Florence.

ARCHIAS, fils d'Apollonios
Originaire de Marathon. Antiquité grecque.
Sculpteur.
Une inscription portant son nom a été trouvée dans le théâtre de Dionysos, à Athènes, et la forme des lettres invite à la dater de l'époque romaine. Il y a de fortes chances pour que cet Archias appartienne à la même famille que Apollonios II et Apollonios VI.

ARCHIBALD David Gray
XXe siècle. Actif à New York vers 1900. Américain.
Peintre.

ARCHIDAMOS I
IIe siècle avant J.-C. Milésien, actif durant l'époque hellénistique (IIe siècle avant Jésus-Christ). Antiquité grecque.
Sculpteur.
Son nom se lit sur une base de Lindos, qui supportait la statue d'un prêtre d'Athéna (date : 168).

ARCHIDAMOS II, fils de Nikomachos
Actif à l'époque impériale. Antiquité grecque.
Sculpteur.
Il appartient vraisemblablement à la même famille que Archidamos I. Son nom se lit sur une base d'Halicarnasse qui supportait les statues de Tibère et de son fils Drusus.

ARCHIGUILLE Augustin François, pseudonyme de Guille
Né le 17 mai 1932. XXe siècle. Français.
Peintre technique mixte, dessinateur. Polymorphe, tendance abstraite.
Il fréquenta l'Académie de la Grande Chaumière à Paris, et fut élève de Lemagny à l'École des Beaux-Arts. Il participe à des expositions collectives et montre surtout des ensembles de ses réalisations dans des expositions personnelles, dans des lieux hors institution. Il aime faire état de ses rencontres avec les personnalités les plus hétérogènes.
Acceptant les influences les plus diverses, il passe indifféremment de la figuration à l'abstraction. Habile, il use largement, jusqu'au maniérisme, du dessin en une seule arabesque, dont le trait unique, sans lever la main du support, doit parvenir à définir au passage tous les éléments de la figure. Son œuvre est évidemment polymorphe. Sous des dehors de peinture abstraite, lyrique, informelle, matiériste, se déchiffrent des dessins simplistes : bateau, fleur, clown, etc. Depuis 1965, il définit cette option en tant que « transfiguration ».
Bibliogr. : Divers : Catalogue de l'exposition *Archiguille*, Musée de l'Athénée, Genève, 1992.
Ventes Publiques : Paris, 20 jan. 1991 : *Paysage de Provence*, h/t (80x65) : **FRF 21 000** – Paris, 7 fév. 1991 : *Composition 1958*, acryl./t. (97x150) : **FRF 20 000** – Paris, 14 avr. 1991 : *Tranfiguration, période blanche*, acryl./t. (195x130) : **FRF 100 000** – Paris, 19 nov. 1991 : *Composition*, h/t (92x65) : **FRF 20 000** – Paris, 5 avr. 1992 : *Composition*, techn. mixte/t. (128x197) : **FRF 103 000** – Le Touquet, 8 nov. 1992 : *Composition bleue*, acryl./t. (97x130) : **FRF 21 000** – Paris, 14 juin 1995 : *Composition grise et rouge*, h/t (96x131) : **FRF 3 600**.

ARCHIKLES
VIe siècle avant J.-C. Actif en Attique dans la seconde moitié du VIe siècle avant Jésus-Christ. Antiquité grecque.
Potier et peintre de vases (?).
Il signe parfois en même temps que Glaukytes. Son œuvre personnel est pauvre.

ARCHIMBAUD Isaac
Né le 10 octobre 1639 à Genève. Mort le 8 août 1676. XVIIe siècle. Suisse.
Peintre miniaturiste.

ARCHIMEDE. Voir GENOELS Abraham, le Jeune

ARCHINARD
Né à la fin du XIXe siècle à Genève. Mort au front durant la Première Guerre mondiale. XIXe-XXe siècles. Français.
Peintre de scènes de genre.
On connaît peu de détails sur la vie de ce peintre. La déclaration de guerre empêcha la réalisation d'une exposition d'une centaine de ses œuvres.
Bien que puisant ses thèmes dans la réalité quotidienne, il s'écarte aussi bien de la pure imagination que d'une traduction littérale. Sa couleur, très personnelle, ne recherche que l'harmonie, sans aucun souci de vérité. Son dessin, d'une liberté totale, évoque la rapidité d'exécution de la technique de la fresque.

ARCHINTI Luigi
Né en 1825 à Milan. Mort le 5 février 1902. XIXe-XXe siècles. Italien.
Peintre.
On cite de lui : *Une bataille au Moyen Âge*, qui fait partie d'une collection particulière, à Berlin. Il fut aussi écrivain.

ARCHIPENKO Alexander
Né le 30 mai 1887 à Kiev (Ukraine). Mort le 25 février 1964 à New York. XXe siècle. Actif en France et aux États-Unis. Russe.
Sculpteur, peintre de nus, natures mortes, peintre à la gouache, pastelliste, peintre de technique mixte, dessinateur. Cubiste.
De 1902 à 1905 il fut élève de l'École des Beaux-Arts de Kiev. En 1906 il se fixa à Moscou, prenant part à quelques expositions. Il arriva à Paris en 1908, où il fut l'un des nombreux artistes, souvent immigrés, qui trouvèrent à se loger précairement à « La Ruche », surnom attribué depuis lors à l'ancien Pavillon des Machines de l'Exposition Universelle de 1887, qu'un riche original avait acquis à la fin de l'exposition, fait démonter et remonter dans le quartier Vaugirard, où il est toujours et toujours habité par des artistes. Dans les années qui précédèrent la guerre, il se lia avec Henri Laurens, Léger, Chagall, Lipchitz, Modigliani et bien d'autres. Dès 1908 il ouvrit son propre cours de sculpture à Paris, où il fut amené à préciser les principes qui guidaient son propre travail.
En 1910 il exposa à Berlin et Hagen. Dans l'histoire marginale du cubisme, on notera qu'il fut un des placeurs de la taille historique du Salon des Indépendants de 1911. En 1912 il participa au premier Salon de la Section d'Or, avec Jacques Villon, Frank Kupka, etc. En 1913, il figurait au premier *Herbst Salon* (Salon d'Automne) de Berlin, et à l'*Armory Show* de New York. C'est à cette époque qu'il se lia avec Pevsner. De 1920 à 1923 il alla enseigner à Berlin. En 1924 il se fixa à New York, y ouvrant son École de Sculpture. Il a exposé à Tokyo, Venise, Londres, Prague, etc. De 1967 à 1969, dix musées des États-Unis présentèrent une exposition rétrospective de l'ensemble de son œuvre, et le Programme d'art international de la Smithsonian Institution organisa une exposition posthume itinérante en Europe, notamment au Musée Rodin à Paris en 1969, et qui se prolongea jusqu'en 1971. En 1997 à Paris, la galerie Maeght a organisé une nouvelle rétrospective d'ensemble, avec sculptures et œuvres sur papier.
Après avoir été influencé par le style Art nouveau ou par l'expressionnisme, dans les années 1908 à 1914, il tint un rôle de premier plan, bien que parfois méconnu, dans la genèse du cubisme. Dans son cours, enseignant sa propre pratique, il insistait alors sur la technique du modelage en creux, procédé qui caractérise son propre style du moment, perturbant la perception du fait que lumière et ombre se trouvent inversées par rapport à ce qu'elles seraient sur un modelage en plein, convexe. On donne parfois pour avoir été la première sculpture cubiste son *Torse noir* de 1909. Vers 1914, influencé alors par les bas-reliefs égyptiens, il créa ses *Sculpto-peintures*, sculptures polychromes,

faites de lamelles colorées en matériaux divers. Dans le même temps, les Henri Laurens, Lipchitz, suivaient des voies concordantes, sans que l'ordre des priorités soit bien discernable, ce qui n'a d'ailleurs aucun intérêt. À cette époque il réalisa aussi quelques collages, sortes de sculpto-peintures planes. Certains cubistes, peut-être plus les peintres que les sculpteurs, fondaient alors leur réflexion plastique, entre autres sources, à partir de la sculpture nègre. Archipenko se sourçait plus à partir de la sculpture égyptienne, pour aboutir à la même conclusion de la nécessité de géométriser synthétiquement le volume. De 1913 date sa sculpture, en pierre reconstituée, *Match de boxe*, qui dénote une nette influence futuriste dans la recherche de la suggestion du mouvement à partir de formes pourtant statiques. Une autre des grandes caractéristiques de son style apparaissait aussi à ce moment : non plus les creux, mais les vides de plus en plus importants ménagés dans les pleins de ses sculptures, à travers lesquels le regard passe à l'intérieur du volume général. Sa recherche consistait alors à substituer à la lourdeur des formes pleines, « tendues », de l'idéal classique jusqu'à Maillol, la légèreté d'infrastructures réduites à l'allusion, à la suggestion, dans lesquelles de toute évidence il s'intéressait plus à la « forme des vides » qu'à celle des pleins. À ce propos, Ivan Goll nota en 1920 que : « le vide nous paraît aussi visible que la matière. » Dans cette période où il poussa à l'extrême cette recherche de la légèreté, il préfigurait parfois la future sculpture métallique de Gargallo, Fernandez.

Pourtant, à partir de 1916, et surtout à partir de son séjour à Berlin de 1921 à 1923, il revint à une expression plastique plus traditionnelle, avec des bustes et des silhouettes élégantes : *Figure géométrique et concave avec espace*, 1920. Aux États-Unis, il mit au point ses *Archipeintures*, brevetées en 1927, consistant en toiles rendues mobiles par des moteurs, conférant l'apparence du mouvement au sujet peint. En 1947, il créa encore des sculptures transparentes lumineuses, correspondant à ce qu'il nommait le « modelage de la lumière ». Il était naturalisé Américain depuis 1928 et consacra aux États-Unis une grande part de son activité à l'enseignement, à l'Université de Washington en 1935-1936, en 1938 au New Bauhaus fondé par Moholy-Nagy à Chicago, à l'Université de Kansas City en 1950. Il sculpta encore quelques œuvres, dont l'aspect décoratif prévaut sur l'esprit d'invention ancien : *Princesse hindoue* 1954, *Reine de Saba* 1961, le *Roi Salomon*, bronze de 1963 destiné à être réalisé à échelle monumentale. Sa grande époque aura été sa contribution à la réflexion qui accompagnait l'éclosion du cubisme analytique, quand, signifiant que l'imitation de la nature, à quelque degré que ce soit, est une imposture, et revendiquant lui aussi l'émancipation de l'art, l'autonomie du langage plastique, il déclara : « L'art ne doit être ni réaliste, ni idéaliste, il doit être vrai. »
■ Jacques Busse

signature: Archipenko

BIBLIOGR. : H. Hildebrandt : *Archipenko*, Potsdam, 1921 – E. Wiese : *Archipenko*, Leipzig, 1923 – in : *Diction. de la sculpt. mod.*, Hazan, Paris, 1960 – in : *Les Muses* tome I, Grange Batelière, Paris, 1970.
MUSÉES : DARMSTADT : *Personnage immobile* 1920 – DENVER : *Femme marchant* 1912 – DÜSSELDORF : *Femme se coiffant* 1915 – NEW YORK (Solomon R. Guggenheim Mus.) : *Carrousel Pierrot* 1913 – *La lutte* 1914 – *Médrano* 1914-1915, sculpt. polychrome – PARIS (Mus. Nat. d'Art Mod.) : *Femme drapée* 1911 – *Tête de femme et table* 1916 – *Deux verres sur une table* 1919-1920, sculpto-peinture – PHILADELPHIE (Mus. of Art) : *Devant un miroir* 1915 – VENISE (Fond. Peggy Guggenheim) : *Match de boxe*, pierre synth..
VENTES PUBLIQUES : PARIS, 20 fév. 1928 : *Étude de femme*, sanguine : **FRF 195** – PARIS, 2 mars 1955 : *Groupe de personnages nus*, sanguine : **FRF 3 000** – AMSTERDAM, 22 oct. 1958 : *Composition*, past. : **NLG 830** – NEW YORK, 16 mars 1960 : *Tête Mélancolie*, peint. : **USD 1 750** – STUTTGART, 3 mai 1961 : *Nature morte à la table*, gche : **DEM 2 100** – MILAN, 21 nov. 1961 : *Vase de fleurs*, h/pan. : **ITL 4 200 000** ; *Nu*, bronze : **ITL 2 200 000** – NEW YORK, 11 avr. 1962 : *Tête*, marbre : **USD 2 800** – LONDRES, 12 juin 1963 : *Torse*, bronze patiné : **GBP 1 400** – BERNE, 9 juin 1964 : *Nu agenouillé*, bronze patiné : **CHF 12 600** – COLOGNE, 14 juin 1966 : *Bas-relief*, bronze polychrome : **DEM 16 000** – NEW YORK, 9 nov. 1967 : *Femme au repos*, bronze patiné : **USD 4 750** – NEW YORK, 3 avr. 1968 : *Boxeurs*, bronze patiné : **USD 25 000** – PARIS, 29 nov.

1972 : *Nu torse plat* : **FRF 150 000** – NEW YORK, 20 oct. 1976 : *Torso tourné* 1921, bronze (H. 71,1) : **USD 33 000** – MUNICH, 29 nov. 1976 : *Deux femmes, l'une assise*, litho. : **DEM 1 750** – NEW YORK, 21 oct. 1977 : *Femme assise* 1912, bronze (H. 41) : **USD 21 000** – NEW YORK, 3 nov. 1978 : *Femme à l'éventail* 1914, bronze relief polychrome (H. 86,5) : **USD 31 000** – NEW YORK, 18 mai 1979 : *Femme à l'éventail* 1914, bronze, relief polychrome (H. 86,5) : **USD 23 000** – HAMBOURG, 8 juin 1979 : *Femme accroupie* 1938, h/cart. (71,2x55,7) : **DEM 23 000** – NEW YORK, 19 juin 1980 : *Nu à la draperie*, gche, cr. et craie blanche (51,6x32,7) : **USD 1 000** – NEW YORK, 23 oct. 1980 : *Femme se peignant* 1915, bronze (H. 62) : **USD 76 000** – NEW YORK, 21 mai 1981 : *Walking* 1912, bronze polychrome (H. 66,7) : **USD 39 000** – NEW YORK, 5 nov. 1982 : *Portugaise* 1916, bronze (H.61) : **USD 40 000** – BERNE, 22 juin 1983 : *Nu vers 1918*, cr./pap. (49,3X32) : **CHF 9 200** – NEW YORK, 17 nov. 1983 : *Blue dancer*, fonte posthume, bronze (H. 104) : **USD 65 000** – NEW YORK, 16 mai 1984 : *La danse* 1912, bronze (H. 75) : **USD 65 000** – LONDRES, 27 juin 1984 : *Personnage*, aquar. reh. de gche (31,5x20,5) : **GBP 2 000** – LONDRES, 5 déc. 1984 : *Nature morte* 1922, litho. (30,9x40,7) : **GBP 1 000** – NEW YORK, 12 et 13 nov. 1985 : *Femme au chapeau* 1916, h/pap. mâché, métal et gaze/pan., dans un cadre en bois construit par l'artiste (35,5x26,5) : **USD 190 000** ; *Blue dancer* 1913, bronze (H. 106) : **USD 155 000** – NEW YORK, 18 nov. 1986 : *Femme se coiffant* 1915, bronze (H. 180,3) : **USD 470 000** – BERNE, 18 juin 1986 : *Nu vers 1918*, cr. (49,3x32) : **CHF 8 200** – LONDRES, 30 juin 1987 : *Danseuse* 1913-1918, bronze (H. 101,5) : **GBP 270 000** – NEW YORK, 18 fév. 1988 : *Femme assise* 1912, bronze (H. 39) : **USD 41 250** – LONDRES, 30 mars 1988 : *Femme assise*, gche (531x23,5) : **GBP 11 550** ; *Femme au torse plat*, bronze argenté (H. 38) : **GBP 17 600** – LONDRES, 28 juin 1988 : *Statuette géométrique* 1914, bronze (H. 68) : **GBP 28 600** – LONDRES, 29 nov. 1988 : *Torsion du buste*, bronze (h.47) : **GBP 90 200** – LONDRES, 22 fév. 1989 : *Nu assis*, encre et craies (35,5x53) : **GBP 4 400** – LONDRES, 4 avr. 1989 : *Torse noir*, bronze (H. 35,6) : **GBP 27 500** – NEW YORK, 10 mai 1989 : *La naissance de Vénus* 1954, bronze, marbre et turquoise (H.30,5) : **USD 44 000** – NEW YORK, 11 mai 1989 : *Le soldat qui marche* 1917, bronze (H. 116,8) : **USD 154 000** – MUNICH, 29 mai 1989 : *Statuette* 1914, épreuve d'artiste, bronze patine brune (69x16x12) : **DEM 83 000** – LONDRES, 27 juin 1989 : *Torse dans l'espace* 1952, litho. et sérig., n°30-50 (38x60,5) : **GBP 4 200** – LONDRES, 27 juin 1989 : *Leda et le cygne*, bronze argenté (H. 33) : **GBP 16 500** – NEW YORK, 5 oct. 1989 : *Madone* 1936, marbre blanc (H. 62,5) : **USD 40 700** – NEW YORK, 6 oct. 1989 : *Statuette géométrique* 1914, bronze (H. 67,5) : **USD 99 000** – LONDRES, 28 nov. 1989 : *Après le bain* 1915, h/t (101,5x66) : **GBP 71 500** – LONDRES, 28 nov. 1989 : *Ma méditation*, bronze à patine sombre (H. 75 et l. 51) : **GBP 71 500** – CALAIS, 4 mars 1990 : *Nu pensif*, sanguine (56x36) : **FRF 78 000** – PARIS, 29 mars 1990 : *Graceful movement* 1923, bronze poli à patine argent (H. 66) : **FRF 610 000** – PARIS, 8 avr. 1990 : *Moïse présentant les tables de la loi*, gche et encre de Chine (67x53) : **FRF 220 000** – NEW YORK, 18 mai 1990 : *Femme se brossant les cheveux* 1915, bronze à patine brune (H. 63,5) : **USD 110 000** – LONDRES, 26 juin 1990 : *Vie de famille* 1912, bronze à patine brune (H. 57) : **GBP 28 600** – NEW YORK, 5 oct. 1990 : *Nu*, terre cuite (H. 63) : **USD 14 300** – LONDRES, 4 déc. 1990 : *Solitude féminine*, marbre blanc (H. 79) : **GBP 55 000** – TEL-AVIV, 1er jan. 1991 : *Femme peignant sa chevelure B.* 1915, bronze à patine brune (H. 33,5) : **USD 15 400** – NEW YORK, 13 fév. 1991 : *Deux personnages*, cr./pap. (47,9x31,4) : **USD 4 180** – NEW YORK, 9 mai 1991 : *Femme se coiffant* 1913, bronze à patine verte (H. 49) : **USD 110 000** – LONDRES, 25 juin 1991 : *Torse d'argent* 1931, bronze poli à patine argentée (H. 98,5) : **GBP 68 200** – NEW YORK, 6 nov. 1991 : *Maternité dans les rochers* 1912, bronze (H. 52) : **USD 77 000** – LONDRES, 4 déc. 1991 : *Hollywood-torse* 1936, bronze (H. 70) : **GBP 19 800** – NEW YORK, 25-26 fév. 1992 : *Figure* 1936, terre cuite (H. 50,8) : **USD 35 200** – NEW YORK, 13-14 mai 1992 : *Vase avec des fleurs (sculpto-peinture)* 1919, pap. mâché et h/bois (30,5x22,2) : **USD 275 000** – LONDRES, 30 juin 1992 : *Négresse assise* 1934, marbre noir (H. 55,5) : **GBP 45 100** – MUNICH, 26 mai 1992 : *Statuette géométrique* 1914, bronze (H. 68,5) : **DEM 73 600** – NEW YORK, 12 nov. 1992 : *Naissance de Vénus* 1954, bronze, granite et corail (H. 31,1) : **USD 22 000** – LONDRES, 24-25 mars 1993 : *Torse*, bronze (H. 38,2) : **GBP 29 900** – NEW YORK, 12 mai 1993 : *Concave vert* 1913, bronze (H. 49,5) : **USD 76 750** – NEW YORK, 4 nov. 1993 : *Femme assise*, cr./pap. (42,5x28,6) : **USD 8 050** – LONDRES, 30 nov. 1993 : *Buste en torsion* 1921, marbre blanc

(H. 48,2) : **GBP 113 700** – Paris, 10 mars 1994 : *Torse de femme* 1945, bronze (H. 63,5) : **FRF 270 000** – New York, 11 mai 1994 : *Soldat qui marche* 1917, bronze (H. 116,2) : **USD 123 500** – Tel-Aviv, 25 sep. 1994 : *Nu allongé*, bronze (H. 44,8) : **USD 39 100** – New York, 9 nov. 1994 : *Ray (vase II)*, alu. poli sur base de marbre (H. 172,7) : **USD 184 000** – New York, 24 fév. 1995 : *Nu assis* 1932, fus., cr. et craie blanche/pap. (52,1x32,7) : **USD 8 050** – New York, 10 mai 1995 : *Le Roi Salomon* 1963, bronze (H. 134,6) : **USD 74 000** – Lucerne, 20 mai 1995 : *Femmes* 1949, techn. mixte/pap. (57,3x35,5) : **CHF 3 400** – Londres, 28 juin 1995 : *Torse blanc*, bronze (H. 47,5) : **GBP 25 300** – Tel-Aviv, 12 oct. 1995 : *Buste féminin*, bronze (H. 63,8) : **USD 74 000** – Paris, 30 nov. 1995 : *La Baigneuse* 1920, cr. (49x28,5) : **FRF 17 000** – New York, 2 mai 1996 : *Ray, vase II*, alu./base de bois (H. en tout 222,3) : **USD 96 000** – Vienne, 29-30 mai 1996 : *Carafe* 1921, h. et pap. mâché/bois (40x28,5) : **ATS 4 535 000** – Londres, 25 juin 1996 : *Mouvement gracieux* 1923, bronze patine argent poli (H. 66) : **GBP 47 700** – New York, 14 nov. 1996 : *Torse hollywoodien* 1936, terre cuite (H. 132) : **USD 101 500** – Tel-Aviv, 24 avr. 1997 : *Motif égyptien* 1917, bronze (H. 34) : **USD 16 000** – Tel-Aviv, 25 oct. 1997 : *Torse (silhouette féminine)* 1945, bronze patine bleu vert (H. 63,5) : **USD 77 300**.

ARCHIPOV Abram Efimovitch. Voir ARKHIPOV

ARCHITA, da Lucca
Mort après 1660. xviiᵉ siècle. Travaillait à Rome. Italien.
Peintre.
Cet artiste peignit, d'après Titi, dans une grotte de la Villa Borghèse, des grotesques, des muses et d'autres divinités et dans l'église S. Sebastiano, devant les murs de Rome, plusieurs fresques : *Saint Jérôme, Saint Bernard* et *Saint Charles*.

ARCIDOSSO Adamo di. Voir ADAMO di Arcidosso

ARCILA ORIBE
Né à Rio Negro. xxᵉ siècle. Colombien.
Peintre.
Expose en 1930 une *Tête de Christ* aux Artistes Français.

ARCIMBOLDO Giuseppe
Né vers 1527 sans doute à Milan (Lombardie). Mort le 11 juillet 1593 à Milan. xviᵉ siècle. Italien.
Peintre de compositions religieuses, sujets allégoriques, portraits, natures mortes, cartons de vitraux.
Il appartenait à une famille patricienne de Milan qui compta parmi ses membres trois archevêques, mais Giuseppe était issu de la branche « pauvre » de cette famille. Fils de Biagio, on suppose que c'est avec son père qu'il apprit les rudiments du dessin et de la peinture : aucun document ne se rapporte à sa formation artistique. Un paiement, daté du 17 juin 1551 et conservé dans les actes de la Fabrique du Dôme, mentionne son nom pour la première fois. En 1560, probablement, il se rendit à la cour des Empereurs d'Allemagne et suivit cette cour dans ses résidences de Vienne et de Prague. Il fut protégé successivement par les rois Ferdinand Iᵉʳ, Maximilien II et surtout Rodolphe II. De 1562 à 1585, son nom est mentionné régulièrement dans les registres de la cour : il recevait vingt florins par mois et touchait souvent des sommes supplémentaires prises sur la cassette impériale. En 1587, Arcimboldo obtint son congé de Rodolphe II (qui le fit Comte Palatin en 1591) et retourna, fortune faite, en sa ville natale où il mourut quelques années plus tard. Il fut enterré en l'église San Pietro della Vigna (édifice disparu aujourd'hui) : l'inscription portée sur sa pierre tombale indiquait qu'il était mort en 1593, âgé de soixante-six ans. La présentation en 1954 dans une galerie parisienne, de quelques œuvres d'Arcimboldo, a contribué à remettre en pleine lumière cet artiste qui, désormais, appartient à notre univers esthétique contemporain.
Le 28 novembre 1551, il exécuta cinq blasons peints pour le roi de Bohême et une décoration destinée à la porte principale du Dôme. Les années suivantes, il peignit des armes ducales pour la Fête de la Vierge, une carte pour la région de Volpedo et refit la peinture de la façade du Dôme. En collaboration avec son père, il réalisa des cartons pour les vitraux consacrés à la *Vie de sainte Catherine*. Pour Ferdinand Iᵉʳ – dont il était portraitiste officiel – il peignit un « tableau de famille » destiné à la cour d'Espagne : la représentation des membres de la famille de Habsbourg vivants ou disparus (cette œuvre est aujourd'hui perdue). De 1563, peut être datée sa « première tête » : L'*Allégorie de l'Été*. Ce sont d'ailleurs ses têtes composées (allégories et portraits) qui contribuèrent à faire d'Arcimboldo le peintre favori et « officiel » de

Maximilien II et Rodolphe II. Peintre de cour, il était chargé également de régler les divertissements princiers : cortèges, cavalcades, bals et fêtes de plein air. Il est peut-être l'inventeur des carrousels et en tant que musicien, il imagina « une méthode colorimétrique de transcription musicale », procédé musical qui fut déchiffré et interprété au clavecin par le joueur de viole, Monzo. Ses biographes les plus récents, Francine Legrand et Félix Sluys, rapprochent cette invention des « procédés actuels de synchronisation entre la musique et le film ». Il contribua également par ses conseils à former les collections impériales et voyagea pour le compte de ses maîtres, dans le but de leur acquérir des œuvres d'art. Séduit par ses têtes composées, Maximilien II lui commanda de peindre dans cette manière les principaux membres de son entourage direct : les grands de sa cour, ses courtisans, son médecin, son jardinier, son cuisinier et son bibliothécaire ; plusieurs de ces peintures existent encore. D'après le catalogue établi par Mme Legrand et M. Sluys, sont conservées dans les collections privées les œuvres suivantes : *Allégorie de l'Été*, 1572 (huile sur toile) – *Allégorie de l'Automne* (huile sur toile) – Les *Quatre Saisons* (huiles sur toile) – *Le Bibliothécaire* (huile sur toile) – *Le Jardinier* (huile sur toile) – *Le Cuisinier* (huile sur toile).
Mme Legrand et M. Sluys font justement remarquer qu'Arcimboldo n'a pas inventé les tableaux composés, avant lui Jérôme Bosch (dont Arcimboldo connaissait partiellement l'œuvre) avait déjà utilisé ce procédé, mais que c'est à partir d'Arcimboldo – maître incontesté des « têtes composées » – que ce genre prit naissance : jusqu'au xxᵉ siècle, des artistes peindront des compositions où les visages seront rendus à l'aide d'éléments divers ou de figures géométriques ; les auteurs ajoutent : « Il a fallu les Surréalistes pour redécouvrir la puissance de choc de ces bizarreries plastiques... Ils ont goûté cet humour noir qui enfreignait les conventions morales avec un parti pris de cynisme ». ■ Pierre-André Touttain

Josephus Arcimboldus
Mtnensis. F.

Bibliogr. : Sterling, Charles : *La Nature morte de l'antiquité à nos jours*, Paris, 1952 – Geiger, Benno : *I Dipinti ghiribizzosi de Giuseppe Arcimboldo*, Florence, 1954 – Legrand, Francine - Sluys, Félix : *Arcimboldo et les Arcimboldesques*, Paris, 1955 – Brion, Marcel : *L'Art fantastique*, Paris, 1961 – Catalogue de l'exposition : *La Nature morte de l'antiquité à nos jours*, Paris, 1952 – Catalogue de l'exposition : *Têtes composées d'Arcimboldo*, Paris, 1954 – Catalogue de l'exposition : *Bosch, Goya et le fantastique*, Bordeaux, 1957.
Musées : Cremone : *Le Paysan*, h./t. – Graz (Landes Mus.) : *Tête grotesque*, h./bois – Gripsholm, Château de (Suède) : *Portrait de Calvin* 1566, h./t. – Paris (École des Beaux-Arts) : *La Cuisine*, dess. à la pl. – Vienne (Kunsthistorisches Mus.) : *Allégorie de l'Été* 1563, h./bois – *Allégorie du Feu* 1566, h./bois.
Ventes Publiques : Amsterdam, 1738 : *Une tête composée de plusieurs oiseaux* : **FRF 12** – Londres, 27 nov. 1963 : *Les quatre saisons*, quatre toiles, faisant pendants : **GBP 10 500** – Londres, 24 mars 1965 : *Portrait fantastique de femme en buste* : **GBP 8 500** – Londres, 6 juil. 1966 : *Paysage en forme de tête* : **GBP 350** – Versailles, 23 fév. 1969 : *Hérode* : **FRF 17 000** – Londres, 16 avr. 1980 : *Quatre bustes fantastiques (Les quatre éléments)*, h./albâtre, suite de quatre (28x18) : **GBP 40 000**.

ARCIONI Daniele
xviᵉ siècle. Milanais, actif vers 1500. Italien.
Graveur, nielleur, émailleur.
Il dut être contemporain de Naso Finiguerra et autres éminents nielleurs. Dans la collection Gatteaux, à Paris, se trouvaient un certain nombre de petites tablettes décorées de madones dont les figures sont peintes sur émail, sur fond bleu.

ARCIPRETI Constantino di messer Agamemnone degli
xvᵉ siècle. Actif à Pérouse. Italien.
Miniaturiste.
Cité dans la corporation des miniaturistes de Pérouse en 1464.

ARCIS, les frères
xviiiᵉ siècle. Actifs à Toulouse dans la première moitié du xviiiᵉ siècle. Français.
Sculpteurs.
Fils de Marc Arcis.

ARCIS Marc
Né à Mouzens (Tarn). Mort en 1739 à Toulouse. XVIIe-XVIIIe siècles. Français.
Sculpteur de compositions religieuses, bustes, bas-reliefs.
Il fut élève du peintre Rivals à Toulouse. Nommé académicien en 1684, il fut le maître de Pierre Lucas et Parent.
De 1674 à 1677, il fit un certain nombre de bustes pour la galerie des Illustres à l'hôtel de ville de Toulouse. Il vint à Paris, prit part à la décoration intérieure de l'église de la Sorbonne et exécuta des travaux à Versailles. Après un court séjour à Pau (1690), il s'établit à Toulouse où il entreprit de nombreux travaux, ornant de ses œuvres, outre des chapelles de quelques couvents, les églises Saint-Sernin et Saint-Étienne et la salle de l'Académie de musique. Il travailla également pour les cathédrales de Montauban, de Lavaur et de Rieux. Parmi ses œuvres, il convient de citer notamment les bustes de François de Nupces, de Jean-Pierre Rivals et de M. de Vandanges. L'artiste fit aussi son propre buste et exécuta, d'après Girardon, une statue de Louis XIV érigée à Pau et détruite en 1792.
Musées : TOULOUSE : *François de Nupces – Jean-Pierre Rivals – M. de Vandanges.*
Ventes Publiques : TOULOUSE, 26 oct. 1993 : *Scène religieuse tirée des Évangiles « Laissez venir à moi les petits enfants »,* bas-relief de terre cuite (22x36) : **FRF 45 000.**

ARCO A. dell
XIXe siècle. Italien.
Graveur.
On possède de lui une estampe d'après le *Crucifiement* de Giotto, conservé dans la Galleria dell' Academia à Florence.

ARCO Alonso del
Né en 1625 à Madrid. Mort en 1700 à Madrid. XVIIe siècle. Espagnol.
Peintre.
Sourd-muet de naissance, on l'appela *Il sordillo de Pereda.* Disciple d'Antonio Pereda, il fut un excellent portraitiste et peintre d'histoire. On cite, parmi ses œuvres : *L'Immaculée Conception* et *l'Assomption de la Vierge,* dans le cloître de la Trinitarios Descalzos, à Madrid. L'église San Salvador possède de lui un joli tableau de *Sainte Thérèse* et le Musée du Louvre un *Portrait de Don Manuel de Martin.*

ARCO Armando del
Né en 1934. XXe siècle. Actif en France. Espagnol.
Peintre de figures, paysages. Abstrait puis expressionniste.
Autodidacte, il est tout d'abord photographe. Arrivé en France depuis 1959, il fréquente et s'intègre au groupe des peintres espagnols à Paris. Il participe aux Salons d'Automne et des Artistes Indépendants à Paris depuis 1966. Il expose régulièrement en France et en Espagne.
Il peint en pleine pâte des reliefs striés, gravés de couleurs sourdes, passant du brun à l'ocre, au noir, aux bleus cassés. Ses personnages sont traités selon un graphisme incisif, ses paysages aux limites de l'abstraction évoquent l'âpreté érodé, rayée des grands champs bruns de Castille.

ARCO Carlo d'
XIXe siècle. Actif dans la première moitié du XIXe siècle. Italien.
Dessinateur.
Écrivain d'art, cet artiste travailla à Mantoue ; il illustra plusieurs de ses ouvrages.

ARCO Dionisio d'
XVIIe siècle. Italien.
Peintre.
On cite de lui une frise à la station thermale d'Arco, et qui est signée : *Dionisius de Archo pinxit anno 1637.*

ARCO Geronimo del
XVIIe siècle. Vivait à Séville en 1610. Espagnol.
Peintre de tapisseries.

ARCOLANI Pace
XIVe siècle. Italien.
Sculpteur sur bois.
A travaillé au Bargello. Il est mentionné dans la ville de Gubbio de 1377 à 1383.

ARCOLANO di Pietro da Mugnano
XVe siècle. Actif à Pérouse. Italien.

Peintre.
Cité dans la matricule de la corporation des peintres de Pérouse.

ARCONIO Mario
Né vers 1575 à Rome probablement. Enterré au Portique de Saint-Jean-de-Latran à Rome en 1635. XVIIe siècle. Italien.
Peintre.
Cet artiste travaillait à Rome vers 1600. Il étudia la peinture, puis l'architecture, dans laquelle il acquit une grande renommée. Le pape Paul V lui fit une situation avantageuse dans sa maison, et le nomma plus tard gouverneur de Cori. Il serait mort à soixante ans.

ARCOS Dario
Né à Guayaquil. XIXe-XXe siècles. Éc. sud américaine.
Peintre.
Cet artiste exposa un tableau à l'Exposition Universelle de 1900.

ARCOS Gonzalo
XVIe siècle. Actif à Séville. Espagnol.
Sculpteur sur bois.
Il est peut-être le même qu'un sculpteur du même nom mentionné à Séville entre 1571 et 1607.

ARCOS Gregorio de
Mort après le 6 juin 1571. XVIe siècle. Actif à Séville vers 1542. Espagnol.
Sculpteur.

ARCOS Luis Antonio
XVIIe siècle. Actif à Séville. Espagnol.
Sculpteur.
Il est mentionné en 1675.

ARCOS Pedro de
XVIe siècle. Travaillait à Séville vers 1514. Espagnol.
Peintre.

ARCOS Y MEGALDE Santiago
Né à Santiago (Chili). XIXe-XXe siècles. Chilien.
Peintre de sujets de genre, portraits, aquarelliste, dessinateur, illustrateur.
Il exposa à Madrid à partir de 1878, et y fut médaillé en 1881. On le trouve également prenant part aux Expositions de Paris dès 1881, notamment à celles de la Société des Beaux-Arts (1901). Il obtint une médaille d'argent à l'Exposition Universelle de 1900. Cet artiste se consacra surtout à la peinture de genre et au portrait, mais il fit aussi des aquarelles et des illustrations. On mentionne de lui : *Philippe II à l'Escurial recevant une députation des Pays-Bas, El Zoco de Tanger, Un miracle à Lourdes.*
Ventes Publiques : PARIS, 1900 : *Terminant sa toilette,* aquar. : **FRF 140** – PARIS, 14-15 déc. 1933 : *Espagnol,* aquar. : **FRF 300** – ANGERS, 10 déc. 1980 : *Femme regardant par sa fenêtre* 1903, h/pan. (41x27) : **FRF 2 300** – PARIS, 16 mars 1983 : *La fenêtre,* h/bois (42x28) : **FRF 8 500** – PARIS, 19 juin 1989 : *La visite* 1905, h/t (115x89) : **FRF 30 000.**

ARCUCCIO Angelillo ou **Angiolillo** ou **Artuzzo**
XVe siècle. Italien.
Peintre de compositions religieuses.
Il est mentionné à Naples entre 1464 et 1492. Outre les décorations au Castel Nuovo, cet artiste peignit une *Vierge avec les douze apôtres* pour le couvent des Franciscains à S. Agata de' Goti. On mentionne aussi deux tableaux d'autel à la cathédrale d'Aversa et un *Saint Sébastien* signé *Angelus Arcucio de Neapoli pinxit a. d. 1468.* – Restauratus a. 1782.
Ventes Publiques : LUGANO, 1er déc. 1992 : *Vierge à l'Enfant en majesté,* h/pan. (122,6x65,7) : **CHF 60 000.**

ARCULANETTI Erculano di Francesco degli
XVIIe siècle. Actif à Pérouse. Italien.
Peintre.
Il fut membre de la confrérie des peintres de Pérouse en 1645.

ARDAHL Ingrid, Mme
Née à Göteborg (Suède). XXe siècle. Suédoise.
Sculpteur.
Elle a exposé à la Nationale en 1922, une statue.

ARDAIL Albert
Né au XIXe siècle à Paris. XIXe siècle. Français.
Graveur.
Élève de Ch. Waltner, il a obtenu une médaille de troisième classe en 1887, une de bronze à l'Exposition Universelle de 1889, une de deuxième classe en 1892. On cite parmi ses œuvres : *La Halle à l'auberge,* eau-forte d'après Talbo Ughes, *Portrait de*

Mme de Calonne, eau-forte d'après Ricard, *Promenade sous bois*, eau-forte d'après Flameng, et *Portrait du comte Moritz Holtzendorff*, eau-forte originale à l'Exposition Universelle de 1900, *Dans les roseaux*, bois original, *Frontispice pour la Société des amis du vieux château de Nemours*, bois, *Le Soir* et *Rafale*, pointes sèches, *Buste du statuaire Alexandre Falguière*, eau-forte, d'après Rodin 1905. Il faut mentionner encore les portraits du *Colonel de Grandmaison*, d'*E. Mercadier*, de *Mme Persil* (eaux-fortes). Cet artiste exposa aux Expositions Internationales de Blanc et Noir en 1886 et 1892, des aquarelles : *Paysages du Limousin et du Gâtinais, Effets de printemps et d'automne*. Ardail a légué au Cabinet des Estampes une belle collection de gravures.
VENTES PUBLIQUES : PARIS, 26 fév. 1943 : *Vue du château et du donjon de Nemours*, 4 aquar. : FRF 310 ; *Grand'mère Ardail*, dess. : FRF 520.

ARDASH Kakafian, pseudonyme de **Ardashis**
Né le 15 décembre 1940 à Mousul. xxᵉ siècle. Irakien.
Peintre, graveur, architecte. Expressionniste.
Il est venu en France en 1960 pour étudier à l'École des Beaux-Arts de Paris. Il expose en général à Bagdad. À Paris, il figure au Salon d'Automne. Il semble avoir été influencé par les peintres du groupe COBRA. On peut le rattacher aux nouvelles figurations. Il pratique des cadrages inhabituels, des déformations expressives, la fragmentation de ce qu'il représente. Il s'inspire souvent de sujets mythiques. Le corps de la femme revient également souvent dans ses peintures, dans des connotations sexuelles-sadiques.
BIBLIOGR. : D'après Khalil M'Rabet.
MUSÉES : BAGDAD .

ARDAVIN Fernandez César. Voir **FERNANDEZ-ARDAVIN**

ARDE
Né en 1964. xxᵉ siècle. Français.
Peintre de paysages urbains.
VENTES PUBLIQUES : PARIS, 13 déc. 1989 : *Piazza San Marco II*, h/t (80x130) : FRF 11 000 – PARIS, 3 mai 1990 : *Tramonto su piazza San Marco* 1990, techn. mixte biface (90x 155) : FRF 13 000 – PARIS, 20 nov. 1990 : *Composition* 1988, h/pap. huilé : FRF 8 000 – PARIS, 5 déc. 1991 : *Composition*, techn. mixte (114x146) : FRF 8 500.

ARDE Gianni
Né à Seregno. xxᵉ siècle. Italien.
Peintre sculpteur.
Il expose à Bergame, Locarno, Zurich, Vérone, et participe à la 23ᵉ Biennale de Milan.

ARDEBOLLE Jacques ou **Hardebolle**
Actif à Saint-Omer. Français.
Sculpteur sur bois.
Les colonnes sculptées de l'autel du couvent de Sainte-Claire sont de lui.

ARDELAY Christophe, dit **Lafontaine**
xviiiᵉ siècle. Français.
Peintre.
On le situe à Paris en 1756 et 1786.

ARDEMANS Teodoro
Né en 1664 à Madrid. Mort le 15 février 1726 à Madrid. xviiᵉ-xviiiᵉ siècles. Espagnol.
Peintre d'histoire, compositions religieuses, dessinateur.
Il était fils d'un Allemand servant dans la garde du roi. Ardemans étudia la peinture à l'atelier de Claudio Cœllo ; et, en même temps, l'architecture et les mathématiques au collège des Jésuites. Après ses études, de 1688 à 1691, il vécut à Grenade, où il fut *maestro mayor* des travaux de la cathédrale. En 1691, il revint à Madrid et y remplaça l'architecte de la ville comme chef des travaux de la cathédrale ; et, en 1700, devint architecte de la ville. Après la mort de Josef del Olmos (30 mai 1702), Philippe V l'appela comme chef des bâtiments du roi, de Madrid et des environs ; à la mort de Francisco Ignazio Ruiz de la Iglesa, en 1704, il devint peintre de la chambre et chef du château, poste qu'il occupa jusqu'à sa mort. Il dessina le frontispice du célèbre *Diario de los Viajes de Felipe V*, que grava Edelinck. Il peignit peu. On cite *La Bataille de Lépante* (1721, Madrid, Musée Épiscopal) et une *Sainte Barbara* (1723, Madrid, Musée Lazaro Galdiano).

VENTES PUBLIQUES : NEW YORK, 11 jan. 1994 : *Portail aux armes royales d'Espagne*, craie noire, encre et lav./pap. (61,3x33,8) : USD 12 650.

ARDEN Charlotte Léonie
Née en 1859 ou 1860 à Anvers. Morte en 1905 à Uccle-les-Bruxelles. xixᵉ-xxᵉ siècles. Belge.
Peintre de scènes de genre.
MUSÉES : ANVERS : *Et je suis resté seul !*.
VENTES PUBLIQUES : BRUXELLES, 22 nov. 1979 : *Fillettes aux champs*, h/t (70x100) : BEF 30 000 – LIÈGE, 11 déc. 1991 : *L'enfant et les cygnes*, h/pan. (32,5x24) : BEF 42 000.

ARDEN Edward
xixᵉ siècle. Actif à Ambleside vers 1881. Britannique.
Peintre de paysages, aquarelliste.
Arden exposa à la New Water-Colours Society, à la Grafton Galery et à d'autres institutions d'art, à Londres.

ARDEN Henri
Né en 1858 à Anvers. Mort en 1917 à Bruxelles. xixᵉ-xxᵉ siècles. Belge.
Peintre de paysages.
Il fit ses études à l'Académie d'Anvers et exposa à plusieurs reprises au Salon de Paris, notamment en 1893, 1894, 1898, 1899. Dans ses paysages, il marque une prédilection pour la mer, mais traite aussi beaucoup d'autres sujets, dans une pâte généreuse et des tons émaillés. On cite de lui : *Dernières feuilles – Mauvais temps – Les Bohémiens – L'Espace*.

H. Arden

BIBLIOGR. : Gérald Schurr : *Les Petits Maîtres de la peinture 1820-1920, valeur de demain*, t. VI, Les Éditions de l'Amateur, Paris, 1985.
MUSÉES : BRUXELLES (Fonds Nat.) : *Le Village*.
VENTES PUBLIQUES : BRUXELLES, 22 nov. 1979 : *Barques de pêcheurs au clair de lune*, h/t (60x40) : BEF 24 000 – BRUXELLES, 28 avr. 1982 : *L'estuaire de l'Escaut*, h/t (50x60) : BEF 22 000 – BRUXELLES, 19 mars 1986 : *Marine, le soir*, h/pan. (39x59) : BEF 55 000 – LOKEREN, 23 mai 1992 : *Paysage fluvial avec des moulins*, h/t (41x65) : BEF 38 000 – PARIS, 10 fév. 1993 : *Marine*, h/t (70x100) : FRF 10 500.

ARDEN Léo
xixᵉ-xxᵉ siècles. Belge.
Peintre de genre.
Active à Bruxelles jusque vers 1904. Elle fut l'élève d'Alfred Stevens, et exposa au Cercle artistique de Bruxelles (1886) : *Départ pour la pêche*, et au Salon de Paris à partir de 1896.

ARDEN QUIN Carmelo
Né le 16 mars 1913 à Rivera. xxᵉ siècle. Uruguayen.
Peintre, sculpteur. Abstrait-géométrique. Groupe Madi.
Il fit ses études classiques au Brésil jusqu'en 1930. À ce moment il fit de grandes randonnées à travers les forêts du Brésil et d'Argentine. À partir de 1932, tout en poursuivant des études de droit, il commença à étudier et pratiquer la peinture. En 1935 à Montevideo, il rencontra Torrès-Garcia, déjà important artiste et théoricien sud-américain des années trente, qui détermina sa propre orientation dans ce qu'on nomme parfois l'art construit. En 1936-1938, il poursuit sa recherche picturale entre des activités diverses, littéraire et théorique, politique en ce qui concernait la République Espagnole. En 1940, il élabora une théorie dialectique de l'art. En 1941, toujours pris par des activités diverses, il créa la revue *Arturo*. En 1942 à Rio de Janeiro, il fit la connaissance de Vieira da Silva et Arpad Szénés, qui collaborèrent à sa revue. En 1943 à Buenos Aires, se constitua le groupe *Arturo*, qui publia un manifeste *Arturo*, considéré comme le premier manifeste *Madi*. En 1944, la diffusion de la revue *Arturo*, marqua l'origine de la diffusion de l'art non-figuratif en Argentine et en Amérique Latine. Toutefois, ce superbe régionalisme fut aussi cause d'une non-reconnaissance internationale du mouvement et de l'importance d'Arden Quin, l'Amérique Latine ayant alors le tort de n'être ni Paris, ni New York.
En 1946, Arden Quin lança officiellement le mouvement *Madi* (de CarMelo ArDen QuIn, en même temps que de *MA*térialisme *DI*alectique). À partir de 1946 se succédèrent les nombreuses expositions du groupe *Madi*, à Montevideo, Buenos Aires, etc. En 1948, un séjour important à Paris lui fit connaitre la plupart des artistes abstraits qui y travaillaient. Il présenta d'ailleurs des

œuvres à la Galerie Denise René, qui assura en premier la promotion de l'abstraction dite « froide ». C'était, mais à New York, le moment où débutait l'aventure typiquement américaine de ce qui allait devenir le *Minimal Art*, autour de David Smith, Kelly, Don Judd, Mangold. À partir de 1949 et jusqu'en 1956 il exposa au Salon des Réalités Nouvelles, où, en 1950, fut organisée la salle *Espace*, où furent regroupées les tendances de l'abstraction géométrique les plus actives du moment. Dans ces années eurent lieu, en différents endroits, des expositions du groupe ainsi constitué. En 1953, Arden Quin et quelques membres du groupe participèrent à l'exposition *Diagonale* à la Galerie Denise René. À la fin de cette même année eut lieu une présentation d'œuvres *Madi* au Musée d'Art Moderne de São Paulo. En 1954, fut fondée à Buenos Aires l'Association *Arte Nuevo*. En 1962 il fonda encore la revue *Ailleurs*. Dans les années soixante-dix eurent lieu en France plusieurs expositions, parfois rétrospectives, de ses peintures, collages, reliefs, notamment à Paris, à la *FIAC* (Foire Internationale d'Art Contemporain), de même que, en 1983, à l'Espace Latino-Américain de Paris en hommage pour ses soixante-dix ans, puis en 1988, toujours à Paris, une rétrospective à la Galerie Franka Berndt, en 1994 à la galerie Saint-Charles de Rose.

Après qu'il eût un temps adhéré à l'austérité de l'« art concret » tel que défini par Van Doesburg dès 1930, le message d'Arden Quin, le message *Madi*, aura été une partie intégrante de l'histoire de l'abstraction géométrique, dans laquelle il a apporté quelques principes évolutifs : liberté de la découpe des formats, hors du schéma orthogonal traditionnel : polygones réguliers et irréguliers ou composés de parties mobiles, inclusion de matériaux divers : billes de verre, bandes de plexiglas, interventions de moteurs qui mettent certains éléments en mouvement. Le principe du jeu des combinatoires, par collages, découpages, extension de la surface à la troisième dimension, tableaux-jeux, tableaux-objets, a régi la continuité de son œuvre. Il y a chez Arden Quin et dans ses créations, de la faconde latino-américaine, de la tonicité, peut-être plus de bonheur plastique que dans le mouvement de l'art-optique-cinétique qui lui fera suite autour de 1970, en reprenant en compte la plupart des anciennes propositions *Madi*, notamment à l'occasion de l'exposition *Mouvement*, organisée par Vasarely à la Galerie Denise René, qui précéda le déclin de l'art-optique, amorcé à force de négliger de plus en plus la réflexion plastique au profit envahissant des techniques et curiosités optiques. ■ Jacques Busse
BIBLIOGR. : In : *Diction. Univers. de la Peint.*, Robert, Paris, 1975 -Patrick Rousseau : *Programmation du plastique*, Gal. 30, Paris, 1985 – Volf Roitman et divers : Catalogue de l'exposition : *Carmelo Arden Quin et le mouvement Madi*, Gal. Franka Berndt, Paris, 1988.

VENTES PUBLIQUES : PARIS, 4 fév. 1990 : *Triangles* 1947, h/t (73x53,5) : FRF 170 000 – LES ANDELYS, 25 mars 1990 : *Sans titre*, collage : **FRF 22 000** – PARIS, 23 avr. 1990 : *Circle 14* 1975, h/cart. (65x49,5) : FRF 70 000 – PARIS, 20 juin 1997 : *Art déco* 1976, acryl./pan. (59,5x62) : FRF 18 000 – PARIS, 19 oct. 1997 : *Structure* 1993, collage, encre de Chine et cr. coul./pap. (26,5x24,5) : FRF 4 000.

ARDENBOURCK Thomas d'
XIVe siècle. Éc. flamande.
Sculpteur d'ornements.
Cet artiste travailla, en 1356, au château d'Escaudœuvres, près Cambrai ; il est le même, peut-être, que Thomas de Lembourck, vivant à la même époque.

ARDENGHI Luigi
Né en 1753 à Parme. Mort le 1er janvier 1801. XVIIIe siècle. Italien.
Peintre d'architectures.
Cet artiste fut élève et ensuite aide du Cav. Ghidetti à Parme. En 1769, il fut chargé de peindre les chapelles de la nouvelle église, à Soragna. En 1788, il orna de ses peintures le Palazzo San Vitale, à Parme. Il fit aussi les peintures décoratives dans l'église paroissiale S. Maria Maddalena, à Parme.

ARDENNE Lucien
Né le 21 mars 1914 à Vivier-au-Court (Ardennes). XXe siècle. Français.
Peintre de sujets de sport, paysages urbains, paysages.
Débuts naïfs, puis réalité poétique.
Au cours d'une vie diversifiée, marin, boxeur, policier, des amis de passage à Paris lui firent connaître les rudiments de la peinture, d'autant qu'il était doué pour le dessin. Il expose dans les

Salons annuels parisiens : Peintres Témoins de leur Temps, Salon du Dessin et de la Peinture à l'eau, Comparaisons, Grands et Jeunes d'Aujourd'hui, Salon d'Automne, Salon des Artistes Indépendants dont il est sociétaire, et, chaque année, fait une exposition personnelle au château d'Olly, près de Sedan. Il est titulaire de la Médaille Militaire, Croix de Guerre. Chevalier des Arts et Lettres.
Dans sa première période à caractère naïf, il a peint des vues du cadre de vie contemporain et traité souvent des sujets sportifs. Puis, dans une technique évoluée, il est devenu très spécialement le peintre des paysages ardennais, villages et forêts, qu'il saisit souvent sous la neige.
MUSÉES : PARIS (Mus. d'Art Mod. de la Ville).
VENTES PUBLIQUES : CHARLEVILLE-MÉZIÈRES, 28 juin 1992 : *Venise* : FRF 10 100 ; *Gare de Daigny* : FRF 5 000.

ARDENNOIS Jean
XIVe siècle. Français.
Sculpteur.
Travailla aux sculptures de la tour de la cathédrale de Cambrai, en 1378.

ARDENTI Alexandre
XVIe siècle. Italien.
Peintre.
On confond quelquefois cet artiste avec Alexandre Ardenti da Faenza, et l'on n'a pu jusqu'à présent discerner quelle était la part qu'il fallait attribuer à chacun de ces peintres dans les œuvres signées de leur nom.

ARDENTI Alexandre, dit Ardenti da Faenza
Né au XVIe siècle à Pise ou à Lucques. Mort en 1595. XVIe siècle. Italien.
Peintre.
Il est l'auteur de la *Chute de saint Paul* que l'on voit au Mont-de-Piété de Turin. Cette œuvre laisse percer l'influence de la peinture des maîtres romains. À Lucques on admire, d'Alexandre Ardenti, un *Baptême du Christ*, et plusieurs autres tableaux, en Piémont, notamment à Moncalieri une *Épiphanie* signée, et datée de 1592.

ARDERICUS
XIe-XIIe siècles.
Peintre de miniatures.
Moine, écrivain, cet artiste exécuta, au XIe siècle, une Bible ornée avec art, aujourd'hui à la Bibliothèque de Turin.

ARDETI Carlo
Né à Milan. Mort en 1873 à Bologne. XIXe siècle. Italien.
Peintre d'histoire.
Cet artiste s'instruisit et travailla à Milan. Il fut directeur de l'Académie à Turin et à Bologne, et fut d'une grande fécondité.

ARDIEU Pierre
Né le 30 mars 1649 à Bulle. Mort le 19 octobre 1745. XVIIe-XVIIIe siècles. Suisse.
Sculpteur sur bois.
Son œuvre principale est le maître-autel au couvent des Capucins à Bulle (1688). On lui attribue aussi une figure de Marie, dans l'église des Augustins à Fribourg. Il signa ses œuvres des initiales P. A.

ARDIGNAC Guillaume
XIXe-XXe siècles. Français.
Sculpteur.
Cet artiste prit part à l'Exposition décennale des Beaux-Arts, 1900, à Paris, et au Salon de 1897 et 1899.

ARDIMENTUS Magister
XIIe siècle. Italien.
Peintre.
Cet artiste orna de peintures murales la cour du couvent de S. Prospero à Reggio Emilia (1191).

ARDIN Johann Friedrich
XVIIIe siècle. Allemand.
Peintre sur émail.
Élève de P. Boy, cet artiste travailla à Düsseldorf. Molinier mentionne un émail signé *Ardin pinxit Jundsis*. Un Nicolas Ardin est cité comme miniaturiste du XVIIIe siècle, aussi à Düsseldorf.

ARDINGHELLI Bese
XVe siècle. Actif à Florence. Italien.
Miniaturiste et calligraphe.
Cet artiste fit, en 1442, une copie de la *Divine Comédie*, sur par-

chemin, avec initiales et miniatures. Il signa à la fin : *Scripto di mano di me Bese Ardinghegli Fiorentino addi VIII di Maggio* MCCCCXLII *a hore* XXIII *la viglia del ascensione* (à la bibliothèque de Florence). Zani indique que cet artiste travaillait à Florence vers 1427.

ARDINGHI Angelo
Né en 1850 à Forte dei Marmi. XIXᵉ siècle. Italien.
Graveur sur bois.
Cet artiste, élève de Ratti, fut professeur à la Scuola professionale de Florence, mais seulement peu de temps. On cite parmi ses travaux : *I monumenti del comune e della provincia di Lucca disegnati ed incisi da Ang. Ardinghi.*

ARDISSON
XVIIᵉ siècle. Français.
Peintre.
Fr. Landry grava d'après lui (1672) : *Messire Antoine Godeau, Evesque de Vence.*

ARDISSON
XVIIIᵉ siècle. Français.
Sculpteur.
Cet artiste travaillait à Toulon vers 1730.

ARDISSON Louis
Né en 1848. Mort en 1930 à Nice. XIXᵉ-XXᵉ siècles. Français.
Sculpteur.
On cite parmi ses œuvres : *La Fontaine d'amour*, bas-relief en bois (Salon 1881). – *Buste en terre cuite* et *Médaillon en plâtre* (Salon 1882), une statuette en plâtre et médaillon en terre cuite (Salon 1883).

ARDISSONE Yolande
Née le 6 juin 1927 à Bueil (Eure). XXᵉ siècle. Française.
Peintre de paysages, marines, fleurs. Postimpressionniste.
Elle fut élève, à Paris, de l'École des Arts Appliqués et de l'École des Beaux-Arts. Elle figure ou a figuré, à Paris, aux Salons annuels de la Jeune Peinture, des Indépendants, de la Société Nationale des Beaux-Arts, des Artistes Français, d'Automne, des Peintres Témoins de leur Temps, etc. Elle participe également à des expositions collectives dans de nombreux pays. Des galeries privées montrent régulièrement des expositions personnelles de ses peintures, à Paris : galerie Framond en 1957, 1959, 1961, 1966, et galerie Findlay en 1975, 1980, 1985, 1990, 1992..., ainsi qu'annuellement depuis 1957, dans l'une des galeries Findlay de New York, Chicago, Palm Beach ou Beverley Hills.
Née en Normandie, vivant à Paris, elle privilégie les paysages de l'Île de France, de Normandie et de Bretagne. Essentiellement peintre de paysages et marines, elle pratique une peinture de plein air, de facture et d'esprit postimpressionniste, toutefois sans systématiser la division du ton. Elle use d'une palette de tons très clairs, vifs, volontiers acidulés et gaiement sonores, en complément d'un dessin alerte.

ARDissone

BIBLIOGR. : Maurice Genevoix : *Y. Ardissone*, P. Cailler, Genève, 1969 – Lydia Harambourg, in : *L'École de Paris 1945-1965. Diction. des Peintres*, Ides et Calendes, Neuchâtel, 1993.
VENTES PUBLIQUES : PARIS, 28 avr. 1966 : *Douarnenez* : FRF 500 – LOS ANGELES, 10 mars 1976 : *Travaux des champs*, h/t (33x46) : USD 600 – PARIS, 22 jan. 1990 : *Bouquet de fleurs*, h/t (55x46) : FRF 4 100 – NEW YORK, 26 fév. 1993 : *Les grands voiliers*, h/t (81,3x66) : USD 2 875 – NEW YORK, 24 fév. 1994 : *Le Moulin de Beauceney (Loiret)*, h/t (59,7x73,7) : USD 2 990.

ARDITI Carlo Luigi
Né en 1852 à Presicce (Apulie). XIXᵉ siècle. Italien.
Peintre.
Il étudia, à Lecce et à Naples, l'architecture et la peinture. Quelques-uns de ses tableaux et portraits furent médaillés à Naples.

ARDITI Georges
Né en 1914 à Marseille (Bouches-du-Rhône). Mort en 1985. XXᵉ siècle. Français.
Peintre de nus, figures, paysages, natures mortes, dessinateur, illustrateur. Post-cubiste, puis abstrait, puis réaliste onirique.
Il fut élève à partir de 1932 de l'École des Arts Décoratifs de Paris, et de Legueult pour la peinture. Il dut ensuite gagner sa vie

comme graphiste publicitaire. En 1937-1938, ses premières peintures exposées furent remarquées par des artistes, des critiques et des marchands. En 1938, il fut invité au Salon des Tuileries, et, à partir de 1945, au Salon d'Automne où il exposa ensuite régulièrement, en 1953, 1954, 1955, 1958 au Salon de Mai, de 1957 à 1962 au Salon Comparaisons. Il a exposé individuellement : 1949 Paris, galerie M. Garnier ; 1959, 1961 Paris, galerie Berri-Lardy, 1990 Paris, rétrospective au Musée de la Poste. En 1951, il fut sélectionné pour le Prix de la Critique et pour le Prix de la Jeune Peinture.
On peut dater de 1943 la fin de la première période de sa peinture, alors encore très imprégnée de l'exemple classique : *Le Crépuscule* 1943. La période suivante fut encore très figurative, réaliste même, mais plus libre d'écriture, surtout quant au modelé du volume progressivement abandonné : *La Femme à la cigarette* 1949. De 1952 date le début d'une période importante dans son évolution, très caractéristique à ce moment de ce qu'on appelle l'École de Paris, influencée par les systématisations post-cubistes et la couleur matisséenne. Ce furent : *La Machine à coudre* 1952, *Nature morte aux pastèques* 1952, *Nature morte aux poissons* 1954, *Le Banc*, 1956. En 1953 il a été invité au Salon de Mai. Dans cette période, il a caractérisé sa manière en pratiquant systématiquement un éclairage en clair-obscur des thèmes divers qu'il traite. Il participe à de nombreuses expositions de groupe, et au Salon Comparaisons à partir de sa fondation en 1955. Outre ses participations aux Salons et expositions collectives, Arditi a régulièrement montré, depuis la première en 1937, des ensembles de peintures correspondant à ses périodes successives dans des expositions personnelles, notamment au Musée d'Art Moderne de São Paulo 1950, Musée de Châteauroux 1956, à Strasbourg en 1956 également, au Musée de la Poste à Paris en 1990, et régulièrement dans des galeries parisiennes. Conjointement à son activité de peintre, il a aussi créé, surtout dans ces premières périodes, des cartons de tapisseries, des illustrations d'ouvrages littéraires ou pour des périodiques, et surtout bon nombre de décors et costumes de théâtre. À partir de 1958 s'amorça une nouvelle évolution qui aboutit dès 1959 à une rupture avec la figuration, de nouveau en accord avec la peinture dite de l'École de Paris car celle-ci entre-temps était également passée à une abstraction tempérée, rupture relative consistant encore en une vision de la nature, toutefois non descriptive : *Le Verdon* 1959, *Midi au Mont Ventoux* 1959, *Paysage corse* 1960. Tout en poursuivant sa participation aux Salons d'Automne et Comparaisons, il fut invité en 1960 à Grands et Jeunes d'Aujourd'hui. Cette période abstraite dura jusqu'à ce qu'en 1974 il la ressentit comme étant usée en ce qui le concernait, et risquant de devenir répétitive, d'autant que, parallèlement, sa réflexion personnelle sur les périls menaçant l'existence même du monde le convainquait de la nécessité d'en fixer l'image avant disparition. Arditi désormais peint des compositions dont la fidélité du rendu du décor, des objets et des personnages ne fait qu'en accentuer le caractère onirique, surtout quand, dans un décor composite, montant et descendant des marches interminables, circule, telle celle de Delvaux, une petite cohorte de dames nues qui s'enfoncent dans le sol du jardin ou en ressortent sans le moindre étonnement. ■ J. B.

Arditi 1993

BIBLIOGR. : *Georges Arditi*, documentation réunie par P. Cailler, Genève, 1961 – *Le drame angoissant que tout cela disparaisse*, entretien avec Louis Goldaine, Visual, Paris, mai 1978 – Lydia Harambourg, in : *L'École de Paris 1945-1965. Diction. des Peintres*, Ides et Calendes, Neuchâtel, 1993.
MUSÉES : CHÂTEAUROUX : *Paysage provençal* – PRETORIA : *Les Bateaux*, tapisserie.
VENTES PUBLIQUES : VERSAILLES, 17 mai 1980 : *La Cuisinière* 1978, h/t (54x65) : FRF 220 – PARIS, 28 oct. 1988 : *Fenêtre à Paris* 1954, h/t (65x54) : FRF 13 000 – PARIS, 12 fév. 1990 : *L'Atelier* 1954, h/isor. (125x93) : FRF 60 000 – PARIS, 11 mai 1990 : *Nature morte au pichet*, h/pan. (22x26) : FRF 51 000 – PARIS, 20 juin 1990 : *La Table et la Fenêtre* 1951, h/pan. (113x60) : FRF 14 000 – RAMBOUILLET, 23 juin 1996 : *Baigneuses* 1995, h/t (130x162) : FRF 300 000 – CALAIS, 15 déc. 1996 : *Vase de fleurs* 1945, h/t (65x50) : FRF 9 000 – PARIS, 20 jan. 1997 : *Le Viol* 1981, acryl./t. (130x194) : FRF 25 000.

ARDITO Gianantonio
XVIIIᵉ siècle. Italien.

Peintre.
Mentionné par Zani à Naples.

ARDITTI Iracema
Née en 1924. xxᵉ siècle. Brésilienne.
Peintre. Tendance naïf.
Peintre populaire, nostalgique de l'enfance, Arditti ne s'est fait connaître qu'une fois assurée du retour de toutes les formes de figurations, dans les années soixante. *Voir aussi IRACEMA.*
BIBLIOGR. : Damien Bayon et Roberto Pontual : *La Peinture de l'Amérique latine au xxᵉ siècle*, Mengès, Paris, 1990.

ARDIZIO Curzio
Né vers 1550 à Pesaro. xvɪᵉ-xvɪɪᵉ siècles. Actif à Pesaro. Italien.
Peintre, aquarelliste.
On cite de lui un portrait du Tasse, pour la biographie du grand poète par Giov. Batt. Manso (Venise, 1621). Il peignit à l'huile et à l'aquarelle pour la noblesse et la cour de Mantoue et fut aussi écrivain. Il vivait encore vers 1600.

ARDIZZONE Edward
Né en 1900 à Haiphong. Mort en 1978. xxᵉ siècle. Britannique.
Peintre de compositions à personnages, paysages, illustrateur.
Il fit ses études à la Westminster School of Art sous la direction de Bernard Meninsky. Sa première exposition personnelle eut lieu en 1931, bientôt suivie de nombreuses autres organisées dans des galeries parisiennes. Il fut peintre officiel de la guerre de 1940-1945. En 1947, il fut élu membre de la société des Artistes Industriels. Il séjourna en Inde durant plusieurs mois pour travailler à un projet de l'Unesco. Il a illustré de nombreux livres, parmi lesquels on peut citer : *Bagage for the enemy – Tim and the brave sea Captain*, tous deux écrits par lui, et *The Pilgrim's progress – The warden*, d'Anthony Trollope.
MUSÉES : LONDRES (Tate Gal.).
VENTES PUBLIQUES : LONDRES, 4 fév. 1981 : *Scène de rue 1937*, h/t (33x44) : **GBP 650** – LONDRES, 20 mai 1981 : *Paddington Recreation Ground*, aquar. et cr. (20x34,5) : **GBP 600** – LONDRES, 30 mars 1983 : *The Nursery Window*, pl. et sav./trait cr./pap. (34,5X28) : **GBP 420** – LONDRES, 24 juil. 1985 : *Femmes assise dans une galerie*, aquar. et pl. (25,5x20) : **GBP 1 650** – LONDRES, 26 sep. 1985 : *La Foule*, h/t (30,5x46) : **GBP 750** – LONDRES, 14 nov. 1986 : *Couple d'habillants dans une chambre*, aquar., une paire (22,2x17,8 et 20,2x25,3) : **GBP 2 800** – LONDRES, 22 juil. 1986 : *Sur la plage*, pl. (14x23) : **GBP 600** – LONDRES, 9 juin 1988 : *La garden party royale, thé au bord du lac*, aquar. (21,3x31,3) : **GBP 1 870** – LONDRES, 21 sep. 1989 : *Baigneurs au Cap Ferrat nº 11*, aquar. et encre (22,2x25,4) : **GBP 4 950** – LONDRES, 21 sep. 1989 : *Nouvelles de Suez dans un pub londonien*, aquar. et encre (22,9x30,5) : **GBP 7 700** – LONDRES, 2 mai 1991 : *Avocats au tribunal*, encre et aquar. (16,5x27,5) : **GBP 2 750** – LONDRES, 14 mai 1992 : *Le Veilleur*, cr. et aquar. (33x49,5) : **GBP 1 375** – LONDRES, 12 mai 1993 : *Le Toast*, aquar. et encre (11,5x16) : **GBP 805**.

ARDIZZONI Francesco ou Artizzoni
xvɪɪɪᵉ siècle. Italien.
Peintre.
Cet artiste a peint un *S. Joseph de Copertino* pour l'autel de Fioravanti de l'église de Minorites, à Pistoie.

ARDIZZONI da Reggio Simone
xvᵉ siècle. Italien.
Peintre, graveur en taille-douce.
Vers 1475, cet artiste travailla comme graveur à Mantoue, avec Zoan Andrea. Il se servit sans autorisation des dessins de Mantegna, ce qui amena une dispute entre lui et le maître de Padoue (1475). Quelques gravures attribuées à Mantegna d'après les premiers dessins du maître, sont peut-être d'Ardizzoni, notamment : *La Flagellation du Christ, La Mise au tombeau, La Descente de Croix, Le Christ dans les limbes.*

ARDOIN Simon ou Hardoin
xvɪɪᵉ siècle. Français.
Sculpteur.
Lyonnais, il est connu par un document de 1626.

ARDOINO Anna Maria, princesse de Piombino ou Ardoina, Ardoini
Née en 1672 à Messine. Morte en 1700. xvɪɪᵉ siècle. Éc. sicilienne.
Peintre amateur.

Cette princesse était fille de Paolo Ardoino, prince de Palizzo. Elle épousa Gio.-Batt. Lodovici, prince de Piombino ; sa famille conserve un grand nombre des tableaux qu'elle a exécutés.

ARDOINO di Gioacchino
Mort en 1418 à Pérouse. xvᵉ siècle. Italien.
Miniaturiste.
Cité dans la corporation des peintres de Pérouse en 1417.

ARDON Mordecaï, pseudonyme de Bronstein
Né en 1896 à Tuchow (Pologne). Mort en 1992. xxᵉ siècle. Israélien.
Peintre. Tendance abstraite.
Après ses études classiques, il quitta définitivement la Pologne. De 1920 à 1925, il fut élève du Bauhaus, suivant les cours de peinture de Kandinsky et Klee. Ensuite il fut étudiant en peinture à la Kunstakademie de Munich. De 1929 à 1933 il fut professeur à l'École d'Art ouverte à Berlin par Johhanes Itten. À l'arrivée au pouvoir des nazis en 1933, il gagna la Palestine, où en 1935 il devint professeur à l'École d'Art Bézalel de Jérusalem, puis directeur à partir de 1940, et Conseiller Artistique au Ministère de la Culture et de l'Éducation. Il a eu un rôle pédagogique de premier plan dans la formation des jeunes artistes israéliens. Participant à de nombreuses expositions, il a reçu le Prix de l'UNESCO à la Biennale de Venise 1954. Une importante exposition lui fut consacrée à New York en 1967.
Pendant un certain temps, sa peinture fut marquée par les procédures analytiques et expérimentales qui caractérisaient l'enseignement du Bauhaus. Dans sa maturité, il a créé une peinture à nette tendance abstraite, riche d'harmonies chromatiques chaleureuses portées par des pâtes pigmentaires généreuses, qui, dépassant l'abstraction formelle, évoque les paysages brûlés d'Israël. On peut y lire aussi, symboliquement exprimées, des allusions à la mystique biblique et à l'errance douloureuse du peuple juif. ■ J. B.

Ardon [signature]

BIBLIOGR. : In : *Diction. Univers. de la Peint.*, Robert, Paris, 1975 – Avram Kampf : *De Chagall à Kitaj, l'expérience juive dans l'Art du xxᵉ siècle*, Londres, 1990.
MUSÉES : AMSTERDAM (Stedelijk Mus.) : *Triptyque* – BRUXELLES – JÉRUSALEM – LONDRES (Tate Gal.) : *Missa dura 1958-60* – NEW YORK .
VENTES PUBLIQUES : TEL-AVIV, 15 mai 1982 : *Paysage 1976*, h/t (63x52) : **USD 174 000** – LONDRES, 22 oct. 1986 : *Sunken ceasaka 1960*, h/t (65x54) : **GBP 2 400** – LONDRES, 2 avr. 1987 : *Paysage au clair de lune vers 1970*, h/t (75x118) : **GBP 44 690** – TEL-AVIV, 26 mai 1988 : *L'Ascension de l'horloger 1979*, h/t (73x92) : **USD 30 800** – TEL-AVIV, 2 jan. 1989 : *Composition 1958*, h/t/cart. (70,5x40) : **USD 34 100** – TEL-AVIV, 28 mai 1989 : *Sunset 1965-1966*, h/t (146,5x114) : **USD 66 000** – TEL-AVIV, 30 mai 1989 : *Pierres du mur antique 1962*, h/t (81,5x100) : **USD 46 200** – TEL-AVIV, 31 mai 1990 : *Sur les collines de Jérusalem 1937*, h/t (73,7x92) : **USD 83 600** – TEL-AVIV, 20 juin 1990 : *Paysage avec des eucalyptus*, h/t/cart. (55x47) : **USD 61 600** ; *Depuis la Vieille Ville 1968*, h/t (91,5x65) : **USD 132 000** – NEW YORK, 15 fév. 1991 : *Le Vol de l'aube 1963*, h/t (65,5x92,6) : **USD 35 750** – TEL-AVIV, 12 juin 1991 : *Talisman pour la fuite des heures 1984*, h/t (73,5x92) : **USD 82 500** – TEL-AVIV, 26 sep. 1991 : *Matin de fête à Paris*, h/t (65x81) : **USD 59 400** – TEL-AVIV, 6 jan. 1992 : *Composition 1986*, h/t (89x102) : **USD 99 000** – TEL-AVIV, 20 oct. 1992 : *Les collines de Jérusalem*, h/t (73x115,6) : **USD 107 800** – TEL-AVIV, 14 avr. 1993 : *Composition 1969*, h/t (81x115,5) : **USD 70 700** – TEL-AVIV, 4 oct. 1993 : *Patience 1962*, h/t (81x100) : **USD 167 500** – TEL-AVIV, 30 juin 1994 : *Mont Carmel 1980*, h/t (97x13) : **USD 116 750** – TEL-AVIV, 12 oct. 1995 : *La Vallée de Kidron 1939*, h/t (114,3x148,4) : **USD 244 500** – TEL-AVIV, 26 avr. 1997 : *Oiseau mort dans une tempête de neige vers 1949*, h/t (83,5x65,5) : **USD 81 700** – TEL-AVIV, 23 oct. 1997 : *Matin lumineux 1962*, h/t (61x51) : **USD 57 500** – TEL-AVIV, 12 jan. 1997 : *Composition 1969*, h/t (81x115) : **USD 82 650** – TEL-AVIV, 25 oct. 1997 : *Lune au-dessus de Ma'abarah 1959*, h/pan. toilé (50,5x40,5) : **USD 43 700**.

ARDOUIN Georges Edmond
Né à Paris. xxᵉ siècle. Français.
Sculpteur.
Il fut élève d'Alexandre Falguière et de Auguste Hiolin. Il a figuré au Salon des Artistes Français entre 1907 et 1929, ayant obtenu une mention honorable en 1907.

ARDOUIN Maurice
Né le 11 octobre 1932 à Tarare (Rhône). XXᵉ siècle. Français.
Peintre de figures.
Il prend part à Paris aux Salons annuels d'Automne et de la Jeune Peinture, celui-ci d'ailleurs à l'époque où il représentait avec force les nouvelles figurations et la peinture engagée politiquement.

ARDOUIN Solange Marie Renée
Née à Aubervilliers (Seine-Saint-Denis). XXᵉ siècle. Française.
Peintre de paysages.
Elle exposa au Salon des Artistes Français en 1925 et 1926.

ARDRIZZOI Bernardo
Mort en 1801. XVIIIᵉ-XIXᵉ siècles. Italien.
Sculpteur.
Cité par Zani.

ARDRIZZOI Giuseppe ou Ardrizzoia, Andrizzoi, Andrizzoia
XVIIIᵉ siècle. Italien.
Peintre.
Cet artiste travailla à Rome, où il est cité vers 1732.

ARDRON Annette
Née à Londres. XIXᵉ-XXᵉ siècles. Britannique.
Peintre.
Elle a régulièrement exposé au Salon des Artistes Français à Paris à partir de 1910.

ARDS Willem ou Arnts, Aerts
Né à Bruxelles. XVᵉ siècle. Vivait encore en 1454, dans les Pays-Bas du Sud. Éc. flamande.
Graveur.
Cet artiste vécut à Bruxelles et à Louvain vers 1449 ; dans cette dernière cité, il orna l'hôtel de ville. Il est probable que les scènes bibliques du vestibule du premier étage sont son œuvre. En 1453, Ards exécuta, pour la crypte de l'église Notre-Dame à Gembloux, un *Saint Sépulcre*, un groupe en chêne avec onze personnages, représentant *le Christ au tombeau, Joseph d'Arimathie, Nicodème, les trois Marie, trois chevaliers et deux anges.*

ARDUINI Francesco
Né en 1933 à Nimis Udine. XXᵉ siècle. Italien.
Peintre. Abstrait-géométrique.
Élève à l'Ecole d'Art de Venise, il a également suivi des cours d'architecture à Florence. Il a surtout travaillé en Italie : à Vérone où il expose depuis 1963, à Venise où il a participé à la Biennale en 1966. Ses peintures jouent avec des formes géométriques simples mettant en valeur les effets de relief et de creux.

ARDUINI Pietro Enrico del Giovanni Battista
XVIIᵉ siècle. Actif à Mantoue vers 1662. Italien.
Peintre.

ARDUINI S.
XVᵉ siècle. Italien.
Peintre, graveur.
Cité par Mireur.
VENTES PUBLIQUES : AMSTERDAM, 1729 : *Tableaux de fleurs*, deux, l'ensemble : FRF 200.

ARDUINO
XIVᵉ siècle. Actif à Venise. Italien.
Sculpteur.
Il a fait un relief rudimentaire avec *La Vierge et des anges*, que l'on peut voir dans une niche du couvent dei Carmini, avec l'inscription : *MCCCXL mensis octubris Arduin Taia Petra fecit.*

ARDÜSER Hans
Né en 1557 à Davos (Suisse). XVIᵉ-XVIIᵉ siècles. Suisse.
Peintre.
Cet artiste, à l'âge de vingt ans, alla à Zurich ; puis, il étudia chez Mayenfelder à Davos ; à partir de 1579, à Feldkirch, chez le maître Moriz, et son fils maître Jörg, peintres réputés. Il peignit dans plusieurs villes du canton des Grisons. Entre-temps, Ardüser fut maître d'école. Son journal fait connaître sa vie jusqu'à l'année 1605. Ses peintures peuvent être suivies jusqu'en 1617. On cite de lui notamment trois fresques : *La Création d'Ève, Le Géant Samson* et *Salomé* et un grand nombre de sujets d'ornementation. Ses travaux sont signés : *Hans Ardüser maler*, 1591. En 1592, il peignit *une Madone entre saint Roch et saint Sébastien*, sur le mur de l'église, à Villa ; dans l'intérieur, une *Mise au tombeau*. En 1601, il fit, pour la même église, un tableau d'autel :

La Madone, pour la famille Gallus de Mont, etc. Ses dernières œuvres sont à Kazis, 1617. Ardüser fut aussi écrivain ; il rédigea des biographies de personnages célèbres.

ARDY Bartolommeo
Né le 13 septembre 1821 à Saluzzo. Mort en 1888 ou 1889 à Turin (Piémont). XIXᵉ siècle. Italien.
Peintre de paysages de montagne, paysages, architecte.
Cet artiste se perfectionna en 1850 et 1851, dans l'atelier d'Alex. Calame. Il figura aux Expositions de la Suisse et de l'Italie. Dans ses dernières années, il fut inspecteur et administrateur de l'Accademia Albertina, à Turin.
Il a gravé plusieurs eaux-fortes ; et fut également architecte.
MUSÉES : LONDRES (Victoria and Albert) : *Le Soir*.
VENTES PUBLIQUES : BERNE, 30 avr. 1980 : *Paysage montagneux* 1851, h/t (32x40) : CHF 1 700.

ARE Thilmannus de. Voir THILMANNUS

AREAL Antonio
Né en 1934. Mort en 1978. XXᵉ siècle. Portugais.
Peintre. Informel, conceptuel.
Il se maintint isolé face aux divers groupes d'artistes portugais. Après une période informelle encore proche des expériences surréalistes, il rédigea un texte important à propos de l'art conceptuel.
BIBLIOGR. : Alexandre Melo, Joao Pinharanda, *Arte Contemporânea Portughesa*, Lisbonne, 1986.

AREFFI Ludmilla
XXᵉ siècle. Américaine.
Peintre.
Expose à la Nationale en 1934 un *Intérieur*.

AREFIEV Alexandre
Né en 1932. Mort en 1978. XXᵉ siècle. Russe.
Peintre.
A travaillé à Leningrad.
VENTES PUBLIQUES : PARIS, 7 nov. 1988 : *Club de danse* datée A 54, aquar. (31x40) : FRF 6 000.

AREGARIUS ou Haregarius
IXᵉ siècle. Vivait à Tours. Français.
Peintre de miniatures.
Moine. Le nom d'Aregarius se trouve à côté de celui d'autres miniaturistes, Amandus et Sigvaldus, dans la poésie dédicace formant le titre de la Bible du Comte Vivien. Cette Bible, maintenant à la Bibliothèque Nationale, est une œuvre célèbre de la peinture carolingienne et appartient aux productions de l'école de Tours. Elle est datée de 845-851.

AREGIO Pablo de ou Arigo de Arregia, appelé aussi Paolo da San Leocadio
XVᵉ siècle. Travaillait en Espagne. Espagnol.
Peintre.
Cet artiste, bien qu'inscrit à l'École espagnole, paraît être plutôt de nationalité italienne. Son nom est sans doute Paolo da Reggio ou d'Arezzo, mais de toute façon cette désignation semble être devenue son patronyme en Espagne. En 1471, il peignit, en collaboration avec Francesco Neapoli, les volets du grand autel de la cathédrale de Valence, les ornant de sujets de la vie de la Vierge. Le dessin correct, le caractère et l'expression classent cet ouvrage dans l'école de Léonard, dont les deux artistes furent, croit-on, les élèves. On mentionne l'année 1471 comme celle de son arrivée en Espagne ; en 1478, les travaux à la cathédrale étaient presque terminés et en 1481 les deux collaborateurs recevaient en paiement la somme de 3000 ducats d'or. On dit aussi qu'Aregio peignit un *Bombardement de Reggio*. Ces œuvres ont disparu.
VENTES PUBLIQUES : LONDRES, 1855 : *Jésus-Christ, saint Jean et saint Pierre* : FRF 250 – MADRID, 20 juin 1985 : *Christ priant dans le jardin* vers 1500-1507, h/pan. (165x125) : ESP 18 400 000 – AMSTERDAM, 10 nov. 1997 : *L'Annonciation*, h/pan., attr., haut cintré (109,6x85,6) : NLG 299 832.

AREGON
Originaire de Corinthe. VIIᵉ-VIᵉ siècles avant J.-C. Actif à l'époque archaïque. Antiquité grecque.
Peintre.
Un tableau de lui (*Artémis sur un griffon*) se trouvait dans le temple d'Artémis Alphéionia, non loin d'Olympie.

AREL Dominique
Né en 1947 à Vannes (Morbihan). XXᵉ siècle. Français.
Peintre de technique mixte, Sculpteur. Tendance conceptuelle.

Il fut élève de l'École des Beaux-Arts de Paris, et obtint la bourse de Rome, où il fut pensionnaire de la Villa Médicis de 1975 à 1977. Il participe à des expositions collectives : 1974, puis 1975, 1982, Salon de la Jeune Sculpture Paris, 1979 Maison de la Culture Rennes, 1980 Musée d'Angoulème et Salon International de Toulon, Natur/Skulptur au Kunstverein de Stuttgart 1981, 1983 Von Gestern bis Morgen Kunstverein de Neuenkirchen, Extramuros à Lille 1984, Nantes-Nice à l'Espace Graslin de Nantes puis Villa Arson de Nice 1985, Salon de Montrouge 1987, etc. Il expose également à titre personnel depuis la Villa Médicis à Rome en 1977, dans des galeries privées, à Nantes 1981, 1986, Vannes 1982, Paris 1986, musée d'Alençon 1988, Levallois 1989, etc. Il a réalisé des sculptures au titre du 1 % à Dol-de-Bretagne et à Missillac en 1982, au Parc de Longchamps à Rennes en 1983. Il a fait des scénographies pour la Maison de la Culture de Nantes.

Avec une prédilection pour le plomb particulièrement ductile, il utilise les matériaux les plus divers, sans nul souci de respecter leur spécificité, mais seulement en fonction de leurs commodités envers ses projets. Sa production est singulièrement diversifiée, du fait même qu'un son objectif est de « raconter des histoires en sculpture », mêlant souvenirs et fantasmes. Pour le moment assez insaisissable, il passe du monumental au miniaturé, du fignolé au sauvage, et introduit dans ses créations propres des « citations » d'artistes très divers, aussi bien Richard Serra que Henri Matisse.   ■ J. B.

Bibliogr. : Catalogue de l'exposition Dominique Arel, Mus. des Beaux-Arts, Alençon, 1988.

ARELLANO
XVII⁰-XVIII⁰ siècles. Espagnol.
Peintre de sujets religieux.
Les deux peintures passées en ventes publiques et datées respectivement de 1691 et de 1720, ne pourraient en aucun cas être de Juan de Arellano, né en 1614, mort en 1676. Elles pourraient éventuellement être de José de Arellano, si celui-ci, peut-être fils de Juan, était né vers 1665 et mort après 1720.

Ventes Publiques : New York, 19 mai 1993 : Célébration de la nuit de la Nativité sur la grande place de Mexico 1720, h/t (251,5x281,9) : **USD 497 500** – New York, 22-23 nov. 1993 : Vierge de Guadalupe 1691, h/t (178x123,5) : **USD 79 500**.

ARELLANO Cécile d'
Née à Laurabuc (Aube). XXᵉ siècle. Française.
Peintre et sculpteur.
Elle a exposé au Salon des Artistes Français de Paris en 1939-1940.

ARELLANO José de
XVIII⁰ siècle. Espagnol.
Peintre de fleurs.
Actif en Espagne, on prétend qu'il est le fils de Juan de Arellano.
Musées : Madrid (Mus. du Prado) : deux tableaux de fleurs.

ARELLANO Juan de
Né en 1614 à Santorca. Mort le 12 octobre 1676 à Madrid. XVII⁰ siècle. Espagnol.
Peintre de compositions religieuses, natures mortes, fleurs et fruits.
Cet artiste fut élève de Juan de Solis, sans doute à Ségovie. Il copia d'abord les tableaux de fleurs de Mario Nuzzi de'Fiori, puis se livra à l'étude directe de la nature.
Il s'est totalement investi dans la peinture de natures mortes de fleurs et fruits, rarement complétées de quelque insecte, oiseau ou animal familier. On voit mal comment peuvent lui être attribués l'Extase de Saint Philippe de Néri du Musée de Blois, ou l'Apparition de la Vierge du Rosaire à saint Dominique Guzman, vendu à New York en 1989. Il conviendrait peut-être de rechercher du côté de José de Arellano, dont on ne sait que peu de choses.
Musées : Blois : Extase de Saint Philippe de Néri – Lille : Fleurs et fruits – Madrid : Pots de fleurs – Narbonne : Fleurs – Paris (Louvre) : Fleurs – Porto : Fleurs – Fruits – Rennes : Fleurs dans un vase.
Ventes Publiques : Paris, 1872 : Couronne de fleurs : FRF 720 – Paris, 1874 : Guirlande de fleurs : FRF 1 950 – Paris, 1893 : Fleurs et fruits : FRF 500 – Paris, 1898 : Deux Corbeilles de fleurs : FRF 580 – Londres, 1909 : Corbeille de fleurs : GBP 99 – Paris, 1914 : Deux vases de fleurs : FRF 780 – Londres, 1922 : Fleurs : GBP 155 – Londres, 1924 : Fleurs : GBP 99 – Paris, 1925 : Vase de fleurs, grappes de raisins, melon, pastèques, deux pendants : FRF 4 200 – New York, avr. 1925 : Des fleurs, des fruits, un épa-

gneul et un rouge-gorge : USD 80 – Paris, 1928 : Vases de fleurs, deux toiles : FRF 11 500 – Paris, 4 fév. 1949 : Corbeille de fleurs : FRF 300 000 – Paris, 29 juin 1955 : Fleurs au ruban bleu : FRF 115 000 – Vienne, 19-22 sep. 1961 : Bouquet de fleurs : ATS 11 000 – Londres, 13 nov. 1963 : Natures mortes aux fleurs, t., une paire : GBP 2 800 – Versailles, 7 juin 1966 : Fleurs dans une corbeille en vannerie : FRF 30 000 – Versailles, 14 mai 1977 : La Corbeille de fleurs, h/t (48x63,5) : FRF 19 000 – Londres, 12 déc. 1979 : Nature morte aux fleurs et aux fruits 1668, h/t (96x40,5) : GBP 18 000 – Londres, 10 juil. 1982 : Natures mortes aux fleurs 1865, h/t, une paire (74x61) : GBP 28 000 – Amsterdam, 26 nov. 1984 : Vases de fleurs 1664, h/t, une paire (109,5x48) : NLG 200 000 – Londres, 13 déc. 1985 : Nature morte aux fleurs 1665, h/t (82,5x60) : GBP 80 000 – Londres, 10 juil. 1987 : Nature morte aux fleurs sur un entablement, h/t (63,2x48,5) : GBP 22 000 – New York, 11 jan. 1989 : Nature morte de fleurs : tulipes, œillets, narcisses, iris, et autres fleurs dans une urne sculptée sur un entablement, h/t (63,5x49,5) : USD 44 000 – Londres, 5 juil. 1989 : Nature morte d'une composition florale dans un panier posé sur un entablement de pierre, h/t (84x102) : GBP 319 000 – New York, 13 oct. 1989 : Apparition de la Vierge du Rosaire à saint Dominique Guzman, h/t (127x98) : USD 9 900 – Monaco, 2 déc. 1989 : Bouquet de fleurs, h/t (57,5x42) : FRF 555 000 – New York, 11 jan. 1990 : Nature morte d'une grande composition florale dans une corbeille posée sur une table 1671, h/t (82,5x103) : USD 715 000 – Monaco, 15 juin 1990 : Grande composition florale dans une corbeille posée sur une table de pierre, h/t (108,5x84) : FRF 1 998 000 – Londres, 14 déc. 1990 : Composition florale dans un panier sur un entablement de pierre avec des insectes, h/t (53,5x65,5) : GBP 143 000 – Madrid, 21 mai 1991 : Composition florale, h/t (66,5x51) : ESP 31 360 000 – Madrid, 29 oct. 1991 : Nature morte avec des pêches et des poires sur un plat d'étain, h/t (28,5x37) : ESP 3 920 000 – Madrid, 19 mai 1992 : Corbeille de fleurs sur un entablement de pierre, h/t (85x105) : ESP 110 000 000 – New York, 15 jan. 1993 : Nature morte de fleurs dans un vase de verre sur un entablement de pierre, h/t (52,4x40,3) : USD 178 500 – New York, 20 mai 1993 : Nature morte de tulipes variées, roses, anémones, bleuets, jonquilles et autres dans une corbeille avec un papillon, une libellule et une chenille, h/t (81,9x102,9) : USD 1 102 500 – Londres, 9 juil. 1993 : Iris, tulipes, roses et autres fleurs dans un vase de verre sur un piédestal, h/t (82,5x62,3) : GBP 199 500 – Londres, 6 juil. 1994 : Nature morte de tulipes roses et autres fleurs dans un panier d'osier, h/t (54,1x63,5) : GBP 62 000.

ARELLANO Juan M.
XXᵉ siècle. Américain (?).
Peintre.
Il vivait à Philadelphie, vers 1909-1910.

ARELLIUS
Iᵉʳ siècle avant J.-C. Travaillait à Rome vers le milieu du Iᵉʳ siècle avant Jésus-Christ. Antiquité romaine.
Peintre.
Il représentait, dit-on, les déesses sous les traits de ses maîtresses : Itaque in pictura ejus scorta numerabantur (Pline).

ARENA Francesco d'
Né en 1916 à Genève. XXᵉ siècle. Italien.
Peintre. Abstrait-géométrique.
Il expose en Italie et aux États-Unis, plus particulièrement à New York. Il a participé à la Biennale de Venise en 1958.
Il colle volontiers des papiers colorés transparents de formes géométriques, sur un fond de colle vinylique mélangée à de la sciure, donnant un ensemble plutôt monochrome, dans les tons ocre. L'emploi de carrés, cercles ou triangles, n'est pas sans rappeler certains aspects de l'œuvre de Klee.

ARENA Girolamo d'
XVII⁰ siècle. Italien.
Peintre.
Cet artiste, contemporain d'Annibal Carrache, s'est rendu célèbre par ses peintures religieuses. Il a fait plusieurs tableaux pour l'église S. Anna de Lombardi : Saint Charles Borromée, agenouillé, priant devant un autel, La Vierge tenant le Christ sur ses genoux. Arena a peint aussi, dans l'intérieur de la petite coupole de S. Maria della Carita, la Trinité, la Vierge Marie et des Saints entourés d'anges faisant de la musique.

ARENA Pietro d'
XVIII⁰ siècle. Actif à Naples. Italien.
Peintre.

Est connu surtout par la peinture qu'il exécuta dans une tribune ou galerie de l'église della Carità, à Naples.

ARÉNAS Braulio
Né en 1913 à La Serena. xxᵉ siècle. Chilien.
Peintre. Surréaliste.
Peintre et poète, il a participé à deux expositions surréalistes, organisées par lui-même en 1941 et 1948.

ARENBORGH Michaël van. Voir ERDENBORCH

AREND. Voir AERTSEN et TERWESTEN Matthäus

AREND N. E.
xviiiᵉ siècle. Actif à Kassel vers 1788. Allemand.
Dessinateur.

ARENDES ou Arend
Né probablement à Brunswick. Mort en 1530. xviᵉ siècle. Allemand.
Peintre.
Il vint se fixer à Hambourg, en 1513. Sans doute le même que Annecke Arendes.

ARENDES Annecke
Mort en 1536 à Hambourg. xviᵉ siècle. Allemand.
Peintre.

ARENDONCK Cornelis van
Mort le 26 décembre 1540. xviᵉ siècle. Actif à Louvain. Éc. flamande.
Sculpteur.
Cet artiste était frère lai au couvent des Récollets, à Louvain. On lui attribue les sculptures sur bois qui ornent les stalles du chœur (1513).

ARENDONCK Georg van
xviᵉ siècle. Actif à Malines. Éc. flamande.
Peintre.
Il reçut le titre de maître en 1513.

ARENDONCK Jean Jacques Antoine van
Né le 11 août 1822 à Malines. Mort le 9 mars 1881 à Malines. xixᵉ siècle. Éc. flamande.
Sculpteur.
Cet artiste florissait à Louvain, où il fut élève de l'Académie, il excella dans la sculpture religieuse ; il a laissé un grand nombre d'œuvres, dont les principales sont : *Le Monument van Schoonbeecke*, à Anvers : le *Monument* érigé, en 1848, à la *mémoire de J.-F. Willems*, la *Statue de Melpomène* au Théâtre Français (1853), la *Statue de la Poésie*, au Théâtre Flamand à Anvers (1872), deux statues ornant la façade du théâtre de Namur (1863).

ARENDRUP Edith
Née au xixᵉ siècle à Bocking (comté d'Essex). xixᵉ siècle. Britannique.
Peintre.
Cette artiste, née Courtauld, fut peu de temps, à l'âge de dix-huit ans, élève de la South Kensington School. Elle commença par peindre des tableaux d'animaux, des scènes de la Bible. Elle dut son premier grand succès à une toile : *Entrée de Jésus à Jérusalem* (1870), achetée par la Galerie Nationale de Melbourne. On cite encore : *Prisonniers Nubiens en Égypte* (1878). En 1872, l'artiste se fixa en Égypte et y épousa, en 1873, l'officier danois Arendrup, qui mourut peu après dans la guerre contre les Abyssins.

ARENDS J.
xviiᵉ siècle. Hollandais.
Peintre.
Auteur présumé d'une nature morte représentant des perdrix, vendue à Amsterdam, en 1871, et signée : J. Arends, 1635.

ARENDS J. T.
xviiiᵉ siècle. Allemand.
Peintre.
Cité comme miniaturiste en 1738. Il ne faut pas le confondre avec Johann Frederik Arentz, portraitiste danois établi à Glücksbourg, vers la même époque.

ARENDS Jan
Né le 11 septembre 1738 à Dordrecht. Mort le 22 avril 1805 à Dordrecht. xviiiᵉ-xixᵉ siècles. Hollandais.
Peintre de compositions religieuses, sujets allégoriques, scènes de genre, paysages animés, aquarelliste, graveur, dessinateur.
Fils d'un chirurgien et frère du poète Rœlof, il fut élève de Ponse. Il séjourna assez longtemps à Amsterdam, puis à Middelburg, et passa à Dordrecht les dernières années de sa vie.

Cet artiste eut une réputation égale comme peintre et comme graveur. On cite de lui divers dessins gravés par H. Immink et autres, et des eaux-fortes représentant différentes vues de la province de Zeeland (1771). J.-C. Bendorp a gravé, d'après lui, une allégorie.

Ventes Publiques : Anvers, 1853 : *La Conversion de saint Ignace* : FRF 50 – Paris, 23-24 oct. 1941 : *Promenade dans un parc*, lav. d'encre de Chine : FRF 1 200 – Paris, 12 avr. 1954 : *Maison de campagne au fond d'une allée bordée de frondaisons*, aquar. : FRF 25 000 – Paris, 3 déc. 1985 : *Maison de campagne* 1772, pl. et aquar. (19,5x31) : FRF 26 000 – Paris, 22 jan. 1988 : *Visite d'une orangerie*, aquar. (16,5 x 29,8) : FRF 35 000.

ARENDS K. Oskar
Né le 8 avril 1863 à Plauen. xixᵉ-xxᵉ siècles. Allemand.
Peintre.
Célèbre paysagiste établi à Munich ; il a fait ses études à l'Académie de Dresde (1881-1883), puis avec Friedrick Preller le Jeune (1883-1886). Il a peint un peu dans la manière de Wenglein, mais ses tableaux sont plus riches comme couleur. On cite de lui une toile : *Près de l'Amzer*, qui appartient au Musée d'Altenbourg. Il a figuré à l'Exposition de Munich (1909) avec deux dessins.

ARENDSOEN
xivᵉ siècle. Travaillait à Utrecht dans la seconde moitié du xivᵉ siècle. Hollandais.
Peintre.

ARENDTSON Cornelius
xviiᵉ siècle. Actif à Stockholm. Suédois.
Peintre.
Cet artiste, fils du peintre allemand Arendt Lamprecht, travailla à la décoration du château du roi, à Stockholm, de 1611 à 1632. On cite de lui : son propre portrait et celui de la Reine Christine, en 1632.

ARENDZEN Petrus Johannes
xixᵉ siècle. Actif à Amsterdam en 1887. Hollandais.
Graveur.
On cite de lui, d'après Rembrandt : *La Veuve Swartenhont, Le Bourgmestre Six* et une eau-forte, d'après P.-S.-H. Cuppers. Cet artiste se rendit à Londres, où il exposa, de 1890 à 1899, à la Royal Academy.

ARÈNE Arnaud
xviiᵉ siècle. Français.
Peintre.
D'après les documents de l'époque, il vivait à Avignon vers 1650.

ARENHOLD Gerhard Justus
Né à Hildesheim. Mort en 1775 à Hanovre. xviiiᵉ siècle. Hollandais.
Peintre.
Amateur connu par des portraits et des dessins, qui furent gravés par M. Bernigeroth le jeune et George Daniel Heumann.

ARENHOLD Lüder
Né le 7 mai 1854 à Soltau. xixᵉ siècle. Allemand.
Peintre.
Ancien officier de marine, Arenhold s'adonna à la peinture en 1881 ; il reçut les leçons de Leitner, de Hünten et de H. Gude à Berlin (1886-1887) ; il visita la Chine et l'Amérique du Sud. Ses principales œuvres sont : *Combat près d'Eckernforde* (à l'Hôtel de Ville d'Eckernforde), *S.-M.-S. Niobe* (à l'Ac. de marine à Kiel), *Regate* (au Club impérial de Kiel). On cite encore une suite de dessins au fusain de types de vaisseaux.

ARENIUS Olof
Né en 1700 ou 1701 à Bro (Uppland). Mort en 1765 ou 1766 à Stockholm. xviiiᵉ siècle. Suédois.
Peintre de portraits, miniatures, décorateur.
D'abord élève de l'Université d'Upsal, il délaissa la théologie pour la peinture ; il travailla seul, sauf quelques leçons de David de Krafft. Il fit un voyage en Hollande, vers 1730. Malgré le bizarrerie de ses œuvres, il était considéré, en 1740, comme le portraitiste le plus renommé de Stockholm.
Ses principales œuvres sont : *La vieille femme* (1726), *Portraits du comte et de la comtesse J.-G. Sack, Portrait de l'Intendant Harleman, Portrait du Conseiller d'État Cedercreutz* (1746), et *Portrait du comte Augustin Ehrensvärd*. Olaf Arenius a fait aussi quelques miniatures à l'huile, de 1746 à 1758, et participa à la décoration du château et de l'Académie des Beaux-Arts de Stockholm.
Ventes Publiques : Stockholm, 19 avr. 1989 : *Portrait en buste de Jean Bedoire*, h/t (77x61) : SEK 26 000.

ARENS Robert
Né en 1905 à Zele. xxᵉ siècle. Belge.
Peintre. Fantastique.
Il peint des paysages imaginaires et des compositions organiques dans des tons poétiques.

ARENT Adèle
xixᵉ siècle. Française.
Peintre de portraits.
Cette artiste a exposé des portraits au Salon de Paris, de 1846 à 1848.

ARENTE Pedro de
Actif à Murcie. Espagnol.
Peintre de compositions religieuses.
Cet artiste exécuta, pour la cathédrale de Murcie, une *Naissance du Christ* et une *Adoration des Rois*, dans la manière de Bassano.

ARENTO Ippolito
xviᵉ siècle. Italien.
Sculpteur.
Cet artiste travailla, vers 1574, pour la famille d'Este à Ferrare.

ARENTS. Voir aussi TERWESTEN Matthäus

ARENTS Aryaentje
xviiᵉ siècle. Éc. hollandaise.
Peintre.
Cité dans la gilde des peintres de Leyde en 1658 et 1659.

ARENTSE Claes
Né vers 1609 en Hollande. xviiᵉ siècle. Hollandaise. Éc. hollandaise.
Sculpteur.
Il reçut le droit de cité à Amsterdam, le 6 juillet 1638. Sa mère, Nelle Cornelisd, l'aida parfois dans ses travaux. On croit qu'il habitait à cette époque Coninxgraft ou Singel à Amsterdam.

ARENTSEN W.
xviiiᵉ siècle. Hollandais.
Peintre.
Cet artiste vivait en Frise en 1701. D'après Kramm, il a exécuté plusieurs portraits de la famille Hattinger.

ARENTSZ Adriaen
xviᵉ siècle. Éc. hollandaise.
Peintre.
Probablement originaire de Malines, il devint citoyen de Delft, le 2 novembre 1594.

ARENTSZ Claes
xivᵉ siècle. Éc. hollandaise.
Peintre.
Vivait à Utrecht en 1378.

ARENTSZ Symon
xviᵉ siècle. Éc. hollandaise.
Peintre.
Établi à Haarlem en 1549.

ARENTSZ Willem
xviiᵉ siècle. Éc. hollandaise.
Peintre de compositions religieuses.
On cite de lui : *Un Christ en croix*, mentionné dans un inventaire fait à Amsterdam en août 1630.

ARENTSZ ou Arent, dit Cabel
Né en 1586 à Amsterdam. Mort avant octobre 1635 à Amsterdam. xviiᵉ siècle. Éc. hollandaise.
Peintre de sujets de genre, paysages animés, paysages, paysages d'eau, marines.
Petit-fils de Pieter Aertz, ce peintre travailla et se maria dans sa ville natale.
Sa manière a une certaine analogie avec celle d'Aercamp. On cite de lui : *Pêcheur et sa femme dans les roseaux*, un *Paysage d'hiver à Anvers* et d'autres tableaux à Amsterdam et Rotterdam.

Musées : Amsterdam : *Pêcheurs et Chasseurs – Pêcheurs et paysans – Chasseur* – Anvers : *Hiver* – Londres : *Pêcheurs au bord d'un estuaire* – Paris (Louvre) : *Paysage – Les Pêcheurs* – Rotterdam (Mus. Boymans) : *Paysage d'été.*
Ventes Publiques : Londres, 28 fév. 1910 : *Sur la rivière* : **GBP 11** – Londres, 27 mars 1963 : *Scène d'été sur la rivière* : **GBP 5 500** –

Amsterdam, 29 avr. 1985 : *Pêcheurs au bord d'une rivière*, h/pan. (32x68) : **NLG 170 000** – Monte-Carlo, 22 juin 1985 : *Pêcheur sur un embarcadère*, h/pan. (42,5x56) : **FRF 300 000** – New York, 3 juin 1988 : *Paysage avec des personnages élégants, des paysans et des pêcheurs au bord d'une rivière*, h/pan. (14x21) : **USD 44 000** – Londres, 31 mars 1989 : *Pêcheur près d'un embarcadère avec au fond le château de Muiden à l'arrière plan*, h/pan. (18,1x15,6) : **GBP 8 800** – Londres, 14 déc. 1990 : *Pêcheurs se reposant en réparant leurs filets sur la berge d'un estuaire*, h/pan. (34,3x60) : **GBP 35 200** – Londres, 11 déc. 1992 : *Chasseur tirant le canard près d'un canal gelé*, h/pan. (23x31,3) : **GBP 121 000** – Stockholm, 10-12 mai 1993 : *Marine avec des barques en mer et des pêcheurs sur le rivage*, h/pan. (27x59) : **SEK 330 000** – Enghien-les-Bains, 11 mars 1995 : *Paysage fluvial au pêcheur*, h/pan. (27x37) : **FRF 380 000** – New York, 11 jan. 1996 : *Une île avec des pêcheurs*, h/pan. (20,6x29,2) : **USD 57 500** – Amsterdam, 7 mai 1997 : *Jeune Pêcheur assis dans une barque sur la grève* 1645, h/pan. (46,5x62,5) : **NLG 16 144** – Londres, 3-4 déc. 1997 : *Pêcheurs sur les berges d'un estuaire avec des bateaux à voiles et à rames au loin*, h/pan. (47,4x96,5) : **GBP 95 000.**

ARENTZ Johan Frederik
Mort en 1790. xviiiᵉ siècle. Actif à la fin du xviiiᵉ siècle. Danois.
Peintre, graveur.
Cet artiste s'instruisit seul ou fut peut-être élève de Pilo et de l'Académie de Copenhague. C'est dans cette ville d'abord, et ensuite à Glücksburg, qu'il pratiqua son art. On connaît de lui une gravure à l'eau-forte d'après le tableau *Le Maître de calcul* de H.-C. Kramer (1761).

ARENTZEN D. R.
xviiiᵉ siècle.
Peintre de compositions religieuses.
Il exécuta un tableau représentant *Jésus et la Samaritaine à la fontaine*, sur lequel on lit la signature : *D.-R. Arentzen.*

ARENZ Max
Né en 1868 à Munich. xixᵉ-xxᵉ siècles. Allemand.
Peintre de scènes de genre.
Il envoya des tableaux de genre à la Grande Exposition de Berlin en 1909, et en 1910, entre autres : *Joueurs aux cartes.*
Ventes Publiques : Cologne, 28 juin 1991 : *Jeune femme jouant avec ses trois enfants*, h/pan. (27x32,5) : **DEM 4 500.**

ARERA E., Mlle
xixᵉ siècle.
Peintre de natures mortes, fleurs.
Elle a figuré au Salon de Paris, en 1881 et 1882.
Ventes Publiques : New York, 1ᵉʳ mars 1990 : *Bouquet de fleurs* 1880, h/t (64x40) : **USD 8 800.**

ARESSY P.
xixᵉ-xxᵉ siècles. Français.
Peintre.
A exposé des portraits au Salon en 1897 et 1901.

ARESTI Carlos
Né en 1944 au Chili. xxᵉ siècle. Actif en France. Chilien.
Peintre. Nouvelles Figurations.
A Paris, il expose au Salon Grands et Jeunes d'Aujourd'hui, dans les années 1980.
Il peint par larges aplats modulés. Le thème du tableau est comme découpé en puzzle volontairement mal recomposé, les fragments de ce qui est figuré étant éclatés de tous côtés. Tout est peint haut en couleur, les formes soigneusement déterminées. On peut penser à Fernand Léger, mais revu par le cubisme.
Ventes Publiques : New York, 19 nov. 1987 : *Oiseau tournoyant* 1984, acryl./t. (130x140) : **USD 9 000** – New York, 2 mai 1990 : *Par l'œil d'un oiseau* 1983, acryl./t. (97x78,7) : **USD 6 050.**

ARESY Petrus
Né à Toulon. xixᵉ-xxᵉ siècles. Français.
Graveur.
Élève de Gérôme, de L. Glaize, et de P. Mauron. Il a obtenu une troisième médaille en 1897. Il a figuré à l'Exposition Universelle de 1900 avec une lithographie, *Au sermon*, d'après La Boulaye, et exposé des lithographies aux Artistes Français.

ARETAEUS Daniel
xvᵉ siècle. Allemand.
Sculpteur.
Vivait à Korvey, en Westphalie. Il fut appelé auprès du Roi de Danemark, Christian Iᵉʳ, en 1445. On suppose qu'il est l'auteur de la corne d'Oldenburg, placée dans le château de Rosenborg.

ARETIN Adam von, baron
XIXe siècle. Travaillait au commencement du XIXe siècle. Allemand.
Graveur à l'eau-forte, dessinateur.
Cet artiste amateur a laissé des paysages avec ruines, marqués *ARV Aretin*.

ARETIN Anna Maria von, baronne
XIXe siècle. Allemande.
Graveur.
Travaillait en amateur, vers 1820. On connaît d'elle des dessins, des gravures à l'eau-forte, des scènes de genre, et des paysages.

ARETIN Frederik von, baronne
XIXe siècle. Allemande.
Graveur.
Amateur, on connaît d'elle deux paysages gravés à l'eau-forte.

ARETIN Georg von, baron
Né en 1771. Mort en 1843. XVIIIe-XIXe siècles. Allemand.
Graveur.
Frère d'Adam von Aretin, travaillait en amateur ; il est l'auteur d'eaux-fortes, (paysages), de lithographies (vues de châteaux de Bavière).

ARETIN Rosa von, baronne
Née en 1794 à Munich. XIXe siècle. Allemande.
Graveur à l'eau-forte, dessinateur.

ARETINO. Voir **MAÎTRE ARETINO**

ARETINO SPINELLO. Voir **SPINELLI Luca**

ARETSZOON. Voir **AERTSZ**

ARETUSI Alessandro
XVIIe siècle. Italien.
Peintre de portraits.
Travaillait à Modène vers 1650, d'après son contemporain Vedriani ; il avait un grand talent de portraitiste. Bari dit qu'il a laissé d'excellents tableaux à Florence, Modène, Reggio.

ARETUSI Cesare
Né à Bologne. Mort en 1612 à Bologne. XVIe-XVIIe siècles. Actif dans la seconde moitié du XVIe siècle. Italien.
Peintre de compositions religieuses, portraits.
On ne connaît pas le nom de son maître, mais il est évident qu'il forma sa manière par l'étude des ouvrages de Bagna-Cavallo. En collaboration de Giambattista Fiorini, il peignit la coupole de la cathédrale San Pietro, à Bologne. Le succès qu'il obtint comme peintre de portraits fut très grand. Les plus illustres personnages se firent peindre par lui ; ses effigies font songer aux Vénitiens. Par contre, son invention était faible et lourde, tandis que Giambattista, mauvais coloriste, avait une grande richesse d'imagination. L'association de ces deux artistes leur permit la création d'ouvrages de grand mérite. Les ouvrages exécutés à Bologne par Aretusi seul sont : *Une descente de croix* (à San Benedetto), à San Francisco : *l'Annonciation* et l'*Immaculée-Conception*, à San Giovanni in Monte : *la Nativité de la Vierge*, à l'église des Théatins : *San Barthélemy*, à Santa Maria della Carita : *Madone avec la Charité et Saint François*. Il possédait une facilité qui lui permettait d'adopter le style de n'importe quel peintre, au point de faire prendre ses imitations pour des originaux. Celles du Corrège étaient particulièrement réussies. On lui commanda une copie de la célèbre *Vierge* pour l'église San Giovanni à Parme. Mengs, qui vit cette copie, dit que si l'original conservé à Dresde disparaissait par suite de quelque accident, il pourrait être remplacé par une semblable réplique. Ce tableau lui valut la commande d'une copie de la peinture exécutée par Corrège pour la tribune de la même église, qui avait été déplacée par l'agrandissement du chœur : cette peinture suivant les auteurs du temps, par sa parfaite imitation, semblait l'œuvre du Corrège lui-même. Aretusi est l'auteur présumé d'une eau-forte : *La Madone et les Saints*.
Musées : FLORENCE : *Jean Aigemann, Allemand* – NANTES : *Les Trois Grâces*.

ARETUSI Giovanni, dit **Munari**
XVe siècle. Italien.
Peintre de compositions religieuses, fresquiste.
Cet artiste florissait à Modène vers 1487-1490. D'après le chroniqueur Lancillotto, il fit de grands tableaux, notamment des fresques et une *Pieta*, pour une chapelle de San Carmine, à

Modène. Mais il est surtout célèbre par ses miniatures ; il peignit un grand nombre d'enseignes, d'armoiries pour des tournois, des coffrets d'or, des bahuts de noce pour la Cour du Duc de Ferrare. On cite, notamment, en 1487, douze coffrets recouverts de cuivre ; en 1490, des bahuts destinés à Béatrice d'Este, qu'il envoya à Ferrare.

ARETUSI Pellegrino, dit **Pellegrino Munari,** ou **Pellegrino da Modena**
Mort en 1523. XVIe siècle. Italien.
Peintre de compositions religieuses, fresquiste.
Cet artiste fut l'élève de son père Giovanni, qui travaillait à Modène à la fin du XVe siècle. En 1509, Pellegrino peignit un tableau d'autel pour l'hôpital de Santa Maria de Ballu (depuis Santa Maria della Neve), qui lui valut une grande réputation. La célébrité de Raphaël, alors dans toute sa gloire, l'attira vers Rome et il fut admis dans l'atelier du célèbre peintre. Sanzio apprécia son nouvel élève à sa juste valeur, et le lui prouva en l'associant aux grands travaux qu'il exécutait au Vatican. Pellegrino fut chargé de peindre, d'après les dessins de Raphaël, *L'histoire de Jacob et de Salomon*, qu'il exécuta à la satisfaction de tous. Pendant ce temps, il peignait des œuvres d'après ses propres compositions, dans les églises de Rome, notamment à Sant'Eustachio (œuvres disparues) et à San Giacomo degli Espagnoli, où il fit, à fresque, la *Vie de Saint Jacques*. Après la mort de Raphaël, il revint à Modène où les travaux dans les édifices publics ne lui firent pas défaut. Ce fut alors qu'il produisit, entre autres, sa célèbre *Nativité du Christ*, dans l'église San Paolo, œuvre qui rappelle, par la pureté des lignes et la grâce de la composition, Raphaël lui-même. Il peignit également une *Adoration des Mages*, à San Francisco, et *Le Couronnement de la Vierge*, dans le couvent des Servites. La brillante carrière de cet artiste fut brisée par une terrible catastrophe. Son fils eut, avec un de ses camarades, une querelle qui se termina par la mort de ce dernier. Aretusi sortit précipitamment pour aviser aux mesures à prendre pour sauver son enfant ; un hasard malheureux lui fit rencontrer les parents du défunt, qui, se jetant sur lui, le tuèrent.

ARÉVALO, Maître d'. Voir **MAÎTRES ANONYMES**

ARÉVALO Juan de
XVIe siècle. Espagnol.
Sculpteur.
Artiste cité parmi ceux qui travaillèrent à l'édification de la cathédrale de Tolède, en 1537 ; lui et ses collaborateurs firent le portail de la chapelle de la tour, dont les ornements représentaient des guirlandes de fleurs, des enfants, de petits animaux. Arévalo a fait aussi des enseignes, des armoiries, en compagnie de Leonardo Aleas et de Martin de Inarra.

ARÉVALO Pedro de
XVIe siècle. Espagnol.
Peintre.
Connu pour avoir peint, en 1598, des enseignes, des armoiries, des décorations de deuil pour les obsèques de Philippe II.

AREZKI Aoun
Né en 1955 à Ittourar (Algérie). XXe siècle. Depuis 1977 actif en France. Algérien.
Sculpteur d'installations, peintre de paysages urbains, natures mortes. Abstrait puis polymorphe.
Il a fait ses études aux Beaux-Arts d'Alger et de Paris où il travaillait dans l'atelier de Jean Clos. Il s'est installé à Paris en 1977. Il a participé à des expositions collectives à partir de 1981 : 1981, 1983 Cité des Arts à Paris ; 1981 *Campement* à La Galerie à La Défense ; 1984 *Campements VI et VII* aux Ateliers 84 à l'ARC au Musée d'Art Moderne de la ville de Paris ; 1985 *Coup de talent sur l'hexagone* à Lille, *Dedans-Dehors* au centre culturel de Brétigny, *Pirogue III et Peintures* à la FIAC (Foire Internationale d'Art Contemporain) à Paris ; 1986, 1988 et 1989 Salon de la Jeune Sculpture ; 1987 *Intensités nomades* à Montpellier, Rabat et Tunis ; 1996 Centre d'art à Ivry-sur-Seine. Il a exposé personnellement son travail en 1985 et 1986 à la Galerie Site Art Présent à Paris, en 1989 à la galerie Lucien Durand à Paris.
À ses débuts, Aoun Arezki réalisa de grandes peintures abstraites et des installations, mises en scène d'un « campement » arabe nomade dévasté et marqué au sol par l'ombre d'un véhicule ou « pirogues ». L'œuvre a ensuite évolué pour laisser de plus en plus de place à la peinture dans laquelle il développe un vocabulaire volontairement limité. Le papier posé au sol est à présent marouflé sur la toile. La gamme chromatique employée

est elle aussi réduite, gris cendreux et noirs rugueux contrastant avec de larges surfaces blanches divisées en diptyques. L'espace et la matière sont ainsi confrontés dans des œuvres de grandes dimensions, sans titre pour la plupart, où se dessinent des esquisses de formes géométriques. ■ F. M.

BIBLIOGR. : Olivier Kaeppelin, in : *L'Autre Journal,* Paris, mai 1985 – F. Bataillon, in : *Art Press,* juil. 1985 – P. Gardenal, in : *Libération,* Paris, janv. 1989.

AREZZO, d', ou da. Voir aux prénoms qui précèdent

ARFARAS Michalis
Né en 1954 à Athènes. xxᵉ siècle. Actif en Allemagne. Grec.
Artiste, dessinateur, graveur, sculpteur, réalisateur de vidéos, multimédia.
De 1972 à 1974, il commence ses études de peinture à l'École des Beaux-Arts à Athènes ; il les poursuit à l'École Supérieure d'Arts Plastiques de Braunschweig où il se spécialise en gravure réalisant livres et des bandes dessinés. Il vit et travaille en tant que professeur d'art graphique à l'Université de Hildesheim.
Depuis 1977, il participe à des expositions collectives à l'étranger et montre son travail pour la première fois à la galerie ABC à Brauschwieg.
En 1978, il crée en Allemagne son studio de films expérimentaux pour lesquels il obtient des récompenses. Depuis 1990, il associe à ses sculptures des vidéos. Il a réalisé une série de figurines intitulée *Les Idoles* (1989-1992) qui retrace les dévotions et les formes qu'elles ont prises depuis l'époque des idoles de l'ancienne civilisation grecque et cypriote jusqu'à l'ère de la civilisation industrielle.

ARFE, famille d'artistes
Originaires de Harff (près de Cologne). xviᵉ siècle. Actifs en Espagne. Allemands.
Orfèvres.
Le père, Enrique, encore marqué par le style gothique. Antonio, le fils (né vers 1510, mort sans doute à Madrid entre 1575 et 1600), qui adopta le style Renaissance, en particulier pour la custode de la cathédrale de Saint-Jacques-de-Compostelle. Juan (auquel se rapporte sans doute la marque ci-contre rapportée par Ris-Paquot), le petit-fils (né en 1535, mort à Madrid en 1603) à qui l'on doit les custodes des cathédrales d'Avilla et de Séville. Ces custodes, dans l'exécution desquelles s'illustrèrent les trois Arfe, sont les réductions de basiliques, en métaux précieux, dans lesquelles on présente, et promène au cours des processions, le Saint Sacrement.

ARFIAN Alonso
xviᵉ siècle. Espagnol.
Peintre.
Fils d'Antonio, ce peintre est connu seulement comme auteur des tableaux représentant la *Légende de saint Georges,* dans l'église de la Madeleine, à Séville, pour l'exécution desquels il fut aidé par son père (1587).

ARFIAN Antonio
Né à Triana. xviᵉ siècle. Espagnol.
Peintre de compositions religieuses, fresquiste.
Établi à Séville, il commença par faire de la peinture industrielle, et vendait ses œuvres à l'étranger, principalement dans l'Amérique espagnole. Mais, en 1550, il entra dans l'atelier de Vargas, qui revenait d'Italie à cette époque, et travailla avec ardeur à modifier sa manière d'après les conseils de l'illustre maître ; ses efforts furent bientôt couronnés de succès. On cite, parmi ses œuvres, un panneau pour le maître-autel de la cathédrale de Séville (1554) en collaboration avec Antonio Ruiz. On mentionne encore la *Légende de saint Georges,* à l'église de la Madeleine (1587), travail pour lequel il fut aidé par son fils Alonso. Arfian peignit en outre des toiles dans la manière d'Alessandro et de Julio (artistes italiens qui florissaient à Ubeda et à Grenade en 1525-1530), de telle sorte qu'on pourrait le croire élève de ces derniers.

ARFWEDSON Carl
Né vers 1780. Mort en 1861. xixᵉ siècle. Suédois.
Graveur.
On cite de cet artiste amateur trois gravures : *Paysage avec un moulin, Paysage avec des cabanes, Paysage avec un pont.*

ARGEIADAS
vᵉ siècle avant J.-C. Actif au début du vᵉ siècle av. J.-C. Antiquité grecque.

Bronzier.
Fils (ou esclave ?) et disciple d'Agéladas (école argienne). Il est, avec Asopodoros et Athanodoros, associé à l'Argien Atotos sur la base d'un ex-voto dédié à Olympie par Praxilélés de Camarina entre 484 et 480 (?).

ARGEIOS
Antiquité grecque.
Sculpteur.
Peut être le nom d'un artiste, disciple de Polyclète. Pline commence la liste des élèves de Polyclète par *Argium Asopodorum...* Cependant, comme on a trouvé à Olympie la signature d'un Asopodoros d'Argos (remontant, il est vrai, à une date sensiblement différente), *Argium* doit être interprété, selon toute vraisemblance, comme un ethnique et non comme un nom propre.

ARGELAN Armand
xviiiᵉ siècle. Actif à Paris en 1781. Français.
Peintre.

ARGELATI Antonio Bartolomeo
xviiiᵉ siècle. Italien.
Graveur à l'eau-forte.
On connaît de lui une gravure : *Allégorie,* signée : *All. Illmo Sig. Camillo Boccaferri, Antonio Bartolo Argelati D D D,* 1700, exécutée à l'occasion de l'entrée en religion de Brigitta Boccaferri.

ARGELLATI Francesco
xviiiᵉ siècle. Italien.
Peintre.
Cité par Zani, à Bologne vers 1747.

ARGENCE Eugène d'
Né le 4 décembre 1853 à Saint-Germain-Villeneuve. Mort en 1920. xixᵉ-xxᵉ siècles. Français.
Peintre de paysages, paysages d'eau, marines, pastelliste.
Il fut élève de E. Giraud. Il a exposé au Salon des Indépendants (1890-1893) puis au Salon de la Société Nationale des Beaux-Arts (1899-1913), à Paris.
Il a peint nombre de paysages (vues prises en Corse, en Algérie, et surtout dans les environs de Paris), des marines (côtes de la Manche et Littoral méditerranéen). On cite parmi ses principales œuvres : *Automne,* peinture décorative, *Nuit tranquille* (1889), *Le Ravin de la Mitidja* (1898), *La Baie d'Ajaccio* (1899), *À l'approche de la nuit* (1906). Il a fait aussi des pastels.

E. d'Argence

MUSÉES : PARIS (Mus. du Louvre).
VENTES PUBLIQUES : PARIS, 1907 : *Antibes :* FRF 65 ; *La Nuit :* FRF 50 – PARIS, 1919 : *Bords de la Seine :* FRF 120 ; *Vue prise dans la montagne :* FRF 85 – PARIS, 21 sep. 1948 : *Ferme :* FRF 400 – MILAN, 6 avr. 1976 : *Composition 1973,* h/t (131x190) : ITL 1 400 000 – PARIS, 24 fév. 1982 : *Chemin creux dans la Hague,* h/t (45x80) : FRF 3 000 – PARIS, 10 juil. 1983 : *Espagne 1910,* h/t (80x114) : FRF 15 500 – VERSAILLES, 25 sep. 1988 : *Paysans près de la chaumière,* h/t (50x65,5) : FRF 8 500 – VERSAILLES, 25 nov. 1990 : *Paysans près d'une chaumière,* h/t (50x65) : FRF 8 000.

ARGENCÉ Philippe
Né en 1936 à Nantes (Loire-Atlantique). xxᵉ siècle. Français.
Peintre. Abstrait-informel.
Intéressé par les matériaux, il crée des compositions valorisant la matière : bois, terre, carton. À partir de 1955, il s'inspire de l'art informel prenant en exemple Tapiès, les textures de Fautrier et les pâtes de Dubuffet. Après de nombreux voyages à New York et en Italie, il perfectionne sa technique à base d'acryles et de vinyles subordonnant les formes à la matière.

ARGENT
xviiiᵉ siècle. Britannique.
Peintre animalier.
Il exposa (1782-1783) à la Free Society de Londres.

ARGENT d', le Jeune. Voir **DARGENT le Jeune**

ARGENT A. L. d'
Né en 1748 à Stuttgart. Mort en 1829. xviiiᵉ-xixᵉ siècles. Français.
Graveur à l'eau-forte et au burin, dessinateur.
On trouve cet artiste à Stuttgart vers 1798, puis à Paris. Il est aussi l'auteur de belles peintures sur émail.

VENTES PUBLIQUES : PARIS, 1859 : *Rentrée de la famille royale à Paris, 6 octobre 1789* : **FRF 12**.

ARGENT Girard d'
XVIe siècle. Travailla à Besançon de 1546 à 1573. Français.
Peintre.
Gauthier cite de lui le portrait de Jacques Bonvalot appartenant à la collection Granvelle.

ARGENT Marie Josèphe d', Mme Hebbelinck
Née le 29 juillet 1789 à Liège. Morte le 10 mai 1863 à Uccle (près de Bruxelles). XIXe siècle. Belge.
Peintre.
Miniaturiste, élève de son père, Michel d'Argent et d'Alexandre de la Tour, elle est connue sous le nom de Joséphine. Elle a exposé à Gand en 1812, et à Bruxelles, en 1813.

ARGENT Michel d'
Né en 1751 à Liège, où il fut baptisé le 1er août. Mort le 28 juillet 1842 à Liège. XVIIIe-XIXe siècles. Belge.
Peintre d'histoire, miniatures.
Il a travaillé longtemps à Bruxelles ; mais avait étudié d'abord à l'Académie d'Anvers, de 1775 à 1781, et à Rome. Sa signature était : *Dargent*.

ARGENT Pierre d', l'Aîné
Né vers 1540 à Besançon. XVIe siècle. Français.
Peintre de compositions religieuses.
Fut envoyé en Italie, en 1564, par le cardinal de Granvelle qui paya les frais de son éducation. De retour dans son pays natal, d'Argent peignit pour son protecteur, de 1572 à 1575, des portraits, des sujets religieux, notamment pour l'église Notre-Dame de Brou, représentant *Saint Nicolas de Tolentino entre saint Augustin et sainte Monique*. Il fit, en 1584 ou 1585, un tableau pour le chœur de Saint-Nicolas, à Fribourg (Suisse).

ARGENT Pierre d', le Jeune
Né le 12 juin 1546 à Besançon. Mort vers 1620. XVIe-XVIIe siècles. Français.
Peintre de compositions religieuses.
Il fit don, aux Capucins de Besançon, de 1607 à 1620, de plusieurs tableaux : *La Sainte Cène, Sainte Véronique, Saint François* et un *Christ*.

ARGENT W.
XIXe siècle. Britannique.
Peintre.
Il exposa un paysage à Suffolk Street à Londres, en 1837.

ARGENTA C.
XIXe-XXe siècles. Actif à Londres en 1881. Britannique.
Sculpteur.
A exposé à la Royal Academy en 1910.

ARGENTA Cristoforo d'
XVIe siècle. Actif à Ferrare vers 1580. Italien.
Sculpteur.

ARGENTA Jacopo Filippo d', dit de Medici
Mort probablement à Ferrare. XVe siècle. Italien.
Miniaturiste.
Le nom de cet artiste figure dans les documents de Bologne, en 1469, et dans ceux de Ferrare entre 1481 et 1501. Il a travaillé, en collaboration avec d'autres artistes, notamment fra Evangelista da Reggio et Andrea delle Veze, à l'ornementation de trente livres liturgiques pour la cathédrale de Ferrare.

ARGENTA Jacopo ou Giacomo d'
XVIe siècle. Italien.
Peintre de portraits.
Peintre de Ferrare ; en 1562, il était attaché au service du Duc de Savoie, en qualité de peintre de la Cour. Il est connu par deux tableaux qui se trouvent à la Pinacothèque de Turin : le *Portrait en pied du Duc Emmanuel-Philibert*, et celui du *Duc Charles-Emmanuel Ier de Savoie*.

ARGENTI Antonio
Né en 1850 à Varèse. XIXe siècle. Italien.
Sculpteur de monuments, statues.
Élève de l'Académie de Milan, Argenti se plaça, très jeune, au premier rang parmi les artistes de la péninsule, avec un relief : *Mort de Jules César* (1876). Ses marbres ont figuré aux Expositions de Naples, Rome, Venise, Milan. Il fit de nombreux monuments funéraires en Italie. On cite encore une statue allégorique : *Il Tempo*, érigée à la mémoire du sculpteur Edoardo Ramati.

ARGENTI Bartolomeo
XVIe-XVIIe siècles. Italien.
Sculpteur.
Il vivait à Rome en 1591. En 1615-1616, il fit les armoiries de Philippe III, au balcon principal du palais degli Studi, à Naples.

ARGENTI Giambattista
XVe siècle. Actif à Venise vers 1440. Italien.
Peintre.

ARGENTI Giosué
Né le 19 février 1819 à Viggiu (Côme). XIXe siècle. Italien.
Sculpteur de compositions religieuses, figures.
Il fut élève de l'Académie des Beaux-Arts de Milan. Il obtint, en 1856, une bourse de voyage qui lui permit d'aller se perfectionner à Rome, où il séjourna six ans. Fixé à Milan, il prit part à un grand nombre d'expositions, notamment à Paris, à Vienne, à Munich. Il fut fait chevalier de la Légion d'honneur en 1867. Parmi ses œuvres, on cite : *La Martyre chrétienne, Le Salut, Ève après le péché, La baigneuse*.
MUSÉES : LEIPZIG : *La Modestie*.
VENTES PUBLIQUES : LONDRES, 14 mai 1980 : *Erminia* 1862, marbre (H. 86) : **GBP 1 000**.

ARGENTIERI Alfeo
XIXe-XXe siècles. Autrichien.
Peintre.
Viennois, il a pris part à l'Exposition de Munich en 1909 avec deux toiles : *Derniers rayons, En haute mer*.

ARGENTIERI Daniele
XVIe siècle. Vivait à Rome vers 1570. Italien.
Peintre de grotesques.

ARGENTIN André
Né à Paris. XXe siècle. Français.
Peintre de sujets allégoriques, paysages.
Il a exposé au Salon des Artistes Indépendants, à Paris, entre 1931 et 1935.

ARGENTINA, d'. Voir au prénom

ARGENTINI Ruggero
XVIe-XVIIe siècles. Italien.
Peintre de miniatures.
Fils de Michele Argentini, il est cité dans les documents de Venise de 1593 à 1618. Son testament est daté du 19 janvier 1618.

ARGENTO Antonio. Voir ALEOTTI Antonio

ARGENTO Francesco
XIXe siècle. Italien.
Dessinateur.
Cité par Zani comme dessinateur d'ornements, établi à Gênes vers 1805.

ARGENTON Valérie
Née à Guéméné-Penfao. XXe siècle. Française.
Peintre de paysages.
A la suite de Pierre Lesage, dont elle fut élève, elle peignit des paysages du pays nantais. Elle exposa au Salon des Artistes Français à Paris de 1933 à 1939.

ARGETE Luis de
XVIIe siècle. Espagnol.
Peintre sur verre.
Établi à León vers 1613.

ARGHIRA-CALINESCU Alexandru. Voir CALINESCU-ARGHIRA Alexandru

ARGILLET Pierre Mary
Né à Cusset (Allier). XXe siècle. Français.
Peintre, dessinateur.
Expose au Salon des Indépendants en 1931 et 1932.

ARGILLIER
XIXe siècle. Français.
Sculpteur.
Résida en France vers 1806.

ARGIMON Daniel
Né le 20 juin 1929 à Barcelone (Catalogne). XXe siècle. Espagnol.
Peintre. Abstrait, informel.
N'ayant aucun maître, il commence à peindre en 1955. Il participe à de nombreux Salons ou expositions collectives à travers le monde. Sa première exposition personnelle fut organisée et pré-

facée par le poète et critique catalan Juan Euardo Cirlot, en 1961 à Lausanne. Depuis, il a exposé dans quantité de villes d'Espagne, de même qu'à Miami, Cleveland, Seatle, Paris, Mexico, Genève, La Haye, etc.

Il mélange toutes sortes de matières, depuis le latex, la poudre de marbre, des pigments ocre, jusqu'aux papiers brûlés et autres matériaux les plus ingrats, leur donnant un caractère précieux quelquefois proche de celui des peintures mauresques. La critique le dit souvent informel, peut-être se situerait-il plus justement dans les abstraits matiéristes. En effet, outre la préciosité très élaborée de la matière de ses peintures, on ne peut négliger qu'elles sont également très structurées par des partis-pris géométriques de composition : losanges se succédant à partir de l'intersection de deux axes orthogonaux, sortes de cadres rectangulaires concentriques ou s'interpénétrant, etc. A son sujet, Georges Raillard écrit : « Chez tous les grands artistes catalans le surréalisme et l'informel se sont ajointés dans un esprit libertaire. Une liberté non à chercher dans les idées préconçues, mais à faire exploser par le maniement des matériaux et la souveraineté de la main : fonds devenus l'essentiel, collages, papiers collés, utilisation des débris, usage du feu (...) moins pour créer des surprises d'un instant que pour mettre à jour une consistance nouvelle du monde, fût-elle fugitive. » ■ J. B.

MUSÉES : BARCELONE (Mus. d'Art Contemp.).– CADAQUÈS – EIVISSA – ELX – FIGUEREZ – GLENDALE – ILLINOIS – KASSEL – MADRID – MATARO – MEXICO – OSCA – SANTA CRUZ DE TENERIFE – SÉVILLE – ULM – VILANOVA I LA GELTRU – VILLAFAMES .

VENTES PUBLIQUES : DOUAI, 11 nov. 1990 : *Composition 1990*, techn. mixte/pap. (58x41) : **FRF 4 600**.

ARGLES Alice
XIXᵉ siècle. Active à Stamford. Britannique.
Peintre.
Elle exposa à Londres en 1880.

ARGLES T.
XIXᵉ siècle. Actif à Londres vers 1809. Britannique.
Paysagiste.
Il exposa un tableau à la Royal Academy.

ARGNANI F.
XIXᵉ siècle. Actif en Italie vers 1840. Italien.
Graveur au burin.

ARGOAGNI Pietro
Né le 20 avril 1681. Mort en 1750. XVIIIᵉ siècle. Italien.
Peintre.
Travailla dans les villes et châteaux des Marches. A Arcevia, il a laissé d'importantes peintures. Peintre de Sant'Angelo de Vado.

ARGOAT J. d'
XXᵉ siècle. Français.
Peintre de sujets religieux.
Il a exposé au Salon des Artistes Français de Paris en 1911, 1914, 1920.
VENTES PUBLIQUES : PARIS, 26 oct. 1976 : *Marie adolescente*, h/pan. à fronton cintré (28x22,5) : **FRF 2 500**.

ARGONNE Simon Pierre d' ou Dargonne
Né le 20 octobre 1749 à Dieppe. Mort le 22 mai 1839 à Bruxelles. XVIIIᵉ-XIXᵉ siècles. Belge.
Paysagiste.
A passé la majeure partie de sa vie en Belgique. Il fut un des instigateurs de la réouverture de l'Académie des Beaux-Arts à Anvers. Fit de la peinture lorsqu'il se fut retiré à Vilvorde (près de Bruxelles) ; son nom figure parmi les paysagistes dans les catalogues de l'Exposition de Bruxelles, en 1813, 1818, 1821 ; il est regardé comme élève de Deroy. Il signait *J. P.*

ARGOUD Benoît
Né à Saint-Jean-en-Royans (Dauphiné). XVIIIᵉ siècle. Français.
Sculpteur.
Vécut à Grenoble et à Paris.

ARGOUD Jacques
Né à Grenoble (Isère). XVIIIᵉ siècle. Français.
Sculpteur.
Fils de Benoît Argoud. Il a fait, à Grenoble, de 1792 à 1795, les bustes de *J.-J. Rousseau, Mirabeau* et *Marat*. Il a fait aussi un médaillon pour le Musée et deux vases de pierre pour la grille du Jardin de ville. Restaura le mausolée de Bayard, à l'église Saint-André de Grenoble.

ARGOV Michaël
Né en 1920 à Vienne. Mort en 1982. XXᵉ siècle. Actif à partir de 1959 en Israël. Autrichien.

Peintre de figures, nus, portraits, sujets divers. Figuratif.
En 1933, il se fixa en Palestine, où, de 1942 à 1947, il fut élève de Avigdor Steimatzky à Tel-Aviv. Il vint à Paris en 1947 et fut élève de l'École des Beaux-Arts jusqu'en 1950. À partir de 1950, à Paris, il a exposé au Salon de la Jeune Peinture ; aux Salons d'Automne et des Indépendants ; à partir de 1955 au Salon Comparaisons ; depuis 1957, régulièrement au Salon des Peintres Témoins de leur Temps ; en 1957 à l'École de Paris, galerie Charpentier ; en 1958 au Salon des Réalités Nouvelles. Il a montré des ensembles de ses œuvres dans des expositions personnelles à Paris : 1951, galerie Saint-Placide ; 1953, galerie Cazelle ; 1955, 1956, galerie Suillerot ; 1958, galerie Mourgue ; et à Bruxelles : 1958, Palais des Beaux-Arts ; 1959, 1972, Musée de Tel-Aviv.
Sauf quelques incursions en direction de l'abstraction, il peint des paysages, natures mortes, fleurs et autres sujets dans un style qui reste conventionnel.
BIBLIOGR. : Lydia Harambourg, in : *L'École de Paris 1945-1965. Diction. des Peintres*, Ides et Calendes, Neuchâtel, 1993.
MUSÉES : HAÏFA – JÉRUSALEM – PARIS (Mus. mun. d'Art Mod.) – TEL-AVIV .
VENTES PUBLIQUES : PARIS, 31 mai 1954 : *Le port* : **FRF 24 100** – PARIS, 6 nov. 1961 : *Bouquet de fleurs* : **FRF 350** – GENÈVE, 10 juin 1967 : *Composition* : **CHF 350** – TEL-AVIV, 16 mai 1982 : *Bateaux à l'ancre 1948*, aquar. (46,5x64) : **ILS 9 500** – TEL-AVIV, 17 juin 1985 : *Fleurs 1957*, h/t (38x61) : **ILS 750 000** – TEL-AVIV, 1ᵉʳ juin 1987 : *Jeune fille aux glaïeuls*, h/isor. (98,5x48,5) : **USD 1 860** – TEL-AVIV, 2 jan. 1989 : *Paysage 1956*, h/t (51x65) : **USD 1 320** – TEL-AVIV, 3 jan. 1990 : *Pentecôte 1964*, h/t (91x94) : **USD 1 210** – TEL-AVIV, 4 avr. 1994 : *Collage 1966*, gesso et collage/pap./t. (92x64,7) : **USD 5 980**.

ARGS Hans de
XVIᵉ siècle. Suisse.
Peintre.
Il était bourgeois de Lucerne en 1522.

ARGUATTI
XIXᵉ siècle. Italien.
Peintre miniaturiste.
Résidait à Rome vers 1811.

ARGUDIN Pastor
XXᵉ siècle. Cubain.
Peintre de portraits.
Dès 1931, il exposa au Salon des Indépendants à Paris.

ARGUELLO Andrea Alfonso
XVIIᵉ siècle. Actif vers 1627. Espagnol.
Peintre.

ARGUELLO Juan Bautista
XVIᵉ-XVIIᵉ siècles. Espagnol.
Peintre de natures mortes.
Il a travaillé à une restauration dans la cathédrale de Séville, en 1594 ; le nom d'Arguello figure dans les archives de 1599 à 1603.

ARGUIS, Maître d'. Voir **MAÎTRES ANONYMES**

ARGUNOFF Iwan Petrowitsch
Né en 1727. Mort après 1797. XVIIIᵉ siècle. Russe.
Peintre.
Élève de G.-J. Grote il avait été serf du comte P.-B. Scheremetjeff ; il est célèbre par ses portraits, parmi lesquels il convient de citer : *Le Maréchal Boris Petrowitsch, Scheremetjeff* et celui de sa femme (ces trois derniers appartiennent au Comte Scheremetjeff ; ils ont été gravés par P. Antipjeff), *le Portrait du Prince A.-M. Tscherkaski*, celui de *l'Empereur Paul*.
MUSÉES : MOSCOU (Mus. Roumianzeff) : *Cléopâtre mourante* – MOSCOU (Gal. Tretiakoff) : *Portraits de l'architecte Vetochnikoff – Portrait de Mme Vetochnikova* – SAINT-PÉTERSBOURG (Mus. Russe) : *Portraits de J.-V. Varguin – Portrait de G.-V. Varguin – La Princesse Loleanova Rostovhkaïa*.

ARGUNOFF Jakob Iwànovitsch
Né en 1784. Mort après 1830. XIXᵉ siècle. Russe.
Dessinateur, illustrateur.
C'est le plus jeune fils d'Iwan Argunoff ; professeur de dessin à l'école du district de Jakiman, et plus tard au premier gymnase de Moscou. A dessiné des portraits pour un ouvrage intitulé : *Les actions des chefs d'armée les plus importants* et pour *l'Histoire de la Petite-Russie.*

ARGUNOFF Nikolai Iwànowitsch
Né en 1771. Mort après 1829. XVIIIᵉ-XIXᵉ siècles. Russe.

Peintre de portraits.

Célèbre portraitiste, fils et élève de Iwan Argunoff, il se perfectionna au cours d'un voyage qu'il fit à l'étranger en compagnie du Comte N.-B. Scheremetjeff. En 1818, il reçut le titre d'académicien, pour avoir exécuté le portrait du *Sénateur Runitsch* (salle des séances de l'État, Académie de Pétersbourg).

ARGUS Louis
XVIIIe siècle. Actif à Paris en 1758. Français.
Peintre.

ARGY-ROUSSEAU Gabriel
Né le 17 mars 1885 à La Ferté-Vidame (Eure-et-Loir). XXe siècle. Français.
Peintre, céramiste, verrier.

Il a participé au Salon d'Automne entre 1920 et 1924, et a exposé des verreries et des émaux au Salon des Artistes Français de 1934.

ARGYLL George VIII, duc d'
XIXe siècle. Britannique.

Il figura, en 1882, à la Grafton Gallery de Londres, avec un paysage.

ARGYRIADES Platon. Voir PLATON-ARGYRIADES Nicolas

ARGYROPOULO Hélène
Née à Athènes. XXe siècle. Grecque.
Sculpteur.

Elle fut élève de François Léon Sicard et exposa au Salon des Artistes Français de Paris en 1932 et 1939.

ARGYROS Oumbertos ou Umberto ou Humbert
Né en 1877 à Cavalla. Mort en 1963 à Athènes. XXe siècle. Grec.
Peintre de genre, nus, figures. Postimpressionniste.

Il fut élève de Nicéphore Nytras et de Georges Roïlos à l'Ecole des Beaux-Arts d'Athènes, puis alla poursuivre sa formation à Munich.

On loue sa peinture surtout pour le raffinement de ses accords colorés.

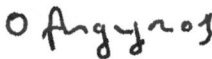

MUSÉES : ATHÈNES (Pina. Nat.) – RODHES (Gal. d'Art).
VENTES PUBLIQUES : COLOGNE, 21 mars 1980 : *Femme couchée* 1926, h/t (60x80) : DEM 5 500 – LONDRES, 10 oct. 1986 : *Jeune femme à sa toilette* 1929, h/t (65,5x51) : GBP 3 000 – LONDRES, 11 fév. 1987 : *Une jeune beauté*, h/pan. (32x24) : GBP 2 500 – LONDRES, 24 nov. 1989 : *La pause au bord du chemin*, h/t (75x95) : GBP 14 300 – LONDRES, 29 nov. 1991 : *Souvenirs d'enfance* 1929, h/t (100,3x75,5) : GBP 6 050 – LONDRES, 19 juin 1992 : *L'Attente*, h/t (95,3x75) : GBP 11 000 – LONDRES, 17 mars 1993 : *Jeune femme enfilant ses bas*, h/t (77x63,5) : GBP 7 475 – LONDRES, 14 juin 1995 : *Nu devant un miroir*, h/t (80x60) : GBP 7 130 – LONDRES, 12 juin 1996 : *Prête pour le bal*, h/t (79x59) : GBP 4 600.

ARIA. Voir aussi DARIA

ARIA Bonino d' ou da Oria, de Ayra ou Daria
Né à Pelsotto. Mort avant 1502. XVe siècle. Travaillait à Gênes dans la dernière moitié du XVe siècle. Italien.
Sculpteur.

C'est un des membres de la célèbre famille d'artistes de Pelsotto, dans la vallée d'Intelvi, près de Porlezza. On ne cite de lui aucune œuvre individuelle, mais il collabora avec ses deux frères, Michele et Giovanni, à Gênes, Savone, Carrare et d'autres villes.

ARIA Giovanni d' ou da Oria, de Ayra ou Daria
Né à Pelsotto (vallée d'Intelvi, près de Polzetta). Mort après 1508. XVe-XVIe siècles. Italien.
Sculpteur.

Giovanni, probablement l'aîné des trois frères de la famille d'Aria, travailla en Ligurie à partir de 1490. Parmi ses œuvres les plus intéressantes, on cite le mausolée des parents du pape Sixte IV, autrefois dans le cloître de San Francesco : on y sent déjà la tendance vers une évolution artistique. En 1490, Giovanni s'engagea à exécuter, avec Francesco Sansoni, un mausolée pour Antonio Sansoni et dont les fragments se trouvent encore dans l'église San Domenico, à Savone. Giovanni travailla aussi à la cathédrale de Gênes. On le croit auteur des reliefs représentant la Tête d'Hérode attribuée par certains critiques à Civitali.

ARIA Michele d' ou da Oria, de Ayra ou Daria
XVe-XVIe siècles. Actif à Pelsotto, dans la vallée d'Intelvi près de Porlezza et à Gênes. Italien.
Sculpteur.

Le premier ouvrage important de ce sculpteur fut la statue de Francesco Vivaldi, exécutée pour le Palazzo di San Giorgio, et achevée en 1466. En 1473, il sculpta une statue de Luciano Spinola, et, en 1475, composa celle de Domenico Pastine da Rapallo. On attribue aussi à Michele la statue équestre de F. Spinola, aujourd'hui dans la Cour du Palazzo Spinola, ainsi que la chapelle de Saint-Bernard de Sienne, dans l'église San Francesco di Castelletto. Vers 1489, il travailla avec Antonio Carlone à diverses chapelles, aux portails de l'église San Lorenzo. Il exécuta, en 1490, la *Statue d'Ambrogio di Negro* commissaire de Corse, le « premier à qui un tel honneur eût été conféré pendant sa vie ». Il collabora avec son frère Giovanni à la sculpture du mausolée érigé par le Pape Sixte à Savone. Son dernier ouvrage connu, et le plus important, est celui exécuté pour le roi Louis XII de France, en collaboration avec Viscardo et les deux Toscans Donato Benti da Pietra Santa et Benedetto di Bartolommeo Fiorentino. L'œuvre, une tombe pour les parents du Roi, à la cathédrale de Saint-Denis, est conservée encore de nos jours. E. Müntz croyait reconnaître une reproduction de ce travail dans l'église de la Trinité à Fécamp.

ARIA Simone d' ou Daria
XVIIe siècle. Travaillait à Rome. Italien.
Sculpteur.

On croit qu'il appartenait à la famille d'Aria de Pelsotto. Il exécuta la chapelle de César Pandini, érigée à Rome entre 1600 et 1607, sur la commande de Tullio Solari, dans l'église de Santa Maria delle Scala, au Transtevere.

ARIAENS Lucas ou Adriaennssone ou Adriaens, Adriaensen, Adriaenssens
Né à Anvers. Mort en 1493. XVe siècle. Éc. flamande.
Peintre de compositions religieuses, peintre de cartons de vitraux.

Fut admis dans la Confrérie de Saint-Luc en 1459 et occupa à cinq reprises le poste de doyen de cette corporation. Adriaens fut du nombre des beaux artistes qui furent employés à la décoration de l'église Notre-Dame d'Anvers. Il prit part aux travaux de décoration en l'honneur du mariage de Charles le Téméraire, en 1468. Il fit aussi des dessins pour les vitraux de l'église Saint-Brice, à Tournai.

ARIAN Marco
XIVe siècle. Italien.
Sculpteur.

Il a exécuté, en 1349, une fontaine sur la place del l'Angelo Raffaele à Venise, signée : *Marco Arian (Ta)(i)(a)p(iet)ra*.

ARIAS
XVe siècle. Actif à la fin du XVe siècle. Espagnol.
Peintre.

Attaché au service d'Isabelle la Catholique, il orna pour elle un célèbre livre de prières. Il enlumina aussi des antiphonaires pour le cloître de Saint Thomas à Avila.

ARIAS Francisco
Né en 1912. Mort en 1977. XXe siècle. Espagnol.
Peintre de paysages, natures mortes, peintre à la gouache.

Il a surtout peint les paysages des villes, villages et campagnes de la Castille.

VENTES PUBLIQUES : MADRID, 19 nov. 1977 : *Jeune femme avec son chien*, gche (65x51) : ESP 48 000 – MADRID, 21 fév. 1979 : *Paysage urbain*, h/t (61x50) : ESP 155 000 – MADRID, 17 oct. 1979 : *Champ de blé*, h/isor. (52x100) : ESP 250 000 – MADRID, 24 mars 1981 : *Femme à l'ombrelle*, gche (75x97) : ESP 40 000 – MADRID, 13 déc. 1983 : *Nature morte* 1973, h/t (73x92) : ESP 250 000 – MADRID, 22 nov. 1984 : *Paysage de Castille*, h/t (65x83) : ESP 125 000 – MADRID, 27 juin 1991 : *Paysage castillan avec un village* 1970, h/t (46x65) : ESP 280 000 – LONDRES, 13 mars 1996 : *L'Alcazar de Séville*, h/cart. (27,5x17,5) : GBP 1 610.

ARIAS Joseph
Né en 1743 à Madrid. Mort en 1788 à Mexico. XVIIIe siècle. Espagnol.
Sculpteur.

Fit ses études sous la direction de Juan Pascual de Mena, puis à l'Académie de San Fernando, dont il fut nommé, en 1782, membre d'honneur. Il devint directeur de la nouvelle Académie de San Carlos, à Mexico, et y mourut.

ARIAS Juan
xve siècle. Actif à Séville. Espagnol.
Peintre.
Vivait à Sainte-Marie-Majeure en 1422.

ARIAS Miguel
Né à Cuba. xixe siècle. Cubain.
Peintre de paysages.
Il a peint les paysages de Cuba.
Ventes Publiques : New York, 24 nov. 1982 : *Ingenio*, h/t (53,4x78,8) : **USD 3 750** – New York, 28 nov. 1984 : *Paysage*, h/t (38x58,4) : **USD 800** – New York, 19-20 mai 1992 : *Paysage cubain* 1883, h/t (54,6x100,3) : **USD 4 400**.

ARIAS N., Mlle
xixe siècle. Française.
Sculpteur.
A exposé au Salon, de 1881 à 1892.

ARIAS Rodrigue
xvie siècle. Travaillait à Séville en 1561. Espagnol.
Peintre.
Un peintre, Pedro Moreno, l'aida dans ses travaux et demeura chez lui, conformément aux conditions stipulées dans un écrit qui ne porte pas la signature d'Arias, daté du 9 janvier 1561.

ARIAS Virginius
xixe-xx{e} siècles. Chilien.
Sculpteur.
Il participa au Salon de Paris à plusieurs reprises. Il obtint deux mentions honorables en 1882 et 1883, une médaille de troisième classe en 1887 et une médaille d'or à l'Exposition Universelle de 1889.

ARIAS ALVAREZ Francisco
Né en 1912 à Madrid. xxe siècle. Espagnol.
Peintre. Figuratif.
Etant influencé par Picasso, comme la plupart des artistes espagnols de l'après-guerre, il libère et aiguise sa peinture figurative. Il a reçu le Prix de la Peinture Nationale en 1952.
Musées : Buenos Aires – Lisbonne – Madrid .
Ventes Publiques : Madrid, 19 oct. 1976 : *Le trapéziste* 1957, h/t (110x85) : **ESP 65 000**.

ARIAS Y CONTRERAS Manuel Francisco de
Né en 1644 à Cordoue (Andalousie). Mort après 1677. xviie siècle. Espagnol.
Peintre.
Il fut admis à l'atelier d'Antonio del Castillo, en 1656.

ARIAS FERNANDEZ
xviie siècle. Espagnole.
Portraitiste.
Fille et élève de Antonio Arias Fernandez.

ARIAS FERNANDEZ Antonio
Né vers 1620 à Madrid. Mort en 1684 à l'hôpital à Madrid. xviie siècle. Espagnol.
Peintre de compositions religieuses.
Ce célèbre artiste, compté parmi les plus grands peintres de l'école espagnole, était d'une rare précocité, puisque, dès l'âge de 14 ans, il faisait des tableaux pour le maître-autel du cloître des Carmes, à Tolède. Le comte Olivarez lui commanda une série de portraits des souverains d'Espagne, qu'Arias dut copier d'après les vieux originaux qui étaient dans la grande salle de comédie du château de Madrid. Il travailla, en 1644, pour l'église du cloître de Sainte-Madeleine, à Madrid ; en 1657, il fit onze tableaux représentant la *Passion de Jésus-Christ*, pour le couvent San Felipe el Real, et une grande toile *Le Baptême du Christ* pour le Baptistère de S. Gines (au Prado). On cite aussi de lui *Jésus parmi les Pharisiens* (1646). Arias était élève de Pedro de las Cuevas. Il eut une fille qui fut une portraitiste de talent.
Ventes Publiques : Paris, 1844 : *Jésus entouré de ses disciples donne les clefs de l'Église à saint Pierre* : **FRF 400**.

ARIASSI Giuseppe
Né le 4 juillet 1826 à Brescia. Mort le 13 janvier 1906 à Brescia. xixe siècle. Italien.
Peintre d'histoire, compositions religieuses, portraits, fresquiste.
Cet artiste, élève de Hayez à l'Académie Brera de Milan, est célèbre comme peintre d'histoire, de sujets religieux et de portraits. On cite de lui : des fresques pour la Chiesa dei Miracoli, pour le couvent dei Filippini à Brescia, et pour les églises de Carcina et Ospitaletto, un tableau d'autel : *Saint Louis et Saint*

Charles, dans l'église paroissiale d'Orano, un autre avec *Saint Columban* et le *Duc de Bourgogne*, dans l'église paroissiale de Parzanica bergamasca, Un *Crucifix* (clair-obscur), dans la Corte d'Appello à Brescia ; et d'autres tableaux dans la galerie Tosio, à Brescia.

ARIBAUD Henri
xxe siècle. Français.
Artiste décorateur.
Expose un ensemble au Salon d'Automne de 1934.

ARIBERTUS de Paxiliano
xve siècle. Italien.
Sculpteur.
D'après une tradition locale, il y eut un Alibertus de Paxiliano (Pansilvano) qui fit les stalles du chœur, sans doute des sièges de pierre, à S. Ambrogio de Milan.

ARIBO ou Aripo
xe siècle. Allemand.
Peintre.
Moine de Ratisbonne, miniaturiste, connu pour avoir pris part, en compagnie d'Adalbert, à la restauration du Codex Aureus de Saint-Emmeram.

ARICESCO Constantin ou Aricescu
Né en 1861 à Bucarest. xixe-xx{e} siècles. Roumain.
Peintre.
Un tableau de cet artiste, *Soir dans la forêt*, a figuré à l'Exposition décennale des Beaux-Arts, en 1900. Le Musée Simu, à Bucarest, conserve une toile de ce peintre.

ARICHALL Francis
Né en 1772 à Portsmouth. xviiie siècle. Actif à la fin du xviiie siècle. Britannique.
Peintre de portraits, pastelliste.
Il fit ses études à Londres ; en 1786, il alla à Hambourg, où il se trouvait encore en 1794 ; plus tard, on signale son passage à Hanovre. Il fit des miniatures et des pastels. Un portrait, portant cette inscription : *Dr. Lebr. F. B. Lentin, à Hanovre, 1736-1804*, et gravé par Laurentz, à Berlin, est probablement de lui. Arichall exposa aussi à la Royal Academy trois tableaux.

ARICIO Battista d'. Voir **BATTISTA d'Aricio**

ARICKX Lydie
Née en 1954 à Villecresnes (Essonne). xxe siècle. Française.
Peintre de figures, peintre à la gouache, pastelliste, sculpteur. Expressionniste.
De 1974 à 1978, elle fut élève à l'Ecole Supérieure d'Art Graphique à Paris. Depuis 1979 elle participe à de nombreuses expositions collectives, entre autres, au Salon de Montrouge, au Centre Culturel de Boulogne-Billancourt en1980, au Centre Georges Pompidou dans le cadre de l'exposition *Dessins d'expression figurative* (1983), à l'Espace Pierre Cardin en 1983, 1989. Elle a montré ses peintures et pastels dans plusieurs expositions personnelles, au musée d'Art Contemporain de Dunkerque en 1986, notamment à Paris : à son stand particulier du Salon Mac 2 000 en 1985, 1986, 1987, avec un stand personnel à la FIAC 1988 (Foire Internationale d'Art Contemporain), au *Carré des Arts* en 1989, ainsi qu'à New York.
Dessin et couleur mènent à un expressionnisme violent, frôlant parfois la cruauté, même dans l'amour. Mais que cherche-telle à travers ses personnages écorchés vifs, sinon leur âme ? comme elle l'affirme elle-même. Son art se réfère à Egon Schiele, Otto Dix, Georges Grosz, mais aussi et surtout, ne serait-ce que par l'emploi du pastel, à Francis Bacon, ainsi qu'à Luis Caballero.

■ J. B.
Bibliogr. : Catalogue de l'exposition *Lydie Arickx*, gal. Jean Briance, Paris, 1983 et 1985 – Jean-Marie Tasset : *Lydie Arickx : les nus et les morts*, in : *le Figaro*, 21 juin 1988.
Musées : Paris (Mus. Nat. d'Art Mod.).
Ventes Publiques : Paris, 13 oct. 1987 : *Angoisse métaphysique*, past. et gche (178x145) : **FRF 10 000** – Paris, 8 fev. 1988 : *Famille*, past. (110x72) : **FRF 4 500** – Paris, 27 jan. 1993 : *Grand nu*, h/pap./t. (130x94) : **FRF 6 000**.

ARICO Rodolfo
Né en 1930 à Milan. xxe siècle. Italien.
Sculpteur et peintre. Arte povera.
Il expose à Rome, Milan, Vérone et à la Biennale de Venise en 1964 et 1968, mais aussi à Chicago et à la Biennale de São Paulo en 1963. L'emploi de détritus et objets usagés dans des compositions hasardeuses, le place parmi les artistes dit de l'Arte povera.

VENTES PUBLIQUES : MILAN, 21 déc. 1976 : *Tension* 1958, h/t (80x89,5) : ITL 400 000 – MILAN, 14 déc. 1987 : *Sans titre*, h/t (70x90) : ITL 5 600 000 – MILAN, 7 juin 1989 : *Sans titre* 1959, h/t (38x32) : ITL 1 000 000 – MILAN, 27 mars 1990 : *Prisme et lentilles d'objectif* 1966, h/t (deux panneaux et une base 200x70x12) : ITL 3 200 000 – MILAN, 19 juin 1991 : *Composition* 1960, h/t (130x130) : ITL 3 800 000 – MILAN, 25 oct. 1995 : *Composition* 1959, h/t (127x127) : ITL 6 325 000 – VENISE, 12 mai 1996 : *Sans titre* 1975-1976, acryl./pap./t. (180x180) : ITL 4 000 000.

ARIDAS Auguste
Né en 1848 à Angers. XIXe siècle. Français.
Peintre de genre, paysages, fleurs et fruits.
Cet artiste, établi à Limoges, est élève de J. Dauban et de Gérôme ; ses œuvres ont figuré au Salon de Paris, en 1878, 1882, 1889. Il exposa aux Indépendants en 1907. Citons parmi ses toiles : *Trieuse de fruits de Castelnau-Montratier (Lot), Ancien rempart, Halle de Castelnau-Montratier, Intérieur, Soleil de midi, Promenade, place de Castelnau-Montratier, Prunes d'Agen.*
MUSÉES : LIMOGES : *Le cours de jeunes filles à l'ancienne École nationale d'Art décoratif de Limoges – Chrysanthèmes en plein air par un coup de vent – La rue de la Boucherie à Limoges, avant la suppression des auvents – Grenades et raisins – Ateliers de retoucheuses, fabrique de porcelaines à Limoges – Vue de Limoges,* décoration de la grande cheminée de la Bibliothèque des élèves.

ARIDIKES, dit Aridicos de Corinthe
Originaire de Corinthe. VIIe siècle avant J.-C. Actif à l'époque archaïque. Antiquité grecque.
Peintre.
Pline le cite parmi les artistes du début de la peinture grecque, comme l'un de ceux qui ont perfectionné la technique linéaire : sans utiliser encore la couleur, il aurait ajouté à la simple silhouette un dessin intérieur (comparer avec les lécythes attiques à fond blanc).

ARIDJCONI
XIXe siècle. Italien.
Sculpteur.
Auteur d'un *Buste en marbre de sir Greville Smyth,* baronet, conservé par le Musée de Bristol.

ARIEL Adjémian
Né à Brousse. XXe siècle. Arménien.
Peintre.
Expose *Le Paradis artificiel* aux Artistes Français de 1934.

ARIELI Mordecaï
Né en 1909 en Pologne. Mort en 1993. XXe siècle. Depuis 1926 actif en Israël. Polonais.
Peintre.
Il émigra en 1926 en Palestine et fut encouragé dans sa carrière d'artiste par Boris Schatz de l'Académie Bezalel. Il exposa ses œuvres en 1951 au musée de Tel-Aviv. Il participa, de 1949 à 1963, aux expositions du groupe *New Horizons.*
VENTES PUBLIQUES : TEL-AVIV, 26 avr. 1997 : *Deux Oiseaux* 1956, h/t (88x116) : USD 5 750.

ARIENS Pieter
Né en 1562 ou 1563. XVIe siècle. Vivait à Delft en 1610. Éc. hollandaise.
Peintre verrier.
Probablement ancêtre des CORSENDONCK.

ARIENSZ Fop
XVIe siècle. Éc. hollandaise.
Peintre.
Il venait de Bolsward, quand il acheta le droit de cité à Amsterdam, le 27 août 1537.

ARIENTI Antonio di Giacomo degli
XVIe siècle. Actif à Bologne vers 1500. Italien.
Peintre miniaturiste.

ARIENTI Carlo
Né en 1794 ou 1801 à Arcore, près de Monza (Lombardie). Mort en 1873 à Bologne (Emilie-Romagne). XIXe siècle. Italien.
Peintre d'histoire, compositions religieuses, batailles, sujets de genre, portraits.
Cet artiste fut des premiers peintres de l'école italienne moderne et fut président de l'Académie des Beaux-Arts de Bologne. Il s'établit à Turin. Là aussi la présidence de l'Académie de peinture lui fut donnée et il forma de nombreux élèves.

Le roi Charles-Albert lui commanda un tableau pour le Palais de Turin, représentant une bataille gagnée par les Piémontais sur les Autrichiens. Il peignit de grandes compositions historiques. Ses principales œuvres sont : *Barbarossa, Béatrice de Tenda, Jérémie, Oreste, Phèdre et Hippolyte, Francesca de Rimini, Portrait de Bellini.*
MUSÉES : VIENNE : *Massacre des Innocents.*
VENTES PUBLIQUES : MILAN, 14 déc. 1978 : *Egisthe et Clytemnestre,* h/t (46x37) : ITL 1 200 000 – MILAN, 13 déc. 1979 : *Scène de guerre,* h/t (87x64) : ITL 1 100 000 – LONDRES, 29 avr. 1988 : *L'inquisiteur,* h/pap. mar. sur cart. (19,4x26,4) : GBP 825.

ARIENTI Stefano
Né en 1961 à Asolo (Mantoue). XXe siècle. Italien.
Artiste. Abstrait.
Il a séjourné dans les ateliers du Fonds régional d'art contemporain Pays de la Loire. Il participe à des expositions collectives depuis 1985. Il expose en 1989 et 1991 au Studio Guenzani (Milan). Stefano Arienti fait partie de ces jeunes artistes italiens (avec Bertasa, Busto, Cavenago...) qui, à la suite du mouvement de la Trans-Avant-Garde des années quatre-vingt, et de leur propension intellectuelle et mercantile à occuper le devant de la « scène artistique », tentent de développer une approche créative cohérente et nouvelle sur le plan formel. Arienti mène un travail de recherche sur les structures des figures peintes du passé ou du présent : reprise sur des morceaux de polystyrène des contours internes de tableaux de peintres célèbres (Van Gogh, Monet...), morceaux qui seront ensuite empilés les uns sur les autres, suivant un ordre incertain. Cette « attaque » de l'image est poursuivie autour du livre-objet : dans sa matérialité intrinsèque, par un effacement pratiquement total du texte d'accompagnement d'une représentation (photographies, cartes postales) ; dans sa matérialité extrinsèque, par la mise en exergue des pages, aboutissant parfois, après un travail de pliage, à une sculpture de papier légère et sobre. ■ C. D.
BIBLIOGR. : Ezio Quarantelli : *Nouvelle Génération : les Lendemains de la Trans-Avant-Garde,* in : *Art Press,* n° 164, Paris, déc. 1991.

ARIES-THIEBAUT Julia
Née à Paris. XXe siècle. Française.
Artiste décorateur.
Expose des émaux au Salon d'Automne de 1924.

ARIF Saleem
Né en 1949. XXe siècle. Actif en Angleterre. Indien.
Peintre.
Il puise son inspiration dans diverses cultures et développe un langage symbolique personnel.
BIBLIOGR. : Jutta Stöter-Bender : *L'Art contemporain dans les pays du « tiers-monde »,* L'Harmattan, Paris, 1995.

ARIGHI Alessandro
XVIIe siècle. Italien.
Sculpteur sur bois.
Élève de Gabriel Capra et établi à Crémone. On cite, parmi ses œuvres, une pièce d'autel représentant, en relief, la *Légende de l'Abbé Eusebius* (cet ouvrage existe encore).

ARIGHINI Giuseppe
Né à Brescia. XVIIe siècle. Italien.
Peintre, peintre de décorations.
Fut pendant trente ans au service du Duc George Wilhelm de Brunswick, comme peintre décorateur du théâtre ; en 1676, il dirigea les travaux du nouveau bâtiment du château du Duc, à Celle.

ARIGO de Arregia. Voir AREGIO Pablo de

ARIGONE Francesco
XVIIIe siècle.
Il peignit deux fresques pour la nouvelle chapelle Santa Barbara, au château de Schebetau, en Moravie. D'après les documents de l'époque, il était propriétaire à Olmütz en 1701 ; il y résidait encore en 1719.

ARIGONI Bono, fra
XVIe siècle. Italien.
Miniaturiste.
Vénitien, on connaît de lui une carte géographique en miniature signée : *Nova charta marina fo facta da mi fra Bono Arigoni Venexia MCCCCXI.* Ses sujets favoris sont des bateaux et des animaux. On a de lui un portrait représentant *Un moine, un livre à la main.*

ARIGONI Francesco
XVIIᵉ siècle. Italien.
Peintre.
Établi à Padoue vers 1628 ; il est l'auteur d'un *San Antonius*, à l'église San Felice e Fortunato, à Vicence.

ARIGUZZI Arduino di Domenico degli
XVᵉ-XVIᵉ siècles. Italien.
Sculpteur sur bois.
Cité à Bologne de 1482 à 1517. Exécuta divers travaux dans des églises de Bologne. Fut également architecte.

ARIHISA
XIVᵉ siècle. Japonais.
Peintre.
Il était le troisième fils de Kose Ariyuki et remplit de hauts emplois à la cour. On cite de lui le portrait de deux Mandarins et une image de *Benzaiten, déesse de la Fortune*. Il travaillait au temple de Kyoogokuji, à Kyoto, entre 1308 et 1349. Sa peinture est essentiellement bouddhique.

ARIÏE Kose A.
XIVᵉ siècle. Travaillait vers 1321-1324. Japonais.
Peintre.
D'après Brinkley, il vivait à Genko et il était le fils de Kose Mitsuyasu de Kyoto. On cite de lui : deux rouleaux en longueur (makimono) : *Gyogi-engi* (histoire du prêtre coréen Gyogi), et *Jizô-engi* (miracle du bodhisattva Jizô), ainsi que seize rouleaux en hauteur (kakemono) : les seize *Rakan*.

ARIKHA Avigdor
Né le 28 avril 1929 à Radautz ou Radanti (Bukovine). XXᵉ siècle. Depuis 1954 actif en France, naturalisé en Israël. Roumain.
Peintre, peintre de cartons de tapisseries, vitraux, illustrateur. Abstrait puis Nouvelles Figurations.
Après avoir eu une enfance bouleversée par les persécutions nazies, il gagna la Palestine en 1944 et travailla dans un kibboutz. Il entra à l'Ecole d'Art Bézalel de Jérusalem où il fut élève de Mordecaï Ardon, entre 1946 et 1949. Avant de se fixer définitivement à Paris en 1954, il a voyagé en Italie, en France, a séjourné à Londres et à Stockholm.
Il a participé aux Biennales de Paris en 1959 et de Venise en 1962. Il a exposé individuellement à Tel-Aviv en 1952, Jérusalem en 1953 et 1962, Stocholm 1954, Copenhague 1955, Paris 1955 galerie Furstemberg, 1957, 1961 galerie Karl Flinker, 1967 galerie Claude Bernard, Londres 1956, 1959, Amsterdam 1960, Paris 1970-71 *Dessins 1965-1970* au Centre National d'Art Contemporain, New York 1988. Il a reçu une médaille d'or pour l'illustration, à la Triennale de Milan en 1954. Il a également illustré : *Nouvelles et textes pour rien* (1957), de son ami Samuel Beckett, a dessiné des vitraux pour la synagogue de Woonsocket aux États-Unis (1961-1962), des cartons de tapisserie pour le transatlantique *Hamburg* (1963). En 1985, il illustre *Arikha*, un ouvrage qui lui est consacré et où l'on retrouve des textes de quelques auteurs contemporains, dont Samuel Beckett.
Si ses œuvres abstraites, de 1957 à 1965, suggéraient d'abord de vastes espaces intérieurs plus que planétaires, elles prennent une tournure apocalyptique à partir de 1960. Cinq ans plus tard, très impressionné par l'exposition *Caravage* au Louvre, il abandonne l'abstraction pour revenir à la figuration, tout d'abord à travers des dessins et des gravures. Lorsqu'il peint d'après nature, il donne un caractère subversif à son art dont l'univers reste limité à son environnement. Sa peinture « réaliste » va au delà de la simple habileté. Il sait surprendre par son cadrage nouveau qui fait penser au regard d'un photographe, mais donne en plus la vie. Comme un clin d'œil, il aime faire référence aux peintres des générations précédentes, il est d'ailleurs l'auteur d'écrits sur l'art. On peut se demander si la force de son art « figuratif » ne tiendrait pas à ce qu'il est issu de l'abstraction.

■ Annie Pagès

BIBLIOGR. : Germain Viatte, Samuel Beckett et divers : *Arikha*, Hermann, Paris, 1985 – *L'Art Moderne à Marseille, la Collection du Musée Cantini*, 1988 – Jean Pierre Cuzin, *Connaissance des Arts*, octobre 1988 – Lydia Harambourg, in : *L'École de Paris 1945-1965*. Diction. des Peintres, Ides et Calendes, Neuchâtel, 1993.
MUSÉES : ÉDIMBOURG (Nat. Portrait Gal.) : *Portrait de la reine mère Elisabeth – Portrait de Lord Home* – JÉRUSALEM (Mus. Bézalel) – MARSEILLE (Mus. Cantini) : *Miroir dans l'atelier* 1987 – PARIS (Mus. Nat. d'Art Mod.) : *Anne de dos* 1963 – *Le balcon de la loggia* 1975 – STOCKHOLM .

VENTES PUBLIQUES : LONDRES, 17 mai 1978 : *Composition* 1951, h/cart. (33x23,5) : **GBP 500** – TEL-AVIV, 3 mai 1980 : *Figures* 1956, h/t (60,5x50) : **ILS 4 000** – TEL-AVIV, 4 juin 1984 : *Composition* 1958, gche (63x48,5) : **USD 1 450** – TEL-AVIV, 17 juin 1985 : *Abstraction* 1970, h/t (89x140) : **ILS 6 800 000** – TEL-AVIV, 26 mai 1988 : *Les Musiciens, Sabbath* 1955, h/t (65 x 81) : **USD 24 200** – PARIS, 1er jun 1988 : *Composition* 1962, h/t (24x16) : **FRF 5 800** – PARIS, 16 déc. 1988 : *La main* 1976, aquar. (13,5x18,5) : **FRF 10 000** – TEL-AVIV, 2 jan. 1989 : *Peinture* 1958, gche (62x47) : **USD 3 410** – TEL-AVIV, 30 mai 1989 : *Composition* 1959, gche/pap. (72x51) : **USD 7 700** – TEL-AVIV, 3 jan. 1990 : *Intérieur de Anne* 1969, encre (43,6x30,3) : **USD 3 740** – TEL-AVIV, 20 juin 1990 : *Sans titre* 1964, gche (26x31) : **USD 3 190** – TEL-AVIV, 1er jan. 1991 : *Jérusalem* 1967, encre (15,5x22) : **USD 1 100** – TEL-AVIV, 1er jan. 1991 : *David jouant de la harpe devant Saül* 1956, h/t (92x73) : **USD 20 900** – NEW YORK, 3 oct. 1991 : *Nu debout devant un miroir* 1985, h/t (146x89) : **USD 49 500** – TEL-AVIV, 6 jan. 1992 : *Le Châle noir* 1983, h/t (54,6x45,7) : **USD 29 700** – TEL-AVIV, 20 oct. 1992 : *Continuité-composition* 1958, h/t (88,5x145,5) : **USD 24 200** – PARIS, 3 déc. 1992 : *Portrait d'Alba au turban* 1984, mine de pb (50x38) : **FRF 4 500** – TEL-AVIV, 14 avr. 1993 : *La chute* 1958, h/t (162x97) : **USD 25 300** – NEW YORK, 11 nov. 1993 : *Parapluie* 1974, h/t (100,3x81) : **USD 24 150** – LONDRES, 30 juin 1994 : *Mademoiselle A. R.* 1989, h/t (50x100) : **GBP 35 600** – TEL-AVIV, 25 sep. 1994 : *L'Ampoule jaune* 1981, h/t (80,3x65,1) : **USD 38 350** – PARIS, 29 mars 1995 : *Composition abstraite*, gche/pap. (65x31) : **FRF 7 000** – NEW YORK, 3 mai 1995 : *Anne debout* 1975, h/t (161,9x129,9) : **USD 57 500** – TEL-AVIV, 11 oct. 1995 : *Synchrone (L'Appel du vide II)* 1959, h/t (160,5x195) : **USD 27 600** – TEL-AVIV, 14 jan. 1996 : *Sans titre* 1964, gche (26x31) : **USD 2 530** ; *Anne sous un éclairage violent* 1985, sépia (97,5x65,1) : **USD 10 350** – TEL-AVIV, 7 oct. 1996 : *La Voix du subtil silence* 1958, h/t (100x81) : **USD 11 500** – TEL-AVIV, 30 sep. 1996 : *Statique* 1960, h/t (130,5x96) : **USD 10 350** – TEL-AVIV, 26 avr. 1997 : *Portrait d'Anne* 1990, cr. noir/pap. Japon (93x62,5) : **USD 5 980** – TEL-AVIV, 12 jan. 1997 : *Champ d'échec* 1964, h/t (65x50) : **USD 5 750** ; *Portrait d'Émile Ajar* vers 1975, encre (29,5x23,5) : **USD 2 070**.

ARIMA Satoe
Née en 1893 à Kago shima-shi. XXᵉ siècle. Japonaise.
Peintre.
Elle fait des études sous la direction de Okada Saburosuhe à l'atelier du Hongô Art. Membre du Kô Fû Kai, et du Nitten, elle participe aux expositions gouvernementales à partir de 1914.

ARIMINI
XVIIIᵉ siècle. Italien.
Graveur.
On cite de cet artiste une gravure datée, *Rimini 1751*, représentant des chevaux.

ARINELLI Luca et **Michelangelo**
XVIIIᵉ siècle. Italiens.
Peintres.

ARINO Y FELIU Rafael
Né à Valence. XIXᵉ siècle. Espagnol.
Peintre de genre et décorateur.
Élève de Luis Tellez ; a fait des tableaux de genre pour lesquels il s'est inspiré de sujets pris dans son pays natal, mais il est plus connu comme peintre décorateur.

ARIO Emilio
Actif à Venise. Italien.
Sculpteur.

ARIODANTE Marco
Né en 1699. XVIIIᵉ siècle. Actif à Bologne. Italien.
Peintre de fleurs.

ARIOKA Ichirô
Né en 1900 à Osaka. XXᵉ siècle. Japonais.
Peintre.
Il fut élève de Saburosuke Okada à l'atelier du Hongô Art. Etant membre de Rynki Kai, il participa à des expositions organisées par le gouvernement japonais, entre 1940 et 1945. Il expose à la Biennale de Tôkyô en 1959.

ARION Hannequin
Né au XIVᵉ siècle à Bruxelles. XIVᵉ siècle. Éc. flamande.
Sculpteur.
Travailla à Dijon avec Jean de Soignolles.

ARIOSTO Felipe
XVIᵉ siècle. Espagnol.

Peintre de portraits.
En 1587 et en 1588, a fait beaucoup de portraits des souverains aragonais pour une salle d'audience de Barcelone. On croit qu'il était d'origine italienne.

ARISCOLA Nicola
xve siècle. Italien.
Sculpteur.
Il est regardé comme le maître de Salvatori d'Aquila, ou Aquilano, à qui il dédia plusieurs œuvres qui se trouvent dans l'église Santa Maria della Valle Verde, à Barisciano (province Aquila).

ARISHIMA Ikuna ou Kuma
Né en 1882 à Yokohama. xxe siècle. Japonais.
Peintre, illustrateur.
Il fit ses études auprès de Takeji Fujishima, peintre de tendances occidentales. On lui attribue un nombre considérable d'ouvrages exécutés dans la province de Biscaye et qui ont des caractères fonda le Nika Kai. en 1923, il exposa au Salon d'Automne à Paris.
Il fit l'illustration des œuvres de Arishima Ikuma publiées à Tôkyô en 1932.

ARISIUS Sollicitus, fra
xviie siècle. Italien.
Peintre de compositions religieuses.
Peintre établi à Lodi, il est l'auteur d'un tableau : *Adoration des Mages*, signé, et daté de 1607, pour l'église San Giovanni de Sessa.

ARISMENDI Felipe
Mort le 1er août 1725 à Saint-Sébastien. xviiie siècle. Espagnol.
Sculpteur de sujets religieux, statues.
Cet artiste, fils ou neveu de Juan de Arismendi, vivait à Saint-Sébastien. On lui attribue un nombre considérable d'ouvrages exécutés dans la province de Biscaye et qui ont des caractères communs, en particulier un certain réalisme. Citons notamment : à Saint-Sébastien, dans l'église Santa Maria, un *Saint Pierre*, un *Saint Joseph* et plusieurs groupes représentant divers épisodes de la *Passion de Jésus-Christ*, (1710-1713), à l'église paroissiale d'Eloybar, un *Saint Antoine*, à San Vicente, un médaillon *Les Ames du Purgatoire*, à San Francisco, la statue du roi *Louis XIV* et une *Sainte Rose* qui sont parmi ses œuvres les meilleures, à Bilbao, dans l'église Saint Iago, une *Immaculée Conception* et une *Sainte Barbara*, à l'église paroissiale de Pasages, quatre statues ornant le tabernacle du maître-autel et, dans la sacristie, un *Saint Jean Baptiste*, regardé comme son chef-d'œuvre, enfin, dans l'église de Plasencia, un *Christ*, et dans celle de Toloza, un *Saint Ignace de Loyola*.

ARISMENDI Juan de
xviie siècle. Espagnol.
Sculpteur.
Artiste établi à Cizurquil (province du Guipùzcoa) ; aidé de Jean Nascardo et de Jean de Iralzu, il fit, en 1632, des tabernacles pour le maître-autel de l'église paroissiale de Fuenmayor et Briones et pour l'église Notre-Dame de los Reyes, dans le bourg de la Guardia.

ARISTANDROS I
v^e-ive siècles avant J.-C. Parien, actif au tournant du ve et du ive siècle avant Jésus-Christ. Antiquité grecque.
Bronzier.
Peut-être est-il le père du grand Skopas. Il travailla à l'un des deux grands trépieds consacrés par les Spartiates à Amyklai après Ægos Potamoi (405), tandis que Polyklète l'Ancien (?) travaillait, dit-on, au second. La figure de soutien du trépied d'Aristandros était une *Femme tenant la lyre* : Pausanias y reconnaissait Sparta, mais c'est bien plutôt la déesse laconienne Alexandra qui devait être ainsi représentée.

ARISTANDROS II, fils de Skopas
i^er siècle avant J.-C. Parien, actif au milieu du i^er siècle avant Jésus-Christ. Antiquité grecque.
Sculpteur.
Des inscriptions de Délos nous apprennent qu'il restaura des œuvres d'Agasias, fils de Ménophilos. On suppose que ces travaux ont eu lieu après la première guerre de Mithridate contre Rome (88-84). Aristandros fils de Skopas appartient vraisemblablement à la même famille qu'Aristandros I, et aussi le grand Skopas.

ARISTARETE
Antiquité grecque.
Peintre.

Elle était la fille et l'élève de Néarchos : Pline cite d'elle un *Asklépios*.

ARISTEAS I
Originaire d'Aphrodisias (Carie). i^er siècle avant J.-C. Actif à l'époque d'Hadrien. Antiquité grecque.
Sculpteur.
Avec son compatriote Papias, il exécuta les deux *Centaures* de marbre noir, retrouvés en 1736 dans la villa d'Hadrien, et conservés au Musée du Capitole. Le sujet n'est pas original et, d'ailleurs, les artistes de l'école (?) d'Aphrodisias se contentent généralement de copier des œuvres plus anciennes. Ici Aristéas et Papias ont sans doute repris une œuvre rhodienne (analogies avec le *Laocoon*), vraisemblablement en bronze (choix de la pierre noire, travail des cheveux), que l'on peut dater de la seconde moitié du i^er siècle avant Jésus-Christ. Il manque aujourd'hui aux deux Centaures le petit Eros qu'ils avaient dans le dos.

ARISTEAS II, fils de Nikandros
Originaire de Mégalopolis. iie siècle avant J.-C. Antiquité grecque.
Sculpteur.
Il nous est connu par une base d'Olympie.

ARISTEGUI Pilar De
Née à Bruxelles (Belgique). xxe siècle. Espagnole.
Peintre de compositions animées, scènes typiques. Naïf.
Après ses études, elle épousa un diplomate espagnol, ce qui la fit vivre dans plusieurs pays. Revenue à Madrid, elle y fit sa première exposition en 1975. Ensuite, elle a exposé au Brésil, aux États-Unis, en Espagne. A Paris, elle participe au Salon International d'Art Naïf.
Elle peint des scènes très complexes, aux personnages multiples, en rapport avec les cérémonies et coutumes des pays exotiques que ses voyages lui ont fait connaître ou bien elle en reconstitue les événements historiques, comme, par exemple, l'arrivée des Espagnols chez les Indiens d'Amérique.

ARISTEIDES, l'Ancien
ive siècle avant J.-C. Actif dans la première moitié du ive siècle avant Jésus-Christ. Antiquité grecque.
Peintre.
Selon Pline, il avait été l'élève d'Euxenidas. Certains auteurs identifient Aristeidès l'Ancien avec le sculpteur du même nom qui fut le disciple de Polyclète et en font un artiste sicyonien. Mais le peintre Aristeidès était beaucoup plus probablement thébain ; fondateur (à Athènes ?) d'une école célèbre, peut-être seulement ouvrit-il à Athènes l'école où se formèrent non seulement ses fils Nikéros et Ariston II, mais aussi Antorides et Euphranor. Les critiques postérieurs reprochent à Aristeidès l'Ancien ses couleurs encore un peu dures, mais ils reconnaissent en lui le véritable inventeur de la peinture à l'encaustique (technique que Praxitèles portera à sa perfection). Les œuvres d'Aristeides l'Ancien marquent l'introduction du « pathétique » en peinture (comparer avec Scopas, pour la sculpture). La *Mère blessée à mort* qui veut empêcher son nourrisson de têter du sang est un sujet qui sera repris plus tard, en plastique, par le pergaménien Épigonos. Autres tableaux : un *Suppliant* (qui était, nous dit-on, « parlant »), un *Malade* très célèbre (consécration à Asklépios ?), et une *Anapauoméné propter fratris amorem* (on ne sait pour cette jeune fille, morte à cause de l'amour qu'elle portait à son frère, s'il faut songer au suicide de Kanaké dans l'*Aiolos* d'Euripide, ou s'il faut rappeler l'épigramme funéraire composé par Kallimachos pour une jeune fille de Cyrène qui s'était suicidée de chagrin à cause de son frère). On attribuerait volontiers à Aristeidès l'Ancien un *Dionysos et Ariadne* qui avait grand renom au iie siècle et aussi, puisque Strabon le cite en même temps, un *Héraklès dans la tunique de Nessus* ; mais il n'y a pas de preuves certaines. De même une *Iris* inachevée, un *Vieillard enseignant la lyre à un enfant*, une *Tragédien avec un enfant*, des *Chasseurs avec du gibier*, et des *Quadriges en course* peuvent tout aussi bien être attribués à Aristeides le Jeune.

ARISTEIDES, le Jeune
ive siècle avant J.-C. Actif dans la seconde moitié du ive siècle avant Jésus-Christ. Antiquité grecque.
Peintre.
Probablement le fils d'Ariston II et le petit-fils d'Aristeides l'Ancien. Il est cité, avec Nikomachos et Nikias, parmi les artistes qui florissaient vers 330 (112e Olympiade). D'ailleurs il dut être, en même temps que l'élève, le frère cadet de Nikomachos. Il fit le

portrait de la maîtresse d'Épicure, *Leontion*, et exécuta pour le tyran d'Élatée, Mnason, un grand tableau de *Bataille contre les Perses* comportant, dit-on, cent personnages. Il s'agit sans doute d'une œuvre inspirée des campagnes d'Alexandre, comme le tableau fameux de Philoxenos (condisciple d'Aristeides à l'école de Nikomachos !) que l'on reconnaît dans la *Mosaïque d'Alexandre*. C'est vraisemblablement Aristeides le Jeune que Polémon signale comme « pornographe » auprès de Pausias et de Nikophanès.

ARISTEIDES I
Vᵉ siècle avant J.-C. Actif à la fin du Vᵉ siècle avant Jésus-Christ. Antiquité grecque.

Sculpteur.

Nous savons par Pline qu'il était spécialiste des chars quadriges et biges. Aucune œuvre conservée ne peut lui être sûrement attribuée. Le renseignement de Pausanias relatif à un Aristeides qui aurait travaillé après un Cléoitas, travaillé à la décoration de l'*Aphesis* du Stade Olympique, est incertain. Il appartenait au groupe de Polyclète (École d'Argos-Sicyone).

ARISTEIDES II
Vᵉ siècle avant J.-C. Antiquité grecque.

Artiste.

Il vivait du temps de la guerre du Péloponnèse, à la fin du Vᵉ siècle avant Jésus-Christ. C'est lui qui aurait peint sur silhouettes incisées au trait des stèles des guerriers tombés en 424 à la bataille de Délion. Les stèles gravées et peintes de Mnason, de Rhynchon, de Sangénès, peuvent nous donner une idée de ce qu'étaient ses œuvres.

ARISTIDE Louis
Né à Toul. Mort en 1852 à Paris. XIXᵉ siècle. Français.

Graveur au burin, dessinateur.

Il expose au Salon des Artistes Français de 1839 à sa mort. On signale, de lui, le portrait de son maître *Henriquel Dupont*, d'après Paul Delaroche, celui de *Napoléon Iᵉʳ dans son cabinet*, d'après Paul Delaroche, celui de *Pierre le Grand*, d'après Delaroche, *Mignon regrettant sa patrie*, et *Mignon aspirant au ciel*, estampes gravées d'après Ary Scheffer, *L'Innocence*, d'après Greuze. Médailles en 1842 et 1844.

ARISTION
Originaire de Paros. VIᵉ siècle avant J.-C. Antiquité grecque.

Sculpteur.

Il dut, comme bien d'autres artistes ioniens de cette époque, émigrer vers l'Ouest devant la menace médique. Il a signé en Attique (Mésogée) la base du monument funéraire de Phrasikléia, que l'on date de la seconde moitié du VIᵉ siècle ; à Athènes, son nom (sans ethnique) se retrouve sur la base du Cippe d'Antilochos ; et au Céramique enfin, le monument de Xénophantos surmonté d'une effigie de Couros, lui a été attribué (bien que seul, ici, l'ethnique reste lisible). Par contre, il n'est pas sûr du tout que l'inscription de certaine colonne dorique du British Museum concerne Aristion de Paros.

ARISTOBOULOS
Originaire de Syrie. Iᵉʳ siècle avant J.-C. Antiquité grecque.

Peintre.

Cité par Pline ; on croit pouvoir le dater de la première moitié du Iᵉʳ siècle avant Jésus-Christ.

ARISTODEMOS I
IVᵉ siècle avant J.-C. Actif à la fin du IVᵉ siècle avant Jésus-Christ. Antiquité grecque.

Bronzier.

Pline signale de lui des chars avec leurs conducteurs, des statues d'athlètes, des philosophes et des vieilles femmes ; Tatien lui attribue un portrait d'*Esope*. Mais ses œuvres les plus fameuses semblent incontestablement un *Doryphore* et surtout le portrait de *Seleukos Nikator* (322-281), que l'on a voulu reconnaître dans le buste de la Villa des Pisons, à Herculanum.

ARISTODEMOS II
IIIᵉ siècle avant J.-C. Carien, travaillant dans la première moitié du IIIᵉ siècle après Jésus-Christ. Antiquité grecque.

Peintre.

Il écrivit sur la peinture ancienne, et fit des tableaux dans la manière d'Eumélos (probablement un maître de la seconde moitié du IIᵉ siècle, dont une *Hélène* se voyait sur le forum romain).

ARISTODOTOS
Antiquité grecque.

Bronzier.

Cité par Tatien comme l'auteur d'une statue de l'hétaïre *Mystis*.

ARISTOGEITON
Vᵉ siècle avant J.-C. Béotien (?). Antiquité grecque.

Sculpteur.

Avec Hypatodoros, il a signé, à Delphes, la base du Béotien Eppidalos. D'autre part, Pausanias nous apprend que les deux mêmes artistes avaient exécuté une offrande argienne consacrée sur la Voie Sacrée à l'occasion de la bataille d'Œnoé (victoire des Athéniens et des Argiens sur Lacédémone en 460 ou 456). On y voyait assemblés les alliés de Polynice dans l'expédition contre Thèbes et le char d'Amphiaraos avec l'aurige Batôn. Rien ne subsiste de cette œuvre ; nous n'avons pas la signature, mais seulement le début d'une dédicace argienne, regravée dans le dernier quart du Vᵉ siècle, sur la base de 460 ou 456. Le nom d'Aristogeiton (comme celui d'Hypatodoros) figure sur une liste trouvée à Thèbes, que l'on croit un *catalogus artificum*.

ARISTOKLEIDES
IVᵉ siècle avant J.-C. Antiquité grecque.

Peintre.

Il est cité par Pline parmi les « primis proximi ». Il avait exécuté des peintures dans le nouveau (?) temple d'Apollon à Delphes (*pinxit aedem*).

ARISTOKLES I
VIᵉ siècle avant J.-C. Actif en Attique dans la fin du VIᵉ siècle avant Jésus-Christ. Antiquité grecque.

Sculpteur.

Il a signé la stèle funéraire fameuse de l'hoplite Aristion que l'inscription permet de dater du dernier quart du siècle. Son nom se lit à nouveau sur une inscription attique trouvée à Hiéraka.

ARISTOKLES II
VIᵉ siècle avant J.-C. Sicyonien, actif dans la seconde moitié du VIᵉ siècle avant Jésus-Christ. Antiquité grecque.

Bronzier.

Frère (à peine moins célèbre) de Kanachos. On le croit père de Kléoitas et grand-père d'Aristoklès IV ; il eut pour disciples Synnoon d'Égine et son fils Ptolichos. Nous savons par une épigramme d'Antipater de Sidon qu'il collabora avec Kanachos et Agéladas à un groupe de trois muses : il avait exécuté pour sa part une *Muse tenant la lyre*.

ARISTOKLES III
Originaire de Cydonia (Crête). VIᵉ siècle avant J.-C. Vivait à Sicyone. Antiquité grecque.

Bronzier.

Pausanias le compte parmi les plus anciens artistes et dit qu'il était né avant que Zanklé ne devint Messine (donc avant 494). A la commande d'Evagoras de Zanklé, Aristoklès de Cydonia avait exécuté, pour Olympie, un groupe dont on remarquait l'archaïsme, représentant Héraklès en train de lutter pour la ceinture contre une Amazone à cheval. Il ne nous reste rien de cette œuvre, mais un fragment de marbre portant *(Ku) dôniatas* trouvé dans les fouilles du temple de Zeus, pourrait provenir de la base.

ARISTOKLES IV, fils de Kléoitas
Vᵉ siècle avant J.-C. Antiquité grecque.

Bronzier.

Contemporain plus jeune de Phidias. On pense qu'il s'agit d'un petit-fils d'Aristoklès II. A la demande du Thessalien Gnathis, Aristoklès fils de Kléoitas fit, pour l'Altis d'Olympie (près du Pélopion), un groupe de *Zeus et Ganymède*. On a cru reconnaître le Ganymède dans l'Ephèbe lychnophore en bronze de la Via dell'Abbondanza (Pompéi) et la tête du Zeus dans un document du British Museum.

ARISTOKLES V
IVᵉ siècle avant J.-C. Antiquité grecque.

Sculpteur.

En 398 avant Jésus-Christ, il restaura les reliefs de la base de l'Athéna Parthénos de Phidias.

ARISTOKYDES
Antiquité grecque.

Peintre.

Mentionné par Pline.

ARISTOLAOS
IVᵉ siècle avant J.-C. Actif dans la seconde moitié du IVᵉ siècle avant Jésus-Christ. Antiquité grecque.

Peintre.

Fils de Pausias de Sicyone, il fut son élève. Il représenta : *Epaminondas* (probablement avant 335, date de la destruction de Thèbes), *Périklès*, *Média* (?), *Arété*, *Thésée*, et *Démos* (ce qui semble indiquer que l'artiste travailla pour Athènes) ; enfin, un *Sacrifice du taureau*. Pline cite Aristolaos comme un peintre des plus sévères.

ARISTOMACHOS

IIe siècle avant J.-C. Actif à Argos. Antiquité grecque.
Sculpteur.

Il collabora, pour diverses œuvres, avec son frère Andréas (voir Andréas).

ARISTOMACHOS ?

Antiquité grecque.
Artiste.

Dans une épigramme d'Antipater dont nous avons deux fois le texte dans l'Anthologie, ce nom alterne avec celui d'Aristomenes. Il s'agit vraisemblablement du même artiste.

ARISTOMEDES

Ve siècle avant J.-C. Thébain. Antiquité grecque.
Sculpteur.

Avec son compatriote Sokratès, il exécuta pour le poète Pindare (mort en 441) une *Cybèle Dindymène*, en pentélique.

ARISTOMEDON

Ve siècle avant J.-C. Actif à Argos au début du Ve siècle avant Jésus-Christ. Antiquité grecque.
Bronzier.

Il avait reçu, à Delphes, la commande d'une offrande phocidienne, à la suite d'une victoire sur les Thessaliens ; les principaux héros et chefs du pays y figuraient, autour du devin Tellias.

ARISTOMENES I

Antiquité grecque.
Peintre.

Thasien d'époque inconnue, il est cité par Vitruve parmi les artistes capables, mais qui n'eurent pas grand succès.

Une épigramme d'Antipater, qui nous est transmise deux fois par l'Anthologie et où ce nom alterne avec celui d'Aristomachos, désigne l'artiste comme « Strymonien ». Il n'est pas sûr, d'ailleurs, que l'œuvre dont parle Antipater soit une peinture (il s'agit d'une consécration à Aphrodite faite par trois hétaïres et représentant des porteuses d'offrandes devant l'image de la déesse).

ARISTOMENES II, fils d'Agias

Originaire de Messène. IIe siècle avant J.-C. Antiquité grecque.
Sculpteur.

Connu par deux inscriptions d'Olympie au IIe siècle avant Jésus-Christ. Les deux signatures concernent des statues honorifiques. A la famille de l'artiste appartiennent vraisemblablement Agias fils d'Aristoménès (son fils ?) et Pyrilampos fils d'Agias (son frère ? ou son petit-fils ?).

ARISTON I

VIIe-VIe siècles avant J.-C. Actif à l'époque archaïque. Antiquité grecque.
Sculpteur.

Ariston et Telestas, son frère, nous sont signalés comme les auteurs, à Olympie, du Zeus haut de 18 pieds, dédié par la ville arcadienne de Cleitor, entre 600 et 550 (?) avant Jésus-Christ. On a proposé de l'adjoindre au groupe des plus anciens bronziers actif à Laconie.

ARISTON II

IVe siècle avant J.-C. Antiquité grecque.
Peintre.

Vraisemblablement le fils d'Aristeidès l'Ancien, il fut très probablement le père d'Aristeidès le Jeune et de Nikomachos, donc le grand-père d'Ariston III. Une seule œuvre de lui nous est citée : un *Satyre* portant une couronne et tenant le skyphos.

ARISTON III

IVe siècle avant J.-C. Antiquité grecque.
Peintre.

Fils et disciple de Nikomachos, donc vraisemblablement petit-fils d'Ariston II (École d'Aristeides l'Ancien).

ARISTON IV

IVe siècle avant J.-C. Antiquité grecque.
Sculpteur.

Sa signature, unie à celle de Xanthias, se lit sur une inscription athénienne.

ARISTON V

IIIe siècle avant J.-C. Actif dans la première moitié du IIIe siècle avant Jésus-Christ. Antiquité grecque.
Sculpteur.

Il travailla en collaboration avec Agathon d'Ephèse pour une statue en bronze, ex-voto de Timothéos fils d'Euphanès dont l'inscription a été retrouvée sur l'Acropole de Lindos (date : 270 environ). Deux autres signatures d'Ariston de Chios ont été découvertes à Kamiros (date : vers 260).

ARISTON VI

IIIe siècle avant J.-C. Actif à la fin du IIIe siècle avant Jésus-Christ. Antiquité grecque.
Bronzier.

Son nom se lit sur une base de Corinthe, qui supportait la statue de Kephisotélès, fils de Timosthénès.

ARISTON VII

Actif à Mytilène. Antiquité grecque.
Sculpteur.

Artiste grec, bronzier, mais plus encore toreute, mentionné par Pline.

ARISTON VIII, fils de Dionysios

IIe siècle avant J.-C. Antiquité grecque.
Sculpteur.

Connu par une inscription de Thèbes. Il appartient à la même famille que Dionysios, fils d'Ariston et Agatharchos fils de Dionysios (lequel se donne pour Béotien).

ARISTONIDAS I, fils de Téléson

Rhodien, actif à l'époque hellénistique. Antiquité grecque.
Peintre.

Il eut pour fils et pour élève le peintre Mnasitimos. Ces noms appartiennent à une grande famille d'artistes (surtout sculpteurs) que l'on peut suivre du IVe au Ier siècle avant Jésus-Christ.

ARISTONIDAS II

Antiquité grecque.
Sculpteur.

Son nom est cité par Pline (époque hellénistique ?). Il appartient, semble-t-il, à une famille d'artistes rhodiens, et eut pour fils un Mnasitimos. Il avait exécuté en fer et bronze une statue d'*Athamas venant de tuer son fils Léarchos dans une crise de démence*. La rouille mettait, nous dit-on, sur le visage du malheureux père, le rouge de la confusion et de la douleur.

ARISTONIDAS III, fils de Mnasitimos

IVe siècle avant J.-C. Rhodien, actif dans la seconde moitié du IVe siècle avant Jésus-Christ. Antiquité grecque.
Sculpteur.

On a de lui deux signatures, l'une à Rhodes, l'autre à Lindos (statue votive). Il eut pour fils, vraisemblablement, Témagoras et Mnasitimos, *hieropioi* à Kamiros vers 290.

ARISTONIDAS IV

IIIe siècle avant J.-C. Antiquité grecque.
Sculpteur.

Il nous est connu par une signature de Kamiros que l'on date de 258 environ. Il s'agit sans doute d'un petit-fils du précédent.

ARISTONIDAS V, fils de Mnasitimos

Ier siècle avant J.-C. Rhodien, actif au début du Ier siècle avant Jésus-Christ. Antiquité grecque.
Sculpteur.

Une inscription rhodienne de cette époque comporte son nom. Cet Aristonidas appartient sans doute à la même famille que les précédents.

ARISTONOTHOS

VIIe siècle avant J.-C. Antiquité grecque.
Potier et peintre de vases (?). Style argien orientalisant.

Un *cratère* de Caeré (Palais des Conservateurs) porte sa signature.

ARISTONOUS

Né sans doute à Egines. VIe siècle avant J.-C. Travaillait à l'époque préclassique. Antiquité grecque.
Bronzier.

Il exécuta pour Olympie, consécration des Métapontins, un Zeus couronné de lis, avec l'aigle et la foudre.

ARISTOPEITHES, fils d'(Aristo ?)nymos ou de (Kléo ?)nymos

Originaire du dème attique de Phylé. IVe siècle avant J.-C. Antiquité grecque.

Sculpteur.
Sa signature se lit sur deux bases d'Eleusis datant de 326-324.

ARISTOPHANES
Vᵉ siècle avant J.-C. Attique de la dernière partie du Vᵉ siècle avant Jésus-Christ (style « riche »). Antiquité grecque.
Peintre de vases.
Cet artiste a signé un certain nombre de coupes du potier Erginos.

ARISTOPHILOS, fils d'Eusthénès
IIIᵉ siècle avant J.-C. Corinthien, actif à la fin du IIIᵉ siècle avant Jésus-Christ. Antiquité grecque.
Sculpteur.
Connu par une signature de Délos.

ARISTOPHON
Vᵉ siècle avant J.-C. Antiquité grecque.
Peintre.
Vraisemblablement le frère de Polygnote de Thasos, et le père d'Aglaophon le Jeune. On cite de lui un *Philoctète* (sujet traité de diverses façons par les peintres de vases contemporains et postérieurs), un *Ankaios blessé* par le sanglier, avec sa mère Astypale, et une « numerosa tabula » représentant *Ulysse à Troie*, avec Peitho et Dolos (donc vraisemblablement en mendiant) et aussi Hélène, Deiphobos et Priam.

ARISTOS
Originaire d'Ephèse. IIᵉ siècle. Actif à l'époque hellénistique. Antiquité grecque.
Sculpteur.
Son nom se lit sur une inscription rhodienne, et une seconde signature a été découverte sur l'Acropole de Lindos (date : 185 environ).

ARISTOTELES
Originaire de Cleitor (Arcadie). IVᵉ-IIIᵉ siècles avant J.-C. Antiquité grecque.
Sculpteur.
Il est nommé dans une épigramme d'Anyté (fin du IVᵉ ou début du IIIᵉ siècle avant Jésus-Christ) comme l'auteur d'un grand bassin dédié à Athéna par un certain Kleubotos de Tégée.

ARISTOTILE
XVIᵉ siècle. Vénitien, vivait vers 1550. Italien.
Sculpteur sur bois et marqueteur.

ARISTOTILI Giovanni
XVIᵉ siècle. Italien.
Sculpteur.
Établi à Parme vers 1538 avec son frère Giuseppe. Leurs sculptures étaient appréciées.

ARISTOTILI Giuseppe
XVIᵉ siècle. Italien.
Sculpteur.
Établi, avec son frère Giovanni, à Parme vers 1538.

ARISTOXENOS, fils d'Euprépon
Originaire de Ténédos. IIIᵉ siècle avant J.-C. Antiquité grecque.
Sculpteur.
Connu par une seule signature difficilement lisible, sur une pierre de Lemnos, réutilisée au début de l'époque impériale.

ARITHÉA Arnold
XVIIᵉ siècle. Vivait à Nuremberg. Allemand.
Peintre ou graveur.
Cet artiste amateur exécuta le *Portrait de Martin Luther*.

ARIU Emilio
XVIᵉ siècle. Actif à la fin du XVIᵉ siècle. Italien.
Sculpteur.
Selon P. Lomazzo, Ariu, établi à Venise, était un des plus brillants artistes de son époque, contemporain et rival de Alessandro Vittoria.

ARIVIERI Stefano
XVᵉ siècle. Actif vers 1485. Italien.
Peintre.
Connu comme peintre décorateur établi à Ferrare.

ARIYASU Kose A.
XIVᵉ siècle. Vivait à Kyoto vers 1326-1334. Japonais.
Peintre.
Cet artiste, qui appartient à l'école Kose, était le deuxième fils du Kose Mitsuyasu.

ARIZA Gonzalo
Né en 1912 à Bogota. XXᵉ siècle. Colombien.
Peintre de paysages, aquarelliste.
Il fit ses études à l'Académie des Beaux-Arts de Bogota. En 1937, le gouvernement colombien l'envoya au Japon et, travaillant avec Maéda et Foujita, il acquit la maîtrise de l'art traditionnel japonais. En 1940, de retour à Bogota, il fit une exposition de ses peintures fortement marquées par l'art oriental. Cette influence disparut peu à peu. En 1945, une exposition personnelle de ses paysages reçut un accueil chaleureux. Il a aussi exercé comme critique d'art auprès de divers quotidiens et magazines de Bogota.
Dans ses tout débuts, il pratiquait aussi bien la peinture à l'huile que la gravure sur bois ou cuivre, traitant de thèmes sociaux. À son retour du Japon, il abandonna la pratique de l'art traditionnel japonais. Depuis, il peint essentiellement des aspects divers et typiques du paysage colombien, le plus souvent sensible aux variations climatiques, aux effets de l'heure, des saisons, du temps qu'il fait, ce qui le distingue des autres peintres du paysage colombien contemporains.

VENTES PUBLIQUES : NEW YORK, 19 nov. 1987 : *La route de l'ouest* 1987, h/t (160x90) : **USD 7 000** – NEW YORK, 17 mai 1988 : *Plantation de café*, h/t (90x90) : **USD 11 000** – NEW YORK, 21 nov. 1988 : *Nuages et sommets*, h/t (70x50,2) : **USD 5 500** – NEW YORK, 17 mai 1989 : *Brume d'après midi* 1988, h/t (160x90) : **USD 25 300** – NEW YORK, 21 nov. 1989 : *Paysage tropical*, h/t (118x73) : **USD 19 800** – NEW YORK, 25 nov. 1992 : *Orchidées, grenouille et oiseau de paradis*, h/t/pan. (69x43) : **USD 13 200** – NEW YORK, 16 nov. 1994 : *Arbres dans la propriété Bolivar*, aquar./pap./pan. (93x63) : **USD 5 175**.

ARIZA José de, don
Mort à l'Alcaniz. XVIIIᵉ siècle. Actif au début du XVIIIᵉ siècle. Espagnol.
Sculpteur.
A pris part à la guerre d'Espagne, en qualité de colonel d'un régiment de cavalerie de l'archiduc Charles ; puis quitta l'armée pour s'adonner à la sculpture et fit un tabernacle pour le maître-autel de l'église San Felipe et Santiago, à Saragosse.

ARIZMENDI José Sanz. Voir **SANZ ARIZMENDI José**

ARIZMENDI Rosalia
Née à Madrid. XIXᵉ-XXᵉ siècles. Espagnole.
Peintre de natures mortes.
Élève de Félix Iniesta, elle est célèbre par ses natures mortes. Elle a envoyé, à l'Exposition de Madrid : *Le gibier* (1901), *Écrevisses, Huîtres et fruits* (1904), *Fleurs et pommes* (1906).

ARIZOLI L.
XIXᵉ siècle. Français.
Sculpteur.
A figuré au Salon de Paris (1888).

ARIZTA Guillermo
Né en 1949 à Mexico. XXᵉ siècle. Actif aussi en France. Mexicain.
Peintre. Abstrait-informel.
Il n'a commencé à peindre qu'en 1983. Auparavant, il était maçon, au Mexique, puis aux Etats-Unis. En 1977, une bourse lui permit un voyage en France, à partir d'où il circula en Europe et en Egypte. De 1983 à 1985, il séjourna à New York et s'orienta résolument vers la peinture. Puis, il revint en France, où il espère pouvoir se fixer. Il a commencé à exposer en 1987 à New York et à Bâle. Sa première exposition personnelle eut lieu à New York en 1988 ; suivie par celle de Paris en 1990, galerie du Fleuve ; puis en 1996, *Paysages dépaysés*, de nouveau à la galerie du Fleuve.
Arizta refuse de commenter sa peinture, c'est elle qui existe et qui doit s'exprimer. Pourtant, il s'agit d'une peinture de silence, qui incite à la méditation. Peut-être en raison de son activité antérieure de maçon qui le maintenait en contact avec le concret, la matière, pour peindre désormais, il s'est adapté matériaux et techniques à son propre usage : il ne peint que sur des panneaux de bois, qu'il attaque avec des colorants confectionnés en général avec un minéral et un végétal, et même parfois par le feu.
Arizta semble peindre d'instinct, sa peinture se fait en dehors de lui, c'est lui qui obéit à sa peinture en train de se faire. Aucun systématisme, aucune syntaxe préétablie, ses peintures ne se res-

semblent pas entre elles. Leurs seuls points communs sont de faire le plein de vide et de requérir l'attention devant ces grandes plages de tons neutres qu'effleurent de secrètes modulations ou que violente un grand signe encore à déchiffrer. ■ J. B.

ARJONA
XVIIe siècle. Espagnol.
Peintre de compositions religieuses.
Élève de Sébastien Martinez à Jaen, ses œuvres sont dans les églises de Baega et d'Ubeda, et surtout dans l'église et dans le cloître des carmes déchaussés de Jaen.

ARJONA Carmen
XIXe siècle. Espagnole.
Peintre.
En 1869, cette artiste a exposé à Séville une pittoresque vue de cette ville, qui fut très appréciée.

ARKAY Aladár
Né en 1868 à Temesvar. XIXe siècle. Hongrois.
Peintre, aquarelliste.
En 1885, cet artiste suivait les cours de l'École Polytechnique de Budapest ; puis il fréquenta les écoles de peinture de Székely et de Lodz, et vint un an à Paris. En 1893, il alla à Vienne étudier la construction du théâtre, chez Fellner et Helmer, et travailla à l'édification du Palais royal de Budapest ; il obtint un premier prix en 1896. Arkay a fait aussi quelques aquarelles, mais ses œuvres les plus connues sont de petites villas en style hongrois et des décorations d'intérieurs.

ARKELL Laura
XIXe siècle. Vivait à Swindon vers 1887. Britannique.
Peintre.
Elle exposa un tableau à Suffolk Street et peignit surtout des études de têtes.

ARKES Jan
Mort avant 1752. XVIIIe siècle. Actif à Amsterdam. Hollandais.
Sculpteur.
Père du sculpteur Pieter Arkes.

ARKES Pieter
XVIIIe siècle. Hollandais.
Graveur.
Fils du sculpteur Jan Arkes ; son nom figure dans les documents comme graveur sur bois et bourgeois d'Amsterdam à la date du 20 avril 1752.

ARKESILAOS I, fils d'Aristodikos
Ve siècle avant J.-C. Parien (ou Naxien ?), actif dans la première moitié du Ve siècle avant Jésus-Christ. Antiquité grecque.
Sculpteur.
Simonide avait composé une épigramme pour une *Artémis* de lui, exécutée moyennant 200 drachmes pariennes.

ARKESILAOS II
Ier siècle avant J.-C. Antiquité grecque.
Sculpteur.
Contemporain de César, et familier de L. Lucullus au Ier siècle avant Jésus-Christ. Pour le temple de Vénus, consacré en 46 avant Jésus-Christ, il créa une *Vénus Genitrix* qui fut mise en place sans être tout à fait achevée. Autant que nous en puissions juger par les monnaies et les reliefs, la déesse était représentée debout et vêtue avec un haut diadème et tenant le sceptre ; un Amour regardait par-dessus son épaule. Autre image du culte, *Felicitas*, commandée par Lucullus le Jeune (tombé à la bataille de Philippes en 42) était inachevée quand l'artiste mourut. Si l'on en juge par son prix, cette *Felicitas* devait être faite d'une matière précieuse. Deux œuvres d'inspiration toute différente nous sont encore signalées par Pline : des *Centaures portant des nymphes*, propriété d'Asinius Pollion (on songe à le *Centaure enlevant une nymphe* de la Sala degli animali du Vatican), et une *Lionne avec laquelle jouaient des Eros ailés*, propriété de Varron (et sujet repris sur diverses mosaïques). Enfin, nous savons que même les simples maquettes d'Arkesilaos étaient extrêmement prisées. Ainsi le modèle en plâtre d'un cratère qu'il exécuta pour un chevalier romain du nom d'Octavius fut payé un talent.

ARKESILAOS III, ou plutôt Mnasilaos ?
Ve siècle avant J.-C. Parien, probablement actif au Ve siècle avant Jésus-Christ. Antiquité grecque.
Peintre.
Pline le cite (comme encauste) auprès de Polygnote de Thasos et

de Nikanor de Paros. Il est possible que cet artiste ne fasse qu'un avec Arkésilaos I.

ARKESILAS, fils de Tisikratès
IVe siècle avant J.-C. Antiquité grecque.
Peintre.
Il appartient à l'École de Sicyone. Son père était sans doute le disciple indirect de Lysippe. Lui-même doit s'identifier avec cet Arkesilaos dont Pausanias signale une œuvre (portrait de *Léosthénés entouré de ses fils*) dans le sanctuaire de Zeus et d'Athéna, au Pirée.

ARKHANGUELSKI Maxime Evguenievitch
XXe siècle.
Sculpteur de figures, animalier.
Il travaille surtout le cuivre, parfois associé au marbre. *Voir aussi* MAXIME.
VENTES PUBLIQUES : VERSAILLES, 25 juin 1989 : *L'oiseau*, cuivre (55x35x115) : FRF 16 000.

ARKHIPOV Abram Efimovitch
Né le 15 août 1862 à Egorov (Riazan). Mort en 1930 à Moscou. XIXe-XXe siècles. Russe.
Peintre. Postimpressionniste.
Élève de l'École d'Art de Moscou et de l'Académie des Arts de Saint-Pétersbourg, dont il est sorti diplômé en 1886. Il était membre de la Société des Expositions ambulantes (Peredvijniki), de l'Union des peintres russes et de l'Association des Artistes de la Russie Révolutionnaire (AKHRR). Il participa à l'Exposition Universelle de 1900 à Paris et fit plusieurs expositions en Europe et aux États-Unis. Il enseigna au Vkhutemas, entre 1922 et 1924. En 1962, à l'occasion du centième anniversaire de sa naissance, une grande rétrospective a eu lieu à Moscou, Leningrad, Kiev et dans d'autres villes d'URSS. Il traite ses sujets à larges traits, dans une pâte souvent grumeleuse.
MUSÉES : MOSCOU (Gal. Tretiakoff) : *Les Invitées* 1914 – *Un ivrogne* – *Vieillard aveugle* – *Visite d'un malade* – *Un peintre sur le fleuve Oka* – *Le frère servant* – *Blanchisseuses* – PARIS (Mus. d'Orsay) : *Coucher de soleil sur un paysage d'hiver*.
VENTES PUBLIQUES : NEW YORK, 12 oct. 1979 : *Portrait d'une jeune paysanne* 1928, h/t (112x89,5) : USD 9 000 – LONDRES, 14 mai 1980 : *Portrait d'une jeune paysanne* 1917, h/t (77x60) : GBP 2 200 – LONDRES, 15 fév. 1984 : *Portrait d'une paysanne*, h/t (79x59) : GBP 600 – LONDRES, 20 fév. 1985 : *Portrait d'une vieille paysanne* 1886, h/t (30,5x22,5) : GBP 1 100 – PARIS, 23 avr. 1989 : *La dernière maison du village* 1907, h/t (44x70,5) : FRF 31 000 – PARIS, 13 juin 1990 : *Jeune paysanne*, h/t (66x48) : FRF 10 000.

ARKHIPOV Sergeï
Né en 1897 à Kozlov (région de Tambov). XXe siècle. Russe.
Peintre de figures, nus.
Dans les années vingt, il subit l'influence du suprématisme, puis évolue vers le constructivisme. En 1938 il devint Membre de l'Union des Artistes d'URSS. Ses œuvres figurent dans des musées importants d'URSS.
VENTES PUBLIQUES : PARIS, 10 fév. 1991 : *Une gitane*, h/t (87x61) : FRF 6 200.

ARKWRIGHT Emily
XIXe siècle. Britannique.
Dessinatrice.
Elle se spécialisa dans le dessin au crayon. Elle vivait et exposait à Londres de 1878 à 1881.

ARKWRIGT Edith, Miss ou Arkwright
XIXe siècle. Active à Brighton. Britannique.
Peintre de portraits, miniaturiste.
Elle exposa à la Royal Academy de Londres en 1884.
VENTES PUBLIQUES : LONDRES, 15 jan. 1991 : *Petite fille entourée d'un labrador noir, d'un terrier, d'un bichon avec son petit*, h/t (128,3x87,6) : GBP 5 500.

ARLANDIS René
Né à Alger. XXe siècle. Français.
Peintre de paysages.
Il exposa au Salon des Indépendants en 1930-1931 et au Salon des Artistes Français à Paris.

ARLATI Alberto, fra
XVe siècle. Italien.
Peintre.
Moine vénitien, travaillait vers 1450.

ARLATI Carlo
XIXe siècle. Italien.
Sculpteur.

Établi à Milan, cet artiste a envoyé un buste en marbre, *Printemps*, à l'Exposition de l'Académie de Berlin, en 1868.

ARLAUD Benoît
Né à Genève. Mort en 1719, prématurément. XVIIIe siècle. Suisse.
Miniaturiste.
Cet artiste travailla successivement à Amsterdam et à Londres (1707). On cite de lui les *Portraits de la princesse Wilh. Charlotte de Galles* et *du baron Ezéchiel Spanhemius* qui ont été reproduits par J. Simons à la manière noire ainsi que celui de *Shakespeare* gravé par Duchange et lithographié par Selb. Benoît Arlaud était le plus jeune frère de Jacques Antoine Arlaud.

ARLAUD Bernard
Né à Genève. XVIIIe siècle. Vivant à Londres à la fin du XVIIIe siècle. Suisse.
Miniaturiste.
Il exposa fréquemment à la Royal Academy entre 1793 et 1800 ; de Genève (où il s'était définitivement retiré), il y envoya encore une miniature en 1825.

ARLAUD Françoise Jacqueline Louise
Née le 3 mars 1802 à Genève. Morte le 29 juin 1871 près de Lyon. XIXe siècle. Suisse.
Peintre de portraits, miniatures.
Fille du peintre Jérémie Arlaud et femme de Laurent de Pierredou. Elle travailla surtout avec son oncle, Louis-Ami Arlaud, de 1822 à 1832 environ. Elle envoya souvent des portraits aux expositions suisses.

ARLAUD Jacques Antoine
Né le 18 mai 1688 à Genève. Mort en juin 1746 à Genève. XVIIIe siècle. Suisse.
Peintre de sujets mythologiques, compositions religieuses, portraits, miniatures.
A passé pour un des plus célèbres artistes de son temps. Il eut beaucoup de succès, non seulement comme miniaturiste, mais encore comme portraitiste et comme peintre de sujets religieux et mythologiques. A vingt ans, il travaillait à Paris : il était lié avec Rigaud et Largillière. Il fut le maître du duc d'Orléans et protégé de ce prince. En 1721, il alla en Angleterre, où il fut très apprécié. Il revint à Paris, qu'il quitta après un séjour de quarante ans pour retourner à Genève. Son portrait en miniature, peint par lui-même, est au Louvre. Arlaud a légué à la bibliothèque de sa ville natale sa fortune et ses collections.
Musées : GENÈVE (Mus. Rath) : *Madeleine – Pierre le Grand – Louis XIV – Cromwell – Portrait de Mme Marie de Cormans d'Astry – Salmacis et Hermaphrodite*, miniatures – STOCKHOLM : *Comte Karl Gustaf Bielhe, à l'âge de 18 ans*, miniature exécutée à Paris.
Ventes Publiques : PARIS, 18-22 avr. 1910 : *Portrait d'homme*, miniature : FRF 405 – PARIS, 31 mai 1910 : *Portrait d'un magistrat*, miniature : FRF 110.

ARLAUD Jérémie
Né en 1758. Mort en 1827. XVIIIe-XIXe siècles. Suisse.
Dessinateur de portraits.
Élève de son frère Louis-Ami Arlaud.

ARLAUD Léonard Isaac
Né le 26 avril 1767 à Genève. Mort vers 1800. XVIIIe siècle. Suisse.
Peintre miniaturiste.
Travailla à Genève, puis à Bade.

ARLAUD Marc Louis
Né en 1772 à Orbe. Mort le 1er mai 1845 à Lausanne. XVIIIe-XIXe siècles. Suisse.
Peintre de portraits, miniatures, dessinateur.
Contrairement à l'opinion généralement exprimée par ses biographes, il ressort d'un acte des Archives Cantonales d'Orbe que Marc-Louis Arlaud est né, non en 1773, mais en 1772. Il appartenait à une famille peu aisée, originaire de Genève, qui n'obtint que postérieurement, vers 1802, droit de bourgeoisie à Orbe. L'enfant manifesta très jeune un goût très vif pour le dessin et débuta dans la carrière artistique à Yverdon, en y exécutant des portraits qui lui permirent de partir pour Genève, où il eut pour maîtres ses deux cousins Arlaud. Ceux-ci l'envoyèrent à Paris, où il travailla d'abord sous la direction du miniaturiste Romanet, puis à l'atelier de David, dont il fut l'élève, le modèle et l'ami. Il y mena une existence assez difficile, au moins dans ses débuts, et dut souvent à la protection de Mme de Condorcet de ne point demeurer tout à fait sans ressources. Elle

lui fit connaître quelques puissants du jour, tels que Cabanis, Fauriel, Berthier, maréchal de France, et la fortune semblait enfin sourire à l'artiste quand une audace excessive de langage le fit exiler par le gouvernement impérial. Avant de rentrer en Suisse, Arlaud fit, en 1811, un voyage en Hollande, qui lui fut très profitable ; l'étude des maîtres néerlandais réagit heureusement contre l'influence de David, dont il avait jusqu'alors copié un peu trop servilement la manière sévère et apprêtée. De retour à Lausanne, il reprit pour son compte l'idée du peintre Ducroz de fonder en cette ville une école de dessin et un musée. Il se heurta à quelques oppositions dont il parvint à triompher à force de persévérance, et, le 10 décembre 1822, s'ouvrit une école de dessin dont il fut nommé professeur. La création du Musée de Lausanne fut plus laborieuse. Ce fut avec ses maigres ressources d'artiste, économisées sur la vente de ses portraits, que Marc-Louis Arlaud put réaliser son rêve. Il offrit à l'État Suisse 34 000 francs, toute sa fortune, sur les 49 500 du devis. Les travaux commencés en 1836, furent achevés en 1839, et l'inauguration, bien modeste et bien effacée, en eut lieu le 1er janvier 1841. Exception faite de quelques toiles de Ducroz, on n'y voyait guère que des œuvres du fondateur. Mais lui-même sentait la nécessité d'ouvrir les portes aux jeunes écoles. Il reconnaissait le côté factice de son propre talent et jugeait sévèrement Ducroz. Il passa les dernières années de sa vie à enrichir le Musée de Lausanne, faisant des commandes à Calame, à Diday, à Van Muyden, qui étaient les maîtres de la nouvelle école suisse. Son dernier geste trahit son tempérament artistique : il laissa 2 000 francs par testament pour l'achat d'un tableau de Gleyre.
Ce fut un peintre assez quelconque, un peu trop imbu du classicisme romain de David, chez lequel on ne peut nier néanmoins de précieuses qualités de style et une palette assez riche.
■ M. Boucheny de Grandval
Musées : GENÈVE (Mus. Rath) : *Deux portraits de femme*, miniature – *Deux portraits d'homme*, miniature – *Portrait du Dr Jurine*, miniature – *Portrait de femme*, miniature – *Portrait de l'auteur*, miniature – *Portrait de Mme Tallien*, miniature.
Ventes Publiques : BERNE, 7 mars 1982 : *Jeune fille lisant*, h/t (61x50) : CHF 800.

ARLAUD-JURINE Louis Ami
Né le 13 octobre 1751 à Genève. Mort le 8 août 1829 à Genève. XVIIIe-XIXe siècles. Suisse.
Peintre de portraits, miniatures, aquarelliste.
Petit-neveu de Jacques Antoine, il fut élève de Liotard et de Vien. Il vécut à Genève, à Paris et à Londres.
Musées : GENÈVE : *Mme Arlaud*.
Ventes Publiques : NEW YORK, 7 jan. 1981 : *Portrait de Suzanne Arlaud, née Jurine*, aquar. (20x16,5) : USD 2 600.

ARLDT C. W.
XIXe siècle. Actif dans la seconde partie du XIXe siècle. Allemand.
Lithographe.
A lithographié de nombreux portraits et des paysages.

ARLE Asmund
Né en 1918 à Vasträ Klagstorp. XXe siècle. Suédois.
Sculpteur. Expressionniste.
Ses sculptures filiformes rappellent souvent celles de Giacometti, mais elles prennent parfois un caractère dédaigneux et caustique.

ARLEN A. d'
XVIe siècle. Éc. hollandaise.
Artiste.
Il a travaillé à Florence pour le compte des Médicis.

ARLEN Berthe Louise
Née à Saint-Cyr-l'École (Yvelines). XIXe-XXe siècles. Française.
Graveur.
Élève de Mme Corduan. A exposé deux gravures sur bois, d'après Richard Parkes Bonington et Simon, au Salon de 1905 ; mention honorable en 1907.

ARLENCOURT Jacques ou Armencourt
XVIIIe siècle. Actif à Paris en 1755. Français.
Peintre.

ARLENT-EDWARDS Samuel. Voir EDWARDS Samuel Arlent

ARLES Henri d'. Voir HENRY Jean

ARLET Michael
XVIIe siècle. Actif à Breslau. Allemand.
Peintre de cartes.

ARLEYS-DUVAL E.
XIXe siècle. Français.
Peintre de paysages.
A exposé au Salon de Paris en 1883.

ARLIK Emil
Né à Prague. XIXe-XXe siècles. Éc. de Bohême.
Peintre.
Cet artiste prit part à l'Exposition Universelle de 1900 avec : *Chanson d'Automne* et des dessins originaux.

ARLIN Gaspard
Mort avant 1708. XVIIe siècle. Français.
Sculpteur.
Il exerçait son art à Lyon vers la fin du XVIIe siècle.

ARLIN J.
XIXe siècle. Français.
Peintre.
On mentionne de cet artiste : *Crépuscule après la pluie*, au Salon de Paris de 1881.

ARLIN Jean
XVIIIe siècle. Actif à Lyon. Français.
Sculpteur.
Il signait *J. Arlin* ; épousa Claudine Obry, dont il eut un fils, baptisé à Saint-Nizier le 26 avril 1708. Il est probable que cet artiste est le même que le sculpteur cité sous le nom de Jean Herlain, qui résida à Lyon de 1699 à 1702.

ARLIN Jean Claude, dit Joanny
Né le 5 janvier 1830 à Lyon (Rhône). Mort le 7 avril 1906 à Montchat (près de Lyon). XIXe siècle. Français.
Peintre de paysages, peintre à la gouache, aquarelliste, dessinateur.
Autodidacte, il était fabricant de soieries jusqu'en 1882. Il apprit le métier de peintre avec ses camarades Français, Carrand et Beauvais, avec lesquels il peignait d'après nature.
Il débuta au Salon de Lyon en 1867, obtenant une médaille en 1892 ; et au Salon de Paris en 1869. Une de ses toiles, *Le Soir à Saint-Paul de Varax*, est à Lyon, à la mairie du VIe arrondissement de Lyon.
Ses paysages sont traités au fusain, dessin à la plume, lavis, à la gouache et à l'aquarelle, dans un style, aux coloris légers, qui oscille entre le naturalisme de Barbizon et l'impressionnisme.
BIBLIOGR. : Gérald Schurr : *Les Petits Maîtres de la peinture 1820-1920, valeur de demain*, t. V, Les Éditions de l'Amateur, Paris, 1981.
VENTES PUBLIQUES : GRENOBLE, 24 mars 1980 : *Coucher de soleil sur le vallon*, h/t (61x100) : **FRF 1 800.**

ARLIN N.
XIXe siècle. Français.
Sculpteur.
A exposé deux bustes (études) au Salon de Paris, en 1892.

ARLIN Victor
Né le 12 juin 1868 à Lyon (Rhône). XIXe siècle. Français.
Peintre d'histoire, compositions religieuses, scènes de genre, figures, portraits, paysages, aquarelliste, sculpteur, dessinateur.
Fils du peintre paysagiste Joanny Arlin, il entra en 1884 à l'École des Beaux-Arts de Lyon où il travailla avec le sculpteur Dufraine et fut ensuite élève, à l'École des Beaux-Arts de Paris, de Jean-Paul Laurens, Benjamin-Constant et Albert Maignan. Il a débuté au Salon des Artistes Français de Paris en 1888 avec *Tête d'étude* et *La Sieste*, obtenant une mention honorable en 1901, avec *Épisode de la Fuite en Égypte*. Il a également exposé des sculptures à Paris et à Lyon (1891-1892), des aquarelles et des dessins, recevant une première médaille à Lyon en 1900.
VENTES PUBLIQUES : GRENOBLE, 22 mai 1989 : *La bergère et son troupeau au bord de la mare*, h/t (51x81) : **FRF 5 800.**

ÄRLINGSSON Erling
Né en 1904. Mort en 1982. XXe siècle. Suédois.
Peintre de paysages, paysages animés, natures mortes, fleurs et fruits. Expressionniste.
Il peignait les paysages des campagnes suédoises, dans un style très brutal, de grasses touches rageuses de couleurs brutales.

Erling Ärlingsson (signature)

VENTES PUBLIQUES : GÖTEBORG, 31 mars 1982 : *Paysage d'été*, h/t (33x47) : **SEK 4 900** – GÖTEBORG, 7 nov. 1984 : *Nature morte aux*

fleurs 1934, h/t (55x70) : **SEK 13 000** – GÖTEBORG, 9 avr. 1986 : *Paysage*, h/t (50x55) : **SEK 10 200** – STOCKHOLM, 26 mai 1987 : *Nature morte aux fruits*, h/pan. (49x67) : **SEK 64 000** – STOCKHOLM, 6 juin 1988 : *Paysage de montagnes avec un châlet rouge*, techn. mixte (45x54) : **SEK 8 300** – GÖTEBORG, 18 mai 1989 : *Quatre jeunes femmes sous les arbres*, h/t (40x50) : **SEK 35 000** – STOCKHOLM, 14 juin 1990 : *Paysage avec une femme sous les arbres et une péniche au fond*, h/pan. (48x60) : **SEK 26 000** – STOCKHOLM, 5-6 déc. 1990 : *Paysage montagneux avec des chalets*, h/pan. (37x45) : **SEK 17 000** – STOCKHOLM, 30 mai 1991 : *Le caboteur longeant la côte* 1978, h/t (49x60) : **SEK 18 500** – STOCKHOLM, 30 nov. 1993 : *La moisson – paysage animé*, h/t (81x76) : **SEK 29 000.**

ARLIOTI Lili
Née en 1910 à Athènes. XXe siècle. Grecque.
Peintre. Expressionniste puis abstrait-lyrique. Groupe Armos.
Elle fut l'un des fondateurs du groupe *Armos*. Elle expose un peu partout dans le monde : en Grèce, à Londres, Paris, Pittsburgh, Venise, Washington. Elle particpe aux Biennales de São Paulo en 1957, et d'Alexandrie en 1959. Prix Ben 1976. Sa peinture nous fait pénétrer dans un monde fantastique qui lui est propre. Elle a tendance à s'orienter vers une abstraction lyrique.

ARLOTTI Angelo
Né à Rimini. XVIIIe siècle. Italien.
Peintre de compositions religieuses.
Élève de F. Torelli, il était connu à Bologne entre 1730 et 1772 ; il a peint un tableau d'autel, représentant *Saint Barthélemy*, pour l'église San Bartolino de sa ville natale.

ARLOTTI da Parma Antonio
XVe siècle. Italien.
Miniaturiste et calligraphe.
Cet artiste était établi à Vérone. Il existe un *Lucidarium*, daté de 1443, écrit et signé de sa main, à la Bibliothèque Laurentienne de Florence.

ARLOY Irène d', Mme, née Savaton
XXe siècle. Française.
Peintre, aquarelliste.
Elle prit part à l'Exposition de Blanc et Noir à Bruxelles en 1892 avec une aquarelle : *Lecture intéressante* mais travailla surtout à Paris.

ARLT J.
XVIIIe siècle. Actif à Prague. Tchécoslovaque.
Graveur en taille-douce.

ARMA Ad
Né en 1954 à Rotterdam. XXe siècle. Hollandais.
Sculpteur.
Il a fait ses études à l'Académie Artibus à Utrecht, entre 1974 et 1979. Il a exposé aux Pays-bas, en Angleterre, Autriche et Allemagne.

ARMA Robin
Né le 9 mai 1945 à Paris. XXe siècle. Français.
Peintre. Abstrait.
Après avoir fait des études d'architecture, il est devenu élève des peintres Singier et Bertholle, à l'Ecole des Beaux Arts de Paris. Son art s'apparente à celui du vitrail, puisqu'il est le résultat d'assemblage de dalles en verre coloré, destinées à s'intégrer à des ensembles architecturaux. Il a exposé au Salon des Artistes Indépendants à Paris en 1974.

ARMAGNAC Jean d'
XVIIIe siècle. Français.
Sculpteur.
A construit la chapelle de Vézins (Maine-et-Loire), consacrée le 13 septembre 1714.

ARMAILLÉ Jean d'
XXe siècle. Français.
Peintre, animalier, paysages.
Il a exposé à Paris en 1965 et 1967. Sa peinture montre souvent des paysages de sa région natale : l'Aquitaine. Il s'est aussi spécialisé dans la représentation d'oiseaux, plus particulièrement de chouettes et de hiboux.

ARMAJANI Siah
Né en 1939 à Téhéran. XXe siècle. Depuis 1960 actif aux États-Unis. Iranien.
Sculpteur, auteur d'intégrations architecturales.

Il a suivi une formation d'architecte tout en étudiant la philosophie des mathématiques. Il s'est installé dans le Minnesota.

Il expose dans diverses galeries européennes et américaines, en 1987 il a exposé au Stedelijk Museum d'Amsterdam et au Westfalisches Landesmuseum de Munich ; en 1994 à la Villa Arson de Nice ; en 1995 au musée d'Art moderne et contemporain de Genève. Il a réalisé de nombreux travaux permanents aux États-Unis, notamment à Minnéapolis, New York, San Francisco.

L'architecture est la source quasi-exclusive d'inspiration de Siah Armajani et celui-ci a réuni toutes ses pièces dans son *Dictionary for building* (Dictionnaire de la construction). Ses sculptures se composent d'éléments empruntés au registre de la construction et du mobilier et sont réalisées dans les matériaux utilisés dans ces domaines : le bois, verni ou peint de couleurs primaires, l'aluminium, le plexiglas et la céramique. Il crée ainsi des structures construites, murs, fenêtres, corniches, bancs, tables, qui composent des espaces labyrinthiques où le spectateur est invité à entrer le plus souvent mentalement car les pièges sont nombreux : l'échelle n'est ni celle de l'enfant ni celle de l'adulte, sans pour autant avoir un statut de maquette ; les miroirs ne reflètent pas l'image du visiteur, les escaliers ne peuvent se gravir ou ne mènent nulle part, les portes sont dépourvues de poignées... L'architecture est ici étudiée de très près un peu à la façon dont Klaus Oldenburg aborde le monde des objets, pour en retirer et en démontrer toute l'ambiguité qu'elle recèle et les fictions qu'elle autorise.   ■ F. M.

BIBLIOGR. : Ann Hindry : *Siah Armajani*, in : *Beaux-Arts*, n° 131, Paris, fév. 1995.

MUSÉES : PARIS (FNAC) : *Zaccho and Vanzetti Reading Room IV* 1994.

ARMALY Fareed
XXe siècle.

Créateur d'installations.

Il a montré ses œuvres dans une exposition personnelle en 1993 au palais des Beaux-Arts de Bruxelles. Il présentait alors de sacs de sable en toile de jute imprimée.

ARMAN, pseudonyme de **Fernandez Armand**
Né le 17 novembre 1928 à Nice (Alpes-Maritimes). XXe siècle. Actif et naturalisé aux États-Unis. Français.

Peintre de technique mixte, sculpteur, créateur d'accumulations. Abstrait. Groupe des Nouveaux Réalistes.

Sa rencontre avec Yves Klein en 1946 a très certainement été déterminante pour son art. À cette époque, il était inscrit à l'École des Arts décoratifs de Nice, puis à l'École du Louvre de Paris (1949). Il produisait alors une peinture postcubiste, d'abord figurative, puis abstraite. Il se dégage de cet art abstrait qui lui semblait devenir formaliste et invente, en 1956, ses « cachets » en utilisant des tampons encreurs qui donnent des empreintes disposées de manière esthétique, jouant sur la qualité des couleurs d'encre, avant d'en couvrir entièrement la toile. Par l'intermédiaire du tampon encreur, Arman reprend contact avec l'objet par le biais de son empreinte. Il va ensuite plus loin dans cette expérience en projetant sur la toile divers objets encrés : galets, coquilles d'œuf, aiguilles. Ce sont les *Allures d'objets* de 1958, date à laquelle Arman prend son pseudonyme, à la suite d'une coquille sur la couverture du catalogue d'une exposition, transformant Armand en Arman. Peu à peu l'art d'Arman mène à l'objet lui-même : il n'y a pas représentation d'objets, ni transcription, ni reproduction, mais réalité simple, accumulation de véritables objets. Ces entassements d'objets et de déchets divers conduisent tout naturellement à la série des *Poubelles* qui apparaissent en 1959-1960. Le sommet de cette période « Poubelle » est, sans nul doute, l'exposition *Le Plein* (1960) où la galerie Iris Clert avait été remplie de détritus en tout genre. Cette démarche était à rapprocher de celle de son ami Yves Klein dans son exposition *Le Vide* (1958), où la même galerie était complètement nue. C'était manière de provoquer le public, ce qui n'a pas empêché Arman de rationaliser ensuite son art.

Ainsi, à l'instigation de Pierre Restany, il publie et signe, le 14 avril 1960 à Milan, avec une dizaine d'artistes, dont Yves Klein, le premier manifeste du *Nouveau Réalisme* qui définit le renouveau du langage artistique des années soixante. C'est l'époque des *Accumulations* : entassements d'objets quotidiens dans des chassis en verre ou inclus dans du polyester. Il élève alors au rang d'œuvre d'art les objets les plus simples ; c'est en cela que sa démarche peut sembler s'apparenter à celle de Marcel Duchamp et de ses *ready made*. Cependant, alors que ces derniers restent des « mots sans suite », comme les définit P. Restany, les *Accumulations* d'Arman élaborent un vocabulaire, une syntaxe et finalement une poésie. C'est toutefois à la suite de Marcel Duchamp qu'il s'est intéressé à la décomposition du mouvement par le découpage des sujets et, en 1961, il commence à couper en tranches des objets et des personnages coulés en bronze. Si ces *Coupes* donnent une impression de légèreté et de dynamisme, on peut se demander s'il n'y a pas contradiction entre ce produit « fini » qu'est la sculpture en bronze, même si elle est tranchée, et les *Colères* infligées aux instruments de musique et autres objets, exécutées à la même époque, dont il projette et fixe les morceaux sur toile ou bois ou en inclusion dans du polyester. C'est une question qui peut également se poser à l'encontre des bronzes coulés de César face à ses métaux soudés de la première période. La préoccupation sociologique quant à la destination des objets a certainement mené Arman à ses « destructions », dénonçant la société de consommation absurde et saturée où l'objet perd sa valeur première. Allant jusqu'au bout de cette logique, il a procédé à la destruction par le feu de violons, pianos, fauteuils, dont les restes sont exposés dans des structures transparentes en plexiglas : ce sont les *Combustions* qui apparaissent dès 1963. Entre 1965 et 1967, grâce à la collaboration de la Régie Renault, il donne une nouvelle orientation à son art en assemblant des pièces mécaniques auxquelles il confère un caractère lyrique. Après 1970, il coule ses *Coupes, Colères* et *Accumulations* dans du béton.

En 1972, il décide de prendre la nationalité américaine et réside à New York, d'où part une rétrospective itinérante. À partir des années quatre-vingt, il s'oriente vers le monumental, donnant même dans le gigantisme puisqu'il accumule, par exemple, des ancres marines, trente guitares ou soixante voitures dans du béton. Toutefois, il sait toujours garder le même esprit, la même richesse d'invention, donnant ainsi à son art une véritable continuité, continuité relative quand, dans les années quatre-vingt-dix, puisant dans ses propres collections, ce sont non plus des objets de rebut mais des objets esthétiques et rares qu'il dispose, en tant qu'*Accumulations de collections*, dans des casiers soigneusement réalisés. Un peu plus tard, en 1995, il montre à Sète, une série de « transcultures », où l'accumulation, la pénétration, l'empilement et la tranche transforment des œuvres classiques, comme la *Vénus de Milo*, noyée dans un hamas d'hélices de bateau soudées et rebaptisée *Milo Cruise* ou un *Héraclès* antique décomposé et recomposé sous une accumulation de flexibles de douche et de robinets. Cette attitude quelque peu provocatrice et de défi se retrouve dans la réalisation d'une sculpture monumentale qu'il a inaugurée en août 1995, au cœur de la ville de Beyrouth.

L'œuvre d'Arman peut se définir par ses actes : il accumule, il casse, il coupe, il brûle. Il prend un objet, lui fait subir un traitement, tout en préservant son apparence, tandis qu'il efface son caractère utilitaire et sa modernité ou encore sa valeur artistique reconnue. Concluons avec Otto Hahn : « Arman ne cherche nullement à être, comme Léger, le chantre de la modernité. Tout au contraire, il s'attache le rôle de témoin d'une culture. »
                    ■ Annie Pagès

BIBLIOGR. : Pierre Restany, in : *L'Avant-garde au XXe siècle*, Balland, Paris, 1969 – Pierre Restany, in : *Les Nouveau Réalistes*, Planète, Paris, 1969 – Herta Wescher, in : *Dictionnaire de la sculpture moderne*, Hazan, Paris,1970 – Otto Hahn, in : *Connaissance des Arts*, Paris, sept. 1982 – Claire de Gourcy, in : Catalogue de l'exposition *L'Art Moderne à Marseille, la Collection du Musée Cantini*, 1988.

MUSÉES : AMSTERDAM – ANTIBES (Mus. Picasso) : *2x1/2=1* 1972, accumulation de violons – *A ma jolie* 1982, bronze monumental d'accumulation de guitares – BERLIN – BRUXELLES – BUFFALO – CANNES – CHICAGO – CLEVELAND – COPENHAGUE – DUNKERQUE (Mus. d'Art Contemp.) : *Anchorage*, accumulation d'ancres marines – ESSEN – GAND – HANOVRE – HELSINKI – HOUSTON – INDIANAPOLIS – JÉRUSALEM – KREFELD – MARSEILLE (Mus. Cantini) : *Azurs* 1968, accumulation de tubes de gche dans polyester – MINNEAPOLIS – NEW YORK – NICE (Mus. des Beaux-Arts Jules Chéret) – PARIS (Mus. des Arts Déco.) – PARIS (Mus. Nat. d'Art Mod.) : *Chopin's Waterloo* 1962 – PARIS (Mus. de sculpt. de plein air de la Ville de Paris) : *Will Power* 1978, bronze – PERPIGNAN – ROME – SAINT-ÉTIENNE (Mus. d'Art et d'Industrie) : *Poubelle d'atelier – Accumulation de haut-parleurs* – SAINT-PAUL-DE-VENCE – STOCKHOLM – TEL-

AVIV – TOKYO – TOULON (Mus. de Toulon) : *Civilisation n°1* 1979, poubelle sous polyester – *Les Hélices* 1979-1980, accumulation, bronze – TURIN – VENISE – WASHINGTON D. C. .

VENTES PUBLIQUES : PARIS, 20 mars 1964 : *Composition* : FRF 800 – MILAN, 10 déc. 1970 : *Somptueux*, précipité d'encre/Plexiglas : ITL 4 000 000 – MILAN, 23 mars 1971 : *Electric*, assemblage de plexiglas : ITL 3 500 000 – PARIS, 5 nov. 1971 : *Inclusion homme bleu* : FRF 13 000 – PARIS, 22 juin 1976 : *Le beau sabreur* 1961, h/t éclatée contrecollée/pan. (123x83) : FRF 12 500 – PARIS, 25 oct. 1976 : *Adieu ! que le dernier venu sur mon amour ferme la porte* 1963, coupe de statue en bronze avec empreintes à l'h/pan. (72x92) : FRF 20 000 – LONDRES, 7 déc. 1977 : *O.K., Dad, let's get a TV* 1962, assemblage/pan. (116x148) : GBP 7 500 – LONDRES, 6 déc. 1978 : *Boîtes de clous dans une boîte rouge* (110x34) : GBP 2 800 – LONDRES, 5 avr. 1979 : *Explosion de contrebasse*, inclusion de contrebasse et archer dans Plexiglass (200x160) : GBP 3 600 – LONDRES, 3 juil. 1980 : *Le paradoxe du temps* 1961, réveille-matin dans une boîte en bois (42x72x18) : GBP 4 400 – NEW YORK, 13 mai 1981 : *Run red run* 1972, aquar., cr. et collage/pap. (35x25,5) : USD 850 – ROME, 11 juin 1981 : *Tubes* 1980, accumulation, bronze et perspex (70x70) : ITL 6 500 000 – PARIS, 23 oct. 1981 : *Empreintes dur fond noir* 1971, peint./pap. (109x74) : FRF 4 000 – LONDRES, 1er juil. 1982 : *Explosion de guitares* 1962, guitare découpée/bois peint. en noir (131x90) : GBP 6 200 – LONDRES, 23 mars 1983 : *Strip Tease* 1963, cafetières découpées/pan. (53x91) : GBP 6 500 – NEW YORK, 1er nov. 1984 : *Chaussures de football* 1971, accumulation sous polyester (106,7x106,7x11,5) : USD 11 500 – NEW YORK, 1er mai 1985 : *Portrait-robot d'Iris Clert* 1960, boîte en Plexiglas contenant chaussure, robe et autres objets personnels (41x42) : USD 17 500 – NEW YORK, 1er mai 1985 : *Subida al cielo* 1962, violon éclaté/pan. peint. (247x124,5x30,5) : USD 75 000 – PARIS, 20 avr. 1986 : *Colère de violoncelle* 1981, bronze patiné (H. 120) : FRF 120 000 – LONDRES, 5 déc. 1986 : *La Dernière Fugue* 1974, accumulation de violons brisés dans Plexiglas (149,8x100) : GBP 32 000 – LONDRES, 3 juil. 1987 : *Fers à repasser* 1962, accumulation (H. 82) : GBP 24 000 – PARIS, 3 déc. 1987 : *Colère de violon*, inclusion de violon calciné dans matière plastique (193x120) : FRF 230 000 – LONDRES, 25 fév. 1988 : *Accumulation de crayons de couleurs* 1968, cr. ds un bloc de Plexiglas (59,5x50) : GBP 9 350 – PARIS, 20 mars 1988 : *Violon colère*, sculpt. en bois et Plexiglas (70x34,5) : FRF 128 000 – PARIS, 23 mars 1988 : *Ciment et voitures*, sculpt. (44x16x16) : FRF 70 000 – ROME, 7 avr. 1988 : *Accumulation de téléphones* 1970, Plexiglas (126x55) : ITL 14 000 000 – NEW YORK, 3 mai 1988 : *Poubelle*, accumulation de détritus dans plexiglas (122,5x91,4x11,7) : USD 35 750 – PARIS, 18 mai 1988 : *Ecole de Nice*, accumulation de pinceaux (65x51) : FRF 15 000 – NEUILLY, 20 juin 1988 : *Sculpture*, métal (H. 34) : FRF 14 000 – PARIS, 23 juin 1988 : *Colère de violon*, inclusion dans un bloc de polyester (40x19,5x8) : FRF 55 000 – LONDRES, 30 juin 1988 : *Casals marmelade* 1968, accumulation de violoncelles et d'archets dans du Plexiglass (160x135x25) : GBP 39 600 – PARIS, 7 oct. 1988 : *Poubelle, journaux*, Plexiglas (60x40x10,5) : FRF 28 000 – PARIS, 7 oct. 1988 : *Projet pour la sculpture monumentale de la Fondation Cartier* 1982, ciment et voitures (49x16x16) : FRF 74 000 – LONDRES, 20 oct. 1988 : *Sans titre*, bronze (H. 119) : GBP 13 750 – PARIS, 28 oct. 1988 : *Actéon surprend Diane au bain* 1958, h/t (55x33) : FRF 58 000 – PARIS, 20 nov. 1988 : *Watercolor block* 1967, tubes et coulées de peint. multicolores dans polyster : FRF 135 000 – STOCKHOLM, 21 nov. 1988 : *Les trompettes*, bronze sur socle de marbre (H. 59,5) : SEK 42 000 – PARIS, 23 jan. 1989 : *Inclusion de résistances* 1969 (48x60) : FRF 50 000 – PARIS, 12 fév. 1989 : *Guitare en colère* 1970, sculpt. en rés. transparente et inclusions d'objets (25x25x25) : FRF 70 000 – PARIS, 12 fév. 1989 : *Violon prisonnier* 1988, bois et bronze (70x30x30) : FRF 125 000 – PARIS, 22 mars 1989 : *Coulées vertes*, collage de tubes de coul. dans du plexiglass (100x73) : FRF 78 000 – PARIS, 12 avr. 1989 : *Pour ma Jolie* 1982, bronze soudé (100x40x10) : FRF 120 000 – NEW YORK, 3 mai 1989 : *La montée au ciel* 1961, tranches de violoncelle montées sur pan. (245x125) : USD 363 000 – GÖTEBORG, 18 mai 1989 : *Bible*, bronze (H. 27) : SEK 21 000 – PARIS, 9 oct. 1989 : *Masque bakota* 1969 (59x38,5x8) : FRF 400 000 – PARIS, 22 mai 1989 : *Chasseur alpin* 1961, inclusions et plexiglass (72x32) : FRF 140 000 – MILAN, 6 juin 1989 : *Colère sur moquette 3* 1970, fragments de violon sur moquette (111x93) : ITL 33 000 000 – LONDRES, 29 juin 1989 : *Recital*, inclusions de violons dans du plexiglass (160x120x8,5) : GBP 41 800 – NEW YORK, 4 oct. 1989 : *En souvenir de Milton* 1972, inclusions de couvertures de revues dans du Plexiglass (102,5x50,8x11,8) : USD 35 200 – NEW YORK, 5

oct. 1989 : *Accumulation* 1969, tranches de violons incrustées dans du polyester et du Plexiglass (101,5x61x10,8) : USD 71 500 – PARIS, 11 oct. 1989 : *Instrument de musique* 1980, bronze (H. 70) : FRF 90 000 – LONDRES, 26 oct. 1989 : *Colère d'accordéon* 1971, accumulation de morceaux d'accordéons brisés dans du Plexiglass (120x120x20) : GBP 46 200 – MILAN, 7 nov. 1989 : *Sans titre*, tubes de coul. se répandant sur la t. (100x81) : ITL 26 000 000 – MILAN, 8 nov. 1989 : *Mercure*, bronze (H. 219) : ITL 61 000 000 – COPENHAGUE, 22 nov. 1989 : *Violon*, inclusion de bronze plastifié (25x60) : DKK 26 000 – PARIS, 22 nov. 1989 : *Colère de violon*, inclusion de violon dans du ciment (85x27) : FRF 185 000 – STOCKHOLM, 6 déc. 1989 : *Appareil photographique*, bronze (H. 32, L. 56) : SEK 33 000 – PARIS, 11 déc. 1989 : *Table aux violons enchevêtrés*, bronze doré (H. 40,5, diam. 118) : FRF 470 000 – LONDRES, 22 fév. 1990 : *Accumulation de feutres* 1974, crayons-feutre et Plexiglas (178x178) : GBP 46 200 – LONDRES, 22 fév. 1990 : *Bouée de sauvetage*, accumulation de fers à repasser (H. 82) : GBP 66 000 – PARIS, 3 mai 1990 : *Rouages*, techn. mixte (46x46) : FRF 9 500 – PARIS, 30 mai 1990 : *Coloris*, accumulation de couleurs, tubes et couvercles sous Plexiglass (132x100) : FRF 350 000 – PARIS, 10 juil. 1990 : *Cello*, inclusion dans Plexiglass (200x160) : FRF 690 000 – NEW YORK, 7 nov. 1990 : *Service de table violon*, douze couverts vermeil (le coffret 89x56x29,2) : USD 44 000 – NEUILLY, 15 nov. 1990 : *Rythmes et couleurs*, gche sur relief de violons en pâte à pap. et matière synth. (126,5x96,5) : FRF 80 000 – STOCKHOLM, 5-6 déc. 1990 : *Révolvers*, techn. mixte/pap./t. monté sur plexiglas (76x57) : SEK 30 000 – BRUXELLES, 13 déc. 1990 : *Axes de métal*, inclusion dans matière plastique sous boite de plexiglas (75x57,8) : BEF 706 800 – NEW YORK, 15 fév. 1991 : *La mort de Mademoiselle de Lamballe* 1963, tranche d'une statue métallique dans du polyester peint. (53,2x73,6) : USD 22 000 – LONDRES, 21 mars 1991 : *Sans titre*, accumulation de tubes dans du polyester et du plexiglas (53,4x30,5) : GBP 10 450 – NEW YORK, 2 mai 1991 : *Vénus à la guitare : hommage à Picasso* 1987, bronze soudé à patine verte (114,3x49,5x46,3) : USD 46 200 – AMSTERDAM, 23 mai 1991 : *Accumulation de tubes de peinture*, inclusion de tubes de peint. dans du plexiglas (100x100) : NLG 29 900 – PARIS, 30 mai 1991 : *Butterfly variations* 1962, coupe de violon sur pan. de bois : FRF 400 000 – LONDRES, 27 juin 1991 : *Sans titre*, accumulation de morceaux de violons brisés et brûlés dans du Plexiglas (120x90x11) : GBP 33 000 – ZURICH, 16 oct. 1991 : *Musique nocturne*, sérig. en coul. (100x69,8) : CHF 1 400 – LONDRES, 26 mars 1992 : *Vénus au violon* 1975, morceaux de violon dans du polyster (H. 92,7) : GBP 16 500 – ROME, 12 mai 1992 : *Accumulation de rasoirs*, rasoirs dans plexiglas (40x25x40) : ITL 2 800 000 – AMSTERDAM, 21 mai 1992 : *Tranches de Lagoya*, bronze et guitare de bois (H. 100) : NLG 74 750 – AMSTERDAM, 23 mai 1992 : *Vénus*, bronze à patine sombre (H. 32,5, l. 11) : BEF 150 000 – LONDRES, 2 juil. 1992 : *xxive Caprice de Paganini* 1962, violon découpé/cart. peint. (81,6x64) : GBP 33 000 – NEW YORK, 6 oct. 1992 : *À bout de souffle* 1960, accumulation de vieux réveils sous un globe de verre (48,3x43,2x45,7) : USD 46 200 – LUCERNE, 21 nov. 1992 : *Accumulation de contrebasses*, bronze (H. 23,5) : CHF 14 000 – AMSTERDAM, 26 mai 1993 : *Sans titre*, pinceaux brosses et peint./t. (135x91) : NLG 43 700 – LONDRES, 24 juin 1993 : *Apollon : l'Offrande* 1986, bronze (218,5x142,2x116,5) : GBP 38 900 – STOCKHOLM, 30 nov. 1993 : *Guitare espagnole*, bronze (H. 98) : SEK 87 000 – NEW YORK, 3 mai 1994 : *Sans titre* 1967, inclusion de tubes de peint. et aquar. dans rés. de polyester (101,5x101,5) : USD 32 200 – PARIS, 8 avr. 1995 : *Harmonie dans la discorde* 1989, bronze (H. 187, L. 87, prof. 90) : FRF 150 000 – MONTE-CARLO, 29 avr. 1995 : *Table aux huit violons*, bronze et verre (H. 40, larg. 120) : FRF 150 000 – LOKEREN, 20 mai 1995 : *Saxophones*, bronze (H. 29, l. 17,5) : BEF 80 000 – PARIS, 13 juin 1995 : *La Mariposa*, tubes de gche vidés et écrasés inclus dans la rés. (81,7x83,2) : FRF 200 000 – TEL-AVIV, 11 oct. 1995 : *Accumulation de roulements à bille* 1964, billes d'acier dans de la rés. (H. 36,8) : USD 5 175 – NEW YORK, 16 nov. 1995 : *Being Beauteous* 1983, contrebasses de bronze soudé (228,6x129,5x74,9) : USD 85 000 – PARIS, 12 déc. 1995 : *Diane à la guitare* 1987, bronze (H. 162, L. 40, prof. 44) : FRF 270 000 – PARIS, 26 fév. 1996 : *Empreintes de violon*, acryl./pap. (60x47) : FRF 15 000 – LOKEREN, 9 mars 1996 : *Saxophones*, bronze (H. 29) : BEF 95 000 – NEW YORK, 8 mai 1996 : *Héraclès découpé en hauteur* 1986, bronze (76,5x34,4x27,9) : USD 9 200 – LONDRES, 23 mai 1996 : *Maternité*, bronze (110,2x97,2x15,5) : GBP 17 250 – MILAN, 23 mai 1996 : *Les Bons Vœux d'Arman* 1963, collage (32x24) : ITL 1 035 000 – PARIS, 19 juin 1996 : *Color Aid* 1970, gammes Pantone incluses dans du polyester (122x91,5) : **FRF 95 000** – Paris, 1er juil. 1996 : *Colère de violon* 1975, gche/pap. (130x90) : **FRF 17 000** – Paris, 24 nov. 1996 : *Violon découpé*, bronze doré socle marbre (56x24,5x15) : **FRF 23 000** ; *Persée au violon*, bronze à patine brun vert (H. 82) : **FRF 71 000** – Paris, 13 déc. 1996 : *Tours Eiffel* 1994, accumulation de tours Eiffel sous plexiglas (37x20x6) : **FRF 9 500** – New York, 20 nov. 1996 : *Pinceaux* 1987, h. et pinceaux/t. (152,4x121,3x7) : **USD 14 375** – Paris, 28 avr. 1997 : *Crosses de violon*, bronze doré (41x8x8) : **FRF 7 000** – New York, 7 mai 1997 : *Sans titre*, lamelles de violons, assemblage (90,2x55,9x29,2) : **USD 24 150** – Paris, 18 juin 1997 : *Attila* 1964, violoncelle brûlé/polyester et métal (153x102,5) : **FRF 450 000** – Londres, 26 juin 1997 : *Manolette* 1973, guitare découpée dans ciment (93,4x62,8x16,5) : **GBP 17 250** – Londres, 27 juin 1997 : *Violoncelle brûlé* 1980, violoncelle brûlé dans plexiglas (113x67x13) : **GBP 23 000**.

ARMANCOURT Jean Auguste Massary d'
xviiie siècle. Français.
Peintre miniaturiste.
Il était membre de l'Académie Saint-Luc depuis 1761.

ARMANCOURT Nicolas d'. Voir DARMANCOURT

ARMAND Anna Marie
Née au Tréport. xxe siècle. Française.
Peintre de paysages, paysages d'eau, natures mortes, fleurs.
Elle a exposé à Paris, au Salon des Indépendants, entre 1926 et 1932 ; et au Salon d'Automne de 1924, avec une *Vue du Tréport*.

ARMAND Aristide
Né à Aix-en-Provence (Bouches-du-Rhône). xxe siècle. Français.
Peintre.
Expose en 1935 au Salon des Indépendants *Sport dans les dunes*.

ARMAND Auguste
xixe-xxe siècles. Français.
Sculpteur.
Membre de la société des Artistes Français à partir de 1891. A pris part à plusieurs de ses expositions.

ARMAND Charles
Né en 1645 à Bar-le-Duc. Mort le 18 février 1720 à Paris. xviie-xviiie siècles. Français.
Peintre.
A fait un tableau, *Pomone et Vertumne*, en 1673, qui lui ouvrit les portes de l'Académie ; il exposa un *Moïse* en 1699, et des paysages en 1704. On trouve aussi de lui, dans la collection du roi Guillaume II de Hollande (vendue en 1850), une *Scène de la vie d'un saint*, rappelant la manière de Rembrandt.

ARMAND Charles
Né en 1783 à Chaumont (Haute-Marne). xixe siècle. Français.
Peintre d'histoire et de genre.
Élève de Regnault ; ses œuvres les plus connues sont : *Prédication de saint Jean* et *L'Amour chassant les mauvais songes*.

ARMAND Claude
xviie siècle. Actif à Paris en 1688. Français.
Peintre.

ARMAND Émile
Né le 3 juin 1794 à Paris. xixe siècle. Français.
Peintre.
Il a exposé des miniatures au Salon en 1835, 1838, 1839, 1841.

ARMAND Fernandez. Voir ARMAN

ARMAND Jean François
Peintre.
Cité par Ris-Paquot comme ayant pris la marque ci-contre.

ARMAND Louis
Né à New York. xxe siècle. Américain.
Peintre de portraits.
Élève de Paul-Albert Laurens, il expose au Salon des Artistes Français à Paris en 1926 et au Salon de la Société Nationale des Beaux-Arts en 1928.

ARMAND Louis. Voir SOLIGNON Armand Louis

ARMAND de FOLLEVILLE. Voir FOLLEVILLE A. de

ARMAND-DELEY Jane. Voir DELEY Jane

ARMAND-DELILLE Colette Elisabeth
Née à Fontaine-Damel (Mayenne). xxe siècle. Française.
Peintre.
Elle fut élève de Sabatté et a exposé au Salon des Artistes Français de Paris autour des années trente.
Ventes Publiques : Londres, 20 fév. 1976 : *Paysage fluvial boisé*, h/t (89x162,5) : **GBP 500**.

ARMAND-DELILLE Ernest Émile
Né le 29 décembre 1843 à Marseille (Bouches-du-Rhône). Mort le 5 janvier 1883 à Paris. xixe siècle. Français.
Peintre de paysages, paysages d'eau, fleurs.
Il fut élève de Gérome et de Colette Armand-Delille. Il exposa au Salon de Paris entre 1874 et 1883.
On cite parmi ses œuvres : *Soir* (1878) – *Mare à Guéret* (1880), *Un tournant de l'Orne* (1882). Il a peint aussi des fleurs, des paysages des environs de Paris, de la Savoie, du Jura, de la Normandie, de la Creuse.
Musées : Besançon : *Soir* 1878 – Genève : *Paysage, temps gris.*
Ventes Publiques : Londres, 5 juil 1978 : *Paysage de printemps*, h/t (87x159) : **GBP 1 100**.

ARMAND-DUMARESQ Edouard Charles
Né le 1er janvier 1826 à Paris. Mort le 10 juillet 1895 à Paris. xixe siècle. Français.
Peintre d'histoire, compositions religieuses, sujets militaires, aquarelliste, graveur.
Élève de Thomas Couture, il a commencé à exposer au Salon de Paris en 1851.
Il abandonne rapidement la peinture religieuse, pour s'orienter vers les sujets militaires, accompagnant les troupes françaises en Algérie et en Italie. Il a dessiné des uniformes français pour le Ministère de la Guerre et des costumes de la Garde impériale. Ses toiles retracent les batailles de Napoléon Ier, des épisodes de la guerre franco-allemande de 1870-1871. Chargé de mission aux États-Unis, entre 1870 et 1872, il peint des épisodes de la guerre de Sécession et de l'Indépendance des États-Unis, envoyant par exemple, au Salon de 1873 : *Signature de la Déclaration d'Indépendance des États-Unis le 4 juillet 1776.* Il est aussi l'auteur de scènes de l'histoire de Charles XII. On cite de lui : un *Christ des naufragés*, acheté par le Ministère de l'Intérieur – *Saint Bernard prêchant la Croisade* – *Martyre de saint Pierre*, à la cathédrale de Caen – un *Christ*, pour le Palais de Justice de Paris.

armand dumaresq

Bibliogr. : Gérald Schurr : *Les Petits Maîtres de la peinture 1820-1920, valeur de demain,* t. IV, Les Éditions de l'Amateur, Paris, 1979.
Ventes Publiques : Paris, 4-5 déc. 1918 : *Interrogatoire d'un suspect,* aquar. : **FRF 135** – 14-15 déc. 1925 : *Le cuirassier,* aquar. : **FRF 200** – Paris, 10 déc. 1979 : *Le général Boulanger,* h/t (147x115) : **FRF 9 500** – Londres, 17 mai 1991 : *Les invités inattendus,* h/t (ovale 66x54) : **GBP 2 750** – Milan, 29 oct. 1992 : *Les Dernières Nouvelles,* h/t (89,5x116) : **ITL 5 500 000** – Paris, 2 avr. 1993 : *Un Oriental* 1858, h/t (29x19) : **FRF 4 500** – New York, 20 juil. 1994 : *Surveillant le combat,* h/t (81,3x64,8) : **USD 2 875** – New York, 19 jan. 1995 : *Le thé à bord,* h/t (35,2x24,8) : **USD 5 750**.

ARMAND-SIMON A.
xixe siècle. Français.
Paysagiste.
A exposé au Salon de Paris en 1882.
Ventes Publiques : Paris, 21 déc. 1942 : *Marines,* deux pendants : **FRF 1 950**.

ARMAND-VIVET Jean
Né à Paris. xxe siècle. Français.
Peintre de scènes de genre, paysages.
Il a exposé au Salon des Artistes Indépendants de Paris, entre 1927 et 1935.

ARMANDO, pseudonyme de Van Dodeweerd Herman Dirk
Né en 1929 à Amsterdam. xxe siècle. Actif en Allemagne. Hollandais.
Peintre. Abstrait-informel. Groupe Nul.
Il a exposé pour la première fois à Amsterdam en 1957. Des rétrospectives de ses œuvres se sont tenues au Stedelijk Museum d'Amsterdam en 1974 et 1981, à l'Institut Néerlandais de Paris en 1984 et au musée de Bourg-en-Bresse en 1988.

Il vit et travaille à Berlin depuis 1979. Il fit des études d'histoire de l'art à l'université d'Amsterdam ; les peintures informelles et spontanées de Karel Appel ou de Constant eurent un rôle de révélateur sur son œuvre. Ses *Peintures criminelles* (1952-1957) montrent des projections de rouge sang sur de riches fonds dans les tons bruns, travaillés dans des matières épaisses. L'affirmation d'une symbolique sur le lieu de la peinture apparaît dans les séries des *Espaces criminels* de 1956 et des *Paysages criminels* de 1959. Ces peintures monochromes, réalisées avec du sable, sont liées à la proximité du camp de concentration d'Amersfort de la maison où il passa son enfance. Dans les années 1958-1960, il fut membre du *Groupe informel néerlandais*, puis en 1960 du groupe *Nul*. Il réalise alors des œuvres monochromes en relief, constituées de panneaux de tôle où sont vissés des boulons ou des morceaux de barbelés. Il crée également des environnements : *Eau noire*, 1964. En 1965 il se retire du groupe *Nul* et interrompt son activité artistique pendant quelque temps. Il recommence à peindre en 1971, renouant avec son vocabulaire pictural des années 1950, des œuvres monochromes chargées de sables, de tous formats, jouant en diptyque ou en triptyque. Un travail sur la ligne et la thématique de l'agression que l'homme fait subir à la nature est développé : *L'ennemi en marche* (1978-1979), *L'Inspection du champ de bataille* (1980-1982), *Observation de l'ennemi* (1980), *Drapeau* (1982). Un travail abouti sur la ligne est ici développé, qu'elle soit rassemblée en boules compactes ou enchevêtrée en traits emmêlés.

BIBLIOGR. : In : *Dictionnaire de la peinture flamande et hollandaise*, Larousse, 1989.

MUSÉES : LA HAYE (Gemeentemuseum) : *Eau noire* 1964 – UTRECHT (Centraal Mus.) : *L'Ennemi en marche* 1978-1979.

VENTES PUBLIQUES : AMSTERDAM, 5 juin 1984 : *Composition en noir et rouge* 1981, h/t (70x50) : **NLG 3 700** – AMSTERDAM, 10 avr. 1989 : *Fahne* 1981, h/t (70x50) : **NLG 14 950** – AMSTERDAM, 13 déc. 1989 : *Sans titre* 1970, h./6 assiettes de métal (120x122) : **NLG 11 500** – AMSTERDAM, 10 avr. 1990 : *Drapeau*, h/t (240x110) : **NLG 36 800** – AMSTERDAM, 22 mai 1990 : *Sans titre* 1970, cr./pap. (74x100) : **NLG 2 990** – AMSTERDAM, 12 déc. 1990 : *Dans la ville* 1983, h/t (100x80) : **NLG 19 550** – AMSTERDAM, 22 mai 1991 : *L'Orée d'un bois*, h/t, dyptique (chaque partie 50x39,5) : **NLG 11 500** – AMSTERDAM, 11 déc. 1991 : *Étendard* 1985, h/t (80x100) : **NLG 10 350** – AMSTERDAM, 10 déc. 1992 : *Lisière de bois* 1988, h/t (86,5x86,5) : **NLG 8 050** – AMSTERDAM, 27-28 mai 1993 : *Sans titre* 1984, cr. coul. et cr./pap. (50x32) : **NLG 1 495** – AMSTERDAM, 8 déc. 1993 : *Composition abstraite* 1955, encre, aquar. et gche/pap. (77,5x97) : **NLG 12 650** – AMSTERDAM, 6 déc. 1995 : *Relief blanc*, clous/relief de métal/cart. (32x24) : **NLG 12 650** – AMSTERDAM, 10 déc. 1996 : *Drapeau*, h/t (70x50) : **NLG 6 919** – AMSTERDAM, 2 déc. 1997 : *Drapeau*, h/t (70x50) : **NLG 8 072** – AMSTERDAM, 2-3 juin 1997 : *Six Fois rouge* 1964, fer blanc laqué/aggloméré (42,1x33) : **NLG 20 060**.

ARMANELLI Niccolo di Jacopo
xve siècle. Italien.
Miniaturiste.
Travaillait à Pérouse, où il devint membre de la corporation des miniaturistes vers 1420.

ARMANI Giovanni
xvie siècle. Italien.
Peintre.
Originaire de Vérone, il collabora avec d'autres artistes, de 1561 à 1578, à la construction d'arcs de triomphe et à la peinture d'armoiries, notamment pour l'archiduchesse Éléonore, fille de l'empereur Ferdinand Ier, pour les légats et les cardinaux qui vinrent au Concile de Trente en 1561 et 1562, pour le prince Ludovico Madruzzo (juillet 1578).

ARMANINO
xive siècle. Italien.
Peintre.
Artiste vénitien qui habitait à San Fantino. Cecchetti le nomme parmi ceux qui furent emprisonnés, en 1311, par ordre du sultan du Caire.

ARMANINUS
xiie siècle. Italien.
Peintre.
Originaire de Modène, il fit, en 1237, la fresque de l'abside dans l'église Santa Maria di Cartignano, à Bussi, dans les Abruzzes.

ARMANN Vincenzo di, dit Monsù Armanno
Né en 1598. Mort en 1649 à Venise. xviie siècle. Italien.

Paysagiste.
Il se rendit très jeune en Italie, et s'établit à Rome. Il peignait le paysage avec un grand talent et obtint beaucoup de succès. On recherchait ses tableaux pour leur aspect de vérité, leur charme, le soin de leur composition, leur couleur et le jeu des ombres et de la lumière. Vasari rapporte qu'il fut emprisonné par l'Inquisition pour avoir mangé de la viande un jour maigre. Dès qu'il fut libéré, Armann, dégoûté de Rome, prit le chemin de son pays natal, mais il mourut à Venise durant ce voyage de retour.

ARMANNI Battista
xvie siècle. Italien.
Sculpteur sur bois.
Établi à Brescia, où, en 1563, il sculpta les ornements d'une salle de l'Hôtel de Ville de Brescia, en collaboration avec divers autres sculpteurs.

ARMANNI Pietro Martire
Né le 14 janvier 1613. Mort le 10 juillet 1699. xviie siècle. Italien.
Peintre de compositions religieuses.
Cet artiste habitait Reggio Emilia, mais élève de Sébastien Vercellesi, de Reggio, il suivit son maître dans l'atelier de Lionello Spada de Bologne. A peint un *Miracle de Marie*, à Reggio, dans l'église de la Madonna della Ghiara. Zani dit qu'il n'est autre que Pietro di Camillo Armanni, et par conséquent fils d'un autre Camillo Armanni.

ARMANNO da Pioraco
xiiie siècle. Italien.
Sculpteur animalier.
A sculpté deux lions pour la façade de l'ancienne cathédrale de Camerino ; ces deux lions ont été placés, par la suite, dans la crypte de l'église principale. Ce même artiste restaura la grande fontaine de Macerata, en 1280.

ARMANO Giovanni Antonio
xixe siècle. Italien.
Peintre.
Membre de l'Académie de Florence, Armano a peu produit ; a passé sa vie à recueillir des gravures en taille-douce de Bonasone et de Marc-Antoine qui forment deux collections dont les catalogues ont paru à Rome en 1820 et à Florence en 1830.

ARMANUS de Almania
Actif à Milan. Italien.
Calligraphe, miniaturiste.
Travailla pour le compte de Giovanni Galeazze Visconti. Auteur de plusieurs manuscrits qui appartiennent aujourd'hui à la Bibliothèque Nationale à Paris.

ARMAS Duarte d'. Voir DUARTE d'Armas

ARMAS Jésus Gonzalez de
Né le 8 septembre 1934 à La Havane. xxe siècle. Depuis 1992 actif en France. Cubain.
Peintre, dessinateur, graphiste, cinéaste. Expressionniste.
Il étudia l'archéologie cubaine, notamment l'art rupestre. Il fut d'abord caricaturiste, puis graphiste et cinéaste. Il fonda la section du dessin animé à l'Institut Cubain des arts cinématographiques. Il a remporté plusieurs prix pour cette activité. Depuis 1981, il a pu montrer son travail de peinture et dessin sur plusieurs continents. À Cuba, il a fait une vingtaine d'expositions personnelles. En 1989, à Karlsruhe, eut lieu une exposition rétrospective intitulée *De lo negro*. Il a montré une exposition personnelle de ses œuvres à la Maison de l'Amérique latine de Paris en 1992.
En 1975, il a commencé à s'inspirer de l'art des aborigènes de Cuba. À partir de 1985, il a surtout utilisé le fusain, en parallèle avec les moyens rudimentaires, essentiellement le charbon, des primitifs indigènes, exploitant à la fois leurs signes rituels pré et post colombiens, et des thèmes d'origine espagnole. En 1987, il a donné le nom de *Carbonadas* à ses grands fusains. En 1988, il a commencé une série de peintures évoquant les divinités des Taïnos, une des ethnies indiennes de Cuba disparues, exterminées en 1492, après la conquête espagnole, continuant à s'inspirer formellement de l'artisanat indo-américain. Il développe de multiples façons son intérêt pour cette recherche anthropologique et artistique, qui cependant ne cadre pas avec les directives des instances politiques, ce qui a déterminé son exil.
Ses traits et ses noircissements de fusain sont violents, rageurs, en accord avec les sauvages créatures mutantes, mâchoires de

loups, yeux de bourreau ou de supplicié, qu'il crée de toutes pièces, hybrides, hurlantes, en érection, mutilées, décapitées, qui s'affrontent et se déchirent. Ces évocations, il les a tirées du fond des âges et surtout de l'oubli d'une civilisation disparue, pour rétablir le contact avec des hommes qui vivaient les mêmes passions et obsessions qu'aujourd'hui, même s'ils recourraient à d'autres images que les nôtres, encore que... ■ J. B.

Bibliogr. : Christine Frérot : *Jesus de Armas*, in : *Artension* nº 32, Rouen, avr. 1992 – Giovanni Joppolo : *Le grand récit de Jesus de Armas*, in : *Opus International*, nº 128, Paris, sep. 1992.

ARMAS Ximena
Née en 1946 au Chili. xxᵉ siècle. Active en France. Chilienne.
Peintre. Symboliste.
A Paris, elle figure dans les années quatre-vingt au Salon Grands et Jeunes d'Aujourd'hui. Ses peintures figurent une sorte d'opposition entre une flore exotique exubérante à l'extérieur d'une barricade et de ce côté-ci, aménagés dans le pavage du sol, des sortes de caveaux funéraires d'où apparaissent timidement des éléments en rapport symbolique avec le décor de la composition.

ARMATI Armato di Fabiano
Mort après 1571. xviᵉ siècle. Actif à Ferrare. Italien.
Sculpteur.

ARMBROSTER
xviᵉ siècle. Suisse.
Sculpteur.
D'après les documents de l'époque, il était établi à Soleure en 1576.

ARMBRUSTER
xvᵉ siècle. Suisse.
Sculpteur.
Travaillait à Bâle en 1482-1483.

ARMBRUSTER Jean François ou François
Né le 23 novembre 1835 à Lons-le-Saunier (Jura). Mort le 8 mai 1912 à Lyon (Rhône). xixᵉ-xxᵉ siècles. Français.
Peintre de sujets de genre, portraits, dessinateur.
Élève de l'École des Beaux-Arts de Lyon de 1850 à 1855, dessinateur de fabrique, puis photographe jusqu'en 1882, Armbruster débuta au Salon de Lyon en 1862 avec un *Portrait du Curé d'Ars mort* ; il a également exposé à Paris en 1895. Il signe *F. Armbruster*.
Il a peint de nombreux portraits au crayon d'artistes et autres personnages contemporains et quelques peintures parmi lesquelles : *Le retour du verger* (1894), *La coupe enivrante* (Lyon 1895). Il a publié en 1887 : *Paul Chenavard et son œuvre*.
Musées : Paris (Mus. du Louvre) : *Portrait de Chenavard*.
Ventes Publiques : New York, 18 sep. 1981 : *Officier de cavalerie français*, h/t (168,3x112,4) : **USD 1 900**.

ARMBRUSTER Léopold
Né le 6 juin 1862 à Rippoldsau (Bade). xixᵉ siècle. Allemand.
Sculpteur de statues.
Exerce son art à Dresde ; on cite parmi ses principales œuvres : une statue en bronze, *Jeune homme mourant* (Exposition de Munich, 1893). En ses dernières années, il a exposé à Dresde des reliefs en marbre et en bronze.

ARMBRUSTER Otto Herman
Né le 28 août 1865 à Cincinnati (Ohio). Mort en 1908 à New York. xixᵉ-xxᵉ siècles. Américain.
Peintre et illustrateur.
Armbruster fut élève de M. Armbruster. Il fut professeur, et membre des Salmagundi et Kit-Kat Clubs de New York City, où il était établi.

ARMBRUSTER Rodolphe Henri
Né à Altenheim (Grand Duché de Bade). xixᵉ-xxᵉ siècles. Allemand.
Peintre.
Expose à la Société Nationale des Beaux-Arts de 1896 à 1914.

ARMEILLE, appelé aussi Demarle
Né à Albert (Somme). xxᵉ siècle. Français.
Peintre.
Élève de Fernand Sabatté et de l'Académie Julian, il a exposé depuis 1931 aux Salons des Artistes Français, d'Automne et des Artistes Indépendants à Paris.

ARMEL-BEAUFILS Émile Jean M.
Né à Rennes (Ille-et-Vilaine). Mort le 1ᵉʳ mai 1978 à Paris. xxᵉ siècle. Français.

Sculpteur.
Élève d'Antonin Mercié, il expose dès 1924 au Salon des Artistes Français de Paris.
Ventes Publiques : Paris, 30 jan. 1989 : *Jeune bretonne* 1931, bronze à patine vert foncé (61x29x23) : **FRF 18 000**.

ARMEL-BEAUFILS Zannic
Née à Spa. xxᵉ siècle. Française.
Peintre et sculpteur.
Élève d'Émile Armel-Beaufils, elle expose également aux Salons des Artistes Français et des Indépendants à Paris, à partir de 1937.

ARMELIN
xviiiᵉ siècle. Français.
Peintre.
Cité comme membre de l'ancienne confrérie des maîtres peintres et sculpteurs d'Aix, en 1767.

ARMELIN Antoine
xviiᵉ siècle. Français.
Sculpteur et peintre.
Travaillait avec son frère et reçut en 1621 une somme de quatre-vingts livres comme lui pour le même travail.

ARMELIN Dionise
xviiᵉ siècle. Français.
Peintre et sculpteur.
Travaillait avec son frère Antoine et reçut quatre-vingts livres pour avoir doré et sculpté deux anges dans l'église de Puy-Notre-Dame (arrondissement de Saumur).

ARMELIN L. G.
xixᵉ-xxᵉ siècles. Français.
Peintre de portraits.
A exposé un portrait au Salon en 1888.

ARMELLI Giambattista ou Armilia, Armilli
xviiiᵉ siècle. Italien.
Peintre.
D'après Zani, cet artiste florissait à Rimini vers 1704.

ARMELLINI Valerio
xviᵉ-xviiᵉ siècles. Italien.
Sculpteur sur bois.
En 1599-1600, avec la collaboration de Francesco Ambrosi, il orna l'encadrement d'un tableau qui représente un Christ, placé aujourd'hui sur un autel de l'Oratorio della Morte, à Urbino ; Armellini travailla de nouveau, en 1607, à l'exécution d'autels pour le même Oratorio.

ARMENCOURT. Voir ARLENCOURT Jacques

ARMENDIA Pedro de
xviᵉ siècle. Espagnol.
Sculpteur.
A collaboré avec Juan Perez à l'ornementation de bases et de chapiteaux pour des colonnes de marbre à l'Alcazar de Séville (1542).

ARMENGAL Magin ou Armengol ou Armengual
xviᵉ siècle. Espagnol.
Peintre.
Travaillait à Valence ; il se trouvait dans la maison de son maître, le célèbre J. Vicente Juanes, quand celui-ci mourut, en 1579. Le nom de Armengol figure dans un acte notarié daté de 1580.

ARMENGAUD Eugène
Né à Paris. xxᵉ siècle. Français.
Peintre de marines.
En dehors de ses marines, il a aussi exécuté des panneaux décoratifs qu'il a exposés au Salon des Artistes Indépendants de Paris.

ARMENGOL Emilio
Né le 7 mai 1911 à Tarrasa. xxᵉ siècle. Espagnol.
Peintre.
Il a participé à l'Exposition d'Art Espagnol Contemporain qui eut lieu à Paris en 1936.

ARMENGOL Raphael
Né en octobre 1940 à Benimodo. xxᵉ siècle. Espagnol.
Peintre et graveur. Nouvelles Figurations.
Après avoir fait des études à l'Ecole des Beaux-Arts de Valence, il s'associe à Manuel Boix et Arthur Heras pour fonder un groupe qui expose pour la première fois à Montcada en 1962. Ensemble, ils réalisent, en 1964, un tryptique de quatre mètre sur

deux mètres qui marque leur évolution vers un art néo réaliste. Ils exposent ensemble à Valence, Saragosse, au Salon de Mai de Barcelone. Après la dissolution de ce groupe, en 1967, Armengal part pour Barcelone, mais retrouve ses amis à la Biennale de Paris en 1971 et à l'exposition *Gravure espagnole contemporaine* au Musée d'Art Moderne de Séville.
Musées : Séville – Valence .

ARMENINI Giovanni Battista
Né en 1530 à Faenza. Mort le 13 mai 1609. xvie siècle. Italien.
Peintre de compositions religieuses.
Fils de Pier Paolo ; il fit ses études à Rome ; il a peint, dit Lanzi, une *Assomption*, à Faenza. Devenu prêtre, il publia un ouvrage intitulé : *De veri precetti della pittura*, Ravenna, 1587.

ARMENISE Raffaello
Né le 19 mars 1852 à Bari (Pouilles). Mort en 1925 à Milan (Lombardie). xixe-xxe siècles. Italien.
Peintre de sujets de genre, portraits.
Cet artiste, après avoir fait ses études à Naples, se fixa à Milan en 1881. Ses peintures, fort goûtées en général, trouvent place dans les meilleures collections. Il a exposé à Turin en 1880, avec *Les Libertins* ; à Venise en 1887 avec *Le portrait de Verdi*. On mentionne encore de lui : à Naples : *Chez l'usurier juif*, *Le Vatican* (acquis par l'Union d'Art à Gênes), à Trieste : *La visite à Son Éminence, J. Compari de San Giovanni, La Famille del Cieco et l'Enfance*.
Musées : La Nouvelle Orléans (Mus. Mitchell) : *La Famille del Cieco et l'Enfance* – Trieste (Mus. Revoltella) : *La visite à Son Éminence*.
Ventes Publiques : Londres, 22 jan. 1960 : *Paysans au café* : **GBP 630** – Londres, 22 avr. 1966 : *Intérieur de café* : **GNS 900** – Londres, 8 nov. 1967 : *Scène de café* : **GBP 550** – Milan, 28 oct. 1976 : *Scène galante*, h/t (70x50) : **ITL 360 000** – Londres, 20 avr. 1978 : *Jeune femme lisant au coin du feu*, h/t (60x35,5) : **GBP 1 100** – Rome, 4 nov. 1979 : *Le Bon Vivant*, h/t (60x49) : **ITL 1 600 000** – Milan, 17 juin 1982 : *Le retour des Croisés victorieux 1881*, h/t (72,5x114,5) : **ITL 4 000 000** – New York, 22 mai 1986 : *Le baptème*, h/t (100,4x195) : **USD 9 000** – Londres, 27 mars 1987 : *Cavaliers festoyant*, h/t (62x84) : **GBP 6 000** – Milan, 12 mars 1991 : *Moment de détente à l'auberge*, h/t (69,5x100) : **ITL 19 500 000** – Monaco, 6 déc. 1991 : *Chasseurs au petit matin*, h/t (45x58) : **FRF 37 740** – Milan, 19 mars 1992 : *La sortie des mariés*, h/t (106x78,5) : **ITL 17 000 000** – Rome, 27 avr. 1993 : *Retour à la bergerie*, h/cart. (55,5x74) : **ITL 10 134 400** – Londres, 10 oct. 1996 : *Histoires de déjeuner 1878*, h/t (38,2x66) : **GBP 3 500**.

ARMENONT
xviiie siècle. Français.
Sculpteur de sujets religieux, statues.
Ce sculpteur vivait à Vimoutiers (Normandie) ; il est connu pour avoir fait, en 1731, *La statue de sainte Agathe*, pour l'église de Coquainvilliers ; pour cette même église, il a peint et doré deux statues et travaillé aux stalles du chœur.

ARMERIGO Antonio Maria
xviie siècle. Italien.
Dessinateur et graveur.
Peut-être le même que Amerigo. Il est cité par Zani à Gênes.

ARMES Théo. C.
xxe siècle. Actif à Washington (District of Columbia) vers 1909. Américain.
Peintre.

ARMESTO Alvarez Primitivo
Né à Villafranca del Vierzo (León). xixe siècle. Espagnol.
Peintre de genre.
Fit ses études à l'Académie de Madrid et fut médaillé dans cette même ville aux Expositions de 1895 et 1897. On cite, parmi ses œuvres : *Les Pêcheurs de Sardines, Les Victimes de la Mer* (au Musée de l'Art Moderne à Madrid), *Fuego, Tristes Moments, Au Rivage de Kantabri.*

ARMET Pierre Thomas Joachim
Né vers 1781 à Paris. xixe siècle. Français.
Peintre.
Élève de l'École des Beaux-Arts de Paris le 2 vendémiaire, an VIII (1799), dans l'atelier de Regnault.

ARMET Y PORTANEL José
Né en 1843 à Barcelone (Catalogne). Mort en 1911 à Barcelone. xixe-xxe siècles. Espagnol.

Peintre de portraits, paysages, paysages d'eau, paysages de montagne, lithographe.
Élève de l'École des Beaux-Arts de Barcelone, il a été médaillé dans les expositions espagnoles et étrangères.
Ses principales œuvres sont : *Paysanne romaine* (acquise par le Musée National en 1863), *Petite fille lisant.* Il a fait aussi des portraits et un grand nombre de paysages des Pyrénées. Il est l'auteur d'une série de lithographies intitulées : *La Jeunesse peinte par elle-même*, dont la publication a été interdite.
Ventes Publiques : Madrid, 24 mai 1977 : *Bord de mer*, h/t (60x130) : **ESP 105 000** – Barcelone, 23 avr. 1980 : *Paysage fluvial*, h/t (89x168) : **ESP 425 000** – Barcelone, 26 mai 1983 : *Paysage animé de personnages*, h/t (68x107) : **ESP 160 000** – Barcelone, 28 nov. 1985 : *Bords de rivière*, h/t (85x140) : **ESP 700 000** – Barcelone, 17 juin 1987 : *Paysage*, h/t (90x130) : **ESP 800 000** – Londres, 22 nov. 1989 : *La traversée des marais*, h/t (100x219) : **GBP 24 200** – New York, 15 oct. 1991 : *Maisons au bord des marais*, h/t (45x80) : **USD 4 180**.

ARMEYEN Roland Van
xvie siècle. Éc. flamande.
Peintre.
Son nom figure, à côté de celui de son élève Lievin Van Brusele, dans les archives d'Audenarde, en 1533. C'est par erreur qu'il est mentionné en 1553 par Kramm.

ARMFIELD Edward
Né en 1817. Mort en 1896. xixe siècle. Britannique.
Peintre de sujets de chasse, animalier.
Il pourrait être un frère puîné de George Armfield, traitant les mêmes sujets que lui. Contrairement à George, il ne semble pas avoir participé à des expositions.
Ventes Publiques : New York, 8 juin 1984 : *Terriers guettant des rats*, h/t (30,5x40,6) : **USD 2 500** – Londres, 28 fév. 1986 : *La Cuisine du garde-chasse*, h/t (127x101,5) : **GBP 4 200** – Londres, 21 avr. 1987 : *Terriers Rating in a barn*, h/t (29,2x39,3) : **GBP 500** – Londres, 14 fév. 1990 : *Un terrier en arrêt devant un hérisson*, h/t (30,4x40,7) : **GBP 880** – Londres, 26 sep. 1990 : *La chasse à la loutre*, h/t (76x127,5) : **GBP 2 420** – New York, 16 juil. 1992 : *Épagneuls poursuivant un faisan*, h/t (61x91,4) : **USD 2 310** – Perth, 1er sep. 1992 : *La chasse à la loutre*, h/t (76x127,5) : **GBP 2 420** – New York, 28 mai 1993 : *Réunis autour de la pâtée*, h/t (30,5x40,7) : **USD 1 410** – New York, 3 juin 1994 : *Après la chasse 1870*, h/t (61x91,4) : **USD 5 750** – New York, 9 juin 1995 : *Ratiers devant un terrier*, h/t (30,5x40,6) : **USD 2 300** – New York, 12 avr. 1996 : *Terriers guettant des rats dans une grange*, h/t (62,9x76,2) : **USD 3 162** – Londres, 17 oct. 1996 : *Épagneul noir et Épagneul King Charles 1863*, h/t (38,7x38,7) : **GBP 3 450**.

ARMFIELD George, pseudonyme de Smith George Armfield
Né en 1808. Mort en 1893. xixe siècle. Britannique.
Peintre de scènes de chasse, sujets de genre, animalier.
Entre 1840 et 1875, Armfield envoya des tableaux en grand nombre aux différentes expositions de Londres, notamment à la Royal Academy, à la British Institution et à Suffolk Street. Ces seules deux dates sont parfois indiquées dans les catalogues de vente, créant une confusion avec les dates de naissance et de mort. Il convient de noter qu'un grand nombre d'ouvrages de cet artiste ont été revêtus de la signature de Landseer et vendus par des marchands comme des œuvres du maître animalier anglais.
Parmi ses œuvres : *Trois contre un renard, La Vie à la campagne, Pour toujours*, gravées par Tomkins, *La première leçon*, gravée par Bateman, *L'expérience*, gravée par T. Lucas.
Musées : Glasgow : *Chiens*.
Ventes Publiques : Paris, 1877 : *Chiens en arrêt* : **FRF 210** – Londres, 21 nov. 1908 : *Chiens* : **GBP 11** – Londres, 13 fév. 1909 : *Terriers ; Le Maraudeur* : **GBP 5** – Londres, 24 mai 1909 : *Épagneul et bécasse* : **GBP 42** – Londres, 4 juin 1909 : *Épagneuls et faisans* : **GBP 9** – Londres, 19 juil. 1909 : *Chiens de Chasse-Terriers* : **GBP 7** – Londres, 23 juil. 1909 : *Sur la défensive* : **GBP 2** – Londres, 21 juil. 1909 : *Terriers* : **GBP 1** – Londres, 4 avr. 1910 : *Épagneuls et bécasse* : **GBP 12** – Londres, 17 juin 1910 : *Chiens de chasse* : **GBP 7** – Londres, 15 juin 1936 : *La chasse aux rats* : **GBP 27** – Londres, 22 déc. 1965 : *Le chien setter* : **GBP 70** – Londres, 28 juin 1977 : *Scène de chasse*, deux toiles (51x61) : **GBP 420** – Londres, 3 fév. 1978 : *A Hostile Encounter 1866*, h/t (75x100,3) : **GBP 950** – Écosse, 1er sep. 1981 : *Tired out*, h/t ovale (41x51) : **GBP 2 200** – Londres, 21 nov. 1984 : *Chiens de chasse attaquant une loutre*, h/t (99,5x125) : **GBP 8 500** – New York, 7

juin 1985 : *Terriers rabbiting* 1865, h/t (56x66) : **USD 13 000** – Londres, 11 juin 1985 : *Etude de deux chiens dans une cour de ferme*, h/pan. (21,5x29) : **GBP 2 600** – Londres, 17 oct. 1986 : *A Dandie Dinmont and two Cairns rabbitting*, h/t (71,8x92,1) : **GBP 11 000** – New York, 9 juin 1988 : *Epagneul avec un faisan*, h/t (36,1x30,5) : **USD 7 700** – Stockholm, 19 avr. 1989 : *Deux terriers*, h/t (43x53) : **SEK 9 500** – Londres, 27 sep. 1989 : *Sur le sol* 1873, h/t (38x46) : **GBP 2 200** – New York, 17 jan. 1990 : *Deux terriers en arrêt devant une grange*, h/t (43,3x53,3) : **USD 1 760** – Londres, 14 fév. 1990 : *Deux épagneuls King Charles, un terrier du Norfolk et deux autres chiens avec un perroquet dans un parc*, h/t (102x86) : **GBP 8 800** – Londres, 26 sep. 1990 : *L'approche du danger*, h/t (46x61) : **GBP 1 100** – Londres, 15 jan. 1991 : *Un épagneul King Charles et un terrier attachés dans une grange* 1885, h/t (45,7x60,9) : **GBP 4 400** – New York, 21 mai 1991 : *Chiens de chasse dans un paysage* 1863, h/t (30,5x40,6) : **USD 1 430** – Stockholm, 29 mai 1991 : *La fuite vers le terrier*, h/t (32x33) : **SEK 12 000** – Londres, 11 oct. 1991 : *Un terrier*, h/t (26x31) : **GBP 1 100** – Londres, 3 juin 1992 : *Chèvres dans les montagnes* ; *Cerfs dans un parc* 1846, h/t, une paire (chaque 45,5x61) : **GBP 2 640** – New York, 5 juin 1992 : *Le renard acculé au taillis* 1865, h/t (43,2x53,3) : **USD 5 500** – Londres, 12 juin 1992 : *Un terrier avec ses petits dans une grange*, h/t (30,5x35,6) : **GBP 2 200** – Londres, 13 nov. 1992 : *Deux épagneuls levant des canards sauvages*, h/pan. (20,3x25,4) : **GBP 1 650** – New York, 4 juin 1993 : *Terriers chassant les rats* 1850, h/t, une paire (44,5x54,6 et 46,4x61) : **USD 5 175** – New York, 28 mai 1993 : *Terriers sur une piste* 1865, h/t (50,8x61) : **USD 10 350** – Glasgow, 1er fév. 1994 : *La capture* 1867, h/t (25,5x30,5) : **GBP 1 380** – Ludlow (Shropshire), 29 sep. 1994 : *Fin d'une journée de chasse* 1858, h/t (49,5x65) : **GBP 5 175** – Londres, 7 juin 1995 : *Les meilleurs amis*, h/t (82,5x70) : **GBP 4 830** – New York, 12 avr. 1996 : *Bons amis* ; *Envol d'une perdrix* 1877, h/t (chaque 30,5x40,5) : **USD 6 900** – Londres, 5 juin 1996 : *Trop tard* 1865, h/t (71,5x91,5) : **GBP 10 925** – Londres, 17 oct. 1996 : *Setters devant un panier de pique-nique*, h/cart. (30x40) : **GBP 3 220** – New York, 26 fév. 1997 : *Terriers ruffing*, h/t (30,5x40,6) : **USD 1 725** – Paris, 28 fév. 1997 : *L'Épagneul*, h/t (30,5x40,5) : **FRF 7 000** – Londres, 13 mars 1997 : *Épagneuls observant des canards en vol* ; *Terriers chassant des rats dans une grange*, h/pan., une paire de terme ronde (diam. 15) : **GBP 2 400** – New York, 11 avr. 1997 : *Trois épagneuls à la poursuite de canards* 1865, h/t (63,5x76,2) : **USD 8 625** ; *Chiens couchés* 1860, h/t (62,2x88,9) : **USD 8 050**.

ARMFIELD Maxwell Ashby

Né en 1882 à Ringwood. Mort en 1972. xxe siècle. Britannique.

Peintre de sujets bibliques, mythologiques, scènes de genre, portraits, paysages, natures mortes, peintre à la gouache, aquarelliste, aquafortiste, illustrateur. Réaliste.

Après avoir suivi les cours à l'Ecole des Beaux-Arts de Birmingham, il vient étudier à Paris, auprès de Raphaël Collin, Dauchez et Prinet. Dès 1905, il expose peintures et gravures à Paris avant de se faire remarquer à Londres l'année suivante. Il fit de nombreuses illustrations de livres.

Ventes Publiques : Londres, 17 juin 1977 : *Vues d'une église* 1970, deux temperas (25x35) : **GBP 300** – Londres, 1er oct. 1979 : *Autoportrait* 1901, gche et or (29x23,5) : **GBP 6 000** – Londres, 5 mars 1980 : *Musique à San Giminiano* ; *Hommage à Mozart*, temp./t. (40x32,5) : **GBP 940** – Londres, 12 juin 1981 : *Coquillages*, temp. (20,3x28) : **GBP 280** – Londres, 10 juin 1982 : *Maes Tor*, temp./t. (23x23) : **GBP 900** – Londres, 14 juil. 1982 : *Le cottage rouge, Breamore* 1924, h/t (60x49,5) : **GBP 1 200** – Londres, 25 mai 1983 : *Le pont Elvet à Durham* 1932, h/tempera (51x61) : **GBP 2 100** – Londres, 23 mai 1984 : *Autoportrait* 1914, temp./ pan. (30x23) : **GBP 12 000** – Londres, 15 mai 1985 : *Œdipe et le Sphinx*, temp. (33x24) : **GBP 4 500** – Londres, 21 mai 1986 : *Portrait de l'artiste* 1906, aquar./traits de cr. (43x28) : **GBP 5 500** – Londres, 13 mai 1987 : *Le Californien*, temp./t. (87,5x122) : **GBP 11 500** – Londres, 27 juin 1988 : *Salomé regardant la tête de saint Jean Baptiste*, aquar./pap. (28x21) : **GBP 8 800** – Londres, 29 juil. 1988 : *Nature morte avec une calebasse et un pichet* 1952, détrempe/cart. (32,5x40) : **GBP 1 100** – Londres, 2 mars 1989 : *Nature morte aux cotillons variés*, détrempe/cart. (33,7x28,7) : **GBP 2 420** – Londres, 12 mai 1989 : *Viale Poggio Imperiale à Florence*, h/pan. (30x22,5) : **GBP 880** – New York, 28 sep. 1989 : *Madison Square Park*, h/t (86,2x76,3) : **USD 17 600** – Londres, 8 mars 1990 : *Sapphire Bay* 1945, temp. et gesso/pan. (24,2x29,3) : **GBP 7 920** – Londres, 27 sep. 1991 : *Champignons*, temp. et

gesso/pan. (23x28,5) : **GBP 3 080** – Londres, 6 mars 1992 : *Hommage aux Maîtres orientaux : le Sphinx de Meru*, temp./pap./cart. (32,5x40) : **GBP 6 050** – Londres, 6 nov. 1992 : *Arbres à Tamalpais en Californie*, temp./cart. (21x28) : **GBP 1 485** – New York, 16 fév. 1993 : *Le Soir du jour*, temp./pan. (72,4x35) : **USD 8 250** – New York, 19 jan. 1994 : *Position 5 sur l'arbre de vie*, temp. sur tissu sur pan. (76,2x63,5) : **USD 3 162** – Londres, 8 nov. 1996 : *Le Matin* ; *Le Soir*, temp. et feuille or/t./pan., une paire (61,2x33,7) : **GBP 12 000**.

ARMHAND

xviiie siècle. Allemand.

Peintre.

J.-E. Haid a gravé d'après lui, en 1789, le portrait de Steph. Wüst, professeur de théologie à Ingolstadt.

ARMI dall'. Voir DALL'ARMI

ARMIJO Hernando de

xvie siècle. Espagnol.

Peintre.

Son nom est mentionné dans un document à Séville à la date de 1593.

ARMIN Fritz

Né en 1865 à Vienne. xixe siècle. Autrichien.

Peintre.

Élève de l'Académie de Munich sous Marr et von Löfftz, il exposa en 1891, et son tableau : *Vision d'une nuit d'été* obtint un vif succès.

ARMINGTON Caroline

Née le 11 septembre 1875 à Brampton (Ontario). xxe siècle. Depuis 1900 à 1939 active en France. Canadienne.

Graveur de paysages urbains, architectures.

Elle était la femme de Frank Armington. Dès 1911, elle a fait une exposition personnelle à Paris, où elle a participé au Salon d'Automne en 1935. En 1992, l'Ambassade du Canada à Paris a organisé une exposition des gravures de monuments ou de vues de villes des deux Armington.

Elle gravait à l'eau-forte ou directement sur la plaque d'un trait précis. Elle a surtout gravé des vues de Paris et de Bruges, mais encore d'autres monuments remarquables, comme par exemple à Paris, l'ancien Trocadéro ou la simple cour du Dragon, aujourd'hui disparus, des aspects des provinces françaises, par exemple la cathédrale de Rouen. Le mari et la femme ont aussi parcouru l'Europe et le Moyen-Orient, tels des reporters qui ont laissé de nombreuses images de temps révolus et souvent d'aspects urbains disparus.

ARMINGTON Frank Milton

Né le 28 juillet 1876 en Ontario. Mort en 1941. xxe siècle. Depuis 1900 à 1939 actif en France. Canadien.

Peintre de paysages urbains, architectures, graveur. Postimpressionniste.

Il était le mari de Caroline Armington. Après avoir étudié chez John Wycliffe Lowes Forster à Toronto, il entra à l'Académie Julian à Paris, auprès de Benjamin-Constant et de Jean-Paul Laurens. De 1905 à 1936, il exposa à Paris, au Salon des Artistes Français. En 1939, à l'approche de la guerre, il repartit avec sa femme pour New York. En 1992, l'Ambassade du Canada à Paris a organisé une exposition des gravures de vues de villes des deux Armington.

Le mari et la femme ont surtout travaillé à Paris et dans la province française, mais aussi à travers l'Europe, notamment à Bruges, et au Moyen-Orient. Frank Armington n'avait pas le trait incisif de Caroline, qui fut uniquement graveur, mais, en tant que peintre, il avait été touché par l'impressionnisme et ses paysages témoignent de cette sensibilité d'époque au fugace et au fluide. Un des intérêts du travail des deux Armington tient à ce que leurs gravures et peintures gardent le témoignage d'époque de bien des aspects des lieux qu'ils ont représentés, et qui d'ailleurs ont depuis parfois disparu. ■ J. B.

Ventes Publiques : Paris, 29 oct. 1926 : *Pont Royal à Paris* : **FRF 4 800** – Paris, 14 juin 1944 : *L'Eglise Saint-Gervais* : **FRF 520** – Paris, 4 oct. 1948 : *Le Sacré Cœur* : **FRF 10 000** – Paris, 15 nov. 1965 : *Vieilles maisons à Bonneval* : **FRF 280** – New York, 20 mai 1966 : *Scène de rue (Bonneval)* : **USD 275** – Londres, 28 avr. 1977 : *Scène de rue le soir* 1910, h/t (99x79) : **GBP 850** – New York, 29 oct. 1982 : *La Seine au quai d'Orsay*, h/t (73,7x91,4) : **USD 800** – Paris, 13 avr. 1988 : *Deux promeneurs et leur chien dans la campagne*, h/t (27,5x41,5) : **FRF 2 800** – Paris, 7 nov. 1988 : *Le Louvre* 1922, h/t : **FRF 24 000** – Paris, 22 juin 1992 :

Paris – le Square du Vert-Galant 1924, h/pan. (21,5x27) : **FRF 9 000.**

ARMINOT Marie
Née à Lyon. xxᵉ siècle. Française.
Peintre.
Depuis 1931, elle expose à Paris : au Salon des Artistes Indépendants, à la Société Nationale des Beaux Arts et au Salon d'Automne.

ARMISEN, Maître d'. Voir MAITRES ANONYMES

ARMITAGE Alfred
xixᵉ siècle. Britannique.
Peintre de paysages d'eau, fleurs.
Il était actif de 1889 à 1892 à Shipley. Il exposa de 1889 à 1892 à Londres, quelques tableaux de fleurs à la Royal Academy, à Suffolk Street et à la New Gallery.
VENTES PUBLIQUES : LONDRES, 13 nov. 1985 : *Scène de port, Newlyn*, h/t (46x71) : **GBP 5 500** – LONDRES, 19 déc. 1991 : *La remontée des filets*, h/t (45,7x25,4) : **GBP 825.**

ARMITAGE C.
xixᵉ siècle. Britannique.
Peintre.
Il se spécialisa dans la reproduction des scènes rustiques ; il vivait vers 1870-1872, à Londres. À cette époque, il exposa deux tableaux à la Royal Academy.

ARMITAGE C. Liddall
xixᵉ-xxᵉ siècles. Britannique.
Peintre de marines.
Il exposa à Londres, en 1891, à Suffolk Street. Sans doute identique à Thomas Liddall Armitage.

ARMITAGE Charles de W.
xixᵉ-xxᵉ siècles. Britannique.
Peintre de portraits, miniatures.
Il travailla à Londres, où il exposa en 1903 le *Portrait-miniature du capitaine A.-W.-H. Lee*, à la Royal Academy.

ARMITAGE E.
xixᵉ siècle. Britannique.
Peintre de genre.
Citée dans un catalogue de la Royal Academy, en 1858.

ARMITAGE Edward
Né en 1817 à Londres. Mort en 1896 à Tunbridge Wells. xixᵉ siècle. Britannique.
Peintre de scènes mythologiques, sujets religieux, fresques.
Il vint à Paris, en 1835, faire ses études à l'École des Beaux-Arts, dans l'atelier de Delaroche, et ne tarda pas à devenir un de ses élèves préférés ; il l'aida même dans la peinture de l'*Hémicycle*. Armitage exposa la première fois au Salon de 1842 : *Prométhée enchaîné*. L'année suivante, il prit part au concours pour la décoration du Palais du Parlement à Londres et obtint un prix de trois cents livres pour son carton : *Première invasion de César en Grande-Bretagne*. En 1844, il concourut encore, avec *Ophélie* et deux cartons, mais n'obtint pas de récompense. Plus heureux l'année suivante, sa composition : *L'Esprit de la religion* lui valait un prix de deux cents livres. Continuant ses succès, sa *Bataille de Meeanee* lui fit obtenir un prix de cinq cents livres et fut achetée par la reine Victoria. Cette peinture est actuellement au palais de Saint-James. Il exécuta pour la salle d'attente de la Chambre des Lords, en 1852, *La personnification de la Tamise*, d'après Pope, et *La mort de Marmion*, d'après Walter Scott. Entre-temps, il était allé étudier à Rome pendant l'année 1847. En 1845, il exposait pour la première fois, à la Royal Academy de Londres, *Henri VIII et Catherine Parr* et un tableau représentant la mort de Nelson, intitulé : *Trafalgar*, 1805. Durant la guerre de Crimée, il visita la Russie et à son retour produisit plusieurs peintures militaires : *Le fond du ravin à Inkerman*, 1856, *Souvenir de Scutari*, 1857, *Charge de la grosse cavalerie à Balaklava* et *La Bataille d'Inkermann*. À partir de 1860, Armitage se consacra presque entièrement aux sujets religieux : *Le Banquet d'Esther*, actuellement à l'Académie de Rome, *Les remords de Judas*, 1866, offert par l'artiste à la National Gallery, à Londres, *La Fête d'Hérode*. Il continua à exposer jusqu'en 1893 à la Royal Academy, mais dans les dernières années son talent s'affaiblit d'une façon évidente. Il fut élu associé de l'Académie en 1867, membre en 1872 et, en 1875, lecteur sur la peinture. Armitage appartient à l'école classique et son talent se composait plutôt de connaissances acquises que d'un caractère personnel. Il exécuta gratuitement six peintures murales pour l'église paroissiale de Marylebone et des travaux à l'église Saint-Mark, Saint-John's Wood. Il peignit également dans la salle de l'Université (Gordon Square) une importante fresque. ■ E. B.
MUSÉES : BRISTOL : *Samson en prison* – GLASGOW : *Le martyr chrétien – Héro* – LEEDS : *Rétribution* – LIVERPOOL : *Julien l'Apostat présidant une réunion de sectaires – L'émancipation des serfs* – LONDRES (Nat. Gal.) : *Les remords de Judas* – LONDRES (Guildhall Gal.) : *Fête d'Hérode* – LONDRES (Burlington House) : *La mère de Moïse – Après une vente entomologique – Les villes de la plaine – Galatée* – ROME (École des Beaux-Arts) : *Le Banquet d'Esther* – SHEFFIELD : *Christ appelant Jean et Jacques – Christ et les Pharisiens.*
VENTES PUBLIQUES : LONDRES, 8 mai 1981 : *Saul witnessing the death of Stephen*, h/t (121x102,2) : **GBP 220** – LONDRES, 5 mars 1993 : *La mère de Moïse* 1878, h/t (127x95,3) : **GBP 3 450.**

ARMITAGE Kenneth
Né le 18 juillet 1916 à Leeds. xxᵉ siècle. Britannique.
Sculpteur de monuments, figures, groupes.
Entre 1934 et 1937, il étudie au College of Arts de Leeds, puis à la Slade School de Londres de 1937 à 1939. Il participa alors à la Seconde Guerre mondiale. De 1945 à 1956, il dirige l'Academy of Art de Bath. Après avoir fait une première exposition personnelle en 1952, il est invité aux Biennales de Venise (1952-1958) et de São Paulo (1957). Il est choisi pour exécuter le monument aux morts de Krefeld.
Avec ses contemporains Butler et Chadwick, Armitage a eu une part importante dans le renouveau de la sculpture britannique au lendemain de la guerre, renouveau qui s'opposait aussi aux techniques traditionnelles de taille dans le bois ou le marbre encore pratiquées par Henry Moore. Il modèle en terre ou en plâtre les sujets qui sont ensuite coulés en bronze. À part quelques sculptures de ses débuts qui se rattachaient à l'abstraction, Il resta ensuite soucieux de la représentation humaine, mais non en tant qu'individualités séparées, en tant qu'entité grégaire : *Personnages dans le vent – Famille en promenade*, de 1951. À partir de 1952, des sujets collectifs, de ses groupes se dégagent des éléments parcellaires, dissociés : têtes, bras, jambes, seins esquissés, tous ces détails étant légèrement en saillie, comme sortis de la gangue monumentale : *Groupe assis écoutant de la musique*, 1952. L'art d'Armitage est caractérisé par l'aspect si particulier de ses plaques de bronze, gangue originelle hérissée de bras, de jambes, de seins. Cette volonté de sculpter l'être humain en groupe, en tant qu'élément d'un tout collectif, a pu faire rapprocher ses plaques des caissons de compositions à personnages qu'on voit aux portails des baptistères de la Renaissance italienne. ■ J. B.

K A

BIBLIOGR. : Herbert Read : *Kenneth Armitage*, in : Catalogue de la xxixᵉ Biennale de Venise, 1958 – Norbert Lynton : *Kenneth Armitage.*
VENTES PUBLIQUES : NEW YORK, 7 jun 1962 : *Trois enfants jouant* : **USD 2 300** – MILAN, 21-23 nov. 1962 : *Diarchie*, bronze : **ITL 500 000** – LONDRES, 22 jul 1964 : *Les visiteurs*, bronze : **GBP 420** – NEW YORK, 21 oct. 1964 : *Little minotor*, bronze tiré à six exemplaires : **USD 1 900** – NEW YORK, 13 oct. 1965 : *Femme debout*, bronze patiné : **USD 4 750** – LONDRES, 22 jul 1966 : *Personnages*, bronze tiré à six exemplaires : **GBP 1 000** – NEW YORK, 3 nov. 1966 : *Etude pour une sculpture*, aquar. et fus. : **USD 300** – NEW YORK, 5 avr. 1967 : *Groupe assis écoutant de la musique*, bronze, tiré à quatre exemplaires : **USD 3 000** – NEW YORK, 4 avr. 1968 : *Figure debout*, bronze à patine dorée : **USD 6 250** – NEW YORK, 22 oct. 1976 : *Les visiteurs*, bronze (H. 51, l. 57,2) : **USD 2 300** – NEW YORK, 24 mars 1977 : *Mère et enfant* 1953, bronze patine gris-vert (H. 22) : **USD 1 300** – LONDRES, 5 déc. 1978 : *Enfants* 1972, or (H. 15,3) : **GBP 7 000** – NEW YORK, 11 déc. 1980 : *Personnages dans le vent* 1951, bronze (H. 64) : **USD 6 250** – LONDRES, 30 mars 1983 : *Dessin* 1951, gche/journal (167,5x40,5) : **GBP 300** – NEW YORK, 29 nov. 1984 : *Esquisse pour le monument Krefeld*, bronze (H. 33) : **USD 3 700** – LONDRES, 5 juil. 1986 : *Groupe assis* 1952-1954, bronze (H. 80) : **GBP 7 500** – LONDRES, 5 déc. 1986 : *Groupe assis* 1952-1954, bronze (H. 80) : **GBP 7 500** – LONDRES, 3-4 mars 1988 : *Pandarus (version 2)*, sculpt. (H. 188,7) : **GBP 2 640** – NEW YORK, 4 mai 1989 : *Femme couchée sur le sol* 1969, bronze (21,9x66,7x21) : **USD 8 800** – LONDRES, 21 sep. 1989 : *Prophète (petite version II)*, bronze (H. 31,8) : **GBP 2 420** – NEW

YORK, 5 oct. 1989 : *Sans titre*, bronze (H. 167,7) : **USD 41 250** – LONDRES, 10 nov. 1989 : *La légende de Skedar version III*, bronze à patine noire (H. 42) : **GBP 3 080** – LONDRES, 24 mai 1990 : *Deux figures assises*, bronze (H. 27) : **GBP 20 900** – NEW YORK, 14 nov. 1990 : *Les saisons* 1956, bronze peint. (H. 75) : **USD 51 700** – LONDRES, 7 juin 1991 : *La fille sans visage, version B* 1982, bronze à raies patinées (H. 74) : **GBP 11 000** – NEW YORK, 25-26 fév. 1992 : *Femme tombant* 1957, bronze à patine verte (L. 248,9) : **USD 44 000** – LONDRES, 11 juin 1992 : *Figure assise aux bras tendus* 1957, bronze cire perdue (H. 34,5) : **GBP 6 050** – LONDRES, 26 mars 1993 : *Sybil (seconde version)*, bronze (H. 102) : **GBP 10 350** – COPENHAGUE, 3 nov. 1993 : *Figure*, bronze (H. 60) : **DKK 225 000** – LONDRES, 25 nov. 1993 : *Deux figures marchant à grands pas – Version I*, bronze (l. 119,5) : **GBP 17 250** – LONDRES, 26 oct. 1994 : *La légende de Skedar, version 7* 1965, cuivre (21,5x6,5x4) : **GBP 1 150** – NEW YORK, 8 mai 1996 : *Nu allongé*, bronze sur base de marbre (30,5x78,8x21,6) : **USD 29 900** – LONDRES, 22 mai 1996 : *Figure sur le dos* 1961, bronze (101,7x165,1x50,8) : **GBP 14 375**.

ARMITAGE Thomas Liddall
XIXᵉ-XXᵉ siècles. Britannique.
Peintre de scènes de genre.
Il travailla à Notting Hill. Il figura aux expositions de Londres entre 1885 et 1897. Une de ses toiles intitulée : *Quand nous étions jeunes*, fut exposée à la Royal Academy en 1891.
VENTES PUBLIQUES : NEW YORK, 24 mai 1989 : *Quand nous étions jeunes* 1891, h/t (91,4x61) : **USD 33 000**.

ARMITAGE William I
XIXᵉ siècle. Britannique.
Peintre de sujets religieux.
Il était actif à Londres vers le milieu du XIXᵉ siècle. On mentionne de lui deux œuvres exposées à la British Institution entre 1848 et 1853.

ARMITAGE William II
XIXᵉ-XXᵉ siècles. Britannique.
Peintre.
Il était actif à Elmhurst. Il exposa en 1901 : *Après-midi d'hiver*, à la Royal Academy ; en 1903, à la Walker Art Gallery à Liverpool et à la Royal Society of Artists à Birmingham.

ARMITAGE William J.
XIXᵉ-XXᵉ siècles. Britannique.
Peintre.
Il exposa, en 1889, à l'Académie Royale de Londres : *Un soir d'été* et *Forêt de Windsor*.

ARMKNECHT
XIVᵉ siècle. Travaillait à Cracovie. Allemand.
Peintre.
Mentionné entre 1387 et 1390, pour des peintures dans l'église du Corpus Christi à Kazmierz, près Cracovie.

ARMLEDER John Michael
Né en 1948 à Genève. XXᵉ siècle. Suisse.
Peintre et créateur d'installations. Abstrait-géométrique. Groupe Écart, puis Écart Performance.
Il fut d'abord élève, en 1966-1967, de l'École des Beaux-Arts de Genève. En 1969, il suivit les cours de John Epstein, à la Glamorgan Summer School en Angleterre. Il fonde, en 1969 également, avec Patrick Lucchini et Claude Rychner, le groupe *Écart*, qui est devenu *Écart Performance Group* depuis 1974. Le groupe abordait la chose artistique sous tous ses aspects et jusqu'à la médiation, organisant des expositions à Genève d'artistes souvent issus de *Fluxus* : Joseph Beuys, John Cage, Ben (Vautier), ainsi que des concerts et performances. En 1981, il organisa, au Centre d'Art Contemporain de Genève, une exposition *The Teu-Gum Show*, où il plaça en parallèle : une peinture néofauve, un graffitiste et une peinture de Fautrier. Il était alors plus important, pour lui, « de montrer que de regarder ». Il a fait des expositions personnelles à New York et Stuttgart, et a participé à la Biennale de Venise en 1986, à Documenta 7 en 1987, eut une exposition rétrospective au Kunstmuseum de Winterthur en 1987, une rétrospective de ses *Sculptures Furnitures* à Genève en 1990, et d'entre ses nombreuses expositions personnelles dans des galeries privées, celle de 1993 et 1997 à Paris Galerie Gilbert Brownstone, en 1995 la rétrospective du Centre d'art contemporain de Meymac, et celle de ses gravures et multiples au Cabinet des estampes de Genève.
Armleder est un artiste aux multiples facettes. Son art se partage entre des sculptures-meubles (Sculptures Furnitures) et une

peinture géométrique abstraite. Lorsqu'il utilise des objets, du mobilier des années cinquante ou soixante, il les déplace de leur fonction habituelle : rivant une table au plafond, posant des fauteuils ou guéridons en déséquilibre contre un mur. Ces « installations » donnent un sens nouveau aux objets, produits industriels impersonnels qui deviennent, par la volonté de l'artiste, objets d'art. Armleder, qui se dit peintre avant tout, peut se référer à Picabia, composant des tableaux abstraits autour de motifs géométriques dont la part de citation n'est pas éloignée d'une parodie d'art abstrait géométrique. Il cherche alors un équilibre entre la surface peinte et le plan qui l'accueille, les vides et les pleins, le haut et le bas, le centre et les bords. Mais Armleder peut aussi se référer à Larry Poons en créant des œuvres dégoulinantes ou couvertes de projections de peinture. S'il joue des styles, on peut dire que lui-même n'en manque pas. Il se dit conscient de ne rien inventer, mais de réactualiser le Néo-Géo (pour néo-abstraction-géométrique). ■ Annie Pagès, J. B.
BIBLIOGR. : J.H. Martin : *John Armleder, le coin du miroir*, Dijon, 1985 – in : *Diction. de la peint. allemande et d'Europe centrale*, Larousse, Paris, 1989.
MUSÉES : SAINT-ÉTIENNE (Mus. d'Art et d'Industrie) : *Sans titre (FS 99)* 1986.
VENTES PUBLIQUES : PARIS, 12 fév. 1989 : *Composition à 3 points* 1987, h/pap. (60x43) : **FRF 26 000** – PARIS, 10 mai 1989 : *Sans titre* 1988, sérigr/polyester n°3/10 (200x300) : **FRF 35 200** – NEW YORK, 5 oct. 1989 : *Sans titre* 1986, h/t avec des objets (250x307x7,6) : **USD 27 500** – PARIS, 8 avr. 1990 : *Sans titre*, h/t (100x100) : **FRF 60 000** – NEW YORK, 9 mai 1990 : *Sans titre* 1986, pan. de mousseline vernis et peint. entre deux chaises (249x147,3) : **USD 27 500** – AMSTERDAM, 12 déc. 1990 : *Composition* 1983, cr. et h/pap. (23,5x36,5) : **NLG 1 380** – AMSTERDAM, 11 déc. 1991 : *Sans titre* 1987, acryl./t. et guitare électrique (100x100) : **NLG 12 650** – PARIS, 19 jan. 1992 : *Sans titre*, acryl./pap. (65x50) : **FRF 15 500** – NEW YORK, 10 nov. 1993 : *FS78* 1986, h. et vernis sur t. d'emballage avec deux fauteuils (peint. 304,8x228,6, fauteuil 85x58,5x54,5) : **USD 13 800** – NEW YORK, 23 fév. 1994 : *Guitare multiple* 1987, pap. d'emballage imprimé et guitare Gibson Melody Maker sur pan. (203,2x91,4x5) : **USD 5 750** – LONDRES, 30 juin 1994 : *Sans titre* 1986, acryl./t. (203x150) : **GBP 3 450** – LUCERNE, 26 nov. 1994 : *Sans titre* 1987, acryl./t. grossière (100x100) : **CHF 10 500** – ZURICH, 30 nov. 1995 : *Sans titre* 1995, acryl./t. (101x100,5) : **CHF 5 750** – PARIS, 24 mars 1996 : *Sans titre* 1987, acryl./t. (100x100) : **FRF 19 000** – LUCERNE, 8 juin 1996 : *Sans titre* 1987, acryl. et t. (100x100) : **CHF 8 000**.

ARMONELLI
XXᵉ siècle. Français.
Graveur sur bois.
A travaillé à la gravure des titres monétaires.

ARMORINI Giuseppe. Voir JARMORINI

ARMORY Antoine, dit Lafleur
XVIIᵉ siècle. Français.
Sculpteur et architecte.
Il exécuta, en 1663, la chaire de l'église des Jésuites à Grenoble, et le 6 mars 1664, il s'engagea à ériger un mausolée et à restaurer une chapelle de l'église des Dominicains dans la même ville.

ARMOUR George Denheim ou Denholm
Né le 30 janvier 1864. Mort en 1949. XIXᵉ-XXᵉ siècles. Britannique.
Peintre de scènes de sport, chevaux, peintre à la gouache, aquarelliste, dessinateur, illustrateur.
Il fut élève à l'Académie Royale d'Écosse à Édimbourg, jusqu'en 1888. Fixé à Londres, il exposa à la Royal Academy pendant peu d'années. A partir de 1895 environ, il consacra son activité au dessin, publié par *Punch – Pall mall Budget – Les Nouvelles Sportives et Dramatiques* et sans doute aussi *Judge* à New York.

G D ARMOUR

VENTES PUBLIQUES : PERTH, 13 avr. 1981 : *Recto : Blackstrap, verso : A woman in pink* 1896, h/t (56x66) : **GBP 480** – GLASGOW, 8 juil. 1982 : *Jeune Orientale tenant une colombe* 1889, past. (62x49) : **GBP 190** – LONDRES, 12 juin 1986 : *Saving a goal, polo*, aquar. et gche/t. (25,3x34,4) : **GBP 4 000** – LONDRES, 12 juin 1987 : *La pêche au saumon*, aquar., gche et cr. (33x43) : **GBP 1 400** – NEW YORK, 9 juin 1988 : *Joueur de polo*, past./pap. (40x30,8) : **USD 1 980** ; *Match de polo*, aquar. et gche/cart. (41,3x51,4) :

USD 12 100 – ÉDIMBOURG, 22 nov. 1989 : *L'entrée du taureau dans les arènes d'Alger*, aquar. et gche (29,8x49,5) : **GBP 2 640** – LONDRES, 7 mars 1991 : *Joueur de polo sauvant son but*, aquar. gche/tissu (26x34,5) : **GBP 4 180** – ÉDIMBOURG, 2 mai 1991 : *Singes et fleurs*, h/t/cart. (30,5x27,3) : **GBP 1 045** – LONDRES, 12 mars 1992 : *Compagnons*, aquar. et gche (34,5x40) : **GBP 2 760** – NEW YORK, 14 oct. 1993 : *La Tour de Muley Hassan à Rabat*, h/cart. (12,7x30,5) : **USD 1 610** – LONDRES, 13 nov. 1996 : *Steeple Chase en Irlande*, aquar. et gche/trace de cr. (38,5x29) : **GBP 2 070**.

ARMOUR Mary Nicol Neil, née Steel
Née en 1902. xxᵉ siècle. Britannique.
Peintre de paysages, natures mortes, fleurs et fruits.
En 1927, elle épousa William Armour.
Ses sujets de prédilection étaient les natures mortes et les compositions florales.
VENTES PUBLIQUES : ÉCOSSE, 24 août 1976 : *Plateau de fruits 1968*, h/t (60x69) : **GBP 540** – PERTH, 19 nov. 1977 : *Nature morte*, h/t (49,5x60) : **GBP 800** – GLASGOW, 8 avr. 1982 : *Vase de fleurs*, h/t (81x55) : **GBP 650** – ÉCOSSE, 30 août 1983 : *Nature morte aux fleurs jaunes*, h/cart. entoilé (61x46) : **GBP 1 500** – ÉDIMBOURG, 27 mars 1984 : *Fleur d'automne 1944*, h/t (43x56) : **GBP 2 500** – GLASGOW, 28 aout 1985 : *Mon jardin, Kilbarchan 1970*, h/t (53,5x53,5) : **GBP 900** – GLASGOW, 5 avr. 1986 : *Fleurs et orchidées 1986* (40,6x25,4) : **GBP 1 300** – ÉCOSSE, 1ᵉʳ sep. 1987 : *Nature morte aux fleurs et aux fruits 1977*, h/t (61x51) : **GBP 5 500** – ÉDIMBOURG, 30 août 1988 : *Nature morte aux poires 1963*, h/t (63,5x76) : **GBP 5 720** – ÉDIMBOURG, 22 nov. 1988 : *Nature morte aux feuilles de vigne 1970*, h/t (61x71,2) : **GBP 6 000** – PERTH, 29 août 1989 : *Le littoral à Coumenoole près de Kerry 1964*, h/t (70x85) : **GBP 1 870** – SOUTH QUEENSFERRY (Écosse), 1ᵉʳ mai 1990 : *Le Ben Lomond depuis Kippen*, h/t/cart. (46x61) : **GBP 2 860** – PERTH, 27 août 1990 : *Nature morte bleue aux anémones 1979*, h/t (74x59) : **GBP 36 300** – GLASGOW, 5 avr. 1991 : *Bouquet 1960*, h/cart. (59x70) : **GBP 24 200** – NEW YORK, 7 mai 1991 : *Fleurs d'automne 1944*, h/t (43x55,8) : **USD 17 600** – PERTH, 26 août 1991 : *Fleurs d'été 1986*, h/t (48,5x48,5) : **GBP 11 000** – ÉDIMBOURG, 19 nov. 1992 : *Bouquet de printemps avec des tulipes noires 1982*, h/t (61x50,8) : **GBP 4 400** – PERTH, 30 août 1994 : *Jardin sous la neige 1969*, h/cart. (48,5x59) : **GBP 9 775** – PERTH, 29 août 1995 : *Nature morte à l'ananas 1951*, h/cart. (42x59,5) : **GBP 4 830** – PERTH, 26 août 1996 : *Nature morte aux lis 1980*, h/t (76x76) : **GBP 23 000** – ÉDIMBOURG, 27 nov. 1996 : *Fleurs avec des pivoines 1975*, h/t (61x50,8) : **GBP 10 350** – ÉDIMBOURG, 15 mai 1997 : *Coumenoole Bay, Conté de Kerry 1964*, h/t (66,1x81,3) : **GBP 2 300** – AUCHTERARDER (Écosse), 26 août 1997 : *Fleurs sèches dans un vase blanc 1964*, h/t (61x51) : **GBP 10 350**.

ARMOUR William
Né en 1903 à Paisley. Mort en 1979. xxᵉ siècle. Britannique.
Peintre de paysages, sujets divers, aquarelliste, dessinateur.
Il épousa Mary Nicol Neil Armour, née Steel, en 1927. Il dirigeait les ateliers de dessin et de peinture de la Glasgow School of Art.
VENTES PUBLIQUES : SOUTH QUEENSFERRY (Écosse), 23 avr. 1991 : *Glen Lonan près de Oban*, aquar. et gche (49x61) : **GBP 880** – PERTH, 31 août 1993 : *Le jardin à Kilkarchen*, craies de coul. (40x50,5) : **GBP 977**.

ARMS Jessie. Voir BOTKE Jessie Arms, Mme

ARMS John Taylor
Né en 1887 à Washington. xxᵉ siècle. Américain.
Peintre de paysages urbains, graveur.
Élève de l'aquarelliste, miniaturiste Ross Turner, il s'est surtout intéressé aux monuments médiévaux des provinces françaises, plus souvent en gravure, par exemple : *L'abside de la cathédrale de Troyes*, gravure de 1930. Il a également présenté des vues de Venise et d'Espagne.
VENTES PUBLIQUES : LOS ANGELES, 1ᵉʳ jan. 1982 : *Bourges 1925*, eau-forte (35,8x23,3) : **USD 600** – NEW YORK, 21 sep. 1983 : *Cobwebs 1921*, eau-forte (24,3X19,5) : **USD 2 600**.

ARMSTEAD Charlotte ou Lottie, Miss
xixᵉ siècle. Vivait à Londres vers 1885-1889. Britannique.
Peintre de fleurs.
Exposa, en 1885, deux tableaux de fleurs à la Royal Academy de Londres. Le prénom Lottie étant une modification de Charlotte, il est permis de penser que cette artiste est identique avec Charlotte W. Armstead qui commença à exposer des tableaux de fleurs à la Royal Academy un an plus tard.

ARMSTEAD Henry Hugh
Né le 18 juin 1828 à Londres. Mort le 4 décembre 1905. xixᵉ siècle. Britannique.

Sculpteur de compositions religieuses, sujets allégoriques, figures, bustes, graveur, ciseleur, dessinateur.
Élève de l'Académie Royale de Londres, il en fut nommé membre en 1875. Il exposa, dès 1851, un grand nombre de bustes et de reliefs. On cite parmi ses principaux ouvrages : des groupes allégoriques dans Albert Hall, la *Statue de bronze du comte de Pembroke*, les sujets en bronze : *Religion, Philosophie* et la *Statue de Henri VI* pour la fontaine du collège royal à Cambridge, ainsi que les figures de *David, Moïse* et *Saint Paul* dans l'abbaye de Westminster. Il grava également sur bois.
VENTES PUBLIQUES : NEW YORK, 1ᵉʳ mai 1981 : *Le cheval de course Alice Hawthorne 1844*, h/t (54,7x54,6) : **GBP 1 500** – LONDRES, 16 avr. 1986 : *Satan dismayed 1853*, bronze à patine verte (H. 94) : **GBP 6 500** – PARIS, 24 nov. 1987 : *La tentation de l'archange*, bronze (H. 94) : **FRF 150 000** – NEW YORK, 22 mai 1991 : *Saint Michel et le serpent*, bronze à patine verte (H. 92,7) : **USD 13 200** – NEW YORK, 27 mai 1993 : *Satan épouvanté*, bronze (H. 96) : **USD 7 475**.

ARMSTRONG
xixᵉ siècle. Travaillait à Paris.
Graveur sur bois.
Cité par Le Blanc.

ARMSTRONG Alixe Jean Shearer
Née le 13 décembre 1894 à Londres. xxᵉ siècle. Britannique.
Peintre de portraits, fleurs.
Elle expose à la Royal Academy et à l'Art Gallery de Londres.

ARMSTRONG Arthur
Né en 1798 à Manor Township (Lancaster). Mort en 1851. xixᵉ siècle. Américain.
Peintre.

ARMSTRONG C.
xixᵉ siècle. Actif dans la seconde moitié du xixᵉ siècle. Britannique.
Graveur.
Élève de l'École de gravure de South Kensington. Il figure avec une planche dans les travaux de l'école, exposés au Musée Victoria and Albert.

ARMSTRONG Caroline, Miss
xixᵉ-xxᵉ siècles. Britannique.
Peintre de portraits, miniatures.
Expose à Londres, de 1885 à 1903, à la Royal Academy, et depuis ces dernières années à la Société royale des miniaturistes. A Liverpool (Walker Art Gallery, Exposition d'Automne 1910) elle exposa une miniature du feu Rev. A. B. Armstrong.

ARMSTRONG Charles
Né le 23 novembre 1839 à Londres. xixᵉ siècle. Britannique.
Lithographe.
Il fut employé, en 1860, aux établissements Vincent Brooks et se spécialisa dans la lithographie et la chromolithographie. On le retrouve à New York, en 1866, et à Boston, en 1870.

ARMSTRONG Cosmo
xixᵉ siècle. Britannique.
Graveur sur acier.
Élève de Milton, il joua un rôle important entre 1800 et 1836. Il fut président de la Society of Engravers. Les illustrations du *Shakespeare* de Kearsley (1805), l'édition des *Poètes anglais* de Cooke, le *Don Quichotte* et *Les Nuits arabes* de Smirke lui sont dues, ainsi que plusieurs portraits d'hommes célèbres, notamment ceux de Byron, de Shakespeare.

ARMSTRONG David Maitland
Né en 1836 à Newburg. Mort en 1918 à New York. xixᵉ-xxᵉ siècles. Américain.
Peintre.
Élève du collège de la Trinité, à Hartford, il acheva ses études à Paris et à Rome. Ses peintures décoratives et ses vitraux le firent surtout connaître. Il fut directeur de la section américaine de l'Exposition de Paris, 1900, et fut nommé Chevalier de la Légion d'Honneur.

ARMSTRONG Elizabeth Adela. Voir FORBES Elizabeth Adela Stanhope

ARMSTRONG Emily
xixᵉ-xxᵉ siècles. Britannique.
Peintre de fleurs.
Elle exposa à Londres, entre 1865 et 1872.

ARMSTRONG Fanny
xixᵉ siècle. Active à Oxford à la fin du xixᵉ siècle. Britannique.

Paysagiste, aquarelliste.
Cette artiste exposa à Suffolk Street et à la New Water-Colours Society, à Londres, entre 1883 et 1890.

ARMSTRONG Francis
Né le 15 février 1851 à Malmesbury. XIXe siècle. Britannique.
Peintre de paysages, illustrateur.
Membre de la Society of British Artists et de la Royal Academy, il étudia à Paris et plus tard en Écosse sous John Smart. Ses tendances artistiques s'affirmèrent lorsqu'il connut les œuvres de Th. Rousseau et de Turner. Il exposa à Paris (Salon), à Düsseldorf et à Berlin. Il illustra une édition de luxe de *Lorna Doone* de Blackmore et collabora à *l'Art Journal*, au *Portfolio*, etc. Il est représenté au Musée de Bristol par deux paysages : *La Cathédrale de Lincoln* et *Pins d'Écosse*.

ARMSTRONG Helen Maitland
Née en 1869 à Florence (Italie). XIXe-XXe siècles. Vivait à New York, vers 1905-1906. Américaine.
Peintre décorateur.

ARMSTRONG John
XIXe siècle. Britannique.
Graveur au burin.
Il exposa en 1802, à la Royal Academy, une œuvre : *Un vendeur d'allumettes aveugle.* Mentionné encore en 1810. Il était ingénieur.

ARMSTRONG John
XIXe siècle. Travaillait à Conway. Britannique.
Peintre.
Exposa plusieurs fois à la Royal Academy, notamment en 1879 : *Le Ruisseau* et *L'automne* et, en 1882, le *Port de Whitby*.

ARMSTRONG John
Né le 14 novembre 1893 à Hastings (Sussex). Mort en 1973. XXe siècle. Britannique.
Peintre de compositions à personnages, compositions murales, peintre à la gouache, illustrateur. Symboliste.
À partir de 1933, il fut influencé par les répercussions du surréalisme. Au début des années cinquante, il délaisse le domaine surréaliste pour renouer avec son ancienne attirance pour le langage des symboles, ce qui se traduisit pour lui par l'élaboration d'une syntaxe symbolique personnelle, mise en œuvre dans une série d'ambitieuses compositions aux titres révélateurs de leur contenu idéologique : *La lutte de propagande, La lutte de religion, La bataille du néant*, dans lesquelles il tend à la synthèse figurée de ses intérêts divers pour le théâtre, l'architecture, la mythologie, la religion, la politique. Pourtant, ces vastes questions ne sont par lui mises en situation que sur le mode d'aimables comédies.
En préface à son exposition de novembre 1951, il tint à s'exprimer lui-même sur le fonctionnement de sa symbolique personnelle : « Puisque les références ne subsistent pas longtemps, il est nécessaire pour un peintre d'expliquer le symbolisme qu'il adopte. Présentement, les symboles ont une double valeur, esthétique et émotionnelle. Par exemple : les parapluies sont intéressants : l'objet lui-même esthétiquement, mais aussi symboliquement, il signifie la croyance erronée que l'homme peut se protéger contre le nuage grossissant du désespoir. Le clown est le faire-valoir des chatoiements du cirque, il symbolise aussi les frustrations, les batailles perdues d'avance. Les femmes et les fleurs représentent l'Amour. Les fleurs sont toutes simples et jouent le rôle des feux de la rampe au théâtre ; elles peuvent aussi exprimer l'aube ou le crépuscule, le début ou la fin d'une ère, c'est une incertitude. »

John Armstrong (signature)

BIBLIOGR. : Catalogue de l'exposition *John Armstrong*, édit. M. Clazebrook, Royal Academy de Londres, 1975.
MUSÉES : LONDRES (Tate Gal.).
VENTES PUBLIQUES : NEW YORK, 5 mai 1959 : *Passion*, gche : USD 250 – LONDRES, 12 nov. 1976 : *L'arbre* 1938, temp./pan. (64x53) : **GBP 450** – LONDRES, 16 mars 1977 : *Salomon et ses femmes* 1927, temp. (62x68,5) : **GBP 1 300** – LONDRES, 8 mars 1978 : *Tremblement de terre* 1927, temp. (44x89) : **GBP 800** – LONDRES, 9 juin 1978 : *La plage déserte* 1951, h/t (71,2x 91,3) : **GBP 1 300** – LONDRES, 8 juin 1979 : *Scène de bataille* 1952, h/t (91,3x91,3) : **GBP 600** – LONDRES, 5 mars 1980 : *Scène classique*,

temp. (49,5x38) : **GBP 440** – LONDRES, 10 juin 1981 : *Tremblement de terre* 1927, temp./cart. (46x80) : **GBP 1 000** – LONDRES, 18 juil. 1984 : *Invocation* 1938, temp./cart. (71x54,5) : **GBP 1 800** – LONDRES, 6 fév. 1985 : *Concave et convexe* 1957, h/t (60x70) : **GBP 1 450** – LONDRES, 22 juil. 1986 : *La bataille* 1953, h/cart. (53x51) : **GBP 1 400** – LONDRES, 12 juin 1987 : *La famille*, h/t (91,5x56) : **GBP 2 000** – LONDRES, 3-4 mars 1988 : *Pro Patria*, détrempe (73x90,6) : **GBP 28 600** – LONDRES, 10 mai 1989 : *La lutte de propagande* 1950, h/t (90x121,5) : **GBP 16 000** – LONDRES, 9 mars 1990 : *Arums dans une cruche* 1956, h/t (29,3x39,5) : **GBP 4 400** – LONDRES, 8 mars 1991 : *La bataille du néant* 1949, temp./cart. (37x57) : **GBP 12 100** – LONDRES, 2 mai 1991 : *Personnage et plantes sauvages à flanc de colline*, h/cart. (63x50) : **GBP 3 300** – LONDRES, 7 nov. 1991 : *L'entrée en piste de l'écuyère*, temp./cart. (48x37,5) : **GBP 47 300** – LONDRES, 14 mai 1992 : *Nature morte, trois formes* 1937, h/pap./pan. (14x16,5) : **GBP 1 540** – LONDRES, 23 oct. 1996 : *Nature morte de fruits* 1958, h/cart. (43,2x76,3) : **GBP 2 875**.

ARMSTRONG L. C.
Née en 1956 à Humbolt (Tennessee). XXe siècle. Américaine.
Créateur d'installations, peintre, sculpteur.
Elle vit et travaille à Brooklyn. Elle montre ses œuvres dans des expositions personnelles : 1991, 1992 Cologne ; 1992 New York ; 1993 Washington, San Francisco ; 1994 Paris.
BIBLIOGR. : Barry Schwabsky : *L. C. Armstrong, écrit sur le corps*, in : *Art Press*, n° 193, Paris, juil.-août 1994.

ARMSTRONG Samuel John
Né en 1893 à Denver (Colorado). XXe siècle. Américain.
Peintre et illustrateur.

ARMSTRONG Thomas
XIXe siècle. Actif à Londres. Britannique.
Graveur sur bois, illustrateur.
Vers 1836, il fournit de nombreuses illustrations de livres, en particulier d'histoire naturelle. En 1842, il exécuta une partie des gravures du livre de S.-C. Hall, *Ballades britanniques*.

ARMSTRONG Thomas
Né le 19 octobre 1835 à Manchester. XIXe siècle. Britannique.
Peintre de sujets de genre.
Venu à Paris, vers 1853, pour se perfectionner dans l'atelier d'Ary Scheffer, il entra en relation avec Du Maurier, Poynter et Whistler ; de 1858 à 1859 il voyagea en Algérie et en 1860 travailla à Düsseldorf. En 1881 il entra dans l'Administration des Beaux-Arts en qualité de directeur du Département de Science and Art, poste qu'il conserva jusqu'en 1898. Il exposa à la Royal Academy de Londres, de 1865 à 1877, et à Grosvenor Gallery, de 1877 à 1881.
On cite parmi ses œuvres exposées à la Royal Academy : *Joséphine, Matin, La leçon, L'Escale à Teignmouth, La Riviera de Gênes au printemps.*
VENTES PUBLIQUES : LONDRES, 22 nov. 1983 : *The test* 1865, h/t (79x59,5) : **GBP 7 500** – LONDRES, 18 juin 1985 : *A girl watching a tortoise*, h/t (71x37) : **GBP 6 500**.

ARMSTRONG Voyle Neville
Né en 1891 à Dobbin (Virginie). XXe siècle. Américain.
Peintre et illustrateur.

ARMSTRONG W.
XIXe siècle. Britannique.
Sculpteur.
Il était actif au début du XIXe siècle. Il exposa à Londres, en 1834 à Suffolk Street.

ARMSTRONG William G.
Né en 1823 à Montgomery County. Mort en 1890. XIXe siècle. Américain.
Graveur.

ARMSTRONG William Thomas Lilburn
Né le 10 septembre 1878 à Belfast (Irlande). XXe siècle. Actif aux États-Unis. Irlandais.
Peintre de paysages urbains, architectures.
Après avoir fait des études à Paris, il se fixa à New York. Il fut aussi architecte.
VENTES PUBLIQUES : VERSAILLES, 21 mars 1982 : *Le vieux pont près de la cathédrale*, h/t (100,5x73) : **FRF 3 800**.

ARMSTRONG William W.
Né en 1822. Mort en 1914. XIXe-XXe siècles. Canadien.
Peintre de scènes et paysages animés typiques, aquarelliste.

Il s'est particulièrement consacré aux régions du Canada où les Indiens sont encore acclimatés, en interprète les paysages et leurs installations.
VENTES PUBLIQUES : LONDRES, 1er juin 1977 : *Lake Winnipesankee, Maine* 1896, aquar. (24x35) : **GBP 1 000** – LONDRES, 31 mars 1978 : *Pie Bay, Lake Superior* 1879, h/t (20x30) : **GBP 2 200** – TORONTO, 14 mai 1979 : *Campement indien*, aquar. (13,2x22,3) : **CAD 3 300** – TORONTO, 26 mai 1981 : *Oriole 2* 1880, aquar. (13,1x21,9) : **CAD 2 000** – SAN FRANCISCO, 24 juin 1981 : *Scène de canal, Canada* 1883, h/cart. (70x100) : **USD 1 600** – LONDRES, 26 jan. 1984 : *Un campement* ; *Chasseur et cerf dans un paysage fluvial*, deux aquar. (24x34,5) : **GBP 1 800** – TORONTO, 3 juin 1986 : *Graden River Mission, Georgian Bay* 1899, aquar. (21x30,5) : **CAD 2 500** – TORONTO, 12 juin 1989 : *Camp indien au bord du lac* 1886, aquar. (27,3x38,1) : **CAD 1 300**.

ARMUIS Jacques d'
Originaire de Lorraine. XVIIe siècle. Français.
Sculpteur.
Se fixa à Rome où il est mentionné vers 1600.

ARMURES, Maître aux. Voir MAITRES ANONYMES

ARMYTAGE Charles
XIXe siècle. Vivait à Londres dans la dernière moitié du XIXe siècle. Britannique.
Peintre.
Cet artiste exposa, entre 1863 et 1874, principalement à Suffolk Street à Londres.

ARMYTAGE James Charles
Né vers 1820 à Londres. Mort en 1897. XIXe siècle. Britannique.
Graveur sur acier.
Grava des reproductions de tableaux d'histoire et de portraits de maîtres anciens et modernes.

ARNABOLDO Giuseppe
XVIe siècle. Milanais, actif au XVIe siècle. Italien.
Peintre.
Il fit trois projets de tapisseries pour la cathédrale de Côme. L'un d'eux est signé et daté de 1562.

ARNAITRE Auguste
Né vers 1762 à Strasbourg. XVIIIe siècle. Français.
Peintre.
Élève de l'Académie Royale de Paris le 10 juillet 1781 dans l'atelier de Jollain.

ARNAIZ Dorotéo
Né le 16 avril 1936 à Madrid. XXe siècle. Espagnol.
Peintre et graveur. Abstrait.
Il a fait de nombreuses expositions personnelles et a participé aux Biennales de Paris (1963-1965-1967), de Venise (1970) et à divers Salons autant en France qu'en Espagne. Sur des fonds abstraits, il introduit des silhouettes ou des détails et des pastiches de toiles célèbres, aimant remettre en cause des chefs-d'œuvre du passé.
MUSÉES : BILBAO – MADRID – MONTRÉAL – NEW YORK – PARIS – SKOPJE
.

ARNAL ou Arnali
XIIIe-XIVe siècles. Espagnol.
Sculpteur.

ARNAL André d'
Né à Paris. XXe siècle. Français.
Peintre.
Expose aux Indépendants en 1937 deux paysages du *Parc Monceau*.

ARNAL André Pierre
Né en 1938 à Lunel (Hérault). XXe siècle. Français.
Peintre, peintre de collages. Abstrait, tendance minimaliste. Groupe Support-Surface.
Il participe à de nombreuses expositions collectives depuis la première à Montpellier en 1968. En 1971 il a exposé à la Biennale de Paris, à la Cité Universitaire de Paris et à celle de Nice, avec le groupe Support-Surface dont il fut membre de 1968 à 1971. En 1991, il a figuré dans l'exposition commémorative du groupe au musée de Saint-Étienne. Toujours en 1991, il a figuré à Ren-

contres – *Cinquante ans de collages*, exposition organisée par Françoise Monin, galerie Claudine Lustman, Paris. Il fait également de nombreuses expositions particulières : 1962, 1968, 1969 Montpellier, 1970 Stockholm, 1972 Paris avec Pincemin, 1978 Châteauroux, 1990, 1991 Montpellier avec Bioulès, 1991 Paris..
Dans son époque Supports-Surfaces, il s'attachait plus particulièrement à exploiter la nature spécifique de la texture de la toile, sans cadre, qu'il pliait, repliait, peignait et repeignait selon les pliures et avec les effets de transfert de la couleur à travers les couches du tissu. Ensuite, comme pour la plupart des anciens membres du groupe, il s'est écarté de la droite ligne théorique. Toutefois, il reste fidèle au principe que c'est le processus qui importe, plus que l'effet final. Depuis 1988, dans ses *Collages-arrachements*, il a introduit dans l'application des couleurs sur le support, une dimension aléatoire produite par une action d'arrachement, la couleur étant préparée au sol, le support posé par dessus puis décollé. Cette procédure n'étant pas étrangère à la pratique ancienne du monotype. ■ J. B.
VENTES PUBLIQUES : PARIS, 19 nov. 1995 : *Sans titre* 1972, peint./t. libre (217x212) : **FRF 9 000**.

ARNAL Enrique
Né en 1932 à Catavi (Potosí). XXe siècle. Bolivien.
Peintre d'architectures. Expressionniste.
Autodidacte, il a travaillé en Amérique Latine (Argentine et Chili), mais aussi en France. Il a exposé à La Paz où il a obtenu le Prix de Peinture en 1955 et a participé à la Biennale de São Paulo. Il ajoute à l'acuité du graphisme le pouvoir expressif de la couleur et de la matière. Il donne une interprétation saisissante des villes indiennes, des chaumières des hauts plateaux, des ruines antiques.

ARNAL François
Né le 2 octobre 1924 à La Valette (Var). XXe siècle. Français.
Peintre à la gouache, peintre de techniques mixtes, cartons de tapisseries, sculpteur, illustrateur, designer. Abstrait-lyrique.
Après des études secondaires à Toulon, il suit des cours aux Facultés de Lettres et de Droit d'Aix-en-Provence. Il commença à peindre d'instinct dès 1940, puis après s'être engagé dans la Résistance en 1943, il vint se fixer à Paris en 1948 et y commença sa carrière d'artiste. En 1949, il remporta le Prix de la Jeune Peinture, ce qui lui donnait la possibilité de faire sa première exposition personnelle l'année suivante. Dans les années cinquante, il s'apparentait au groupe de Michel Tapié *Un art autre*, et participait aux expositions de la Galerie Maeght *Les mains éblouies*, qui tous deux réunissaient les peintres abstraits de la deuxième génération, qui donnaient l'envoi de la tendance lyrique, gestuelle ou expressionniste. Il a participé à de nombreuses expositions collectives, parmi lesquelles la première Biennale de Menton 1951, Biennale de São Paulo 1957, Biennale de Venise 1958. Il a remporté le Prix Marzotto en 1964. Au cours des années, il a montré son travail dans de nombreuses expositions personnelles, à Paris fréquemment jusqu'à la double exposition de 1989 ; en 1994 l'exposition de ses *Œuvres sur papier 1977-1994*, galerie Le Troisième Œil ; en 1995-1996 *Abécédaire*, galerie Thierry Spira ; et aussi à Anvers, Milan, Venise, Mexico, Chicago, New York, San Francisco, Los Angeles, Stockholm, Wuppertal, au British Council de Glasgow en 1955, au Musée Grimaldi d'Antibes en 1958, expositions rétrospectives à Toulon en 1983, Dunkerque en 1985, au château de Tarascon en 1996.
En 1957, il quitta Paris pour Tahiti, où il resta un an, puis voyagea au Mexique et aux Etats-Unis. Après 1964, pendant quelques années, il partagea sa vie entre Paris et l'Amérique. En 1970, il créa un atelier de design, l'*Atelier A*, qui connut une grande vogue médiatique, avec des créateurs d'objets tels qu'Arman, César, Annette Messager, Malaval, Viseux, Klasen, mais d'où Arnal sortit à peu près ruiné. Cette activité absorbante de création et de gestion l'obligea à cesser de peindre pendant presque une dizaine d'années. Selon sa propre définition, l'*Atelier A* veut insérer l'artiste dans la vie, lui donnant la possibilité de créer « des prototypes de formes, de participer à des programmes d'esthétique industrielle ou de décoration, d'élaborer des spectacles ou des environnements audio-visuels ». Pour sa part, Arnal a réalisé, entre autres, de très vastes cartons de tapisseries pour un édifice public de Sarrebruck ; il a réglé un ballet pour la danseuse argentine Graciella Martinez, en 1964 il réalisa un livre d'artiste avec Raymond Queneau qui en écrivit le texte *Histoire d'un livre*, qui ne fut édité qu'en 1995.
Ouvert à toutes les options philosophiques ou esthétiques, à

toutes les trouvailles techniques, il a constamment fait évoluer son art, ne suivant aucun courant défini, mais sa seule humeur. Il est donc bien difficile de retracer le déroulement de son évolution et de sa production, tant il colle à l'évènement. À ses débuts, en 1949-1950, dans la lignée de Klee et Kandinsky, il employait des signes idéogrammiques ou hiéroglyphiques, qui retenaient au passage quelque chose de la réalité extérieure, tandis que couleurs et matières développaient des sortes de tapisseries somptueusement décoratives, qui entretenaient quelques rapports avec certains arts primitifs ou orientaux, dont il acceptait l'influence. Puis, après ses voyages à Tahiti, au Mexique, aux États-Unis, alors que ce qu'il a vu au Mexique pouvait évoquer pour lui plutôt son passé, sa production antérieure, ce qu'il a trouvé aux États-Unis annonçait son évolution future. Plus que les propositions plastiques de la jeune école américaine, c'est l'état d'esprit de l'artiste américain et du public devant l'objet artistique qui le marqua profondément. Il intégra alors à sa peinture des procédés de reproduction mécaniques et photographiques, se trouvant pour un temps dans les rangs du mec'art. Dans les années soixante, il passa des *Matricielles*, surchargées de graffitis, griffures, barbouillages, éclaboussures, empâtements, aux *Bombardements*, projection de couleurs sur des objets interposés, comme des caches de pochoir, devant le support de la peinture qui n'en reçoit que la découpe, processus de désintégration du graphisme traditionnel. En 1968, il présenta au Musée Galliéra ses *Sculptures molles*, en polyester entoilé ou en plastique et Plexiglas, techniques présageant la création de l'*Atelier A* et de ses productions. Mais, en peinture, il a l'impression de ne rien faire à dire et l'on rapporte qu'en mai 68, après avoir lu sur les murs de la Sorbonne : « L'art est mort », il en conclut : « C'est à vingt ans qu'on a raison. Même si je ne crois pas que l'art puisse mourir, une certaine façon de le montrer était périmée. » À la suite de cela, il cesse de peindre pour se consacrer à l'*Atelier A*. Après l'interruption de 1970-1980, Arnal se remit à la peinture avec un enthousiasme renouvelé. Dans un premier temps, ses *Élémentaires* renouaient avec les *Matricielles* du début des années soixante, mais dans une facture plus rapide et plus dépouillée, les signes anciens remplacés par des taches, souvent dégoulinantes, cette sobriété nouvelle rappelant celle des grandes époques chinoises. Dans cette volonté de dépouillement, on sent, chez Arnal comme chez beaucoup d'autres artistes à ce moment, le frôlement du concept qui est en train de conditionner un considérable pan du paysage artistique. Au contraire, à la fin des mêmes années quatre-vingt, se rapprochant de nouveau des *Matricielles*, il revint à une saturation optimale de la surface peinte, sa rapidité d'exécution, sa maîtrise technique de la peinture, des glacis transparents, des empâtements, etc., son goût à la fois raffiné et sauvage, lui permettant de confier l'élaboration d'une éventuelle synthèse de l'ensemble au hasard de l'instant, se conformant plus que jamais à ce qu'écrivait Pierre Restany de lui en 1981 : « La raison d'être d'Arnal est un art qui est d'abord comportement esthétique, plaisir, joie de vive, existence élémentaire. » ■ J. B., A. P.

BIBLIOGR. : Jean Hyppolite : *Arnal ou la peinture des rencontres* – Michel Tapié : *Arnal ou l'humanisme ambigu* – Raymond Queneau : *Peinture d'Arnal* – Michel Tapié : *Arnal et les nouvelles féeries* – Georges Jules Verne : *Peinture d'Arnal* – Lydia Harambourg, in : *L'École de Paris 1945-1965. Diction. des Peintres*, Ides et Calendes, Neuchâtel, 1993.
MUSÉES : ANTIBES (Mus. Picasso) – BREST (Arthothèque) – BRUXELLES (Mus. des Beaux-Arts) – BUFFALO – CHÂTEAUROUX (Mus. Bertrand) – LA CHAUX-DE-FONDS – CHICAGO (Inst. of Art) – DUNKERQUE – LIMA – NEW YORK (Solomon R. Guggenheim Mus.) – NEW YORK (College Mus.) – PARIS (Mus. Nat. d'Art Mod.) – PARIS (FNAC) : *Le Répertoire de l'artiste* 1977 – PARIS (Mus. d'Art Mod. de la Ville) – RIO DE JANEIRO – ROME (Mus. Nat. d'Art Mod.) – SANTA BARBARA – SANTIAGO DU CHILI – SCHIEDAM (Stedelijk Mus.) – STOCKHOLM (Mus. d'Art Mod.) – TOULON – WIESBADEN.
VENTES PUBLIQUES : PARIS, 8 fév. 1962 : *Paysage* : **FRF 1 200** – PARIS, 14 juin 1963 : *La tour de Babel* : **FRF 2 700** – GENÈVE, 2 nov. 1963 : *Composition*, aquar. : **CHF 220** – COLOGNE, 8 déc. 1965 : *Mon soleil* : **DEM 1 600** – PARIS, 8 juin 1966 : *Couture* : **FRF 3 900** – PARIS, 5 déc. 1971 : *Le vestiaire de Tilden* : **FRF 3 500** – PARIS, 30 mars 1976 : *Suggestion IV : Voyage en Egypte* 1963, h/t (201x195) : **FRF 3 000** – PARIS, 18 nov. 1978 : *Composition*, h/t

(200x200) : **FRF 5 800** – PARIS, 6 avr. 1981 : *Composition fantastique* 1949, aquar. gchée (46x56) : **FRF 3 000** – PARIS, 22 avr. 1983 : *Sculpture* 1964, laiton, étain, bois et corde (108x14x25) : **FRF 7 000** – PARIS, 28 sep. 1984 : *La peaux de l'ours* 1956, h/t (27x35) : **FRF 7 800** – PARIS, 20 fév. 1985 : *Composition* 1959, aquar. et encre de Chine (57x44) : **FRF 2 500** – PARIS, 21 juin 1985 : *Vaisselier*, pièce unique : **FRF 10 000** – PARIS, 6 déc. 1986 : *L'épreuve de la soif* 1955, h/t (89x116) : **FRF 28 000** – VERSAILLES, 21 déc. 1986 : *Composition – sans titre* 1960, dess. (41x54) : **FRF 5 000** – VERSAILLES, 26 avr. 1987 : *Composition* 1960, aquar. (24x32) : **FRF 5 500** – PARIS, 27 nov. 1987 : *Laissez vos drames dehors*, h/t (190x190) : **FRF 30 000** – PARIS, 17 fév. 1988 : *Composition*, gche (43x52) : **FRF 7 200** – PARIS, 17 fév. 1988 : *Les champs essentiels*, h/t (51x40) : **FRF 16 000** – PARIS, 20 mars 1988 : *Composition*, h/t (131x81) : **FRF 108 000** – PARIS, 22 avr. 1988 : *Target VI*, h/t (90x66) : **FRF 16 500** – PARIS, 26 oct. 1988 : *La messe de minuit*, h/t (79x58) : **FRF 75 500** – PARIS, 12 fév. 1989 : *Les suggestions XII* 1963, h/t (40x80) : **FRF 31 000** – NEUILLY, 15 mars 1989 : *Composition* 1960, gche/pap. (24x32) : **FRF 8 000** – PARIS, 4 juin 1989 : *Le don de toi* 1960, h/t (89x116) : **FRF 45 000** – NEUILLY, 6 juin 1989 : *Survolons les volcans* 1957, h/t (60x100) : **FRF 70 000** – PARIS, 23 juin 1989 : *L'oiseau de proie* 1956, h/t (73,5x50) : **FRF 40 000** – PARIS, 7 oct. 1989 : *Série des nuits : les Marécages* avr. 1983, h/t (150x200) : **FRF 100 000** – PARIS, 8 oct. 1989 : *Voyeur en voyage* 1975, acryl./t. (130x195) : **FRF 150 000** – ZURICH, 25 oct. 1989 : *A l'approche des champs voilés : la Scène rouge* 1978, acryl./t. (114,5x147,5) : **CHF 16 000** – PARIS, 13 déc. 1989 : *Jeu de je*, h/t (90x115) : **FRF 105 000** – NEUILLY, 7 fév. 1990 : *Composition* 1960, aquar. (24,5x31,5) : **FRF 12 000** – PARIS, 8 avr. 1990 : *Le Toréador* 1953, h/pan. (147x34) : **FRF 120 000** – PARIS, 13 juin 1990 : *La Machine à faire des tableaux* 1963, techn. mixte (44x53) : **FRF 28 000** – PARIS, 28 oct. 1990 : *Analogie IV et V* 1964, h/t, diptyque (161x260) : **FRF 180 000** – PARIS, 4 avr. 1991 : *La pancarte rouge inédit* 1984, acryl./t. (60x60) : **FRF 17 000** – PARIS, 9 juil. 1992 : *Composition*, aquar. et collage (24,5x32) : **FRF 4 000** – NEW YORK, 2 nov. 1993 : *Composition abstraite* 1949, h/t (45x64,5) : **USD 4 140** – PARIS, 24 juin 1994 : *Les mutants VIII* 1961, acryl./t. (81x100) : **FRF 20 000** – AMSTERDAM, 1er juin 1994 : *L'avion suicide* 1955, h/t (80x100) : **NLG 9 775** – PARIS, 30 jan. 1995 : *La Valette, plus rien ne bouge* 1959, h/t (97x130) : **FRF 29 000** – LOKEREN, 20 mai 1995 : *La Lave* 1953, h/t (50x73) : **BEF 70 000** – PARIS, 24 nov. 1996 : *Composition* 1954, aquar. et encre de Chine/pap. : **FRF 4 000** – PARIS, 16 déc. 1996 : *Suggestion III : En regardant Vélasquez* 1963, h/t (130x195) : **FRF 43 000** – PARIS, 24 mars 1997 : *Les Suggestions* 1963, acryl./t. (130x195) : **FRF 12 000** – PARIS, 28 avr. 1997 : *Les Suggestions* 1963, acryl./t. (80x100) : **FRF 7 000** – PARIS, 18 juin 1997 : *Grande toile rouge* 1952, h/t (195x114) : **FRF 28 000** – PARIS, 4 oct. 1997 : *Peinture matricielle* 1962, h/t (97x131) : **FRF 29 000** – PARIS, 17 oct. 1997 : *La Machine à charbon*, techn. mixte (90x116) : **FRF 8 800**.

ARNAL Georges
Né à Brioude (Haute-Loire). XXe siècle. Français.
Peintre.
Élève de Gérôme, il a exposé depuis 1930 aux Salons des Artistes Indépendants et des Artistes Français à Paris.

ARNAL Luis Eduardo
Né le 6 mars 1947. XXe siècle. Actif en France. Vénézuélien.
Peintre. Constructiviste.
Il fut élève de l'Ecole des Beaux-Arts de Caracas, puis à Paris de l'Ecole Pratique des Hautes Etudes et de l'Université Paris VIII. Il expose surtout au Venezuela. Il se déclare constructiviste, ce qui se vérifie par la rigueur technique de ses réalisations, les jeux phénoménologiques des contrastes de couleurs vives. Ce qui paraît inhabituel chez lui, c'est l'usage presque exclusif des courbes et contre-courbes, par rapport à l'habitude, non fondée, de confondre constructivisme et orthogonalité.

BIBLIOGR. : In : *L'Officiel des arts*, Chevalet, Paris, 1988.
MUSÉES : CHILI (Mus. Salvador Allende en exil) – CUBA (Casa de las Americas) – VENEZUELA.

ARNALD A. M.
XIXe siècle. Britannique.
Peintre paysagiste.
Cette artiste envoya des œuvres à la Royal Academy, à la British Institution et à Suffolk Street à Londres entre 1823 et 1832.

ARNALD George ou **Arnold**
Né en 1763 dans le Berkshire. Mort le 21 novembre 1841 à Pentonville. XVIIIᵉ-XIXᵉ siècles. Britannique.
Peintre de sujets mythologiques, paysages, marines.
Élève de W. Pether, il expose à la Royal Academy depuis 1788 et en est élu membre en 1810. Obtient un grand prix pour *La bataille du Nil* (Gal. Greenwich Hospital). En 1825, cet artiste travailla pour le Duc de Gloucester, et eut deux filles qui embrassèrent la profession paternelle, et dont l'une, paysagiste, exposa entre 1823 et 1832.
MUSÉES : LONDRES (Victoria and Albert Mus.) : *Paysage* – LONDRES (Nat. Gal.) : *Vue sur l'Ouse* – LONDRES (Gal. Greenwich Hospital) : *La Bataille du Nil.*
VENTES PUBLIQUES : LONDRES, 23 mai 1910 : *Route sous bois avec paysans et charrettes* : **GBP 8** – LONDRES, 13 juin 1954 : *Sur la rivière Sunset* : **GBP 5** – PARIS, 7 mars 1955 : *Vue d'un pont et d'un chantier naval*, pp marouflé/toile : **FRF 10 500** – LONDRES, 25 juin 1965 : *La bataille du Nil* : **GNS 115** – LONDRES, 9 juin 1967 : *Troupeau traversant une rivière* : **GNS 190** – LONDRES, 23 juin 1972 : *Vue de Londres depuis Greenwich Park* : **GNS 13 000** – LONDRES, 23 mars 1977 : *Scène champêtre* 1808, h/t (56x64,5) : **GBP 550** – LONDRES, 23 mars 1979 : *Paysage fluvial boisé avec troupeau* 1812, h/t (63x75,6) : **GBP 1 300** – LONDRES, 27 juin 1980 : *Paysage fluvial boisé animé de personnages* 1797, h/pan. (38,6x49,5) : **GBP 850** – LONDRES, 18 mars 1981 : *Adonis tué par un sanglier*, aquar. et reh. de blanc (23,5x17,8) : **GBP 220** – LONDRES, 14 mars 1984 : *Glastonbury Abbey*, h/t (117x144) : **GBP 6 500** – LONDRES, 22 nov. 1985 : *Glastonbury Abbey*, h/t (115,5x148,5) : **GBP 8 000** – LONDRES, 15 juil. 1988 : *Narcisse et Echo*, h/t (127,6x94) : **GBP 15 400** – LONDRES, 26 mai 1989 : *La Tamise à Cliveden avec des voyageurs, une barque et du bétail se désaltérant*, h/t (64x92) : **GBP 8 800** – LONDRES, 16 mai 1990 : *Paysage avec une maison au bord de la rivière et des pêcheurs au crépuscule*, h/t (47,5x61) : **GBP 2 640** – LONDRES, 15 nov. 1991 : *Pêcheurs vendant leur poisson dans une anse à l'abri d'une jetée avec des vaisseaux ancrés à l'approche de l'orage*, h/t (112,5x142,5) : **GBP 2 640** – LONDRES, 18 nov. 1992 : *Le Pont de Menai in Galles du Nord*, h/t (98x128) : **GBP 13 200** – LONDRES, 12 juil. 1995 : *Chargement de troncs d'arbres sur une charrette dans le parc de Cave Castle dans le Yorkshire* (39,5x49,5) : **GBP 3 450** – LONDRES, 8 nov. 1995 : *Paysage au crépuscule avec des bergers et leurs moutons sur un chemin*, h/t (70x95) : **GBP 4 600** – LONDRES, 9 mai 1996 : *Paysage boisé avec un berger et ses moutons*, h/t (60x80) : **GBP 2 070** – LONDRES, 12 nov. 1997 : *Paysage montagneux avec un fermier et son troupeau sur un chemin* 1809, h/t (69x90) : **GBP 9 200.**

ARNALD Sébastian Wyndham
XIXᵉ siècle. Britannique.
Sculpteur de sujets religieux, groupes, peintre.
Fils de George Arnald, il fut élève de la Royal Academy. De 1823 à 1846, il exposa de nombreux bustes et des scènes bibliques. En 1831, son groupe : *Massacre des Innocents* reçut la médaille d'or.

ARNALDO
Espagnol.
Sculpteur.
Il fut aussi architecte. On lui attribue le chemin de croix du couvent San Cucufate del Vallés.

ARNALDO Berenguer
XIVᵉ siècle. Actif à Barcelone de 1361 à 1374. Espagnol.
Peintre de miniatures.

ARNALDO Guillermo ou **Arnau**
Né à Majorque. XIVᵉ siècle. Espagnol.
Peintre.
Cité comme peintre à Valence avant 1392. D'après Carderera, cet artiste serait l'auteur d'un grand tableau exécuté pour le collège des missionnaires à Majorque.

ARNALDO da Colonia
XVᵉ siècle. Actif à Pérouse. Italien.
Peintre de miniatures.

ARNAO
XVIᵉ siècle. Espagnol.
Peintre.
On croit que ce peintre pourrait être le peintre verrier flamand Arnao de Flandes.

ARNAO Juan de
Né en 1539. Mort après 1569. XVIᵉ siècle. Actif à Ségovie. Espagnol.
Sculpteur.

ARNAO de Flandes ou **Arnold de Flandre**
Mort en 1557. XVIᵉ siècle. Espagnol.
Peintre verrier.
Travailla, en 1525, à la cathédrale de Séville avec Arnold de Vergara et seul de 1538 à sa mort. Il exécuta un très grand nombre de vitraux, parmi lesquels : *L'entrée du Christ à Jérusalem, Résurrection de Lazare, La Cène* et *La mort de Marie.*

ARNAO de Simuel
Originaire des Flandres. XVIᵉ siècle. Actif à Valladolid. Espagnol.
Peintre.
Travailla au couvent El Parral, près de Ségovie.

ARNAR Antonio
XVᵉ siècle. Portugais.
Calligraphe et miniaturiste.
Exécuta le portrait du prince de Viana, sur la feuille de titre d'un manuscrit écrit par lui et conservé à la Bibliothèque nationale de Madrid.

ARNAU Juan
Né en 1595 à Barcelone. Mort à Barcelone, en 1693 d'après Thieme et Becker ou 1683 d'après le dictionnaire Larousse. XVIIᵉ siècle. Espagnol.
Peintre de compositions religieuses.
Il fut l'élève d'Eugenio Caxes à Madrid et s'employa surtout dans les églises et les couvents de sa ville natale. Dans le couvent des Augustins se trouvent plusieurs tableaux de lui, représentant des scènes de la vie de l'évêque d'Hippone. Il existe, dans l'église de Santa Maria del Mar, une peinture de cet artiste représentant : *Saint Pierre recevant de la main des Anges les clefs de l'église.*
VENTES PUBLIQUES : PARIS, 1887 : *Saint en prière* : **FRF 140** – PARIS, 7 mars 1955 : *L'Espagnol* : **FRF 9 000.**

ARNAU Y MASCORT Eusebio
Né en Catalogne. XIXᵉ siècle. Espagnol.
Sculpteur de sujets religieux, groupes, bas-reliefs.
Fit ses études à l'École des Beaux-Arts de Barcelone, puis la compléta à Rome, Florence et Paris. En 1891, il exposa au Palais de Bellas Artes de Barcelone, un bas-relief en plâtre : *La mise en bière des ossements de sainte Eulalie*, ainsi que le groupe : *L'Ave Maria.* Citons encore, parmi ses œuvres : le groupe de marbre : *Le baiser de la Mer, La statue de San Raimundo de Penafort, Espérance*, beau groupe, *La porte de bronze* de l'église de Comillas avec des reliefs intéressants.

ARNAUD
XVᵉ siècle. Vivant à Perpignan. Français.
Sculpteur.
Fit notamment un autel pour l'église de Bayes, en 1414.

ARNAUD
XIXᵉ siècle. Français.
Peintre.
Un peintre de ce nom figura aux expositions lyonnaises de 1822 à 1831, avec des paysages (*Vues prises à Athènes et dans le Pugey*).

ARNAUD Anne François
Né le 17 octobre 1787 à Troyes. Mort en octobre 1846. XIXᵉ siècle. Français.
Peintre.
Élève de Gros, de Vincent et de David, il se spécialisa dans la peinture en grisaille. Il travailla au Palais de Justice et à l'hôpital Saint-Nicolas à Troyes. Le registre de l'École des Beaux-Arts mentionne son entrée, le 5 frimaire, an XIII (1804). Il reçut aussi, probablement, les conseils de Vestier chez qui il demeurait.
MUSÉES : TROYES : *Vue de la porte Saint-Jacques à Troyes* – *Vue de l'ancienne porte de Paris à Troyes* – *Tête d'étude* – *Portrait de M. Camusat de Vaugourdon* – *Portrait de Mme Carteron* – *L'Abbé Sompsois* – *Mme Sompsois* – *Vue de Troyes.*

ARNAUD Charles Auguste
Né le 22 août 1825 à La Rochelle. Mort le 6 septembre 1883. XIXᵉ siècle. Français.
Sculpteur de monuments, figures, bustes.
Il fut élève de l'École des Beaux-Arts à Angers et de François Rude. Il exposa régulièrement au Salon de Paris.
On mentionne de lui le *Monument de M. Fleuriau de Bellevue*, commandé par la ville de La Rochelle et actuellement au Jardin botanique de cette ville, le *Buste de M. Freslon* (ancien ministre

de l'Instruction publique), ceux de M. F. de Lesseps, d'Halévy, de l'architecte Fontaine, à l'Institut de France, le *Buste de Charles Clarac*. Il est l'auteur des deux statues de pierre : *Le chasseur à pied* et *L'artilleur*, du pont de l'Alma à Paris et de la *Statue de Saint Jacques le Mineur* sur la tour Saint-Jacques.
Musées : Angers : *Buste d'Henri IV – Buste d'Alex. Freslon* – Paris (Mus. du Louvre) : *Buste de Charles Clarac*.
Ventes Publiques : Paris, 19 mai 1982 : *Buste d'Henri IV* 1856, bronze (H. 90) : **FRF 10 000**.

ARNAUD Claude
XVIe siècle. Français.
Peintre.
D'après M. Meignen, cet artiste travailla à Grenoble et fut chargé, en 1528, de travaux de peinture pour l'entrée du gouverneur François ; il les fit en collaboration avec François Roulli et Louis Moygean.

ARNAUD Daude
Né en 1262. Mort en 1329 à Montpellier. XIIIe-XIVe siècles. Français.
Sculpteur et architecte.

ARNAUD, dit Pavout
XVIIIe siècle. Actif à Lyon. Français.
Sculpteur.
Le *Livre des entrées et sorties des personnes admises à l'Hospice de la Charité* porte, en 1788-1790 : « Matricule des vieillards admis à la Charité... Antoinette Pingard, veuve du sieur Arnaud, dit Pavout, sculpteur ».

ARNAUD Durand
Mort en 1322. XIVe siècle. Actif à Montpellier. Français.
Sculpteur.
Frère de Daude Arnaud.

ARNAUD Ernest
Né à Gannat (Allier). XXe siècle. Travaille à Sète. Français.
Peintre.
Expose au Salon d'Automne en 1937.

ARNAUD Georges
Né au Puy-en-Velay. XVIIe siècle. Vivait au Puy-en-Velay vers 1682. Français.
Sculpteur.

ARNAUD Gérard
Né le 7 février 1929 à Alger. XXe siècle. Français.
Peintre de compositions à personnages, nus, natures mortes.
Élève à l'École des Beaux-Arts d'Alger, de 1944 à 1949. Il est établi dans le Morbihan. Il a commencé à exposer à Niort (Deux-Sèvres) en 1951. Il a exposé ensuite dans diverses villes, à Sfax en Tunisie, dans des Salons régionaux comme Briec-sur-Odet, etc. Il figure régulièrement au Salon des Artistes Français de Paris depuis 1966, mentions honorables 1979, 1980, sociétaire depuis 1979, médaille d'argent 1984, Prix de nature morte 1983, Coupe Surréaliste 1984, Prix Toudouze de la Fondation Taylor en 1993. Il passe de la nature morte au paysage, puis à l'anatomie, pour accéder au fantastique. Ses peintures qu'on pourrait dire d'histoire, souvent vouées au celtique et au médiéval, montrent volontiers des batailles anciennes, notamment de l'histoire vendéenne. Il a achevé de peindre une triple couronne céleste, composée de plus de sept mille personnages.

ARNAUD Giovanni
Né vers 1829 à Cueno. Mort le 6 mars 1869 à Volpiano. XIXe siècle. Italien.
Peintre d'histoire et lithographe.
Peignit quelques scènes du *Faust* de Goethe.

ARNAUD Guillaume
Mort vers 1325 ? XIVe siècle. Actif à Montpellier. Français.
Peintre.
Cité comme peintre à Montpellier, de 1293 à 1325.

ARNAUD J.
XIXe-XXe siècles. Française.
Peintre.
Elle a exposé au Salon de Paris de 1888.

ARNAUD Jacques François
Né en 1729. Mort en 1769. XVIIIe siècle. Français.
Peintre.
Il fut peintre du roi à Paris.

ARNAUD Jean
Né en 1958 à Saint-Tropez (Var). XXe siècle. Français.

Peintre, technique mixte. Abstrait.
Il participe à de nombreuses expositions : 1989-1990 à l'Office départemental de la culture d'Aix-en-Provence, 1991 salon de Montrouge, salon Découvertes à Paris, Maison des arts à Genas. Le travail de Jean Arnaud joue sur le temps, inscrit à l'aide de l'argent ou de la rouille sur de grandes toiles où apparaissent depuis les débuts cercle et carré. La structure des tableaux est constituées de couches successives de peinture, plomb, laque mais sans jamais prétendre à une recherche matiériste.

ARNAUD Jean-Marie
Né en 1886. Mort en juin 1962. XXe siècle. Français.
Peintre.

ARNAUD Joseph
Né à Allauch (près de Marseille). Mort le 21 mai 1859. XIXe siècle. Français.
Peintre et dessinateur.
Élève d'Augustin Aubert, cet artiste fut directeur de l'Académie de Marseille, et il y enseigna pendant quelques années.

ARNAUD Louis Michel
Né en 1914 à Marseille (Bouches-du-Rhône). XXe siècle. Français.
Sculpteur de nus, groupes, monuments, animalier, dessinateur.
Il fut élève de l'École des Beaux-Arts de Marseille, puis, boursier, de celle de Paris en 1932, dans l'atelier d'Henri Bouchard. De 1962 à 1967, il fut professeur de dessin dans un lycée de Marseille, puis, de 1974 à 1979 professeur de sculpture à l'École des Beaux-Arts d'Alger. Il a été fait chevalier des Arts et Lettres.
Il est l'auteur d'un grand nombre de groupes, fontaines, bas et hauts-reliefs, mémorials, sujets animaliers, à Marseille, Aix-en-Provence, Briançon, Nîmes, Tarascon, Vallauris, Saint-Tropez, Alès, etc.

ARNAUD Lucien Eugène Félice
Né à Paris. XXe siècle. Français.
Céramiste.
Expose en 1920 au Salon d'Automne quatre vases en grès flammé.

ARNAUD Luigi
Mort en 1877. XIXe siècle. Français.
Graveur au burin.
Il fut professeur à l'Institut des Beaux-Arts à Naples.

ARNAUD Marcel
Né le 8 octobre 1877 à Marseille. Mort le 18 mars 1956 à Aix-en-Provence. XXe siècle. Français.
Peintre de portraits, natures mortes, paysages.
Après avoir fait des études à l'École des Beaux-Arts de Marseille, il a séjourné à Paris et s'est intéressé à la décoration. Il revient dans sa ville natale où il est devenu professeur puis directeur de l'Ecole des Beaux-Arts d'Aix-en-Provence, où il a été également conservateur du Musée Granet de 1917 à 1947. Ses œuvres, en particulier ses paysages provençaux, sont construits selon une rigueur toute cézannienne.

MARCEL ARNAUD.

Ventes Publiques : Aix-en-Provence, 15 mars 1976 : *Paysage de Provence*, h/t (38x54,5) : **FRF 3 100** – Marseille, 25 fév. 1978 : *Paysage des environs de Marseille*, h/t (73x54) : **FRF 8 500** – Marseille, 24 fév. 1979 : *Nature morte aux crevettes*, h/isor. (45x55) : **FRF 6 500** – Marseille, 26 jan. 1980 : *Nature morte aux oignons*, h/t (50x61) : **FRF 6 000** – Aix-en-Provence, 27 mai 1989 : *Paysage*, h/t (73x60) : **FRF 36 500** – Neuilly, 26 juin 1990 : *Route des Alpes*, h/pan. (24x33) : **FRF 23 000** – Neuilly, 7 avr. 1991 : *La montagne Sainte-Victoire*, h/pan. (23,5x35) : **FRF 26 000** – Paris, 13 avr. 1994 : *Homme à la pipe*, h/pan. (22x16) : **FRF 4 500**.

ARNAUD Marie Félicie
Née à Perthuis (Vaucluse). XIXe-XXe siècles. Française.
Sculpteur.
Élève de Itasse ; elle exposa en 1874 une *Mater Redemptoris*, puis en 1881, 1883 et 1908.

ARNAUD Marie Joséphine
Née en 1854 à La Bessée (Hautes-Alpes). Morte en 1921 à Beaume-des-Arnauds (Hautes-Alpes). XIXe-XXe siècles. Française.

Peintre de paysages.
Ses paysages sont d'un réalisme tellement objectif qu'ils font penser à ce que sera la peinture hyperréaliste.
Bibliogr. : Gérald Schurr : *Les Petits Maîtres de la peinture 1820-1920, valeur de demain*, t. VII, Les Éditions de l'Amateur, Paris, 1989.
Musées : Gap (Mus. départ. des Hautes-Alpes) : *Cour de ferme à Ribiers*.

ARNAUD Moyse ou Moïse
Né à Valence (Drôme). xxe siècle. Français.
Peintre de paysages.
Il a exposé au Salon des Artistes Indépendants à Paris, de 1930 à 1932.
Ventes Publiques : New York, 12 juin 1981 : *Paysage* 1900, h/t (54x81) : **USD 1 900.**

ARNAUD Pierre
Né au xviie siècle à La Valette. xviie siècle. Français.
Sculpteur.
Il exerçait son art à Toulon vers le milieu du xviie siècle. La municipalité de cette ville le chargea, en 1649, d'exécuter divers travaux en collaboration de Gaspard Puget et Nicolas Levray.

ARNAUD Pierre
Né en juin 1718. Mort en juin 1767 à Toulon. xviiie siècle. Français.
Peintre de marines, sculpteur.
Il exerçait son art à Toulon et fut nommé en 1760 peintre entretenu par le roi dans l'atelier du port. Il peignit principalement des marines. On cite aussi de lui un tableau d'histoire : *Magon devant le Sénat de Carthage*.

ARNAUD Pierre
Né vers 1780 à Villefranche (Rhône). xixe siècle. Français.
Peintre.
Élève de l'École des Beaux-Arts de Paris le 27 ventôse, an VII (1798), dans l'atelier de Regnault.

ARNAUD Pierre Charles Raoul
Né le 10 août 1912 à Paris. xxe siècle. Français.
Peintre de paysages, graveur.
Il fut élève du graveur Léon Jouenne à l'Ecole Estienne de Paris, et du peintre graveur Jacques Beltrand à l'Ecole des Beaux-Arts de Paris. Il a exécuté des gravures sur bois d'après des œuvres aussi diverses que celles de Bourdelle, Michel-Ange ou Gérard Cochet. En dehors de son œuvre de graveur, il est connu pour ses peintures de paysages des environs de Paris. A partir de 1931, il a exposé au Salon des Artistes Français de Paris.

ARNAUD Pierre Francis
Né à Bordeaux. xxe siècle. Français.
Peintre.
Élève du peintre bordelais P. Quinsac, il suivit aussi les cours de Cormon et de P. Laurens à l'Ecole des Beaux-Arts de Paris. Expose régulièrement au Salon des Artistes Français à Paris depuis 1935.
Ventes Publiques : Londres, 5 oct. 1983 : *Paysages méditerranéens*, 2 h/t (chaque : 48,5x64) : **GBP 650.**

ARNAUD Raymond
Né à Paris. xxe siècle. Français.
Expose en 1932 aux Indépendants un paysage et un *Coin de studio*.

ARNAUD Tommaso
Né vers 1800. Mort en 1860. xixe siècle. Italien.
Sculpteur de sujets religieux.
Fit une statue de *Saint Augustin* pour San Francesco di Paola à Naples.

ARNAUD de Caseneuve
xve siècle. Actif à Lectoure (Gers) vers 1480. Français.
Peintre.

ARNAUD de Solier
xive siècle. Français.
Sculpteur.
Mentionné comme doyen de 1362 à 1398, dans la corporation des peintres de Montpellier. Il était aussi architecte.

ARNAUD-DURBEC Jean Baptiste François
Né le 30 juillet 1827 à Marseille. xixe siècle. Français.
Peintre d'histoire, scènes de genre.
Élève de l'École des Beaux-Arts de Paris. Il fit un grand nombre

de tableaux, dont quelques-uns sont conservés à l'église de L'Estaque, près de Marseille.

ARNAUD-ROUGIER Henri
Né à Bordeaux. xxe siècle. Français.
Peintre.
Expose un paysage au Salon d'Automne de 1943.

ARNAUDIES Francisco
xviiie siècle. Actif à Rome vers 1774. Italien.
Graveur au burin.

ARNAUDY André d'
Né à Toulouse. xxe siècle. Français.
Dessinateur.
Expose au Salon d'Automne de 1934 une affiche *Ville de Paris*.

ARNAULD de Mozat
xive siècle. Français.
Sculpteur.
Travailla, en 1386, au château de Jean de Berry, à Riom (Auvergne).

ARNAULT
xixe siècle. Français.
Dessinateur.
Un portrait d'A. Tennyson, dessiné à la sanguine et conservé à la National Portrait Gallery à Londres, lui est attribué.

ARNAULT A.
xixe siècle. Français.
Sculpteur.
A figuré au Salon de Paris de 1890.

ARNAULT Gaston Lucien
Né à Boulogne-sur-Seine. xixe-xxe siècles. Français.
Sculpteur.
Il fut élève de Chapu et membre de la Société des Artistes Français entre 1896 et 1924.

ARNAULT Guillaume
xvie siècle. Travaillant à Tours. Français.
Sculpteur.
Exécuta une statue de *Saint Michel*, en 1520.

ARNAULT Jean
Né en 1560 à Bourges. xvie siècle. Français.
Peintre verrier et peintre à l'huile.
Fils de Pierre Arnault, il travailla à la chapelle Saint-Martin, à la cathédrale de Bourges.

ARNAULT Philippe
xvie siècle. Actif de 1546 à 1551 à Amboise. Français.
Peintre d'armoiries.

ARNAULT Pierre
xvie siècle. Français.
Peintre verrier.
Travailla aux grands vitraux de la cathédrale de Bourges.

ARNAVIELLE Jean
Né en 1881 à Paris. Mort en 1961. xxe siècle. Français.
Peintre de paysages, scènes de genre, panneaux décoratifs.
Ses paysages d'Ile de France et Normandie sont composés à la manière de ceux de Marquet. A partir de 1907, il a exposé au Salon des Indépendants de Paris.
Ventes Publiques : Versailles, 25 oct. 1964 : *Bords de Seine à Rouen* : FRF 1 700 – Lindau, 7 oct. 1981 : *Paysage de printemps*, h/cart. (38x46) : **DEM 1 600** – Madrid, 21 déc. 1987 : *Vue du parc du château de Versailles*, h/t (50x65) : **ESP 300 000** – Honfleur, 26 mars 1989 : *Les lavandières*, aquar. (32x40) : **FRF 3 500.**

ARNAVON J.
xviiie siècle. Français.
Peintre.
Chanoine à Avignon, il fit le portrait de J. Baléchou, gravé par Cathelin.

ARNBERG Elise, née Talén
Née le 11 novembre 1826 à Stockholm. Morte le 6 septembre 1891. xixe siècle. Suédoise.
Peintre de miniatures.

ARNBERGER Veit
Mort vers 1550. xvie siècle. Actif à Innsbruck. Autrichien.
Sculpteur.
Cet artiste travailla au Château d'Innsbruck, puis dans l'atelier

de G. Löfflers. On lui attribue les statues de Clovis et de Charlemagne, destinées au monument funéraire de Maximilien.

ARNDT Alfred
Né en 1898 à Elbing. XXᵉ siècle. Allemand.
Peintre et architecte.
Il a travaillé principalement au Bauhaus, où il fut élève en architecture et peinture murale, avant de devenir maître dans le domaine de la décoration et de l'ameublement, à partir de 1929. En tant qu'architecte, il avait perdu ses droits de construire en 1933, pendant le IIIᵉ Reich, ce qui ne l'a pas empêché d'être nommé architecte des Travaux Publics à Iéna en 1945. Installé à Darmstadt, à partir de 1948, il est à la fois architecte et peintre, exposant à la Biennale de São Paulo en 1957.

ARNDT F.
XIXᵉ siècle. Britannique.
Peintre.
Il vécut, et exposa à Londres vers 1858.

ARNDT Franz Gustav
Né le 20 août 1842 à Lobsens (Posen). Mort le 13 mars 1905 à Blasewitz (près de Dresde). XIXᵉ siècle. Allemand.
Peintre de paysages et de genre et graveur.
Il fut élève de l'École d'Art de Weimar, où, en 1876, il devint professeur. Arndt habita Berlin et Dresde et peignit entre autres des scènes de la Suisse saxonne. Il voyagea en Italie et exposa à Weimar, Munich et Vienne. On cite parmi ses œuvres gravées : *Pays montagneux, bords du Rhin, Faucheuse devant un mur, Femmes dalmatiennes au bord de la mer.* Parmi ses peintures, on mentionne : *Matin d'été dans le Rhin* (1868), *Petite église de l'Allemagne du Nord* (1872), *Ébats d'enfants* (1872), *Élégie* (1873), *Fontaines à Capri* (1874), *Au bord de la rivière* (Suisse saxonne) et *Floraison de pêchers à Loschwitz* (1888).

ARNDT H., Mlle
XXᵉ siècle. Française.
Peintre.
Elle expose en 1913 aux Artistes Français *Le Modèle.*

ARNDT Henning
Mort en 1599. XVIᵉ siècle. Actif à Wittenberg. Allemand.
Peintre.

ARNDT J.
Graveur.
Cette signature se trouve sur une aquatinte : *Paysage avec bétail,* gravée d'après J.-F. van Blœmen.

ARNDT Leo
Né le 6 novembre 1857 à Eilenbourg. XIXᵉ siècle. Allemand.
Aquafortiste et illustrateur.
Élève des Académies de Leipzig, de Berlin, de Karlsruhe, il fit plusieurs voyages d'étude, notamment dans les Balkans. On cite parmi ses eaux-fortes : en 1890, *Pêcheur raccommodant ses filets,* et, en 1892, *La lecture du journal.* Il prit part à l'Exposition de Berlin en 1909 avec une gravure : *Musicien.*

ARNDT Paul
XXᵉ siècle. Actif à Chicago, vers 1908. Américain.
Peintre.

ARNDT Wilhelm
Né à Berlin. Mort en 1813 à Leipzig. XIXᵉ siècle. Allemand.
Peintre miniaturiste et graveur au burin.
Travailla à Berlin de 1789 à 1794 et exposa quelques œuvres. Il travailla ensuite à l'institut de Chalcographie de Dessau, et étudia la gravure au burin, la gravure à l'eau-forte et la gravure à la manière noire. Parmi ses œuvres, on cite : *Amour et Danaé,* d'après Van Dyck, et un *portrait de James Cook* ; on mentionne, en outre : *L'accession au trône de l'empereur Alexandre Sévère,* d'après G. Lairesse, les portraits d'*Opitz,* d'après Geyer, du *prince Guillaume d'Orange,* d'après de Planck.

ARNDTS Otto
Né en 1876. XXᵉ siècle. Allemand.
Peintre de paysages.
Il a exposé à Berlin en 1910.
VENTES PUBLIQUES : VIENNE, 13 mars 1984 : *Paysage montagneux,* h/t (51x64) : **ATS 13 000.**

ARNEDO José Manuel de
Originaire de Logrono. XVIIIᵉ siècle. Actif dans la seconde moitié du XVIIIᵉ siècle. Espagnol.
Sculpteur.
Cet artiste vécut à Madrid. L'Académie de S. Fernando conserve une de ses œuvres représentant *Alexandre le Grand et son médecin.*

ARNEGGER Aloïs
Né en 1879 à Vienne. Mort en 1963 ou 1967. XXᵉ siècle. Autrichien.
Peintre de portraits, paysages.
Il étudia à l'Académie des Beaux-Arts de Vienne chez R. Russ et Eisenmenger.
Les titres de ses peintures indiquent qu'il a travaillé devant les paysages méditerranéens, en particulier en Italie. Il fut surtout peintre de paysages ruraux, sensible aux variations climatiques et saisonnières. Il pratiquait une technique d'avant l'impressionnisme, encore référée au romantisme de l'école de Barbizon.

A. Arnegger

VENTES PUBLIQUES : NEW YORK, 10 oct. 1979 : *Paysage de Printemps,* h/t (96,5x145) : **USD 2 500** – STUTTGART, 9 mai 1981 : *Paysage de Printemps,* h/t (74x99) : **DEM 3 800** – VIENNE, 13 jun. 1983 : *Cour de ferme au printemps,* h/t (30,5x39) : **ATS 16 000** – VIENNE, 10 oct. 1984 : *Paysage de Printemps,* h/t (64x79) : **ATS 16 000** – VIENNE, 9 oct. 1985 : *Vue de Naples avec le Vésuve,* h/t (80x120) : **ATS 25 000** – AMSTERDAM, 28 mai 1986 : *Cour de ferme au printemps,* h/t (98x142) : **NLG 4 200** – BRÊME, 4 avr. 1987 : *Le verger en fleurs,* h/t (79,5x105,5) : **DEM 4 400** – PARIS, 7 mars 1989 : *Paysage hivernal,* h/t (75x105) : **FRF 17 000** – MUNICH, 15 mars 1989 : *Paysage de parc,* h/t (49,6x55) : **DEM 1 600** – PARIS, 7 mars 1989 : *Paysage hivernal,* h/t (75x105) : **FRF 17 000** – AMSTERDAM, 19 sep. 1989 : *Paysage d'un village méditerranéen avec des paysans conduisant leurs mules,* h/t (56x76) : **NLG 2 760** – STOCKHOLM, 14 nov. 1990 : *Champs de coquelicots,* h/t (74x108) : **SEK 13 000** – AMSTERDAM, 24 avr. 1991 : *La baie de Rapallo en Italie,* h/t (90x123) : **NLG 14 375** – MONTRÉAL, 4 juin 1991 : *Demi-jour en hiver à Grossglockner,* h/t (50,8x66) : **CAD 1 100** – NEW YORK, 17 oct. 1991 : *Les cerisiers fleuris,* h/pan. (73,7x99,7) : **USD 14 300** – NEW YORK, 20 fév. 1992 : *Ruisseau dans le sous-bois,* h/t (99,7x73,7) : **USD 15 400** – NEW YORK, 29 oct. 1992 : *Paysage printanier,* h/t (74,3x100,3) : **USD 4 400** – AMSTERDAM, 21 avr. 1993 : *Paysans avec une charrette au travers de champs de coquelicots,* h/pan. (50x81,5) : **NLG 6 900** – MUNICH, 21 juin 1994 : *Prairie avec des coquelicots fleuris,* h/pan. (48x80) : **DEM 18 400** – NEW YORK, 20 juil. 1995 : *Ruisseau forestier en automne,* h/t (89,5x124,5) : **USD 5 175** – LONDRES, 10 oct. 1996 : *Capri, une ville côtière,* h/t (70,5x101) : **GBP 3 200.**

ARNEGGER Alwin ou Arnegerr
Né en 1883 à Hohenweiler. Mort en 1916 à Munich. XXᵉ siècle. Autrichien.
Peintre de portraits et paysages.
Il fut élève de Carl von Marr à Munich.
VENTES PUBLIQUES : VIENNE, 30 nov. 1976 : *Paysage boisé,* h/t (54x68) : **ATS 20 000** – VIENNE, 18 oct. 1977 : *La Mare aux canards,* h/t (89x123) : **ATS 16 000** – NEW YORK, 30 juin 1981 : *Villa sur le lac de Côme,* h/t (68,5x105,5) : **USD 2 000** – VIENNE, 20 mars 1982 : *Village au bord de la côte italienne,* h/t (69x100) : **USD 900** – LONDRES, 27 nov. 1985 : *Vue du lac de Côme,* h/t (87x120) : **GBP 1 000** – PARIS, 7 avr. 1986 : *Naples : Vue sur la baie,* h/t (80x120) : **FRF 38 000** – PARIS, 23 juin 1988 : *La maison près de la rivière,* h/t (74x100) : **FRF 26 000** – COLOGNE, 15 juin 1989 : *Paysage d'été,* h/t (74x99,5) : **DEM 8 000** – LONDRES, 10 fév. 1995 : *Sur le lac de Côme,* h/t (68x104) : **GBP 5 175.**

ARNEGGER Gottfried
Né en 1905. XXᵉ siècle. Autrichien.
Peintre de paysages, paysages urbains, marines.
Il a souvent peint en Italie, des vues de villes, la baie de Naples, etc.
VENTES PUBLIQUES : ROME, 14 déc. 1988 : *Vue de Sorrente,* h/t (40x57,5) : **ITL 5 500 000** – VIENNE, 17 mai 1989 : *Vienne,* h/pan. (41,5x53) : **ATS 30 000** – NEW YORK, 26 mai 1992 : *Le golfe de Naples,* h/t (71,7x99) : **USD 1 980.**

ARNÉGUY Maurice
Né le 3 avril 1908 à Paris. Mort le 10 mars 1991 à Cannes (Alpes-Maritimes). XXᵉ siècle. Français.
Peintre de paysages. Postimpressionniste.
Il fut élève de l'Académie privée de Georges Pavec. Il participait à de nombreuses expositions collectives, notamment Salon

d'Aquitaine, Salon des Indépendants à Paris depuis 1967. Il fit de très nombreuses expositions personnelles, surtout à Cannes, Aix-en-Provence, dans d'autres villes du Midi, et encore en Belgique, Suisse, Allemagne, Hollande, etc. Il peignit surtout des paysages de Provence.

Musées : Alès – Avignon – Cholet : *Plaine du Muy aux Ferrières* – Montpellier – Toulon .

Ventes Publiques : Paris, 26 jan. 1981 : *Chaumes et lavandes*, h/t (46x38) : **FRF 2 400**.

ARNEMIUS Arnoldus
xvie siècle. Italien.

Graveur au burin.
Connu pour une gravure signée et datée de 1556, copie de l'*Ézéchiel* de Michel-Ange.

ARNENTI F. M.
Italien.

Dessinateur ou peintre.
Pietro Ruga (commencement du xixe siècle) grava d'après lui la *Veduta della facciata del Duomo di Milano*.

ARNESEN Borghild
Née le 30 avril 1872 à Oslo. xxe siècle. Norvégienne.

Peintre sur métal.
Si elle doit sa formation aux femmes peintres Asta Nôrregaard et Harriet Backer, à l'Ecole Royale d'Oslo, elle a été aussi influencé par le peintre pré-raphaélite Armand Point. Elle a exposé à Oslo, à l'Exposition Universelle de Paris en 1900 et au Salon d'Automne à Paris en 1920.

ARNESEN David
Né en 1818 à Christiania (Oslo). Mort en 1895. xixe siècle. Norvégien.

Portraitiste et dessinateur.
Voyagea en Belgique, Angleterre, Allemagne et étudia à Christiania, Paris et Copenhague. La Galerie Eidsvold conserve quelques tableaux de lui. Il dirigeait une école de dessin. Il fut membre de la direction de l'École Royale d'Art et de la Galerie Nationale à Christiania.

ARNESEN Vilhelm ou Wilhelm, Karl Ferdinand
Né le 25 novembre 1865 à Flensburg (Schleswig-Holstein). Mort en 1948. xixe-xxe siècles. Danois.

Peintre de marines.
Il fut élève de l'Académie des Beaux-Arts de Copenhague, de 1882 à 1888. Il fit de nombreux voyages, notamment en France, Angleterre, Hollande, Russie, et en Asie vers 1900.
Il fut totalement explicite en ce qu'on l'entendait au xixe siècle, c'est-à-dire non pas tant paysagiste de la mer comme ont pu l'être les impressionnistes, mais plutôt et plus souvent peintre de navires de toutes sortes, depuis la barque jusqu'au paquebot, au port, sur la lagune de Venise ou bien au large. Malgré ses nombreux voyages, la plupart de ses marines concernent le Danemark et la flotte danoise.

Musées : Aalborg : *Le port de Copenhague* – Copenhague : *En pleine mer*.

Ventes Publiques : Copenhague, 17 fév. 1950 : *Voilier au large d'un port* : **DKK 2 300** – Copenhague, 5 mars 1951 : *Santa Maria della Salute à Venise* : **DKK 2 200** – Copenhague, 26-27 oct. 1966 : *L'arrivée du paquebot* : **DKK 5 500** – Copenhague, 2 sep. 1976 : *Bateaux dans le port de Copenhague* 1932, h/t (75x113) : **DKK 110 000** – Copenhague, 23 nov. 1977 : *Bateaux au port* 1902, h/t (88x126) : **DKK 14 000** – Copenhague, 10 mars 1981 : *Marine* 1916, h/t (30x44) : **DKK 3 600** – San Francisco, 21 juin 1984 : *La flotte danoise* 1909, h/t (105,5x84) : **USD 1 500** – Copenhague, 12 juin 1985 : *Marine* 1894, h/t (55x91) : **DKK 16 000** – Copenhague, 15 jan. 1986 : *Voiliers au large de Kronborg*, h/t (55x80) : **DKK 10 000** – Copenhague, 28 oct. 1987 : *Voilier au port, Copenhague* 1903, h/t (30x44) : **DKK 33 000** – Göteborg, 18 mai 1989 : *Marine avec une galiote danoise* 1931, h/t (60x50) : **SEK 18 500** – Copenhague, 25 oct. 1989 : *Marine avec des barques de pêche* 1923, h/t (33x56) : **DKK 4 500** – Copenhague, 21 fév. 1990 : *Frégate au large de Kronborg*, h/t (83x127) : **DKK 20 000** – Copenhague, 25-26 avr. 1990 : *Matinée à Oresund avec Nivabutgen au fond* 1918, h/t (112x150) : **DKK 32 000** – Londres, 30 mai 1990 : *Vaisseau danois au large de Kronborg avec Helsengor et la côte suédoise à l'arrière plan*, h/t (77x123) : **GBP 4 400** – Londres, 18

oct. 1990 : *Le cargo danois « Peter Tordenskjold » déchargeant ses marchandises dans le port d'Aberdeen* 1886, h/t (44x68,5) : **GBP 6 600** – Londres, 22 nov. 1991 : *Le bateau école « Georg Stage »*, h/t (68,9x100,2) : **GBP 2 200** – Copenhague, 5 fév. 1992 : *Le canal de Christianhavns en été* 1917, h/t (97x150) : **DKK 18 000** – New York, 26 mai 1994 : *Constantinople* 1894, h/t (45,7x71,1) : **USD 8 050** – Copenhague, 21 mai 1997 : *Coucher de soleil sur Borsgraven* (66x118) : **DKK 17 500**.

ARNESON Robert ou Richard
Né en 1930 à Benicia (Californie). Mort en 1992. xxe siècle. Américain.

Sculpteur de figures, sujets divers, céramiste, peintre. Tendance surréaliste.
Il a montré ses œuvres dans une exposition personnelle en 1979 au Moore College of Art Gallery de Philadelphie.
Son imagerie s'inscrit dans le mouvement pop, avec la réalisation d'objets familiers.

Ventes Publiques : New York, 8 oct. 1988 : *Autoportrait* 1973, terre-cuite en partie vernissée (diam. 45,7) : **USD 5 500** – New York, 23 fév. 1990 : *pot sur fleurs* 1987, céramique vernissée (78,7x43,2x38,1) : **USD 18 700** – New York, 10 nov. 1993 : *Masque de Pollock # 2* 1983, céramique vernissée (41,2x28,9x19) : **USD 13 800** – New York, 1er nov. 1994 : *Mur de briques* 1975, céramique vernissée (10,9x22,4x7,1) : **USD 1 495**.

ARNHARDT-DEININGER Gabriele
Née le 31 juillet 1855 à Munich. xixe siècle. Allemande.

Peintre de sujets de genre, paysages.
Élève de l'École d'Art de Munich, elle se maria, en 1885, à Innsbruck, avec le professeur J. Deininger. Elle peignit principalement des paysages du Tyrol, des intérieurs campagnards.

Ventes Publiques : Munich, 28 nov. 1985 : *Vue du Stamberger See* 1878, h/t (34x46,5) : **DEM 2 500**.

ARNHEIM Hans
Né le 8 janvier 1881 à Berlin. xxe siècle. Allemand.

Sculpteur et peintre.
Élève des sculpteurs Peter Breuer et Ernst Herter, il exécuta également des peintures. Il participa à l'exposition de Berlin en 1909.

Musées : Posen (Mus. de l'Empereur) : *La nuit* – *Patineur norvégien*.

ARNHEITER
xviiie siècle. Actif à Strasbourg. Français.

Peintre décorateur.

ARNHOLD Johann Samuel ou Arnold
Né vers 1766 à Lothain (Saxe). Mort en 1828. xviiie-xixe siècles. Allemand.

Peintre de paysages, fleurs et fruits, peintre à la gouache, sur porcelaine, dessinateur.
Élève de l'École d'Art de la manufacture de porcelaine à Meissen et surtout élève de Christian Lindner, cet artiste fut nommé professeur de dessin et peintre de la Cour. De 1794 à 1818 il exposa à Dresde et publia un traité sur la peinture des fleurs et des fruits.

Ventes Publiques : Londres, 24 juin 1980 : *Anémones*, gche (34x25,6) : **GBP 250**.

ARNI. Voir DALL'ARMI Oscar von

ARNIET Jean
xive siècle. Français.

Sculpteur.
Mentionné en 1399 pour avoir travaillé, sous la direction de Claus Sluter, au tombeau de Philippe le Hardi.

ARNIJO Hernando de. Voir ARMIJO

ARNIM Bettina von, née Brentano
Née le 7 avril 1785 à Francfort-sur-le-Main. Morte le 20 janvier 1859 à Berlin. xixe siècle. Allemande.

Graveur, sculpteur amateur.
Poète remarquable et écrivain, Bettina von Arnim s'intéressa à toutes les formes de l'art. Elle grava à l'eau-forte plusieurs scènes de genre et modela un monument, symbole de l'admiration qu'elle avait pour Goethe ; le plâtre en a été conservé au Musée historique de Francfort.

ARNIM Hélène von
xixe-xxe siècles. Allemande.

Peintre de genre et de paysages.
Elle a participé à la célèbre exposition de Berlin de 1909.

ARNIM-BÄRWALDE Achim de, baron
xixe siècle. Allemand.

Peintre d'histoire.
Travailla à Munich et peignit principalement des scènes d'histoire anglaise. Il exposa à Berlin en 1876, 1877, 1881, à Munich en 1883 et à Düsseldorf en 1880.

ARNIMB
XVIIIe siècle. Travaillait en 1776.
Graveur à l'eau-forte amateur.

ARNO Christian
Né en 1948. XXe siècle. Français.
Sculpteur de nus, peintre.
Il fut élève de l'Ecole des Beaux-Arts de Besançon.

ARNOLD ou Arnold du XVe siècle ou Aert ou Arnt. Voir ARNOLD de Trajecto et von Tricht

ARNOLD, famille d'artistes
XIVe-XVe siècles. Actifs de 1352 à 1403 à Breslau. Allemands.
Peintres.

ARNOLD
XIVe siècle. Actif à Würzbourg. Allemand.
Maître-peintre.
Il est mentionné par le chancelier Michael de Lowen, dans les notices complétées en 1354. Se spécialisa dans la peinture des images de saints.

ARNOLD
XIVe siècle. Actif à Cologne. Allemand.
Sculpteur.
Mentionné par des documents vers 1320.

ARNOLD
Mort en 1463. XVe siècle. Actif à Hambourg. Allemand.
Peintre.

ARNOLD
XVIIe siècle. Actif vers 1650. Éc. flamande.
Sculpteur.
Travailla à Liège, à la cathédrale Saint-Lambert, et aux églises Saint-Nicolas et Saint-Antoine.

ARNOLD
XVIIIe siècle. Actif à Francfort-sur-le-Main. Allemand.
Graveur au burin.
Connu pour une gravure d'une *Tête de vieillard*.

ARNOLD Alois
Originaire du Tyrol. Mort en 1863 à Rome. XIXe siècle. Autrichien.
Peintre.
Fils de Joseph Arnold, cet artiste travailla à Rome.

ARNOLD Annie Merryless
XIXe-XXe siècles. Britannique.
Peintre de portraits, miniaturiste.
Elève de J. P. Laurens, elle a exposé à la Royal Academy de Londres (1901) et au Salon des Artistes Français à Paris (1939).

ARNOLD Antoine
Né vers 1751 à Munich. XVIIIe siècle. Allemand.
Sculpteur.
D'après le registre des élèves protégés de l'Académie, il avait vingt-sept ans quand il entra le 7 septembre 1788 dans l'atelier d'Allegrain. Le même document portant en marge la mention « Mort », il est probable qu'Arnold dut décéder pendant son séjour à l'école.

ARNOLD Axel
XXe siècle. Vivait à Chicago, vers 1909-1910. Américain.
Peintre.

ARNOLD C.
Allemand.
Dessinateur.
Cet artiste figure dans la collection du Musée de Nottingham avec un dessin du *Château de Warwick*. Peut-être est-ce le même que Carl-Heinrich Arnold, l'artiste allemand de Cassel.

ARNOLD Carl Heinrich
Né le 17 septembre 1793 à Cassel. Mort en 1874. XIXe siècle. Allemand.
Peintre, dessinateur et lithographe.
Fut élève de David pendant quelque temps, à Paris. Peignit des tableaux de paysages et d'animaux. Exposa à Berlin en 1834 et 1838.

ARNOLD Carl Johann
Né le 30 août 1829 à Cassel. Mort en 1916. XIXe-XXe siècles. Allemand.

Peintre d'histoire, scènes de genre, portraits, animaux, graveur.
Fils de Carl-Heinrich Arnold, cet artiste fut élève des Académies des Beaux-Arts de Cassel et d'Anvers, et d'Ad. Menzel, à Berlin. Il exposa dans cette dernière ville en 1858.
Ses œuvres sont nombreuses. On cite *Une chasse au sanglier*, les portraits de *l'Empereur Guillaume* et de *Louis Spohr*. Ses tableaux d'animaux sont intéressants. Il grava à l'eau-forte.
Musées : BERLIN (Gal. Nat.) : Tableaux d'animaux.
Ventes Publiques : COLOGNE, 26 mars 1982 : *La promenade de l'Empereur Wilhelm Ier au Tiergarten*, h/t (84,5x117) : **DEM 3 300** – LONDRES, 3 fév. 1984 : *Chasseurs dans un paysage de neige* 1873, h/t (72,5x94,5) : **GBP 3 000** – NEW YORK, 28 fév. 1991 : *Les bons amis*, h/t (106,7x78,7) : **USD 13 200**.

ARNOLD Edward
XVIIIe siècle. Actif à la fin du XVIIIe siècle. Britannique.
Peintre de natures mortes.
Exposa à la Society of Artists de Londres, en 1773.

ARNOLD Edwin
XIXe siècle. Active à Londres dans la dernière moitié du XIXe siècle. Britannique.
Peintre, aquarelliste.
Cette artiste exposa, entre 1874 et 1885, à Suffolk Street et à la New Water-Colours Society de Londres.

ARNOLD Emile
Né à Muttelholz (Bas-Rhin). XXe siècle. Français.
Peintre.
Il a participé, depuis 1924, aux Salons des Tuileries, d'Automne, des Artistes Indépendants de Paris.

ARNOLD Franz
Mort le 29 octobre 1790 à Brünn. XVIIIe siècle. Autrichien.
Graveur au burin.
Élève de l'Académie de Vienne, il travailla à Brünn et y mourut très jeune.

ARNOLD Fred Lathrop
XXe siècle. Vivait à Chicago, vers 1909-1910. Américain.
Peintre.
Nous ne pensons pas qu'il s'agisse de Francis LATHROP.

ARNOLD Friedrich
Né en 1814 à Strasbourg. XIXe siècle. Allemand.
Peintre d'architectures, intérieurs.
Élève de l'Académie des Beaux-Arts de Düsseldorf, vers 1842, il fit plusieurs tableaux, notamment une *Vue de l'intérieur de la cathédrale de Xante*.

ARNOLD Friedrich
Né en 1831 à Zeulenroda (Saxe). Mort en 1862 à Florence (Toscane). XIXe siècle. Allemand.
Peintre de paysages.
Il fut élève de l'Académie des Beaux-Arts de Dresde et de Ludwig Richter ; il peignit quelques paysages, exposés à Dresde en 1858, 1859, 1860.
Ventes Publiques : LONDRES, 5 mai 1989 : *Les jardins de la villa Melzi sur le lac de Côme*, h/pan. (12x17,8) : **GBP 2 420**.

ARNOLD Fritz
XVe siècle. Allemand.
Sculpteur.
Travailla à l'église Notre-Dame de Würzbourg.

ARNOLD Georg Adam
XVIIIe siècle. Allemand.
Peintre.
Travailla à Bamberg où il fit plusieurs peintures à l'huile et des dessins, vers 1680, notamment : *Passage de la mer Rouge par les Juifs*, gravé par F. Weygant.

ARNOLD George
XVIIIe siècle. Actif à Oxford (Angleterre) à la fin du XVIIIe siècle. Britannique.
Peintre de natures mortes.
Exposa à la Society of Artists de Londres, entre 1770 et 1791.

ARNOLD Hans Ulrich
Mort le 18 août 1662. XVIIe siècle. Actif à Ulm. Autrichien.
Graveur au burin.
Travailla pour l'album d'art de Furtenbach.

ARNOLD Harriet, née Gouldsmith
Née en 1787. Morte en 1863. XIXe siècle. Britannique.
Peintre de portraits, paysages animés, paysages, aquarelliste, graveur, lithographe.

Cette artiste exposa à la Royal Academy de Londres, de 1809 à 1839, sous son nom de jeune fille. Après cette date elle signa du nom d'Arnold. Elle fut membre de la Water-Colours Society.
VENTES PUBLIQUES : LONDRES, 2 juil. 1971 : *Richmond bridge* : **GNS 1 500** – LONDRES, 3 fév. 1978 : *La reine Victoria avec ses enfants dans les jardins de Buckingham*, h/t (59x89,4) : **GBP 1 200** – LONDRES, 6 juin 1996 : *L'Étang*, h/t (50,8x76,2) : **GBP 805.**

ARNOLD Harry
Né à Penzance. XIXe-XXe siècles. Actif à Chicago vers 1909-1910. Britannique.
Peintre, aquarelliste, illustrateur.
Après des études à la South Kensington School de Londres, il vint à Paris, où il fut élève de Colarossi. Vers 1909, il s'installa à Chicago ; il y devint professeur de dessin et de peinture. Entre 1877 et 1890, il exposa à la Royal Academy, à Suffolk Street et à la New Water-Colours Society de Londres.

ARNOLD Heinrich Gotthold
Né en 1785 en Saxe. Mort en 1854. XIXe siècle. Allemand.
Peintre d'histoire et de portraits.
Il fut l'élève de Schubert et se perfectionna par l'étude des œuvres de Titien, de Guido Reni et des autres maîtres anciens représentés à la galerie de Dresde. Ses portraits étaient recherchés et il eut l'occasion de décorer plusieurs églises. Il fut professeur à l'Académie de Dresde.
MUSÉES : DRESDE : *Autoportrait.*

ARNOLD Heinrich Lucas
Né en 1815 à Chemnitz. XIXe siècle. Allemand.
Peintre.
Il fut élève de l'Académie de Dresde de 1827 à 1836. Travailla en cette ville jusqu'en 1854.

ARNOLD Henry
Né à Paris. XIXe-XXe siècles. Français.
Peintre et sculpteur.
A partir de 1906, il exposa à la Société Nationale des Beaux Arts de Paris, dont il devint sociétaire en 1911. Participant aux Salons d'Automne et des Tuileries, il montre aussi bien des sculptures que des peintures ou des dessins.
MUSÉES : PARIS (Mus. d'Art Mod.) : *Buste de Mme K.*, bronze.
VENTES PUBLIQUES : PARIS, 27 fév. 1980 : *Fillette au pigeon*, bronze (H. 82) : **FRF 3 000.**

ARNOLD Herbert
XIXe-XXe siècles. Allemand.
Peintre de genre et aquarelliste.
Il a participé aux expositions de Berlin de 1909 et 1910.

ARNOLD Hermann
Né en 1846 à Munich. Mort en 1896 à Iéna. XIXe siècle. Allemand.
Peintre d'histoire et de genre.
En 1863, il suivit les cours de l'Académie de sa ville natale, où il fut l'élève de Schraudolph, Ramberg et Alex. Wagner. Professeur en 1889 et enfin directeur de l'École de Dessin, en 1890 de l'École du Grand-Duc. Jusqu'en 1872, il peignit des toiles historiques, telles que le tableau d'autel pour l'église de Luxembourg. Puis il s'adonna au genre. On cite : *Le roi des tireurs, Visite chez l'accouchée, Des roses en rêve*, (1883), et un tableau d'autel : *Copie de la Cène de Léonard*, pour l'église de Tölz.

ARNOLD J.
XVIe siècle. Travaillait en 1586.
Orfèvre et graveur.
Cité par Le Blanc.

ARNOLD J. J.
XVIIIe siècle. Actif à la fin du XVIIIe siècle. Britannique.
Portraitiste.
Exposa une œuvre à la Royal Academy de Londres, en 1799. Peut-être s'agit-il de Samuel James Arnold.

ARNOLD Johann
Né en 1735 à Koniggrätz (Bohême). XVIIIe siècle. Allemand.
Graveur.
Il étudia avec Renz. De 1763 à 1772, il travailla à Prague. On cite parmi ses ouvrages : *Daniel dans la fosse aux lions*, d'après F.-X. Palcko.

ARNOLD Johann
Né le 6 décembre 1800 à Stans (près de Schwaz). Mort le 20 octobre 1885. XIXe siècle. Autrichien.
Peintre.

Frère de Joseph Arnold l'Ancien. Il peignit des autels pour les églises à Kufstein, Angath, Eben, Schlitters, Stans (Tyrol). Quelques-unes de ses œuvres existent au couvent Fiecht.

ARNOLD Johann Friedrich
Né vers 1780. Mort en 1809 à Berlin. XVIIIe siècle. Français.
Graveur en taille-douce et en aquatinte.
Élève de Daniel Berger, il travailla d'après Ruysdaël, Graff, Dähling et Wolff. On cite notamment, d'après ce dernier, *L'entrevue de Tilsitt.*

ARNOLD John
XIXe siècle. Britannique.
Peintre.
Il exposa une œuvre à Suffolk Street à Londres en 1829.

ARNOLD John Knowlton
Né en 1834. Mort en 1909 à Providence (R. I.). XIXe siècle. Américain.
Peintre.

ARNOLD Jonas
Mort en 1669 à Ulm. XVIIe siècle. Vivait à Ulm. Allemand.
Peintre d'histoire, portraits, architectures, fleurs, graveur.
Jonas Arnold s'essaya avec succès dans plusieurs genres de son art. Il peignit et dessina avec facilité des portraits, des sujets d'histoire et d'architecture et des plantes et fleurs. On mentionne, entre autres ouvrages, les peintures reproduisant les deux cents espèces de tulipes de la collection de Christoph Weikmann à Ulm. Dans la galerie de Fahenburg, près de Düsseldorf, on conserve un *Automne* (daté de 1663).

ARNOLD Joseph
Mort en 1671. XVIIe siècle. Travaillait à Ulm. Allemand.
Peintre portraitiste.
Il était fils de Jonas Arnold et fut probablement son élève. On attribue à cet artiste le *Portrait de Jacob Jenis*, conseiller de la ville de Memmingen, œuvre gravée par Philipp Kilian.

ARNOLD Joseph, l'Ancien
Né le 14 mars 1788 à Stans, près de Schwaz (Tyrol). Mort le 23 février 1879 à Innsbruck. XIXe siècle. Autrichien.
Peintre de scènes mythologiques, compositions religieuses, portraits.
Il étudia à Munich et à Vienne, élève de Schöpf, il travailla à quelques fresques en collaboration avec son maître. Parmi ses œuvres principales, on mentionne : *David et Abigaïl* (1824), *La mort de Saphire* (prix de l'Empereur) : ces deux œuvres sont à Innsbruck aujourd'hui. Il fit des tableaux d'autel pour Schlitters (1822), Saint-Michel à Gnadewald, Mühlbach. Il est aussi l'auteur d'un *Crucifiement* (1828) et on voit de lui à l'église d'Innsbruck : *La Transfiguration* (1832), à l'église d'Axams : *Vie de saint Jean Baptiste* (1841). On cite encore de lui : *Couronnement de Marie, Scènes de la vie de saint Étienne et de la vie de saint Laurent* (1844), *La Vie de Marie* (1848), *Délivrance de saint Pierre, David et Cecilie, les Évangélistes* (1849), *La vie de saint Nicolas, Vie de sainte Catherine* (1852), *Marie entourée d'anges* (1860), plusieurs tableaux d'autel pour les églises principales du Tyrol. Un portrait de l'empereur François-Joseph Ier (1863) se trouve à Innsbruck. Arnold peignit aussi des sujets profanes tels que : *Phèdre accusant Hippolyte devant Thésée* (1820).

ARNOLD Joseph, le Jeune
Né en 1823 ou 1824 à Vienne. Mort le 28 avril 1862 à Innsbruck. XIXe siècle. Autrichien.
Peintre de compositions religieuses, fresques.
Fils de Joseph Arnold, l'Ancien, il travailla avec ce dernier, aux fresques de Saint-Pierre à Lajen, et à l'église de Zirl, en 1861, avec F. Plattner.
VENTES PUBLIQUES : VIENNE, 21 jan. 1964 : *Vue du château de Friedberg* : **ATS 3 200** – MUNICH, 30 nov. 1978 : *Paysage du Tyrol* vers 1850, h/pan. (34,5x26) : **DEM 2 000.**

ARNOLD Karl Johann
Né le 1er avril 1883 à Neustadt. Mort en 1953 à Munich. XXe siècle. Allemand.
Illustrateur, caricaturiste.
Il fut élève de l'Académie des Beaux-Arts de Munich dans l'atelier de Franz Stuck, en même temps que Klee et Kandinsky. Dès 1907, il collabora au *Simplicissimus*, dont il devint même action-

naire, travaillant aussi pour le *Jugend*. En 1913, il fit partie des fondateurs de la Neue Sezession de Munich, qui fut à l'origine du Jugendstil. Il a été l'illustrateur de très nombreux livres d'auteurs, dont *Le Pays de Cocagne* de Hans Sachs.

C'est avec une grande économie de moyens qu'il exécute des dessins virulents sur la misère des villes allemandes d'après la guerre.

BIBLIOGR. : M. Osterwalder, in : *Diction. des illustrateurs 1800-1914*, Hubschmid & Bouret, Paris, 1983.

VENTES PUBLIQUES : MUNICH, 27 nov. 1981 : *Le séparé* 1912, gche et encre de Chine (33x36) : **DEM 4 200** – MUNICH, 29 juin 1983 : *Versuchskarnickl* 1908, pl./pap. (33,5X40) : **DEM 3 700** – MUNICH, 25 nov. 1983 : *Zentrumspolitik* 1935, aquar. et pl. (22x21) : **DEM 6 000**.

ARNOLD L. A., Mrs
XIXe-XXe siècles. Britannique.
Peintre de portraits, aquarelliste.
Elle vivait en Angleterre et a exposé un portrait à la Royal Academy en 1908.

ARNOLD M.
XIXe siècle. Allemand.
Sculpteur.
Travaillant à Dresde.

ARNOLD Mary
XIXe-XXe siècles. Britannique.
Peintre de portraits, miniaturiste.
Elle est la sœur de May Arnold. Travaillant à Stamford House, Wimbledon, elle a exposé à la Royal Academy de Londres à partir de 1898.

ARNOLD Max
Né en 1915 à Liège. XXe siècle. Belge.
Peintre de paysages et portraits, dessinateur.
Élève à l'École de peinture liégeoise et à l'Académie de Woluwe-Saint-Lambert. Son graphisme et sa couleur donnent des peintures contrastées qui veulent rendre le frémissement de la vie. Ses paysages sont souvent exécutés dans un style néo-impressionniste.

Max Arnold (signature)

ARNOLD May
XIXe-XXe siècles. Britannique.
Peintre de portraits, miniaturiste.
Vivait, comme sa sœur Mary Arnold, à Stamford House, Wimbledon, elle exposa ses portraits à la Royal Academy de Londres à partir de 1903.

ARNOLD Mc Lellan
XIXe-XXe siècles. Actif à Dumfries (Écosse). Britannique.
Peintre.
Exposa une œuvre à la Royal Academy, en 1892.

ARNOLD Michael
Né le 30 avril 1824 à Aschaffenburg. Mort le 26 octobre 1877. XIXe siècle. Allemand.
Sculpteur.
Cet artiste exécuta un très grand nombre d'œuvres et fut nommé professeur à l'École de dessin de Kissingen. Après un voyage d'étude à Rome, il créa le groupe de fontaines de la place du Casino à Kissingen et la *statue de Max II*. Parmi ses nombreux travaux, on cite : *Le Monument des Vétérans à Mannheim* et une *Germania* exécutée pour le tombeau des Allemands morts, le 10 juillet 1866, au combat de Kissingen.

ARNOLD Pansy Davis
Né à Winfield (Missouri). XXe siècle. Américain.
Sculpteur.
Expose au Salon des Artistes Français en 1931 et 1932.

ARNOLD R.
XVIIIe siècle. Vivait à Londres vers 1791. Britannique.
Miniaturiste.
Exposa une œuvre à la Society of Artists et une autre à la Royal Academy.

ARNOLD Reginald Ernst
Né en 1853. Mort en 1938. XIXe-XXe siècles. Actif à Dorking à la fin du XIXe siècle. Britannique.
Peintre de scènes mythologiques, sujets de genre, sculpteur.

Les œuvres de R.-E. Arnold furent exposées à Suffolk Street et à la Royal Academy of Londres, depuis 1876. Une composition : *La Toilette d'Aphrodite* parut à l'Exposition de la Royal Society of British Artists, dont il était membre, en 1910. On cite aussi *Persée délivrant Andromède*, bronze exposé en 1909.

VENTES PUBLIQUES : LONDRES, 8 mars 1977 : *Coffee, Sir ?*, h/t (67,3x42) : **GBP 480** – LONDRES, 13 juin 1984 : *Home from the East*, h/t (86,5x112) : **GBP 6 500**.

ARNOLD Samuel James
XVIIIe-XIXe siècles. Britannique.
Peintre de portraits et de panoramas.
Il exposa de 1800 à 1808 une série de portraits à l'Académie Royale ; il fut l'imitateur et le rival de Parker pour la peinture des panoramas. P. Pym grava d'après lui le portrait d'Erasme Darwin (1801).

ARNOLD T. Mac Intosh
XXe siècle. Vivait à New York vers 1909-1910. Américain.
Illustrateur.
Cet artiste est inscrit, en 1898, comme membre du Salmagundi Club de New York.

ARNOLD Ulrich
Né à Ulm. Mort en 1662. XVIIe siècle. Allemand.
Graveur.
C'était un frère de Jonas Arnold.

ARNOLD Wilhelm
XIXe-XXe siècles. Allemand.
Peintre aquarelliste.
À la Grande Exposition de 1910 à Berlin, on vit une œuvre de lui : *Trouvé* (aquarelle). Vers cette époque il vivait à Rostock.

ARNOLD Xaver
Né le 17 février 1848 à Sursee (canton de Lucerne). XIXe siècle. Travailla à Hambourg. Suisse.
Sculpteur.
Il étudia d'abord à Vienne et à l'Académie de Munich sous la direction de Wiedmann. Il vint ensuite à Hambourg et y exécuta une *Statue de Magellan* et un *Christ,* ainsi que de nombreux tombeaux.

ARNOLD van den Phalizen. Voir PHALIZEN

ARNOLD de Trajecto ou Aert ou Arnt
Originaire de Maestricht ou d'Utrecht. XVe siècle. Allemand.
Sculpteur sur bois.
Mentionné en 1463, il travaillait à Hambourg.

ARNOLD von Tricht
Originaire de Calcar. XVIe siècle. Allemand.
Sculpteur.
Il peut-être de la même famille que Arnold de Trajecto. En tout cas, il semble y avoir eu plusieurs sculpteurs de la même famille, du nom de Arnold, à Calcar, aux XIVe, XVe et XVIe siècles. Il exécuta entre 1551 et 1553 les figures des trois rois dans l'église Saint-Victor à Xanten. Il travailla aussi pour les églises de Calcar et de Clèves. Le Musée germanique de Nuremberg conserve de lui une *Madone*.

ARNOLD-HUGGLER. Voir HUGGLER Arnold

ARNOLDI Alberto
Mort vers 1377 ou 1379 en Lombardie. XIVe siècle. Italien.
Sculpteur et architecte.
Élève d'Andrea Pisano, il fut maître d'œuvre du Dôme de Florence, avec Talenti, en 1357-58. En tant que sculpteur, on lui doit les bas-reliefs des *Sept Sacrements* dans le soubassement du campanile. On lui attribue une *Vierge à l'enfant* à la Loggia du Bigallo.

ARNOLDI Carolus Bernardus
Travaillait à Brême. Allemand.
Calligraphe et dessinateur.
G.-L. Lambrecht lithographia d'après lui une grande planche composée de sujets religieux.

ARNOLDI Charles
Né en 1946 à Dayton (Ohio). XXe siècle. Américain.
Sculpteur et peintre. Abstrait.
Il vit à Venice (Californie). Il participe à de nombreuses expositions collectives depuis 1970 dans diverses villes américaines. Il a participé à la Documenta V de Kassel en 1972 et à la 8e Biennale de Paris en 1973.
Ses sculptures murales peuvent être constituées de branchages peints et organisés comme un grand patchwork.

VENTES PUBLIQUES : NEW YORK, 8 nov. 1983 : *Fault* 1973, mur relief de trois branches et acryl. (234x254x19,5) : **USD 11 000** – NEW YORK, 10 mai 1984 : *Sans titre* 1975, branches entrelacées (228,6x203,3) : **USD 10 000** – NEW YORK, 10 mai 1984 : *VI* 1979, h/t (152,5x127) : **USD 6 500** – NEW YORK, 7 nov. 1985 : *Sans titre* 1978, craies de coul./pap. (73,6x58,4) : **USD 2 800** – LONDRES, 25 mars 1986 : *Sans titre* 1975, branches d'arbre (228,6x203,3) : **GBP 5 500** – NEW YORK, 8 oct. 1988 : *Carat* 1981, brins d'acryl./pan. de bois (243,8x238,7x22,8) : **USD 17 600** – NEW YORK, 4 mai 1989 : *Sans titre*, branches d'arbre peintes (122x122x122) : **USD 22 000** – LONDRES, 25 mai 1989 : *Sans titre* 1974, sculpt. bois (72,5x68) : **GBP 3 000** – NEW YORK, 6 mai 1992 : *Sans titre* 1978, craies de coul./pap. (73,7x58,4) : **USD 6 050** – NEW YORK, 8 nov. 1993 : *Sans titre*, gche/pap. (16x24,5) : **USD 1 150** – NEW YORK, 11 nov. 1993 : *Sans titre*, acryl. bois gravé (147,3x121,9) : **USD 7 475.**

ARNOLDI Per
Né en 1941 à Copenhague. XXᵉ siècle. Danois.
Peintre. Pop'art puis minimaliste.
Autodidacte, il est influencé par l'imagerie du Pop art. Il a exposé pour la première fois à Munich en 1965, puis Copenhague, Tokyo 1972, Paris et Biennale de Venise en 1973, de nouveau à Paris en 1986. À Thonon-les-Bains, il est représenté par la galerie Galise Petersen.
C'est avec humour, ironie et une naïveté plutôt calculée qu'il montre des objets sortis du cirque : cannes, chapeaux, balles. Ensuite il semble s'être orienté du côté de l'austérité minimaliste dans de très grands formats, comportant de vastes plages monochromes séparées par des verticales de couleurs vives.
BIBLIOGR. : Catalogue de l'exposition *Art danois*, Gal. Nat. du Grand Palais, Paris, 1973.
VENTES PUBLIQUES : COPENHAGUE, 20 oct. 1976 : *Composition, Nᵒ 279*, h/t (122x153) : **DKK 2 000** – COPENHAGUE, 8 mars 1977 : *Composition*, h/t (150x150) : **DKK 4 200** – COPENHAGUE, 22 jan. 1980 : *Composition*, h/t (90x90) : **DKK 3 200** – COPENHAGUE, 26 nov. 1986 : *Composition* 1965, h/t (122x122) : **DKK 6 000** – COPENHAGUE, 16 sep. 1987 : *Paysage*, h/t (158x178) : **DKK 8 000** – COPENHAGUE, 4 mai 1988 : *Composition avec un ballon* (100x100) : **DKK 6 500** – COPENHAGUE, 10 mai 1989 : *Composition* 1964, h/t (70x65) : **DKK 3 000** – COPENHAGUE, 13-14 fév. 1991 : *Composition sur fond blanc*, h/t (150x180) : **DKK 8 000** – COPENHAGUE, 4 déc. 1991 : *Composition* 1969, h/t (100x100) : **DKK 4 500** – COPENHAGUE, 6 déc. 1994 : *Composition*, h/pan. (150x120) : **DKK 5 000.**

ARNOLDO Fiammingo
Mort le 31 janvier 1573 à Parme. XVIᵉ siècle. Éc. flamande.
Peintre verrier.
Travailla pendant six ans aux peintures des vitraux dans les palais d'Alessandro Farnese.

ARNOLDS Gustav
Né à Ronneby. XXᵉ siècle. Suédois.
Peintre de paysages et de portraits.
Il a exposé à Paris : aux Salons d'Automne (1923), de la Société Nationale des Beaux Arts (1927), des Indépendants (1928 et 1931).

ARNOLDT Hans
Né le 2 octobre 1860 à Wittenberg. XIXᵉ siècle. Allemand.
Sculpteur.
Il fut élève de l'Académie de Munich (1879-81) et de celle de Berlin (1881-82) sous la direction du professeur Albert Wolff. Parmi ses œuvres on cite : trois monuments en bronze de l'empereur Frédéric, le monument en marbre de Schultze-Delitzsch à Berlin (1899) et différents monuments historiques. Il exposa à Berlin en 1904.

ARNOLDT Heinrich
Originaire de Rosenfeld. XVIIIᵉ siècle. Allemand.
Sculpteur sur pierre.
D'après une inscription datée de 1717, on sait qu'il travailla à la nef de l'église de Flözlingen.

ARNOLDUS de Vultu Sancto
XVᵉ siècle. Actif à Rome. Italien.
Peintre.
Il figurait, en 1478, parmi les fondateurs de la corporation des peintres romains de S. Luca.

ARNOLFO di Cambio
Né vers 1245 à Colle di Valdelsa. Mort en 1301 ou 1302 à Florence. XIIIᵉ siècle. Italien.

Architecte et sculpteur.
En 1266, il est assistant de Nicola Pisano, à Sienne. En 1277, il est au service de Charles d'Anjou à Rome. Il avait exécuté le monument du cardinal Annibaldi à St-Jean-de-Latran, et le tombeau du pape Adrien V à Viterbe. Ensuite il exécute le monument du cardinal de Braye à Orvieto, bon exemple d'une polychromie de marbres. Il travaille encore aux autels de plusieurs églises de Rome, puis retourne à Florence, où il commence la construction du Palazzo Vecchio et du Dôme. Les sculptures de la façade ont été depuis déposées, la sereine *Vierge de la Nativité* étant restée au Musée de la cathédrale avec *la Vierge à l'Enfant*.

ARNOLLET. Voir ARNOULLET

ARNOLT Hans
XVᵉ siècle. Actif à Nuremberg. Allemand.
Peintre.
Il acheta son droit de citoyen de Nuremberg en 1489. Le 21 juillet 1500 il s'engagea à répondre pour son frère Jakob Arnolt, qu'Albrecht Dürer employait comme colporteur. Peut-être apparenté à ARNOLD von Tricht.

ARNONE Alberto d'
Mort vers 1721. XVIIIᵉ siècle. Italien.
Peintre.
Il fut l'élève de Luca Giordano, à Naples, puis de Carlo Maratta ; il peignit le portrait de Philippe V (à qui Giordano l'avait recommandé) et celui de plusieurs personnages de haut rang. Ses tableaux historiques furent très appréciés de Dominici.

ARNOS Antonio de
XVIIᵉ siècle. Travaillait à Séville en 1638. Espagnol.
Peintre.

ARNOSTOVA. Voir DATHEIL Zdenka

ARNOT Guido
Né à Vienne. XIXᵉ siècle. Autrichien.
Peintre.
Élève de Jules Lefebvre et de Tony Robert-Fleury, a exposé au Salon de 1905.

ARNOT Medardus
Originaire de Coblenz. XVIᵉ siècle. Allemand.
Sculpteur.
Il travailla en Espagne, et exécuta, en 1505, les stalles de la chapelle mauresque de la cathédrale de Tolède.

ARNOTT Archibald
XIXᵉ siècle. Britannique.
Dessinateur.
Médecin, il dessina à Longwood, le 5 mai 1821, l'empereur Napoléon sur son lit de mort.

ARNOU Marinette
Née en 1903 à Anvers. XXᵉ siècle. Belge.
Peintre d'histoire, sujets religieux, animalier, dessinateur.
Élève de Opsomer, Vaerten et Vinck à l'Institut Supérieur d'Anvers, elle peint aussi bien des œuvres abstraites que des thèmes religieux ou dessine des animaux.

ARNOUD Charles ou Arnould
Né à Paris. XIXᵉ siècle. Français.
Peintre de sujets de genre.
Il travailla à Sannois (Seine-et-Oise) et exposa maintes fois au Salon de Paris, entre 1864 et 1880.
VENTES PUBLIQUES : AMSTERDAM, 23 avr. 1988 : *L'artiste inspiré*, h/pan. (45x32,5) : **NLG 2 530.**

ARNOUL
Originaire de Cambrai. XVIIᵉ siècle. Français.
Peintre.
Élève de Claude François, à Amiens.

ARNOUL de Diest, dit de Maeler
Né à Diest. XVᵉ siècle. Vivait encore en 1455. Éc. flamande.
Sculpteur et peintre.
Cet artiste travailla surtout à Bruxelles. Il peignit, en 1478, pour l'église gothique de Saint-Léonard-de-Léau, un tableau d'autel.

ARNOULD
XVᵉ siècle. Éc. flamande.
Miniaturiste.
Moine de la Chartreuse de N.-D. de Scheut, il fit les enluminures d'un livre d'heures.

ARNOULD Agnès
Née en 1945 à Mons. XXᵉ siècle. Belge.

Peintre et graveur.
Élève de G. Marchoul et G. Camus à l'Académie des Beaux Arts de Mons, elle a exécuté des gravures sur bois et des gouaches acryliques évoquant, non sans mélancolie, la vie intime de l'homme, ses moments de tendresse. Elle a fondé le groupe *Cuesmes 68* avec lequel elle a réalisé des peintures murales dans plusieurs villes de Belgique.

ARNOULD Georg ou **Airnould**
Né le 6 février 1843 à Hambourg. XIXᵉ siècle. Allemand.
Peintre.
Il fut élève de Camphausen, Piloty et Doré. Il voyagea en Afrique et aux Indes. Il se fixa à Hambourg en 1887 et travailla pour les journaux illustrés. Il exécuta en outre des tableaux d'histoire, des épisodes de chasses et de batailles.

ARNOULD Jean ou **Arnout**
Né en 1621. XVIIᵉ siècle. Travaillait à Namur vers 1650. Éc. flamande.
Sculpteur.
On sait qu'il avait étudié dans les Pays-Bas et en France. Il exécuta avec François Finon des sculptures pour le plafond de la chapelle de la Sainte-Trinité de l'église Notre-Dame, à Namur.

ARNOULD Marcel Emile René
Né en 1928 à Braine-le-Comte. Mort en 1974. XXᵉ siècle. Belge.
Peintre. Abstrait, surréaliste.
Autodidacte, il a tout d'abord réalisé des peintures abstraites de type surréaliste. Il a fait partie du groupe *Phases* fondé par Edouard Jaguer et Jacques Lacomblez, dont le programme est proche de celui du groupe « Cobra », cherchant à « confronter les phases de la réalité en mouvement vers l'imaginaire qui nous entoure de tous côtés ». Il a participé à la Biennale de Paris en 1961.
VENTES PUBLIQUES : LOKEREN, 11 oct. 1997 : *S 45* 1969, bronze poli (48x93) : **BEF 130 000.**

ARNOULD Nicolas
XVIIIᵉ siècle. Français.
Peintre.
Il est cité de 1771 à 1786 à Paris.

ARNOULD Reynold
Né le 7 décembre 1919 au Havre (Seine-Maritime). Mort le 23 mai 1980 à Paris. XXᵉ siècle. Français.
Peintre de portraits, fresquiste, peintre de cartons de tapisseries, illustrateur. Post-cubiste.
Très jeune, il avait été attiré par l'art de peindre, faisant sa première exposition à Rouen à l'âge de neuf ans. Il suivit un enseignement artistique à Rouen, à l'École des Beaux Arts du Havre, puis à celle de Paris en 1937. Il obtint le Grand Prix de Rome en 1939. En 1949, alors qu'il dirigeait une École d'Art à Dallas au Texas, on lui confie la mission de restaurer le Musée du Havre, dont il devient conservateur en 1952. Il est également chargé de concevoir et d'animer la première maison de la culture créée en France : celle du Havre. Il commence ainsi une carrière de conservateur, muséographe et animateur qui devait le conduire à la création et à la conservation des Galeries Nationales du Grand Palais de Paris, en 1966.
À partir de 1945 et jusque vers 1960, il a exposé aux Salons d'Automne, des Tuileries et, de 1949 à 1962, au Salon de Mai. En 1960, il était invité dans la sélection française de la Biennale de Venise. Il a fait de nombreuses expositions particulières, entre autres, à Paris, New York, Londres, Dublin. À Paris, en 1955, il présente cent cinquante peintures sur le thème de l'automobile, au Musée des Arts Décoratifs ; en 1959, cent trente six peintures sur le thème *Forces et rythmes de l'industrie*, au même Musée. Une grande rétrospective lui a été consacrée à Paris en 1969 : *Quarante ans de portraits, 1928-1968*, galerie de France ; et de nouveau à titre posthume en 1983, aux Galeries Nationales du Grand Palais.
Pendant la guerre, il avait appris à mieux connaître la peinture contemporaine qui devait l'influencer. Après 1949, il oscille entre un art monumental, consacrant une bonne partie de son activité à l'art de la fresque, et un art plus intimiste, pratiquant l'art du portrait et de l'illustration de livres.
À partir de 1956, ses œuvres sont de tendance abstraite, correspondant à sa recherche d'une dynamique des formes dans l'espace et le temps. En concordance avec la même recherche, ses derniers portraits, dont ceux d'*André Malraux, Charles Laughton* et *Miguel Angel Asturias*, développent un déroulement

mécanique de nombreuses images successives du même visage.
■ A. P., J. B.
BIBLIOGR. : Catalogue de l'exposition : *Quarante ans de portraits, 1928-1968*, galerie de France, Paris, 1969 – Catalogue de l'exposition : *Reynold Arnould*, Galeries Nationales du Grand Palais, Paris, 1983 – Lydia Harambourg, in : *L'École de Paris 1945-1965. Diction. des Peintres*, Ides et Calendes, Neuchâtel, 1993.
MUSÉES : BESANÇON – LE HAVRE – ROUEN .
VENTES PUBLIQUES : PARIS, 10 juil. 1983 : *Composition* 1961, h/isor. (112x209) : **FRF 12 000** – PARIS, 16 nov. 1988 : *Évolution* 1966, tapisserie (136x200) : **FRF 9 000** – NEUILLY, 16 mars 1989 : *Sans titre*, h/t (80x100) : **FRF 17 000** – PARIS, 2 juil. 1990 : *Machine outil au travail*, h/t (65x92) : **FRF 7 000.**

ARNOULD Thierry
XVᵉ siècle. Éc. flamande.
Sculpteur.
Il travailla, vers 1463, à l'hôtel de ville de Louvain.

ARNOULD DE COOL Delphine, Mme, née **Fortin**
Née en 1830 à Limoges (Haute-Vienne). XIXᵉ siècle. Française.
Peintre de portraits, sculpteur, lithographe.
Fille du peintre Fortin, Mme Arnould de Cool figura au Salon de Paris, puis au Salon des Artistes Français, entre 1859 et 1921. Elle obtint une mention honorable en 1859, des médailles d'or et d'argent aux Expositions Universelles de 1878 et de 1889 et aux Expositions de Rouen et de Madrid.
Elle s'est adonnée avec succès à la sculpture, à la peinture et à la lithographie.
VENTES PUBLIQUES : PARIS, 24 nov. 1987 : *Jeune femme assise à la rose 1877*, h/t (146x102) : **FRF 37 000.**

ARNOULF
XIVᵉ siècle. Éc. flamande.
Peintre verrier.
Travailla, de 1389 à 1400, à l'église Saint-Géry et à la cathédrale de Cambrai.

ARNOULLET Balthazar
Mort après 1587 à Lyon (Rhône). XVIᵉ siècle. Français.
Éditeur.
Éditeur de livres, de plusieurs suites d'estampes de Corneille de la Haye et de Reverdy. On lui attribue un camaïeu : *La Ville de Poytiers*.

ARNOULLET Jacques ou **Arnollet**
XVᵉ-XVIᵉ siècles. Vivait à Lyon entre 1490 et 1510. Français.
Graveur sur bois, imprimeur et éditeur.

ARNOULLET Jean
XVIᵉ siècle. Actif à Lyon. Français.
Graveur sur bois.
Auteur d'une *Vue de Bourges*, 1566.

ARNOULT Marian
XVIIᵉ-XVIIIᵉ siècles. Actif à Rouen. Français.
Peintre.

ARNOULT Nicolas
XVIIᵉ siècle. Actif à Paris à la fin du XVIIᵉ siècle. Français.
Dessinateur, graveur.
Il réalisa des dessins et des gravures de mode.
VENTES PUBLIQUES : LONDRES, 7 juil. 1987 : *Un tailleur avec une dame de qualité et sa suivante*, dess. (23,8x17,2) : **GBP 1 400** – LONDRES, 3 juil. 1996 : *Quatre dessins de costumes : l'Âge d'argent, l'Europe, le Jeu du volant, la Collation*, encre et aquar. (chaque env. 26x18) : **GBP 10 925.**

ARNOULT de la POINTE. Voir **LA POINTE Arnoult de**
ARNOULT de NIMÈGUE. Voir **LA POINTE Arnoult de**
ARNOUT Jean Baptiste ou **Arnoulo**
Né le 24 juin 1788 à Dijon (Côte-d'Or). XIXᵉ siècle. Français.
Peintre et lithographe.
Élève de Devosge, il travailla à Paris, où il exposa quelques aquarelles de monuments, de 1819 à 1865. Il voyagea entre temps en Belgique, en Italie et en Espagne et se fit connaître comme lithographe. Il exécuta plusieurs estampes, entre autres : *La Cathédrale de Reims* et *La Cathédrale d'Anvers*.
VENTES PUBLIQUES : PARIS, 23 mai 1929 : *Les jardins du pensionnat*, dess. : **FRF 200** – PARIS, 1ᵉʳ mars 1950 : *Le Château de Laperre à Issy*, dess. reh. de sépia et lavis : **FRF 1 100.**

ARNOUT Louis Jules
Né le 1ᵉʳ juin 1814 à Paris. Mort en 1868. XIXᵉ siècle. Français.

Peintre et lithographe.
Fils de Jean Baptiste Arnout et élève de Rouillard, il exposa à Paris, de 1852 à 1867, plusieurs séries de vues françaises, anglaises et italiennes.

ARNOUX d'. Voir **BERTALL**

ARNOUX Claude, dit **Lulier**
Né au xvie siècle à Gray. xvie siècle. Français.
Sculpteur.
Fils de Pierre Arnoux, il fournit, en 1545, les plans des fortifications pour Dôle. On lui attribue un buste de *Charles-Quint,* à Dôle ; un de *Gauthiot d'Ancier,* à Gray ; le *Monument funéraire de J. de Visemal et de sa femme,* dans l'église de Rahon (Jura). En outre, il a sculpté un ange à Jouhe, en 1549, un jubé à la cathédrale Saint-Jean de Besançon, de 1550 à 1554, un monument funéraire des d'Andelot, à Pesmes, vers 1560.

ARNOUX Dominique
xviiie siècle. Français.
Sculpteur.
Travailla à Besançon de 1752 à 1766.

ARNOUX Guillaume, dit **Lulier**
Né à Dôle. xvie-xviie siècles. Français.
Sculpteur.
Fils de Claude Arnoux, il fit plusieurs statues à Besançon, à Salins, à Dôle. En 1600, il éleva le *Monument funéraire de Claude d'Eternoz* à Salins.

ARNOUX Guy
Mort en 1951. xxe siècle. Français.
Dessinateur et illustrateur.
Parmi ses illustrations, citons ses dessins pour *Les Caractères* de La Bruyère et *Les Femmes de ce temps* de René Kerdyk, présentés au Salon d'Automne de Paris en 1920 ; les séries des *Quatre éléments* et *Les Sept péchés capitaux,* montrés au Salon des Humoristes de 1923. Il a illustré *La Bataille* de Cl. Farrère. Son graphisme appuyé par un cerne noir très accentué convenait fort bien à l'art du vitrail, ce qui lui a permis de fournir des dessins de verrières pour Champigneulles à Paris.
Ventes Publiques : Paris, 26 oct. 1992 : *La rédition de Yorktown,* gche/pp/t (207x207) : **FRF 16 000** ; *Débarquement du général La Fayette,* gche/pap./t. (207x140) : **FRF 18 000.**

ARNOUX Jacques
Originaire de Marseille. xviie siècle. Français.
Sculpteur.
Il travailla à Toulon vers 1668 à des ouvrages destinés à la marine.

ARNOUX Michel
Né le 11 novembre 1833 à Paris. Mort en 1877. xixe siècle. Français.
Peintre de genre.
Élève de E. Frère, de Dansaert et de Cogniet, cet artiste travailla à Écouen et exposa à Paris, de 1864 à 1877. On cite notamment : *La jeune mère* (1866), *La sœur aînée* (1875).

ARNOUX Pierre, dit **le Lapidaire**
Né au xvie siècle à Gray. xvie siècle. Français.
Sculpteur.
Mentionné pour avoir travaillé à la maison de Gauthiot d'Ancier et à l'église de Gray.

ARNOVIELLE Jean. Voir **ARNAVIELLE**

ARNSBURG Marie
Née le 3 janvier 1862 à Vienne. xixe siècle. Autrichienne.
Peintre de paysages, natures mortes, fleurs.
Élève de l'École des Arts à Vienne sous la direction de Friedrich Sturm et plus tard sous celle de Hugo Darnaut, cette artiste peignit des fleurs, des natures mortes et des paysages. Elle choisit souvent ses sujets dans les vieux quartiers de Vienne.

ARNSWALD Bernhard von
Né le 1er septembre 1807 à Weimar. xixe siècle. Allemand.
Peintre et graveur à l'eau-forte.
Peignit des tableaux de genre, quelques portraits et des paysages à l'aquarelle. Il exécuta aussi quelques gravures à l'eau-forte.

ARNT
xive siècle. Hollandais.
Sculpteur sur bois.
Mentionné en 1389 pour l'exécution de décorations dans la maison de Guillaume Ier, à Arnheim. Certainement apparenté, sinon identique, à ARNOLD de Trajecto.

ARNT van Campen
xve siècle. Hollandais.
Peintre.
Il travailla, de 1478 à 1494, dans l'église St-Jean de Bois-le-Duc.

ARNT von Dorenwerth
Mort vers 1492 à Calcar. xve siècle. Actif à Zwolle. Hollandais.
Sculpteur sur bois.
Sculpta un relief pour l'église Saint-Nicolas à Calcar. Certainement apparenté, sinon identique, à des sculpteurs nommés ARNOLD, à Carcar, entre le xive et le xvie siècle.

ARNTSZ Jan
xve siècle. Hollandais.
Peintre.
Travailla, vers 1470, à l'Hôtel de Ville de Haarlem.

ARNTZ Gerd
Né en 1900 à Remscheid. Mort en 1988 à La Haye. xxe siècle. Allemand.
Peintre et graveur. Constructiviste. Groupe Die Progressiven.
A Düsseldorf, il étudie à l'École des Beaux Arts, à partir de 1920 participe au groupe *Stupid* de Cologne, travaille ses premières gravures sur bois dès 1922, rencontre Yankel Adler qui devient son ami. À partir de 1929, il s'installe à Vienne où il dirige un département au Musée de l'Homme, puis devient directeur de la partie graphique de l'Institut Mundaneum. À Cologne, entre 1929 et 1933, il participe à la revue de *A à Z,* est membre fondateur du groupe d'« art engagé » *Die Progressiven.* À Moscou, où il s'est rendu en 1932, on lui demande, en 1934, d'effectuer des travaux officiels à l'Institut *Isostat.* Il se fixa à La Haye à partir de 1934. Il expérimenta la gravure sur lino en 1940.
Les thèmes de Gerd Arntz ont toujours une dimension d'action politique et sociale. Il réalisa ses premières peintures en 1926. Il eut aussi l'occasion d'exécuter des peintures murales, notamment au nouvel Hôtel-de-Ville de Vienne, en 1929. Il est surtout connu pour ses gravures sur bois, technique d'ancienne tradition dans toute l'Europe centrale, tradition à laquelle s'étaient déjà référés les peintres expressionnistes de la *Brücke* en 1910, tandis que le travail de Arntz s'apparente au constructivisme russe. Arntz se limita au noir et blanc des origines. Son dessin, dont le caractère synthétique est accentué par la technique rustique, peut être rapproché de la simplification médiatique visuelle de la signalétique moderne. ■ J. B.
Bibliogr. : In : *Diction. de la peint. allemande et d'Europe centrale,* Larousse, Paris, 1990.
Musées : La Haye (Gemeentemus.) : *Travail de précision* 1938, grav. sur bois.
Ventes Publiques : Munich, 1er juin 1981 : *Ordnung und Wiederaufbau, drei Lagen* 1925-1926, deux bois coloriés (33x27,5 et 27,5x33) : **DEM 10 500.**

ARNTZENIUS Floris
Né le 9 juin 1864 à Soerabaïa (Indes néerlandaises). Mort en 1925. xixe-xxe siècles. Actif à La Haye. Hollandais.
Peintre de paysages, paysages urbains, natures mortes, fleurs, aquarelliste, dessinateur.
Il fut élève aux Académies des Beaux-Arts d'Amsterdam et d'Anvers, il exposa à Berlin en 1896, à Munich en 1901 et 1909. Ses peintures présentent plus volontiers des scènes des rues de grandes villes.
Ventes Publiques : New York, 2 avr. 1909 : *Rue à La Haye* : **USD 100** – La Haye, 3 avr. 1909 : *La saison de bains* : **NLG 52** – Amsterdam, 15 nov. 1976 : *Promeneurs devant une église gothique,* h/t (52,5x63) : **NLG 13 500** – Amsterdam, 24 nov. 1979 : *Vase d'anémones,* h./P (41x33) : **NLG 2 500** – Amsterdam, 19 mai 1981 : *Vase de glaïeuls,* h/t (52,2x37,2) : **NLG 1 150** – Amsterdam, 11 mai 1982 : *Café Riche,* aquar. (40x56) : **NLG 10 000** – Paris, 20 mars 1985 : *Rue de La Haye,* h/pan. (40x30) : **FRF 18 000** – Amsterdam, 3 mai 1988 : *Vue d'une ville se reflétant dans une rivière* : **NLG 6 900** – Amsterdam, 3 sep. 1988 : *Tulipes et pivoines dans un vase de verre sur fond de verdure* 1887, aquar./pap. (33x24) : **NLG 1 495** – Paris, 9 déc. 1988 : *Le fiacre,* h/pan. (65X54) : **FRF 24 000** – Paris, 29 juin 1989 : *Noir dans un atelier,* h/t : **FRF 35 500** – Paris, 21 mars 1990 : *Le Fiacre,* h/pan. (40x30) : **FRF 38 000** – Amsterdam, 10 avr. 1990 : *Citadins se promenant le long des vitrines à La Haye,* craie noire, aquar. et gche/pap. (18,5x25,5) : **NLG 14 950** – Amsterdam, 25 avr. 1990 : *Dans l'atelier 1893,* h/cart. (64x46) : **NLG 25 300** ; *Rue de La Haye,* h/t (74,5x51) : **NLG 34 500** – Amsterdam, 30 oct. 1990 : *Roses*

blanches et feuillages dans un vase de verre sombre, h/t (58,5x40,5) : **NLG 6 900** – AMSTERDAM, 24 avr. 1991 : *Nature morte avec des poissons*, h/t (45,5x61) : **NLG 8 050** ; *La Buitenhof à La Haye avec des ouvrier paveurs sur la chaussée un jour de pluie*, aquar., past. et gche/pap. (43,5x53,5) : **NLG 23 000** – AMSTERDAM, 5-6 nov. 1991 : *Le marché aux harengs à Scheveningen avec le sémaphore à l'arrière plan*, h/t (73,5x98,5) : **NLG 80 500** – AMSTERDAM, 14-15 avr. 1992 : *Figures dans la Spuistraat à La Haye*, h/t (55x43,5) : **NLG 109 250** – AMSTERDAM, 19 avr. 1994 : *Trafic dans le port d'une ville hollandaise*, aquar. et gche (45x55,5) : **NLG 18 400** – LONDRES, 11 oct. 1995 : *Spuistraat à La Haye*, h/t (44,5x26) : **GBP 13 800** – AMSTERDAM, 16 avr. 1996 : *Personnages dans Spuistraat à La Haye*, h/t (100x70) : **NLG 118 000** – AMSTERDAM, 22 avr. 1997 : *Un garçon boucher dans une rue de La Haye*, h/t (55x75,5) : **NLG 424 800** – AMSTERDAM, 27 oct. 1997 : *Vue du Korte Poten avec la pharmacie du Dr Nanning à droite, La Haye*, h/t (97x71) : **NLG 141 600**.

ARNTZENIUS Paul
Né en 1883 à La Haye. Mort en 1965. xxᵉ siècle. Hollandais.
Peintre et graveur.
Élève du peintre W.B. Tholen à l'Académie des Beaux-Arts de La Haye, il se révèle être un fin coloriste.
MUSÉES : AMSTERDAM – LA HAYE .
VENTES PUBLIQUES : NEW YORK, 20 juil. 1995 : *Deux vases de fleurs sur une table*, h/t/cart. (55,9x65,4) : **USD 2 875**.

ARNULF Georges
Né en 1921 à Monaco. xxᵉ siècle. Français.
Graveur, dessinateur, fresquiste.
Il a suivi les cours dessins de l'École des Arts Décoratifs de Nice, puis de peinture à l'École des Beaux-Arts de Paris. Il s'initie également à la gravure et rejoint l'atelier de taille-douce de Robert Camy. Il reçoit le Premier Grand Prix de Rome en 1950. Après avoir occupé une année le poste de conseiller artistique et technique de l'imprimerie catholique de Beyrouth, il quitte le Liban pour la Colombie, terre d'origine de sa femme, où il restera de 1957 à 1966. De retour en France en 1967, il est nommé professeur de dessin à l'École des Arts Décoratifs de Nice, puis obtient un poste de chargé de cours à la Faculté de Vincennes.
Il expose depuis 1953 à Paris. Il a montré une exposition personnelle de ses œuvres à la galerie Eolia à Paris en 1994.
Principalement graveur, Arnulf pratique également le dessin, la fresque et compose des cartons de vitraux. Son œuvre gravé, des eaux-fortes et des burins, est une exploration de l'être humain, son enracinement à la terre à la fois berceau et tombeau, ou encore les forces qui l'accablent. Ses compositions gravées possèdent cette caractéristique d'être structurées en lignes et entrelacs.
BIBLIOGR. : Pascal Fulacher : *Georges Arnulf : l'être enraciné*, in : *Art et Métiers du Livre* n° 184, Paris, mars-avril 1984.

ARNULFI Paolo
Né au xviiᵉ siècle en Piémont. xviiᵉ siècle. Italien.
Graveur sur bois.
Mentionné vers 1694 comme ayant un atelier à Rome.

ARNULFUS de Kayo
xiiiᵉ siècle. Français.
Enlumineur et miniaturiste.
Cité pour de nombreuses miniatures, notamment sur un livre écrit par lui, en 1286, à Amiens.

ARNULPHI Charles
xviiiᵉ siècle. Actif à Grenoble. Français.
Peintre.
Travailla vers 1723 à la chapelle des Jésuites.

ARNULPHI Claude ou Arnulphy
Né en 1697 à Aix-en-Provence (Bouches-du-Rhône). Mort le 22 juin 1786. xviiiᵉ siècle. Français.
Peintre de portraits, dessinateur.
Élève du peintre florentin B. Luti, il fut nommé professeur de l'École de dessin d'Aix, en 1766, par le duc de Villars, gouverneur de Provence. Arnulphi avait déjà fait un grand nombre de portraits notamment celui du *Marquis de Vauvenargues*, celui de *Chicogneau, premier médecin de Louis XV*, daté de 1750, et celui de *Ripert-Monclar*, daté de 1764.
MUSÉES : AIX-EN-PROVENCE : *Portrait de Luc de Clapiers, marquis de Vauvenargues – Portrait d'A.-M. d'Albert Saint-Hippolyte, présenté au Parlement de Provence – Portrait de Claude de Simiane enfant, reçu Chevalier de Malte à deux ans* – VERSAILLES : *François Chicogneau, médecin de Louis XV 1750*.

VENTES PUBLIQUES : PARIS, 15 déc. 1922 : *Portrait présumé de J.-J. Rousseau* : **FRF 680** – PARIS, 17 oct. 1923 : *Portrait présumé de Julie de Suarez d'Aulan* : **FRF 1 600** – PARIS, 24 juin 1985 : *Portrait d'un conseiller au parlement d'Aix-en-Provence 1746*, h/t (96x71) : **FRF 18 000** – PARIS, 12 juin 1992 : *Portrait de jeune femme en Diane 1786*, h/t : **FRF 40 000**.

ARNULPHI Jean
xvᵉ siècle. Actif à Aix-en-Provence. Français.
Sculpteur.
Mentionné pour l'exécution d'une statue de *Sainte Consortia*, qui lui fut commandée, lors de l'épidémie de la peste vers 1466.

ARNULPHY. Voir ARNULPHI

ARNUTIUS
xviiiᵉ siècle. Allemand.
Graveur au burin.
Grava, en 1756, un portrait de *J.-G. Hartmann*, d'après C. Muller.

ARNZ Albert
Né le 24 janvier 1832 à Düsseldorf. Mort en 1914. xixᵉ siècle. Allemand.
Peintre de paysages, natures mortes.
Il fut élève d'Oswald et d'Andreas Achenbach, de 1854 à 1860 et voyagea en Italie où il choisit la plupart de ses motifs à Naples et à Rome.

A. Arnz

MUSÉES : MELBOURNE : *Nature morte*.
VENTES PUBLIQUES : LONDRES, 23 fév. 1977 : *Vue de la Campagne Romaine*, h/t (92x140) : **GBP 600**.

ARO Giuseppe
Originaire de Turin. xviiiᵉ siècle. Vivant vers 1792. Italien.
Peintre.

AROCH Arieh
Né en 1908 à Kharkov. Mort en 1974. xxᵉ siècle. Israélien.
Peintre, pastelliste, peintre de collages. Figuratif.
Ayant immigré en Palestine, il fit ses études à l'École Bezalel de Jérusalem en 1924. Il s'installe à Paris en 1934, prenant connaissance des nouvelles tendances de l'art. Après 1945, il crée surtout des décors et des costumes pour le théâtre. À partir de 1950, il interrompt sa carrière artistique pour devenir diplomate.
Si certains de ses tableaux restent figuratifs, d'autres présentent volontiers des collages et des graffitis. On peut définir son art comme un terrain de rencontre entre des formes et des images prises à des moments spécifiques, dans des endroits particuliers, appartenant à des cultures également singulières.
BIBLIOGR. : In : *Diction. Univ. de la Peinture*, Robert, Paris, 1975.
VENTES PUBLIQUES : TEL-AVIV, 4 mai 1980 : *Times, places and forms vers 1967*, past. (24,5x17) : **ILS 51 000** – TEL-AVIV, 16 mai 1981 : *Rencontre*, h/t mar./pan. (65x42) : **ILS 30 000** – TEL-AVIV, 15 mai 1982 : *Paysage*, h/cart. (38x54) : **ILS 93 000** – TEL-AVIV, 16 mai 1983 : *Détresse 1940*, h/pap. (26x37,5) : **ILS 129 150** – TEL-AVIV, 4 juin 1984 : *Profils 1969*, litho. en coul. (66,5x50) : **USD 700** – TEL-AVIV, 3 jan. 1990 : *Sans titre*, stylo bille et cr./pap. (19,5x25,5) : **USD 7 260** – TEL-AVIV, 19 juin 1990 : *Vase de fleurs*, h/cart. (49x39,5) : **USD 7 700** – TEL-AVIV, 20 juin 1990 : *Tête et Ornements 1969*, aquar. et cr. (50,5x39) : **USD 9 350** – TEL-AVIV, 1ᵉʳ jan. 1991 : *Peinture*, feutre, cr. et techn. mixte/pap. (24x31,5) : **USD 11 000** – TEL-AVIV, 12 juin 1991 : *Personnage*, feutre et cr. (15,5x41) : **USD 7 150** – TEL-AVIV, 20 oct. 1992 : *Paysage avec l'artiste travaillant à son chevalet*, h/cart./pan. (28,5x38,5) : **USD 6 820** – TEL-AVIV, 14 avr. 1993 : *Composition avec des personnages et des arbres 1953*, h/cart. (56x38) : **USD 19 550** – TEL-AVIV, 25 sep. 1994 : *Synagogue et figures 1955*, h/t (61x46) : **USD 46 000** – TEL-AVIV, 11 oct. 1995 : *Jérusalem 1968*, graphite, techn. mixte et h/cart. (58x47,5) : **USD 68 500** – TEL-AVIV, 7 oct. 1996 : *Hier et Aujourd'hui 1968*, collage et past./velours (40,5x47) : **USD 11 500** – TEL-AVIV, 26 avr. 1997 : *Femme et enfant sur le front de mer 1946*, aquar. et gche/pan. (53,1x38,5) : **USD 8 050** – TEL-AVIV, 12 jan. 1997 : *Zichron Yaacov vers 1950*, h. et gche/pap. (48x37,5) : **USD 20 700**.

AROJA Julian
xixᵉ siècle. Espagnol.
Graveur sur bois.
Exposa en 1871, à Madrid.

AROLAS Juan
XVIIIe siècle. Actif à Barcelone. Espagnol.
Peintre.
En 1793, fit des tableaux destinés à l'église de l'hôpital de Santa-Marta.

AROLD
Vivait à Francfort-sur-le-Main. Allemand.
Graveur amateur.
Il fut aussi marchand. On possède de lui un paysage à l'eau-forte d'après Gwinner. Il est peut-être le même qu'Arnold.

AROLDO da Como
XIVe siècle. Actif au début du XIVe siècle. Italien.
Sculpteur sur pierre.
Cité par Zani.

ARON Girolamo
XVIIIe siècle. Actif à Venise. Italien.
Miniaturiste.

ARON Rémy
Né le 16 avril 1952 à Suresnes (Hauts-de-Seine). XXe siècle. Français.
Peintre de compositions à personnages, d'intérieurs, paysages. Tendance abstraite.
Il fut élève de Gustave Singier à l'École des Beaux-Arts de Paris, diplômé en 1972. Il fut résident à la Cité Internationale des Arts de Paris en 1974-75. Il obtint une bourse de séjour à la Casa Velázquez de Madrid en 1979. Il expose régulièrement à Paris au Salon d'Automne depuis 1981 et en est devenu sociétaire. Il participe à de nombreuses expositions de groupe, d'entre lesquelles : 1969 Salon des Artistes Français, 1984 Groupe *Empreinte* à la Maison Mansart de Paris, 1989 et 1991 au Salon des 109 à Paris, etc. Il montre son travail dans des expositions personnelles, à Paris 1974, 1980, 1983, 1986, 1987, 1991 ; au Palais des Rois de Majorque à Perpignan en 1989. Il a reçu une bourse du Conseil Régional d'Ile-de-France en 1982, un Prix de la Fondation de France en 1985. Depuis 1982, il est professeur de dessin, peinture, gravure à l'Atelier Beaux-Arts de la Ville de Paris.
Aux frontières du figuratif et du non-figuratif, de 1982 à 1986 il reprend les thèmes traditionnels de l'atelier et son modèle, des intérieurs et natures mortes, mais aussi des nus dans la nature, des sous-bois et des ponts de Paris. Sa palette limitée dans cette première période, allie les gris bleutés et jaunes dorés pour exprimer une lumière qui s'éteint sur les bords de la composition dans les ocres rouges et les terres sombres. Depuis 1987, malgré l'attribution de titres : *Nature morte, Le Palais*, ses peintures appartiennent à l'abstraction, où il atteint par une sorte de dilution « turnerienne » des contours et de la forme. Certains titres en confirment le passage et l'accès : *Traces de villes*. La gamme s'est totalement éclaircie, dans des tons pastels, tantôt chaudement dorés, tantôt froidement bleutés, inondés de lumière.
■ J. B.
BIBLIOGR. : J.-R. Armogathe, F. Barlier : Catalogue de l'exposition *Aron*, Gal. Francis Barlier, Paris, 1991.

ARON Toni
Né en 1859 à Esseg. XIXe siècle. Allemand.
Peintre de genre et portraitiste.
Étudia à Munich et à Leipzig. Il exposa, en 1889, à Munich, le portrait du *Prince Alphonse de Bavière*. Il avait fait, en 1887, de très beaux dessins à Francfort-sur-le-Main ; ils figurèrent dans une vente publique et furent adjugés 4000 marks. On cite aussi une série de pastels du comédien *Possart*, dans différents rôles.

ARON-CAEN Louise
XIXe-XXe siècles. Vivait aux XIXe et XXe siècles. Français.
Peintre.
Membre de la Société des Artistes Français à partir de 1884 ; prit part à plusieurs de ses expositions.

ARONDEL
Né vers 1526 à Paris. Mort en 1572 à la Saint-Barthélemy.
XVIe siècle. Français.
Sculpteur.
Il exerçait son art à Paris.

ARONDEL Guillaume d' ou **Arondelle**
XIVe siècle. Français.
Sculpteur.
Travailla, vers 1363, au château de Vincennes.

ARONDEUS Erasmus ou **Arondaeus**
Né vers 1644. Mort vers 1692. XVIIe siècle. Hollandais.

Peintre.
Élève de Willem Doudyns à La Haye, il fut admis, en 1666, comme membre de la corporation des peintres. En 1689, il se retira à Rotterdam. Ce peintre est probablement le même que celui qui travailla, en 1673, au château d'Osnabruck.

ARONDEUS Johannes ou **Arondaeus**
Né au XVIIe siècle à La Haye. XVIIe siècle. Hollandais.
Peintre.
Il acheta, en octobre 1700, le droit de cité à Rotterdam et, en avril 1725, à Amsterdam.

ARONDEUS Pieter
Né vers 1665 à La Haye. Mort le 10 novembre 1712 à Rotterdam. XVIIe-XVIIIe siècles. Hollandais.
Peintre.
Cité en 1682 dans la gilde de Saint-Luc et en 1683 à l'Académie de La Haye. Il demeura à La Haye jusqu'en 1694 environ, et l'on retrouve ses traces, vers 1696, à Rotterdam où il fut admis comme peintre du collège de l'amirauté, en 1699.

ARONS Philipp
Né le 17 septembre 1821 à Berlin. Mort en 1902 à Rinteln-sur-Weser. XIXe siècle. Allemand.
Peintre de portraits, sujets de genre.
Élève de Daege à Berlin, puis de Cogniet et Lepaulle à Paris, il fit des voyages d'études, notamment en Italie, et vécut à Rome de 1847 à 1851. De retour en Allemagne, il s'adonna à la peinture de genre et au portrait et exposa à Berlin.
VENTES PUBLIQUES : NEW YORK, 21 jan. 1978 : *Jeune femme et son chien* 1861, h/pan., de forme ovale (62x47) : USD 1 300.

ARONSON David
Né en 1923. XXe siècle. Américain.
Sculpteur de figures, portraits, peintre.
VENTES PUBLIQUES : NEW YORK, 6 oct. 1963 : *Trois musiciens* : USD 775 – NEW YORK, 19 oct. 1967 : *Tête de jeune fille* : USD 600 – VERSAILLES, 17 mars 1977 : *Jeune femme nue debout, les bras levés*, bronze, patine verte, cire perdue : FRF 6 000 – NEW YORK, 4 mars 1987 : *Autoportrait*, temp. (29,5x37) : USD 750 – NEW YORK, 24 juin 1988 : *Ange à la guitare assis*, bronze (H. 80) : USD 3 300.

ARONSON Harry H.
Né à New York. XXe siècle. Américain.
Peintre et graveur.
Il suivit des cours à la National Academy of Design de New York, puis auprès de Jean Paul Laurens à Paris. Entre 1918 et 1940, il s'emploie à rendre sensible le tragique de la condition humaine, à travers des œuvres plus ou moins allégoriques.

ARONSON Meta
XIXe siècle. Vivait à Londres dans la dernière moitié du XIXe siècle. Britannique.
Peintre.
Elle exposa une œuvre à la Royal Academy, en 1883.

ARONSON Naoum
Né en 1872 à Kieslavka. XIXe-XXe siècles. Russe.
Sculpteur de bustes, statues, monuments.
Après avoir suivi des cours à l'École des Arts Décoratifs de Paris, il travailla sous la direction de Rodin. Il a exposé à Berlin en 1901, à Paris en 1906, notamment au Salon de la Société Nationale des Beaux-Arts, dont il devint sociétaire en 1909, et où il exposa jusqu'en 1938. Grande médaille d'or à Liège. Auteur de plusieurs bustes, dont ceux de Chopin, Berlioz, Pasteur, Lénine, il exécuta un monument à la mémoire de Beethoven à Bonn.
MUSÉES : LAUSANNE (Mus. canton. des Beaux-Arts) : *Buste de jeune fille* – PARIS (Mus. d'Art Mod.) : *Salomé*.
VENTES PUBLIQUES : PARIS, 12 fév. 1932 : *Baigneuse*, statuette en marbre blanc : FRF 2 850 – PARIS, 17 mai 1944 : *Tête de Lénine*, porphyre : FRF 2 000 ; *Salomé*, porphyre : FRF 6 100 ; *Désespoir*, pierre : FRF 10 000 – PARIS, 28 avr. 1967 : *Buste de Beethoven*, bronze à cire perdue : FRF 1 150 – PARIS, 15 juin 1977 : *Danseuse*, bronze patiné (H. 110) : FRF 12 000 – BRÊME, 19 oct. 1979 : *Les Amoureux*, marbre blanc (H. 42) : DEM 3 500 – PARIS, 20 mars 1988 : *Buste de Léon Tolstoï*, sculpt. en plâtre (H. 18 cm) : FRF 1 500.

ARONSON-DANZIG Marta
XIXe siècle. Actif à Berlin. Allemand.
Peintre de natures mortes et portraitiste.
Exposa à Dresde en 1833, à Berlin en 1886 et à Munich en 1888 et exécuta plusieurs tableaux dont quelques-uns figurèrent à l'Académie de Berlin, de 1887 à 1891.

AROSA Marguerite
XIXe siècle. Active à Paris. Française.
Paysagiste et portraitiste.
Élève de Mayer, de Barrias et d'Armand-Gautier, elle exposa régulièrement au Salon de 1882 à 1900. On cite parmi ses œuvres : *Baigneuse*, exposée à Bruxelles en 1884, *Andromède*, à Paris en 1885, *Temps brumeux*, en 1891. Cette artiste prit part à l'Exposition internationale de Blanc et Noir en 1892 à Bruxelles, avec une aquarelle : *Lilas en fleurs* (Parc Monceau).
VENTES PUBLIQUES : PARIS, 1890 : *Lisière de bois* : **FRF 50** – PARIS, 15 et 16 jan. 1907 : *La chasseresse* : **FRF 77.**

AROSENIUS Ivar Axel Henrik
Né en 1878 à Göteberg. Mort en 1909. XXe siècle. Suédois.
Peintre, illustrateur et dessinateur humoriste. Fauve.
Élève de l'Académie des Beaux-Arts de Stockholm en 1998, il rejoint ensuite l'Ecole d'Art dirigée par Richard Bergh. Son passage à Paris en 1903-1904 lui fait découvrir le fauvisme qui a fortement influencé son art.
Son œuvre est empreint de cynisme, d'angoisse, peut-être en raison de la maladie qui devait finalement l'emporter : l'hémophilie. Toutefois, après son mariage en 1905 et la naissance de sa fille, sa peinture s'éclaircit et ses tons deviennent plus chaleureux. Son style peut passer du pittoresque à la stylisation extrême. Ses peintures, aquarelles et gouaches mêlent des réminiscences de Toulouse-Lautrec, de l'Art Nouveau, des miniatures orientales et de la peinture primitive scandinave. Il a produit des dessins humoristiques pour des journaux et des revues, faisant preuve d'un humour parfois grinçant. Il sait aussi rendre avec beaucoup de sensibilité l'âme populaire à travers l'illustration de certains livres, dont celui écrit pour les enfants : *Kattresan* (Le voyage du chat), 1909. ■ A. P.
BIBLIOGR. : In : *Dict. Univ. de la Peint.*, Robert, Paris, 1975.
MUSÉES : STOCKHOLM (Mus. Nat) : *Portrait de l'artiste par lui-même* 1906 – *Près de la porte.*
VENTES PUBLIQUES : STOCKHOLM, 19 avr. 1972 : *Nu au miroir*, aquar. : **SEK 7 600** – GÖTEBORG, 5 avr. 1978 : *Transformation des bourgeois* 1905, h/t (98x168) : **SEK 75 000** – COPENHAGUE, 28 avr. 1981 : *Deux couples sur une route*, gche et aquar. (28x21) : **DKK 10 000** – STOCKHOLM, 25 avr. 1983 : *Autoportrait* 1903, fus. et aquar./pap. (15X16,5) : **SEK 9 400** – GÖTEBORG, 7 nov. 1984 : *Vénus et le joueur de flûte*, h/t (96x155) : **SEK 44 000** – STOCKHOLM, 14 nov. 1984 : *Portrait de femme avec sa fille*, temp. (100x62) : **SEK 205 000** – STOCKHOLM, 13 nov. 1987 : *Une princesse parmi les fleurs* 1908, aquar. (18x9,5) : **SEK 53 500** – LONDRES, 24 mars 1988 : *Symphonie en couleurs*, aquar. et gche (15,2x26,6) : **GBP 1 950** – GÖTEBORG, 15 mars 1989 : *Vieille femme* 1902, aquar. (8x8) : **SEK 3 100** – LONDRES, 27-28 mars 1990 : *Autoportrait parmi les bambocheurs* 1906, cr. et aquar. avec reh. de gche (23x30) : **GBP 7 150** – STOCKHOLM, 29 mai 1991 : *Le veau d'or*, cr. avec reh. de blanc (13x20) : **SEK 5 700.**

AROSENIUS Karin Magdalena
Née le 29 juillet 1851 à Norrköping. XIXe siècle. Suédoise.
Sculpteur.
Élève de l'École technique et de l'Académie de Stockholm entre 1870 et 1874 ; elle se perfectionna à Copenhague, à Rome et à Paris. Elle exécuta un grand nombre de statuettes. On cite notamment : *Jeune fille de Syracuse* (1883). Elle obtint une mention honorable à l'Exposition Universelle de 1889.

AROSIO Martino d'
XVIe siècle. Travaillant en Ligurie. Italien.
Sculpteur.
Travailla vers 1545 à Chiavari, pour la Confrérie de Saint-François.

AROZARENA Tor de
Né en 1893 à Cognac (Charente). XXe siècle. Français.
Peintre de nus, portraits, paysages.
Il a exposé au Salon des Indépendants à Paris de 1930 à 1935.

ARP Carl
Né le 3 janvier 1867 à Kiel. Mort en 1913. XIXe siècle. Allemand.
Peintre de paysages, graveur.
Élève de Hagen et de L. de Kalkreuth à Weimar, il fit de nombreux voyages d'étude, notamment en Italie, en Sicile, en Suisse, au Tyrol. Il exposa à Berlin en 1896, en 1904 et en 1906, à Munich en 1906 et 1907 et à Düsseldorf en 1902 et 1907. On lui doit aussi des eaux-fortes.
MUSÉES : WEIMAR : *Vieux pont de Saalfeld.*

VENTES PUBLIQUES : MUNICH, 4 juin 1981 : *Paysage*, h/cart. (16x21,5) : **DEM 1 600.**

ARP Hans, puis Jean
Né le 16 septembre 1887 à Strasbourg (Bas-Rhin). Mort le 7 juin 1966 à Locarno, et non Bâle ou Meudon. XXe siècle. Français.
Peintre de collages, graveur, sculpteur, dessinateur, illustrateur. Dadaïste, surréaliste, abstrait.
En 1902, âgé de seize ans, il entra à l'École des Arts et Métiers de Strasbourg. En 1903, il commença à peindre et à collaborer à une revue locale. En 1904, il fit son premier séjour à Paris et écrivit ses premiers poèmes. De 1905 à 1907, il fut élève de Ludwig von Hoffmann à l'Académie des Beaux-Arts de Weimar, où il vit des expositions d'art moderne. Retour à Strasbourg, que sa famille quitta alors pour Weggis en Suisse, au bord du Lac des Quatre Cantons. Entre 1908 et 1910, il fit un deuxième séjour à Paris, travaillant un temps à l'Académie Julian, il réalisa à Weggis ses premières compositions abstraites, et apprit le modelage. En 1911, il participa à la fondation du groupe *Der Modern Bund*, avec Oscar Lüthy entre autres. Il fait de fréquents mais brefs séjours à Paris. En 1912 il y lia amitié avec les Delaunay, et à l'occasion d'un passage à Munich, il rencontra Kandinsky et les artistes du *Blaue Reiter*. En 1913, au cours d'un séjour à Berlin, il participa au premier *Herbstsalon* (Salon d'Automne) à la galerie *Der Sturm* (La tempête). En 1914-1915, il fit la connaissance de Max Ernst à Cologne. À la déclaration de guerre, il réussit à prendre le dernier train pour Paris, où il connut Max Jacob, Picasso, Apollinaire, etc. Il réalise des collages et des maquettes de tapisseries ou de broderies dont il ne subsiste presqu'aucune trace. La déclaration de guerre le frappa très profondément en raison de sa double appartenance nationale, culturelle et linguistique. Il s'installe alors à Zurich, où il expose ses collages. Il y rencontre la danseuse et peintre Sophie Taeuber qu'il épousera en 1922. Le 1er février 1916, Hugo Ball ouvrit dans une taverne de Zurich le *Cabaret Voltaire*, où se retrouvent Tzara, Arp, bientôt Huelsenbeck et tous ceux qui y créent le premier groupe *Dada*. Ce fut également en 1916 qu'il commença une des activités qui restera une constante durant toute sa vie, l'illustration de recueils de poésie de ses amis, et surtout de Richard Huelsenbeck et de Tristan Tzara. En 1917 est inaugurée la Galerie Dada, et paraissent les premiers numéros de la revue, auxquels Arp collabore. Il dessine des costumes pour les danses de Sophie Taeuber, avec laquelle il réalise des œuvres en commun, et qui jouera désormais auprès de lui, par sa présence et aussi par ses propres qualités créatrices, un rôle que tous s'accordent à dire aussi important qu'il fut discret, union et collaboration qui se symbolisèrent en particulier, en 1937 dans la *Sculpture conjugale*. En 1918, il a une activité débordante et multiforme, qui sera d'ailleurs le cas toute sa vie, illustrant de gravures sur bois des poèmes de Tzara, et surtout réalisant une série de reliefs en bois. En 1919, suite de son activité foisonnante : il se rend à Cologne et participe à la fondation du groupe *Dada* de Cologne avec Max Ernst et Johannes Baargeld et au lancement de la revue *Die Schammade*. Avec Max Ernst, il réalise les collages *Fatagagas* (Fabrication de tableaux garantis gazométriques). Il se rend à Berlin et participe à une *Dada Messe*, rencontre El Lissitzky, Kurt Schwitters, etc., va à Paris, participe aux activités dadaïstes, illustre de nouveau Tzara. À ce propos, José Pierre remarque que, en cette même année 1919, alors qu'il participe activement aux activités dadaïstes, il fut l'un des fondateurs du groupe des *Artistes Radicaux*, qui prenait ses distances d'avec Tzara et les aspects négativistes de Dada. Peut-être était-il souhaitable de suivre d'assez près les premières années de Arp, afin de donner une idée de son rythme d'activité habituel, et surtout de situer ses premiers engagements. Sachant que le rythme de création, d'écriture, de voyages, de collaborations à tout ce qui se présente, continuera, on se limitera dans la suite aux éléments biographiques les plus marquants. En 1922, il participe au Festival du Bauhaus à Weimar, inaugurant sa capacité à prendre sa part des options les plus diverses, ce qu'il confirme en 1925 en collaborant à *La Révolution Surréaliste* et en participant à la première exposition du Groupe Surréaliste à Paris, Galerie Loeb (Loeb). En 1925 encore, il publia, en collaboration avec El Lissitzky, un de ses nombreux écrits théoriques les plus importants : *Les Ismes de l'art*. En 1926 il commença la décoration de *L'Aubette*, place Kléber à Strasbourg, avec Sophie Taeuber-Arp et Théo Van Doesburg, café-dancing en partie détruit puis restauré. En 1927-1928, il s'installa à Meudon. De 1930 datent les premières sculptures en ronde-bosse et, nouvelle manifestation

de son indépendance quant aux options, il expose avec le premier regroupement des artistes abstraits, réalisé par Michel Seuphor sous le sigle de *Cercle et Carré*, repris ensuite sous l'appellation de *Abstraction-Création*. Ce fut en 1931 qu'il prit part pour la dernière fois aux activités de *Dada*, en créant les *papiers déchirés* : un dessin préalable était déchiré et ses morceaux rassemblés dans, comme aimait souvent à dire Arp, « un ordre dû au hasard ». Il continue à exposer dans de nombreuses manifestations collectives, parmi lesquelles on peut citer, en 1931, *Paris 1932* à Stockholm, avec Ernst, Kandinsky, Klee, Léger, Miro, Picabia, Picasso, etc. Cette même année, il rencontra à Bâle Marguerite Hagenbach, qui deviendra sa seconde épouse en 1959. En 1938, il participa à *Abstrakte Kunst* au Stedelijk Museum d'Amsterdam, signifiant ici encore son acceptation d' appartenance à l'abstraction, ce qui au demeurant paraît le plus évident en regard de l'ensemble de son œuvre. En 1940, il se réfugia à Grasse, où il va retrouver Sonia Delaunay et les Magnelli. En 1942, les Allemands ayant occupé la zone dite libre, il retourna à Zurich. Le 13 janvier 1943, Sophie Taeuber-Arp mourut asphyxiée par une fuite de gaz pendant son sommeil, lors d'un voyage clandestin à Zurich. Il cessa pendant un temps de sculpter et écrivit des séries de poèmes, dont les premiers étaient en mémoire de son épouse disparue. En 1944, il eut une exposition personnelle à la galerie de Peggy Guggenheim à New York. De même que pour ses participations à des expositions collectives, il serait fastidieux d'énumérer dans une notice abrégée ses expositions personnelles qui lui furent organisées ; notons toutefois après New York : Galerie Maeght et Galerie Denise René Paris, et Galerie Sidney Janis New York en 1950, Kunsthalle Berne 1956, l'exposition rétrospective du Museum d'Art Moderne de New York 1958, Kunstverein de Hambourg, Folkwangmuseum d'Essen, Städtische Kunsthalle de Mannheim, Staatliche Kunsthalle de Baden-Baden, Stedelijk Museum d'Amsterdam en 1961, l'exposition rétrospective du Musée National d'Art Moderne de Paris 1962, et la même année entre autres Kunsthalle de Bâle, Moderna Museet Stockholm, Louisiana Museum Danemark. Après sa mort ont eu lieu de très nombreux hommages dans les lieux privés et publics qui l'avaient exposé auparavant, ainsi qu'au Metropolitan Museum de New York. Après la disparition de sa femme, il recommença de sculpter en 1945, alors qu'il venait de réintégrer son atelier de Meudon. En 1949, il effectua ses deux premiers voyages à New York, exécutant le relief monumental *Constellation* pour le Harvard Graduate Center à Cambridge, et le *Berger des nuages* pour la Cité Universitaire de Caracas en 1953. En 1954, il reçut le Grand Prix International de Sculpture à la Biennale de Venise. En 1955-1957, il réalisa un deuxième relief monumental pour la Cité Universitaire de Caracas : *Configuration*, et celui en cuivre de quinze mètres de long pour le Palais de l'UNESCO à Paris : *Constellation*. En 1960 il fut fait chevalier de la Légion d'Honneur. En 1961, il sculpta *Coupe de nuages* pour la Bibliothèque Universitaire de Bonn et la *Colonne à éléments interchangeables* pour l'Ecole des Arts et Métiers de Bâle. En 1963 il reçut le Grand Prix National des Arts. En 1964 il reçut le Grand Prix de Sculpture du Land Nordrhein-Westfalen et le Prix Carnegie de Pittsburgh. En 1965, il reçut le Prix Goethe de la ville de Hambourg et l'Ordre du Mérite de la République Fédérale d'Allemagne. La sculpture *Scrutant l'horizon* fut érigée sur une place publique de La Haye. Ses dernières années furent donc internationalement honorées. Il partageait son temps entre l'atelier de Locarno, où il demeurait avec sa seconde épouse, et celui de Meudon, dont Sophie Taeuber-Arp avait dessiné les plans. L'atelier de Meudon est devenu le siège de la Fondation Arp.
On ne sait presque rien des travaux de Jean Arp avant 1914. On connaît seulement ses voyages de formation, ses années d'étude ici ou là, ses rencontres. A part de rares dessins et peintures, des nus dans un paysage dans l'esprit de l'expressionnisme primitiviste des peintres de *Die Brücke*, il a déclaré avoir détruit lui-même la totalité de sa production de jeunesse. Donc, lorsque Arp commence à avoir une activité réellement productrice, de collages et de poésies, c'est-à-dire pendant les années de guerre en Suisse, il est âgé de presque trente ans. De 1914-1915 date la série des sept œuvres sur le thème du crucifié, où on le voit, de la première eau-forte au dernier volume, évoluer de la fin de l'influence expressionniste à une adhésion tacite au cubisme synthétique. En 1916-1917 il réalisa des collages géométriques en collaboration avec Sophie Taeuber qu'il venait de rencontrer, et d'ailleurs dans l'esprit de ceux que celle-ci créait déjà auparavant. En accord de pensée, ils refusent que l'œuvre exprime une

obsession, un tourment, pour eux l'art doit dépasser l'individuel, avoir une portée universalisante. Le nouvel art qu'ils définissent, en accord avec Hugo Ball, s'oppose radicalement à la conception kandinskyenne de l'artiste « prophète », il doit être praticable par tous, l'artiste ne laisse plus sa trace sur l'œuvre, les papiers des collages sont découpés au massicot, les bois des reliefs sont découpés par le menuisier et peints à la laque du bâtiment, etc. Il est intéressant de noter une similitude d'intention dans un texte d'André Breton concernant la création et l'écriture automatiques, recueilli dans *Point du jour*. De même que chez l'un comme chez l'autre, cette conception d'un art unitaire, collectif, correspond à la nécessité d'un ordre social nouveau, en tout cas d'un renversement de l'ordre social existant, tel que le réclame *Dada*. Ce serait donc ici le point de rencontre, jusqu'ici non évident, entre *Dada* et l'abstraction, l'abstraction la plus volontairement froide étant considérée comme garante de la non-intervention de la personnalité de l'auteur. De même que dans la partie biographique de cette notice, on s'est attardé sur les premières années d'activité de Arp, pour cette raison très simple qu'il y détermine et définit à peu près définitivement les principes qui régiront l'ensemble de son œuvre, les reliefs en bois peints à partir de 1917 et jusque dans les années trente, ensuite les sculptures en ronde-bosse. Si l'on s'interroge, à juste titre, sur la légitimité, quant aux principes précédemment énoncés, des formes courbes, non strictement géométriques des bas-reliefs découpés et peints, comme des sculptures en ronde-bosse, Arp répondait que ces travaux, ces formes d'apparence plus personnalisée, surgissaient hors de l'exercice de la volonté et de la conscience, ce en quoi, une fois de plus, il se trouve en accord avec un certain aspect du surréalisme en même temps qu'avec les principes fondateurs d'une certaine abstraction, que Arp nommait art concret, faisant ainsi la synthèse de deux des courants majeurs de l'art du xxᵉ siècle. Dans une notice de dictionnaire, on n'a pu qu'indiquer quelques jalons à travers une production si abondante et si diverse techniquement, composée, en laissant de côté l'abondante œuvre poétique, de peintures, de gravures, d'illustrations, de collages, d'assemblages, de reliefs et de sculptures. Ce n'était pas le lieu d'évoquer les rapprochements judicieux établis par Michel Seuphor, qui fut le familier des trois, entre les œuvres de Brancusi, de Mondrian et de Arp, pour mieux en faire ressortir ce qui les différencie et pour mieux faire toucher à quel point l'œuvre de Jean Arp n'appartient qu'à lui. Ce fut surtout à partir des sculptures en ronde-bosse du début des années trente que se précisa définitivement ce style qu'on peut dire de souplesse sévère, où la spiritualité la plus éthérée prend son élan, comme dans la statuaire hindoue, d'une tendre sensualité qui ne refuse pas un métaphorique érotisme. D'autres commentateurs de son œuvre ont évoqué, et ce n'est pas incompatible avec ce qui précède, la perfection, la pureté et l'équilibre de la sculpture grecque. Il a donc réussi à être ouvert à tous les courants spirituels de son temps, sans que pourtant son œuvre y perde rien de son imposant monolithisme. Michel Seuphor écrit : « Il a pu se promener avec une ondoyante insolence à travers tous les mouvements de son siècle. », et encore : « Il est difficile de ne pas être frappé par l'homogénéité et la continuité de son œuvre ». Pourtant, le personnage est multiple, il participe avec une totale insouciance à des manifestations d'art qui se trouvent en radicale opposition ». Il serait regrettable enfin de n'avoir fait aucune allusion à l'humour de Arp, il est vrai plus sensible dans sa poésie et ses écrits divers. En guise d'exemple, cette « recette infaillible pour faire une bonne sculpture », confiée à Michel Seuphor : « Celui qui veut abattre un nuage avec des flèches épuisera en vain ses flèches, beaucoup de sculpteurs ressemblent à ces étranges chasseurs. Voici ce qu'il faut faire : on charme le nuage d'un air de violon sur un tambour ou d'un air de tambour sur un violon. Alors, il n'y a pas long que le nuage descende, qu'il se prélasse de bonheur par terre, et qu'enfin, rempli de complaisance, il se pétrifie. C'est ainsi qu'en un tournemain, le sculpteur réalise la plus belle des sculptures. » Ultime reflet de cet humour, il aura été difficile d'avoir appartenu à autant de groupes pour finalement n'avoir autant jamais ressemblé à personne. ■ Jacques Busse

BIBLIOGR. : André Breton : *Anthologie de l'humour noir*, Le Sagittaire, Paris, 1938-47 -Michel Seuphor : *L'art abstrait, ses ori-*

gines, ses premiers maîtres, Maeght, Paris, 1949 – Michel Seuphor : Arcadie d'Arp, La Hune, Paris, 1950 – Marcel Jean : Jalons d'Arp, Lettres Nouvelles, Paris, février 1956 – Michel Seuphor : Dictionnaire de la peinture abstraite, Hazan, Paris, 1957 – Herta Wescher : Le cosmos de Arp, Cimaise, Paris, 1957 – Carola Giedion-Welcker et Marguerite Hagenbach : Jean Arp, Harry N.-Abrams, New York, 1957 – Jean Cathelin : Arp, Musée de Poche, Paris, 1959 – divers : Catalogue de l'exposition rétrospective Arp, Mus. nat. d'art mod., Paris, 1962 – Michel Seuphor : Le style et le cri, Seuil, Paris, 1965 – Jean Arp : Tours effeuillés, Gallimard, Paris, 1966 – Ionel Jianou : Arp, Paris, 1973 – Jacques Beauffet : Catalogue de l'exposition Jean Arp – Reliefs, Mus. d'art et d'industrie, Saint-Etienne, 1978 – divers : Catalogue de l'exposition Jean Arp 1886-1966 , Mus. nat. d'art mod., Paris, 1986.

Musées : Bâle (Mus. d'art) – Bâle (Fond. Em. Hoffmann) : Configuration 1927-28 – Lodz, Pologne – Montréal (Mus. d'Art Contemp.) : Apparat d'une danse 1960, bronze – New Haven : Torse-nombril 1921 – New York (Mus. of Mod. Art) : Carrés disposés selon les lois du hasard 1916-1917 – Poissons dans un aquarium vers 1920 – Montagne, table, ancres, nombril 1925 – Deux têtes 1929 – Objets disposés selon les lois du hasard ou nombrils 1930 – New York (Solomon R. Guggenheim Mus.) : Constellation de cinq formes blanches et deux noires 1932 – Growth 1938 – Paris (Mus. Nat. d'Art Mod.) : Danseuse 1925 – Tête-paysage 1924-1926 – Tête-moustache et bouteilles 1929 – Concrétion humaine 1934 – Pépin géant 1937 – Berger de nuages 1953 – Philadelphie (Mus. of art) : Configuration 1930 – Stockholm (Mus. d'art) – Strasbourg (Mus. des Beaux-Arts) : Bouteille, oiseau, nombril et mer 1926 – Utica (M.-W. Proctor Inst.) : Constellation avec cinq formes blanches et deux poires 1932 – Venise (Peggy Guggenheim Mus.) : Composition 1915 – Zurich (Kunsthaus).

Ventes Publiques : Genève, 23 mai I964 : Composition, bronze doré : **CHF 30 000** – Stuttgart, 20 mai 1960 : Constellation 1956, collage : **DEM 2 000** ; Forme abstraite, cr. : **DEM 350** – New York, 27 avr. 1960 : Homme-oiseau, relief : **USD 3 750** – Genève, 10 nov. 1962 : Nuage-regard, gche : **CHF 6 000** ; Sculpture mythique, bronze : **CHF 42 000** – Paris, 24 mars 1963 : Sirène, bronze : **FRF 16 500** – New York, 14 avr. 1965 : Évocation d'une forme humaine, lunaire spectrale, marbre blanc : **USD 26 000** – Genève, 10 nov. 1967 : Gueule de fleur, marbre blanc : **CHF 51 000** – New York, 15 oct. 1969 : Feuille se reposant, marbre : **USD 85 000** – Milan, 18 mai 1972 : Interrègne : **ITL 7 000 000** – Paris, 14 mars 1974 : Ourife 1961 : **FRF 59 000** – Zurich, 5 mai 1976 : Mystique 1949, bronze (H.30) : **CHF 26 000** – Berne, 9 juin 1976 : Torse d'ange, marbre blanc (H. 91) : **CHF 48 000** – Munich, 26 nov. 1976 : Collage 1946, encre de Chine et aquar./collage (29x17,5) : **DEM 6 000** – Londres, 2 déc. 1976 : Soleil recerclé, suite de 15 grav./bois (49x39,5) : **GBP 2 800** – Londres, 7 déc. 1977 : Composition abstraite 1915, bois relief peint. (74x90) : **GBP 57 000** – New York, 13 juin 1978 : Deux profils 1959, h./pavatex, relief (45,5x48,5) : **USD 4 500** – Londres, 6 déc. 1978 : Plan surélevé, dit Tables-Forêts 1926, chêne (H. 42) : **GBP 23 500** – Londres, 5 avr. 1979 : Poupée, n° 2 1963, gche cr. et collage (43x19) : **GBP 990** – New York, 9 nov. 1979 : Feuille se reposant 1959, marbre blanc (H. 57) : **USD 65 000** – New York, 14 mai 1980 : Figure mythique 1950, bronze (H. 112) : **USD 44 000** – Londres, 2 déc. 1981 : Croissance 1938, bronze (H. 80) : **GBP 42 000** – Hambourg, 11 juin 1982 : Plastron et cravate, chemise et cravate 1928, bois, relief peint. (80x100) : **DEM 170 000** – Berne, 22 juin 1983 : Composition vers 1950, encre de Chine sur trait de cr./pap. (30X39) : **CHF 4 200** – New York, 17 nov. 1983 : Concrétisation humaine sur coupe ovale, bronze : **USD 40 000** – Londres, 28 mars 1984 : Tête 1929, bois peint. relief (67x56,5) : **GBP 48 000** – Milan, 14 mai 1985 : Composition, temp. et collage (33,5x22) : **ITL 10 000 000** – New York, 13 nov. 1985 : Demeter 1961, marbre (H. 99,5) : **USD 310 000** – New York, 19 nov. 1986 : Formes blanches sur fond noir vers 1917, bois peint. (63,5x108) : **USD 77 500** – New York, 7 oct. 1986 : Ombre de squelette et fronde 1958, cr. (36x22) : **USD 2 800** – New York, 11 mai 1987 : Bourgeon 1957, bronze (H. 128) : **USD 250 000** – Londres, 29 mars 1988 : Pistil, bronze (H. : 40,5) : **GBP 44 000** ; Sculpture automatique avec certaines interventions dirigées, ombre chinoise, calcaire rose (H. : 40,5) : **GBP 82 500** – New York, 29 avr. 1988 : La Sculpture méditerranéenne II, bronze poli (H. 40) : **USD 85 250** – New York, 11 mai 1988 : Torse des Pyrénées, marbre (H. 104,1) : **USD 440 000** – New York, 12 mai 1988 : Feuille de cristal, bronze patine brune (H. 44,5) : **USD 66 000** – New York, 12 mai 1988 : Petit Sphinx 1942, bronze patine noire

(H. 40,5) : **USD 82 500** – Paris, 20 jun 1988 : Constellation, collage (30,7x24) : **FRF 45 000** – Londres, 28 juin 1988 : Évocation d'une forme humaine, lunaire, spectrale, bronze (H. 26,6) : **GBP 35 200** – Londres, 29 juin 1988 : Gur 1963, bronze (H. 97) : **GBP 72 600** – Paris, 20 nov. 1988 : Sans titre vers 1917, encre de Chine/pap. (43,2x56,5) : **FRF 380 000** ; Sans titre vers 1917, aquar. et lav. (25x22) : **FRF 360 000** ; Torse fruit, bronze (H. 37) : **FRF 685 000** ; Trousse d'un Da 1920-1921, construction en bois partiellement polychrome (39x27,5) : **FRF 2 900 000** ; Trousse de naufragé 1920-1921, construction en bois (32x19) : **FRF 1 600 000** – Paris, 30 jan. 1989 : Tête florale 1960, bronze poli (47x17,5x13) : **FRF 470 000** – Londres, 21 fév. 1989 : Olympie, h./rés. synth. (56x46) : **GBP 14 300** – Londres, 4 avr. 1989 : Constellation 1953, h./relief de bois (59x53) : **GBP 25 300** – Paris, 9 avr. 1989 : Assis 1937, pierre d'Auville (44,5x29,5x18) : **FRF 750 000** – New York, 10 mai 1989 : Torse de muse, n°1/5 1959, bronze (H. 93,3) : **USD 187 000** – New York, 11 mai 1989 : Grand batard 1960, marbre blanc (53,3) : **USD 203 500** – Paris, 12 juin 1989 : Composition, bois découpé peint. (74x62) : **FRF 960 000** – Londres, 27 juin 1989 : Le Petit Sphinx, bronze (H. 40,7) : **GBP 52 800** – Milan, 7 nov. 1989 : Cerveau de rocher 1961, bronze (8,5x13x8) : **ITL 7 000 000** – New York, 15 nov. 1989 : Torso-stèle 1961, bronze à patine brune (H. 196,8) : **USD 660 000** – Paris, 19 nov. 1989 : Le Temps N° 4 1951, bois (20,5x15) : **FRF 400 000** – Londres, 29 nov. 1989 : Configuration 1926, h/t (58,4x66) : **GBP 264 000** – Londres, 3 avr. 1990 : Coupe chimérique 1947, bronze poli (H. 80) : **GBP 110 000** – New York, 15 mai 1990 : Torse végétal 1959, marbre blanc (H. 226) : **USD 990 000** – Paris, 25 juin 1990 : Sans titre, collage (18x12,5) : **FRF 45 000** – New York, 3 oct. 1990 : Interrègne 1949, h/cart. (71x53) : **USD 60 500** – Zurich, 18 oct. 1990 : Ronde végétale 1946, h/t (65x65) : **CHF 150 000** – New York, 14 nov. 1990 : Relief concret 1921, relief de bois peint. (37,5x44,5) : **USD 506 000** – Paris, 26 nov. 1990 : Constellation Fribourg 1965, relief en bois peint. (46,5x34,7) : **FRF 235 000** ; Cueillette 1965, maquette en bois ayant servi à réaliser la grav. Cueillette (35x25) : **FRF 280 000** – Londres, 5 déc. 1990 : Sans titre (l'homme aux trois nombrils), h/cart. découpé dans un cadre de l'artiste (112,5x82) : **GBP 60 500** – Amsterdam, 12 déc. 1990 : Presque vase et fleur 1955, h./rés. synth. (66x59) : **NLG 86 250** – New York, 8 mai 1991 : Concrétion humaine sur coupe, bronze à patine brune (H. 64, L. 60) : **USD 93 500** – Rome, 13 mai 1991 : Papiers déchirés 1946, aquar. et collage/cart. (33,5x43) : **ITL 19 550 000** – Paris, 25 mai 1991 : Colonne de muse, marbre (187x55x47) : **FRF 4 000 000** – New York, 7 nov. 1991 : Outrance d'une outre (mystique n° 2), bronze à patine or (H. 43) : **USD 55 000** – Paris, 2 déc. 1991 : Groupe Méditerranée, bronze poli (78x92x50) : **FRF 750 000** – Paris, 4 déc. 1991 : Dessin automatique, encre de Chine et cr. Conté (33,5x26,5) : **FRF 220 000** – Londres, 4 déc. 1991 : Au pays des lutins, bronze (H. 25, L. 20,5) : **GBP 30 800** – New York, 27 fév. 1992 : Composition, encre/pap. (20,2x26) : **USD 6 050** – Heidelberg, 9 oct. 1992 : Composition 1965, aquar. (33,7x24,4) : **DEM 8 300** – Paris, 28 oct. 1992 : Composition, collage (23x30,5) : **FRF 50 000** – Milan, 9 nov. 1992 : Orou 1953, ciment (32,5x23x28) : **ITL 28 000 000** – New York, 10 nov. 1992 : Fantôme flairant un nombril 1924, h/rés. synth. (80x60) : **USD 275 000** – Londres, 1er déc. 1992 : Constellation de formes blanches sur fond bleu clair 1953, h/relief de bois (47x62,8) : **GBP 16 500** – New York, 23 fév. 1993 : Bourgeon, bronze (H. 39,1) : **USD 33 350** – Lokeren, 20 mars 1993 : Homme vu par une fleur, bronze (H. 6, l. 11) : **BEF 60 000** – Paris, 10 juin 1993 : Homme à Gallatin 1932, collages/pap. (37x37) : **FRF 43 000** – Londres, 23 juin 1993 : Constellation de trois formes noires peintes et d'une forme blanche en relief, h./relief de bois (24,5x25) : **GBP 42 200** – New York, 3 nov. 1993 : Entité ailée, marbre (H. 126, base H. 50,8) : **USD 321 500** – Paris, 3 déc. 1993 : Une planche d'illustration de Arthur Rimbaud vu par les peintres contemporains, mois gravé (50,5x30,5) : **FRF 7 500** – Paris, 29 avr. 1994 : Entité ailée, bronze (H. 125) : **FRF 600 000** – Zurich, 2 juin 1994 : Danseuse, collage pap. (35x23) : **CHF 46 000** – Paris, 13 juin 1994 : Relief concret A, dit Souvenance à des formes animales 1960, relief en duralumin (71x65) : **FRF 120 000** – New York, 8 nov. 1994 : Deux têtes 1927, peint. et ficelles (64,8x80,6) : **USD 145 500** – Paris, 28 nov. 1994 : Ombre de nuage (découpage n° 10) 1958, bronze (57x46) : **FRF 118 000** – Londres, 29 nov. 1994 : Étoile, marbre blanc (H. 100) : **GBP 144 500** – Paris, 7 mars 1995 : Face 1955, h. et collage de cart. dans un cadre peint. (66x55) : **FRF 180 000** – New York, 8 mai 1995 : Figure-gemme dite l'Après-midinette 1959, marbre monté sur socle de duralumin (H. 82,9) : **USD 156 500** – Lucerne, 20 mai 1995 : *Configuration, formes préadamites* 1945, relief de cerisier : **CHF 8 000** – Lokeren, 7 oct. 1995 : *Coulisses de forêt* 1955, litho. coul. (36,3x30,8) : **BEF 28 000** – New York, 7 nov. 1995 : *Déméter*, bronze (H. 65,4) : **USD 354 500** – Amsterdam, 6 déc. 1995 : *Homme vu par une fleur*, bronze (10x11x8) : **NLG 3 450** – Milan, 12 déc. 1995 : *Apparition forestière* 1961, cr./pap. (51x38) : **ITL 11 241 000** – Paris, 1ᵉʳ avr. 1996 : *Il fait le beau*, plâtre (H. 92) : **FRF 75 000** – Paris, 5 juin 1996 : *Composition 1961*, collage/cart. (19x13,5) : **FRF 17 000** – Paris, 20 juin 1996 : *Forme anthropomorphique*, fus./pap. (31x27) : **FRF 6 200** – Londres, 26 juin 1996 : *Sculpture mythique* 1949, bronze (H. 64,5) : **GBP 60 900** – Paris, 5 oct. 1996 : *Feuille, configuration* 1959, sculpt. alu. (17x17,5x4) : **FRF 10 000** – New York, 13 nov. 1996 : *Le Petit Sphinx* 1942, bronze patine brune (H. 38,1) : **USD 28 750** – Paris, 13 déc. 1996 : *Avant blason* 1962, relief en bois peint. (43x33,5) : **FRF 56 000** – Calais, 15 déc. 1996 : *Composition*, fus. (31x26) : **FRF 10 000** – Londres, 23 oct. 1996 : *Homme vu par une fleur* 1958, bronze (H. 10) : **GBP 2 300** – New York, 10 oct. 1996 : *Torse*, bronze poli (H. 10,2) : **USD 12 650** – New York, 14 nov. 1996 : *Constellation I* 1932, bois relief peint. (83,2x37,8) : **USD 134 500** – New York, 13 nov. 1996 : *Torse chevalier* 1959, marbre blanc (H. 88) : **USD 189 500**.

ARPA Y PEREA José
Né en 1862 à Carmona (Andalousie). Mort après 1903. xixᵉ-xxᵉ siècles. Espagnol.
Peintre de sujets de genre, portraits, paysages, aquarelliste, illustrateur.
Il travaillait à Barcelone, où il participa à l'organisation de l'Exposition Universelle de 1936. Il exposa également à l'Ateneo de Madrid, dont il était membre, à Berlin et au Mexique, et ses œuvres ont été récompensées plusieurs fois. Il s'établit à San Antonio, Texas, vers 1903. Il était le grand-père de Joaquin Pacareu.
Musées : Séville : *Le Soldat de Marathon.*
Ventes Publiques : Paris, 27 oct. 1950 : *Cour mauresque* : **FRF 13 000** – New York, 17 mai 1989 : *Sta Maria à Cuixcoma-Puebla*, h/t (23,5x52,5) : **USD 4 400** – Londres, 15 fév. 1990 : *Enfant de chœur* 1888, aquar. avec reh. de blanc (33x54) : **GBP 1 320** – New York, 19 jan. 1994 : *Paysage avec un couvent*, h/t (61x73,7) : **USD 4 025.**

ARPE Giovanni Agostino
xviiᵉ siècle. Actif à Milan, vers 1651. Italien.
Dessinateur.

ARPESANI Giuseppe
xviiiᵉ siècle. Travaillant à Pavie en 1754. Italien.
Dessinateur.
Cité par Zani.

ARPHAND Madeleine
Née le 25 octobre 1932 à Paris. xxᵉ siècle. Française.
Peintre de paysages, natures mortes, compositions abstraites. Figuratif ou abstrait-lyrique.
Elle a fait des études à Paris, à l'École Supérieure des Arts Appliqués, puis y a enseigné la peinture de 1962 à 1972. Elle a eu plusieurs expositions personnelles, notamment : 1968 Musée de Beaugency ; 1970 galerie Joly à Blois ; 1976 château de Chambord ; 1977 galerie Ror Wolmar à Paris ; 1984 galerie Decocima à Bourges ; 1987 galerie Salambo à Paris ; 1988 château de Blois ; 1989 galerie Atlante à Paris ; 1991 cloître de l'Hôtel du département de Blois...
Elle pratique une peinture lumineuse et colorée, dans laquelle la figuration (motifs floraux, paysages) sert souvent de point de départ à des variations abstraites.

ARPILLIÈRE Léone
Née à Saint-Gratien (Val d'Oise). xxᵉ siècle. Française.
Peintre de paysages.
Dans les années d'avant la guerre de 1939, elle a figuré à Paris aux Salons des Indépendants et d'Automne.

ARPIN Joseph
Né le 27 mai 1736 à Genève. Mort après 1799. xviiiᵉ siècle. Suisse.
Miniaturiste.
Associé en 1773 avec Philippe Petineau.

ARPINO d', il cavaliere ou Pin Joseph, de son vrai nom : Cesari Giuseppe ou Josépin, dit le Chevalier d'Arpin
Né vers 1568 ou 1560 à Rome. Mort le 3 juillet 1640 à Rome. xviᵉ-xviiᵉ siècles. Italien.

Peintre de scènes mythologiques, compositions religieuses, portraits, fresques, dessinateur, décorateur.
Il était le fils d'un pauvre peintre d'ex-voto qui lui avait transmis les quelques principes d'art qu'il possédait, dans l'espoir de le voir lui succéder un jour. Après avoir obtenu la permission de son père, Giuseppe se rendit à Rome où, pour gagner sa vie, il s'employa à préparer les palettes des peintres qui travaillaient au Vatican, sous le pontificat de Grégoire XIII. Il profita un jour de l'absence de ses maîtres pour exécuter sur un mur plusieurs figures qui excitèrent l'admiration de tous, et particulièrement celle d'Ignazio Danti, le superintendant des travaux. Celui-ci présenta le jeune artiste au pape qui lui accorda sa protection et le plaça dans l'École de Pomerancio. Il acquit promptement une grande renommée ; il possédait en outre le génie de l'intrigue et savait faire valoir ses œuvres, fût-ce au détriment de celles des autres peintres de son temps. Le Caravaggio qui avait débuté dans son atelier et Annibal Carracci furent du petit nombre de ceux qui contestèrent le mérite des peintures de Giuseppe Cesari ; ils lui reprochèrent les incorrections de son dessin et sa manière superficielle, et des défis furent jetés. Mais la facilité de l'exécution, l'éclat incontestable de ses toiles lui valurent l'admiration de la foule. Lorsque Clément VIII remplaça Grégoire XIII sur le trône papal, il lui continua la précieuse protection de son prédécesseur. Giuseppe fut comblé d'honneurs ; il devint chevalier de Saint-Jean de Latran ou, selon certains auteurs, de l'Habit (tunique) du Christ ; en même temps, Louis XIII lui conférait la dignité de l'ordre de Saint-Michel. Il fut surtout l'auteur de nombreuses décorations. Lors de son séjour à Naples, entre 1588 et 1590, il décore la coupole de la sacristie de San Martino. À son retour à Rome vers 1590, il fait des fresques pour la voûte de la chapelle Contarelli à Saint-Louis-des-Français, où travaillait également le Caravage. Deux ans plus tard il exécute la décoration de la chapelle Olgiati à l'église San Prassede. Enfin, en 1596, le Sénat se charge de la décoration du Palais des Conservateurs. Il a le goût des formes linéaires un peu sèches, et procède du maniérisme décoratif des Zuccari, et de Pulzone.

φ PIN. IOSEPH ARPINAS

Bibliogr. : A. Chastel, *in : Dictionnaire de l'art et des artistes*, Paris, 1967 – Catalogue de l'exposition : *Le Cabinet d'un grand amateur, P. J. Mariette*, Paris, 1967.
Musées : Bordeaux : *Jésus lavant les pieds à ses apôtres* – Budapest : *Diane et Actéon* – Dresde : *Bataille des Romains* – Florence (Gal. Nat.) : *Cesari peint par lui-même* – Glasgow : *L'Archange Michel combattant les anges rebelles* – Kassel : *L'Emprisonnement du Christ* – *Nymphes surprises par des Tritons* – Lyon : *Présentation de la Vierge* – Milan (Gal. di Brera) : *Saint François évanoui* – Montpellier : *La Visitation angélique* – Munich : *Marie et l'Enfant, entourés d'anges* – Nantes : *Lapidation de saint Étienne* – Naples : *Saint Benoît porté au ciel* – *Jésus et deux Juifs* – *Jésus apparaissant à la Madeleine* – *Saint Michel* – *Jésus et la Samaritaine* – *Cortège d'anges* – Narbonne : *La Diseuse de bonne aventure* – Paris (Mus. du Louvre) : *Adam et Ève chassés du Paradis terrestre* – *Diane et Actéon* – Rome (Borghèse) : *Andromède liée sur un rocher* – *Le Jugement de Pâris* – *La Flagellation* – *La Fuite en Égypte* – *L'Arrestation de Jésus dans le jardin de Gethsémani* – *Décollation de saint Jean Baptiste* – *L'Enlèvement d'Europe* – *Tullus Hostilius, troisième roi de Rome, combattant les Vésiens* – *La Conversion de saint Paul* – *Un homme d'armes* – Saint-Pétersbourg (Ermitage) : *Sainte Claire au siège d'Assise* – Vienne : *Andromède* – *La Guerre des Géants.*
Ventes Publiques : Paris, 1775 : *David devant Saül pinçant de la harpe*, dess. à la pl. et au bistre ; *Une Renommée*, dess. ; *Plusieurs études*, ensemble : **FRF 57** ; *Trois études de figures*, dess. à la sanguine : **FRF 50** – Paris, 1777 : *Adam et Ève chassés du Paradis terrestre* : **FRF 3 000** ; *Le même sujet, mais d'une autre composition* : **FRF 202** – Paris, 1777 : *Deux paysages et des rochers* ; *Sujets mythologiques* : **FRF 5 000** – Paris, 1803 : *La Tentation de saint Antoine*, dess. à la pl. reh. de blanc : **FRF 82** – Paris, 1811 : *Différents sujets de vierges et de figures*, 17 dess. à la sanguine et à la pierre noire : **FRF 120** – Paris, 1868 : *Rentrée triomphale de Saül et de David* : **FRF 140** – Paris, 1882 : *Saint André*, dess. à la sanguine ; *Jeune femme assise*, dess. à la sanguine et au cr. noir : **FRF 10** – Londres, 17 juil. 1908 : *Saint Mathieu et saint Marc, saint Luc et saint Jean* : **GBP 1** – Londres, 25 juin 1923 : *David tenant la tête de Goliath* : **GBP 2** – Paris, 4 fév. 1925 : *Apôtre écrivant l'Évangile*, dess. à la sanguine, reh. : **FRF 105** – Paris, 17-19 oct. 1927 : *Judith portant la tête d'Holopherne* : **FRF 150** – Milan,

23-24 et 25 nov. 1964 : *L'arrestation du Christ* : ITL 550 000 – LONDRES, 12 juin 1968 : *L'Annonciation* : GBP 220 – NEW YORK, 22 jan. 1976 : *L'archange Michel combattant les anges rebelles*, h/métal (66x42) : USD 16 000 – LONDRES, 14 mars 1978 : *L'Assomption*, h/pan. (47,6x36,8) : GBP 1 500 – LONDRES, 18 juil. 1980 : *Saint Étienne guérissant les malades*, esq. en grisaille (60,4x72,4) : GBP 5 200 – LONDRES, 7 avr. 1981 : *Le triomphe de Galatée*, pierre noire et sanguine (24,4x19,9) : GBP 1 800 – LONDRES, 8 juil. 1981 : *Le Martyre de sainte Marguerite d'Antioche*, h/pan. (85x62,5) : GBP 5 200 – LONDRES, 12 avr. 1983 : *Christ sur la croix*, craie noire/pap. (26,8X18,1) : GBP 900 – LONDRES, 3 juil. 1984 : *Christ portant la Croix apparaissant à un saint barbu et un ange*, sanguine (22,8x18,4) : GBP 11 000 – LONDRES, 10 avr. 1985 : *Un ange en vol*, sanguine (17,8x17,8) : GBP 7 000 – VIENNE, 19 juin 1985 : *La chute de saint Paul*, h./agate (45x33) : ATS 50 000 – PARIS, 23 mai 1986 : *Le Christ en croix*, pierre noire (26,5x17,8) : FRF 170 000 – LONDRES, 8 févr. 1987 : *Tête de satyre*, dess. (21x19,5) : GBP 4 200 – NEW YORK, 12 jan. 1988 : *Étude de deux chevaux*, craie noire et sanguine (42,1x31,2) : USD 44 000 – LONDRES, 2 juil. 1990 : *Joseph et la femme de Potiphar*, craie rouge (15,6x14,4) : GBP 3 080 – NEW YORK, 11 oct. 1990 : *Vierge à l'Enfant avec saint Paul et saint Pierre*, h/t (173x118) : USD 37 400 – NEW YORK, 14 jan. 1992 : *Étude d'un nu masculin vu de dos*, sanguine (31,3x28,4) : USD 71 500 – NEW YORK, 15 jan. 1993 : *Le Christ au jardin de Gethsémanie*, h/t (48,9x70,5) : USD 82 250 – LONDRES, 5 juil. 1993 : *Étude d'une sibylle assise*, craie rouge (17,2x14,2) : GBP 6 440 – LONDRES, 27 oct. 1993 : *Vénus allongée*, h/pan. (42x61,5) : GBP 62 000 – PARIS, 22 mai 1994 : *Étude d'une muse*, sanguine et cr. noir (35x18,5) : FRF 4 500 – NEW YORK, 12 jan. 1995 : *Trois Satyres entrainant une nymphe dans une grotte*, craies noire et rouge (30x23) : USD 9 200 – LONDRES, 18 avr. 1995 : *L'Assomption de la Vierge*, h/cuivre (44x34,5) : GBP 8 050 – NEW YORK, 12 jan. 1996 : *Léda et le cygne*, h./ardoise (19,3x25,3) : USD 29 900 – NEW YORK, 29 jan. 1997 : *Deux nymphes et un satyre*, craies noire et rouge (20,3x16,2) : USD 11 500.

ARQUINVILLIERS Rose, née **de Parron**
XIXᵉ siècle. Française.
Peintre d'histoire.
Travailla au château Saint-Martin, près de Pontoise, et exposa à Paris de 1841 à 1846.

ARRADON, pseudonyme de **Lairet Monique**
Née le 5 janvier 1931 à Nantes (Loire-Atlantique). XXᵉ siècle. Française.
Sculpteur d'environnements, peintre de cartons de tapisseries. Cinétique.
Elle fut élève de l'Atelier André Lhote à Paris. A partir de 1962 elle participe aux Salons traditionnels annuels de Paris : Indépendants, Jeune Peinture, alors assez engagé dans la figuration et le politique, et Grands et Jeunes d'Aujourd'hui. En 1970, avec un groupe d'ingénieurs, fondation du groupe A. Séma, dont le projet, très influencé par les mouvements sociaux issus des manifestations de Mai 68, consistait à animer les espaces collectifs et publics des villes, par des structures cinétiques, en mouvement permanent et d'ailleurs renouvelables. Une réalisation, au moins, a pu être expérimentée à Saint-Denis : la *Tour Antinox*.

ARRAEZ Antonio
Né au XIXᵉ siècle à Madrid. XIXᵉ siècle. Espagnol.
Peintre décorateur et architecte.
Élève de l'Académie San Fernando à Madrid, il restaura en 1848, quelques parties de l'Alhambra de Grenade et exposa, de 1858 à 1862, à Madrid, de nombreux plans et dessins rappelant surtout l'art arabe.

ARRAGEL Rabbi Moses
XVᵉ siècle. Actif à Maqueda. Espagnol.
Enlumineur et calligraphe.
Mentionné en 1430 pour avoir traduit la Bible en castillan et orné le manuscrit de très jolies peintures. Ce manuscrit est la possession du duc d'Albe.

ARRAGON Albert A. H.
XIXᵉ-XXᵉ siècles. Français.
Sculpteur.
Membre de la Société des Artistes Français en 1900 ; prit part à plusieurs de ses expositions.

ARRAGONA Salvatore
XVIIᵉ siècle. Italien.
Sculpteur.
D'après Campori, cet artiste a exécuté vers 1662 aux côtés de

Maschio Lattanzio, les figures en stuc de *L'Allégresse* et de *L'Éternité* pour le palais des ducs d'Este à Sassuolo.

ARRAMOND Odette
Née le 17 aout 1909 à Bagnères-de-Bigorre (Hautes-Pyrénées). XXᵉ siècle. Française.
Sculpteur. Figuratif, classique.
Elle expose au Salon d'Automne et au Salon de la Jeune Sculpture qui se tient au Musée Rodin à Paris.

ARRAN E.
XIXᵉ siècle. Actif à Londres. Britannique.
Peintre.
Il exposa une œuvre à Suffolk Street, en 1849.

ARRAS Édouard d'
Né à Nantes ou à Saint-Omer. XXᵉ siècle. Français.
Peintre.
Élève de Fougerat, il expose aux Artistes Français en 1934-1938.

ARRAU Y BARBA José
Né le 4 mai 1802 à Barcelone. Mort le 11 janvier 1872. XIXᵉ siècle. Espagnol.
Peintre.
Étudia à Barcelone, et se perfectionna en Italie, notamment à Rome, vers 1831. Il aborda presque tous les genres. On cite parmi ses portraits : *La reine Elisabeth II, Ferdinand VII* ; parmi ses tableaux de genre : *Un jeune Africain* ; et parmi ses œuvres religieuses : *La Cène, Jésus lavant les pieds de ses disciples, Antoine de Padoue*.

ARRAULT Henri Marie Joseph
Né à Bayonne (Pyrénées-Atlantique). XXᵉ siècle. Français.
Peintre.
Expose à Paris au Salon de la Nationale en 1924 et aux Tuileries en 1928.

ARRE Olof Jacobson
Né en 1729. Mort le 16 juillet 1809 à Täby. XVIIIᵉ siècle. Suédois.
Graveur au burin.
Géomètre, il fut nommé directeur d'une école de dessin, fondée en 1757. Il étudia à Stockholm et exécuta un grand nombre de dessins, gravés en partie par lui, en partie par Bergqvist.

ARREDONDO Garcia de
XVIᵉ siècle. Actif à Villadiego. Espagnol.
Sculpteur.
Travailla, vers 1598, à l'autel d'une chapelle de l'église Nostra. Señora de las Angustias, à Tudela de Duero.

ARREDONDO Isidoro
Né en 1653 à Colmenar de Oreja. Mort en 1702 à Madrid. XVIIᵉ siècle. Espagnol.
Peintre d'histoire.
Cet artiste fut d'abord l'élève de Josef Garcia, puis il passa sous la direction de Francesco Rizi. Dès ses débuts comme peintre d'histoire, son talent s'affirma, et à la mort de Rizi, il remplaça ce maître comme peintre du roi Charles II d'Espagne. Un de ses principaux ouvrages est une peinture du *Couronnement*, que Palamino cite comme une remarquable composition. Il décora à fresque et à l'huile un grand nombre d'églises et de palais. On cite notamment la légende de l'*Amour et Psyché* au Palais Royal.

ARREDONDO Manuel
XVIIIᵉ siècle. Actif à Madrid. Espagnol.
Peintre.
Mentionné avant 1712 pour avoir travaillé à la Cour.

ARREDONDO AVENDANO Eduardo
Né le 15 septembre 1872 à Madrid. XIXᵉ-XXᵉ siècles. Espagnol.
Peintre.
Élève de l'Académie San Fernando, il exposa à Madrid, plus particulièrement des paysages, notamment : *Paysage de la Sierra, Vue de Santander*.

ARREDONDO Y CALMACHE Ricardo
Né en 1835 à Sella, près de Teruel (Aragon). Mort en 1908. XIXᵉ siècle. Espagnol.
Peintre de sujets de genre, paysages.
Il travailla dans différentes villes espagnoles et exposa, en 1882, à Madrid. Il obtint plusieurs récompenses, par la suite, dans des expositions étrangères. Citons parmi ses œuvres : *Déjeuner dans un jardin, Les Moulins* (exposé en 1900 à l'Exposition de Paris).

VENTES PUBLIQUES : LONDRES, 19 mars 1986 : *Scènes de rue à*

Tolède, deux h/pan. (40x22) : **GBP 8 500** – MADRID, 26 mai 1987 : *Paysage de Tolède*, h/t (75x53) : **ESP 200 000** – MADRID, 28 jan. 1992 : *Tolède*, h/pan. (25x50) : **ESP 476 000**.

ARREGIA Arigo de. Voir **AREGIO Pablo de**

ARREGUI Romana
Née le 28 février 1875 dans le Pays-Basque. Morte en 1932. XIXe-XXe siècles. Française.
Peintre de genre.

Elle a exposé jusqu'à sa mort au Salon des Indépendants de Paris.

Elle a presque toujours peint des scènes de cabaret en les situant chez les mousquetaires de Louis XIII, prenant visiblement plaisir aux détails des costumes. Elle a également peint les personnages typiques du folklore basque.

VENTES PUBLIQUES : PARIS, 2 juin 1944 : *L'homme au manteau rouge* : **FRF 4 000** – VERSAILLES, 29 fév. 1976 : *Les trois fumeurs*, h/pan. (33x46) : **FRF 4 000** – VERSAILLES, 12 mars 1978 : *Portraits d'hommes*, deux peint./bois (27x21) : **FRF 5 200** – MADRID, 23 jan. 1979 : *Vieillard lisant*, h/t (55x48) : **ESP 85 000** – VERSAILLES, 24 oct. 1982 : *Portraits de vieillards*, 2 h/pan., formant pendants (27x22) : **FRF 5 000** – PARIS, 19 juin 1989 : *Vieux Basque à la cigarette*, h/pan. (27x21,5) : **FRF 4 000** – PARIS, 10 déc. 1996 : *Les Trois conspirateurs*, h/pan. (33x41) : **FRF 6 000**.

ARRESTE
XVIIIe siècle. Vivait à la fin du XVIIIe siècle à Lille. Français.

Il fut élève de l'École de dessin de cette ville, et exposa en 1777 au Salon de l'Académie des Arts de Lille, un bas-relief représentant *Mars et Vénus*.

ARRIARAN Pablo
Né à Buenos Aires. XXe siècle. Argentin.
Peintre.

Exposa un portrait au Salon de la Nationale à Paris, en 1914.

ARRIBAS Maria Luisa
Née à Madrid. XXe siècle. Espagnole.
Peintre.

Expose au Salon des Indépendants en 1935.

ARRIENS Carl
Né le 12 août 1869 à Heide (Holstein). XIXe siècle. Allemand.
Peintre et dessinateur.

Travailla à Schöneberg (près de Berlin) et se fit surtout remarquer comme illustrateur. Il exposa à Berlin, en 1909, une gouache : *Vue d'Italie*.

ARRIENTI Carlo. Voir **ARIENTI**

ARRIER Pierre
XIVe siècle. Français.
Maître d'œuvre.

Il travailla au château des Papes à Avignon (1337-1342) comme maître d'œuvre.

ARRIERO Y MORACIA José
Né au XIXe siècle à Madrid. XIXe siècle. Espagnol.
Graveur.

Élève de l'Académie San Fernando et de Ricardo de Los Rios. Il exposa, en 1901, à Madrid.

ARRIET
Né en Allemagne. XVIe siècle. Travaillant au Portugal. Allemand.
Miniaturiste et calligraphe.

Mentionné pour un livre d'armoiries.

ARRIETA Jose Agustin ou **Arrietta**
Né en 1802 à Puebla. Mort en 1879 à Mexico. XIXe siècle. Mexicain.
Peintre de sujets de genre, paysages, intérieurs.

Il est particulièrement intéressé par les thèmes de sa région. Il a un bon sens de la composition et aime faire des descriptions fidèles d'objets régionaux et de types sociaux, particulièrement ceux des classes les plus pauvres. Ses peintures, de petites dimensions, sont faites pour les décorations intérieures.

MUSÉES : MEXICO (Mus. Nat. des Beaux-Arts) – PUEBLA (Mus. Bello).

VENTES PUBLIQUES : NEW YORK, 21 nov. 1988 : *Vue de la mine de la Sierra de Loreto à Real del Monte*, h/t (49x72) : **USD 30 800** ; *Dans le patio*, h/t (49x46,4) : **USD 38 500**.

ARRIEU Lucien Frédéric
Né en 1913. XXe siècle. Français.

Peintre de genre.
Réaliste, il recherche les sujets anecdotiques ou pittoresques.

VENTES PUBLIQUES : PARIS, 29 mai 1964 : *La toile abandonnée* : **FRF 2 000** – PARIS, 5 juil. 1994 : *Nature morte à la bouteille*, h/t (60x30) : **FRF 14 000** – PARIS, 15 déc. 1994 : *Le tribunal*, h/t (50x61) : **FRF 30 000**.

ARRIGHETTI Domenico, dit **Cavedone**
XVIIe siècle. Actif à Sienne. Italien.
Sculpteur.

Cet artiste vécut vers 1637 et dut travailler pour la Compagnie de Saint-Jean-Baptiste, à Sienne.

ARRIGHETTI Tommaso
XVIIIe siècle. Actif à Florence. Italien.
Peintre et dessinateur.

D'après Füssli, cet artiste dessina, vers 1775, plusieurs des plus célèbres tableaux des Offices, notamment *La Nativité du Christ* de Corrège, qui fut gravée au burin.

VENTES PUBLIQUES : PARIS, 28 déc. 1922 : *Portraits de jeunes gens*, deux dessins : **FRF 200**.

ARRIGHI Émilien
Né à Marseille (Bouches-du-Rhône). XXe siècle. Français.
Peintre.

Expose en 1938 au Salon d'Automne à Paris.

ARRIGHI Giovanni Battista
XVIIe siècle. Actif à Florence, vers 1688. Italien.
Peintre.

Cet artiste a copié un *Saint Louis de Gonzague* de Richa, pour l'église San Giovanni à Florence.

ARRIGHI Giuseppe ou **Arighi**
Né à Volterra. XVIIe siècle. Italien.
Peintre.

Cité par Zani ; il fut élève de Baldassare Franceschini. Ne paraît pas identique à ARIGHINI (Giuseppe).

ARRIGHI Roch
Né à Clichy. XXe siècle. Français.
Peintre.

Élève de Poissinger ; expose un portrait au Salon des Artistes Français à Paris en 1935.

ARRIGHI Romilda
Née à Florence. XIXe-XXe siècles. Italienne.
Peintre.

Élève de l'Académie Royale des Beaux-Arts. Prit part en 1900 au concours Alinari avec son tableau : *In futurum videns*.

ARRIGO, maestro
XVIe siècle. Italien.
Peintre.

Il était actif à Florence. Peut-être identique à ARRIGO Fiammingo.

ARRIGO Francesco, fra
XVe siècle. Actif à Sienne. Italien.
Miniaturiste.

ARRIGO da Campione
XIIIe siècle. Actif à Modène. Italien.
Sculpteur.

Mentionné, en 1244, au sujet d'un contrat pour la construction de la cathédrale de Modène.

ARRIGO da Campione Henricus Campionensis
XIVe siècle. Actif à Modène. Italien.
Sculpteur.

Petit-fils de Arrigo di Otacio di Anselmo da Campione qui, peut-être, était Arrigo da Campione mentionné en 1244. Il acheva, vers 1319, la tour de Ghirlandina.

ARRIGO Fiammingo, appelé aussi **Hennequin de Meecle, Henricus Van Micheln, Enrico Malinis, Nicolas Hendrick,** peut-être aussi **Hendrick Van den Broeck**
Né vers 1522-1523 probablement à Malines. Mort en 1600 ou 1601 probablement à Rome. XVIe siècle. Éc. flamande.
Peintre verrier.

On ignore son nom de famille. Sans doute s'agit-il de Hendrick van den BROECK et peut-être est-il identique en même temps à Heinrich Paludanus. Il était actif à Malines. Il travailla à Pérouse et à Modène, puis à Rome au temps de Grégoire XIII et de Clément VIII. Il fut appelé Fiammingo (Flamand) à cause de ses origines. Grégoire XIII l'employa aux travaux du Vatican. Il fit une *Résurrection* dans la chapelle Sixtine et beaucoup de fresques au

Vatican, à la Bibliothèque, au Campo-Santo, à Sainte-Marie-Majeure, etc. Les édifices publics de Rome renferment un grand nombre de peintures à l'huile et à fresque de cet artiste. L'église de la Madonna Degli Angeli possède de lui deux tableaux : *Le Christ et Marie-Madeleine dans la maison du Pharisien* et *Saint Michel triomphant des mauvais anges*. On cite encore de lui une *Adoration des Mages* (église Saint-François à Pérouse).

ARRIGONI Alessandro
Né le 7 janvier 1764 à Barzio près Côme. Mort en 1819. XVIIIe-XIXe siècles. Italien.
Peintre de fleurs.
Le Musée de Milan possède de lui une toile.

ARRIGONI Angelo
XVIIe siècle. Actif à Naples probablement. Italien.
Peintre.
D'après Zani, cet artiste serait l'auteur de son propre portrait, conservé dans une collection particulière à Vérone.

ARRIGONI Anton
Né en 1788 à Vienne. Mort le 6 décembre 1851 à Dresde. XIXe siècle. Autrichien.
Peintre, décorateur.
Élève de l'Académie de Vienne, il travailla au théâtre de Vienne, puis à Brünn, à Breslau, à Presbourg. Il fut appelé à Dresde, en 1826, comme peintre de la Cour. C'est probablement lui qui, avec Traugott Faber, exécuta pour le roi Frédéric Auguste II une suite d'aquarelles des sites et des églises de Saxe.

ARRIGONI Antonio
XVIIIe siècle. Actif à Venise. Italien.
Peintre.
Cet artiste peignit un grand nombre de tableaux d'église, notamment une série de *Miracles de saint Antoine*. On lui attribue en outre un tableau : *L'Idolâtrie de Salomon,* qui fut gravé par P. Monaco.

ARRIGONI Camillo
Né à Bergame. XVIe siècle. Travaillant à Ferrare de 1543 à 1555. Italien.
Peintre.

ARRIGONI F.
XIXe siècle. Italien.
Graveur.
Mentionné pour avoir exécuté, vers 1833, trois gravures à l'aquatinte, en collaboration avec G. Bramati.

ARRIGONI Giuseppe
Né à Milan. XIXe siècle. Italien.
Sculpteur sur bois et pierre.
On lui attribue les sièges sculptés du chœur de l'église paroissiale d'Oggiono.

ARRIGONI Ottavio ou Rigone, Rigoni
XVIIe siècle. Italien.
Peintre.
Il est cité en 1647 à Brescia.

ARRIGUZZI Fabrizio
XVIIe siècle. Italien.
Sculpteur.
Il travailla à Rome de 1655 à 1674. On cite parmi ses œuvres : deux statues destinées à la confrérie de Saint-Augustin, en 1674 ; un grand nombre de figurines en plâtre, et un buste, qui dut servir de modèle à F. Scandellari de Bologne pour l'exécution du tombeau du Guerchin à Cento.

ARRIVABENE Boris
Né le 12 mai 1922 à São Paolo. XXe siècle. Brésilien.
Graveur, peintre.
Il exerce la médecine. Il étudia aussi dessin, gravure, peinture, à l'Ecole d'Art Panaméricaine de São Paolo. Il est membre d'associations artistiques et participe à des expositions collectives dans les grandes villes du Brésil, où sont organisés des Salons institutionnels.

ARRIVABENE Giulio Cesare, comte
Né en 1806 à Mantoue. XIXe siècle. Italien.
Peintre.
Élève de l'Académie de Milan, il reçut une première récompense, en 1833, pour son tableau : *Aman aux pieds d'Esther.* Il travailla ensuite à Rome pour le marquis Lomellini de Gênes, et exécuta un tableau : *Jane Gray entendant sa condamnation à mort,* pour le marquis Ala Pongoni de Milan, notam-

ment : *Le Divorce de Henri VIII,* et pour nombre de grands personnages, soit qu'il ornât de fresques leurs appartements et les chapelles de leurs châteaux, soit qu'il exécutât des toiles de chevalet. Il se fixa à Florence en 1853.

ARRIVET J.
XVIIIe siècle. Actif à Paris. Français.
Dessinateur et graveur au burin.
Outre de nombreuses vignettes pour l'*Atlas corse,* de N. Bellin et pour le *Petit Atlas maritime,* cet artiste exécuta un grand nombre d'illustrations, notamment pour les *Fables* de Dorat, et pour *Quatre heures de la toilette des Dames,* et une vignette pour le plan de la bataille de Johansberg, 1766.
VENTES PUBLIQUES : PARIS, 7 déc. 1934 : *Le grand café royal Alexandre sur les boulevards à Paris,* dess., pl. et lav. : FRF 1 100.

ARROBINE G.
XVIIIe siècle. Britannique.
Peintre.
Un des tableaux de ce peintre, *Jeunes paysannes,* fut exposé en 1783 à la Royal Academy à Londres.

ARROLL Richard Hubbard
Né le 24 mai 1853 à Helensburgh (Écosse). XIXe siècle. Britannique.
Peintre.
Expose à Paris des paysages au Salon des Artistes Français en 1928-1931.

ARRONDELLE E.
XIXe siècle. Français.
Sculpteur.
Exposa au Salon, à Paris, de 1885 à 1898.

ARROWSMITH Charles
Né en 1798 à Paris. XIXe siècle. Français.
Peintre et marchand de tableaux.
Élève de Daguerre, il peint avec lui des dioramas. Il exposa à Paris en 1827, à Douai en 1829, à la Royal Academy de Londres en 1830. Il est surtout intéressant pour avoir lancé, en 1824, les aquarellistes anglais et Constable, et les avoir révélés au public français.
MUSÉES : DIJON : *Intérieur de l'église de Montmartre.*
VENTES PUBLIQUES : PARIS, 1834 : *Intérieur d'église* : FRF 120 – PARIS, 1844 : *Cave de maraîcher* : FRF 296.

ARROWSMITH H. J.
XIXe siècle. Britannique.
Paysagiste.
Il prit part à Londres, où il travaillait, à plusieurs expositions de Suffolk Street de 1855 à 1865. Peut-être identique à Hannah.

ARROWSMITH Hannah F.
XIXe siècle. Britannique.
Peintre de paysages.
Elle exposa à Londres, où elle travaillait, en 1867.

ARROWSMITH Thomas
XVIIIe-XIXe siècles. Actif à Londres. Britannique.
Peintre de sujets religieux, portraits, miniatures, copiste.
Le nom de ce peintre figure dans les catalogues de la Royal Academy de Londres, entre 1792 et 1829. Il exposa de nombreux portraits et des copies telles que : *Caïn et Abel, Jésus et Marie-Madeleine.*
VENTES PUBLIQUES : PENRITH (Cumbria), 13 sep. 1994 : *Portrait de Henry Hoste Henley de Sandringham debout en habits campagnards* 1812, h/t (224x147) : GBP 6 325 – LONDRES, 12 nov. 1997 : *Portrait de Frank Buckle* 1816, h/t (71x53,5) : GBP 3 450.

ARROYO Augustin
XVIIe siècle. Espagnol.
Enlumineur.
Travailla à Burgos en 1630, aux livres de chœur de la cathédrale.

ARROYO Diego de
Né en 1498 à Tolède. Mort en 1551 à Madrid. XVIe siècle. Espagnol.
Miniaturiste et enlumineur.
En 1520, cet artiste peignait à Tolède des miniatures pour les livres de la cathédrale de cette ville. Au service de Phillipe II, il a exécuté pour ce prince un certain nombre de travaux et entre autres, quatre portraits de l'impératrice Isabelle (1540).

ARROYO Eduardo
Né le 26 février 1937 à Madrid. XXe siècle. Depuis 1958 actif en France. Espagnol.

Peintre de compositions animées, figures, portraits, aquarelliste, peintre de technique mixte, décorateur de théâtre, sculpteur, graveur, dessinateur. Nouvelles figurations.

Il fit ses études secondaires au Lycée Français de Madrid et à l'École de Journalisme. Quand il quitta délibérément l'Espagne fasciste pour Paris en 1958, il était âgé de vingt-et-un ans. Son exil devait durer une vingtaine d'années. Il se destinait alors au journalisme et non à la peinture. Son projet essentiel était de militer politiquement. Il considéra alors que la peinture était le médium le plus directement accessible, donc le plus efficace. Il se forma à ce mode d'expression totalement en autodidacte, d'autant plus aisément que ce n'était absolument pas l'éventuelle dimension esthétique de l'œuvre qui l'intéressait, bien au contraire, mais son intelligibilité immédiate, le pouvoir de l'image. Il rassembla à son propre usage une technique mixte, dans laquelle était permis tout ce qui créait l'image efficace. Le collage, sous des formes diverses, est resté une des constantes de son style. Dans ses débuts, il recourut souvent à ce qu'on appela alors la « modification » : partir soit d'une vraie peinture, récupérée chez les brocanteurs, soit d'une reproduction, seule possibilité quand il s'agissait d'un Goya, d'un Vélasquez ou même d'un Miro, et, par des interventions picturales nouvelles, en modifier le sens, en général dans des intentions polémiques où l'humour intervient souvent. S'étant rapidement rendu maître de ces techniques minimales, il commença très tôt à exposer dans des manifestations collectives, dont on peut citer quelques-unes dans ses débuts : en particulier le Salon de la Jeune Peinture, à partir de 1960, dont il fut un des membres influents, avec Aillaud et Récalcati, de 1964 à 1969, y déclenchant les actions militantes qui firent le renom momentané de ce groupement, les Salons plus traditionnels Grands et Jeunes d'Aujourd'hui et Salon de Mai. Il figurait aussi aux expositions thématiques organisées autour de l'apparition, en pleine domination de l'abstraction, des nouvelles figurations : *Mythologies quotidiennes* 1964, *La figuration narrative dans l'art contemporain* organisée par Gérald Gassiot-Talabot en 1965, où, avec Aillaud et Récalcati, ils créèrent le scandale à la suite de peintures collectives : *Vivre et laisser mourir ou la fin tragique de Marcel Duchamp*, dans lesquelles ils se représentèrent en meurtriers rituels de Duchamp, *La salle rouge pour le Viêt-Nam* 1968, *Vingt-cinq années de paix*, *Trente ans après* 1971...

Depuis 1961 il montre aussi ses peintures dans des expositions personnelles, à Paris, dans de nombreuses villes d'Italie, Belgique, Hollande, Allemagne, etc., parmi lesquelles : Musée d'Art Moderne de la Ville de Paris (A.R.C.), Kunstverein de Francfort, Musée d'Utrecht et Kunstverein de Munich, toutes quatre en 1971 ; Städtische Kunsthalle de Düsseldorf 1972 ; Fondation Nationale des Arts Graphiques et Plastiques de Paris 1978 ; Städtische galerie im Lenbachhaus, Munich 1980 ; Musée National d'Art Moderne, Centre Pompidou, Paris 1982 ; la rétrospective du Musée National d'art Moderne de Madrid 1982 ; le Musée Guggenheim de New York, l'exposition de peintures de 1975 à 1987 au Museo Cantini de Marseille 1988 ; galerie Dionne de Paris en 1993 ; Musée National Centre d'Art Reina Sofia à Madrid, considérable rétrospective de près de quarante ans de création, 1998 ; etc.

Depuis 1969 il a aussi créé des décors, notamment pour *Woyzeck* l'opéra d'Alban Berg 1971, *La Walkyrie* de Wagner pour l'Opéra de Paris 1976, etc. Parallèlement à son activité picturale, il a aussi créé des sculptures, écrit une biographie : *Panama Al Brown* et une pièce de théâtre : *Bantam*.

L'œuvre d'Arroyo se présente comme une alternance de périodes militantes ou en tout cas violemment critiques, et de périodes familières, volontiers tendrement humoristiques. En dépit de certaines apparences, il convient de ne pas croire que seules les périodes familières sont autobiographiques. Les deux le sont puisque lorsqu'il décide de combattre par l'image telle ou telle hydre de l'histoire politique du moment, c'est en tant que témoin et par son témoignage. C'est lui qui voit et fait voir et qui dénonce. Dans ses premières périodes agressives, quand il ne s'en prenait pas directement au franquisme, par des voies détournées il critiquait encore les conditions sociales contemporaines qui rendaient le franquisme possible. Dans cette période sans doute la plus théoricienne, ses attaques contre l'art furent nombreuses et virulentes, il accusait l'art le plus actuel, le plus à la mode dans l'intelligentsia, le plus artificiel peut-être, de concussion dans les actions de coercition élitiste de la part de la société dominante. Dans ses périodes d'autobiographie fami-

lière, il a encore et toujours une attitude de réflexion à tendance militante. Il s'y agit souvent, et pour cause, d'une interrogation sur le rôle possible du peintre dans la société, et de la situation de l'intellectuel dans l'exil, ainsi dans les séries : *Angel Ganivet* ou *José Maria Blanco White* ou encore de 1976 sur le sort de l'émigré turc *En souvenir de Kreuzberg*, interrogation qui déborde finalement les cas particuliers pour considérer qu'en définitive tout individu est en exil permanent : *Toute la ville en parle*. Dès le début il maîtrisait vocabulaire et syntaxe du langage pictural qu'il s'était composé et auquel il se tiendrait, sauf quelques réajustements éventuels, et dont les principales composantes sont : agressivité ou au moins causticité associées à humour, et ce couple de forces complémentaires manifesté sous la forme d'un jeu de métaphores multiples, la plupart inventées en accord avec chaque nouveau thème, certaines, permanentes, traversant la diversité des sujets, et avouant parfois le pop art comme une des sources de son iconographie : personnages de bandes dessinées, le héros des romans de la série américaine *Le Saint*, et peut-être surtout les semelles des souliers de l'éternel émigré, semelles montrées presque toujours comme du soulier de la jambe en l'air, encore dans le champ du tableau, d'un homme qui fuit hors de la scène, qui a toujours fui, hors de son pays, hors de lui-même.

Le retour de l'Espagne à une normalité politique de type européen, démocratique et libérale, a donc désamorcé la dimension contestataire et accusatrice si importante jusque là du propos pictural d'Arroyo. Après tant d'années d'exil, son retour en Espagne rendu possible a certainement marqué une rupture dans sa conscience du monde, dans sa perception du rôle de la peinture. Obsédé par la situation espagnole, sa peinture d'exilé, de proscrit, ne lui importait qu'en tant qu'instrument de combat contre l'ennemi extérieur. Libéré de cette obsession, il a reporté ce besoin de combat sur la peinture elle-même, devenue l'adversaire, comme était l'adversaire dans ses débuts l'art en tant que symbole de l'oppression sociale. L'autobiographie picturale, narrative, du combattant politique ayant perdu son objet : l'Espagne franquiste, interdite et hostile, elle le retrouve, inversé en Espagne libérée et heureuse, accueillante. Il redécouvre l'Espagne, comme en amoureux. Il est particulièrement sensible à ce qu'il appelle les « clichés » de la vie espagnole : non pas les espagnolades mais les hispanismes, qu'il introduit dans le tissu quotidien de ses peintures, avec humour et tendresse. Si la thématique générale de son travail s'est trouvée fondamentalement bouleversée, la syntaxe de sa formulation est restée inchangée, toujours issue de la technique du collage, de ce que lui nomme le « fragmentaire » ou encore « la mythologie de chaque jour » : « C'est justement cet aspect sériel, fragmentaire, morcellé, ces différences stylistiques, ces mélanges, (...) toute cette incohérence, qui font la cohérence de mon œuvre. » Ainsi a-t-il préservé, malgré un profond retournement du sens, ce qu'on peut appeler « le style Arroyo », cocasse dans le grave, tragi-comique autobiographie de ses obsessions, prenant volontiers forme de feuilleton à suivre, toujours reconnaissable malgré le mélange des genres.   ■ Jacques Busse

Bibliogr. : Divers : Catalogue de l'exposition *Eduardo Arroyo – 30 ans après*, Mus. mun. d'art mod., Paris, – G. Gassiot-Talabot, in : *Figurations, 1960-73*, 10/18, Paris, 1973 – *35 ans après*, 10/18, Paris, 1979 – Pierre Astier : *Arroyo*, Flammarion, Paris, 1982 – divers : Catalogue de l'exposition *Eduardo Arroyo*, Centre Georges Pompidou, Paris, 1982 – divers : Catalogue de l'exposition *Eduardo Arroyo, Berlin, Tanger, Marseille*, Mus. Cantini, Marseille, 1988 – Elisabeth Vedrenne : *Eduardo Arroyo et sa comédie de l'art*, Beaux-Arts, Paris, nov. 1988.

Musées : Barcelone (Fond. La Caixa) – Belfort – Berlin (Nat. Gal.) – Bruxelles (Fond. Vera Neman) – Caceres (Mus. mun.) – Cagliari (Gal. comm.) – Chartres – Hambourg – Lausanne (Mus. canton.) – Livourne (Mus. Progressivo) – Madrid (Reina Sofia Mus.) – Marseille (Mus. Cantini) – Marseille (FRAC) – Munich (Nat. Gal.) – New York (Sol. Guggenheim Mus.) – Nîmes – Oslo (Fond. Sonia Henie) – Paris (Mus. Nat. d'Art Mod.) – Paris (FNAC) – Paris (Mus. mun. d'Art Mod.) : *El caballero espanol* 1970 – Paris (BN) – Saint-Paul-de-Vence (Fond. Maeght) – Stockholm (Mod. Mus.) – Strasbourg – Strasbourg (FRAC) – Utrecht – Valence (Inst. Val. de Arte Mod.) – Villeneuve-d'Ascq – Washington D. C. (Hirson Mus.).

VENTES PUBLIQUES : ROME, 9 déc. 1976 : *Pont d'Arcole* 1965, h/t (80x64) : **ITL 900 000** – PARIS, 8 mars 1977 : *Jeune et Oise* 1965, h/t (120x120) : **FRF 6 200** – MILAN, 28 mars 1977 : *Le Nil* 1973, techn. mixte (60x77,5) : **ITL 260 000** – PARIS, 29 mars 1979 : *La femme du mineur Constantina Perez Martinez (Tina) arrêtée par la police* 1968, h/t (92x73) : **FRF 8 000** – MILAN, 22 mai 1980 : *Napoléon* 1967, acryl./t. (100x80) : **ITL 1 100 000** – PARIS, 28 avr. 1981 : *Junquera, inspecteur de la BPS de Biscaye* 1971, acryl./t. (102x82) : **FRF 7 500** – PARIS, 26 avr. 1982 : *Winston Churchill rencontre un collègue japonais* 1969, acryl./t. (116x130) : **FRF 16 500** – MILAN, 21 déc. 1982 : *Le Peintre* 1967, techn. mixte (41x55,5) : **ITL 900 000** – PARIS, 21 nov. 1983 : *Faust* 1976, techn. mixte (76,5x56,5) : **FRF 16 000** – PARIS, 21 juin 1984 : *Peintres aveugles* 1975, h/t (76x101) : **FRF 22 000** – LONDRES, 27 juin 1985 : *Parmi les peintres* 1975, h/t (97x130) : **GBP 4 000** – PARIS, 6 déc. 1985 : *Espagnole* 1972, cr. de coul. (64x49) : **FRF 15 500** – VERSAILLES, 15 juin 1986 : *Homme au chapeau,* collage/pap. (76x56) : **FRF 11 200** – PARIS, 15 oct. 1987 : *Brelan* 1983, gche aquarellée (34x27) : **FRF 26 000** – PARIS, 27 nov. 1987 : *Parmi les peintres* 1975, collage de pap. de verre (78x98) : **FRF 55 000** – PARIS, 20 mars 1988 : *Peintres aveugles* 1975, h/t (76x102) : **FRF 38 000** – PARIS, 15 juin 1988 : *Les compagnons du passé* 1964, h/t (146x114) : **FRF 52 000** – NEUILLY, 20 juin 1988 : *Un pont d'Arcole* 1965, acryl. et cr. coul./pap. mar./t. (70,5x50,5) : **FRF 16 000** – PARIS, 20 juin 1988 : *Profil* 1975, h. et aquar./pan. (75x57) : **FRF 25 500** – PARIS, 20 nov. 1988 : *La nuit espagnole* 1983, h/t : **FRF 161 000** – LONDRES, 23 fév. 1989 : *Peintre content de lui-même,* h/t (117x90) : **GBP 22 000** – PARIS, 23 mars 1989 : *Personnages aux chapeaux* 1984, techn. mixte/pap. (38x28) : **FRF 36 000** – VERSAILLES, 13 mai 1989 : *Parmi les peintres* 1975, techn. mixte (78x98) : **FRF 185 000** – PARIS, 15 juin 1989 : *Parmi les peintres, Pensando en un Viejo Cuado de Tapies* 1976, h/t (115x145) : **FRF 225 000** ; *Ramoneur VII* 1980, sculpt. bronze et matériaux divers (46x29) : **FRF 110 000** – AVIGNON, 25 juin 1989 : *Faust* 1976, gche (76x56) : **FRF 42 000** – PARIS, 8 oct. 1989 : *Sans titre* 1985, aquar. et collage (45x56) : **FRF 26 000** – LONDRES, 22 fév. 1990 : *Sans titre* 1987, h/t (146,3x111,4) : **GBP 57 200** – MILAN, 27 mars 1990 : *Pont d'Arcole,* acryl./t. (100x81) : **ITL 21 000 000** – PARIS, 28 mars 1990 : *Les Masques,* aquar. gchée (33x27) : **FRF 50 000** – PARIS, 3 mai 1990 : *Soulier double,* dess. et collage (28x38) : **FRF 24 000** – PARIS, 18 juin 1990 : *Brelan* 1983, aquar. (34x27) : **FRF 50 000** – PARIS, 20 nov. 1990 : *La femme du mineur* 1968, h/t (92x73) : **FRF 105 000** – PARIS, 5 fév. 1991 : *Paysage d'Égypte* 1974, gche/pap. mar./t. : **FRF 76 000** – LONDRES, 27 juin 1991 : *Parmi les peintres* 1977, acryl./t. (116x89) : **GBP 27 500** – MADRID, 28 avr. 1992 : *Trio* 1983, aquar./pap. de coul. (32x26,5) : **ESP 700 000** – PARIS, 6 juil. 1992 : *La Fête du livre* 1982, sérig. (77,5x86) : **FRF 40 000** – MILAN, 9 nov. 1992 : *Lendemain de Waterloo* 1965, h/t (65x81) : **ITL 6 000 000** – LONDRES, 25 mars 1993 : *Le Train de Carabanchel* 1964, h/t (144,8x111,6) : **GBP 6 325** – PARIS, 14 oct. 1993 : *Ramoneur XII* 1980, collage de pap. de verre/isor. (100x80) : **FRF 93 000** – MILAN, 22 nov. 1993 : *La Femme sans tête* 1964, h/t (145x112) : **ITL 21 213 000** – PARIS, 16 déc. 1994 : *Suicide de Ganivet,* acryl./cart. (60x80) : **FRF 16 000** – PARIS, 29-30 juin 1995 : *Maria Grazia Eminente* 1987, bronze polychrome (H. 43, l. 53, prof. 13) : **FRF 39 000** ; *Le meilleur cheval du monde* 1965, h/t (200x230) : **FRF 150 000** – LONDRES, 21 mars 1996 : *Velasquez prend le soleil* 1962, h/t (97,2x162,5) : **GBP 5 520** – PARIS, 20 juin 1996 : *Adonis* 1980, mine de pb et cr. coul./pap. (73x51) : **FRF 6 000** – VERSAILLES, 23 juin 1996 : *Parmi les peintres* 1977, acryl./t. (116x89) : **FRF 360 000** – PARIS, 29 nov. 1996 : *La Princesse des Oursins* 1988, terre cuite et métal (54x31x32) : **FRF 9 000** – PARIS, 16 déc. 1996 : *Souliers de Kreuzberg n° 7* 1976, collage pap. de verre (64x74) : **FRF 30 000** – LONDRES, 6 déc. 1996 : *Saul Steinberg à l'ombre des pyramides* 1973, acryl./pap./t. (150x175) : **GBP 6 900** – PARIS, 28 avr. 1997 : *Chien de Kreuzberg* 1976, mine de pb/pap. (64x49,5) : **FRF 4 500** ; *Brelan* 1983, aquar./pap. (34x26,5) : **FRF 13 000** ; *Mickey* 1986, gche, encre, aquar. et h/pap. (44x30) : **FRF 8 200** ; *Sans titre* 1975, collage pap. de verre/cart. (50x61) : **FRF 14 000** ; *Parmi les peintres* 1975, collage pap. de verre/cart. (120x95) : **FRF 125 000**.

ARROYO Juan
XVIIe siècle. Actif à Séville. Espagnol.
Peintre.
Fut un des artistes qui, sous l'influence de Murillo, fondèrent, en 1660, une Académie de dessin dans la Casa Lonja, à Séville.

ARROYO Y LORENZO Manuel
Né en 1854. Mort en 1902. XIXe siècle. Espagnol.

Peintre d'histoire, scènes de genre.
Il exposa à Madrid en 1880. Il peignit surtout des tableaux de genre. On cite parmi ses œuvres : *La duchesse d'Alençon présentée par François Ier à l'empereur Charles V, Un Flamand, Les Fourmis.*
VENTES PUBLIQUES : LONDRES, 15 fév. 1990 : *À la fontaine* 1892, h/t (37x28) : **GBP 1 100**.

ARRUE
XVIe siècle. Actif à Séville en 1549. Espagnol.
Sculpteur.
Arrue quitta Séville pour aller travailler en Amérique.

ARRUE Y VALLE Alberto
Né en 1878 à Bilbao. Mort en 1944 à Bilbao. XXe siècle. Espagnol.
Peintre de figures, portraits, paysages animés.
Frère ainé de José, Ramiro et Ricardo. Il fut élève de l'Académie des Beaux-Arts de San Fernando à Madrid. Il fit des séjours à Paris et en Italie. Il a souvent peint des scènes de la vie des pêcheurs du Pays Basque.
VENTES PUBLIQUES : MADRID, 26 mars 1981 : *Portrait de femme,* h/t (130x80) : **ESP 75 000**.

ARRUE Y VALLE José
Né en 1885 à Bilbao. Mort en 1977 à LLodio Alava. XXe siècle. Espagnol.
Peintre de paysages animés.
Frère de Alberto, Ramiro et Ricardo. Il fut élève de l'Institut de Bilbao, du Cercle artistique de Barcelone, de l'Académie de la Grande Chaumière à Paris. Il a peint des scènes typiques de la vie du peuple basque, et des scènes de tauromachie.

ARRUE Y VALLE Ramiro
Né en 1892 à Bilbao. Mort en avril 1971 à Saint-Jean-de-Luz (Pyrénées-Atlantiques). XXe siècle. Depuis 1910 actif en France. Espagnol.
Peintre de paysages animés, peintre à la gouache, illustrateur, décorateur de théâtre.
Frère de Alberto, José et Ricardo. Il fut élève de l'Académie de la Grande Chaumière à Paris. Peintre de sujets basques, il a essentiellement travaillé en France, ayant exposé à Paris, au Salon des Artistes Français avant la guerre de 1914, et plus fréquemment entre 1913 et 1937 au Salon d'Automne. Il fut ami de Ravel, Cocteau, Jammes. En 1928 il fit un voyage à travers l'Amérique latine. Dans les années trente, il créa des décors de théâtre pour Bayonne et Paris.
Ses paysages du Pays Basque, s'ils peuvent paraître quelque peu frustes, sont néanmoins solidement charpentés et peints dans une touche divisionniste qui fait vibrer la couleur.
VENTES PUBLIQUES : PARIS, 5-6 juin 1925 : *La maison des pêcheurs,* gche : **FRF 210** – MADRID, 25 mai 1977 : *Scène champêtre,* h/t (84x54) : **ESP 400 000** – MADRID, 22 nov. 1984 : *Romeria,* gche (23x33) : **ESP 130 000** – BIARRITZ, 19 mars 1989 : *L'église blanche,* h/t (50,5x61) : **FRF 16 000** – PAU, 25 avr. 1992 : *La famille basque,* h/t (50x61) : **FRF 120 200**.

ARRUE Y VALLE Ricardo
Né en 1890 à Bilbao. Mort en 1978 à Bilbao. XXe siècle. Espagnol.
Peintre de sujets de genre, natures mortes, céramiste.
Frère de Alberto, José et Ramiro. Il a aussi traité des thèmes basques et peint des natures mortes.

ARRUHAT Marie Thérèse, Mlle
Née à Lescar. XXe siècle. Française.
Peintre.
Élève de René-Marie Castaing, expose au Salon des Artistes Français en 1934 un *Intérieur d'atelier.*

ARRUTI Y POLA Eugenio
Né le 9 octobre 1845 à Luanco. Mort le 13 septembre 1889 à Saint-Sébastien. XIXe siècle. Espagnol.
Peintre.
Élève de l'Académie de S. Fernando, à Madrid, et de Carlos de Haes, il fit plusieurs voyages d'étude, notamment en France, en Italie, en Allemagne. De retour à Saint-Sébastien, il fut nommé professeur de l'école Artes y Oficios. On cite parmi ses œuvres : *Le Matin, Un naufrage, Vue de la Concha et de la baie de Saint-Sébastien, Le Rio de Loyola.*

ARSAL Eugène René
Né en 1884 à Paris. Mort en 1972. XXe siècle. Français.
Sculpteur, sculpteur en médailles, de bustes et de portraits.

Il fut élève d'Hector Joseph Lemaire à l'Ecole des Arts Décoratifs de Paris. Il a très régulièrement montré ses sculptures et médaillons au Salon des Artistes Français entre 1905 et 1939. La vente de son atelier a eu lieu en 1987.

ARSCHOT Nicolaus von
XIVᵉ siècle. Éc. flamande.
Miniaturiste.
Il est mentionné à Louvain en 1308.

ARSCHOT Wilhelm von
XIVᵉ siècle. Actif à Louvain. Éc. flamande.
Miniaturiste.
Mentionné par des documents de 1304.

ARSE José de
XVIIᵉ siècle. Travaillait à Séville dans la seconde moitié du XVIIᵉ siècle. Espagnol.
Sculpteur.
En 1667, sa femme, Margarita de Meneses, réclame à la Fabrique ce qu'elle devait à son mari, en tant que *maître sculpteur*.

ARSELAIN Saturnin
XVIIᵉ siècle. Actif à Paris en 1689. Français.
Peintre.

ARSENIOS
XIᵉ siècle. Actif en Italie. Grec.
Miniaturiste.
Cet artiste était moine, et a signé un manuscrit grec, orné de miniatures, conservé à l'abbaye du Mont Cassin.

ARSENIUS Carl Georg
Né en 1855. Mort en 1908 à Vineuil (près de Chantilly, Oise). XIXᵉ siècle. Depuis 1886 actif en France. Suédois.
Peintre animalier.
Après des études à l'École des Beaux-Arts de Stockholm de 1875 à 1880, il s'en alla à Paris où il travailla sous la direction de Jean-Paul Laurens. Il vint s'installer définitivement à Chantilly en 1886, ce qui n'empêcha pas le roi Oscar II de Suède de lui commander un portrait équestre. Il fut dessinateur au journal *Sport*. Avant tout animalier, il s'est très très spécialisé dans la représentation des chevaux, campés avec spontanéité et fougue. On cite de lui : *Le Cheval d'omnibus* 1883 – *Jument et son poulain* 1884 – *Retour de Longchamp* 1885 – *Longue attente* 1892 – *Roi Oscar II à cheval* 1895 – *Cheval dans l'eau*.
BIBLIOGR. : Gérald Schurr : *Les Petits Maîtres de la peinture 1820-1920, valeur de demain*, t. V, Les Éditions de l'Amateur, Paris, 1981.
VENTES PUBLIQUES : STOCKHOLM, 28 oct. 1980 : *Portrait d'homme* 1883, h/t (38x51) : **SEK 6 000** – STOCKHOLM, 30 oct. 1984 : *L'amazone* 1895, h/t (60x49) : **SEK 21 000** – STOCKHOLM, 22 avr. 1986 : *Jument et poulain au pâturage* 1883, h/t (115x133) : **SEK 22 000** – STOCKHOLM, 15 nov. 1988 : *Chienne boxer*, bronze (H.15, L.21) : **SEK 4 500** – STOCKHOLM, 16 mai 1990 : *Cavaliers faisant boire leurs montures dans une cour* 1883, h/t (52x70) : **SEK 14 000** – MONACO, 14-15 déc. 1996 : *Portraits présumés du duc de Chartres à cheval* 1899, h/t, une paire (chaque 36,5x45) : **FRF 25 740**.

ARSENIUS G.
XIXᵉ siècle. Français.
Sculpteur.
On cite de lui un bronze à la Société Nationale des Beaux-Arts, à Paris en 1901.

ARSENIUS Johann Georg
Né en 1818 à Vestergötland. Mort le 30 mai 1903 à Upsal. XIXᵉ siècle. Suédois.
Peintre.
Ancien officier, cet artiste fut élève de Wahlbom et de K. Staaff, et travailla à Paris vers 1852 et 1853. Il représenta surtout des chevaux. Citons notamment : *Course, Chevaux effrayés par une locomotive*. Son tableau le plus populaire est : *Cheval de Hussard*.

J. Arsenius (signature)

VENTES PUBLIQUES : PARIS, 2 mai 1949 : *Amazone à Varencheville* : **FRF 9 500** – STOCKHOLM, 27 oct. 1981 : *Le jeune cavalier* 1861, h/t (54x68) : **SEK 12 200** – STOCKHOLM, 1ᵉʳ nov. 1983 : *Pursang dans un paysage* 1873, h/t (54x72) : **SEK 21 500** – NEW YORK, 6 juin 1986 : *Le lieu du rendez-vous* 1853, h/t (31,8x39,3) :

USD 4 500 – STOCKHOLM, 19 avr. 1989 : *Paysage rocheux avec des chevaux et poulains au bord d'un lac* 1868, h/t (54x70) : **SEK 18 000** – STOCKHOLM, 16 mai 1990 : *Cavalier sur sa monture dans un paysage* 1855, h/t (67x59) : **SEK 12 500** – NEW YORK, 5 juin 1992 : *Chevaux et palefrenier*, h/t (40,6x49,5) : **USD 5 775**.

ARSENNE Louis Charles
Né le 13 décembre 1780 à Paris. Mort le 3 août 1855. XIXᵉ siècle. Français.
Peintre.
Aborda les différents genres de peintures, mais eut plus de succès comme auteur et publia plusieurs livres, notamment en 1833 : *Manuel du peintre et du sculpteur*.
MUSÉES : ROCHEFORT : *Portrait de M. Lesson, naturaliste, ancien pharmacien en chef de la marine* – *Portrait de Mme Lesson*.

ARSIGNY Jacques d'
XVIIᵉ siècle. Actif à Paris. Français.
Peintre.
Mentionné en 1640.

ARSING
XVIIIᵉ siècle. Suisse.
Émailleur.
Aurait exécuté plusieurs portraits au château de l'Électeur, à Düsseldorf.

ARSLAN
XXᵉ siècle. Français (?).
Dessinateur.
Il a montré ses œuvres dans une exposition personnelle à Paris, à la galerie Vallois en 1995-1996.
Depuis 1986, il poursuit un travail encyclopédique intitulé *L'Homme* qui réunit des planches au dessin méticuleux.

ARSON Alphonse Alexandre
Né le 11 janvier 1822 à Paris. Mort vers 1880. XIXᵉ siècle. Français.
Sculpteur animalier.
Élève de Combette, cet artiste exposa au Salon de Paris, entre 1859 et 1880. Il exécuta un grand nombre de sujets en bronze représentant des oiseaux de basse-cour, poules avec leurs poussins, faisans, perdrix, etc. Son travail subit une forte influence d'Auguste Cain, spécialement dans les oiseaux et le gibier.
VENTES PUBLIQUES : LONDRES, 21 août 1976 : *Faisan aux ailes déployées* vers 1870, bronze patiné (H. 43) : **GBP 320** – LONDRES, 25 nov. 1982 : *Chien avec un perroquet*, bronze (H. 52) : **GBP 700** – NEW YORK, 9 juin 1988 : *Groupe de faisans*, bronze (H. 58,5) : **USD 3 850** – PERTH, 30 août 1994 : *Un oryx*, bronze (h. 25) : **GBP 320**.

ARSON Olympe
Née le 17 septembre 1814 à Paris. XIXᵉ siècle. Française.
Peintre de fleurs et fruits, peintre à la gouache, aquarelliste.
Élève de Redouté, cette artiste exposa de 1835 à 1842 au Salon de Paris, des aquarelles de fleurs et de fruits.
VENTES PUBLIQUES : PARIS, 1835 : *Bouquet de fleurs des champs* : **FRF 450** – PARIS, 6 oct. 1995 : *Vase de fleurs et fruits sur un entablement*, gche/vélin (82x64) : **FRF 57 000**.

ARSTENIUS Carel Augusti
XVIIIᵉ siècle. Autrichien.
Peintre.
Il est mentionné par un document de 1750 pour l'achat du droit de cité à Amsterdam, où il fit le portrait du marchand Johann-Christian Cuno, gravé ensuite par C. F. Marstaller.

ARSTENIUS J. A.
XVIIᵉ siècle. Allemand.
Dessinateur.
Mentionné vers 1711, pour un dessin du château de Wolfenbüttel, gravé par J. G. Baeck.

ART & LANGUAGE, groupe constitué en 1968 de : ATKINSON Terry, BAINBRIDGE David, BALDWIN Michael, BURN Ian, HARRISSON Charles, HURRELL Harold né en 1940, PILKINGTON Philip, RAMSDEN Mel, RUSHTON David. ensuite : BALDWIN Michael, RAMSDEN Mel
XXᵉ siècle. Britanniques.
Artistes. Conceptuel.
Atkinson, Bainbridge, Baldwin et Hurrell qui avaient déjà collaboré à différents projets déposèrent le nom d'*Art & Language* en 1968 en Angleterre. Burn et Ramsden s'y associèrent en 1971, Pilkington et Rushton d'une part et Harrisson d'autre part rejoi

gnirent l'association la même année. En mai 1968, les artistes regroupés sous le nom d'*Art & Language* fondèrent la société *Art & Language Press* et le premier numéro sortit un an plus tard. En 1969, Terry Atkinson demanda à Joseph Kosuth d'assumer la fonction de rédacteur en chef pour les États-Unis. En plus de cet organe de diffusion de leurs idées et de leur œuvres, les artistes membres d'*Art & Language* ont participé aux grandes manifestations internationales présentant des travaux conceptuels, dont l'exposition mythique *Quand les attitudes deviennent formes*, organisée à la Kunsthalle de Berne en 1969. Ils ont également participé à la Biennale de Paris en 1971, en 1988 ils figuraient dans l'exposition *L'Art conceptuel I* du CAPC Musée d'Art Contemporain de Bordeaux, et en 1989-1990 étaient représentés dans l'exposition *L'Art conceptuel, une perspective* au Musée d'Art Moderne de la Ville de Paris. En 1980 une exposition personnelle de leurs travaux s'est tenue au Stedelijk van Abbemuseum d'Eindhoven, entre 1983 et 1985 ils ont donné des galeries à Gand, Londres, Birmingham et à l'Institute of Contemporary Art de Los Angeles, en 1986 à la Galerie de Paris à Paris, en 1987 *Index : Incidents in a Museum*, présentation complète des peintures et dessins s'est tenue à Bruxelles au Palais des Beaux-Arts. En 1988-1989 une rétrospective de leur travail s'est tenue à la Tate Gallery de Londres ; en 1992, bien qu'anglais, au Whitney Museum de New York ; en 1992-93 au Musée du Jeu de Paume de Paris.

Art & Language représente la branche européenne de l'art conceptuel, avant-garde de la fin des années soixante essentiellement américaine. Ils ont pris une part active à son rayonnement international. Repoussant les limites du champ artistique traditionnel, ils portent leurs réflexions et leurs interrogations sur l'objet de l'art lui-même, en privilégiant le discours critique sur la diffusion et la perception de l'œuvre. Leur propos est essentiellement l'analyse des codes de représentation du monde réel. « *Art & Language* est une forme particulière de critique de l'objet d'art, qui vise le discours à l'intérieur duquel cet objet est représenté et se voit doté d'une valeur » écrit Charles Harrisson. L'art conceptuel d'*Art & Language* peut être caractérisé comme un passage de l'objet artistique à une forme linguistique. Le nom dont le groupe se dote est à cet égard significatif, le langage « étant ce qui permet de comprendre, de discuter, d'affronter des points de vue de façon collective » (Michel Bourrel). Dans les premiers travaux des années soixante-dix, le groupe s'abstenait d'employer la peinture et la sculpture comme moyens d'expression « otages de l'esthétique que peut évaluer le spectateur idéalement compétent ». Revenues en force sur la scène artistique à l'aube des années quatre-vingt, peinture et sculpture sont ici utilisées pour une critique et un questionnement de l'institution muséale, sa fonction sociale et son incidence sur les œuvres.

■ Florence Maillet

Bibliogr. : Catal. de l'exposition *Art & Language*, Mus. d'Art Mod. de Toulon, 1982 – Catal. de l'exposition *Art & Language, les peintures*, Palais des Beaux-Arts, Bruxelles, 1987 – Catal. de l'exposition *Art conceptuel I*, CAPC-Musée d'Art Contemporain de Bordeaux, 1988 – Catal. de l'exposition *L'Art conceptuel, une perspective*, Mus. d'art Mod. de la ville de Paris, 1989-1990.

Ventes Publiques : Paris, 24 avr. 1988 : *Study for Index : Incident in a museum* 1985, gche et collage (100x150) : **FRF 51 000** – Paris, 9 mai 1990 : *Failed town planning* 1987, litho. (72x102) : **FRF 4 000** – Paris, 20 jan. 1991 : *Sans titre* 1973, casier métallique avec fiches (27x62x69) : **FRF 77 000** – Paris, 8 oct. 1991 : *Sans titre, neoge* 1983, peint./pap. (88x201) : **FRF 20 000** – New York, 14 nov. 1991 : *Charte* 1972, cr./pap. graphique, photocopies et ruban adhésif de cellophane (286,3x278,8) : **USD 6 600** – New York, 18 nov. 1992 : *Miroir* 1965, miroir/t./bois (34,9x92x10,2) : **USD 9 900** – New York, 23-25 fév. 1993 : *Matérialisme dialectique* 1975, photostat /cart. (23,2x115,9) : **USD 9 775** – New York, 3 mai 1993 : *Equal text 19* 1967, photostat/pap. (41,9x61,6) : **USD 4 025** – Amsterdam, 2 déc. 1997 : *Study for Index : Incident in a museum 24* 1987, acryl. et cr./pap. (98,5x151) : **NLG 12 685**.

ART Berthe

Née le 26 décembre 1857 à Bruxelles. Morte en 1934. XIXe-XXe siècles. Belge.

Peintre de portraits, paysages, fleurs, pastelliste.

Elle fut élève d'Alfred Stevens, lorsque celui-ci était à Paris. Elle a exposé à Bruxelles, notamment en 1910 pour l'Exposition Universelle. A Paris elle a figuré au Salon des Artistes Français, à Londres à la Royal Academy, elle a aussi exposé à Munich. Spécialisée dans la peinture de fleurs, elle a aussi peint des paysages

surtout sur la Côte d'Azur, et quelques natures mortes et portraits.

Berlpe Art

Berthe Art

Ventes Publiques : Paris, 17 fév. 1937 : *Nature morte*, past. : **FRF 250** – Bruxelles, 28 oct. 1981 : *Fleurs et fruits*, past. (79x64) : **BEF 16 000** – Bruxelles, 28 mars 1984 : *Pivoines*, past. (73x88) : **BEF 32 000** – Bruxelles, 19 mars 1986 : *Scène chevaleresque*, past. (119x98) : **BEF 30 000** – Lokeren, 21 fév. 1987 : *Nature morte*, past. (83x117) : **BEF 60 000** – Lokeren, 4 déc. 1993 : *Nature morte au faisan* 1910, past. (68x48) : **BEF 33 000** – Paris, 15 déc. 1993 : *Bouquet de chrysanthèmes et de feuilles mortes*, past. (75x100) : **FRF 14 500** – Lokeren, 9 déc. 1995 : *Nature morte de fleurs*, past. (62x77) : **BEF 48 000** – Lokeren, 9 mars 1996 : *Nature morte*, past./t. (98x108) : **BEF 40 000**.

ART Raymond

Né le 16 novembre 1919 à Ostende. XXe siècle. Belge.

Peintre, peintre de décorations murales, de décors de théâtre. Abstrait.

Il s'est formé seul, d'autant que, déporté en Allemagne en 1942, il ne revint en Belgique qu'à la fin de la guerre. Il a réalisé alors de nombreux décors, pour les casinos d'Ostende, Knokke et Tanger, la plupart avec Félix Labisse. Peu après 1950, il a réalisé pour René Magritte le *Panorama surréaliste* du Casino de Knokke. En 1954, il quitta la Belgique pour l'Espagne, où il séjourna jusqu'en 1970. Rentré en Belgique, il se fixa définitivement à Liège. Ayant rencontré Paul Delvaux, il réalisa pour lui *Le Voyage légendaire* au Casino de Chaudfontaine et la peinture pour la station *Bourse* du métro de Bruxelles. A titre personnel, et après avoir exposé des peintures néo-impressionnistes à partir de 1947, il figure dans des expositions collectives en tant que peintre abstrait depuis 1954, surtout en Belgique : *Jeune Peinture belge* Bruxelles 1955 où lui fut décernée une distinction, *Reflets de la peinture belge 1950-1975* Musée de Verviers 1979, Stedelijk Museum Ostende 1985, mais aussi à l'étranger, Hollande, Luxembourg, Suisse, dans diverses villes françaises et surtout Paris : Salon de Mai en 1958, 1976 ; Comparaisons 1978-1980 ; Salon d'Automne depuis 1979, dont il est devenu sociétaire en 1980 ; Grands et Jeunes d'Aujourd'hui 1980-1981 ; et encore Salon International de Toulon et Draguignan depuis 1976 ; *Cinquante peintres internationaux* à Kassel en 1979 ; Biennale Internationale de Bordeaux en 1980, etc. Il a également montré des ensembles de ses peintures dans des expositions personnelles, la première à Ostende 1947, d'autres ensuite à Liège, Copenhague, Bruxelles, Lausanne, Gand, Paris. En 1977, il obtint le Premier Grand Prix de Peinture monumentale à Liège. A ses débuts, après 1947, il peignait dans une technique inspirée du néo-impressionnisme, il fut ensuite influencé par Alfred Manessier, ce qui l'incita, en 1954, à s'orienter vers l'abstraction. Dans ses propres peintures, il assemble en muettes architectures des formes géométriques abstraites, où la sphère et des formes enrubannées reviennent le plus souvent, d'une grande précision technique et d'un chromatisme en dégradés et transparences discrets et raffinés, comme un halo de lumière qui produit la notion de spatialité. C'est dans cet esprit qu'il a réalisé, entre autres, la peinture monumentale de l'Hôpital de la Citadelle à Liège. Paul Delvaux a tenu à lui manifester son estime : « La peinture de Raymond Art est comme une architecture harmonieuse et sensible, dans laquelle chaque forme abstraite a sa place bien déterminée pour obtenir l'ensemble le plus équilibré et le plus agréable à l'œil. La couleur est d'une finesse admirable, les formes s'interfèrent les unes dans les autres avec des nuances extrêmement subtiles... »

■ A. P., J. B.

R-Art

Bibliogr. : Pierre Honnay : *L'Univers de Raymond Art ou la perfection lyrique*, Art Info, Vinalmont, Huy, août 1984 – in : *Diction. biogr. des Artistes en Belgique depuis 1830*, Arto, Bruxelles, 1987 – G. Xuriguera, W. Lesur : *Raymond Art – La paix de l'âme*, Magermans, Andenne, 1989.

Musées : Apeldoorn – Bruxelles – Liège – Montauban – Odensee – Sittard .

VENTES PUBLIQUES : LIÈGE, 11 déc. 1991 : *Comparaisons* 1978, h/t (64x53) : **BEF 55 000**.

ARTA Antonio de
XVIᵉ-XVIIᵉ siècles. Espagnol.
Sculpteur.
Il travaillait le marbre à Saint-Lorenzo el Réal. Il est mentionné par un document de 1602 au sujet de travaux en marbre précieux, exécutés à Valladolid.

ARTACHINO Constantin
Né en 1871 à Guirgui. XIXᵉ-XXᵉ siècles. Roumain.
Peintre de genre.
Il exposa surtout à Bucarest, et aussi à Paris.
MUSÉES : BUCAREST (Mus. Simu) : *quatre peintures*.

ARTAL Ramos Manuel
Né au XIXᵉ siècle à Madrid. XIXᵉ siècle. Espagnol.
Peintre de paysages.
Élève de l'Académie S. Fernando et de Carlos de Haes, cet artiste exposa à Madrid vers 1876 et à Paris en 1889. Il peignit surtout des paysages. On cite notamment : *Rive de la Seine à Asnières, Environs de Robledo de Chavela*.

ARTALDI Léone
XVIᵉ siècle. Italien.
Peintre.
Il travaillait à Bologne, il est mentionné par Zani en 1554.

ARTAMÈNE Georges
XVIIIᵉ siècle. Actif à Avranches vers 1788. Français.
Sculpteur.

ARTAMOV V.
XIXᵉ siècle. Russe.
Peintre.
Il peignit une composition intitulée : *Pouchkine et Shuvsky écoutant Glynka*.

ARTAN Louis, dit de Saint-Martin
Né en 1837 à La Haye. Mort en 1890 à Nieuport. XIXᵉ siècle. Hollandais.
Peintre de paysages, marines.
Fils d'un diplomate belge au service de la Hollande, il abandonna sa carrière militaire pour la peinture. Il travailla, à Paris, dans l'entourage de Corot et de Courbet. Face au Romantisme, il participa à la fondation de la Socité libre des beaux-arts à Bruxelles en 1868.
À cette date, il fit également un voyage en Bretagne, peignant en extérieur, tant il était attaché à rendre la vérité de la vision, s'étant créé une technique appropriée, c'est à dire rapide, avec des effets de matière au couteau. Il débuta comme paysagiste, notamment avec : *Coucher de soleil aux environs de Spa*. Mais la mer l'attirait invinciblement et il entreprit un voyage sur tout le littoral de la Mer du Nord à la Manche, peignant parfois à bord d'un bateau, toujours soucieux de l'exactitude et de la liberté dans l'art. En 1868, il peignit : *Dunes au bord de la Mer du Nord* ; en 1869 : *Le Retour de la pêche* ; en 1872 : *Ouragan – Effet de lune* ; puis *Plage de Berck – La Jetée de Flessingue*. De plus en plus, il se consacrait à peindre la mer, ses grands mouvements de houle lente, l'irrisation des flots inondés de lumière, la fuite des nuages.

BIBLIOGR. : Gérald Schurr : *Les Petits Maîtres de la peinture 1820-1920, valeur de demain*, t. II, Les Éditions de l'Amateur, Paris, 1982.
MUSÉES : ANVERS : *Marine* – BRUXELLES : *L'Épave – La Mer du Nord – Marine – Le Jour – La Nuit – Barque échouée* – BUCAREST : *Marine*.
VENTES PUBLIQUES : PARIS, 1892 : *La côte* : **FRF 1 000** – PARIS, 1900 : *Le moulin* : **FRF 3 400** – BRUXELLES, 8 fév. 1950 : *Barque échouée* : **BEF 8 500** – BRUXELLES, 8-9 déc. 1965 : *Personnages par temps pluvieux* : **BEF 24 000** – BRUXELLES, 12 déc. 1972 : *Marine* : **BEF 36 000** – BRUXELLES, 4 mai 1976 : *Plages et dunes*,

h/t (40x64) : **BEF 40 000** – LOKEREN, 14 oct. 1978 : *Bord de mer*, h/t mar./pan. (45x80) : **BEF 65 000** – BRUXELLES, 24 oct. 1979 : *Marine par temps calme*, h/t (70x137) : **BEF 70 000** – ANVERS, 27 oct. 1981 : *Après la pêche*, h/t (40x66) : **BEF 40 000** – BRUXELLES, 24 mars 1982 : *L'arc-en-ciel*, h/t, première vision (65x119) : **BEF 325 000** – BRUXELLES, 1ᵉʳ mars 1984 : *Marine, temps calme*, h/t (82x142) : **BEF 250 000** – ANVERS, 21 oct. 1986 : *Temps calme*, h/t (85x145) : **BEF 200 000** – LOKEREN, 5 mars 1988 : *Autoportrait*, h/pan. (20,5x9) : **BEF 75 000** – LOKEREN, 8 oct. 1988 : *Marine*, h/t (37x54,5) : **BEF 110 000** – LOKEREN, 23 mai 1992 : *Barques de pêche au clair de lune*, h/pan. (13x25) : **BEF 48 000** – PARIS, 29 mars 1993 : *Barques de pêche en Mer du Nord*, h/t (58x92) : **FRF 23 000** – AMSTERDAM, 19 avr. 1994 : *Paysage côtier*, h/t (45x84) : **NLG 8 740** – LOKEREN, 7 oct. 1995 : *Grève avec des barques de pêche*, h/pan. (25x50) : **BEF 65 000** – LONDRES, 11 oct. 1995 : *Après l'orage*, h/t (25x53) : **GBP 1 725** – AMSTERDAM, 18 juin 1996 : *Marine*, h/cart. (28x48) : **NLG 2 070** – LOKEREN, 6 déc. 1997 : *Bateau de pêche sur une plage*, h/t/pan. (35x60) : **BEF 65 000**.

ARTANCE Charles Auguste
Né à Tlemcen (Algérie). XXᵉ siècle. Travaillant à Paris. Français.
Aquarelliste.
Cet artiste prit part à l'Exposition internationale de Blanc et Noir à Paris, en 1892, avec deux aquarelles : *Effet de neige, Route de Bourg-la-Reine*.

ARTARI Giuseppe Colombo
XIXᵉ siècle. Italien.
Peintre.
Élève de Giac. Albertolli à Milan, cet artiste se fixa en Russie et fut nommé professeur à l'École des Arts de Moscou vers 1837, et académicien en 1852.

ARTARIA Claudio
Né le 15 février 1810 à Blevio (près de Côme). Mort en 1862 à Vienne. XIXᵉ siècle. Italien.
Graveur et sculpteur.
Il abandonna la gravure. Parmi ses ouvrages : *La Vierge, l'Enfant Jésus et saint Jean*, d'après Luini, *Le Rédempteur*, d'après Carlo Dolei, *Léonard de Vinci*, d'après lui-même, *Ignoto, buste d'enfant* d'après le Corrège et *L'archiduc Rainer*, d'après G. G. Pagani.

ARTARIA Giuseppe
Né en 1697 à Aragno (près de Lugano). Mort en 1769 à Cologne. XVIIIᵉ siècle. Italien.
Stucateur.
Fils de Giovanni Artaria, il étudia à Rome et fit plusieurs voyages, notamment en Allemagne, Hollande, Angleterre. Il travailla, pour l'électeur de Cologne.

ARTARIA Karl
Né le 17 juin 1792 à Mannheim. Mort le 15 janvier 1866. XIXᵉ siècle. Allemand.
Aquarelliste et graveur.
Fondateur et directeur d'une célèbre librairie d'art, il grava quelques estampes à l'eau-forte d'après Boissieu et W. Kobell, et fit quelques aquarelles des environs de Mannheim. On cite de lui : *Chariot attelé entouré de paysans*, et *Deux cavaliers*, d'après Kobell.

ARTARIA Mathias
Né le 19 juin 1814 à Mannheim. Mort le 3 février 1885. XIXᵉ siècle. Allemand.
Peintre d'histoire, sujets de genre, paysages, peintre à la gouache, aquarelliste.
Il étudia à l'Académie des Beaux-Arts de Düsseldorf, où il reçut les conseils de Schadow, et lia des relations amicales avec Andreas Achenbach. Il acheva son éducation artistique par des voyages à Paris, en Espagne et dans le Tyrol, et la fréquentation des musées célèbres. Sa carrière fut interrompue par une maladie des yeux qui le força de renoncer à la peinture.
Artaria se spécialisa dans la représentation de scènes domestiques et historiques. On signale parmi ses œuvres : *La Défense de Mont Isel, Troupes égarées dans le Tyrol, Le Soir de Noël, Jeune Fille, Château d'Elche, près d'Alicante (Espagne), Improvisateur près d'une fontaine, Marché à Valence, Vendredi Saint, Gitanos* (gravé par Fr. Weber), *Huguenots prisonniers, La Capture de Ravaillac, Poste de Sentinelles dans la guerre de Trente ans, Serments, L'Ancienne Façade du Théâtre de Mannheim, L'Enterrement de la main amputée*.

Musées : Munich (Pina.) : *Le Chemin de l'église la nuit de Noël – Le Théâtre de Mannheim au temps de Schiller.*
Ventes Publiques : Munich, 26 nov. 1981 : *L'entrée de la trattoria 1850*, gche et aquar. (23x26,5) : **DEM 3 800.**

ARTARIA Rudolf
Né en 1812 à Blevio. Mort en 1836 à Mannheim. xixe siècle. Italien.
Graveur à l'eau-forte, amateur.
Il était un frère de Claudio Artaria. On cite de lui une *Scène dans une rue à Rome*, d'après un dessin de F. Overbeck (1830), une *Étude d'arbres* (1833) et un *Lieu de divertissements dans une vallée*, ces deux dernières planches à la Kunsthalle de Brême.

ARTARIO
xviiie siècle. Allemand.
Sculpteur.
Mentionné pour avoir travaillé, entre 1729 et 1748, en tant que stucateur, aux châteaux de Bruhl et de Falkenlust, près de Cologne.

ARTARIO Alessandro
xviiie siècle. Actif à Bergame. Italien.
Peintre.
A peint des madones et des saints.

ARTASOF Lazare
xixe siècle.
Peintre.
Expose au Salon des Indépendants en 1891.

ARTATSCH Sébastian ou Artey
xviie siècle. Allemand.
Sculpteur.
En 1680, sculpteur de la Cour princière à Neisse.

ARTAUD ou Artaut
xviiie siècle. Travaillait à Dresde. Allemand.
Peintre.
Cet artiste a été mentionné à Dresde, vers 1799, comme portraitiste et miniaturiste, et exécuta notamment un excellent portrait du peintre Héro, qui fut vendu aux enchères à Leipzig en 1886. Peut-être le même qu'un Bernard Artaud, né à Genève.

ARTAUD Antonin
Né en 1896 à Marseille (Bouches-du-Rhône). Mort en 1948 à Ivry (Val-de-Marne). xxe siècle. Français.
Dessinateur.
Ecrivain dès 1910, critique d'art depuis 1920, Artaud commença à dessiner en 1918 à la clinique du Chanet, où il était entré à la suite de troubles nerveux qui ne cesseront de le harceler jusqu'à sa mort. Il avait abordé l'art graphique par le biais de la création de décors et de costumes pour les théâtres Alfred Jarry et de l'Atelier. Il a réalisé la presque totalité de son œuvre graphique à partir de 1945, à la fin de sa vie, au moment où il avait été interné à l'asile psychiatrique de Rodez. La seule exposition à laquelle il a consenti de son vivant, fut celle de 1947 à la galerie Pierre (Loeb) à Paris. Quarante ans plus tard, en 1987, le Centre Georges Pompidou lui consacre une exposition de dessins, allant des premiers *Sorts* de 1939, missives calligraphiées, dessinées et brûlées, jusqu'aux grands dessins de 1948. Le même Centre, en 1994, a encore exposé les vingt-huit dessins légués par Paule Thévenin. En 1995, le Musée Cantini de Marseille a présenté un ensemble de quatre-vingts de ses dessins et portraits, avec des manuscrits, lettres, livres et photographies.
On peut faire un parallèle entre ses écrits et ses dessins, puisque lui-même définit ainsi ses écrits : « Je fais des phrases. Sans sujet, verbe, attribut ou complément », et ses dessins : « Ce sont des gestes, un verbe, une grammaire, une arithmétique » (...) ils « sont produits par les parties internes du corps, expulsés par le souffle, broyés et comme crachés » ou encore : « Ils ne figurent rien, ne défigurent rien, (...) ce sont des notes, des mots, des trumeaux... », et enfin : « Malheur à qui les considérerait comme des œuvres d'art, des œuvres de simulation esthétique de la réalité... » Ses dessins, souvent coloriés, sont effectivement émaillés de signes, de hiéroglyphes. Les grands dessins de Rodez veulent détruire toutes les limites qui structurent habituellement la représentation. Ses portraits, qui ne veulent pas simuler la réalité, montrent les signes peuplant ce « champ de mort » qu'est le visage humain. Enfin, écriture et dessin se retrouvent liés dans ses *Cahiers* qu'il rédige quotidiennement à partir de février 1945.
■ Annie Pagès
Bibliogr. : Catalogue de l'exposition *Antonin Artaud, portraits*

et dessins, gal. Pierre, Paris, 1947 – Catalogue de l'exposition *Antonin Artaud, dessins*, Centre Georges Pompidou, Paris, 1987 – Catalogue de l'exposition *Antonin Artaud*, mus. Cantini, Marseille, 1995.
Musées : Paris (Mus. Nat. d'Art Mod.) : *Portrait de Minouche Pastier* 1947 – *L'exécration du Père-Mère* avr. 1946 – *nombreux autres dessins.*
Ventes Publiques : Paris, 4 mars 1989 : *La révolte des anges sortis des limbes*, cr. et craies coul. : **FRF 420 000.**

ARTAUD François
Né le 17 avril 1767 à Avignon. Mort le 27 mars 1838 à Orange. xviiie-xixe siècles. Français.
Archéologue et peintre.
Élève de Gonichon à l'École de dessin de Lyon, Artaud fut dessinateur de fabrique avant de se consacrer à l'archéologie. Il est surtout connu par ses travaux sur les antiquités et les mosaïques trouvées à Lyon, et par l'organisation du Musée de cette ville, dont il fut le premier conservateur (1806-1830), avant d'être administrateur du Musée Calvet, à Avignon, et de créer à Orange le Musée des Antiques. Il a laissé quelques peintures et des miniatures, a dessiné des portraits et des vues de monuments. Le Musée de Lyon possède un dessin de lui : *Portrait de l'auteur à l'âge de trente ans.* Ne pas le confondre avec Artaud de Montor, traducteur de Dante.

ARTAUD William
Né en Angleterre. xviiie-xixe siècles. Britannique.
Peintre.
Il était fils d'un joaillier de Londres. Son goût pour les beaux-arts lui fit abandonner la profession paternelle. En 1786, il obtint un prix à la Société des Arts. En 1780, il exposa sa première peinture à l'Académie. En 1788, il obtint une médaille d'or et en 1795 il obtenait un prix de voyage. Il fut peintre d'histoire et de portraits, choisissant dans le premier genre des sujets bibliques. Un certain nombre de ses compositions ont été gravées dans la *Macklin's Bible*. Il exposa pour la dernière fois en 1822. Un portrait de George Coldham a figuré à l'Exposition du Guildhall. Francis Bartolozzi, Fittler, etc... ont gravé un certain nombre de ses œuvres.
Ventes Publiques : Londres, 29 mai 1963 : *Portrait de William Pitt* : **GBP 220.**

ARTAUDE Guillaume
Mort en 1697 à Saint-Germain-Laval (Loire). xviie siècle. Français.
Sculpteur.

ARTAULT Robert Martial
Né en 1893 à Paris. Mort en 1972. xxe siècle. Français.
Peintre de paysages.
Après une formation modeste, il a surtout exposé à Paris surtout au Salon des Artistes Français à partir de 1936, et épisodiquement aux Salons des Indépendants et d'Automne. Il a peint des paysages de l'Yonne, de la Côte d'Azur, mais aussi du Portugal, de Tunisie.

ARTEAGA Bartholomé
Né à Séville. xviie siècle. Espagnol.
Graveur.
Il travaillait sous le règne de Philippe IV à Séville. C'était un artiste de talent et jouissant d'une certaine renommée. On ne connait de lui que deux planches dont les *Armoiries du duc d'Olivarez* pour le *Panegirico de la Poesia.*

ARTEAGA Francisco de
xviie siècle. Actif à Séville. Espagnol.
Dessinateur et graveur au burin.
Fils de Bartholomé Arteaga, cet artiste travailla, vers 1671, à l'illustration de livres. On cite de lui des planches pour : *Fiestas de la S. Igliesa Metropolitana y Patriarcal de Sevilla*, pour : *Ofrecelo a la Augustissima Magestad de Don Carlos II rey de los Espanas.* Enfin en 1681 il donna une planche pour un *Tratado de la moneda laquesa.*

ARTEAGA Juan de
xve-xvie siècles. Espagnol.
Sculpteur.
Il était actif en 1495 à Valence et en 1519 à Tolède.

ARTEAGA Sebastian de
Né en 1610 à Séville (Andalousie). Mort en 1656 à Mexico. xviie siècle. Depuis 1643 actif au Mexique. Espagnol.
Peintre de sujets religieux.

Il s'établit à Mexico en 1643, il y dirigea un atelier de peinture. Ses œuvres accusent l'influence de Francisco de Zurbaran ou en tout cas du réalisme espagnol.

Musées : Mexico (Pina. Virreinal) : *Christ en croix – Le Mariage de la Vierge – Saint. Thomas devant le Christ.*

Ventes Publiques : Londres, 21 avr. 1993 : *L'Archange Michel apparaissant à l'évêque de Sipontus, la mort du taureau de Monté Gargano en bas à droite,* h/t (183x151) : **GBP 6 900.**

ARTEAGA Y ALFARO Matias
Né vers 1630 à Villanueva de los Infantes. Mort le 12 janvier 1703 à Séville (Andalousie). xviie siècle. Espagnol.
Peintre de compositions religieuses, graveur.
Il étudia la peinture chez son compatriote Valdès Leal et y acquit, à défaut d'un grand talent, une pratique convenable. Il fut, de 1660 à 1673, secrétaire de l'Académie fondée par Murillo.
Ses peintures sont inférieures à ses gravures. Les meilleures sont les tableaux d'autel dans le couvent de San Pablo. Il grava des œuvres de Valdès, d'Herrera le jeune, un *Saint Dominique* d'après un dessin d'Alonzo Cano, ainsi qu'un *Saint Ferdinand,* d'après Murillo, il exécuta également une série de cinquante-huit planches pour l'*Histoire de saint Jean de la Croix.* On lui doit aussi une jolie gravure des *Armoiries de la famille de Arze,* pour un ouvrage dédié à un membre de cette famille en 1695, un *Saint François et un Triomphe de la Religion,* d'après Herrera et collabora à l'ouvrage *Fiestas de la S. Iglesia...,* publié en 1673 à Séville par Fernando de la Torre Farfan.
Musées : Séville : *Propos de la Sainte Famille – La Visitation de la Vierge à sainte Elisabeth – Saint Michel, vainqueur du démon – Melchisédech, roi de Jérusalem – Le Prêtre Achimalech – La Circoncision de l'Enfant Jésus – Nativité de la Vierge – Les Noces de Cana – Visitation de la Vierge – Fiançailles de la Vierge.*
Ventes Publiques : Paris, 1843 : *La Vierge Marie :* **FRF 550** – New York, 17 jan. 1986 : *La Fuite en Égypte,* h/t (246,5x165) : **USD 11 000.**

ARTELIUS Helge
Né en 1895. xxe siècle. Suédois.
Peintre, aquarelliste.
Il s'est fait une spécialité de peindre des jeunes enfants en situations diverses par rapport à des fleurs.
Ventes Publiques : Stockholm, 21 nov. 1988 : *Les bébés naissent dans les pots de fleurs,* aquar. et gche (29,5x21,5) : **SEK 4 100** – Stockholm, 30 mai 1989 : *Enfant offrant des fleurs,* aquar. et gche (30x25) : **SEK 6 200.**

ARTEMENKO Vladimir
Né en 1959. xxe siècle. Russe.
Peintre de genre, de natures mortes.
Il fit ses études à l'Institut des Beaux-Arts de Moscou. Il expose depuis 1981.
Ventes Publiques : Paris, 29 nov. 1990 : *Nature morte aux deux bouteilles,* h/t (60x73) : **FRF 4 000** – Paris, 10 fév. 1991 : *L'arrivée du facteur,* h/t (65x100) : **FRF 3 800.**

ARTÉMIDOROS
iie siècle avant J.-C. Antiquité grecque.
Sculpteur.
Tyrien, il est le fils de Ménodotos. Sa signature se lit sur une inscription de Lindos que l'on date de 154 avant J.-C. environ (statue honorifique d'Astymédès fils de Théaінétos) ; accompagnée de celle de Menodotos fils dArtémidoros, elle revient sur un autre document (statue votive) postérieur à 124 avant J.-C. ; et elle se devine également sur une pierre très abîmée de Rhodos. Enfin, un Artémidoros, fils de Menodotos, sculpteur tyrien, a laissé son nom sur une base d'Halicarnasse (début du Ier siècle avant Jésus-Christ ?).

ARTÉMISIA. Voir GENTILESCHI Artémisia

ARTEMJEFF Michael Michailowitsch
Né en 1724. Mort vers 1775. xviiie siècle. Russe.
Graveur.
Travailla à Moscou, où il dirigea un atelier de gravure dans lequel J. Stenglin travailla de 1750 à 1765.

ARTEMJEFF Prokofi Iwànowitsch
Né en 1733. Mort en 1811 à Saint-Pétersbourg. xviiie-xixe siècles. Russe.
Graveur au burin.
Élève du Cours de dessin de l'Académie des sciences à Saint-Pétersbourg et de G.-F. Schmidt, vers 1757 ; cet artiste travailla à l'illustration de plusieurs livres.

ARTEMOFF Georges
Né le 17 février 1892 à Ourounspinkaïa (région du Don). Mort le 9 juillet 1965 à Revel (Haute-Garonne). xxe siècle. Actif en France. Russe.
Peintre de compositions à personnages, figures, natures mortes, sculpteur de figures, animalier, dessinateur. Post-cubiste.
Il aimait citer ses ascendances cosaques. Il fut élève de l'Académie de Rostov, puis obtint une bourse pour continuer ses études à Moscou, où il obtint une nouvelle bourse qui lui permit de venir à Paris en 1913. Il trouva un atelier dans la Cité Falguière, à Montparnasse. Il connut Zadkine, Juan Gris, Modigliani, Pascin, Picasso, d'autres encore. En 1914, il s'engagea dans la Légion étrangère, fut gravement blessé en Champagne. A peine guéri, il repartit pour la Russie, où la Révolution venait d'éclater. Après un séjour à Constantinople, il revint à Paris en 1923, ayant trouvé un atelier à Clamart, et faisant après 1929 des séjours en Corse, où il avait un bateau. En 1940, il se replia dans le Sud-Ouest et trouva dans les paysages de la Montagne-Noire comme un rappel de ceux de la steppe de son enfance. Il avait déjà exposé très jeune en Russie. A Paris, il fit d'abord des travaux de décoration inspirés du folklore russe. A partir de 1927, il exposa au Salon des Artistes Décorateurs, où il obtint la médaille d'argent la première année, d'or en 1928 pour des panneaux sculptés, puis de nombreuses autres distinctions. Les panneaux sculptés, pour lesquels il recevait de nombreuses commandes, devinrent la partie importante de son activité. Ses expositions personnelles se multiplièrent : Paris 1930, 1932, 1935 au Musée des Colonies, 1937 où ses panneaux sculptés décoraient un pavillon entier de l'Exposition Universelle, 1938, 1951, 1953 Galerie Jeanne Castel, 1957, 1960, et à Toulouse, Montpellier, Nice, Carcassonne, Cannes, Vence, Castres, Montauban, Sète, etc. En 1968, une exposition rétrospective en hommage, fut organisée au Théâtre Municipal de Carcassonne, en 1975 une exposition d'ensemble fut organisée par le Centre Culturel de Toulouse ; puis, en 1990 à Castres ; 1992 Toulouse pour le centenaire de sa naissance.
Les figures, bustes, visages de femmes dominent dans son œuvre peint. Il a toutefois traité d'autres thèmes : compositions religieuses : *Annonciation, Genèse,* des musiciens, des Arlequins, des natures mortes, peu de paysages. Les panneaux sculptés se partagent deux thèmes : des figures féminines et nus, stylistiquement très datés années trente, et des animaux. Le style des peintures a évolué, depuis un post-cézannisme qui le mena très naturellement à un post-cubisme, dans lequel se manifestent séparément les influences de Picasso et de Braque.

■ J. B.

Bibliogr. : Catalogue de l'exposition *Rétrospective Artemoff,* Centre Culturel, Toulouse, 1975, abondante documentation.
Musées : Albi (Mus. Toulouse-Lautrec) – Carcassonne (Mus. Salle Joe Bousquet) – Castres (Mus. Goya) : *L'Espagnole à la mantille verte* – Limoges – Lyon (Mus. des Beaux-Arts) – Montpellier : *Jeanne de La Barière* – Paris (Mus. d'Orsay) : *Le Poisson enchanteur* – Paris (Mus. Nat. d'Art Mod.) : *La Pêcheuse au foulard jaune – Nature morte verte et jaune* – Rodez – Sète : *Le Jeune Henri* – Toulouse (Mus. des Augustins) : *La Jeune fille espagnole.*
Ventes Publiques : Paris, 31 oct. 1980 : *Chasseur tuant un bison,* bas-relief en acajou (H. 145) : **FRF 67 600** – Paris, 19 oct. 1983 : *Scène mythologique,* h/t (148x232) : **FRF 22 500** – Paris, 29 nov. 1985 : *Femme nue, bras levé,* sanguine et sépia/pap. crème (56x45) : **FRF 10 300** – Bergerac, 6 juil. 1986 : *Deux nus debout,* h/t (79x52) : **FRF 10 600** – Paris, 16 nov. 1987 : *Portrait de femme, buste découvert,* h/t mar./cart. (46x37) : **FRF 5 800** – Paris, 16 mai 1990 : *Nu féminin,* dess. à la sanguine (55,5x64,5) : **FRF 11 000** – Paris, 15 déc. 1990 : *Jeune homme,* dess. à l'encre et à l'estompe (56x34) : **FRF 15 500.**

ARTEMON I
Antiquité grecque.
Sculpteur.
Certaines de ses œuvres, exécutées en commun avec un Pythodoros, se voyaient, selon Pline, dans les palais impérial de Rome.

ARTEMON II
Antiquité grecque.
Artiste.
Auteur de quelques figurines en terre cuite, de Myrina.

ARTEMON III
iiie siècle avant J.-C. Antiquité grecque.
Peintre.

Il fit le portrait d'une reine Stratonice, peut-être la fille de Démétrios Poliorcète, dans la première moitié du IIIe siècle avant Jésus-Christ. Le même artiste exécuta un tableau représentant *Danaé et l'enfant Persée* sur le rivage où des pirates (ou des pêcheurs ?) venaient de les découvrir. Une peinture de Pompéi nous en garde, croit-on, assez fidèlement le souvenir. Autres œuvres : *Héraklès avec Déjanire* (comp. certains tableaux de Pompéi), *L'Apothéose d'Héraklès* et *l'Histoire de Laomédon touchant Héraklès et Poséidon* (Délivrance de Hésione ?). Les deux dernières compositions furent transportées à Rome.

ARTENS Peter von
Né en 1937 à Buenos Aires. XXe siècle. Argentin.
Peintre.

Il fit ses études dans l'Atelier des Arts plastiques de Miguel Venegas Cifuentes à Santiago du Chili et à l'École des Beaux-Arts. Le Centre de Culture hispanique lui accorda une bourse pour parfaire ses études à l'Académie San Fernando de Madrid. Depuis 1958, il participe à de nombreuses expositions en Amérique du Nord et Amérique Latine ainsi qu'en Espagne.
VENTES PUBLIQUES : NEW YORK, 18 mai 1994 : *Deux grands totems* 1993, h/t (161,9x129,9) : **USD 13 800** – *Construction MCMXCII* 1992, h/t (195x130) : **USD 11 500** – NEW YORK, 16 nov. 1994 : *Citrons*, h/t (80x72,1) : **USD 6 900** – NEW YORK, 21 nov. 1995 : *Boites rondes* 1994, h/t (90,2x100) : **USD 9 200** – NEW YORK, 24-25 nov. 1997 : *Nature morte à la corbeille* 1993, h/t (147,3x137,2) : **USD 20 700**.

ARTER Charles John
Né en 1860 à Hanoverton. Mort en 1923. XIXe-XXe siècles. Américain.
Peintre de sujets de genre, portraits, fleurs.

Il travailla à Cincinnati et à Paris. En 1890, il exposa au Salon des Artistes Français de Paris.
Il se spécialisa jusqu'en 1885 dans la peinture de fleurs, puis il s'adonna à la représentation de scènes japonaises et vénitiennes.
VENTES PUBLIQUES : NEW YORK, 10 fév. 1906 : *Fille du pêcheur* : **USD 110** – NEW YORK, 21 mai 1996 : *Jeune paysanne accoudée à une clôture*, h/t (81,2x63) : **USD 4 830**.

ARTER Paul Julius
Né en 1797 à Zurich. Mort en 1839 à Munich. XIXe siècle. Suisse.
Peintre de paysages, graveur, lithographe.

Il travailla en amateur et exécuta une série de gravures au burin destinées à la collection des vues de Zurich de l'ouvrage de Vögeli : *Le vieux Zurich du XVe siècle*.
VENTES PUBLIQUES : LONDRES, 25 mai 1982 : *Vue de la ville de Zurich*, litho. (29,7x42,2) : **GBP 1 100** – BERNE, 22 juin 1984 : *Les châteaux de Salenstein Eugenshöhe et Sandeck au bord du lac de Constance* vers 1830, aquat. (16x23,3) : **CHF 4 200**.

ARTETA
Né en Espagne. XIXe-XXe siècles. Espagnol.
Peintre.

On conserve de ses œuvres en la salle VII du Musée d'Art moderne de Madrid, laquelle est consacrée aux peintres espagnols contemporains.

ARTETA Y ERRASTI Aurelio Bibiano
Né le 2 décembre 1879 à Bilbao (Pays Basque). Mort le 10 novembre 1940 à Mexico. XXe siècle. Espagnol.
Peintre de compositions à personnages, paysages.

En 1893 il apprit le dessin à l'École des Beaux-Arts de Bilbao. En 1897 à Madrid il put suivre des cours de l'Académie San Fernando. En 1902 il vint à Paris, où il se trouva en contact brutal, venant de quitter la tradition en usage dans les Ecoles d'art espagnoles, avec postimpressionnistes, symbolistes, nabis. Il fut surtout sensible à la peinture de Puvis de Chavannes. En 1905 il parcourut l'Italie. En 1919 il envoya deux peintures à l'Exposition d'art espagnol à Paris, et en 1920 il était aussi représenté à l'Exposition d'art espagnol à Londres. Il fut nommé directeur du Musée d'art moderne de Bilbao de 1924 à 1927. En 1930 il reçut le Prix National de Peinture, en 1932 la Première Médaille de l'Exposition Nationale des Beaux-Arts pour son œuvre *Les Hommes de la mer*. En 1933 il participa à la XIXe Biennale de Venise. En 1934 il fut nommé professeur à l'Ecole Supérieure des Beaux-Arts de Madrid, où le surprit la guerre civile. Il regagna Valence, puis en 1938 la France, à Biarritz où il peignit une série d'œuvres en rapport avec la guerre. En 1940 il dut émigrer à Mexico, où il mourut d'un accident de transport.

Les sujets qu'il a traités sont nombreux et divers. Il semble avoir affectionné les compositions à personnages multiples, soit prétexte à multiplier de solides femmes nues dans *Baigneuses*, soit de réunir hommes et animaux dans la composition *Paysans basques*. Le métier est sûr, le dessin synthétique et sculptural. C'est un exemple très typique de la peinture, hors avant-gardes historiques, de l'entre-deux-guerres. On peut trouver plus d'audace dans ses œuvres de jeunesse, certaines empreintes d'une poésie symboliste proche de Puvis de Chavannes, d'autres, surtout quelques paysages, osant des transpositions chromatiques directement issues de la leçon historique de Pont-Aven. ■ J. B.
BIBLIOGR. : Divers : *Cent ans de peinture en Espagne et au Portugal, 1830-1930*, Antiquaria, Espagne, 1988.
MUSÉES : BILBAO (Mus. des Beaux-Arts) : *Quartier ouvrier* – MADRID (Mus. d'Art Mod.).
VENTES PUBLIQUES : VERSAILLES, 26 mars 1976 : *Le repos du mexicain*, h/t (41x27) : **FRF 20 000**.

ARTEVELDT ANDRIES VAN ou Artveld. Voir EERTVELT.

ARTHAUD A.
XIXe siècle. Français.
Peintre.
A figuré au Salon de Paris en 1882.

ARTHÉ d'
XVIIIe siècle. Travaillait à Bruxelles. Belge.
Sculpteur.
Travailla, en 1745, à l'hôtel du prince de Hornes.

ARTHEZ Philippe d'
Né à Paris. XXe siècle. Français.
Sculpteur de portraits.
Il fut l'un des nombreux élèves qu'eut à l'Ecole des Beaux-Arts de Paris, Emmanuel Frémiet, le neveu de Rude. Il exposa des bustes au Salon de Paris, à plusieurs reprises au début du siècle.

ARTHIMOS
XIXe siècle. Grec.
Peintre.
Exécuta *Une Madone*, pour la Chapelle Saint-Nicolas, dans le monastère de Lavra (Mont-Athos).

ARTHOIS Hendrik ou Heertooys
XVIIe siècle. Éc. flamande.
Peintre.
Mentionné comme maître à Anvers vers 1697.

ARTHOIS Jacobus van, ou Jacques d' ou Artoys
Né en 1613 à Bruxelles. Mort après 1686. XVIIe siècle. Éc. flamande.
Peintre de scènes de chasse, paysages animés, paysages, paysages d'eau.
Ce célèbre artiste fut l'élève de Jan Mertens, peintre peu connu, et de Wildens ; mais ce fut surtout près de la nature, dans les forêts qui s'étendent autour de sa ville natale, qu'il fit son éducation artistique. Il fut nommé maître en 1634. Les paysages de van Arthois sont la représentation fidèle des sites de son pays. Les forêts, les champs de la banlieue bruxelloise s'y retrouvent, représentés avec un très beau dessin et une science parfaite des jeux de la lumière. Il a une parfaite notion des valeurs ; ses arbres sont de grand style et leurs feuillages semblent se mouvoir sous le souffle du vent. Ils sont fréquemment agrémentés de jolies figures que ne dédaignèrent pas de peindre David Teniers, G. de Crayer, ou d'animaux exécutés par Snyders. Les ouvrages de van Arthois sont en grande partie dans les musées et dans les grandes collections. Il eut huit élèves, dont son frère Nicolas et son fils Jean-Baptiste.

Jaeques d'Arthois

MUSÉES : AIX : *Paysage* – AMIENS : *Paysage* – ANVERS : *Paysage* – BERLIN : *Paysage* – BESANÇON : *Entrée d'une forêt* – BORDEAUX : *Deux paysages* – BRUXELLES : *Hiver*, figures de Peeter Bout – *Paysage avec Saint Hubert* – *Paysage*, avec figures de Th. Bout – *Retour de la kermesse*, figures de P. Snayers – *Lisière du bois* – BUDAPEST : *La Forêt* – CAEN : *Paysage avec cascade* – DIJON : *Forêt de Soiegnies* – DOUAI : *Paysage* – DRESDE : *Paysage avec un berger au repos* – *Coin de forêt avec trois cavaliers* – *Coin de forêt avec voitures de voyages* – *Le vieux chemin* – DUNKERQUE : *Paysage* – LA FÈRE : *Paysages* – FRANCFORT-SUR-LE-MAIN : *Entrée de bois* –

Paysage – GLASGOW : *Paysage boisé* – *Paysage*, avec figures de D. Teniers – KASSEL : *Paysage* – LILLE : *Trois paysages* – MADRID (Prado) : *Paysage avec montagne* – *Bain de Diane* – *Paysage avec rivière* – *Paysage au chien* – *Quatre paysages* – MAYENCE : *Paysages* – MONTPELLIER : *Paysage*, avec figures de D. Téniers – MUNICH : *Paysage, arbres et rivière* – *Canal dans la forêt* – NANCY : *Foire champêtre* – *Entrée de bois* – NANTES : *La chasse* – ORLÉANS : *Paysage* – PARIS (Louvre) : *Entrée d'un bois* – STRASBOURG : *Sous-bois et Latone* – VALENCIENNES : *Coin de forêt avec trois cavaliers* – *Coin de forêt avec voitures de voyage* – *Le vieux chemin* – VIENNE : *Paysage* – *Deux grands paysages* – VIENNE (Czernin) : *Paysage* – *Entrée de bois.*

VENTES PUBLIQUES : PARIS, 1846 : *Paysage, vue d'étang* : FRF 260 – PARIS, 1865 : *Paysage* : FRF 135 – PARIS, 1873 : *Rendez-vous de chasse* : FRF 27 300 – PARIS, 1874 : *Paysage*, avec figures de Téniers : FRF 1 800 – LONDRES, 1875 : *Paysage boisé* : FRF 2 750 – PARIS, 1881 : *Portrait présumé de l'auteur et de sa famille* : FRF 1 050 – PARIS, 1890 : *L'artiste et sa famille* : FRF 1 400 – LONDRES, 1896 : *Paysage avec rivière* : GBP 7 689 – PARIS, 1901 : *Paysage avec canal* : FRF 100 – PARIS, 1909 : *Paysage avec la Sainte Famille* : GBP 11 – LONDRES, 1909 : *Paysage boisé* : GBP 5 – LONDRES, 11 juil. 1913 : *Route à travers bois* : GBP 178 – PARIS, 13 mai 1921 : *Paysage boisé* : FRF 460 ; *La réception au château* : FRF 200 – LONDRES, 1922 : *Sporting Party* : GBP 105 – PARIS, 21 fév. 1924 : *Chemin montant à la lisière d'un bois* : FRF 500 – PARIS, 3 mai 1930 : *Vue d'une ville* : FRF 2 700 – PARIS, 26 fév. 1934 : *L'entrée de la forêt* : FRF 630 – PARIS, 8 juil. 1942 : *Paysans sur un chemin montant* : FRF 1 300 – BERNE, 1er nov. 1946 : *Paysage en forêt* : FRF 1 520 – LUCERNE, 17 juin 1950 : *Paysage boisé* : CHF 1 800 – BRUXELLES, 12 mars 1951 : *Paysage des environs de Bruxelles, Jacques d'Arthois et David Teniers* : BEF 19 000 – LONDRES, 24 juin 1959 : *Vue de la forêt de Soignies* : GBP 220 – VIENNE, 17 mars 1964 : *Abraham, Hagar et Ismaël dans un paysage* : ATS 37 500 – MUNICH, 24-25-26 juin 1964 : *Paysage boisé* : DEM 5 000 – LUCERNE, 25 juin 1966 : *Paysage boisé animé de personnages* : CHF 9 500 – VIENNE, 21 sep. 1971 : *Paysage boisé* : ATS 100 000 – BRUXELLES, 20 mars 1971 : *Paysage du Brabant* : BEF 170 000 – AMSTERDAM, 18 mai 1976 : *Paysage boisé animé de personnages*, h/t (43x59) : NLG 19 000 – LONDRES, 29 juin 1979 : *Scène de bord de mer*, h/pan. (45,5x57,5) : GBP 20 000 – PARIS, 28 mars 1979 : *Le grand arbre*, pierre noire et l. (29x24) : FRF 6 500 – LONDRES, 11 juil. 1980 : *Voyageur dans un paysage boisé*, h/t (69,2x64,1) : GBP 3 500 – LONDRES, 11 déc. 1985 : *Voyageurs dans un paysage boisé*, h/t (43x59) : GBP 5 000 – MILAN, 25 oct. 1988 : *Bergers et troupeaux dans un paysage boisé*, h/t (105x128) : ITL 12 000 000 ; *Paysage animé*, h/cuivre (57x73) : ITL 30 000 000 – STOCKHOLM, 15 nov. 1988 : *Vaste paysage rocheux avec cavalier et voyageurs*, h/t (53x65) : SEK 9 500 – LONDRES, 21 juil. 1989 : *Vaste paysage animé avec un artiste dessinant à l'arrière-plan*, h/t (68x109,5) : GBP 9 020 – LONDRES, 9 avr. 1990 : *Paysage boisé avec un cavalier parlant à des paysannes sur le chemin et un village au fond*, h/t (111,5x152,3) : GBP 22 000 – LONDRES, 26 oct. 1990 : *Paysage boisé avec des voyageurs sur un sentier et un hameau au bord d'un lac au fond*, h/pan. (24,7x34) : GBP 6 380 – STOCKHOLM, 14 nov. 1990 : *Torrent dans un paysage boisé avec des personnages sur un chemin*, h/t (62x82) : SEK 80 000 – NEW YORK, 11 avr. 1991 : *Paysage avec des voyageurs sur un sentier sortant du bois et une petite ville à l'arrière-plan*, h/t (53,5x82,5) : USD 24 200 – LONDRES, 17 avr. 1991 : *Elégante compagnie avec une charrette sur un sentier boisé menant à un lac*, h/t (57x91) : GBP 11 000 – PARIS, 23 oct. 1992 : *Paysage de rivière dans la campagne flamande*, h/pan. (25x33,5) : FRF 37 000 – AMSTERDAM, 6 mai 1993 : *Paysage fluvial et boisé avec une barque approchant du rivage et des estivant*, h/pan. (41,3x57,5) : NLG 20 700 – AMSTERDAM, 17 nov. 1993 : *Paysage boisé animé*, h/t (61x91) : NLG 32 200 – NEW YORK, 14 jan. 1994 : *Paysage*, h/t (63,5x90,2) : USD 20 700 – PARIS, 20 déc. 1996 : *Paysage boisé animé d'un troupeau et de bergers*, h/t (80x159) : FRF 100 000 – AMSTERDAM, 11 nov. 1997 : *Paysage boisé avec des voyageurs et des chiens*, h/t (47,5x73,2) : NLG 35 400 – LONDRES, 4 juil. 1997 : *Petite baie rocheuse avec des pêcheurs sur le rivage, un artiste croquant en arrière-plan*, h/pan. (33,7x45,4) : GBP 47 700.

ARTHOIS Jean Baptiste d'
XVIIe siècle. Actif à Bruxelles. Éc. flamande.
Peintre.
Fils de Jacques d'Arthois, devint maître le 26 avril 1657. Ses œuvres ont été mélangées avec celles de Jacques d'Arthois et vendues comme telles.

ARTHOIS Nicolas d'
Né en 1617. XVIIe siècle. Actif à Bruxelles. Éc. flamande.
Peintre.
Frère de Jacques d'Arthois, se maria avec Anna de Coninxloo le 28 novembre 1637, devint maître en 1640 et eut comme élève, en 1648, Abraham d'Avont.

ARTHOZOUL Julien Pierre
Né à Carcassonne (Aude). XXe siècle. Français.
Peintre et sculpteur.
Expose au Salon des Artistes Français entre 1933 et 1939. Mention honorable en 1934.

ARTHUR J.
XIXe siècle. Britannique.
Portraitiste.
Il exposa de nombreux portraits, de 1816 à 1824, à la Royal Academy à Londres, où il travaillait.

ARTHUR L. C.
XIXe siècle. Français.
Peintre.
A exposé deux toiles au Salon de Paris en 1888.

ARTHUR Reginald
XIXe siècle. Britannique.
Peintre d'histoire, sujets de genre, portraits.
En 1883 il vivait à St John's Wood, fief des Artistes Victoriens ; en 1892 il s'installa à Bloomsbury, un autre quartier bohème de l'époque. De 1881 à 1896 il figura à Londres, à la Royal Academy et à Suffolk Street, ainsi qu'aux expositions d'automne de Liverpool. On pense qu'il termina sa carrière comme portraitiste, sa dernière œuvre exposée à la Royal Academy étant le portrait de la *Princesse Henry de Pless.*
Jusqu'en 1895 il peignit souvent des sujets historiques antiques, les sujets égyptiens étant inspirés par des visites au British Museum.
VENTES PUBLIQUES : LONDRES, 8 mai 1981 : *Portrait d'une élégante*, h/cart. (24,2x19) : GBP 500 – CHESTER, 20 mai 1983 : *La fille du pharaon 1897*, h/t (99x48) : GBP 1 600 – LONDRES, 20 juin 1986 : *Joseph interprétant le rêve du Pharaon 1894-95*, h/t (104x125,7) : GBP 14 000 – LONDRES, 2 nov. 1989 : *Flore 1890*, h/pan. (30,5x22,8) : GBP 3 080 – LONDRES, 21 mars 1990 : *La petite bouquetière en tunique grecque 1890*. h/pan. (30,3x23) : GBP 3 850 – LONDRES, 25 oct. 1991 : *Joseph interprétant le rêve du Pharaon 1894*, h/t (101,6x127) : GBP 44 000 – LONDRES, 2 nov. 1994 : *La demoiselle d'honneur 1890*, h/pan. (32x22,5) : GBP 3 450 – LONDRES, 6 nov. 1995 : *L'attente 1897*, h/t (76x50,5) : GBP 4 370.

ARTHUR Robert
Né en 1850 à Philadelphie. Mort en 1914 à New York. XIXe-XXe siècles. Américain.
Peintre.
C'est peut-être le Robert ARTHUR qui exposait à Londres vers 1879.

ARTHUR Winifred
XIXe siècle. Active à Liverpool. Britannique.
Paysagiste.
Elle exposa, en 1885, de nombreux tableaux, notamment à Liverpool, à Birmingham, à Manchester, à Glasgow et à la Royal Academy de Londres. On cite en 1889 : *Les Chutes de la Greta*, en 1898 : *Les Jardins du Luxembourg*, en 1901 : *Le Chemin de Croix.*

ARTHUR de Loing
XVIe siècle. Français.
Sculpteur.
Travailla à l'église Saint-Pierre de Roye (Picardie), avec R. Lefèvre.

ARTHUR-BERTRAND Huguette, pseudonyme de Bertrand Huguette Aimée
Née en 1922 à Écouen (Val-d'Oise). XXe siècle. Française.
Peintre, créateur de tapisseries, lithographe, aquafortiste. Abstrait-lyrique.
Elle est d'origine stéphanoise par sa mère, méridionale par son père. Elle vint à Paris en 1945, où elle s'intégra facilement au groupe de peintres qui constituaient le noyau du Salon des Moins de Trente Ans, créé en 1942. En 1947, elle profita d'une bourse d'étude pour Prague. De retour à Paris, elle rencontra les peintres Dewasne, Deyrolle, et les aînés accueillis Poliakoff, Vasarely, Magnelli, qui allaient avoir l'influence déterminante dans son évolution et pour toute l'orientation future de sa carrière. Au cours d'un séjour en Bretagne en 1949, elle fait ses der-

nières peintures inspirées de la nature et très interprétées, à peu près en même temps que ses premières peintures abstraites. Tout va très vite désormais pour elle. En 1949 et 1950, elle participe au groupe *Les mains éblouies*, qui porte sur le devant de la scène la jeune génération de l'abstraction. Depuis 1949 aussi elle est invitée au Salon de Mai, qui regroupait depuis 1945 l'aristocratie artistique du moment, générations et options esthétiques confondues. En 1952 elle est invitée au premier Salon d'Octobre, où le critique Charles Estienne réunit la plus jeune abstraction. Elle participe encore à un très grand nombre d'expositions de groupes, parmi lesquelles : *L'aventure de l'art abstrait* présentée par Michel Ragon en 1956 ; *50 années de peinture abstraite* présentée par Michel Seuphor 1957 ; *L'Ecole de Paris* Kunsthalle de Mannheim 1958 ; elle expose chaque année depuis 1958 au Salon des Réalités Nouvelles, resté fidèle à sa première destination abstraite ; *L'École de Paris* à la Galerie Charpentier de 1960 à 1963 ; *Une aventure de l'art abstrait* présentée par Michel Ragon et circulant à travers la France en 1967 et 1968 à partir du Musée Galliéra ; *Autour de Michel Ragon* au Musée de Nantes en 1975 ; l'exposition pour le cinquantenaire de l'UNESCO en 1996, au Palais de l'UNESCO à Paris, etc. Elle a obtenu le Prix Fénéon en 1955, un Prix de la Biennale de Menton en 1966.
Depuis sa première exposition personnelle à Paris en 1951, d'autres exposition chaque année de 1953 à 1959, puis en 1964, 1987, 1990, etc. Des expositions personnelles encore à Bruxelles 1955, 1957, voyage et exposition à New York 1956, Lyon 1957, Copenhague 1958 et 1962, Nantes 1962, Hôtel de Ville de Sochaux 1991, etc.
En 1947, lors de son séjour à Prague, ce furent ses dernières années de peinture figurative, dans l'esprit de synthèse cubisme-fauvisme caractéristique des années de l'immédiat après-guerre avant que n'apparaisse clairement l'influence de l'abstraction, alors en France oubliée quand ce n'était simplement ignorée. Michel Ragon a dit de ses premières peintures abstraites de 1949 : « Du regard qu'elle porte sur la Bretagne en 1949, une grille de lignes surgit prenant possession de l'espace du tableau, le libérant des références à la nature. La toile vacante reçoit alors une pulsion émotionnelle qui fait naître la forme où se tapit l'éclat de la couleur dans un *tremblement d'espace* (...) Le tableau devient alors la trace naturelle d'une action, d'un évènement qui se déroule. » De ses premières peintures abstraites, il est vrai assez rectilignes et orthogonales, elle-même précise : « De 1954 à 1958, dans une gamme vivement colorée, des parallèles hachent la forme, apportant des effets de mouvements immobiles et de mouvements tremblés ». Quant au détail de l'évolution de son écriture picturale de 1950 à 1960, l'article de Patrick-Gilles Persin, cité en Bibliographie, la retrace avec précision. De 1958 à 1963, dans une gamme sobre, le mouvement projeté sur la toile, emporte dans un lyrisme parfois gestuel, parfois construit mais violent, les formes qui s'y développent, entraînant le fond avec elles. De 1963 à 1968, de grands collages, quelques objets-reliefs bois et métal, peintures de grands formats, lithographies, eaux-fortes. Ainsi peut-elle préciser elle-même son chemin, ayant tenu ce qu'elle appelle ses *Notes de parcours*, depuis 1951. À partir de 1965 environ, les traces-lignes se font plus rares et plus discrètes au profit des traces-taches, qui s'épanouissent en espace et en couleurs, dans des harmonies pratiquement toujours chaudes de rouges et de bruns. Les années soixante-dix furent occupées par des travaux muraux, notamment de 1975 à 1984, par une série importante de tapisseries, techniquement audacieuses par des intégrations réussies de matériaux hétérogènes, où pour une fois s'impose l'adéquation du tissage à l'expression picturale habituelle de l'auteur, d'autant qu'elle se refusa à tout carton intermédiaire, assistant le lissier presqu'en permanence. Dans les années quatre-vingt, ce fut « le temps des transparences et du mouvement qui passe, un espace conditionné par le fidèle *jeu mince des lignes induites* », ce *jeu mince des lignes induites* qu'elle considère avoir été son fil conducteur permanent depuis les années cinquante. Huguette Arthur-Bertrand semble souvent établir le dynamisme inclus par la trace du geste sur la toile en métaphore du passage de l'homme, de sa réalité agissante, en indice et preuve de *l'être au monde*.
Pour conclure, d'elle, dit encore Michel Ragon : « Il est des peintres qui ne sont d'aucune mode, parce que leur expression ne repose que sur le dynamisme de leur vie intérieure, leur vie secrète avec ses élans et ses rétractations, ses nuances sombres et une superbe avidité d'être. » ■ Jacques Busse
Bibliogr. : R. van Gindertael, in : *Cimaise*, Paris, nov. 1955 – Bernard Pingaud : *Huguette Arthur Bertrand*, Cat. d'exp., Gal.

Massol, 1964 – Huguette Arthur-Bertrand : *Proposition pour un moment théâtral à participation picturale*, Cimaise, Paris, 1969 – in : *Les Muses*, Grange Batelière, Paris, 1970 – Michel Ragon : *H. Arthur Bertrand*, Gal. Galarté, Paris, 1988 – Persin et Xuriguera : *Aspects de l'art abstrait des années 50*, Catal. de l'expos. du Mécénat Pernod, Créteil, 1988 – Geneviève Bonnefoi : *Les Années fertiles de 1930 à 1960*, Mouvements Edit., Villefranche de Rouergue, 1988 – *La Peinture des années 60*, Catal. de l'expos., Odyssud, Blagnac, 1989 – Patrick-Gilles Persin : *Huguette Arthur-Bertrand*, Cimaise, Paris, oct. 1990 – Lydia Harambourg, in : *L'École de Paris 1945-1965. Diction. des Peintres*, Ides et Calendes, Neuchâtel, 1993.
Musées : Elath – Paris (Mus. Nat. d'Art Mod.) : *Ajoncs* – *Vent debout* – Paris (Mus. mun. d'Art Mod.) : *Écume noire* – Saint-Étienne (Mus. d'Art et d'Industrie !
Ventes Publiques : Londres, 20 juil. 1965 : *Verticales rouges et noires* : GNS 80 – Copenhague, 10 oct. 1966 : *Composition* : DKK 1 750 – Copenhague, 25 nov 1976 : *Padour 1957*, h/t (160x130) : DKK 5 000 – Copenhague, 18 oct. 1977 : *Malovrène 1960*, h/t (115x90) : DKK 7 000 – Paris, 14 oct. 1984 : *Grimaine 1957*, h/t (162x130) : FRF 11 000 – Paris, 9 déc. 1985 : *Basculant en fagots 1958*, gche (40x33) : FRF 6 000 ; *Kabloum Powamu 1959*, h/t (10x81) : FRF 17 000 – Paris, 6 déc. 1986 : *Esquisse pour Talers 1958*, gche/pap./t. (46x38) : FRF 8 000 – Paris, 17 mai 1987 : *Esquisse pour Thaydé 1958*, gche/pap. mar./t. (45,5x38) : FRF 6 500 – Paris, 24 juin 1987 : *Composition*, h/t : FRF 37 000 ; *Marina*, h/t : FRF 45 000 – Paris, 20 mars 1988 : *Sans titre 1957*, lav. d'encre de Chine et gche (53x44) : FRF 5 000 ; *Isika 1957*, h/t (100x81) : FRF 34 000 – Paris, 1er juin 1988 : *Sans titre 1957*, gche (54x45) : FRF 6 000 – Paris, 15 juin 1988 : *Pascht 1957*, h/t (116x89) : FRF 25 000 – Neuilly, 20 juin 1988 : *Silica*, h/t (100x81) : FRF 26 000 – Paris, 20 nov. 1988 : *Composition en bleu et rouge*, gche, (85x53) : FRF 20 000 – Paris, 27 avr. 1989 : *Composition*, h/t (85x53) : FRF 12 500 – Neuilly, 6 juin 1989 : *Composition 1962*, aquar. (16,5x20,5) : FRF 5 000 – Copenhague, 20 sep. 1989 : *Carine 1964*, h/t (91x72) : DKK 20 000 – Paris, 8 oct. 1989 : *Ligne blanche 1965*, h/t (61x50) : FRF 25 000 – Paris, 7 oct. 1991 : *Composition 1960*, gche (55x45,5) : FRF 8 500 – Copenhague, 3 juin 1993 : *Iguala 1956*, h/t (61x50) : DKK 9 000 – Paris, 6 déc. 1993 : *Composition*, h/t (100x81) : FRF 22 000 – Paris, 10 fév. 1994 : *Hadrien 3 1974*, h/t (60x60) : FRF 6 000.

ARTHURS Stanley Massey
Né le 27 novembre 1877 à Kenton (Delaware). Mort en 1950. xxe siècle. Américain.
Peintre d'histoire, illustrateur.
Il fut élève du Drexel Institute puis de la Howard Pyle School of Art, à Philadelphie. En peinture il représentait des sujets sociologiques et surtout historiques. Il a illustré des ouvrages littéraires, parmi lesquels une édition des romans, nouvelles et théâtre de Tourgueniev.
Ventes Publiques : Washington D. C., 25 fév. 1989 : *Marchand dans un jardin*, h/t (32,5x100) : USD 1 200.

ARTHUS Albert
xixe siècle. Français.
Peintre.
Expose au Salon des Indépendants en 1891, 1893, 1897.

ARTHUS Henri M. E.
xixe-xxe siècles. Français.
Peintre.
Membre de la Société des Artistes Français en 1883 et prit part à plusieurs de ses expositions.

ARTHUS Louis Albert
xixe siècle. Français.
Peintre de portraits, paysages.
Élève de Laporte, cet artiste exposa au Salon de Paris, notamment en 1880, 1882 et 1885.

ARTHUS Flamand. Voir FLAMAND

ARTI Nicolaus de
xvie siècle. Italien.
Sculpteur.
Mentionné comme ayant travaillé à Rome en 1591.

ARTIAGA Alonso de
Né vers 1661 en Biscaye. xviie siècle. Actif à Séville. Espagnol.
Peintre.

ARTIAGA Juan de
xvie siècle. Actif à Séville. Espagnol.
Sculpteur.

ARTIAGA Martin de
XVIe siècle. Travaillait à Séville vers 1534. Espagnol.
Sculpteur.
Il prit part aux travaux des édifices publics.

ARTIAS Philippe, pseudonyme de Saby-Viricel d'Artias Philippe
Né en 1912 à Feurs (Loire). XXe siècle. Actif aussi en Italie. Français.
Peintre, dessinateur, céramiste. Expressionniste.
Il fut élève de l'École régionale des Beaux-Arts de Saint-Étienne. Ensuite se situe une période où il est entré dans la résistance française, ayant plus tard des fonctions politiques et administratives en Auvergne. A la Libération, il se consacre entièrement à la peinture. Il réapparaît entre 1950 et 1955 dans l'entourage d'Edouard Pignon, et de ce fait dans celui de Picasso, auprès duquel il travaille à Vallauris. À Paris, il figure au Salon de Mai depuis 1959, au Salon des Réalités Nouvelles en 1963 et 1964. En 1964 il fut sélectionné pour les Biennales de Venise et de São Paulo. Il a montré des expositions personnelles de ses peintures, en province depuis 1959, en Suisse en 1963 et 1971, à Paris en 1964, 1973, 1979, à Montréal, Budapest, Bucarest, Prague, Varsovie en 1968, à Los Angeles 1988, etc. Depuis 1968, il travaille entre Paris et Rome.
Ayant subi l'influence de Pignon, sa peinture est à la fois structurée et très écrite, d'une écriture en volutes, en arabesques caractéristiques. Plus que la couleur, volontiers forte d'ailleurs, c'est le trait qui détermine la forme. ■ J. B.
BIBLIOGR. : Catalogue de l'exposition *Artias*, Foire Internat., Los Angeles, 1988 – Lydia Harambourg, in : *L'École de Paris 1945-1965. Diction. des Peintres*, Ides et Calendes, Neuchâtel, 1993.
MUSÉES : LES BAUX-DE-PROVENCE – DUNKERQUE – GENÈVE – LAUSANNE – LIDO DI SPINA – NEUCHÂTEL – PARIS (Mus. Nat. d'Art Mod.) – SAINT-DENIS – SAINT-ÉTIENNE .
VENTES PUBLIQUES : PARIS, 29 nov. 1986 : *Nu dans un paysage* 1963, h/t (65x80) : **FRF 31 000** – PARIS, 4 juin 1989 : *Personnages* 1972, gche (50x70) : **FRF 5 000** – NEUILLY, 23 fév. 1992 : *Élégantes* 1958, h/t (63x52) : **FRF 18 000** – PARIS, 3 déc. 1992 : *Paysage oublié*, h/t (114x146) : **FRF 35 000** – MILAN, 20 mai 1996 : *Sans titre* 1977, acryl./t. (54,5x59,5) : **ITL 4 600 000.**

ARTIASO
XVIe siècle. Travaillait à Séville en 1548. Espagnol.
Sculpteur.

ARTICO Louis
Né à Venise. XXe siècle. Italien.
Peintre.
Expose des paysages aux Indépendants en 1935-1938.

ARTIF L., Mlle
XIXe siècle. Française.
Sculpteur.
A figuré au Salon de Paris (1888).

ARTIGA Francisco
Né vers 1650 à Huesca. Mort en 1711 à Huesca. XVIIe-XVIIIe siècles. Espagnol.
Peintre, graveur.
C'est à lui que l'on doit les plans de l'Université de Huesca, construite sous sa direction. Il exécuta une reproduction à l'eau-forte de la façade principale de ce bâtiment, les gravures de l'ouvrage de Lastanosa, *Tratado de la monede Jaquesa*. Comme œuvres de peinture, Bermudez cite de lui une *Conception de la Vierge*, des figures de *Sibylles* et quelques tableaux d'architecture. Le manuscrit d'un ouvrage sur les fortifications contient d'excellents dessins de sa main.

ARTIGAS Josep, José ou Joseph Llorens
Né en 1892 à Barcelone (Catalogne). Mort le 11 décembre 1980 à Barcelone (Catalogne). XXe siècle. Actif en France. Espagnol.
Sculpteur et émailleur céramiste.
Il fut élève de l'École des Arts et Métiers de Barcelone. Il est l'auteur d'une thèse sur les émaux de l'Antiquité égyptienne. S'il montre parfois ses propres sculptures céramiques, il a surtout été quelque peu écrasé à titre personnel par la dimension des Braque, Dufy et surtout son ami Miro, desquels il fut le collaborateur pour leurs céramiques. Il est vrai que Joan Miro lui a rendu justice en insistant sur la part qu'Artigas prend à la création proprement dite des œuvres qu'il déclare être l'effet d'une collaboration véritable.

BIBLIOGR. : Pierre Courthion : *Art Indépendant*, Albin Michel, Paris, 1958.
VENTES PUBLIQUES : BARCELONE, 16 mars 1989 : *Buste de gitane*, sculpt. marbre (H 41) : **ESP 105 000.**

ARTIGAU Francisco
Né en 1940 à Barcelone. XXe siècle. Espagnol.
Peintre. Hyperréaliste.
Il fut élève de l'École des Beaux-Arts de Barcelone, de 1954 à 1963. Il expose dans de nombreuses villes d'Espagne, ainsi qu'à Londres, Washington, etc. Il a figuré à la Biennale de São Paulo 1967, à la Biennale des Jeunes de Paris 1971. Dans ses peintures, derrière le faire méticuleux, apparemment impartial de l'hyperréalisme, agissent des sous-entendus idéologiques.

ARTIGLIA François
Né à Santhia (Italie). XXe siècle. Français.
Peintre.
Expose au Salon des Indépendants en 1932-1939.

ARTIGUE Albert Émile
Né le 15 août 1850 à Buenos Aires, de parents français. Mort le 16 avril 1927 à Paris. XIXe siècle. Français.
Peintre de sujets de genre, portraits, graveur, lithographe.
D'origine française, ses parents étaient de Bordeaux, cet artiste vint se fixer à Paris et fut élève de Cabanel et de Douard. Il exposa régulièrement au Salon de Paris, puis Salon des Artistes Français, de 1875 à 1901, et à Munich en 1901. Il obtint une mention honorable à Paris en 1890.
On cite parmi ses œuvres : *Colin-Maillard* (Salon 1896), *Albine* (eau-forte) et une lithographie : *Printemps*.
VENTES PUBLIQUES : PARIS, 12 déc. 1921 : *Le rêve* : **FRF 50** – PARIS, 23 fév. 1925 : *Femme à la jaquette grise* : **FRF 110** – PARIS, 26 mars 1930 : *Portrait de jeune femme* : **FRF 110** – LONDRES, 20 juin 1984 : *Une jeune beauté*, h/t (47,5x37,5) : **GBP 1 100** – LONDRES, 24 juin 1987 : *Colin-maillard*, h/t (96x128) : **GBP 9 500** – LONDRES, 6 oct. 1989 : *Printemps*, h/t (102x133) : **GBP 9 350** – NEW YORK, 29 oct. 1992 : *Un vendeur arabe*, h/pan. (34,9x26,7) : **USD 6 600** – LONDRES, 16 juin 1993 : *Dame avec une rose*, h/pan. (41x31) : **GBP 2 875** – NEW YORK, 13 oct. 1993 : *Le flirt*, h/t (200x149,9) : **USD 4 370.**

ARTIGUE Bernard Joseph
Né à Muret (Haute-Garonne). XXe siècle. Français.
Peintre de genre.
Il fut élève de Jean-Paul Laurens à Paris. Il a surtout travaillé dans la région de Toulouse. Il exposait au Salon des Artistes Français depuis 1895, mention en 1903. Il a figuré aussi au Salon des Indépendants pendant quelques années avant la première guerre mondiale, époque où il exposa en Russie, à la demande, dit-on, de l'impératrice. Il exposait au Salon des Artistes Français encore en 1934. Il peignait ou bien des sujets de genre typiques : *Les Promis, Toilette pour la procession* ou bien des personnages presqu'emblématiques : *Le Poète, L'Aïeule.*
VENTES PUBLIQUES : PARIS, 19 oct. 1949 : *La procession* : **FRF 3 300.**

ARTIGUE Jack
XXe siècle. Français.
Peintre de paysages.
On ne relève son nom qu'en 1907, au Salon des Indépendants, mais il y montrait un bon nombre de paysages, entre autres de Paris, ou de Douëlan dans le Finistère. L'assimilation pseudonymique avec Jacques Henri Lartigue est erronée.

ARTIGUES Tomas
XVIIIe siècle. Travaillait à Valence. Espagnol.
Sculpteur et architecte.
Probablement parent de SANCHEZ-ARTIGUES (Tomas). Élève d'Ignacio Vergara, cet artiste travailla à l'église paroissiale d'Ibi et au collège S. Pablo.

ARTILLOT Edmond
XVIe siècle. Actif à Paris. Français.
Peintre.
Il est mentionné comme peintre d'ornements et mourut en 1572, pendant le massacre de la Saint-Barthélemy.

ARTINGSTALL Margaret
Née en 1883 à Chicago. XXe siècle. Americaine.
Aquarelliste, pastelliste.
Elle fut élève de l'Art Institute de Chicago, dont elle devint ensuite une exposante.

ARTIOLI Giuseppe da Cento
XVIIIe siècle. Actif à Mantoue. Italien.
Peintre de portraits, natures mortes.
D'après Zani, cet artiste aurait travaillé, en 1784, à l'Académie de peinture à la cire, fondée par la marquise Giuseppe Bianchi.
VENTES PUBLIQUES : NEW YORK, 15 mai 1996 : *Nature morte avec des oignons, un chou et une carotte* ; *Nature morte avec de la coppa et du pain sur un entablement*, h. et encaustique/pan., une paire (chaque 26x35) : **USD 27 600.**

ARTIOLI Spiridione
Né à Cento. XVIIIe siècle. Italien.
Peintre.
Cité par Zani en 1785.

ARTLETT Richard Austin
Né en 1807. Mort en 1873. XIXe siècle. Britannique.
Graveur.
Il fut l'élève de Robert Cooper et étudia ensuite avec James Thompson. Il grava un grand nombre de portraits parmi lesquels on cite ceux de *Lord Ashburton*, d'après Lawrence, *Lord Lyndhurst*, d'après Calon, et *Mrs Glastone* d'après Gay. Il grava également un grand nombre de sculptures pour l'*Art journal*.

ARTMANN Hans
Né le 15 novembre 1868 à Rodaum (près de Vienne). Mort en 1902 à Thalkirchen (près de Munich). XIXe siècle. Autrichien.
Peintre d'histoire, scènes de genre, paysages.
Élève des Académies de Vienne, de Düsseldorf et de Paris, où il se trouva en relations avec J.-P. Laurens et Benjamin Constant, cet artiste fit un grand nombre de tableaux et exposa aux Salons de Paris, à Düsseldorf et à Vienne. On cite notamment : *L'Enfant prodigue* et *Le Christ avec les enfants*, exposés à Paris, et qui lui valurent deux récompenses.
VENTES PUBLIQUES : Vienne, 18 sep. 1962 : *Bateau de pêche sur une mer agitée* : **ATS 4 000.**

ARTO Sergeï
Né le 11 mai 1959 à Novosibirsk. XXe siècle. Depuis 1990 actif en France. Russe.
Peintre de compositions animées, peintre de collages. Composite.
Il vit et travaille à Paris depuis 1990. Ses peintures résultent d'intentions ostensiblement modernistes. Il s'inspire des possibilités multiples de la technique du collage et des reports photographiques. Dans un style composite, il associe éléments figuratifs ou suggestifs, et parties abstraites.
VENTES PUBLIQUES : VERSAILLES, 25 juin 1989 : *Metapanrock*, h/t (140x100) : **FRF 18 000** – VERSAILLES, 25 juin 1989 : *Alphabet d'amour*, h/t en 2 parties (130x200) : **FRF 17 000** – VERSAILLES, 25 juin 1989 : *Cristal* 1988, h/t (140x100) : **FRF 17 000** – PARIS, 14 mai 1990 : *Ne me reproche pas ta solitude perpétuelle* 1989, h/t (100x90) : **FRF 14 000.**

ARTOIS. Voir aussi ARTHOIS

ARTOIS Mathurin d'. Voir MATHURIN d'Artois

ARTOIS DE CAIX Anne d', Mlle
Née à La Varenne-Saint-Hilaire (Seine). XXe siècle. Française.
Peintre.
Élève de Jean Patricot, elle exposa un portrait au Salon des Artistes Français en 1924.

ARTOPÉ L.
XIXe siècle. Allemand.
Paysagiste.
Cet artiste exposa à l'Académie Royale de Berlin en 1856 et 1860. Ses sujets sont pour la plupart des scènes forestières et des sites de la Haute-Bavière.

ARTOS TIZON
Né en Murcie. XVIe siècle. Espagnol.
Peintre.
Cet artiste travailla dans l'église paroissiale de Jumilla, pour laquelle il exécuta un tableau d'autel représentant : *Le Martyre de sainte Catherine.*

ARTOT Auguste Louis Jules
Né à Bruxelles. XXe siècle. Belge.
Peintre.
Élève de l'École des Beaux-Arts de Bruxelles, il expose au Salon des Artistes Français à Paris en 1928.

ARTOT Paul
Né en 1875 à Bruxelles. Mort en 1958 à Bruxelles. XXe siècle. Belge.

Peintre, graveur, de figures, de portraits. Symboliste.
Il fut élève de Portaels à l'Académie des Beaux-Arts de Bruxelles. Il fit un voyage d'étude en Italie. Il était membre du *Cercle pour l'Art* et exposant du Salon de la Rose-Croix du Temple et du Graal, à Paris en 1894. Il fut professeur à la School of Arts de Glasgow de 1902 à 1914, puis à l'Institut Supérieur d'Anvers. Il fut représenté à l'Exposition Universelle Internationale de Bruxelles en 1910, avec deux peintures : un *Portrait* et une figure symbolique : *Mélancolie.*
VENTES PUBLIQUES : ENGHIEN-LES-BAINS, 25 oct. 1987 : *L'amour sauvé des eaux* 1904, h/t (135x90) : **FRF 350 000.**

ARTOZOUL René
Né en 1927 à Carcassonne (Aude). XXe siècle. Français.
Peintre de nus, portraits. Réaliste.
Il fut élève de l'École des beaux-arts de Toulouse, puis de l'École des arts décoratifs de Paris, dans les ateliers de Despierre et Gromaire. Il reçoit ensuite une bourse de l'Institut français d'Amsterdam. Par la suite, il fut professeur à l'École des arts décoratifs et à l'École polytechnique à Paris.
Il expose très régulièrement à Paris au Salon de Mai, dont il est membre du comité, en 1961 au Salon de la Jeune Peinture, au Salon d'Automne, dont il est membre sociétaire. Il a reçu le prix Fénéon.
Il fait partie de cette génération qui se manifesta dans les années soixante au Salon de la Jeune Peinture par un retour à la figuration, et à une figuration narrative et souvent politique, en réaction contre l'abstraction alors dominante, taxée d'esthétisme pur. Dans son cas, Artozoul a mené le réalisme jusqu'à l'expressionnisme, frôlant parfois la caricature, peut-être en référence à la *Nouvelle objectivité* de G. Grosz et O. Dix.
BIBLIOGR. : Lydia Harambourg, in : *L'École de Paris 1945-1965. Diction. des Peintres*, Ides et Calendes, Neuchâtel, 1993.

ARTS. Voir AERTS

ARTSCHWAGER Richard
Né en 1923 ou 1924 à Washington (Dakota). XXe siècle. Américain.
Sculpteur d'installations, peintre. Polymorphe.
Son père était allemand d'origine, sa mère russe. Il fit ses études au Nouveau Mexique, puis discrètement à la Cornell University de New York. Il fit la guerre en Angleterre, France, puis à Vienne en Autriche. Il termina ses études scientifiques à l'Université Cornell, abandonna aussitôt cette voie, entra à l'Atelier d'Amédée Ozenfant, alors émigré à New York. De 1950 à 1957, il eut une activité de designer, créant des meubles sur le mode constructiviste. Il recommença à peindre en 1958, et à visiter régulièrement les expositions. Il vit et travaille à Charlottesville. Il participa alors à divers groupes, étant lui-même en évolution permanente. Il eut sa première exposition personnelle en 1965. D'entre ses incursions dans des domaines divers, il prit part en 1966 à l'exposition *L'image photographique* au Musée Guggenheim, à documenta V de Cassel en tant qu'hyper-réaliste 1972, à l'exposition *Structures primaires* au Jewish Museum, en 1974 à *Pop'art américain* au Whitney Museum, en 1977 *Meubles improbables* à l'Institut d'Art Contemporain de Philadelphie, en 1985 la *Nouvelle Biennale de Paris*, en 1994 à la fondation Cartier à Paris. Ensuite il put montrer son travail plutôt dans des expositions personnelles qui se multiplièrent : rétrospective au Kunstverein de Hambourg 1978, première exposition rétrospective américaine conjointement à l'Albright-Knox Art Gallery de Buffalo, l'Institut d'Art Contemporain de Philadelphie, le Musée d'Art Contemporain de La Jolla en Californie en 1979, rétrospective des sculptures à la Kunsthalle de Bâle 1985, exposition des sculptures au Musée d'Art Moderne de San Francisco 1988 et au Musée d'Art Contemporain de Los Angeles 1988-1989, au Musée National d'Art Moderne de Paris (Centre G. Pompidou) 1989. Une rétrospective générale de son œuvre eut lieu en 1988, à New York, au Whitney Museum.
L'énumération biographique précédente a fait ressortir clairement la diversité des options artistiques de Artschwager tout au moins dans ses débuts. Il est intéressant que, à peu près simultanément, il a pu se faire remarquer en tant que sculpteur abstrait minimaliste de structures primaires, et que peintre figuratif de l'hyper-réalisme, qu'il pratiquait à partir de documents photographiques qu'il reportait en noir et blanc sur toile et qui avaient essentiellement l'architecture pour thème. En fait, et malgré ces reconnaissances précoces, c'est avec ses *Meubles improbables* que Artschwager a pris une position importante dans la configuration de l'art américain contemporain. Lorsqu'il commença

la réalisation de ses premiers objets ou assemblages, il fut assimilé au pop'art alors à ses débuts. On s'aperçut ensuite de l'originalité de sa démarche, dans laquelle baroquisme et humour (ou ironie) ont une part importante. Dans certaines de ses réalisations il se souvient et de son passé de designer influencé par le constructivisme et de son passage par le minimalisme : chaises et tables sans pieds ni tête. Dans d'autres au contraire règne le parodique le plus fou : portes en faux bois plus veiné que nature et qui n'ouvrent évidemment sur rien, meubles indéfinissables en faux bois, faux marbre, qui se prolongent de diverticules aériens pour rien. Que fait-il en cela ? Apparemment un inventaire critico-parodique des objets-repères ou objets-signaux habituels de notre comportement quotidien, mais repères ou signaux étant déconnectés de leur fonction initiale et désormais tout juste bons à égarer les sens pour en interroger le sens.
■ Jacques Busse

Bibliogr. : In : Catal. de la *Nouvelle Biennale de Paris*, 1985, Electa-Le Moniteur, pp 108-109 – Richard Armstrong : *Richard Artschwager*, Whitney Mus. of Amer. Art, New York, 1988 – Richard Armstrong, Bernard Blistène en entretien avec R. A. : Catalogue *Richard Artschwager*, avec appareil bibliogr., Collection *Contemporains*, Centre G. Pompidou, Paris, 1989.
Musées : Bâle (Kunstmuseum) : *Le Cavalier polonais, IV* 1971 – Buffalo (Albright-Knox Art Gal.) – Cologne (Mus. Ludwig) : *Logus* 1967 – Épinal (Mus. départ. des Vosges) : *Sitting, sitting* 1984-1985 – Londres (Tate Gal.) : *Table et chaise* 1963-64 – New York (Mus. of Mod. Art) – New York (Whitney Mus.) : *Orgue de cause et effet* 1980 – Paris (Mus. Nat. d'Art Mod.) : *Book III (Laocoon)* 1981 – Triptyque II 1964 – Philadelphie (Inst. of Contemp. Art).
Ventes Publiques : New York, 18 mai 1978 : *Destruction N° 3* 1972, acryl./celotex, 2 peint., chaque (188x112) : **USD 6 750** – New York, 16 mai 1980 : *Gene and Margaret* 1964, cart. laminé (50,2x44,5x12,7) : **USD 1 000** – New York, 11 nov. 1982 : *Bol de pêches sur une table de verre* 1973, acryl./celotex montré/isor. (45,5x59,5) : **USD 7 200** – New York, 21 mai 1983 : *L'escalier* 1971, acryl./cart. (128,9x110,3) : **USD 8 750** – New York, 9 mai 1984 : *Femme* 1963, acryl./cart. (123x122) : **USD 15 000** – New York, 3 mai 1985 : *Looking* 1969, crin de cheval collé (52x52x14) : **USD 1 000** – New York, 11 nov. 1986 : *Triptyque* 1964, formica/bois (106,7x254x15,2) : **USD 21 000** – New York, 6 mai 1986 : *Paysage II* 1970, acryl. et fus./celotex (59,6x59,6) : **USD 8 000** – New York, 15 mai 1987 : *Objet sans titre* 1971, boîte en bois comprenant 5 tiroirs (29,2x37,5x32,5) : **USD 1 300** – New York, 2 et 3 mai 1988 : *Intérieur* 1973, acryl./celotex, trois panneaux (111,8x130,8 ; 80x130,8 ; 61x130,8) : **USD 176 000** ; *Sans titre*, lignitex/celotex (72x62) : **USD 60 500** – New York, 8 oct. 1988 : *Sans titre* 1967, acryl./rés. synth. (43,3x38) : **USD 18 700** – New York, 10 Nov. 1988 : *Sans titre* 1974, liquitex/celotex (56x42,1) : **USD 28 600** – New York, 14 fév. 1989 : *Chaise/chaise/table* 1980, liquitex/celotex (63,5x59,1) : **USD 71 500** – New York, 3 mai 1989 : *City of man 2* 1982, acryl. et fus./celotex (189x139,5x29) : **USD 104 500** – New York, 7 nov. 1989 : *Triptych V*, liquitex/celotex avec des cadres métalliques (207x356,2) : **USD 990 000** – New York, 7 mai 1990 : *Piano* 1965, formica/bois (81,3x121,9x48,3) : **USD 308 000** – New York, 30 avr. 1991 : *Miroir peint* 1962, acryl. et celotex/bois (151,7x78,7x25,5) : **USD 154 000** – New York, 27 fév. 1992 : *Petit tableau sur le mur au sud* 1974, liquitex/cellophane (92x76,8) : **USD 36 300** – New York, 6 mai 1992 : *Livre II (Nike)* 1981, construction en formica (188x116,2x116,8) : **USD 110 000** – New York, 17 nov. 1992 : *Tour III (confessional)* 1980, formica et chêne (en tout 152,4x119,4x81,3) : **USD 110 000** – New York, 18 nov. 1992 : *Porte/porte* 1984, formica et acryl./bois (188,9x342,9x19) : **USD 46 200** – New York, 3 mai 1993 : *Chaise* 1963, construction de formica et bois (94x55,9x50,8) : **USD 178 500** – New York, 8 nov. 1993 : *Lisière* 1977, graphite/pap. (66x61) : **USD 5 750** – New York, 9 nov. 1993 : *Déraillement de train* 1967, liquitex/celotex dans un cadre de l'artiste (118x109,2) : **USD 222 500** – New York, 4 mai 1994 : *Marins* 1964, acryl./celotex (50,8x66x21,6) : **USD 343 500** – Paris, 17 oct. 1994 : *Pour le placard à provisions* 1981, acryl./celotex et formica sous bois (94x43x10) : **FRF 40 000** – New York, 3 mai 1995 : *À côté de la couverture* 1977, encre et graphite/pap. (50,2x63,5) : **USD 4 600** – New York, 14 nov. 1995 : *Sans titre* 1974, liquitex/bois. (135,8x202) : **USD 88 300** – New York, 19 nov. 1996 : *Hairbox*, sculpt. multiple (44,5x63,5) : **USD 1 495** – New York, 19 nov. 1996 : *Porte* 1987, Formica, quincaillerie et bois (44,4x63,5x12,7) : **USD 2 760** – New York, 20 nov. 1996 : *Sans titre, triangle* 1969, acryl./celotex (27,6x33) :

USD 8 625 – New York, 7-8 mai 1997 : *Console* 1988, acryl./bois, caoutchouc et acier (94,7x59,7x30,5) : **USD 32 200**.

ARTSENS Isabella
xviiie siècle. Active à Anvers, au xviiie siècle. Éc. flamande.
Graveur au burin.

ARTSENS Jean ou Aertsens
xvie siècle. Actif à Anvers. Éc. flamande.
Sculpteur sur bois.
Élève et apprenti de Jan van Haecht, vers 1595 ; les œuvres de cet artiste sont pour la plupart inconnues. Pourtant un document lui attribue un confessionnal dans l'église Saint-Gommaire à Lierre.

ARTUINUS
xive siècle. Français.
Peintre.
Cet artiste, Français d'origine, exécuta un *Saint Christophe* dans une dépendance de la cathédrale de Pise.

ARTUMS Ansis
Né en 1908 à Riga. xxe siècle. Letton.
Peintre.
Il fut élève du paysagiste postimpressionniste Vilhelms Purvitis à l'Académie des Beaux-Arts de Riga jusqu'en 1933. Il vécut à Tukums et figura à de nombreuses expositions collectives, notamment à l'Exposition d'Art de la Lettonie à Paris en 1939.

ARTUS
xvie siècle. Actif à Anvers. Éc. flamande.
Peintre.
Mentionné à Anvers, en 1516, chez Otto Venius où cet artiste paya l'impôt des étrangers.

ARTUS
xviie siècle. Actif à Toulouse. Français.
Sculpteur.
Élève de Dominique Bachelier, cet artiste travailla de 1610 à 1612, avec Guépin le Tourangeau à l'arc de triomphe de l'église Saint-Étienne et à l'ornementation du Palais du président Clary.

ARTUS
xixe siècle. Actif à Paris en 1824. Français.
Graveur.

ARTUS Charles
Né le 16 juillet 1897 à Étretat (Seine-Maritime). xxe siècle. Français.
Sculpteur, graveur, animalier, décorateur.
Il fut élève du sculpteur animalier Edouard Navellier. Il a exposé à Paris aux Salons des Indépendants, d'Automne dont il était sociétaire, de la Société Nationale des Beaux-Arts où il figura encore en 1941, et surtout des Artistes Français, mention honorable 1922, médaille de bronze 1926, sociétaire perpétuel. Il n'a pratiquement sculpté ou gravé que des animaux de toutes sortes.
Musées : New York (Metrop. Mus.) – Paris (Mus. Nat. d'Art Mod.) : *Lapin*, bronze – *Merle du Sénégal*, bronze.
Ventes Publiques : Paris, 29 sep. 1979 : *Panthère noire en marche*, patine noire, bronze (H. 25) : **FRF 4 900** – Enghien-les-Bains, 15 nov. 1981 : *Merle*, bronze (H. 18,5) : **FRF 6 000**.

ARTUS Deurwaerder. Voir DEURWERDERS

ARTUS Émile
Né en 1823 à Carouge. xixe siècle. Suisse.
Portraitiste et lithographe.
Élève de Lugardon, cet artiste exposa à Genève en 1891.

ARTUS François
Né à Genève. xixe siècle. Suisse.
Peintre de portraits et lithographe.

ARTUSI Domenico
Né le 7 juillet 1754 à Parme. Mort le 18 mars 1830. xviiie-xixe siècles. Italien.
Peintre décorateur.
Élève de l'Académie de Parme, cet artiste se perfectionna avec E. Petitot et obtint plusieurs prix, de 1778 à 1780. Il fut nommé professeur à l'Académie, à la place de Donnino Ferrari, en 1821.

ARTUSI Giovanni, dit il Piscina
Né au xviie siècle à Piscina (Abruzzes). xviie siècle. Italien.
Sculpteur.
Cet artiste travailla à Rome et fournit des œuvres importantes. On cite notamment un modèle de Bernin, représentant les

quatre grandes figures des Pères de l'Église et l'autel en bronze, exécuté d'après les dessins de Pietro da Cortona, et destiné à S. Luca e Martino.

ARTUSI Niccolo
XVIIe siècle. Actif à Rome. Italien.
Sculpteur.
Mentionné vers 1700 pour avoir exécuté une statue pour l'extérieur de Saint-Pierre de Rome.

ARTUSO Raimondo
XVIe siècle. Italien.
Sculpteur sur bois.
Mentionné comme moine dominicain ayant travaillé, vers 1577, aux stalles du chœur de Saint-Domenico de Capoue.

ARTVELT Andries van. Voir EERTVELT

ARTWELL Albert
Né en 1942. XXe siècle. Jamaïcain.
Peintre de compositions religieuses.
Après un songe inspiré par Dieu, il se consacra à la peinture, avec des œuvres mystiques influencées de la Bible.
BIBLIOGR. : Jutta Stöter-Bender : *L'Art contemporain dans les pays du tiers-monde*, L'Harmattan, Paris, 1995.

ARTZ Constant. Voir ARTZ David Adolf Constant, et ARTZ Constant David Ludovic

ARTZ Constant David Ludovic
Né en 1870 à Paris. Mort en 1951 à Soest. XXe siècle. Hollandais.
Peintre de sujets de genre, animaux, paysages animés, paysages d'eau, aquarelliste.
Il est le fils de David Adolphe Constant. Il fut élève de l'Académie des Beaux-Arts de La Haye. Il a surtout peint des scènes de la vie campagnarde, avec une affection toute particulière pour la vie aquatique des canards.
VENTES PUBLIQUES : LONDRES, 19 mars 1980 : *Mère et enfant dans un intérieur*, h/pan. (26,5x33) : **GBP 3 800** – AMSTERDAM, 20 oct. 1981 : *La mare aux canards*, aquar. (29,7x45,7) : **NLG 2 050** – COLOGNE, 24 mai 1982 : *La mare aux canards*, h/t (41x61) : **DEM 6 500** – LONDRES, 16 mars 1983 : *Jeune fille tricotant au bord de la mer*, h/pan. (27,5x22,5) : **GBP 500** – COLOGNE, 30 mars 1984 : *Paysage fluvial, Hollande*, h/pan. (18x22) : **DEM 4 000** – AMSTERDAM, 19 nov. 1985 : *Canards et canetons au bord d'un ruisseau*, h/pan. (24x30) : **NLG 6 000** – COLOGNE, 25 juin 1987 : *La mare aux canards*, h/t (40x50) : **DEM 4 500** – AMSTERDAM, 26 mars 1988 : *Canards sur la berge*, h/cart. (24x18) : **NLG 3 680** – LONDRES, 21 juin 1989 : *Couvée de canards sur une mare*, h/pan. (50x39,5) : **GBP 2 420** – COLOGNE, 20 oct. 1989 : *Canards sur un étang*, h/pan. (18x24) : **DEM 4 800** – AMSTERDAM, 25 avr. 1990 : *Cane et sa couvée sur une mare*, h/cart. (18x24) : **NLG 6 900** – AMSTERDAM, 5 juin 1990 : *Couvée de canards près d'une mare*, h/pan. (50x60) : **NLG 7 475** – COLOGNE, 29 juin 1990 : *Couvée de canards au bord d'un étang 1909*, aquar. (40x60) : **DEM 3 000** – AMSTERDAM, 5-6 fév. 1991 : *Canards sur la berge d'une rivière*, h/pan. (30x40) : **NLG 7 475** – AMSTERDAM, 24 avr. 1991 : *La leçon de natation*, h/t (30x40) : **NLG 11 500** – LONDRES, 17 mai 1991 : *Cane entraînant sa couvée dans la rivière*, h/pan., une paire (18,2x24,8) : **GBP 3 300** – COLOGNE, 28 juin 1991 : *Cane et sa couvée au bord d'un ruisseau*, h/pan. (18x24) : **DEM 4 000** – NEW YORK, 15 oct. 1991 : *Couvée de canards sur le bord de la rivière*, h/t (51,5x40,6) : **USD 4 400** – AMSTERDAM, 5-6 nov. 1991 : *Couvée de canards au bord d'un étang*, h/pan. (39,5x50) : **NLG 9 775** – AMSTERDAM, 22 avr. 1992 : *Canards et leur couvée sur la berge d'une rivière*, h/t (40x30) : **NLG 10 925** – AMSTERDAM, 2-3 nov. 1992 : *Canards sur une mare*, h/pan. (40x50) : **NLG 9 200** – AMSTERDAM, 9 nov. 1993 : *Cane et ses canetons sur un étang*, h/pan. (40x50) : **NLG 8 050** – LONDRES, 11 oct. 1995 : *Canards sur la berge d'une rivière*, h/pan. (86x71) : **GBP 1 495** – AMSTERDAM, 16 avr. 1996 : *Canards sur une mare*, h/t (50x40) : **NLG 11 800** – AMSTERDAM, 19-20 fév. 1997 : *Canards et canetons sur la berge d'une rivière*, h/t (30x40) : **NLG 8 072** – AMSTERDAM, 22 avr. 1997 : *Cane et canetons sur la berge d'une rivière*, h/t (64,5x76) : **NLG 10 120** – AMSTERDAM, 2 juil. 1997 : *Canards*, h./contre-plaqué (30x24) : **NLG 5 189** – AMSTERDAM, 27 oct. 1997 : *Canards et canetons dans une mare de forêt*, h/t (31x41) : **NLG 10 620**.

ARTZ David Adolf Constant
Né le 18 décembre 1837 à La Haye. Mort le 5 novembre 1890 à La Haye. XIXe siècle. Hollandais.
Peintre de sujets de genre.

Élève de Royer à l'Académie d'Amsterdam, il subit surtout l'influence de Josef Israels, son ami, qu'il suivit à Zandvoort en 1859. Après de longs séjours en Écosse, Angleterre, Allemagne, Italie, il s'installa à Paris, où il habita de 1866 à 1871. À cette époque, il se lia d'amitié avec Jacob et Matthys Maris. Il est souvent confondu avec son fils Constant (1870-1951), qui peignait le même genre de sujet.
Il exposa au Salon d'Amsterdam, pour la première fois en 1859, puis figura aux expositions allemandes et au Salon de Paris. Il participa activement à l'Exposition Universelle de Paris en 1889, en tant que président de la section néerlandaise des Beaux-Arts. Ses toiles montrent la vie des paysans, des pêcheurs, des scènes de cabarets, traitées avec simplicité, naturel, dans une pâte très nourrie. citons : *Dimanche à Scheveningen – Un bon moment*.

ARTZ.

BIBLIOGR. : Gérald Schurr : *Les Petits maîtres de la peinture 1820-1920, valeur de demain*, t. V, Les Éditions de l'Amateur, Paris, 1981.
MUSÉES : AMSTERDAM : *Chez grand'maman – scène de l'orphelinat de Katwijk Binnen* – LA HAYE : *Le Retour du troupeau* – MONTRÉAL : *Vieux pêcheur* – ROTTERDAM : *Dans les dunes*.
VENTES PUBLIQUES : PARIS, 1892 : *La leçon de piano* : **FRF 3 000** – AMSTERDAM, 15-16 oct. 1907 : *La convalescence* : **NLG 350** – LONDRES, 12 mai 1965 : *La famille de paysans* : **GBP 130** – AMSTERDAM, 16 mars 1976 : *Paysage au pont*, h/pan. (29,5x39,5) : **NLG 2 950** – AMSTERDAM, 27 avr. 1976 : *La famille du pêcheur 1875*, aquar. (26x36) : **NLG 6 000** – LONDRES, 24 mai 1978 : *La mare aux canards*, aquar. (35x52) : **GBP 480** – COLOGNE, 11 juin 1979 : *La Mare aux canards*, h/pan. (16,5x26) : **DEM 3 200** – NEW YORK, 30 juin 1981 : *La nouvelle couvée*, h/t (54,5x86,5) : **USD 3 200** – LOKEREN, 23 avr. 1983 : *Bords de rivière*, h/t (49x58) : **BEF 160 000** – LONDRES, 22 mars 1984 : *Jeune femme cousant*, aquar. reh. de gche (53x36) : **GBP 500** – LONDRES, 20 juin 1985 : *Canards et canetons sur les bords d'un étang*, deux aquar. (35,5x51,5) : **GBP 1 600** – NEW YORK, 31 oct. 1985 : *Le retour de pêcheurs*, h/t (81,3x122) : **USD 15 000** – LONDRES, 26 fév. 1988 : *Gamin au béret rose*, h/t (47x31) : **GBP 1 980** – NEW YORK, 24 oct. 1989 : *Les premiers pas 1872*, h/t (104,7x150) : **USD 8 250** – NEW YORK, 19 juil. 1990 : *Fille de marin 1870*, h/t (87,8x61) : **USD 6 050** – AMSTERDAM, 30 oct. 1990 : *Famille de pêcheur autour de la table dans une maison*, h/t (90x130) : **NLG 20 700** – AMSTERDAM, 22 avr. 1992 : *Le bateau miniature*, h/pan. (39x32,5) : **NLG 2 300** – LONDRES, 17 juin 1992 : *Femme avec ses enfants dans les dunes de sable*, h/t/pan. (27,5x43,5) : **GBP 2 970** – AMSTERDAM, 2-3 nov. 1992 : *Un gamin dans les dunes*, h/pan. (28,5x39) : **NLG 4 600** – AMSTERDAM, 21 avr. 1993 : *Les mangeurs de pommes de terre*, aquar. avec reh. de blanc/pap. (58x74) : **NLG 9 775** – AMSTERDAM, 19 oct. 1993 : *La fille du fermier*, h/pan. (43x28) : **NLG 11 500** – PARIS, 27 avr. 1994 : *Paysage au moulin*, h/t (21,5x30,5) : **FRF 10 000** – NEW YORK, 19 jan. 1995 : *Sur le chemin de la maison au crépuscule*, h/t (77,5x56,8) : **USD 3 737** – AMSTERDAM, 27 oct. 1997 : *Un garçon dans les dunes* ; *Une fillette dans les dunes*, h/pan., une paire (chaque 22x16,5) : **NLG 21 240**.

ARTZ E.
XIXe siècle.
Peintre.
Exposa deux œuvres à la Grafton Gallery (Londres), en 1880.

ARUM P. van
XVIIIe siècle. Hollandais.
Graveur sur bois.
Ses gravures, d'après R. J. van Arum, de qui il devait donc être le fils, furent publiées à La Haye à la fin du XIXe siècle.

ARUM R. J. van
XIXe siècle. Hollandais.
Graveur sur bois.
Cet artiste exécuta un grand nombre de gravures humoristiques : *Types de caractères*, qui furent publiées à La Haye, en 1847, avec beaucoup de succès.

ARUN V.
XVIIIe siècle.
Graveur.
Cet artiste, que l'on suppose être d'origine anglaise, est connu par une gravure datée de 1770.

ARUNDALE F.
XIXe siècle. Travaillait à Londres. Britannique.

Miniaturiste.
Cette artiste exposa, de 1839 à 1862 à la Royal Academy.

ARUNDALE Francis Vyvyan Jago
Né le 9 octobre 1807 à Londres. Mort le 9 septembre 1853 à Brighton. XIXe siècle. Britannique.

Peintre de sujets de genre, paysages, architectures, aquarelliste, dessinateur.

Il fit ses études sous la direction d'Augustus Pugin, et l'accompagna en Normandie, dessinant les sites les plus jolis pour l'ouvrage que Pugin publia de leur voyage. En 1831, Arundale visita l'Égypte avec Hay, et en 1833, il se joignit à Catherwood et Bonomy pour visiter la Terre Sainte. Parmi ses œuvres on cite : *Les Édifices de Palladio* ; *Illustrations de Jérusalem et du mont Sinaï* ; *The Gallery of antiquities* tome I, exécuté en collaboration avec Bonomy. Arundale a fait quelques peintures à l'huile d'après ces croquis.

VENTES PUBLIQUES : LONDRES, 16 mars 1978 : *Covent Garden*, aquar. et cr. (16x23,5) : **GBP 280** – NEW YORK, 23 fév. 1983 : *Vue du Forum Romanum*, aquar. et pl. (64,7x98,2) : **USD 5 500** – NEW YORK, 29 oct. 1986 : *Une procession au Forum Romanum*, aquar. et gche (64x97) : **USD 2 500**.

ARUNDEL James
Né à Bradford. XXe siècle. Britannique.

Peintre.

Entre 1936 et 1938, il a exposé à Paris, aux Salons des Artistes Français et d'Automne.

VENTES PUBLIQUES : LONDRES, 3-4 mars 1988 : *Plage en Bretagne* 1932, h/pan. (50x59,3) : **GBP 1 320**.

ARUNDLE Kate
XIXe siècle. Active à Londres dans la dernière moitié du XIXe siècle. Britannique.

Paysagiste.

Elle exposa un tableau à la British Institution, en 1866.

ARUS Jean Marie Joseph
Né le 6 novembre 1846 à Nîmes (Gard). XIXe siècle. Français.

Peintre de batailles.

Élève de l'École des Beaux-Arts, à Marseille, cet artiste se fixa à Paris, où il exposa régulièrement de 1874 à 1905. On cite parmi ses œuvres : *Scènes de la guerre* de 1870 : *Siège de Paris* (Salon 1875), *Solférino* (Salon 1887). On mentionne aussi une *Vue d'Alfortville des hauteurs de Charenton*, que l'artiste peignit pour l'hôtel de ville d'Alfortville, en 1897 et *Après la lutte* exposée à Paris en 1900 à l'Exposition Universelle. Le Musée de Bayeux conserve une toile de lui : *En marche.*

VENTES PUBLIQUES : PARIS, 1890 : *Sujet militaire* : **FRF 15** – PARIS, 5 et 6 juin 1901 : *En reconnaissance* : **FRF 50** – PARIS, 23 déc. 1918 : *Siège d'Anvers* : **FRF 70** – PARIS, 16 mars 1925 : *Dans l'Yser* : **FRF 140** – PARIS, 14 et 15 fév. 1927 : *Le dimanche sur les fortifications* : **FRF 150** – PARIS, 16 avr. 1942 : *Cuirassiers en patrouille* : **FRF 380** – PARIS, 6 juil. 1951 : *Le dimanche sur les fortifications* : **FRF 5 100** – PARIS, 9 fév. 1955 : *Aux courses* : **FRF 4 000**.

ARUS Raoul
Né le 4 novembre 1848 à Nîmes (Gard). Mort en 1921 à Paris. XIXe-XXe siècles. Français.

Peintre de sujets militaires, paysages animés.

Il fut élève de l'École des Beaux-Arts de Marseille et de Pils. Il exposa au Salon de Paris, puis Salon des Artistes Français, de 1874 à sa mort, obtenant une médaille d'argent en 1900 ; la Légion d'Honneur en 1906.

Parmi ses œuvres, on mentionne : *Siège de Paris*, *Après la lutte*, *La quarante-cinquième demi-brigade*, *Iéna*, *Wagram*, *La Retraite allemande.*

MUSÉES : BAYEUX : *En marche.*

VENTES PUBLIQUES : GRENOBLE, 12 mai 1980 : *Dans la plaine*, h/pan. (14,5x32,5) : **FRF 3 100** – BRUXELLES, 23 mars 1983 : *Militaire attendant sur les quais enneigés de la gare Saint-Themme*, h/t (80x40) : **BEF 60 000** – NEW YORK, 13 fév. 1985 : *Le départ des conscrits*, h/t (80x139,6) : **USD 4 750** – PARIS, 18 juin 1990 : *L'exode, scène de la guerre de 1870*, h/t (120x200) : **FRF 42 000** – NEUILLY, 19 mars 1994 : *Vue d'Alforville des hauteurs de Charenton 1896*, h/pan. (17x41) : **FRF 21 200**.

ARVANO Felice d'. Voir FELICE d'Arvano

ARVAUD Claude
Né à Hambourg. XXe siècle. Français.

Peintre.

Expose aux Indépendants en 1939 et à la Nationale en 1940.

ARVAY Siegmund
XIXe siècle. Travaillait à Vienne. Autrichien.

Peintre de genre.

Cet artiste exposa à Vienne, en 1880 et 1881.

ARVEN Florence
Née en 1952 à Paris. XXe siècle. Française.

Peintre de paysages.

Elle fit ses études à l'Université, obtint une licence en Arts Plastiques, et à l'École des Beaux-Arts de Paris. Elle participe à de nombreux Salons annuels parisiens : des Artistes Français, des Artistes Indépendants, de la Société Nationale des Beaux-Arts, d'Automne, du Dessin et de la Peinture à l'eau, ainsi qu'à des accrochages de galeries privées dans des villes de France et de plusieurs pays étrangers. Depuis 1982, elle fait des expositions personnelles, entre autres : Wally Findlay Galleries à Palm Beach, 1987, 1988, 1991 Carnac, 1989 Pont Aven, 1989, 1991 Quimper, 1990 Callian (Var), 1991 Wally Findlay Galleries à Chicago, 1992 Chablis, etc.

Techniquement, elle pratique une touche un peu grasse, un peu lourde, et pourtant contredite par une joyeuse polychromie appliquée aussi bien aux paysages méditerranéens que bretons.

BIBLIOGR. : Catalogue *Florence Arven*, sans lieu, 1990.

ARVESEN Agnès, née Sandberg
Née le 26 septembre 1881 à Bergen. XXe siècle. Norvégienne.

Peintre de genre et de portraits.

En 1898, elle fut élève à Bergen du peintre de genre et de portraits Asor Henrik Hansen. En 1901 et 1902, elle était à Paris élève de Christian Krohg à l'Académie Colarossi. En 1902 elle se maria avec le violoniste connu Arvesen. Elle se fixa ensuite à Christiania (Oslo à partir de 1924), où elle exposa.

ARVID Jorin
Né à Göteborg. XXe siècle. Suédois.

Peintre.

Exposa un paysage au Salon d'Automne de 1924.

ARVIDSON Anders Arvid
Né à Landskrona in Schonen. Mort en 1832. XIXe siècle. Suédois.

Peintre et graveur au burin.

Élève de l'Académie des Arts à Copenhague, puis de Westin à Stockholm, cet artiste fut nommé second maître à l'Université de Lund, et l'on cite le paysagiste Staeck parmi ses élèves. On ne connaît aucune peinture de cet artiste. On cite parmi ses gravures : *La Ruelle du Sable à Lund*, et *Jacob Pontus de la Gardie*, d'après Ehrenstrahl.

ARVIDSON Christina
Née probablement au XIXe siècle en Suède. XIXe siècle. Suédoise.

Miniaturiste.

Le nom de cette artiste fut mentionné en 1895, à une vente de Cologne, comme signataire d'une miniature sur parchemin. Cette miniature faisait partie de la collection Hammer, de Stockholm.

ARVIDSSON Truls ou Arnvidsson
Né vers 1660 à Westervik. Mort vers 1710. XVIIe-XVIIIe siècles. Suédois.

Graveur au burin.

Élève de l'Université d'Upsal en 1680, il vécut pendant quelques années à Leyde et enleva une religieuse qu'il voulait épouser, mais elle mourut la même année. Arvidsson Truls fit des œuvres intéressantes, notamment pour l'illustration des *Monumenta ullerakensia cum Upsalia* et de *Ettartal*, de Peringskiöld.

ARVIER François
XVIIe siècle. Français.

Peintre.

Cet artiste fut le collaborateur de Charles Le Brun et de van der Meulen à la Manufacture royale des Gobelins. D'après un document, il aurait été nommé peintre du roi en 1687.

ARVILLE H. d'
XIXe siècle. Française.

Peintre.

Elle a figuré au Salon de 1888 avec *Fraises.*

ARVISENET L.
XXe siècle. Français.

Sculpteur.

Exposa une plaquette aux Artistes Français en 1911.

ARWYCK Étienne van
Né à Utrecht. xvie siècle. Hollandais.
Sculpteur.
Est mentionné comme citoyen à Anvers en 1559.

ARX Franz
xixe siècle. Actif à Olten, au xixe siècle. Suisse.
Lithographe.
Frère de Joseph et Urs Arx, et l'un des fondateurs d'une firme lithographique, en 1841, à Olten.

ARX Heinrich von
Né le 12 septembre 1802 à Berne ou à Olten. Mort le 30 janvier 1858 à Berne. xixe siècle. Suisse.
Peintre et dessinateur.
Cet artiste fut un humoriste et un caricaturiste intéressant et illustra plusieurs revues de Berne.

ARX Joseph
xixe siècle. Actif à Olten. Suisse.
Lithographe.
Frère de Franz et de Urs. L'un des fondateurs d'une firme lithographique suisse, en 1841, à Olten.

ARX Urs
xixe siècle. Actif à Olten, au xixe siècle. Suisse.
Lithographe.
Frère de Joseph et de Franz Arx et fondateur, en 1841, à Olten, d'une firme lithographique.

ARYEN
xviie siècle. Actif à Leeuwarden. Hollandais.
Peintre.
Cité comme maître, en 1610, à Leeuwarden.

ARYENS Gheert
xvie siècle. Actif à Anvers. Éc. flamande.
Peintre.
Mentionné en 1533, dans la gilde de Saint-Luc.

ARYENSZ Ewout
Né en 1591. xviie siècle. Hollandais.
Peintre.
Cet artiste est mentionné comme témoin dans un document de Rotterdam, le 2 juillet 1635.

ARYENSZ Jan
xviie siècle. Actif à Rotterdam. Hollandais.
Peintre.
Mentionné dans un document de 1652.

ARYSZ Willem
xvie siècle. Actif à Amsterdam. Hollandais.
Peintre.
Mentionné dans un document de 1555.

ARYTON
xixe siècle. Travaillant en Angleterre. Britannique.
Graveur.

ARZ Helmut von
Né le 12 avril 1930 à Sibiu. xxe siècle. Actif en Allemagne.
Roumain.
Illustrateur.
En 1955, il est diplômé de l'Institut d'Arts plastiques Ion Andreescu de Cluj. Entre 1961 et 1965 il est professeur à l'Ecole d'Art de Sibiu. Il est illustrateur de livres à Bucarest et fait également des illustrations de presse. En 1965, il quitte la Roumanie pour s'installer en République Fédérale Allemande où il enseigne le dessin aux lycées de Krefeld, Düsseldorf et Wuppertal. A partir de 1969, il enseigne à l'Ecole Supérieure Pédagogique de la Ruhr et en 1971 à la Faculté d'Arts de l'Université d'Essen. Il expose à Essen en 1981 et 1983, à Straubing en 1984. Il partage son activité entre l'illustration de presse et l'illustration de livres, ayant une prédilection pour cette dernière : dans ce domaine, Arz est plus intéressé par les scènes d'action, le mouvement que par la physionomie ou le caractère des personnages. Sa ligne est libre, rapide, enlevée, ses hachures sont nerveuses. C'est avec une grande vivacité qu'il traduit en images la vision de l'auteur. Parmi ses illustrations, citons Les Trois Mousquetaires d'Alexandre Dumas, les Contes des Frères Grimm, les Contes populaires des populations allemandes de Roumanie. A travers ses illustrations de presse, il fait passer les problèmes de l'actualité par l'humour, en faisant ressortir le côté ridicule des situations. A côté de ces illustrations, Arz a fait des dessins,

aquarelles, dessins au fusain de paysages et de scènes de la Commedia dell'Arte caractérisés par une grande vivacité du trait. ■ A. P.
Bibliogr. : Ionel Jianou : Les Artistes Roumains en Occident, American Romanian Acad. of Arts and Science, Los Angeles, 1986.

ARZ Jeanne
Née à Paris. xxe siècle. Française.
Peintre et sculpteur.
Depuis 1926, elle expose au Salon des Artistes Indépendants de Paris.

ARZADUM Carmelo de ou Carmelo de Arzadum
Né le 16 juillet 1888 à Mataojo Grande. Mort le 18 octobre 1968. xxe siècle. Uruguayen.
Peintre de paysages. Postimpressionniste.
Dès sa jeunesse il put venir fréquemment en Europe, et plus particulièrement en France et en Espagne. Il étudia aux Beaux-Arts de Bilbao, puis repartit vivre en Uruguay en 1915. En 1929, il obtint le 1er Prix à l'Exposition Internationale de Séville. Il reçut en 1941 le Grand Prix de Peinture du ve Salon National d'Uruguay, et il a participé en 1946 à l'Exposition des Artistes d'Amérique-Latine organisée par l'UNESCO à Paris.
Dans une première période, influencé par Van Dongen et Anglada Camarasa, il a peint des scènes de genre dans cet esprit. À partir de 1925 il a traité presque exclusivement des paysages urbains de la banlieue de Montevideo, un peu dans l'esprit de constat de Hopper. En 1936 il fit quelques tentatives influencées par le constructivisme, pour revenir en définitive après 1940 et jusqu'à la fin de sa vie à des scènes familières de plages et à des instantanés saisis dans la vie estivale des stations balnéaires uruguayennes. Thèmes traités dans une gamme volontiers colorée et sous une lumière intense.

C. de ARZADUN

Ventes Publiques : Montevideo, 29 nov. 1978 : L'Eglise, h/t (77x68) : UYU 9 200 – Montevideo, 29 juin 1979 : Bord de mer, h/cart. (31x39) : UYU 12 000 – Montevideo, 29 juin 1981 : La plage Ramirez, h/pan. (26x18) : UYU 10 000 – Montevideo, 17 nov. 1982 : Las Flores, h/cart. (53x43) : UYU 16 500 – Montevideo, 11 mai 1983 : Banado Medina, h/t (47x60) : UYU 15 000 – Montevideo, 16 mai 1984 : Maison et arbre 1918, h/pan. (45x36) : UYU 64 000 – Montevideo, 11 déc. 1985 : Vue de la Rambla 1928, h/pan. (38x32) : UYU 103 000 – Montevideo, 14 août 1986 : Sous le pont Saint-Michel, Paris, h/cart. (59x48) : UYU 260 000 – Londres, 17 fév. 1989 : Femme assise dans un intérieur lisant, h/t (117x96,5) : GBP 1 100.

ARZBERGER Christoph Daniel
Né en 1753 à Kreglingen. xviiie siècle. Allemand.
Graveur.
C'était un élève de W. Bock ; il travaillait à Nuremberg ; il a gravé son propre portrait d'après von Bock.

ARZE Joseph de
Né vers 1605 à Séville. xviie siècle. Travaillait à Séville en 1655. Espagnol.
Maître peintre.
Habitait San Pedro et y travaillait à l'âge de 50 ans.

ARZE Pedro Josef de
Né en 1641. Mort après 1691. xviie siècle. Travailla à Séville. Espagnol.
Peintre.

ARZENS Paul
Né à Paris. xxe siècle. Français.
Peintre.
Élève de Lucien Simon. Expose en 1927 aux Artistes Français une toile : Cirque Molier.

ARZENS Pierre
Né au xixe siècle à Montréal (Aude). xixe siècle. Français.
Portraitiste.
Cet artiste fut élève de Boulanger, d'E. Leygue et de J. Lefebvre et se fixa à Auteuil. Il exposa au Salon de Paris en 1877 et en 1880.

ARZENTI Bernardino di Giovanni d'Antonio
xvie siècle. Travaillait à Mantoue. Italien.
Peintre.
Élève d'Andrea Mantegna. Il résulte d'une lettre, datée d'avril 1496 à Pavie et adressée à la marquise Isabelle d'Este, que cet

artiste travailla à la cour de Gonzague, mais dut abandonner son poste à cause de l'infidélité de son épouse. On le retrouve pourtant vers 1504 à cette cour, cité comme peintre très considéré.

ARZERE Battista d'all'
XVIᵉ siècle. Italien.
Peintre.
Probablement parent de Stefano dall'Arzere.

ARZET A.
XVIIᵉ siècle. Français.
Dessinateur.
Connu par un dessin généalogique des comtes de Montfort, gravé en 1675 par M. Wening.

ARZONI Annette
Née le 11 mars 1936 à Eindhoven. XXᵉ siècle. Hollandaise.
Peintre de compositions animées.
Elle vit et travaille à Maëstricht. Ses compositions sont animées d'enfants, d'animaux et de fleurs.

ARZT Franz Christoph von
XVIIᵉ siècle. Actif à Munich. Allemand.
Peintre.
Mentionné vers 1690 au sujet d'un paiement de deux portraits de princes bavarois.

ARZT Johann Georg
Né au XVIIIᵉ siècle à Presbourg. XVIIIᵉ siècle. Hongrois.
Peintre.

ARZT Johann Leonhard ou Artzt
XVIIIᵉ siècle. Allemand.
Sculpteur.
D'après une inscription, cet artiste travailla à la Fontaine des lions de Francfort-sur-le-Main, où il vécut. En 1753, il prit part à la construction du Palais de Darmstadt.

ARZT Karl
Né probablement à Presbourg. XVIIIᵉ siècle. Hongrois.
Peintre.
Frère de Johann-Georg Arzt. Cet artiste est mentionné, en 1774.

AS suivi d'un patronyme. Voir ce patronyme

ASA, prince
VIᵉ siècle. Actif au Japon. Coréen.
Peintre.
Ce peintre coréen vint au Japon en 597, sous le règne de l'impératrice Suiko. On lui attribue un tableau représentant le prince Shotoku taishi, qui vécut de 573 à 622, et les princes Eguri et Yamashiro no Oë. Ce tableau a été au début au temple Horyuji Yamato et appartient actuellement à la famille impériale à Tokyo.

ASADA Benji
Né en 1900 à Kyoto. XXᵉ siècle. Japonais.
Peintre.
Elève au Collège d'Art de Kyoto, il suivit l'enseignement du peintre traditionnel Nishimura Goun.
Il expose le groupe Nitten et participe aux expositions officielles et à la Biennale de Tokyo.

ASADA Takashi
Né en 1928 à Kyoto. XXᵉ siècle. Japonais.
Peintre.
Il a fait ses études au Collège d'Art de Kyoto. Il expose avec le Shinseisaku Kyokai dont il est membre, à la Biennale de Tokyo et à des expositions sur le continent.

ASAERT Jacques
Né en 1903 à Ostende. XXᵉ siècle. Belge.
Peintre de paysages, dessinateur, aquarelliste, pastelliste.
Il a surtout présenté des paysages des environs d'Ostende.

ASAF Hale
Née en 1903 en Turquie. Morte en 1937 à Paris. XXᵉ siècle. Active aussi en France. Turque.
Peintre.
Elle a travaillé à Paris où elle a exposé en 1928 au Salon de la Société Nationale des Beaux-Arts, puis au Salon des Tuileries en 1933, aux Salons d'Automne et des Indépendants en 1935. Sa peinture aux larges plans colorés montre une influence de Matisse.

ASAI Akira
Né en 1928 dans la préfecture de Shizuoka. XXᵉ siècle. Japonais.

Peintre. Abstrait.
Diplômé de l'Ecole du Commerce et de l'Industrie de Hamamatsu. Peintre, il expose au Musée National d'Art Moderne de Tokyo en 1960 et reçoit le prix Yashui. Il participe à l'Exposition d'Art Contemporain du Japon en 1968 et à la 5ᵉ Exposition Internationale des Jeunes Artistes à Tokyo, où il obtient le prix du Ministère Japonais des Affaires Etrangères en 1969.

ASAI-CHU
Né en 1856 à Chiba. Mort en 1907. XIXᵉ-XXᵉ siècles. Japonais.
Peintre de paysages. Occidental.
Il fut élève de Kunisawa Shinkuro et étudia avec Antonio Fontanesi à l'Ecole d'Art de Tokyo. Il fut professeur à l'Ecole d'Art de Tokyo et plus tard à l'Ecole Technologique de Kyoto.

ASAI Kan-Emon
Né en 1901 à Osaka. XXᵉ siècle. Japonais.
Peintre. Occidental.
Membre du Shinju Kai et du Nitten, il expose depuis 1918 et participe à la Biennale de Tokyo. Il a obtenu le premier prix du Ministère de l'Education. Autodidacte, il est influencé par l'art occidental.

ASAKURA Setsu
Née en 1922 à Tokyo. XXᵉ siècle. Japonaise.
Peintre.
Elle expose dans le cadre du Shinseisaku Kyokai et du Sozo Bijutsu Kyokai, ainsi qu'à la Biennale de Tokyo. Son œuvre se dégage de la tradition japonaise.

ASAM Cosmas Damian
Né le 29 septembre 1686 à Benediktbeuern (Bavière). Mort en 1739 au couvent de Weltenburg. XVIIIᵉ siècle. Allemand.
Peintre de compositions religieuses, fresques, graveur, dessinateur.
Il était fils du peintre Hans Georg Asam. Après avoir reçu les premières notions artistiques, il se rendit à Rome où il étudia pendant quelques années et il y reçut, en 1713, le prix de l'Académie de Saint-Luc. Il connut ensuite les œuvres de Rubens qui l'impressionnèrent et contribuèrent à l'épanouissement de son propre baroque. À son retour en Bavière, il se fixa à Munich et la décoration de plusieurs églises de son pays et de la Suisse lui fut confiée. À l'aube du XVIIIᵉ siècle, le Baroque allemand, qui s'était cherché tout au long du XVIIᵉ siècle, est en pleine possession de ses moyens, et les Asam en sont les premiers illustrateurs. Tintelnot a dit à leur sujet : « La peinture du peintre Cosmas commence là où l'architecture renonce, et les moyens du sculpteur Egid interviennent au moment où il s'agit de fondre ensemble les mondes de la fresque illusionniste et l'espace existentiel du spectateur. » Le père et les deux fils font éclater murs et plafonds, en les trouant de perspectives folles habitées de personnages d'illusion. Le théâtre et son monde pénètrent l'église et ses mystères. Saint-Jean-Népomucène de Munich (1733), qui a la forme d'un violon, doit sa merveilleuse unité à ce que ce sont les membres de la famille Asam qui en ont dessiné les plans, assumé la construction et la décoration. Il faut voir de Cosmas, les perspectives fantastiques de la voûte de l'église conventuelle de Weingarten (1717), les illusoires colonnades à perte de vue de St-Jacques d'Innsbruck qui aboutissent à une coupole feinte ouverte sur un ciel qui n'est pas moins vrai. Citons encore ses peintures dans l'église conventuelle de Wahlstatt (1731), à Kladrau (1726), à St-Emmeran de Regensburg (1732), pour la salle des chevaliers du château de Mannheim (1730), et au château d'Altegloffsheim (1729). Les deux frères travaillèrent encore ensemble pour les églises de Weltenburg, Ostechofen et Straubing. Enfin on ne peut pas ne pas citer à Munich, la « maison des frères Asam », dont la façade est traitée comme un intérieur d'église ou de château (1733-1746). Friedberg, Schleisheim, Innsbruck, Ratisbonne, possèdent encore des œuvres de lui. Dans cette dernière ville, il construisit la chapelle qu'il décora ensuite. Asam a gravé quelques planches, d'après ses dessins.
VENTES PUBLIQUES : MUNICH, 26 mai 1992 : Chorale d'anges musiciens, sanguine et encre (19,5x32,5) : DEM 10 350.

ASAM Egid Quirin
Né le 1ᵉʳ septembre 1692 à Tegernsee. Mort le 29 avril 1750 à Mannheim. XVIIIᵉ siècle. Allemand.
Sculpteur, stucateur et graveur.
Frère de Cosmos Asam. Il travailla la sculpture à Munich chez Faistenberger, et pendant un séjour à Rome, subit l'influence de Bernin. Il étudia surtout les œuvres de Pietro da Cortona et de Domenico Zampieri. Il collabora très souvent avec son frère

Cosmas Damian, qui exerça son art dans le Palatinat du Nord. Il exécuta nombre de travaux décoratifs dans les églises et les couvents de Freistadt, Metten, Amberg, Gunching, Aldersbach, Munich, Innsbruck, Einsiedeln, Freising, Straubing, Pfaffenhofen, Ratisbonne. Asam exécuta aussi quelques œuvres seul, notamment la décoration de l'église du monastère de Rohr, près d'Abensberg. En 1729, Egid travailla à l'autel principal de l'église paroissiale de Sainte-Anne sur le Lehel, près Munich, et fournit les statues de *Saint Augustin* et de *Saint Jérôme*. Il sculpta les autels de l'église à Osterhofen, et celui de l'église paroissiale à Sandizell. On lui doit encore les statues de *Saint Georges* et des figures de *Saint Martin* et de *Saint Maurice* de l'autel de l'église du couvent à Weltenburg, où l'on voit encore en *Chérubin*, le beau buste de son frère Cosmas. Il occupe aussi une place intéressante comme graveur.

ASAM Engelbrecht
Né à Munich. XVIIIe siècle. Allemand.
Peintre.
Fils de Cosmas Damian et frère de Franz. Il était entré dans les ordres au couvent de Fürstenfeld, près Munich, mais ne s'en livra pas moins à la peinture.

ASAM Franz Erasmus
Né en 1720 à Munich. Mort en 1795 près de Morgenthal-sur-Jaxt. XVIIIe siècle. Allemand.
Peintre.
Il était le fils de Cosmas Damian ; il travailla en différents endroits, surtout à Bamberg. Une fresque représentant le *Christ exerçant sa justice*, se trouve dans le vestibule de l'église du couvent de Weltenbourg. Halm cite parmi les œuvres qui ont été conservées : *Le Lavement des pieds* et *Saint Jean* dans l'église Saint-Jean à Munich ; *L'ange gardien*. Westenrieder lui attribue *Saint Jean Népomucène en prison*.

ASAM Hans Georg
Né vers 1649 à Rott. Mort en mars 1711 à Sulzbach. XVIIe-XVIIIe siècles. Allemand.
Peintre.
Cet artiste fut le père de Cosmas Damien, d'Egid Quirin et grand-père d'Engelbrecht Asam, et se fit connaître en Bavière, comme peintre de fresques. On cite notamment parmi ses œuvres : de 1683 à 1686, plusieurs fresques dans l'église de Benediktbeuern ; de 1688 à 1694, d'autres peintures murales au couvent de Tegernsee. Il semble qu'il travailla, à plusieurs reprises, avec ses fils.

ASAM Johann
XVIIIe siècle. Actif à Augsbourg. Allemand.
Dessinateur.
Cet artiste est mentionné vers 1710. Il exécuta de nombreux dessins qui servirent de modèles aux graveurs. On cite notamment : *Illumination à Augsbourg en l'honneur de l'empereur Charles VI*.

ASARO Pietro, dit il Monocolo
Né le 10 juin 1597. Mort en 1647. XVIIe siècle. Actif à Racalmuto. Éc. sicilienne.
Peintre.
Cet artiste fut probablement l'élève de Zoppo di Gangi. Quelques-unes de ces œuvres sont conservées à Racalmuto.

ASARTA Inocente
Né au XIXe siècle à Gastiani (près de Pampelune). XIXe siècle. Espagnol.
Peintre portraitiste.
Ce peintre commença ses études en Espagne et vint se perfectionner à Paris, où il fut l'élève de Jules Lefebvre et de Tony Robert-Fleury. Il exposa à Paris, en 1895 et 1896, et à Madrid. On cite parmi ses œuvres : *Paysanne des Pyrénées* ; *Ulysse et les Sirènes* ; *Le Repas des Bergers*.

ASATO Nicolo
XIIIe siècle. Actif dans les Abruzzes, vers 1295. Italien.
Sculpteur.

ASAVETEI Luisa-Contantza
Née le 23 septembre 1930 à Calarasi-Ialomita. XXe siècle. Active en Autriche. Roumaine.
Peintre.
Elle a fait des études à l'Ecole d'Art et à la Faculté d'Arts Plastiques de Bucarest. En 1978, elle quitte définitivement la Roumanie pour s'installer à Vienne en 1980. Après sa première exposition personnelle en 1968 à Calarasi, elle a exposé à Bucarest entre 1971 et 1977, à Cologne entre 1978 et 1981, puis à Chicago

en 1980 et à Vienne en 1985. Son art reste attaché à son pays natal : ses personnages, ses paysages sont roumains, ses principaux thèmes relèvent de la tradition populaire roumaine. Son réalisme figuratif prend un caractère lyrique à l'évocation de ses souvenirs.
BIBLIOGR. : Ionel Jianou : *Les Artistes Roumains en Occident*, American Romanian Acad. of Arts and Science, Los Angeles, 1988.

ASAZUMA Jiro
Né en 1915 à Tokyo. XXe siècle. Japonais.
Peintre et sculpteur. Abstrait-géométrique.
Il a suivi un enseignement auprès du peintre théoricien de l'abstraction : Saburô Hasegawa, qui l'a beaucoup influencé.

ASBERG Stig
Né en 1909. Mort en 1968. XXe siècle. Suédois.
Graveur.

ASBERT Berengario
XIVe siècle. Travaillait à Barcelone vers 1389. Espagnol.
Peintre.

ASBESTUS de Syracuse
IXe siècle. Éc. byzantine.
Peintre.
D'après F.-W. Unger, cet artiste aurait fait plusieurs caricatures du patriarche Ignatios.

ASBJÖRNSEN Sigvald
Né le 19 octobre 1867. XIXe siècle. Norvégien.
Sculpteur.
Cet artiste étudia à Oslo où il reçut les conseils de Skeibrok, de Bergslien et de J. Middletun. Il a exécuté plusieurs œuvres intéressantes pour la ville de Chicago et ses environs, notamment la statue d'Ericson à Humboldt Park, et une autre effigie, à Joliet (Illinois). Il a aussi composé le buste de Boyesen, érigé à Fargo (North Dakota).

ASBONIN Sidney
XIXe siècle. Britannique.
Peintre de paysages.
Il vivait à Paris vers 1874, année au cours de laquelle il exposa à Londres.

ASCAIN Robert
Né le 26 septembre 1921 à Annonay. XXe siècle. Français.
Sculpteur.
Il exposa au Salon de Mai en 1970. Ses sculptures sont très souvent faites pour être intégrées à des architectures.

ASCAL Bernard
XXe siècle. Français.
Peintre, illustrateur.
Il vit et travaille à Saint-Barthélémy. Il montre ses œuvres dans des expositions personnelles à Paris, notamment dans les galeries Liliane François, Jean-Claude Riedel et Michel Vidal. Il a illustré des textes de Pierre Tilman en 1975 et de José Pierre en 1986.

ASCANI
Originaire de San Ippolito. XVIIIe siècle. Italien.
Sculpteur.
Travailla à l'église Métropolitaine de Fermo. Cet artiste appartient à la famille Ascani.

ASCANI Agostino
XVIIIe siècle. Travaillait à San Ippolito. Italien.
Sculpteur sur marbre.

ASCANI Francesco
XVIIIe siècle. Travaillait à San Ippolito. Italien.
Sculpteur.
Cet artiste est un membre de la famille Ascani, et ses œuvres se confondent avec celles de ses homonymes. Il travailla, vers 1802, à l'église Saint-Agostino, à Fossombrone, et exécuta notamment plusieurs ornements au grand autel. Ne serait-ce pas le même artiste que Francesco Mario Agostino ?

ASCANI Francesco Mario
XVIIIe siècle. Travaillait à San Ippolito. Italien.
Sculpteur.
Fils d'Agostino Ascani, cet artiste travailla probablement à l'église, aujourd'hui démolie, d'Isola del Piano.

ASCANI Giovanni Andrea, l'Ancien
Originaire de San Ippolito. XVIIe siècle. Italien.

Sculpteur.
Mentionné pour avoir travaillé, en 1676, pour la Compagnia della Grotta, à Urbino.

ASCANI Giovanni Andrea, le Jeune
Originaire de San Ippolito. XVIIIe siècle. Italien.
Sculpteur.
Cet artiste exécuta, en 1775, un autel composé de marbres différents pour l'église Saint-Filippo, à Ripatransone, et eut pour paiement un legs du P. Giacinto Fedeli.

ASCANI Giuseppe
XVIIIe siècle. Travailla à San Ippolito, probablement au XVIIIe siècle. Italien.
Sculpteur sur marbre.
Exécuta, avec plusieurs de ses parents, d'importants travaux, notamment à Loreto, à Urbino et à Ascoli.

ASCANI Pellegrino
Mort en 1714. XVIIIe siècle. Italien.
Peintre, graveur et médailleur.
Il travailla vers 1676 à Carpi et à Modène. Il réussit particulièrement la peinture de fleurs, et fournit aux médailleurs de son temps divers dessins pour des monnaies.

ASCANI Simone
XVIIIe siècle. Actif à Modène vers 1700. Italien.
Peintre.
D'après Zani, il était le frère de Pellegrino.

ASCANI Trajano
Originaire de San Ippolito. Mort avant 1695. XVIIe siècle. Italien.
Sculpteur.
Il est cité pour la première fois en 1659 comme sculpteur d'un autel de l'église S. Gherardo à Serradeconti. La plupart de ses œuvres se trouvent à Faenza : dans l'église S. Benedetto, l'autel de la chapelle di S. Ambrogio (1683), dans l'église del Gonfalone, l'autel de la Madone (1684), dans l'église dei Conventuali, l'autel de la chapelle di S. Antonio. En 1687, il revint à San Ippolito et y mourut.

ASCANIO
XVIe-XVIIe siècles. Actif à Bologne. Italien.
Peintre.
Cité par Zani de 1532 à 1628.

ASCANIO Cortese
XVIIe siècle. Actif à Rome vers 1615. Italien.
Miniaturiste.

ASCANIO da Cortona
XVe siècle. Italien.
Sculpteur.
Mentionné par Zani à Cortone.

ASCANIO da Cortona ou Ascanio Cavoni
XVIIe siècle. Travaillait en Ombrie. Italien.
Sculpteur.
Mentionné, vers 1602, pour avoir travaillé à l'église de la Madone dell'Olivo, à Passignano. Travailla aussi à Sienne.

ASCANIUS R. P., don Guido
XVIe siècle (?). Actif à Rome. Italien.
Dessinateur.
Dessina plusieurs figures allégoriques, notamment celle d'Obœdientia, gravée en 1580 par B. Passari.
VENTES PUBLIQUES : PARIS, 1865 : Jésus-Christ présenté au peuple : FRF 50.

ASCENIO Gualtieri
XVIe siècle. Italien.
Sculpteur sur bois.
Zani le mentionne à Florence vers 1574.

ASCENSIO José
XVIIIe siècle. Actif à Valence. Espagnol.
Peintre et graveur en taille-douce.
Élève de l'Académie de San Fernando à Madrid, il y fut nommé professeur de gravure sur acier en 1783, et reçut plus tard, le titre de graveur de la Cour.

ASCENZI Carlo ou Assenzi
Originaire de Genazzaro. XVIIe siècle. Italien.
Peintre.
Cet artiste fut probablement membre de l'Académie de Rome. Il fit plusieurs tableaux pour S. Carlo al Corso et pour S. Nicolo e

Biagio à Rome, et exécuta un Baptême du Christ pour l'église S. Francesco di Paola à Ascoli.

ASCENZO Myrthe d', Mrs, née Goodwin
Née le 31 décembre 1864 à North Tunbridge (Vermont). XIXe-XXe siècles. Américaine.
Aquarelliste.
Femme de Nicola d'Ascenzo. Membre du Water-Colours Club de Philadelphie.

ASCENZO Nicola d'
Né en 1869 ou 1871 en Italie. XIXe-XXe siècles. Actif aux États-Unis. Italien.
Peintre de paysages, cartons de vitraux, dessinateur.
Cet artiste alla tout jeune en Amérique, et fut élève de l'Académie des Beaux-Arts de Philadelphie.
VENTES PUBLIQUES : NEW YORK, 12 sep. 1994 : Étude pour un vitrail de l'église méthodiste de Washington, aquar. et encre de Chine/collage de pap. (76,2x44,5) : USD 690.

ASCH Hans ou Ascher, dit Jean le Père
XVIe siècle. Hollandais.
Peintre.

ASCH Hans van
XVIIe siècle. Hollandais.
Peintre de portraits.
Mentionné vers 1603 et jusqu'en 1655 à Delft, cet artiste fut le père de Pieter van Asch.

ASCH Henri van. Voir ASSCHE Hendrick van

ASCH Pieter Jansz van ou As
Né en 1603 à Delft. Enterré le 6 juin 1678 à Delft. XVIIe siècle. Hollandais.
Peintre de scènes de chasse, paysages animés, paysages, paysages urbains.
Suivant Houbraken, Asch était l'un des artistes les plus admirés de son temps. Ses paysages, de petite dimension, sont traités dans le style de Ruysdael et de Wynants et sont imprégnés du sentiment de la nature. Parmi les meilleurs, on cite Le Paysage de la ville de Delft, peint en 1669 dans l'hôtel de ville de Delft.

MUSÉES : AIX : Entrée d'un bois – AMSTERDAM : Paysage boisé – Paysage et rivière – BUDAPEST : Chasse au canard – COPENHAGUE : Vue d'Amsterdam – DARMSTADT : Paysage avec figures – DELFT (Hôtel de Ville) : Vue de Delft – DOUAI : Paysage – DUBLIN : Paysage avec figures – LA FÈRE : Paysage – GLASGOW : Scène dans une forêt, avec personnages, cheval, chien, etc. – LILLE : Le Fauconnier, paysage – MAYENCE : Paysage – NEW YORK : Paysage à la cascade – ROTTERDAM : Paysage – SCHWERIN : Paysage montagneux – STOCKHOLM : Paysage avec rivière – Paysage et maisons – STRASBOURG : Sentier sous bois.
VENTES PUBLIQUES : PARIS, 1775 : Une avenue d'arbres : FRF 800 – PARIS, 1777 : Une forêt : FRF 800 – BRUXELLES, 1833 : Paysage : FRF 29 – BRUXELLES, 1851 : Paysage : FRF 620 – BRUXELLES, 1865 : Troupeau rentrant à la ferme : FRF 180 – MUNICH, 1899 : Personnages dans une forêt : FRF 375 – PARIS, 1911 : Les dunes : FRF 59 – PARIS, 1928 : Le village au bord de l'eau : FRF 4 000 – PARIS, 1936 : Le retour des paysans : FRF 550 – PARIS, 1940 : Les Dunes : FRF 2 200 – PARIS, 1er juin 1956 : Deux cavaliers près d'un cours d'eau : FRF 245 000 – LUCERNE, 7 déc. 1963 : Paysage avec un canal : CHF 2 100 – LONDRES, 19 mars 1965 : Paysage fluvial boisé animé de personnages : GNS 210 – NEW YORK, 7 avr. 1966 : Paysage boisé : USD 750 – COLOGNE, 16 nov. 1967 : Paysage fluvial : DEM 5 000 – LONDRES, 25 nov. 1970 : Paysage d'hiver avec patineurs : GBP 1 400 – PARIS, 29 nov. 1971 : Paysage aux grands arbres : FRF 15 000 – LONDRES, 9 juin 1972 : Paysage boisé animé de personnages : GNS 1 200 – ZURICH, 12 nov. 1976 : Voyageur dans un paysage boisé, h/pan. (51,5x73) : CHF 20 000 – VIENNE, 13 juin 1978 : Voyageur dans un paysage, h/pan. (43x70) : ATS 180 000 – ZURICH, 25 mai 1979 : Chasseurs et voyageurs dans un paysage, h/pan. (54x84) : CHF 19 000 – ZURICH, 15 mai 1981 : Paysage d'été animé de personnages, h/bois (49x65,5) : CHF 17 000 – NEW YORK, 7 nov. 1984 : Personnage sur un chemin dans un paysage boisé, h/pan. (32x41,5) : USD 7 000 – LONDRES, 1er fév. 1985 : Ville au bord d'un canal animé de personnages, h/t

(53,3x76,2) : **GBP 7 500** – Paris, 17 mars 1989 : *Paysage boisé avec paysans et charrette*, h/pan. (27x44) : **FRF 75 000** – Copenhague, 25 oct. 1989 : *Bergers avec leur bétail dans un paysage romantique*, peint./bois (72x107) : **DKK 58 000** – Londres, 27 oct. 1989 : *Paysage boisé avec un cavalier, un pêcheurs et des voyageurs*, h/pan. (25,5x33,8) : **GBP 880** – Amsterdam, 13 nov. 1990 : *Paysages boisés avec des voyageurs sur le chemin*, h/pan., de forme ovale (chaque 24,2x33,7) : **NLG 27 600** – Londres, 14 déc. 1990 : *Paysage boisé avec un cavalier sur un sentier et un pêcheur au bord de la mare*, h/pan. (50x40,9) – New York, 21 mai 1992 : *Pêcheurs au bord d'un ruisseau et berger et son troupeau sur un sentier*, h/pan. (37,5x50,8) : **USD 12 100** – Paris, 26 juin 1992 : *Scène pastorale dans un paysage de clairière en Hollande*, h/pan. (59,5x91,5) : **FRF 35 000** – New York, 8 oct. 1993 : *Voyageurs sur un pont au-dessus d'un ruisseau dans un paysage boisé*, h/pan. (36,5x48,9) : **USD 5 463** – Londres, 17 avr. 1996 : *Paysage avec des voyageurs*, h/pan. (47,8x60,5) : **GBP 2 760** – Paris, 17 juil. 1996 : *Paysage animé de chasseurs*, h/pan. (48,5x65) : **FRF 36 000** – New York, 4 oct. 1996 : *Paysage fluvial avec des pêcheurs dans une barque et des voyageurs avec leurs chiens sur un chemin boisé*, h/pan. (66x49,8) : **USD 5 175**.

ASCHEHOUG Dina Engel Laurentse
XIXe siècle. Actif à Smaalenene (Norvège). XIXe-XXe siècles. Norvégienne.
Peintre.
Élève de l'École de dessin de Copenhague de 1880 à 1882 : cette artiste se perfectionna, à Christiania (Oslo), avec Eilif Petersen, de 1886 à 1887 ; elle suivit les cours de l'Académie de Copenhague avec Voggo Johansen, de 1888 à 1889, et vint chez Colarossi, à Paris, en 1895, où elle étudia avec Raph. Collin et Dagnan-Bouveret. Après quelques voyages d'étude, notamment en Allemagne et en Suisse, cette artiste fut professeur de dessin et de calligraphie à Christiania (Oslo). Elle alla, en 1906, en Amérique, comme miniaturiste-portraitiste.

ASCHENBRENNER Heinrich
XIXe siècle. Actif à Varsovie. Polonais.
Dessinateur et lithographe.
Cet artiste travailla comme lithographe dans la maison Pecq, et plus tard chez Dzwonkowski. Il exécuta un grand nombre de portraits qui furent appréciés. On cite notamment : en 1857, *Théoph. Lenartowicz*, en 1857 ; *Le superintendant général von Ludwig et Friedr. Schiller*, en 1862, *Le comte Andreas Zamoyski*.

ASCHENBRENNER Lennart
Né en 1935 ou 1943. XXe siècle. Suédois.
Peintre, aquarelliste, pastelliste. Abstrait.
Ventes Publiques : Stockholm, 7 déc. 1987 : *Paysage*, temp. (145x190) : **SEK 39 000** – Stockholm, 22 mai 1989 : *Composition au triangle bleu 1982*, h/t (115x146) : **SEK 40 000** – Stockholm, 30 mai 1991 : *Composition abstraite*, aquar. et past./pap. (120x80) : **SEK 15 000**.

ASCHENBROICH Heinrich
Né le 18 décembre 1839 à Volmerswerth. XIXe siècle. Allemand.
Peintre de genre.
Élève de l'Académie de Düsseldorf, sous K. Muller, Deger et Mucke, cet artiste peignit quelques tableaux religieux, qui furent vendus à l'étranger. On cite notamment : une *Madone avec l'Enfant*, un *Christ au mont des Oliviers*.

ASCHER Ernest. Voir ACHER

ASCHER Georges
Né en 1884. Mort en 1943. XXe siècle. Depuis 1925 actif en France. Polonais.
Peintre de figures, portraits, natures mortes, fleurs.
Originaire de Varsovie, il arriva à Paris en 1925 après avoir combattu dans la campagne polonaise de libération. Il exposait à Paris aux Salons des Tuileries et d'Automne. Artiste juif de l'École de Paris, il fut déporté et assassiné par les nazis. Il ne reste que peu d'œuvres de cet artiste, toutefois certaines furent exposées : 1968 *Exposition à la mémoire des Artistes juifs qui périrent dans l'Holocauste*, au Tel-Aviv Museum ; et 1995 *L'École de Paris*, Mané-Katz Museum d'Haïfa.
Ventes Publiques : Tel-Aviv, 30 mai 1989 : *Vase de fleurs*, h/t (73,5x60,5) : **USD 2 750** – Tel-Aviv, 11 oct. 1995 : *Portrait de femme*, h/t (93,5x52) : **USD 14 375**.

ASCHHIEM Isidor ou Aschhelm
Né en 1891. Mort en 1968. XXe siècle. Israélien.

Peintre de figures, nus, paysages, fleurs.
Ventes Publiques : Tel-Aviv, 13 mai 1980 : *Fleurs*, h/t (73x60,5) : **ILS 15 000** – Tel-Aviv, 16 mai 1983 : *Paysage*, h/cart. (59,5x49,5) : **ILS 46 000** – Tel-Aviv, 25 mai 1988 : *Kefar Malcha* 1960, h/t (74x87) : **USD 1 870** – Tel-Aviv, 3 jan. 1990 : *Fleurs* 1968, h/t (72x56,5) : **USD 1 430** – Tel-Aviv, 12 juin 1991 : *Nu* 1945, h/t (75,5x59) : **USD 2 200** – Tel-Aviv, 6 jan. 1992 : *Figures sur une plage* 1945, h/t (56x65) : **USD 4 620**.

ASCHIERI Angiolo Michele
XVIIe siècle. Italien.
Graveur sur bois.
Cité par Campori à Rome.

ASCHIERI Giovanni
XVIIe siècle. Travaillait à Bologne. Italien.
Dessinateur.
Cet artiste vint probablement de Rome se fixer à Bologne. On mentionne un dessin à la plume : *Le Génie à la corne d'abondance*, conservé à Brunswick.

ASCHIERI Trabisonda
XVIIe siècle. Active à Parme. Italienne.
Peintre.
Elle est l'auteur d'un *Portrait d'une veuve* trouvé dans l'inventaire du Palais del Giardino, en 1880, à Parme.

ASCHMANN Johann Jakob
Né en 1747 à Thalwil (canton de Zurich). Mort en 1809 à Thalwil. XVIIIe siècle. Suisse.
Peintre de paysages, peintre à la gouache, graveur, dessinateur.
Il a gravé à l'eau-forte.
Ventes Publiques : Zurich, 5 nov. 1979 : *Vue de Thalweil près du lac de Zurich*, grav. coloriée : **CHF 9 000** – Zurich, 18 mai 1981 : *Vue du village de Küsnacht*, eau-forte : **CHF 3 700** – Zurich, 9 juin 1993 : *Perspective d'un château sur les bords du lac de Zurich*, gche/pap. (25,5x38,5) : **CHF 11 500**.

ASCHSACH-BREWSTER. Voir **BARLOW-BREWSTER Achsah**

ASCIANO, d'. Voir au prénom

ASCIONE Aniello ou Angelo
XVIIe-XVIIIe siècles. Actif à Naples de 1680 à 1708. Italien.
Peintre de natures mortes, fleurs et fruits.
Élève de G.-B. Ruoppoli, cet artiste peignit des natures mortes qu'il exposa et qui furent très appréciées.
Ventes Publiques : Londres, 8 mai 1987 : *Nature morte aux fruits*, h/t (48,3x63,5) : **GBP 9 500** – Milan, 4 avr. 1989 : *Nature morte avec du raisin, une pastèque, des grenades et des figues*, h/t (96x85) : **ITL 40 000 000** – Paris, 12 déc. 1989 : *Fruits et fleurs sur un entablement*, h/t (93x130,5) : **FRF 580 000** – Amelia, 18 mai 1990 : *Nature morte d'une composition florale entourant une urne classique dans un parc*, h/t (115x156) : **ITL 55 000 000** – Rome, 23 avr. 1991 : *Nature morte de raisins et de pêches* ; *Nature morte de raisins et de figues*, h/t, une paire (37x13) : **ITL 20 000 000** – Rome, 4 déc. 1991 : *Nature morte avec des grenades, des melons, des figues et du raisin*, h/t (87x143) : **ITL 71 300 000** – Milan, 4 avr. 1995 : *Nature morte aux fruits*, h/t (91x138) : **ITL 154 100 000** – New York, 19 mai 1995 : *Nature morte de raisins, pommes, figues et autres fruits sur un entablement de pierre*, h/t (71,1x95,9) : **USD 68 500** – Londres, 19 avr. 1996 : *Grenades, pêches, prunes avec un vase de fleurs sur une marche dans un paysage rocheux*, h/t (98,5x132,7) : **GBP 20 700**.

ASCOLI Joseph
Né à Épernay (Marne). XIXe-XXe siècles. Français.
Sculpteur.
Élève de Chapu, il a exposé ses œuvres au Salon, en 1890, 1899, 1905, à l'Exposition Universelle de 1900 à Paris, notamment : *Clytie métamorphosée en tournesol* ; *Pelotari basque* et *Type basque*.

ASCOTT Roy
Né en 1934. XXe siècle. Actif aussi en Autriche. Britannique.
Sculpteur, créateur d'installations.
Il étudie la peinture avec Victor Pasmore et Richard Hamilton. Il devient professeur à la Ealing School Art de Londres. Il est fondateur du journal *Leonardo*.
C'est en 1963 qu'il expose pour la première fois, à Paris, au Centre d'Art Cybernétique. Il a ensuite exposé collectivement à plusieurs reprises, notamment : 1983, *Electra*, Musée d'Art Moderne de la ville de Paris ; 1985, *Les Immatériaux*, Centre G.

Pompidou, Paris ; 1986, Biennale de Venise, avec l'installation *Planetary Network* ; 1989, *Ars Electronica*, Linz (Autriche), avec sa pièce *Aspects of Gaia* ; 1989, *Arts and Invisible Reality*, Université de Rudgers, New Jersey.

En 1963, au Centre d'Art Cybernétique, les éléments de ses sculptures pouvaient être déplacés par le spectateur qui participait à l'existence permanente de l'œuvre, sinon à sa genèse. En effet, la démarche de Roy Ascott, à la fois théorique et artistique, est centrée sur les questions de systèmes, d'interactivité et de participation. L'artiste est avant tout un acteur engagé, impliqué dans des échanges. Son installation de 1983, au Musée d'Art Moderne de la Ville de Paris, intitulée *La Plissure du Texte*, consistait en un réseau télématique international de transmission de textes, centré à Paris. Il correspondait avec seize villes dans le monde, à partir desquelles, certaines personnes ébauchaient une histoire que d'autres, ailleurs continuaient, elles-même relayées par d'autres, et ainsi de suite. Le résultat en cours, réceptionné sur un terminal à Paris, était projeté sur grand écran, le public parisien invité à son tour à continuer, selon l'expression d'Ascott, « le Conte de Fée Planétaire ». Au-delà d'une circulation-élaboration des informations en temps réel, les recherches de cet artiste se concentrent actuellement sur la notion d'interface, cette frontière conventionnelle entre deux systèmes permettant des échanges. Dans son optique, l'interface remplace en lieu et place l'objet d'art, prisonnier d'un code d'élaboration et d'exposition rigide. La télématique, en outre, met à jour la conscience de l'expérience esthétique, dans laquelle l'élément créatif est une distribution simultanée entre le ou les « regardeurs » actifs et l'artiste. D'où la notion aussi d'« auteur collectif ». Et Ascott de préciser : « l'interface est un seuil ouvert sur l'indécidable, sur un espace aux potentialités matérielles et sémantique infinies. » ■ C. D.

Bibliogr. : Entretien Roy Ascott avec P. Talbot, *Art Press, Spécial : Nouvelles Technologies, un Art sans Modèle ?*, Paris, 1991.

ASCROFT William
xixᵉ siècle. Actif à Chelsea. Britannique.
Paysagiste.
Cet artiste exposa régulièrement à la Royal Academy de 1859 à 1872.

ASELINE François
xviiᵉ siècle. Actif à Paris en 1691. Français.
Sculpteur.

ASEMORT A. P.
xvᵉ-xviᵉ siècles. Espagnol.
Peintre.
Ce peintre catalan est mentionné à Barcelone, de 1490 à 1525.

ASEMORT Juan
xvᵉ siècle. Espagnol.
Peintre.
Ce peintre catalan était à Barcelone de 1479 à 1480 et de 1490 à 1496.

ASENJO-AROZARENA Salustiano
Né en 1834 à Pampelune. xixᵉ siècle. Espagnol.
Peintre.
Élève de l'Académie de San Carlos, à Valence, cet artiste fut professeur d'histoire de l'art, puis directeur de l'École d'Art. Parmi ses œuvres : *Prise de Valence par Don Jaime*, *La mort de Socrate*, *Don Rodriguez et la Caba*, *Portraits de Santiago Dupuy* et de *Hilarion Eslava*.

ASENSIO
xviiᵉ siècle. Actif à Saragosse vers la fin du xviiᵉ siècle. Espagnol.
Peintre de portraits.

ASENSIO D. Xaverio
xviiiᵉ siècle. Espagnol.
Peintre.
Il est mentionné en 1771.

ASENSIO Julio, dit el Pescadoret
Né au xixᵉ siècle à Valence. xixᵉ siècle. Espagnol.
Élève et aide de Goya, cet artiste travailla aux fresques de l'église S. Antonio de la Florida. On cite parmi ses œuvres : *Désespéré*, et le *Portrait de Ruvera*.

ASENSIO MARINE Joaquin
Né en 1890. Mort en 1961. xxᵉ siècle. Espagnol.
Peintre de paysages, intérieurs. Postimpressionniste.

Il vécut et travailla à Barcelone.
Ventes Publiques : Barcelone, 16 mars 1981 : *Intérieur* 1951, h/t (100x80) : ESP 65 000 – Barcelone, 17 déc. 1987 : *Rue de village*, h/pan. (32x40) : ESP 75 000 – Barcelone, 27 avr. 1989 : *Vue d'un parc*, h/pan. (44,5x35,5) : ESP 200 000.

ASENSIO Y MEJORADA Francisco
Né à Fuente de la Encina. Mort en 1794 à Madrid. xviiiᵉ siècle. Espagnol.
Graveur au burin.
Mentionné pour l'exécution de différentes planches et notamment du portrait de Pie VI.

ASERTI Ercole
xviiiᵉ siècle. Actif à Parme. Italien.
Peintre.
Travailla, vers 1724, à l'Oratoire Saint-Laurent.

ASFAHL Markus
xviᵉ siècle. Actif à Reutlingen. Allemand.
Peintre.
Mentionné en 1501 pour l'exécution de fresques à la façade de l'église paroissiale de Meran. Cet artiste ne serait pas le même que celui cité travaillant à Reutlingen, en 1592.

ASH Albert Edward
xixᵉ siècle. Britannique.
Peintre de paysages.
Il exposa à la Royal Academy de Londres en 1881, et, de 1884 à 1887, à la Gallery Art Society et à la Royal Society of Artists, à Birmingham.

ASH Christie
xixᵉ siècle. Active à Londres dans la dernière moitié du xixᵉ siècle. Britannique.
Peintre de sujets de genre.
Elle exposa, entre 1889 et 1892, à la Royal Academy et à Suffolk Street.
Ventes Publiques : New York, 4 et 5 oct. 1977 : *La Marchande de fleurs*, h/t (104x61) : USD 700.

ASH H.
xixᵉ siècle. Vivait à Londres au milieu du xixᵉ siècle. Britannique.
Peintre de paysages.
Cet artiste fut représenté à la Royal Academy, à la British Institution et à Suffolk Street par des œuvres qu'il y envoya entre 1851 et 1858. On cite de lui : *Soir* et *Vue près d'Oxford*.

ASH J. W.
xixᵉ siècle. Vivait à Londres au commencement du xixᵉ siècle. Britannique.
Peintre de paysages.
Exposa entre 1822 et 1833, à la Royal Academy, à la British Institution et à Suffolk Street.

ASH M.
xixᵉ siècle. Britannique.
Peintre de paysages.
En 1819-1820, il exposa trois tableaux à la British Institution à Londres, où il travaillait.

ASH Thomas Morris
xixᵉ siècle. Britannique.
Peintre de paysages.
Exposa, entre 1881 et 1885, quatre œuvres à Suffolk Street, à Londres.

ASHBEE Agnes
xixᵉ siècle. Active à Londres vers la fin du xixᵉ siècle. Britannique.
Peintre aquarelliste de fleurs.
Elle exposa à la New Water-Colours Society, en 1892.

ASHBURNER G.
xixᵉ siècle. Travaillant en Angleterre. Britannique.
Peintre de paysages.
Cet artiste fit ses études à l'École d'Art du South Kensington Museum, dans la classe de gravure. On voit à ce musée une planche gravée à l'eau-forte par lui. Il semble avoir renoncé à cet art pour se livrer à la peinture.

ASHBURNER William F.
xixᵉ siècle. Actif à Chelsea à la fin du xixᵉ siècle. Britannique.
Peintre de sujets de genre, fleurs, aquarelliste, dessinateur.
Il prit part à de nombreuses expositions depuis 1900. On cite parmi ses œuvres : *La fille du meunier* (1903).

Ventes Publiques : New York, 28 mai 1982 : *Jeune femme nourrissant des colombes*, aquar. et cr. (27,3x19) : **USD 750** – Londres, 27 oct. 1983 : *A lady in a summer garden*, aquar. (50,5x76) : **GBP 950** – Londres, 27 jan. 1986 : *Fleurs d'été*, h/t (30,5x60) : **GBP 500** – Londres, 28 avr. 1987 : *Reflections*, aquar. et cr. (53,5x36) : **GBP 850** – Londres, 25 jan. 1989 : *Mon jardin*, aquar. (20x27) : **GBP 2 640**.

ASHBY
XIXe siècle. Britannique.
Graveur.
On mentionne de lui une estampe : *Bataille d'Aboukir*, d'après Tomkins.

ASHBY, Miss
XIXe siècle. Britannique.
Peintre de fleurs.
Elle exposa à Londres à Suffolk Street en 1856.

ASHBY H. P.
XIXe siècle. Vivait à Mitcham (Angleterre) au milieu du XIXe siècle. Britannique.
Peintre de paysages.
Cet artiste envoya vingt œuvres à la Royal Academy de Londres, entre 1835 et 1865.

ASHBY Harry
XVIIIe-XIXe siècles. Britannique.
Portraitiste.
Travailla à Londres, puis à Mitcham ; il envoya presque tous ses portraits et ses tableaux de genre aux expositions de la Royal Academy (1794-1836).

ASHBY Rob.
XIXe siècle. Britannique.
Éditeur et graveur.
Cité par Ch. Le Blanc, vivait à Londres en 1803. On connaît de lui une planche *H. Ashby writing engraver.*

ASHBY Robert
XIXe siècle. Vivait à Brentford (Angleterre) au milieu du XIXe siècle. Britannique.
Peintre.
Exposa à Londres vers 1855-1856.

ASHBY W.
Né en Angleterre. XIXe siècle. Travaillait à Paris de 1821 à 1833. Britannique.
Graveur à l'eau-forte, au burin et au pointillé.
On lui doit l'illustration des *Œuvres complètes de Béranger* (Paris, 1834).

ASHCAN SCHOOL ou École de la Poubelle. Voir BELLOWS George, GLACKEN William, HENRI Robert, LAWSON Ernest, LUKS George, SHINN Everett, SLOAN John

ASHE Edmund M.
Né le 19 juin 1870 à New York. Mort en 1941. XIXe-XXe siècles. Américain.
Peintre aquarelliste, illustrateur.
Il était membre du Water-Colours Club de New York et de la Société des illustrateurs de Norwalk (Connecticut). Au temps de Roosevelt, il devint le dessinateur correspondant de presse à la Maison Blanche. Il enseigna à la Art Students League, puis au Carnegie Institute of Technologie.

ASHE J. W. L.
XIXe siècle. Vivait à Londres, dans la dernière moitié du XIXe siècle. Britannique.
Peintre de marines.
Quatorze œuvres de cet artiste sont citées dans les catalogues de la Royal Academy, de Suffolk Street et d'autres expositions de Londres, entre 1866 et 1884.

ASHE Margaret L.
Née à Brownsville (Tennessee). XIXe siècle. Américaine.
Peintre.
Margaret Ashe étudia avec Henry Mosler et à l'Académie Julian à Paris. Elle a fondé une école en 1881, œuvre pour laquelle elle a reçu un diplôme et une médaille à l'Exposition Universelle de 1893 à Chicago. Elle fut membre de l'Art Club de Memphis.

ASHER Florence May
Née le 2 mai 1888 à Nottingham. XXe siècle. Britannique.
Peintre.
Elle est membre de la Royal Academy et expose depuis 1926 au Salon des Artistes Français à Paris.

ASHER Julius Ludwig
Né en 1804 à Hambourg. Mort en 1878 à Hambourg. XIXe siècle. Allemand.
Peintre d'histoire et de genre, portraitiste.
Il étudia dans sa ville natale, sous la direction de Gerdt Hardorff et Leo Lehmann, puis, en 1891, il alla compléter son éducation à Dresde et à Düsseldorf. Étant entré dans cette dernière ville chez Cornelius, il y rencontra Kaulbach et une amitié qui dura autant que leur vie s'établit entre les deux artistes. Asher accompagna son professeur à Munich et fut employé par lui pour les fresques de la Glyptothèque. En 1827, il revenait à Hambourg. Il se rendit ensuite à Berlin, en 1832, puis en Italie, où il demeura trois ans. De retour en Allemagne, sauf un deuxième voyage en Italie, en compagnie de son ami Kaulbach, il partagea sa vie entre Munich et Hambourg. Les ouvrages d'Asher, un peu de tous les genres, se trouvent surtout à Hambourg, dans les musées et les collections privées. On cite particulièrement *Famille de paysans*, 1835, la *Résurrection du Christ*, 1851, le *Roi Lear près du corps de Cordelia*, 1854. Il fit le portrait de la cantatrice Jenny Lind (Musée de Stockholm).
Ventes Publiques : Cologne, 18 juin 1978 : *La Fiancée du marin*, h/pan. (38x40) : **DEM 2 000**.

ASHER Michael
Né en 1943 à Los Angeles. XXe siècle. Américain.
Artiste, peintre. Abstrait, conceptuel.
Il fit ses études à l'Université d'Irvine en Californie. Il vit et travaille à Los Angeles et Venice. Depuis 1968, il participe à des expositions collectives dans des villes américaines. En 1971, il expose au musée de Los Angeles *24 Jeunes Artistes de Los Angeles*, et en 1972 à la Documenta de Kassel où il expose un projet d'environnement. En 1973, il participe à la 8e Biennale des Jeunes Artistes à Paris où il montrait une peinture se rattachant à l'abstraction géométrique. En 1976 il figure à la Biennale de Venise, en 1977 au Stedelijk Van Abbe Museum d'Eidhoven. Depuis 1967, il fait des expositions personnelles dans des villes de Californie, sa première avait pour nom : *Je suis vivant*, elle fut organisée par le Musée d'Art du Comté de Los Angeles. Il a exposé en 1991 dans les Galeries Contemporaines du Musée national d'Art Moderne de Paris.
Comme de nombreux artistes conceptuels, Michael Asher dresse la critique de la circulation de l'œuvre et de la spéculation dont elle est l'objet, tout en formulant la disparition du statut de créateur. Dans l'exposition collective organisée en 1989 au Musée d'Art Moderne de la ville de Paris intitulée *L'art conceptuel, une perspective* il proposait de s'interroger sur cette nouvelle perspective historique portant sur la pratique conceptuelle à la fin des années quatre-vingt – au moment où l'objet occupe le devant de la scène artistique – dans le cadre des institutions, elles-mêmes sujets des propositions et interrogations conceptuelles. Sa contribution à l'exposition se bornait ainsi à annoncer l'exposition dans plusieurs revues d'art européennes et américaines pour avertir les historiens d'art de ce fait. ■ F. M.

ASHFIELD Edmund
Mort vers 1700. XVIIe siècle. Britannique.
Peintre de portraits, pastelliste, dessinateur.
Élève de Michel Wright, il peignit à l'huile et au pastel ; il eut comme élève H. Lutterel.
Waagen mentionne les portraits des dames *Pembroke* et *Warwick*, d'après Van Dyck, très finement faits. On admire son portrait de *Lady Herbert*, à Burghley, et la tête de *Sir John Bennet*. On a aussi un excellent portrait du *Duc de Lauderdale*, dans la collection de Ham House, signé et daté de 1674, et le portrait de *Lord Russel d'Ashfield* (1683).
Ventes Publiques : Paris, 28 et 29 avr. 1941 : *Portrait de Jane Middleton*, past. : **FRF 1 750** – Londres, 13 mars 1986 : *Portrait de Amphillis Tichborne 1674*, past. et cr. (27x22) : **GBP 5 500**.

ASHFORD Edith
XIXe siècle. Active à Bramgrov (Angleterre). Britannique.
Peintre de paysages.
Exposa un tableau à Suffolk Street, en 1889.

ASHFORD Franck Clifford
XXe siècle. Américain.
Peintre.
Il travaille à Paris depuis 1909-1911 et expose au Salon des Artistes Français depuis 1912.

ASHFORD George Henry
XIXe-XXe siècles. Britannique.

Peintre de paysages.
Vers 1910 il travailla à Birmingham où il exposa.

ASHFORD William
Né en 1746 à Birmingham. Mort le 17 avril 1824 à Sandy Mount. XVIIIe-XIXe siècles. Britannique.
Peintre de portraits, paysages animés, paysages, paysages d'eau, marines, fleurs, aquarelliste, dessinateur.
Il envoya, en 1775, deux paysages à l'Exposition de la Royal Academy de Londres, puis plusieurs autres, de 1785 à 1811. Mais déjà dans sa jeunesse il avait participé aux expositions de l'Incorporated Society of Artists de Londres. Il fut, avec son ami le peintre de marines Serres, le fondateur et le président de la Royal Hibernian Academy de Dublin, en 1823. Parmi ses œuvres, on mentionne particulièrement *Orlando sous le chêne*, qui se trouve à la Royal Hibernian Academy. Son portrait et des paysages sont conservés dans la collection Fitzwilliam Collection of Cambridge. Milton grava d'après Ashford : *Bally Finn* ; *Mount Kennedy* ; *The Scalp in the county of Wicklow* ; *Belan-House in the County of Kildare*. Cet artiste habitait à Sandy Mount, près de Dublin.
Musées : DUBLIN : *Vue de la baie de Dublin* – *Vue sur la baie de la Royal Clarter School.*
Ventes Publiques : LONDRES, 9 nov. 1960 : *Baie de Dublin vue de Clontarf* : **GBP 520** – LONDRES, 29 mars 1963 : *Pêcheur au bord d'une rivière boisée* : **GNS 400** – LONDRES, 17 avr. 1964 : *Vue de la baie de Dublin avec quelques personnages au premier plan* : **GNS 2 000** – LONDRES, 19 nov. 1976 : *Lismore Castle 1783*, deux toiles (47x63,5) : **GBP 1 700** – LONDRES, 18 mars 1977 : *Paysage fluvial boisé*, h/t (95,2x134,5) : **GBP 2 800** – LONDRES, 22 mars 1979 : *Une église dans un parc*, aquar. et pl. (16x25) : **GBP 1 100** – LONDRES, 23 mars 1979 : *The Killarney mountains with Lough Leane 1778*, h/t (60x100,5) : **GBP 15 000** – LONDRES, 15 juil. 1983 : *Figures by the temple in the park at Mount Merrion, Co. Dublin*, h/t (91,5x128,2) : **GBP 9 000** – LONDRES, 19 juil. 1985 : *Vase de fleurs*, h/t (61x73,7) : **GBP 26 000** – LONDRES, 12 juil. 1991 : *Barque à fond plat sur la Clodiagh à Charleville Forest avec des bâtiments gothiques à distance 1801*, h/t (100x126) : **GBP 132 000** – LONDRES, 18 nov. 1992 : *Le château de Shane sur les rives de Lough Neagh 1786*, h/t (72x102,5) : **GBP 22 000** – LONDRES, 14 juil. 1993 : *Carton, le domaine du duc de Leinster avec la duchesse dans un cabriolet traversant un pont 1779*, h/t (110x150) : **GBP 84 000** – LONDRES, 2 juin 1995 : *L'inauguration des docks de Ringsend le 23 avril 1796 avec Lord Camden conférant la pairie à Sir John Macartney 1796*, h/t (74x97) : **GBP 73 000** – LONDRES, 16 mai 1996 : *Paysage avec un charretier et une bergère rentrant à la ferme au crépuscule*, h/t (50x59,5) : **GBP 5 520.**

ASHIBA Toshio
Né en 1931 dans la province de Tottori. XXe siècle. Japonais.
Graveur.
Il a participé à la Biennale de Paris en 1965.

ASHLEY
XVIIIe siècle. Active à Londres dans la dernière moitié du XVIIIe siècle. Britannique.
Portraitiste.
Cette artiste exposa, entre 1768 et 1772, différents ouvrages à la Society of Artists et à la Free Society, de Londres.

ASHLEY Alfred
XIXe siècle. Britannique.
Dessinateur et aquafortiste.
Travailla vers 1850, et réussit assez bien le paysage ; mais a été médiocre dans ses dessins d'intérieurs ou de figures. Il a illustré de quatorze gravures : *L'art de graver au burin* (Londres, 1849), *Vieux pont de Londres*, de Herbert Rodwell et *Ombres de Noël* (Londres, 1850).

ASHLEY Anita C., Miss
XXe siècle. Vivait à New York vers 1909-1910. Américaine.
Peintre, aquarelliste.
Membre du New York Women's Water-Colours Club.

ASHLEY Clifford Warren
Né le 18 décembre 1881 à New Bedford. XXe siècle. Américain.
Peintre et illustrateur.
Après avoir fait des études à Boston, il devint élève de Howard Pyle et s'installa à Wilmington (Delaware) vers 1909-10.

ASHLEY F. M.
XIXe siècle. Britannique.
Peintre.
Cet artiste exposa à l'Académie Royale de Londres : *Pêcheur secouant les filets* (1873) ; *Le Pari* (1875) ; *A Newlyn, Cornwall* (1877).

ASHLEY J.
XIXe siècle. Vivait à Londres, au milieu du XIXe siècle. Britannique.
Peintre de paysages.
Exposait à la Royal Academy, de 1822 à 1839.

ASHLEY J. M.
XIXe siècle. Britannique.
Peintre.
Il exposa à Londres, où il travaillait, à la Royal Academy de 1870 à 1877.

ASHLEY James F.
XXe siècle. Américain.
Peintre de paysages.

ASHLEY L. Seymour
Mort en 1912. XIXe-XXe siècles. Américain.
Peintre.

ASHMORE Charles
XIXe siècle. Actif à Birmingham (Grande-Bretagne). Britannique.
Peintre.
Exposa à la Royal Academy, à la British Institution et à Suffolk Street, entre 1858 et 1870.

ASHPITAL Arthur
Né le 14 décembre 1807 en Angleterre. Mort le 18 janvier 1869. XIXe siècle. Britannique.
Architecte et aquarelliste.
Cet artiste exposa à la Royal Academy de 1845 à 1864. Il visita l'Italie, surtout Rome et Naples en 1853. Le Victoria and Albert Museum à Londres conserve de lui : *Rome de jadis* et *Rome de nos jours.*

ASHTON E.
XIXe siècle. Active à Londres vers 1839-1840. Britannique.
Peintre de fleurs.
Elle exposa trois œuvres à la Royal Academy.

ASHTON Federico
Né en 1836 ou 1840 à Milan (Lombardie). Mort en 1904 à Valico del Sempione. XIXe siècle. Italien.
Peintre de paysages, paysages d'eau, paysages de montagne.
Il fut élève de l'Académie des Beaux-Arts de Milan et de Calame. Il resta plusieurs années à Rome, à partir de 1872, puis il se rendit à Domodossola, en 1884, il alla habiter sur le lac Majeur, à Pallanza. Il participa à beaucoup d'expositions, à partir de 1870 ; figurant au Salon de Paris en 1881 et obtenant plusieurs récompenses.
Il fit principalement des paysages. Certains de ses tableaux, comme *Une rue à Zermatt*, *Le lac de Riffel*, furent médaillés. Le roi d'Italie acheta, en 1872, son tableau : *La rivière Anzo dans la vallée d'Anzasca.*
Musées : NEW YORK : *Le Lac de Piedilugo.*
Ventes Publiques : MILAN, 26 mai 1977 : *Paysage alpestre*, h/t (59x60) : **ITL 750 000** – MILAN, 6 déc. 1989 : *Cour de ferme avec des personnages 1879*, h/t (56x36) : **ITL 10 000 000** – MILAN, 25 oct. 1994 : *La récolte du blé à Crodo 1879*, h/t (71x110) : **ITL 29 900 000.**

ASHTON G. F.
XIXe siècle. Britannique.
Peintre de paysages.
Exposa quatre tableaux à Londres (1861-1866) : *Le temps de la réflexion* ; *West Lynn, Devon* ; *Château de Windsor* ; *Soleil et ombre.*

ASHTON George Rossi
XIXe siècle. Britannique.
Peintre de scènes de genre, animalier, aquarelliste.
Il était actif à Londres vers 1874. Il exposa quatre œuvres à Suffolk Street, à Londres, entre 1874 et 1877.
Certains sujets qu'il a traités indiquent une présence en Australie, ce qui induit une parenté avec Julian Rossi Ashton.
Musées : SYDNEY : *Chasse aux lapins à Victoria* – *John Batman traite avec les noirs, Victoria.*

VENTES PUBLIQUES : SYDNEY, 30 juin 1986 : *Outback blacksmith* 1885, aquar. (39x53) : **AUD 5 000**.

ASHTON Howard
XIXᵉ siècle. Actif à Prestwich. Britannique.
Peintre de sujets de genre, paysages animés, paysages, paysages portuaires.
Il exposa à l'Académie des Beaux-Arts de Londres : *Un pêcheur* (1867), *Scène à Bombay, marché au coton* (1870).
MUSÉES : SYDNEY : *À travers les prés ensoleillés – Vieilles maisons de Wentworth Street – Parc du centenaire à Sydney – Vue du port de Sydney*.
VENTES PUBLIQUES : BENNINGTON, 25 août 1979 : *Cavaliers et meute*, h/t (104x143) : **USD 2 200** – MELBOURNE, 6 avr. 1987 : *Morning on the coast*, h/t (49x59) : **AUD 3 500** – SYDNEY, 17 avr. 1988 : *Matinée ensoleillée 1908*, h/t (32x47) : **AUD 3 200**.

ASHTON John William, ou William, Sir
Né le 20 septembre 1881 à York. Mort en 1963. XXᵉ siècle. Britannique.
Peintre de marines et de paysages.
Il fit ses études à l'Académie Julian de Paris, exposa à la Royal Academy de Londres et au Salon des Artistes Français de Paris entre 1911 et 1914.
Outre de nombreux paysages d'Australie, de scènes pittoresques d'Afrique du Nord, il a souvent peint des vues typiques de Paris.

VENTES PUBLIQUES : LONDRES, 3 nov. 1976 : *Le port de Sydney*, h/cart. (28x38) : **GBP 700** – SYDNEY, 4 oct. 1977 : *La baie de Berries*, h/cart. (38x61) : **AUD 2 400** – SYDNEY, 10 sep. 1979 : *Berries Bay*, h/cart. (38x50) : **AUD 1 000** – SYDNEY, 2 mars 1981 : *Péniches sur la Seine*, h/cart. : **AUD 1 400** – SYDNEY, 14 mars 1983 : *Country homestead*, h/cart. (38x44) : **AUD 700** – LONDRES, 1ᵉʳ juin 1983 : *Vieux arabes assis au pied d'un palmier*, aquar. (37,5x58) : **GBP 820** – LONDRES, 30 avr. 1984 : *Scène de rue arabe*, aquar. et gche/trait de cr. (62x42) : **GBP 2 600** – SYDNEY, 19 nov. 1984 : *Péniches sur la Seine*, h/t (51x61) : **AUD 4 000** – SYDNEY, 25 mars 1985 : *Le Pont Marie*, h/cart. (38x45) : **AUD 2 400** – LONDRES, 6 nov. 1985 : *Le campement arabe 1903*, aquar./trait de cr. (32x46,5) : **GBP 2 400** – SYDNEY, 24 nov. 1986 : *Paris*, h/t (40x30) : **AUD 2 400** – SYDNEY, 28 sep. 1987 : *Un village de montagne*, h/cart. (37x45) : **AUD 3 750** – SYDNEY, 20 mars 1989 : *Marine*, h/pan. (26x35) : **AUD 900** – SYDNEY, 2 juil. 1990 : *Le cottage au bord de la rivière*, h/cart. (34x44) : **AUD 2 800** – SYDNEY, 15 oct. 1990 : *Scène de canal*, h/cart. (23x29) : **AUD 1 500**

ASHTON Julian Rossi
Né en 1851 dans le Surrey. Mort en 1942 à Melbourne. XIXᵉ-XXᵉ siècles. Depuis 1878 actif en Australie. Britannique.
Peintre de scènes de genre, portraits, paysages, aquarelliste, pastelliste, dessinateur, illustrateur. Tendance impressionniste.
Il fut élève de la South Kensington School de Londres et de l'Académie Julian à Paris. Il s'installa en Australie, où il fonda la Sydney Art School en 1896 et enseigna. Il fut membre du comité de la National Art Gallery de Sydney, de 1889 à 1899.
Il participa à diverses expositions à Londres, notamment à la Royal Academy de Londres, à Suffolk Street. Voir aussi George Rossi Ashton.

BIBLIOGR. : In : *Dict. de l'art mod. et contemp.*, Hazan, Paris, 1992.
MUSÉES : LONDRES (Nat. Gal.) : *Portrait de Sir A. Parkes* – SYDNEY : *Cumberland Street – Clyde Street – Hiller's Point – Cambridge Street – Vieilles maisons de Clyde Street à Sydney – Argyle Street – Vue prise de l'Observatoire – Une caverne remplie d'eau dans le Hawbesbury – Cambridge Street, vue prise d'Argyle Court – Promenade solitaire*, aquar. – *Terrigol Headland*, aquar. – *Portrait de Sir Henry Parkes*, cr.

VENTES PUBLIQUES : LONDRES, 30 avr. 1976 : *Paysage fluvial boisé 1889*, aquar. (27,5x47,5) : **GBP 450** – SYDNEY, 6 oct. 1976 : *Bondi*, cart. (35x16) : **AUD 2 200** – MELBOURNE, 20 mars 1978 : *Figures dans un paysage 1890*, aquar. (47x30,5) : **AUD 1 450** – SYDNEY, 29 juin 1981 : *Afternoon sailing 1929*, aquar. (16x24) : **AUD 900** – SYDNEY, 17 oct. 1984 : *Boating on Sydney harbour 1885*, aquar. (24x43) : **AUD 1 600** – SYDNEY, 25 mars 1985 : *Wiseman's ferry 1905*, aquar. (33x18) : **AUD 2 600** – MELBOURNE, 6 avr. 1987 : *Le modèle vers 1897*, past. (56x38,5) : **AUD 6 500** – SYDNEY, 2 juil. 1990 : *George Street depuis Martin place*, encre et lav. (43x30) : **AUD 1 600** – LONDRES, 5 juin 1991 : *Devant la cheminée 1876*, h/cart. (22x17) : **GBP 2 530** – HOBART, 26 août 1996 : *Old Wharf from Battery Point 1889*, aquar. (16,2x35) : **AUD 10 350**.

ASHTON Matth.
XVIIIᵉ siècle. Britannique.
Peintre.
Travailla en Angleterre et en Irlande. Fit les portraits de *Hugh Boulter*, évêque d'Armagh (Irlande) et de *Ambrose Philipps*, poète.

ASHTON Will
Né à Adelaïde. XIXᵉ siècle. Australien.
Peintre de portraits, paysages.
Cet artiste figura à l'Exposition australienne des arts dans la Grafton Gallery (Londres, 1898), à l'Exposition de la Société Royale des Arts de New South Wales (Sydney, 1906) et au Salon de la Société Nationale des Beaux-Arts en 1912 à Paris.

ASHTON William
XVIIIᵉ siècle. Britannique.
Peintre.
Il fut président de l'Académie de peinture fondée à Liverpool, en 1793.

ASHTON William
XIXᵉ-XXᵉ siècles. Britannique.
Peintre.
Il exposait à l'Académie Royale de Londres : *Temple de Nectanebo* (1899), *Le dernier rayon de soleil*, *Une rêverie* (1900), *Un jour gris* (1904).

ASHTON William, Sir. Voir **ASHTON John William**

ASHVILLE Edmund
XVIIᵉ siècle. Actif en Angleterre au milieu du XVIIᵉ siècle. Britannique.
Miniaturiste.
Il fut élève de H. Pooley Wright. Le Musée de l'État à Amsterdam conserve de lui un portrait miniature de *Lord Wilmot Rochester*.

ASHWELL
XIXᵉ siècle. Actif à Bath (Grande-Bretagne). Britannique.
Peintre de paysages.
Exposait en 1873 à Suffolk Street, à Londres, un paysage.

ASHWELL Ellen
XIXᵉ siècle. Active en 1877 à Londres. Britannique.
Peintre de genre.
Elle exposa à Suffolk Street.

ASHWELL Lawrence Tom
XIXᵉ-XXᵉ siècles. Actif à Warlingham (Surrey). Britannique.
Peintre.
Exposa beaucoup à partir de 1883. Certains de ses paysages furent exposés à Suffolk Street et à l'Académie Royale, en 1889-1890.

ASHWORTH Bertram
XXᵉ siècle. Britannique.
Aquarelliste et dessinateur.
Il exposa à Liverpool en 1910.

ASHWORTH Susan A., Miss
XIXᵉ-XXᵉ siècles. Britannique.
Peintre de paysages.
Elle exposa, entre 1874 et 1880, deux œuvres à Suffolk Street à Londres, où elle travaillait.

ASINARO Tognone
XVIIᵉ siècle. Actif à Bologne entre 1626 et 1640. Italien.
Peintre d'armoiries et d'ornements.

ASINIO M.
XVIIᵉ siècle. Actif à Madrid. Espagnol.
Graveur au burin.
En 1616, cet artiste grava le portrait de *Dona Margarita de Austria* (femme de Philippe III).

ASIOLI Giuseppe
Né le 24 août 1783 à Coreggio. Mort le 10 janvier 1845 à Coreggio. xixᵉ siècle. Italien.
Graveur au burin.
Dessinateur habile, qui consacra dix mois, afin que l'illusion soit complète, à la copie de la gravure d'Edelinck : *La Sainte Famille.* En 1814, il demeura un an à Londres, y copia le prétendu portrait de Corrège d'après une peinture par Dossis, et une *Sainte Famille*, d'après Raphaël. De retour à Bologne, en 1815, il exécuta diverses gravures d'après des tableaux de la Pinacothèque, jusqu'en 1827 : il fut nommé professeur de gravure à l'Académie d'Art à Modène (1827). Il eut pour élèves Agostino Boccabadati, Geminiano Bruni et Agostino Capelli. La plus belle gravure d'Asioli est *Les trois Grâces*, d'après Pellegrino Tibaldi.

ASIOLI Luigi
Originaire de Correggio. xixᵉ siècle. Italien.
Peintre.
Cet artiste fut professeur à l'Académie de Modène. Il peignit le tableau du maître-autel de l'église de Santa-Chiara, à Bologne (1854).

ASIS Antonio
Né en 1932 à Buenos Aires. xxᵉ siècle. Argentin.
Peintre et sculpteur. Art optique et cinétique.
Il fut élève à l'École Nationale des Beaux-Arts de Buenos Aires entre 1946 et 1950. Il obtint ensuite le titre de professeur. Installé à Paris en 1956, il y rencontre des artistes qui travaillent dans la même direction que la sienne : Agam, Soto, Schoffer, Vasarely, Bury, qui seront les principaux représentants de l'art cinétique et optique. Il a présenté ses œuvres lors de nombreuses expositions collectives parmi lesquelles on peut citer : en 1955 au Musée de Buenos Aires, en 1965 au Salon des Réalités Nouvelles à Paris, au Musée de Tel-Aviv, *Mouvement et Lumière* au Musée des Beaux-Arts de Bruxelles, *Exposition des Artistes latino-américains à Paris* au Musée d'Art Moderne de la ville de Paris, en 1966 à la Kunsthalle de Düsseldorf, en 1967 à la Biennale de Paris, *Art et mouvement* au Musée d'art contemporain de Montréal, en 1968 *Cinétisme, Spectacle, Environnement* au Musée de Grenoble, en 1969 *Expo position* à la galerie Denise René, en 1970-1971-1972-1973-1974 au Salon Grands et Jeunes d'Aujourd'hui à Paris, en 1982 *L'Amérique latine à Paris* au Grand Palais à Paris. Il a exposé personnellement ses travaux à Caracas en 1971.
Les peintures d'Antonio Asis portent sur la juxtaposition des couleurs sur la surface plane, gouache sur papier, huile et acrylique sur panneau, et l'analyse de leurs multiples combinaisons. Sont ainsi réalisées les séries *Chromatisme carré – Interférence concentrique – Chromatisme quadrillé – Mouvement concentrique.*
Cette recherche se poursuit dans la troisième dimension par l'introduction d'éléments mobiles : les boules de liège pour la série *Boules tactiles*, les ressorts pour la série *Réflexe*, les spirales pour la série *Vibration*. La combinaison entre l'objet et la surface peinte crée une interaction entre mouvement et effet d'optique multipliant ce dernier. La superposition d'une grille et d'une surface peinte produit une vibration ininterrompue, renforcée par le plus infime déplacement du spectateur face à l'œuvre.
VENTES PUBLIQUES : PARIS, 17 nov. 1989 : *Vibration couleur* 1962, acryl./pan. et grille (96x56) : **FRF 26 000** ; *Triangles rouge et noir* 1975, acryl./pan. et grille (202x83) : **FRF 36 000** ; *Variation bleu rouge* 1971, acryl./pan. et grille (63,5x202) : **FRF 27 500** : *Interférences en rouge et blanc* 1958, acryl./pan. (126x200) : **FRF 51 100.**

ASKAROS
vIᵉ-vᵉ siècles avant J.-C. Thébain, actif au tournant du vIᵉ et du vᵉ siècle avant Jésus-Christ. Antiquité grecque.
Bronzier.
Pausanias le donne pour l'élève d'un maître sicyonien (Kanachos ?). Antérieurement aux guerres médiques, il fit pour Olympie, à la demande des Thessaliens vainqueurs des Phocéens, un *Zeus* en bronze, couronné de violettes et tenant le foudre dans la main droite.

ASKER Curt
xxᵉ siècle. Actif aussi en France. Suédois.
Créateur d'installations, sculpteur, dessinateur.
Il a montré ses œuvres dans une exposition personnelle à la F.I.A.C (Foire Internationale d'Art Contemporain) à Paris en 1993. Il expose fréquemment à la galerie Jacqueline Moussion à Paris, notamment en 1997.

Dans les années soixante-dix, il réalisait des cerfs-volants, « sculptures d'aquarelle » (C. Asker). Puis, il a suspendu ses dessins, les a découpés dans de légères feuilles de métal, pour les mêler à l'espace, les inscrire dans le vide.
BIBLIOGR. : Thierry Davila : *Curt Asker*, Art Press, n ° 184, Paris, oct. 1993.

ASKEVOLD Anders Monsen
Né le 25 décembre 1834 à Askevold-Söndfjord (Suède). Mort le 22 octobre 1900 à Düsseldorf. xixᵉ siècle. Suédois.
Peintre de compositions religieuses, sujets de genre, animaux, paysages, natures mortes, copiste.
Berger dans son enfance, c'est en gardant ses troupeaux qu'il sentit s'éveiller ses aptitudes pour la peinture d'animaux. Il entra alors à Bergen, chez le paysagiste Reusch, élève de Dahl. Dirigé par son maître, Askevold fit des natures mortes ; il alla à Düsseldorf en automne 1855 ; il y fut élève de son compatriote Gude, puis, avec l'aide d'une bourse, il résida à Paris pendant quatre ans, et y travailla sans maître. Il habita Bergen de 1866 à 1880, le quittant parfois, pour Düsseldorf (1869), Munich (1877-1878).
En 1862, il exposa à Londres, en 1866 à Stockholm, en 1872 à Copenhague, en 1873 à Vienne, et y fut médaillé, en 1876, à Philadelphie. Une de ses œuvres, *Le Retour du semeur*, fut achetée par l'Empereur Guillaume Iᵉʳ. Il y a trois tableaux de cet artiste à la Société d'art à Drontheim.
Il a peint spécialement la vie des paysans avec une certaine maîtrise. Les tableaux d'animaux de Fr. Voltz l'influencèrent. Il copia aussi des tableaux d'autel.

A. Askevola.

A. Askevold.

MUSÉES : BERGEN : trois tableaux – OSLO : *Jour d'été – Soirée au bord de la rivière.*
VENTES PUBLIQUES : LUCERNE, 3 déc. 1965 : *Vue d'un fjord :* **CHF 2 000** – COLOGNE, 25 juin 1973 : *Vue d'un fjord 1891*, h/t (35,5x70) : **DEM 3 500** – NEW YORK, 21 jan. 1978 : *Paysans faisant monter leur troupeau sur un bac 1869*, h/t (63x96,5) : **USD 8 500** – STOCKHOLM, 9 avr. 1981 : *Vue d'un fjord 1894*, h/t (59x89) : **SEK 36 000** – COPENHAGUE, 7 nov. 1984 : *Vue d'un fjord 1893*, h/t (43x70) : **DKK 42 000** – COPENHAGUE, 12 nov. 1986 : *Paysannes et troupeau dans un paysage 1868*, h/t (77x102) : **DKK 180 000** – COLOGNE, 15 oct. 1988 : *Été dans un fjord norvégien*, h/pan. (51,5x87) : **DEM 12 000** – LONDRES, 16 mars 1989 : *Paysage boisé avec du bétail traversant le gué 1897*, h/t (40,5x60) : **GBP 5 940** – COLOGNE, 15 juin 1989 : *Paysage d'un fjord norvégien 1889*, h/t (54x83,5) : **DEM 16 000** – NEW YORK, 25 oct. 1989 : *Fjord norvégien bordé de montagnes enneigées 1891*, h/t (56,2x90,1) : **USD 11 000** – NEW YORK, 17 jan. 1990 : *Paysage de fjord 1895*, h/t (61x91) : **USD 12 650** – LONDRES, 14 fév. 1990 : *Troupeau de bovins traversant la rivière 1897*, h/t (46x69,6) : **GBP 6 050** – COLOGNE, 23 mars 1990 : *Navigation dans le fjord de Söndmöre en Norvège 1898*, h/t (41x71,5) : **DEM 17 000** – STOCKHOLM, 16 mai 1990 : *Nature morte avec des ustensiles de bois 1883*, h/t (34x47) : **SEK 18 000** – AMSTERDAM, 6 nov. 1990 : *Vue d'un fjord 1888*, h/t (34x48) : **NLG 7 475** – LONDRES, 28 nov. 1990 : *Village au bord d'un fjord 1889*, h/t (54x83) : **GBP 8 800** – COLOGNE, 28 juin 1991 : *Fjord en Norvège 1889*, h/t (76x121) : **DEM 26 000** – MUNICH, 26 mai 1992 : *Un fjord avec des pêcheurs rentrant avant l'averse 1890*, h/t (53,5x83) : **DEM 23 000** – LONDRES, 7 avr. 1993 : *Village au bord d'un fjord 1892*, h/t (55x90) : **GBP 5 175** – PARIS, 6 juil. 1993 : *Vapeur traversant un fjord suédois*, h/cart. (47x78) : **FRF 12 500** – NEW YORK, 16 fév. 1995 : *Un fjord norvégien 1889*, h/t (53,3x83,8) : **USD 6 325** – LONDRES, 21 nov. 1997 : *Au bord d'un fjord 1889*, h/t (54x83,2) : **GBP 8 000.**

ASKEW Félicité Katherine Sarah
Née le 19 décembre 1899 à Londres. xxᵉ siècle. Britannique.
Peintre et sculpteur.
Elle a exposé au Salon des Artistes Français de Paris en 1926.

ASKEW J. F.
xixᵉ siècle. Actif à Leicester. Britannique.
Peintre de paysages.
Exposa deux œuvres à la British Institution, en 1836.

ASKEW Richard J.
xixᵉ siècle. Actif à Londres et à Shere. Britannique.
Peintre de paysages.

Exposa, entre 1885 et 1887, une œuvre à Suffolk Street, Londres et trois autres à la Grosvenor Gallery. Ce fut un paysagiste de talent.

ASKLEPIADES
IIIe siècle avant J.-C. Actif dans la première moitié du IIIe siècle avant Jésus-Christ. Antiquité grecque.
Peintre.
En 274, il peignit, avec Goneus, les *paraskènia* du théâtre de Délos, pour la somme de 2 500 drachmes.

ASKLEPIODOROS I
Antiquité grecque.
Sculpteur.
Cité par Pline parmi les artistes ayant exécuté des statues-portraits de philosophes.

ASKLEPIODOROS II
IVe siècle avant J.-C. Athénien, actif dans la seconde moitié du IVe siècle avant Jésus-Christ. Antiquité grecque.
Peintre.
Rattaché peut-être à l'École sicyonienne. Il fut le contemporain de Protogénès et d'Apelles. Ce dernier lui reconnaissait la supériorité dans l'harmonieuse proportion des parties du corps, et Plutarque le compte parmi les plus grands représentants de la peinture athénienne. Selon Pline, il avait écrit un ouvrage sur la peinture. Nous ne connaissons de lui qu'un seul tableau, *Les Douze dieux*, exécuté pour Maison d'Elatée moyennant une très grosse somme. Il n'est pas impossible que cet Asklépiodoros soit identique au sculpteur du même nom.

ASKNASIJ Isaak Lwowitsh ou Itzig Leibowitsch
Né le 16 janvier 1856 à Polotzk. Mort le 29 novembre 1902 à Moscou. XIXe siècle. Russe.
Peintre.
Cet artiste entra, en 1870, à l'Académie de Saint-Pétersbourg et, pensionné, partit, en 1880, passer quatre ans à l'étranger. En 1885, devint académicien. Il a peint : *Bourreau avec la tête de Jean Baptiste* (1879) ; *En prison* ; *Moïse au désert* ; *La pécheresse devant le Christ* (à l'Académie des arts de Saint-Pétersbourg).
Musées : Moscou (Gal. Tretiakoff) : *Moïse dans le désert – Étude de vieillard.*

ASLAN, pseudonyme de Gourdon Alain
Né le 23 mai 1930 à Lormont (Gironde). XXe siècle. Depuis 1995 actif au Canada. Français.
Dessinateur de figures, nus, illustrateur, sculpteur. Hyperréaliste.
À quatorze ans, il entre aux Beaux-Arts de Bordeaux, puis à seize ans, avec une dispense d'âge, il est admis à l'École Nationale Supérieure des Beaux-Arts de Paris. Il fut un temps peintre de l'armée. D'origine arménienne, il a pris pour pseudonyme le nom de son grand-père.
Essentiellement peintre de la femme, il a inventé l'archétype de la « pin up » – non plus photographiée mais dessinée – dans les années soixante. Il peint, dessine et sculpte ses nus dans une facture proche de l'hyperréalisme. Il a réalisé des bustes de *Marianne*, parmi lesquels celui, célèbre, dont Brigitte Bardot fut le modèle et qui lui vaudra d'être remarqué par Malraux.
Ventes Publiques : Paris, 12 oct. 1987 : *Femme assise en déshabillé noir à franges*, gche (47,5x37) : **FRF 24 000.**

ASLING Lennart
Né en 1921 à Offerdal. XXe siècle. Suédois.
Peintre.
Il a fait ses études à l'Ecole des Beaux Arts de Valand entre 1947 et 1951. Il voyage en Europe et expose à Stockholm en 1956, à Göteborg en 1957, à Paris où il expose avec le groupe de jeunes artistes de l'Ouest de la Suède en 1962.
Musées : Göteborg – Ostersund – Stockholm. .

ASLUND Acke
Né en 1881. Mort en 1958. XXe siècle. Suédois.
Peintre de paysages animés, aquarelliste.
Il a surtout peint des paysages campagnards, dans les moments caractéristiques de leurs animations, soit par les saisons et le climat, soit par les travaux des champs.
Ventes Publiques : Stockholm, 30 oct. 1979 : *Paysage de printemps* 1946, h/t (71x91) : **SEK 23 100** – Stockholm, 23 avr. 1980 : *Vue d'une ville* 1917, h/t (48x60) : **SEK 20 000** – Stockholm, 22 avr. 1981 : *Courses de trot* 1927, h/t (28x35,5) : **SEK 6 700** – Stockholm, 30 oct. 1984 : *Paysage* 1951, h/t (68x63) : **SEK 20 000** – Stockholm, 20 avr. 1985 : *Chevaux dans un paysage*, h/pan.

(60x76) : **SEK 38 000** – Stockholm, 10 déc. 1986 : *Scène de labour* 1943, h/t (43x56) : **SEK 25 500** – Stockholm, 27 mai 1986 : *Paysage* 1936, craie (44x58) : **SEK 8 500** – Stockholm, 26 mai 1987 : *Chevaux au pâturage* 1945, h/pan. (45x60) : **SEK 31 000** – Stockholm, 6 juin 1988 : *Paysage d'été animé* 1927, h/t (32x42) : **SEK 12 000** – Stockholm, 21 nov. 1988 : *Idylle pendant la moisson* 1911, aquar. (23x29) : **SEK 4 000** – Stockholm, 15 nov. 1989 : *Bovins dans une prairie surplombant la mer* 1931, h/t (22x29) : **SEK 8 200.**

ASLUND Johan Elias
Né le 2 février 1872 dans le Vesternorrland. XIXe-XXe siècles. Suédois.
Peintre de sujets de genre, paysages.
Cet artiste étudia à l'École technique de Stockholm et en Italie de 1899 à 1900. Il a exposé des tableaux de scènes italiennes et de la Suède du Nord : *Nuit d'été au Lappland* (1900), *Nuit de pluie au Lappland* (1900).
Ventes Publiques : Londres, 27-28 mars 1990 : *Paysage d'automne* 1898, h/t (97,5x94) : **GBP 5 500.**

ASM
Né à Tübingen. XVe siècle. Allemand.
Peintre.

ASM Erasmus
XVe siècle. Actif à Munich à la fin du XVe siècle. Allemand.
Architecte et sculpteur.
Il fut l'architecte de l'église de Schwaz (vallée du bas Inn).

AS M'BENGUE. Voir M'BENGUE As

ASMI
Née en 1940 à Zakopane. XXe siècle. Polonaise.
Peintre de compositions à personnages, figures. Expressionniste.
Elle fit ses études secondaires à Gdynia, puis, en 1957, fut élève de Waclaw Taranczewski à l'Académie des Beaux-Arts de Cracovie, jusqu'à son diplôme en 1963. Dès la fin de ses études, elle participe aux expositions collectives des artistes de Cracovie. Puis, retournée à Gdynia, elle s'intègre au groupe des artistes du nord de la Pologne : Gdansk, Sopot, Gdynia. Elle participe à de nombreuses expositions internationales en Pologne, Finlande, Italie, Angleterre, Allemagne, France. Elle a reçu le Prix de la Biennale de Sopot en 1980.
Elle peint presque exclusivement des personnages, souvent à peine ébauchés et pourtant très présents, dessin et couleur spontanés témoignent de sa liberté d'expression. A propos d'expression, en réplique à l'appartenance de sa peinture à l'expressionnisme en général, Asmi corrige : « Mon œuvre n'est pas expressionniste, c'est plutôt une peinture d'émotion. »
Ventes Publiques : Les Andelys, 19 nov. 1989 : *Dialogue*, h/t (60x80) : **FRF 5 800.**

ASMOLOFF S.
XXe siècle.
Sculpteur.
Expose en 1913 un *Pèlerin* aux Artistes Français.

ASMUS Dieter
Né en 1939 à Hambourg. XXe siècle. Allemand.
Peintre. Réaliste. Groupe Zebra.
Il fut élève de l'Ecole des Beaux-Arts de Hambourg. En 1965, avec trois camarades, il fonda le groupe *Zebra*. A l'exemple de la *Neue Sachlichkeit* de Grosz et Dix, ils prétendent, avec des moyens renouvelés en accord avec leur présent, à une nouvelle objectivité à l'égard du réel, dont ils représentent les aspects les plus quotidiens par la technique la plus froide et apparemment indifférente possible.
Dans le cas d'Asmus, il peint souvent des personnages féminins, situés dans un environnement indéfinissable, comme à la surface d'une planète morte, dont les formes sont simplifiées et géométrisées en volumes curvilignes par un éclairage violent, générateur de forts contrastes dans le rapport quasi métallique entre lumière et ombre. On peut recevoir ce message, comme une mise en accusation d'un monde aseptisé, déshumanisé. ■ J. B.
Bibliogr. : Diction. Univ. de la Peint., Le Robert, Paris, 1975.
Musées : Wolfsburg : *Femme à la poupée* 1966.

ASMUS Heinrich
XIXe siècle. Allemand.
Peintre d'architectures et lithographe.
Travailla à Berlin ; exposa à l'Académie, en 1838, 1840, 1844, des lithographies coloriées, des frontispices.

ASMUS von Hassfurt
XVIe siècle. Allemand.
Sculpteur sur bois.
Fut élève de T. Riemenschneider et dirigea un atelier à Würzbourg.

ASMUSSEN Anton
Né le 23 mars 1857 à Flensbourg. Mort le 12 novembre 1904 dans l'Alster à Hambourg, noyé. XIXe siècle. Allemand.
Peintre.
Il étudia à Munich de 1884 à 1886, et à Karlsruhe sous la direction de Baisch et Schönleber ; il fit des voyages d'études au Tyrol et en Italie et, après un court séjour à Rothenburg il se fixa à Hambourg. Il peignit d'abord des vues d'architectures et des intérieurs. A partir de 1890, il fit surtout des paysages de landes et de marais dans la neige, et des pastels. L'hôtel de ville de Hambourg possède quelques-uns de ses tableaux. *Un sentier de la forêt*, *Après la pluie*, *Un paysage de la Basse-Allemagne* sont à Mannheim.

ASNER Franz
Né en 1742 à Vienne. XVIIIe siècle. Autrichien.
Graveur au burin.
Fils de Johann. Travailla à Vienne ; et fut élève de son beau-père, Joh.-Adam Napert. Il a laissé notamment une gravure : *Petit garçon tenant un chien*, d'après Paolo Caliari. Un catalogue de vente à Munich cite une *Ronde ennemie*, d'après Maulbertsch, gravée par un certain Franz ASSNER.

ASNER Johann
Né à Vienne. Mort en 1748. XVIIIe siècle. Autrichien.
Graveur au burin.
Il fut l'élève de Dietel ; a gravé des images pieuses.

ASNER Leonhard
Né au XVIIIe siècle à Vienne. XVIIIe siècle. Autrichien.
Graveur au burin.
Il était fils de Johann Asner. Fut élève de Johann Mansfeld. On lui doit notamment une gravure : *Château de Königsberg*, d'après Ignace de Muller.

ASOLA Orazio d'. Voir **ORAZIO d'Asola**

ASOPODOROS I
VIe-Ve siècles avant J.-C. Actif à Argos. Antiquité grecque.
Bronzier.
Il appartient à l'école d'Agéladas. Avec ses compatriotes Atotos et Argéiadas, et l'Achéen Athanodoros, il travailla au grand ex-voto dédié à Olympie par Praxitélès de Camarina entre 484 et 480 (?).

ASOPODOROS II
Antiquité grecque.
Sculpteur.
Cité par Pline parmi les élèves de Polyclète.

ASO Saburo
Né en 1913 à Tokyo. XXe siècle. Japonais.
Peintre.
Il est membre du *Jiyû Bijutsuka Kyokai* et obtient un prix à la Biennale de Tokyo. Il a participé au Salon de Mai de Paris en 1952 et à l'Exposition Internationale Carnegie de Pittsburgh en 1958.

ASPA Rosario
XIXe siècle. Britannique.
Peintre de paysages.
Cet artiste travailla à Leamington, il exposa à la Royal Academy de Londres, à Suffolk Street et à Birmingham, de 1874 à 1885. Il était d'origine italienne.

ASPACH Adam ou Aschbach
Mort vers 1580. XVIe siècle. Allemand.
Peintre de portraits.
Travaillait à Nuremberg vers 1558. Si l'on en croit Doppelmayr, ce fut un habile peintre de portraits.

ASPARI Carlo Antonio ou Aspar, Asparri
Mort en 1834. XIXe siècle. Italien.
Architecte et graveur au burin.
Fils de Domenico Aspari, architecte, il étudia chez Giac. Albertolli. A la fin de sa vie, il était maître de dessin à l'École Royale de Milan.

ASPARI Domenico
Né le 4 août 1745 à Olivone. Mort le 8 avril 1831. XVIIIe-XIXe siècles. Italien.

Peintre et aquafortiste.
Il étudia à Parme. A Milan, il s'occupa surtout de gravure. Il fut professeur de dessin à l'Académie de Milan. Un de ses tableaux représente une *Madone avec des saints*, et se trouve dans l'église d'Osnago ; son propre portrait figure à la Brera, à Milan. Comme graveur, il a suivi la manière de Piranesi dans ses *Vingt-trois vues de maisons de Milan*, datées de 1786 à 1792. Il a fait des gravures d'après la *Cène* de Léonard et d'après la *Fuite en Égypte* attribuée au Corrège.

ASPELIN Gert
Né en 1944 en Suède. XXe siècle. Suédois.
Peintre.
Après avoir fait des collages à ses débuts, en 1966, il pratique ensuite une peinture réaliste dans un but didactique.
MUSÉES : STOCKHOLM. .

ASPELIN Karl
Né le 27 avril 1857 dans le Vestergötland. Mort en 1932. XIXe-XXe siècles. Suédois.
Peintre d'histoire, paysages.
Cet artiste étudia, de 1878 à 1885, à l'Académie d'Art de Stockholm, et de 1885 à 1886, à Paris ; il se fit connaître par ses compositions historiques. Il peignit ensuite des types caractéristiques de la côte de Schonen.
VENTES PUBLIQUES : MALMÖ, 2 mai 1977 : *Deux paysannes en conversation*, h/t (42x32) : SEK 4 000 – STOCKHOLM, 10 nov. 1982 : *La lecture du journal*, h/t (50x61) : SEK 7 000 – STOCKHOLM, 9 avr. 1985 : *Byskvaller*, h/t (47x59) : SEK 23 000.

ASPELL S. B., Miss
XIXe siècle. Travailla à New York vers 1893. Américaine.
Illustrateur.

ASPER Andreas
Né le 18 août 1581 à Zurich. Mort en 1638. XVIIe siècle. Suisse.
Peintre de portraits, décorations.
Fils de Rudolf Asper. Il a exécuté de nombreux portraits à Zurich.

ASPER Hans
Né en 1499 à Zurich. Mort le 31 mars 1571 à Zurich. XVIe siècle. Suisse.
Peintre de portraits, décorations.
Père de Hans Rudolf et de Rudolf. Asper connut de son vivant, dans son pays, une grande célébrité. Peintre de la ville de Zurich, une médaille fut, en 1540, frappée en son honneur. En 1545, il était élu membre du Grand Conseil. Cependant il vécut et mourut pauvre, recevant les subsides de la ville depuis 1569.
Des peintures décoratives qu'il exécuta pour divers édifices publics, aucune n'est parvenue jusqu'à nous. Asper fut surtout un bon portraitiste. Ses premiers portraits se rattachent à ceux de Hans Leu le Jeune, mais c'est surtout l'influence d'Holbein qui est sensible dans ses œuvres. Il a formé toute une génération de peintres, dont le plus célèbre est Tobias Stimmer. En dehors de ses peintures, Asper exécuta, pour des gravures sur bois, de nombreux dessins largement tracés. La Bibliothèque de Zurich et les collections de la ville renferment de nombreux portraits qui lui sont attribués. Parmi ses œuvres authentiques il faut mentionner : plusieurs fois le *Portrait d'Ulrich Zwingle*, dont deux (1524 et 1529), à Zurich, et un autre, de 1531, à Winterthur, le *Portrait de Pellikau* à Zurich, le *Portrait de Peter Füssli* (1535) à Soleure, le *Portrait de la fille de Zwingle : Regula Walter et de sa fillette* (1549), au Musée Zwingli, à Zurich, le *Portrait de Wilhelm Frölich en capitaine français* (1549) à Zurich.

VENTES PUBLIQUES : COLOGNE, 1862 : *Un homme à barbe rousse* : FRF 221 – COLOGNE, 12 juin 1900 : *Portrait d'homme* : FRF 250 – PARIS, 23 juin 1961 : *Portrait présumé de Calvin*, pan. : FRF 21 000 – PARIS, 4 déc. 1963 : *Portrait présumé de Calvin, vers l'âge de 39 ans* : FRF 40 000 – LONDRES, le 25 fév. 1966 : *Portrait de Theodor Bibliander* : GNS 400.

ASPER Hans
Né le 9 septembre 1554. XVIe siècle. Suisse.
Peintre.
Fils de Hans Rudolf Asper. Il est désigné comme l'auteur des illustrations de l'*Helvetia sancta* de Heinrich Murer (1648).

ASPER Hans Conrad
Né vers 1588 à Zurich. Mort peu après 1655. XVIIe siècle. Suisse.

Sculpteur et architecte.

Donné comme frère de Hans Asper, il paraît difficile qu'il le soit de Hans II (l'un né en 1554, l'autre en 1588), il pourrait l'être de Andreas (né en 1581), ou de Hans Kaspar (travaillant en 1630) ; il travailla à Constance, à Vienne, à Waldtspurg. En 1615 il s'établit à Salzbourg. On le retrouve en 1630 à Munich comme sculpteur et architecte du prince Maximilien. Il collabora à l'édification de la chapelle des Carmes. On perd sa trace à partir de 1655.

ASPER Hans Kaspar
XVIIᵉ siècle. Suisse.
Sculpteur et peintre.

On ne lui précise aucune parenté avec les autres Asper ; il pourrait être frère de Hans Conrad. Il fut actif à Constance. Il a achevé par ordre du comte Kaspar de Hohenem (1630-1633) les travaux de la chapelle miraculeuse, détruite en 1796, à Einsiedeln ; il a peut-être exécuté les dessins de gravures au burin de la *Helvetia sancta* de Heinrich Murer (1648).

ASPER Hans Rudolf
Né le 9 mars 1531 à Zurich. XVIᵉ siècle. Suisse.
Peintre.

Fils de Hans I Asper et frère aîné de Rudolf. Il fut élève de son père. Il est mentionné en 1554, comme ayant quitté Zurich.

ASPER Rudolf
Né le 12 janvier 1552 à Zurich. Mort en 1611. XVIᵉ-XVIIᵉ siècles. Suisse.
Peintre de portraits, décorations, d'armoiries.

Fils de Hans I Asper et frère puîné de Hans Rudolf. D'après Paul Ganz, il faut attribuer à Rudolf plusieurs portraits peints à la manière de Hans Asper.

ASPERE Pieter van
XVᵉ siècle. Éc. flamande.
Sculpteur.

En 1465, il orna les deux portails de l'hôpital, œuvre de Mathieu Algoot, à Oudenaarde.

ASPERGER Max
Né le 6 mars 1864 à Apolda. XIXᵉ siècle. Allemand.
Paysagiste et aquafortiste.

Il fut élève de l'Académie de Weimar entre 1883 et 1891, et vint à Gotha en 1895. La galerie de Weimar possède de lui *Soirée de printemps dans un parc*. Les revues du club des aquafortistes de Weimar contiennent plusieurs de ses eaux-fortes (à dater de 1889) ; il publia en 1897, avec A. Arp : *Taormina*, suite de six planches.

ASPERNE J.
XIXᵉ siècle. Actif à Londres. Britannique.
Graveur au burin et éditeur.

ASPERTINI Amico
Né vers 1474 à Bologne (Emilie-Romagne). Mort en 1552 à Bologne. XVᵉ-XVIᵉ siècles. Italien.
Peintre de compositions religieuses, sujets allégoriques, portraits, miniatures, sculpteur, graveur, dessinateur.

Il était le frère cadet de Guido Aspertini. Il étudia avec E. Roberti Grandi et Lorenzo Costa, mais il semble qu'il ait surtout formé sa manière en visitant les grandes cités artistiques d'Italie.

De 1506 à 1510, il travailla à son chef-d'œuvre, l'*Histoire du Crucifiement* dans la chapelle de San Agostino de San Frediano, à Lucques. Il peignit également un certain nombre d'œuvres de mérite dans les églises et dans les palais de Bologne notamment les fresques qu'il peignit dans l'Oratoire de Ste Cécile (1506), où l'on peut opposer sa manière audacieuse aux grâces convenues de Costa et de Francia qui y peignirent en même temps. Il est à l'origine du maniérisme bolonais. En collaboration avec Cotignolo, Bagnacavallo et Innocenzo da Imola, il décora la chapelle della Pace de San Petronio. Cette décoration a été détruite. Selon Defer, il étudia la gravure avec Francia, et laissa deux planches, œuvres énigmatiques sur la *Chute de l'Homme* et *Adam et Ève chassés du paradis*. On lui attribue parfois la pièce : *Le sacrifice de Caïn*, qui semble plutôt être de la main d'Agostino de Musi.

Musées : Bergame : *Bataille* – Berlin : *Adoration des bergers* – Bologne : *Adoration des Mages* – *Vierge et saints devant l'Enfant* – Francfort-sur-le-Main : *Buste de jeune homme* – Gubbio : *Scène de légende* – Hanovre : *Dispute de Saint Augustin 1523* – Londres : *Buste d'homme* – *Buste de femme* – Lucques : *Madone apparaissant à des saints* – Madrid : *Enlèvement des Sabines* – *Continence de Scipion* – Munich : *Buste*, attr. – Rome (Corsini) : *Pèlerin* – Venise : *Profil de femme*.

Ventes Publiques : Londres, 10 déc. 1898 : *Dame en noir tenant un livre* : FRF 3 675 – Paris, 15 déc. 1958 : *La légende d'un saint*, pan. : FRF 465 000 – Londres, 23 juin 1967 : *L'Annonciation* : GNS 2 200 – Londres, 26 juin 1970 : *La Vierge et l'Enfant avec sainte Catherine et saint Jérôme* : GNS 6 500 – Londres, 28 avr. 1976 : *Le massacre des Innocents*, dess. (28,1x25,5) : GBP 15 000 – Londres, 7 juil. 1981 : *Allégorie*, lav. de brun reh. de gche grise et blanche (25,7x36,7) : GBP 2 600 – Londres, 11 avr. 1986 : *La Vierge et l'Enfant avec sainte Hélène et saint François appuyés sur un bas-relief simulé représentant Moïse recevant les Tables de la Loi, Moïse et le Veau d'Or*, h/pan. (85,5x71,1) : GBP 320 000 – Londres, 8 juil. 1987 : *Portrait d'un ecclésiastique tenant un rouleau de papier*, h/pan. (62,5x48,5) : GBP 310 000 – Londres, 21 avr. 1993 : *Scène de la vie des Amazones*, h/pan. en brunaille (25x66) : GBP 36 700 – Londres, 8 déc. 1995 : *Portrait d'un homme en buste avec un habit et un chapeau noirs avec un paysage au fond*, h/pan. (45,7x36,2) : GBP 48 800.

ASPERTINI Gian Antonio
Mort avant 1509. XVᵉ siècle. Italien.
Peintre.

Peintre bolonais.

ASPERTINI Guido
Originaire de Bologne. XVᵉ siècle. Italien.
Peintre.

Il était le frère aîné d'Amico. Il mourut jeune. On a cité parmi ses œuvres : un *Portrait de Galeazzo Bentivoglio* et un *Crucifiement* (sous le portique de S. Pietro à Bologne) daté de 1491. Ces ouvrages ont aujourd'hui disparu. L'*Adoration des Mages* de la Pinacothèque de Bologne qu'on lui attribue semble devoir être donnée à Amico.

ASPETTI Tiziano
Né en 1565 probablement à Padoue (Vénétie). Mort en 1607. XVIᵉ siècle. Italien.
Sculpteur de compositions mythologiques, sujets religieux, figures.

Il travailla successivement à Venise (1582-1590), à Padoue (1591-1603) et à Pise (1604-1607), entre 1599 et 1605, à Carrare. Il se rendit dans cette dernière ville avec la suite de l'évêque de Torcello et y fut protégé par Camillo Berzighelli, qui lui donna de nombreuses commandes.

Sa première œuvre marquante fut une des deux statues colossales du vestibule de la Zecca de Venise. Pour la salle d'armes du Conseil des Dix, il sculpta les bustes de *Marcantonio Bragadin*, d'*Agostino Barbarigo* et de *Sebastiano Venier*, qui restèrent quelque temps au Musée de l'Académie des Beaux-Arts et furent ensuite ramenés au palais des Doges. Ses travaux de bronze pour S. Francesco della Vigna sont moins connus ; ils comprennent plusieurs grandes figures allégoriques et des statues de *Moïse* et de l'*Apôtre saint Paul*. À partir de ce moment, Aspetti délaissa les statues énormes pour s'adonner à la plastique de reliefs et des statues de grandeur moyenne : il subit l'influence de l'école de Donatello. On lui attribue en outre quelques statues de bronze du Muséo Civico. Il représenta le *Martyre de saint Laurent* pour l'autel d'une chapelle de l'église S. Trinita à Florence et sculpta pour le palais Usimbardi les statues d'*Hercule* et d'*Antée*. De nombreuses œuvres furent transportées au palais Usimbardi.

Musées : Venise : Sculptures du plafond de la salle de l'anticollège du palais ducal – Deux statues de l'entrée du palais ducal – Figures colossales dans le vestibule de l'ancienne Zecca (monnaie) – Deux statues à l'entrée du palais ducal – *Moïse*, statue colossale de l'église San Francesco della Vigna – *Saint Paul*, statue colossale de l'église San Francesco della Vigna – *Marcantonio Bragadin*, buste sculpté, palais ducal – *Marco Barbarigo*, buste sculpté, palais ducal.

Ventes Publiques : Paris, 1ᵉʳ déc. 1965 : *Mars*, bronze, patine sombre : FRF 11 500 – Londres, 7 avr. 1970 : *Vulcain Vénus*, deux bronzes : GBP 1 800 – Londres, 18 juil. 1977 : *Mars et Vénus*, deux bronzes patine brune (H.53,5 et H.55) : GBP 65 000 – New York, 27 nov. 1981 : *Mars et Vénus*, deux bronzes (H. 55 et 54) : USD 115 000.

ASPINALL George S.
XIXᵉ siècle. Britannique.
Peintre de paysages.

Aspinall envoya des œuvres à la Royal Academy, à Suffolk Street, à la New Water-Colours Society et à d'autres expositions de Londres, entre 1881 et 1885. Il exposa également à Birmingham et Liverpool. On cite parmi ses œuvres : *Le Chêne et le Roseau*, et *Le Temps des Primevères*.

ASPINALL J.
XVIIIe siècle. Actif à la fin du XVIIIe siècle. Britannique.
Peintre.
Il exposa entre 1790 et 1800 des paysages à l'aquarelle. Une de ses œuvres figure au British Museum.

ASPINWALL Reginald
XIXe-XXe siècles. Actif à Lancaster. Britannique.
Peintre de paysages animés, paysages, peintre à la gouache, aquarelliste.
Cet artiste était membre associé de la Royal Academy et exposait, entre 1884 et 1892, à la Royal Academy, à Suffolk Street et à la New Water-Colours Society de Londres. Il exposa en 1908 à la Royal Academy : La maison hantée et Un coin romantique.
VENTES PUBLIQUES : LONDRES, 11 oct. 1995 : Charrette de foin traversant un pont 1906, aquar. et gche (49x74,5) : **GBP 1 610.**

ASPLAND Theophil Lindsey
Né en 1807 à Hackney. Mort en 1890. XIXe siècle. Britannique.
Peintre de paysages, aquafortiste.
Fut élève de l'aquafortiste G. Cooke et s'adonna ensuite à la peinture. Travailla d'abord à Manchester et à Liverpool, se retira en 1848 à Estwaite Water, où il peignit des paysages de lacs. Le British Museum possède de lui sept œuvres à l'aquarelle ou à la sépia.

ASPLUND Nils
Né le 7 novembre 1874 à Eskilstuna. XXe siècle. Suédois.
Peintre décorateur.
Il a fait ses études à l'Ecole technique et à l'Académie des Arts de Stockholm.

ASPNEY Amelia
XIXe siècle. Active à Merton près de Londres vers 1885. Britannique.
Peintre de genre.
Elle exposa à la Royal Academy.

ASPOIS Jacques
XIVe siècle. Français.
Peintre verrier.
Père de Jean Aspois. Il était actif, sans doute à Lille, entre 1385 et 1397.

ASPOIS Jean
XVe siècle. Français.
Peintre verrier.
Son père, Jacques Aspois, était également verrier entre 1385 et 1397. Jean Aspois est cité pour la première fois en 1402, sur un compte de la ville de Lille. En 1424, il peignit des vitraux pour la nouvelle chapelle du tribunal. Puis en 1427, il exécuta six armoiries pour d'autres fenêtres du même monument.

ASPOL
XIXe siècle. Actif à Paris en 1823. Français.
Dessinateur et graveur.

ASPREMONT
Né en 1946 à Grenoble (Isère). XXe siècle. Français.
Peintre.
Il vit et travaille à Paris. Il expose pour la première fois en 1971 à Die. Il montre ses œuvres dans des expositions personnelles à Heidelberg, Munich, Strasbourg, Paris.

ASPRI Francesco
Originaire de Camerino. XVIIIe siècle. Italien.
Graveur sur bois.

ASPRIATI Kleoniki
XIXe-XXe siècles. Active à Athènes. Grecque.
Peintre.
Elle fit surtout des portraits. Elle était élève de Raphaël Collin, Paul Leroy et Luc Olivier-Merson. Elle obtint une mention honorable à l'Exposition Universelle de 1900 à Paris.

ASPRUCK Franz
Né à Bruxelles. XVIe-XVIIe siècles. Éc. flamande.
Graveur, dessinateur.
Il fut sans doute élève de R. Spranger. On connaît quelques planches d'Aspruck portant les initiales F. A., treize planches, d'après Agostino Caracci, et l'Amour, petite planche allégorique, d'après J. Heintz. Il était également joaillier.

ASQUER Pedro
XVe siècle. Vivant à Majorque. Espagnol.
Peintre.
Cité dans un document de 1454.

ASSA Gredi
Né le 29 janvier 1954 à Plevène. XXe siècle. Bulgare.
Peintre.
En 1981, il termine ses études à l'Académie des Beaux-Arts de la ville de Tirnovo, au Département des Arts monumentaux et décoratifs. En 1986-87, il est parmi les membres fondateurs du groupe La Ville, qui a joué, jusqu'en 1992, un rôle primordial dans l'évolution des mouvements artistiques non formels dans le domaine de l'art plastique bulgare après 1989.
Il participe à des expositions collectives : 1987 Nuremberg, Triennale Internationnal du Dessin ; 1988 Sofia, La Ville ?, exposition du groupe La Ville ; Sofia, La Tour de Babel, action du groupe La Ville ; Sofia, Le Caméléon, action du groupe La Ville ; Vienne (Autriche), Hommage à Vincent, Palais de la Gegenwart ; 1990 Nottingham (Angleterre), La ville d'Utopie, exposition du groupe La Ville, Galerie Banington ; 1992 Valence (Espagne), Peinture bulgare, Galeria d'Este ; 1993 Bonn (Allemagne), Un Futur déjà vécu ?, Galerie de Margaretenhof ; 1994 Bonn, La Naissance d'un Musée ; 1995 Schaffhouse (Suisse), 12 artistes bulgares, Centre culturel.
Il montre des ensembles de ses œuvres dans des expositions personnelles, dont : 1991 Suède, Galerie Flamingo ; 1992 Grundelwald (Suisse), Galerie de l'Art juif ; 1993 Londres, Galerie Studio 9 ; 1994 Sofia, Galerie Katy ; 1995 Sofia, Galerie Arossita ; Sozopol (Bulgarie), Galerie Sozopol ; Vienne (Autriche), Galerie Centre culturel bulgare Maison Wittgenstein ; 1996 Sofia, Dessins, Galerie Makta.
Gredi Assa est un représentant de la jeune génération de peintres bulgares, qui a su se heurter de manière réussie à l'esthétique normative totalitaire. Pour le peintre, le monde réel n'est que du chaos : de ses fragments il crée une nouvelle réalité poétique dans laquelle règnent les couleurs. ■ Boris Danaïlov
BIBLIOGR. : Professeur Carl Unger, in : Catalogue de l'exposition Hommage à Vincent, Vienne, 1989 – Ivan Krastev : La cartographie utopique de Gredi Assa, in : Journal littéraire, oct. 1992 – Georg Aescht : Un futur déjà vécu ?, in : Standart, 17 déc. 1993 – Yara Boubnova : Présentation, in : Lettres Internationales, sept. 1995.

ASSA Renée
Née à Paris. Morte en 1949. XXe siècle. Française.
Peintre, sculpteur et céramiste.
Elle fut élève de Guilloux et du sculpteur Blondat. Elle a exposé au Salon des Artistes Français en 1912, 1914, 1921, et au Salon des Indépendants en 1926 et 1928.

ASSADOUR, pseudonyme de **Bezdikian Assadour**
Né le 12 août 1943 à Beyrouth (Liban). XXe siècle. Actif en France. Libanais.
Graveur, peintre, illustrateur. Tendance surréaliste.
Il a quitté le Liban à l'âge de dix-huit ans. Il a étudié à l'Académie Pietro Vannucci à Pérouse (Italie) pendant les étés 1962 à 1964, et à l'Ecole des Beaux-Arts de Paris dans l'atelier de gravure de Lucien Coutaud, de 1964 à 1970. Depuis 1964, il vit à Paris.
Il participe à de nombreuses expositions collectives, ayant été membre du Comité du Salon de Mai de 1974 à 1977, membre du Comité de la Jeune Gravure Contemporaine de 1975 à 1979, membre du Comité des Peintres-graveurs français depuis 1984. Il a participé au Salon annuel du Musée Sursock de Beyrouth, de 1962 à 1966. Il a également exposé à Bruxelles, Rome, Beyrouth, Amsterdam, Tokyo, au Luxembourg, en Allemagne Fédérale, et dans les principales expositions thématiques montrant des gravures.
Il montre ses œuvres dans des expositions personnelles depuis 1968, notamment : 1971, galerie La Pochade, Paris ; 1977, galerie Sagot-Le-Garrec, Paris ; 1980, Galleria l'Arco, Rome : 1982, 1984, galerie Vivant, Tokyo ; 1982, galerie du Dragon, Paris ; 1984, Galleria Il Millennio, Rome ; 1986, Taichung Cultural Center, Taichung (Taipei) ; 1991, Museum Bochum, Bochum. Il a obtenu de très nombreuses distinctions et Prix, parmi lesquels : Biennale Internationale des Arts Graphiques à Florence en 1972, Biennale de l'estampe à Épinal en 1973, Prix du Président de la ville de Cracovie (Pologne) en 1980, Médaille d'honneur à la Male Formy Grafiki à Lodz (Pologne) en 1981, Grand Prix de la Ville de Paris en 1984, Interprint 90 à Lwow en Ukraine (1990).
Il a collaboré à l'illustration d'ouvrages, parmi lesquels : L'affaire Lemoine, Les Amis Bibliophiles, Paris (1968-1969) ; Poésie du Temps Bref, Luigi Mormino, Origine, Luxembourg ; Voyage en Sicile, Club 80, Luxembourg. Seul, il a illustré d'autres ouvrages, dont : La Vecchiaia Nevica, poésies de Libero de Libero, Éditions

de l'Arco / Scheiviller, Rome et Milan (1978) ; *Poésies*, de Camillo Sbarbaro, La Pergola Edizioni, Pessaro, (1978) ; *Objets et Débris*, texte de Krikor Beledian, Éditions M.H., Paris ; *L'oiseleuse*, texte de Luigi Mormino, Les Impénitents, Paris (1978) ; *La Pioggia nel Pineto*, texte de Gabriele d'Annunzio, Arte Legenda, Calaniana ; *Fragments du Père*, texte de Krikor Beledian, Édition Club 80, Luxembourg (1979) ; *L'Après-Saison*, poésie de Max Clarac-Sérou, Pour le Plaisir, Paris (1984) ; *Substitutions*, poème de Yannis Ritos, l'Échoppe, Caen (1985) ; *Célébrations 2*, poème de Adonis, Paris (1990) ; *Égarements*, poème de Issa Makhouf, André Biren, Paris (1993).

Surtout graveur, il rehausse parfois ses gravures à l'aquarelle, et fait aussi des peintures à la tempera. Il crée un monde proche du surréalisme, comme l'était celui de son maître Lucien Coutaud, où des plans topographiques imaginaires, extrêmement complexes et détaillés, sont interrompus par de multiples objets en suspens ou des objets parfois minuscules qui semblent jaillir du fond, telles des « explosions » ou des « désarticulations ». Parfois, ces objets en suspens sont représentés comme sortant de têtes humaines, signifiant sans doute que ce monde imaginaire n'en est que l'émanation. L'emploi de couleurs discrètes ou sourdes, posées en aplats, n'est pas exclusif de simulations de rugosités, d'ombres, et surtout d'effets de transparences délicates. ■ J. B.

Bibliogr. : Libero de Libero : *Disegni di Assadour*, All'Insegna del Pesce d'Oro, Milan, 1977 – Carlo Belli : *Aquarelles d'Assadour*, All'Insegna del Pesce d'Oro, Milan, 1980 – Max Clarac-Sérou : *Assadour*, galerie du Dragon, Paris, 1982 – Giuseppe Bonaviri : *Assadour in Lucania*, Edizioni della Cometa, Rome, 1987 – in : Catalogue de l'exposition *Liban – Le regard des peintres*, Institut du Monde Arabe, Paris, 1989 – Giuseppe Appella : *Assadour et l'Italie*, Edizioni della Cometa, Rome, 1991 – *Assadour*, catalogue de la rétrospective, Musée de Bochum, 1991 – T. Kim : *Assadour*, Jeum San Gallery, Séoul, 1995.

Musées : Annecy – Caen (FRAC de Basse-Normandie) – Florence (Cab. de dessin et d'estampe) – Lisbonne (Fond. Galouste Gulbenkian) – La Louvière (Centre de la Gravure et de l'Image imprimée) – Paris (BN) – Paris (FNAC) – Seoul (coll. Samsung) – Skopje (Mus. d'Art Contemp.) – Varsovie (Mus. Nat.).

ASSAÏEV Rachid
Né en 1947 à Astrakan. XXe siècle. Russe.
Peintre de compositions animées, sujets allégoriques. Réaliste-photographique.

Il fit ses études à l'Institut d'Art de Moscou dans l'atelier de I. Korolev et obtient son diplôme en 1974. Membre de l'Union des Peintres d'URSS depuis 1980. Il vit et travaille à Orenbourg.
Son admiration pour Dali se manifeste par la technique picturale, dont Dali disait qu'elle doit être de « la photographie à la main ». Dans ses « Allégories », de la peinture, de la sculpture ou de la musique, il accumule, à la façon des allégories des XVIIe et XVIIIe siècles, tout les objets et instruments se rapportant au thème traité, disposés, solennellement du parterre au plafond, en sortes d'énormes natures mortes. Dans d'autres sujets, cette même technique du rendu minutieux appliquée à des thèmes parfois insolites oriente son mode d'expression du côté de « l'irrationalité concrète » de l'inspiration surréaliste.
■ M. M., J. B.
Ventes Publiques : Paris, 11 déc. 1991 : *Gagarine*, mar. h/pan. (170x135) : FRF 5 000 – Paris, 16 fév. 1992 : *La baignade des chevaux 1986*, h/t (127x202) : FRF 20 000.

ASSALONE di Ottaviano
XVe siècle. Italien.
Peintre.

Il entra en 1479 dans la corporation des peintres, puis dix ans plus tard, fut admis parmi les membres de la Compagnia di San Giuseppe de Pérouse. Il s'associa en 1489 avec Niccolo del Priore. En 1498 il travailla pour un couvent de Monteluce près de Pérouse.

ASSAR Nasser
Né le 26 septembre 1928 à Téhéran. XXe siècle. Depuis 1953 actif en France. Iranien.
Peintre. Tendance abstraite-paysagiste.

Elève à l'Ecole des Beaux Arts de Téhéran, licencié en art de la Faculté, puis élève de l'École des Beaux-Arts de Paris. Dès 1953, il se fixe à Paris où il expose dans différents Salons dont celui des Réalités Nouvelles et le Salon Comparaisons ; ainsi qu'à d'autres expositions collectives : en 1959 *Jeunes peintres d'aujourd'hui* à Vienne ; 1960 *Antagonismes* au Musée des Arts Décoratifs de

Paris ; en 1961 et 1963 Biennales de Paris ; en 1965 à la Biennale de San Marino. Il a présenté son travail lors de nombreuses expositions particulières : 1952 à Téhéran ; 1955, 1960, 1963, 1964, 1984 à Paris ; 1961 à Londres ; puis à Bruxelles et Washington.
C'est en donnant une priorité au geste pictural qu'il peint des taches lumineuses, des brumes, rapprochant son œuvre de la tendance nommée « nuagisme », en raison des formes nébuleuses et diffuses créées dans l'espace, à la manière d'un ciel nuageux. Il a été fortement influencé par la technique chinoise du lavis, ce qui explique ces rendus d'atmosphère, mais aussi son goût pour les effets calligraphiques. Chaque été, il se retrouve un coin de Provence, dont il peint la végétation avec obstination, dans ce cas très proche de la figuration simple, encore que son écriture demeure allusive. L'art de Nasser Assar ne cesse de se situer aux confins du visible et de l'invisible. ■ J. B.

Bibliogr. : In : *Peintres d'aujourd'hui*, Mazenod, Paris, 1964 – in : *Diction. Univers. de la Peint.*, Le Robert, Paris, 1976 – Gérald Gassiot-Talabot : *Nasser Assar*, in : Opus International, N°132, Paris, automne 1993 – Lydia Harambourg, in : *L'École de Paris 1945-1965. Diction. des Peintres*, Ides et Calendes, Neuchâtel, 1993.

Ventes Publiques : Paris, 20 jan. 1984 : *Femme assise 1977*, h/pap. mar./t. (100x75) : FRF 11 500 – Paris, 1er oct. 1990 : *Stella 1961*, h/t (146x114) : FRF 14 000.

ASSCHE Amélie van
Née le 26 janvier 1804. XIXe siècle. Belge.
Portraitiste, aquarelliste et pastelliste.

Fille de Henri van Assche. Elle fut élève d'abord de Mlle F. Lagarenne et d'Autissier, puis compléta ses études à Paris, sous la direction de Millet. Elle exposa au Salon de Bruxelles de 1830 à 1848, et au Salon de Gand de 1835 à 1838. Son portrait de Léopold Ier lui valut le titre de peintre de la cour de la reine Louise-Marie de Belgique.

ASSCHE Auguste Lambert van
Né le 5 mars 1797 à Bruxelles. Mort le 7 janvier 1864. XIXe siècle. Belge.
Sculpteur.

Fils de Jean-Baptiste Charles van Assche, il était sourd-muet de naissance. Il obtint deux premiers prix à l'Académie de Bruxelles, en 1818 et en 1820. Il travailla d'abord dans l'atelier du sculpteur Godecharle, puis vint se perfectionner à Paris sous la direction de Bosio. Il fut élève de l'Académie. Il est cité dans les catalogues de Bruxelles des années 1818 à 1836, de Gand entre 1820 et 1847. Parmi ses œuvres : *Portrait de Louis-Philippe* ; *Général Belliard* ; *Comte Frédéric de Mérode* ; *Haydn* ; *Gretry*, statuettes en terre cuite. Le château de Westerloo possède de lui plusieurs bustes des membres de famille de Mérode.

ASSCHE Hendrick ou Henri Van
Né à Bruxelles, le 30 août 1774 ou 1775 selon d'autres sources. Mort le 10 avril 1841 à Bruxelles. XVIIIe-XIXe siècles. Belge.
Peintre de paysages animés, paysages.

Il reçut les premiers principes artistiques de son père, peintre amateur de talent, puis il suivit l'enseignement de Jean-Baptiste de Roy à Bruxelles.
Surnommé peintre des cascades, en raison de son goût pour les chutes d'eau qu'il représentait avec beaucoup de virtuosité dans des compositions qui sentent, selon Camille Lemonnier « la nature cultivée en chambre ». La plupart des personnages et animaux de ses toiles ont été exécutés par les peintres Ommeganck ou Verboeckhoeven.

Bibliogr. : Gérald Schurr : *Les Petits Maîtres de la peinture 1820-1920, valeur de demain*, t. IV, Les Éditions de l'Amateur, Paris, 1979.

Musées : Amsterdam – Bruges – Bruxelles – Gand – Haarlem – Liège – Lille.

Ventes Publiques : Paris, 1834 : *Vue de l'église de Tervueren* : FRF 460 – Paris, 1899 : *L'église du village* : FRF 280 – Paris, 1899 : *Vue de l'église de Tervueren* : FRF 300 – Paris, 13 fév. 1922 : *Petite ville entourée de grands arbres* : FRF 235 – Paris, 27 oct. 1954 : *Paysans près d'un manoir*, bois : FRF 11 100 – Londres, 8 oct. 1965 : *Paysage boisé animé de personnages* : GNS 240 – Bruxelles, 28 mars 1984 : *Paysage animé*, h/t (46x60) : BEF 110 000 – Cologne, 29 juin 1990 : *Paysage boisé romantique*, h/t (43,5x51) : DEM 2 200 – New York, 26 fév. 1997 : *Le Moulin 1833*, h/t (81,3x111,7) : USD 7 475.

ASSCHE Isabelle Catherine van ou Acche
Née le 23 novembre 1794. XIXe siècle. Belge.

Peintre paysagiste.

Nièce et élève de Hendrick van Assche. Elle exposa à Gand, à Bruxelles et Anvers, à plusieurs reprises entre 1812 et 1842. Un de ses tableaux, représentant une vue de Boitsfort, figurait autrefois dans la collection royale au pavillon de Haarlem.

ASSCHE Jacob van

xve siècle. Éc. flamande.

Peintre.

Peintre de la gilde de Malines.

ASSCHE Léopold Van

Né en 1894 à Bruxelles. Mort en 1968. xxe siècle. Belge.

Peintre de paysages, natures mortes. Postimpressionniste. Groupe de Laethem-Saint-Martin.

Bibliogr. : In : *Diction. biogr. illustré des Artistes en Belgique depuis 1830*, Arto, Bruxelles, 1987.

Ventes Publiques : Lokeren, 11 mars 1995 : *Intérieur*, h/pan. (116x80) : **BEF 48 000.**

ASSCHE Petrus Van

Né en 1897 à Laeken. xxe siècle. Belge.

Peintre de compositions et paysages animés, figures, natures mortes.

Autodidacte en peinture. Son objectif est surtout de dégager le charme particulier, participât-il de l'étrange, des paysages traités.

Bibliogr. : In : *Diction. biogr. illustré des Artistes en Belgique depuis 1830*, Arto, Bruxelles, 1987.

ASSCHOONBECK Adrian. Voir SCHOONBECK

ASSE Geneviève

Née en 1923 à Vannes (Morbihan). xxe siècle. Française.

Peintre, graveur. Abstrait, tendance minimaliste.

Installée à Paris depuis 1934, elle est élève à l'Ecole Nationale Supérieure des Arts Décoratifs entre 1940 et 1942. Elle travaille ensuite avec le groupe de l'Échelle et rencontre donc Othon Friesz, qui patronne le groupe. Engagée en 1944 comme conductrice ambulancière, elle prend part à l'évacuation du camp de Terezin (Tchécoslovaquie), et est décorée de la Croix de Guerre. En 1946, parallèlement à son œuvre de peintre, elle crée pour vivre, des modèles de tissus, notamment pour Jean Bauret et les Ateliers de la Lys. Elle a exposé dans différents Salons, dont celui de Mai (entre 1956 et 1968), et des Réalités Nouvelles (entre 1956 et 1975). Parmi les manifestations de groupe, elle a participé à l'Exposition Internationale de Montréal en 1967, à l'Exposition de peinture française (1900-1967), dans les musées de Washington, Boston et New York en 1968. Elle participe également à la Biennale Internationale de Gravure à Tokyo en 1972 et à Buenos Aires. Ses expositions personnelles se sont déroulées à Paris en 1954-56-57-59-62-64-70-71-76, à Milan en 1961, à Zurich en 1964, à Oslo en 1965, à Genève en 1969-71-74-77-83-86, à Londres en 1981 et à Marseille en 1987. Des expositions rétrospectives lui ont été consacrées au Musée de Reims en 1968, au Centre National d'Art Contemporain de Paris en 1972, au Musée d'Art Moderne de la Ville de Paris en 1988, au Musée des Beaux-Arts de Rennes en 1995. Elle a illustré des œuvres de Samuel Beckett, André Frénaud, André Du Bouchet, Pierre Lecuire, Silvia Baron-Supervielle, Yves Bonnefoy.

Pour Geneviève Asse, « Chardin donne la transparence, la construction, la peinture en dehors du temps ». Elle montre cette même sensibilité à travers ses premières natures mortes peintes entre 1942 et 1954, dont les objets familiers : verres, boîtes et bouteilles laissent transparaître sa connaissance du cubisme. Les formes ne sont déjà pas enfermées dans des contours rigides, même si elles appartiennent au langage cubiste, les couleurs sont limitées au blanc, noir, ocre et gris. C'est également l'époque de ses *Ateliers*, tableaux dans le tableau, où peu à peu la lumière absorbe les objets. C'est très tôt à travers une technique personnelle d'effleurement de la toile par des gris à peine teintés d'ocres et de fumées bleues, changeantes comme l'opale.

Entre 1960 et 1964, son art s'oriente vers une représentation quasi-abstraite de l'espace, mais surtout de la lumière. Ses grands *Paysages* expriment des réalités atmosphériques : l'air, la pluie, et tendent vers la monochromie. À cette époque, Geneviève Asse avait été impressionnée par l'art de Morandi qu'elle avait rencontré en 1961, tandis qu'elle avait admiré les œuvres de Turner, à Londres, en 1964. Dans cette période, elle suggère, comme une porte ou une fenêtre, le cadre discret du quotidien. Entre 1966 et 1970, elle diversifie ses compositions, utili-

sant des formes tantôt verticales, tantôt circulaires, avec les *Portes, Cercles-Portes* ou *Cercles-Compositions*. Mais sa préoccupation demeure la lumière, l'espace tourné vers l'infini, comme le définit Jean Leymarie : « La porte si simplement dédoublée ouvre sur l'infini le battement perpétuel du jour et de la nuit », il évoque « son art tendre et tendu, si dense avec rien ». C'est ce « rien » ou plutôt cet infini, vers lequel Geneviève semble tendre avec ardeur, peignant les *Ouvertures*, suivies des *Sans-titre*, où une simple rayure verticale matérialise la limite entre deux mondes, entre deux bleus inégalement modulés, entre deux bleus presque identiques. Ayant renoncé au minimum de figuration, elle n'interrompt plus l'espace, sans limites que celles du format, que de rares traits, parfois d'un seul, incisives fissures dans la trame du temps et de l'être. Germain Viatte définit ces bleus « lavés, limpides et mouvants, virant parfois au gris plombé des levées d'orage ou bien chargés de lueurs rouges ; bleus d'éther absents et intemporels ; bleus tendres et profonds des évidentes certitudes ». Ce bleu à lui seul suffit à définir l'art de Geneviève Asse, mais si l'on voulait pousser un peu plus précisément la définition, il faudrait sans doute utiliser ces mots-clés : air, lumière, espace, silence, infini.   ■ Annie Pagès

Bibliogr. : Jean Leymarie : *Catalogue de l'exposition rétrospective du Musée de Reims*, 1968 – Claude Estéban : *Geneviève Asse et les charpentes de la lumière*, Preuves, Paris, 1969 – Catalogue de l'exposition : *Geneviève Asse*, Musée Cantini, Marseille, 1987 – Catalogue de l'exposition : *Geneviève Asse, peintures 1942-1988*, Mus. d'Art Mod. de la Ville de Paris, 1988 – Lydia Harambourg, in : *L'École de Paris 1945-1965. Diction. des Peintres*, Ides et Calendes, Neuchâtel, 1993 – Germain Viatte et Jean-Luc Daval : *Geneviève Asse*, Édition Skira, Genève, 1995.

Musées : Bourg-en-Bresse – Genève – Hovikodden (Mus. Sonya Heynie-Onstad Kunstcenter) – Londres (Victoria and Albert Mus.) – Marseille (Mus. Cantini) – Oslo (Mus. d'Art Mod.) – Oxford (Ashmolean Mus.) – Paris (Mus. d'Art Mod. de la Ville de Paris) – Paris (Mus. Nat. d'Art Mod.) : *Fenêtres* 1955 – *Composition* 1961 – *Ligne blanche intérieure* 1971 – Paris (FNAC) : *Stèle 1, 2 et 3* 1993 – Paris (FRAC d'Île-de-France) : *Senanque* 1971 – *Étude verticale* 1975 – Reims (Mus. des Beaux-Arts) – Rennes (Mus. des Beaux-Arts) – Roanne – Skopje – Vannes – Zurich (Kunsthaus Mus.).

Ventes Publiques : Paris, 29 fév. 1979 : *Composition* 1968, h/t (162x130) : **FRF 4 200** – Paris, 26 juin 1980 : *Fenêtre de l'atelier*, h/t (33x22) : **FRF 1 700** – Paris, 18 juin 1981 : *Composition* 1966, h/t (60x81) : **FRF 2 800** – Paris, 30 mars 1982 : *Composition* 1966, h/t (60x81) : **FRF 6 300** – Paris, 31 mai 1983 : *Espace* 1959, h/t (89x115) : **FRF 5 500** – Paris, 25 juin 1984 : *Carré bleu* 1959, h/t (33x46) : **FRF 5 500** – Paris, 27 fév. 1987 : *Composition* 1959, h/t (146x97) : **FRF 30 000** – Paris, 3 mars 1989 : *Composition*, techn. mixte/pap. mar./t. (45x60) : **FRF 6 500** – Paris, 4 juin 1989 : *Composition* 1958, h/t (162x130) : **FRF 65 000** – Paris, 12 juin 1989 : *Paysage* 1965, h/t (16x22) : **FRF 9 000** – Paris, 14 mars 1990 : *Boîtes et pommes* 1948, h/t (46x55) : **FRF 20 000** – Paris, 25 mars 1990 : *Composition* 1981, h., craie et gche/pap. (23,5x31,5) : **FRF 28 000** – Paris, 16 mai 1990 : *Nature morte*, h/t (54x65) : **FRF 100 000** – Paris, 1er oct. 1990 : *Nature morte aux bouteilles* vers 1957, h/t (33x45,5) : **FRF 23 000** – Paris, 9 déc. 1990 : *Sans titre* 1966, h/t (54x81) : **FRF 30 000** – Paris, 10 juil. 1991 : *Carré orange* 1958, h/t (43x55) : **FRF 36 000** – Paris, 6 déc. 1991 : *Sans titre*, h., craie et gche/pap. (23,5x31,5) : **FRF 8 000** – Paris, 16 fév. 1992 : *Sans titre* 1960, h/t (50x61) : **FRF 21 000** – Paris, 14 oct. 1993 : *Sans titre*, h/t (81x116) : **FRF 22 000** – Paris, 15 juin 1995 : *Sans titre, composition bleue*, acryl./t. (119x120) : **FRF 33 000** – Paris, 13 déc. 1996 : *Composition*, h/pap. (65x50) : **FRF 6 500** – Paris, 29 avr. 1997 : *Sans titre XII* 1982, h/t (100x55) : **FRF 18 000.**

ASSÉAU

Né en 1911. xxe siècle. Français.

Peintre et décorateur.

Élève de l'École des Arts Appliqués à Paris. S'est consacré aux dessins animés en collaboration avec Sarrut.

ASSEGOND Paul

Né vers 1788 à Bernay. xixe siècle. Français.

Peintre.

Élève de Regnault à l'École des Beaux-Arts le 6 pluviôse, an XIII.

ASSELBERGH Cornelis ou Asselberg, Asselberch

Né à Anvers. xviiie siècle. Actif à la fin du xviiie siècle. Éc. flamande.

Sculpteur.

Étudia à l'Académie des Arts d'Anvers, puis à Lyon à partir de

1783. Il alla ensuite en Hollande où il acquit une certaine réputation. A Haarlem, il acheva en 1793 le monument du fondateur du Musée Teyler commencé par Swart.

ASSELBERGS Alphonse
Né le 19 juin 1839 à Bruxelles. Mort en 1916 à Bruxelles. XIXᵉ-XXᵉ siècles. Belge.
Peintre de paysages ruraux, pastelliste.
Il fut élève de E. Huberti qui lui fit connaître Hippolyte Boulenger, dont l'influence se fit particulièrement ressentir sur ses paysages. En 1873-1874, il fit un voyage à Alger, puis s'installa en France, à Barbizon, ce qui l'incita, ensuite à faire partie de l'école de Trevueren, équivalent belge de l'école de Barbizon. Il a également travaillé sur la côte, dans les Ardennes, en Campine et à Fontainebleau.
Il débuta au Salon de Bruxelles en 1869, puis participa à plusieurs reprises au Salon de Paris, figura à l'Exposition historique de l'Art belge en 1880, à Bruxelles, où il prit part à l'Exposition Universelle en 1910.
Son approche encore toute romantique de la nature rend ses paysages, aux ciels bas et lourds, mélancoliques et monotones, mais avec une minutie des détails, ils s'inscrivent déjà dans le courant réaliste. Citons : *Chêne au plateau de Belle-Croix, Fontainebleau* – *Les vieux étangs de Tervueren* – *Automne en Campine* – *Dernières neiges.*

Alp. Asselbergs

Alp. Asselbergs

Alp. Asselbergs

Bibliogr. : Gérald Schurr : *Les Petits Maîtres de la peinture 1820-1920, valeur de demain,* t. III, Les Éditions de l'Amateur, Paris, 1976.
Musées : AMSTERDAM : *Coucher de soleil* – ANVERS : *Une mare* – BRUXELLES : *Un jour de mars à la mare aux Fées.*
Ventes Publiques : PARIS, 10 avr. 1922 : *Arbres en fleurs à Marlotte (Seine-et-Marne)* : **FRF 320** – BRUGES, 10 avr. 1976 : *Paysage belge animé,* h/pan. (30x46) : **BEF 36 000** – BRUXELLES, 28 avr. 1982 : *Algérie, h/t mar.* (39x53) : **BEF 20 000** – VERSAILLES, 10 juin 1987 : *Le chêne près de la mare sous la neige* 1876, h/t (83x123) : **FRF 29 000** – LOKEREN, 28 mai 1989 : *Dans la cour,* h/t (90,5x150) : **BEF 140 000** – BRUXELLES, 19 déc. 1989 : *Vue d'une vallée,* past. (37x54) : **BEF 62 000.**

ASSELIJN Jan. Voir ASSELYN Jan

ASSELIN
XVIIᵉ siècle. Actif à Saumur. Français.
Peintre.
Il dessina un tabernacle pour l'église Saint-Pierre.

ASSELIN Charles Éloi
Né en 1742. Mort en 1803. XVIIIᵉ siècle. Français.
Peintre, aquarelliste, peintre sur porcelaine.
Asselin fut le chef d'atelier de peinture à la manufacture de Sèvres, et l'on y conserve une grande gouache représentant une *Fête de nuit* et une petite aquarelle : *L'exposition de la manufacture de Sèvres au Champ-de-Mars en 1789.* Dans la Wallace Collection, à Londres, on trouve une de ses œuvres : *Enfants jouant.* Le Registre des élèves de l'Académie Royale mentionne sans prénom, vers 1758, un Asselin protégé par Carle Vanloo demeurant « ché *(sic)* M. son père, maître de pension, rue du Plâtre-Saint-Jacques », qui nous paraît pouvoir être le même artiste.

ASSELIN Charles François
Né vers 1783 à Cherbourg. XIXᵉ siècle. Français.
Peintre.
Entré à l'École des Beaux-Arts le 2 frimaire, an VII, dans l'atelier de Defrêne.

ASSELIN François
Né le 28 septembre 1741 à Coutances. Mort le 30 mars 1813 à Coutances. XVIIIᵉ-XIXᵉ siècles. Français.
Peintre.
Il commença ses études dans l'atelier de Bichue, peintre, qui, après avoir travaillé à Paris, était venu s'établir à Coutances.

Asselin vint poursuivre son éducation à l'École de l'Académie Royale ; le registre des élèves mentionne son entrée dans l'atelier de Bachelier le 2 juin 1768. Le Musée de Coutances conserve de lui une toile : *Portrait de noble dame.* Il fut le père de Jean-François Asselin, également peintre.

ASSELIN Jean-François
Né le 20 avril 1771 à Roncey. Mort vers 1838 à Saint-Pétersbourg. XVIIIᵉ-XIXᵉ siècles. Français.
Peintre, pastelliste de portraits.
Il émigra pendant la Révolution et vécut à Dresde jusqu'en 1801. Il revint en France vers cette époque, puis de là se rendit à Saint-Pétersbourg, où il se maria avec une princesse russe et mourut peu après. Il a fait surtout des portraits au pastel. On cite de lui deux portraits : le sien et celui de son père, conservés par sa famille, et dont le Musée de Coutances possède des copies.

ASSELIN Jean Louis
Né en 1754 à Paris. Mort en 1823 à Paris. XVIIIᵉ-XIXᵉ siècles. Français.
Graveur au burin.
Il fut élève de Saint-Aubin et devint graveur du Roi. Parmi ses œuvres, on cite : *La marquise de Pompadour,* d'après Van Loo, *Le siège de Calais,* d'après Berthelemy, *Molière lisant le Tartuffe chez Ninon de Lenclos,* d'après Monsiau, *L'enfant endormi,* d'après Donato Crete, pour le Musée François de Laurent.

ASSELIN Maurice
Né le 24 juin 1882 à Orléans (Loiret). Mort en 1947. XXᵉ siècle. Français.
Peintre de nus, marines, natures mortes, aquarelliste, graveur, lithographe, illustrateur.
Élève au collège Sainte-Croix d'Orléans, il est ensuite placé dans une maison du Sentier où il devint un employé distrait durant deux ou trois ans avant de se consacrer à la peinture à partir de 1903, date à laquelle il entre à l'Ecole des Beaux Arts de Paris, dans l'Atelier Cormon. Dès 1906, il expose au Salon des Indépendants à Paris et au Salon d'Automne dont il devient sociétaire, membre du jury en 1910. Il expose également au Salon des Tuileries alors qu'il fait plusieurs expositions personnelles à Paris en 1909, 1914, 1917, 1918, 1923, 1924, 1925, 1928, 1933, 1944, à Londres en 1915 et 1919, à Prague, Munich, Lucerne, La Haye et Tokyo. Il fit des voyages en Bretagne, Italie et surtout Angleterre. Officier de la Légion d'Honneur.
Les cours du peintre académique Cormon l'ont sans doute moins influencé que sa découverte, au Musée du Luxembourg, des peintres impressionnistes. Si, selon André Salmon : « Claude Monet sauve Asselin des jus et des bitumes, Cézanne, plus profond, l'incite à la construction et le confirme dans son ambition d'un art qui serait à la fois le plus vivant et le plus classique ». Encore faut-il être prudent dans la détermination de ses influences alors que pour Asselin lui-même : « L'art n'est qu'instinct et passion et jaillit de l'amour émerveillé de la vie. » C'est bien en restant proche de la vie qu'il peint des scènes intimistes, chaleureuses, faisant des portraits des membres de sa famille, plus particulièrement de sa femme, et de ses amis. C'est avec émotion qu'il rend des paysages surtout lorsqu'il s'agit d'aquarelles aux traits rapides et lumineux. Si la Bretagne lui a inspiré des thèmes de paysages marins, ses fréquents séjours en Angleterre, à Londres, lui ont surtout permis de prendre contact, comme à Paris, avec les milieux littéraires. Il est aussi peintre de nus et de natures mortes. Il a illustré, entre autres, : *Nu – Le Café femme,* de Francis Carco ; *Mort de quelqu'un,* de Jules Romain et la *Rapsodie foraine,* tirée des *Amours jaunes* de Tristan Corbière.

■ A. P.

M. Asselin

M. Asselin

Bibliogr. : Francis Carco : *Maurice Asselin,* N.R.F., Paris, 1924 – René-Jean : *M. Asselin,* Crès, Paris, 1928.
Musées : ALGER – AMSTERDAM – BOSTON – BROOKLYN – COPENHAGUE – GAND – GENÈVE : *Maternité* 1925 – LA HAYE – LEEDS – LONDRES (British Mus.) – LOS ANGELES – LYON : *Femme cousant* – MANCHESTER – MOSCOU – NANTES – PARIS (Mus. d'Art Mod.) – *Nu – Le Café dans le jardin – Curnonsky en Bretagne – Nature morte aux faisans – Anémones – Neige à Neuilly* – Plusieurs aquarelles.
Ventes Publiques : VERSAILLES, 24 oct. 1976 : *Jeune fille nue assise,* h/t (81x54) : **FRF 6 800** – ENGHIEN-LES-BAINS, 2 juin 1977 : *Soirée chez Bouscara,* h/t (81x104) : **FRF 6 300** – PARIS, 30 mars

1979 : *Scène de port*, h/cart. (19x24) : **FRF 2 200** – VERSAILLES, 9 mars 1980 : *Jeune femme nue couchée*, h/t (97x146) : **FRF 7 600** – PARIS, 9 juin 1982 : *Masques*, h/t (55x46) : **FRF 5 500** – PARIS, 25 juin 1984 : *Femme à sa lecture*, h/t (46x38) : **FRF 10 500** – VERSAILLES, 19 juin 1985 : *Nu au sofa jaune* 1926, h/t (54x73) : **FRF 40 000** – VERSAILLES, 19 oct. 1986 : *Vase de fleurs* 1921, h/t (73x59,5) : **FRF 15 000** – PARIS, 16 déc. 1987 : *Les deux amies*, h/t (92x65) : **FRF 12 000** – PARIS, 18 avr. 1988 : *Portrait de femme*, h/t (65x54) : **FRF 9 000** – PARIS, 3 juin. 1988 : *Vue de Pont-Aven* 1946, h/t (33x35) : **FRF 10 000** – PARIS, 20 juin 1988 : *Femme au divan*, fus. (30x40) : **FRF 2 800** – VERSAILLES, 23 juin 1988 : *Nu étendu*, h/t (45,5x60,5) : **FRF 5 500** – PARIS, 15 mars 1989 : *Nature morte au vase de fleurs au compotier*, h/t (61x46) : **FRF 23 000** – DOUAI, 3 déc. 1989 : *Pensées*, h/pap. (27,5x18) : **FRF 5 000** – PARIS, 30 mai 1990 : *Roses et collier de perles* 1925, h/t (73x60) : **FRF 38 000** – PARIS, 27 nov. 1991 : *La rivière de Brigneau* 1918, aquar. (27,5x22) : **FRF 7 500** – ORLÉANS, 14 juin 1992 : *Nu couché* 1910, h/t (65x100) : **FRF 40 000** – PARIS, 27 nov. 1992 : *Le canal Saint-Martin*, h/t (24,5x30) : **FRF 7 500** – PARIS, 2 avr. 1993 : *Nu féminin allongé*, h/t (74x94) : **FRF 11 500** – PARIS, 21 mars 1994 : *L'usine sous la neige* 1910, h/t (46x61) : **FRF 9 000** – PARIS, 10 avr. 1995 : *Paysage sous la neige*, h/t (38x46) : **FRF 5 200** – PARIS, 12 avr. 1996 : *Jonquilles et Anémones*, h/t (35x27) : **FRF 5 000** – PARIS, 29 nov. 1996 : *Jeune femme lisant*, h/t (65x54) : **FRF 10 000** – PARIS, 11 juin 1997 : *Péniches sur la Seine* 1913, h/t (50x62) : **FRF 51 000** – PARIS, 24 oct. 1997 : *Le Masque*, h/t (33x35) : **FRF 4 500**.

ASSELIN Philippe
Né à Paris. XXᵉ siècle. Français.
Sculpteur.
Il travaille en taille directe. En 1937, 1938, 1944, il expose au Salon d'Automne de Paris.

ASSELIN de WILLIENCOURT Marie Ophélie
Née le 5 décembre 1969 à Aix-en-Provence (Bouches-du-Rhône). XXᵉ siècle. Française.
Peintre, sculpteur.
Après avoir fait ses études en Tunisie, et avoir participé à plusieurs activités théâtrales et cinématographiques, elle vient s'établir en France en 1988. En 1991 et 1992, elle poursuit ses études artistiques à l'École des Beaux-Arts de Versailles.
En 1994, elle expose ses peintures et sculptures à l'Espace Timbaud à Paris. Membre fondateur de l'association *Artists for Peace* (1994) et de l'association *Hom Mar* (1995).
Sa peinture, riche en matière et en couleurs, cherche à traduire l'évocation des cinq sens, mais aussi de la nature dans ce qu'elle a de primordial. Elle exécute également des sculptures.

ASSELINEAU Antoinette
Née le 15 mai 1811 à Hambourg. XIXᵉ siècle. Française.
Peintre de genre, portraits.
Elle exposa au Salon de Paris à partir de 1837.
MUSÉES : PARIS (Louvre) : *Portrait du Baron Dornier en officier de dragons.*
VENTES PUBLIQUES : PARIS, 25 juin 1996 : *L'Intérieur d'une classe de jeunes filles* 1839, h/t (74,5x100) : **FRF 120 000**.

ASSELINEAU Léon Auguste
Né en 1808 à Hambourg. Mort en 1889 à Rouen. XIXᵉ siècle. Français.
Lithographe, illustrateur.
Fut élève de Roehn à Paris, exposa au Salon de 1836 à 1847. Il fut connu surtout comme illustrateur et travailla pour le *Moyen Age Pittoresque*, dirigé par Viollet le Duc.
VENTES PUBLIQUES : PARIS, 17 et 18 juin 1927 : *Chevaux à la porte d'une écurie*, aquar. : **FRF 150** – PARIS, 3 fév. 1928 : *Chevaux à la porte d'un maréchal-ferrant* : **FRF 170** – NEW YORK, 23 mai 1997 : *Le Départ du paquebot* ; *En attendant le bateau*, h/t, une paire (chaque 34,9x54) : **USD 25 300**.

ASSELT François van
XVIᵉ siècle. Éc. flamande.
Peintre.
Collabora avec Gheeraert aux peintures décoratives, exécutées en 1599 à Gand à l'occasion de la réception solennelle de l'archiduc Albert et de l'archiduchesse Isabelle.

ASSELT Jan van der ou Hasselt, dit Jehan d'Asselt, del Asselt, de Hasselt et de le Hasselt
XIVᵉ siècle. Actif à Gand. Éc. flamande.
Peintre.
En 1364 il fut occupé par le comte Louis de Male pour lequel il exécuta les peintures de la chapelle du comte à Gand (1365). Le duc de Bourgogne sut apprécier le talent de l'artiste, et lui fit exécuter un tableau pour l'église des Franciscains à Gand. En 1386 ou 1390, il peignit pour ce prince une *Vierge Marie* dans son château de Gand. Il est cité pour la dernière fois en 1396.

ASSELYN Jan ou Asselijn, Asselin, appelée aussi Krabbetje
Né entre 1610 et 1615 à Diepen, près d'Amsterdam. Mort à Amsterdam, en 1652 ou 1660 selon certains biographes. XVIIᵉ siècle. Hollandais.
Peintre de sujets de genre, animaux, paysages animés, paysages, paysages d'eau, dessinateur.
Cet artiste fut élève d'Esaias van de Velde et, très jeune, alla en Italie se perfectionner pendant quelques années comme les jeunes artistes flamands avaient accoutumé depuis le XVᵉ siècle. Il y subit l'influence de Jan Both et de Claude Lorrain. Il restera très marqué par le classicisme latin aussi bien que par les paysages romains et se créera une « manière », dans le style des ruinistes italianisants, qui fleuriront aux XVIIᵉ et XVIIIᵉ siècles. L'observation réelle de la nature trahit néanmoins, dans les œuvres d'Asselyn sa qualité d'homme du Nord. On l'avait surnommé « Krabbetje », par suite d'une contraction de ses doigts.
Ses paysages représentent généralement des vues des environs de Rome, agrémentés de figures et d'animaux dans le genre de N. Berchem, et des ruines d'architectures romaines. Ses ciels et ses lointains sont d'une jolie facture et finement coloriés. Dans certains de ses ouvrages, on retrouve des effets de soleil rappelant pour la chaleur de coloration Jan Both. Son dessin est ferme et net et ses arbres montrent une profonde connaissance de la nature. Son tableau : *Cygne blessé défendant son nid*, est célèbre et fut élevé par la suite à la gloire d'allégorie nationale, par Jean de Witt.

J A A A
Jean Asselin
F. 1646

MUSÉES : AMSTERDAM : *Le cygne menacé – Combat de cavalerie – Paysage italien – Remparts d'une ville, un jour d'hiver* – ANGERS : *Soir d'été – Ruines* – BÂLE : *Soir dans la campagne romaine* – BERLIN : *Un port italien* – BORDEAUX : *Paysage* – BRÊME : *Paysage avec ruines* – BRUXELLES : *Le passage du gué – Le gué* – BUDAPEST : *Paysage italien* – COPENHAGUE : *Paysages* – DARMSTADT : *Côte rocheuse* – DIJON : *Paysage d'Italie* – DRESDE : *Mendiants devant un cloître – Berger et troupeau – Le Fort – Berger avec troupeau près du fleuve* – LA FÈRE : *Paysage* – FLORENCE : *Chute d'eau* – FONTAINEBLEAU : *Vue du Tibre* – KASSEL : *Le gué* – MAYENCE : *Paysage – Paysage italien* – MONTPELLIER : *Chasse au lion* – MOSCOU (Roumianzeff) : *Ruines dans les montagnes* – MULHOUSE : *Ruines en Italie* – MUNICH : *Pont sur un fleuve – Paysage italien – Ruines sur un rocher* – NUREMBERG : *Paysage italien* – PARIS : *Vue du pont Lamentano sur le Teverone – Paysage – Ruines dans la campagne romaine* – RENNES : *Paysage – Effet de soleil couchant* – SAINT-PÉTERSBOURG : *Site d'Italie – Un port de mer* – STOCKHOLM : *Paysage avec grottes* – VIENNE (Czernin) : *Effets du soir dans les ruines*.

VENTES PUBLIQUES : AMSTERDAM, 1701 : *Animaux et oiseaux* : **FRF 270** – AMSTERDAM, 1715 : *Paysage avec personnages et animaux* : **FRF 240** – PARIS, 1777 : *Deux paysages* : **FRF 4 501** – PARIS, 1778 : *Prairie au soleil couchant* : **FRF 1 601** – PARIS, 1779 : *Paysage au soleil couchant* : **FRF 720** – PARIS, 1780 : *Paysages au soleil couchant* : **FRF 720** – PARIS, 1780 : *Paysages au soleil couchant* : **FRF 720** – PARIS, 1789 : *Paysage avec ruines et fabriques* : **FRF 2 400** – PARIS, 1821 : *Paysage au coucher du soleil* : **FRF 2 400** – PARIS, 1825 : *Paysage* : **FRF 4 100** – PARIS, 1832 : *Vue d'un chemin souterrain* : **FRF 400** – GAND, 1837 : *Paysage rocailleux* : **FRF 110** – GAND, 1837 : *Ruines d'anciens thermes* : **FRF 1 105** – PARIS, 1841 : *Une rivière sur laquelle est un pont* : **FRF 1 210** – PARIS, 1846 : *Sous l'arche d'un pont* : **FRF 2 275** – BRUXELLES, 1850 : *Paysage, site d'Italie* : **FRF 60** – PARIS, 1860 : *Paysans ramenant leurs troupeaux* : **FRF 1 200** – BRUXELLES, 1865 : *Paysage avec ruines et personnages* : **FRF 65** ; *Paysage avec personnages* : **FRF 38** – LONDRES, 9 avr. 1910 : *Paysans et animaux* : **GBP 1** – LA HAYE, 1913 : *Bergers italiens* : **FRF 3 200** – BRUXELLES, 29 mai 1951 : *Paysans attaqués par des brigands* : **BEF 3 200** – LONDRES, 25 juin 1958 : *Paysage étendu* : **GBP 1 700** – PARIS, 3 déc. 1959 : *Le château en ruines* : **FRF 510 000** – LONDRES, 26 fév. 1960 : *Paysage de rivière avec une ruine* :

GBP 840 – LONDRES, 24 nov. 1961 : *Un paysage de rivière avec des personnages et animaux, sur une route près d'un pont* : **GNS 380** – LONDRES, 5 déc. 1969 : *Paysage fluvial* : **GNS 1 500** – VIENNE, 21 mars 1972 : *Le repos des cavaliers* : **ATS 50 000** – LONDRES, 27 mars 1974 : *Les murs d'une ville au bord d'une rivière, Rome*, h/pan. (47x58,5) : **GBP 1 400** – LONDRES, 21 mai 1976 : *Paysage d'Italie animé de personnages*, h/pan. (52,5x43) : **GBP 6 000** – NEW YORK, 16 juin 1977 : *Paysage fluvial animé de personnages*, h/t (64x52) : **USD 5 000** – LONDRES, 14 déc. 1979 : *Paysage d'Italie animé de personnages*, h/pan. (47x57,2) : **GBP 2 400** – LONDRES, 17 nov. 1982 : *Paysage d'Italie animé de personnages 1646 (?)*, h/pan. (40,5x46,5) : **GBP 11 500** – LONDRES, 2 déc. 1983 : *Paysage d'Italie animé de personnages*, h/t (53,3x69,8) : **GBP 9 500** – NEW YORK, 5 nov. 1986 : *Engagement de cavalerie dans un paysage boisé*, h/pan. (40,5x71) : **USD 22 000** – LONDRES, 8 avr. 1987 : *Les murs d'une ville au bord d'une rivière, Rome*, h/t (47x58,5) : **GBP 1 400** – NEW YORK, 14 jan. 1988 : *Fortin sur une côte méditerranéenne avec des bateaux et des marins*, h/t (99x86) : **USD 82 500** – NEW YORK, 3 juin 1988 : *Engagement de cavalerie dans un paysage 1634*, h/pan. (29,5x48,5) : **USD 18 700** – AMSTERDAM, 29 nov. 1988 : *Capriccio de Steinpfort avec des personnages et une cascade*, h/t (64,7x55) : **NLG 34 500** – NEW YORK, 2 juin 1989 : *Voyageurs arrêtés près d'une auberge*, h/t (45,5x52) : **USD 25 300** – COLOGNE, 15 juin 1989 : *Couple de fermiers devant le portail*, h/cuivre (21x22) : **DEM 1 500** – LONDRES, 8 déc. 1989 : *Jeune femme faisant boire sa monture à une fontaine avec des paysans et leurs ânes dans un paysage italien*, h/pan. (39,5x48,3) : **GBP 27 500** – PARIS, 22 juin 1990 : *Marins chargeant du bois sur un bateau*, h/t (72x59) : **FRF 120 000** – LE TOUQUET, 11 nov. 1990 : *Jeune femme à la lecture*, aquar. (21x33) : **FRF 9 000** – STOCKHOLM, 14 nov. 1990 : *Groupe de personnages se reposant près de ruines*, h/t (70x56) : **SEK 25 000** – MONACO, 21 juin 1991 : *Vue du lac de Nemi*, h/t (18,5x20,5) : **FRF 49 950** – PARIS, 27 juin 1991 : *Barque accostée au bord de ruines*, h/pan. (52x67,5) : **FRF 45 000** – AMSTERDAM, 25 nov. 1991 : *Paysage côtier rocheux avec des pêcheurs près de leurs barques*, craies blanche et noire/pap. bleu (26,8x44,6) : **NLG 4 025** – LONDRES, 9 déc. 1992 : *Paysage fluvial italien avec des voyageurs et des bergers prêts à monter dans la barque du passeur*, h/t (72x99,5) : **GBP 101 200** – LONDRES, 21 avr. 1993 : *Paysage italien avec des bouviers et du bétail près de ruines 1647*, h/pan. (67,5x52) : **GBP 18 400** – PARIS, 28 avr. 1993 : *Cavalier faisant halte près de ruines*, h/pan. (35x28) : **FRF 62 000** – NEW YORK, 20 mai 1993 : *Voyageurs traversant une rivière à gué*, h/pan. (31,8x31,8) : **USD 25 300** – PARIS, 17 juin 1994 : *Vue du pont Nomentano*, lav. d'encre de Chine sur pierre noire (16,5x21,5) : **FRF 12 500** – NEW YORK, 12 jan. 1996 : *Été* ; *Hiver*, h/pan., une paire (diam. 16,2) : **USD 29 900** – LONDRES, 5 juil. 1996 : *Paysage italien avec des voyageurs se reposant près d'une mare avec des ruines classiques et des montagnes au fond*, h/t (49,5x65,8) : **GBP 6 000** – AMSTERDAM, 12 nov. 1996 : *Pêcheurs et voyageurs près d'une ville fortifiée dans un paysage côtier méditerranéen*, craies noire et blanche/pap. bleu (26,7x45) : **NLG 1 888** – LONDRES, 11 déc. 1996 : *Paysage au crépuscule avec bergers et paysans*, h/t (19x29,7) : **GBP 8 625** – AMSTERDAM, 7 mai 1997 : *Paysans revenant du marché dans des ruines classiques*, h/t (62,7x54,8) : **NLG 40 362** – AMSTERDAM, 11 nov. 1997 : *Vue de Santa Maria della Febbre, Rome*, cire (27x40,5) : **NLG 10 030**.

ASSELYNS Joris
XVIe siècle. Travaillant à Bruxelles vers 1538. Belge.
Sculpteur sur bois.
En 1527, il acheta, à Bruxelles, son droit de citoyen. Vers 1538, il fut chargé d'exécuter un panneau d'autel pour la chapelle de la confrérie de Saint-Quentin, à Louvain. Entre 1546 et 1547, il exécuta à Bruxelles tous les reliefs décoratifs de la nouvelle salle d'audience de la chancellerie.

ASSEMAT Pierre
Né vers 1945. XXe siècle. Français.
Peintre, pastelliste. Polymorphe.
Il participe à des expositions collectives, dont : de 1971 à 1977 Paris, Salon d'Automne ; 1972 à 1991 Paris, Réalités Nouvelles ; 1979-1980 Paris, Jeune Peinture ; de 1982 à 1985 Paris, Salon de Mai ; de 1981 à 1988 Paris, Figuration Critique ; etc. Depuis 1967 à Toulouse, il montre ses œuvres dans des expositions personnelles, souvent dans des lieux alternatifs : 1991, Hôtel de Ville de Schaerbeek ; 1994, château de Lavardens ; 1996, château de Sédières et Crédit Agricole de Toulouse ; etc.
La diversité d'identités des Salons où il déclare avoir exposé laisse supposer des intentions stylistiques très floues.

ASSEN Benedictus Antonio van
Mort vers 1817 à Londres. XIXe siècle. Britannique.
Dessinateur, graveur au burin, illustrateur.
Il travailla en Angleterre à la fin du XVIIIe siècle et au commencement du XIXe. Il exposa occasionnellement à la Royal Academy entre 1788 et 1804. Il travailla beaucoup pour l'illustration, et le Musée de Nottingham possède deux dessins de ce genre. Il fit aussi des copies.

ASSEN Francis
XVIIIe siècle. Vivait à Londres vers la fin du XVIIIe siècle. Britannique.
Portraitiste.
Il exposa trois œuvres à la Free Society en 1779 et 1780.

ASSEN Jacob Walter van
Né vers 1475 à Oast-Zaan. Mort après 1555 à Amsterdam. XVIe siècle. Hollandais.
Peintre et graveur sur bois.
Il vint assez jeune à Amsterdam et dès le début du XVIe siècle il y peignait des tableaux qui rappellent un peu la manière de Metsys. Il est surtout connu comme graveur. Beaucoup de biographes le désignent sous le nom de Cornelisz (Jacob). Mais d'accord avec Le Blanc nous pensons que ce nom de Cornelisz était celui de son père et que cet artiste appartenait réellement à la famille Assen qui a donné nombre d'artistes à Amsterdam aux XVIe et XVIIe siècles. Son *Triomphe de la Religion*, qui figure au Musée de Kassel, fut longtemps attribué à Jean de Mabuse.

MUSÉES : BERLIN : *Portrait d'homme* – LA HAYE : *Hérodiade tenant la tête de saint Jean Baptiste* – KASSEL : *Le Triomphe de la Religion 1523* – LONDRES : *Portraits d'une dame et d'un seigneur* – MUNICH : *Jésus crucifié.*

ASSEN Jan van
Né vers 1635 à Amsterdam. Mort en 1697 à Amsterdam. XVIIe siècle. Hollandais.
Peintre d'histoire, portraits, paysages.
Il étudia particulièrement Antonio Tempesta et peignit à la manière de ce maître. Un *Portrait d'homme* de cet artiste figure au Rijks Museum d'Amsterdam.

ASSENBAUM Fanny
Née en 1848 à Liebitz (Bohême). XIXe siècle. Active à Baden près de Vienne. Autrichienne.
Peintre de paysages animés, paysages.
Elle fut élève de Haushofer et de L. Willroider à Munich. En 1900 et 1901, elle exposa au Palais de Cristal de Munich des paysages : *Automne, Partie à Schleissheim* et *Le Printemps*.
VENTES PUBLIQUES : ZURICH, 2 nov. 1979 : *Chasseur dans une clairière 1884*, h/t (49x39,5) : **CHF 3 000** – LINDAU, 8 oct. 1986 : *Le vieux moulin*, h/t (51x39) : **DEM 2 800**.

ASSENBERG Sebastian
Mort en 1672. XVIIe siècle. Actif à Cologne. Allemand.
Peintre de fleurs.
Il appartenait à l'ordre des Jésuites. On lui doit probablement des peintures dans l'église de l'Assomption à Cologne.

ASSENDELFT Cornelis
XVIIIe siècle. Éc. flamande.
Peintre.
Admis dans la gilde de Leyde en 1742.

ASSENDELFT Nicolaes van
XVIIe siècle. Hollandais.
Sculpteur sur bois.
Il travailla aux stalles de l'église de Delft.

ASSERETO Gioacchino ou Axereto, Asserto
Né en 1600 à Gênes. Mort le 28 juillet 1649 à Gênes. XVIIe siècle. Italien.
Peintre.
Élève de Luciano Borzone et d'Andrea Ansaldo. Il alla peut-être à Rome dans sa jeunesse, il y fit en tout cas un voyage en 1639. S'il subit un temps l'influence de Bernardo Strozzi et de Cerano, ce sont surtout les œuvres du Caravage et de Velasquez qui l'im-

pressionnèrent fortement et durablement. La simplification des formes par une lumière crue, des éclairages violents, de l'ordre du clair-obscur, l'apparenté naturellement à la famille des Caravagesques, au sein de laquelle il conserve pourtant toute son originalité grâce à son dessin très sûr, presque brutal, et à sa gamme de couleurs curieusement métalliques, qu'accentue la recherche des reflets. A 16 ans il peignit pour l'Oratoire de San Antonio Abbate *Saint Antoine chassant le diable par ses prières*. Pour l'Oratoire de Sainte-Marie, il peignit une *Cène*, qu'il reproduisit pour l'Oratoire de Sta Croce. De ses autres œuvres nous citerons : *Le Christ en Croix*, pour la caserne de la Porta dell Irco ; *La Résurrection* et *Le Christ avec saint Thomas*, pour l'Oratoire San Germano ; pour l'Oratoire de San Stefano : *La résurrection de saint Laurent* ; à l'église S. Cosma et S. Domiano, on voit deux tableaux d'Assereto : *Marie et le Christ enfant avec saint Côme et saint Damien* et *Sainte Agathe, sainte Apollonie et sainte Lucie* ; à l'église Sainte-Brigitte : *Une Madone au Rosaire avec saint Dominique, saint François Saverio et sainte Claire*. A l'église des Minoriti Osservanti, *Deux figures de prophètes, saint Pierre guérissant les boiteux, Abimelech embrassant David*. A San Agostino : *Le Miracle de la Vierge Marie* ; *L'histoire d'Abraham*, dans le Palais de Francesco Granello vers 1643 ; *L'Histoire de Marsyas*, dans une salle du Palais Agostino Airolo sur la place Amorosa ; *Le Christ couronné d'épines*, dans la galerie Spinola ; *Saint Jean-Baptiste entre St Bernard, Ste Catherine, Ste Lucie et St Georges*, à l'église paroissiale de Recco ; *La lapidation de St Étienne*, à la Pinacothèque de Lucques. Quelques-unes de ses œuvres se trouvent à Séville, notamment *La Cène*, qui fut envoyée en Espagne.

Ventes Publiques : Rotterdam, 1713 : *Le Jugement du dieu des forêts entre Apollon et Pan* : **FRF 2 500** – Milan, 19 nov. 1963 : *La Vierge et l'Enfant avec saint Dominique et sainte Catherine* : **ITL 1 250 000** – Zurich, 31 mai 1965 : *Descente de croix* : **CHF 830** – Milan, 11 mai 1966 : *Allégorie de l'architecture* : **ITL 400 000** – New York, 11 juin 1981 : *Homme assis dans un paysage*, h/pan. (86,5x85) : **USD 40 000** – Rome, 27 mai 1986 : *Loth et ses filles*, h/t (114x142) : **ITL 31 000 000** – Monte-Carlo, 3 avr. 1987 : *Ecce homo*, h/t (123x96) : **FRF 500 000** – New York, 15 jan. 1988 : *Pietà*, h/t (129,5x157,5) : **USD 77 000** – New York, 31 mai 1989 : *Le Christ rendant la vue à un aveugle*, h/t (114,9x143,8) : **USD 110 000** – Milan, 29 nov. 1990 : *Crucifixion*, h/t (73x57) : **ITL 8 500 000** – Londres, 20 avr. 1994 : *Josabeth sauvant le jeune Joas*, h/t (201x182) : **£ 32 200** – Lyon, 22-23 mai 1996 : *Saint Mathieu et l'ange*, h/t (115x135) : **FRF 370 000** – Milan, 11 mars 1997 : *Adam et Ève découvrant le corps d'Abel*, h/t (143x133) : **ITL 69 900 000** – New York, 16 oct. 1997 : *Saint Sébastien soigné par sainte Irène*, h/t (161,3x125,7) : **USD 14 950** – Londres, 31 oct. 1997 : *Loth et ses filles fuyant Sodome et Gomorrhe*, h/t (48,9x85,4) : **GBP 9 430**.

ASSERETO Giuseppe
XVIIe siècle. Actif à Gênes. Italien.
Peintre.
Il était le second fils de Giovacchino Assereto.

ASSETTO Franco
Né en juin 1911 à Turin. XXe siècle. Actif aux États-Unis. Italien.
Peintre. Tendance Pop'Art.
Autodidacte, il commence à peindre alors qu'il continue ses études de pharmacie. Il a participé à la Triennale de Milan en 1961 et à de nombreuses expositions collectives. Nombreuses expositions personnelles : à Milan 1950, 1952, 1956, 1958, à Paris et Osaka 1959, à New York 1961, 1962, au Miami Museum 1963, ainsi qu'à Lima, Chicago, Buenos Aires, etc.
A ses débuts, pendant près de dix ans, il reste attaché au surréalisme et à l'art abstrait. En 1953, il participe à *L'exposition du pain*, première manifestation publique du Pop'Art à Turin. A partir de 1955, il essaie d'adapter des matériaux plastiques à la peinture. En 1961, il rejoint le mouvement *Ensemble Baroque* avec Ossorio aux États-Unis, puis à Arai au Japon. Il s'oriente vers une recherche sur des travaux qui le mènent à la création de « sculptures d'eau », dont la fontaine réalisée à Los Angeles en 1969. Ses œuvres d'alors présentent des formes en matière plastique à l'intérieur desquelles court de l'eau colorée.   ■ J. B.
Musées : Kyoto – New York (Mus. d'Art Mod.) – Rome (Mus. d'Art Cont) – Saint-Paul-de-Vence (Fond. Maeght) – Toronto (Mus. d'Art Mod.).
Ventes Publiques : Paris, 8 juin 1966 : *Impulso per un avventure* : **FRF 1 900**.

ASSEY Philippe
XVIIe siècle. Français.
Sculpteur.
Cet artiste travailla, en 1601, à la cathédrale de Sens.

ASSEZAT de BOUTEYRE Eugène Charles
Né en juin 1864 à Clermont-Ferrand (Puy-de-Dôme). XIXe-XXe siècles. Français.
Peintre de portraits, scènes de genre, compositions murales. Symboliste.
Élève de Bouguereau, Gabriel Ferrier et Tony Robert-Fleury, il exposa au Salon des Artistes Français de Paris, de 1888 à 1934. Il est l'auteur de la décoration du théâtre du Puy, avec *Les Forains* et *Spectateurs de café concert*.
Les tonalités acides de certaines de ses toiles sont en harmonie avec le style symboliste qu'il donne à ses sujets.
Bibliogr. : Gérald Schurr : *Les Petits Maîtres de la peinture 1820-1920, valeur de demain*, t. IV, Les Éditions de l'Amateur, Paris, 1979.
Musées : Le Puy-en-Velay (Mus. Crozatier) : *Rêverie – La fleuriste endormie – Portraits – Projet pour le plafond du théâtre du Puy*.
Ventes Publiques : Paris, 13 mai 1971 : *La Cueillette des oranges* 1900, h/t (116x81) : **FRF 40 000**.

ASSIA, pseudonyme de Hesse Henri de, prince
XXe siècle.
Peintre à la gouache, illustrateur. Surréaliste.
Ventes Publiques : Versailles, 14 juin 1978 : *On ne peut s'évader que par en-haut*, gche (49,5x37,5) : **FRF 6 000** – Versailles, 16 oct. 1983 : *Le fleuve qui coule dans les prisons, illustration pour La Ménagerie énigmatique de Jean Giono*, gche (49x37,5) : **FRF 4 000** – Versailles, 24 fév. 1985 : *On ne peut s'évader que par en-haut*, gche (49,5x37,5) : **FRF 5 000** – Paris, 12 déc. 1996 : *L'Archipel de Silène II* 1959, gche (26x66) : **FRF 3 800**.

ASSIER ou d'Assier. Voir aussi DASSIER

ASSIER Maurice
Né en 1923 à Douéra (Algérie). XXe siècle. Actif aussi au Canada. Français.
Peintre de portraits, illustrateur. Tendance symboliste.
Ses débuts artistiques sont liés à la musique. Il suivit ensuite des cours à l'Ecole des Beaux-Arts d'Alger. Après 1945, il fait des illustrations de livres et expose au Salon du Livre à Alger en 1948. A cette époque, il devient créateur-concepteur dans l'industrie du meuble, professeur à l'Ecole d'architecture d'Alger. Il commence alors une carrière de portraitiste représentant des personnages dans un contexte symbolique. En 1953 il fait un séjour en France avant de s'installer définitivement au Canada, à Québec, en 1963. Entre 1950 et 1962 il avait fait des expositions particulières à Alger et Paris ; après 1964, il expose plus particulièrement à Québec et Montréal. A partir de 1982, Maurice Assier peint selon des thèmes précis, tel l'*Hommage à la Musique*, qu'il expose en 1985 à Québec et Montréal.

ASSIER de LA TOUR Edmond d'
XIXe siècle. Actif à Toulouse. Français.
Peintre.
Élève de l'École des Beaux-Arts de Toulouse, cet artiste exposa au Salon de Paris en 1881, 1882 et 1884.

ASSIG Nicolaus
Né au XVIe siècle à Siegroth. Mort en 1639 à Breslau. XVIe-XVIIe siècles. Allemand.
Peintre.
Mentionné comme membre de la corporation des peintres, en 1598, à Breslau, et comme maître en 1616.

ASSIGNIES Éliane Jeanne Jacqueline d'
Née à Bizerte. XXe siècle. Française.
Peintre.
Elle envoie trois toiles au Salon d'Automne de 1943.

ASSIGNY Marie Joseph Louis Bonaventure, baron d'
Né au XVIIIe siècle à Tourmignies. Mort le 30 septembre 1831. XVIIIe-XIXe siècles. Français.
Peintre.
Ce peintre amateur se retira à Tournai pendant la Révolution française et s'adonna à la peinture. La conquête de la Belgique par les Français l'obligea à se retirer à Clèves. Les œuvres d'Assigny sont assez nombreuses. On cite notamment un grand tableau dans l'église de Tourmignies et un dans la cathédrale de Tournai, daté de 1806. Après le retour des émigrés, le baron d'Assigny se fixa à Lille et l'église Sainte-Catherine de cette ville

possède un tableau de lui, dont Blanquart-Évrard peignit les figures.

ASSINARE Constance
Née en 1868 à Genève. XIXᵉ siècle. Vivant à Lausanne. Suisse.
Peintre de paysages, fleurs.
Élève de Josef Geisser à Lausanne, cette artiste exposa très souvent en Suisse.

ASSIRE Gustave
Né le 31 octobre 1870 à Angers (Maine-et-Loire). XXᵉ siècle. Français.
Peintre paysages et scènes de genre, illustrateur.
Il fut élève de B. Constant, J.-P. Laurens, Cormon et Gustave Moreau à l'Ecole des Beaux-Arts de Paris. A partir de 1900, il a exposé au Salon des Artistes Français puis au Salon d'Automne. Entre autres, il a illustré Verlaine et Musset.
VENTES PUBLIQUES : PARIS, 18 déc. 1950 : *Intérieur* : FRF 2 000 – PARIS, 28 avr. 1954 : *Jardin du Luxembourg* : FRF 2 200 – PARIS, 22 avr. 1994 : *L'Amirauté d'Alger,* pl. et gche (58x64) : FRF 5 000.

ASSIS D. Nicolina de
XIXᵉ-XXᵉ siècles. Brésilienne.
Sculpteur.
Élève de Rodolpho Bernardelli, cette artiste exposa à Rio de Janeiro, en 1902, deux études intéressantes : *Une tête de femme* et une *Jeune fille endormie.*

ASSIS Donna Branca
Née au Portugal. XIXᵉ siècle. Active à la fin du XIXᵉ siècle. Portugaise.
Peintre.
Cette artiste exposa un portrait, à Paris, en 1900.

ASSISE, d' ou Assisi da. Voir au prénom

ASSLINGER Wolfgang von
XVIᵉ siècle. Travaillait en Allemagne. Allemand.
Sculpteur sur bois.
Mentionné sous le nom de Wolfgang Maller, de Bozen, de 1517 à 1531. On lui attribue un groupe en bois sculpté : *Le couronnement de Marie,* ainsi que quelques autels de différentes églises de Bozen et des environs. Plusieurs de ses œuvres appartiennent à des particuliers de Vienne, d'Innsbruck et de Munich.

ASSMAN Johan
Né en Allemagne, à la fin du XVIᵉ ou au début du XVIIᵉ siècle. XVIᵉ-XVIIᵉ siècles. Allemand.
Peintre.
Cet artiste émigra et vint se fixer à Stockholm, vers 1630, comme peintre de l'amiral Carl Gyldenheim.

ASSMANN
XVIIIᵉ siècle. Actif en Souabe. Allemand.
Peintre.
Cet artiste est probablement l'auteur d'un tableau daté de 1766 et conservé dans l'église d'Obermarchthal.

ASSMANN Christian Gottfried
XVIIIᵉ-XIXᵉ siècles. Actif à Wittenberg. Allemand.
Dessinateur et graveur à l'eau-forte.
Élève d'Oeser à Leipzig, cet artiste se fixa à Wittenberg, où il travaillait encore en 1811.

ASSMANN Franz
XVIIIᵉ siècle. Allemand.
Peintre.
Il est mentionné entre 1722 et 1727 à Breslau.

ASSMUS Robert
Né le 25 décembre 1837 à Stuhm (Prusse). XIXᵉ siècle. Allemand.
Peintre de sujets militaires, dessinateur, illustrateur.
Cet artiste n'eut pas de maître et débuta en fournissant des dessins à des journaux de Leipzig. À partir de 1871, il résida à Munich et collabora à l'illustration du livre : *Images d'Alsace-Lorraine,* publié à Stuttgart en 1877 et 1878.
VENTES PUBLIQUES : NEW YORK, 14 juin 1977 : *La Trompette,* h/t (46x35,5) : USD 2 300 – NEW YORK, 11 fév. 1981 : *La halte des cavaliers,* h/t (44,5x80) : USD 8 500 – LONDRES, 29 mai 1987 : *Cavaliers au repos au bord d'une rivière,* h/t (46x35,5) : GBP 3 500 – LONDRES, 7 avr. 1993 : *En tête de la cavalerie,* h/t (42x28) : GBP 1 265.

ASSNER Franz. Voir ASNER

ASSOMPTION de Bonn, Maître de l'. Voir MAÎTRES ANONYMES

ASSOMPTION de Marie, Maître de l'. Voir BOUTS Albrecht

ASSONICA Giacomo Antonio
Né au XVIIᵉ siècle à Bergame. XVIIᵉ siècle. Italien.
Peintre.
Élève de Talpino, cet artiste travailla pour l'église del Carmine, à Bergame. Il exécuta notamment un grand tableau, signé et daté de 1629.

ASSONVILLE. Voir aussi DASSONVILLE

ASSONVILLE Gerrit d'
Né en 1627 à Amsterdam. Mort après 1679. XVIIᵉ siècle. Hollandais.
Peintre.
Ce peintre habita Saint-Luciensteeg en 1652 ; il fut emprisonné, en 1679, pour un attentat à la pudeur et dut mourir en prison. On ne connaît de lui aucune peinture, mais seulement des dessins très bien exécutés.

ASSONVILLE Jehan d'
Né en Picardie. XVᵉ siècle. Travailla à Lille, vers 1424. Français.
Sculpteur.

ASSONVILLE Melchior d' ou Dassonvylle
Né dans la seconde moitié du XVIᵉ siècle à Bruges en Picardie. Mort le 19 avril 1621 à Malines. XVIᵉ-XVIIᵉ siècles. Éc. flamande.
Peintre décorateur et sculpteur.
Se fixa, après ses études, à Malines, à Gand ; il eut des difficultés avec la corporation des sculpteurs ; il habita aussi Anvers.

ASSONVILLE Remeus d'
Né au XVIᵉ siècle à Malines. XVIᵉ-XVIIᵉ siècles. Éc. flamande.
Sculpteur.
Fils de Melchior d'Assonville, cet artiste est mentionné, vers 1600, dans la corporation de Gand.

ASSTEAS ou Asteas
IVᵉ siècle avant J.-C. Lucanien, actif au IVᵉ siècle avant Jésus-Christ. Antiquité gréco-romaine.
Peintre de vases.
C'est un des rares peintres de l'Italie Méridionale dont nous ayons le nom. Trois sur six des vases signés de lui ont été trouvés à Paestum. Les vases d'Astéas peuvent rivaliser avec les vases Apuliens pour la richesse des couleurs. L'artiste n'est pas maladroit ; il est parfois élégant et il a souvent de la verve.

ASSTEYN Bartholomeus ou Asteyn
Né vers 1607 à Dordrecht. Mort en 1668 probablement en Autriche. XVIIᵉ siècle. Allemand ou Autrichien.
Peintre de natures mortes, fleurs.
On mentionne de lui un tableau de fruits, signé et daté de 1647, conservé à Vienne.

B : Assteyn
1647

VENTES PUBLIQUES : PARIS, 12 déc. 1922 : *Fruits et insectes* : FRF 920 – LONDRES, 26 nov. 1965 : *Nature morte aux fleurs* : GNS 3 800 – VERSAILLES, 16 nov. 1980 : *Coupe de fruits et plat d'étain sur un entablement* 1664, h/bois (45x53,5) : FRF 46 000 – AMSTERDAM, 15 nov. 1983 : *Études de fleurs,* deux aquar. et lav. gris (28,1x18,3) : NLG 12 000 – LONDRES, 5 juil. 1984 : *Nature morte aux fruits, coquillages et insectes,* h/métal : GBP 4 000 – NEW YORK, 15 jan. 1985 : *Fleurs dans une coupe chinoise,* h/pan. (33,5x44,5) : USD 40 000 – LONDRES, 5 juil. 1989 : *Nature morte de fruits dans un plat de faïence, avec des coquillages, un lézard et un papillon,* h/pan. (38x46) : GBP 88 000 – LONDRES, 8 déc. 1989 : *Raisin, pommes et prunes dans une corbeille avec une tulipe et d'autres fruits sur un entablement de pierre* 1629, h/pan. (52,5x67,5) : GBP 88 000 – AMSTERDAM, 16 nov. 1993 : *Œillet de Witte Morleon,* aquar. et gche (31,4x20,1) : NLG 8 280 – LONDRES, 13 déc. 1996 : *Panier de raisins, pêches, cerises et roemer sur une table drapée* 1662, h/pan. (53,7x44,2) : GBP 13 800.

ASSUMPÇAO d'
Né en 1926 à Lisbonne. XXᵉ siècle. Actif aussi en France. Portugais.
Peintre.
Il vit périodiquement en France, ayant été élève de Léger, entre 1947 et 1950, à Paris où il est revenu en 1959-1961. Il a participé

au Salon des Réalités Nouvelles de 1961, a exposé à Nice, à la première Biennale de Paris et à la VIᵉ Biennale de São Paulo. Son œuvre laisse voir une influence de Manessier et se rattache à l'Ecole de Paris de l'après-guerre. Son jeu de dédoublement des formes, en rend la matérialité plus ambiguë.

ASSUS Armand Jacques
Né le 4 avril 1892 à Alger. Mort le 28 juin 1977 à Antibes (Alpes-Maritimes). XXᵉ siècle. Français.
Peintre de scènes de genre. Orientaliste.
Élève de Cauvy, directeur de l'Ecole des Beaux Arts d'Alger, puis de Rochegrosse et Cormon à Paris. Revenu à Alger, il y fut ami d'Albert Camus, prêtant son atelier pour les répétitions de sa troupe d'amateurs. Il a exposé au Salon des Artistes Français à partir de 1914, aux Salons d'Automne, aux Tuileries (1924-1928), des Indépendants (1935), des Orientalistes à Paris. Une importante exposition rétrospective de ses œuvres eut lieu au Château-musée de Cagnes en 1970. En 1962, il dut quitter Alger et s'installa à Nice, puis Cannes, puis Antibes.
Il rencontra Albert Marquet, de qui il subit quelque influence, notamment dans l'emploi des gris nuancés à l'infini jusqu'à des noirs profonds. Il est connu pour avoir peint des scènes de la vie juive, les rues de la Casbah, la Méditerranée, des natures mortes de pastèques, de raisins.
Musées : ALGER : *La salade*.
Ventes Publiques : ZURICH, 12 juin 1987 : *Portrait de femme*, h/t (46x48) : **CHF 1 500** – PARIS, 20 nov. 1989 : *Flamenco*, h/pan. (97x196) : **FRF 15 000** – PARIS, 8 déc. 1989 : *Amirauté d'Alger*, h/t (57,5x63,2) : **FRF 27 000** – NEW YORK, 14 oct. 1993 : *Un zouave et une prostituée* 1912, encre et aquar./pap. fort (31,4x24,7) : **USD 748.**

ASSUS Maurice
Né en 1880. Mort en 1955. XXᵉ siècle. Français.
Peintre de portraits, paysages.
Fils du caricaturiste Salomon Assus. Il fit ses études à l'École Nationale des Beaux-Arts d'Alger. Il commença sa vie professionnelle en créant avec son père des cartes postales humoristiques. Blessé pendant la guerre de 1914-18, il revint s'installer à Paris et ouvrit un atelier de poupées. On connaît de lui de rares portraits et paysages.
Ventes Publiques : PARIS, 11 déc. 1995 : *Portrait de jeune fille algérienne*, h/pan. (24x19) : **FRF 13 000.**

ASSY Hubert d'
Né à Fontaine-en-Sologne (Loir-et-Cher). XIXᵉ-XXᵉ siècles. Français.
Sculpteur animalier.
Il a exposé régulièrement au Salon des Artistes Français de Paris, entre 1885 et 1933. Il s'est spécialisé dans la création de statuettes de chevaux.

AST Balthasar van der
Né entre 1590 et 1593 à Middelbourg. Mort en 1657 à Delft. XVIIᵉ siècle. Hollandais.
Peintre d'animaux, paysages animés, natures mortes, fleurs et fruits.
Élève d'Ambr. Bosschaert à Middelbourg, cet artiste fut membre de la corporation des peintres à Utrecht, en 1619 ; puis de Delft en 1632. Reçu citoyen de la ville en 1633, il y est encore mentionné en 1656.
Ses œuvres sont nombreuses. Il fut essentiellement un peintre de natures mortes, de fleurs, de fruits, de papillons et de coquillages, genre de peinture qui était très recherché dans la Hollande du XVIIᵉ siècle, aux demeures richement meublées et ornées, ce qui explique le foisonnement des petits maîtres spécialisés dans ce genre ou dans celui, par exemple, des scènes de cabaret. Cette abondante production était également demandée à l'étranger et exportée. Quant à Balthasar van der Ast, préférant le souci du détail à la rigueur de la composition, sa technique est plutôt celle d'un miniaturiste.

B. van der Ast
B. vander Ast. +B.v.A.

Musées : AMSTERDAM : *Bouquet – Fleurs et fruits* – DRESDE : *Coquilles et Fruits* – HANOVRE : *Fleurs* – LA HAYE : *Coquilles* – OSLO : *Fruits*.
Ventes Publiques : ROTTERDAM, 1719 : *Fleurs et Fruits* : **FRF 22** – LA HAYE, 1737 : *Un paysage avec un troupeau de chèvres* : **FRF 25**

– PARIS, 1888 : *Fleurs et insectes* : **FRF 88** – PARIS, 1919 : *Nature morte* : **FRF 432** – PARIS, 1922 : *Fleurs, fruits, coquillages et insectes* : **FRF 900** – PARIS, 5 mai 1930 : *Corbeille de fleurs* : **FRF 1 080** – PARIS, 13 juin 1932 : *Fleurs dans un vase* : **FRF 1 205** – PARIS, 9 mai 1952 : *Nature morte au papillon* ; *Nature morte aux coquillages*, deux pendants : **FRF 350 000** – PARIS, 12 déc. 1953 : *Le plat de fruits*, bois : **FRF 390 000** – LONDRES, 27 juin 1958 : *Fleurs dans un vase sur une tablette*, pan. : **GBP 6 825** – PARIS, 10 déc. 1959 : *Fleurs et fruits*, pan. : **FRF 2 000 000** – LONDRES, 17 mai 1961 : *Bouquet de fleurs d'été*, pan. : **GBP 1 600** – LONDRES, 4 avr. 1962 : *Nature morte aux fruits* : **GBP 1 200** – LONDRES, 24 juin 1964 : *Fleurs dans un vase* : **GBP 6 000** – PARIS, le 1ᵉʳ avr. 1965 : *Nature morte aux fleurs et aux fruits* : **FRF 80 000** – LONDRES, 29 nov. 1968 : *Nature morte aux fruits et coquillages* : **GNS 16 000** – LONDRES, 27 mars 1968 : *Vase de fleurs*, h/pan. (40x29,2) : **GBP 8 500** – LONDRES, 8 déc. 1972 : *Nature morte aux fruits* : **GNS 7 000** – LONDRES, 2 avr. 1976 : *Nature morte au panier de fruits*, h/pan. (75x105,4) : **GBP 65 000** – LONDRES, 1ᵉʳ déc. 1978 : *Nature morte à la corbeille de fleurs*, h/pan. (42x63) : **GBP 75 000** – NEW YORK, 11 jan. 1979 : *Fleurs et coquillages*, h./p (55x36) : **USD 255 000** – NEW YORK, 9 jan. 1981 : *Vase de fleurs*, h/pan. (40x29,2) : **USD 55 000** – ZURICH, 3 juin 1983 : *Nature morte aux fleurs*, h/pan. (69,2x51,7) : **CHF 380 000** – AMSTERDAM, 15 nov. 1983 : *Natures mortes aux fleurs, coquillages, papillons et insectes*, deux gches/parchemin (16x22) : **NLG 13 000** – NEW YORK, 15 jan. 1985 : *Vase de fleurs dans une niche* 1621, h/pan. (30,5x19,7) : **USD 120 000** – LONDRES, 10 juil. 1987 : *Nature morte au vase de fleurs et coquillages*, h/t (74,5x64) : **GBP 45 000** – LONDRES, 22 avr. 1988 : *Nature morte de fleurs dans un vase de verre, insectes et lézard sur la console de pierre* 1622, h/cuivre (37,4x26) : **GBP 242 000** – LONDRES, 8 juil. 1988 : *Nature morte avec une coupe de porcelaine de Chine remplie de fruits et des coquillages, un insecte et une tulipe sur un entablement*, h/pan. (19x24,8) : **GBP 60 500** – PARIS, 14 avr. 1989 : *Nature morte de fleurs, fruits, coquillages et ara sur un panier renversé*, h/pan. de chêne parqueté (55x100) : **FRF 3 500 000** – LONDRES, 7 juil. 1989 : *Importante composition de fruits dans un pot d'étain avec des coquillages et des insectes sur un entablement*, h/pan. (60,2x85,7) : **GBP 308 000** – NEW YORK, 11 jan. 1990 : *Nature morte de coquillages, fruits, fleurs dans un verre à pied, insectes et porcelaine de Chine bleue et blanche sur un entablement à deux degrés* 1623, h/pan. (24,5x33) : **USD 935 000** – LONDRES, 9 avr. 1990 : *Nature morte de cerises dans un assiette de porcelaine de Chine, pêches, abricot et divers insectes sur l'entablement* 1617, h/pan. (31x48) : **GBP 264 000** – STOCKHOLM, 16 mai 1990 : *Nature morte avec des fleurs, des fruits et des coquillages*, h/cuivre (14x22) : **SEK 33 000** – LONDRES, 6 juil. 1990 : *Nature morte de fruits dans une coupe de porcelaine Wanli et un plat d'étain avec des coquillages et des insectes*, h/pan. (68,2x98,4) : **GBP 286 000** – NEW YORK, 11 jan. 1991 : *Nature morte d'un panier de cerises, pommes, pêches, raisin avec d'autres coquillages sur un entablement* 1647, h/pan. (28,9x47) : **USD 71 500** – NEW YORK, 31 mai 1991 : *Nature morte d'une tulipe et d'une ancolie avec des scarabées et un papillon et d'autres insectes sur un entablement*, h/pan. (8,2x17,2) : **USD 82 500** – LONDRES, 3 juil. 1991 : *Nature morte de fleurs dans une corbeille avec des fruits et des coquillages sur un entablement de pierre*, h/pan. (33x64) : **GBP 198 000** – NEW YORK, 16 jan. 1992 : *Nature morte d'une corbeille de fleurs printanières avec tout autour sur l'entablement d'autres fleurs coupées, des insectes, un lézard et des coquillages*, h/pan. (40,7x61,2) : **USD 96 800** – MONACO, 4 déc. 1992 : *Corbeille de fleurs avec un papillon sur une tige de tulipe et une chenille et un rameau de cerises sur un entablement*, h/cuivre (47x60) : **FRF 754 800** – LONDRES, 7 déc. 1994 : *Nature morte d'œillets, tulipe, iris crocus dans un vase de verre avec d'autres fleurs et une sauterelle sur un entablement*, h/pan. (42x30) : **GBP 298 500** – PARIS, 12 juin 1995 : *Nature morte au bouquet de fleurs dans un vase, coquillages et perroquet sur un entablement*, h/t (111x92) : **FRF 2 200 000** – AMSTERDAM, 6 mai 1996 : *Corbeille de fruits avec des fleurs, des coquillages et des insectes sur un entablement* 1626, h/pan. (34,5x56,5) : **NLG 56 640** – LONDRES, 3 juil. 1996 : *Nature morte avec des fleurs dans une corbeille, des cerises, des coquillages et des insectes sur un entablement*, h/pan. (21,4x30,9) : **GBP 36 700** – LONDRES, 11 déc. 1996 : *Nature morte de fleurs, coquillages et insectes*, h/pan. (23,8x34,5) : **GBP 529 500** – NEW YORK, 30 jan. 1997 : *Nature morte de fruits dans une corbeille avec des fleurs et des coquillages posés sur une table*, h/pan. (38,1x48,9) : **USD 233 500** – LONDRES, 3 juil. 1997 : *Nature morte de fruits et langoustes dans* deux coupes en porcelaine blanche et bleue sur un entablement avec deux perroquets sur une branche 1622, h/cuivre (16,9x23,6) : **GBP 254 500** – LONDRES, 3-4 déc. 1997 : *Nature morte avec des fruits et un plat Wanli dans une corbeille, un vase de fleurs, avec des coquillages, une sauterelle, une libellule, une chenille et un papillon disposés sur un entablement*, h/pan. (33,2x63) : **GBP 496 500.**

AST Otto
Né le 26 octobre 1849 à Schöneberg (près Berlin). XIXᵉ siècle. Allemand.
Sculpteur.
Élève de l'Académie de Berlin de 1868 à 1871, cet artiste fit plusieurs statues. On cite notamment : un *Buste de Goethe*.

AST Peter von ou Asch
Né au XVᵉ siècle à Metz. XVᵉ siècle. Allemand.
Sculpteur.
Mentionné comme citoyen d'Ulm en 1434.

ASTA Diego de. Voir ASTOR

ASTA Giuseppe
Né au XVIIᵉ siècle à Rome. XVIIᵉ siècle. Italien.
Peintre.
Cité comme peintre à Bologne, par un document de 1639.

ASTAIN Ernest
Né à Salles. XXᵉ siècle. Français.
Peintre de paysages et de fleurs.
Depuis 1939, il expose au Salon des Indépendants de Paris.

ASTANIÈRE Eugène Nicolas Clément, comte d' ou Astanières
Né en 1841 à Paris. XIXᵉ siècle. Français.
Sculpteur de compositions religieuses, sujets allégoriques, bas-reliefs.
Il fut élève de Falguière. Il figura au Salon des Artistes Français de Paris, obtenant une troisième médaille en 1882, une médaille de bronze en 1889, pour l'Exposition Universelle. Il fut promu officier de la Légion d'Honneur.
Ses œuvres principales sont : *L'Espiègle*, marbre (Salon 1882) ; *L'Enfant à la vague* ; *Exoriare* (Lycée Michelet) ; *À la Frontière* (Lycée Janson) ; *Vierge* et *Bas-reliefs* (Église Sainte-Clotilde).
MUSÉES : AMIENS : *L'Espiègle*, marbre – DOUAI : *L'Enfant à la vague*.
VENTES PUBLIQUES : PARIS, 1ᵉʳ mars 1982 : *Nymphe*, marbre blanc et marbre vert (30x54) : **FRF 19 500.**

ASTAPOV Serguei
Né en 1957 à Grozny. XXᵉ siècle. Russe.
Sculpteur de monuments, figures, groupes, nus, animalier. Néo-symboliste.
À Saint-Pétersbourg, de 1970 à 1975, il fréquente l'École des Beaux-Arts, puis, de 1975 à 1981, la Faculté de Sculpture de l'Institut Répine. Il a participé à l'exposition *Les monuments de Saint-Pétersbourg* avec une sculpture de granite de 1984 *Les femmes du blocus*, et le *Monument aux Étudiants combattants*, bronze et granite, de 1985.
Gardant le contact avec la réalité, il en synthétise néanmoins les formes, jusqu'à des déformations expressives, dans une recherche du symbolique et du monumental, toutes caractéristiques qui font que son art tranche sur la monotonie ambiante dans l'art russe officialisé. Des sculptures comme *Le Baiser*, accouplement suggéré de deux escargots ou *Femme frivole*, interprétation très libre d'une chenille agrippée sur un branchage, exercent un pouvoir d'attraction évident.
VENTES PUBLIQUES : PARIS, 13 déc. 1993 : *Le Baiser*, bronze et marbre (30x28x14) : **FRF 9 000.**

ASTARDJIAN Hilda Anahit
Née à Constantinople. XXᵉ siècle. Française.
Peintre de scènes de genre, portraits, fleurs.
Il est probable qu'Arménienne, elle quitta la Turquie pour la France, dont elle acquit la nationalité. Depuis 1943, elle expose au Salon d'Automne à Paris.

ASTASI Giuseppe
Né au XVIIIᵉ siècle à Rome. Mort en 1625 probablement. XVIᵉ siècle. Italien.
Peintre.
Cet artiste fut élève d'And. Procaccini et l'accompagna en Espagne, où il dut mourir.

ASTÉ Jean louis
Né le 29 août 1864 à L'Isle-en Jourdain (Gers). Mort en 1943. XIXᵉ-XXᵉ siècles. Français.

Peintre d'histoire, portraits, paysages.
Élève de J. Garymy et de J.-P. Laurens, il exposa aux Salons des Artistes Français et de la Société Nationale des Beaux-Arts à partir de 1896, au Salon des Indépendants en 1927-1932.
Ses portraits sont très méticuleux, tandis que ses paysages peuvent être peints dans une touche plus libre, sur des formes schématisées.

$$J - AST\acute{E}.$$

BIBLIOGR. : Gérald Schurr : *Les Petits Maîtres de la peinture 1820-1920, valeur de demain*, t. II, Les Éditions de l'Amateur, Paris, 1982.
MUSÉES : AUCH : *La mort de Thraséas* – SÈTE : *Rentrée de bateaux de pêche* – *Vue des Martigues* – TOULON : *Hector blessé* 1887.
VENTES PUBLIQUES : NEW YORK, 28 oct. 1986 : *Léda et le cygne*, h/t (81,2x115,5) : **USD 10 000.**

ASTÉ Joseph d'
Né à Naples. XXᵉ siècle. Actif en France. Italien.
Sculpteur de figures, portraits, animalier.
Il vint en France en 1900. Entre 1905 et 1934, il a exposé au Salon des Artistes Français à Paris, et notamment des sculptures de groupes en bronze représentant soit des scènes enfantines, soit des animaux.
VENTES PUBLIQUES : BRUXELLES, 24 fév. 1976 : *Fête au village*, bronze doré (H. 39, l. 51,5) : **BEF 38 000** – NEW YORK, 15 mai 1984 : *Satyre et chèvre*, bronze (H. 39,5) – **USD 850** – REIMS, 13 mars 1988 : *Berger et bergère avec leurs moutons*, bronze sur socle marbre (long. : 55) : **FRF 14 000** – LOKEREN, 8 oct. 1994 : *Buste de femme*, bronze et albâtre (H. 37,5, l. 39) : **BEF 33 000.**

ASTEN War Van
Né en 1888 à Arendonck. Mort en 1958 à Ixelles. XXᵉ siècle. Belge.
Sculpteur de statues, animalier, peintre, graveur.
Il fut élève du sculpteur Pierre Jean Braecke à l'Académie de Bruxelles.
BIBLIOGR. : In : *Diction. biogr. illustré des Artistes en Belgique depuis 1830*, Arto, Bruxelles, 1987.
MUSÉES : BRUXELLES – GAND – NAMUR .
VENTES PUBLIQUES : LOKEREN, 28 mai 1988 : *Nu au chat*, bronze (H. 37) : **BEF 44 000** – LOKEREN, 28 mai 1994 : *Torse*, terre cuite (H. 42, l.22) : **BEF 26 000.**

ASTER Carl Heinrich
XIXᵉ siècle. Allemand.
Peintre.
Cet artiste, officier d'artillerie à Dresde, publia en 1810, en collaboration avec Hertel, des reproductions des uniformes de l'armée de Saxe.

ASTER Joannes Andreas
XVIIᵉ siècle. Suisse.
Peintre.
Cet artiste est connu par deux tableaux de la Cathédrale de Constance, signés et datés de 1668.

ASTER Karl Friedrich Theobald
Né en 1833 à Dresde. Mort en 1864 à Meran. XIXᵉ siècle. Allemand.
Peintre de genre et d'histoire.
Élève de l'Académie de Dresde sous Hubner et de Schnorr von Carolsfeld, cet artiste exécuta un certain nombre d'œuvres intéressantes, qui lui valurent des récompenses aux Expositions de Dresde.

ASTER W.
XVIIIᵉ-XIXᵉ siècles. Actif en Prusse à la fin du XVIIIᵉ et au commencement du XIXᵉ siècle. Allemand.
Graveur.
Connu par un portrait de la *Reine Louise de Prusse*.

ASTERION, fils d'Aischylos
IVᵉ siècle avant J.-C. Actif à la fin du IVᵉ siècle avant Jésus-Christ (?). Antiquité grecque.
Bronzier.
Nous savons qu'il exécuta une statue consacrée à *Olympie* par le Sicyonien Chairéas, vainqueur au pugilat des enfants. Puisque Canachos le Jeune fit l'effigie votive du premier Sicyonien vainqueur au pugilat des enfants, Bykélos, on doit en conclure qu'Asterion est postérieur à Canachos, donc au début du IVᵉ siècle.

ASTESANI Filippo
xvie siècle. Actif à Bologne de 1535 à 1575. Italien.
Peintre.

ASTESANI Giovanni Battista
xvie siècle. Actif à Bologne vers 1502. Italien.
Peintre.

ASTEZAN Nicolas. Voir l'article **ANDRE Piètre**

ASTFALCK Conrad
Né le 31 mars 1866 à Vienne. xixe siècle. Autrichien.
Peintre.
Le Musée de Cologne possède de lui le *Portrait du sculpteur Verres.*

ASTFALK Markus
xvie siècle. Actif à Hall. Suédois.
Peintre.
Cité en 1592 pour des travaux à l'église Sainte-Marie de Hall.

ASTI Angelo
Né en 1847 probablement à Paris. Mort le 23 mars 1903 près de Mantoue (Lombardie). xixe siècle. Français.
Peintre de sujets de genre, nus, portraits, natures mortes.
Cet artiste représenta plus spécialement des femmes et exposa, de 1890 à 1901, au Salon. On cite notamment, en 1897 : *Songeuse,* en 1899 : *Premier Rêve,* en 1900 : *Dans les rêves.*
Ventes Publiques : New York, 1900-1903 : *Tête idéale :* **USD 560** – New York, 1902 : *Jeune fille nue :* **FRF 2 100** – New York, 1902 : *Portrait de M. F. Humbert :* **FRF 145** – New York, 1902 : *Portrait de Mme Humbert :* **FRF 425** – New York, 1900-1903 : *Rêverie :* **USD 555** – New York, 1900-1903 : *Tête de femme :* **USD 700** – New York, 1905 : *Tête idéale :* **USD 1 000** – New York, 1905 : *Beauté italienne :* **USD 900** – New York, 1905 : *Lecture d'une histoire d'amour :* **USD 750** – Paris, 1905 : *Jeune femme allant au bain :* **FRF 620** – New York, 1906 : *Marcelle :* **USD 725** – New York, 1907 : *Tête idéale :* **USD 230** – New York, 1907 : *Une beauté romaine :* **USD 775** – New York, 1908 : *Espérance :* **USD 665** – Paris, 1908 : *Femme à la toque rouge :* **FRF 580** – New York, 1909 : *Une beauté romaine :* **USD 620** ; *Marcelle :* **USD 600** – New York, 1910 : *Tête de femme :* **USD 700** – Paris, 1919 : *Portrait d'homme :* **FRF 15** – Paris, 1919 : *La pensée :* **FRF 955** – Paris, 1919 : *L'atelier de l'artiste :* **FRF 105** – Paris, 1920 : *Profil de femme drapée de rouge :* **FRF 600** – Paris, 1922 : *Portrait de femme :* **FRF 400** – Paris, 1930 : *Jeune femme au miroir :* **FRF 950** – Paris, 1943 : *Nature morte :* **FRF 220** – Paris, 9 avr. 1951 : *Jeune fille à l'éventail :* **FRF 12 000** – New York, 15 oct. 1976 : *Rêverie,* h/t (54,5x43) : **USD 1 800** – New York, 12 oct. 1978 : *Portrait de jeune femme de profil,* h/t (46,3x33) : **USD 2 500** – New York, 27 oct. 1982 : *Sensualité,* h/t (65,4x53,3) : **USD 2 500** – Munich, 17 mai 1984 : *Deux moines jouant aux cartes,* h/pan. (15,5x22) : **DEM 2 000** – New York, 9 juin 1987 : *Portrait d'une belle,* h/t (46,3x33,6) : **USD 1 300** – New York, 19 juil. 1990 : *Jeune fille rousse de profil,* h/t (45,5x33,1) : **USD 7 150** – Calais, 7 juil. 1991 : *Portrait de femme,* h/t (35x24) : **FRF 5 500** – New York, 17 jan. 1996 : *Le journal du dimanche,* h/t (46x32,4) : **USD 4 025.**

ASTIASO
Né au xvie siècle en Espagne. xvie siècle. Espagnol.
Sculpteur.
Élève de Micer Dominico, cet artiste travailla, vers 1548, à la cathédrale de Séville.

ASTIÉ Hector
Né à Nérac. xxe siècle. Français.
Peintre et sculpteur.
Il a exposé au Salon d'Automne à partir de 1913, au Salon de la Société Nationale des Beaux-Arts de Paris à partir de 1914 et au Salon des Indépendants en 1927.

ASTIER Gaston François
Né à Moulins (Allier). xxe siècle. Français.
Peintre.
Expose en 1939 une toile à la Nationale.

ASTIER Simmone Marie
Née à Paris. xxe siècle. Française.
Peintre, pastelliste et miniaturiste.
Elle fut élève de la miniaturiste Debillemont-Chardon. Elle a exposé au Salon d'Automne en 1922 et au Salon des Artistes Français à partir de 1936, date à laquelle elle a reçu une Mention Honorable.

ASTIER-PERRET Pierre
Né à Macot (Savoie). xxe siècle. Français.

Peintre de paysages.
Expose aux Indépendants de 1937.

ASTL Leonard
xvie siècle. Autrichien.
Sculpteur sur bois.
Connu par sa signature dans l'église de Hallstatt, en Autriche.

ASTL Leopold
xviie siècle. Actif à Znaim. Autrichien.
Peintre.
Mentionné par un document de 1603.

ASTLES S.
xixe siècle. Actif à Worcester (Angleterre). Britannique.
Peintre, émailleur.
Exposa en 1827, à la Royal Academy de Londres.

ASTLETT G.
xixe siècle. Actif à Londres. Britannique.
Portraitiste.
Exposa à Londres, à la Royal Academy, en 1807.

ASTLEY John
Né vers 1730 à Wem, dans le comté de Shropshire. Mort le 14 novembre 1787 à Duckenfield. xviiie siècle. Britannique.
Peintre de portraits, natures mortes.
Il fut élève de Hudson, puis visita l'Italie vers l'époque où Joshua Reynolds résidait à Rome. Astley peignait les portraits avec grand talent. Lady Daniell, qui possédait une grande fortune et dont il avait fait le portrait, s'éprit de lui et lui offrit de l'épouser. À la suite de ce mariage, il renonça à la peinture.
Musées : Bruxelles : *Portrait de femme.*
Ventes Publiques : Zurich, 27 avr. 1983 : *Nature morte aux fleurs,* h/pan. (69,2x51,7) : **CHF 380 000** – Londres, 26 mai 1989 : *Portrait d'une dame vêtue d'une robe noire à collerette blanche avec un collier de perle et une chaîne,* h/t (65x53,5) : **GBP 2 200** – Londres, 14 juil. 1993 : *Portrait d'une dame en buste, vêtue d'une robe bleue avec une rose au decolleté,* h/t (65x53) : **GBP 2 645** – Londres, 3 avr. 1996 : *Portrait de Mrs Penning près d'un clavecin, vêtue d'une robe de satin,* h/t (75x62) : **GBP 4 600.**

ASTOIN Marie
Née en 1923 à Toulon (Var). xxe siècle. Française.
Peintre de scènes de genre, nus, paysages animés.
Pendant sept ans, à Paris, elle fut élève de l'Académie Julian. Revenue dans sa ville natale, elle reçut les conseils d'Eugène Baboulène. Elle participe à des expositions à travers la France.

ASTOIN

Bibliogr. : Alauzun, in : *Diction. des peintres et sculpteurs de Provence Alpes Côte-d'Azur,* Marseille, 1986.
Ventes Publiques : Neuilly, 14 nov. 1990 : *Nu allongé,* h/t (73x92) : **FRF 20 000** – Versailles, 9 déc. 1990 : *La Lavandière,* h/t (46x33) : **FRF 3 500** – Douai, 24 mars 1991 : *La Plage,* h/t (60x120) : **FRF 7 000** – Neuilly, 7 avr. 1991 : *Paysage animé,* h/t (65x54) : **FRF 6 000** – Neuilly, 20 oct. 1991 : *Le Concert,* h/t (55x46) : **FRF 11 000** – Calais, 5 avr. 1992 : *Le Marché aux étoffes,* h/t (50x64) : **FRF 6 500** – Paris, 5 juin 1996 : *Paysage de Provence,* h/t (65x92) : **FRF 25 000.**

ASTOLDO da Firenze
xvie siècle. Actif à Carrare. Italien.
Sculpteur.
Mentionné vers 1520, comme travaillant dans l'atelier de Barth. Ordonez.

ASTOLFI Achille
xixe siècle. Actif à Padoue (Vénétie). Italien.
Peintre de scènes de genre, portraits.
Il fut élève de Vicenzo Gazzotto.
Ventes Publiques : Londres, 21 juin 1989 : *Portrait de la marquise von Hanhauser ; Portrait d'un garde impérial,* h/t, une paire (chaque 106x83) : **GBP 6 600.**

ASTOLFI Gio Domenico
xvie siècle. Actif à Pavie. Italien.
Peintre.

ASTOLFI Giorgio
xve siècle. Actif à Venise. Italien.
Miniaturiste.
Connu par son testament, daté de 1466.

ASTOLFINI Gaetano
Mort en 1860. xixe siècle. Actif à Venise. Italien.

Peintre de compositions religieuses, portraits.
Cet artiste n'eut pas de maître et se forma en étudiant les œuvres des anciens, notamment du Titien. Citons parmi ses tableaux : à Venise, *San Jacopo*, à l'église San Jacopo et un *Crucifix*, à l'église Santa-Maria Mater Domini.
VENTES PUBLIQUES : VIENNE, 20 sep. 1977 : *Portrait de l'empereur Franz Ier*, h/t (69x53) : **ATS 20 000.**

ASTOLFO
XIVe siècle. Actif dans la seconde moitié du XIVe siècle. Italien.
Sculpteur.
Cité à Sienne en 1368.

ASTON Charles Reginald
Né le 7 avril 1832. Mort le 7 janvier 1908. XIXe siècle. Britannique.
Peintre de paysages, aquarelliste.
Aston était, par sa mère, petit-neveu de Sir Thomas Lawrence. Il étudia pendant trois ans l'architecture à Londres, mais il finit par se vouer complètement au paysage. Il fit de nombreuses études dans le pays de Galles, en Écosse, dans la Cornouaille, puis se rendit en Italie. Il vécut pendant un certain temps à Birmingham et fut membre de la Birmingham Royal Society of Artists et du Royal Institute of painters in Water-Colours. De 1862 à 1878, le public londonien put voir nombre d'œuvres de cet artiste, notamment à la New Water-Colours Society, à la Royal Academy, à Suffolk Street et à la British Institution.
MUSÉES : BIRMINGHAM : *Forêts du Pays de Galles.*
VENTES PUBLIQUES : LONDRES, 3 fév. 1978 : *Loch Lomond*, h/t (37x70) : **FRF 650.**

ASTON Evelyn Winifred
Née à Birmingham. XXe siècle. Britannique.
Sculpteur et peintre.
Elle a exposé au Salon des Artistes Français de Paris entre 1935 et 1938.

ASTON J.
XIXe siècle. Britannique.
Peintre de genre.
Il exposa une œuvre à Londres, en 1878.

ASTON Lilias
XIXe siècle. Vivait à Birmingham. Britannique.
Peintre de fleurs.
Exposa une œuvre à Londres, en 1865.

ASTOR Diego de
XVIe-XVIIe siècles. Actif à Tolède à la fin du XVIe et au début du XVIIe siècle. Espagnol.
Graveur au burin et graveur de sceaux.
Élève du Greco, cet artiste fut nommé graveur de la Monnaie, le 12 janvier 1609, à Ségovie, par Philippe III, et ce titre passa à son fils sous Philippe IV.

ASTOR E.
XIXe siècle. Travaillait à Paris en 1840. Français.
Graveur au burin et au pointillé.

ASTORGA, Maître d'. Voir **MAÎTRES ANONYMES**

ASTORGA, d'. Voir au prénom

ASTORGA Gumersindo Jimenez. Voir **JIMENEZ ASTORGA**

ASTORGA Y TRIAY Ricardo de
Né à Alicante. XIXe siècle. Espagnol.
Peintre.
Élève de l'École d'Art d'Alicante, cet artiste exposa à Madrid vers 1876 et représenta souvent des chevaux.

ASTORGIO di Bartolommeo
XVe siècle. Actif à Bologne vers 1495. Italien.
Peintre.

ASTORI Alberto
Né au XVIIIe siècle à Trévise. XVIIIe siècle. Italien.
Peintre.
Cet artiste travailla à Venise. Il publia, en 1786, un travail sur la peinture à l'encaustique et fut nommé membre de l'Académie de Peinture.

ASTORI Benedetto
Originaire du Frioul. XVIe siècle. Italien.
Sculpteur.
Il travailla, vers 1523, à Castel Belgrado.

ASTORI Enrico
Né en 1858 à S. Lazzaro Alberoni. XIXe siècle. Italien.

Sculpteur.
Cet artiste travailla à Milan et exécuta de nombreux sujets, dont quelques-uns furent exposés en 1884 à Turin, en 1886 à Milan, en 1887 à Venise, en 1888 à Bologne, en 1889 à Munich et en 1900 à Paris. On cite notamment : *Buste du roi Humberto Ier* ; *Mammina* ; *La Fileuse Arabe*, exposée à l'Exposition décennale de 1900, à Paris, qui lui valut une médaille d'or.

ASTORI Giov. Maria
Né au XVIIIe siècle à Trévise. XVIIIe siècle. Italien.
Peintre.
Cet artiste était le frère d'Alberto Astori et travailla à Venise, en collaboration avec ce dernier.

ASTORINO Gherardo
XVIIe siècle. Actif à Palerme. Italien.
Peintre, sculpteur et architecte.
Mentionné, vers 1625, pour l'exécution de peintures commandées par le Sénat de Palerme. Il travailla aux fresques de S. Francesco dei Chiodari avec Novelli di Monreale et, au Palais Royal, vers 1637.

ASTORIO Tommaso
Né au XVe siècle à Florence. XVe siècle. Italien.
Sculpteur et marqueteur.
Cet artiste travailla à Venise, vers 1486, au presbytère de S. Marco, où il exécuta des travaux très intéressants de marqueterie.

ASTOUD-TROLLEY Louise
Née en 1828 à Paris. Morte en 1884. XIXe siècle. Française.
Sculpteur.
Élève de Monanteuil, cette artiste fit de nombreux médaillons et bustes, dont plusieurs furent exposés au Salon de 1865 à 1878.

ASTOUL André
Né en 1886 à la Roche-sur-Yon (Vendée). Mort en 1950. XXe siècle. Français.
Peintre de portraits, paysages et de genre.
Il fut élève de Lucien Simon. A exposé au Salon de la Société Nationale des Beaux-Arts de Paris entre 1921 et 1936.

ASTOY Gustave
Né à Madrid. XXe siècle. Espagnol.
Peintre de paysages, nus, pastelliste.
Il a exposé au Salon d'Automne entre 1921 et 1924, puis au Salon des Tuileries à Paris entre 1924 et 1943.
VENTES PUBLIQUES : PARIS, 26 avr. 1926 : *Femme nue vue de dos* : FRF 500 – PARIS, 18 avr. 1929 : *Nu* : FRF 320 – PARIS, 15 fév. 1930 : *Nu* : FRF 680 – PARIS, 30 juin 1943 : *Port de Méditerranée* : FRF 450 – NEUILLY, 1er mars 1988 : *L'Amour les yeux fermés*, past. (53x72) : FRF 3 800.

ASTRAN Louis Omer
Né à Gigondas (Vaucluse). XXe siècle. Français.
Peintre.
A partir de 1923, il a exposé au Salon d'Automne et au Salon des Indépendants de Paris.

ASTRAPA ou **Astrapas**
XIIIe-XIVe siècles. Serbe.
Peintre.
Cet artiste byzantin travailla de la fin du XIIIe au début du XIVe siècle. Du roi Milutin, il avait de nombreux aides dans son atelier, en particulier ses fils Entychios et Michael. Les travaux qui sortirent de leur atelier marquent une évolution de style vers plus d'expression, prenant pour sujets la poésie, la fable et l'histoire religieuse. On attribue à cet atelier un grand nombre de fresques (*Saint Clément d'Ochrid*, Notre-Dame de Ljevis, *Saints Joachim et Anne* à Studenica, *Staro Nagoricano* à Kumanovo).

ASTRE-DOAT Jeanne
Née à Revel (Haute-Garonne). XXe siècle. Française.
Peintre de portraits.
Dès 1927, elle expose au Salon de la Société Nationale des Beaux-Arts, puis au Salon d'Automne en 1938.

ASTRIE Josée
Née à Grenoble. XXe siècle. Française.
Peintre.
Diplômée de l'Ecole des Beaux-Arts de Grenoble, elle se fixe à Marseille où elle expose régulièrement depuis 1948. Elle expose également à Grenoble, Annecy, Chambéry, Lyon, Arles, Toulon, Aix-en-Provence, Vichy et Paris. Elle participe aux Salons des Artistes Français, d'Automne à Paris. Elle a aussi fait des expositions à New York, Tokyo, Rome, Turin.

ASTRÖM Eva Matilda, née Lowstädt
Née le 5 mai 1865 à Stockholm. xixᵉ siècle. Suédoise.
Peintre de paysages, fleurs.
Cette artiste étudia successivement à Stockholm, à Paris et dans les principales villes artistiques de l'Italie. Peut-être parente de Emma CHADWICK, née Lowstädt.

ASTRUC
Mort vers 1915, pour la France. xxᵉ siècle. Travailla au début du xxᵉ siècle. Français.
Peintre.

ASTRUC Edmond
Né en 1879 à Marseille (Bouches-du-Rhône). Mort en 1977 à Marseille. xxᵉ siècle. Français.
Peintre de paysages.
Il était mécanicien, il construisit un avion. Il fut pilote d'essai du premier hydravion construit par Henri Fabre, avec lequel il remonta le Rhône par étapes. Il fut aussi champion de boxe et de cyclisme. Il s'épanouit dans la peinture. De 1930 à 1939, il exposa au Salon des Artistes Français à Paris. Il fut le doyen d'âge de l'Académie des Beaux-Arts de Marseille, obtenant une mention honorable en 1931.
L'œuvre est considérable et l'intensité des couleurs lui confère une originalité.

ASTRUC Frédéric
Né à Puivert (Aude). xixᵉ siècle. Français.
Peintre de sujets de genre, animaux, paysages animés, paysages.
Il expose au Salon entre 1864 et 1884.
Ventes Publiques : Versailles, 17 fév. 1980 : *Troupeau s'abreuvant dans la mare 1883*, h/t (60x73) : **FRF 2 700**.

ASTRUC J. B.
xixᵉ siècle. Français.
Sculpteur.
On mentionne de lui un buste en plâtre au Salon de Paris, en 1892.

ASTRUC Marius Théodore
Né au xixᵉ siècle à Paris. xixᵉ siècle. Français.
Peintre de paysages.
Élève de Debat-Ponsan, cet artiste exposa à Paris, entre 1876 et 1880.

ASTRUC Roger
xxᵉ siècle. Actif dans la seconde moitié du xxᵉ siècle. Français.
Peintre. Abstrait.
Il a participé aux premiers Salons des Réalités Nouvelles, à Paris.

ASTRUC Zacharie
Né le 8 février 1835 à Angers. Mort le 24 mai 1907 à Paris. xixᵉ siècle. Français.
Sculpteur, peintre, aquarelliste, poète et critique d'art.
En tant que sculpteur, il débuta au Salon des Artistes Français en 1871 ; en tant que peintre, il faisait partie de la première exposition des Impressionnistes chez Nadar en 1874, et participa à l'Exposition Universelle de Paris en 1900. Très lié aux Impressionnistes, notamment à Manet et Pissarro, il avait rédigé une notice pour le catalogue de l'exposition Manet de 1867 et il est possible qu'à travers un sonnet sur *L'Olympia* de Manet, publié dans le *Journal des Curieux* en 1907, il ait été responsable de son appellation. Manet l'a représenté à plusieurs reprises, par exemple, dans *La musique aux Tuileries* a fait son portrait en 1864.
Parmi ses œuvres sculptées, citons : *L'Aurore*, bas-relief à Saint-Cyr – le buste d'*Edouard Manet* – *Le marchand de masques*, au jardin du Luxembourg, statue en bronze d'un jeune marchand portant les masques de Balzac, Carpeaux, Barbey d'Aurevilly, Berlioz, Théodore de Banville, Delacroix, Corot, Gambetta, Dumas, Faure, Gounod, Hugo – *Mars et Vénus – Hamlet – Le roi Midas – Perce-neige – Le repos de Prométhée – Le Moine – Ma fille Isabelle* – le buste du *Sar Péladan – L'enfant aux jouets – Rabelais – Carmen – Première blessure d'amour – Petite fille au polichinelle – Saint François d'Assise – Blanche de Castille – Un moine agenouillé*. On lui doit également de nombreux tableaux à l'huile et des aquarelles, dont *Pivoines rouges et blanches dans un bambou*.
Bibliogr. : Gérald Schurr : *Les Petits Maîtres de la peinture 1820-1920, valeur de demain*, t. IV, Les Éditions de l'Amateur, Paris, 1979.

Musées : Évreux – Luxembourg – Paris (Galliéra) – Saint-Étienne .
Ventes Publiques : Paris, 21 jan. 1924 : *Bouquet de roses dans un vase*, aquar. : **FRF 55** – Paris, 14-15 fév. 1944 : *Poupées japonaises*, aquar. : **FRF 230** – Paris, 2 mai 1950 : *Vase de fleurs* : **FRF 2 000** – Monaco, 2 déc. 1988 : *Profil de Louise L. Tham*, aquar. (16,5x13,5) : **FRF 9 990**.

ASTRUC DE VISSEC
xviiiᵉ siècle. Actif à Montpellier. Français.
Graveur à l'eau-forte et au burin.
Cet artiste fit plusieurs reproductions des œuvres de Teniers et de Stefano della Bella.

ASTRUP Nicolaï
Né le 30 août 1880 à Frolen (Sandefjord). Mort en 1928 à Jolster. xxᵉ siècle. Norvégien.
Peintre. Symboliste.
De 1899 à 1901, il fut élève de Harriet Backer, à Oslo et poursuivit ses études, d'abord en Allemagne : à Augsbourg, Berlin, Dresde, Munich, puis à Paris à l'Académie Colarossi, sous la direction de Christian Krohg. Il rentre ensuite en Norvège où il peint ses paysages. Il a été influencé par Böcklin et surtout par Gauguin dont le mysticisme et le primitivisme ressortent dans son œuvre. En 1903, il s'installe à Jolster, sur la côte ouest de la Norvège, où il devait mourir. L'un des premiers symbolistes norvégiens, il s'est efforcé, dans sa vie et dans son œuvre, de rester fidèle aux traditions rurales norvégiennes.
Bibliogr. : Oystein Loge : *Nikolai Astrup*, 1986, Oslo.
Musées : Oslo : *Un jour triste d'automne*.
Ventes Publiques : Londres, 23 mars 1988 : *Vue sur le jardin, de la porte d'entrée* 1908, h/t (87x110) : **GBP 165 000** – Londres, 20 juin 1989 : *Rhubarbe à Sandalstrand*, h/t (73x86) : **GBP 220 000** – Londres, 29 mars 1990 : *Le parloir de Sandalstrand – un intérieur avec une nature morte* 1911, h/t (81,9x100,4) : **GBP 374 000** – New York, 23 oct. 1990 : *Soleil couchant*, h/t bois gravé/pap. colorié à la main (40x46,4) : **USD 66 000**.

ASTUDIN Nicolai
Né en 1848. Mort en 1925. xixᵉ-xxᵉ siècles. Actif à Berlin. Allemand.
Peintre de paysages.
Il exposa à Berlin en 1876, 1877 et 1878.
Ventes Publiques : Munich, 20 oct. 1983 : *Vue de Partenkirchen* 1876, h/t (63x89) : **DEM 8 500** – Cologne, 22 mars 1985 : *Ville du bord du Main*, h/pan. (35x56,8) : **DEM 5 500** – Munich, 23 sep. 1987 : *Paysage au coucher du soleil*, h/t (38x61) : **DEM 2 000**.

ASTUTO-PALLI Angela, Mme. Voir FEICHTINGER Angela

ASUERUS WOUTERSZ
xviiᵉ siècle. Allemand.
Sculpteur.
Mentionné par un document de 1601 pour des travaux exécutés à l'église d'Alkmaar.

ATAKA Torao
Né en 1902 à Niigata. xxᵉ siècle. Japonais.
Peintre. Expressionniste, tendance fauve.
Membre de l'Issui Kai, il expose depuis 1926. A l'occasion d'un voyage en Europe entre 1928 et 1931, il participe au Salon d'Automne à Paris en 1929. Plus tard, en 1952, il a participé au Salon de l'Art Libre.

ATALAYA GONZALES Enrique
Né le 2 mai 1851 à Murcie. Mort le 27 juillet 1913 à Paris. xixᵉ-xxᵉ siècles. Actif en France. Espagnol.
Peintre de scènes de genre, sujets typiques, animaux, intérieurs, aquarelliste, dessinateur, illustrateur.
Élève de German Hernandez, il exposa à Madrid en 1876, puis à Berlin et à Dresde. S'étant fait naturaliser français, il figure au Salon des Artistes Français à l'Exposition de 1900 à Paris. Ayant connu une certaine vogue en tant que peintre de genre, il a aussi travaillé pour des éditeurs à Paris, illustrant, entre autres, Cervantes.
C'est avec beaucoup de brio qu'il brosse des scènes typiques espagnoles : corridas, intérieurs d'auberge, chevaux en liberté.

ATALAya

Bibliogr. : Gérald Schurr : *Les Petits Maîtres de la peinture 1820-1920, valeur de demain*, t. V, Les Éditions de l'Amateur, Paris, 1981.

VENTES PUBLIQUES : PARIS, 1919 : *Le Corps de garde* : **FRF 175** – PARIS, 21 fév. 1949 : *Scène espagnole* : **FRF 50 000** – VIENNE, 29-30 juin 1965 : *Chevaux en liberté* : **ATS 3 200** – PARIS, 25 fév. 1972 : *A l'auberge* : **FRF 1 600** – LONDRES, 20 fév. 1976 : *Scène de taverne*, h/pan. (16,5x38) : **GBP 550** – NEW YORK, 2 mai 1979 : *Le Modèle*, h/pan. (60x46) : **USD 2 000** – VERSAILLES, 4 oct. 1981 : *Scène de taverne*, h/pan. (33x24) : **FRF 7 000** – LONDRES, 28 nov. 1984 : *Le Forgeron ; L'Armurier*, deux h/pan. (24x33) : **GBP 3 100** – REIMS, 2 juin 1985 : *Promeneurs et calèche au Bois de Boulogne* 1904, deux h/t, formant pendants (8x12) : **FRF 19 000** – LONDRES, 6 oct. 1987 : *Le Rémouleur*, h/t (24x19) : **GBP 1 200** – LONDRES, 26 fév. 1988 : *Trocadéro 1911*, h/t (11,5x7) : **GBP 715** – PARIS, 13 avr. 1988 : *Élégantes dans le parc de Versailles*, h/pan. (32x41) : **FRF 18 000** – PARIS, 22 avr. 1988 : *Paris, rue Pierre Guérin*, aquar. (17x12) : **FRF 2 500** – NÎMES, 25 fév. 1989 : *Rencontre au point d'eau*, h/t (27x35) : **FRF 27 500** – PARIS, 19 juin 1989 : *Nurses et les militaires*, h/pap. (8x12) : **FRF 15 500** – PARIS, 22 juin 1989 : *Partie de ballon 1906*, h/cart. (7,5x11) : **FRF 8 000** – NEW YORK, 17 jan. 1990 : *Le Cours de peinture 1903*, h/t (54,6x81,4) : **USD 13 200** – CALAIS, 7 juil. 1991 : *Moine et gentilhomme devant l'étal*, h/pan. (25x19) : **FRF 9 800** – LONDRES, 17 juin 1992 : *À la foire*, h/t (56,5x46) : **GBP 4 400** – LE TOUQUET, 8 nov. 1992 : *Les Jeux des demoiselles 1907*, h/pan. (12x18) : **FRF 12 000** – AMSTERDAM, 20 avr. 1993 : *Dans le parc 1908*, h/pap. (10,5x7) : **NLG 2 300** – CALAIS, 4 juil. 1993 : *Le Cavalier débonnaire*, h/pan. (21x13) : **FRF 5 500** – LONDRES, 27 oct. 1993 : *Jeux dans un parc 1907*, h/cart. (10x7) : **GBP 828** – NEUILLY, 19 mars 1994 : *Vue de Paris 1909*, h/cart. (10x7) : **FRF 5 500** – PARIS, 27 oct. 1995 : *Conversation galante sur un ferry*, h/cart. (11x7) : **FRF 4 500** – NEW YORK, 1er nov. 1995 : *Bas-Meudon*, h/pan. (16,5x37,5) : **USD 9 200** – CALAIS, 23 mars 1997 : *Le Toast sur la terrasse*, h/pan. (15x10) : **FRF 10 000**.

ATAMIAN Charles Garabed
Né vers 1872 ou 1880 à Constantinople. Mort en 1947. XXe siècle. Actif aussi en France. Turc.
Peintre de compositions à personnages, paysages animés, marines, illustrateur. Orientaliste.
Il expose au Salon de la Société Nationale des Beaux-Arts entre 1913 et 1942 et au Salon des Indépendants à Paris entre 1938 et 1945. Il a souvent peint des scènes de la vie dans les harems.

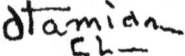

VENTES PUBLIQUES : PARIS, 29 oct. 1926 : *l'Ombrelle blanche* : **FRF 3 100** – PARIS, 3 mars 1938 : *Marée montante* : **FRF 1 550** – PARIS, 29 oct. 1979 : *En face de la mer*, h/t (60x73) : **FRF 4 900** – VERSAILLES, 28 jan. 1981 : *Les estivantes 1960*, h/t (60x73) : **FRF 6 500** – ANVERS, 24 oct. 1984 : *Bord de mer*, h/t (54x65) : **BEF 90 000** – PARIS, 20 juin 1985 : *Le petit bateau*, h/t (54x65) : **FRF 18 000** – LONDRES, 11 juin 1987 : *L'Atlantique*, h/cart. entoilé (44,5x53,2) : **GBP 13 000** – PARIS, 17 mars 1989 : *Paisible après-midi au harem*, aquar. (20x29) : **FRF 13 000** – PARIS, 6 avr. 1990 : *L'étang*, h/t (41x38) : **FRF 25 000** – NEW YORK, 28 fév. 1991 : *La plage*, h/t (53,3x65) : **USD 12 100** – PARIS, 4 juin 1993 : *Enfant sur la plage 1924*, h/t (27x35) : **FRF 12 500** – NEW YORK, 24 fév. 1994 : *Scène de plage*, h/t (26,7x34,3) : **USD 3 450** – PARIS, 30 nov. 1994 : *Contre-jour en Vendée*, h/t (60,5x73,5) : **FRF 33 500**.

ATANASIO da Coriano, Frère
XVIIIe-XIXe siècles. Italien.
Peintre.
Cet artiste exécuta des œuvres intéressantes, notamment le tableau des *douze apôtres*, dans la bibliothèque du Palais Archiépiscopal d'Ascoli-Piceno et une *Invention de la Croix*, à S. Croce. Il vécut très longtemps au couvent de Macerata et y mourut après 1834.

ATASSI Yakzan
Né en 1950. XXe siècle. Syrien.
Peintre. Abstrait.
Il a participé à Paris à l'exposition Grands et Jeunes d'Aujourd'hui en 1988.

ATCHE Jane
Née vers 1880 à Toulouse (Haute-Garonne). XIXe-XXe siècles. Française.
Peintre de compositions à personnages, portraits, aquarelliste, pastelliste, lithographe, dessinatrice. Symboliste.
C'est dans un décor gothique qu'elle place ses personnages aux allures moyenâgeuses, mais qu'elle brosse parfois avec un légèreté de touche qui appartient plus aux Impressionnistes qu'aux Symbolistes.

BIBLIOGR. : Gérald Schurr : *Les Petits Maîtres de la peinture 1820-1920, valeur de demain*, t. IV, Les Éditions de l'Amateur, Paris, 1979.
VENTES PUBLIQUES : MUNICH, 29 nov. 1977 : *Jeunes femmes aux fleurs 1899*, 2 aquar. (40x70,5) : **DEM 3 200** – PARIS, 22 fév. 1980 : *Jeune femme accoudée 1904*, past. (145x87) : **FRF 7 500** – NEW YORK, 20 juin 1981 : *Papier à cigarette « Job »* vers 1896, litho. en coul. (73,2x54,3) : **USD 1 400**.

ATCHERLEY Ethel
XIXe-XXe siècles. Britannique.
Peintre de paysages, aquarelliste.
Elle vécut dans le Lancashire et dans le Shropshire. Elle exposa entre 1894 et 1905. Trois de ses peintures figurèrent à la Royal Academy, parmi lesquelles : *La fin du jour* de 1896. Ses peintures sont presque toutes restées en propriété de la famille.

ATERIANUS Philippe
XXe siècle. Belge.
Peintre. Abstrait-lyrique.
Il est professeur à l'Institut Saint-Luc, à Bruxelles où il présente des expositions personnelles de ses peintures.
D'abord figuratif, il évolua à une abstraction construite, puis à une gestualité énergétique.

ATGER André
Né à Vauvert (Gard). XXe siècle. Français.
Peintre de paysages, portraits, animalier.
Il a exposé au Salon de la Société Nationale des Beaux-Arts à Paris entre 1924 et 1939, et au Salon des Artistes Français en 1934-1935.

ATHALIE, Mlle
XIXe siècle. Active au début du XXe siècle. Française.
Graveur.
Elle grava au trait.

ATHANASE, Frère. Voir GRELLET François

ATHANODOROS I
VIe-Ve siècles avant J.-C. Antiquité grecque.
Bronzier.
Avec les argiens Argéiadas, Asopodoros et Atotos, cet Achéen travailla à Olympie pour le grand ex-voto dédié par Praxitélès de Camarina entre 484 et 480 (?).

ATHANODOROS II
Originaire de Cleitor (Arcadie). Ve siècle avant J.-C. Actif à la fin du Ve siècle avant Jésus-Christ. Antiquité grecque.
Bronzier.
Il était (d'après Pline) l'élève de Polyclète, et il collabora au grand ex-voto delphique consacré par Sparte sur le premier tronçon de la Voie Sacrée en souvenir de la victoire d'Ægos-Potamos (405) : de lui étaient le *Zeus* et l'*Apollon*.

ATHANODOROS III
Antiquité grecque.
Bronzier.
Cité par Pline comme l'auteur de statues-portraits de femmes. Peut-être ne fait-il qu'un avec Athanodoros II.

ATHANODOROS IV, fils de Hagésandros
Ier siècle avant J.-C. Rhodien, actif au Ier siècle avant Jésus-Christ. Antiquité grecque.
Sculpteur.
Il appartenait vraisemblablement à une famille de sculpteurs lindiens, et fut prêtre d'Athéna en 22. Jeune encore, il signa la base des statues d'un *Philippos* (prêtre d'Athéna en 42) et de sa femme *Agauris*. Vers l'an 25, il signa avec Hagésandros (sans doute son frère) et Polydoros (qui est d'ailleurs inconnu) le *Groupe de Laocoon* (Pline 36, 37). D'autres signatures d'Athanodoros fils de Hagésandros ont été trouvées à Antium, Ostie, Capri et Rome. Une autre inscription italienne (sans patronym) et une inscription de Loryma (dans la Peraia rhodienne) ne peuvent pas être considérées à coup sûr comme des signatures de lui.

ATHAUS Fr. B.
XIXe-XXe siècles. Actif à Exeter. Britannique.

Peintre de paysages, paysages d'eau, marines.
Il exposa, de 1887 à 1900, des paysages et des marines à la Royal Academy de Londres. La Société des Artistes de Birmingham et la galerie d'art Walker à Liverpool possèdent aussi plusieurs de ses œuvres.

ATHENAIOS, fils de Dionysios
Ier siècle. Parien, actif au Ier siècle après Jésus-Christ (?). Antiquité grecque.
Sculpteur.
Il nous est connu par une inscription de Gortyne (Crète) se rapportant à un groupe de deux figures : la figure principale a disparu ; la figure secondaire, seule conservée, est un petit Attys. Le même nom d'artiste se retrouve sur une base découverte à Mélos.

ATHENAÏS
Originaire de Myndos (Carie). Ier siècle. Actif au début du Ier siècle après J.-C. Antiquité grecque.
Sculpteur.
Son nom se lit sur la double base de deux statues honorifiques, trouvée à Lindos (date antérieure à 7 après Jésus-Christ).

ATHENION
Originaire de Maroneia (Thrace). IVe siècle avant J.-C. Vivait au milieu ou au tournant du IVe siècle avant Jésus-Christ. Antiquité grecque.
Peintre.
Il était l'élève du Corinthien Glaukion et mourut jeune. Pline le cite à propos de Nikias à qui, paraît-il, il fut souvent comparé et quelquefois préféré. Athenion était un artiste de style sévère. Son œuvre la plus célèbre, un *Palefrenier avec un cheval*, devait faire apparaître le mieux cette « eruditio » qui autorisait de si grands espoirs. Nous ne savons rien de trois autres tableaux : le portrait à Éleusis d'un *Phylarchos* (vraisemblablement nom propre, et non grade militaire bien que certains aient pu penser à Olympiodoros, un général vainqueur des Macédoniens), le portrait à Athènes, de toute *Une famille*, et enfin *Sex signa in una tabula* (expression imprécise que l'on a voulu quelquefois rapporter au tableau d'Athènes). Par contre, nous avons très probablement, à Pompéi, le souvenir de la *Découverte d'Achille à Skyros*, peinte par Athenion : soit dans le tableau de la Maison de Holconius (il comporte six personnages : cf. *sex signa in una tabula* ?) soit plutôt dans celui de la Maison des Dioscures (beaucoup de mouvement : un trompette sonne l'alarme, Achille saute sur ses armes, mais déjà Diomède lui ceinture par derrière et Ulysse lui saisit le bras : il est reconnu ! Deidamie s'enfuit avec ses sœurs ; à l'arrière-plan, Lykomédès lève les yeux vers le ciel).

ATHENIS, fils d'Archermos
VIe siècle avant J.-C. Chiote, actif dans la seconde moitié du VIe siècle avant Jésus-Christ. Antiquité grecque.
Sculpteur.
Contemporain du poète Hipponax, il encourut, dit-on, sa haine, pour l'avoir caricaturé (?). Athenis travailla en collaboration avec son frère Boupalos. Leurs œuvres étaient répandues, non seulement à Chios (où ils avaient fait d'Artémis ce qu'on croit être un masque à double expression, triste et gaie), mais à Pergame, Lesbos, Smyrne, Clazomènes et Délos. Quand les Romains devinrent amateurs d'art, les deux artistes fils d'Archermos bénéficièrent de leur faveur, et Auguste, si l'on en croit Pline, aurait fait placer des figures féminines de Boupalos et Athenis sur le temple d'Apollon Palatin. Il reste très hypothétique de prononcer les noms de Boupalos et d'Athenis pour les *Columnae cœlatae* de l'Artemision d'Éphèse, ainsi que pour certaines Corès ioniennes, d'Athènes ou de Délos.

ATHENON Arnold
XIVe siècle. Français.
Sculpteur.
Il est mentionné en 1384 à Poitiers.

ATHERSTON John C.
Né le 7 juin 1900 à Brainera (Minnesota). Mort en 1952 à New Brunswich (Canada). XXe siècle. Américain.
Peintre, illustrateur d'affiches. Réaliste populaire à tendance surréaliste.
Entre 1938 et 1951, il a exposé à New York où il a participé à une exposition de groupe au Museum of Modern Art. Une tendance surréaliste devinrent surtout ressentir à travers ses paysages qui prennent un caractère fantastique.
Ventes Publiques : New York, 10 juil. 1980 : *Hot and Cold, Warf* 1943, 2 h/t (63,5x76,1) : **USD 2 200** – New York, 30 oct. 1996 : *Invasion : les Têtes* 1941, h/t (58,7x81,6) : **USD 14 950**.

ATHERTON Ezra
XIXe siècle. Américain.
Graveur sur bois.
Travailla vers 1830 et 1835 et copia Harvey et Bewick.

ATHERTON-SMITH David
Né à Glasgow. XXe siècle. Britannique.
Peintre.
Exposa à Paris en 1920 au Salon d'Automne : *Sur la plage*.

ATHONO Yasuhiko
Née à Tokyo. XXe siècle. Japonaise.
Peintre.
A partir de 1930, elle a exposé au Salon de la Société Nationale des Beaux-Arts de Paris et au Salon des Tuileries.

ATHOW T.
XIXe siècle. Vivait à Londres au commencement du XIXe siècle. Britannique.
Peintre de paysages, portraits.
Exposa sept œuvres à la Royal Academy, entre 1806 et 1822, notamment une *Vue de Penhurst Place*, conservée au British Museum.

ATIENZA CALATRAVA Martin de
XVIIe siècle. Actif à Séville. Espagnol.
Peintre.
Cet artiste est l'un des fondateurs de l'Académie de Séville vers 1660, et plusieurs statues de 1673 portent sa signature.
Ventes Publiques : Paris, 1843 : *La Vierge et l'Enfant Jésus* : **FRF 1 505**.

ATILA Édé Kardy, dit aussi Biro
Né le 20 février 1931 à Budapest. Mort le 22 mars 1987. XXe siècle. Depuis 1959 actif en France. Hongrois.
Peintre et graveur. Nouvelles figurations, tendance Pop'Art.
Il a fait tout d'abord des études d'architecture, puis a travaillé la peinture avec Willy Baumeister. Il s'est installé définitivement à Paris en 1959. Il a participé aux Salons Comparaisons en 1962-1965, de Mai depuis 1966, à la Biennale de Paris en 1965. Il a figuré aux expositions collectives *Mythologies quotidiennes* (1964), *La figuration narrative* (1965) et au Salon des Grands et Jeunes d'Aujourd'hui (1987). Expositions particulières à Paris, à Rotterdam en 1965.
Apparenté au Post-Pop'Art et en conséquence aux nouvelles figurations, Atila crée un univers tantôt enjoué, tantôt menaçant, avivé par les couleurs d'un arc-en-ciel acide et un dessin qui présente des caractères délibérément « naïvistes ». Son œuvre fait allusion, de façon inhabituelle dans cette tendance, à une mystique très personnelle, où se révèlent avec crudité les conflits de la chair et du spirituel.
Bibliogr. : Catalogue de l'exposition *Atila*, Galerie Alain Margaron, Paris, 1996.
Ventes Publiques : Breda, 25 avr. 1977 : *Composition* 1975 (?), h/t (163x110) : **NLG 2 400** – Anvers, 26 oct. 1982 : *Poutre polucéphale* 1976, h/t (146x114) : **BEF 20 000** – Lokeren, 25 fév. 1984 : *Composition* 1968, gche (68x50) : **BEF 33 000** – Anvers, 22 avr. 1986 : *Invocation* 1975, h/t (89x116) : **BEF 36 000** – Paris, 20 mars 1988 : *La nacelle d'arcs-en-ciel* 1983, h/t (116x89) : **FRF 10 500** ; *L'éther de la danse* 1984, h/t (122x123) : **FRF 13 000** – Calais, 3 juil. 1988 : *Portrait* 1978, aquar. (51x68) : **FRF 2 500** – Paris, 9 avr. 1989 : *Sans titre*, aquar./pap. (62x90) : **FRF 5 200** – Paris, 14 oct. 1991 : *Sans titre* 1985, aquar. (64x91,5) : **FRF 8 500** – Lokeren, 21 mars 1992 : *Souvenir d'une île* 1966, h/t (100x65) : **BEF 50 000** – Paris, 10 fév. 1993 : *Personnages* 1983, aquar. (64x64) : **FRF 3 900** – Lokeren, 9 oct. 1993 : *L'impassibilité orientale* 1968, h/t (162x130) : **BEF 150 000** – Lokeren, 28 mai 1994 : *L'impassibilité orientale* 1968, h/t (162x130) : **BEF 120 000** – Lokeren, 7 oct. 1995 : *Femme* 1968, h/t (100x65) : **BEF 38 000** – Amsterdam, 18 juin 1996 : *Fait divers édition minuit* 1969, h/t (114x195) : **NLG 2 760** – Paris, 1er juil. 1996 : *La Grande Amoureuse* 1976, acryl./t. (195x195) : **FRF 12 000**.

ATIUS AULIUS C.
Actif à l'époque romaine. Antiquité romaine.
Sculpteur.
Sa signature (« ex officina C. At. Auli ») se lit sur la hanche d'une statue de personnage portant la toge (Agrippa ?) trouvée dans le théâtre de Mérida (Espagne).

ATKINS
XVIIIe siècle. Britannique.

Sculpteur.
Il exposa une œuvre à la Free Society de Londres, en 1761.

ATKINS Albert Henry
Né en 1899 à Milwaukee (Wisconsin). Mort en 1951. xxᵉ siècle. Américain.
Sculpteur de figures.
Ventes Publiques : New York, 20 mars 1987 : *David*, bronze (H. 55,8) : **USD 3 000.**

ATKINS Catherine J.
xixᵉ siècle. Vivait à Londres dans la dernière moitié du xixᵉ siècle. Britannique.
Peintre de genre, aquarelliste.
Cette artiste exposa, entre 1877 et 1894, à nombre d'associations artistiques, notamment à la Royal Academy, à Suffolk Street, à la New Water-Colours Society, à la Grosvenor Gallery et à la New Gallery ; elle a figuré à l'Exposition d'Automne de Derby avec deux aquarelles : *Auprès du feu* et *Regard dans le passé.*

ATKINS Elsie
xixᵉ-xxᵉ siècles. Britannique.
Peintre de paysages, miniaturiste.
Elle exposa à la Royal Academy de Londres tout d'abord des miniatures, à partir de 1903, puis des paysages, à partir de 1907.

ATKINS Emmeline
xixᵉ siècle. Active à Londres dans la dernière moitié du xixᵉ siècle. Britannique.
Peintre de portraits, natures mortes, aquarelliste.
Elle envoya des œuvres à la Royal Academy, à Suffolk Street et à la New Water-Colours Society, à Londres.
Ventes Publiques : New York, 14 oct. 1993 : *Un jeune Égyptien*, aquar./pap. cartonné (45,1x35) : **USD 920.**

ATKINS G.
xixᵉ siècle. Vivait à Londres vers le milieu du xixᵉ siècle. Britannique.
Miniaturiste.
Elle exposa, en 1849 et 1850, huit œuvres à Suffolk Street.

ATKINS James
Né au xixᵉ siècle en Irlande. Mort en 1834 à Malte. xixᵉ siècle. Britannique.
Peintre de portraits.
Cet artiste étudia à Rome et exposa à Londres, à la Royal Academy, en 1831 et 1833. Il se rendit à Constantinople, où il fit le portrait du Sultan.
Ventes Publiques : Londres, 27 juin 1980 : *Portrait de George, 3ᵉ marquis de Donegall* 1824, h/t (233,7x145,4) : **GBP 2 800.**

ATKINS Samuel
xviiiᵉ-xixᵉ siècles. Actif à Londres. Britannique.
Peintre de sujets typiques, paysages d'eau, marines, aquarelliste, dessinateur.
Cet artiste alla aux Indes et exécuta plusieurs peintures de paysages et de scènes orientales. Il en exposa à Londres, à la Royal Academy, après 1787 et jusqu'en 1808.
Musées : Londres : *Bataille navale*, aquar. – Manchester : *Docks à Dentford*, aquar. – *Calme*, aquar. – *Quittant le port*, aquar. – *Scène de rivière en Hollande.*
Ventes Publiques : Londres, 16 juin 1970 : *Deux voiliers au large de la côte*, aquar. : **GNS 1 100** – Londres, 1ᵉʳ mars 1977 : *Bateaux par grosse mer*, aquar. (28x39) : **GBP 800** – Londres, 19 juin 1979 : *Bateaux au large de Douvres*, aquar. (21,3x30,5) : **GBP 850** – Londres, 23 nov. 1979 : *Frégate et autres bateaux en mer*, h/t (71,7x106,7) : **GBP 1 600** – Londres, 16 mars 1982 : *Bateaux de guerre à l'ancre* 1805, aquar. et cr. (28x40) : **GBP 750** – New York, 25 mai 1984 : *Voiliers au large de la côte de Chine*, aquar. et pl. (34,5x49) : **USD 14 000** – Londres, 8 juil. 1986 : *Hotwells, Bristol*, aquar. (36,5x49,5) : **GBP 2 000** – Londres, 3 juin 1987 : *Bateaux au large de Flushing*, aquar. et pl. (35,5x47) : **GBP 1 700** – Londres, 30 mai 1990 : *Un lougre déchargeant un deux-mâts*, aquar. et encre (28x47,5) : **GBP 2 200** – Londres, 11 oct. 1995 : *Navigation au large de la grève par mer calme*, aquar./cr. (14x19,5) : **GBP 575.**

ATKINS William Edward
Né en 1842. Mort en 1910. xixᵉ-xxᵉ siècles. Britannique.
Peintre-aquarelliste de marines.
Il appartient à ces peintres de marines qui devraient plutôt être appelés peintres de navires.
Ventes Publiques : Londres, 22 mai 1991 : *Le Yacht royal Victoria et Albert II à Portsmouth*, aquar. (25,5x43) : **GBP 1 320** –

Londres, 11 mai 1994 : *Le Yacht royal à Portsmouth*, aquar. (25x39) : **GBP 1 955** – Londres, 30 mai 1996 : *Le H.M.S Majestic et le vaisseau royal Victoria et Albert avec le prince de Galles à bord* 1897, aquar. reh. (41,5x73,5) : **GBP 575.**

ATKINSON
xixᵉ siècle. Britannique.
Peintre-aquarelliste, illustrateur.
Les deux aquarelles représentent des scènes du roman : *Ivanhoé*, de Walter Scott, conservées au Victoria and Albert Museum, sont parues probablement en 1853.
Musées : Londres (Victoria and Albert Mus.) : Deux scènes du roman : « Ivanhoé » de Walter Scott, aqu.

ATKINSON Alicia
Née en 1900 à Indianapolis ou à Brooklyn. xxᵉ siècle. Américaine.
Peintre.
Exposa à Paris en 1938 au Salon de la Nationale un *Paysage.*

ATKINSON Amy B.
xixᵉ siècle. Vivait à Londres vers 1890-1893. Américaine.
Peintre de genre.
Elle exposait à Londre à la Royal Academy et à Suffolk Street, ainsi qu'à la Dudley Gallery, en 1910.

ATKINSON Arthur G.
xixᵉ siècle. Britannique.
Sculpteur.
Cet artiste exposa à la Royal Academy de Londres, de 1879 à 1891. On cite notamment : *Un gladiateur blessé* ; *Saint Étienne, martyr.* Il exposa aussi à Suffolk Street.

ATKINSON B. T.
xixᵉ siècle. Vivait à Londres vers le milieu du xixᵉ siècle. Britannique.
Peintre de paysages.
Il exposa deux œuvres à la Royal Academy en 1856.

ATKINSON B. W.
xixᵉ siècle. Britannique.
Peintre de paysages d'eau.
Cet artiste habitait Egremont, dans le comté de Cumberland. Il exposa une œuvre à la Royal Academy de Londres, en 1888. Il se spécialisa dans la représentation des scènes de rivières.

ATKINSON B. W.
xixᵉ-xxᵉ siècles. Britannique.
Peintre, aquarelliste.
Il vivait à Liverpool, où il exposa à la Walker Art Gallery en 1910.

ATKINSON Charles
xixᵉ siècle. Actif à Datchet. Britannique.
Peintre de portraits.
Exposa à Londres, entre 1879 et 1881, à la Grosvenor Gallery.

ATKINSON Christopher, R. P.
Né en 1754. Mort en 1795. xviiiᵉ siècle. Britannique.
Peintre animalier, peintre à la gouache, aquarelliste, dessinateur.
Ventes Publiques : Londres, 15 nov. 1983 : *Shoveller*, aquar., cr. et gche (29x22,3) : **GBP 2 000** – Londres, 9 juil. 1985 : *Short eared owl*, aquar. et pl. (28,8x22,8) : **GBP 2 000** – Londres, 16 mars 1993 : *Hulotte*, cr. et aquar. (28,3x22,5) : **GBP 2 127** – Londres, 14 mai 1996 : *Poule d'eau et Huîtrier-pie*, cr. et aquar. (28,2x22,3) : **GBP 1 840.**

ATKINSON E.
xviiiᵉ siècle. Actif à Londres. Britannique.
Peintre.
Exposa des toiles de natures mortes à la Royal Academy, entre 1793 et 1797.

ATKINSON Elizabeth H.
Née à Philadelphie. xixᵉ-xxᵉ siècles. Américaine.
Peintre.
Cette artiste étudia à Philadelphie et à l'Académie Julian, à Paris. Ses œuvres sont en possession de collectionneurs de Philadelphie, de Washington, de Baltimore. Elle a participé au Salon d'Hiver à Paris.

ATKINSON F. L.
xixᵉ siècle. Britannique.

Graveur.
Le Musée de Sydney conserve de lui : *Forêt de Windsor*, d'après Landseer, et *Le Lion chez lui*, d'après Rosa Bonheur.

ATKINSON Florence
XIXᵉ-XXᵉ siècles. Vivait à Montréal vers 1900. Canadienne.
Peintre.

ATKINSON Francis E.
XIXᵉ siècle. Vivait à Teddington (Angleterre), vers 1891. Britannique.
Graveur.
Exposa deux œuvres à la Royal Academy, entre 1891 et 1893. On cite de lui une planche d'après Bource, intitulée : *Dimanche à la mer*.

ATKINSON Frederick
XVIIIᵉ-XIXᵉ siècles. Britannique.
Aquafortiste amateur.
Il fit surtout des portraits de personnages historiques.

ATKINSON G.
XIXᵉ siècle. Irlandais.
Peintre de marines.
Il vivait à Cork (Irlande) vers le milieu du XIXᵉ siècle. Il exposa un tableau à Suffolk Street, en 1850. Possiblement identique à George Mounsey Wheatley Atkinson.

ATKINSON George
XIXᵉ-XXᵉ siècles. Irlandais.
Peintre-aquarelliste, dessinateur de sujets de genre.
Il a exposé à la Walker Art Gallery de Liverpool en 1910. Vers cette époque, il habitait Dublin.
VENTES PUBLIQUES : LONDRES, 9 fév. 1983 : *Le marchand de parapluie*, aquar./trait de cr. (33x23) : **GBP 850**.

ATKINSON George M.
XIXᵉ siècle. Britannique.
Peintre de paysages.
Il était actif à Londres dans la deuxième moitié du XIXᵉ siècle. Il envoya des œuvres à la Royal Academy, à la British Institution et à Suffolk Street à Londres, entre 1859 et 1877. Probablement pas identique au peintre de marines Atkinson George Mounsey Wheatley.

ATKINSON George Mounsey Wheatley
Né en 1806. Mort en 1877 ou 1884. XIXᵉ siècle. Britannique.
Peintre de marines.
Essentiellement peintre de marines, de bateaux, il ne semble pas pouvoir être identifié à Atkinson George M.
VENTES PUBLIQUES : LONDRES, 2 fév. 1979 : *Bateau américain à l'ancre dans le port de Cork* 1848, h/t (66x100.3) : **GBP 12 000** – LONDRES, 24 mars 1981 : *A harbour month*, h/t (66x101) : **GBP 1 400** – LONDRES, 3 avr. 1987 : *Bateau à l'ancre dans une baie au coucher du soleil* 1851, h/t (61x87) : **GBP 2 800** – LONDRES, 31 mai 1989 : *Brigantine à l'ancre* 1846, h/t (61x89) : **GBP 6 380** – NEW YORK, 3 juin 1994 : *Le séchage des voiles* 1846, h/t (85,7x130,2) : **USD 12 650** – LONDRES, 2 juin 1995 : *Navigation dans le port de Cork avec le chateau de Blackrock au clair de lune* 1841, h/t (59x87) : **GBP 7 475** – LONDRES, 30 mai 1996 : *Rowing Ashore, Cork* 1858, h/t (38x67) : **GBP 4 600**.

ATKINSON Herbert D.
XIXᵉ-XXᵉ siècles. Britannique.
Peintre d'animaux.
Il habitait Beckenham, dans le comté de Kent. Il exposa une œuvre à Suffolk Street à Londres, en 1889.
VENTES PUBLIQUES : CHESTER, 17 jan. 1986 : *Coqs de combat* 1922-1928, suite de six h/t : **GBP 2 400**.

ATKINSON J.
XVIIIᵉ siècle. Britannique.
Peintre animalier.
Il exposa, en 1796, à la Royal Academy de Londres.

ATKINSON J. M.
XIXᵉ siècle. Britannique.
Peintre de genre.
Il vivait à Londres, en 1858. Il exposa à la British Institution.

ATKINSON James
Né en 1780. Mort en 1852. XIXᵉ siècle. Britannique.
Peintre de portraits, dessinateur amateur.
Médecin en chef de l'armée anglaise aux Indes, cet artiste fit plusieurs portraits dont une partie est conservée à la National Gallery of Portraits. Il exposa à la British Institution et à Suffolk Street en 1832 et 1833.

MUSÉES : LONDRES : *Portrait de Gilbert Elliot, 1ᵉʳ comte de Minto*, peint. – *Portrait de John Flaxman*, peint. – *Portrait de l'artiste par lui-même*, peint. – *Portrait de Horace Hayman Wilson*, peint. – *Portrait de Sir Willoughby Cotton*, dess. – *Portrait de Sir William Macnaghten*, dess. – *Portrait de Francis Rawdon, premier marquis d'Hastings*, dess. à la pl. – *Portrait de Lord William Cavendish Bentinck*, dess. à la pl..

ATKINSON John
XVIIIᵉ siècle. Britannique.
Peintre de paysages.
Il exposa à Londres dans la dernière moitié du XVIIIᵉ siècle.
VENTES PUBLIQUES : CHESTER, 29 avr. 1982 : *Whitley Bay*, aquar. reh. de gche (29x44,5) : **GBP 650**.

ATKINSON John Augustus
Né en 1775 à Londres. Mort après 1831 ou 1833. XIXᵉ siècle. Britannique.
Peintre d'histoire, sujets de genre, paysages animés, aquarelliste, graveur, dessinateur.
John Atkinson exposa, de 1803 à 1833, à la Royal Academy, à Londres.
Son oncle, James Walker, entrant, en 1784, au service de la grande Catherine à Saint-Pétersbourg, John Atkinson l'accompagna et fut protégé par l'impératrice et Paul 1ᵉʳ, pour lesquels il peignit des tableaux de l'histoire russe, notamment : *Une victoire des Russes sur les Tartares* et *Le baptême du grand duc Waldimir*, qui furent conservés au Palais Michel, à Saint-Pétersbourg. De retour à Londres, en 1801, il grava, à l'eau-forte, plusieurs vues de Russie et des costumes russes. En 1812 il publia : *Représentation pittoresque des Russes*, avec une centaine de planches coloriées. Il partit, en 1815, à Waterloo, avec Devis England, et ils firent, en collaboration, un tableau de la bataille, gravé par J. Burnet, et dont l'esquisse est conservée au British Museum. En outre de ses peintures d'histoire, il est l'auteur de nombreuses scènes de genre.
MUSÉES : DUBLIN : *Moissonneurs*, aquar. – LONDRES : Sept aquarelles – LONDRES (British Mus.) : *Bataille de Waterloo*, esquisse – MANCHESTER : *Scène sur la côte*, aquar.
VENTES PUBLIQUES : LONDRES, 14 juin 1977 : *Soldats au repos*, aquar. et pl. (20,5x26,3) : **GBP 380** – LONDRES, 19 juin 1979 : *Le Retour des pêcheurs*, aquar. et pl. (32x49,5) : **GBP 600** – LONDRES, 19 nov. 1981 : *Le marché aux poissons, Boulogne*, aquar. (25,5x37) : **GBP 480** – LONDRES, 25 nov. 1986 : *Les amateurs d'art*, aquar. et pl. (16x13) : **GBP 2 400**.

ATKINSON John Gunson
Né en 1863. Mort en 1924. XIXᵉ-XXᵉ siècles. Britannique.
Peintre de paysages animés, paysages, peintre à la gouache, aquarelliste.
Cet artiste produisit nombre d'œuvres qu'il envoya à diverses expositions de Londres, notamment à Suffolk Street, à la Royal Academy et à la British Institution.
VENTES PUBLIQUES : LONDRES, 26 oct. 1979 : *Paysages fluviaux boisés*, deux toiles (17,2x27,2) : **GBP 900** – LONDRES, 25 avr. 1980 : *Rydal lake*, h/t (19x29,8) : **GBP 240** – GLASGOW, 1ᵉʳ déc. 1982 : *Verdant farmyard*, h/t (40,5x56) : **GBP 480** – LONDRES, 26 mai 1983 : *The close of a winter's day*, aquar. et gche (41x51) : **GBP 650** – LONDRES, 16 oct. 1986 : *Femmes et enfants sur la plage*, aquar. et cr. (27,5x38) : **GBP 2 600** – LONDRES, 25 jan. 1988 : *Moutons dans la prairie*, aquar. (46x64) : **GBP 1 100** ; *En attendant un client*, aquar. (25,5x37) : **GBP 2 090** – LONDRES, 25 jan. 1989 : *La mare aux canards*, aquar. et gche (40,5x35,5) : **GBP 682** – LONDRES, 14 juin 1991 : *Un village du Dumfrieshire*, aquar. (28,2x40) : **GBP 990** – LONDRES, 11 oct. 1995 : *Dans les bois au printemps*, aquar. avec reh. de gche (40x30,5) : **GBP 1 380**.

ATKINSON Kate E.
XIXᵉ siècle. Vivait à Londres. Britannique.
Paysagiste.
Elle exposa à Suffolk Street en 1871.

ATKINSON Mary
XIXᵉ siècle. Britannique.
Peintre d'oiseaux.
Cette artiste exposa de 1833 à 1839 à Suffolk Street et à la Royal Academy.

ATKINSON Maud Tindal
XIXᵉ-XXᵉ siècles. Britannique.
Peintre.
A partir de 1907, elle a exposé à la Royal Academy de Londres.
VENTES PUBLIQUES : LONDRES, 25 mars 1980 : *Bord de rivière*, reh.

ATKINSON/ATLAN

de gche (47x35,5) : **GBP 200** – Londres, 24 juil. 1985 : *Fillette faisant des châteaux de sable sur la plage*, h/pan. (25x25) : **GBP 650**.

ATKINSON Richard
XVIIIe siècle. Vivait à Londres dans la dernière moitié du XVIIIe siècle. Britannique.
Portraitiste et paysagiste.
Exposa à la Society of Artists et à la Royal Academy.

ATKINSON Robert
Né le 15 novembre 1863 à Leeds. Mort le 16 février 1896 en Nouvelle-Zélande. XIXe siècle. Britannique.
Peintre et illustrateur.
Élève de Richard Walter en Angleterre. Il étudia aussi à Anvers. Il exposa à Londres à la Royal Academy. Parmi ses œuvres, il convient de citer *Sphinx et Chevrier au bord du Nil* (Musée de Leeds).
Musées : Sydney : *Habitants des îles Salomon*, dessin – *Chef des îles Fidji*, dessin – *Une belle de Tonga*, dessin – *Boy d'une plantation*, dessin.

ATKINSON Terry
Né en 1939 à Barnsley (Yorkshire). XXe siècle. Britannique.
Artiste. Conceptuel. Groupe Art & Language.
Il a fait ses études à Londres entre 1960 et 1964. Il enseigne au Collège d'Art de Birmingham puis à Coventry. Travaillant sur le concept, il est membre-fondateur du groupe *Art & Language* avec lequel il expose. Sur les activités communes du groupe, voir *ART & LANGUAGE*.

ATKINSON Thomas Lewis
Né le 4 avril 1817 à Salisbury. XIXe siècle. Britannique.
Graveur au burin.
Fils de Thomas Atkinson, officier de la marine royale, il étudia chez Samuel Cousin pendant sept ans et exposa à la Royal Academy, de 1857 à 1889, des portraits et des scènes de chasse. Atkinson fut un des brillants représentants de la gravure anglaise. Le Musée de Manchester possède de nombreuses estampes de lui.

ATKINSON Thomas Witlam
Né en 1799. Mort le 13 août 1861 à Little Walmer (Kent). XIXe siècle. Britannique.
Peintre.
Cet artiste travailla au début de sa carrière comme tailleur de pierres pour des églises. En 1831, il publia un ouvrage intitulé : *Ornements gothiques*. Peu après, il s'établissait comme architecte à Manchester. En 1840, il vint à Londres, puis alla à Hambourg, Berlin et Saint-Pétersbourg, où il obtint la permission de voyager dans les parties les moins fréquentées de la Russie d'Asie. Il y fit un grand nombre de croquis et de dessins et, de retour en Angleterre, publia les ouvrages suivants, illustrés par lui : *La Sibérie orientale et de l'ouest* ; *Voyage dans la région du haut et du bas Amour*, 1860 ; *Souvenirs des steppes de la Tartarie et de leurs habitants*.

ATKINSON W. A.
XIXe siècle. Actif à Londres de 1849 à 1870.
Peintre d'histoire, sujets de genre.
Sa carrière reste très obscure, on ne connaît même pas son prénom. Il vécut dans les environs du nord de Londres. Entre 1849 et 1862, il exposa 9 peintures à la Royal Academy, une seule chaque année, de 1852 à 1867 il participa 5 fois aux expositions de la British Institution et de 1865 à 1870 également 5 fois à Suffolk Street.
Il peignait habituellement des scènes de la vie contemporaine mais se hasardait aussi parfois dans des sujets historiques. Il semble que le travail d'Atkinson évolua au cours des ans vers le style préraphaélite par la précision de la lumière, le détail et l'expression psychologique.
Ventes Publiques : Londres, 12 juin 1992 : *La charrette de fleurs renversée*, h/t (92x71,8) : **GBP 66 000**.

ATKINSON W. Ansell
XIXe-XXe siècles. Britannique.
Dessinateur.
Il exposa à la Walker Art Gallery de Liverpool, en 1910.

ATKINSON W. E.
Né en 1862 à Toronto (Canada). XIXe siècle. Américain.
Peintre de paysages.
Élève de l'École d'Art d'Ontario et de l'Académie des Beaux-Arts de Pennsylvanie, cet artiste se perfectionna à Paris, chez Julian, et exposa, de 1890 à 1902, au Salon. On cite parmi ses œuvres : *L'hiver*, *Le vieux château*, *Soir*.

Ventes Publiques : Toronto, 2 juin 1982 : *Village au bord d'une rivière 1894*, aquar. (32,5x48,8) : **CAD 500**.

ATKINSON W. E.
XIXe siècle. Vivait à Kew près de Londres dans la dernière moitié du XIXe siècle. Britannique.
Graveur.
Exposa deux œuvres entre 1877 et 1878.

ATL, Dr., pseudonyme de Murillo Gerardo
Né en 1875 à Guadalajara. Mort en 1964. XXe siècle. Mexicain.
Peintre de portraits, paysages, dessinateur. Expressionniste.
Très jeune, il partit pour l'Europe, grâce à une bourse du gouvernement. En Italie, il se lia avec les milieux marxistes et anarchistes. À Paris, il fréquenta les artistes des avant-gardes du moment. Il retourna au Mexique en 1903, y apportant les idées nouvelles : impressionnisme et fauvisme. Il fut professeur à l'Académie de San Carlos, où il eut Orozco parmi ses élèves. La révolution, qui éclata en 1910, et à laquelle il prit part, interrompit le cours normal de son activité. Il a exposé ensuite à Paris, au Salon d'Automne à partir de 1911. Le Musée National des Arts Plastiques de Mexico lui a consacré une exposition en 1948 : *Vallées et Montagnes du Mexique*.
Avec José Guadalupe Posada, il furent au début du siècle les précurseurs des muralistes. Juste à la veille de la révolution, Atl eut le projet de faire décorer de peintures murales l'amphithéâtre Simon Bolivar de l'École Préparatoire. Il a surtout peint les paysages montagneux du Mexique, puis des éruptions de volcans. Thèmes dramatiques traités le plus souvent au pastel gras ou au fusain. Il peignit aussi quelques autoportraits et les portraits des personnalités pittoresques du moment. ■ J. B.

Dr Atl.

Bibliogr. : Damian Bayon, Roberto Pontual, in : *La peint. de l'Amérique latine au XXe siècle*, Mengès, Paris, 1990.
Ventes Publiques : New York, 26 mai 1977 : *Paysage montagneux, printemps 1937*, h/t mar./cart. (49,5x40,5) : **USD 13 000** – New York, 11 mai 1979 : *Paysage* 1936, aquar. (47,6x61,6) : **USD 2 750** – New York, 9 mai 1980 : *Volcan*, pigments préparés par l'artiste/isor. (61x84) : **USD 31 000** – New York, 5 mai 1981 : *Nahuin Olin*, pigments préparés par l'artiste/isor. (60,8x63,2) : **USD 20 000** – New York, 10 juin 1982 : *Le soleil* 1960, pigments préparés par l'artiste/isor. (111,8x94,5) : **USD 40 000** – New York, 28 nov. 1984 : *Le volcan*, h/isor. (57x32,3) : **USD 3 500** – New York, 30 mai 1985 : *Paysage aux volcans*, pigments préparés par l'artiste/cart. (49,5x66,3) : **USD 8 000** – New York, 17 mai 1989 : *Soleil couchant*, h/t (51x71) : **USD 52 800** – New York, 20 nov. 1989 : *Eruption du Paricutin la nuit*, temp. et h/rés. synth. (60x60) : **USD 44 000** – New York, 1er mai 1990 : *Paysage 1956*, h./Cellotex (57,5x101) : **USD 72 600** – New York, 20-21 nov. 1990 : *Forêt et volcans*, h. sur un châle mexicain (87,5x155,2) : **USD 63 800** – New York, 8 mai 1991 : *Sans titre*, pigments préparés par l'artiste et past./pap. (45,5x86) : **USD 38 500** – New York, 15-16 mai 1991 : *Paysage du Popocatépetl*, h/t (46,5x70) : **USD 71 500** – New York, 19 nov. 1991 : *Le point du jour*, h/toile d'emballage (40x61) : **USD 41 800** – New York, 18-19 mai 1992 : *Paysage avec un volcan* 1946, h/rés. synth. (49,5x60,2) : **USD 52 800** – New York, 24 nov. 1992 : *Paricutin*, fus. et graphite/cart. (46,7x58,4) : **USD 11 000** – New York, 18 mai 1993 : *Paysage avec des volcans*, h/pan. (81,2x122) : **USD 206 000** – New York, 17 mai 1994 : *Paysage aérien (vallée de Mexico)*, pigments préparés par l'artiste/rés. synth. (61x88,6) : **USD 156 500** – New York, 15 mai 1996 : *L'éruption du Paricutin*, h/t (75x110) : **USD 107 000** – New York, 25-26 nov. 1996 : *La ville de Mexico depuis la route de Cuernavara* vers 1960, pigments de l'artiste/masonite (41,3x88,3) : **USD 46 000** – New York, 24-25 nov. 1997 : *Paysage avec un volcan en premier plan*, pigments de l'artiste/masonite (40x40) : **USD 23 000**.

ATLAN Camille. Voir CAMILLE

ATLAN Jean Michel
Né en 1913 à Constantine (Algérie). Mort en février 1960 à Paris. XXe siècle. Français.
Peintre à la gouache, pastelliste, peintre de technique mixte, lithographe, dessinateur. Expressionniste-abstrait. Groupe COBRA.
Il n'eut guère le temps de connaître son succès, la maladie et la mort brutale interrompant une vie tout au long difficile. « Mes origines sont judéo-berbères comme un peu tout le monde là-

bas, dans cette ville vieille comme Jugurtha, qui fut la capitale de la Numidie et qui est construite avec des rochers, des ravins, des nids d'aigles et des cactus. » Tous ses amis peintres qui l'accompagnèrent au cimetière Montparnasse, n'oublieront pas la beauté antique des chants hébreux, ni, au bord de la tombe, le chapeau rituel sur la tête, ce parent sans doute proche qui lui ressemblait tant. Après ses études au Lycée de Constantine, il vint à Paris en 1930 pour passer une licence de philosophie en Sorbonne. Tout en préparant l'agrégation, il enseigna dans des lycées de province jusqu'en 1940, révoqué par les lois anti-juives du gouvernement de Vichy. Il s'installe alors à Paris avec sa femme. Il ne peignait pas encore, mais écrivait des poèmes, à caractère surréaliste, qu'il illustrait de dessins. « Ma vocation de peintre ? Je crois bien qu'elle a résulté directement de la location de mon atelier, rue de la Grande Chaumière. » Boutade ? Non, mais une des nombreuses manifestations de cette simplicité humoristique qui caractérisait le regard qu'Atlan posait sur le monde. Commençant donc à peindre en 1941, dans le même temps il a des contacts avec la Résistance, est arrêté par les Allemands en 1942, trouve son salut à l'hôpital Sainte-Anne dans la simulation de la folie que lui permettaient ses connaissances en psychiatrie. Sa famille, sa femme furent emprisonnées, son frère tué en commando. Il avait continué à peindre à Sainte-Anne. En 1945, il illustra de lithographies : *Description d'un combat de Kafka*. En 1958, connaissant un début d'aisance, il put acquérir une demeure à Villiers-sur-Thonon dans l'Yonne. C'est en 1959, au cours d'une exposition à Londres où il voyait l'indice d'une reconnaissance durable, qu'il fut pris d'une hémorragie interne, première atteinte du cancer fatal. Au lendemain de la libération de Paris en 1944, il exposa pour la première fois, collectivement au Salon des Surindépendants, individuellement à la Galerie Arc-en-ciel. A partir de là, il a participé à toutes les grandes manifestations d'art français contemporain, et fidèlement au Salon de Mai de Paris. Il avait parallèlement des expositions personnelles : à Paris en 1947, 1956 (...) ; au Palais des Beaux-Arts de Bruxelles et au Musée d'Antibes en 1957 ; au Musée National d'Art Moderne de Paris en 1963 qui présentait une rétrospective, dont le catalogue reste une excellente référence ; au musée des beaux-arts de Nantes en 1986.
Même à travers une certaine évolution inévitable de la forme et de la technique depuis les premières peintures expressionnistes de ses débuts, l'œuvre d'Atlan se présente dans une unité monolithique impressionnante. Ne répétait-il pas bien souvent que le peintre, dans sa peinture, poursuit la recherche de son identité, et qu'il doit peindre toujours la même peinture, son propre portrait, attentif à en saisir les fluctuations dans la continuité ? Pour ce qui est de la technique, il a utilisé, en général mélangés, craies, pastels, couleurs à l'huile, sur des toiles de jute grossières, recherchant tout au long de sa vie les matériaux offrant la matité qu'il désirait. Quant au langage, proche d'un expressionnisme abstrait qui l'apparenta au groupe COBRA, qu'on ait pu y déchiffrer, dès les œuvres des premières années « ... des animaux fantastiques qui laissent à l'imagination un libre choix d'interprétation » (B. Dorival) ou y voir « ... les ombres immenses d'un plein Midi des Tropiques dans la forêt vierge ou bien les spectres allongés du soleil au cœur de la nuit saharienne, quand la nuit erre » (André Verdet) ou encore « ... une faune et une flore que l'on n'avait pas vues ailleurs, parfois une humanité primitive encore mal dégagée de la matrice universelle » (M. Ragon), on s'accorde unanimement à en reconnaître le caractère barbare, bien que formulé en toute clarté d'esprit dans des peintures sévèrement construites où traînent des échos de l'Afrique profonde. Un graphisme noir, charbonneux et épais comme l'étaient ses deux sourcils qui se rejoignaient sur le nez, définit pesamment les quelques formes élémentaires qu'il qualifiait luimême de magiques, les unes relevant de la courbe féminine, les autres hérissées, agressives, et matérialisées par des couleurs franches dans les premiers temps, adoucies ensuite, où éclatent souvent les orangés sur des violets, dont l'affrontement symbolique et obscur constitue tout le sujet de chaque œuvre, totems dressés en mémoire de conflits enfouis dans les profondeurs de l'inconscient collectif ou pour célébrer d'autres victoires à venir sur l'invisible. Lui encore : « La peinture est une aventure qui met l'homme aux prises avec les forces redoutables qui sont en lui et hors de lui, le destin, la nature. »　■ Jacques Busse

Atlan (signature)

BIBLIOGR. : Michel Ragon : *L'artiste et le magicien*, Paris, 1951 – André Verdet : *Atlan*, Musée de poche, Paris, 1957 – Bernard

Dorival : *Les peintres du xxᵉ siècle*, Tisné, Paris, 1957 – Jacques Damase : *Atlan*, Tisné, Paris, 1962 – Michel Ragon : *Atlan*, coll. Le Musée de Poche, Tisné, Paris, 1962 – Bernard Dorival : Catalogue de l' *Exposition rétrospective d'Atlan*, Mus. Nat. d'Art Mod., Paris, 1963 – B. Dorival et A. Verdet : *Atlan* in : *Les peintres contemporains*, Mazenod, Paris, 1964 – Jean-Clarence Lambert, in : *La peinture abstraite*, tome 23 de *Histoire générale de la peinture*, Rencontre, Lausanne, 1967 – *Atlan*, in : Encyclopédie des arts *Les muses*, Alpha, Paris, 1970 – Michel Seuphor, Michel Ragon : *La peinture abstraite*, tome 4, Maeght, Paris, 1974 – Catalogue de l'Exposition *Atlan, premières périodes 1940-1954*, Mus. des Beaux-Arts, Nantes, 1986 – Michel Butor : *Poèmes pour le catalogue de l'Exposition Atlan*, Gal. Enrico Navarra, Paris, 1989 – Michel Ragon : *Atlan mon ami*, Galilée, Paris, 1989 – Lydia Harambourg, in : *L'École de Paris 1945-1965. Diction. des Peintres*, Ides et Calendes, Neuchâtel, 1993.

MUSÉES : ANTIBES – COLOGNE – GRENOBLE – HAÏFA – LILLE – LONDRES (Tate Gal.) – LYON (Mus. des Beaux-Arts) – NEW YORK (Mus. of Mod. art) – PARIS (Mus. Nat. d'Art Mod.) : *La Kahena* 1958 – *Amarylis – Sans titre – Peinture 1951-1952* – STUTTGART – TEL-AVIV – TOKYO .

VENTES PUBLIQUES : PARIS, 3 juin 1958 : *Formes* : **FRF 265 000** – PARIS, 8 jan. 1960 : *Sonate des oiseaux*, past. : **FRF 3 500** – VERSAILLES, 27 juil. 1961 : *Circus parade* : **FRF 14 000** – GENÈVE, 25 mai 1963 : *Circus parade* : **CHF 18 000** – COLOGNE, 8 déc. 1965 : *Sagittaire*, past. : **DEM 3 200** – NEW YORK, 27 avr. 1966 : *Harlem* : **USD 2 200** – PARIS, 28 nov. 1967 : *Islam III* : **FRF 6 700** – PARIS, 3 mars 1970 : *African Queen* : **FRF 28 500** – PARIS, 19 mars 1971 : *Peinture berbère* : **FRF 37 000** – VERSAILLES, 31 mai 1972 : *Les livres des Pharaons* : **FRF 49 600** – PARIS, 4 avr. 1974 : *Automne* : **FRF 8 600** – NEW YORK, 28 mai 1976 : *Composition*, h/cart. (50x41) : **USD 4 000** – VERSAILLES, 2 juin 1976 : *Composition 1957*, past., gche et craie blanche (73,5x102,5) : **FRF 20 000** – PARIS, 12 déc. 1977 : *Sourate de l'arbre*, past. et h/t (54x81) : **FRF 33 500** – PARIS, 26 avr. 1978 : *Composition*, h/t (130x81) : **FRF 70 000** – VERSAILLES, 21 mai 1978 : *Composition 1957*, aquar., gche et past. (100x71,5) : **FRF 30 000** – PARIS, 16 mai 1979 : *Composition*, past./ pap. velours (31x41) : **FRF 6 200** – PARIS, 26 juin 1979 : *Composition 1954*, h/pap. mar./t. (55,5x46) : **FRF 17 000** – VERSAILLES, 9 mars 1980 : *Composition 1957*, gche et past. (72,5x102) : **FRF 22 000** – VERSAILLES, 13 mai 1981 : *Composition*, past. (45x54,5) : **FRF 13 500** – PARIS, 15 juin 1982 : *Composition 1982*, past. (64x45) : **FRF 20 000** – PARIS, 10 mai 1983 : *Composition XXXXVI*, h/t (100x81) : **FRF 45 000** – PARIS, 21 juin 1983 : *Personnage*, fus. reh. de past./pap. (54x37) : **FRF 21 000** – PARIS, 22 juin 1984 : *Sahara 1959*, past. (44x53) : **FRF 36 000** – PARIS, 27 nov. 1984 : *Composition 1956*, h/t (100x65) : **FRF 105 000** – PARIS, 1ᵉʳ avr. 1985 : *Composition 1953*, techn. mixte/isor. : **FRF 49 000** – PARIS, 17 juin 1985 : *Calcutta 1958*, h/t (73x116) : **FRF 240 000** – VERSAILLES, 15 juin 1986 : *Figure* vers 1956, past. et cr. gras (32x23,5) : **FRF 32 000** – PARIS, 24 nov. 1987 : *Dinah 1956*, h/t (50x73) : **FRF 331 000** – PARIS, 14 mars 1988 : *Composition*, h/t (100x65) : **FRF 490 000** – PARIS, 20 mars 1988 : *Composition*, gche et past./cart. (45,5x19) : **FRF 65 000** – VERSAILLES, 20 mars 1988 : *Composition 1957*, aquar., gche et past. (100x71,5) : **FRF 422 000** – PARIS, 20 mars 1988 : *Composition 1953*, past. (24x31) : **FRF 51 500** – PARIS, 21 mars 1988 : *Composition 1954*, h/pan. (100x64) : **FRF 620 000** – PARIS, 2 juin 1988 : *Composition abstraite 1959*, h/t : **FRF 1 300 000** – L'ISLE-ADAM, 11 juin 1988 : *Composition 1959*, h/t (54x81) : **FRF 645 500** – PARIS, 12 juin 1988 : *Composition 1959*, gche (73x102) : **FRF 450 000** – PARIS, 14 juin 1988 : *Composition 1958*, past. et gche (23x30,5) : **FRF 95 000** – PARIS, 15 juin 1988 : *Composition 1958-59*, past. (32x25) : **FRF 68 000** – PARIS, 19 juin 1988 : *Composition*, h/t (38x61) : **FRF 250 000** – PARIS, 20 juin 1988 : *Composition 1956-57*, h/t (73x54) : **FRF 400 000** – NEUILLY, 20 juin 1988 : *Composition 1959*, h/t (73x50) : **FRF 445 000** – PARIS, 22 juin 1988 : *Composition 1957*, h/t (65x100) : **FRF 750 000** – LONDRES, 30 juin 1988 : *Chaldée 1959*, h/t (116x73) : **GBP 198 000** – LONDRES, 20 oct. 1988 : *Composition 1957*, h. et gche/pap. (63,5x52) : **GBP 22 000** – PARIS, 26 oct. 1988 : *Composition 1959*, past. (53,5x44) : **FRF 300 000** – PARIS, 20 nov. 1988 : *Composition 1953*, past. (69x54) : **FRF 320 000** – PARIS, 21 nov. 1988 : *Composition 1956*, h/t (100x65) : **FRF 1 500 000** – LONDRES, 1ᵉʳ déc. 1988 : *Le Tao 1956*, h/t (146x89) : **GBP 396 000** – PARIS, 23 jan. 1989 : *Composition 1959*, past. (32x25) : **FRF 270 000** – COPENHAGUE, 8 fév. 1989 : *Oiseau 1948*, past. et craie grasse (53x40) : **DKK 210 000** – LONDRES, 23 fév. 1989 : *Juillet 1957*, past./pap.

(45x60) : **GBP 27 500** – Paris, 23 mars 1989 : *Jouer avec le feu* 1959, h/t (54x81) : **FRF 1 225 000** – Paris, 16 avr. 1989 : *Composition, fus.*, past. et h/pap. (54x45) : **FRF 230 000** – Paris, 17 juin 1989 : *Caucase*, h/t (116x73) : **FRF 700 000** – Londres, 29 juin 1989 : *Le livre des Rois* 1959, h/t (146x88,5) : **GBP 126 500** – Paris, 7 oct. 1989 : *Sans titre* 1959, h/t (116,5x73) : **FRF 1 000 000** – Paris, 15 fév. 1990 : *Composition* 1955-1957, past. (32x25) : **FRF 120 000** – Londres, 5 avr. 1990 : *Composition* 1956, h/toile d'emballage (99x99) : **GBP 93 500** – Paris, 10 juin 1990 : *Zodiaque* 1958, h/t (65x100) : **FRF 1 550 000** – Paris, 21 juin 1990 : *Villiers* 1960, h/t (116x72,5) : **FRF 900 000** – Londres, 28 juin 1990 : *Rythmes africains* 1959, h/t (89,5x58,5) : **GBP 63 000** – Londres, 18 oct. 1990 : *Flamenco IV* 1959, past./pap. (54,5x45,5) : **GBP 15 400** – Paris, 28 oct. 1990 : *Negro spiritual* 1958, past. reh. d'h. (32,5x25) : **FRF 160 000** – Paris, 2 juin 1991 : *Composition* 1959, h/t (92x60) : **FRF 510 000** – Paris, 15 déc. 1991 : *Samba zapothèque* 1957, h/t (116,3x73) : **FRF 710 000** – Paris, 24 mai 1992 : *Harka* 1957, h/t (60x92) : **FRF 480 000** – New York, 6 oct. 1992 : *Sans titre*, past./pap. (24,8x31,7) : **USD 16 500** – Paris, 23 juin 1993 : *Sans titre* 1957, détrempe (73,5x102,5) : **FRF 115 000** – Londres, 24 juin 1993 : *Composition* 1958, h/t (146x89) : **USD 73 000** – Paris, 21 oct. 1993 : *Genèse* 1957, h/t (130x80) : **FRF 600 000** – Copenhague, 3 nov. 1993 : *Composition*, h/t (73x60) : **DKK 115 000** – Paris, 10 mars 1994 : *Le Tao* 1956, h/t (146x89) : **FRF 950 000** – Amsterdam, 31 mai 1994 : *Sans titre* 1950, h/t (46x54,5) : **NLG 40 250** – Deauville, 19 août 1994 : *Composition* 1953, past. (33x26) : **FRF 70 000** – Tel-Aviv, 25 sep. 1994 : *Cavalier druse* 1958, h/t (66x51) : **USD 44 850** – Lokeren, 8 oct. 1994 : *Sans titre* 1950, past./pap./t. (35x50) : **BEF 380 000** – Zurich, 2 déc. 1994 : *Composition* 1959, h/t (73x50) : **CHF 44 000** – Zurich, 7 avr. 1995 : *Composition* 1956, h/t (116x73) : **CHF 80 000** – Londres, 29 nov. 1995 : *Grand rythme* 1959, h/t (65x100) : **GBP 56 500** – Paris, 8 mars 1996 : *Composition*, h/t (80x54) : **FRF 256 000** – Paris, 19 juin 1996 : *Sans titre* 1955, h/t (100x65) : **FRF 139 000** – Paris, 1er juil. 1996 : *Composition*, past./ pap (23,2x31) : **FRF 30 900** – Paris, 5 oct. 1996 : *Vierge* 1953-1954, past., fus. et h/pap. (33x41) : **FRF 15 000** – Paris, 16 déc. 1996 : *Sourate des aveugles* 1955, h/t (50x80) : **FRF 75 000** ; *Composition* vers 1954, h/t (38x61) : **FRF 41 000** – Londres, 6 déc. 1996 : *Sans titre* 1957, h., gche et past./pap. (63,5x52) : **GBP 8 740** – Paris, 28 avr. 1997 : *Composition* 1952, past./pap. (37x27) : **FRF 28 000** ; *Sans titre* 1949, h/t (65x53,5) : **FRF 50 000** – Paris, 6 juin 1997 : *Sans titre* 1953, past. (31x23,5) : **FRF 19 000** – Paris, 19 juin 1997 : *Sans titre* 1955, h/t (100x65) : **FRF 180 000** – Londres, 27 juin 1997 : *Ishtar* 1958, h/t (100,3x64,8) : **GBP 23 000** – Londres, 23 oct. 1997 : *Sans titre* 1957, techn. mixte (146x89) : **GBP 34 500**.

ATLAS Paul
Né le 19 octobre 1910. XXe siècle. Français.
Sculpteur de statuettes.
Il ne commença à sculpter qu'à l'âge de la retraite. Il sculpte exclusivement des statuettes de danseurs et danseuses.
Ventes Publiques : Paris, 28 oct. 1990 : *Danseur*, bronze : **FRF 11 500** ; *Danseuse*, bronze : **FRF 5 000** – Paris, 29 oct. 1990 : *Arabesque* 1988, bronze : **FRF 10 000** – Paris, 3 juin 1991 : *Réflexion*, bronze : **FRF 8 000**.

ATMIRAEL Gerrit Willem
XVIIIe siècle. Hollandais.
Peintre.
Mentionné, vers 1789, comme élève de Stoffel Staalenberg et faisant partie de la corporation de Gouda.

ATOCHE Louis Jean Marie
Né le 7 septembre 1785. Mort le 22 juin 1832 à Paris. XIXe siècle. Vivant à Paris. Français.
Peintre de paysages.
Élève de Delacroix, il prit part aux salons de 1824, 1827 et 1831. Il était attaché au Cabinet des Estampes.
Ventes Publiques : Paris, le 17 nov. 1948 : *Les coteaux de Bellevue*, aquar. : **FRF 19 000**.

ATOMI Yutaka
Né à Tokyo. XXe siècle. Japonais.
Peintre de paysages.
Il a exposé au Salon d'Automne et au Salon de la Société Nationale des Beaux-Arts de Paris à partir de 1923.

ATOTOS
VIe-Ve siècles avant J.-C. Actif à Argos. Antiquité grecque.
Bronzier.

Son nom est associé à ceux d'Argéiadas, d'Asopodoros et d'Athanodoros sur la base d'un ex-voto dédié à Olympie par Praxitélès de Camarina entre 484 et 480 (?).

ATRIJGANJEFF Nicolai Alexéjewitsch
Né en 1823. Mort le 2 juin 1892. XIXe siècle. Russe.
Peintre.
Ingénieur militaire au Caucase, cet artiste dut abandonner ses fonctions pour raison de santé, et devint l'élève du professeur N. Swertschkoff en 1848, puis de E. Meier et Meschtscherski. Il exécuta un assez grand nombre de paysages.

ATRIO Stephanus de
XIVe siècle. Français.
Émailleur.
D'après Texier, il travailla vers 1322 pour la reine de France.

ATRUX Adrien Claude Joseph
Né vers 1790 à Versailles. XIXe siècle. Français.
Peintre.
Commença ses études avec Hourcati, puis entra à l'École des Beaux-Arts le 5 germinal, an XIII (1804), dans l'atelier de Gois.

ATTAÂLLAH Mohamed
Né en 1939 à Ksar El Kébir. XXe siècle. Marocain.
Peintre. Abstrait-géométrique.
Il fait partie du groupe d'artistes-enseignants de l'Ecole des Beaux-Arts de Casablanca, qui ont joué, de 1965 à 1969, un rôle important pour la réintégration des signes culturels traditionnels dans les langages picturaux contemporains. « Il découpe des formes géométriques nettes, ondoyantes, multiples, destinées à couvrir à l'infini des surfaces qu'il souhaite architecturales. »
Bibliogr. : Khalil M'rabet : *Peinture et identité – L'expérience marocaine*, L'Harmattan, Rabat, après 1980.

ATTALI Jean Hubert
Né le 17 juillet 1937 à Casablanca (Maroc). XXe siècle. Depuis 1957 actif en France. Français.
Peintre, graveur.
Il expose depuis 1960 en France et commence à graver en 1963. Il est membre fondateur de la Biennale Internationale de l'estampe. Il participa aux Biennales de Paris en 1965 et 1967, aux Biennales de gravure de Tokyo et de Buenos Aires en 1968. Citons les expositions particulières de Paris 1965-1967, de Bâle 1967. Il montre régulièrement ses gravures à Lausanne, Bâle et Haarlem.
Musées : Bruxelles – Genève (Cab. des Estampes) – Paris (BN).

ATTALIN, baron
Né en 1784. Mort en 1856. XIXe siècle. Français.
Peintre de paysages, graveur, lithographe.
Il fut élève d'Horace Vernet. Il a laissé des lithographies diverses, vers 1825, et des planches pour les *Voyages pittoresques en France*, du baron Taylor.
Ventes Publiques : Paris, 22 nov. 1985 : *Terrasse de la maison de M. Attalin* ; *Escalier de la maison de M. Attalin* 1841, deux h/t (32,5x38) : **FRF 74 000**.

ATTALOS
Athénien d'époque inconnue. Antiquité grecque.
Sculpteur.
D'après Pausanias, il avait exécuté la statue de culte du sanctuaire d'Apollon Lykios à Argos.

ATTALOS II
IIe siècle avant J.-C. Antiquité grecque.
Sculpteur en bronze.
Roi de Pergame (159-138 avant Jésus-Christ), il était, à ses heures sculpteur. Ce curieux détail nous est transmis par Justin : « Aerariae artis fabricae se tradit, cerisque fingendis, et aere fundendo procundendoque oblectabatur ».

ATTAMA J.
XVIIe siècle. Actif à Groningue. Éc. hollandaise.
Peintre.
Exécuta, en 1655, un portrait conservé au Musée Rijks, à Amsterdam, et acheta le droit de cité à Groningue, en 1659.

ATTAN Gérard
Né à la fin du XVIe siècle en Angleterre. XVIe-XVIIe siècles. Britannique.

Sculpteur.

Travailla, vers 1615, à Avignon (France), où il fit une croix, érigée sur la place Saint-Didier.

ATTANASIO Dino Edoardo

Né en 1925 à Milan. xxᵉ siècle. Actif en Belgique. Italien.

Dessinateur. Réaliste et humoristique.

Il travaille essentiellement pour les bandes dessinées de Spirou, Tintin pour lequel il a crée *Signor Spaghetti* et a repris la série *Modeste et Pompon*. Il a aussi travaillé dans Ciné-Revue sur la série *Candida*. Il a créé *Bob Morane* en bandes dessinées.

ATTANASIO Natale

Né le 24 décembre 1845 ou 1846 à Catane (Sicile). Mort en 1923 à Rome. xixᵉ-xxᵉ siècles. Italien.

Peintre d'histoire, scènes de genre, portraits, aquarelliste, pastelliste.

Il étudia à l'Académie des Beaux-Arts de Naples. Il exposa à Milan en 1881, à Rome en 1883, à Venise en 1887, à Palerme en 1892.

On mentionne de lui une série de portraits pour la famille royale.

Ventes Publiques : New York, 12 mai 1978 : *Le Jour de visite*, h/t (35,5x61) : **USD 1 200** – Milan, 29 mai 1986 : *L'attente*, h/t (102x117) : **ITL 26 000 000** – New York, 25 fév. 1987 : *Le récital*, h/t (60x100,4) : **USD 16 000** – Milan, 14 juin 1993 : *Femme assise 1882*, past./pap. (48x32) : **ITL 1 500 000** – New York, 14 oct. 1993 : *L'esclave enchaîné*, aquar./pap. (54,6x38,1) : **USD 2 300** – Rome, 29-30 nov. 1993 : *Les deux amis*, h/t (126x62,5) : **ITL 11 785 000** – New York, 19 jan. 1995 : *Le thé avec le cardinal*, h/t (45,7x58,4) : **USD 4 887**.

ATTANOUX Micheline d', Mlle. Voir BERNARD d' ATTANOUX Migueline

ATTARDI Ugo

Né en 1923 à Sori (près de Gênes). xxᵉ siècle. Italien.

Peintre, sculpteur, graveur, illustrateur. Abstrait puis réaliste. Groupe Forma 1 jusqu'en 1949.

Après un an d'études à l'Académie des Beaux Arts de Palerme, il décide de devenir peintre et s'installe à Rome. En 1947, il participe à la fondation du groupe *Forma 1* dont les membres se proclamaient « formalistes et marxistes », soit marxistes et abstraits, en opposition à réalisme socialiste. Il participe à la Biennale de Venise en 1952-1954-1978, à la Quadriennale de Rome en 1948-1955-1959. En 1947, il fait sa première exposition personnelle à Rome. Il obtient le prix de dessin à la Biennale de Gênes en 1951, le second prix à Arezzo en 1960 et le Prix Viareggio en 1971. Il figurait à Paris, en 1965, à l'exposition de la Figuration Narrative, organisée par G. Gassiot-Talabot.

Les membres du groupe *Forma 1* adhéraient pleinement à la culture abstraite internationale et se prononçaient contre toute intervention de la psychologie dans la création artistique. Pourtant, dès 1949, il cesse tout rapport avec *Forma 1* et devient l'un des promoteurs les plus convaincus du retour au réalisme. Il est également graveur depuis 1956 et sculpteur depuis 1967. En 1980, il illustre *Les dernières nuits de Paris* de Philippe Soupault (1926).   ■ J. B., A. P.

Attardi

Bibliogr. : A. Malochet : Catalogue de l'Exposition *Forma 1, 1947-1987*, Musée de Brou, Bourg-en-Bresse, 1987.

Musées : Florence – Gênes – Varsovie – Venise .

Ventes Publiques : Rome, 29 mars 1976 : *Composition*, h/t (100x125) : **ITL 2 100 000** – Rome, 9 mai 1977 : *Portrait 1975*, past. et gche (65x47) : **ITL 500 000** – Milan, 13 déc. 1977 : *Paris 1968*, h/t (75x100) : **ITL 1 400 000** – Rome, 27 nov. 1979 : *La corrida*, h/t (24x80) : **ITL 2 260 000** – Rome, 2 déc. 1980 : *Sole 1974*, temp. (69x49) : **ITL 1 100 000** ; *Nu couché 1966*, h/t (75x99) : **ITL 2 800 000** – Rome, 23 nov. 1981 : *Nu couché 1966*, h/t (75x99) : **ITL 2 600 000** – Rome, 23 nov. 1982 : *Le Tibre au crépuscule 1963*, h/t (35x45) : **ITL 3 200 000** – Rome, 5 mai 1983 : *Nu 1979*, h/t (50x70) : **ITL 3 300 000** – Rome, 20 mai 1984 : *Paysage romain*, h/t (50x70) : **ITL 4 000 000** – Rome, 18 nov. 1985 : *Roma andalousa 1977*, h/t (50x70) : **ITL 4 500 000** – Rome, 7 mai 1985 : *Etude de nu 1978*, cr. (50x70) : **ITL 1 400 000** – Rome, 25 nov. 1986 : *Nu dans un intérieur 1963*, h/t (230x216) : **ITL 12 000 000** – Rome, 24 nov. 1987 : *Jeune fille assise 1965*, aquar. (100x70) : **ITL 1 500 000** – Rome, 7 avr. 1988 : *Le Tevere*, h/t (50x70) : **ITL 5 000 000** ; *La lune 1986*, bronze, patine brune (72x25x10) : **ITL 1 700 000** – Rome, 15 nov. 1988 : *Portrait d'une femme por-*

tant un chapeau 1963, techn. mixte/pap./t. (124x96) : **ITL 3 200 000** – Milan, 20 mars 1989 : *Nu dans un intérieur avec un chien 1968*, h/t (152x173) : **ITL 17 000 000** – Rome, 21 mars 1989 : *Souvenir de Paris*, h/t (76x100) : **ITL 10 000 000** – Rome, 10 avr. 1990 : *Composition 1947*, h/t (40x54) : **ITL 10 000 000** – Rome, 30 oct. 1990 : *Coucher de soleil sur Tibre 1961*, h/t (71x125) : **ITL 12 000 000** – Rome, 9 avr. 1991 : *Les bords du Tibre 1966*, h/t (75x100) : **ITL 13 500 000** – Rome, 3 déc. 1991 : *L'île des femmes 1959*, h/t (69,5x100) : **ITL 11 000 000** – Rome, 19 nov. 1992 : *Femme au visage bleu*, bas-relief de bois en polychromie (85x212) : **ITL 8 000 000** – Rome, 25 mars 1993 : *Fenêtre ouverte sur le Tibre*, h/t (50x73) : **ITL 10 500 000** – Rome, 19 avr. 1994 : *Pleine lune*, techn. mixte/pap./cart. (25x35,5) : **ITL 2 300 000** – Rome, 28 mars 1995 : *Les bords du Tibre*, h/t (54x72,5) : **ITL 10 350 000**.

ATTAVANTE di Gabriello di Vante di Francesco di Bartolo

Né en 1452 probablement à Castelfiorentino. Mort avant 1517, ou d'après Bradley après 1520. xvᵉ-xvıᵉ siècles. Italien.

Peintre miniaturiste.

Ce miniaturiste fit ses premières études dans l'atelier d'un certain Cartolajo. Bradley mentionne aussi Domenico Ghirlandajo comme son professeur. On attribue également à Francisco d'Antonio une part dans le développement artistique d'Attavante. Il fut l'auteur du célèbre missel commandé par un évêque de Dol en Bretagne, et retrouvé à la cathédrale de Lyon. A Bruxelles, se trouve aussi un missel décoré par Attavante pour Mathias Corvin, roi de Hongrie, qui ressemblerait au manuscrit de Lyon dans le choix des sujets et dans la forme, mais serait exécuté avec moins de soin. Venise possède une de ses plus belles œuvres : les miniatures peintes dans un livre de Marcianus Capella, conservées dans la Bibliothèque Marciana, et également commandées par Mathias Corvin. En outre, on voit de lui, dans la bibliothèque de Vienne, un ouvrage intitulé : *Epistolae Aurel. Augustini*, exécuté aussi pour Mathias Corvin. D'autres miniatures de cet artiste sont conservées dans différents musées et bibliothèques d'Europe, notamment à la Bibliothèque Nationale et à celle de l'Arsenal à Paris et à la Bibliothèque Étienne à Modène. On enregistre aussi des manuscrits décorés de miniatures attribuées à Attavante, dans des collections à Florence, Saint-Pétersbourg, Milan et Londres.

Ventes Publiques : Paris, 1881 : *Triomphe de François Pétrarque*, miniature : **FRF 2 500**.

ATTE Johann Christian

xvıııᵉ siècle. Allemand.

Sculpteur.

Il travailla dans l'église de Wittgendorf près de Zitta.

ATTENBERGER Johann Bernhard

Mort entre 1766 et 1771. xvıııᵉ siècle. Actif à Berlin. Allemand.

Sculpteur.

Élève de Christian Mittag à Dresde, à partir de 1733, il devint plus tard sculpteur de la cour.

ATTENBERGER Thomas

Mort en 1720. xvıııᵉ siècle. Allemand.

Sculpteur.

Mentionné à Dresde vers 1709, cet artiste porte le titre de sculpteur de la cour de Saxe.

ATTENDU Antoine Ferdinand

Né vers 1845 à Paris. xixᵉ-xxᵉ siècles. Français.

Peintre de natures mortes.

Élève de Louis Mettling, il exposa régulièrement au Salon de Paris, de 1870 à 1905. Toutefois, on le retrouve à la première exposition des Impressionnistes chez Nadar en 1874.

Les tonalités de ses natures mortes ont tendance à rester assez sombres.

Bibliogr. : Gérald Schurr : *Les Petits Maîtres de la peinture 1820-1920, valeur de demain*, t. III, Les Éditions de l'Amateur, Paris, 1976.

Ventes Publiques : Paris, 1895 : *Melon et abricots*, past. : **FRF 160** – Paris, 28 jan. 1925 : *Nature morte* : **FRF 200** – Paris, 23 déc. 1942 : *La bonbonne* : **FRF 1 500** – Paris, 28 jan. 1949 : *Nature morte* : **FRF 3 500** – Paris, 27 fév. 1950 : *Nature morte* : **FRF 3 200** – Versailles, 6 mai 1979 : *Nature morte aux oignons*, h/t (28x37) : **FRF 3 000** – Londres, 25 mars 1987 : *Nature morte au panier d'œufs*, h/t (75x112) : **GBP 3 500** – Paris, 5 juil. 1990 : *Nature morte aux huitres*, h/t (45,5x53,5) : **FRF 8 500** – New York,

17 oct. 1991 : *Nature morte à la lampe à huile*, h/t (61,9x92,1) : **USD 11 000** – New York, 18-19 juil. 1996 : *Vase de pivoine et panier de cerises et balance*, h/t (67x91) : **USD 4 600.**

ATTENHOFER August
Né le 8 août 1828 à Zurzach. Mort le 18 septembre 1862. xixe siècle. Suisse.
Peintre de compositions religieuses, portraits.
Il fut élève de l'Académie des Beaux-Arts de Munich et de l'École de peinture du professeur Schraudolph. On lui doit : une *Madone* et un *Saint Georges* et de nombreux portraits en possession d'Arnold Attenhofer.
Ventes Publiques : Munich, 25 nov. 1976 : *Sirène sur un rocher*, h/t (53x36,5) : **DEM 2 600.**

ATTERSEE Christian Ludwig
Né en 1941 à Pressbourg. xxe siècle. Autrichien.
Peintre de techniques mixtes, multimédia, sérigraphe, dessinateur. Expressionniste, tendance surréaliste.
De 1947 à 1963, il étudie à l'École Supérieure des Arts appliqués à Vienne. Il vit à Vienne. Nombreux séjours à Berlin. On dit de lui et de ses activités qu'on ne peut être plus viennois. Il participe à des expositions collectives, notamment : 1972 Biennale de l'Estampe à Tokyo, 1975 Biennale Internationale d'Art Graphique de Ljubljana, et Biennale des Jeunes Artistes à Paris, 1984 Biennale de Venise. Surtout, il montre ses peintures, dessins, sérigraphies, dans une multitude d'expositions personnelles depuis 1966, dans quantité de villes d'Autriche, Allemagne, Suisse, Belgique en 1991.
Il mêle les techniques, montrant de toute évidence une très grande habileté graphique, rendant vraisemblables les inventions les plus insolites. Pour situer ses activités peu situables, Heinz Ohff écrit : « Attersee fait des tableaux, des objets et – surtout – des inventions. Tout se tient. Ses inventions – d'essence principalement cosmétique et culinaire – (...) vont au bout de la représentation que l'on fait de certaines fonctions de l'homme, comme du besoin de se parer ou d'avaler. Dans ses tableaux, elles dépassent l'absurdité et l'utopie, parce qu'elles se présentent sobrement, d'une manière objective (...) comme si elles avaient existé depuis longtemps (...). Qui est cet Attersee ? L'inventeur de l'objet-vagin, de l'alphabet de prothèses, de la boule-à-bouffe, de l'allée des serviettes, de la cuillère-éponge pour rouge... » De quel côté qualifier ses activités polymorphiques ? De tendance surréaliste se justifie, si l'on considère l'aspect poétique de son fonctionnement mental, le caractère automatique de ses associations d'idées, sa sorte d'humour apparentée à celle de Christian Morgenstern, à laquelle se référa Dada.
■ Jacques Busse
Bibliogr. : Heinz Ohff, in : Catalogue de la *9e Biennale de Paris*, 1975 – *Christian Ludwig Attersee*, in : *Art Press*, n° 176, Paris, janv. 1992.
Ventes Publiques : Vienne, 23 sep. 1977 : *Harzspucker* 1976, techn. mixte (88x63) : **ATS 30 000** – Vienne, 6 déc. 1978 : *Eisi visite une exposition* 1976, gche et craies de coul. avec h. et cr. (44,5x30) : **GBP 280** – Vienne, 18 mars 1981 : *Sans titre*, techn. mixte (62,4x44) : **ATS 16 000** – Munich, 30 mai 1983 : *So lieb Dich Wasser und Sand* 1981, h/t (105x80) : **DEM 5 300** – Vienne, 4 déc. 1984 : *Hundepelzhocker* 1968, acryl./t. : **ATS 120 000** – Londres, 6 déc. 1984 : *Künstlersitz* 1978, gche et frise./pap. (43,4x31,1) : **GBP 700** – Vienne, 18 juin 1985 : *Sunnen und Wangen Klavier* 1975, aquar. (44x62,5) : **ATS 60 000** – Vienne, 18 juin 1985 : *Mausecho* 1977, cr. de coul. mine de pb, caseine, laque et craie de coul. (88x62,5) : **ATS 45 000** – Munich, 3 juin 1987 : *Blau kommt Blau geht* 1984, techn. mixte (62,5x68) : **DEM 10 200** – Munich, 1er-2 déc. 1992 : *Les arbres* 1990, techn. mixte (31x22) : **DEM 3 105.**

ATTESLANDER Sofie Zo, née Kohn
Née le 13 mars 1874 à Luborzyca (Pologne). xxe siècle. Polonaise.
Peintre de portraits.
Elle fut élève de Jacek Maleczevski à Cracovie en 1900. Elle suivit ensuite l'enseignement de Erwin Knirr à Munich puis de Grocholski et du portraitiste Lenbach. Elle fit principalement les portraits de la famille royale de Roumanie, en 1904, à Wiesbaden.
Ventes Publiques : Londres, 15 fév. 1991 : *La belle époque* 1900, past. et craies de coul./pap. (65,5x50) : **GBP 2 640.**

ATTEVELT Claes Adriaensz Van
xviie siècle. Actif à Utrecht. Éc. hollandaise.
Peintre.

ATTEVELT Diederik Van
xviie siècle. Actif à Utrecht. Éc. hollandaise.

Dessinateur.
Fils de Joost Van Attevelt, il exécuta des dessins de sceaux d'évêques, signés et datés de 1698, conservés aux archives d'Utrecht.

ATTEVELT Jan Adriaensz Van
xviie siècle. Éc. hollandaise.
Peintre.
Mentionné comme élève puis peintre dans la gilde d'Utrecht en 1616-1617.

ATTEVELT Joost ou Justus Van ou Alleveld
Né en 1621. Mort le 13 novembre 1692. xviie siècle. Éc. hollandaise.
Peintre de portraits.
Mentionné à Utrecht, en 1656, comme *maître* du Collège des peintres ; il fut chargé de nombreux travaux généalogiques et numismatiques.
Ventes Publiques : Paris, 8 déc. 1986 : *Portrait de Johan Hoefft en 1644*, h/bois (51x46) : **FRF 35 000.**

ATTEVOORT Nicolaes Van
xviie siècle. Éc. hollandaise.
Peintre.
Il est mentionné vers 1623 à Amsterdam.

ATTI Bartolommeo di Buono degli, dit Ungaro
xve siècle. Italien.
Peintre.
Mentionné par un document de 1428 à Mantoue.

ATTICIATI Bartolommeo
Né au xvie siècle à Florence. Mort en 1616. xvie-xviie siècles. Italien.
Sculpteur sur bois.
Travailla à la cathédrale de Pise avec Domenico Atticiati, son oncle, et avec le fils de celui-ci, Bernardino Atticiati. Ils exécutèrent le plafond en bois sculpté de la grande nef et du chœur, et de nombreux travaux de sculpture pour l'orgue et les stalles.

ATTICIATI Bernadino
xvie siècle. Actif à Pise. Italien.
Sculpteur sur bois.
Travailla à la cathédrale de Pise, en 1597, avec Bartolommeo Atticiati.

ATTICIATI Domenico, dit Domenico di Filippo
Né au xvie siècle à Florence. xvie siècle. Italien.
Sculpteur sur bois.
Travailla, vers 1575, à la cathédrale de Sienne, avec Benedetto di Giovanni, et vers 1590, pour les moines de la Chartreuse de Pontignano, auxquels il fournit des sièges sculptés. En 1593, il acheva le tabernacle de l'église del Carmine, d'après les plans de Bernardo Buontalenti. Après avoir achevé différents travaux à Florence, il travailla à la cathédrale de Pise, avec Bernadino Atticiati et Bartolommeo Atticiati, ses fils et neveu.

ATTICIATI Stefano
xviiie-xixe siècles. Actif à Naples. Italien.
Sculpteur.
On le trouve cité comme marbrier dans le calendrier de l'État de la Cour des Bourbons, en 1791. Il fut occupé, de 1799 à 1805, à la restauration des sculptures trouvées dans les fouilles.

ATTIE Dotty
Née en 1938. xxe siècle. Américaine.
Peintre de compositions à personnages. Post moderne.
Dans sa première exposition en Europe, à Paris en 1991-1992, elle a montré des tableaux constitués de copies fidèles de fragments de peintures célèbres, peintes sur des carrés de quinze centimètres sur quinze, juxtaposés en un nouvel ensemble dans lequel sont introduits d'autres carrés porteurs des réflexions du peintre au sujet de l'œuvre exploitée : *L'atelier des Batignolles* de Fantin-Latour ou *Le radeau de la Méduse* de Géricault. Le sujet de ces peintures est devenu la peinture elle-même, mais pas dans le sens où on l'entendait depuis l'impressionnisme jusqu'à l'abstraction : ici le sujet de la peinture est devenu le « déjà-peint » par d'autres, ce qui, évidemment, ne peut que déclencher chez le spectateur un va-et-vient réflexif entre la peinture-copie et la peinture copiée. Ici, l'acte pictural post moderne utilise aussi le procédé de la citation, mais le transgresse en deux façons : d'une part la citation est plus qu'une citation puisque copie habilement fidèle, d'autre part l'œuvre citée est interrogée fondamentalement du fait que fragmentée, disséquée.
■ J. B.

ATTIKIANOS
Originaire d'Aphrodisias. iiie-ive siècles (?). Antiquité grecque.

Sculpteur.

Il nous est connu par l'inscription (latine) de la base d'une statue féminine du Musée des Offices à Florence (Muse tragique ?).

ATTIKOS, fils d'Eudoxos
IIe siècle. Actif à la fin du IIe siècle après Jésus-Christ. Antiquité grecque.
Sculpteur (?).

Le nom d'Attikos, avec la mention : *epoièse*, se lit à la fin d'une inscription d'Éleusis se rapportant à la statue honorifique d'un Kéryx. S'agit-il bien d'un sculpteur ? Comme nous connaissons à la même époque un Eumolpide portant le même nom, il est possible que Attikos fils d'Eudoxos ait seulement fait ériger la statue.

ATTINGER Lucie, Mme **Caumont**
Née le 1er mars 1859 à Neuchâtel. XIXe siècle. Suisse.
Peintre de sujets de genre, portraits, paysages, intérieurs, dessinateur, illustratrice.

Elle fut élève de Georges Grisel et d'Auguste Bachelin, tant qu'elle demeura à Neuchâtel. Lorsqu'elle vint à Paris pour se perfectionner, elle suivit les cours de l'Académie Julian. Elle exposa en 1880, dans sa ville natale, et figura au Salon de Paris, en 1889, avec un tableau d'intérieur : *Mon Atelier*.
Cette artiste a peint des études avec figures, des portraits, des paysages. Plusieurs revues de Paris l'occupèrent pour leurs illustrations.
VENTES PUBLIQUES : LONDRES, 24 juin 1988 : *Mon atelier*, h/t (38,1x45,7) : GBP 4 620.

ATTIRET Claude François
Né le 14 décembre 1728 à Dole (Jura). Mort le 15 juillet 1804 à l'hôpital de Dole. XVIIIe siècle. Français.
Sculpteur de statues, bustes.

Élève de Pigalle, neveu du père jésuite Jean Attiret, devenu peintre de l'empereur de Chine : fut professeur à l'Académie de Saint-Luc et exposa à Paris : un *Gladiateur mourant*, *Romulus et Remus*, *La Charité romaine*, *La guerre*, *David vainqueur de Goliath*. Il sculpta aussi le buste de *Daviel*, oculiste du Roi, et la tête d'un jeune *Faune*. Parmi ses autres œuvres : *Annibal chez le roi Prusias*, *Jeune Bacchus jouant avec des raisins*, *Femme sortant du bain* (1764), *Le buste d'un philosophe* (marbre), *Buste de jeune fille* (marbre), 1774. En 1780, il érigea, pour sa ville natale de Dôle, un monument représentant *Louis XVI*, pour le château de Bussy-Rabutin, un *Jupiter lançant le tonnerre*. Il convient de citer encore : *La chercheuse d'Esprit* (Musée de Dijon) qui est un buste en terre cuite, *Les quatre saisons*, *Scènes de Carnaval*, *Buste de François Devosge*, les statues de *Saint André* et de *Saint Jean*.

ATTIRET Jean Denis. Voir **WANG ZHICHENG**

ATTIUS PRISCUS ou **Accius Priscus**
Ier siècle. Antiquité romaine.
Peintre. Classique.

Peintre nommé par Pline pour avoir travaillé sous Vespasien, avec Cornélius Pinus, à la restauration des temples de l'*Honor* et de la *Virtus*. Il était, dit l'auteur latin, « antiquis similor » (proche des anciens), et par conséquent de style classique. Rien ne reste de son œuvre, toutefois son nom a pu être prononcé à propos du *Sacrifice d'Iphigénie* de Pompéi. ■ J. B.

ATTLEE Bella, ou **Kathleen Mabel,** ou **Mary**
XIXe siècle. Britannique.
Peintre de fleurs.

Elle vivait et travaillait à Londres vers la fin du XIXe siècle et elle exposa entre 1886 et 1893, à la Royal Academy et à Suffolk Street. Citée dans le *Dictionnaire* de Graves, sous ses différents prénoms.

ATTLMAYR Richard Isidor von
Né le 2 avril 1831 à Innsbruck. XIXe siècle. Allemand.
Peintre d'histoire, compositions religieuses, peintre de cartons de vitraux, graveur, dessinateur.

Étudia à l'Académie de Munich et se forma sous la direction des professeurs Schlotthauer et Hiltensperger. Sa première composition fut un *Noël* pour l'album de l'impératrice Elisabeth d'Autriche. Durant un séjour à Vienne, il exécuta différents tableaux d'autel, d'après les conseils de Blaas d'abord et ensuite de Fuhrich. Il vint à Munich, où son tableau : *Hagen et les Sirènes* lui valut son admission à l'école de Schwind. Dans ce milieu, il fit : *La jeune fille à l'étranger* et peignit un *Saint Christophe sur un fond de paysage*, dans la manière des primitifs allemands. Le carton pour la *Légende de saint Christophe* fut exposé, en 1859, au Ferdinandeum. Attlmayr s'essaya à peindre sur verre et l'église Saint-Paul à Bozen lui doit quelques vitraux. Indépendamment de ses peintures, parmi lesquelles il convient de citer encore : *Madone avec l'Enfant Jésus endormi par des anges faisant de la musique*, Attlmayr consacra une part son activité à l'enseignement ainsi qu'à la gravure. On trouve de lui des saints, qu'il dessina et grava lui-même. A l'Exposition d'Innsbruck, en 1867, on en remarquait deux : *Saint Romedius* et *Saint Christophe*.

ATTO Lathomus
XIIe siècle. Italien.
Sculpteur.

Il est cité, en 1133, dans des inscriptions, comme constructeur de la façade du sud du Dôme de Foligno, ainsi que de l'abbaye de Saint-Pierre à Bovara.

ATTOLINO Giuseppe ou **Dattolino**
XVIIe siècle. Italien.
Sculpteur sur bois.

Il sculpta, en 1614, l'admirable chœur de l'église cathédrale de Cimina. On trouve son nom mentionné encore une fois en 1619 à Palerme.

ATTOUT-TAILFER Pierre Alphonse
Né à Paris. XIXe siècle. Français.
Peintre d'architectures.

Il fut l'élève de Gérôme, et il exposa, aux Salons de 1879 et 1880, des perspectives d'églises.

ATTRUIA Dominique
Né à Bône (Algérie). XXe siècle. Français.
Peintre.

Il expose au Salon des Indépendants de 1939 un paysage et un portrait.

ATTUGGI Carlo
XVIIIe siècle. Italien.
Peintre de fresques.

Il travaillait au château de Brühl sous l'archevêque électeur Clement Auguste. W. Müller, en 1861, restaura les fresques exécutées par cet artiste.

ATTWOLD R.
Né en Angleterre. XVIIIe siècle. Vivait vers 1750. Britannique.
Graveur, dessinateur.

Cet artiste est à peine connu. Le British Museum conserve de lui deux dessins originaux.

ATTYS Maurice d'. Voir **BECQUE Maurice JAUBERT de**

ATWATER Grace Elisabeth
Née en Amérique. Morte le 17 octobre 1909 à New York. XIXe siècle. Travailla à Washington. Américaine.
Peintre, aquarelliste.

Elle étudia à l'École d'Art de New York et fut nommée secrétaire du club des aquarellistes à Washington. Le talent de cette artiste est très apprécié en Amérique.

ATWOOD Annie H.
XXe siècle. Active à Chelsea (Massachusetts) vers 1900. Américaine.
Peintre.

ATWOOD Clara
Née le 11 mai 1866 à Richmond. Morte le 2 août 1962 dans le Kent. XIXe-XXe siècles. Britannique.
Peintre de scènes de genre, portraits, paysages, fleurs décoratives.

Elle a exposé, dès 1893, avec le New English Art Club dont elle est membre en 1912. Elle a exposé à la Royal Academy en 1907, 1908, 1909.
MUSÉES : LONDRES (Tate Gal.).
VENTES PUBLIQUES : LONDRES, 2 mai 1991 : *Le marché au poisson de Billingsgate* 1904, h/t (61,5x51) : GBP 2 090.

ATWOOD Kittredge C.
XIXe siècle. Travaillait de 1882 à 1897 à Boston. Américain.
Graveur sur bois.

ATWOOD Thomas
XVIIIe siècle. Britannique.
Peintre de natures mortes, fleurs.

Il exposa de 1761 à 1764 à la Society of Artists, de Londres.
VENTES PUBLIQUES : LONDRES, 20 oct. 1982 : *Nature morte aux fleurs*, h/t (75x61,5) : GBP 2 400.

ATZEL E. ou Azel
XVIIe siècle. Actif dans la seconde moitié du XVIIe siècle. Allemand.
Peintre de paysages.

ATZGER Cari
Né le 11 février 1833 à Vienne. Mort le 12 juin 1875 à Brünn. XIXe siècle. Autrichien.
Peintre de sujets de genre, dessinateur.
Il fut élève à l'Académie des Arts à Vienne et plus tard devint professeur de dessin à Brunn.
MUSÉES : MORAVIE : tableaux et dessins.
VENTES PUBLIQUES : LINDAU, 4 mai 1983 : *Soir de fête*, h/t, de forme ovale (44,5x55,5) : DEM 5 500.

ATZINGER Joseph
Né le 14 juin 1814 à Munich. Mort le 20 mai 1885 à Munich. XIXe siècle. Allemand.
Peintre, aquarelliste, lithographe.
Il apprit la lithographie chez Nepmuk Johann Strixner et fit des aquarelles avant de se lancer dans la peinture à l'huile. Il copia les tableaux des maîtres, qui se trouvent dans les deux pinacothèques de Munich.

ATZUARA Domingo
XVe siècle. Espagnol.
Miniaturiste.
Alcahali lui attribue la majeure partie des miniatures qui sont dans les manuscrits des archives de la ville de Valence. En 1467, il était encore vivant.

ATZUARA Miguel
XVe siècle. Espagnol.
Miniaturiste.
C'était le plus jeune frère de Domingo. On trouve son nom cité à Valence dans des documents de 1437 et de 1474.

AUB M.
XIXe siècle. Française.
Peintre de genre, portraits.
Elle exposa plusieurs fois au Salon de Paris, de 1887 à 1894.

AUBAIN Emmanuel
Né à Saintes (Charente-Maritime). XXe siècle. Français.
Peintre et sculpteur.
Il fut élève de Gérôme. Il exposa une sculpture au Salon des Artistes Français de 1905, puis des peintures entre 1914 et 1936. Mention honorable en 1926.

AUBAIN Gustave Henri
Né à la Rochelle. XXe siècle. Français.
Peintre et graveur.
Il fut élève de Gérôme, Bouguereau et Lechevalier-Chevignard. Dès 1905, il expose une lithographie au Salon, puis des peintures au Salon des Artistes Français à Paris, entre 1911 et 1930.

AUBAIN-MOUNIER Thérèse
Née le 12 septembre 1877 à Marseille. XXe siècle. Française.
Peintre de paysages.
Elle expose à partir de 1929.

AUBAIS Auguste
Né vers 1795 à Château-Gontier. XIXe siècle. Français.
Peintre d'histoire, scènes de genre, portraits.
Il fut l'élève de Gros. On cite de lui : *Saint Sébastien* et le *Martyre de saint Gervais*.

AUBAN Paul Ch. A.
Né le 7 mars 1869 à Mirebeau-sur-Bèze (Côte d'Or). Mort le 18 juillet 1945 à Paris. XIXe-XXe siècles. Français.
Sculpteur de bustes, portraits, médaillons.
Il fut élève auprès de Falguière et de Mercié. Il fut professeur à l'académie des beaux-arts de Paris. Il a régulièrement exposé au Salon des Artistes Français de Paris, des bustes, portraits, médaillons, mais aussi des compositions. Médaille de première classe en 1913. Chevalier de la Légion d'Honneur.

AUBANEL Jean-Philippe
Né le 2 août 1953 à Lyon (Rhône). XXe siècle. Français.
Peintre de compositions à personnages, sculpteur.
Il vit à Ecully et travaille à Villefranche-sur-Saône. Il participe à des expositions collectives : 1985 musée des Sables d'Olonne, musée Saint Pierre de Lyon ; 1986 foire de Bâle, Biennale d'Art contemporain de Nancy ; 1987 fondation Cartier de Jouy-en-Josas ; 1988 musée du dessin et de l'estampe de Gravelines ; 1989 Centre d'Arts Plastiques de Saint-Fons ; 1990 Artothèque

d'Evry. Il montre ses œuvres dans des expositions personnelles : 1988 artothèque de Caen ; 1990 Espace d'Arts plastiques de Villefranche-sur-Saône...
Les peintures de Jean-Philippe Aubanel mettent en scène des personnages hauts en couleur prénommés Bébert et Ginette assortis d'animaux tels que la pintade, gallinacé ici symbole de la peinture. Ses grandes toiles figuratives sont traitées dans une gamme chromatique très vive dominée par le bleu et révélée par le noir. Ses sculptures procèdent de l'assemblage et sont réalisées à partir des déchets et rebus de l'atelier.

AUBANEL Joseph
Né à Avignon. XIXe siècle. Français.
Peintre de compositions religieuses.
Léon Cogniet et Auguste Glaize furent ses maîtres. De 1847 à 1858, il exposa au Salon de Paris. Les églises d'Avignon lui doivent plusieurs œuvres importantes.

AUBARÈDE
XXe siècle. Français.
Sculpteur.
Expose *La Douleur* au Salon d'Automne de 1945.

AUBARÈDE Christian d'
Né à Marseille. XXe siècle. Français.
Peintre.
Expose une toile au Salon d'Automne de 1944.

AUBÉ François
Né en juin 1610 à Paris. XVIIe siècle. Français.
Peintre.
Le 22 mars 1672, il fut admis à l'Académie de Saint-Luc à Paris.

AUBÉ Jean Paul
Né le 5 juillet 1837 à Longwy. Mort en 1916 selon le dictionnaire Larousse ou en 1920. XIXe-XXe siècles. Français.
Sculpteur de monuments, statues, bustes.
Il fut élève de Duret et de Dantan aîné à l'École des Beaux-Arts, puis il étudia la sculpture décorative en Italie. Il débuta au Salon en 1861 avec le *Buste de Mérimée* (marbre acquis pour l'Institut). On cite encore de lui : *Michel Lallier* (Hôtel de Ville), *Bailly*, bronze (Chambre des Députés), *Dr Robin*, *Général Raoult*, *Pelletan*, *Monument de Gambetta*, en collaboration avec M. Boileau, architecte (Paris, Carrousel), etc., des vases avec figurines en céramique, orfèvrerie. Deuxième médaille 1874 ; troisième médaille (Exposition Universelle de 1878) ; médaille d'or (Exposition Universelle de 1889). Grand Prix (Exposition 1900). Sociétaire à la Nationale depuis 1891, il y envoie des bustes jusqu'en 1914 ; il envoie aussi des peintures depuis 1910. Officier de la Légion d'Honneur.

P. AUBÉ

MUSÉES : BOURG : *Le général Joubert à Rivoli* – BUCAREST : *Buste de Dante* – MONTPELLIER : *Galathée* – NANCY : *La Liberté* – *Bailly* – *Buste de Fr. Boucher* – *Maquette pour le groupe du monument de Gambetta sur la place du Carrousel à Paris* – *La poésie et l'industrie* – *La frileuse* – *La baigneuse* – *L'indolente* – LA ROCHELLE : *Reproduction de la statue d'Eugène Pelletan, à Royan* – TOUL : *Le général Raoult* – *Première pensée du monument de Gambetta*.

AUBÉ Marcelle, Mlle
Née à Paris. XXe siècle. Française.
Peintre.
Elle expose à la Société Nationale des Beaux-Arts, en 1914, des portraits.

AUBÉE Albert
Né vers 1780 à Liège. XIXe siècle. Belge.
Peintre.
Il était fils du peintre Martin Aubée et entra à l'École des Beaux-Arts le 18 germinal, an V (1796).

AUBÉE Jean Martin
Né vers 1756 à Liège. XVIIIe siècle. Belge.
Peintre de sujets mythologiques, scènes de genre, figures.
Son père lui enseigna les premiers éléments de la peinture, mais c'est en Italie qu'il se forma sérieusement. Durant son séjour à Rome il obtint trois fois une médaille aux concours du Capitole. Il fit, en 1782, son propre portrait et celui du Père F.-J. Dewandre, qu'il exposa à la Société d'Émulation, à Liège. L'année suivante, il exposa, à la même Société, *Bacchus et Ariane* et un autre tableau représentant une *Mère qui regarde en souriant*

un Amour, tout en allaitant son enfant. Il vint alors à Paris et entra dans l'atelier de David, à l'Académie Royale, le 24 septembre 1783. Il était encore à Paris en 1797. Le registre d'admission le mentionne se présentant à nouveau à l'École en Prairial an V (1796).

Ventes Publiques : Paris, 1792 : *Vue d'un marché aux poissons* : FRF 201 – Paris, 2 mars 1904 : *La nourrice* : FRF 115.

AUBEE Martin ou Obee

Né en 1729 à Liège. Mort vers 1805 à Paris. xviiiᵉ siècle. Belge.

Peintre d'histoire, sujets de genre.

Il fut professeur à l'Académie de cette ville et il en devint plus tard le directeur. De 1781 à 1788, il expose un grand nombre de tableaux à la Société d'Émulation, à Liège. Il était père de Jean Martin Aubée.

Ventes Publiques : Paris, 31 mai 1919 : *La bergère endormie* ; *Le Troupeau* : FRF 400 – Paris, 6-8 nov. 1919 : *Scène de la Révolution* : FRF 450 – Paris, 16 déc. 1921 : *Le lever* ; *Le coucher* : FRF 800 – Paris, 25 avr. 1928 : *La Forge* : FRF 1 020 – Londres, 10 juin 1963 : *Paysans dansant* ; *Paysans buvant*, deux pendants : GBP 220 – Versailles, 1ᵉʳ nov. 1964 : *Vignerons au cellier* : FRF 950 – Versailles, 14 juin 1981 : *La forge aux piques de la révolution*, h/bois (50x61) : FRF 22 000 – Cologne, 30 mars 1984 : *Personnages dans un parc* 1772, h/t, d'après Watteau (92x104) : DEM 3 500.

AUBEL Hermann

Né le 6 février 1834 à Cassel. xixᵉ siècle. Allemand.

Paysagiste.

Il étudia à l'Académie de Cassel, fit de lointains voyages, alla, en 1869, jusqu'en Laponie. Il travailla en Belgique, à Cologne, Kiel, Hambourg, Dresde et, en 1880, à Düsseldorf.

AUBEL Karl Christian

Né le 19 novembre 1796 à Cassel. Mort le 23 février 1882. xixᵉ siècle. Allemand.

Portraitiste.

Il débuta comme élève à l'Académie des Arts, dans sa ville natale. Venu à Paris, il se mit sous la direction de Gros. En 1825, il alla à Rome, s'y maria et y resta jusqu'en 1832. Il devint professeur à l'Académie de Cassel en 1833.

AUBELLE R.

xixᵉ siècle. Français.

Paysagiste.

Il a exposé plusieurs fois au Salon de Paris, de 1890 à 1896.

AUBENAS d'. Voir PIERRE de PAIX

AUBÉPINE Marcel Jules Gingembre d'

Né en 1843 à Habsheim. xixᵉ siècle. Français.

Peintre, graveur, lithographe.

Cet artiste exposa aux Salons de Paris et aux Expositions internationales de Blanc et Noir vers 1892. Principales œuvres : *Biarritz et les pays basques*, une suite d'eaux-fortes pour la reine d'Angleterre, *Joies et misères des petits oiseaux*, *Par devant M. le Merle*, *Un Rêve*, *A mes frères d'armes* : *Belfort* 1870-1871, *Espoir en Dieu*.

Ventes Publiques : Paris, 1ᵉʳ mars 1944 : *Le premier chant d'automne* : FRF 250.

AUBER Christiane

Née à Saint-Denis (Réunion). xxᵉ siècle. Française.

Peintre de paysages.

Élève de Ange Supparo à l'Ecole des Beaux-Arts de Tananarive, elle expose à Paris, au Salon des Artistes Français entre 1922 et 1924.

AUBER L.

xviiᵉ siècle. Actif vers 1690. Français.

Graveur au burin.

On possède de lui trois planches, gravées d'après Fr. de Troy, Ottley, Le Clerc.

AUBERGE DE GARCIAS Laurent

xxᵉ siècle. Français.

Peintre.

Expose au Salon d'Automne de 1911 une *Idylle bretonne*.

AUBERGEON Marie-Madeleine

Née à Luc-sur-Mer (Calvados). xixᵉ siècle. Française.

Peintre de paysages.

Elle fut l'élève de Carbillet et elle exposa au Salon, de 1877 à 1882, des figures, des fleurs et des tableaux de genre.

AUBERJONOIS René Victor

Né le 18 août 1872 à Montagny (près d'Yverdon). Mort en 1957 à Lausanne. xxᵉ siècle. Suisse.

Peintre de compositions à personnages, portraits, paysages, natures mortes, décorateur de théâtre. Postcubiste.

Son père était suisse, sa mère française. Il fit ses études classiques à Lausanne, Dresde et Vienne. Puis, en 1896 il fut élève de la Kensington Art School de Londres, puis il reçut quelques conseils de Whistler à Paris, ainsi que de Jean-Paul Laurens à l'Ecole des Beaux-Arts. Il y fréquenta aussi l'Académie privée de Luc-Olivier Merson. Il resta à Paris pendant treize ans, jusqu'à la guerre de 1914, s'y liant avec l'écrivain Ramuz. Il commença à y exposer en 1901, à la Société Nationale des Beaux-Arts. En 1904 il exposa à Vevey et à Düsseldorf. A Paris il s'était intégré aux milieux d'artistes, mais revenu en Suisse et fixé définitivement à Lausanne, il ne revint à Paris que pour de brefs séjours. En 1994, le musée des Beaux-arts de Lausanne a présenté une exposition de ses œuvres.

Dans ses premières années d'activité, il pratiqua une peinture postimpressionniste, souvent pointilliste, influencée par Van Gogh, Degas, Seurat, les Nabis, d'un dessin ferme dans des couleurs vives. Ses thèmes étaient divers : scènes des habitants du Valais, nus robustes, natures mortes de fleurs. En 1913, encore à Paris, il se sensibilisa à certains aspects du cubisme : analyse géométrisante de la forme, dessin prévalant sur couleur. Son dessin se synthétisa et il adopta des chromatismes plus sourds. Il n'était sans doute pas dans son tempérament de se livrer à corps perdu dans les grandes mutations esthétiques et des langages plastiques qui secouaient l'époque, mais il s'y intéressait et en adoptait avec prudence les aspects qui s'adaptaient à sa propre expression. On doit tenir compte aussi de ce qu'à Lausanne, et surtout pendant la guerre, il était à l'écart des courants novateurs. A ce sujet, Charles-Albert Cingria a défini les conditions dans lesquelles il œuvrait alors : « Ce n'est pas comme à Paris où l'air naturellement fait peindre. Il a dû se constituer tout seul ou bien il est là comme une graminée qu'apporte le vent à travers les monts. » A Lausanne il bénéficiait aussi de la grande amitié qui le lia durablement à l'écrivain vaudois Charles Ferdinand Ramuz, et pendant la guerre, tous deux avec Strawinsky et le chef d'orchestre Ernest Ansermet travaillèrent longuement, chacun dans sa partie, à la réalisation, en 1918, de *L'histoire du soldat*, Auberjonois évidemment pour les décors, l'action étant produite par la Compagnie Pitoëff. On a pu penser que ce travail en collaboration, et particulièrement avec Strawinsky, qui luimême arrivait de Paris où, autour des *Ballets Russes*, il avait participé aux avant-gardes du moment et connu, entre autres, Picasso, avait permis à Auberjonois de se dépasser. En réaction contre le naturalisme académique en honneur dans la peinture traditionnelle suisse, il osa plus de liberté dans la construction de la forme, usant de déformations, plus plastiques qu'expressives, perceptif à des influences diverses qui lui sont attribuées : Cézanne, Henri Rousseau, Picasso, Modigliani. Dans toute la suite de sa vie et de sa carrière, il poursuivit la construction de son œuvre dans une grande unité de style, à peine troublée par une période, autour de 1950, influencée par l'inquiétude existentielle exprimée par Rembrandt, et, en fin de vie, par la plénitude d'une belle série de petits formats à dominante jaune-doré. Il eut l'occasion de quelques peintures murales : pour la maison de Dézaley à Lavaux, pour le Musée minéralogique vaudois à Lausanne. Il fut surtout peintre de compositions à personnages : *Les jeunes filles au bain* – *Café à Marseille*, de portraits : *Portrait de C.-F. Ramuz* – *Hommage à Ludmilla Pitoëff*, du monde du cheval, du cirque, des forains : *Saltimbanque*, de paysages du Valais : *Moulin de Rivaz à Lavaux*, de natures mortes : *Ara et coquillage*. La réserve prudente où il maintint sa veine créatrice le laisse à l'écart des grands créateurs de son temps, la fermeté et le sérieux de son talent le situent à l'égal de quelques artistes de Paris, comme lui hors courants novateurs et pourtant remarquables : Le Fauconnier, Charles Dufresne, Gondouin par exemple, en tout cas à une place importante dans l'histoire artistique suisse de ce temps. ■ Jacques Busse

René A.

Bibliogr. : C.-F. Ramuz : *René Auberjonois*, Mermod, Lausanne, 1943 – divers : Numéro spécial *Auberjonois*, Formes et Couleurs – A. Kohler : *René Auberjonois*, Rencontre, Lausanne, 1971 – Fernand Auberjonois : *René Auberjonois, peintre vaudois*, Payot, Lausanne, 1985 – in : *Diction. de la peint. allemande et d'Europe centrale*, Larousse, Paris, 1990.

Musées : Aarau (Mus) : *Autoportrait* 1948 – Bâle (Kunstmus.) : *Hommage à Ludmilla Pitoëff*, esquisse – *La dame italienne* – important ensemble d'œuvres – Genève – Lausanne (Mus. canton.) : *Portrait de C. F. Ramuz* – Neuchâtel – Zurich (Kunsthaus.) : *Portrait de C. F. Ramuz*.

Ventes Publiques : Paris, 29 oct. 1926 : *La dompteuse* : **FRF 7 200** – Zurich, 1946 : *Portrait de Strawinsky* : **CHF 330** ; *Nature morte à la broche* : **CHF 750** – Paris, 23 nov. 1953 : *Tulipes* : **FRF 22 000** – Stuttgart, 20 mai 1960 : *Nature morte à la mandoline*, h/cart. : **DEM 4 000** – Berne, 9 juin 1961 : *Portrait de l'artiste en pied*, encre : **CHF 1 300** – Zurich, 17 nov. 1972 : *Rebecca au puits*, d'après Poussin : **CHF 23 000** – Berne, 9 juin 1976 : *Homme avec singe* vers 1933, dess. (30,6x27,3) : **CHF 5 400** – Lucerne, 19 nov. 1977 : *Baigneuse*, h/cart. (42,533,5) : **CHF 34 000** – Berne, 10 juin 1978 : *Nu sur un canapé rouge* 1928, h/t (88x69) : **CHF 44 000** – Londres, 3 avr. 1979 : *Le violoniste*, h/t : **GBP 10 000** – Berne, 25 juin 1981 : *Portrait de jeune fille* vers 1925, cr. (25,6x19,3) : **CHF 7 300** – Zurich, 30 nov. 1981 : *Jeune fille assise*, h/t (45x37) : **CHF 30 000** – Zurich, 27 mai 1982 : *Vieux paysan assis*, h/cart. (31,5x22) : **CHF 18 000** – Berne, 24 juin 1983 : *Portrait d'une dame russe* 1924, fus./pap. (24,5X17,5) : **CHF 6 000** – Berne, 24 juin 1983 : *Le cirque* vers 1927, aquar./trait de cr. (29x23) : **CHF 7 000** – Berne, 24 juin 1983 : *Portrait d'une foraine savoyarde* 1922, h/t (54,6x33,5) : **CHF 12 200** – Zurich, 9 nov. 1984 : *La butte aux cailles* 1897, h/t (45,5x37) : **CHF 12 000** – Berne, 20 juin 1984 : *Jeune fille nue, debout* vers 1900, cr. et encre de Chine (26x18,5) : **CHF 15 000** – Zurich, 7 juin 1985 : *Le parc*, h/t mar./pan. (25x30,5) : **CHF 14 000** – Zurich, 6 juin 1986 : *Scène de parc*, h/t mar./pan. (25x20,5) : **CHF 9 500** – Lucerne, 12 nov. 1986 : *Nu assis*, cr. (33x25) : **CHF 4 400** – Zurich, 9 juin 1993 : *Arlequin*, h/t/cart. (60x40) : **CHF 57 500** – Zurich, 8 déc. 1994 : *Bohémienne au chien*, h/t (87x74) : **CHF 57 500** – Zurich, 25 mars 1996 : *Femme au jupon rayé* 1908, h/t (54x38) : **CHF 34 500** – Lucerne, 8 juin 1996 : *Esquisse pour le Salon rouge*, h/t/cart. (24x22) : **CHF 11 900** – Berne, 20-21 juin 1996 : *Roseaux, cruche blanche*, h/t (73x44) : **CHF 22 000** – Zurich, 10 déc. 1996 : *L'Amazone* 1937, h/t/Pavatex (35,5x23) : **CHF 32 200** – Zurich, 8 avr. 1997 : *Nature morte* 1941, h/t (46x38) : **CHF 15 000**.

AUBERLEN Wilhelm
Né le 6 juillet 1860 à Stuttgart. xixe siècle. Allemand.
Portraitiste.
Élève de l'École d'Art de cette ville et de l'Académie de Munich, il eut pour professeur Ludwig Van Löfftz. Il débuta à Berlin, en 1886. Il peignit à partir de 1894, quelques princes de la maison royale de Wurtemberg.

AUBERNON Inès
Née à Marseille. xxe siècle. Française.
Peintre.
Autodidacte, elle a fait des expositions personnelles à Marseille en 1984-1987. 1er Prix en 1986 dans le Canton Vert. Ses couleurs sont pures et flamboyantes.

AUBERT
xviie siècle. Français.
Peintre.
Cité par l'abbé de Marolles, il était actif à Lyon.

AUBERT
xviiie siècle. Français.
Sculpteur.
De 1760 à 1775, il fut occupé à la décoration du château de Chantilly. Peut-être le même artiste que le sculpteur Daniel Aubert.

AUBERT
xviiie siècle. Français.
Peintre émailleur.
Il travaillait à Paris. On trouve son nom mentionné en 1754 et en 1771.
Il peignit des portraits sur des tabatières.

AUBERT
xviiie siècle. Français.
Graveur.
Actif à Paris, on a de lui une gravure en couleur : *Le joli chien ou les petits favoris*.

AUBERT Ambroise
Mort le 28 avril 1720. xviiie siècle. Actif à Angers. Français.
Sculpteur sur bois et architecte.

AUBERT André
Mort en 1775. xviiie siècle. Actif à Paris. Français.
Maître sculpteur.

AUBERT Antoine
Né vers 1783 près de Rouen. xixe siècle. Français.
Graveur.
Il fut l'élève de Tardieu. C'était un sourd-muet et il signait ordinairement : *Aubert, sourd-muet, sculpt*. On a de lui le portrait de l'abbé de l'Épée, ainsi que quelques portraits d'après F. Baroccio, J.-F. Hollier, Dabos. Il entra à l'École des Beaux-Arts le 8 floréal, an XIII (1804), « admis » dit le registre d'inscription, par le citoyen Lagrenée.

AUBERT Antoine Pierre
Né le 26 janvier 1853 à Lyon. xixe siècle. Français.
Sculpteur de statues, bustes.
Fils de Jean Antoine. Élève de l'École Nationale des Beaux-Arts de Lyon (1867) et de celle de Paris, de Dumont, puis de Bonnassieux ; nommé professeur de sculpture à l'École de Lyon, en 1901, en remplacement de Dufraine. Pierre Aubert débuta au Salon de Lyon de 1876, puis à ceux qui le suivirent, par quelques bustes. En 1883, il y exposa son *Ange gardien*, groupe marbre qui fut remarqué, en 1884, un buste bronze de l'architecte René Bardel, pour la ville de Lyon, et un *Saint François d'Assise*, essai de sculpture polychrome ; de 1885 à 1890, quelques compositions heureuses : *Judith*, statue en plâtre (Salon de Paris, 1885), le *Christ au tombeau*, bas-relief terre cuite, le *Titan foudroyé* (Salon de Paris, 1886), le *Sergent Blandan* (troisième prix du Concours), en 1891, une cariatide pour la Préfecture du Rhône, en 1892, un médaillon terre cuite du poète J. Soulary (*Lyon-Salon*, 1892, 35), en 1893, le buste du peintre L. Allemand (*Ibid.*, 1893, p. 21), en 1894, un médaillon du Dr Tripier. P. Aubert prit part à divers concours : *Rabelais* (Tours), *Statue de la République* (Lyon), *Sergent Blandan* et *Bernard de Jussieu* (Lyon). Il exécuta divers travaux décoratifs, entre autres des statues pour la chaire à prêcher et le maître-autel, à l'église de la Tour-du-Pin. Il est l'auteur de la statue de Claude Bernard, à la Faculté de médecine de Lyon. ■ M. Audin

AUBERT Arthur
Né à Moscou. xixe siècle. Russe.
Sculpteur, animalier.
Nombreuses expositions de groupes et de statues d'animaux à Saint-Pétersbourg ; médailles d'argent en 1872 au Musée de Saint-Pétersbourg pour *le Lion et la Gazelle*. Membre de l'Académie impériale des Beaux-Arts de Saint-Pétersbourg. Il obtint une médaille d'argent à l'Exposition Universelle de 1900 avec *Chimpanzé et tortue, Gazelle poursuivie par des chiens*.

AUBERT Auguste
Né vers 1760 à Paris. xviiie siècle. Français.
Peintre.
Il était fils d'un architecte et entra à l'École de l'Académie Royale le 30 avril 1778, dans l'atelier de Lagrenée.

AUBERT Charles Henri
Né à Paris. xviiie siècle. Travaillait en 1797. Français.
Dessinateur.
Il fit surtout des vignettes pour des livres. Nous trouvons sur le registre des élèves de l'Académie Royale, vers 1760, un Aubert, sans mention de prénom, qui pourrait être Charles Henri Aubert. Dans ce cas, il aurait été l'élève de Vien.

AUBERT Charles Henri
Né vers 1798 à Paris. xixe siècle. Français.
Peintre.
Élève de l'École des Beaux-Arts le 22 février 1812 avec Auguste Charpentier.

AUBERT Daniel ou Auber
xviiie siècle. Français.
Maître sculpteur.
Le dictionnaire Larousse le prénomme Daniel. Parisien, il fut admis le 17 octobre 1757 à l'Académie Saint-Luc, dont il devint directeur. Il exécuta divers travaux au château de Bagatelle.

AUBERT David
Né en 1435 à Hesdin (Artois). xve siècle. Français.
Miniaturiste.
Peintre de Philippe le Bon, également bibliothécaire. C'est l'auteur du *Roman du Roy Charles Martel et de ses successeurs* (1463), quatre volumes, aujourd'hui à Bruxelles, de l'*Histoire des conquêtes de Charlemagne* (1458-1465), trois volumes remplis de miniatures, de la *Composition de la Sainte-Écriture* (1462) avec des miniatures, du *Romuleon*, contenant en brief les faits

des Romains (1468) avec des miniatures, du *Roman des trois fils du Roy* (1463) avec les armoiries de Philippe le Bon. Enfin, le British Museum conserve une *Vita Christi.*

AUBERT Desiderio
XVIIIe siècle. Vivait vers 1710. Français.
Sculpteur.

AUBERT Félix Albert Anthyme
Né le 24 mai 1866 à Langrune (Calvados). Mort le 10 janvier 1940 à Langrune. XIXe-XXe siècles. Français.
Peintre, décorateur.
Il expose, entre 1898 et 1923, au Salon de la Société Nationale des Beaux-Arts à Paris. Chevalier de la Légion d'Honneur.

AUBERT François
XVIIe siècle. Français.
Peintre.
Cité à Paris en 1683.

AUBERT Georges
Né le 8 octobre 1886 à Paris. XXe siècle. Français.
Peintre, graveur.
Jusqu'en 1927,il a exposé au Salon des Artistes Français dont il était devenu sociétaire.
MUSÉES : LAUSANNE (Mus. canton. des Beaux-Arts) : *Deux Personnages* 1934-1935.
VENTES PUBLIQUES : LUCERNE, 25 mai 1991 : *Composition cubiste*, h. et techn. mixte/pap. (50x35) : **CHF 2 400.**

AUBERT J. J.
XIXe siècle. Français.
Sculpteur.
Il a exposé des médaillons et des bas-reliefs au Salon de Paris, de 1888 à 1890.

AUBERT Jacques
XVIIe siècle. Travaillait à Angers vers la fin du XVIIe siècle. Français.
Sculpteur.

AUBERT Jean
Mort après 1408. XIVe-XVe siècles. Français.
Imagier.
Actif à Lyon, il travailla à Paris de 1388 à 1395. Jean Aubert figure vers 1386 sur un rôle d'*Establies* conservé aux Archives de Lyon. Natalis Rondot pense qu'il est le même que Jean Aubert, *ymagier d'ivoire* flamand, neveu de Picart Aubert, de Tournai, *entailleur de ymaiges.*

AUBERT Jean
XVIe-XVIIe siècles. Français.
Peintre et verrier.
Un peintre de ce nom vivait à Lyon en 1599 et 1628 et peignit des ornements à l'Hôtel de Ville.

AUBERT Jean
Mort le 13 octobre 1741, en 1725 selon Defer et Le Blanc. XVIIIe siècle. Français.
Graveur.
Il fut membre de l'Académie d'Architecture, à Paris. Son admission eut lieu le 22 janvier 1720. C'est lui qui fit construire pour le duc de Bourbon, au château de Chantilly, les grandes écuries et le bâtiment des nobles. Il collabora aussi à la construction du Palais Bourbon, à Paris. C'est d'après ses plans que furent élevés également l'hôtel du Maine, l'hôtel de Beauvais, l'hôtel de l'Assurance, ainsi que l'Hôtel de Ville, à Soissons. On lui attribue une série de gravures qui furent publiées à Paris, chez Huquier. Ces planches sont exécutées d'après Gillot, Bouchardon, Jeaurat, Watteau.

AUBERT Jean Antoine
Né le 14 avril 1822 à Digne. Mort le 11 décembre 1883 à Lyon. XIXe siècle. Français.
Sculpteur de statues, décorateur.
Jean Antoine Aubert était fils d'un boulanger ; il débuta à Marseille, dans l'atelier de Nyons, où il travailla pendant quinze ans ; il vint terminer son apprentissage à Lyon et s'y établit. Successivement élève de Vidal, place Saint-Jean, puis de Perraud chez qui il connut Bonnassieux, Jean Antoine Aubert fut surtout décorateur ; il travailla pour de nombreuses églises de Lyon et de la région lyonnaise : il exécuta la stalle de l'archevêque à la cathédrale de Lyon, le mobilier de l'église de Non-le-Comtal ; Tony Desjardins, architecte en chef de la ville, lui confia la décoration intérieure de l'hôtel de ville, Dardel une partie des

sculptures du Palais du Commerce ; il restaura la chapelle de l'Hôtel-Dieu sous la direction de Perret de La Menue. ■ M. Audin

AUBERT Jean Émile
Né le 9 octobre 1873. Mort le 9 septembre 1933 à Onesse-Laharie (Landes). XXe siècle. Français.
Peintre de paysages.
Elève d'Achille et Henri Zo, il a régulièrement exposé au Salon des Artistes Français à Paris, entre 1911 et 1930. Médaille d'argent en 1920.
VENTES PUBLIQUES : LINDAU, 5 mai 1982 : *Bord de mer*, h/t (54x73) : **DEM 2 000.**

AUBERT Jean Ernest
Né en 1824 à Paris. Mort le 3 juin 1906 à Paris. XIXe siècle. Français.
Peintre de sujets de genre, portraits, paysages animés, natures mortes, graveur, dessinateur, lithographe.
Il fut élève de Paul Delaroche et A. Martinet à l'École des Beaux-Arts ; recevant le grand Prix de Rome, gravure, en 1844.
Il avait aidé son père, Pierre Eugène Aubert, dans la gravure de quelques pièces des *Galeries de Versailles*, qui portent la signature *Aubert fils*, et gravé aussi un paysage de J. Dupré pour *L'Artiste*. Arrivé à Rome, il exécuta un portrait du *Dante*, d'après Raphaël ; il était grand ami du peintre Hamon dont il a lithographié plusieurs toiles : *Les Orphelins, La Comédie Humaine, La Boutique à quatre sous, Le Dompteur d'amours.* Il a aussi lithographié : *Vénus impudique*, d'après Gleyre, *Palestrina*, d'après Helbruth, *Le Calvaire*, d'après Jobbé-Duval, *Rendez-vous de chasse*, d'après Rosa Bonheur. À partir de 1851 il ne fit plus que de la peinture. On cite notamment de lui : *Miroir aux alouettes, La leçon d'astronomie, Le Diorama de l'Amour, Les Captives de l'amour, Conférence aux amours, Le Retour de l'Amour, Prodigue, Le dompteur d'amours, L'Amour qui vient, L'Amour en vacances.*

JEAN·AUBERT·

JEAN AUBERT

MUSÉES : HAMBOURG : *Martyre chrétienne* – MULHOUSE : *Premier bijou.*
VENTES PUBLIQUES : PARIS, 1876 : *Rêverie au bord de la mer* : **FRF 2 600** – NEW YORK, 1883 : *L'hiver* : **FRF 3 000** – PARIS, 1889 : *Au bord du lac* : **FRF 2 100** – PARIS, 1899 : *Le Printemps* : **FRF 750** – PARIS, 3 mars 1919 : *La source et l'amour* : **FRF 1 150** – NEW YORK, 4 fév. 1925 : *La toilette* : **USD 50** – PARIS, 6 nov. 1950 : *Portrait de jeune femme*, cr. de coul. : **FRF 280** – NEW YORK, 28 mai 1981 : *Menu de l'amour 1884*, h/t (85x68) : **USD 15 500** – LINDAU, 5 mai 1982 : *Nature morte aux fruits*, h/t (45,5x55) : **DEM 2 800.**

AUBERT Jean Jacques Augustin Raymond
Né en 1781 à Marseille (Bouches-du-Rhône). Mort en 1857 à Marseille. XIXe siècle. Français.
Peintre d'histoire, portraits, paysages.
Après un apprentissage avec son premier maître Guenin, il vint en 1802 à Paris, où il travailla sous la direction de Peyron. Rapidement, il était de retour dans sa ville natale, où il reçut de nombreuses commandes, notamment pour les églises et le Palais de Longchamp de Marseille. En 1810, il fut nommé directeur de l'École de dessin de cette ville.
BIBLIOGR. : Gérald Schurr : *Les Petits Maîtres de la peinture 1820-1920, valeur de demain*, t. II, Les Éditions de l'Amateur, Paris, 1982.
MUSÉES : MARSEILLE .
VENTES PUBLIQUES : PARIS, 1845 : *Paysage et figures* : **FRF 280** – PARIS, 15 oct. 1990 : *Sujet antique 1805*, h/t (112x146) : **FRF 4 000.**

AUBERT Joseph
Né le 20 août 1849 à Nantes. Mort en mai 1924 à Neuilly. XIXe-XXe siècles. Français.
Peintre d'histoire, compositions à personnages.
Élève de Cabanel et d'Yvon. Il n'exposa que deux fois au Salon de Paris : *L'Ange déchu*, en 1877, et les *Noyades de Nantes*, en 1882. Le Musée de Vannes possède de lui : *Légende celtique*. Il prit part à l'Exposition Universelle de Paris de 1900 avec : *La Mission des Apôtres*. Il figura jusqu'en 1924 au Salon des Artistes Français avec des sujets d'histoire et des portraits : en 1920, *Les Protestataires, Les Libérateurs* (Musée de l'Armée), en

1921, *Premier arrêt des Barbares sur la Marne*, en 1923, *Le Général Niox*, en 1924, *Le Cardinal Dubois*. On lui doit, en outre, un certain nombre de toiles dont les sujets sont empruntés au Nouveau Testament.

VENTES PUBLIQUES : PARIS, 1898 : *Concert mystérieux*, esquisse : FRF 305.

AUBERT Joseph
Né à Montgavet (Vaucluse). XXe siècle. Français.
Peintre.
Expose aux Artistes Français en 1934 un portrait.

AUBERT L., père
XIXe siècle. Français.
Graveur au burin.
Il grava le calendrier de 1814.

AUBERT Laurent
Mort le 12 mars 1776. XVIIIe siècle. Français.
Maître sculpteur.
Parisien, il fut admis le 19 octobre 1753 à l'Académie de Saint-Luc.

AUBERT Louis
XVIIIe siècle. Français.
Peintre de sujets de genre, animaux, portraits, paysages, dessinateur.
Heinecken dit qu'il était fils d'un violoniste de l'orchestre de l'Opéra, à Paris. Il deviendra premier violon de l'Opéra en 1755. En 1745, il fit pour la somme de 240 livres, trois tableaux décoratifs au château de Fontainebleau et, plus tard, quatre dessus-de-portes dans les appartements du Dauphin, à Versailles ; l'année suivante, il reçut 100 livres pour un paysage au château de Choisy et 400 livres pour quatre autres destinés à l'appartement de Mme de Pompadour, à Compiègne. Il semble qu'il ne réalisa plus de travaux de peinture au-delà de 1752, se consacrant à la musique.

VENTES PUBLIQUES : PARIS, 1898 : *Le jeune amateur de dessin* : FRF 141 – PARIS, 1899 : *Le jeune amateur de dessin* : FRF 102 – PARIS, 14 mai 1936 : *La Lecture interrompue*, cr. de coul. : FRF 4 050 – PARIS, 19 déc. 1949 : *Portrait de fillette*, pierre noire, sanguine et reh. de blanc : **FRF 125 000** – ROUEN, 15 déc. 1985 : *Etude de femme debout, accoudée*, dess. aux trois cr. (29x21) : **FRF 16 000** – PARIS, 27 avr. 1994 : *Feuille d'études de pieds et de mules*, pierre noire et past. (18x26) : **FRF 30 000** – CALAIS, 3 juil. 1994 : *Le marché aux poissons devant le couvent des Clarisses de Douai*, h/t (99x112) : **FRF 75 000** – PARIS, 22 mars 1995 : *Portrait d'une jeune garçon ; Étude de chat*, pierre noire, craie blanche et pierre noire, sanguine (22,5x18) : **FRF 36 500.**

AUBERT Louis Eugène Jacques
Né à Paris. XIXe-XXe siècles. Français.
Aquarelliste.
Il fut élève de Paul Renouard, et participa au Salon de l'Exposition coloniale de 1906.

AUBERT Louis François
Mort le 29 octobre 1755 à Paris. XVIIIe siècle. Français.
Émailleur.
Beau-frère du célèbre pastelliste Jean Baptiste Perroneau, il travailla pour le roi. Ses émaux atteignirent de son vivant des prix fort élevés.

AUBERT Louis Marie Joseph
Né à Nantes. XXe siècle. Français.
Peintre.
Sociétaire des Artistes Français, expose en 1942 : *Les hauteurs de Locronan.*

AUBERT Lucien
Né à Paris. XXe siècle. Français.
Peintre de paysages.
Expose au Salon des Indépendants à Paris, entre 1935 et 1945.

AUBERT Marcel François. Voir FRANÇOIS-AUBERT Marcel

AUBERT Michel
Né en 1700 à Paris, ou en 1704 selon certains biographes. Mort en 1757 à Paris. XVIIIe siècle. Français.
Graveur d'histoire, scènes mythologiques, portraits, dessinateur, illustrateur.
Il gravait bien le portrait ; il s'est adonné à ce genre et aux compositions historiques et mythologiques. Il grava d'après Watteau : *La fête du Dieu Pan, Le Rendez-vous de Chasse, L'in-*

discret, *Les habillements de la Province de Houkouan*, d'après Boucher : *La mort d'Adonis*, d'après Jeaurat : *L'Économe, La Savante, La Coquette, La Dévote.* Enfin il fit, d'après Oudry, des vignettes pour les fables de La Fontaine.

VENTES PUBLIQUES : PARIS, 10 et 11 mai 1926 : *La petite fille à l'orange*, dess. trois cr. : **FRF 2 500** – LONDRES, 8 déc. 1987 : *Jardinier assis au pied d'un arbre*, dess. (22,3x19,5) : **GBP 2 000.**

AUBERT Michel
Né le 20 novembre 1930 à Paris. XXe siècle. Français.
Peintre de sujets de genre, portraits, natures mortes. Expressionniste.
Autodidacte, il travaille en solitaire depuis 1950 et n'expose à Paris que depuis 1961. Il participe au Salon d'Automne, au Salon Grands et Jeunes d'Aujourd'hui et au Salon Comparaisons. Il montre aussi sa peinture dans des expositions personnelles à Paris et en 1989 à Montbéliard.
Sa peinture, dont la matière est très dense, montre un dessin approximatif, plutôt gravé que plaqué. Tenté par l'abstraction, Aubert ne se détache pourtant pas de la réalité, qu'il traite en expressionniste, usant de couleurs chaudes et souvent agressives ou se limitant aux forts contrastes noir-blanc du clair-obscur, pour dire la détresse des immigrés, les entrailles de la femme, la solitude de l'homme dans la ville.

BIBLIOGR. : Martine Arnault : *Michel Aubert*, in : *Cimaise*, Paris, été 1990.
VENTES PUBLIQUES : PARIS, 29 avr. 1988 : *Nature morte* 1967, h/t (100x81) : **FRF 3 800** – PARIS, 16 juin 1991 : *L'immigré* 1985, h/t (125x86) : **FRF 6 000.**

AUBERT Paul
Né à Aix-en-Provence (Bouches-du-Rhône). XXe siècle. Français.
Peintre de genre.
Élève de Dumont et de Truphème, il expose au Salon (Artistes Français) depuis 1879 jusqu'en 1914 ; il obtient une mention honorable en 1886 et une médaille de troisième classe en 1894. Citons de lui : *L'Amour au repos*, 1911, *Affection*, 1912, *Illusions perdues*, 1913.

AUBERT Pierre
Né au XIXe siècle à Lyon. Mort en 1912. XIXe-XXe siècles. Français.
Sculpteur.
Élève de Bonnassieux et Dumont ; débuta au Salon de 1879, exposant pour la dernière fois en 1911 : professeur à l'École des Beaux-Arts de Lyon. On cite de lui : *La Source* et *le Génie des Ondes*, des bustes, dont un de *Meissonier*, un médaillon du peintre *J.-H. Flandrin.*

AUBERT Pierre
Mort avant 1408. XIVe siècle. Français.
Sculpteur sur ivoire.
Il habitait à Tournai. Oncle de Jean Aubert.

AUBERT Pierre
XVIIe siècle. Travaillait à Lyon en 1663 et 1668. Français.
Graveur au burin.

AUBERT Pierre
Né vers 1782 à Paris. XIXe siècle. Français.
Peintre.
Après avoir travaillé avec Godefroid, il entra à l'École des Beaux-Arts le 11 novembre 1806.
VENTES PUBLIQUES : PARIS, 7 mars 1955 : *Le Cortège des jeunes*

mariés ; *Le Repas de noces*, pl. et lav. de bistre, deux pendants : **FRF 13 000.**

AUBERT Pierre Eugène
Né le 17 août 1789 à Paris. Mort en 1847 à Paris. XIXe siècle. Français.
Graveur.
Il fut l'élève de Schender. Son meilleur ouvrage est : *Vue de San Samboangan*, dans l'île de Mindanao, d'après E. Goupil, exécuté en 1843. Il grava également *Ulysse et Nausicaa*, d'après Rubens, et trois autres ouvrages de Ruysdaël et Joseph Vernet. Il prit part à l'illustration de grands ouvrages à gravures, publiés dans la première moitié du XIXe siècle.

AUBERT René Raymond Louis
Né le 4 octobre 1894 à La Loupe (Eure-et-Loir). Mort en 1977. XXe siècle. Français.
Peintre de scènes animées, lithographe.
Il a suivi les cours de Lucien Simon à l'Ecole des Beaux-Arts de Paris, de 1923 à 1926. Entre 1926 et 1942, il a exposé au Salon des Artistes Français de Paris, où il a obtenu une médaille de bronze en 1926 et le Prix Chenavard, une médaille d'argent en 1931, une autre à l'occasion de l'Exposition Universelle de 1937, date à laquelle il a reçu le prix A. Maignan, une médaille d'or en 1945.
VENTES PUBLIQUES : VERSAILLES, 1er nov. 1967 : *Place de village méditerranéen* : **FRF 900** – LONDRES, 25 mars 1987 : *Musique de chambre* 1926, h/t (49x59) : **GBP 3 600** – NEW YORK, 17 jan. 1990 : *Les trombones* 1932, h/t (138,5x104,1) : **USD 2 200.**

AUBERT Stéphanie
Née à Paris. XIXe siècle. Française.
Pastelliste.
Élève d'Anne Nicole Voullemier, elle exposa tous les ans au Salon, de 1865 à 1878, des portraits et des études de têtes.

AUBERT William
Né le 13 février 1856 à La Chaux-de-Fonds. XIXe siècle. Suisse.
Peintre de genre, paysages.
Il fut directeur de l'École d'Art de cette ville, et il exposa à Neuchâtel à partir de 1895.

AUBERT Yves
XVIe siècle. Français.
Peintre.
Cité à la date de 1563 au Mans.

AUBERT, dit l'Imagier
XIIIe siècle. Français.
Sculpteur.
Il travaillait à Paris en 1292.

AUBERT-GRIS Jeanne Marcelle
Née à Château-Gontier (Mayenne). XXe siècle. Française.
Peintre d'intérieurs, fleurs.
Elève de Jean Paul Laurens, elle a exposé au Salon des Artistes Français à Paris, entre 1914 et 1935.

AUBERT-MOISSON Marie-Louise
Née à Paris. XXe siècle. Française.
Peintre de portraits.
A partir de 1937, elle expose au Salon des Artistes Français de Paris où elle reçoit une Mention Honorable en 1938.

AUBERTIER Alcide Francisque
Né le 1er janvier 1827 à Lyon. XIXe siècle. Français.
Peintre de genre, portraits, pastelliste.
Élève de Lepage et de Tissot, il travailla à Paris où il exposa au Salon entre 1865 et 1870. Dans le nombre, il y avait quelques pastels. La suite des *Saisons* fut lithographiée par Gilbert, en noir et en couleur. Exposa à Lyon depuis 1863.

AUBERTIER Eugène
Né à Lyon. XIXe siècle. Français.
Dessinateur.
Fixé à Châtillon, Eugène Aubertier a exposé au Salon de Paris, de 1876 à 1879, des fusains (paysages, figures, genre, scènes de bataille).

AUBERTIN Bernard
Né en 1934 à Fontenay-aux-Roses. XXe siècle. Français.
Peintre de techniques mixtes, collages, sculpteur, dessinateur, multimédia. Tendance conceptuelle.
Il expose depuis 1962, et a été invité en 1972 à l'exposition *62-72, dix ans d'Art Contemporain* au Grand Palais à Paris. Le CNAC lui a organisé une exposition rétrospective en 1972. En 1990 la galerie Gilbert Brownstone à Paris a présenté ses travaux.

A la suite de sa rencontre avec Yves Klein, en 1957, il réalise ses premiers monochromes rouges. Il diversifie la manière dont est posée la couleur, en utilisant soit la spatule, soit des couteaux, fourchettes ou cuillers. De cette recherche pour obtenir une densité différente de la couleur, il crée un art sans cesse renouvelé par le geste de l'artiste et le regard du spectateur. A partir de 1960, il réalise ses tableaux clous rouges. Afin de mieux jouer des accidents de la surface, il plante des clous, derrière le tableau, les pointes provoquant sur la surface des éclatements de matière plus ou moins importants selon l'intensité des coups de marteau. L'ensemble est uniformément recouvert de rouge. Suivant une autre expérience, il a collé sur la toile des clous sans aucun ordre précis, puis abandonnant ces expériences dues au hasard, il a créé un système : les clous sont alors plantés à intervalles réguliers, les têtes recréant partiellement l'unité de la surface du tableau. L'ensemble est également peint en rouge.
Son œuvre marque une seconde étape décisive lorsqu'il passe des clous aux allumettes, réalisant de grandes surfaces de métal percées de trous où se logent des allumettes à enflammer. Se qualifiant lui-même de « pyro-maniaque », il a exploité le feu comme objet d'art, proposant des sculptures de feu où une flamme initiale « chemine » d'un point de départ sur l'ensemble de la sculpture. Il a aussi produit des livres de feu soit partiellement brûlés, soit à brûler, chaque page étant en soi un spectacle pyrotechnique. Restant dans le domaine du spectacle, il a organisé, dans le cadre de l'« art événement », des spectacles de fumée, selon le principe des feux de Bengale. Suivant ce goût de l'éphémère, il a aussi réalisé de vastes sacs en plastique transparent, qui, mobiles autour d'un axe, recèlent diverses poudres colorées, cendre, lessive, papier haché... et dont le mouvement provoque un tableau en perpétuel changement. ■ J. B., A. P.
VENTES PUBLIQUES : LONDRES, 25 juin 1986 : *Sans titre* 1961, clous peints/t. (113x47,5) : **GBP 2 600** – PARIS, 12 fév. 1990 : *Structures horizontales et verticales* 1975-1978, fil de fer (60x60) : **FRF 26 000** – PARIS, 5 mars 1990 : *Signes du feu*, past. et gche/pan. (65x50) : **FRF 7 500** – MILAN, 13 juin 1990 : *Têtes d'allumettes géantes* 1990, bois peint (17x20x20) : **ITL 3 200 000** – PARIS, 10 juin 1990 : *Monochrome rouge* 1976, h. et assemblage/pan. (100x100) : **FRF 65 000** – PARIS, 7 nov. 1990 : *Allumettes rouges* 1970, allumettes brûlées/pap. (59x42,5) : **FRF 18 000** – PARIS, 6 oct. 1991 : *Dessin de feu* 1974, collage d'allumettes et brûlages sur pap. (100x70) : **FRF 12 000** – PARIS, 27 oct. 1992 : *Tableau feu* 1974, alu. et allumettes géantes (70x50) : **FRF 15 000** – PARIS, 19 mars 1994 : *Rouge* 1984, acryl./pap., triptyque (chaque feuille 31x23) : **FRF 5 000** – PARIS, 17 sep. 1995 : *Tableau clou n° 000*, clous et acryl./bois (50x50) : **FRF 7 000** ; *Rouge* 1984, h/t (34x26) : **FRF 6 500** – PARIS, 1er juil. 1996 : *Tableau clou n° 0* 1962, clou et pan. peint. (17,5x12,5) : **FRF 5 500** – PARIS, 19 mars 1997 : *Rouge* 1984, h/t (34x26) : **FRF 6 500.**

AUBERTIN Claude
Né au XVIIIe siècle à Lunéville. Mort avant 1749. XVIIIe siècle. Français.
Peintre.
Il fut nommé peintre de la Cour de Lorraine en 1718.

AUBERTIN François
Né le 6 juillet 1783 à Metz, ou en 1773 selon certains biographes. Mort en 1821 à Gand, par suicide. XIXe siècle. Français.
Graveur.
Il fut d'abord soldat, puis s'adonna à la gravure à l'aquatinte, dans laquelle il introduisit certains procédés techniques nouveaux. Il travailla à Dresde, Berlin, Paris et Gand, reproduisant des œuvres de Berchem, Paul Potter, Carle Van Loo, Dietrich et autres. Le succès ne vint pas couronner les efforts de cet artiste.

AUBERTIN Jean
Mort le 16 décembre 1681 à Nancy. XVIIe siècle. Français.
Peintre.

AUBERTIN Louis Clément
Né à Paris. XXe siècle. Français.
Peintre de paysages.
En dehors de ses paysages, il a peint des sujets de pêche. Il a exposé au Salon des Indépendants entre 1916 et 1929.

AUBERTIN Nicolas
Né vers 1649. Mort en 1688. XVIIe siècle. Français.
Sculpteur.
Il travailla à Nancy, en 1679, à la décoration de la chapelle du collège des Jésuites.

AUBERTIN Odette, Mlle
xxᵉ siècle. Française.
Peintre.
Elle expose un pastel (portrait) aux Artistes Français de 1942.

AUBÉRY Jean
Né le 12 mars 1880 à Marseille. xxᵉ siècle. Français.
Peintre de paysages.
Après avoir suivi des cours à l'École des Beaux-Arts de Marseille, il fut élève de Gérôme, Duffaud et de Jacques Fernand Humbert, à Paris. Il a exposé au Salon des Artistes Français à Paris, de 1905 à 1940. Il a reçu une Mention Honorable en 1924, une médaille d'argent en 1931, le prix Paul Liat en 1931 et le prix Cyrille Besset en 1934.
Même si ses paysages méditerranéens sont peints avec précision, ils sont rendus avec une grande économie de moyens, surtout dans le choix des couleurs. Citons : *Calanque – Marseille – Terrasse – Dans mon jardin – Ramasseur de lavande – Retour de pêche.*
BIBLIOGR. : Gérald Schurr : *Les Petits Maîtres de la peinture 1820-1920, valeur de demain,* t. VI, Les Éditions de l'Amateur, Paris, 1985.
MUSÉES : DIGNE – MARSEILLE (Mus. Cantini) – NEW YORK – NÎMES .
VENTES PUBLIQUES : PARIS, 22 déc. 1950 : *Port de Marseille :* FRF 3 000.

AUBERY Jean. Voir **AUBRY**

AUBIGNY Charles d'. Voir **DAUBIGNY Charles**

AUBIGNY Paul
Né à Argent-sur-Sauldre (Cher). xxᵉ siècle. Français.
Peintre.
Il expose en 1937 au Salon des Indépendants des pastels et des aquarelles (paysages).

AUBIN
xixᵉ siècle. Français.
Graveur d'ornements et sculpteur.
En 1836, il exécuta la décoration plastique des pavillons de la place de la Concorde, à Paris. Peut-être le même artiste que Nicolas Aubin.

AUBIN Étienne Gustave
Né le 20 juillet 1821 à Paris. Mort le 17 octobre 1856 à Paris. xixᵉ siècle. Français.
Peintre de portraits, pastelliste.
Il entra à l'École des Beaux-Arts et se forma sous la direction de Léon Cogniet. Il pratiqua surtout le pastel. Il exposa plusieurs fois au Salon de Paris depuis 1847, ainsi qu'à Anvers et à Bruxelles. Il se fixa dans cette dernière ville en 1848. En 1851, il y obtint une médaille d'or.
VENTES PUBLIQUES : PARIS, 17 jan. 1949 : *Le peintre et sa famille :* FRF 19 000.

AUBIN Jean
xviiᵉ siècle. Actif à Avallon (Yonne) dans la première moitié du xviiᵉ siècle. Français.
Sculpteur.

AUBIN Nicolas
xviᵉ siècle. Français.
Sculpteur.
En 1550, il fut occupé, à Paris, avec Liger de Parou, aux travaux de sculpture qui furent exécutés dans la chapelle des Orfèvres ou de Saint-Éloi, d'après les dessins de Philippe de l'Orme. Il était aussi architecte.

AUBIN Paul
Né à La Mothe-Saint-Heraye (Deux-Sèvres). xixᵉ-xxᵉ siècles. Français.
Peintre de paysages et décorations.
Il a exposé au Salon de la Société Nationale des Beaux-Arts de Paris entre 1898 et 1914.

AUBIN Pierre
Né à Rennes. xxᵉ siècle. Français.
Peintre.
Il a exposé au Salon des Indépendants, entre 1926 et 1931.

AUBINE Jean Dominique
Né à Ajaccio (Corse). xxᵉ siècle. Français.
Sculpteur.
Il a exposé au Salon des Artistes Français à Paris, entre 1911 et 1914. Mention Honorable en 1914.

AUBLÉ Alexandre
Né vers 1769 à Paris. xviiiᵉ siècle. Français.
Peintre.
Entra dans l'atelier de Callet, à l'Académie Royale, le 12 février 1787. Fréquentait encore l'école en 1791.

AUBLÉ François Maurice
Né vers 1759 à Paris. xviiiᵉ siècle. Français.
Peintre.
Élève de Lagrenée à l'Académie Royale le 3 octobre 1778.

AUBLÉ L.
xviiiᵉ siècle. Actif vers le milieu du xviiiᵉ siècle. Français.
Dessinateur d'ornements.
Ses études (fleurs et fruits) furent gravées par Pariset.

AUBLET Albert
Né en janvier 1851 à Paris. Mort en 1938. xixᵉ-xxᵉ siècles. Français.
Peintre d'histoire, compositions religieuses, scènes de genre, portraits, sculpteur, illustrateur. Orientaliste.
Élève de Claudius Jacquand et de Gérôme, il est, très tôt, attiré par l'Orient, faisant un premier voyage à Constantinople en 1881, suivi d'un séjour à Alger, en 1883, en compagnie de Gérôme ; puis à Tunis, où il finit par s'installer vers 1905.
Il se fait remarquer dès sa première participation au Salon de 1873, avec son *Intérieur de boucherie au Tréport,* acheté par Alexandre Dumas fils. En France, il expose, tantôt des peintures, tantôt des sculptures au Salon de la Société Nationale des Beaux-Arts à Paris de 1890 à 1914, et au Salon des Artistes Français de 1910 à 1937. Médaille d'or à l'Exposition Universelle de 1889 à Paris, Médaille d'or à Amsterdam, Londres, Madrid ; Médaille d'argent à Munich, Nice ; il a reçu la Légion d'Honneur en 1890. Il a participé au Salon des Peintres orientalistes français et aux Expositions coloniales de Marseille et Paris en 1906, 1922, 1931.
Il a illustré *Fort comme la mort,* de Guy de Maupassant. On cite de lui : *Néron empoisonnant les esclaves – Duc de Guise – Lavabo des réservistes* 1880 *– Portrait de Gyp – Autour d'une partition de Massenet – Fête-Dieu – Christ apaisant une tempête,* à l'église du Tréport, *Femme turque.* Il donne aussi une image typique de la femme tunisienne.
BIBLIOGR. : Lynne Thornton, in : *Les Orientalistes, peintres voyageurs,* ACR Édition internationale, Paris, 1993 – Catalogue de l'exposition : *Lumières tunisiennes,* Pavillon des Arts, Paris, 1995.
MUSÉES : PHILADELPHIE – QUÉBEC – SAINT-ÉTIENNE : *Néron empoisonnant les esclaves.*
VENTES PUBLIQUES : PARIS, 1890 : *Jeune fille se mirant dans l'eau :* FRF 780 – PARIS, 1892 : *Boucherie Ducourroy, au Tréport :* FRF 1 000 – PARIS, 5-6 jun 1901 : *La fille du pêcheur :* FRF 175 – NEW YORK, 1909 : *Cueillant des fleurs :* USD 105 – PARIS, 8-10 nov.1926 : *Le modèle :* FRF 470 – NEW YORK, 18 avr. 1945 : *Le duc de Guise à Blois :* USD 550 – PARIS, 7 déc. 1949 : *Le modèle :* FRF 5 000 – PARIS, 22 nov.1963 : *Promenade sur la plage :* FRF 700 – NEW YORK, 24 fév. 1971 : *Jeunes femmes sur la plage :* USD 750 – LONDRES, 25 nov. 1981 : *Pureté,* h/t (78x56,5) : GBP 3 800 – ENGHIEN-LES-BAINS, 26 juin 1983 : *Jeune berbère à la fontaine,* h/t (113x73) : FRF 83 000 – PARIS, 28 nov. 1984 : *La Sélénée* 1880, h/t (144x116) : FRF 180 000 – PARIS, 28 juin 1985 : *Cérémonie des Derviches Hurleurs de Scutari* 1882, h/t (111x146,3) : USD 90 000 – PARIS, 23 juin 1986 : *Garçons au bord de la mer* 1980, h/t (114x208) : FRF 53 500 – LONDRES, 25 juin 1987 : *Enfants jouant avec des petits bateaux au bord de la mer* 1890, h/t (11x205) : GBP 15 000 – NEW YORK, 28 fév. 1990 : *Sur la plage au Tréport* 1887, h/t (72,4x49,5) : USD 44 000 – VERSAILLES, 18 mars 1990 : *Jeux de plage,* h/t (108x141) : FRF 34 000 – PARIS, 19 nov. 1991 : *Jeune femme au voile blanc* 1902, aquar. (27x37) : FRF 8 000 – PARIS, 21 juin 1993 : *Portrait de tunisienne* 1920, aquar. (36x30,5) : FRF 4 000 – NEW YORK, 26 mai 1993 : *Sur les galets du Tréport* 1883, h/t (85,7x138,4) : USD 387 500 – PARIS, 8 nov. 1993 : *Sur les marches de la Grande Mosquée,* h/t (33x26) : FRF 30 000 – LONDRES, 17 nov. 1994 : *Le mendiant* 1909, h/t (117,5x117,5) : GBP 18 975 – PARIS, 11 déc. 1995 : *Portrait d'une Tunisienne,* h/t (130x83) : FRF 74 000 – LONDRES, 15 mars 1996 : *La Nouvelle Poupée* 1887, h/t (138,5x79) : GBP 17 250 – PARIS, 9 déc. 1996 : *La Médina de Tunis,* h/pan. (35x26,5) : FRF 36 000 – LONDRES, 26 mars 1997 : *La Petite à l'éventail* 1887, h/t (133,5x75) : GBP 14 950 – PARIS, 10-11 juin 1997 : *Rue à Tunis,* h/pan. (35x27) : FRF 14 500 ; *La Rue Halfaouine, Tunis* 1920, aquar./ pap./cart. (30x44) : FRF 20 000.

AUBLET Annick
Née en 1943. xxᵉ siècle. Française.
Sculpteur de statuettes, figures, nus.

Elle confère à ses figures des expressions psychologiques variées et très typées.

VENTES PUBLIQUES : PARIS, 28 jan. 1991 : *Femme assise*, bronze (30x25) : FRF 20 000 – NEUILLY, 3 fév. 1991 : *Plénitude* 1990, bronze (24x20x25) : FRF 11 500 – NEUILLY, 7 avr. 1991 : *Le Repos*, bronze (H. 25) : FRF 18 500 – PARIS, 3 juin 1991 : *La Fierté* 1991, bronze (27,5x26x26) : FRF 12 000 – PARIS, 7 oct. 1991 : *Médita-tion* 1991, bronze (20x21x13,5) : FRF 12 000 – NEUILLY, 20 oct. 1991 : *La Fierté*, bronze (H. 27) : FRF 11 000 – PARIS, 3 fév. 1992 : *Câline* 1991, bronze (18x18x12) : FRF 11 200 – PARIS, 18 mai 1992 : *L'Éveil* 1991, bronze (33x19x13,5) : FRF 14 500 – PARIS, 5 oct. 1992 : *Myriam* 1992, bronze (35x22x12) : FRF 9 500 – PARIS, 13 mai 1996 : *La Maternité* 1996, bronze (21x30) : FRF 10 500.

AUBLET Félix Tahar
Né à Tunis. XXᵉ siècle. Français.
Peintre.
Elève de Cormon, Pierre Laurens et Renard, il expose, à partir de 1925, au Salon des Artistes Français à Paris et au Salon des Indépendants.

AUBLET Nicolas
Né en 1833 à Paris. Mort vers 1860. XIXᵉ siècle. Français.
Sculpteur de sujets religieux, statues.
Il fut l'élève de Rude et se plut à traiter surtout des sujets reli-gieux. Il exposa au Salon de 1859 une figure en marbre de *Jésus enfant discourant dans le Temple.*

AUBLINGER Berthold
XIVᵉ siècle. Allemand.
Sculpteur.
Il était chanoine de Saint-André à Flessing. On sait, par une ins-cription, qu'en 1323, il exécuta les stalles de l'église de son cha-pitre.

AUBOIN Eusèbe Albin
Né en 1787 à Orléans. Mort le 15 mars 1824 à Paris. XIXᵉ siècle. Français.
Peintre de paysages.

AUBOIN François Louis Étienne
Né vers 1786 à Paris. Mort le 23 juillet 1828. XIXᵉ siècle. Fran-çais.
Peintre et graveur.
Il était frère d'Eusèbe Albin et fut l'élève de Bardin. Le registre des élèves de l'École des Beaux-Arts marque son entrée dans l'atelier de Regnault le 13 ventôse an X (1801), à l'âge de 16 ans.

AUBOIS Auguste
Né en 1795 à Château-Gontier (Mayenne). Mort en 1831 à Paris. XIXᵉ siècle. Français.
Peintre d'histoire, scènes de genre.
Depuis 1822, il exposa plusieurs fois au Salon. Il fit un *Saint Sébastien* et le *Martyre de saint Gervais*, pour l'église de Saint-Germain-l'Auxerrois, à Paris. Au Château de Villeneuve-l'Étang, il orna un boudoir de peintures mythologiques.
MUSÉES : CHÂTEAU-GONTIER : *Deux études.*

AUBONNE Jean d'. Voir **JEAN d'AUBONNE**
AUBOURG
XIXᵉ siècle. Vivait au commencement du XIXᵉ siècle. Français.
Graveur au burin et à l'eau-forte.
Meyer le considère comme l'auteur d'une feuille anonyme qui représente des vues de monuments égyptiens.

AUBOUT Jacob
XVIᵉ siècle. Français.
Peintre verrier.
Un document, daté du 1ᵉʳ juillet 1518, porte qu'il fit un traité avec le doyen Gab. de Gouffier, s'engageant à fournir des vitraux peints pour l'église Saint-Benoît, à Paris.

AUBRÉE Louis Charles
Né à Paris. XXᵉ siècle. Français.
Peintre de paysages.
Il fut élève de Fouqueray et exposa au Salon des Artistes Fran-çais à Paris, entre 1930 et 1942.

AUBRÉE Philippe
Né en 1640. Mort en 1707. XVIIᵉ siècle. Français.
Sculpteur.
Il collabora aux travaux de boiserie du chœur de l'église Saint-Mainbœuf en 1690. Il fait partie de la famille Aubrée qui donna huit sculpteurs à la ville d'Angers aux XVIᵉ et XVIIᵉ siècles.

AUBREY H.
XIXᵉ siècle. Vivait à Londres. Britannique.

Paysagiste.
Il exposa en 1879 un tableau à Suffolk Street.

AUBREY-HUNT E. Voir **HUNT Edward Aubrey**
AUBREY-PLISSON Rosamonde
Née à Macclesfield (Angleterre). XXᵉ siècle. Active en France.
Française.
Peintre.
Elle expose au Salon d'Automne à Paris à partir de 1943.

AUBRI Girard
XVIᵉ siècle. Français.
Peintre.
Cité entre 1582 et 1602 à Paris. Épouse Guillemette Monroy puis Jeanne Lamoureux. Semble avoir eu pour aide Robert Boulen-ger.

AUBRIER
XVIIIᵉ siècle. Français.
Graveur.
Connu par un portrait gravé de César Borgia.

AUBRIET Claude
Né vers 1665 à Châlons-sur-Marne, en 1651 selon Larousse.
Mort en 1742 à Paris. XVIIᵉ-XVIIIᵉ siècles. Français.
Dessinateur miniaturiste.
Il fut l'élève de Jean Joubert et se fit une réputation rapide par son talent de dessinateur de plantes et autres sujets d'histoire naturelle. En 1700, il accompagna le botaniste Tournefort dans le Levant et, à son retour, fut fait, par Louis XIV, peintre au jardin du roi. La Bibliothèque Nationale, à Paris, celle de Göttingen possèdent de nombreux dessins botaniques de lui.

AUBRIOT François Julien, dit **Jules**
Né le 8 décembre 1820 à Lyon. Mort le 9 janvier 1888 à Lyon.
XIXᵉ siècle. Français.
Peintre verrier.
Élève de l'École des Beaux-Arts de Lyon de 1835 à 1839, il se fixa à Paris, où il fut longtemps le collaborateur de son compatriote Ch. Lavergne, le peintre verrier de la rue d'Assas. Il revint s'éta-blir à Lyon en 1862.

AUBRIOT Paul
XXᵉ siècle. Français.
Peintre de paysages, marines, fleurs.

AUBROECK Karel
Né en 1894 à Tamise. Mort en 1986. XXᵉ siècle. Belge.
Peintre, sculpteur de monuments.
Elève à l'Académie de Malines, il est surtout auteur de sculptures monumentales dont celles de la première tour de l'Yser à Dix-mude, et celles du monument Albert Iᵉʳ à Nieuport. Il est égale-ment l'auteur des sculptures en bronze au pont de Tamise.
BIBLIOGR. : J. Gabriel : *Karel Aubroeck*, Anvers, 1943.
VENTES PUBLIQUES : LOKEREN, 10 déc. 1994 : *Paysage de Durme*, h/t (80x120) : BEF 24 000.

AUBRON Louis
XVᵉ-XVIᵉ siècles. Travaillait à Beaupréau (Maine-et-Loire) en 1495 et en 1514. Français.
Peintre.

AUBRUN Claudine
Née le 19 avril 1954 à Paris. XXᵉ siècle. Française.
Peintre de figures, portraits, paysages, dessinatrice.
Postexpressionniste.
Peintre autodidacte, elle se forme sur le tard aux techniques tra-ditionnelles du dessin et de la peinture, en particulier à l'atelier de José Barranco à Madrid, où elle vit. Elle a d'ailleurs eu sa pre-mière exposition personnelle dans cette ville en 1993. Elle pré-sente ses œuvres dans des expositions collectives à Paris en 1994.
Dans une facture qu'on peut qualifier d'expressionniste tant par les couleurs que par le trait, elle présente des scènes d'inspira-tion chrétienne (crucifixion par exemple) ou des portraits, notamment ceux des habitants de Montchevrier, village berri-chon où elle passe ses vacances.

AUBRUN François
Né en 1934 à Boulogne-Billancourt. XXᵉ siècle. Français.
Peintre de paysages, natures mortes. Abstrait, tendance monochrome.
Il a exposé au Salon des Réalités Nouvelles depuis 1973, au Salon de Mai en 1981. Expositions personnelles à Aix-en-Provence en 1979 et à Paris en 1987, 1988, 1990, 1992, 1993, 1995. Il a été

directeur de l'École des Beaux-Arts de Toulon, puis nommé professeur à l'École des Beaux-Arts de Paris.

Installé au Tholonet, face à la montagne Sainte-Victoire, François Aubrun se laisse imprégner par les lumières du ciel, dont il rend le jeu subtil des reflets et des lueurs à travers une peinture abstraite à tendance monochrome. Il tente de rendre l'atmosphère de ses paysages par l'utilisation de couches épaisses de peinture dans des accords de gris et bleus, de mauves et verts. Ses natures mortes sont prétextes à montrer comme les formes se dissolvent peu à peu sous l'effet de la lumière.

BIBLIOGR. : Henri Maldiney : Catalogue de l'exposition *Aubrun*, Gal. J.-C. Riedel, Paris, 1990.

AUBRUN Jacques
Né le 27 septembre 1898 à Paris. Mort en 1976 à Paris. XXᵉ siècle. Français.
Peintre de figures, portraits, paysages, graveur, décorateur.

Il fut élève de Fernand Cormon. Il était le père de Michel Aubrun. Il exposait à Paris, au Salon d'Automne, en 1923 avec *Baigneuses, Portrait de R. Diaz Niese, Portrait de Louis Schwartz*, en 1925, 1927, 1928, et figura, de 1926 à 1930, au Salon des Indépendants, avec des paysages.

AUBRUN Michel
Né le 22 mars 1926 à Paris. XXᵉ siècle. Français.
Peintre et sculpteur.

Fils de Jacques Aubrun. Il vit et travaille près de Villeneuve-lez-Avignon, autrefois à la Chartreuse même. Tout d'abord peintre, il cesse ses activités de peintre en 1958 pour aborder la sculpture en métal, puis en terre cuite. Il participe aux Salons de Mai et des Réalités Nouvelles à Paris à partir de 1970 et à la Triennale de la sculpture de Paris en 1981, 1985. Expositions personnelles à Paris, Saint-Étienne, Toulouse, Lyon, Nîmes.

Il réalise des moulages de parties du corps de femmes, seins, ventres, fesses, auxquels il adjoint des documents, photos, lettres, appartenant à chaque visiteuse-modèle.

AUBRUN Roger Ernest
Né à Issoudun. XXᵉ siècle. Français.
Peintre de paysages.

Il a exposé au Salon des Indépendants à Paris, entre 1929 et 1938.

AUBRY
XVIIᵉ siècle. Actif à Paris en 1680. Français.
Graveur.

Ottley cite une gravure représentant *Marie-Madeleine*.

AUBRY Abraham
Mort après 1682. XVIIᵉ siècle. Actif à Strasbourg vers 1650. Français.
Graveur.

Il était frère de Pierre Aubry et apprit à graver sous sa direction. Il collabora avec lui pour diverses publications à Strasbourg. Il eut aussi un commerce considérable d'estampes et résida successivement à Strasbourg, à Francfort-sur-le-Main, à Nuremberg et à Cologne.

AUBRY Adrian
Né le 23 juin 1834 à Bruxelles. XIXᵉ siècle. Belge.
Peintre de genre, natures mortes, graveur à l'eau-forte, dessinateur.

Il fut élève de l'Académie de cette ville, puis séjourna à Paris entre 1860 et 1869 ; il exposa, à Bruxelles et à Anvers, des dessins au fusain, représentant des motifs pris dans les environs de Paris. Il fit aussi des tableaux de genre et des natures mortes.

AUBRY Alexandre Paul Victor
Né le 22 avril 1808 à Paris. Mort le 4 juillet 1864 à Paris. XIXᵉ siècle. Français.
Sculpteur.

De 1842 à 1849, il exposa plusieurs fois au Salon. En 1845, la figure *Le dernier espoir* lui valut une médaille.

AUBRY Alice, Mme
Née à Valenciennes. XXᵉ siècle. Française.
Peintre.

Expose des natures mortes au Salon d'Automne en 1912 et en 1913.

AUBRY Antoinette Marie
Née à Paris. XXᵉ siècle. Française.

Sculpteur.

Élève du sculpteur Millet de Marcilly, elle expose au Salon des Artistes Français à Paris entre 1931 et 1936.

AUBRY Charles
XIXᵉ siècle. Français.
Lithographe.

Il fut nommé, en 1822, professeur à l'École militaire de Saumur. Il peignit surtout des scènes de chasse et des sujets militaires.

AUBRY Charles
Né à Paris. XIXᵉ-XXᵉ siècles. Français.
Peintre de paysages, pastelliste.

Ses œuvres présentent des paysages ruraux. A partir de 1907, il a exposé au Salon des Indépendants à Paris.

VENTES PUBLIQUES : NEW YORK, 25 fév. 1988 : *Portrait du Maréchal Marmont dirigeant ses troupes au passage des Alpes 1810*, encre (40x29,7) : USD 1 320.

AUBRY Dominique
XVIIIᵉ siècle. Vivait à Nancy dans la seconde moitié du XVIIIᵉ siècle. Français.
Peintre.

AUBRY Emile
Né le 18 avril 1880 à Sétif (Algérie). Mort en 1964. XXᵉ siècle. Français.
Peintre d'histoire, portraits, nus. Académique.

Élève de Gérôme, il a reçu le prix de Rome en 1907. Il a exposé régulièrement au Salon des Artistes Français entre 1905 et 1943. A reçu le Prix Henner en 1926, la Médaille d'or en 1920. Officier de la Légion d'Honneur (1938), membre de l'Institut depuis 1935. Resté attaché à l'académisme selon Gérôme, il peint et dessine des nus, des scènes mythologiques, des portraits ou des pastorales dans un style « néogrec ». Ses corps aux formes amples et sculpturales, sa nature de paradis perdu restent le symbole d'une perfection idéalisée.

MUSÉES : TROYES : *Le soir*.

VENTES PUBLIQUES : PARIS, 28 déc. 1949 : *Tentation* : FRF 1 700 – PARIS, 25 mars 1977 : *Les deux amies*, h/t (81x54) : FRF 5 300 – PARIS, 24 nov. 1978 : *La voix de Pan*, h/isor. (150x198) : FRF 14 000 – MONTE-CARLO, 25 mai 1980 : *Groupe symbolique avec Pégase 1932*, h/t (117x164) : FRF 9 500 – ENGHIEN-LES-BAINS, 21 oct. 1984 : *Sur la place du marché à Safi*, h/t (54,5x73) : FRF 45 000 – PARIS, 28 nov. 1985 : *Salambo* vers 1902, paravent composé de trois h/t marouflées/cart., de formes cintrées (chaque 118x47) : FRF 45 000 – PARIS, 22 déc. 1989 : *Paris et les trois grâces*, h/cart. (45x64,5) : FRF 10 000 – SCEAUX, 11 mars 1990 : *Femme algérienne en djelaba*, dess. avec reh. d'aquar. (63,5x36) : FRF 35 000 – PARIS, 8 avr. 1991 : *Portrait de femme kabyle*, fus. et past. (60x41) : FRF 10 000.

AUBRY Étienne
XVIIᵉ siècle. Vivait à Bourges. Français.
Sculpteur.

Dans son contrat de mariage, daté de 1688, il est cité comme « sculpteur ordinaire du roi, de la ville de Paris ».

AUBRY Étienne
Né le 10 janvier 1745 à Versailles. Mort le 24 juillet 1781 à Versailles. XVIIIᵉ siècle. Français.
Peintre de genre, portraits, dessinateur.

Cet artiste fut l'élève de Jacques Augustin de Silvestre et de Joseph Vien. Rapidement connu par ses portraits et sujets de genre, il mourut malheureusement à peine âgé de 36 ans. Il peignit également des tableaux d'histoire. L'année même de sa mort, il envoyait à l'Exposition un tableau représentant *Les adieux de Coriolan à sa femme*.

Son dessin spirituel et sa science de la composition lui permirent de rivaliser avec les petits maîtres les plus renommés. Son tableau : *Les Adieux à la nourrice*, popularisé par la jolie gravure qu'en fit de Launay, est justement célèbre.

E Aubry

MUSÉES : PARIS (Louvre) : *Portrait du peintre Noël Hallé* – VERSAILLES : *Portrait du sculpteur Louis-Claude Vassé*.

VENTES PUBLIQUES : PARIS, 1762 : *Intérieur d'une maison de paysans, 1762* : *La Bergère des Alpes* : FRF 300 – PARIS, 1840 : *Scènes familières* : FRF 203 – PARIS, 1861 : *Visite à la nourrice* : FRF 1 060 – PARIS, 1863 : *La fille repentante* : FRF 1 205 – PARIS, 1866 : *Première leçon d'amitié fraternelle* : FRF 4 250 – PARIS, 1897 : *Les adieux à la nourrice* : FRF 2 100 – PARIS, 1900 : *Portrait d'Isabey* :

FRF 550 – New York, 1906 : *La visite* : USD 120 – Paris, 1907 : *La Laitière* : FRF 9 000 – Paris, 1920 : *Scène d'intérieur*, dess. : FRF 500 – Paris, 1936 : *Louis, Dauphin de France*, sanguine bistrée : FRF 2 000 – Paris, 1937 : *La Bergère des Alpes* : FRF 12 500 ; *La Becquée* : FRF 5 100 – Paris, 1938 : *Le Retour du Marché* : FRF 4 000 – Paris, 1941 : *La visite du grand-père* : FRF 10 100 – Paris, 1942 : *Le Retour du Marché* : FRF 23 500 – Paris, 27 oct. 1948 : *L'attaque de la diligence*, lav. de sépia – FRF 22 100 – Paris, 12 juin 1950 : *L'oiseau envolé* : FRF 48 000 – Versailles, 19 nov. 1961 : *Portrait de la femme du peintre en tenue champêtre* : FRF 1 900 – Paris, 10 juin 1963 : *Le mariage rompu* : FRF 1 500 – Londres, 29 nov. 1968 : *La mère heureuse* : GNS 3 500 – Paris, 5 déc. 1978 : *L'Heure mère* 1778, h/t, forme ovale (53,5x65) : FRF 60 000 – Munich, 29 nov 1979 : *L'oiseau convoité*, dess. à la pl./trait cr. reh. d'aquar. (43,5x32) : DEM 4 200 – Londres, 23 juin 1982 : *La becquée*, h/t (28x36,5) : GBP 1 500 – Monte-Carlo, 5 mars 1984 : *Portrait de Georges-Louis de Buffon* 1773, h/t (110x85) : FRF 220 000 – Monte-Carlo, 20 juin 1987 : *La blanchisseuse et l'enfant faisant des bulles*, h/pan. (46x37) : FRF 60 000 – Paris, 15 avr. 1988 : *La petite éleveuse d'oiseaux* (40x31, 5) : FRF 22 000 – Rome, 7 mars 1989 : *La visite du soupirant*, h/t (54x45) : ITL 18 000 000 – Paris, 30 jan. 1991 : *Portrait d'un homme en habit* 1772 (93x62) : FRF 17 000 – Paris, 10 avr. 1991 : *Portrait de jeune femme*, h/t (60,5x50) : FRF 12 500 – Paris, 13 avr. 1992 : *Tête de jeune fille coiffée d'un fichu*, h/cart. (14x11) : FRF 11 000 – Paris, 20 oct. 1994 : *Portrait de l'acteur Mole*, cr. noir, forme ovale (12,5x10,5) : FRF 7 000 – New York, 10 jan. 1995 : *Étude d'un gentilhomme appuyé sur sa canne vu de dos*, sanguine et lav. (42,1x26,3) : USD 21 850 – New York, 18-19 juil. 1996 : *Femme et ses deux enfants et leur servante devant une cheminée*, encre, lav. et craie blanche (21x29,8) : USD 690 – Paris, 30 oct. 1996 : *La Jeune Bergère*, h/pan. (26x20) : FRF 12 000.

AUBRY Ferdinand Henry
Né vers 1770 à Versailles. XVIIIᵉ siècle. Français.
Graveur.
Il entra à l'École de l'Académie Royale, protégé par Cochin, le 6 avril 1785. Il fut élève de Delaunay.

AUBRY François
XVIIᵉ siècle. Français.
Sculpteur de bustes.
Les groupes de la fontaine du Dragon furent exécutés d'après les modèles qu'il donna en 1683, en collaboration avec Lespagnandel. Fondeur ordinaire du roi, il travaillait à Versailles en 1679. Il travailla seul, de 1686 à 1695, à la fonte de huit groupes d'enfants, qui furent placés du côté des grands bassins. En 1690 environ, il collabora, avec Le Hongre, à la fonte de la *Statue équestre de Louis XIV*, ordonnée par les États de Bourgogne. Durant cette même année, il se rendit à Pau, pour aider Marc Arcis dans l'exécution d'une statue en bronze de Louis XIV, d'après une esquisse de Girardon.
Ventes Publiques : Versailles, 26 fév. 1967 : *Buste d'Apollon*, terre cuite : FRF 1 900.

AUBRY Gaston
Né en 1853 à Montargis (Loiret). Mort en 1901 à Sèvres. XIXᵉ siècle. Français.
Peintre, aquarelliste.
Comme architecte, on lui doit de nombreuses et importantes constructions. Il exposa au Salon, en 1878, 1879 et 1882, des esquisses et des aquarelles.

AUBRY Georges
Né à Gentilly. XXᵉ siècle. Français.
Peintre de paysages, fleurs.
Il a exposé au Salon d'Automne entre 1920 et 1938. Il était aussi marchand de tableaux.
Musées : Détroit : *Cabane ensoleillée* 1923.
Ventes Publiques : Paris, 27 mars 1944 : *Fleurs* : FRF 6 000 – Paris, 28 jan. 1949 : *Rue de village dans le Lot* : FRF 15 000.

AUBRY Girard
Né à Mont-sur-Courville (près de Reims). Mort en 1615. XVIIᵉ siècle. Français.
Peintre.

AUBRY Gui Noël
XVIIIᵉ siècle. Actif à Paris en 1772. Français.
Peintre.

AUBRY Guillaume
XVIᵉ siècle. Français.

Miniaturiste.
Il fut cité à plusieurs reprises comme témoin à Tours entre 1526 et 1528.

AUBRY Guillot Antoine
XVIIIᵉ siècle. Actif à Paris en 1783. Français.
Peintre.

AUBRY J., Mlle
XXᵉ siècle. Française.
Peintre.
Expose aux Artistes Français un paysage en 1914.

AUBRY Jean
XVᵉ siècle. Actif à Tours. Français.
Sculpteur sur bois.
Cité en 1471.

AUBRY Jean
XVIIᵉ siècle. Vivait à Nantes en 1601. Français.
Graveur au burin.

AUBRY Jean
XVIIIᵉ siècle. Travaillait à Paris. Français.
Graveur au burin, dessinateur, illustrateur.
Il illustra, en 1789, l'ouvrage intitulé : *Le Cours de Botanique pour servir à l'Éducation des enfants de S. A. le duc d'Orléans.*

AUBRY Jean ou Aubery
Né le 13 août 1810 à Cassel, d'origine française. Mort en 1893 à Cincinnati. XIXᵉ siècle. Actif aussi aux États-Unis. Français.
Peintre de compositions religieuses.
Venu à Paris, il travailla à la Cour de Louis-Philippe de 1838 à 1848. Il quitta la France dans l'année de la Révolution, vécut en Italie jusqu'en 1853. A cette époque, il émigra en Amérique et se fixa à Cincinnati. Parmi ses tableaux, citons : *Repas des pèlerins dans le désert*, exposé au Salon de Paris en 1839, *Le Christ en croix*, 1845. L'église Sainte-Marie des Batignolles possède de lui un *Ecce Homo*.

AUBRY Jean Philippe
XVIIᵉ siècle. Vivait à Francfort vers 1670. Allemand.
Graveur.
Il était parent d'Abraham et de Pierre Aubry. Il grava un grand nombre de planches pour les libraires, ainsi que pour sa maison de commerce (il était marchand d'estampes).

AUBRY Joseph
XVIIIᵉ siècle. Travaillait à Caen dans la seconde moitié du XVIIIᵉ siècle. Français.
Peintre.

AUBRY Julienne
Morte en 1904. XIXᵉ siècle. Française.
Peintre.

AUBRY Louis
Né le 16 août 1867 à La Chaux-de-Fonds. XIXᵉ siècle. Suisse.
Paysagiste.
Il a été l'élève de Barthélemy Menn à Genève. En 1895 et 1896, il exposa à Neuchâtel et, en 1901, à Genève et à Vevey. Il appartient à l'école des Pleinairistes.

AUBRY Louis François
Né en 1767 à Paris. Mort le 16 juin 1851. XVIIIᵉ-XIXᵉ siècles. Français.
Peintre de sujets de genre, portraits, aquarelliste, pastelliste, miniaturiste.
Il fut élève de Vincent et d'Isabey. Le registre des élèves protégés de l'Académie Royale mentionne son admission le 29 mars 1784 comme élève de Durameau. Il était encore à l'école au mois de juillet 1791. Il commença à exposer au Salon de Paris en 1798 ; en 1804, ses miniatures étaient remarquées à côté de celles de Saint et d'Augustin. Il paraît avoir été fort apprécié par la famille Bonaparte. Il exposait, au Salon de 1810, les portraits du roi et de la reine de Westphalie et, à la Galerie Wallace, se voient deux miniatures : Pauline Bonaparte, princesse Borghese, et une autre personne de la famille impériale. L'époque de son plus grand succès, cependant, fut pendant la période de la Restauration et après l'établissement de la monarchie de Juillet. On cite, notamment, son portrait de la reine Amélie, femme de Louis-Philippe, qui fut exposé en 1831.
Ventes Publiques : Paris, 1862 : *Tabatière avec portrait de Napoléon Iᵉʳ* : FRF 560 – Paris, 1875 : *Portrait* : FRF 480 – Paris, 1880 : *Portrait de Joséphine* : FRF 1 250 – Paris, 1898 : *Portrait*

présumé de Jérôme : **FRF 459** – PARIS, 1899 : *Louis Bonaparte* : **FRF 900** – PARIS, 1930 : *Jeune femme en robe blanche* : **FRF 200** – PARIS, le 17 mai 1950 : *Portrait de jeune femme assise, en robe blanche et mauve décolletée*, miniature : **FRF 62 000** – PARIS, le 1er nov. 1950 : *Jérôme Napoléon, frère de l'Empereur* : **FRF 3 100** – VERSAILLES, 19 nov. 1978 : *Jeune femme de qualité se reposant dans la campagne*, past. (39x31) : **FRF 3 000** – PARIS, 24 nov. 1995 : *Jeune femme assise dans la campagne*, aquar. (39x31) : FRF 5 500.

AUBRY Marie Augustin
Né vers 1774 à Paris. XVIIIe-XIXe siècles. Français.
Peintre.
Il était fils d'Étienne Aubry et entra dans l'atelier de Vincent à l'École de l'Académie le 2 avril 1788. Il fréquentait encore l'école en 1791.

AUBRY Mathilde
Née en France. XIXe siècle. Active dans la seconde moitié du XIXe siècle. Française.
Sculpteur de bustes.
Elle exposa en 1885 et en 1890, quelques bustes de femmes en marbre et des têtes d'études.

AUBRY Michel
XXe siècle. Français.
Sculpteur.
Elève et ami de Sarkis, Michel Aubry mêle musique et sculpture dans son travail. Il figurait dans la sélection des *Ateliers 1986* présentés à l'Arc au Musée d'Art Moderne de la ville de Paris et a exposé conjointement avec Sarkis : *Le Département des cornemuses*. Il a figuré à la Villa Arson de Nice en 1990, à la FIAC (Foire internationale d'Art contemporain) à Paris en 1995. Il a exposé personnellement au FRAC Poitou-Charentes à Angoulême en 1990, à la Criée à Rennes en 1991, à Bordeaux en 1994. Ses constructions, que l'on pourrait tout aussi bien nommer sculptures-instruments de musique, sont inspirées des cornemuses sardes de la famille launeddas qu'il a étudié de près. Elles contiennent des sons qui, en s'inscrivant dans une échelle musicale, transforment l'espace où elles sont exposées en une partition. Elles sont constituées de cannes en roseaux de Sardaigne dont la taille est définie selon la hauteur du son souhaitée, fixées sur des plaques de verre par de la cire d'abeille selon le mode traditionnel sarde de fabrication des cornemuses. Des matériaux tels que la bakélite, le bois, le plâtre, le verre ou l'ivoire leur sont associés. Tout le paradoxe de l'œuvre réside dans cette matérialisation de la musique que l'on ne peut entendre mais qui est formellement présente. Ces pièces donnent lieu à des figures géométriques complexes et occupent parfois des objets mobiliers. ■ F. M.
MUSÉES : CHAMALIÈRES (FRAC Auvergne) : *Blouson de Madonna supporté par les sons* 1986 – *Sans titre* 1993 – CHÂTEAUGIRON (FRAC Bretagne) : *Le Tapis moulage* 1994.

AUBRY Pierre
XVIe siècle. Actif à Tours en 1539. Français.
Sculpteur sur bois.
Cité parfois avec les prénoms de Pierre Guillaume.

P A

AUBRY Pierre
Né en 1610 à Strasbourg. Mort en 1686 à Strasbourg. XVIIe siècle. Français.
Graveur.
Il s'établit marchand d'estampes à Strasbourg et grava au burin un grand nombre de portraits de personnages connus. Il était fils de Pierre l'Ancien avec lequel ses œuvres sont parfois confondues.

AUBRY Pierre, l'Ancien
Né à Francheville près Marson, en Champagne. Mort en 1628. XVIIe siècle. Français.
Graveur.
Il vint jeune à Strasbourg, où il entra en apprentissage chez Germain de Loye, imprimeur d'art. Le droit de cité lui fut accordé en 1609.

AUBRY Raoul P.
Né à Paris. XXe siècle. Français.
Lithographe, dessinateur.
Expose au Salon des Artistes Français en 1911.

AUBRY Raymonde
Née en 1933 ou 1934 à Damparis. XXe siècle. Française.

Peintre de paysages et de fleurs.
Elle peint des fleurs et des paysages du Jura.

AUBRY René Marcel
Né à Baron (Oise). XXe siècle. Français.
Peintre de natures mortes.
A partir de 1936, il a exposé au Salon de la Société Nationale des Beaux-Arts, aux Indépendants et au Salon d'Automne à Paris.

AUBRY Théodore
XVIIIe siècle. Actif à Nancy en 1764. Français.
Peintre.

AUBRY Yvonne
XXe siècle. Française.
Peintre.
Elle a participé au Salon des Artistes Français de Paris, entre 1914 et 1920.

AUBRY-DOLLÉ Jeanne
Née à Niergnies (Nord). XXe siècle. Française.
Peintre de portraits, paysages, natures mortes, fleurs.
Entre 1926 et 1929, elle a exposé au Salon des Indépendants à Paris.

AUBRY-LECOMTE Hyacinthe Louis Victor Jean-Baptiste ou Aubry
Né en 1787 à Nice (Alpes-Maritimes). Mort en 1858 à Paris. XIXe siècle. Français.
Dessinateur de compositions religieuses, portraits, lithographe.
Aubry-Lecomte se produisit à l'époque où le *ficelage* était aux yeux de la grande majorité des amateurs, la marque la plus certaine du talent. Il y triompha et mérita le titre de « Prince des lithographes ». Son vrai nom était Aubry et, après son mariage avec Mlle Lecomte, il ajouta ce nom au sien. Il débuta dans la vie comme employé au Ministère des Finances. Cependant son goût pour le dessin l'incita à fréquenter l'atelier de Girodet et l'École des Beaux-Arts. Son succès fut rapide. Il commença à exposer en 1819 et obtint plusieurs médailles. Ses lithographies faisaient sensation aux expositions. En 1849, il fut décoré de la Légion d'honneur. Cette renommée est aujourd'hui bien affaiblie. Il n'en est pas moins vrai qu'Aubry-Lecomte fut un dessinateur très habile et qu'il interpréta certains artistes, Prud'hon notamment, d'une façon remarquable. C'était un travailleur acharné. Galimard, en tête de son catalogue de l'œuvre d'Aubry-Lecomte, rapporte qu'il mit tant d'action dans l'exécution de sa lithographie de la *Sainte Famille*, de Raphaël, en 1838, que la fatigue lui fit perdre l'usage du pouce droit. Il dut, dès lors, tenir son crayon avec les deuxième et troisième doigts.
VENTES PUBLIQUES : PARIS, 28 mai 1993 : *Tête de jeune femme fermant les yeux*, pierre noire et reh. de blanc (32x42) : FRF 4 000.

AUBRYET Maurice
Né à Pierry (Marne). XIXe siècle. Français.
Paysagiste.
Élève de J. Lefebvre et de Le Roux, il exposa au Salon de Paris, de 1875 à 1896, des paysages de Normandie.
VENTES PUBLIQUES : PARIS, 6 juin 1921 : *Entre Houlgate et Villers (Calvados)* : FRF 400.

AUBUISSON Julien Honoré Germain, marquis d'
Né en 1786. XIXe siècle. Français.
Peintre d'histoire, sujets mythologiques.
Il exposa au Salon de Paris, de 1812 à 1822. On cite, notamment : *Pâris quittant Hélène, Hector forçant Pâris à se séparer d'Hélène, Alexandre et Bucéphale, La punition d'Hébé.*

AUBURTIN Henry
Né à Metz (Moselle). XIXe siècle. Français.
Peintre de paysages, paysages d'eau.
Il a exposé, au Salon de Paris, de 1895 à 1900, des vues de paysages de la Suisse.

AUBURTIN Jean Francis
Né le 2 décembre 1866 à Paris. Mort en 1930. XIXe-XXe siècles. Français.
Peintre d'histoire, scènes de genre, paysages, aquarelliste. Symboliste.
Elève de Puvis de Chavannes, dont l'influence est évidente. Il a exposé sans doute au Salon des Artistes Français d'où la mention d'une médaille d'argent en 1900, et au Salon de la Société Nationale des Beaux-Arts également à Paris, entre 1901 et 1929. Le Musée des Jacobins de Morlaix lui a consacré une exposition d'ensemble en 1990, sous le titre de *Francis Auburtin, le symboliste de la mer.*

Il a peint des sujets de genre, des paysages, marines et des sujets de pêche, mais surtout des sujets mythologiques, avec nymphes, femmes au cygne, sirènes, dans un style subtilement décoratif, où les arabesques du paysage s'harmonisent à celles des corps. Il est l'auteur de grandes décorations pour l'escalier de la Sorbonne et le Palais de Longchamp à Marseille. Il fut fait Officier de la Légion d'Honneur en 1912.

Ventes Publiques : Paris, 20-22 mai 1920 : *La falaise à Varengeville*, aquar. : FRF 480 ; *Coucher de soleil derrière les pins*, aquar. : FRF 520 ; *La course des nuages*, aquar. : FRF 600 ; *Le dernier reflet, marée basse*, aquar. et gche : FRF 600 – Paris, 8 mars 1943 : *Crique au bord de la mer*, h/t : FRF 1 050 – Paris, 26 juin 1979 : *Soleil couchant*, gche et aquar. (54x70) : FRF 3 100 – Paris, 21 mars 1980 : *La muse au bord d'un lac* 1904, h/pan. (47x55) : FRF 14 000 – Versailles, 20 mars 1983 : *La plage au Pouldu* 1898, h. et encre/t. monogrammée (31x44) : FRF 18 000 – Versailles, 13 juin 1984 : *Naïade au cygne*, h/t (106,5x116) : FRF 48 000 – Paris, 10 juin 1985 : *Vagues sur les rochers* 1894, h/t (65x92) : FRF 36 000 – Versailles, 5 avr. 1987 : *Pâtres sous les arbres*, aquar., gche et past. (53,5x71,5) : FRF 12 500 – Versailles, 21 fév. 1988 : *Pâtres sous les arbres*, aquar., gche et past. (53,5x71,5) : FRF 9 500 – Paris, 4 mai 1988 : *Coucher de soleil en Bretagne*, gche (37x62) : FRF 5 500 – Paris, 12 mai 1995 : *Crique bretonne*, gche (43x54) : FRF 15 000.

AUBUSSON DE CAVARLAY
Mort en 1889. XIXᵉ siècle. Français.
Peintre.
A exposé une nature morte au Salon de 1881.

AUCHENTALLER Josef Maria
Né le 2 août 1865 à Vienne. Mort le 31 décembre 1949 à Grado. XIXᵉ-XXᵉ siècles. Autrichien.
Peintre, dessinateur.
Élève de Franz Rumpler à l'Académie des Beaux Arts de Vienne où il reçoit plusieurs prix, entre 1886 et 1889. Il devient professeur à Munich de 1893 à 1895. À partir de 1898, il a participé à la Sezession de Vienne a créé des dessins pour le premier numéro du *Ver Sacrum* en 1901.

AUCHER Georges
Né le 5 octobre 1902 à Marans. XXᵉ siècle. Français.
Peintre de paysages.
Il est Sociétaire du Salon des Indépendants de Paris. Il peint des paysages dans la tradition figurative.

AUCLAIR André
Né à Paris. XXᵉ siècle. Français.
Peintre.
Depuis 1922, il expose au Salon de la Société Nationale des Beaux-Arts, aux Tuileries et au Salon d'Automne à Paris.

AUCQUIER Antoine. Voir ANQUIER Antoine

AUDABOURS Jean
XIVᵉ siècle. Français.
Sculpteur.
En 1370 il travailla avec Jean d'Ivry à Chartres.

AUDAT Jean-Baptiste
Né le 14 mai 1950 à Bourges (Cher). XXᵉ siècle. Français.
Sculpteur, peintre de techniques mixtes, dessinateur. Abstrait.
Après une enfance en Afrique, il fut élève à l'Ecole des Beaux-Arts de Marseille, et surtout en contact avec Claude Viallat. Il participe à de nombreuses expositions collectives, parmi lesquelles : *Impact III* au Musée de Saint-Etienne, *Six peintres français d'aujourd'hui* à la Nouvelle Galerie de la Collection Ludwig à Aix-la-Chapelle, Biennale de Paris 1982, *L'autre nouvelle génération* au Grand Palais de Paris 1984, d'autres encore à Marseille, Paris, et dans des villes de France. Plusieurs expositions personnelles aussi à Marseille, Bordeaux, au Musée Ziem de Martigues, Cherbourg, Toulouse, Poitiers. Exposition personnelle à Paris en 1988. Il a obtenu diverses bourses, dont une bourse d'aide à la création en 1986. En 1989, il a obtenu une bourse du Ministère de la Culture pour réaliser un travail en Afrique, Sénégal et Mali, en collaboration avec des artisans locaux.
Son travail, aux multiples aspects malaisés à saisir, porte encore la marque des procédures mises en œuvre dans la mouvance de *Support-Surface*. Ses « sculptures », exécutées en technique mixte, ont un caractère monolithique. Le poète chilien Luis Mizon, dans un texte qu'il leur a dédié, les nomme colonnes. En fait, ces sculptures-colonnes sont aussi des socles pour présen-

ter à bonne hauteur des sculptures-motifs, mais sont formellement élaborées au même titre que, et en rapport étroit avec l'esprit et la forme de la sculpture-motif portée par chacune. Sculpture-colonne et sculpture-motif forment un tout indissociable. Ces sculptures-motifs sont presque toujours constituées par des centaines de feuilles de papier, enduites parfois d'une couleur ou deux, plus souvent du noir velouté de la mine de plomb, superposées étroitement collées ensemble après avoir été découpées selon le plan établi, pour former au dessus de la colonne-porteuse une sculpture-stylite, aux développements dans l'espace généralement complexes et délibérément déduits du carré, de la bande et du cube, pour aboutir très souvent à des variations sur la croix. Ses dessins et ses peintures sur toile découlent de processus comparables. Malgré certaines apparences de similitudes dans l'élaboration mentale, rien de conceptuel ici, rien de plus sensuellement manuel. ■ Jacques Busse
Bibliogr. : Luis Mizon, Mady Menier, René Pons : Catalogue de l'exposition *Jean-Baptiste Audat*, Gal. J. Girard, Toulouse, 1988.

AUDEBERT
XVIIIᵉ siècle. Actif à Toulon. Français.
Sculpteur.
En 1757, il exécuta le relief au-dessus de la porte de l'hôpital de la Charité, à Toulon.

AUDEBERT Jean Baptiste
Né en 1759 à Rochefort. Mort en 1800 à Paris. XVIIIᵉ siècle. Français.
Peintre et aquafortiste.
Il grava les planches de l'*Histoire naturelle des singes*, publiée en 1800, ainsi que celle de l'*Histoire des Colibris*, qui parut en 1800. Il possédait un talent particulier pour les dessins et les gravures d'animaux et d'autres objets d'histoire naturelle. Audebert entra à l'École de l'Académie le 12 septembre 1785 et y fut l'élève de Durameau et Bridan. Il était encore à l'École au mois de mars 1787.

AUDEBERT Marguerite
Née à Suresnes (Hauts-de-Seine). XXᵉ siècle. Française.
Graveur sur bois.
Participe régulièrement au Salon des Artistes Français de Paris, où elle a obtenu une mention honorable en 1911.

AUDEBERT Pierre Alphonse ou Audibert
Né avant 1870 à Montpont-sur-l'Isle (Dordogne). Mort en octobre 1908 à la Garenne-Colombes (Hauts-de-Seine). XIXᵉ siècle. Français.
Graveur lithographe.
Élève de Paul Maurou. Il a obtenu une médaille de troisième classe en 1891, une de deuxième classe en 1893. Il a figuré à l'Exposition Universelle de 1900 avec deux lithographies : *Le plus heureux des trois*, d'après Deschamps, et *Le Christ sur la Montagne*, d'après Debat-Ponsan.

AUDEBERTUS
Né à Saint-Jean-d'Angély. XIIIᵉ siècle. Français.
Sculpteur de sujets religieux.
On trouve le nom de cet artiste sur la base d'un grand relief représentant la *Scène du crucifiement*, au-dessus du portail de l'église Saint-Hilaire, à Foussais, en Vendée.

AUDEBÈS René
Né le 15 octobre 1921 à Fongrave (Lot-et-Garonne). Mort le 30 septembre 1993 à Paris. XXᵉ siècle. Français.
Peintre, dessinateur.
Après ses premières études dans le Sud-Ouest, il vint à Paris en 1944. Il travaillait à l'atelier de croquis de l'Académie de la Grande Chaumière, puis fut élève de l'Académie Metzinger et devint son assistant. Jusqu'en 1953, il fut ensuite professeur à la même Académie Frochot. Jusqu'en 1963, il anima divers stages en arts plastiques. Ensuite, il s'est entièrement consacré à ses propres recherches. Il a participé à des expositions collectives en France et à l'étranger. Il montrait des ensembles de ses travaux dans des expositions personnelles à Paris : 1980, galerie Jean-Pierre Lavignes, 1990 et 1992 galerie Lavignes-Bastille.
Ses œuvres sont très graphiques, son style et ses thèmes sont diversifiés. Souvent proche d'une certaine abstraction, des éléments de la réalité restent cependant identifiables, notamment des indications d'architectures.

AUDEFROY Chrétien
XVᵉ siècle. Travaillait à Béthune. Français.

Sculpteur sur bois.
Il était le père de Jean Audefroy.

AUDEFROY Jean
Né à Béthune. xvᵉ siècle. Travaillait à Béthune en 1495. Français.
Sculpteur.
Il était fils de Chrétien Audefroy et travaillait avec lui.

AUDENAERD Robert Van ou Audenaerde, ou Auden-Aert, ou Ouden-Aerd
Né en 1663 à Gand. Mort en 1743 à Gand. xviiᵉ-xviiiᵉ siècles. Éc. flamande.
Peintre de compositions religieuses, portraits, paysages animés, graveur.
Après avoir travaillé avec Mierhop et Hans Van Cleef, il se rendit à Rome et se plaça sous la direction de Carlo Maratta. Audenaerd, pour se distraire, avait fait des essais de gravure ; il eut l'occasion de les montrer à son professeur. Maratta en fut si satisfait qu'il engagea son élève à se consacrer à ce genre. Audenaerd suivit le conseil et toujours guidé par son maître, dont il reproduisit un grand nombre d'ouvrages, le jeune Flamand acquit une brillante réputation comme graveur à l'eau-forte et au burin. Audenaerd donna surtout des reproductions de tableaux, mais il ne réussit pas moins bien dans ses portraits. Il revint dans sa ville natale après une absence de trente-sept ans, affirme-t-on, et, fait assez curieux, reprenant ses pinceaux avec une ardeur juvénile, il exécuta, dans la manière de Maratta, d'importantes peintures pour les églises et les couvents de Gand. On cite notamment le *Saint Pierre apparaissant à des Chartreux* pour le couvent de cet ordre, *Sainte Catherine refusant d'adorer les faux dieux*, à l'église Saint-Jacques. On lui doit encore : *La mort de saint Joseph*, d'après Maratta, étude pour une peinture exécutée à San Isidore à Rome. Audenaerd a souvent signé ses gravures : *R. V. A. Gandensis sculp.*

RW RXR

Musées : Pontoise : *La Mort de saint Joseph*.
Ventes Publiques : New York, 4 juin 1980 : *Parc animé de personnages*, h/t (32x40,5) : USD 2 800.

AUDENAERDE J. d'
xviiiᵉ siècle. Actif à Lille en 1772. Français.
Peintre.

AUDENRITH J. H.
Né le 8 avril 1816 à Siegritz, dans le district d'Ebermannstadt. Mort le 13 avril 1896. xixᵉ siècle. Allemand.
Aquarelliste, dessinateur.
Cet artiste ne fut pas un professionnel. Il fut d'abord tisserand, puis il entra comme facteur dans une fabrique de fil de fer à Nuremberg. Il ne consacrait à l'art que les heures de liberté que lui laissaient ses occupations habituelles. Il ne réussit pas moins à faire de jolies choses ; il reproduisit avec un grand sens de vérité les beautés pittoresques de Nuremberg. Ses peintures sont conservées dans la collection d'art de la ville. Un choix en fut publié en 1881, en lithographie, par W. Biede.

AUDEOUD Jean François, ou James
Né le 2 octobre 1793 à Genève. Mort le 12 mars 1857 à Genève. xixᵉ siècle. Suisse.
Miniaturiste et émailleur.
Cet artiste, dont le Musée Rath, à Genève, possède une figure d'enfant d'après Annibale Carrache, fut aussi un amateur d'art et un écrivain. Sa collection de peintures fut renommée. On a également de lui un traité de la peinture sur émail.
Ventes Publiques : Paris, 12 juin 1925 : *Portrait de femme*, miniature : FRF 65.

AUDER
xviiiᵉ siècle. Vivait à Paris dans la seconde moitié du xviiiᵉ siècle. Français.
Graveur au burin.

AUDES Manuele de
xviiiᵉ siècle. Travaillait en Espagne vers 1754. Espagnol.
Peintre.

AUDFRAY Étienne
Né à Saint-Christophe-du-Bois (Maine-et-Loire). xixᵉ siècle. Français.
Peintre de genre, portraits.
Élève de Flandrin ; il a exposé plusieurs fois au Salon de Paris, de 1875 à 1894.

AUDFRAY Étienne
Né le 10 mars 1922 à Combrée (Maine-et-Loire). xxᵉ siècle. Français.
Sculpteur de monuments, figures, nus, bustes.
Il expose à Paris, au Salon des Artistes Français, où il a obtenu diverses distinctions dont une médaille d'or. Il a obtenu d'autres médailles et Prix divers. En 1997, l'Office de la Culture d'Auvers-sur-Oise a organisé une exposition *Audfray 40 ans de sculpture – Gualtiéri 40 ans de peinture*.
Entre autres monuments, il a créé : en 1989 deux monuments, *Phryné* et *Nausicaa*, à Bussy-Saint-Georges (Seine-et-Marne), et la *Fontaine de l'Aurore* à Marne-la-Vallée, en 1990 la *Fontaine des Vertus* au Plessis-Trévise, et une autre fontaine *Aspasie* à Bussy-Saint-Georges. Il a sculpté les bustes de nombreuses personnalités, artistes et politiques.

AUDFRAY Paul
Né à Angers (Maine-et-Loire). xxᵉ siècle. Français.
Peintre de portraits.
Après avoir étudié auprès de son père puis de Paul-Albert Laurens et de François Schommer, il a exposé au Salon des Artistes Français à Paris de 1932 à 1942.

AUDIAT Félicie
Née à Paris. xixᵉ siècle. Française.
Peintre de genre.
Elle exposa au Salon de 1864 à 1879.
Ventes Publiques : Paris, 25 sep. 1942 : *La blanchisseuse* : FRF 1 480.

AUDIBERT. Voir aussi AUDEBERT

AUDIBERT Ernest
Né en 1922 à Marseille. xxᵉ siècle. Français.
Peintre de paysages, natures mortes, fleurs.
Il montre ses peintures surtout au cours de nombreuses expositions personnelles, depuis 1976, dans les villes du Midi, ainsi qu'à Vesoul, et Paris en 1990, 1992 à la galerie *Triangle*.
Il peint par larges touches au couteau paysages de l'intérieur, paysages de la côte et portuaires. Comme souvent les peintres régionaux, depuis Ambroggiani, il n'hésite pas sur la couleur.

Audibert

Ventes Publiques : Neuilly, 5 déc. 1989 : *Dans les Alpilles*, h/t (38x54) : FRF 8 800 – Paris, 23 oct. 1990 : *Sur la route d'Eygalière*, h/t (50x65) : FRF 10 000 – Neuilly, 7 avr. 1991 : *Le village de Segreste*, h/t (65,5x50,5) : FRF 9 500.

AUDIBERT Louis
Né le 11 juin 1881 à Marseille (Bouches-du-Rhône). Mort en 1983. xxᵉ siècle. Français.
Peintre de paysages, illustrateur.
De 1910 à 1943, il a exposé aux Salons d'Automne et des Indépendants à Paris.
Ses paysages de Provence sont fortement structurés, un peu à la manière cubiste. Il a également fait des illustrations, notamment pour un album sur Marseille.
Bibliogr. : Gérald Schurr : *Les Petits Maîtres de la peinture 1820-1920, valeur de demain*, t. II, les Éditions de l'Amateur, Paris, 1982.
Musées : Narbonne (Mus. d'Art et d'Hist.) : *Environs d'Allauch*.
Ventes Publiques : Nice, 9 sep. 1981 : *Jeune femme causant à sa fenêtre* 1904, h/t (64x52) – Paris, 13 juin 1990 : *Oiseaux de proie*, h/t (59x37) : FRF 25 000 – Versailles, 23 sep. 1990 : *Paysage provençal*, h/t (65x81) : FRF 7 200 – Neuilly, 3 fév. 1991 : *Village provençal*, aquar. (28x38) : FRF 4 000 – Neuilly, 23 fév. 1992 : *La cour de ferme*, h/t (46x61) : FRF 15 500.

AUDIBRAN François Adolphe Bruneau
Né le 8 septembre 1810 à Paris. xixᵉ siècle. Français.
Peintre et graveur.
Élève de Gérard, il exposa aux Salons, de 1840 à 1865.

AUDIERNE Léon Charles
Né à Loivre (Marne). xxᵉ siècle. Français.
Peintre.
Il expose en 1934 à la Société Nationale des Beaux-Arts des portraits.

AUDIFFRED Édouard
Né vers 1818 à Dijon. Mort en 1861 à Fontainebleau. xixᵉ siècle. Français.

Paysagiste.

Il exposa au Salon de Paris de 1841 à 1852, prenant ordinairement pour sujet des motifs de la campagne romaine.

AUDIFFRED Joséphine, Mlle
XIXᵉ siècle. Française.
Sculpteur.

A figuré aux Salons de Paris, en 1890 et 1892, avec un buste et une statuette en plâtre.

AUDIGER Toussaint
XVIᵉ siècle. Français.
Peintre verrier.

Il tut occupé, de 1594 à 1602, à des vitraux, dans l'église Sainte-Sabine-les-Troyes.

AUDINET Claude
XVIIᵉ siècle. Actif à Nantes dans la première moitié du XVIIᵉ siècle. Français.
Sculpteur.

AUDINET Étienne
Né dans le district de Cambrai. XVᵉ siècle. Français.
Sculpteur.

Il vécut à Carpentras en 1447 et se fixa ensuite à Marseille, où on le retrouve jusqu'en 1466.

AUDINET Philipp
Né en 1766 à Londres. Mort le 18 décembre 1837 à Londres.
XVIIIᵉ-XIXᵉ siècles. Britannique.
Graveur.

Il descendait d'une famille française, venue à Londres après la révocation de l'édit de Nantes. Il fut mis en apprentissage chez John Hall et débuta dans la gravure en collaborant aux planches de portraits pour le *Biographical Magazine* de Harrison. Parmi ses œuvres les plus importantes, on cite le *Portrait de sir William Domville* et une excellente gravure du portrait inachevé de Sir Benjamin Hobhouse. Il exposa à Suffolk Street entre 1826 et 1829.

AUDIS Jean
Né en France. XVᵉ siècle. Français.
Sculpteur.

Il travailla beaucoup pour la cathédrale de Rouen. On le trouve occupé, en 1463, à la construction d'une chapelle à la Ferté-Bernard. Il exécuta, en 1457, la grande statue en pierre de *Saint Michel*, pour le portail des Libraires, à Rouen.

AUDLEY C.
Née le 2 octobre 1864 à Liverpool. XIXᵉ-XXᵉ siècles. Britannique.
Peintre, pastelliste.

Vers 1910, elle habitait Liverpool, et exposa trois pastels à la Walker Art Gallery.

AUDOUARD Gabriel
XVIIIᵉ siècle. Actif à Paris en 1775. Français.
Peintre.

AUDOUCET Mathieu Antoine
Né vers 1766 à Paris. XVIIIᵉ siècle. Français.
Peintre.

Entra à l'École de l'Académie Royale le 17 septembre 1787, protégé et élève de Durameau.

AUDOUIN Louis Jean Claudius
Né à Paris. XXᵉ siècle. Français.
Peintre.

Il expose aux Artistes Français en 1932 et 1933.

AUDOUIN Pierre
Né en 1768 à Paris. Mort en 1822 à Paris. XVIIIᵉ-XIXᵉ siècles. Français.
Graveur au burin, dessinateur.

Il fut l'élève de Beauvarlet, et grava pour le *Musée Français* de Laurent quelques-uns des plus jolis tableaux des maîtres italiens et hollandais. Il subit l'influence de l'école de David. Sous l'Empire, il obtint le titre de graveur de Madame Mère, puis, après la Restauration, celui de graveur ordinaire du Roi. Il exécuta un certain nombre de portraits dans lesquels il fit preuve de talent. Il jouit à son époque d'une grande vogue. Une de ses gravures se vendit 2200 livres.

AUDOUIN Pierre Élie
Né en 1798 à Poitiers. Mort le 23 août 1864 à Niort. XIXᵉ siècle. Français.
Peintre de paysages, dessinateur.

Vers l'âge de quarante ans, il fut nommé directeur de l'École de dessin à Niort. Parmi ses œuvres, on considère comme la meilleure son tableau : *Vue du lac de Genève*.

AUDOUIT Anna Hortense, Mlle
Née à Paris. XXᵉ siècle. Française.
Peintre.

Élève de Chabas, Guillonnet et l'Écuyer de Villers, elle expose en 1939 un portrait miniature aux Artistes Français.

AUDOUL France
Née à Lyon (Rhône). XXᵉ siècle. Française.
Peintre.

Depuis 1933, elle expose aux Salons des Tuileries et d'Automne à Paris.

AUDOYNAUD-BASTIER Marie, Mme
Née à Edon (Charente). XXᵉ siècle. Française.
Peintre.

Expose des natures mortes au Salon des Indépendants en 1931.

AUDRA Célestin Paul Rosemond
Né le 25 juillet 1869 à Valence (Drôme). Mort le 2 février 1948 à Nice. XIXᵉ-XXᵉ siècles. Français.
Peintre de scènes de genre, portraits, paysages, peintre de décorations murales, graveur.

Après avoir suivi des cours à l'École des Beaux-Arts de Lyon en 1887, il alla à Paris où il fut élève de Gustave Moreau et Delaunay. Il expose au Salon de Lyon en 1897, puis à Paris, au Salon d'Automne à partir de 1907 et au Salon de la Société Nationale des Beaux-Arts. S'il a varié les thèmes, passant du portrait à la scène de genre, au paysage, il a aussi varié les techniques, travaillant la peinture, l'aquarelle, le pastel, l'eau-forte, le dessin, mais aussi la fresque avec Matisse à Nice ou exécutant des mosaïques, des céramiques, des vitraux. Directeur des Arts Décoratifs de Nice où il habitait.
MUSÉES : NICE : *Harmonie* – OSLO : *Plumeuse d'oies*.

AUDRA Jean François
Né le 5 novembre 1766 à Genève. Mort le 29 janvier 1847 à Genève. XVIIIᵉ-XIXᵉ siècles. Suisse.
Peintre et graveur au burin.

AUDRA Jeanne Jacqueline. Voir GOY, Mme

AUDRA Paul
Né en 1871. Mort en 1891. XIXᵉ siècle. Français.
Peintre de genre.

Cet artiste, plein de promesses, fut enlevé par la phtisie, à peine âgé de vingt ans. Déjà, au Salon de Paris en 1888, son tableau : *Lawn-tennis* avait obtenu un grand succès. *La lettre*, exposée au Champ-de-Mars, lui valut une bourse de voyage.

AUDRAN Antoine
Né en 1673. Mort en 1723. XVIIᵉ-XVIIIᵉ siècles. Français.
Graveur.

Vécut à Lyon. Il était fils de Germain Audran.

AUDRAN Benoit, l'Aîné
Né le 22 novembre 1661 à Lyon. Mort le 2 octobre 1721 à Paris. XVIIᵉ-XVIIIᵉ siècles. Français.
Graveur à l'eau-forte et au burin, dessinateur.

Il était second fils de Germain Audran. Il commença l'étude de la gravure près de son père, puis vint à Paris à 17 ans, se perfectionner près de son oncle Gérard. Il entra à l'Académie en 1709 et devint conseiller en 1715. Il fut nommé graveur du roi avec une pension. Il demeurait en 1698 *Rue Saint-Jacques, à l'Image de Saint Prosper*, et ensuite, en 1714, au *Palais du Luxembourg*, comme pensionnaire du roi. Benoit l'Aîné a droit au second rang dans la famille des illustres graveurs. Ce fut lui qui approcha le plus de Gérard. Ses travaux sont larges, faciles, d'une jolie coloration, d'un dessin irréprochable, ce qui lui permet de conserver l'expression des visages qu'il reproduit ; son burin est souple, mœlleux et hardi. Ses gravures ont une simplicité de moyens qui les faits distinguer aisément de celles de son neveu Benoit le Jeune, avec lesquelles on les a quelquefois confondues. Son portrait, d'après Vivien, a été gravé par son neveu Benoit le Jeune. Benoit l'Aîné a signé ses œuvres : *B. Audran ; Bened. Audran*.

AUDRAN Benoit, le Jeune
Né le 17 février 1698 à Paris. Mort le 9 janvier 1772 à Paris. XVIIIᵉ siècle. Français.
Graveur à l'eau-forte et au burin, dessinateur.

Il était fils de Jean Audran et apprit son art sous sa direction. On l'appelait le Jeune pour le distinguer de son oncle, Benoit l'Aîné. Il adopta le style de son père. Tandis que Benoit l'Aîné modelait les chairs de ses personnages par des points larges et simples sans les alourdir par aucune taille, Benoit le Jeune procédait, comme son père, par des tailles entremêlées de points et de petits traits courts. Il convient de noter, du reste, que nombre de ces pièces sont éditées par F. Chereau ou sa veuve ; or, ce dernier ne devint éditeur qu'après 1729 : Benoit l'Aîné était mort depuis longtemps. Les autres portent l'adresse : À la ville de Paris. Benoit le Jeune signait B. Audran ; B.-A.-F. (filius) sc ; B. ou. f. sc ; B. Audran f. sc. Son cabinet fut vendu par F. Joullain, à son domicile, rue Saint-Jacques.

S. per B. A.

AUDRAN Charles. Voir AUDRAN Karl

AUDRAN Claude I, l'Ancien
Né en 1597 à Paris. Mort le 18 novembre 1675 à Lyon. XVIIᵉ siècle. Français.
Graveur au burin, dessinateur.
Il était frère cadet de Karl Audran, dont il fut l'élève. Après avoir travaillé à Paris, il alla s'établir à Lyon. On ignore s'il visita l'Italie. Ses gravures, qui sont signées Claude Audran ou Cl. Audran, sont exécutées dans une forme un peu grossière, mais qui ne manque pas d'habileté. On y sent l'influence de Cornelis Cort, d'Agostino Carracci et de Villamena. Ce sont surtout des portraits et des allégories. Il eut trois fils : Germain, Claude II le Jeune et Gérard.
VENTES PUBLIQUES : PARIS, 1895 : La Vertu est digne de l'Empire du monde, dess. : FRF 20 – NEW YORK, 1905 : Mme de Buigny : USD 425.

AUDRAN Claude II, le Jeune
Né en 1639 à Lyon. Mort en 1684 à Paris. XVIIᵉ siècle. Français.
Peintre d'histoire, compositions religieuses, sujets allégoriques, décorateur, dessinateur.
Second fils de Claude Iᵉʳ, il apprit le dessin avec son père, la peinture avec les deux Guillaume Perrier, et fut plus tard l'élève du peintre lyonnais A. Wirys (ou Wairix). Étant venu à Paris vers 1657, il fit la connaissance de Charles Erard et travailla avec lui à l'ornementation du château de Versailles, du Louvre et des Tuileries. Lebrun, admirateur d'Audran, lui demanda sa collaboration pour les tableaux du Louvre dans la galerie d'Apollon, pour ceux des châteaux de Saint-Germain et de Versailles et pour la chapelle de Sceaux, et en 1669, Audran obtint le titre de peintre ordinaire du Roi. Voici les tableaux qu'il fit pour Versailles et qui s'y trouvent encore : Cyrus à la chasse au sanglier, César envoyant une colonie à Carthage, Mars sur un char traîné par les loups, César passant en revue une légion, Démétrius Poliorcète prenant une ville d'assaut. Son tableau : La Religion et la Justice fut mis dans la grande salle du Palais de Justice et un petit tableau d'autel daté aussi de cette époque, dans l'église des Théatins. Pour Notre-Dame, il peignit une Décollation de saint Jean Baptiste qui fut très remarquée. Le 27 mars 1675, il fut élu membre de l'Académie royale. Parmi ses autres œuvres, nous mentionnerons : Le Palais de Saverne pour l'archevêque de Strasbourg, la décoration du château de Malleville, Saint Louis enterrant les morts au siège de Tunis, Saint Denis et ses compagnons recevant la communion des mains du Christ, Le Miracle des cinq pains.
VENTES PUBLIQUES : PARIS, 2 avr. 1997 : Le Passage du Granique, h/t (113x147) : FRF 1 300 000.

AUDRAN Claude, appelé **Claude III**
Né le 25 août 1658 à Lyon. Mort le 27 mai 1734 à Paris, au Palais du Luxembourg. XVIIᵉ-XVIIIᵉ siècles. Français.
Peintre de décorations murales.
Fils de Germain Audran, il eut pour maîtres son père, son oncle Claude II et Gérard Audran. Il se consacra surtout à la décoration des résidences royales, et exécuta d'importants travaux aux châteaux de Meudon, de la Muette, de Marly et à celui de la Ménagerie à Versailles. Rien de son œuvre n'est parvenu jusqu'à nous. Claude Audran a contribué pour une large part à la création du style ornemental du XVIIIᵉ siècle où alternent et se mêlent les figures, les grotesques, les feuillages, les attributs, les arabesques et les fleurs. Il avait été nommé en 1704 intendant du Palais du Luxembourg et l'on dit qu'à ce titre il eut une influence sur des artistes plus jeunes et notamment sur Watteau.

AUDRAN Gabriel
Né en 1659 à Lyon. Mort le 14 mars 1740 à Paris. XVIIᵉ-XVIIIᵉ siècles. Français.

Sculpteur et peintre.
Il appartenait à la famille des fameux graveurs. On a très peu de renseignements sur lui ; on sait qu'il travailla à Paris, mais on ne désigne aucun de ses ouvrages.

AUDRAN Gérard
Mort le 7 février 1691 (ou 1681) à Paris. XVIIᵉ siècle. Français.
Graveur.
Mentionné dans un acte d'état civil comme graveur ordinaire du roi.

AUDRAN Gérard ou Girard
Né le 2 août 1640 à Lyon (Rhône). Mort le 26 juillet 1703 à Paris. XVIIᵉ siècle. Français.
Graveur, dessinateur.
Il était le troisième fils de Claude l'Aîné, dont il reçut les premiers principes de dessin et de gravure à l'eau-forte et au burin. Il vint se perfectionner à Paris près de son oncle Charles. Il travailla aussi avec Charles Le Brun qui lui fit graver quelques-uns de ses tableaux. En 1667, il partit pour Rome, où il fit un séjour de trois ans. Il se plaça sous la direction de Carlo Maratta, et les conseils de ce peintre joints à ceux de Ciro Ferri lui firent heureusement modifier son exécution. À la raideur, à la sécheresse qui jusqu'alors avaient gâté ses productions, il substitua une manière à la fois souple et hardie, une expression pittoresque et originale qui devait le placer parmi les plus fameux graveurs. Le Portrait du pape Clément IX, que le jeune artiste grava, mit le comble à sa renommée et le fit rappeler à Paris. Il fut nommé graveur et pensionnaire du roi, avec un appartement aux Gobelins. Il fut, par excellence, le graveur de Charles Le Brun, dont il reproduisit un grand nombre d'ouvrages notamment Les batailles d'Alexandre (1672-1678). Il a publié Les proportions du corps humain (1693), mesurées, selon l'esthétique classique, d'après les plus belles figures de l'antiquité. Vers 1675, Audran fit un second voyage à Rome. Indépendamment de ses ouvrages, il édita un certain nombre de planches de ses neveux : Benoit l'Aîné, Jean et Louis. Il publia aussi quelques pièces de Van der Cabel, de Sébastien Le Clerc, de Focus. Il habita aux Gobelins, puis rue Saint-Jacques, aux Deux Piliers d'Or. Il a signé ses ouvrages : G. A., G. au., Ge. Audran, Gi. Audran, Ger. Audran, Gir. Audran, Gira. Audran.

G. A. F.

VENTES PUBLIQUES : NEW YORK, 11 jan. 1994 : Épitaphe du Cardinal de Richelieu avec des squelettes soutenant un cartouche, craie noire, encre et lav. avec reh. de blanc (49,3x35,9) : USD 5 520.

AUDRAN Germain
Né le 6 décembre 1631 à Lyon. Mort le 4 mai 1710 à Lyon. XVIIᵉ-XVIIIᵉ siècles. Français.
Graveur au burin.
Il était fils aîné de Claude l'Ancien et frère de Gérard. Germain apprit la gravure avec son oncle Charles Audran, à Paris, puis il revint travailler à Lyon près de son père. Ce fut un graveur de talent, bien qu'il n'arrivât jamais à la maîtrise de son cadet Gérard. Il grava surtout des portraits et des ornements. Ses planches sont signées : Germain, Germ., Ger., Germo.

AUDRAN Jean
Né le 28 avril 1667 à Lyon. Mort le 17 juin 1756 à Paris. XVIIᵉ-XVIIIᵉ siècles. Français.
Graveur au burin.
Troisième fils de Germain Audran. Son oncle Gérard s'était chargé de lui. Aussi, après avoir appris les premières notions de dessin et de gravures avec son père, il vint à Paris vivre auprès du célèbre graveur. Ses progrès furent rapides ; à vingt ans, il prenait rang parmi les artistes en renom. En 1707, il fut nommé graveur du roi avec une pension et un appartement aux Gobelins. Ses ouvrages sont signés : J. Audran, J. au., A.

I. A.

AUDRAN Karl
Né en 1594 à Paris. Mort en 1674 à Paris. XVIIᵉ siècle. Français.
Graveur à l'eau-forte et au burin, dessinateur.
Ce fut lui qui fut premier établit la renommée des Audran. Tout jeune, ayant fait preuve de dispositions exceptionnelles pour le dessin, on lui donna un maître, puis on l'envoya se perfectionner à Rome. Il s'adonna à la gravure, formant son style dans la

manière de Bloemaert. Il exécuta en Italie un certain nombre de planches d'après Pietro de Cortone, Andrea Sacchi et Jacques Stella, que Mariette, dans ses notes manuscrites, classait parmi ses meilleurs ouvrages. Le savant amateur ajoute que si l'on trouve dans son œuvre des pièces d'une valeur moindre, il faut surtout en accuser ceux qui utilisaient son burin et aux idées desquels l'artiste devait se prêter. A son retour en France, Karl Audran s'arrêta pendant un certain temps à Lyon ; il vint ensuite à Paris, où il s'établit. Il fut le maître de son frère Claude, puis de ses neveux Germain, Claude le Jeune et Gérard. Il a signé ses ouvrages : *C. Audran, Carolr Audran, K.-A., K. Audran, Karl Audran, Karolr Audran, Karolus Audran*, et quelquefois *Audran*. Lorsque son frère commença à graver, il substitua le K au C.

K·A·F

AUDRAN Louis
Né le 7 mai 1670 à Lyon. Mort en 1712 à Paris. XVIIᵉ-XVIIIᵉ siècles. Français.
Graveur à l'eau-forte et au burin.
Quatrième fils de Germain Audran, dont il fut l'élève. Il travailla aussi avec son oncle Gérard. Son rôle fut plutôt effacé : ses œuvres sont peu nombreuses et il aida surtout ses frères dans leurs travaux. Il a fait un certain nombre de copies des planches de ses frères et de ses oncles, habilement traitées. Il signait : *L. Audran*.

AUDRAN Prosper Gabriel
Né en 1744 à Paris. Mort en 1819. XVIIIᵉ-XIXᵉ siècles. Français.
Graveur.
Fils de Michel Audran, entrepreneur de la Manufacture des Gobelins, et élève de Benoît le Jeune. Après avoir travaillé pendant un certain temps, il abandonna l'art pour l'étude du droit. Il fut, à la fin de sa vie professeur d'hébreu au Collège de France.

AUDRAN Thomas
Né vers 1680. Mort le 4 novembre 1701 à Nantes. XVIIᵉ siècle. Français.
Peintre.

AUDRAS Philippe Antoine
Né à Lyon. XIXᵉ-XXᵉ siècles. Français.
Peintre de paysages.
Elève des paysagistes Balouzet et Terraire à Lyon, où il expose depuis 1894. Entre 1904 et 1914, il a exposé au Salon des Artistes Français à Paris. Mention honorable en 1906.
VENTES PUBLIQUES : PARIS, 2 juin 1997 : *Bord de mer*, h/t (30x41) : **FRF 4 000.**

AUDREY
XIXᵉ siècle. Français.
Peintre.
A figuré au Salon de Paris en 1881.

AUDRIC Antoine
Né vers 1653 à La Ciotat (Bouches-du-Rhône). Mort le 14 avril 1690 à Orléans. XVIIᵉ siècle. Français.
Sculpteur.
En 1676, il orna de sculptures sur bois l'ancienne église des Petits-Minimes à Tours (aujourd'hui la chapelle du Lycée) en collaboration avec Cot Taboué. En 1679, il entra au couvent de Plessis-lès-Tours et y exécuta de nombreux travaux.

AUDRY Ferdinand
Né à Paris. XIXᵉ siècle. Français.
Paysagiste.
Il exposa aux Salons de Paris de 1831 à 1848.
VENTES PUBLIQUES : PARIS, 28 fév. 1910 : *Le Mur* : **FRF 120.**

AUDRY Jean
XVIᵉ siècle. Actif à Angers.
Miniaturiste.
En 1534, il orna un livre de chant, composé par un ecclésiastique nommé Jean Piloche.

AUDUBON John James
Né le 4 mai 1780 à Haïti, ou en 1785 selon Hazan. Mort le 27 janvier 1851 à New York. XIXᵉ siècle. Américain.
Peintre de sujets de sport, animaux, aquarelliste, pastelliste, dessinateur.
Il fut élève de David à Paris, en 1795 et en 1796. Il résida tantôt à Londres, tantôt à Paris, et surtout en Amérique, où il se fixa en 1806. À l'Exposition de Philadelphie en 1876 figuraient deux peintures à l'huile de cet artiste : *Pièces de gibier* et *Loutre du Canada*. Entre 1829 et 1838, il figura également à Suffolk Street,

à Londres. On a pu voir, à Paris, en 1960, une exposition importante qui lui fut consacrée par le Centre culturel américain.
Audubon s'adonna surtout à l'histoire naturelle et fit d'importants dessins d'animaux. Son grand ouvrage : *Les Oiseaux d'Amérique* parut à Londres de 1827 à 1838 ; ces quatre volumes contiennent 435 planches en couleur gravées au burin par Robert Havell le Jeune. De 1845 à 1848 parut : *Les quadrupèdes de l'Amérique du Nord* (150 lithographies et planches en couleur, dessinées avec l'aide de ses fils John Woodhouse et Victor Gifford Audubon). Les études originales d'Audubon sont conservées à la New York Historical Society. Il traita aussi des sujets sportifs. L'importance de ses œuvres va grandissant avec leur rareté.
VENTES PUBLIQUES : LONDRES, 6 déc. 1972 : *Capella delicata*, aquar. et cr. : **GNS 3 500** – LONDRES, 13 mars 1981 : *Oiseaux sur une branche* 1827, aquar. et gche, pl. et encre noire (37,5x27,5) : **GBP 51 000** – NEW YORK, 27 jan. 1983 : *Canada lynx* 1843, litho. coloriée (54,1x68,9) : **USD 1 500** – NEW YORK, 1ᵉʳ juin 1984 : *Green winged teal*, aquar., cr., pinceau et encre (26,7x34) : **USD 18 000** – NEW YORK, 3 déc. 1987 : *Maryland Yellowthroats* 1812, aquar., cr. et fus./pap. (38,7x24,8) : **USD 75 000** – NEW YORK, 28 mai 1992 : *Perdrix huppée*, past. et cr./pap. (36x45) : **USD 143 000** – NEW YORK, 23 sep. 1992 : *Un écureuil gris avec sa fourrure d'hiver*, encre et aquar./cart. (53,7x43,7) : **USD 49 500** – NEW YORK, 28 nov. 1995 : *Oie du Canada* 1833, aquar., gche et fus./pap./cart. (99,7x67,3) : **USD 222 500** – NEW YORK, 4 déc. 1996 : *Busard américain ou Faucon au poitrail blanc*, past., cr. et craie/pap. (51,4x41,8) : **USD 90 500** – PARIS, 17 déc. 1997 : *Planche de papillons : la famille des ornithoptères*, h/verre (51,5x67) : **FRF 60 000.**

AUDUBON John Woodhouse
Né le 30 novembre 1812. Mort le 21 février 1862 à New York. XIXᵉ siècle. Américain.
Peintre de portraits, animaux, dessinateur, illustrateur.
Il fut membre de l'Académie des Beaux-Arts de New York.
Il publia avec son père John James Audubon *Les Quadrupèdes d'Amérique*, écrivant le texte et peignant un grand nombre des plus grands quadrupèdes. Alice Ford note : « Il avait le don de capter l'aspect vivant et le mouvement des animaux en liberté, quelque chose comme un instantané photographique. »
VENTES PUBLIQUES : NEW YORK, 24 mai 1990 : *Rat d'eau, écureuil terrestre et rat des champs*, h/t (55,2x67,9) : **USD 20 900** – PERTH, 1ᵉʳ sep. 1992 : *Un Écossais* 1831, h/t (114x78) : **GBP 1 540** – NEW YORK, 27 mai 1993 : *Chat guettant un papillon*, h/t (63,5x76,8) : **USD 31 050** – NEW YORK, 2 déc. 1993 : *Visons sauvages*, h/t (55,2x67,9) : **USD 40 250.**

AUDUBON Victor Gifford
Né le 12 janvier 1809. Mort le 17 août 1860. XIXᵉ siècle. Américain.
Peintre paysagiste.
Fils de John James Audubon. Il fut, lui aussi, membre de l'Académie de New York. Il exposa, de 1835 à 1838, à la Royal Academy, à la British Institution et à Suffolk Street, à Londres.

AUDUSSON Jean
XVIᵉ siècle. Français.
Sculpteur sur bois.
Il exécuta, en 1518, les stalles de l'église Saint-Pierre à Angers. En 1541, il fut occupé à des travaux à l'hôpital de cette même ville.

AUDY Jonny
Né à Paris. XIXᵉ siècle. Français.
Peintre de sujets militaires, sujets de sport, scènes de genre, animaux, peintre à la gouache, aquarelliste.
Il exposa au Salon de Paris, de 1872 à 1876. Il peignit surtout des sujets militaires et des chevaux. Parmi ses œuvres, on mentionne : *Le général Ducrot et son état-major à Buzenval, 19 janvier 1871* ; *En route pour Deauville.*

VENTES PUBLIQUES : PARIS, 1894 : *Gladiateur avec son jockey*, aquar. : **FRF 26** – PARIS, 21 mars 1929 : *Cavaliers*, aquar. : **FRF 100** – PARIS, 15 mai 1931 : *En course* ; *Le Cheval rétif*, aquar. : **FRF 57** ; *La Promenade des chevaux* ; *Le Galop*, aquar. : **FRF 70** – PARIS, 25 mai 1932 : *La Promenade des chevaux dans la campagne* ; *Rendez-vous avant le départ pour la promenade*, aquar. :

FRF 920 – Paris, 18 mars 1938 : *Le Grand Prix de Deauville*, aquar. gchée : FRF 230 – Paris, 23 et 24 mai 1940 : *Cheval de course*, aquar. : FRF 390 – Paris, 10 fév. 1964 : *Cavaliers à la Croix-de-Berny*, aquar. gchée : FRF 320 – Saint-Brieuc, 9 déc. 1984 : *Le jockey à cheval 1870*, gche (38x58,5) : FRF 6 000 – New York, 7 juin 1985 : *Cheval de course avec son jockey*, aquar. (22,8x32,5) : USD 600 – Versailles, 19 juin 1985 : *Jockey à la casaque bleue 1877*, h/t (32,5x40,5) : FRF 7 800 – Reims, 23 oct. 1988 : *Jockey sur son cheval (Cigarette II)*, gche et aquar. (34x48) : FRF 6 500 – Paris, 14 fév. 1990 : *Portrait du cheval Soussarin et son jockey 1876*, gche (30x39,5) : FRF 11 500 – Paris, 26 jan. 1991 : *Jockey 1870*, aquar., une paire (chaque 30x49) : FRF 17 500 – Paris, 4 avr. 1991 : *Cheval et jockey*, aquar. (15,2x24) : FRF 3 500 – Paris, 18 juin 1993 : *Gladiateur par Monarque et Miss Gladiator 1870*, gche (14,5x21,5) : FRF 4 500 – Paris, 5 nov. 1993 : *Le départ de la course 1867*, aquar. (42x62) : FRF 20 000 – Calais, 11 déc. 1994 : *La chasse à courre*, aquar. (39x56) : FRF 4 500.

AUEGG-DILG
XIXe siècle. Actif à Linz entre 1830 et 1870. Autrichien.
Miniaturiste.
Comparer avec DILG (Lory).

AUEMANN. Voir AVEMANN Wolf

AUER Benedikt, l'Ancien
Né le 25 décembre 1722 à Saint-Martin-en-Passeier. Mort le 19 décembre 1792. XVIIIe siècle. Éc. tyrolienne.
Peintre de paysages de montagne, aquarelliste, miniaturiste, graveur.
Son père Nikolaus lui enseigna la peinture. Les nombreux voyages qu'il fit ensuite, tant en Autriche qu'en Italie, à Innsbruck, Trieste, Vérone, Venise, contribuèrent à développer ses aptitudes artistiques. Wagner et Amiconi l'aidèrent à se perfectionner. Le dernier lui apprit la gravure. Benedikt Auer s'arrêta à Bologne, où il travailla longtemps pour les Jésuites. De retour dans son pays, il pratiqua surtout la miniature et la gravure au burin.
Ventes Publiques : Londres, 26 mars 1981 : *Paysage montagneux, Autriche*, aquar. (28x42,5) : GBP 650.

AUER Benedikt, le Jeune
Né le 8 juin 1761 à Saint-Martin-en-Passeier. Mort le 4 avril 1845. XVIIIe-XIXe siècles. Éc. tyrolienne.
Peintre.
Il prit part aux guerres de 1796 et 1814 en qualité de lieutenant.

AUER Frédéric
XXe siècle. Français.
Peintre.
Il expose des *Croquis* aux Artistes Français de 1942.

AUER Giorgio ou Aver
Né en Allemagne. XVIIIe siècle. Travaillait dans le Sud de l'Italie en 1700. Allemand.
Sculpteur sur bois.
Les superbes boiseries de la cathédrale de Gallipoli ont été sculptées par cet artiste.

AUER Hans ou Johann Paul
Né en 1636 à Nuremberg. Mort en 1687. XVIIe siècle. Allemand.
Peintre d'histoire, scènes de genre.
A l'âge de dix-huit ans, il entra dans l'atelier de Georg Christoph Eimmart, à Ratisbonne, et y demeura quatre ans. En 1660, il alla à Venise et y reçut des conseils de Pietro Liberi, puis il se rendit à Rome où il séjourna quatre ans. Il visita ensuite Turin, Lyon, Paris, et revint dans sa ville natale en 1670. Il y acquit une grande célébrité. Il épousa la peintre Suzanne Maria de Sandrart.

AUER Jacob. Voir aussi AVER

AUER Jakob
Né à Gries. Mort à Bozen. XVIIe siècle. Autrichien.
Sculpteur.
Il travailla à Vienne, de 1687 à 1693, à l'ornementation de la colonne de la Sainte-Trinité érigée par la Ville. On pense qu'il dirigea les travaux des aqueducs. En tous cas, il est incontestable que, de 1697 à 1704, il prit part aux travaux de l'abbaye de Saint-Florian, dans la Haute-Autriche. Les statues qui ornent la façade ont été exécutées par lui.

AUER Joh. Jos.
Originaire de Sipplingen. XVIIIe siècle. Travaillant à Rorschach. Suisse.
Sculpteur.

AUER Joseph Benedikt
Né le 21 mars 1710 à Saint-Martin-en-Passeier. Mort jeune. XVIIIe siècle. Éc. tyrolienne.
Peintre et graveur au burin.
Il étudia d'abord avec son père Nikolaus, puis se rendit ensuite en Italie, où il travailla pendant quelque temps avec son frère Benedikt chez Amiconi, à Venise. Il épousa une châtelaine de Neumarkt.

AUER Kaspar
Né en 1795 à Nymphenburg. Mort en 1821 à Munich. XIXe siècle. Allemand.
Peintre, lithographe, dessinateur.
A onze ans il entra à l'École de dessin de l'Académie. Il fut nommé professeur à l'Institut Royal de l'Anger en 1819.

AUER Nikolaus, l'Ancien
Né le 4 décembre 1690 à Meran. Mort le 19 mai 1753 à Saint-Martin-en-Passeier. XVIIIe siècle. Éc. tyrolienne.
Peintre de compositions religieuses.
Berger fut son premier maître, mais il ne tarda pas à quitter Meran pour se rendre à Augsbourg, où il profita de l'enseignement de George Bergmüller. En 1719, il se fixa à Saint-Martin-en-Passeier, où il fonda une école de peinture. Il y forma des élèves tels que Jean Holzer, Joseph Haller, Johann Siess. Le Musée de Meran conserve un de ses meilleurs ouvrages : *Le baptême du Christ*.

AUER Nikolaus, le Jeune
Né le 3 février 1777 à Saint-Martin-en-Passeier. XIXe siècle. Éc. tyrolienne.
Peintre.

AUER Peter
XVIe siècle. Allemand.
Sculpteur.
Il réside à Ulm en 1508, et de 1517 à 1535.

Ventes Publiques : Paris, 25 fév. 1924 : *Femme drapée tenant un livre*, pl. et lav. : FRF 380.

AUERBACH Carlos
Né à Barcelone. XIXe-XXe siècles. Travaillait à Barcelone. Espagnol.
Dessinateur.
Cet artiste prit part à l'Exposition Internationale de Blanc et Noir vers 1892 avec un dessin : *Colonel d'artillerie de montagne.*

AUERBACH Edith
Née à Cologne. XXe siècle. Allemande.
Peintre.
Elle expose aux Tuileries en 1933 et au Salon d'Automne en 1937.

AUERBACH Franck
Né le 29 avril 1931 à Berlin. XXe siècle. Actif en Angleterre. Allemand.
Peintre de portraits, paysages urbains, peintre de techniques mixtes, aquarelliste, dessinateur. Expressionniste.
Il arrive à l'âge de huit ans en Angleterre. Étudie à la Saint Martin School of Art (1948-1952) et au Royal College of Art (1952-1955). Il exposa de nombreuses fois à la Galerie Marlborough de Londres. Une rétrospective de son travail fut organisée à la Hayward Gallery de Londres, en 1978, et à la Biennale de Venise en 1986.
Intéressé par l'aspect matériel de la peinture, il a d'abord travaillé plusieurs années en monochrome. Ensuite, il fit jouer des bruns chauds et des gris dans ses paysages urbains et ses portraits ou même des noirs et blancs, par exemple pour *La tête de Léon Kossof*. Il utilisera par la suite, à partir des années soixante des couleurs pures et beaucoup plus éclatantes. Mais la constance de sa technique, formant aussi par incidence les bases de son engagement formel, réside dans l'épaisseur de sa pâte, que l'on retrouve aussi bien dans les paysages que dans les portraits et qui donne à ces derniers une allure nettement expressionniste.

F. AUERBACH

Bibliogr. : Interview avec Frank Auerbach, in : *Art International*, Archive Press, Paris, automne 1987 – in : *Diction. de la Peint. Angl. et Amér.*, Larousse, Paris, 1991.

Musées : Londres (Tate Gal.).
Ventes Publiques : Londres, 16 nov. 1977 : *Figure assise* 1965, techn. mixte (85x56,5) : **GBP 460** – Londres, 2 juil. 1981 : *Portrait d'Helen Gillepsie*, h/cart. (63,5x61) : **GBP 4 100** – Londres, 2 déc. 1982 : *Tête de Gerda Boehm* 1973, h/t (25,5x30,5) : **GBP 4 000** – Londres, 30 juin 1983 : *Portrait d'E.O.W.* 1957, h/cart. (31,1x19) : **GBP 3 000** – Londres, 6 déc. 1984 : *Tête* 1970, h/t (71x61) : **GBP 6 500** – Londres, 5 déc. 1985 : *Tête de Gerda Boehm*. (61x61) : **GBP 27 000** – Londres, 14 nov. 1986 : *Tête de E.O.W.* 1955, h. et techn. mixte (22x15,2) : **GBP 8 500** – Londres, 30 sep. 1986 : *Primrose hill* 1959, craies coul. (20,5x24,5) : **GBP 500** – New York, 5 sep. 1987 : *Tête de Paula Eyles* 1970, h/t (71,1x61,6) : **USD 60 000** – Londres, 30 juin 1988 : *La colline aux primevères*, h/cart. (147,4x122) : **GBP 137 500** – Londres, 20 oct. 1988 : *Tête de J.Y.M.* 1976, h/pan. (30,5x25,5) : **GBP 20 900** – Londres, 1er déc. 1988 : *Vers les ateliers* 1982, h/cart. (41x45,7) : **GBP 50 600** – Londres, 23 fév. 1989 : *Portrait de E.O.W.* 1956, fus. et collage/ pap. (77x55) : **GBP 66 000** – Londres, 29 juin 1989 : *Tête de J.Y.M.* 1982, h/t (64x60,5) : **GBP 77 000** – Londres, 5 avr. 1990 : *Tête de Paula Eyles* 1969, h/t (69,8x61) : **GBP 44 000** – New York, 8 mai 1990 : *Mornington Crescent avec la statue du beau-père de Sickert* 1966, h/cart. (122x152,3) : **USD 660 000** – Londres, 24 mai 1990 : *Le marché de la viande à Smithfield*, aquar. (29x24) : **GBP 11 000** – Londres, 28 juin 1990 : *Portrait de Jym II* 1985, h/t (61x66) : **GBP 66 000** – Londres, 6 déc. 1990 : *Tête de Jym III* 1981, h/cart. (50,8x56) : **GBP 41 800** – Londres, 21 mars 1991 : *Mornington crescent – night* 1971, h/cart. (122x91,5) : **GBP 93 500** – New York, 30 avr. 1991 : *Tête de Gerda Boehm* 1965, h., cr. gras et fus./pap./cart. (81,8x59) : **USD 41 250** – New York, 1er mai 1991 : *Tête de Gerda Boehm* 1971, h/cart. (61x71) : **USD 82 500** – New York, 13 nov. 1991 : *À l'atelier* 1983, h/t (102,8x121,8) : **USD 308 000** – Londres, 11 juin 1992 : *Tête de Brigit sur son oreiller* 1974, h/cart. (24,7x31,7) : **GBP 12 650** – Londres, 23 juin 1992 : *Les Arches du chemin de fer de Bethnal Green II* 1959, h/t (109x138) : **GBP 154 000** – Milan, 21 juin 1994 : *Tête de E.O.W.* 1967, h/t (44x36) : **ITL 29 900 000** – Londres, 30 juin 1994 : *Tête de Julia*, h/cart. (71x60) : **GBP 32 200** – Londres, 25 oct. 1995 : *Tête de Gerda Boehm* 1964, h/pan. (61x61) : **GBP 85 100** – Londres, 22 mai 1996 : *Usines Carreras à Mornington Crescent* 1961, h/pan. (92,1x121,9) : **GBP 188 500** – Londres, 23 oct. 1996 : *Primrose Hill* vers 1954-1955, h/cart. (86,3x117) : **GBP 73 000** – Londres, 2 déc. 1996 : *Personnage allongé I* 1965, h/pap./cart. (79x57) : **GBP 26 000** – New York, 20 nov. 1996 : *Tête de Gerda Boehm* 1981, h/pan. (46x31,1) : **USD 37 375**.

AUERBACH Johann Gottfried
Né le 28 octobre 1697 à Mühlhausen (Thuringe). Mort le 3 août 1753 à Vienne. xviiie siècle. Allemand.
Peintre de portraits et graveur.
Il vint s'établir à Vienne et ne tarda pas à acquérir une grande renommée comme portraitiste. Il fut nommé peintre de la Cour par l'Empereur Charles VI, et l'Impératrice Marie-Thérèse lui conserva ce titre. A la Galerie du Belvédère, on voit le portrait de Charles VI. Il peignit la tête de ce souverain ainsi que celle du comte d'Althan, en 1728, dans le grand tableau de Solimène, au même Musée, peinture représentant l'Empereur recevant du comte l'inventaire de la collection de peintures. L'église Saint-Joseph possède deux autels latéraux peints par lui.
Musées : Budapest : *Portrait du roi Auguste le Fort*.

AUERBACH Johann Karl
Né le 9 juillet 1723 à Vienne. Mort en 1786 ou 1788 à Vienne. xviiie siècle. Autrichien.
Peintre de compositions religieuses, portraits.
Fils de Johann-Gottfried Auerbach, c'est de son père qu'il reçut son éducation artistique. On voit de lui, à la cathédrale Saint-Étienne à Vienne, un tableau d'autel ainsi qu'un plafond. Il a peint également des décorations dans les églises de Hetzendorf et d'Innsbruck.

AUERBACH M. R., Miss
xixe-xxe siècles. Canadienne.
Peintre.
Elle était établie à Montréal (Canada) vers 1900-1901.

AUERBACH Madeleine
Née à Paris. xxe siècle. Française.
Peintre.
Elle a exposé au Salon de la Société Nationale des Beaux-Arts de Paris, entre 1936 et 1940.

AUERBACH Maximilian
Né le 25 mai 1861 à Dantzig. xixe siècle. Allemand.

Peintre verrier.
Cet artiste travailla dans l'église Sainte-Marie, dans l'église Saint-Georges Barth., à Berlin, et à la chapelle funéraire de Bismarck, à Friedrichsruhe.

AUERBACH-LEVY William. Voir LÉVY William Auerbach

AUESTAD-WOITIER Geira
Née le 19 août 1949 à Haugesund (Norvège). xxe siècle. Depuis 1980 active en France. Norvégienne.
Aquarelliste, pastelliste, graveur, dessinatrice.
Cette artiste autodidacte passe son adolescence à Etne (province de Hardaland, en Norvège), avant de s'installer en France en 1980. Familière, depuis 1989, de l'Atelier d'arts plastiques de Boulogne-Billancourt, elle se forme également à l'Atelier 6 dirigée par Joelle Serre, puis à l'Atelier Taille-Douce à Issy-les-Moulineaux.
Elle figure à des expositions collectives, dont : 1990-1994, Salon d'Automne, Paris ; 1990-1997, Salon du Renouveau de Printemps, Boulogne-Billancourt ; 1991, Salon des Indépendants ; 1991, 1994, 1997, Salon des Artistes Français ; 1991, 1995, 1995, Salon Violet ; 1996, Salon des Arts Graphiques Actuelles, Paris ; 1996, 1997, Salon Grands et Jeunes d'Aujourd'hui ; 1996, *Femme du Nord de l'Europe : histoire d'une émancipation entre mythe et réalité*, Université des Sciences et des Technologies de Lille.
Elle anime des œuvres dans des expositions personnelles, dont : 1997, Centre culturel norvégien Reine Sonja, Le Vésinet.
Geira Auestad se consacre surtout à la gravure sur bois, métal, lino, ou au carborandum, mais pratique aussi l'aquarelle, le pastel, le fusain et la peinture acrylique. Entre symbolisme et abstraction, ses motifs figuratifs évoquent la nature norvégienne, les contes et légendes, la poésie et le roman, avec des scènes et personnages inspirés aussi bien des œuvres d'Arthur Rimbaud (*Le Dormeur du val*), que de celles d'Henrik Ibsen (*Solveig, Nora, Rebekka, Helda*). Au Centre culturel norvégien Reine Sonja, en 1997, au Vésinet, elle a présenté des gravures inspirées du roman de Julien Gracq *Un balcon en forêt*, des œuvres au pastel gras (*17 mai*) et à l'acrylique (*Fête nocturne*). ■ Frank Claustrat
Bibliogr. : Barrer, Patrick-F., in : *L'Histoire du Salon d'Automne de 1903 à nos jours*, Les Éditions Arts et Images du Monde, 1992.

AUFDERMAUR Fridolin
Né le 18 juillet 1802 à Ingenbohl (canton de Schwyz). Mort le 10 janvier 1884 à Ingenbohl (canton de Schwyz). xixe siècle. Suisse.
Peintre de compositions religieuses, paysages, aquarelliste, dessinateur.
Élève de Michaël Föhn à Schwyz, il suivit la manière de son maître. On lui doit beaucoup d'aquarelles et de nombreux dessins. Aufdermaur fit aussi des tableaux d'autels, pour des chapelles à Unterschönenbuch et dans la Wart.

AUFDERMAUR Johann Franz
xviiie siècle. Actif à Schwyz. Suisse.
Peintre de compositions religieuses, portraits.
On a de lui de nombreux portraits de familles suisses et deux tableaux dans l'église du couvent Saint-Pierre.
Ventes Publiques : Berne, 25 oct. 1985 : *Portrait d'une dame de qualité avec son petit chien* 1719, h/t (81x65) : **CHF 2 500**.

AUFDERMAUR Kaspar
Né le 25 décembre 1821 à Brunnen. Mort le 23 octobre 1900 à Brunnen. xixe siècle. Suisse.
Sculpteur sur bois, sur ivoire.
Il n'eut d'autre maître que lui-même. Son meilleur travail est un crucifix en bois de palmier, conservé au Musée du Louvre et exécuté sur l'ordre de la duchesse d'Orléans.

AUFELDT Esther
Née en 1894 à Copenhague. xxe siècle. Danoise.
Peintre de scènes de genre et paysages. Naïf.
Elle représente des paysages danois, sous la neige ou des scènes de la vie quotidienne.
Bibliogr. : Catalogue de la Collection de Peinture Naïve Albert Dorne, Amsterdam, s. d.

AUFFENBACHER Hilarius
Né en 1682. Mort le 2 juin 1738 à Bozen. xviiie siècle. Éc. tyrolienne.
Peintre de compositions religieuses.
Cet artiste de talent franciscain a orné de ses peintures plus d'un couvent de son ordre. Il se plut surtout à représenter des

scènes de la vie de saint François d'Assise et réussit merveilleusement à donner à ses ouvrages ce caractère de simplicité touchante et idéale, propre aux artistes guidés par une foi sincère. En 1715, il exécuta un grand tableau d'autel destiné à Fribourg : *Saint Pierre d'Alcantara*.

AUFFRAY Alexandre
Né le 14 mai 1869 à Saint-Nazaire (Loire-Atlantique). Mort le 18 juillet 1942 à Paris. XIXᵉ-XXᵉ siècles. Français.
Peintre de portraits, paysages, marines, peintre de décorations murales.
Il fut élève, à l'École des Beaux-Arts de Paris, de Bonnat, Jean-Paul Laurens et Benjami-Constant. En 1909, il est invité en Argentine où il peint de grandes décorations et des portraits officiels des membres du gouvernement, conservés au Musée historique de Buenos Aires. Il participe ensuite aux Salons des Artistes Français, d'Automne, et des Tuileries à Paris. A l'Exposition de 1937 à Paris, il compose une décoration pour le Palais des Métiers. Il est également l'auteur de paysages du Sud-Ouest de la France, exécutés dans une touche légère, loin de l'académisme. Chevalier de la Légion d'Honneur.
VENTES PUBLIQUES : LE TOUQUET, 8 nov. 1992 : *Les enfants près de l'âtre*, h/pan. (40x33) : FRF 11 000.

AUFFRAY Eugène A.
XIXᵉ siècle. Français.
Peintre et sculpteur.
Il était membre de la Société des Artistes Français en 1900.

AUFFRAY Marie-Thérèse
Née à Saint-Quay-Portrieux (Côtes-d'Armor). XXᵉ siècle. Française.
Peintre de paysages.
Elle expose, à Paris, au Salon d'Automne depuis 1944 et au Salon des Indépendants depuis 1945.

AUFFRET Charles
Né le 1ᵉʳ juillet 1929 à Besançon (Franche-Comté). XXᵉ siècle. Français.
Sculpteur de bustes, groupes, dessinateur. Tradition figurative et indépendante.
Il entre dans l'atelier de Pierre Honoré à l'École des Beaux Arts de Dijon en 1947, puis à celle de Paris entre 1952 et 1955, et se lie d'amitié avec le sculpteur Raymond Martin en 1954. Prix de Rome en 1956. Professeur à l'Académie Malebranche en 1963, il reçoit le prix du Groupe des 9 en 1964. Nommé professeur à l'École des Beaux-Arts de Reims en 1967. Il a participé à l'exposition des *Dessins de sculpteurs de Rodin à nos jours* à Strasbourg en 1966, et dans le cadre des *Grands Sculpteurs Contemporains*, à Narbonne en 1970. Invité à Stockholm, il expose avec d'autres sculpteurs parisiens en 1970. Il participe régulièrement aux Salons d'Automne, des Indépendants, des Tuileries et Comparaisons à Paris. Expositions personnelles : à Reims (1978), Blois (1979), Orléans, Amboise (1980), Lille (1981), Paris (1983-1984-1987). En 1984, il réalise la figure en bronze de « La Loi » pour le Sénat à Paris. En 1991 il est nommé professeur à l'Ecole Nationale Supérieure des Arts Décoratifs.
Influencé par Rodin, Maillol et Despiau, il est l'auteur de bustes, compositions et médailles qui le rattachent à l'école traditionnelle de sculpture figurative et indépendante.
BIBLIOGR. : Henri Mercillon : Catalogue de l'exposition *Charles Auffret, bronzes et dessins*, Galerie Annick Driguez, Paris, 1993.
MUSÉES : BREST : *Maternité* – SAINT-CYPRIEN : *Femme enceinte* – STOCKHOLM : *Gabrielle se tenant le pied* – VILLENEUVE-SUR-LOT : *Danièle, les bras dans le dos.*

AUFFROY Giacomo
XVIᵉ siècle. Français.
Miniaturiste.
Son nom est cité dans un procès, en 1552, à Rome, car il travailla une bonne partie de sa vie dans cette ville.

AUFMUTH Bernhard
XVIIIᵉ-XIXᵉ siècles. Autrichien.
Sculpteur.
On suppose que c'est lui qui exécuta, en 1809, les beaux ornements de l'église Saint-Léonard à Francfort-sur-le-Main.

AUFMUTH Joh. Michael
Né vers 1710. Mort en 1756. XVIIIᵉ siècle. Actif à Francfort-sur-le-Main. Allemand.
Sculpteur.

AUFMUTH Leonhard
XVIIIᵉ siècle. Vivait à Francfort-sur-le-Main. Allemand.
Sculpteur.
On trouve son nom cité, en 1772, dans un ancien livre d'adresses de Francfort-sur-le-Main. En 1778, il travailla pour l'église Sainte-Catherine, et, en l'année 1799, il exécuta la chaire et l'autel de l'église Saint-Jean à Bornheim.

AUFORT Jean
Né en 1898 à Bordeaux (Gironde). Mort le 11 novembre 1988. XXᵉ siècle. Français.
Peintre de portraits, paysages, natures mortes, aquarelliste, graveur, illustrateur.
Il a partagé ses études entre les Écoles des Beaux-Arts de Bordeaux et Paris, étant élève de Ernest Laurent, Paul Quinsac, Gustave Colin et Louis Roger. En 1927, il devint professeur de dessin au Lycée Janson de Sailly. À partir de 1925, il exposa régulièrement au Salon des Artistes Français, au Salon de la Société Nationale des Beaux-Arts et aux Indépendants à Paris. En 1925, il obtint une Médaille d'argent et le Prix Valérie Havard. Il exposa personnellement à Bordeaux en 1941 et 1970, à Arcachon à partir de 1975, à Tonneins en 1984.
On mentionne de lui : *Dordogne à Livrac*. Il a illustré : *Commencements d'une vie de François Mauriac* (1938), et : *Rappel de la ville de Bordeaux* de Francis Jammes (1941).
MUSÉES : LE HAVRE – LIMOGES – ORLÉANS – SENS .

AUFRAY G.
XIXᵉ siècle. Français.
Sculpteur.
Il a exposé un médaillon au Salon des Artistes Français de Paris en 1890.

AUFRAY Georges
Né à Écouen (Val-d'Oise). XXᵉ siècle. Français.
Peintre de paysages urbains.
Entre 1928 et 1939, il a exposé au Salon des Artistes Français à Paris. Il a reçu une mention honorable en 1931 et une médaille d'argent en 1934.

AUFRAY Joseph Athanase
Né le 4 avril 1836 à Paris. XIXᵉ siècle. Français.
Peintre de sujets de genre, portraits.
Il fut élève de Barrias et, ses études terminées, il s'installa à Écouen, près de Paris. Il exposa régulièrement ses tableaux au Salon de Paris, de 1865 à 1876. Il fut représenté une dernière fois, en 1885, par un portrait de femme. En 1873, il envoya quelques œuvres à l'Exposition de Cologne. Il figura également à Londres en 1876.
On cite, parmi ses tableaux : *Les dragées du baptême, Le chapeau de papier, La leçon de politesse au couvent, Le retour du bois, Le faux pas, En flagrant délit.*
VENTES PUBLIQUES : PARIS, 1908 : *Le pêcheur* : FRF 70 – LONDRES, 1909 : *Châtiment d'enfant* : GBP 8 – LONDRES, 1910 : *Le Canari préféré* : GBP 24 – LONDRES, 25 mai 1936 : *L'anniversaire de la mère* : GBP 9 – NEW YORK, 30 juin 1981 : *Les dernières nouvelles* 1869, h/pan. (35,5x25,5) : USD 3 900 – LONDRES, 18 avr. 1983 : *Une catastrophe* 1865, h/pan. (41x30) : GBP 3 000 – NEW YORK, 15 fév. 1985 : *Mère et enfants dans un intérieur*, h/pan. (40,6x31,8) : USD 6 000 – PARIS, 12 oct. 1990 : *Petite fille à la poupée*, h/pan. (24,5x18) : FRF 11 000 – NEW YORK, 29 oct. 1992 : *Jeux de l'après-midi*, h/pan. (27,2x21,1) : USD 2 200.

AUFRAY DE ROC'BIHAN Alphonse Édouard Enguérand
Né le 16 novembre 1833 à Paris. XIXᵉ siècle. Français.
Paysagiste et aquafortiste.
Il fut élève de Tabar, de Baudit et d'Hébert. Il exposa au Salon, de 1864 à 1882, diverses eaux-fortes. Parmi ses peintures on cite : *Les coteaux de Bougival vus de l'île de Croissy, Le Retour de l'étude, Un coin dans l'île de Croissy.*

AUFRAY-GENESTOUX Suzanne
Née à Lyon (Rhône). XXᵉ siècle. Française.
Peintre de portraits, intérieurs, fleurs.
Élève du portraitiste Marcel Baschet, elle expose au Salon des Artistes Français à Paris, entre 1911 et 1940. Mention Honorable en 1911, Médaille d'Argent en 1932, Médaille de bronze à l'Exposition de 1937.

AUGÉ Antoine
XVIIIᵉ siècle. Français.
Peintre.
Cité à Paris en 1782.

AUGÉ Claude
XVIIᵉ siècle. Lyonnais. Français.

Sculpteur.
C'est Augé qui, de 1690 à 1698, répara la pointe d'un des clochers de la cathédrale de Chartres, détruite par un ouragan. Il l'exhaussa et répara aussi la lanterne de cet édifice. Après ces travaux, il entreprit le couronnement de la clôture du chœur qui ne fut achevée qu'en 1716.

AUGÉ Étienne
Né à Saintes (Charente-Maritime). XIXe siècle. Français.
Peintre de sujets de genre, figures.
Il exposa, à plusieurs reprises, au Salon de Paris, de 1865 à 1872.
VENTES PUBLIQUES : PARIS, 1er mars 1944 : *La Tempête* : FRF 1 900 – GÖTEBORG, 18 mai 1989 : *La fleuriste*, h/t (46x38) : SEK 5 800.

AUGÉ Philippe
Né en 1935. XXe siècle. Français.
Peintre.
VENTES PUBLIQUES : DETROIT, 31 oct. 1984 : *La fille d'Icare*, h/t (59,5x71,2) : USD 1 600 – PARIS, 4 déc. 1985 : *Léda et le cygne*, h/t (89x115) : FRF 13 100 – PARIS, 14 déc. 1988 : *Eléonore ou l'amie constante*, h/t (101x101) : FRF 6 500 – PARIS, 26 mai 1989 : *Divinement vôtre*, h/t (100x100) : FRF 5 000 – PARIS, 14 juin 1991 : *Au-delà des désirs*, h/t (89x116) : FRF 5 500 – NEW YORK, 9 mai 1994 : *Les yeux sur l'horizon*, h/t (78,7x63,5) : USD 1 495.

AUGE Simon
XVIIIe siècle. Actif à Paris en 1778. Français.
Peintre.

AUGER Adrien Siméon
Né vers 1795 à Paris. XIXe siècle. Français.
Peintre.
Élève de Regnault à l'École des Beaux-Arts le 6 février 1811.

AUGER Adrien Victor
Né en octobre 1787 à Saint-Valery-en-Caux (Seine-Maritime). XIXe siècle. Français.
Peintre de compositions religieuses, scènes de genre, graveur.
Ses œuvres parurent au Salon de Paris, en 1810, 1824 et 1832. Il grava à l'eau-forte.
VENTES PUBLIQUES : MONACO, 17 juin 1989 : *Crucifixion*, h/métal (73,5x55) : FRF 6 660.

AUGER Charles
Né dans la première moitié du XIXe siècle à Paris. XIXe siècle. Français.
Portraitiste.
Il exposa plusieurs fois au Salon de Paris, de 1842 à 1864.

AUGER Eugène
Né en 1847 à Reims. XIXe siècle. Français.
Peintre, peintre verrier.
Élève de Rêve et de Jean Hubert Ponsin.
BIBLIOGR. :

.
MUSÉES : CORMICY (église) : Abside – CORROY-LES-HERMONVILLE : Décorations du retable du maître-autel – MAGNEUX (église) : Vitrail – REIMS : *Sarcophage de Mgr de Hesselle – Portrait de H. Bazin de Bezons* – REIMS (Maison des Musiciens) – VILLERS-FRANQUEUX (église) : Vitrail.

AUGER Jean
XVIIe siècle. Français.
Sculpteur.
Cité à Paris en 1686.

AUGER Jean-Charles
XVIIIe siècle. Actif à Paris en 1768. Français.
Peintre.

AUGER Jean-Jacques
Né vers 1755 à Paris. XVIIIe siècle. Français.
Peintre.
Fils d'un imprimeur de la rue Saint-Germain. Entra au mois d'août 1770 à l'École de l'Académie Royale dans l'atelier de Du Rameau.

AUGER Louis
XVIIIe siècle. Français.
Graveur.
Cité à Paris dans un acte de baptême du 6 mars 1701, publié par M. Herluison.

AUGER Louis ou Victor
XVIIIe siècle. Français.

Sculpteur.
Élève de l'ancienne École académique de Paris, de 1767 à 1775, cet artiste collabora avec Albert à la décoration de la façade du Palais Bourbon. Sculptant, d'autre part, toujours avec Albert, un bas-relief (*Saint Louis adorant la croix*) dans la chapelle du palais et élevant dans le jardin des petits appartements, un pavillon appelé le Temple de l'Amitié. On cite, d'autre part, parmi ses œuvres le tombeau de l'Abbé Le Batteux (mort en 1780) à l'église Saint-André-des-Arts, les copies d'après l'antique qui ornaient le péristyle de la maison de Mademoiselle de Saint-Germain, rue Saint-Lazare et deux figures destinées au Panthéon et exécutées lors du remaniement de cet édifice (1791). Il fut chargé, en outre, de divers travaux au château de Bagatelle et prit part, vraisemblablement, à la décoration du château de Cramayel, près de Melun. Il était membre, depuis 1782, de la Communauté des maîtres peintres et sculpteurs.

AUGER Louise M. F.
XIXe siècle. Française.
Sculpteur.
Elle a figuré au Salon de 1883, avec un médaillon.

AUGER Lucas ou Augier
Né en 1685 en France. Mort en 1765. XVIIIe siècle. Français.
Peintre.
En 1720, il faisait partie, à Paris, de l'École des élèves protégés. Il fut reçu membre de l'Académie en 1724. Il était petit-fils du peintre d'histoire Robert Levrac-Tourniers.
MUSÉES : NANTES : *L'Été – L'Automne – L'Hiver – Le Printemps.*

AUGER Raymond Louis
Né à Neuilly-en-Thelle (Oise). XXe siècle. Français.
Graveur.
Guillaume Apollinaire l'a cité dans ses comptes-rendus de Salons. Il grava sur bois et à l'eau-forte.

AUGER Simon
XVIIIe siècle. Français.
Maître-sculpteur.
Il fut reçu membre de l'Académie de Saint-Luc à Paris en 1737.

AUGER Symphorien
XVIIe siècle. Actif à Paris en 1675. Français.
Sculpteur.

AUGER-CASTERAN Lucie
Née à Clermont-Ferrand (Puy-de-Dôme). XXe siècle. Française.
Peintre de paysages, aquarelliste.
Élève de Pierre Vignal, elle a peint surtout des paysages d'Auvergne.

AUGEREAU Claude
Né en 1927 à Chartres (Eure-et-Loir). Mort en juin 1988 à Paris. XXe siècle. Français.
Peintre, aquarelliste. Abstrait-lyrique.
Il fut élève de l'École des Arts Appliqués de Paris, puis il reçut les conseils du cubiste Jean Metzinger. Il participa à différents Salons annuels parisiens, puis se limita aux seuls Salons de Mai et des Réalités Nouvelles, dont il était membre du comité et dont il conçut l'affiche pour le Salon de 1988, qui eut donc lieu après sa mort brutale. Il fit aussi des expositions personnelles, dont la dernière eut lieu à Paris en juin 1987. Il était professeur à l'École des Beaux-Arts de Paris.
Dans un premier temps, après les premières peintures d'étudiant, il fut très influencé par Magnelli dans sa période abstraite de l'après-guerre, puis évolua jusqu'à une abstraction plus radicalement géométrique proche de Vasarely. Ensuite, il se libéra totalement de ces influences et pratiqua à l'inverse une abstraction lyrique, complètement fondée sur le geste et la conservation de toutes ses traces, depuis le tracé de la brosse elle-même, enduite successivement de couleurs différentes qui s'entrecroisent en produisant des effets de mélanges fortuits, jusqu'aux très nombreuses coulures et giclures résultant de la décharge d'énergie gestuelle produite, de cette « furia » contrôlée. Il a écrit de la peinture : « C'est une trace laissée par le peintre en explorant son domaine, trace qui doit résumer et dire tout : le pourquoi et le comment, l'époque et le lieu, l'auteur et ses raisons. »
■ J. B.

AUGERO Amedeo
Né au XIXe siècle à Chivasso (Piémont). XIXe siècle. Italien.
Peintre.
Quelques portraits et plusieurs copies d'après Raffaël et Giuli

Romano furent exposés par lui en 1833, ainsi que deux vues de Rome représentant la *Piazza di Venezia intempo di Carnevale* et la *Piazza Navona allegata*, ainsi qu'un tableau portant comme titre : *Incendio di un globo aerostatico.*

AUGERON René
Né à Paris. XXe siècle. Français.
Peintre de paysages.
Il a exposé au Salon des Indépendants à Paris à partir de 1931.
Musées : Mulhouse : *Symphonie en blanc majeur,* encres et reh. de gche.

AUGEUL
XVIIe siècle. Actif en Anjou. Français.
Sculpteur de sujets religieux, statues.
Il exécuta, en 1642, pour l'autel de l'église de Candé (Maine-et-Loire), une statue de saint François et une statue de sainte Marguerite.

AUGHTON John
Né à Birkdale Southport (Angleterre). XXe siècle. Britannique.
Peintre.
Il expose en 1932 au Salon des Indépendants.

AUGIER
XVIIIe siècle. Travaillant au milieu du XVIIIe siècle. Français.
Graveur.
Cité par Le Blanc.

AUGIER Jean-Pierre
Né le 17 mai 1941 à Nice (Alpes-Maritimes). XXe siècle. Français.
Sculpteur de figures, animalier.
Il est autodidacte de formation quant à la sculpture, mais attiré par la technique dès l'enfance. Il participe à de nombreuses expositions collectives, dont : 1964 Salon de l'Art Libre à Paris, 1969 Ve Grand Prix International d'Art Contemporain à Monaco, 1985 exposition du Groupement des Artistes du Haut Pays à Nice, etc. Il montre aussi ses réalisations au cours d'expositions personnelles : de 1964 à 1972 exposition annuelle à Levens, 1965 Paris, de 1970 à 1974 exposition annuelle à Mougins, 1977 Provins, depuis 1973 exposition permanente de sa collection personnelle à la Maison du Portal à Levens, 1988 New York, 1989 Saint-Paul-de-Vence, etc. Il a obtenu diverses distinctions.
Jacques Ginépro en écrit : « Il trouve son inspiration et son matériau dans de vieux outils et objets de fer, que son imagination transforme par assemblages en personnages ou animaux en mouvement. » Sa technique ressortit au « Récup'art », toutefois, sauf exceptions, les objets récupérés ne sont plus guère identifiables après passage à la forge. Ses créations n'évitent pas le qualificatif de formes « stylisées ». Il leur confère à la fois une expression de tendresse et une bonne pointe d'humour. Ainsi les objets de rebut les plus rejetés deviennent-t-ils de gracieuses madones, sirènes, couples enlacés ou gardeuse d'oies.
Bibliogr. : Catalogue d'exposition permanente *Jean-Pierre Augier,* Saint-Antoine-de-Siga, Levens, s. d.

AUGIER L.
XVIIe siècle. Français.
Peintre de portraits.
Auteur du portrait de Claudius de Bourdaloue et de celui de Ch. Mavelot gravés, tous deux, par Nicolas Pitau.

AUGIER Pierre
XVe siècle. Français.
Sculpteur sur bois.
Il exécuta, en 1491, les boiseries de la salle du Conseil, avec les armoiries de la ville de Montpellier.

AUGIER Simonne
Née à Bordeaux (Gironde). XXe siècle. Française.
Peintre de figures, paysages.
Élève de L. Simon et de L. Roger, elle a exposé depuis 1936 au Salon des Artistes Français, au Salon de la Société Nationale des Beaux-Arts et au Salon d'Automne à Paris.
Ventes Publiques : Paris, 26 jan.1951 : *Rue de village ; Cour de ferme,* h/t, deux pendants : **FRF 1 200** – Paris, 26 fév. 1990 : *Les Meules,* h/t (19x26) : **FRF 3 800.**

AUGIERS Jean
XVIe siècle. Français.
Sculpteur.
Érigea en 1511 une croix de pierre à Bueil (Indre-et-Loire) près de Tours.

AUGIS
XVIIe siècle. Français.
Peintre miniaturiste.
Sur un portrait en miniature d'une vieille femme, vendu en 1896, se trouve cette signature : *Augis pinxit 1630.*

AUGISMERI
Né à Palmi Calabria (Italie). XIXe-XXe siècles. Travaillant à Paris. Italien.
Peintre de genre, paysages.
Cet artiste prit part à l'Exposition coloniale de 1906 à Paris, avec : *Venise, Les Émigrants calabrais.*

AUGIZEAU Maurice
Né le 4 août 1945 à Nantes (Loire-Atlantique). XXe siècle. Français.
Peintre de paysages animés, paysages, marines, lithographe, illustrateur.
Il fut élève de l'École des Beaux-Arts de Nantes. Il participe à des expositions collectives, dont, à Paris, les Salons d'Automne et de la Marine, et des groupes en province. Il montre des ensembles de ses peintures dans des expositions personnelles dans de nombreuses villes de France.
Dans une technique et une vision très directes, il peint les paysages caractéristiques de plusieurs régions de France, avec une prédilection pour les vues de ports et de rivages.

AUGLAY Auguste
XXe siècle. Français.
Dessinateur.
Il a participé au Salon des Humoristes en 1910.

AUGONNET Pierre
Né à Farges-Allichamps (Creuse). XXe siècle. Français.
Peintre de paysages, natures mortes.
A partir de 1931, il a exposé régulièrement au Salon des Indépendants à Paris.

AUGOS Juan de
XVIe siècle. Espagnol.
Sculpteur.
Il fut l'un des dix-huit artistes qui travaillèrent à la custode du maître-autel de la cathédrale de Tolède. Il pourrait s'agir d'une orthographe erronée pour JUAN de Anges.

AUGRAND Parfait
Né en 1782 à Joinville. XIXe siècle. Français.
Graveur au burin.
Il entra à l'École des Beaux-Arts le 3 vendémiaire an X (1801). On trouve sa signature sous les diverses formes de *Parfait, P. A.,* ou *Parf. Aug.* Ses gravures, à part quelques-unes d'après Raphaël ou Titien, reproduisent des œuvres de petits maîtres du début du XIXe siècle.

AUGROS
XIXe siècle. Actif de 1827 à 1835. Français.
Graveur au burin.

AUGSBOURG Géo
Né le 11 janvier 1902 à Yverdon. XXe siècle. Suisse.
Peintre, lithographe, Dessinateur, illustrateur.
Élève à l'École de dessin de Lausanne, entre 1923 et 1924, il s'est surtout rendu célèbre par ses dessins, même s'il a exposé des peintures au Salon des Indépendants et des Surindépendants. Il a illustré des textes de Ramuz, dont : *Le garçon savoyard – Si le soleil ne revenait pas.* Il a créé une série d'albums sur la vie de personnages célèbres de son époque : Darius Milhaud (1937), Serge Lifar (1938), Fritz Menghelberg (1939), le général Guisan (1939), Ernest Ansermet (1939). Il est également l'auteur de plusieurs effigies et portraits d'écrivains pour des journaux.
Ventes Publiques : Zurich, 14 nov. 1986 : *Nature morte aux poires* 1931, h/t (65x54) : **CHF 6 000** – Paris, 27 nov. 1992 : *Figure de comédie,* h/t (81x60) : **FRF 6 100** – Amsterdam, 26 mai 1993 : *Un homme avec une béquille devant la taverne de la « Chèvre blanche »,* h/t (100x73) : **NLG 3 450** – Paris, 13 nov. 1993 : *Le char flamand* 1932, h/t (65x100) : **FRF 4 500.**

AUGSBURGER J. E.
Né en 1925 à La Chaux-de-Fonds. XXe siècle. Suisse.
Graveur, sculpteur, illustrateur.
Il a suivi des cours de gravure à l'Ecole d'Art de La-Chaux-de-Fonds. C'est dans le Musée de cette ville qu'il a fait sa première exposition en 1950, suivie d'une autre en 1968. Il a exposé essentiellement en Suisse : à la Kunsthalle de Berne (1950), au Musée de Neuchâtel (1966), au Musée de Winterthur (1969) et dans plu-

sieurs galeries privées suisses. Il a été invité à la Biennale de Venise en 1970. Il a illustré : *La Mer* de Frederico Garcia Lorca.
BIBLIOGR. : In : *Dictionnaire Suisse des Artistes, XXᵉ siècle.*

AUGST Charles Albert, orthographe erronée pour Angst. Voir CARL-ANGST Albert

AUGSTAINDREYER Hans
XVᵉ siècle. Actif à Wiesensteig. Allemand.
Sculpteur.
Il collabora à la construction de l'église de Tübingen en 1478.

AUGUIN Louis Auguste
Né en 1824 à Rochefort (Charente-Maritime). Mort en 1904 à Bordeaux (Gironde). XIXᵉ-XXᵉ siècles. Français.
Peintre de paysages.
Élève de Léon Cogniet et de Corot à Paris, il exposa régulièrement au Salon, entre 1846 et 1904. Il prit part à l'Exposition Universelle de Paris en 1900 et à des expositions de Bruxelles et Vienne.
Il s'est plu à reproduire les sites les plus pittoresques des paysages de Charente, Saintonge, Poitou, Périgord, Limousin, des Landes et des Pyrénées.
MUSÉES : AIX : *Soir dans le vallon (Saintonge)* – BORDEAUX : *Rayons d'automne – un jour d'été à la Grande-Côte (Golfe de Gascogne) – Paysage –* NIORT : *La source – Matinée de septembre –* PÉRIGUEUX : *La vallée du Clin en Poitou – L'étang d'Ichoux (Landes) – Un soir près du Taillebourg –* REIMS : *Grands bois de Fenioux 1873 –* ROCHEFORT : *Paysage – Souvenir du pont d'Espagne (Hautes-Pyrénées) ; Un bras de la Charente, près de Jarnac – Le soir dans les pins (forêt d'Arcachon) – Vue du verger, près de Rochefort – Les bords du Bramerie (Saintonge) – Le calme – Paysage – Sables de Montalivet –* LA ROCHELLE : *La Charente au port Berteaux – Bords du Taurion (Haute-Vienne) – Belle journée d'automne – Le courant de Contis –* ROUEN : *Les derniers beaux jours – Garenne de Bussac.*
VENTES PUBLIQUES : PARIS, 1859 : *Paysage :* **FRF 875** – PARIS, 24 mars 1924 : *Paysage :* **FRF 500** – PARIS, 7 mars 1955 : *Vallée de Font-Couverte :* **FRF 4 200** – TOULOUSE, 5 juin 1978 : *Bords de rivière, h/t* (93x65) : **FRF 3 100** – BARBIZON, 24 mai 1981 : *Troupeau dans un paysage, h/t* (53x79) : **FRF 10 000** – LONDRES, 1983 : *Paysage fluvial, h/t* (58,5x110) : **GBP 1 850** – PARIS, 30 juin 1993 : *Paysage 1869, h/t* (27,5x41) : **FRF 3 800** – PARIS, 27 fév. 1996 : *Le ruisseau, Août, Saintonge 1878, h/t* (50x61) : **FRF 4 200** – PARIS, 28 mars 1997 : *La Rivière, h/t* (100x90) : **FRF 20 000.**

AUGUR Hézekiah
Né le 21 février 1791 dans le New Hampshire. Mort en 1858 à New Haven. XIXᵉ siècle. Américain.
Sculpteur.
D'abord marchand, il ne s'adonna à la sculpture qu'après une faillite. Dès ses débuts dans l'art, il fut remarqué et apprécié. On cite particulièrement de lui un buste de Washington. Il fut membre honoraire de l'Académie de New York.

AUGUST
XVIᵉ siècle. Allemand.
Sculpteur, dessinateur.
Il était électeur de Saxe et gouverna, de 1553 à 1586. Sa haute situation sociale ne l'empêcha pas d'être un habile artiste. Il sculptait sur ivoire et sur noix de coco. Le relief qu'il exécuta sur une cruche en ivoire est considéré comme une œuvre de haute valeur. La bibliothèque royale de Dresde conserve quelques-uns de ses dessins.

AUGUSTA Cristoforo, dit Fra Cristoforo
Originaire de Casalmaggiore. XVIᵉ siècle. Italien.
Peintre de compositions religieuses.
Religieux dominicain. Il fut l'élève de Trotti. On cite de lui le tableau d'autel *Saint-Mathieu,* à Crémone, *Le Mariage mystique de sainte Catherine de Sienne,* dans l'église Saint-Dominique. Mais son œuvre la plus importante est la peinture représentant *La Gloire des anges dans les cieux,* signée et datée de 1590.

AUGUSTA de Hesse-Cassel, princesse
Née en 1780 à Berlin. Morte en 1841. XIXᵉ siècle. Allemande.
Peintre de portraits, dessinatrice.
Elle était fille du roi Frédéric-Guillaume II de Prusse et femme du prince électeur de Hesse-Cassel. Elle fut membre honoraire de l'Académie de Berlin et prit part aux Expositions de 1810 et 1812.

AUGUSTE A.
XIXᵉ siècle. Français.
Sculpteur.
A exposé un buste au Salon de Paris, 1892.

AUGUSTE Alexandre
XVIIIᵉ siècle. Travaillait à Bayeux entre 1779 et 1785. Français.
Sculpteur.

AUGUSTE Jules Robert
Né vers 1789 à Paris. Mort le 15 avril 1850 à Paris. XIXᵉ siècle. Français.
Peintre de sujets typiques, portraits, animaux, aquarelliste, pastelliste, sculpteur, dessinateur.
Il était entré à l'École des Beaux-Arts le 10 janvier 1806 dans l'atelier de Cartelier. En 1810, son œuvre : *Le dernier des Spartiates* lui avait valu le grand prix de Rome. On lui a reproché d'avoir abandonné la sculpture pour la peinture.
Son dilettantisme l'a fait considérer comme un peintre amateur. L'Orient exerçait sur lui une fascination qu'il fit partager à Delacroix. À une sensualité toute orientale, il alliait une élégance non sans appartenance à l'art du XVIIIᵉ siècle.
BIBLIOGR. : Gérald Schurr : *1820-1920, les petits maîtres de la peinture, valeur de demain* les Éditions de l'Amateur, Paris, 1969.
VENTES PUBLIQUES : PARIS, 30 nov.- 2 déc. 1920 : *Odalisques,* aquar. : **FRF 400** – PARIS, 11 déc. 1942 : *Femme nue de dos, se préparant à monter à cheval,* past. : **FRF 38 500** – PARIS, 2 juin 1943 : *Buste d'Arabe,* aquar. : **FRF 800** – PARIS, 25 mars 1949 : *Croupes de chevaux,* aquar. reh. : **FRF 1 600** – PARIS, 23 nov. 1949 : *Roméo et Juliette :* **FRF 6 000** – PARIS, 17 juin 1994 : *Étude d'enfants et de chats 1834,* sanguine (42x28) : **FRF 10 000.**

AUGUSTE Simon. Voir SIMON Auguste

AUGUSTE Toussaint
XXᵉ siècle. Haïtien.
Peintre de compositions à personnages. Naïf.
Il a représenté des scènes de la vie populaire haïtienne, et principalement celles qui sont liées au culte vaudou.
VENTES PUBLIQUES : NEW YORK, 22 nov. 1977 : *Ils vont au marché 1951, h/isor.* (41x51) : **USD 950** – NEW YORK, 20 déc. 1980 : *Baptême vaudou 1948, h/cart.* (42x52) : **USD 8 000** – NEW YORK, 9 juil. 1981 : *Nature morte aux fruits, h/isor.* (51x61) : **USD 1 800** – PARIS, 23 nov. 1988 : *La prêtresse Vaudou, h/pan.* (46X36) : **FRF 21 200** – NEW YORK, 21 nov. 1995 : *Les oiseaux 1953, h/rés. synth.* (51,5x61) : **USD 2 990** – NEW YORK, 16 mai 1996 : *Combat de coqs, h/rés. synth.* (38x45,7) : **USD 1 610.**

AUGUSTELLO Giovanni Maria
XVIᵉ siècle. Piémontais, travaillait au XVIᵉ siècle. Italien.
Sculpteur.
Armand lui attribue une médaille gravée de Charles-Emmanuel, duc de Savoie, qui régna de 1562 à 1630.

AUGUSTIN. Voir COURTET Xavier Marie Auguste

AUGUSTIN Charles
Né à Toul (Meurthe-et-Moselle). XXᵉ siècle. Français.
Peintre de paysages.
Entre 1932 et 1939, il a exposé au Salon de la Société Nationale des Beaux-Arts et au Salon d'Automne à Paris.

AUGUSTIN Gerhard
XIXᵉ-XXᵉ siècles. Allemand.
Graveur.
A la *Grosse Berliner Austellung* de 1910, cet artiste exposait deux gravures à l'eau-forte, une *Vue de Rothenburg* et *Au temps passé.*

AUGUSTIN Jean Baptiste Jacques
Né en 1759 à Saint-Dié (Vosges). Mort le 13 avril 1832 à Paris. XVIIIᵉ-XIXᵉ siècles. Français.
Peintre de portraits, miniaturiste, émailleur.
Cet artiste se forma lui-même. Il a souvent affirmé n'avoir jamais eu de maître, et nul biographe n'a pu lui en découvrir. On ne connaît rien de sa vie avant 1781, année où il vint à Paris, sans relations, sans protecteur, sans avoir encore démontré ou même laissé deviner en lui son talent, et sans posséder d'autre fortune que trois louis d'or. Ses débuts, dans de telles conditions, furent fatalement difficiles, mais sa persévérance vint à bout de tous les obstacles et il ne tarda pas à s'affirmer. De 1791 à 1831, il exposa régulièrement au Salon de Paris et sa vogue fut bientôt grande, puisque, dès 1796, on trouve des artistes faisant suivre leur signature de la mention : *élève d'Augustin.* Il a formé de nombreux élèves, parmi lesquels Besselière, Mme de Mirbel, le chevalier de Lestang-Parade, le vicomte Desfossez, Fontallard, Ménageot, Pinchot, Sieurac, Mlle Delacazette, et sa femme qui obtint une médaille au Salon de 1824. Lui-même fut nommé, en

1821, chevalier de la Légion d'Honneur et reçut, en 1824, le titre officiel de premier peintre en miniature du cabinet du roi.
Il s'est spécialisé dans la miniature. Il apporta à cet art délicat des qualités exceptionnelles de fini et d'harmonie. Ses miniatures se font remarquer par une extrême pureté de dessin, et par la vigueur et la richesse de leur coloris. On peut dire d'Augustin qu'il fut le rénovateur de la miniature en réagissant contre le style maniéré alors en vogue depuis l'époque Pompadour. L'influence de l'École de David vint, dans les dernières années de sa vie, porter quelque atteinte à la réputation de l'excellent artiste, mais la postérité lui a rendu la place qu'il méritait de tenir au tout premier rang des miniaturistes.
Parmi ses portraits, on mentionne : *Napoléon Ier – Louis, roi de Hollande – La reine Hortense – Caroline Murat, reine de Naples – Madame Récamier – Princesse de Schwarzemberg – Vicomtesse de Chaptal – Duc de Berry – Duc d'Orléans – Duchesse d'Angoulême – Louis XVIII – Calamard – Chaudet – Denon – Madermann – Impératrice Joséphine – Le peintre Girodet – Lord William Bentanck – Jérôme, roi de Westphalie – Mlle Godinet des Fontaines – Mme Berthaune (fusain) – Mme de Villers – Mme de Blagny – Mlle Carpentier – M. et Mme Jarry – M. de Bouatelle – M. Fournier.*

augustin.

VENTES PUBLIQUES : PARIS, 1840 : *Napoléon Ier,* miniature : **FRF 200** – PARIS, 1841 : *L'Impératrice Joséphine* : **FRF 1 420** – PARIS, 1841 : *Denon,* miniature : **FRF 950** – PARIS, 1842 : *Portrait du roi Louis XVI,* miniature : **FRF 260** – PARIS, 1850 : *Portrait d'une actrice du XVIIIe siècle* : **FRF 1 000** – PARIS, 1853 : *Portrait d'homme enveloppé d'un manteau* : **FRF 320** – PARIS, 1854 : *Mlle Raucourt,* miniature de forme ovale : **FRF 1 160** – PARIS, 1861 : *Portrait de Mlle Duthé,* miniature : **FRF 900** – PARIS, 1872 : *Portrait de Mlle Duthé 1794* : **FRF 4 300** – PARIS, 1872 : *Portrait de l'empereur Napoléon Ier,* miniature : **FRF 2 550** – PARIS, 1872 : *Portrait de Mme Récamier,* miniature : **FRF 3 550** – PARIS, 1885 : *Portrait de jeune femme,* miniature : **FRF 6 900** – PARIS, 1886 : *Portrait de Rosalie Duthé,* miniature : **FRF 2 900** – PARIS, 1886 : *Portrait de femme,* miniature : **FRF 6 000** – PARIS, 1889 : *Portrait de Napoléon Ier* : **FRF 340** – PARIS, 1890 : *Portrait de femme, époque empire* : **FRF 1 800** – PARIS, 1891 : *Portrait de Rosalie Duthé,* miniature : **FRF 2 850** ; *Portrait de Mlle de Raucourt,* miniature : **FRF 2 800** – PARIS, 1894 : *Femme mettant ses bas* : **FRF 77** – PARIS, 1898 : *Bacchante en buste* : **FRF 1 020** – PARIS, 1898 : *Jeune femme,* miniature : **FRF 1 120** – PARIS, 15 oct. 1904 : *Tête de fillette* : **FRF 380** – PARIS, 1908 : *Portrait d'homme en habit bleu* : **FRF 800** – PARIS, 31 mai 1910 : *Portrait de femme* : **FRF 2 210** ; *Portrait de femme,* monté sur boîte : **FRF 2 300** – PARIS, 27 mars 1919 : *Album-carnet,* croquis : **FRF 85** ; *Bouhebaut, enfant, neveu d'Augustin,* sépia et gche : **FRF 225** – PARIS, 8 avr. 1919 : *Portrait d'homme,* miniature : **FRF 580** – PARIS, 8 avr. 1919 : *Portrait de jeune femme,* miniature : **FRF 8 700** ; *Portrait d'homme,* miniature : **FRF 2 900** – PARIS, 8-10 juin 1920 : *Préparation pour une tête de femme,* lav. : **FRF 180** – PARIS, 30 nov.-2 déc. 1920 : *Portrait du fils du miniaturiste Hall,* cr. : **FRF 2 700** – PARIS, 5 avr. 1922 : *Portrait du prince Murat,* miniature : **FRF 1 300** – PARIS, 13 avr. 1923 : *Portrait de Mme Swaghers,* cr. : **FRF 3 080** – PARIS, 30 nov. 1923 : *Portrait présumé de Robespierre,* miniature : **FRF 6 500** – PARIS, 22 déc. 1923 : *Jeune femme assise sur un banc et tenant un livre,* dess. : **FRF 1 600** – PARIS, 30 avr. 1924 : *Portrait d'homme,* pierre noire : **FRF 200** ; *Portrait d'homme,* pierre noire : **FRF 200** – PARIS, 2 déc. 1925 : *Portrait de Lucile Desmoulins,* miniature : **FRF 3 550** – PARIS, 19-20 mai 1926 : *Portrait de M. Maret, libraire,* miniature : **FRF 2 500** – PARIS, 1er juin 1928 : *Jeune femme décolletée et coiffée d'un bonnet blanc,* miniature : **FRF 19 100** ; *Portrait d'homme en habit rouge,* miniature : **FRF 3 700** – PARIS, 7-8 juin 1928 : *Portrait de jeune femme brune en robe blanche,* pierre noire : **FRF 3 400** – PARIS, 10-11 mai 1929 : *Jeune femme décolletée, assise,* miniature : **FRF 9 500** – PARIS, 27-29 mai 1929 : *Homme en habit vert et gilet blanc,* miniature : **FRF 1 950** ; *Portrait de Napoléon Ier,* miniature : **FRF 4 200** ; *Belle-mère de l'artiste,* miniature : **FRF 1 800** ; *Portrait de jeune femme en robe de tulle brodé,* miniature : **FRF 2 250** ; *Portrait d'Ange Pitou,* miniature : **FRF 1 850** – PARIS, 25 nov. 1936 : *Portrait de femme,* miniature : **FRF 5 800** – PARIS, 19-20 mai 1938 : *Portrait de jeune femme ; Portrait d'homme* : **FRF 15 000** – PARIS, 18 juin 1941 : *Portrait d'un fermier général,* pierre noire : **FRF 480** – PARIS, 14 avr. 1943 : *Portrait d'homme,* pierre noire : **FRF 1 500** – PARIS, 29 jan. 1943 : *Le Galant Médecin,* aquar. et gche : **FRF 95 000** – PARIS, 19 déc.

1949 : *Homme en habit brun et gilet blanc,* miniature ornant le couvercle d'une boîte ronde en loupe doublée d'écaille : **FRF 35 000** – LONDRES, 26 juil. 1950 : *Portrait de femme,* miniat. dans cadre doré et émaillé : **GBP 173** – PARIS, 7 et 8 déc. 1953 : *Femme en robe blanche et bleue,* miniature ronde : **FRF 40 000** – LONDRES, 10 juin 1959 : *Portrait du graveur Nicolas Ponce,* pierre noire reh. de blanc/pap. bleu : **GBP 300** – LONDRES, 4 mai 1960 : *Le Lapin-Agile* : **GBP 110** – PARIS, 18 mars 1988 : *Femme dans un intérieur tenant une lettre 1820,* miniature gchée/plaque ivoire (12x8,5) : **FRF 15 000** – LONDRES, 2 juil. 1996 : *Portrait d'un homme en buste,* craie noire et lav. avec reh. de blanc/vélin (17,3x15,2) : **GBP 17 250.**

AUGUSTIN Maria, baronne, dite **Maria de Thurnberg**
Née le 28 décembre 1810 à Vershetz (Banat). Morte après 1851 à Vienne. XIXe siècle. Autrichienne.
Peintre de sujets religieux, portraits.
Elle fit de nombreux portraits et quelques tableaux d'églises.

AUGUSTIN Pauline, née **du Cruet.**
Née en 1781 à Paris. Morte en 1865. XIXe siècle. Française.
Peintre de portraits, miniatures, peintre à la gouache, dessinateur.
Elle était la femme du célèbre miniaturiste Jean-Baptiste Augustin, et suivit la manière de peindre de son mari. Elle exposa, de 1822 à 1838, au Salon de Paris, des portraits et des miniatures et reçut une médaille.
VENTES PUBLIQUES : PARIS, 27 mars 1919 : *Mme Du Cruet, mère de l'artiste,* gche : **FRF 165** – PARIS, 2 avr. 1941 : *Portrait d'un Médecin,* dess. : **FRF 140** – PARIS, 2 fév. 1949 : *Portrait de Louis-Philippe,* miniature ovale sur ivoire : **FRF 26 000.**

AUGUSTINCIC Antoine
Né à Klaujeo. XXe siècle. Yougoslave.
Sculpteur de portraits.
A partir de 1925, il a exposé au Salon de la Société Nationale des Beaux-Arts et aux Indépendants à Paris, surtout des portraits.

AUGUSTINI Jan
Né en 1725 à Roderwolde (Drenthe). Mort en 1773 à Haarlem. XVIIIe siècle. Hollandais.
Peintre de portraits, fleurs.
La plupart des biographes donnent 1773 comme date de la mort de cet artiste. Cependant, Tervesten dit qu'il vivait encore en 1776. Il fut l'élève de Philip Van Dyck et se fit une certaine renommée comme peintre de fleurs et de portraits.

AUGUSTINUS
XVe siècle. Actif à Breslau vers 1478. Allemand.
Peintre.
Il est peut-être le même qu'un certain Augustin Glockener.

AUGUSTINUS
XVIe siècle. Actif à Paderborn. Allemand.
Peintre.
Gaspard de Furstenberg l'occupa à la décoration de ses domaines, de 1595 à 1599.

AUGUSTO Giovanni
Né à Padoue. XVIe siècle. Italien.
Sculpteur.
Cité dans un document du 9 août 1553 à Venise.

AUGUSTUS Johannes Franciscus
Né le 3 septembre 1842 à Anvers. Mort le 3 janvier 1893 à Anvers. XIXe siècle. Belge.
Peintre de marines.
Il se spécialisa dans le « portrait de navire » et représenta de nombreux batiments belges et étrangers qui abordaient dans le port anversois. Il employait la technique du « fixé sous verre ».
MUSÉES : ANVERS (Mus. Nat. de la Marine) : *Midlothian* 1878 – *Gronsvaer* 1878 – *P. G. Blanchard* 1878.

AUGUSTYN
Mort en 1581 à Delft. XVIe siècle. Éc. hollandaise.
Peintre.
Il fut l'élève d'Anthonie Van Blocklandt et le maître de Michiel Jansz.

AUGUSTYN Moyses
XVIIe siècle. Éc. hollandaise.
Peintre.
Le 5 juillet 1602, il devint membre de la gilde des peintres de Dordrecht.

AUGUSTYNOWICZ Alexander, ou peut-être **Antoine**
Né le 7 février 1865 à Iskrzynia (Galicie). XIXe siècle. Polonais.

Peintre de portraits, paysages.

Il étudia à l'École d'Art de Cracovie, puis sous la direction du maître Holossy, à Munich. Il s'établit ensuite à Lemberg et fit des portraits et des paysages. En 1894, il obtint une médaille.

AUGUSTYNS Peter
XVIe siècle. Éc. flamande.
Peintre.
Cet artiste est cité en 1517 dans la gilde de Saint-Luc à Anvers.

AUGUSTYNSZ Gysbert
XVIIe siècle. Éc. hollandaise.
Peintre.
Élève d'Abraham Bloemaert, à Utrecht, en 1611.

AUJAME Jean-Claude ou Jean-Pierre
Né le 12 mai 1905 à Aubusson (Creuse). Mort en juillet 1965 à Chemilly (Allier ?), accidentellement. XXe siècle. Français.
Peintre de compositions à personnages, nus, paysages, peintre de compositions murales. Tendance fantastique.
Il fut d'abord très jeune élève de l'École des Beaux-Arts de Rouen, puis commença des études de droit. Il s'établit à Paris en 1930. Il fit aussi des voyages : en Hollande 1932, en Espagne 1933. En 1940, mobilisé, il fut fait prisonnier et resta en Allemagne jusqu'en 1942. En 1959, il fut nommé professeur à l'Ecole des Beaux-Arts de Paris, il enseigna aussi à l'Académie libre de la Grande Chaumière. Il séjournait et travaillait souvent dans sa Creuse natale, où il aimait retourner en conduisant toujours très vite, ce dont il fut finalement victime.
Il a exposé à Paris assez régulièrement aux Salons des Indépendants, des Tuileries, d'Automne dont il était sociétaire, de Mai de 1945 à 1954, des Peintres Témoins de leur temps depuis 1951, Comparaisons de 1956 à 1965, etc. en 1945 à la Biennale de São Paulo, en 1961 à la Biennale de Venise. Il fit une exposition personnelle au Danemark 1945, une autre à Paris 1946, etc. En 1968, le musée Galliéra lui consacra une exposition rétrospective posthume, en 1982 le musée des beaux-arts de La Rochelle, en 1988 le Musée Bourdelle à Paris. En 1937, il eut la commande, à l'occasion de l'Exposition Universelle de Paris, d'une peinture murale pour le Palais de la Découverte : *Découverte des eaux souterraines*, puis il réalisa *Jeux et rêves d'enfants* pour le Lycée de Valenciennes. En 1935 lui fut décerné le Prix Paul Guillaume, en 1949 un des Prix du Concours Hallmark, en 1951 Prix de la Fondation Polignac à la suite de l'exposition *Les eaux noires*.
De ses voyages, il rapporta de nombreux paysages. Dans la première moitié de son œuvre, sa peinture s'apparente, par la couleur franche, un dessin ample, une facture preste, au fauvisme de 1905-1908 : *Les dîneurs* 1931, *Femmes-pêcheurs malaguènes* 1934, *Concert champêtre*, 1936, *Le noyer du cimetière* 1943, *Jeunes filles de l'Allier* aux Indépendants 1945. Dans la deuxième partie de son œuvre, après le Prix de la Fondation Polignac, les eaux sombres des rivières et lacs de l'Auvergne infléchiront de plus en plus son inspiration vers des sujets ou en tout cas une vision des choses, oniriques, voire tendant au fantastique : *L'enchanteur de la forêt* de 1938, dans une gamme chromatique plus glauque et un dessin plus torturé. Toute la dernière partie de son œuvre fut consacrée aux eaux noires, aux mystères de la forêt, aux légendes de son pays d'origine, duquel il s'éprouvait de nouveau très proche. Madame Dufet-Bourdelle en apprécie : « l'intensité des couleurs, la richesse de l'inspiration et de la composition parfois violentes, mais toujours ordonnées... »　■ J. B.

BIBLIOGR. : Jean Rudel et divers : Catalogue de l'exposition *Aujame*, Mus. Bourdelle, Paris, 1968 – Lydia Harambourg, in : *L'École de Paris 1945-1965. Diction. des Peintres*, Ides et Calendes, Neuchâtel, 1993.
MUSÉES : ALBI – ANGERS – CAGNES – CHARTRES – CLERMONT-FERRAND – ÉPINAL (Mus. départ. des Vosges) : *Nu* 1949 – LE HAVRE – PARIS (Mus. Nat. d'Art Mod.) : *Avril à Garches* – *Terrasse à Ténériffe* – *L'enchanteur de la forêt* 1938 – *Le concert champêtre* 1936 – RODEZ – ROUEN.
VENTES PUBLIQUES : PARIS, 19 janv. 1949 : *Harengs* : FRF 3 800 – PARIS, 25 mai 1955 : *Maisons dans la verdure* : FRF 29 000 – PARIS, 16 nov. 1959 : *Bords de l'Allier* : FRF 145 000 – GENÈVE, 29 avr. 1961 : *Maison sur le lac*, aquar. : CHF 480 – PARIS, 22 déc. 1966 : *Les baigneuses*, gche : FRF 1 750 – PARIS, 30 nov. 1970 :

Charmeuse au ciel orange : FRF 4 500 – VERSAILLES, 21 nov. 1976 : *Rue de banlieue 1930*, h/t (60x73) : FRF 2 300 – VERSAILLES, 16 avr. 1978 : *Les tulipes rouges et violettes 1956*, h/t (81x60) : FRF 5 200 – VERSAILLES, 25 nov. 1979 : *Dialogue au torrent 1964* (73x92) : FRF 8 000 – VERSAILLES, 22 mars 1981 : *Maisons et chars 1949*, h/t (61x46) : FRF 5 000 – ENGHIEN-LES-BAINS, 21 nov. 1982 : *Danse de faune 1954*, h/t (92x73) : FRF 14 500 – VERSAILLES, 18 déc. 1983 : *Lys 1956*, h/t (81x65) : FRF 6 200 – VERSAILLES, 2 déc. 1984 : *Les amis d'Amfreville 1928*, h/t (73x92) : FRF 20 000 – VERSAILLES, 19 juin 1985 : *Joie du printemps 1933*, h/t (81x100) : FRF 26 000 – PARIS, 10 déc. 1986 : *Famille de baigneurs au bord du lac 1944*, h/t (65x81) : FRF 25 000 – VERSAILLES, 5 avr. 1987 : *Dans la cuisine 1949*, h/t (100x65) : FRF 13 500 – VERSAILLES, 20 mars 1988 : *La rivière boisée*, h/t (46x55) : FRF 9 000 – VERSAILLES, 15 mai 1988 : *Nu aux feuillages*, h/t (27x22) : FRF 7 800 – VERSAILLES, 23 juin 1988 : *Nature morte au compotier*, h/t (81x65) : FRF 13 000 – VERSAILLES, 25 sep. 1988 : *Matinée de juillet à l'Allier 1953*, h/t (60x73) : FRF 31 500 – VERSAILLES, 6 nov. 1988 : *Forêt 1953*, h/t (100x100) : FRF 20 000 – PARIS, 16 déc. 1988 : *Les fées*, h/t (89x115) : FRF 17 000 – PARIS, 7 avr. 1989 : *Forêt 1953*, h/t (100x100) : FRF 16 000 – PARIS, 22 oct. 1989 : *Les amoureux au gramophone 1928*, h/cart. (81x60) : FRF 20 000 – VERSAILLES, 29 oct. 1989 : *Personnages dans un paysage d'Auvergne 1967*, h/t (72,5x100) : FRF 39 000 – LE TOUQUET, 12 nov. 1989 : *Port breton*, aquar. (38x55) : FRF 5 000 – PARIS, 22 jan. 1990 : *La Forêt aux pins lyre*, h/t (92x92) : FRF 11 000 – PARIS, 19 mars 1990 : *Figure aux pierres précieuses 1958*, h/t (40x32) : FRF 11 000 – VERSAILLES, 25 mars 1990 : *Le déjeuner sur l'herbe 1934*, aquar. (49x63) : FRF 8 000 – NANTERRE, 24 avr. 1990 : *Eau profonde 1953*, gche (50x67) : FRF 4 000 – PARIS, 6 oct. 1990 : *Nature morte aux fruits*, h/t (72x92) : FRF 30 000 – LE TOUQUET, 8 nov. 1992 : *Les champignons*, h/t (60x81) : FRF 11 800 – LE TOUQUET, 30 mai 1993 : *Les Canaries – Baigneurs à Ténériffe 1935*, h/t (33x41) : FRF 12 100 – PARIS, 25 mars 1994 : *Courtisane de luxe à la plume*, h/t (81x65) : FRF 11 000 – PARIS, 28 nov. 1994 : *Nature morte*, h/t (60x73) : FRF 12 000 – PARIS, 10 avr. 1995 : *Modèle assis de profil 1930*, h/t (73x60) : FRF 13 000 – PARIS, 25 mai 1997 : *Soir à la baigneuse fantôme 1951*, h/t (33x46) : FRF 8 000.

AUJOLLEST-PAGÈS François
Né en 1746 à Bordeaux. Mort le 27 août 1801. XVIIIe siècle. Français.
Peintre de compositions religieuses, portraits.
Boucher fut son maître. Quand il eut fini son éducation artistique, il vint se fixer à Poitiers, où il fonda, en 1775, l'École royale de peinture, dont il resta le directeur jusqu'à la fin de sa vie. En 1777, il peignit des portraits. Il fit deux tableaux pour l'église Sainte-Radegonde à Poitiers, *Saint Sébastien* et *Saint Louis, roi de France adorant la Couronne d'épines*.

AUKES Jacob
XVIIe siècle. Éc. hollandaise.
Peintre.
Il acquit le droit de cité le 30 août 1698 à Amsterdam.

AULA de, marquis
XVIIe siècle. Actif à Madrid vers 1640. Espagnol.
Peintre.
Réunit une collection remarquable d'œuvres d'art. Il était lui-même fort apprécié pour son talent de peintre.

AULAGNIER Daniel
Né le 9 septembre 1943 à Firminy. XXe siècle. Français.
Sculpteur, auteur de performances.
Il est professeur à l'École des Beaux-Arts du Mans. Il vit et travaille à Paris.
Il a participé à de nombreuses expositions collectives à partir de 1967 à Lyon, 1972 Salon de la Jeune Sculpture, 1976 intervention *Les limites de la peinture* chez Ben à Nice, 1983 Musée municipal de la Roche-sur-Yon, 1984 *Ateliers 84* à l'ARC au Musée d'Art Moderne de la Ville de Paris, 1985 La Villette à Paris, 1986 Centre Culturel Gérard-Philippe de Brétigny-sur-Orge. Il montre ses œuvres dans des expositions personnelles à partir de 1976 à Firminy ; 1977 Nevers ; 1981 Los Angeles ; 1986 *Système pour un ensemble* à la galerie de l'Ancienne Poste à Calais ; 1994 espace Lumière à Hénin-Beaumont avec le concours de la DRAC Nord-Pas-de-Calais ; 1995 collégiale de Saint-Pierre Le Puellier à Orléans (avec le concours de la DRAC Centre) ; 1997 école d'architecture de Moscou.
L'œuvre de Daniel Aulagnier est singulier et il ne peut être apparenté aux installateurs français ni aux assembleurs d'Outre-Manche. Il travaille sur des séries bien définies dans le temps qui

portent toutes des titres différents. Il réalise des sculptures. La série des *Magie-Technic* de 1978-1979 présentait de petits appareils en laiton, acier et cuivre, répartis en plusieurs catégories *Mécanisme de palpation – Mécanisme d'hilarité – Outils de strangulation*. Adaptables sur le crâne ou les mâchoires, heureusement empreints d'humour dada pour temporiser l'effet « instrument de torture » qu'ils dégageaient. La série *Contact* de 1982-1983 réalisée en bois et acier peint et munie d'un système lumineux évoquant des appareils d'astronomie mais rappelant également certaines structures abstraites de l'entre-deux guerres. Les œuvres de Daniel Aulagnier hésitent ainsi entre le statut d'œuvres d'art et celui d'outils destinés à des usages non déterminés. ■ F. M.

BIBLIOGR. : Catal. de l'exposition *Système pour un ensemble*, Centre de Développement Culturel, Galerie de l'Ancienne Poste, Calais, 1986 – Norbert Hillaire : *La Mécanologie baroque de Daniel Aulagnier*, in : *Art Press*, n° 230, Paris, déc. 1997.

AULAGNIER M. A. O.
Mort en 1903. XIX\ e siècle. Français.
Peintre.
A exposé au Salon de Paris en 1890.

AULANIER Louis
Né à Toury (Loiret). XX\ e siècle. Français.
Peintre.
Il a exposé à partir de 1934 au Salon de la Société Nationale des Beaux-Arts à Paris.

AULBRY Guillaume
XVI\ e siècle. Travaillait à Tours. Français.
Peintre décorateur.
Cet artiste est peut-être le même que le miniaturiste Guillaume Aubry, cité par Giraudet dans les *Artistes tourangeaux*.

AULD J. Muir
XIX\ e-XX\ e siècles. Australien.
Peintre.
Le Musée de Sydney conserve de lui un portrait.

AULD John
XIX\ e-XX\ e siècles. Actif à Blackheath de 1870 à 1910. Britannique.
Peintre de sujets de genre, paysages.
Il exposa, entre 1869 et 1891, des œuvres à la Royal Academy, et à Suffolk Street, à Londres.
VENTES PUBLIQUES : LONDRES, 2 mars 1989 : *Barges sur la tamise*, h/t (70x107,5) : **GBP 7 150.**

AULD P. C.
XIX\ e siècle. Britannique.
Peintre paysagiste.
Exposa à la Royal Academy de Londres : *Le Château de Port Crawford*, *Le Château de Balmoral, 1854*, *Château de Denish en 1855*, *Étang du Lower Health*. W. Forest grava d'après lui deux toiles : *Vue du monument de Burns* et *Site des bords du lac de Thoune*.

AULDRE Christophe
XVI\ e siècle. Français.
Sculpteur de sujets religieux, statues.
Cet artiste habitait Saint-Germain-en-Laye vers 1542. Il exécuta un tabernacle en bois orné de figures pour un maître-autel, les statues en pierre des quatre évangélistes et de sainte Apolline et une grande statue en bois représentant un ange.

AULHORN Hans
Né le 10 décembre 1878 à Dresde. XX\ e siècle. Allemand.
Graveur, dessinateur.
Il fit ses études à l'Académie de Carlsruhe, de Stuttgart et de Munich. Il a exposé des eaux-fortes à Dresde en 1904 et un dessin à l'Association des artistes allemands de Weimar en 1906.

AULICH Emma, Miss
XIX\ e-XX\ e siècles. Américaine.
Peintre.
Elle était établie à New York, vers 1903-1904.

AULICH Heinz
Né le 4 mars 1925 à Berlin. XX\ e siècle. Allemand.
Peintre de paysages.
Il travaille dans une touche qui reste impressionniste.

AULICINO Salvatore
Né à Capua. XX\ e siècle. Italien.
Peintre, sculpteur.

Il vit et travaille à Livourne.
Il participe à de nombreuses expositions régionales, nationales et internationales.

AULICZEK Dominik
Né le 1\ er juillet 1734 à Polika (Bohême). Mort le 15 avril 1804. XVIII\ e siècle. Tchécoslovaque.
Sculpteur et modeleur en porcelaine.
D'abord destiné à l'état ecclésiastique, il étudia ensuite les arts à Prague, à Vienne, à Londres et à Paris, puis à Rome. Il exécuta plusieurs statuettes en terre cuite. En 1763, il fit à Munich la connaissance du directeur de la manufacture de porcelaine de Nymphenburg, Sigmund, comte de Haimhausen, qui lui donna un emploi en 1765. Il devint en 1772, sculpteur de la cour de Max-Joseph III ; en 1776, inspecteur de manufacture.

AULIE Reidar
Né en 1904. Mort en 1977. XX\ e siècle. Norvégien.
Peintre de paysages.
Il a participé à la Biennale de São Paulo en 1957.

Aulie

VENTES PUBLIQUES : LONDRES, 26 oct. 1983 : *Kari og Svarten 1941*, h/pan. (77,5x63,8) : **GBP 1 000** – STOCKHOLM, 21 mai 1992 : *Église et cimetière en Fjälland*, h/t (49x91) : **SEK 9 700.**

AULION Olivier
XVI\ e siècle. Travaillait à Rennes. Français.
Peintre verrier.

AULMONT Nicolas
XVI\ e siècle. Actif à Troyes de 1564 à 1583. Français.
Peintre.

AULNAY François d'
Né à Paris. XX\ e siècle. Français.
Sculpteur de portraits, animalier.
Entre 1907 et 1924, il expose des portraits et des animaux, à Paris, au Salon de la Société Nationale des Beaux-Arts, dont il devint sociétaire en 1923.

AULNETTE du VAUTENET Louis Julien Jean
Né en 1786 à Rennes. Mort en 1853 ou 1863 à Breil-en-Meillac. XIX\ e siècle. Français.
Peintre de genre.
Il exposa aux Salons de Paris de 1817 à 1819, en 1822, 1831 et 1833. Le Musée de Lisieux possède de lui un tableau intitulé : *Le sommeil de Psyché*, portant ces trois lettres : *A. D. V.*, en marge, avec la date *1831*. Le Musée de Rennes possède une autre toile du même artiste intitulée : *Blanche de Castille délivre les prisonniers*.

AULT Charles H.
Né à Iroquois (Canada). XIX\ e siècle. Canadien.
Peintre.
Il fut membre du National Arts Club, et habita Cleveland (Ohio) aux États-Unis. Ses œuvres furent exposées à la National Academy of Design de New York, à Philadelphie et à Chicago.

AULT George Copeland
Né en 1891. Mort en 1948. XX\ e siècle. Américain.
Peintre de sujets de genre, paysages, architectures, peintre à la gouache, aquarelliste, dessinateur. Précisionniste.
Son œuvre prend un caractère précisionniste, allant à l'encontre de l'art moderne américain d'après la guerre 1914-1918.
VENTES PUBLIQUES : NEW YORK, 19 juin 1981 : *Le quai, Provincetown 1921*, aquar. et cr. (35,6x49,5) : **USD 1 100** – NEW YORK, 2 déc. 1982 : *Ruisseau en hiver 1916* (36,2x51,5) : **USD 2 600** – NEW YORK, 23 mars 1984 : *L'église Christopher Wren, Provinceton 1921*, aquar. et cr. (44,5x27,8) : **USD 2 200** – NEW YORK, 7 déc. 1984 : *Paysage de Nouvelle-Angleterre 1933*, h/cart. (30,3x40,4) : **USD 6 000** – NEW YORK, 30 mai 1985 : *42nd Street, night n°1 1920*, h/t (48,8x38,1) : **USD 15 500** – NEW YORK, 3 déc. 1987 : *Provinceton n°3 1923*, h/t (40,2x50,8) : **USD 21 000** – NEW YORK, 17 mars 1988 : *Promenade dans la neige, l'hiver 1943*, h/t (50x40) : **USD 33 000** – NEW YORK, 26 mai 1988 : *Les collines de Truro 1921*, h/t (40,7x50,7) : **USD 28 600** – NEW YORK, 30 nov. 1989 : *Depuis le neuvième étage 1947*, h/t/cart. (40x21,6) : **USD 55 000** – NEW YORK, 14 mars 1991 : *Journée neigeuse à Russell Corner 1944*, h/t (45,5x71,2) : **USD 74 800** – NEW YORK, 26 sep. 1991 : *Le poêle de cuisine*, cr./pap. (38,1x25,3) : **USD 4 400** – NEW YORK, 12 mars 1992 : *L'arbre sur la place 1933*, fus./pap. (30,2x22,8) :

USD 3 080 – New York, 3 déc. 1992 : *Au tournant de la route* 1939, h/t (43,8x33) : **USD 17 600** – New York, 17 mars 1994 : *Maïs de l'Iowa* 1940, gche/pap. (34,3x50,2) : **USD 9 200** – New York, 20 mars 1996 : *L'entrée, Bermudes* 1922, aquar. et cr./pap. (39,7x28,6) : **USD 2 070.**

AUMEYER

XIXe siècle. Hongrois.
Peintre.
On trouve cet artiste au commencement du XIXe siècle à Budapest. Son tableau intitulé *Garçon curieux* fut exposé dans cette ville en 1840.

AUMONIER James

Né en 1832 ou 1850 à Londres. Mort en 1911. XIXe-XXe siècles. Britannique.
Peintre de sujets de genre, paysages, aquarelliste, dessinateur.
Cet artiste tient une place distinguée parmi les représentants de la peinture du paysage moderne en Angleterre. Il fut d'abord élève de l'École de Kensington, mais, à la vérité, il n'eut pas d'autre maître que la nature. En 1891, il visita Venise et eut son premier succès en 1876. Son tableau : *Travailleurs des champs* lui valut une médaille d'or. Il exposa encore *Lavage de moutons en Sussex* (1889) et *Les Montagnes noires* (1905). Aumonier exposa aussi à Birmingham, à Leeds, à Manchester, à Adélaïde (Australie). À partir de 1870, on vit ses tableaux à la Royal Academy de Londres où il exposa : en 1907, *La Vallée de Dulas*, en 1908, *Autour d'Ambersham* et, en 1909, *La Vallée du château Tintagel.* Aumonier participa aussi, à Paris, à l'Exposition de 1878 et au Salon en 1882. En 1901 ses œuvres figurèrent aux Expositions de Munich et de Berlin.
Musées : Birmingham : *Un coin de la nature – Coucher de soleil dans les plaines de Sussex* – Bradford : *Un élevage de moutons dans les dunes* – Le Cap : *Vieux Shoreham, Sussex* – Cardiff : *Trois esquisses* – Leeds : *Un jour de vent frais* – Liverpool : *Recueillant des amorces* – Londres : *Lavage de moutons en Sussex – Côte de la mer – Étude de bétail* – Sheffield : *Cottage anglais* – Sunderland : *L'est de Harting, Sussex.*
Ventes Publiques : Londres, 1909 : *Baie de Brunswick*, h/t : **GBP 3** – Londres, 1909 : *A Cook Lam Borks*, h/t : **GBP 2** – Londres, 1909 : *Paysage boisé ; Le bord de la rivière*, dessins : **GBP 1** – Londres, 1909 : *Jour de pluie à Kingston-on-Thames*, dess. : **GBP 16** – Londres, 1909 : *Pâturages dans l'Hertfordshire*, h/t : **GBP 110** ; *En congé de Pâques : les enfants de l'école de Bloomsbury dans le bois de Watford*, h/t : **GBP 32** – Londres, 1910 : *A Amberley, Sussex*, dess. : **GBP 8** – Londres, 14 avr. 1967 : *Paysage d'été*, h/t : **GNS 80** – Londres, 15 oct. 1976 : *Adhurst Wood near Ptersfield* 1870, h/t (53,5x80) : **GBP 650** – Heidelberg, 13 oct. 1979 : *Paysage d'été* 1874, h/t (16,3x45,5) : **DEM 2 000** – Londres, 6 juin 1980 : *Paysage au lac* 1875, h/t mar./cart. (21,6x41,2) : **GBP 600** – Londres, 5 oct. 1984 : *Le temps des moissons*, h/t (77,5x108) : **GBP 1 100** – Londres, 6 fév. 1985 : *Paysage du Surrey*, h/t (50x75) : **GBP 520** – Londres, 29 avr. 1987 : *Richmond*, aquar. sur traits de cr. (61x93) : **GBP 7 200** – Londres, 2 juin 1989 : *A Wrangle, Lincolnshire*, h/t (21x44,5) : **GBP 880** – Londres, 1er nov. 1990 : *Les péniches de sable à Shoreham dans le Sussex*, aquar. (36,9x53,3) : **GBP 1 540** – Londres, 30 mars 1994 : *Près du pont de Richmond*, aquar. et gche (59x91) : **GBP 8 050** – Londres, 29 mars 1996 : *Quand fleurissent les nénuphars* 1870, h/t (50,8x70,5) : **GBP 8 625** – Londres, 5 juin 1997 : *Chevaux s'approchant de la mare aux canards*, h/t (71,1x107,3) : **GBP 4 600.**

AUMONIER Louisa

XIXe siècle. Britannique.
Peintre de fleurs, aquarelliste.
Cette artiste exposa, entre 1864 et 1893, à la Royal Academy, à Suffolk Street, à la New Water-Colours Society, ainsi qu'à la Grafton Gallery et d'autres associations artistiques de Londres, où elle vécut et travailla.

AUMONT Horace Henri Philippe

Né le 16 décembre 1839. Mort le 6 février 1864. XIXe siècle. Danois.
Peintre de fleurs, peintre sur porcelaine.
Il était le fils du peintre Louis Aumont ; il fut blessé à la bataille de Sankelmark. Il vécut à Copenhague à partir de 1842.
Ventes Publiques : Copenhague, 13 juin 1984 : *Panier de fleurs*, h/t (49x65) : **DKK 12 000** – Reims, 23 oct. 1988 : *Bouquet de fleurs dans un vase bleu*, h/t (63x75) : **FRF 8 500.**

AUMONT Jacques

XVIIe siècle. Français.

Peintre.
Cité en 1628 et en 1660 à Dreux.

AUMONT Jean

XVIe siècle. Actif à Troyes vers 1564. Français.
Peintre.

AUMONT Julien

XVIIe siècle. Français.
Peintre.
Cité à Angers entre 1629 et 1674.

AUMONT Louis Auguste François

Né le 7 janvier 1805 à Copenhague. Mort le 6 mai 1879. XIXe siècle. Danois.
Peintre de portraits.
Élève de l'Académie des Beaux-Arts de Copenhague, de Hans Hansen et d'Eckersberg. Il vint à Paris fort jeune et travailla sous la direction de Gros. Retourné à Copenhague en 1829, il y fut peintre de portraits très estimé. Mécontent de sa situation dans sa ville natale, quoiqu'il fût membre de l'Académie des Arts, il la quitta en 1834, se rendant à Hambourg et devint citoyen de cette ville en 1839. En 1842, il revint à Copenhague et alla terminer sa vie aux Antilles.
On cite parmi ses œuvres les portraits du roi *Christian VIII*, de la reine *Caroline-Amélie* et des princesses *Caroline* et *Wilhelmine-Marie.*

Aumont. 1828.

Musées : Montpellier : *Rodolphe de Massilian* 1828.
Ventes Publiques : Copenhague, 25 avr. 1979 : *Portraits de M. et Thora Baerentzen*, deux toiles (62x50) : **DKK 4 500.**

AUMONT Marie Suzanne

Née à Paris. XIXe siècle. Travaillant à Montreuil-sous-Bois (Seine). Française.
Peintre sur porcelaine, miniaturiste.
Elle fut élève de Chaplin et de Pommayrac. En 1875 et 1880, elle exposa divers portraits et quelques toiles. Elle fit des copies d'après Chaplin, Lazerges, etc.

AUMONT Noël

XVIIIe siècle. Actif à la fin du XVIIIe siècle. Français.
Peintre.

AUMONT Pierre

XVIIIe siècle. Actif à Paris en 1764. Français.
Peintre.

AUMONT Pierre

XVIIIe siècle. Français.
Peintre.
Il fut doyen de la corporation des vitriers à Troyes.

AUMONT Pierre

XVIIIe siècle. Français.
Modeleur.
Attaché à l'atelier du sculpteur Tassaert, il travailla à Paris et à Berlin.

AUMONT Pierre Hippolyte

Mort le 20 novembre 1865 à Paris. XIXe siècle. Français.
Peintre de portraits, paysages, pastelliste.
Cet artiste exposa des pastels au Salon de Paris entre 1843 et 1847.

AUMULLER Xaver

XVIIIe-XIXe siècles. Actif à Munich. Allemand.
Aquafortiste amateur et dessinateur.

X A

AUNAY Adrienne

XIXe-XXe siècles. Française.
Peintre.
Membre de la Société des Artistes français en 1893, elle prit part à plusieurs de ses expositions.

AUNE Charles Marcel

Né le 27 juin 1726 à Aix-en-Provence. Mort en 1785 en Amérique. XVIIIe siècle. Français.
Peintre d'histoire.
Il fut professeur à l'École de Dessin d'Aix. Aune paraît avoir joui d'une situation importante dans sa ville natale. Le fait d'avoir été choisi pour diriger les études de l'École, de préférence à l'ex-

cellent peintre de portraits Arnulphi, mérite de retenir l'attention. Aune était-il parti en Amérique sans esprit de retour ? Quitta-t-il la France par suite du malaise financier qui précéda la Révolution ? Il paraît certain que son fils Léon Aune fut un ardent patriote et un valeureux soldat.

AUNEY Jean d'
XVe siècle. Français.
Peintre.
Un peintre de ce nom travaille à Lyon, en 1499, pour l'entrée de Louis XII.

AUPHAN Joseph
XVIIe siècle. Français.
Sculpteur.
Marseillais, il collaborait à Toulon, en 1668, à l'ornementation du *Royal Louis* sous la direction de Raymond Langueneux.

AUQUIER Emanuel
XIXe siècle. Belge.
Peintre.
Exposa, de 1858 à 1868, à Mons.

AUR Anton
D'origine espagnole s'il faut en croire son nom. XVIIIe siècle.
Graveur.
Cet artiste était prêtre et demeurait au couvent des Réformés en 1704. Il y grava une feuille qui représente *Saint Casimir à genoux devant la Vierge Marie.*

AURACHER VON AURACH Josef Christian
Né le 20 décembre 1750 à Olmutz (Moravie). Mort le 30 décembre 1831 à Vienne. XVIIIe-XIXe siècles. Allemand.
Lithographe, dessinateur.
Cet artiste produisit des dessins avant de se livrer à la lithographie, mais c'est sous cette dernière forme qu'il est connu du public. On cite, dans ce genre, un *Portrait de l'Empereur François*. Auracher fournit également des lithographies pour divers ouvrages, dont : *Vues perspectives de la ville de Baden* (Vienne, 1822-1824), *Vues perspectives d'Obersteyer* (Vienne, 1825) et *Vues perspectives du comtat d'Eisenbourg et de la Hongrie* (Vienne, 1825).

AURAN B.
XIXe siècle. Français.
Portraitiste.
Cet artiste exposa au Salon de Paris, de 1888 à 1899. Il s'agit sans doute de BENONI-AURAN (Benoît), quand il était élève de l'École des Beaux-Arts.

AURAY Guillaume
XVIIe siècle. Français.
Peintre et sculpteur.
Normand, il exécuta en 1647 une crosse ornée de la figure de saint Michel pour la confrérie de Saint-Michel de la paroisse de Notre-Dame-de-la-Couture, à Bernay.

AURDAL Léon
XXe siècle. Norvégien.
Peintre. Post cubiste.
À Paris, il fut élève de l'Académie d'André Lhote dans les années vingt. Revenu en Norvège, il fut professeur.

AURÈCHE Emile
Né à Nîmes. XIXe-XXe siècles. Français.
Peintre de portraits, paysages, natures mortes.
Elève de Bonnat, il a exposé au Salon des Artistes Français entre 1894 et 1937. Il est surtout peintre de paysages, mais aussi de natures mortes et de portraits.
VENTES PUBLIQUES : PARIS, 21 juil. 1943 : *Crécy-en-Brie*, deux pend. : FRF 1 800.

AURÉGAN-COULOMBS Pauline
Née à Paris. XXe siècle. Française.
Peintre.
Entre 1926 et 1945, elle a exposé au Salon des Indépendants à Paris.

AUREGGIO Antonio
XVIIIe siècle. Travaillait à Brescia vers 1700. Italien.
Paysagiste.
Il habitait Brescia vers 1700. Chiozzola cite de lui deux grands paysages dans la galerie Barbisoni à Brescia. Il fut le professeur de Gianbattiste Cimaroli et d'Andrea Toresani.

AUREILLAN Maryse, Mme
Née à Séverac-le-Château (Aveyron). XXe siècle. Française.
Peintre de paysages.
Elle expose au Salon des Indépendants en 1930.

AUREL-ILIESCO Joan
Né à Craiona. XXe siècle. Roumain.
Peintre.
Expose une *Étude* au Salon d'Automne de 1942.

AURÈLE Marc
Né à Paris. XIXe siècle. Français.
Peintre de genre et aquafortiste.
De 1876 à 1885, cet artiste exposa plusieurs fois au Salon. Il grava à l'eau-forte *Le jeune pêcheur à l'hameçon*, *L'Adieu*, *Sainte Cécile*.

AURÈLE, pseudonyme de Ricard Aurèle
Né en 1965. XXe siècle. Français.
Peintre, peintre de collages, technique mixte.
Il a exposé à New York avec Combas et Matta, la galerie Lara Vincy de Paris a exposé ses travaux en 1989-1990, la galerie Le Monde de l'Art, à Paris, en 1994.
Son œuvre figurative proche de l'esthétique de la bande dessinée est peuplée de personnages hauts en couleurs : Fernande la grosse dame, la figure du chien empruntée à une affiche récoltée sur un mur et reproduite, Bob... imagerie familière, à contenu social, que l'on retrouve au fil des expositions.
VENTES PUBLIQUES : PARIS, 13 avr. 1988 : *MYLS 2e année 1987*, pigments sur t. (76 x 64 cm) : FRF 10 000 – PARIS, 4 oct. 1993 : *S.P.A. Peinture 1989*, collage et affiches lacérées/pan. (145x69) : FRF 8 000.

AURELI Cesare
Né en 1844 à Rome. XIXe siècle. Italien.
Sculpteur de sujets religieux, monuments, statues.
Il fut l'élève de l'Académie de San Luca à Rome. On cite de lui : *La Statue de saint Thomas* au Vatican et le *Monument funèbre du Missionnaire Cardinal Massaia* (1893). Son beau groupe colossal de *Saint Jean-Baptiste de la Salle*, pour lequel il fut aidé par divers de ses élèves, a été érigé en 1903 dans la basilique Saint-Pierre.

AURELI Filippo
XIXe siècle. Italien.
Sculpteur.
Il fit ses études artistiques à l'Académie de Saint-Luc à Rome. Pour le prince Francesco Borghese, il fit une *Statue de Diomède armé d'un casque et d'une lance.*

AURELI Giuseppe
Né le 5 décembre 1858 à Rome. Mort en 1929 à Anzio. XIXe-XXe siècles. Italien.
Peintre d'histoire, scènes de genre, portraits, aquarelliste. Orientaliste.
Élève de Pietro Gabarini et de Cesare Maccari à l'Accademia de San Luca, il exposa à Rome, Turin et Bologne entre 1883 et 1907 ; à Munich en 1888 et 1900 ; à l'Exposition Universelle de Paris en 1889 ; aux Salons de Paris de 1891, 1893, 1897 ; à Chicago en 1893.
Peintre d'histoire et de portraits de la famille royale d'Italie, il est aussi l'auteur de scènes de harem, de bazars arabes, sans toutefois être allé au Proche-Orient. Il orne ses toiles orientalistes d'instruments de musique exotiques, de décors vus sur des photographies, d'objets mauresques ou de plantes de serre à la mode.
BIBLIOGR. : Caroline Juler : *Les Orientalistes de l'école italienne*, ACR Édition, Paris, 1994.
MUSÉES : ROME (Gal. Naz. d'Arte Mod.).
VENTES PUBLIQUES : LONDRES, 24 nov. 1976 : *Passe-temps au harem*, aquar. (33x48,5) : GBP 640 – LOS ANGELES, 15 oct. 1979 : *Le Message 1883*, h/t (31x39,4) : USD 2 000 – LONDRES, 29 nov. 1984 : *Odalisque du harem*, aquar. (27x40,5) : GBP 11 000 – NEW YORK, 15 fév. 1985 : *Une beauté arabe*, aquar. (76,7x55,2) : USD 3 500 – NEW YORK, 30 oct. 1985 : *Scène de taverne 1881*, h/pan. (27,9x40,4) : USD 2 200 – ROME, 16 déc. 1987 : *Prime simpatie 1884*, aquar. (54x37) : ITL 2 500 000 – NEW YORK, 25 fév. 1988 : *Enfants romains près du Tibre 1883*, aquar. (54,2x47,5) : USD 1 430 – LONDRES, 11 mai 1990 : *La chevrette 1880*, h/pan. (20,3x14,6) : GBP 3 520 – ROME, 10 déc. 1991 : *La pêche aux grenouilles*, aquar./pap. (33,5x48) : ITL 4 000 000 – NEW YORK, 29 oct. 1992 : *Cavalier près d'un porche 1880*, aquar./pap. (42,3x26) : USD 660 – NEW YORK, 20 jan. 1993 : *Dans le harem*, aquar./pap. (40x26,4) : USD 2 875 – NEW YORK, 15 fév. 1994 : *Présentation de Henri de Navarre à la cour de Marguerite de Valois 1887*, aquar./

pap. fort (61,6x95,2) : **USD 5 750** – Londres, 16 nov. 1994 : *Confidences dans un harem*, aquar. (50x65) : **GBP 12 650** – New York, 19 jan. 1995 : *Jeune femme contemplant le paysage* 1887, aquar./ pap. (53,3x36,2) : **USD 1 150** – Londres, 15 nov. 1995 : *Dans le harem*, aquar. (31x46) : **GBP 4 370** – New York, 18-19 juil. 1996 : *Un après-midi de loisir à Rome* 1882, gche/pap. (49,5x72,4) : **USD 4 600**.

AURELI Lodovico
Né le 9 janvier 1816. Mort le 9 août 1865. XIXᵉ siècle. Italien.
Peintre d'histoire, fleurs, lithographe.
Cet artiste fut professeur d'ornementation à l'École de Bologne.

AURELI Nicolo
Né à Poli. XVIIIᵉ siècle. Italien.
Graveur au burin.
Se fixa à Rome de 1805 à 1836 et reproduisit des maîtres italiens.

AURELIO d'Anselmo di Giovanni
XVᵉ siècle. Italien.
Peintre.
Peintre de la gilde de Pérouse, probablement parent d'AN-SELMO di Giovanni di Giacobbe.

AURELIO di Basilicata
Originaire de Naples. Mort après 1539. XVIᵉ siècle. Italien.
Sculpteur.
Il fut actif jusqu'en 1539 à Palerme.

AURELIOS NIKÉPHOROS, fils de Niképhoros
D'origine grecque. IIᵉ-IIIᵉ siècles. Antiquité grecque.
Sculpteur.
Il avait exécuté une statue honorifique dont l'inscription a été retrouvée à Kalyvia, près de Sparte.

AURELIUS Vincentius
IIᵉ-IIIᵉ siècles. Actif dans les premiers âges chrétiens. Antiquité romaine.
Sculpteur.
Son nom, accompagné des insignes de sa profession (marteau, équerre...) nous est transmis par une épitaphe romaine. Il sculptait des sarcophages.

AURELLER Johan, l'Ancien
Né en 1626 à Stockholm. Mort en 1696. XVIIᵉ siècle. Suédois.
Peintre de compositions religieuses, scènes de genre, décorateur.
En 1679, il peignit un tableau d'autel pour l'église de Lidköping.

AURELLER Johan, le Jeune
Né en 1657 à Gefle. XVIIᵉ siècle. Vivait encore en 1731. Suédois.
Peintre de compositions religieuses.
Cet artiste, fils et élève de Johan Aureller l'Ancien, fut membre de la corporation des peintres à Stockholm. Un grand tableau d'autel représentant *Le Christ sur la Croix* pour l'église de Varnhem et daté de 1706, est dû à son pinceau.

AURIA Domenico d'
XVIᵉ siècle. Napolitain, actif au milieu du XVIᵉ siècle. Italien.
Sculpteur de sujets religieux, monuments, statues.
Fut élève de Giovanni Merliano de Nola et son collaborateur pour quelques-unes de ses œuvres, telles que la statue colossale qui fut érigée en l'honneur de Charles-Quint. Parmi ses œuvres : *La Conversion de saint Paul*, marbre sculpté pour l'église Santa Maria delle Grazie, de Naples, *La Madone protectrice des âmes du Purgatoire*, à Sant'Aniello de Naples qui fut pris pour une œuvre de son maître. Auria fut chargé de finir la chapelle de C. Antonio Caracciolo, marquis de Vico, à San Giovanni à Carbonaro, près de Naples. En 1550, il fit un monument : *Les Sirènes*, pour la fontaine du parc de Castelnuovo. En 1552, d'Auria sculpta une statue en marbre de Jupiter. Cette œuvre se trouve aujourd'hui au Palais Royal de Castelnuovo. De 1560 à 1566, il travailla à la *Fontana il Molo*, avec l'aide de Caccaviello, d'après des dessins de Castaldi, et à celle *della Sellaria*. Les statues de *Saint François d'Assise* et de *Saint Bernardin*, pour la chapelle de la famille Turbolo, à Santa Maria della Nuova et la pierre tombale du poète *Bernardino Rota*, à San Domenico Maggiore (1575) sont ses dernières œuvres.

AURIA Geronimo ou Girolamo d'
XVIᵉ siècle. Travaillait à Naples et à Milan. Italien.
Sculpteur de statues.
Des documents de 1577 et de 1620 établissent qu'il travailla beaucoup pour l'église de l'Annonciation. Ne pouvant suffire seul à l'exécution d'un travail qu'on exigeait de lui, il demanda une aide, en 1578, et on lui donna le maestro Salvatore Caccaviello. Les œuvres qu'il exécuta dans l'église sont les deux statues en marbre sur les deux piliers, la *Statue du duc di Maddaloni*, en marbre, les tombeaux, également en marbre, de com. Caracciolo, G. Batt., T. Pignatelli, Bart. Ajutamicristo, un des huit tabernacles, et, dans le transept, la tombe de Giov. Batt. Capece-Minutolo. En 1579, il sculpta un crucifix en ivoire.

AURIA Giovanni Francesco d'
XVIᵉ siècle. Italien.
Sculpteur de monuments.
Il travailla, de 1550 à 1552, avec Domenico d'Auria, probablement son parent, au bassin de la fontaine *della Sirena*, à Naples.

AURIA Giovanni Tommaso de
XVIᵉ siècle. Italien.
Sculpteur de monuments, statues.
Napolitain, il travailla en 1566 à la fontaine *della Sellaria*, conformément aux plans de l'architecte Aloïse Impo, et offrit d'en exécuter les deux lions de marbre. Le 2 janvier 1607, il fit, pour l'église de l'Annunziata, une statue de marbre.

AURIA Vincenzo d'
XVIᵉ siècle. Actif à Naples (Campanie). Italien.
Sculpteur.
En 1509, il prit l'engagement d'exécuter pour la chapelle Ricca à Saint-Pierre plusieurs sculptures.

AURIAN Georges Eugène
Né à Fortan (Loir-et-Cher). XXᵉ siècle. Français.
Peintre, sculpteur.
À partir de 1927, il a exposé au Salon des Indépendants à Paris.

AURIAN Jean Emmanuel d'
XIXᵉ-XXᵉ siècles. Français.
Dessinateur, peintre à la gouache, aquarelliste.
Actif à Paris, il a exposé au Salon des Humoristes en 1910. Il travaille à la gouache, à la plume et à l'aquarelle.

AURIC Nora, née Vilter
Née en 1903 à Watra. Morte en 1982 à Paris. XXᵉ siècle. Active puis naturalisée en France. Autrichienne.
Peintre de portraits, paysages. Figuration-onirique, tendance surréaliste.
Elle était de parents russes et vint très jeune en France. En conclusion d'études scientifiques, elle fut une des premières femmes reçues à l'École Centrale des Arts et Manufactures de Paris d'où elle sortit ingénieur. Elle n'exerça pas et, dès sa sortie de l'Ecole, elle fut élève de Othon Friesz et d'André Lhote, dans les Académies privées de Montparnasse. En 1930, elle se maria avec le compositeur Georges Auric.
À Paris, elle a participé surtout aux Salons de Mai et Comparaisons, et aussi aux Salons des Tuileries, d'Automne. Elle a aussi exposé en Angleterre, Italie, Suisse, Etats-Unis, etc. Elle a montré des ensembles de ses œuvres dans des expositions personnelles, depuis la première en 1928 à Paris, galerie Drouant, puis galerie de l'Élysée, galerie Charpentier, galerie Le Pont des Arts.
Vers 1930, elle se lia aux surréalistes et, subissant leur influence dans sa peinture : des paysages imaginaires, plages couvertes de coquillages survolées d'oiseaux merveilleux, elle fit aussi les portraits de Paul Éluard, René Crevel, Jean Cocteau, ainsi que ceux des musiciens : Auric bien sûr, Poulenc. Elle se dégagea de l'influence surréaliste proprement dite et composa un univers pictural bien à elle, moins inquiétant, plus poétique. ■ J. B.
Bibliogr. : In : *Diction. Univ. de la Peint.*, Robert, Paris, 1975 – Lydia Harambourg, in : *L'École de Paris 1945-1965. Diction. des Peintres*, Ides et Calendes, Neuchâtel, 1993.
Ventes Publiques : Paris, 16 mars 1981 : *Portrait de jeune homme* 1941, h/t (27x22) : **FRF 650** – Monaco, 6 déc. 1992 : *Portrait d'Hubert de Saint Senoch* 1949, h/t (23,5x32,5) : **FRF 8 325** – Londres, 25 oct. 1995 : *Portrait d'Olivier Larronde* 1941, h/t (26x21) : **GBP 3 450**.

AURICH Eva
Née en 1962 à Stuttgart. XXᵉ siècle. Allemande.
Peintre, technique mixte. Abstrait.
Elle participe à des expositions collectives : 1991 Symposium de Chauvigny ; 1995 Salon de la Jeune Peinture à Paris et Kunstverein d'Heilbronn ; 1996 *Peinture ? Peintures !* , au CREDAC d'Ivry-sur-Seine.
Elle réalise de très petits tableaux à partir de chutes de bois, de

châssis recouverts de toiles diverses (éponge, lin...) qu'elle présente ensemble selon une organisation ponctuelle.
BIBLIOGR. : Catalogue de l'exposition : *Peinture ? Peintures !* , CREDAC, Ivry-sur-Seine, 1996.

AURICH Oskar
Né en 1877 à Neukirchen. XXᵉ siècle. Allemand.
Sculpteur de genre, portraits.
Il a fait ses études à l'Ecole des Arts et Métiers de Dresde. Ses nombreux portraits, dont celui de Luther ont été accueillis avec succès, tout comme ses sujets anecdotiques, tel : *Le stupide garçon de Meissen*, statuette en bronze.

AURICOSTE Emmanuel
Né en 1908 à Paris. XXᵉ siècle. Français.
Sculpteur de monuments, bustes, bas-reliefs.
Ses maîtres ont été Bourdelle et Despiau. Il a exposé au Salon des Tuileries à partir de 1928, au Salon d'Automne, notamment en 1938, puis au Salon des Indépendants depuis 1945, et enfin, après la guerre, régulièrement au Salon de Mai. Il a participé à la Biennale de São Paulo en 1957. Il a été professeur à l'Ecole des Arts Décoratifs de Paris, puis à l'Ecole des Beaux-Arts d'Orléans où il s'est fixé.
A ses débuts, il a sculpté des portraits et des bustes en utilisant le plâtre, la terre, faisant rarement fondre en bronze. Il élargit très tôt son domaine en créant des sculptures monumentales, dont les bas-reliefs pour le Palais de Chaillot (1936), la Porte en bronze du Palais des Nations de Genève (le modèle ayant été exposé au Salon d'Automne de 1938), le monument commémoratif de Chateaubriand, offert par la France à l'Ambrosienne de Milan, une *Vénus*, de facture encore classique, en 1945. Parallèlement, il a diversifié ses techniques, martelent le plomb ou soudant le fer. A partir de l'après-guerre, il libère enfin la forme, donnant libre cours à la fantaisie, laissant même une large part à l'humour, comme le prouvent sa statue de *Henri IV* et sa *Bête du Gévaudan*, érigées à l'entrée de la vieille ville de Marvejols. ■ A. P.
MUSÉES : PARIS (Mus. Nat. d'Art Mod.) : *Vénus* 1945.

AURILI R.
XIXᵉ siècle. Italien.
Sculpteur de figures, bustes.
Il a exposé des bustes et d'autres travaux plastiques au Salon des Artistes Français de Paris, en 1893-1894-1896.
VENTES PUBLIQUES : PARIS, 21 juin 1993 : *Femme à l'amphore*, terre cuite (H. 48) : FRF 4 800 – PARIS, 25 sep. 1997 : *Singe, assis sur des livres, tenant en main une tête de mort*, terre cuite, groupe (H. 41) : FRF 4 000.

AURIMON Jehan d', l'Ancien, dit **Roubiscon**
Mort le 23 septembre 1650. XVIIᵉ siècle. Français.
Sculpteur sur bois.
Il était bordelais. Cet artiste, aidé de son fils Jehan le Jeune, fit les sculptures en bois du maître-autel de l'église du collège Saint-Blaise à Cadillac.

AURIMON Jehan d', le Jeune
Né en 1617 à Bordeaux (Gironde). Mort le 31 octobre 1699 à Bordeaux. XVIIᵉ siècle. Français.
Sculpteur sur bois.
Ce sculpteur est le fils de D'Aurimon l'Ancien. Le 29 avril de l'année 1691, il fut nommé professeur à l'Académie royale de peinture et de sculpture de Bordeaux.

AURIOL André Lucien
Né à Stenay. XXᵉ siècle. Français.
Sculpteur, graveur.
Il a exposé au Salon des Artistes Français de Paris entre 1923 et 1932 ; obtenant une mention honorable en 1928.

AURIOL Charles Joseph
Né en 1778 à Genève. Mort le 25 mai 1834 à Chouily (près de Genève). XIXᵉ siècle. Suisse.
Peintre d'histoire, paysages animés, paysages, dessinateur.
Après avoir suivi des cours, à Genève, auprès de Larive-Godefroy, peintre de paysages à la manière de Claude Gellée, il alla à Paris et entra dans l'atelier de David, puis travailla sous la direction de Girodet.
Influencé par ses maîtres français, il délaissa un moment le paysage pour se consacrer à la peinture d'histoire. De retour à Genève en 1816, après un voyage à Rome, il reprit l'art du paysage, représentant les lacs et montagnes de son pays, souvent baignés d'une brume poétique.

BIBLIOGR. : Gérald Schurr : *Les Petits Maîtres de la peinture 1820-1920, valeur de demain*, t. V, Les Éditions de l'Amateur, Paris, 1981.
MUSÉES : GENÈVE (Mus. Rath) : *Vue du lac de Genève – La chapelle de Saint-Gingolph* – GENÈVE : *Bords de lac, à Sècheron*.
VENTES PUBLIQUES : PARIS, 1814 : *Des vaches et des chèvres dans un pré*, dess. : FRF 23 – BERNE, 21 nov. 1978 : *Lac de Genève : Voiliers au large de Saint-Gingolph*, h/pan. (23x35) : CHF 1 600 – ZURICH, 13 nov. 1982 : *Les pêcheurs du Léman*, h/bois (23x35) : CHF 3 600 – LUCERNE, 19 mai 1983 : *L'ascension du Grand-Saint-Bernard*, h/t (59x82) : CHF 8 500.

AURIOL Georges
Né en 1863 à Beauvais (Oise). Mort vers 1938. XIXᵉ-XXᵉ siècles. Français.
Peintre, aquarelliste, dessinateur, illustrateur.
Avec, entre autres, Steinlen et Willette, il a fait partie du groupe d'artistes qui a fréquenté le cabaret du *Chat Noir*. Il est également auteur de chansons et de fantaisies humoristiques. Il a publié en 1902, 1909 et 1924, trois livres de cachets et monogrammes dont le graphisme est très élégant. Il créa des typographies qui portent son nom, dans un esprit *Modern Style*. Il exposa en Allemagne en 1896. Il illustra des chansons et des contes populaires et fit des illustrations pour *Le Chat noir* de 1886 à 1889.
VENTES PUBLIQUES : BREST, 18 mai 1980 : *La ferme près du verger*, aquar. (14x18) : FRF 850 – PARIS, 17 déc. 1986 : *Parisienne au bord de la mer*, aquar. en forme d'éventail (61x19) : FRF 15 500 – PARIS, 29 nov. 1991 : *Je hais le mouvement qui déplace les lignes* 1896, litho. : FRF 5 500 – PARIS, 24 oct. 1997 : *Éventail aux iris*, aquar. (21x57) : FRF 7 500.

AURION Guillaume
Né à Rouen. XVIᵉ siècle. Français.
Peintre d'ornements.
Il orna à Rouen, en 1502, plusieurs maisons appartenant à la noblesse et, en 1506, il fut chargé de l'ornementation des bâtiments principaux du château de Gaillon en Normandie.

AURIPERT ou Aribert, Aurispert
VIIIᵉ siècle. Italien.
Peintre.
Le roi lombard Astolphe le chargea de la construction de S. Pier-Somaldi, à Lucques.

AURISSE Camille
Né à Paris. XXᵉ siècle. Français.
Peintre et graveur.
Il expose des peintures mais aussi des bois gravés au Salon d'Automne de Paris, entre 1919 et 1921.

AURISSE Louis
Né à Amiens. XXᵉ siècle. Français.
Peintre.
Il expose au Salon d'Automne de 1919 un projet d'affiche.

AURMANN J. ou Aumann
Allemand.
Peintre animalier, graveur.

AURNHAMMER E. J.
Né le 14 novembre 1772 à Ratisbonne. Mort le 6 août 1817 à Passau. XVIIIᵉ-XIXᵉ siècles. Allemand.
Peintre de paysages, lithographe amateur, dessinateur.

AURORA Francesco, dit Monsu Aurora
XVIIᵉ-XVIIIᵉ siècles. Italien.
Peintre d'architectures, portraits, natures mortes.
L'appellation de Monsu, pour Monsieur, pourrait indiquer qu'il aurait travaillé en France. Il était actif à Naples vers 1700.
VENTES PUBLIQUES : MILAN, 21 mai 1981 : *Nature morte aux volatiles*, h/t (63x97) : ITL 13 000 000.

AUROUX Germain
XVIIᵉ siècle. Français.
Sculpteur.
Peut-être le fils ou le neveu du graveur Nicolas Auroux qui travaillait à Lyon et qui mourut en cette ville vers 1670. On trouve dans les Archives de l'Hôpital de la Charité à Lyon une procuration passée, le 15 novembre 1691, par ledit Germain Auroux, sculpteur, dragon au régiment d'Auvergne et alors en garnison à Trèves.

AUROUX Jean
Né à Toulouse (Haute-Garonne). XXᵉ siècle. Français.

Peintre de paysages.

Il a exposé au Salon des Artistes Français entre 1936 et 1939. Ses peintures présentent souvent des paysages des environs de Pau.

AUROUX Nicolas
Né à Pont-Saint-Esprit. Mort le 3 novembre 1676. XVIIe siècle. Français.

Graveur au burin.

Cet artiste exerça son art à Lyon et à Turin. Son œuvre se compose de gravures au burin et de nombreuses vignettes datées de 1649 à 1670.

AUROY Georges
Né à Beaulon (Allier). XXe siècle. Français.

Peintre.

Il envoie au Salon des Artistes Français de 1933 : *Ma table d'étudiant.*

AURRENS Henri
Né en 1873 à Marseille (Bouches-du-Rhône). XIXe-XXe siècles. Français.

Peintre de paysages, caricaturiste. Néo-impressionniste.

Il exposa à Paris, notamment en 1919 au Salon d'Automne un *Pigeonnier.*

Au cours de son séjour à Paris, il dessina des caricatures politiques pour les revues de l'époque. De retour dans sa ville natale, il peignit des paysages lumineux, dans un style pointilliste.

BIBLIOGR. : Gérald Schurr : *Les Petits Maîtres de la peinture 1820-1920, valeur de demain,* t. IV, Les Éditions de l'Amateur, Paris, 1979.

VENTES PUBLIQUES : CALAIS, 8 juil. 1990 : *Vue de Notre-Dame de la Garde,* h/t (50x74) : FRF 31 000 – PARIS, 12 oct. 1990 : *Coucher de soleil,* h/t (65x54) : FRF 20 000 – LOKEREN, 10 oct. 1992 : *Vue de Marseille,* h/t (145x195) : BEF 2 800 000.

AURY Jean-Pierre
Né le 31 juillet 1936 à Versailles (Yvelines). XXe siècle. Français.

Peintre, mosaïste, sculpteur.

Ses œuvres sont essentiellement intégrées à des architectures.

AUS Carol
Né le 27 mars 1868 en Norvège. XIXe-XXe siècles. Actif au États-Unis. Norvégien.

Peintre miniaturiste.

Il entra à l'Académie Julian où il fut élève de Jules Lefebvre. Parti ensuite aux Etats-Unis, il s'installa à Chicago. Il s'est spécialisé dans le domaine de la miniature.

AUSBORN Gerhard
Né en 1933 près de Hambourg. XXe siècle. Allemand.

Peintre. Abstrait-géométrique.

Après avoir produit des compositions austères aux couleurs sobres et raffinées, dans le prolongement direct du cubisme de Feininger, il s'oriente vers un art qui renonce à tout élément figuratif pour atteindre l'abstraction pure.

BIBLIOGR. : In : *Dict.Univ. de la Peint.,* Robert, 1975.

AUSBOURG L. d'
XIXe-XXe siècles. Français.

Sculpteur.

A exposé un médaillon en plâtre au Salon de Paris, en 1881.

AUSCHER Jean
Né à Nancy (Meurthe-et-Moselle). XXe siècle. Français.

Peintre de portraits et illustrateur.

Il fut élève de l'Ecole des Arts Décoratifs de Paris. Il a exposé aux Salons d'Automne et des Tuileries, à Paris, entre 1923 et 1933.

AUSER Sébastian
XVIe siècle. Actif à Anvers. Éc. flamande.

Peintre.

A Naples, en 1546, il exécuta, entre autres, les peintures de la coupole de l'église delle Grazie à Caponapoli.

AUSFELD Friedrich Armin
Né le 15 février 1808 à Stuttgart. Mort le 27 mai 1885 à Wasungen. XIXe siècle. Allemand.

Peintre.

On cite de lui une miniature représentant Mme de Müller-Liegnitz, peinte vers 1833 ou 1837.

AUSFELD Johann Carl
Né le 16 novembre 1782 à Iéna. Mort le 30 octobre 1851. XIXe siècle. Allemand.

Peintre de portraits, pastelliste, miniaturiste, graveur au burin et lithographe.

Élève de Müller, de Stuttgart, et plus tard ingénieur-géographe. On a de lui une miniature du conseiller Ausfeld. Il exécuta aussi son propre portrait au pastel.

AUSITER T.
XVIIIe siècle. Vivait à Southal (Angleterre). Britannique.

Peintre de fleurs.

Exposa cinq œuvres à la Royal Academy de Londres, entre 1783 et 1786.

AUSPACH Jacques
XVIIIe siècle. Travaillait à Paris dans la seconde moitié du XVIIIe siècle. Français.

Peintre en émail.

Mentionné par Herluison comme témoin au mariage du graveur Pierre Guillaume Alexandre Beljambe, et comme cousin de l'épouse, Marie Thomas.

AUSSANDON Joseph Nicolas Hippolyte
Né en 1836 à Paris. XIXe siècle. Français.

Peintre de sujets de genre, portraits.

Il fut élève d'Horace Vernet, de Gleyre et de Pils. De 1863 à 1891, il exposa au Salon de Paris, puis Salon des Artistes Français.

MUSÉES : MEAUX : *Petite Italienne.*

VENTES PUBLIQUES : PARIS, 15 mai 1894 : *Affamés et Rassasiés* : FRF 140 – PARIS, 12 oct. 1949 : *La nymphe à Corot* : FRF 16 000 – PARIS, 19 oct. 1983 : *Jeune fille au tambourin,* h/t (75x40) : FRF 6 800 – NEW YORK, 24 oct. 1989 : *La Nymphe à Corot,* h/t (100,3x91,4) : USD 24 200.

AUSSEAU Joseph
Né à Paris. XIXe siècle. Français.

Graveur sur bois.

Cet artiste fut l'élève de Verdeil, collaborateur de l'*Art* et du *Monde Illustré* ; il exposa au Salon à partir de 1869, entre autres des gravures sur bois d'après Bida, Bonnet, Bocourt, Chapu, Morni, de Neuville, Detaille.

AUSSET Jules
Né à Montivilliers (Seine-Maritime). XXe siècle. Français.

Peintre de paysages.

Il a exposé au Salon d'Automne à partir de 1921 et au Salon des Tuileries à Paris, entre 1924 et 1941.

VENTES PUBLIQUES : PARIS, 24 nov. 1948 : *Port breton* : FRF 3 000.

AUSSY-PINTAUD Louise d'
Née à Bordeaux (Gironde). XXe siècle. Française.

Peintre de nus, paysages, sculpteur de bustes.

Elle a exposé aussi bien des bustes pour que des peintures de paysages ou de nus, à partir de 1934, au Salon des Artistes Français à Paris.

VENTES PUBLIQUES : BRUXELLES, 12 juin 1990 : *Terrasse au bord de la mer,* h/t (51x55) : BEF 80 000 – AMSTERDAM, 11 sep. 1990 : *Ballerines,* h/t (92x73) : NLG 1 380.

AUST Paul, Dr
XIXe-XXe siècles. Allemand.

Graveur.

Il a exposé une eau-forte : *Vue de Meissen,* à la *Grosse Kunstaustellung,* à Berlin, en 1910.

AUSTEN Anton J.
Né en 1865 à Varsovie (Pologne). XIXe-XXe siècles. Polonais.

Peintre de genre, paysages.

De 1883 à 1887, il suivit des cours de dessin à Varsovie, puis, entre 1889 et 1892, vint à Paris, où il s'inscrivit à l'Académie Julian dans les ateliers de Jules Lefebvre, Benjamin-Constant et Tony Robert-Fleury. Il figura au Salon de 1892 à Paris.

À son retour en Pologne, il se consacra plus particulièrement à la critique d'art. Au cours de son séjour en France, il alla en Bretagne, ce qui lui permit de peindre des paysages de la côte armoricaine, mais il fut surtout connu pour des scènes de genre, comme *La femme et le savant,* où se mêlent rigueur janséniste et sensualité lascive.

BIBLIOGR. : Gérald Schurr : *Les Petits Maîtres de la peinture 1820-1920, valeur de demain,* t. V, Les Éditions de l'Amateur, Paris, 1981.

VENTES PUBLIQUES : VERSAILLES, 27 juil. 1965 : *L'examen* : FRF 360.

AUSTEN David
XXe siècle. Britannique.

Peintre, technique mixte.

Il participe à des expositions collectives : 1997 *New British Pain-*

ting in the 1990s au Museum of Modern Art de New York, Museum of Modern Art d'Oxford.
Dans une structure de grille colorée, qui évoque le patchwork, il associe dessins d'objets, mots et motifs abstraits.

AUSTEN George
xixᵉ siècle. Vivait à Canterbury. Britannique.
Peintre verrier.
Exposa à la Royal Academy de Londres, en 1853.

AUSTEN Winifred Marie Louise
Née en 1876. Morte en 1964. xixᵉ-xxᵉ siècles. Britannique.
Peintre animalier, aquarelliste, graveur, dessinatrice, illustratrice.
À Londres, elle exposa régulièrement à la Royal Academy depuis 1899, et aussi à la Royal Society of Painters in Watercolour, la Royal Society of Painter-Etchers and Engravers et La Society of Women Artists.
Elle s'est spécialisée dans la peinture d'oiseaux, on mentionne notamment : *Le héron blanc* et *Suiveurs de camp*. Elle illustra de nombreux ouvrages ornithologiques.
VENTES PUBLIQUES : ÉCOSSE, 30 août 1983 : *On Shelduck Beach*, aquar. reh. de blanc (31x48) : **GBP 650** – LONDRES, 16 déc. 1986 : *Promenade : a Study of Bantams*, aquar. et cr. (32,7x40) : **GBP 1 300** – SOUTH QUEENSFERRY (Écosse), 29 avr. 1987 : *Perdrix dans la neige*, aquar. (25,5x37) : **GBP 750** – LONDRES, 25 fév. 1992 : *Martinets*, aquar. avec reh. de blanc (22,2x27,9) : **GBP 1 320** – LONDRES, 16 mars 1993 : *Pinsons zébrés*, aquar. (17,7x14) : **GBP 747** – LONDRES, 16 mars 1993 : *Bécasse*, aquar. avec reh. de blanc (26,4x33,7) : **GBP 3 450** – LONDRES, 14 mai 1996 : *Canards prenant leur envol depuis la côte en hiver*, cr. et aquar. avec reh. de blanc (24,1x34,3) : **GBP 1 725** – LONDRES, 30 sep. 1997 : *Perruches sauvages perchées sur une branche*, cr. et aquar. (33,3x23,2) : **GBP 2 070**.

AUSTEN-BROWN T. Voir BROWN Thomas Austen

AUSTIN
xixᵉ siècle. Travaillait à Bristol. Britannique.
Portraitiste.
Elle exposa à la Royal Academy de Londres de 1835 à 1838.

AUSTIN A. E.
xixᵉ siècle. Britannique.
Paysagiste.
Il exposa deux œuvres, à Suffolk Street, en 1870-1871, à Londres où il travaillait.

AUSTIN Alfred N.
Né à Terre-Haute (Inde). xxᵉ siècle. Américain.
Sculpteur.

AUSTIN Amanda P., Mlle
Née à Carrollton (Missouri). xxᵉ siècle. Américaine.
Sculpteur.
En 1911, elle exposa à la Société Nationale des Beaux-Arts et aux Artistes Français.

AUSTIN Arthur Everett, Jr.
Né à Cambridge (Massachusetts). xxᵉ siècle. Américain.
Peintre.
Après avoir fait des études aux États-Unis puis à Paris, il retourne en Amérique, où il expose dans le cadre de la Society of Independants Artists de Boston. Il a été directeur du Musée d'Hartford.
VENTES PUBLIQUES : NEW YORK, 1ᵉʳ oct. 1987 : *Synchronism* 1926, h/pan. fond or (25,5x19) : **USD 3 500**.

AUSTIN Christina
xviiiᵉ siècle. Britannique.
Peintre de miniatures.
De 1783 à 1797, elle exposa des miniatures à la Society of Artists et à la Royal Academy, à Londres.

AUSTIN Darrel
Né en 1907. xxᵉ siècle. Américain.
Peintre. Figuratif-expressionniste.
Il s'est appliqué à rendre, entre les deux guerres, les drames et les combats de la condition humaine, selon une vision expressionniste.
VENTES PUBLIQUES : NEW YORK, 11 nov. 1959 : *La dame de la nuit* : **USD 450** – NEW YORK, 18 mai 1960 : *Mère et enfants* : **USD 900** – NEW YORK, 29 jan. 1964 : *Le taureau* : **USD 1 600** – NEW YORK, 12 avr. 1967 : *Les fées de la rivière* : **USD 2 400** – WASHINGTON D. C., 11 déc. 1982 : *Dimanche après-midi*, h/t (50,8x61) : **USD 750** –

NEW YORK, 31 mai 1984 : *Mère et enfant* 1959, h/t (107x86,5) : **USD 3 800** – NEW YORK, 12 sep. 1994 : *Performance*, h/t (99,1x121,9) : **USD 10 350**.

AUSTIN Edward C.
Né à Philadelphie. xixᵉ-xxᵉ siècles. Américain.
Aquarelliste, pastelliste.
Exposa à Philadelphie et au Chicago Art Institute.

AUSTIN Emily
xixᵉ siècle. Britannique.
Peintre de fleurs.
Elle exposa à la Royal Academy de Londres et à d'autres associations artistiques, entre 1879 et 1887.

AUSTIN F.
xviiiᵉ siècle. Vivait à Londres vers la fin du xviiiᵉ siècle. Britannique.
Peintre de figures.
Cet artiste se spécialisa dans la représentation de têtes d'expression. Il exposa une œuvre à la Society of Artists, en 1780 à Londres.

AUSTIN F. Roberts, Miss ou Austen
xixᵉ siècle. Britannique.
Portraitiste.
Elle exposa à Londres, une œuvre à la Grafton Gallery, en 1886.

AUSTIN Frédérick George
Né en 1902 à Leicester. xxᵉ siècle. Britannique.
Graveur.

AUSTIN H.
xixᵉ siècle. Britannique.
Peintre.
Il exposa à la Royal Academy de Londres, en 1833.

AUSTIN Hubert J.
xixᵉ siècle. Actif à Lancaster (Angleterre) à la fin du xixᵉ siècle. Britannique.
Paysagiste, aquarelliste.
Il exposa à la New Water-Colours Society, en 1887.

AUSTIN Paul
Né en 1741 à Londres. xviiiᵉ siècle. Britannique.
Graveur.
Il est cité par Le Blanc. Il a laissé quelques petits paysages gravés, d'après différents maîtres.

AUSTIN Richard T.
xixᵉ siècle. Britannique.
Peintre de paysages, miniatures, graveur sur bois.
Il travaillait à Londres où il avait été l'élève de John Bewick. Il fit des miniatures, des gravures et des vignettes, de 1800 à 1818. Il fut très employé par les libraires. En 1802, la Society of Artists lui décerna une médaille d'argent. On le signale aussi, en 1806, exposant à la Royal Academy, deux paysages. Sa signature est souvent abrégée comme suit : *Aust.*

AUSTIN Robert Sargent
Né le 23 juin 1895 à Leicester. Mort en 1973. xxᵉ siècle. Britannique.
Peintre de sujets de genre, paysages, peintre à la gouache, aquarelliste, graveur.
Après des études à Londres, il a reçu le Prix de Rome de gravure en 1922.

RSA

MUSÉES : LONDRES (Tate Gal.).
VENTES PUBLIQUES : LONDRES, 21 sep. 1989 : *Intérieur de chambre* 1936, aquar. (45,2x35,6) : **GBP 1 155** – LONDRES, 3 mai 1990 : *La jeune mère* 1942, aquar. et gche (43x34) : **GBP 1 815** – NEW YORK, 22 sep. 1993 : *La brise se lève en mer* 1876, h/t (30,5x50,7) : **USD 2 990**.

AUSTIN Samuel
Né en 1796 à Liverpool. Mort le 19 juin 1834. xixᵉ siècle. Britannique.
Peintre de paysages animés, paysages, paysages d'eau, aquarelliste, dessinateur.
Il débuta dans la vie comme employé de banque à Liverpool, mais un goût vif pour les arts lui fit travailler le dessin et la peinture avec, pour tout enseignement, quelques conseils de Wink. Cependant, en 1820, il envoya à l'Exposition de la Royal Aca-

demy son tableau représentant le *Moulin de Spellow*, près de Liverpool. Il se rendit à Londres en 1824, et fut un des fondateurs de la *Society of British Painters*, et prit part à sa première exposition qui eut lieu en 1827 à Suffolk Street, puis entra dans la Royal Water-Colours Society.
Ses meilleurs tableaux reproduisent des scènes où figurent les rivières de son pays et, plus tard, des paysages de Hollande, de Belgique et du Rhin.
Musées : Douvres : *Cottage dans le pays de Galles – Bateau de pêche à Eastbourne* – Dublin : *Vue dans les montagnes écossaises*, aquar. – *Port de Dieppe*, aquar. – Liverpool : *Carthage – Enée à la cour de Didon – En traversant le ruisseau – Quai de l'Est Princes Dock – Bornes de Bootle* – Londres (British Mus.) : *Stratford-sur-Avon*, aquar. – Londres (Victoria and Albert Mus.) : *La Roche de Shakespeare* – Manchester : *Dans le canal – Une route inondée en Galles*, aquar. – Nottingham : *Église de Sainte-Marie Prescot*.
Ventes Publiques : Londres, 3 juil. 1936 : *Vue de la Tamise près de Westminster* : **GBP 11** – Londres, 14 fév. 1978 : *Paysage du Pays de Galles*, aquar. (28,5x37) : **GBP 420** – Londres, 18 mars 1980 : *Liverpool 1827*, aquar. (18,5x25,5) : **GBP 1 000** – Londres, 19 nov. 1985 : *Le marché sur les quais à Bruges*, aquar. (32,7x51,1) : **GBP 3 000** – Londres, 16 juil. 1987 : *La place du marché, Rouen*, aquar./traits de cr. (30,5x42) : **GBP 1 000** – Londres, 31 jan. 1990 : *Femme passant sous une arche*, aquar. et gche (29,5x22,5) : **GBP 682** – Londres, 25-26 avr. 1990 : *Le bassin de Dieppe en France*, aquar. et gche (31x48) : **GBP 2 860**.

AUSTIN Sarah
Morte en 1909 à New York. xixe siècle. Américaine.
Peintre.

AUSTIN T.
xviiie siècle. Britannique.
Sculpteur.
Il exposait à la Society of Artists de Londres trois œuvres, en 1767.

AUSTIN Thomas
xviiie siècle. Britannique.
Peintre émailleur.
Il exposa à Londres, à la Free Society, en 1779.

AUSTIN William
Né en 1721 à Londres. Mort le 11 mai 1820 à Brighton. xviiie-xixe siècles. Britannique.
Graveur.
Élève de George Bickham, il grava divers paysages d'après Van der Neer, Ruisdael et Zuccatelli. Ses principales œuvres sont une suite de *Vues de l'ancienne Rome*, quatre planches reproduisant *Les Ruines de Palmyre*, quatre marines d'après Van Goyen, quatre estampes représentant *Les quatre heures du jour* et une suite de six caricatures politiques. Mais ayant peu réussi comme graveur, il professa le dessin et entreprit un commerce de gravures. De 1776 à 1786, il exposa trois fois des paysages et des études à la Royal Academy de Londres.

AUSTIN William
xixe siècle. Vivait à Londres au milieu du xixe siècle. Britannique.
Peintre d'histoire.
Exposa un ouvrage à Suffolk Street, en 1848.

AUSTIN-CARTER Matilda
Née en 1840 à Bristol. xixe siècle. Britannique.
Miniaturiste.
Elle fut l'élève de sa mère, S.-H. Carter, qui fit des aquarelles dans sa jeunesse ; ses sujets étaient poétiques et historiques. A partir de 1890, elle peignit des miniatures sur ivoire. Certainement identique à Carter (miss Austin) qui exposa, de 1862 à 1873, à la Royal Academy et à Suffolk Street, et certainement aussi apparentée à Carter (Matilda).

AUSTORFFER Friedrich
xviie siècle. Allemand.
Peintre.
Connu par des documents qui le mentionnent entre 1678 et 1692 à Erding.

AUSTRIAN Ben
Né en 1870 à Reading (Pennsylvanie). Mort en 1921 à Kempton (Pennsylvanie). xixe-xxe siècles. Américain.
Peintre de sujets de genre.
Il a été élevé à Reading en Pennsylvanie.

Il continua la tradition du trompe-l'œil de l'école de Philadelphie, qui débuta avec Charles Wilson Peale, technique qu'il a pratiquée tardivement, sans grande originalité, mais avec minutie et un œil juste.
Bibliogr. : J. M. Hartman : *Ben Austrian*, la Revue Historique du Comté de Berks, 1982.
Ventes Publiques : Bolton, 12 mai 1983 : *The stranger*, h/t (50,8x66) : **USD 3 750** – New York, 28 mai 1992 : *Après le vent du sud 1901*, h/t, trompe-l'œil (188,7x96,5) : **USD 30 800** – New York, 5 juin 1992 : *Curiosité 1914*, h/pan. (25,4x20,3) : **USD 3 300**.

AUSTRUY Jean
Né en 1910 à Castres (Tarn). xxe siècle. Français.
Sculpteur de figures, portraits.
Il a exposé un buste au Salon de la Société Nationale des Beaux-Arts de Paris en 1934.
Ventes Publiques : Paris, 28 jan. 1991 : *La baigneuse*, bronze (H. 26) : **FRF 4 600**.

AUSTYN Peeter
xvie siècle. Éc. flamande.
Peintre.
Il fut admis en 1507 dans la confrérie Saint-Luc à Anvers.

AUSUBEL Sheva, Mlle
xxe siècle. Américaine.
Peintre.
Expose au Salon des Indépendants en 1931 un nu et une nature morte.

AUTANT Marie F.
xixe-xxe siècles. Française.
Peintre.
Cette artiste, membre de la Société des Artistes Français en 1905, exposa en 1910 une toile : *Femme au coffret*, à la Walker Art Gallery de Liverpool.

AUTARD Georges
Né en 1951 à Cannes (Alpes-Maritimes). xxe siècle. Français.
Peintre. Expressionniste abstrait, tendance lettres et signes.
Bien qu'il ne veuille plus l'évoquer, il faut bien mentionner qu'il fut professeur de mathématiques, et qu'il se mit à peindre à partir de 1975. Il a exposé à Marseille, au Musée Cantini, dans le cadre de l'exposition *Dix ans de création* en 1980, puis à l'exposition *L'Art Moderne à Marseille* en 1988, à Carcassonne au Musée des Beaux-Arts en 1988. Toujours à Marseille, à l'A.R.C.A., il avait présenté ses œuvres en 1983 et 1985. Expositions personnelles à Tours (1982), Montpellier (1984), Paris (1985), New York (1985), Nantes (1986), Milan et Cologne (1987), Musée Cantini de Marseille *Per ornamento* (1990), la même exposition présentée ensuite à Paris, galerie Athanor, Marseille (1996).
L'art de Claude Viallat l'incite à continuer dans le sens de sa recherche picturale. Ses toiles laissent transparaître sa formation première, puisqu'elles montrent, souvent sur un fond sombre, tel un tableau noir, des signes, des écritures, plus rarement des chiffres qui lui permettent de raconter des « histoires ».
Dans le cycle *Per ornamento* de 1990, le travail de la matière et des couleurs est venu enrichir les signes narratifs. Il définit d'ailleurs son œuvre comme expressionniste et narrative. Très impressionné par une *Crucifixion* de Fra Angelico, Autard crée, à partir de ce tableau, une matrice lui permettant de mettre en forme son obsession : le chaos. De ce thème est née une déclinaison de plusieurs récits, figurant soit ses habituels « îlots » soit des brides méconnaissables de la croix. Jouant, à l'exemple de Jacques Lacan, sur les mots, leur double sens ou leur analogie, Autard cherche à démontrer que : « la perte de ce sang a entraîné la perte du sens, puis l'absence du centre, puis l'absence du linéaire... » Il faut donc rechercher un nouveau centre, créer « des îlots de sens, représentant le bon sens et le bon sang » ! Selon lui, les peintres sont aujourd'hui comme des croisés chargés de retrouver le sacré dans la peinture, et pour cela, doivent s'inventer des « îlots » de protection. Peu à peu, les signes, messages, codes tendent à disparaître au profit d'une absence totale de représentation, seuls subsistent quelques îlots, véritables foyers énergétiques. Pour lui, sa « peinture existe à travers les ponts qu'il jette entre des champs différents qu'il fait se rejoindre par des glissements de sens ». ■ Annie Pagès
Bibliogr. : Nicolas Cendo, in : Catalogue de l'exposition *L'Art Moderne à Marseille, la Collection du Musée Cantini*, 1988.
Musées : Marseille (Mus. Cantini) : *Sans titre 1984*, h/t..
Ventes Publiques : Paris, 24 juin 1987 : *Tableau noir*, gche et

past. (102x130) : FRF **14 000** – PARIS, 24 avr. 1988 : *Réveil*, h/t (124x103) : FRF **10 000** – PARIS, 1er juin 1988 : *Sans titre* 1984, techn. mixte/pap. (65x50) : FRF **2 500** – PARIS, 17 juin 1988 : *Sans titre* 1984, acryl./t (245x151) : FRF **10 000** – PARIS, 29 sep. 1989 : *Composition* 1984, h/pan. (64x49) : FRF **3 500** – PARIS, 23 oct. 1990 : *Sans titre* 1985, acryl./t., diptyque (210x300) : FRF **50 000** – PARIS, 3 juin 1992 : *Sans titre*, h/t (116x89) : FRF **22 000** – PARIS, 6 déc. 1992 : *Sans titre* 1985, h/t (206x233) : FRF **13 500** – PARIS, 16 mars 1997 : *Nomades* 1985, h/pap. mar./t. (74x103) : FRF **4 500**.

AUTEL de..., Maître de l'. Voir MAÎTRES ANONYMES

AUTENRIETH Ludwig Friedrich
Né le 12 mars 1773 à Stuttgart. Mort le 28 septembre 1857 à Stuttgart. XVIIIe-XIXe siècles. Français.
Graveur au burin, dessinateur.
Il fréquenta la Karlsschule de sa ville natale, et apprit du professeur G. Müller l'art de graver au burin. Il travailla particulièrement pour des éditeurs. On a de lui des dessins, des paysages et des aquarelles. Il professa le dessin aux Écoles d'art de Stuttgart.

AUTENZIO S.
XIXe siècle. Italien.
Sculpteur de bustes.
De 1888 à 1893, il exposa au Salon de Paris, d'une façon à peu près régulière, des bustes en bronze et en terre cuite.

AUTER Ludovico Marazhani, appelé aussi Auteri-Marazzani, Anteri-Marazzani ou Auter-Marazhani
Né à Florence. XXe siècle. Italien.
Sculpteur.
Il est sans doute d'origine indienne, d'après son prénom Marazhani, mais aussi pour avoir pris, en partie, le nom de son maître. Il fut en effet élève de Auteri-Pomar. Il a exposé au Salon des Artistes Français, à Paris, entre 1914 et 1926.

AUTERE Hannes
Né en Finlande. Mort au XXe siècle. XIXe-XXe siècles. Finlandais.
Sculpteur.

AUTEREAU François
XVIIIe siècle. Français.
Peintre de genre.
On cite de lui : *Le Port à l'Anglais* et *l'Amante romanesque*.

AUTERI-POMAR Michele
Né en 1838 à Palerme. XIXe siècle. Italien.
Sculpteur de monuments.
Cet artiste auteur et poète, s'adonna tardivement à la sculpture. On cite parmi ses œuvres le *Monument de Gius Lafarina* (Piazza Solferino à Turin) et le projet qu'il présenta pour le monument de Victor-Emmanuel à Rome.

AUTEROCHE Alfred Éloi
Né en 1831 à Paris. Mort en mai 1906 à Paris. XIXe siècle. Français.
Peintre animalier, paysages animés, paysages.
Il fut élève de Brascassat et de Cogniet. Il exposa plusieurs fois au Salon de Paris, puis Salon des Artistes Français, de 1859 à 1887. *Le Marchand de vaches*, une de ses bonnes toiles, fut exposée à Vienne, et une autre toile, *Animaux au pâturage*, fut acquise par l'État français.
MUSÉES : MULHOUSE : *L'étang*.
VENTES PUBLIQUES : PARIS, 1890 : *Le gué* : FRF **150** – PARIS, 21 avr. 1904 : *Taureau écrasant un serpent* : FRF **65** ; *Un taureau* : FRF **140** – PARIS, 1920 : *Taureau normand au pâturage* : FRF **135** – PARIS, 1943 : *La Campagne, environs de Maisons-Laffitte* : FRF **250** – VERSAILLES, 4 oct. 1981 : *Vue du Tréport prise de Mers, Somme* 1887, h/pan. (22x32,5) : FRF **4 000** – PARIS, 12 juin 1988 : *Le mouillage au Tréport*, h/pan. (23x32) : FRF **11 100** – PARIS, 14 juin 1991 : *Paris, Montmartre en 1866* 1867, h/t (41x56) : FRF **18 000**.

AUTEROCHE Eugénie Venot d'. Voir VENOT d'AUTEROCHE

AUTGUERS G.
XVIIe siècle. Travaillait à Lyon entre 1624 et 1630. Français.
Graveur au burin.
Cité par Le Blanc à Lyon entre 1624 et 1630.

AUTHER
Probablement d'origine italienne. XVIe siècle. Travaillait à Nancy.
Sculpteur.

AUTHIAT Eugène Alfred
XIXe siècle. Français.
Peintre de paysages, natures mortes.
Il exposa au Salon de Paris, de 1879 à 1889.

AUTHIER Guy
Né le 2 décembre 1945 à Saumur (Maine-et-Loire). XXe siècle. Français.
Peintre et graveur. Figuratif.
Il cerne de plusieurs couleurs successives le dessin de ses œuvres exécutées au crayon feutre ou gravées.

AUTHIER Henriette
XIXe siècle. Française.
Peintre de fleurs.
Elle exposa au Salon des Indépendants de Paris, entre 1886 et 1894.
VENTES PUBLIQUES : PARIS, 13 mars 1884 : *Vase de fleurs sur une table*, h/t (92x65) : FRF **2 000**.

AUTHOUART Daniel
Né en 1943 à Rouen (Seine-Maritime). XXe siècle. Français.
Peintre, peintre de décors de théâtre, décorations murales, illustrateur. Figuration narrative.
Il prit la décision d'être peintre à la découverte de l'œuvre de Toulouse-Lautrec, il avait alors quatorze ans. Il fallait donc attendre deux ans avant de pouvoir entrer à l'École des Beaux-Arts. Ces deux années furent consacrées à dessiner, regarder les grands maîtres du Musée de Rouen, et lire Flaubert, Spillane, Faulkner, Sartre. A partir de 1973, il fait des expositions personnelles à Honfleur (1973-1975), Nantes (1975-1976-1981-1988), Rouen (1977-79-1984-1987), Paris (1978-1982-1986-1989), Le Havre (1982-1983-1986-1988) et New York 1989.
Daniel Authouart peint, dans un style d'un réalisme poussé, le roman de ce qui l'entoure, ainsi qu'il le définit lui-même : « Chacun de mes tableaux s'efforce d'être un peu comme une bande dessinée qui n'aurait qu'une seule image. A travers les différents signes de mes toiles, on retrouve ce qui s'est passé avant, ce qui se passera peut-être après. » Ses compositions semblent se dérouler à l'infini, aussi bien dans l'espace, dans le temps que dans la profusion des détails.
Il a créé des pochettes de disques pour des artistes, chanteurs de variété, a réalisé des décors pour le théâtre de la Ville à Paris, l'Athénée, l'Essaïon et la Maison de la Culture du Havre. Il a exécuté des illustrations pour *Les Fleurs du Mal* de Baudelaire et *Bouvard et Pécuchet* de Gustave Flaubert. Enfin, il a créé des grandes compositions peintes sur des murs d'usines ou de centres commerciaux. ■ Annie Pagès
VENTES PUBLIQUES : PARIS, 20 mars 1988 : *Dimanche au bord de la mer* 1974, h/t (130x89) : FRF **24 000** – PARIS, 14 mars 1990 : *Le manège bleu* 1981, techn. mixte/pap. (47x34,5) : FRF **15 000** – PARIS, 31 oct. 1990 : *L'assassinat de Kennedy* 1990, h/t (46,5x51) : FRF **18 000**.

AUTIER Gilles
XVIe siècle. Français.
Peintre.
Cité en 1548 à Paris, mari de Jacqueline Denain.

AUTISSIER Louis Marie
Né en 1772 à Vannes. Mort en 1830 à Bruxelles. XVIIIe-XIXe siècles. Français.
Miniaturiste.
Élève de Vautrin, puis soldat. Libéré du service, il s'établit à Bruxelles comme miniaturiste et devint rapidement célèbre. Il parcourut la Belgique, la Hollande et la France, exposa ses œuvres tour à tour à Bruxelles, Gand, Anvers, Augustembourg, Paris, et toujours avec un égal succès. Les souverains, notamment Guillaume Ier des Pays-Bas, les plus hautes personnalités de la Hollande et de la Belgique voulurent qu'il fît leur portrait. Il peignit aussi des sujets historiques en miniature. On cite notamment *Hébé versant le nectar*, 1818, *Une marchande de gaufres de la Frise*, 1828, *Bruxelloise en chapeau de paille*. Il aurait pris le prénom de Jean-François après la Révolution. Ces initiales ne sont pas dans les catalogues. On trouve Autissier sur le registre des Élèves de l'École des Beaux-Arts à la date du 6 frimaire, an IV (1795), comme ayant été admis à dessiner au « Museum ».
VENTES PUBLIQUES : PARIS, 14 fév. 1944 : *Paysage historique*, dess. : FRF **1 000**.

AUTOBOULOS
Antiquité grecque.
Peintre.
Cité par Pline comme un disciple d'Olympias.

AUTOMATISTES. Voir par ex. **Borduas Paul-Émile**

AUTONNE Victor
Né en Russie. xxᵉ siècle. Français.
Peintre.
Expose deux *Paysages* au Salon d'Automne de 1941.

AUTRAN Eugène
Né en 1838 à Genève. xixᵉ siècle. Suisse.
Peintre sur émail, aquarelliste.
Élève de Glardon et Menn. Travailla à Paris où il fit des portraits et traita des sujets d'après d'autres peintres tels que Gleyre entre autres. Il exposa à la Royal Academy de Londres en 1881 (*Les Helvètes*). Au Salon de Paris, il exposa plusieurs œuvres, au nombre desquelles se trouvait son propre portrait à l'aquarelle. Au Musée des Arts décoratifs de Genève, il y a quatre de ses peintures et une copie d'après Pénicaud.

AUTRAN Henri
Né le 23 octobre 1926 à Marseille (Bouches-du-Rhône). xxᵉ siècle. Français.
Peintre de compositions à personnages, paysages.
Il fit ses études à l'Ecole des Beaux-Arts de Marseille en 1939 et reçut le premier prix de dessin. Il a exposé aux Salons des Indépendants, de l'Art Libre et des Artistes de Provence, à la Biennale de Menton où il a reçu un Prix ainsi qu'à Avignon, Orange et Vichy. Ses expositions particulières se sont déroulées dans le Midi de la France, mais aussi à Paris, New York et au Japon. Son œuvre montre des paysages familiers et des scènes de la vie quotidienne traités dans une pâte généreuse, aux couleurs vives et riches, dans un style qui n'est pas sans évoquer celui de l'art naïf.
VENTES PUBLIQUES : NEUILLY, 7 avr. 1991 : *Le village*, h/pan. (44x51) : FRF 5 500 – NEUILLY, 11 juin 1991 : *Paysage au chemin*, h/isor. (61x46) : FRF 6 500.

AUTREAU Jacques
Né en 1657 à Paris, où il fut baptisé le 30 octobre. Mort le 16 octobre 1745 à Paris. xviiᵉ-xviiiᵉ siècles. Français.
Peintre de sujets de genre, portraits, intérieurs.
Il était fils d'un marchand de vin. Lui-même en fut marqué, le poète Jean-Baptiste Rousseau le disait « toujours ivre ». Il faisait partie d'une bohème parisienne contemporaine de la Régence de Philippe d'Orléans. Il était aussi auteur dramatique ; ses œuvres furent publiées à Paris en 1649, avec une préface de Pesselier. Il finit sa vie à l'Hospice des Incurables.
Peintre, au sujet des incertitudes entourant les quelques œuvres qui lui sont attribuées, outre les confusions possibles avec les portraits dus à son fils Louis, il convient de se reporter à celles passées en ventes publiques. En 1738, il serait représenté lui-même en Diogène portant sa lanterne, afin d'obtenir du cardinal Fleury de faire son portrait, d'après Rigaud est-il dit. Thomassin, J. Houbraken, G. Bodenehr, Cl. Roy, S. Pinssio et Thévenard auraient gravé de ses œuvres. Pourtant, il n'en saurait, actuellement, que peu qui lui soient attribuées, la dernière étant *Les Buveurs de vin*, jusqu'ici attribuée à Étienne Jeaurat, et qui lui fut restituée après confrontation avec une autre peinture de lui *Fontenelle, Houdar de La Motte et Dauchet disputant sur un ouvrage dont on fait la lecture*, qui pourrait être *Fontenelle, Houdar de La Motte et Saurin discutent sur quelque matière de poésie* ou encore *Madame de Tencin servant le chocolat à Bernard Le Bovier de Fontenelle, Antoine Houdar de La Motte et Saurin*. Cette dernière peinture sous son premier titre aurait été acquise par M. de La Faye et est aujourd'hui dans le Musée du Château de Versailles. ■ J. B.
MUSÉES : PARIS (Louvre) : *Les Buveurs de vin* – VERSAILLES : *Portrait de l'artiste par lui-même* – *Fontenelle, Houdar de La Motte et Dauchet disputant sur un ouvrage dont on fait la lecture*.
VENTES PUBLIQUES : PARIS, 1761 : *Portrait d'Autreau, peintre et poète* : FRF 22 ; *Fontenelle, Houdar de La Motte et Dauchet disputant sur un ouvrage dont on fait la lecture* ou *Fontenelle, Houdar de La Motte et Saurin discutent sur quelque matière de poésie* : FRF 77 – MONACO, 21 juin 1991 : *Madame de Tencin servant le chocolat à Bernard Le Bovier de Fontenelle, Antoine Houdar de La Motte et Saurin*, h/t (72x90,5) : FRF 310 800 – PARIS, 18 déc. 1996 : *Portrait de la famille Hornbostel dans un intérieur Régence*, h/t (106,5x138,5) : FRF 170 000.

AUTREAU Louis
Né vers 1692 à Paris. Mort le 25 août 1760 à Paris. xviiiᵉ siècle. Français.
Peintre de portraits.

Cet artiste est le fils de Jacques Autreau qui sans doute fut son professeur et dont il prit la manière. Il est quelquefois difficile en face de certains des portraits de Louis Autreau, de décider s'ils sont bien son œuvre ou celle de son père. Il fut membre de l'Académie, le 24 février 1741. On cite de lui les portraits du sculpteur René Fremin et du peintre Favannes. P. Dupin et Thérèse Rousselet ont gravé d'après lui.

[signature]

MUSÉES : VERSAILLES : *Portrait de René Fremin*.
VENTES PUBLIQUES : PARIS, 1757 : *Bastien ou le berger content* : FRF 200 – PARIS, 1865 : *Le Cardinal de Fleury* : FRF 200.

AUTRIQUE Édouard
Né vers 1800 en Belgique. xixᵉ siècle. Belge.
Peintre d'histoire, compositions religieuses, sujets de genre, portraits.
Il fut élève de son père Jean Baptiste Joseph Autrique et de Kinson. En 1823, il exposa quatre portraits au Salon de Gand, et, en 1817, au Salon de Bruxelles, deux tableaux qu'il envoya de Paris. Gabet cite de lui des peintures religieuses, en 1827, ainsi qu'une scène de l'histoire grecque. Le même auteur lui donne le titre de peintre du duc de Gloucester.
VENTES PUBLIQUES : CANNES, 7 juil. 1987 : *Kermesse villageoise*, h/t (54x65) : FRF 19 000.

AUTRIQUE Jean Baptiste Joseph
Né en 1777 à Bruges. Mort en 1853 à Ypres. xixᵉ siècle. Belge.
Peintre de figures, portraits, dessinateur.
Père et maître d'Édouard Autrique. Il étudia à Paris sous son compatriote Suvée. En 1811, de retour en Belgique, il professa le dessin à l'École d'Ypres et eut pour élèves : F. Böhm, A. de Bruck, Roffiaen. En 1837, il exposa trois tableaux au Salon de Bruxelles. Le Musée d'Ypres conserve de lui : *Portrait de G. Pertry, concierge de l'Académie*.
VENTES PUBLIQUES : PARIS, 9-10 nov. 1953 : *La sultane au bain* : FRF 10 500.

AUTUN
xixᵉ siècle. Actif probablement au début du xixᵉ siècle. Français.
Peintre miniaturiste.
On a de cet artiste, portant sa signature et se trouvant dans une collection privée, deux miniatures sur ivoire : un portrait du marquis de Lafayette et de sa femme. Ce pourrait être DAUTUN (Jean Élie).

AUTY Charles
xixᵉ siècle. Britannique.
Peintre de genre, intérieurs, aquarelliste.
Entre 1881 et 1887, Auty exposa quatre œuvres à Suffolk Street et trois à la New Water-Colours Society à Londres. Il a peint des scènes d'intérieur.

AUVERA Jakob Van der
Né vers 1700 à Malines. Mort vers 1760 à Würzbourg. xviiiᵉ siècle. Hollandais.
Sculpteur de monuments, statues.
Le plus célèbre de cette famille d'artistes, Jakob Van der Auvera était le gendre du peintre Oswald Onghers. Sculpteur de la Cour de Würzbourg. On a de lui : la fontaine du couvent d'Ebrach, les stalles armoriées des Chanoines nobles dans la cathédrale de Würzbourg (1749) et les statues qui décorent les portails de l'église Neumünster, du séminaire et de l'église Saint-Pierre à Würzbourg. La plastique décorative de la Résidence de Würzbourg fut exécutée sous sa direction.

AUVERA Johann Wolfgang Van der
Mort en 1756 à Würzbourg. xviiiᵉ siècle. Hollandais.
Sculpteur de sujets religieux, statues.
Il était fils de Jakob Van der Auvera, et comme lui, sculpteur de la Cour de Würzbourg. Il fut probablement l'élève de son père avant d'aller perfectionner son talent à Rome. On lui doit la chaire de l'Abbaye des bénédictins d'Amorbach, les deux groupes de l'*Histoire d'Hercule* dans les jardins des glacis de Würzbourg et le *Calvaire* qui se trouve dans le cimetière. En diverses églises de Würzbourg on peut admirer ses sculptures ; il faut citer aussi une statue de *Saint Jean*, placée au portail de la fondation de Haug et certains travaux exécutés à Mayence.

AUVERA Lukas Anton Van der
Mort en 1766 à Würzbourg. xviiiᵉ siècle. Hollandais.

Sculpteur de statues.

Fils de Jakob Van der Auvera. Prit part à la décoration plastique de la Résidence à Würzbourg. On trouve dans les demeures privées de cette ville de nombreuses statues de lui.

AUVERGNE Lina
Née le 29 novembre 1871 à Genève. XIXᵉ-XXᵉ siècles. Suisse.
Peintre sur émail.

Après des débuts à Paris, elle retourne dans sa ville natale. Elle expose en 1896 à Genève, en 1898 à Bruxelles et en 1900 à Paris.
Musées : STUTTGART (Mus. des Arts et Métiers) : *Fauconnier à cheval.*

AUVERGNIOT Lucienne
Née en 1894 à Paris. Morte en 1981. XXᵉ siècle. Française.
Peintre de natures mortes, aquarelliste.

Elle fut élève de Louise Jeanne Stella-Samson, aquarelliste, peintre de natures-mortes de fleurs et fruits. Elle vécut longtemps à Saint-Aubin en Normandie (sans doute un des Saint-Aubin du Calvados).

La vente de son atelier, qui eut lieu à Caen en 1991, comportait une centaine d'aquarelles et quelques peintures sur panneau, principalement des natures mortes. L'intensité et la vivacité de ses coloris ont été mentionnées.

AUVERNOIS Jean Claude
Né le 14 avril 1762 à Crotenay (Jura). Mort le 23 février 1842 à Salins (Jura). XVIIIᵉ-XIXᵉ siècles. Français.
Peintre, sculpteur sur bois, graveur.

Il fut sans doute autodidacte, mais il est cité comme ayant été l'un des maîtres de Joseph Perraud par Max Claudet dans *La jeunesse de Jean Joseph Perraud,* 1886.

AUVERT Rémy Augustin
Né vers 1780 à Paris. XIXᵉ siècle. Français.
Peintre.

Élève de David à l'École des Beaux-Arts, le 8 nivôse, an V (1796).

AUVIGNE Jan
XXᵉ siècle. Français.
Dessinateur.

Auteur de l'affiche du Salon d'Automne de 1934.

AUVIGNY Charles d'
Né en 1740. Mort le 4 février 1830 à Varsovie. XVIIIᵉ-XIXᵉ siècles. Français.
Peintre de miniatures.

Entre 1780 et 1830, il travailla en Pologne, où il avait accompagné son père, maître de danse du prince Adam Czartoryski. Il peignit des miniatures et des petits tableaux à l'huile.

AUVRAY
XVIIIᵉ siècle. Français.
Sculpteur.

Élève de l'ancienne École académique à Paris, où il obtient le second prix de sculpture en 1750, le premier prix en 1751. On perd ensuite sa trace (à moins toutefois que ce ne soit le même artiste que Jean Auvray).

AUVRAY Alexandre Hippolyte
Né le 15 mars 1798 à Cambrai. Mort le 2 juin 1860 à Valenciennes. XIXᵉ siècle. Français.
Peintre de compositions religieuses.

Frère de Félix et de Louis Auvray. Son premier maître fut Momal, à Valenciennes. On peut voir plusieurs de ses œuvres dans les églises des environs de Valenciennes.

AUVRAY Élie
XVIIIᵉ siècle. Français.
Graveur.

Cité par Mireur en 1788.

AUVRAY Félix
Né le 31 mars 1800 à Cambrai. Mort le 11 septembre 1833 à Cambrai. XIXᵉ siècle. Français.
Peintre d'histoire, compositions religieuses, sujets mythologiques.

Frère d'Alexandre et de Louis Auvray. Il se rendit tout enfant à Valenciennes où ses parents établirent leur domicile. Après avoir remporté de brillants succès dans cette ville, où il fut l'élève de Momal, il alla travailler à Paris, dans l'atelier de Gros, en 1820. En 1824, il exposa une toile signée du seul prénom de Félix et représentant *La jalousie d'Œnone,* puis *Saint Louis prisonnier,* signé de son nom de famille. Il alla vers cette époque à Rome et y fit un séjour de plusieurs années. En 1826, il habita Florence pen-

dant quelques mois, puis réintégra Rome où il fit son *Festin de Damoclès,* portant la date de 1827. Il exposa, au Salon de la même année, *Saint Paul à Athènes, Dévouement de Gautier de Châtillon, L'élévation au trône de Pépin le Bref,* la *Mort de Méléagre* et *Le dernier jour de Pompéi* (1831).

Musées : CAMBRAI : *L'Envie et l'Ignorance poursuivant le talent – Job et ses amis – Médée rajeunissant le père de Jason – Napoléon et les souverains qui l'ont trahi au tribunal des Enfers,* esquisses – Études pour des tableaux – VALENCIENNES : *Mort du député Féraud* 1831 – *Serment de Louis-Philippe Iᵉʳ – Dévouement de la princesse Sybille – Apparition d'Hector à Enée dans la nuit de la prise de Troie par les Grecs – La famille d'Auvray* 1828 – *Le dernier jour de Pompéi – La Nativité – Porcia, fille de Caton – La résurrection de Lazare – Saint Pierre guérissant le paralytique – Saint Roch – Le dévouement de Gautier de Châtillon.*

AUVRAY Jean
Mort après 1786. XVIIIᵉ siècle. Français.
Sculpteur.

Fut reçu en 1760 dans la Communauté des maîtres peintres et sculpteurs de Paris.

AUVRAY Louis
Né le 7 avril 1810 à Valenciennes. Mort en 1890. XIXᵉ siècle. Français.
Sculpteur.

Frère de Félix et d'Alexandre Auvray. Élève à Valenciennes, de Léonce de Fieuzal, il le fut, en 1830, de David d'Angers à Paris. En dehors de ses œuvres de sculpture, il fut écrivain et se fit connaître au public, de 1857 à 1868, par une *Revue du Salon* et par la fondation de *La Revue Artistique et Littéraire* qu'il réalisa en 1860. Il termina ensuite le *Dictionnaire des Artistes Français,* entrepris par Bellier de la Chavignerie. Ses principales œuvres sont, au Musée de Valenciennes, les bustes de son frère Félix, du fondeur Jacques Sely, d'Antoine Watteau et du fondeur Milhomme, une *Tête de vieillard* et le *Plan du tombeau de Napoléon aux Invalides.* Une statue en pierre de sainte Cécile est placée dans l'église Saint-Nicolas, et dans la cathédrale un très remarquable Christ en marbre. Au Louvre, nous trouvons un groupe en pierre représentant l'*Astronomie* et deux statues de marbre : *Cérès* et *Vénus sortant du bain.* Au palais de l'Institut, les bustes de Condillac et du fondeur Moitte. Dans l'Hôtel de Ville de Paris, incendié en 1870, se trouvait une statue de pierre de Jean de la Vacquerie. A l'Institut des sourds-muets se trouvent les bustes de l'abbé Sicart et de l'abbé de l'Épée, à Nogent-sur-Marne, le monument de Watteau, inauguré en 1865. Un buste de Jean Froissard est au Musée de Versailles, le buste de Solon au Musée de Douai et cinq cariatides ornent la façade de l'Hôtel de Ville de Valenciennes ; cinq autres cariatides en pierre sont sur la place de Forges-les-Eaux. Enfin, son monument du graveur Brévière est à l'Opéra de Paris, ainsi que le buste de Lesueur. Ajoutons qu'il figurait au Salon de Paris (1882), avec un médaillon en bronze. Il fut également architecte.

AUVRAY Philipp Peter Joseph, dit Noël
Né en 1778 à Dresde. Mort en 1815 à Dresde. XIXᵉ siècle. Français.
Peintre portraitiste.

Élève de l'École de Dresde, puis de Casanova et de Schenau. Il exposa à Dresde jusqu'en 1807. Son œuvre est composé de miniatures et de peintures à l'huile, dont des portraits et des copies de tableaux d'histoire, dans lesquelles il introduisit des inventions originales.

AUVRAY Pierre Laurent
Né en 1736 à Paris. XVIIIᵉ siècle. Français.
Graveur au burin, illustrateur.

Cet artiste, élève de Laurent Cars, travailla à Paris et à Bâle et reproduisit nombre de sujets gravés d'après Fragonard, J. Bertaux, Ch. Monnet et autres. Il fit également un certain nombre d'illustrations pour des récits de voyages. Il exposa encore des portraits, tels que ceux de Préville et de Lamette d'après Ch. Monnet.

AUVRAY de la Bataille
XVIIIᵉ siècle. Travaillait au commencement du XVIIIᵉ siècle. Français.
Dessinateur.

Cet artiste dessina pour le monastère de la Trinité à Caen, la pierre tombale de l'abbesse et le monument funéraire des trois sœurs de Montmorency.

AUVREST
Français.

Dessinateur.

VENTES PUBLIQUES : PARIS, 1879 : *Portraits, en pied, de Voltaire et de Rousseau* : **FRF 45** – PARIS, 11 jan. 1943 : *Portrait équestre de Bonaparte, Premier Consul*, dess. calligraphique : **FRF 1 950** ; *Portrait équestre de Frédéric II*, dess. calligraphique : **FRF 1 020** – PARIS, 22 nov. 1985 : *Le Roi Henri IV*, encre et lav. noir (41,5x31) : **FRF 7 000**.

AUWELIER Peeter
Mort vers 1689. XVIIᵉ siècle. Éc. flamande.
Peintre.
Eut le rang de maître, en 1669-1670, dans la gilde Saint-Luc à Anvers.

AUWERA Franz
Né à Aub. Mort vers 1816 à Munich. XIXᵉ siècle. Allemand.
Sculpteur.
Il commença son éducation artistique à Bamberg et fut élève du sculpteur J.-L. Kamm et de Roman Anton Boos de Munich.

AUXERRE Martin
XIXᵉ siècle. Actif à Paris en 1871. Français.
Peintre.

AUXERRE Simon
XVIIIᵉ siècle. Actif à Paris en 1781. Français.
Peintre.

AUXIÈTRE Marie, Mme
Née à Dijon. XXᵉ siècle. Française.
Peintre.
Expose à la Société Nationale des Beaux-Arts en 1922 un portrait.

AUXION François
XVIIᵉ siècle. Toulousain. Français.
Sculpteur d'ornements.
En 1668, sous la direction de Pierre Turreau, il collaborait à Toulon à l'ornementation du vaisseau le *Royal-Louis*.

AUXOLABELIÈRE René
Né à Paris. XXᵉ siècle. Français.
Dessinateur publicitaire.
Expose au Salon d'Automne de 1934 une affiche pour une marque de cigarettes.

AUZAC de la MARTINIE M. d'
XIXᵉ-XXᵉ siècles. Française.
Peintre.
Elle était membre de la Société des Artistes Français en 1889.

AUZAC-FILIPPI de BALDISSERO Marie Sophie Françoise, comtesse d'
Née à Paris. XXᵉ siècle. Française.
Peintre.
Élève d'Édouard de Sain et Carolus-Duran, elle expose deux tableaux aux Artistes Français de 1931 : *Chien blessé, Fondouck à Tanger*.

AUZANNEAU Suzanne
Née à Paris. XXᵉ siècle. Française.
Artiste décorateur.
Expose au Salon des Indépendants entre 1929 et 1939.

AUZARD Hélène
Née à Excideuil (Dordogne). XXᵉ siècle. Française.
Peintre de paysages.
Elle a exposé au Salon des Indépendants à Paris entre 1932 et 1937.

AUZERAIS Francisque
Né à Paris. XXᵉ siècle. Français.
Peintre.
Il expose en 1930 deux toiles au Salon des Indépendants : *Église Notre-Dame* et *Nu*.

AUZIÈRE
XVIIᵉ siècle. Français.
Peintre.
En 1653, il peignit, en collaboration avec le peintre Jean Jacques, un portrait du duc de Mercœur, gouverneur de la province de Toulon. Ensemble encore, ces deux artistes exécutèrent, la même année, des travaux occasionnels par la venue du duc. La fille d'Auzière, appelée Catherine, épousa le sculpteur Denis Herpin, en 1685.

AUZIÈRE Jean Léonard
Né en 1732 à Genève. Mort en 1762. XVIIIᵉ siècle. Suisse.

Peintre sur émail.
On possède au Musée de Cluny : *Une boîte d'horloge*, dont le mouvement seul est signé de lui.

AUZONI Antonio
Mort en 1729 à Vallo. XVIIIᵉ siècle. Italien.
Sculpteur et stucateur.
Cet artiste fut chargé d'importants travaux de décoration au Danemark. On cite, parmi ses œuvres, les ornements de stuc qu'il exécuta au château de Rosenborg, en 1706 et à celui de Frederiksberg en 1723, 1724 et 1728.

AUZOU Pauline, née Desmarquets
Née en 1775 à Paris. Morte en 1835 à Paris. XIXᵉ siècle. Française.
Peintre d'histoire, sujets mythologiques, scènes de genre, portraits, intérieurs.
Élève de Regnault, cette artiste acquit rapidement une grande notoriété. La plus grande partie de ses productions furent acquises par l'État, la duchesse de Berry et la Société des Amis des Arts. Plusieurs ont été gravées. Elle eut un atelier d'élèves à Paris pendant une vingtaine d'années.

Pauline Auzou exposa pour la première fois en 1793, et se maria en 1794 ou 1795. C'est au Salon du Louvre qu'elle prit contact avec le public par une *Tête d'étude* et une *Bacchante*. Jusqu'en 1817, elle exposa une peinture de genre ou un portrait à toutes les expositions.

Beaucoup de ses sujets sont pris dans l'histoire grecque, mais elle tenta aussi la peinture dite d'histoire, notamment lorsqu'elle peignit l'*Arrivée de l'archiduchesse Marie-Louise à Compiègne en 1810*, et, en 1812, *Les adieux de la même à sa famille* (Versailles). Une autre de ses toiles, *Agnès de Méranie*, rentre dans la même note (1808) : de même aussi *Diane de France et Montmorency* (1804) qui obtint les suffrages de la critique. Ses portraits furent aussi très appréciés, tant ceux d'hommes que ceux de femmes. Citons : le *Portrait de Volney*, celui de *Picard âgé*, celui de *Valayer, curé de Saint-Nicolas-des-Champs*, vers 1816.

Auzou.

MUSÉES : VERSAILLES : *Scènes de la vie de Marie-Thérèse*.
VENTES PUBLIQUES : PARIS, 5 mai 1898 : *Portrait* : **FRF 1 080** – MONACO, 3 déc. 1988 : *Dame posant costumée en Flore, accoudée près d'un panier de fleurs avec un paysage boisé au fond*, h/t (75,8x54,4) : **FRF 33 000** – PARIS, 13 avr. 1992 : *Portrait de la baronne d'Aubigny*, h/t (61x49,5) : **FRF 6 000** – NEW YORK, 21 oct. 1997 : *Portrait d'un gentilhomme et de sa fille lisant dans un intérieur*, h/pan. (49x41) : **USD 9 430**.

AVALLA Juan
XVIᵉ siècle. Actif à Séville en 1514. Espagnol.
Peintre.

AVALLONE Giovanni
Né le 10 août 1859 à Naples. XIXᵉ siècle. Italien.
Sculpteur de bustes.
Il professa son art. Il exposa ses œuvres à Naples et à Turin, particulièrement des bustes en bronze et en terre cuite.

AVANCINI Giustiniano degli
Né le 17 janvier 1807 à Levico (près de Trente). Mort le 22 juillet 1843 à Levico. XIXᵉ siècle. Italien.
Peintre d'histoire.
Étudia d'abord à Padoue, chez Giovanni Demin, et ne tarda pas à prendre place parmi les jeunes personnalités les plus intéressantes de sa région. Il donna son premier tableau au public à l'âge de 18 ans, en 1826. Cette toile représentait l'*Archiduc Ferdinand regardant par une fenêtre à Augsbourg*. Avancini fut ensuite pendant quatre années l'élève de Pelagio Palagi, à Milan, d'où il gagna Rome, où il se fixa quatre ans. Après ses études en Italie, il se rendit à Munich et de là à Paris, avec Cornélius, lequel allait assister aux fêtes que les Français donnaient en son honneur. En rentrant en Italie, il passa par Hambourg, Dresde, Berlin et Vienne. Il mourut à trente-six ans. On a de lui, entre autres œuvres intéressantes : *Le lévite d'Ephraïm devant sa femme assassinée, Colomb avec son fils Diego au couvent de Santa Maria de la Rabida*. Il s'essaya aussi dans la littérature et écrivit quelques nouvelles.

AVANÇON Ernest Thiérion d'
XIXᵉ siècle. Actif à Paris. Français.
Peintre de natures mortes.
Élève de Charles Busson et de Comte. Il exposa, au Salon, de 1868 à 1873.

AVANTINO dal Borgo
XVIe siècle (?). Italien.
Dessinateur.
Musées : VIENNE (Gal. Albertina) : Un dessin à la sanguine.

AVANZARANI Francesco, dit **il Fantastico**
XVe siècle. Italien.
Peintre.
Cet artiste appartient à la catégorie des imitateurs du Perugin. Un de ses tableaux, exécuté à Viterbe, est à la pinacotèque et fut autrefois attribué à Spagna ; Cesare Pinzi, dans l'histoire de Viterbe, par des documents décisifs lui en a définitivement rendu la paternité. Un triptyque peint par cet artiste se trouve dans la bibliothèque du Vatican. En 1494, il reçut à Citta di Castello un paiement pour des peintures qu'il avait exécutées.

AVANZATO Renzo
Né en 1915 à Turin. XXe siècle. Italien.
Peintre.
Prisonnier en Allemagne en 1943, il se mit à peindre à cette époque. Plus tard, lorsqu'il est en Suisse, il rencontre Cuno Amiet qui lui donne des conseils. S'il reste attaché à la tradition, il subit, vers 1946, l'influence de Picasso et de Prampolini, peintre futuriste qui s'est orienté vers l'art abstrait. A cette époque, il est intéressé par la métaphysique et le surréel dont il donne une synthèse dans ce qu'il appelle le « Pythagorisme relatif ». Il participe à de nombreuses expositions de groupe et est membre de plusieurs associations.
Musées : BUDAPEST – GENÈVE – LONDRES .

AVANZI Agostino
Né en 1585. XVIIe siècle. Italien.
Peintre d'architectures.
Il peignit les motifs d'architecture dans les fresques de Camillo Rama représentant la *Vie de sainte Catherine de Sienne* dans la chapelle de Saint-Thomas à l'église Saint-Dominique de Brescia et dans celles de Giov. Gio, Barbella (attribuées par certains à Ottavio Viviani) à l'oratoire de Saint-Roch, également à Brescia.

AVANZI Giuseppe
Né le 30 août 1645 à Ferrare. Mort le 29 mai 1718. XVIIe-XVIIIe siècles. Italien.
Peintre de compositions religieuses.
Élève de Constanzo Cattaneo. Il peignit un grand nombre de tableaux dans les églises et les couvents de Ferrare. Quatre peintures représentant des *Scènes de la vie de saint Gaetano* se trouvent dans l'église de la Madone della Pietà, et, dans celle de Saint-Dominique, on peut admirer un de ses remarquables ouvrages : *Le Mariage de sainte Catherine*. À Saint-Giuseppe on peut voir deux scènes de la *Vie de sainte Thécla*, l'*Annonciation* et la *Visitation de la Vierge*, des scènes de la vie du Christ et quelques autres encore, dans le même ordre d'idées. D'autres églises de Ferrare possèdent aussi de ses œuvres.

AVANZI Jacopo ou **Avanzo** ou **da Vanzo**
Mort à la fin du XIVe ou au début du XVe siècle. XIVe siècle. Italien.
Peintre.
Il travaillait à Vérone vers 1377. Ce primitif, élève et collaborateur d'Altichiero da Zeiro, fut longtemps confondu avec Jacopo degli Avanzi de Bologne (voir la notice, ainsi que celle du Pseudo-Avanzi). En collaboration avec son maître, il décora la chapelle de San Giorgio del Santo, à Padoue, d'importantes fresques : *La Nativité et la Crucifixion, Vie de sainte Lucie, de saint Georges, de sainte Catherine*. Il a tendance à briser par des contours aigus et des formes fragmentaires l'expression calme et naturelle d'Altichiero. On trouve également de lui dans la chapelle de Sainte-Félice de la basilique San Antonio : *La vie de saint Jacques le Majeur* et une *Crucifixion*.

J꞊OOPVS ꞁYΛZI

Musées : BUDAPEST : *La Vierge et l'Enfant*.

AVANZI Jacopo degli
Né vers la fin du XIVe siècle à Ferrare, originaire de Bologne. XIVe-XVe siècles. Italien.
Peintre.
On cite de lui le *Crucifiement* qui se trouve dans la Galerie Colonna, à Rome. Il peignit des fresques dans l'église de la Madonna di Mezzarata, près de Bologne. Ces peintures sont en grande partie détruites. La Galerie de Bologne possède trois

tableaux de lui, et l'on trouve à la Galerie Royale de Venise un *Jésus Mort, entre Marie-Madeleine et la Vierge*, qui lui est attribué. Voir aussi le Pseudo-Avanzi, qui pourrait être le même.
Musées : BOLOGNE : trois tableaux – ROME (Gal. Colonna) : *Crucifiement* – VENISE (Gal. roy.) : *Jésus mort, entre Marie-Madeleine et la Vierge*.

AVANZI Vittorio
Né le 21 février 1850 à Vérone (Vénétie) ou dans le Tessin. Mort en 1913. XIXe siècle. Italien.
Peintre de sujets de genre, paysages animés, paysages, paysages d'eau, marines.
Il étudia son art à Munich. Ses œuvres furent exposées en Suisse et au Palais de cristal de Munich en octobre 1901.
Il commença à se faire connaître par son tableau : *Environs de Dachau*. Cette toile fut acquise par le duc de Gênes. Vittorio Avanzi peignit aussi *Paysage de l'Isar*, des sujets italiens, tels que *Marine à Capri* et des ruines vénitiennes.
VENTES PUBLIQUES : MILAN, 16 mars 1965 : *Venise* : ITL 380 000 – BERNE, 20 oct. 1972 : *Couple d'amoureux dans un parc* : CHF 1 100 – MILAN, 10 nov. 1977 : *Barque dans la lagune*, h/t (35x65) : ITL 700 000 – COLOGNE, 20 nov. 1980 : *Bord de mer à Capri*, h/t (32x59,5) : DEM 2 000 – COLOGNE, 28 oct. 1983 : *Venise*, h/t (78x100) : DEM 11 000 – MILAN, 18 déc. 1986 : *Paysans et chevaux sur un chemin de montagne*, h/t (34x60) : ITL 1 300 000 – MILAN, 13 oct. 1987 : *Route de montagne animée de paysans et chevaux*, h/t (35x61) : ITL 2 400 000 – MONACO, 21 juin 1991 : *Paysage de printemps*, h/t (64,5x106) : FRF 72 150.

AVANZINELLI Renato
Né en 1908 à Lucca. XXe siècle. Italien.
Sculpteur et peintre.
Ses sculptures, de type monolithe, présentent, dans le détail, des aspérités et des surfaces anguleuses.

AVANZINI Pier Antonio
Né en 1656 à Plaisance. Mort vers 1733. XVIIe-XVIIIe siècles. Italien.
Peintre de compositions religieuses.
Cet artiste fut l'élève de Marc-Antoine Franceschini à Bologne, qui a dû lui fournir des dessins pour ses nombreux tableaux. Celui-ci reçut, en 1686, l'ordre d'exécuter des peintures pour le dôme de Plaisance et ce fut Avanzini qui en exécuta la partie la plus importante. D'autre part on peut voir une œuvre d'Avanzini (*La Madone entourée de saints*) dans l'église Santa-Vergine di Campagna, à Plaisance (chapelle de Saint-Bernardin de Sienne). L'église de la Madonna di Piazza possède de lui un *Saint Philippe Benizzi disant la messe* (dans le chœur), et au-dessus des portes trois autres tableaux, dont l'un représente *Esther*. Les églises de Santa Simone, de Santo Protasio, della Morte et de San Giovanni conservent différents tableaux de ce maître. D'après Nogari, il aurait, vers 1728, fait une copie de la Madone Sixtine qui fut mise à la place de l'original dû au pinceau de Raphaël, alors que celui-ci aurait été vendu à Dresde.

AVANZINI Sante
Né en 1581 à Sienne. XVIIe siècle. Italien.
Peintre.
Il fut employé à peindre des copies de peintures relevées dans les catacombes de la Rome souterraine. Son nom se rencontre souvent sur les murs des catacombes, pour la première fois accompagné de la date 1600 et pour la dernière fois de la date 1632 ; parfois la phrase *pittore senese* s'y trouve jointe. Dans les catacombes de Saint-Pierre, il exécuta des peintures murales ; l'une d'elles représente *Sainte Catherine*.

AVANZINO
Originaire de Gubbio. XIIe siècle. Italien.
Peintre.
Cet artiste a dû exécuter une fresque représentant l'*Archange Michel*, à l'église de Santa Maria de Vettorino à Gubbio. On trouve trace d'un peintre portant ce nom et travaillant à Naples, d'après Baldinucci.

AVANZINO Nucci, dit **da Citta di Castillo**
Né en 1551 à Citta di Castillo. Mort en 1629 à Rome. XVIe-XVIIe siècles. Italien.
Peintre de compositions religieuses, fresques, dessinateur.
Il fut d'abord l'élève, puis l'aide de Nicolas Pommerancio à Rome. Sous le pontificat des papes, Sixte V et Clément VIII, Avanzino fut tenu en grande estime et apporta son contingent aux peintures des loges de Saint-Jean de Latran. Il peignit aussi

des œuvres nombreuses pour diverses églises de Rome. On cite, parmi ses meilleurs ouvrages, une fresque de San Paolo Guasi, qui représente *Le Miracle du serpent dans l'île de Malte* et la *Décollation*.

VENTES PUBLIQUES : PARIS, 4 mars 1988 : *Sainte recevant la communion assistée*, pl. et lav. brun, reh. de blanc/pap. gris (23,5x17,5) : **FRF 3 800** – LONDRES, 2 juil. 1996 : *Vierge à l'Enfant sur un trône avec saint Dominique et saint Bartholomé avec au dessus du Christ soutenu par Dieu le Père*, craie noire, encre et lav., projet pour un autel (38x28) : **GBP 4 140**.

AVANZO Johann
Né le 2 août 1804 à Pieve Tessino (près de Trente). Mort le 1er juillet 1853 à Cologne. XIXe siècle. Autrichien.

Peintre de portraits, paysages.
Il existe de cet artiste une série de dix paysages du Rhin, lithographiés d'après des dessins. Il était aussi marchand d'objets d'art.

AVANZO Léa d'
Née à Padoue. XXe siècle. Italienne.

Sculpteur.
Elle travaille à Côme et a exposé au Salon des Artistes Français à Paris, en 1931 et 1933.

AVARNE C.
XVIIIe siècle. Britannique.

Peintre de miniatures.
En 1793, il exposa trois portraits à la Royal Academy à Londres : celui de Sir W. Dolben et ceux de Miss Linwood et de Mrs. Kell.

AVATI Mario
Né le 27 mai 1921 à Monaco. XXe siècle. Français.

Graveur de natures mortes.
Il fut élève de Jules Lengrand à l'École des Arts Décoratifs de Nice, puis, en 1947, de l'École des Beaux-Arts de Paris. En 1958, il participa au Salon de la Jeune Peinture. Il devint membre de la Société des Peintres Graveurs Français. En 1957, il obtint le Prix de la Critique.
Il pratiqua d'abord la pointe sèche et l'aquatinte, puis, depuis 1956, se consacre exclusivement à la « manière noire ». Le contraste accentué de ses gravures en blanc sur noir, ne doit pas faire trop rapidement conclure à un art expressionniste. En réalité, Avati reste imprégné de classicisme, même s'il simplifie très largement les formes. Il soigne particulièrement le détail de ses gravures qui représentent exclusivement des natures mortes. Il s'attache aussi à rendre avec précision les effets de lumière. Cette « manière noire », taxée parfois de maniérisme, le rapproche du graveur japonais Kiyoshi Hasegawa.

AVATI 65

BIBLIOGR. : Catalogue de l'exposition *Mario Avati, l'œuvre gravé 1961-1967*, Gal. Sagot-Le Garrec, Paris, 1973 – Roger Passeron : *Mario Avati, l'œuvre gravé*, Biblioth. des Arts, Paris, 5 vol. 1974-1984 – Lydia Harambourg, in : *L'École de Paris 1945-1965*. Diction. des Peintres, Ides et Calendes, Neuchâtel, 1993.
MUSÉES : ALEXANDRIA – ANGOULEME – BIELLA (Mus. Civico) – BRUXELLES (Mus. des Beaux-Arts) – CHICAGO (Art Inst.) – CINCINNATI – CLEVELAND – ÉPINAL – FLORENCE – LA HAYE – JOHANNESBURG (Art Mus.) – LONDRES – LOS ANGELES – MADRID (BN) – MINNEAPOLIS – NEW YORK (Mus. of Mod. Art) – NEW YORK (Metropolitan Mus.) – NÎMES – OSLO (Gal. Nat.) – OTTAWA (Nat. Gal.) – PARIS (BN, Cab. des Estampes) – PARIS (Mus. de la Ville de Paris) – PHILADELPHIE (Mus. of Art) – TOKYO – WASHINGTON D. C. (Nat. Gal.).
VENTES PUBLIQUES : GRENOBLE, 13 déc. 1976 : *La table du graveur* 1975, past. (30x39) : **FRF 6 000** – COLOGNE, 13 mai 1977 : *La Bonne Aventure* 1968, grav. à la manière noire : **FRF 750** – GRENOBLE, 11 déc. 1978 : *Anémones et papillons* 1971, past. (12x15) : **FRF 2 400** – LILLE, 30 nov. 1980 : *La coupe de fruits*, past. (8x8) : **FRF 2 000** – PARIS, 2 déc. 1981 : *Les papillons de Nagasaki* 1962, manière noire : **FRF 2 100** – GRENOBLE, 12 déc. 1983 : *La botte de carottes* 1970, past. (20x23,5) : **FRF 4 500** – PARIS, 20 avr. 1988 : *La coupe et le pain* 1980, mine de pb, encre de Chine et aquar. (9,7x15) : **FRF 2 100** – PARIS, 12 juin 1988 : *Des artichauts pour une princesse*, past. (19x27) : **FRF 5 000** – PARIS, 13 juin 1990 : *Le Goût acide du jaune citron* 1982, encre et dess. aux cr. de coul./pap. (11x13) : **FRF 5 500** – PARIS, 2 fév. 1992 : *Ballade et clarinette* 1964, past./pap. (41x50) : **FRF 7 500** – PARIS, 9 mars 1994 : *Des zèbres de toutes les couleurs* 1972, manière noire en coul. (23,9x29,4) : **FRF 4 000** – LE TOUQUET, 22 mai 1994 : *L'arlequin* 1965, past. (15x10) : **FRF 4 000**.

AVAULEZ Pierre Michel
XVIIIe siècle. Travaillait à Paris dans la seconde moitié du XVIIIe siècle. Français.

Graveur.
Il fut le parrain d'une fille du graveur Louis-Antoine Dupuis, le 30 mars 1876. Il était également marchand d'estampes.

AVÉ Émile Georges
Né à Saint-Denis. XIXe siècle. Français.

Peintre paysagiste.
Élève de Mouchot et Grollan. Figura aux Salons de Paris de 1881, 1883, 1886, 1887 et 1888.

AVECILLA Crispulo
Né en 1828 à Tolède. XIXe siècle. Espagnol.

Graveur.
Fut élève de l'Académie Santa Isabella, et travailla dans plusieurs ateliers privés.

AVED Anne Charlotte, née Gauthier de Loiserolle
Née en 1695. XVIIIe siècle. Française.

Peintre.
On ne sait rien de son œuvre, sinon que tout laisse à penser qu'elle fut l'auteur de plusieurs portraits. Se maria en 1725 avec le peintre Jacques Aved-Camelot, qui peignit deux portraits d'elle, gravés par Belecheri.

AVED Jacques André Joseph Camelot, dit le Batave
Né le 12 janvier 1702 probablement à Douai (Nord). Mort le 4 mars 1766 à Paris. XVIIIe siècle. Français.

Peintre de portraits.
Ses parents étaient d'origine flamande. Après la mort de son père, survenue très tôt, il fut sans doute élevé par son beau-père, Noël Isaac Bisson, qui habitait Amsterdam. C'est là, d'après Mariette, qu'il apprit de François Boitard les premiers éléments du dessin. À la mort de celui-ci, il devint élève de Bernard Picart. En 1721 il vint à Paris où il eut pour maître le portraitiste Belle. Durant ces premières années d'études, il se lia avec Carle Van Loo, Dumont le Romain et Chardin, qui devait plus tard le prendre pour modèle dans ses tableaux : *Le souffleur* et *L'alchimiste*. C'est, d'ailleurs, sous l'impulsion d'Aved que en 1737 Chardin commença de peindre des portraits. Aved, marié en 1725, fut membre de l'Académie en 1734, sur la présentation de ses portraits de J.-F. de Troy et de Caze. En 1744, il vint conseiller de l'Académie et pensionnaire en 1764. Son *Portrait de Mehemed-Effendi, ambassadeur du Sultan*, fit sa réputation. Cette peinture fut exposée au Salon de 1772 et se trouve aujourd'hui au Musée de Versailles. En 1744, il fut chargé de peindre le *Portrait de Louis XV*, ce qui lui valut le titre de peintre du roi. En 1751, il peignit, à La Haye, le stadhouder Guillaume IV. Aved exposa au Salon, de 1737 à 1759, divers portraits. Celui du *Maréchal de Clermont-Tonnerre* est un des plus beaux et porte la date de 1759 (au château d'Ancy-le-Franc) ; le Musée de Valenciennes possède celui de *Mme de Tencin*, le Musée de Montpellier, celui de *Mme Crozat*. La famille Cournault-Aved, à Nancy, possède seize de ses tableaux. Cet artiste a laissé une précieuse collection d'art qui comprenait, entre autres choses l'ensemble des eaux-fortes de Rembrandt et sa *Suzanne au bain*. Plusieurs œuvres célèbres d'Aved dont il est fait mention dans les livrets des Salons, entre 1737 et 1759, ont disparu, en particulier le portrait de Crébillon et celui de Racine.

AED

BIBLIOGR. : *Catalogue raisonné Aved*, Wildenstein, 1922.
MUSÉES : AMSTERDAM : *Le prince Guillaume IV* – DIJON : *Rameau* – MONTPELLIER : *Antoine Crozat* – PARIS (Louvre) : *Mirabeau* – VALENCIENNES : *Portrait de Mme de Tencin* – VERSAILLES : *Portrait de Mehemed-Effendi, ambassadeur du Sultan* – J. F. de Troy – J. B. Rousseau – Saïd Pacha.
VENTES PUBLIQUES : PARIS, 1850 : *Marquis de Mirabeau* : **FRF 800** – PARIS, 1881 : *Portrait de jeune femme* : **FRF 1 160** – PARIS, 1901 : *Une femme en manteau de tulle noir* : **FRF 210** – PARIS, 1904 : *Portrait* : **FRF 6 000** – PARIS, 1905 : *Portrait de femme* : **FRF 950** – BRUXELLES, 12-13 juil. 1905 : *Portrait de femme* : **FRF 680** ; *Portrait d'homme* : **FRF 750** – PARIS, 1906 : *Portrait d'un gentilhomme* : **FRF 550** – PARIS, 1906 : *Dame vêtue de rose tenant de la musique* : **GBP 38** – PARIS, 17 et 18 mai 1907 : *Portrait de M. Roques* : **FRF 11 000** – PARIS, 1907 : *Portrait de femme assise* : **FRF 130** – PARIS, 1908 : *Portrait de dame* : **FRF 4 000** – PARIS, 1909 : *Portrait de dame* : **FRF 2 700** – PARIS, 1911 : *Une abbesse* : **FRF 580** – LONDRES, 1912 : *Un gentilhomme en habit rouge, assis* :

GBP 10 – LONDRES, 1912 : *Un prince en armure avec l'ordre de la Jarretière* : **GBP 8** – NEW YORK, 1921 : *Un homme au chapeau noir* : **USD 3 000** – PARIS, 19 nov. 1927 : *Portrait de femme assise et tenant un petit chien sur ses genoux* : **FRF 5 900** – PARIS, 23 mai 1950 : *Portrait de jeune femme* : **FRF 210 000** – PARIS, 1er et 2 avr. 1954 : *Portrait de femme* : **FRF 105 000** – PARIS, 3 déc. 1966 : *Monsieur Roques* : **FRF 21 000** – VERSAILLES, 18 nov. 1979 : *Portrait d'un gentilhomme*, h/t (88x66,5) : **FRF 18 500** – MONTE-CARLO, 8 fév. 1982 : *Portrait d'un gentilhomme*, h/t (87x65) : **FRF 30 000** – NEW YORK, 12 jan. 1989 : *Portrait d'un financier*, h/t (114,5x87,5) : **USD 11 000** – MONACO, 4 déc. 1992 : *Portrait de Madame Arlon filant de la soie*, h/t (81x65) : **FRF 88 800** – MILAN, 28 nov. 1995 : *Portrait d'une dame costumée en Cléopâtre 1734*, h/t (119x95) : **ITL 27 600 000**.

AVEDESIAN Edward
Né en 1936. XXe siècle. Américain.
Peintre. Expressionniste abstrait.
Il a contribué à élargir la vision des expressionnistes abstraits.
VENTES PUBLIQUES : NEW YORK, 17 nov. 1971 : *Beauty spots* : **USD 2 500** – NEW YORK, 27 fév. 1981 : *Sans titre* vers 1965, acryl./t. (139,8x139,8) : **USD 2 000** – NEW YORK, 10 nov. 1983 : *Aqua reel* 1971, acryl./t. (215,8x104,2) : **USD 1 500** – NEW YORK, 10 mai 1984 : *King pomegranate* 1971, acryl./pan. (122x81,3) : **USD 1 400** – NEW YORK, 23 fév. 1985 : *Sans titre* 1972, acryl./t. (147,3x205,5) : **USD 1 000** – NEW YORK, 23 fév. 1994 : *Adresse de chat* 1978, vernis/pan. (92,7x92,7) : **USD 1 150**.

AVEDISSIAN Georges
Né à Anapa (Russie). XIXe-XXe siècles. Travaillant à Paris. Russe.
Paysagiste.
Cet artiste exposa au Salon des Indépendants à Paris en 1907.

AVEELE Johannes Van den ou Avelen
Mort le 18 mai 1727 en Suède. XVIIe-XVIIIe siècles. Hollandais.
Peintre, graveur, illustrateur.
On le trouve d'abord domicilié à Leyde. Après la mort de Willem Swidde, il est appelé en Suède (1698) pour y travailler à un grand ouvrage : *Suecia antiqua et hodierna*, qui fut terminé en 1716. Cet ouvrage contient 160 illustrations d'Aveele. Une de ces estampes gravée à l'eau-forte dans son pays, fut sa première œuvre connue ; elle fut publiée en 1678 et représente un *Navire en construction*. En Suède, il fit aussi des eaux-fortes pour illustrer des livres. Plus tard, il fut lecteur dans l'église hollandaise de Stockholm, et mourut fort pauvre. Il signa ses œuvres diversement, tantôt *Aveelen* ou *Aveele*, tantôt *Avelen* ou *Avele*. Il se servit aussi d'un monogramme composé de *J. V. D. A.*, ainsi que des initiales : *J. V. P. A.*

AVEIRO Maria de Guadelupe, Alencastre e Cardennas, duchesse d'
Née en 1660. Morte en 1715. XVIIe-XVIIIe siècles. Portugaise.
Peintre de portraits.
Cette artiste peignit de nombreux portraits pour des églises de Lisbonne et fut désignée, en 1695, par les peintres pour être arbitre de la corporation de Saint-Luc.

AVEL Étienne Adrien
Né vers 1744 à Paris. XVIIIe siècle. Français.
Peintre.
Entra à l'École de l'Académie Royale au mois de septembre 1767, dans l'atelier de Challe.

AVELANI Marcello ou Marcelo. Voir AVENALI

AVELAR Bras ou Blasius d'
XVIe siècle. Portugais.
Peintre de compositions religieuses.
Cyrillo le cite au nombre des peintres portugais les plus anciens. Il travailla d'après Taborda en 1510 et peignit pour le couvent de Belem. Carvalho assure qu'il y a des peintures de cet artiste au-dessus de l'escalier de l'entrée principale, avec des œuvres d'Arrerino. Toutefois, il n'ose pas affirmer que le *Christ portant sa croix* soit de lui et Cyrillo l'attribue à Campello.

AVELAR Rebello José d'
XVIIe siècle. Portugais.
Peintre d'histoire, compositions religieuses.
Cet artiste peignit, pour la voûte de l'église des Martyrs, soixante-douze tableaux représentant les diverses scènes de la vie du Christ et, au-dessus du chœur, la *Prise de Lisbonne*. *Jésus*

au milieu des Docteurs, ouvrage qui se trouve à l'église de Saint-Roch, fut très admiré. De remarquables peintures furent encore faites pour le palais épiscopal : *Le Triomphe de la Vierge*, dans le vestibule de S. Beato, porte la date de 1666.

AVELINE, généalogie de la famille
XVIIe-XVIIIe siècles. Français.
Peintres, graveurs.
Cette famille, qui appartient à la vieille bourgeoisie parisienne, a évolué pendant près de deux siècles dans le monde des arts et cependant la biographie des Aveline est très mal connue. Les manuels d'estampes les mentionnent en général avec des indications erronées. Grâce aux recherches d'Herluison, on peut essayer d'établir la filiation des différentes branches de cette famille. L'orfèvre Jeh. Aveline qui, en 1505, figure dans l'acte de baptême du fils du graveur Paul Dovilliers paraît en être la souche. Viennent ensuite le graveur Joseph Aveline, cité par Heinecken comme ayant vécu de 1638 à 1690, le peintre Antoine Aveline l'Ancien, qui meurt en 1678, Pierre Aveline l'Ancien, que Le Blanc paraît désigner sous le prénom de François, et qui fonde la véritable famille d'artistes de ce nom. En 1701 Pierre Aveline, notaire au Châtelet, cité dans l'acte de décès de son père, Pierre, marchand bourgeois de Paris, décédé à 80 ans, représente la branche bourgeoise de la famille. Détail à noter, Louis Michel Duménil, peintre ordinaire de « l'hostel de ville » est mentionné dans l'acte comme gendre du défunt. La lignée de Pierre Aveline nous paraît s'établir à peu près comme suit :

PIERRE AVELINE-LE-VIEUX, *graveur*, 1654-1722.

JEAN-FRANÇOIS, *bourgeois.*	JEAN-BARTHÉLÉMY, *mc fourbisseur.*	PIERRE, *peintre, puis chirurgien.*	MARGUE-RITE, 1688.	ANTOINE, *graveur*, 1691-1743.

PIERRE-ALEXANDRE, *graveur*, 1702-1780.

FRANÇOIS, *graveur*, 1718-1762.	LOUIS, *graveur*, 1732-1753.	JEAN-ALEXANDRE, *graveur*, 1739-1781.

AVELINE Antoine
Mort le 26 octobre 1678. XVIIe siècle. Français.
Peintre.
Il fut élu membre de l'Académie de Saint-Luc le 16 avril 1646. Cet artiste, dont on ne cite pas d'œuvres, était marié à Marie Carman : il en eut plusieurs enfants, entre autres le peintre Jean Aveline.

AVELINE Antoine
Né en 1691 à Paris. Mort le 12 mars 1743 à Paris. XVIIIe siècle. Français.
Graveur à l'eau-forte et au burin, dessinateur.
Il était fils de Pierre Aveline l'Ancien, et fut très probablement son élève. Le père était marchand de gravures en même temps qu'artiste ; Antoine l'aida probablement dans ses travaux. Il est certain qu'il grava comme lui des vues de châteaux de France et de l'étranger. Il grava aussi des ornements. Son style est agréable. Il épousa Magdeleine Taté et en eut plusieurs enfants, entre autres François, Louis et Jean Alexandre Aveline, qui tous trois furent graveurs. Antoine Aveline demeura rue du Foin et ensuite rue Saint-Jacques, à l'enseigne : *A la Reine de France*.
■ E. B.

AVELINE Claude
Né en 1901 à Versailles (Yvelines). Mort peu après 1992. XXe siècle. Français.
Dessinateur.
Auteur d'ouvrages sur des artistes comme Rodin ou Bourdelle, il a aussi été collectionneur d'œuvres suscitées par son poème *Portrait de l'oiseau-qui-n'existe-pas*. Enfin, il a lui-même produit plus de 150 dessins, durant la Seconde Guerre mondiale, racontant l'histoire d'un personnage imaginaire, bien qu'inspiré par l'actualité : *Zinzolin*. Il n'a repris ses « crayons » qu'à l'époque des « crayons-feutre » (de 1968 à 1985), dont la facilité d'utilisation l'enthousiasmait. L'exposition de 1974 à Paris montrait justement ses « peintures au feutre » en noir et couleurs, qui ont été revues au Musée Bourdelle de Paris en 1991. En 1998 à La Ciotat, la galerie du port et la Chapelle des Pénitents Bleus ont encore montré ses dessins.

AVELINE Clotilde Eugénie Victorine
Née le 10 novembre 1873 à Plancy (Aube). XXᵉ siècle. Française.
Peintre de fleurs, aquarelliste.
Élève d'Eugénie Faux-Froidure, peintre de fleurs, elle fit des aquarelles représentant souvent des bouquets.
MUSÉES : TROYES : *Gerbe d'œillets dans un panier*, aquar..

AVELINE François Antoine
Né le 2 décembre 1718 à Paris. Mort en 1780 à Londres. XVIIIᵉ siècle. Français.
Graveur au burin, dessinateur.
Il était fils d'Antoine Aveline, et étudia avec lui la gravure. S'il ne fut pas l'élève de son cousin Pierre Aveline le Jeune ainsi que l'affirme Le Blanc, il paraît certain qu'il travailla à ses côtés. Il travailla surtout pour les libraires de Paris. A la mort de son père, il passa à Londres. Le continuateur du *Bryan's Dictionary* dit qu'il n'y eut pas de succès, qu'il revint à Paris, où il mourut très pauvre ; cependant la plupart des biographes admettent qu'il prolongea jusqu'à sa mort son séjour dans la métropole anglaise. L'examen de son œuvre permet de supposer qu'il continua à travailler pour certains de ses employeurs français.
■ E. B.

AVELINE Jean
Né à Paris, baptisé le 24 mai 1658. Mort le 2 mars 1685. XVIIᵉ siècle. Français.
Peintre.
Il était fils d'Antoine Aveline l'Ancien et demeurait comme lui rue de la Bûcherie.

AVELINE Jean Alexandre
Né vers 1739 à Paris. Mort le 4 septembre 1781 à Paris. XVIIIᵉ siècle. Français.
Graveur.
Il était fils d'Antoine Aveline II et paraît avoir été son élève. Nous trouvons aussi sur le registre des élèves de l'Académie royale de peinture, un Aveline, graveur, entré le 1ᵉʳ octobre 1758, sans indication de prénom, qui pourrait être cet artiste, ou son frère Louis. On cite de lui des gravures d'académies d'après Bouchardon. Il travailla surtout pour les libraires.

AVELINE Joseph
Né à Paris, en 1638 selon Heinecken. Mort en 1690. XVIIᵉ siècle. Français.
Graveur.

AVELINE Louis
Né en 1732 à Paris. Mort le 21 septembre 1753. XVIIIᵉ siècle. Français.
Graveur.
Cet artiste, fils d'Antoine Aveline, mourut trop jeune pour avoir pu donner la marque de ses aptitudes artistiques.

AVELINE Pierre, dit l'Ancien
Né vers 1656 à Paris. Mort le 23 mai 1722 à Paris. XVIIᵉ-XVIIIᵉ siècles. Français.
Graveur au burin, dessinateur.
Cet artiste paraît être le même personnage que le graveur désigné par Le Blanc sous le prénom de François et il convient d'attribuer à l'une des ouvrages que cet auteur donne à François. Ainsi que le fait justement remarquer Le Blanc, on retrouve dans le style de Pierre Aveline la forme de Perelle, et il est probable qu'il fut son élève. Pierre Aveline, de son mariage avec Marguerite Arnou ou Arnould, eut plusieurs enfants, entre autres Jean-François, qu'on retrouve mentionné comme bourgeois de Paris, Jean-Barthélémy, marchand fourbisseur, Pierre, peintre puis chirurgien, Marguerite, qui plus tard épousa la peintre Alexandre Grémont, et Antoine, graveur. Son acte de décès indique qu'il mourut rue Saint-Jacques. ■ E. B.

Aueline

AVELINE Pierre
Né le 1ᵉʳ décembre 1679 à Paris. Mort avant 1722. XVIIIᵉ siècle. Français.
Peintre.
Il était fils du graveur Pierre Aveline l'Ancien. À dix-neuf ans, lors de son mariage avec Marie-Antoinette, fille du peintre Louis Genest, il est mentionné comme peintre. On trouve dans l'œuvre de son fils, le graveur Pierre Alexandre Aveline, la mention d'un certain nombre d'estampes exécutées d'après des œuvres de Pierre Aveline, notamment, une *Vierge*, *Vénus à sa toilette*, *Bac-*

chus et Ariane, *Les Sens* en cinq sujets. Aveline avait eu pour parrain son parent, Pierre Aveline, chirurgien. Peut-être faut-il voir dans ce fait une des causes qui l'amenèrent à abandonner l'art pour l'exercice de la médecine. Pierre Aveline paraît être mort avant son père, Aveline l'Ancien.

AVELINE Pierre Alexandre
Né en 1702 à Paris. Mort en 1760 à Paris. XVIIIᵉ siècle. Français.
Graveur au burin, dessinateur.
Il était fils du peintre puis chirurgien Pierre Aveline et neveu d'Antoine Aveline. Formé à l'École de Jean-Baptiste de Poilly, il fut le plus brillant représentant artistique de sa famille et compte parmi les bons graveurs du XVIIIᵉ siècle. Il fut membre de l'Académie en 1737. Le 7 avril 1742, il épousa Marie-Angélique Senaillie, veuve d'un sieur Robeau, fabricant d'instruments de musique. Ses reproductions d'Antoine Watteau jouissent d'une réputation méritée. ■ E. B.

AVELING H. G.
XIXᵉ siècle. Britannique.
Portraitiste.
Il exposa à Londres entre 1839 et 1842, notamment à Suffolk Street.

AVELLA
Né en Italie. XIXᵉ siècle. Italien.
Sculpteur.
Il obtint une mention honorable à l'Exposition Universelle de 1889 à Paris.

AVELLANEDA Francisco de
XVIᵉ siècle. Vivait à Madrid entre 1551 et 1568. Espagnol.
Sculpteur sur bois.

AVELLANUS P. Albericus
XVIIIᵉ siècle. Actif à Florence. Italien.
Peintre.
On cite de lui le dessin d'une planche représentant *Saint Bernard de Sienne*, que G. Guttierez grava.

AVELLINO Giulio ou **Giacinto**, dit **il Messinese**
Né vers 1645 à Messine. Mort en 1700 à Ferrare. XVIIᵉ siècle. Italien.
Peintre de paysages.
Il fut, croit-on, l'élève de Salvator Rosa. Il fit un séjour à Venise et s'établit à Ferrare où il obtint un grand succès. Son établissement dans cette dernière cité ne l'empêcha pas de faire de nombreux voyages à Crémone. C'est dans ces deux villes que se trouvent le plus grand nombre de ses ouvrages, justement estimés.

AVELLINO Onofrio
Né en 1674 à Naples. Mort en 1741 à Rome. XVIIᵉ-XVIIIᵉ siècles. Italien.
Peintre de compositions religieuses, portraits.
Il fut d'abord l'élève de Luca Giordano, puis de Francesco Solimena. Il vécut quelques années à Rome, où l'on trouve des peintures de lui, dans des églises de Santa Maria di Monte Santo et dans celle de San Francesco di Paola. Des copies des ouvrages de ses maîtres furent exécutées par Avellino avec tant de fidélité que plusieurs d'entre elles ont passé pour des originaux.

AVELLINO Scipione di
XVIIIᵉ siècle. Vivait à Naples. Italien.
Peintre.

AVELOT Henri
Né à Saint-Germain-en-Laye (Yvelines). Mort en 1934 ou 1935 à Paris. XXᵉ siècle. Français.
Peintre, illustrateur.
Il a exposé ses toiles au Salon de la Société Nationale des Beaux-Arts entre 1901 et 1933 et au Salon des Artistes Français entre 1906 et 1910. Au Salon des Humoristes de 1910, il présente des tableaux mais aussi des dessins. Il a créé des albums humoristiques, notammant pour enfants, dont : *Lotte en liberté – Arthur veut... Arthur veut pas – Le Tour du monde de Philibert*, ou : *Les Bonnes Idées de Philibert*.
Ses textes sont d'une verve égale à celle de ses dessins ; c'est ainsi que Carco définit son art : « Peu doué pour des pages ou des croquis à légendes, il prend une brillante revanche lorsqu'il crée une fable ou quand il donne la vie à des personnages. »
BIBLIOGR. : Marcus Osterwalder, in : *Dictionnaire des illustrateurs 1800-1914*, Paris, 1983.
VENTES PUBLIQUES : PARIS, 1ᵉʳ avr. 1920 : *L'heureux retour* : FRF 470.

AVEMANN Wolf
Originaire de Cassel. Mort à Hesse. XVIIᵉ siècle. Allemand.
Peintre.
Il fut l'élève de Hendrick Van Steenwijk : il se fixa à Nuremberg dès sa jeunesse et y resta jusqu'en 1620. Plusieurs églises et monuments de cette ville ont été décorés par lui.

AVEN Jan Van
XVIᵉ siècle. Éc. flamande.
Sculpteur.
Il est cité comme membre de la corporation des sculpteurs de Malines en 1584.

AVENALI Marcello ou **Marcelo**, appelé par erreur **Avelani**
Né en 1912 à Rome. Mort en 1981 à Rome. XXᵉ siècle. Italien.
Peintre de figures, intérieurs, natures mortes, aquarelliste, peintre de collages, technique mixte.
Il n'a pratiquement presque jamais peint en technique traditionnelle de peinture à l'huile, mais travaillait par des procédés apparentés au collage, associés à des techniques graphiques et picturales mixées. Il a surtout traité des thèmes intimistes, des femmes dans un intérieur, et des natures mortes. Bien que figuratif, son art laisse transparaître l'influence du cubisme dans sa composition et de l'abstraction dans sa forme.
VENTES PUBLIQUES : ROME, 3 déc. 1985 : *Nature morte* vers 1971, techn. mixte et collage/cart. (54x50) : ITL 1 300 000 – ROME, 18 mars 1986 : *Jeune fille assise* 1981, aquar. (45,5x30,5) : ITL 1 400 000 – ROME, 29 avr. 1987 : *Nature morte aux raisins* 1939, h/cart. (55x40) : ITL 3 200 000 – ROME, 7 avr. 1988 : *Nature morte*, techn. mixte/cart. (24x24) : ITL 2 000 000 – ROME, 15 nov. 1988 : *Personnage féminin dans un intérieur*, techn. mixte/pap./t. (63x45) : ITL 2 400 000 – ROME, 21 mars 1989 : *Femme assise*, techn. mixte/pap. (78,5x58) : ITL 1 100 000 – ROME, 9 avr. 1991 : *Composition* 1964, techn. mixte et collage/pap./pan. (104x38,5) : ITL 4 500 000 – ROME, 9 déc. 1991 : *Nature morte aux harengs* 1955, h/pan. (25x30) : ITL 8 050 000 – ROME, 25 mai 1992 : *Sans titre* 1974, temp./pan. (22,5x34,5) : ITL 977 000 – ROME, 19 avr. 1994 : *Modèle*, aquar./pap. (55x45) : ITL 4 600 000 – ROME, 13 juin 1995 : *Sans titre*, techn. mixte et collage/t. (70x80) : ITL 2 530 000 – MILAN, 2 avr. 1996 : *Autoportrait dans l'atelier* 1956, h/t (130x75) : ITL 8 625 000.

AVENARD Étienne
Né le 7 septembre 1873 à Saint-Brieuc (Côtes-d'Armor). Mort le 28 mars 1952 à Nice (Alpes-Maritimes). XXᵉ siècle. Français.
Sculpteur, céramiste.
Il a exposé des faïences au Salon d'Automne à Paris, entre 1920 et 1923. Il fut promu chevalier de la Légion d'Honneur.

AVENARIUS Charles Auguste
Né vers 1788 à Cassel (Hesse). XIXᵉ siècle. Allemand.
Peintre.
Il vint à Paris pour travailler à l'École des Beaux-Arts et y fut admis le 19 mai 1807.

AVENARIUS Tony
Né le 17 avril 1836 à Bonn. Mort le 31 janvier 1901. XIXᵉ siècle. Allemand.
Peintre de portraits, aquarelliste.
Il étudia à l'Académie de Munich et, en 1861, il vint s'établir à Cologne. L'association des chanteurs *Wolkenburg* – il était lui-même musicien – lui doit les portraits de grande dimension de ses cinq fondateurs. Mais son œuvre principale consiste en aquarelles, qu'il exécuta en octobre 1880, à l'occasion de la fête de l'achèvement de la cathédrale de Cologne, et qui furent reproduites en couleurs.

AVENDANO
XVIIIᵉ siècle. Espagnol.
Peintre de compositions religieuses.
Il exécuta, en 1718, pour le couvent Eslonza, un tableau représentant le martyre de saint Pierre.

AVENDANO Diego
XVIIᵉ siècle. Travaillant en 1661 à Valladolid. Espagnol.
Peintre.

AVENDANO Ernesto Soto
Né en 1886 dans la province de Buenos Aires. XXᵉ siècle. Argentin.
Sculpteur de compositions monumentales.

AVENDANO Jacques
XVIIᵉ siècle. Travaillant en Espagne. Espagnol.

Peintre d'histoire.
Cité par Mireur.
VENTES PUBLIQUES : PARIS, 1892 : *Chaumière piémontaise* : FRF 140.

AVENDANO Serafin de ou **Avendino**
Né le 12 octobre 1838 à Vigo (Galice). Mort en 1916. XIXᵉ siècle. Espagnol.
Peintre de sujets de genre, paysages animés, paysages.
Élève de l'Académie des Beaux-arts de Madrid, il se perfectionna dans les ateliers d'Esquivel et de Villamil. Plus tard, il alla en Italie, où il séjourna longtemps. Il prit part à diverses expositions collectives. On cite parmi ses œuvres exposées : *Le gabbie presso Savignano, Effet de lune, Vue de Savignano*, à Parme. À Milan en 1872 : *Le Viatique, Rives de l'Adda à Parmigiano, Le Rocher Garibaldi à Quarto, en Ligurie, Campagne de Parmigiano aux environs du Pô*. À Milan, en 1883, on admira de lui : *Quarto al mare, Coucher de Soleil*. À Rome, la même année : *Sous les oliviers*. À Milan, en 1886 : *Petites collines de Castelvero, Mois de juin à Castelvero, Un torrent à Badia di Tiglieto, Rives de l'Arbidoso*. Enfin à Venise, en 1887 : *Matinée à Badia di Tiglioet et Un coucher de Soleil*.
MUSÉES : MADRID (Mus. d'Art Mod.) : *Paysage – Idylle – Fontaine en Galice – Au grand lac*.
VENTES PUBLIQUES : LONDRES, 3 avr. 1909 : *La baie de Livorno* : GBP 12 – NEW YORK, 24 fév. 1983 : *Élégants personnages sur la plage, baie de Livorno*, h/t (24x47) : USD 7 000.

AVENDANO FERNANDEZ Donato
Né le 12 décembre 1840 à Laredo (prov. de Santander). XIXᵉ siècle. Espagnol.
Peintre de portraits, paysages, marines, dessinateur.
Il étudia à l'Institut de Santander et devint plus tard l'élève de Carlos de Haës. Il fut nommé professeur pour le dessin, à l'École des sourds-muets à Madrid, et prit part, depuis 1878, à presque toutes les expositions de cette ville.

AVENDORP Cornelis
XVIIᵉ siècle. Éc. hollandaise.
Peintre.
Cité, en 1635, comme membre de la gilde de Saint-Luc, à Alkmaar.

AVÉNOD Jean
XVᵉ siècle. Français.
Peintre verrier.
Cet artiste fit six panneaux aux armes de l'empereur, en 1415.

AVENTI Giov. Antonio di Francesco
XIVᵉ siècle. Actif à Ferrare dans la première moitié du XIVᵉ siècle. Italien.
Peintre.

AVENTI Giovanni Maria
Mort en 1520. XVIᵉ siècle. Actif à Ferrare. Italien.
Peintre.

AVER Giorgio. Voir **AUER Giorgio**

AVER Jacob
Né vers 1747 à Augsbourg. XVIIIᵉ siècle. Français.
Peintre.
Il vint à Paris chez son oncle, qui était graveur en bijoux, rue Calandre, près du Palais, pour entrer à l'École de l'Académie Royale, dans l'atelier de Bachelier.

AVERANI Antonio
XVIᵉ siècle. Vivait à Florence. Italien.
Peintre.

AVERARA, da. Voir au prénom

AVERARA Giambattista ou **Averaria** ou **Avernaria** ou **d'Averara**
Mort en 1548. XVIᵉ siècle. Travaillant à Bergame vers 1508. Italien.
Peintre de fresques.
On ne connaît pas le nom de son maître, mais il est évident qu'il forma son style et son coloris en étudiant les œuvres du Titien. Ridolfi mentionne un certain nombre d'ouvrages d'Averara, dans des termes favorables, particulièrement deux peintures dans l'église de San Francesco, à Bergame. Il exécuta également des ouvrages dans le palais du Podestat de cette ville. Il peignit des paysages ornés de motifs d'architecture.

AVERARDO da Cremona
XVᵉ siècle. Italien.
Peintre.

AVERARDO di Francesco
xve siècle. Italien.
Miniaturiste.
En 1425, il fut nommé massaio (massier) de la corporation des miniaturistes de Pérouse.

AVERBERG H.
xixe siècle. Travaillait à Hambourg en 1806. Allemand.
Peintre.

AVERBERG J. Ed.
Né le 1er janvier 1811 à Hambourg. Mort en 1868. xixe siècle. Allemand.
Paysagiste.
Peut-être fils de H. Averberg. Il étudia à Munich.

AVERCAMP Barent
Né en 1612. Mort en 1679. xviie siècle. Éc. hollandaise.
Peintre de sujets de genre, paysages, paysages d'eau.
Il était fils de Pierre Avercamp et de Lysbeth Van Ingen, et neveu de Hendrick Avercamp. Il fit partie de la corporation des peintres en 1656.
Musées : Paris (Louvre) : *Scène de patinage.*
Ventes Publiques : Genève, 7 déc. 1935 : *Pêcheurs :* CHF 24 100 ; *La ville de Kampen en hiver :* CHF 93 250 – Londres, 15 juin 1936 : *Ville au bord d'une rivière gelée :* GBP 15 – Paris, 11 déc. 1961 : *Scène de patinage :* FRF 124 000 – Paris, 11 déc. 1961 : *Scène de patinage,* pan. : FRF 124 000 – Londres, 27 mars 1963 : *Scène d'hiver sur une rivière gelée :* GBP 10 000 – Munich, 29-30 sep. 1965 : *Pêcheurs au bord de la mer, levant leurs filets :* DEM 10 000 – Londres, 8 déc. 1972 : *Paysage d'hiver avec patineurs :* GNS 48 000 – Amsterdam, 9 juin 1977 : *Pêcheurs dans un paysage fluvial,* h/pan. (27x44,5) : NLG 280 000 – Londres, 21 avr. 1982 : *Scène de patinage,* h/pan. (30,5x55) : GBP 56 000 – Londres, 11 déc. 1984 : *Scène de patinage,* h/pan. (30,8x50) : GBP 85 000 – Londres, 10 juil. 1987 : *Deux gentilshommes et des paysans regardant des pêcheurs au bord d'un estuaire tirant leur filet,* h/pan. (45x67) : GBP 75 000 – Londres, 8 juil. 1988 : *Paysage d'hiver avec des villageois et des patineurs sur la rivière gelée près d'une ville,* h/pan. (33x48) : GBP 264 000 – Londres, 14 déc. 1990 : *Scène de la vie villageoise sur un canal gelé avec un traineau à cheval et une péniche prise dans la glace,* h/pan. (45x62) : GBP 192 500 – New York, 11 jan. 1991 : *Scène de la vie villageoise sur un rivière gelée avec un traineau à cheval au premier plan,* h/pan. (30,5x54) : USD 121 000 – Londres, 9 juil. 1993 : *Villageois regardant des pêcheurs sortir leurs filets de la rivière,* h/pan. (45x61,5) : GBP 51 000 – Monaco, 2 déc. 1994 : *Pêcheurs ramenant les filets sur la berge d'un lac,* h/pan. (36x52,5) : FRF 388 500 – Londres, 7 déc. 1994 : *Paysage de rivière gelée avec de nombreux patineurs et joueurs de palets,* h/pan. (30,5x52) : GBP 287 500 – Londres, 16-17 avr. 1997 : *Deux rangées de personnages,* pl. et encre brune et lav. gris (18,4x29,6) : GBP 1 495.

AVERCAMP Hendrick Van, dit **le Muet** (Stomme) **de Kampen**
Né le 25 janvier 1585 à Amsterdam. Mort à Kampen, vers 1663 ou 1634 selon le dictionnaire Hazan. xviie siècle. Éc. hollandaise.
Peintre de sujets de genre, paysages animés, paysages, paysages d'eau, peintre à la gouache, aquarelliste, dessinateur.
Il était fils du maître d'école Barend Hendricksz Avercamp et par sa mère Béatrice, petit-fils du savant Petrus Meerhoutanus. Cet artiste apprit la peinture à Amsterdam, dans l'atelier de Pieter Isaacsz, mais prenant bien plus exemple des œuvres de Gillis Van Coninxloo, au point que certains biographes disent qu'il aurait été l'un de ses nombreux élèves. En fait, de même que Arent Arentsz, Buytewech, ou Esaias Van de Velde, c'est dans la tradition de Pieter Brueghel l'Ancien, qu'il s'inscrit très précisément. Il avait été surnommé très tôt « le Muet », à cause de son caractère taciturne. Il vint s'établir à La Haye, où il peignit l'ensemble de son œuvre.
Partant de *L'hiver,* de Brueghel, la plus grande partie de son œuvre est consacrée au thème de l'hiver en Hollande. Dans de vastes étendues glacées et enneigées, de gris froids et argentés, évoluent quantité de petits personnages, le plus souvent montés sur leurs patins, qui s'affairent avec vivacité, vêtus de couleurs vives, qui tranchent sur les grisailles délicates du fond. Sans doute en référence à son modèle, son style, pour l'époque, paraît

archaïsant. Toutefois, la lumière qui unifie tous les divers éléments de ses compositions, a une qualité bien particulière, remarquable de justesse, plus douce et enveloppante que chez Brueghel ou ses autres prédécesseurs dans ces paysages d'hiver sur la plaine hollandaise. Le dessin, plus enlevé également que chez ses prédécesseurs, annonce la souplesse que l'on trouvera bientôt chez Van Goyen et chez Van der Neer. Son œuvre est abondant, du fait qu'il s'agissait d'une production proche de la peinture de genre ou d'un certain maniérisme. C'est pourquoi, si les histoires de la peinture hollandaise ne lui consacrent qu'une place mesurée, en raison du mode mineur de sa production, en revanche on trouve de ses dessins, aquarelles et peintures dans de nombreux musées et collections.

Bibliogr. : C. J. Welcker : *Hendrick Avercamp,* Zwolle, 1933 – W. Bernt : *Die niederländischen Maler des 17. Jahrhunderts,* Munich, 1948 – Marcel Brion : *L'âge d'or de la peinture hollandaise,* Bruxelles, 1964.
Musées : Amsterdam : *Patinage – Hiver –* Anvers : *Peintures –* Berlin : *Hiver –* Budapest : *L'Hiver –* Cologne : *Paysage d'hiver –* Dresde : *Promenade en traîneau – Scène de patinage – Jeux sur la glace –* Dublin : *Scène d'hiver –* Édimbourg : *Scène d'hiver –* Gênes : *Deux paysages –* Hanovre : *Plaisirs d'hiver –* Leipzig : *Paysage d'hiver – La glace –* Londres : *Paysage d'hiver –* Milan (Castello Sforzesco) : *Sur la glace, patineurs –* Nantes : *Paysage, effet de neige –* Oslo : *Canal hollandais –* Rotterdam : *Paysage d'hiver –* Vienne : *Paysage d'hiver.*
Ventes Publiques : Paris, 1772 : *Village de Hollande,* dess. : FRF 180 – Paris, 1861 : *Foire de village :* FRF 255 – Paris, 1862 : *Réjouissance en hiver,* dess. : FRF 79 – Paris, 1873 : *Les Patineurs :* FRF 700 – Paris, 1876 : *Effet d'hiver :* FRF 1 900 – Paris, 1884 : *Hiver en Hollande :* FRF 400 – Paris, 1890 : *Les patineurs :* FRF 2 200 ; *L'Hiver en Hollande :* FRF 2 400 – Paris, 1897 : *Pêcheurs et chasseurs :* FRF 966 – Paris, 1898 : *Hiver en Hollande :* FRF 2 000 – Paris, 1899 : *Vue de Hollande :* FRF 820 – Paris, 1903 : *Hiver en Hollande :* FRF 1 050 – Londres, 1908 : *Hiver :* GBP 63 – Londres, 1908 : *Scène de rivière :* GBP 11 – Zurich, 1909 : *Paysage d'hiver :* FRF 1 400 – Paris, 1909 : *Scène de patinage :* FRF 440 – Londres, 1909 : *Rivière de glace :* GBP 21 – Paris, 1910 : *Hiver en Hollande :* FRF 390 – Paris, 1912 : *Patineurs :* FRF 650 – Paris, 1914 : *Patineurs :* FRF 500 – Paris, 27 nov. 1919 : *La Sortie des barques de promenade :* FRF 500 – Londres, 1920 : *Paysage d'hiver :* GBP 273 – Londres, 1920 : *Autre :* GBP 94 – Paris, 5 avr. 1922 : *Scènes d'hiver avec nombreuses petites figures,* deux gche : FRF 1 050 – Londres, 1922 : *Au bord de la rivière :* GBP 94 – Paris, 22 au 24 fév. 1923 : *Scène de patinage :* FRF 1 500 – Londres, 1924 : *Village sur une rivière :* GBP 73 – Paris, 12 mai 1926 : *Paysage d'hiver animé de figures,* École de : FRF 3 100 – Paris, 22 fév. 1932 : *Les amusements de l'hiver :* FRF 26 000 – Paris, 10 fév. 1933 : *Scène de patinage :* FRF 1 750 – Paris, 27 fév. 1933 : *Les Patineurs :* FRF 250 – Paris, 26 fév. 1934 : *Scène de patinage,* attr : FRF 3 700 ; *Scène de patinage,* dess. à la pl. et sépia : FRF 1 350 – Amsterdam, 1947 : *Scène de patinage :* NLG 4 000 ; *Paysage d'hiver avec patineurs :* NLG 9 400 – Paris, 25 mai 1949 : *L'hiver en Hollande :* FRF 500 000 – Paris, 9 mars 1951 : *La pêche au filet :* FRF 1 250 000 – Londres, 14 mai 1958 : *Scène sur une rivière gelée avec des silhouettes élégantes,* pan. : GBP 1 100 – Londres, 24 juin 1959 : *Paysage d'hiver,* pan. : GBP 4 200 – Londres, 24 juin 1960 : *Vue d'un village hollandais,* pierre noire et aquar. : GBP 300 – Paris, 27 fév. 1961 : *Le canal gelé,* encre de Chine et aquar. : FRF 3 200 – Paris, 3 avr. 1962 : *Bord de rivière,* aquar. : FRF 12 500 – Londres, 28 nov. 1962 : *Scène d'hiver avec patineurs :* GBP 12 500 – Londres, 27 mars 1963 : *Patineurs près de Kampen :* GBP 19 500 – Londres, 24 mai 1965 : *Chasseur dans un paysage d'hiver :* GBP 4 000 – Londres, 6 juil. 1966 : *Scène d'hiver :* GBP 1 700 – Londres, 24 nov. 1967 : *Personnages patinant sur une rivière glacée :* GNS 18 000 – Londres, 25 nov. 1970 : *Gentilshommes et dames de qualité patinant :* GBP 9 000 – Londres, 14 mai 1971 : *Paysage d'hiver avec patineurs :* GNS 13 000 – Londres, 6 juil. 1976 : *Nombreux personnages sur une rivière gelée,* aquar. et pl. reh. de blanc (20,3x33) : GBP 19 000 – Londres, 24 nov. 1979 : *Paysage d'hiver avec patineurs,* dess. à la pl. et aquar./traces de craie noire (11,4x16) : NLG 30 000 – New York, 9 jan. 1981 : *Paysage d'hiver avec nombreux personnages sur une rivière gelée,* h/pan. (33x53,5) : USD 190 000 – Londres, 7 juil. 1981 : *Nombreux personnages sur*

une rivière gelée, aquar. et pl. reh. de blanc (20,3x33) :
GBP 32 000 – Amsterdam, 14 mars 1983 : *Paysage fluvial en été*,
h/pan. (28,5x51) : **NLG 320 000** – Amsterdam, 26 nov. 1984 :
*Scène de patinage avec un gentilhomme regardant une dame de
qualité à l'avant-plan*, aquar., gche, craie noire et lav. (19,6x31,6) :
NLG 190 000 – Monte-Carlo, 22 juin 1985 : *Paysage d'hiver*,
h/pan. (31x46,5) : **FRF 3 500 000** – Londres, 30 juin 1986 : *Paysage d'hiver avec de nombreux personnages sur un lac gelé*, pl. et
encre brune et aquar. reh. de blanc/traits craies noire
(18,3x24,9) : **GBP 3 400** – New York, 15 jan. 1987 : *Paysage au
moulin en hiver animé de personnages*, h/pan. (25x27,5) :
USD 145 000 – Londres, 6 juil. 1990 : *Diverses activités sur les
eaux gelées hors des remparts de Campen*, h/pan. (44,5x72,5) :
GBP 770 000 – Amsterdam, 10 mai 1994 : *Navigation dans l'embouchure d'une rivière*, encre et aquar. (12,2x18,5) : **NLG 8 625** –
Londres, 8 juil. 1994 : *Paysage d'hiver avec un chasseur de
canards et son chien au premier plan, avec un traîneau sur une
rivière gelée avec une église et un gibet au lointain*, h/pan.
(19x26) : **GBP 122 500** – Amsterdam, 11 nov. 1997 : *Garçon
tenant un poisson*,, pl., encres brune et grise et cire/traces de
craie noire, étude (7,8x4,3) : **NLG 21 240**.

AVERECHT Jacob
Né à Bruges. Mort en 1420. xve siècle. Éc. flamande.
Peintre.
En 1400, il fut doyen de la gilde de Saint-Luc.

AVERECHT Jan
Né à Bruges. Mort vers 1435. xve siècle. Éc. flamande.
Peintre.
Il fut doyen de la gilde des peintres en 1405.

AVERECHT Willem
Né à Bruges. Mort vers 1440. xve siècle. Éc. flamande.
Peintre.
Il entra dans la gilde de Saint-Luc en 1420.

AVERLINO FILARETTE. Voir FILARETTE Antoni di Pie-tro Averlino

AVERNIER Antoine
Né en France. xvie siècle. Français.
Sculpteur sur bois.
Le travail qu'il exécuta, de 1508 à 1522, avec l'aide d'Arnould
Boullin, d'Alexandre Huet et de Jean Turpin, dans le chœur de la
cathédrale d'Amiens, n'existe plus qu'en partie. Huit stalles ont
disparu depuis longtemps et quatre-vingts statuettes furent
volées en 1839.

AVEROFF Ninette
Née à Athènes. xxe siècle. Grecque.
Peintre.
Elle expose des portraits au Salon des Indépendants en 1929.

AVERSA Mercurio d'
xviie siècle. Vivait à Naples. Italien.
Peintre.
Il fut l'élève de G. B. Caracciuoli.

AVERSANO Francesco Paolo
Né le 1er février 1853 à Caserte. xixe siècle. Travaillant à
Naples. Italien.
Paysagiste.

AVERSANO Luigi
Né en 1894 à Naples. xxe siècle. Italien.
Peintre.
La Galerie d'Art Moderne de Rome conserve de ses œuvres.

AVERY Claire
xxe siècle. Active à New York vers 1909-1910. Américaine.
Peintre, décoratrice, illustratrice.
Elle fut également professeur.

AVERY Harold
xixe-xxe siècles. Américain.
Peintre de sujets de genre, illustrateur.
Il habitait Elmhurst de 1858 à 1927.
Ventes Publiques : Londres, 28 nov. 1977 : *Le Journal du matin*
1883, h/t (79x58,5) : **GBP 400**.

AVERY Henneth Newell
Né à Bay City (Michigan). xxe siècle. Américain.
Peintre.
Élève de Jean-Paul Laurens à Paris vers 1908.

AVERY Milton Clark
Né en 1885 ou 1893 à Altmar (New York). Mort en 1965 à
New York. xxe siècle. Américain.

**Peintre de figures, portraits, animaux, intérieurs, pay-
sages, peintre à la gouache, aquarelliste, dessinateur.
Figuratif intimiste, puis tendance abstraite.**
S'il existe un lien entre le monde de la peinture traditionnelle
américaine du début du xxe siècle et celui de l'expressionnisme
abstrait autour de 1945, c'est bien Milton Avery qui l'a créé. On
ne lui connaît aucune formation particulière, sinon en 1913 un
cours de dessin d'après nature donné par Ch. Noël Flagg à la
Connecticut League of Art à Hartford. En 1925, il épouse Sally
Michel, également peintre, dont on retrouvera l'image dans les
nombreux portraits exécuté par son époux. Il a exposé à la
Water Colour Exhibition de Chicago en 1931, puis à celle du
Worcester Art Museum en 1933. Sa première exposition personnelle eut lieu en 1928, elle a été suivie d'autres à partir de
1940. Une grande rétrospective lui a été consacrée en 1952, au
Baltimore Museum, puis à la Fondation Ford et au Whitney
Museum en 1960. Une autre rétrospective posthume a été présentée à Lincoln puis à Little Rock en 1966, puis deux encore en
1983 à la Albright-Knox Art Gallery de Buffalo et au Minneapolis
Institute of Art. Il a reçu le Prix Atheneum de la Connecticut Academy of Fine Arts en 1929, et le Prix Logan de l'Art Institute de
Chicago.
Après la période fauve de ses débuts, qui lui a permis de jouer
avec de riches couleurs, il atténue sa palette et simplifie ses
compositions qui tendront vers un dépouillement de plus en plus
grand. Ses sujets restent simples tels que Rothko les définit :
« Avery peignait son atelier, Central Park, sa femme Sally, sa fille
March, les plages et montagnes où ils passaient l'été ; des
vaches, des poissons, des vols d'oiseaux ; ses amis et le peuple
d'êtres vivants qui se trouvaient réunis dans son atelier, acteurs
domestiques et sans héroïsme. » C'est donc dans un style
presque intimiste, qu'il peint des œuvres aux formes simplifiées,
aux plans colorés découpés, dans un espace à deux dimensions,
évoquant l'art de Matisse. Ses contours ondoyants, ses notations
linéaires légères qui viennent évoquer, comme des incisions, un
nez, un sourcil ou des lèvres, sont autant de similitudes avec la
peinture de Matisse, mais les couleurs de Milton Avery ne sont
jamais brillantes et tout en restant très riches, elles sont plus
sourdes. Il maîtrise d'ailleurs fort bien ses rapports de couleurs
dont les contours peuvent être parfois fluides, créant une sorte
d'osmose entre elles. C'est ainsi que peu à peu l'art de Milton
Avery mène à l'abstraction expressionniste de Rothko et de Gottlieb. Ensemble, ils ont participé à de longues discussions hebdomadaires qui ont facilité la naissance de la peinture abstraite
américaine d'après-guerre et plus particulièrement de l'École
dite de New York. ■ Annie Pagès

Milton Avery

Bibliogr. : Catalogue *Milton Avery 1893-1965*, The Sheldon
Memorial Art Gallery, University of Nebraska, Lincoln, 1966 – J.
D. Prown et B. Rose : *La Peinture Américaine, de la période colo-
niale à nos jours*, Skira, Genève, 1969 – in : *Dict. Univ. de la Peint.*,
Robert, 1975 – Catalogue *The natural paradise, Painting in Ame-
rica 1800-1950*, Mus. of Modern Art, New York, 1976.
Musées : Boston (Mus. of Fine Arts) : *Portrait de Marsden Har-
tley* – Minneapolis (Walker Art Center) : *Seated Blonde* 1946 –
New York (Metropolitan Mus. of Art) : *Nu bleu* 1947 – *Mer verte*
1954 – *Nageurs et baigneurs* 1954 – New York (Mus. of Mod.
Art) : *Graminées de mer et mer bleue* 1958.
Ventes Publiques : New York, 14 fév. 1951 : *Cirque* : **USD 300** –
New York, 15 avr.1959 : *Harpo Marx* : **USD 1 500** – New York, 22
jan. 1960 : *Après le bain*, h/cart. : **USD 525** – New York, 16 mai
1962 : *Le Jeu de cartes* : **USD 3 750** – Londres, 1er juil. 1964 : *Portrait de Mrs Avery* : **GBP 2 000** – New York, 18 nov. 1965 : *Trois
Femmes assises* : **USD 6 250** – New York, 29 jan. 1970 : *Le Parasol rose*, gche et aquar. : **USD 4 750** – New York, 4 mars 1970 :
Deux Baigneuses : **USD 12 000** – New York, 24 mai 1972 : *Deux
figures sur la plage*, gche : **USD 10 000** – Los Angeles, 7 mars
1976 : *Gray sea*, litho. (53x66) : **USD 750** – New York, 29 avr.
1976 : *Cactus en fleurs* 1946, aquar. (51x63,5) : **USD 6 750** – New
York, 28 mai 1976 : *Paysage au cheval blanc*, h/t (36x56) :
USD 4 500 – New York, 21 oct. 1976 : *Le jeu de cartes* 1945, h/t
(127x86,5) : **USD 37 000** – New York, 27 oct. 1977 : *Paysage aux
trois arbres* 1956, aquar. (56,5x78,1) : **USD 5 500** – New York, 22
mars 1978 : *Le coq blanc* 1947, gche/pap., double face
(54,6x74,3) : **USD 15 000** – Los Angeles, 18 sep. 1978 : *Tête
d'homme* 1935, pointe-sèche (23,2x12,2) : **USD 500** – New York,

25 oct. 1979 : *Sally et March en mer* 1945, aquar. (56,5x78,1) : **USD 7 500** – New York, 4 déc. 1980 : *L'Ombrelle bleue* 1944, gche (57,7x76,2) : **USD 22 000** – New York, 29 mai 1981 : *Le chapeau brun*, gche et cr./pap. (78,8x57,1) : **USD 31 000** – New York, 6 mai 1982 : *Le Vermont en été* 1943, aquar. (57x78) : **USD 15 000** – New York, 6 mai 1982 : *Baigneurs et spectateurs* 1944, aquar. (57x78,5) : **USD 15 000** – New York, 2 mai 1983 : *Woman with brown hat* 1950, monotype en coul. (54,6x42,2) : **USD 7 500** – New York, 11 mai 1983 : *Artiste en mer* 1945, aquar. (57x79) : **USD 42 000** – New York, 23 juin 1983 : *Une artiste* 1960, encre/pap. (42,5X34,9) : **USD 2 400** – New York, 30 mai 1984 : *Female gamester* 1944, aquar./pap. (55,9x76,2) : **USD 28 000** – New York, 31 mai 1984 : *Black goat, whith goat* 1958, encre et cr. de coul. (50,2x66) : **USD 8 000** – Portland, 28 sep. 1985 : *Paysage de Saratoga* 1955, techn. mixte (44,5x59,5) : **USD 28 000** – New York, 25 oct. 1985 : *Avery with beret* 1951, cr. (27,3x21) : **USD 2 500** – New York, 4 déc. 1986 : *Figure en pyjama bleu couchée* 1958, h/t (61x101,5) : **USD 57 000** – New York, 3 déc. 1987 : *Ombrelles et baigneurs* 1944, aquar./pap. (55,9x76,2) : **USD 55 000** – New York, 20 fév. 1988 : *Paysage*, h/t (71x91,4) : **USD 57 200** – New York, 20 fév. 1988 : *Banc de sable avec des oiseaux* 1957, h/t (91,5x137) : **USD 181 500** – New York, 3 mai 1988 : *Artiste peignant au bord de la mer* 1944, aquar./pap. (76,2x55,8) : **USD 55 000** – New York, 3 mai 1988 : *Vase et décanteur* 1949, h/t (50,3x40,2) : **USD 71 500** – New York, 30 sep. 1988 : *Personnage écrivant une lettre*, cr./cart. (21,7x21,5) : **USD 1 650** – New York, 1er déc. 1988 : *La péninsule de Gaspé*, h/t (91,4x121,9) : **USD 110 000** – New York, 24 mai 1989 : *Herbes marines et mer bleue* 1958, h., aquar. et encre/pap. (57,1x78,8) : **USD 104 500** – Londres, 29 juin 1989 : *Paysage* 1950, acryl. et cr./pap. fort (24x35) : **GBP 5 500** – New York, 28 sep. 1989 : *Femme assise* 1963, gche/pap. (76,2x56,5) : **USD 17 600** – New York, 13 nov. 1989 : *Le blondinet* 1945, h/toile cartonnée (51x35,7) : **USD 77 000** – New York, 1er déc. 1989 : *Joueurs d'échecs* 1943, h/t (91,3x71,1) : **USD 99 000** – New York, 23 fév. 1990 : *Jeune Fille à la mandoline* 1939, gche/pap. (45,7x30,7) : **USD 16 500** – New York, 23 mai 1990 : *Mari et Femme* 1961, h/t (81,5x101,5) : **USD 88 000** – New York, 14 mars 1991 : *Chope avec des fleurs* 1948, h/cart. (50,8x41) : **USD 18 700** – New York, 6 déc. 1991 : *Adolescence* 1947, h. et cr./t. (76x101,5) : **USD 352 000** – New York, 27 mai 1992 : *Chèvre au bord de la mer* 1959, h/t (50,8x61) : **USD 37 400** – New York, 28 mai 1992 : *Fillette au chapeau marron*, gche et cr./pap. (78,7x57,6) : **USD 41 800** – Londres, 25 mars 1993 : *Oiseaux sur la mer bleue* 1963, h/cart. (37,5x50,2) : **GBP 20 700** – New York, 26 mai 1993 : *Les Sœurs Porch : Sally et March* 1945, h/t (71,1x106,7) : **USD 244 500** – New York, 1er déc. 1994 : *Parasols rouge et vert*, h/t (86,4x137,2) : **USD 200 500** – Londres, 25 mai 1995 : *March avec des fleurs* 1947, gche/pap. (55,9x76,2) : **GBP 71 250** – New York, 22 mai 1996 : *Le Parasol rose* 1944, aquar. et gche/pap. (54,6x74,9) : **USD 71 250** – New York, 4 déc. 1996 : *Jeune Fille au tricot jaune* 1944-46, h/t (106,7x63,5) : **USD 211 500** – New York, 26 sep. 1996 : *Paysage au crépuscule* 1955, aquar. et past./pap. (43,2x55,9) : **USD 6 612** ; *Volaille* 1957, aquar./pap. (50,8x66) : **USD 31 050** – New York, 18-19 nov. 1997 : *La Baigneuse* 1948, aquar. cr./pap. (73,7x53,3) : **USD 46 000** – New York, 23 avr. 1997 : *Marine* 1945, aquar./pap. (57,2x78,1) : **USD 17 250** – New York, 5 juin 1997 : *Bœuf sur le coteau* 1943, h/t (81,2x121,9) : **USD 43 700** – New York, 7 oct. 1997 : *Oiseau jaune en vol* 1962, h/pan. toilé (50,7x61) : **USD 26 450**.

AVERY Samuel Putnam
Né le 17 mars 1822 à New York. Mort le 11 août 1904 à New York. XIXᵉ siècle. Américain.
Graveur.
S'étant fait éditeur et marchand d'œuvres d'art, en 1865, il abandonna totalement la gravure sur bois et ne fit plus que de la gravure au burin.

AVESAET Cornelis Pietersz
XVIᵉ siècle. Éc. hollandaise.
Peintre.
Membre de la gilde à Utrecht en 1569.

AVESANI Piera
Née en 1945 à Vérone. XXᵉ siècle. Italienne.
Peintre. Abstrait, tendance minimaliste.
A partir de 1969, elle a exposé à Vérone, mais aussi dans d'autres villes italiennes. Autour de 1973, ses œuvres monochromes blanches sont rythmées par des bandes de papier blanc pliées ou enroulées sur elles-mêmes.

AVESQUE Pierre A.
XIXᵉ-XXᵉ siècles. Français.
Peintre.
Membre de la Société des Artistes Français en 1883 ; a pris part à plusieurs de ses expositions.

AVETA Gennaro
XIXᵉ siècle. Italien.
Stucateur.
Sous le règne de Ferdinand II, roi de Naples, il travailla au château de Caserte.

AVETRANI Domenico
Né à Paris. XXᵉ siècle. Français.
Peintre de portraits, nus.
Il a exposé au Salon des Indépendants à Paris, entre 1926 et 1932.
Ventes Publiques : Munich, 15 sep. 1983 : *Nu*, h/cart. (80x64) : **DEM 2 000**.

AVEZINO Santo
D'origine inconnue. XVIIᵉ siècle. Italien.
Miniaturiste.
Mentionné à Rome en 1640.

AVGHERINOS N.
Né à Constantinople, de parents grecs. XIXᵉ siècle. Travaillant à Paris. Grec.
Peintre de genre.
Il résida à Alexandrie et visita l'Égypte. Il exposa au Salon de Paris en 1893 et 1896.

AVIA Amalia
Née vers 1935. XXᵉ siècle. Espagnole.
Peintre de paysages urbains animés. Nouvelles Figurations.
Elle a exposé à Madrid à partir de 1955. A la suite d'Antonio Lopez-Garcia, et d'autres peintres espagnols, elle s'oriente vers un courant réaliste en réaction contre l'art abstrait informel. Ayant adopté ce style, vers les années soixante, elle en a profité pour faire une critique sociale des quartiers pauvres des cités modernes, peignant des troupeaux de moutons égarés au milieu d'immeubles, rues dont les murs sont couverts de graffitis et peuplées d'émigrants fuyant la campagne. Ce n'est pas sans une certaine tendresse qu'elle présente ces thèmes.
Bibliogr. : Juan-Manuel Bonet : *Réalisme magique ? Réalisme quotidien ?*, in : *Chroniques de l'Art Vivant*, nᵒ 17, fév. 1971.
Ventes Publiques : Madrid, 21 fév. 1978 : *L'homme au parapluie*, h/pan. (50x61) : **ESP 85 000** – Madrid, 22 fév. 1983 : *Les touristes* 1971, h/isor. (100x82) : **ESP 110 000** – Madrid, 18 déc. 1986 : *Façade*, h/pan. (100x81) : **ESP 250 000** – Madrid, 16 déc. 1987 : *Rue de Simon*, h/pan. (116x89) : **ESP 325 000**.

AVIANI
Né en 1560 à Vicence. XVIᵉ siècle. Italien.
Peintre.
Il fut l'élève de Palladio et exécuta les quatre perspectives du palais della Rotonda à Vicence.

AVIANI Francesco
Né à Vicence. XVIIᵉ siècle. Travaillait à Vicence dans la seconde moitié du XVIIᵉ siècle. Italien.
Peintre.
Le Musée de Vicence possède de lui trois tableaux, deux paysages et *La pêche miraculeuse*.

AVIANIUS EVANDER C.
Originaire d'Athènes. Iᵉʳ siècle avant J.-C.-Iᵉʳ siècle. Antiquité grecque.
Sculpteur.
Contemporain de César et d'Auguste. Passé à Alexandrie avec Marc Antoine, puis emmené à Rome comme prisonnier, il devint l'esclave de M. Æmilius Avianus qui l'affranchit. Cicéron le connut et eut recours à lui pour se procurer diverses œuvres d'art. En tant que sculpteur, Avianius Evander fut chargé par Auguste de remplacer la tête de l'*Artémis* de Timothée, qui devait être installée dans le temple d'Apollon-Palatin. Comme toreute (ciseleur), il put faire de la vaisselle ciselée, comme ce « catilum Evandri manibus tritum » dont parle Horace (Sat. I, 3, v. 90-91), si du moins le sens donné par Porphyrion est bien exact.

AVIAT Albert
Né à Saint-Pierre-de-Claire (Lot-et-Garonne). XIXᵉ-XXᵉ siècles. Français.

Graveur.

Élève de M. Lalauze et Jules-Charles Aviat : a exposé deux eaux-fortes au Salon de 1905 : *Portraits d'enfants* et *Le Labour en Périgord.*

AVIAT Jules-Charles

Né le 21 juin 1844 à Brienne le Château (Aube). Mort en 1931 à Périgueux (Dordogne). XIXᵉ-XXᵉ siècles. Français.

Peintre de genre, portraits.

Dès 1868, il partit étudier les arts à Rome, où il rencontra Ernest Hébert qui lui donna des conseils. En France, après 1870, il fut tour à tour élève de Hébert, Carolus Duran et Léon Bonnat, avec lequel il travailla à la décoration du Panthéon. Régulièrement, il exposa au Salon de Paris, entre 1876 et 1924. Il prit part aux Expositions Universelles de 1900 à Paris et de 1910 à Bruxelles. Si ses scènes de genre restent académiques, ses portraits peuvent avoir le charme de ceux de Gainsborough ou la grâce un peu froide de ceux de Winterhalter.

BIBLIOGR. : Gérald Schurr : *Les Petits Maîtres de la peinture 1820-1920, valeur de demain,* t. V, Les Éditions de l'Amateur, Paris, 1981.

MUSÉES : CHAMBÉRY : *Le chantier du lycée Lakanal* – PÉRIGUEUX : *Portrait du Dr Bardy-Delisle, maire de Périgueux* – ROUEN (Mus des Beaux-Arts) : *Portrait de Marat – Charlotte Corday et Marat – Portrait de Mlle Suzanne F.* – SAINTES : *Portrait du comte Lemercier, fondateur du musée* – TROYES : *Les forgerons.*

VENTES PUBLIQUES : PARIS, 1884 : *La Esméralda* : **FRF 140** – PARIS, 1er juil. 1910 : *Tête de jeune fille* : **FRF 175** – NEW YORK, 12 oct. 1979 : *La Plage de Trouville,* h/t (38x54,5) : **USD 10 000** – LONDRES, 20 juin 1984 : *Jeune femme à l'éventail* 1898, h/t (130x87) : **GBP 2 000** – MELBOURNE, 30 juil. 1986 : *Love's return* 1899, h/t (55x38,5) : **AUD 3 600** – BERNE, 26 oct. 1988 : *Femme se reposant dans une allée d'arbres,* h/t (45x55) : **CHF 1 900** – PARIS, 7 oct. 1991 : *Jeune femme à la guitare,* h/t (118x89) : **FRF 35 000** – NEW YORK, 24 mai 1995 : *Diane chasseresse* 1898, h/t (128,9x87) : **USD 11 500.**

AVIAT Louis Auguste

Né en 1820 à Arcis (Aube). Mort en 1876. XIXᵉ siècle. Français.

Peintre de paysages, dessinateur.

Élève d'Hector Pron, il exposa au Salon de Paris de 1866 à 1870. Ses paysages, traités au fusain ou à l'huile, ont généralement un caractère austère et rigoureux, aussi bien dans leur composition que dans leur style.

BIBLIOGR. : Gérald Schurr : *Les Petits Maîtres de la peinture 1820-1920, valeur de demain,* t. V, Les Éditions de l'Amateur, Paris, 1981.

MUSÉES : TROYES : *Après la pluie.*

AVIATI Ercole di Cento

XVIᵉ siècle. Actif dans la seconde moitié du XVIᵉ siècle. Italien.

Peintre d'ornements.

AVIBUS Cæsar ab

XVIᵉ siècle. Travaillait à Padoue. Italien.

Graveur.

AVICE Françoise Marie, Mlle

Née à Brest. XXᵉ siècle. Française.

Peintre.

Élève de Fely Nouttet, elle expose un *Nu* aux Artistes Français en 1934.

AVICE Henri, chevalier d'

XVIIᵉ siècle. Actif au milieu du XVIIᵉ siècle. Français.

Graveur amateur.

Il grava à l'eau-forte, pour son plaisir, dans un style un peu négligé mais spirituel, un certain nombre de planches d'après Nicolas Poussin et autres maîtres.

AVICE Noël

XVIIᵉ siècle. Français.

Peintre de compositions religieuses.

En 1603 il fit un *Saint Jean* pour l'église de Saint-Nicolas à Caen.

AVIGDOR René

Né au XIXᵉ siècle à Nice. XIXᵉ-XXᵉ siècles. Français.

Portraitiste.

Élève d'Hector Le Roux, il a exposé plusieurs fois au Salon de Paris, de 1891 à 1920.

VENTES PUBLIQUES : PARIS, 1900 : *Femme à la chevelure fauve* : **FRF 720** – PARIS, 1901 : *Portrait de femme* : **FRF 190** – NEW YORK, 1903 : *Eléonor* : **USD 310** – NEW YORK, 1908 : *Dame en costume*

du Directoire : **USD 275** – NEW YORK, 1909 : *Dame de qualité* : **USD 430** – PARIS, 1909 : *Jeune fille* : **FRF 230** – PARIS, 1923 : *Buste de jeune femme de profil* : **FRF 185** – PARIS, 1925 : *Jeune femme au visage souriant* : **FRF 1 600** ; *Profil de jeune fille* : **FRF 1 850** ; *Portrait de jeune fille* : **FRF 1 350** ; *Jeune femme blonde* : **FRF 1 850** ; *Tête d'expression* : **FRF 1 500** – PARIS, 1928 : *Rodin dans son atelier* : **FRF 400** ; *Profil de blonde* : **FRF 480** – PARIS, 1938 : *Femme au chapeau de velours* : **FRF 210** ; *Portrait de femme* : **FRF 400** – PARIS, 1942 : *Portrait de femme en buste* : **FRF 750** – PARIS, 1943 : *Portrait de jeune fille* : **FRF 1 600** – PARIS, 3 avr. 1950 : *La belle Espagnole* : **FRF 9 200** – NICE, 20 déc. 1950 : *Buste de femme* : **FRF 11 000.**

AVIGNON, d'. Voir aussi à **Davignon** et au prénom

AVIGNON Clotaire Philippe Jean Gabriel d'

Né en décembre 1783. XIXᵉ siècle. Français.

Graveur.

Il dirigeait un atelier de gravure en 1831.

AVIGNON F. d'

XIXᵉ siècle. Français.

Lithographe.

Il s'établit aux États-Unis et était associé, en 1859, avec Brainard à Boston. En 1850, il publia un volume, contenant une série de portraits.

AVIGNONE, d'. Voir au prénom

AVIGNY Simon

XVIᵉ siècle. Vivait à Châlons-sur-Marne. Français.

Sculpteur.

En 1525, il travailla à une chaire en pierre dans l'église du couvent des Augustins. Il était également architecte.

AVILA, Maître d'. Voir **MAITRES ANONYMES**

AVILA, d', ou de. Voir au prénom

AVILA Miguel Fausto de

XVIIIᵉ siècle. Travaillait en Espagne vers 1750. Espagnol.

Peintre.

AVILOV Mikhual Ivanovitch

Né en 1882. Mort en 1938. XXᵉ siècle. Russe.

Peintre d'histoire. Réaliste-socialiste.

Il fut professeur à l'Institut Répine de Saint-Pétersbourg. La Maison Centrale de l'Armée russe conserve de lui : *Staline passe en revue la cavalerie.*

AVIMON Robert

Né au XVIIᵉ siècle au Puy-en-Velay. XVIIᵉ siècle. Français.

Peintre.

Travaillait au Puy-en-Velay en 1663.

AVINK Warnaar

Né à Amsterdam. XVIIIᵉ siècle. Hollandais.

Peintre.

Acheta le droit de cité à Amsterdam le 1er juin 1735.

AVIOTTI Jacqueline

Née à Bois-Colombes. XXᵉ siècle. Française.

Peintre.

Expose deux tableaux au Salon des Indépendants en 1932.

AVISARD Guillaume

XVᵉ siècle. Français.

Peintre verrier.

En 1443 et 1446, il peignit des vitraux pour l'église Saint-Sulpice de Fougères en Bretagne.

AVISON Armand Pierre

Né à Bordeaux (Gironde). XXᵉ siècle. Français.

Peintre.

Il a participé au Salon d'Automne en 1919 et au salon des Indépendants entre 1926 et 1932.

AVISSAR Simon

Né le 13 juillet 1938 à Casablanca (Maroc). XXᵉ siècle. Actif aussi en France. Israélien.

Peintre de figures, paysages, natures mortes. Tendance fantastique et postcubiste, parfois abstrait.

Il s'est fixé en Israël à partir de 1948. De 1959 à 1963 il a étudié simultanément aux Beaux-Arts et aux Arts Appliqués, puis à Bezalel à Jérusalem. Il signe son premier contrat avec Jean Tiroche à Jaffa où il expose en 1961, puis il achève ses études à Paris grâce à une bourse du gouvernement français. Il participe à des expositions de groupes, notamment au Musée de Tel-Aviv et au Salon d'Art Sacré du Musée d'Art Moderne de la Ville de Paris en 1966. Il a eu également de nombreuses expositions personnelles, à New York, Tel-Aviv, Turin, Florence, Rome, Los Angeles, Washington, Capetown, São Paulo, Melbourne, Londres, Paris (1964 galerie Charpentier ; 1966 galerie Bénézit ; 1991 galerie Abel Rambert). Il a vécu et travaillé successivement aux États-Unis, au Venezuela, en Australie, en Afrique du Sud, en France.

Son œuvre présente parfois des êtres monstrueux à visages humains, dans des coloris sourds. Cet univers est plus symbolique que naïf. Lorsqu'il peint des paysages, il peut leur donner un style cubiste, à la manière de La Fresnaye. Les deux peintres qu'il admire principalement sont Rembrandt, dont on retrouve l'influence dans ses variations sur une note fauve, et Picasso pour la simplification et la rudesse de ses lignes. À partir des années 1980, la peinture d'Avissar évolue progressivement vers l'abstraction, à force de simplifier et d'effacer la figure ; mais celle-ci reste comme sous-jacente dans les compositions abstraites, presque toujours intitulées *Fenêtres* ou *Transparences*.

BIBLIOGR. : Serge Bramly : *S. Avissar*, textes de André Maurois, H. Maure, S. Reich, Paris, Éditions Abel Rambert, 1991.

VENTES PUBLIQUES : PARIS, 16 avr. 1989 : *Paysage*, h/t (60x73) : **FRF 20 000** – VERSAILLES, 25 mars 1990 : *Les maisons rouges*, h/t (100x97) : **FRF 40 000** – PARIS, 8 avr. 1990 : *Cantique des cantiques*, h/t (91x73) : **FRF 18 000** – PARIS, 20 jan. 1991 : *L'homme debout* 1985, h/t (92x73) : **FRF 50 000** – PARIS, 4 mars 1991 : *Paysage*, h/t (81x65) : **FRF 29 000** – PARIS, 14 avr. 1991 : *Paysage rouge*, h/t (73x60) : **FRF 15 000** – PARIS, 25 mai 1997 : *Arlequin*, h/t (96x67) : **FRF 10 000**.

AVISSE François Rémi Joseph

Né le 29 mai 1763 à Douai. Mort le 10 novembre 1843 à Douai. XVIIIe-XIXe siècles. Français.
Peintre de genre.

Il fit ses études à Anvers. Le Musée de Douai possède de lui *Marché aux poissons au crépuscule.*

AVISSE Paul

Mort en 1886. XIXe siècle. Français.
Dessinateur.

Il a, pendant trente-quatre ans, fourni des modèles pour la manufacture de porcelaine, à Sèvres.

AVISSEAU Edouard. Voir DESCHAMPS-AVISSEAU

AVIT Rémy

Né à Montguyon (Charente-Maritime). XXe siècle. Français.
Peintre de scènes de genre, nus.

Il a exposé au Salon des Indépendants à Paris de 1927 à 1938.

AVITABILE Gennaro

Né en Italie. XXe siècle. Italien.
Peintre.

Il a exposé, à Paris, au Salon des Artistes Français 1905, et au Salon des Indépendants 1910.

VENTES PUBLIQUES : LONDRES, 29 oct. 1976 : *Le café du cardinal*, h/t (53,5x44,5) : **GBP 1 200** – VERSAILLES, 25 oct. 1981 : *Les prélats*, h/pan. (41x33) : **FRF 15 000** – NEW YORK, 20 fév. 1992 : *Une partie d'échecs*, h/pan. (40,6x32,4) : **USD 6 050**.

AVITABILE Geronimo

XVIIe siècle. Italien.
Peintre.

Il vivait en Italie.

AVNER Hervé

Né en 1954 à Tunis. XXe siècle. Français.
Peintre de scènes animées, figures, paysages, aquarelliste, pastelliste. Expressionniste.

Il fut élève de l'Académie Julian à Paris. Il participe à des expositions collectives depuis 1976, notamment à Paris : en 1987 au Salon d'Automne ; en 1987 et 1989 au Salon des Artistes Français, dont il obtient une mention honorable ; il présente aussi ses peintures dans plusieurs villes de Bretagne, en Suisse, aux États-Unis ; etc. En 1995, la galerie Avner de Paris a produit une exposition personnelle de ses œuvres inspirées par le judaïsme.

Il a longtemps peint les vues de Paris et les paysages de Bretagne, puis, renouant avec ses origines juives, il transcrit dans des personnages typés « l'élan de l'âme (...) à la Bible enchantée ».

VENTES PUBLIQUES : DOUARNENEZ, 25 juil. 1987 : *Côte rocheuse à Doëlan*, past. (45x35) : **FRF 4 500** – PARIS, 22 nov. 1990 : *Le*

peintre, past. (51,5x70) : **FRF 3 000** – PARIS, 14 juin 1991 : *L'Île de Batz*, past. (73x100) : **FRF 28 000** – PARIS, 28 jan. 1994 : *Place du Tertre*, past. (31x39) : **FRF 4 800** – PARIS, 19 fév. 1996 : *La foire du Trône*, past. gras (47x63) : **FRF 10 000**.

AVNI Aharon

Né en 1906. Mort en 1951. XXe siècle. Israélien.
Peintre de compositions à personnages, figures, paysages.

VENTES PUBLIQUES : TEL-AVIV, 1er juin 1987 : *Nature morte aux fleurs*, gche et aquar. (47,5x32) : **USD 360** – TEL-AVIV, 19 juin 1990 : *Venise*, h/t (44x57) : **USD 2 750** – TEL-AVIV, 1er jan. 1991 : *Violoniste et pianiste*, h/t (73,5x62,5) : **USD 3 960**.

AVNI Shimon

Né en 1932. XXe siècle. Israélien.
Peintre de compositions à personnages, figures.

VENTES PUBLIQUES : TEL-AVIV, 1er jan. 1991 : *À la recherche d'un abri* 1987, h/t (121x80) : **USD 2 310** – TEL-AVIV, 12 juin 1991 : *Intimité*, h/t (149,5x120) : **USD 3 300** – TEL-AVIV, 6 jan. 1992 : *Le nom du héros* 1989, h/t (111x94,5) : **USD 2 970** – TEL-AVIV, 30 juin 1994 : *Figures*, h/t (111x117) : **USD 2 530**.

AVOG Annie

Née à Colmar. XIXe-XXe siècles. Travaillait à Paris. Allemande.
Sculpteur.

Cette artiste exposa au Salon des Indépendants en 1907.

AVOGADRO Pietro

Né à Brescia. XVIIIe siècle. Actif vers 1730. Italien.
Peintre de compositions religieuses.

Élève de Pompeo Ghiti. On lui doit *Le Martyre de saint Crispin et de saint Crispinien*, tableau d'autel de l'église San Guiseppe, à Brescia. D'autres œuvres de lui se trouvent à San Pietro Martire, Santa Maddalena, San Francesco, San Carlo, Santa Barnaba, San Giuseppe.

AVOINE M.

XIXe siècle. Français.
Sculpteur.

A exposé un buste au Salon de Paris, 1890.

AVOLI Ludovico

XVIIe siècle. Italien.
Peintre.

Il travailla à Sainte-Marie-Majeure, à Rome au début du XVIIe siècle.

AVOLIO Gennaro

Né vers 1750, originaire de Naples. XVIIIe siècle. Italien.
Peintre.

AVON Emile

Né en 1847 à Avignon. Mort en 1914, pour la France. XIXe-XXe siècles. Français.
Peintre de paysages animés, paysages.

Élève de Gleyre, il exposa au Salon d'Automne.

MUSÉES : AVIGNON : *Paysan faisant fouler le blé* – *Femmes d'Aramon faisant la récolte des cocons* – *Laveuses au bord du Rhône, près d'Aramon* – *Bords du Rhône, près Villeneuve-les-Avignon*.

AVON Mion

Née à Aix (?). XXe siècle. Française.
Peintre de portraits, paysages.

Elle a exposé au Salon des Artistes Français entre 1933 et 1937 et au Salon des Indépendants à Paris en 1939.

AVONDO Vittorio

Né le 10 août 1834 ou 1836 à Turin (Piémont). Mort le 6 décembre 1910. XIXe-XXe siècles. Italien.
Peintre de paysages, paysages d'eau, graveur.

Il vint travailler en 1851 à Genève chez Calame. Puis, un voyage à Paris, lors de l'Exposition de 1855, lui fit connaître et admirer Rousseau, Corot et Daubigny. Il effectua un séjour à Rome, puis revint à Turin ; il fut directeur du musée de cette ville de 1890 à sa mort.

MUSÉES : ROME (Gal. d'Art Mod.) : *La Vallée du Poussin* – TURIN : *Fiumicino.*

VENTES PUBLIQUES : MILAN, 21 mars 1967 : *Le sentier* : **ITL 550 000** – MILAN, 26 oct. 1978 : *Paysage venteux* 1897, h/pan. (33,5x44,5) : **ITL 2 800 000** – MILAN, 17 juin 1982 : *Paysage lacustre*, h/pan. (33,5x44,5) : **ITL 8 000 000** – MILAN, 4 juin 1985 : *Bords de rivière*, h/pan. (54x67) : **ITL 8 500 000** – MILAN, 10 déc. 1987 : *Matin calme* 1867, h/t (29x48) : **ITL 38 000 000** – ROME, 27 mai 1997 : *Batelier sur une rivière*, h/t (24x48) : **ITL 16 100 000**.

AVONT Abraham Van
Né en 1593. Mort en 1631. XVIIe siècle. Actif à Malines. Éc. flamande.
Peintre, sculpteur de statues.
En 1621, fut maître de la gilde de Bruxelles et collaborateur de Lukas Fayd'herbe.

AVONT Augustin Van
Né en 1602 probablement. XVIIe siècle. Actif à Malines. Éc. flamande.
Peintre, enlumineur.
Il voyagea en Allemagne, puis il se fixa définitivement à Bruxelles.

AVONT George Van
Né à Malines. Mort en 1608 à Malines. XVIe-XVIIe siècles. Éc. flamande.
Sculpteur.

AVONT Guillaume Van
XVIIe siècle. Actif à Malines en 1605. Éc. flamande.
Sculpteur.
Étudia dans sa ville natale, se maria à Amsterdam en 1625, mais ne resta pas dans cette ville et revint vivre à Malines en 1626.

AVONT Hans Van
XVIe siècle. Actif à Malines. Éc. flamande.
Sculpteur.
Père du peintre Peeter Van Avont.

AVONT Jean Van I
Mort le 13 novembre 1604 à Malines. XVIe siècle. Éc. flamande.
Sculpteur de sujets religieux.
Père de Rombaut, de Jean II et d'Abraham Van Avont. Ne signait presque jamais ses œuvres. On cite de lui une *Gloire*, dans l'église Notre-Dame de Malines.

AVONT Jean Van II
Né en 1571 à Malines. XVIe-XVIIe siècles. Éc. flamande.
Sculpteur de sujets religieux.
Devint maître en 1599. Est l'auteur des statues de saint Jean et de saint Joseph, pour l'autel de Notre-Dame-au-delà-de-la-Dyle.

AVONT Jean Van III
Né en 1607 à Malines. Mort en 1629. XVIIe siècle. Éc. flamande.
Sculpteur.

AVONT Jean Van IV
XVIIe siècle. Éc. flamande.
Sculpteur.
En 1653, appartenait à la gilde de Bruxelles.

AVONT Jean Van V
XVIIIe siècle. Actif à Bruxelles. Éc. flamande.
Sculpteur.
Fut admis à la gilde de Bruxelles en 1710.

AVONT Josse Van
XVIe siècle. Actif à Malines. Éc. flamande.
Sculpteur.

AVONT Melchior
Né sans doute 1592. Mort le 3 novembre 1619. XVIIe siècle. Actif à Malines. Éc. flamande.
Peintre.
Cet artiste, baptisé le 5 janvier 1592, est le frère de Rombaut Van Avont.

AVONT Nicolaus Van
Né le 4 septembre 1604 à Malines. XVIIe siècle. Éc. flamande.
Peintre.

AVONT Pierre Van
Né à Malines. Mort après 1631. XVIIe siècle. Éc. flamande.
Sculpteur.
Travailla à Bruxelles dans l'atelier d'Abraham Van Avont, devint maître en 1625.

AVONT Pieter Van
Né en 1600 à Malines, où il fut baptisé le 14 janvier. Mort en 1632. XVIIe siècle. Éc. flamande.
Peintre de compositions religieuses, sujets allégoriques, paysages, dessinateur.
On ne dit pas quel fut son maître. En 1622, il fut reçu maître-franc de la gilde de Saint-Luc à Anvers et son nom figure dans les registres de cette corporation, jusqu'à l'époque de sa mort.

Il peignait des figures dans les paysages de Jan Wildens, de Louis de Vadder et d'autres peintres. On mentionne une *Sainte Famille*, œuvre d'Avont et de Brueghel l'Ancien, conservée à la Pinacothèque de Munich.

[signatures manuscrites : « P AVO Titervon Avont / Titervon Avont »]

Musées : ANVERS : *Daniel découvrant l'imposture des prêtres de Baal* – ANVERS (Église Saint-Jacques) : *Sainte Famille avec sainte Marguerite, Marie-Madeleine, saint Georges et saint Jean Baptiste* – *La Vierge et l'Enfant Jésus dans une couronne de fleurs* – GAND : *Sainte Famille dans un paysage* – GAND (Église Saint-Pierre) : *Enfants dansant autour de la Vierge et de Jésus* – GRAZ : *Paysage* – LYON : *Enfant dansant* – MALINES (Chapelle du Séminaire) : *La Vierge, l'Enfant Jésus et Saint Jean* – MUNICH (Pina.) : *Sainte Famille* – NAPLES : *Sainte Famille* – SAINT-PÉTERSBOURG (Ermitage) : *Repos de la Sainte Famille* – VIENNE : *Sainte Famille entourée d'anges* – *Paysage de forêt avec la Vierge, l'Enfant Jésus et Saint Jean* – VIENNE (Gal. Liechtenstein) : *Diane et les filles de Niobé dans un paysage* – *La Vierge, l'Enfant Jésus, saint Jean entourés d'anges*.

VENTES PUBLIQUES : PARIS, 1822 : *Seigneur et dame* : **FRF 450** – PARIS, 1858 : *Allégorie*, dess. : **FRF 450** – PARIS, 1898 : *David confondant les prêtres de Baal* : **FRF 800** – PARIS, 1905 : *Enfants jouant avec une chèvre*, dess. : **FRF 125** – LONDRES, 1976 : *Les quatre éléments*, deux pan. (53,5x46) : **GBP 7 000** – LONDRES, 28 oct. 1977 : *Les Quatre éléments personnifiés*, h/pan., deux pendants (53,5x46) : **GBP 11 000** – BRUXELLES, 27 mars 1979 : *Paysage animé de personnages*, h/cuivre (68x85) : **BEF 220 000** – VERSAILLES, 28 nov. 1982 : *Paysage avec la Sainte Famille*, h/bois (32,5x40) : **FRF 16 500** – PARIS, 30 mars 1984 : *Jeux d'enfants*, h/pan. (36,5x56,8) : **FRF 35 000** – PARIS, 24 fév. 1987 : *Apollon poursuivant Daphné*, h/cart. (18x26) : **FRF 14 500** – LONDRES, 10 avr. 1988 : *La Vierge et l'Enfant recevant des offrandes d'angelots*, h/pan. (53,5x70) : **GBP 14 300** – PARIS, 8 juin 1988 : *Le repos pendant la fuite en Égypte*, h/t (108x145) : **FRF 18 500** – AMSTERDAM, 28 nov. 1989 : *« Noli me Tangere »*, entouré d'une guirlande de fruits et de légumes soutenue par des angelots, h/t (108,5x76) : **NLG 126 500** – NEW YORK, 10 jan. 1990 : *Le repos pendant la fuite en Égypte*, h/t (76,2x101) : **USD 4 620** – PARIS, 15 déc. 1992 : *Le Goût et le Terre* ; *L'Ouïe et le Feu*, h/pan., une paire (41,5x31) : **FRF 25 000** – PARIS, 5 mars 1994 : *Le repos pendant la fuite en Égypte*, h/pan. de chêne (43x62) : **FRF 130 000** – LONDRES, 3 juil. 1997 : *Scène mythologique, probablement Ulysse et Nausicaa*, h/pan. (57x84) : **GBP 23 000**.

AVOSCAN Ivan
Né en 1928 à Buxy (Bourgogne). XXe siècle. Français.
Sculpteur. Abstrait.
Fils de tailleur de pierre, il reste fidèle au calcaire de Bourgogne et garde l'esprit des bâtisseurs d'églises romanes en alliant l'équilibre des masses à la rigueur géométrique. Il a participé à de nombreuses expositions de groupe en France : aux Salons de la Jeune Sculpture, Grands et Jeunes d'Aujourd'hui, de Mai, Réalités Nouvelles, Comparaisons, et Triennale Européenne de Sculpture à Paris. On le retrouve également dans des expositions de groupe, entre autres, à Berlin, Prague, Milan, Francfort, Lausanne, Kawasaki. Ses principales expositions personnelles se sont déroulées à Lyon, Paris, Thonon-les-Bains. Il a réalisé de nombreuses commandes monumentales, notamment à Lyon, Bron, Châlon, Bourg-en-Bresse.
Travaillant à la taille directe, Avoscan joue de l'équilibre entre pleins puissants et tendres vides, du contraste entre les couleurs données par la qualité des matériaux, de la diversité des modulations de la lumière sur le grain des pierres, de l'oppositions entre leur rugosité et leur poli. Il recherche toujours à unir ses sculptures à l'environnement dans lequel elles se trouvent insérées. L'art d'Avoscan peut se définir, selon Jianou, à travers trois éléments fondamentaux : « l'esprit d'ordre et de mesure, l'esprit de géométrie et son amour de la pierre ». ■ A. P.
BIBLIOGR. : Ionel Jianou : *Avoscan*, Coll. Actualité de la sculpture, Paris, 1977.

AVOTINA Ilze
Née en 1952. XXe siècle. Russe-Lettone.
Peintre de portraits, natures mortes. Naïf.
Elle fit ses études à l'École Rozenthal de 1963 à 1970, et entra en 1973 à l'Académie des Beaux-Arts de Lettonie où elle travailla

jusqu'en 1979. Elle participa à des expositions à Riga, Moscou, en Allemagne, en Italie, en Espagne, aux États-Unis, à Cuba et en France.

Hautes en couleur, ses peintures au dessin schématisé ont le charme et la fraîcheur de l'art authentiquement naïf.

Musées : Moscou (Gal. Tretiakov) – Moscou (min. de la Culture) – Riga (Mus. Nat. de Lettonie) – Riga (Fonds des Beaux-Arts).

Ventes Publiques : Paris, 11 juil. 1990 : *Objets souvenirs* 1990, h/t (87x67) : FRF 3 000.

AVRAM Nathaniel
Né en 1884 en Roumanie. Mort en 1907 à New York. xxᵉ siècle. Actif en Amérique. Roumain.
Sculpteur.

AVRAMIDIS Joannis
Né le 26 septembre 1922 à Batoum, de parents grecs. xxᵉ siècle. Actif en Autriche. Grec.
Sculpteur. Tendance abstraite.
Entre 1937 et 1939, il fut élève de l'École des Beaux-Arts de Batoum, avant de séjourner à Athènes, où il a continué ses études en peinture, de 1939 à 1943. Il vint ensuite à Vienne, où il suivit les cours, toujours en peinture, de l'Académie des Beaux-Arts, de 1945 à 1949 ; puis il entra dans l'atelier de Wotruba, qui l'initia à la sculpture, entre 1953 et 1956. En 1965-1966, il dirigea l'atelier de dessin de nu de l'Académie de Vienne. En 1966-1967, il fut professeur-invité à l'Académie des Beaux-Arts de Hambourg. En 1968, il fut nommé professeur à l'Académie de Vienne et membre de la Sécession de Vienne.

Il participe à de nombreuses expositions collectives, d'entre lesquelles : 1956 Biennale de Venise ; 1957, 1959, 1963, 1973 Biennales d'Anvers-Middelheim ; 1958, 1961, 1964 Carnegie International de Pittsburgh ; 1964, 1977 Documenta de Kassel ; 1973 Biennale de petite sculpture à Budapest ; etc. En 1956, il reçut le Prix National de l'Académie des Beaux-Arts de Vienne. En 1964, il reçut le Prix de la Ville de Vienne. En 1968, il reçut le Prix Will Grohmann de la Ville de Berlin. En 1973, il reçut le Prix de la Biennale de Budapest pour la petite sculpture et le Grand Prix National d'Autriche.

Il fait aussi de nombreuses expositions personnelles, dont : Vienne 1957, 1968, 1975, 1979, 1982, 1984 ; Venise 1961, 1962 ; plusieurs expositions personnelles à Francfort-sur-le-Main, à la Galerie Appel et Fertsch, en 1967, 1974, 1984, 1986, 1996 ; et encore Innsbruck, Bochum, Hanovre, Berlin, Oslo, Cologne, Genève et New York à la Galerie Krugier ; puis, à partir de 1979, dans les Kunsthallen de Brême, Mannheim, Nuremberg, etc.

Peu de thèmes constituent l'intégralité de son œuvre : celui qu'il nomme les figures, les figures groupées et les reliefs au motif de figure répétitif ; puis les têtes ; et plus rarement les torses, les jambes ; exceptionnellement une figure qui marche ; en somme le corps et ses parties. Ses longues figures sculptées, dépouillées, qui évoquent des sortes de quilles annelées, dans lesquelles les parties du corps s'articulent harmonieusement les unes aux autres, montrent, au-delà de leur construction apparemment modulaire et abstraite, une grande connaissance de l'anatomie et de l'attribution de chacun des membres à sa fonction. Son style pur et relativement abstrait n'est pas sans évoquer l'art des ballets mécaniques de Schlemmer, et, comme chez celui-ci, les sculptures d'Avramidis se rattachent plutôt à ce qu'on serait tenté de qualifier d'« abstraction anthropomorphique ».
■ Jacques Busse

Bibliogr. : Ulrich Oevermann : *Art et Charisme – Pensées sur l'œuvre de Joannis Avramidis*, Gal. Appel et Fertsch, Francfort-am-Main, 1986.

Musées : Paris (FRAC d'Île-de-France) : *Arbre* 1960, bronze.

Ventes Publiques : Vienne, 18 mars 1981 : *Étude de jambe*, bronze (H. 65,6) : ATS 35 000 – New York, 31 mai 1984 : *Modèle pour une colonne* 1963, bronze, patine brune (H. 77,5) : USD 1 300 – Genève, 25 nov. 1985 : *Construction minérale*, bronze (H. 43) : CHF 3 600 – Hambourg, 9 juin 1986 : *Tête* 1973, bronze, patine brun or (H. 32,5) : DEM 11 000 – Londres, 3 juil. 1987 : *Fünffigurengruppe (Groupe de cinq figures)* 1959-1962, bronze (H. 170,2) : GBP 35 000 – Londres, 2 déc. 1993 : *Groupe de quatre figures*, bronze (H. 85,5) : GBP 9 775.

AVRAMOVIC Dimitri ou Avramovitch
Né le 27 mars 1815 à Sveti-Ivan, district de Tschaikisten. Mort le 13 mars 1885 à Neusatz. xixᵉ siècle. Serbe.
Peintre de compositions religieuses.
Il étudia à l'Académie des Beaux-Arts de Vienne. En 1840, on l'appela à Belgrade et ensuite à Topola, pour orner de peintures les églises métropolitaines. Il fit en 1846 un voyage d'études pour le compte du gouvernement serbe. Il est considéré comme l'un des premiers introducteurs du sentiment romantique dans l'art de son pays.

Ventes Publiques : Vienne, 14 mars 1978 : *Le Retour du Fils Prodigue*, h/t, d'après P. Batoni (137x97) : ATS 18 000.

AVRAMOVSKI Dimitrie Pandilov. Voir PANDILOV AVRAMOVSKI Dimitrie

AVRIAL Y FLORES Federico
Né à Madrid. xixᵉ-xxᵉ siècles. Espagnol.
Peintre de sujets de genre, paysages.
Élève de l'Académie des Beaux-Arts de Madrid et de Manuel Dominguez, il fut très remarqué à l'Exposition de Madrid en 1904.

Parmi ses paysages et ses tableaux de genre, qui obtinrent jusqu'ici le plus de succès, on cite : *La Atalaya, Une auberge, Entre deux lumières, Une étable, Une place du village, Une vue de l'arène de San Pablo à Avila.*

AVRIAL Y FLORES José Maria
Né le 26 février 1807 à Madrid. xixᵉ siècle. Espagnol.
Peintre de paysages, peintre de décors de théâtre, dessinateur, illustrateur.
Il entra à douze ans à l'Académie de San Fernando et eut pour professeur José de Madrazo et Fernando Brambilla. Professeur à l'École du dessin à Ségovie en 1837, en 1840 à l'École des Arts à Cadix et en 1857 à la Haute École de Madrid. Ses œuvres consistent presque toutes en paysages. Il exécuta aussi plusieurs peintures décoratives pour divers théâtres d'Espagne. Cet artiste fut très souvent représenté aux Expositions de Madrid. Ce fut aussi un illustrateur.

AVRIL
xixᵉ-xxᵉ siècles. Français.
Peintre verrier.

AVRIL Armand
Né en 1926 à Lyon. xxᵉ siècle. Français.
Peintre de figures, sculpteur, technique mixte. Entre art populaire et art-brut.
Ancien canut de Lyon, il n'a connu aucun maître. Il a pratiqué tout d'abord la peinture, entre 1952 et 1968, pour réaliser, depuis 1969, des montages en bois peint. Il a régulièrement participé aux Salons d'Automne à partir de 1970, Grands et Jeunes d'aujourd'hui à partir de 1971, Réalités Nouvelles en 1972 et à « L'ARC », au Musée d'Art Moderne de la Ville de Paris, en 1977. Ses expositions personnelles se sont déroulées à Lyon (1970-1974-1977-1983-1986), à Paris (1971-1974-1977-1981-1987-1989-1993), à La Chaux de Fonds (1972), à Grenoble (1976). En 1991, sous le joli titre de *Pilleurs d'épaves*, il a exposé avec Dorny au Château-Musée de Dieppe, puis, avec Clerté, Dorny et France Mitrofanoff, sous le titre de *Artistes et Vestiges*, au Musée des Beaux-Arts de Saint-Lô.

Son œuvre oscille entre un art évoquant l'art brut, influencé par le cubisme, en particulier à travers certains de ses portraits, et un art naïf, populaire, folklorique avec des compositions monumentales ou des montages dont les figures humaines prennent l'aspect de totems. Les compositions d'Avril laissent une impression d'accomplissement malgré la pauvreté des moyens employés : formes en bois grossièrement équarries, bouchons taillés, pinces à linge collées, clous dépassant. ■ A. P.

Ventes Publiques : Paris, 17 mai 1995 : *Sans titre* 1971, collage de bois et liège peint./pan. (100x81) : FRF 5 000.

AVRIL Édouard Henri. Voir AVRIL Paul

AVRIL Jean Jacques, le père, l'Aîné
Né le 16 décembre 1744 à Paris. Mort le 26 novembre 1831 à Paris. xviiiᵉ-xixᵉ siècles. Français.
Graveur au burin, dessinateur.
Il fut l'élève de Johan Georg Wille. Avril acquit près de ce maître une habileté de métier extraordinaire. Il grava un nombre considérable de planches, qui obtinrent un grand succès lors de leur apparition. Son œuvre comprend environ 540 pièces. Dans ce nombre figurent beaucoup d'ornements. Il posa sans succès sa candidature à l'Académie en 1789. Avril dessinait les tableaux qu'il voulait reproduire avec un soin extrême. Il a collaboré au *Musée Français.*

JJA sculp.

AVRIL Jean Jacques, le Jeune
Né le 19 avril 1771 à Paris. Mort le 8 novembre 1835 à Paris. xviiiᵉ-xixᵉ siècles. Français.

Graveur au burin.

Il était fils d'Avril l'aîné et fut son élève. Il grava dans la manière de son père, qu'il aida probablement dans ses travaux, un certain nombre de pièces d'après les maîtres anciens, ainsi que des statues du Louvre pour le *Musée Royal*. Il entra à l'École de l'Académie Royale de Peinture le 17 février 1787 comme élève de Le Barbier et travailla également avec Suvée et Bervie.

AVRIL Madeleine, Mlle
xxᵉ siècle. Française.
Peintre.

Expose aux Artistes Français de 1942 une *Symphonie en bleu*.

AVRIL Paul, pseudonyme de Avril Édouard Henri
Né le 21 mars ou 19 octobre 1843 à Alger, en mai 1849 selon certains biographes. Mort en 1928 au Raincy (Val-d'Oise). xixᵉ-xxᵉ siècles. Français.
Peintre de figures, portraits, graveur à l'eau-forte, dessinateur, illustrateur.

Il a suivi des cours chez Pils et P. Lehmann et a exposé au Salon de Paris, entre 1878 et 1884. Il a gravé à l'eau-forte.

Si ses tableaux montrent plutôt des portraits ou des figures, ses illustrations présentent des nus dans des compositions florales où viennent se mêler des textes. Parmi ses illustrations, citons : *Le péché véniel* de H. de Balzac, *Salammbô* de Flaubert, *Fortunio* de Th. Gautier.

Bibliogr. : In : *Dictionnaire des illustrateurs, 1800-1914*, Hubschmid et Bouret, Paris, 1983.

AVXENTE Alex André, pseudonyme de Avxentieff
Né le 15 décembre 1907 à Helsingsfors (Suède). xxᵉ siècle. Russe.
Peintre de portraits, nus, natures mortes.

Il a exposé, à Paris, au Salon d'Automne (1938), et aux Indépendants (de 1935 à 1939).

AVXENTIEFF. Voir AVXENTE Alex André

AVY
xviiiᵉ siècle. Actif à la fin du xviiiᵉ siècle. Français.
Miniaturiste.

Il existe au Musée d'Avignon un portrait en miniature de Barras, peint sur ivoire, signé et daté : *Avy pt. an. 12*.

AVY Joseph Marius Jean
Né le 21 septembre 1871 à Marseille (Bouches-du-Rhône). xixᵉ-xxᵉ siècles. Français.
Peintre de genre, paysages, décorations murales, pastelliste, illustrateur.

Élève de Maignan et Bonnat, il a exposé au Salon des Artistes Français à Paris, entre 1900 et 1941, et au Salon de la Société Nationale des Beaux-Arts, entre 1934 et 1939. Prix Marie Bashkirtseff (1900), médaille de deuxième classe (1903), diplôme d'honneur (1937), Chevalier de la Légion d'Honneur, croix de guerre.

Il a souvent peint des paysages d'Italie. Certaines de ses compositions, comme *Le bal blanc*, peuvent être enlevées avec dynamisme, peintes dans des harmonies de couleurs très contrastées Parmi ses décorations, citons la salle des mariages de l'Hôtel de Ville de Rotterdam.

m . Avy

Bibliogr. : Gérald Schurr : *Les Petits Maîtres de la peinture 1820-1920, valeur de demain*, t. III, Les Éditions de l'Amateur, Paris, 1976.
Musées : Amsterdam – Boston – Chicago – Lille – Lyon : *Leçon de danse* – Marseille : *Scène de déjeuner* – New York – Paris (Mus. d'Art Mod.) : *Uranie* 1920 – Paris (Mus. du Petit Palais) : *L'Embarquement pour Cythère* 1901 – *Le bal blanc* 1903 – Roubaix .
Ventes Publiques : Paris, 1919 : *Jeune femme s'apprêtant à sortir* : FRF 200 – Paris, 15 mai 1944 : *La leçon de danse* : FRF 3 200 – Copenhague, 12 nov. 1985 : *L'éveil*, h/t (100x120) : DKK 70 000 – Londres, 25 mars 1987 : *Pendant l'entr'acte* 1908, h/t (159x189) : GBP 23 000 – Paris, 4 avr. 1990 : *Le souper interrompu*, h/t (25x30,5) : FRF 15 000 – Paris, 24 mai 1991 : *Élégante au théâtre*, past. (54x45) : FRF 15 000 – New York, 22-23 juil. 1993 : *Le souper*, h/t/cart. (26,7x34,9) : USD 4 025 – Paris, 20 déc. 1993 : *Environs d'Assise* 1929, aquar. et gche (37x54,5) : FRF 5 000.

AVY-PREGNIARD Clotilde. Voir MARTIN-PREGNIARD

AW Meinrad von ou Ow
Né le 20 novembre 1712 à Sigmaringen. xviiiᵉ siècle. Allemand.
Peintre de compositions religieuses, fresquiste.

Il travailla pour différentes églises. De 1742 à 1750, il peignit des fresques dans l'église de Pfullendorf et orna la voûte de l'église de Klosterwald.

AWDEI
xiiiᵉ siècle. Russe.
Sculpteur.

Il exécuta, en 1250, les reliefs qui ornent la cathédrale Saint-Jean Chrysostome, à Cholm.

AWRAMOFF Gregor ou Abramoff
xviiᵉ siècle. Russe.
Dessinateur, illustrateur.

Il fut occupé de 1668 à 1676, dans l'imprimerie de l'État à Moscou. En collaboration avec Gregor Blaguschin, il illustra, en 1649, deux livres sur la vie du thaumaturge saint Sabba, destinés au Tsar.

AXANDRI Tommaso
Vivait à Venise. Italien.
Peintre verrier.

Il fut appelé à Milan pour y peindre les vitraux de la cathédrale.

AXATARD
Né le 31 mars 1931 à Marseille (Bouches-du-Rhône). xxᵉ siècle. Français.
Peintre.

Après des études à l'Ecole des Beaux-Arts de Marseille, il a participé aux Salons d'Automne, Comparaisons et des Indépendants à Paris. Il a également fait des expositions personnelles en France et à l'étranger. Son art n'est pas sans rappeler celui des peintres dits naïfs.

AXBECK
xixᵉ siècle. Actif vers 1800. Allemand.
Peintre.

Stubenrauch grava d'après lui le portrait de l'actrice Betty Roose (morte en 1808).

AXE J. de
xixᵉ siècle. Français.
Peintre de genre.

A exposé au Salon de Paris en 1888.

AXELL Evelyne
Née en 1936 à Namur. xxᵉ siècle. Belge.
Peintre. Nouvelles Figurations.

Elle a travaillé sous la direction de René Magritte. Participant à plusieurs Salons, dont la Biennale de Paris en 1967, *Images de notre temps* à Bruxelles, où elle obtient le Prix de la Jeune Peinture en 1969, elle expose également dans de nombreuses galeries.

Elle travaille des matériaux nouveaux comme un plastique opalescent qu'elle découpe, lui donnant des formes de femmes à la manière du pop art, et dont la qualité précieuse et luxueuse les ont fait baptiser *Opalines* par Pierre Restany.
Musées : Bruxelles .

AXELROD A.
xxᵉ siècle.
Peintre de genre.

Expose un tableau : *Brodeuses*, aux Artistes Français de 1914.

AXELSON Alex
Né le 24 octobre 1854 à Stockholm. Mort le 10 avril 1892 à Lund. xixᵉ siècle. Suédois.
Peintre.

Il étudia à l'Académie de Stockholm et, en 1876, se rendit à Düsseldorf. Il continua son voyage d'études en Italie, en Espagne. Il poussa ensuite jusque dans l'Afrique du Nord et rapporta des vues de Tunis et du Maroc.

AXELSON Victor
Né en 1883 en Suède. Mort en 1954. xxᵉ siècle. Suédois.
Peintre de paysages. Groupe Färg og Form (Couleur et Forme).

Son appartenance au groupe Couleur et Forme le fait travailler dans un style simplifié qui le rapproche de l'art de Cézanne. Il peint aussi bien des forêts et campagnes suédoises que des paysages du Midi de la France, d'expression intimiste.
Ventes Publiques : Stockholm, 8 avr. 1981 : *Vue de Stockholm*,

h/pan. (60x49) : **SEK 8 100** – Stockholm, 26 avr. 1982 : *Stockholm en hiver 1942*, h/pan. (72x59) : **SEK 6 000** – Stockholm, 23 avr. 1983 : *Vue de Stockholm 1942*, h/pan. (45x54) : **SEK 6 000** – Stockholm, 9 déc. 1986 : *Paysage d'été*, h/pan. (45x54) : **SEK 6 600** – Stockholm, 6 juin 1988 : *Arstabron l'été, depuis Stockholm*, h/t (53x64) : **SEK 25 000** – Stockholm, 14 juin 1990 : *Paysage champêtre avec des arbres au fond, en été 1927*, h/pan. (36x44) : **SEK 8 000.**

AXENFELD Heinrich
Né à Odessa. xixᵉ siècle. Actif aussi en France. Russe.
Peintre.
Venu à Paris, il s'y fixa et travailla sous la direction de Leon Cogniet. Ses œuvres ont figuré au Salon, de 1881 à 1890. Il exposa à Londres des scènes d'intérieur entre 1874 et 1877, puis un portrait et des pochades à l'Exposition Internationale de Blanc et Noir, à Paris, en 1892.
Musées : Troyes : *Portrait du temps jadis*.
Ventes Publiques : Paris, 1870 : *Mariage mystique de sainte Catherine* : FRF 2 050 – Paris, 22 mars 1907 : *Portrait allégorique* : FRF 60 – Paris, 1931 : *Faune et enfant* : FRF 230.

AXENTOWICZ Theodor
Né le 13 mai 1859 à Brasso. Mort en 1938. xixᵉ-xxᵉ siècles.
Polonais.
Peintre d'histoire, portraits, pastelliste, peintre de cartons de vitraux.
Il fit ses études à Lemberg. Il vint à Paris et travailla dans l'atelier de Carolus-Duran. Il fit également un séjour en Angleterre. Il se forma aussi en faisant des copies des maîtres du passé : Corrège, Titien, Vélasquez. En 1888, il figura à Paris, au Salon des Artistes Français. En 1896, il fournit le carton d'un vitrail de la cathédrale de Lemberg. Il fut nommé professeur à l'École des Beaux-Arts de Cracovie.
Dans sa jeunesse, il fit de la peinture d'histoire : *Würzburg en 1811 – L'Ambassade polonaise auprès d'Henri III de Valois – Scènes de la vie des paysans de Galicie.* Il devint un portraitiste réputé, peignit des personnalités polonaises importantes : *Prince Wladyslaw Czartoryski – Grand-duc Karl Stefan* et d'autres, ainsi que le portrait de l'actrice française *Sarah Bernardht.*
Ventes Publiques : Paris, 11 fév. 1901 : *L'homme au gant* : FRF 630 – New York, 23 mai 1989 : *L'omnibus*, h/pan. (36x46) : USD 38 500 – New York, 20 jan. 1993 : *Portrait de Zadumana*, past./pap. (76,2x45,1) : USD 2 875.

AXERETO Gioacchino. Voir ASSERETO

AXFORD Edith, Miss
xixᵉ-xxᵉ siècles. Travaillant à Croydon. Britannique.
Portraitiste.
Exposa à la Royal Academy, en 1907 : *Kathleen*, en 1909, le portrait de *Mrs Alexander Glegg.*

AXILETTE Alexis ou Axilète
Né à Durtal (Maine-et-Loire). Mort en 1931. xixᵉ-xxᵉ siècles.
Français.
Peintre de genre, portraits, paysages, pastelliste. Symboliste.
Élève de Gérôme à l'Ecole des Beaux-Arts de Paris, il obtint le Grand Prix de Rome en 1885, date à laquelle il participa au Salon de Paris. En 1896, il exposa un pastel à l'Exposition de Munich.
Il fut célèbre pour ses portraits et plus particulièrement apprécié des milieux symbolistes pour sa représentation de Maurice Barrès jeune, dans la composition des *Hommes d'aujourd'hui* du « Bibliopole Léon Vanier ».
Musées : Angers (Mus. des Beaux-Arts) : *La fille de l'artiste* – Rouen : *L'Amour et la Folie.*
Ventes Publiques : Paris, 1897 : *Le sommeil* : FRF 110 – Versailles, 19 nov. 1989 : *Jeune fille en costume de marin*, h/pan. (27x21,5) : FRF 19 000.

AXINTE Liana
Née le 23 juillet 1943 à Ploiesti (Roumanie). xxᵉ siècle. Active aussi en Allemagne. Roumaine.
Sculpteur de figures, masques, sculpteur-peintre de marionnettes. Expressionniste.
Diplômée de l'Institut d'Arts Plastiques de N. Grigorescu de Bucarest en 1968, elle reçoit un prix de sculpture au Symposium de Magura en 1970. Elle participe à plusieurs expositions de groupe en Roumanie, Allemagne, France, Italie, Espagne et dans les pays de l'Est. Expositions personnelles à Bucarest en 1969, où elle présente des masques et des dessins, puis en 1973 et

en 1979 avec des marionnettes. Elle a exécuté des masques pour des pièces de théâtre d'Euripide et de Molière et a aussi travaillé pour le théâtre de marionnettes. Sur le plan monumental, elle a sculpté des reliefs pour la façade du Théâtre National de Craiova et créé des sculptures destinées à des parcs en Roumanie mais aussi en République Fédérale Allemande où elle s'est définitivement installée en 1982.
L'art de Liana Axinte reflète une certaine inquiétude, que ce soit à travers ses œuvres modelées, ses sculptures en taille directe ou ses bois. Seuls ses masques et marionnettes laissent libre cours à sa verve, à sa fantaisie, dans un style expressionniste. Les plans de son modelage sont morcelés, ravinés, rugueux, traités avec des creux et saillies vigoureux. Elle peut donner à ses visages une expression hallucinante, d'une intensité dramatique poignante. Dans ses sculptures monumentales, le sentiment dramatique se traduit le plus souvent par une attitude figée, une stylisation des figures qui restent sans visages. Ses sculptures sur bois, aux volumes clos, aux formes tourmentées révèlent une même inquiétude. Son art cherche à s'éloigner de plus en plus des apparences de la réalité. ■ Annie Pagès
Bibliogr.: I. Jianou : *Les artistes roumains en Occident*, Amer. romanian acad. of art and sciences, Los Angeles, 1986.

AXISA Maggy
Née à Alexandrie. xxᵉ siècle. Italienne.
Peintre.
Elle expose au Salon des Indépendants en 1939 des *Impressions d'Égypte.*

AXMACHER Karl
Né le 2 juin 1874 à Düsseldorf. xixᵉ-xxᵉ siècles. Allemand.
Portraitiste.

AXMANN Anton
xviiiᵉ siècle. Travaillait à Zentbechhofen en 1735. Allemand.
Peintre.

AXMANN Ferdinand
Né le 3 novembre 1838 à Vienne. xixᵉ siècle. Autrichien.
Peintre d'histoire.
Élève de l'Académie, il étudia sous la direction des professeurs Kupelwieser et C. Rahl. En 1866, il fut nommé professeur à l'École normale de l'État à Salzbourg.

AXMANN Johann Ignatz Anton ou Achsmann
Né en 1778. xixᵉ siècle. Allemand.
Peintre d'histoire, portraits.
Il était le fils du chirurgien Joseph Axmann de Neisse. Il étudia avec Longinus Höcker de 1795 à 1798, à Breslau. Ce fut surtout un adroit copiste des maîtres anciens.

AXMANN Joseph
Né le 7 mars 1793 à Brünn. Mort le 4 novembre 1873 à Salzbourg. xixᵉ siècle. Autrichien.
Graveur au burin.
Il fut élève du peintre d'histoire Weidlich pour le dessin et la peinture. Il obtint une bourse à l'Académie des Arts de Vienne avec sa gravure : *La Macocha*. Il vécut à Vienne puis à Salzbourg, en 1866, et y termina sa vie. La collection de ses œuvres se trouve à Vienne ; mais on voit également, dans la salle Axmann, au Musée de Brunn, des œuvres fort curieuses de cet artiste.

AXMANN Karl
xixᵉ siècle. Vivait à Breslau vers 1835. Allemand.
Miniaturiste.

AXMANN Martinus
xviiᵉ siècle. Hongrois.
Peintre.
Il existe de lui au château Fric (comté de Saros), non loin de Eperjes, cinq peintures, représentant des rois de Hongrie, des héros et des allégories.

AXPOELE Jan Van
xvᵉ siècle. Éc. flamande.
Peintre.
Il fut admis dans la corporation des peintres à Gand, en 1409.

AXPOELE Martin Van ou Axpole ou Axele
xvᵉ siècle. Travaillait à Bruges entre 1489 et 1492. Éc. flamande.
Peintre miniaturiste.

AXPOELE Willem Van
xvᵉ siècle. Éc. flamande.
Peintre.

Il peignit les portraits de tous les ducs et duchesses de Flandre, jusqu'à Jean sans Peur, duc de Bourgogne. On trouve le nom d'Axpoele, mentionné pour la dernière fois à Gand, dans un acte du 23 octobre 1436.

AXTER Ignatius
Né en Silésie. XVIIIe siècle. Allemand.
Peintre.
Il est indiqué, en 1735 et 1746, comme étant l'élève de Christian Philipp Bentum.

AXTMANN J. P.
XVIIIe siècle. Travaillait à Prague. Éc. de Bohême.
Portraitiste.
A. Birkhart, en 1725, grava d'après lui le *Portrait du comte Jos. John. Franz.*

AXTMANN Léopold
Né en 1700 à Fulnek, en Moravie. Mort en 1748 à Prague. XVIIIe siècle. Tchécoslovaque.
Peintre d'animaux.
Élève de George Hamilton à Vienne. Il excellait particulièrement dans la peinture des chiens et des chevaux. Il s'établit à Prague et y résida jusqu'à sa mort.

AYALA Bernabé
Né au début du XVIIe siècle à Séville. Mort vers 1672. XVIIe siècle. Espagnol.
Peintre d'histoire, compositions religieuses.
Cet artiste fut l'élève de Zurbaran qu'il imita. Il est probable que certaines de ses peintures sont aujourd'hui attribuées à son maître. Il fut un des fondateurs de l'Académie de Séville, en 1660, et l'on trouve son nom dans les registres de cette Assemblée jusqu'en 1671. Le Musée de Séville possède de ses ouvrages, et on en rencontre dans les églises de cette ville et dans celles de Madrid. On trouve aussi du même artiste une *Sainte Véronique* au Musée Vivenel, à Compiègne.

AYALA Diego de
Originaire de Murcie. XVIe siècle. Espagnol.
Sculpteur.
Il était le frère de Francisco de Ayala. Tous deux, en 1583, travaillèrent au tabernacle du maître-autel de l'église paroissiale de Jumilla.

AYALA Diego de
XVIe siècle. Espagnol.
Peintre.
Cité à Séville en 1533 et 1534.

AYALA Francisco
Mort le 16 décembre 1519. XVIe siècle. Espagnol.
Peintre verrier.
Il répara en 1516 des vitraux à la cathédrale de Valence.

AYALA Francisco de
XVIe siècle. Travaillait à Murcie à la fin du XVIe siècle. Espagnol.
Sculpteur.
Frère de Diego de Ayala. Il fut l'élève de Pedro Martinez de Castaneda, à Tolède, puis il vint se fixer à Murcie. En 1583 il collabora à l'exécution du tabernacle du maître-autel de l'église paroissiale de Jumilla. En 1584, il acheva un tabernacle commencé par Joseph Gonzalez à Palencia.

AYALA Francisco de
Né en 1518. XVIe siècle. Actif à Vitoria. Espagnol.
Sculpteur.

AYALA Josefa de, dite Josefa de Obidos
Née vers 1630 à Séville (Andalousie). Morte le 22 juillet 1684 à Obidos. XVIIe siècle. Active aussi au Portugal. Espagnole.
Peintre d'histoire, sujets religieux, portraits, natures mortes, fleurs et fruits, graveur.
Elle fut élève de son père, le paysagiste Balthazar Gomez Figueira, qu'elle alla rejoindre au Portugal vers 1646. Elle s'établit définitivement à Obidos, y travaillant jusqu'à sa mort.
Elle peignit des œuvres de l'église Santa-Maria d'Obidos, pour l'église de Cascais et pour l'église de la Miséricorde de Peniche (*Sainte Face*). On lui doit aussi quelques gravures au burin.

BIBLIOGR. : In : *Dictionnaire de la peinture espagnole et portugaise du Moyen-Âge à nos jours*, coll. Essentiels, Larousse, Paris, 1989.
MUSÉES : BALTIMORE (Walters Art Gal.) : *L'Agneau* – COIMBRA

(Mus. Machado de Castro) – ÉVORA : *L'Agneau* – LISBONNE (Mus. d'art ancien) – PORTO (Mus. Soares dos Reis) – SANTARÉM .
VENTES PUBLIQUES : LONDRES, 29 mai 1992 : *Pêches dans un plat d'étain, poires dans une corbeille et perroquet sur un perchoir en bois sur un entablement*, h/t (58,5x101) : **GBP 24 200**.

AYALA Martin de
XVIIe siècle. Travaillait à Valladolid vers 1609. Espagnol.
Peintre.

AYALA Pedro de
Originaire de Vitoria. XVIIe siècle. Espagnol.
Sculpteur.
En 1628, il entreprit l'exécution du maître-autel de l'église paroissiale de Mondragon (Guipuzcoa).

A YANG. Voir YANG JIACHANG

AYANZA Geronimo de
XVIIe siècle. Vivait à Madrid vers 1620. Espagnol.
Peintre.

AYBAR XIMENES Pedro
XVIIe siècle. Actif à Calatayud. Espagnol.
Peintre d'histoire, compositions religieuses.
Il travaillait à Calatayud vers 1682. Le Musée de Saragosse conserve trois œuvres de lui (scènes de la Passion).

AYCARD
XVIIIe siècle. Vivait encore en 1790. Français.
Sculpteur.
Après un séjour à Paris, où il exécuta diverses figures, il se fixa à Marseille où on le retrouve à partir de 1777.

AYCHMAYER Johan Christian
XVIIIe siècle. Travaillait à Rotterdam dans la seconde moitié du XVIIIe siècle. Allemand.
Graveur à l'eau-forte.

AYCOCK Alice
Née en 1946 à Harrisburg (Pennsylvanie). XXe siècle. Américaine.
Artiste, multimédia, dessinatrice. Conceptuel.
Elle vit depuis 1968 à New York, où elle termina ses études en 1971. Elle participe à des expositions collectives, notamment : 1974 *Conceptual Art* au Women's Interart Centre de New York, *Interventions in Landscape* au Massachusette Institute of Technology de Cambridge, *Project 74* au Wallraf-Richartz Museum de Cologne, 1975 la 9e Biennale des Jeunes Artistes à Paris, etc. Elle a fait aussi quelques expositions personnelles. Il convient de préciser que, comme souvent dans l'art conceptuel ou ses dérivés, « Body Art », « Land Art », Alice Aycock ne peut exposer que des « traces » de ses interventions : dessins des projets, photographies, vidéos des réalisations.
Dans l'importante mouvance de l'art conceptuel des années soixante-dix, Alice Aycock se place dans le sous-groupe du Land art. Ses interventions sont des constructions, en bois ou en béton, dans des sites naturels, qui, en général, ne s'élèvent que peu, et au contraire sont creusées, pénètrent dans le sous-sol. Elle-même explique la source de ses motivations : « Parmi les sources d'inspiration, il y a la peur enfantine de la cave et du grenier, le concept aztèque de l'univers : deux pyramides inversées dont les bases se touchent, l'église Saint-Georges à Lalibela (Éthiopie) du XIIIe taillée à même le roc et de plan cruciforme, qui semble inaccessible, un dessin que je possède d'un habitat circulaire creusé dans la terre en Rhodésie,..., les tombes dans les tumulus, la peur de marcher dans le vide, de tomber dans la cage de l'ascenseur. » ■ J. B.
BIBLIOGR. : In : Catalogue de la *8e Biennale de Paris*, 1975.
VENTES PUBLIQUES : NEW YORK, 8 oct. 1992 : *Le dessin Chine nouvelle : le monde au-dessus, le monde au-dessous* 1984, cr. de coul./mylar (242,3x266,7) : **USD 6 600** – NEW YORK, 18 nov. 1992 : *Tourbillons d'après Leonardo*, acier galvanisé (71,1x66x66) : **USD 6 050** – NEW YORK, 22 fév. 1993 : *L'appareil à sons* 1983, acier soudé et fer, cuivre tubes de caoutchouc et miroirs (119,7x109,2x83,8) : **USD 770** – NEW YORK, 25-26 fév. 1994 : *La première cité de la mort* 1979, cr./vélin (39,4x243,8) : **USD 1 150**.

AYDAN Jean François
XVIIIe siècle. Travaillait à Genève au milieu du XVIIIe siècle. Suisse.
Peintre miniaturiste.

AYDOGDU Mehmet
XXe siècle. Turc.

Peintre de paysages animés. Tendance surréaliste.
Artiste actif à Ankara, il expose aussi en Belgique, notamment en 1992 au Centre Félicien Rops.
Dans des paysages illimités, il situe des personnages et des figures de dimensions réduites.

AYE Caspar
XVe siècle. Vivait à Gorlitz. Autrichien.
Sculpteur.
De 1479 à 1500, il travailla à la chapelle du Saint-Tombeau, à Gorlitz.

AYED Mounira
XXe siècle. Tunisienne.
Peintre.
Elle vint parachever son enseignement artistique en France en 1978 avec une bourse de la Tunisie. Elle a participé à plusieurs expositions collectives : en 1982 à la Cité Internationale des Arts à Paris, en 1984 au Festival d'Osaka, en 1985 à l'UNESCO à Paris.

AYEMBRE Giovanni ou Aijembre
XVIe siècle. Éc. flamande.
Peintre.
Cité à Rome, le 27 mars 1597.

AYERS Charles N. Austin
Né à New York. XXe siècle. Américain.
Peintre.
Il expose un *Portrait décoratif* au Salon d'Automne de 1922.

AYERS R.
XIXe siècle. Britannique.
Peintre animalier.
Une œuvre de cet artiste fut exposée à la Royal Academy à Londres, en 1823.

AYES Francesco
XVIIIe siècle. Vivait à Vérone. Italien.
Peintre et graveur.

AYETOULLAH Mehmet Nuzhet
Né à Izmir. XXe siècle. Turc.
Peintre.
Élève de Théophile Bérengier et Paul Baudoin, il expose un tableau : *Vase, châle et coquillage* aux Artistes Français de 1932.

AYLES Ellen, Mrs
XIXe siècle. Vivait à Tilbury (Angleterre). Britannique.
Miniaturiste.
On mentionne une miniature de Mrs Ayles, exposée à la Royal Academy en 1893.

AYLESFORD Heneage Finch de, 4e comte
Né le 15 juillet 1751 à Londres. Mort le 20 octobre 1812. XVIIIe-XIXe siècles. Britannique.
Peintre, graveur.
Il pratiquait en amateur la peinture à l'huile, l'aquarelle et l'eau-forte, avec un égal succès, et fut exposant honoraire à la Royal Academy, de 1786 à 1790. Ses ouvrages sont particulièrement des aquarelles et des dessins d'architectures et de sujets champêtres.

AYLIFFE E.
XIXe siècle. Britannique.
Graveur.
Il exposa en 1874 à Londres.

AYLING Albert William
Né en Angleterre. Mort vers 1905. XIXe-XXe siècles. Britannique.
Peintre de sujets de genre, portraits, aquarelliste.
Il fut représenté presque tous les ans soit à la Royal Academy de Londres, soit à Liverpool, soit à la Cambrian Academy, depuis 1853 jusqu'en 1905.
VENTES PUBLIQUES : CHESTER, 10 juil. 1986 : *La cueillette des mûres*, aquar. (74x55) : **GBP 600** – NEW YORK, 25 fév. 1987 : *Canards sur un chemin de campagne*, aquar. (76,3x63,2) : **USD 1 000**.

AYLING F.
XIXe siècle. Britannique.
Peintre de genre.
Ayling envoya une de ses œuvres à Suffolk Street, à Londres, en 1887.

AYLING George
Né en 1887 à Londres. Mort en 1960. XXe siècle. Britannique.

Peintre de paysages d'eau, marines. Postimpressionniste.
Il exposa à Londres, à la Société des Artistes de la Marine ; à Paris, au Salon des Artistes Français en 1932, avec *About to sail, Surrey Docks*. Il peignait des paysages de rivières, et notamment de la Tamise à Londres.
VENTES PUBLIQUES : LONDRES, 9 juin 1988 : *Paquebot la nuit*, h/cart. (39,5x32,5) : **GBP 968** – LONDRES, 5 oct. 1989 : *Quand le jour fait place à la nuit sur la Tamise*, h/t/cart. (59,2x75,6) : **GBP 3 520** – LONDRES, 3 mai 1990 : *Barques à Pin Mill*, h/cart. (24,5x33,5) : **GBP 825** – LONDRES, 22 mai 1991 : *Clair de lune, brume et trafic marchand sur la rivière à Londres*, h/t/cart. (55x75,5) : **GBP 1 980**.

AYLING J.
XIXe siècle. Britannique.
Peintre de portraits.
Il exposa à la Royal Academy de Londres, de 1823 à 1842.

AYLING Joan
Née à Harrow. XXe siècle. Britannique.
Peintre.
Elle expose une miniature aux Artistes Français en 1939.

AYLLON Martin
XVIe siècle. Actif à Séville vers 1530. Espagnol.
Peintre.

AYLMER George R.
XIXe-XXe siècles. Britannique.
Dessinateur.
Il traita surtout des sujets historiques dans l'*Art Journal* de Londres.

AYLMER Thomas Brabazon
XIXe siècle. Britannique.
Peintre de paysages animés, paysages, peintre à la gouache, aquarelliste, dessinateur.
Il exposa à la Royal Academy de Londres, de 1838 à 1855 ; à Suffolk Street et à la British Institution.
Il peignit des paysages et des vues de Belgique, d'Allemagne, d'Italie, prises au cours de ses nombreux voyages. W.-J. Cook grava d'après lui *Rocher et promontoire de Scylla*, et G.-P. Nicholl, *Place du marché de Liège*.
VENTES PUBLIQUES : LONDRES, 24 mars 1981 : *Paestum*, aquar. et cr. reh. de blanc (26x37) : **GBP 400** – LONDRES, 16 oct. 1986 : *Pêcheurs assis sur la plage* 1833, aquar., gche et cr. (26,5x36) : **GBP 780** – LONDRES, 25 jan. 1989 : *St Goar et Katz vus depuis Rheinfels sur le Rhin*, aquar. et gche (23,5x34,5) : **GBP 1 485** – NEW YORK, 31 janv. 1990 : *Paysans avec des fûts dans un tombereau près d'une ville*, aquar. avec reh. de blanc (36,5x54) : **USD 935** – LONDRES, 7 oct. 1992 : *Femmes de pêcheurs sur une grève du nord de la France*, aquar. (18x25) : **GBP 1 100**.

AYLWARD James de Vine
XIXe-XXe siècles. Britannique.
Peintre de batailles, portraits.
Il a exposé à la Royal Academy de Londres en 1908-1909, et à la Walter Art Gallery de Liverpool en 1910.
VENTES PUBLIQUES : LONDRES, 18 avr. 1978 : *A Lesson by Garrick*, h/pan. (25,5x19,5) : **GBP 360** – LONDRES, 12 juil. 1982 : *Les amateurs d'art*, h/pan. (30x22,5) : **GBP 320** – LONDRES, 7 oct. 1992 : *L'attente d'une audience*, h/pan. (25,5x35,5) : **GBP 770** – LONDRES, 30 mars 1994 : *L'estafette*, h/pan. (22,5x13) : **GBP 2 070**.

AYLWARD William James
Né le 5 septembre 1875 à Milwaukee (États-Unis). XIXe-XXe siècles. Américain.
Peintre de paysages, illustrateur.
Ses représentations fréquentes de lacs laissent penser qu'il a dû être marqué par les paysages du Michigan où il a passé son enfance. Il a illustré *Le Loup de mer* de Jack London. Il a exposé au Salon de la Société Nationale des Beaux-Arts à Paris, en 1924.

AYM, pseudonyme de Andigné Aymée Marie d'
Née à Marseille (Bouches-du-Rhône). XXe siècle. Française.
Peintre de paysages et fleurs, aquarelliste.
Élève de Zabeth, elle a exposé au Salon des Artistes Français en 1939-1940.

AYMARD Simon
XIVe siècle. Français.
Sculpteur d'ornements.
En 1383, il travailla à la décoration du château que le duc de Berry se fit construire à Poitiers.

AYMAT T.
Originaire de Catalogne. xxᵉ siècle. Espagnol.
Peintre de cartons de tapisseries.
En 1920, il a exposé au Salon d'Automne de Paris des cartons réalisés en collaboration avec Rosita Homedes Ventos.

AYME Albert
Né en 1920 à Saint-Geniès-des-Mourgues (Hérault). xxᵉ siècle. Français.
Peintre. Abstrait, tendance minimaliste.
En 1960, il a abandonné son métier d'ingénieur pour se consacrer à la peinture. Il travaille à Paris et à Aignerville (Calvados). Il a exposé en 1959 et 1963 au Musée de Toulon, en 1964 au Musée d'Art Moderne de la Ville de Paris, entre 1964 et 1967 au Salon *Comparaisons* à Paris, en 1967 a participé à l'exposition de vitraux à Düsseldorf, en 1969 à la galerie Templon, en 1970 au Japon, en 1986 une exposition rétrospective de ses œuvres s'est tenue au Musée de Carcassone, en 1988 il présente ses toiles à la Fondation Van Gogh en Arles, en 1989 au Musée Réattu de cette même ville. En 1992, à Paris, l'École des Beaux-Arts a présenté une exposition rétrospective de l'ensemble de son œuvre, et la galerie Franka-Berndt une exposition personnelle qu'elle a renouvelée en 1993 avec les œuvres sur papier ; 1995-1996, galerie Jérôme de Noirmont, Paris.
Son passage de la figuration à l'abstraction date de 1960 : *Grande frise murale*, de 1962 : les *Draps muraux*, son passage à l'abstraction géométrique de 1965. Le travail d'Albert Ayme fonctionne à partir de sa formation mathématique et musicale. Dès ces débuts, un de ses soucis fondamentaux sera de rendre sensible le déroulement du temps à travers la peinture, à l'instar de ce qui se passe dans la musique. Au temps de la lecture de l'œuvre par le parcours de l'œil du spectateur le long de la juxtaposition des formes, d'emblée Ayme a préféré utiliser le procédé technique (la structure) de la transparence d'une couche de couleur sur une autre et encore sur une autre, etc., procédé qui rend « visibles » les temps successifs du travail pictural. Ce principe de base restera constant et fondamental à travers tout son travail, cependant exploité selon des catégories formelles ou combinatoires sérielles, diversifiées. Ses travaux ont retenu l'attention des meilleurs esprits, philosophes, poètes et musiciens : dès 1963 Francis Ponge, en 1978 Jean Ricardou, 1979 et 1989 Jacques Henric, 1980 *Sur la constitution du temps par la couleur dans les œuvres récentes d'Albert Ayme* de Jean-François Lyotard, 1983 *Une chanson pour Don Albert* de Michel Butor et *Portrait d'Albert Ayme* de Jean-Yves Bosseur, etc. Retenant la leçon de Wittgenstein, il considère que les couleurs sont des concepts et que les relations qu'on établit entre elles sont du domaine de la pensée spéculative et qu'on pourrait en éviter la réalisation matérielle (ce qu'il ne fait pas).
Après ses premières *Aquarelles monochromatiques* et *Frises murales* de 1962, et ses œuvres incisées sur papier, carton et zinc, dès 1962 il peint directement sur de grands draps, désolidarisant la toile du support, comme le fera seulement ensuite le groupe Support-Surface. Après les premières recherches exécutées à partir du banc, il est passé à des alliances de noir, blanc et gris. Après ces premières *Variations* à partir de formes irrationnelles, il joue ensuite avec des carrés de couleurs primaires, les assemblant en *Paradigmes* (ensemble des combinatoires découlant d'un schéma initial), ce qui permet des milliers de possibilités. Il présente ainsi les *Seize-et-une variations* en 1963, les *Monochromes blancs* (dont un *Hommage à Malevitch*) entre 1964 et 1970, *Paradigme du noir et blanc* en 1974, *Paradigmes 1,2,3,4,5,6* de 1974-1985, *Scriptures, Paradigme du bleu et jaune* en 1975, *Paradigme du bleu, jaune, rouge* à partir de 1976. Les maîtres de l'abstraction, Malévitch, Mondrian, Klee sont ici convoqués, en référence ou citations directes, *Blason d'un peintre* 1980. L'hommage à Van Gogh et à ses flamboyances intervient et se poursuit à partir de 1981 : *Triple suite en jaune à la gloire de Van Gogh* 1981-1985-1986, les cinq stations du *Tombeau de Van Gogh* 1988. Le développement de l'hommage à Van Gogh, n'est pas exclusif d'autres travaux : *Vers le carré magique* 1983, *N+1 Variations sur une empreinte de Viallat* 1984, *Sept Chants de Ténèbres* 1988-1990, etc.
Albert Ayme est en soi un paradoxe : peintre produisant un œuvre considérable et l'exposant, non seulement il en commente, par la médiation de livres successifs, les réalisations, alors qu'il veut que la seule vision qu'on en ait soit immédiatement démonstrative de leur genèse spatio-temporelle, mais il exige de ses héritiers à venir « la destruction totale de mon travail... Il ne resterait plus alors que mes livres, c'est-à-dire la quintessence de

ma pensée picturale. » Dans ce cas alors, pourquoi les avoir réalisées ? D'autre part, on ne peut penser qu'un tel désir de destruction proviendrait d'un doute sur l'importance intrinsèque de leur création, par exemple se rendant compte de ce que sa pensée créatrice ne serait qu'un prolongement des processus et des écrits issus du Bauhaus, entre autres de ceux de Paul Klee, dont la méthodologie a marqué la musique de Pierre Boulez ou encore de ceux qui ont « déterminé » la série des variations de l'*Hommage au Carré* de Josef Albers, puisqu'il ajoute, hors de tout doute, que la préservation de ses écrits théoriques serait « un viatique amplement suffisant pour le monde qui s'annonce. » Il est possible aussi d'avancer, en contradiction avec la primauté qu'Ayme attribue à ses écrits que, de même qu'avec les *Hommages au Carré* d'Albers, les divers *Paradigmes* d'Albert Ayme, induisent à la fois une beauté sensorielle et un bonheur intellectuel, dû à la constatation et à la compréhension que d'un raisonnement rigoureusement structuré et appliqué, peut émaner justement cette sensation de beauté.

■ Jacques Busse
Bibliogr. : V. Serrano in : Catalogue de l'Exposition : *L'Art Moderne à Marseille, la Collection du Musée Cantini*, 1988 – divers : Catalogue de l'exposition *A. Ayme, Rétrospective 1960-1992*, École des Beaux-Arts, Paris, 1992, important appareil documentaire – Catalogue de l'exposition *Albert Ayme – Chants de Ténèbres*, Gal. Franka-Berndt Bastille, 1992 – Manuel Jover : *Albert Ayme – La couleur, agent de l'esprit*, in : *Art Press*, Paris, mars 1992.
Musées : Marseille (Mus. Cantini) : *Sans Titre* 1979, acryl. sur coton non tendu.

AYMÉ Alix ou Mme de Fautereau-Vassel
Née en 1894 à Marseille (Bouches-du-Rhône). Morte en 1989. xxᵉ siècle. Française.
Peintre de compositions animées, portraits, paysages, paysages d'eau, fresquiste, décoratrice de théâtre, illustratrice.
Après avoir suivi les cours de dessin du Conservatoire de Toulouse, elle travaille avec Maurice Denis et participe à la réalisation du décor du théâtre des Champs-Élysées. À partir des années vingt, elle enseigne le dessin au lycée français de Hanoï et parcourt l'Indochine, l'Inde et Ceylan. En 1931 au Laos, elle participe à la préparation de l'Exposition coloniale de Paris, qu'elle a contribué à organiser. De 1935 à 1945, elle enseigne la technique de la laque à l'École des beaux-arts de Hanoï au côté du peintre Joseph Inguimberty, et voyage en Chine, au Japon et en Corée. De retour à Paris, elle se lie d'amitié avec Foujita.
Artiste complète, elle utilise tous les supports, bois, soie, huile, laque. Elle a également illustré *Kim* de Rudyard Kipling. Si elle réalise à l'huile des scènes animées et colorées, elle réserve la peinture sur soie à des œuvres de caractère intimiste et la laque aux panneaux décoratifs.
Bibliogr. : In : Catalogue de l'exposition *Paris-Hanoï-Saigon, l'aventure de l'art au Viêt Nam*, Pavillon des Arts, Paris, 1998.

AYMER De La CHEVALERIE Jacques
Né le 30 avril 1872 à Paris. xixᵉ-xxᵉ siècles. Français.
Peintre, sculpteur, graveur.
Élève de Gustave Moreau, il expose au Salon de la Société Nationale des Beaux-Arts à Paris, entre 1898 et 1939. Mention honorable en 1934, médaille de bronze en 1936.

AYMERIE Michel ou Esmery
Mort après 1682. xviiᵉ siècle. Français.
Sculpteur.
Il devint membre de l'Académie Saint-Luc à Paris en 1669.

AYMONIER Jean Charles
Né le 18 septembre 1803 à Genève. Mort le 26 juin 1892. xixᵉ siècle. Suisse.
Peintre, dessinateur.
Il étudia à l'Académie de Genève, puis en Italie. De retour dans son pays, il fut employé comme dessinateur par l'administration de la ville.

AYNARD J.
xixᵉ-xxᵉ siècles. Français.
Peintre de genre.
Il exposa au Salon de Paris en 1898, 1900 et 1901.

AYNARD Laure ou Laurette
Née à Marmagne ou Fontenay (Côte-d'Or). xxᵉ siècle. Française.
Peintre.

Elle a exposé au Salon de la Société Nationale des Beaux-Arts de Paris en 1932, puis aux Salons d'Automne et des Tuileries de 1939 à 1943.

AYNARD Raymonde
Née en 1910 à Paris. XXᵉ siècle. Française.
Peintre de portraits.
Elle a également peint un sujet de *Guerre* et des œuvres abstraites. Elle a exposé au Salon de la Société Nationale des Beaux-Arts à Paris (1927), aux Salons des Tuileries (1933), des Indépendants (1945) et de Mai (1950).

AYNE L. A.
XIXᵉ siècle. Français.
Paysagiste.
Il exposa au Salon de Paris, en 1879, 1884 et 1888.

AYNES-MARTINET Yolande
Née à Luxeuil-les-Bains (Haute-Saône). XXᵉ siècle. Française.
Peintre.
Elle expose au Salon d'Automne de 1941 deux toiles.

AY-O
Né en 1931 dans la préfecture d'Ibaraki. XXᵉ siècle. Actif aux États-Unis. Japonais.
Sculpteur, graveur. Cinétique.
Diplômé de la Faculté des Arts de l'Université de l'Education à Tôkyô en 1954, il quitte le Japon pour s'installer à New York en 1958. A partir de cette date, il participe à la Biennale Internationale de Gravure de Tôkyô, puis à la Biennale de Tôkyô depuis 1963. Il a été invité à la Biennale de Venise en 1966. Prix du Musée National d'Art Moderne de Kyôto en 1969.

AYORA Pedro Fernandez de. Voir FERNANDEZ de Ayora Pedro

AYOROA Rudy
Né en 1927 à La Paz. XXᵉ siècle. Bolivien.
Peintre. Cinétique.
Il a participé à de nombreuses expositions collectives en Amérique latine et aux États-Unis, où il a passé une partie de sa vie. Il a également fait des expositions personnelles à La Paz, Buenos Aires, Washington et Porto-Rico. Son art, tantôt fait de projections cosmiques, tantôt, à deux dimensions, fait de rayures de couleurs agresssives, s'apparente à l'art cinétique, tout comme celui de ses contemporains Alfredo da Silva et César Jordan, autour des années soixante.
BIBLIOGR. : Catalogue de l'exposition : *Les Peintres Boliviens contemporains*, Mus. Munic. d'Art Mod., Paris, 1973 – Damian Bayon et Roberto Pontual : *La Peinture de l'Amérique latine au XXᵉ siècle*, Mengès, Paris, 1990.
MUSÉES : WASHINGTON D. C. (Nat.coll. of Fine Arts) – WASHINGTON D. C. (Smithsonian Institution).

AYOT Pierre
Né en 1943 à Montréal (Québec). XXᵉ siècle. Canadien.
Artiste.
Il fit ses études à l'École des Beaux-Arts de Montréal où il étudia particulièrement la lithographie. Il se définit d'abord comme graveur et a fondé « Graff », un centre de conception graphique, atelier et lieu de rencontres pour artistes. Influencé par le pop art américain, Ayot puise dans le répertoire des objets usuels pour les déplacer hors de leur contexte. A partir de 1972 il réalise ce qu'on peut appeler des « sérigraphies-assemblages » qui associent à l'image d'un objet une partie de ce même objet en trois dimensions. Questionnant ainsi la nature de l'objet d'art, Ayot met en déroute nos habitudes perceptives.
BIBLIOGR. : In : Catal. de l'exposition *Les vingt ans du musée à travers sa collection*, Musée d'Art Contemporain de Montréal, 1985.
MUSÉES : MONTRÉAL (Mus. d'Art Contemp.) : *Le bolo* 1972, sérig., élastique et balle de caoutchouc.

AYOTTE Léo
Né en 1900 ou 1909. Mort en 1976. XXᵉ siècle. Canadien.
Peintre de scènes typiques, paysages.
Il a essentiellement peint les forêts et les vastes paysages du Canada, assortis de scènes de la vie maritime.

[signature : Ayotte]

VENTES PUBLIQUES : TORONTO, 2 mars 1982 : *Au bord de la grève* 1973, h/t (50x60) : **CAD 1 700** – MONTRÉAL, 13 sep. 1983 : *Paysage*

près de la Joliette, h/t (51x61) : **CAD 1 900** – Montréal, 2 avr. 1985 : *Scène de port en Gaspésie*, h/t (61x76) : **CAD 3 200** – MONTRÉAL, 25 nov. 1986 : *Au bar* 1956, h/t (51x72) : **CAD 2 400** – MONTRÉAL, 20 oct. 1987 : *Sous-bois* 1967, h/t (41x50) : **CAD 2 900** – MONTRÉAL, 25 avr. 1988 : *Cabane à Val-Morin* 1973, h/t (41x51) : **CAD 2 500** ; *Nature morte aux pommes* 1942, h/pan. (41x51) : **CAD 2 400** – MONTRÉAL, 1ᵉʳ mai 1989 : *Arbres dans un chemin de campagne près d'un lac* 1963, h/t (41x51) : **CAD 2 300** ; *Les vagues* 1974, h/t (41x51) : **CAD 2 000** – MONTRÉAL, 30 avr. 1990 : *Saint-Augustin* 1965, h/t (51x61) : **CAD 3 960** – MONTRÉAL, 5 nov. 1990 : *Village de Chateau-Richer* 1967, h/t (51x61) : **CAD 4 180** – MONTRÉAL, 1ᵉʳ déc. 1992 : *Paysage à Chateauguay*, h/t (50,8x61) : **CAD 2 800** – MONTRÉAL, 23-24 nov. 1993 : *Le bateau* 1972, h/t (40,5x50,8) : **CAD 2 000** – MONTRÉAL, 5 déc. 1995 : *Paysage d'hiver* 1966, h/t (61x76,2) : **CAD 2 800.**

AYOUB Moussa
Née à Damas. XXᵉ siècle. Syrienne.
Peintre.
Elève de Jean Paul Laurens, elle a exposé à la Royal Academy de Londres (1908-1909) et au Salon des Artistes Français de 1923 à 1933. Mention honorable en 1923.

AYRA de. Voir ARIA

AYRAULT T. A.
XIXᵉ-XXᵉ siècles. Américain.
Peintre, aquarelliste.
Il travaille à Lockport (État de New York) et est membre de l'American Water-Colours Society.

AYRE Minnie
XIXᵉ siècle. Britannique.
Peintre de fleurs, aquarelliste.
Mentionnée dans les catalogues de Suffolk Street et de la New Water-Colours Society à Londres, en 1886.

AYRER Christian Victor
Né le 15 juin 1650. Mort le 12 novembre 1719 à Nuremberg. XVIIᵉ-XVIIIᵉ siècles. Allemand.
Aquafortiste.
C'était plutôt un amateur. En 1688, on le trouve à Nuremberg, exerçant des fonctions à l'hôpital de la ville.

AYRER Johann ou Airer
Originaire de Nuremberg. XVIᵉ siècle. Allemand.
Dessinateur.
D'après Nagler, c'était un artiste adroit. On possède de lui un dessin à la plume colorié : *Saint François recevant les stigmates*, d'après la gravure de Dürer, daté de 1579.

AYRER Justine
Née en 1704 à Dantzig. XVIIIᵉ siècle. Allemande.
Peintre.
Elle fut l'élève de Dumas et peignit des portraits en miniature, et de petits tableaux de genre. Daniel Chodowiecki était son neveu ; ce fut elle qui lui donna les premières leçons de peinture.

AYRES Emilio
Né à Pernambouc. XXᵉ siècle. Brésilien.
Peintre.
Expose des papiers peints au Salon d'Automne de 1913.

AYRES Gillian
Né en 1930. XXᵉ siècle. Britannique.
Peintre. Abstrait.
Il participe à des expositions collectives, parmi lesquelles : 1960 *Situation*, RBA Galleries à Londres. Il montre des ensembles de ses œuvres dans des expositions personnelles, dont : 1981 *Les peintures de Gillian Ayres*, Musée d'Art Moderne d'Oxford ; 1982 *Les rêves d'Iseult*, exposition itinérante, Galerie d'Art de Rochdale et Ikon Gallery à Birmingham ; 1987, Knoedler Gallery de Londres.
Il peint des compositions abstraites très colorées au graphisme proche des dessins d'enfants.
BIBLIOGR. : In : *Artscribe*, nᵒ 25, Londres, oct. 1980 – in : *Art International*, vol. 24, nᵒ 7-8, Lugano, mars-avr. 1981 – in : *Flash Art*, nᵒ 116, Milan, mars 1984.
VENTES PUBLIQUES : LONDRES, 7 mars 1986 : *Composition abstraite*, h/cart. (121,5x40,5) : **GBP 600** – LONDRES, 12 mai 1989 : *Sans titre*, acryl./pap. (91,8x51,3) : **GBP 1 980** – LONDRES, 10 nov. 1989 : *Bateaux échoués* 1949, h/t (40,1x19,1) : **GBP 1 980** – LONDRES, 24 mai 1990 : *Vénus et Neptune* 1984, h/t (152,5x152,5) : **GBP 12 100** – LONDRES, 8 mars 1991 : *Composition abstraite* 1987, h/t (213,5x244) : **GBP 14 850** – LONDRES, 8 nov. 1991 : *Sans titre,*

acryl. et peint. or/pap. rose (93x52) : **GBP 1 980** – Londres, 25 oct. 1995 : *Adieu à l'Amour* 1981, h/t (diam. 91,5) : **GBP 4 830** – Londres, 30 mai 1997 : *Is fancy bred* 1984, h/t (152,4x152,4) : **GBP 6 325**.

AYRES H. M. E.
XIXe siècle. Britannique.
Peintre de fleurs.
Ayres exposa une œuvre à Suffolk Street à Londres, en 1873.

AYRES Pietro
Né le 9 novembre 1794 à Savigliano. Mort le 11 juillet 1878 à Turin. XIXe siècle. Italien.
Peintre d'histoire, compositions religieuses, portraits, pastelliste, dessinateur.
Il suivit Napoléon Ier dans ses campagnes. Puis il s'arrêta à Varsovie, y travailla quelque temps, se rendit ensuite en Angleterre. De retour en Italie, il visita Rome avant de revenir se fixer à Turin. En 1830, il devint professeur de l'Académie de cette ville et le roi Charles-Albert le nomma peintre de la cour.
Ses nombreux portraits furent très appréciés de ses contemporains. Il fit aussi parfois des tableaux d'histoire et des tableaux décoratifs pour des châteaux et des églises.
Ventes Publiques : Londres, 26 mars 1981 : *Les amis génois de Lord et Lady Tabley*, past. et fus. (54x42,5) : **GBP 750**.

AYRES Thomas
XVIIe siècle. Vivait à Londres à la fin du XVIIe siècle. Britannique.
Graveur au burin.

AYRINHAC Numa-Camille
Né à Espalion (Aveyron). XXe siècle. Français.
Peintre.
Elève de Bonnat, il a exposé au Salon des Artistes Français à Paris de 1905 à 1914.

AYRTON Annie
Née vers 1850 à Londres. Morte vers 1920 à Londres. XIXe-XXe siècles. Britannique.
Peintre de natures mortes, fleurs, graveur.
Entre 1879 et 1888, elle exposa à la Royal Academy de Londres, puis elle vint à Paris, où elle fut élève du peintre Charles Chaplin. De 1889 à 1914, elle montra ses toiles au Salon de la Société Nationale des Beaux-Arts, dont elle fut associée en 1891 et sociétaire en 1911.
Ses natures mortes sont peintes à grands traits, dans une hardiesse de couleurs.
Bibliogr. : Gérald Schurr : *Les Petits Maîtres de la peinture 1820-1920, valeur de demain*, t. VII, Les Éditions de l'Amateur, Paris, 1989.
Ventes Publiques : Vienne, 15 sep. 1981 : *Fleurs d'automne*, h/t (64x53) : **ATS 28 000** – Londres, 11 oct. 1991 : *Une table dressée avec de la vaisselle et des fruits*, h/t (88,8x99,7) : **GBP 2 640**.

AYRTON Michael
Né le 20 février 1921 à Londres. Mort en 1975. XXe siècle. Britannique.
Peintre de figures, paysages, sculpteur, illustrateur.
Il a étudié aux Ecoles des Beaux-Arts de Heatherlej, de Saint John's Wood, et de Paris. A partir de 1943, il a fait de nombreuses expositions personnelles notamment à Londres, où une rétrospective lui a été consacrée en 1955.
Son art a tout d'abord montré une influence des peintres Tchelitchev et Bernan, peignant des personnages et des paysages dans un style figuratif, à coloration psychologique. Homme multiple, Michael Ayrton s'est consacré à la sculpture, à partir de 1953, il est également l'auteur de films documentaires, a réalisé des décors de théâtre, des illustrations de livres et a fait des conférences.
Bibliogr. : Justine Hopkins : *Michael Ayrton, une biographie*, Londres, 1994.
Musées : Londres (Tate Gal.).
Ventes Publiques : Londres, 4 déc. 1963 : *Maison près d'Ischia* : **GBP 50** – Londres, 17 mars 1965 : *Dédale*, bronze : **GBP 220** – Londres, 14 déc. 1966 : *Le berger* : **GBP 90** – Londres, 17 mars 1976 : *Acrobates*, bronze (H. 122) : **GBP 500** – Londres, 17 juin 1977 : *Paysage d'été* 1943, h/t (35,5x51) : **GBP 950** – Londres, 22 juin 1977 : *Figure assise*, bronze (H. 28,5) : **GBP 440** – Londres, 17 nov. 1978 : *Delos en octobre*, h/cart. (73,5x119,5) : **GBP 480** – Londres, 5 déc. 1978 : *Les amants* 1973, or, 18 crts : **GBP 7 500** – Londres, 27 juin 1979 : *Oracle*, bronze (H. 151) : **GBP 3 000** – Londres, 4 juin 1981 : *Projet de décor pour « Le Festin de l'Arai-*

gnée », gche (26,8x42) : **GBP 400** – Londres, 10 juin 1981 : *Talos* 1957, bronze (H. 57) : **GBP 1 500** – Londres, 6 nov. 1981 : *Whistler and Field* 1953, h/t (38x45,7) : **GBP 500** – Londres, 12 mars 1982 : *Figures doubles en pendant* 1956, bronze (H. 143) : **GBP 900** – Londres, 14 mars 1983 : *Icarus I* 1959, bronze (H. 45) : **GBP 1 000** – Londres, 21 sep. 1983 : *Figure* 1962, gche, encre de Chine et collage/cart. (91,5x66) : **GBP 950** – Londres, 14 nov. 1984 : *L'arène* 1939, h/cart. (46x53) : **GBP 3 000** – Londres, 14 nov. 1984 : *Trio* 1950, pl. et lav. de gris (51x61) : **GBP 2 000** – Londres, 15 mai 1985 : *Gethsamené* 1944, h/cart. (31x63,5) : **GBP 4 500** – Londres, 13 nov. 1985 : *Reflective head* 1971, bronze et bronze poli (H. 40,5) : **GBP 1 600** – Londres, 13 nov. 1985 : *Portrait de Berlioz* 1967, lav. de gris (49x40) : **GBP 750** – Londres, 14 nov. 1986 : *Arkville minotaur* 1968-1969, bronze (H. 215) : **GBP 13 000** – New York, 6 oct. 1987 : *Impact* 1974, bronze et plexiglass (H. 36) : **USD 7 500** – Londres, 30 nov. 1987 : *Nature morte noire* 1959, h/cart. (75x100,5) : **GBP 2 000** – Londres, 9 juin 1988 : *La voie sacrée et le temple d'Héra* 1963, encre (38,9x48,8) : **GBP 935** ; *Les tondeurs de moutons* 1933, aquar. et encre (25,7x53,4) : **GBP 3 520** – Londres, 12 mai 1989 : *Icare* 1969, gche et collage (73,8x52,5) : **GBP 1 210** – Londres, 21 sep. 1989 : *Nécrophage*, bronze (H. 26) : **GBP 3 520** – Londres, 10 nov. 1989 : *Regard de hibou* 1962, h. et craies grasses/t. (45,5x57,2) : **GBP 4 400** – New York, 21 fév. 1990 : *Minotaure découvert* 1963, bronze (75x35,6x40,7) : **USD 3 960** – Londres, 24 mai 1990 : *Figures au miroir*, bronze, acier et verre (H. 47) : **GBP 7 700** – Londres, 9 nov. 1990 : *Baigneur avec un enfant*, bronze à patine brune (H. 212,5) : **GBP 37 400** – Londres, 7 juin 1991 : *Hiver* 1950, h/t (51x61) : **GBP 4 180** – Londres, 8 nov. 1991 : *La barque blanche* 1947, h/pan. (25x35) : **GBP 3 520** – Londres, 18 déc. 1991 : *Personnage recroquevillé* 1965, cr. blanc/pap. noir (48x61) : **GBP 825** – Londres, 11 juin 1992 : *Toile d'araignée* 1973, bronze et filins d'acier (H. 176,5) : **GBP 8 800** – Londres, 26 mars 1993 : *Minotaure assis*, bronze (H. 26,8) : **GBP 9 775** – New York, 9 mai 1994 : *Le repos du minautore* 1963, bronze (H. 28,5) : **USD 6 900** – Londres, 25 mai 1994 : *Composition*, h/t (51x35,5) : **GBP 1 552** – Londres, 25 oct. 1995 : *Jeux de balle* 1949, fus., past. et cr./pap. chamois (50x62) : **GBP 2 530** – Londres, 22 mai 1996 : *Stylite*, bronze (H. 113) : **GBP 3 220** – Londres, 23 oct. 1996 : *Personnage double en balance* 1956, bronze à patine brune (H. 142,5) : **GBP 5 980** – New York, 10 oct. 1996 : *Le pâtre*, bronze patine brune (H. 99,1) : **USD 8 855** – Londres, 30 mai 1997 : *Paysage de collines* 1943, h/cart. (25,4x35,5) : **GBP 5 175**.

AYRTON Olivier
XIXe siècle. Vivait à Paris dans la dernière moitié du XIXe siècle. Britannique.
Peintre.
Oliver Ayrton exposa, en 1888 et 1889, à la Grosvenor Gallery et à la Royal Academy de Londres.

AYRTON W. J.
XIXe siècle. Britannique.
Peintre de paysages, aquarelliste.
On cite, de ce peintre, une œuvre exposée à Suffolk Street, et six à la Old Water-Colours Society de Londres, en 1833 et 1834.

AYSTETER Georg ou Eichstätter
XVe siècle. Allemand.
Peintre.
Il fut reconnu citoyen de Nuremberg le 19 novembre 1496.

AYTON Charles W.
Né à Saint Louis. XIXe-XXe siècles. Actif en France. Américain.
Sculpteur.
Travaillant à Paris, il fut élève de Dubois et de Gauquié, exposa au Salon de Paris entre 1903 et 1920, et à l'American Art Association. Il a également exposé dans sa ville natale.

AYVAZOFSKY John ou Ayvasowky
XIXe siècle. Vivait à Londres dans la dernière moitié du XIXe siècle. Polonais.
Paysagiste.
Cet artiste exposa une œuvre à la Royal Academy de Londres, en 1876.

AYZ
XVIIe siècle. Allemand.
Peintre.
Mentionné comme peintre dans le livre de la cité d'Emden, de laquelle il fut fait citoyen.

AYZANOA Alfredo
Né le 10 mars 1932 à Tarma. XXe siècle. Péruvien.

Peintre.

Après avoir terminé ses études en 1960, il a participé à plusieurs Biennales d'Amérique Latine, puis à celle de Paris. Son art laisse transparaitre un caractère dramatique, violent et inventif.

AZAI Louis d'
Né à Aix-en-Provence. xxe siècle. Français.
Peintre.
Il expose au Salon des Indépendants de 1938 et 1939 des paysages.

AZAKURA Fumio
Né en 1883 à Oita. xxe siècle. Japonais.
Sculpteur animalier.
Élève à l'Académie des Beaux-Arts de Tôkyô, il est devenu membre de l'Académie d'Art Japonais, avant d'être nommé membre de l'Académie Impériale d'Art, en 1919. Il a montré ses œuvres dans des expositions gouvernementales et au Nitten depuis 1907. Il a obtenu l'Ordre du Mérite Culturel en 1948. Il est professeur à l'Académie des Beaux-Arts de Tôkyô.

AZAKURA Kyôko
Né en 1925 à Tôkyô. xxe siècle. Japonais.
Sculpteur de portraits.
Fils et élève de Azakura Fumio, il expose au Nitten, où il obtient trois fois une mention honorable, à la Biennale de Tôkyô et avec le Groupe 30.

AZALDEGUI Juan de
Né au xvie siècle en Biscaye. Mort en 1610. xvie-xviie siècles. Espagnol.
Sculpteur de sujets religieux.
Dans le courant de l'année 1603, il agrandit le maître-autel de l'église paroissiale de Renteria, et, en 1605, il exécuta quatre statues pour ce même autel. Il fit, en 1608, toujours pour cette église, le Monument de la Passion, que l'on découvre tous les ans pendant la semaine sainte.

AZALTE Y RAMIRA Jos. Ant.
xixe siècle. Espagnol.
Dessinateur d'animaux, fleurs.
A la vente de la Bibliothèque Jussieu (1858) figurèrent de lui cinq dessins d'animaux et plantes exotiques.

AZAM Barthélémy
Né à Toulouse. xixe-xxe siècles. Français.
Peintre.
Cet artiste travailla à Paris, il exposa en 1907 et 1909 au Salon des Indépendants.

AZAM Denise, Mme
Née à Paris. xxe siècle. Française.
Sculpteur.
Élève de Maillard, elle expose des bustes aux Artistes Français en 1923 et 1924.

AZAM Jean Baptiste
xixe siècle. Français.
Peintre de natures mortes, fleurs.
Il exposa au Salon de Paris, en 1876, 1878 et 1879.

AZAMBRE Etienne
Né en 1859 à Paris. Mort en 1935. xixe-xxe siècles. Français.
Peintre d'histoire, sujets religieux.
Il a régulièrement exposé au Salon de Paris, entre 1883 et 1901, et a obtenu une mention en 1890.
Ses œuvres, surtout d'inspiration mystique : Saint François prêchant aux oiseaux, Rêve de sainte Cécile, Jésus, Marie et Marthe, etc., sont traitées avec douceur, dans des tonalités pâles.
BIBLIOGR. : Gérald Schurr : Les Petits Maîtres de la peinture 1820-1920, valeur de demain, t. V, Les Éditions de l'Amateur, Paris, 1981.
MUSÉES : CHAMBÉRY (Mus. des Beaux-Arts) : Intérieur d'atelier – PARIS (Mus. du Louvre) : Salle du Musée du Louvre 1893.
VENTES PUBLIQUES : PARIS, 12 déc. 1907 : Méditation pieuse : FRF 160 – PARIS, 27 fév. 1984 : Le miroir, h/t (38x46) : FRF 8 200 – PARIS, 25 oct. 1987 : Édouard Crémieux dans son atelier 1881, h/t (40,5x32,5) : FRF 3 000.

AZAMOR de OLIVEIRA Silvio
Né le 7 juin 1925. xxe siècle. Brésilien.
Peintre de marines.

AZAR DU MAREST Lœtitia, Mlle
Née à Marseille (Bouches-du-Rhône). xixe-xxe siècles. Française.

Peintre de scènes de genre, paysages, marines, natures mortes.
Elle fut élève de Jean-Paul Laurens et Eugène Carrière. Elle se fit connaître au Salon de la Société Nationale des Beaux-Arts en 1898, et depuis cette époque expose assez régulièrement.
Elle a publié des écrits sur l'art, dont : une Étude sur l'Art au Panthéon, illustrée par Laurens et Puvis de Chavannes, et une étude sur Carrière illustrée par ce dernier. On cite d'elle Charme éphémère, Petit Papa, Esquisse de vieille femme, Harmonie du soir, Après le travail, La vague, Portrait de Mlle J. Monin, Femme qui prie, Le Chemin de la Croix.

AZARA ou Dazara
xviie-xviiie siècles. Vivait en Espagne à la fin du xviie et au commencement du xviiie siècle. Espagnol.
Peintre.

AZARA Jo-El ou Ernest
Né en 1937 à Drogenbos. xxe siècle. Belge.
Dessinateur de bandes dessinées.
Ancien assistant au studio Hergé, il a publié ses bandes dessinées humoristiques dans des revues comme Spirou, Tintin ou Pilote.

AZARD Guyon, dit Guinet de Lacus et aussi le Phifon
xvie-xviie siècles. Français.
Peintre.
Il figurait dans une liste de maîtres peintres à Bordeaux entre 1525 et 1620.

AZARELLO
Mort après 1639, mort jeune. xviie siècle. Italien.
Peintre de compositions religieuses.
Ce nom est celui du village où ce moine vénitien avait charge d'âmes et lui resta. C'était un artiste de talent. Le Musée Gualdo à Vicence possède de lui : Saint Pierre et Le Baptême de sainte Thècle.

AZARI Fedele
Né en 1895 à Pallanza. Mort en 1930 à Milan. xxe siècle. Italien.
Peintre. Futuriste.
Avocat, il participe aux activités du groupe futuriste, avec Boccioni et Marinetti, avec des écrits théoriques, notamment le Théâtre aérofuturiste et en 1929, en collaboration avec Marinetti, le Premier Dictionnaire aérien italien de 1929.
Il réalise d'abord des photographies dans un esprit mécanique, puis des peintures, technique abordée avec Despero, où il reprend ses travaux photographiques de vues aériennes soulignant les décalages, à partir de la perspective aérienne, d'avec la réalité.
BIBLIOGR. : In : Dict. de l'art mod. et contemp., Hazan, Paris, 1992.

AZARIAN Rita
Née à Corfou. xxe siècle. Grecque.
Peintre de paysages.
Elle a exposé au Salon des Artistes Français entre 1927 et 1930. Ses paysages présentent, le plus souvent, des vues du Bosphore et de Constantinople.

AZBÉ Anton
Né en 1861 à Laibach (Slovénie). Mort en 1905 à Munich. xixe-xxe siècles. Yougoslave-Slovène.
Peintre, dessinateur. Impressionniste.
Il fut d'abord négociant, puis il s'adonna à l'art. Il étudia à l'École des Beaux-Arts de Vienne, en 1882, et à celle de Munich, en 1890. Il fut nommé professeur et plus tard directeur de l'École de peinture de Munich. Il a peu produit mais il fut l'un des chefs de l'impressionnisme yougoslave, accueillant et endoctrinant ses jeunes compatriotes venus le voir dans son atelier de Munich, où il passa la plus grande partie de sa vie et où il fut aussi le maître de Wassily Kandinsky, Alexeï von Jawlensky, Gabriele Münter.

AZBERTO DEZPLA Jaime
xve siècle. Vivait à Barcelone en 1408. Espagnol.
Peintre.

AZCUTIA Cosme de
xvie siècle. Espagnol.
Peintre de compositions religieuses.
On le trouve, en 1578, peignant à Valladolid un Portrait de sainte Elisabeth, et entreprenant l'ornementation de la chapelle Saint-Michel dans l'église Saint-Paul. En 1596, il s'occupe des travaux de peinture de la chapelle Majeure, dans l'église de la Vierge à

Castrobeça. Enfin on sait qu'en 1599, il prit part aux préparations des obsèques solennelles de Philippe II à Valladolid.

AZE Adolphe
Né le 4 mars 1823 à Paris. Mort le 19 mars 1884. XIXᵉ siècle. Français.

Peintre d'histoire, sujets de genre, portraits, paysages, fleurs.

Il fut élève de Robert-Fleury, voyagea en Italie et en Orient de 1842 à 1844 ; à son retour, il exposa des sujets d'histoire dans le genre de Robert Fleury, des scènes de la vie du peuple oriental, comme Decamps, Delacroix, Marilhat en avaient donné le ton.

MUSÉES : BAGNÈRES-DE-BIGORRE : *L'arrestation discrète* – RODEZ : *Séance en conseil des cardinaux* – ROUEN : *Louis XI chez son orfèvre – Dunes à Étretat – Arabe prenant le café – Jeune fille kabyle – Intérieur de forêt – Cimetière turc – Portrait de V. Loutrel – Soleil couchant – Vase de fleurs – Rochers près d'Alger – Étude d'Oliviers – Portrait – Ravin de la pointe Pescade – Rochers de Biarritz – Portrait de M. L.*, don Loutrel, 18 toiles – *Une chapelle de Saint-Marc de Venise – Singe mangeant des raisins – Intérieur de cour à Blet (Cher) – Paysage – Jeune femme agaçant une perruche – Environs de Paris – Moine lisant.*

VENTES PUBLIQUES : PARIS, 14 avr. 1943 : *Homme lisant près d'une fenêtre* : **FRF 500** – NEW YORK, 9 jan. 1981 : *L'expulsion du conspirateur*, h/t (48,3x43) : **USD 425** – PARIS, 18 déc. 1991 : *Portrait du duc de Morny à cheval 1855*, h/t (66x54) : **FRF 50 000**.

AZE Jacques Firmin
Né vers 1788 à Rennes. XIXᵉ siècle. Travaillait à Paris entre 1828 et 1835. Français.

Peintre, graveur au burin et au pointillé.

Son père était imprimeur en taille-douce, rue Saint-Jacques, près la place Cambrai. Jacques-Firmin entra à l'École des Beaux-Arts le 16 vendémiaire, an X (1801), dans l'atelier du graveur Adam.

AZECHI Umetarô
Né en 1902 à Enime. XXᵉ siècle. Japonais.

Graveur.

Après avoir fait des études de peinture avec Koboyashi Mango, il a suivi l'enseignement de gravure avec Hiratsuka Un-Ichi. Il a participé à la Biennale de São Paulo (1953), à l'Exposition Internationale de gravure de Lugano (1956) et à la Biennale de gravure de Tôkyô (1957). Il est membre de la *Koyugakai* et de l'Association de la Gravure Japonaise.

VENTES PUBLIQUES : NEW YORK, 12 oct. 1989 : *Le mont Aso*, estampe en coul. (32,5x45,5) : **USD 1 210**.

AZEDEFF
Né à Bielostok. XXᵉ siècle. Russe.

Peintre de nus.

Il a exposé au Salon de la Société Nationale des Beaux-Arts à Paris, entre 1931 et 1933.

AZEGLIO Massimo Taparelli, marquis d'
Né le 2 octobre 1798 à Turin (Piémont). Mort le 15 janvier 1866 à Turin. XIXᵉ siècle. Italien.

Peintre d'histoire, batailles, paysages animés, paysages, marines, dessinateur, caricaturiste.

Jeune, il était attiré par la peinture et la musique, mais son père souhaita qu'il embrasse la carrière des armes ; la maladie l'empêcha de poursuivre dans cette voie et de retour à Rome il se consacra à la peinture. Il exposa, entre 1835 et 1843, notamment *La bataille de Legnano* et *Le combat de Barletta*.

Tenté par la politique, il publia en 1833 son premier ouvrage prônant les idées libérales. Ce fut aussi un habile dessinateur de caricatures.

MUSÉES : FLORENCE (Gal. d'Art Mod.) : *Attaque de Cavalerie – Cavalerie arabe* – MONTPELLIER : *Brigand de la campagne de Rome.*

VENTES PUBLIQUES : MILAN, 3 mars 1966 : *Paysage* : **ITL 500 000** – MILAN, 8 nov. 1967 : *Paysage* : **ITL 440 000** – MILAN, 14 mars 1978 : *Disfida di Barletta*, h/t, de forme ronde (diam. 23) : **ITL 950 000** – MILAN, 5 avr. 1979 : *Paysage avec cavaliers*, h/t (75,5x101) : **ITL 2 400 000** – MILAN, 17 juin 1982 : *Paysage animé de personnages 1860*, h/t (107x147) : **ITL 5 500 000** – MILAN, 8 nov. 1983 : *Voyageurs dans un paysage*, h/t (45x60) : **ITL 2 000 000** – MILAN, 4 juin 1985 : *Marine*, h/t (32x39) : **ITL 2 400 000** – MILAN, 10 déc. 1987 : *Refuge de montagne*, h/t (61x50) : **ITL 5 500 000** – ROME, 22 mars 1988 : *Personnages près d'un calvaire dans un paysage lacustre*, h/cart. (24x33) : **ITL 3 400 000** – ROME, 2 juin 1994 : *Les châteaux*, h/pap./t.

(25x32,5) : **ITL 6 900 000** – NEW YORK, 12 jan. 1995 : *Paysage fluvial boisé près de Subiaco*, mine de pb et encre (24,3x39,3) : **USD 748** – VENISE, 7-8 oct. 1996 : *Cavaliers dans un paysage*, h/t (20,24,5) : **ITL 2 990 000** – LONDRES, 20 nov. 1996 : *Villa sur le lac de Côme*, h/cart. (45x54) : **GBP 6 900**.

AZEGLIO Roberto Taparelli, marquis d'
Né le 24 septembre 1790 à Turin (Piémont). Mort le 24 décembre 1862 à Turin. XIXᵉ siècle. Italien.

Graveur.

Frère de Massimo d'Azeglio, il fut fondateur et directeur de la Galerie de Turin, à partir de 1830. Son principal mérite est d'avoir organisé ce musée, sur lequel il publia, de 1836 à 1840, quatre volumes ornés de 164 gravures.

AZELT Johann ou Atzelt, Azold, Azoldt
Né en 1654. XVIIᵉ siècle. Allemand.

Graveur.

On le rencontre à Nuremberg sous différents noms. Il semble qu'il se consacra presque exclusivement aux portraits.

I A A *sculp :* Á, Á, Æ

AZÉMA Ernest
Né à Agde (Hérault). XIXᵉ-XXᵉ siècles. Français.

Peintre de figures, Sculpteur.

En peinture, il fut élève de Gustave Moreau et de Cormon. Entre 1892 et 1912, il exposa des sculptures, puis des peintures au Salon des Artistes Français à Paris. Mention honorable en 1898, médaille de troisième classe en 1901.

E. AZEMA

VENTES PUBLIQUES : PARIS, 30 nov.1925 : *Andalouse* : **FRF 180** – PARIS, 19 avr.1950 : *Le grain de beauté* : **FRF 400** – LONDRES, 20 juin 1985 : *Jeune fille avec vue de la côte méditerranéenne à l'arrière-plan 1907*, h/t (60,5x71) : **GBP 700** – CALAIS, 24 mars 1996 : *La marchande de fleurs*, h/t (55x46) : **FRF 9 500**.

AZÉMA Louis
Né le 24 mai 1876 à Agde (Hérault). Mort le 10 janvier 1963 à Montmorency (Val-d'Oise). XXᵉ siècle. Français.

Peintre de sujets religieux, scènes de genre, paysages.

Il étudia avec Gustave Moreau, Cormon et Flameng. Il a exposé au Salon des Artistes Français, où il a obtenu une médaille d'argent en 1921. Chanteur à l'Opéra-Comique de Paris, de 1905 à 1935, il met un peu de son art de tragédien lyrique dans ses toiles.

Louis Azema

BIBLIOGR. : Gérald Schurr : *Les Petits Maîtres de la peinture 1820-1920, valeur de demain*, t. II, Les Éditions de l'Amateur, Paris, 1982.

MUSÉES : BÉZIERS : *La mort d'une cocotte.*

VENTES PUBLIQUES : PARIS, 3 déc. 1948 : *Femme à l'ombrelle* : **FRF 6 000** – PARIS, 9 mars 1951 : *Pêcheurs sur la digue* : **FRF 4 600** – VERSAILLES, 21 fév. 1982 : *Lavandières près du vieux pont*, h/t (32,5x40,5) : **FRF 4 500** – VIENNE, 19 avr. 1983 : *Bord de mer au crépuscule*, h/t (60x71) : **ATS 16 000** – PARIS, 14 juin 1988 : *Vue de Paris : Place de la République*, peint./t. (73x54) : **FRF 6 500** – PARIS, 18 nov. 1988 : *Les capucines*, t. mar./cart. (46x38) : **FRF 3 100** – PARIS, 25 juin 1990 : *Femme tenant une grappe de raisin*, h/pan. (46x55) : **FRF 3 600** – PARIS, 17 mai 1993 : *Les gitanes*, h/t (65x54) : **FRF 3 800**.

AZÉMA-BILLA Marcel
Né le 15 août 1904 à Paris. XXᵉ siècle. Français.

Peintre de paysages.

Il étudia la peinture avec son père qui avait été élève de Gustave Moreau. Entre 1939 et 1973, il a exposé au Salon des Artistes Français, mais aussi aux Salons des Indépendants et d'Automne. Il a fait de nombreuses expositions particulières à Paris et en province. Il a reçu le Prix Othon Friesz en 1960.

VENTES PUBLIQUES : TOULOUSE, 12 mars 1979 : *Moulin au soleil couchant*, h/t (53x44) : **FRF 3 300** – CLUSES, 29 déc. 1981 : *Accordéon*, h/t (81x60) : **FRF 5 000** – AURAY, 22 mai 1983 : *L'accordéon*, h/t (81x60) : **FRF 6 000** – CARNAC, 10 juin 1984 : *Gandria sur le lac de Lugano*, h/t (50x61) : **FRF 5 400** – ANGERS, 7 déc. 1985 : *Soir à*

Collioure, h/t (60x72) : **FRF 10 500** – Nantes, 4 déc. 1987 :
Automne, h/t (45x55) : **FRF 6 500**.

AZÉNOR Hélène
Née le 21 janvier 1910 à Paris. xxᵉ siècle. Française.
Peintre, graveur, illustrateur.
Entre 1925 et 1930, elle a exposé au Salon des Indépendants, puis, entre 1942 et 1944, au Salon d'Automne. Son œuvre à tendance symboliste, use d'un coloris servi par des laques profondes. Elle a fait des illustrations d'œuvres dont : *La chute de la Maison Usher* d'Edgar Poë, *Une saison en enfer* d'Arthur Rimbaud. Sa première exposition particulière eut lieu galerie Visconti en 1947, présentée et préfacée par André Salmon. Elle expose ensuite dans plusieurs galeries en France et à l'étranger. Depuis 1966 elle manifeste la volonté de traduire la modernité contemporaine en représentant les villes nouvelles et leurs alentours.

AZEVEDO Fernando
Né en 1923 à Porto. xxᵉ siècle. Portugais.
Peintre. Surréaliste.
Diplômé de l'Ecole des Arts Décoratifs, il a exposé dès 1947, faisant partie du groupe surréaliste portugais. C'est avec ce groupe qu'il a participé à des expositions à Lisbonne en 1949, Bruxelles, en Suisse, à la IIᵉ, puis le IVᵉ Biennale de São Paulo, où il a reçu une mention. En 1952, avec Vespeira et Fernando Lemos, il participe à une exposition fameuse qui devait marquer la fin de l'activité de ce groupe surréaliste portugais. Il a exposé à titre personnel en 1952. Depuis 1961, il participe surtout aux expositions organisées par la Fondation Gulbenkian.
Ses œuvres évoquent des jours heureux, teintés de souvenirs de ses voyages en Europe et en Afrique, mais aussi de ses rêves. Il mêle souvent des éléments plastiques abstraits et des images oniriques.
Bibliogr. : In : *Diction. de la peint. espagnole et portugaise*, Larousse, Paris, 1989.
Musées : Lisbonne (Mus. d'Art Contemp.) : *Ville* 1955 – Lisbonne (Fond. Gulbenkian) : *Peinture* 1960.

AZEVEDO Ramon José d'
Né vers 1756 en Portugal. Mort vers 1825. xviiiᵉ-xixᵉ siècles. Portugais.
Sculpteur sur bois.
Il travailla à Lisbonne et orna l'orgue de Mafra.

AZIBERT J.
xixᵉ siècle. Français.
Sculpteur.
Cet artiste exposa à Paris de 1887 à 1897, surtout des portraits médaillons en terre cuite.

AZIÈRE H. F.
xixᵉ siècle. Français.
Sculpteur.
A exposé des bustes aux Salons de Paris de 1890 et 1892.

AZILE B.
xixᵉ siècle. Vivait à Ventnor (île de Wight), dans la dernière moitié du xixᵉ siècle. Britannique.
Paysagiste.
Azile exposa en 1861 à Londres.

AZILLI Domenico
Né le 4 mai 1818 à Plaisance. Mort le 11 mars 1896 à Plaisance. xixᵉ siècle. Italien.
Graveur au burin.
Cet artiste fit son éducation à l'Institut Gazzola. Il exécuta surtout, avec succès, des gravures pour des illustrations de livres et fut médaillé à l'Exposition de Vienne de 1873.

AZILO Giulio d' ou Acillo
xviᵉ siècle. Italien.
Peintre de fresques.
Cet artiste aida son parent, Marco Mazzaroppi, à peindre les fresques de la crypte du Mont-Cassin.

AZLING Karl
Né à Ofen (Hongrie). xviiiᵉ siècle. Hongrois.
Sculpteur sur bois.
Cet artiste qui travailla d'abord dans sa ville natale, occupa un poste à partir de 1819 à l'Académie de Leipzig.

AZNAR Juan Carlos
Né le 7 juin 1937 à Bragado. xxᵉ siècle. Argentin.
Peintre, sculpteur, dessinateur. Naïf.

Il a fait ses études de dessin à Buenos Aires, puis a exposé à Paris, à la Biennale de 1965, aux Salons de la Jeune Peinture et Comparaisons. Ses petits personnages peints dans un style enfantin le font appartenir à un art dit naïf.
Ventes Publiques : Paris, 14 mars 1990 : *Odile* 1965, acryl. (120x60) : **FRF 4 800** ; *La puzzle* 1975, acryl./t. (114x195) : **FRF 6 000** – Paris, 26 mars 1990 : *Le champ du silence* 1981, techn. mixte/t. (49x59) : **FRF 4 800** – Paris, 23 avr. 1990 : *Out front sun over the edge* 1980, techn. mixte/t. : **FRF 8 000** – Paris, 13 juin 1992 : *Hommage à Pierre Dac*, acryl./t. (89x116) : **FRF 3 500**.

AZNAR Mariano Oliver. Voir OLIVER Y AZNAR M.

AZNAR Y GARCIA Francisco
Né dans la première moitié du xixᵉ siècle à Saragosse. xixᵉ siècle. Espagnol.
Peintre d'histoire, scènes de genre, figures, dessinateur, illustrateur.
Il fut élève à l'Académie de San Fernando, à Madrid, et débuta avec succès au Salon de Madrid, en 1850. Quatre ans plus tard, il partait pour Rome. En 1860, on trouve son tableau : *S. Hermenegild en prison*, à l'Exposition nationale des arts, à Madrid. À l'Université de Barcelone, Aznar prit également une place intéressante comme illustrateur. Il exécuta des dessins pour l'*Iconografia espanola* de Carderera, pour le *Musée espagnol des antiquités*, et publia le précieux ouvrage : *Indumentarias espanolas*. En 1875, il fut nommé professeur-adjoint de dessin au Conservatoire des Arts à Madrid et, plus tard, fut chargé par le gouvernement d'étudier l'organisation des écoles et l'enseignement artistique à l'étranger. On cite parmi ses ouvrages : *Un guerrier blessé*, *Sapho* (Académie de San Fernando), *Le Roi Ricardo II* (exécuté pour la chronologie des rois d'Espagne), *La Bataille de Las Navas de Tolosa*, *Les funérailles de Charles V*, *Les meurtriers d'Esobede*, *Portrait de Ventura de la Véga*.

AZOCAR Jaime
xxᵉ siècle. Actif en France. Espagnol (?).
Peintre de compositions animées. Tendance pop art.
En 1992, il a montré un ensemble d'œuvres récentes dans une exposition personnelle à Paris.
Il utilise des couleurs éclatantes et jusqu'à des couleurs fluorescentes, dans des compositions narratives délirantes, non dénuées d'un humour parodique.
Bibliogr. : In : *Artension*, nº 33, Rouen, juin-juil.-août 1992.

AZON Christophe
xviiiᵉ siècle. Actif à Paris en 1764. Français.
Peintre.

AZOULAY José
Né le 9 septembre 1925 à Oran (Algérie). xxᵉ siècle. Français.
Peintre de paysages animés, paysages.
Depuis 1976, il expose au Salon des Artistes Français dont il devient sociétaire en 1977. Installé à Deauville depuis 1975, il expose régulièrement dans cette ville et à Trouville. Il peint des paysages de la région, mais aussi des sujets qui concernent le monde hippique : courses, polo, jockeys.
Ventes Publiques : Rambouillet, 16 fév. 1986 : *Avant le poteau*, h/t (45x61) : **FRF 8 000**.

AZOUZI
Né vers 1946 à Casablanca. xxᵉ siècle. Depuis 1970 actif en France. Marocain.
Peintre. Abstrait.
Il vit et travaille à Paris. Il a été élève, entre 1967 et 1970, à l'École des Beaux-Arts de Casablanca, de 1970 à 1971, à l'École Nationale des Arts Décoratifs à Paris, de 1971 à 1977, à l'École des Beaux-Arts de Paris.
Il participe à des expositions collectives, parmi lesquelles : 1976, 1981, Salon des Réalités Nouvelles, Paris ; 1978, Hôtel de Ville, Paris ; 1982, Festival international de la peinture, Cagnes-sur-Mer ; 1982, Salon de la Société des Artistes Français, Paris ; 1985, *Bilan d'art contemporain*, exposition itinérante : New York, Scandicci (Italie) et Paris. Il montre ses œuvres dans des expositions personnelles : 1979, La Galerie, Paris ; 1980, galerie Louis Soulanges, Paris ; 1989, 1990, 1992, 1993, galerie A.R., Paris ; 1993, Centre culturel algérien, Paris.
La peinture d'Azouzi, si elle appartient à une communauté d'esprit qui englobe-rait l'Afrique du Nord et le sud de l'Europe occidentale, demeure attachée à ses racines, la calligraphie arabe, avec une prédilection à caractère anthropomorphique pour la lettre « noun » de l'alphabet.
Musées : Paris (Mus. d'Art Mod. de la Ville de Paris).

AZUMA Heki-U
Né en 1904 à Yamagata. xxᵉ siècle. Japonais.
Peintre. Traditionnel.
Élève à l'École d'Art de Nihon, il expose avec le *Nihon Bijutsu In* et le *Nitten*, dont il est membre. Sa peinture traditionnelle lui permet de participer aussi aux manifestations officielles consacrées à cette discipline.

AZUMA Kenjiro
Né en 1926 dans la préfecture de Yamagata. xxᵉ siècle. Actif en Italie. Japonais.
Sculpteur. Expressionniste abstrait.
Diplômé de l'Université des Beaux-Arts de Tôkyô en 1953, il entre, en 1957, à l'Académie des Beaux-Arts de Karlsruhe, en Allemagne, avant d'être diplômé de l'Académie des Beaux-Arts de Bréra à Milan. Il participe à plusieurs expositions internationales en Europe, à la Biennale de Tôkyô en 1963, année où il reçoit le prix du Musée National d'Art Moderne de Tôkyô, et est invité à la Documenta III de Kassel en 1964. Depuis 1956, il travaille en Italie où il s'est installé. Sa sculpture, à la fois expressionniste et abstraite, laisse une grande part à la qualité de la matière.
VENTES PUBLIQUES : MILAN, 6 avr. 1982 : *Relief*, cuivre jaune (13x18) : **ITL 450 000.**

AZURE Jacques
xviiiᵉ siècle. Français.
Peintre.
Il est fait mention de cet artiste dans un acte du 21 mars 1778, à Paris.

AZURMENDI D. Felipe
Né dans la première moitié du xviiiᵉ siècle à Idiazabal (Guipuzcoa). Mort en 1798 à Alzo de Abajo. xviiiᵉ siècle. Espagnol.
Sculpteur de sujets religieux, statues.
Il fit, pour les églises du Guipuzcoa, un grand nombre de statues, bas-reliefs et décorations d'autel, quelques-uns d'après les dessins de Ventura Rodriguez Diego de Villanueva et Silvester Perez. Ses œuvres principales sont dans les églises et couvents d'Allegria, S. Sebastian, Renteria, Alsasua, Tolosa, Ezurquil, Azcoitia, etc. Il était également architecte.

AZUZ David
Né en 1941 à Tel-Aviv. xxᵉ siècle. Actif aussi en France. Israélien.
Peintre de genre, aquarelliste. Tendance expressionniste.
Il a fait ses études à l'Académie Joseph Schwartzman, entre 1951 et 1955, puis à l'Académie Avni de Tel-Aviv jusqu'en 1958. A cette date, il vient à Paris où il entre à l'Ecole des Beaux-Arts et suit des cours à l'Académie privée de la Grande Chaumière jusqu'en 1963. Il partage son activité entre Paris et Tel-Aviv, expose à Haïfa à partir de 1958, en d'autres lieux d'Israël, France, Allemagne et aux Etats-Unis.

DAVID
AZUZ

VENTES PUBLIQUES : PARIS, 15 déc. 1986 : *Au café*, h/pap. (65x50) : **FRF 27 000** – NEUILLY, 9 mars 1988 : *Conversation de femmes*, past. et h/pan. (50x60) : **FRF 14 500** – PARIS, 20 mars 1988 : *Le marché aux fleurs*, gche (48x62) : **FRF 13 000** – PARIS, 12 oct. 1988 : *Scène de bar*, gche/t. : **FRF 3 300** – PARIS, 16 avr. 1989 : *Un café à Montparnasse*, h/t (50x65) : **FRF 20 000** – PARIS, 22 déc. 1989 : *Jeunes femmes assises sur un divan*, h/cart. (65x49) : **FRF 18 000** – NEUILLY, 27 mars 1990 : *La terrasse de café*, h/t (50x65) : **FRF 16 800** – PARIS, 28 mai 1990 : *La Closerie des Lilas*, aquar. (31,5x26,5) : **FRF 28 000** – PARIS, 29 jan. 1992 : *Au marché*, h/t (50x65) : **FRF 8 000** – PARIS, 10 nov. 1995 : *Après-midi au café Select*, h/pap. (65x50) : **FRF 30 000** – PARIS, 6 nov. 1995 : *Le temps qui passe*, h/pap. (65x50) : **FRF 12 000.**

AZZABI Brahim
Né le 20 février 1949 à Mjaz-El-Bab. xxᵉ siècle. Tunisien.
Peintre. Figuratif.
Il fut élève de l'Institut technologique d'Art de Tunis, de 1975 à 1979. en 1976-1977, il séjourna à la Cité Internationale des Arts à Paris. Il participe à des expositions collectives à Paris : 1977 exposition des résidents de la Cité des Arts, au Koweit : 1979

Biennale, à Cagnes-sur-Mer, etc. et surtout à Tunis, où il a eu des expositions personnelles en 1976, 1978, 1980, 1982, 1983, etc.

AZZALI Baldassare et Giovanni Battista
xviᵉ siècle. Travaillaient à Ferrare vers 1582. Italiens.
Sculpteurs sur bois.
Le premier de ces artistes fit, en 1599, un tabernacle pour la Compagnie de la Mort à Ferrare.

AZZANELLI Giovanni Battista
Né en 1646 à Bergame. Mort en 1719. xviiᵉ-xviiiᵉ siècles. Italien.
Peintre de compositions religieuses, graveur.
Après avoir étudié près de Giacomo Cotta, cet artiste alla se perfectionner à Paris et à Venise. D'après Tassi, il grava à l'eau-forte, *La Présentation au Temple*, dans l'église Saint-Roch. Il se fixa dans sa ville natale et y décora plusieurs églises.

AZZAOUI Dhia
Né en 1939 à Bagdad. xxᵉ siècle. Depuis 1976 actif en Angleterre. Irakien.
Peintre, peintre de cartons de tapisseries, céramiste, illustrateur.
Il étudia l'archéologie, puis fut élève de l'École des beaux-arts de Bagdad. Il vit et travaille à Londres depuis 1976.
Il a participé en 1988 à l'exposition *Quatre Peintres arabes* à l'Institut du Monde arabe à Paris.
Il fait référence dans ses œuvres, contemporaines par leur style, dans lesquelles il procède par associations, collages, à la calligraphie arabe et aux arts sumérien et assyrien.
BIBLIOGR. : In : *Dict. de l'art mod. et contemp.*, Hazan, Paris, 1992.

AZZERBONI Giovanni
xixᵉ siècle. Italien.
Peintre, graveur au burin.
Il fut élève de Guglielmo Morghen et travailla à Rome vers 1800. On cite de cet artiste une *Sainte Madeleine*, gravure d'après Guerchin. On lui attribue aussi un portrait de Juvénal, conservé à Berlin.

AZZERBONI Giuseppe
xviiiᵉ siècle. Italien.
Graveur au burin.
On cite, de cet artiste, des gravures au burin d'après des dessins de Francesco Lapegno, dans l'ouvrage intitulé : *Oronzio de' Bernardi*, publié à Naples en 1794.

AZZI Alberto di Prendiparte
xivᵉ siècle. Italien.
Miniaturiste.
Cet artiste, père de Stefano di Alberto Azzi, travailla à Bologne ; il est souvent mentionné comme ayant illustré des manuscrits.

AZZI Giovanni Battista
Né vers 1781 à Mantoue. Mort le 24 mars 1857 à Parme. xixᵉ siècle. Italien.
Peintre de compositions religieuses.
Il peignit pour quelques particuliers à Plaisance et à Borgotaro. En 1826, il prit part à la décoration d'une salle du théâtre de Parme. La même année, il exécutait *Les disciples d'Emmaüs*, sur le tabernacle dans une chapelle de l'église de l'Annunciata. On lui doit aussi un *Martyre de saint Quentin* (1844). Il mourut professeur de l'Académie des arts, à Parme.

AZZI Giovanni degli
xvᵉ siècle. Italien.
Miniaturiste et calligraphe.
En 1441, il fut archiprêtre à San Prospero, à Callechio ; en 1444, prieur de Sant'Ermanno, près de Parme. Un missel écrit et orné par cet artiste fut donné (d'après acte notarié), par Luca di Colombino Carissimi, à l'église Sainte-Marie-Madeleine, à Collucchiello.

AZZI Giuseppe
xviiiᵉ siècle. Italien.
Peintre.
On a, de cet artiste, un tableau dans l'église Saint-Giuseppe, à Ferrare. Ce fut surtout un peintre de sujets de genre.

AZZI Marius A.
Né en 1892 à New Jersey. xxᵉ siècle. Américain.
Sculpteur.

AZZI Niccolo
xviiᵉ siècle. Travaillait à Castelnuovo di Garfagnana, dans la première moitié du xviiᵉ siècle. Italien.

Peintre.
Cet artiste n'est connu que par le portrait du duc Alfonso III de Modène, en capucin, conservé dans la sacristie de l'église de Modène. D'après une inscription latine, ce portrait fut exécuté après la mort d'Alfonso (1644), par ordre du cardinal d'Este.

AZZI Scipione
Né à Ferrare. xviiie siècle. Italien.
Peintre de compositions religieuses.
Cet artiste était fils de Giuseppe. Il fit ses études dans sa ville natale, puis vint à Bologne en 1782. Dans cette ville, il exécuta divers tableaux. On mentionne, dans l'église de l'hôpital San Giovanni Decollato, deux tableaux : *Saint Spiridion* et *Saint Joachim, Sainte Anne et Sainte Marie*. Il peignit aussi une *Madone* à San Giuliano, à Rome.

AZZI Stefano di Alberto
xive-xve siècles. Italien.
Peintre de miniatures.
Cet artiste est le fils d'Alberto di Prendiparte Azzi. Il fut élève de Niccolo di Giacomo et travailla à Bologne. Un document, dans les Archives de Bologne, indique qu'il peignit, en 1388, une *miniature d'un notaire en habit officiel*. Il reçut, en 1391, la commande de représenter l'Enfer et le Paradis en miniatures dans le *Libro dei Defraudanti*. Sa dernière œuvre, qui date de 1410, la *Statuti dell'Arte della Seta*, porte en frontispice des miniatures de Saint. Pétrone, de Saint. Pierre et de Saint. Michel avec le dragon, surmontées des armoiries des notaires de Bologne et de celles de la ville.

AZZO
Mort avant le 2 juillet 1405. xive siècle. Italien.
Sculpteur sur pierre.
On trouve dans des documents que cet artiste fut employé, en 1391 et 1392, à l'église SS. Giovanni et Paolo, à Venise.

AZZO, dit aussi **Angiolo da Varignana**
xive siècle. Italien.
Sculpteur sur pierre.
Il travaillait en 1384, au palais dei Notai à Bologne.

AZZOLA Bernardo et **Pierantonio**
xviiie siècle. Italiens.
Peintres d'architectures.
Ces artistes, fils de Giovanni Battista Azzola, travaillèrent vers 1700 à Bergame.

AZZOLA Giovanni Battista
Né en 1614 près de Bergame, originaire de Desenzano. Mort le 13 mai 1689 à Albino. xviie siècle. Italien.
Peintre décorateur.
Il fut l'élève du peintre décorateur Viviani, à Brescia. En 1649, il travaillait à son compte et décorait de fresques deux plafonds dans le palais Francesco Morone à Bergame. En 1660, il peignit

le chœur de l'église paroissiale de Desenzano. Les années suivantes, il fit des peintures pour l'église des Carmes à Desenzano et pour celle d'Albino ; en 1665, il s'occupa de la peinture du chœur et du plafond de l'église San Andrea à Bergame, et des travaux de la façade de la maison Mojoli dans la même cité. En 1666, il fut appelé en Espagne par la reine Marie-Anne. Il y resta dix-huit ans. De retour dans sa ville natale en 1684, le comte Carlo Carrara de Bergame lui confia des travaux. Encore actif, malgré ses 75 ans, il mourut à Albino, l'échafaudage sur lequel il se trouvait étant venu à se rompre.

AZZOLINI Domenico de
Né en 1476 à Mantoue. Mort le 7 août 1501. xve siècle. Italien.
Peintre.

AZZOLINI Ercole degli
Originaire de Reggio. xvie siècle. Italien.
Sculpteur.
Vers 1574 il fut du nombre des artistes secondaires qu'occupèrent les ducs d'Este à Ferrare.

AZZOLINI Giovanni Bernardo, ou **Bernardino**, dit **Mazzolini,** ou **Massolini**
Né entre 1560 et 1572 à Naples (Campanie). Mort en 1645. xvie-xviie siècles. Italien.
Peintre de compositions religieuses, sculpteur.
Il vint à Gênes en 1610 et y exécuta différents ouvrages dans les églises et dans les couvents, et les collections privées. Deux tableaux de lui sont mentionnés à Gênes, par Soprani, comme des œuvres de grand mérite : une *Annonciation* pour le maître-autel de la Monache Turine, et le *Martyre de sainte Apolline*, dans l'église de San Giuseppe. Azzolini travailla aussi à Rome et à Naples. Il modela de nombreuses figurines en cire qui furent recherchées.
VENTES PUBLIQUES : Bari, 5 avr. 1981 : *Vierge à l'enfant*, h/t mar./pan. (79x52) : ITL 3 300 000 – New York, 7 oct. 1993 : *La résurrection*, h/t (242,5x158,8) : USD 34 500 – Rome, 31 mai 1994 : *Vierge à l'Enfant*, h/t (96x71,8) : ITL 16 499 000.

AZZOLINI Giuliano
Italien.
Ciseleur et graveur au burin.
Mentionné comme ayant pris part à l'ornementation des livres de chœur (reliure ou dorure) du dôme de Ferrare.

AZZOLINI Jacques
Mort en 1787. xviiie siècle. Portugais.
Peintre de décors de théâtres, dessinateur.
On cite de lui un dessin exécuté pour le Manège royal de Lisbonne et des décors peints pour les théâtres de cette ville.

AZZONE di Benello
xve siècle. Travaillait à Bologne. Italien.
Miniaturiste.

Maîtres anonymes connus par un monogramme ou des initiales commençant par **A**

A
XVe-XVIe-XVIIe siècles (?).
Monogramme d'un graveur sur bois.
Cité par Brulliot comme auteur d'une gravure de la Conversion de saint Paul.

A
XVIe siècle.
Monogramme d'un graveur.
Cité par M. Ris Paquot. Artiste ayant travaillé d'après les dessins de Frans Floris, vers 1599.

A. A.
XIVe-XVe-XVIe-XVIIe siècles (?).
Initiales d'un peintre et graveur.
Cité par Bartsch et Defer. On connaît une œuvre de lui : *Le jeune et le vieux satyre,* copie en con
partie de l'estampe de Marc-Antoine.

A. A.
XVe-XVIe siècles (?).
Monogramme d'un graveur sur bois.
Cité par Bartsch et Brulliot. On connaît de lui deux œuvres : *Saint Jérôme* et *Les Trois Grâ*
d'après le Maître à l'oiseau.

A. A.
XVIIe siècle.
Monogramme d'un graveur à l'eau forte.
Actif à la fin du XVIIe siècle. Cité par Brulliot. On lui est redevable d'un feston de fleurs et de fru
probablement à l'usage des orfèvres.

A. A. B.
XIVe-XVe-XVIe-XVIIe siècles (?). Probablement Allemand.
Monogramme d'un graveur.
Mentionné par Brulliot. Ce monogramme que l'on lit généralement A. A. B. peut également ê
interprété comme M. B.
On cite de lui un cartouche tenu par deux aigles, surmonté d'une tête de bélier.

A. B.
XIVe-XVe-XVIe-XVIIe siècles (?). Sans doute Allemand.
Monogramme d'un graveur au pointillé.
Cité par Brulliot. Cet artiste a fait des ornements d'orfèvrerie.

A. B., Maître aux initiales ou **Maître de Ségovie**
XVIe siècle. Espagnol.
Peintre.
Actif pendant la première moitié du XVIe siècle. Il a peint à Ségovie un autel signé *A. B.* et dont s
panneaux se trouvent au Prado de Madrid. L'auteur aurait subi l'influence de Gérard David.
MUSÉES : ANVERS : *Dei para Virgo* – BRUXELLES : *Triptyque avec saint Antoine de Padoue* – MAD
(Prado) : sept panneaux d'autel – NUREMBERG (Mus. germanique) : *La Sainte Famille.*

A. B.
XVIIe siècle.
Monogramme d'un graveur au burin.
Actif au commencement du XVIIe siècle. Cité par Charles Le Blanc. On croit que cette signatu
monogrammatique appartenait à Abraham Bosse dans ses débuts ; elle se trouve sur une pièce i
tulée : *Le Théâtre de Tabarin.* Tabarin, debout sur ses tréteaux, pérore au milieu de nombreux au
teurs.

A. B.
Monogramme.
Ce monogramme est attribué à Abraham Bosse.

A. C.
XVIe siècle.
Monogramme d'un graveur sur bois.
Cité par M. Ris Paquot. On mentionne de cet artiste plusieurs sujets allégoriques gravés sur b
sur le *Jugement juste et le Jugement unique,* morceau en dix planches. Une des planches, représ
tant la *Justice et un homme prêtant serment,* porte la date de 1549.

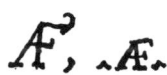

A. C.
XVIe siècle. Allemand.
Monogramme d'un graveur.
Actif au XVIe siècle ; mentionné dans l'ouvrage de M. Ris Paquot. On trouve le chiffre de cet artiste sur une estampe datée de 1569 représentant *Le Rebelle*.

A. C., Maître aux initiales
XVIe siècle.
Peintre.
Il travailla en France à la fin du XVIe siècle.
Ventes Publiques : Monaco, 16 juin 1989 : *Portrait de femme*, h/pan. (35x26,5) : **FRF 333 000**.

A. C. P.
XVIe siècle. Italien.
Monogramme d'un graveur à l'eau-forte.
Actif en Italie à la fin du XVIe siècle. Cité par Ch. Le Blanc. Il a laissé quatre-vingt planches numérotées, représentant des vases.

A. C. T.
XVIe-XVIIe siècles (?). Allemand.
Monogramme d'un graveur.
On trouve ce signe sur une copie du *Joueur de cornemuse*, estampe d'Albrecht Dürer.

A. D., Maître aux initiales ou Maître de l'Autel de Saint Jérôme
XVIe siècle.
Peintre d'histoire.
Le *Bryan's Dictionary*, en citant cet artiste, originaire de Westphalie ou d'Autriche, dit qu'il est connu par un tableau d'autel de 1511, conservé à la Galerie de Vienne ; cette œuvre ne figure plus au catalogue de la Galerie Impériale Viennoise.

A. D.
XVIIe siècle.
Monogramme d'un dessinateur.
Ce signe a été relevé sur des dessins à l'encre de Chine datés de 1633.

A. D. B.
XVIe siècle (?).
Monogramme d'un peintre.
On suppose que ce monogramme est celui d'Abraham de Bruyn, peintre (voir l'article). Defer cite un portrait d'Isabelle d'Autriche, femme de Charles IX. Elle est représentée en pied, vêtue d'un riche costume ; dirigée vers la gauche, elle tient de la main droite un éventail, et de la gauche ses gants.

A. F.
XVIe siècle. Italien.
Monogramme d'un graveur.
Actif au commencement du XVIe siècle, cité par Bartsch et Brulliot. On connaît de lui *La Poésie*, copie d'une planche de Raimondi, d'après Raff. Sanzio, et l'*Enfant ailé à cheval*.

A. F. S.
XVIIe siècle. Italien.
Monogramme d'un graveur.
Actif au milieu du XVIIe siècle, cité par Brulliot. On connaît de lui : *Porta* (*Jean Baptiste*) et *Vessaius* (*Andreas*).

A. G.
XVIe siècle. Italien.
Monogramme d'un graveur ou éditeur.
Cité par Brulliot. On suppose qu'il était élève de Marcantonio Raimondi ; on cite de lui : *La Vierge, tenant l'Enfant Jésus, et couronnée par deux anges*.

Ventes Publiques : Berne, 26 juin 1981 : *Saint Georges combattant le dragon*, grav./cuivre (31.200) : **CHF 10 400**.

A. G. L. O.
XVIe siècle. Italien.
Monogramme d'un graveur à l'eau-forte.
Cité par Charles Le Blanc. Actif à la fin du XVIe siècle. Il a fait des masques grotesques, d'une pointe énergique et spirituelle, quoique grosse.

A. H.
XVIe siècle. Suisse.
Monogramme d'un peintre verrier.
Actif au XVIe siècle.

A. H.
XVIe siècle. Allemand.
Monogramme d'un graveur sur bois.
Ce signe se remarque sur des dessins de cette époque ainsi que sur des gravures sur bois, imprimées à Bade, en 1517.

A. H.
XVIe siècle. Allemand.
Monogramme d'un graveur à l'eau-forte et au burin.
Artiste cité par Bartsch et Brulliot, vers 1540. On connaît de lui trois œuvres : *Fabricius* (*Joannes*), 1540 ; *Hohenhaim effigies* (*Avreoli Theophraste ab*), 1538 ; *Hohenheim* (*Effigies Aureoli, Theophraste*), 1540.

A. H.
XVIe-XVIIe siècles. Allemand.
Monogramme d'un graveur.
Copiste d'Albrecht Dürer. On cite de lui la *Vierge couronnée d'étoiles*, estampe datée de 1⸱
d'après celle du maître de Nuremberg.

A. H. C.
XIVe-XVe-XVIe siècles ? Allemand.
Monogramme d'un graveur.
Ce signe se remarque sur différentes estampes, notamment un *Bacchus* et une *Femme au bain*.

A. H. D.
XVe-XVIe-XVIIe siècles (?).
Monogramme d'un peintre.
Cité par M. Ris Paquot.

A. H. I.
XVIe siècle.
Monogramme d'un graveur à l'eau-forte.
Cité par Bartsch et Brulliot. Il fut actif à Vienne en 1560. On lui doit une planche : *Bal paré de l'em⸱
reur Maximilien II*, qui se trouve dans *Rerum prœclare gestamur intra et extra mœnia monitissin⸱
civatis Viennensis.*

A. H. P. S.
XIVe-XVe-XVIe siècles (?).
Monogramme d'un graveur sur bois.

A. H. R.
XVIe siècle. Allemand.
Monogramme d'un graveur sur bois.
Actif en 1574. Cité par Brulliot. On lui doit : *Allégorie satyrique sur l'église catholique et le protest⸱
tisme.*

A. I. 1599
XVIe siècle.
Monogramme d'un graveur au burin.
Actif à la fin du XVIe siècle, cité par Brulliot. Il a gravé diverses planches d'après Frans Floris. ⸱
connaît de lui : *Mendiants et personnages grotesques*, d'après Jérôme Bosch.

A. J.
XIVe-XVe-XVIe-XVIIe siècles (?).
Monogramme d'un artiste graveur.
Il fut cité par Defer. On lui doit une *Nativité.*

A. L.
XVIe siècle. Italien.
Monogramme d'un graveur sur bois.
Travaillant à Venise vers 1517, cité par Brulliot. Il a laissé : *Adoration des Mages*, d'après Domeni⸱
Campagnola, et *Massacre des Innocents*, d'après le même.

A. L.
XVIe siècle. Allemand.
Monogramme d'un graveur.
Cité par Bartsch et Brulliot. Cet artiste travaillait en 1535. On lui doit : *Ornements*, 1535, *Jorg.* (H
zog), 1535, *Saxe* (*Prince de la maison de*), 1535. Cette marque se présente quelquefois avec
légères différences. On donne au même artiste (cette fois la bande du A est supprimée dans
monogramme) une estampe datée représentant *Adam et Ève.*

A. L.
XVIe siècle. Allemand.
Monogramme d'un graveur.
Suivant M. Ris Paquot, on trouve cette marque sur un *Portrait d'Albrecht Dürer*, daté de 1579, co⸱
en contre-partie de l'estampe de Melchior Lorch.

A. L.
XVIIe siècle. Flamand ou Allemand.
Monogramme d'un graveur.
Actif au commencement du XVIIe siècle. Cité par Brulliot. On a de lui une œuvre : *Paysage ; sur⸱
devant, un homme fait passer un gué à une femme à cheval.*

A. L. B.
XIVe-XVe-XVIe-XVIIe siècles (?). Éc. champenoise.
Monogramme d'un peintre verrier.
Actif à Troyes. D'après M. Ris Paquot, a travaillé à l'église de Saint-Nizier.

A. M.
XIVe-XVe-XVIe-XVIIe siècles (?). Allemand.
Monogramme d'un dessinateur et graveur sur bois.
On trouve ce signe sur une gravure sur bois représentant une *Vue de la ville de Meissen.*

A. M.
XVe siècle. Allemand.
Monogramme d'un graveur.
Cette marque a été relevée sur une pierre représentant un montant d'ornement, et des enfants v⸱
au milieu du feuillage, avec la date de 1443. Cité par M. Ris Paquot.

A. M.
xvie siècle. Allemand.
Monogramme d'un graveur sur bois.
D'après le *Dictionnaire des monogrammes* de M. Ris Paquot, les œuvres de cet artiste s'imprimaient à Amsterdam, chez Dodo-Pétri, vers 1505.

A. M.
xvie siècle.
Monogramme d'un maître anonyme.
Actif au xvie siècle ; décrit par Bartsch. On cite de lui une gravure : *Saint Jean.* A gauche, sur le devant, la marque et la date de 1566.

A. M.
xvie siècle. Allemand.
Monogramme d'un graveur.
Cette marque se trouve quelquefois avec de légères différences sur les estampes d'un artiste de cette époque. On cite notamment, datées de 1583, *Jahel et Sisara, Lucrèce, La Société gaie. La Femme lascive,* qui paraît être de la même main, n'est pas datée. Il ne faut pas confondre ce monogramme avec celui presque semblable du peintre graveur sur bois Amman Josse, et ceux relevés sur des gravures sur cuivre attribuées à Mantegna (*Voir ces noms*).
Cet artiste paraît pouvoir être le même que le graveur cité par les mêmes autorités et avec un monogramme à peu près semblable avec la date de 1576. Les deux monogrammes peuvent être lus A. M. ou M. A.

A. M.
xviiie siècle. Allemand.
Monogramme d'un graveur.
D'après M. Ris Paquot, cette marque se voit sur un plan de la ville de Misnie, dans la *Cosmographie* de Munster.

A. M. D.
xive-xve-xvie-xviie siècles (?). Allemand.
Monogramme d'un graveur.

A. M. F.
xvie siècle. Allemand.
Monogramme d'un graveur.
Les marques sont relevées sur *Portrait de Gervais Fabricius,* daté de 1568, et sur un *Portrait d'Étienne Schwartz,* daté de 1565.

A. M. P. R.
xviie siècle. Italien.
Monogramme d'un graveur à l'eau-forte.
Actif au milieu du xviie siècle. On cite de lui : *Vues de monuments romains et antiques,* vingt estampes.

A. M. R.
xvie siècle. Italien.
Monogramme d'un graveur.
Cet artiste travaillait en 1504, cité par Brulliot. Il a laissé : *Il famosissimo Triompho di Baccho,* d'après Giulio Pippi.

A. M. R.
xvie siècle. Allemand ou Italien.
Monogramme d'un graveur au burin.
Cet artiste, cité par Bartsch et Brulliot, travaillait en 1566. On trouve cette marque sur six bustes gravés, trois d'hommes et trois de femmes, datés de 1566.

A. N.
xvie siècle. Italien.
Monogramme d'un graveur.
Actif au milieu du xvie siècle. Cité par Brulliot. On cite de lui : *Saint Mathieu, Saint Thomas et Le Parnasse,* copies d'estampes de Raimondi, d'après Raffaele Sanzio. Le monogramme peut se lire A. N. ou A. V.

A. N.
xviie siècle. Allemand.
Monogramme d'un peintre.
On croit qu'il travailla à Leipzig. Une de ses œuvres porte la date de 1600.

A. N. E.
xve-xvie-xviie siècles (?).
Monogramme d'un graveur.
Cité par Ris Paquot.

A. P.
xve-xvie siècles (?).
Monogramme d'un graveur sur cuivre.

A. P.
xvie siècle. Italien.
Monogramme d'un graveur à l'eau-forte et au burin.
Actif en Italie en 1555. On cite de cet artiste, mentionné par Bartsch et Le Blanc : *Les deux Tritons,* deux états ; le premier, avant le monogramme, *Tête de lion rugissant,* ornements. *Mascaron entre deux tridents entrelacés de dauphins,* panneau d'ornements, *Statue de Diane entourée d'arabesques,* panneau d'ornements. *Plantes sur lesquelles sont perchés des oiseaux.*

A. P.
XIVᵉ-XVᵉ-XVIᵉ-XVIIᵉ siècles (?).
Monogramme d'un artiste.
Cité par Defer. On mentionne de lui : *Statue de Diane d'Éphèse*. Semble donc identique au ▮ cédent.

A. R.
XVIᵉ siècle. Allemand.
Monogramme d'un graveur.
Actif en 1547. Mentionné par Brulliot. On cite de lui : *Ef fi D. Johann Hessi*, 1547.

A. R.
XVIIᵉ siècle. Éc. hollandaise.
Monogramme d'un peintre.
Il travaillait en 1610. Le monogramme d'une œuvre conservée au Musée de Hanovre n'est pas ▮ visible, dit le catalogue, cependant on a cru devoir le traduire par les lettres A R, avec la date 1610.
Musées : HANOVRE : *Portrait de noble dame hollandaise, vêtue de noir.*

A. R. Z.
XVIᵉ siècle.
Monogramme d'un graveur au burin.
Il travaillait au milieu du XVIᵉ siècle. Selon Brulliot, il aurait produit un grand nombre d'estamp ▮ Charles Le Blanc croit que ses portraits ont été employés par un éditeur qui les a numérotés pou▮ former, avec des pièces gravées par d'autres artistes, une suite très considérable.

A. S.
XVIᵉ siècle. Allemand.
Monogramme d'un graveur.
On trouve cette marque sur trois estampes : *L'Amour* (1537), *La Justice* (1538), *La Fortune* (1540▮

A. S.
XVIᵉ siècle. Allemand.
Monogramme d'un graveur.
Cité par Brulliot. Il travaillait vers 1592. On lui doit : *Vénus et l'Amour.*

A. S.
XVIIᵉ siècle. Allemand.
Monogramme d'un graveur.
Cité par Brulliot. Il travaillait au XVIIᵉ siècle. Il a gravé le *Martyre de Saint Sébastien.*

A. S. G.
XVIᵉ siècle. Allemand.
Monogramme d'un graveur.
Cet artiste, dont on cite des ouvrages datés de 1567 et de 1568, travailla dans le genre de Bry. ▮ cite de lui, notamment, trois estampes : l'une représentant *Vénus* ; deux autres montrant chac▮ un *Soldat allemand.*

A. S. R.
XVIᵉ siècle. Italien.
Monogramme d'un graveur.
Il travaillait dans la seconde moitié du XVIᵉ siècle. Cité par Bartsch et Le Blanc. On mentionne de ▮ *Jupiter et Léda, Les trois vaisseaux romains.*

A. T.
XVIᵉ siècle. Allemand.
Monogramme d'un graveur sur bois.
Il travaillait au XVIᵉ siècle. Cité par Bartsch et Brulliot. On lui doit une planche : *La Vierge, l'Enf▮ Jésus et sainte Dorothée.*

A. T.
XVIᵉ siècle. Allemand.
Monogramme d'un graveur.
On trouve cette marque sur deux estampes datées de 1525 : *Saint Barthélemy et Saint Mathias* et ▮ *Paysan allant au marché.*

A. T.
XVIᵉ siècle. Allemand.
Monogramme d'un graveur.
On trouve cette marque sur une copie de l'estampe d'Albrecht Dürer : *Saint Simon*, avec la d▮ 1570.

A. T.
XVIIᵉ siècle. Suisse.
Monogramme d'un peintre verrier.
On trouve cette marque sur un panneau de verre peint conservé au Musée de Cluny, présentant ▮ écusson supporté par deux anges, aux armes de Hans-Félix Balber, verrier de Ostee et Dech▮ dépendant du chapitre de Vertzkomer, à la date de 1651.

A. T. E.
XVᵉ-XVIᵉ-XVIIᵉ siècles (?).
Monogramme d'un dessinateur et graveur sur bois.
On relève cette marque sur une estampe, clair-obscur en trois planches représentant : *Absalon* ▮ *par Joab.*

A. T. R.
XVIe siècle. Allemand.
Monogramme d'un graveur.
Actif au XVIe siècle. Ris Paquot dit que l'on trouve cette marque avec la date de 1554.

A. V.
XIVe-XVe-XVIe-XVIIe siècles (?).
Monogramme d'un graveur.

A. V.
XIVe siècle. Italien.
Monogramme d'un graveur au burin.
Cité par Brulliot. Il travaillait en Italie vers la fin du XIVe siècle. On cite de lui : *Statue équestre de Marc-Aurèle*, copie d'une estampe de Marco da Ravenna.

A. V.
XVe-XVIe-XVIIe siècles (?). Français.
Monogramme d'un peintre émailleur.
Actif à Limoges. Cette marque, citée par M. Ris Paquot, se trouve sur un émail de la collection Le Carpentier.

A. V.
XVe siècle.
Graveur.
Cité par Defer. Actif à la fin du XVe siècle. On lui doit une estampe : *Saint Pierre et saint Paul portant le suaire.*

A. W., dit aussi **Maître A. W. de Cologne**
XVIIe-XVIIIe siècles. Allemand.
Peintre.
Il fut peintre aux XVIIe et XVIIIe siècles.
Musées : Cologne : *Pêches, prunes, figues et raisins,* signé du monogramme A. W.

A. Z.
XVIe siècle. Allemand.
Monogramme d'un graveur.
Cité par Bartsch, vivant probablement au XVIe siècle. On lui doit une *Tentation de saint Antoine.*

A. Z.
XVIe siècle. Italien.
Monogramme d'un graveur.
Cité par Brulliot. Il travaillait en 1573. Il est l'auteur d'une *Vierge au rosaire.*

BAADE Knud Andreassen

Né le 28 mars 1808 à Skjold (Norvège). Mort le 24 novembre 1879 à Munich. xixe siècle. Norvégien.

Peintre de portraits, paysages, marines.

Dès l'enfance, Baade eut le goût de la peinture, qu'il étudia seul d'abord ; en 1823, étant venu avec sa famille s'établir à Bergen, il y prit des leçons avec le portraitiste Lehmann. En 1825, il devint élève de l'Académie de Copenhague, dans l'atelier de C.-W. Eckersberg, et se consacra surtout aux figures. Puis de 1829 à 1831, étant passé en Norvège, il fit des portraits, à Oslo. Knud Baade, ardent chercheur, s'adonna ensuite au paysage, et les voyages d'études qu'il fit dans le district de Bergen lui fournirent de nombreux sujets. La rencontre de son compatriote J.-N.-C. Dahl, à Sogn (1839), eut une influence décisive sur sa carrière : il l'accompagna à Dresde, et devint son élève. Une maladie des yeux le força un moment à interrompre ses travaux. Puis, il alla se fixer à Munich en 1845. En 1849, il exposa à Munich un tableau qui lui valut un réel succès : *Clair de lune sur la côte norvégienne*. Son buste fut érigé, par ordre du roi Louis, dans la galerie des artistes. Il fut nommé membre de l'Académie de Stockholm en 1872. Baade a pris part à de nombreuses expositions.

Musées : Londres : *Le naufrage* – Munich : *Scène de la mythologie scandinave* 1851 – Oslo : *Vue de la côte norvégienne – Clair de lune sur la côte norvégienne* – Stockholm : *Clair de lune sur la côte norvégienne* 1857.

Ventes Publiques : New York, 1903-1905 : *Sur la côte norvégienne* : GBP 100 – New York, 29 mai 1981 : *Bord de mer au clair de lune* 1860, h/t (47x59) : USD 6 500 – Copenhague, 12 avr. 1983 : *Vue en fjord* 1868, h/t (97x137) : DKK 52 000 – Londres, 23 mars 1988 : *Lac de montagne au clair de lune*, h/t : GBP 8 800.

BAADEN-DURLACH de, margrave

xviiie siècle. Actif vers 1760. Allemand.

Graveur.

Fit des copies d'après des estampes de Rembrandt.

BAADER Amalia. Voir SCHATTENHOFER A. von

BAADER Johan Michael

Né en 1736 à Eichstädt (Bavière). Mort le 30 novembre 1792 à Paris. xviiie siècle. Depuis 1762 actif en France. Allemand.

Peintre et aquafortiste.

Il fut d'abord élève de Bergmuller à Augsbourg, se rendit à Rome où il travailla sous la direction de Mengs, puis vint à Paris au mois de septembre 1762. Le bon graveur J.-G. Wille, dont il devait devenir l'intime ami, mentionne dans son journal la visite qui lui fut faite, à son arrivée, par le jeune peintre allemand, le 25 septembre de cette année-là. On trouve Michael Baader parmi les élèves protégés de l'Académie de peinture au mois d'octobre 1766, élève de Hallé. Il y obtint un premier prix de dessin. Baader fit toute sa vie partie de la pléiade d'artistes et d'élèves qui accompagnaient Wille au cours de ses excursions d'études dans les sites les plus pittoresques des environs de Paris, et il y exécuta un grand nombre de dessins. En 1775, il était membre de l'Académie de Saint-Luc et prenait le titre de « Peintre de l'Archevêque d'Eichstädt ». À la même époque il fut employé pendant trois semaines par l'original marquis de Brunoy pour des travaux à son château. Au mois d'août 1784 il fit un voyage en Allemagne et séjourna pendant quelques mois dans sa ville natale. Ce fut peut-être à cette époque qu'il peignit pour l'Archevêque d'Eichstädt le tableau l'*Histoire de Jephté*, mentionné dans l'*Allgemeines Lexikon* des Dr Thieme et Becker. Il était de retour à Paris au mois d'octobre 1785. Fut-il troublé par les événements qui marquèrent la fin du règne de Louis XVI ? Il songeait en tous cas à retourner jouir dans son pays de la petite fortune amassée en trente ans de travail, quand il fut frappé d'apoplexie. « S'il n'était pas un peintre de première classe », dit Wille dans son journal, « il était du moins très prompt et laborieux. » Baader avait une exécution extrêmement soignée et, dans certaines compositions, il s'inspira de Greuze ; il a droit à une place honorable parmi les petits maîtres réalistes du xviiie siècle. ■ E. B.

Ventes Publiques : Paris, 30 mars 1966 : *Portrait de Marie-Antoinette* : FRF 600.

BAADER Johann

Né en 1709 à Eichstädt (Bavière). Mort en 1779 au couvent de Polling. xviiie siècle. Allemand.

Peintre d'histoire.

Johann Baader est une figure artistique particulièrement intéressante et qui mérite qu'on s'y arrête. Enfant du peuple, il fut l'interprète naïf et profondément sincère du sentiment religieux du peuple bavarois. Dès qu'il fut à même d'exprimer sa pensée, ce fut pour retracer les fastes de l'histoire de la Bavière et raconter la vie des saints de son pays. Baader était fils d'un meunier. Il étudia d'abord en Bavière, puis partit pour Rome en 1749 et se plaça sous la direction de son compatriote Martin Knoller. En 1750, il était élève de l'Académie de Saint-Luc. Ses études terminées il voyagea, car on le retrouve, en 1774, exécutant, à Bade, deux tableaux d'autel pour l'église de Beromünster. On voit encore de ses tableaux dans les églises de Wessobrunn (panneau et fresque), de Polling (*Le Christ portant sa Croix*), de Diessen (*Nativité*).

BAADER Johannes ou Julius, parfois Alexis

Né le 21 juin 1876 à Stuttgart. Mort le 15 janvier 1955 dans un asile de vieillards en Bavière. xxe siècle. Allemand.

Architecte, écrivain, artiste multimédia. Dadaïste.

Son activité artistique ne dépassa pas trois ans : de 1918 à 1921. Ancien architecte, ayant créé les plans du célèbre Zoo Hagenbeck de Stellingen, ce n'est que passé la quarantaine qu'il adhéra au dadaïsme et en devint l'un des champions berlinois, se baptisant lui-même : *Oberdada* (Superdada). Il en fit effectivement plus que les autres dans son goût pour l'absurde, ses inventions de canulars mystiques et autres. En historien du futur, il fit sensation avec des lettres adressées au Kaiser et à Jésus-Christ. En 1918, à la Cathédrale de Berlin, il monta en chaire pour annoncer le Salut du Monde par Dada, tandis qu'à l'Assemblée Constituante, il distribuait un tract annonçant la menace des dadaïstes de faire sauter Weimar. A partir de 1919, enthousiasmé par la technique imaginée par Raoul Hausmann, il exécuta des photomontages et des constructions-collages de grandes dimensions, à partir d'affiches arrachées. En 1919 et 1920, il constitua deux « Manuels de Surdadaïsme » (*HADO*), par collage quotidien d'extraits de journaux. La grande exposition Dada à Berlin en 1920, invitant les autres dadaïstes d'Allemagne et des pays limitrophes, fut marquée par son lyrisme délirant. Baader y exposa des manuscrits et des objets personnels, telle sa carte de visite avec la mention : *Valise de Superdada, lors de sa première éva-*

sion de l'asile de fous, 18 septembre 1899, et les plans d'une sorte de « Merzbau » de cinq étages, dédié à l'humanité, le *Grand Plasto-Dio-Dada Drama*. Il ne croyait pas si bien dire, puisque, finissant par se prendre à son propre jeu, il tomba dans une folie mystique et cessa toute activité artistique après 1921. La plupart de ses œuvres sont perdues. ■ A. P., J. B.

BIBLIOGR. : Catalogue de l'exposition du *Cinquantenaire de Dada*, Zurich-Paris, 1966 – P. Cabanne et P. Restany : *L'avant-garde au xxᵉ s.*, Balland, Paris, 1969 – in : *Diction. de la peint. allemande et d'Europe centrale*, Larousse, Paris, 1990.

MUSÉES : NEW YORK (Mus. of Mod. Art) : *L'auteur chez lui* vers 1920, collage.

VENTES PUBLIQUES : LONDRES, 4 déc. 1985 : *Dada Milchstrasse* vers 1919-1920, collage (50x32,5) : **GBP 50 000**.

BAADER Louis Marie
Né le 20 juin 1828 à Lannion (Côtes d'Armor). Mort vers 1919. xixᵉ-xxᵉ siècles. Français.
Peintre d'histoire, sujets mythologiques, scènes de genre, animaux.
Il fut élève d'Yvon, et représenta d'abord des scènes mythologiques empruntées à l'histoire et des tableaux de genre. Il exposa au Salon de Paris, puis au Salon des Artistes Français, de 1857 à 1914 ; obtenant une médaille de troisième classe en 1874.
MUSÉES : ALENÇON : *Chaudronnier vénitien* – GRENOBLE : *Héro et Léandre* 1866.
VENTES PUBLIQUES : PARIS, 17 déc. 1941 : *Promenade en forêt* : **FRF 1 500** ; *Portrait de chien caniche blanc* : **FRF 170** ; *Idylle au bord de la mer* : **FRF 1 850** – PARIS, 29 oct. 1979 : *George Washington, élu Président des États-Unis, fait ses adieux à sa mère*, h/t (55,5x46) : **FRF 15 000** – LINDAU, 7 mai 1980 : *La toilette du chien*, h/t (38x46) : **DEM 6 000** – LONDRES, 4 oct. 1989 : *Le tondeur de chiens*, h/t (37x45) : **GBP 2 200** – LONDRES, 2 nov. 1989 : *La lettre secrète* 1879, h/t (33x24) : **GBP 1 980** – LE TOUQUET, 19 mai 1991 : *La visite impromptue*, h/t (81x102) : **FRF 43 000** – NEW YORK, 13 oct. 1993 : *Les conseils de l'ancien*, h/t (81x101) : **USD 24 150**.

BAADER Tobias
xviiᵉ siècle. Allemand.
Sculpteur sur bois.
On cite, de cet artiste, dans l'église de l'hôpital ducal, à Munich, une *Mater dolorosa* qu'il fit en 1651. Cette œuvre fut reproduite à plusieurs reprises par des gravures de Jungwirth, B. Stückhler et G. Steinberg. On a encore, de Baader, un *Crucifix avec la Vierge*, dans l'église du couvent d'Attl, et, dans l'église de Schlehdorf, une *Vierge avec l'Enfant Jésus*.

BAADSGAARD Alfrida Vilhelmine Ludovica, née Madsen
Née le 17 septembre 1839 à Copenhague. Morte en 1912. xixᵉ-xxᵉ siècles. Danoise.
Peintre de natures mortes, fleurs.
Cette artiste fut élève d'O.-D. Ottesen, Balsgaard et O.-A. Hermansen. Elle a exposé à partir de 1876.
VENTES PUBLIQUES : LONDRES, 9 mai 1979 : *Nature morte aux fleurs* 1877, h/t (84x64) : **GBP 2 200** – LONDRES, 30 jan. 1981 : *Nature morte aux fleurs et au vase de Delft*, h/t (45x59) : **GBP 420** – COPENHAGUE, 2 oct. 1985 : *Fleurs*, h/t (42x32) : **DKK 10 500** – STOCKHOLM, 15 nov. 1988 : *Nature morte de fleurs dans un vase*, h/t (19x23) : **SEK 5 500** – NEW YORK, 17 jan. 1990 : *Nature morte de roses roses, jaunes et rouges*, h/pan. (26x21,6) : **USD 3 575** – LONDRES, 29 mars 1990 : *Rhododendrons* 1890, h/t (57,8x39,9) : **GBP 3 080**.

BAAER Andreas
xvᵉ siècle. Actif à Ravensbourg vers 1482. Allemand.
Peintre.

BAAGÖE Carl Emil
Né le 22 août 1829 à Copenhague. Mort le 16 avril 1902. xixᵉ siècle. Danois.
Peintre de paysages, marines, dessinateur.
Cet artiste a étudié, peu de temps, à l'Académie d'art et se perfectionna seul. Ses voyages en Islande (1855), en Norvège (1866-1868) développèrent son expression picturale. À partir de 1855, il exposa chaque année.
Il s'appliqua dans ses toiles à traduire le calme de la mer. Outre ses tableaux, il fit des dessins pour l'*Illustreret Tidende*.
VENTES PUBLIQUES : COPENHAGUE, 4 oct. 1972 : *Après-midi d'été* : **DKK 5 000** – COPENHAGUE, 2 oct. 1976 : *Jour d'été à Taarbaek* 1867, h/t (47x66) : **DKK 15 500** – COPENHAGUE, 8 fév. 1977 : *Bord*

de mer, h/t (55x84) : **DKK 21 500** – COPENHAGUE, 7 oct. 1981 : *Marine* 1871, h/t (40x62) : **DKK 13 300** – LONDRES, 28 nov. 1984 : *L'entrée du port, Copenhague* 1875, h/t (33,5x51,5) : **GBP 4 000** – COPENHAGUE, 20 août 1986 : *Voiliers au large de la côte* 1883, h/t (19x27) : **DKK 7 500** – COPENHAGUE, 23 mars 1988 : *Marine avec des voiliers à Sundet* 1882 (18x25) : **DKK 9 000** – COPENHAGUE, 25 oct. 1989 : *Marine avec des embarcations diverses*, h/t (24x34) : **DKK 13 500** – LONDRES, 27-28 mars 1990 : *Le bateau de pêche Godthaab entrant dans le port de Snekkersten* 1886, h/t (35x53) : **GBP 5 500** – STOCKHOLM, 14 nov. 1990 : *Marine avec des voiliers en été*, h/t (34x52) : **SEK 10 500** – COPENHAGUE, 6 mars 1991 : *Voilier longeant une côte bordée de montagnes enneigées* 1884, h/t (24x38) : **DKK 5 600** – STOCKHOLM, 29 mai 1991 : *Côte rocheuse avec des voiliers en été*, h/t (34x52) : **SEK 6 500** – STOCKHOLM, 19 mai 1992 : *Marine avec des voiliers*, h/t (17x28) : **SEK 7 200** – COPENHAGUE, 15 nov. 1993 : *Navigation à Sundet et vue d'Helsingborg* 1887, h/t (24x33) : **DKK 10 500** – COPENHAGUE, 7 sep. 1994 : *Voiliers à Sundet un jour d'été* 1885, h/t (38x53) : **DKK 14 000** – COPENHAGUE, 21 mai 1997 : *Bord de mer avec des vapeurs et de nombreux voiliers au large d'un village de pêcheurs* 1870 (39x61) : **DKK 33 000**.

BAAGÖE Peder
Né le 27 février 1789 à Dragôr. Mort le 13 octobre 1826. xixᵉ siècle. Danois.
Graveur au burin.
On cite de lui des paysages et des vues de châteaux. Il fit aussi des gravures pour l'ouvrage de botanique *Flora danica*.

BAAK Marie
xixᵉ siècle. Active à Postdam. Allemande.
Peintre portraitiste.
Élève de Burggraf. Elle exposa à l'Académie de Berlin 1842, 1844, 1864, 1866, quelques portraits à l'huile.

BAAK HATTIGH Jan. Voir HATTIGH Jan Baak

BAALEN Jacob van ou Baelen, Bael
xviiiᵉ siècle. Travaillait à Anvers. Éc. flamande.
Peintre.
Cet artiste, le même probablement que J. van Bael qui reçut des prix à l'Académie d'Anvers, en 1751-1753, fut admis le 23 septembre 1756 dans la Corporation des Peintres d'Anvers.
VENTES PUBLIQUES : PARIS, 26 mars 1860 : *Le marchand de gibier* : **FRF 2 000**.

BAAR Hugo
Né le 2 mars 1873 à Neutitschein (Moravie). Mort en 1912 à Munich. xxᵉ siècle. Autrichien.
Peintre de paysages.
Élève de Ribarz à l'Ecole des Arts et Métiers de Vienne, il suivit les cours de Hackl, puis de Erwin Knirr à Munich. Ce dernier, chez lequel Klee a également travaillé, a influencé plus particulièrement son art. Entre 1903 et 1907, on le retrouve à Vienne, avant qu'il retourne s'établir dans sa ville natale. Il peint surtout des paysages de campagne.
VENTES PUBLIQUES : VIENNE, 14 sep. 1982 : *La Plage*, h/t (70x110) : **ATS 18 000** – MUNICH, 3 déc. 1996 : *Jour d'hiver à Sommerholz-Neumarkt*, h/t (100x110) : **DEM 14 400**.

BAARGELD Johannes Theodor, pseudonyme de Gründwald Alfred
Né à Cologne. Mort en 1927 au Tyrol. xxᵉ siècle. Allemand.
Poète et peintre. Dadaïste.
Fils d'un banquier de Cologne, il s'engage dans l'agitation révolutionnaire, au lendemain de la Première Guerre mondiale, étant à l'origine du parti communiste en Rhénanie. Il fonde un journal d'extrême-gauche en art et en politique : *Der Ventilator*, auquel Max Ernst a collaboré activement, allant avec lui le vendre à la porte des usines. En 1919, au cinquième numéro, ce journal a été interdit. A la suite du groupe Dada de Berlin, Baargeld crée le groupe Dada de Cologne où se rejoignent Arp, Ernst et lui-même. Ensemble, ils créent une nouvelle méthode de travail, qui tendait à la dépersonnalisation de l'œuvre. Ernst et Baargeld peignaient sur une même toile, tout en travaillant d'une manière indépendante, produisant ce qu'ils ont appelé des *Fatagagas* : Fabrication de tableaux garantis gazométriques. Ce groupe était marqué par l'esprit de tolérance des trois artistes qui croyaient en la coexistence pacifique de la politique et de l'art et ne partageaient pas la politisation excessive du dadaïsme berlinois. Restant à l'écart des manifestations berlinoises, ils ont cependant participé à la grande Foire Dada de Berlin en 1920. Avec Ernst, Baargeld publie le *Bulletin D*, puis le numéro unique de *Die*

Schammade, dont le sous-titre est : *Debout les dilettantes !* tous deux se retrouvent interdits. Fermée également par la police, leur exposition en avril 1920 à Cologne, où seuls, Arp, Baargeld et Ernst prennent place. L'endroit choisi peut sans doute expliquer le motif de la fermeture : il s'agissait de l'arrière-cour vitrée d'une brasserie donnant sur un urinoir public par lequel il fallait passer pour entrer dans l'exposition... Baargeld avait exposé là un aquarium rempli d'eau colorée en rouge, au fond duquel était posé un réveille-matin, tandis qu'une perruque flottait à la surface et un bras de mannequin sortait de l'eau. Cette manifestation a marqué la fin du groupe de Cologne, Baargeld cessant toute activité artistique au moment du départ de Max Ernst pour Paris, en 1922. Cinq ans plus tard, Baargeld devait mourir, avec son frère, dans une avalanche au Tyrol. Il avait surtout créé des collages et des photomontages, mais lorsqu'il dessinait, il laissait transparaître un goût pour la précision et un humour agressif. ■ A. P.

Bibliogr. : P. Cabanne et P. Restany : *L'Avant-garde au xxe s.*, Balland, Paris, 1969 - in : *Dict. Univ. de la Peint.*, Le Robert, Paris, 1975.

Ventes Publiques : Londres, 4 déc. 1985 : *Venus beim Spiel der Könige* 1920, collage (37x27,5) : GBP 22 000.

BAARLE H. M. van
xixe-xxe siècles. Actif à Bruxelles. Belge.
Peintre paysagiste et animalier.
Ventes Publiques : Cologne, 8 et 9 mars 1904 : *Dunes en automne* : DEM 17 ; *Vaches* : DEM 12.

BAAS Marie
Née le 19 novembre 1844 à Hambourg. xixe siècle. Allemande.
Peintre de fleurs et de natures mortes.
Elle étudia à La Haye avec Margarete Roosenboom ; 2e prix à l'Exposition du Centenaire, à Melbourne, pour ses *Althéas blancs*, 1889.

BAASCH Frederik Theodor
Né en 1821 à Eckernförde. xixe siècle. Danois.
Peintre.
Cet artiste, fils du peintre Hans Fred. Baasch, exposa à Copenhague, de 1841 à 1844, des portraits et des tableaux de genre. L'un de ces derniers *Le père réprimandant son fils*, 1844, fut acheté par le roi Christian VIII. Theodor Baasch avait été élève d'Eckersberg à l'Académie d'Art, à Copenhague, de 1839 à 1844. En 1844, il retourna à Eckernförde, où il fit surtout des portraits.

BAASCH Hans Frederik
Mort vers 1847 à Eckernförde. xixe siècle. Actif dans la première moitié du xixe siècle. Danois.
Peintre.
Cet artiste fut élève de l'Académie des Arts à Copenhague, de 1806 à 1811. Il exposa à partir de 1810, et jusqu'en 1823, quelques portraits et une *Vue du château de Goltorp (Slesvig)*.

BABA Corneliu
Né le 18 novembre 1906 à Craiova. xxe siècle. Roumain.
Peintre de portraits, scènes typiques. Réaliste.
Il fut élève de N. Tonitza à l'Académie des Beaux-Arts de Jassy. Voyageant en URSS, Bulgarie et Italie, il exposa, dans des expositions officielles, tant dans son pays qu'en URSS, Finlande, Grèce et Egypte. Il fut invité à la Biennale de Venise de 1956. Professeur à l'Institut d'Arts Plastiques de Bucarest.
Son art se veut strictement réaliste, comme celui de la plupart des artistes roumains de cette époque. Il s'est spécialisé dans les scènes de la vie paysanne et ouvrière.
Ventes Publiques : New York, 7 avr. 1988 : *Arlequin* 1970, h/t (68,9x56,3) : USD 605.

BABADJAN Joseph
Né à Toula. xxe siècle. Actif en France. Russe.
Peintre.
Travaillant à Paris, il a exposé au Salon d'Automne en 1927.

BABAÏAN Arminia
Née à Tiflis (Caucase), d'origine arménienne. xixe-xxe siècles. Française.
Peintre de portraits et de fleurs.
Elle a travaillé à Paris, dans l'atelier d'Eugène Carrière. Dès 1903, elle exposa au Salon de la Société Nationale des Beaux-Arts, puis à partir de 1910, au Salon des Artistes Indépendants, et en 1927 et 1939, au Salon d'Automne, et au Salon des Tuileries entre 1927 et 1939.

BABAÏEV Rasim Ganifa Ogly
Né en 1927 à Bakou. xxe siècle. Russe.
Peintre de compositions animées, figures, animaux. Expressionniste.
Il fit ses études en Azerbaïdjan, où il travaille. Il présente un univers hanté par la violence, la chair et les fantasmes, qu'il rend dans une pâte généreuse, une palette puissamment colorée, mêlant tourment et ironie.
Bibliogr. : In : *Dict. de l'art mod. et contemp.*, Hazan, Paris, 1992.

BABANO Jacopo
xviiie siècle. Italien.
Sculpteur.
Cité par Zani à Padoue.

BABARI
Italien.
Peintre.
Cité par Mireur.
Ventes Publiques : Vienne, 1860 : *Sainte Famille* : FRF 400.

BABAROVIC Ivo
Né en 1924 à Buenos Aires. xxe siècle. Actif au Chili. Argentin.
Peintre et graveur.
Installé au Chili, il a fréquenté l'Ecole des Beaux-Arts de Santiago jusqu'en 1947, puis s'est initié à la gravure. Depuis 1953, il participe à des Salons et a fait sa première exposition personnelle à Santiago en 1956, suivie d'une autre à Washington en 1957. Sa peinture cherche à donner une interprétation du réel.

BABASIOUK Nicolaï
Né en 1914. Mort en 1983. xxe siècle. Russe.
Peintre de figures, compositions à personnages.
Ancien élève de l'Académie des Beaux-Arts de Léningrad (Institut Répine), il travailla sous la direction de Roudolf Frentz. Membre de l'Union des Artistes d'URSS. Il participe à partir de 1940, à des expositions nationales et internationales.
Il peignait dans une technique claire, issue de la deuxième moitié du xixe siècle, des sujets aussi peu compromettants que possible aux yeux d'une censure attentive.
Musées : Moscou (min. de la Culture) – Novgorod (Mus. des Beaux-Arts) – Omsk (Mus. des Beaux-Arts) – Saint-Pétersbourg (Mus. Russe) – Saint-Pétersbourg (Acad. des Beaux-Arts).
Ventes Publiques : Paris, 11 juin 1990 : *L'écolière Olia* 1951, h/t (80x60) : FRF 8 500.

BABB Charlotte B.
xixe siècle. Britannique.
Peintre de figures.
Elle expose à Londres de 1862 à 1885.

BABB J. Staines
xixe siècle. Britannique.
Paysagiste.
Il exposa à Londres de 1870 à 1892.

BABB Stanley Nicholson
Né à Plymouth. xixe-xxe siècles. Britannique.
Sculpteur d'histoire, figures, portraits.
Elève à l'Académie royale de Londres, il devint membre de la Société des Sculpteurs Britanniques. Il a régulièrement exposé à la Royal Academy de Londres à partir de 1898. Son œuvre est très variée : il a exécuté des bas-reliefs historiques, des médaillons, des bustes, des statuettes, des groupes de figures, notamment le groupe du *War Memorial*.

BABBERGER August von
Né en 1885. Mort en 1936. xxe siècle. Allemand.
Peintre de scènes allégoriques, portraits, paysages, peintre de cartons de tapisseries.
Il fut professeur à l'Académie des Beaux-Arts de Karlsruhe.
Ventes Publiques : Heidelberg, 14 avr. 1984 : *Portrait de Hermann Billing* vers 1920, h/t (85x73) : DEM 8 600 – Cologne, 29 mai 1987 : *Le lac des Quatre-Cantons*, temp./t. (78,5x105) : DEM 5 000 – Lucerne, 7 juin 1997 : *Allégorie* vers 1921, tapiss. (230x300) : CHF 3 800.

BABBERICH Christophe Karel Henri NEREE TOT. Voir NEREE TOT BABBERICH

BABCOCK Dean
Né en 1888 à Canton (Illinois). xxe siècle. Américain.
Peintre.

BABCOCK Elisabeth Jones, Mrs **J. W. Babcock**
Née en 1887 à Keokuk (Iowa). xxᵉ siècle. Américaine.
Peintre et illustrateur.

BABCOCK H. E.
xixᵉ siècle. Vivant en 1882-1888. Américain.
Graveur sur bois.
Travailla pour des revues américaines vers 1885.

BABCOCK Jessica Cady
Née à Chicago. xxᵉ siècle. Américaine.
Peintre et graveur.
Travaillant à Paris, elle exposa au Salon d'Automne de 1930.

BABCOCK Richard
Né en 1887 à Denmark (Iowa). xxᵉ siècle. Américain.
Peintre de fresques et illustrateur.

BABCOCK Thomas
Né vers 1850. Mort vers 1899. xixᵉ siècle. Américain.
Peintre.

BABCOCK William P.
Né en 1826 à Boston (Massachusetts). Mort en 1899 à Bois-d'Arcy (Yvelines). xixᵉ siècle. Actif en France. Américain.
Peintre de paysages.
Après un passage dans l'atelier de Thomas Couture à Paris, en 1847, il s'en va à Barbizon, rejoindre J.-F. Millet, dont il devient un ami. Il expose à la Royal Académy de Londres et figure régulièrement au Salon de Paris, entre 1868 et 1878.
Il a surtout peint des vues de forêt.

BABCOCK BEQUEST

Cachet de vente

Ventes Publiques : Londres, 27 juin 1927 : *Étude de nu* 1861 : GBP 10 – Boston, 20 nov. 1980 : *Nature morte aux fleurs* 1888, h/t (22x27,5) : USD 1 000.

BABEAU Alexandre
xviiiᵉ siècle. Français.
Peintre.
Reçu à l'Académie de Saint-Luc en 1749.

BABEAU Henry
xviiᵉ siècle. Actif à Avignon vers 1622. Français.
Peintre.

BABEAU Raymond
xviiᵉ siècle. Actif à Avignon vers 1650 et 1660. Français.
Sculpteur.

BABEL Eugénie
Née à Kiev (Ukraine). xxᵉ siècle. Active en France. Russe.
Peintre.
Installée en France, elle exposa au Salon d'Automne à Paris, en 1927.

BABEL Johann Baptist ou **Bable**
xviiiᵉ siècle. Suisse.
Sculpteur et stucateur.
Il vécut et travailla en Suisse. On a de cet artiste les figures allégoriques de saints et les sculptures pour la balustrade de la Kramgasse, à Einsiedeln. Il travailla, de 1772 à 1775, pour la façade de l'église de l'abbaye de Soleure.

BABEL Jorge
xviiᵉ siècle. Actif à Madrid. Espagnol.
Peintre verrier.
En 1605, cet artiste reçut le titre de peintre de la Cour, auprès de Philippe III.

BABEL Pierre Edmé
Né peut-être vers 1720 à Paris. Mort en 1775. xviiiᵉ siècle. Français.
Dessinateur d'ornements, orfèvre et graveur à l'eauforte.
Reçu membre de l'Académie de Saint-Luc en 1751.

BABELAY Louis
Né à Genève. xxᵉ siècle. Suisse.
Peintre d'animaux et paysages.
Entre 1920 et 1931, il exposa au Salon des Artistes Indépendants de Paris.

Ventes Publiques : Paris, 8 nov. 1948 : *La nuit sur les boulevards* : FRF 2 600.

BABELLI Giovanni Battista
xviiᵉ siècle. Italien.
Graveur en taille-douce.
On cite de lui une eau-forte, signée du monogramme composé G. B. J., représentant : *La Charité.*

BABER Alice
Née en 1958 à Charleston (Illinois). xxᵉ siècle. Américaine.
Peintre.
Elle a participé à des expositions de groupe, dont la Biennale de Paris en 1961 et la Peter Stuyvesant collection. Art in Industry, Hollande, 1964-1966. Ses expositions particulières eurent lieu à Paris (1963-1970), Londres (1963), New York (1965-1966-1968-1969), Cologne (Kunstverein Museum) 1966. Elle a toujours cherché à rendre l'éblouissement de la lumière à travers ses tableaux, sans doute en correspondance avec des références mystiques.
Musées : Israël (Mus. Nat.) – Manchester – New York (Mus. of Mod. Art) – San Francisco (Mus. of Art) – Washington D.C. (Nat. Coll. of Fine Arts) – Washington D.C. (Corcoran Gal. of Art) – Worcester.
Ventes Publiques : New York, 17 juil. 1981 : *The source of the river* 1977, aquar. (76,2x57,2) : USD 600 – New York, 16 oct. 1981 : *The sound of blue rising* 1976, h/t (84x138) : USD 4 000 – New York, 21 mai 1983 : *Ladder of the hermit* 1976, h/t (182,9x122,5) : USD 2 300.

BABÈRE
xviiiᵉ siècle. Actif à Paris. Français.
Peintre portraitiste, de natures mortes et pastelliste.
Il exécuta diverses œuvres à Paris vers 1756.

BABIC Ljubo
Né en 1890 à Jastrebarsko. xxᵉ siècle. Yougoslave.
Peintre, critique d'art. Néo-réaliste puis expressionniste.
Il a fait ses études artistiques à Zagreb, Munich et Paris. Sa peinture est passée d'un néo-réalisme courant dans les années vingt en Yougoslavie, à un expressionnisme rendu par des couleurs vives sur des formes simplifiées. Il est également connu en tant que critique d'art.
Bibliogr. : In : *Dict. Univ. de la Peint.*, Le Robert, Paris, 1975.

BABIJ Ivan
Né en 1896 à Cherson. xxᵉ siècle. Actif en France. Russe.
Peintre de paysages, nus, portraits et natures mortes.
Il a exposé au Salon de la Société Nationale des Beaux Arts à Paris en 1925, au Salon d'Automne de 1925 à 1935 et au Salon des Indépendants de 1926 à 1935.
Ventes Publiques : Paris, 29 oct. 1926 : *Les Joueuses de cartes* : FRF 2 700 – Londres, 11-12 juin 1997 : *Les Joueuses de cartes* 1930, h/t (92,5x65) : GBP 7 130.

BABILLOT Marguerite
Née à Saint-Denis (Seine-Saint-Denis). xxᵉ siècle. Française.
Peintre.
Exposa une nature morte, au salon de la Société Nationale des Beaux-Arts, en 1926.

BABIN
xviiiᵉ siècle. Actif vers 1750. Français.
Dessinateur, graveur.
Cité par Heineken, qui mentionne de lui : *Travaux en fer, grilles, balustrades, animaux d'armoiries pour ornement de grilles,* en tout, soixante-huit feuilles.

BABIN Antoinette
Née à Versailles (Yvelines). xxᵉ siècle. Française.
Peintre de paysages et d'intérieurs.
Elle a exposé au Salon de la Société Nationale des Beaux Arts à Paris en 1926 et 1928.

BABIN Elisabeth
Née à Nantes (Loire-Atlantique). xxᵉ siècle. Française.
Peintre.
Élève de Fougerat, elle exposa à la plupart des Salons parisiens : d'Automne (de 1922 à 1938), des Indépendants (de 1927 à 1939), des Tuileries (de 1930 à 1934).
Ventes Publiques : Paris, 15 jan. 1943 : *La petite place* : FRF 400.

BABIN Marguerite L.
Née à Paris. xxᵉ siècle. Française.

Sculpteur.
lle a été élève de Landowski et de Bouchard. Entre 1913 et 1935,
lle a exposé au Salon des Artistes Français, dont elle est deve-
ue sociétaire. On la retrouve au Salon d'Automne en 1919.

BABIN Pierre
Né vers 1787 à Paris. XIXe siècle. Français.
Peintre.
.lève de Le Mire à l'École des Beaux-Arts à Paris.

BABIN René
Né en 1919 à Paris. XXe siècle. Français.
Sculpteur de monuments, figures, nus, portraits.
.lève de Wlérick et Malfray à l'Ecole des Arts Appliqués de
'aris, il entre ensuite à l'Ecole des Beaux-Arts de Paris. Il parti-
ipe à plusieurs expositions de groupe, se joignant au Groupe
les Neuf en 1964 (gal. Vendôme) et allant, entre autres, au Festi-
al de la Sculpture Contemporaine à Saint-Ouen et en Suède.
ociétaire du Salon d'Automne, il a participé aux Salons du desin (Musée Rodin), *Terres Latines* à Orléans. Ayant travaillé à la
estauration et à la reconstitution de sculptures de monuments
istoriques, il se sent à l'aise dans l'exécution de sculptures
onumentales, d'autant qu'il pratique la taille directe de la
ierre. Il est aussi l'auteur de nus, bustes et personnages. La sen-
ualité et la monumentalité se conjuguent dans l'œuvre de Babin
ui laisse entrevoir son admiration pour Rude, Rodin et Degas.

BABINET Dominique
Né le 3 septembre 1931 à Vaudry (Calvados). XXe siècle. Français.
Sculpteur de monuments.
on œuvre est surtout monumental. A Strasbourg, il exécuta
'aménagement de la Place de l'Homme de fer, pour laquelle il
eçut le premier prix à partager avec les autres artistes qui parti-
ipèrent à cette œuvre. Parmi ses réalisations monumentales,
itons des signaux et environnements faits pour des sociétés privées à Paris, une structure à Bourg-la-Reine, une fontaine
oublique à Chinon. Il a également exécuté des décors de cinéma.

BABINGTON P.
XIXe siècle. Britannique.
Peintre.
l exposa à Londres en 1870 et 1871.
VENTES PUBLIQUES : LONDRES, 5 fév. 1910 : *Scène sur la côte* :
GBP 13.

BABKOV Sergueï
Né en 1920 à Zlatoust. XXe siècle. Russe.
Peintre de compositions à personnages, figures, nus.
l fut élève de l'Institut Répine de l'Académie des Beaux-Arts de
Léningrad, où il travailla sous la direction de Roudolf Frentz. Il
devint membre de l'Union des Artistes d'URSS À partir de 1950,
il expose régulièrement tant à Léningrad qu'à Moscou où il remporte le 1er prix du Ministère de la Culture, lors de l'exposition
Les œuvres de peintres d'URSS, en 1952. À l'étranger, il participe
à des expositions collectives : Prague (1968), Helsinki (1972),
Montréal (1972), Tokyo (1975 à 1982), Berlin (1982). Il est honoré
d'expositions personnelles à Stockholm en 1976 et à Philadelphie (États-Unis) en 1977.
Dans le contexte de lieu et d'époque, peindre une jeune fille nue
ne se pouvait que sous le titre de *L'effrontée*. Babkov, comme la
plupart des peintres officialisés, pratiquait une technique
bâtarde entre la touche grasse du réalisme 1850 et quelques
accents postimpressionnistes.
BIBLIOGR. : In : Catalogue de la vente *L'École de Léningrad*,
Drouot, Paris, 19 nov. 1990.
MUSÉES : BRUXELLES (Gal. d'Art Contemp.) – KIEV (Mus. des
Beaux-Arts) – MOSCOU (min. de la Culture) – SAINT-PÉTERSBOURG
(Mus. de l'Acad. des Beaux-Arts) – TOKYO (Gal. d'Art Guekosso).
VENTES PUBLIQUES : PARIS, 19 nov. 1990 : *Danseuse orientale*
1963, h/cart. (50x26) : FRF 14 000 – PARIS, 18 fév. 1991 : *Jeune
femme à la robe rouge* 1974, h/t (109x70) : FRF 11 500 – PARIS, 4
mars 1991 : *Bateaux sur la Néva* 1964, h/cart. (37x40) : FRF 4 100
– PARIS, 25 mars 1991 : *La femme en rouge* 1976, h/cart. (68x26) :
FRF 35 000 – PARIS, 24 sep. 1991 : *Journée d'été*, h/cart. (41x57) :
FRF 6 000 – PARIS, 25 nov. 1991 : *Dans l'atelier* 1969, h/cart.
(70x50) : FRF 10 000 – PARIS, 2 avr. 1992 : *La ballerine* 1991, h/t
(61x48) : FRF 5 000.

BABLET Paul Jean Adolphe
Né le 23 avril 1889 à Paris. XXe siècle. Français.
Créateur de bijoux, orfèvre.
Sociétaire du Salon d'Automne où il exposa de 1913 à 1933, des
bijoux et des travaux d'orfèvrerie. Membre actif au Salon des
Artistes-Décorateurs où il fit des envois depuis 1914, Bablet
obtint le prix Blumenthal, en 1920 et une bourse de voyage de
l'État, en 1925.

BABLOT Micheline
Née à Montmorency (Val-d'Oise). XXe siècle. Française.
Sculpteur.
Élève de Jean Camus et Dropsy. Exposa au Salon des Artistes
Français : *Repos*, statuette en plâtre, en 1939.

BABLOT-RAINAL Suzanne
Née à Paris. XXe siècle. Française.
Graveur.
Élève d'Édouard Léon, elle a exposé au Salon des Artistes Fran-
çais.

BABO Jacques
Né en 1947 à Paris. XXe siècle. Depuis 1969 actif aux États-
Unis. Français.
Peintre, sculpteur.

BABO Lambert von
Né en 1790 à Mannheim. Mort le 20 juin 1862 à Weinheim.
XIXe siècle. Allemand.
Aquafortiste.
On cite de lui : *Vues de la Suisse et du lac de Constance*, 6
planches, *Le Triomphe de Louise*, reine de Prusse, 1799, 12
planches. Vers 1810-1815, il grava à l'eau-forte neuf estampes :
Souvenir de la vallée du Neckar.

BABOCCIO de Piperno Antonio ou Babosius
Né en 1351. Mort en 1435. XIVe-XVe siècles. Italien.
Peintre, sculpteur.
Abbé. Il travailla à Naples. Sa première œuvre est le riche portail,
de style gothique, conservé à la cathédrale de Naples. En 1412,
avec Alésius Dominicus, il exécuta le tombeau de Margareta de
Durazzo, femme de Charles III, pour S. Francesco à Salerne.

BABONEAU Henri François Marie
Né au XIXe siècle à Nantes. XIXe siècle. Français.
Peintre verrier.
Il fut élève d'Échappé et Chalot, travailla à Paris et exposa au
Salon, de 1876 à 1879.

BABOU Théo Christian, pseudonyme de Baboulène
Né le 27 juillet 1946 à Villeneuve-sur-Lot (Lot-et-Garonne).
XXe siècle. Français.
Peintre d'architectures.
Après des études à l'École des Beaux-Arts de Bordeaux, jus-
qu'en 1969, il vient s'installer à Paris, en 1971. Il est professeur à
l'École des Beaux-Arts de Bourges.
En 1972, il commence à participer à des expositions collectives :
au Salon Grands et Jeunes d'Aujourd'hui, à Impact II, au
Salon de la Jeune Peinture à Paris, où il est représenté aussi au
Salon international d'Art Contemporain en 1974. Ses expositions personnelles se sont déroulées à Villeneuve-sur-Lot en
1968, Paris 1973, 1975 et 1977, Toulouse 1974, Perpignan 1975,
Strasbourg 1976, Chalon-sur-Saône en 1979.
À travers la diversité de son art, Babou demeure fidèle à une
rigueur qui le rapproche du métier d'architecte ou d'artisan,
sauf une série insolite en 1986-1988 sur le thème du cheval et des
instruments de dressage. Faut-il voir là un atavisme, une fidélité
au métier de son père, artisan couvreur ? C'est, tout d'abord,
dans un style réaliste qu'il reproduit en 1972, avec une ironie
acerbe, les différents types de maisons individuelles dites « de
rêve » du Français-moyen. Il a ensuite réalisé une série de toiles
dont il définit lui-même les trois constantes : « La forme, en l'occurrence celle d'un dôme, le format du tableau et les couleurs
admises théoriquement comme froides, à savoir le bleu, le vert et
le mauve. » C'est la série des dômes qui prend un caractère
mathématique systématique, qui mène à un art proche de l'abstraction. Dans les années quatre-vingt, avec ses *Bastides*, Babou
nous fait découvrir la lumière du Sud-Ouest qui se définit
comme une lumière-espace. On retrouve alors l'évocation des
arches, gardiennes d'ombre, des places de marché, des halles. Si
la couleur semble inexistante, sourde, elle est l'aboutissement
d'une recherche complexe, méticuleuse.
En définitive, on peut conclure avec France Huser : « L'austérité
devient le comble de la richesse et ses architectures monumentales que le peintre élabore et où jamais aucune silhouette,

aucun pas ne s'égare, effacent toute anecdote pour ne parler que de l'éternité. » ■ Annie Pagès

R BABOV

BABOULÈNE Eugène
Né le 18 août 1905 à Toulon (Var). Mort le 30 juillet 1994. XXe siècle. Français.

Peintre de portraits, nus, paysages, natures mortes, intérieurs, peintre à la gouache, décorateur.

Il fit ses études à l'École des Beaux-Arts, puis à l'École des Arts Décoratifs de Paris jusqu'en 1931. Il a exposé pour la première fois, en 1939, au Salon d'Automne dont il devint sociétaire, puis aux Salons des Indépendants à partir de 1950, des Tuileries de 1952 à 1961 et des Peintres Témoins de leur Temps de 1954 à 1976, Comparaisons depuis 1975, ainsi qu'à de nombreuses manifestations à la galerie Tooth à Londres, 1953 et 1963 à Malmö, 1958 et 1960 à Nice, 1961 au musée de Grenoble. Il a montré ses œuvres dans des expositions personnelles : depuis 1958 à Paris notamment à partir de 1974 à la galerie Taménaga ; 1981 rétrospective au musée Paul Valéry de Sète. Il a reçu le Prix Ève en 1950, le Prix Esso en 1955, le Grand Prix du Festival d'Avignon en 1956, le Grand Premier Prix de la Biennale de Menton en 1957.

Ses débuts ont été marqués par le théâtre puisqu'il a travaillé à la décoration du théâtre de Toulon. Dans le domaine de la décoration, il a également donné des cours de décoration d'intérieur à l'École des Beaux-Arts de sa ville natale. Son ami, le peintre Antoni Clavé l'a incité à délaisser la décoration pour se consacrer à la peinture. Il reste attaché au style figuratif, notant des observations très fines, surtout lorsqu'il peint les paysages provençaux. Si ses effets de pâte évoquent l'art des Fauves, ses couleurs restent beaucoup plus nuancées, plus délicates, dans des tons pastel. ■ A. P.

Raboulène

BIBLIOGR. : Catalogue de l'exposition : *Baboulène*, Musée Paul Valery, Sète, 1981 – Marc Hérissé : catalogue de l'exposition *Baboulène*, Galerie 26 CR, Paris, 1991 – Lydia Harambourg, in : *L'École de Paris 1945-1965. Diction. des Peintres*, Ides et Calendes, Neuchâtel, 1993.
MUSÉES : AVIGNON – MARSEILLE – MENTON – MONTAUBAN – ORANGE – PARIS (Mus. d'Art Mod.) – RODEZ – SÈTE – TOULON – TOULOUSE .
VENTES PUBLIQUES : LONDRES, 4 juil. 1962 : *Ma campagne* : GBP 70 – GENÈVE, 10 nov. 1962 : *L'Automne* : CHF 2 700 – VERSAILLES, 12 mai 1965 : *Bord de mer*, gche : FRF 300 – GENÈVE, 10 juin 1967 : *Felanix Majorque* : CHF 2 800 – AIX-EN-PROVENCE, 26 juin 1972 : *Le Ponton* : FRF 5 600 – VERSAILLES, 25 mai 1977 : *Fruits d'automne* 1975, h/t (60x81,5) : FRF 8 000 – VERSAILLES, 10 déc. 1978 : *Jardin à Ollioulles*, gche (39x58) : FRF 2 200 – MARSEILLE, 25 fév. 1978 : *Panier de pêches*, h/t (33x46) : FRF 5 500 – PARIS, 21 nov. 1979 : *Entrée de village* 1960, h/t (60x73) : FRF 3 000 – PARIS, 30 mai 1980 : *Bouquet de fleurs*, h/t (46x27) : FRF 5 500 – VERSAILLES, 18 juin 1981 : *Le tissu rouge* 1969, h/t (46x55) : FRF 7 200 – AIX-EN-PROVENCE, 13 déc. 1982 : *Les roches blanches*, h/t (60x73) : FRF 11 500 – VERSAILLES, 20 mars 1983 : *Nature morte aux poissons* 1963, h/t (60x81) : FRF 12 000 – VERSAILLES, 18 mars 1984 : *Le Revest* 1964, h/t (64,5x80,5) : FRF 15 000 – VERSAILLES, 8 déc. 1985 : *Paris, vue de l'atelier rue Boissonade*, gche (25x39) : FRF 6 800 – COLOGNE, 10 déc. 1986 : *Nu à la serviette* 1967, h/t (61x50) : DEM 7 500 – VERSAILLES, 17 juin 1987 : *Bateaux au port* 1976, h/t (38x55) : FRF 17 000 – VERSAILLES, 6 nov. 1988 : *Le Saint-Pierre* 1964, h/t (60x120) : FRF 27 000 – PARIS, 27 avr. 1989 : *Le Jas* 1961, h/t (27x41) : FRF 20 000 – NEUILLY, 16 mars 1989 : *Goulet de Honfleur* 1967, h/t (73x92) : FRF 47 000 – PARIS, 28 avr. 1989 : *Le jas* 1961, h/t (27x41) : FRF 20 000 – STRASBOURG, 29 nov. 1989 : *Maisons de pêcheurs aux Baléares* 1967, h/t (27x41) : FRF 42 000 – NEUILLY, 5 déc. 1989 : *Eygalières*, gche (36x62) : FRF 29 000 – PARIS, 11 mars 1990 : *Voiliers à l'entrée du port d'Honfleur*, h/t (73x92) : FRF 100 000 – SAINT-DIÉ, 18 nov. 1990 : *Nature morte jaune* 1958, h/t (73x92) : FRF 78 000 – STOCKHOLM, 5-6 déc. 1990 : *La Chaise bleue* 1950, h/t (50x65) : SEK 35 000 – NEW YORK, 13 fév. 1991 : *Le Moulin à huile* 1959, h/t (38x55,3) : USD 5 500 – NEUILLY, 7 avr. 1991 : *Marine* 1961, h/t (60x92) : FRF 119 000 – PARIS, 9 déc.

1991 : *Nature morte aux poissons*, gche (49x70) : FRF 10 50(TOUQUET, 8 nov. 1992 : *Paysage varois*, h/t (60x81) : FRF 50 ● NEW YORK, 10 nov. 1992 : *Maison à Toulon* 1956, h/t (38: USD 4 620 – PARIS, 25 juin 1993 : *Le Hameau de Six Fours* peint./t. (38x55) : FRF 27 000 – PARIS, 8 mars 1994 : *Le Mo* huile 1959, h/t (38x55) : FRF 22 000 – NEW YORK, 9 mai 1994 Village 1955, h/t (50,5x65,4) : USD 4 830 – CALAIS, 3 juil. 1 *L'Église du village* 1955, h/t (51x66) : FRF 34 500 – NEW Y(nov. 1994 : *Nature morte avec un melon*, h/t (99,7x USD 7 820 – PARIS, 25 fév. 1996 : *La Belle Bouillabaisse* (65x81) : FRF 48 000 – CALAIS, 24 mars 1996 : *Le Bureau* 196 (55x46) : FRF 24 000 – PARIS, 14 juin 1996 : *Le Port de To* gche/pap./t. (44,5x58,5) : FRF 17 500 – CALAIS, 7 juil. 1 *Nature morte au melon*, h/t (22x27) : FRF 12 000 – PARIS, 31 1997 : *Boîte de peinture* 1958, h/t : FRF 8 200 – PARIS, 16 ● 1997 : *Le Coin ombragé* 1954, h/t (50x60) : FRF 20 000.

BABOULET François
Né le 12 avril 1914. XXe siècle. Français.

Peintre de paysages, marines, natures mortes. Réal trompe-l'œil.

Il fit ses études à l'Ecole des Beaux-Arts de Paris. Il expos Salon de la Société Nationale des Beaux Arts, dont il devint sident. Il est peintre titulaire de la Marine depuis 1986.

Il cherche à rendre la réalité en allant jusqu'au trompe-l'œ certaines de ses œuvres, notamment ses natures mortes, n pas sans rappeler celles du XVIIIe siècle.

VENTES PUBLIQUES : PARIS, 2 mai 1955 : *Argelès-sur-M* FRF 19 000 – PARIS, 27 fév. 1964 : *La plage* : FRF 500 – NEW Y 12 nov. 1965 : *Nature morte au verre et à l'orange* : USD 1 PARIS, 10 juil. 1983 : *La Gascogne*, h/isor. (50x100) : FRF 28 0(WASHINGTON D.C., 9 déc. 1984 : *Nature morte aux fruits, pa* bouteille de vin, h/t mar./cart. (50,8x61) : USD 2 300.

BABRON A.
Né vers 1744 à Rouen (Seine-Maritime). XVIIIe siècle. Fr çais.

Peintre de genre, miniaturiste et aquarelliste.

On cite, de cet artiste, une aquarelle miniature signée, au Mi d'Orléans.

BABSON R. E.
XIXe siècle. Actif vers 1850. Américain.

Graveur au burin.

On lui doit notamment le *Portrait de John Adams*.

BABST Caspar ou Babpst, Bobst
XVIe siècle. Actif à Fribourg. Allemand.

Peintre.

BABST Paul ou Pabst
XVIe siècle. Actif à Rochlitz (Saxe). Allemand.

Sculpteur.

En 1522, il exécuta un groupe : *Le Christ au Mont des Oliv* pour l'église de Penig.

BABU
XVIIIe siècle. Actif à Londres. Britannique.

Miniaturiste.

Il exposa à Londres entre 1765 et 1775.

BABU Marie Lise
Née le 13 juin 1931 à Rouen (Seine-Maritime). XXe siè Française.

Peintre.

Elève de Souverbie, elle participa au Salon des Artistes Fran à Paris. Elle fit des expositions personnelles à Bruxelles ● Paris.

VENTES PUBLIQUES : PARIS, 6 juil. 1992 : *La boudeuse*, h/t (65x5 FRF 8 500.

BABUREN Theodor van, dit Dirck
Né entre 1570 et 1590 à Utrecht. Mort en 1623 ou 162 Utrecht. XVIe-XVIIe siècles. Hollandais.

Peintre de genre, compositions mythologiques, su religieux, portraits, intérieurs d'églises, peut-être g veur.

À Utrecht, il fut élève de Paulus Moreelse. Puis il alla à Ro avec David de Haen, entre 1617 et 1622, y subissant l'influe de l'école du Caravage, ce qui l'apparente à Honthorst et Bruggen. Il peignit, pour l'église de San Pietro de Montoric Rome, trois grands tableaux : *Mise au tombeau* (1617), *Sa Véronique, La Présentation*. Il était de retour en Hollande 1625 et, avec d'autres peintres, exécuta pour le prince d'Oran une suite de portraits des empereurs romains. Il peignit au les scènes d'intérieur, des intérieurs d'églises, des joueurs de cartes, des scènes de musique de chambre, tous sujets assez familiers à ces peintres du début du siècle, que l'on dit aujourd'hui : caravagesques. L'organisation colorée de ses œuvres est assez sommaire, et ressortit au clair-obscur, le dessin en est très ferme. Les scènes de genre, comme les deux *Entremetteuse*, de Boston et d'Amsterdam, sont peintes dans une manière plus claire. Une eau-forte de la *Mise au tombeau* lui est attribuée par Brulliot, peut-être à tort : elle reproduit son tableau du même sujet. Cette pièce, fort rare, est gravée avec beaucoup de verve.

[signature: T. D Babino fe.. Ao 1673]

MUSÉES : AMSTERDAM : *Prométhée enchaîné par Vulcain – L'entremetteuse* – KASSEL : *Buste d'un violoniste – Buste d'un joueur de luth* – MAYENCE : *Le fils prodigue* 1623 – OSLO : *Le Christ au temple*, à douze ans 1622.

VENTES PUBLIQUES : PARIS, 1707 : *Adam et Ève pleurent sur la mort* : FRF 50 – PARIS, 1848 : *Intérieur d'une église* : FRF 180 – PARIS, 1869 : *Les musiciens* : FRF 310 – PARIS, 1892 : *Portrait de vieillard* : FRF 480 – COLOGNE, 15 avr. 1964 : *L'entremetteuse* : DEM 1 700 – VIENNE, 28 nov. 1967 : *Le joyeux violoniste* : ATS 65 000 – LONDRES, 12 juin 1968 : *Le buveur* : GBP 2 200 – LONDRES, 17 nov. 1972 : *Granida* : GNS 1 200 – NEW YORK, 8 jan. 1981 : *Les joueurs de tric trac*, h/t (105,5x128,5) : USD 135 000 – PARIS, 4 déc. 1987 : *La mort d'Urie*, h/t (204x287) : FRF 10 000 000 – NEW YORK, 3 juin 1988 : *Le Christ adolescent parmi les docteurs*, h/t (166x215) : USD 220 000 – NEW YORK, 12 jan. 1989 : *Narcisse admirant son reflet*, h/t (91,5x112,5) : USD 44 000 – NEW YORK, 16 jan. 1992 : *Joueur de luth*, h/t (82,5x66) : USD 77 000.

BABYNGA Timotheus
XVIIe siècle. Actif à Ypres. Éc. flamande.
Peintre verrier.
Peignit un vitrail pour l'église de Woumen, près Dixmude.

BAC Andrée Clara
Née le 3 décembre 1895 à Limoges (Haute-Vienne). XXe siècle. Française.
Peintre d'histoire, portraits, paysages.
Elle suivit les cours de l'Ecole des Beaux-Arts de Paris, dans l'atelier de Humbert, puis de Montézin et Adler. A partir de 1920, elle a exposé régulièrement au Salon des Artistes Français à Paris. Elle pratique aussi bien la peinture à l'huile que l'aquarelle ou le pastel. Elle a exécuté des tableaux religieux pour l'église de Limoges.
MUSÉES : NEVERS : *Vieux moulin en Limousin.*

BAC Daniel. Voir LOUVET Émile

BAC Ferdinand Sigismond, pseudonyme de Bach
Né le 15 août 1859 à Stuttgart (Allemagne). Mort le 18 novembre 1952 à Paris. XIXe-XXe siècles. Actif en France. Allemand.
Dessinateur, illustrateur et lithographe.
Il s'établit très jeune à Paris et se fit naturaliser Français. Il fit ses débuts dès 1880, en travaillant pour les revues *La Caricature* et *La Vie parisienne*, pour ensuite collaborer au *Rire* et au *Journal amusant*. Il signait alors parfois « Cab ». Ses illustrations sont réunies dans des albums, dont : *L'Amour contemporain ; La Comédie féminine ; Elégances parisiennes ; Les Enfants au XIIIe siècle ; Fantaisies féminines ; Nos petits aïeux ; La Parisienne à travers les âges ; Le Triomphe de la femme ; Vieille Allemagne.* Il est aussi l'auteur d'écrits qu'il a lui-même illustrés : *L'Aventure italienne ; Chez Louis II de Bavière ; Les Colombières ; L'Extra-Planétaire ; Le Fantôme de Paris ; Jardins enchantés* (ouvrage couronné par l'Académie française : Prix Calmann-Lévy, 1925) ; *Le mystère vénitien ; Odysseus ; Le Pèlerin amoureux ; Souvenirs d'exil ; La Volupté romaine.* Par ailleurs, il a illustré *Bel Ami* de Maupassant et a créé des affiches pour Yvette Guilbert. Il cherche à rendre la beauté et l'élégance féminine, plus que sa caricature.

[signature: BAC]

BIBLIOGR. : Marcus Osterwalder, in : *Diction. des illustrateurs 1800-1914*, Hubschmid & Bouret, Paris, 1983.
VENTES PUBLIQUES : PARIS, 10 avr. 1924 : *La jeune mère*, aquar. : FRF 50 – PARIS, 10 mai 1926 : *Femme endormie*, aquar. : FRF 110 – PARIS, 2-3 jul 1929 : *La loge de la danseuse-étoile*, aquar. : FRF 170 – PARIS, 8 déc. 1941 : *Dernier genre*, aquar. : FRF 350 – PARIS, 6 déc. 1962 : *L'Exposition de 1889* : FRF 800 – AMSTERDAM, 18 mai 1976 : *Elegante compagnie dans un intérieur* 1880, h/t (58x71) : NLG 4 400 – NEW YORK, 17 juil. 1981 : *Étude pour une affiche « Ambassadeurs tous les soirs – Yvette Guilbert »* 1895, aquar. reh. de gche (47x39) : USD 1 400 – PARIS, 27 fév. 1984 : *Mademoiselle Alice, scène de Music-Hall* 1883, aquar. (35x50) : FRF 15 000 – VERSAILLES, 18 mars 1990 : *Carnaval à Venise* 1909, h/t (60x81) : FRF 29 500.

BACA Pedro
XVIe siècle. Espagnol.
Sculpteur.
Il fut le premier sculpteur du palais de la Monnaie à Séville, en 1520.

BACA-FLOR Carlos
Né en 1869. XIXe siècle. Péruvien.
Peintre.
Obtint une mention honorable au Salon des Artistes Français en 1907. Figure au Musée J. Pierpont Morgan à New York.

BACALLAO, Mlle
XIXe-XXe siècles. Active à Cuba. Espagnole.
Peintre paysagiste.
Figura à l'Exposition décennale de Paris de 1900.

BACARD Raoul
Né à Nogent-sur-Marne (Val-de-Marne). XXe siècle. Français.
Peintre de paysages et de fleurs.
A partir de 1932, il a exposé au Salon des Artistes Indépendants de Paris.

BACARDI-CAPE Mimi
Née à Cuba. XXe siècle. Cubaine.
Sculpteur.
Élève de Landowski et Bouchard. Exposa au Salon des Artistes Français en 1914.

BACARISAS Gustavo
Né en 1873 à Gibraltar. Mort en 1971 à Séville. XXe siècle. Espagnol.
Peintre de scènes de genre, portraits, paysages, fleurs.
Il fit tout d'abord ses études artistiques à Rome et Paris, puis à Buenos Aires, entre 1910 et 1914. Il revint à Séville où il s'installa définitivement à partir de 1945. Il a exposé à Venise, à la Royal Academy de Londres (1906), à Buenos Aires, aux États-Unis, à Séville, Madrid, etc.
Il a très souvent peint des paysages d'Andalousie, mais il a aussi mis en scène des petits personnages dans des œuvres illustrant *Carmen* ou *Copelia*.
VENTES PUBLIQUES : LONDRES, 27 oct. 1993 : *Vue du Campidoglio de Rome*, h/t (68x47) : GBP 2 530 – NEW YORK, 20 juil. 1995 : *Fin de journée pluvieuse à Rome*, h/t (69,2x48,3) : USD 5 750 – LONDRES, 17 nov. 1995 : *Santa Maria di Loreto et la colonne de Trajan ; Une fontaine de la Place Saint-Pierre à Rome* 1908, h/t (chaque 69,2x48,2) : GBP 6 670 – LONDRES, 13 mars 1996 : *Intérieur de la basilique Saint-Pierre à Rome* 1908, h/t (69x48) : GBP 2 760.

BACCALARI Dante de
XVe siècle. Actif à Vérone au début du XVe siècle. Italien.
Peintre.
On mentionne un tableau dans l'église Saint-Zeno à Saint-Giovanni Ilarione, près de Vérone, signé : Dante de Baccalari, 1409. Ce peintre est peut-être le même que celui du cloître de la cathédrale de Brixen.

BACCALARIO Angelo
Né en 1852 à Acqui. XIXe siècle. Italien.
Peintre.
Il vécut à Turin, où il entra, en 1873, dans l'atelier du peintre C.-F. Biscarra et où il se perfectionna avec Umberto Pafini. Il avait commencé ses études chez Serafino Avandano à Quinto al Mare, près de Gênes. Ses marines et ses paysages lui acquièrent une certaine réputation.

BACCANELLI Gianantonio di Giulio
XVIIe siècle. Italien.
Peintre.
Il vécut et travailla à Florence.

BACCANI Attilio
XIXe siècle. Italien.

Peintre de genre, portraits.
Il travailla à Londres, de 1859 à 1882, y exposant. À partir de 1884, il se fixa à Paris, semble-t-il, et exposa, en 1889, au Salon des Artistes Français : *La marchande de fruits*.
On lui doit de nombreux portraits de dames et d'hommes de la société anglaise, souvent aussi des têtes de fantaisie ou des acteurs.

A Baccani

VENTES PUBLIQUES : LONDRES, 29 août 1978 : *Siesta* 1894, h/pan. (27,3x34,9) : **GBP 250** – LONDRES, 15 juin 1979 : *Jeunes filles jouant aux osselets* 1874, h/t (80,7x133,4) : **GBP 950** – NEW YORK, 23 mai 1985 : *La marchande de fruits* 1889, h/t (143x105,5) : **USD 5 000**.

BACCANI Giovanni
XVIe siècle. Actif à Rome vers le milieu du XVIe siècle. Italien.
Peintre.
Travailla à la décoration des grottes du Vatican.

BACCARD Joseph
Né le 1er septembre 1843 à Lyon (Rhône). XIXe siècle. Français.
Paysagiste.
Élève de Bonnefond et de Beignier à l'École des Beaux-Arts de Lyon, où il entra en 1859, J. Baccard a exposé à Lyon, de 1866 à 1901, des paysages et quelques tableaux d'histoire et de genre.

BACCARELLI. Voir BACCHERELLI

BACCARINI Domenico
Né le 16 décembre 1883 à Faenza. Mort le 29 janvier 1907. XXe siècle. Italien.
Peintre.
Issu d'un milieu pauvre, il fit ses études à l'Ecole des Arts et Métiers de Faenza. Plus tard il fut mis en contact avec l'art moderne à Florence, où il participa tardivement au mouvement des « macchiaioli » (tachistes), contemporains des impressionnistes français. Il hésita à s'orienter vers la sculpture, avant de se consacrer à une peinture dite lyrique.
MUSÉES : FAENZA (Pina.).

BACCARINI Jacopo ou Bacarino
Né vers 1605. Mort en 1682 à Reggio Emilia. XVIIe siècle. Italien.
Peintre.
Cet artiste fut l'élève d'Orazio Talami. A Reggio Emilia, il peignit, pour l'église S. Filippo, un *Repas pendant la fuite en Égypte* et la *Mort de S. Alessio*, gravés par Buonvicini.

BACCARIT Louis Antoine ou Bacarit
Né en 1755 à Paris. XVIIIe siècle. Travaillait à Paris. Français.
Sculpteur.
Cet artiste, fils de l'architecte du roi, Claude Bacarit, fut l'élève des sculpteurs Lecomte, Pajou et Vassé, son oncle. Il partit pour l'Italie et passa cinq ans à Rome. En 1788, il se présenta à l'Académie royale sans être admis. En 1791, il exposa au Salon de Paris une statue en plâtre : *Soldat au repos*, et, en 1793, le modèle en cire d'un monument figurant : *Le Temps et la Liberté érigeant une statue à J.-J. Rousseau*. Il avait exécuté, en 1791, deux figures pour le Panthéon : la *Physique* et le *Génie des Sciences*.

BACCARRÈRE Jean
Né vers 1748 à Pau (Pyrénées-Atlantiques). XVIIIe siècle. Français.
Peintre.
Élève de Vernet à l'Académie de Paris en 1769.

BACCELLI Matteo
Né en 1769 à Lucques. Mort en 1830 à Czarny-Ostrow (Polodie). XVIIIe-XIXe siècles. Italien.
Peintre.
Cet artiste travailla surtout en Pologne. Il a peint des tableaux d'église et des portraits ; ses tableaux les plus importants sont à l'église paroissiale de Czarny-Ostrow. Son *Portrait de Thadd. Czacki* fut gravé par Saunders. En 1787, l'artiste vint à Rome. Il y resta jusqu'en 1803. En 1807, il fut appelé à Krzemieniec (Volhynie) par Thaddeus Czacki, qui y avait fondé un important lycée ; Baccelli y donna des leçons de dessin.

BACCELLI Piero
XVe siècle. Actif à Arezzo. Italien.
Sculpteur.
Il travailla, dans la deuxième moitié du XVe siècle, au dôme d'Arezzo.

BACCELLI da Settignano Bartolomeo di Piero, dit il Baccellino
XVe siècle. Italien.
Sculpteur.
Avec son fils Piero Baccelli, il travailla dans la cathédrale d'Arezzo.

BACCETTI Marcello Andrea
Né en 1850 à Florence. Mort en 1903. XIXe siècle. Italien.
Sculpteur sur bois.
A l'âge de treize ans, il fut élève du sculpteur sur bois Angelo Barbetti ; plus tard, il fut le compagnon de différents autres maîtres, tels que Frilli.

BACCHERELLI Vincenzo ou Baccarelli
Né en 1672. Mort en 1745 à Florence. XVIIe-XVIIIe siècles. Italien.
Peintre.
Il fut élève de Pietro da Cortona, de Domenico Gabbiani et de Gherardini. Ses œuvres sont à Livourne et à Florence. Il introduisit à Lisbonne la peinture décorative dans le style cortonesque.

BACCHI Cesare
Né à Bologne. XIXe-XXe siècles. Italien.
Peintre et sculpteur.
En peinture, il fut élève de Gervais et Savini à Vérone tandis qu'en sculpture, il fut élève de Barberi. Il exposa au Salon des Artistes Français à Paris, entre 1911 et 1939.
VENTES PUBLIQUES : PARIS, 29 oct. 1926 : *L'attente* : **FRF 3 000** – LONDRES, 24 oct. 1979 : *Nu à la fenêtre*, h/t (97x80) : **GBP 420** – PONT-AUDEMER, 17 juil. 1983 : *Élégante à l'ombrelle*, h/t (92x73) : **FRF 4 500** – PARIS, 23 oct. 1991 : *Le parc Montsouris*, h/t (65x92) : **FRF 20 500** – LONDRES, 17 juin 1992 : *Les blanchisseuses*, h/t (98,5x79) : **GBP 2 420** – NEW YORK, 19 jan. 1995 : *La terrasse du café*, h/t (60x72,1) : **USD 6 900** – PARIS, 6 juin 1997 : *Terrasse sur la Promenade des Anglais à Nice vers 1930*, h/t (82x113) : **FRF 22 000**.

BACCHI Raffaele ou Raphaël ou Bachy
Né en 1716 à Turin. Mort le 11 avril 1767 à Paris. XVIIIe siècle. Italien.
Miniaturiste.
Après avoir obtenu le plus grand succès en Italie, il vint en France. Il peignit les membres de la haute aristocratie française et à deux reprises, le prince de Condé.

BACCHI-OTIS Tanette
Née à Florence. XXe siècle. Italienne.
Peintre de genre.
Élève de Cesare Bacchi, elle a exposé au Salon des Artistes Français à Paris : *Soubrette endormie*.

BACCHIACA, le ou il ou Bachiacca, de son vrai nom : Francesco Ubertini Verdi
Né le 1er mars 1494 ou 1495 à Florence (Toscane). Mort le 5 octobre 1557 à Florence. XVIe siècle. Italien.
Peintre de compositions religieuses, portraits, cartons de tapisseries, dessinateur, décorateur.
Il fut successivement élève de Perugin, de Franciabigio et d'Andrea del Sarto. Ce dernier surtout, qui était autant son ami que son professeur, eut sur lui une influence considérable. Ce fut surtout un peintre décorateur. En 1527, il était à Rome avec Jules Romain et Benvenuto Cellini, puis il entra au service de Cosme de Médicis pour qui il exécuta des cartons de tapisseries d'inspiration pompéienne.
MUSÉES : BERLIN (Mus. roy.) : *Baptême du Christ – Portrait d'une jeune femme* – BUDAPEST : *La prédication de saint Jean Baptiste* – GLASGOW : *L'adoration des Mages* – KASSEL : *Portrait d'un homme âgé avec une tête de mort, au fond le char triomphal de la mort* – LONDRES (Nat. Gal.) : *Histoire de Joseph* – Même sujet – STRASBOURG : *Lavage des pieds du Christ*.
VENTES PUBLIQUES : PARIS, 9 et 10 mars 1927 : *La Vierge tenant l'Enfant Jésus, entre Sainte Anne et Saint Michel*, pl. et lav. de sépia : **FRF 120** – PARIS, 12 déc. 1935 : *Saint Jérôme dans le désert* : **FRF 520** – LONDRES, 8 juil. 1938 : *La Sainte Famille dans un paysage* : **GBP 12** – LONDRES, 24 mai 1963 : *Le Christ portant la Croix* : **GNS 4 000** – MILAN, 24 oct. 1989 : *Salomé avec la tête de Jean Baptiste*, h/pan. (96x76) : **ITL 120 000 000** – NEW YORK, 11 jan. 1990 : *Saint Jean Baptiste dans le désert*, h/pan. (68,5x51,5) : **USD 66 000** – MILAN, 28 mai 1992 : *Le triomphe du Temps*, h/pan. (32x25) : **ITL 120 000 000** – LONDRES, 22 avr. 1994 : *La Sainte Famille avec saint Jean Baptiste recevant une couronne de lierre*

de l'Enfant Jésus, h/pan. (79x55,3) : **GBP 32 200** – New York, 12 jan. 1996 : *Une dame avec un chat*, h/pan. (53,7x41,3) : **USD 442 500**.

BACCHIAROTTO B.
xvie siècle. Travaillait en Italie probablement à la fin du xvie siècle. Italien.
Peintre.

BACCHINI Achille
xvie siècle. Actif à Modène. Italien.
Sculpteur.
En 1576, il collabora, à Modène, à la décoration de l'oratoire de l'hôpital del la Morte.

BACCHINI Maurizio
Né en 1545. Mort en 1616. xvie-xviie siècles. Actif à Borgo S. Donnino. Italien.
Peintre et architecte.

BACCHINI Nicolo
xviie siècle. Actif à Ferrare. Italien.
Peintre.
Il décora, vers 1654, les carrosses de la marquise Tassoni.

BACCHIOCCO Carlo
xviie siècle. Italien.
Peintre.
On trouve des peintures de cet artiste conservées à Brescia : à S. Girolamo, une *Madone del Carmine avec saint Joseph et saint Jean Baptiste*, à S. Giacomo e Filippo, un *Saint Antoine de Padoue avec l'Enfant Jésus* et un *Saint Charles Borromée*.

BACCHIUS Petrus ou Bacchus ou Bacchi
Mort vers 1650. xviie siècle. Actif à Naples. Hollandais.
Peintre et graveur au burin.
On lui attribue une gravure datée du 7 juillet 1647, représentant le célèbre révolutionnaire Masaniello.
Ventes Publiques : Bruxelles, 1883 : *Sacrifice d'un roi* : **FRF 67**.

BACCHUS Jean Charles, pseudonyme de **Lallemant**
Né le 31 août 1914 à Paris. Mort vers 1970, accidentellement. xxe siècle. Français.
Peintre, sculpteur de monuments et graveur de médailles.
Grand Prix de Rome pour la gravure en 1942, il a exposé aux Salons d'Automne, Comparaisons, de la Jeune Sculpture et aux Artistes Décorateurs de Paris. Il passe de l'art de la médaille, qu'il expose à la Bibliothèque Nationale de Paris, à Londres, Stockholm, Varsovie, Sao Paulo, Mexico, Tôkyô et Rome, à l'art monumental, réalisant des mémoriaux de la Résistance pour Nîmes, Troyes, Tarbes et Paris. Il a également gravé en médailles des effigies de personnalités, comme Pablo Picasso ou Le Corbusier.

BACCI Andrea ou Bacchi
xvie siècle. Actif à Rome et à Florence. Italien.
Sculpteur et graveur.
Bacci fut l'ami du Chevalier Gaddi, à Florence, et eut des commandes de lui. Il fit aussi des statues à Tivoli, en 1572, pour le cardinal d'Este. Gandellini cite un graveur qui paraît être le même artiste.

BACCI Antonio
Né vers 1600 à Padoue ou à Mantoue. xviie siècle. Italien.
Peintre de natures mortes et de fleurs.
Cet artiste travailla à Venise en 1663. On cite des tableaux de lui dans la galerie Casilini, à la cathédrale de Rovigo.

BACCI Baccio Maria
Né le 8 janvier 1888 à Florence. Mort en 1974. xxe siècle. Italien.
Peintre de figures, nus.
Il fit ses études à Florence, Paris, Monaco et en Allemagne. Depuis 1921, il a participé à toutes les grandes expositions de groupe, entre autres, à l'Exposition d'Art italien de 1935 à Paris. Il obtint une médaille d'argent de l'Education Nationale à Rome en 1931. Dans un style linéaire, il peint des œuvres plus psychologiques que lyriques.
Musées : Milan – Rome .
Ventes Publiques : Milan, 8 nov. 1984 : *Les artistes au café 1915-1918*, h/t (104,5x134) : **ITL 28 000 000** – Milan, 12 nov. 1985 : *Matinée à Fiesole* 1914, h/cart. (73x53) : **ITL 9 000 000** – Milan, 9 déc. 1986 : *Avec Tilda, Elena et Giannotto au cabaret à Maiano* 1923, h/t (80x93) : **ITL 8 000 000** – Rome, 29 avr. 1987 : *La*

soupe des pauvres à la Certosa 1930, h/pan. (70x60) : **ITL 8 000 000** – Milan, 8 juin 1988 : *Nu allongé*, h/t (50x70) : **ITL 1 500 000** – Milan, 18 oct. 1990 : *Les vagabonds* 1921, h/t (129x128) : **ITL 18 000 000**.

BACCI Domenico
xviiie siècle. Italien.
Portraitiste.
Fr. Zuccarelli grava deux eaux-fortes d'après lui.

BACCI Edmondo
Né en 1913 à Venise. xxe siècle. Italien.
Peintre et graveur. Groupe Mouvement spatial.
Il fut élève à l'Académie des Beaux-Arts de Venise, où il a exposé dès 1945. Il a régulièrement participé à la Biennale de Venise entre 1948 et 1958, à la Quadriennale de Rome en 1951, à la Pittsburgh Exhibition de 1958. Prix de lithographie à la iiie Biennale de gravure de Venise en 1959, et Prix à Ancône en 1962. Il a enseigné au Lycée Artistique de Venise. Son art se rattache aux recherches des artistes qui appartiennent au *Mouvement Spatial*, dont le but est de donner une nouvelle notion d'espace grâce aux techniques nouvelles.
Musées : Buffalo – Chicago – New York – Venise .
Ventes Publiques : New York, 23 mars 1961 : *Avvenimento II 291* : **USD 500** – Londres, 5 juil. 1962 : *Avvenimento 356* : **GBP 250** – Copenhague, 18 oct. 1977 : *Composition*, h/t (100x75) : **DKK 4 200** – Milan, 24 juin 1980 : *Avvenimento n° 251*, h/t (63,5x78,5) : **ITL 900 000** – Milan, 9 nov. 1982 : *Composition*, (75x90) : **ITL 450 000** – Milan, New York, 4 Mai 1989 : *Avvenimento 22*, techn. mixte/cart. (34,2x47) : **USD 1 650** – New York, 6 nov. 1990 : *Avvenimento n° 381* 1962, h. et sable/t. (80x109,8) : **USD 4 950** – New York, 12 nov. 1991 : *Avvenimento n° 286*, h. et sable/t. (139,7x139,7) : **USD 10 450** – Milan, 14 avr. 1992 : *Avvenimento n° 277* 1958, h/t (70x58) : **ITL 6 500 000** – New York, 3 mai 1994 : *Événement 367*, h. et sable/t. (140x140) : **USD 3 220** – Milan, 9 mars 1995 : *Événement n° 251*, h/t (63x77) : **ITL 4 600 000** – Milan, 20 mai 1996 : *Événement n° 343* 1954, h/t (9.200.000) : **ITL 9 200 000** – Milan, 28 mai 1996 : *Usine* 1952, temp./t. (40x60) : **ITL 4 370 000**.

BACCI Giovanni
xviie siècle. Italien.
Sculpteur.
Cité par Zani vers 1670.

BACCI Pietro
xviie siècle. Italien.
Sculpteur.
Il fit la statue d'Alexandre VII, à Ravenne.

BACCI Torello
Mort après 1873. xixe siècle. Actif à Livourne. Italien.
Sculpteur et marchand d'objets d'art.
Il fit, à Florence, le monument de son père, au couvent de Santa Croce, et la statue de Pier Capponi, au Portique des Offices.

BACCIARELLI Anna
Morte à Sandomir. xviiie siècle. Active en Pologne. Italienne.
Peintre et miniaturiste.
Elle était fille et élève de Marcello Bacciarelli : paraît avoir eu une grande réputation, non seulement comme peintre de portraits en miniatures, mais aussi comme peintre d'histoire. Elle peignit des tableaux religieux, notamment une *Annonciation*, dans l'église paroissiale d'Odechow, près de Sandomir. On a d'elle, au Musée polonais de Posen, deux miniatures.

BACCIARELLI Carlo
xviiie siècle. Italien.
Peintre.
Cité par Zani. On cite, à Ascoli, un tableau : *Un Ermite*, signé Bacciarelli.

BACCIARELLI G. B.
xviiie siècle. Italien.
Peintre.
Cité par Zani.

BACCIARELLI Johanna Juliana Friederike, née **Richter**
Née le 21 mai 1738 à Dresde. Morte en 1812 à Varsovie. xviiie-xixe siècles. Allemande.
Miniaturiste.
Elle épousa le peintre Marcello Bacciarelli en 1756. Ensemble, ils allèrent peu de temps en Pologne, puis à Vienne (1761). En 1765, ils retournaient à Varsovie où Johanna resta jusqu'à sa mort.

Elle peignit des miniatures sur ivoire. Elle peignit de nombreux portraits pour la noblesse polonaise. On cite d'elle le *Portrait du jeune roi Stanislas-Auguste*, gravé par Marcenay en 1765.

BACCIARELLI Marcello
Né le 16 février 1731 à Rome. Mort le 5 janvier 1818 à Varsovie. xviiie-xixe siècles. Italien.
Peintre d'histoire, portraits.
Cet artiste commença ses études à Rome sous la direction de Benefiali. Sa réputation fut de suite assez grande, car dès l'âge de vingt-deux ans, il fut appelé à Dresde par l'électeur de Saxe, Auguste III. Celui-ci l'emmena en Pologne, où Bacciarelli passa le reste de sa vie. Il devint peintre officiel du roi et directeur des Beaux-Arts durant tout le règne de Stanislas-Auguste Poniatowski.
Il exécuta de nombreuses décorations au château de Varsovie et dans la cathédrale de cette ville. Bacciarelli fut aussi un portraitiste de grande valeur. On a de lui une remarquable série de portraits des rois de Pologne, de Boleslas le Grand jusqu'à Stanislas-Auguste. À l'abdication de ce dernier, il reçut des puissances copartageantes une somme de 25 000 ducats. Ce fut un artiste d'un réel talent, trop ignoré aujourd'hui.
Ventes Publiques : Paris, 9 et 10 mai 1910 : *Portrait de Stanislas-Auguste Poniatowski* : **FRF 8 000** ; *Comtesse Georges Minizechen Vestale* : **FRF 7 050** ; *Cardinal Poniatowski* : **FRF 3 700** ; *Stanislas-Auguste, roi de Pologne* : **FRF 4 200** ; *Roi Stanislas-Auguste Poniatowski* : **FRF 1 810** ; *Comte Jean-Charles, grand veneur de la couronne* : **FRF 2 500** ; *Un seigneur polonais* : **FRF 120** ; *Comtesse Zamoyska, sœur du roi* : **FRF 2 300** ; *Joseph Poniatowski* : **FRF 3 500** ; *Roi Stanislas-Auguste Poniatowski* : **FRF 1 800** – Paris, 30 novembre-1er déc. 1928 : *Portrait présumé de la grande-duchesse Catherine Palowna, fille de l'empereur Paul Ier de Russie*, École de M. B. : **FRF 4 000** – Paris, 19 déc. 1928 : *Portrait d'Ursule Zamoyska en corsage blanc agrémenté d'un nœud de ruban bleu*, École de M. B. : **FRF 3 300** – Paris, 7 déc. 1976 : *Portrait de Ludwika Poniatowska 1778*, h/t (67x53) : **FRF 3 500** – Monte-Carlo, 14 fév. 1983 : *Portrait de Stanislas-Auguste Poniatowski 1789*, h/t (112,5x85) : **FRF 105 000** – Rome, 8 mars 1990 : *Portrait d'un jeune gentilhomme*, h/t (44x38) : **ITL 10 000 000** – New York, 17 oct. 1997 : *Portrait de Stanislas II Auguste Poniatowski, roi de Pologne, assis à un bureau avec une couronne, une lettre et un sablier 1793*, h/t (124,5x94,6) : **USD 19 550.**

BACCICCIA Giovanni Battista ou Baccicio. Voir GAULLI

BACCIGALUPPO Giuseppe
Né en 1744 à Gênes. Mort vers 1812. xviiie-xixe siècles. Italien.
Peintre de scènes mythologiques, compositions religieuses, paysages animés.
En 1772, cet artiste fut envoyé à Rome par son protecteur, Giac. Gentile. Sa fille fut une artiste peintre assez réputée.
Musées : Gênes (Gal. Durazzo) : six paysages avec des figures mythologiques.
Ventes Publiques : Milan, 10 mars 1982 : *La Samaritaine au puits – Noli me tangere*, deux h/t (113x79) : **ITL 13 000 000** – Monaco, 21 juin 1991 : *Vue du port de Gênes*, h/t (85x115) : **FRF 1 221 000.**

BACCIO d'Agnolo. Voir BAGLIONI Bartolomeo d'Agnolo, dit Baccio d'Agnolo

BACCIO d'Agnolo di Lorenzo da Firenze
Mort en 1529 à Pérouse. xvie siècle. Italien.
Sculpteur sur bois.

BACCIO di Puccione
xvie siècle. Italien.
Sculpteur.
Cet artiste travailla avec Michel-Ange aux figures tombales de la sacristie de S. Lorenzo, à Florence, 1524.

BACCIOCCHI Cesare, fra ou Baciocchi
Né le 30 novembre 1626 à Cattolica. Mort le 22 octobre 1708 à Ravenne. xviie siècle. Italien.
Peintre d'histoire et de portraits.
Cet artiste, fils de Marcantonio Bacchiochi et de Caterina Pronti, fut élève du Guerchin : il fut assez connu. On cite notamment : *le Martyre de S. Ursicino*, dans la cathédrale de Ravenne, et un *Samson et Dalila*, au palais Guiccioli, à Venise. A la Mostra d'Arte Sacra de Ravenne (1904), on vit un tableau signé de ce peintre.

BACCIOCCHI Ferrante, fra
xviie siècle. Italien.
Peintre.
Il travailla à l'église San Stefano, à Ferrare.

BACCOT
xviie siècle. Français.
Peintre.
Son nom figure en 1651 parmi les membres de l'Académie de Saint-Luc.

BACCOT Philippe
Mort après 1619. xvie-xviie siècles. Actif à la fin du xvie siècle. Français.
Peintre et peintre verrier.
Cet artiste fut valet et peintre du prince de Condé sous le règne de Henri II. On sait qu'il peignit des vitraux.

BACCOUCHE Hélène
Née à Sétif (Algérie). xxe siècle. Française.
Peintre.
Exposa au Salon d'Automne de 1938 : *Rue d'Alger*.

BACCUET Prosper
Né en 1798 à Paris. Mort le 28 juin 1854 à Paris. xixe siècle. Français.
Paysagiste.
Élève de Watelet, cet artiste envoya presque régulièrement depuis 1827, des œuvres aux expositions du Salon. En 1830, accompagna l'expédition scientifique en Morée. A son retour, figura au salon avec un grand nombre de vues de villes et de sites de la Grèce. De 1845 à 1853, il exposa quelques paysages espagnols et italiens, des vues des régions de l'Afrique du Nord. Les Musées de Bagnères-de-Bigorre et de Bordeaux conservent des œuvres de cet artiste. On lui doit aussi un tableau d'autel pour l'église Saint-Gervais-et-Protais, à Paris, représentant *Bon Pasteur*.
Ventes Publiques : Paris, 8 nov. 1918 : *Les cigognes sur les toits à Constantine* : **FRF 60** – Vienne, 9 nov. 1965 : *Colonne de soldats dans un paysage d'Afrique du Nord* : **ATS 3 000.**

BACCUNI E.
xixe siècle. Italien.
Peintre de figures.
Il exposa à Londres vers 1857.

BACEKLEE Salomon ou Backlé
xviie siècle. Actif dans la première moitié du xviie siècle. Éc. flamande.
Peintre.
Il fut admis dans la gilde d'Anvers, en 1626-1627.

BACH Abraham
xviie siècle. Actif à Augsbourg vers 1680. Allemand.
Graveur sur bois.
On cite trois planches de cet artiste : *Sainte Famille au jardin*, *Famille à table*, *La nouvelle comète*.

BACH Alois
Né le 12 décembre 1809 à Eschlkam-sur-Cham. Mort en 1893 à Munich. xixe siècle. Allemand.
Peintre d'histoire, de genre, de paysages, d'animaux, graveur et lithographe.
Cet artiste fut élève de l'Académie de Munich, avec Heinrich Hess. On cite, notamment, parmi ses tableaux importants : *Un village de la Haute-Bavière en temps de moisson*, *Un troupeau de bœufs, à l'approche de l'orage*. Bach s'est essayé dans tous les genres. Il a fait des gravures à l'eau-forte et des lithographies. L'on cite une aquarelle de lui dans la collection des dessins de la Galerie de Berlin.

Ventes Publiques : Vienne, 7 nov. 1967 : *La demande en mariage* : **ATS 6 500** – Hambourg, 2 juin 1977 : *Le Marché aux chevaux 1870*, h/pan. (14,4x38,8) : **DEM 10 000** – Berne, 22 oct. 1980 : *Cheval dans un paysage 1867*, h/t (53x61) : **CHF 4 300** – Vienne, 11 nov. 1987 : *Le laboureur*, h/pan. (32,5x27,5) : **ATS 16 000** – Munich, 12 juin 1991 : *Prêts pour la promenade à cheval*, h/pan. (45x60,5) : **DEM 18 700.**

BACH Armand Eugène
Né au xixe siècle à Paris. Mort en 1921 à Paris. xixe-xxe siècles. Français.
Portraitiste et peintre de genre.

Il fut élève de Cabanel, exposa de 1879 à 1896, presque chaque année au Salon et obtint une mention honorable en 1892.

VENTES PUBLIQUES : PARIS, 1895 : *Manon Lescaut sur la route du Havre* : FRF 250 – PARIS, 1898 : *Dans le boudoir*, aquar. : FRF 272.

BACH Carl Daniel, puis David Friedrich
Né en mai 1756 à Potsdam. Mort le 8 avril 1829 à Breslau. XVIIIᵉ-XIXᵉ siècles. Allemand.
Peintre et sculpteur.

Carl Bach était fils d'un marchand juif. Le peintre Krüger fut son maître à Potsdam : plus tard, il fut élève du directeur de l'Académie Lesueur, et se développa au contact d'artistes tels que Frisch, Chodowiecki, Berger. Ses portraits à l'huile et au pastel lui obtinrent ses premiers succès. En 1780, il entra au service du comte Ossolinsky à Varsovie, fit pour ce seigneur des portraits et une statue équestre grandeur naturelle du roi Jean Sobiesky. Quatre ans plus tard, il voyagea, avec le comte Potocki, dans les Pays-Bas, en France, en Italie.

BACH Christian Wilhelm
XVIIIᵉ siècle. Actif à la fin du XVIIIᵉ siècle. Allemand.
Dessinateur et graveur au burin.

Bach, d'après son propre dessin, grava le *Portrait du médecin J.-G. Dennewitz* (1775).

BACH Edward
XIXᵉ siècle. Actif en Irlande. Irlandais.
Peintre de natures mortes et de genre.

Cet artiste fut représenté à la Royal Academy et à d'autres expositions anglaises, de 1875 à 1893.

BACH Elvira
Née en 1951. XXᵉ siècle. Allemande.
Peintre de portraits.

Elle a travaillé à Berlin-Ouest et a exposé pour la première fois à Saint-Paul-de-Vence en 1986. Le portrait féminin est au centre de son œuvre.

VENTES PUBLIQUES : MUNICH, 5 juin 1987 : *Nu rouge* 1983, h/pan. (198x99) : DEM 12 500 – NEW YORK, 7 mai 1990 : *Tête contre tête* 1984, h/t (165,2x129,5) : USD 8 800 – AMSTERDAM, 19 mai 1992 : *Personnage* 1982, gche/pap. (49,5x34,5) : NLG 2 070 – MUNICH, 1ᵉʳ-2 déc. 1992 : *Femme en orange* 1990, collage/t. (35x30) : DEM 5 290 – LONDRES, 2 déc. 1993 : *Ambiance chaude* 1983, acryl./t. (160x130) : GBP 2 990 – NEW YORK, 3 mai 1994 : *Deux œillets* 1985, acryl./t. (165,1x129,6) : USD 5 175 – PARIS, 24 juin 1994 : *Sans titre* 1988, gche/pap. (103x77) : FRF 6 000.

BACH Ferdinand Sigismond. Voir BAC

BACH Florence Julia
Née en 1887 à Buffalo (New York). XXᵉ siècle. Américaine.
Peintre.

Elle expose à la Fondation Carnegie de Pittsburgh.

BACH Franz
XIXᵉ siècle. Actif dans la seconde moitié du XIXᵉ siècle. Allemand.
Peintre.

Il peignit des marines et exposa à Londres en 1880.

BACH Gottlieb Friedrich
Né le 10 octobre 1714. Mort le 25 février 1785. XVIIIᵉ siècle. Allemand.
Peintre de portraits et pastelliste.

Cet artiste fut peintre du gouvernement et organiste de la Cour à Meiningen.

BACH Guido
Né en 1828 à Annaberg (Erzgebirge). Mort le 10 septembre 1905 à Londres. XIXᵉ siècle. Allemand.
Peintre de genre, portraits, aquarelliste, dessinateur.

Il étudia à l'Académie de Dresde et fut élève de Julius Huebner ; en 1862, il vint à Londres où il se fixa jusqu'à sa mort. Il exposa des aquarelles, en 1880 et en 1883, à la Royal Academy, et, en 1887, à l'Exposition de Dresde.

VENTES PUBLIQUES : LONDRES, 26 avr. 1909 : *Le Dimanche de Pâques chez les Basques*, dess. : GBP 25 – LONDRES, 29 jan. 1910 : *Un jeune paysan italien*, dess. : GBP 12 – LONDRES, 8 fév. 1910 : *La jeunesse et l'âge*, dess. : GBP 28 – LONDRES, 23 mai 1910 : *L'École arabe*, dess. : GBP 8 – LONDRES, 18 nov. 1921 : *Un porteur d'eau italien* 1870, dess. : GBP 9 – LONDRES, 9 mars 1923 : *Marchande de fruits italienne* 1874, dess. : GBP 12 – LONDRES, 1ᵉʳ juill. 1932 : *Le bain matinal* 1870, dess. : GBP 6 – LONDRES, 2 avr. 1979 : *Jeune femme et enfants dans un intérieur* 1867, aquar. reh. de blanc

(62x45,2) : GBP 1 000 – NEW YORK, 27 mai 1982 : *Le repos des moissonneurs* 1856, h/t (53x100) : USD 1 500 – LONDRES, 22 nov. 1990 : *Jeune porteur d'eau* 1865, h/t (76,2x59,6) : GBP 1 100 – CALAIS, 14 mars 1993 : *Portrait de jeune italienne* 1885, h/t (76x60) : FRF 20 000 – ROME, 29-30 nov. 1993 : *Le conteur* 1888, h/t (70x110) : ITL 37 712 000 – LONDRES, 22 fév. 1995 : *Beauté italienne* 1865, aquar. (51,5x37,5) : GBP 690.

BACH Hermann
Né le 11 octobre 1842 à Stuttgart. XIXᵉ siècle. Allemand.
Sculpteur.

En 1862, il étudia à l'École d'Art de Stuttgart, sous la direction du professeur Wagner. Il alla en Italie et demeura deux ans à Rome. Dans cette ville, il s'adonna à l'art religieux. On cite notamment : *La fileuse* (à la reine de Wurtemberg), *Le Pifferaro, une Madone* (chapelle royale de Löwenstein-Wertheim, à Klein-Heubach), *Schiller et Liszt, Winckelmann, Schöpflin, Sleidanus et Niebuhr* (statues pour l'Université de Strasbourg).

BACH Johann Philipp
Né le 5 août 1752 à Meiningen. Mort le 2 novembre 1848 à Meiningen. XVIIIᵉ-XIXᵉ siècles. Allemand.
Peintre.

Cet artiste fut élève de son père, Gottlieb-Friedrich Bach, et dans la suite il eut une grande influence sur le portraitiste d'Erlangen, Konrad Geiger, dont il fut l'ami à partir de 1797. On ne compta pas moins de neuf cent quatre-vingt-cinq pastels de sa main. Tous les membres des cours princières de Saxe-Meiningen, Hildburghausen, Saxe-Cobourg et Schwarzburg-Rudolstadt posèrent devant lui.

BACH Johann Samuel
Né en 1749 à Berlin. Mort le 11 septembre 1778 à Rome. XVIIIᵉ siècle. Allemand.
Peintre.

Cet artiste étudia à Berlin et à Potsdam ; chez Krüger ; à Leipzig à partir de 1770 chez Oeser ; en 1772 il se rendit à Dresde où il s'essaya dans le paysage. En 1777, il alla à Rome et, pris par le côté romantique de la peinture de Salvator Rosa, il subit l'influence de ce maître.

BACH Karl Wilhem
Mort en 1845. XIXᵉ siècle. Actif à Berlin. Allemand.
Portraitiste.

Il fut sous-directeur de l'Académie des Beaux-Arts à Berlin.
MUSÉES : KALININGRAD, ancien. Königsberg : *Dr Henri Théodor de Schœn.*

BACH Lander
XXᵉ siècle. Américain.
Peintre.

Exposa aux Artistes Français de 1928 : *En rade de Villefranche.*

BACH Madeleine
Née à Londres. XXᵉ siècle. Britannique.
Peintre de portraits et paysages, miniaturiste.

Elle étudia à la Royal School of Art et exposa à la Royal Academy de Londres. Elle montra ses miniatures à la Royal Society of Miniature Painters à Liverpool, Beham et Manchester. Elle a également exécuté des peintures sur porcelaine.

BACH Marcel
Né le 21 mai 1879 à Bordeaux. Mort le 2 novembre 1950 à Bordeaux (Gironde). XXᵉ siècle. Français.
Peintre de paysages et natures mortes.

Après des études à l'Ecole des Beaux-Arts de Bordeaux, il exposa, à Paris, au Salon des Artistes Indépendants, entre 1906 et 1932. Il a également participé au Salon d'Automne de 1920 à 1931 et au Salon des Tuileries de 1924 à 1933. Soldat, puis prisonnier à la guerre de 1914-1918, il fit quelques œuvres sur la guerre, mais il fut surtout séduit par le paysage du sud-ouest de la France, s'installant à Marcillac. Ses œuvres sont traitées avec sobriété, robustesse, dans des tons sourds.

BIBLIOGR. : Gérald Schurr : *Les Petits Maîtres 1820-1920, valeur de demain*, t. VI, Les Éditions de l'Amateur, Paris, 1985.
MUSÉES : BEAUVAIS (Mus. de l'Oise) : *Devant Verdun, 28 août 1916.*
VENTES PUBLIQUES : PARIS, 27 déc. 1926 : *Retour des champs :*

FRF **350** – Paris, 31 mai 1943 : *Montagne Sainte-Victoire* : FRF **300** – Paris, 1ᵉʳ juil. 1955 : *Paysage* : FRF **2 300** – Calais, 8 juil. 1990 : *Paysage d'été 1900*, h/t (81x116) : FRF **9 000** – Paris, 6 oct. 1993 : *Paysage*, h/t (46x54) : FRF **4 200**.

BACH Max
Né le 17 octobre 1841 à Stuttgart. xixᵉ siècle. Allemand.
Peintre.
Son père et le peintre Obach furent ses premiers maîtres de dessin. En 1858, il entra à l'École d'Art de Sttugart ; il s'adonna au paysage sous la direction du professeur Funk. Comme eaux-fortes et lithographies, on cite de lui : *Esquisses d'architecture de Nuremberg*, 1869-1871 (trente feuilles lithographiées), *La vallée de Lenningen, Vue de Waldenbuch, Stuttgart en 1592*, fac-similé d'après l'eau-forte de J. Sauter (deux pl., 1867), *Ulm en 1570*, fac-similé d'après l'eau-forte de Georg Rieter.

BACH Nikolaus
Né le 27 janvier 1853 à Saint-Pétersbourg. Mort le 17 janvier 1885 à Saint-Pétersbourg. xixᵉ siècle. Russe.
Sculpteur.
Il fut l'élève de son père, Robert Bach l'aîné, et travailla à l'Académie de Saint-Pétersbourg. On cite de lui : *Buste de Prométhée, Pythia*. Il prit part aux expositions académiques de Saint-Pétersbourg de 1881 à 1885.

BACH Paul
Né le 27 août 1866 à Dresde. xixᵉ siècle. Allemand.
Peintre et graveur.
Cet artiste étudia à l'Académie de Düsseldorf, puis à Paris. Il travailla dix ans à Munich et, enfin, se fixa à Berlin. On lui doit des natures mortes, des intérieurs, des portraits. On cite de lui quelques eaux-fortes : *Dame avec perroquet, Mère et enfant*.

BACH Pierre
Né à Toul (Meurthe-et-Moselle). xxᵉ siècle. Français.
Peintre.
Exposa au Salon des Indépendants de 1930 à 1932 des paysages de Corse.

BACH Robert, le Jeune
Né le 28 janvier 1859 à Saint-Pétersbourg. xixᵉ siècle. Russe.
Sculpteur.
Il fut élève de son père, Robert Bach, et étudia aussi à l'Académie de Saint-Pétersbourg. On cite, parmi ses œuvres principales : *Monument de l'empereur Alexandre III*, à Teodosia (bronze), bustes en bronze de *Pouchkine, Gogol, Tourgeniev, Dostoïewski, Krylow*, etc. – *Ondine*, statue en marbre (1887).

BACH Stéphanie de
Née à Paris. xxᵉ siècle. Autrichienne.
Peintre et décorateur.
Exposa au Salon d'Automne de 1913 des fleurs et des projets décoratifs pour étoffes.

BACH William H.
xixᵉ siècle. Britannique.
Peintre de paysages.
Il exposa à la Royal Academy de Londres, de 1829 à 1859.
Ventes Publiques : Londres, 26 mai 1989 : *Le château de Windsor vu depuis Datchet Lane*, h/t/pan. (43,7x43,7) : GBP **605**.

BACHANACHVILI Zaliko
Né en 1954 à Tbilissi. xxᵉ siècle. Russe-géorgien.
Peintre de compositions animées, figures, intérieurs, natures mortes. Intimiste.
Il fut lauréat de l'Académie des Beaux-Arts de Tbilissi. Membre de L'Union des Artistes Soviétiques. Il participe à des expositions collectives à Moscou et Tbilissi. Ses œuvres sont aussi exposées au Japon, aux Philippines, en Pologne, en Russie et aux USA.
Dans des tonalités tendres de jaunes et roses, il situe des évocations fugitives de figures et de natures mortes.
Musées : Tbilissi (Mus. d'Art Géorgien).
Ventes Publiques : Paris, 23 mai 1990 : *La peur et l'amour*, h/t (77x77) : FRF **5 600** ; *Le miroir*, h/t (100x100) : FRF **6 200**.

BACHARACH Elise
xxᵉ siècle. Américaine.
Peintre.
Exposa en 1932 à la Société Nationale des Beaux-Arts : *Étude de tête*, et, en 1933, au Salon des Artistes Français : *La robe rouge*.

BACHASSON Serge
Né à Chambéry (Savoie). xxᵉ siècle. Français.

Peintre.
Exposa un paysage au Salon d'Automne de 1937.

BACHE Berta
xixᵉ-xxᵉ siècles. Active à New York vers 1903. Américaine.
Peintre.

BACHE Otto
Né le 21 août 1839 à Roskilde. Mort en 1927. xixᵉ-xxᵉ siècles. Danois.
Peintre d'histoire, portraits, animaux, paysages.
À dix ans, il était élève de l'Académie d'Art, à Copenhague, et de W. Marstrand. De 1866 à 1868, il voyagea en France et en Italie. En 1872, l'Académie d'Art, à Copenhague, l'admettait au nombre de ses membres. En 1887, il y était nommé professeur. Enfin, en 1905, il en était nommé directeur. Ce fut aussi un peintre animalier très intéressant ; et parmi ses meilleurs portraits on cite celui du *Général Müller*.

Musées : Copenhague : *Une briqueterie en activité – Après la chasse au sanglier – La sortie du bétail le matin – Chevaux sur la plage* – Stockholm : *Site de la région de Helsingförs*.
Ventes Publiques : Copenhague, 28 oct. 1949 : *Deux chevaux au pâturage* : DKK **9 000** – Copenhague, 31 août 1967 : *La partie de chasse* : DKK **13 000** – Copenhague, 6 oct. 1971 : *Cour de ferme* : DKK **17 300** – Copenhague, 3 juin 1976 : *Cavalier et amazone dans un paysage 1884*, h/t (68x54) : DKK **15 500** – Copenhague, 7 déc. 1977 : *Chevaux en liberté 1909*, h/t (48x78) : DKK **23 000** – Londres, 29 sep. 1978 : *Jeune élégante au bouquet 1894*, h/t (81x56) : DKK **9 000** – Copenhague, 22 sep. 1981 : *L'arrivée du roi 1898*, h/t (68x99) : DKK **32 000** – Copenhague, 8 oct 1984 : *Nombreux personnages dans une rue pavoisée*, h/t (46x54) : DKK **95 000** – Londres, 27 nov. 1985 : *Portrait équestre du roi Christian X de Danemark 1894*, h/t (149x109,5) : GBP **5 000** – Copenhague, 23 mars 1988 : *Cheval au pré* (33x43) : DKK **6 000** – Londres, 24 mars 1988 : *Jeune femme nue à sa toilette*, h/t (153x78) : GBP **3 520** – Copenhague, 5 avr. 1989 : *Chien couché 1881*, h/t (30x38) : DKK **7 000** – Copenhague, 29 août 1990 : *Chevaux au pré*, h/t (52x79) : DKK **17 000** – Londres, 15 jan. 1991 : *Quatre chiens courant*, h/t (20x43) : GBP **1 430** – Copenhague, 6 mars 1991 : *Journée d'été près de Eremitagen*, h/t (31x37) : DKK **4 200** – Copenhague, 1ᵉʳ mai 1991 : *Chien de chasse debout* h/t (31x43) – Londres, 14 mai 1991 : *Aux courses 1877*, h/t (30,5x43) : GBP **1 980** – Copenhague, 17 mai 1995 : *Tombereau de pierres tiré par des chevaux au bord de la Seine et Notre-Dame au fond 1867*, h/t (31x43) : DKK **11 500** – Copenhague, 14 fév. 1996 : *Kraka*, h/t (40x31) : DKK **16 000** – Copenhague, 3-5 déc. 1997 : *Garçonnet juché sur le dos d'une chaise près d'un poêle, sa maman endormie sur sa chaise*, h/t (29x38) : DKK **16 000**.

BACHELARD Marcelin
Né le 5 mai 1816 à Firminy (Loire). Mort le 28 novembre 1847 à Firminy. xixᵉ siècle. Français.
Peintre de genre, portraits.
Il fit ses études à l'École des Beaux-Arts de Lyon ; vécut dans cette ville entre 1842 et 1847 et y exposa chaque année, au Salon.
Musées : Lyon : *Jeune fille vêtue de noir*.
Ventes Publiques : Paris, 26 nov. 1986 : *Portrait présumé de François d'Orléans, prince de Joinville 1862*, h/t (46x38) : FRF **9 000**.

BACHELARII. Voir BACHELLARII

BACHELER Jean
xvᵉ siècle. Actif à Bruges vers la fin du xvᵉ siècle. Éc. flamande.
Miniaturiste.
Il était, en 1478, membre de la gilde des enlumineurs.

BACHELET Emile Just
Né le 2 janvier 1892 à Nancy (Meurthe-et-Moselle). xxᵉ siècle. Français.
Sculpteur de monuments, de figures.
Il exposa pour la première fois au Salon des Artistes Français en 1920. A l'Exposition des Arts Décoratifs de 1925, il reçut un

diplôme d'honneur et une médaille d'or pour son bas-relief du pavillon de Nancy. Entre 1926 et 1938, il exposa au Salon d'Automne, dont il est devenu sociétaire ; de 1928 à 1935, au Salon de la Société Nationale des Beaux Arts, dont il fut associé en 1929 et sociétaire en 1933. Il créa des statuettes, bas-reliefs, des modèles pour des céramiques, faïences et grès, mais aussi des sculptures plus monumentales, comme le Monument du Département des Vosges à la Fontenette-Badonviller.

Musées : Épinal – Nancy .

Ventes Publiques : New York, 27 mai 1982 : *Nu agenouillé*, granit : **USD 1 600** – New York, 17 déc. 1983 : *Vénus et l'Amour*, ivoire (H. 123,2) : **USD 24 000** – New York, 18-19 juil. 1996 : *Condor*, bronze (H. 68,6) : **USD 4 312.**

BACHELET-QUILLE Marcelle
Née à Nancy (Meurthe-et-Moselle). XXe siècle. Française.
Peintre de paysages et de nus.
Elle exposa au Salon d'Automne en 1930-1932.

BACHELEY Jacques
Né en 1712 à Pont-l'Évêque. Mort en 1781 à Rouen. XVIIIe siècle. Français.
Graveur et dessinateur.
Il étudia sous la direction de Ph. le Bas, et fut membre de l'Académie de Rouen. Il a gravé des paysages et des marines, d'après les maîtres hollandais ; on cite entre autres : *Une rue de Rotterdam*, d'après van Goyen, *Une vue de Ryswick*, d'après Ruysdael, *Une vue d'Utrecht* et *Une tempête sur les côtes du Groenland*, d'après J. Peters. On possède également de lui des gravures originales (vues du Havre et de Rouen).

BACHELEY Jean
XVIIe-XVIIIe siècles. Français.
Peintre.
Cité entre 1691 et 1699, dans la corporation des peintres de Rouen. Il vivait encore en 1713. Peut-être était-il le père du graveur au burin Jacques Bacheley.

BACHELEY Louis Germain Michel
Né vers 1755 à Rouen. XVIIIe siècle. Français.
Peintre dessinateur et aquafortiste.
Il entra à l'École de l'Académie Royale à Paris le 1er octobre 1799 ; cité comme graveur à Paris en 1800.
Ventes Publiques : Paris, 20 juin 1922 : *Portrait d'homme en gilet vert* : **FRF 110** – Paris, 21 fév. 1924 : *Portrait d'homme* : **FRF 100.**

BACHELIER
XVIIe siècle. Actif à Poitiers vers 1640. Français.
Graveur.

BACHELIER Anne
Née le 20 février 1949. XXe siècle. Française.
Peintre de compositions à personnages, figures.
Elle exposa à Paris, notamment en 1992, 1994, 1996 à la galerie Vendôme Rive Gauche, 1998 galerie Vendôme rue de la Paix.
Ses groupes de personnages, comme costumés pour une fête, un bal, à peine éveillés semblent inclus dans un rêve.

BACHELIER C.
XVIIIe siècle. Actif au début du XVIIIe siècle. Français.
Graveur d'ornements.
On a de lui une petite feuille, ornée de feuillages, signée C. B. F. et datée de 1712.

BACHELIER Charles Claude
Né à Paris. XIXe siècle. Français.
Paysagiste et lithographe.
Il exposa aux Salons de 1834, 1836 et 1852.

BACHELIER Dominique
Mort en 1615. XVIIe siècle. Vivant à Toulouse. Français.
Sculpteur et architecte.
Il était le fils de Nicolas Bachelier.

BACHELIER Jean Jacques
Né en 1724 à Paris. Mort le 13 avril 1806 à Paris. XVIIIe siècle. Français.
Peintre de compositions religieuses, portraits, animaux, natures mortes, fleurs et fruits, dessinateur d'ornements.
Bachelier remplit les fonctions de directeur de la peinture à la manufacture de Sèvres, et fonda une « École libre » des arts industriels à Paris où il travailla avec beaucoup de succès comme peintre de fleurs et de natures mortes. Il s'essaya également dans les sujets bibliques. On cite de lui : *La Mort d'Abel* et *Simon en prison* (1763). Bachelier exposa régulièrement au Salon de Paris entre 1751 et 1767. Il fut en grande faveur auprès de la cour, et peignit nombre de tableaux décoratifs pour les châteaux royaux, qui lui valurent de grands succès. Il dessina aussi une collection de *Culs-de-lampe et fleurons* qui furent gravés ensuite par P.-P. Choffard. Bachelier écrivit, en 1755, un traité sur l'*Histoire et le secret de la peinture à la cire*. Il fut directeur de l'Académie de peinture de Marseille à partir de 1786.

Bachelier. BD.

Musées : Amiens (Mus. de Picardie) : *Les amusements de l'enfance* – *Un ours de Pologne attaqué par les chiens* – *Un lion d'Afrique attaqué par les dogues* – Angers : *Un canard contre une planche* – Brest : *Chiens attaquant un ours* – Lyon : *Charité romaine* – Marseille : *Vieillard* – Tours : *Oiseaux à côté d'un panier rempli de gibier mort.*

Ventes Publiques : Paris, 1766 : *Un vase de fleurs* : **FRF 200** – Paris, 1774 : *Une musette, une houlette, un chapeau de paille orné de rubans bleus groupés avec des fleurs* ; *Fruits, un tambour de basque* : **FRF 461** – Paris, 1845 : *Chiens et perdrix* ; *Épagneul et faisans* : **FRF 300** – Paris, 1884 : *Le ménage du poète* ; *Le ménage du peintre* : **FRF 5 800** – Paris, 1884 : *Gibier, fruits et vase* ; *Gibiers, fruits, statue* : **FRF 11 100** – Paris, 1892 : *L'enlèvement de Psyché* : **FRF 1 200** – Paris, 1895 : *Chat angora blanc* : **FRF 260** – Paris, 1898 : *Portrait présumé de Mme Bachelier*, miniature : **FRF 390** – Paris, 1900 : *Lapin blanc* : **FRF 205** – Paris, 1903 : *Fleurs, fruits et nature morte* : **FRF 1 010** – Paris, 1903 : *Portrait des chiens de Mme de Pompadour* : **FRF 8 500** – Paris, 1904 : *Un petit chien de Mme de Pompadour* : **FRF 350** – Paris, 1908 : *L'Hallali* : **FRF 260** – Paris, 7 déc. 1918 : *Le cheval et le loup* : **FRF 820** – Paris, 8 mars 1920 : *Le Chat aux aguets* : **FRF 700** – Paris, 24 mars 1920 : *Levrette sur un coussin rouge* : **FRF 270** – Paris, 18 déc. 1920 : *Faisan, fruits et fleurs* : **FRF 4 600** – Paris, 26-27 mai 1921 : *Portrait d'homme* ; *Portrait de femme*, trois dess. : **FRF 155** – Paris, 7-8 mai 1923 : *Portrait de Mme Garaud jouant de la vielle*, cr., reh. sanguine : **FRF 900** – Paris, 12 mai 1926 : *Le carquois aux colombes*, attr. : **FRF 6 000** – Paris, 15 déc. 1926 : *Le Paresseux* ; *L'Opossum*, deux toiles : **FRF 3 150** – Paris, 16-17 mai 1929 : *Frontispice pour un ouvrage au roi Stanislas de Pologne*, dess. : **FRF 1 550** – Paris, 16 juin 1932 : *La Justice et la Vérité découvrant le crime* : **FRF 590** – Paris, 18-19 mars 1937 : *Les Chiens de la marquise de Pompadour* : **FRF 4 500** – Paris, 12 mai 1950 : *Un King Charles* : **FRF 80 000** – Paris, 28 mai 1951 : *Bouquet de fleurs sur un entablement de pierre* : **FRF 55 000** – Paris, 12 juin 1953 : *Fleurs et musette* : **FRF 9 000** – New York, 30 mai 1979 : *Nature morte aux fleurs*, h/t (72x79) : **USD 6 500** – New York, 19 jan. 1984 : *Un petit caniche (supposé être le chien de Marie-Antoinette)* 1765, h/t, de forme ovale (43x53,5) : **USD 16 000** – Monte-Carlo, 21 juin 1986 : *Natures mortes aux lapins et aux fruits*, deux h/t (60x71) : **FRF 310 000** – Paris, 9 déc. 1988 : *Étude d'une perruche dans un paysage tropical* 1788, gche/pap. (51x42) : **FRF 296 000** – Monaco, 16 juin 1989 : *Composition aux fruits, gibiers et volailles*, h/t, quatre panneaux (chaque 35,5x97) : **FRF 399 600** – Stockholm, 15 nov. 1989 : *Nature morte d'un oiseau pendu par une patte au dessus de fruits, d'un verre et d'une bouteille sur un entablement*, h/t (61x71) : **SEK 25 000** – New York, 10 jan. 1990 : *Lapin blanc près d'un chat endormi avec une citrouille ouverte, du raisin et une bouteille de vin sur les marches brisées d'un escalier de pierre*, et, *Trois lapins blancs et un chardon sur un escalier de pierre avec un panier de pêches et un verre de vin*, h/t (59x72,5) : **USD 121 000** – New York, 15 jan. 1993 : *Nature morte avec gibier et volailles, cerises et figues*, h/t, ensemble de quatre peintures (chaque 34,9x96,8) : **USD 90 500** – New York, 11 jan. 1994 : *Portrait de Catherine-Étienne Crispier d'Aury-le-Franc en buste et de profil gauche* 1760, mine de pb et craies rouge et blanche/pap. brun (diam. 130) : **USD 6 900** – Paris, 16 déc. 1994 : *Roses œillets et narcisses dans une corbeille posée sur un entablement* 1753, h/t (48x34,5) : **FRF 290 000.**

BACHELIER Nicolas
Mort fin 1556. XVIe siècle. Actif à Toulouse. Français.
Architecte et sculpteur.
Né, sans doute, dans le Nord, vers 1500, il travaille en 1533 et en 1535 à des entrées triomphales à Toulouse. Puis il est l'architecte et le décorateur de plusieurs des plus beaux hôtels toulousains : Hôtel de Bagis (1538), Hôtel de Bernuy (1544), Hôtel d'Assyat (1555). C'est là son œuvre essentielle et la plus neuve, bien qu'il

ait aussi travaillé pour la ville comme ingénieur et sa gloire est d'avoir été à Toulouse le promoteur de l'art classique.

BACHELIER Nicolas
XVIIIe siècle. Actif à Paris. Français.
Peintre de fleurs.
Il fut admis à l'Académie le 30 septembre 1752. En 1760, il travailla à la décoration du château de Choisy.

BACHELIN Auguste
Né le 30 septembre 1830 à Neuchâtel (Suisse). Mort le 3 août 1890 à Berne (Suisse). XIXe siècle. Suisse.
Peintre d'histoire, genre, paysages, fleurs, écrivain.
D'abord élève de William Moritz, dans sa ville natale, il se rendit à Paris en 1850, et travailla sous la direction de Charles Gleyre et Thomas Couture. En 1859, il accompagna les troupes de Garibaldi en Italie, étant correspondant de plusieurs journaux illustrés, puis il retourna dans son pays, où il marqua une prédilection pour la peinture d'histoire.
Il figura pour la première fois à l'exposition de Neuchâtel en 1853. De 1857 à 1874, il participa régulièrement au Salon de Paris et à différentes manifestations artistiques suisses.
À travers ses toiles, dans des compositions structurées, aux forts contrastes d'ombre et de lumière, Bachelin, peintre d'histoire, exalte des grands moments de l'histoire de la Suisse : *Marche d'un bataillon d'infanterie suisse en 1857, Bourbaki et son armée se réfugiant en Suisse, Scènes de la défense de la Suisse contre les troupes françaises* ; peintre de genre, il relate, pris sur le vif, les mœurs du peuple helvétique : *Faucheurs des Alpes, Lutteurs du Hasli.*
BIBLIOGR. : Gérald Schurr : *Les Petits Maîtres 1820-1920, valeur de demain*, t. VI, Les Éditions de l'Amateur, Paris, 1985.
MUSÉES : NEUCHÂTEL : *Mort de J. de Montmollin à la journée du 10 août 1792 – Enfants des petits cantons chargeant les armes de leurs pères, 1799 – Aux Verrières, le 1er février 1871, entrée de l'armée française en Suisse – À la frontière, 1870 – Les premiers internés – Daniel Jean Richard promet de réparer la montre d'un voyageur – Cuisine militaire – Décembre – Paysage boisé à Saint-Blaise – Premier printemps à la Goulette – Lac de Neuchâtel – Lac de Thoune – La Tène – Rive de la Thièle – Tirailleur, 1877 – Aug. Grönwoldt – Franz Frielingsdorf – Au Villaret – À Merlingen – Rive du lac Saint-Blaise – Trompette d'artillerie française – Hussard français – Zouave, 1868 – À Saint-Blaise du Haut – Tirailleurs – Thièle, 1882 – Artilleur suisse – À Tübingen – Roblin.*
VENTES PUBLIQUES : PARIS, 23 juin 1954 : *Cité lacustre du lac de Neuchâtel en Suisse* : **FRF 16 000** – BERNE, 5 mai 1977 : *Chasseur alpin des troupes fédérales suisses*, aquar. (32x19) : **CHF 1 500** – BERNE, 22 oct. 1980 : *Soldats dans un paysage escarpé* 1887, h/t (100x70) : **CHF 4 300** – NEW YORK, 26 mai 1983 : *Élégantes cueillant des fleurs*, h/t (62x77,5) : **USD 5 500** – BERNE, 21 juin 1985 : *Joie et souffrance*, h/t (82x105) : **CHF 11 000** – MONACO, 17 juin 1989 : *Vue du lac*, h/t (32x55) : **FRF 31 080** – MONACO, 3 déc. 1989 : *La lecture au jardin* 1873, h/t (130x82,5) : **FRF 83 250** – BERNE, 12 mai 1990 : *« Halte ! Qui vit ? »*, h/t (53x40) : **CHF 4 500** – HEIDELBERG, 15-16 oct. 1993 : *Paysage fluvial vallonné par une triste journée d'été*, h/pan. (26,5x36) : **DEM 4 200.**

BACHELLARII Enrico ou Bachalarius
XVe siècle. Actif à Pignerol vers 1450. Italien.
Peintre.
Travailla comme aide de Giovanni Canavesio.

BACHELLERY
XIXe siècle. Français.
Peintre et lithographe.
Quelques estampes de sa main sont signées : *Bachelerie ou B...*
VENTES PUBLIQUES : PARIS, 23 mars 1937 : *Portrait d'homme assis à sa table de travail* : **FRF 260.**

BACHELLI Mario
Né le 3 janvier 1893 à Bologne. XXe siècle. Italien.
Peintre de paysages et portraits.
Il fit ses études à l'Académie de Karlsruhe, puis à Paris et à Rome sous la direction de Spadini.
MUSÉES : FLORENCE (Gal. d'Art Mod.) : *Frère et sœur* – ROME (Gal. d'Art Mod.).

BACHELOR Philip Henry Wilson
Né à Weymouth (Angleterre). XXe siècle. Britannique.
Graveur, lithographe.
Il a exposé à la Fine Art Society, à la Royal Academy de Londres et au Salon des Artistes Français à Paris. Il fit surtout des gravures à l'eau-forte et à la pointe sèche.

BACHELUT Claude
Né en 1824 à Lyon (Rhône). Mort en 1893 à Marcy-l'Étoile (Rhône). XIXe siècle. Français.
Peintre de fleurs.
Il travaillait pour les manufactures de soierie, exécutant des bouquets de fleurs, dans la tradition hollandaise du XVIIe siècle. Toutefois, il donnait quelque originalité à ses toiles, par la franchise de sa touche et de son coloris.
BIBLIOGR. : Gérald Schurr : *Les Petits Maîtres de la peinture 1820-1920, valeur de demain*, t. VI, Les Éditions de l'Amateur, Paris, 1985.

BACHEM Berle
Né en 1916 à Düsseldorf. XXe siècle. Allemand.
Peintre. Surréaliste.
Il fit partie des premiers surréalistes.
VENTES PUBLIQUES : HAMBOURG, 25 nov. 1961 : *La visite nocturne chez le clarinettiste* : **DEM 520** – BERNE, 26 oct. 1978 : *Femme et enfant* 1954, h/isor. (47x38) : **DEM 5 000** – COLOGNE, 6 mai 1978 : *Femme et enfant* 1954, h/isor. (47x38) : **DEM 5 000** – MUNICH, 26 nov. 1979 : *Famille sportive*, aquar. et pl. (48x36) : **DEM 1 100** – MUNICH, 26 nov. 1982 : *Danseurs gitans*, pl. aquarellée (65x49) : **DEM 900** – HEIDELBERG, 15 oct. 1994 : *Mauvaises manières !* 1979, aquar. (14x9) : **DEM 1 400.**

BACHER Alois
Né à Gais (Pusterhal, Tyrol). XIXe-XXe siècles. Autrichien.
Sculpteur de monuments.
Il est l'auteur de la maquette pour le monument aux combattants de 1809, élevé à Sand en 1907. il exposa une statue de la Vierge, à Bozen, en 1905.

BACHER Franz
Né à Fügen, dans le Zillerthal. XVIIIe siècle. Autrichien.
Sculpteur.
Élève du sculpteur Franz Xaver Nissl, de Fügen.

BACHER Henri
XXe siècle. Français.
Graveur sur bois.

BACHER Otto Henry
Né le 30 mars 1856 à Cleveland (Ohio). Mort le 16 août 1909 à Bronxville (New York). XIXe-XXe siècles. Américain.
Peintre et graveur.
Après avoir été formé chez Evans de Scott, il voyagea beaucoup en Europe, séjournant autour d'abord à Munich en 1878, puis il suivit l'enseignement de Carolus Duran, Boulanger et Lefebvre à Paris. À Venise en 1880, il rejoint le groupe d'artistes américains, dont Whistler, réunis autour de Duveneck, qu'il retrouvera ensuite à Cincinnati. Il est surtout célèbre pour ses eaux-fortes qu'il expose notamment à Londres, en 1881, à la Royal Society of Painters and Etchers. En 1882, il présente une peinture à la Royal Academy de Londres. Rentré aux États-Unis, il se fixe à Bronxville en 1896, reçoit une médaille d'argent pour l'eau-forte qu'il expose à Saint Louis en 1904. Il fut élu membre de la National Academy of Design, en 1906.
BIBLIOGR. : In : *Dict. des illustrateurs 1800-1914*, Hubschmid & Bouret, Paris, 1983.
VENTES PUBLIQUES : NEW YORK, 17 oct. 1980 : *Ella's hotel Richfield Ohio* 1885, h/t (78,8x108) : **USD 43 000** – NEW YORK, 7 déc. 1984 : *Promenade le long du Grand Canal* 1887, h/pan. (33,7x46,1) : **USD 28 000.**

BACHER Rudolf
Né le 20 janvier 1862 à Vienne. XIXe siècle. Autrichien.
Peintre et sculpteur.
Il travailla à l'Académie de Vienne et obtint, en 1886, le premier prix de la Cour. Il peignit de nombreux tableaux religieux, entre autres : *Délivré*, 1888, (Musée de Gratz), *Mater Dolorosa*, 1889, *Ave Maria*, 1891, *Pierre rencontre le Christ*, 1899. Il est également l'auteur de plusieurs portraits, parmi lesquels il convient de citer celui de sa mère et trois portraits d'homme (Sécession de Vienne, 1907). Comme œuvre de sculpture, il a exposé, à la Sécession de Vienne, en 1907, un *Buste de vieille femme*, en bronze.

BACHEREAU-REVERCHON Victor
Né en 1842 aux Batignolles (Paris). Mort en 1885. XIXe siècle. Français.
Peintre de genre, natures mortes.
Il fut élève de G. Deville et exposa, entre 1863 et 1888, une importante série de panneaux décoratifs, de natures mortes et de

tableaux de genre. Son tableau : *La Galerie des glaces* (Versailles en hôpital, 1870-1871), figura à l'Exposition de Berlin en 1877.

V B A C H E R E A U

VENTES PUBLIQUES : PARIS, 19 et 20 déc. 1902 : *L'Atelier des modistes* : **FRF 200** – PARIS, 10 mars 1926 : *Épisode de la Ligue* : **FRF 390** – LONDRES, 2 juin 1982 : *La lettre* 1873, h/pan. (19x15) : **GBP 1 050** – NEW YORK, 16 fév. 1993 : *Promenade au jardin*, h/pan. (21,6x15,8) : **USD 715** – PARIS, 27 mai 1993 : *Scène d'intérieur avec jardin d'hiver* 1882, h/pan. (36x45) : **FRF 52 000**.

BACHERIG Lucien
Né à Paris. XXᵉ siècle. Français.
Peintre.
A exposé au Salon des Indépendants, en 1932 : *Recueillement, Le Passé*.

BACHÈS Jean-Noël
XXᵉ siècle. Français.
Peintre.
Il a exposé à la galerie S à Dieulefit et à la galerie J. Losserand à Annecy. Bachès peint généralement sur du papier marouflé sur toile. Son travail étudie les rapports entre la trace, la matière et la couleur confrontés dans l'espace du tableau.

BACHET Léon ou Louis. Voir BACHOT

BACHET Macé
XVIᵉ siècle. Actif à Paris. Français.
Sculpteur.
En 1524, il s'engagea à exécuter pour le couvent des Chartreux, une *Madone assise dedens ung tableau*.

BACHETTA Pietro
XVIᵉ siècle. Sicilien, actif dans la seconde moitié du XVIᵉ siècle. Italien.
Sculpteur.
En 1584, il fut chargé d'apprécier un travail exécuté par Vincenzo Gagini dans la cathédrale de Palerme.

BACHIACCA. Voir BACCHIACA

BACHILLER Doroteo
Né au début du XIXᵉ siècle à Paris. Mort en 1866. XIXᵉ siècle. Espagnol.
Dessinateur et lithographe.
Il termina ses études à Paris et à Londres.

BACHILOFF J. S.
XIXᵉ siècle. Travaillant en Russie. Russe.
Peintre.
MUSÉES : MOSCOU (Gal. Tretiakov) : *L'atelier d'un cordonnier* – MOSCOU (Gal. Roumianzeff) : *Un malheur*.

BACHILOFF M. S.
XIXᵉ siècle. Travaillant en Russie. Russe.
Peintre.
MUSÉES : MOSCOU (Gal. Tretiakov) : *Avant la dissection – Le déjeuner*.

BACHIN Franz Ferdinand
XVIIᵉ siècle. Actif à Breslau entre 1673 et 1684. Allemand.
Peintre.

BACHKIRTSEFF. Voir BASHKIRTSEFF

BACHLECHNER Anton
Né le 5 décembre 1806 à Bruneck. Mort à Bruneck, le 24 décembre 1854 d'après le Dr Fr. Innerhofer. XIXᵉ siècle. Autrichien.
Peintre.
Il commença ses études à l'Académie de Munich en 1826 et exposa dès 1827 au Ferdinandeum. On lui doit une *Madone*, qu'il reproduisit en une grande toile. Il est l'auteur d'une image de *Sainte-Elisabeth*, conservée dans l'église de Saint-Nicolas, à Issing (Pustertal). On trouve également de lui, dans l'église Sainte-Anne, aux Franciscains de Reute (Lechtal), le plan de trois plafonds relatant l'histoire de saint François.

BACHLECHNER Edouard
XIXᵉ siècle. Éc. tyrolienne.
Peintre.
Élève de Muhlmann, à Brixen (1853-1857) ; son talent n'égala jamais celui de son père Anton Bachlechner.

BACHLECHNER Joseph
Né le 20 octobre 1871 à Bruneck. XXᵉ siècle. Autrichien.

Sculpteur de monuments religieux, sur bois et peintre.
Il fit ses études tout d'abord en Autriche, travaillant à Botzen, Brixen et à Hall. Il se perfectionna au cours de son voyage à Rome, avant de terminer ses études à l'Académie de Munich, dans l'atelier du professeur Eberle. Son art est essentiellement religieux : il a travaillé, en collaboration avec son frère Ludwig, à l'autel de l'église de Hochgallmig (Tyrol) et à celui de Untermieming (Val d'Oberinn). Il a fourni des statues et des reliefs pour des églises du Tyrol, de Salzburg, d'Autriche et de Bohême. Il est l'auteur des stations de la *Passion du Christ*, dans l'église Saint-Nicolas à Innsbruck, du *Martyre de saint Joseph*, dans l'église de Kauns, d'un relief sculpté d'une *Pietà* de l'église franciscaine à Telfs (Val d'Oberinn), de plusieurs statues dans l'église de Burgstall (Tyrol du Sud). Il a également travaillé pour la nouvelle église du couvent de Vienne. Ses œuvres picturales sont aussi destinées à des autels ou des églises.

BACHLER
XVIIᵉ siècle. Actif à Londres. Britannique.
Peintre verrier.
Il travailla à l'abbaye de Westminster.

BACHMAN Adolphe. Voir BACHMANN

BACHMANN Adam
XVIᵉ-XVIIᵉ siècles. Actif à Zug. Suisse.
Peintre verrier.
On lui attribue un fragment de vitrail conservé au Musée de Zug.

BACHMANN Adolf ou Adolphe ou Bachman
Né vers 1880 à Lausanne. XIXᵉ-XXᵉ siècles. Suisse.
Peintre de paysages urbains, paysages d'eau. Orientaliste.
En 1909 à Paris, il figurait en tant que tel au Salon des Indépendants.
Ses œuvres peuvent être confondues avec celles de Alfred August Félix Bachmann.
VENTES PUBLIQUES : PARIS, 18 nov. 1920 : *Le départ pour la promenade* : **FRF 170** – PARIS, 30 jan. 1929 : *Une fête dans les jardins à Venise* : **FRF 630** – PARIS, 25 nov. 1948 : *Venise* : **FRF 8 000** – PARIS, 28 déc. 1949 : *Venise*, h/pan. : **FRF 13 500** – PARIS, 2 déc. 1963 : *Le palais des Doges à Venise* : **FRF 400** – PARIS, 2 déc. 1979 : *Barques de pêche au large de Venise*, h/t (38,5x61,5) : **ATS 22 000** – PARIS, 29 oct. 1981 : *Vue du Bosphore*, h/t (65x48) : **FRF 18 200** – SAINT-DIÉ, 19 juin 1983 : *Venise*, h/pan. (21x31) : **FRF 7 000** – PARIS, 2 déc. 1985 : *Le Harem du sérail à Constantinople*, h/t (38x46) : **FRF 15 000** – PARIS, 5 juin 1987 : *Venise, le palais des Doges*, h/t (38x55) : **FRF 7 000** – PARIS, 1ᵉʳ juil. 1992 : *Vue de Venise*, h/t (66x93) : **FRF 62 000** – CALAIS, 13 déc. 1992 : *Barques sur le Bosphore*, h/t (50x65) : **FRF 13 000** – PARIS, 12 juin 1995 : *Venise : le Grand Canal et la Salute*, h/t (40x65,5) : **FRF 25 000**.

BACHMANN Alfred Auguste Félix, dit Alf
Né le 1ᵉʳ octobre 1863 à Dirschau (près de Dantzig). Mort en 1956 à Ambach-sur-Obb. XIXᵉ-XXᵉ siècles. Allemand.
Peintre de paysages animés, paysages, marines. Orientaliste.
Il fut élève de l'Académie des Beaux-Arts de Königsberg en ancienne Prusse-Orientale. Il se fixa à Munich en 1891.
Il se consacra aux paysages d'Islande, de Normandie, des côtes du Portugal, des sites de Ténériffe, des vues de Venise, d'Istanbul et du Bosphore, ce qui laisse supposer qu'il voyagea beaucoup. En 1907, dans une demeure de Francfort-sur-le-Main, il exécuta à la détrempe une grande frise représentant un paysage d'Islande.
VENTES PUBLIQUES : PARIS, 25 nov. 1925 : *Paysage des environs de Paris* : **FRF 200** – PARIS, 28 avr. 1937 : *La Corne d'Or* : **FRF 215** – ENGHIEN-LES-BAINS, 2 juin 1977 : *Vue de Constantinople*, h/t (65x92) : **FRF 4 000** – VERSAILLES, 1ᵉʳ juin 1980 : *Vue de Venise*, h/t (54x73) : **FRF 3 900** – PARIS, 10 déc. 1984 : *Campement à l'oasis*, h/t (60x72,5) : **FRF 5 200** – PARIS, 26 avr. 1986 : *Venise, embarcadère place Saint-Marc*, h/t (38x55) : **FRF 23 000** – PARIS, 10 fév. 1988 : *Venise, la Place Saint-Marc*, h/pan. (23.5x33) : **FRF 16 500** – SAINT-DIÉ, 10 fév. 1990 : *L'entrée du Bosphore*, h/isor. (27x41,5) : **FRF 6 800** – PARIS, 6 avr. 1990 : *Constantinople*, h/t (51x61) : **FRF 70 000** – PARIS, 22 juin 1990 : *Moments de détente au bord du Bosphore*, deux h/pan. faisant pendants (chaque 33x23,5) : **FRF 33 000** – PARIS, 8 avr. 1991 : *Caïques et voiliers sur le Bosphore*, h/t (43,5x60,5) : **FRF 36 000** – AMSTERDAM, 2 nov. 1992 : *Vue d'Istanbul*, h/t (43,5x60,5) : **NLG 7 475** – LOKEREN, 10 déc. 1994 : *Marché arabe*, h/pan. (26x41) : **BEF 95 000** – HEIDELBERG, 8 avr.

1995 : *Promenade à Dorfrand* 1904, h/pan. (26,5x36) : **DEM 1 800**.

BACHMANN Beat Jacob
XVIIe siècle. Suisse.
Peintre.
Il peignit au couvent des Capucins de Sursée, la légende de Saint-François.

BACHMANN Christian
XVIIIe siècle. Actif dans la dernière moitié du XVIIIe siècle. Allemand.
Sculpteur.
Élève de Rudolf Kaplunger, il travailla au château de Ludwigslust. Il est probablement le même artiste que C. Bachmann qui exposa en 1793 deux œuvres à l'Académie de Berlin.

BACHMANN Georg ou Bachman ou Pachmann
Né en 1600 probablement à Friedberg (Bohême). Mort en 1652 à Vienne. XVIIe siècle. Autrichien.
Peintre de sujets religieux et portraitiste.
Ses tableaux se trouvent dans plusieurs églises de Vienne. L'église des Dominicains possède son *Saint Thomas d'Aquin*, celle des Écossais son *Portrait du pape Grégoire* ; le *Transport du corps de saint Coloman à Melk* en 1014 se trouve dans la sacristie de la même église, ainsi qu'un grand tableau d'autel, *Les Saints dans leur gloire*, placé dans le vestibule de la salle du chapitre. Bachmann peignit avec talent de nombreux portraits.

BACHMANN Hans
Né le 1er mai 1852 à Winikon (Canton de Lucerne). Mort en 1917 à Lucerne. XIXe-XXe siècles. Suisse.
Peintre de scènes de genre.
Il resta quatre ans, de 1870 à 1874, à l'Académie de Düsseldorf, étudiant sous la direction de Gebhardt et de Karl Hoff. Il retourna ensuite dans son pays, peignant des scènes de la vie du peuple suisse.
Musées : AARAU : *Cloches du soir* – BÂLE : *Chanteurs de Noël dans le canton de Lucerne* – BERNE : *Oberland bernois* – *Le départ pour le baptême* – *Transport de bois sur traîneaux à la montagne* – DÜSSELDORF : *Enterrement dans la montagne*.
Ventes Publiques : BERNE, 6 mai 1976 : *Enfants dans les champs* 1900, h/t (47x62) : **CHF 3 000** – BERNE, 20 oct. 1977 : *Le Dressage du chien* 1887, h/cart. (32x24) : **CHF 1 400** – ZURICH, 19 mai 1979 : *La Bénédiction au village*, h/t (166x123,5) : **CHF 13 000** – NEW YORK, 13 fév. 1981 : *Mère et enfant* 1884, h/t (61x45) : **USD 3 800** – BERNE, 26 oct. 1984 : *Zur letzten Ruhe*, h/t (175x130) : **CHF 40 000** – LUCERNE, 15 mai 1986 : *Le départ de l'émigrant*, h/t (128x181) : **CHF 13 000** – PARIS, 18 déc. 1991 : *Fête dans le parc*, h/pan. (60x90) : **FRF 10 000**.

BACHMANN Herman
Né le 16 janvier 1922 à Halle (Saxe). XXe siècle. Allemand.
Peintre.
Élève à l'École d'Art d'Offenbach-sur-Main, il expose à Halle/Salle, de 1948 à 1950, puis à Düsseldorf et à Berlin, où il s'est installé depuis 1953. Il a participé à la Rétrospective des années 1960-70 au Musée de Bochum. Il a reçu le prix Blevin Davis à Munich en 1949, le prix d'Art de Berlin et celui de la ville de Hanovre en 1959. A partir de 1957, il est devenu professeur à Berlin.

BACHMANN Jakob Edwin
Né en 1873 à Zurich. Mort en 1957 à Freienbach. XIXe-XXe siècles. Suisse.
Peintre de paysages de montagne.
Il est resté fidèle aux paysages de son lieu de naissance, peignant tantôt les hauteurs alpestres, tantôt les horizontales lacustres.
Ventes Publiques : ZURICH, 31 oct. 1980 : *Bords du lac de Zurich*, h/t (90x110) : **CHF 5 000** – ZURICH, 29 nov. 1982 : *Oberhalb Schmerikon* vers 1915, h/t (65x80) : **CHF 1 000** – ZURICH, 9 nov. 1984 : *Lac alpestre, Glarus*, h/t (60x70) : **CHF 1 400** – ZURICH, 15 mars 1985 : *Paysage*, h/t (90x115) : **CHF 6 500** – BERNE, 12 mai 1990 : *Le lac de Zurich*, h/t (65x81) : **CHF 1 000**.

BACHMANN Johann ou Hans
Né vers 1608 à Sackingen. XVIIe siècle. Suisse.
Peintre décorateur.

BACHMANN Karl Otto
Né en 1915 à Lucerne. XXe siècle. Actif à Ascona depuis 1944. Suisse.
Peintre de compositions à personnages. Fantastique.
Il crée des œuvres à caractère fantastique où l'érotisme tient une

grande place. Il met en images des thèmes extrêmement diversifiés. L'étendue, la fertilité de son imagination sont comparables à celles de certains surréalistes dans la mouvance dalinienne.
Ventes Publiques : VIENNE, 14 sep. 1976 : *Nature morte*, h/pan. (11x15) : **ATS 18 000** – LUCERNE, 30 mai 1979 : *Vernissage*, h./pavatex (79x79) : **CHF 4 000** – ZURICH, 28 oct. 1981 : *Carnaval* 1948, h./pavatex (60x180) : **CHF 14 000** – ZURICH, 12 nov. 1982 : *Cathédrale* 1961, h./pavatex (70x30) : **CHF 4 000** – ZURICH, 3 juin 1983 : *Arlequin et Colombine* 1961, h./pavatex (100x65) : **CHF 5 200** – LUCERNE, 8 nov. 1984 : *Le bon vivant* 1943, h/pan. (60x46) : **CHF 6 500** – ZURICH, 7 juin 1985 : *Jeune femme et clown* 1960, h/cart. (50,5x50,5) : **CHF 4 600** – ZURICH, 13 juin 1986 : *Arlequin* 1976, temp./isor. (73x51) : **CHF 9 500** – ZURICH, 6 juin 1986 : *La plage* 1949, h/pan. (100x220) : **CHF 8 500** – COLOGNE, 27 oct. 1987 : *Arlequin* 1975, h/cart. (72,8x50,8) : **DEM 6 200** – BERNE, 30 avr. 1988 : *Spectateur devant le port*, h/pan. (79x108) : **CHF 5 800** – LUCERNE, 3 déc. 1988 : *Le massacre des Amazones* 1942, h./contre-plaqué (68x75) : **CHF 15 500** – LUCERNE, 25 mai 1991 : *Sans titre* 1985, techn. mixte et h/bois (70x50) : **CHF 9 000** – ZURICH, 16 oct. 1991 : *La procession d'une princesse enceinte* 1966, dess. au cr. (63,5x48,2) : **CHF 1 200** – ZURICH, 29 avr. 1992 : *Un port* 1950, h./résine synth. (40x100) : **CHF 5 000** – ZURICH, 14-16 oct. 1992 : *Parisienne* 1943, h/bois (60x54,5) : **CHF 3 600** – NEW YORK, 26 fév. 1993 : *Personnages sur un pont regardant un port* 1958, temp./résine synth. (59,7x99,7) : **USD 2 415** – ZURICH, 23 juin 1995 : *Esquisse pour l'Opéra de quatre sous* 1947, h/cart. (43x49,5) : **CHF 2 800**.

BACHMANN Karoly ou Karl
Né en 1874 à Budapest. Mort en 1924. XIXe-XXe siècles. Hongrois.
Peintre de natures mortes, miniaturiste.
Élève de B. Szekely vers 1890, il fut aussi élève de Lefèvre, J. P. Laurens et Robert Fleury à Paris. Sa première exposition eut lieu à Budapest en 1892. Il s'est ensuite orienté vers l'art de la miniature.
Ventes Publiques : VIENNE, 19 sep. 1978 : *Nature morte*, h/pan. (18x15) : **ATS 22 000** – VIENNE, 16 fév. 1982 : *Nature morte*, h/pan. (12,5x16,5) : **ATS 5 000** – LUCERNE, 6 nov. 1986 : *Nature morte*, h/pan. (15,5x21) : **CHF 2 700** – MUNICH, 1er juil. 1987 : *Nature morte à la bouteille de vin*, h/pan. (11,5x16) : **DEM 1 000** – STOCKHOLM, 15 nov. 1989 : *Nature morte*, h/t (15x20) : **SEK 21 000**.

BACHMANN Max ou Bachman
Né en 1862. Mort en 1921 à New York. XXe siècle. Américain.
Sculpteur.
Ventes Publiques : NEW YORK, 21 juin 1979 : *Abraham Lincoln* 1909, bronze (H. 71,1) : **USD 2 400** – NEW YORK, 23 avr. 1981 : *Portrait of Sioux Chief Iron Tail* 1905, bronze patiné (H. 72,3) : **USD 6 000** – VIENNE, 9 déc. 1987 : *Jésus apaise l'orage*, bois (H. 33) : **ATS 20 000** – NEW YORK, 15 mai 1991 : *Buste de guerrier indien* 1902, bronze (H. 57,2) : **USD 2 680** – NEW YORK, 26 sep. 1996 : *Brave indien ; Chef indien* 1909 et 1902, bronze patine verte, une paire (chaque H. 30,5) : **USD 11 500**.

BACHMANN Nikolaus
Né le 20 novembre 1865 à Heide. XIXe siècle. Travaillant à Berlin. Allemand.
Portraitiste et illustrateur.
Il étudia à Dresde, à Weimar, à Berlin et à Paris.
Musées : KIEL : *Enfants portant une lanterne* – *Honneur accordé à Klaus Groth*.

BACHMANN Simon
Né à Muri (Aargau). XVIIe siècle. Suisse.
Graveur.
Vers 1650-1651, il travailla à l'église du couvent de Muri ; puis Bachmann se rendit à Lucerne, où il est mentionné pour la dernière fois à la date de 1662. Deux petites statues de bois, sculptées par lui, sont dans la chapelle des Anglo-Saxons à Sarmensdorf.

BACHMANN Thérèse
Née à Montfermeil (Seine-Saint-Denis). XXe siècle. Française.
Peintre.
Élève de Fouqueray. Exposa des fleurs au Salon des Artistes Français de 1936.

BACHMANSSEN Hugo Elias ou Bachmansson
Né le 17 avril 1860 à Abo. Mort en 1953. XIXe-XXe siècles. Finlandais.
Peintre de sujets militaires, scènes de genre, portraits, paysages, aquarelliste.

Engagé dans la carrière des armes, il était officier d'infanterie en 1898 et, en 1899-1902, capitaine de réserve des troupes finlandaises. Il fit ses études artistiques à Abo, à Saint-Pétersbourg, à Paris chez E. Boutigny (1895) et à Munich chez H. von Bartels et Zügel (1904).

Il peignit surtout des scènes militaires et des études de genre dont les sujets lui furent fournis au cours de ses campagnes ; plusieurs de ses ouvrages sont exécutés à l'aquarelle. Il rapporta des toiles de Tunisie (1898), de Mandchourie (guerre russo-japonaise), de l'Espagne et du Maroc (1906-1907), et peignit également des portraits. Parmi ses œuvres, citons : *Reconnaissance de l'armée russe à Kara-Lom (Bulgarie), en 1877* (galerie militaire du Palais d'hiver), et : *Réunion du soir des officiers du régiment d'Ismailoff* (club des officiers de ce régiment) à Saint-Pétersbourg.

VENTES PUBLIQUES : STOCKHOLM, 21 oct. 1987 : *Vue d'une ville d'Afrique du Nord* 1920, h/t (45x65) : **SEK 12 500** – STOCKHOLM, 19 avr. 1989 : *Soldat assis*, h/t (82x71) : **SEK 26 000**.

BACHMATOFF Iwan Iakolewitsch
Originaire de Kostroma. XVIIe-XVIIIe siècles. Russe.
Peintre d'icônes.
Avec l'aide de trente peintres qui travaillaient sous sa direction, il orna de peintures murales la cathédrale Snamenski, à Novgorod, en 1702.

BACHMATOWICZ Kasimir
Né en 1808. Mort en 1837 à Dobrowslany. XIXe siècle. Russe.
Peintre et lithographe.
Il fit ses études à Wilna, avec le professeur Rustem. En peinture, il n'exécuta que de petits paysages et des portraits, mais il a laissé de nombreuses lithographies, entre autres : *Souvenirs de Dobrowslany*, 1835, comprenant dix planches conservées à l'Institut Oziemblowski, à Wilna, *Orlosiady*, 1836 (cinq planches d'après les dessins d'Alex. Orlowski, *Souvenir pittoresque des petits ouvrages de Rustem* (album de six planches contenant le portrait de Rustem).

BACHMAYER
Né vers 1935. XXe siècle. Allemand.
Peintre et sculpteur d'objets. Tendance pop art.
Il travailla avec le groupe *Spur* qui devint le groupe *Geflecht* vers 1966. Tous furent influencés par COBRA et le pop art.

BACHOFEN Matthias
Né en 1776 à Reigoldswil (Bâle). Mort en 1829 à Bâle. XIXe siècle. Suisse.
Paysagiste.
Il étudia à Paris, et fut plus tard professeur à l'École de dessin de Bâle. Ses paysages reproduisent les environs de cette ville.

BACHOLLE Jeanne
Née à Paris. XXe siècle. Française.
Peintre de fleurs.
Elle fut élève de Lucienne Brisson. Elle a exposé au Salon des Artistes Français à Paris, en 1938-1939.

BACHOT Jacques
XVe-XVIe siècles. Vivait à Troyes à la fin du XVe siècle et pendant la première moitié du XVIe siècle. Français.
Sculpteur.
Il est mentionné sur des livres de comptes de la ville de Troyes, entre 1493 et 1526. Il y travailla d'abord comme sculpteur d'ornements, puis en tant qu'entrepreneur, il prit part à la construction de la chapelle funéraire de la maison de Lorraine (1500) dans l'église Saint-Laurent, près du château de Joinville ; il exécuta les travaux de marbre des trois points, le tombeau de Henri de Lorraine, évêque de Metz, ainsi que celui de Ferry II de Lorraine, comte de Joinville, et de sa femme Yolande d'Anjou. Ces tombes ont été détruites en 1793, pendant la Révolution. Jacques Bachot séjourna ensuite en Lorraine ; il sculpta le groupe *La mise au tombeau*, composé de huit figures, qui fut placé dans la crypte de l'église de l'abbaye de Saint-Nicolas-du-Port, près de Nancy, une *Statue de saint Pierre*, dans la cathédrale de Troyes (1504-1505), un groupe de *Notre-Dame de la Pitié*, dans l'église Saint-Jean (1506-1507), une statue de la *Madone*, dans l'église Saint-Pantaléon (1510-1511), enfin une *Madone*, au maître-autel de l'église Saint-Nicolas. Il se confond peut-être avec le peintre du même nom cité à Nancy en 1519.

BACHOT Jérôme
Né vers 1588 à Paris. Mort le 8 novembre 1635 à Nantes. XVIIe siècle. Français.
Graveur à l'eau-forte et ingénieur.
Il était le gendre de Ch. Errard le vieux et lui succéda dans l'emploi de « commissaire architecte des fortifications et restaurations de Bretagne ». On cite de lui un *Portrait du cardinal de Bérulle*.

BACHOT Léon ou Louis
XVIe siècle. Actif à Troyes dans la seconde moitié du XVIe siècle. Français.
Peintre.
Fut probablement l'élève de Dominique Florentin ou de François Gentil. Il travailla à Paris et à Fontainebleau sous les ordres du Primatice.

BACHOT Marc
XVIe siècle. Travaillait à Troyes pendant la première moitié du XVIe siècle. Français.
Sculpteur.
On ne sait s'il fut un frère ou simplement un parent de Jacques Bachot. Il restaura les statues de Saint Pierre et de Saint Michel, au portail de l'église Sainte-Madeleine de Troyes vers 1517. Il était pauvre, et s'absentait souvent pour d'assez longs voyages.

BACHOT Yvon
Né vers 1490 à Troyes. XVIe siècle. Français.
Sculpteur sur bois.
Il était probablement parent de Jacques et de Marc Bachot. Il travailla, en 1524-1525, pour l'église Saint-Nicolas, de Troyes. Pour la cathédrale de la même ville, il sculpta les stalles du chœur d'après les dessins de Mathieu de Romelles, ainsi que plusieurs *Anges* de bois (1532-1533) et deux *Scènes religieuses* pour l'ornementation du grand portail (1533-1534).

BACHOUT C. van
Hollandais (?).
Peintre de natures mortes.
Le Musée d'Helsingfors conserve de cet artiste deux tableaux de nature morte : *Citrons, raisins et un verre de vin* ; *Prunes, verres de vin et verres à boire*.

BACHRACH-BARÉE Emmanuel
Né le 11 avril 1863 à Oderberg (Silésie). Mort en 1943 à Schlesien. XIXe-XXe siècles. Autrichien.
Peintre de genre, intérieurs, illustrateur.
Il s'instruisit lui-même à Munich, où il exposa plusieurs fois dans la suite. Parmi ses œuvres, on cite : *Après la moisson* et *Le peintre*, 1890, *Le quartier général de Napoléon*, 1891, *Conscrits en Allemagne*, 1892, *Poste solitaire* et *Fuite interrompue*, 1893, *Tête d'étude*, 1901, *Dévotion d'invalide*, 1902, *Vieux paysan*, 1906, *Le joueur*, 1907.

VENTES PUBLIQUES : BERLIN, 19 avr. 1909 : *Intérieur* : **DEM 250** – COLOGNE, 26 juin 1981 : *Idyle*, h/pap. (27,5x21) : **DEM 2 500** – VIENNE, 21 janv. 1987 : *Le Départ de la diligence*, h/pan. (18x24) : **ATS 18 000** – LUCERNE, 3 déc. 1988 : *Le Testament*, h/cart. (24x30) : **CHF 1 300** – MUNICH, 25 juin 1996 : *Cavaliers et promeneurs dans un parc*, h/t (70x58) : **DEM 2 640**.

BACHSTURZ Johann ou Bachturz
Originaire de Steier. XVIIIe siècle. Travaillait à Leibnitz au commencement du XVIIIe siècle. Allemand.
Sculpteur.
Il sculpta, en 1711, quatre statues et quatre anges pour l'autel Saint-Joseph, à Schwanberg.

BACHTA Eve
XIXe siècle. Active dans la première moitié du XIXe siècle. Allemande.
Peintre de fleurs.
Sœur de Jakob Bachta, elle eut la réputation de posséder un joli talent pour la peinture des fleurs.

BACHTA Jakob
Né en 1806. Mort en 1855. XIXe siècle. Actif à Coblence. Allemand.
Peintre d'histoire.
Il était le fils de Johann. Bachta, et fut son élève ; il travailla également avec Petrus Cornélius. Il peignit des tableaux d'autel pour plusieurs églises de la Moselle. En 1838, il présenta à l'Exposition de l'Académie : *Tobie guérissant son père aveugle*.

BACHTA Johann
Né en 1782. Mort en 1856 au Château de Schönbornslust (près de Coblence). XIXe siècle. Allemand.
Peintre d'histoire, compositions religieuses, portraits, paysages, miniaturiste, graveur.

Il fut élève de J. Zick et de J.-I.-E. Morgenstern. Différentes églises de la Moselle possèdent des tableaux d'autel peints par lui. Il grava à l'eau-forte des vues du Rhin et de la Moselle et se distingua surtout dans l'exécution des portraits et des miniatures. En 1820, il fut chargé de restaurer les fresques de Zick, dans l'église Saint-Florian, à Coblentz.

VENTES PUBLIQUES : COLOGNE, 18 nov. 1965 : *Vue de Coblence* : **DEM 3 000** – LUCERNE, 25 mai 1982 : *Paysage avec ruine, Stolzenfels*, h/t (37x46) : **CHF 3 000** – LONDRES, 10 oct. 1984 : *Vue de Coblence* 1837, h/pan. (29x41,5) : **GBP 3 000** – SAINT-DIÉ, 7 mai 1988 : *Portraits de Mr A. F. Friedrich de Neufbrisach et de sa femme* 1811, deux h/pan. (chaque 27x23) : **FRF 9 500**.

BACHUC Jehan ou Haquinet ou Bacus ou Bacques
XVᵉ siècle. Actif à Tournai vers le milieu du XVᵉ siècle. Français.
Sculpteur.
Travailla, en 1460, à la chapelle Saint-Loys, dans l'église Notre-Dame, et, en 1469, fit une statue de Saint Lehire, destinée à la coupole de la Halle.

BACHUR Antoni, ou Anthony
Né le 17 janvier 1948 à Bierna. XXᵉ siècle. Depuis 1975 actif aussi en France. Polonais.
Architecte, peintre de décorations murales, technique mixte, affichiste. Abstrait.
Diplômé d'architecture à Wroclaw, il fut aussi, de 1975 à 1985, élève de Jean Prouvé à Paris. Il mène une considérable activité architecturale internationale, notamment dans la recherche sur les structures spatiales tridimensionnelles dans le cadre de l'Institut Le Ricolais à Paris.
En tant que peintre, en 1985 il a formulé la théorie de l'« Énergisme », sur la réception, transformation et émission d'énergie dans l'art. De là, il a commencé la réalisation de compositions transénergiques sur polyester translucide. En 1997, il fut cofondateur du « Décentrisme », d'après le philosophe polonais Adam Wisniewski-Snerg.
Outre des participations à des expositions collectives, dont : en 1991 à Paris, Salon Grands et Jeunes d'Aujourd'hui ; 1997 Paris, Institut Polonais ; il expose individuellement en Pologne, Belgique, Allemagne, Autriche, puis Suisse, Italie, Grèce, Iran, Canada, États-Unis.
MUSÉES : HRUBIESZOW – KIELCE – LEGNICA – VARSOVIE – WROCLAW .
VENTES PUBLIQUES : PARIS, 8 oct. 1989 : *Dragon*, acryl./t. (130x97) : **FRF 8 000** – PARIS, 26 avr. 1990 : *Composition abstraite*, acryl./rhodoïd mar./pan. (110x80) : **FRF 16 000** – PARIS, 10 juin 1990 : *Composition abstraite*, acryl. (130x97) : **FRF 16 000** – PARIS, 28 oct. 1990 : *Composition abstraite*, acryl./t. (130x95) : **FRF 9 500** – PARIS, 7 fév. 1991 : *Composition*, techn. mixte/t. (130x89) : **FRF 17 000** – PARIS, 5 avr. 1992 : *Composition*, techn. mixte/t. (206x130) : **FRF 14 000** – PARIS, 4 nov. 1994 : *Composition abstraite*, acryl./rhodoïd (102x73) : **FRF 6 000**.

BACHY Jacques de ou Bassist
XVIᵉ siècle. Actif à Tournai dans la première moitié du XVIᵉ siècle. Français.
Sculpteur.
Sculpta les armoiries royales sur l'arsenal de Tournai vers 1510.

BACICCIA Giovanni Battista ou Baciccio. Voir GAULLI

BACILE Fili
XXᵉ siècle. Italien.
Peintre.
Il peint des paysages, des compositions symboliques, des portraits psychologiques.

BACILLERI Sebastiano
XVIIᵉ siècle. Actif au début du XVIIᵉ siècle. Italien.
Stucateur.
Il travailla à Palerme, en collaboration de Giov.-Maria Cannivali (de Milan), aux décorations de stuc destinées à la chapelle de Giov. Andrea de Ballis, dans l'église principale d'Alcamo.

BACIOCCHI Jacques Roger L.
Né à Montpellier (Hérault). XXᵉ siècle. Français.
Peintre.
Exposa au Salon des Indépendants de 1935 : *Portrait de mon père* et *Chien-loup*.

BACK Jakob Conrad
XVIIIᵉ siècle. Vivait à Francfort-sur-le-Main vers 1760. Allemand.
Graveur au burin.

D'après Gwinner, il passa une partie de sa vie à Offenbach. Ses travaux sont cités avec éloge dans l'ouvrage du Chev. Berny de Nogent, *Atlas de portraits et figures*, daté de 1761.

BACK W. M.
XIXᵉ siècle. Britannique.
Portraitiste.
Il exposa à Londres vers 1836.

BACK Yngve
Né en Finlande. XXᵉ siècle. Finlandais.
Peintre de genre, natures mortes.
Il exposa, à Paris, au Salon des Tuileries de 1938 : *Lecture*, et une nature morte au Salon d'Automne de la même année.

BACKENBERG Félix
XIXᵉ siècle. Travaillait à Francfort-sur-Main vers le milieu du XIXᵉ siècle. Allemand.
Graveur au burin et sur acier.
Dans son *Manuel de graveurs au burin*, Apell cite seulement de lui un *Amor* dans une bordure d'ornements. D'après Mengs, notre artiste serait aussi l'auteur des gravures suivantes : *Mignon et le joueur de harpe*, d'après Oppenheim, *Lili, née Shönemann* (Mme de Türkeim), d'après un dessin de sa fille, Elise de Türkeim, *Matin de Dimanche*, d'après Jac. Becker, *Madone sur son trône, avec l'Enfant*, d'après Steinle.

BACKER. Voir aussi BAKKER

BACKER Adriaen
Né en 1635 ou 1636 à Amsterdam. Enterré le 23 mai 1684. XVIIᵉ siècle. Hollandais.
Peintre de scènes allégoriques, portraits, paysages, peintre de compositions murales.
Son père était Tjerck Backer et son oncle Jacob Backer. Ce dernier, mort en 1651, a peut-être été son maître. Notre artiste séjourna en Italie et se trouvait à Rome, en 1666. Quelques-uns de ses portraits furent gravés par Bary, Jan Verkolje et P. Schenck. Il exécuta aussi plusieurs tableaux de corporation ; parmi ses autres œuvres, il convient de citer le plafond de la grande salle du Palais Royal d'Amsterdam, représentant le *Jugement dernier*, une allégorie de la *Justice* (1671) dans l'hôtel de ville de Haarlem.

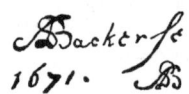

MUSÉES : AMSTERDAM : *Leçon d'anatomie du professeur Isederc Ruysch* – *Les Inspecteurs du Collegium medicum à Amsterdam* – *Portrait de Daniel Nielius* – *Les Commissaires inspecteurs des Walen* – *Ports intérieurs d'Amsterdam* – AMSTERDAM (orphelinat des Bourgeois) : *Tableau de corporation* – AMSTERDAM (hôtel de ville) : *Tableau de corporation* – ANVERS : *Allégorie* – BRÊME : *Diane au bain* – BRUNSWICK : *L'Enlèvement des Sabines* – HAARLEM : *Sémiramis reçoit la nouvelle d'une révolte* – LA HAYE : *Portrait de jeune homme*.
VENTES PUBLIQUES : PARIS, 1841 : *La Justice regagne par la paix les forces qu'elle avait perdues pendant les désordres de la guerre* : **FRF 278** – PARIS, 1898 : *Vue de Venise* : **FRF 240** – LONDRES, 18 déc. 1931 : *Portrait d'un jeune homme* : **GBP 7** – LONDRES, 24 nov. 1933 : *Portrait d'un gentilhomme* 1662 : **GBP 168** – LONDRES, 7 fév. 1936 : *Jeune garçon jouant du pipeau* ; *Joueurs de flûte*, ensemble : **GBP 24** – AMSTERDAM, 7 mai 1992 : *Portrait d'une dame debout de trois-quarts sur une terrasse portant une robe rouge et une étole brune et tenant des fleurs* 1677, h/t (124,5x100) : **NLG 9 200** – LONDRES, 10 déc. 1993 : *L'Enlèvement d'une Sabine* 1671, h/t (107x160,7) : **GBP 16 100**.

BACKER Arend. Voir BAKKER

BACKER Barent ou Bakker
XVIIIᵉ siècle. Travaillant à Amsterdam. Hollandais.
Graveur au burin.
Les dates figurant sur les estampes qui composent son œuvre s'échelonnent de 1762 à 1804. Il a illustré la Bible et a gravé des vues de villes ainsi qu'un certain nombre de portraits d'ecclésiastiques. Citons parmi les meilleures gravures : *Les funérailles du Baron Bentinck à Amsterdam en 1781* (d'après un dessin de H. P. Schouten).

BACKER Catharina
Née le 22 septembre 1689 à Amsterdam. XVIIIᵉ siècle. Hollandaise.

Peintre.
Elle était la fille du patricien Will. Backer, et épousa, au mois d'août 1711, Allart de la Court van der Voort, riche marchand de Leyde et possesseur d'une importante collection de tableaux. Catharina s'adonna à la peinture de genre ainsi qu'à la reproduction des fleurs et des fruits.

BACKER Christoffel
Né à Zerbst. XVIIIe siècle. Hollandais.
Peintre.
Il acheta son droit de citoyen d'Amsterdam le 22 octobre 1726.

BACKER Cornelis. Voir BAKKER

BACKER Dierick de ou Backere
XVIe siècle. Actif dans la première moitié du XVIe siècle. Éc. flamande.
Il fut admis comme maître-libre dans la gilde de Saint-Luc, en 1538, à Anvers.

BACKER François Joseph Thomas de
Né le 2 mai 1812 à Gheel (près d'Anvers). Mort en décembre 1872 à Anvers. XIXe siècle. Éc. flamande.
Peintre d'histoire, compositions religieuses, scènes de genre, portraits.
Il fut élève de l'Académie des Beaux-Arts d'Anvers. Au Salon de cette ville, en 1843, il exposa la toile intitulée : *Une famille malheureuse.* Il figura de 1837 à 1867 aux Salons d'Anvers, de Bruxelles et de Gand. Il peignit une série de tableaux religieux pour les églises d'Anvers et des environs ; entre autres : *Les stations du chemin de Croix*, en 1851-1858, *Le patron de l'église Saint-Bavo*, pour l'église de ce nom, à Wilryck, *Le martyre de Saint Georges*, pour une chapelle de saint-Dymphne, à Gheel. On lui doit également une *Immaculée Conception*, dans l'Église Saint-Maurice à Breslau.
MUSÉES : FLORENCE : *Portrait de l'artiste par lui-même.*
VENTES PUBLIQUES : PARIS, 25 mai 1905 : *Portrait de fillette :* FRF 205 – LONDRES, 7 oct. 1987 : *Le chien méchant 1857, h/pan.* (34,5x45) : GBP 2 500.

BACKER Frans Cornelisz
Né à Amsterdam. XVIIe siècle. Hollandais.
Peintre.
Il est devenu citoyen le 14 janvier 1672.

BACKER Hans Heinrich Sartz
Né le 20 septembre 1865 à Skedsmo. XIXe siècle. Norvégien.
Peintre de paysages, décorateur.
Il séjourna plusieurs années (1873-1879) au Nordland, où il connut le peintre Gunnar Berg ; il travailla ensuite pendant quatre ans à l'École royale des arts et métiers d'Oslo, puis chez le peintre de marines Hjalmar Johnsen, à Frederiksvaern. Enfin, en 1889, il suivit des cours de dessin dans une académie de Paris. Après avoir peint les paysages du Nordland et des scènes d'hiver, sous des tempêtes de neige, il s'orienta vers l'art décoratif, créant des motifs pour des meubles ou des habitations. Il fit aussi des décors pour le théâtre d'Oslo.

BACKER Harriet
Née le 21 janvier 1845 à Holmestrand. Morte en 1932. XIXe-XXe siècles. Norvégienne.
Peintre de portraits, paysages, intérieurs.
Elle fut élève de J. F. Eckersberg à l'école qu'il fonda à Oslo. Après un séjour à Berlin et à Weimar, elle continua ses études en Italie, en 1870, puis à Munich avec Linder et Eilif Petersen, entre 1874 et 1878. Elle travailla ensuite durant dix ans à Paris, où elle fut élève de Gérôme, Bonnat et Bastien-Lepage. Elle obtint alors une mention honorable, en 1880, et une médaille d'argent à l'Exposition universelle de Paris en 1889. De retour à Oslo, où elle se fixa en 1889, elle ouvrit une école de peinture, où elle eut pour élèves, entre autres, H. J. Egedius et H. O. Sohlberg.
Sa facture puissante, notamment dans la notation des couleurs et de la lumière, est l'une des caractéristiques de ses scènes d'intérieur.
MUSÉES : OSLO – SAINT LOUIS, États-Unis.

BACKER Hendrick
Originaire de Copenhague. XVIIe siècle. Vivant à Rome vers le milieu du XVIIe siècle. Danois.
Portraitiste.

BACKER J. H.
XIXe siècle. Américain.
Graveur au pointillé.
Il fit, en 1860, de bons portraits à Boston.

BACKER Jacob Adriaensz
Né en 1608 à Harlingen. Mort le 27 août 1651 à Amsterdam. XVIIe siècle. Hollandais.
Peintre de scènes mythologiques, compositions religieuses, portraits, graveur, dessinateur.
Il fut d'abord l'élève de Lambert Jacobsz à Leeuwarden, puis, vers l'année 1632, il se mit sous la direction de Rembrandt, avec qui il se lia d'amitié. Il peignit surtout des sujets d'histoire et fit de nombreux portraits, dont quelques-uns se rapprochent beaucoup du style des Hollandais par leur touche large et puissante. En 1633, s'étant établi à Amsterdam, Backer peignit les portraits des régentes de l'orphelinat. Il fit d'admirables dessins à la pierre noire et blanche, toujours fort recherchés. Son tableau intitulé : *Groupes d'Arquebusiers*, qui existe à l'Hôtel de Ville d'Amsterdam, est considéré comme une œuvre de tout premier ordre. On lui doit encore le *Portrait de Jean Nytenbogaert*, 1638, dans l'Église de la Remontrance à Amsterdam. Thomas de Keyser a exécuté son portrait et plusieurs poètes, parmi lesquels Vondel, ont vanté sa gloire. On compte parmi ses élèves d'abord son neveu, Adriaen Backer et ensuite David van Stapelen, David Eversdyck, Joannes Lyster, Wipper Dormans, Jan de Baen, Jan van Neck, etc.

A Backer

MUSÉES : AIX-EN-PROVENCE : *Homme âgé* – AMSTERDAM : *Les Régents du Nieuwezijds huiszittenhuis vers 1650* – AMSTERDAM (Maison d'Orphelins) : *La Directrice de l'Orphelinat à Amsterdam* – BERLIN : *Portrait de l'avocat François de Vroude* – BRUNSWICK : *Portrait de l'artiste en manteau jaune* – *Buste d'une femme blonde, la poitrine nue* – *Trois nymphes endormies, contemplées par un berger* – *Une nymphe observée par un berger* – DRESDE : *Six régents* – *Portrait d'une jeune femme blond foncé* – *Tête de vieillard* – *Portrait de jeune homme vêtu de rouge* – *Jeune homme au manteau rouge, coiffé d'un chapeau à plume* – DÜSSELDORF : *Deux portraits, homme et femme* – LA HAYE : *Portrait d'un jeune homme portant un manteau rouge* – KASSEL : *Vénus, Adonis et Cupidon dans un paysage* – MUNICH : *Jeune femme blonde en robe rouge* – *Buste d'un jeune homme en habit noir* – ROTTERDAM : *Buste d'un homme en noir.*
VENTES PUBLIQUES : PARIS, 26-28 juin 1919 : *Le Repos après la chasse :* FRF 2 000 – LONDRES, 23 juin 1922 : *Dame en robe blanche, écharpe noire :* GBP 52 – PARIS, 2 juin 1924 : *Portrait de l'orfèvre Johannes Lutma :* FRF 82 000 ; *Portrait de la femme de l'orfèvre Johannes Lutma :* FRF 35 000 – LONDRES, 14 mars 1927 : *Gentilhomme en noir avec chapeau à plume :* GBP 183 – PARIS, 26 fév. 1931 : *Portrait de femme drapée dans un manteau rouge :* FRF 2 750 – PARIS, 10 nov. 1933 : *Portrait de fillette :* FRF 810 – PARIS, 12 mai 1937 : *L'Enfant au chapeau à plume, pierre noire et craie :* FRF 410 – PARIS, 14-15 juin 1937 : *Jeune Femme assise, pierre noire, reh. de blanc :* FRF 100 – PARIS, 4-5 nov. 1937 : *Portrait d'homme assis, pierre noire, reh. blancs :* FRF 550 – NEW YORK, 26 mai 1938 : *Portrait d'un savant :* USD 225 – PARIS, 25 mai 1949 : *Portrait d'une femme assise :* FRF 120 000 – AMSTERDAM, 2 nov. 1965 : *Portrait d'un jeune garçon tenant un nid :* NLG 3 200 – LONDRES, 2 juil. 1976 : *Autoportrait en berger, h/pan.* (51x39,5) : GBP 7 000 – NEW YORK, 16 juin 1977 : *Le Fumeur de pipe, h/pan.* (73x61) : USD 3 000 – AMSTERDAM, 30 nov. 1982 : *Gentilhomme à la canne, craies noire et blanche/pap.* (38,3x23,9) : NLG 12 000 – AMSTERDAM, 15 nov. 1983 : *Nu couché, craies noire et blanche/pap. bleu* (23X39,5) : NLG 18 500 – NEW YORK, 31 mai 1989 : *Portrait d'une fillette, en buste, portant une robe brune à guimpe blanche avec un collier de perles, h/pan.* (48x40,2) : USD 9 900 – LONDRES, 2 juil. 1991 : *Jeune Homme coiffé d'un béret à plume et accoudé à un parapet, craies blanche et noire/pap. bleu* (28,2x17,6) : GBP 4 400 – AMSTERDAM, 25 nov. 1991 : *Étude d'une homme debout tenant un verre, craies noire et blanche/pap. bleu* (34x18,9) : NLG 7 475 – AMSTERDAM, 11 nov. 1992 : *Portrait d'une famille patricienne écoutant le prêche de saint Jean Baptiste, h/t* (140,6x151,1) : NLG 46 000 – AMSTERDAM, 25 nov. 1992 : *Femme debout désignant quelque chose du bras droit, craies noire et blanche et encre/pap. gris* (35,9x18) : NLG 46 000 – AMSTERDAM, 9 juil. 1993 : *Portrait d'une femme agée vêtue de noir avec une fraise blanche et tenant un livre avec une petite fille en robe brune tenant un éventail 1639, h/pan.* (113,2x81,7) : GBP 100 500 – LONDRES, 5 avr. 1995 : *Tête et épaules d'un homme avec un col blanc, h/pan.* (58x42) : GBP 8 050 – LONDRES, 11 déc. 1996 : *Gra-*

nida and Dafilo vers 1695, h/t (122x162) : **GBP 111 500** – Londres, 13 déc. 1996 : *Le Christ et la femme adultère*, h/t (136,2x202,5) : **GBP 73 000** – New York, 22 mai 1997 : *Portrait d'une fillette* vers 1640, h/pan., de forme ovale (71,8x52,7) : **USD 34 500**.

BACKER Jacob de
Né en 1560 à Anvers. Mort probablement vers 1590 ou 1591. XVIᵉ siècle. Éc. flamande.
Peintre de compositions religieuses, sujets allégoriques.
Backer étudia d'abord chez le peintre A. van Palerme et fut nommé à cette époque Jacob van Palermo. Plus tard, sans doute après 1577, il entra dans l'atelier de Hendrick van Steenwyck l'Ancien. Parmi ses œuvres, on cite un tableau pour le tombeau du peintre Peter. Goetkint le vieux, exécuté probablement en 1583, l'année de la mort de ce dernier. Il peignit aussi le *Jugement dernier* pour la tombe de l'éditeur Christophe Plantin, à Notre-Dame d'Anvers, tableau qui se trouve aujourd'hui dans la chapelle des Quatre-Couronnés dans la même église. Une partie de l'ouvrage fut achevée en 1591 par un autre artiste. On mentionne aussi : *Adam et Ève, La Charité, Le Christ en croix, Vénus, Junon et Pallas*, un *Jugement dernier* qui était la propriété du marchand de tableaux Duarte d'Anvers en 1682. On cite encore : *La Vierge Marie avec l'enfant Jésus et saint Jean, Portrait de femme, Vénus endormie avec Satyres*. Les graveurs Wiericx ont reproduit de ses œuvres.
Musées : Vienne : *dessin*.
Ventes Publiques : Paris, 26 juin 1989 : *La Justice et la Paix s'embrassent*, h/t (194x152) : **FRF 780 000** – New York, 11 jan. 1990 : *Laissez venir à moi les petits enfants*, lav. et encre brun-roux avec reh. blancs (33,5x44,4) : **USD 36 300** – New York, 20 mai 1993 : *Le Jugement dernier*, h/pan. (66x47,6) : **USD 25 300** – Paris, 29 avr. 1994 : *La Religion foulant aux pieds l'Hérésie*, h/pan. (124x95) : **FRF 200 000** – New York, 5 oct. 1995 : *Allégorie de la prédiction du châtiment*, h/t (160,7x111,7) : **USD 46 000**.

BACKER Jan de
XVIIᵉ siècle. Actif à Anvers vers 1674. Éc. flamande.
Enlumineur.

BACKER Job Augustus. Voir BAKKER

BACKER Johann Franz de
Né vers la fin du XVIIᵉ siècle à Anvers. XVIIᵉ-XVIIIᵉ siècles. Vivait encore en 1749. Éc. flamande.
Peintre et graveur.
Johann-Franz de Backer est mentionné vers 1693-1694 comme apprenti chez le peintre Andries van Hooff. Il fut nommé peintre de l'électeur palatin Jean-Guillaume, qui résidait à Düsseldorf. Après la mort de ce souverain, on croit qu'il accompagna la princesse palatine Anna-Louise de Médicis, à Florence, à la cour de son père Cosme III. Backer travailla aussi à Rome et à Breslau. Parmi ses œuvres, on cite : *Portrait de lui-même* (1721), *Portrait du conseiller impérial Daniel Riemer de Riemberg* (1725), deux tableaux pour la chapelle Ceslaus dans l'église Saint-Adalbert (1725-1726). Il fournit aussi des peintures dans l'église Mauritius, dans la cathédrale, et dans l'église de la Croix, à Breslau. On mentionne aussi un tableau d'autel dans l'église du couvent à Wahlstatt, et une *Ascension* dans celle de Deutsch-Lissa.

BACKER Joos de
XVIIᵉ siècle. Éc. flamande.
Peintre.
On cite de lui, en 1642, une copie d'après Brouwer.

BACKER Marcel de
Né en 1921 à Gentbrugge. Mort en 1990. XXᵉ siècle. Belge.
Peintre de paysages urbains.
Photographe, cinéaste, écrivain, il est autodidacte en peinture. Il peint dans des tons gris les vieilles rues de sa ville natale.
Bibliogr. : In : *Diction. biogr. illustré des artistes en Belgique depuis 1830*, Arto, Bruxelles, 1987.

BACKER Marguerite de
Née le 9 mai 1882 à Bruxelles. Morte en 1968 à Ixelles. XXᵉ siècle. Belge.
Peintre de marines, paysages et natures mortes. Post-impressionniste.
Elle fut élève de l'Académie des Beaux-Arts de Bruxelles.

BACKER Markus de
XVIᵉ siècle. Éc. flamande.
Peintre.
On cite de lui : *Judith* et *La Vertu combattant le Vice*.

BACKER Nicolas de
Né vers 1648. Mort en 1697 à Londres. XVIIᵉ siècle. Actif à Anvers. Éc. flamande.
Peintre.
Il fut à Londres l'aide de Gottfried Kneller.

BACKER Roger de
Né en 1897 à Machelen-sur-Leie. Mort en 1984 à Waregem. XXᵉ siècle. Belge.
Peintre de paysages, natures mortes, fleurs.

BACKER Thomas de
XVIIᵉ siècle. Actif à la fin du XVIIᵉ siècle. Éc. flamande.
Graveur au burin.
Il fut admis comme maître libre, dans la gilde de Saint-Luc, à Anvers, en 1697-1698.

BACKERE Loys, Éloi de
XVIᵉ siècle. Éc. flamande.
Peintre de miniatures.
Il fut mentionné, à la date du 21 mars de l'année 1500, comme membre de la gilde de Saint-Luc à Bruges.

BACKEREEL Gilles ou Bacareel
Né à Anvers, en 1572 selon la plupart des biographes. Mort avant 1662 à Anvers. XVIᵉ-XVIIᵉ siècles. Éc. flamande.
Peintre d'histoire.
Il fit ses études artistiques à Rome et se fixa ensuite dans sa ville natale, où il fut maître libre en 1630. Il eut, en 1651, plusieurs élèves. Un grand nombre de ses tableaux se trouvaient autrefois dans les églises d'Anvers.
On cite notamment : *Saint François d'Assise prêche aux oiseaux* et *Saint Jacob della Marcha*, dans l'Église Saint-Jacques à Anvers, et *Saint Charles Borromée apporte l'extrême-onction aux pestiférés de Milan*, dans l'Église Saint-Sauveur à Bruges.
Musées : Bruxelles : *Adoration des bergers* – *Apparition de la Vierge à saint Félix* – Vienne : *Léandre pleuré par Héro*.

BACKEREEL Jacques
XVIIᵉ siècle. Éc. flamande.
Peintre.
Élève de Tobias Verhaecht ; en 1618 maître libre à Anvers. Il compta parmi ses élèves : Hendrik Backereel (1645), Abraham Genoels (1651-1656) et J.-B. Huybrecht (1658).

BACKEREEL Peter ou Baquereel
Mort avant 1637. XVIIᵉ siècle. Éc. flamande.
Graveur au burin.
Il fut maître libre de la gilde de Saint-Luc, à Anvers, en 1617.

BACKEREEL Willem
Né en 1570 à Anvers. Mort le 2 janvier 1615 en Italie. XVIᵉ-XVIIᵉ siècles. Éc. flamande.
Peintre.
Il était le frère de Gilles Backereel. En 1605, il fut admis comme maître libre dans la gilde d'Anvers. On sait qu'il peignit des paysages. Il partit pour Rome fort jeune, et toute sa vie se passa en Italie.

BACKERT Peter ou Backers
XVIIIᵉ siècle. Actif à Hambourg. Allemand.
Sculpteur.
Il fut l'élève de Schlüter et exécuta plusieurs statues d'après les modèles de son maître. Il travailla aux statues des esclaves qui font partie du monument du Grand Électeur, élevé à Berlin en 1703, aux côtés d'Henzi, et de Nahl ; il modela avec ce dernier les reliefs du socle, d'après l'esquisse du peintre Wentzel.

BACKHOFFNER Caroline, Mrs, née Derby
XIXᵉ siècle. Travaillait à Londres vers 1835. Britannique.
Miniaturiste.

BACKHOUSE Henry
XIXᵉ siècle. Britannique.
Paysagiste.
Il exposa à Londres en 1856.

BACKHOUSE J.
XIXᵉ siècle. Britannique.
Paysagiste.
Il exposa à Londres en 1855.

BACKHOUSE James E.
XIXᵉ siècle. Vivait à Darlington. Britannique.
Peintre paysagiste, aquarelliste.
Il exposa à Londres de 1886 à 1891.

BACKHUYSEN. Voir BAKHUIZEN

BACKHUYZEN van de SANDE Géraldina Jacoba, Hendrikus, Julius ou **Bakhuijzen Van de Sande**. Voir **BAKHUYZEN**

BACKMEISTER Hans
XVe siècle. Actif à Lübeck vers le milieu du XVe siècle. Allemand.
Peintre.
En 1456 et 1457, il exécuta un tableau pour les Dominicains du couvent Nestwede, à Seeland.

BACKMESTER Jacob
XVe siècle. Actif à Lübeck vers 1446. Allemand.
Peintre.

BACKOFEN Hans
Né vers 1470 à Sulzbach. Mort le 21 septembre 1519 à Mayence. XVe-XVIe siècles. Allemand.
Sculpteur.
Il domine la sculpture rhénane de la fin du XVe siècle. Il sculpta surtout la pierre, qu'il traite avec virtuosité. Il sculpta des tombeaux d'archevêques dans la cathédrale de Mayence, notamment celui d'*Ulrich de Gemmingen*, à genoux entre saint Martin et saint Boniface, tous trois dominés par une crucifixion, sujet qu'il traita à plusieurs reprises dans le cimetière St Pierre de Francfort-sur-le-Main, dans le cimetière de la cathédrale de la même ville, et une autre dans l'église paroissiale de Wimpfen am Berg, où la figure du Christ est particulièrement émouvante. Il s'agit d'une sculpture pré-renaissante, mais où le gothique s'est allégé. Les plis des étoffes sont expressifs, les mains éloquentes, les visages profondément humains.

BACKOFEN Lamb
Né vers 1810. XIXe siècle. Actif à Rome vers 1835-1836.
Peintre.

BACKOUSE Margaret, Mrs, née **Holden**
Née en 1818 à Summer Hill (près de Birmingham). XIXe siècle.
Britannique.
Portraitiste.
Elle se spécialisa dans la reproduction de gracieuses figures de femmes et d'enfants. De 1846 à 1882, elle exposa régulièrement à la Royal Academy et à la Society of Lady Artists.
VENTES PUBLIQUES : LONDRES, 18 nov. 1921 : *Une reine gitane*, dess. : GBP 6.

BACKOUSE Mary. Voir **MILLER Mary**

BACKOUSE R. W.
XIXe siècle. Britannique.
Peintre de paysages, aquarelliste.
Il exposa à Londres en 1827.

BACKSHEEL W.
XIXe siècle. Britannique.
Peintre de genre.
Il exposa à Londres en 1848.

BÄCKSTRÖM Barbro
Née en 1939 dans l'archipel de Stockholm. Morte en 1990.
XXe siècle. Suédoise.
Sculpteur de figures.
Elle est la fille d'un instituteur en poste dans une petite île isolée. Depuis 1965, elle travaille à Lund (Suède du Sud). Elle a commencé en 1968 à travailler le filet métallique.
Vraisemblablement par empreintes moulées dans du filet métallique très malléable, elle crée des sortes de bas-reliefs présentant des fragments plus ou moins importants de corps humains nus.
BIBLIOGR. : Jan Ostergren : *La demeure charnelle – Une cathédrale humaine*, Opus International, Paris, automne 1978.
MUSÉES : KALMAR – MALMÖ – NORRKÖPING – OREBRO – STOCKHOLM (Mus. d'Art Mod.) – SUNDSVALL .
VENTES PUBLIQUES : STOCKHOLM, 30 mai 1991 : *Sans titre*, encre/pap. (70x100) : SEK 12 000 – STOCKHOLM, 10-12 mai 1993 : *Balance*, alu. (H. 21) : SEK 9 500 – STOCKHOLM, 30 nov. 1993 : *Progrès* 1966, alu. (H. 22) : SEK 5 000.

BACKUS George J., Mrs, née **Fallis**
Née au XIXe siècle à Attic (Indiana). XIXe siècle. Américaine.
Peintre.
Elle est l'élève de l'Art Institute de Chicago et de l'École des Beaux-Arts de Minnesota. Mrs Backus travaillait à Minneapolis vers 1903.

BACKVIS François
Né en 1857. Mort en 1926. XIXe-XXe siècles. Vivait vers le milieu du XIXe siècle. Français.

Peintre d'animaux, natures mortes, fleurs et fruits.
VENTES PUBLIQUES : PARIS, 30 avr. 1937 : *Moutons attaqués par des loups* : FRF 640 – LONDRES, 20 oct. 1978 : *Loups attaquant des voyageurs* 1909, h/t (94x148,5) : GBP 700 – NEW YORK, 25 fév. 1987 : *Nature morte au vase de fleurs et fruits*, h/t (101,5x66) : USD 4 800 – NEW YORK, 23 mai 1989 : *Nature morte au vase de roses*, h/t (99,9x64,7) : USD 18 700 – LONDRES, 6 oct. 1989 : *Nature morte avec des framboises et un vase de roses*, h/pan. (36x27) : GBP 3 300 – LOKEREN, 9 oct. 1993 : *Moutons* 1879, h/pan., une paire (chaque 18,5x27) : BEF 70 000 – LOKEREN, 7 oct. 1995 : *Moutons* 1879 et 1980, h/t, une paire (chaque 18,5x27) : GBP 40 000.

BACLE Adrienne Pauline, née **Macaire**
Née le 15 août 1796 à Genève. Morte le 22 octobre 1855. XIXe siècle. Suisse.
Miniaturiste.

BACLER D'ALBE Louis
XIXe siècle. Français.
Peintre et lithographe.
Fils du baron Louis Albert Guillain Bacler d'Albe. Il exposa au Salon de 1827 à 1833.

BACLER D'ALBE Louis Albert Guillain, baron
Né le 21 octobre 1761 à Saint-Pol. Mort le 12 septembre 1824 à Sèvres. XVIIIe-XIXe siècles. Français.
Paysagiste, dessinateur et lithographe.
Il était général de brigade sous Napoléon Ier et ses tableaux des batailles de la campagne d'Italie (1797) ont un intérêt historique, ainsi que ses portraits. Les paysages sont exécutés à la manière classique. Il a, en outre, gravé des cartes géographiques, de nombreuses lithographies et des eaux-fortes.

Bacler d'Albe.

MUSÉES : PONTOISE : *Le moulin du Saint-Barrès – Poste sanitaire français près du fort de Torre Gorda* 1824 – VERSAILLES : *Bataille d'Arcole – Bombardement à Vienne – Bivouac de l'armée française la veille de la bataille d'Austerlitz – Bataille de Rivoli*.
VENTES PUBLIQUES : PARIS, 1814 : *Paysage, effet d'hiver*, gche : FRF 67 – PARIS, 21 mars 1924 : *Parade militaire*, aquar., attr. : FRF 290 – PARIS, 7 déc. 1934 : *Le Pont des Arts ; Le Louvre et le Palais de l'Institut*, dess. et lav. : FRF 1 500 – PARIS, 8 juil 1943 : *L'Ivresse de Silène*, gche : FRF 6 500 – LUCERNE, 26-30 juin 1962 : *Vue du lac de Genève* : CHF 6 500 – PARIS, 18 avr. 1980 : *Paysage animé sur fond de ruines* 1792, deux gches, formant pendants (27x37) : FRF 10 500 – LONDRES, 7 juin 1983 : *Le Mont-Blanc vu au-dessus de la vallée de Sallanche* 1789, eau-forte coloriée (45X63,8) : GBP 4 000 – PARIS, 10 juin 1988 : *Vue de la ville de Nice et du Fort Montalban avec la pointe de Villefranche ; Vue de la ville de Nice, entrée du port et Fort Montalban*, deux gches (36,5x52,5) : FRF 420 000 – NEUILLY, 5 déc. 1989 : *Bords d'un fleuve* 1795, gche (37,5x53) : FRF 120 000 – PARIS, 26 juin 1990 : *Le Retour du troupeau*, h/t (43,5x53,5) : FRF 30 000 – MONACO, 21 juin 1991 : *Portrait équestre de Monsieur Berger de Renens* 1789, h/t (46x67,5) : FRF 166 500 – NEW YORK, 14 jan. 1992 : *Paysage avec un couple de bergers près d'une cascade et des ruine classiques au fond* 1791, gche (24,9x33) : USD 2 200 – ZURICH, 4 juin 1992 : *Vue de la Porte du Valais*, eau-forte coloriée (38x59) : CHF 2 938 – PARIS, 14 juin 1995 : *Paysage avec montagne ; Paysage avec rivière*, gche, une paire (chaque 28,4x43) : FRF 145 000 – LONDRES, 2 juil. 1996 : *Paysage marin à l'aube avec des pêcheurs déchargeant leurs barques près d'une villa* 1795, gche (39,8x54,3) : GBP 25 300.

BACLET René
Né à Paris. XXe siècle. Français.
Peintre.
Il exposa des paysages au Salon des Indépendants de 1937 à Paris.

BACO André Étienne
XVIIIe siècle. Actif à Auxerre. Français.
Peintre.
Il est mentionné sur un document daté de 1773 ; il était le fils de Claude Baco.

BACO Charles
XVIIIe siècle. Français.
Peintre.
D'après un document, il vivait vers 1711.

BACO Claude
Mort le 12 janvier 1773 à Paris. XVIIIe siècle. Français.

Peintre.

Il était membre de l'Académie de Saint-Luc, à Paris.

BACO Claude Noël

XVIIIe siècle. Français.

Peintre.

Fils de Claude Baco, et, comme lui, membre de l'Académie de Saint-Luc, à la même époque.

BAÇO Ferrer de. Voir BASSA

BACO François de

Français.

Peintre de genre et de portraits.

Cité par Mireur.

VENTES PUBLIQUES : PARIS, 1862 : *La lettre surprise* ; *La lecture d'une lettre* : **FRF 601**.

BAÇO Jaime, dit Jacomart

Né vers 1410 à Valence. Mort le 16 juillet 1461 à Valence. XVe siècle. Espagnol.

Peintre de compositions religieuses.

En 1440, le roi Alphonse V d'Aragon l'appela à Naples. Il lui fit exécuter, quelques années plus tard, pour l'église Sta Maria della Pace, la décoration d'un autel détruit en 1528. Lors de l'expédition de Toscane (1447), il fut chargé de peindre les drapeaux du roi. Un polyptyque, représentant *Saint Laurent* et *saint Pierre martyrs*, et dont l'authenticité est prouvée par un contrat du 23 janvier 1460, se trouve dans l'église de Cati, près de Tortosa. On attribue à Baco une *Visitation* et *Saint Pierre entouré de cardinaux*, dans l'église S. Juan, à Morella. Ces deux ouvrages sont antérieurs à 1440. Il est également l'auteur d'un triptyque peint entre 1444 et 1457, représentant *Sainte Anne, Saint Augustin, Saint Ildefonse et le cardinal Alfonso Borgia, fondateur* (dans l'église de Jativa), d'un autre polyptyque : *Saint Martin de Tours, Saint François fondant son ordre*, conservé dans l'église San Lorenzo à Naples, d'un *Saint Vincent Ferrer*, dans la sacristie de la cathédrale de Valence, d'une peinture d'autel, *Saint Égide et saint Jacques*. (D'après M. v. Boehn dans le *Künstler Lexikon* de Thieme et Becker.).

MUSÉES : PARIS (Mus. des Arts décoratifs) : *Dominicain professant* – VALENCE : *Saint Égide et saint Jacques*.

VENTES PUBLIQUES : AMSTERDAM, 26 mai 1970 : *La mort de la Vierge* : **NLG 30 000** – EL QUEXIGAL (Prov. de Madrid), 25 mai 1979 : *Saint Jean l'Evangéliste*, h/pan. (200x63) : **ESP 2 200 000** – MADRID, 20 fév. 1992 : *Le Calvaire*, détrempe/pan. à fond d'or (106x81) : **ESP 17 920 000**.

BACO Jean Guillaume

XVIIIe siècle. Français.

Peintre.

Cité dans un document de l'année 1773. Il était le fils de Claude Baco.

BACON Charles

XIXe siècle. Vivait à Londres dans la dernière moitié du XIXe siècle. Britannique.

Sculpteur.

Bacon exposa régulièrement, entre 1842 et 1884, à la Royal Academy de Londres.

D'abord œuvrant sur des gemmes, il fit plus tard des bustes et des statues.

BACON Charles Roswell

Né en 1868 à New York. Mort en 1913 à New York. XIXe-XXe siècles. Américain.

Peintre de paysages animés, paysages urbains, fresquiste.

Auteur de tableaux et de fresques, il vécut vers 1900 à Ridgefield (Connecticut).

VENTES PUBLIQUES : NEW YORK, 26 sep. 1986 : *Emmets Corner* 1910, h/t (91,4x91,4) : **USD 4 200** – NEW YORK, 24 janv. 1989 : *Paysage animé avec des bâtiments de ferme*, h/t (36,7x111,2) : **USD 3 850**.

BACON Francis

Né le 28 novembre 1909 à Dublin, de parents anglais. Mort le 28 avril 1992 à Madrid. XXe siècle. Britannique.

Peintre de sujets religieux, figures, portraits, nus, animaux, paysages, peintre à la gouache, aquarelliste, pastelliste, peintre de technique mixte, lithographe. Expressionniste.

Son père était entraîneur de chevaux de course. Il passa une partie de son enfance auprès de sa grand-mère maternelle en Irlande. Asthmatique de naissance, il semble n'avoir connu qu'une scolarité fragile. Certains articles, par trop journalistiques, perpétuent qu'il n'aurait commencé à peindre qu'à partir de 1944. Ayant quitté sa famille en 1926, s'en seraient suivies des années d'errance plutôt débauchée à Londres, Berlin et Paris, où tout n'est pas faux quant à l'homosexualité, la boisson, la drogue, le jeu. En réalité, dès 1927, pendant son séjour à Paris, à la suite du choc ressenti à une exposition Picasso, vue à la Galerie Pierre (Loeb), il avait commencé à dessiner, peindre à l'aquarelle, puis peindre à l'huile quelques paysages d'arbres morts en 1929. Il reçut quelques conseils du peintre Roy de Maistre. Parallèlement, en 1930, il ouvrit à Londres un atelier de décorateur d'intérieur, non sans succès puisque la revue *Studio* lui consacra un article avec reproduction de ses dessins de tapis et de mobilier tubulaire. Quant à la peinture, il présenta une petite exposition en février 1934 à la *Transition Gallery*, qui ne connut aucun succès, puis, en 1936, il fut refusé à l'*Exposition Surréaliste*. En fait, pendant une quinzaine d'années, il aura expérimenté les différentes ressources de la peinture contemporaine, recherchant les mieux adaptées à l'expression de ses obsessions personnelles, de Picasso le simultanéisme de la représentation des visages sous différents angles dans la même image, du surréalisme des accumulations « fortuites », et d'origine psychanalytique, de cages, fauteuils défoncés, bidets, miroirs, créatures monstrueuses non-identifiables ou morceaux de viande arrachés d'on ne sait quels corps. Dès 1933, il traitait le thème de la *Crucifixion*, dans un triptyque alors remarqué par Herbert Read, thème qui reparaîtra à plusieurs reprises dans sa maturité. En 1937, il figurait avec trois peintures dans une exposition à laquelle participaient aussi, entre autres, Sutherland, Piper, Pasmore, qui représentaient déjà alors l'avant-garde de la peinture anglaise. Pendant la guerre, il servit dans la Défense Civile, et n'avait guère le loisir de peindre.

En 1944, il décida de se consacrer entièrement à la peinture. Ce fut sans doute à ce moment que, dans un examen rigoureux de sa production antérieure, il la détruisit presque entièrement, à l'exception de dix ou quinze peintures, parmi lesquelles *Trois études de personnages au pied d'une crucifixion*, d'ailleurs très récente puisque de 1944. En 1945, il participa à une exposition où figuraient, de nouveau Sutherland, Moore et quelques autres, et où lui-même montrait les : *Trois études pour une crucifixion* et *Personnages dans un paysage*, considérées comme les premières peintures de sa maturité. Non sans être contesté, Bacon fut pris en considération à partir de cette exposition. Entre 1946 et 1950, il se fixa dans le sud de la France. À partir de 1949, il fut exposé régulièrement à la Hanover Gallery de Londres. Dès lors, les expositions collectives auxquelles il a participé sont devenues si nombreuses qu'il serait vain de les dénombrer. On se limitera maintenant aux plus importantes de ses expositions personnelles : la première à Londres en 1949, où l'on voyait déjà les premières formulations des thèmes qui seront développés tout au long de l'œuvre à venir : les têtes hurlantes d'après des photographies extraites du film *Le Cuirassé Potemkine* d'Eisenstein, les papes d'après le *Portrait du pape Innocent X* de Vélasquez ou bien d'après des photographies du pape Pie XII, les personnages dans des cages vitrées, les nus bougés d'après les photographies de personnages en mouvement de Muybridge. D'autres expositions personnelles se succédèrent à Londres en 1950, 1951, en 1953 l'exposition où il montra des paysages, ce qui restera exceptionnel dans son œuvre, d'Afrique et du Midi de la France. En 1953 aussi il fit sa première exposition à New York. À Londres de nouveau en 1954, année où il représentait la Grande-Bretagne à la Biennale de Venise, avec Ben Nicholson et Lucian Freud. Première exposition à Paris en 1957. Londres de nouveau 1957, 1959, 1960, Turin, Milan, Rome en 1958, Chicago 1959, Los Angeles 1960, Nottingham 1961, Milan 1962. De 1962 à 1964, une exposition d'ensemble circula de la Tate Gallery de Londres à la Kunsthalle de Mannheim, à la Galerie d'Art Moderne de Turin, au Stedelijk Museum d'Amsterdam, au Solomon R. Guggenheim Museum de New York, à l'Art Institute de Chicago. D'autres expositions personnelles en 1963 à Londres et New York, Londres 1965, Paris 1966. En 1965, une rétrospective circula de nouveau au Kunstverein de Hambourg, au Musée d'Art Moderne de Stockholm, à la Galerie d'Art Moderne de Dublin. En 1971-1972, les Galeries Nationales du Grand Palais à Paris lui consacrèrent une vaste exposition rétrospective, puis la Kunsthalle de Düsseldorf 1972, les Galeries Marlborough de Londres, New York, Rome et Zurich de 1973 à 1976, le Metropolitan Museum de New York en 1975, le Musée Cantini à Marseille en

1976, la Fondation Maeght de Saint-Paul-de-Vence, avec Lucian Freud, en 1995. Dans les galeries privées, les expositions d'ensemble n'ont cessé de se multiplier à travers le monde, et particulièrement à Paris, d'abord à la Galerie Claude Bernard en 1977, puis à la Galerie Maeght-Lelong, jusqu'à la rétrospective du Musée National d'art Moderne au Centre Beaubourg en 1996. Aux séries déjà mentionnées : crucifixions, têtes hurlantes, papes, personnages en mouvement, nus bougés, il faut ajouter la série sur Van Gogh et ses œuvres, celle sur des animaux peu définis, singes ou chiens, des portraits de ses familiers, de nombreux autoportraits. Son atelier était parsemé, jusque sur le sol, de documents de toutes sortes, reproductions de peintures, des *Femmes à la toilette* de Degas, du *Massacre des Innocents* de Poussin, une de ses rares peintures caravagesques, photos personnelles, photos de boxeurs, de footballeurs, de Mussolini vociférant, pages de livres de médecine, et reportages sur les fauves. Dans une longue période où l'abstraction était en position dominante, Bacon, après Picasso, aura joué un rôle primordial quant à un retour à la figuration et la figure ou l'affirmation contestataire de ce retour. Mais, pour lui de même que pour Picasso, figuration ne signifiait pas réalisme. S'il récuse la qualification d'expressionnisme, c'est pourtant, pour des raisons de commodité, dans ce courant multiple et divers qu'il est situable. Lui-même précisa qu'il ne fallait pas confondre, en ce qui le concernait, figuration et illustration. Il a donc souvent utilisé des photographies ou parfois des reproductions de peintures, au lieu de modèles, même lorsqu'il peignait des portraits d'amis. Dans ce dernier cas, il expliqua se sentir plus libre hors de leur présence, il ajouta qu'il préférait qu'ils ne fussent pas présents quand il infligeait à leurs visages les outrages graphiques et chromatiques. Un livre sur les maladies buccales lui avait fait découvrir l'horrible splendeur des couleurs que révèle une bouche ouverte, derrière la barrière blanche des dents tous les roses et rouges jusqu'aux violacés, comme des chairs écrasées. D'une façon plus générale, les photographies lui offraient des angles de vue ou des éclairages insolites, les surprises de l'instantané, voire parfois le « bougé » d'instantanés ratés. Cet effet de « bougé » est la caractéristique générale de tout son œuvre, amplifiée par une déformation systématique des corps picturalement torturés, jusque parfois dépecés en morceaux de viande saignante épars sur le sol souillé, déformation des visages écrasés rageusement comme fruits blets. Quand il semble vouloir donner de cet effet de « bougé » une explication uniquement technique : « accident qui désoriente la vision que je peux avoir de l'objet que j'ai tenté de saisir », on peut y voir beaucoup plus une volonté délibérée de troubler le reflet de lui-même que lui renvoie le monde extérieur, d'autant que ce lui-même ne présentait pas des traits particulièrement plaisants : sous un front inquiétant un visage dissymétrique, un œil rond, l'autre à demi couvert de la paupière tombante, « un Falstaff » disait de lui Michel Leiris. À ce sujet ont été avancées les pseudo-explications les plus communes et les moins recevables : alcool et drogue entre autres. Plus valablement, quant au brouillage des visages par un essuyage latéral, peut-on éventuellement arguer d'un certain maniérisme, surtout dans les peintures postérieures à 1980, lorsqu'il délaissa la peinture à l'huile pour le pastel, plus solennellement composées, techniquement plus tempérées, plus plates, iconiquement plus décoratives et dont la cruauté représentée paraît moins crédible.
Si la peinture de Bacon ne figure, à peu d'exceptions près, que l'homme, c'est parce que « l'être au monde » de l'homme constitue l'essentiel de l'interrogation qu'il se pose et, par le ricochet de la peinture, nous pose. Ses personnages ne sont à peu près nulle part, seuls figurant simplement « l'être là », le plus souvent sur un siège quand ce n'est celui des toilettes, presque pas de décor ou d'accessoires, dans une cage vitrée, au milieu d'une pièce close suggérée ou seulement devant un fond uni de couleur insupportablement violente, rouge, orange, jaune ou désagréablement désaccordée, rose mièvre, mauve trouble, vert acide. Quand il fait hurler des têtes qui se secouent furieusement, il crée plastiquement un cri de refus, de révolte, qui répond à celui de Munch et à la *Femme qui pleure* de Picasso. Quand il enferme des personnages dans des cages transparentes, il signifie l'emprisonnement de l'homme dans sa condition, et lorsque ce sont des papes qu'il encage, c'est en tant qu'ils représentent le sommet de l'aliénation qu'il leur brouille le masque à peine encore humain d'un revers de brosse impatienté. Son ami Michel Leiris écrit à ce sujet : « Les personnages de Bacon laissent parfois voir leurs dents, petits bouts de sque-

lette. Cela, sans doute, parce qu'on ne saurait, afin de la connaître mieux et d'en goûter toute la beauté, scruter avec acharnement la vie sans arriver – au moins par éclairs – à mettre à nu l'horreur qui se cache derrière les revêtements les plus somptueux. » Quand il torture picturalement des corps d'hommes, souvent nus, contorsionnés, entremêlés, qui se vautrent par terre comme des vers, il accuse l'abjection d'être pour mourir. Ses singes ou ses chiens, disloqués cruellement, se grattent furieusement dans la satisfaction de leur non-conscience. Et si, lorsqu'il peint les portraits de ses amis, et plus encore ses autoportraits, il ne peut s'empêcher, par l'angle sous lequel il les montre, et par le brouillage du visage, presque essuyé puis repris furieusement avec quelques griffures et taches de couleur, de leur infliger la blessure que je leur fais », c'est parce que c'est cette « blessure qui me permet, je crois, d'énoncer plus clairement leur réalité essentielle. » Dans le même sens, il s'est encore expliqué : « Nous vivons presque toujours derrière des écrans et je pense quelquefois quand on dit que mes œuvres ont un aspect violent, que j'ai peut-être été de temps en temps capable d'écarter un ou deux voiles ou écrans. » L'ensemble de son œuvre, emblématique des horreurs répétées de l'époque qu'il a vécue en tentant d'y échapper par le recours à tous les artifices, dont celui de l'art, de notre époque criminelle et sanglante, dans un monolithisme presque total, ressortit au courant général de l'expressionnisme, mais se singularise par son égocentrisme. Loin de la vocation centrifuge de l'expressionnisme, c'est un expressionnisme de l'enfermement sur soi-même. Si son œuvre est ponctué par le thème de la crucifixion, littérale ou métaphorique, c'est qu'il s'y agit, quoi qu'il figure, d'un crucifiement toujours recommencé, de tout ce qui l'entoure d'apparemment vivant, et avant tout de lui-même dont il ne cesse d'épier le reflet dans l'autre. ■ Jacques Busse

BIBLIOGR. : John Rothenstein et Ronald Alley : *Francis Bacon*, Thames et Hudson, Londres, 1963 – John Russell : *Francis Bacon*, Methuen and Cᵒ, Londres, 1964 – Denis Milhau : *Francis Bacon*, in : *Peintres contemp.*, Mazenod, Paris, 1964 – Michel Leiris : *Ce que m'ont dit les peintures de Francis Bacon*, et David Sylvester : *Entretien avec Francis Bacon*, Derrière le miroir, Maeght, Paris, 1966 – Gérald Gassiot-Talabot : *Présence de Bacon*, Les Annales, Paris, 1967 – Robert Melville : *Francis Bacon*, Studio International, Londres, 1967 – Michel Ragon : *Francis Bacon*, in : *Vingt-cinq ans d'art vivant*, Casterman, Paris, 1969 – Gilles Deleuze : *Bacon, logique de la sensation*, La Différence, Paris, 1970 – Michel Leiris : *Francis Bacon aujourd'hui*, Préface du catalogue de la rétrospective des Galeries Nationales du Grand-Palais, Paris, 1971 – John Russell : *Francis Bacon*, Edit. du Chêne, Paris, 1971 – Jérôme Peignot : *Bacon*, in : Opus International, Paris, 1971 – Marc Le Bot : *La vision désorientée de Francis Bacon*, in : La Quinzaine Littéraire, Paris, fév. 1975 – Francis Bacon, entretiens avec David Sylvester : *L'art de l'impossible*, Skira, Genève, 1976 – Michel Leiris : *Le grand jeu de Francis Bacon*, Préface du catalogue de l'exposition, Gal. Claude Bernard, Paris, 1977 – divers : *Bacon*, Opus International, numéro spécial, Paris, 1978 – John Russell : *Francis Bacon*, Thames and Hudson, Londres, 1979 – Michel Leiris : *Francis Bacon*, Albin Michel, Paris, 1983 – Jacques Dupin : *Bacon*, Repères nᵒ 10, Gal. Lelong, Paris, 1984 – Jacques Dupin : *Bacon*, et David Sylvester : entretien avec Francis Bacon, Repères nᵒ 39, Gal. Lelong, Paris, 1987 – Philippe Sollers : *Le vif du sujet*, in : Beaux-Arts, Paris, juin 1990 – divers : *Spécial Francis Bacon*, Artstudio, Nᵒ17, Paris, été 1990 – David Sylvester, Fabrice Hergott, divers : Catalogue de l'exposition *Francis Bacon*, Centre Georges Pompidou, Paris, 1996 – Philippe Sollers : *Les Passions de Francis Bacon*, coll. Monographies, Gallimard,Paris, 1996 – Milan Kundera, sous la direction de.. : *Francis Bacon – Portraits et autoportraits*, Les Belles Lettres/Archimbaud, Paris, 1996 – Entretiens avec Michel Archimbaud : *Francis Bacon*, coll. Folio-essais, Gallimard, 1996 – Christophe Domino : *Bacon monstre de peinture*, coll. Découvertes, Gallimard, Paris, 1996 – Pierre Charras : *Francis Bacon, le ring de la douleur*, Ramsay/Archimbaud, Paris, 1996 – Philippe Dagen : *Bacon*, Cercle d'art, Paris, 1996 – Michel Leiris : *Francis Bacon ou la brutalité du fait*, coll. L'École des Lettres, Paris, 1996 – Michel Leiris : *Francis Bacon*, Albin Michel, Paris, 1996.
MUSÉES : BERLIN (Nationalgal.) : *Trois Études d'Isabel Rawsthorne* 1967 – BUFFALO – Londres (Tate Gal.) : *Trois Études de figures au pied d'une Crucifixion* 1944 – Etude pour un portrait sur un lit-divan 1963 – LONDRES (Arts Council of Great Britain) : *Tête nᵒ VI* – LONDRES (Nat. Portrait Gal.) : *Autoportraits* – MARSEILLE (Mus. Cantini) : *Autoportrait* 1976 – NEW YORK (Mus. of

Mod. Art) : *Painting* 1946 – Paris (Mus. Nat. d'Art Mod.) : *Van Gogh dans un paysage* 1957 – *Trois personnages dans une pièce* 1964, triptyque – *Autoportrait* 1971 – *Étude du corps humain* 1982.

Ventes Publiques : Londres, 29 juin 1962 : *Composition abstraite*, past. : GBP 500 – New York, 27 fév. 1963 : *Sphinx* : USD 10 000 – Milan, 1er déc. 1964 : *Étude pour un portrait* : ITL 5 000 000 – Londres, 23 juin 1966 : *Trois études de Henrietta Morges* : GBP 6 000 – New York, 25 sep. 1968 : *Deux figures* : USD 32 500 – Londres, 9 déc. 1970 : *Étude pour le Portrait VIII* : GBP 26 000 – Paris, 29 mai 1972 : *Skull of a gorilla* : FRF 300 000 – New York, 27 mai 1976 : *Homme sur un divan et sculpture* 1960-1961, h/t (166,5x142) : USD 160 000 – Londres, 16 juin 1976 : *Composition* 1933, aquar., cr., pl. et reh. de gche (53x40) : GBP 900 – Londres, 29 juin 1977 : *Made in blue VII* 1954, h/t (152,5x117) : GBP 25 000 – Rome, 24 mai 1978 : *Portrait*, eaux-forte et aquat. (26x22,5) : ITL 1 100 000 – Londres, 2 juil. 1981 : *Figure couchée* 1966, h/t (198x147) : GBP 55 000 – New York, 20 mai 1982 : *Figure tournante* 1962, h/t (198x142) : USD 95 000 – Londres, 23 mars 1983 : *Étude pour le portrait d'Isabel Rawsthorne* 1967, h/t (35,5x30,5) : GBP 19 000 – Milan, 15 nov. 1983 : *La Tragédie d'Echyle* 1981, litho. coul., triptyque (54X104) : ITL 2 600 000 – New York, 31 oct. 1984 : *Les Lutteurs, d'après Muybridge* 1980, h. et past./t. (198x147,5) : USD 220 000 – New York, 2 mai 1985 : *Paysage près de Malabata, Tangiers* 1963, h/t (194,3x142,2) : USD 470 000 – Londres, 3 juil. 1987 : *Étude pour un portrait* 1966, h/t (83,9x68,9) : GBP 380 000 – New York, 3 mai 1988 : *Étude pour Figure I* 1953 (198,1x136,5) : USD 935 000 – Paris, 23 juin 1988 : *Composition cubiste*, tapis (200x118) : FRF 140 000 – New York, 9 nov. 1988 : *Trois études pour un portrait (Peter Beard)* 1975, h/t (35,4x30,7) : USD 825 000 – New York, 2 Mai 1989 : *Étude pour le portrait de Van Gogh II, titré sur la route de Tarascon* 1957, h/t (198x142,2) : USD 5 830 000 – *Triptyque Mai-Juin* 1973, h/t (chaque panneau 198,3x147,5) : USD 6 270 000 – New York, 8 nov. 1989 : *Personnage torsadé* 1962, h/t (198,2x144,7) : USD 3 300 000 – New York, 8 mai 1990 : *Étude pour un portrait (série des Pape)* 1957 (152x118) : USD 5 500 000 – New York, 7 nov. 1990 : *Portrait de George Dyer s'admirant dans un miroir* 1967, h/t (198x147) : USD 3 850 000 – Paris, 20 nov. 1990 : *Le Toreador*, litho. coul. (158x120) : FRF 45 000 – Londres, 2 juil. 1992 : *Portrait de Isabel Rawsthorne* 1971, h/t (35,5x30,5) : GBP 110 000 – Lokeren, 10 oct. 1992 : *Affiche pour le Metropolitan Museum of Art* 1975, litho. coul. (115x85) : BEF 90 000 – Paris, 18 oct. 1992 : *Étude de personnage* 1985, litho. coul. (94x68) : FRF 10 000 – New York, 4 mai 1993 : *Étude pour un portrait dans un fauteuil* 1967, h/t (198x147,5) : USD 1 212 500 – Londres, 24 juin 1993 : *Étude pour un portrait*, h/t (51x41) : GBP 562 500 – New York, 9 nov. 1993 : *Étude pour le portrait de Lucian Freud* 1964, h/t (198x147,8) : USD 1 762 500 – Paris, 3 déc. 1993 : *Portrait de John Edwards* 1986, litho. coul. (81,3x59,5) : FRF 11 000 – Zurich, 3 déc. 1993 : *Étude pour Tauromachie* 1987, litho. coul. (89x64,5) : CHF 6 500 – Paris, 23 mars 1994 : *Poster pour le Metropolitan Museum of Art* 1975, litho. (160x110) : FRF 6 500 – Paris, 15 nov. 1994 : *Nu accroupi* 1959, h/t (198x142,5) : FRF 2 100 000 – Londres, 30 nov. 1994 : *Étude pour une tête*, h/t (94,5x85) : GBP 672 500 – Zurich, 2 déc. 1994 : *Personnage assis* 1991, aquat. en coul. (161,5x119,5) : CHF 16 000 – New York, 2 mai 1995 : *Portrait d'Henrietta Moraes avec un fond blanc* 1964, h/t (198,1x147,3) : USD 1 377 500 – Lokeren, 20 mai 1995 : *Portrait*, pointe sèche (29,9x25,3) : BEF 65 000 – Londres, 28 juin 1995 : *Étude pour le portrait de John Edwards*, h/t (198,3x147,3) : GBP 1 321 500 – New York, nov. 1995 : *Portrait de George Dyer s'admirant dans un miroir* 1967, h/t (198,1x147,3) : USD 1 432 500 – Londres, 22 mai 1996 : *Aquarelle* 1929, aquar. et gche (21x14) : GBP 17 250 – Zurich, 17-18 juin 1996 : *Œdipe et le Sphinx* 1984, litho. coul. (130x90) : CHF 2 200 – Paris, 19 juin 1996 : *Homme nu debout*, litho. coul. (94x67) : FRF 12 000 – New York, 9 nov. 1996 : *Triptyque inspiré par l'Oreste d'Eschyle* 1979, litho. coul., triptyque (53,3x103,7) : USD 5 175 – Londres, 4 déc. 1996 : *Personnage assis (Cardinal rouge)* 1960, h/t (152,5x118) : GBP 1 541 500 – Londres, 5 déc. 1996 : *Portrait* 1978, h/t, étude (198x147,5) : GBP 716 500 – New York, 20 nov. 1996 : *Étude pour portrait* 1969, h/t (35,5x30,5) : USD 310 500 – Paris, 7 mars 1997 : *Portrait de William Blake*, litho. : FRF 14 000 – Londres, 26 juin 1997 : *Homme sur une chaise* 1952, h/t (60,5x50) : GBP 518 500 – Londres, 25 juin 1997 : *Personnage allongé* 1959, h/t (198x142) : GBP 439 300.

BACON Frederick
Né en 1803 à Londres. Mort en 1887 en Californie. xixe siècle. Britannique.
Graveur et aquafortiste.
Il fut élève de H. Füssli à la Royal Academy et, plus tard, de Finden, de qui il devint l'aide. Il travailla à l'illustration de livres jusqu'à l'année 1869, date à laquelle il délaissa complètement son art.

BACON G.
xixe siècle. Britannique.
Sculpteur.
Il exposa à Londres en 1846.

BACON Geo C.
Né en 1855. Mort le 27 décembre 1883 à Malden (près de Boston). xixe siècle. Américain.
Peintre.
Il est surtout connu par ses peintures murales décoratives.

BACON H. D.
xixe siècle. Britannique.
Peintre de chasse.
Il exposa à Londres en 1861.
Ventes Publiques : Paris, 11 fév. 1922 : *Chiens de chasse en Écosse* : FRF 180.

BACON H. M., Miss
xixe siècle. Britannique.
Peintre de natures mortes de fruits.
Elle exposa à Londres en 1862.

BACON H. M.
xixe siècle. Britannique.
Peintre d'histoire.
Il exposa à Londres en 1864.

BACON Helen Emmeline, Mrs Macalpin
Née à Chelsea (Angleterre). xxe siècle. Britannique.
Peintre de paysages, aquarelliste.
Elle fit ses études à Lambeth et à l'Ecole d'Art d'Edimbourg. Elle a exposé ses aquarelles à la Royal Scottish Watercolours Society et à la Walker Art Gallery.

BACON Henry
Né le 8 octobre 1839 à Haverhill (Massachusetts). Mort en 1913 au Caire. xixe-xxe siècles. Actif aussi en France. Américain.
Peintre de genre, paysages, aquarelliste.
Tout d'abord, il commença ses études artistiques à Boston, puis vint à Paris, où il travailla sous la direction de Cabanel en 1864, et dans l'atelier de l'orientaliste Théodore Frère, entre 1867 et 1868. Il passa ensuite un an à Dresde, retourna dans son pays, avant de revenir se fixer à Paris.
Ses toiles reproduisent des scènes de la vie quotidienne, notamment les joies simples de la vie des enfants. Les plus connues sont : *Les Garçons de Boston et le général Gage* 1875, *La Chance aux plus bruyants* 1881 et *Monsieur le Docteur*.

Henry Bacon

Bibliogr. : Gérald Schurr : *Les Petits Maîtres de la peinture 1820-1920, valeur de demain*, t. IV, Les Éditions de l'Amateur, Paris, 1979.
Ventes Publiques : Paris, 1881 : *Sur la plage* : FRF 61 – New York, 1909 : *L'Option, l'Alsace après la guerre franco-prussienne* : USD 310 – Paris, 25 nov. 1948 : *Le Berceau bien gardé* : FRF 12 500 – New York, 15 nov. 1967 : *L'Attente* : USD 850 – Paris, 8 déc. 1976 : *Rêverie* 1898, h/t (60x50) : FRF 4 400 – New York, 17 nov. 1978 : *Femme épluchant des pommes*, h/t (50,2x72,4) : USD 3 800 – Los Angeles, 23 juin 1981 : *Rock-a-Bye Baby* 1868, h/pan. (35,5x28) : USD 3 400 – New York, 7 avr. 1982 : *Venise (au verso : femme assise)*, aquar. (34,2x51,2) : USD 300 – New York, 6 déc. 1985 : *Le Départ*, h/t (72,5x51) : USD 30 000 – New York, 22 sep. 1987 : *Première neige* 1867, h/t (32,5x23,8) : USD 7 500 – New York, 25 mai 1989 : *Reste tranquille !*, h/t (41,3x33) : USD 9 900 – New York, 26 sep. 1991 : *Prières de Noël* 1872, h/pan. (45x34,5) : USD 7 700 – Le Touquet, 10 nov. 1991 : *La jeune artiste peignant sur la plage*, h/pan. (32x41) : FRF 35 000 – New York, 14 nov. 1991 : *Campement arabe* 1909, aquar./pap. (40x62,9) : USD 990 – New York, 15 nov. 1993 : *Spécialiste de la beauté* 1866, h/t (34,2x25,4) : USD 19 550

– Londres, 17 nov. 1993 : *Jeune femme écossaise arrivant à New York*, h/t (48x69) : **GBP 23 000** – New York, 28 nov. 1995 : *Le Chagrin du petit écolier* 1867, h/pan. (32,5x24) : **USD 9 775** – New York, 23 mai 1996 : *La Plage d'Étretat* 1881, h/t (45,7x55,2) : **USD 63 000** – New York, 4 déc. 1996 : *Jeune Paysanne* 1883, h/t (94x63,5) : **USD 13 800** – New York, 27 sep. 1996 : *La Sépulture de Rose Standish* 1870, h/t (50,2x71,6) : **USD 575** – Londres, 12 juin 1997 : *Une artiste faisant un croquis sur la plage*, h/pan. (32,5x41) : **GBP 3 450**.

BACON Henry Lynch
Né à Londres. xixᵉ siècle. Britannique.
Illustrateur.
Fils de J.-C. Bacon. A exposé des portraits à la Royal Academy. Sans doute identique à LYNCH (James Henry).

BACON Irving R.
Né en 1875 à Fitchburg (Massachusetts). xxᵉ siècle. Américain.
Peintre.

BACON J. et peut-être C.
xixᵉ siècle. Britannique.
Portraitiste.
Il exposa un portrait à la Royal Academy de Londres en 1813.

BACON J. P.
xixᵉ siècle. Vivait à Stoke-upon-Trent (Angleterre). Britannique.
Peintre paysagiste.
En 1865 et 1867 il exposa des paysages à la British Institution.

BACON John, l'Ancien
Né le 24 novembre 1740 à Southwark. Mort le 4 août 1799 à Londres. xviiiᵉ siècle. Britannique.
Sculpteur.
Il commença à étudier à la Royal Academy en 1758. Sa première œuvre marquante fut une *Statue de Mars*. Il exécuta ensuite plusieurs monuments, tels que celui de Mrs Draper, dans la cathédrale de Bristol ; ceux de Will. Pitts, dans le Guidhall et dans l'abbaye de Westminster ; ceux du Dr Johnson, de Howard et de Sir William Jones, à Saint-Paul. Il exposa de nombreux tableaux à la Royal Academy, entre 1769 et 1799, et des bas-reliefs, à la Free Society en 1762-1764.
Musées : Londres (Nat. Gal. of Portraits) : *Thomas Gray – Richard Colley – Marquis Wellesley*, marbre, buste.

BACON John, le Jeune
Né en mars 1777. Mort en 1859. xixᵉ siècle. Vivant à Londres. Britannique.
Sculpteur.
Il était le second fils de Bacon l'ancien. Élève de la Royal Academy, il commença à exposer dès 15 ans, et obtint la médaille d'or en 1794. Deux années plus tard, il sculpta deux figures : *Vigilance* et *Sagesse*, qui furent placées à Trinity House. Lorsque son père mourut, John Bacon termina plusieurs œuvres qu'il avait laissées inachevées. Ses bustes, statues et sujets allégoriques parurent à la Royal Academy jusqu'en 1824.

BACON John Collingwood
Né le 15 septembre 1882 à Bury-Saint-Edmund. xxᵉ siècle. Britannique.
Peintre aquarelliste, graveur et sculpteur sur bois.
Fils d'Henry François Bacon architecte et inspecteur. Il a exposé à Brooh St. Art Gallery.

BACON John Henri Frédéric
Né en 1868 à Londres. Mort en 1914. xixᵉ-xxᵉ siècles. Britannique.
Peintre d'histoire, scènes de genre, portraits, aquarelliste, dessinateur.
Il fit ses études à la Royal Academy de Londres, où il exposa à partir de 1889. Il participa à l'Exposition de tableaux anglais à Saint-Petersbourg en 1898, avec deux œuvres : *Le duc et Viola* (la Nuit des Rois), aquarelle, *La jeune veuve* ; au Salon des Artistes Français et à l'Exposition universelle de 1900 à Paris, où il obtint une mention honorable.
On lui doit une longue série de tableaux de genre et de tableaux d'histoire. On cite notamment sa toile : *Romance*, datée de 1903. Plusieurs de ses portraits-esquisses ont été reproduits dans le journal d'art anglais *The Studio*.
Ventes Publiques : Londres, 11 déc. 1922 : *L'ondée*, dess. : **GBP 4** – Londres, 7 mars 1938 : *Les rivaux* : **GBP 8** – Londres, 20 jan. 1981 : *Woodlands Nymphs*, aquar. reh. de blanc (29x24) :

GBP 680 – Londres, 10 mars 1982 : *Portrait of a lady*, h/t, de forme ovale (71x58,5) : **GBP 300** – Londres, 13 nov. 1985 : *Portrait de Meredith Frampton enfant* 1906, h/t (76x63,5) : **GBP 550** – Londres, 2 juin 1989 : *Portrait d'une lady vêtue de blanc assise* 1883, h/t (142x112) : **GBP 8 580** – Londres, 26 sep. 1990 : *Les paroles d'un nouveau Dieu* 1907, aquar. et gche (47x34) : **GBP 770** – Londres, 1ᵉʳ nov. 1990 : *Une vieille coutume danoise : l'accrochage d'une gerbe de blé pour Noël* 1895, cr. et aquar. (54,6x37,5) : **GBP 770** – Londres, 27 mars 1996 : *La fin du siège de Ladysmith* 1900, h/t (76x114) : **GBP 9 775**.

BACON John Mannsell
xixᵉ-xxᵉ siècles. Britannique.
Portraitiste.

BACON Julia
Née au xixᵉ siècle à Boston (Massachusetts). xixᵉ siècle. Américaine.
Peintre.
Élève de E.-C. Tarbell. Membre du Boston Art Club en 1898, époque où elle vivait à Jamaica Plain (Massachusetts).

BACON Manon
Née à Bellegarde-en-Forez (Loire). xxᵉ siècle. Française.
Peintre.
Exposa au Salon des Indépendants des paysages et des portraits en 1930 et 1931. *Voir aussi MAN-COLLOT*.

BACON Marjorie May
Née le 6 janvier 1902 à Ipswich (Suffolk). xxᵉ siècle. Britannique.
Graveur et lithographe.
Élève du Royal College of Art. Son œuvre comprend des aquatintes, des bois gravés et des lithographies.

BACON Nathaniel J., Sir, dit of Culford
Né en 1585. Mort en 1627. xviiᵉ siècle. Britannique.
Peintre de scènes de genre, portraits, intérieurs.
Il est le demi-frère du célèbre philosophe et chancelier Francis Bacon. Une tradition de famille lui attribue deux portraits conservés au château de Gorhambury, ainsi qu'une toile intitulée *La cuisinière*, qui était déjà désignée comme son œuvre dans un inventaire daté de 1659. La plus grande partie de ses peintures ne sont pas sorties de sa famille.
Ce fut comme amateur que sir Nathaniel exécuta avec un réel talent, et s'inspirant des vieux maîtres flamands, un certain nombre de tableaux de genre, d'intérieurs de cuisine et de portraits.
Musées : Londres (Nat. Portrait Gal.) : *Autoportrait*.
Ventes Publiques : Londres, 6 juil. 1927 : *Jeune garçon vêtu d'un pourpoint blanc* : **GBP 48** – Londres, 25 juin 1965 : *Portrait de Sir Henry Wootton* : **GNS 450**.

BACON Peggy
Née en 1895. xxᵉ siècle. Américaine.
Peintre de paysages animés.
Elle a peint des paysages typiques et scènes familières des États-Unis.
Ventes Publiques : New York, 27 oct. 1978 : *Paysage* 1964, gche (28,5x38) : **USD 1 600** – Portland, 22 nov. 1980 : *Loin de chez soi*, h/t (51x66) : **USD 1 400** – New York, 2 déc. 1982 : *Au coin du feu*, past./pap. (45,7x35,5) : **USD 450** – New York, 22 sep. 1983 : *Aesthetic pleasure* 1936, eau-forte et pointe sèche (15,3X21,7) : **USD 700** – Portland, 22 sep. 1984 : *Maine inlet*, h/cart. (45,7x61) : **USD 2 400** – New York, 15 mai 1991 : *Bois flottant* 1969, h./résine synth. (22,9x30,5) : **USD 1 320** – New York, 18 déc. 1991 : *La ruelle des chats*, past./pap. (64,8x43,8) : **USD 1 980**.

BACON Sheffield
Né au Canada. xxᵉ siècle. Britannique.
Peintre.
Exposa un paysage au Salon d'Automne de 1932.

BACON T.
xviiiᵉ siècle. Actif à Londres à la fin du xviiiᵉ siècle. Français.
Sculpteur.
Il était le fils de John Bacon l'Ancien. Entre 1793 et 1795, il exposa à la Royal Academy trois sculptures : *L'enfant prodigue* (terre cuite), *Le Christ et la Samaritaine*, *Le Christ au Jardin des Oliviers*.

BACON T.
xixᵉ siècle. Actif à Florence, vers le milieu du xixᵉ siècle. Britannique.
Paysagiste.

Exposa entre 1844 et 1855 à la Royal Academy et à Suffolk Street de Londres.
VENTES PUBLIQUES : PARIS, 21 jan. 1898 : *Les limites extérieures* : **FRF 175**.

BACON Viola
Née en 1878 à Macon (Georgie). XXᵉ siècle. Américaine.
Peintre.
Élève de William John Whittemore à New-York, elle étudia également à la Cooper Union. Elle travailla à la New York School of Art.

BACON W.
XIXᵉ siècle. Actif à Londres au début du XIXᵉ siècle. Britannique.
Peintre.
Plusieurs de ses tableaux, qui représentent pour la plupart des paysages du nord du pays de Galles, parurent à la Royal Academy, entre 1809 et 1823.

BACON W. E.
XIXᵉ siècle. Actif à Bettws-y-Coed (Pays de Galles). Britannique.
Paysagiste.
Exposa à la Royal Academy de Londres, en 1883.

BACON D'ARCY
XIXᵉ siècle. Actif à Londres dans la dernière moitié du XIXᵉ siècle. Britannique.
Peintre animalier.
Cet artiste exposa entre 1855 et 1874 à la Royal Academy, à la British Institution, et à Suffolk Street.

BACON PERCY C. H.
XIXᵉ siècle. Britannique.
Peintre verrier.
De 1885 à 1890, il exposa divers projets de vitraux à la Royal Academy, à Londres.

BACON-PLIMPTON Mabel. Voir ENGLISH Mabel

BACONNAIS Michel
Né en 1922. XXᵉ siècle. Français.
Peintre. Abstrait.
A exposé au Salon des Réalités Nouvelles en 1986 et 1988.

BACONNIER Marguerite
Née à Lyon (Rhône). XXᵉ siècle. Française.
Peintre.
Elle étudia chez Jean-Paul Laurens et Guillonet. En 1913, elle exposa au Salon des Artistes Français où elle reçut une mention honorable.

BACOT Edmond
XIXᵉ siècle. Actif vers le milieu du XIXᵉ siècle. Français.
Paysagiste.
Il exposa fréquemment aux Salons de Paris.

BACOT Émile
XIXᵉ siècle. Travaillait à Caen vers 1834. Français.
Portraitiste et miniaturiste.
Il fut l'élève de Lepoittevin.

BACOT Jacques
XVIIᵉ siècle. Actif à Nantes. Français.
Peintre.
Il se maria le 22 janvier 1674.

BACOT Sylvie
Née en 1954. XXᵉ siècle. Française.
Peintre. Abstrait.
En 1988, elle a exposé au Salon Grands et Jeunes d'Aujourd'hui et à celui des Réalités Nouvelles, à Paris.

BACOUSSIN
Mort en 1760. XVIIIᵉ siècle. Français.
Peintre.
Membre de l'Académie de Saint-Luc.

BACQUÉ André
Né à Port-Sainte-Marie (Lot-et-Garonne). XXᵉ siècle. Français.
Peintre de paysages.
Comédien, il quitta la Comédie-Française peu de temps avant de mourir. Il avait exposé au Salon d'Automne en 1912 et 1913.
VENTES PUBLIQUES : PARIS, 23 déc. 1918 : *Le quai Conti* : **FRF 37**.

BACQUÉ Daniel Joseph
Né le 20 septembre 1874 à Vianne (Lot-et-Garonne). Mort le 21 décembre 1947 à Paris. XXᵉ siècle. Français.

Sculpteur de bustes, portraits, nus.
Élève de Berstamm et de Fumadelles, il exposa régulièrement au Salon des Artistes Français à Paris, à partir de 1900, obtenant une médaille de 3ᵉ classe en 1910, une médaille de 2ᵉ classe en 1911 et la médaille d'or en 1922. Il participa également au Salon d'automne (1920-1922-1925), et au Salon des Tuileries en 1928. Il est aussi l'auteur de sculptures décoratives pour des parcs.
MUSÉES : PARIS (Mus. d'Art Mod.) : *Femme se peignant – Buste du médailleur Dropsy – Jehan Fouquet*.
VENTES PUBLIQUES : LOS ANGELES, 28 oct. 1976 : *Archer et biche*, bronze (H. 70) : **USD 1 000** – BARCELONE, 17 déc. 1985 : *Eros*, bronze patine verdâtre (H. 44) : **ESP 90 000** – PARIS, 7 déc. 1987 : *Nymphe dansant* (H. 135) : **FRF 45 000**.

BACQUET Auguste
Né à Hardinghem (Pas-de-Calais). XXᵉ siècle. Français.
Décorateur.
Exposa au Salon d'Automne de 1923 un vase et une potiche.

BACQUET Paul Eugène Victor
Né en 1848 à Villemaurin (Aube). Mort le 28 août 1901. XIXᵉ siècle. Français.
Sculpteur.
Il fut l'élève de Farochon et de Dumont. Il exposa aux Salons de 1870, 1874, 1875 et 1899. On cite, parmi ses œuvres, plusieurs bustes de personnalités connues, et une colonne sur laquelle est placée la figure d'un musicien, Ferd. Poise, exécutée pour la ville de Nîmes.
MUSÉES : SÈTE : *Dupuytren*.

BACQUEVILLE P. P.
XVIIIᵉ siècle. Vivait à Paris vers 1720. Français.
Graveur d'ornements amateur.
On a de lui un *Livre d'Ornements propre pour les peintres et pour les meubles*.

BACSAK Gyorgy ou Georges
Né en 1870 à Pozsony (Presbourg). XIXᵉ-XXᵉ siècles. Hongrois.
Peintre.
Il étudia chez Lotz, à Budapest, et chez Hollosy à Munich. La première œuvre qu'il exposa fut une *Vue de forêt* (Budapest, 1891).

BACSAY Jehö
Né le 14 janvier 1900 à Katona (Transylvanie). XXᵉ siècle. Hongrois.
Peintre et dessinateur.
Entre 1919 et 1924, il fut élève à l'Académie des Beaux-Arts de Budapest dans les ateliers de Janos Vaszary et de Gyula Rudnay dont l'œuvre ne sera pas sans l'influencer. Il bénéficia de bourses qui lui permirent d'effectuer des voyages d'études à Paris en 1926 et en Italie en 1929. Il participa à la Biennale de Venise en 1929 et 1964. La plupart de ses expositions personnelles se tinrent à Budapest en 1925-1932-1941-1944 et une importante rétrospective de son œuvre y fut organisée en 1957. Son travail graphique est abondant, et consiste surtout dans deux ouvrages d'enseignement, traduits en français : *L'anatomie artistique*, et *L'homme et la draperie*. Lauréat du prix Kossuth, couronné du titre d'Artiste Émérite, il enseigné l'anatomie à l'École des Beaux-Arts de Budapest. Il travaille dans la capitale hongroise ainsi qu'à Szentendre.
C'est en 1929 alors qu'il est installé à Budapest que débute la période de son œuvre désignée comme « à contours noirs » : ses peintures, généralement de petits formats bien que de conception murale, représentent des paysages et des intérieurs caractérisés par une composition très architecturée, soulignée d'épais contours sombres délimitant des surfaces aux tonalités discrètes mais expressives. Les motifs encore figuratifs se muent peu à peu en des signes symbolisés d'une grande pureté. Il évolue d'ailleurs vers un constructivisme abstrait. Il a réalisé plusieurs compositions figuratives destinées à des mosaïques monumentales. Cet artiste a exercé une profonde influence sur l'évolution de la peinture hongroise contemporaine. ■ A. Rac, J. B.

BACSSZENTIVANYI Dömötör ou Bacsszentivany Demetrius de
XVᵉ siècle. Actif à la fin du XVᵉ siècle. Hongrois.
Peintre.
Il vivait à Kassa.

BACULESCO Jeana
Née à Calafat (Roumanie). XXᵉ siècle. Roumaine.
Peintre.
Élève de Biloul. A exposé au Salon des Artistes Français entre 1929 et 1935.

BACX Josse
xviiᵉ siècle. Actif à Malines. Éc. flamande.
Peintre ou sculpteur.
Sa signature est au nombre de celles des quatre-vingt-seize artistes qui signèrent la pétition de la gilde de Saint-Luc, le 8 mai 1619.

BACZKO Margarete von
Née le 21 juin 1842 à Gorlitz. xixᵉ siècle. Autrichienne.
Peintre de paysages.
Elle travaillait à Weimar, où elle avait reçu les leçons du professeur Max Schmidt ; elle a peint de nombreux paysages du Harz et de la côte de Poméranie.
Ventes Publiques : Vienne, 16 mars 1976 : *Paysage boisé* 1876, h/t (80x113) : **ATS 32 000** – Vienne, 12 oct. 1983 : *Vue du lac de Lugano* 1891, h/t (44x61) : **ATS 13 000**.

BACZYNSKI Joseph
Originaire de Wolhynie. Mort en 1838 à Dawidowka. xixᵉ siècle. Polonais.
Peintre.
Cet artiste peignit des scènes d'histoire et des caricatures.

BADALOCCHI Antonio
Originaire de Parme. xviiᵉ siècle. Actif vers 1650. Italien.
Peintre.

BADALOCCHIO Sisto, appelé aussi Sisto Rosa
Né en 1581 ou 1585 à Parme. Mort en 1647 à Ordogno. xviiᵉ siècle. Italien.
Peintre de scènes mythologiques, compositions religieuses, fresquiste, graveur.
Il existe sur l'identité de cet artiste une foule d'hypothèses qui sembleraient empêcher de citer aucun fait de son existence avec certitude. Bartsch par exemple, nie l'authenticité des dates, Campori le croit originaire de Modène, Malvasia l'identifie avec un *Sisto Rosa*, élève d'Annibale Caracci. Seules, les dates 1606-1609, qui marquent son séjour à Rome, semblent parfaitement établies. D'après Malvasia, Sisto Badalocchio accompagna Annibale Carracci et son codisciple Lanfranco, en 1606, à Rome, où on le trouve prenant part aux travaux décoratifs du Palais Farnèse. Puis, en collaboration avec Lanfranco, il publia en 1607 une série d'eaux-fortes d'après les fresques de Raphaël au Vatican. Il peignit aussi (seul) quatre scènes mythologiques d'après des cartons de Francesco Albani, au Palazzo Verospi. En 1609, après la mort de Carracci, Badalocchio retourna à Bologne. Les fresques représentant des *Scènes de la vie d'Hercule* et une allégorie de la *Gloire*, au Palazzo Bentivoglio à Gualtieri, paraissent aussi l'œuvre de cet artiste. Avant de les achever pourtant, il partit (en passant par la ville de Correggio) pour Reggio d'Emilia, où il exécuta notamment des peintures dans la coupole de l'église San Giovanni, qui montrent l'influence de Correggio. On lui doit aussi des peintures dans l'Oratorio della Morte, dans les églises Santa Maria del Carmine et San Pietro Martire. Il a aussi travaillé pour plusieurs églises de Parme, entre autres pour Santa Anna, Santa Maria delle Grazie, Santa Trinità de' Rossi, et San Bernardino. Il acquit pourtant une plus grande réputation comme graveur que comme peintre. Ses planches rappellent un peu la manière de Guido Reni.

Sistu BF. S Bimz

Musées : Parme : *Saint François d'Assise* – Le Puy-en-Velay : *Saint Jérôme*.
Ventes Publiques : Paris, 1835 : *Saint Ambroise* : **FRF 140** – Paris, 1839 : *L'annonce aux bergers* : **FRF 405** – Londres, 20 mars 1959 : *L'agonie au jardin des Oliviers* : **GBP 378** – Vienne, 29 nov. 1966 : *La Sainte Famille et saint Jean Baptiste, enfant* : **ATS 50 000** – Milan, 3 mars 1987 : *La chute de Saint-Paul*, h/t (80x100) : **ITL 10 000 000** – Milan, 21 avr. 1988 : *Diane et Callisto*, h/t (54x73) : **ITL 21 000 000** – Milan, 28 mai 1992 : *Le combat d'Orlando et de Rodomonte*, h/t (108x159) : **ITL 46 000 000**.

BADAROCCO Giovanni Raffaello
Né en 1648 à Gênes. Mort en 1726. xviiᵉ-xviiiᵉ siècles. Italien.
Peintre de scènes mythologiques, compositions religieuses.
Il fut élève de Maratta à Rome, et adopta ensuite la manière de Pietro da Cortona. Après avoir séjourné huit ans dans la Ville éternelle, il visita Naples et Venise et retourna à Gênes. Il peignit la plupart de ses tableaux pour les églises de cette dernière ville. La chartreuse de Polcevara possède deux grands tableaux de lui.

JR Badarocco.

Musées : Gênes : Six tableaux d'Histoire sainte et de sujets mythologiques – *La Crèche*.
Ventes Publiques : Rome, 22 mars 1988 : *Couples d'amours avec vase de fleurs*, h/t, deux pendants de forme ovale (92x69) : **ITL 15 000 000** – Londres, 5 juil. 1996 : *La Sainte Famille avec saint Jean Baptiste enfant et sainte Anne avec un paysage à l'arrière-plan*, h/t (126,7x170,8) : **GBP 45 500**.

BADAROCCO Giuseppe, dit il Sordo
Né en 1588, d'origine génoise. Mort en 1657. xviiᵉ siècle. Italien.
Peintre.
Il eut d'abord pour maîtres Strozzi et Andrea Ansaldo ; plus tard, il travailla d'après Andrea del Sarto à Florence ; à l'âge de 40 ans, il retourna à Gênes. Dans cette ville, Lanzi put voir un tableau de lui, daté de 1654, représentant *Achille à Scyros*. Une autre toile, représentant *Philippe Neri en adoration devant le Christ en croix*, se trouve dans la sacristie de S. Nicolo, à Voltri.

BADA SHANREN. Voir ZHU DA

BADCOCK K. S., Miss
xixᵉ siècle. Active à Riponi. Britannique.
Peintre animalier.
Exposa à Londres en 1889.

BADCOCK Leigh, Miss
xixᵉ siècle. Active à Norwood. Britannique.
Peintre de paysages.
Exposa à Londres de 1887 à 1893.

BADÉ J. B.
Mort en 1759. xviiiᵉ siècle. Français.
Peintre.
Secrétaire de l'Académie de Saint-Luc.

BADEAU Georges Laurent
Né à Paris. xxᵉ siècle. Français.
Sculpteur animalier et de bustes.
Il figura au Salon d'Automne en 1921, au Salon de la Société Nationale des Beaux-Arts en 1921 et 1922, au Salon des Tuileries, à Paris, en 1932 et 1933.

BADEAU Renée
Née à Paris. xxᵉ siècle. Française.
Décorateur.
Elle exposa de l'orfèvrerie au Salon d'Automne, en 1930 et 1931, exécutée en collaboration avec Georges-Laurent Badeau.

BADEKKER
xviiiᵉ siècle. Hollandais.
Peintre ou dessinateur.
On cite de lui son *Portrait de Pieter Rabus*, gravé par Jakob Houbraken.

BADEL Edmond
xixᵉ-xxᵉ siècles. Français.
Peintre.
Musées : Châteauroux : *Meules en novembre*.

BADEL Jules Louis
Né en 1840 à Longirod (Vaud). Mort en 1869 à Genève. xixᵉ siècle. Suisse.
Peintre de paysages.
Le Musée de Genève acquit deux de ses paysages en 1888.
Musées : Genève .
Ventes Publiques : Berne, 17 nov. 1967 : *Paysage champêtre* : **CHF 800** – Berne, 24 nov. 1976 : *Paysage d'automne*, h/t (72x54) : **CHF 3 800** – Zurich, 27 mars 1985 : *Paysage boisé*, h/cart. (34,5x26,5) : **CHF 2 600**.

BADELEY Henry John Fansbawe
Né le 7 juin 1874 à Elswick (Northumberland). xxᵉ siècle. Britannique.
Graveur.
Il a exposé à la Royal Academy et à la Royal Society of Painters-Etchers and Engravers de Londres.

BADELY C. J.
xixᵉ siècle. Actif au début du xixᵉ siècle. Britannique.
Portraitiste.

C'est d'après lui que Finden grava le portrait de Lady Alicia Conroy.

BADEN
XVIIIe siècle. Actif à Cracovie. Polonais.
Graveur au burin.

BADEN Hans Jurriaensz van
Né vers 1604. Mort à Amsterdam, en 1663 d'après le Dr Bredius. XVIIe siècle. Hollandais.
Peintre de compositions religieuses, architectures, intérieurs d'églises.
Ses œuvres sont rares.
MUSÉES : POMMERSFELDEN : *Intérieur d'église* – SAINT-PÉTERSBOURG (Ermitage) : *Christ et la femme adultère* – STOCKHOLM (coll. Hammer) : *Le Christ et la femme adultère* – STUTTGART : *Intérieur d'église.*
VENTES PUBLIQUES : COLOGNE, 5-6 oct. 1894 : *Architecture* : **DEM 50** – PARIS, 7 mars 1955 : *Personnages groupés dans une cathédrale* : **FRF 35 000** – PARIS, 29 juin 1955 : *Intérieur d'église* : **FRF 38 000** – ZURICH, 25 nov. 1977 : *Intérieur d'un palais* 1641, h/pan. (40x38) : **CHF 13 000** – ZURICH, 25 mai 1979 : *Intérieur de palais* 1638, h/pan., de forme ovale (39,5x52,5) : **CHF 30 000** – COLOGNE, 12 juin 1980 : *Palais*, h/pan. (46x63) : **DEM 11 500** – NEW YORK, 9 juin 1983 : *Élégants personnages dans un intérieur*, h/pan. (76x91,5) : **USD 14 000** – ZURICH, 22 mai 1987 : *Intérieur d'un palais* 1641, h/pan. (40x38) : **CHF 13 500** – NEW YORK, 7 avr. 1988 : *Intérieur d'église avec quelques personnes*, h/pan. (33x28) : **USD 2 970** – PARIS, 28 sep. 1989 : *Intérieur d'église*, h/pan. de chêne (34,5x29,5) : **FRF 42 000**.

BADEN J. van
XVIIe siècle. Hollandais.
Aquafortiste.
Il fournit quelques eaux-fortes pour le livre intitulé : *La Formosa négligée*, de C. E. S. (Amsterdam, 1675).

BADEN-POWELL Frank Smyth
Né en 1850 à Oxford. XIXe siècle. Britannique.
Peintre et sculpteur.
Il travailla à Paris avec Carolus Duran et Rodin et, dans la suite, y exposa plusieurs fois, entre autres au Salon de 1895. Ses œuvres ont paru fréquemment à la Royal Academy depuis 1880. Parmi les plus importantes, il convient de citer de nombreux portraits et les toiles suivantes : *Le dernier coup de feu de l'Armada espagnole, Nelson à Saint-Vincent, Trafalgar reconquis, Naufrage du Foudroyant, Nelson approchant de Trafalgar, Le colonel Baden-Powell à Mafeking.*

BA DENI. Voir WANG ZHICHENG

BADENS Carel
XVIIe siècle. Vivait à Amsterdam en 1635. Hollandais.
Peintre.
Il était probablement le fils de Franscesco Badens.

BADENS Franscesco
Né en 1571 à Anvers. Mort avant le 17 novembre 1618. XVIe-XVIIe siècles. Éc. flamande.
Peintre de scènes mythologiques, compositions religieuses, sujets de genre.
Il est probablement le fils de Joost Badens avec qui il dut faire ses premières études. De 1593 à 1597, il séjourna en Italie avec Jacques Matham, puis il se fixa à Amsterdam.
Plusieurs gravures ont été faites d'après ses œuvres, entre autres : *Saint Jérôme*, par E. van Panderen, *Bacchus*, par B. Sens, *Vénus et Cérès.*
VENTES PUBLIQUES : COLOGNE, 1894 : *Conversation* : **DEM 165** – NEW YORK, 9 juin 1996 : *Apelles peignant Campaspe* 1595, encre (16,4x22,2) : **USD 9 200**.

BADENS Jan
Né le 18 novembre 1576 à Anvers. Mort en 1603. XVIe siècle. Éc. flamande.
Peintre.
Il était le frère de Franscesco Badens ; il voyagea en Allemagne, en Italie, et acquit une certaine réputation.

BADENS Joost
Mort en 1604 à Amsterdam. XVIe siècle. Hollandais.
Peintre.
Il est mentionné, en 1569, sur des documents de la ville d'Anvers. On croit qu'il fut le père de Franscesco et de Jan Badens.

BADER Augustin
Né à Tours. XIXe siècle. Français.

Portraitiste et paysagiste.
Il étudia avec Renoux, et exposa plusieurs fois à Paris, entre 1835 et 1868.

BADER Constantin
XVIIe siècle. Actif à Munich. Allemand.
Sculpteur.
On lui doit les dalles de marbre rouge de deux tombeaux dans l'église de Beiharting, en Bavière.

BADER Friedrich Wilhem
Né le 3 juillet 1828 à Brakenhein (près de Heilbronn). XIXe siècle. Allemand.
Graveur sur bois.
Il fut élève de Deis à Stuttgart. A Dresde, dans l'atelier d'August Gaber, il grava, en 1855, pour les œuvres de Lud. Richter ; il fournit les illustrations des fables de Beckstein, de l'ouvrage du prince héritier, intitulé : *Voyage en Orient* et du *Trésor des reliques de la maison Brunswick-Lunebourg.* En 1851, il se fixa à Vienne, où il fonda, avec Rud. de Waldheim, un Institut d'art et une École de gravure sur bois (1869). Il grava des reproductions de costumes d'après les dessins de Dürer conservés à l'Albertina et une vue de Vienne (1873).

BADER Hans
XVe siècle. Actif à Ravensbourg entre 1482 et 1494. Allemand.
Peintre.

BADER Johann
XVIIIe siècle. Actif à Margreid vers 1776. Allemand.
Sculpteur.

BADER Marie Anna
Née le 10 janvier 1910 à Paris. Morte le 18 février 1976 à Paris. XXe siècle. Française.
Peintre d'intérieurs, paysages.
Elle fu élève de Sabatté et Prinet. De 1938 à 1951, elle enseigna au Maroc ; de 1970 à 1975, au collège de Gouvieu dans l'Oise. De 1933 à 1953 à Paris, elle exposa au Salon des Artistes Français, dont elle devint sociétaire, ayant obtenu une mention honorable en 1933, une médaille d'argent en 1935, une médaille d'or en 1936, ayant participé à l'Exposition Internationale de 1937, nommée hors concours en 1939.

BADER Oswald
XVIe siècle. Actif à Ravensbourg vers 1516. Allemand.
Peintre.

BADER Wilhelm Johann
Né le 24 juillet 1855 à Darmstadt. XIXe siècle. Allemand.
Peintre de scènes mythologiques, sujets allégoriques, portraits, paysages, aquarelliste, graveur.
Après un an à l'Académie des Beaux-Arts de Berlin, Bader entreprit un voyage dans le Tyrol, et alla se fixer à Munich, où il travailla à l'Académie en profitant des conseils de Dietz, Lofftz, Otto. Seitz et de A. Müller. Il dirigea à Darmstadt une École d'art. On lui doit nombre d'aquarelles, des paysages de son pays, ainsi que les compositions allégoriques ou mythologiques telles que : *Sisyphe et les Danaïdes* et *L'Innocence et l'Amour* (1881), *Sous le charme de la musique* (1883). On mentionne encore : *Source dans le bois, Ruines sur le bord de la mer, Crépuscule*, ainsi que des portraits.
VENTES PUBLIQUES : LONDRES, 27 juin 1988 : *Personnage dans un paysage de montagne* 1896, h/pan. (62x48,5) : **GBP 3 520**.

BADER-PFAFF. Voir GRAF Caecilie

BADÈRE Jacques Victor
Né à Brioux-sur-Boutonne (Deux-Sèvres). XXe siècle. Français.
Sculpteur de bustes.
Entre 1921 et 1923, il exposa au Salon des Artistes Français à Paris.

BADEREAU Pierre
XVIIe siècle. Actif en Anjou vers 1639. Français.
Sculpteur.
Travailla à des autels de l'église d'Angrie, en Anjou.

BADERL
XIXe siècle. Actif à l'Otztal (Tyrol). Autrichien.
Peintre.
Exécuta deux tableaux (1820) pour l'église de Huben (Otztal).

BADERNA Bartolomeo
XVIIe siècle. Actif à Plaisance entre 1655 et 1685. Italien.
Peintre et graveur au burin.

Ses études artistiques furent perfectionnées par Ferrante. Il est certainement l'auteur de plusieurs tableaux d'autel placés dans les églises de sa ville natale, entre autres à l'autel de la Sainte-Trinité, dans l'église Sant'-Andrea, et à Saint-Pierre d'Alcantara, dans l'église di Campagna. En 1685, il peignit les fresques de la façade de San Paolo et orna l'intérieur de scènes bibliques. Avec son frère Pietro, il exécuta les tableaux d'une salle de la casa Fogliani, à Plaisance.

BADESLADE Thomas
xviiie siècle. Actif à Londres entre 1718 et 1750. Britannique.
Dessinateur.
Il fournit aux graveurs Tom et Harris des dessins d'habitations seigneuriales et travailla pour l'*Histoire du Dr John Harris de Kent* (1719).

BADESSA
xviie siècle. Italien.
Dessinateur et graveur au burin.
On ne connaît de lui qu'une eau-forte : *La Mort poursuit le Temps.*

BADGER, Miss
xixe siècle. Britannique.
Peintre de fleurs.
Elle exposa à Londres en 1815.

BADGER James W.
xixe siècle. Vivait en 1845-1846. Américain.
Miniaturiste.

BADGER John C.
xixe siècle. Vivait en 1855. Américain.
Dessinateur.

BADGER Joseph
Né en 1708 à Charlestown (Massachusetts). Mort en 1765 à Boston (Massachusetts). xviiie siècle. Américain.
Peintre de portraits.
Ses peintures le situent à mi-chemin entre les peintres du xviie siècle. et les « primitifs » américains du xixe siècle.
Musées : New York : *James Badger* 1760.
Ventes Publiques : New York, 9 mai 1922 : *Portrait d'un gentleman* : USD 220 – New York, 31 mai 1985 : *Sarah Larabee Edes*, h/t (122,6x97,3) : **USD 2 600**.

BADGER Joseph W.
xixe siècle. Américain.
Miniaturiste.

BADGER T.
xixe siècle. Américain.
Peintre et lithographe.
On cite de lui un Portrait du Col. James Clark (1825).

BADGER Thomas
xixe siècle. Vivait en 1836-1859. Américain.
Peintre et graveur.

BADHAM Edouard Leslie
Né à Londres. xixe-xxe siècles. Britannique.
Peintre de paysages, aquarelliste.
Fils du major R. Leslie S. Badham, il fut élève de M. L. C. Nightingale. Il exposa au Salon des Artistes Français de Paris en 1911 et 1912.
Ventes Publiques : Londres, 4 fév. 1981 : *Paysage orageux* 1937, h/t (39,5x49,5) : **GBP 340**.

BADI Achille
Né en 1894 à Buenos Aires. xxe siècle. Argentin.
Dessinateur.
Exposa des dessins au Salon des Indépendants de 1928.

BADIA
xxe siècle. Français.
Peintre de figures, sculpteur. Expressionniste, figuration libre.
Un dessin exacerbé, en fait constitué par les couleurs violentes et furieusement brossées, apparentent ses peintures à la mouvance COBRA.
Ventes Publiques : Paris, 20 nov. 1988 : *Les enfants d'octobre*, h/t (132x97,5) : **FRF 4 000** ; *Je est un autre*, acryl. et h/bois (125x124) : **FRF 4 200** – Paris, 9 avr. 1989 : *Le bleu de la nuit au secours*, h/t (97x130) : **FRF 4 800** – Paris, 18 juin 1989 : *Sans titre*, techn. mixte/t. (100x73) : **FRF 7 000** – Paris, 8 oct. 1989 : *Faut pas mégoter*, h/t (130x89) : **FRF 7 200** – Les Andelys, 19 nov. 1989 : *Confusion*, h/t (89x130) : **FRF 7 500** – Paris, 26 avr. 1990 : *Elle ne*

pense qu'à ça, techn. mixte /t. (114x142) : **FRF 23 000** – Paris, 28 oct. 1990 : *Fauteuil (sculpt.)*, techn. mixte : **FRF 15 000** – Paris, 14 avr. 1991 : *La solitude de cette heure de mort*, h/t (195x97) : **FRF 12 000** – Paris, 17 nov. 1991 : *La couleur des étoiles*, techn. mixte/t. (92x65) : **FRF 6 500** – Paris, 21 nov. 1993 : *Promenade d'un soir*, techn. mixte/t. (128x134) : **FRF 4 500**.

BADIA Antonio
Né à Valence. xixe siècle. Espagnol.
Peintre.
En 1854, il entra à l'Académie San Carlos pour s'y perfectionner. Il travailla à l'illustration de plusieurs ouvrages, du *Dictionnaire géographique de Madoz* et de quelques revues, telles que *El Phenix* et *Las bellas artes.*

BADIA Francisco
Né en 1907. xxe siècle. Espagnol.
Sculpteur.
Dès l'âge de quatorze ans, il entra à l'École des Beaux-Arts de l'Académie San Carlos de Valence. Plus tard, il voyagea en Italie, Hollande, Belgique, Allemagne. Il exposait avec un groupe d'artistes qui devint, en 1931, le *Groupement républicain de Valence*. Il eut une activité politique intense. Officier dans l'armée républicaine pendant la guerre civile, il fut fait prisonnier et ne fut libéré que plusieurs années après. En 1947, il passa en France et se fixa à Paris, où il resta jusqu'en 1977. En France, il a participé aux expositions de la Jeune Sculpture Contemporaine au Musée Rodin. En 1991, une galerie parisienne a organisé une exposition d'ensemble de son œuvre.
Il travaille le bois et modèle la terre. Ses sculptures traitent de quelques thèmes : l'homme, la ville, le flamenco, la corrida. Elles sont souvent plus allusives que figuratives. Parfois, dans un esprit baroque et inventif, c'est en assemblant des éléments insolites qu'il constitue, par exemple, un cavalier sur son cheval.

BADIA Juan
xviie siècle. Actif à Valence. Espagnol.
Peintre.
On cite de lui un *Saint Narcisse* (1618).

BADIA Sebastien
Né le 20 juillet 1918 à Caldas de Montbuy. xxe siècle. Espagnol.
Peintre de paysages, sculpteur.
Il fit ses premières expositions à Figueras, Barcelone et Paris. Il participa à plusieurs expositions collectives à Barcelone, dont la iiie Biennale Hispano-Américaine, où il reçut la médaille d'or, et à l'Exposition des Beaux-Arts de Madrid.
Ses paysages font vibrer les couleurs dans un style impressionniste.
Il exécuta aussi de nombreuses sculptures qui se retrouvent dans des églises, des jardins et lieux publics.
Musées : Barcelone – Granollers – Madrid .

BADIA VIDIELLA Pedro
Né en 1889 à Barcelone. xxe siècle. Espagnol.
Peintre de paysages et de portraits.
Il se forma à l'Ecole des Beaux-Arts de Barcelone et exposa à Barcelone en 1918, 1920 et 1921.

BADIALE Alessandro
Né en 1623 à Bologne. Mort en 1668 à Bologne. xviie siècle. Italien.
Peintre et aquafortiste.
Il eut pour maître Flaminio Torre, élève de Guido Reni. Parmi ses gravures, il convient de citer trois reproductions de *La Madone*, d'après Carlo Cigniani et Flamino Torre, une *Descente de Croix*, *Saint Jean l'évangéliste*, *Un gardien de chèvres*, *Une dame et son fils.*

BADIASCHI Giuseppe
Né le 29 mars 1795 à Plaisance. Mort le 26 janvier 1883 à Plaisance. xixe siècle. Italien.
Peintre.
Il travailla à l'Institut Gazzola, et exécuta, dans la suite, des peintures décoratives dans les palais Scotti della Scala, Calciati, Fogliani et Scotti di Vigoleno. Il fournit aussi des décors aux théâtres de Plaisance, de Turin et de Venise.

BADII Libero
Né en 1916 en Italie. xxe siècle. Argentin.

Sculpteur. Tendance abstraite.

Etabli en Argentine depuis 1927, il étudia à l'Ecole des Beaux-Arts de Buenos Aires et obtint une bourse qui lui permit, en 1944, de parcourir la Bolivie, le Pérou et l'Equateur. Il fit un voyage en Europe en 1948-1949 et revint à Paris en 1958. Il fut invité à la Biennale de Sao Paulo en 1959, année où il reçut le Prix Palenza. Le constructivisme l'aida à sortir de ses premières œuvres scolaires pour créer une sculpture aux formes austères, mais suffisamment sensibles pour évoquer, par exemple, la Danse, la Mère ou le Désir. La pureté d'un simple ovale lui permet d'évoquer un visage.

BADILE Angelo
xvɪe siècle. Actif à Vérone. Italien.
Peintre.

On ne sait s'il fut le fils ou le neveu d'Antonio Badile ; il fut, en tous les cas, son élève ; *La Circoncision du Christ*, qui lui est attribuée, était autrefois dans l'église de San Zeno in Monte, à Vérone.

BADILE Antonio
Né en 1424. xve-xvɪe siècles. Italien.
Peintre.

Fils de Giovanni Badile, il est mentionné jusqu'en 1507.

BADILE Antonio, l'Ancien
Mort avant 1409. xɪve siècle. Actif à Vérone. Italien.
Peintre.

BADILE Antonio, le Jeune
xve siècle. Actif à Vérone vers 1492. Italien.
Peintre.

Il était le fils du vieux Bartolomeo Badile.

BADILE Antonio ou Giovanni Antonio
Né vers 1517 à Vérone. Mort en 1560. xvɪe siècle. Italien.
Peintre d'histoire et de portraits.

Badile était le fils du peintre véronais Girolamo Badile. Il fut l'élève de Francesco Torbido dit Il Moro, et se distingua surtout par ses motifs d'architecture. On conserve de lui, à Verone : à S. Nazaro e Celso, une *Madone glorifiée, entourée de saints*, datée de 1544, à San Benedetto, une *Résurrection de Lazare* (1546), dans la Pinacothèque une répétition de ce dernier ouvrage, une *Madone glorieuse avec les apôtres Pierre et André*, tableau inspiré par la *Madone de Pesaro* de Titien (autrefois à San Spirito) et un portrait d'enfant. Citons encore une *Madone entourée de saints*, à l'église de Quinzano. Plusieurs portraits attribués à Paolo Véronèse seraient des œuvres de Badile (selon Wickoff, celui de Caterina Cornaro, par exemple, au Musée de la cour à Vienne). Parmi les élèves de Badile, on mentionne Battista Zelotti et, d'après Vasari, Orlando Fiacco. On peut y ajouter le plus illustre : son neveu Paolo Caliari, dont plus tard il épousa la fille.

Musées : Béziers : *L'Enfant Jésus* – Madrid : *Femme* – Milan (Ambroisienne) : *Saint Sébastien et l'Ange* – Nantes : *Marguerite de Bourbon*, attr. – Naples : *Femme* – Turin : *Présentation au Temple*, œuvre de jeunesse – Vérone : *Garçon à l'oiseau* – *Trois portraits d'hommes* – *Naissance de la Vierge*, oeuvre de vieillesse et autres oeuvres – Vienne : *Portrait de femme* – *Portrait de femme au cygne*.

Ventes Publiques : Paris, 1815 : *Portrait d'homme* : FRF 72 – Paris, 1894 : *Le repas d'Emmaüs* : FRF 230 – Paris, 17 nov. 1955 : *Martyre d'un Saint*, pl. et lav. : FRF 1 300 – Londres, 25 juin 1969 : *Portrait d'un graveur* : GBP 1 000.

BADILE Bartolomeo, l'Ancien
xve siècle. Vivait à Vérone vers 1445-1451. Italien.
Peintre.

Fils de Giovanni Badile. On peut voir sa signature au bas d'une fresque votive de l'église S. Pietro Martire, à Vérone. Cette peinture représente la *Vierge entourée de deux saints et un chevalier à genoux*. Bartolomeo l'Ancien aurait peint également les fresques de l'arc de triomphe de S. Fermo Maggiore (Vérone), représentant les deux bienfaiteurs qui s'étaient occupés de l'achèvement de l'église : *Guglielmo da Castelbarco et l'abbé Daniele Gusmano, en adoration devant Dieu le Père.*

BADILE Bartolomeo, le Jeune
xve-xvɪe siècles. Actif à Vérone entre 1464 et 1544. Italien.
Peintre.

Persico et Rossi lui attribuent la fresque (citée ci-dessus) de l'arc de triomphe élevé à S. Fermo Maggiore, à Vérone.

BADILE Francesco, l'Ancien
xve-xvɪe siècles. Actif à Vérone entre 1476 et 1544. Italien.
Peintre et sculpteur.

On lui attribue une *Descente de Saint-Esprit*, conservée au Musée de Vérone, et, dans l'hôpital de la même ville, un autel de la Madone. Il était fils d'Antonio Badile le Jeune.

BADILE Francesco, le Jeune
xvɪe siècle. Actif à Vérone entre 1505 et 1557. Italien.
Peintre.

Fils de Bartolomeo le Jeune.

BADILE Giovanni ou Badille
Mort avant 1478. xve siècle. Actif à Vérone entre 1409 et 1447. Italien.

Cet artiste continua les traditions de l'École de Stefano da Zevio. On trouve sa signature sur un ouvrage composé de sept parties, représentant la *Madone et six saints* et conservées au Museo Civico de Vérone. D'après Simeoni, Giovanni Badile serait l'auteur des fresques de la *Vie de saint Jérôme*, peintes en 1443 dans la chapelle Guantieri à S. Maria della Scala, à Vérone.

BADILE Girolamo
xve-xvɪe siècles. Actif à Vérone entre 1465 et 1531. Italien.
Peintre.

Il était le fils d'Antonio Badile (1424-1507) et le père de Antonio (Giovanni Antonio).

BADILE Niccolo
Mort en 1393. xɪve siècle. Actif à Vérone. Italien.
Peintre.

Il paraît être le membre le plus ancien de cette famille des « Badile », qui a donné un si grand nombre d'artistes.

BADILE Pietro Paolo, l'Ancien
Né au début du xve siècle. xve siècle. Actif à Vérone. Italien.
Peintre.

Il était fils de Francesco Badile qui était probablement lui-même un frère d'Antonio Badile l'Ancien.

BADILE Pietro Paolo, le Jeune
xve siècle. Actif à Vérone entre 1446-1476. Italien.
Peintre.

Il était le fils de Giovanni Badile.

BADILLO Félix
xɪxe siècle. Espagnol.
Portraitiste et lithographe.

Il publia, en 1872-1873, une importante collection de portraits lithographiés et fournit ceux de la revue intitulée : *La Illustracion*. Ses portraits peints, des plus remarquables, furent ceux du roi *Alphonse XII*, de la *Reine Mercédès* et d'*Antonio Alcala Galiano*.

BADIN Eva
Née à Copenhague. xxe siècle. Française.
Peintre de paysages.

Elle exposa au Salon des Artistes Indépendants de Paris en 1938 et 1939.

BADIN Georges
Né en 1927 à Céret (Pyrénées-Orientales). xxe siècle. Français.
Peintre, écrivain. Abstrait, lettres et signes, puis figuration libre et abstrait. Groupe Textruction.

Il vit et travaille à Céret. Il participe à des expositions collectives, parmi lesquelles : 1973, *Hors langage*, Théâtre de Nice ; 1973, avec le groupe *Textruction*, Institute of Contemporary Art, Londres ; 1975, *Le livre éclaté*, galerie L'Œil 200, Paris ; 1977, *Faire un livre*, Bibliothèque Publique d'Information, Centre Georges Pompidou, Paris ; 1978, *Livres d'artistes*, galerie NRA, Paris ; 1984, *Écritures-Peintures*, Villa Arson, Nice.
Il montre ses œuvres dans des expositions personnelles, dont : 1975, Maison de la Culture, Amiens ; 1984, 1985, 1986, galerie Bernard Jordan, Paris ; 1993, 1997, galerie Florence Arnaud, Paris ; 1998, galerie Berthet-Aittouares, Paris.
C'est son travail d'écrivain qui l'a conduit à l'art pictural, à partir de 1970, alors qu'il cherchait à disloquer les mots et à analyser le langage. Faisant partie du groupe *Textruction*, il a superposé, sur des textures libres de tout support et de toute préparation, des mots et des signes plastiques simples, tels des cercles ou des taches, non sans saveur picturale, rendant illisible le texte. À plusieurs reprises, il a accompagné de ses œuvres des textes d'écrivains : *Naissance d'un paysage*, texte de Serge Mestre (1977) ; *Mots de l'Aspre*, poèmes de Georges Emmanuel Clancier (1980) ; *L'Hartmonique, s'il vit*, texte de Bruno Montels (1980).

VENTES PUBLIQUES : PARIS, 26 jan. 1987 : *Sans titre (Korean)*, acryl./t. (116x89) : **FRF 5 000.**

BADIN Jean Jules
Né en 1843 à Paris. XIXᵉ siècle. Français.
Peintre d'histoire, scènes de genre, portraits.
Il eut pour maîtres Cabanel et Baudry. Avec son père, Pierre Adolphe Badin, il s'intéressa à la direction de la manufacture royale de Beauvais. Il a exposé plusieurs toiles depuis 1873, entre autres : *Haydée* (1873), *La reine Mab* (1874), *Circé* (1875), *La fille du serf* (1881), *Petites musiciennes* (1884).
VENTES PUBLIQUES : NEW YORK, 29 fév. 1984 : *Portrait d'un jeune Arabe* 1881, h/t (73x51) : **USD 4 250.**

BADIN Jean Victor
Né à Toulouse (Haute-Garonne). XIXᵉ-XXᵉ siècles. Français.
Sculpteur de statues, figures.
Il eut pour maîtres Falguière et Mercié. Membre de la Société des Artistes Français de Paris, il fut mentionné en 1897 et en 1900 à l'Exposition universelle. Entre 1927 et 1938, il exposa au Salon d'Automne, à Paris.
Parmi ses œuvres, on peut citer : *Arion*, groupe plâtre (1897), *Nymphe endormie*, statue marbre (1899), *Femme au repos*, plâtre (1902), *Femme aux champs*, plâtre (1908), *Nymphe au réveil*, relief plâtre (1904). Il réalise ses œuvres en plâtre, marbre, terre cuite ou bronze à la cire perdue. Ses sujets sont souvent mythologiques, ce sont aussi parfois des scènes de genre ou des têtes.

BADIN Jules
Né à Paris. XIXᵉ-XXᵉ siècles. Français.
Peintre.
Figura au Salon des Artistes Français, obtint une médaille de 3ᵉ classe en 1877, une médaille de bronze en 1889 à l'Exposition universelle et fut fait chevalier de la Légion d'honneur.

BADIN Pierre Adolphe
Né le 28 juillet 1805 à Auxerre. Mort en 1877. XIXᵉ siècle. Français.
Portraitiste et peintre de genre.
Il fut l'élève d'Édouard Picot, et entra, en 1826, à l'École des Beaux-Arts. La première toile qu'il exposa : *Mendiant s'abritant contre la tempête*, parut au Salon de 1833. Il obtint une médaille de 3ᵉ classe pour sa toile du *Médecin de campagne*. La dernière œuvre qu'il exposa fut : *Le sermon de saint Antoine* (1848). Parmi ses portraits, il convient de citer celui du duc *Gaspard de Clermont-Tonnerre* (1835). D'abord directeur de la manufacture des Gobelins (1848), puis de celle de Beauvais (1850).

BADIOLA Txomin
Né en 1957 à Bilbao. XXᵉ siècle. Espagnol.
Sculpteur.
Il vit et travaille à Bilbao. Son travail a été présenté en France à l'Arc au Musée d'Art Moderne de la ville de Paris en 1987. Il réalise des pièces en acier de grand format où des surfaces géométriques lisses et planes sont supportées par des pieds et des montants donnant à l'ensemble l'allure d'une construction.

BADIOU DE LA TRONCHÈRE Jacques Joseph Émile
Né le 16 novembre 1826 à Monastier (Haute-Loire). Mort en 1888 au Puy-en-Velay (Haute-Loire). XIXᵉ siècle. Français.
Sculpteur.
En 1849, il entra à l'Académie de Paris, où il fut l'élève de Jouffroy. Il sculpta ensuite de nombreux bustes et plusieurs statues destinées à des monuments publics. Parmi ses ouvrages, on cite : *Deux sœurs* (groupe plâtre, 1852), *Valentin Haüy fonde l'asile des aveugles*, à Paris, groupe plâtre reproduit en marbre, en 1861, pour la cour du bâtiment ci-dessus nommé. Il fut décoré en 1859.
MUSÉES : LE PUY-EN-VELAY : *Poisson de mer* – *Lafayette* – *Un Napolitain* – *Satyre* – *Julien, sculpteur* – *Crozatier* – *Groupe de famille* – *Neptune* – *Bernard de Palissy* – *Étude de femme* – *Étude de femme sortant du bain* – *La Société académique du Puy protégeant les sciences et les arts* – *Distribution de récompenses par la Société Académique du Puy* – *Le marquis de la Tour-Maubourg, maréchal de France* – *Comte L.-C. Palamède de Macheco* – *Buste de femme portant l'empreinte d'une profonde douleur* – *Réduction de la statue de Marguerite de Valois*, érigée sur une place d'Angoulême – *Médaillon plâtre : l'auteur* – *Médaillon plâtre : Daniel Vincent* – *Médaillon de M. Alexandre Clair fils* – *Portrait de Mme de L...*

BADITZ Otto
Né en 1849 à Tot-Kereztûr. XIXᵉ siècle. Travaillant à Budapest. Hongrois.
Peintre de genre et dessinateur.
Baditz apprit son art à Vienne, et chez Diez à Munich. En 1890 il quitta Munich et alla se fixer à Budapest. Dès lors il fournit, entre autres œuvres, des illustrations pour les journaux et pour une édition de poésie de Josef Kiss. Parmi ses ouvrages on signale : *Jugé* (gravé après par Papp), 1882, *Noël* (qui lui valut un prix important), 1890, *Devant le juge* (Musée de Budapest).

BADMIN Stanley Roy
Né en 1906. Mort en 1989. XXᵉ siècle. Britannique.
Peintre de genre, paysages animés, paysages, aquarelliste, dessinateur.
Dans la tradition des aquarelles et estampes anglaises du XIXᵉ siècle, Badmin représente les paysages et sites typiques, avec leurs particularités saisonnières ou bien leurs us et coutumes. En tant que narrateur, illustrateur, techniquement il était dessinateur avant tout, rehaussant de touches d'aquarelle ou de gouache ses notations rapides.
VENTES PUBLIQUES : LONDRES, 31 jan. 1979 : *Le fleuve Severn, Gloucestershire*, aquar. et cr. (23,5x41,5) : **GBP 380** – LONDRES, 16 sep. 1981 : *Un village en hiver*, aquar. reh. de blanc (15x21) : **GBP 1 000** – LONDRES, 10 mars 1982 : *Intérieur d'écurie, Illinois 1935*, aquar. et pl. (26x23) : **GBP 820** – LONDRES, 18 jan. 1984 : *Mr Fox décide de rentrer à la maison*, aquar./trait de cr. reh. de gche (16x24) : **GBP 950** – LONDRES, 21 sep. 1989 : *River Hill à Sevenoaks*, aquar., gche et encre (35,6x41,3) : **GBP 2 640** – LONDRES, 25 jan. 1991 : *Rue de village animée avec un clocher au fond 1941*, encre, aquar. et gche (18,5x30,5) : **GBP 2 970** – LONDRES, 18 déc. 1991 : *Le water-polo 1932*, aquar. (17x25,5) : **GBP 1 430.**

BADOCHE Edmond
Né au XIXᵉ siècle à Nevers (Nièvre). XIXᵉ siècle. Français.
Sculpteur.
Élève de Carlus. Il exposa à Paris au Salon des Artistes Français de 1904 : *Le Baiser* et obtint une mention honorable en 1906. A ce même salon, il envoya en 1934 : *Le crabe* et présenta au Salon des Indépendants de 1938 : *Cessez le feu !*.

BADOIS Jeanne. Voir FIRMIN-BADOIS

BADORD Jacqueline
Née en 1917. XXᵉ siècle. Française.
Sculpteur.
Elle expose régulièrement depuis 1950. Ses œuvres prennent souvent un caractère coloré grâce à l'emploi de plastique. Elle travaille beaucoup pour l'architecture.

BADOU François
Né vers 1796 à Paris. XIXᵉ siècle. Français.
Sculpteur.
Élève de Stouf à l'École des Beaux-Arts en 1811.

BADOUARD
XIXᵉ siècle. Français.
Dessinateur.
MUSÉES : CLAMECY : *Vue de la place des Barrières en 1792*, aquar. – *Vue de l'évêché de Bethléem de Clamecy*, aquar. – *Portrait de Jules Grévy, président de la République* – *Bas-relief antique, motif tiré de la Frise du Parthénon.*

BADOUIN Claude
XVIᵉ siècle. Français.
Peintre de fresques.
Il travailla d'abord sous la direction de Rosso, puis sous celle de Primaticcio. Entre 1535 et 1550, il fut employé au château de Fontainebleau et y exécuta des cartons pour des tapisseries. D'après Félibien, il a dû fournir des dessins sur verre de la chapelle de Vincennes (conservées en partie). Cet artiste est peut-être le même que « Claudio da Parigi », cité par Vasari.

BADOUREAU Jean François
Né vers 1789 à Stenay (Meuse). XIXᵉ siècle. Français.
Dessinateur, graveur au burin et au pointillé.
Élève de Ruotte. Entra à l'École des Beaux-Arts le 23 fructidor, an XIII. On le cite comme travaillant à Paris en 1819 à 1835. Il fit les dessins pour de nombreux portraits de personnages célèbres.

BADOUX Robert. Voir BAUDOUS Robert Willemsz

BADOWSKI Adam
Né en 1857 à Varsovie. Mort le 23 septembre 1903 à Varsovie. XIXᵉ siècle. Polonais.
Peintre d'histoire, portraits, paysages.

Il entra, en 1878, à l'École des Arts à Cracovie et y étudia sous la direction de Florian Cynk et de Léopold Loeffler. Il travailla ensuite plusieurs années à Vienne, à Munich et à Rome. L'artiste exposa à Berlin en 1891 et 1896, à Munich en 1893, et à Dresde en 1901.

VENTES PUBLIQUES : NEW YORK, 12 oct. 1978 : *Village arabe*, h/pan. (19x32) : **USD 1 000**.

BADRÉ Élie
Né à Hautes-Rivières (Ardennes). XXᵉ siècle. Français.
Sculpteur.
Il fut élève de Coutan, Bouchard et Landowski. Il exposa au Salon des Artistes Français de Paris : *Stèle funéraire* (1931), *Portrait de la femme de l'auteur* (1935).

BADRI D.
Né en Inde. XXᵉ siècle. Indien.
Peintre, dessinateur, aquarelliste.
Il a participé au Salon d'Art Hindou organisé par l'UNESCO à Paris en 1946.

BADUEL Paul Antoine
Né à Paris. XIXᵉ siècle. Français.
Peintre.
Il fut élève de Pils, de Léon Cogniet et de Feyen-Perrin : ses œuvres parurent aux Salons de 1875, 1877 et 1880.
MUSÉES : PERPIGNAN : *Maquereaux et moules.*

BADUFLE Albert Paul
Né à Chartres. XIXᵉ-XXᵉ siècles. Actif à Issy-les-Moulineaux. Français.
Graveur.
Élève de Jouffroy, exposa : *Coucher de soleil sur les coteaux de Saint-Cloud*, au Salon des Artistes Français de 1903.

BADUR John
XVIIIᵉ siècle. Actif à Rome. Britannique.
Peintre.

BADURACHVILI Nodar
Né en 1952. XXᵉ siècle. Russe-Géorgien.
Peintre de compositions animées. Tendance symboliste.
Il vit à Tbilissi et fut lauréat de l'École des Beaux-Arts de la ville. Membre de l'Union des Artistes Soviétiques. Il a participé à deux expositions du *Groupe des Cinq* à Moscou et Tbilissi. Ses œuvres sont montrées en Russie et aux État-Unis. Ses peintures sortent du commun, d'abord par les sujets, soit qu'ils soient d'origine symbolique : *Le soleil des sacrifiés, Le paradis des bienheureux, La nuit lumineuse, L'arbre de tristesse*, soit qu'ils se relient à des traditions locales : *Prince, Les bergers, Ami*, en outre par le style, car il y a ici véritablement un style. Le dessin général est volontairement presque maladroit ou presque naïf. La technique picturale ne recherche pas non plus d'effets d'habileté, elle se veut au contraire simple, presque sommaire, mais efficace, gardant juste l'essentiel sans détails superflus. Enfin et surtout, Badurachvili maîtrise des harmonies d'ocre jaune, orangé et rouge discrets, que peut exalter un bleu tendre, harmonies qui créent dans les peintures une lumière douce éminemment poétique. ■ J. B.

MUSÉES : MOSCOU (Gal. Treatiakov) – TBILISSI (Mus. d'Art Mod.). **VENTES PUBLIQUES :** PARIS, 23 mai 1990 : *Ami*, h/t (79x100) : **FRF 5 200** ; *La nuit lumineuse*, h/t (70x55) : **FRF 5 000**.

BAECHER Crescenz
Née à Bâle. XIXᵉ-XXᵉ siècles. Suisse.
Peintre.
MUSÉES : MULHOUSE : *Portrait du peintre N. C. Pierrat.*

BAECHLER Donald
Né en 1956. XXᵉ siècle. Américain.
Peintre, peintre de collages, technique mixte. Figuration libre.
Il fut élève de diverses écoles d'art, notamment de la Cooper Union de New York et de la Hochschule für Bildende Künste de Francfort. Il travaille par la suite avec des malades mentaux, des prisonniers, des alcooliques.
Il participe à de nombreuses expositions collectives : 1986 Prospekt 86 au Kunstverein de Francfort, 1987 Biennale de Sao Paulo, 1988 Museum of Modern Art de New York, 1992 *Regard multiple* au Centre Georges Pompidou à Paris, 1995 FIAC (Foire Internationale d'Art Contemporain) à Paris présenté par la galerie Vidal Saint-Phalle. Depuis 1980, il montre ses œuvres dans des expositions personnelles à New York à la galerie Tony Shafrazi, à Paris à la galerie Thaddaeus Ropac.

Il pratique une peinture originale, que se réfère à Dubuffet, Twombly ou Warhol. Il s'approprie des images médiatiques et les « abstractise » les retirant de leur contexte dans de grandes compositions, intègre des motifs peints souvent griffonnés, tels qu'une fleur, un légume, des animaux.

BIBLIOGR. : Pierre Wat : *Donald Baechler*, Beaux-Arts Magazine, n° 130, Paris, jan. 1995.

VENTES PUBLIQUES : NEW YORK, 4 mai 1988 : *Valises peintes* 1987, acryl. et collage de tissu/tissu (199,6x200) : **USD 14 300** – NEW YORK, 4 mai 1989 : *Oum Kalsoum* 1983, acryl./t. (152,1x152,1) : **USD 12 100** – PÉKIN, 6 mai 1989 : *The Onion Eater* 1988, acryl., h. et collage/t. (106,68x106,68) : **FRF 51 040** – NEW YORK, 23 fév. 1990 : *Autoportrait* 1984, acryl. et collage de pap. (105,4x105,4) : **USD 33 000** – NEW YORK, 5 avr. 1990 : *Pail* 1989, acryl., h. et collage/t. (61x61) : **FRF 80 000** – STOCKHOLM, 14 juin 1990 : *Figure assise*, acryl./pap. (100x90) : **SEK 180 000** – NEW YORK, 5 oct. 1990 : *Sans titre (la jongleuse)* 1985, acryl. et collage de t./pap. (106x106) : **USD 22 000** – NEW YORK, 14 fév. 1991 : *Peinture noire 5* 1985, acryl. et mousseline/t. (90,8x91,2) : **USD 7 700** – NEW YORK, 27 fév. 1992 : *Sans titre (Zagreb)* 1982, acryl./t. (282x167,6) : **USD 20 900** – NEW YORK, 6 mai 1992 : *Conversation* 1989, h., cr. et collage de t. d'emballage/t. (280x404,5) : **USD 52 800** – NEW YORK, 18 nov. 1992 : *Angoisse de responsabilité* 1986, acryl. et collage/t. (281,9x281,9) : **USD 55 000** – NEW YORK, 4 mai 1993 : *L'œillet vert* 1990, h., acryl. et collage de tissu/t. (147,3x101,6) : **USD 19 550** – NEW YORK, 5 mai 1993 : *Couple d'amoureux* 1987, h. et collage/t. (200x200) : **USD 27 600** – STOCKHOLM, 10-12 mai 1993 : *Sans titre* 1988, techn. mixte/t. (50x40) : **SEK 37 000** – NEW YORK, 11 nov. 1993 : *Dog 1* 1991, h. et collage de tissu/t. (190,5x190,5) : **USD 29 900** – NEW YORK, 5 mai 1994 : *Sans titre* 1988, h. et collage de tissu/t. (149,2x149,2) : **USD 18 400** – LONDRES, 30 juin 1994 : *Peinture abstraite avec un arbre* 1986, h./ et collage de t./t. (147,5x102) : **GBP 12 650** – NEW YORK, 22 fév. 1996 : *Sans titre*, acryl. graphite et collage de pap. sur vélin (67,6x52,4) : **USD 5 175** – LUCERNE, 23 nov. 1996 : *Petit Dessin en rouge* 1991, temp. et collage/pap. (42,5x35) : **GBP 3 400** – NEW YORK, 20 nov. 1996 : *Sans titre* 1986, brosse, encre coul. et collage pap./pap. (53,3x40,6) : **USD 5 462** – NEW YORK, 6 mai 1997 : *Coney Island*, acryl., collage de t. et h/t (61x61) : **USD 7 475**.

BAECHLER Fanny
Née à Kreuzlingen (Suisse). XXᵉ siècle. Suisse.
Peintre.
Elle eut comme professeurs des femmes peintres : Delattre et Bougleux. En 1929, elle exposa à l'Union des Femmes peintres et sculpteurs, groupe auquel elle appartenait.

BAECK. Voir aussi BECK

BAECK Elias ou Beck, dit Heldenmuth
Né en 1679. Mort en 1747 à Augsbourg. XVIIIᵉ siècle. Allemand.
Peintre d'histoire, portraits, paysages, graveur au burin.
Il fit ses études artistiques à Venise, vécut à Venise en 1705, habita ensuite Laibach et, en dernier lieu, Augsbourg. Il peignit et grava des portraits, des paysages et des sujets historiques, tels que des batailles et des scènes de couronnement. Quelques-unes de ses gravures sont signées : E. B. a H. Il est sans doute le même que Elias Thomas BECK, duquel Leblanc cite : *André Hartman, Jérôme Menting, Caricatures*, gravés d'après P. L. Ghezzi.

BAEDER John
Né en 1938 à New York. XXᵉ siècle. Américain.
Peintre. Hyperréaliste.
Il a exposé, pour la première fois à New York, en 1972. Il peint dans un style réaliste exacerbé qui le classe parmi les hyperréalistes.

VENTES PUBLIQUES : NEW YORK, 13 mai 1981 : *La rivière de Sally* 1974, h/t (76x122) : **USD 14 000** – NEW YORK, 27 fév. 1985 : *Lisi's Pittsfield Dinner* 1974, h/t (76,2x122) : **USD 20 000** – NEW YORK, 6 mai 1986 : *Silver Top Diner, Providence, R.I.* 1974, h/t (76,2x121,9) : **USD 19 000** – NEW YORK, 9 nov. 1989 : *Diner Triptyque* 1988, aquar./pap. (chaque 33x48,3) : **USD 27 500**.

BÆDO J.
XIXᵉ siècle. Espagnol.
Peintre de paysages.
Participa à l'Exposition de Santiago (1875).

BAEGERT Derick
Né vers 1440 à Wesel. Mort après 1515 en Westphalie. XVᵉ-XVIᵉ siècles. Allemand.
Peintre.

Ce peintre est encore très mal connu. Il se confond sans doute avec le Maître de Kappenberg, auteur du triptyque conservé dans cette petite ville près de Dortmund. On attribuait encore aux frères Dünwegge, le retable de l'église de la Prévôté de Dortmund, considéré comme un des chefs-d'œuvre de l'école westphalienne de la fin du XVe siècle, alors qu'il s'agit d'une œuvre de jeunesse (vers 1470) de Baegert. Il peignit encore une grande composition allégorique pour l'Hôtel de Ville de Wesel aujourd'hui conservée au château. (Cf. Dictionnaire de l'Artiste et des Artistes, Hazan).

BAEHR Johann Karl
Né le 18 août 1801 à Riga. Mort le 29 septembre 1869 à Dresde. XIXe siècle. Russe.
Peintre de portraits et d'histoire, écrivain.
Baehr fut élève des académies de Dresde et de Matthaïs, et séjourna aussi en Italie en 1827 et en 1834 où il rencontra Thorwaldsen, J. A. Koch, Cornelius, F. Reinhart et Horace Vernet. En 1837 il se fixa à Dresde, où il devint (en 1846) professeur de l'Académie.

BAEHR Ullrich
XXe siècle. Actif en 1966. Allemand.
Peintre.
Appartient aux tendances les plus actuelles.

BAEK Jin
Né en 1954 en Corée. XXe siècle. Actif en France. Coréen.
Peintre. Abstrait.
Il a exposé à Paris au Salon Grands et Jeunes d'Aujourd'hui en 1987.

BAEKE Paul
Né le 9 juin 1927 à Gand. XXe siècle. Belge.
Peintre de paysages, natures mortes, sculpteur de nus.
Il fut élève du sculpteur Robert Heylbroeck aux cours du soir de l'Académie des Beaux-Arts de Gand, de 1947 à 1952, suivant en même temps les cours de peinture. Pour raisons professionnelles, il résida au Congo, alors belge, de 1953 à 1967. Rentré en Belgique, il se consacre exclusivement à la sculpture et à la peinture. Il a montré ses œuvres dans des expositions personnelles : 1962, 1963, 1965 à Élisabethville, 1969 à Kolwezi, 1972 à Dakar, depuis 1975 dans son atelier de Noville-les-Bois, près de Namur.
En sculpture, il produit des nus, tantôt aux formes bien rondes, tantôt élancées. En peinture, il recherche les ciels tourmentés.

BAEKELMANS Guy
Né en 1940 à Berchem-Anvers. XXe siècle. Belge.
Peintre, sculpteur, sérigraphe. Constructiviste.
Il a fait partie, pour une courte période, du Centre International d'Art Constructif. Pour lui, le constructivisme n'est qu'une infrastructure apte au développement de ses propres aspirations spirituelles. En France, il a participé à la IIe Biennale Européenne de Sculpture de Normandie à Jouy-sur-Eure.
Ses œuvres tridimensionnelles, employant des accents lumineux, prennent un caractère dynamique. A la suite de voyages au Japon, il donne à sa peinture une plus grand qualité méditative. L'utilisation de l'ordinateur lui ouvre aussi de nouvelles perspectives.
Bibliogr. : In : *Dictionnaire biographique illustré des Artistes en Belgique depuis 1930*, Arto, Bruxelles, 1987.

BAELBERGHE Jannekin van ou Bamelberghe
XVe siècle. Actif à Bruges entre 1474 et 1488. Éc. flamande.
Enlumineur.

BAELE Stan
Né en 1923 à Anvers. XXe siècle. Belge.
Peintre.
Son art est passé d'une recherche du cosmos à un intérêt pour la métamorphose de la nature, employant depuis 1964, des couleurs éthérées et des tons diaphanes.
Bibliogr. : In : *Dictionnaire biographique illustré des Artistes en Belgique depuis 1930*, Arto, Bruxelles, 1987.

BAELEMANS Peter
XVIIIe siècle. Actif à Malines au XVIIIe siècle. Éc. flamande.
Peintre.
Il devint élève de Nicolaus Smeyer.

BAELLA. Voir CORTESI Jacopo

BAELLIEUR Cornelis de, l'Ancien ou Baeilleur ou le Baellieur
Né le 5 février 1607 à Anvers. Mort le 26 juillet 1671. XVIIe siècle. Éc. flamande.

Peintre de compositions religieuses, sujets de genre, intérieurs.
Il entra en apprentissage chez Antoon Lisart, à Anvers, à l'âge de dix ans, et fut, neuf ans plus tard, maître libre de la gilde de Saint-Luc. Il était doyen de la Corporation.
On a de lui une composition sur cuivre du *Christ et la femme adultère*, conservée à la galerie de Brunswick ; cette œuvre est signée. Une *Adoration des Mages* se trouvait, en 1879, au Musée de Bruxelles, mais elle n'est plus mentionnée sur le catalogue de 1906.

Cor. D. Baellieur : fe.

Musées : BRUNSWICK (Gal.) : *Christ et la femme adultère* – PARIS (Mus. du Louvre) : *Intérieur d'une galerie de tableaux* 1637.
Ventes Publiques : PARIS, 27 mai 1905 : *Intérieur flamand* : FRF 400 – LONDRES, 24 mars 1961 : *L'intérieur*, pan. : GBP 2 100 – LONDRES, 9 avr. 1965 : *Descente de Croix* : GNS 58 – VERSAILLES, 6 mars 1977 : *Entrée de David à Jérusalem*, h./ cuivre (47x60,5) : FRF 28 000 – PARIS, 26 mars 1996 : *Les noces de Cana*, cuivre (56x73) : FRF 67 000.

BAELLIEUR Cornelis de, le Jeune
Né en 1642 à Anvers, où il fut baptisé. Mort en 1687. XVIIe siècle. Éc. flamande.
Peintre de compositions religieuses, paysages animés.
Il était fils de Cornelis l'Ancien, et fut maître de la gilde de Saint-Luc à Anvers, en 1683-1684.
Ventes Publiques : VIENNE, 18 sep. 1979 : *L'Adoration des bergers*, cuivre (22x16,5) : ATS 70 000 – BRUXELLES, 30 nov. 1983 : *Paysage animé de personnages*, h/bois (47x62) : BEF 850 000 – MILAN, 25 oct. 1988 : *La Mort rattrapant un colporteur*, h/cuivre (22x16) : ITL 3 000 000 – PARIS, 23 jan. 1989 : *Le Christ, Marthe et Marie dans un intérieur de cuisine*, h/cart. (23,5x30) : FRF 46 000.

BAEMLER Hans ou Bemler
Né vers 1435. Mort en 1504. XVe siècle. Allemand.
Peintre miniaturiste, écrivain et imprimeur.
Son nom paraît pour la première fois à la date de 1453. S'établit à Augsbourg comme imprimeur. On retrouve son nom sur deux miniatures : un *Crucifiement* et un *Saint Léonard délivrant les prisonniers*, peintes sur parchemin en 1457. Thoman Burgkmair fut son élève vers 1460. Cinq ans plus tard, Baemler fut admis dans la corporation des miniaturistes et des écrivains. Il travailla ensuite pour des imprimeurs de Strasbourg. On mentionne des enluminures de cet artiste sur l'exemplaire d'une Bible, imprimée chez Eggestein, qui fut en possession des ducs de Brunswick-Lunebourg (1466), sur une *Somme* de Saint Thomas d'Aquin, parue chez Mentelin (1468), et dans le *De arte praecandi* du même imprimeur (Hain, 1456), à la bibliothèque de Manchester. S'établit à Augsbourg comme imprimeur.

BAEN Jacobus de
Né en mars 1673 à La Haye. Mort en 1700 probablement. XVIIe siècle. Hollandais.
Peintre de portraits.
Il était le fils de Jan de Baen, et travailla sous sa direction à La Haye ; il étudiait encore dans cette ville entre 1684 et 1687. En 1693, il partit pour l'Angleterre, voyagea en France et en Italie et séjourna quelque temps à la cour du grand-duc de Toscane, à Florence. Il y peignit des portraits et des fresques reproduisant des sujets historiques. Il mourut probablement à Vienne.
Musées : AMSTERDAM : *Portrait de Jean Witt* – *Cornelis de Witt* – *Les cadavres des frères de Witt, sur un pieu* – *Portrait de l'ambassadeur van Beveringk* – *Portrait de Joanne le Gillon* – *Les Régentes* – LA HAYE : *Prince Jean-Maurice de Nassau* – *Allégorie sur la victoire de l'amiral Cornelis de Witt près Chatam* – *Les conseillers de la Ville de La Haye, en 1685* – *Portrait d'une dame* – LEYDE : *Portrait du chirurgien Cornelis Sielingen*.

BAEN Jan de
Né le 20 février 1633 à Haarlem. Mort le 8 mars 1702. XVIIe siècle. Hollandais.
Peintre d'histoire, portraits, graveur.
Baen apprit les éléments de son art chez son oncle, Heinrich Pieman, à Emden. Vers 1654, il se rendit à Amsterdam, où il travailla pendant trois ans chez Jacob Backer. Il commença à s'exercer comme peintre de portraits dans cette ville, mais on ne cite aucune œuvre de cette époque. À La Haye, où on le retrouve en 1660, Baen travailla pour les personnages de marque et y fut

hautement apprécié. Il visita la cour d'Angleterre, sur l'invitation de Charles II. Il fit le portrait de ce souverain, ainsi que ceux de la reine et de plusieurs nobles de son entourage. De retour dans son pays, Baen peignit le duc d'Albe, le grand-duc de Toscane, le prince d'Orange et les chefs de la partie anti-oranienne Jan et Cornelis de Witt. Cet artiste aurait refusé, dit-on, de peindre le portrait de Louis XIV lors de sa visite en Hollande. Il fut nommé, en 1676, peintre de la cour du grand électeur. Baen fut membre et doyen de la gilde des peintres, et, en 1699, régent de l'Académie. On tenta deux fois de l'assassiner, mais il échappa à la mort. Baen dirigea l'éducation artistique de nombreux peintres, notamment de son neveu Jan Van Sweel, Johan Volleven, le Vieux, Johann-Friedrich Bodecker, Hendrik Brey, Hendrik van Limborgh, ainsi que de son fils Jacobus et de son gendre D. Vincentius.

Parmi ses nombreuses œuvres, on cite particulièrement les portraits de Hieronymus van Beveringk et sa femme (1673), conservés dans le Musée d'Amsterdam. Il faut ajouter que Baen fit souvent appel à la collaboration de Barend Appelman et de Johannes Vollevens, le premier peignant les fonds et le dernier les draperies de ses tableaux. On lui attribue aussi deux scènes de l'histoire polonaise au château de Podhorce en Galicie.

MUSÉES : AMSTERDAM : *Cinq régents et deux régentes du Werkhuis* 1684 – *Johan de Witt – Cornelis de Witt, bourgmestre de Dordrecht – Hiéronymus van Beveringk* 1670 – *Joanna le Gillou – Les cadavres des frères de Witt* – BRUXELLES : *Portrait d'homme* – DRESDE : *Autoportrait* – LA HAYE : *Portrait de Jean Maurice, comte de Nassau* – LA HAYE (Mus. comm.) : *Les membres de la magistrature de La Haye en 1685 – Portrait de femme* 1677 – HOORN – LEYDE (Mus. de Lakenhal) : *Portrait de Corneille Solingen – Les plombeurs* – STUTTGART : *Portrait d'homme* – WEIMAR : *Frédéric-Guillaume le Grand, prince électeur.*

VENTES PUBLIQUES : BRUXELLES, 1865 : *Portrait d'un personnage de distinction* : **FRF 95** – PARIS, 1900 : *Portrait d'une dame de qualité* : **FRF 520** – BELGIQUE, 1900 : *Portrait de Cornelis Tromp* : **FRF 525** ; *Portrait de femme* : **FRF 630** ; *Portrait d'une jeune fille* : **FRF 630** – PARIS, 16 mai 1904 : *Portrait d'un officier* : **FRF 600** – PARIS, 25 au 28 mai 1907 : *Portrait d'homme* : **FRF 250** – LONDRES, 3 juin 1909 : *Portrait de Sir John William* : **GBP 15** – LONDRES, 16 juil. 1909 : *Tête de femme avec perles* : **GBP 7** – PARIS, 18 juin 1928 : *Portrait d'homme* : **FRF 490** – LONDRES, 10 déc. 1965 : *Maternité* : **GNS 130** – LONDRES, 21 avr. 1983 : *L'incendie de l'Hôtel de Ville d'Amsterdam* 1652, eau-forte (26,8X33,8) : **GBP 650** – NEW YORK, 10 oct. 1990 : *Couple de seigneurs figurant Atalante et Meleagar* 1680, h/t (129x129,6) : **USD 6 050** – AMSTERDAM, 2 mai 1991 : *Portrait d'une dame élégante de trois-quarts sur une terrasse, vêtue de brun et vert brodé d'or avec son chien familier près d'elle* 1681, h/t (121x100) : **NLG 9 775** – AMSTERDAM, 6 mai 1993 : *Portrait d'un gentilhomme en robe d'intérieur brodée assis accoudé à une table drapée* 1679, h/t (124x97,5) : **NLG 7 820** – NEW YORK, 18 mai 1994 : *Portrait d'une dame de buste vêtue d'une robe bleue avec une écharpe jaune et un collier de perles*, h/t (72,8x58,4) : **USD 3 450.**

BAENA Juan de
XVIe siècle. Actif à Séville vers 1571. Espagnol.
Sculpteur.
Travailla à la prison de Séville.

BAENA Pedro de
XVIIe siècle. Actif à Madrid vers 1670. Espagnol.
Peintre.
Cet artiste se fit surtout un nom comme peintre de portraits. Un tableau de lui, *Saint François*, est conservé au couvent des Capucins.

BAENER Johann Alexander. Voir BÖNER

BAENNINGER Otto Charles. Voir BÄNNINGER

BAENTELI Marcel
Né au XIXe siècle à Louviers (Eure). XIXe siècle. Français.
Sculpteur.
Élève de Mathurin Moreau et Denys Puech, exposa à Paris au Salon des Artistes Français en 1904.

BAER. Voir aussi BAR

BAER Christian Maximilian
Né le 24 août 1853 à Nuremberg. Mort en 1911. XIXe-XXe siècles. Allemand.

Peintre de genre, portraits, natures mortes.
Élève de l'Académie de Munich, il travailla sous la direction de W. Lindenschmit. Il vécut et travailla à Munich, où il exposa, ainsi qu'à Mannheim, et dans d'autres villes d'Allemagne.
Ce peintre se spécialisa d'abord dans les natures mortes, peignant avec succès, dans nombre de châteaux, des cerfs, du gibier, etc., en les agrémentant de figures et en ajoutant quelquefois un entourage domestique ou familial. Il ne fut pas moins heureux comme portraitiste et s'essaya aussi dans le genre. On cite parmi ses tableaux : *Gibier et volaille* et *Nature morte* de 1879, *Martin Behaim explique son premier globe* de 1883, *Après la chasse* de 1888, *Jardin potager* de 1889, *Intérieur de jardin* de 1890, *Carnaval* et *Intérieur de jardin* de 1894, *À l'ouvrage* de 1897, *Au vivier* de 1899, *Chez le poissonnier* de 1901, *Au vainqueur* de 1903, *Intérieur de cuisine* de 1904, *Matinée d'été au jardin* et *Nature morte* de 1907.

MUSÉES : NUREMBERG (Gal. mun.) : *Pêcheurs du Chiemsee raccommodant leurs filets – À l'ouvrage.*

VENTES PUBLIQUES : LONDRES, 17 mars 1995 : *Une mauvaise corde*, h/pan. (62x43) : **GBP 2 185.**

BAER Dorota
Née en 1955 en Pologne. XXe siècle. Active en France. Polonaise.
Peintre.
Elle a exposé à Paris au Salon des Réalités Nouvelles en 1986 et 1988.

BAER Ernst
Né à Durlach (Bade). XVIIIe-XIXe siècles. Allemand.
Peintre d'histoire.
Élève de Russ, à Vienne, il s'adonna particulièrement à la peinture de sujets historiques. On signale surtout *La délivrance de Frédéric III par Podjebrad.*

BAER Fritz
Né le 18 août 1850 à Munich. Mort en 1919 à Munich. XIXe-XXe siècles. Allemand.
Peintre de portraits, paysages, paysages de montagne, graveur, dessinateur.
Baer fut élève de Baisch. Il obtint les médailles d'or à Munich et à Berlin. Il exposa à Berlin en 1909 : *Soir d'automne dans une forêt de chênes, L'auberge de la forêt*, et à Munich, la même année : *Le Lac de Pilsen, Matin dans les montagnes.*
Son maître lui enseigna la peinture du paysage, mais il subit surtout l'influence de l'école de Barbizon et considéra, d'après sa propre expression, Dupré et Troyon comme « ses étoiles ». La Bavière, où il était peintre à la cour, avec ses aspects de printemps et d'automne lui fournit la plupart de ses paysages. Dans la suite, il s'adonna à l'étude des montagnes ; de cette seconde époque datent : *Le grand Eiger*, 1901, *Vue prise des montagnes de Lichstenstein*, 1902, *Le Patteriol*, 1903. Un de ses paysages à l'eau-forte fut inséré, en 1902, dans l'annuaire de l'association des aquafortistes, dont il fut longtemps le directeur.
MUSÉES : BRÊME : *Soir de printemps précoce* – BUDAPEST : *Soir d'automne* – DARMSTADT (Cab. des gravures) : *divers dessins* – MUNICH (coll. graphique) : *dessins* – MUNICH : *Soir d'automne* – SOLEURE : *Soir d'automne* – WEIMAR : *Coucher de Soleil.*
VENTES PUBLIQUES : LONDRES, 18 juil. 1928 : *Garçon et fillette dans différentes poses*, 3 pan. : **GBP 19** – HEIDELBERG, 22 avr. 1983 : *Paysage au ruisseau*, h/pan. (21,5x32) : **DEM 3 900** – NEW YORK, 26 mai 1992 : *Champs de coquelicots*, h/t (64,7x85) : **USD 4 950** – HEIDELBERG, 15-16 oct. 1993 : *Paysage vallonné* 1898, h/t (69,5x87,5) : **DEM 5 400.**

BAER George
Né le 1er juillet 1895 à Chicago (Illinois). XXe siècle. Américain.
Peintre de paysages et musicien.
Il exposa au Palais de Glaces de Munich en 1924, au Salon d'Automne à Paris, à New York, Los Angeles, à l'Art Institute de Chicago en 1926 et 1929, à Saint Louis en 1928.

MUSÉES : DAVENPORT : *Place des chameaux.*

BAER Guy
Né à la Tour-de-Peil (Suisse). XXe siècle. Suisse.
Peintre de scènes de genre et portraits.
Il a exposé au Salon d'Automne en 1923-1925, au Salon des Artistes Indépendants à Paris, en 1927.

BAER Herbert M.
Né en 1879 à New York. xx⁰ siècle. Américain.
Peintre et graveur.

BAER Howard
xxᵉ siècle. Américain.
Peintre.

BAER Joséphine Gail Kleinberg, dite Jo
Née en 1929 à Seattle (Washington). xxᵉ siècle. Américaine.
Peintre. Abstrait-minimaliste.
Elle a participé à de nombreuses expositions collectives, entre autres, à l'exposition intitulée, *Systemic Painting*, en 1966, au Whitney Annual en 1967, à Documenta IV de Kassel en 1968, à la Corcoran Biennale de Washington en 1969. Elle fit des expositions particulières à New York en 1966 et à Cologne en 1969. Dans le cadre du Minimal Art, elle s'est intéressée aux « structures primaires », réduisant au minimum ses compositions et son style des années soixante peut être qualifié de Hard Edge. Un simple trait de couleur courant parallèlement au bord de la toile, souligné par une bande noire, met en valeur le centre de la composition resté monochrome. Forme et format doivent s'accorder à la tonalité brillante ou mate, éclatante ou pâle.
Musées : New York (Mus. of Mod. Art) : *Groupe de lumière primaire : Rouge Verte Bleue* 1964-1965 – New York (Guggenheim Mus.)– New York (Whitney Mus.).
Ventes Publiques : Londres, 30 juin 1981 : *Sans titre* 1966-1974, acryl./t., 2 pan. (chaque : 152x109) : **GBP 850** – New York, 13 nov. 1986 : *Sans titre* 1966-1974, 2 h/t, diptyque (chaque : 152x213,3) : **USD 9 000** – New York, 5 mai 1987 : *Sans titre (Korean)* 1962, h/t (183,2x183,2) : **USD 10 000** – New York, 23 fév. 1990 : *Panneaux d'aluminium horizontaux et superposés*, acryl./t. (l'ensemble 304,8x213,3) : **USD 63 800** – New York, 8 mai 1990 : *Carré blanc (lavande)*, acryl./t. (182,8x183,5) : **USD 71 500** – New York, 14 fév. 1991 : *Sans titre* 1972, h/t (182,8x182,8) : **USD 20 900** – New York, 2 mai 1991 : *Sans titre* 1968, h/t (264,8x182,8) : **USD 22 000** – New York, 19 nov. 1992 : *Sans titre (Korean)* 1962, h/t (182,9x182,9) : **USD 8 800** – New York, 22 fév. 1993 : *Sans titre* 1966, h/t (152,5x218,5) : **USD 3 300** – New York, 3 mai 1994 : *Sans titre* 1962, h/t (182,2x182,2) : **USD 3 220**.

BAER Lilian
Née en 1887 à New York. xxᵉ siècle. Américaine.
Sculpteur.

BAER Marie Thérèse
Née à Paris. xxᵉ siècle. Française.
Peintre de natures mortes et de nus.
Élève de Louise Gallet-Levadé, elle est membre de l'Union des Femmes Peintres et Sculpteurs et de la Société des Artistes Français. Elle a exposé au Salon des Artistes Français à Paris en 1929 et 1930.

BAER Martin
Né le 3 janvier 1894 à Chicago (Illinois). xxᵉ siècle. Américain.
Peintre de scènes de genre et musicien.
Il a beaucoup voyagé, séjournant à Munich, Paris, Ibiza (Espagne), Saint-Tropez (France), Carmel (Californie). Il a participé à plusieurs expositions de groupe dans le monde : au Palais de Glaces à Munich en 1924, au Salon d'Automne à Paris en 1928, également en 1928, à New York, Los Angeles et Saint Louis. Il a exposé à l'Art Institute of Chicago en 1926, 1928 et 1929.

Martin Baer.

Musées : Los Angeles : *Les Chleux*.
Ventes Publiques : New York, 3 juin 1965 : *La danse arabe* : **USD 55** – Londres, 30 mars 1982 : *Portrait de Mme Liezkowska*, h/t (55,5x33,5) : **GBP 100**.

BAER Oswald
Né en 1906 en Silésie. Mort en 1941 à Iéna. xxᵉ siècle. Autrichien.
Peintre de portraits, de cartons de vitraux, de compositions murales.
Il étudia l'architecture à Vienne, puis les arts plastiques à Weimar. Il est l'un des fondateurs, en 1932, de la Sécession de Weimar, où il vécut et travailla. Il séjourna en Italie en 1932.
Bibliogr. : In : Catalogue de l'exposition *Les Années trente en*

Europe. Le temps menaçant, Musée d'Art moderne de la ville, Paris musées, Flammarion, Paris, 1997.
Musées : Bregenz (Voralberger Landesmus.) : *Autoportrait au miroir* 1932.

BAER Théodore
Né à Aarau. xixᵉ siècle. Suisse.
Aquarelliste.
Élève de Gleyre. Il figure à l'exposition Blanc et Noir de 1892.

BAER William Jacob
Né le 29 janvier 1860 à Cincinnati (Ohio). Mort en 1941. xixᵉ-xxᵉ siècles. Américain.
Peintre de sujets allégoriques, portraits, miniaturiste.
Avant de se consacrer à la peinture, il étudia d'abord la lithographie pendant plusieurs années à Munich. C'est dans cette ville qu'il exécuta ses premières miniatures. Il fut président de la société des miniaturistes américains.
L'Heure d'or (1895) et *Aurora* (1896), font partie de la collection Walter à Baltimore. On cite encore : *Daphné, Jours d'Halcyon, Nymphe, Madone, En Arcadie, La pomme, Betty, Laodicia, Flora*.
Ventes Publiques : New York, 24 sep. 1992 : *Salter's Point à Roundhill dans le Massachusetts*, h/t (30,5x50,8) : **USD 2 420**.

BAERDEMAEKER Félix de
Né en 1836 à Louvain. Mort en 1878 à Gand. xixᵉ siècle. Belge.
Peintre de paysages, graveur.
D'abord engagé dans la carrière des armes, il s'adonna ensuite aux beaux-arts, selon l'exemple de plusieurs membres de sa famille. Bien qu'il n'ait pas eu de maître, il devint un peintre habile et montra beaucoup de goût dans le choix de ses sujets, empruntés, pour la plupart, aux sites des pays accidentés. Il prit part, avec succès, aux expositions belges. Son dernier tableau, *Le barrage d'Anseremme*, était encore exposé à Bruxelles en 1878.
Musées : Gand .
Ventes Publiques : Heidelberg, 13 oct. 1979 : *Paysage fluvial boisé*, h/t (30x40) : **DEM 3 800**.

BAERE Raoul de
Né en 1936 à Grembergen. xxᵉ siècle. Belge.
Peintre, peintre de collages.
Il fut élève des académies de Termonde, Audenarde, Bruxelles.
Bibliogr. : In : *Dict. biogr. des artistes en Belgique depuis 1830*, Arto, Bruxelles, 1987.

BAEREND Karl
Né en 1770 à Dukla. Mort après 1824 à Varsovie. xviiiᵉ-xixᵉ siècles. Polonais.
Sculpteur et médailleur.
Il étudia avec Matthaei Mattersperger, Casanova et Höckner, à Dresde. A l'Exposition d'art de cette ville, il présenta, en 1794, plusieurs reliefs de cire. En 1810, il fut nommé premier graveur de la Monnaie, à Varsovie, et occupa cette situation jusqu'à la fin de sa vie.

BAERENS Magdalene Margrethe, née Schäffer
Née le 30 septembre 1737 à Copenhague. Morte le 7 juin 1808. xviiiᵉ siècle. Danoise.
Peintre de fleurs, brodeur.
Son talent pour la peinture de fleurs, qu'elle reproduisait le plus souvent à la gouache, lui valut la protection de la reine Juliane-Marie de Danemark et de l'impératrice de Russie, Catherine II. Elle fut nommée membre de l'Académie royale des arts de Copenhague, en 1780 et exposa fréquemment.

BAERENSTECHER Jakob Gottlieb
xviiiᵉ siècle. Allemand.
Peintre et poète.

BAERENSTECHER Nicolaus Gottlieb
Né le 12 juin 1768 à Ludwigsbourg. Mort vers 1808 probablement à Nuremberg. xviiiᵉ siècle. Allemand.
Peintre et graveur au burin.
Il était le fils de Jakob Gottlieb Baerenstecher, peintre et poète qui exerçait les fonctions de gardien des galeries à Ludwigsbourg. Il commença à étudier la peinture à Karlsruhe, en 1789, et apprit la gravure au burin avec Joh.-Gottlieb Muller. Il s'établit à Nuremberg, où il peignit d'excellentes miniatures, et exécuta de nombreuses gravures.

BAERENTZEN Emilius Ditlev
Né le 30 octobre 1799 à Copenhague. Mort le 14 février 1868. xixᵉ siècle. Danois.

Peintre de sujets de genre, portraits, miniaturiste, copiste, lithographe.

De 1821 à 1826, il fut élève de l'Académie des Arts et y reçut les leçons d'Eckersberg ; il compléta ensuite ses études à Munich et à Paris. Au cours de sa carrière, il peignit plus de deux mille portraits, dont les meilleurs sont ceux du roi Christian VIII et de la reine Caroline-Amalie (au château Jaegerspris) ; de l'actrice Johanne Louise Heiberg (au Musée Thorwaldsen) ; d'un invalide de cent dix ans (dans la collection royale de Kronborg). Vers la fin de sa vie, il exécuta surtout des petites copies des maîtres anciens, tels que Rembrandt. En 1837, il fonda un institut de lithographie, où il travailla en compagnie d'artistes plus jeunes.

Ventes Publiques : Londres, 27 nov. 1984 : *Portrait de la famille Schram* 1829, h/t (52x70) : **GBP 25 000** – Londres, 20 mars 1985 : *La famille Winther dans un intérieur* 1827, h/t (70,5x65,5) : **GBP 18 000** – Copenhague, 18 nov. 1987 : *L'enfant endormi*, h/t (42,5x51) : **DKK 20 000** – Londres, 24 mars 1988 : *La famille Schram* 1829, h/t (52x70) : **GBP 33 000** – Copenhague, 6 sep. 1993 : *Portrait du pasteur Carl Holger Visby*, h/t (25x20) : **DKK 6 000**.

BAERENTZEN Thomas Vilhelm
Né le 6 avril 1869 à Copenhague. XIXe siècle. Danois.
Sculpteur.

Tout en achevant ses études de bachelier, il fut élève de l'Académie des Beaux-Arts sous la direction de Christen Nielsen Overgaard et de Stefan Sinding ; il exposa pour la première fois en 1889. Après avoir passé l'hiver de 1890-1891 à Paris, il a séjourné à l'étranger, en partie à Rome (1892-1893), en partie à Florence (1893-1894), d'où il envoya au Danemark *Narcisse* et le buste d'un vieillard. Baerentzen est le petit-fils d'Emilius Baerentzen.

BAERER Henry
Né le 22 mars 1837 à Kirchlain (Hesse Cassel). Mort en 1908 à New York. XIXe siècle. Allemand.
Sculpteur.

Il se fixa en Amérique, en l'année 1854, et y étudia sous la direction de von Launitz. Il séjourna quelque temps à Munich, où il sculpta, avec la collaboration du professeur Widemann, les statues colossales de *La Victoire*, placée au Palais Royal, et de la *Thalie*, de l'Opéra royal. Il retourna à New York en 1866 ; le monument de *Beethoven*, dans le parc central de cette ville, est son œuvre, ainsi que celui de *Franz Schubert*, au « Fairmount Park » de Philadelphie.

BAERISWYL Marie Marguerite
Née à Fribourg. XIXe-XXe siècles. Suisse.
Sculpteur.

Elève de Blanche Laurent, elle a exposé au Salon des Artistes Français à Paris, en 1913-1914.

BAERLEM Hortense van
XIXe siècle. Active en Belgique vers 1842. Belge.
Miniaturiste.

BAERMAN Lucius E.
XXe siècle. Vivait à Syracuse (New York) vers 1909-1910.
Américain.
Peintre.

BAERS André
XVIe siècle. Actif à Bruges vers 1500. Éc. flamande.
Miniaturiste.

Il est mentionné, comme élève d'Adrien Metteneye.

BAERS Joannes
XVIIe siècle. Actif à Utrecht. Hollandais.
Peintre de natures mortes, fleurs et fruits.

Ventes Publiques : Paris, 7 juin 1955 : *La gerbe de fleurs*, bois : **FRF 1 150 000** – Londres, 10 avr. 1981 : *Nature morte aux fruits et aux fleurs*, h/pan. (64,6x89,5) : **GBP 11 000**.

BAERT H.
XIXe siècle. Travaillait en Belgique vers 1842. Belge.
Paysagiste.

BAERTLING Olle
Né en 1911 à Halmstad. Mort en 1981. XXe siècle. Suédois.
Peintre et sculpteur. Expressionniste puis constructiviste.

Il s'est installé à Stockholm à partir de 1928 et a commencé à peindre en 1938. À ses débuts, il est expressionniste, puis il rencontre Matisse, sous l'influence duquel il fait des portraits, avant d'être élève d'André Lothe et de Léger, à Paris, en 1948. Mais, à cette époque, la rencontre la plus déterminante fut celle de Mondrian, lui donnant le goût de l'art abstrait géométrique, et plus précisément du constructivisme. En 1950, il rencontre aussi Herbin. Il est l'un des membres fondateurs du groupe *Espace* et se joint aux peintres qui fréquentaient la Galerie Denise René à Paris. Il a exposé à Stockholm, Copenhague, Paris en 1958, aux États-Unis en 1961. Il est invité à la Biennale de São Paulo en 1959 et 1963.

Sa peinture strictement constructiviste se compose de grandes diagonales noires délimitant des figures géométriques simples aux couleurs primaires pures. Le noir avait été la grande découverte faite au contact de Matisse. Lorsqu'il avait travaillé chez Lothe, cet emploi du noir dans les contours n'avait pas été approuvé par le maître, par contre Léger l'avait tout à fait encouragé. Les surfaces et les lignes noires sont là pour intensifier les couleurs, elles peuvent être des étapes de repos ou des points de départ. Dans les années cinquante Baertling, éliminant toute autre figure géométrique, ne conserve que des triangles de couleur dont les pointes sont hors du tableau, ce qui donne une structure « ouverte » à la composition. Il enrichit ses toiles en diversifiant leurs couleurs, jusqu'à la moirure. À partir de 1954, il crée des sculptures qui s'intègrent bien à l'architecture. Ses sculptures peuvent être aussi appelées « ouvertes », par la façon dont leurs diagonales tendent vers l'horizon. Ses premières œuvres sculpturales, appelées *Spirorna*, sont constituées de spirales métalliques ascendantes, qui pouvaient bouger au gré du vent. Il abandonne très rapidement tout rappel organique, et ses sculptures, comme ses peintures, deviennent strictement rectilignes, avant d'être linéaires, comme *Yayao*, 1971 (Musée National d'Art Moderne, Paris). Cette transformation stylistique s'accompagne d'une transformation technique, puisque Baertling abandonne le fer pour l'acier, ce qui permet un nouveau dynamisme et une spiritualisation de son art. En 1959-1960, il exécute une vaste composition murale de 220 m. pour le hall du premier gratte-ciel élevé à Stockholm. Il est également l'auteur de constructions tri-dimensionnelles. ■ Annie Pagès

Bibliogr. : Tage Nilson : *Olle Baertling*, Stockholm, 1951 – Eugen Wretholm : *O. B.*, Stockholm, 1951 – Teddy Brunius et Oscar Reutersward, in : *Opus International*, n° 69, 1978.

Musées : Amsterdam – Bâle – Göteborg – Liège – Londres (Tate Gal.) – New York (Guggenheim) – Paris (Art Mod.) – São Paolo – Stockholm – Tokyo .

Ventes Publiques : Milan, 26 juin 1979 : *Ukkio* 1966, h/t (81x130) : **ITL 1 800 000** – Stockholm, 26 nov. 1982 : *Asama H 31*, fer (H. 300) : **SEK 40 000** – Copenhague, 7 déc. 1982 : *Composition* 1962, h/t (81x130) : **DKK 23 000** – Stockholm, 23 avr. 1983 : *Mouvement cosmique* 1949, h/t (49x74) : **SEK 26 500** – Copenhague, 9 mai 1984 : *Sergo* 1962, h/t (182x92) : **DKK 68 000** – Copenhague, 15 oct. 1985 : *Composition* 1962, h/t (180x92) : **DKK 100 000** – Stockholm, 6 déc. 1989 : *Oraba* 1962, h/t (81x130) : **SEK 510 000** – Stockholm, 5-6 déc. 1990 : *Sergo* 1962, h/t (180x92) : **SEK 600 000** – Stockholm, 10-12 mai 1993 : *Seho*, h/t (180x92) : **SEK 230 000**.

BAERTSOEN Albert ou Baertson
Né le 9 janvier 1866 à Gand. Mort le 9 juin 1922 à Gand.
XIXe-XXe siècles. Belge.
Peintre de paysages urbains, pastelliste, aquafortiste.

Il fut élève de l'Académie de Gand où il eut pour professeur Jean Delvin. À ses débuts, il fréquenta les peintres de Termonde et exposa à Paris au Salon des Artistes Français en 1887. Il se perfectionna ensuite dans l'atelier d'Alfred Roll à Paris entre 1888 et 1889, y rencontrant Edmond Aman-Jean, Charles Cottet, Marie Ménard et Fritz Thaulow, contacts qui contribuèrent à l'éloigner du strict réalisme de l'école de Termonde. Il séjourna à Londres en 1890 et pendant la guerre, comme son compatriote et ami Emile Claus, y résida entre 1914 à 1919. Il y peignit dans l'atelier de John Sargent. Une rétrospective de ses œuvres s'est tenue au Musée des Beaux-Arts de Gand en 1972-1973.

Peintre mélancolique, il aimait rendre les paysages qu'il avait rencontrés au cours de ses voyages, surtout les lieux calmes et mélancoliques : Gand, Bruges, Nieuport, les rives de la Schelde, les côtes de la mer du Nord. Il devint le chantre des quartiers anciens et pittoresques des villes flamandes et du bassin industriel de Liège, utilisant une technique proche de celle des impressionnistes, privilégiant cependant les tonalités assourdies. Ses dernières toiles s'attachent à décrire les structures des quais et des ponts. Ses eaux-fortes font un usage abondant du noir.

a. Baertsoen

Bibliogr. : In : *Dictionnaire de la peinture flamande et hollandaise*, Larousse, Paris, 1989.

Musées : Anvers : *Petite place le soir (Flandre)* – Bruxelles : *Chalands sous la neige* – Gand : *Matinée de neige dans une ville flamande.*

Ventes Publiques : Paris, 1899 : *Matin de neige, Flandre*, past. : FRF 250 – Paris, 1900 : *La Grand'rue* : FRF 1 100 – Paris, 17 fév. 1906 : *Au bord du canal* : FRF 420 – Paris, 3 juin 1909 : *Effet de neige* : FRF 1 020 – Paris, 13 juin 1921 : *Un quai à Gand*, past. : FRF 800 – Paris, 15 déc. 1927 : *Seuil d'église en Flandre*, cr. noir : FRF 220 – Bruxelles, 7 mai 1934 : *Marine* : BEF 2 200 – Paris, 22 fév. 1936 : *L'hiver à Gand* : FRF 230 – Bruxelles, 12 nov. 1937 : *Vieilles maisons* : BEF 2 000 – Bruxelles, 26 mars 1938 : *Maison au bord du canal à Gand* 1910 : BEF 2 350 – Bruxelles, 27 oct. 1966 : *Le quai des ménétriers à Bruges* : BEF 7 500 – Anvers, 18 avr. 1972 : *Maisons le long du canal* : BEF 36 000 – Anvers, 20 oct. 1981 : *Trois-Mâts au quai*, h/bois (21x34) : BEF 15 000 – Lokeren, 19 oct. 1985 : *Bateaux à quai*, h/t (54x80) : BEF 60 000 – Lokeren, 10 oct. 1992 : *La ferme*, h/t (40x70) : BEF 65 000 – Lokeren, 4 déc. 1993 : *Vue d'une rivière* 1914, h/t (136x135) : BEF 800 000 – Lokeren, 8 oct. 1994 : *Le carillon de Bruges*, h/t (89x51,5) : BEF 90 000 – Lokeren, 20 mai 1995 : *Le quai des ménétriers à Bruges*, h/t (89x51,5) : BEF 85 000 – Lokeren, 9 mars 1996 : *Solitude* 1897, h/pan. (40x31,3) : BEF 33 000.

BAERWIND Rudi

Né en 1910 à Mannheim. Mort le 12 novembre 1982 à Mannheim. xxe siècle. Allemand.

Peintre. Expressionniste puis abstrait informel.

Après des études classiques, il fréquente les Académies de Berlin et de Munich, avant de venir étudier à l'Académie Ranson à Paris, en 1932. Il voyage ensuite en Hollande, Italie et Suisse. 1934 est l'année où l'une de ses œuvres figure à l'exposition d'*Art dégénéré* organisée par le régime nazi. En 1936, il émigre à Paris et étudie à l'académie Fernand Léger. À cette époque, il rencontre Francis Gruber et André Marchand, qui lui donnent estime et amitié, et avec lesquels il expose, dès 1937. La même année, on le retrouve aux Salons des Surindépendants et des Indépendants, à Paris. Il fait alors beaucoup de portraits, dont ceux de Serge Lifar et de la danseuse Argentina. Alors qu'il est installé en France, vers 1939, il a l'occasion de rencontrer Christian Dotremont, futur fondateur du groupe COBRA, dont il saura se souvenir dans les années cinquante. Il est incorporé dans l'armée allemande en 1942 puis se fait prisonnier en Russie, d'où il s'évade vers l'Allemagne. Lorsqu'il se fixe à Mannheim en 1946, il doit pratiquement tout reprendre à zéro, toutes ses œuvres ayant été détruites à la suite de vols, mais surtout de bombardements. Il travaille avec acharnement, réalisant des vitraux, peintures murales, tapisseries et projets pour des décors scéniques, notamment pour l'Opéra, qui ont été très contestés. En 1954, il expose avec le cercle artistique du Bas-Wurtemberg à travers les Etats-Unis, puis, en 1958, à Mannheim et à Paris, notamment au Salon Comparaisons où il expose ensuite en 1960 et 1967. On le retrouve au Salon de Mai en 1961 et au Salon des Réalités Nouvelles en 1966, 1969 et 1971. Il organise, à partir de 1968, un « Symposium des Arts » à Mannheim, où chacun peut venir créer, montrer ou voir. Ses expositions se sont déroulées un peu partout dans le monde, à Mannheim en 1934, puis 1949, 1954, 1956, 1963, 1968, très souvent à Paris (1937, 1938, 1956, 1965, 1969, 1971, 1972), Berlin 1950, Heidelberg 1970, Ibiza 1970, Londres 1971, Düsseldorf 1974. Autour du 1940, il est influencé par les gravures de Dürer dont son art est l'écho de tout le courant expressionniste allemand. A son retour du front russe et de sa captivité, ses toiles deviennent plus franchement tragiques, allant jusqu'à un art fantastique, servi par une riche palette. Faisant à plusieurs reprises des voyages à Paris, Baerwind est mis en contact avec l'art de Picasso et se dégage sensiblement de cet expressionnisme exacerbé pour s'orienter vers l'art abstrait et, après 1955, vers l'informel et le tachisme. Toutefois, si sa technique devient informelle, son langage reste attaché à une expression marquée par les débuts du mouvement COBRA. Après 1958, il utilise volontiers divers matériaux et réalise des reliefs en béton. Dans les années soixante-dix, il montre un nouvel intérêt cosmique, sensible à travers les titres mêmes de ses toiles : *L'espace* – *Paysage lunaire* – *L'arbre* – *Forêt bleue* – *Pan* ou *Métamorphose*. Les forces cosmiques, le chaos tellurien sont servis par un rythme chromatique qui met en mouvement la surface peinte. Il n'est plus question d'expressionnisme pathétique et, dans la série *Pan*, apparaissent des silhouettes dionysiaques, sensuelles et dansantes qui suggèrent la nature sans la représenter. Quelle que soit son orientation, son art témoigne toujours d'un tempérament lyrique et généreux. ■ Annie Pagès

Bibliogr. : Michel Tapié, Jean-Jacques Lévêque, Ernesto Grassi in *Galerie des Arts*, Paris, décembre 1969.

Ventes Publiques : Munich, 6 déc. 1982 : *Pour Jimmy*, h/t (115,5x89) : DEM 950 – Heidelberg, 12 oct. 1991 : *Guasch III* 1960, techn. mixte /pap. froissé (44x63,5) : DEM 1 350 – Heidelberg, 14 avr. 1992 : *Portrait d'homme au caniche noir*, h/t (121x79) : DEM 3 100 – Heidelberg, 9 oct. 1992 : *Autoportrait en désordre* 1957, h/t (140x81) : DEM 5 200 – Heidelberg, 3 avr. 1993 : *La série des champs* 1970, techn. mixte/t. (110x80) : DEM 5 400 – Heidelberg, 8 avr. 1995 : *Tourbillon de couleurs*, techn. mixte/t. (60x80) : DEM 2 500.

BAERZE Jacques de ou Baerse ou Barse ou la Barse

Originaire de Termonde. xive siècle. Actif vers la fin du xive siècle. Éc. flamande.

Sculpteur sur bois.

Il fournit, pour l'église de la Chartreuse, fondée en 1383, à Champmol, près de Dijon, deux autels peints et dorés, sculptés d'après le modèle des travaux qu'il avait exécutés dans l'église de Termonde et dans l'abbaye de Biloque, près de Gand. Ces autels, sommairement restaurés (1841-1843) sont conservés au Musée de Dijon. On y voit une série de statues de saints et plusieurs parties sculptées qui représentent : *La décollation de saint Jean Baptiste*, *L'Adoration des Mages*, *Le Crucifiement* et *La Mise au tombeau du Christ*, *Le Martyre de sainte Catherine*, *La Tentation de saint Antoine*. Il a aussi sculpté un calvaire sur les deux panneaux du retable de Broederlam (1391). On dit qu'il travailla, avec Claus Sluter, au tombeau de Philippe le Hardi.

BAES Edgar Alfred

Né le 24 juin 1837 à Ostende. xixe siècle. Belge.

Peintre, aquarelliste, aquafortiste et écrivain.

Il peignit tantôt à l'huile, tantôt à l'aquarelle, des marines et des paysages. Parmi ses tableaux, il convient de citer : *Le Martyre de Marguerite de Louvain* et *Un ouragan dans les dunes* ; parmi ses gravures : *La mort de Marguerite de Bourgogne* ; parmi ses études de genre et de paysages : *Feu de joie*, *Le modèle*, *Les inondations*. Il est aussi l'auteur de portraits d'artistes, entre autres de ceux de *Henri met de Bles*, de *Joachim Patinir*, de *Paul Bril*.

BAES Emile

Né en 1879 ou 1889 à Bruxelles. Mort en 1954 à Paris. xxe siècle. Belge.

Peintre d'histoire, portraits, nus, natures mortes, paysages, illustrateur, écrivain.

Elève de J. Stallaert à l'Académie des Beaux-Arts de Bruxelles, il suivit également l'enseignement de Cabanel et Bonnat à Paris. Il exposa au Salon de Bruxelles en 1903-1904, au Salon d'Automne à Paris, de 1928 à 1933, au Salon des Artistes Français, entre 1929 et 1938, au Salon des Tuileries, de 1933 à 1939. Il lui arrive de scander ses toiles de taches de couleurs pures.

Emile Baes

Ventes Publiques : Paris, 31 jan. 1949 : *La baigneuse* : FRF 5 000 – Paris, 25 oct. 1950 : *Nu de dos, au miroir* : FRF 6 200 – Paris, 11 mai 1955 : *Nu allongé* : FRF 14 000 – Paris, 13 juin 1966 : *Femme nue* : FRF 320 – Paris, 24 mars 1971 : *Femme dans un intérieur* : FRF 1 200 – Versailles, 5 juin 1977 : *Femme nue se coiffant* 1942, h/cart. (125x97) : FRF 5 000 – Grenoble, 20 nov. 1978 : *Le naufrage*, h/t (81x100) : FRF 8 000 – Anvers, 23 oct. 1979 : *La Toilette*, h/t (130x90) : BEF 30 000 – Anvers, 30 avr. 1981 : *Nu de dos*, h/t (80x120) : BEF 44 000 – Bruxelles, 24 jan. 1983 : *Nu*, h/t, de forme ovale (130x92) : BEF 55 000 – Lokeren, 25 fév. 1984 : *Nu à son miroir*, h/t, à vue ovale (90x80) : BEF 120 000 – Lokeren, 16 fév. 1985 : *Nu assis* 1918, h/t (130x90) : BEF 90 000 – Bruxelles, 29 oct. 1986 : *Femme à sa toilette*, h/t (76x65) : BEF 70 000 – Bruxelles, 16 déc. 1987 : *La tricoteuse*, past. (69x49) : BEF 95 000 – Lokeren, 5 mars 1988 : *L'impromptu*, h/t (78x67) : BEF 110 000 – Paris, 24 avr. 1988 : *Nu allongé* 1942, h/t (65x81) : FRF 3 300 ; *Femme nue sur une plage* 1943, h/t (122,5x149) : FRF 9 500 – Lokeren, 28 mai 1988 : *L'odalisque*, h/t (129x194) : BEF 240 000 – Bruxelles, 27 mars 1990 : *Nature morte*, h/t (65x80) : BEF 32 000 – Lyon, 9 oct. 1990 : *Nu voilé au brasero*, h/t (89x115) : FRF 11 500 – Amsterdam, 6 nov. 1990 : *Nu féminin*, h/t (73x54) : NLG 8 625 – New York, 23 mai 1991 : *Nu de dos*, h/t (130,8x90,8) : USD 7 700 – Lokeren, 23 mai 1992 : *Nu allongé*, h/t (79,5x150) : BEF 75 000 – Paris, 10 juin 1992 : *Tanagra*, h/t (150x180) : FRF 15 000 – Lokeren, 10 oct. 1992 : *Le chemin du Calvaire à Jérusalem* 1931, h/t (65x50) :

BEF 26 000 – LOKEREN, 20 mars 1993 : *Nu allongé*, h/t (79,5x150) : **BEF 115 000** – AMSTERDAM, 19 oct. 1993 : *La Vérité aidant la Science dans son œuvre d'humanité* 1909, h/t (224x175,5) : **NLG 6 900** – PARIS, 19 nov. 1993 : *Nu au miroir*, h/t (100x80) : **FRF 13 000** – STOCKHOLM, 30 nov. 1993 : *Nu féminin*, h/t (145x112) : **SEK 19 000** – PARIS, 22 mars 1994 : *Autour des drapeaux*, h/t (150x125) : **FRF 32 000** – LOKEREN, 8 oct. 1994 : *Nu assis*, h/t (100x65,5) : **BEF 180 000** – NEW YORK, 16 fév. 1995 : *Femme nue allongée* 1906, h/t (121,9x162,6) : **USD 16 100** – LOKEREN, 7 oct. 1995 : *Paysage fluvial avec des voiliers*, h/t (37x52) : **BEF 26 000** – AMSTERDAM, 7 nov. 1995 : *Nu assis*, h/t (46x37,5) : **NLG 1 416** – LONDRES, 14 juin 1996 : *La toilette*, h/t (131,5x91,5) : **GBP 6 900** – PARIS, 2 avr. 1997 : *Femme nue au collier*, h/t (130x90) : **FRF 12 000**.

BAES Firmin
Né en 1874 à Saint-Josse-ten-Noode. Mort en 1945 à Faulxles-Tombes. XIXᵉ siècle. Belge.
Peintre de scènes de genre, nus, portraits, paysages, pastelliste, dessinateur.
Fils du peintre décorateur Henri Baes, il fut élève de Léon Frédéric à l'Académie des Beaux-Arts de Bruxelles. Il participa à l'Exposition universelle de Bruxelles en 1910.

[signature : Firmin Baes]

MUSÉES : BRUXELLES (Mus. des Beaux-Arts) : *Maternité* 1913.
VENTES PUBLIQUES : BRUXELLES, 17-18 mai 1939 : *Nu assis* : **BEF 2 800** – PARIS, 24 nov. 1950 : *Jeune femme aux soucis*, past. : **FRF 24 500** – BRUXELLES, 1ᵉʳ mars 1967 : *Le chemineau*, past. : **BEF 7 500** – ANVERS, 6 avr. 1976 : *Les toits rouges* 1904, h/t (104x147) : **BEF 60 000** – BREDA, 26 avr. 1977 : *Les foins*, h/t (171x140) : **NLG 3 200** – BRUXELLES, 25 avr. 1978 : *La jolie cuisinière*, past. (95x112) : **BEF 34 000** – ANVERS, 8 mai 1979 : *Paysage* 1898, h/t (56x100) : **BEF 38 000** – PARIS, 13 juin 1979 : *Quiétude*, past. (95x110) : **BEF 32 000** – BRUXELLES, 8 oct. 1981 : *Feu d'artifice* 1937, past. (30x43) : **BEF 17 000** – BRUXELLES, 16 déc. 1982 : *Nu au voile d'or*, past. (100x80) : **BEF 85 000** – BRUXELLES, 21-23 mars 1983 : *La coiffe rouge*, h/t (40x50) : **BEF 40 000** ; *Nu couché*, past. (83x143) : **BEF 180 000** – BRUXELLES, 30 avr. 1985 : *Vieux paysan*, gche (79x98) : **BEF 240 000** – LONDRES, 19 mars 1986 : *Le retour du fils prodigue* 1897, h/t (178x300) : **GBP 6 000** – BRUXELLES, 10 déc. 1986 : *Nu sur un canapé*, past. (60x80) : **BEF 220 000** – BRUXELLES, 12 oct. 1987 : *Au bord de l'eau*, past./ pap. mar./cart. (42x54) : **BEF 110 000** – NEW YORK, fév. 1988 : *Odalisque*, past. (69,9x59,7) : **USD 2 640** – BRUXELLES, 19 déc. 1989 : *La rencontre*, fus. (145x95) : **BEF 130 000** – BRUXELLES, 9 oct. 1990 : *Portrait* 1935, h/t (80x62) : **BEF 55 000** – BRUXELLES, 7 oct. 1991 : *Portrait de jeune fille* 1903, dess. (50x37) : **BEF 28 000** – AMSTERDAM, 14-15 avr. 1992 : *Coin de table*, past. (80,5x101) : **NLG 10 925** – LOKEREN, 10 oct. 1992 : *Nu au voile d'or*, past./t. (80x60) : **BEF 85 000** – LOKEREN, 28 mai 1994 : *Le Caraco bleu*, past./t. (67x47) : **BEF 55 000** – AMSTERDAM, 7 déc. 1994 : *Petite Fille au chou*, past./pap. (81,5x67) : **NLG 12 650** – LOKEREN, 9 mars 1996 : *La Tricoteuse*, past./t. (100x78) : **BEF 260 000** – LONDRES, 22 nov. 1996 : *Énigme* 1915, past./pap./t. (70x50) : **GBP 1 150** – RUMBEKE, 20-23 mai 1997 : *Portrait de Mrs Brandt-Witlocxs* 1920, past./pap. (100x80) : **BEF 139 826**.

BAES Henri
Né le 11 août 1850 à Bruxelles. XIXᵉ siècle. Belge.
Peintre de sujets de genre.
Cet artiste était le frère de Jean Baes et travailla souvent en collaboration avec lui. Il lui succéda comme directeur de l'École des Arts décoratifs à Bruxelles. Il était architecte et membre de la commission des monuments.
VENTES PUBLIQUES : PARIS, 16 nov. 1992 : *Scène de café maure*, h/t (300x370) : **FRF 74 000**.

BAES Jean
Né en 1848 à Bruxelles. XIXᵉ siècle. Éc. flamande.
Peintre et architecte.
Il travailla sous la direction d'Émile Janlet, à Bruxelles ; on lui doit la couronne de la coupole du palais de Justice de cette ville. Son œuvre, *Tours et tourelles de Belgique*, lui avait valu sa nomination de président de la société des aquarellistes et aquafortistes bruxellois. Il a présenté, aux expositions de cette Société, un grand nombre de remarquables dessins. Baes remplit également les fonctions de sous-directeur de l'Académie des Beaux-Arts à Bruxelles.

BAES Lionel Oscar
Né en 1839 à Ostende. Mort en 1913. XIXᵉ siècle. Belge.
Peintre de portraits, paysages, marines, aquarelliste, peintre de décors de théâtre, graveur.
Il fut élève de l'Académie d'Anvers, et devint plus tard directeur de l'Académie libre de Bruxelles. Il peignit des décors pour les théâtres de Namur et de Louvain. Il a gravé à l'eau-forte des paysages.
VENTES PUBLIQUES : LOKEREN, 28 mai 1988 : *Mère près d'un berceau*, h/t (30x40,5) : **BEF 50 000** – BRUXELLES, 12 juin 1990 : *Nu de dos*, h/t (75x35) : **BEF 30 000** – AMSTERDAM, 23 avr. 1991 : *La robe rouge*, h/t (52,5x34) : **NLG 2 185** – LOKEREN, 28 mai 1994 : *Paysage de marais*, h/t (61x40) : **BEF 33 000**.

BAES Martin ou Bas, Basse, Bassius
XVIIᵉ siècle. Actif dans la première moitié du XVIIᵉ siècle. Éc. flamande.
Dessinateur et graveur au burin.
Il était originaire d'Anvers, mais on croit qu'il vécut à Douai, où il travailla comme illustrateur. Ses estampes sont exécutées dans le style de Wiericx et de Johann Valdor : il grava particulièrement des portraits pour de nombreux ouvrages ; il les signait : *Mart. Bast, M. Baes, M. B., Mart. Bass, M. Bass., Mart. Baes.* On présume qu'il fut le père de Martin Bast.

[signature : M.f., M.f.]

VENTES PUBLIQUES : LONDRES, 17 avr. 1909 : *Santa Maria della Salute*, dess., et un autre dessin de Bellini : **GBP 4**.

BAES Rachel
Née le 1ᵉʳ août 1912 à Ixelles. Morte le 8 juin 1983 à Bruges. XXᵉ siècle. Belge.
Peintre. Surréaliste.
Elle fut autodidacte, tout en étant la fille du peintre académique Émile Baes. Dans un premier temps, peintre de natures mortes et d'intérieurs, dans un style néo-impressionniste, elle s'oriente très tôt vers une peinture surréaliste, évoquant un monde déroutant de détresse et d'hermétique souffrance, où d'étranges fillettes semblent prisonnières dans des chambres closes aux couleurs incendiaires et savantes. Laissons conclure Paul Eluard qui, dans une préface poétique, lui prête ces paroles : « Sur la nature nue où je tiens une place, – Plus grande que mes songes. »

[signature : Rachel baes]

BIBLIOGR. : M. Lecomte : *Rachel Baes*, Paris, 1947.
VENTES PUBLIQUES : BRUXELLES, 27 oct. 1976 : *Vierge à l'enfant*, h/t (92x73) : **BEF 28 000** – ANVERS, 23 avr. 1980 : *La gare* 1958, h/t (80x66) : **BEF 28 000** – ANVERS, 27 oct. 1981 : *Ombres bleues* 1947, h/t (119x100) : **BEF 24 000** – ANVERS, 3 avr. 1984 : *Le jardin de Rubens* 1947, h/t (100x80) : **BEF 46 000** – BRUXELLES, 28 mars 1985 : *Le Siècle des Lumières* 1966, h/t (116x89) : **BEF 60 000** – LOKEREN, 12 déc. 1987 : *La rue* 1947, h/t (65x54) : **BEF 60 000** – LOKEREN, 10 oct. 1992 : *Sur la Seine*, h/t (65x54) : **BEF 48 000** – AMSTERDAM, 5 juin 1996 : *Un intérieur*, h/t (65,5x54) : **NLG 1 035**.

BAESCHLIN Johann Jakob ou Baeschelin
Né en 1745 à Schaffhouse. Mort en 1789. XVIIIᵉ siècle. Allemand.
Peintre et graveur au burin.
Après avoir exercé son art à Nuremberg, à Augsbourg et à Lyon, il retourna dans son pays, où il se fixa.

BAESCHLIN Pierre Laurent
Né le 23 septembre 1886 à Paris. XXᵉ siècle. Français.
Peintre de paysages et de fleurs.
Élève de H. C. Danger, il a exposé à Paris au Salon des Artistes Français à partir de 1912.
VENTES PUBLIQUES : PARIS, 24 mars 1982 : *Paysage* 1926, h/t (72x91) : **FRF 2 500** – REIMS, 11 juin 1989 : *Bouquet de roses* 1883, h/t (81x60) : **FRF 20 000** – LONDRES, 16 mars 1994 : *Nature morte avec des églantines*, h/t (53x72) : **GBP 1 035**.

BAESE Baven de
XVIᵉ siècle. Éc. flamande.
Peintre.
Il était, en 1533, maître libre de la gilde de Saint-Luc, à Anvers.

BAESE Johann C.
Né à la fin du XVIIIᵉ siècle à Brunswick. Mort le 7 août 1837 à Madrid. XVIIIᵉ-XIXᵉ siècles. Allemand.

Peintre.

Il travailla à Rome, à Florence et à Madrid. Il s'était fait une spécialité de la copie des toiles de Raphaël. On lui avait commandé une reproduction importante d'une œuvre du maître, destinée au dôme de Brême ; mais la tâche fut trop lourde pour le malheureux artiste qui, reconnaissant son impuissance, se laissa aller au découragement, et se donna la mort.

BAESTEN Maria
XIXᵉ siècle. Active dans la première moitié du XIXᵉ siècle. Belge.
Peintre.
Elle était la fille de Balthazar-Paul Ommeganck et on l'a souvent confondue avec sa tante Maria-Jacoba Myin.

BAESTEROY Andries ou **Basteroey, Baestrooy**
XVIIᵉ siècle. Éc. flamande.
Peintre.
Il est cité à Anvers en 1652 et 1653.

BAESTEROY Jacob
XVIIᵉ siècle. Actif à Anvers vers 1687. Éc. flamande.
Peintre.

BAESTEROY Jan-Baptiste
XVIIᵉ siècle. Éc. flamande.
Peintre.
Il est cité à Anvers en 1695.

BAESTEROY Peter, l'Ancien
XVIIᵉ siècle. Actif à Anvers vers 1657. Éc. flamande.
Peintre.

BAESTEROY Peter, le Jeune
XVIIᵉ siècle. Actif à Anvers vers 1688. Éc. flamande.
Peintre.

BAETE Raoul Victor Louis
Né à Paris. XXᵉ siècle. Français.
Peintre de portraits.
Élève de Deschamps et Rameau, il exposa au Salon des Artistes Français de Paris en 1935.

BAETEMAN Paul
Né le 10 novembre 1933 à Nieuport. XXᵉ siècle. Belge.
Sculpteur de monuments. Abstrait.
Il est surtout actif dans la région d'Ostende.
VENTES PUBLIQUES : LOKEREN, 10 oct. 1992 : *Figure allongée*, marbre noir (H. 28, L. 103) : BEF 65 000 – LOKEREN, 9 oct. 1993 : *Torse*, marbre blanc (H. 57, l. 30) : BEF 48 000 – LOKEREN, 12 mars 1994 : *Nu allongé*, marbre noir (H. 28, l. 103) : BEF 55 000 – LOKEREN, 10 déc. 1994 : *Torse de femme*, pierre bleue (H. 210) : BEF 110 000.

BAETENBORCH Michiel van
XVIᵉ siècle. Actif à Anvers vers 1526. Éc. flamande.
Peintre.

BAETES François Ignace
Né en 1826 à Anvers. Mort en 1890 à Anvers. XIXᵉ siècle. Éc. flamande.
Médailleur.
Élève de Veyrat.

BAETES Jules
Né le 6 octobre 1861 à Anvers. XIXᵉ siècle. Éc. flamande.
Graveur, sculpteur et médailleur.
Il était le fils de François-Ignace Baetes ; il étudia à l'Académie d'Anvers et sous la direction du sculpteur Vincotte.

BAETKE Gina
Née en 1906. XXᵉ siècle. Belge.
Peintre de paysages. Postimpressionniste.
Elle a exposé au Salon des Tuileries à Paris en 1934.
VENTES PUBLIQUES : PARIS, 18 juin 1963 : *Saint-Tropez* : FRF 430.

BAETS Angelus de
Né le 24 novembre 1793 à Evergem (près de Gand). Mort le 24 avril 1855 à Gand. XIXᵉ siècle. Belge.
Peintre de sujets de genre, portraits, architectures, intérieurs, aquarelliste, dessinateur.
Il était le fils de Joannes de Baets et de Johanna Judoca Vereecke ; il étudia à l'Académie de Gand, où il devait plus tard professer lui-même. Il exposa fréquemment dans cette ville entre 1830 et 1840. Il peignait des vues d'architecture, des intérieurs et des portraits. Il a également laissé de nombreux dessins et de belles aquarelles ; on cite de lui, un *Intérieur de l'église des Dominicains à Gand* (1835) et *La consécration de l'évêque Delbecque*, 1838.
VENTES PUBLIQUES : PARIS, 1856 : *Intérieur d'église* : FRF 150 ; *Vue de l'exposition de tableaux, à Gand* : FRF 80 – PARIS, 29 mai 1901 : *Les marchands de poissons* : FRF 255 – LONDRES, 20 fév. 1976 : *Intérieur de la cathédrale, Saint-Bavon, Gand 1831*, h/pan. (76,5x52) : GBP 1 500 – LONDRES, 21 mars 1986 : *Le chœur de la cathédrale de Saint-Bavon, Gand 1831*, h/pan. (78x54) : GBP 5 500.

BAETS Jan Frans
XVIIIᵉ siècle. Actif à Anvers vers 1749. Éc. flamande.
Sculpteur.

BAETS Marc ou **Mark**
XVIIᵉ-XVIIIᵉ siècles. Actif vers 1700 à Anvers. Éc. flamande.
Peintre de paysages animés, paysages, paysages d'eau.
Il était le frère de Peter Baets.
VENTES PUBLIQUES : LONDRES, 30 mars 1989 : *Vaste paysage avec une ferme fortifiée près d'un lac avec des personnages*, h/pan. (17,8x24,2) : GBP 3 300 – LONDRES, 19 mai 1989 : *Vaste paysage fluvial avec un moulin fortifié en ruines*, h/pan. (18,5x26,8) : GBP 6 050 – LONDRES, 3 avr. 1992 : *Paysage fluvial avec des paysans devant les maisons*, h/pan., une paire (chaque 6,3x10,4) : GBP 1 980 – PARIS, 3 déc. 1993 : *Arrivée d'une carriole dans un village flamand*, h/pan. de chêne (27x36) : FRF 39 000 – LONDRES, 25 fév. 1994 : *Paysage fluvial avec des paysans près d'une arche en ruine*, h/pan. (19,2x25,5) : USD 2 300 – CALAIS, 3 juil. 1994 : *Chasseur et voyageurs sur un sentier à l'orée d'un bois*, h/cuivre (16,5x19,5) : FRF 22 000 – PARIS, 26 mars 1996 : *Paysages de rivière animés de promeneurs*, h/pan., une paire (15x19) : FRF 42 000 – VIENNE, 29-30 oct. 1996 : *Paysage avec paysans et carriole devant une ferme*, h/t (36x45) : ATS 92 000 – LONDRES, 16 avr. 1997 : *Villageois dans un paysage fluvial boisé, des bateaux dans le lointain*, h/pan., une paire (chaque 27,6x33) : GBP 9 430.

BAETS Paul
XVIIᵉ-XVIIIᵉ siècles. Actif à Anvers entre 1697 et 1707. Éc. flamande.
Sculpteur.

BAETS Peter
XVIIᵉ siècle. Actif à Anvers en 1693. Éc. flamande.
Paysagiste.
Maître libre dans la gilde de Saint-Luc et beau-frère du sculpteur J.-P. Van Bauerscheit.

BAETSLE Gilbert
Né en 1921 à Ledeberg. XXᵉ siècle. Belge.
Peintre de paysages. Postexpressionniste.
Élève à l'Académie des Beaux-Arts de Gand, il aime rendre le côté pittoresque des paysages qu'il peint à la suite de ses voyages en pays flamand, mais aussi dans le midi de la France, en Sardaigne et en Grèce.
BIBLIOGR. : In : *Dictionnaire biographique illustré des artistes en Belgique depuis 1830*, Arto, Bruxelles, 1987.

BAETSOLYR Periin ou **Baetsoleyr**
XVᵉ siècle. Actif à Bruges, vers 1464-1467. Éc. flamande.
Enlumineur.

BAEUX F.
XIXᵉ siècle. Actif au début du XIXᵉ siècle. Britannique.
Graveur.
On connaît de cet artiste cité par Weigel et Le Blanc : *Anne Page and Stender, a scene from the Merry wives of Windsor*, d'après A.-W. Callcott ; planche pour : *Triden's Royal Gallery of British Art*.

BAEV Gueorgui
Né en 1924 à Bourgas. XXᵉ siècle. Bulgare.
Peintre de paysages.
Il est l'un des jeunes artistes bulgares que l'on a remarqués.
MUSÉES : BOURGAS (Gal. d'Art) : *Nuit sur le port* – SOFIA (Gal. Nat.) : *La plaine*.

BAEYENS Adolphe
Né en 1886 à Exaarde. Mort en 1969 à Mont-Saint-Amand. XXᵉ siècle. Belge.
Peintre de figures et paysages.
Élève de Léon de Smet et de Jean Delvin.
VENTES PUBLIQUES : LOKEREN, 23 mai 1992 : *Bégonia*, h/t (55,5x75,5) : BEF 44 000.

BAEYENS Louis
Né à Roubaix (Nord). XXᵉ siècle. Français.

Peintre décorateur.

En 1929, à Paris, il a exposé au Salon de la Société Nationale des Beaux-Arts, dont il est devenu ensuite sociétaire.

BAEYENS Roger
Né en 1927 à Bruxelles. xxᵉ siècle. Belge.

Peintre de paysages, aquarelliste et architecte.

Élève de l'Académie de Saint-Luc à Bruxelles. Ses aquarelles rendent avec habileté les paysages rencontrés au cours de ses voyages : Bruxelles, le Brabant flamand, Gand, la Lys, Furnes, le Westhoek, la Provence, la Grèce et le Canada.

BIBLIOGR. : In : *Dict. biogr. illustré des Artistes en Belgique depuis 1830*, Arto, Bruxelles, 1987.

BAEZ Diego
xvıᵉ siècle. Actif à Séville vers 1534. Espagnol.

Peintre.

BAEZA ? Pedro
xvııᵉ siècle. Actif à Séville en 1682. Espagnol.

Graveur.

BAEZA Gaspar de ou Vaeça
xvıᵉ siècle. Espagnol.

Peintre.

Il travailla, à l'occasion des obsèques de Johanna, mère de Charles Quint. Ne pas le confondre avec le peintre Gaspar de Baeza (en Andalousie) appelé aussi Gaspar Becerra.

BAFCOP Alexis
Né le 6 novembre 1804 à Kassel. Mort en 1895. xixᵉ siècle. Allemand.

Peintre de genre et portraitiste.

Ses tableaux figurèrent plusieurs fois aux Salons de Paris, entre 1831 et 1848.

VENTES PUBLIQUES : PARIS, 14 mars 1931 : *Portrait de femme*, aquar. : FRF 30.

BAFFI Filippo
xvııᵉ siècle. Actif à Pérouse en 1625. Italien.

Sculpteur sur bois.

Sculpta un crucifix pour la Confraternita della Giustizia.

BAFFIER Jean Eugène
Né le 18 novembre 1851 à Neuvy-le-Barrois (Cher). Mort en 1920 ou 1921. xixᵉ-xxᵉ siècles. Français.

Sculpteur de figures, bustes.

Il fut élève de l'École des Beaux-Arts de Nevers et de l'École des Arts Décoratifs de Paris, élève d'Aimé Millet. Parmi ses premières œuvres, il exécuta : *Au coin du feu*, *La petite Charlotte*, en 1882, obtint une 3ᵉ médaille en 1883, une médaille d'argent en 1889, fit partie de la Société des Beaux-Arts, exposa au Salon des Indépendants et au Salon d'Automne de 1911 à 1913.

Il fit des bustes, des figurines de terre cuite, des bronzes et divers objets d'art décoratif, parmi lesquels des pièces d'étain. Il sculpta des fragments de cheminée pour l'État et une *Fontaine Lavabo*. Un marbre : *La Jeannette* et un bronze : *Le Jardinier* (1892) appartiennent à la ville de Paris.

MUSÉES : BOURGES : *Saint Jean Baptiste*, plâtre, médaillon – *Surtout de table, coupe ayant pour support deux paysannes berruyères*, étain – *Mme Baffier, mère*, terre cuite, buste – *La Grand-Mère*, petit monument familial, buste de plâtre – *Louis XI*, bronze 1884 – UZÈS : *Jacques Bonhomme* 1885.

VENTES PUBLIQUES : LOKEREN, 8 oct. 1994 : *P'tit Jean le Greffeux* 1886, bronze (H. 44,5, l. 18,5) : BEF 48 000.

BAFFINI Tommaso
xivᵉ siècle. Actif à Modène en 1380. Italien.

Peintre.

BAGARD César
Né en 1620 à Nancy. Mort en 1709 à Nancy. xviıᵉ siècle. Français.

Sculpteur.

Fils de Nicolas Bagard ; étudia sous la direction de Jacquin, et commença à exercer son art dans sa ville natale. Il y travailla à l'érection d'un groupe de pierre, représentant un *Amour en dompteur de lions*, pour une fontaine au Palais ducal. A Paris, il travailla, en 1659, aux statues allégoriques de la *Force* et de la *Vertu* qui ornaient l'arc de triomphe élevé à l'occasion du mariage de Louis XIV et de Marie-Thérèse. De retour à Nancy, il fut nommé, en 1669, sculpteur de la cour du duc Charles IV. Il produisit de nombreux ouvrages pour les églises et les couvents de la contrée. Malheureusement ses œuvres ont été détruites pendant la Révolution. Quelques fragments du mausolée qu'il avait

sculptés en 1673, pour Jean des Porcelets, évêque de Toul, sont conservés au Musée lorrain de Nancy. Il est aussi l'auteur du buste de Louis XIV qui était autrefois placé sur la Porte royale, à Nancy. Bagard s'est parfois essayé à la sculpture sur bois.

BAGARD Émile
xixᵉ siècle. Actif à Paris vers 1855. Français.

Dessinateur, graveur, peintre.

Ses gravures furent publiées dans la « Gazette de Paris illustrée », signées de son monogramme : E. B.

BAGARD Jean
xviᵉ siècle. Actif à Nancy vers 1551. Français.

Sculpteur.

BAGARD Nicolas
xviıᵉ siècle. Français.

Sculpteur.

Établi à Nancy. Était le père de César Bagard et le chef de la célèbre famille des Bagard de Nancy.

BAGARD Toussaint
Mort vers 1712. xviıiᵉ siècle. Actif à Nancy. Français.

Sculpteur.

Fils et élève de César Bagard. Parmi ses œuvres, il convient de citer les statues colossales de *Saint Stanislas Koska* et de *Saint Louis de Gonzague*, dans l'église des Jésuites de Nancy, un *Crucifix*, sculpté pour la maréchale de Lorge en 1695, le *Tombeau du duc Charles V* (1700), ainsi que les travaux de sculpture exécutés au bâtiment de la gendarmerie, en 1701, et au château de Lunéville en 1702.

BAGARRY Adrien Pierre
Né le 27 mars 1898 à Marseille (Bouches-du-Rhône). xxᵉ siècle. Français.

Peintre de nus, paysages et portraits.

Il a exposé, à Paris, au Salon d'Automne de 1923 à 1938, au Salon des Artistes Indépendants de 1926 à 1928 et au Salon des Tuileries de 1926 à 1929. Il participa aussi à l'Exposition internationale de 1937.

VENTES PUBLIQUES : ZURICH, 17 nov. 1976 : *Les remparts*, h/t (33x56) : CHF 1 200.

BAGATTI Giovanni ou Bagattino
Mort en 1781. xviıiᵉ siècle. Italien.

Dessinateur.

Milanais ; il est cité par Zani.

BAGATTI-VALSECCHI Pierre ou Pietro
Né le 13 avril 1802 à Milan (Lombardie). Mort le 27 novembre 1864 à Milan. xixᵉ siècle. Italien.

Peintre de portraits, miniaturiste, copiste.

Peintre amateur sur ivoire, émail et verre, il fit son apprentissage pour l'émail à Genève et exposa des portraits et copies de tableaux de maîtres à Milan, Turin, Venise, Londres et Paris, en 1837 et 1840.

On cite son *Portrait par lui-même* (1836) et des *Portraits de sa famille* (collection baron G. Bagatti-Valsecchi, Milan).

MUSÉES : MILAN (Pina. ambroisienne) : vingt émaux – MILAN (Mus. du Château) : *Portrait de Pelagio Palagi* – *Intérieur de l'atelier de Raphaël*, d'après Podesti – TURIN (Mus. mun.) : *Portrait de Pelagio Palagi* 1838.

VENTES PUBLIQUES : MILAN, 3 avr. 1996 : *Portrait d'Innocente Brigatti* 1830, h/verre (diam. 8,5) : ITL 3 450 000.

BAGAZOTTI Camillo ou Bagazoto
Né en 1535 à Camerino (province des Marches). xviᵉ siècle. Italien.

Peintre.

Élève de Lorenzo Lotto ; travailla sous la direction de son maître aux tableaux du chœur de la Sta Casa de Loreto, en 1555. Il est l'auteur de *La Communion de sainte Lucie* (1573), dans l'église du collège de Sta Maria Maggiore, à Spello, et d'un *Saint Perfirio* (aujourd'hui disparu), peint pour l'église S. Venanzo, à Camerino. Ses œuvres sont à Rimini et à Camerino.

C Bagazotti.

BAGDATOPOLOUS William Spencer
Né le 23 juillet 1888 à Zante (Grèce). xxᵉ siècle. Grec.

Décorateur publicitaire et peintre.

Il a exposé au Royal Institute of Painters in Watercolours de Londres et à la British Indian Union en 1927.

BAGE Jacques
Né en 1942 à Liège. xxe siècle. Belge.
Peintre de paysages, pastelliste. Postimpressionniste.
En 1995, il a montré un ensemble d'œuvres dans une exposition personnelle, en Belgique.
Se référant à Claude Monet, il réduit à l'essentiel ses notations de paysages, souvent nocturnes.

BAGE Yves
Né en 1947 à Liège. xxe siècle. Belge.
Peintre.
Elève à l'Académie des Beaux-Arts de Liège, où il est devenu ensuite professeur. C'est à grands traits qu'il peint l'agitation d'une humanité en déroute.

BAGEL Moses, pseudonyme de **Bahelfer**
Né en 1908 à Wilno. xxe siècle. Actif en France. Lituanien.
Peintre, décorateur de théâtre et dessinateur.
Il eut pour maîtres Klee et Kandinsky, au Bauhaus, vers 1927. Il a réalisé les décors du théâtre yiddish de Paris.

BAGELAAR Ernst Willem Jan
Né le 16 septembre 1775 à Eindhoven (Brabant). Mort le 8 février 1837 près d'Eindhoven. xixe siècle. Éc. flamande.
Peintre, graveur, dessinateur.
Ayant d'abord embrassé la carrière des armes, Bagelaar l'abandonna pour se livrer à l'étude de l'art. À l'aide du manuel d'Abraham Bosse, il s'instruisit seul et se mit à exécuter des eaux-fortes. Ses efforts furent couronnés de succès ; il créa même une nouvelle méthode pour le dessin et l'eau-forte, qui lui valut une médaille d'argent en 1816, et dont il exposa les procédés dans un traité publié l'année suivante. Il grava de nombreuses planches : reproductions de dessins de Jan Luyken (il possédait une belle collection de cet artiste), des œuvres de Rembrandt, d'A. van de Velde, de Jac. Janson, de J. Kobell et de ses propres dessins. On remarque tout particulièrement une série de six petites eaux-fortes (d'après Cuyp). Un tableau représentant deux taureaux, porte la signature *Bagelaar pinxit et fecit*. Ce fut d'après ses dessins que J.-E. Marcus et L. Portman gravèrent, le premier, plusieurs paysages, et le second, le portrait d'Herm. Hagedoorn. Parmi ses gravures, on cite encore : *Le Juif endormi*, d'après Rembrandt ; *Portrait de J.-W. Pieneman*, d'après J.-W. Pieneman ; *Portrait du poète Jean Second*, d'après J. van Scorel ; *Vue d'Arnheim*, d'après Schelfbout ; *Marine*, d'après Van Goyen ; *Tempête en mer*, d'après Bakhuyzen ; *Deux vaches*, d'après A. Van de Velde ; *Mouton*, d'après Berchem ; *Mouton*, d'après Karel Du Jardin ; *Portrait de l'artiste*, d'après Pieneman ; *Portrait de H. de Bruxelles* ; *Portrait de J.-E. Marcus* ; Vignettes pour : *Description succincte mais complète de l'état actuel de La Haye*, 1816.
VENTES PUBLIQUES : AMSTERDAM, 19 oct. 1993 : *Vaches et cheval en haut d'une colline*, h/pan. (10,5x15) : **NLG 517.**

BAGEN Manuel Fr.
Espagnol.
Peintre.
Auteur d'un tableau représentant *Saint Bruno*, gravé par Don Rafael Estevan.

BAGENIER Thomas
xviie siècle. Éc. flamande.
Il fut admis, en 1649 ou 1650, comme maître libre de la gilde de Saint-Luc, à Anvers.

BAGENOV Vsiévolod
Né en 1909. Mort en 1986. xxe siècle. Russe.
Peintre de paysages animés. Académique.
Il étudia à l'Académie des Beaux-Arts de Saint-Pétersbourg et fut l'élève d'Igor Grabar. Reconnu par les instances officielles pour conformité de sa peinture avec les directives anesthésiantes, il fut donc membre de l'Union des Artistes, promu Artiste du Peuple, nommé professeur à l'Académie des Beaux-Arts de Léningrad.
Dans la manière la plus académique, le réalisme le plus plat, il peint des paysages typiques qu'animent quelques figurants inoffensifs, ici un pêcheur, là des gamins qui jouent dans la neige.
MUSÉES : BARNAOUL (Mus. des Beaux-Arts) – IAROSLAV (Gal. de Peinture) – KRASNODAR (Mus. des Beaux-Arts) – MOSCOU (Gal. Trétiakov) – MOSCOU (min. de la Culture) – OMSK (Mus. des Beaux-Arts) – SAINT-PÉTERSBOURG (Mus. Russe) – SAINT-PÉTERSBOURG (Mus. d'Hist.).
VENTES PUBLIQUES : PARIS, 27 nov 1989 : *Le village* 1983, h/isor. (50x67) : **FRF 9 500** – PARIS, 11 juin 1990 : *Lever du jour* 1961, h/t

(53x89) : **FRF 6 500** – PARIS, 4 mars 1991 : *Les voiliers* 1958, h/cart. (18x12) : **FRF 4 000.**

BAGER Isaak
Né en 1768 à Francfort-sur-le-Main (Hesse). Mort en 1797 à Mayence. xviiie siècle. Allemand.
Peintre d'histoire et graveur.
Fils et élève de Johann Daniel Bager. On connaît des eaux-fortes de lui d'après Johann Conrad Seekatz.

BAGER Johann Conrad
Né le 18 décembre 1780 à Francfort-sur-le-Main. Mort le 25 janvier 1855. xixe siècle. Allemand.
Peintre et musicien.
Second fils de Johann Daniel Bager, fut instruit par son père, se spécialisa dans la miniature, mais fut plus connu comme musicien que comme peintre.

BAGER Johann Daniel
Né en 1734 à Wiesbaden. Mort le 17 août 1815. xviiie-xixe siècles. Actif à Francfort. Allemand.
Peintre de portraits, sujets de genre, paysages, natures mortes, fruits, graveur.
Il étudia avec Johann-Christian Fiedler à Darmstadt et avec Justus Junker à Francfort. Il s'adonna à plusieurs genres de peintures, mais il excella surtout à reproduire les fruits. On lui doit des eaux-fortes.

Johann . Daniel Bager.

MUSÉES : FRANCFORT-SUR-LE-MAIN : *Fruits – Fruits.*
VENTES PUBLIQUES : NEW YORK, 23 nov. 1977 : *Nature morte aux fruits*, h/pan. (48x37,5) : **USD 1 600** – PARIS, 13 oct. 1983 : *La vendeuse de cerises – La vendeuse de prunes*, deux h/t (25,7x23) : **FRF 63 000** – NEW YORK, 6 juin 1985 : *Nature morte aux fruits*, h/cuivre (37x43,5) : **USD 15 000.**

BAGET Jules Pierre
Né le 27 janvier 1810. Mort le 31 janvier 1893. xixe siècle. Français.
Peintre de fleurs, aquarelliste.
VENTES PUBLIQUES : MONACO, 6 déc. 1991 : *Dahlias*, aquar./vélin (40x31,5) : **FRF 8 880.**

BAGETTI Giuseppe Pietro
Né en 1764 à Turin. Mort en 1831. xviiie-xixe siècles. Italien.
Peintre de paysages, architectures, aquarelliste, dessinateur.
Il fut élève de Palmiéri et travailla à Turin ; en 1807, il fit un voyage à Paris où il fut chargé de reproduire les victoires de Napoléon. Il peignit ainsi une série d'aquarelles qui sont à présent conservées au Musée de Versailles ; plusieurs de ses paysages furent exposés au Salon de Paris en 1812 et 1814 ; il exécuta également une vue panoramique des Alpes d'Italie qui fut très remarquée.
MUSÉES : VERSAILLES : *Vue de l'intérieur du bourg de Codagno – Vue de Casal Pusterlengo – Vue du Pô, face à la ville de Plaisance – Vue des hauteurs de Saint-Michel – Vue de Mondovi et la position de Brichetto – Vue du château et de la ville de Milan – Vue du Pô, près de Plaisance – Vue de la Chiusella – Vue de Verceil – Bataille d'Eckmühl – Vue du Pô à Voceto – Vue du Pô en face de Belgiojoso – Vue de la ville de Fossano – Vue de Montebello – Vue de Madrid – Vue de Vérone – Vue du bourg de Castelfranco, près de la rive de la Brenta – Vue de Lodi – Vue du village de Lavis – Attaque de la redoute de Monte Legino – Vue du fort de Ceva – Vue des hauteurs de Monte Zemolo – Environs d'Ulm – Vue du bourg de Castelfranco – Bataille de Wagram – Vue du Pont de Lecco – Vue de Casteggio – Vues de Plaisance – Entrée de l'armée française à Memmingen – Vue de Turbigo – Vue des hauteurs de Varallo – Vue d'Arona – Vue de Castelletto et de Sesto Calende – Vue de la ville de Milan – Vue du bourg de Soncino – Vue de Savone – Vue des hauteurs de Gênes, rive gauche du Bisagno – Vue du fort de Bard – Vue de la ville et citadelle d'Ivée – Vue du Grand Saint-Bernard – Vue du défilé fortifié de la Cluse, dans la vallée d'Aoste – Vue de Rivoli avec une partie de la vallée de l'Adige – Vue de la ville de Ceva – Vue des hauteurs de Saint-Michel – Vue de la ville d'Alba Pompéia, en Piémont – Vue de la ville de Coni – Vue de Bene – Vue de la place de Cherasco – Vue de la Madonna della Corona – Vue du village et pont d'Arcole – Vue de la ville de Créma – Vue de la ville de Pizzighethone – Vue de la ville de Crémone – Vue de Caliano sur l'Adige – Vue du château de la Pietra dans la vallée de l'Adige – Vue du fort de Bard*

pris sur les Autrichiens – Vue de Gênes – Deux vues de Dégo – Vue du bassin de Rivoli, entre les monts Corona et Ripolo – Vue de la ville de Pavie – Vue de la ville de Salo et du lac de Garde – Passage du Tagliamento – Vue de la partie de l'Italie qui a été le théâtre de la guerre pendant la campagne de Marengo – Vues de Tortoni – Vues d'Alessandrie – Vue du fort de Covela, dans la gorge de la Brenta – Vues de Lonato – Vues de Castiglione – Vue du village de Carrare – Vue de Mondovi – Vue du vieux château de Cossaria – Autre vue du vieux château de Cossaria – Vue de la ville et du château de Nice – Vue des environs de Mondovi et du village de Carasson – Vue du village de Pombio – Vue du bourg de Gavardo – Vue de Gradisca sur l'Isonzo – Passage du Grand Saint-Bernard – Vue des environs de Mantoue – Vue d'Aughiari – Vue de Mantoue – Rivoli, vue prise du mont Moseato.

VENTES PUBLIQUES : PARIS, 1816 : *Paysage*, encre de Chine : **FRF 45** – PARIS, 1817 : *Une vaste campagne par un temps d'orage :* **FRF 211** – PARIS, 7 déc. 1927 : *Paysage boisé*, aquar. : **FRF 250** – PARIS, 24 mars 1955 : *La Bataille d'Iéna ; L'Entrée de Napoléon à Berlin ; La Reddition de la place forte de Spandau*, pl. et lav., trois dessins : **FRF 170 000** – ACQUI TERME, 12 oct. 1985 : *La procession 1791*, aquar. (46,5x66,5) : **ITL 5 000 000** – NEUILLY, 1er mars 1988 : *Paysage avec cascade et rochers*, pl. et lav. de bistre : **FRF 8 500** – ROME, 23 mai 1989 : *Chaos*, aquar./cart. (48,5x73) : **ITL 21 000** – LONDRES, 27 nov. 1992 : *Le Château royal d'Aglié 1829*, encre et aquar./pap./cart., une paire (57,7x85,7) : **GBP 39 600** – PARIS, 20 nov. 1996 : *Paysages rocheux*, lav. d'encre noire, une paire (35x52) : **FRF 42 000**.

BAGG Louise
Née à Springfield (Massachusetts). XIXe-XXe siècles. Américaine.
Sculpteur, peintre.
Elle vint travailler à Paris sous la direction du sculpteur Desvergnes. Elle obtint une médaille de bronze à l'Exposition de Saint Louis en 1904.

BAGG William
XIXe siècle. Britannique.
Peintre de portraits.
Il travaillait à Londres, où il exposa plusieurs portraits, à la Royal Academy et à la British Institution de 1827 à 1829.

BAGGE
XVIIIe siècle. Actif vers 1790. Allemand.
Peintre miniaturiste.

BAGGE Bertha
Née le 5 mars 1859 à Francfort-sur-le-Main. XIXe siècle. Allemande.
Peintre et aquafortiste.
Elle fut élève de H. Hasselhorst à Francfort de 1884 à 1886, d'Anton Burger à Cronberg de 1886 à 1891, et enfin de Peter Halms à Munich (été de 1895). On a d'elle de nombreuses gravures, dont la plupart furent destinées à l'illustration. On cite : *Trente-six eaux-fortes du vieux Francfort* (1891-1896), *Chansons et images*, illustrations pour poésies, *Douze héliogravures, d'après dessins à la plume* (1892), *La vieille église de Saint-Pierre et le quartier environnant, à Francfort-sur-le-Main, Quatorze feuilles lithographiées, d'après des dessins* (1895), enfin *Douze eaux-fortes* pour : *Simon Moritz de Bethmann et ses prédécesseurs* par Heinz Pallmann. Elle a laissé également des vues du Tyrol et de l'Allemagne, des aquarelles, des pastels et des peintures à l'huile. En 1892, malade, elle dut cesser ses travaux.

BAGGE Eric
Né le 10 septembre 1890 à Anthony (Hauts-de-Seine). XXe siècle. Français.
Dessinateur, décorateur, designer.
Il a exposé à Paris au Salon des Artistes Décorateurs et au Salon d'Automne depuis 1919. Il a partagé son activité entre l'architecture, la décoration et l'enseignement. Il a réalisé, parfois en collaboration avec Bernard Huguet, des ensembles mobiliers, des porcelaines et des tapis. Avec le verrier Gaëtan Jeannin, il a créé un vitrail : *Le léopard*, présenté à l'Exposition des Arts Décoratifs de 1925 où il a été classé hors-concours et nommé rapporteur du jury international. Il a toujours cherché à unir architecture et décoration, s'intéressant aux techniques et à leur meilleure utilisation possible. Inspecteur principal de l'enseignement du dessin à la Ville de Paris, il était aussi professeur d'architecture décorative à l'Ecole des Arts Décoratifs. Chevalier de la Légion d'Honneur.

BAGGE Eva
Née le 15 décembre 1871 à Stockholm. Morte en 1964. XXe siècle. Suédoise.

Peintre de genre, paysages et portraits.
Elle fit ses études d'abord en Suède, puis à l'Académie Colarossi de Paris, entre 1892 et 1895, avant d'aller travailler en Italie en 1903-1904, en Hollande et dans le midi de la France en 1906, de nouveau dans le sud de la France en 1909, et en Italie en 1921 et 1923. On a dit que, respectueuse de la tradition, elle avait su éviter la convention.
BIBLIOGR. : G. Boëthius : *Éva Bagge*, s. l., 1944.
VENTES PUBLIQUES : STOCKHOLM, 11 oct. 1950 : *La pêcheuse :* **SEK 3 000** – STOCKHOLM, 22 avr. 1981 : *Intérieur 1913*, h/t (37x45) : **SEK 5 700** – STOCKHOLM, 25 nov. 1982 : *Nature morte dans un intérieur 1929*, h/pan. (26x38) : **SEK 8 500** – STOCKHOLM, 23 avr. 1983 : *Jeune Bretonne dans un intérieur*, h/t (53x32) : **SEK 10 200** – STOCKHOLM, 24 avr. 1984 : *Nature morte* 1944, h/t (57x64) : **SEK 8 100** – STOCKHOLM, 29 oct. 1985 : *Une jeune Bretonne 1897*, h/pan. (52x32) : **SEK 11 500** – STOCKHOLM, 9 déc. 1986 : *Paysage*, h/pan. (26x35) : **SEK 6 000** – GÖTEBORG, 18 mai 1989 : *Nature morte au violon 1949*, h/t (47x55) : **SEK 33 000** – STOCKHOLM, 14 nov. 1990 : *Gubben Söderman*, h/t (59x49) : **SEK 11 900**.

BAGGE Herman
Né vers la fin du XVIIe siècle à Flensburg. XVIIe-XVIIIe siècles. Danois.
Peintre.
D'après un document, habitait Copenhague en 1701.

BAGGE Inga
Née en 1916 à Stockholm. XXe siècle. Suédoise.
Sculpteur. Abstrait informel.
Elle a fait des études à Göteborg, où l'enseignement artistique mettrait plus l'accent sur le lyrisme qu'à Stockholm.

BAGGE Magnus Thulstrup
Né le 9 août 1825 à Christianssund. Mort vers 1890 à Berlin. XIXe siècle. Norvégien.
Peintre de paysages.
Il étudia trois ans à l'Académie de Copenhague et reçut en même temps les leçons du professeur J.-P. Möller. Il commença à exposer à Copenhague en 1845-1847, et à la Société d'Art d'Oslo en 1846 et 1847. Vers 1850, il se rendit à Düsseldorf, où il étudia sous la direction du professeur Leu. Il obtint une bourse de l'État. Plus tard, Bagge revint à Oslo, où il enseigna la peinture à l'écrivain Ibsen. Une de ses paysages est dans la collection royale de Bygdö, près Oslo ; une autre toile, *Coucher de soleil sur le lac de Byding*, appartint à l'empereur d'Allemagne.
VENTES PUBLIQUES : NEW YORK, 1er-2 avr. 1902 : *Lac norvégien :* **USD 400** – PARIS, 19 déc. 1990 : *Vue d'un lac de montagne avec une barque et un chalet sur la berge*, h/t (24x35,5) : **FRF 9 500**.

BAGGE Oluf Olufsen
Né le 22 décembre 1780. Mort le 22 septembre 1836. XIXe siècle. Danois.
Graveur au burin.
Étudia à l'étranger de 1821 à 1824 ; il travailla pour les ouvrages de botanique : *Flora danica* et *Dessins de fleurs à l'usage de la jeunesse*, d'après J.-L. Camradt.

BAGGENSTOSS Adalbert
Né le 31 mai 1863 à Stans. Mort le 28 octobre 1897. XIXe siècle. Suisse.
Peintre.
Il suivit les cours de l'Académie de Munich et fut élève de Deschwanden. Exposa une peinture d'intérieur à Berne, en 1890, lors de la première Exposition de l'Art Suisse.

BAGGI Ludovico
XVIIe siècle. Actif dans la seconde moitié du XVIIe siècle. Italien.
Sculpteur.
Travailla à l'église de « Quattro Santi Coronati » à Rome.

BAGGI Luigi
Né en 1948. XXe siècle. Italien.
Peintre. Tendance surréaliste.
Il a exposé à Paris au Salon Grands et Jeunes d'Aujourd'hui en 1988.

BAGHEERA
Né au Caire. XXe siècle. Égyptien.
Sculpteur.
Il a exposé au Salon des Indépendants à Paris en 1932.

BAGINSKI
XIXe siècle. Polonais.
Peintre de scènes militaires et de chasse.

BAGIOLI Tobia
XIXe siècle. Italien.

Sculpteur.

Il sculpta à Ravenne des tombeaux et le buste d'Angelo Mariani.

BAGIONI Marco

XVIᵉ siècle. Actif à Venise vers 1597. Italien.

Peintre.

BAGLIETO Leoncio

Né à Murcie. XIXᵉ siècle. Actif dans la seconde moitié du XIXᵉ siècle. Espagnol.

Sculpteur.

Il étudia à l'École spéciale de peinture et de sculpture de Madrid ; plus tard fut chargé de la classe de modelage à l'École des Beaux-Arts de Séville. En 1854, il sculpta la statue de l'évêque *Fray Domingo de Silos Moreno*, à Cadix, et, en 1860, il exposa à Madrid un buste colossal de *Murillo*.

BAGLIONE Gilbert

XXᵉ siècle. Français.

Peintre.

Il a exposé à Paris un *Atelier aux fleurs* au Salon des Artistes Français de 1973.

BAGLIONE Giovanni, cavaliere ou **Baglioni**, dit **il Sordo del Barozzo**

Né en 1571 à Rome. Mort en 1644 à Rome. XVIᵉ-XVIIᵉ siècles. Italien.

Peintre de compositions religieuses, portraits, fresquiste, graveur, dessinateur.

Il travailla à Rome et à Naples, et étudia sous Francesco Morelli et enfin avec le cavaliere d'Arpino et Amerighi.

Parmi ses œuvres, on cite notamment ses fresques à la Scala Sancta de Latran, à Santa Maria dell'Orto, à Saint-Giovanni de Latran, à Santa Maria Maggiore (1606), un tableau d'autel à l'église del Gesù (1603). À Pérouse, Mantoue et Lorette, on conserve des œuvres de ce peintre dans plusieurs édifices religieux. Parmi ses gravures, on signale : *Le Rêve de Jacob*. D'autre part, M. Lesueur a gravé d'après lui : *Sainte Prisque baptisée par saint Pierre*, et Fr. Villamena : *Le Christ en Croix*. Chroniqueur, il laissa un important témoignage sur le Caravage, sa vie tumultueuse et son caractère ombrageux, et sur beaucoup d'autres personnages de son temps dans la *Vie des peintres*.

MUSÉES : ROME (Gal. Borghèse) : *Judith tenant la tête d'Holopherne*.

VENTES PUBLIQUES : PARIS, 1852 : *Un apôtre* : **FRF 260** – NEW YORK, 22 mars 1922 : *Saint Jean Baptiste* : **USD 70** – NEW YORK, 24 juin 1929 : *Buste d'homme coiffé d'un grand chapeau à panache*, dess. : **FRF 150** – LONDRES, 16 juin 1967 : *Mise au tombeau* : **GNS 1 700** – LONDRES, 6 avr. 1977 : *Judith*, h/t (129x97) : **GBP 12 000** – ROME, 28 avr. 1981 : *Trois personnages*, h/t (89x136) : **ITL 8 000 000** – LONDRES, 11 juin 1981 : *La mort de la Vierge*, pl. sur traces de craie rouge (17,5x24,5) : **GBP 1 400** – LONDRES, 20 mars 1988 : *Salomé présente la tête de saint Jean Baptiste à Hérode et Hérodias*, h/t (114,5x156) : **GBP 15 400** – NEW YORK, 11 jan. 1989 : *Femme dans les douleurs de l'enfantement entourée de servantes tandis qu'une autre donne l'aumône à un pèlerin*, encre et craies : **USD 1 430** – LONDRES, 2 juil. 1991 : *Le Temps dévoilant la Vérité devant la Paix avec l'Envie et la Discorde au fond*, craies rouge et noire, encre et lav. (16,3x25,5) : **GBP 4 620** – LONDRES, 6 juil. 1992 : *L'Annonciation*, encre brune et lav. sur craie noire (18,1x13,5) : **GBP 3 520** – NEW YORK, 14 jan. 1994 : *Marie-Madeleine*, h/t (108x87) : **USD 11 500** – ROME, 24 nov. 1994 : *Joseph interprétant les songes*, h/t (133x98) : **ITL 32 998 000**.

BAGLIONI Bartolomeo d'Agnolo, dit **Baccio d'Agnolo**, ou **Baccio**

Né en 1462 à Florence. Mort en 1543 à Florence. XVᵉ-XVIᵉ siècles. Italien.

Sculpteur sur bois et architecte.

Baccio Baglioni fit ses études à Rome, et fut surtout architecte. Comme sculpteur sur bois, sa renommée fut moins grande. Il fit néanmoins les sculptures du chœur de Santa Maria Novella à Florence. D'autres boiseries de sa main, pour la même église, sont actuellement conservées au Victoria et Albert de Londres. En 1502, Baccio commença la sculpture des stalles du chœur de l'église de San Agostino, à Pérouse, d'après le dessin de Pietro Perugino, mais ne les acheva qu'en 1532. Il fut souvent employé à exécuter des décorations pour les fêtes municipales de Florence, et travailla aussi pour des particuliers.

BAGLIONI Cesare

Né à Crémone, à Bologne selon certains biographes. Mort à Parme, avant 1625 selon Malvasia. XVIᵉ-XVIIᵉ siècles. Italien.

Peintre.

Il était le fils d'un peintre peu connu : Giovanni-Pietro Baglioni. Il traita presque tous les genres de peinture : le paysage, les scènes d'histoire, les natures mortes, les reproductions d'animaux et les perspectives. En 1610, il fut chargé des peintures de l'église de Stirone (détruite en 1812) et de celles de l'église du Saint-Sépulcre à Parme. Il peignit aussi l'histoire des comtes Rossi dans leur château de Parme, le *Rocca di S. Secondo*.

VENTES PUBLIQUES : PARIS, 1775 : *Saint Paul ressuscitant Eutique*, dess. : **FRF 10** – PARIS, 1858 : *Une tente royale dans un camp*, dess. : **FRF 21** – PARIS, 1858 : Trois dessins : **FRF 18**.

BAGLIONI Domenico

Né en 1511. XVIᵉ siècle. Actif à Florence. Italien.

Graveur sur bois et architecte.

Il était le plus jeune des fils de Baccio d'Agnolo ; il est connu surtout comme architecte.

BAGLIONI Filippo

XVIᵉ siècle. Actif à Florence à la fin du XVIᵉ siècle. Italien.

Sculpteur sur bois.

Il était aussi architecte.

BAGLIONI Giovanni. Voir **BAGLIONE**

BAGLIONI Giuliano

Né en 1491. Mort en 1555. XVIᵉ siècle. Actif à Florence. Italien.

Graveur sur bois et architecte.

Fils aîné et élève de Bartolomeo d'Agnolo Baglioni. Il travailla à la cathédrale d'Arezzo.

BAGLIONI Orazio

XVIIᵉ siècle. Italien.

Peintre.

Il est l'auteur présumé d'une *Madeleine* citée à Reggio en 1640 dans l'atelier de Coccapani.

BAGLIONI da Monte-Novo Angelo

Né vers 1733 à Pérouse. XVIIIᵉ siècle. Italien.

Sculpteur.

BAGMILH Julius Théodor

XIXᵉ siècle. Actif à Stettin au début du XIXᵉ siècle. Allemand.

Peintre.

En 1834, il exposa à l'Académie de Berlin deux vues intérieures de la chapelle du couvent de la ville et de l'église Saint-Nicolaï.

BAGNACAVALLO da. Voir au prénom

BAGNACAVALLO da. Voir aussi **RAMENGHI**

BAGNADORE Pier Maria ou **Bagnatore**

Né vers 1550 à Orzi Nuovi (près de Brescia). Mort vers 1619. XVIᵉ-XVIIᵉ siècles. Italien.

Peintre et architecte.

Il fut, d'après Rosini, élève de Giovani-Battista Moroni, peintre de Bergame. En 1566, il entra au service d'Alfonso Gonzague, comte de Novellara ; plus tard, il vendit à un membre de la même famille, le comte Camillo Gonzague, son importante collection artistique. Il travailla longtemps à Novellara et à Reggio d'Emilia mais surtout à Bologne, où il dirigea la construction de la cathédrale. En 1580, il restaura l'église Saint-Afra, qu'il orna de ses peintures. Les ouvrages conservés à S. Francesco à Brescia sont d'une valeur médiocre ; ils représentent le *Massacre des Innocents* et le *Martyre de sainte Marguerite*. On a de lui une copie du tableau de Moretto : *Le miracle de Faustino et de Giovita*, exécutée pour l'oratoire de l'église Saint-Faustin. Brescia possède également une *Nativité de Marie* et une *Annonciation*, à Sainte-Marie des Miracles, ainsi qu'une seconde *Nativité de la Vierge*, conservée dans la sacristie de Santa-Maria delle Grazie. Pour sa ville natale, il peignit une *Descente de Croix* (dans l'église paroissiale), le *Martyre de saint Laurent, saint Bartholommé* et *saint Georges* (au palais municipal). Il est, d'après Rossi, l'auteur de trois excellents paysages de Muziano. Ces tableaux ont été gravés par Cornelius Cort. Les dessins ainsi obtenus ont été en possession de Rubens ; plus tard ils figurèrent dans la collection Crozat.

BAGNAIA Valeriano di Silvestro da. Voir **VALERIANO**

BAGNARA Pietro da, padre ou **Bagnaja, Baynara**

Originaire d'Imola. XVIᵉ siècle. Actif pendant la seconde moitié du XVIᵉ siècle. Italien.

Peintre.

On suppose qu'il fut élève de Raphaël, mais sans aucune preuve à l'appui. L'église S. Giovanni di Verdara, à Padoue, possède un tableau de lui, daté de 1537, *Marie et l'Enfant*, et une *Sainte*

Famille. Une autre toile, peinte en 1579, se trouve à Santa Maria della Passione, à Milan. Pour l'église de son ordre : Santa Maria in Porto à Ravenne, il exécuta un *Saint Sébastien* et un *Crucifiement.* Il fut chanoine du chapitre de Latran.

BAGNASCHI Alessandro ou **Begnaschi**. Voir **MAGNASCO**

BAGNASCO Rosario
Né en 1845 à Palerme. XIXᵉ siècle. Italien.
Sculpteur.
Il étudia dans sa ville natale avec Morello, à Florence avec Dupré, et enfin à Rome avec Monteverde. A Florence, sa statue : *Première douleur* lui valut une médaille d'argent. On cite de lui : *l'Ouragan*, acheté par le roi Humbert, *L'Aurore* et *Présent de l'onde*, les bustes du maestro Petrella (acheté par la municipalité de Palerme) et de Filippo Parlatore (à l'Institut technique de Palerme).
VENTES PUBLIQUES : PARIS, 1775 : *Un paysage*, dess. : **FRF 12.**

BAGNI Federico di ou **Bagno**
Né en 1527. Mort le 8 juin 1561. XVIᵉ siècle. Actif à Mantoue. Italien.
Peintre.

BAGNI Stefano
XVIIᵉ siècle. Actif à Sienne en 1670. Italien.
Peintre.

BAGNIEUX Emmanuel ou **Vanieux** ou **Vaigneux**
XVIIᵉ siècle. Actif à Lyon en 1675. Français.
Sculpteur.
C'est l'un des sculpteurs qui, avec Nicolas Bidau et Simon Lacroix, ont travaillé, de 1675 à 1677, à la décoration sculpturale de l'église du couvent des Bénédictines de Saint-Pierre, à Lyon, et particulièrement au retable du maître-autel. Il lui fut, en outre, payé par le Bureau de l'Aumône générale la somme de 100 livres à compte et en déduction « de ce que MM. les recteurs luy ont promis pour la figure, qu'il faict, de Sainte Catherine, pour estre pozée à la niche au coing de la maison que les dicts sieurs recteurs font bastir proche le tènement de Sainte Catherine », travail qui fut expertisé par Nicolas Bidau.

BAGNINI Carlo ou **Bagni**
XVIIᵉ siècle. Actif à Sienne vers le milieu du XVIIᵉ siècle. Italien.
Graveur au burin.
On cite de lui une *Allégorie de la famille des Médicis*, d'après Deifobo Burbarini, *Moïse sur le mont Sinaï*, d'après Antonio Maria Ruggieri, et une *Sainte Brigitte de Suède*.

BAGNOLD E. S. H.
XIXᵉ siècle. Britannique.
Sculpteur.
Il exposa en 1851 à la Royal Academy de Londres.

BAGNOLI Bernardo
XVIᵉ siècle. Actif à Reggio à la fin du XVIᵉ siècle. Italien.
Sculpteur.
Il était le frère de Vincenzo et, d'après Zani, travailla en collaboration avec celui-ci à la cathédrale Saint-Pierre, à Bologne.

BAGNOLI Bianca
Née à Livourne. XXᵉ siècle. Italienne.
Peintre, technique mixte.
Elle participe à de nombreuses expositions en Italie.

BAGNOLI Giovanni
Né le 29 mars 1678 à Florence. Mort en 1713. XVIIᵉ-XVIIIᵉ siècles. Italien.
Peintre.
Élève de Domenico Tempesta, il se fit un nom comme peintre d'animaux, de fruits et de fleurs.

BAGNOLI Pompeo
XVIIᵉ siècle. Bolonais, actif dans la première moitié du XVIIᵉ siècle. Italien.
Peintre.
En 1620, il fit à l'église du Saint-Rosaire, à Amandola (province d'Ascoli), une fresque représentant *La Madone et l'Enfant.*

BAGNOLI Vincenzo
XVIᵉ-XVIIᵉ siècles. Actif à Reggio. Italien.
Sculpteur.
En 1573, il fit, pour les moines de S. Procolo (Bologne), une statue en terre glaise, grandeur nature, d'un certain Graziano. En 1584, il travailla à la cathédrale de Ferrare et à l'église del Rosario à Amandola, en 1604.

BAGNOLO Giorgio ou **Zorzi**
XVᵉ siècle. Actif pendant la seconde moitié du XVᵉ siècle. Italien.
Peintre.
En 1463, il travailla à S. Zaccaria, à Venise.

BAGOLINIO Leonardo
Mort en 1585 à Alcamo. XVIᵉ siècle. Actif à Vérone. Italien.
Peintre.
Cet artiste travailla à la décoration d'églises à Alcamo. Il peignit surtout des fresques.

BAGOLINO Sebastiano
Né le 19 janvier 1560 à Alcamo. Mort le 27 juillet 1604. XVIᵉ siècle. Italien.
Peintre, dessinateur et poète.
Il était le fils du peintre Léonardo Bagolino ; on possède seulement quelques dessins de lui, conservés à Alcamo et dans la bibliothèque communale de Palerme.

BAGOT Servais Siméon
Né vers 1775 à Saint-Brieuc. XVIIIᵉ-XIXᵉ siècles. Français.
Peintre.
Il était élève de l'École des Beaux-Arts en 1793.

BAGRIT Patricia Fleur
Née le 5 mai 1937 à Londres. XXᵉ siècle. Britannique.
Peintre. Tendance abstraite.
Elevée dans un milieu artistique puisque son grand-père avait été sculpteur et son père, grand collectionneur d'art, elle fit ses études à Oxford. Elle s'en alla ensuite aux Etats-Unis pour travailler avec les peintres Félix Feininger et Ben Shahn. Son art s'orienta vers l'abstraction. Elle fait des expositions particulières, notamment à Londres et Paris.

BAGROV Hanrikh
Né en 1929. XXᵉ siècle. Russe.
Peintre.
Il vit à Saint-Pétersbourg. Il est membre de l'Union des Artistes de Russie.
VENTES PUBLIQUES : LONDRES, 2 mai 1996 : *Dans la vieille ville 1950*, h/t (47x34,3) : **GBP 805.**

BAGSHAW J. Richard
XIXᵉ-XXᵉ siècles. Britannique.
Peintre de paysages et de marines.
Après avoir fait des études à l'Ecole d'art de South Kensington, à Londres, il fut élève de E. T. Van Hove à Bruges et de Hubert Vos à Londres. Il exposa, pour la première fois, à la Royal Academy de Londres en 1897.

BAGSTER H.
XIXᵉ siècle. Britannique.
Peintre de fruits.
Il exposa à Londres en 1833.

BAGUÈS Eugène Joseph Antoine
XIXᵉ-XXᵉ siècles. Français.
Peintre de portraits et de scènes de genre.
Élève de Laporte, il exposa entre 1881 et 1895. Il adopta parfois la technique divisionniste dans ses compositions très structurées.
BIBLIOGR. : Gérald Schurr : *Les Petits Maîtres de la peinture 1820-1920, valeur de demain*, t. IV, Les Éditions de l'Amateur, Paris, 1979.

BAGUES Victor
Né à Paris. XXᵉ siècle. Français.
Décorateur.
Exposa à Paris au Salon d'Automne de 1933 une *Coiffeuse.*

BAGUEUIL
XVIIIᵉ siècle. Allemand.
Miniaturiste.
On cite de cet artiste une miniature sur ivoire, représentant une tête de jeune fille, à Munich, 1794.

BAGUTTI Abbondio
Né en 1788 à Rovio. Mort le 4 octobre 1850. XIXᵉ siècle. Italien.
Peintre de fresques.
Il étudia sous la direction de son père, Giovanni-Battista, ainsi qu'à l'Académie de Milan. On connaît de lui, à Mendrisio, les fresques de l'église des Torriani, et celles de l'église San Sixinius (en collaboration de Francesco Catenazzo).

BAGUTTI Gaetano
XIXᵉ siècle. Italien.

Peintre.
Originaire de Rovio. Il est l'auteur des peintures allégoriques faites, en 1830-1832, sur les murs des salles du Palais du Gouvernement, à Locarno.

BAGUTTI Giovanni-Battista
Né en 1744. Mort le 28 novembre 1823. XVIIIᵉ-XIXᵉ siècles. Italien.
Peintre.
Ce peintre, originaire de Rovio, est connu principalement par les tableaux suivants : *Saint Sixinius*, au maître-autel de l'église alla Torre, à Mendrisio, et *Saint Louis de Gonzague*, dans la sacristie de l'église du gymnase.

BAGUTTI Pietro Martire ou Baguti
XVIIIᵉ siècle. Éc. bolonaise.
Sculpteur.
Artiste renommé pour la décoration en stuc ; il a travaillé aux sculptures des églises Uomobono et Aldobrando à Bologne.

BAHAMONTES-AGUDO José
Né à Madrid. XIXᵉ siècle. Espagnol.
Peintre.
Élève de l'École spéciale de peinture, ses œuvres ont figuré à l'Exposition des Beaux-Arts de Madrid, à partir de 1866. Il a été médaillé en 1887 et 1897. Il est apprécié comme portraitiste, mais surtout comme peintre d'architectures et de genre. On cite de lui : *Fleuriste, Vendeur de journaux, Rue à Tolède, Cour de la cathédrale de Tolède, Intérieur de la chapelle de Buen Consejo, à S. Isidore à Madrid* (Musée des Arts modernes à Madrid).

BAHANS Marie Henriette
Née à Bordeaux (Gironde). XXᵉ siècle. Française.
Peintre de fleurs.
Elle travailla avec Renée Seilhean et exposa au Salon des Artistes Français à Paris, en 1936.

BAHER
XIXᵉ siècle. Vivait à Dresde au milieu du XIXᵉ siècle. Allemand.
Peintre d'histoire.
Notable professeur de dessin et de peinture. Exposa à Londres en 1850.

BAHIEU Jules
Né vers 1860 à Dour. XIXᵉ-XXᵉ siècles. Actif en France. Belge.
Peintre de genre et paysages.
Cet artiste belge, qui s'établit à Champigny, exposa au Salon de Paris, entre 1885 et 1895.
Ses représentations de la vie paysanne, mais aussi ses paysages de la côte normande, sont traités avec générosité.

J. Bahieu

BIBLIOGR. : Gérald Schurr : *Les Petits Maîtres de la peinture 1820-1920, valeur de demain*, t. IV, Les Éditions de l'Amateur, Paris, 1979.
MUSÉES : LOUVIERS : *Port*.
VENTES PUBLIQUES : PARIS, 22 juin 1910 : *Intérieur de bergerie* : FRF 200 – PARIS, 13 juil. 1942 : *Calme à Pornic* : FRF 750 – PARIS, 21 déc. 1953 : *Coq et poules* : FRF 16 000 – VIENNE, 1ᵉʳ et 4 déc. 1964 : *Le poulailler* : ATS 6 500 – PARIS, 25 fév. 1977 : *La Basse-cour*, h/t (65x54) : FRF 5 200 – NEW YORK, 21 jan. 1978 : *Le Marché aux bœufs*, h/t (66x92,5) : GBP 2 000 – NEW YORK, 11 fév. 1981 : *Moutons au bord de la mer, Bretagne*, h/t (46x100) : USD 2 000 – BARBIZON, 27 fév. 1983 : *Le Poulailler ; Basse-cour à la mangeoire*, 2 h/t, formant pendants (38,5x55) : FRF 19 000 – NEW YORK, 24 mai 1984 : *Troupeau de moutons au bord de la mer, Bretagne*, h/t (47x100,5) : USD 800 – PARIS, 28 oct. 1985 : *Bateaux rentrant au port*, h/t (41x65) : FRF 6 800 – LOKEREN, 28 mai 1988 : *La Basse-cour*, h/t (65,5x54) : BEF 220 000 – MILAN, 19 mars 1992 : *Moutons dans une bergerie avec des poules et un paysan garnissant les mangeoires*, h/t (54x64) : ITL 5 000 000 – NEW YORK, 19 jan. 1994 : *La provende des poules*, h/t (54,9x25,1) : USD 2 300 – LOKEREN, 11 mars 1995 : *Volailles dans une grange*, h/t (50x65) : BEF 110 000 – LONDRES, 22 nov. 1996 : *Volailles dans une grange*, h/t (108x148,7) : GBP 2 760.

BAHIN P.
XIXᵉ siècle. Français.
Peintre de genre et portraitiste.
Élève d'Aubert ; exposa à Marseille de 1832 à 1845.

BAHMANN Ferdinand
Né vers 1800. XIXᵉ siècle. Allemand.
Graveur au burin.
Fit des gravures d'après des portraits exécutés soit par d'autres artistes, soit par lui-même, pour l'Institut bibliographique de Hildburghausen.

BAHNER Hermann
Né le 12 juillet 1867 à Kaiserswerth. Mort en 1933 à Langeni (Hesse). XIXᵉ-XXᵉ siècles. Allemand.
Peintre de paysages.
Il fut élève de Jernberg à l'Académie des Arts de Düsseldorf, puis travailla à Bensheim en Hesse.
MUSÉES : BERLIN (Gal. Nat.) : *Soir d'avril – Village hollandais au canal* – MAGDEBOURG : *Effet du soir sur un canal hollandais*.
VENTES PUBLIQUES : COLOGNE, 22 juin 1979 : *Scène de rue* 1923, h/t (45x62) : DEM 2 000.

BAHR Johann
Né le 22 juin 1859 à Flensbourg. XIXᵉ siècle. Allemand.
Peintre et illustrateur.
Après être passé par l'École des Arts de Berlin, se fixa à Friedenau, près de Berlin ; il doit être considéré comme s'étant formé seul. Il a fait des illustrations humoristiques pour les *Fliegende Blätter, Lustige Blätter* et d'autres feuilles hebdomadaires. On cite de lui quelques aquarelles humoristiques : *Schulzens Lene* (1900), *Gaudeamus* (1902), *Ils arrivent* (1905), *Camarades de guerre* (1906). Il a fait aussi de la peinture à la détrempe. Il exposa à Berlin des dessins : *Rentrée, La Dent creuse, La Femme vainqueur*, en 1909 et *Rencontre*, en 1910.

BAHR Theodor Anton
Né le 20 septembre 1868 à Stavanger. XIXᵉ-XXᵉ siècles. Norvégien.
Peintre de portraits, paysages.
Entre 1884 et 1886, il fit ses études à l'Ecole de peinture de Bergslien à Oslo, puis il fut élève de Christian Krohg, Erik Werenskiold et de Eilif Petersen, entre 1886 et 1887. À cette date, il exposait à Oslo et Copenhague. Il fit de nombreux voyages, vivant à Copenhague (1887), Melbourne (1889), Cape Town (1893), Paris (1901-02), avant de s'installer en Afrique du Sud.

BAHRDT
XIXᵉ siècle. Allemand.
Peintre.
On cite de cet artiste le portrait du peintre badois Karl Fohr, gravé par Samuel Amsler.

BAHU Louis Nicolas
Né vers 1747 à Charenton. XVIIIᵉ siècle. Français.
Peintre.
Élève de Belanger, à l'École de l'Académie, en 1765.

BAHUCHE Jean
XVIIᵉ siècle. Français.
Peintre.
Il était peintre de la Cour, de 1636 à 1648.

BAHUCHE Marguerite. Voir BUNEL

BAHUET Alfred Louis
Né en 1862 à Paris. Mort en 1910. XIXᵉ-XXᵉ siècles. Français.
Lithographe.
Élève de Sirouy, E. Hébert, Roll et Chauvel, exposa à Paris au Salon des Artistes Français au début du XXᵉ siècle. Il participa à l'Exposition de Blanc et Noir à Paris, en 1886.

BAHUET Jeannin
XVIᵉ siècle. Travaillant à Mantoue, à la fin du XVIᵉ siècle. Français.
Peintre.
Il travailla pour les ducs de Mantoue. Il est surtout connu comme portraitiste et peintre d'histoire. On cite de lui le *Portrait de la duchesse de Mantoue* et *Préparatifs pour le tournoi*.

BAHUNEK Autun
Né en 1912 à Varazdin. XXᵉ siècle. Yougoslave.
Peintre. Naïf.
Depuis son enfance, il peignait un peu partout : sur les sols, les murs des maisons, les murs d'églises. Peintre en bâtiment et tapissier de son métier, il a exposé avec des artistes naïfs à partir de 1945, aussi bien en Yougoslavie qu'à l'étranger.
BIBLIOGR. : Oto Bihalji-Merin : *Les peintres naïfs*, Delpire, Paris.

BAIARDI Francesco
XVIᵉ siècle. Italien.
Peintre.
Fils de l'orfèvre Gilberto Baiardi, il travaillait à Parme. On cite de lui : *Le tableau de saint Jacques* (1542).

BAIARDI Mercurio
XVIᵉ siècle. Actif à Parme. Italien.
Peintre.
Cet artiste peignit, en 1574, pour un de ses amis, une fresque représentant la *Madone allaitant son enfant et saint François en adoration devant elle*. Par la suite, ce tableau fut transporté sur l'autel de l'église Sta Maria del Quartiere.

BAIATTA F.
Italien.
Graveur au burin.

BAIBAY Jean Paul
Né en 1957 à Verviers. XXᵉ siècle. Belge.
Dessinateur de marines.
Il fit ses études à l'Académie de Saint-Luc à Liège. C'est avec précision et raffinement qu'il reproduit des plates-formes et vaisseaux en partance.
BIBLIOGR. : In : *Dict. biogr. ill. des artistes en Belgique depuis 1830*, Arto, Bruxelles, 1987.

BAIBAY Marianne
Née en 1955 à Verviers. XXᵉ siècle. Belge.
Sculpteur.
Elève à l'Académie Saint-Luc de Liège, elle utilise des matériaux actuels, comme l'aluminium ou le fil de fer, pour créer des sculptures évoquant un monde calme et mystérieux.
BIBLIOGR. : In : *Dict. biogr. ill. des artistes en Belgique depuis 1830*, Arto, Bruxelles 1987.

BAÏCOÏANO Zoé
Née à Prédéal. XXᵉ siècle. Active en France. Roumaine.
Peintre de paysages et sculpteur.
Elève des sculpteurs Sicard, Descatoire et Seysses, à Paris, elle expose des peintures au Salon de la Société Nationale des Beaux-Arts de 1931 et des sculptures à partir de 1932. Mention honorable en 1933 et médaille de bronze en 1936.

BAI DIANXUE ou Pai Tien-Hsüeh
XXᵉ siècle. Chinois.
Peintre de paysages.
Ses paysages ont la fraîcheur et la naïveté, transposées en Chine, des images d'Épinal (Voir HUXIAN, peintres paysans du).

BAIER Hans ou Bayer ou Bair ou Pair
XVIᵉ siècle. Actif à Nuremberg vers 1530-1541. Allemand.
Peintre et sculpteur sur bois.

BAIER Jean
Né en 1932 à Genève. XXᵉ siècle. Suisse.
Peintre. Figuratif, puis abstrait-géométrique.
Autodidacte, il est figuratif, entre 1947 et 1953. Il s'oriente, à partir de 1953, vers une peinture abstraite, subissant l'influence du courant *Hard Edge* qui revenait à une rigueur nouvelle, après avoir connu l'expressionnisme abstrait des années cinquante. L'art de Baier montre alors des formes géométriques aux arêtes vives, dans des compositions le plus souvent carrées. Il utilise une technique, qu'il a mise au point, d'émaux polymérisés sur plaques de fer, lui permettant de faire des compositions géométriques basées sur le jeu de différentes tonalités d'une même couleur, de préférence primaire. Il expose en Suisse et en Allemagne, il a été invité à la Vᵉ Biennale de Sao Paulo et à la Biennale des Jeunes à Paris, en 1961. Il a réalisé de grandes décorations murales en métal ou en céramique pour des bâtiments publics, dont le Technicum et la maison de la télévision à Genève.
BIBLIOGR. : In : *Dict. Univ. de la Peinture*, Le Robert, Paris, 1975.
VENTES PUBLIQUES : GENÈVE, 1ᵉʳ nov. 1963 : *Composition en rouge, gris et noir*, peint. cellulosique sur métal : **CHF 450** – GENÈVE, 22 mai 1964 : *Composition* : **CHF 850** – ZURICH, 20 mai 1981 : *Composition* 1962, cellulose coul./métal (50x190) : **CHF 1 800** – ZURICH, 21 juin 1991 : *Composition abstraite*, pulvérisation/résine synth. (40x120) : **CHF 2 200** – LUCERNE, 23 mai 1992 : *Composition* 1967, cellulose et métal, en diagonal (130x130) : **CHF 5 500** – LUCERNE, 20 nov. 1993 : *Composition* 1966, émail polymérisé (42x42) : **CHF 1 300**.

BAIER Jeremias ou Bayr
XVIᵉ-XVIIᵉ siècles. Allemand.
Peintre.
Travailla à Nuremberg, et reçut le titre de maître, le 16 octobre 1604. D'après Hauer, il possédait un important atelier, et il eut pour élèves Barthel Wernlein, Matthes Trost et Christoph Melonius.

BAIER Nikolaus ou Bair
XVIᵉ siècle. Actif à Nuremberg vers 1503. Allemand.
Sculpteur sur bois.

BAIERL Theodor
Né en 1881 à Munich. Mort en 1932 à Munich. XXᵉ siècle. Allemand.
Peintre de portraits, figures, paysages et décorations.
Elève à l'Académie de Munich, il a surtout travaillé pour les églises allemandes, peignant des décors d'autel, des fresques, notamment pour l'église d'Augsbourg.
VENTES PUBLIQUES : LONDRES, 4 nov. 1977 : *Jeune femme à la rose*, h/pan. (29,2x25,5) : **GBP 900** – HEIDELBERG, 11 avr. 1981 : *Marie-Madeleine*, h/pan. (34x54) : **DEM 2 000** – MUNICH, 7 déc. 1993 : *Flore*, h/t (43x35,5) : **DEM 7 475.**

BAIG Theodor
Né à Nuremberg. XVIIᵉ siècle. Allemand.
Dessinateur et éditeur.
On connaît de lui une suite de douze pièces d'ornements.

BAIGAI Totoki, de son vrai nom : Totoki Shi, surnom : Hanzô, noms de pinceau : Baigai, Kotei, Seimuken
XVIIIᵉ-XIXᵉ siècles. Actif entre 1749 et 1804. Japonais.
Peintre.
Homme de lettres galant et raffiné, épris de liberté, il fait partie de l'école Nanga ; peintres de lettrés qui se groupent, à la fin du XVIIIᵉ siècle, à Osaka, ville de grande activité commerciale et centre de culture bourgeoise. Comme d'autres artistes de son époque, il accepte, vers la fin de sa vie, la protection du seigneur d'Ise : Masuyama Sessai. Il fut surtout paysagiste mais publia aussi quelques mémoires et réflexions sur l'art.

BAIGENT R.
XIXᵉ siècle. Actif à Winchester. Britannique.
Paysagiste.
Il exposa à Londres de 1843 à 1846.

BAIGIER Pierre François Joseph
Né le 19 février 1800 à Saint-Amand. Mort en 1863 à Valenciennes. XIXᵉ siècle. Français.
Peintre et miniaturiste.
Il fut élève de l'École des Beaux-Arts et étudia avec Mornal et Aubry. Il travailla surtout à Valenciennes. On conserve quelques-uns de ses tableaux au musée de cette ville. On vit de lui, à Berlin, en 1906, à l'Exposition des miniatures, un portrait d'homme daté de 1831.

BAIGNÈRES Paul Louis
Né à Paris. XIXᵉ-XXᵉ siècles. Français.
Peintre de paysages et scènes de genre.
Il fut élève de Bonnat, Herbert et Gervex. Il exposa au Salon des Indépendants à Paris, à partir de 1893, au Salon d'Automne, entre 1909 et 1936 et à celui des Tuileries de 1923 à 1931. Il a illustré les *Souvenirs sur Marcel Proust* de Robert Dreyfus.
VENTES PUBLIQUES : PARIS, 4 nov. 1987 : *Nu allongé*, h/t (60x73) : **FRF 4 000.**

BAIGNOL Maritxu
Née en 1897 à Ciboure (Pyrénées-Atlantiques). Morte en 1980 à Ciboure. XXᵉ siècle. Française.
Peintre de paysages, natures mortes.
Entre 1924 et 1930, elle exposa à Paris au Salon des Artistes Français, dont elle devint sociétaire en 1927.

BAI Husog
Né à Shanghai. XXᵉ siècle. Chinois.
Peintre.
Exposa à Paris au Salon d'Automne de 1928.

BAIITSU Yamamoto, de son vrai nom : Yamamoto Shinryo, noms de pinceau : Baiitsu, Shun-En, Tendô-Gaishi, Gyokuzen, Baika, Yûchikusôkyo
Né à Nagoya. XVIIIᵉ-XIXᵉ siècles. Japonais.
Peintre d'oiseaux, paysages, fleurs, dessinateur.
Il était actif entre 1783 et 1856. Peintre de l'école Nanga (peinture de lettré). Il passe ses années d'apprentissage avec le peintre Chikutô Nakabayashi (1776-1853) dont il devient grand ami et avec qui il est considéré aujourd'hui comme l'un des meilleurs représentants du Nanga. Il étudie les techniques chinoises de la peinture à l'encre Ming et Qing. Arrivé à Kyoto vers 1802, il devient l'un des peintres les plus connus du groupe d'érudits autour de l'historien Rai Sanyô (1780-1832). Il sera plus tard le peintre du clan Tokugawa. C'est le plus accompli des derniers artistes japonais et sans doute celui ayant atteint la meilleure maîtrise technique des styles dérivés de la Chine. Néanmoins, il ne jouit pas d'une grande réputation au Japon, car comme Bun-

chô (1763-1840), il fait beaucoup d'œuvres superficielles. Pourvu d'une grande originalité et de raffinement, il manie pourtant l'encre et le pinceau avec une finesse rarement atteinte. Sa réputation comme peintre de fleurs et d'oiseaux a estompé son talent de paysagiste. Ses qualités résident surtout dans la sûreté de la composition, la souplesse des lignes, la variété de ses styles « sans os », c'est-à-dire sans contours à l'encre, son travail au lavis de couleurs parfois mêlés à l'encre, son sens de l'air, du soleil et de la profondeur, une fraîcheur alliée à une grande précision.

Musées : Tokyo (Umezawa Memorial Hall) : *Bosquets de bambous et cascades* – Washington D.C. (Freer Gal. of Art) : *Paire de paravents.*

Ventes Publiques : New York, 17 oct. 1989 : *Oies sauvages autour d'une touffe de joncs,* encre et pigments légers/soie, kakémono (128,5x49,7) : **USD 3 300** – New York, 29 mars 1990 : *Martinets et fleurs,* encre et pigments/soie, kakémono (127x43,1) : **USD 12 100.**

BAIKAS Nicos
Né en 1948 à Athènes. xxe siècle. Grec.
Dessinateur.
Il a montré ses œuvres dans une exposition personnelle en 1994 au Centre d'art contemporain de Genève. Ses dessins évoquent Kubin et Topor.

BAIKOFF Feodor
Né en 1825 à Saint-Pétersbourg. Mort en 1879 à Tiflis. xixe siècle. Russe.
Peintre.
Élève de l'Académie de Saint-Pétersbourg, il fit des paysages, de la peinture de genre, dans la Russie méridionale. On cite, parmi ses principales œuvres, des tableaux qui ornent la cathédrale et le théâtre de Tiflis et deux paysages à l'Exposition à Vienne, en 1888.
Ventes Publiques : Berlin, 25 mars 1965 : *Nomades tcherkesses dans un paysage :* **DEM 1 300.**

BAIKOV Leonid
Né en 1919. xxe siècle. Russe.
Peintre de paysages animés. Académique.
Il fit ses études à l'Institut Répine de l'Académie des Beaux-Arts de Léningrad et travailla sous la direction de Mikhaïl Avilov. Il devint Membre de l'Union des Artistes d'URSS. Il participe depuis 1952 à des expositions collectives nationales et internationales, notamment en 1976 à Tokyo, en 1990 à Bruxelles.
Par le choix des sujets édifiants et par la technique platement réaliste, il se rattache à l'académisme du xixe siècle.
Musées : Moscou (Gal. Trétiakov) – Moscou (min. de la Culture) – Saint-Pétersbourg (Mus. Russe) – Saint-Pétersbourg (Mus. de l'Acad. des Beaux-Arts).
Ventes Publiques : Paris, 25 mars 1991 : *Travaux de printemps à la campagne* 1951, h/t (74x119) : **FRF 9 500.**

BAIL Antoine Jean
Né le 8 avril 1830 à Chasselau (Rhône). Mort en 1918. xixe-xxe siècles. Français.
Peintre de genre, paysages, intérieurs, natures mortes, graveur.
Antoine Bail fit ses études artistiques à l'École des Beaux-Arts de Lyon ; il débuta au Salon de cette ville, en 1854, avec un *Intérieur d'atelier.* La critique se montra très favorable à cette toile dont on loua beaucoup l'éclairage habile. Par la suite, Bail se manifesta surtout comme un peintre d'intérieurs. Il faut signaler de lui également des natures mortes, des scènes de la vie familière et quelques paysages, mais il réussit moins bien en ce dernier genre. Ses toiles, très nombreuses, eurent un grand succès. Ses principales qualités sont une certaine exactitude de dessin, et une réelle adresse de composition et de mise en valeur des effets de lumière. On doit également à A. Bail quelques assez belles eaux-fortes. Il signa Bail ou A. Bail.
Musées : Londres (Victoria and Albert Mus.) : *La vendange* – Lyon : *Le petit peintre* – Montpellier : *L'auteur en soldat Louis XIII.*
Ventes Publiques : Paris, 22 jan. 1927 : *Le Brûle-gueule :* FRF 110 – Paris, 20 juin 1927 : *Nature morte :* FRF 1 450 – Paris, 29 mars 1943 : *Paysage d'hiver :* FRF 3 000 – Paris, 23 juin 1943 : *Le pont Louis-Philippe et Saint-Gervais, effet de neige :* FRF 2 000 – Paris, 7 juin 1950 : *Intérieur de cuisine :* FRF 10 500 – Paris, 22 déc. 1950 : *Le rétameur :* FRF 15 500 – Grenoble, 13 déc. 1976 : *Cour de ferme animée de personnages,* h/t (33x46) : FRF 9 000 – Zurich, 30 mai 1981 : *Jeune femme à l'intérieur,* h/t (45,5x38) : CHF 3 600 – Grenoble, 12 déc. 1983 : *Réunion de personnages*

féminins examinant les tissus du marchand ambulant dans la cuisine de la ferme, h/t (100x150) : **FRF 31 500** – Paris, 22 mars 1988 : *Au cellier,* h/t (92x73) : **FRF 28 000** – Paris, 21 mars 1990 : *Nature morte,* h/t (46x55) : **FRF 30 000** – Paris, 2 juin 1997 : *L'Atelier de dessin de l'École des Beaux-Arts en 1855* 1855, h/t (38x46) : **FRF 60 000** – New York, 23 oct. 1997 : *Nature morte aux fleurs, oranges et tasses à café* 1891, h/t (62,2x81,3) : **USD 17 250.**

BAIL Franck Antoine
Né le 15 août 1858 à Paris. Mort en mars 1924 à Paris. xixe-xxe siècles. Français.
Peintre de genre, portraits, intérieurs, natures mortes, lithographe.
Élève de son père Antoine Jean Bail et de son frère aîné Joseph Bail, il travailla également dans l'atelier de Gérôme. A partir de 1878, il participa régulièrement au Salon des Artistes Français de Paris, où il fut médaillé en 1889, 1900 et 1904.
Certaines de ses toiles, scènes intimistes et intérieurs rustiques, prennent un peu de liberté dans leur touche. Il a montré une certaine maîtrise comme peintre de portraits, notamment dans le *Portrait de mon père.* On lui doit, en outre, deux lithographies des tableaux de son frère Joseph.
Bibliogr. : Gérald Schurr : *Les Petits Maîtres de la peinture 1820-1920, valeur de demain,* t. IV, Les Éditions de l'Amateur, Paris, 1979.
Ventes Publiques : Paris, 12-13 juin 1908 : *Œufs sur le plat, Ustensile de cuisine et légumes,* deux toiles : **FRF 550** – Paris, 15 fév. 1926 : *Une salle du Musée de Cluny :* **FRF 290** – Paris, 5 nov. 1926 : *Le jambonneau :* **FRF 685** – Paris, 9 mars 1942 : *Vieille femme près d'une fenêtre et Femme faisant les cuivres,* deux pendants : **FRF 6 000** – Paris, 8 jan. 1949 : *Intérieur :* **FRF 4 520** – Paris, 15 nov. 1950 : *Scène d'intérieur (fermière coupant une miche) :* **FRF 11 200** – Paris, 24 oct. 1966 : *Nature morte :* **FRF 780** – Paris, 17 oct. 1978 : *Quelle heure est-il ?,* h/t (41x33) : **FRF 5 500** – Paris, 20 juin 1984 : *Jeune femme faisant les cuivres,* h/t (55x46) : **FRF 25 000** – New York, 29 oct. 1986 : *La fête de la Saint-Jean,* h/t (89,5x117,5) : **USD 22 000** – Paris, 21 mars 1988 : *Vase de fleurs* 1898, h/t (41x32) : **FRF 16 000** – New York, 24 oct. 1989 : *Jeune servante changeant l'eau du vase,* h/t (65x54) : **USD 15 400** – New York, 24 oct. 1990 : *Deux jeunes servantes dans une laiterie* 1906, h/t (114,2x147,3) : **USD 22 000** – Londres, 17 juin 1992 : *Intérieur auvergnat : les Récureuses* 1908, h/t (113x144) : **GBP 9 900** – New York, 26 mai 1994 : *Jeune femme préparant un bouquet de fleurs,* h/t (64,8x54) : **USD 10 350.**

BAIL Joseph
Né le 22 janvier 1862 à Limonest (Bouches-du-Rhône). Mort le 26 novembre 1921 à Paris. xixe-xxe siècles. Français.
Peintre de genre, intérieurs, animaux.
Il travailla avec son père, Jean Antoine Bail, puis sous la direction de Gérôme et de Carolus Duran. Ses premiers succès datent de 1878, année en laquelle il commença à exposer au Salon des Artistes Français. La composition de ses tableaux, toujours élégante, est habilement traitée. Certaines de ses œuvres, notamment *Les Dentellières,* ont connu un grand succès. Joseph Bail a obtenu de nombreuses récompenses : en 1886, une médaille de troisième classe ; en 1887, une médaille de deuxième classe ; en 1889, une médaille d'argent ; en 1900, une médaille d'or aux Expositions universelles de Paris ; enfin, en 1902, il s'est vu attribuer la médaille d'honneur du Salon. Outre *Les Dentellières,* citons parmi les œuvres les plus connues de Joseph Bail : *Joueur de violoncelle* (1882), *Les Cuisinières* (1887), *Le Marmiton* (1887), *Le Pain bénit* (1892), *Cendrillon* (1894), *Les Bulles de savon* (1897). Il s'est adonné à la peinture de genre et a fait quelques toiles représentant des animaux, mais il doit surtout sa réputation à ses tableaux d'intérieurs. Son talent s'est appliqué à rendre des éclairages heureux et parfois un peu factices. Il excelle à créer dans ses toiles une lumière très vive due à l'éclat rayonnant de quelques points brillants ou à la projection du jour extérieur. On ne saurait dire que ce soit du grand art, mais c'est assurément l'expression d'un art original et assez harmonieux. Sa facture est très délicate et son coloris fort juste.

Musées : Lyon : *Œufs sur le plat* 1891 – *Intérieur de cuisine* – *Femme au jardin* – Montréal (Art Assoc.) : *Les sœurs* – Mul-

HOUSE : *Farniente* – NANCY : *Bibelots du Musée de Cluny* 1886 – PARIS (Mus. d'Art Mod.) : *Cendrillon* 1900 – *La ménagère* – PARIS (Petit Palais) : *Les joueurs de cartes* – SAINTES : *Marmiton portant des rougets.*

VENTES PUBLIQUES : PARIS, 8 avr. 1878 : *Déjeuner frugal* : FRF 140 ; *L'Oracle des champs* : FRF 200 ; *Faiseur de fromage* : FRF 115 – PARIS, 1887 : *Le Marmiton, esquisse* : FRF 800 ; *Ça mousse* : FRF 990 ; *Jeune Fumeur* : FRF 1 000 – PARIS, 1888 : *Les Vendanges* : FRF 825 – PARIS, 1889 : *Bibelots* : FRF 260 – PARIS, 1890 : *Les Cuisiniers* : FRF 500 – PARIS, 1894 : *La Toilette* : FRF 290 – PARIS, 1897 : *Portrait du baron J. Pichon* : FRF 650 – PARIS, 1898 : *Marmiton* : FRF 450 – PARIS, 1900 : *Le Petit Marmiton* : FRF 3 050 – PARIS, 29 nov. 1900 : *Nature morte aux fruits et ustensiles* : FRF 390 – NEW YORK, 1er-2 avr. 1902 : *Marmiton avec son chien* : USD 475 ; *Puisant de l'eau* : USD 1 600 – PARIS, 12 avr. 1902 : *Jeux de cuisine* : FRF 1 300 – PARIS, 15 mai 1902 : *Nature morte* : FRF 680 – PARIS, 29 mai 1902 : *Nature morte, petit déjeuner* : FRF 400 – NEW YORK, 22 jan. 1903 : *Une Hollandaise* : USD 1 400 – PARIS, 17 fév. 1903 : *Gibier, nature morte* : FRF 300 ; *Les Roses trémières* : FRF 300 – PARIS, 25 nov. 1903 : *Nature morte* : FRF 380 – PARIS, 12 déc. 1904 : *Marmiton fumant une cigarette* : FRF 1 280 – PARIS, 2 mai 1905 : *Les Petits Récureurs* : FRF 3 805 – PARIS, 7 mai 1906 : *Les Cerises à l'eau-de-vie* : FRF 2 750 – PARIS, 28 jan. 1907 : *Le Cuisinier* : FRF 1 580 ; *Orfèvrerie et fleurs* : FRF 135 – PARIS, 24-25 mai 1907 : *Badinages* : FRF 3 200 – PARIS, 12 juin 1908 : *Une famille* : FRF 560 – PARIS, 28 nov. 1908 : *Marmiton et Chat* : FRF 2 350 – NEW YORK, 1909 : *Bavardages* : USD 1 400 – PARIS, 22 mai 1909 : *Les Servantes* : FRF 3 870 – PARIS, 7 mars 1910 : *Les Chambrières* : FRF 8 300 – PARIS, 11 avr. 1910 : *Nature morte* : FRF 250 – PARIS, 4-5 déc. 1918 : *Les Distractions de l'office* : FRF 5 300 – PARIS, 22 mai 1919 : *Les Lingères* : FRF 4 400 – PARIS, 4-5 mars 1920 : *Moules, poissons et bassin de cuivre* : FRF 2 350 – PARIS, 22 jan. 1921 : *Le Marmiton en veste rouge* : FRF 2 700 – NEW YORK, 10 jan. 1922 : *Les Ménages* : USD 2 600 – PARIS, 9 juin 1922 : *Les Écureuses* : FRF 7 900 – PARIS, 8 déc. 1923 : *Marmiton à la tartine* : FRF 8 500 – PARIS, 6 mai 1925 : *Marmiton lisant le journal, cr.* : FRF 115 – PARIS, 10 mai 1926 : *Jeune paysanne tricotant près d'une fenêtre* : FRF 6 250 – PARIS, 16 fév. 1927 : *Le Nouveau-né* : FRF 2 700 – PARIS, 21 jan. 1928 : *Nature morte* : FRF 2 100 – PARIS, 27 mars 1931 : *Nature morte* : FRF 1 000 – PARIS, 20 juin 1932 : *Nature morte* : FRF 850 – PARIS, 18 mai 1934 : *Le Savonnage du marmiton* : FRF 155 ; *Dans l'escalier* : FRF 950 – NEW YORK, 15 nov. 1935 : *Les Dentellières* : USD 175 – NEW YORK, 18 mars 1938 : *Laitières à Pontivy* : USD 260 – PARIS, 16-17 mai 1939 : *Les Fraises* : FRF 430 ; *La Lecture du journal* : FRF 4 300 – PARIS, 8 mai 1940 : *Les Bulles de savon* : FRF 13 800 ; *L'office* : FRF 10 100 – PARIS, 30 mars 1942 : *Nature morte* : FRF 10 000 – PARIS, 18 mai 1942 : *Les Servantes* : FRF 27 000 – PARIS, 24 juin 1942 : *Le Marmiton* : FRF 26 000 – PARIS, 11 jan. 1943 : *Le Verre de vin du galant cuirassier* : FRF 7 000 – PARIS, 30 jan. 1943 : *Les Récureurs* : FRF 22 800 – PARIS, 15 déc. 1948 : *Le Petit Cuisinier* : FRF 41 000 – PARIS, le 28 juin 1950 : *Les Dentellières* : FRF 102 000 – PARIS, 20 juin 1951 : *Les Servantes* : FRF 150 000 – PARIS, 15 juin 1954 : *Religieuses, déjeuner à l'Hospice de Beaune* : FRF 280 000 ; *Le Mitron et les Chats* : FRF 180 000 – PARIS, 28 jan. 1959 : *Les Soubrettes* : FRF 115 000 – PARIS, 16 déc. 1960 : *Les Marmitons* : FRF 2 100 – PARIS, 3 fév. 1961 : *Le Marmiton* : FRF 1 400 – LONDRES, 15 nove. 1963 : *Les Bulles de savon* : GNS 220 – PARIS, 3 mai 1967 : *Le Repas du soir* : FRF 4 500 – BERNE, 7 mai 1971 : *La Petite Barque* : CHF 2 200 – NEW YORK, 2 mars 1976 : *Intérieur de cuisine*, h/t (47x55) : USD 600 – PARIS, 21 déc. 1978 : *Ménagères faisant les cuivres*, h/t (27,5x22) : FRF 7 500 – VERSAILLES, 29 nov. 1981 : *Les Dentellières*, h/t (38,5x46,5) : FRF 19 000 – VERSAILLES, 2 juin 1982 : *Les Lingères*, h/t (33x24) : FRF 18 500 – PARIS, 15 juin 1983 : *Nature morte aux cuivres*, h/t (74x57) : FRF 11 500 – COPENHAGUE, 2 mai 1984 : *Les Servantes*, h/t (66x82) : DKK 65 000 – LONDRES, 11 oct. 1985 : *Couturières dans un intérieur*, h/t (72x90) : GBP 3 000 – NEW YORK, 29 oct. 1986 : *Les Bulles de savon*, h/t (130,8x194,9) : USD 25 000 – CALAIS, 8 nov. 1987 : *Jeune Fille à son ouvrage*, h/t (61x51) : FRF 50 000 – MONACO, 17 juin 1988 : *Maison de campagne de l'artiste à Bois-le-Roi*, h/t (54x45) : FRF 11 100 ; *La Palette du peintre avec son autoportrait* 1919, h/pan. (26x35,5) : FRF 27 750 – PARIS, 5 mars 1989 : *Lingère*, h/t (46x38) : FRF 50 800 – LONDRES, 4 oct. 1989 : *L'Astiquage des cuivres*, h/t (73x60) : GBP 5 500 – NEW YORK, 24 oct. 1989 : *Le Marmiton*, h/t (73x60) : USD 33 000 – VERSAILLES, 10 déc. 1989 : *Le Repassage*, h/t (55,5x46) : FRF 90 000 – PARIS, 28 nov. 1989 : *La Calèche*, h/t (31x35) : FRF 6 000 – LONDRES, 11 mai

1990 : *Déjeuner à l'Hospice de Beaune*, h/t (89x117) : GBP 22 000 – LYON, 21 mars 1990 : *Nature morte au hanap* 1882, h/t (55x46) : FRF 40 000 – PARIS, 25 mars 1991 : *Petit Chat et Mirliton*, h/t (58x37) : FRF 67 000 – PARIS, 15 avr. 1991 : *La Dentellière*, h/t (130x97) : FRF 50 000 – LONDRES, 17 mai 1991 : *Les Bulles de savon*, h/t (73,7x97,8) : GBP 3 740 – NEW YORK, 22 mai 1991 : *Le Marmiton*, h/t (78,7x57,8) : USD 22 000 – PARIS, 24 mai 1991 : *La Jeune Fille et les chatons*, h/t (121x65,5) : FRF 135 000 – LONDRES, 19 juin 1991 : *Le petit cuisinier*, h/t (120,5x65) : GBP 8 800 – PARIS, 22 sep. 1992 : *La Porteuse d'eau*, h/t (41x33) : FRF 4 200 – NEW YORK, 29 oct. 1992 : *Servantes polissant les cuivres*, h/t (73x59,7) : USD 8 800 – MADRID, 25 mai 1993 : *Les Repasseuses*, h/t (80x99) : ESP 1 035 000 – PARIS, 23 mars 1994 : *Le Petit Écolier* 1882, h/t (56x47) : FRF 30 000 – NEW YORK, 12 oct. 1994 : *La Brioche*, h/t (129,9x97) : USD 12 075 – NEW YORK, 16 fév. 1995 : *La Jeune Fleuriste* 1882, h/t (54,9x45,7) : USD 17 250 – CALAIS, 25 juin 1995 : *Le Déjeuner*, h/t (24x19) : FRF 17 000 – LONDRES, 15 nov. 1995 : *Servantes dans un parloir*, h/t (54x45) : GBP 6 325 – PARIS, 25 avr. 1996 : *Nature morte aux poissons*, h/pan. (37x46) : FRF 6 300 – NEW YORK, 23-24 mai 1996 : *La Servante*, h/t (130x130,8) : USD 37 375 ; *Intérieur aux ustensiles de cuivre*, h/t (45,7x54,6) : USD 13 800 – LONDRES, 31 oct. 1996 : *Garçonnet avec chatons et chiots*, h/t (130x105) : GBP 12 650 – LONDRES, 13 mars 1997 : *Jeune femme à sa table de travail devant une fenêtre*, h/t (55x46) : GBP 7 130 – NEW YORK, 23 mai 1997 : *Sa première cigarette*, h/t (28,6x38,1) : USD 40 250 – NEW YORK, 23 oct. 1997 : *Lettre de son père*, h/t (92,7x73,7) : USD 39 100.

BAILARDI Ettore
Originaire de Bologne. Mort en 1590. XVIe siècle. Italien.
Peintre.
Cet artiste exerçait son art pendant la période la plus brillante de l'école bolonaise, illustrée par les Carracci.

BAILARDINO di Perino da Modena
XIVe siècle. Italien.
Peintre.
Cet artiste travaillait à Modène vers 1351.

BAILBY A.
XXe siècle. Travaillant à Castres (Tarn). Français.
Dessinateur lithographe.

BAILDON W. A.
XIXe siècle. Britannique.
Peintre.
Peintre paysagiste, exposa, en 1824, une *Vue d'Edgeroft*, et, en 1841, un autre paysage, à la Royal Academy à Londres.

BAILE Joseph
Né le 3 septembre 1819 à Lyon (Rhône). Mort le 11 mars 1856 à Lyon. XIXe siècle. Français.
Peintre de portraits, natures mortes, fleurs et fruits.
Élève d'Augustin Thierrat, à l'École des Beaux-Arts de Lyon, entre 1833 et 1839, il travailla ensuite sous la direction de François Lepage. Il fut dessinateur de fabrique à Lyon puis à Paris ; il revint se fixer à Lyon en 1844 et se consacra à la peinture. Il signait : « J. Baile », « J. Baile de Lyon ».
Il débuta au Salon de Lyon en 1840, continuant d'exposer dans cette ville, mais aussi à Paris en 1844, 1846, 1850, 1855.
Au cours de sa carrière, très courte, il ne produisit qu'une quinzaine de tableaux représentant essentiellement des fleurs, notamment : *Fleurs et fruits au pied d'un rocher* 1851 – *Nid d'oiseau et fruits* 1853 – *Corbeille de fruits*, Exposition universelle de 1855.
MUSÉES : LYON : *Fleurs et fruits au pied d'un rocher* 1851 – *Nid d'oiseau et fruits* 1853.

BAILES H. ou Bailis
XIXe siècle. Britannique.
Sculpteur.
Il exposa à Londres de 1830 à 1832.

BAILEY Albert E.
XIXe-XXe siècles. Actif à Leicester. Britannique.
Peintre de paysages.
Entre 1890 et 1904, il a exposé à la Royal Academy de Londres.
VENTES PUBLIQUES : LONDRES, 21 mars 1910 : *Rivière* : GBP 4 – LONDRES, 27 mars 1979 : *La demoiselle du lac*, h/t (75x49) : GBP 1 200 – LONDRES, 14 juil. 1983 : *En nourrissant les moutons*, h/t (76x127) : GBP 550 – LONDRES, 13 juin 1984 : *Cygnes parmi les nénuphars*, h/t (76x101,5) : GBP 2 200 – LONDRES, 12 juin 1985 : *Where fair trees lean*, h/t (74x107) : GBP 3 200.

BAILEY Alfred Charles
Né le 17 juin 1883 à Brighton. xxᵉ siècle. Britannique.
Aquarelliste.

BAILEY Arthur Alexander
xixᵉ siècle. Actif à Londres vers 1884. Britannique.
Paysagiste.
Il exposa à Suffolk Street en 1884 et 1885.

BAILEY Charles Foster
Né à Boston. xxᵉ siècle. Américain.
Peintre de fleurs, d'oiseaux et de natures mortes.
Il a exposé, à Paris, au Salon d'Automne, entre 1912 et 1922 et au Salon de la Société Nationale des Beaux-Arts, en 1921 et 1922.

BAILEY Cora Louise
Née en octobre 1870 à West Newton (Massachusetts). xixᵉ-xxᵉ siècles. Américaine.
Peintre, aquarelliste, illustrateur.
Elle fit ses études à l'Ecole normale d'Art du Massachusetts et à l'Ecole des Beaux-Arts de Boston. Elle réalisa aussi des cartons de vitraux. Membre du Boston Art Club vers 1898.

BAILEY E.
xviiiᵉ siècle. Travaillant à Londres. Britannique.
Peintre.
On cite de lui un portrait exposé à la Royal Academy de Londres, en 1796.

BAILEY Elfreda O.
xxᵉ siècle. Britannique.
Peintre.
Exposa à Paris aux Artistes Français de 1939.

BAILEY Elizabeth S.
xixᵉ siècle. Britannique.
Peintre de figures.
Elle exposa à Londres de 1862 à 1873.

BAILEY G.
xviiiᵉ siècle. Britannique.
Miniaturiste.
A exposé des portraits à la Royal Academy de Londres, de 1786 à 1797.

BAILEY Guy
Né en 1941. xxᵉ siècle. Canadien.
Peintre. Naïf.
Il présente, dans un esprit naïf, les coutumes de la province québécoise.
VENTES PUBLIQUES : MONTRÉAL, 28 avr. 1987 : *La ferme*, h/cart. (28x36) : CAD 600.

BAILEY H.
xixᵉ siècle. Actif à Londres vers 1835. Britannique.
Paysagiste.
Exposa à la Royal Academy.

BAILEY Henrietta Davidson
Née à La Nouvelle-Orléans (Louisiane). xxᵉ siècle. Américaine.
Peintre.

BAILEY Henry
xixᵉ siècle. Britannique.
Peintre.
Ce peintre, établi à Chelmsford, a fait des portraits et des paysages ; il exposa ses œuvres à la Royal Academy, à partir de 1880.

BAILEY Henry Turner
Né le 9 décembre 1865 à North Scituate (Massachusetts). xixᵉ siècle. Américain.
Peintre et illustrateur.
Devint membre d'honneur de l'Association allemande des professeurs d'art, et fut affilié à plusieurs institutions artistiques de son pays natal. A fait son éducation à l'École normale d'Art de Boston. Il était rédacteur du *School Arts Book*.

BAILEY J.
xixᵉ siècle. Britannique.
Sculpteur.
Établi à Paddington, acquit de la célébrité en sculptant des bustes de personnages illustres, savants, militaires, qui furent exposés à la Royal Academy, de 1851 à 1861. On cite aussi trois portraits de femmes.

BAILEY J. W.
xixᵉ siècle. Vivait en Angleterre au milieu du xixᵉ siècle. Britannique.

Miniaturiste.
Il exposa à la Royal Academy de 1859 à 1867.

BAILEY James G.
Né à Salyersville. xxᵉ siècle. Américain.
Peintre.
Elève de Czedekowski et de Roy Forkum, il exposa au Salon des Artistes Français à Paris, en 1930.

BAILEY John
xviiiᵉ siècle. Britannique.
Aquafortiste et dessinateur.
Ne reçut les leçons d'aucun maître ; on cite de lui des gravures à l'eau-forte pour les *Histoires de Northumberland et Durham* par Hutchinson (1781-1784) et *Les observations de la vie*, par Culley. On suppose qu'il est l'auteur d'un ex-libris (pour Geo. Allan), signé : *J. Bailey,* 1780. A la fin de sa vie, Bailey s'occupa d'agronomie. Cet artiste nous paraît être le même que le graveur à l'aquatinte J. Bailly, cité vers 1790 pour avoir reproduit quelques sujets de Morland.

BAILEY R. H.
xixᵉ siècle. Actif à Londres au milieu du xixᵉ siècle. Britannique.
Paysagiste.
Il exposa trois tableaux à Suffolk Street de 1848 à 1876.

BAILEY R. M.
xixᵉ-xxᵉ siècles. Américain.
Peintre.
Membre du Boston Art Club vers 1898. Vivait à Dedham (Massachusetts).

BAILEY Robert L.
Né en juillet 1920 à Hutchinson (Kansas). xxᵉ siècle. Américain.
Peintre.
Il a beaucoup voyagé, restant deux ans en Inde, six mois au Mexique et cinq ans à Chicago où il fit des études à l'Université. Cette connaissance de l'Inde et du Mexique a influencé ses œuvres géométriques, en relief.
VENTES PUBLIQUES : NEW YORK, 9 oct. 1963 : *La parade* : USD 200.

BAILEY Ruby Winifred. Voir **LEVICK Ruby,** Mrs **Gervase Bailey**

BAILEY S. T.
xixᵉ siècle. Vivait à New York vers 1898. Américain.
Peintre.
Membre du Brooklyn Art Club.

BAILEY Vernon Howe
Né en 1874 à Camden (New Jersey). xxᵉ siècle. Américain.
Dessinateur de paysages urbains, illustrateur.
Il fit ses études à l'Ecole de Pennsylvanie et à l'Académie des Beaux-Arts de Philadelphie.
Ses dessins présentent des scènes de rues de Londres, Oxford, Cambridge. Il aime aussi faire des esquisses de constructions anciennes. Il a fait les illustrations de *Visions d'Espagne* et *Les cités trop peu connues* d'Octave Aubry.

BAILEY W.
xixᵉ siècle. Actif à Dulwich (Angleterre), dans la première moitié du xixᵉ siècle. Britannique.
Peintre de batailles.
Il exposa à la Royal Academy et à la British Institution de Londres entre 1831 et 1834.

BAILEY Walter A.
Né en 1894 à Wallula (États-Unis). xxᵉ siècle. Américain.
Peintre, graveur et illustrateur.

BAILEY Whitman
Né le 2 avril 1883 à Providence (Rhode-Island). xxᵉ siècle. Américain.
Dessinateur, illustrateur.
Elève à l'Institut Pratt à Brooklyn, il s'installe ensuite à New York. Il a surtout réalisé des illustrations de livres, notamment pour *Un sacrifice à Prato* de Maurice Hewlett.

BAILEY William
Né en 1930. xxᵉ siècle.
Peintre de natures mortes, nus.
Ses natures mortes aux couleurs sobres et uniformes sont trai-

tées sous une lumière égale et neutre, ce qui leur donne un caractère presque irréel, un peu à la manière de Morandi.

Bailey

VENTES PUBLIQUES : NEW YORK, 27 fév. 1980 : *Nu* 1972, cr. (38x28) : **USD 800** – NEW YORK, 10 mai 1984 : *Hostess I* 1965-1967, h/t (128,3x105,4) : **USD 28 000** – NEW YORK, 10 avr. 1987 : *Nu debout* 1974, cr. (38x28,5) : **USD 2 600** – NEW YORK, 3 Mai 1989 : *Nature morte Trevi* 1982, h/t (64,5x54) : **USD 132 000** – NEW YORK, 12 nov. 1991 : *Sans titre* 1987, aquar. et cr. (38x28,2) : **USD 2 750** – NEW YORK, 13 nov. 1991 : *Nature morte* 1973, h/t (80x99) : **USD 68 200** – NEW YORK, 27 fév. 1992 : *Sans titre* 1974, cr./pap. (38,1x28,5) : **USD 3 300** – NEW YORK, 6 mai 1992 : *Nature morte : Orvieto* 1977, h/t (64,8x80,7) : **USD 66 000** – NEW YORK, 3 mai 1994 : *Tête de jeune fille aux longs cheveux* 1970, cr./pap. (33,6x25,4) : **USD 1 725** – NEW YORK, 7 mai 1996 : *Sans titre* 1980, graphite/pap. (38x28) : **USD 3 450** – NEW YORK, 20 nov. 1996 : *Sans titre (Nature morte)* 1992, cr./pap. (48,3x66,7) : **USD 27 600** – NEW YORK, 7 mai 1997 : *Nature morte, villa Aurelia* 1983, h/t (111,8x146,1) : **USD 90 500** – NEW YORK, 8 mai 1997 : *Niche* 1994, acryl. et mine de pb/pap. (51,1x51,6) : **USD 32 200**.

BAILEY William G.
XIXᵉ siècle. Vivant à Londres vers 1889. Britannique.
Peintre verrier.
Il exposa un projet de vitrail à la Royal Academy en 1889.

BAILEY William H.
XIXᵉ siècle. Britannique.
Peintre de paysages.
Il exposa à Londres de 1879 à 1881.

BAILGET Jacop
XVᵉ siècle. Éc. flamande.
Peintre.
Il fit partie de la gilde de Gand en qualité de franc-maître, en 1423-1424.

BAILLAIRGÉ François
Né en 1759. Mort en 1830 au Québec. XVIIIᵉ-XIXᵉ siècles. Canadien.
Sculpteur et peintre.
Le registre des élèves de l'Académie Royale de Paris mentionne son admission le 21 février 1779 comme élève de Stoupf et avec la protection de La Grenée le jeune. Il fréquentait encore l'Académie au mois d'octobre 1780. Fils de Jean Baillairgé, il fit partie de la dynastie des sculpteurs québécois. Il a surtout œuvré au sein d'une école d'inspiration chrétienne et populaire. On est parvenu à dater de 1791 quatre statuettes réalisées pour le maître-autel de Maskinongé, statues qui lui avaient été commandées par son père, lui-même sculpteur. C'est également lui qui a sculpté *La Foi* pour l'église Saint-Joachim à Montmorency. Il a aussi réalisé des portraits d'une facture toute classique.

BAILLAIRGÉ Jean
Né en 1726. Mort en 1805 au Québec. XVIIIᵉ siècle. Canadien.
Sculpteur.
Père de la lignée des Baillairgé, on sait qu'il a commandé des sculptures à son fils François pour l'église de Maskinongé qu'il était chargé d'aménager.

BAILLAIRGÉ Pierre Florent
Né en 1761. Mort en 1812 au Québec. XVIIIᵉ-XIXᵉ siècles. Canadien.
Dessinateur.
Fils de Jean, frère de François. Le Musée de Québec a acquis de lui le dessin du maître-autel de Maskinongé signé Pierre-Florent Baillairgé, et que sculpta son frère François.

BAILLAIRGÉ Thomas
Né en 1791. Mort en 1859 au Québec. XIXᵉ siècle. Canadien.
Sculpteur.
Fils de François. On ne peut actuellement faire que très rarement la différence entre les œuvres de François et celles de Thomas Baillairgé. On sait pourtant que le décor de la chapelle de la Congrégation du séminaire de Québec fut confié à Thomas Baillairgé en 1824. Il y sculpta un autel surmonté d'une vierge de l'Assomption qui est une des œuvres majeures, les plis cassés du manteau et du vêtement de la Vierge étant particulièrement bien réussis. Le mouvement s'apparente au dessin que fit son père

d'une Assomption pour la Basilique de Québec en 1790. D'autre part l'église de Lauzon, près de Levis, a été commencée en 1830 d'après les plans de Thomas Baillairgé, et il est pratiquement certain qu'une statue d'évêque provenant de cette église est de la main de Thomas Baillairgé.

BAILLARD Jean François
XVIIIᵉ siècle. Français.
Sculpteur.
Reçu à l'Académie de Saint-Luc en 1747.

BAILLE Édouard
Né en 1814 à Besançon. Mort en 1888 à Besançon. XIXᵉ siècle. Français.
Peintre d'histoire et de portraits.
Élève de Picot. Le Musée de Besançon conserve de lui plusieurs portraits et *Les Funérailles de saint Sébastien*.

BAILLE Hervé
Né le 21 juillet 1896 à Sète (Hérault). Mort le 3 juin 1974 à Paris. XXᵉ siècle. Français.
Dessinateur humoriste, graveur.
Il a figuré à Paris au Salon des Humoristes et aux expositions d'art fantaisiste à Lyon, Bordeaux, Barcelone, Bruxelles et Berlin. Après avoir beaucoup travaillé pour des revues humoristiques, des journaux comiques, il a fait des illustrations pour des œuvres littéraires, exécutant, entre autres, des eaux-fortes pour une œuvre posthume de Gilbert de Voisins.

BAILLE Laurent
Né au XVIIᵉ siècle au Puy-en-Velay (Haute-Loire). XVIIᵉ siècle. Français.
Sculpteur.
Travaillait dans cette ville en 1661 et 1682.

BAILLE Louis, dit le Père Raphaël
Originaire de Besançon (Doubs). XIXᵉ siècle. Français.
Peintre.
De l'ordre des Capucins. Il exposa à Paris au Salon entre 1885 et 1899. La bibliothèque de Besançon conserve deux dessins de lui.

BAILLE Louis Eugène
Né à Besançon (Doubs). XIXᵉ-XXᵉ siècles. Français.
Peintre de genre.
Il fut élève de Bouguereau, Gabrielle Ferrier et Tony Robert-Fleury. Il exposa au Salon des Artistes Français à Paris en 1899, où il obtint une mention honorable, et en 1900.
On mentionne de lui : *Le Récit de l'ancien*.

BAILLERGEAU Yves
Né le 3 octobre 1881 à Nantes (Loire-Atlantique). XXᵉ siècle. Français.
Peintre de paysages, scènes de genre, fresques.
Élève du portraitiste Baschet, du symboliste Maxence, de Fernand Sabatté et de Louis Désiré-Lucas, il a régulièrement exposé au Salon des Artistes Français à Paris, où il reçut une médaille d'argent en 1921. Il a également exposé à Versailles, à l'Institut de Carthage, à l'Académie Royale de Madrid, en Angleterre et aux Etats-Unis. Ces scènes sont de tendance exotique.

BAILLET, veuve de Claude Simon
XVIIIᵉ siècle. Française.
Peintre.
Reçue à l'Académie de Saint-Luc en 1762.

BAILLET Charles
Né à Paris. XXᵉ siècle. Français.
Peintre de paysages.
Il a exposé au Salon des Indépendants à Paris, entre 1926 et 1939.
MUSÉES : VANNES : *Pont de Saint-Père (Yonne)*.

BAILLET Claude Simon
XVIIIᵉ siècle. Français.
Peintre.
Reçu à l'Académie de Saint-Luc en 1742.

BAILLET Claude Simon
XVIIIᵉ siècle. Français.
Peintre.
Reçu à l'Académie de Saint-Luc en 1785 (probablement fils du peintre homonyme reçu à l'Académie de Saint-Luc en 1742).

BAILLET Edme
XVIIᵉ siècle. Français.
Sculpteur.
Reçu à l'Académie de Saint-Luc en 1696.

BAILLET Ernest

Né à Brest (Finistère). XIXe-XXe siècles. Français.
Peintre de paysages, paysages d'eau.
Il fut élève de Saunier et exposa au Salon des Artistes Français à Paris de 1877 à 1897. Il peignit surtout des paysages du Finistère.

E an Baillet

MUSÉES : BREST : *Gardeur de chèvres.*
VENTES PUBLIQUES : PARIS, 27 juin 1900 : *Les quais* : **FRF 195** – PARIS, 28 mai 1923 : *Chemin creux, Bretagne* : **FRF 165** – PARIS, 18 mai 1934 : *Maisons au bord de la rivière* : **FRF 75** – NICE, 29-30 déc. 1954 : *Paysage fluvial* : **FRF 3 500** – VIENNE, 10 sep. 1985 : *Paysage fluvial à l'aube*, h/t (33x55) : **ATS 35 000.**

BAILLET Geneviève

Née à Paris. XXe siècle. Française.
Peintre.
Elève de Désiré-Lucas et de Marie Real del Sarte, elle a exposé au Salon des Artistes Français de Paris, entre 1925 et 1927.

BAILLET Marie Caroline Elisa de, comtesse

Née en 1821. Morte en 1879. XIXe siècle. Active à Anvers. Éc. flamande.
Peintre.
Cette artiste, élève de Swerts et de Guffens, se fit remarquer par les peintures murales qu'elle exécuta dans la chapelle des enfants de l'hospice à Anvers.
MUSÉES : CHÂLONS-SUR-MARNE : *Henri IV – Louis XVI – Arc de triomphe pour l'entrée de Mgr de Clermont-Tonnerre, le 7 juillet 1782*, aquar. – CHÂLONS-SUR-MARNE (Gal. Roussel) : *Porte-Joie (Eure) – Matinée d'automne – Moulin d'Andé – Saint-Pierre-du-Vouvray.*

BAILLET Nicolas

XVIIe siècle. Français.
Sculpteur et peintre.
Reçu à l'Académie de Saint-Luc en 1684.

BAILLET Pierre

XVe siècle. Actif à Dijon au début du XVe siècle. Français.
Sculpteur.

BAILLEUL Aimée

Née à Limoges (Haute-Vienne). XXe siècle. Française.
Sculpteur de bustes.
Elle a exposé à Paris en 1912 au Salon des Artistes Français.

BAILLEUL Baudouin ou Baudecon de ou Baudouin de Bailleul

XVe siècle. Actif à Arras vers 1419. Éc. flamande.
Peintre.
Exécuta la peinture du siège ducal d'Arras dans la salle du conseil. Un peintre du même nom fournit à Philippe le Bon des patrons de tapis, en 1448.

BAILLEUL Benoist

Né vers 1786 à Versailles. XIXe siècle. Français.
Sculpteur.
Fils de l'adjudant général à l'armée d'Italie Bailleul. Élève de Bridan à l'École des Beaux-Arts le 24 brumaire de l'an IX.

BAILLEUL Edmond

Né à Bruxelles. XXe siècle. Français.
Sculpteur.
Il a exposé au Salon de la Société Nationale des Beaux-Arts de Paris en 1914 et 1922.

BAILLEUL F.

XVIIIe siècle. Français.
Peintre.
On cite de lui : *Le portrait de Fénelon*, gravé par B. Picard ; un autre *Portrait d'évêque*, gravé par C. Duflos, et aussi quelques paysages gravés par Le Bas.

BAILLEUL François ou Baillieul

XVIIIe siècle. Travaillait à Paris. Français.
Graveur.
François Bailleul est l'auteur de quelques estampes représentant les solennités du couronnement de Louis XV, et d'une vue de la rue de la Ferronnerie, d'après A. Slodtz. Il était le fils aîné d'un Gaspard Bailleul.

BAILLEUL Jean

Né au XIXe siècle à Lille (Nord). XIXe siècle. Français.

Sculpteur.
Élève de Barrias, Coutan et Boutry, exposa au Salon des Artistes Français au début du XXe siècle, obtint une mention honorable en 1907 et devint sociétaire perpétuel.

BAILLEUL Léonie de

Née à Paris. XXe siècle. Française.
Peintre.
Élève de M. et H. Zo, M. Beurrer et P. Gervais, elle a exposé au Salon des Artistes Français de Paris, entre 1929 et 1932 et obtint une mention honorable en 1930.

BAILLEUL Marie

XVIIIe siècle. Française.
Graveur.
Sœur de François Bailleul ; grava des ouvrages pour les éditions de son père, Gaspard Bailleul.

BAILLEUL Nicolas

XVIIIe siècle. Français.
Graveur.
Nicolas Bailleul, jeune frère de François, aida celui-ci à tracer un grand plan de Paris, en 1742.

BAILLEUX César

Né en 1937 à Maastricht. XXe siècle. Actif en Belgique. Hollandais.
Sculpteur, peintre d'objets, d'environnements. Tendance pop art, lumino-cinétique.
Élève à l'Académie des Beaux-Arts de Maastricht, il quitte la Hollande pour s'installer en Belgique et suivre des cours à l'Académie des Beaux-Arts d'Anvers, en 1959. En 1970, il reçut le Prix de la Jeune Sculpture Belge.
Très tôt, il abandonna provisoirement les matériaux traditionnels comme le métal ou le bois, pour utiliser des matières plastiques aux couleurs fluorescentes, puis il introduisit volontiers dans ses compositions, lumière, mouvement et son. Il crée un monde de plantes, légumes et fleurs en plastique, terre cuite, en bois découpé ou sur des tableaux-reliefs, à la fois poétique et grotesque, aux couleurs acidulées, bref « kitch ». Dans ses environnements, il combine en de curieux circuits des formes de la technologie et de la nature, mettant en place une configuration insolite au caractère ludique et quelque peu baroque.

Cesar Bailleux

BIBLIOGR. : Jean Dypréau : *César Bailleux*, Bruxelles, 1986.
MUSÉES : BRUXELLES (Mus d'Art Mod.) – UTRECHT (Centraal Mus.).
VENTES PUBLIQUES : ANVERS, 19 oct. 1976 : *Composition 1975* (H. 34) : **BEF 15 000** – BRUXELLES, 21 mai 1980 : *Manutention d'énergie froide 1979*, h/pan. t. : **BEF 28 000** – LOKEREN, 28 mai 1988 : *Composition 1966*, sculpt. de cuivre, zinc et bois (H. 99,5) : **BEF 24 000** – BRUXELLES, 13 déc. 1990 : *Architecture verte 1967*, plastique peint. sur du cart. découpé (H. 70) : **BEF 59 280** – LOKEREN, 11 mars 1995 : *Composition 1975*, sculpt. d'argent (H. 21, l. 11,5) : **BEF 55 000.**

BAILLI Jean

XIVe siècle. Français.
Sculpteur d'ornements.
Cet artiste est connu pour avoir travaillé à l'ornementation du couvent des Chartreux de Val-Saint-Esprit-de-Gosnay en Artois, en 1324.

BAILLIAT Madeleine

Née à Paris. XXe siècle. Française.
Peintre de portraits, paysages.
Élève de Biloul, elle a exposé au Salon des Indépendants à Paris, entre 1935 et 1939.

BAILLIE Alexander

Mort sans doute à Edimbourg. XVIIIe siècle. Actif au XVIIIe siècle. Britannique.
Graveur.
Cet artiste écossais est peu connu ; on signale sa présence à Rome en 1764 ; plus tard, il s'établit à Edimbourg. On cite de lui les gravures de *Sainte Cécile* et de *la Sainte Famille*, d'après Francesco Imperiali et quelques portraits, entre autres celui du médecin Rob. Simon, daté de 1776.

BAILLIE Caroline

XIXe siècle. Active à Brighton dans la seconde moitié du XIXe siècle. Britannique.

Peintre de fleurs.
Elle exposa à Londres en 1872.

BAILLIE Renée
Née à Andilly-les-Marais (Charente-Maritime). XXᵉ siècle.
Française.
Peintre de fleurs.
Elle a exposé au Salon des Indépendants à Paris en 1931.

BAILLIE William, dit Captain Baillie
Né le 5 juin 1723 à Killbride (Carlow) en Irlande. Mort en
décembre 1792 à Londres. XVIIIᵉ siècle. Britannique.
Peintre, graveur, dessinateur.
Après avoir servi dans l'armée anglaise, en qualité de capitaine,
il devint artiste amateur et marchand d'objets d'art ; il a fait, de
1760 à 1779, des gravures à l'eau-forte, au pinceau, en couleur ; il
excella surtout dans la manière noire. Il n'eut pas d'autre éditeur
que lui-même, et s'inspira des eaux-fortes de Rembrandt ; il possédait des cuivres de Rembrandt et en donna une édition avec de
la « sauce ». Il a sans doute séjourné à Rome, ainsi que l'atteste
une série de ses œuvres, de 1759 à 1763.

BAILLIE William
Né le 22 novembre 1905 à Larkhall. XXᵉ siècle. Britannique.
Peintre, aquarelliste.
Il a exposé à la Royal Scottish Academy.
VENTES PUBLIQUES : GLASGOW, 1ᵉʳ fév. 1994 : *Tête d'un jeune gar-
çon* 1934, aquar. et craie (35,5x28) : **GBP 713**.

BAILLIEU Chrétien
XVIIIᵉ siècle.
Peintre.
Bien qu'étranger, il fut admis à la gilde de Saint-Luc à Bruxelles,
en 1738. Il vivait encore en 1744.

BAILLIEZ André Maurice
Né à Lille (Nord). XXᵉ siècle. Français.
Peintre de genre.
Elève de Bonnat et de Ph. de Winter, il a régulièrement exposé à
Paris au Salon d'Automne et, jusqu'en 1938, au Salon des
Artistes Français.

BAILLIU Barend de
Né en 1641 à Anvers, où il fut baptisé le 3 mai. XVIIᵉ siècle.
Éc. flamande.
Graveur au burin et peintre.
Entra comme fils de maître à la gilde de Saint-Luc en 1662-1663 ;
il était connu sous le nom de *Hemel* dans la gilde des peintres du
Nord. Il étudia la gravure, à Rome, sous la direction de Cornelis
Blœmaert. Toutes ses gravures furent publiées chez G.-G. Rossi,
à Rome. Il est surtout connu par une estampe représentant les
cinq saints canonisés par Clément X le 24 avril 1671, alignés l'un
à côté de l'autre : *Saint Cajetan de Thiena, Saint François Borgia,
Saint Philippe Benizzi, Saint Louis Bertrand* et *Sainte Rose de
Santa Maria*. Ses signatures étaient : Bernard Bâleu, de Bâleu, de
Bailliu, Baliu et Balliu.

BAILLIU Pieter de, l'Ancien ou Bailleul
Né en 1613 à Anvers, où il fut baptisé le 1ᵉʳ mai. XVIIᵉ siècle.
Éc. flamande.
Graveur.
Il fut admis dans la gilde de Saint-Luc en 1629. Commençant ses
études à Anvers, il les continua à Rome, où il séjourna jusqu'en
1637. Là, il sut se faire apprécier par Sandrart, qui lui confia,
comme à d'autres graveurs flamands, français et italiens, l'exé-
cution de planches de cuivre pour la *Galleria Giustiniana* (1631).
Ses signatures étaient : P. de Bailleu ; P. de Bailliu ; P. de Baillieu ;
P. de Baillue ; Balieu ; P. Balleu ; P. de Balliu.

BAILLIU Pieter de, le Jeune
Baptisé le 27 mai 1644. Mort vers 1727 à Anvers. XVIIᵉ-XVIIIᵉ
siècles. Éc. flamande.
**Peintre de sujets religieux, natures mortes, fleurs,
peintre de compositions murales, dessinateur.**
Cet artiste était le fils de Pieter de Bailliu ou Bailleul. Après avoir
passé de longues années à l'étranger, il fit partie de la gilde de

Saint-Luc, à Anvers, en 1689. Il exécuta, en 1708, pour le petit
collège de ville, deux peintures murales représentant la
Justice. On cite aussi de lui des natures mortes, des fleurs, des
vases et un Christ. Il réalisa également des grisailles.

BAILLON Claude
Né le 10 avril 1939. XXᵉ siècle. Français.
Peintre verrier.
Il a régulièrement exposé au Salon des Artistes Décorateurs et
au Salon d'Art Sacré. Il a débuté comme assistant de J. Juteau à
l'élaboration des vitraux de Brest, puis, installé à La Ferté-Milon,
il a travaillé toutes les posiibilités de la technique du vitrail. Il a
également réalisé des mosaïques, des tapisseries, des dalles de
verre gravé et des muraux, exposant avec le groupe *Formes et
Muraux* en France et à l'étranger.
S'il réalise tout d'abord des œuvres qui appartiennent à l'art
sacré, il travaille ensuite pour des décorations architecturales
d'immeubles et maisons particulières.

BAILLON Elisabeth
Née le 6 janvier 1941. XXᵉ siècle. Française.
Peintre verrier, peintre de cartons de tapisseries.
Elève à l'Ecole des Métiers d'Arts de Paris, elle travaille ensuite
avec les maîtres verriers M. et J. Juteau à Ermont. Ayant épousé
Claude Baillon, elle s'installe avec lui à La-Ferté-Milon en 1962.
Elle réalise également des tapisseries et, découvrant la tapisserie
brodée, elle reçoit pour cet art, le Prix de la Vocation en 1969.
Elle expose à Paris, Montréal, Grenoble, Bruxelles et New York.
Comme son mari, elle expose également avec le groupe *Formes
et Muraux*. Son œuvre appartient aussi bien à l'art sacré qu'à
l'art profane.

BAILLON Jean
XVIIIᵉ siècle. Vivant à Rome. Français.
Sculpteur.
Il exécuta une statue de *Saint Philippe* à Rome, pour la basilique
de Saint-Jean-de-Latran, vers 1713.

BAILLON Nicolas de
XVIᵉ siècle. Français.
Sculpteur.
Selon les documents de l'époque, il a travaillé à l'édification du
château de Fontainebleau, de 1537 à 1540.

BAILLON de WAILLY Myrthée
Née à Paris. XXᵉ siècle. Française.
Peintre de genre, paysages.
Elève de Pierre Laurens et de Baschet, elle a exposé à Paris, au
Salon des Artistes Français en 1926 : *Jeune fille lisant* et au Salon
d'Automne de 1928 : *Le Pont Marie*.

BAILLOT Charles
Né en 1791 à Neufchâtel. Mort le 18 juin 1824 à Rome. XIXᵉ
siècle. Français.
Graveur sur cuivre.

BAILLOT Louis
Né vers 1765 à Mâcon. XVIIIᵉ siècle. Français.
Peintre.
On mentionne son entrée à l'École de l'Académie à Paris au mois
d'octobre 1784, comme élève de Pierre.

BAILLOT-JOURDAN Cécile
Née le 24 octobre 1889 à Troyes (Aube). XXᵉ siècle. Française.
Peintre céramiste.
Elle a régulièrement exposé au Salon d'Automne jusqu'en 1929
et au Salon des Indépendants à Paris jusqu'en 1930.

BAILLU Ernest Joseph ou Bailly
Né le 17 octobre 1753 à Lille. Mort en 1823 à Gand. XVIIIᵉ-XIXᵉ
siècles. Français.
Peintre.
Cet artiste commença ses études à Gand, et les termina à Paris,
où il fut pendant deux ans élève de l'Académie (1775-1777). Il
avait travaillé entre temps à Gand et à Anvers ; il se fixa à Gand,
où il acquit immédiatement de la célébrité en peignant quatre
portraits de l'empereur Léopold II et un de Marie-Christine
d'Autriche. En 1792, il obtint une récompense à l'Académie de
Gand pour son *Œdipe à Colone* ; dès lors, sa voie était tracée ; il
s'adonna à la peinture d'histoire, qui lui valait de si grand succès.
Cela ne l'empêcha pas d'être fort apprécié pour ses paysages,
ses intérieurs, ses peintures décoratives et même ses aquarelles.
Ses principales œuvres sont : *La naissance du roi de Rome*, allégorie pour laquelle il reçut une médaille d'or à l'Académie de
Gand, en 1811, des paysages et des aquarelles, exposés à l'Académie de Gand à partir de 1796.

BAILLY
XIXᵉ-XXᵉ siècles. Travaillant à Paris. Français.
Sculpteur.
Élève de Falguière, il a exposé à Paris, au Salon des Artistes Français de 1900 : *Enfant jouant aux billes.*

BAILLY Adolphe
XIXᵉ siècle. Français.
Peintre de genre.
Des œuvres de ce peintre ont été exposées au Salon de Paris, en 1846-1848.

BAILLY Alain
Né en 1957. XXᵉ siècle. Français.
Peintre.
Il a figuré au Salon des Réalités Nouvelles de Paris en 1988.

BAILLY Albert
Né en 1897. Mort en 1964. XXᵉ siècle. Belge.
Peintre, dessinateur.
Il fit des dessins pour des bandes dessinées. Directeur honoraire de l'Ecole d'Art d'Ixelles.

BAILLY Alexandre ou Bally
Né en 1764 à Paris. Mort le 31 janvier 1835 à Marseille (Bouches-du-Rhône). XVIIIᵉ-XIXᵉ siècles. Français.
Peintre portraitiste.
Cet artiste, élève de David, de Brenet et de Taraval, se fit connaître par ses portraits. Il résida à Nîmes où il fut professeur à l'École centrale, ensuite à Marseille, où il fut membre de l'Académie. Il entra à l'École de l'Académie Royale en avril 1780 et y travaillait encore en 1787.
MUSÉES : DRAGUIGNAN : *M. d'Azémar* – MARSEILLE : *Portrait* – MONTPELLIER : *Le Dr Fages père, an XII* – ORLÉANS : *M. et Mme Cretté.*
VENTES PUBLIQUES : NEW YORK, 13 jan. 1978 : *Portrait d'une femme 1811*, h/t (57x47) : **USD 1 100.**

BAILLY Alexandre
Né à Paris. XXᵉ siècle. Français.
Peintre de fleurs.
Entre 1924 et 1932, il a exposé au Salon de la Société Nationale des Beaux-Arts de Paris, dont il est devenu Associé.

BAILLY Alice ou Bally
Née en 1871 ou 1872 à Genève. Morte en 1938 à Lausanne. XXᵉ siècle. Suisse.
Peintre de figures, nus, paysages, natures mortes, peintre à la gouache, peintre de techniques mixtes, peintre de cartons de tapisseries, graveur. Tendance futuriste.
Après des études à l'École des Beaux-Arts de Genève, elle travailla à Munich et Naples, puis s'installa à Paris en 1906, avant de retourner dans son pays en 1914. Elle a exposé aux Salons d'Automne de 1909 à 1926, des Tuileries en 1928, des Indépendants en 1929. Elle a participé à l'Exposition d'Art suisse contemporain au Musée du Jeu de Paume à Paris en 1934.
Ses compositions aérées, dynamiques, rythmées, sont proches de celles des artistes futuristes. Citons : *Portrait de la fête champêtre.*

BIBLIOGR. : Gérald Schurr : *Les Petits Maîtres de la peinture 1820-1920, valeur de demain*, t. VI, Les Éditions de l'Amateur, Paris, 1985.
MUSÉES : GENÈVE (Mus. d'Art et d'Hist.) : *Nature morte au réveille-matin 1912.*
VENTES PUBLIQUES : ZURICH, 17 mai 1980 : *Nature morte aux mains (Offrande)*, gche/trait de cr. et fus. (62x49) : **CHF 10 000** – ZURICH, 12 nov. 1981 : *Femme à la perle*, tableau laine avec collage (81x60) : **CHF 11 000** – ZURICH, 12 nov. 1982 : *Vignes sous la Crochettaz*, h/t (61x50) : **CHF 7 000** – BERNE, 21 oct. 1983 : *La collection de peinture*, h/t (46x61) : **CHF 1 700** – BERNE, 20 juin 1984 : *Marché 1929*, h/t (61x50) : **CHF 7 000** – PARIS, 20 fév. 1985 : *Paysage exotique 1913*, gche et collage (44x44) : **FRF 23 000** – ZURICH, 5 juin 1986 : *Femme assise*, h/t (64x53,5) : **CHF 5 000** – ZURICH, 14 nov. 1986 : *Porteuse d'eau*, gche (88x68) : **CHF 3 800** –

ZURICH, 22 mai 1987 : *Jeune femme au chapeau*, techn. mixte/pap. (98x77) : **CHF 4 800** – BERNE, 30 avr. 1988 : *Paysage bernois, le gros châtaignier*, h/t (73x100) : **CHF 6 000** – LUCERNE, 30 sep. 1988 : *Nu aux cheveux rouges 1910*, h/t (95x100) : **CHF 15 000** – BERNE, 26 oct. 1988 : *Cimaise ; Nu féminin debout tenant une cruche dans la main gauche 1909*, h/t (101x84) : **CHF 8 000** – PARIS, 14 jan. 1991 : *Arlequin et une jeune femme nue*, h/t (91x72) : **FRF 18 000** – ZURICH, 24 nov. 1993 : *Nu au miroir*, cr./pap. (39x28) : **CHF 1 150** – ZURICH, 30 nov. 1995 : *Village*, encre et h/pap. (54,5x70) : **CHF 5 750** – ZURICH, 25 mars 1996 : *Noël des gosses*, broderie de laine (44x35,5) : **CHF 6 670** – ZURICH, 5 juin 1996 : *L'Arbre vers 1909*, h/t (43,5x53,5) : **CHF 23 000.**

BAILLY Caroline Berthe Alice. Voir **BAILLY**

BAILLY Charles Adolphe
Né à Paris. XXᵉ siècle. Français.
Peintre de paysages.
Il a régulièrement exposé au Salon des Indépendants à Paris.

BAILLY Charles Eloy
Né le 7 janvier 1830 à Remenoville. Mort en septembre 1895 à Paris. XIXᵉ siècle. Français.
Sculpteur.
En 1855, il fut élève de Robinet à l'École des Beaux-Arts ; exposa pour la première fois au Salon, en 1863, une statue en plâtre : *Saint Sébastien* ; il fut médaillé, en 1867, pour une autre statue en plâtre, *La Besace*, d'après la fable de La Fontaine. Cet habile artiste a laissé de nombreuses œuvres ; les plus connues sont : *Jeune Romaine à l'autel de Fortuna Virilis* (1868, statue plâtre), *Porteuse d'amphore* (1869, statue plâtre), *Tombeau avec le portrait en médaillon du sculpteur Jean. Bart. Daumas au cimetière Montparnasse* (1879), le *Buste en marbre d'Edmond Valentin* (1881, propriété de l'État), *Statue de la ville de Brest* (1881, Hôtel de ville de Paris), la *Statue en bronze* (exécutée de mémoire) *de l'abbé Grégoire, à Lunéville* (1885), le *Buste en bronze de Mme Julie Kieffer-Grandidier*, au Père-Lachaise (1887), *Chiromancie* (groupe en plâtre, Salon 1892), *Diogène* (Salon 1895). Cité par M. Lami.
MUSÉES : LYON : *Buste de Soliman Pacha, général au service de l'Égypte* – *Buste de Simon Saint-Jean, peintre* – *Buste de Simon Maupin, ingénieur.*

BAILLY Charles François
Né le 12 février 1844 à Tarare. XIXᵉ siècle. Français.
Sculpteur de monuments, statues, figures, bustes.
Charles Bailly vint à Lyon vers 1860 pour entrer à l'École des Beaux-Arts, dans la classe de Fabisch. Il exposa régulièrement aux Salons de Lyon à partir de 1873. Très jeune, Bailly a pris part à divers concours, notamment, en 1878, à celui du *Président Thiers* pour Nancy, dans lequel il fut classé dixième sur soixante-dix-huit concurrents, à celui de la *Défense de Paris*, en 1879, où il obtint le 19ᵉ prix parmi cent sept modèles présentés.
Ses œuvres les plus brillantes sont : *Le groupe du chancelier Gerson*, en 1879, pour la façade de l'église Saint-Paul de Lyon, *Le monument funéraire du peintre Simon Saint-Jean*, au cimetière de Millery (Salon de Lyon, 1885), le *Buste du même peintre* pour le musée de Lyon (Ibidem), le *Buste de Soliman Pacha*, aussi pour le musée, dont une réduction en terre cuite figura au Salon de 1888, à Lyon, le *Portrait marbre de Jacquard*, commandé par le ministère de l'Instruction publique pour la préfecture du Rhône (Salon de Lyon, 1891), la *Statue du général Duphot*, pour la cour d'honneur des Invalides, à Paris (1897), celle de *Buffon*, en marbre, pour l'École forestière de Nancy (1898), le *Buste de Simon Maupin*, également en marbre, pour le musée de Lyon (1899), le groupe marbre, *Terrassier piochant* (Salon des Artistes Français, 1899), enfin diverses sculptures, à partir de 1900, parmi lesquelles se distingue *L'Amour bon jardinier*, qui a figuré au Salon des Artistes Français de 1909. ■ M. Audin
MUSÉES : LYON : *Buste du peintre Simon Saint-Jean* – *Buste de Soliman Pacha* – *Buste de Simon Maupin.*
VENTES PUBLIQUES : PARIS, 27 nov. 1980 : *Terrassier au travail 1899*, bronze (H. 107) : **FRF 6 500.**

BAILLY Claude
XVIIᵉ siècle. Vivait à Paris. Français.
Peintre.
Cet artiste fut admis, le 16 mai 1662, à l'Académie de Saint-Luc.

BAILLY Cyril
Né à Marolles-Hurepoix. XXᵉ siècle. Français.
Peintre.
Exposa à Paris au Salon des Indépendants en 1910.

BAILLY David

Né en 1584 à Leyde. Mort en 1657 probablement à Leyde. xviie siècle. Hollandais.

Peintre de portraits, intérieurs, natures mortes, graveur, dessinateur.

Fils de Pieter Bailly, il étudia la gravure avec son père et chez Jacques de Gheyn, puis chez Adrien Verburch. En 1601, à Amsterdam, il reçut les leçons de Cornelius van der Voort, qui fit de lui un portraitiste distingué. Plus tard, lui-même eut pour élèves ses neveux, les frères Harmen et Pieter Steenwyck. Ayant l'intention de quitter sa ville natale, où il était retourné en 1607, il chercha, mais en vain, à être libéré du service militaire (23 juin 1626). Il avait fait cependant un long voyage, étant allé jusqu'en Italie, en passant par Hambourg, où il resta un an, Francfort, Nuremberg, Augsbourg, le Tyrol, Venise, Rome ; il revint à Leyde en 1613. En 1626, il collabora avec Joris van Schooten à un tableau représentant *Les Arquebusiers de Leyde*.

On cite parmi ses principales œuvres : les nombreuses peintures qu'il exécuta au cours de son voyage pour le duc de Brunswick ; des portraits de professeurs de l'Université, qui furent gravés par W.-B. Delff, C. van Dalen, S. Savry, J. Suyderhöff, H. Danckerts ; des gravures : les portraits de *Maria van Reygersbergen*, du *prince Ulrich de Danemark*, d'*Ant. Walaeus* (1636), un *Portrait d'homme* et une *Nature morte* (1651).

D B *D. Bailly. fecit A° 1626*

Musées : Amsterdam : *Portrait de Maria Reygersbergen, femme de H. Grotius* – Cambrai : *Portrait d'un jeune homme près d'une table* – Göttingen : *Portrait d'homme* – Paris (Louvre) : *Jeune homme 1637* – Vienne : *Intérieur décoré d'objets d'art et de tableaux.*

Ventes Publiques : Londres, 16 déc. 1927 : *Anthony Wallœus, professeur de théologie 1624*, dess. à la pl. : **GBP 4** – Paris, 16 mai 1931 : *Portrait d'un jeune homme* : **FRF 1 310** – Paris, 14 avr. 1943 : *Portrait d'homme*, pierre noire : **FRF 4 100** – Paris, 3 déc. 1966 : *Vanité* : **FRF 46 000** – Amsterdam, 16 nov. 1993 : *Vanité au buste de Sénèque*, h/pan. (42x68) : **NLG 218 500** – Amsterdam, 10 mai 1994 : *Portrait du peintre François Gysels*, encre et lav./vélin (17,4x14,3) : **NLG 7 130.**

BAILLY Dominique

Née en 1949 à Paris. xxe siècle. Française.

Créateur d'installations.

Elle vit et travaille à Paris et en Bretagne. Elle est autodidacte de formation. Elle débuta dans l'artisanat, qu'elle abandonna en 1984. En 1985, elle exposa au Salon de Montrouge et à celui de la Jeune Sculpture. En 1986, elle participa à de nombreuses manifestations à Malakoff, Quimper, *Frêles sculptures* à Corbeil-Essonnes, Fondation Camille au Trianon de Bagatelle. Dans la même année, elle fit une réalisation en extérieur à Strasbourg : *Sites*, et en 1987 *Area* en Picardie. Elle a obtenu en 1987 la bourse d'art monumental d'Ivry et une bourse d'aide à la création du ministère de la Culture. En 1989, la Maison de la Culture d'Amiens lui a consacré une exposition personnelle.

Elle tire sa formation autodidactique d'informations sur les artistes du concept, de l'arte povera. Elle réalisa d'abord des reliefs légers en papiers, fibres, etc. L'exposition Giuseppe Penone au Musée d'Art Moderne de la Ville en 1984, lui fut déterminante. Elle réalise des installations en extérieur ou en espaces clos. Le bois devient son matériau de prédilection, soit en assemblages de branches écorcées et ligaturées, à l'imitation des « frêles structures » des ailes de papillons ou de nids, soit ensuite au contraire en tant que volumes pleins et massifs, prélèvements importants à partir de troncs d'arbres séculaires abattus par la tempête bretonne de l'automne 1987, dont elle fait tronçonner les parties violentes, nodosités volumineuses d'où s'élançaient les branches maîtresses, qu'elle nettoie, ponce et creuse jusqu'à en révéler la nature intime, l'essence mythique, dont elle dit : « J'essaie, quand une forme surgit, de savoir d'où elle vient. » Pour exemples, lors de son exposition personnelle à la Maison de la Culture d'Amiens en 1989, elle montrait : *Anatomie d'un bouleau de 18 ans, lg. 18 m.*, et aussi un cercle de bois d'un chêne de 200 ans, diam. 90 cm, 1989, et 7 éléments en bois de hêtre, nettoyés par le feu, 1989. ■ J. B.

Bibliogr. : Françoise Bataillon : *Dominique Bailly*, Beaux-Arts Magazine, Paris, déc. 1989.

BAILLY Emile Jean

Né à Toulouse (Haute-Garonne). xxe siècle. Français.

Peintre et sculpteur.

Entre 1927 et 1936, il a exposé aux Salons des Indépendants, d'Automne et de la Société Nationale des Beaux-Arts à Paris.

BAILLY Étienne

xviiie siècle. Français.

Sculpteur.

Reçu à l'Académie de Saint-Luc en 1756.

BAILLY Félix

Né à Troyes (Aube). xixe siècle. Français.

Peintre de paysages.

Il vivait à Melun. Ses œuvres ont figuré au Salon de Paris, en 1870 et 1872.

Ventes Publiques : New York, 18-19 juil. 1996 : *Ville côtière tropicale*, h/t (25,4x45,7) : **USD 4 025.**

BAILLY Flodoard Eleonor de, chevalier et comte

Né le 14 mars 1724 à Grenoble. xviiie siècle. Français.

Peintre.

Auteur d'un *Portrait de Pierre-Emé de Marcieu* (1752) au château de Touvet.

BAILLY François

Né vers 1645. Mort le 9 décembre 1685 à Nancy. xviie siècle. Français.

Sculpteur.

BAILLY Georgette Louise

Née à Paris. xxe siècle. Française.

Peintre de portraits et d'histoire.

Elève de Jean-Paul Laurens, Albert Laurens et Henry Royer. Elle a exposé, jusqu'en 1939, au Salon des Artistes Français à Paris, où elle a obtenu une mention honorable en 1923 et dont elle est devenue Sociétaire.

Ventes Publiques : Paris, 22 juin 1981 : *Élégante au collier*, h/t (177x137) : **FRF 4 900.**

BAILLY Gérard

Mort en 1548. xvie siècle. Travaillait à Reims. Français.

Sculpteur.

Il fit, pour la cathédrale de Reims, les sculptures qui n'existent plus pour les autels de la Transfiguration et du Saint-Lait (on a conservé un dessin de ce dernier travail dans les archives du chapitre de la cathédrale). Le Musée de Reims possède une œuvre de Bailly : une pièce d'autel en pierre, en trois parties, représentant *La nativité du Christ*.

BAILLY Guillaume de

xive siècle. Français.

Enlumineur.

Il a fait, en 1381, des enluminures pour un exemplaire de la *Chronique* de Jean Froissart, destiné au roi d'Angleterre.

BAILLY Huguenin, l'Ancien

xve siècle. Travaillait à Troyes. Français.

Sculpteur.

En 1439-1440, il aida Jeannin Oudot à décorer le tabernacle de la cathédrale de Troyes. Peut-être identique au HUGUENIN que l'on trouve ensuite à Lyon.

BAILLY Hugues ou Huguenin, le Jeune

xvie siècle. Actif au début du xvie siècle. Français.

Sculpteur et architecte.

Cet artiste vivait à Troyes ; de 1508 à 1516, sous la direction de Jean Gailde, il collabora, avec d'autres maîtres, à la décoration de la porte Cronceaulx, à l'église de la Madeleine. Pour achever cette porte, il dut interrompre les travaux qu'il avait commencés à l'église Sainte-Savine.

BAILLY Jacques

Né vers 1629 à Graçay (Cher). Mort le 2 novembre 1679 au palais du Louvre à Paris. xviie siècle. Français.

Peintre.

Cet habile artiste était doué de nombreux talents. Il a peint des fleurs, des miniatures, et s'adonna aussi à la gravure à l'eau-forte. Il devint membre de l'Académie de Paris en 1664. Il a gravé douze feuilles, représentant des bouquets de fleurs, signées et numérotées à gauche en bas. Il grava encore, d'après Basan, de petites pièces pour des tabatières, des coffrets à bijoux. C'est d'après lui que Sebastien Leclerc et Pierre Lepautre gravèrent un important ouvrage qui se compose de trois feuilles, deux vignettes et trente-deux devises relatives aux vertus de Louis XIV, pour les tapisseries du Roy. Il a peint le *Caroussel* de 1662 (bibliothèque de Versailles), les tentures des *Éléments* et des *Saisons* (Bibliothèque nationale).

BAILLY Jacques
Né en 1700 à Paris. Mort le 18 novembre 1768. XVIIIe siècle.
Français.
Peintre.
Cet artiste, fils de Nicolas Bailly, portait le titre de peintre du roi
et d'inspecteur de la collection royale des peintures. Il est l'au-
teur du catalogue des peintures conservées, à son époque, dans
le cabinet royal du Luxembourg.

BAILLY Jean, l'Ancien
Mort le 19 août 1559 à Troyes. XVIe siècle. Français.
Sculpteur et architecte.
Cet artiste travailla pendant la majeure partie de sa vie à l'édification de la cathédrale de Troyes. En 1532, il succéda à son beau-
père Jean de Soissons comme entrepreneur de la construction
de cette église. S'inspirant des plans de Martin Chambige, il fit la
grande rosace du portail, les pyramides richement sculptées des
tourelles de la façade, la tour Saint-Pierre jusqu'à la couronne
au-dessus de l'horloge ; enfin, en 1554, il fit le couronnement en
pierre de la chapelle Drouyn, dont il avait lui-même tracé le dessin.

BAILLY Jean, le Jeune
XVIIIe siècle. Français.
Sculpteur.
Lorrain, demeurant à Damas-aux-Bois. Il fit, en 1725, le taber-
nacle pour l'église du couvent à Bayon (Meurthe-et-Moselle).

BAILLY Jean François
XVIIIe siècle. Français.
Peintre.
Reçu à l'Académie de Saint-Luc en 1760.

BAILLY Jean François
Né vers 1784 à Rouvre (près de Verdun). XIXe siècle. Français.
Peintre.
Figure en floréal an VIII, sur le registre des élèves des Beaux-
Arts.

BAILLY Jean Jacques
Né en 1944. XXe siècle. Français.
Peintre.
Il a exposé au Salon Grands et Jeunes d'Aujourd'hui à Paris, en
1987.

BAILLY Jean Simon
Mort en 1792. XVIIIe siècle. Français.
Peintre doreur.
Reçu à l'Académie de Saint-Luc en 1747.

BAILLY Jeanine Marie Madeleine
Née le 20 janvier 1926 à Epinal. XXe siècle. Française.
**Peintre, illustrateur, dessinateur d'intérieurs, paysages
et fleurs.**
Elève de Léon Lehmann, elle a exposé à Epinal, Strasbourg, Colmar, Mulhouse et au Salon d'Automne de Paris. Elle a écrit et
illustré un livre intitulé *Enfance*. Son coloris, employé pour ses
dessins, reste très pâle.

BAILLY Joseph
Né vers 1754 à Lille. XVIIIe siècle. Français.
Sculpteur.
Il vint à Paris pour entrer à l'École de l'Académie Royale avec la
protection de Dandré-Bardon. Peut-être est-il l'auteur d'une
peinture citée par Defer, représentant *Saint Germain invoquant
la bénédiction du ciel sur sainte Geneviève*.

BAILLY Joseph A.
Né en 1825 à Paris. Mort le 15 juin 1883 à Philadelphie (Pennsylvanie). XIXe siècle. Américain.
Sculpteur.
Dès sa prime jeunesse, il habita les États-Unis, où il exerçait la
profession de graveur sur bois. Plus tard, il devint sculpteur, et
fut longtemps professeur à l'Académie des Arts de Pennsylvanie. On cite, parmi ses œuvres, une statue : *Washington*, 1869,
érigée devant le palais du gouvernement à Philadelphie, *Franklin*, *Général Grant*, et la statue équestre, du président *Blanco de
Venezuela*.

BAILLY Léon Charles Adrien
Né en 1826 à Saint-Omer (Pas-de-Calais). XIXe siècle. Français.
Peintre.
Cet artiste, élève de Cogniet, est connu comme peintre de genre,
d'histoire, de portraits. Ses œuvres figurèrent au Salon de Paris
à partir de 1859.

MUSÉES : SAINT-OMER : *Les pères chartreux sortant de la chapelle
de N.-D. de Casalibus – La Pénitence – Étienne Dolet conduit au
supplice – Chiens*.
VENTES PUBLIQUES : SAINT-OMER, 1893 : *Abailard se défendant
devant le Concile de Sens* : FRF 205 ; *Trois Études*, dess. : FRF 41
– PARIS, 5 mai 1938 : *Scène d'amour au clair de lune* : FRF 125.

BAILLY Louis
Né en 1905 à Soumagne. XXe siècle. Belge.
**Peintre, dessinateur, pastelliste de fleurs, paysages et
marines.**
Elève à l'Académie des Beaux-Arts de Liège, il est devenu
ensuite professeur de dessin. Il a exposé au Salon des Humoristes de Paris en 1929 : *Le Parapluie – En Champ clos – La Balançoire*. Sa peinture montre des qualités de lumière aux couleurs
vives.
BIBLIOGR. : In, *Dict. biographique des artistes en Belgique depuis
1830*, Arto, Bruxelles, 1987.

BAILLY Marie Rose
Née à Toulouse (Haute-Garonne). XXe siècle. Française.
Peintre de portraits.
Elle a exposé au Salon des Artistes Français à Paris en 1939 :
Portrait du peintre Adolphe Gaussen.

BAILLY Maurice
Mort le 19 septembre 1774. XVIIIe siècle. Travaillait à Paris.
Français.
Peintre.

BAILLY Nicolas
Né le 3 mai 1659 à Paris. Mort le 13 novembre 1736 à Paris.
XVIIe-XVIIIe siècles. Français.
Peintre et graveur.
Cet artiste, « garde des tableaux du Roi », était en même temps
peintre de miniatures, paysagiste et graveur à l'eau-forte. Il
grava d'après ses propres dessins une collection de dix-sept
vues des environs de Paris, sous ce titre : *Livre des diverses vues
des environs de Paris et d'autres endroits*. Il est l'auteur d'un
Inventaire des tableaux du roi, document qui fut publié par Fernand Engerand. Ce document, rédigé en 1709 et 1710, est de la
plus haute importance ; il contient la description sommaire des
2403 tableaux, esquisses, miniatures et copies possédés par la
couronne à la fin du règne de Louis XIV. Nicolas Bailly était le fils
du miniaturiste Jacques Bailly et grand-père de Jean-Sylvain
Bailly, premier maire de Paris pendant la Révolution, qui mourut
sur l'échafaud en 1793.

BAILLY Nicolas
XVIIIe siècle. Lorrain, actif au XVIIIe siècle. Français.
Peintre.
Il fit baptiser un fils, le 22 juin 1711, à Lunéville.

BAILLY Paul Ernest
XIXe siècle. Français.
Sculpteur.
A fait ses études sous la direction de Vital-Dubray et d'Aimé Millet. Parmi ses envois au Salon des Artistes Français, on cite la
buste en bronze de *Simon Saint-Jean* (1885), *Vendange*, statue en
plâtre (1886), *Génie de la Musique*, statue en plâtre qui obtint une
mention honorable en 1887, *Prière enfantine*, groupe en plâtre
(1898).

BAILLY Roger
Né à Ornans (Doubs). XXe siècle. Français.
Peintre de genre.
Il a exposé au Salon des Indépendants de 1926 à Paris : *Femme
au verre de vin – Joueur de cartes*.

BAILLY-COULANGE Mireille Françoise Geneviève
Née le 7 août 1942 à Béziers. XXe siècle. Française.
Peintre, sculpteur et graveur.
Elève à l'Ecole des Beaux-Arts de Nîmes et du peintre Jean Talbot, elle expose ses premières toiles à Nîmes en 1964, puis à Paris
(1975, 1976, 1977, 1978, 1979, 1982). Elle expose aussi au Salon
des Indépendants. A partir de 1967, elle cherche à exploiter
toutes les possibilités du Plexiglas, créant des « murs vivants »
faits d'altuglas peint en surface et éclairé à la manière de vitraux.
Ensuite, elle grave son Plexiglas, avant de le sculpter
plus profondément, réalisant des « intailles lumineuses ». Elle a
ainsi réalisé des éléments décoratifs en particulier pour des
décors de théâtre, de ballets, mais aussi pour une fontaine lumineuse à Issy-les-Moulineaux, une planisphère et un piano
lumière, piano Bosendörfer dont le dessus est sculpté en altuglas.

BAILLY-DANTON Jeanne Lucie
Née à La Jonchère (Vendée). xxᵉ siècle. Française.
Peintre de fleurs et natures mortes.
Entre 1931 et 1939, elle a exposé au Salon des Artistes Français,
dont elle est devenue Sociétaire.

BAILO Pietro
Mort en 1792 à Milan. xvɪɪɪᵉ siècle. Italien.
Graveur sur cuivre.

BAILWARD Constance
Née à Horsington. xxᵉ siècle. Britannique.
Peintre de portraits et paysages.
Entre 1926 et 1931, elle a exposé au Salon des Indépendants et au
Salon de la Société Nationale des Beaux-Arts de Paris.

BAILWARD M. B., Miss
xɪxᵉ siècle. Active à Londres vers la fin du xɪxᵉ siècle. Britannique.
Peintre de paysages.
Elle exposa entre 1889 et 1891 à la Royal Academy, à Suffolk
Street, à la New Water-Colours Society, à la Grafton Gallery et à
la New Gallery, à Londres.

BAILY Caroline Berthe Alice ou Bailly
Née au Havre (Seine-Maritime). xɪxᵉ siècle. Française.
Peintre miniaturiste.
Élève de Ch.-P. Bellay. Sociétaire du Salon des Artistes Français,
exposa des miniatures et obtint une médaille en 1891, une
médaille d'or en 1900 à l'Exposition universelle et devint hors-
concours en 1926.
Musées : Paris (Mus. d'Art Mod.) : *Portrait de femme au chapeau
de dentelle,* miniature.

BAILY Edward Hodges ou Bailey
Né le 10 mars 1788 à Bristol (Angleterre). Mort en 1867 à
Holloway. xɪxᵉ siècle. Britannique.
Sculpteur de statues, bustes.
Fils d'un sculpteur de navires qui le destina à une carrière
commerciale, Baily ne tarda pas à s'écarter de la profession
industrielle pour se vouer à l'art. Il fit ses débuts comme modeleur de cire, puis vint à Londres, où il étudia à la Royal Academy
et sous la direction de Flaxman. Sa carrière fut des plus heureuses. Il exposa entre 1810 et 1862 à la Royal Academy, dont il
était membre, à la British Institution et à Suffolk Street.
Il exécuta une statue pour l'Institut Littéraire de Bristol et décora
de sculptures le palais de Buckingham. On doit aussi la statue
de *Nelson* à Trafalgar Square, celles de *Sir Robert Peel, Earl
Gray,* etc., ainsi que des sujets classiques tels que *Hélène et Pâris,
Hercule rend Alceste à Admète, Apollon, Ève à la Fontaine.*
Musées : Bristol : *Sir Thomas Lawrence,* marbre, buste – *John
Bishop Estlin,* marbre, buste – *Ève à la fontaine* – *Tête d'enfant,*
marbre, médaillon – *Buste de William Smyth,* marbre – Londres :
Buste de Samuel Johnson, marbre – *Buste de Douglas Williams
Terrold,* marbre – *Buste de James Lonsdale,* marbre – *Buste de
Sir Thomas Lawrence,* marbre – *Buste de Sir Isaac Newton,*
d'après L,F. Roubillac – *Buste de William Whewell,* plâtre.
Ventes Publiques : Londres, 29 mars 1983 : *Mère et enfant* 1843
et 1846, deux sculpt. en marbre blanc (H. 70 et 71) : **GBP 3 000** –
New York, 24 sep. 1987 : *Byron* 1848, marbre (H. 76) : **GBP 2 000.**

BAILY Henry J.
xɪxᵉ siècle. Actif à Brimyard, dans le dernier quart du xɪxᵉ
siècle. Britannique.
Sculpteur.
Il exposa en 1880 à la Royal Academy de Londres.

BAILY R. H.
xɪxᵉ siècle. Travaillait à Londres vers le milieu du xɪxᵉ siècle.
Britannique.
Peintre de fruits.
Entre 1843 et 1847, il exposa à la Royal Academy de Londres.

BAILY R. M.
xɪxᵉ siècle. Britannique.
Paysagiste.
Exposa à Londres en 1874.

BAIN Donald
Né en 1904. xxᵉ siècle. Britannique.
**Peintre de compositions à personnages, paysages.
Expressionniste.**
Tout en se référant à des conceptions postcubistes de la
construction de l'espace de la toile, il confère aux figures qu'il
crée un caractère violemment expressionniste, tant par les
déformations que par les heurts de couleurs.

Ventes Publiques : Glasgow, 30 nov. 1976 : *Nature morte* 1948,
h/t (53,5x44) : **GBP 140** – Glasgow, 1ᵉʳ oct. 1981 : *Paysage* 1947,
h/t (50x61) : **GBP 360** – Édimbourg, 30 août 1988 : *Port de la Méditerranée* 1950, h/cart. (24x30,5) : **GBP 2 310** – Perth, 29 août
1989 : *La Cène* 1944, h/t (69x71) : **GBP 2 200.**

BAIN Harriet
Née à Kenosha (Wisconsin) aux États-Unis. xɪxᵉ-xxᵉ siècles.
Américaine.
Peintre.
Elle fut élève de Collin à Paris.

BAIN Marcel Adolphe
Né le 21 novembre 1878 à Paris. xxᵉ siècle. Français.
Peintre de paysages.
Il travailla sous la direction de J. Lefèbvre et de Tony Robert-
Fleury. Il a exposé au Salon des Artistes Français à Paris, à partir
de 1903, obtenant une médaille de 3ᵉ classe en 1905, une médaille
de 2ᵉ classe en 1910, étant enfin classé hors concours. Chevalier
de la Légion d'honneur en 1931. Ses paysages présentent
souvent des scènes champêtres, dans la région de l'Yonne.
Ventes Publiques : Paris, 1ᵉʳ avr. 1942 : *Paysage :* **FRF 150** –
Paris, 5 juin 1944 : *La lecture en plein air :* **FRF 1 700** – Paris, 22
déc. 1950 : *La fête foraine :* **FRF 6 500** – Londres, 30 juin 1966 : *La
vallée de l'Yonne :* **GBP 150** – Paris, 30 mars 1967 : *La place de
l'église :* **FRF 300** – New York, 18 sep. 1980 : *Le petit pont, Bourgogne,* h/t (199,5x149,5) : **USD 3 700** – Paris, 16 nov. 1987 : *Forêt
en automne,* h/t (65x54) : **FRF 3 500** – New York, 1ᵉʳ nov. 1995 : *La
causerie au jardin,* h/t (73x59,7) : **USD 9 200.**

BAIN Pierre
Né en 1640. Mort le 1ᵉʳ décembre 1700 à Paris. xvɪɪᵉ siècle.
Français.
Orfèvre.
Logé aux Galeries du Louvre en 1671 et beau-frère de Gelles (?)
Légaré, son associé. Il ne paraît avoir pratiqué que l'émail trans-
lucide sur ronde-bosse.

BAIN-SMITH Henry
xɪxᵉ siècle. Travaillait à Londres dans la seconde moitié du
xɪxᵉ siècle. Britannique.
Sculpteur.
Entre 1885-1893, il exposa à la Royal Academy et à Suffolk
Street.

BAINBOROUGH
xɪxᵉ siècle. Américain.
Peintre.

BAINBRIDGE Arthur
xɪxᵉ siècle. Travaillait à Torquay (Angleterre) vers 1884. Bri-
tannique.
Paysagiste.
A cette époque, il envoya deux ouvrages à la New Water-
Colours Society de Londres.

BAINBRIDGE David
Né en 1941 à Barnsley (Yorkshire). xxᵉ siècle. Britannique.
Artiste. Conceptuel. Groupe Art & Language.
Il préfère l'analyse des mécanismes de l'expression artistique à
la réalisation. Avec le groupe *Art & Language,* il a souvent
exposé à partir de 1970. Sur les activités communes du groupe,
voir *ART & LANGUAGE.*

BAINBRIDGE F. Edith
xxᵉ siècle. Vivait à Brooklyn (États-Unis) vers 1909. Américain.
Peintre illustrateur et professeur.

BAINES B. Cooper
xɪxᵉ siècle. Actif à Londres vers 1881. Britannique.
Peintre.
Il prit part, à cette date, à une exposition dans la métropole
anglaise. Il fit surtout des tableaux de fleurs.

BAINES Catherine
xɪxᵉ siècle. Active à Londres vers le milieu du xɪxᵉ siècle. Britannique.
Peintre d'émaux.

BAINES H.
xɪxᵉ siècle. Britannique.
Peintre de paysages.
Exposa, en 1851, à la British Institution à Londres.

BAINES Henry Egerton
Né en 1840. Mort en 1866. xɪxᵉ siècle. Britannique.

Peintre de scènes animées, aquarelliste.

VENTES PUBLIQUES : TORONTO, 27 oct. 1977 : *Québec from Orleans ; Royal Artillery officers Mess., Québec* 1866, deux aquar. (chaque 17x25) : **CAD 600.**

BAINES Thomas
Né en 1820. Mort en 1875. XIXe siècle. Britannique.
Peintre de scènes animées, paysages.

Il s'est impliqué dans une peinture de reportage quasi socio-ethnologique, tant quant aux sites que quant aux événements.

VENTES PUBLIQUES : JOHANNESBURG, 17 mars 1976 : *Paysage du Cap (Afrique du Sud)* vers 1848, h/t (45x61) : **ZAR 12 500** – LONDRES, 26 sep. 1978 : *Eléphants transportant des armes en Abyssinie* 1868, h/t (29x45) : **GBP 1 400** – LONDRES, 7 juin 1979 : *Danse guerrière des Fingoes* 1852, h/t (45,8x63,5) : **GBP 3 500** – LONDRES, 28 mai 1981 : *The war dance of Fingoes on the Blinkwater Heights* 1852, h/t (44,5x61,5) : **GBP 6 200** – LONDRES, 26 jan. 1984 : *Victoria Falls* 1864, h/t (47,5x67,5) : **GBP 17 000** – LONDRES, 29 oct. 1987 : *Buffalo hunting in front of Victoria Falls, Zambesi river* 1862, h/t (45,1x66,1) : **GBP 36 000.**

BAINI
XIXe siècle. Actif à Rome. Italien.
Sculpteur.

En 1829, il fut chargé, par le pape, d'orner, en collaboration avec trois autres sculpteurs, les socles terminant les deux balustrades semi-rondes de la Piazza del Popolo, destinés à soutenir les statues allégoriques des quatre saisons.

BAINLARDIS
XIIIe siècle. Italien.
Peintre.

On lit dans Muratori que Bainlardis, dans une inscription, se dit l'auteur d'une Madone, en 1249, dans l'église de l'abbaye de Nardo, près de Gallipoli. Ce tableau n'existe plus, mais cette église, devenue plus tard la cathédrale, conserve un fragment de peinture, faisant probablement partie de ce tableau.

BAINVILLE Aliette, née de Courcy
Née le 14 juillet 1920 à Paris. XXe siècle. Française.
Peintre.

Elève de Aujame à l'académie de la Grande Chaumière à Paris, elle a participé aux Salons des Indépendants et de la Jeune Peinture. Elle a exposé à New York, Paris, Le Havre. Mention au Prix Othon Friesz en 1965.

BAINVILLE Charles
Né à Paris. Mort en 1745. XVIIIe siècle. Français.
Peintre et poète.

BAINVILLE Fernand
Né à Nice (Alpes-Maritimes). XXe siècle. Français.
Peintre de paysages et sculpteur.

Il a exposé au Salon des Indépendants de 1937 à 1939 et au Salon des Tuileries en 1938 à Paris. Il a surtout présenté des paysages méditerranéens.

BAIRD Clarance
Né le 28 juillet 1895 à Birkenhead (Chester). XXe siècle. Britannique.
Peintre d'intérieurs et de scènes de genre.

Il a exposé à la Royal Hibernian Academy et à la Walter Art Gallery.

BAIRD John Foster
XIXe siècle. Actif à Teddington dans la dernière moitié du XIXe siècle. Britannique.
Peintre de paysages.

Exposa à Londres de 1866 à 1874.

BAIRD Johnstone
Né à Sorn (Ayrshire). XXe siècle. Britannique.
Peintre.

Il a exposé à la Royal Academy de Londres et à la Royal Scottish Academy de Bristol. Il a également exposé au Salon des Artistes Français à Paris et aux Etats-Unis.

BAIRD Louise S.
XIXe-XXe siècles. Vivait à Louisville (Kentucky). Américaine.
Peintre.

Membre de la Louisville Art League vers 1900.

BAIRD Myra H.
XIXe-XXe siècles. Vivait à Louisville (Kentucky). Américain.
Peintre.

BAIRD Nathaniel Hughes John
Né le 20 août 1865 à Yetholm (Roxburghire). Mort vers 1930. XIXe-XXe siècles. Britannique.

Peintre, graveur de genre et de portraits.
Il a exposé à la Royal Academy de Londres en 1883.

MUSÉES : LONDRES (Victoria and Albert Mus.) : vingt quatre eaux-fortes originales sur les antiquités pittoresques d'Exeter.

VENTES PUBLIQUES : LONDRES, 17 mai 1923 : *Le repos de midi,* dess. : **GBP 21** – LONDRES, 17 fév. 1928 : *Labourage à Iford Hill,* dess. : **GBP 22** – LONDRES, 9 nov. 1976 : *Jeune femme avec son chien dans un parc* 1881, h/t (44,5x60) : **GBP 620** – LONDRES, 22 sep. 1981 : *Une conquête* 1897, h/t (51x28) : **GBP 280** – NEW YORK, 12 juin 1982 : *Scène de moisson,* aquar. et cr. (28,4x49,5) : **USD 500** – LONDRES, 10 oct. 1985 : *Sur le chemin de halage,* aquar. reh. de gche (48x50) : **GBP 2 700** – LONDRES, 16 oct. 1986 : *Le halage du bois,* aquar./traits de cr. reh. de gche (35,5x48) : **GBP 1 600** – LONDRES, 9 juin 1988 : *Une ferme dans le Devonshire,* h/t (50x75) : **GBP 990** – GLASGOW, 6 fév. 1991 : *Labours dans le Devon,* aquar. (51x76) : **GBP 2 200** – LONDRES, 8 fév. 1991 : *Un chariot bâché et attelé de deux chevaux dans une tempête de neige,* aquar. avec reh. de blanc (35,6x54) : **GBP 1 430** – NEW YORK, 4 juin 1993 : *Chevaux se désaltérant,* h/t (73x92,7) : **USD 2 875.**

BAIRD William Baptiste
Né en 1847 à Chicago (Illinois). XIXe-XXe siècles. Actif aussi en France. Américain.
Peintre de paysages animés, sujets ruraux, animalier.

Il vint à Paris pour perfectionner sa formation. En 1872, il y exposa au Salon officiel ; il y figura encore en 1899, le Salon étant depuis 1881 Salon des Artistes Français.

Il a travaillé en France, à Paris et en forêt de Fontainebleau, en Suisse. Outre quelques paysages de Paris, de Barbizon, de Bretagne et du lac de Genève, il a surtout peint du bétail dans les prés et, essentiellement, des sujets de ferme et de basse-cour, poules, poussins, lapins.

VENTES PUBLIQUES : NEW YORK, 28 fév. 1922 : *Dans le sentier* : **USD 90** – PARIS, 1er juil. 1966 : *Le troupeau au bord de la rivière* : **FRF 350** – LONDRES, 30 mai 1979 : *Poule et poussins,* h/cart. (20,5x15) : **GBP 460** – SAN FRANCISCO, 21 jan. 1981 : *Moutons dans un paysage* 1881, h/t (55x82) : **USD 5 500** – VERSAILLES, 24 oct. 1982 : *Pont à Grez,* h/t (24,5x32) : **FRF 4 500** – BOSTON, 12 mai 1983 : *Poules et poussins,* h/pan. (22x16) : **USD 1 300** – NEW YORK, 26 juin 1986 : *La basse-cour,* h/t (33x45,7) : **USD 2 200** – NEW YORK, 9 juin 1988 : *Volailles sur un marché,* aquar./pap. (24,1x31,7) : **USD 1 320** – TROYES, 20 mai 1990 : *Cour de ferme et déversoir,* h/t (33x46) : **FRF 13 000** – LONDRES, 21 mars 1990 : *Coq et poules ; Poussins,* h/pan., une paire (16x22) : **GBP 9 350** – LONDRES, 13 juin 1990 : *Lapins et volailles dans une cour de ferme,* h/t (33,5x46) : **GBP 5 500** – LONDRES, 5 juin 1991 : *Poule sa couvée sur une marche,* h/cart., une paire (chaque 23x33) : **GBP 1 650** – AMSTERDAM, 30 oct. 1991 : *Bateau à vapeur sur la Seine,* h/t (22x33) : **NLG 1 725** – LE TOUQUET, 10 nov. 1991 : *Vue de Vevey et du lac de Genève,* h/t (55x81) : **FRF 35 000** – MONACO, 6 déc. 1991 : *Le printemps à Barbizon,* h/t/cart. (32,5x46) : **FRF 8 880** – PARIS, 1er juil. 1992 : *Le retour du bois,* h/t (54x81) : **FRF 11 000** – NEW YORK, 4 juin 1993 : *Une poule et ses poussins,* h/t (24,8x32,4) : **USD 2 530** – NEW YORK, 11 avr. 1995 : *Mouton paissant dans une prairie,* h/t (52x79) : **GBP 2 070** – NEW YORK, 21 mai 1996 : *Près de la barrière : bétail en Bretagne,* h/t (46x38) : **USD 1 610.**

BAIREI Kôno Naotoyo
Né en 1844. Mort en 1895. XIXe siècle. Japonais.
Peintre.

Il fut élève de Nakajima Raishô et de Shi-Okawa Bunrin de l'École de Shijô. Professeur à l'École d'Art de Kyoto, membre du Comité d'Art Impérial, il peignit des paysages, des fleurs et des oiseaux.

BAIRSTOW Nancy
XIXe-XXe siècles. Britannique.
Miniaturiste.

A exposé à la Royal Academy, au Royal Institut et au Salon de Paris.

BAISCH Hermann
Né le 12 juillet 1846 à Dresde. Mort le 18 mai 1894 à Karlsruhe. XIXe siècle. Allemand.
Peintre d'animaux, paysages, marines, graveur, dessinateur.

Il est le fils du lithographe Baisch. Étant enfant, il vint à Stuttgart avec ses parents, et aida son père dans ses travaux, tout en fréquentant l'École des Arts de cette ville. En 1868, il vint à Paris et y étudia d'une façon spéciale les travaux des vieux maîtres hollandais. Il se rendit à Munich en 1869, chez Lier. Baisch, abandonna ce poste en 1881 pour celui de professeur à l'Académie d'Art de Karlsruhe. Il obtint un grand nombre de médailles et, vers la fin de sa vie, il fut nommé membre d'honneur de l'Académie de Munich, ainsi que de celle de Berlin.

L'étude de la lumière le passionna particulièrement et il ne tarda pas à devenir un des meilleurs peintres « luministes ». Il peignit des sites de l'Allemagne du Sud, ainsi que des plages et des marines. Il illustra à l'eau-forte les poèmes de son père et produisit un certain nombre d'estampes et de dessins.

MUSÉES : BRÊME : *Paysage* – BRESLAU, nom all. de Wroclaw : *L'approche de la fin de la journée* – *Vaches rentrant à l'étable* – *Retour du troupeau* – FRANCFORT-SUR-LE-MAIN : *Vaches au pâturage* – *Pâturage en Hollande* – KALININGRAD, ancien. Königsberg : *Pêche dans la mer du Nord* – LONDRES (Nat. Gal.) : *Pâtures hollandaises, matin* – MAYENCE : *Paysage avec bétail* – MUNICH : *Troupeau en Hollande* – STUTTGART : *Les curieux* – VIENNE : *Matin de mai*.

VENTES PUBLIQUES : FRANCFORT-SUR-LE-MAIN, 1892 : *Bœufs* : FRF 1 125 – NEW YORK, 28 fév. 1922 : *Le passage du troupeau* : USD 810 – PARIS, 25 mai 1950 : *La vache* : FRF 5 200 – COLOGNE, 11 nov. 1959 : *Vaches dans les montagnes* : DEM 6 500 – BERLIN, 12-13 oct. 1961 : *Le paysan avec sa charrue* : DEM 3 500 – LUCERNE, 19 juin 1964 : *Paysage d'automne* : CHF 6 000 – COLOGNE, 26 nov. 1970 : *Paysage de printemps* : DEM 18 000 – LUCERNE, 26 nov. 1971 : *Troupeau dans un paysage* : CHF 22 000 – HEIDELBERG, 21 oct. 1977 : *Bord de mer au ciel orageux*, h/cart. (28,5x42,5) : DEM 2 300 – COLOGNE, 1er juin 1978 : *La Laboureur* 1884, h/t (80x140,5) : DEM 24 000 – LONDRES, 25 mars 1981 : *Le retour du troupeau*, h/t (45,5x91,5) : GBP 3 200 – MUNICH, 5 nov. 1986 : *Troupeau dans un paysage alpestre* 1894, h/t (75x100) : DEM 22 000 – MUNICH, 21 juin 1994 : *Bétail dans une prairie en Hollande* 1883, h/t (42,5x65) : DEM 23 000 – HEIDELBERG, 11-12 avr. 1997 : *Jeune cerf et vache rousse près d'un lac*, h/t (55,5x36) : DEM 4 600.

BAISCH Otto
Né le 4 mai 1840 à Dresde. Mort le 18 octobre 1892. XIXe siècle. Allemand.
Peintre et lithographe.
Il exécuta pour l'Amérique des lithographies de fruits et de fleurs. En 1873, il vendit son atelier lithographique et vint se fixer à Munich pour s'adonner à la peinture. Il fit aussi de la littérature et eut du succès comme écrivain.
MUSÉES : STUTTGART : *Rendez-vous au clair de lune*.

BAISCH Rudolf Chr
Né en 1903 à Boblingen. XXe siècle. Allemand.
Peintre.
Il étudia à l'Académie des Beaux-Arts de Düsseldorf et exposa à Berlin, Londres, New York, Zurich, Monaco, Florence.

BAISCH Wilhelm Heinrich Gottlieb
Né le 3 juin 1805 à Stuttgart. Mort le 3 juin 1864. XIXe siècle. Allemand.
Lithographe.
Il fut directeur de l'imprimerie de la Cour, à Dresde, et travailla beaucoup pour l'imprimerie en couleur. Absent de sa ville natale pendant l'espace de vingt-six ans, il fit, à son retour, des travaux lithographiques pour l'Institut lithographique de Stuttgart.

BAISIEUX Albert
Né en 1918 à Froyennes. Mort en 1949 à Tournai. XXe siècle. Belge.
Sculpteur.
Son style est éclectique.
MUSÉES : TOURNAI.

BAISIEZ
XVIIIe siècle. Actif à Paris en 1764 et en 1768. Français.
Graveur.
Il a fait des planches sur l'art d'écrire.

BAISIO da. Voir ABAISI

BAISLEY Charles
XIXe-XXe siècles. Vivant à La Nouvelle-Orléans vers 1907. Américain.
Peintre.

BAISTROCCHI Pietro
XVIIe siècle. Travaillait à Parme vers la fin du XVIIe siècle. Italien.
Graveur au burin.
Il est de toute probabilité que ce fut lui qui exécuta le frontispice

gravé à l'eau-forte et signé P. B. G. du *Novum Sistema Medecine* de Pompeo Sacco, publié en 1693 par Giuseppe dall' Oglio, à Parme. Le portrait de Baistrochi a été gravé par Dionigi Valesi, pour la collection des artistes célèbres de P.-Isidoro Grassi.

BAITEI Ki No Bin
Né en 1734 à Kyoto. Mort en 1810. XVIIIe-XIXe siècles. Japonais.
Peintre.
Il fit partie de l'École Nanga, on pense qu'il fut l'élève de Buson, et comme il vivait dans la ville d'Omi, il fut appelé « Omi Buson ». Il peignit des oiseaux et des fleurs.

BAITLER Zoma
Né en 1908 à Sianciai (Lituanie). XXe siècle. Actif en Uruguay. Lituanien.
Peintre de paysages, natures mortes et portraits. Postimpressionniste à tendance expressionniste.
Après les études à l'Ecole des Arts Décoratifs de Kovno, entre 1922 et 1927, et son passage dans l'atelier de Paul Kauffmann qui l'initia à la peinture impressionniste, il arriva en 1927 en Uruguay, où il s'installa définitivement. Il fit sa première exposition en 1931 au Salon des Artistes Libres. En 1933, il fonda une Ecole où Joaquin Torres-Garcia donna des conférences et Baitler resta sous l'influence de ce peintre durant sept ans. Il participa aux salons officiels en Uruguay, recevant, le Grand Prix National et la médaille d'or en 1952. A partir de 1953, il voyagea en Europe et en Israël où il fit plusieurs expositions. Il participa aux Biennales de Barcelone en 1948, de Quito en 1958, de Venise en 1960. Après avoir montré des peintures à la touche postimpressionniste, il a laissé transparaître la leçon de Cézanne dans des compositions plus structurées.
VENTES PUBLIQUES : MONTEVIDEO, 23 nov. 1977 : *Chartres*, h/t (70x61) : UYU 3 100 – MONTEVIDEO, 10 oct. 1984 : *Moulin de la Galette*, h/t (79x58) : UYU 41 000.

BAIVIER Jacques
Né en 1941 à Gougnies. XXe siècle. Belge.
Sculpteur. Abstrait.
Elève à l'Académie de Charleroi et de la Cambre, il crée des sculptures non-figuratives, en métal, réalisant, par exemple, des sculptures flottantes. Il reçut le Prix de la Vocation en 1969.
BIBLIOGR. : In : *Dict. biogr. ill. des artistes en Belgique depuis 1830*, Arto, Bruxelles, 1987.

BAIXAS-GARRATE Juan ou Baixas-Garrete, Baixas-Carrete
Né en 1863 à Barcelone (Catalogne). Mort en 1925. XIXe-XXe siècles. Espagnol.
Peintre de sujets de genre.
Elève d'Antonio Caba, il obtint du succès, en 1892, à une exposition qui eut lieu dans sa ville natale et à celle de Berlin, en 1896. On cite de lui : *Pêcheurs d'anguilles, Jeu d'enfants, Sur la rivière*.
VENTES PUBLIQUES : BARCELONE, 20 juin 1983 : *Enfants au bord d'une rivière, pêchant* 1914, h/t (56x67) : ESP 220 000 – LONDRES, 7 oct. 1987 : *Le fumeur de pipe*, h/t (54x44) : GBP 1 000.

BAIXERAS Y VERDAGUER Dionisio
Né en 1862 à Barcelone. Mort en 1943 à Barcelone. XIXe-XXe siècles. Espagnol.
Peintre de genre et dessinateur.
Il fit ses études à l'Ecole des Beaux-Arts de Barcelone et fut élève de Antonio Caba, Claudio Lorenzale et Luis Rigalt. Il exposa à Madrid en 1884, à Paris en 1886, à Barcelone en 1888. Il participa à l'Exposition universelle de Paris en 1900. En 1882, il reçut la commande de trois peintures pour les plafonds de la nouvelle Université de Barcelone, qu'il termina en 1885. Il s'agissait de *L'Espagne wisigothique, L'Espagne de la reconquête en Castille, L'Espagne arabe*.
Il a participé à la décoration de l'église du monastère de Montserrat en 1894. Il a reçu le Prix de la ville de Barcelone pour les cinquante dessins représentant les vieilles rues de la ville, avant la destruction, permettant l'ouverture d'une grande nouvelle voie.
Dans un premier temps, Baixeras réalisa des paysages anecdotiques sous l'influence des peintres catalans et des peintres français dans la suite du Millet. A son passage à Paris en 1886, il reçut une profonde influence du réalisme français. Ses œuvres reflètent la vie des paysans, des bergers et des gens de la mer.
BIBLIOGR. : *Cent ans de peinture en Espagne et Portugal, 1830-1930*, Antiquaria, Madrid, 1988.
MUSÉES : BARCELONE (Mus. de Arte Moderno) – BARCELONE (Mus

de Historia de la Ciudad) – New York : *Boatmen at Barcelona* 1886.

Ventes Publiques : Barcelone, 5 mars 1981 : *Jeune fille assise au bord de la mer*, h/t (50x70) : **ESP 200 000** – Barcelone, 26 mai 1983 : *Pêcheurs sur la plage* 1895, h/t (70x114) : **ESP 975 000** ; *Le berger*, past. (31x46) : **ESP 85 000** – Barcelone, 25 oct. 1984 : *Le port de Barcelone*, h/t (44x80) : **ESP 500 000** – Paris, 4 juil. 1985 : *Famille de marin attendant le retour de la pêche* : **FRF 10 000** – Barcelone, 20 mars 1986 : *Berger et son troupeau*, h/t (75,5x121) : **ESP 700 000** – Barcelone, 17 juin 1987 : *Le port de Barcelone*, h/t (82x134) : **ESP 1 750 000** – Londres, 22 nov. 1989 : *La préparation du poisson*, h/t (144,5x99,5) : **GBP 30 800** – New York, 22 mai 1991 : *Eglise et plage de Sitges en Catalogne*, h/t (61x100,3) : **USD 25 300** – Londres, 25 nov. 1992 : *Le vieux pêcheur* 1887, h/t (114,5x79) : **GBP 18 150**.

BAIZERMAN Saül
Né le 25 décembre 1889 à Vitebsk. Mort le 30 août 1957 à New York. xxᵉ siècle. Actif aux États-Unis. Russe.
Sculpteur.
Très jeune, il fut employé à de menues corvées chez un peintre, puis travailla en tant que modèle à l'Académie des Beaux-Arts d'Odessa. Il émigra aux États-Unis en 1910 et dut exercer plusieurs métiers tout en étudiant à la National Academy of Design de New York. Il suivit l'enseignement classique de Solon Borglum et Lloyd Warren. Après son mariage, il fit un voyage en Europe, notamment en France, Italie et en Grande-Bretagne, faisant sa première exposition à Londres en 1924. De retour aux Etats-Unis, il exposa régulièrement à New York, à partir de 1933. Une rétrospective lui a été consacrée à l'Institut d'Art Contemporain de Boston en 1958.
Sa technique originale consistait à travailler directement au marteau une feuille de cuivre pendue au plafond de son atelier. Il produisait ainsi des incisions, sorte de morsures qui attaquaient le métal tout en lui donnant une vibration lumineuse en surface. Ses sculptures, qui sont en fait des bas-reliefs, montrent des nus monumentaux dont le caractère traditionnel est relevé par cette technique particulière.
Musées : New York (Whitney Mus. of American Art).
Ventes Publiques : New York, 30 mai 1986 : *La ville et les gens* 1921, suite de 5 bronzes (H. 16) : **USD 5 000** – New York, 31 mars 1994 : *Femme italienne et Cimentier*, deux bronzes de la série « La ville et le peuple » (H. 16,5) : **USD 2 875**.

BAJ Enrico
Né en 1924 à Milan. xxᵉ siècle. Actif en France. Italien.
Peintre de techniques mixtes, collages, illustrateur. Abstrait-lyrique, puis surréaliste.
Après avoir fait des études à l'Académie de Bréra à Milan de 1945 à 1948, et avoir obtenu un diplôme de Droit, il s'est consacré à l'art à partir de 1950. Dès l'année suivante, il commence une carrière scandée de créations ou d'appartenances à divers groupes, dont l'esprit combatif n'est jamais absent. Il commence par lancer le *Mouvement Nucléaire* (1951), qui oppose l'art à l'environnement moderne et menaçant de l'homme. Il fonde ensuite avec Asger Jorn, l'un des initiateurs de *COBRA*, un *Bauhaus imaginiste*, allant à l'encontre du *Bauhaus constructiviste*. En 1955, au moment où il se rapproche de l'abstraction lyrique, il fonde la revue *Il Gesto* avec le critique Edouard Jaguer et le peintre Dangelo. Il participe à la rédaction des manifestes *Contre le style* en 1957, *Art interplanétaire* en 1959, *Peinture et réalité* en 1960. Entre 1959 et 1966, il se rapproche des surréalistes et participe, avec eux, aux expositions internationales officielles de 1959 et 1965. En 1965, il est englobé par Gassiot-Talabot, dans le groupe de la « Figuration Narrative ».
Il a participé à de nombreuses expositions collectives, dont la Biennale de Venise et l'Exposition Internationale de Pittsburgh en 1958, la Quadriennale de Rome en 1959, la Biennale de São Paulo en 1963. Il a fait des expositions particulières à Milan en 1961 et 1974, New York en 1961 et 1963, Paris en 1962, 1968 et 1969 jusqu'à celle de 1991, Londres en 1962, Chicago en 1966 et 1971, Rome en 1966, 1968 et 1988, en 1966 à Turin et Vérone, en 1967 à Bologne, Côme et Gand, à Stockholm en 1968, Genève en 1971 et 1974, Venise 1971, Rotterdam 1973, Bruxelles 1974, Düsseldorf 1975. Il a illustré le *De Natura Rerum* de Lucrèce.
S'il s'inspire, à ses débuts, du tachisme, il marque très tôt une prédilection pour le collage, modifiant par quelques coups de peinture, soit des papiers peints collés, soit des toiles conventionnelles, images pieuses ou paysages. À partir de 1956, Baj devient un véritable peintre de têtes, *Têtes Solaires*, puis têtes de

Généraux, qu'il tourne en dérision, collant sur ces portraits, des morceaux d'étoffe, des passementeries désuètes, de « la pomponnette », des galons de rideaux, des laissés-pour-compte des pires marchandes à la toilette, des décorations oubliées ou parfois inventées. Au delà de l'humour qui se dégage de ces toiles, leur côté délirant fait apparaître leur caractère subversif. C'est aussi avec un esprit à double tranchant qu'il a « refait » *Guernica*, mêlant à la fois contestation et admiration. Dans un style d'une nouvelle figuration expressionniste, il a composé, en 1970-1971, *Les Funérailles de l'anarchiste Pinelli*, qui ne mesure pas moins de quatorze mètres de long. Son exposition de la Galerie Beaubourg à Paris en 1991 témoignait d'un retour à la peinture : « J'ai voulu l'idée de collage pour me lancer dans le kitch », multipliant sur la toile des têtes grouillantes d'hommes et d'animaux. Si, formellement, son don d'invention s'est fixé dans des recettes, héritées des « collages », sa combativité continue de s'exercer envers tout ce qui peut lui sembler juge ou partie dans le procès de l'espèce humaine. ■ J. B., A. P.

baj

Bibliogr. : B. Dorival, in : *Peintres contemporains*, Mazenod, Paris, 1964 – José Pierre, in : *Histoire de la Peinture*, t. XX, Rencontre, Lausanne, 1966 – Alain Jouffroy : *Baj*, Musée de Poche, Paris, 1972 – in : *Dict. Univ. de la Peint.*, Robert, Paris, 1975 – divers : *Baj, I grandi quadri*, Electa, Milan, 1982 – divers : *Baj, dal generale al particolare*, Fabbri, 1985 – Enrico Baj : *Entretien avec Jean Baudrillard*, La Différence, Paris, 1990 – Lydia Harambourg, in : *L'École de Paris 1945-1965. Diction. des Peintres*, Ides et Calendes, Neuchâtel, 1993.
Musées : Amsterdam (Stedelijk Mus.) – Cincinnati – Paris (Mus. Nat. d'Art Mod.) – *Général* – Pittsburg (Fond. Carnegie) – Varsovie – Vienne (Mus. du xxᵉ siècle) : *Paysage inutile* 1960.
Ventes Publiques : Milan, 28 mars 1962 : *Composition nucléaire* : **ITL 400 000** – Genève, 26 nov. 1966 : *Petit animal*, h. et collage : **CHF 2 600** – Hambourg, 18 nov. 1967 : *L'Etat-Major de A. J. S. John Dudley*, h. et collage : **DEM 4 500** – Londres, 14 déc. 1967 : *L'officier*, assemblage : **GBP 90** – Milan, 28 oct. 1971 : *Le capitaine John de retour de Montevideo* : **ITL 2 200 000** – Londres, 29 juin 1972 : *Animal* : **GBP 1 500** – Milan, 15 mars 1973 : *Sans titre* 1959, collage de miroirs et étoffes : **ITL 3 800 000** – Göteborg, 22 nov. 1973 : *Le chevalier Goetz von Berlichingen* : **SEK 41 000** – Milan, 8 juin 1976 : *Personnage* 1968, collage et plastique (103x73) : **ITL 2 400 000** – New York, 17 mai 1977 : *La valse des généraux* 1970, gche et cr./pap. mar./pan. (42,5x58,5) : **USD 1 600** – Londres, 6 déc. 1978 : *Le réserviste*, montage de textiles et objets assemblés (53x63,5) : **GBP 900** – Milan, 26 fév. 1981 : *L'animal* 1954-1955, techn. mixte/isor. (65x50) : **ITL 1 800 000** – Milan, 10 mars 1982 : *Petit nazi* 1963, h., collage, passementerie, étoffe/t. (38x46) : **ITL 4 000 000** – Milan, 6 avr. 1982 : *Le vicomte de Turenne* 1974, techn. mixte (52x27) : **ITL 2 000 000** – Milan, 24 oct. 1983 : *Dame avec papillon*, techn. mixte/tissu (91x72,5) : **ITL 5 200 000** – Milan, 13 juin 1984 : *Tête*, collage et techn. mixte (60x50) : **ITL 3 300 000** – Rome, 3 déc. 1985 : *Generale*, collage de tissu et matériaux divers/pan. dans un cadre sculpté et peint. (66x58) : **ITL 6 000 000** – Milan, 26 mai 1986 : *Composition nucléaire* 1952, temp./pap. (35x47,5) : **ITL 1 050 000** – Milan, 25 mai 1987 : *La dame du Commandeur* 1961, h., collage, passementerie et tissu (92x73) : **ITL 16 000 000** – Paris, 17 fév. 1988 : *Les tiroirs*, collage bois et tissus (54x68) : **FRF 13 000** ; *Figure*, h. et collage/pap. imprimé (47x37) : **FRF 25 000** – Paris, 20 mars 1988 : *Pittura nucleare* 1957, h/t (70x90) : **FRF 12 000** ; *Le général*, assemblage de passementeries, médaille, boutons, collage de pap./tissu (90x59) : **FRF 15 000** – Paris, 27 juin 1988 : *Tavola intersiata* 1961, collage, feuille de bois et liège sur t. (50x73) : **FRF 20 000** – Paris, 28 juin 1988 : *Composition* 1957, h/t (22x22) : **FRF 10 500** – Stockholm, 21 nov. 1988 : *Tête* 1962, collage (55x24) : **USD 9 500** – Milan, 14 déc. 1988 : *Général*, techn. mixte (60x49) : **ITL 7 000 000** – Milan, 20 mars 1989 : *Têtes*, collage/étoffe/pan. (54x67) : **ITL 15 000 000** – Milan, 6 juin 1989 : *Jacques le fataliste* 1975, acryl. et collage sur tissu (160,5x120) : **ITL 34 000 000** – Rome, 28 nov. 1989 : *Personnages* 1960, collage de miroirs et de morceaux de verre coloré sur tissu (92,5x107) : **ITL 50 000 000** – Milan, 19 déc. 1989 : *Tête de faune* 1957, h/t (80x70) : **ITL 29 000 000** – Londres, 22 fév. 1990 : *Petit personnage (la demoiselle au miroir)* 1961, h. et collage sur t. de jute/t. (67x60) : **GBP 15 400** – New York, 8 mai 1990 : *Dame* 1961, collage de tissu, plastique et métal (60,6x50,5) :

USD 26 400 – Copenhague, 30 mai 1990 : *Personnage,* techn. mixte et plexiglas (H. 50) : **DKK 45 000** – Milan, 13 juin 1990 : *La montagne* 1958, h. et collage de tapisserie/t. (61x50) : **ITL 14 000 000** – Paris, 18 juin 1990 : *Due Fidanzati,* techni. mixte, matériaux et cailloux et passementerie/t. (40x50) : **FRF 180 000** – New York, 4 oct. 1990 : *Tête solaire* 1956, h/toile d'emballage (80x58,4) : **USD 27 500** – Rome, 3 déc. 1990 : *Groupe* 1981, h. et collage de passementerie/contreplaqué (50x60) : **ITL 23 000 000** – Milan, 13 déc. 1990 : *Les danseurs* 1955, feutre et h./résine synth. (98x119) : **ITL 26 000 000** – Paris, 14 fév. 1991 : *L'heure tardive,* collage et techn. mixte/tissu/pan. (52x56,5) : **FRF 90 000** – New York, 15 fév. 1991 : *Situations* 1961, collage et h/toile d'emballage (69,8x60,3) : **USD 26 400** – Londres, 21 mars 1991 : *Femme assise* 1969, collage et techn. mixte/t. (146x112) : **GBP 23 100** – Milan, 26 mars 1991 : *Martien* 1955, techn. mixte/ tissu (98x115) : **ITL 43 000 000** – New York, 3 oct. 1991 : *Général très décoré* 1961, h. et collage sur t. d'emballage/t. (99,5x89,5) : **USD 34 100** – Paris, 2 déc. 1991 : *Sans titre* 1961, bois marquete-rie et tapisserie dans une boîte de plexiglas (50x83) : **FRF 50 000** – Milan, 19 déc. 1991 : *Couple* 1956, polimatériaux/t. (95x115) : **ITL 29 000 000** – Paris, 16 fév. 1992 : *Sept milliards pour l'an 2000 – la famille* 1989, h. et assemblage d'objets/t. (60x50) : **FRF 40 000** – Rome, 12 mai 1992 : *Personnage* 1955, h., collage, verre et étoupe/tissu (119x69) : **ITL 23 000 000** – Stockholm, 19 mai 1992 : *Général,* inclusion d'objets dans du plastique (H. 52, l. 51,5) : **SEK 8 000** – Londres, 15 oct. 1992 : *Sans titre* 1975, h., blocs de bois, plastique, métal, collage de pap. et t. d'embal-lage/t. (40,4x40,4) : **GBP 5 500** – Rome, 19 nov. 1992 : *Le vent* 1989, acryl. et collage/t. (50x60) : **ITL 10 000 000** – Londres, 23 juin 1993 : *La femme publique* 1956, h. verre et collage de t. d'emballage/t. d'emballage (95x85) : **GBP 15 000** – Rome, 27 mai 1993 : *Paysage* 1957, h/t (50x70) : **ITL 6 000 000** – Milan, 22 juin 1993 : *Meccanubu* 1963, collage, polymatériaux et h./tissu (100x125) : **ITL 40 000 000** – Lokeren, 4 déc. 1993 : *La fuite* 1989, h/t (30x40) : **BEF 120 000** – Paris, 12 oct. 1994 : *Personnage* 1955, h., émail et ouate/pan. (59,5x48) : **FRF 63 000** – Milan, 22 juin 1995 : *Boule solaire* 1953, h/t (70x70) : **ITL 4 600 000** – New York, 15 nov. 1995 : *Commode* 1961, bois, placage de bois et t. d'emballage/pan. (73,6x56) : **USD 4 025** – Milan, 19 mars 1996 : *Femme nue renversée* 1969, collage, acryl., coton et passe-menterie/t. (80x80) : **ITL 16 100 000** – Londres, 27 juin 1996 : *Petite marqueterie* 1961, bois de placage, bouton de porte et h/t d'emballage (74x66) : **GBP 3 680** – Paris, 1er juil. 1996 : *Masque Bingo-Bongo,* collage de passementerie et h/bois (46x36) : **FRF 10 000** – Milan, 25 nov. 1996 : *Sans titre* 1956, techn. mixte et h/t (60x60) : **ITL 5 750 000** – Paris, 16 déc. 1996 : *César, la bagarre* 1956, collage, pap. mâché, morceau de verre, t. à mate-las et h. (43x53) : **FRF 32 000** – Paris, 23 fév. 1997 : *Portrait d'un général* 1970, gche et cr./pap./cart. (58,5x41) : **FRF 18 000**.

BAJA Angelo
xvie siècle. Italien.
Peintre.
Artiste établi à Padoue en 1565.

BAJA Stefan
xviiie siècle. Hongrois.
Peintre de miniatures.
Il vivait à Déva, où il était propriétaire, à la fin du xviiie siècle. Il se rendit célèbre par ses miniatures, dont plusieurs furent gravées dans les premières années du xixe siècle.

BAJAJ Sujata
xxe siècle. Active aussi en France. Indienne.
Peintre, graveur, peintre de monotypes. Abstrait-infor-mel.
De famille indienne en vue, elle fut élève de Claude Viseux à l'École des Beaux-Arts de Paris. En 1988-1989, elle obtint une bourse du gouvernement français. Depuis 1978, elle a bénéficié d'expositions personnelles dans plusieurs villes de l'Inde, ainsi qu'à Edimbourg, Washington, Paris.
Sur des fonds monochromes, elle oppose ou juxtapose quel-ques, souvent deux, formes abstraites informelles.
Bibliogr. : Jean Planche : *Sujata Bajaj,* Artension, Rouen, sept. 1991.

BAJALSKA Vesna
Née en 1956 en Macédoine. xxe siècle. Active en France. Yougoslave.
Peintre. Tendance abstraite.
Elle fut élève de l'Académie des Beaux-Arts de Belgrade. Peu après 1980, elle se fixa à Paris. Elle y a participé au Salon d'Au-

tomne en 1983, à celui de la Jeune Peinture et à quelques exposi-tions de groupe en 1984, au Salon des Réalités Nouvelles en 1986-1988 et annuellement ensuite. Elle a exposé individuelle-ment à Paris en 1988 dans le contexte du Salon Mac 2 000, en 1989 et 1990. Elle prend part à des expositions collectives autour de Paris.
Elle peignit d'abord les portraits de ses proches dans des gammes sourdes, qu'elle conserva ensuite dans des composi-tions tendant à une abstraction matiériste.
Bibliogr. : Catalogue de l'exposition *Vesna Bajalska,* Galerie Atrium, Belgrade, 1989 – Catalogue de l'exposition *Vesna Bajalska,* Gal. du Fleuve, Paris, 1990.
Musées : Skopje (Mus. d'Art Mod.).
Ventes Publiques : Paris, 14 avr. 1991 : *Nocturne abstraite,* h/t (130x97) : **FRF 9 500.**

BAJAN Serge André
Né le 30 octobre 1936 à Paris. xxe siècle. Français.
Peintre illustrateur. Tendance fantastique.
A partir de 1970, il participe au Salon de Mai, expose à Paris et Brême. Il a illustré des œuvres de Lovecraft et de Borges. Ses œuvres, et plus particulièrement ses illustrations, montrent une accentuation des ombres et des lumières, leur donnant un carac-tère quelque peu fantastique.

BAJARDO Giovanni Battista
Né vers 1620 à Gênes. Mort en 1657 à Gênes, de la peste. xviie siècle. Italien.
Peintre.
Ses principales œuvres sont : les fresques du couvent de S. Agostino, de S. Pietro di Bianchi, *saint Jérôme* et *Saint François-Xavier,* dans l'église des Jésuites, le *Miracle et l'Enterrement de Saint Étienne,* à l'oratoire dei Disciplinati di S. Stefano, le tableau du maître-autel représentant la *Vision du Christ* à Sta Chiara di Carignano, celui de *l'Invention de la Croix* dans l'église dei Frati Minimi. Zani cite un frère de cet artiste (dont il n'indique pas le prénom), également peintre à Gênes, vers 1640. Lanzi loue hau-tement le talent gracieux et facile de Bajardo, qui mourut de la peste en même temps que les peintres Badaracco, Oderico, Gre-gorio da Ferrari.

BAJERANU Dan
Né à Pitesti (Arges). xxe siècle. Actif en France. Roumain.
Peintre de paysages et de portraits.
Il a exposé à Paris, au Salon d'Automne et au Salon de la Société Nationale des Beaux-Arts à partir de 1927.

BAJIC Murdan
Né en 1957 à Belgrade. xxe siècle. Yougoslave.
Dessinateur, peintre à la gouache, artiste d'installations.
Il a participé aux expositions *Avant-Gardes russes* aux musées de Carcassonne, des Sables-d'Olonnes et de Toulon, ainsi qu'à la Biennale de Venise en 1991. Il a exposé des dessins en 1992 à la galerie Jacqueline Moussion, à Paris.
Il expose des « objets » ou « meubles » : *Table aux longs adieux – L'Armoire aux chemises rouges* inspirés du quotidien. Malgré une certaine ironie, ces œuvres manifestent l'angoisse ressentie par l'artiste devant les troubles politiques de son pays durant les années quatre-vingt-dix.
Musées : Belgrade (Mus. d'Art Contemp.) : *Accumulation* 1988 – Bor (Mus. des mines et de la métallurgie) : *La Colonne de Mai* 1988 – Zagreb (Gal. d'Art Contemp.) : *La Maison au vent* 1988.

BAJK Ferdinand
xviie siècle. Vivait à Prague en 1694. Tchécoslovaque.
Peintre.

BAJRACHARYA Nuche Kaji
Né en 1960 à Braktapur. xxe siècle. Népalais.
Peintre religieux.
Il appartient à l'ethnie Newar qui habite la vallée de Katmandou. Sa peinture est strictement religieuse, elle représente des divini-tés du panthéon bouddhique ou des mandalas, dans les couleurs traditionnelles symboliques.
Bibliogr. : Catalogue de l'exposition : *Magiciens de la terre,* Centre Georges Pompidou et la Grande Halle La Villette, Paris, 1989.

BAK Imre
Né en 1939 à Budapest. xxe siècle. Hongrois.
Peintre. Abstrait.
Il a représenté la Hongrie à la Biennale de Venise en 1986. Il par-ticipe à de nombreuses expositions nationales et internationales. Il est représenté dans les collections Ludwig en Allemagne.

Il adhère au principe du « postmodernisme », qui lui permet de se référer à des modèles de son choix, dans son cas les premiers maîtres de l'abstraction, qu'il interprète avec une saine jubilation.

VENTES PUBLIQUES : PARIS, 14 oct. 1991 : *Souvenir japonais*, acryl./t. (80x120) : **FRF 6 000.**

BAK Samuel
Né en 1933. XXe siècle. Israélien.
Peintre de paysages, natures mortes, aquarelliste, pastelliste, peintre de techniques mixtes. Tendance surréaliste.
Dans une technique narrative traditionnelle, apprise des exemples de Brueghel et Bosch, il traite des sujets en principe innocents, comme paysages ou natures mortes, mais qu'il pervertit avec un humour surréalisant, par exemple une poire convenablement attifée de quelque chiffon serré par une ceinture, devient un sein pointant hors d'une sorte de soutien-gorge ou bien dans une nature morte, certains objets ne sont plus figurés qu'en silhouettes, dont celle d'un verre-à-pied est découpée dans le corps des autres objets, laissant voir le paysage de l'arrière-plan.

BAK

BIBLIOGR. : Paul T. Negano et A. Kaufman : *Bak*, New York, 1974.
VENTES PUBLIQUES : MUNICH, 11 déc. 1978 : *Nature morte* 1966, gche (47x65,5) : **DEM 3 000** – ZURICH, 16 mai 1980 : *Légende III* 1975, h/t (126,5x96,5) : **CHF 28 000** – TEL AVIV, 15 mai 1982 : *Paysage à l'oiseau*, past. et cr. (65x49,5) : **ILS 52 800** – TEL AVIV, 16 mai 1983 : *Site archéologique* 1970, h/t (65x81) : **ILS 322 900** – COLOGNE, 7 déc. 1984 : *Temps de guerre, d'après Dürer* 1977, past. et cr. coul./trait de mine de pb (75x55) : **DEM 12 000** – TEL AVIV, 4 juin 1984 : *Paysage* 1976, h/t (50x61) : **USD 5 200** – TEL AVIV, 17 juin 1985 : *Paysage*, h/t (24,5x32) : **ILS 2 200 000** – TEL AVIV, 2 juin 1986 : *Paysage avec maison et clé*, past. (31,5x23,5) : **USD 1 100** – TEL AVIV, 2 juin 1986 : *Sacrifice* 1974, h/t (127x96,5) : **USD 12 490** – TEL AVIV, 25 mai 1988 : *Constructions et Rochers*, h/t (27,5x42,5) : **USD 5 060** – TEL AVIV, 3 jan. 1990 : *Nature morte dans une caverne* 1976, h/t (50x50) : **USD 12 100** – TEL AVIV, 19 juin 1990 : *Nature morte*, aquar. et past. (16x11,5) : **USD 940** – TEL AVIV, 1er jan. 1991 : *Poire*, h/t (41x33) : **USD 7 700** – TEL AVIV, 12 juin 1991 : *Paysage imaginaire avec des poires*, h/t (41x48,5) : **USD 6 600** – TEL AVIV, 6 jan. 1992 : *La Maison à côté des cyprès*, h/t (60x41,5) : **USD 7 700** – LONDRES, 25 mars 1993 : *Nature morte aux poires* 1973, h/t (33x24) : **GBP 2 530** – TEL AVIV, 4 oct. 1993 : *Destinée d'un paysage urbain en deux actes*, construction de bois et h. (104,6x75) : **USD 11 500** – NEW YORK, 23 fév. 1994 : *Depuis le pont*, h/t (100x81,2) : **USD 2 990** – TEL AVIV, 30 juin 1994 : *Poires*, aquar., past. et techn. mixte/pap. (45x37) : **USD 2 875** – TEL AVIV, 25 sep. 1994 : *Nature morte*, h/t (81,5x99) : **USD 16 100** – TEL AVIV, 11 oct. 1995 : *Partie d'échecs*, h/t (61x50) : **USD 13 800** – TEL AVIV, 11 avr. 1996 : *Histoire juive*, h/t (115x89) : **USD 28 750** – TEL AVIV, 7 oct. 1996 : *Mélancolie*, h/t (162x130) : **USD 20 700** – TEL AVIV, 30 sep. 1996 : *Landscape of a Summing-up* 1966, h/t (50x61) : **USD 7 475** – TEL AVIV, 23 oct. 1997 : *Mère Terre*, h/t (116,5x89) : **USD 20 700.**

BAKALIAN Aram
Né en 1860 à Constantinople. Mort en 1925. XIXe-XXe siècles.
Actif en France. Arménien.
Peintre de paysages et d'intérieurs.
Élève de P. et A. Laurens, à Paris, où il exposa aux Salons d'Automne (1907), des Indépendants (1926), des Artistes Français (de 1927 à 1931).
BIBLIOGR. : Sarkis Boghossian : *Iconographie arménienne*, Paris, 1987.
VENTES PUBLIQUES : PARIS, 9 juin 1982 : *Istanbul : la Mosquée bleue*, h/pan. (37x46) : **FRF 2 000** – PARIS, 10-11 juin 1997 : *Kiosque dans le Grand Bazar, Constantinople*, h/pan. (60x51,5) : **FRF 12 500.**

BAKALOWICZ Ladislaus
Né en 1833 à Cracovie (Pologne). Mort en 1903. XIXe siècle.
Actif en France. Polonais.
Peintre de compositions à personnages.
Après des études à l'École d'Art de Varsovie, il vint travailler à Paris. Il exposa régulièrement à Paris, Londres, New York, Vienne.
Ses compositions présentent des scènes intimistes de jeunes

femmes contemporaines dans leur salon ou du XVIIIe siècle ou même de la Renaissance.
BIBLIOGR. : Gérald Schurr : *Les Petits Maîtres de la peinture 1820-1920, valeur de demain*, t. III, Les Éditions de l'Amateur, Paris, 1976.
VENTES PUBLIQUES : PARIS, 1873 : *On nous suit* : **FRF 2 980** – PARIS, 2-4 mai 1900 : *Au bal masqué* : **FRF 350** – PARIS, 11 jan. 1943 : *La collation de Henri IV* : **FRF 20 000** – NEW YORK, 24 nov. 1965 : *Le bouffon* : **USD 350** – LONDRES, 20 fév. 1970 : *L'oiseau favori* : **GBP 300** – LOS ANGELES, 13 nov. 1972 : *Vanité* : **USD 1 400** – NEW YORK, 15 oct. 1976 : *La lettre*, h/pan. (55x41) : **USD 1 300** – NEW YORK, 7 oct. 1977 : *Jeune femme à son miroir*, h/pan. (41x30) : **USD 2 300** – NEW YORK, 18 sep. 1981 : *Le collier*, h/pan. (27,3x19) : **USD 1 400** – NEW YORK, 13 fév. 1985 : *Couple à la fontaine*, h/t (83x55,9) : **USD 1 900** – NEW YORK, 25 juin 1988 : *Au bal masqué*, h/pan. (99,5x69,9) : **USD 3 300** – MONTRÉAL, 1er Mai 1989 : *Un rapt*, h/t (33x42) : **CAD 900** – PARIS, 22 mars 1990 : *L'Élégante aux bijoux ; Le Petit Page*, deux h/pan. (chacune 19x13) : **FRF 32 000** – NEW YORK, 17 oct. 1991 : *La sérénade* 1875, h/pan. (110,5x77,5) : **USD 20 900** – NEW YORK, 26 mai 1994 : *Le médaillon et Le rafraîchissement*, h/pan., une paire (chaque 55,2x41,9) : **USD 25 300** – PARIS, 27 juin 1994 : *La sérénade* 1876, h/t (65x91) : **FRF 49 000** – NEW YORK, 1er nov. 1995 : *L'indiscrète*, h/t (55,9x40) : **USD 5 175** – PARIS, 4 déc. 1995 : *La conversation*, h/pan. (56x41,5) : **FRF 31 000.**

BAKALOWICZ Stephan Wladislawowitsch
Né en 1857 en Russie. XIXe siècle. Russe.
Peintre d'histoire, de genre, portraits, pastelliste.
De 1874 à 1876, il fit des études à l'École d'Art de Varsovie. Revenu à Saint-Pétersbourg, il devint pensionnaire de l'Académie, de 1881 à 1885, et fut nommé académicien en 1886. Il travailla beaucoup à Rome. Il exposa à la Royal Academy de Londres, en 1892.
Les deux tableaux : *Soir de Mai* et *Affranchis dans l'Atrium attendant la sortie de leur maître* appartiennent à l'État.

BAKALOWICZ

MUSÉES : MOSCOU (Roumianzeff) : *Salon de réception – Le Soir – Voisines – Le printemps* – MOSCOU (Gal. Tretiakoff) : *Le poète romain Catulle lit à ses amis ses œuvres – Un adolescent amoureux* – SAINT-PÉTERSBOURG (Acad.) : *Saint Sergius bénissant le grand-duc Dimitri Donski, se préparant à combattre les Tartares* – SAINT-PÉTERSBOURG (Gal. Soldatenko) : *Cassandre prophétisant la destruction de Troie.*
VENTES PUBLIQUES : PARIS, 25 mars 1922 : *Tête de femme* : **FRF 75** – PARIS, 30 mai 1924 : *Femme nue au bord de la mer* : **FRF 40** – PARIS, 11 mars 1925 : *Le Messager d'amour* : **FRF 430** – PARIS, 20 fév. 1926 : *Jeune femme se levant* : **FRF 140** – LONDRES, 9 oct. 1970 : *Le bouffon de la cour* : **GNS 320** – NEW YORK, 15 oct. 1976 : *La marchand de tapis* 1929, h/t (46x66) : **GBP 520** – NEW YORK, 28 avr. 1977 : *Jeune femme aux colombes* 1906, h/t (53x34) : **USD 700** – LONDRES, 24 nov. 1982 : *Le marchand de tissu*, Rome 1887, h/pan. (44,5x32) : **GBP 1 500** – LONDRES, 28 nov. 1984 : *Jeunes femmes égyptiennes dans un intérieur* 1915, h/t (42x70) : **GBP 6 500** – PARIS, 19 déc. 1988 : *Les deux amies*, past. (56x89) : **FRF 6 000** – ROME, 12 déc. 1989 : *La fondation de Rome*, h/t (125x224) : **ITL 24 000 000** – PARIS, 12 oct. 1990 : *Dîner galant*, h/t : **FRF 73 000** – ROME, 2 juin 1994 : *Dame patricienne dans un intérieur*, h/t (35,5x27) : **ITL 10 350 000** – NEW YORK, 23 juin 1995 : *Tête d'un jeune arabe en burnous*, h/cart. (33x26,7) : **USD 1 495** – PARIS, 13 mai 1997 : *Deux praticiens dans un jardin antique* 1919, h/t (65x48) : **FRF 58 000.**

BAKARDJIEFF Georges
XXe siècle. Bulgare.
Artiste décorateur.
Il a exposé au Salon des Indépendants à Paris en 1928 et au Salon des Tuileries en 1934. Il a surtout créé des vases et des coupes.

BAKCHEIEFF V. N.
XIXe-XXe siècles. Russe.
Peintre d'histoire et de genre.
On trouve cet artiste parmi les exposants en 1896 à Nijni-Novgorod et, en 1909, à l'Exposition des Beaux-Arts de Saint-Pétersbourg.
MUSÉES : MOSCOU (Gal. Tretiakoff) : *Jeune fille donnant à manger à des pigeons – Vie prosaïque.*

BAKE Willem Archibald
Né vers 1821 en Hollande. Mort en 1845 à Aricia. XIXᵉ siècle. Hollandais.
Peintre.
Ce peintre, qu'une mort prématurée vint arracher à l'art, alors qu'il avait donné les plus belles espérances, fut l'élève de J.-J. Eeckhout et de Pieneman.

BAKE Willem de
Né en 1450 en Hollande. XVᵉ siècle. Vivait encore en 1488. Hollandais.
Peintre.
Il était fils d'Arend de Bake et de Catherina Ysewyn. Il vécut dans l'opulence et, à l'âge de vingt et un ans, hérita de ses parents d'une grande fortune, augmentée ensuite d'autres héritages. Ce fut donc surtout par amour de l'art qu'il travailla.

BAKENWELL Thomas
XVIIIᵉ siècle. Actif à Londres. Britannique.
Dessinateur et graveur au burin.
C'est lui qui exécuta *Héraclite et Démocrite*, d'après la composition d'Hogarth.

BAKER
XVIIIᵉ siècle. Britannique.
Paysagiste.
Il exposa à Londres, à la Free Society, de 1777 et 1783.

BAKER, Miss
XVIIIᵉ-XIXᵉ siècles. Britannique.
Peintre de natures mortes.
Elle exposa à la Royal Academy et à la Old Water-Colours Society de Londres entre 1810 et 1830 et peignit surtout des natures mortes au gibier.

BAKER A.
XIXᵉ siècle. Actif à Sydenham. Britannique.
Graveur.
Exposa à Londres en 1828.

BAKER Adge
Né à Cirencester. XXᵉ siècle. Irlandais.
Peintre de genre.
Il a exposé en France, au Salon de la Société Nationale des Beaux-Arts en 1921, au Salon d'Automne en 1926 et à celui des Indépendants en 1927-1929.

BAKER Alfred
XIXᵉ siècle. Britannique.
Peintre de scènes rustiques.
Il exposa à Londres de 1870 à 1873.

BAKER Alfred Dawlings
Né en novembre 1865 à Southampton. XIXᵉ siècle. Britannique.
Peintre.
Il étudia à Hailley School of Art, à Southampton et à l'Académie Julian. Ses portraits et ses paysages à l'huile et à l'aquarelle furent exposés à la Royal Academy et au Royal Institute.

BAKER Alfred R.
XXᵉ siècle. Actif à Belfast. Irlandais.
Paysagiste et portraitiste.
Il a exposé des tableaux à la Royal Academy de 1889 à 1901.

BAKER Alice E. F.
XIXᵉ siècle. Active à Londres. Britannique.
Portraitiste.
Exposa de 1876 à 1882 à la Royal Academy de Londres.

BAKER Allan Douglas
XXᵉ siècle. Australien.
Peintre de natures mortes.
Il a essentiellement peint des natures mortes de fleurs en bouquets.
VENTES PUBLIQUES : SYDNEY, 29 mars 1982 : *Nature morte*, h/cart. (49x59) : AUD 850 – SYDNEY, 14 mars 1983 : *Natre morte*, h/cart. (43x49) : AUD 1 050 – SYDNEY, 25 nov. 1985 : *Natre morte aux fleurs*, h/cart. (56x45) : AUD 1 700 – SYDNEY, 4 juil. 1988 : *Natre morte aux roses*, h/cart. (30x26) : AUD 1 400 – SYDNEY, 20 mars 1989 : *Natre morte au vase bleu*, h/cart. (41x51) : AUD 6 000 – SYDNEY, 3 juil. 1989 : *Vase de fleurs*, h/cart. (37x44) : AUD 4 250 – SYDNEY, 29-30 mars 1992 : *Rhododendrons dans un vase*, h/cart. (43x55) : AUD 4 000.

BAKER Annette
XIXᵉ siècle. Active à Londres. Britannique.

Peintre de fleurs.
Exposa à la Royal Academy et à Suffolk Street entre 1890 et 1893.

BAKER Arthur
XIXᵉ siècle. Britannique.
Peintre de sujets de sport.
Entre 1864 et 1889, il exposa à la Royal Academy, à la British Institution et à Suffolk Street.

BAKER Blanche
XIXᵉ siècle. Active à Bristol. Britannique.
Paysagiste.
De 1869 à 1893, elle exposa à la Royal Academy, à Suffolk Street, à la New Water-Colours Society. Membre de la Society of Lady Artists.

BAKER Bryant
Né en 1881 à Londres. Mort en 1970. XXᵉ siècle. Actif aux États-Unis. Britannique.
Sculpteur de monuments, figures, portraits.
Il a exposé un portrait au Salon de la Société Nationale des Beaux-Arts à Paris en 1911, a également figuré au Salon des Artistes Français entre 1914 et 1922. En 1926, un concours fut organisé entre douze artistes pour honorer les femmes des pionniers et leurs bronzes furent soumis au jugement de 750.000 personnes au travers du pays. Baker remporta le concours par acclamations. Le monument, érigé à Ponca City (Oklahoma), porte l'inscription : « À la gloire du caractère héroïque des femmes qui bravèrent les dangers et supportèrent les aléas de la vie des pionniers dans un pays inhospitalier. »
VENTES PUBLIQUES : SAN FRANCISCO, 20 juin 1985 : *Nymphe* 1924, bronze, patine verte (H. 78) : USD 2 500 – NEW YORK, 4 déc. 1992 : *La femme du pionnier*, bronze (H. 43,7) : USD 17 600 – NEW YORK, 31 mars 1993 : *Le chien « Chang »*, bronze (H. 24,1) : USD 1 035 – NEW YORK, 27 sep. 1996 : *La Femme du pionnier* 1927, bronze patine brune (H. 26) : USD 5 750.

BAKER Burtis
Né en 1882 à Boston (Massachusetts). XXᵉ siècle. Américain.
Peintre.

BAKER Caroline Mathilda
Née à Londres. XXᵉ siècle. Britannique.
Peintre.
Elle fut élève du peintre de paysages et de portraits mondains, Giuseppe Giusti. Entre 1922 et 1935, elle exposa au Salon des Artistes Français à Paris.
VENTES PUBLIQUES : AUCHTERARDER (Écosse), 1ᵉʳ sep. 1987 : *Nature morte aux fleurs*, h/t (61x51) : GBP 1 100.

BAKER Charles
Né en 1844. Mort en 1906 à Hague Lake, Lake George (New York). XIXᵉ siècle. Américain.
Peintre et graveur.

BAKER Charles H. Collins
Né le 24 janvier 1880 à Ilminster. Mort en 1959. XXᵉ siècle. Britannique.
Peintre de paysages.
Il est connu pour avoir rempli les fonctions d'inspecteur des tableaux du gouvernement britannique.
VENTES PUBLIQUES : TORQUAY, 12 juin 1979 : *Le Port de Londres*, aquar. et gche (102x61) : GBP 350.

BAKER Christina Asquith, Miss
Née en Australie. XXᵉ siècle. Australienne.
Peintre.
Élève de Baschet et Schommer, exposa à Paris au Salon des Artistes Français en 1904.

BAKER E.
XIXᵉ siècle. Actif à Sudbury vers 1860. Britannique.
Paysagiste.
Exposa à la Royal Academy en 1857 et 1858.

BAKER Elizabeth Gowdy
Née en 1860 à Xenia (Ohio). Morte en 1927. XIXᵉ-XXᵉ siècles. Américaine.
Peintre de portraits, aquarelliste, miniaturiste.
Elle commença à étudier la peinture à l'âge de douze ans et fit surtout des portraits à l'aquarelle. Elle peignit des tableaux pour les salles des 8ᵉ et 72ᵉ régiments à New York.
VENTES PUBLIQUES : NEW YORK, 10 juin 1992 : *Portrait de Mr Henry Rogers Malorey* 1908, aquar./pap. (113x71,1) : USD 2 090.

BAKER Ellen Kendall. Voir **THOMPSON Ellen Kendall Baker,** Mrs **Harry**

BAKER Emilie H.
Née en 1876 à Elizabethville (New Jersey). XIXe-XXe siècles. Américaine.
Peintre aquarelliste.
Elève de Cox et Twachtmann, elle exposa à la Pennsylvania Academy et fut membre du Water-Colours Club de New York.

BAKER Evangile
XIXe siècle. Britannique.
Peintre de genre.
Il travailla à Londres, où il exposa de 1889 à 1893, à Suffolk Street.

BAKER F., Miss
XIXe siècle. Active à Southampton vers 1840. Britannique.
Peintre de fruits.

BAKER F. W.
XIXe siècle. Britannique.
Peintre.
Exposa des marines et des vues de côtes entre 1883 et 1893 à la Royal Academy et à la Royal Hibernian Academy.

BAKER Frances Louise
Née en 1871 à Chicago (Illinois). XIXe-XXe siècles. Américaine.
Peintre et décorateur.
Elle fut élève à Paris de Collin et de Merson.

BAKER Frédéric
Né le 6 novembre 1876 à New York. XIXe-XXe siècles. Américain.
Peintre.
Elève au Pratt Institute de Brooklyn, il vint à Paris où il fut élève de Gustave Courtois. Il devint membre associé de la Société Nationale des Beaux-Arts de Paris en 1901 et membre du Salmagundi Club en 1906.
VENTES PUBLIQUES : LONDRES, 7 juil. 1981 : *Le ramandage des filets*, h/t (79x51) : **GBP 950.**

BAKER Frederick W.
XIXe siècle. Actif à Londres. Britannique.
Peintre de paysages.
Il exposa à la Royal Academy de 1850 à 1868.

BAKER G. Oscar
Né à New York. XXe siècle. Américain.
Peintre.
Élève de J.-Paul Laurens et Richard Miller. Exposa au Salon des Artistes Français en 1911 et 1912.

BAKER George Arnald
Né en 1821 à New York. Mort le 2 avril 1880. XIXe siècle. Américain.
Peintre de genre, portraits.
Il reçut de son père, George-A. Baker, miniaturiste, les premiers éléments de la peinture. Il étudia ensuite à l'Académie nationale et vint se perfectionner en Europe, de 1844 à 1846. Nommé, en 1851, membre de l'Académie de New York. Il se confond peut-être avec George Arnold Baker qui exposa à la Royal Academy de Londres entre 1861 et 1867.
On vante surtout ses portraits de femmes et d'enfants.
VENTES PUBLIQUES : NEW YORK, 26 jan. 1906 : *Tête* : **USD 100** – LONDRES, 12 mars 1985 : *Portrait of Bradley Martin* 1876, h/t (56x45) : **GBP 420** – LONDRES, 15 juil. 1987 : *The armchair angle*, h/t (38x53,5) : **GBP 4 800** – LONDRES, 28 fév. 1990 : *Pêcheur à la ligne en chambre*, h/t (38x53,5) : **GBP 4 400.**

BAKER George Herbert
Né en 1878 à Muncie (Indiana). XXe siècle. Américain.
Peintre.

BAKER George O.
Né en 1882 à Mexico (Missouri). XXe siècle. Américain.
Peintre et illustrateur.
Exposa un portrait à la Société Nationale des Beaux-Arts en 1911.

BAKER Gladys Marguerite
Née le 14 octobre 1889 à Bloomsburg. XXe siècle. Britannique.
Peintre de portraits et d'intérieurs, dessinateur et décorateur.
Elle a exposé à Stockholm, Liverpool et New York.
VENTES PUBLIQUES : LONDRES, 12 nov. 1986 : *Intérieur*, h/t (40,5x61) : **GBP 1 800.**

BAKER Harry
XIXe siècle. Actif à Birmingham. Britannique.
Peintre de paysages.
Il exposa à Londres de 1868 à 1874.

BAKER Helen Josephine
Née à Philadelphie (Pennsylvanie). XIXe-XXe siècles. Américaine.
Miniaturiste.
Élève de la Pennsylvania Academy of Fine Arts. Membre du Plastic Club.

BAKER Horace
Né en 1833 à North Salem (New York). Mort en 1918 à Great Neck (New York). XIXe-XXe siècles. Américain.
Graveur.
Il fit des gravures sur bois, et travailla en 1885, pour des revues.

BAKER I. H.
XIXe siècle. Vivait en 1860. Américain.
Graveur.

BAKER J.
XVIIIe siècle. Actif à Islington vers la fin du XVIIIe siècle. Britannique.
Aquafortiste.
On cite de lui certains portraits et des illustrations.
Il travailla pour des revues et surtout pour l'*European.*

BAKER J.
XIXe siècle. Actif à Sydenham. Britannique.
Peintre.
Exposa à la Royal Academy et à Suffolk Street, de 1828 à 1838.

BAKER J.
XIXe siècle. Actif à Woolwich. Britannique.
Paysagiste.
Expose de 1840 à 1851 à Suffolk Street, à Londres.

BAKER J. Edler, Mrs
XIXe-XXe siècles. Active à New York. Américaine.
Peintre.
Elle exposa à la American Water-Colours Society et au Water-Colours Club de New York, ainsi qu'à la Pennsylvania Academy.

BAKER James H.
Né en 1829 à Beaconsfield. XIXe siècle. Britannique.
Graveur au burin.
Élève de l'Académie de Londres et de Ryall. Il fit à Londres, pour le *Journal d'Art*, de nombreuses gravures.

BAKER John
Né vers 1736. Mort le 30 avril 1771. XVIIIe siècle. Britannique.
Peintre de natures mortes, fleurs et fruits.
Il est l'un des fondateurs de l'Académie royale de Londres. De 1762 à 1771, il exposa d'abord à la Society of Artists, ensuite à la Royal Academy. Un tableau de John Baker se trouve dans la Salle du conseil de Somerset-House.
Il excella surtout dans la peinture des fleurs et des fruits.
VENTES PUBLIQUES : LONDRES, 10 avr. 1992 : *Nature morte de pivoines, narcisses, pavots, couronne impériale, etc., dans une urne sur un entablement de marbre* 1765, h/t (86,3x73,7) : **GBP 9 900** – LONDRES, 13 nov. 1996 : *Nature morte de fleurs dans un vase*, h/t (110,5x88) : **GBP 10 350.**

BAKER John
XIXe siècle. Actif dans la première moitié du XIXe siècle. Américain.
Graveur.
Il grava au burin et à l'eau-forte. On cite de lui : *Bataille de Bunker Hill, Washington traversant le Delaware, La Résurrection.* Ces œuvres parurent de 1833 à 1835.

BAKER John H.
XIXe siècle. Actif à Londres vers 1861-1865. Britannique.
Graveur.

BAKER Joseph
Mort le 25 avril 1770. XVIIIe siècle. Britannique.
Dessinateur et acteur.
Ce fut lui qui exécuta le dessin des cathédrales de York et de Lincoln, gravé ensuite par Fr. Vivares.

BAKER Joseph E.
XIXe siècle. Américain.
Lithographe portraitiste.
Peut-être même que J. Baker, auteur d'une vue du State House de Boston, vers 1830.

BAKER L. H., Miss
XIXᵉ siècle. Britannique.
Peintre de fruits.
Elle travailla à Londres où elle exposa en 1843 à la Royal Academy.

BAKER M. K., Miss
Née à New Bedford (Massachusetts). XIXᵉ siècle. Américaine.
Peintre de figures, de natures mortes et de fleurs.
Cette artiste exposa au Boston Art Club et à l'Académie de New York. Vers 1882, elle habitait Boston.

BAKER Maria May
Née en 1890 à Norfolk (Virginie). XXᵉ siècle. Américaine.
Peintre.

BAKER Martha Susan
Née le 25 décembre 1871 à Evansville (Indiana). Morte en 1911 à Chicago (Illinois). XIXᵉ-XXᵉ siècles. Américaine.
Peintre de portraits, miniaturiste.
Elle fut élève à l'Institut d'Art de Chicago, pour lequel elle peignit plusieurs portraits et miniatures. Elle exécuta également des tableaux pour décorer l'Ecole des Beaux-Arts de Chicago. Elle exposa au Salon des Artistes Français de Paris, où elle obtint une mention honorable en 1909.

BAKER Mary, Miss
XIXᵉ siècle. Active à Londres. Britannique.
Miniaturiste.
De 1842 à 1860, elle exposa deux séries de portraits en miniature, ainsi qu'une vue de l'intérieur de la galerie nationale de l'Académie royale de Londres.

BAKER Mary Frances
XIXᵉ-XXᵉ siècles. Active à La Nouvelle-Orléans vers 1907. Américaine.
Peintre.

BAKER Oliver
Né en 1856 à Birmingham. Mort en 1939. XIXᵉ siècle. Britannique.
Peintre de paysages, aquarelliste, graveur.
Il travailla à Stratford et exposa à la Royal Academy, à Londres, de 1883 à 1896. Il exposa aussi à Vienne en 1883, ainsi qu'à Berlin en 1891. Il était antiquaire.
MUSÉES : LONDRES (Victoria and Albert Mus.) : plusieurs eaux-fortes.
VENTES PUBLIQUES : LONDRES, 6 nov. 1995 : *Le moulin d'Offenham près d'Evesham*, aquar. (60x50) : **GBP 1 265**.

BAKER P. W., le Jeune
XIXᵉ siècle. Américain.
Peintre de paysages et de marines.
De 1881 à 1893, il a exposé à la Royal Hibernian Academy des tableaux représentant des marines.

BAKER Percy Bryant. Voir **BAKER Bryant**

BAKER R.
XIXᵉ siècle. Actif au début du XIXᵉ siècle. Britannique.
Graveur.
On cite de lui : *Mary Queen of Scots, going forth to execution*, d'après J. Stephanoff.

BAKER S.
XVIIIᵉ siècle. Actif à Lewes (Sussex). Britannique.
Peintre.
En 1788, il exposa à Londres un paysage à la Royal Academy.

BAKER S. F.
XIXᵉ siècle. Américain.
Graveur sur bois.
A collaboré à l'illustration de nombreux ouvrages.

BAKER S. J.
XIXᵉ siècle. Actif à Birmingham. Britannique.
Peintre de paysages.
Il exposa à la Royal Academy de Londres en 1855.

BAKER Samuel
XVIIᵉ siècle. Actif vers 1690. Britannique.
Graveur au burin.

BAKER Samuel Burtis. Voir **BAKER Burtis**

BAKER Samuel F.
XIXᵉ siècle. Vivait en 1846-1850. Américain.
Graveur.
Il fit des gravures sur bois pour de nombreux ouvrages.

BAKER Samuel Henry
Né en 1824. Mort en 1909. XIXᵉ siècle. Actif à Birmingham. Britannique.
Peintre de paysages animés, paysages, aquarelliste, graveur, dessinateur.
Il exposa, de 1875 à 1896, à la Royal Academy, des tableaux représentant pour la plupart des paysages. En 1891, il exposa à Berlin quelques eaux-fortes, à l'Exposition internationale des Arts. Dans les dernières années de sa vie, il fit paraître encore quelques tableaux dans diverses expositions provinciales anglaises.
VENTES PUBLIQUES : LONDRES, 30 nov. 1907 : *Le lac Cleve, sur l'Avon*, dess. : **GBP 1** – LONDRES, 29 jan. 1910 : *La Severn, près des Chantiers*, dess. : **GBP 3** – LONDRES, 3 juil. 1979 : *Chaumière, Warwickshire*, h/t (33x53) : **GBP 480** – LONDRES, 23 juin 1981 : *Cymmer Abbey, near Dolgelly*, h/t (29x43) : **GBP 320** – LONDRES, 14 juil. 1983 : *The river Derwent, Borrowdale*, h/t (40,5x63,5) : **GBP 550** – LONDRES, 6 fév. 1985 : *The river Derwent, Borrowdale 1889*, h/t (41x64) : **GBP 900** – ÉDIMBOURG, 30 avr. 1985 : *Boys fishing, Abbots Stalford Hall*, aquar. (34,2x53,7) : **GBP 600** – LONDRES, 5 juin 1991 : *Bétail dans une prairie*, aquar. avec reh. de blanc (59,5x100,5) : **GBP 1 320**.

BAKER Sherman
Né à Norfolk. XXᵉ siècle. Américain.
Peintre.
Exposa en 1929, deux peintures au Salon des Artistes Indépendants.

BAKER Sidney
XIXᵉ siècle. Actif à Londres. Britannique.
Paysagiste.
Entre 1881 et 1883, il exposa à Suffolk Street.

BAKER Thomas
XIXᵉ siècle. Britannique.
Peintre de natures mortes de fruits.
À Londres, il exposa des tableaux de fruits à la Royal Academy et à Suffolk Street de 1872 à 1882.

BAKER Thomas, dit **Baker of Leamington**
Né le 8 octobre 1809. Mort le 10 août 1869. XIXᵉ siècle. Britannique.
Peintre de paysages animés, animalier, aquarelliste.
De 1831 à 1858, il exposa ses tableaux à la Royal Academy de Londres.
Il a peint des paysages, et a pris ses sujets dans les comtés du Midland. On mentionne de lui comme aquarelles : *Étude d'animaux 1860*, *Étude d'animaux 1862*, *Cubbington, Warwickshire*, *Ruines du château de Kenilworth*, *Paysage avec bétail*. Il existe, au British Museum, une petite aquarelle représentant *Kenilworth Castle*, signée T. Baker, et, au Victoria and Albert Museum, une étude de *Bétail* avec l'inscription : T. B., 1862.
MUSÉES : BIRMINGHAM : *Pont de Brobson, Offchurchbury* – GLASGOW : *Paysage et bétail* – LEICESTER : *Bûcherons* – LONDRES (British Mus.) : *Kenilworth Castle*, aquar. – LONDRES (Victoria and Albert Mus.) : *Bétail*, étude.
VENTES PUBLIQUES : LONDRES, 7 déc. 1907 : *Les prairies de la maison* : **GBP 17** – LONDRES, 25 avr. 1908 : *On the Wye* : **GBP 15** – LONDRES, 21 nov. 1908 : *Vue d'une rivière* : **GBP 30** – LONDRES, 12 fév. 1910 : *Scène de rivière* : **GBP 15** ; *Kenilworth* : **GBP 6** – LONDRES, 1ᵉʳ déc. 1922 : *Prés ombragés 1863* : **GBP 15** – LONDRES, 28 mai 1923 : *Vue de Goodrich Castle 1852* : **GBP 27** – LONDRES, 2 déc. 1927 : *Warwick Castel 1853* : **GBP 31** – LONDRES, 15 avr. 1932 : *Troupeau au bord d'un ruisseau 1855* : **GBP 17** – LONDRES, 14 fév. 1936 : *Sentier près de Stoneleigh* : **GBP 7** – LONDRES, 2 juin 1939 : *Goodrich Castle* : **GBP 8** – LONDRES, 19 oct. 1971 : *Paysage animé* : **GBP 1 200** – LONDRES, 15 déc. 1972 : *Allée boisée* : **GNS 1 900** – LONDRES, 27 mars 1973 : *Troupeau dans un paysage du Warwickshire* : **GBP 3 000** – LONDRES, 16 nov. 1976 : *Le colporteur 1847*, h/t (32x47) : **GBP 850** – LONDRES, 13 mai 1977 : *Paysage du Pays de Galles 1835*, h/t (38x59,7) : **GBP 1 100** – LONDRES, 15 mai 1979 : *Paysage au crépuscule 1858*, h/t (24x34,5) : **GBP 1 500** – LONDRES, 27 avr. 1982 : *Troupeau dans un paysage boisé 1836*, aquar. et cr. (25,3x35,5) : **GBP 300** – NEW YORK, 27 oct. 1982 : *Moisson à Tachbrook, Warwickshire 1855*, h/t (22,9x35,6) : **USD 4 000** – LONDRES, 13 juin 1984 : *Offchurch ford, near Leamington 1856*, h/t mar./cart. (51x76) : **GBP 5 000** – LONDRES, 11 juin 1986 : *Troupeau au bord d'une rivière*, h/t (63,5x76) : **GBP 5 000** – LONDRES, 25 jan. 1988 : *Stratford-upon-Avon*, aquar. (32x46) : **GBP 1 320** – LONDRES, 3 juin 1988 : *La moisson à Rad-*

ford, Warwickshire 1859 (33x48,2) : **GBP 2 420** – LONDRES, 15 juin 1988 : *Sur la route de Banbury* 1864, h/t (31x45,5) : **GBP 3 520** – LONDRES, 25 jan. 1989 : *Le Château de Kenilworth*, aquar. (19x33,5) : **GBP 418** – LONDRES, 25-26 avr. 1990 : *Un moulin au bord d'une rivière avec un château au loin*, aquar. (14x24) : GBP 1 320 – LONDRES, 13 fév. 1991 : *Le château de Warwick* 1859, h/t (41x56) : **GBP 2 750** – LONDRES, 5 juin 1991 : *L'église de Cubbington près de Leamington* 1854, h/t (54,5x40,5) : **GBP 1 870** – LONDRES, 7 oct. 1992 : *Bétail au pâturage* 1864, h/pan. (20,5x38,5) : **GBP 1 100** – LONDRES, 5 mars 1993 : *Bétail se désaltérant un jour d'été*, h/t (64,2x77,2) : **GBP 5 980** – LONDRES, 30 mars 1994 : *Le château de Goodrich* 1852, h/t (34x59) : **GBP 6 440** – LONDRES, 29 mars 1995 : *Moisson dans le marais* 1856, h/cart. (32,5x48) : **GBP 1 035 0** – LONDRES, 12 mars 1997 : *Goodrich Castle sur la Wye, Herefordshire* 1852, h/t (34x59) : **GBP 8 260** – LONDRES, 13 mars 1997 : *Bétail près d'une rivière* 1864, h/t (33x48,3) : **GBP 3 000** – LONDRES, 5 nov. 1997 : *Sur la Leam* 1864, h/t (33x48) : **GBP 4 600**.

BAKER Thompson E. K.
XIXe-XXe siècles. Américain.
Peintre.
Exposa à la National Academy of Design à New York.

BAKER W.
XIXe siècle. Britannique.
Peintre de figures.
Il travailla à Londres, où il exposa à la Royal Academy et à Suffolk Street, de 1859 à 1866.

BAKER W.
XIXe siècle. Britannique.
Peintre d'histoire.
Il exposa à Londres, où il travaillait, à la Royal Academy et à Suffolk Street, de 1839 à 1848.

BAKER W. M.
XIXe siècle. Britannique.
Portraitiste.
De 1827 à 1833, il a exposé des portraits à la Royal Academy de Londres.
On lui attribue quelques ex-libris, signés : *W.-M. Baker, Southampton*.

BAKER William
XVe siècle. Britannique.
Peintre de sujets religieux, compositions murales.
De 1479 à 1488, il peignit au-dessus du chœur de la chapelle du collège d'Eton trente-deux scènes de la vie de Marie et différentes peintures illustrant des saints et des prophètes qui furent, en 1560, recouvertes d'une couche de badigeon blanc par ordre de la reine Élizabeth. On les a découvertes en 1847. R.-H. Essex a fait de cette décoration un dessin qui se trouve à la bibliothèque du collège.
BIBLIOGR. : In : *Diction. de la peinture anglaise et américaine*, coll. Essentiels, Larousse, Paris, 1991.

BAKER William
XIXe siècle. Actif à Londres. Britannique.
Peintre de natures mortes.
Cet artiste exposa entre 1825 et 1847 à la British Institution et à Suffolk Street.

BAKER Wiliam Bliss
Né en 1859 à New York. Mort le 20 novembre 1886 à Hossic Falls (New York). XIXe siècle. Américain.
Peintre de paysages.
Il étudia à l'Académie nationale et fut élève de Bierstadt et de Haas. En 1884, son tableau *Ruisseau dans les bois* lui valut un grand succès. Il réussit pareillement, en 1886, avec le tableau intitulé : *Sous les pommiers*. En 1889, il obtint le prix Hallgarten.
MUSÉES : MONTRÉAL : *Ruisseau dans la forêt*.
VENTES PUBLIQUES : NEW YORK, 23-24 jan. 1901 : *La moisson* : **USD 160** – NEW YORK, 26-27 fév. 1903 : *Caché dans une meule de paille* : **USD 590** – NEW YORK, 3 avr. 1903 : *La Sentinelle* : **USD 160** – NEW YORK, 15 nov. 1936 : *Un coin de cour de ferme* : **USD 60** – NEW YORK, 29 avr. 1977 : *Première neige* 1884, h/t (50,8x71,1) : **USD 2 700** – NEW YORK, 19 juin 1981 : *New York Harbor, with Brooklyn Bridge in the distance* 1883, h/t (91,5x127) : **USD 31 000**.

BAKER William H.
Né en 1825. Mort en 1875 à New York. XIXe siècle. Américain.
Peintre de genre et de portraits.

Il étudia successivement à La Nouvelle-Orléans et à New York. Il fut ensuite professeur d'art à Brooklyn.

BAKER of LEAMINGTON Thomas. Voir **BAKER Thomas**

BAKER-CLACK Arthur
Né à Adélaïde. Mort en 1955. XXe siècle. Australien.
Peintre de paysages, natures mortes.
Il exposa à Londres, à la Royal Academy, puis à Paris, au Salon d'Automne entre 1912 et 1934 et au Salon de la Société Nationale des Beaux-Arts, de 1922 à 1929.
VENTES PUBLIQUES : ARMADALE (Australie), 11 avr. 1984 : *Paysage de Provence*, h/cart. (49x58) : **AUD 5 750** – LONDRES, 29 oct. 1987 : *Paysage de Provence*, h/pan. (26,7x34,9) : **GBP 3 200** – LONDRES, 1er déc. 1988 : *Paysage*, h/t (21,6x26,7) : **GBP 1 045** – LONDRES, 23 nov. 1991 : *Chantier naval* 1913, h/pan. (26,7x34,9) : **GBP 3 850** – ÉDIMBOURG, 13 mai 1993 : *Journée ensoleillée à Étaples*, h/t (54,5x81,5) : **GBP 4 950** – PARIS, 28 juin 1996 : *Le Village* 1928, h/t (65x81) : **FRF 22 000**.

BAKEWELL Esther M., Miss
XIXe siècle. Active à Londres. Britannique.
Paysagiste.
Elle exposa entre 1888 et 1891 à la Royal Academy de Londres et à Suffolk Street.

BAKEWELL H., Miss
XIXe siècle. Britannique.
Peintre de fleurs.
Elle exposa à Londres de 1877 à 1893.

BAKHARIEV Alexandre
Né en 1950. XXe siècle. Russe.
Peintre de figures, paysages animés, intérieurs. Post-impressionniste.
Il fut élève de l'Institut Répine des Beaux-Arts de Léningrad, puis membre de l'Association des Peintres de Léningrad.
Dans une technique postimpressionniste tardive, il évoque un monde onirique qui échappe totalement aux contingences d'une époque d'astreintes institutionnelles.
BIBLIOGR. : In : Catalogue de la vente *L'École de Léningrad*, Drouot, Paris, 19 nov. 1990.
MUSÉES : BRATISLAVA (Gal. Nat.) – HELSINKI (Gal. d'Art Contemp.) – MOSCOU (min. de la Culture) – SAINT-PÉTERSBOURG (Mus. Russe) – SAINT-PÉTERSBOURG (Mus. de l'Inst. Répine) – SAINT-PÉTERSBOURG (Mus. de la Révolution.) – TOKYO (Gal. d'Art Gue-Kosso).
VENTES PUBLIQUES : PARIS, 27 nov. 1989 : *Le rêve* 1987, h/t (64x47) : **FRF 6 000** ; *Ondine* 1988, h/t (63x70) : **FRF 5 500** – PARIS, 11 juin 1990 : *L'attente*, h/t (74x81) : **FRF 20 000** – PARIS, 19 nov. 1990 : *Les courses de chevaux*, h/t (60x74) : **FRF 11 000** – PARIS, 27 jan. 1992 : *Le repos*, h/t (60x80) : **FRF 6 000** – PARIS, 3 juin 1992 : *L'hippodrome*, h/t (80x100) : **FRF 6 000** – PARIS, 7 oct. 1992 : *Le thé dans le jardin*, h/t (79,7x70,3) : **FRF 3 700** – PARIS, 25 jan. 1993 : *La lutte*, h/t (55,2x60) : **FRF 8 800**.

BAKHTIAROVA Sania
Née en 1949 à Léningrad. XXe siècle. Russe.
Peintre de portraits.
Elle fréquenta l'École d'Art V. A. Serov de Léningrad, puis l'Académie des Beaux-Arts et l'Institut Répine. Elle y fut l'élève de I. A. Serebriany. Elle est membre de l'Union des Peintres d'URSS.
Elle peint des scènes touchantes : *Le premier vélo, Sur le banc du jardin*, qui ont pour acteur des enfants.
VENTES PUBLIQUES : PARIS, 18 fév. 1991 : *Le premier vélo*, h/t (71x54) : **FRF 6 000**.

BAKHUISEN Ludolf. Voir **BAKHUYZEN**

BAKHUYZEN Alexandre Hiéronymus
Né en 1826, ou 1830 ? à La Haye. Mort en 1878. XIXe siècle. Hollandais.
Peintre de paysages typiques, ruraux et d'eau, animalier, graveur.
Il étudia sous la direction de son oncle, Hendrik Bakhuyzen.
Il s'est totalement investi dans l'illustration des paysages typiques de Hollande et des occupations quotidiennes de leurs habitants. Graveur, on a de lui un paysage à l'eau-forte, daté de 1856.
MUSÉES : LA HAYE (Mus. comm.) : *Vue dans un bois*.
VENTES PUBLIQUES : VIENNE, 14 mars 1967 : *Printemps* : **ATS 9 000** – AMSTERDAM, 20 nov. 1973 : *Paysage d'été* 1877 : **NLG 3 200** – AMSTERDAM, 6 sep. 1976 : *Paysage au moulin* 1860, h/t (48x73) : **NLG 3 600** – LONDRES, 5 oct. 1979 : *La route du village*

1865, h/t (25x34,3) : **GBP 850** – LONDRES, 19 juin 1981 : *Ramasseurs de fagots dans un paysage boisé*, h/t (80x100,3) : **GBP 1 500** – LONDRES, 18 juin 1986 : *Paysage au moulin animé de personnages*, h/t (91x123,5) : **GBP 5 000** – AMSTERDAM, 26 mars 1988 : *Vaches dans un pré bordant un étang*, h/pan. (26,5x21,5) : **NLG 2 760** – AMSTERDAM, 16 nov. 1988 : *Paysage boisé avec une paysanne près d'une clôture et une dame se promenant sur un sentier forestier 1860*, h/pan. (30x44,5) : **NLG 3 450** – AMSTERDAM, 30 oct. 1990 : *Paysage de polder avec un personnage sur un chemin et des vaches dans une prairie 1877*, h/pan. (29,5x39) : **NLG 2 760** – AMSTERDAM, 5-6 fév. 1991 : *Paysage de polder avec un voyageur sur un sentier sablonneux et des vaches dans une prairie 1877*, h/pan. (29,5x39) : **NLG 2 300** – AMSTERDAM, 22 avr. 1992 : *Paysage fluvial boisé avec des paysans sur un sentier près d'une ferme ; Paysage fluvial boisé avec une paysanne sur un sentier longeant un canal*, h/pan., une paire (14x17,5) : **NLG 8 050** – AMSTERDAM, 19 oct. 1993 : *Paysage boisé avec des vaches dans une prairie près d'une ferme*, h/pan. (29x39) : **NLG 3 220** – AMSTERDAM, 19 avr. 1994 : *Paysage animé 1854*, h/pan. (22,5x30) : **NLG 4 140**.

BAKHUYZEN Gerardina Jacoba Van de Sande ou Backhuyzen

Née le 27 juillet 1826 à La Haye. Morte le 19 septembre 1895. XIXe siècle. Hollandaise.

Peintre de natures mortes, fleurs.

Fille de Hendrik Bakhuyzen et sœur de Julius Jacobus. Elle étudia sous la direction de son père, et plus tard, reçut plusieurs médailles pour ses aquarelles de 1870 à 1880. En 1880, elle exposa à la Grafton Gallery à Londres.

MUSÉES : AMSTERDAM : *Fleurs et fruits* – LA HAYE (Mus. comm.) : *Roses et pavots – L'automne, fruits* – ROTTERDAM (Mus. Boymans) : *Fleurs et fruits*.

VENTES PUBLIQUES : AMSTERDAM, 27 avr. 1976 : *Nature morte aux fruits*, h/t (20x27) : **NLG 8 200** – AMSTERDAM, 24 mars 1980 : *Fleurs des champs*, h/pan. (26,5x35) : **NLG 17 000** – AMSTERDAM, 14 avr. 1986 : *Nature morte aux fruits et aux fleurs 1866*, h/pan. (22,7x34) : **NLG 16 500** – AMSTERDAM, 28 fév. 1989 : *Nature morte de roses, asters et phlox sur le sol d'une forêt*, h/t (35x47,5) : **NLG 25 300** – AMSTERDAM, 25 avr. 1990 : *Nature morte d'un vase de roses*, aquar. (35x24) : **NLG 6 670** – AMSTERDAM, 2 mai 1990 : *Chrysanthèmes dans un vase sur une table*, h/t (51x43) : **NLG 10 925** – AMSTERDAM, 24 avr. 1991 : *Roses roses et chèvre feuille dans un panier sur de la mousse*, h/t (54x65) : **NLG 28 750** – LONDRES, 16 mars 1994 : *Nature morte de roses et de camélias sur un entablement de pierre*, h/pan. (30x40,7) : **GBP 16 100** – AMSTERDAM, 8 nov. 1994 : *Nature morte de roses et de baies de sureau sur un sol moussu 1876*, h/t (37x59) : **NLG 103 500**.

BAKHUYZEN Gerrit ou Backhuyzen

Né vers 1700 ou 1721 à Amsterdam. Enterré à Rotterdam le 27 décembre 1760. XVIIIe siècle. Hollandais.

Peintre amateur.

Fils d'un Joh. Bakhuyzen, il était le frère de Ludolf Bakhuyzen le Jeune et le petit-fils de Ludolf Bakhuyzen l'ancien, peintre de marines. Fabricant de tuiles, il avait acheté une tuilerie à Rotterdam et devint citoyen de cette ville le 1er juin 1741. Il peignit plusieurs portraits. C'est d'après lui que P. Tanje a gravé celui de Wilhelm Vinck, docteur à Rotterdam, et celui de Cornelis van Oeveren.

MUSÉES : AMSTERDAM : *Portrait de l'artiste par lui-même*.

BAKHUYZEN Hendrik Van de Sande ou Backhuyzen

Né le 2 janvier 1795 à La Haye. Mort le 12 décembre 1860 à La Haye. XIXe siècle. Hollandais.

Peintre de genre, animaux, paysages animés, paysages, graveur.

Il fut élève de J. Heijmans, mais il se perfectionna dans l'art par l'étude de la nature en Hollande, en Belgique et en Allemagne. Plusieurs médailles lui furent décernées aux expositions ; il fut nommé membre de l'Académie d'Amsterdam en 1822 et président de l'École de dessin de La Haye. Il fut l'un des maîtres paysagistes hollandais du XIXe siècle. On a de lui six petites eaux-fortes, représentant des paysages. Heindrik Bakhuyzen fut le maître de W. Roelofs. Une exposition à Munich, en 1905, a présenté de lui : *Étable de brebis à Drenthe*.

Il peignit des paysages et des pâturages, des scènes hivernales, des scènes maritimes qui firent sensation.

[signature : D. S. Bakhuyzen]

MUSÉES : AMSTERDAM : *Paysage en Gueldre – Ruines du château de Brederode* – BERNE : *Forêt de chênes, avec chasse* – GENÈVE :

Entrée d'un port hollandais – MOSCOU (Gal. Roumianzeff) : *Paysage* – MUNICH : *Paysage d'hiver en Hollande – Paysage d'hiver* – ROTTERDAM (Mus. Boymans) : *Paysage hollandais – Paysage allemand* – ROTTERDAM (Beaux-Arts Russes) : *Automne*.

VENTES PUBLIQUES : PARIS, 1826 : *Paysage* : **FRF 61** – PARIS, 1842 : *Paysage* : **FRF 155** – PARIS, 1850 : *Paysage avec bétail* : **FRF 2 751** – PARIS, 1861 : *Paysage avec animaux* : **FRF 1 000** – LA HAYE, 1871 : *Vaches et moutons* : **FRF 2 618** – PARIS, 1896 : *Le Matin en plaine* : **FRF 1 450** – NEW YORK, 21 mars 1922 : *Bateaux dans un port* : **USD 180** – LONDRES, 19 jan. 1923 : *Vaches et moutons dans un pré* : **GBP 11** – PARIS, 21 mai 1927 : *Retour du troupeau* : **FRF 2 000** – PARIS, 24 juin 1929 : *Paysage avec route animée de cinq figures*, dess. : **FRF 240** – NEW YORK, 12 nov. 1931 : *Midi, berger dans un paysage 1855* : **USD 575** – PARIS, 9 déc. 1938 : *Troupeau au pâturage*, lav. : **FRF 300** – PARIS, 9 mars 1951 : *La prairie* : **FRF 70 000** – COLOGNE, 2-6 nov. 1961 : *Vaches dans la prairie* : **DEM 2 200** – LONDRES, 13 mars 1964 : *Paysage avec un pont* : **GNS 500** – AMSTERDAM, 2 nov. 1965 : *Berger et troupeau de moutons près de l'étable* : **NLG 16 500** – LONDRES, 7 mai 1971 : *Paysage boisé* : **GNS 800** – LONDRES, 14 juin 1972 : *Troupeau à l'abreuvoir* : **GBP 650** – AMSTERDAM, 27 avr. 1976 : *Troupeau au bord d'une rivière 1844*, h/pan. (51x67) : **NLG 13 000** – AMSTERDAM, 26 avr. 1977 : *Paysage au pont de bois*, h/pan. (69x54) : **NLG 33 000** – LONDRES, 16 fév. 1979 : *Vue d'une ville de Hollande en hiver*, h/t (65,4x34,3) : **GBP 850** – LONDRES, 19 juin 1981 : *Troupeau à l'abreuvoir 1846*, h/pan. (68x88,8) : **GBP 3 800** – LONDRES, 22 juin 1984 : *Moissonneurs dans un paysage boisé 1822*, h/t (71x84) : **GBP 8 500** – NEW YORK, 29 oct. 1986 : *Charrettes de foin et troupeau dans un paysage*, h/t (70,8x85) : **USD 10 000** – PARIS, 11 mars 1988 : *Sous-bois*, aquar. (37.5x51) : **FRF 5 500** – PARIS, 22 nov. 1988 : *Troupeau s'abreuvant au bord d'une rivière*, lav. gris et lav. brun (23,5x29,5) : **FRF 5 200** – AMSTERDAM, 26 mars 1988 : *Route bordée d'arbres en été*, h/cart. (46x36) : **NLG 3 450** – AMSTERDAM, 16 nov. 1988 : *Berger assis sur un talus veillant sur le bétail dans un paysage vallonné*, h/pan. (51x46) : **NLG 34 500** – *Scène de la vie paysanne avec un couple en train de traire les vaches dans la prairie entourant la ferme 1851*, h/pan. (54x67) : **NLG 43 700** – COLOGNE, 18 mars 1989 : *Paysage fluvial hollandais*, h/pan. (30x38) : **DEM 3 300** – COLOGNE, 20 oct. 1989 : *Paysage fluvial hollandais animé*, h/pan. (30x38) : **DEM 2 600** – LONDRES, 16 fév. 1990 : *Bétail dans un paysage boisé*, h/t (137x193) : **GBP 12 100** – NEW YORK, 1er mars 1990 : *La halte le long du chemin 1826*, h/t (74,3x95,2) : **USD 28 600** – AMSTERDAM, 2 mai 1990 : *Berger assis sous un arbre veillant sur son troupeau de bétail dans un paysage vallonné*, h/pan. (51x46) : **NLG 43 700** – AMSTERDAM, 30 oct. 1990 : *Paysage estival boisé avec des paysans et un fourgon de foin 1851*, h/pan. (54x67) : **NLG 34 500** – AMSTERDAM, 5-6 fév. 1991 : *L'heure de la traite 1835*, h/pan. (46,5x62) : **NLG 14 950** – AMSTERDAM, 24 avr. 1991 : *Famille de paysan dans un traîneau sur un canal gelé près des fortifications d'une ville 1848*, h/pan. (37x51) : **NLG 46 000** – LONDRES, 18 mars 1992 : *Paysage d'hiver animé*, h/pan. (48x64) : **GBP 3 850** – NEW YORK, 28 mai 1992 : *Bétail au pré 1859*, h/t (139,7x190,5) : **USD 25 300** – AMSTERDAM, 21 avr. 1994 : *Paysage vallonné et boisé avec des gardiens de bestiaux et leurs bêtes 1825*, h/pan. (51,5x62,5) : **NLG 25 300** – LONDRES, 12 juin 1996 : *Vaches près d'un cours d'eau*, h/pan. (31x41) : **GBP 7 130** – LONDRES, 21 nov. 1996 : *Scène campagnarde avec vaches et moutons près d'une rivière 1846*, h/t (152,4x192,4) : **GBP 18 400** – AMSTERDAM, 27 oct. 1997 : *Des vaches et un mouton près d'un torrent*, h/pan. (50x37) : **NLG 28 320**.

BAKHUYZEN Julius Jacobus Van de Sande ou Backhuyzen

Né le 18 juin 1835 à La Haye. Mort en 1925 à La Haye. XIXe-XXe siècles. Hollandais.

Peintre de paysages animés, aquarelliste, graveur, dessinateur.

Fils de Hendrik Bakhuyzen, il fut instruit par son père, mais il se distingua par une note toute personnelle. En 1866, il étudia à Düsseldorf avec Sadée. Ses aquarelles et ses tableaux lui valurent des prix à différentes expositions et, en 1873, la grande médaille à l'Exposition d'Amsterdam. En 1880, Bakhuyzen exposa à la Grafton Gallery de Londres.

Cet artiste a été surtout remarqué pour ses vues de villes. Il grava aussi quelques paysages, ainsi que la *Vue de La Haye*, d'après J. Van Goyen. Il sut prendre part au renouveau de la peinture de paysage hollandaise, qu'illustra particulièrement Jongking.

MUSÉES : AMSTERDAM : *Paysage au crépuscule – Le moulin à eau* –

Paysage au soleil couchant – *Paysage* – HAARLEM (Mus. Teyler) – LA HAYE (Mus. comm.) : *Maison du garde forestier* – *Dans les bois de La Haye* – *Étang près de Nimègue* – MUNICH : *Village dans les dunes* – ROTTERDAM (Mus. Boymans) : *Vue de La Haye* – *Giboulées de mars.*

VENTES PUBLIQUES : PARIS, 1860 : *Jeune femme jouant de la mandoline,* dess. : **FRF 20** – PARIS, 1878 : *Un combat de taureaux,* aquar. : **FRF 200** – PARIS, 1881 : *Vue de ville, La Haye* : **FRF 1 155** – PARIS, 1892 : *Un canal en Hollande* : **FRF 65** – AMSTERDAM, 1892 : *Vue de Leyde* : **FRF 1 638** – PARIS, 1900 : *Zaadam* : **FRF 2 310** – LONDRES, 24 mai 1909 : *De bon matin, en Hollande,* dess. : **GBP 13** – PARIS, 28-29 juin 1926 : *Berger et son troupeau,* sépia : **FRF 300** – AMSTERDAM, 31 oct. 1977 : *Paysage d'hiver avec patineurs,* aquar. (11,5x17) : **NLG 2 200** – AMSTERDAM, 9 mai 1978 : *Paysage fluvial boisé, h/pan.* (29,5x45,5) : **NLG 7 000** – AMSTERDAM, 29 oct. 1979 : *Vue de La Haye 1872,* aquar. et craie noire (36,5x55,6) : **NLG 11 500** – NEW YORK, 25 jan. 1980 : *Troupeau au pâturage* 1865, aquar. (35x53) : **USD 1 300** – PARIS, 13 déc. 1982 : *Bord de rivière avec vaches et moutons,* encre et lav. (35x46) : **FRF 3 000** – AMSTERDAM, 16 nov. 1988 : *Paysans faisant la fenaison dans une prairie* 1868, h/t (37x59) : **NLG 11 500** – AMSTERDAM, 19 sep. 1989 : *Paysage boisé avec du bétail dans une prairie,* h/t/cart. (44,5x37,8) : **NLG 9 775** – NEW YORK, 28 fév. 1990 : *Fin de journée* 1881, h/t (72,4x48,3) : **USD 8 800** – AMSTERDAM, 24 avr. 1991 : *Pont dans les environs de la ville de Ambt,* h/t/cart. (37x46) : **NLG 3 220** – AMSTERDAM, 17 sep. 1991 : *Paysage boisé avec des hérons sous un chêne,* h/t (35,5x46) : **NLG 1 495** – AMSTERDAM, 14-15 avr. 1992 : *Vue de Leyde,* h/t (48x72) : **NLG 9 430** – AMSTERDAM, 3 nov. 1992 : *Paysans sur un sentier,* h/t/cart. (35x44,5) : **NLG 4 025** – AMSTERDAM, 19 oct. 1993 : *Paysage fluvial avec un paysan menant sa charrette sur le chemin de halage avec un village fortifié au fond,* h/t (45,5x69) : **NLG 6 900** – LONDRES, 15 juin 1994 : *À l'orée du bois,* h/t/pan. (43x34) : **GBP 4 830** – AMSTERDAM, 11 avr. 1995 : *Barque hollandaise échouée,* h/t (80x60) : **NLG 4 248** – AMSTERDAM, 5 nov. 1996 : *Chevaux sur un chemin de halage près d'un château,* h/t (44,5x68,5) : **NLG 9 440.**

BAKHUYZEN Ludolf, l'Aîné ou **Bakhuysen, Backhuyzen**
Né le 18 décembre 1631 à Emden (Westphalie). Mort le 17 novembre 1708 à Amsterdam. XVIIᵉ-XVIIIᵉ siècles. Éc. flamande.
Peintre de portraits, marines, paysages, graveur.
Les biographes sont assez peu d'accord sur l'orthographe du nom de cet artiste. On l'a tour à tour écrit Backhuisen, Backhuizen, Bakhuizen et même Backhysen. Il débuta assez tard dans la carrière artistique. Jusqu'à l'âge de dix-huit ans, il travailla dans une maison de commerce de sa ville natale comme calligraphe. Encouragé par la vente de quelques dessins, il vint à Amsterdam et entra dans l'atelier du peintre paysagiste Albert van Everdingen, puis dans celui de Hendrick Dubbels. Il abandonna bientôt la peinture de paysages pour se consacrer exclusivement à la peinture de marines. Backhuysen est un des artistes qui connurent, de leur vivant, la plus haute réputation. Son renom était tel que les souverains d'Europe les plus puissants ne voulaient pas d'autres maîtres que lui ; parmi les augustes élèves, il faut citer le tsar Pierre le Grand, le roi de Prusse, l'électeur de Saxe et peut-être le grand-duc de Toscane. Ce qui est certain c'est que ces princes lui commandèrent de nombreux tableaux. Il montra jusqu'à sa mort une volonté indomptable. Il régla lui-même tous les détails de ses funérailles et mourut en exprimant le vœu que tous les peintres de ses amis fissent usage d'une somme de 78 florins qu'il leur léguait pour se réunir en un banquet après sa mort.
En 1665, il fut chargé par la ville d'Amsterdam d'exécuter le tableau destiné à être offert par la municipalité au ministre français Hugues de Lionne. Cette toile figure aujourd'hui au Musée du Louvre. Parmi ses chefs-d'œuvre, il faut citer : le *Coup de Vent,* au Louvre, et la *Mer agitée,* du musée d'Amsterdam.
Backhuysen a parfois été comparé à Van den Velde, mais ce rapprochement est assez injustifié. Il y a entre leurs deux manières de comprendre la mer des différences profondes. Tandis que Van de Velde est le peintre des mers calmes, Backhuysen se plaît à l'interprétation des grands mouvements de houle et des ciels d'orage sur les flots démontés. Son faire n'a pas la transparence lumineuse ni l'harmonie qui se dégagent des marines de Van de Velde, mais il faut louer sans réserve, chez le peintre d'Emden, un souci très vif de l'exactitude et une certaine tendance vers le réalisme moderne. On dit d'ailleurs que cet artiste consciencieux aimait à braver le péril et à se faire conduire dans une barque

légère à l'embouchure du Rhin, les soirs de tempête, pour y étudier d'après nature les effets de lune sur les vagues déferlantes. S'il fut un grand peintre de marines, Backhuysen fut aussi un portraitiste de talent et un très intéressant graveur, surtout dans les dernières années de sa vie. On a de lui une admirable série d'eaux-fortes qu'il exécuta à l'âge de soixante et onze ans.
■ M. Boucheny de Grandval

MUSÉES : AMSTERDAM : *Mer agitée* – *Eau calme* – *Portrait du peintre* – *Le grand pensionnaire Johann de Witt se rend, en qualité de plénipotentiaire des États généraux, à bord de la flotte néerlandaise, le 13 septembre 1665* – *L'Y devant Amsterdam, vue prise de l'embarcadère du Mosselsteeiger* – *Mer houleuse* – *Le Zuydersee* – *Le Haarlemmer meer* – *L'Y devant Amsterdam,* deux œuvres – *Le Chantier de l'amirauté à Amsterdam* – *Peintre dans son atelier* – *Portrait du peintre, lui-même* – *Anna de Hooghe,* deux œuvres – *Johannes Bakhuysen* – *Jan de Hooghe* – *La famille Bakhuysen et de Hooghe* – *Un village de pêcheurs* – ANVERS : *Le « Jakob », navire de guerre hollandais* – BÂLE : *Vaisseaux de guerre hollandais* – BERLIN (Mus. roy.) : *Mer, un peu agitée* – BERNE : *Bataille navale* – BORDEAUX : *Marine* – *Marine* – BRÊME : *Marine* – *Marine* – BRUXELLES : *Tempête sur les côtes de la Norvège* – COLOGNE : *Mer* – *Marine* – COPENHAGUE : *Matin* – *Soir* – *Entrée d'un port* – *Paysage d'hiver* – *Une tempête* – *Combat entre la flotte hollandaise et la flotte franco-anglaise, le 28 octobre 1673* – DUBLIN : *La flotte hollandaise de l'Inde de l'Est quittant le port* – *Une brise fraîche, soldats hollandais et yacht,* pl. – ÉDIMBOURG : *Coup de vent* – LA FÈRE : *Marine* – *Un naufrage* – *Marine* – FLORENCE (Palais Pitti) : *Marine* – FRANCFORT-SUR-LE-MAIN : *Une baie à Amsterdam* – GLASGOW : *Orage et naufrage* – *Orage sur mer* – *Marine, coup de vent* – *Préparations pour l'orage* – *Vaisseaux dans un coup de vent* – HAMBOURG : *Marine* – LE HAVRE : *Barques de pêche* – LA HAYE : *Débarquement de Guillaume III, roi d'Angleterre* – *Entrée d'un port hollandais* – *Vue du chantier des Indes Orientales à Amsterdam* – LEIPZIG : *Mer agitée* – LILLE : *Combat naval* – LONDRES (Nat. Gal.) : *Marine hollandaise* – *Scène de rivage* – *En vue de l'embouchure de la Tamise* – *Marine, l'estuaire d'une rivière* – *Bateaux dans la tempête* – LONDRES (Wallace) : *Marine* – *Tempête* – LYON : *L'ouragan en mer* – MAYENCE : *Marine* – MOSCOU (Gal. Roumianzeff) : *Une tempête sur la mer* – *Vue de la mer* – MUNICH (Pina.) : *Le port d'Amsterdam* – NANCY : *Pêche à la baleine* – NANTES : *Marine* – NORWICH : *L'approche de la bourrasque* – ORLÉANS : *Marine,* dess. – PARIS (Louvre) : *La mer au Helder* – *Mer agitée* 1675 – *Marine* – *Vaisseau hollandais* – *Le Port d'Amsterdam* 1666 – *Escadre hollandaise* 1675 – LA ROCHELLE : *Marine* – ROTTERDAM (Mus. Boymans) : *Port hollandais par beau temps* – *Port hollandais par tempête* – SAINT-PÉTERSBOURG (Ermitage) : *Un naufrage* – *Marine d'un homme âgé* – STOCKHOLM : *Lieu d'atterrissage près d'une hôtellerie* – *Paysage d'hiver* – STUTTGART : *Mer agitée* – TOURNAI : *Marine* – VIENNE : *Paysage* – *Port d'Amsterdam* – *Tempête sur mer* – YPRES : *Tempête.*

VENTES PUBLIQUES : PARIS, 1766 : *Vue de l'Y* : **FRF 1 155** – PARIS, 1771 : *Une pleine mer un peu agitée* : **FRF 1 665** – PARIS, 1776 : *Vue des environs de Scheveningue* : **FRF 5 000** – PARIS, 1817 : *Marine avec figures* : **FRF 10 000** – PARIS, 1824 : *Vue de l'embouchure de la Tamise* : **FRF 38 425** – PARIS, 1825 : *Marine* : **FRF 13 100** – PARIS, 1841 : *Vue des environs de Scheveningue* : **FRF 9 200** – PARIS, 1842 : *Vue d'Amsterdam* : **FRF 6 000** – PARIS, 1844 : *Marine* : **FRF 5 300** – LONDRES, 1844 : *Mer agitée* : **FRF 12 875** – PARIS, 1845 : *Vue de l'embouchure de la Tamise* : **FRF 38 475** – PARIS, 1845 : *Bâtiments en rade* : **FRF 23 200** – LONDRES, 1896 : *Vue sur le Zuyderzee* : **FRF 22 050** – NEW YORK, 26-27 fév. 1903 : *Vaisseaux* : **USD 160** – LONDRES, 1907 : *Engagement naval* : **GBP 16** – LONDRES, 21 jan. 1908 : *Vue d'une côte* : **GBP 8** ; *Vue sur mer, officiers de marine* : **GBP 525** – LONDRES, 16 déc. 1908 : *Deux marines,* dess. : **GBP 11** – LONDRES, 23 juil. 1909 : *Le Débarquement de William d'Orange à Torbay* : **GBP 8** – NEW YORK, 1909 : *Marine* : **USD 350** – LONDRES, 5 mai 1914 : *Port d'Amsterdam* : **GBP 525** – LONDRES, 30 mai 1919 : *Embouchure d'une rivière* : **GBP 220** – LONDRES, 27 juin 1919 : *Dutch men of war* : **GBP 420** – PARIS, 9 fév. 1928 : *Portrait de femme* : **FRF 5 200** – LONDRES, 17-18 mai 1928 : *Forte brise en mer* 1663 : **GBP 546** – PARIS, 7-8 juin 1928 : *Bord de rivière animée de voilier, barques de* *pêcheurs*, lav. de sépia : **FRF 3 500** – Paris, 28 juin 1928 : *Marine par gros temps* : **FRF 6 100** – Paris, 13-15 mai 1929 : *Navire au radoub*, dess. : **FRF 2 100** – Paris, 8 déc. 1933 : *Vue d'un port*, pl. et lav. d'encre de Chine : **FRF 900** – Paris, 11 déc. 1934 : *Mer houleuse* : **FRF 9 000** – Paris, 20 mai 1935 : *Temps orageux* : **FRF 1 800** – Paris, 17 déc. 1935 : *Marins et pêcheurs sur un rivage*, lav. d'encre de Chine : **FRF 1 700** – Londres, 17 juil. 1936 : *Bateaux en mer ; Faubourgs d'une ville en Hollande*, deux dess. : **GBP 96** – Paris, 14-15 juin 1937 : *Navires et barques à voiles*, pl. et lav. d'encre de Chine : **FRF 680** – Londres, 31 mars 1939 : *L'Artiste en costume noir* : **GBP 96** – Paris, 11 déc. 1940 : *Barques de pêche*, pl. et sépia lavé de bistre : **FRF 2 300** – Paris, 10 fév. 1943 : *Voiliers en haute mer*, Éc. de B. : **FRF 27 000** – Paris, 20 déc. 1948 : *Tempête en vue d'une côte* : **FRF 58 000** – Paris, 25 avr. 1951 : *Navires sur une mer démontée* : **FRF 85 000** ; *Grande marine par temps couvert* : **FRF 152 000** – Paris, le 24 mars 1953 : *Marine* : **FRF 180 000** – Paris, le 30 nov. 1954 : *Marine* : **FRF 210 000** – Paris, 24 juin 1960 : *Marine* : **FRF 3 100** – Londres, 21 juin 1961 : *Vaisseaux de guerre et autres bateaux* : **GBP 240** – Londres, 25 juil. 1962 : *Un voilier hollandais* : **GBP 1 550** – Paris, 4 déc. 1963 : *La Plage* : **FRF 6 500** – Amsterdam, 3-9 nov. 1964 : *Marine* : **NLG 15 000** – Londres, 29 oct. 1965 : *Marine* : **GNS 4 000** – Londres, 8 juin 1966 : *Bord de mer* : **GBP 1 400** – Amsterdam, 28 nov. 1967 : *Marine* : **NLG 7 000** – Londres, 5 déc. 1969 : *Voiliers en pleine mer* : **GNS 4 500** – Londres, 16 nov. 1973 : *Scène d'estuaire* : **GNS 4 500** – Vienne, 16 mars 1976 : *Voiliers en mer*, h/t (42x53) : **ATS 150 000** – Londres, 8 juil. 1977 : *Bateaux sous la brise 1671*, h/t (120,5x162,5) : **GBP 38 000** – Londres, 23 juin 1978 : *Vues d'Amsterdam, Rotterdam, etc.*, neuf eaux-fortes : **GBP 400** – Londres, 4 mai 1979 : *Voiliers par grosse mer au large d'une jetée*, h/t (45,6x56,2) : **GBP 7 500** – Berne, 21 juin 1979 : *Vue de la mer au large de Haarlem 1687*, pl. et lav. (16,8x28,7) : **CHF 4 300** – Vienne, 17 mars 1981 : *Bateaux de pêche au large de la côte*, h/t (40,5x55) : **NLG 38 000** – Amsterdam, 16 nov. 1981 : *Voiliers par forte mer*, pl. et lav./trait (16,2x27,5) : **NLG 5 800** – Amsterdam, 15 nov. 1983 : *Bateaux en mer*, pl. et lav./craie noire/pap. (16,4X24,8) : **NLG 5 400** – Londres, 6 avr. 1984 : *Le Retour des pêcheurs*, h/t (59,8x75,8) : **GBP 7 500** – Londres, 19 avr. 1985 : *Bateaux hollandais drossés sur une côte rocheuse 1667*, h/t (111,8x165,1) : **GBP 110 000** – Londres, 11 avr. 1986 : *Bateaux sur la rivière Ij à Amsterdam par temps orageux 1666*, h/t (77,5x108,5) : **GBP 170 000** – Paris, 14 juin 1988 : *Marine hollandaise par temps calme*, h/pan. (34,5x46) : **FRF 95 000** – Heidelberg, 14 oct. 1988 : *Vaisseaux à l'ancre* (10,2x19,9) : **DEM 1 200** – Amsterdam, 14 nov. 1988 : *Deux petits voiliers hollandais*, encre (13,6x17,9) : **NLG 4 830** – Paris, 18 mars 1988 : *Marine au large d'Amsterdam*, t. (49,5x68,5) : **FRF 340 000** – Paris, 26 juin 1989 : *Marine hollandaise par temps calme*, h/t (32x39) : **FRF 76 000** – New York, 12 oct. 1989 : *Voiliers dans une mer houleuse 1698*, h/t (41,3x49,5) : **USD 6 050** – Londres, 8 déc. 1989 : *Vaisseau de guerre échoué près d'un yacht tirant une salve pour l'arrivée d'un trois-mâts tandis que des pêcheurs déchargent leur barque au premier plan*, h/t (60,5x77,2) : **GBP 26 400** – Stockholm, 16 mai 1990 : *Marine avec des vaisseaux à voiles pris dans la tempête*, h/t (48x65) : **SEK 41 000** – Londres, 1ᵉʳ mars 1991 : *Pêcheurs dans leur barque et à l'arrière plan une chaloupe naviguant d'un trois-mâts à l'autre par forte brise*, h/t (46,3x61,5) : **GBP 12 100** – Amsterdam, 24 nov. 1991 : *Bataille navale*, mine de pb, craie rouge et lav. (14,9x18,3) : **NLG 11 500** – New York, 17 jan. 1992 : *Frégate et yacht hollandais avec pavillon de la ville d'Amsterdam près de la côte avec d'autres bâtiments à distance 1696*, h/t (69,2x74,3) : **USD 55 000** – Amsterdam, 7 mai 1992 : *Trois-mâts hollandais à l'entrée d'un port avec des pêcheurs au premier plan 1685*, h/t (37,8x48) : **NLG 20 700** – Monaco, 20 juin 1992 : *Marine*, h/t (54,3x69,3) : **FRF 144 300** – Paris, 22 nov. 1992 : *Navires de haut bord et barques de pêche sous le vent*, h/t (63,5x83,5) : **FRF 170 000** – New York, 15 jan. 1993 : *La barque du passeur et ses passagers accostant à l'approche de l'orage*, h/t (43,2x56,2) : **USD 10 063** – Londres, 9 juil. 1993 : *Galiote et autres embarcations dans la forte brise avec un gentilhomme observant depuis le rivage 1682*, h/t (89x123) : **GBP 38 900** – Stockholm, 30 nov. 1993 : *Voiliers pris dans la tempête en vue des côtes*, h/t (48x65) : **SEK 22 000** – Londres, 10 déc. 1993 : *Le Christ dans la tempête de la mer de Galilée 1695*, h/t (58,3x72,5) : **GBP 78 500** – Amsterdam, 10 mai 1994 : *Bataille navale*, craie noire, encre et lav. (11,9x17,7) : **NLG 20 700** – Amsterdam, 15 nov. 1994 : *Navigation sur l'Ij avec Amsterdam au fond*, encre et lav. (13,6x22,4) : **NLG 32 200** – Paris, 7 juin 1995 : *Un navire de guerre près de la côte par gros*

temps 1679, encre de Chine et lav. (26x35) : **FRF 160 000** – Londres, 5 juil. 1995 : *Goelette, navires marchands de la flotte hollandaise et vaisseau de guerre dans un estuaire par mer houleuse*, h/t (45x58) : **GBP 34 500** – New York, 12 jan. 1996 : *Barque de pêche à voiles et vaisseau de guerre ancré dans un port hollandais*, h/t (45x58,8) : **USD 288 500** – Londres, 13 déc. 1996 : *Bateau ramenant les voiles à l'approche de la tempête*, h/t (48x62) : **GBP 19 550** – Londres, 16 avr. 1997 : *Scène d'hiver d'un lac gelé avec des personnages, un traîneau tiré par un cheval et une barque*, h/t (51,4x66,3) : **GBP 22 425** – Paris, 25 avr. 1997 : *Combat naval*, pl. et lav. d'encre brune (17x25,5) : **FRF 10 000** – Amsterdam, 11 nov. 1997 : *Scène de côte avec des navires hollandais sous le vent*, pl., encre brune et cire (9,6x14,9) : **NLG 7 670** – Paris, 13 juin 1997 : *Les Dessinateurs sur le bord du rivage*, t. (50x70) : **FRF 140 000** – Paris, 20 juin 1997 : *Marine aux bateaux hollandais sur une mer agitée*, t. (45x62) : **FRF 200 000** – Amsterdam, 11 nov. 1997 : *Navires marchands en détresse dans la tempête au large d'une côte rocheuse*, h/t (65,6x80) : **NLG 149 916** – New York, 17 oct. 1997 : *Radeau sur une mer démontée*, h/t (87,6x128,9) : **USD 23 000**.

BAKHUYZEN Ludolf, le Jeune ou **Bakhuysen, Backhuyzen**
Né le 29 août 1717 à Amsterdam. Mort le 6 avril 1782 à Rotterdam. xviiiᵉ siècle. Hollandais.
Peintre d'histoire, batailles, dessinateur.
Fils d'un Joh. Bakhuyzen, il était le frère de Gerrit Bakhuyzen et le petit-fils de Ludolf Bakhuyzen l'ancien, peintre de marines. Il étudia la peinture et le dessin avec le portraitiste Quinkhard, et peignit surtout des épisodes de guerre. Il fit, dans ce but, une campagne en Allemagne, en 1743. Lorsque son frère mourut, en 1760, il prit la direction de sa tuilerie et devint chef de la gilde des fabricants de tuiles, à Rotterdam (1771-1772). Tiebaut Regters fit son portrait en 1748. Le Musée Rijk en possède un second que l'on croit exécuté par l'artiste lui-même.
Ventes Publiques : Paris, 7 fév. 1921 : *La flotte en rade*, pl. : **FRF 310** – Paris, 12 mai 1921 : *Le retour de la pêche* : **FRF 1 050**.

BAKIC Inès
Née en 1951. xxᵉ siècle. Active en France. Yougoslave.
Peintre.
Elle a exposé au Salon Grands et Jeunes d'Aujourd'hui à Paris en 1988.

BAKIC Vojin
Né en 1915 à Bjelovar. xxᵉ siècle. Yougoslave.
Sculpteur.
Il fit ses études à l'Académie des Beaux-Arts de Zagreb, entre 1934 et 1938. Ses premières œuvres ont été détruites par les Allemands en 1941. Il a réalisé, après la guerre, des monuments à la mémoire des résistants. Il a participé à de nombreuses expositions collectives en Europe, notamment à Documenta II de Cassel en 1959.
Son art est passé d'un impressionnisme romantique proche de l'œuvre de Rodin, à un cubisme où les volumes ont été traités avec davantage de liberté, à la suite de son voyage à Paris en 1953, pour enfin s'orienter vers une recherche où disparaît toute imitation de la réalité extérieur, se rapprochant ainsi de l'art d'un Brancusi.

BAKKER Arend ou **Backer**
Né le 14 août 1806 à Rotterdam. Mort le 18 janvier 1843 à Matenesse (aux environs de Schiedam). xixᵉ siècle. Hollandais.
Peintre de sujets de genre.
C'était le troisième fils de Cornelis Bakker. Après avoir été dirigé par son père, il alla passer un an à Anvers dans l'atelier de G. Wappers. De retour dans sa ville natale, il se consacra à la peinture de genre. En 1832, 1836, 1840, il envoya aux expositions de Rotterdam des tableaux représentant des scènes d'intérieur. Le portrait d'Arend Bakker, peint par J.-C.-J. van der Berg en 1835, se trouve au Musée de La Haye.
Ventes Publiques : Amsterdam, 5 juin 1990 : *La joie du retour 1833*, h/pan. (40,5x50,5) : **NLG 6 325**.

BAKKER Barent. Voir **BACKER**
BAKKER Cornelis ou **Backer**
Né le 5 juin 1771 à Goedereede. Mort le 9 janvier 1849 à Rotterdam. xviiiᵉ-xixᵉ siècles. Hollandais.
Peintre et graveur.
Il fut l'élève de A.-C. Hauck, dont il épousa la fille ; il devint citoyen de Rotterdam en 1803, et dans la même année, il fut

nommé capitaine de la gilde de Saint-Luc. Il acquit beaucoup de réputation pour le fini de son dessin, qui lui valut le nom de maître. Il fit des portraits, peignit des miniatures, exécuta des tableaux représentant de petits intérieurs. Plusieurs de ses portraits furent gravés par différents artistes. Celui du pasteur D. Barbé, en 1797, fut reproduit par J. Snoek. Deux portraits du pasteur H. van Hasselt, mort à Amsterdam en 1806, furent gravés par H. Roosing, ainsi que trois portraits de Jac Rijsdijk Taken. L'artiste lui-même grava en collaboration avec A.-C. Hauck une série coloriée de quatorze types de sans-culottes.

VENTES PUBLIQUES : BRUXELLES, 1875 : *Les remèdes les plus simples* : **FRF 4 400** – PARIS, 1876 : *Le malade* : **FRF 1 520** – PARIS, 1877 : *Une crise de vapeurs* : **FRF 2 100** – PARIS, 1880 : *L'Intrigante* : **FRF 2 688** – PARIS, 1888 : *La lecture de la gazette* : **FRF 600** – PARIS, 1889 : *Le journal du matin* : **FRF 1 800** – PARIS, 1895 : *La lecture de la gazette* : **FRF 3 800**.

BAKKER Douwe Jan
Né en 1943 à Heemstede. XXᵉ siècle. Hollandais.
Artiste. Conceptuel.
Il a participé à des expositions collectives depuis 1967, surtout en Hollande. Il figura à la VIIIᵉ Biennale des Jeunes Artistes à Paris en 1973. Quelques expositions personnelles : 1969 Haarlem, 1971 Reykjavih et Mönchen-Gladbach.

BAKKER Frans
Né en 1909 à Bruxelles. XXᵉ siècle. Belge.
Peintre, dessinateur.
Il est surtout connu pour sa création d'affiches touristiques.

BAKKER Franz van
XVIIIᵉ siècle. Travaillait à Amsterdam de 1736 à 1765. Hollandais.
Graveur au burin.
On a de lui des illustrations de livres, édités en 1752, une série de portraits de gouverneurs et une *Vue de l'Hôtel de Ville d'Amsterdam*, en 1765, d'après un dessin de R. Vinkeles. On cite encore de lui : *Caïn tuant Abel, Abel mort, Portrait du prince Maurice d'Orange*.

BAKKER Hubert
XVIIIᵉ siècle. Actif à Middlebourg. Hollandais.
Peintre.
Il fut, à partir de 1763, un des élèves de Pieter Snyders.

BAKKER Job Augustus ou Backer
Né le 4 septembre 1796 à Rotterdam. Mort le 7 juin 1876. XIXᵉ siècle. Hollandais.
Peintre de portraits, animaux.
Fils aîné de Cornelius Bakker et frère d'Arend Bakker, il reçut de son père les premiers éléments de l'art, mais étudia surtout avec les peintres W. van Leen et J. Kouwenhoven. En 1816, il fut nommé maître de dessin de l'Association « Hierdoor tot Hooger », où il déploya la majeure partie de son activité.
Il fit quelques tableaux représentant des paysages et des bestiaux. Il s'adonna particulièrement à l'étude de l'histoire de l'art et écrivit des traités sur ce sujet. Michel Mouzyn a gravé d'après lui : *Vénus couchée, Vénus sur les eaux, accompagnée de l'Amour* et *Ariane abandonnée dans l'île de Naxos*.

VENTES PUBLIQUES : AMSTERDAM, 11 sep. 1990 : *Paysanne menant son bétail dans un paysage estival* ; *Voyageur regardant des bovins dans une prairie depuis le parapet d'un pont*, h/pan., une paire (42x55, 5) : **NLG 7 475**.

BAKKER Patrick
Né en 1910 à Apeldoorn. Mort en 1932. XXᵉ siècle. Hollandais.
Peintre. Expressionniste.
Mort à l'âge de vingt-deux ans, il fit figure de prodige au moment de sa disparition. Il était allé à Paris en 1931 et avait rencontré Léger et Lhote. Ses œuvres très colorées sont d'une intensité expressive soulignée par un dessin assuré.
BIBLIOGR. : In *Dict. Univ. de la Peint.*, Le Robert, Paris, 1975.

BAKKER-KORFF Alexander Hugo
Né le 3 août 1824 à La Haye. Mort le 28 janvier 1882 à Leyde. XIXᵉ siècle. Hollandais.
Peintre de sujets de genre, dessinateur.
Il était le fils de l'écrivain Johannes Bakker-Korff. Il commença par étudier la peinture dans l'atelier de Cornelis Kruseman, mais il entra ensuite à l'Académie de La Haye et s'y perfectionna sous la conduite du professeur von den Berg. C'est là qu'il exécuta ses meilleures œuvres. Il obtint des médailles à diverses expositions

de différents pays et devint membre de diverses Académies de Belgique et de Hollande. Son tableau *La Romance*, qui parut en 1869, consacra définitivement sa réputation.
Korff Bakker fut un indépendant. Son talent est personnel. Il n'obtint pas, au début, le succès qu'il méritait, mais il ne tarda pas à s'imposer. On le désigna sous l'appellation de « Meissonier hollandais ».

MUSÉES : AMSTERDAM : *Sous le palmier* – LEYDE (Lakenhal) : *Tête de femme*, étude – *Le Mélancolique* – *La fête au château* – *La veuve* – NEW YORK : *Bric-à-Brac* 1868.

VENTES PUBLIQUES : NEW YORK, 11-12 avr. 1907 : *Bavardage* : **USD 375** – NEW YORK, 12 avr. 1922 : *La couturière* : **USD 75** – LONDRES, 12 mars 1928 : *Un scandale* : **GBP 9** – PARIS, 14-15 déc. 1933 : *La Gimblette* : **FRF 7 300** – AMSTERDAM, 20 juin 1951 : *La convalescente* : **NLG 1 900** – NEW YORK, 27 mars 1956 : *Bric-à-brac* : **USD 700** – AMSTERDAM, 3 nov. 1959 : *Intérieur avec une femme en couches* : **NLG 3 100** – AMSTERDAM, 3-9 nov. 1964 : *La marchande de bric-à-brac* : **NLG 17 200** – AMSTERDAM, 28 nov. 1967 : *La romance* : **NLG 62 000** – LONDRES, 4 fév. 1972 : *L'heure du thé* : **GNS 550** – AMSTERDAM, 31 oct. 1977 : *La Sérinette* 1859, h/pan. (13,5x17,5) : **NLG 15 000** – AMSTERDAM, 22 avr. 1980 : *La lecture du matin* 1870, h/pan. (16x12,8) : **NLG 23 000** – AMSTERDAM, 16 nov. 1988 : *La lecture de la gazette* 1866, h/pan. (20x15) : **NLG 29 900** – AMSTERDAM, 10 avr. 1990 : *La Gazette*, encre/pap. (21,1x16,3) : **NLG 1 840** – AMSTERDAM, 25 avr. 1990 : *Femme lisant un journal dans un intérieur*, h/pan. (21x17) : **NLG 3 220** – AMSTERDAM, 23 avr. 1991 : *La visite*, h/pan. (12,5x9,5) : **NLG 11 500** – AMSTERDAM, 14-15 avr. 1992 : *Dans la cuisine*, h/pap. (14x11,5) : **NLG 2 300** – AMSTERDAM, 5 nov. 1996 : *Lecture du journal à la table familiale* 1867, h/pan. (26,5x36,5) : **NLG 80 240**.

BAKLEWSKI Peter Michailowitsch
XIXᵉ siècle. Russe.
Peintre et dessinateur.
Élève de Latour et de Vidal, à Paris, il a surtout exécuté des pastels. On cite les portraits du comte L.-A. Nesselrode, de K.-T. Soldatenko et le sien propre. Il a illustré les ouvrages de Stachowitsch, un conte de W. J. Dahl, deux comédies d'Ostrowski et *Les Âmes mortes* de Gogol.

BAKOF Julius
Né le 23 mars 1819 à Hambourg. Mort le 9 novembre 1857. XIXᵉ siècle. Allemand.
Paysagiste.
De 1839 à 1857, il voyagea en Bavière, à Hambourg, dans le Schleswig et en Suisse. Il vint alors à Paris et alla à Barbizon. Bakof fut un romantique ; il peignit des forêts, des montagnes, des moulins, des forges, des ruines, le lac de Vierwaldstätter et celui de Genève, dont il représenta l'aspect pendant les différentes saisons de l'année, ainsi qu'aux divers phases du jour. En 1843 il peignit deux paysages : *Matin* et *Soir* qui furent exposés en 1906 au Palais de cristal à Munich.
VENTES PUBLIQUES : COLOGNE, 16 oct. 1964 : *Paysage alpestre avec chaumière* : **DEM 500**.

BAKONUR A. C.
XVIIIᵉ siècle. Actif à la fin du XVIIIᵉ siècle à Utrecht. Allemand.
Graveur.

BAKOS Ildiko
Né en 1948 à Gyongyos (Hongrie). XXᵉ siècle. Hongrois.
Sculpteur.
Diplômé de l'École des Beaux-Arts de Budapest, il a exposé plusieurs fois au Studio des Jeunes Artistes et participe régulièrement à la Foire Internationale de Petite Sculpture de Budapest. Il a eu une exposition en 1987 au Ernst Museum de Budapest. Dès 1978 il avait participé à la Biennale des Jeunes Peintres de Paris. Il est représenté dans les Collections Ludwig en Allemagne.
VENTES PUBLIQUES : PARIS, 14 oct. 1991 : *Roseau III*, sculpt. bronze (H. 170) : **FRF 7 000**.

BAKOS Joseph G.
Né en 1891 à Buffalo (New York). Mort en 1976. XXᵉ siècle. Américain.
Peintre de paysages, sculpteur.
VENTES PUBLIQUES : NEW YORK, 23 sep. 1992 : *Paysage de l'Ouest*, h/t (45,5x60,5) : **USD 4 950**.

BAKOS Tamas
Né en 1958 à Budapest. XXᵉ siècle. Hongrois.
Peintre, technique mixte.

Il est diplômé de l'École des Beaux-Arts et appartient au Studio des Jeunes Artistes. Il est professeur au Collège de Formation des Maîtres de Hongrie. Il a eu plusieurs expositions individuelles à Budapest.
VENTES PUBLIQUES : PARIS, 14 oct. 1991 : *Transylvanie*, techn. mixte (70x50) : **FRF 6 000**.

BAKOTIC Fulgentius
Né à Gomiliza. Mort en 1793 en Ombrie. XVIIIe siècle. Italien.
Sculpteur sur bois.
Plusieurs églises et couvents de la Dalmatie, ainsi que de l'Italie, possèdent des figures de saints sculptées par cet artiste, dans l'ivoire et le bois.

BAKOWSKI Johann
Né le 19 juin 1872 à Cracovie. XIXe-XXe siècles. Polonais.
Peintre de portraits.
Elève à l'Ecole d'Art de Cracovie entre 1895 et 1898, il subit l'influence des peintres Axentowicz et Wyczolkowski. Il suivit également des cours à l'Académie des Beaux-Arts de Munich. Il est essentiellement peintre de portraits.

BAKOWSKI Johann Wincent, comte
Né en 1760 à Wisniowczyk (Pologne). Mort en 1826 à Lemberg. XVIIIe-XIXe siècles. Polonais.
Dessinateur et graveur.
Il travailla en dilettante. La bibliothèque Ossolinski, de Lemberg, possède de lui des dessins et des esquisses. On cite, parmi ses œuvres, le portrait de Joh. Morztyn, grand-maître trésorier, le portrait gravé de Gerhard Dönhof, une gravure : *Vieilles monnaies et médailles*.

BAK Soon Woo
Né en 1957 en Corée du Sud. XXe siècle. Actif en France. Coréen.
Peintre.
Il a exposé au Salon des Réalités Nouvelles à Paris en 1988 et au Salon de Mai en 1989.

BAKST Léon Nicolaevitch, ou Lev Samoilovich, pseudonyme de Rosenberg Lev Samoïlevitch
Né le 10 mai 1866 à Saint-Pétersbourg. Mort le 28 décembre 1924 à Paris. XIXe-XXe siècles. Actif en France. Russe.
Peintre de portraits, nus, scènes de genre, portraits, paysages, peintre à la gouache, aquarelliste, peintre de décors de théâtre, créateur de costumes, dessinateur, illustrateur.
Encouragé très jeune par le sculpteur Antokolski, il fut élève à l'Académie des Beaux-Arts de Saint-Pétersbourg, produisant alors un art encore assez conventionnel avant d'entrer en contact avec Paris, dès 1893, suivant les cours du peintre finlandais Edelfelt. Il s'établit ensuite à Moscou où il s'est démarqué de l'art traditionnel russe. Il se spécialisa dans l'art du portrait et c'est ainsi qu'il se fit connaître à Munich en 1899. Se voulant le défenseur de l'esthétique nouvelle russe, il participe à la fondation du groupe rassemblé autour de la revue *Mir Iskousstva* (Le Monde de l'Art), dirigée par Diaghilev de 1898 à 1904. Sa carrière de décorateur de théâtre et de créateur de costumes s'est épanouie lorsqu'il a travaillé pour les fameux Ballets Russes dirigés par Serge de Diaghilev, qui ont présenté à Paris : *Cléopâtre* en 1909, *Shéhérazade* et *L'oiseau de feu*, l'année suivante, puis *L'Après-midi d'un faune* en 1912, et dont le succès s'est poursuivi jusqu'en 1921. Bakst a également créé les décors et costumes pour *Antigone* et *Hélène de Sparte* en 1911, *Le Spectre de la rose* – *Le Martyre de saint Sébastien* en 1911, ainsi que *Prélude à l'après-midi d'un faune* et *Daphnis et Chloé* en 1912.
Il eut une forte influence sur les arts décoratifs en France, plus particulièrement sur le grand couturier Paul Poiret, apportant d'autre part une large collaboration à Serge Diaghilev, dont il fit le portrait. A la même époque, il a peint les portraits du danseur Nijinski et de la danseuse Ida Rubinstein. Peintre de nus et de paysages, il a également illustré *Le Nez* de Nicolas Gogol, *Anna Pavlova* et *Le Ballet contemporain* de Svetlow.
Bakst a vécu sous l'influence toute naturelle de l'art populaire russe, marqué par des influences orientales, ce qui le prédisposait à un art décoratif proche de l'Art Nouveau. Pour se dégager rapidement de l'académisme russe, il a fait une fusion de ses différents emprunts, sachant profiter de ce qu'il avait appris de l'art moderne français, mais aussi de Aubrey Beardsley, sans oublier les vases grecs, les miniatures persanes et le fauvisme d'Henri

Matisse. Dès 1911, au Salon d'Automne, il se montre un peintre libéré. C'est un coloriste hardi qui donne à son œuvre un rythme scandé par des variations lumineuses. ■ J. B., A. P.

Bakst

BIBLIOGR. : A. Alexandre et Jean Cocteau : *L'Art décoratif de Léon Bakst* – A. Levinson : *L'Œuvre de Léon Bakst pour La Belle au Bois Dormant* et *Histoire de Léon Bakst*, Paris, 1924 – C. Einstein : *Léon Bakst*, Berlin, 1927 – in : *Dict. Univ. de la Peint.*, Robert, Paris, 1975.
MUSÉES : MOSCOU (Gal. Tretiakoff) : *Portrait de V.V. Rosanoff* – *Portrait du compositeur M. A. Balakireff* – *Portrait du compositeur S. M. Liapounoff* – *Le Soir dans les environs d'Aïn Soufour'a* – PARIS (Mus. de la Marine) : *Réception de l'amiral Avellane à Paris* – PARIS (Mus. Nat. d'Art Mod.) : *Projet de costume pour la danse sacrée du ballet le « Dieu bleu »* 1912 – SAINT-PÉTERSBOURG (Mus. russe) : *Portrait de Diaghilev avec sa gouvernante* 1906.
VENTES PUBLIQUES : PARIS, 6 juin 1919 : *Trouhanova, dans « La Péri »*, dansant, gche : **FRF 900** – PARIS, 15 mars 1924 : *Les Bacchantes de Nice*, aquar. gchée : **FRF 1 700** – PARIS, 10 nov. 1926 : *Hindou dansant*, aquar. : **FRF 1 050** – LONDRES, 13 mai 1927 : *Dessin de costume pour Istar* : **GBP 14** – PARIS, 9 fév. 1928 : *Costume de théâtre pour le rôle de Thésée*, aquar. : **FRF 400** – PARIS, 9-10 fév. 1938 : *Le prince charmant*, aquar. reh. d'or et d'argent : **FRF 750** – PARIS, 23 mai 1949 : *Paysage, décor*, pap. marouflé/cart. : **FRF 20 000** – PARIS, 3 mars 1950 : *Jeanne Marnac dans « Shéhérazade »*, aquar. reh. d'argent : **FRF 9 100** – PARIS, 11 déc. 1950 : *Paysage*, aquar./pap. : **FRF 20 000** – LONDRES, 29 avr. 1964 : *Les femmes de bonne humeur*, suite de dix sept gches et cr. représentant les costumes du ballet : **GBP 2 600** – LONDRES, 2 déc. 1966 : *Pierrot et Colombine*, gche aquar. et cr. : **GBP 370** – LONDRES, 9 juil. 1969 : *Nijinski*, aquar. et cr. : **GBP 11 400** – MONTE-CARLO, 26 juin 1976 : *Projet de costume pour la « Danseuse Juive » dans « Cléopâtre »* 1910, aquar., peint. dorée et cr. (31,5x23) : **FRF 68 000** – LONDRES, 25 mai 1977 : *Costume d'une bacchante dans Cléopâtre* 1910, aquar., cr., or et argent (28x21) : **GBP 5 500** – PARIS, 10 mars 1978 : *La Plage du Lido*, h/t (96x152) : **FRF 50 000** – NEW YORK, 24 nov. 1978 : *Caryathis vers* 1919, affiche litho. coul. (228,6x137,2) : **USD 5 000** – NEW YORK, 6 déc. 1979 : *Cléopâtre* 1910, aquar., gche et cr. reh. d'or (44,5x28,5) : **USD 19 000** – LONDRES, 13 mars 1980 : *Costume de la Karsavina dans L'Oiseau de feu* 1910, aquar. et cr. reh. d'or (35x21,5) : **GBP 11 200** – LONDRES, 29 oct. 1981 : *Costume de pèlerin dans Le Dieu bleu* 1911, aquar., gche, cr. et argent (28x22,8) : **GBP 15 500** – NEW YORK, 18 mai 1983 : *Portrait de Picasso* 1917, cr./pap. (26,7X20) : **USD 3 000** – LONDRES, 9 juin 1983 : *Projet de costume pour la Karsavina dans le Dieu bleu* 1911, aquar. reh. d'or/trait de cr. (28x21) : **GBP 12 000** – LONDRES, 26 oct. 1983 : *Au Lido vers* 1911-1912, h/t (92,5x144) : **GBP 1 650** – LONDRES, 15 fév. 1984 : *Les cartes* 1903, gche/trait de cr. (47x62) : **GBP 12 000** – LONDRES, 9 mai 1984 : *Le martyre de saint Sébastien* vers 1911, affiche en coul. (130x400) : **GBP 4 000** – LONDRES, 20 fév. 1985 : *Étude de montagne*, aquar. reh. de gche blanche/trait de cr. (36,5x27,2) : **GBP 950** – COLOGNE, 29 mai 1987 : *Costume d'une servante dans « Phèdre »* vers 1923, aquar./traits de cr. (27x23,1) : **DEM 3 800** – LONDRES, 18 mai 1988 : *Projet de costume pour Ida Rubinstein dans « Istar »*, aquar., fus., peint. or et argent reh. de gche blanche (48,2x31,4) : **GBP 900** – LONDRES, 9 juin 1988 : *Projet de costume pour Maria Kousnetsova dans « Manon »*, gche/cr. (35,1x21,8) : **GBP 2 090** – LONDRES, 14 nov. 1988 : *Paysage d'hiver en Grèce avec une ville fortifiée en haut de falaises abruptes*, aquar./cart. (36x27) : **GBP 1 540** – LONDRES, 6 avr. 1989 : *Nu* 1916, cr. et sanguine (30,5x39,4) : **GBP 4 620** – LONDRES, 5 oct. 1989 : *Les joueuses de cartes*, cr. et gche avec reh. de blanc/pap. (47,5x61) : **GBP 26 400** – NEW YORK, 21 fév. 1990 : *Projet de papier pour « Evergreen House »*, cr. gche et peint. or/pap. (61x46,8) : **USD 2 475** – LONDRES, 10 oct. 1990 : *Croquis de costume pour Cléopâtre* 1910, gche et cr. /pap. (34,8x25) : **GBP 17 600** – NEW YORK, 25-26 fév. 1992 : *Projet de costume pour Pollux dans Hélène de Sparte*, gche, aquar. et peint. or/pap. (63,5x45,7) : **USD 16 500** – PARIS, 30 avr. 1993 : *Portrait de femme*, fus. (60,5x35) : **FRF 7 000** – PARIS, 8 juin 1993 : *Projet de décor* 1922, aquar. gchée (61x83) : **FRF 82 000** – PARIS, 30 jan. 1995 : *Le Martyre de saint Sébastien*, aquar. (31x22) : **FRF 45 000** – LONDRES, 14 déc. 1995 : *Projet de costume de l'une des odalisques du ballet Shéhérazade* 1910, gche et cr. avec reh. d'or et d'argent (34x21,5) : **GBP 38 900** – NEW YORK, 10 oct. 1996 : *Projet de costume pour le jeune Béotien du ballet Narcisse* 1911, aquar. et cr./

pap. (40x26,7) : **USD 11 500** – Londres, 19 déc. 1996 : *Projet de costume pour l'Oiseau de Feu* 1910, dess. (34,3x21,5) : **GBP 55 400** – Paris, 24 mars 1997 : *Portrait d'homme au turban*, aquar. et dess. à la pl. (20,5x12) : **FRF 4 000.**

BAKSTEEN Dirk
Né en 1886 à Rotterdam. Mort en 1971 à Mol (Belgique). xxᵉ siècle. Actif en Belgique. Hollandais.
Peintre et graveur de paysages.
Après avoir fait des études à l'Académie des Beaux-Arts de Rotterdam, il vint s'installer en Belgique, où il entra à l'Académie des Beaux-Arts d'Anvers. Il fut ami et disciple de Jacob Smits. Ses œuvres, et plus particulièrement ses gravures, présentent des sites campinois.
Ventes Publiques : Lokeren, 13 mars 1976 : *Ciel d'orage* 1914, h/pan. (35x30) : **BEF 50 000** – Anvers, 19 oct. 1976 : *Temps de pluie*, h/t (65x70) : **BEF 110 000** – Lokeren, 14 oct. 1978 : *Paysage, l'arbre solitaire sous un gros nuage*, h/t (60x70) : **BEF 290 000** – Lokeren, 17 oct. 1981 : *Village* 1935-1936, sanguine (27x18) : **BEF 28 000** – Anvers, 23 avr. 1985 : *Marine* 1956, h/t (60x76) : **BEF 60 000** – Lokeren, 10 oct. 1987 : *Village sous la neige*, h/t (40x50) : **BEF 240 000** – Lokeren, 23 mai 1992 : *Village au clair de lune* 1961, h/t (30x35) : **BEF 110 000** – Amsterdam, 21 avr. 1994 : *Jolie campagne* 1932, h/t (56x83) : **NLG 2 875** – Lokeren, 9 déc. 1995 : *Chaumière à la tombée de la nuit* 1951, eau-forte/pap. Japon (41,7x55,5) : **BEF 28 000.**

BAKSTEEN Gérard
Né en 1887 à Rotterdam. Mort en 1976 à Turnhout (Belgique). xxᵉ siècle. Actif en Belgique. Hollandais.
Peintre de natures mortes, fleurs.
Frère de Dirk Baksteen. Naturalisé belge depuis 1912, il avait été élève à l'Académie des Beaux-Arts de Rotterdam, avant d'entrer à celle d'Anvers. Il fut élève de J. de Vriendt à l'Institut national supérieur d'Anvers et subit également l'influence de J. Smits.
Bibliogr. : In *Dict. biog. ill. des artistes en Belgique depuis 1830*, Arto, Bruxelles, 1987.
Musées : Anvers .
Ventes Publiques : Amsterdam, 3 sep. 1996 : *Nature morte aux dahlias, roses et autres fleurs dans un vase sur une table avec des champignons*, h/t (90,8x80,5) : **NLG 1 268.**

BAKUSEN Tsuchida Kinji
Né en 1887. Mort en 1936. xxᵉ siècle. Japonais.
Peintre de figures.
Élève à l'Ecole d'Art de Kyôto, où il vivait, il fit aussi ses études sous la direction de Takenchi Seiho. Il fut membre du Kokuga Sôsaku Kyôkai et du Teikoku Bijutsu-in.

BAL Franck
xixᵉ-xxᵉ siècles. Français.
Peintre de paysages.
Il a exposé à Paris au Salon des Indépendants de 1909 et 1910. Il a participé à l'Exposition Internationale de 1937 à Paris.

BAL François
xviiiᵉ siècle. Français.
Peintre.
Expert en 1738, et membre de l'Académie de Saint-Luc.

BAL Gérard
xixᵉ-xxᵉ siècles. Belge.
Peintre.
Prit part à l'Exposition de Bruxelles de 1910.

BAL Jean Baptiste Édouard
Né à Paris. xixᵉ-xxᵉ siècles. Français.
Peintre de portraits, paysages.
Il a régulièrement exposé au Salon, de 1868 à 1901, notamment en 1900 : *Un ami*. C'est un artiste sincère dont la délicatesse s'affirme aussi bien dans ses paysages que dans ses sujets de genre.

BAL Joseph
Né le 7 avril 1820 à Anvers. Mort le 31 juillet 1867 à Anvers. xixᵉ siècle. Éc. flamande.
Graveur au burin.
Il commença ses études à l'Académie d'Anvers, où il eut pour professeur E. Corr. Il vint ensuite à Paris et se forma sous la direction d'Achille Martinet. En 1848 obtient le grand prix de Rome. Après un séjour qu'il fit en Italie et plusieurs voyages, il vint s'installer à Paris où il grava la *Tentation de saint Antoine*, d'après Gallait, œuvre qui établissait sa réputation. Après la mort d'E. Corr en 1862, il fut nommé à sa place professeur à l'Académie d'Anvers.

BAL Julien
Né en 1922 à Bruxelles. xxᵉ siècle. Belge.
Dessinateur.
Elève à l'Académie de Louvain et à la Cambre, il crée et tisse lui-même des tapisseries murales.

BAL Stanislas
Né à Vilna. xixᵉ-xxᵉ siècles. Polonais.
Sculpteur.
Exposa à Paris un buste à la Société Nationale des Beaux-Arts, en 1913.

BAL Willem
Né le 4 août 1808 à Rotterdam. xixᵉ siècle. Hollandais.
Graveur sur bois.
Il débuta comme typographe à La Haye, puis, poussé par ses goûts, il ne tarda pas à s'adonner à l'art de la gravure. Sa première estampe sur bois parut en 1834, dans le *Nederlandsch Magazijn*.

BALAAM S.
xixᵉ siècle. Travaillant à Londres. Britannique.
Sculpteur.
En 1817, il exposa à la Royal Academy de Londres, une statue équestre du duc de Wellington.

BALABAN
Né en 1921 en Turquie. xxᵉ siècle. Turc.
Peintre.
Son talent fut découvert en prison, par le grand poète Nazîm Hikmet. Balaban, paysan lui-même, retrace la vie des paysans turcs avec l'authenticité du vécu. Son œuvre est faite de vérité et conserve un certain primitivsme haut en couleur.

BALABAN-BENTAMI Rosalia. Voir **BENTAMI**

BALABIN Patrikei
Né au xviiiᵉ siècle en Russie. xviiiᵉ siècle. Russe.
Graveur au burin.
Fils d'un soldat, il fut élève du cabinet de dessin de l'Académie des Sciences à Saint-Pétersbourg en 1749. Il étudia ensuite avec Ivan Sokoloff et G.-F. Schmidt. En 1765 ce fut lui qui grava les statues du catafalque de l'impératrice Elisabeth pour la reproduction de la cérémonie des obsèques.

BALABINE Pauline
Russe.
Peintre ou dessinateur.
Citée comme l'auteur du *portrait de Rosenzweig*, gravé par Nicolas Iwanowitch Utkin.

BALACA José
Né en 1810 à Carthagène. Mort le 19 novembre 1869 à Madrid. xixᵉ siècle. Espagnol.
Peintre et miniaturiste.
En 1838 il entra à l'École de peinture de Madrid. Il quitta l'Espagne en 1844, et vint demeurer à Lisbonne, où il se distingua. Il peignit le portrait de la reine de Portugal, Dona Maria de la Gloria.

BALACA Y CANSECO Eduardo
Né en 1840 à Madrid. xixᵉ siècle. Espagnol.
Peintre de sujets de genre, portraits.
En 1858 il commença à envoyer ses tableaux aux expositions. On cite de lui : *Vendeuse de marrons, Épisode de la vie de sainte Thérèse, La philosophie*, qu'il exécuta pour l'*Athénée* de Madrid. Il fit plusieurs portraits du roi Alfonso XII qui le chargea avec neuf autres peintres d'exécuter le portrait de sa fiancée, l'infante Dona Maria Mercedes.
Ventes Publiques : Madrid, 23 jan. 1985 : *Portrait d'un chevalier*, h/t (110x86) : **ESP 85 000.**

BALACA Y CANSECO Ricardo
Né le 31 décembre 1844 à Lisbonne. Mort le 12 février 1880. xixᵉ siècle. Portugais.
Peintre de batailles, portraits, natures mortes, illustrateur.
Fils de José Balaca, guidé d'abord par son père, il entra ensuite à l'École spéciale de peinture de Madrid. Son talent précoce lui permit de prendre part, dès l'âge de treize ans, à l'Exposition des Beaux-Arts, où il fut distingué. En 1876, sur l'ordre du ministre, il se rendit au théâtre de la guerre civile, et y peignit différents combats. Il fit des illustrations pour l'édition de plusieurs ouvrages et pour la *Cronica de la Guerra*.
Ventes Publiques : Berne, 6 mai 1966 : *Une Portugaise en cos-*

tume folklorique : **CHF 450** – MADRID, 24 mars 1981 : *Nature morte*, h/t (35x27) : **ESP 70 000** – NEW YORK, 20 nov. 1986 : *Le soldat mort 1878*, h/t (27,3x42,8) : **USD 3 000**.

BALACESCU Constantin
Né en 1865 à Balbosi (Roumanie). XIXe siècle. Roumain.
Sculpteur.
Il commença par étudier à l'École des Arts et Métiers de Craiova et alla ensuite visiter les académies d'art de Venise et de Milan. Il fut en Roumanie le meilleur représentant de l'art sculptural italien. Il fut professeur à l'Académie des Arts de Jassy. Parmi ses statues, on peut citer celle du héros national Tudor Vladimirescu, à Tirgu-Jiu, et celle du voïvode Mircea le Grand, à Tulcea.

BALADÈS René
Né à Bordeaux. XXe siècle. Français.
Peintre de paysages.
Élève du paysagiste Louis Cabié, il a exposé à Paris au Salon des Artistes français entre 1926 et 1929.

BALADI Roland
Né le 12 juillet 1942 à Beyrouth. XXe siècle. Libanais.
Peintre, sculpteur et photographe. Cinétique.
Il associe diverses techniques, tels la photographie et le dessin, donnant, par exemple, des *Photogrammes*, dont il a exposé quelques exemplaires à Beyrouth en 1962. En 1971, au Musée d'Art Moderne de Paris, il a exposé une sculpture, le *Cinetone*, sensible au son et à la lumière. Il utilise aussi la technique de la vidéo.

BALADINE
XXe siècle. Français.
Graveur.
Il fit les illustrations à l'eau-forte, de *Dix Poèmes* de Rainer Maria Rilke et de *Petite stèle pour Maria Rilke*, de Maurice Betz.

BALAGNY Pierre
XVIIIe siècle. Travaillant à Paris en 1753. Français.
Peintre et sculpteur.

BALAGUER Jimenez. Voir JIMENEZ-BALAGUER Laurent

BALAGUER Juan Bautista
Né à Valence. Mort en 1757 à Valence. XVIIIe siècle. Espagnol.
Sculpteur.
Il existe plusieurs de ses œuvres dans les couvents et les églises de Valence. On remarque un *Ecce Homo* au couvent del Pilar, et quatre statues du maître-autel à l'église de S. Miguel de los Reyes.

BALAIRE Charles
Né à Paris. XIXe siècle. Français.
Graveur sur bois.
Élève de Fagnion, il a exposé au Salon de Paris en 1875, 1877 et 1882. Il a collaboré au *Monde illustré*, à *l'Art*, et il a fait des illustrations pour plusieurs ouvrages, entre autres pour une édition des œuvres de Walter Scott.

BALAMAN Fernand
Né au XIXe siècle à Montpellier (Hérault). XIXe-XXe siècles. Français.
Peintre.
Élève de A. Appian, exposa à Paris au Salon des Artistes Français en 1904.

BALAN Eugène
Né en 1809 à Rouen (Seine-Maritime). Mort en 1858 à Rouen. XIXe siècle. Français.
Peintre d'architectures, natures mortes, lithographe.
Il exposa au Salon de Paris de 1837 et à l'Académie de Berlin en 1835, 1838, 1842.
Ses architectures romantiques, intérieurs d'églises sont peints dans une atmosphère théâtrale, crépusculaire.
BIBLIOGR. : Gérald Schurr : *Les Petits Maîtres de la peinture 1820-1920, valeur de demain*, t. II, Les Éditions de l'Amateur, Paris, 1982.
MUSÉES : AMIENS – LOUVIERS : *Intérieur de la chapelle Saint-Adrien, voisine du château de Belbeuf, près de Rouen* – *Intérieur d'un monastère* – ROUEN : *Intérieur de Saint-Étienne-du-Mont* – *Vue de Rouen* – *Nature morte* – *Faisan et perdrix*.

BALANCÉ Claude François
XVIIIe siècle. Français.
Peintre.
Reçu à l'Académie de Saint-Luc en 1763.

BALANCHE-RICHARDE Blaise
Né le 24 mars 1622 à Grand'Combe. Mort le 11 janvier 1695. XVIIe siècle. Français.
Peintre d'histoire, de genre et de portraits.
Il fit des tableaux de genre, peignit des portraits, et travailla pour les églises. Quelques-unes de ses œuvres sont conservées, entre autres *Le portrait du juge Boichard*, au château de Champagne, qu'il exécuta en 1655, *Saint Joseph*, dans l'église de Pirey, fait en 1684, et, dans l'église de Morteau, un *ex-voto* représentant la *Guerre des Suédois*.

BALANCHE-RICHARDE Claude Adrien ou Richard
Né en 1662 à Grand'Combe. Mort en 1748 à Besançon (Doubs). XVIIe-XVIIIe siècles. Français.
Peintre.
Fils de Blaise Balanche, il peignit, en collaboration avec son père et, plus tard, avec son fils, Claude-Marie, un grand nombre de tableaux sur des sujets religieux. Ses tableaux se trouvent, pour la plupart, dans les églises de Bonnetage, de Grand'Combe, de Marchaux, de Pirey.

BALANCHE-RICHARDE Claude-Marie ou Richard
XVIIIe siècle. Français.
Peintre.
Il existe de lui, dans l'église de Villers-le-Sec, un tableau daté de 1743. Il était le fils de Claude-Adrien Balanche.

BALANCHE-RICHARDE Gaspard ou Richard
Né en 1670. Mort en 1725. XVIIe-XVIIIe siècles. Français.
Peintre.
On a de lui un tableau représentant un *Ange gardien*, dans l'église de Pontarlier. Il était le fils de Blaise Balanche.

BALANCI Bernard
Né en 1940 à Bordeaux (Gironde). XXe siècle. Français.
Peintre. Abstrait, tendance Pop art.
A partir de 1965, il a exposé aux Salons de Mai et Grands et Jeunes d'Aujourd'hui à Paris. Balanci emploie des textures épaisses faites de ciment et d'amalgame de papier sur lesquels il dessine de vagues silhouettes assez éloignées de la figuration. Son œuvre reste influencée par l'abstraction et le Pop art.

BALANDE Gaston
Né le 31 mai 1880 à Saujon (Charente-Maritime). Mort le 8 avril 1971 à Paris. XXe siècle. Français.
Peintre de sujets allégoriques, nus, portraits, paysages animés, paysages, fleurs, aquarelliste, peintre de cartons de tapisseries, dessinateur, illustrateur. Postimpressionniste.
Il fut élève de Cormon et de Rupert Bunny. Entre 1905 et 1931, il a exposé au Salon des Artistes Français, dont il est devenu sociétaire en 1912, année au cours de laquelle il a reçu une bourse de voyage. Il a participé au Salon d'Automne entre 1913 et 1938, au Salon des Indépendants à partir de 1921, à celui de la Nationale des Beaux Arts, de 1933 à 1936 et au Salon des Tuileries. Il a également exposé à Bruxelles en 1910 et en 1925, tandis qu'il participait à l'Exposition Internationale de Paris en 1937. Chevalier de la Légion d'honneur en 1925, il fut fait officier en 1952 et Chevalier des Arts et Lettres en 1961.
S'il a peint des paysages, des portraits et des fleurs, il est aussi l'auteur de plusieurs décorations, dont celles pour l'hôtel de ville d'Aubervilliers représentant les allégories de l'*Offrande* et du *Travail*. Il a réalisé des cartons de tapisseries et a illustré *La Servante Maîtresse*, des frères Tharaud, *Le Pays d'Aunis* et de *Saintonge*, de H. Talvart et Vaux de Foletier, tandis qu'il a illustré un ouvrage dont il était l'auteur : *Ré, île accueillante*.
MUSÉES : ALBI – ALENÇON : *La Seine à Port-Mort* – DIJON : *La Meuse à Namur* – FONTENAY-LE-COMTE : *La Route d'Esnande* – *Le Vieux Pouzauges* – GAP : *Le Pont d'Espalion* – PARIS (Gobelins) : *Le Quercy* – PARIS (Mus. d'Art Mod.) : *Beaux Jours d'été* – PARIS (Mus. du Petit Palais) : *Église de Goussenville* – PAU : *L'Improvisation* – LA ROCHELLE : *Moulin en Vendée* – *Paysage* – *Femme d'Aunis* – *Port de La Rochelle* – SAINTES : *Vue de la côte vers Saint-Palais*.
VENTES PUBLIQUES : PARIS, 16 mars 1925 : *Procession en Bretagne* : **FRF 1 050** – PARIS, 3 déc. 1927 : *Les maisons autour de la cathédrale* : **FRF 600** – PARIS, 27 juin 1949 : *Femmes à la fontaine* : **FRF 5 200** – PARIS, 18 nov. 1949 : *Paysage d'hiver* : **FRF 9 100** – PARIS, 10 mai 1972 : *Dimanche au bord de l'eau* : **FRF 2 500** – VERSAILLES, 29 fév. 1976 : *La Rochelle, le port*, h/t (54x65) : **FRF 3 200** – COPENHAGUE, 20 oct. 1977 : *Village au bord de l'eau*, h/t (65x81) : **CHF 1 800** – COLOGNE, 6 mai 1978 : *Bord de mer*, h/t (56x65) :

DEM 2 800 – Zurich, 29 mai 1979 : *Bouquet de fleurs*, h/t (69x57) : **CHF 2 200** – Versailles, 13 mai 1981 : *La Rochelle, le port*, h/t (54x65) : **FRF 6 000** – Versailles, 17 oct. 1982 : *Le Repas des moissonneurs 1958*, h/t (81x100) : **FRF 10 000** – Paris, 13 juin 1983 : *Forteresse du désert*, h/t (89x116) : **FRF 15 000** – Paris, 30 mai 1984 : *La cathédrale de Mantes 1932*, h/t (100x81) : **FRF 11 000** – Paris, 22 mars 1985 : *Voiliers au port*, h/t (50x64) : **FRF 22 000** – Paris, 30 juin 1986 : *Le Pont-Neuf*, h/t (46x55) : **FRF 17 000** – Paris, 10 déc. 1987 : *La Place du Châtelet et Notre-Dame*, h/t (54,5x65) : **FRF 18 000** – Versailles, 13 déc. 1987 : *La Maison dans le parc à Ablon 1916*, h/t (46x54,5) : **FRF 7 800** – Versailles, 21 fév. 1988 : *La Seine près de Mantes*, h/pan. mar./t. (54x73) : **FRF 17 000** – Versailles, 20 mars 1988 : *Paysanne bretonne près de l'église 1911*, h/t (46x55) : **FRF 16 000** – Versailles, 17 avr. 1988 : *Le Ruisseau dans les sous-bois*, h/t (50x100) : **FRF 19 000** – Paris, 22 avr. 1988 : *Saint-Claude*, h/t (46x38) : **FRF 7 500** – Paris, 6 mai 1988 : *Les Deux Sœurs 1924*, h/t (60x60) : **FRF 32 000** ; *La Grande Exposition*, aquar. (18x23) : **FRF 3 500** ; *Le Château de Fontainebleau et les Jardins*, h/t (73x54) : **FRF 20 000** – Versailles, 15 mai 1988 : *Jeunes Femmes sur la terrasse au printemps*, h/t (46x55) : **FRF 40 500** – Paris, 16 mai 1988 : *Athènes*, aquar. (17x27) : **FRF 4 500** – Lokeren, 28 mai 1988 : *Les Tours à La Rochelle*, h/t (38x46) : **BEF 55 000** – Grandville, 16 juil. 1988 : *Paysage à Souillac*, pan./t. (46x65) : **FRF 18 500** – Calais, 13 nov. 1988 : *Le Vieux Pont de Mantes 1942* (65x81) : **FRF 15 000** – Paris, 21 nov. 1988 : *Village au bord de l'eau*, aquar. (25x33) : **FRF 5 000** – Paris, 28 avr. 1989 : *Paysage du Maroc*, h/t (54x73) : **FRF 7 000** – Paris, 27 avr. 1989 : *Paysage du Maroc*, h/t (54x73) : **FRF 7 000** – Paris, 11 oct. 1989 : *Village au viaduc*, h/t (54x65) : **FRF 50 000** – Le Touquet, 12 nov. 1989 : *Voiliers sur le lac*, h/pap. (50x65) : **FRF 56 000** – Versailles, 26 nov. 1989 : *Les Meules près du village*, h/t (54,5x73) : **FRF 60 000** – La Varenne-Saint-Hilaire, 3 déc. 1989 : *Les Skieurs*, h/t (54,5x74) : **FRF 21 000** – Versailles, 10 déc. 1989 : *Marais de Lauzières 1952*, h/pap. mar./t. (45x55) : **FRF 55 000** – Londres, 21 juin 1989 : *La sortie de l'église 1910*, h/pan. (26x36) : **GBP 2 090** – Versailles, 21 jan. 1990 : *Le Village au bord du lac*, h/t (22x33) : **FRF 14 500** – Paris, 24 jan. 1990 : *Le Jardin de l'atelier 1964* (45,5x38) : **FRF 25 000** – Calais, 4 mars 1990 : *Le pont d'Espalion*, h/t (54x65) : **FRF 45 000** – Versailles, 25 mars 1990 : *Village au bord de l'estuaire*, h/pap./t. (50x65) : **FRF 88 000** – Calais, 9 déc. 1990 : *Le port de Honfleur*, aquar. (23x31) : **FRF 7 000** – Paris, 6 fév. 1991 : *Venise*, h/t (46x55) : **FRF 16 000** – New York, 13 fév. 1991 : *La plage à Étretat 1932*, h/t (73x100,4) : **USD 11 550** – Neuilly, 7 avr. 1991 : *Séance de peinture au bord de l'eau*, h/t (54x73) : **FRF 55 000** – Calais, 5 avr. 1992 : *Vue de la ville*, h/t (46x55) : **FRF 13 000** – Paris, 19 juin 1992 : *Le Port de La Rochelle*, h/t (50x100) : **FRF 51 000** – Paris, 6 avr. 1993 : *Bord de rivière*, h/t (54x74) : **FRF 13 500** – Le Touquet, 14 nov. 1993 : *Le Pont d'Ortez*, h/t (60x73) : **FRF 27 000** – New York, 24 fév. 1995 : *La Conversation*, h/t (54x65,4) : **USD 4 887** – Nogent-sur-Marne, 15 juin 1995 : *Le Viaduc de Nogent*, h/t (73x54) : **FRF 24 500** – Paris, 28 fév. 1996 : *Le 14-Juillet*, h/t (54x64) : **FRF 19 000** – Amsterdam, 16 avr. 1996 : *Pont Saint-Martin, Tolède 1912*, h/t (66x100) : **NLG 3 304** – Paris, 26-27 nov. 1996 : *L'Écluse à Morel*, h/t (65x81) : **FRF 13 000** – Calais, 15 déc. 1996 : *Vase de fleurs 1956*, h/cart. mar./t. (46x38) : **FRF 8 000** – Paris, 23 fév. 1997 : *L'Écluse à Moret-sur-Loing*, h/t (65x81) : **FRF 18 000** – Calais, 23 mars 1997 : *L'Estuaire*, h/t (54x100) : **FRF 18 000** – Paris, 25 mai 1997 : *Barques de pêcheur dans le port*, h/t (46x38) : **FRF 11 000** – Paris, 31 oct. 1997 : *Paysage à la rivière*, h/t (46,2x55) : **FRF 5 000**.

BALANO Paula, née Himmelsbach. Voir HIMMELSBACH Paula Balano

BALANTE da Tiene
xviie siècle. Actif à Sienne. Italien.
Peintre de genre.
Il fut l'élève du Cavaliere Liberi, et peignit quatre grands tableaux représentant des scènes de chasse et des cavaliers au Palais Orazio Porto, à Vicence.

BALARINO de Ostravia Giorgio
xviie siècle. Actif vers 1618. Italien.
Sculpteur.
Exécuta des sculptures pour la façade du Couvent des Camaldules de Bielany près Cracovie.

BALAS Eszter
Née en 1947. xxe siècle. Hongroise.
Sculpteur de figures.
Ventes Publiques : Paris, 14 oct. 1991 : *Proust*, bronze (H. 33) : **FRF 4 000**.

BALAS Ildiko de
Né à Budapest. xxe siècle. Actif en Belgique. Hongrois.
Sculpteur de décorations murales, céramiste. Abstrait.
Il fut élève des académies de Budapest et de Bruxelles. Il travaille à des intégrations architecturales.
Bibliogr. : In : *Diction. biogr. illustré des artistes en Belgique depuis 1830*, Arto, Bruxelles, 1987.

BALASCH MATEU Mateo
Né en 1870 à San Andrés del Palomar. Mort en 1936. xixe-xx{e} siècles. Espagnol.
Peintre.
Il fut élève à l'Ecole des Beaux Arts de Barcelone, poursuivit ses études à Roma et aux Etats-Unis. Il a exposé tant en Espagne qu'aux Etats-Unis.
Bibliogr. : *Cien anos de pintura en Espana y Portugal, 1830-1930*, Tome I, Antiquaria, Madrid, 1988.
Ventes Publiques : Barcelone, 24 mars 1983 : *Paysage 1891*, h/t : **ESP 95 000**.

BALASHOV Piotr Ivanovich
Né vers 1835. Mort en 1888. xixe siècle. Russe.
Peintre à la gouache, aquarelliste, dessinateur de costumes.
Peintre de gouaches et d'aquarelles représentant avec minutie les uniformes des différents régiments. Les tsars Pierre III, Paul Ier et Nicolas Ier portaient un grand intérêt à leur armée et à ses traditions, c'est pourquoi ce genre de peinture connut une grande vogue sous leurs règnes. Les oeuvres servirent également de modèle de décor pour les manufactures impériales de porcelaine, pour des lithographies et des gravures.
Ventes Publiques : Londres, 14 déc. 1995 : *Groupe d'officiers et de soldat du régiment Preobrezhensky et autres 1873*, gche (41,5x33,5) : **GBP 5 175**.

BALASSA Ferenc ou Franz
xixe siècle. Actif au milieu du xixe siècle. Hongrois.
Peintre.
On cite de lui un tableau : *Mort de Mathias Corvin*.

BALASSI Mario
Né en 1604, originaire de Florence. Mort le 3 octobre 1667. xviie siècle. Éc. florentine.
Peintre de compositions religieuses, portraits, copiste.
Il eut pour maîtres Jacopo Ligozzi, Matteo Rosselli et Passignano. Il aida ce dernier à l'exécution des travaux qu'il fit à Rome. Balassi peignit pour le prince Taddeo Barberini une copie de la *Transfiguration* de Raphaël, aujourd'hui dans l'église des Capucins de Rome. Protégé par le comte Ottavio Piccolomini, il l'accompagna à Vienne, où il fit le *Portrait de l'empereur Ferdinand III*. Il exécuta probablement à la même époque son tableau de la *Madone*, qui se trouve actuellement à la Galerie impériale de Vienne. Joachim Sandrart lui ayant été préféré pour l'exécution d'un tableau d'autel de l'église de Saint-Étienne, Balassi quitta Vienne et revint en Italie, où il peignit un grand nombre de tableaux d'autel pour diverses églises de Prato, de Florence, d'Empoli. Son *Saint Nicolas de Tolentino* fut exécuté pour l'église de Saint-Augustin à Prato. Grégori a gravé d'après lui : *Saint Pierre délivré de prison*.
Musées : Florence : *L'artiste par lui-même* – Vienne : *La Vierge avec Jésus et le petit Saint Jean*.
Ventes Publiques : New York, 5 avr. 1990 : *Noli me tangere*, h/t (163x122,5) : **USD 11 000**.

BALAT Jacques Christophe Paul
Né le 22 mars 1804 à Bordeaux. Mort le 17 novembre 1828 à Bordeaux. xixe siècle. Français.
Peintre.
Enlevé prématurément à l'art, il a laissé cependant quelques tableaux. La galerie de Bordeaux a de lui *Scuthe tendant l'arc de son père*, et quelques vues de la ville.

BALATRI Giambattista ou Balatrio
xviie siècle. Italien.
Sculpteur et architecte.
Il travailla à Florence, d'après Zani, de 1627 à 1669.

BALAY Charles Lucien Marie
Né le 29 septembre 1861 à Saint-Etienne (Loire). Mort le 17 février 1943 à Lyon (Rhône). xixe-xx{e} siècles. Français.
Peintre de genre, portraits et paysages.
Elève de A. Morot et de T. Chartran, il a régulièrement exposé à Paris au Salon des Artistes Français dont il devint sociétaire,

ayant obtenu une médaille d'argent en 1923, une médaille d'or en 1928 et y exposant jusqu'en 1939. Voir aussi David-Balay (Jean).

Ventes Publiques : New York, 1903-1905 : *Le fumeur* : **USD 120** ; *La bonne hôtesse* : **USD 230** – New York, 1906 : *Les soldats du général Hoche* : **USD 280** – New York, 1925 : *Le garde* : **USD 80** – Londres, 2 nov. 1973 : *Tactique militaire* : **GNS 450** – Paris, 10 déc. 1992 : *Militaires à la retraite bavardant devant la fenêtre*, h/t (56×47) : **FRF 7 000**.

BALAZS Blasius
xvie siècle. Travaillait à Kassa en 1533. Hongrois.
Peintre.

BALAZS Miklos-Erno
Né à Budapest. xxe siècle. Hongrois.
Sculpteur-mosaïste.
En 1982, il partit pour Paris et fit ses études à l'École Supérieure des Beaux-Arts dans l'atelier de mosaïque de Licata. Il sort diplômé en 1986. De retour en Hongrie, il devient membre du Studio des Jeunes Artistes et expose plusieurs fois avec ce groupe.
Ventes Publiques : Paris, 14 oct. 1991 : *Nuage*, mosaïque de marbre (20×70×20) : **FRF 10 000**.

BALBACH Othemar
Né le 20 août 1810 à Karlsruhe. Mort le 22 avril 1897. xixe siècle. Allemand.
Sculpteur.
Il fut professeur de sculpture à Karlsruhe.

BALBAN-BENTAMI Rosalia. Voir BENTAMI

BALBER Hans
xviie siècle. Actif à Ostée et Dechen vers 1651. Allemand.
Peintre verrier.
Cité par Ris Paquot.

BALBI
xviiie siècle. Actif à Vienne en 1770. Autrichien.
Miniaturiste.

BALBI Andrea
xve siècle. Actif à Venise. Italien.
Peintre.
On possède son testament, daté de mai 1471.

BALBI Domenico
Né le 1er février 1927. xxe siècle. Italien.
Peintre.
Il reçut le Prix international de la ville de New York en 1987. Dans un style figuratif, il découpe les formes à coups de lumière et de couleurs intenses.

D·BALBI

BALBI Filippo
Né en 1806 à Naples. Mort en 1890 à Alatri. xixe siècle. Italien.
Peintre de compositions religieuses, natures mortes.
En 1855, il exécuta, à Rome, pour le couvent ainsi que pour l'église de Santa Maria degli Angeli, des travaux importants.
Ventes Publiques : Milan, 21 mai 1981 : *Nature morte*, h/t (68×151) : **ITL 4 000 000** – Rome, 2 juin 1983 : *Nature morte*, deux h/t (34×44) : **ITL 400 000** – Rome, 22 mars 1988 : *Poires et grenade – Pêches et poires*, h/verre (chaque 25×27) : **ITL 6 700 000** ; *Pastèque et prunes – Abricots et pommes*, h/verre (chaque 25×27) : **ITL 6 500 000**.

BALBI Marco
xve siècle. Actif à Venise en 1491. Italien.
Peintre.

BALBIRER Hans
xviie siècle. Travaillait à Schleiz en 1642. Allemand.
Sculpteur.

BALBONI Carlo
xxe siècle. Actif au Canada. Américain.
Sculpteur de bustes.
Il a participé en 1910 à l'Exposition de l'Art Association à Montréal, où il vécut et travailla.

BALCAR Jiri
Né le 26 août 1929 à Kolin. Mort le 21 août 1968 à Prague. xxe siècle. Tchèque.

Peintre et graveur. Expressionniste.
Elève à l'Ecole supérieure des Arts Appliqués de Prague entre 1943 et 1953, il suivit également des cours au Séminaire d'Art de l'Université de New Jersey. Il a exposé à Prague, Berlin, Vienne. Il figura à la grande rétrospective des années 1960-1970 au Musée de Bochum. Aux Journées du cinéma de Versailles en 1962, il reçut un prix et obtint une médaille d'or à la Biennale de San Marino en 1965.
Sa première exposition à Prague, en 1959, suscita un véritable scandale dans les milieux officiels, marquant un tournant dans l'art contemporain tchèque. A travers ses toiles, de style expressionniste, il dénonçait, avec une certaine obsession, l'emprise de la vie sur l'homme et les relations qu'elle crée entre eux. A la suite de cela, étant interdit d'exposer, il se consacra aux arts graphiques, travaillant à la mise en page de livres ou créant des affiches. A la même époque il developpa une carrière de graveur, dont les plus célèbres séries sont : *Les Labyrinthes* et *Les Décrets*, pour lesquelles il couvre les visages d'inscriptions, de lettres, de chiffres, sortes de signes absurdes sans signification reconnue. Enfin, Balcar utilisa des revues ou des magazines comme point de départ de ses œuvres. Sa carrière fut interrompue par une mort tragique, à la suite d'un accident de voiture. ■ A. P.

Bibliogr. : In : *Dict. Univers. de la Peint.*, Le Robert, Paris, 1975.

BALCEWICZ Franz Wenzel
xviiie siècle. Travaillait à Wilna. Polonais.
Graveur au burin.
On croit que c'était un ecclésiastique. Il fit surtout des images de sainteté. En 1746, il grava le portrait de la reine de Pologne, Marie-Josèphe.

BALCEWSKI E.
xviiie siècle. Travaillait en Lithuanie dans la première moitié du xviiie siècle. Polonais.
Peintre.
Il peignit le portrait du roi Auguste III et celui de sa femme, la reine Maria-Josepha.

BALCH Vistus
Né le 18 février 1799 à Williamstown (Massachusetts). Mort le 25 octobre 1884 à Johnstown (New York). xixe siècle. Américain.
Graveur au burin.
Il travailla à New York, et fit des illustrations et des portraits, celui du Dr Mitchell, entre autres, en 1825.

BALÇISQUETA Martin de
xvie siècle. Espagnol.
Sculpteur.
Travailla pendant vingt ans à la cathédrale de Séville.

BALCKENEYNDE Mareten Ariaensz van
Enterré à Rotterdam le 26 février 1641. xviie siècle. Hollandais.
Peintre.

BALCOM Lowell Leroy
Né en 1887 à Kansas City (Missouri). xxe siècle. Américain.
Peintre, graveur et illustrateur.

BALCONE Bartolomeo
Né peut-être à Rome. xvie siècle. Italien.
Sculpteur sur bois.
S'étant fixé à Sulmona, il sculpta, de 1577 à 1579, les stalles de l'église de l'Annunziata.

BALCONE Paolo
Probablement originaire de Rome. xviie siècle. Travaillait au début du xviie siècle. Italien.
Sculpteur sur bois.
En 1602 il sculpta pour l'église de l'Annunziata à Sulmona le buffet de l'orgue.

BALDACCI-GOZZI Maria Maddalena. Voir GOZZI

BALDACCINI César. Voir CESAR

BALDAMUS A.
xixe siècle. Travaillant à Berlin. Allemand.
Peintre.
En 1844, il exposa à Berlin deux portraits, un paysage et un tableau de genre.

BALDANCOLI Pietro
Né le 7 décembre 1834 à Florence. Mort en 1901. xixe siècle. Italien.

Peintre et décorateur.
Tout enfant, il fut l'élève de Vincent Saccardi. A l'âge de douze ans il entra à l'École de l'Académie des Arts où il fut guidé par Alessandro Maffei. Un accident lui ayant fait perdre son bras droit à l'âge de quatorze ans, il se servit dès lors de la main gauche pour peindre.

BALDASSARE, maestro
XVe siècle. Travaillait à Rome. Italien.
Sculpteur.
A travaillé au Capitole vers 1452.

BALDASSARE
XVIIIe siècle. Travaillait à Florence. Italien.
Sculpteur sur bois.

BALDASSARE Estense
XVe siècle.
Peintre et graveur.
Fils naturel de Niccolo III d'Este, duc de Ferrare. Se trouvant au service des ducs Francesco et Galeazzo-Maria Sforza à Milan, on pense que c'est dans cette ville qu'il étudia la peinture. En 1469, il se rendit au château de Pavie, il y exécuta les portraits de Galeazzo-Maria Sforza et de sa femme Bonne de Savoie. Porteur d'une chaleureuse lettre de recommandation du duc Galeazzo, il se rendit dans le courant de cette même année à Borso d'Este, où le duc de Ferrare le prit définitivement à son service. A. Venturi lui attribue La mort de la Vierge, de la collection du prince Massari. Roberto Longhi, lors d'une exposition des peintres de Ferrare, a proposé une liste d'œuvres qui pourraient lui être attribuées.
MUSÉES : MUNICH : Portrait de famille (Uberto de' Socrati).

BALDASSARE di Bartolommeo da Modena
XVe siècle. Travaillait à Bologne. Italien.
Peintre.
Son nom est cité en 1485 dans les actes du tribunal.

BALDASSARE di Benedetto. Voir BENEDETTO

BALDASSARE de Coldiradiis. Voir COLDIRADIIS Baldassare de

BALDASSARE da Lugano. Voir l'article BERNARDO da Lugano

BALDASSARE da Reggio
Né à Reggio. XVe siècle. Travaillait à Reggio en 1498. Italien.
Peintre.
Il était fils de Francesco da Reggio.

BALDASSARE da Siena
XVe siècle. Actif à Sienne. Italien.
Peintre.
Un document de 1487 le mentionne comme fils de Vito.

BALDASSARE di Terzago
XVIe siècle. Actif en Vénétie. Italien.
Miniaturiste.

BALDASSARE da Varignana
XVe siècle. Italien.
Sculpteur.
Travaillant à Bologne en 1456, il reçut un payement pour l'exécution du maître-autel de l'église San Giovanni in Monte. Peut-être apparenté aux deux VARIGNANA.

BALDASSARI Oreste
Né à Marseille. XXe siècle. Français.
Peintre de paysages et de portraits.
Il a exposé au Salon des Indépendants à Paris, entre 1926 et 1930.

BALDASSARI Valerio
XVIIIe siècle. Travaillait à Pescia en 1715. Italien.
Peintre.
Il fut l'élève de Pier Dandini.

BALDASSARRE, dit aussi Baroccio
XVIIe siècle. Travaillait à Pérouse. Italien.
Peintre et décorateur.
Il exécuta d'importants travaux pour les églises de Pérouse, notamment pour celle du couvent de San Pietro de la même ville, en 1632.

BALDASSARRE di Bartolommeo
XVe siècle. Travaillait à Pérouse vers 1460. Italien.
Peintre miniaturiste.

BALDASSARRE di Matteo
XVe siècle. Travaillait à Pérouse. Italien.
Miniaturiste.

BALDASSARRE di Matteo di Ercolano
XVIe siècle. Travaillait à Pérouse au début du XVIe siècle. Italien.
Peintre.
Il fut nommé camerlingue de la corporation des peintres de Pérouse, en 1505 et en 1509.

BALDASSINI Giovanni Maria
Né en 1540. Mort le 29 mars 1610. XVIe-XVIIe siècles. Italien.
Peintre d'histoire.
Il fut l'élève de Benedetto Nucci. Il peignit une Sainte Catherine pour l'église Sant'Agostino de Gubbio et une Vierge du Rosaire pour l'église de San Niccolo à Cantiano.

BALDAUF Anton ou Baldauff
Né en 1777 à Klagenfurt. Mort en 1812 à Vienne. XIXe siècle. Autrichien.
Graveur au burin.
Il exécuta au pointillé et à l'eau-forte des gravures d'après H. Füger. L'Albertina de Vienne conserve de lui un curieux dessin représentant un sujet mythologique.

BALDAUF C.
XVIIIe siècle. Allemand.
Paysagiste.
Fils d'Eugen Baldauf.

BALDAUF Eugen
Né en 1753 à Inchenhofen. Mort en 1790. XVIIIe siècle. Allemand.
Portraitiste et paysagiste.
On croit qu'il était fils d'Ignaz Baldauf. Il vécut longtemps dans les Pays-Bas, ainsi qu'en France. En 1783, il fut attaché comme peintre à la cour du prince-évêque de Freising.

BALDAUFF Ignatz
Né à Inchenhofen. Mort en 1783 à Augsbourg. XVIIIe siècle. Allemand.
Peintre de fresques.
Il fut attaché à la cour de l'évêque d'Augsbourg. On cite de lui des fresques dans les églises suivantes : Saint-Salvator, à Schrobenhausen ; Église paroissiale d'Obergriesbach ; Église de Lauterbach, de Hollenbach, de Beinberg, de Langenmoosen, d'Inchenhofen, d'Unterwessen, de Zahling, de Bruck, de Mering, et de Sandizell. Tableaux d'autels dans l'église de Halsbach, l'église du cloître à Altomünster et dans celles de Einertshofen, de Fürstenfeld.

BALDAZAR ou Baltiser
XVe siècle. Travaillait à Cracovie, de 1443 à 1452. Polonais.
Peintre.
Il exécuta pour le couvent des Augustins des peintures qui existent encore.

BALDE J.
Peintre.
Connu par un portrait d'homme qui témoigne de l'influence de Rembrandt. Le tableau est signé J. Balde. D'après le Kunstler Lexicon des docteurs Thieme et Becker, on pourrait attribuer à cet artiste certaines œuvres mentionnées par Kramm.

BALDELLI Francesco
XVIe siècle. Actif à Urbino dans la dernière moitié du XVIe siècle. Italien.
Peintre.
On attribue à ce peintre le tableau de Santa Lucia au-dessus de l'autel des Danzetta de San Agostino à Pérouse, ainsi qu'une Naissance du Christ, de l'autel des Floramonti à Santa Maria del Popolo, conservée dans la Pinacothèque de la ville.

BALDELLI Maria Chiara, suor
Morte en 1805. XVIIIe siècle. Active à Pérouse. Italienne.
Peintre.
Religieuse au couvent Santa Giuliana, elle peignit deux tableaux pour l'église de son couvent, à droite et à gauche du maître-autel.

BALDELLI Terence
Né en 1933 en France. XXe siècle. Français.
Sculpteur. Abstrait.
Il a exposé au Salon des Grands et Jeunes d'Aujourd'hui à Paris en 1987-1988. Il semble vouloir envoyer dans l'espace des formes abstraites souvent en bois.

BALDELLO di Nello
Né à Gubbio. XIVe siècle. Italien.
Sculpteur.
De 1334 à 1337, il fut occupé avec Angelo di Luccolo, aux travaux de la construction du palais dei Consoli et de celui du Podestat, à Gubbio.

BALDENSPERGER Hans
XVIIe siècle. Travaillait vers 1621. Allemand.
Peintre.

BALDER Boudewijn, pseudonyme de **Van Hoecke**
Né en 1945 à Gand. XXe siècle. Belge.
Peintre. Tendance nouvelles figurations.
Elève de l'Académie des Beaux-Arts de Gand et de l'Ecole du Louvre à Paris. Il reçut le prix Jeune Peinture belge en 1967-1968 et le Prix Campo en 1986.

BALDER Georg ou **Balderer**
Né en 1810 à Zurich. Mort le 2 février 1882 à Fribourg. XIXe siècle. Suisse.
Peintre de compositions religieuses, sujets de genre, portraits, lithographe.
Il étudia à Munich et à Winterthur. S'étant fixé à Fribourg, il se consacra à la peinture de portraits et de tableaux d'église. On cite aussi de lui des portraits lithographiés.
VENTES PUBLIQUES : PARIS, 20 déc. 1983 : Scène d'auberge, h/t (65x54) : FRF 9 000.

BALDER Joerg
XXe siècle.
Peintre, créateur d'installations.
Il montre ses œuvres dans une exposition personnelle Just do it en 1993 à Genève, à la galerie Blancpain-Stepcinski.
À côté de photographies, il place des toiles monochromes, des objets et installations, que seront proposés à l'acheteur « prêts à monter et à peindre ». Ainsi, s'interroge-t-il sur le statut de l'art, qui ne serait plus que marchandise et kit.

BALDERAS Alonso de
XVIe siècle. Actif à Séville. Espagnol.
Peintre.
En 1597, il s'occupa, avec d'autres artistes, de la restauration des peintures de la coupole de la Salle des ambassadeurs, à l'Alcazar.

BALDERO Giorgio
XIXe-XXe siècles. Italien.
Peintre de genre.
Il prolonge le genre des « bambochades » flamandes, elles-mêmes prolongeant un des thèmes caravagesques.
VENTES PUBLIQUES : PARIS, 10 déc. 1982 : À l'auberge : mousquetaire et servante, h/t : FRF 6 100 – PARIS, 10 fév. 1986 : Joueurs de cartes dans une taverne, 2 h/t (60x73) : FRF 22 000 – NEW YORK, 19 juil. 1990 : Musiciens dans une auberge, h/t (60,3x73,1) : USD 3 850 – CALAIS, 5 juil. 1992 : Répétition dans la taverne, h/t (54x65) : FRF 10 000.

BALDERRAIN Martin de
XVIIe siècle. Travaillait à Cizurquil vers 1626. Espagnol.
Sculpteur.

BALDERY J. K.
XVIIIe siècle. Travaillait à Holborn. Britannique.
Peintre de genre et de portraits.
En 1793, il exposa à la Royal Academy à Londres un portrait et, en 1794, un tableau de genre.

BALDESCHI Federigo, comte
XIXe siècle. Vivant à Pérouse. Italien.
Peintre.
Élève de Minardi. Des paysages qu'il peignit se trouvent au palais Baldeschi et dans d'autres demeures particulières, à Pérouse.

BALDESE Ambrogio di. Voir **AMBROGIO di Baldese**

BALDESSARI John
Né le 17 juin 1931 à National City (Californie). XXe siècle. Américain.
Artiste. Conceptuel.
Il vit et travaille à Santa Monica en Californie. Depuis 1968 il participe à des expositions collectives aux États-Unis dans les principaux musées d'art moderne et contemporain : 1969 Chicago Museum of Contemporary Art, 1970 Museum of Modern Art de New York, 1978 Whitney Museum de New York, 1985 San Francisco Museum of Modern Art mais également à la Nouvelle Biennale de Paris, 1986 Museum of Contemporary Art de Los Angeles, 1987 County Museum de Los Angeles. Il a également présenté son travail lors d'expositions personnelles dans de nombreuses galeries américaines et dans des musées : 1960 La Jolla, 1975 Stedelijk Museum d'Amsterdam, 1978 Whitney Museum of American Art de New York, 1981 New Museum of Contemporary Art de New York, 1985 Le Consortium à Dijon, 1987 Magasin de Grenoble, 1988 Palais des Beaux-Arts de Bruxelles, 1988 CAPC Musée d'Art Contemporain de Bordeaux, 1990, rétrospective Museum of Contemporary Art de Los Angeles, 1997 galerie Marian Goodman et galerie Laage-Salomon, Paris.
À la fin des années cinquante, John Baldessari décide d'abandonner la peinture et brûle sa production picturale : « J'en étais arrivé à un stade de profond désaccord avec l'art en général. Alors je me suis dit : pourquoi ne pas donner aux gens ce qu'ils comprennent le mieux : le langage écrit et la photographie ? Pourquoi se battre ? Pourquoi ne pas leur donner tout simplement ce qu'ils désirent ? » Entre 1959 et 1968, il réalise des œuvres désignées comme « narrative paintings », exécutées par un peintre en lettres et comportant uniquement du texte. D'autres ne sont que des photographies légendées reproduites sur une toile blanche. Par la suite, Baldessari utilise des travaux des images de provenance cinématographique. Il a une prédilection pour le cinéma noir américain, les films de série B, de gangsters et d'action. Il truque cette matière première de photos fixes de tournage et y inclut des textes issus de plusieurs sources : livres d'enseignement de l'art, dictons, anecdotes..., tous ces signes appartiennent au paysage contemporain et sont immédiatement identifiables par le spectateur. Dans ses premiers travaux conceptuels il mettait en relation le mot et l'image dans des toiles comme Pure beauty et An artist. Les œuvres suivantes ont pour thèmes principaux les catastrophes, la violence et le sexe : Violent space series, Thaumatrope series : two gangsters, 1975. Les images sont découpées et encadrées, certaines sont mutilées, d'autres agrandies, des couleurs sont introduites, des textes ajoutés dans un travail qui n'est pas sans parenté avec celui des artistes du Pop art. Il en résulte une vision générale très mouvante, découpée comme une pellicule sur laquelle les images défilent. Les œuvres réalisées entre 1982 et 1988 présentent un monde où se côtoient rationnel et irrationnel, conscient et inconscient, généralement vu au travers d'un regard critique. ■ Florence Maillet
BIBLIOGR. : In : Catal. de la Nouvelle Biennale de Paris, 1985, Electa-Le Moniteur – Catal. de l'exposition Ni por esas, CAPC Musée d'Art Contemporain de Bordeaux, 1988 – Catal. de l'Exposition Magiciens de la terre, Centre Georges Pompidou et la Grande Halle de la Villette, Paris, 1989 – Artstudio, L'Art et les Mots, n°15, Paris, hiver 1989.
MUSÉES : LA JOLLA (Mus. of Contemp. Art) : Composition sur une toile 1967-1968 – PARIS (FNAC) : Des(s)ert 1987 – SAINT-ÉTIENNE (Mus. Saint-Pierre d'Art Contemp.) : Composition pour violon et vois (mâle) 1987.
VENTES PUBLIQUES : LONDRES, 6 déc. 1985 : Quality Material 1967, h. et acryl./t. (172x143,5) : GBP 4 000 – NEW YORK, 8 mai 1990 : Lion, jet, camion 1988, trois photos et acryl./cart. (244x142,2) : USD 52 800 – NEW YORK, 5 oct. 1990 : Vue aérienne, photos en noir et blanc avec acryl. et h. (203,2x241,3) : USD 27 500 – NEW YORK, 1er mai 1991 : What this painting aims to do, acryl. et h/t (172x143,6) : USD 101 750 – NEW YORK, 13 nov. 1991 : Femmes horizontales 1982, photo. sur cart. (221x152,4) : USD 38 500 – NEW YORK, 25-26 fév. 1992 : Tache, peint. vinyl. et h./photo./cart., en deux parties (227,3x145,4) : USD 18 700 – NEW YORK, 6 mai 1992 : La vie saine avec un jogger 1987, acryl. et noir et blanc sur deux pan. (en tout 156,8x241,4) : USD 30 800 – NEW YORK, 19 nov. 1992 : Femme et homme à la poitrine transpercée d'une flèche 1984, photo. en noir et blanc reh. de craies grasses et montées/cart. (147,3x83,2) : USD 14 300 – NEW YORK, 23-25 fév. 1993 : Le corps et l'âme 1989, photo. en noir et blanc peinte et montée/cart. (137,2x121,9) : USD 13 800 – NEW YORK, 5 mai 1993 : Triangle, rectangle et cercle 1984, trois photo. en noir et blanc montées sur du cart. (189,2x120) : USD 18 400 – MILAN, 14 déc. 1993 : Histoire d'un anniversaire 1962, gche/pap. (23x31,5) : ITL 1 955 000 – NEW YORK, 3 mai 1995 : L'âme sur le point de capturer l'esprit 1989, peint. vinyl. et teint. à l'h. sur photo. montées sur cart. en deux parties (238,8x165,4) : USD 11 500 – NEW YORK, 22 fév. 1996 : Le ruban coupé, homme dans une chaise roulante 1988, acryl./photo. noir et blanc (211x905) : USD 13 800.

BALDESSARI Roberto Iras

Né en 1894 à Rovereto (près de Trente). Mort en 1965 à Innsbruck. xxᵉ siècle. Italien.

Peintre. Tendance futuriste.

Il a appartenu au groupe futuriste de Florence, entre 1916 et 1924, date à laquelle il est revenu à une peinture plus traditionnelle. Ses peintures futuristes, telle *La Galerie aux drapeaux* ne sont pas sans rappeler l'œuvre de Carra, en particulier *La Galerie de Milan*, peinte en 1912.

BIBLIOGR. : José Pierre : *Le Futurisme et le Dadaïsme*, in *Hist. Gle de la peinture*, tome XX, Rencontre, Lausanne, 1966.

MUSÉES : BRESCIA (Mus. d'Art Mod.) : *Train de blessés* 1917.

VENTES PUBLIQUES : MILAN, 26 juin 1979 : *Giocatori di pallone*, h/t (131x98) : **ITL 4 700 000** – VENISE, 28 nov. 1987 : *Hommes attablés 1921*, h/t (85x100) : **ITL 35 000 000** – ROME, 7 avr. 1988 : *Vue aérienne*, h/t (65x82) : **ITL 14 000 000** – MILAN, 8 juin 1988 : *Chiesa di Gardone di Sopra*, h/t (50x70,5) : **ITL 2 800 000** – MILAN, 14 déc. 1988 : *Deux femmes* 1922, h/cart. (39,5x29) : **ITL 11 000 000** – MILAN, 6 juin 1989 : *Bouteilles et lumières 1918*, h/cart. (39,5x29) : **ITL 30 000 000** – AMSTERDAM, 24 avr. 1991 : *Le Grand Canal à Venise avec l'église de la Salute au fond*, h/t (60,5x80,5) : **NLG 6 670** – MILAN, 20 juin 1991 : *Bouteilles et lumières*, h/cart. (38,5x28,5) : **ITL 23 000 000** – MILAN, 23 juin 1992 : *Rue vénitienne 1950*, h/t (68x48) : **ITL 2 400 000** – LONDRES, 22 fév. 1995 : *Vue de Venise*, h/t (56x92) : **GBP 1 150** – MILAN, 12 déc. 1995 : *Un éventaire de pastèques 1918*, techn. mixte et collage/cart. (42x50) : **ITL 31 050 000**.

BALDET Gérard

Né en 1946 à Alençon (Orne). xxᵉ siècle. Français.

Peintre.

Il a participé au Salon de Mai à Paris, notamment en 1981, exposant : *Lumière de chez moi*.

VENTES PUBLIQUES : PARIS, 13 oct. 1987 : *Accrochage 1979-1981*, acryl./t. (160,5x128,5) : **FRF 8 000**.

BALDEV Singh. Voir DEV

BALDHEIN

xIIᵉ siècle.

Miniaturiste.

Il était moine bénédictin de Saint-Sauveur d'Anchin, et travailla au livre de saint Augustin sur la Trinité que possède la bibliothèque de Douai.

BALDI

xvIIᵉ siècle. Actif à Venise. Italien.

Sculpteur.

Il fut un imitateur de Bernini, mais resta inférieur au maître. On cite de lui la statue en marbre de *Sainte Thérèse*, dont le cœur est percé par un ange, existant dans l'oratoire Degli Scalzi, à Venise.

BALDI Antonio ou Baldo

Né en 1692 à La Cava près Naples. Mort vers 1773. xvIIIᵉ siècle. Italien.

Peintre et graveur au burin.

Il fut l'élève de Francesco Solimena, pour la peinture. Andrea Magliard lui enseigna la gravure. Il fit les portraits de l'empereur Charles VI, du roi Don Carlos de Sicile, du médecin Nic.-Cyrillus et de Maria-Aurelia Caracciola. Heinecken cite de lui un grand nombre de gravures qu'il exécuta d'après les dessins de Solimena et de Guido Reni.

VENTES PUBLIQUES : PARIS, 24 juin 1929 : *Portrait d'homme*, dess. : **FRF 190** ; *Portrait d'homme assis*, dess., attr. : **FRF 180**.

BALDI Bernardino

Né à Bologne. Mort le 25 février 1615. xvIᵉ-xvIIᵉ siècles. Italien.

Peintre.

Bernardino Baldi fut un érudit, en même temps qu'un artiste de talent. Collectionneur, il laissa plusieurs manuscrits anciens, qu'il avait classés. Il fut le fondateur de l'Académie Degl'Indifferenti, qui jouit d'une grande vogue jusqu'à l'époque de l'ouverture de celle des Carraci. Le 5 décembre 1599, il fut élu membre du Conseil de la corporation des peintres bolonais. Une série de beaux tableaux qui existent à Bologne, dans les églises de Santa Maria de Servi, de Santa Maria di Miramonte, de San Paolo in Monte et de Santa Cristina sont considérés par Massini comme étant l'œuvre de Bernardino Baldi.

BALDI Carlo

xvIIIᵉ siècle. Travaillait à Naples vers le milieu du xvIIIᵉ siècle. Italien.

Graveur au burin.

BALDI Giovanni

Originaire de Milan. xvIIIᵉ siècle. Italien.

Sculpteur.

D'après une lettre du ministre Ignazio Rocca, écrite à Plaisance le 16 août 1720, on sait que cet artiste acheva un certain nombre de statues en bronze, commencées pour le compte du duc Francesco Farnèse.

BALDI Giuseppe

xvIIIᵉ siècle. Travaillait à Naples. Italien.

Peintre.

Il fut, d'après Zani, un excellent peintre de fresques.

BALDI Lazzaro

Né vers 1624 à Pistoia. Mort le 30 mars 1703 à Rome. xvIIᵉ siècle. Italien.

Peintre de compositions religieuses, fresquiste, graveur, dessinateur.

Il travailla à Rome. Élève de Pietro da Cortona, à qui il succéda dans sa charge, il subit l'influence de Carlo Maratta. Il peignit de nombreuses fresques et fit de nombreux tableaux pour les églises de Rome, de Pérouse, de Camerino, de Pistoia, de Massa. On a de lui une eau-forte : *La conversion de saint Paul.*

Laz Bul ⊥ Bon. LAZ Bal

MUSÉES : VIENNE (Palais impérial) : *Saint Martin ressuscitant un enfant mort.*

VENTES PUBLIQUES : PARIS, 1775 : *Jésus-Christ sur son trône, couronnant sainte Thérèse*, dess. : **FRF 8** – PARIS, 1859 : *L'Adoration des bergers*, dess. : **FRF 2** – PARIS, 1879 : *Sainte Vierge entourée d'anges*, dess. : **FRF 11** – PARIS, 1881 : *Agathe recueillant le sang des martyrs*, dess. : **FRF 90** – NEW YORK, 12 jan. 1990 : *La mort d'un saint*, encre et lav. avec reh. de blanc (27,4x19) : **USD 1 650** – NEW YORK, 10 oct. 1990 : *L'oracle de Delphes*, h/t (48,3x66,1) : **USD 9 350** – PARIS, 8 juil. 1992 : *La cuisine des anges*, dess. à la pl. et lav. (16,5x23) : **FRF 3 500** – PARIS, 8 juin 1994 : *Sacrifice païen*, pl., encre et lav. (10,4x26,6) : **FRF 11 000**.

BALDI Pier Maria

xvIIᵉ siècle. Travaillait à Florence. Italien.

Peintre et architecte.

En 1680, il fut nommé, par ordre du Duc, surveillant en chef des travaux de construction de Livourne et de Pise. C'est d'après ses plans que fut exécutée, à Florence, en 1673, la fontaine de la place S. Croce. Il fit des tableaux dans la même ville pour les églises de San Domenico al Maglio et de San Spirito.

BALDI Valentino di Raffaelo

Né en 1744 à Pistoia. Mort le 22 octobre 1816 à Bologne. xvIIIᵉ-xIXᵉ siècles. Italien.

Peintre, graveur, sculpteur et décorateur.

Il commença l'étude du dessin et de la peinture sous la direction de Francesco Beneforti, dans sa ville natale. Il se rendit ensuite à Bologne, dans l'atelier du peintre Mauro Tezi, dont il devait, par la suite, devenir l'aide. Cet artiste, qui jouit de la protection du comte Massimiliano Gini, se distingua surtout dans la peinture des fleurs, qu'il reproduisit admirablement. D'après Zani, il fut aussi graveur, et s'occupa de sculpture.

BALDI da Monte S. Savino Accursio

xvIᵉ siècle. Italien.

Sculpteur de monuments, statues, fondeur.

Sculpteur et fondeur d'airain, c'est lui qui exécuta la statue en bronze du pape Sixte V, conservée au palais communal de Fermo, et qui, pendant longtemps, fut considérée, par erreur, comme étant d'Andrea Sansovino. D'après un manuscrit de Catalani cité par Ricci, Baldi serait l'auteur du monument en marbre d'Orazio Brancadoro, qu'on voit à l'entrée principale du dôme de Fermo. Vers 1585, il exécuta deux statues pour le maître-autel de l'église de l'hôpital de Sienne.

BALDIN Hermann. Voir BALDINI

BALDINACCI Pietro-Paolo

xvIᵉ siècle. Travaillait à Gubbio au début du xvIᵉ siècle. Italien.

Peintre.

Il est très probable qu'il est le même que Pier Paolo di Filippo Baldinacci, qui, avec Mastro Silvio, travailla pour l'église de Santa Croce et pour la confrérie de Santa Maria dei Laici, à Gubbio. Il fut l'élève de Bernardino di Nanni, mais il imita dans ses productions le genre de Sinibaldo Ibi et d'Orlando Merlini.

BALDINELLI Armando
Né le 13 septembre 1907 à Ancône. XXe siècle. Italien.
Graveur.
Il reçut une médaille d'or à l'Exposition universitaire de Trieste en 1930 et participa à l'Exposition d'Art italien de Paris en 1935. Il réalisa des sujets d'ordre historique.

BALDINELLI Baldino
Né en 1476. XVIe siècle. Vivait encore en 1515. Italien.
Peintre.
Fils d'Antonio d'Ubaldino del Rosso. Cité par Vasari au nombre des élèves de Domenico Ghirlandajo.

BALDING H. C.
XIXe siècle. Britannique.
Graveur au burin.
Il travailla pour le *Art journal* de 1869 à 1876.

BALDINGER Arnold Karl
Né le 18 avril 1850 à Vienne. XIXe siècle. Autrichien.
Peintre et graveur à l'eau-forte.
Fils de l'architecte Franz-Heinrich Baldinger. Fit ses études artistiques à l'École d'Art de Stuggart et à l'Académie de Vienne. Il grava plusieurs planches pour la Société d'Art, à Vienne, et pour diverses revues.

BALDINI Antonio
XVIIe siècle. Travaillait à Naples en 1618. Italien.
Sculpteur.
Il fut l'un des rédacteurs des statuts de la corporation des sculpteurs.

BALDINI Baccio Bartolomeo
XVe siècle. Travaillait à Florence. Italien.
Graveur et orfèvre.
D'après Vasari, cet artiste est cité parmi les graveurs du XVe siècle. Il aurait travaillé à l'illustration des extraits de l'*Inferno* du Dante, d'après Botticelli, mais il n'existe aucune preuve de cette supposition. Parmi les autres œuvres qu'on pourrait attribuer à Baldini, on signale trois illustrations du *Monte Santo di Dio*, d'Antonio Bettini et une série de vingt-quatre prophètes et de quatorze sibylles.

BALDINI Domenico
XIXe siècle. Travaillait à Vicence en 1810. Italien.
Dessinateur et graveur.

BALDINI Francesco Maria
Né vers 1600 à Urbino. XVIIe siècle. Italien.
Sculpteur.
Il passa par l'École de Brandani, ainsi que par celle de Barocci, mais il se perfectionna à Florence, d'où il fut rappelé en 1654 par l'Administration de l'Université d'Urbino, qui le chargea d'exécuter en bronze une statue de la Vierge. Cette statue fut placée à l'Université, sous le vocable de « protectrice de l'étude ». Travaillant en 1660 pour le compte de la Compagnie della Grotta, il fut demandé à Bologne, mais la Compagnie protesta et le retint jusqu'à ce qu'il eut achevé les travaux qu'elle lui avait commandés. C'était un important relief en bronze représentant la *Résurrection du Christ* et qui devait servir à l'ornement de la nouvelle chapelle de la confrérie.

BALDINI Giacomello
XVIe siècle. Italien.
Sculpteur.
Il est peu connu, mais il existe de lui, à l'Académie de Ravenne, une belle statue en marbre, représentant un *Guerrier mort*.

BALDINI Giovanni
Originaire de Florence. Mort en 1559 d'après Zani. XVIe siècle. Italien.
Peintre.
Vasari dit que cet artiste fut un très bon maître. En 1499, il séjourna à Rome et vécut dans cette ville avec Garofalo.

BALDINI Giuseppe
XVIIIe siècle. Travaillait à Florence en 1730. Italien.
Peintre.
Élève d'Antonio-Domenico Gabbiani. On sait qu'il mourut jeune.

BALDINI Hermann ou **Baldin**
Né en 1877 à Zurich. XXe siècle. Suisse.
Sculpteur de figures, groupes, bustes.
Il entra à l'École des Arts et Métiers de Zurich avant d'être élève à l'Académie de Berlin et de travailler ensuite à Florence. Entre

1897 et 1904, il exposa régulièrement à la maison des Artistes de Zurich. Il a participé à l'Exposition de Berlin en 1909, avec un bronze : *Étudiant en droit*. Il a sculpté de nombreux bustes et est l'auteur du groupe de la coupole au Parlement de Berne.

BALDINI Pietro Paolo
XVIIe siècle. Travaillait à Rome en 1660. Italien.
Peintre.
Il fut l'élève de Pietro da Cortona, et jouit à l'époque d'une assez grande réputation. Il peignit des tableaux d'autel, des fresques, et décora les plafonds dans les églises de San Marcello al Corso, de San Nicolo da Tolentino, de San Eustachio à Rome. Ses œuvres sont citées par Titi.

BALDINI T.
XIXe siècle. Italien.
Peintre de figures.
Exposa à Londres, notamment à la Royal Academy en 1871.

BALDINI Taddeo
XVIIe siècle. Travaillait à Florence en 1680. Italien.
Peintre.
Defer cite un paysage de cet artiste. Il continua l'École de Salvator Rosa.

VENTES PUBLIQUES : LONDRES, 1874 : *Heures d'oisiveté* : FRF 10 875.

BALDINI Tiburzio, fra
XVIIe siècle. Travaillait à Bologne. Italien.
Peintre.
D'après Zani et Lanzi, il travailla aussi à Brescia. Le fait est que, dans le chœur de Santa Maria delle Grazie, à Brescia, il existe de lui deux tableaux ; à Saint-Jacques d'Ancona, on en trouve un autre daté de 1611.

VENTES PUBLIQUES : LONDRES, 15 déc. 1933 : *Nativité* : GBP 37 – LONDRES, 18 oct. 1989 : *La Nativité avec l'Annonciation aux bergers*, h/t (172x135) : GBP 9 020.

BALDINI Vincenzo
Né en 1809. Mort le 26 novembre 1881. XIXe siècle. Actif à Pérouse. Italien.
Peintre.
Élève de Monotti et ensuite de Sanquirico, il a été surtout un décorateur distingué. Il décora les théâtres de plusieurs villes d'Italie et reçut de nombreuses commandes de tableaux de l'étranger. Athènes, Corfou, Berlin, Oxford, Rio de Janeiro, sans compter d'autres villes, se le sont disputé. Il fut professeur à l'Académie de Pérouse.

BALDINI Vittorio
Mort en 1618. XVIe-XVIIe siècles. Travaillait à Ferrare. Italien.
Graveur sur bois et imprimeur.
En 1598, il était imprimeur ducal et papal. Il s'occupa aussi de littérature, fit quelques sonnets et, en 1591, il publia une chronologie ecclésiastique. Il fit les trente-cinq gravures sur bois qui ornent les *Profetie dell' Abbate Gioachino et di Anselmo Vescovo di Marsico*, ainsi que les planches typographiques de la *Difesa par riparare alla sommersione del Polesine di S. Giorgio*, d'Aleotti, imprimé en 1601. D'après Papillon, il illustra l'*Amynte* du Tasse pour l'édition de 1599 et, d'après Nagler, il serait l'auteur aussi des illustrations de l'ouvrage de Guarini, *Pastor fido*, publié en 1606.

BALDINO
XVIe siècle. Actif à Rome. Italien.
Peintre.
Cité en 1513. Sans doute identique à ANTONIO di Baldino.

BALDINO di Surso
Originaire de Pavie. XVe siècle. Italien.
Sculpteur sur bois.
On trouve le nom de cet artiste sculpté, avec la date du 20 octobre 1477, sur les stalles de San Giovanni de Dommate, cathédrale d'Asti.

BALDINOTTI Domenico
XVIIIe siècle. Travaillait à Pise. Italien.
Peintre.

BALDINUCCI Filippo
Né en 1624 à Florence. Mort le 1er janvier 1696. XVIIe siècle. Italien.
Peintre et écrivain d'art.
Il fut plutôt un dilettante de la peinture, mais d'un réel talent. Le musée du Louvre conserve de lui plusieurs portraits dessinés. Il

fut un excellent écrivain et ses ouvrages sont encore fréquemment consultés. On connaît de cet artiste : *Le Père Bénédictus Baccius devant un crucifix*. François Zuccarelli a gravé d'après lui le *Portrait de Filippo Lippi*.

BALDINUS de Varisio
XVe siècle. Italien.
Peintre.
Caffi remarqua à Bizzozero une fresque de ce peintre datée 1478.

BALDISSINI Nicolo ou Baldassini
Né en 1709. Mort en 1783. XVIIIe siècle. Actif à Venise. Italien.
Peintre.
Pasquali fut son maître. Il peignit les allégories de la *Force* et de la *Tempérance*, dans l'église San Pantaleone, et la *Gloire angélique* pour la voûte de l'église S. Raffaello Arcangelo, à Venise. Il travailla aussi à Padoue.

BALDNER Leonhard
Né en 1612 à Strasbourg. Mort en 1694. XVIIe siècle. Français.
Peintre.
Son goût spécial pour la pêche lui servit pour bien observer une foule d'oiseaux aquatiques et d'insectes, qu'il reproduisit admirablement dans ses aquarelles. En 1895, à l'Exposition d'Art de Strasbourg, on vit de lui, dans la Galerie d'Antiquités, un tableau représentant un *Concours de bateaux sur l'Ill*, daté de 1666 (au Musée).

BALDO Gino
XIXe-XXe siècles. Actif en France. Espagnol.
Peintre de paysages, marines et de genre.
Il a participé à l'Exposition des Humoristes à Paris en 1910.
VENTES PUBLIQUES : PARIS, 17 mai 1895 : *Vue de Séville* : FRF 150.

BALDO Marin
Né en Espagne. XXe siècle. Espagnol.
Sculpteur.
Il a exposé au Salon des Artistes Français à Paris en 1913.

BALDO di Giovanni
XVe siècle. Italien.
Peintre.
On trouve son nom cité en 1415 dans la corporation des peintres florentins.

BALDO di Giovanni di Paolo
XVe siècle. Travaillait à Pérouse. Italien.
Sculpteur sur bois.
Son nom est cité dans un registre parmi les sculpteurs de Pérouse, en 1420.

BALDO di Piero
XIVe siècle. Travaillait à Florence vers 1350. Italien.
Peintre.

BALDO di Rusticho
XIVe siècle. Travaillait à Florence en 1337. Italien.
Peintre.

BALDO di Simone di Bernardino
XVIe siècle. Italien.
Peintre.
Il exécuta des peintures à l'hôpital della Misericordia à Pérouse de 1528 à 1553.

BALDOCK James Walsham
Né en 1822. Mort en 1898. XIXe siècle. Actif à Worksop. Britannique.
Peintre de genre, animaux, paysages animés, aquarelliste.
De 1867 à 1887, cet artiste expose à Suffolk Street et à la New Gallery, à Londres.
VENTES PUBLIQUES : LONDRES, 15 juin 1973 : *Chevaux dans un paysage* : GNS 280 – LONDRES, 10 mai 1983 : *On the Moors*, aquar. et touches de blanc (53,5x76,8) : **GBP 750** – LONDRES, 26 sep. 1985 : *Troupeau dans la prairie* 1863, h/t (50x75) : **GBP 580** – LONDRES, 4 fév. 1986 : *Jeunes filles cueillant des fleurs au bord d'une route boisée*, aquar. reh. de blanc (38,6x30,6) : **GBP 1 600** – LONDRES, 3 nov. 1993 : *La Trent en amont de Beeston Meadow Lock* ; *La Trent en amont de Nottingham*, aquar., une paire (chaque 17,5x25,5) : **GBP 1 840** – NEW YORK, 3 juin 1994 : *Le maître d'équipage Samuel A. Reynell avec les piqueurs et la meute de Meath et Archerstown à distance* 1871, h/t (150,4x167,6) : **USD 65 750**.

BALDOMERO Gili Roig
Né à Lérida (Catalogne). XXe siècle. Espagnol.
Peintre de paysages.
Il a exposé au Salon de la Société Nationale des Beaux-Arts de Paris en 1923.

BALDOUI Jean
Né en 1890 à Paris. Mort en 1955. XXe siècle. Français.
Peintre de paysages, paysages animés et de genre.
Il fut élève de J. Adler, H. Lebasque et A. Cesbron. Il a exposé aux Salons d'Automne de 1919 à 1921, de la Société Nationale des Beaux-Arts de 1914 à 1924 et des Artistes Français de 1928 à 1934. Ses paysages sont parfois animés de femmes et d'enfants, il montre volontiers des vues et des scènes typiques de la vie des Marocains et des Martiniquais.
VENTES PUBLIQUES : PARIS, 7 déc. 1992 : *La Koutoubia à Marrakech*, h/cart. (24x33) : **FRF 3 000** – PARIS, 12 juin 1995 : *La sortie du sultan Moulay Youssef, Souk-el-Khemis à Bab Mahrouk* 1922, h/t (65x92) : **FRF 32 000**.

BALDOVINETTI Alesso
Né le 14 octobre 1425 probablement à Florence. Mort le 29 août 1499. XVe siècle. Italien.
Peintre, mosaïste et peintre verrier.
Baldovinetti entra dans la confrérie des peintres florentins en 1448. Il travailla probablement comme aide à la décoration de l'église S. Egidio, à l'hôpital de Santa Maria Nuova, où peignirent Domenico Veneziano, qui fut son maître, Piero della Francesca et Castagno. Dans cette église, il fournit quelques figures pour l'autel principal et une histoire de Marie, laissée inachevée par Domenico Veneziano. A ce moment-là, son activité de mosaïste fut importante, à partir de 1450 au Baptistère de Florence, en 1453 il est chargé de garnir de mosaïques l'intrados de l'arc de la porte Nord, et en 1455, celui de la porte du Paradis : il y figure des anges porte-emblèmes qui suivent élégamment la courbure des arcs. Il est chargé, en 1467, de faire une autre mosaïque représentant *Saint Jean Baptiste* au tympan de la porte Sud de la cathédrale de Pise. A ces divers titres, Baldovinetti a été un représentant important des mosaïstes florentins, au moment précis où cette technique passait avec éclat de Venise à Florence. Quant à sa peinture, elle exprime une plénitude heureuse, qui annonce la tranquille assurance des créateurs de la Renaissance Italienne à son apogée, que l'on peut subordonner aux siècles précédents. Castagno l'employa en 1454 à peindre un *Enfer* pour l'hôpital des Servites. De 1460 à 1462, il s'occupa de décorer l'église de Sant' Annunziata, où il peignit une *Nativité*. Baldovinetti exécuta aussi les fresques dans la chapelle du cardinal de Portugal à San Miniato (1466-1473), ainsi qu'un tableau d'autel pour le reliquaire sacramental de l'église Sant' Ambrogio. Il ne reste malheureusement de ses fresques, dans la chapelle du chœur de Santa Trinita (1471-1497), qui avaient été badigeonnées en 1760, que quelques fragments sur une voûte. Ses recherches sur des nouvelles formules chimiques pour la couleur, échouèrent. Gaetano Vascellini a gravé d'après lui *L'Adoration des bergers*. Artiste et érudit, il eut de nombreux élèves, dont Ghirlandajo, Verrochio et Pollajulo.
MUSÉES : CLEVELAND (Ohio) : *Madone adorant l'Enfant ?* – FLORENCE : *Annonciation* – LILLE : *Madone et ange* – LONDRES : *Dame*, attr. – *Les deux Saints Jean ?* – MARSEILLE : *Vierge en adoration*, attr. – NANCY : *Vierge et Enfant* – PARIS (Louvre) : *Vierge et Enfant* – PRATO : *La Trinité* – *Triptyque* : *Les noces de Cana* – *Le Baptême du Christ* – *La Transfiguration*.
VENTES PUBLIQUES : PARIS, 1823 : *L'Adoration des bergers* : **FRF 1 001** – LONDRES, 1886 : *Vierge et Enfant Jésus, Saint Jean et les Anges* : **FRF 6 285** – PARIS, 1898 : *Madone et Enfant* : **FRF 5 080** – PARIS, 23 nov. 1903 : *Saint visité par un ange* : **FRF 305** – PARIS, 3-4 et 5 juin 1907 : *La Vierge et l'Enfant Jésus* : **FRF 2 100** – LONDRES, 15 juil. 1927 : *Portrait d'un prélat* : **GBP 1 732** – PARIS, 17 juin 1997 : *Portrait d'homme de trois-quarts*, fragment de fresque, de forme ronde (diam. 22) : **FRF 120 000**.

BALDOVINI Bernardo
XVIIe siècle. Travaillait à Milan vers 1680. Italien.
Peintre de genre et portraitiste.

BALDREY Hainsworth
Né en 1885 à Cortland (New York). XXe siècle. Américain.
Sculpteur.

BALDREY John K.
Né en 1750. Mort en 1823. XVIIIe-XIXe siècles. Britannique.

Aquafortiste et dessinateur.

De 1780 à 1810, il travailla à Londres et à Cambridge. Il se retira ensuite à Hatfield, où l'on le trouve jusqu'en 1821. Il grava à l'eau-forte, au pointillé et en couleurs une série de sujets d'après Salvator Rosa, Maratti, Reynolds et principalement d'après Redgrave.

BALDREY S.

XVIIIe siècle. Actif à Londres vers 1780. Britannique.
Dessinateur.

BALDRIDGE Cyrus Leroy

Né en 1889 à Alton (New York). XXe siècle. Américain.
Peintre et illustrateur.

BALDRIGHI Costanza

Née au XVIIIe siècle à Rome. XVIIIe siècle. Italienne.
Peintre et graveur au burin.

Fille de Giuseppe Baldrighi et, en 1803, femme du peintre Biagio Martini. Nagler lui attribue une eau-forte représentant *Narcisse*, signée *C. B. f.*

BALDRIGHI Gaetano

XVIIIe siècle. Italien.
Peintre.

Il travaillait, d'après Zani, en 1760.

BALDRIGHI Giuseppe

Né en 1723 à Stradella (près de Pavie). Mort en 1802 ou 1803 à Parme. XVIIIe siècle. Actif à Parme. Italien.

Peintre de compositions mythologiques, animaux, portraits, pastelliste, miniaturiste.

Il étudia d'abord à Florence, sous la direction de Vincenzo Meucci, puis, en 1756, il vint à Paris, où il entra comme élève à l'Académie de Peinture, aux frais du duc de Parme, son protecteur. Là, il se perfectionna près de François Boucher. En 1757, il obtint un prix pour son tableau : *Charité romaine*, qui, du Musée du Louvre, fut transporté au Musée d'Angers, en 1872. Quand il revint à Parme, le duc Philippe de Bourbon le retint à sa Cour. Il fit le portrait de ce prince, entouré de sa famille. Ce tableau se trouve actuellement à la Pinacothèque de Parme, ainsi qu'un autre que le peintre exécuta à la même époque et qui représente un sujet mythologique. Il excella surtout dans le portrait au pastel et dans la miniature. On cite avec éloges le *Portrait du duc Antonio de Medici*, gravé par P.-A. Pazzi. L'artiste fit aussi son propre portrait pour la galerie des Uffizi, à Florence, et celui de *Condillac*, gravé par Pierre-Nicolas Alix.

Musées : ANGERS : *Charité romaine* – FLORENCE (Gal. des Uffizi) : *Autoportrait* – PARME (Pina.) : *Portrait de Philippe de Bourbon* – scène mythologique.

Ventes Publiques : MILAN, 16 mars 1994 : *Aigle*, h/t (96x130) : ITL 24 150 000 ; *Tête de hyène*, h/t (80x64) : ITL 22 425 000 – NEW YORK, 19 mai 1995 : *Portrait d'une jeune femme debout en robe de brocard avec un petit chien à ses pieds*, h/t (197,8x130,2) : USD 42 550.

BALDROIN A. H.

XIXe siècle. Américain.
Graveur à l'eau-forte.
De 1879 à 1892 il exposa à New York.

BALDRY Alfred Lys

Né en 1858 à Torquay. XIXe-XXe siècles. Britannique.
Peintre et littérateur.

D'abord élève à l'École d'Art de South Kensington, il étudia ensuite, sous la conduite d'Alb. Moore. Dès l'année 1880, il présenta régulièrement ses tableaux aux plusieurs expositions de Londres et de la province. En février 1906, il exposa dans la galerie Reyder une série de portraits, d'études, de figures et de paysages, tant à l'huile qu'à l'aquarelle, relatifs aux environs de Christchurch.

BALDRY Harry

XIXe siècle. Britannique.
Portraitiste.

Il exposa de 1887 à 1890, à la Royal Academy, à la New Water-Colours et à la Grafton Gallery à Londres, où il travaillait.

BALDUC Roque

D'origine française. Mort en 1561. XVIe siècle. Actif à Séville. Espagnol.
Peintre et sculpteur sur bois.

Le nom de cet artiste est une contraction de son lieu de naissance : Bois-le-Duc. Il se considérait comme flamand ; il peignit et dora un retable pour l'église de la ville de Chiclana, en 1551.

En 1554, il exécuta un retable et un tabernacle pour l'église de Medina Sidonia, et travailla de même pour diverses autres églises.

BALDUCCI Giovanni, dit Cosci (?)

Mort en 1603 à Naples. XVIe siècle. Italien.
Peintre.

Élève de Battista Naldini ; il fut actif à Florence dans la deuxième moitié du XVIe siècle. Il trouva un protecteur dévoué en la personne du cardinal Alessandro de Medicis, plus tard devenu pape sous le nom de Léon XI.

Balducci peignit pour le dôme différentes fresques, entre autres celle de la *Cène*, et pour le couvent della Grocetta, le tableau bien connu de *L'Invention de la Sainte Croix*. En 1590, à Rome, il exécuta les fresques des églises de Santa Prassede et de San Giovanni in Laterano.

Ventes Publiques : LONDRES, 9 déc. 1959 : *Saint Jean Baptiste*, grisaille sur pan. : GBP 480 – LONDRES, 2 juil. 1986 : *Le martyre de saint Laurent*, h/pan. (120x91) : GBP 10 000 – MILAN, 12 déc. 1988 : *Vénus et Adonis*, h/pan. (228x165) : ITL 22 000 000 – NEW YORK, 17 jan. 1992 : *La première célébration de Pâques avant l'exode d'Égypte*, h/cuivre (10,8x25,4) : USD 33 000 – PARIS, 18 juin 1993 : *Femme assises – diverses études*, sanguine et cr. noir (41,5x27) : FRF 16 000 – NEW YORK, 12 jan. 1994 : *Le martyre de saint Laurent*, h/pan. (116,8x90,7) : USD 23 000 – NEW YORK, 29 jan. 1997 : *L'Adoration des bergers*, pl., encre et lav. (17,5x10) : USD 4 370.

BALDUCCI Giovanni ou Balduccio Giovanni di, dit aussi Giovanni da Pisa

Né vers 1300 à Pise. Mort après 1360 peut-être à Milan. XIVe siècle. Italien.
Sculpteur.

Fut élève de Giovanni Pisano, Tino di Camaino et Lupo di Francesco.

Il exécuta dans le style des monuments siennois le mausolée de Guarniero, fils de Castruccio Castracane à San. Francesco de Sarzana. On lui doit aussi les mausolées de Stefano et d'Umberto III Visconti à S. Eustorgio de Milan, de Salvarino Aliprandi et de Lanfranco Settala dans l'église de San Marco, également à Milan. En 1334, il fut appelé à Milan par Azzone Visconti, dit-on, afin de terminer la grande arcade de Saint Pierre martyr dans l'église de S. Eustorgio. On attribue à cet artiste les statues qu'on voit au-dessus du vestibule du dôme de Crémone, ainsi que celles du palais Trivulzio à Milan. Il exécuta encore le tombeau de Azzone Visconti, après sa mort en 1339, dans l'église San Gottardo de Milan (aujourd'hui au Castello Sforzesco), le portail de Santa Maria di Brera, toujours à Milan. À partir de 1349, il dirigea la construction de la châsse de Saint-Augustin, à San Pietro in Ciel d'oro, à Pavie. Son œuvre maîtresse demeure la châsse de Saint-Pierre de Vérone, mentionnée ci-dessus, à Sant'Eustorgio, à Milan, à laquelle il travailla de 1335 à 1339. La considérable châsse est supportée par huit cariatides, au-dessus desquelles court un bas-relief en huit parties, retraçant la vie du saint. La châsse est couronnée par un tabernacle, où figurent la Vierge et l'Enfant entourés de saint Dominique et saint Pierre de Vérone, qui est lui-même surmonté d'un baldaquin orné de statuettes. Cette châsse constitue l'une des œuvres maîtresses du gothique italien.

BALDUCCI Gregorio

XVIIIe siècle. Italien.
Peintre.

En 1777, il exposa à Londres à la Société des Artistes un tableau intitulé : *Mort d'Adonis*.

BALDUCCI Niccolo

Actif à Venise. Italien.
Peintre.

BALDUCCI Pier Antonio

XVIe siècle. Travaillait à Rome. Italien.
Sculpteur.

D'après un document daté du 14 janvier 1564, nous apprenons qu'il fut occupé aux travaux de la porte del Popolo et de la porte Pia à Rome.

BALDUCCI di Giuliano di Lorenzo Matteo

Né à Fontignano (près de Pérouse). XVe siècle. Actif dans le dernier quart du XVe siècle. Italien.
Peintre.

Il ne faut pas confondre cet artiste avec son homonyme Gregorio Balducci. Matteo continua l'école de Pinturicchio. En 1517, il entra pour six ans comme aide dans l'atelier du Siennois Sodoma. Il peignit en 1523, pour l'église San. Francesco à Pian Castagnaio, un tableau d'autel. On attribue à ce peintre le tableau de l'*Assunta* qui se trouve dans la chapelle Borghese de San. Spirito à Sienne. Il y a plusieurs de ses tableaux au couvent des Minorites à Cetone et dans l'église paroissiale de la Madonna delle Nevi à San Giusto, dans la province de Sienne. On possède aussi dans l'église du couvent de Sant Agnese, près Montepulciano, une *Sainte Catherine de Sienne*. Plusieurs des œuvres de ce peintre sont conservées à l'Académie de Sienne.

MUSÉES : BERGAME : *Clelia* – MONTPELLIER : *Saint Christophe* – PARIS (Louvre) : *Prédelle*, attr. à Filipepi – *Vierge et l'Enfant*, attr. à Pinturicchio – *Jugement de Salomon*, id. – ROUEN : *Les Vestales*.

VENTES PUBLIQUES : MILAN, 12 mars 1963 : *La Vierge et l'Enfant entourés par des anges*, temp. sur bois : **ITL 2 100 000** – LUCERNE, 2 déc. 1967 : *Portrait d'une jeune femme en Flore*, bois : **CHF 14 000.**

BALDUFF Hans ou Balluf, Ballof, Baldolf, Baldus
Mort le 3 septembre 1492. XVᵉ siècle. Allemand.
Peintre.
En 1461 il était citoyen de Bâle.

BALDUIN Peter ou Balduwin ou Baldewin
XVIᵉ siècle. Suisse.
Peintre verrier.
On sait qu'en 1558 il devint citoyen de Zofingen et l'on trouve son nom mentionné jusqu'en 1602. On ne connaît aucun de ses travaux, mais on lui attribue quelques peintures sur verre conservées au musée de la ville, d'après une ancienne tradition. Il eut trois fils : Jorg, Josua et Peter dit le Jeune, qui continuèrent à travailler dans la manière de leur père. On a des deux premiers quelques fragments de vitraux.

BALDUNG Hans. Voir BALDUNG GRIEN

BALDUNG GRIEN ou Bauduin-Grun Hans, de son vrai nom : Baldung Hans
Né en 1484 ou 1485 à Gmund (Souabe). Mort en septembre 1545 à Strasbourg. XVIᵉ siècle. Allemand.
Peintre de compositions religieuses, sujets allégoriques, scènes de genre, portraits, graveur, dessinateur.
Il appartenait à une famille alsacienne qui compta plusieurs membres occupant des fonctions importantes : son père fut un haut fonctionnaire de l'évêché de Strasbourg, l'un de ses oncles était médecin de l'empereur Maximilien et exerçait à Fribourg-en-Brisgau, son frère et un cousin – tous deux juristes – devinrent d'importants fonctionnaires impériaux. Hans Baldung acquit à Strasbourg, en dehors de son apprentissage artistique, une solide culture humaniste. Il travailla peut-être dans l'atelier de Martin Schongauer, mais ceci est aussi problématique que sa naissance supposée à Weyersheim (petit village d'Alsace). Nous savons par contre avec certitude qu'il acheva, de 1505 à 1507, sa formation artistique à Nuremberg, dans l'atelier de Dürer. Les deux hommes s'estimèrent rapidement et demeurèrent amis ; en 1521, Albrecht Dürer emporta avec lui, lors de son voyage aux Pays-Bas, plusieurs gravures de Hans Baldung ; à sa mort, Dürer légua à son ancien élève une mèche de ses cheveux (relique conservée à l'Académie de Vienne). Baldung avait l'habitude de se vêtir d'habits verts et témoignait d'une prédilection pour la couleur verte : c'est pourquoi ses contemporains lui donnèrent le surnom de « Grien » (vert) ; ce surnom plut à Baldung, dans l'une de ses premières œuvres célèbres, *le retable de Saint-Sébastien* – peint en 1507, pour l'église de Halle –, il s'est représenté en costume vert et, surtout, a signé sa composition du monogramme HBG, auquel il restera attaché. Vers 1509, il retourna à Strasbourg où il demeura pratiquement sa vie durant – il résidera seulement, de 1512 à 1517, à Fribourg-en-Brisgau. En 1510, il acquit le droit de bourgeoisie ; peu après il épousa Marguerite Herlin – fille d'un bourgeois strasbourgeois et sœur d'un chanoine de Saint-Pierre-le-Vieux (le couple n'eut pas d'enfants). Très apprécié par ses compatriotes, il occupa plusieurs fonctions officielles à Strasbourg (dont celle de membre du Grand Conseil), fut comblé d'honneurs et mourut fort riche. Son corps fut conduit en grande procession au nouveau cimetière protestant de Strasbourg ; sa femme lui survécut sept ans. Imprégné de traditions médiévales rhénanes, initié par Dürer à l'art italien renaissant, plongé dans l'univers humaniste de Strasbourg, Hans Baldung – qui possédait un solide bagage culturel – nous a laissé une œuvre puissamment originale : excellent peintre, habile dessinateur et prodigieux graveur, il peut être considéré comme l'un des plus grands artistes de la

Renaissance allemande (l'égal des Dürer, Grünewald, Cranach, Altdorfer et Holbein). Chez ce peintre dont la vie et l'activité artistique pourraient sembler si calmes et réussies – ses œuvres religieuses donnent une image élevée et souvent sereine de son équilibre pictural et humaniste –, de nombreuses obsessions apparaissent et s'affirment avec force dans ses dessins et peintures. Les danses macabres et la sorcellerie l'obsèdent : héritage de la Bible, refoulement de sa libido, terreurs enfantines ? Toutes ces suppositions peuvent être retenues. Cet attrait pour le macabre et le satanique nous a valu de nombreuses œuvres où le réalisme le plus cru s'allie au fantastique le plus élaboré. Ses « danses macabres », surtout, sont particulièrement terribles ; il s'agit toujours d'une représentation quasi-mnémonique : de lourdes femmes, des jeunes filles ou des courtisanes (dont l'anatomie nous est révélée avec un réalisme parfois brutal) subissent les horribles assauts de la Mort, qui a toujours l'apparence d'un homme – comme dans les mythologies d'Extrême-Orient. Jamais un peintre n'avait ainsi commenté graphiquement deux Paraboles du Nouveau Testament : « Le voleur de nuit » et « Les dix vierges ». Les « danses macabres » de Baldung Grien n'évoquent plus un tableau de l'égalité universelle, elles nous dépeignent avec une violente netteté une agression horrible – et dernière –, d'autant plus affreuse que la victime semble accepter avec une joie morbide son sort funeste (seul Nicolas Manuel Deutsch nous a laissé des représentations macabres aussi effrayantes). Quant aux sorcières peintes par Baldung Grien, ce sont généralement de solides et belles femmes qui se rendent en hâte au sabbat, pressées de rencontrer un démon que leur lubricité cruelle appelle. Grand artiste fantastique de tous les temps, Hans Baldung Grien peut aussi être considéré comme l'un des précurseurs de l'expressionnisme nordique et allemand : Edvard Munch, plusieurs siècles plus tard, représentera d'aussi brutales agressions macabres. Cette « modernité » de Baldung Grien frappera plusieurs créateurs artistiques actuels : le cinéaste Agnès Varda, dans son film « Cléo-de-cinq-à-sept » (1962) a déclaré avoir eu toujours présent à l'esprit, durant la réalisation du film, un tableau de Baldung Grien : « Cléo, c'est ce premier regard entre la beauté et la mort ». Ce réalisme fantastique valut à Baldung Grien quelques réserves de la part de ses contemporains, qui pourtant le tenaient en haute estime : les autorités ecclésiastiques de Strasbourg, par exemple, lui demandèrent, à l'occasion d'une commande, de ne pas représenter « la mère de Dieu comme une femme vulgaire et échevelée, rappelant les sorcières et les filles du peuple ». ■ P.-A. Touttain

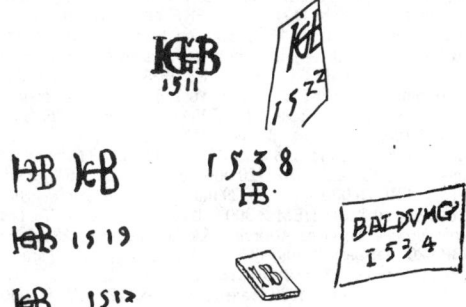

BIBLIOGR. : H. Curjel : *Hans Baldung Grien*, Munich, 1923 – François-Georges Pariset : *Deux œuvres inédites de Hans Baldung Grien*, Munich, 1934 – O. Fischer : *Hans Baldung Grien*, Munich, 1939 – Hans Haug : *Notes et documents sur Hans Baldung Grien et son entourage*, Paris, 1952 – Hans Haug : *Musée de l'œuvre Notre-Dame*, Strasbourg, 1956 – François-Georges Pariset : *Baldung et la marche à la mort au Musée de Rennes*, Paris, 1957 – *Catalogue de l'exposition : « Bosch, Goya, et le Fantastique »*, Bordeaux, 1957 – François-Georges Pariset : *Hans Baldung Grien*, Paris, 1959 – *Catalogue de l'exposition : « Hans Baldung Grien »*, Karlsruhe, 1959 – Marccel Brion : *L'Art fantastique*, Paris, 1961 – Hans Haug : *L'Art en Alsace*, Grenoble et Paris, 1962 – *Catalogue de l'exposition : « Les plus belles gravures du monde occidental »*, Paris, 1966.

MUSÉES : BÂLE (Kunsthalle) : *La mort et la jeune fille* 1517, peint. – *La mort et la femme*, peint. – BERLIN (Cab. des Estampes) : *La fille et la mort* 1515, dess. – BERLIN (Mus. Nat.) : *Crucifixion* 1512,

peint. – *Vierge à l'enfant* 1534 ou 1540, peint. – DRESDE : *Mucius Scaevola* 1531, peint. – FRANCFORT-SUR-LE-MAIN (Inst. Staedel) : *Lucrèce* 1520, dess. reh. de blanc sur pap. teinté – FRANCFORT-SUR-LE-MAIN : *Les deux sorcières* 1523, peint. – FRIBOURG-EN-BRISGAU (Cathédrale) : *Retable du Couronnement de la Vierge : Le Couronnement*, panel, panneau central – *L'Annonciation, La Visitation, La Nativité, La fuite en Égypte, Les Saints* 1512 à 1517, peint., panneaux latéraux – INNSBRUCK : *La Sainte Famille*, peint. – *La déploration du Christ*, peint. – LEIPZIG : *Les sept âges de la femme* 1544, peint. – LONDRES (Nat. Gal.) : *La Trinité* 1512, peint. – MADRID (Prado) : *Diptyque : Les Trois Grâces – Le monde sauvé par le Rédempteur* 1540-1541, peint. – *Les âges de la femme* 1544, peint. – MUNICH (Pina., Cab. des Estampes) : *Les trois Parques* 1513, grav. sur bois – *Les hiboux*, grav. sur bois – *Les sorcières* 1510, grav. sur bois en coul. – MUNICH (Pina.) : *Philippe de Neubourg* 1517, peint. – *Allégorie de la Musique*, peint. – *Allégorie de la Vanité*, peint. – *Portrait de Christopher von Baden*, peint. – *Nativité*, peint. – NUREMBERG (Mus. germanique) : *Retable de Saint-Sébastien* 1507, peint. – *Le repos pendant la fuite en Égypte*, peint. – PARIS (Ecole des Beaux-Arts) : *Hercule et Omphale* 1533, pl. et lav. – *Tête d'homme*, dess. – PARIS (Louvre) : *Autoportrait* 1534, dess. – PARIS (Louvre) : *Le chevalier, la femme et la mort* 1505 ou 1507, peint. – RENNES (Mus. des Beaux-Arts) : *La marche à la mort* 1544, peint. – STRASBOURG (Mus. de l'Œuvre Notre-Dame) : *La Vierge à la treille* vers 1540, peint. – *Portrait du chanoine Ambrosius Volmar Keller* 1538, peint. – *Portrait de jeune homme* 1521, peint. – *La mort de la Vierge*, peint., œuvre d'atelier – *L'incrédulité de saint Thomas* 1512, dess. – *Hercule et Antée* vers 1530, dessin préparatoire pour le tableau conservé à Varsovie – *Portrait d'Othon Brunfels* vers 1534, bois gravé – *Le palefrenier ensorcelé* vers 1544, bois gravé – *Saint Thomas et le Sauveur* 1512, vœux de bonne année gravés d'après un dessin – VARSOVIE (Mus. Nat.) : *Hercule et Antée* 1530, peint. – VIENNE (Albertina) : *Sorcières* 1514, dess. à la pl. – *Saturne* 1516, dess. à la pierre noire – *Les Sorcières* 1514, vœux de bonne année gravés d'après un dessin – *Palefrenier* vers 1510, grav. au burin – *Combat d'étalons au milieu de chevaux sauvages* 1534, bois – *Album de dessins et gravures* – VIENNE (Kunsthistoriches Mus.) : *La Sainte Famille*, peint. – *Allégorie de la vanité*, peint. – *Le repos pendant la fuite en Égypte*, peint.
VENTES PUBLIQUES : PARIS, 19-20 avr. 1921 : *Légende de sainte Marie l'Égyptienne*, diptyque : FRF 1 500 – PARIS, 31 mars 1922 : *Adam et Ève sortant du Paradis*, ardoise : FRF 310 – PARIS, 11 avr. 1924 : *Un apôtre*, pl., reh. de blancs : FRF 955 – PARIS, 12-13 mars 1926 : *Le Père Éternel*, pl. : FRF 270 – PARIS, 26 jan. 1927 : *Portrait d'un pape*, cr. et sanguine : FRF 300 – LONDRES, 26 avr. 1927 : *Scène de magie* 1514, camaïeu brun, reh. de blanc : GBP 40 – LONDRES, 14 juil. 1936 : *Saint Martin à cheval*, cr. et encre de Chine : GBP 33 – PARIS, 8 déc. 1938 : *Le larron crucifié*, pierre noire, attr. : FRF 620 – NEW YORK, 5 nov. 1942 : *Adam et Ève* : USD 700 – NEW YORK, 23 mai 1945 : *La Vierge et l'Enfant* : USD 1 700 – LONDRES, 3 déc. 1969 : *La tentation d'Ève* : GBP 224 000 – LONDRES, 8 déc. 1971 : *Saintt Jean l'Évangéliste dans l'île de Patmos* : GBP 120 000 – PARIS, 7 déc. 1973 : *Loth buvant* : FRF 70 000 – MUNICH, 29 mai 1976 : *Le martyr de saint Étienne*, grav./bois : DEM 3 300 – LONDRES, 7 déc. 1977 : *Les Trois Parques : Lachesis, Atropos et Klotho*, grav./bois (22x15,4) : GBP 620 – LONDRES, 21 juin 1978 : *La Vierge en reine du Paradis* vers 1514, h/pan. (35,5x25,5) : GBP 245 000 – LONDRES, 9 avr. 1981 : *Saint Christophe* 1520, craie noire (45,4x30,2) : GBP 80 000 – BERNE, 24 juin 1983 : *Adam et Ève* 1519, grav./bois/pap. filigrané : CHF 13 500 – BERNE, 21 juin 1985 : *Le martyre du Christ* 1517, grav./bois : CHF 13 000 – LONDRES, 24 juin 1986 : *Salomé avec la tête de saint Jean Baptiste*, grav./bois (12,9x8,7) : GBP 1 900 – BERNE, 17 juin 1987 : *Le garçon d'écurie ensorcelé* vers 1534, grav./bois : CHF 7 800 – MUNICH, 26 mai 1992 : *Sainte Catherine* 1505, bois gravé : DEM 1 437.

BALDUS Édouard
Né en 1820. Mort après 1881. XIXe siècle. Français.
Peintre, graveur, lithographe, dessinateur.
Il pratiqua l'héliogravure et la photographie.

BALDUVAL François
XVIIIe siècle. Vivait en 1742. Français.
Peintre.
De l'Académie de Saint-Luc.

BALDWIN A. H.
XIXe siècle. Actif à New York entre 1879 et 1892. Américain.
Graveur.

BALDWIN B.
XIXe siècle. Travaillant à Londres. Britannique.
Portraitiste.
Il exposa trois de ses tableaux de 1842 à 1845 à la Royal Academy de Londres.

BALDWIN Clarence E.
XXe siècle. Actif à New York vers 1907. Américain.
Peintre.

BALDWIN Edith E.
Née à Worcester (Massachusetts). XIXe-XXe siècles. Américaine.
Peintre.
Élève, à Paris, de Tony Robert-Fleury, G. Courtois, Henry Mosler et Julius Rolshoven, elle fut membre de la Society of American Artists.

BALDWIN Esther M.
XIXe-XXe siècles. Américaine.
Peintre aquarelliste.
Elle a travaillé à Boston, a exposé au New York Water-Colours club et à la Pennsylvania Academy.

BALDWIN George
Né vers 1818 à Thomson (Connecticut). XIXe siècle. Américain.
Peintre.

BALDWIN Harry
Né à Longhborough (Leicestershire). Britannique.
Peintre, graveur.
Il privilégia l'eau-forte et fut aussi collectionneur.

BALDWIN Jean Tomlinson
Né à Florence (Italie). XXe siècle. Américain.
Peintre de paysages, portraits et sujets mythologiques.
Il a exposé au Salon des Indépendants entre 1926 et 1932.

BALDWIN Michael
Né en 1945. XXe siècle. Britannique.
Artiste. Conceptuel. Groupe Art & Language.
Sur les activités communes du groupe, voir *ART & LANGUAGE*.

BALDWIN Samuel
XIXe siècle. Actif à Halifax. Britannique.
Peintre de genre.
Exposa de 1843 à 1858 à Suffolk Street à Londres.
VENTES PUBLIQUES : LONDRES, 30 juil. 1982 : *L'étoile de mer* 1864, h/t (25,4x50,8) : GBP 300 – LONDRES, 26 sep. 1985 : *La toupie*, h/t (30x38) : GBP 900 – LONDRES, 20 jan. 1987 : *Un cadeau pour le garde-chasse* 1862, h/t (49,5x39,3) : GBP 1 000.

BALDWIN William
XIXe siècle. Américain.
Miniaturiste.

BALDWYN Charles H. C.
XIXe siècle. Actif à Worcester (Angleterre) à la fin du XIXe siècle. Britannique.
Peintre de natures mortes, aquarelliste.
Exposa à Londres à la Royal Academy, à Suffolk Street et à New Water-Colours Society, de 1887 à 1893.
VENTES PUBLIQUES : LONDRES, 25 jan. 1989 : *Les vanneaux*, aquar. (25x34) : GBP 715.

BALDY Guillaume
Né à Rome. XIXe-XXe siècles. Italien.
Sculpteur.
Élève à l'Académie des Beaux-Arts de Florence, il a exposé au Salon des Artistes Français à Paris.

BALE Alice Marion Ellen
Née à Londres. XXe siècle. Britannique.
Peintre de portraits, intérieurs.
Elle a exposé au salon des Artistes Français à Paris en 1939.
VENTES PUBLIQUES : SYDNEY, 6 oct. 1976 : *Intérieur*, h/t (57,5x40,5) : AUD 900.

BALE Charles Thomas
XIXe siècle. Actif vers 1860-1887. Britannique.
Peintre de natures mortes.
Il a surtout exposé à Londres, notamment à la Royal Academy et à Suffolk Streeet, entre 1866 et 1875. Il s'est spécialisé dans la représentation de fruits.
VENTES PUBLIQUES : LONDRES, 18 mai 1976 : *Nature morte aux fruits*, h/t (32x44,5) : GBP 200 – LONDRES, 24 oct. 1978 : *Nature*

morte aux fruits, h/t, une paire (29x39) : **GBP 900** – LONDRES, 7 juin 1979 : *Nature morte aux fruits* 1887 (69x88,5) : **GBP 1 000** – CHESTER, 24 sep. 1981 : *Natures mortes*, deux h/t (75x49,5) : **GBP 520** – LONDRES, 2 mars 1984 : *Natures mortes aux fruits*, deux h/t (75x49,5) : **GBP 2 000** – LONDRES, 25 juil. 1986 : *Nature morte aux fruits* 1887, h/t (70,5x91,4) : **GBP 2 400** – LONDRES, 3 juin 1988 : *Panier de fraises et de grappes de raisin avec un pot de gingembre*, h/t (50,8x76,2) : **GBP 1 540** – LONDRES, 15 juin 1988 : *Nature morte de pigeons, canard sauvage et faisan tués* 1875, h/t (64x77) : **GBP 1 100** – ÉDIMBOURG, 30 août 1988 : *Natre morte de fruits, gibier et cruche*, h/t (76x51) : **GBP 2 200** – LONDRES, 23 sep. 1988 : *Nature morte de gibier et fruits*, h/t, une paire (chaque : 35,5x46) : **GBP 1 320** – MILAN, 4 avr. 1989 : *Nature morte de fruits*, h/t (127x102) : **ITL 10 000 000** – LONDRES, 27 sep. 1989 : *Nature morte de fruits* 1866, h/cart. (30,5x41) : **GBP 2 090** – NEW YORK, 17 jan. 1990 : *Nature morte de raisins, poires, pommes et oranges* 1878, h/t (71,2x91,6) : **USD 5 225** – LONDRES, 21 mars 1990 : *Fruits du jardin*, h/t (62x51) : **GBP 3 300** – LONDRES, 13 juin 1990 : *Nature morte de raisins, poires, prunes, pêches, ananas, etc.* 1875, h/t (50,5x60,5) : **GBP 1 870** – LONDRES, 1er nov. 1990 : *Fruits d'automne avec une chope sur un entablement drapé* 1887, h/t (70,8x91) : **GBP 3 080** – MONTRÉAL, 5 nov. 1990 : *Nature morte* 1875, h/t (51x61) : **CAD 1 870** – LONDRES, 14 juin 1991 : *Nature morte avec un canard et un pigeon ramier morts près d'une corbeille de fruits sur un entablement de bois* 1884, h/t (51x61) : **GBP 2 860** – LONDRES, 3 juin 1992 : *Nature morte de fruits et de gibier mort* 1891, h/t (71x91,5) : **GBP 4 400** – NEW YORK, 16 juil. 1992 : *Nature morte d'un panier de fruits et d'une cruche sur une table*, h/t (50,8x76,2) : **USD 3 850** – NEW YORK, 20 jan. 1993 : *Nature morte de raisin, pommes, prune, poire autour d'une chope de grès sur une table* 1889, h/t (42,5x34,9) : **USD 2 070** – ÉDIMBOURG, 13 mai 1993 : *Panier de pommes, prunes et raisin avec des oranges sur un entablement drapé* 1878, h/t (71,5x93,5) : **GBP 5 280** – LONDRES, 11 oct. 1995 : *Nature morte de fruits d'été et papillons*, h/cart., une paire (chaque 14x40) : **GBP 1 380** – LONDRES, 5 sep. 1996 : *Raisins, pommes, poire, prunes et vase en céramique sur une table de bois*, h/t (45,7x35,5) : **GBP 977**.

BALE Edwin R. J.
Né en 1838 ou 1842 à Londres. Mort en 1923. XIXᵉ siècle. Britannique.
Peintre de paysages, scènes de genre, aquarelliste.
Il commença par étudier à l'École de South Kensington, mais alla ensuite à l'Académie de Florence. Quand il revint à Londres, il reçut la charge de directeur d'art chez Cassell and Co.
Il exposa de 1870 à 1883 des tableaux de genre et des paysages à la Royal Academy.
MUSÉES : BIRMINGHAM : *La Mort arrive quand l'homme ne peut plus travailler*.
VENTES PUBLIQUES : LONDRES, 17 oct. 1984 : *La marchande de fruits romaine*, aquar. (66x42) : **GBP 1 100** – LONDRES, 26 fév. 1985 : *Fiametta*, aquar. et cr. (40,6x30,5) : **GBP 700** – LONDRES, 26 jan. 1987 : *Le lac de Lugano*, aquar. (46x74) : **GBP 800** – LONDRES, 20 juil. 1994 : *L'heure des jeux*, aquar. (37x50) : **GBP 977**.

BALE Thomas Charles. Voir **BALE Charles Thomas**

BALÉCHOU Jean Joseph
Né le 11 juillet 1716 à Arles. Mort le 18 août 1764 à Avignon. XVIIIᵉ siècle. Français.
Graveur.
Baléchou se destina d'abord à la peinture et travailla avec Joseph Vernet, sous la direction d'un peintre avignonnais nommé Sauvan. Celui-ci lui conseilla de s'adonner à la gravure. La ville d'Avignon lui fournit alors une pension nécessaire pour payer son apprentissage chez Michel, le meilleur graveur d'Avignon. Il vint ensuite à Paris où il travailla avec Lépicié. Sa réputation fut tout de suite considérable. Il se fit recevoir de l'Académie et fut chargé de graver, pour le *Recueil de la Galerie de Dresde*, le portrait d'Auguste III, roi de Pologne, d'après le tableau de Rigaud. Il fit de cette gravure une œuvre remarquable, mais il fut accusé d'avoir conservé et vendu plusieurs épreuves avant la lettre ce portrait, et de ce fait fut rayé de l'Académie. La vérité sur cette accusation ne fut pas alors très bien établie, mais il est hors de doute, aujourd'hui, que Baléchou ne fut pas très délicat en la circonstance, deux épreuves avant la lettre de cette gravure existant, l'une à la Bibliothèque nationale de Paris, l'autre à Nuremberg. Sa radiation jeta sur son nom un certain discrédit et il se retira à Avignon, dans cette ville en 1764. Il y passa les dernières années de sa vie à graver les tableaux de J. Vernet, notamment *les Baigneuses, le Calme* et *la Tempête*. A ce sujet, Diderot

écrivait à Grimm, en 1763 : « Lebas et Cochin gravent de concert les ports de mer de Vernet, mais il y a, à Avignon, un certain Baléchou, assez mauvais sujet, qui court la même carrière et qui les écrase ». Les qualités prédominantes de Baléchou sont une grande vigueur d'exécution et une belle hardiesse de composition dans ses œuvres originales. On pourrait lui reprocher parfois une certaine dureté. Ses gravures ont atteint des prix considérables, notamment l'Auguste III cause de sa disgrâce dont certaines épreuves furent payées 2000 et 3000 francs. Il est à noter que Baléchou tirait lui-même ses épreuves, ainsi qu'il ressort d'une lettre de cet artiste à J.-G. Wille, datée de 1762. Au point de vue moral, Baléchou qu'on a trop violemment attaqué au sujet de son indélicatesse dans l'affaire du portrait d'Auguste III, fut un homme de cœur plein d'une philosophie sereine et qui expia un peu lourdement dans ses dernières années un instant de faiblesse. C'est en 1719 que Baléchou avait été agréé à l'Académie.

BALECHOU Jehan ou **Bâlechoux**
XVIᵉ siècle. Travaillant à Tours en 1557. Français.
Peintre.

BALEGNO Giuseppe
Né à Turin. XVIIIᵉ siècle. Italien.
Peintre.
D'après une citation de Zani, il travaillait en 1793.

BALEISONO Jean
XVᵉ siècle. Actif à la fin du XVᵉ siècle. Français.
Peintre.
Cité dans la *Peinture en Basse-Provence et en Ligurie*, de Bensa.

BALEMAN Jan
Né à Groningen. XVIIIᵉ siècle. Hollandais.
Peintre.
Citoyen d'Amsterdam en 1727.

BALEN Fernand van
XVIᵉ siècle. Travaillant à Anvers. Éc. flamande.
Peintre.
En 1546, il fut élève dans l'atelier de Pieter Aertsen.

BALEN Gaspard van
Né en 1615 à Anvers, où il fut baptisé le 12 mai. Mort le 7 mars 1641 à Rome. XVIIᵉ siècle. Éc. flamande.
Peintre.
Second fils de Hendrik van Bâlen le Vieux, il fut guidé dans la peinture par son frère aîné Jan, qu'il accompagna en Italie en 1639. En 1635, il prit part, avec son frère et son gendre, à la décoration des arcs de triomphe, élevés sous la direction de Rubens, à Anvers, pour l'entrée du cardinal infant Ferdinand d'Autriche.

BALEN Hendrik van, l'Ancien
Né en 1575 à Anvers. Mort le 17 juillet 1632 à Anvers. XVIIᵉ siècle. Éc. flamande.
Peintre de sujets mythologiques, compositions religieuses, sujets allégoriques, paysages animés, cartons de vitraux.
Balen, dont le nom restera toujours lié à ceux de ses illustres élèves, Van Dyck et Franz Snyders, eut peut-être pour premier maître Martin de Vos, puis (selon Van Mander) acheva sa formation sous Adam van Noort. Il entra vers l'année 1592 comme maître libre de la gilde de Saint-Luc, dont il fut doyen en 1605-1610. On sait qu'il visita Rome, puisqu'il fit partie plus tard de la gilde des « Romanistes », dont les membres étaient recrutés parmi les peintres flamands ayant séjourné dans la Ville Éternelle. Balen fut doyen de la gilde des « Romanistes » en 1613. A l'instar de Rubens, il avait réuni dans sa maison d'Anvers une riche collection de peintures et œuvres d'art ; en 1605 il s'était marié avec Marguerite Briers, qui lui donna onze enfants, dont plusieurs devinrent peintres sans toutefois atteindre à la célébrité de leur père.
Van Balen a peint sur bois et sur cuivre des paysages de petites dimensions animés de scènes bibliques ou mythologiques. Il a exécuté aussi des tableaux d'autel, grandeur nature, dans lesquels sa manière est très différente de celle des paysages. Balen s'adjoignit souvent la collaboration d'autres artistes : Jean Brueghel de Velours peignit des détails et les fonds dans plusieurs de ses tableaux ; Josse de Momper, Franz Snyders mirent également la main à ses ouvrages. Balen subit d'autre part l'influence de son célèbre disciple van Dyck, et on attribuerait facilement à ce dernier maître certain tableau d'histoire de l'église Saint-Jacques à Anvers, dans lequel Balen déploie toutes les

qualités de coloris et de composition qui caractérisent van Dyck. On trouve des œuvres de Balen dans la plupart des grands musées, mais il en est peu de signées. Ses dessins sont très rares. Il a composé quelques cartons pour vitraux.

Parmi ses tableaux on cite : *La Trinité, L'Annonciation, La Résurrection, Portrait de Balen et de sa femme, Sainte Famille*, dans la cathédrale d'Anvers. Sa signature : *H.-V. Balen, H.-V. Bael*, et parfois, sur les gravures exécutées d'après ses tableaux par de Galle, Wierx, etc. : *HV bale*.

MUSÉES : AIX : *Festin des Dieux* – AMSTERDAM : *Bacchus présentant ses hommages à Diane* – ANVERS : *Concert d'anges*, deux volets de triptyque – *Saint Philippe et sainte Anne*, grisailles, au revers du triptyque – *Prédication de saint Jean Baptiste* – *Sainte Famille dans une guirlande de fleurs* – *Blason de la chambre de rhétorique de « Violière » d'Anvers* – BRUXELLES : *La Fécondité* – BUDAPEST : *La glorification du commerce* – CAEN : *Les quatre éléments* – CAMBRAI : *Sainte Famille* – *Fuite en Égypte, paysage* – CHÂTEAUROUX : *Repos de la Sainte Famille*, médaillon de fleurs et de fruits par Brueghel de Velours – CHERBOURG : *Offrande à Bacchus et à Cérès* – COPENHAGUE : *Fête des dieux* – *Réunion des dieux* – DARMSTADT : *Nymphes* – DOUAI : *Sainte Catherine* – DRESDE : *Diane et ses nymphes* – *Noces de Thétis et de Pélée 1608* – *La déesse de la terre* – *Sainte Famille* – *Le Christ enfant méditant sur la croix* – *Flore* – *Les quatre éléments* – *Noces de Bacchus et d'Ariane* – *Repas dans l'Olympe avec Hercule et Minerve* – *Nymphes et enfant* – ÉPINAL : *Diane et deux nymphes* – FLORENCE : *Le Mariage de la Vierge* – GENÈVE : *La Vierge et l'Enfant* – GLASGOW : *Sainte Famille* – LA HAYE : *L'offrande à Cybèle* – *Banquet des dieux* – KASSEL : *Diane change Actéon en cerf*, paysage de Hans Tilens – *Diane change Actéon en cerf, paysage et chiens de Jan Brueghel* – *Hersé avec ses servantes, corbeilles et couronnes de Brueghel de Velours* – LIÈGE : *Bacchanale* – LE MANS : *Sainte Famille et anges*, attr. – MILAN (Ambrosienne) : *Portrait d'enfant* – MOULINS : *Naissance de Bacchus* – MUNICH : *Les quatre saisons 1616* – *Nymphes dans la forêt* – *Paysage forestier avec gibier mort* – *Cinq nymphes entourées de gibier mort et de chiens de chasse* – NANTES : *Diane et Actéon* – NOTTINGHAM : *Le repos en Égypte* – ORLÉANS : *Esther aux pieds d'Assuérus* – *Sainte Famille*, guirlande par Seghers – *Sainte Famille dans un paysage* – REIMS : *Annonciation*, attr. – RENNES : *Vierge à l'Enfant* – SIBIU : *Le jugement de Paris 1608* – STOCKHOLM : *Diane et nymphes* – VALENCIENNES : *Allégorie des Éléments*, avec J. van Hessel – *Enlèvement d'Europe* – *Mercure contemplant Hersé et Aglame se rendant au Temple de Minerve* – VIENNE : *L'Enlèvement d'Europe* – *Assomption de la Vierge* – *Naïades*.

VENTES PUBLIQUES : PARIS, 1705 : *Le déluge* : **FRF 320** – PARIS, 1779 : *Bacchus sur un tigre et Bacchus couché* : **FRF 1 323** – PARIS, 1833 : *Fête de Cérès* : **FRF 605** – GAND, 1840 : *Enée et Didon* : **FRF 420** – PARIS, 1852 : *Combat des Sabins et des Romains* : **FRF 1 920** ; *L'Enlèvement des Sabines* : **FRF 1 505** – PARIS, 1871 : *Allégorie des saisons* : **FRF 1 150** – PARIS, 1876 : *Allégorie de la guerre* : **FRF 1 750** – PARIS, 1888 : *L'Enlèvement de la belle Europe* : **FRF 3 100** ; *Le Festin des dieux* : **FRF 3 100** – LONDRES, 1895 : *Flore et Pomone* : **FRF 7 400** – LONDRES, 1900 : *Les quatre éléments* : **FRF 8 900** – NEW YORK, 19 fév. 1909 : *Fête des Bacchanales* : **USD 85** – PARIS, 12 juin 1919 : *Diane et Actéon* : **FRF 2 550** – LONDRES, 25 juil. 1922 : *La Sainte Famille, sainte Anne et saint Jean* : **GBP 5** – LONDRES, 1er mai 1925 : *The prodigal feasting* : **GBP 210** – LONDRES, 25 mars 1927 : *Vénus et Adonis* : **GBP 28** – PARIS, 13 mai 1927 : *La Vierge, l'Enfant Jésus et saint Joseph dans un paysage*, en collaboration avec Jan Breughel et Jan van Kessel : **FRF 9 000** – PARIS, 2 déc. 1927 : *Vénus demande à Vulcain des armes pour Enée*, en collaboration avec Jan Breughel : **FRF 4 100** – LONDRES, 29 juin 1928 : *Le Repos en Égypte* : **GBP 50** – LONDRES, 27 mai 1932 : *Personnages festoyant* : **GBP 73** – BRUXELLES, 28 mars 1938 : *Diane et Calisto* : **BEF 1 250** – BRUXELLES, 13 mai 1938 : *Vénus et Mars* : **BEF 1 110** – PARIS, 7 nov. 1941 : *L'Adoration des bergers* : **FRF 1 450** – NEW YORK, 15 nov. 1950 : *Le triomphe de Neptune et Amphitrite*, h/pan. (54,5x76) : **USD 800** – PARIS, 23 fév. 1951 : *La Vierge et l'Enfant dans un paysage boisé, servis par un cortège d'anges* ; *paysage*, attr. à Jan Breughel : **FRF 150 000** – PARIS, 6 mai 1955 : *La ronde des Amours*, bois : **FRF 70 000** – LONDRES, 26 nov. 1958 : *La fête*

des dieux : **GBP 360** – LONDRES, 25 jan. 1961 : *Paysage sylvestre avec Diane*, métal : **GBP 300** – LONDRES, 27 nov. 1963 : *Triomphe de Flore* : **GBP 450** – LUCERNE, 7 déc. 1963 : *Moïse sauvé des eaux*, bois : **CHF 6 200** – LONDRES, 27 nov. 1970 : *Diane dans un paysage* : **GBP 2 200** – VERSAILLES, 19 nov. 1978 : *L'Adoration*, gche (12,5x16) : **FRF 4 000** – NEW YORK, 21 jan. 1982 : *Le triomphe de Neptune et Amphitrite*, h/pan. (54,5x76) : **USD 7 000** – NEW YORK, 30 avr. 1982 : *La Visitation*, pl. et lav. (diam. 17,7) : **USD 2 100** – LONDRES, 22 fév. 1984 : *Le baptême du Christ*, h/pan. (140x201) : **USD 12 000** – MILAN, 21 avr. 1986 : *Triomphe de Neptune et Amphitrite*, h/pan. (54,5x76) : **ITL 22 500 000** – NEW YORK, 21 oct. 1988 : *Le combat d'Hercule contre les Amazones*, h/pan. (131x150) : **USD 24 750** – LONDRES, 19 mai 1989 : *Allégorie des Cinq Sens*, h/pan. (78,2x102) : **GBP 11 550** – NEW YORK, 13 oct. 1989 : *Le Triomphe d'Amour*, h/t (84x78,5) : **USD 16 500** – MONACO, 2 déc. 1989 : *Assomption*, h/pan. (55,5x42) : **FRF 38 850** – PARIS, 5 avr. 1990 : *Apollon et les muses*, h/pan. (55x80,5) : **FRF 80 000** – AMSTERDAM, 12 juin 1990 : *Diane et les nymphes se reposant dans un bois après la chasse*, h/cuivre (89,2x114,2) : **NLG 92 000** – MILAN, 30 mai 1991 : *Diane et les nymphes surprises par les satyres*, h/t (112x142) : **ITL 33 000 000** – NEW YORK, 6 nov. 1991 : *Diane découvrant la grossesse de Callisto*, h/pan. (69,5x98) : **FRF 35 000** – LONDRES, 13 déc. 1991 : *Allégorie de l'Abondance : les quatre saisons rendant hommage à une déesse*, h/pan. (65,3x93) : **GBP 165 000** – AMSTERDAM, 7 mai 1992 : *Diane et les nymphes se reposant après la chasse*, h/cuivre (58,7x79,5) : **NLG 43 700** – LONDRES, 10 juil. 1992 : *Le repos pendant la fuite en Égypte*, h/cuivre (43x57,2) : **GBP 28 600** – NEW YORK, 14 jan. 1994 : *Bacchanale*, h/cuivre (27,9x22,2) : **USD 10 638** – PARIS, 29 mars 1994 : *Noli me tangere*, h/pan. de chêne (61x87,5) : **FRF 400 000** – AMSTERDAM, 17 nov. 1994 : *Flore*, h/cuivre (19,3x15,5) : **NLG 32 200** – AMSTERDAM, 9 mai 1995 : *La Sainte Famille avec des chérubins dans un paysage entouré d'une guirlande de fruits et de fleurs*, h/pan. (106,5x71) : **NLG 212 400** – PARIS, 12 déc. 1995 : *Les noces de Thétis et de Pelée*, h/pan. (54x78) : **FRF 60 000** – NEW YORK, 15 mai 1996 : *L'enlèvement des Sabines*, h/pan. (174x187,4) : **USD 29 900** – LONDRES, 3 juil. 1996 : *La Sainte Famille avec Catherine d'Alexandrie, deux anges et une autre sainte*, h/pan. (66,5x52) : **GBP 12 650** – PARIS, 5 mars 1997 : *Diane découvrant la grossesse de Callisto*, pan. parqueté (48x69) : **FRF 30 000** – NEW YORK, 23 mai 1997 : *Saint Paul et saint Barnabé à Lystra*, h/pan. (58,5x85) : **USD 63 000** – LONDRES, 30 oct. 1997 : *Paysage boisé avec des putti dansant*, h/cuivre (24,5x32) : **GBP 9 200**.

BALEN Hendrik van, le Jeune
Né le 16 janvier 1623 à Anvers. Mort le 2 mars 1661 à Anvers. XVIIe siècle. Éc. flamande.
Peintre d'histoire.
Fils de Hendrik van Balen l'Ancien son frère Jan lui enseigna les premiers éléments de la peinture, mais en 1638 il devint l'élève de Jan Wildens. En 1640, nous le trouvons maître libre de la gilde de Saint-Luc. Venu en France en 1645, il resta à Tours jusqu'en 1648. Le 18 janvier 1653, il alla à Rome et, au mois de novembre de la même année, à Genève, il peignit des sujets religieux.

BALEN Jan van
Né en 1611 à Anvers, où il fut baptisé le 21 juillet. Mort le 13 mars 1654. XVIIe siècle. Éc. flamande.
Peintre d'histoire, compositions religieuses, sujets allégoriques, scènes de genre.
Fils aîné de Hendrik l'Ancien, formé par son père, il voyagea en Italie et revint à Anvers en 1642.
Ses tableaux représentent des groupes d'enfants, des anges et des amours. Son style rappelle celui de l'Albane qui fut d'ailleurs son modèle préféré. Plusieurs de ses tableaux ainsi qu'une copie du *Jardin d'Amour* de Rubens se trouvent à la galerie royale de peinture à Vienne.
MUSÉES : DIJON : *Sainte Catherine de Sienne* – *L'Annonciation*.
VENTES PUBLIQUES : PARIS, 1853 : *La Vierge et l'Enfant Jésus* : **FRF 370** – PARIS, 1855 : *Paysage avec la Sainte Famille* : **FRF 75 18** – PARIS, 1878 : *Allégorie de la Passion du Christ* : **FRF 500** – VIENNE, 4 déc. 1862 : *La fête champêtre*, pan. : **ATS 11 000** – STOCKHOLM, 19 avr. 1989 : *La Sainte Famille*, h/t (102x73) : **SEK 18 000** – PARIS, 30 jan. 1991 : *Le Christ et saint Jean Baptiste*, h/pan. (17,5x24,5) : **FRF 6 000** – PARIS, 12 juin

1992 : *L'Adoration des Rois mages*, cuivre octogonal (17,5x17,5) : **FRF 72 000** – Amsterdam, 7 mai 1996 : *L'Adoration des bergers* 1650, h/pan. (84,3x62,1) : **NLG 12 650** – Londres, 5 juil. 1996 : *Allégorie de l'odorat* 1635, h/pan., en collaboration avec J. Brueghel II (58,7x89,5) : **GBP 70 000** – Venise, 22 juin 1997 : *Venere et Vulcain*, h/cuivre (39,5x34,7) : **ITL 7 200 000**.

BALEN Matthys

Né le 24 février 1684 à Dordrecht. Mort le 7 janvier 1766 à Dordrecht. XVIIIe siècle. Éc. flamande.

Peintre de sujets religieux, scènes de genre, paysages animés.

Fils de Jan van Balen et petit-fils de l'écrivain Matthys Balen, il fut l'élève d'Arnold Houbraken. La collection Bonde à Eriksberg possède de lui une gracieuse petite peinture représentant un *Ermite lisant*.

Musées : Darmstadt (Gal.) : *Sainte Famille*.

Ventes Publiques : Paris, 23 jan. 1928 : *Rivière avec voiliers et personnages* : **FRF 980** ; *Village au bord d'une rivière avec personnages et voiliers* : **FRF 980** – Amsterdam, 24 mars 1980 : *Paysans dans un paysage fluvial*, h/t (18x24) : **NLG 4 200** – Vienne, 23 mars 1983 : *Scène villageoise*, h/t (20,5x28,5) : **ATS 50 000** – Saint-Dié, 9 fév. 1986 : *Village au bord de la rivière*, h/pan. (17x23,5) : **FRF 39 000** – Paris, 28 sep. 1989 : *Le départ pour le marché*, h/bois (26x31,9) : **FRF 78 500** – Paris, 5 mars 1994 : *Scène villageoise au bord d'un fleuve*, h/pan. (27x36) : **FRF 70 000** – Amsterdam, 17 nov. 1994 : *L'ange apparaissant à Hagar dans le désert*, h/pan. (47x38,5) : **NLG 5 750** – Paris, 17 juil. 1996 : *Paysage fluvial animé*, h/t (30x38) : **FRF 45 000**.

BALEN Nicolaus van

XVIe siècle. Éc. flamande.

Peintre ou sculpteur.

Admis le 19 novembre 1540 dans la gilde de Saint-Luc, à Malines.

BALEN Pieter ou Bâlem, Bâleny

Né en 1580 à Liège. XVIIe siècle. Travaillait encore en 1656. Éc. flamande.

Peintre.

Il fit sa première éducation artistique chez Jean Ramaye, un élève de Lambert Lombard, puis alla en Italie. Il revint se fixer à Liège. L'immense tableau de la *Sainte Trinité* qui se trouve dans l'église de Saint-Christophe à Liège fut peint par lui.

BALENGHIEN Gustave

XXe siècle. Belge.

Peintre de paysages, figures, scènes de genre, portraits.

Il travaille à Bruxelles.

BALENO Ruggiero ou Bâlen

XVIIe siècle. Éc. flamande.

Peintre.

Actif à Anvers puis à Rome en 1622.

BALERO Juan

XVIIIe siècle. Actif à Séville. Espagnol.

Peintre.

BALESTAS

XIXe siècle. Actif à Lyon (Rhône). Français.

Dessinateur lithographe.

Auteur d'un portrait de Jules Grévy, en 1879.

BALESTER Joaquin. Voir BALLESTER

BALESTRA Angelo

Né le 4 septembre 1803 à Bassano. Mort le 5 mai 1881 à Rome. XIXe siècle. Italien.

Peintre.

Il fut un élève de Paroli, et se distingua par son talent. Il exécuta parfaitement une copie de l'*Assomption* du Titien. Son œuvre principale est une *Vierge* que l'on conserve au Museo civico de Bassano.

BALESTRA Antonio

Né le 12 juillet 1666 à Vérone. Mort le 21 avril 1740 à Vérone. XVIIe-XVIIIe siècles. Italien.

Peintre de sujets mythologiques, compositions religieuses, portraits, graveur au burin.

Il fréquenta les ateliers de Giovanni Zeffio à Vérone, d'Antoni Bellucci à Bologne et de Carlo Maratta à Rome, mais c'est surtout à Venise qu'il travailla.

Il peignit beaucoup pour les églises de cette ville. Il fit aussi de nombreux tableaux pour les églises de Vicence, Padoue, Vérone,

Brescia, Bergame, Crémone. Il reproduisit plusieurs fois la célèbre *Notte Santa* du Corrège. Il fit des gravures pour l'illustration d'ouvrages, et aussi quelques estampes en feuilles. Mais la véritable gloire de cet artiste c'est d'avoir formé des talents tels que Mariotti, Nogari, Rosalba Carriera, et surtout Tiepolo.

ΛΙΡΡ 𝓑, 𝓐𝓯.

Musées : Copenhague : *Glorification de l'ordre des Jésuites* – Florence : *L'artiste par lui-même* – Rome (Gal. Borghèse) : *Portrait d'homme* – Venise : *Annonciation*.

Ventes Publiques : Paris, 1773 : *Jésus guérissant les malades*, dess. : **FRF 23** – Paris, 1811 : *La Sainte Famille*, dess. : **FRF 11** – Paris, 1859 : *Un prélat assis*, dess. : **FRF 8** ; *Le portrait de Léon X*, dess. : **FRF 2** – Paris, 21-22 fév. 1919 : *Composition mythologique*, pl. et sépia : **FRF 17** – Vienne, 17 mars 1964 : *Le sacrifice d'Isaac* : **ATS 7 000** – Milan, 29 mars 1969 : *Sainte Thérèse et l'Enfant Jésus* : **ITL 2 600 000** – Lucerne, 19 juin 1971 : *Couples mythologiques*, deux pendants : **CHF 34 000** – Cologne, 20 mars 1981 : *Allégorie*, h/t (167x191) : **DEM 26 000** – Londres, 8 déc. 1981 : *Vénus apparaissant à Achille*, pierre noire, pl. et lav. (23,1x16,2) : **GBP 1 200** – New York, 18 jan. 1984 : *Le rêve de Joseph*, h/t (144x190,5) : **USD 7 000** – New York, 13 mars 1985 : *L'Adoration des bergers*, h/t (107x88) : **USD 11 000** – Londres, 17 juin 1988 : *Vierge à l'Enfant*, h/t (51,5x64,4) : **GBP 3 850** – New York, 11 jan. 1989 : *La mort d'Abel*, h/t (126x150) : **USD 20 900** – New York, 10 jan. 1990 : *La découverte de Moïse*, h/t (159x206) : **USD 46 200** – Londres, 23 mars 1990 : *Thétis plongeant Achille enfant dans les eaux du Styx*, h/t (282x220) : **GBP 60 500** – déc. 1990 : *Hercule et Omphale*, h/t (141,5x208) : **FRF 700 000** – New York, 11 avr. 1991 : *Junon corrompant Eole*, h/t (213,5x143,5) : **USD 27 500**.

BALESTRA Giovanni

Né en 1774 à Bassano. Mort en 1842 à Rome. XVIIIe-XIXe siècles. Italien.

Graveur au burin.

Il s'instruisit chez Remondini à Bassano, et se perfectionna sous la direction de Suntach. En 1803, il vint se fixer à Rome, où il s'occupa à la reproduction des vieux maîtres, surtout de Raphaël. Il grava aussi les sculptures de Canova et de Thorwaldsen.

BALESTRA Pietro ou Balestri, dit Pietruccio

Originaire de Sienne. XVIIIe siècle. Actif dans la première moitié du XVIIIe siècle. Italien.

Sculpteur.

Pendant longtemps il fut au service de la reine Christine de Suède. Mais c'est à Rome qu'il exécuta presque toutes ses œuvres. Un groupe en marche représentant *le Temps enlevant la Beauté avec l'Amour pleurant à ses pieds*, qui se trouve dans le grand jardin de Dresde, fut acheté sous Auguste III. Plusieurs autres sculptures de lui se trouvent à Dresde, ainsi *Vénus et Cupidon*, *Hercule*, *Silène et Bacchus*, qui sont des copies d'antiques. Dans le cloître de la cathédrale de Sienne, on a de lui une *Statue de Pie III*. On a gravé d'après lui : *Vénus et l'Amour*, Chr. Ph. Lindemann, sculpture, *Hercule*, même graveur, *Méléagre*, même graveur, *Le Temps enlevant la Vérité*, Joh. Martin Preissler, sculpture.

BALESTRA Pietro

Né en 1711 à Plaisance. Mort en 1789. XVIIIe siècle. Italien.

Peintre.

Il travailla à Busseto. Un grand nombre de ses tableaux se trouvent dans cette ville dans les églises de San Bartolomeo, San Nicolo, Sant'Ignazio.

BALESTRI Francesco

Né à Argenta (province de Ferrare). XVIIe-XVIIIe siècles. Actif vers la fin du XVIIe siècle et au commencement du XVIIIe siècle. Italien.

Peintre.

BALESTRI Marco Nicolo

Né en 1555 à Argenta (province de Ferrare). Mort en 1609. XVIe siècle. Italien.

Peintre, sculpteur et architecte.

C'est lui qui érigea l'église de la Madone de la Celetta à Argenta. On pense que c'est le même artiste qu'un certain Nicolo Bâlestri cité en 1605 à Argenta.

BALESTRIERI Bernardo

XXe siècle. Vivant à Palerme. Italien.

Sculpteur.
A figuré à l'Exposition de Munich avec un plâtre : *Commission*.

BALESTRIERI Domenico
Originaire de San Ginesio. xve siècle. Italien.
Peintre.
Il fut de l'École de Fabriano, d'après ce qu'en dit Lanzi. En 1463, il fut chargé d'exécuter un tableau d'autel pour l'église de San Rocco, à San Ginesio.

BALESTRIERI Gabriello
xviie siècle. Travaillait à Parme. Italien.
Peintre.
Des lettres qu'on a de lui prouvent qu'il travailla de 1634 à 1644 pour le compte de Paolo Coccapani.

BALESTRIERI Giuseppe
Né en 1632. Mort en 1719. xviie-xviiie siècles. Italien.
Peintre.
C'était un ecclésiastique. Il travailla à Messine, d'après Zani, surtout comme copiste.

BALESTRIERI Lionello
Né en 1874 ou 1872 à Cetona (Sienne). Mort en 1958 à Naples. xxe siècle. Italien.
Peintre et graveur.
Après des études commencées à Sienne, il entra dans l'atelier de Domenico Morelli à Naples. Il commença à exposer à Paris à partir de 1897. C'est en 1900 qu'il obtint la médaille d'or pour le tableau qui devait le rendre célèbre : *Beethoven*, qui fut exposé en Europe et aux Etats-Unis.
S'il fut un disciple favori de Morelli, il s'en détacha par ses compositions et ses sujets, préférant des œuvres réalistes ou sentimentales à des œuvres historiques. Il s'est surtout distingué en tant que graveur, se spécialisant dans la gravure en plusieurs couleurs rendues sur une seule planche. Il mélange ses couleurs du bout des doigts ou à l'aide d'un chiffon, obtenant une harmonie particulière entre les tons. Cette technique sera reprise plus tard dans l'atelier de William Hayter. Vers 1926, sans que l'on sache vraiment pourquoi, Marinetti l'introduit dans le mouvement futuriste.

Musées : Trieste (Mus. Revoltella) : *Beethoven*.
Ventes Publiques : Paris, 6 juil. 1928 : *Le Rapide* : FRF 205 – Paris, 13 mai 1976 : *Les vêpres*, h/t, arrondies dans le haut (109x130) : FRF 4 100 – Milan, 20 déc. 1977 : *Le baiser*, h/t (66x80) : ITL 1 000 000 – New York, 12 oct. 1978 : *Le quai aux fleurs, Paris*, h/cart. (48,2x35) : USD 1 100 – Paris, 29 juin 1981 : *Paris*, h/t (30x47) : FRF 21 000 – Paris, 14 nov. 1984 : *Le boulevard Pereire*, gche (30x60) : FRF 29 000 – Paris, 3 déc. 1984 : *Au Mont-de-Piété* 1900, h/cart. (40x60) : FRF 49 000 – Milan, 18 déc. 1986 : *Dans l'atelier du peintre*, h/t (73x60) : ITL 10 000 000 – Paris, 11 déc. 1987 : *Couple au piano*, h/t (47x67) : FRF 7 500 – Rome, 14 déc. 1988 : *La femme à la corbeille de pain*, h/pan. (21x25) : ITL 2 600 000 – Milan, 14 juin 1989 : *Portrait d'un homme avec un chapeau* 1943, h/cart. (65,5x48) : ITL 1 000 000 – Rome, 14 déc. 1989 : *Rue de Paris*, aquar. (34,5x19,5) : ITL 2 070 000 – New York, 1er mars 1990 : *Femme dans une rue de Paris le soir*, h/t (54x73) : USD 18 700 – Berne, 12 mai 1990 : *Portrait de dame*, h/cart. (25x19,5) : CHF 1 000 – New York, 16 avr. 1991 : *Le long de la Seine*, h/t/cart. (29x39) : ITL 6 900 000 – Bologne, 8-9 juin 1992 : *Ménagère dans sa cuisine*, h/t (53x39) : ITL 4 370 000 – New York, 29 oct. 1992 : *Le Jardin du Luxembourg*, cr., aquar. et gche/cart. (27,9x39,7) : USD 3 300 – New York, 20 jan. 1993 : *Personnages dans une rue de village enneigée*, h/t (72,4x53,3) : USD 3 450 – Calais, 14 mars 1993 : *Plage animée*, h/pan. (20x29) : FRF 4 900 – Rome, 27 avr. 1993 : *Jeune Ouvrière*, h/t (101x70) : ITL 3 378 150 – Rome, 31 mai 1994 : *Vie parisienne*, h/pan. (26x40) : ITL 5 893 000 – Paris, 24 mars 1995 : *Élégante à la fourrure* 1910, h/t (70x55) : FRF 8 000 – Rome, 23 mai 1996 : *Parisienne*, h/t (74x60) : ITL 5 750 000 – Rome, 28 nov. 1996 : *La Famille*, h/t (135x135) : ITL 36 000 000.

BALESTRIERI Marco
xvie siècle. Travaillait à Parme. Italien.
Miniaturiste et calligraphe.

BALESTRINI Carlo
Né en 1868 à Milan. Mort en 1923. xixe-xxe siècles. Italien.

Peintre d'histoire, genre, paysages et portraits.
Il travailla dans l'atelier de Bertini à Milan. Il exposa à Milan, Munich en 1901, Venise en 1903 et 1907. Il peignit *Cavallanti di ritorno* pour le roi d'Italie.
Ventes Publiques : Milan, 10 déc. 1980 : *Nature morte aux fleurs*, h/t (82x53) : ITL 2 000 000 – Milan, 14 juin 1989 : *Paysage*, h/cart. (23,5x31,5) : ITL 850 000 – Amsterdam, 19 sep. 1989 : *Paysage d'hiver avec un cavalier sur un sentier*, h/cart. (70x94) : NLG 1 380 – Londres, 11 mai 1990 : *Sur le chemin du retour*, h/cart. (70x93) : GBP 2 420 – Milan, 29 oct. 1992 : *Pâturages au bord du lac de Palu*, h/cart. (41,5x58,5) : ITL 1 450 000 – Rome, 6 déc. 1994 : *Bovins se désaltérant au bord d'un lac* 1896, h/t (100x162) : ITL 18 856 000.

BALET Pierre
Né à Paris. xxe siècle. Français.
Peintre de portraits, paysages et nus.
A partir de 1937, il a exposé au Salon des Indépendants à Paris.

BALETET Guyot
Mort vers 1510. xve-xvie siècles. Travaillait à Avignon vers la fin du xve siècle. Français.
Miniaturiste.
La date probable de sa mort résulte de calculs faits d'après des documents de l'époque. On conserve à la bibliothèque d'Avignon un livre de prières qu'il orna de miniatures faites avec un soin et une délicatesse de touche remarquables.

BALFORT Michel, pseudonyme de Trouvé Roger Michel, autre pseudonyme : Karl Roger
Né le 29 avril 1882 à Bourges (Cher). Mort le 4 mai 1984 à Paris. xxe siècle. Français.
Peintre de portraits, paysages, peintre à la gouache, dessinateur.
Après des études de violon, il débute une carrière dramatique, faisant du théâtre, engagé par Sarah Bernhardt à sa sortie du Conservatoire, et du cinéma, débutant pour les frères Lumière, sous le nom de Roger Karl. C'est sous ce pseudonyme qu'il signe ses premiers tableaux en 1904, encouragé par Vlaminck, avant d'adopter celui de Michel Balfort à partir de 1933.
Il expose régulièrement à Paris en 1909, 1912, 1935, 1948, 1955, 1957, 1958, 1959, 1960, 1975, 1981 et 1982 à l'occasion de son centenaire et de la remise de la médaille de vermeil de la Ville de Paris. Il a figuré dans la rétrospective du Centenaire du Salon des Indépendants en 1984. En 1995, la mairie du xvie arrondissement de Paris a montré une exposition rétrospective de l'ensemble de son œuvre. Il était chevalier de la Légion d'honneur. Après des débuts académiques et classiques, il s'est orienté vers un art qui montre une influence du fauvisme, sa pâte devient épaisse, ses formes sont cernées d'un gros trait noir.

BALFOUR Helen
xxe siècle. Active à Riverside (Illinois) au début du xxe siècle. Américaine.
Peintre.

BALFOUR J. Lawson
Né en 1870. Mort en 1966. xixe siècle. Britannique.
Peintre de genre, portraits, aquarelliste.
En 1892-1893, il exposa à Suffolk Street et à la New Water-Colours Society à Londres, où il travaillait.

Ventes Publiques : Sydney, 30 juin 1980 : *Portrait of Billy Bourke*, h/t (121x68) : AUD 1 100 – Sydney, 3 juil. 1989 : *Vagabond dans le parc*, h/t (18x23) : AUD 700.

BALFOUR-BROWNE Vincent S. P. ou Browne Vincent R. Balfour
Né le 30 mai 1880 à Londres. Mort en 1963. xxe siècle. Britannique.
Peintre de scènes de chasse, animalier, aquarelliste, dessinateur.
Il vécut principalement dans le Dumfriesshire.
Il est connu comme peintre de sujets de vènerie. Il peignit des cerfs pendant plusieurs années. On raconte, qu'il fit un accord avec Archibald Thorburn, s'engageant à ne pas peindre d'oiseaux si ce dernier ne peignait pas de cerfs.
Ventes Publiques : Londres, 9 mai 1979 : *Cerf et biches dans un*

paysage 1913, aquar. (12,7x18,5) : **GBP 420** – Londres, 28 mai 1980 : *Canard sauvage sur un étang* 1908, aquar. reh. de blanc (33x50,3) : **GBP 200** – Écosse, 30 août 1983 : *The custodian* 1919, aquar./trait de cr. reh. de blanc (30,5x46) : **GBP 700** – Londres, 22 juil. 1986 : *Un lièvre en hiver* 1907, aquar. et cr. reh. de blanc/pap. vert pâle (26,2x25) : **GBP 400** – Londres, 28 oct. 1986 : *Dont said the stalker in his quiet earnest way* 1925, aquar. et cr. (30,5x47,5) : **GBP 6 000** – Auchterarder (Écosse), 1er sep. 1987 : *Ptarmigan* 1909, aquar. (28x44) : **GBP 1 400** – Sydney, 16 oct. 1989 : *Le vieux pont*, aquar. (18x26) : **AUD 1 000** – Glasgow, 6 fév. 1990 : *Tétras, coq de bruyère, faisan, perdrix et bécassine ; Bécasse, canard, lapin et pigeons sauvages*, gche/pap. gris, une paire (chaque 8x26) : **GBP 4 950** – Perth, 27 août 1990 : *Cerf bramant pour conduire le troupeau* 1914, aquar. et encre avec reh. de blanc (30x46,5) : **GBP 4 620** – Glasgow, 5 fév. 1991 : *Un grand six cors sur le plateau de Loch Ba* 1912, aquar. (22,5x33) : **GBP 2 860** – Perth, 1er sep. 1992 : *Il reste là* 1961, aquar. (30,5x47) : **GBP 3 300** – Londres, 16 mars 1993 : *Un rabatteur et des faisans à l'orée d'un bois* 1913, aquar. (33x48) : **GBP 2 300** – Glasgow, 1er fév. 1994 : *Chasse à la bécasse* 1910, aquar. avec reh. de blanc (28x40,5) : **GBP 1 380** – Perth, 30 août 1994 : *Près du loch* 1950, aquar. (30,5x45) : **GBP 3 910** – Perth, 29 août 1995 : *Dans les hautes terres* 1951, aquar. avec reh. de blanc (30,5x48,5) : **GBP 2 645** – Londres, 14 mai 1996 : *Un couple de canards dans une anse tranquille* 1955, cr. et aquar. (19,7x30,4) : **GBP 1 840**.

BALFOURIER Adolphe Paul Émile
Né le 11 août 1816 à Montmorency (Yvelines). Mort en 1876. xixe siècle. Français.
Peintre de paysages, graveur.
Tout d'abord avocat, il s'adonna à la peinture après avoir beaucoup voyagé en Italie, Espagne et en France, étudiant les grands maîtres et s'inspirant de la nature. Il grava aussi à l'eau-forte un certain nombre de paysages.
Il participa aux Salons de Paris, entre 1843 et 1875, obtenant une médaille en 1844, avec *Le Lac de Lugano*.

Ad. Balfourier.

Bibliogr. : Gérald Schurr : *Les Petits Maîtres de la peinture 1820-1920, valeur de demain*, t. II, Les Éditions de l'Amateur, Paris, 1982.
Musées : Nancy : *La campagne italienne*.
Ventes Publiques : Paris, 12 mars 1941 : *Paysage* : **FRF 320** – Paris, 1er fév. 1943 : *La rade d'Hyères* : **FRF 3 200** – Barbizon, 2 mai 1982 : *Les bergers italiens*, h/t (51x80) : **FRF 11 000**.

BALFOURIER Maurice
xixe siècle. Français.
Aquafortiste.
Le Victoria and Albert Museum à Londres conserve de lui une eau-forte : *Mendiants espagnols*, publiée en 1873 par le French Etching Club, à Londres.

BALFTRACCIA
xviiie siècle. Français.
Peintre de fleurs.
Le Musée de Nantes possède de lui plusieurs tableaux de fleurs.

BALGDON Emery
Né en 1907 dans le Nebraska. Mort en 1987. xxe siècle. Américain.
Sculpteur d'assemblages.
Fermier du Nebraska, il a commencé à construire des assemblages à l'âge de cinquante ans.
La Biennale d'Art contemporain de Lyon a présenté son travail pour la première fois en France en 1997.
Il a réalisé les *Healing Machines* (Machines à guérir), près de 600 pièces à partir de matériaux récupérés (notamment divers éléments de batterie de cuisine), possédant selon lui des vertus curatives.

BALGIANO Taviano di Niccolo del
Originaire de Volterra. xive siècle. Italien.
Sculpteur sur bois.

BALGLEY Jacob
Né le 7 mars 1891 à Brest-Litovsk. Mort en 1934. xxe siècle. Depuis 1911 actif en France. Russe.
Peintre de genre, figures, paysages urbains animés, graveur.
Son père étant rabbin, il reçut une éducation religieuse. Il exé-

cuta d'abord des icônes alimentaires. Il fut élève de l'École des Beaux-Arts et de l'École d'architecture d'Odessa. Arrivé à Paris, il s'installa à Montparnasse. Il exposa à Paris, au Salon d'Automne dans les années trente. Après sa mort, quelques expositions rétrospectives furent consacrées à son œuvre à Paris : 1939 galerie Marcel Guiot, 1955 galerie Marcel Bernheim, 1974 mairie du 1er arrondissement, 1982 Cimaise de Paris, 1983 Centre Juif d'Art et de Culture.
Ses dessins, estampes et peintures ressortissent à un lyrisme populaire, naïf et poétique.
Ventes Publiques : Paris, 1er juil. 1943 : *Vue de Paris* : **FRF 3 800** – Paris, 27 avr. 1992 : *Les enfants au Luxembourg*, mine de pb (14,5x21) : **FRF 3 000** ; *Vue de Paris*, h/t (50x61) : **FRF 8 000** – Paris, 17 mai 1992 : *Jeune violoniste* 1928, h/t (65x46) : **FRF 5 000** – Paris, 6 juil. 1992 : *Petite fille au nœud rose*, h/t (67x44) : **FRF 6 800**.

BALGUERIE Suzanne
xxe siècle. Française.
Peintre et illustrateur.
Elle est l'auteur de l'illustration pour *Le Tombeau d'Hélène* du poète Victor Emile Michelet.

BALI Alberto
Né en 1944 à Rosario. xxe siècle. Actif en France. Argentin.
Peintre d'architectures, architecte.
Il fit des études d'architecture, jusqu'au Diplôme, à Buenos Aires. Il est en Europe depuis 1971, et travaille comme dessinateur d'architecture, notamment en France pour la Grande Halle de La Villette et pour la Grande Arche de La Défense.
Peintre, il fait des expositions personnelles à Madrid, Buenos Aires, Londres. Il peint uniquement des éléments d'architectures dans une conception figurative traditionnelle.
Ventes Publiques : Paris, 11 oct. 1989 : *Architecture n°23* 1987, h/t (220x160) : **FRF 22 000**.

BALICK Robert
Né à Paris. xxe siècle. Français.
Sculpteur animalier et de portraits.
Élève du sculpteur animalier Navellier, il a exposé au Salon des Artistes Français à Paris entre 1920 et 1934, recevant une mention honorable en 1920. A côté de ses statuettes d'animaux, il sculpte des têtes de femmes et enfants.

BALICKI Karl
Né en 1820. Mort en juin 1854 à Cracovie. xixe siècle. Polonais.
Peintre de genre, paysages, dessinateur, illustrateur.
Connu surtout par ses vues de Cracovie qui lui valurent sa réputation.
Ventes Publiques : Paris, 29 nov. 1977 : *La gardeuse de chèvres* 1842, h/t (20x27) : **FRF 3 300**.

BALIGANT Raoul Marie
Né à Fourmies (Nord). Mort en 1924. xixe-xxe siècles. Français.
Peintre.
Élève de Gustave Moreau, il a exposé à Paris au Salon des Artistes Français, où il obtint une mention honorable en 1900.

BALIGANT Salles
Né vers 1759 à Brest. xviiie siècle. Français.
Sculpteur.
Le registre des élèves protégés de l'Académie de Paris le mentionne lors de son entrée à l'école le 6 avril 1778 comme ayant été élève de la marine, à Brest. Il travailla dans l'atelier de Pajou. Il n'avait pas quitté l'école en 1780.

BALIN Jehan
xve siècle. Vivait à Paris. Français.
Enlumineur.
Cité par Herluison dans l'acte de baptême de son fils Jacques, le 29 juin 1547.

BALINSKI Stanislas
Né en 1782 à Wilna (Pologne). Mort en 1813 à Cracovie. xixe siècle. Polonais.
Dessinateur et graveur au burin.
Il fut élève de l'Université de Wilna, et eut Rustem pour professeur. Tandis qu'ils n'était encore que simple étudiant, il se fit remarquer par de très beaux dessins, ainsi que par d'intéressantes gravures. Au retour d'un voyage qu'il fit à l'étranger, il s'adonna à la littérature en même temps qu'à la peinture. En 1810, il fut promu à la charge de secrétaire du ministère de la

Justice à Varsovie, poste qu'il conserva jusqu'à la fin de sa vie. Il grava, en 1812, le *Portrait du prince de la Rochefoucauld*, et c'est d'après ses dessins que David Weiss grava en 1818 ceux de Taddée Czacki et de Georg Mniszech.

BALINT Endre

Né le 27 octobre 1914 à Budapest. xxᵉ siècle. Hongrois.

Peintre, illustrateur. Tendance surréaliste.

Il fut élève de l'Ecole des Arts Décoratifs de Budapest. Puis il a séjourné plusieurs fois à Paris, entre autres en 1934, 1937, 1947, et surtout en 1957, parti pour quelques mois, il resta plus de cinq ans. Il a d'ailleurs exposé à Paris en 1946 Galerie Creuze, 1959 Galerie Furstemberg, 1961, 1962, 1968 Galerie Anne Colin, et ses passages dans cette ville ont toujours été déterminants dans l'évolution de son art, aussi bien à travers le cubisme que le surréalisme. En Hongrie, il a participé à des expositions collectives et montré des ensembles de peintures dans des expositions personnelles depuis 1938, à Budapest principalement et dans quelques autres villes. Outre Paris, il a exposé aussi à Haarlem 1957, Bruxelles au Palais des Beaux-Arts 1958, puis 1959 et 1960.

Balint lui-même a toujours insisté sur l'influence qu'exerça sur lui le peintre hongrois Lajos Vajda, son aîné de six ans seulement, qui l'avait précédé de peu à Paris où il avait été en contact avec cubisme et surréalisme, et dont il avait su déduire à son propre usage une synthèse prenant également en compte l'héritage culturel hongrois depuis la peinture d'icônes. Cette influence semble toutefois limitée à l'écriture graphique, au dessin très inventif et libéré, tel qu'on le voit se déployer dans les 1.200 planches réalisées pour la *Bible de Jérusalem*, dont il fut tiré un film. Cette influence ne se vérifie plus quant à la couleur. La couleur chez Balint, somptueuse et comme orientale, est bien plus apparentée à Chagall ou à Paul Klee, peintres qui l'attiraient spécialement. La somptuosité de ses accords colorés est parfaitement en phase avec ce qu'on pourrait dire la préciosité de ses peintures, souvent de petits formats confidentiels sur des panneaux de bois anciens d'origines et de destinations diverses. Liée en cela au surréalisme, sa peinture prend en compte rêves, mémoire d'enfances imaginées, qu'il entremêle dans ses poèmes peints avec des rappels de légendes traditionnelles, de l'art populaire surgi naturellement du terroir, du sens de la mort aussi toujours présent dans les rites et dans la conscience collective paysanne. Avec Lajos Vajda, Endre Balint est un des artistes qui, en dépit des fréquentes tracasseries que leur faisaient subir les instances culturelles institutionnelles, ont créé dans la première moitié du siècle un art hongrois prenant place dans les courants prospectifs internationaux, tout en préservant son identité nationale. ■ Jacques Busse

Bibliogr. : M. Souchier : *Une grande édition illustrée de la Bible de Jérusalem* par André Balint, Techniques graphiques nᵒ3 – J. Szabadi : *Balint Endre*, 1965 – Stefania Mandy : *Balint*, Desclée de Brouwer, Paris, 1967.

BALINT Valentin

xvᵉ siècle. Travaillait à Siebenbürgen en 1496. Hongrois.

Peintre.

BALIR BALIR DIRDI Bob

Né en 1905. Mort en 1977. xxᵉ siècle. Australien.

Peintre. Traditionnel aborigène.

Ses œuvres ont un caractère religieux, spirituel. Il utilise des ocres sur des écorces d'eucalyptus noires, traçant des figures filiformes, striées, dont les gestes et les attitudes sont magiques. Il représente, par exemple, *Mimi Spirits*, esprits qui ont la réputation d'avoir appris la peinture aux hommes de la Western Arnhem Land.

Bibliogr. : Catalogue de l'Exposition : *Creating Australia, 200 years of art 1788-1988*, The Art Gallery of South Australia Adelaïde, 1988.

Musées : Adélaïde (Art Gal. of South Australia) : *Mimi Spirits*.

BALJEU Joost

Né en 1925 à Middelburg. Mort en 1991. xxᵉ siècle. Hollandais.

Peintre, sculpteur. Abstrait.

Des rétrospectives de son œuvre se sont tenues en 1969 au Stedelijk Museum d'Amsterdam et en 1975-1976 au Gemeentemuseum de La Haye. Il organisa lui-même une exposition au Stedelijk Museum d'Amsterdam intitulée *Experiment in constructie*. Parrallèlement à son activité artistique, il a toujours mené une intense activité théorique, publiant des textes, parmi lesquels *Mondrian or Miro* (Amsterdam 1958), *Theo van Doesburg* (Londres 1974) ou éditant la revue *Structure* qui comptera 11

numéros publiés à Amsterdam entre 1958 et 1964 ; cette revue sera le principal bulletin d'information et de liaison du constructivisme international durant ces années.

Elève à l'Ecole des Arts et Métiers d'Amsterdam, il commence par être peintre avant de se consacrer à la sculpture à partir de 1956, date à laquelle il est nommé professeur à La Haye. Entre 1954 et 1955, son œuvre évolua du postcubisme à l'abstraction géométrique, et rapidement du néo-plasticisme à l'utilisation de relief. Il réalise alors des compositions constituées de plans intégrés dans une structure orthogonale creuse. Gagnant ensuite en épaisseur, ces reliefs sont proches des œuvres de Jean Gorin, Charles Biederman et Ben Nicholson. Il passe à la troisième dimension avec des sculptures en ronde-bosse, qui fonctionnent parfois sur la répétition d'un module répété. Elles atteignent fréquemment des proportions monumentales. À partir de 1957, avec Dick van Woerkom, il a travaillé dans le sens d'une application des recherches à l'architecture, réalisant des projets de maisons et des aménagements urbanistiques.

Bibliogr. : In : *Dictionnaire de la peinture flamande et hollandaise*, Larousse, Paris, 1989.

Ventes Publiques : Amsterdam, 7 déc. 1994 : *Construction d'un relief* 1959, peint. blanche, bleue, verte, bleu foncé et jaune sur bois (8,5x34x19,2) : NLG 10 350 – Amsterdam, 8 déc. 1994 : *Construction relief 4* 1957, h. sur relief de bois (65x130) : NLG 20 125.

BALK Georg

xvıᵉ siècle. Actif en 1561. Allemand (?).

Graveur sur bois.

Le Blanc cite de cet artiste : *Deux anges tenant un écu à six compartiments, dans lesquels est représentée la Passion.*

BALKA Miroslaw

Né en 1958 à Varsovie. xxᵉ siècle. Polonais.

Sculpteur d'assemblages.

Il est diplômé de l'Académie des Beaux-Arts de Varsovie. De 1986 à 1989, il fit partie du groupe *Nouvelle charge*. Il participe à des expositions collectives internationales : 1990 Biennale de Venise, *Possible Worlds* à Londres, 1992 Musée Haus Lange de Krefeld, Documenta 9 de Kassel, Biennale de Sydney, Exposition du Musée d'Art de Lodz au Musée d'Art Contemporain de Lyon ; 1993 *Rosa e giallo* à la Criée, halle d'art contemporain de Rennes ; 1994 FIAC (Foire internationale d'art contemporain) à Paris.

Ses premières réalisations avaient un rapport avec la figure humaine. Depuis 1990 environ, il assemble des tuyaux rouillés, des planches grossières, sortes de vestiges de meubles hors d'usage. Leurs titres consistent dans leurs dimensions.

Bibliogr. : In : *Lodz : un musée itinérant, comme un théâtre*, Art Press nᵒ 168, Paris, avr. 1992.

Musées : Châteaugiron (FRAC Bretagne) : *2x(316x35x65)* 1993, acier et savon – Lodz (Mus. d'Art) : *Souvenir de la 1ʳᵉ Communion*.

BALKANYI Suzanne

xxᵉ siècle. Française.

Peintre de paysages urbains. Naïf.

Elle a souvent représenté des scènes de la vie parisienne, dans des tons gris et bleus, scandés de points rouges. Son dessin reste proche de l'imagerie enfantine.

BALKAY Pal ou Derbalkay

Né le 29 juin 1785. Mort le 14 juillet 1846. xıxᵉ siècle. Hongrois.

Peintre.

Il travailla à Vienne, chez Füger, de 1804 à 1808. Il vint ensuite en Hongrie, où il peignit des tableaux pour diverses églises et fit pour des graveurs des dessins de portraits. En 1820, il peignit pour le Musée National : *Les bénédictions de la paix*. Il alla à Venise en 1835, et fit quelques copies.

BALKE Peder

Né le 4 novembre 1804 à Hedemarken. Mort le 15 février 1887 à Oslo. xıxᵉ siècle. Norvégien.

Peintre de paysages.

Il entra à Oslo en 1827, comme élève à l'École royale d'art et de dessin, où il eut pour professeur Jacob Munch. Il alla ensuite à Copenhague puis à Stockholm et, au milieu de la puissante nature norvégienne, il se perfectionna dans le paysage. Balke fit plusieurs voyages à l'étranger. En 1835 et 1844, il se rendit, avec une bourse de l'État, à Dresde, il y travailla dans l'atelier de Johan Christian Clausen Dahl. Ses clairs de lune furent très appréciés. A Paris, en 1846-1847, il reçut, de Louis-Philippe, la commande de trente paysages de la Norvège du Nord, destinés au château de Versailles, mais la révolution de 1848 mit fin à ce projet. Dans les paysages qui firent sa réputation, il oppose souvent les lourds nuages d'orage à la mer déchaînée, houleuse et déferlante, qu'il peint assez largement, subordonnant les détails aux grandes masses de la composition. De 1836 à 1844, il prit part aux Expositions d'art de Bergen et d'Oslo et, en 1849, de Stockholm. La galerie de Bergen et le Musée national de Stockholm conservent plusieurs tableaux de Peder Balke.

Ventes Publiques : Paris, 11 déc. 1982 : *Soleil couchant sur la rivière*, h/pan. (23x40) : FRF 5 200 – Londres, 26 nov. 1985 : *Bord de mer par temps d'orage* 1845, h/t (95x131) : GBP 38 000 – Londres, 16 mars 1989 : *Paysage rocheux avec un torrent*, h/pan. (8,5x12) : GBP 2 420 – Londres, 4 oct. 1991 : *Stockholm au clair de lune*, h/pap./t. (17,8x22,8) : GBP 6 050 – Copenhague, 5 fév. 1992 : *Mer déchaînée sur une côte rocheuse*, h/t (28x38) : DKK 62 000 – Vienne, 29-30 oct. 1986 : *Navire sur une mer déchaînée* 1844, h/t/cart. (12x16,5) : ATS 69 000.

BALKÉ Théodore Charles ou Balké-Gry
Né le 29 avril 1875 à Faulquemont (Moselle). Mort le 12 janvier 1951 à Villeneuve-sur-Yonne. xxᵉ siècle. Français.
Peintre.
Il exposa au Salon des Artistes Français en 1920-1921 et figura, notamment en 1929, au Salon de la Nationale des Beaux-Arts, dont il devint membre. A ses débuts, il signa ses œuvres : Balké-Gry.

BALKEMA Cornelis Filippus
Né le 25 décembre 1805 à Holwierda. xixᵉ siècle. Hollandais.
Dessinateur et écrivain d'art.

BALKENHOL Stephan
Né en 1957 à Frizlar (Allemagne). xxᵉ siècle. Allemand.
Sculpteur de figures, portraits, dessinateur.
Il fut l'élève d'Ulrich Rückriem. Il vit et travaille à Hambourg. Il commence à participer à des expositions collectives en 1984 : 1986 Kassel ; 1987 *A Choice of Contemporary Art from Europe* à Amsterdam ; 1988 Museum of Fine Arts de Boston ; 1989 Prospekt 89 à Francfort ; 1992 Hayward Gallery de Londres et musée d'Art moderne de la Ville de Paris ; 1996 *Les Contes de fées se terminent bien* au FRAC Haute-Normandie au château de Val Freneuse à Sotteville-sous-le-Val. Il a montré ses œuvres dans des expositions personnelles, régulièrement à la galerie Rüdiger Schöttle de Munich et Cologne, ainsi que : 1988 Kunsthalle de Bâle, 1991 musée d'Art moderne de Dublin, 1994 musée départemental d'Art contemporain de Rochechouart, 1996 CEEAC à Strasbourg. En 1993, la ville d'Amiens a exposé trois de ses sculptures, dans le cadre d'une commande publique.
Influencé par l'art minimal et conceptuel, il a su trouver dans la figuration son mode d'expression. Il sculpte le bois (souvent du bouleau) qu'il peint ensuite, pour réaliser des têtes ou de grands personnages en pied habillés, qu'il intègre parfois en trompe-l'œil à la vie de la cité, sur des places, aux fenêtres des immeubles... Ses sculptures, monumentales en trois dimensions ou presque plates, peintes sans recherche, qui portent encore la marque du burin, ne représentent pas un être spécifique, mais une de ces personnes croisées dans la foule. Elles se distinguent par leur physionomie, parfois la couleur de leurs vêtements. De la même manière, il traite les animaux, pingouin, escargot, ours, lion, les mettant en scène dans des ensembles. Il ajoute depuis peu à son œuvre une touche symbolique, avec *Dragon* et *Relief/volume, serpent*, animaux chimériques qui font écho aux siennes. Il réalise de nombreux dessins, proches dans l'esprit, de ses sculptures. ■ L. L.

Bibliogr. : In : Catalogue de l'exposition *Doubletake*, Hayward Gallery, Londres, 1992 – Paul Ardenne : *Stephan Balkenhol*, Art Press nº 175, Paris, déc. 1992 – Mo Gourmelon : *Stephan Balkenhol*, Beaux-Arts Magazine, nº 125, Paris, juil.-août 1994.
Musées : Dole (FRAC Franche-Comté) : *Petit nu* 1993 – Lausanne (Mus. canton. des Beaux-Arts) : *Phoque I* 1989 – Rochechouart (Mus. départ.).
Ventes Publiques : Francfort-sur-le-Main., 14 juin 1994 : *Figure dans une niche* 1991, bois gravé en coul. (H. 220) : DEM 61 000.

BALL A. J. F.
xixᵉ siècle. Actif à Londres dans la seconde moitié du xixᵉ siècle. Britannique.

Peintre de genre.
Il exposa en 1872 à Suffolk Street.

BALL Alice Worthington
Née à Boston (Massachusetts). Morte en 1929. xxᵉ siècle. Américaine.
Peintre.
Elle fit des études à Paris, où elle fut élève de Courtois et de Collin. Elle est retourné à Baltimore vers 1905-06.

BALL Arthur E.
xixᵉ siècle. Travaillant à Richmond. Britannique.
Peintre et graveur à l'eau-forte.
Il exposa de 1880 à 1885 à la Royal Academy à Londres des paysages et des scènes de rues. Il traita ces mêmes sujets dans de petites eaux-fortes.

BALL Barry X.
Né en 1955 en Californie. xxᵉ siècle. Américain.
Peintre.
Il vit et travaille à New York. Ses œuvres ont été présentées en 1990 au Centre d'Art Contemporain de Kerguehennec, en 1995 à la Galerie nationale du Jeu de Paume à Paris. Au début des années 1980, il participa avec des artistes comme Olivier Mosset au mouvement de la « peinture radicale ». Il renonce ensuite au support traditionnel, travaillant sur de petits formats avec les matériaux les plus divers, du bois, de la résine ou du plexiglas. La surface centrale est ouvragée à la feuille d'or selon la technique décrite par Cennino Cennini dans « Le livre de l'Art », ouvrage écrit vers 1390 concernant les matériaux et les recettes de savoir-faire des peintres de son temps. Les œuvres fonctionnent en citation, proposant une réflexion sur la tradition picturale en réemployant le fond d'or et la structure architecturale des retables confrontée à des détournements d'œuvres clés de l'histoire de la peinture moderne, comme par exemple le *Ceci n'est pas une pipe* de Magritte.
Bibliogr. : Jean-Marc Huitorel : *Barry X. Ball, Kerguehennec, Centre d'Art Contemporain*, Opus International, nº121, p. 46, Paris, sept.-oct. 1990.

BALL Caroline Peddle, pseudonyme de Bertrand E.
Née le 11 novembre 1869 à Terre-Haute (Indiana). xixᵉ-xxᵉ siècles. Américaine.
Sculpteur.
Élève du sculpteur irlandais Aug. Saint-Gaudens établi à New-York, elle fit également des études à Philadelphie, New-York, Florence et Paris. Elle participa à l'Exposition Universelle de Paris en 1900, exposant une satue de *Victoire* et la fontaine de Flushing, Long Island.

BALL George
Né le 10 août 1929 à San Francisco (Californie). xxᵉ siècle. Actif aussi en France. Américain.
Peintre et graveur.
Élève à l'Université de Standford, il vint à Paris où il fréquenta l'*Atelier 17* du graveur Stanley William Hayter. Il participe à de nombreuses expositions collectives, surtout en Europe, et à Paris il a participé au Salon de Mai à partir de 1961 et au Salon des Réalités Nouvelles, il fut également invité à la Biennale de Paris, à la même époque. Dès 1954, il montrait ses peintures dans des expositions personnelles à travers le monde, et notamment en France depuis 1969, entre autres : 1978 Artcurial Paris ; 1979 Musées de Brest, Saintes, Dieppe ; depuis 1988 régulièrement à la Galerie Vieille du Temple à Paris, dont en 1995, 1998. Dans une première période, la construction de ses peintures et gravures n'était pas sans évoquer le cubisme, et parfois à la limite de l'abstraction. Ensuite, il est complètement revenu à une figuration anecdotique, dans un climat psychologique très intimiste.
Musées : Brest – Dieppe (Château Mus.) – Dijon – Londres (Victoria and Albert Mus.) – Paris (FNAC) – Paris (Mus. d'Art Mod. de la Ville) – Paris (BN) : 50 gravures – Philadelphie (Mus. of Art) – Saintes – San Francisco (Mus. of Art) – Toulouse (Mus. des Augustins) – Zurich (Kunst Mus.).

BALL Hugh Swinton
Mort le 16 janvier 1838. xixᵉ siècle. Américain.
Peintre.
Il fut membre de l'Académie Nationale en 1837.

BALL Hugo
Né en 1886 à Pirmasens. Mort en 1927 à San Abbondio (Suisse). xxᵉ siècle. Actif en Suisse. Allemand.

Artiste.

Poète et metteur en scène, il est le fondateur du mouvement *Dada* à Zurich, réunissant dans son Cabaret Voltaire tous les intellectuels et artistes exilés qui, en 1916, en pleine guerre, rappelaient « qu'il y a, au-delà de la guerre et des patries, des hommes indépendants qui vivent d'autres idéaux ». Le noyau initial de ce mouvement *Dada* regroupait deux Allemands, Ball et Huelsenbeck, deux Roumains, Tzara et Janco et un Alsacien, Arp. S'ils eurent un moment une communauté de pensée, rejetant toute motivation nationaliste, ressentant l'absurdité de cette Première Guerre mondiale qui s'intensifiait et voulant affirmer la primauté d'une pensée libre, leurs différences devaient les orienter dans des voies divergentes. Hugo Ball, en particulier, s'orienta vers un mysticisme catholique qui le conduisit en pèlerinage au Vatican juste avant de mourir en 1927.

Bibliogr. : Pierre Cabanne et Pierre Restany : *L'Avant-Garde au XXe s.*, André Balland, Paris, 1969.

BALL Isaac
XIXe siècle. Britannique.
Peintre de genre.
En 1836-1837, il exposa à Suffolk Street, à Londres, où il travaillait.

BALL James
XIXe siècle. Britannique.
Peintre d'histoire.
Il travailla à Londres, où il exposa de 1817 à 1835, à la Royal Academy et à la British Institution.

BALL L. Clarence
Né le 4 juillet 1858 à Mount Vernon (Ohio). Mort en 1915 à South Bend (Indiana). XIXe-XXe siècles. Américain.
Peintre de paysages, illustrateur.
Ses paysages obtinrent un grand succès à l'Exposition de Chicago en 1893 et à celle de Saint Louis en 1904.
Ventes Publiques : New York, 4 avr. 1984 : *Fishing*, h/pan. (22x29,2) : USD 1 200.

BALL Louis
Né à Paris. XXe siècle. Français.
Sculpteur de sujets religieux.
Dès 1938, il a exposé à Paris au Salon des Artistes Français, dont il est devenu sociétaire. On cite de lui : *La Vierge soutenue par les saintes femmes.*

BALL Maude Marie
Née le 5 avril 1883 à Dublin (Irlande). XXe siècle. Irlandaise.
Peintre de paysages et miniaturiste.
Elle a exposé à Paris au Salon des Artistes Français à Paris en 1938-1939. Ses paysages présentent, entre autres, des vues d'Irlande et des Ardennes belges.

BALL Percival
XIXe siècle. Travaillant à Londres. Britannique.
Sculpteur.
Élève de la Royal Academy à Londres, il y exposa ses travaux de 1865 à 1882. En 1866 il reçut une médaille pour son bas-relief représentant le *Serpent d'airain*. La National Gallery conserve de lui le buste en marbre de l'auteur A. Blandford Edwards, que l'artiste acheva à Rome en 1873, et le Musée de Sydney, *Phryné devant Praxitèle.*

BALL Robert E.
XXe siècle. Américain.
Peintre.
Élève de Richard Miller, il a exposé au Salon des Artistes Français à Paris en 1914.

BALL Ruth Norton
Née à Madison (Wisconsin). XXe siècle. Américaine.
Sculpteur.
Elle a travaillé à Cincinnati.

BALL Thomas
Né le 3 juin 1819 à Charlestown (Boston). Mort en 1911. XIXe-XXe siècles. Américain.
Peintre, sculpteur de groupes, figures, bustes.
Ball, qui commença sa carrière comme peintre, abandonna ensuite cet art pour s'adonner entièrement à la sculpture. Il ne put profiter des ressources artistiques de l'Europe que vers 1854, époque à laquelle il entreprit son premier voyage en Italie, où il séjourna quelque temps à Florence. Il y retourna deux ans après, et, depuis, visita souvent l'Europe. Vers 1897, Ball habitait Montclair, New Jersey. Parmi ses œuvres les plus importantes,

on signale : *Noël, Le Matin de Saint-Valentin, La Petite Pensée* (très connue) et ses statues du *Gouverneur John A. Andrew* et du célèbre directeur des cirques : *P.-E. Barnum.*

Musées : Boston (Jardin public) : *Statue équestre de Washington* – Boston (Hôtel de Ville) : *Josiah Quincy* – Boston (Park Square) : *Lincoln et le Nègre agenouillé – Charles Summer (Jardin public)* – Boston (cimetière de Forest Hill) : *Saint Jean l'Évangéliste* – Cambridge (cimetière de Mount Auburn) : *Monument de Chickering* – Concord : *Statue de Daniel Webster – Buste de Napoléon Ier – Buste de Rufus Choate – Buste de Henry Ward Beecher – Buste de Ephraïm Peabody – Nombreux autres bustes* – Methuen : *Monument de Washington* – Philadelphie (Maison de retraite des acteurs) : *L'Acteur Edwin Forest dans le rôle de Coriolan* – Washington D.C. : *Groupe de l'Émancipation.*

Ventes Publiques : New York, 16 mars 1967 : *Daniel Webster*, bronze patiné : USD 1 600 – New York, 20 avr. 1979 : *Buste de fillette* 1868, marbre blanc (H. 40,6) : USD 3 500 – New York, 30 jan. 1980 : *Ophélie*, marbre (H. 54,6) : USD 1 900 – New York, 1er déc. 1988 : *Un joyeux Noël* 1874, marbre blanc (H. 115,5) : USD 16 500 – New York, 25 mai 1989 : *La Petite Pensée, buste* 1873, marbre blanc (H. 48,9) : USD 3 300 – New York, 30 mai 1990 : *Ophélie*, marbre, de forme ovale (55,9x46,8) : USD 7 700 – New York, 27 sep. 1990 : *Portrait de Daniel Webster*, bronze patine brune (H. 76,5) : USD 7 700 – New York, 18 déc. 1991 : *Buste de Napoléon* 1856, marbre blanc (H. 82,6) : USD 5 500 – New York, 26 mai 1993 : *Souvenirs d'amour (Cupidon assis)* 1875, marbre blanc (H. 78,2) : USD 12 650 – New York, 23 sep. 1993 : *Portrait de Daniel Webster* 1853, bronze (H. 78,7) : USD 4 600 – New York, 14 mars 1996 : *Portraits de Daniel Webster et Henry Clay*, bronze (chaque H. 76,2) : USD 17 250 – New York, 4 déc. 1996 : *Le Matin de Noël ; Le Jour de la Saint-Valentin* 1873, marbre blanc, une paire (H. 115,5 et 114,2) : USD 43 700.

BALL Thomas Watson
Né en 1863 à New York. XIXe siècle. Américain.
Peintre.

BALL Tom
Né le 5 janvier 1888. XXe siècle. Britannique.
Peintre de paysages, marines, aquarelliste.

BALL Wilfred Williams
Né le 4 janvier 1853 à Londres. Mort en 1917. XIXe-XXe siècles. Britannique.
Peintre de paysages, aquarelliste, aquafortiste.
Négociant et amateur d'art il grava à l'eau-forte avec assez de talent pour mériter d'être loué par L. Whistler pour ses scènes sur les bords de la Tamise.
Il envoya tous les ans des aquarelles et des eaux-fortes de 1877 à 1903 aux Expositions de la Royal Academy.
Ventes Publiques : Londres, 7 mars 1908 : *Venise* : GBP 9 – Londres, 21 nov. 1908 : *Veere, Hollande ; Près de Saint-Yves en Cornwall* : GBP 6 – Londres, 24 mai 1910 : *Saint-Lô* : GBP 5 – Londres, 23 mars 1928 : *Bramshott, Hants* 1909 : GBP 18 – Londres, 19 mai 1981 : *Les chaumières* 1914, aquar. (19x25,5) : GBP 300 – Londres, 22 mai 1986 : *Cheney Court, Winchester* 1907, aquar. sur traits de cr. reh. de gche (23x28) : GBP 850 – Londres, 28 avr. 1987 : *The Old Mill Romsey* 1908, aquar. (19x26,8) : GBP 450 – Londres, 31 jan. 1990 : *Lincoln* 1898, aquar. (23x18) : GBP 495 – Londres, 25-26 avr. 1990 : *Bosham dans le Sussex* 1888, aquar. avec reh. de blanc (17x31,5) : GBP 825 – Londres, 8 fév. 1991 : *Le pont de Wareham* 1912, aquar. (19,1x29,3) : GBP 660 – Londres, 14 juin 1991 : *Old Shoreham ; Le château d'Arundel* 1904, aquar., une paire (chaque 18x29,4) : GBP 1 980.

BALL-DEMONT Adrienne Elodie Clémence
Née le 16 mars 1886 à Montgeron (Essonne). XXe siècle. Française.
Peintre et sculpteur.
Elle vécut dans un milieu artistique favorable, puisqu'elle était la fille du peintre Adrien Demont et la petite-fille d'André Breton. Élève des peintres H. Royer et M. Baschet, elle a exposé au Salon des Artistes Français, entre 1911 et 1936, obtenant une médaille d'argent en 1911 et une médaille d'or en 1936. En peinture comme en sculpture, elle a créé des œuvres allégoriques, citons par exemple *Le Printemps de l'Amour*, peinture décorative pour la mairie de Calais et *La France*, sculpture en bronze exposée au Musée du Petit Palais à Paris, durant la guerre de 1914-1918.
Musées : Calais – Montréal .

BALL-HUGUES Georgina
Morte en 1911 à Dorchester (Massachusetts). XIXe-XXe siècles. Américaine.

Peintre de portraits.
Exposa un portrait à la Royal Academy de Londres en 1889.

BALLA Giacomo
Né le 24 juillet 1871 à Turin. Mort le 5 mars 1958 à Rome.
XIXᵉ-XXᵉ siècles. Italien.

Peintre et sculpteur. Futuriste.

Suivant en cela la loi générale, il eut des débuts en peinture assez conformistes. Il se fixa à Rome dès 1895, peignant dans un style académique qui convenait aux critiques institutionnels. En 1900, au cours d'un séjour de sept mois à Paris, il s'intéressa à la technique divisionniste des impressionnistes et surtout au pointillisme que Seurat préférait nommer l'impressionnisme scientifique. Ce point mérite attention, car cette technique divisionniste sera l'une des caractéristiques, quasiment anachronique, du futurisme, qui se voulait novateur en tous points et jusqu'à taxer le cubisme (auquel il devra pourtant beaucoup sans le reconnaître) d'« académisme masqué ». Or Boccioni, qui fut peut-être le théoricien et le praticien le plus cohérent du futurisme, ainsi que Séverini, furent vers 1901-1902 ses élèves et amenés au divisionnisme sous son influence. De Paris date une de ses premières œuvres marquantes : *Luna Parc*. Revenu à Rome, entre 1901 et 1909 il peignit de nombreux paysages autour de la Villa Borghèse, et des compositions à personnages à tendance sociale, évoquant la misère du peuple à cette époque. Sa technique alors était encore conformiste, malgré son intérêt pour le divisionnisme, qu'avaient d'ailleurs déjà relativement pratiqué à l'instar des impressionnistes français les « macchiaioli » (tachistes) italiens du XIXᵉ, autour de Segantini, Previati, Pelizza. Ce fut en 1909 qu'il peignit la *Lampe à arc*, première œuvre laissant présager le futurisme pictural, dont Boccioni et Séverini définirent les principes dans un manifeste de 1910, faisant suite au premier manifeste futuriste de Marinetti, publié dans *Le Figaro* de Paris en février 1909. Si Balla signa leur manifeste, pendant les deux années suivantes il se tint à l'écart des expositions ou manifestations futuristes publiques, estimant que, avec derrière lui une production autre déjà importante, ses réflexions sur son évolution au futurisme n'étaient pas suffisamment abouties. Ses premières grandes compositions futuristes datent du milieu de 1912, et leurs titres, suffisamment suggestifs, témoignent de leur appartenance au futurisme : *Dynamisme d'un chien en laisse – Compénétrations iridescentes – Fillette courant sur un balcon – Les mains du violoniste – Vol d'hirondelles – Compénétration des gouttières*. Si certaines de ces œuvres traduisent le mouvement en figurant simultanément sur la toile les positions successives occupées dans l'espace par les corps mobiles, à la façon des chronophotographies de Niepce ou Muybridge, procédé dont s'inspirera beaucoup plus tard Velickovic, d'autres atteignent bientôt à une totale abstraction par rapport à la réalité dont elles s'inspirent, le mouvement seul est représenté, détaché de la réalité qui se meut.

Donc, désormais pleinement impliqué dans le futurisme, à partir de 1913 il commença à participer à toutes les manifestations et activités du groupe. Il peignait alors : *Vitesse abstraite – Plasticité de la lumière et de la vitesse – Epaisseurs d'atmosphères*, œuvres se rattachant indubitablement à la série de figurations abstraites du mouvement pour lui-même. Dans le même sens, en 1914, il s'inspira de thèmes cosmogoniques qui, moins reliés à des réalités tangibles, se prêtaient d'autant mieux à l'abstraction qu'il recherchait : *Mercure passant devant le soleil*. En cette année 1914, il réalisa ses premières petites sculptures en fil-de-fer, qu'il dit correspondre pour lui à des expérimentations de « complexes plastiques », qu'il poursuivra en créant un automate : *Portrait de la marquise Casati* ou une « sculpture-commentaire » d'une sculpture de Boccioni : *Lignes-force du poing de Boccioni*. A ce moment, la sculpture le sollicitait de plus en plus et, avec Fortunato Depero, il signa un manifeste abordant les problèmes de la nouvelle sculpture : *Reconstruction futuriste de l'Univers*. En 1915, il prit une part active à la lutte « anti-neutraliste », visant à faire entrer l'Italie dans la guerre aux côtés des Alliés. Il publie un manifeste : *Le vêtement anti-neutraliste* et, avec ses amis, ils se confectionnent des vêtements répondant à cet objectif, qu'ils portent lors des manifestations sur la guerre, au cours de l'une desquelles il fut arrêté en compagnie de Marinetti et de... Mussolini, alors encore socialiste. Toujours dans ce contexte, il peignait des *Démonstrations interventionnistes*. En 1917, il créa les décors pour *Feu d'artifice* de Stravinsky. En 1918, à l'occasion d'une de ses expositions, il publia le *Manifeste de la couleur*. Après 1918, il transposa ses principes de recherche des « lignes de force » sur le paysage :

Saisons – Forces du paysage. Il fut alors initié au spiritisme, auquel sa forme d'esprit le prédisposait peut-être, ce qui eut une influence importante sur ses œuvres ultérieures, notamment sur la série des *Transformations Forme-Esprit*. Il continua, et parfois presque seul, d'avoir un rôle important dans le second futurisme, signant, avec Depero, Dottori, Marinetti et quelques autres, le manifeste de *L'Aéro-peinture*, initiée par Prampolini en tant que « idéalisme cosmique – moyen de dépasser les frontières de la réalité plastique », résultant du changement de la perception du monde à partir du vol aérien. En 1924-1925, il produisit, dans une technique « froide » qu'on retrouve chez Fernand Léger et plus tard Klapheck ou Klasen, des peintures inspirées de formes mécaniques : *Chiffres amoureux*. Dans une période ultérieure, il voulut transposer en peinture des « états d'âme », des émotions subites, sans nul recours à une figuration quelconque : *Mon instant du 4 avril 1930 à 10 heures 2 minutes*, et en 1929 : *Vertige de la vie*. En 1930, il donna encore un prolongement, avec des évidentes réminiscences du surréalisme, à la peinture métaphysique avec : *La chaise de l'homme étrange*. Cependant, depuis 1922, on relève dans ses œuvres un retour à quelque figuration. A partir de 1930 ce retour s'avéra définitif. Après les dernières audace de 1930, il revint à une peinture figurative, académique, de portraits et de paysages. Cette ultime période médiocre, de 1930 à sa mort en 1958, ne peut et ne doit occulter son rôle dans le futurisme. Ce fut lui qui avait initié Boccioni et Séverini au divisionnisme, ce furent ensuite ses cadets et le dynamisme de Marinetti qui l'entraînèrent dans l'aventure futuriste, à laquelle il ne se livra qu'avec précaution jusqu'à l'impression déterminante qu'il ressentit devant la peinture de Séverini *Expansion sphérique dans l'espace*. Ensuite, il a donné dans ses œuvres propres une empreinte et une couleur très personnelle au futurisme, qu'il a mené aux franges de l'abstraction.

■ Jacques Busse

FVTVR BALLA
BALLA

BIBLIOGR. : F.T. Marinetti : *Le Futurisme : théories et mouvement*, Paris, 1910 – C. Pavolini : *Cubismo, futurismo, espressionismo*, Bologne, 1926 – Carrieri : *Peinture et sculpture d'avant-garde en Italie*, Milan, 1950 – Michel Seuphor : *Le Futurisme... hier*, L'Œil, Paris, fév. 1956 – in : *Diction. de la peint. mod.*, Hazan, Paris, 1964 – José Pierre in : *Hist. de la peint.*, tome XX, Rencontre, Lausanne, 1966 – Giovanni Lista : *Giacomo Balla futuriste*, L'âge d'homme, 1984 – Maurizio Fagiolo dell'Arco : *Balla le futuriste*, New York, 1988.
MUSÉES : AMSTERDAM (Stedelijk Mus.) : *Rapidité abstraite* 1913 – MILAN (Mus. de Arte Mod.) : *Fillette courant sur un balcon* 1912 – *Pessimisme-optimisme* 1923 – NEW YORK (Mus. of Mod. Art) : *Lampe-à-arc, étude de lumière* 1909 – *Automobile en course* 1912 – *Chien en laisse* 1912 – *Vol d'hirondelles* 1913 – *Printemps* vers 1918 – PARIS (Mus. Nat. d'Art Mod.) : *Mercure passant devant le soleil, vu dans un télescope* 1914 – ROME (Mus. d'Arte Mod.) – TURIN (Mus. d'Arte Mod.) : *Lignes-force* 1918 – VENISE (Fond. P. Guggenheim) : *Automobile + Bruit* 1912 – VIENNE (Mus. du XXᵉ siècle) : *Mercure passant devant le soleil* 1914 – ZURICH (Kunsthaus) : *Rapidité d'automobile + Lumière + Bruit* 1913.
VENTES PUBLIQUES : MILAN, 13-15 nov. 1962 : *Mouvement rythmique* : **ITL 3 200 000** – LONDRES, 24 nov. 1964 : *Mercure passant devant le soleil, vu au télescope*, temp./pap. mar./t. : **GBP 7 500** – NEW YORK, 23 mars 1966 : *Ligne de vitesse* : **USD 15 000** – MILAN, 4 déc. 1969 : *Composition* : **ITL 4 200 000** – MILAN, 9 avr. 1970 : *Composition* : **ITL 12 000 000** – ROME, 24 oct. 1972 : *Chiffres amoureux* : **ITL 35 000 000** – ROME, 12 avr. 1973 : *Autoportrait* : **ITL 24 500 000** – MILAN, 6 avr. 1976 : *Projets pour une cravate* 1916, aquar. et cr. (47x30) : **ITL 4 000 000** – ROME, 18 mai 1976 : *Velonde* vers 1919, encres/pan. (65x155) : **ITL 26 000 000** – ROME, 24 mai 1977 : *Le renard*, h/t (70x90) : **ITL 3 675 000** – LONDRES, 5 avr. 1978 : *Démonstration patriotique* vers 1915, temp./t. (100x136,5) : **GBP 25 500** – ROME, 25 sep. 1979 : *Bicoque de la Via Giulia*, past. (57x74) : **ITL 2 100 000** – LONDRES, 2 juil. 1980 : *Dynamisme spatial* vers 1920, gche (29x40) : **GBP 9 000** – NEW YORK, 21 oct. 1980 : *Duo (Ballerines du Bal Tik Tak)* 1922, fils de cuivre chromés (H. 60,3) : **USD 4 200** – MILAN, 26 fév. 1981 : *Pont de la vitesse* 1915, h/pap. (68x96) : **ITL 65 000 000** – ROME, 23 nov. 1982 : *Dessin pour étoffe* 1925-1930, temp./cart. entoilé

(34x45) : **ITL 15 000 000** – Rome, 18 mai 1983 : *Meules de foin et maison* vers 1910, cr. de coul./pap. (17,8X25,8) : **ITL 14 000 000** – Milan, 14 juin 1983 : *Fleur futuriste* 1917, bois peint. à la temp. (H. 30) : **ITL 7 500 000** – Zurich, 26 mai 1984 : *Paysage futuriste* vers 1920-1923, temp. (43,5x61,8) : **CHF 30 000** – Zurich, 21 juin 1985 : *Composition* 1925, temp. (69x50) : **CHF 30 000** – Rome, 18 mars 1986 : *Table*, bois laqué, multiple (H. 26) : **ITL 1 000 000** – Londres, 23 juin 1986 : *Pessimismo e ottimismo* vers 1918-1923, temp./cart. (39x59) : **GBP 35 000** – Rome, 29 avr. 1987 : *Drapeaux futuristes* 1913-1914, temp./pap. (29,5x41,5) : **ITL 23 000 000** – Milan, 24 mars 1988 : *Lignes spatiales n° 2* 1925, h/t (76,5x76,5) : **ITL 120 000 000** – Milan, 24 mars 1988 : *Renaissance printanière*, h/t (97x81) : **ITL 510 000 000** – New York, 12 mai 1988 : *Lignes de vitesse et tourbillons d'espace*, pap. monté sur cart. (44x58) : **USD 30 800** – Londres, 29 mars 1988 : *Forme rumore*, gche/pap. (19,7x32,1) : **GBP 5 500** – Rome, 7 avr. 1988 : *Portrait du poète Giovanni Cenq* 1910, h/t (50x41) : **ITL 25 000 000** – Milan, 14 mai 1988 : *Motif de broderie* 1918, détrempe/cart. (10,5x15) : **ITL 3 800 000** – Milan, 8 juin 1988 : *Éveil du printemps*, h/t (79x117,5) : **ITL 285 000 000** – Rome, 15 nov. 1988 : *Agitation*, détrempe/cart. (50x74) : **ITL 120 000 000** – Milan, 20 mars 1989 : *Compénétration de lumière* 1925, détrempe/cart. (21x28) : **ITL 48 000 000** – Londres, 4 avr. 1989 : *Les deux palmiers*, h/cart. (46,6x56,5) : **GBP 60 500** – Milan, 6 juin 1989 : *Vitesse automobile* 1914, h/cart. entoilé (49,5x66,5) : **ITL 480 000 000** – Paris, 21 juin 1989 : *Étude futuriste*, aquar. et gche/cart. (18x18,5) : **FRF 100 000** – New York, 5 oct. 1989 : *Ballerina V*, cuivre chromé sur base de plexiglas (H. 52,2) : **USD 7 150** – Rome, 6 déc. 1989 : *Paysage futuriste* 1919, temp./cart. (17x23) : **ITL 51 750 000** – New York, 26 fév. 1990 : *Espansione profumo*, h/t (54,6x76,8) : **USD 577 500** – Londres, 3 avr. 1990 : *Futurlibecciata*, h/t (65x100) : **GBP 308 000** – New York, 16 mai 1990 : *Volutes + ligne de vitesse*, cr./pap. (42x63) : **USD 154 000** : *L'escalier des adieux*, h/t (105,5x105,6) : **USD 4 400 000** – Londres, 3 déc. 1990 : *Portrait de Madame Adélaïde Cottreau*, h/t (100x100) : **GBP 209 000** – Rome, 3 déc. 1990 : *Contrastes* 1919, h./contreplaqué (57x34) : **ITL 57 500 000** – Rome, 3 déc. 1990 : *Portrait de femme* 1904, h/t (59x45) : **ITL 126 500 000** – Rome, 13 mai 1991 : *Forme et rumeur* 1915, temp./cart. (22x36) : **ITL 33 350 000** – Londres, 25 juin 1991 : *Enfant*, h/t (61,5x50) : **GBP 46 200** – Lugano, 12 oct. 1991 : *Étude pour la roue en mouvement* 1912, cr. bleu/cart. (25x38,5) : **CHF 125 000** – Lugano, 12 oct. 1991 : *Nu à contre-jour* 1908, past./cart. (130x61,5) : **CHF 570 000** – Milan, 14 nov. 1991 : *Mer ombre* 1919, h/t (65x100) : **ITL 420 000 000** – New York, 25 fév. 1992 : *Motif décoratif*, temp./cart. (diam. 24,2) : **USD 26 400** – New York, 25-26 fév. 1992 : *Arbre*, montage de contreplaqué peint. (H. 32,4) : **USD 28 600** – New York, 14 mai 1992 : *Vitesse d'une voiture et espace*, fus./pap. (34x46,7) : **USD 57 750** – Rome, 25 mai 1992 : *Portrait de Mme Emma Calabria* 1937, past./pap. (53x40) : **ITL 28 750 000** – Lugano, 10 oct. 1992 : *Le tracé d'une ligne de vitesse*, cr./pap. (11,2x17) : **CHF 16 000** – Rome, 25 mars 1993 : *Arbres givrés dans une vallée* 1928, techn. mixte/pap. toilé (44x57) : **ITL 16 000 000** – Milan, 20 mai 1993 : *Motif pour un tapis* 1922, temp./cart. (26x40) : **ITL 15 000 000** – Londres, 21 juin 1993 : *Portrait de Madame Adélaïde Cottreau*, h/t (100x100) : **GBP 155 500** – Milan, 15 mars 1994 : *Composition* 1917, cr. de coul./pap. (11,5x18) : **ITL 4 140 000** – New York, 12 mai 1994 : *Composition futuriste*, cr./pap. (44,1x58,4) : **USD 41 400** – Paris, 30 mai 1994 : *Compenetrazione bis* 1920, temp./cart. (64x36) : **FRF 32 000** – Milan, 27 avr. 1995 : *Ligne de vitesse et volutes*, cr./pap. (47x70) : **ITL 115 000 000** – Milan, 26 oct. 1995 : *Balla prenant des notes sur son carnet* 1898, h/pan. (40x13,5) : **ITL 42 550 000** – Milan, 12 déc. 1995 : *Rythme, rumeur et vitesse automobile*, vernis/pap. chiffon/t. (64,5x72,5) : **ITL 546 250 000** – Paris, 1er fév. 1996 : *Portrait d'homme* 1895, past. (55x46) : **FRF 15 000** – Milan, 20 mai 1996 : *Motif floral décoratif* 1920, temp. et cr./pap. mar./t. (40x52) : **ITL 21 850 000** – Londres, 25 juin 1996 : *Vélocité abstraite, voiture en Corse* 1913, h/t (50,5x65,6) : **GBP 749 500** – New York, 13 nov. 1996 : *Forma rumore*, cr./pap. (40,6x63,5) : **USD 20 700** – Milan, 10 déc. 1996 : *Drapeau à l'autel de la patrie* 1915, h/t (100x100) : **ITL 489 300 000** – Milan, 24 nov. 1997 : *Jeune fille* vers 1907, past. et craies coul./t. (48x40,5) : **ITL 38 525 000**.

BALLA Julio
Né au xixe siècle à Rio de Janeiro. xixe siècle. Brésilien.
Dessinateur.
Élève de Signol et de Cabanel. Il prit part à l'Exposition internationale de Blanc et Noir de 1886.

BALLAERT Hendrik van
xvie siècle. Actif à Gand. Éc. flamande.

Sculpteur.
En 1571, il exécuta le tabernacle de l'autel de Notre-Dame des Hospitaliers à Audenaerde, ainsi que des ornements pour la même chapelle et pour le cimetière des Hospitaliers. Une découverte récente prouve que Ballaert fit les travaux d'ornementation de la maison « Grenoet Appel dans la rue Langhemunte, où l'on voit les statues de la *Foi*, de l'*Espérance* et de la *Charité* ». On trouve dans les actes des Archives de la ville de Gand la signature de l'artiste en 1553 et en 1555.

BALLAGH Robert
Né en 1943 à Dublin. xxe siècle. Irlandais.
Peintre. Tendance hyperréaliste.
Après avoir fait des études d'architecture, il s'est orienté vers la peinture à partir de 1966. Il a participé à la Biennale de Paris en 1969 et à la troisième Biennale de Gravures à Florence en 1972. Cette même année, il a été représenté à l'exposition *From Yeats to Ballagh*, au Musée de Lund en Suède. En 1973 il était présent au Musée d'Art Moderne de la Ville de Paris, dans le cadre de l'exposition *Art irlandais actuel*. Des expositions lui ont été consacrées à Dublin et à Cork. Ses œuvres montrent des personnages photographiés, découpés, vus de dos, posés en trompel'œil devant des œuvres d'artistes contemporains comme Capogrossi, Soulages, Bernett Newman, Gottlieb ou Jackson Pollock.
Musées : Cork (Crawford mun. Gal.) – Dublin (mun. Gal. of Mod. Art).
Ventes Publiques : Lucerne, 26 nov. 1994 : *Couple avec une plante verte*, acryl./t. (244x244) : **CHF 2 600**.

BALLANCE Marjorie Hugh
Née à Birmingham. xxe siècle. Britannique.
Peintre, aquarelliste et graveur sur bois.
Élève d'Alfred Hailley, elle a exposé à la Royal Academy de Londres et au Salon des Artistes Français à Paris, notamment en 1925.

BALLANCE DES CARRIÈRES Percy
Né le 7 juillet 1899 à Birmingham. xxe siècle. Britannique.
Peintre de paysages.
Il a exposé à la Royal Academy de Londres et à Paris, au Salon des Artistes Français où il a obtenu une mention honorable en 1925.

BALLAND Heinrich
xviie siècle. Allemand.
Peintre.
On conserve à Dessau, dans la fondation Amélie, un tableau sur cuivre de cet artiste, qui représente la *Résurrection de Lazare* (1636).

BALLAND Jeanne Caroline Louise. Voir **BOVY**

BALLANSE Michel
xvie siècle. Français.
Peintre et décorateur.
En 1516, il fut chargé de s'occuper de l'ornementation nécessaire pour l'entrée solennelle de François Ier dans la ville de Tours, où il travailla.

BALLANTI Giovan Battista, dit **Graziani**
Né en 1762 à Faenza. Mort en 1835. xviiie-xixe siècles. Italien.
Sculpteur et modeleur.
Il commença par être graveur au burin, mais, ensuite, il s'adonna entièrement à la sculpture. En 1826, il fit une tournée à Venise, Padoue, Ferrare et Rome, pour y observer les monuments des grands artistes. Revenu à Faenza, il forma de nombreux et excellents élèves. Il modela pour les églises de la Romagne et d'Emilia, un grand nombre de statues en plâtre, ainsi que le sarcophage de saint Émilien pour le dôme de Faenza et un relief pour une porte de la ville d'Imola, représentant la *Madone entourée de saint Cassien et saint Pierre Chrysologue*. Il fit des tombeaux, des bustes et travailla avec son frère, Francesco, pour le compte de la fabrique de majolique de Ferniani, ainsi que pour celle de Dal Borgo à Faenza.

BALLANTI GRAZIANI. Voir **COLLINA Giovanni**

BALLANTINE Mary
xxe siècle. Britannique.
Peintre de natures mortes, fleurs et fruits.
Elle vit et travaille en Écosse.
Ventes Publiques : Perth, 27 août 1990 : *Fleurs de printemps* 1944, h/t (61x91,5) : **GBP 3 850** – Glasgow, 5 fév. 1991 : *Nature morte avec un poisson rouge et un papillon*, h/t (71x91,5) : **GBP 880** – South Queensferry (Écosse), 23 avr. 1991 : *Nature*

morte de légumes dans une corbeille, h/t (56x76) : **GBP 770** – PERTH, 26 août 1991 : *Fleurs de printemps* 1956, h/t (71x91,5) : **GBP 2 310.**

BALLANTYNE Edith
XIXe siècle. Travaillant à Melksham. Britannique.
Peintre de genre et de portraits.
Elle exposa ses tableaux de genre, de 1868 à 1884, à la Royal Academy et, jusqu'en 1887, à l'Académie écossaise.

BALLANTYNE John
Né en 1815 à Kelso. Mort le 12 mai 1897 à Melksham (Wiltshire). XIXe siècle. Britannique.
Peintre de genre, portraits.
Son oncle, James Ballantyne, imprimait les ouvrages de Sir Walter Scott, son frère aîné James était un orientaliste renommé et son plus jeune frère Robert Michael se fit un nom comme écrivain de livres d'aventures pour jeunes garçons. Il étudia d'abord à Edimbourg à la Trustees' Academy et entra ensuite à la Royal Academy Schools de Londres en 1832. Il exposa, en 1835, un premier portrait à la Royal Academy et continua jusqu'en 1883. Il avait été élu à la Royal Scottish Academy en 1860.
Il s'est distingué par sa série de portraits des peintres célèbres travaillant dans leurs ateliers.
BIBLIOGR. : Eric Quayle : *Ballantyne the Brave*, 1967 – Richard Ormond : *Artists in their Studios*, in « Christie's Review of the Season », Londres, 1979.
MUSÉES : ÉDIMBOURG : étude de tête.
VENTES PUBLIQUES : LONDRES, 29 jan. 1910 : *Le premier volume* : **GBP 7** – LONDRES, 17 mai 1923 : *L'orgueil du harem* : **GBP 11** – SYDNEY, 6 oct. 1976 : *Scène de harem*, h/t (63,2x76,5) : **AUD 1 000** – LONDRES, 2 fév. 1979 : *William Powell Frith dans son atelier*, h/t (75,6x62,8) : **GBP 18 000** – GLASGOW, 1er oct. 1981 : *Femme et fillette dans un intérieur* 1875, h/t (70x90) : **GBP 1 400** – LONDRES, 13 fév. 1987 : *Un bon livre*, h/t (57,2x43,7) : **GBP 1 900** – GLASGOW, 6 fév. 1990 : *La lecture de l'avenir dans les feuilles de thé* 1872, h/t (61x51) : **GBP 2 420** – AMSTERDAM, 7 nov. 1995 : *Dame élégante dans un intérieur*, h/t (64,5x47) : **NLG 1 770** – LONDRES, 7 juin 1996 : *Erskine Nicol dans son atelier*, h/t (63,5x76,2) : **GBP 11 500.**

BALLARD F.
XVIIe siècle. Actif à Limoges vers 1625. Français.
Graveur.
On a de lui trois gravures dont deux exécutées d'après Bamboccio.

BALLARD Jean
XIIIe siècle. Français.
Peintre verrier.
En 1249, il peignit des vitraux de la cathédrale de Chartres.

BALLARD John Richard
XXe siècle. Britannique.
Peintre de paysages.
Il a exposé personnellement ses œuvres à New York et Paris depuis 1982. Il a reçu le premier prix lors de l'exposition *Le paysage dans l'art contemporain* organisée par l'École Nationale des Beaux-Arts de Paris en 1989.
John Ballard est un cas singulier dans la peinture contemporaine, souvent à bout de souffle pour trouver nouveauté à faire : renouant avec le grand genre, il s'adonne à la peinture de paysages en s'inscrivant dans la tradition romantique de Constable et Cotman proche de Théodore Rousseau. Ces vastes compositions réalisées à l'huile et au fusain sont généralement centrées sur un arbre soumis à des nuages et autres effets atmosphériques *Pommier I (Afternoon)* – *Pommier II (Morning)*. Magnifiquement servi par une rare subtilité chromatique où les verts déclinés subliment les bleus et les gris du ciel, la peinture de John Ballard reprend le thème classique du caractère écrasant de la nature avec une grande maîtrise technique. ■ F. M.
VENTES PUBLIQUES : PARIS, 25 juin 1986 : *Intérieur de forêt* 1985, h/t (230x145) : **FRF 20 000.**

BALLARD Philip
XIXe siècle. Britannique.
Paysagiste.
Il travailla à Londres, où il exposa de 1823 à 1825, à la Royal Academy, à la British Institution et à Suffolk Street.
VENTES PUBLIQUES : LONDRES, 7 oct. 1966 : *La cage du lion* : **GNS 130.**

BALLARD Thomas
XIXe siècle. Travaillant à Londres. Britannique.

Peintre de genre.
Il exposa des tableaux de genre à la Royal Academy de 1865 à 1877.
VENTES PUBLIQUES : LONDRES, 28 jan. 1983 : *Portrait de jeune homme* 1823, h/t (91,5x76,2) : **GBP 600.**

BALLARINI Anna de, Mme de Hebra
Née le 11 novembre 1820 à Trente. Morte le 6 février 1906 à Pergine. XVIIIe-XIXe siècles. Autrichienne.
Peintre.
Elle fit des aquarelles, peignit des paysages et réussit dans le portrait. Nièce de Domenico de Ballarini.

BALLARINI Carlo ou Ballerini
XVIIe siècle. Actif à Ferrare vers 1640. Italien.
Peintre.
Exécuta, à Ferrare, les peintures de la voûte de l'église de San Francesco.

BALLARINI Domenico de
Né en 1801. Mort en 1891 à Rovereto. XIXe siècle. Italien.
Aquarelliste de paysages.

BALLARINI Ernesto
Né en septembre 1845 à Bologne. XIXe siècle. Italien.
Graveur sur bois.
Il étudia à l'Académie de Bologne, sous la conduite de Ratti. A partir de l'année 1880, il exerça le professorat à Rome, à l'Ospizio di San Michele, pour l'enseignement de la gravure sur bois.

BALLARINI J.
XIXe siècle.
Graveur à l'eau-forte.
Il a travaillé à Vienne. On cite, parmi ses gravures, l'*Église du village* et une *Vue de Sievering*, parues en 1834.

BALLARINI Paolo
Né le 10 octobre 1712 à Bologne. XVIIIe siècle. Italien.
Paysagiste.
De 1736 à 1739, il travailla à Vienne. De retour à Bologne, il s'occupa, avec Giuseppe-Galli Bibiena, de la décoration du théâtre Malvezzi. Il alla ensuite à Saint-Pétersbourg et y demeura cinq ans.

BALLARINO Andrea
XVIIe siècle. Italien.
Dessinateur et graveur au burin.
Il travailla surtout à Brescia, et grava à l'eau-forte, en 1668, le portrait de *Marin Bresciani*, le fameux auteur du *Trastulli guerrieri*, ainsi que soixante-huit illustrations pour cet ouvrage.

BALLAVIA Marc Antoine
XVIIIe siècle. Actif vers 1702.
Peintre.
Cité par Ris Paquot.

BALLAVOINE Jules Frédéric
Né en 1855 à Paris. Mort en 1901. XIXe siècle. Français.
Peintre d'histoire, scènes de genre, portraits.
Élève de Pils, il commença à exposer au Salon de Paris à partir de 1886.
Si ses sujets historiques restent conventionnels, ses scènes de genre sont plus libres et traitées dans une manière intimiste. Citons parmi ses œuvres : *Surprise* – *Le marché aux fleurs* – *La petite Bohémienne* 1883 – *Parmi les rochers* 1885 – *Sur la terrasse* 1890 – *Mademoiselle Satan* – *Portrait d'homme* 1897.

BIBLIOGR. : Gérald Schurr : *Les Petits Maîtres de la peinture 1820-1920, valeur de demain*, t. II, Les Éditions de l'Amateur, Paris, 1982.
VENTES PUBLIQUES : PARIS, 1884 : *Le bouquet de campagne* : **FRF 405** – PARIS, 30 avr. 1900 : *La pêche* : **FRF 660** – NEW YORK, 1900 : *Tête de jeune fille* : **USD 330** – PARIS, 8 fév. 1950 : *Portrait de femme* : **FRF 25 800** – VERSAILLES, 26 nov. 1967 : *A la plage – Au bord de l'eau*, deux pendants : **FRF 3 000** – LONDRES, 5 juil. 1978 : *Jeune troubadour*, h/t (45x37,5) : **GBP 600** – NEW YORK, 4 mai 1979 : *Printemps* 1875, h/t (194x109) : **USD 7 000** – NEW YORK, 11 fév. 1981 : *Nu dans un paysage boisé*, h/t (150x94) : **USD 3 750** – LONDRES, 23 fév. 1983 : *Portraits de jeunes élégantes*, 2 h/pan. (24x18,5) : **GBP 600** – PARIS, 26 mars 1984 : *Portrait de*

jeune femme, h/t (46,(x33) : **FRF 15 000** – LONDRES, 28 nov. 1986 : *Nu sur une peau d'ours*, h/t (96x130) : **GBP 17 000** – PARIS, 11 déc. 1987 : *La chasse aux papillons*, h/pap. mar./t. (46,5x32) : **FRF 18 000** – PARIS, 19 déc. 1988 : *Élégante au bord de la mer*, h/t (61x41) : **FRF 71 500** – NEW YORK, 23 fév. 1989 : *Après-midi d'été au bord de la rivière*, h/t (66x45,7) : **USD 6 600** – NEW YORK, 23 mai 1989 : *L'hiver*, h/pan. (33,6x24,7) : **USD 35 200** – LONDRES, 24 nov. 1989 : *Le bal masqué*, h/t (100,5x66) : **GBP 7 150** – PARIS, 21 mars 1990 : *Jeune fille aux cheveux rouges*, h/t (55x46) : **FRF 45 000** – NEW YORK, 23 oct. 1990 : *Apollon et Daphné*, h/t (97,2x130,8) : **USD 13 200** – NEW YORK, 24 oct. 1990 : *Lavandière au bord d'un ruisseau avec un pont à distance*, h/t (46x55,9) : **USD 6 600** – STOCKHOLM, 29 mai 1991 : *Enfants en excursion*, h/t (50x61) : **SEK 24 000** – MONTRÉAL, 4 juin 1991 : *Jeune Fille aux fleurs*, h/pan. (22,2x15,5) : **CAD 2 400** – NEW YORK, 28 mai 1992 : *Murmures amoureux*, h/t (81,3x54,6) : **USD 16 500** – PARIS, 3 juil. 1992 : *Jeune Fille de profil*, h/pan. (22x16) : **FRF 5 500** – LONDRES, 27 nov. 1992 : *Beauté nue*, h/t (81,3x54) : **GBP 7 700** – NEW YORK, 13 oct. 1993 : *Le Bracelet*, h/t (46,4x55,9) : **USD 17 250** – LONDRES, 19 nov. 1993 : *Au bord de la rivière*, h/t (26,7x35,7) : **GBP 4 600** – PARIS, 10 mai 1994 : *Bergère à la rivière*, h/t (130x81) : **FRF 22 000** – NEW YORK, 16 fév. 1995 : *Jeune Paysanne au bord de l'eau*, h/t (129,9x81) : **USD 9 200** – NEW YORK, 23 mai 1996 : *Les Peintres du dimanche*, h/t (69,9x97,8) : **USD 20 700** – LONDRES, 31 oct. 1996 : *Jeunes Filles dans un jardin*, h/t (55,5x38) : **GBP 4 025** – LONDRES, 21 mars 1997 : *Une beauté auburn*, h/t (45,5x38) : **GBP 6 900** – NEW YORK, 23 mai 1997 : *Le Bracelet 1876*, h/t (45,7x55,9) : **USD 20 700** – NEW YORK, 22 oct. 1997 : *L'Heure de la lecture*, h/t (40x55,9) : **USD 11 500**.

BALLCORBA G.
XIXe siècle. Actif à Madrid. Espagnol.
Peintre.
Participa à l'Exposition de Bruxelles de 1910 avec deux paysages.

BALLE Mogens
Né en 1921 à Copenhague. Mort en 1988. XXe siècle. Danois.
Peintre. Abstrait.
Contrairement au courant général qui aspira la plupart des artistes danois de plusieurs générations dans la mouvance expressionniste COBRA, avec peu d'autres, dont Mogens Andersen, Balle a plutôt été sensible à l'abstraction de l'Europe latine, tempérée entre géométrique et lyrique, entre formes pures et formes issues du regard et non totalement affranchies du réel. Les formes qui constituent sa peinture, de fortes lignes sombres cernent des surfaces colorées avec discrétion mais diversité, sont abstraites du spectacle extérieur, on peut penser à Manessier, Singier, Le Moal.
VENTES PUBLIQUES : COPENHAGUE, 6 avr. 1976 : *Composition 1965*, h/t (62x72) : **DKK 3 300** – COPENHAGUE, 27 oct. 1982 : *Composition*, h/t (38x46) : **DKK 3 400** – COPENHAGUE, 30 nov. 1988 : *Composition*, h/t (33x24) : **DKK 5 000** – AMSTERDAM, 10 avr. 1989 : *Hegen I*, h/t (46,5x55,5) : **NLG 4 830** – COPENHAGUE, 10 mai 1989 : *Composition*, h/t (38x46) : **DKK 10 000** – COPENHAGUE, 20 sep. 1989 : *Il était une fois... 1977*, h/t (97x130) : **DKK 47 000** – COPENHAGUE, 22 nov. 1989 : *Composition 1958*, h/t (185x123) : **DKK 64 000** – AMSTERDAM, 13 déc. 1989 : *Composition abstraite 1974*, h/t (88x116) : **NLG 9 775** – COPENHAGUE, 21-22 mars 1990 : *Reflets sur la mer 1951*, h/t (32x41) : **DKK 38 000** – AMSTERDAM, 10 avr. 1990 : *Straekker s'allume 1956*, h/t (61,2x80,2) : **NLG 17 250** – AMSTERDAM, 22 mai 1990 : *Composition*, acryl. et collage/pap. (39x50) : **NLG 4 830** – COPENHAGUE, 14-15 nov. 1990 : *Composition*, h/t (38x46) : **DKK 28 000** – AMSTERDAM, 13 déc. 1990 : *Sans titre 1965*, h/t (100x81) : **NLG 13 800** – COPENHAGUE, 13-14 fév. 1991 : *Composition*, h/t (81x100) : **DKK 40 000** – AMSTERDAM, 12 déc. 1991 : *Composition*, h/t (128,5x79,5) : **NLG 14 950** – COPENHAGUE, 4 mars 1992 : *Composition*, h/t (82x103) : **DKK 50 000** – MUNICH, 26 mai 1992 : *Composition*, h./contre-plaqué (41x51) : **DEM 5 175** – COPENHAGUE, 2-3 déc. 1992 : *I duglette dragter 1969*, h/t (97x130) : **DKK 49 000** – COPENHAGUE, 10 mars 1993 : *Composition à personnages*, h/t (50x61) : **DKK 13 000** – AMSTERDAM, 26 mai 1993 : *Paysage lunaire abstrait*, h/pap. (75,5x96) : **NLG 2 875** – COPENHAGUE, 6 déc. 1994 : *Composition à figure 1951*, h/t (45x55) : **DKK 14 000** – AMSTERDAM, 6 déc. 1995 : *Besog 1980*, h/t (41,5x52) : **NLG 5 175** – COPENHAGUE, 12 mars 1996 : *Composition*, h/t (38x46) : **DKK 8 500** – ZURICH, 17-18 juin 1996 : *Portrait vert statique*, acryl./t. (61,5x50,5) : **CHF 1 800** – AMSTERDAM, 10 déc. 1996 : *Sans titre vers 1965*, h/t (38x46,5) : **NLG 3 228** – AMSTERDAM, 17-18 déc. 1996 : *Sans titre* (65x81) : **NLG 8 260** –

COPENHAGUE, 22-24 oct. 1997 : *Chanson pleine de doute 1962*, h/t (136x112) : **DKK 28 000**.

BALLE Otto Petersen
Né le 17 avril 1865 à Törlslev (Jutland). XIXe-XXe siècles. Danois.
Peintre de genre, intérieurs, paysages et animaux.
Il fit ses études à l'Ecole de l'Académie d'Art du Danemark et fut élève de P. S. Kröyer.
VENTES PUBLIQUES : COPENHAGUE, 2 oct. 1976 : *Paysage 1907-1909*, h/t (51x73) : **DKK 2 500** – COPENHAGUE, 12 août 1985 : *Troupeau au pâturage*, h/t (60x100) : **GBP 580** – STOCKHOLM, 21 oct. 1987 : *Paysage d'été 1891*, h/t (56x83) : **SEK 40 000**.

BALLEGEER Ime
Né en 1942 à Bruges. XXe siècle. Belge.
Peintre. Néo-figuratif.
Il fit ses études au Rijkstechnisch Instituut de Bruges. Il est professeur de dessin. Dans ses peintures, qui restent figuratives, il utilise des collages.

BALLEIS Macarius
Né le 1er janvier 1761 à Aindling (Bavière). Mort le 4 février 1790. XVIIIe siècle. Allemand.
Graveur au burin.
Venu à l'âge de onze ans à Stuttgart, il entra comme élève à l'École du roi Charles et eut pour maître Johann Gotthard von Muller. En 1789, il fut nommé graveur de la Cour.

BALLENBERGER Friedrich
Né le 6 avril 1865. XIXe-XXe siècles. Allemand.
Peintre de portraits et de paysages.
Il fit ses études à l'Académie de Munich. Ses paysages présentent souvent des vues d'Italie.

BALLENBERGER Karl
Né le 24 juillet 1801 à Ansbach. Mort le 21 septembre 1860 à Francfort-sur-le-Main. XIXe siècle. Allemand.
Peintre d'histoire, compositions religieuses, portraits, aquarelliste, graveur, lithographe.
En 1831, il vint à Munich prendre des leçons de dessin de Friedrich Hoffstadt, et fréquenta en même temps l'Académie. En 1833, il alla à Francfort, où, s'étant lié avec Philipp Veit, il étudia le vieil art allemand.
On cite, parmi ses tableaux, l'aquarelle : *Siegfried et le dragon* et surtout les remarquables portraits de *Conrad f[er]*, de *Louis de Bavière*, qui sont placés dans la salle des Empereurs, au « Romer » de Francfort.
Ce peintre a manifesté dans toutes ses œuvres son inclination pour l'art gothique.

MUSÉES : FRANCFORT-SUR-LE-MAIN : *Sainte Elisabeth*.
VENTES PUBLIQUES : NEW YORK, 12 juin 1980 : *L'Adoration des Rois Mages 1856*, gche (33,5x25,5) : **USD 650** – MUNICH, 1er-2 déc. 1992 : *L'Empereur avec un pèlerin sous un porche 1848*, h/t (25,5x22) : **DEM 6 440**.

BALLENCOURT Alain
Né en 1947 à Uccle. XXe siècle. Belge.
Peintre et dessinateur.
Elève à l'Académie de Saint-Luc, il peint des architectures, villes imaginaires et espaces interplanétaires. Ses œuvres tendent vers l'abstraction où la couleur prend toute sa signification.
BIBLIOGR. : In : *Dict. biogr. illustré des artistes en Belgique depuis 1830*, Arto, Bruxelles, 1987.

BALLENTE Gaspare
XVIe siècle. Travaillait à Ferrare. Italien.
Peintre verrier.
Il exécuta un vitrail dans la chapelle de la Tresoreria Apostolica à Pérouse vers 1564.

BALLER André
Né à Dachau (près de Munich). Allemand.
Dessinateur.
Ris Paquot, en citant cet artiste, dit qu'il a produit beaucoup de dessins à la plume et à l'encre de Chine.

BALLERAT Georges
Né le 11 septembre 1902 à Paris. XXe siècle. Français.
Peintre.
Il a régulièrement exposé à Paris au Salon d'Automne, à celui de

la Société Nationale des Beaux-Arts, dont il est devenu sociétaire. Il a également exposé au Musée de Sceaux.

BALLEREAU Alain
Né en 1956 à Paris. xxᵉ siècle. Français.
Peintre. Tendance abstrait-lyrique.
Il débute sa formation par un B.T.S. de Plasticien, puis suit les cours de l'École nationale supérieure des Arts appliqués et des Métiers d'art de Paris. Il a obtenu, en 1989, le prix de peinture de la Ville de Créteil. Il participe à des expositions collectives : International Festival of Youth Art and Craft, Glasgow, 1974 ; Salon de la Jeune Peinture, Vincennes, 1979 ; Salon Jeune Peinture, Grand Palais à Paris, 1989, 1990 et 1991 ; Salon de la Ville de Créteil, 1989 ; Salon d'Art Contemporain de Bagneux ; Salon Jeune Peinture, Courbevoie, 1989 ; Musée Municipal de Séoul, 1989 ; Salon Grands et Jeunes d'Aujourd'hui, Grand Palais, Paris, 1991. Il réalise aussi des expositions personnelles depuis 1981 : Atelier Raymond-Stempowska, Paris, 1988 ; Espace Libre Montparnasse, 1988, 1989 et 1990 ; Espace Culturel Paul Ricard, Paris, 1990 ; Salon Mac 2000 au Grand Palais, 1991, 1994 ; Galerie Muscade, Paris, 1991.
Ses peintures combinent l'acrylique ou le pastel, sur toile ou sur papier. L'espace est le lieu d'une agitation formelle et chromatique, d'où viennent et partent des impulsions, telle une écriture indomptée. Des pans de couleurs bleues, vert sombre et brunes, rapidement brossés, se côtoient les uns les autres, créant un fond instable, en mouvement. Avec fébrilité, des lignes, quelques traits et un morceau de papier collé, dessinent les contours où se reflète l'image d'une architecture ouverte et libre.
Bibliogr. : Alexandre Bohn : *Ballereau, le monde est petit*, in : *Artension*, nᵒ 27, Rouen, 1991.

BALLEREAU Edouard
Né à Boulogne-sur-Seine. xxᵉ siècle. Français.
Peintre de paysages et de portraits.
Il a exposé au Salon des Indépendants à Paris en 1932.

BALLERIAUD Stéphane
Né en 1964. xxᵉ siècle. Français.
Sculpteur d'installations.
Il a exposé au Salon Grands et Jeunes d'Aujourd'hui à Paris, en 1987.

BALLERINI Augusto
Né le 28 août 1857 à Buenos Aires. Mort le 28 avril 1897 à Buenos Aires. xixᵉ siècle. Argentin.
Peintre.
Il fit ses études à Rome et Venise. Peintre de paysages et de scènes historiques, il réalisa les décors de l'Opéra « Pampa » à Buenos Aires. Il fut représenté dans les expositions « Un siècle d'art en Argentine », et « Peinture et sculpture argentines de ce siècle » à Buenos Aires en 1952 et 1953. Le Musée National de Buenos Aires et de nombreux musées provinciaux argentins possèdent de ses œuvres.

BALLERO Giovanni ou Balleri
Né à Gênes. xixᵉ siècle. Italien.
Graveur au burin.
Il fut l'élève de G. Longhi. On cite de lui : *Madonna con figlio*, d'après F. Floridi, *Portrait d'un inconnu*, d'après Angelica Kauffmann.

BALLEROY Albert de, comte
Né le 15 août 1828 à Lonrat (Eure). Mort en 1873. xixᵉ siècle. Français.
Peintre de genre, portraits, animalier, graveur.
Élève de Schmitz, il participa régulièrement au Salon de Paris, entre 1853 et 1870.
Peintre des chasses à courre, des meutes en grandeur nature, il peut rendre, avec une fougue qui rappelle l'œuvre de Delacroix, des scènes de chevaux, comme son *Combat de chevaux*, du musée de Bayeux.
Bibliogr. : Gérald Schurr : *Les Petits Maîtres de la peinture 1820-1920, valeur de demain*, t. IV, Les Éditions de l'Amateur, Paris, 1979.
Musées : Bayeux (Mus. Baron Gérard) : *Combat de chevaux 1866* – Caen : *Un cerf à l'hallali* – Londres (Victoria and Albert Mus.) : *La curée d'un lapin* – Le débûché – Le cerf à l'eau – l'affût – Saint-Étienne : *Le débûché* – Saint-Lô : *Le débûché*.
Ventes Publiques : Paris, 28 nov. 2 déc. 1921 : *Chienne blanche à poil ras, dans un chenil* : FRF 105 – Paris, 25 juin 1943 : *Chiens de chasse se disputant un lièvre* : FRF 5 800.

BALLEROY Charles de
Né à Limoges (Haute-Vienne). xixᵉ siècle. Français.

Peintre.
Il était fils du comte Albert de Balleroy. Il fut formé par son père et par Gérôme et exposa ses tableaux au Salon de Paris de 1878 à 1880.

BALLESIO Federico
xixᵉ siècle. Italien.
Peintre de genre, aquarelliste. Orientaliste.
Il était surtout aquarelliste.
Ventes Publiques : New York, 12 mai 1978 : *La Favorite du harem*, aquar. (75x54) : **USD 1 250** – New York, 25 mai 1984 : *La belle du harem*, aquar./trait de cr. (54x75,5) : **USD 15 000** – Londres, 27 nov. 1987 : *Le duo*, aquar. et cr. (35,5x53,3) : **GBP 2 000** – New York, 19 juil. 1990 : *La maîtresse hautaine*, aquar./cart. (76,3x54,6) : **USD 7 700** – New York, 15 oct. 1991 : *Amusement du bébé*, aquar./pap. (55,9x38,8) : **USD 3 740** – New York, 29 oct. 1992 : *Le repos d'une musicienne du harem*, aquar./pap. (53,3x71,1) : **USD 6 325** – New York, 29 oct. 1992 : *Jeune femme du harem jouant du tambourin*, aquar./pap. (52x35) : **USD 4 180** – New York, 22-23 juil. 1993 : *Après la réception*, cr. et aquar./pap. (53,3x73,7) : **USD 1 495** – Amsterdam, 19 oct. 1993 : *La carte de souvenirs*, h/t (40,5x61) : **NLG 7 475** – Montréal, 23-24 nov. 1993 : *L'accueil de la duchesse*, h/t (63,5x45,6) : **CAD 3 400** – New York, 15 fév. 1994 : *Après le récital 1902*, aquar./pap./cart. (50,5x73,7) : **USD 4 600** – Londres, 14 juin 1995 : *Badinage avec le marchand de tapis*, aquar. (53x35) : **GBP 13 225** – Londres, 11 oct. 1996 : *Le marchand de tapis*, aquar. (75x52) : **GBP 10 350**.

BALLESIO Francesco
Né en 1860 à Turin. Mort en 1923 à Tivoli. xixᵉ-xxᵉ siècles. Italien.
Peintre de scènes de genre, aquarelliste. Orientalisant.
Il fit ses études à l'Accademia Albertina de Turin avant de s'installer à Rome.
À la suite du peintre Bartolommeo Pinelli, il traite des sujets polissons représentant des personnages à la poursuite de l'amour dans la campagne romaine. D'autre part, il peint des thèmes islamiques tirés sans doute de photographies, puisqu'il n'est jamais allé ni en Afrique du Nord, ni au Proche-Orient. Il s'attache à rendre avec précision, les diverses étoffes chatoyantes, les détails d'architecture islamique.
Bibliogr. : Caroline Juler : *Les Orientalistes de l'école italienne*, ACR Édition, Paris, 1994.
Ventes Publiques : New York, 15 fév. 1985 : *Le Marchand de tapis*, h/t (61x91,4) : **USD 13 000** – New York, 22 mai 1986 : *Un Message d'amour*, aquar. (52x73,5) : **USD 8 000** – New York, 24 mai 1989 : *Le Connaisseur*, aquar./cr. (55x37,8) : **USD 6 600** – Milan, 23 oct. 1996 : *Femme arabe*, aquar./cart. (75x53,5) : **ITL 8 737 000**.

BALLESTER, maestro
Né aux îles Baléares. Mort le 1er janvier 1681 à Palma. xviiᵉ siècle. Espagnol.
Sculpteur.

BALLESTER Gabriel
xvᵉ siècle. Catalan, travaillant vers 1478. Espagnol.
Peintre.

BALLESTER Joaquin
Né en 1741. Mort en 1795. xviiiᵉ siècle. Espagnol.
Portraitiste et graveur au burin.
En 1778, on le nomma directeur de l'Académie de San Carlos, à Valence. Ce fut un portraitiste distingué. On connaît de lui, les gravures, citées par Le Blanc : *Jésus-Christ mort*, d'après Alonzo Cano, des planches pour *La Musica*, poème de Th. Yriarte, 1779, quatre planches pour *El ingenioso hidalgo Don Quiscote de la Mancha*, de Cervantes, édition revue par l'Académie espagnole, 1780. Il aurait gravé aussi quelques planches d'après Murillo.

BALLESTER Jorge. Voir EQUIPO REALIDAD

BALLESTER Juan
xvᵉ siècle. Actif à Barcelone en 1434. Espagnol.
Peintre.

BALLESTER Julian
Né le 24 janvier 1750 à Campos (près de Majorque). Mort en octobre 1800 à Séville. xviiiᵉ siècle. Espagnol.
Graveur au burin.
Élève de D. José Muntaner, qu'il aida à l'exécution de la grande carte des îles Baléares. Il entra ensuite à l'Université de Palma. Il fit de nombreuses tournées en Espagne et beaucoup de voyages

en Italie. En 1795, l'archevêque de Valence se l'attacha comme maître trésorier. Ses gravures furent exécutées d'après divers maîtres espagnols.

BALLESTER Y AYGUALS Juan
Né le 24 décembre 1837 à Vinaroz. Mort le 19 mars 1868 à Barcelone. XIXᵉ siècle. Espagnol.
Peintre.
Cet artiste a décoré les théâtres de Barcelone.

BALLET André Victor
Né le 30 juillet 1885 à Paris. XXᵉ siècle. Français.
Peintre d'histoire, portraits, paysages, fleurs, graveur, décorateur et relieur.
Il a participé à Paris aux Salons des Indépendants jusqu'en 1932, de la Société Nationale des Beaux-Arts de 1914 à 1939, des Artistes Décorateurs. Il obtint plusieurs prix, notamment à l'Exposition Internationale des Arts Décoratifs de 1925, et un premier prix de la Société d'Encouragement à l'Art et à l'Industrie au Musée Galliéra en 1929.
MUSÉES : JERSEY – PARIS (Mus. du Petit Palais).

BALLET Charles
Né vers 1752 à Bruges. XVIIIᵉ siècle. Éc. flamande.
Peintre.
Cet artiste vint, en 1777, étudier à l'École de l'Académie royale à Paris dans l'atelier de Bachelier.

BALLET Elisabeth
Née en 1956 à Cherbourg (Manche). XXᵉ siècle. Française.
Sculpteur.
Elle expose collectivement : 1984, Capri ; 1985, *Figuration libre, Ivre Figuration*, Centre Culturel Français, Rome ; 1985, *Nuova Trama dell' Arte*, Genazzano ; 1986, *Villa Redenta*, Spolete ; 1986, A.P.A.C, Nevers ; 1987, Salon de la Jeune Sculpture, Centre d'art contemporain d'Ivry (Credac) ; 1988, Biennale de Venise ; 1989, Fondation Cartier pour l'Art Contemporain, Jouy-en-Josas ; 1994 *Comme rien d'autre que des rencontres*, Mukha d'Anvers ; 1995, École nationale des Beaux-Arts, Paris ; 1996, *Sugar Hiccup*, Centre d'art Tramway, Glasgow.
Elle montre ses œuvres dans des expositions personnelles, parmi lesquelles : 1985, Villa Medicis, Rome ; 1986, Musée des Beaux-Arts de Toulon ; 1987, galerie Roger Pailhas, Marseille ; 1988, École des Beaux-Arts, Mâcon ; 1989, galerie Fabienne Leclerc à Paris ; 1990, *Face-à-main*, galerie des Archives ; 1992, *C'est pourquoi...*, galerie Angels de la Mota, Barcelone ; 1993, *Deux bords*, galerie des Archives, Paris ; 1993, domaine de Kerguéhennec à Bignan ; 1996, *Ramparts Projects*, Berwick Upon Tweed (Grande-Bretagne) ; 1997, *Zip*, Offenes Kulturhaus, Linz ; 1997, Musée d'Art Moderne de la Ville de Paris.
Le point de départ du travail d'Elisabeth Ballet est une pensée abstraite, mathématique ou géométrique qui devient une œuvre. Elle se dit passionnée de géométrie « parce qu'elle ne parle de rien et parce qu'elle est un outil mathématique qui nous permet de trouver des formes grâce à des lignes, des surfaces, mais sans rapports avec l'espace extérieur ». Si la sculpture d'Elisabeth Ballet crée des fragments d'architecture ou des éléments de mobilier architectural présentés eux-mêmes dans des lieux, elle n'est intéressée que par le seul espace définit dans et par son œuvre, sans préoccupation de rapport dialectique avec l'environnement accueillant sa pièce. L'œuvre entretient aussi un rapport étroit avec le langage et les mots, avec pour ambition le titre d'une pièce : *Des idées que l'esprit ajoute à celles qui sont précisément signifiées par les mots*. ■ F. M.
BIBLIOGR. : Loïc Malle, Art Press, nᵒ 96, 1986 – Catherine Grout, Flash Art, nᵒ 134, 1987 – Catal. *Elisabeth Ballet*, Biennale de Venise, AFAA, Paris 1988 – Françoise Bataillon, Art Press, nᵒ 125, 1988 – Eric Troncy : *Elisabeth Ballet, une pensée abstraite qui devient réelle*, in : Art Press, nᵒ 152, nov. 1990, p. 53 à 55 – Catal. de l'exposition *Mouvements 1 et 2*, Galeries Contemporaines, Musée National d'Art Moderne, Paris, 8 mai-16 juin 1991 – *Élisabeth Ballet*, catalogue d'exposition, Musée d'Art Moderne de la Ville de Paris, Paris, 1997 – Catherine Millet : *Élisabeth Ballet. Pour faire mentir Artaud et Baudelaire*, in : Art Press, nᵒ 228, Paris, octobre 1997.

BALLET Raoul Roger
Né à Aix-en-Provence (Bouches-du-Rhône). XXᵉ siècle. Français.
Peintre et sculpteur. Tendance abstraite.
Il fait des sculptures en bois, en taille directe, ses sujets sont le plus souvent mythologiques. En peinture, il s'oriente vers un art abstrait. Entre 1929 et 1932, il a exposé à Paris aux Salons d'Automne, de la Société Nationale des Beaux-Arts et des Indépendants à Paris.

BALLETTA. Voir FRANCESCO d'Antonio da Viterbo

BALLEUX Jacques
XVIIIᵉ siècle. Français.
Sculpteur.
Reçu à l'Académie de Saint-Luc en 1763.

BALLEUX Pierre
XVIIIᵉ siècle. Français.
Sculpteur.
Reçu en 1767 à l'Académie de Saint-Luc.

BALLEWIJNS Guillaume
Né en 1875 à Hasselt. XXᵉ siècle. Belge.
Peintre d'intérieurs et de paysages urbains.
Il fut élève à l'Académie des Beaux-Arts de Hasselt.
VENTES PUBLIQUES : BRUXELLES, 21 mai 1980 : *Impasse du Laurier*, Bruxelles 1940, h/t (60x50) : BEF 14 000.

BALLEYGUIER-DUCHATELET Mélanie
Née à Paris. XIXᵉ-XXᵉ siècles. Française.
Peintre de paysages.
Élève de Carolus Duran et Henner, elle exposa au Salon de 1888 à 1929.

BALLI Paola, ou Casanova Giulia Paola de
Originaire de Bologne. XVIIIᵉ siècle. Travaillant à Bologne de 1702 à 1730. Italienne.
Peintre.
On a d'elle un tableau dans l'oratoire de l'église Madonna della Grada, à Bologne, représentant la *Sainte Vierge avec saint Antoine*.

BALLI Simone
Né à Florence. Mort à Gênes. XVIIᵉ siècle. Italien.
Peintre et graveur au burin.
Élève d'Aurelio Lomi. Les tableaux qu'il exécuta pour les églises de San Giacomo, Santa Maria del Carmine, del Santo Spirito à Gênes sont nombreux. Il subit l'influence d'Andrea del Sarto. Ses estampes à sujets profanes comme celles à sujets de dévotion sont très appréciées.

BALLICQ Jacques
XVIIᵉ siècle. Français.
Peintre.
Il prêta, à Cambrai, le 20 octobre 1693, le serment d'usage à la corporation des peintres.

BALLIER Abraham
XVIIᵉ siècle. Actif à Nuremberg. Allemand (?).
Peintre.
De 1647 à 1653, apprenti chez le peintre Georg Krauss.

BALLIF Yannick
Née le 7 août 1927 à Longwy (Meurthe-et-Moselle). XXᵉ siècle. Française.
Graveur, pastelliste et dessinateur.
Après des études secondaires, elle étudie, à partir de 1944 le dessin. Y. Ballif complète sa formation à l'École des Métiers d'Art, dans l'Atelier de Paul Collin. Elle s'initie ensuite à la gravure à l'Académie Julian, puis dans l'atelier de J. Friedlander, enfin à l'École Nationale Supérieure des Beaux-Arts à Paris. Professeur de 1977 à 1984 à l'École Supérieure des Arts Appliqués. En 1961, elle obtient le prix de Gravure à la deuxième Biennale de Paris ; en 1962 une mention à la Biennale de Grenchen (Suisse).
Y. Ballif participe à de nombreuses expositions collectives en France et à l'étranger : 1961, Deuxième Biennale de Paris ; 1962, 1975, 1985, 1987, 1988, Salon de Mai, Paris ; 1965, Salon des Réalités Nouvelles, Paris ; 1965, 1967, 1969 et 1971, Biennale de Ljubljana ; 1966, 1968, 1972, Biennale de Cracovie ; 1963, 1967, 1970, Jeune Gravure Contemporaine, Paris, dont elle devient sociétaire en 1977 ; 1968, Biennale de Tokyo ; 1966, *Les Graveurs français et espagnols*, Madrid ; 1967, 1972 et 1974, Biennale de Fredrikstad (Norvège) ; 1972, 1974, Biennale de Frenchen (Allemagne) ; 1979, École des Beaux-Arts d'Angers ; 1980, *Le Pastel* au Château d'Ancy-le-Franc ; 1981, Bibliothèque Royale Albert Iᵉʳ (Bruxelles) ; 1981, *Portraits d'arbre* (pastels), Maison de la culture de Boulogne-Billancourt ; 1983, Biennale de la Gravure à Baden-Baden (Allemagne) ; 1985, (pastels), galerie Bellechasse ; 1986, 1988, Salon du Dessin, Paris ; 1987, (pastels), galerie Berggruen ; 1988, première Biennale international du pastel de Saint-Quentin (Picardie).

Elle a réalisé également des expositions particulières depuis 1963, à la galerie La Nouvelle Gravure à Paris, puis de nouveau en 1966, 1968, 1977, 1982 et 1989 ; à Hambourg en 1967, en Suède en 1968 et 1970, en Italie, en Australie, au Canada... À la galerie La Pochade à Paris en 1970, 1972 et 1973 ; à la galerie Michèle Broutta en 1991.

D'origine flamande et bretonne, Yannick Ballif capte du regard les sensations diverses des paysages familiers et d'ailleurs. De la vision d'un arbre aussi simple que solitaire, indéterminé, elle ne résiste pas à l'attraction de l'horizon et voyage. Du Brésil à travers l'Europe, elle s'inspire d'émotions et de plaisirs. Espace de nature : toujours grand et majestueux, parfois vide ou nature des espèces : vitale, fragile, variée, secrète. Deux thèmes que l'artiste privilégie. D'une falaise impérieuse aux rochers bretons, de la mer immense au bord de la terre, ses gravures nous relatent l'étendue de la vie, celle qui répand ses reliefs et ses plans. L'évocation de l'artiste c'est une sobriété, une esthétique claire à la limite parfois même de l'abstraction. Gravant sur du cuivre, sa technique développe une fragmentation de la matière en petits éléments ou particules.

Son travail de pastelliste est nettement plus figuratif. Toujours attachée au souvenir de ses voyages au Brésil, Yannick Ballif plonge dans un milieu à l'atmosphère parfois proche du fantastique. Exposées à la galerie Michèle Broutta, ses œuvres (1990-1991) montrent un espace comblé par les plantes et les feuilles de la forêt tropicale. Jeu discret mais soutenu, d'ombre et de lumière, parmi les teintes vertes, il règne dans ces grands pastels le silence des profondeurs. Certains animaux, perroquets, grenouilles, et petits singes, jouent, nous regardent, exaltent leur beauté, et seul l'homme du milieu semble se cacher derrière ces longues feuilles. ■ Christophe Dorny

Bibliogr. : Y. Ballif, catalogue, préface de Patrick-Gilles Persin, Éditions J. de Champvallins, Paris.

Musées : Bradford – Buenos Aires – Édimbourg – Katowice – New York (Mus. of Mod. Art) – Paris (Mus. d'Art Mod. de la Ville) – Paris (BN) – Paris (min. des Affaires Culturelles) – Paris (Manufacture des Gobelins) – Prague – San Francisco (General Library of California) – Wroclaw .

BALLIN Auguste
Né le 17 mars 1842 à Boulogne-sur-Mer. XIXᵉ siècle. Français.
Peintre de marines, graveur à l'eau-forte.
Élève de Jules Noël, il exposa à Londres de 1872 à 1879, où il s'était installé, ses tableaux et ses eaux-fortes à la Royal Academy, ainsi qu'au Salon de Paris de 1868 à 1880.
Ventes Publiques : Londres, 7 avr. 1922 : *Trafalgar : Le Redoutable, le Téméraire, le Fougueux* 1876 : **GBP 29** – Londres, 1923 : *Trafalgar : la flotte anglaise* 1876 : **GBP 31** – Londres, 19 juin 1981 : *Voiliers à quai*, h/t (15,2x29,8) : **GBP 800** – New York, 24 fév. 1983 : *Bataille navale*, h/t (35,5x52,5) : **USD 3 800** – Versailles, 25 nov. 1990 : *Les quais de la Seine et Notre-Dame*, h/t (33x41) : **FRF 12 000**.

BALLIN Claude
Né en 1615 à Paris. Mort le 22 janvier 1678 à Paris. XVIIᵉ siècle. Français.
Sculpteur, orfèvre et graveur en médailles.
Il exécuta une série d'œuvres d'orfèvrerie pour Louis XIV, et il est l'auteur d'un certain nombre de vases en bronze ornés de bas-reliefs ou décorés (Parc de Versailles, Parterres du Midi et du Nord). Il travailla aussi pour plusieurs églises de Paris et pour l'abbaye de Saint-Denis.
Ventes Publiques : Paris, 31 mai 1920 : *Pot à oïlle sur son bassin*, pl. reh. : **FRF 145** – Paris, 28 nov. 1928 : *Pot à oïlle sur son bassin*, dess. : **FRF 2 800**.

BALLIN Florence
XXᵉ siècle. Active à New York au début du XXᵉ siècle. Américaine.
Peintre.

BALLIN Henry Edward
Né en 1783 à Londres. Mort à Hambourg. XIXᵉ siècle. Britannique.
Graveur au burin et imprimeur.
Il s'est établi à Hambourg, le 11 janvier 1853.

BALLIN Hugo
Né le 7 mars 1879 à New-York. Mort en 1956. XXᵉ siècle. Américain.
Peintre, illustrateur.
Très jeune, dès l'âge de dix-huit ans, il fit partie de la Ligue d'art

des étudiants à New York. Il fut membre de l'Académie Nationale de Dessin. A l'occasion de son voyage en Europe, qui dura trois ans, il découvrit Rome et Florence où il étudia, mais surtout les œuvres de Böcklin et de Stuck, sans oublier celles des maîtres de la Renaissance qui l'impressionnèrent beaucoup. A côté de ses œuvres peintes, il fit des fresques et des illustrations. Il reçut le Prix Shaw en 1905 et le Prix Clarke en 1906.
Musées : Washington D.C. (Gal. of Art).
Ventes Publiques : San Francisco, 21 jan. 1981 : *Paysage d'été*, h/t (91,5x107) : **USD 2 000** – New York, 20 mars 1996 : *Le petit théâtre*, h/t/cart. (50,8x70,5) : **USD 1 380**.

BALLIN Joel, dit souvent aussi John
Né le 22 mars 1822 à Vejle, dans le Jutland. Mort le 21 mars 1885 à Copenhague. XIXᵉ siècle. Danois.
Graveur au burin.
Entré à l'École de l'Académie de l'Art, il eut pour professeurs J.-L. Lundk et Eckersberg. Il commença par faire de la peinture et exposa un tableau en 1841 : *Procession à la synagogue*. Mais ensuite, il s'adonna, d'une façon exclusive, à la gravure qu'il alla étudier à Leipzig, de 1846 à 1848. En 1870 il se rendit à Paris et à Londres. Il fut membre de l'Académie des Arts à Copenhague en 1877. Il y fonda, en 1883, une école spéciale pour les graveurs au burin. Il exposa à Suffolk Street, à Londres, de 1871 à 1881.

BALLIN Michel
Né en 1619. Mort en 1706. XVIIᵉ siècle. Français.
Portraitiste et peintre d'histoire.
Dans la chapelle de Saint-Crépin, à l'église Notre-Dame de Paris, on a de lui un tableau représentant *La séparation de saint Paul et de saint Barnabé*, daté de 1676.

BALLIN Mogens Francesco Hendrik
Né le 9 mars 1871 à Copenhague. Mort en 1914. XIXᵉ-xxᵉ siècles. Danois.
Peintre. Nabi.
Attiré par la peinture primitive ancienne, il fut aussi influencé par Gauguin et Van Gogh. Il a fondé un atelier d'art décoratif et un groupe de Nabis qui étaient israélites. Lui-même se convertit au catholicisme en 1893. De retour à Copenhague en 1895, il exposa ses œuvres bretonnes qui ne manquèrent pas d'influencer les peintres danois.

BALLIN Philippe Antoine
XVIIIᵉ siècle. Français.
Peintre.
Reçu à l'Académie de Saint-Luc en 1751.

BALLIN Pierre Paul
Né vers 1778 à Montdidier. XIXᵉ siècle. Français.
Peintre.
Élève d'Augustin, il entra à l'École des Beaux-Arts le 2 frimaire, an XIV.

BALLIN Vincent
XVIIIᵉ siècle. Français.
Peintre.
Reçu à l'Académie de Saint-Luc en 1775.

BALLING Ole Peter Hansen
Né le 13 avril 1823 à Oslo. Mort le 1ᵉʳ mai 1906 à Oslo. XIXᵉ siècle. Norvégien.
Peintre d'histoire, portraits, compositions décoratives, illustrateur.
Il étudia la peinture décorative à l'École royale d'art d'Oslo, séjourna à Copenhague, à Brême, et travailla deux ans à l'Académie de Berlin. De retour à Oslo en 1845, on le revoit à Copenhague en 1846, travaillant à l'Académie de cette ville.
Après la guerre de Schleswig-Holstein, à laquelle il prit part, Balling commença à peindre des tableaux, entre autres un *Portrait du colonel Helgesen* et un *Combat de cavalerie* très remarqués. Il peignit aussi pour les comtes de Moltke-Bregentved et Friis Friisenborg, avant de se rendre à Paris dans l'atelier de Couture. Après un séjour à Munich, Berlin et Copenhague, il s'établit à New York. Dans cette ville, Balling peignit des portraits, et ouvrit aussi un atelier photographique. Il participa à la Guerre de Sécession, où il tâte d'une compagnie de volontaires scandinaves il reçut les galons de lieutenant-colonel.
Parmi ses œuvres, on mentionne : *Portraits des généraux Sherman, Grant, Wadsworth, Banks, Sedgwick, du Président Lincoln*, *Portrait équestre de Grant avec ses vingt-six généraux*. Ce dernier tableau fut exposé en 1866 à New York, puis conservé au ministère de la guerre à Washington et enfin vendu 25 000 dol-

lars. On lui doit encore quarante-huit illustrations pour l'*Ancien et le Nouveau Testament* et le *Pilgrim's Progress* de Bunyan (1867). En 1874, Balling retourna en Norvège, y exécuta de nombreux portraits d'officiers de marine. On le rencontre encore à New York, en 1879 ; au Mexique de 1881 à 1890. Il y exécuta des décorations dans plusieurs monuments publics. Il fut, à partir de 1890, consul du Mexique, à Oslo.

Ventes Publiques : Copenhague, 16 mars 1982 : *Le roi Frederik VII à cheval* 1854, h/t (32x40) : **DKK 11 000** – New York, 7 oct. 1987 : *Portrait of General Meade*, h/t, de forme ovale (100x89) : **USD 2 200**.

BALLINGALL Alexander
xixe siècle. Actif à Edimbourg (Écosse) dans la seconde moitié du xixe siècle. Britannique.

Peintre de paysages, aquarelliste.

En 1883, il envoya une œuvre à la New Water-Colours Society de Londres.

Ventes Publiques : Perth, 27 août 1985 : *Hoisting the drum*, aquar. reh. de blanc (46x72) : **GBP 600** – Auchterarder (Écosse), 1er sep. 1987 : *Place Saint-Marc, Venise* 1892, aquar. (75x127) : **GBP 950** – South Queensferry (Écosse), 23 avr. 1991 : *Sur la grève, à Holy Island* 1900, aquar. (32x50) : **GBP 605** – Glasgow, 4 déc. 1991 : *Berwick-sur-Tweed*, aquar. et gche (34x51) : **GBP 935** – Édimbourg, 28 avr. 1992 : *Dans les environs de Rotterdam*, aquar. (34x50) : **GBP 660** – Glasgow, 1er fév. 1994 : *Retour à Kirkcaldy* 1907, aquar. (39x74,5) : **GBP 632** – Glasgow, 14 fév. 1995 : *The Bromielow* 1911, aquar. (47x72) : **GBP 517**.

BALLINGER Harry Russel
Né en 1892 à Port Townsend (Washington). xxe siècle. Américain.

Illustrateur.

BALLINI Camilio
xvie siècle. Actif à Venise dans la seconde moitié du xvie siècle. Italien.

Peintre.

Il eut pour maître Jacopo Palma le Jeune, et fit plusieurs décorations pour le palais des doges. On voit, dans la salle du scrutin, la représentation de *La victoire navale de Marco Gradenigo et de Jacopo Dandolo dans le port de Trapani*, et dans la galerie qui conduit à cette même salle les peintures du plafond représentant *Flore, Pallas et l'allégorie de Venise couronnée de gloire*.

Ventes Publiques : Paris, 1864 : *Étude anatomique ; Seigneur indien monté sur un éléphant*, dess. : **FRF 16**.

BALLINI Gilles
Né en 1946. xxe siècle. Français.

Peintre de paysages, natures mortes. Expressionniste.

Il fut élève de l'Ecole des Beaux-Arts de Paris, diplômé en 1970. Il participe à de nombreuses expositions collectives depuis 1976, parmi lesquelles : Salons Comparaisons, Grands et Jeunes d'Aujourd'hui, de Montrouge, du Dessin et de la Peinture à l'eau, Figuration Critique, etc. Il a réalisé plusieurs décorations murales, à Six-Fours (Var), Boulogne-Billancourt (Hauts-de-Seine). Sa peinture est très libre d'écriture et de contrastes colorés violents, et se situe en compromis entre expressionnisme et abstraction.

Ventes Publiques : Paris, 12 mai 1989 : *Sans titre* 1972 (81x54) : **FRF 4 300** ; *Sans titre* 1988, h/t (135x100) : **FRF 19 000** ; *Le poisson rouge*, h/t (45,5x37) : **FRF 3 600** – Paris, 26 avr. 1990 : *Le Roi*, techn. mixte/t. (116x89) : **FRF 9 000**.

BALLIOL SALMON J. M.
Né en 1868. Mort en 1953. xixe-xxe siècles. Britannique.

Peintre à la gouache de scènes de genre, aquarelliste, pastelliste, dessinateur, illustrateur.

Il fut élève de Fred Brown à l'École de Westminster et poursuivit ses études à l'Académie Julian à Paris. Il vécut à Glasgow et à Londres.

Il mena de front une carrière de professeur et d'illustrateur notamment pour *The Graphic*. Simon Houfe, dans son *Dictionnaire des Illustrateurs de livres anglais* (1978), écrit qu'il fut l'un des meilleurs artistes de son époque à utiliser crayon, craies et pastels.

Ventes Publiques : Londres, 29 mars 1996 : *La lettre d'amour* 1908, encre, aquar. et gche (19x16,5) : **GBP 2 760**.

BALLNUS Achim
Né à Berlin. xxe siècle. Allemand.

Dessinateur et peintre.

Il fit ses études d'art graphique et de publicité à Berlin. En tant que directeur artistique et de la création dans le secteur publicitaire, il est amené à voyager à Francfort, Londres, New York, Zurich, Amsterdam. A partir de 1980, il quitte le monde publicitaire pour se consacrer à l'art pictural. En 1983, à l'occasion des soixante ans du mime Marcel Marceau, et du vingtième anniversaire du traité d'Amitié Franco-allemand, il fait une exposition d'esquisses et de dessins sur le thème de Marcel Marceau.

BALLO Ede ou Edouard
Né en 1860 à Lipto-Szent-Miklos. xixe-xxe siècles. Hongrois.

Peintre.

Il commença par fréquenter l'École Nationale de dessin de Budapest, où il eut pour professeurs : J. Greguss et B. Székely, et fit plusieurs voyages. A Munich, il travailla chez Seitz et Benczur. En 1890, il vint à Paris et connut Bourguereau et J.-P. Laurens. Après avoir visité la Belgique, Madrid et Rome, il revint en Hongrie et fut nommé, en 1895, professeur de dessin à l'École Nationale de Budapest. Il peignit d'abord des tableaux de genre, mais ensuite il ne fit plus que des portraits. Il a exécuté celui du prince de Hohenlohe, le gouverneur de l'Alsace-Lorraine, en 1893. Il figura à l'Exposition de Munich en 1909 avec un *Portrait d'homme*.

BALLOCCO Mario
Né le 24 juin 1913 à Milan. xxe siècle. Italien.

Peintre et sculpteur. Abstrait-géométrique.

Il fut invité à la Biennale de Venise en 1970. Son œuvre montre une prédilection pour l'abstraction géométrique et art optique.

Ventes Publiques : Milan, 8 juin 1976 : *Activité prospective* 1962, h/isor. (59,5x60) : **ITL 650 000** – Milan, 16 juin 1981 : *Problemi di totalizzazione* 1956, h/t (70x70) : **ITL 1 000 000** – Milan, 14 juin 1983 : *Sans titre* 1955, h/t (80x102) : **ITL 1 500 000** – Milan, 16 nov. 1993 : *Pénétration chromatique graduelle* 1965, h/pan. (60x60) : **ITL 2 760 000**.

BALLON Auguste
Né au xixe siècle à Toulouse. xixe-xxe siècles. Français.

Graveur.

Exposa aux xixe et xxe siècles à Paris au salon des Artistes Français, notamment *La Daurade*, en 1904.

BALLONI Jean
Né au xixe siècle à Massa (Italie). xixe siècle. Italien.

Sculpteur.

Élève de Mathurin Moreau, il exposa à Paris au Salon des Artistes Français jusqu'en 1922 et obtint une mention honorable en 1892 et une médaille de 3e classe en 1893.

BALLORS Henri
xvie siècle. Français.

Peintre et sculpteur.

En 1536, il exécuta différents travaux de stuc dans le château de Fontainebleau. Cité par M. Lami.

BALLOT Adélaide
xixe siècle. Active à Paris dans la seconde moitié du xixe siècle. Français.

Peintre d'histoire.

Exposa à Londres en 1871 et 1872.

BALLOT Clémentine
Née au xxe siècle. Française.

Peintre de paysages.

A partir de 1910, elle a participé à Paris au Salon de la Société Nationale des Beaux-Arts, dont elle est devenue associée en 1921 et sociétaire en 1924. Elle a figuré à l'Exposition internationale de 1937 à Paris. Elle reproduit des paysages de ses nombreux voyages tant en France qu'en Espagne.

Ballot

Musées : Barcelone : *Port-Lligat* – Bordeaux : *Vieilles maisons sur l'Aveyron* – Dreux : *Moulin sur la Cédelle* – Locronan : *Marée basse* – *Vieille chaumière à Loguivy* – Montauban : *La Seine au Petit Andelys* – Muret : *La Chartreuse* – Paris (Mus. du Petit Palais) : *Bords de la Cédelle à Crozans* – Perpignan : *Paysage* – Poitiers : *Les bords de l'Anglin* – Rouen : *Fleurs à contre-jour* – Sarlat : *Chapelle des Pénitents*.

Ventes Publiques : Paris, 6 juil. 1928 : *La Seine aux Andelys* : **FRF 600** – Paris, 10 nov. 1943 : *La lecture en barque* : **FRF 1 500** – Paris, 26 mai 1954 : *Paysage d'Espagne* : *Cadaquès* : **FRF 35 000**.

BALLOT Daniel

Né à Paris. xxᵉ siècle. Français.

Peintre de paysages et de portraits.

Il a exposé au Salon des Indépendants à Paris, entre 1935 et 1939.

BALLOT George Henri

Né le 14 juin 1866 à Paris. xixᵉ-xxᵉ siècles. Français.

Peintre de paysages, scènes de genre et portraits. Orientaliste.

Élève de Bouguereau et de Robert Fleury à l'Ecole des Beaux-Arts de Paris, il a exposé au Salon des Artistes Français à partir de 1885 et, depuis 1896, au Salon de la Société Nationale des Beaux-Arts, dont il est devenu associé en 1908 et sociétaire en 1923. Il fut représenté à l'Exposition universelle de 1937 à Paris. A la suite de ses voyages en Algérie et en Tunisie, il donna un ton orientaliste à ses paysages et scènes de genre.

MUSÉES : ALGER .

VENTES PUBLIQUES : PARIS, 4 mars 1991 : *L'amateur de dessins*, h/t (130x98) : **FRF 7 800** – PARIS, 8 déc. 1993 : *Le marchand d'estampes*, h/t (1300x97) : **FRF 10 600**.

BALLOT J.

xixᵉ siècle. Français.

Graveur à l'aquatinte.

On cite de cet artiste une estampe intitulée : *Louisa*.

BALLOT-BEAUPRÉ Alfred

Né à Paris. xxᵉ siècle. Français.

Peintre de paysages.

Dans les années trente, il exposa au Salon des Indépendants à Paris.

BALLU Cornelis ou Ballyus

xviᵉ-xviiᵉ siècles. Actif à Gand. Éc. flamande.

Peintre.

En 1575, il fit partie de la gilde de Gand. Il prit part, en 1599 et 1600, aux travaux importants, organisés pour la réception de l'archiduc Albrecht d'Autriche et son épouse Isabelle d'Espagne.

BALLUE Hippolyte Omer

Né en 1820 à Paris. Mort le 18 octobre 1867 à Paris. xixᵉ siècle. Français.

Peintre de paysages, aquarelliste, pastelliste, dessinateur de costumes de théâtre.

Élève de Diaz, il participa au Salon de Paris, de 1842 à 1851. Ses vues de Paris, de Sicile, d'Algérie, aussi bien que ses costumes de théâtre, sont peints dans des tonalités éclatantes.

BIBLIOGR. : Gérald Schurr : *Les Petits Maîtres de la peinture 1820-1920, valeur de demain*, t. II, Les Éditions de l'Amateur, Paris, 1982.

VENTES PUBLIQUES : PARIS, 13-14 mars 1925 : *Scène dans un parc* : **FRF 480** – PARIS, 11 juil. 1951 : *Bords de l'Indre (automne)* : **FRF 4 100** – LUCERNE, 28 nov. 1964 : *Paysage* : **CHF 750** – PARIS, 3 juil. 1979 : *Costumes de théâtre*, album comprenant soixante-cinq aquar. gchées : **FRF 4 800** – PARIS, 16 nov. 1987 : *La partie de cartes*, h/t (25x19) : **FRF 4 100**.

BALLUE J.

xviiᵉ siècle. Français.

Peintre.

Il peignit, en 1668, le portrait du jésuite Philippe Briet, qui se trouve à l'hôtel de Ville d'Abbeville.

BALLUE Pierre Ernest

Né le 27 février 1855 à La-Haye-Descartes (Indre-et-Loire). Mort le 18 mai 1928. xixᵉ-xxᵉ siècles. Français.

Peintre de paysages, fleurs.

Élève de Vallée, Defaux et Damezon, il a régulièrement exposé au Salon des Artistes Français entre 1875 et 1928. Ses peintures montrent souvent des paysages des environs de Fontainebleau.

Pierre Balluy–

VENTES PUBLIQUES : PARIS, 27-28 déc. 1926 : *La ramasseuse de bois mort* : **FRF 105** – PARIS, 18 jan. 1928 : *L'étang* : **FRF 265** – LUCERNE, 23 et 26 nov. 1962 : *Bouquets de fleurs* : **CHF 320** – BERNE, 28 oct. 1966 : *Odalisque* : **CHF 330** – VERSAILLES, 4 oct. 1981 : *La basse-cour 1879*, h/t (55x75) : **FRF 9 300** – BARBIZON, 27 fév. 1983 : *La rivière dans les prés*, h/t (54,5x73) : **FRF 12 000** –

PARIS, 5 fév. 1986 : *Vieux oliviers au cap d'Antibes*, h/t (46,5x65,5) : **FRF 7 000** – PARIS, 20 juin 1988 : *Bruyères en fleurs le matin sur la Creuse à Gargilesse*, h/t (54x73) : **FRF 7 000** – STRASBOURG, 29 nov. 1989 : *Vieux moulins à Gargilesse, au printemps*, h/cart. (46x37,5) : **FRF 12 000** – REIMS, 18 mars 1990 : *Vase de fleurs 1887*, h/t (92x73) : **FRF 36 500** – BERNE, 12 mai 1990 : *La côte des Beauregards près de Triel*, h/t (38x55) : **CHF 3 500** – VERSAILLES, 25 nov. 1990 : *Le hameau au bord de la rivière 1875*, h/t/pan. (27x49) : **FRF 8 000** – PARIS, 12 déc. 1991 : *Vase de fleurs 1887*, h/t (92x74) : **FRF 49 000** – PARIS, 24 mars 1995 : *Paysage*, h/t (60x81) : **FRF 8 500**.

BALLUERCA

xviiᵉ siècle. Espagnol.

Peintre.

On sait qu'en 1695 il peignit, pour le couvent de las Baronesas à Madrid.

BALLURIAU Paul

Né au xixᵉ siècle à Houllins (Rhône). xixᵉ-xxᵉ siècles. Français.

Dessinateur.

Élève de Paul Saïn, exposa au Salon au début du xxᵉ siècle. Il a collaboré à un grand nombre de journaux et de publications illustrées.

BALLUT Marcel. Voir CORENTIN

BALLY Alice. Voir BAILLY

BALLY Michel de

xviᵉ siècle. Français.

Peintre.

Il exécuta, en 1545, un *Christ sur la Croix*, pour l'église de Saint-Nicolas à Caen.

BALLY Nicolas

Né au Puy-en-Velay. xviiiᵉ siècle. Français.

Peintre.

Travaillait dans cette ville en 1736.

BALLY Théodore

Né en 1896 à Säckingen. Mort en 1975. xxᵉ siècle. Suisse.

Peintre et sculpteur. Tendance abstraite-géométrique.

Alors qu'il avait commencé à peindre dès l'âge de vingt ans, il coupa tout contact avec les milieux artistiques en 1938, allant de s'installer à Montreux où, restant dans l'anonymat, il poursuivit ses recherches. Il met en action, avec une grande rapidité du geste, des formes qui semblent appartenir à l'abstraction géométrique. Mais pour Bally, cette approche ne peut mener à l'accomplissement d'une véritable œuvre d'art. Il fait jouer tour à tour des dessins, collages, reliefs, sculptures, reliefs et diapositives dans des tonalités de noir et blanc. Le Musée de Grenoble montra une grande rétrospective de son oeuvre en 1974.

BALMAIN Kenneth Field

Né le 1ᵉʳ août 1890 à Edimbourg. xxᵉ siècle. Britannique.

Peintre de paysages.

VENTES PUBLIQUES : ÉCOSSE, 1ᵉʳ sep. 1981 : *Pâturages au clair de lune*, h/t (68,5x91) : **GBP 200**.

BALMARY Pierre Louis Gabriel

Né au xixᵉ siècle à Noyon. xixᵉ siècle. Français.

Dessinateur, fusiniste.

Cet artiste fut élève de Fillyon et participa à l'Exposition internationale de Blanc et Noir de 1886.

BALMASEDA Juan

xviᵉ siècle. Actif à Valladolid vers 1520. Espagnol.

Sculpteur ou peintre verrier.

BALMASEDO Juan de

xviᵉ siècle. Espagnol.

Sculpteur sur bois.

Exécuta, vers 1516, un crucifix et deux statues : *la Vierge* et *Saint Jean l'Évangéliste*, pour le retable de l'église de Palencia.

BALME Jean Marie Jules

Né le 4 décembre 1831 au Puy-en-Velay (Haute-Loire). Mort le 5 avril 1898 au Puy-en-Velay. xixᵉ siècle. Français.

Sculpteur.

Professeur aux Écoles industrielles du Puy. Le Musée du Puy possède de cet artiste : *Statuette équestre de Jeanne d'Arc* et *Les quatre saisons*.

BALME Johan de

xvᵉ siècle. Actif à Montpellier à la fin du xvᵉ siècle. Français.

Sculpteur sur bois.

BALME Ros de, dit **Potus**
xve siècle. Français.
Sculpteur sur bois.
La princesse Yolande de Savoie le chargea, en 1470, d'exécuter les reliefs de l'emboîtement de l'orgue de la chapelle royale à Chambéry (d'après M. Lami).

BALMER Alois
Né le 28 novembre 1866 à Lucerne. Mort en 1933 à Lucerne. xixe-xxe siècles. Suisse.
Peintre décorateur.
Il fit ses études à l'Académie d'Art de Munich, puis vint se perfectionner à Paris entre 1888 et 1891. À partir de 1895, il a beaucoup travaillé à Munich, exposant au Palais de Cristal en 1900-1901. Il a exécuté de nombreuses décorations murales, dont la façade de l'Union-Hôtel à Lucerne et une fresque dans la salle des conseillers d'État à Berne. Il réalisa cette dernière, en 1908, en collaboration avec le peintre Albert Welti. Il est aussi l'auteur de cartons pour des peintures sur verre et des ex-libris, exécutés à la manière de la gravure sur bois.

BALMER Clinton
xixe-xxe siècles. Actif à Trenton. Américain.
Peintre.

BALMER George
Né vers 1806 à North Shields. Mort le 10 avril 1846 à Ravensworth. xixe siècle. Britannique.
Peintre de paysages, marines, aquarelliste.
Les aquarelles qu'il exposa à Newcastle, en 1831, obtinrent un grand succès. Ayant fait des voyages en Allemagne, dans les Pays-Bas, en Suisse et en France, il peignit des vues de Bingen, Saint-Goar, Rotterdam, Harlem. Après s'être longtemps occupé de peinture de paysages, il fit des marines.
Musées : Londres (British Mus.) : *Marine.*
Ventes Publiques : Londres, 23 juil. 1928 : *Bateaux de pêche français :* **GBP 10** – Londres, 13 mars 1980 : *Bateaux au large de la côte,* aquar. (16,5x30,5) : **GBP 500** – Londres, 14 mars 1985 : *View of Holy Island,* aquar. et gche : **GBP 700** – Londres, 24 avr. 1986 : *Bateaux au port au coucher du soleil,* aquar. reh. (16,5x24) : **GBP 440.**

BALMER Joseph A.
Né le 27 novembre 1828 à Abtwil. xixe siècle. Vivant à Lucerne. Suisse.
Peintre d'histoire, sujets religieux, cartons de vitraux, aquarelliste, graveur, dessinateur, illustrateur.
Balmer apprit les éléments du dessin chez un orfèvre de Sins, puis passa dans l'atelier d'Anton Bütler à Lucerne. En 1853, il entra à l'Académie de Düsseldorf, où il reçut les conseils de Schadow. Vers 1856, il commença son tableau *Joseph mourant.* Plus tard, Balmer alla passer un an à l'Académie de Karlsruhe. Il y fit la connaissance de Hans Canon, qui eut une certaine influence sur son avenir artistique en lui enseignant les beautés de l'art ancien.
Il participa au concours pour la décoration de la chapelle de Tell, envoyant une suite d'aquarelles représentant des scènes de la vie de Tell, pour lesquelles il obtint un second prix. Balmer travailla pour nombre d'églises catholiques du duché de Bade et de la Suisse. Il fournit aussi des cartons pour des vitraux notamment pour ceux de l'église de Schaffhouse. On cite aussi de lui quelques gravures et des dessins pour l'illustration.
Ventes Publiques : Lucerne, 13 nov. 1982 : *La Samaritaine au puits,* h/t (90x75,5) : **CHF 3 000.**

BALMER Paul Friedrich Wilhelm
Né le 18 juin 1865. Mort en 1922. xixe-xxe siècles. Suisse.
Peintre de genre, nus, portraits, paysages, décorateur, graveur.
Élève de G. Hackl et de Ludwig Löfftz, il se perfectionna au cours de ses voyages à Paris, en Angleterre, en Hollande et en Italie, puis à Bâle entre 1892 et 1897, à Munich et à Florence où il séjourna à partir de 1902.
Il a participé au Salon de Paris en 1892 et a exposé à Berlin en 1896, à Bâle en 1899, à Berne, Munich, Paris en 1900, Düsseldorf en 1904.
Spécialisé dans le domaine du portrait d'enfants, il est aussi l'auteur de peinture décorative : à l'hôtel de ville de Bâle où il peint la nouvelle tour, tandis qu'il a restauré des peintures du vieil hôtel de ville en 1900-1901. Il a gravé à l'eau-forte des paysages et des portraits.
Musées : Bâle : *Portrait de mon oncle E. Rinck von Grenzach* –

Portrait d'une jeune dame – Genève : *Les deux frères* – *Le premier-né* – *Le soir, mère et enfant.*
Ventes Publiques : Lucerne, 19 juin 1964 : *La plage :* **CHF 350** – Berne, 21 nov. 1978 : *Nu assis* 1907, h/t (100,5x85) : **CHF 1 700** – Lucerne, 2 juin 1981 : *Famille de paysans dans un paysage,* h/cart. (17x18) : **CHF 700** – Berne, 25 nov. 1982 : *Nu couché* 1915, h/t (78x135) : **CHF 3 000** – Berne, 17 nov. 1983 : *Portrait d'une femme* 1894, h/t (140x91) : **CHF 1 100.**

BALMES José
Né le 20 janvier 1927 à Barcelone (Espagne). xxe siècle. Chilien.
Peintre. Abstrait.
Élève à l'École des Beaux-Arts de Santiago, il a été invité à la Biennale de Sao-Paulo en 1957 et à la première Biennale de Paris en 1959. Il reçut le prix de peinture au Salon de la Société Nationale des Beaux-Arts de Paris en 1958. Son art abstrait met en valeur la texture, les effets de matière de ses toiles dont les couleurs restent sourdes. Il a fait partie du groupe *Signo.*

BALMET Alfred
Né à Paris. xixe siècle. Français.
Dessinateur et lithographe.
Il reçut les leçons de Hébert, Roll, Sirouy et Chauvel. On cite, parmi les principales œuvres : *Maréchal Prim,* d'après Henri Regnault, *Ismaël,* d'après Cazin (Salon 1885), *Faust au combat, Faust au sabbat,* d'après Chifflart (Salon 1902).

BALMET Jeannin
xvie siècle. Actif à la fin du xvie siècle. Français.
Peintre.
Il fit de nombreux travaux pour le duc de Mantoue ; on sait qu'il était surtout portraitiste.

BALMET Louis
xxe siècle. Français.
Peintre verrier.
À l'Exposition des Arts Décoratifs de 1925 à Paris, il a présenté des vitraux et des verrières consacrés à saint Christophe.

BALMETTE Jules Jean
Né à Cognac (Charente). xixe siècle. Français.
Peintre de genre et portraitiste.
Élève d'Yvon, il exposa ses tableaux au Salon de Paris, de 1868 à 1879.

BALMFORD Hurst
Né le 8 juin 1871 à Huddersfield. xxe siècle. Britannique.
Peintre, aquarelliste de portraits et paysages.

BALMIER A.
xixe siècle. Français.
Peintre de paysages.
Exposa très souvent à Paris, de 1890 à 1896.
Ventes Publiques : Paris, 14 déc. 1925 : *Paysage aux poules :* **FRF 35.**

BALMIGÈRE Paul Marcel
Né à Candiès (Pyrénées-Orientales). xxe siècle. Français.
Peintre de paysages.
Élève de Flameng et Déchenaud, il a exposé au Salon des Indépendants à Paris, entre 1927 et 1938, au Salon des Artistes Français de 1927 à 1939, ayant obtenu une mention honorable en 1930, une médaille d'argent en 1935 et le prix de la Société des Paysagistes Français en 1938.
Ventes Publiques : Anvers, 27 avr. 1982 : *Place de l'Opéra, Paris,* h/t (45x60) : **BEF 22 000** – Versailles, 20 juin 1989 : *Paris, les Grands Boulevards animés la nuit,* h/t (46x55) : **FRF 16 000** – Versailles, 24 sep. 1989 : *Annecy,* h/pan. (48,5x63,5) : **FRF 6 200** – Paris, 2 juil. 1990 : *La promenade à Venise,* h/t (55x38) : **FRF 5 500** – Versailles, 23 sep. 1990 : *Banyuls, Pyrénées-Orientales,* h/t (32,5x41) : **FRF 7 800** – New York, 10 oct. 1996 : *Le bavardage matinal,* h/t (50,2x61) : **USD 1 150.**

BALMONT Jacques de ou **Belmont**
xvie siècle. Français.
Peintre.
Cartier et imagier, cet artiste fit à Lyon, en 1533, des travaux de peinture pour l'entrée de la Reine Éléonore.

BALMONT Jean de ou **Belmont**
xvie siècle. Français.
Peintre.
Il travaillait à Lyon de 1524 à 1538. On le connaît en tant que « faiseur d'ymaiges ».

BALNY Joseph
XVIIIe siècle. Français.
Peintre.
Reçu à l'Académie de Saint-Luc en 1762.

BALORRE Martine de, baronne
Née à Candé (Loir-et-Cher). XXe siècle. Française.
Peintre.
Exposa à Paris à la Société Nationale des Beaux-Arts en 1938 et 1939.

BALOSSI John
Né en 1931 à New York. XXe siècle. Américain.
Sculpteur.
Élève de l'Université Columbia, il a exposé à New York, Paris, San Juan.
MUSÉES : NEW YORK (Mus. d'Art Mod.).

BALOUZET Anna Marie
Née au XIXe siècle à Saint-Étienne (Loire). XIXe siècle. Française.
Dessinateur.
Elle prit part à l'Exposition internationale de Blanc et Noir de 1892.

BALOUZET Armand Auguste
Né le 18 février 1858 à Saint-Genis-Laval (Rhône). Mort le 13 mai 1905 à Charbonnières (Rhône). XIXe siècle. Français.
Peintre de paysages, animalier, fleurs.
Il fut encouragé, contre la volonté de sa famille, par le peintre Leberecht Lortet qui l'emmena en Suisse, peindre sur le motif. Il débuta au Salon de Lyon en 1878 et à celui de Paris en 1883, obtenant une deuxième médaille en 1897 et y exposant encore en 1904. En 1889, il décora le Cercle international de Vichy, d'une suite de sept panneaux intitulée : *Matinée de mai*.
Ses paysages de l'Isère, de la Loire, des Alpes, des bords de la Méditerranée, sont peints vigoureusement, selon des recherches de l'harmonie et de l'effet, dans des tonalités grises de ciels d'orage, donnant des effets lumineux spectaculaires.
Citons : *Lever de lune dans la vallée haute* 1888 – *Soir d'automne à Poncin – Le lac du Riffel* 1891 – *L'averse en octobre* 1897 – *Soir d'automne à Morestel* 1897 – *Le moulin Léotard à Saint-Genis-Laval* 1898.
BIBLIOGR. : Gérald Schurr : *Les Petits Maîtres de la peinture 1820-1920, valeur de demain*, t. V, Les Éditions de l'Amateur, Paris, 1981.
VENTES PUBLIQUES : PARIS, 28 déc. 1959 : *Paysage, bord de rivière* : FRF 3 600 – GRENOBLE, 18 fév. 1980 : *Environs d'Opte-voz* : FRF 1 400 – ROME, 1er juil. 1982 : *Paysage à l'étang*, h/t (33x46) : ITL 1 600 000.

BALOUZET de TIGNY André
XXe siècle. Français.
Peintre de paysages et de portraits.
Il a participé à Paris aux Salons d'Automne en 1936-1938, des Indépendants en 1937-1938 et des Tuileries en 1938.

BALP Irène
Née à Poitiers (Vienne). XXe siècle. Française.
Peintre de fleurs, paysages et natures mortes.
Elle a exposé au Salon des Indépendants à Paris, entre 1932 et 1939.

BALS Hilaire
XXe siècle. Belge.
Peintre de genre.
Il a montré ses peintures dans une exposition personnelle au Centre Rops de Namur en 1991. Dans une technique fidèlement académique selon le XIXe siècle, il traite des scènes de genre, anachroniques mais de qualité, dans lesquelles il prouve son admiration pour le monde et la vie de la campagne.

BALSAMO
XIXe siècle. Français ou Italien ?
Dessinateur lithographe.
Il a signé aussi Louis ; travailla vers 1880.

BALSAMO Giacomo
XVIe siècle. Actif à Bergame vers 1500. Italien.
Miniaturiste.
Les miniatures de l'antiphonaire de la cathédrale de Bergame furent peintes par lui en 1500.

BALSANO Gaspare ou **Belsono**
Né à Palerme. XVIIe siècle. Actif en Sicile. Italien.

Peintre.
Le peintre Gius. Albina, dit il Sozzo, fut son maître pendant les dix dernières années du XVIe siècle. Dans la cathédrale d'Alcamo, on possède de lui un tableau d'autel représentant *La Madone et l'Enfant Jésus*.

BALSGAARD Carl Vilhelm
Né le 29 décembre 1812 à Copenhague. Mort le 14 août 1893. XIXe siècle. Danois.
Peintre de genre, portraits, natures mortes, fleurs et fruits.
Élève de l'Académie des Arts à Copenhague, il commença par peindre des tableaux de genre et des portraits, mais ensuite il s'adonna à la peinture des fleurs, des fruits et des natures mortes. Il vint à Paris en 1855, devint membre de l'Académie d'art à Copenhague en 1858, et fut nommé conservateur de la collection privée du roi Christian IX, en 1864.
MUSÉES : COPENHAGUE : *Fleurs et Fruits – Bech – Portrait d'enfant* – HAMBOURG (Salle d'art) : un tableau.
VENTES PUBLIQUES : COPENHAGUE, 23 mars 1977 : *Nature morte* 1835, h/t (46x57) : **DKK 5 000** – LONDRES, 5 juil. 1978 : *Nature morte aux fruits*, h/t (21,5x35) : **GBP 2 900** – LONDRES, 25 mars 1981 : *Étude de cactus*, h/t (53x41) : **GBP 1 800** – LONDRES, 28 nov. 1984 : *Nature morte aux fruits* 1862, h/t (52x64) : **GBP 13 500** – COPENHAGUE, 12 nov. 1986 : *Nature morte* 1850, h/t (34x28) : **DKK 46 000** – LONDRES, 23 mars 1988 : *Pinson sur une branche de glycine*, h/t (30x24) : **GBP 3 300** – STOCKHOLM, 15 nov. 1988 : *Nu rose*, h/t (36x43) : **SEK 12 500** – STOCKHOLM, 19 avr. 1989 : *Nature morte aux melons et autres fruits, fleurs et feuillages sur une marche de pierre*, h/t (77x95) : **SEK 92 000** – LONDRES, 6 oct. 1989 : *Nature morte avec un verre de cristal, une pomme, une poire et des noix sur un entablement drapé* 1846, h/t (29x22) : **GBP 1 870** – STOCKHOLM, 15 nov. 1989 : *Nature morte aux camélias*, h/t (26x21) : **SEK 27 000** – LONDRES, 6 juin 1990 : *Nature morte de camélias*, h/t (27x27) : **GBP 2 640** – COPENHAGUE, 6 mars 1991 : *Branche fleurie d'hibiscus*, h/t (39x55) : **DKK 19 000** – NEW YORK, 12 oct. 1994 : *Nature morte aux fruits, huîtres et verre de vin* 1848, h/t (80x63,5) : **USD 74 000** – COPENHAGUE, 17 mai 1995 : *Jeune Fille aux pantoufles* 1843, h/t (118x90) : **DKK 70 000** – LONDRES, 31 oct. 1996 : *Nature morte aux oranges, raisins, panier de figues, pêches et pinson sur un entablement de pierre*, h/t (38x56) : **GBP 4 025**.

BALSIMELLI Francesco di Giulio
XVIIe siècle. Italien.
Sculpteur.
Napolitain, qui, en 1603, fut chargé d'exécuter le tombeau de Monsignor Resca.

BALSIMELLI Giulio di Lessandro, et **Lessandro di Nicolajo**
XVIe siècle. Italiens.
Sculpteurs.
Ils travaillèrent, en 1567, à la lanterne de S. Maria dell'Umilta, à Pistoie.

BALSIMELLI Romolo
Originaire de Florence. XVIe siècle. Italien.
Sculpteur et architecte.
Il travailla à Naples et fut un habile décorateur. Il fit, de 1512 à 1515, le gracieux décor-relief de la chapelle des Carafa, comtes de S. Severina, dans l'église San Domenico Maggiore.

BALSON Ralph
Né en 1890 en Angleterre. Mort en 1964. XXe siècle. Australien.
Peintre. Abstrait.
En Australie depuis 1913, il ne suivit des cours du soir à la Sydney Art School que vers 1922. Il fut l'un des premiers à faire une exposition d'art abstrait en Australie, en 1940. Tout d'abord influencé par Mondrian, il s'orienta ensuite vers un art fait de juxtaposition de taches colorées, donnant une nouvelle valeur expressive à la couleur.
VENTES PUBLIQUES : SYDNEY, 6 oct. 1976 : *Sans titre* 1954, past. (50x74,5) : **AUD 5 000** – SYDNEY, 4 oct. 1977 : *Abstraction* 1955, h/cart. (60,4x76) : **AUD 2 100** – MELBOURNE, 26 juil. 1987 : *Constructive Painting* vers 1950, h/cart. (61x82) : **AUD 42 000**.

BALSSA Jules Léon Eugène
Né à Valderiès (Tarn). XXe siècle. Français.
Peintre.
Exposa à Paris au Salon des Indépendants de 1926 à 1939 des paysages, des portraits et des tableaux de fleurs.

BALSTON Thomas
Né le 30 juillet 1883 à Bearsted (Kent). XXᵉ siècle. Britannique. Peintre.

BALTA ou Bulta
Dessinateur et graveur.
Cité par Mireur.

BALTANEL Juan
XVIᵉ siècle. Actif à Séville vers le milieu du XVIᵉ siècle. Espagnol.
Sculpteur.

BALTARD Jules
Né le 3 juin 1807 à Paris. XIXᵉ siècle. Français.
Peintre.

Fils de l'architecte Louis-Pierre Baltard. Ayant fréquenté l'École des Beaux-Arts, il s'y perfectionna sous la direction de Hersent. Les portraits qu'il fit, figurèrent aux Expositions de Paris de 1837 et de 1849. On cite notamment le portrait de *Louis-Philippe*, gravé par Blin.

BALTARD DE LA FRESQUE Louis-Pierre
Né le 9 juillet 1764 à Paris. Mort le 22 janvier 1848 à Lyon (Rhône). XVIIIᵉ-XIXᵉ siècles. Français.
Peintre et graveur, architecte.

Père du peintre Jules Baltard et de l'architecte Victor Baltard, à qui l'on doit les pavillons des Halles de Paris et l'église Saint-Augustin. Comme architecte de la Ville de Paris, cet artiste occupa une place considérable. Nous n'avons à nous occuper ici que de son rôle comme peintre et surtout comme graveur. Il entra à l'École de l'Académie royale au mois de mars 1783, avec la protection de Pajou. En 1786, il partit pour Rome et y séjourna deux ans, peignant, dessinant et gravant. A son retour en France, il se produisit surtout comme peintre de paysages et comme peintre de décors de théâtre. Il débuta au Salon de 1791 avec un paysage au lavis : *Ruines d'un temple de Jupiter Stator*, et continua à prendre part aux expositions en y envoyant un certain nombre de paysages dans le goût de l'époque, dont plusieurs animés de figures, entre autres, au Salon de 1795 : *Personnages écoutant une musicienne près d'un temple d'Apollon* et, en 1796 : *Près d'elle un chien et des chèvres* et *Vue d'un pays agreste*, *La femme d'un pasteur joue avec son enfant et un chien ; le père les contemple*. En 1792, Baltard peignit des décors pour l'Opéra. Malgré ses nombreux travaux d'architecture, ses fonctions de professeur à l'École Polytechnique puis à l'École des Beaux-Arts, et les gravures qu'il produisait, il continua à peindre et il convient de citer encore ses envois aux Salons de 1799 : *Vue de Rochers et de Cascades*, *Vue maritime*, *Cincinnatus conduisant la charrue*, paysage historique ; en 1810 : *Philoctète dans l'île de Lemnos*, paysage historique ; en 1814 : *La Mort d'Adonis*, paysage historique et *Sites d'Italie* ; en 1833 : *Vue des gorges du val de Maurienne*, *Vue du Temple de la Sibylle à Tivoli, des cascatelles et de la plaine de Rome*. On trouve encore avec des paysages aux Expositions de 1834 et 1835. Indépendamment de ses gravures originales, il a reproduit plusieurs tableaux de Nicolas Poussin.

VENTES PUBLIQUES : PARIS, 1788 : *Vue d'un grand palais dans un paysage*, aquar. : **FRF 131** – PARIS, 1843 : *Deux paysages*, dess. au bistre, mêlés de sanguine : **FRF 35** – PARIS, 1851 : *Paysage composé* : **FRF 358** – PARIS, 1855 : *Vue de la tour Cœcilia Metella et du temple de Vesta*, dess. à l'encre de Chine : **FRF 80** – PARIS, 1861 : *Fontaine de Diane à Fontainebleau*, dess. colorié : **FRF 67** – PARIS, 18 mai 1910 : *Vue de la place et de la colonne Vendôme*, aquar. : **FRF 305** – PARIS, 11 et 12 déc. 1925 : *Le Temple de l'Amour ; Les Jardiniers*, deux lav. de sépia : **FRF 400** – PARIS, 10 déc. 1926 : *Vue de place publique en Italie*, aquar. : **FRF 380** – PARIS, 25 fév. 1929 : *Le Jet d'eau ; Le Temple de l'Amour*, lav. aquar., deux pendants : **FRF 5 300** – PARIS, 25 fév. 1929 : *Le Temple d'Amour ; Les travaux des champs*, pl. et lav. de sépia : **FRF 920** – PARIS, 7 déc. 1934 : *Le Parc*, aquar. : **FRF 800** – PARIS, 4-5 nov. 1937 : *L'Étang aux cerfs ; Le Troupeau près de la rivière*, dess. au lav. d'encre de Chine : **FRF 310** – PARIS, 29 déc. 1941 : *Vue de ville italienne*, pl. et lav. : **FRF 35** – PARIS, 12 mai 1950 : *Le départ du chevrier ; La rencontre à la fontaine*, dess. reh., deux pendants : **FRF 2 700** – PARIS, 12 juin 1950 : *La promenade en barque*, aquar. : **FRF 2 000** – LONDRES, 17 juil. 1979 : *Intérieur d'une maison de Pompéi*, aquar. (13x16,8) : **GBP 480** – VERSAILLES, 29 nov. 1981 : *Projet d'architecture consacré à l'Arc de Triomphe devant être érigé au château Trompette à Bordeaux*, pl. et lav. (86x63) : **FRF 24 000** – PARIS, 23 jan. 1995 : *Projet pour la faculté de médecine*, encre de Chine (32x145) : **FRF 13 000** –

PARIS, 22 mars 1995 : *Monument et fontaine dans un parc animé de personnages*, encre de Chine et aquar. (15,5x27,5) : **FRF 10 000**.

BALTASAR
Mort en février 1656 à Paris. XVIIᵉ siècle. Actif à Paris. Français.
Peintre.

Il était peintre des bâtiments du roi. Cité par M. Herluison à propos de son acte de décès, en date du 12 février 1656.

BALTAT
XVIIᵉ siècle. Italien.
Graveur à l'eau-forte.

Nagler cite de ce peintre une *Madone avec l'Enfant Jésus sur un fond de paysage*, qui rappelle le goût de Guido Reni.

BALTAXÉ MARTAYAN Simone
Née en 1925 à Paris. XXᵉ siècle. Depuis 1951 active aussi au Liban. Française.
Peintre de compositions à personnages, de cartons de tapisseries.

Elle fut élève à Paris de l'Ecole des Arts Appliqués, de l'Ecole des Beaux-Arts dans l'Atelier Souverbie, s'initia à la fresque dans l'Atelier Ducos de La Haille. Elle travailla aussi à l'Académie Julian et reçut des conseils de Jean Lurçat et Marc Saint-Saens. En 1951, elle épousa un Arménien Libanais, se fixa à Beyrouth et plus tard revint à Paris. A Paris, elle a participé aux Salons de la Jeune Peinture, des Artistes Indépendants, de Mai, et fait des expositions personnelles en 1951, 1964. Elle fut lauréate du Prix Lefranc en 1950. A Beyrouth, elle a figuré aux expositions du Musée Sursock, où elle obtint un troisième Prix de Peinture en 1967, elle fit aussi plusieurs expositions individuelles de ses peintures entre 1965 et 1968. Dans cette période libanaise, elle consacra son activité surtout à la tapisserie. Elle en exécuta plusieurs qu'elle montra dans des expositions personnelles en 1971, 1972, 1974, 1981 au Liban, et en 1983 à Paris.

Elle peint des compositions très complexes, aux personnages multiples dans des attitudes variées adroitement dessinées, qu'elle distribue savamment dans l'espace de la scène, qui est aussi celui de la peinture. Elle joue subtilement de lumières rosées détachant les formes, les volumes et les corps, des ombres et pénombres bleutées. ■ J. B.

BIBLIOGR. : Catalogue de l'exposition *Liban – Le regard des peintres*, Institut du Monde Arabe, Paris, 1989.

BALTAZAR Charles
Né à Bordeaux. XXᵉ siècle. Français.
Peintre de natures mortes et de portraits.

Il a exposé à Paris au Salon d'Automne en 1920.

BALTAZAR Julius, pseudonyme de **Lambion Gilles**
Né le 13 juillet 1949 à Paris. XXᵉ siècle. Français.
Peintre et graveur. Paysagiste-abstrait.

Il a participé à de nombreuses expositions collectives à Paris, dont celles de la Jeune gravure contemporaine en 1974, 1979, 1981, 1985, 1987, au Salon de Mai en 1975, 1976, 1985, 1986, 1987, au Salon Grands et Jeunes d'Aujourd'hui en 1977, au Salon des Réalités Nouvelles en 1976, 1978, 1980, 1984. À partir de 1967, il montre régulièrement des expositions personnelles à Paris, Toronto 1972, 1973, en Suède 1976, à Liège 1978, Nice 1980, 1985, 1988, Bruxelles 1981, 1986, Luxembourg 1983, 1989, New York 1984, 1985, Gand 1987, Hambourg 1988, Genève 1989, Spa 1990, etc.

Après des débuts surréalistes, Baltazar s'est orienté vers une abstraction spontanée qu'avait été renouvelée dans les années 50-60, donnant des œuvres qui peuvent être rattachées au paysagisme abstrait. Ses peintures évoquent le vent, l'air, la mer, le ciel, l'espace, l'atmosphère, enfin tout élément tout à coup interrompu par une déchirure, une ouverture vers le néant, un blanc au milieu duquel sont griffonnées des inscriptions nerveuses à la manière de l'écriture chinoise ou d'une signature. Ses techniques de frottages, giclures, coulures donnent une impression de mouvement dans l'espace et permettent des fondus enchaînés, à la manière de Zao Wou-ki.

BIBLIOGR. : Catalogue de l'exposition *Julius Baltazar, 20 ans d'activité*, Galerie Michel Broomhead, Paris, 1991.

MUSÉES : BARCELONE (Mus. de Arte Moderno) – BRUXELLES (Mus. roy. des Beaux-Arts) – COPENHAGUE (Det Kongelige Bibliotek) – LA HAYE (Kroninklije Bibl.) – LIÈGE (Mus. roy. des Beaux-Arts) – LONDRES (Tate Gal.) – LA LOUVIÈRE (Centre de la gravure et de l'image imprimée de la Communauté Française en Belgique) –

LUXEMBOURG (BN) – MADRID (Mus. d'Art Contemp.) – MARIEMONT (Mus. roy.) – MULHOUSE (Bibl. mun.) – NEW YORK (Public Library) – NICE (Bibl. mun.) – PARIS (Mus. Nat. d'Art Mod.) – PARIS (BN) – TOKYO (Seibu Mus. of Art).

VENTES PUBLIQUES : NEUILLY, 22 nov. 1988 : *Sans titre*, acryl./t. (80x65) : FRF 24 500.

BALTEDAN Reynal de
XVIIe siècle. Espagnol.
Peintre.
Il travailla, en 1601, à la décoration du palais royal de Valladolid.

BALTEN Pieter ou Baltens, appelé aussi Pieter Custodis
Né vers 1525 à Anvers. Mort vers 1598. XVIe siècle. Éc. flamande.
Peintre, graveur et poète.
Membre de la gilde de Saint-Luc en 1540, il en devint le doyen en 1569. Pierre Brueghel le Vieux influa beaucoup sur cet artiste. Ainsi, une grande composition, qui est œuvre de Pieter Balten et qu'on conserve au Musée d'Amsterdam, représentant la *Foire de la Saint-Martin*, a été attribuée à Brueghel par le graveur H. Guérand, qui l'a reproduite. En 1558, il fut chargé de peindre les ailes de l'orgue de l'église de Notre-Dame à Anvers. Karel van Mander cite un *Saint Jean prêchant*, en ajoutant l'anecdote que l'empereur Rodolphe II fit changer dans ce tableau le personnage de ce saint par un éléphant. Les gravures de cet artiste sont remarquables. On en possède de nombreuses.

PEETER BALTEN

MUSÉES : AMSTERDAM : *Fête de Saint Martin* – ANVERS : *La Fête de Saint Martin* – DARMSTADT : *Paysages avec moulin à eau* – VIENNE : *Saint Jean prêchant dans le désert.*

VENTES PUBLIQUES : PARIS, 3 juin 1920 : *Le Diable semant l'ivraie* : **FRF 7 500** – PARIS, 5 déc. 1923 : *Les Hébreux en vue de la Terre promise*, attr. : **FRF 590** – PARIS, 27-28 nov. 1924 : *La Tour de Babel*, attr. : **FRF 4 000** – PARIS, 19 déc. 1928 : *Paysage d'hiver* : **FRF 330** – LONDRES, 10 juin 1932 : *La lisière du village* : **GBP 84** – BRUXELLES, 4 avr. 1938 : *Kermesse flamande* : **BEF 3 200** – PARIS, 16 juin 1961 : *La Kermesse de Saint-Bavon*, attr. : **FRF 37 000** – PARIS, 4 déc. 1968 : *La Kermesse de Saint-Bavon* : **FRF 52 000** – PARIS, 17 juin 1970 : *La prédication de saint-Jean Baptiste* : **FRF 80 000** – PARIS, 31 mai 1972 : *Kermesse de la Saint-Sébastien* : **FRF 62 000** – VERSAILLES, 11 nov. 1973 : *Kermesse de Saint Bavon* : **FRF 205 000** – BRUXELLES, 25 nov. 1977 : *Kermesse villageoise*, h/bois (72x80) : **BEF 550 000** – LONDRES, 1er juil. 1980 : *Le soir du mariage*, cuivre (17,8x27,9) : **GBP 600** – LILLE, 14 mars 1981 : *Le sermon sur la montagne*, h/bois (96x126) : **FRF 155 000** – PARIS, 20 avr. 1983 : *Kermesse de Saint-Sébastien*, h/pan. (63x95) : **FRF 95 000** – NEW YORK, 15 jan. 1986 : *La fête de la Saint-Georges*, h/t (96,4x149,7) : **USD 35 000** – COLOGNE, 23 mars 1990 : *Place de marché d'une ville flamande*, h/pan. (70x102,5) : **DEM 90 000** – PARIS, 9 avr. 1990 : *Le Banquet de la mariée*, h/pan. (71,5x103) : **FRF 1 050 000** – LONDRES, 12 déc. 1990 : *Fête villageoise*, h/pan. (69,5x129) : **GBP 66 000** – PARIS, 28 oct. 1994 : *Personnages près d'un village sur une rivière gelée*, encre et lav., deux dessins (chaque 32x40) : **FRF 240 000.**

BALTESIR Fr.
XVIIe siècle. Actif en Angleterre en 1600. Britannique.
Graveur.
On cite de cet artiste : *Sir William Brog, officier dans un régiment écossais*, 1600.

BALTHASAR
XVe-XVIe siècles. Actif à Lucerne entre 1487 et 1517. Suisse.
Peintre verrier.

BALTHASAR. Voir HAUG Hans

BALTHASAR Casimir Victor Alexandre de
Né le 4 novembre 1811 à Hayange (Moselle). Mort en 1875. XIXe siècle. Travaillant à Paris. Français.
Élève de Paul Delaroche, ses tableaux d'histoire et ses portraits furent régulièrement exposés aux Salons de Paris, de 1833 à 1868. La galerie de Versailles possède le portrait de Marie-Louise-Gabrielle de Savoie, reine d'Espagne, que le peintre a exécuté d'après un tableau de Menendez, ainsi que celui du financier Law. Il passa à Toul les dernières dix années de sa vie. Dans cette ville, il fut chargé de la restauration des peintures sur verre de la cathédrale.

MUSÉES : SAINT-OMER : *Portement de Croix* – VERSAILLES : *Jean Law, contrôleur général des Finances.*

BALTHASAR François Savary ou Balthazar, ou Baltazar, ou Baltazard
Né à Nancy. XVIIIe siècle. Travaillait à la fin du XVIIIe siècle. Français.
Peintre.
Ce peintre fut l'élève de Restout, et peignit surtout des tableaux de piété. On cite notamment une *Résurrection* pour le maître-autel des Petites-Maisons, à Paris, et un tableau, 1779, représentant l'accouchement de Marie-Antoinette. Il fut membre de l'Académie de Nancy.

BALTHASAR Jurgen
Originaire de Rostock. XVIe siècle. Allemand.
Peintre.
Cité en 1552.

BALTHASAR Sidonie, Mme, née Gagelin
Née à Paris. Morte vers 1840 à Lucerne. XIXe siècle. Française.
Dessinatrice.

BALTHASAR von Balingen
XVIe siècle. Allemand.
Sculpteur.
Il travailla en 1513 à Constance, à la construction de la cathédrale.

BALTHASAR von Ottingen
XVe-XVIe siècles. Allemand.
Sculpteur.
Actif à Ansbach et en Souabe vers 1479-1508.

BALTHAUSER Michael
XVIIIe siècle. Actif à Graz vers 1712. Autrichien.
Graveur au burin.

BALTHAZARD Godon. Voir GODON Balthazar

BALTHAZARD de Gacheo de
Français.
Peintre.
Cet artiste figure au Musée de Toul, avec un tableau : *Firmin Gouvion distribuant des aumônes*. On cite également de lui au Collège d'Arras : *Monseigneur Donnot.*

BALTHAZARD-BERNARD Germaine
Née à Paris. XXe siècle. Française.
Peintre de paysages.
Élève de J.P. Laurens et Henri Montassier, elle a exposé, entre 1934 et 1939, à Paris au Salon des Artistes Français dont elle est devenue sociétaire. Ses paysages présentent, le plus souvent, des vues de l'Aveyron et de la Provence.

BALTHUS, pseudonyme de Klossowski ou Klossovski de Rola Balthus ou Balthasar
Né le 29 février 1908 à Paris. XXe siècle. Français.
Peintre de compositions à personnages, figures, nus, portraits, intérieurs, paysages, paysages de montagne, natures mortes, fleurs, peintre à la gouache, décorateur de théâtre, dessinateur, illustrateur.
D'origine polonaise, il passa sa petite enfance à Paris, avant d'aller vivre, à partir de 1914, en Suisse, à Genève. Très jeune, il commença à peindre, sans doute en autodidacte, mais évoluant dans un milieu imprégné d'art, appartenant à une famille d'artistes, amateurs d'art, où des familiers s'appelaient Bonnard, Gide, Rilke. Il fut surtout encouragé par Rainer Maria Rilke qui admirait ce jeune garçon tant attiré par l'Extrême-Orient, et, pour lui, rédigea son premier texte en français, préfaçant l'édition de ses premiers dessins sur des chats. Bonnard, de son côté, n'hésita pas à préfacer sa première exposition faite à l'âge de quinze ans. Ainsi encouragé, Balthus, âgé de seize ans, pouvait décider de se consacrer à la peinture et venait s'installer à Paris où ses seuls maîtres furent ceux du Musée du Louvre, notamment Poussin, David et Courbet.
En 1934, il expose pour la première fois à la Galerie Pierre, foyer du surréalisme ; il s'en suit une confusion quant à son appartenance à ce groupe, d'autant que les Surréalistes ont interprété son érotisme latent comme une valeur poétique du surréel. Ce fut surtout, pour lui, l'occasion de rencontrer Antonin Artaud qui l'entraîna dans l'aventure du théâtre des *Cenci* pour lesquels il peignit des décors et des costumes. Tout au long de sa vie il marquera un intérêt pour le théâtre, peignant, en 1948, les

décors pour *La Peste* et *L'Etat de Siège* d'Albert Camus, puis pour *L'Île aux chèvres* d'Ugo Betti en 1953. Il avait également travaillé à l'élaboration du cadre scénique de *Cosi fan tutte* pour le festival d'Aix-en-Provence en 1950.

Entre le moment où il était venu s'installer à Paris en 1924 et le moment où il gagna la Suisse en 1943, Balthus voyagea en Italie, découvrant les fresques de Masaccio et de Piero della Francesca, qui influencèrent très profondément son style. Après son service militaire au Maroc, il prépara, en 1933, des dessins pour l'illustration du roman d'Emily Brontë : *Les Hauts de Hurlevent*. Ceux-ci ne furent pas publiés, mais parurent dans le *Minotaure* en 1935. À partir de 1936, il peignit une série de portraits, dont ceux de Marie-Laure de Noailles, Derain, Miro et sa fille. Balthus se montre très vite attiré par le monde de l'enfance, comme le prouvent *L'enfant gourmand*, *Fillette aux poissons rouges* ou *Les enfants*, tableau qui avait appartenu à Picasso et qui entra aux Musées Nationaux par suite de sa dation. Mais très rapidement il montra sa prédilection pour les représentations de jeunes filles « en bouton plutôt qu'en fleur ». Après sa démobilisation, il se retira en Suisse en 1943. Il peignait alors, à côté de ses adolescentes habituelles, des paysages montagneux, dans l'esprit des peintres chinois.

Il est à nouveau installé à Paris entre 1946 et 1954. Cette période montre l'art de Balthus en pleine maturité à travers des toiles comme *La chambre*, où une adolescente nue, endormie, le corps à l'abandon, est découverte par une sorte de gnome qui ouvre le rideau de la chambre, précipitant la lumière sur celle-ci, sous le regard surpris d'un chat. Le *Passage du Commerce-Saint André* fut tout aussi célèbre, ses personnages aux formes stylisées, aux attitudes factices, dénués de vie semblent là pour mieux scander l'ordonnance géométrique des maisons. Cette absence de vie n'est pas étonnante dans les tableaux de Balthus qui ne cherchent pas à raconter une histoire : « Les choses sont là, elles ne se passent pas » (Octavio Paz). La lumière reste sourde sur des couleurs réduites posées en couches successives et recouvertes de glacis transparents. Cette technique donne à la peinture de Balthus une allure de fresque, par le blanc crayeux que l'on pressent en arrière des couleurs.

En pleine maturité, Balthus se retira au château de Chassy dans le Morvan, où il restera de 1954 à 1961. Sa technique ne varie guère, il peint des paysages aux accords d'ocre, de lilas, de tons olive, de rouille, posés en couches successives, donnant une matière épaisse et grenue. Les nus présentent inlassablement des jeunes adolescentes dont les corps absorbent la lumière ; l'exemple le plus significatif de cette période étant, sans doute, *La phalène*, où la jeune fille, sous l'effet de la lumière, prend allure de bas-relief presque égyptien. 1961 marque un tournant dans la vie de Balthus, puisque Malraux lui demande de diriger la Villa Médicis à Rome. Envoyé en mission au Japon, il rencontre celle qui devait devenir sa compagne : Setsuko. C'est sans doute elle qui inspira *La chambre turque*, *Japonaise au miroir noir* ou *Japonaise à la table rouge*, dont les compositions sont tout à fait orientales, sans toutefois tomber dans l'exotisme ni la « japonaiserie ». À son retour de Rome, Balthus s'est installé à Rossinière, à nouveau en Suisse. En avançant dans le temps, l'art de Balthus reste égal, il atteint parfois une pureté qui le rapproche de l'art antique.

Parmi ses expositions, notons, après sa toute première de 1934, celles de 1943 à Genève ; 1948 et 1956 à Paris ; 1949 et 1956 à New York, tandis qu'une rétrospective lui a été consacrée au Musée des Arts Décoratifs à Paris en 1966, au Musée National d'Art Moderne de Paris en 1983, au Centre de Arte Reina Sofia de Madrid en 1996, un *Hommage à Balthus*, également en 1996, lui a été rendu à l'Accademia Valentino de Rome.

Pourquoi existe-t-il autour de Balthus un malentendu sur sa réputation de peintre pervers, mondain et rétrograde ? Parce que ses nymphettes, ses vierges impubères ont une sensualité que certains ne trouvent pas innocente, tandis que Claude Royer pense « qu'une des plus sûres clés de Balthus c'est pourtant, au contraire, sa grande douceur attentive, le regard tendre et léger qu'il porte sur les enfants. » Parce que le cercle « d'amateurs éclairés » et de « collectionneurs avertis » en fait un peintre à part, peintre à leur mesure, à leur convenance, et surtout le garant de leur bon goût, la justification rassurante à leur aversion pour le trop d'audace en art, l'art abstrait en particulier dans l'après-guerre, tout en dédouanant, et à peu de risque, le surréalisme à leur intention. Le malentendu consiste en ce qu'il semblait en effet anormal de faire une peinture figurative de type

classique, dont les seules audaces sont de l'ordre de la narration et non de la forme, tout en prétendant à un label d'avant-garde.

■ Annie Pagès

BIBLIOGR. : Georges Bernier in *L'Œil*, Paris, mars 1956 – Jean Cassou : *Peintres Contemporains*, Mazenod, Paris, 1964 – Pierre Cabanne in, *L'avant-garde au XXe siècle*, André Balland, Paris, 1969 – Jean Leymarie : *Balthus*, Skira, Genève, 1982 – Lydia Harambourg, in : *L'École de Paris 1945-1965. Diction. des Peintres*, Ides et Calendes, Neuchâtel, 1993 – Claude Roy : *Balthus*, Gallimard, Paris, 1996 – Catalogue de l'exposition : *Hommage à Balthus*, Rome, Accademia Valentino, Ed. Skira, Genève, 1996.

MUSÉES : CHICAGO (Art Inst.) : *La patience* 1943 – INDIANAPOLIS (Mus. of Art) : *Bouquet de roses sur la fenêtre* – LONDRES (Tate Gal.) : *Jeune femme endormie* – MARSEILLE – MELBOURNE (Nat. Gal. of Victoria) : *Nu avec un chat* – MINNEAPOLIS (Inst. of Arts) : *Le salon* – NEW HAVEN (Yale University, Art Gal.) : *Etude pour baigneuse* – NEW YORK (Mus. of Mod. Art) : *Portrait d'André Derain* – *Portrait de Joan Miro et sa fille Dolorès* – *Jeune fille en vert et rouge* – *La rue* 1933 – NEW YORK (Metropolitain Mus.) : *Nu devant la cheminée* 1955 – PARIS (Mus. du Louvre) : *Les enfants* (*Hubert et Thérèse Blanchard*) – PARIS (Mus. Nat. d'Art Mod.) : *Le peintre et son modèle* 1980-1981 – *La toilette de Cathy* 1933 – *La chambre turque* 1963-1966 – *La phalène* 1959-1960 – *Grand paysage à l'arbre* 1960 – PHILADELPHIE (Mus. of Art) : *Jeune fille assoupie* – ROTTERDAM (Mus. Boymans Van Beuningen) : *Joueurs de cartes* 1968-1973 – TROYES (Mus. d'Art Mod.) : *Paysage provençal* 1925 – *La fenêtre, cour de Rohan* 1951 – *La vallée de l'Yonne* 1955 – WASHINGTON D.C. (Hirshhorn Mus.) : *Les beaux jours* 1945-1946 – *Le spahi et son cheval* – *La chambre*.

VENTES PUBLIQUES : LONDRES, 7 juil. 1960 : *Buste de jeune fille*, dess. : **GBP 280** – LONDRES, 6 déc. 1961 : *Nu endormi* : **GBP 3 200** – MILAN, 21-23 nov. 1962 : *Paysage d'hiver* : **ITL 6 000 000** – GENÈVE, 25 mai 1963 : *Vue de Larchant* : **CHF 90 000** – LONDRES, 1er juil. 1964 : *La vallée de l'Yonne* : **GBP 4 500** – LONDRES, 8 déc. 1966 : *Jeune fille à la fenêtre*, aquar. : **GBP 380** – LONDRES, 8 déc. 1966 : *La statue* : **GBP 500** – LONDRES, 15 nov. 1970 : *Garçon jouant dans un parc* : **GBP 4 500** – PARIS, 27 mai 1972 : *Rome* : **FRF 14 000** – LONDRES, 4 déc. 1973 : *Nu couché* 1949 : **GNS 23 000** – PARIS, 28 juin 1976 : *Buste de jeune homme*, h/t mar./cart. (32,5x27,5) : **FRF 1 900** – LONDRES, 6 déc. 1978 : *Jeune fille lisant* 1957, h/t (162x130,5) : **GBP 55 000** – PARIS, 8 déc. 1979 : *Jeune fille se chaussant* 1950, h/t (66x55) : **GBP 38 000** – NEW YORK, 22 oct. 1980 : *Jeune fille accroupie* 1963, cr. (29,8x40,5) : **USD 7 500** – LONDRES, 30 nov. 1981 : *Jeune fille nue couchée* 1949, h/cart. (55x66) : **GBP 24 000** – NEW YORK, 20 mai 1982 : *Fillette aux poissons rouges* 1948, h/t (60,5x63) : **USD 140 000** – NEW YORK, 17 nov. 1983 : *Monte Calvello*, fus. et cr./pap. (69,8X100) : **USD 17 000** – LONDRES, 5 déc. 1983 : *Le Salon* 1941, h/pan. (50x60) : **GBP 155 000** – NEW YORK, 17 mai 1984 : *Fleurs* 1954, aquar. et cr. (43x52) : **USD 11 000** – PARIS, 6 déc. 1985 : *Personnages romains*, gche (147,5x99,5) : **FRF 86 000** – LONDRES, 24 juin 1986 : *Nature morte aux fruits*, aquar. et cr. gras/pap. (27,3x38) : **GBP 28 000** – NEW YORK, 18 nov. 1986 : *Étude pour la partie de cartes* 1947, h/isor. (44x63) : **USD 190 000** – NEW YORK, 11 nov. 1987 : *Jeune fille assise* 1930, h/t (91x72) : **USD 330 000** – PARIS, 1er juil. 1988 : *La sieste*, dess. au cr. noir (67x97) : **FRF 1 500 000** – PARIS, 28 oct. 1988 : *Man standing, girl sitting* 1975, dess. mine de pb (35x45) : **FRF 120 000** – PARIS, 21 nov. 1988 : *La femme au bain*, dess. (52x42) : **FRF 400 000** – LONDRES, 29 nov. 1988 : *Lady Abdy* 1935, h/t (180x133) : **GBP 770 000** – PARIS, 12 déc. 1988 : *Nu assis* 1948, dess. (27x20) : **FRF 70 000** – NEW YORK, 10 mai 1989 : *Jeune fille couchée* 1947, h/t (54x65) : **USD 550 000** – NEW YORK, 13 nov. 1989 : *La toilette* 1957, h/t (162x130,8) : **USD 2 090 000** – PARIS, 19 nov. 1989 : *Le Gottéron* 1943 (115x99,5) : **FRF 3 000 000** – PARIS, 24 nov. 1989 : *Le Gottéron*, h/t (70x62) : **FRF 900 000** – LONDRES, 29 nov. 1989 : *Jeune fille (Melle Leibowitz)* 1950, h/cart. (59,5x49) : **GBP 46 200** – PARIS, 26 mars 1990 : *Jeune fille nue en buste*, cr. (45,7x35,9) : **FRF 320 000** – Londres, 3 avr. 1990 : *Portrait de Frédérique (jeune fille aux bras croisés)* 1955, h/t (81x65) : **GBP 484 000** – New York, 16 mai 1990 : *La sieste* 1949, cr./pap./pap. (30,8x41,9) : **USD 60 500** – Avignon, 14 avr. 1991 : *Portrait de Sheila Pickering* 1935, h/t (73x50) : **FRF 1 000 000** – New York, 8 mai 1991 : *Lelia Caetani* 1935, h/t (116x88) : **USD 165 000** – Paris, 25 mai 1991 : *Roger et son fils* 1936, h/bois (130,3x89) : **FRF 1 600 000** – Monaco, 11 oct. 1991 : *Le peintre et son modèle* 1949, encre et cr./pap./pap. (31,5x24,5) : **FRF 144 300** – Paris, 24 mai 1992 : *Paysage* 1951, h/bois (70x62,5) : **FRF 410 000** – New York, 11 nov. 1992 : *Étude pour « Les trois sœurs »* 1954, h/t (98,4x80) : **USD 517 000** – New York, 12 nov. 1992 : *Nu debout* 1954, h/t (100,3x81,2) : **USD 275 000** – Paris, 4 mai 1993 : *Deux filles dans un intérieur* 1975, fus. et mine de pb (35x46) : **FRF 73 000** – New York, 12 mai 1993 : *Colette de profil* 1954, h/t (92,1x73) : **USD 288 500** – Paris, 3 juin 1993 : *Portrait de Renée* 1930, h/t (77x58,5) : **FRF 800 000** – Milan, 12 oct. 1993 : *Jeune femme nue*, fus. et cr./pap. (100x70) : **ITL 115 000 000** – Paris, 22 nov. 1993 : *Nu sur le divan* 1927, h/t (98,5x77,5) : **FRF 600 000** – Londres, 30 nov. 1993 : *Autoportrait*, h/t (115x81) : **GBP 221 500** – Heidelberg, 5-13 avr. 1994 : *Valérie* 1993, litho. en coul. (42x36) : **DEM 3 200** – Milan, 5 mai 1994 : *Tôt le matin* 1954, h/t (75x72) : **ITL 419 750 000** – New York, 9 mai 1994 : *Buste de jeune fille de profil*, cr./pap. (35,8x23,5) : **USD 57 500** – New York, 11 mai 1994 : *Bouquet de fleurs* 1941, h/cart. (73x92) : **USD 90 500** – Paris, 13 juin 1994 : *saint Luc et saint Mathieu* 1927, gche/cart./t. (147x99) : **FRF 195 000** – Paris, 17 oct. 1994 : *Croquis* 1950, mine de pb sur morceau de nappe de pap. (32x44) : **FRF 16 500** – Londres, 29 nov. 1994 : *Portrait de Thérèse Blanchard* 1939, h/t (55x46) : **GBP 91 700** – Paris, 26 mars 1995 : *Paysage*, mine de pb (24x30,5) : **FRF 55 000** – New York, 10 mai 1995 : *Paysage à la tour* 1956, h/t (64,8x81,3) : **USD 57 500** – Paris, 10 déc. 1995 : *Jeune Fille devant le paysage*, litho. coul. (56x76) : **FRF 4 600** – Paris, 21 fév. 1996 : *La Langouste* 1949, h/pan. (65x81) : **FRF 447 000** – New York, 1er mai 1996 : *Jeune Fille endormie*, cr./pap. (56x42,5) : **USD 85 000** – New York, 1er mai 1996 : *Portrait de la famille Mouron-Cassandre* 1935, h/cart. (72,1x72,1) : **USD 497 500** – Londres, 26 juin 1996 : *Le Jardin du Luxembourg*, h/t (65,4x49,5) : **GBP 29 900** – New York, 13 nov. 1996 : *Tête de Katia*, cr./pap. (26,7x29,9) : **USD 11 500** – Londres, 2 déc. 1996 : *Le Panier de cerises* 1961, h/t (65x73) : **GBP 243 000** – Paris, 16 déc. 1996 : *Nature morte à la tasse, soucoupe et fruits (verso) ; Étude de femme (recto)*, mine de pb/pap. (37,5x29) : **FRF 30 000** – Rome, 8 avr. 1997 : *Jeune Fille dans un fauteuil* 1974, cr./pap. Japon (50x42,5) : **ITL 46 600 000** – Paris, 17 juin 1997 : *Étude pour la chambre turque* 1963, aquar. et mine de pb/pap. (38,5x50) : **FRF 700 000** ; *Grand nu couché* 1965, cr./pap. (68x103) : **FRF 1 000 000** ; *Grand paysage* 1960, h/pap. mar./t. (140x156) : **FRF 3 800 000** ; *La Ferme* 1958, h/t (81x100) : **FRF 3 000 000** ; *Cour de ferme à Chassy* 1954, h/t (75x92) : **FRF 3 200 000** – Paris, 18 juin 1997 : *Portrait de Frédérique* 1949, fus./pap. (71x57) : **FRF 370 000** ; *Bouquet de fleurs* 1956, h/pan. parquetée (55x58) : **FRF 280 000** ; *Paysage* 1954, aquar. et encre/pap. (30x23) : **FRF 50 000** – Paris, 19 oct. 1997 : *Jeune fille endormie*, litho. coul. (76x56) : **FRF 11 500**.

BALTRAM Nazei
XVIe siècle. Suisse.
Peintre décorateur.
Une inscription datée du 23 avril 1575 apprend qu'il exécuta, en collaboration avec Guilmo Plot, les ornements de la voûte de l'église à deux nefs de Santa Maria di Castella, près Giornico.

BALTUS Georges M.
Né le 3 mai 1874 à Courtrai. Mort le 24 décembre 1967 à St-Trond. XXe siècle. Belge.
Peintre de portraits, figures, natures mortes et paysages, graveur, illustrateur.
Elève de Jean Portaels à l'Académie des Beaux-Arts de Bruxelles, il travailla aussi bien la peinture, la gravure, la tapisserie, le vitrail que l'illustration. Il fut professeur à la School of Arts de Glasgow et fut l'auteur de *Technics of painting* en 1912.

G-M-BALTVS

BALTUS Jean, pseudonyme : **Web**
Né le 27 novembre 1880 à Lille (Nord). XXe siècle. Français.
Peintre de compositions animées, paysages.
Il prend parfois le pseudonyme de Web.
Il a participé au Salon des Indépendants à Paris à partir de 1907, puis au Salon des Artistes Français et à celui de la Société Natio-

nale des Beaux-Arts entre 1911 et 1931, dont il devint associé en 1929. Il fit plusieurs expositions particulières à Lille, Marseille, Avignon, Nice, Bruxelles, Bâle, Zurich, Genève, Londres, Amsterdam et Berlin.
Par son dessin synthétique, ses aplats, il rend l'essentiel de scènes vivantes qui se situent souvent dans des cafés ou des cabarets, exécutées dans un style proche de celui d'un affichiste.
Bibliogr. : Gérald Schurr : *Les Petits Maîtres de la peinture 1820-1920, valeur de demain*, Les Éditions de l'Amateur, t. IV, Paris, 1979.
Ventes Publiques : Paris, 26 fév. 1979 : *Paysage*, pl. et lav. (30x39) : **FRF 1 050**.

BALTZ J. Georges
Né en 1760 à Strasbourg. Mort vers 1831 à Paris. XVIIIe-XIXe siècles. Français.
Peintre.
Les miniatures qu'il exécuta sur porcelaine, et dont les sujets consistent en portraits et en paysages, sont dispersées dans les diverses collections artistiques de France, de Russie et d'Allemagne.
Ventes Publiques : Londres, 28 juin 1962 : *Trois enfants dans un paysage, l'un jouant avec un oiseau*, gche : **GBP 90**.

BALTZER Karl Emil Lauritz
Né le 16 mars 1875 à Copenhague. XXe siècle. Danois.
Dessinateur.
Il fit ses études à l'Académie de Copenhague et fut professeur de dessin à Göteborg. Ses dessins reproduisent surtout des antiquités de Bohnslän.

BALUGANI Filippo
Né en 1734 à Bologne. Mort en 1780. XVIIIe siècle. Italien.
Sculpteur et stucateur.
Il fut l'élève de Vittorio Bigari. Différentes églises de Bologne possèdent des œuvres de lui.

BALUSCHEK Hans
Né le 9 mai 1870 à Breslau. Mort le 27 septembre 1935 à Berlin. XIXe-XXe siècles. Allemand.
Peintre de scènes de genre et paysages, dessinateur et lithographe.
Il fit ses études à l'Académie royale de Berlin entre 1889 et 1894, fut membre de la Société d'Artistes berlinois : *Deutches Künstlerbund* et de la Sécession avec laquelle il exposa en 1909 à Berlin. Il présente avec vigueur la société allemande dans ses plaisirs brutaux et ses tristesses poignantes. Il aime aussi peindre les gares et chemins de fer. Lorsqu'il peint des paysages, il préfère bien souvent utiliser l'aquarelle et la gouache. Il fit des illustrations de livres pour enfants, dont *Peterchens Mondfahrt* de G. von Bassewitz, *Prinzessin Huschwind* de F. P. Buch, *Ins Märchenland* de G. Goes, *Märchen* de Grimm. Il exécuta aussi des lithographies en couleurs.
Bibliogr. : Marcus Osterwalder, in : *Diction. des illustrateurs, 1830-1914*, Hubschmid & Bouret, Paris, 1983.
Ventes Publiques : Cologne, 26 mars 1976 : *La petite gare* 1927, aquar. (39x55) : **DEM 3 200** – Munich, 4 mai 1977 : *Dimanche* 1923, h/t (151x81) : **DEM 17 000** – Hanovre, 30 sep. 1978 : *Le jardin zoologique de Berlin*, h/t (46x59) : **DEM 2 000** – Berne, 30 avr. 1980 : *Le drapeau noir sur la mine* 1930, aquar. et craies de coul. (71x49) : **DEM 11 000** – Munich, 14 mai 1986 : *Orchestre de femmes*, aquar., encre de Chine et craie reh. de blanc (37x37) : **DEM 7 000**.

BALUTIS Valdemars
Né en 1914 à Latvia. XXe siècle. Suédois.
Sculpteur.
Il étudia à l'Académie des Beaux-Arts de sa ville natale. Il expose en Suède, Norvège, France, Allemagne, aux États-Unis et en Australie.

BALWE Arnold
Né en 1898 à Dresde. Mort en 1983 à Feldwiesam Chiemsee. XXe siècle. Allemand.
Peintre de paysages, paysages animés, fleurs. Postimpressionniste.
Essentiellement paysagiste, à la suite des impressionnistes, il était sensible aux variations saisonnières de la lumière.

Balwé

Ventes Publiques : Heidelberg, 13 oct. 1979 : *Deux femmes sur la plage*, h/t (68x99,5) : **DEM 1 600** – Cologne, 26 juin 1981 : *Vue* *du Chiemsee*, h/t (70,5x101) : **DEM 2 600** – HEIDELBERG, 3 avr. 1982 : *Paysage* vers 1926, h/cart. (35x51) : **DEM 3 600** – MUNICH, 28 mai 1984 : *Soleil d'hiver*, h/t (85x100) : **DEM 9 800** – HEIDELBERG, 20 avr. 1985 : *Bouquet de fleurs des champs*, h/t (85x101) : **DEM 10 500** – HEIDELBERG, 18 oct. 1986 : *Scène de moisson*, h/t (76x100) : **DEM 10 000** – MUNICH, 2 juin 1987 : *Jardin en été*, h/t (81x116) : **DEM 40 000** – MUNICH, 26-27 nov. 1991 : *Marina di Campo*, h/t (73x92,5) : **DEM 18 975** – MUNICH, 1er-2 déc. 1992 : *Dans le jardin* 1949, h/t (73x100) : **DEM 64 400** – HEIDELBERG, 15 oct. 1994 : *Début de printemps*, h/t (73x100) : **DEM 21 000** – MUNICH, 23 juin 1997 : *Nature morte de fleurs*, h/t (105x70) : **DEM 50 450.**

BALY Evelyne P.
Née à Londres. xxe siècle. Britannique.
Peintre.
Elle exposa à Paris au Salon des Artistes Français de 1928 *Swiney at Cumberland.*

BALZAC Alain
Né en 1957. xxe siècle. Français.
Peintre. Abstrait.
Il fut élève de l'École des Beaux-Arts de Toulouse, puis celle de Paris. Il participe à de nombreuses expositions collectives, notamment à Paris : 1986 Salon des Réalités Nouvelles Paris ; 1992 Découvertes, FIAC (Foire Internationale d'Art Contemporain)... Il montre ses œuvres dans des expositions personnelles à Paris.
Enfermant le mot dans la peinture, le tableau dans un coffrage, des grands formats aux petits, Balzac, après les *Totems* et les *Blasons*, dans ses *Drapeaux*, suscite des tensions étonnantes. Il est un exemple romantique du dernier corps à corps entre l'artiste et sa peinture, dont la seule issue possible n'est que la destruction de l'œuvre et la mort de son auteur.
BIBLIOGR. : Manuel Jover : *Alain Balzac hisse les couleurs*, Beaux-Arts Magazine, n° 137, Paris, sep. 1995.
VENTES PUBLIQUES : PARIS, 14 avr. 1991 : *Drapeau rouge vert blanc*, techn. mixte/t. dans son coffrage (57,5x75) : **FRF 5 000.**

BALZAFIORI Antonio
xixe siècle. Actif à Vicence vers 1808. Italien.
Peintre et graveur.

BALZANI Giov. Girolamo
Né en 1657. Mort en 1734. xviie-xviiie siècles. Italien.
Peintre et sculpteur.
Élève de Pasinelli, il peignit des tableaux d'autel pour différentes églises de Bologne.

BALZANI Giuseppe
Originaire de Bologne. xviiie siècle. Actif à la fin du xviiie siècle. Italien.
Peintre.
Ce fut en fréquentant les ateliers d'Ant. Gionima et de Giovanni-Battista Grati qu'il apprit l'art de la peinture. Pendant longtemps, il travailla hors de l'Italie, notamment en Pologne.

BALZARI Claudio Salvatore
Né le 25 décembre 1761 à Colorno. Mort le 17 avril 1839 à Parme. xviiie-xixe siècles. Italien.
Paysagiste.
Son propre portrait, qu'il peignit, se voit à la Pinacothèque de Parme. On connaît de nombreux paysages de lui dans les collections privées.

BALZE
xixe siècle. Français.
Lithographe.
Beraldi cite de cet artiste une pièce intitulée : *Retour triomphal de l'armée de Crimée, 29 décembre 1855.*

BALZE Paul Jean Étienne
Né le 29 avril 1815 à Rome, de parents français. Mort le 24 mars 1884 à Pavie. xixe siècle. Français.
Peintre de compositions religieuses.
Élève d'Ingres, il collabora avec son maître à la décoration de plusieurs églises parisiennes et le copia, comme il copia Raphaël. Il est l'auteur de peintures décoratives à l'église Saint-Roch à Paris, notamment *La peste à Milan* – *La mort de Pie IV*, datées de 1857. Il a également exécuté, en 1862, *Les trois Vertus théologales*, à l'église Saint-Augustin de Paris et certaines des peintures ornant la façade de l'église Notre-Dame de Puiseux, dans le Loiret. En 1868, il peignit les décorations du vestibule de l'église de la Trinité à Paris. Peintre émailleur, il reproduisit des œuvres

de Raphaël sur lave et sur des plats en faïence. Son art reste sec, rigoureux, manquant de sensualité dans son graphisme.
BIBLIOGR. : Gérald Schurr : *Les Petits Maîtres de la peinture 1820-1920, valeur de demain*, t. V, Les Éditions de l'Amateur, Paris, 1981.
MUSÉES : LIMOGES : *Vierge à l'Enfant* – MONTAUBAN (Mus. Ingres) : *Funérailles de Lope de Vega* – *Un personnage flamand* – PARIS (Mus. du Louvre) : *Homère déifié*, plafond.
VENTES PUBLIQUES : VIENNE, 23 mars 1983 : *Portrait d'une dame de qualité* 1840, h/t, de forme ovale (91,5x73) : **ATS 22 000.**

BALZE Raymond
Né le 4 mai 1818 à Rome. Mort en 1909. xixe siècle. Français.
Peintre d'histoire, compositions religieuses, sujets mythologiques, scènes de genre, pastelliste.
Il fut, comme son frère, copiste de Raphaël et l'un des élèves préférés d'Ingres qui le nomma, par testament, l'un de ses légataires. Il est l'auteur d'un ouvrage *Ingres, son école, son enseignement du dessin par un de ses élèves*, qu'il publia en 1881.Il exposa régulièrement au Salon, de 1849 à 1904.
Ses tableaux sont, pour la plupart, des sujets historiques. On cite : *Le Christ apaisant la tempête*, *L'Apothéose de saint Louis*, *Bénédiction papale*, *Jeanne d'Arc à Patay*.
BIBLIOGR. : A. Duval : *L'atelier d'Ingres*, Paris, 1993.
MUSÉES : CHAMBÉRY : *Le repos des moissonneuses.*
VENTES PUBLIQUES : PARIS, 1875 : *Diane et Endymion* : **FRF 120** – PARIS, 12 déc. 1995 : *L'éloge de Raphaël* 1861, h/t (86,5x114,5) : **FRF 90 000.**

BALZE
xixe siècle. Actif en 1819. Français.
Graveur au burin.
Cet artiste cité par Le Blanc est probablement le fils d'Anton Balzer. On connaît de lui : *La Sainte Famille*, d'après Raphaël, 1819.

BALZER Anton
Né en 1771 à Prague. Mort le 19 décembre 1807. xviiie siècle. Éc. de Bohême.
Graveur au burin.
Fils de Johann Balzer. C'est de lui qu'il reçut sa première éducation artistique. Il alla ensuite, avec son frère Johann-Karl à l'Académie de Vienne, où il eut pour professeur Jakob Schmutzer. S'étant rendu à Dresde, il fréquenta les ateliers de Schulze et de Klengel. Il voyagea en Bohême, dans les Alpes, au Tyrol, à Venise et rapporta de ses excursions des sujets de paysages pour ses gravures. Au retour du voyage qu'il fit en 1792 dans les Riesengebirge, il publia vingt-quatre planches de vues de ces montagnes.

BALZER Ferdinand
Né en 1872 à Francfort-sur-le-Main (Hesse). Mort en 1916 à Wilhelmsbad. xixe-xxe siècles. Allemand.
Peintre de genre, paysages, aquarelliste.
Il travailla à Francfort-sur-le-Main. Il envoya, en 1905, à l'Exposition annuelle des Artistes de Francfort, quelques aquarelles représentant des scènes enfantines, sous le titre : *De mon calepin d'esquisses.*
VENTES PUBLIQUES : HEIDELBERG, 15-16 oct. 1993 : *Le moulin de Praunheimer*, aquar. et encre (19x26,5) : **DEM 1 700.**

BALZER Gregor
Né en 1754. Mort le 9 juin 1824 à Prague. xviiie-xixe siècles. Éc. de Bohême.
Graveur.
Il est le frère de Johann Balzer.

BALZER Johann
Né en 1738 à Kukus, en Bohême. Mort le 14 décembre 1799 à Prague. xviiie siècle. Éc. de Bohême.
Graveur au burin.
Le fécond graveur Michael-Heinrich Rentz fut son maître, mais c'est en Allemagne qu'il se perfectionna. Quand il fut de retour, il entra au service du comte Fr. de Sporck. À Prague, il fonda, aidé de ses frères Georges et Mathias, un grand atelier pour la publication des gravures. À lui seul, il livra au public plus de mille estampes, parmi lesquelles on compte des portraits de souverains et de personnalités marquantes, d'après Kleinhardt et Jahn. Il fut imprimeur royal. Sa collection de portraits des artistes bohémiens fut surtout remarquable.

BALZER Johann Karl
Né en 1768 à Prague. Mort le 14 mai 1805. xviiie siècle. Éc. de Bohême.

Peintre et graveur.

Il était frère d'Anton Balzer, et il l'accompagna dans ses voyages à Vienne, à Dresde et à Londres. On cite de lui : *François-Edmond Weirotter*, d'après Ducreux, 1791.

BALZER Mathias
XVIIIᵉ siècle. Actif à Prague. Éc. de Bohême.

Graveur au burin.

Autre frère de Johann, il étudia avec lui chez Rentz.

BALZICO Alfonso
Né en 1820 ou 1825 à Cava (près de Naples). Mort le 2 février 1901 à Rome. XIXᵉ siècle. Italien.

Sculpteur de bustes, statues, groupes.

Obtint le prix de Rome de l'Académie de Naples où il travailla avec Tito Angelini. Dans ses voyages d'études en Italie, il fit la connaissance du poète Massimo d'Azeglio dont il fit plus tard la statue. En 1860, il fut invité à la cour de Turin et y exécuta deux bustes et une statue équestre du duc Ferdinand de Gênes. Ce dernier ouvrage est considéré comme son chef-d'œuvre (1867). Vers 1872, Balzico se rendit à Rome et sculpta la statue du compositeur Vincenzo Bellini et le monument équestre de Victor-Emmanuel, commencé par Emilio-Franceschi.

On mentionne parmi ses autres œuvres : une grande *Statue de Jean Baptiste*, une *Virginie della purita*, un *Noli me Tangere*, un *Buste de Flavio Gioja*, trois statuettes : *L'Ingénue, La Povera et La Vendetta*, une statuette *La Civetta*, achetée par la ville de Naples pour le roi Victor-Emmanuel, les bustes du prince héritier de Portugal et de l'ambassadeur Comte Nigra, une statue de *Cléopâtre*, médaillée à Paris en 1900 (Exposition universelle), un *Groupe de Romulus et Remus*.

VENTES PUBLIQUES : ROME, 14 nov. 1991 : *Cheval* 1864, bronze (H. 69) : ITL 5 750 000.

BALZIMELLI Jacopo
XVIIᵉ siècle. Italien.

Sculpteur.

Il travaillait à Rome vers 1600, d'après Zani.

BALZUKIEWICZ Boleslas
Né en Pologne. XIXᵉ-XXᵉ siècles. Polonais.

Sculpteur.

Élève d'Antonin Mercié. Il a exposé au Salon des Artistes Français de 1914 des bustes et des portraits.

BAMA James
Né en 1926. XXᵉ siècle. Américain.

Peintre de compositions à personnages, de figures.

Il participa à l'Exposition : *A la découverte de l'Ouest américain*, Grand Palais à Paris en 1987, qui montrait une partie des collections du National Cowboy Hall of Fame.

MUSÉES : OKLAHOMA CITY (Nat. Hall of Fame) : *Bill Smith numéro un* 1974.

VENTES PUBLIQUES : NEW YORK, 26 sep. 1990 : *Comment maigrir*, h/cart. (71,1x63,5) : USD 12 100 – NEW YORK, 15 mai 1991 : *Jour des emplettes* ; *Le lieutenant*, h./résine synth. et h/cart., deux peintures (45,7x74,9 et 50,8x37,5) : USD 4 400 – NEW YORK, 15 avr. 1992 : *Exposition scientifique*, h/cart. (64,5x82,6) : USD 4 180.

BAMBAGLIOLI Uguccione
Né à Bologne. XIIIᵉ siècle. Actif à la fin du XIIIᵉ siècle. Italien.

Dessinateur, miniaturiste et calligraphe.

Auteur d'un dessin allégorique où figure le Dante, et considéré comme l'une des plus anciennes effigies du célèbre poète.

BAMBAIA, il. Voir BUSTI Agostino

BAMBAST Jean
XVIIᵉ siècle. Éc. flamande.

Sculpteur sur bois.

C'est lui qui exécuta, en 1657, les dentelures des portes de la chapelle de Notre-Dame, à Saint-Bavo, près de Gand.

BAMBER Bessie ou Betsie
XIXᵉ-XXᵉ siècles. Britannique.

Peintre animalier.

Elle était active entre 1899 et 1910. Elle pratiquait le genre diversement apprécié de la peinture de chiens et chats dans des attitudes et occupations attendrissantes.

VENTES PUBLIQUES : LONDRES, 16 fév. 1982 : *Puddy Tats ! 5*, deux h/t (15, 5x23) : GBP 340 – CHESTER, 30 nov. 1984 : *Chatons*, h/verre (21x63,5) : GBP 800 – LONDRES, 13 fév. 1987 : *Un chien pékinois*, h/t (56x40,7) : GBP 2 000 – CHESTER, 20 juil. 1989 : *Une famille de chatons* 1904, h/t (33x94) : GBP 880 – LONDRES, 13 mars

1992 : *C'est ma couverture !* ; *Une bande de trois*, h/verre blanc (chaque 15,2x20,3) : GBP 1 760 – LONDRES, 28 mars 1996 : *Chatons sur une balançoire*, h/verre blanc (11,4x15,3) : GBP 920.

BAMBERGER Friedrich ou Fritz
Né le 17 octobre 1814 à Würzburg. Mort le 15 août 1873 à Neuenhain (près de Bad Soden). XIXᵉ siècle. Allemand.

Peintre de paysages animés, paysages, aquarelliste, graveur, dessinateur.

Schadow, à l'Académie de Berlin, fut le premier à diriger le talent de ce peintre, qui entra dans sa classe en 1828. Peu de temps après, Bamberger se plaça sous la direction du peintre de marines Wilhelm Krause. Vers 1830, il reçut les conseils de Primavesi, à Cassel, et deux ans plus tard subit l'influence de Carl Rottmann, à Munich. A partir de cette époque, Bamberger commença à voyager, visita l'Angleterre et le nord de la France, et, vers 1841, séjourna quelque temps en Espagne, d'où il rapporta de nombreuses études. De retour à Munich, il travailla pour les cours de Bavière, de Wurtemberg et de Schwerin. En 1851, il fit un second voyage en Espagne et, en 1863, le grand-duc de Mecklembourg lui facilita un troisième séjour dans ce pays. Il jouit aussi de la faveur du célèbre mécène comte Schack.

MUSÉES : BRÊME : *Côte anglaise près d'Hastings – Gilbraltar* – MUNICH : *Gorge près de Cuenca en Espagne – San Geronimo en Castille*.

VENTES PUBLIQUES : MUNICH, 5 déc. 1967 : *Cour de ferme*, aquar./ préparation au cr. : DEM 320 – MUNICH, 11 déc. 1978 : *Toledo* 1850, aquar. /trait de cr. (10,2x19,5) : DEM 1 400 – COLOGNE, 12 juin 1980 : *Paysage alpestre* 1866, h/t (32x38) : DEM 4 000 – MUNICH, 30 juin 1983 : *Starnberg*, h/t (40x50) : DEM 11 000 – LUCERNE, 23 mai 1985 : *Bord de mer escarpé* 1855, h/t (73x112,7) : CHF 35 000 – NEW YORK, 25 fév. 1988 : *Paysage côtier avec un fort en ruines* 1865, h/pan. (55,8x71) : USD 6 600 – NEW YORK, 19 juil. 1990 : *Vue de Grenade*, h/t/pan. (38,2x53,3) : USD 7 150 – MUNICH, 10 déc. 1991 : *Vaste paysage avec des vaches près d'une mare* 1867, h/t (49x74) : DEM 34 500 – HEIDELBERG, 8 avr. 1995 : *Gros orage*, h/pan. (14,5x20,5) : DEM 3 600 – VIENNE, 29-30 oct. 1996 : *Vaste Paysage de rivière avec l'Escorial et la Sierra de Guadarrama en arrière-plan* 1859, h/t (131x177) : ATS 517 000 – HEIDELBERG, 11-12 avr. 1997 : *Orage sur une vaste vallée animée de cavaliers* 1847, aquar. et cr. (26,3x37,5) : DEM 3 400.

BAMBERGER Gustave ou Gustav
Né en 1860 ou 1861 à Würzburg. Mort en 1936. XIXᵉ-XXᵉ siècles. Allemand.

Peintre, aquarelliste, architecte.

Il commença d'abord par étudier l'architecture. Ce n'est qu'en 1896 qu'il se consacra entièrement à la peinture. Il se rendit à Karlsruhe et y travailla un certain temps sous la direction de Carlos Grethe.

VENTES PUBLIQUES : VIENNE, 18 avr. 1980 : *Le dégel*, h/t (55x68) : ATS 10 000.

BAMBERINI Domenico ou Anton Domenico
Né en 1666. Mort en 1741. XVIIᵉ-XVIIIᵉ siècles. Actif à Florence. Italien.

Peintre d'histoire et de portraits.

Il fut l'élève de Simon Pignoni, puis alla étudier à Rome pendant quelque temps. Revenu à Florence, il peignit un grand nombre de fresques pour les églises de la ville. Son portrait est dans la galerie des Offices.

BAMBINI Giacomo
Né vers 1582 à Ferrare. Mort en 1629. XVIIᵉ siècle. Italien.

Peintre.

Il fut l'élève de Domenico Mona, mais il ne suivit pas la manière de son maître. Avec Croma, son ami, il fonda la première Académie d'artistes que l'on trouve à Ferrare. Les tableaux qu'il exécuta pour les églises de sa ville natale sont fort nombreux ; cite notamment la fresque de Santa Margarita, représentant le *Martyre de la sainte*. On conserve, à l'Ateneo civico de Ferrare les peintures qu'il fit de *Saint Nicolas* et de *Saint Louis, roi de France*.

BAMBINI Giovanni
XVIIᵉ-XVIIIᵉ siècles. Italien.

Peintre.

Fils de Nicolo Bambini.

BAMBINI Nicolo
Né en 1651 à Venise. Mort vers 1736 à Venise. XVIIᵉ-XVIIIᵉ siècles. Italien.

Peintre d'histoire, sujets mythologiques.

Formé d'abord par Mazzoni, il alla ensuite à Rome, dans l'atelier de Maratta. De retour à Venise, il subit l'influence de Liberi. Il fit parfois retoucher ses tableaux par le peintre génois Cassana. Les peintures qu'il exécuta sont nombreuses.

On cite entre autres : *La Naissance du Christ*, à l'église San Stefano, *L'Adoration des Mages*, à San Zaccaria, et *Achille*.

Musées : Bâle : *Le Jugement de Midas* – Kassel (Gal.) : *La Vengeance de Fulvie*.

Ventes Publiques : Londres, 29 jan. 1979 : *L'enlèvement des Sabines*, h/t (70x105,5) : GBP 3 800 – Milan, 3 mars 1987 : *L'enlèvement des Sabines*, h/t (83x130) : ITL 30 000 000 – Paris, 5 mars 1997 : *Vierge à l'Enfant*, t. (80x64) : FRF 20 000.

BAMBINI Stefano
XVIIᵉ-XVIIIᵉ siècles. Vivait probablement à Venise. Italien.
Peintre.
Fils de Nicolo Bambini, et vraisemblablement aussi son élève.

BAMBINO VISPO, Maître du. Voir MAÎTRES ANO-NYMES

BAMBOCCI Pietro-Sante di Carlo
Originaire de Florence. XVIIIᵉ siècle. Actif vers 1711. Italien.
Peintre.

BAMBOCCIO. Voir LAAR Pieter Jacobsz van, ou LAER

BAMBOROUGH James
XIXᵉ siècle. Britannique.
Peintre de genre.
Il était actif de 1864 à 1885. Il exposa à l'Académie royale écossaise d'Édimbourg en 1866.
Ventes Publiques : Édimbourg, 19 nov. 1992 : *Critique amicale* 1864, aquar. (22,8x18,5) : GBP 830.

BAMBRIDGE Arthur
XIXᵉ siècle. Britannique.
Peintre de natures mortes et portraitiste.
Ses tableaux parurent de 1880 à 1890 aux Expositions de Londres et à celles de Berlin.

BAMESBIER Hans ou Johan
Né en Allemagne, selon Van Mander. XVIᵉ-XVIIᵉ siècles. Vivait à Amsterdam et à Gouda. Allemand.
Peintre portraitiste.
Bamesbier fut l'élève de Lambertus Lombardus, probablement à Liège. On dit qu'il vécut jusqu'à cent ans.

BAMFORD Alfred Bennet
XIXᵉ-XXᵉ siècles. Britannique.
Peintre d'architectures, aquarelliste.
Il a exposé à Chelmsford, dès 1883, des sujets d'architectures et travailla à l'aquarelle.
Musées : Liverpool : *Château de Preston*.

BAMFORD E.
XIXᵉ siècle. Britannique.
Peintre.
Il exposa à Londres, en 1802.

BAMFYLDE Copplestone Warre, baron ou Bampeylde
Mort en 1791. XVIIIᵉ siècle. Britannique.
Peintre de paysages, aquarelliste, graveur.
En 1771, il exposa à la Royal Academy un paysage des *Environs de Devonshire* et, en 1783, une *Vue de Southampton*. On cite encore : *La Tempête*, gravée par Benazech et *Vue de Stour head*, *Withshire*. Fr. Vivares sc.
Ventes Publiques : Londres, 13 juil. 1966 : *Bord de mer animé de pêcheurs* : GBP 120 – Londres, 20 mars 1979 : *The Vale of Lonsdale and Hornby Castle*, aquar. et cr. (27x37,5) : GBP 700 – Londres, 17 fév. 1982 : *Bord de mer 1772*, h/t (71x108) : GBP 1 550 – Londres, 20 nov. 1986 : *Ullswater from Govery High Park*, *Cumberland*, aquar. sur traits de pl. reh. de gche (35,5x63) : GBP 2 000.

BAMGANIER G.
XVIIIᵉ siècle. Actif en Allemagne en 1760. Allemand.
Graveur à la manière noire.
On connaît de cet artiste une gravure : *Justitia in agend*, allégorie.

BAMPEYLDE Copplestone Warre, baron. Voir BAM-FYLDE Copplestone Warre

BAMPIANI R.
XIXᵉ siècle. Actif à Tenby (Angleterre). Britannique.

Peintre.
Il exposa à Londres en 1871.

BAMPS Paul
Né en 1862 à Hasselt. Mort en 1932 à De Panne. XIXᵉ-XXᵉ siècles. Belge.
Peintre de paysages.
Il peignit surtout les paysages de la côte belge et de la Campine, ainsi que des vues de la ville de Hasselt.
Musées : Hasselt (Mus. Stellingwerf).

BAN Aernkin van der
XVᵉ siècle. Éc. flamande.
Sculpteur.
Il fut, en 1468, au service des ducs de Bourgogne.

BAN Benedikt
XVIᵉ siècle. Actif à Lucerne en 1565. Suisse.
Peintre.

BAN Christoffel
Né le 17 décembre 1554 à Zurich. XVIᵉ siècle. Suisse.
Peintre.
Cité à Francfort en 1596.

BAN Gerbrand ou Gerbrandt
Né en 1613 à Haarlem. XVIIᵉ siècle. Vivait encore à Amsterdam vers 1652. Hollandais.
Peintre.
En 1640, il épousa, le 26 juillet, à Amsterdam, Willemyntje Boelen et se fit marchand de tableaux. On possède de lui, au Musée d'Amsterdam, le portrait d'un jeune homme assis, daté de 1650. Il en existe un autre identique, daté cependant de 1652, dans une collection privée de Harlem. Le duc de Leicester, à Carton, en Irlande, a aussi un portrait d'homme, daté de 1649.

Ǵ͂Ѧʼͷ
16 50

Ventes Publiques : Amsterdam, 7 mai 1992 : *Nature morte avec du raisin, des coings et des pêches sur une table*, h/pan. (38,8x61,8) : NLG 92 000.

BAN Hans Heinrich
Né en 1536 à Zurich. Mort après 1583. XVIᵉ siècle. Suisse.
Peintre verrier.
Il est le fils d'Ulrich le Jeune.

BAN Hans van den
XXᵉ siècle. Hollandais.
Sculpteur d'assemblages, installations.
En 1988 il a présenté son travail dans une exposition circulante à Ivry, Troyes, Tournus, Rennes et Haarlem, et en 1991 dans une galerie de Bordeaux.
Les œuvres de Hans van den Ban s'inscrivent dans le paysage de la sculpture européenne tel que l'ont marqué et défini des personnalités comme Joseph Beuys, les artistes de l'Arte Povera et plus récemment la jeune génération des plasticiens anglais. Elles sont réalisées à partir de l'appropriation de matériaux et d'objets appartenant au domaine industriel, artisanal et quotidien, tapis convoyeurs de chaînes de production, câbles verts en PVC, fils de plomb ou chaînes de vélo, simples oranges artificielles, etc. Ses installations mettent en exergue l'étrangeté des formes et la subtilité des couleurs, le sculpteur ne jouant pas sur l'affirmation du caractère étranger aux arts plastiques des matériaux mais opérant plutôt sur le déplacement et les métamorphoses par des associations subtiles de couleurs et de matières. La composante littéraire de l'œuvre n'est pas à négliger, présente dans les titres des installations *Mille regrets* – *Vertigo verde*, dans les courts textes écrits par l'artiste et ses nombreuses références à Diderot, Mallarmé, Borges ou Lewis Carroll dont le contenu tant esthétique que poétique sollicite l'imagination et la réflexion, présente aussi la composante qui se réfère à l'histoire de l'art bourguignon du XVᵉ siècle, dans la série de 1991 à laquelle appartient le *Pleurant des oranges*, un assemblage de tubes de plomb pouvant évoquer quelque pleurant des tombeaux des ducs du Musée de Dijon, fixé sur un cylindre transparent rempli d'oranges en plastique.   ■ F. M., J. B.

BAN Heinrich
Né vers 1525 à Zurich. Mort en 1599. XVIᵉ siècle. Suisse.
Peintre et peintre verrier.
Il était fils d'Ulrich Ban l'Ancien. Étudia à Berne, sous la conduite de Hans Funk. Il était à Fribourg de 1540 à 1550. Le 11 février 1541, il fut chargé de peindre des vitraux pour le compte de cette

ville. Ayant quitté Fribourg, il vint s'établir à Zurich, où il ne fit plus que des tableaux.

BAN Ulrich, l'Ancien
XVIe siècle. Actif à Zurich. Suisse.
Verrier et peintre verrier.
Cité entre 1513 et 1535.

BAN Ulrich, le Jeune ou **Bann, Pan**
Mort en 1576. XVIe siècle. Actif à Zurich. Suisse.
Peintre.
Il peignit surtout des vitraux, et fut très occupé par le Conseil de la ville, à qui il fournit cent deux peintures d'armoiries sur verre. Il fit partie de la corporation de la Meise, et fut admis au Conseil en 1571.

BANAIGS Colette
Née le 2 mai 1927 à Orgelet (Jura). XXe siècle. Française.
Peintre.
Après avoir été professeur de Lettres, elle fut nommée conservateur du Musée de Saint-Denis puis professeur à l'Ecole des Arts appliqués de Paris. Sur des fonds monumentaux abstraits, faits de rayures verticales ou de peinture noire ou d'éléments organiques collés, elle introduit des éléments découpés, le plus souvent des visages.

BANATO Carlo
XVIIIe siècle. Actif à Gênes. Italien.
Peintre.

BANATRE Paul
XXe siècle. Français.
Peintre.
Il a exposé au Salon des Artistes Français à Paris en 1973.

BANAUREK Martin
XVIIIe siècle. Actif en Autriche, dans la seconde moitié du XVIIIe siècle. Autrichien.
Peintre.
Il peignit pour l'église de Rowetschin.

BANC Joseph, dit Jeff
Né le 6 septembre 1930 à Paris. XXe siècle. Français.
Peintre, sculpteur, graveur. Abstrait.
Elève à l'École des Arts décoratifs de Paris, il a exposé, dès 1956, à Paris, Bruxelles, New York, Cologne, Stuttgart, Londres et Milan. Prix Marzotto en 1960. La Bibliothèque nationale a exposé son illustration de l'Apocalypse de Saint-Jean, en 1962. Le graphisme domine sa peinture abstraite.
Musées : Rehovot (Israël) — San Antonio, Texas.
Ventes Publiques : Grenoble, 24 juin 1986 : *Composition bleue*, gche (59x76) : **FRF 5 500** – Paris, 12 oct. 1986 : *Composition 1960*, h/t (89x116) : **FRF 14 500** – Paris, 22 avr. 1988 : *Composition 1956*, techn. mixte/pan. (49x55) : **FRF 4 400** – Paris, 17 fév. 1988 : *Composition en bleu*, peint./pap. mar./t. (76x57) : **FRF 7 500** – Paris, 14 avr. 1989 : *Composition 1961*, acryl. (49x32) : **FRF 4 500** – Paris, 10 juin 1996 : *Sans titre 1961*, h/t (130x97) : **FRF 10 000**.

BANC Peter Marius
Né le 22 octobre 1829 à Aarhus (Jutland). XIXe siècle. Danois.
Peintre de fleurs.
Elève de l'Académie des Arts de Copenhague. Après avoir étudié à l'Académie, il fut l'élève d'Ottesen et de J.-L. Jensen.

BANCE Albert
Né en 1848 à Paris. Mort en février 1899. XIXe siècle. Français.
Peintre de paysages, de marines et d'animaux.
Elève de Butin et de van Marcke, il exposa au Salon de 1875 à 1885.
Ventes Publiques : Paris, 19 oct. 1949 : *Vaches sur la falaise* : FRF 2 000.

BANCE J. L., dit **l'Aîné**
XIXe siècle. Français.
Graveur.
Père de Bance fils, qui lui succéda en 1832, et devint, à son tour, Bance Aîné. Frère de Charles Bance jeune éditeur et graveur. Cité de 1793 à 1822, à Paris, marchand d'estampes pendant la Révolution et l'Empire.

BANCEL Louis
Né le 28 septembre 1926 à Saint-Julien-Molin-Molette (Loire). Mort le 2 décembre 1978. XXe siècle. Français.
Sculpteur de nus.
Après avoir travaillé à Lyon entre 1945 et 1948, il vint à Paris où il reçut le Prix Fénéon en 1952. Il a exposé dans plusieurs centres culturels et a participé au Salon de Mai en 1961-1963. Il a montré ses œuvres dans plusieurs expositions personnelles à Paris depuis 1970. Il a réalisé des œuvres monumentales pour des collectivités, notamment en 1957 le Monument national aux Déportés de Buchenwald.
Son style reste en partie tributaire de l'art de Maillol et est d'autre part influencé par Brancusi.
Ventes Publiques : Paris, 27 mars 1980 : *Nu bras levé*, bronze : FRF 3 500 – Paris, 2 nov. 1992 : *Maternité*, bronze cire perdue (H. 20) : FRF 5 000.

BANCELIN Étienne
XVIIe siècle. Français.
Sculpteur.
Cité à Paris en 1667.

BANCHERO Angelo
Né en 1744 à Sestri. Mort en 1793 ou 1794 à Rome. XVIIIe siècle. Italien.
Peintre de compositions religieuses, figures, portraits, dessinateur.
Il fut l'élève de Battoni, et commença sa carrière comme peintre de portraits.
Il peignit, à Santa Maria Maggiore, une série de tableaux d'autel pour l'église delle Romite, à Rome, et en 1777, le tableau bien connu de *Saint Jean Baptiste*. Pour l'église des Capucins, à Gênes, il exécuta deux tableaux de saints.
Ventes Publiques : Londres, 15 juin 1983 : *Étude de femme*, craies noire et blanche/pap. gris (20,8X14,6) : **GBP 400**.

BANCHI Giovanni
XVIe siècle. Actif à Ferrare. Italien.
Sculpteur.
Il exécuta, à Ferrare, à l'occasion des fêtes organisées pour l'arrivée de Paul III, les statues de la *Prudence* et de la *Justice*.

BANCHIERI Giuseppe
Né le 8 novembre 1927 à Milan. XXe siècle. Italien.
Peintre.
Après des études à l'Académie de Florence, il fut diplômé de l'Académie de Brera de Milan et fit sa première exposition personnelle dans cette même ville en 1955. Il a reçu une bourse d'études à Ségovie en 1955, le Prix San Fedele à Milan en 1957. Il a participé à la Biennale de Venise en 1958 et 1962, date à laquelle il a obtenu un prix. Il a également exposé à la Quadriennale de Rome en 1959 et à la première Biennale des Jeunes à Paris en 1959. Sa peinture traduit un contenu humain à travers un style réaliste.
Ventes Publiques : Milan, 8 juin 1976 : *L'atelier 1951*, h/t (80x100) : **ITL 400 000** – Milan, 26 fév. 1981 : *Panno nel giardino 1963*, h/t (70x70) : **ITL 950 000** – Milan, 10 avr. 1986 : *Nature morte dans un paysage 1966*, h/t (40x50) : **ITL 2 200 000** – Milan, 16 déc. 1987 : *Paysage 1967*, h/t (50x70) : **ITL 1 100 000** – Rome, 17 avr. 1989 : *Paysage sous la neige 1958*, h/t (60x50) : **ITL 1 500 000** – Milan, 7 juin 1989 : *Personnage dans un jardin 1970*, h/t (70x100) : **ITL 2 200 000** – Milan, 27 sep. 1990 : *Paysage 1960*, h/t (100x80) : **ITL 2 200 000** – Rome, 9 avr. 1991 : *Depuis la fenêtre 1965*, h/t (50x70) : **ITL 2 600 000** – Milan, 19 juin 1991 : *Banlieue 1959*, h/t (70x90) : **ITL 9 000 000** – Milan, 14 avr. 1992 : *Paysage du Tessin 1984*, h/t (40x60) : **ITL 2 000 000** – Rome, 30 nov. 1993 : *Ambiance et fenêtre 1979*, h/t (100x80) : **ITL 4 370 000** – Milan, 14 déc. 1993 : *Oiseau blessé dans la neige 1958*, h/t (100x80) : **ITL 6 900 000** – Milan, 22 juin 1995 : *Coucher de soleil 1957*, h/t (60x80) : **ITL 3 450 000**.

BANCK Johan ou **Jan Van der** ou **Bank,** ou **Banc**
Né vers 1686, certaines sources donnent 1694. Mort le 23 décembre 1739 à Londres. XVIIIe siècle.
Peintre et graveur.
On croit qu'il était fils de Pieter van der Banck. Il peignit surtout des portraits, dont plusieurs furent reproduits ensuite à la manière noire par J. Faber. La National Gallery possède de lui le portrait du *Révérend Sam. Clarke* et celui d'*Isaac Newton*. Banck fut un excellent caricaturiste, et illustra aussi la traduction de *Don Quichotte* de Lord Carteret.
Ventes Publiques : Londres, 12 déc. 1908 : *Tête de jeune fille* : **GBP 16** – Londres, 3 juin 1909 : *Illustrations pour Don Quichotte* : **GBP 29** – Londres, 25 nov. 1921 : *Dame en robe brodée, écharpe bleue* : **GBP 33** – Londres, 22 juin 1937 : *Homme en habit rouge et perruque blanche (autoportrait sans doute)*, past. : **GBP 42** – Londres, 25 nov. 1977 : *Portrait of Mary, Duchess of Somerset*, h/t

(125x99,7) : **GBP 700** – Londres, 27 juin 1980 : *Portrait d'un gentil-homme*, h/t (124,5x99,7) : **GBP 600** – Londres, 25 jan. 1988 : *Le dieu de la rivière et sa suite* 1723, encre (19,5x15,5) : **GBP 374** – Londres, 15 juil. 1988 : *Portrait de Sir Edward Stanley en habit rouge et chemise blanche sur une terrasse* 1730, h/t (127x101,6) : **GBP 4 620** – Londres, 21 juil. 1989 : *Portrait de Gabriel Goldney portant un habit vert* ; *Portrait de Margaret Goldney vêtue d'une robe bleue*, h/t, une paire, de forme ovale (76x63,5) : **GBP 1 980** – Londres, 20 avr. 1990 : *Portrait de Lady Albermarle portant une robe grise et une étole rouge* 1732, h/t (126,5x102) : **GBP 4 180** – Londres, 20 nov. 1992 : *Gentilhomme montant un cheval gris au manège*, h/t (76,2x63,5) : **GBP 6 050** – Londres, 10 nov. 1993 : *Portrait d'Elizabeth Innes vêtue d'une robe noire à manches de dentelle argent tenant un petit chien sur un coussin* 1736, h/t (125x100,5) : **GBP 6 900** – Londres, 13 juil. 1994 : *Étude de personnages célèbres tels que Alexander Pope, Dante, Homère, Molière...*, h/t, ensemble de douze feuilles (chaque approx. 73x158 à 203) : **GBP 155 500** – Londres, 11 oct. 1995 : *Portrait de Richard Bagshawe en buste portant un manteau brun*, h/t (73x61) : **GBP 920**.

BANCK Pieter van der ou von Banc
Né en 1649 à Paris. Mort en 1697 à Bradford. xviie siècle. Français.
Graveur au burin.
Élève de François de Poilly. Ses gravures, consistant en portraits pour la plupart, sont soigneusement exécutées et plusieurs d'entre elles ont, outre leur valeur artistique, un intérêt spécial, parce qu'elles représentent des sujets fournis pour *l'Histoire d'Angleterre* de Kennet. Il grava beaucoup de portraits d'importants personnages à Windsor, d'après Kneller et Verrio. C'est à Londres surtout qu'il travailla. Il s'était rendu dans cette capitale pendant l'année 1674, en compagnie du peintre français Henri Gascard.

. B . BAF.

BANCKAERT Jooris
xvie siècle. Actif à Bruges. Éc. flamande.
Peintre verrier.
Franc-maître en 1536 et régent de la gilde de 1546 à 1547. D'après un contrat de 1544, l'artiste exécuta la peinture de six vitraux qui devaient orner une salle de la maison des échevins ; il fut l'élève de Buekel Herman.

BANCO, di. Voir au prénom

BANCO Abramo
Originaire de Sienne. xviie siècle. Actif dans la première moitié du xviie siècle. Italien.
Graveur au burin.
On a de lui une série de gravures parue à Venise en 1639, représentant des solennités funèbres d'après des dessins de Francesco Perucci.

BANCO Nanni ou Giovanni d'Antonio di. Voir NANNI di Banco

BANCOLI
xviiie siècle. Italien.
Graveur au burin.

BANCOSIS Lotto de
xve siècle. Italien.
Miniaturiste et calligraphe.
Zani a découvert sa signature dans un document daté de 1471.

BANCOUS
Français.
Peintre, aquarelliste.
Musées : Mont-de-Marsan : *La Carrière montante*, aquar.

BANCROFT Elias Mollineaux
Mort en 1924. xixe-xxe siècles. Britannique.
Peintre de paysages, aquarelliste.
Il était actif à Manchester et exposa ses tableaux à la Royal Academy de Londres et à la Royal Cambrian Academy à partir de 1874.
Il peignait les paysages au cours de ses voyages en Grande-Bretagne, Allemagne, Espagne, Maroc.
Musées : Manchester : *Cottage près de Flixton*, aquar.
Ventes Publiques : Chester, 30 mars 1984 : *Les ramasseurs de vairons – Paysage du Yorkshire* 1909, deux h/t (70x127) : **GBP 2 700** – Manchester, 16 oct. 1986 : *Carrington Smithy,*

Chelshire 1892, aquar. (54,5x76,2) : **GBP 620** – Londres, 25 jan. 1988 : *Rue du Carillon à Rothenburg sur la Tauber*, aquar. (123x76) : **GBP 1 320** – Londres, 29 juil. 1988 : *Vers midi en Bavière*, h/cart. (35x25) : **GBP 550** – New York, 14 oct. 1993 : *Tanger vue du sud* ; *La route de Tanger à Fez* 1882, h/cart., une paire (17,8x27,9) : **USD 1 725**.

BANCROFT H.
xixe siècle. Britannique.
Peintre de fruits.
Il exposa à Londres en 1836.

BANCROFT Hester
Né en 1889 à Ithaca (New York). xxe siècle. Américain.
Sculpteur.

BANCROFT Lena
Née dans le Maine (États-Unis). xixe-xxe siècles. Vivant à New York et Boston. Américaine.
Peintre.
Élève des Beaux-Arts de Boston et de la Art Students League de New York. Membre du Water-Colours Club de cette dernière ville.

BANCROFT Louisa Mary
xxe siècle. Britannique.
Peintre et miniaturiste.
Également connue pour ses crayons et ses dessins à la plume.

BANCROFT Milton Herbert
Né le 1er janvier 1867 à Newton (Massachusetts). xixe-xxe siècles. Américain.
Peintre.
Bancroft étudia à Paris avec Courtois, Callot, Girardot et Delance. Il exposa aux Beaux-Arts et fit partie du Salmagundi Club de New York. Il fut aussi professeur. Connu également pour ses illustrations.

BAND Franz, dit aussi Bandinelli
Mort en 1813 à Porrentruy (dans le Jura bernois). xviiie-xixe siècles. Suisse.
Peintre et dessinateur.
Il fit le portrait de Leopold Robert, qui fut son élève, en 1805 et 1806. On a de cet artiste un tableau remarquable représentant la *Marche des prisonniers suisses, en 1798, traversant Courrendlin*.

BAND Max
Né le 21 août 1900 à Naumestis (Lituanie). Mort en 1974. xxe siècle. Actif aussi en Allemagne, en France et aux États-Unis. Lituanien.
Peintre de genre, portraits, nus, paysages. Expressionniste.
Entre 1923 et 1932, il a partagé sa vie entre Berlin où il a exposé en 1924, 1929 et 1931 et Paris où il a exposé en 1926, 1929 et 1932, et où il a participé au Salon d'Automne dont il est devenu membre et au Salon des Tuileries entre 1930 et 1939. Il a également exposé à New York en 1926 et 1931, à l'Université de Kaunas en 1932, ainsi qu'à Londres, Amsterdam et Genève. Il vécut en Californie où il devint un portraitiste en vogue, le Président Franklin Delano Roodevelt posa pour lui. Dans ses paysages, il pratique une peinture grasse dans des tons assourdis, au dessin souvent enlevé, lyrique, presque gestuel. Il a souvent peint le port de Dieppe. Ses nus se rattachent plutôt du postimpressionnisme. Après la guerre, profondément marqué par l'Holocauste il consacra plusieurs toiles à ce thème.

Max Band

Musées : Berlin (Jüdisches Mus.) – Kaunas – New York (Roerich Mus.) – Philadelphie – Tolède .
Ventes Publiques : Paris, 28 fév. 1944 : *Le jeune commis* : **FRF 140** – Paris, 15 nov. 1950 : *Vase de fleurs* ; *Bouquet de fleurs*, deux toiles : **FRF 5 000** – Londres, 2 juin 1964 : *L'église Saint-Germain-des-Prés* : **GBP 40** – New York, 9 avr. 1966 : *L'église Saint-Germain-des-Prés* : **USD 110** – Paris, 5 déc. 1970 : *Jeune adolescent* : **FRF 1 050** – Paris, 18 juin 1986 : *L'enfant*, h/t (81x54) : **FRF 10 000** – Paris, 20 mars 1988 : *L'entrée du port de Dieppe* 1934, h/t (73x92) : **FRF 24 000** ; *Le port de Dieppe vers* 1933, h/t (54x73) : **FRF 10 000** ; *Nu rose*, h/t (65x100) : **FRF 7 000** – Tel Aviv, 1er jan. 1991 : *Vue de la place de l'hôtel de Ville d'une cité hollandaise*, h/t (60x73) : **USD 3 300** – Paris, 14 avr. 1991 : *Les vaches au pré*, h/t (60x73) : **FRF 8 000** – Tel Aviv, 12 juin 1991 : *La procession*, h/t (39x46) : **USD 1 870** – Neuilly, 23 fév. 1992 : *Pay-*

sage, h/t (41x51) : **FRF 5 500** – Tel Aviv, 14 avr. 1993 : *Place de Paris*, h/t (45,7x56) : **USD 5 175** – New York, 24 fév. 1994 : *Vue de la Terre sainte*, h/t (33x53,3) : **USD 2 588** – Paris, 27 mars 1994 : *Bouquet de chrysanthèmes*, h/t (80x60) : **FRF 4 000** – New York, 24 fév. 1995 : *Nature morte avec des roses*, h/t (56,5x46,4) : **USD 632** – Paris, 24 mars 1996 : *Bouquet de fleurs*, h/t (64x46) : **FRF 4 000**.

BAN DA LI SHA ou Pan Ta Li Cha ou Pan Ta Li Sha

xviie-xviiie siècles. Mandchou probablement, actif sous le règne de l'empereur Qing Kangxi (1662-1722). Chinois.
Peintre.

BANDAR Claude

xviie siècle. Actif à Paris en 1651. Français.
Graveur à l'eau-forte.

BANDAU Carl

xixe siècle. Vivant à Berlin. Allemand.
Portraitiste.
En 1834, il exposa plusieurs portraits à l'Académie royale des Arts de Berlin.

BANDAU Joachim

Né en 1936 à Cologne. xxe siècle. Allemand.
Sculpteur, peintre de lavis. Abstrait-minimaliste.
Depuis 1988, il est professeur de sculpture à l'Académie des Beaux-Arts de Munster.
Dans une exposition à la Maison de la Métallurgie à Liège, en 1991, il a exposé des plaques métalliques laminées et d'autres « formes primaires ». En 1998, la galerie Appel et Troschke de Francfort-sur-le-Main a exposé un ensemble de ses lavis.

BANDEIRA Antonio

Né le 26 mai 1922 à Fortolez ou Fortaleza (Ceara). Mort le 6 octobre 1967 à Paris. xxe siècle. Depuis 1946 actif en France. Brésilien.
Peintre, technique mixte. Abstrait-lyrique.
Après avoir travaillé avec un groupe de jeunes peintres du nord-est du Brésil, il arriva et exposa à Rio de Janeiro en 1945. Ayant obtenu peu après une bourse d'étude, il vint à Paris à l'École des Beaux-Arts et à l'Académie de la Grande Chaumière, rencontrant Wols, dont l'influence devait être déterminante. C'est avec lui et Bryen qu'il fonde le groupe éphémère *Banbryol* (de syllabes de leurs noms), qui expose en 1949, galerie des Deux Îles. À partir de 1950, il exposa au Musée d'Art Moderne de Sao Paulo, à la Biennale de Sao-Paulo en 1961, à la Biennale de Venise vers 1952, au Salon des Réalités Nouvelles à Paris en 1953, 1954, 1958. Il a exposé au Chili, Japon, Oslo et Londres, fait une exposition particulière à New York en 1957. Il a réalisé des panneaux pour l'Exposition internationale de Bruxelles en 1958. Sa peinture se rattache aux courants abstraits non géométriques. Toutefois, elle conserve une base analogique avec la réalité, soit qu'il s'agisse de rappels de l'identité brésilienne, soit qu'elle investisse des événements circonstanciels : *Football à Hyde Park* 1964. Par l'accumulation de points, de traits, de taches minuscules, la peinture de Bandeira s'apparente, en effet, aux rythmes, non étrangers à l'automatisme surréaliste, de celles de Wols et de Bryen. Comme chez Bryen cependant, une trame rigoureuse rassemble les éléments épars en une construction finalement structurée. L'utilisation de matériaux très divers donne une préciosité presque artisanale à ses œuvres abstraites. Il en résulte un art dont le pouvoir d'évocation est aussi fort que sa somptuosité décorative. ■ J. B.

BANDEIRA

Bibliogr. : Damian Bayon, Roberto Pontual : *La peinture de l'Amérique latine au xxe siècle*, Menges, Paris, 1990 – Lydia Harambourg, in : *L'École de Paris 1945-1965. Diction. des Peintres*, Ides et Calendes, Neuchâtel, 1993.

Ventes Publiques : New York, 1er déc. 1981 : *Presepio* 1952, h. et collage/t. (41x33) : **USD 2 000** – Rio de Janeiro, 8 nov. 1982 : *Nuit de la St Sylvestre* 1963, h/t (185x130) : **BRL 2 850 000** – Rio de Janeiro, 20 mai 1983 : *Composition* 1957, h/t (129x81) : **BRL 5 500 000** – Paris, 23 mai 1984 : *Composition* 1956, gche (30x42) : **FRF 10 500** – Paris, 19 juin 1984 : *Composition* 1957, h/t (55x46) : **FRF 22 000** – New York, 25 nov. 1992 : *La ville en noir et rouge* 1962, h/t (46x55) : **USD 13 200** – New York, 18 mai 1993 : *La grande ville (ville bleue)* 1949, h/t (60x81) : **USD 43 700** – Paris, 19 mars 1994 : *Le village* 1950, aquar. et encre/pap. (10x15) : **FRF 4 600** – New York, 18 mai 1994 : *Composition* 1958, acryl./t.

(154x104,1) : **USD 40 250** – Londres, 26 juin 1997 : *Ville bleue* 1956, h/t (100x80,5) : **GBP 91 700** – New York, 24-25 nov. 1997 : *Crépuscule* 1967, h/t emballage (73x60) : **USD 68 500**.

BANDEIRA D. Laura Saurinet

xixe-xxe siècles. Portugaise.
Peintre.
Elle envoya un portrait, en 1900, à l'Exposition de Paris.

BANDEL Ernst von

Né le 17 mai 1800 à Anspach. Mort le 25 septembre 1876. xixe siècle. Allemand.
Sculpteur et peintre.
Bandel fut d'abord élève de l'architecte Karl von Fischer, à Munich. Il entra ensuite (1830) à l'Académie, et s'adonna à la peinture à l'huile et à l'aquarelle, sous la direction de P. von Langer, C.-E. Hess, A. Seidl, J. Hauber, Kellerhoven, etc. Tout en étudiant la couleur, Bandel s'appliquait à modeler dans l'atelier du sculpteur Haller. Il partit vers 1825 pour l'Italie, où il se consacra entièrement à la sculpture. Vers 1827, de retour à Munich, il fut employé à la cour de Louis Ier et y travailla en collaboration avec Rauch, Schwanthaler et Rietschel. Bandel connut aussi Berlin et Hanovre ; dans la dernière ville il exécuta des reliefs pour une salle et l'église du château. On le voit en Italie en 1838-1839, en 1844, et finalement en 1876. Bandel jouit aussi dans son temps de la faveur du roi Maximilien de Bavière. Il décora, en 1821, les chambres du château de Munich. Le Musée de Hanovre conserve de lui : *Mercure enfant trouvant la harpe*.

BANDEL Heinrich von

Né le 23 juin 1829 à Munich. Mort le 10 octobre 1864 à Londres. xixe siècle. Allemand.
Sculpteur de bustes, statues, groupes.
Fils d'Ernest Bandel. Formé à l'école de son père, il montra un talent remarquable dans les nombreux bustes qu'il produisit, donnant à ses personnages une étonnante expression de vie et de ressemblance. Se trouvant à Carrare avec son père, de 1844 à 1845, il y exécuta son premier travail en marbre : la statue du prince de Lippe-Detmold. L'artiste fut appelé à Londres en 1849, et y travailla entre autres pour le sculpteur Campbell. Il fit un modèle plus grand que nature pour la statue de Lord Bentick. Ses œuvres parurent régulièrement aux Expositions de la Royal Academy à Londres de 1853 à 1861.
On cite le modèle en plâtre d'un *Achille*, une *Bacchante assise sur le dos d'une panthère qui court*, une *Vénus et l'Amour*, en plâtre, un *Groupe de Bacchantes avec un Satyre*, une *Amazone mourante sur son cheval*, une statue grandeur naturelle de *Mignon*, en marbre.

Ventes Publiques : Londres, 25 nov. 1987 : *La mort de l'amazone* 1855, bronze (H. 55) : **GBP 3 000**.

BANDELL Eugénie L.

Née le 21 décembre 1863 à Francfort-sur-le-Main (Hesse). xixe siècle. Allemande.
Paysagiste et aquafortiste.
Elle a été l'élève de G. Cornicelius, B. Mannfeld et de W. Trubner.

BANDERAS Hector

Né à Santiago. xxe siècle. Chilien.
Peintre.
Il exposa au Salon des Indépendants : *Ma chambre*, en 1930, *Paysanne*, en 1931.

BANDEROLES, Maître aux. Voir MAITRES ANONYMES

BANDEVILLE

xixe siècle. Français.
Sculpteur.
Il exécuta, en 1863, des sculptures décoratives pour le grand théâtre de Toulon.

BANDIERA Benedetto

Né en 1564 à Pérouse. Mort le 1er mai 1634 à Pérouse selon Lancellotti. xvie-xviie siècles. Italien.
Peintre.
Parent du Siennois Francesco Vanni. D'après Lanzi, il eut pour maître Federigo Baroccio, dont il adopta le style, et les tableaux qui se trouvent à Sant'Angelo della Pace, à l'hôpital della Misericordia, à Sainte-Catherine et à San Francesco al Prato en témoignent. Il peignit aussi pour d'autres églises de Pérouse. Il travailla en outre de 1590 à 1619 pour l'église et le couvent de San Pietro dei Cassinesi, dans les environs de Pérouse.

BANDINELLI Bartolommeo, dit **Baccio**, de son vrai nom : **Bartolommeo di Michelangelo de' Brandini**
Né en 1493 à Florence. Mort en 1560 à Florence. XVIe siècle. Italien.
Sculpteur.

Il était fils d'un des orfèvres les plus habiles de Florence, Michelangelo di Viviano, et ce fut sous sa direction que Bandinelli apprit à dessiner. Il bénéficia de la protection des Médicis dont jouissait déjà son père. La rencontre qu'il fit du Piloto l'incita à donner un caractère plus artistique à ses études : les deux jeunes gens copièrent ensemble les plus belles œuvres de Florence et de Prato. Baccio copia les plus plusieurs ouvrages de Donatello et de Verrochio. Son père le confia alors au sculpteur Francesco Rustici. Leonardo da Vinci, qui connut le jeune artiste à cette époque, lui donna de précieux conseils, l'engageant à étudier surtout Donatello. Vasari accuse Bandinelli d'avoir profité de la révolution que produisit le retour des Médicis à Florence, en 1512, pour mutiler l'admirable carton de la guerre de Pise par Michel-Ange. En 1515, il obtint la commande d'un *Saint-Pierre* pour la cathédrale. Malheureusement pour la mémoire de Bandinelli, la jalousie dont il fit preuve toute sa vie pour Buonarotti, sa courtisanerie près des Médicis semblent confirmer les dires de Vasari. Un *Mercure* en marbre, qui fut envoyé à François Ier, un *Saint Jérôme*, qui obtint l'approbation de Leonardo da Vinci, établirent la réputation de Baccio. Il fut moins heureux avec l'*Hercule et Cacus*, colossal, dont il avait obtenu la commande de Léon X, 1534, et dans lequel il avait promis de surpasser le David de Michel-Ange. L'insuccès de cette œuvre, quelque peu boursouflée, ne paraît pas avoir diminué sa faveur près des princes et des papes. Ses intrigues lui firent obtenir la commande du monument qui devait être élevé à la mémoire de Clément VII et de Léon X dans l'église Santa Maria Sopra Minerva à Rome (1536-1541). Il eut encore l'habileté d'enlever au Tribolo la commande, par le duc Cosme Ier, du monument du condottiere fameux Giovanni « delle bande nere » (1540), actuellement à Florence. La faveur dont il jouissait près du duc Cosme Ier lui fit confier encore de nombreux travaux dans le Palais Vieux, puis la direction de l'Œuvre de Sainte-Marie des Fleurs. Il y exécuta, notamment près du maître-autel, deux figures nues, *Adam et Ève*, datées de 1551, qui demeurèrent en place jusqu'en 1722 et qui sont aujourd'hui au Musée de Florence. Il obtint la très importante commande de la clôture du chœur de la cathédrale de Florence (1540-1560), surchargé de statues et de reliefs qui fut, à juste titre, déposée en 1842. Son œuvre la plus réussie serait : *Nicodème soutenant le Christ mort*, qu'il entreprit peu avant sa mort, aidé par son fils, et destinée à sa propre chapelle funéraire à Sant'Annunziata. Il fut encore protégé par la duchesse Eléonore de Tolède qui lui commanda deux statues pour la grotte des jardins Boboli. Bandinelli laissa la plupart de ces travaux inachevés et il semble qu'il ait beaucoup plus cherché en eux la vanité de l'emporter sur ses rivaux, le moyen d'augmenter ses richesses, que des satisfactions artistiques véritables. Sur ces deux points, il n'eut rien à désirer. Il fut fait chevalier par le pape Clément VII et par Charles-Quint, et lorsque la mort vint le surprendre, il venait d'obtenir un bloc de marbre de Carrare de vingt pieds de haut, sollicité par Benvenuto Cellini et Ammanati. Bandinelli chercha à faire de la peinture, mais ce ne fut qu'un essai infructueux ; il dut se contenter de faire colorier ses cartons par de jeunes peintres. Vasari le considère comme meilleur dessinateur que statuaire.

Bacc Band.

Musées : BAYONNE : *Homme nu assis et dormant*, dess. à la pl. – FLORENCE : *Son portrait par lui-même*. Groupe du Laocoon, copie de l'antique – *Adam et Ève*, marbre – *Buste de Côme Ier*, marbre – *Portrait d'homme – Côme Ier de Médicis*, bronze – *Vénus*, bronze – *Léda*, bronze.

VENTES PUBLIQUES : PARIS, 1740 : *Cent vingt-deux dessins* : FRF 69 – PARIS, 1825 : *Jésus sur la Croix entouré des saintes femmes*, dess. : FRF 86 – PARIS, 1826 : *L'entrée de l'arche sainte*, dess. : FRF 250 – PARIS, 1846 : *Saint Jérôme et son lion*, dess. : FRF 35 – PARIS, 1862 : *Jésus sur la Croix*, dess. : FRF 20 – PARIS, 1900 : *Les Saintes femmes aux pieds du Christ*, dess. : FRF 110 – LONDRES, 27 mai 1908 : *Études de têtes, de mains et de pieds*, dess. : GBP 1 – PARIS, 6 mai 1909 : *Deux figures d'hommes*, dess. : FRF 48 – PARIS, 8-10 juin 1920 : *Feuille d'études*, pl. : FRF 50 – NEW YORK, 31 mars 1922 : *Sainte Famille*, bas-relief en stuc : USD 95 – PARIS, 21 jan. 1924 : *Feuille d'étude : têtes et person-*

nages, pl. : FRF 380 – PARIS, 24 nov. 1924 : *Académie d'homme, vu de dos, tenant un glaive*, pl., et au revers autre figure : FRF 210 – PARIS, 9-10 mars 1927 : *Deux hommes nus marchant*, pl. : FRF 500 ; *Groupe de plusieurs figures nues*, pl. : FRF 800 – PARIS, 28 oct. 1927 : *Étude sur le Jugement dernier*, pl. : FRF 1 050 – PARIS, 28 nov. 1928 : *Homme nu vu de dos, appuyé sur une rame*, pl. : FRF 1 300 – PARIS, 25 fév. 1929 : *Feuille d'étude* : FRF 160 – PARIS, 20-21 avr. 1932 : *Trois figures nues*, pl. : FRF 265 – LONDRES, 13 juil. 1936 : *La Vierge à l'Enfant* : GBP 54 – PARIS, 22 fév. 1937 : *Feuille d'études*, pl. : FRF 300 – PARIS, le 22 mars 1950 : *Femme portant un enfant*, pl. et lav. : FRF 16 500 – PARIS, 9-10 nov. 1953 : *Figure d'Hercule à la massue*, pl. sur pap. préparé : FRF 8 800 – GENÈVE, 13 juin 1960 : *Tête d'homme*, dess. à la pl. : CHF 1 850 – LONDRES, 6 juil. 1976 : *Saint Sébastien*, pl. (41x27,4) : GBP 1 200 – LONDRES, 28 juin 1979 : *Nu d'homme assis*, craie rouge (39,4x28,9) : GBP 1 500 – LONDRES, 9 avr. 1981 : *Descente de Croix*, pl. (38,5x28,1) : GBP 2 700 – LONDRES, 12 avr. 1983 : *La première famille*, pl. et encre brune/pap. (38X27,8) : GBP 3 500 – PARIS, 4 mars 1988 : *La résurrection de Lazare au recto, Etude d'homme nu au verso*, dess. (40,5x28,5) : FRF 45 800 – LONDRES, 2 juil. 1991 : *Homme barbu aux jambes nues assis au recto, Nu debout au verso*, craie noire, encre (30,7x21,3) : GBP 26 400 – LONDRES, 7 juil. 1992 : *Lamech aveugle tuant son grand-père*, craie noire et encre (29,6x27,2) : GBP 8 800 – MONACO, 20 juin 1994 : *Nu attaché à un arbre, peut-être saint-Sébastien avec un paysage montagneux à l'arrière-plan*, craie (34,5x21) : FRF 288 600 – LONDRES, 3 juil. 1996 : *Trois anges visitant Abraham et Sarah*, encre (41,8x27,3) : GBP 40 000 – PARIS, 23 mai 1997 : *Saint Jean Baptiste*, pl. et encre brune (26x21) : FRF 20 000 – LONDRES, 2 juil. 1997 : *Suite de saints dans des niches encadrées de deux portes avec personnages féminins*, pl. et encre brune, projet de frise (11,5x30,8) : GBP 10 925.

BANDINELLI Clemente
Né en 1534 à Florence. Mort en 1554 à Rome. XVIe siècle. Italien.
Sculpteur.

Fils naturel de Baccio Bandinelli, il servit d'aide à son père. Il modela la tête pour une statue du duc Cosme de Médicis destinée à être placée dans son palais de l'Udienza à Florence. Il exécuta aussi un buste en marbre du même duc. On conserve un groupe inachevé représentant *Nicodème auprès du corps du Christ*, qui fut érigé dans la chapelle de famille des Bandinelli, dans l'église de'Servi à Florence.

BANDINELLI Marco, dit **Marchino di Guido Reni**
XVIIe siècle. Italien.
Peintre.

Actif entre 1640 et 1660 à Bologne. Il fut le modèle, l'intendant, l'élève et l'aide de Guido Reni. D'après Malvasia, il aurait peint un tableau d'autel pour l'oratoire de la confrérie de Saint-Giacomo de Bologne.

VENTES PUBLIQUES : PARIS, 23 juin 1997 : *La Gloire de saint Jean ; La Gloire de sainte Cécile*, t., une paire (188x126) : FRF 140 000.

BANDINELLI Michelangelo
XVIe siècle. Actif à Florence. Italien.
Sculpteur.

Cet artiste était fils légitime de Baccio Bandinelli. Cité dans le mémorial de celui-ci en 1552, comme un enfant. Il mourut jeune. Il faudrait étudier son rapport de parenté avec le suivant.

BANDINELLI Michelangelo
XVIe siècle. Italien.
Sculpteur.

Neveu ou petit-fils de Baccio Bandinelli, il travailla, avec Domenico Atticciati à Santa Maria Novella, à Florence, pour l'autel de Sainte-Catherine-de-Sienne.

BANDINELLI da Imola Francesco
XVIe siècle. Actif au début du XVIe siècle. Italien.
Peintre.

Cité parmi les élèves de Francesco Francia, par Malvasia.

BANDINI Candido
XVIIIe siècle. Italien.
Graveur au burin.

Une gravure de cet artiste, représentant l'*Oratoire du Palais Royal*, fut exposée en 1904.

BANDINI Francesco
Mort avant 1564. XVIe siècle. Travaillant en août 1561. Italien.
Sculpteur.

Ami de Michel-Ange, ce dernier lui fit cadeau, à lui et à son serviteur, de la célèbre *Pietà*, qu'il destinait à son tombeau. Elle fut détériorée, restaurée par Bandini et Tiberio Calcagni et devint la propriété de Pier-Antonio Bandini ; enfin, elle fut érigée derrière le maître-autel du dôme de Florence. Francesco compte parmi les imitateurs de Michel-Ange.

BANDINI Giorgio
Né en 1830 à Sienne. Mort en 1899 à Sienne. XIXe siècle. Italien.
Peintre.
Élève de Maffei, Bruni et Mussini, à l'Académie de Sienne. Ses premiers travaux furent des peintures décoratives exécutées dans quelques palais siennois et une fresque pour le théâtre dei Rinnuovati. Les fresques du plafond du Palazzo Avieto de Sienne vinrent ensuite, ainsi que la décoration des murs dans les palais Odescalchi et Lavaggi, à Rome, et les peintures du dôme d'Orvieto, de Santa Margherita de Cortone, ainsi que du château de Salisbury, en Angleterre.

BANDINI Giovanni
XIVe siècle. Travaillait à Avignon à la fin du XIVe siècle. Italien.
Miniaturiste.

BANDINI Niccolo di Francesco
Né en 1521, originaire de Florence. XVIe siècle. Travaillant à Sienne en 1570. Italien.
Sculpteur.

BANDINI Tommaso
Né en 1807. Mort le 3 mai 1849. XIXe siècle. Actif à Parme. Italien.
Sculpteur.
Élève de Lorenzo Bartolini, à Florence. Fut professeur à l'Académie de Parme. On cite, parmi ses œuvres : à Parme dans la troisième chapelle de la nef du côté nord, à la cathédrale : *Monument funèbre du cardinal Caselli*, dans l'église de la Madone della Steccata : le groupe *Pietà*, donné par l'archiduchesse Marie-Louise en 1845, et les compositions en relief placées au-dessus du portrait principal, la *Statue de saint Louis, roi de France*, dans l'église de la Madone del Quartiere, la *Statue de la cantatrice Juliette Grisi en Harmonie*.

BANDINI da Castello Giovanni di Benedetto, dit Giovanni dall'Opera del Duomo
Né en 1540 à Florence. Mort le 18 avril 1599. XVIe siècle. Italien.
Sculpteur.
Élève de Baccio Bandinelli. Son surnom semble dû à ce qu'il travailla toujours dans un atelier de la place du Dôme. Il exécuta pour les barrières du chœur, dans la cathédrale de Florence, des figures en bas-relief et, plus tard, pour la même cathédrale, les *Statues de saint Philippe et de saint Jacques le Mineur*. On cite encore un bas-relief de lui qui fut utilisé pour le tombeau de Michel-Ange et la statue de l'archiduc Ferdinand Ier à Livourne.

BANDINO di ser Rainuccio
XIVe siècle. Travaillait à Pérouse en 1377. Italien.
Miniaturiste.

BANDINO di Stefano
XVe siècle. Travaillait à Florence. Italien.
Sculpteur ou fondeur en bronze.
Cet artiste aurait aidé Ghiberti pour les portes du baptistère, vers 1403.

BANDIOT François
Né vers 1771 à Nancy. XVIIIe-XIXe siècles. Français.
Peintre.
Probablement fils d'un soldat puisque, lors de son entrée à l'École des élèves protégés, à l'Académie, le 24 mars 1788, il est mentionné comme résidant à l'institution des Orphelins Militaires. Élève de Le Barbier.

BANDOL Jean de. Voir JEAN de Bondolf

BANDO Toshio Tamotsu Tokiwa Tokigawa
Né le 16 juillet 1895 à Tokusima-Shi. Mort le 1er mars 1973. XXe siècle. Japonais.
Peintre de portraits, nus et natures mortes.
Selon les époques, il a signé de ses différents prénoms. Il a exposé à divers Salons parisiens, dont celui d'Automne entre 1922 et 1926, celui des Tuileries en 1923-1924, et celui des Indépendants entre 1929 et 1932.
VENTES PUBLIQUES : PARIS, 14 nov. 1927 : *Les lapins* : FRF 550 –

PARIS, 13 fév. 1932 : *Nu assis* : FRF 520 – PARIS, 18 mai 1934 : *Le plat de pêches* : FRF 950 – PARIS, 2 mars 1942 : *Chat assis* : FRF 550 – PARIS, 17 déc. 1943 : *La roulotte* : FRF 1 500 – PARIS, 28 fév. 1951 : *La zone*, aquar. : FRF 3 500 – PARIS, 26 avr. 1967 : *Le chien* : FRF 300 – VERSAILLES, 15 juin 1976 : *Le jardin du monastère* 1942, h/t (53,5x64,5) : FRF 3 000 – VERSAILLES, 29 nov. 1981 : *Jeune femme nue allongée sur un divan*, h/t (115x145) : FRF 16 500 – PARIS, 9 juin 1982 : *Nu au petit chien noir*, h/t (60x73) : FRF 8 000 – LONDRES, 24 mars 1983 : *Cerises dans un bocal*, h/t (23x32) : GBP 1 500 – BRUXELLES, 12 nov. 1984 : *l'Asiatique*, h/t (73x60) : BEF 700 000 – PARIS, 20 fév. 1985 : *Buste de femme*, aquar./fond or (36x25) : FRF 10 000 – LONDRES, 28 mai 1986 : *Foujita dans son atelier* 1923, aquar. (41,5x24,3) : GBP 2 100 – PARIS, 10 déc. 1987 : *Dahlias orangés et rouges*, past. (69x53) : FRF 18 000 ; *Bouquet au vase rouge*, h/t (38x55,5) : FRF 31 000 – PARIS, 24 juin 1988 : *La chouette* 1930-35, pan./t. (46x55) : FRF 30 000 ; *Les hortensias* 1930-1935, pan./t. (61x56) : FRF 29 000 – PARIS, 12 déc. 1988 : *Jeune fille aux poupées russes*, h/t (54x65) : FRF 52 000 – PARIS, 16 déc. 1988 : *Poupée à l'ombrelle*, h/t (46x61) : FRF 75 000 – PARIS, 21 nov. 1989 : *Portrait de femme*, peint. à la cire/t. (36x26) : FRF 30 000 – PARIS, 5 déc. 1990 : *Poissons rouges*, h/t (22x27) : FRF 19 000 – PARIS, 22 jan. 1991 : *Bouquet de fleurs*, past. (47x31) : FRF 6 000 – PARIS, 4 mars 1991 : *Bouquet champêtre*, h/t (21,5x27) : FRF 22 000 – NEW YORK, 26 fév. 1993 : *Nature morte avec des pêches*, h/pan. (24,1x33) : USD 1 093 – PARIS, 25 mars 1993 : *Roses*, h/t (55x46) : FRF 14 500 – PARIS, 6 fév. 1994 : *Nature morte et étude de poupées*, aquar. et lav. d'encre brune double face (30x22) : FRF 5 200 – PARIS, 16 déc. 1994 : *Jeune fille*, h/t (73x60) : FRF 9 600 – PARIS, 1er fév. 1996 : *Poupée à la robe rose*, h/t (73x61) : FRF 15 000.

BANDUCCI. Voir VANDUCCI

BANEGAS Antonio
XVIIe siècle. Travaillait à Séville. Espagnol.
Sculpteur.
Cet artiste fit un retable pour la chapelle de la confrérie du Saint-Sacrement dans l'église Saint-Isidore (1639-1657).

BANELLI Francesco
XVIIe siècle. Italien.
Dessinateur et graveur sur bois.
Cet artiste travailla à Lucques vers 1630. Zani fait mention d'une gravure sur bois qui porte la signature : *Fran. Banelli*, représentant le *Crucifix de Lucques* entouré des dix-sept représentations de la légende de saint Nicomède.

BANERJEE Miloo
XXe siècle. Vivant à Calcutta. Indien.
Peintre d'architectures.
Il situe des personnages, parfois des femmes nues comme chez Delvaux, dans des « contre-perspectives ». Dans un jeu à la façon d'Escher, cette contre-perspective consiste à peu près à faire partir du même premier plan la construction en perspective à l'italienne d'un bâtiment en profondeur, et la construction en perspective de ce même bâtiment mais à partir de ce qui était le fond dans le cas précédent.
BIBLIOGR. : Gérald Gassiot-Talabot : *Miloo Banerjee ou la « Contra Perspective »*, Opus International, Paris, mars-avr. 1988.

BANES Frederik Matthias
XIXe siècle. Britannique.
Peintre de figures.
Il exposa à Londres en 1881.

BANÈS Suzanne
Née à Paris. XXe siècle. Française.
Peintre et aquarelliste.
Elle exposa au Salon des Indépendants à Paris entre 1928 et 1935. Membre de l'Union des Femmes peintres et sculpteurs.

BANFI Antonio
XIXe siècle. Travaillant à Milan à la fin du XIXe siècle. Italien.
Peintre d'histoire et de genre.
Plusieurs œuvres de cet artiste parurent dans les vingt ou trente dernières années du XIXe siècle. Il exposa à la Brera : *Diomède*, *Oreste et Iphigénie*, *Francesca di Rimini*, *L'Empereur Joseph II au chevet d'une veuve malade*, *Hôtellerie romaine*.

BANFI Girolamo
XVIIIe siècle. Actif à Milan vers 1720. Italien.
Peintre.
Plusieurs tableaux de ce peintre se trouvent dans les églises de Milan.

BANFILS Louise Marie Magdalene
Née le 3 novembre 1856 à Friedriksberg. XIXᵉ siècle. Danoise.
Peintre de marines.
Élève de Hans Fischer, elle fréquenta l'École Industrielle de dessin, puis l'École des Beaux-Arts, sous la direction de Kröyer et de Tuxen. Lors de la fondation de l'École d'Art pour femmes, elle la fréquenta, en 1891 et 1892. Elle a exposé, depuis 1881, des marines et des paysages.

BANG Christian
Né le 29 avril 1868 à Rönne. Mort en 1950. XXᵉ siècle. Danois.
Peintre de portraits et de scènes de genre.
Il peignit aussi des tableaux pour des églises.
VENTES PUBLIQUES : LONDRES, 30 mai 1984 : *Visiteur dans l'atelier de Thorvaldsen* 1899, h/t (139,5x164) : **GBP 2 800** – COPENHAGUE, 26 fév. 1986 : *Nature morte* 1917, h/t (40x35) : **DKK 5 000**.

BANG Hieronymus ou Banng
Né en 1553 à Osnabrück. Mort vers 1630. XVIᵉ-XVIIᵉ siècles.
Travailla à Nuremberg. Autrichien.
Graveur.

BANG Ingeborg Marie
Née le 27 août 1833 en Danemark. XIXᵉ siècle. Danoise.
Peintre.
Élève de Helsted et Rasmus Eilersen, elle exposa une série de paysages, de 1871 à 1893.

BANG J. August
Né en 1831 en Suède. XIXᵉ siècle. Suédois.
Peintre de marines.
Il fut l'élève de Holm et de Kallenberg. On lui doit aussi quelques paysages.

BANG Knut Sevaldsön
Né en 1633 à Oslo. Mort en 1694. XVIIᵉ siècle. Danois.
Graveur au burin.
Cet artiste vint en Danemark en 1648 ; il quitta l'École de Sorö en 1656 et devint pasteur à Toten, district de Christiania (Oslo). Knut Bang est surtout cité pour les ouvrages religieux dont il est l'auteur et qu'il a illustrés de gravures. Il fit, en outre, la gravure au burin du frontispice de : *Cestus Sapphicus*, de Niels Thomesen.

BANG Paul
Né le 11 août 1869 à Aarhus (Jutland). XIXᵉ siècle. Danois.
Peintre.
Fils de Peter Marius. Il peignit surtout des portraits.

BANG Peter Marius
Né le 22 octobre 1829 à Aarhus (Jutland). XIXᵉ siècle. Danois.
Peintre de fleurs.
VENTES PUBLIQUES : LONDRES, 20 mars 1985 : *Fleurs* 1859, h/t (62x62) : **GBP 3 200** – SYDNEY, 15 nov. 1987 : *Lilas* 1859, h/t (62,9x62,9) : **USD 25 000**.

BANG Theodor
XVIIᵉ siècle. Allemand.
Graveur au burin.
Suivant une chronique manuscrite de Nuremberg, datée de 1629, il était maître graveur dans cette ville en 1606. *Une vue de Bamberg*, signée de son nom en entier, porte la date de 1611. Il y a aussi de lui une série de douze gravures d'ornementation pour tapisserie, avec fleurs, fruits, arabesques et guirlandes.

BANG Thomas
Né en 1938 à Copenhague. XXᵉ siècle. Danois.
Sculpteur d'assemblages, dessinateur. Néo-dadaïste, conceptuel.
C'est à la fin des années soixante, pendant un séjour prolongé aux États-Unis, qu'il réalisa ses premières sculptures vraiment personnelles. Il participe à de très nombreuses expositions collectives, d'entre lesquelles : 1967 Biennale du Whitney Museum de New York, 1969-1970 *Quand les attitudes deviennent forme* à la Kunsthalle de Berne, 1973 de nouveau la Biennale du Whitney Museum, 1976 *Dessins de sculpteurs* au Fine Arts Building de New York, 1979 *Perspectives de la sculpture – Petites sculptures des années soixante-dix* au Musée de l'Université de Californie à Santa-Barbara, 1981 *Regard sur l'art danois actuel* à Charlottenborg-Copenhague, 1985 *Sculpture danoise au XXᵉ siècle* au Musée de Duisburg, 1989 *Tendances dans la sculpture danoise* à Aarhus, 1990 *L'art danois aujourd'hui* à Berlin, etc. Il montre aussi des expositions personnelles de ses travaux, depuis 1968, fréquemment à Copenhague et dans les grandes villes danoises, à Houston, New York en 1970, 1974, 1978, 1979, puis en 1984,

1988, en Allemagne, Norvège, en 1991 à la Maison du Danemark à Paris, 1992 au Musée de Randers...
Aux États-Unis, dans le contexte du minimal-art dominant, Thomas Bang choisit le parti inverse de l'assemblage d'éléments disparates, mais cependant permanents au long de son activité créatrice. Ses sculptures composites, soit se développent à partir du sol, soit à partir du mur où elles s'accrochent. Dans tous les cas, il s'agit d'une occupation volontaire et violente de l'espace. Ses assemblages d'objets, de choses, ramassés n'importe où, peu définis, brisés, rapiécés, mal fichus, consolidés, attachés ou reliés les uns aux autres avec des bouts de n'importe quoi, expriment peut-être l'éphémère de la création et ses incertitudes, une hésitation existentielle. Lars Grambye y voit le projet de « continuer à explorer l'imperfection de l'existence dans une série de cycles successifs », et « d'Oser poser des questions plutôt que vouloir trouver des réponses. » Et Lars Grambye encore : « Ses objets fixés au mur et à même le sol ne recherchent ni le définitif ni l'achevé. Ils n'ont aucune signification donnée... » En effet, ses assemblages baroques, s'ils établissent des relations manifestes entre des objets apparemment étrangers les uns aux autres, n'ambitionnent pas d'être porteurs d'un sens particulier, mais plutôt d'être disponibles en tant que supports du sens que leur conférera le public. Plus que des objets sensibles, ce sont des objets sensibilisateurs. ■ Jacques Busse

BIBLIOGR. : Lars Grambye : *Vivre avec une énigme : le cycle de la mise à nu et de la réparation*, in : Catalogue de l'exposition Bang, Maison du Danemark, Paris, 1991, appareil documentaire important.
MUSÉES : AALBORG (Nordjyllands Kunstmus.) – AARHUS (Kunstmus.) – AARHUS (Kunstmus.) – CHICAGO (Inst. of Contemp. Art) – COPENHAGUE (Statens Mus. for Kunst) – COPENHAGUE (Ny Carlsbergfondet) – KIEL (Stadtgal.) – LONG BEACH (Californ. State University Art Gal.) – MICHIGAN CITY (Western Michigan University Art Gal.) – NEW JERSEY (Mus. of Art) – PENNSYLVANIE (Bucknell University Art Gal.) – SAN DIEGO (Inst. of Contemp. Art) – TUCSON (Art Center).

BANG Vilhelmine Marie
Née le 3 mars 1848 à Copenhague. XIXᵉ siècle. Danoise.
Peintre de genre, portraits, intérieurs, paysages.
Vilhelmine Bang fut l'élève de Vilhelm Kyhn. Elle vint à Paris et, de 1876 à 1879, étudia dans l'atelier de Robert Fleury.
Elle peignit surtout des paysages, des scènes d'intérieurs et des portraits.
VENTES PUBLIQUES : LONDRES, 8 fév. 1985 : *Mère et enfant dans un intérieur*, h/t (38x30,5) : **GBP 2 000**.

BANGALA
XXᵉ siècle.
Peintre, technique mixte. Nouvelles figurations.
A exposé ses œuvres à la galerie du Jour à Paris en 1988 « Bitume ». Ses personnages sont dessinés à la limite de l'abstraction, dans des matières mixtes et collages.
VENTES PUBLIQUES : PARIS, 13 avr. 1988 : *Sans titre*, techn. mixte/pan. (112x99) : **FRF 9 000** – PARIS, 12 fév. 1989 : *Sans titre*, techn. mixte/pap. (140x75) : **FRF 8 000**.

BANGE Claude
XVIIᵉ siècle. Actif à Troyes. Français.
Sculpteur.
De 1627 à 1644, il fit des statues destinées à la cathédrale et une statue de la Madone pour le portail de l'église Saint-Pantaléon.

BANGE Pierre Élie
Né vers 1788 à Philadelphie. XIXᵉ siècle. Américain.
Peintre.
Vint à Paris et entra à l'École des Beaux-Arts, comme élève de Houdon, le 4 fructidor, an XII.

BANGER Louis ou peut-être Bauger
Né vers 1764 à Stuttgart. XVIIIᵉ siècle. Allemand.
Peintre.
On le trouve mentionné sur le registre des élèves de l'Académie Royale de Paris le 26 avril 1785 et en 1786 comme protégé de M. Muller.

BANGERTER Anny
Née en 1883 à Langenthal. XXᵉ siècle. Suisse.
Peintre de paysages.
MUSÉES : BERNE : *Dans le parc du château de Maerchligen*.

BANGERTH Christian Gottfried
XVIIIᵉ siècle. Allemand.

Sculpteur.
Travailla à la Kreuzkirche de Dresde.

BANG Hai Ja
Née le 5 juillet 1937 à Séoul. XXᵉ siècle. Depuis 1961 active en France. Coréenne.
Peintre, graveur, calligraphe, peintre de cartons de vitraux. Abstrait-lyrique.
Elle a obtenu une licence à la Faculté des Beaux-Arts de l'Université Nationale de Séoul en 1961, date à laquelle elle arrive à Paris. Elle travaille la fresque et l'art monumental à l'Ecole des Beaux-Arts de Paris avec Aujame, Lenormand et Bertholle, tandis qu'elle s'initie aux vitraux à l'Ecole supérieure des Arts appliqués, en 1970 et à la gravure en 1972. Elle a figuré dans de nombreuses expositions collectives parmi lesquelles on peut citer : en 1961 *Les peintres étrangers à Paris* au Musée d'Art Moderne de la Ville de Paris, plusieurs manifestations d'art contemporain à Séoul en 1973, 1975, 1976, 1977, 1982, 1988, en 1990 le Salon de Mai à Paris. Elle a montré son œuvre lors d'expositions personnelles à Paris en 1967, 1970, 1980, 1988, 1991 à l'UNESCO, à Séoul en 1961, 1968, 1971, 1976, 1982, 1988, 1990, en Suisse en 1975 et 1989, en 1984 en Allemagne, en 1986 au Canada.
Elle rythme l'espace de lignes droites, courbes, penchées, serpentines. Les contours sont faits de papier tordu en ficelle, collé sur le bois ou la toile, donnant aux tracés un relief singulier. Elle suggère souvent le vide affolant de l'espace par un cercle blanc, de la tradition coréenne elle perpétue l'opposition des tons de terre chauds et des gris froids bleutés.
Bibliogr. : Maurice Benhamou : *Une peinture de l'Éveil*, in : Catalogue de l'exposition *Bang Hai-Ja*, Espace Miro, UNESCO, Paris, 1991.

BANGILLON Émile
Né en 1826 à Méru (Oise). XIXᵉ siècle. Français.
Sculpteur.
Il a été élève de Rude. Parmi ses œuvres, on cite : *Saint Julien, évêque du Mans*, statue pour l'église de Gouy (Maine-et-Loire), 1859, *Prométhée*, groupe (1861), *Statuette d'une bacchante* (1864).

BANHEMING Cornélis
XVIIᵉ siècle. Actif en Hollande vers 1650. Hollandais.
Graveur.
On connaît de cet artiste un portrait, d'après Pierre Dubordieu.

BANIER Louis
XVIIᵉ siècle. Français.
Peintre d'histoire.
Il travaillait, vers 1675, à la Cour de Piémont.

BANINCK Pauels
XVIᵉ siècle. Éc. flamande.
Peintre.
Il fut admis dans la corporation de Saint-Luc à Anvers, en 1542.

BANK Heinrich
Né le 23 novembre 1834 à Dux (Bohême). XIXᵉ siècle. Travailla à Graz. Autrichien.
Paysagiste et peintre d'architectures.
Il fut élève de l'Académie des Arts de Prague, dans l'atelier d'Engerth. Son éducation terminée, cet artiste fut nommé professeur à l'École artistique de Gratz, poste qu'il conserva jusqu'en 1906. Le temps consacré par Bank à l'enseignement ne l'empêcha pas de peindre à l'huile et à l'aquarelle un grand nombre de paysages d'après des sites d'Italie, de Suisse et de Bohême. On cite également de lui quelques tableaux d'architecture.

BANK Jacques
Né à Paris. XXᵉ siècle. Français.
Sculpteur.
Elève de Paul Ch. Auban, il a exposé, entre 1921 et 1924, à Paris au Salon des Artistes Français dont il devint sociétaire.

BANK John
XVIIIᵉ siècle. Travaillait encore en 1713. Britannique.
Sculpteur.
Il fut élève de Francesco Fancelli. Paraît sans rapport avec Johan BANCK.

BANKART G. P.
XIXᵉ siècle. Britannique.
Sculpteur et modeleur.

BANKEL Johann
Né en 1837 à Nuremberg. Mort le 12 juin 1906 à Munich. XIXᵉ siècle. Allemand.

Graveur au burin.
Élève et gendre du graveur Albert Schultheiss. Il était à Paris en 1866. Il se rendit ensuite à Munich, où il élut domicile en 1867. On trouve dans ses œuvres de nombreuses estampes gravées pour la *Galerie de Shakespeare et de Lessing* par Pecht (Leipzig, Brockaus). Une de ses gravures les plus appréciées fut celle qu'il fit d'après *La Joyeuse promenade en voiture* de Watter (1871). Depuis 1874, il reproduisit, par ordre du roi Louis II, les portraits de Mozart, Haendel, Richard Wagner. Il convient de citer encore *L'enlèvement des Sabines* et *Castor et Pollux* (d'après Rubens).

BANKEN Quirinus van ou Banquy
Mort à Avignon. XVIIᵉ siècle. Travailla à Avignon. Éc. flamande.
Peintre.
Cet artiste peignit, en 1640, un grand tableau d'autel pour la chapelle du Refuge, à Avignon. Son tombeau se trouve dans l'église Saint-Agricol de cette ville.

BANKS, Miss
XVIIIᵉ siècle. Britannique.
Peintre de figures.
Elle exposa à la Royal Academy en 1796.

BANKS, Miss
XIXᵉ siècle. Britannique.
Peintre de figures.
Elle travailla à Londres, où elle exposa, de 1865 à 1869, à la Royal Academy.

BANKS Catherine, Miss
XIXᵉ siècle. Travaillait à Londres dans la dernière moitié du XIXᵉ siècle. Britannique.
Peintre de fleurs.
De 1869 à 1873, elle exposa à Suffolk Street à Londres.

BANKS Charles ou Bancks
XVIIIᵉ siècle. Suédois.
Miniaturiste.
Il était actif en Angleterre vers 1746. Son propre portrait, en miniature, fut gravé par M. Ardell.
Musées : Londres (Victoria and Albert Mus.) : un dessin.

BANKS Charles
XVIIIᵉ siècle. Actif à la fin du XVIIIᵉ siècle. Britannique.
Sculpteur.
Frère de Thomas Banks, ce sculpteur fut un élève de l'Académie royale qui lui conféra sa médaille d'or en 1774. Il exposa à cette même académie de 1775 à 1792. Au début, avec un *Adonis endormi* ; à la fin, avec un groupe de *Diane et Endymion*.

BANKS Edmund G.
XIXᵉ siècle. Travailla à Londres dans la seconde moitié du XIXᵉ siècle. Britannique.
Peintre paysagiste.
En 1889 et 1890, il exposa à Londres à la Royal Academy et à la New Water-Colours Society.

BANKS George
Né à Edimbourg (Écosse). XXᵉ siècle. Britannique.
Peintre.
Exposa au salon d'Automne de 1911 : *Théâtre des Arts, Le Matin*.

BANKS J. J.
XIXᵉ siècle. Travaillait à York dans la seconde moitié du XIXᵉ siècle. Britannique.
Paysagiste.
De 1860 à 1874, il exposa à la British Institution et à Suffolk Street, à Londres.

BANKS J. Lisney
XIXᵉ-XXᵉ siècles. Vivait à Toronto (Canada) vers 1900. Canadien.
Sculpteur.

BANKS J. O.
XIXᵉ siècle. Britannique.
Peintre de genre.
Il travaillait à Dulwich, au XIXᵉ siècle. Exposa, de 1856 à 1873, à la Royal Academy à Londres.
Ventes Publiques : New York, 25 mai 1988 : *Fleurs des bois*, h/t (50,1x40) : USD 6 050 – Londres, 6 juin 1997 : *Le Paresseux*, h/t (71x92) : GBP 20 700.

BANKS Lydia
Née à Lainesville (Louisiane). XXᵉ siècle. Américaine.
Peintre.

Élève de Xavier Bricard. Elle exposa à Paris au Salon des Artistes Français de 1939 : *Négresse, Jeune homme*.

BANKS Mary
xixᵉ siècle. Active en Angleterre vers 1822. Britannique.
Peintre de paysages.
Expose à Londres, notamment à la Royal Academy.

BANKS R.
xixᵉ siècle. Actif au début du xixᵉ siècle. Britannique.
Peintre.
Cet artiste exposa à l'Académie royale les tableaux : *Façade du palais de Penhurst, Près de Saint-Ives*, et *Intérieur de l'église de Leigh* (Kent).

BANKS Thomas
Né le 22 décembre 1735 à Lambeth. Mort le 2 février 1805 à Londres. xviiiᵉ siècle. Britannique.
Sculpteur.
Élève de l'Académie royale, qui le médailla en 1770 pour le bas-relief *L'Enlèvement de Proserpine*. De 1772 à 1779, il fit des études à Rome, et se rendit ensuite à Londres et à Pétersbourg, où il vendit une de ses œuvres à l'Impératrice : *Cupidon torturant un papillon*. De retour à Londres après deux années d'absence, il y termina une statue colossale d'*Achille pleurant la perte de Briseis*. De 1770 à 1803, il exposa à l'Académie royale, dont il devint membre en 1785. Plusieurs de ses œuvres se trouvent à l'abbaye de Westminster et à l'église Saint-Paul de Londres. Dans cette dernière église, on peut voir la statue du *Marquis de Cornwallis* et le monument funèbre du *Capitaine Blaydon Westcott*, mort à côté de Nelson. Deux bas-reliefs de ce maître représentant *Shakespeare entre la Muse tragique et la Muse comique* et un *Géant tombé, avec, au fond, un satyre fuyant* sont très connus. On cite encore le buste de Warren Hastings, à la National Gallery, à Londres.

BANKS Thomas J.
xixᵉ siècle. Vivait à York (Angleterre), dans la dernière moitié du xixᵉ siècle. Britannique.
Peintre de paysages animés, paysages.
De 1860 à 1880, il exposa à la Royal Academy et à Suffolk Street à Londres.
Ventes Publiques : Londres, 4 avr. 1978 : *Le Peintre au bord d'une rivière* 1882, h/pap. mar./cart. (28x46) : **GBP 600** – Chester, 19 mars 1981 : *Norbury park* 1883, h/t (49,5x89) : **GBP 750** – Londres, 2 mars 1984 : *Near Capel Curig* 1873, h/t (60,5x122) : **GBP 900** – Londres, 11 juin 1986 : *Pêcheur à la ligne au bord d'un ruisseau*, h/t (61x122) : **GBP 1 400** – Londres, 3 juin 1992 : *Moisson* 1865, h/t (30,5x46) : **GBP 1 430** – New York, 16 juil. 1992 : *Au sud du col de Killiecrankie* 1880, h/t (91,4x132,1) : **USD 7 700**.

BANKS Violet
Née le 3 mars 1896 à Kinghorn. xxᵉ siècle. Britannique.
Peintre, aquarelliste et céramiste.

BANKS William
xixᵉ siècle. Actif à Londres dans la seconde moitié du xixᵉ siècle. Britannique.
Peintre de paysages.
Exposa à Suffolk Street en 1877 et 1879.

BANKS William Lawrence
xixᵉ siècle. Travaillait dans le pays de Galles dans la seconde moitié du xixᵉ siècle. Britannique.
Peintre de paysages.
Membre de la Royal Cambrian Academy et de la Society of Artists. Exposa à Londres de 1856 à 1880 à Suffolk Street.

BANLIEUE-BANLIEUE, groupe composé de : Alain CAMPOS, Antonio GALLEGO, KENJI (Voir ces noms)
xxᵉ siècle. Français.
Ventes Publiques : Paris, 5 mai 1988 : *Personnages en blanc et gris* 1987, past. et gche (100x70) : **FRF 1 500** – Paris, 16 juin 1988 : *Les nazillons ne font pas le printemps* 1988, acryl./t. (66x39) : **FRF 3 500** – Paris, 18 juin 1989 : *De l'autre côté* 1989, acryl./t. (130x160) : **FRF 14 500** – Paris, 9 avr. 1989 : *Enchaînement mécanique*, acryl./t. (130x160) : **FRF 15 500** – Les Andelys, 19 nov. 1989 : *Flash art* 1985, acryl./bois (70x40) : **FRF 5 500** – Paris, 26 avr. 1990 : *Sans titre*, acryl./t. (180x200) : **FRF 33 000** – Paris, 17 nov. 1991 : *Sans titre*, sculp. cart. et divers matériaux polychrome (120x86) : **FRF 4 800**.

BANN James
Né en 1858 à Cincinnati (Ohio). xixᵉ siècle. Américain.
Graveur.

BANNARD Darby
Né en 1931 à New Haven (Connecticut). xxᵉ siècle. Américain.
Peintre. Abstrait-minimaliste, puis paysagiste-abstrait.
Après avoir fait des études à l'Université de Princeton, il s'est consacré à la peinture. Il est l'un des amis proches de Stella dans les années soixante et lui aurait suggéré le principe de la toile découpée (Shaped Canvas).
Il a participé à de nombreuses expositions collectives, notamment au Whitney Annual à New York en 1967, à *L'Art du réel USA. 1948-1968* au Musée National d'Art Contemporain en 1968, à la Corcoran Biennale de Washington en 1969, à *Une tendance de la Peinture Contemporaine* à la Foire Artistique de Cologne en 1969 et à la Biennale de Venise en 1970. Ses expositions particulières se sont déroulées à New York en 1965, 1966, 1967, 1968, à Londres en 1965, 1968, à Los Angeles en 1967.
Il a fait partie de ce groupe de peintres qui, soit en réaction contre l'expressionnisme abstrait, soit en élargissant les principes de cet expressionnisme, sont revenus à une rigueur dite « Hard Edge ». Pendant un temps, il s'est limité à des formes et des rapports de tons les plus simples, évoquant le carré blanc sur fond blanc de Malevitch. A partir de 1970, il abandonne ce style froid et artificiel pour laisser percevoir à travers une peinture, toujours abstraite, des références directes au paysage, à la nature.
Ventes Publiques : New York, 26 oct. 1972 : *Aberdeen Nº1* : **USD 2 750** – Londres, 5 juil. 1973 : *Soleil grec* **200** – New York, 21 oct. 1976 : *Paris bleu* 1971, résine/t. (129,5x139,5) : **USD 2 000** – New York, 3 nov. 1978 : *Viola Sudan nº1* 1968, résine d'alkyde (167,5x251,5) : **USD 4 800** – New York, 19 oct. 1979 : *Jeux d'été nº3* 1970, résine d'alkyde/t. (76,2x114,3) : **USD 1 800** – New York, 19 nov. 1981 : *Louvain lights nº1* 1969, h/t (168x251,5) : **USD 3 200** – New York, 10 nov. 1982 : *Fantôme japonais* 1975, résine d'alkyd/t. (203,2x172,7) : **USD 1 300** – New York, 16 fév. 1984 : *Blown back* 1980, acryl./t. (197x84) : **USD 850** – Londres, 6 déc. 1985 : *Caledonia nº4* 1969, résine acryl./t. (228,5x167,6) : **GBP 2 000** – New York, 13 mai 1988 : *Poudre 1*, résine acryl./t. (162x159,7) : **USD 1 100** – New York, 3 Mai 1989 : *Amazone 1*, acryl./t. (167,5x251,5) : **USD 2 860** – New York, 26 fév. 1993 : *Côte ombragée*, h/t (167,6x251,5) : **USD 1 840** – New York, 7 mai 1996 : *L'envol vert* 1981, h. et acryl./t. (238,1x178,4) : **USD 1 725**.

BANNATYNE John James
Né en 1836. Mort en 1911. xixᵉ-xxᵉ siècles. Britannique.
Peintre de paysages et marines animés, paysages, marines, aquarelliste.
Il travailla en Angleterre et en Écosse, dans la seconde moitié du xixᵉ siècle. Membre de la Royal Scottish Water-Colours Society. Exposa de 1866 à 1898 à la Royal Academy et à Suffolk Street, ainsi qu'à la New Water-Colours Society, à Londres, et au Glasgow Institute.
Ventes Publiques : Glasgow, 10 avr. 1980 : *Breezy weather, Kintyre coast*, h/t (31x49) : **GBP 340** – Édimbourg, 30 août 1988 : *Ilet de la côte de Kintyre*, h/t (71,5x91,5) : **GBP 1 210** – Londres, 3 nov. 1989 : *Clonaig dans le Kintyre*, h/t (71x91,5) : **GBP 3 080** – Perth, 27 août 1990 : *Une baie sur la côte ouest de l'Écosse*, h/t (61x92) : **GBP 3 520** – Perth, 26 août 1991 : *Le château d'Ardchonnel au bord du loch Awe*, h/t (71x89) : **GBP 1 650** – New York, 16 fév. 1993 : *Bateau de pêche à l'ancrage*, h/t (52x76,7) : **USD 1 980** – Perth, 31 août 1993 : *Écueils près de la côte du Kintyre*, h/t (70x90) : **GBP 1 150** – Glasgow, 1ᵉʳ fév. 1994 : *La pêche depuis la côte*, h/t (71x91,5) : **GBP 1 725** – Perth, 30 août 1994 : *Une baie sur le côte ouest de l'Écosse*, h/t (60,5x91,5) : **GBP 4 255** – Glasgow, 14 fév. 1995 : *Sunadale Bay Kintye*, h/t (58x89) : **GBP 1 380** – Perth, 26 août 1996 : *Une claire journée de brise sur la côte de Ayrshire*, h/t (46x61) : **GBP 2 070**.

BANNEMAN Alexander
Né vers 1730 à Cambridge. xviiiᵉ siècle. Vivait encore en 1780. Britannique.
Graveur au burin.
Il grava plusieurs planches de la collection Boydell et une série de portraits pour les *Anecdotes*... de Walpole. Il établit sa réputation par une gravure très soignée, reproduisant *La mort de saint Joseph* de Velasquez, et une série de gravures d'après Reni, Le Nain, Pourbus, Ostade, exposées à la Society of Artists, 1761-1774.

BANNEMAN Frances, Mrs
xixᵉ siècle. Active à Great Marlow, vers la fin du xixᵉ siècle. Britannique.

Peintre de genre.

De 1888 à 1891, elle exposa à la Royal Academy et à Suffolk Street, à Londres.

BANNER Delmar Harmood

Né le 28 janvier 1896 à Fribourg-en-Brisgau (Bade-Wurtemberg, Allemagne). XXᵉ siècle. Britannique.

Portraitiste et paysagiste.

BANNER Hugh Harmood

Né le 14 octobre 1865 à Glasgow (Écosse). XIXᵉ siècle. Britannique.

Peintre, aquarelliste et graveur.

BANNER Joseph

XIXᵉ siècle. Britannique.

Peintre de fruits.

Il exposa de 1860 à 1871 à la British Institution et à Suffolk Street à Londres.

BANNERMAN Hamlet

XIXᵉ siècle. Britannique.

Peintre de genre.

Il travailla à Londres, où il exposa de 1879 à 1891 à la Royal Academy et à Suffolk Street.

VENTES PUBLIQUES : CHESTER, 14 oct. 1982 : *Son premier jour de travail* 1890, h/t (99x160) : **GBP 2 000**.

BANNERMAN J.

XIXᵉ siècle. Vivait en 1800-1802. Américain.

Graveur de portraits.

BANNERMAN W. W.

XIXᵉ siècle. Vivait vers 1829-1845. Américain.

Graveur au burin.

Cet artiste grava des portraits pour des revues.

BANNES du Port de Pontcharra Puygiron Frédéric Charles Edmond de

Né le 1ᵉʳ novembre 1824 à Strasbourg. XIXᵉ siècle. Vivait encore en 1866. Français.

Peintre de sujets militaires.

Officier de la garde à Paris, il fut élève de Jobbé Duval, exposa au Salon de 1863 à 1866. Ses tableaux traitent des sujets militaires, scènes des guerres de Russie et de Chine.

BANNIN Kate

XIXᵉ siècle. Active à Londres dans la seconde moitié du XIXᵉ siècle. Britannique.

Sculpteur.

En 1889 et 1890, cette artiste exposa à la Royal Academy et à Suffolk Street à Londres.

BANNING William J.

Né en 1810 à Lyme (États-Unis). Mort en 1856. XIXᵉ siècle. Américain.

Peintre portraitiste.

Cet artiste s'adonna au portrait, et travailla dans Long Island et le Connecticut. Il fut élève de la National Academy de New York, sous la direction de Samuel Waldo.

BÄNNINGER Otto Charles

Né le 24 janvier 1897 à Zurich. Mort en 1973 à Zurich. XXᵉ siècle. Suisse.

Sculpteur de groupes, statues, bustes.

Après avoir reçu une formation dans sa ville natale entre 1914 et 1918, il gagna Paris au lendemain de la Première Guerre mondiale, fréquentant l'Académie de la Grande Chaumière, puis l'Atelier de Bourdelle, où il était condisciple de Giacometti. Devenu l'ami de Bourdelle, à la mort de celui-ci, en 1929, il fut chargé d'achever certaines de ses œuvres. Entre 1931 et 1939, il partagea sa vie entre Paris et Zurich. À Paris, il exposa au Salon des Tuileries entre 1923 et 1932, au Salon d'Automne de 1928 à 1932. Il s'établit définitivement à Zurich à partir de la déclaration de guerre de 1939. Il a participé au Salon National de Genève, Bâle et Zurich, à la Société des peintres, sculpteurs et architectes suisses. En 1941, il obtint le Premier Prix International de Sculpture de la Biennale de Venise, en 1956 le Grand Prix de la Ville de Zurich. Il a encore figuré aux expositions d'Arnhem en 1955, 1958 à la Biennale d'Anvers 1957. Il a réalisé un groupe décoratif pour la ville de Zurich.

Son art doit beaucoup au maître dont il était l'ami : simplification des lignes directrices en fonction de la pensée initiale, monumentalité de l'aspect général. Les formes franches et amples donnent puissance et force à son style, initialement plus classique. À cette part de lui-même appartiennent surtout ses groupes monumentaux : *Les Dresseurs de chevaux*. Toutefois, Bänninger ne fut pas insensible à Rodin, encore moins à Maillol. On peut trouver plus d'aisance, de sensibilité et de psychologie aux portraits et aux bustes isolés, qui échappent à l'influence simplificatrice de Bourdelle. Un critique, H. von Tavel, a pu écrire de cette partie de son œuvre : « La volonté d'abstraction et la nature du matériau employé, contribuent à déterminer les volumes et les proportions autant que le modèle lui-même. » Significatif de cette liberté par rapport à la fidélité au modèle, au profit de la justesse de l'expression, est le petit bronze intitulé *La Zone*, de 1936, tout frémissant, à peine éclos de la gangue originelle, de vivacité animale et de sensibilité populaire. ∎ Jacques Busse

BIBLIOGR. : In : *Diction. de la sculpt. mod.*, Hazan, Paris, 1960 – in : *Les Muses*, Grange Batelière, Paris, 1970.

MUSÉES : LAUSANNE (Mus. canton. des Beaux-Arts) : *Deux Jeunes Filles* 1938 – *Buste de C. F. Ramuz* 1942 – ZURICH (Kunstmus.) : *La Zone* 1936.

VENTES PUBLIQUES : LUCERNE, 23 juin 1966 : *Tête du peintre W. Gimmi*, bronze patiné : **CHF 5 000** – ZURICH, 26 nov. 1977 : *Nu* 1942, bronze, pièce unique (H. 97) : **CHF 7 500** – BERNE, 10 juin 1978 : *Danseuse* 1947, bronze (H. 68) : **CHF 4 500** ; *Cheval* 1955, bronze (H. 114) : **CHF 6 600** – BERNE, 25 juin 1981 : *Portrait de Cuno Amiet à 70 ans* 1938, bronze (H. 29,2) : **CHF 1 100** – ZURICH, 13 nov. 1982 : *Cavalier et cheval tombant* 1958, bronze (86x135x80) : **CHF 11 000** – ZURICH, 6 juin 1986 : *Danseuse* 1947, bronze doré (H. 67,5) : **CHF 19 000** – ZURICH, 5 juin 1996 : *Homme et Cheval*, bronze patine dorée (H. 62) : **CHF 8 050**.

BANNISTER C. E.

XIXᵉ siècle. Britannique.

Peintre de paysages.

Il exposa à Londres en 1864.

BANNISTER Edward Mitchell

Né en 1833 à Saint-Andrews (New Brunswick). Mort le 9 ou 20 janvier 1901. XIXᵉ siècle. Américain.

Peintre de paysages.

Cet artiste vint jeune à Boston, où il étudia avec Dr Rimmer. Il prit part aux expositions de l'Art Club de cette ville pendant plusieurs années. Après un séjour à Boston, il alla vivre à Providence.

Sa réputation demeura locale pendant assez longtemps. Son paysage *Sous les chênes*, exposé à Philadelphie, le fit connaître et apprécier du grand public.

VENTES PUBLIQUES : NEW YORK, 24 oct. 1979 : *Paysage de la Nouvelle Angleterre* 1891, h/t (35,5x61) : **USD 3 200** – NEW YORK, 9 déc. 1983 : *New England coast*, h/t (35,8x61) : **USD 14 000** – NEW YORK, 1ᵉʳ oct. 1987 : *New England coast* 1891, h/t (35,6x61,5) : **USD 5 000**.

BANNISTER Eleanor C.

XIXᵉ-XXᵉ siècles. Vivant à Brooklyn (New York). Américaine.

Peintre.

Elle exposa à la Society of Americain Artists. Membre du Brooklyn Art Club.

BANNISTER Henry

Né le 3 juillet 1898 à Briercliffe. XXᵉ siècle. Britannique.

Architecte et aquarelliste.

BANNISTER Isabel

XXᵉ siècle. Britannique.

Aquarelliste et miniaturiste.

BANNISTER James

Né en 1821 en Angleterre. Mort en 1901 à Brooklyn (New York). XIXᵉ siècle. Américain.

Graveur.

BANNISTER Thaddeus

Né en 1915. Mort en 1983. XXᵉ siècle. Américain.

Peintre de marines.

Comme le cas est assez fréquent, Thaddeus Bannister est plus un peintre de bateaux que de marines.

VENTES PUBLIQUES : LONDRES, 18 oct. 1990 : *Le schooner américain « John D. Griffin »*, h/t (61x107) : **GBP 2 860** – LONDRES, 22

nov. 1991 : *Les schooners « Fleur de Lys » et « Phantom » en course lors de la première America Cup*, h/t (62,8x88,3) : **GBP 2 640** – LONDRES, 20 mai 1992 : *Le schooner « William C. Greene »*, h/t (56x93) : **GBP 1 430**.

BANNOIS
XVIIe siècle. Britannique (?).
Graveur.
Un portrait de la reine Elisabeth d'Angleterre, signé de son nom, est tout ce que l'on possède de cet artiste.

BANOIRS
XVIIIe siècle. Actif à Paris vers 1760. Français.
Graveur.
Le Blanc cite de cet artiste un *Portrait de Mlle Clairon*.

BANOUARD Marthe Camille Alexandrine
Née au XIXe siècle à Dieppe. XIXe siècle. Française.
Miniaturiste.
Élève de Mme Latruffe-Colomb et de Mlle Bougleux, exposa à Paris une miniature au Salon des Artistes Français en 1904.

BANSE Simon
XVIIIe siècle. Français.
Peintre.
Il fut reçu à l'Académie de Saint-Luc en 1777.

BANSI Barb. ou Babette
Née le 26 octobre 1777 à Fläsch près de Maienfeld. Morte le 27 mai 1863 au Couvent de Sainte-Clotilde à Paris. XIXe siècle. Suisse.
Peintre de genre.
Cette artiste épousa Nannoni et fut l'élève de Vestier, Gérard et Suvée, à Paris. Elle professa la peinture dans cette ville à partir de 1823, accompagna en Italie Lætitia Bonaparte, la mère de Napoléon Ier, fut avec elle à Rome et à Naples. Après un long séjour en Italie, elle revint à Paris vers 1814 et fit plusieurs portraits pour la famille Murat.

BANSZKY Sandor
Né à Izeged (Hongrie). XXe siècle. Hongrois.
Sculpteur.
Il exposa au Salon d'Automne de 1913 un portrait en plâtre.

BANT G.
XVIIIe siècle. Allemand.
Peintre de fresques.
Il était actif en Allemagne du Sud.

BANTELMANN Joh. Friedr. Ludwig
Né en 1774 près de Hanovre. Mort le 25 juillet 1842 à Hambourg. XVIIIe-XIXe siècles. Allemand.
Peintre.
Cet artiste a copié des paysages, des tableaux de fleurs, et des tableaux d'histoire.

BANTELMANN John Wilh. David
Né le 8 février 1806. Mort le 21 mars 1877. XIXe siècle. Actif à Hambourg. Allemand.
Portraitiste et paysagiste.
Cet artiste, fils de Joh. Bantelmann, fut d'abord l'élève de G. Hardorff. Il étudia ensuite à Berlin, Munich et Vienne, fit des voyages dans le Harz, en Suisse, dans la Saxe, dans le Tyrol. En 1826, il exposa des copies d'après Battoni et Salvator Rosa. En 1831, ce fut : *Le rendez-vous écoulé*, en 1833 : *Cour dans le bourg de Lübeck*. A la Galerie d'Art de Hambourg : *Lande de Hanovre* et *Mare de Blankenese*.

BANTI Cristiano
Né en 1824 à Santa Croce. Mort en 1904 à Florence. XIXe siècle. Italien.
Peintre d'histoire, scènes de genre.
Il a été élève de l'Académie de Sienne, sous la direction de Nani, il obtint son premier succès avec un tableau intitulé : *Galilée devant le tribunal de l'Inquisition*.
Fixé à Florence, il exposa peu. On cite de lui : *Vieillard au repos*, *Un brigand*, *Le retour de la pêche*, qui devait avoir en Angleterre un très vif succès. Il mourut professeur de l'Académie des Arts de Florence.
MUSÉES : FLORENCE (Art Mod.) : *Confidence – Boscaiuiolo – Reunione di contadini*.
VENTES PUBLIQUES : FLORENCE, 15 avr. 1972 : *Jeunes femmes debout* : **ITL 1 150 000** – MILAN, 20 nov. 1973 : *Paysanne dans un paysage* : **ITL 2 000 000** – MILAN, 28 oct. 1976 : *Les pêcheurs*, h/pan. (24,5x32,5) : **ITL 2 000 000** – MILAN, 16 déc. 1982 : *Céré-*

monie nuptiale, h/pan. (13,8x30,7) : **ITL 13 000 000** – MILAN, 10 déc 1987 : *Paysannes en conversation*, h/pan. (30x19) : **ITL 33 000 000** – MILAN, 23 mars 1988 : *Groupe de paysannes dans la campagne*, h/pan. (22x12,5) : **ITL 31 000 000** – MILAN, 6 déc. 1989 : *Les confidences* 1868, h/pan. (45,5x26) : **ITL 30 000 000** – MILAN, 12 déc. 1991 : *Bûcherons*, h/pan. (9x24) : **ITL 17 500 000** – MILAN, 14 juin 1995 : *Deux hommes*, h/pan. (16x11) : **ITL 3 450 000**.

BANTI Domenico
Né à Vérone. XIXe siècle. Travaillait à Carrare vers 1810. Italien.
Sculpteur.
Il fit une statue de Napoléon Ier, sur l'ordre de la chambre de commerce de Venise. Banti fut nommé, pour cette œuvre, membre d'honneur de l'Académie de Carrare.

BANTING. Voir CHEN NIAN

BANTING Frederick Grant
Né en 1891. Mort en 1941. XXe siècle. Canadien.
Peintre de paysages, marines.
Il a peint les paysages typiques des provinces canadiennes, surtout les paysages d'eau, les lacs, rivières, les golfes et la mer.
VENTES PUBLIQUES : TORONTO, 17 mai 1976 : *Le golfe du couronnement*, h/pan. (21,5x26,5) : **CAD 1 500** – TORONTO, 9 mai 1977 : *La maison rose à St Fidèle* 1930, h/pan. (21,5x27) : **CAD 2 400** – TORONTO, 30 oct. 1978 : *Village en hiver* 1930, h/pan. (21x27) : **CAD 2 500** – TORONTO, 5 nov. 1979 : *La ferme en hiver à Ste Irenée au Québec* 1931, h/pan. (20,7x26,3) : **CAD 3 600** – TORONTO, 1er juin 1982 : *Lac et forêt*, h/pan. (20,6x26,3) : **CAD 1 400** – TORONTO, 3 mai 1983 : *Lac dans les Rockies*, h/pan. (26,3x33,8) : **CAD 3 000** – TORONTO, 14 mai 1984 : *Rideau Lakes*, h/pan. (21,3x26,3) : **CAD 2 200** – TORONTO, 3 juin 1986 : *Cap aux Oies, Québec*, h/t (53,3x66) : **CAD 11 000** – TORONTO, 28 mai 1987 : *Ste Irène* 1931, h/cart. (21,6x26,8) : **CAD 2 500** – MONTRÉAL, 25 avr. 1988 : *Bylot Inlet, Ile de Baffin* : **CAD 2 400**.

BANTING John ou Bruno
Né en 1902. Mort en 1972. XXe siècle. Britannique.
Peintre de figures, portraits, dessinateur, aquarelliste, peintre à la gouache.
Il fut surtout dessinateur et rehaussait ses dessins aux crayons de couleurs, à l'aquarelle et à la gouache. Il peignait des personnages en général en situation, de groupe ou d'événement.
VENTES PUBLIQUES : LONDRES, 17 oct. 1980 : *Poires dans un bol* 1929, h/t (50,8x76) : **GBP 340** – LONDRES, 10 juin 1983 : *Un châle espagnol*, h/t (63,5x76,2) : **GBP 950** – LONDRES, 26 juin 1984 : *Janus ; l'œil du monde* 1942, aquar. et pl. (61x44,5) : **GBP 600** – LONDRES, 15 mars 1985 : *La couture funèbre* 1947, aquar., gche et pl. (40x30) : **GBP 550** – LONDRES, 27 jan. 1986 : *Angelica*, aquar. et gche (58x44,5) : **GBP 950** – LONDRES, 22 juil. 1987 : *Edith Sitwell* vers 1944, gche (53x71) : **GBP 1 300** – LONDRES, 9 juin 1989 : *Angoisse*, techn. mixte (42x54,2) : **GBP 880** – LONDRES, 29 nov. 1989 : *Femme se promenant entre deux musiciens* 1937, h/pan. (60x39,5) : **GBP 6 050** – LONDRES, 3 mai 1990 : *Blitz* 1942, aquar., gche et cr. de coul. (28x41) : **GBP 770** – PARIS, 21 juin 1990 : *Danseuse au pagne*, aquar. (36x32) : **FRF 3 500** – LONDRES, 14 mai 1992 : *Le pianiste*, h/cart. (35,5x65) : **GBP 1 265** – LONDRES, 26 oct. 1994 : *Personnage marchant* 1947, gche (151x60) : **GBP 920** – LONDRES, 22 mai 1996 : *Deux panneaux de portes décorés*, gche/pan. (236,3x58,5) : **GBP 4 600**.

BANTLÉ Fritz
Né à Zurich. XXe siècle. Suisse.
Peintre.
Il exposa à la Société Nationale des Beaux-Arts en 1925 à Paris.

BANTLI Leonhard
Né le 17 janvier 1810 à Meilen. Mort le 5 février 1880 à Meilen. XIXe siècle. Suisse.
Peintre aquarelliste amateur.
Neveu et élève de l'aquarelliste J.-J. Mayer, de Meilen. Il exposa, en 1829, une aquarelle, *Vue de la Jungfrau de Wengernalp*, qui se trouve aujourd'hui dans la collection de la Société d'art de Zurich.

BANTZER Carl Ludwig Noah
Né le 6 août 1857 à Ziegenhain (Hesse). Mort en 1941. XIXe-XXe siècles. Allemand.
Peintre de genre, portraits, paysages.
Cet artiste fut l'élève de Thumann, Knille Michael et Gussow, à l'Académie de Berlin, étudia ensuite chez Léon Pohle à Dresde et vint par deux fois travailler à Paris.

Il envoya à l'Exposition d'Art de Dresde en 1904 : *Noce paysanne en Hesse* et fut considéré comme le chef de l'Académie de Dresde, où il fut professeur. On vit en 1909 à l'Exposition de Berlin : *Prairie forestière, Paysage de printemps, Moissonneurs, Portrait, Prairie des Anges*.

Musées : Berlin (Gal. Nat.) : *Communion en Hesse – Fête en Hesse –* Dresde : *Pèlerins au tombeau de sainte Elisabeth à Marbourg*.

Ventes Publiques : Cologne, 3 mars 1967 : *Paysan sur une route de campagne* : DEM 2 000 – Cologne, 23 oct. 1981 : *Deux paysannes de Hesse* 1898, h/t (40,5x27) : DEM 5 800 – Cologne, 4 juin 1983 : *Feierabend (Abendruhe)* 1913, h/t (125x204) : DEM 32 000 – Munich, 4 juin 1987 : *Abendruhe* 1913, h/t (124x204) : DEM 42 000.

BANU EL MU'ALLIM
Peintres.

Nom arabe d'une tribu ou d'une famille ayant pratiqué la peinture en Égypte. Les Banu el Mu'allim ornèrent l'intérieur de la Mosquée du grand mont Karafa, près du Caire, restaurée en 976 de l'ère chrétienne, par les soins de la princesse veuve Derzan, d'après des modèles pris dans la grande mosquée el Azhar, au Caire. Ces peintures ont joui d'une grande célébrité.

BANUELOS-THORNDIKE Antonia, marquise d'Alcedo
Née à Rome. Morte entre 1914 et 1921. xixᵉ-xxᵉ siècles. Espagnole.
Peintre de portraits et de genre.

Elle est née à Rome d'un père espagnol et d'une mère américaine. Elève de Chaplin, elle partagea sa vie entre Paris, Biarritz et l'Espagne, exposant tantôt au Salon de Paris, tantôt à celui de Madrid. A l'Exposition universelle de 1900 à Paris, elle a obtenu une médaille de bronze. Elle s'est spécialisée dans des portraits d'enfants.

Ventes Publiques : Paris, 10 mai 1895 : *Gitanos* : FRF 138 – Paris, 18 jan. 1924 : *Petits Italiens vendant des violettes* : FRF 460.

BANULS ARACIL Vicente
Né le 27 octobre 1866 à Alicante. Mort le 2 février 1934. xixᵉ-xxᵉ siècles. Espagnol.
Peintre et sculpteur.

Après avoir fait des études à l'Ecole des Beaux-Arts de Barcelone, sous la direction de Lorenzo Casanova, il alla se perfectionner à Rome. Il exposa régulièrement aux expositions nationales des Beaux-Arts, obtenant une médaille en 1901. Il est l'auteur de monuments élevés à la mémoire de Jorge Juan, Canalejas et Isabelle II. Sa peinture est exécutée à grandes touches rapides, comme le montre son *Autoportrait*.

BANUS Miguel
Né à Barcelone. xixᵉ-xxᵉ siècles. Espagnol.
Peintre d'histoire.

Il fit ses études à l'Ecole des Beaux-Arts de Barcelone et participa à diverses expositions collectives. Il présenta *La mort de Lucrèce* à l'Exposition de Portraits et Dessins de Barcelone en 1910.

BANUS Tudor
Né le 8 juillet 1947 à Bucarest. xxᵉ siècle. Actif en France. Roumain.
Peintre, graveur et illustrateur. Surréaliste.

Après avoir été diplômé de l'Ecole d'Architecture et d'Urbanisme de Bucarest en 1971, il vient à l'Ecole Nationale des Beaux-Arts de Paris pour suivre des cours d'architecture, peinture et gravure. En 1972, il quitte définitivement la Roumanie pour s'installer à Paris où il expose à partir de 1974. S'en suivent plusieurs expositions personnelles en France, aux Etats-Unis, en Suisse, Autriche, Allemagne, Belgique et Angleterre. Il s'est spécialisé dans l'illustration de livres, notamment ceux de Jules Verne, Th. Jefferson, Grimm, Jack London, Didier Decoin, Doris Lessing, mais aussi à collaborer à plusieurs journaux, revues et magazines, créant des dessins et illustrations.

Son style très graphique, à peine rehaussé de quelques couleurs, peut se définir comme surréaliste baroque. Ses compositions très construites, sans doute en raison de ses études architecturales, montrent une accumulation d'objets étranges, d'éléments hétéroclites, d'animaux bizarres, dans une contorsion de lignes, de courbes, dans un déchaînement de mouvement, de désordre affolant. *La chevauchée fantastique* où un évêque chevauche une cathédrale aux éléments disloqués, entraîné dans un galop effréné, en est un exemple étourdissant. On retrouve dans l'art de Banus des souvenirs de la Renaissance allemande,

notamment de Dürer, mais aussi des traces du baroque bavarois et du Jugendstil. ■ A. P.

Bibliogr. : Ionel Jianou : *Les Artistes roumains en Occident,* Amer. Romanian Acad. of Arts and Sciences, Los Angeles, 1986.

BANVARD John
Né vers 1820 à New York. Mort en 1891 à Watertown (Sud-Dakota). xixᵉ siècle. Américain.
Peintre.

BANVILLE A. L.
Né à Rouen (Seine-Maritime). xixᵉ siècle. Français.
Paysagiste.

Il exposa à Paris aux Indépendants en 1907 plusieurs effets de neige et des vues de Venise.

BANZATI Giacomo ou Banzoti, et non Banzoli
xviiiᵉ siècle. Italien.
Graveur au burin.

On croit qu'il travaillait à Vérone vers 1781 ou 1789. On trouve du moins à cette époque des gravures signées : *Jacobus Banzati.*

BANZER Christian Gottlob
xviiiᵉ siècle. Travaillait à Dresde dans la seconde moitié du xviiiᵉ siècle. Allemand.
Sculpteur.

Cet artiste est cité pour avoir sculpté quelques chapiteaux de la tour de l'église Sainte-Croix, à Dresde.

BANZI Ercole
xviᵉ siècle. Actif à Bologne en 1519. Italien.
Peintre.

BANZO Antonio
xixᵉ siècle. Actif à Rome vers 1810. Italien.
Graveur.

Cet artiste grava surtout d'après Raphaël.

BAO Lorenzo
Né à Santa Maria (district de Jerez). xviᵉ siècle. Espagnol.
Sculpteur.

Il est cité comme sculpteur et tailleur de pierre.

BAO DONG ou Pao Tong ou Pao Tung, surnom Ziliang, nom de pinceau Jinsan
Né à Shanyin (province du Zhejiang). xixᵉ siècle. Actif vers 1850. Chinois.
Peintre de personnages.

BAO KAI ou Pao K'Ai, surnom Duanren, nom de pinceau Tangcun
xviiiᵉ siècle. Actif à Xiexian (province du Anhui) vers 1750. Chinois.
Peintre.

Peintre de fleurs et paysagiste, disciple de Yun Shouping, il vécut à Yangzhou, dans la province du Jiangsu.

BAO KUN ou Pao K'Ouen ou Pao K'Un
xviiᵉ-xxᵉ siècles. Chinois.
Peintre.

Peintre de la dynastie Qing (1644-1911).

BAOSSATON
xixᵉ siècle. Actif vers 1843. Français.
Dessinateur.

Le Musée de Poitiers conserve de lui le *Portrait de M. Lassimone.*

BAOUR F.
xviiiᵉ siècle. Actif à Toulouse au début du xviiiᵉ siècle. Français.
Graveur au burin.

BAPST
xviiiᵉ siècle. Français.
Peintre.

Il fut reçu en 1767 à l'Académie de Saint-Luc.

BAPTE, veuve Baptiste
xviiiᵉ siècle. Française.
Peintre.

Elle fut membre de l'Académie de Saint-Luc.

BAPTEUR de Fribourg Jean
xvᵉ siècle. Suisse.
Miniaturiste.

De 1428 à 1435, cet artiste fut au service des ducs de Savoie. Il illustra une Apocalypse (Bibliothèque de l'Escurial).

BAPTIST Jacobus
Né à Dœtinchem. xviiᵉ siècle. Hollandais.

Graveur.

Vers la fin du XVII siècle et au début du XVIII, il grava des illustrations. Ses œuvres les plus connues sont celles qui portent la date de 1696-1704, et illustrent la grande bible de Mortier : *Histoire du vieux et du nouveau Testaments*, publiée à Amsterdam en 1700, d'après des dessins de Goerée et d'autres artistes.

BAPTIST Jan
XVII siècle. Actif à Amsterdam en 1629. Hollandais.
Peintre.
Cet artiste paraît avoir peint surtout des fleurs.

BAPTIST Jan Jaspar. Voir GASPERS Jan Baptiste

BAPTIST Johannes
Né au XVIII siècle à Amsterdam. XVIII siècle. Hollandais.
Peintre.
Acquit le droit de cité à Amsterdam en 1731.

BAPTISTA, Frère
XVII siècle. Actif à Rome. Français.
Peintre.
Il est l'auteur de trois peintures murales au couvent de Saint-Dominique et Sixte à Rome, en 1697.

BAPTISTA Bernabé
XVI siècle. Actif à Séville à la fin du XVI siècle. Espagnol.
Sculpteur.
Il est mentionné en 1599.

BAPTISTA Hugo
Né en 1935 à La Grita. XX siècle. Vénézuélien.
Peintre de paysages.
Il a exposé à la Biennale de Paris en 1959 et fait sa première exposition personnelle à Caracas en 1960. Ses représentations de ports sont surtout le prétexte à des combinaisons de couleurs posées avec subtilité.

BAPTISTA Johann
D'origine italienne. XVI siècle. Italien.
Peintre.
Il fut le premier artiste appointé de l'électeur de Brandebourg Joachim Ier, à Berlin. Il peignit, vers 1571, le portrait de la princesse Catherine et celui de Thurneissen à Custrin.

BAPTISTA Juan
XVI-XVII siècles. Actif à Valladolid à la fin du XVI et au début du XVII siècle. Espagnol.
Graveur au burin.
Il grava, en 1605, une image miraculeuse de Notre-Dame de l'église paroissiale de S. Lorenzo, à Valladolid.

BAPTISTA Luiz
Né en 1725 ou 1726. Mort en 1785. XVIII siècle. Actif à Lisbonne. Portugais.
Peintre décorateur et peintre d'architectures.
Cet artiste, élève de Thomas Gomès, travailla au plafond de la chapelle de l'église des Carmes et, avec Laurenço da Cunha, au théâtre do Baïrro-Alto.

BAPTISTA Manuel
Né en 1936 à Faro (Algarve). XX siècle. Actif en France. Portugais.
Peintre.
Il a été élève à l'Ecole des Beaux-Arts de Lisbonne. Il a participé à de nombreuses expositions à New York, Anvers, Madrid et a fait sa première exposition personnelle en 1956.
Si dans ses premières œuvres, il se contente de jouer avec des tons chauds sur des surfaces sombres, il ajoute ensuite des notations érotiques et humoristiques.

BAPTISTE
XVII siècle. Français.
Peintre de fleurs.
Travailla pour la manufacture des Gobelins à Paris. En 1683, il peignit des fleurs pour la bordure de la tapisserie des Gobelins : *Passage du Rhin*. Le Musée d'Alger possède de cet artiste un tableau de fleurs.
VENTES PUBLIQUES : PARIS, 4-5 et 6 avr. 1905 : *Soldats et Villageois*, deux pendants : FRF 160 – LONDRES, 8 mai 1908 : *Un vase de fleurs* : GBP 26 ; *Fleurs dans un vase de verre* : GBP 35 – LONDRES, 30 jan. 1909 : *Un vase de fleurs* : GBP 15 – LONDRES, 24 nov. 1961 : *Tulipes et autres fleurs dans un vase en bronze* : GNS 500.

BAPTISTE
XVII siècle. Travaillait dans le Var. Français.

Sculpteur sur bois.
Élève de Pierre Puget. En 1692, il sculpta plusieurs bas-reliefs sur bois représentant la vie de saints et saintes de l'ordre de Saint-Dominique dans l'église de Saint-Maximin, dans le Var.

BAPTISTE
XVIII siècle. Actif à Paris vers 1790. Français.
Miniaturiste et portraitiste.

BAPTISTE, pseudonyme de Roux Jean-Baptiste
Né en 1952. XX siècle. Français.
Peintre. Abstrait, tendance lettres et signes.
Il vit et travaille à Bordeaux (Gironde). Il commença par faire des études scientifiques et des voyages archéologiques et maritimes. Il participe à des expositions collectives depuis 1980, surtout à Bordeaux notamment en 1988 à l'exposition *Les lettres du blanc*, à Soulac, Toulouse Galerie Protée, Paris principalement Galerie Michel Broomhead ainsi qu'au Musée de la Poste en 1989 *Coup d'envoi ou l'art à la lettre*, et aussi à Nice, Besançon, etc. Il fait des expositions personnelles : 1983 Bayonne *Lignes, écritures et autres signes*, 1986 Bordeaux *Peintures-Écritures*, 1988 Paris Galerie Broomhead, 1990 Lyon.
Les intitulés de ses expositions personnelles ou de certaines expositions collectives auxquelles il participe indiquent clairement l'orientation de son travail, dans lequel les « inscriptions » s'apposent sur des fonds délicatement traités.
BIBLIOGR. : In : Catalogue de l'exposition *Baptiste, Dev, Satié*, Gal. M. Broomhead, Paris, 1990.

BAPTISTE Edmond
Né à Rouen (Seine-Maritime). XX siècle. Français.
Peintre de paysages.
Il participa à Paris au Salon d'Automne en 1938 et au Salon des Indépendants en 1941-1942.

BAPTISTE Hennequin. Voir HENNEQUIN Baptist

BAPTISTE Sylvestre Martin
Né le 21 avril 1791 à Paris. Mort en 1859 à Paris. XIX siècle. Français.
Peintre de genre, graveur, illustrateur.
Fils d'un cordonnier, il entra, à l'âge de quinze ans, à l'École des Beaux-Arts de Paris, travaillant sous la direction de François Vincent et Pierre Guérin. De 1822 à 1840, il participa régulièrement au Salon de Paris.
Il illustra de lithographies *L'Histoire de Gil Blas* de Le sage et exécuta une série de scènes populaires dans le genre de Charlet. Abandonnant le style noble de ses maîtres, il fut surtout l'auteur de sujets populaires ou militaires animés de personnages très vivants.
BIBLIOGR. : Gérald Schurr : *Les Petits Maîtres de la peinture 1820-1920, valeur de demain*, t. V, Les Éditions de l'Amateur, Paris, 1981.

BAQUERO Girolamo
XVIII siècle. Actif vers le milieu du XVIII siècle. Espagnol.
Peintre.

BAQUERO Mariano
Né au XIX siècle à Aranjuez. XIX siècle. Espagnol.
Peintre de genre, aquarelliste.
Il fut élève de l'École spéciale de peinture de Madrid et plus tard de Gleyre à Paris.
En 1860, il débuta à l'Exposition de Madrid, avec son tableau : *La bonne aventure*.
VENTES PUBLIQUES : NEW YORK, 25 mai 1984 : *Deux Arabes au repos*, aquar. (100x67,6) : USD 10 000 – NEW YORK, 24 oct. 1989 : *Attelages dans le parc du Buen Retiro à Madrid* 1883, aquar./pap. (97,8x137,2) : USD 41 250.

BAQUERO Y RODADO Isabel
Née à Madrid. XIX siècle. Espagnole.
Peintre de paysages, marines, intérieurs.
Elle fut élève de l'École spéciale de peinture de Madrid. Elle participa aux Expositions de 1892 et 1895 et fut médaillée. Parmi ses tableaux, on remarque : *Intérieur de Musée* ; *Les barques*.

BAQUERO Y ZARZA Juan
Né à Iman. XIX siècle. Espagnol.
Peintre.
Cet artiste débuta en 1881, à l'Exposition d'Art de Madrid, par son tableau : *Déjeuner interrompu*.

BAQUET
XVIII siècle. Français.

Sculpteur.
Il exposa à Londres vers 1773 à la Society of Artists.

BAQUET Alain
Né le 11 septembre 1939 à Nogent-sur-Marne (Val-de-Marne). XXᵉ siècle. Français.
Graveur.
Après avoir fait des études de pharmacie, il s'oriente vers les arts plastique et plus particulièrement la gravure, entrant dans l'atelier 17 de Hayter. Il a exposé à Göteborg, Strasbourg et Paris et a illustré des poèmes de Verlaine, Rimbaud, Baudelaire et Verhaeren.
Musées : Paris (Mus. d'Art Mod.).

BAQUIÉ Richard
Né en 1952 à Marseille (Bouches-du-Rhône). Mort le 17 janvier 1996 à Marseille. XXᵉ siècle. Français.
Sculpteur d'assemblages, technique mixte, multimédia, créateur d'installations. Néo-dadaïste.
Avant de faire ses études à l'École d'Art de Luminy, à Marseille, où il fut marqué par l'art et l'enseignement de Toni Grand, Richard Baquié a été soudeur, chauffeur de poids lourds et moniteur d'auto-école : « J'aimais les déplacements dans l'espace, ce que l'on voit à travers le pare-brise, la solitude, les sons amplifiés. » Il fut diplômé des Beaux-Arts en 1981. En 1988, il devint professeur aux Beaux-Arts de Nîmes, l'année suivante à Marseille, en 1993 à l'École des Beaux-Arts de Paris. Richard Baquié a vécu et travaillé à Marseille.
Il a participé à de nombreuses expositions collectives parmi lesquelles : 1981 *Présence contemporaine* à Aix-en-Provence ; 1983 *Opération Rhinocéros* à Marseille ; 1984 *Ateliers Internationaux* Frac (Fonds régional d'art contemporain) des Pays de Loire à l'abbaye de Fontevraud ; 1985 Fondation Maeght à Saint-Paul-de-Vence et Fondation Cartier à Jouy-en-Josas ; 1986 *Art français : positions* à Berlin, *Identité Marseille* à Marseille, *French Art Today* au Musée Guggenheim de New York, *Machines affectées* à Atlanta, Chicago et aux Sables-d'Olonne ; en 1987 à la Documenta 8 à Kassel ; en 1988 à Marseille, Prato, Tokyo, Eindhoven, Nîmes, Oslo ; en 1989 à la Fondation Cartier pour *Nos années 80* ; en 1989 à l'exposition *Il n'y a pas d'art français* à Grenoble pour la revue « Public » ; en 1995-1996 à l'exposition *Féminin-masculin* au Centre Georges Pompidou.
Il a exposé personnellement : 1984, galerie Éric Fabre à Paris ; 1985 Nantes et Marseille ; 1987 Galeries contemporaines du Centre Georges Pompidou de Paris, à Bruxelles, Anvers, Rotterdam ; 1989 FIAC (Foire Internationale d'Art Contemporain) de Paris, Galerie de Paris ; 1990 Musée d'art contemporain de Nîmes ; 1991 à la Fondation Cartier pour l'art contemporain à Jouy-en-Josas ; 1993 au CAPC de Bordeaux. En 1996, la galerie Arlogos a présenté sa dernière création, *Tôt ou tard*, en faisant une scénographie, sa participation à un spectacle total. En 1997, après sa mort, le CAPC, Musée d'art contemporain de Bordeaux, a organisé une exposition rétrospective de son œuvre, présentée, en 1998 dans les Galeries Contemporaines des Musées de Marseille.
Au début de son activité artistique, Richard Baquié créait ce qu'il nommait des événements : objets éphémères, ils étaient constitués d'eau, de glace, d'hélium, évoquant des problèmes relatifs à la durée et à l'espace. Il ne reste rien de ces premiers travaux, et pour cause. Il réalise ensuite des sculptures exécutées à partir d'objets récupérés au hasard des trouvailles et des rencontres, participant en cela au vaste mouvement de réutilisation de l'objet par les jeunes artistes apparus au début des années 1980. Les matériaux qu'il utilise couramment sont des carcasses de voitures, des morceaux de wagon ou de *Caravelle* (avion moyen-courrier vers 1960), des objets de la technologie ménagère et industrielle, qu'il assemble et détourne. Les pièces issues de ces appareils vrombissants sont elles aussi douées de mouvement et de voix : certaines produisent des sons, des images, du givre, du vent, de la glace et de la buée. Elles font appel à tous les sens, portant des phrases inscrites en grandes lettres, transportant l'œuvre du domaine plastique au domaine littéraire en lui accordant une dimension poétique : *En finir une fois pour toujours – Nulle part est aussi un endroit*. Richard Baquié se situait lui-même dans la lignée des héritiers de Dada et de Duchamp, sans oublier la leçon tirée des multiples inventions de Calder. Que ses pièces racontent ainsi des histoires est peut-être le premier désir de Baquié : « Je suis intéressé par un questionnement du réel qui entraîne une forme de poésie et de doute ».

■ Florence Maillet, J. B.

BIBLIOGR. : Catal. de l'exposition *Identité Marseille*, ARCA, Centre de la Vieille Charité, Marseille, 1986 – Catherine Millet : *L'art contemporain en France*, Flammarion, Paris, 1987 – in : Catherine Lawless : *Artistes et ateliers*, Ed. Jacqueline Chambon, Nîmes, 1990 – Catalogue de l'exposition *Richard Baquié, Rétrospective*, Mus. de Marseille, Mus. d'Art Contemp. de Bordeaux, Le Seuil, Paris, 1997-1998.
MUSÉES : MARSEILLE (Mus. Cantini) – PARIS (Mus. Nat. d'Art Mod.) – PARIS (FNAC) : *Recherche de la certitude 1* 1989.
VENTES PUBLIQUES : PARIS, 7 mars 1990 : *La belle américaine bleue* 1985, acryl./pap. (20x16) : FRF 12 000.

BAQUIE Suzanne
Née au XIXᵉ siècle à Paris. XIXᵉ siècle. Française.
Dessinatrice.
Élève de Mlle Lagoderie, participa à L'Exposition de Blanc et Noir de 1892.

BAQUOY Adèle
Née le 29 juillet 1796 à Paris. Morte en 1891. XIXᵉ siècle. Française.
Graveur.
Elle est la plus jeune fille de Pierre-Charles Baquoy, et grava des vignettes d'après A. Devéria et pour les œuvres de Gresset. Elle épousa A. Ch. Cailino.

BAQUOY Jean Charles
Né le 16 juin 1721 à Pairs. Mort le 24 février 1777. XVIIIᵉ siècle. Français.
Graveur au burin.
Fils du graveur Maurice Baquoy, il fut un des bons graveurs de vignettes du XVIIIᵉ siècle. Il grava des planches pour une traduction des *Métamorphoses* d'Ovide, pour les *Fables* de La Fontaine, d'après J.-B. Oudry, pour les *Contes* de La Fontaine, d'après Eisen.

BAQUOY Louise Sébastienne, dite Henriette, plus tard Mme Couët
Née le 2 août 1792 à Paris. Morte en 1872. XIXᵉ siècle. Française.
Graveur.
Elle était fille de Pierre-Charles Baquoy, graveur. On cite d'elle les vignettes qu'elle grava, d'après Chasselat, pour une œuvre de Voltaire et toute une série de vignettes pour le *Musée Royal de France*, d'après Annibale Carracci, et *Cyparisse*, d'après Albrier. Elle figura aux Salons de 1824-1827-1834.

BAQUOY Maurice
Né en 1680 à Paris. Mort le 6 août 1747 à Paris. XVIIIᵉ siècle. Français.
Graveur.
Cet artiste grava des vignettes pour des œuvres historiques. On connaît de lui celles qu'il fit, d'après celles de François Boucher, pour l'*Histoire de France* par Gabr. Daniel, Paris, 1713, les vignettes pour l'*Histoire de l'abbaye de Saint-Germain-des-Prés*, par Jacq. Bouillart, Paris, 1724, *Le combat naval près Hangouss* (27 juillet 1714), d'après P.-D. Martin junior, et une *Vue du portail de l'hôpital Saint-François, à Rouen*.

BAQUOY Pierre Charles
Né le 27 juillet 1759 à Paris. Mort le 4 février 1829. XVIIIᵉ-XIXᵉ siècles. Français.
Graveur au burin.
Cet artiste, fils et élève de Charles Baquoy, grava principalement des vignettes. On cite de lui celles qu'il grava, d'après Moreau le Jeune, pour l'édition des *Œuvres* de Voltaire, publiée à Kehl ; celles, d'après Marillier, Monnet, Monsiau, Challiou, Chasselat et Le Barbier, pour *La Pucelle, Faublas, La Religieuse, Les Idylles de Théocrite* et *Les Liaisons dangereuses*.

BAR Alexandre de
Né le 14 juillet 1821 à Montreuil-sur-Mer. Mort après 1901. XIXᵉ siècle. Français.
Peintre de paysages, dessinateur, illustrateur, graveur, peintre sur porcelaine.
Il fut d'abord peintre sur porcelaine, comme Diaz et Troyon. A vingt ans, ayant été remarqué par Alexis de Fontenay, celui-ci lui donna des leçons et, l'année suivante, de Bar abandonnait la céramique pour se consacrer exclusivement à la peinture. Il exposa régulièrement de 1845 à 1870.

Il avait adopté le genre du paysage. En 1856, il visita l'Égypte comme dessinateur de l'expédition des sources du Nil, et y demeura un an. De Bar eut une place importante parmi les illustrateurs du Second Empire et fournit une abondante collaboration au *Magasin pittoresque*, au *Musée des Familles* et au *Tour du Monde*.

ALEXANDRE de BAR

Ventes Publiques : Paris, 1865 : *Paysage montagneux* : **FRF 65** – Paris, 31 mai 1943 : *Un marché en Égypte*, peint. sur porcelaine : **FRF 1 100** – Berne, 24 oct. 1979 : *Paysage montagneux*, h/t (60x81) : **CHF 3 500** – Lokeren, 20 mai 1995 : *Village d'Afrique du Nord 1868*, h/t (38,5x57) : **BEF 60 000**.

BAR Antoine
Né vers 1746 à Paris. XVIIIe siècle. Français.
Peintre.
Mentionné en 1768 comme élève de l'Académie Royale de Paris dans l'atelier de Vien. Le registre des élèves de l'École des Beaux-Arts porte décès le nom de cet artiste le 24 vendémiaire, an IV. Antoine Bar, malgré ses cinquante ans, s'était fait inscrire pour dessiner d'après la bosse.

BAR Bastien de. Voir BASTIEN de Bar

BAR Bonaventure de
Né en 1700 à Paris. Mort le 1er septembre 1729. XVIIIe siècle. Français.
Peintre de genre.
Élève de Claude-Guy Hallé, concourt pour Rome en 1721 et 1723, fut admis à l'Académie en même temps que Chardin, en 1728.
Son tableau de réception : *Fête champêtre* (Louvre), le montre pénétré de l'influence de Watteau dont il est un des « satellites ».
Musées : Paris (Mus. du Louvre) : *Fête champêtre*.
Ventes Publiques : Paris, 1737 : *Deux tableaux*, dans le genre de Watteau : **FRF 220** – Paris, 1867 : *Repos de moissonneurs* : **FRF 1 170** – Paris, 1893 : *Jeune femme assise tenant un cahier sur ses genoux*, dess. : **FRF 40** – New York, 1906 : *Fête champêtre* : **USD 700** – Paris, 2 juin 1909 : *La fête champêtre* : **FRF 1 700** – Paris, 27 avr. 1921 : *Fête dans un parc* : **FRF 3 500** – Paris, 23 mars 1923 : *Le Concert au Salon* : **FRF 1 150** – Paris, 24 mai 1923 : *La Mariée de Village*, d'après Watteau : **FRF 2 820** – New York, 14 nov. 1924 : *Fête champêtre* : **USD 950** – Londres, 6 mai 1927 : *Les Saisons (4 sujets)* : **GBP 1 102** – Paris, 7 juil. 1927 : *Plaisirs champêtres*, attr. : **FRF 3 000** – Paris, 27 avr. 1928 : *Étude de deux personnages*, sanguine reh. : **FRF 280** – Paris, 23 mars 1929 : *Assemblée galante* : **FRF 7 300** – Paris, 25 avr. 1931 : *Assemblée dans un parc*, attr. : **FRF 5 100** – New York, 18-19 avr. 1934 : *Nocturne*, d'après Watteau : **USD 225** – Paris, 12 déc. 1935 : *La Collation dans le parc*, attr. : **FRF 600** – New York, 21 oct. 1937 : *Fête champêtre* : **USD 150** – Londres, 26 juin 1964 : *Fête galante dans un parc* : **GNS 1 200** – Londres, 1er avr. 1966 : *Le Contrat de mariage* : **GNS 2 800** – New York, 7 juin 1978 : *Le Contrat de mariage*, h/t (65x98) : **GBP 9 500** – New York, 20 jan. 1983 : *Le Contrat de mariage*, h/t (58,5x80) : **USD 9 500** – Paris, 27 fév. 1989 : *La halte des troupes*, h/t (88x112) : **FRF 95 000** – Paris, 17 mars 1989 : *La danse espagnole*, h/pan. (41x30) : **FRF 42 000** – Londres, 19 mai 1989 : *Fêtes champêtres*, h/pan. (29,8x34,3) : **GBP 7 920** – Londres, 13 déc. 1991 : *Fête champêtre avec un couple élégant jouant à colin-maillard sous les encouragements de Cupidon et des jeunes filles adorant une idole*, h/t (65,7x82) : **GBP 9 900** – Paris, 27 mars 1995 : *Les divertissements militaires*, h/t, une paire (24x32) : **FRF 110 000** – New York, 19 mai 1995 : *Fête champêtre avec des personnages buvant et dansant*, h/t (40,6x30,5) : **USD 28 750** – Paris, 23 juin 1997 : *Un bal champêtre*, t. (59x80) : **FRF 285 000**.

BAR Clémentine de
Née en 1807 à Paris. Morte le 5 septembre 1856 à Martincourt (Vosges). XIXe siècle. Française.
Peintre de portraits.
Élève de Guérin, elle exposa régulièrement au Salon de Paris, entre 1836 et 1849. Elle fut maîtresse de dessin à la maison de la Légion d'honneur de Saint-Denis.
Elle a surtout peint des portraits de femmes dans une atmosphère légère, familière, sentimentale. Dans l'église de Saint-Goudon se trouve l'un de ses tableaux représentant *Esther*.
Bibliogr. : Gérald Schurr : *Les Petits Maîtres de la peinture 1820-1920, valeur de demain*, t. V, Les Éditions de l'Amateur, Paris, 1981.

BAR Étienne de. Voir ETIENNE de Bar

BÄR Franz Michael ou Baer
Né le 4 février 1800 à Cham. Mort le 10 juin 1880 à Cham (Zug). XIXe siècle. Suisse.
Graveur au burin.
Il a laissé surtout des portraits, et des reproductions de sujets religieux d'après les maîtres étrangers.

BAR Jacques Charles
XVIIIe-XIXe siècles. Français.
Graveur à l'eau-forte, à l'aquatinte.
Entre 1776 et 1800, il travailla à Paris, où il se fit particulièrement connaître par la publication d'un grand ouvrage sur le costume, dont il modifia le titre et qu'il continua sous le pseudonyme de Rabelli pendant la Révolution. Sans doute le même que le peintre du même nom cité à l'Académie de Saint-Luc de 1765 à 1827.

BÄR Karola ou Baer, née de Mathes
Née le 26 septembre 1857 à Ried. XIXe siècle. Autrichienne.
Paysagiste.
Elle était la femme du professeur Fritz Baer-Pasing et devint son élève. On connaît d'elle *Impression du soir* et *Forêt en automne*. Entre 1891 et 1899, elle exposa chaque année, au Palais de Cristal de Munich. De 1890 à 1894, elle enseigna à l'Association des artistes de Munich.

BAR Louis
XVIIIe siècle. Français.
Sculpteur.
Il fut reçu à l'Académie de Saint-Luc en 1749.

BAR Marie Louise
Née à Thiais. XXe siècle. Française.
Sculpteur animalier et de portraits.
Elle a participé à Paris au Salon d'Automne de 1919 à 1926, au Salon de la Société Nationale des Beaux-Arts en 1921-1922 et au Salon des Tuileries à partir de 1923.

BAR Nelly ou Baer
Née à Cologne. XXe siècle. Active aussi en France. Allemande.
Sculpteur de bustes et portraits.
Elle a exposé au Salon des Tuileries à Paris : *Buste de jeune fille* (plâtre) et *Portrait de H. L.* en 1933, *Jeune Femme au bonnet* en 1934. Elle a exposé aussi au Salon d'Automne entre 1933 et 1937 et au Salon des Indépendants de 1935 à 1938. Elle s'est plus particulièrement spécialisée dans la représentation de jeunes femmes.

BAR P. A.
XXe siècle. Français.
Illustrateur.
On cite : *Orogénie*, du poète Alfredo Gangotena (1928).

BAR Simon de. Voir SIMON de Bar

BARA Charles-Joseph
Né vers 1760 à Paris. XVIIIe siècle. Français.
Peintre.
Fils d'un sculpteur qui était devenu chef des ateliers de peinture de l'Académie impériale de Musique, Charles-Joseph Bara entra à l'École des Beaux-Arts comme son frère Jean-Baptiste, le 12 fructidor, an XII.

BARA Didier. Voir BARRA

BARA Guillaume
XVIIIe siècle. Français.
Sculpteur.
Il fut reçu à l'Académie de Saint-Luc en 1777.

BARA Guy
Né en 1923 à Riga. XXe siècle. Belge.
Dessinateur humoriste.
Il fit ses études de peinture à l'Académie de Bruxelles et d'archéologie à Louvain. A partir de 1950, il s'oriente vers le dessin humoristique, collaborant, entre autres, à des bandes dessinées telles que *Tintin* ou *Spirou*. Il a créé en 1955, *Max l'Explorateur*.
Bibliogr. : In *Dict. biog. ill. des artistes en Belgique depuis 1830*, Arto, Bruxelles, 1987.

BARA HADI
Né le 19 septembre 1906 à Téhéran. XXe siècle. Turc.
Sculpteur.
Il sort diplômé de l'Académie des Beaux-Arts d'Istanbul en 1927 et va en France continuer ses études, entre 1927 et 1930. Il est

invité à la Biennale de Venise en 1956 et 1958 et à celle de Sao Paulo en 1957 et 1961. Il a figuré à l'exposition internationale de sculpture au Musée Rodin en 1961. Il a collaboré à la fondation du groupe *Espace Turc*. Professeur de sculpture à l'Académie des Beaux-Arts d'Istanbul.

Musées : Istanbul (Mus. de Peinture et de Sculpture).

BARA J.
Né vers 1812. XIXe siècle. Français.
Graveur sur bois.
Peut-être parent de Charles-Joseph et de Jean-Baptiste Bara ou même l'un d'eux. Élève de Porret, il travaille entre 1834 et 1856.

BARA Jean-Baptiste, dit Bara l'Aîné
Né vers 1763 à Paris. XVIIIe siècle. Français.
Peintre.
Il était fils d'un sculpteur qui, plus tard, devint peintre des décors de l'Opéra. Jean-Baptiste fut élève de Bridan à l'Académie. Son nom figure dans la liste des élèves à partir de novembre 1783. Il entra à l'École des Beaux-Arts le 12 fructidor, an XII, comme élève de Boizot. Il était frère de Charles-Joseph Bara.

BARA Joseph
XVIIIe siècle. Actif à Angers. Français.
Sculpteur.

BARA Léopold
Né le 23 octobre 1846 à Vienne. XIXe siècle. Autrichien.
Portraitiste, peintre d'histoire et de genre.
Cet artiste fut l'élève à l'Académie de Anselm Feuerbach. Il travailla ensuite en Italie et fit partie de l'expédition scientifique du comte Lanckoronski en Grèce et en Asie Mineure. Il exposa à Vienne dans la Maison des artistes et à la Galerie internationale de Munich.

BARA Pierre Edouard, pseudonyme de Baranowski
Né à Mozir. XXe siècle. Actif en France. Polonais.
Peintre de fleurs, portraits, paysages et natures mortes.
Il a exposé à Paris, au Salon d'Automne en 1922-1924, au Salon des Tuileries entre 1924 et 1929, au Salon des Indépendants en 1927.
Ventes Publiques : Paris, 19 oct. 1997 : *Portrait de femme en rouge* 1919, h/t (58x42) : **FRF 6 000.**

BARABAN-CAHAGNET Blanche Marie
Née à La Petite-Pierre (Bas-Rhin). XXe siècle. Française.
Peintre de fleurs.
Élève de Dury-Vasselon, d'Henner et de Fougerat, elle a exposé, entre 1927 et 1938, à Paris au Salon des Artistes Français dont elle est devenue sociétaire.

BARABANDY
XIXe siècle. Travaillant à la fin du XIXe siècle.
Ornemaniste et lithographe.

BARABANOV Victor
Né en 1938. XXe siècle. Russe.
Peintre.
Il fut élève de l'Institut des Beaux-Arts Sourikov de Moscou. Membre de l'Union des Artistes de Russie.
Ventes Publiques : Paris, 4 oct. 1993 : *Torse couché*, marbre (22x44x22) : **FRF 3 800.**

BARABAS Nicolas ou Niklos
Né en 1810 à Markusfalva. Mort en 1898 probablement à Budapest. XIXe siècle. Hongrois.
Peintre et lithographe.
Élève à l'Académie de Vienne de Johann Ender qui l'a beaucoup influencé à ses débuts, Barabas compléta son éducation artistique par de nombreux voyages, visitant l'Italie et travaillant avec un succès considérable à Bucarest et à Budapest. Outre ses tableaux, il fournit un grand nombre de lithographies pour des publications populaires, ainsi que des portraits des personnages marquants parmi ses contemporains hongrois, entre autres Franz Listz, l'archiduc Albrecht, François-Joseph Ier. En 1836, il fut reçu membre de l'Académie des sciences de Budapest. Le Musée de cette ville conserve de nombreuses œuvres de cet artiste qui collabora à la fondation de l'Union d'art municipal, et jouit en Hongrie d'une grande popularité.
Ventes Publiques : Vienne, 22 sep. 1964 : *Portrait de femme :* **ATS 5 000** – Vienne, 13 sep. 1966 : *Le parapluie protecteur :* **ATS 50 000.**

BARABAUDY Richard
Né au XIXe siècle à Milan (Lomdarbie). XIXe siècle. Italien.
Dessinateur.
Il participa à l'Exposition de Blanc et Noir de 1892 avec : *Paris dans la rue ; Macabreries,* etc.

BARABÉ Jean André
Né vers 1768 à Paris. XVIIIe siècle. Français.
Peintre.
Il a été élève de Le Barbier. Son nom figure sur le registre des élèves de l'Académie de 1783 à 1786.

BARABÉ Pierre André
Né à Rouen. XVIIIe siècle. Français.
Architecte et graveur à l'eau-forte.
Travailla à Paris et à Versailles et fut, vers 1762, un des premiers à se servir de l'aquatinte.

BARABINI Gaetano
XIXe siècle. Actif à Milan. Italien.
Peintre de sujets religieux, fresquiste.
Il fut élève de Pélagio Palagi.
Ventes Publiques : Milan, 14 nov. 1990 : *Loth et ses filles,* h/t (150x107) : **ITL 25 000 000.**

BARABINO Angelo
Né en 1883 à Tortona. Mort en 1950. XXe siècle. Italien.
Peintre de paysages, paysages de montagne, paysages d'eau, intérieurs.
Ventes Publiques : Milan, 14 déc. 1976 : *Pâturage,* h/t (72,5x102,5) : **ITL 650 000** – Milan, 13 déc. 1984 : *Intérieur d'auberge,* h/cart. (74x72) : **ITL 5 500 000** – Milan, 7 nov. 1985 : *Le bassin de Saint-Marc* 1921, h/t (61x70,5) : **ITL 6 000 000** – Milan, 9 juin 1987 : *Monte Rossino d'Inverno* 1930, h/t (40x56) : **ITL 20 000 000** – Milan, 14 mars 1989 : *Paysage rustique,* h/pan. (24x33,5) : **ITL 4 500 000** – Milan, 18 oct. 1990 : *Le Mont Rose depuis le Val d'Ayas,* h/t (60x66) : **ITL 66 000 000** – Milan, 5 déc. 1990 : *Pietà,* h/t (98x118) : **ITL 36 000 000** – Milan, 22 mars 1994 : *Chalets dans les Alpes* 1939, h/t (50x60) : **ITL 20 700 000.**

BARABINO Nicolo
Né en 1832 à Sampierdarena ou à Genève. Mort en 1891 à Florence. XIXe siècle. Travaillait à Florence. Italien.
Peintre d'histoire, sujets religieux, portraits, fresquiste.
Son premier succès date de sa *Madone Consolatrice* et son tableau *La mort de Boniface VIII,* exposé à Florence en 1856, fut très apprécié en Italie. À l'Exposition du concours Alinari, en 1900, il exposa une toile (hors concours) : *La Madone du Printemps* et à l'Exposition d'Art italien à Paris (1935) : *Mort de Charles-Emmanuel.*
Il créa à Gênes ses œuvres principales : trois fresques, qui sont dans une salle du palais Celesia : *Galilée devant le tribunal de l'Inquisition. – Caponni devant Charles VIII et les Vêpres siciliennes.* Il travailla avec Luigi Ferrario, notamment pour son projet du théâtre Carlo Felice. Une de ses Vierges ayant pour titre : *Quasi oliva speciosa in campis,* fut achetée par la Reine.
Musées : Gênes : *Projets du théâtre Carlo Felice – La dernière heure de Charles-Emmanuel de Savoie –* Trieste : *Archimède.*
Ventes Publiques : Milan, 26 mai 1977 : *Portrait de jeune fille,* h/t (38x31) : **ITL 1 100 000** – Milan, 21 avr. 1983 : *Le chœur dans la sacristie,* h/pan. (25x41) : **ITL 1 800 000** – Rome, 29 oct. 1985 : *Autoportrait,* aquar. (64x51) : **ITL 1 100 000** – Londres, 27 mars 1987 : *Une prêtresse romaine,* h/pan. (19x25) : **GBP 1 500** – Milan, 14 juin 1989 : *Jeanne d'Arc* 1864, h/t (94x79,5) : **ITL 20 000 000** – Rome, 5 déc. 1995 : *Étude pour La Madone du printemps,* h/pan. (28,5x14,5) : **ITL 17 678 000.**

BARABINO Pietro
XIXe siècle. Actif à Gênes. Italien.
Peintre et dessinateur.
Il fut élève de Giuseppe Isola.

BARACCHIS Andriola de
XVe siècle. Italienne.
Peintre.
Elle fut abbesse du couvent des Bénédictines de Santa Félice à Pavie vers 1489. On conserve au Musée municipal de Pavie une *Madone* de cette artiste.

BARACH Guillaume de
XIVe siècle. Français.
Peintre enlumineur.
Il aurait vécu en Champagne. Il enlumina des livres pour la cathédrale de Troyes.

BARACHIN Bertrand
XXe siècle. Français.

Peintre de compositions à personnages. Néo-expressionniste. Groupe Paliss'art.

Né sans doute après 1950, il fait partie de la génération de jeunes artistes s'exprimant volontiers hors des circuits institutionnels du marché de l'art, jusqu'à peindre sur les palissades de chantiers en travaux (groupe *PALISS'ART*). Sa peinture se rattache aux nouveaux courants dérivés de l'expressionnisme, dans un dessin de caractère « bande dessinée », en aplats de couleurs vives cernés de noir. Il peint le plus souvent sur des panneaux de bois découpés en fonction du sujet traité.

VENTES PUBLIQUES : PARIS, 16 juin 1988 : *Livre-objet*, bois peint découpé (34,5x50) : FRF 1 400 ; *Livre-objet*, bois peint découpé (60x59) : FRF 1 700.

BARADUC Jeanne
Née à Riom (Puy-de-Dôme). XXᵉ siècle. Française.
Peintre de fleurs, paysages, natures mortes et portraits.

Elle a participé à de nombreux Salons, dont celui des Artistes Français (1921), celui d'Automne (de 1919 à 1938), celui des Tuileries (de 1924 à 1933) et celui des Indépendants (de 1926 à 1929).
MUSÉES : PARIS (Mus. d'Art Mod.) : *Myosotis*.
VENTES PUBLIQUES : PARIS, 4 juin 1926 : *Anémones* : FRF 300 – PARIS, 19 mars 1942 : *Lierre et fruits* : FRF 7 200 – PARIS, 22 mars 1954 : *Nature morte* : FRF 25 000 – GÖTEBORG, 10 nov. 1977 : *Le Jardin fleuri*, aquar. et lav. (48x64) : SEK 4 500 – COLOGNE, 23 mars 1990 : *Corbeille de fruits sur fond vert*, h/t (33x41) : DEM 1 000.

BARAGNON Camille Léon
Né à Zurich. XIXᵉ-XXᵉ siècles. Français.
Peintre.

Elève de Baschet, Schommer et H. Royer, il exposa, entre 1912 et 1921, à Paris au Salon des Artistes Français dont il devint sociétaire.

BARAHONA Sebastian de
XVIᵉ siècle. Actif à Séville au commencement du XVIᵉ siècle. Espagnol.
Peintre.

Il vivait dans la paroisse de la Magdalena, en 1597.

BARAILLE Marie
Née à Montrouge. XIXᵉ-XXᵉ siècles. Française.
Peintre miniaturiste.

Elève de Hortense Richard, Thoret et Baschet, elle a exposé au Salon des Artistes Français à Paris au début du XXᵉ siècle.

BARALIS Louis A.
Né le 7 juillet 1862 à Toulon. XIXᵉ-XXᵉ siècles. Français.
Sculpteur.

Elève de Cavalier et de Barrias dont il fit un buste en plâtre en 1896. Il exposa pour la première fois au Salon de Paris en 1888 et participa, entre 1913 et 1920, au Salon des Artistes Français dont il devint sociétaire. Il exécuta plusieurs groupes, notamment *Baignade* et *Allégorie de la Mécanique* qui fut commandée pour la gare de Lyon à Paris.
MUSÉES : TOULON : *Statue de Philoctète – Sauvetage – Naufrage*.

BARALLI François
XIVᵉ siècle. Actif à Avignon. Français.
Sculpteur.

BARAM Anne
Née le 19 août 1908 à Chisinau. XXᵉ siècle. Roumaine.
Peintre.

A partir de 1959, elle a exposé au Salon des Indépendants des toiles tantôt figuratives, tantôt abstraites.

BARAM Sioma
Né en 1919 en Roumanie. XXᵉ siècle. Israélien.
Peintre.

Il a exposé en Israël, à Paris et en Angleterre. Au cours de la seconde Guerre mondiale, il fut blessé en Italie et pendant sa convalescence peignit des radiographies. En 1950 il gagne Paris afin de terminer ses études. La tradition hébraïque a laissé des traces certaines sur son art, dans ses formes symboliques, ses créatures apocalyptiques. Influencé par le constructivisme russe, il quitte sa manière figurative et crée des compositions semi-abstraites peuplées de robots et de machines. A partir de 1960, son art s'oriente vers l'informel. Il reste discret, secret, écorché mais muet, conservant des matières somptueuses sur des tonalités sourdes.
VENTES PUBLIQUES : PARIS, 21 fév. 1955 : *Composition* : FRF 2 500.

BARAMBIO Gregorio, fray
XVIIIᵉ siècle. Espagnol.
Peintre, moine.

Il travailla à Burgos. En 1738, il peignit un *Saint Pedro Nolasco*, pour l'église de son couvent.

BARAN Edward
Né le 13 février 1934 à Lesko. XXᵉ siècle. Depuis 1966 actif en France. Polonais.
Peintre de figures, tisseur d'art. Tendance abstraite.

Dans les années soixante, il fut élève de l'École des Beaux-Arts de Varsovie, en peinture de paysage et aussi dans l'atelier de tissage. Il fit une exposition personnelle en 1985 à Beauvais, une nouvelle à Paris en 1992. Il présente régulièrement son travail à la Galerie Claudine Lustman de Paris et à la Galerie Plessis de Nantes.
Il a été influencé par la peinture française de Bonnard à De Staël, puis surtout par la conception de l'espace chez Cézanne. Dans l'organisation de ses compositions, il procède souvent par enlèvements successifs. Admirateur de la « tapisserie » de Bayeux, il en a conservé dans son graphisme un certain « tremblé » propre à la technique de la broderie.
BIBLIOGR. : Catalogue de l'exposition *Edward Baran, œuvres choisies, 1982-1993*, Galerie du Centre Culturel Colombier, Rennes, 1993.
MUSÉES : AIX-EN-PROVENCE – ANGERS (Mus. des Beaux-Arts) – NANTES (Mus. des Arts Décoratifs) – NANTES (Mus. des Beaux-Arts) – OSLO (Kunstindustrie Mus.).

BARAN Emile
Né à Reims. XIXᵉ-XXᵉ siècles. Français.
Peintre de paysages animés.

Il a régulièrement exposé au Salon de la Société Nationale des Beaux-Arts dont il est devenu sociétaire. Médaille d'or à l'Exposition universelle de 1889, à Paris. Chevalier de la Légion d'honneur en 1895.
VENTES PUBLIQUES : PARIS, 10 avr. 1996 : *Les lavandières* 1893, h/t (64,5x81,5) : FRF 5 000.

BARANEK Anna Maria
Née en 1958 en Pologne. XXᵉ siècle. Active en France. Polonaise.
Peintre.

Elle a exposé à Paris au Salon Grands et Jeunes d'Aujourd'hui, notamment en 1987.

BARANEK Frida
XXᵉ siècle. Brésilienne.
Sculpteur, auteur d'assemblages.

Elle participe à des expositions collectives : 1989 Biennale de Sao Paulo.
BIBLIOGR. : Agnaldo Farias : *Brésil : petit manuel d'instructions*, Artpress, nº 221, Paris, fév. 1997.

BARANETZKI Glykeri
Né à Kiev. XVIIIᵉ siècle. Russe.
Sculpteur et graveur.

BARANGE Michèle
Née en 1946 à Rennes (Ille-et-Vilaine). XXᵉ siècle. Française.
Peintre. Paysagiste abstrait.

Après avoir étudié à l'école des Beaux-Arts de Rennes, elle a exposé ses œuvres à partir de 1975, notamment au Salon Grands et Jeunes d'Aujourd'hui à Paris, en 1988, et pour des expositions personnelles dans de nombreuses galeries en Bretagne ou à Paris (1991, galerie l'Aire du Verseau).
Ses paysages abstraits sont animés d'effets de matière qui en soulignent la vigueur ou la sensibilité : utilisation de papier de soie sous lequel les couleurs prennent un aspect nacré, travail de la couche picturale à la mine de plomb ou à la gouge, empâtements et aspérités. Les jeux de couleur sont accentués par la vivacité du geste.

BARANGER Gervais
XXᵉ siècle. Français.
Peintre de paysages animés et natures mortes.

Elève de Lucien Simon, il a exposé au Salon des Artistes Français à Paris, entre 1933 et 1938.

BARANGER Marie Mélanie
Née à Angoulême (Charente). XXᵉ siècle. Française.
Peintre d'histoire.

Elève de Maurice Denis, elle peint surtout des sujets religieux. Elle a participé au Salon de la Société Nationale des Beaux-Arts à Paris en 1934. Membre de l'Union des Femmes peintres et sculpteurs.

BARANOFF Nikolaus von

Né le 13 mai 1808 à Wätz. Mort le 18 août 1863 à Weissenstein. XIXe siècle. Allemand.

Portraitiste et peintre de genre.

Cet artiste était sourd-muet. Il étudia à Munich et à Vienne et séjourna assez longtemps à Saint-Pétersbourg ; il vécut ensuite à Weissenstein. En 1859, il fut nommé membre de l'Académie. Parmi ses tableaux de genre, on cite : *Le Héros d'armes, Chasseur à la fontaine.*

BARANOFF-ROSSINÉ Daniel Vladimir

Né le 1er janvier 1888 à Kherson (Ukraine). Mort en 1942 ou 1944, exécuté pendant l'occupation de Paris, durant la Seconde Guerre mondiale. XXe siècle. Actif aussi en France. Russe.

Peintre, peintre à la gouache, peintre de techniques mixtes, sculpteur. Abstrait à tendance géométrique.

Après ses études secondaires à Odessa, il entre à l'Académie Impériale de Saint-Pétersbourg où, de 1903 à 1907, il se consacre à la carrière de peintre. De 1907 à 1910, il expose dans les groupes *Stephanos* à Moscou, *Zvieno* à Kiev, *Vienok-Stephanos* à Saint-Pétersbourg (1909). Dans le même temps, il voyage en Finlande, Allemagne, Hollande, avant de venir s'installer à Paris où il séjourne de 1910 à 1914. Il se lie avec des peintres et des poètes, dont Blaise Cendrars, Archipenko, Robert et Sonia Delaunay, Alexandra Exter. C'est l'époque durant laquelle il signe Rossiné et expose au Salon des Indépendants, mais c'est aussi le moment où il assimile la leçon du cubisme et surtout du futurisme dont il se sent très proche. Si certaines de ses œuvres aux formes découpées, sortes de rubans solides presque métalliques montrent qu'il a regardé des œuvres de Léger, d'autres sont plus proches, par leur composition géométrique, de l'art des Delaunay. Avec ses compatriotes, il a participé activement à la vie artistique parisienne dans le but de sortir de la figuration séculaire, devenant l'un des pionniers de la peinture abstraite. Il invente alors la *Sculpto-Peinture*, assemblage de matériaux métalliques qu'il peint ultérieurement, expérience que Guillaume Apollinaire qualifie de « futuriste ».

Au moment de la Révolution russe en 1917, il retourne dans son pays où il prend une part active à la réorganisation des arts, ouvrant un atelier à Saint-Pétersbourg et participant à des expositions révolutionnaires russes. Il prend alors le nom de Vladimir Baranoff-Rossiné. Il achève de mettre au point son *Piano optophonique* dont chaque touche met en mouvement des disques transparents colorés et lumineux qui projettent des couleurs sur écran. Cette création sera présentée en concerts à partir de 1923 au théâtre Meyerhold puis au Bolchoï à Moscou. Après son arrivée à Paris où il s'installe définitivement en 1925, Jean Arp présente ce fameux piano en concerts, en particulier au studio des Ursulines. Grâce à ce piano optophonique, Baranoff-Rossiné réussit à réaliser le rêve d'unir sons, lumière et couleurs, pressentant les recherches futures de l'art cinétique. Il explique ainsi le genre nouveau qu'il a voulu créer : « Il ne s'agit pas, écrit-il, de superposer un phénomène à un autre phénomène purement et simplement, il faut que de l'intégration de la sensation de nerfs différents nous composions une impression artistique nouvelle. » C'est avec cette recherche constante de nouveauté que tendait toujours ce peintre aux intuitions géniales mais non développées sur le moment, sans doute parce qu'une autre trouvaille lui traversait l'esprit et l'empêchait d'aller jusqu'au bout de sa première idée.

Jean Arp, qui prend part à l'élaboration du mouvement *Abstraction-Création* en 1931, remarque une sculpture de Baranoff-Rossiné, construction abstraite en métal et verre, dont l'esprit rejoint tout à fait celui de ce groupe. C'est l'époque à laquelle il expose au Salon des Indépendants et participe à l'Exposition internationale de 1937 à Paris, ainsi qu'à l'exposition des Réalités Nouvelles en 1939, à la Galerie Charpentier. Sa peinture mêle alors, de façon originale, la tradition slave par ses couleurs et le cubisme par ses formes. Deux rétrospectives lui ont été consacrées, l'une au Salon des Indépendants en 1954 et l'autre au Musée National d'Art Moderne à Paris en 1972. L'abondance et la diversité de l'œuvre de Baranoff-Rossiné en font un ferment de l'art d'avant-garde russe. ■ Annie Pagès

Rossiné

BIBLIOGR. : Léon Degand : Catalogue de l'exposition rétrospective *Baranoff-Rossiné*, Galerie Art Vivant, Paris, 1954 – Bernard Dorival : *Les Peintres du XXe s.*, Tisné, Paris, 1957 – Catalogue de l'exposition rétrospective *Baranoff-Rossiné*, Mus. Nat. d'Art Mod., 1972 – Catalogue de l'exposition : *Abstraction-Création 1931-1936*, Mus. d'Art Mod. de la Ville de Paris, 1978.
MUSÉES : PARIS (Mus. Nat. d'Art Mod.) : *Composition abstraite* 1910 – *La forge* 1911 – *Sculpture polytechnique* 1929 – SAINT-PÉTERSBOURG (Mus. russe) : *Le fjord Christiana* 1915.
VENTES PUBLIQUES : PARIS, 14 nov. 1924 : *Paysage* : FRF 500 – PARIS, 20 déc. 1948 : *composition, aquar.* : FRF 500 – GENÈVE, 15 déc. 1970 : *Tête avec élément mécanique* : CHF 8 000 – PARIS, 23 juin 1971 : *Tête* : FRF 11 500 – LONDRES, 12 acr. 1972 : *Symphonie pastorale 1922* : GBP 780 – PARIS, 31 jan. 1973 : *Rayon de soleil dans le verger* : FRF 15 000 – NEW YORK, 7 nov. 1979 : *La paysanne et l'âne 1909*, gche (35,5x49,8) : USD 5 500 ; *La maison au bord de la rivière*, h/pap. brun (59x86) : USD 1 500 – PARIS, 24 nov. 1980 : *Femme assise 1909-1910*, gche (63x49) : FRF 35 000 – LONDRES, 5 mars 1981 : *Chalands*, h/t (67,5x87,5) : GBP 2 000 – PARIS, 24 mars 1981 : *Nymphes et centaures*, gche (143x200) : FRF 55 000 – VERSAILLES, 18 avr. 1982 : *Nu assis vers 1909-1910*, gche (58,5x47) : FRF 20 000 – VERSAILLES, 2 déc. 1984 : *Léda et le cygne 1909*, gche (47,5x72) : FRF 10 500 – VERSAILLES, 21 avr. 1985 : *Maisonnettes dans un paysage vers 1910-1912*, gche/pap. beige (50x66,5) : FRF 11 500 – VERSAILLES, 18 juin 1986 : *Les roses 1910*, gche (58,58x45) : FRF 7 500 – LONDRES, 2 avr. 1987 : *Femmes nues entrelacées 1929*, gche et cr. de coul. (64x48) : GBP 3 800 – PARIS, 23 juin 1988 : *Jeune femme au vase*, gche (62x47) : FRF 40 000 – PARIS, 20 nov. 1988 : *Trois barques sur le Dniepr 1907*, h/t (62x83) : FRF 250 000 – PARIS, 4 avr. 1989 : *Péniche*, gche (46x64) : FRF 42 000 – PARIS, 30 juin 1989 : *Composition abstraite circa 1913*, h/pan. (41,5x37) : FRF 30 000 – PARIS, 13 déc. 1989 : *Le femme nue 1910-1911*, gche/cart. (90x68) : FRF 170 000 – LONDRES, 5 avr. 1990 : *Relief mural 1913*, assemblage de bois peints (131,5x46) : GBP 308 000 – VERSAILLES, 6 juin 1990 : *Muse à la harpe 1910*, h/t (116x82) : FRF 550 000 – PARIS, 23 mars 1992 : *La route rose 1910*, gche (51x65) : FRF 16 500 – PARIS, 6 avr. 1993 : *Danseurs*, gche (64,5x48,5) : FRF 16 000 – PARIS, 19 nov. 1993 : *Paysage de Corse*, h/t (72x50) : FRF 21 000 – AMSTERDAM, 8 déc. 1993 : *Composition abstraite*, h/cart. (36x51) : NLG 6 325 – PARIS, 23 mars 1994 : *Tête cubiste*, h/t (46x34) : FRF 110 000 – PARIS, 29 nov. 1994 : *Nu cubiste*, gche (48x59,5) : FRF 59 000 – PARIS, 27 nov. 1995 : *Maisons sur le Don*, gche/pap. brun (34x51,5) : FRF 33 000 – PARIS, 12 avr. 1996 : *La Théière*, gche/pap. vert (44,5x61,5) : FRF 40 000 – NEW YORK, 2 mai 1996 : *Adam et Ève 1912*, h/t (154,9x219,7) : FRF 96 000 – PARIS, 14 juin 1996 : *Nu cubiste assis*, h/t (73x54) : FRF 40 000 – PARIS, 19 juin 1996 : *Personnage cubo-futuriste 1911*, collage, encre et aquar./pap. (40x27,5) : FRF 30 000 – PARIS, 30 oct. 1996 : *Composition cubiste, homme assis*, gche (63x48) : FRF 35 000 – NEW YORK, 13 nov. 1996 : *L'Apocalypse verte vers 1910-1915*, h/t (130,2x161,9) : USD 85 000 – PARIS, 25 juin 1997 : *Composition aux fruits, pichet et tasse bleue*, gche/pap./isor. (47x40) : FRF 30 000.

BARAQUIN Jean Pierre Léopold

Né le 15 novembre 1813 à Mortefontaine. Mort le 12 juillet 1892 à Pierrefonds. XIXe siècle. Français.

Peintre aquarelliste.

Cet artiste fut conducteur des ponts et chaussées à Soissons. Il est l'auteur de nombreuses aquarelles ayant pour sujet des paysages de l'Oise et de l'Aisne. Il prit sa retraite à Pierrefonds et en peignit les sites sous tous leurs aspects. Le Musée de Soissons possède de nombreuses et très belles aquarelles de cet artiste, au talent très délicat, représentant des sites de la région.

MUSÉES : SOISSONS (Aquarelles) : *Ruines de l'église de la Chartreuse de Bourgfontaine – Ferme à Mortefontaine – Église de Mortefontaine – Château de Bagneux – Ruines de l'église de l'abbaye de Longpont – Porte de l'abbaye de Longpont – Tour de Droizy – Église de Pasly – Église de Chavigny – Moulin à eau de Longpont – Château de Noue, sépia – Château d'Aconin – Paysage – Église de Montigny-Lengrain – Chaumière à Haramont – Cathédrale de Soissons – Château d'Armentières – Église de Vivières – Porte d'entrée du château de Cœuvres – Château de Courmelles – Vieille entrée à Bazoches – Ruines de l'Église de l'Abbaye de Longpont – Château de Vic-sur-Aisne.*

BARASCHI Constantin Musat, appelé par erreur Barascki ou Barasky

Né en 1902 à Campolong-Muscel. XXe siècle. Roumain.

Sculpteur.

Élève à l'École des Beaux-Arts de Bucarest, il vint étudier à Paris, dans l'atelier de Bouchard à l'Académie Julian, et dans celui de

Bourdelle à la Grande Chaumière. Il a exposé au Salon d'Automne à Paris, à partir de 1928. Il reçut plusieurs récompenses, dont un diplôme d'honneur à l'Exposition internationale de Barcelone en 1929, une médaille d'or à l'Exposition internationale de Paris en 1937, une médaille d'argent à la Triennale de Milan en 1940, et enfin le premier Prix National Roumain en 1950-1951-1953. Il fut professeur à l'Institut Nic. Grigoresco de Bucarest. Plusieurs de ses œuvres figurent dans des parcs et édifices publics.

Musées : Arad – Bucarest – Constanta – Milan – Moscou – Saint-Pétersbourg .

BARAT Blaise
Né vers 1768 à Paris. XVIIIe siècle. Français.
Sculpteur.
Élève de Stouf à l'Académie Royale à partir de 1782, puis de Julien. Fréquentait encore l'École en 1790.

BARAT Didier. Voir **BARRA**

BARAT Edouard
Né à Lille (Nord). XXe siècle. Français.
Peintre.
Il a exposé à Paris au Salon des Indépendants de 1926 à 1928 et au Salon d'Automne en 1933.

BARAT Georges Edouard Jean
Né le 2 juin 1900 à Bruxelles. Mort le 12 mai 1974 à Saint-Georges-des-Sept-Voies (Maine-et-Loire). XXe siècle. Depuis 1918 actif en France. Belge.
Peintre de fleurs, nus, miniaturiste.
Fils du pianiste belge Édouard Barat. Il était le neveu de Charles Dratz-Barat, avec qui il travailla souvent, enrichissant sa technique dans la peinture des bouquets de fleurs. Il fut l'élève et l'ami d'Émile Bernard, avec lequel il entretint une correspondance, et réalisa, entre autres, de nombreux dessins à la sépia sous ses conseils, entre 1929 et 1938. À Paris, dès 1928, il fut sociétaire du Salon des Artistes Français, et a exposé au Salon des Indépendants entre 1929 et 1934.
Au Salon des Indépendants, il exposa *Œillets et dahlias, Jeunes Filles au bain*, et un grand portrait en pied de *Charles de Foucauld*. À partir de 1943 et jusqu'à sa mort, tout en continuant son œuvre de peintre, il vécut comme miniaturiste sur ivoire, qu'il signait de divers pseudonymes : G. Barat, L. Leray, Des Lauriers, ivoires recherchés depuis l'interdiction d'utilisation de l'ivoire.

BARAT Jacques
XVIe siècle. Travaillait en Lorraine. Français.
Sculpteur sur bois.
Il travailla vers 1577 pour la duchesse de Brunswick, et lui fournit des meubles sculptés.

BARAT Jean
Originaire de Cambrai. XVIe siècle. Français.
Peintre.
Actif vers 1568-1569.

BARAT Pierre
Né en 1935 à Meaux (Seine-et-Marne). XXe siècle. Français.
Peintre.
Autodidacte, il choisit des sujets sévères et classiques. Il a exposé souvent à Paris, aux États-Unis et en Suisse.

BARAT Pierre Martin ou Barrat ou Berat
XVIIIe siècle. Français.
Peintre de portraits, pastelliste, dessinateur.
Il fut professeur de l'Académie royale de peinture et de sculpture de Lyon, et plus tard, peintre de la ville de Nîmes.
Il peignit, en 1774, le *Portrait de Voltaire* (gravé par B.-L. Henriquez). Vers 1784, il fit et signa le portrait de l'antiquaire célèbre : *J. François Séguier*. En 1784, il s'engagea à exécuter un portrait à l'huile de *Louis XVI*, pour la Salle du conseil de l'hôtel de ville de Nîmes, et ce portrait fut mis en place en 1785.
Musées : Grenoble : *Jeune fille tenant une souricière*, dess. au cr., portant sa signature.
Ventes Publiques : Londres, 6 jan. 1979 : *Portrait d'une dame de qualité* 1775, past. (98,5x79) : USD 820 – Berne, 12 mai 1990 : *Portrait de Madeleine Gaussin* 1760, past. (73x59) : CHF 3 500 – Vendôme, 24 nov. 1991 : *Portrait de Voltaire*, past. (85x55) : FRF 50 000.

BARAT-LEVRAUX Georges
Né en 1878 à Blois (Loir-et-Cher). Mort en 1964. XXe siècle. Français.
Peintre de paysages, nus, natures mortes et portraits.

Tout d'abord élève de Jean-Paul Laurens et de Bonnat à l'École des Beaux-Arts de Paris, il fut ensuite élève à l'Académie Julian, où il connut Dunoyer de Segonzac dont il subit l'influence, sans toutefois oublier la leçon de Cézanne. Il a exposé aux Salons des Indépendants à Paris entre 1907 et 1910, de la Société Nationale des Beaux-Arts en 1921-1922, d'Automne de 1921 à 1938 et des Tuileries de 1923 à 1931. Il a figuré à la rétrospective du Salon des Indépendants en 1926 et à l'Exposition internationale de Paris en 1937. Chevalier de la Légion d'honneur.
Musées : Paris (Mus. d'Art Mod.) : *Méditerranée*.
Ventes Publiques : Paris, 14 mai 1925 : *Etude de femme nue*, dess. aquar. : FRF 210 – Paris, 30 nov. 1925 : *La maison dans les arbres* : FRF 210 – Paris, 4 fév. 1928 : *Paysage* : FRF 480 – Paris, 3 mai 1929 : *Nu couché* : FRF 1 400 – Paris, 25 mars 1944 : *Paysage* : FRF 1 000 – Paris, 29 oct. 1948 : *Ebats champêtres* : FRF 2 500 – Paris, 7 déc. 1953 : *Nu* : FRF 3 800 – Paris, 12 juin 1985 : *Le café du phare vers Saint-Tropez, en 1930*, h/t (110x134) : FRF 14 500 – Paris, 6 oct. 1993 : *Maison près d'un sous-bois*, h/t (46x55) : FRF 3 500 – Paris, 22 juin 1994 : *Mas provençal*, h/t (81x100) : FRF 6 000.

BARATA Antonio
XVe siècle. Espagnol.
Peintre.
Ce peintre catalan est cité à Barcelone en 1426 et 1431.

BARATA Gabriel
XVe siècle. Espagnol.
Peintre.
Ce peintre catalan est cité à Barcelone en 1400.

BARATA Laurens
Né à Rome. XVIIe siècle. Vivait à Utrecht vers 1628. Italien.
Paysagiste et graveur.
Il a gravé à l'eau-forte quelques suites de paysages d'Italie avec des ruines.

BARATA Martins
Portugais.
Peintre d'histoire.
Il fit le portrait du Padre Cruz, et sa composition *Reddition des Maures à Lisbonne* est conservée à la Chambre Municipale de Lisbonne.

BARATELLE Charles
Né en Italie. Mort en 1925 à Milford (Connecticut). XXe siècle. Américain.
Sculpteur.

BARATELLI Jérôme
XXe siècle. Suisse.
Peintre. Abstrait-analytique.
Il faisait partie de l'exposition que le Musée Cantini de Marseille a consacrée en automne 1987 à une sélection de jeunes artistes genevois. Le travail de Baratelli, quant à l'analyse d'éléments formels et colorés, se rattache aux analyses pratiquées par le groupe Support-Surface en France.
Bibliogr. : François-Yves Morin : *Jérôme Baratelli : La peinture comme apologue de la couleur*, Opus International, Paris, hiver 1987.

BARATH. Voir **WORATH**

BARATHIER
Mort à Narbonne. XIXe siècle. Français.
Peintre et lithographe.
Barathier fut élève de L. David. Il passa les dernières années de sa vie à Narbonne. Il fut membre de la commission archéologique de cette ville, qui a donné son nom à une des salles du musée où sont conservés beaucoup de ses dessins.

BARATI Innoncenz. Voir **WARATHI Innozenz Anton**

BARATTA
XVIIIe siècle. Italien.
Sculpteur.
De 1730 à 1740, il travailla en Espagne. Sans doute de la famille des BARATTA de Carrare.

BARATTA Alessandro
XVIIe siècle. Italien.
Dessinateur et graveur au burin.
Il travailla à Naples en 1629 à 1630, puis à Parme. Il grava des vues italiennes et deux panoramas de Naples. Sur les six feuilles, genre frises, qu'il composa, se trouve l'*Entrée du duc d'Alcala, le 16 août 1629*, ainsi que le *Départ de l'infante Marie d'Autriche (19 décembre 1630)*.

BARATTA Andrea
XVIIᵉ siècle. Italien.
Sculpteur.
Actif à Carrare, il travailla à Rome en 1665, et à Modène en 1690.
Il sculpta les statues de la *Religion* et de la *Charité* à l'église S.
Nicola di Tolentino. Il travailla également pour la cour de
Modène. On lui doit aussi deux figures allégoriques, ainsi qu'un
groupe de *Neptune et Amphitrite*, pour la fontaine de la cour du
palais ducal, 1690.

BARATTA Antonio ou **Baratti**
Né le 7 janvier 1724 à Bellune. Mort le 23 juillet 1787 à
Venise. XVIIIᵉ siècle. Italien.
Graveur au burin.
Il travailla surtout à Venise où il grava, d'après J.-B. Piazzetta, un
Saint Jérôme et une *Sainte Thérèse* ; d'après G. Reni, *Saint
Joseph avec l'Enfant Jésus* ; d'après Paul Véronèse ; d'après Fr.
Vanni, *Extase de saint François* ; d'après Fr. Mariotto et M. Mari-
nari ; *Les coutumes religieuses des Juifs et des Cafres*, d'après
P.-A. Novelli. Barrata fit aussi des portraits dans la manière de
Joseph Wagner. On cite : *Le pape Benoît XIV, Le Patriarche
P.-M. Giovanelli*. Il illustra des livres et des titres de livres, notam-
ment la tragédie de *P.-E. Pamfi*, Modène, 1744, et un mémoire
scientifique (Modène, 1773). Il travailla aussi aux gravures qui
ornent le *Dictionnaire mythologique* (Venise, 1755).

BARATTA Carlo
XIXᵉ siècle. Travailla à Berlin, dans la seconde moitié du XIXᵉ
siècle. Allemand.
Sculpteur.
Il fut élève de Rauch. De 1836 à 1842, il prit part aux expositions
de l'Académie de Berlin.

BARATTA Carlo Alberto
Né en 1754 à Gênes. Mort en 1815. XVIIIᵉ-XIXᵉ siècles. Italien.
Peintre de compositions religieuses.
VENTES PUBLIQUES : NEW YORK, 14 jan. 1992 : *Le baptême du
Christ*, encre avec reh. de blanc/pap. bleu (27,7x12,1) :
USD 3 850.

BARATTA Domenico
Originaire de Carrare. XVIIIᵉ siècle. Italien.
Sculpteur.
Cet artiste exécuta le ciborium d'un autel de la cathédrale de Pie-
tra Santa en 1747.

BARATTA Eumone
Né en 1825 à Carrare. XIXᵉ siècle. Italien.
Cet artiste descendait d'une famille d'artistes bien connus à Car-
rare depuis plusieurs siècles ; il étudia d'abord à l'Académie de
Modène et se rendit à Rome, en 1842, pour s'y perfectionner.
C'est de là qu'il fonda l'Académie des Arts à Carrare. Il exposa
en Italie, à Paris, à Munich, etc. On cite notamment une *Sainte
Agnès* (à Munich, 1870) et *L'Innocence endormie* (à Paris, 1867).

BARATTA Francesco. Voir aussi **BARETTA**
BARATTA Francesco
Né à Massa di Carrara. Mort en 1666 à Rome. XVIIᵉ siècle. Ita-
lien.
Sculpteur.
Il travailla assez longtemps comme aide du Bernin, son profes-
seur. Il sculpta un *Saint François recevant les stigmates* pour la
fontaine de la place Navona, à Rome ; d'après les dessins de Ber-
nin, il exécuta la *Statue d'un dieu*, symbolisant le fleuve. Baratta
travailla, d'après les dessins d'Algardi, à l'autel principal, de San
Nicolo di Tolentino. Beaucoup de ses travaux furent acquis par
Auguste II, pour Dresde, tels que : *Hercule, Marsyas, Cléopâtre,
Lucrèce, Hercule et Omphale*, et la plupart érigés dans le Grand
Jardin. Une statue de la *Madeleine pénitente* se trouve dans la
chapelle royale.

BARATTA Francesco
Mort après 1700 à Berlin. XVIIᵉ siècle. Actif à Carrare. Italien.
Sculpteur.
Élève et aide du Bernin. On a de lui un autel dans l'église de la
Madone delle Lacrime à Carrare. Il fit, en 1724, une statue pour
l'hôpital degli Incurabili à Gênes. On lui doit encore deux figures
allégoriques de la *Virginité* et de l'*Humilité*, pour la Steccata, à
Parme et un Maure, représentant le Rio de la Plata, dans la fon-
taine de la place Navone à Rome.
MUSÉES : CAMBRIDGE : *La Gloire*, marbre, statue – VENISE : *Mauso-
lée des doges Bertuccio et Silvestre Valier*.

BARATTA Francesco
Né en 1805 à Gênes. Mort en 1870. XIXᵉ siècle. Italien.
Peintre d'histoire.
Son œuvre principale est un grand tableau de l'histoire des luttes
entre Guelfes et Gibelins, à Florence.

BARATTA Giovanni, le Jeune
XVIIIᵉ siècle. Actif à Carrare dans la seconde moitié du XVIIIᵉ
siècle. Italien.
Sculpteur.
Vers 1763, il habita Naples.

BARATTA Giovanni Battista
XVIIᵉ siècle. Travaillait en 1614 à Massa dit Carrara. Italien.
Sculpteur.
D'après Zani, il était fils de Jacopo Baratta, frère de Francesco et
de Gioivanni-Maria Baratta l'Ancien.

BARATTA Giovanni Giacomo, le Jeune
XVIIIᵉ siècle. Actif à Carrare dans la première moitié du XVIIIᵉ
siècle. Italien.
Sculpteur.
Il exécuta, avec le concours de son frère, deux statues colos-
sales : *David* et *Joachim*, qui furent érigées, en 1722, à Parme.

BARATTA Giovanni di Isidoro, comte
Né le 13 mai 1670 à Carrare. Mort le 21 mai 1747 à Carrare.
XVIIᵉ-XVIIIᵉ siècles. Italien.
Sculpteur.
Élève de Foggini et Soldani. Parmi ses œuvres, on cite, à Gênes,
les statues de *Cléopâtre* et d'*Artémise*, destinées au palais
Durazzo, *le groupe d'Énée et d'Anchise*, pour la fontaine de la
place Fossatello, les *Tombeaux de Giulio et Fr. Spinola*, dans
l'église Sainte-Catherine, les statues d'*Ignazio Bona* et de *Mar-
cello Durazzo*, dans la cour de l'hôpital di Pammatone. Il sculpta
encore l'autel du Saint-Sacrement à la cathédrale de Livourne et
des statues dans diverses autres églises. On signale également
parmi ses œuvres : la *Statue de saint Thomas*, à l'église de
Michele degli Antinori, et le groupe de *Tobie et l'ange Raphaël* à
San Spirito, à Florence ; et enfin le buste du mathématicien Giov.
Grandi, sur sa tombe à San Michele, à Pise.

BARATTA Giovanni Jacopo
Né en 1539 à Carrare. Mort au XVIIᵉ siècle. XVIᵉ siècle. Italien.
Peintre.
Il peignit la grande *Pietà* du maître-autel à S. Giacomo et S. Cris-
toforo et le *Martyre des cinq patrons de Carrare* au dôme Saint-
Andréa.

BARATTA Giovanni Maria, l'Ancien
Né à Massa di Carrara. XVIIᵉ siècle. Italien.
Architecte, tailleur de pierre.
Il était fils de Jacopo Baratta et frère de Francesco. Il fut membre
de l'Académie de Saint-Luc en 1660, et on le trouve cité pour la
dernière fois pour la mort de son frère Francesco, survenue en
1666.

BARATTA Giuseppe Antonio
XVIIIᵉ-XIXᵉ siècles. Actif à Carrare dans la seconde moitié du
XVIIIᵉ siècle, vivait encore en 1818. Italien.
Sculpteur.
Cet artiste était le fils de Giovanni-Maria Baratta le Jeune. Il aida
le sculpteur français L. Guiard à l'exécution du monument élevé
à Saint-Bernard dans l'abbaye de Clairvaux.

BARATTA Lorenzo
Né en 1782 à Carrare. Mort vers 1850 à Carrare. XIXᵉ siècle.
Italien.
Sculpteur.
Il était fils de Giuseppe-Antonio Baratta, qui lui donna les pre-
mières leçons. Après avoir vécu jusque vers 1806 en Toscane, il
se rendit à Milan, où Napoléon Iᵉʳ l'employa à l'achèvement de la
façade du dôme.

BARATTA Paolo
Né en 1874 à Noceto (près de Parme). XIXᵉ-XXᵉ siècles. Italien.
Peintre d'histoire et de sujets religieux.
Il étudia sous la direction de Cecrope Barilli à l'Académie de
Parme où il obtint le prix de Rome, ce qui lui permit de terminer
ses études dans cette ville. Il peignit pour des églises, en particulier, *La Décapitation de Pietro Fabre* à San Giov. Decollato, des
médaillons représentant des saints dans l'église de Cicognara, il
travailla également pour l'église de Chiavari, près de Gênes. Il
exécuta le portrait du roi Victor-Emmanuel III pour l'Ecole Centrale de Tiro à Parme.

Musées : Parme : *Pauvreté et quiétude – Une visite dans un couvent.*

BARATTA Pietro
xviiᵉ siècle. Actif à Carrare vers 1695. Italien.
Sculpteur.

D'après Zani, le monument des papes et des cardinaux de la chapelle Casoni du dôme de Sarzane est son œuvre.

BARATTA Pietro
xviiiᵉ siècle. Actif à Venise dans la première moitié du xviiiᵉ siècle. Italien.
Sculpteur.

Il travailla pour la façade de l'église des Jésuites et pour celle de Saint-Eustache, ainsi que pour l'autel de l'église de Saint-Sébastien. Il fit pour cette dernière deux statues : *Joseph* et *Anne.*

BARATTELLA Zaninus
xvᵉ siècle. Actif à Trévise. Italien.
Peintre.

BARATTI Filippo
Né à Trieste. xixᵉ siècle. Actif entre 1868 et 1901. Italien.
Peintre de sujets typiques, paysages urbains. Orientaliste.

On ne sait presque rien de sa vie, sinon qu'il participa en 1868 à l'Exposition des Beaux-Arts de la Brera à Milan et, de 1869 à 1872, à la « Società promotrice di Belle Arti de Turin ». Il semble être allé à Paris, ayant daté l'une de ses toiles : *Le Prisonnier,* Paris 1883, tandis qu'il était peut-être à Londres entre 1885 et 1886, ayant peint à cette époque deux scènes se déroulant dans cette ville.

La plupart de ses sujets orientalistes ont pour décor l'Alhambra de Grenade, il en est ainsi pour *La Reddition* de 1879, et *La Sultane* de 1901. Il est également l'auteur de scènes en costumes des xviiᵉ et xviiiᵉ siècles.

Bibliogr. : Caroline Juler : *Les Orientalistes de l'école italienne,* ACR Édition, Paris, 1994.

Ventes Publiques : Londres, 24 mars 1982 : *Spoliation d'un Juif* 1883, h/t (115x79) : **GBP 37 000** – Londres, 16 mars 1983 : *Chevaliers étudiant une carte* 1881, h/pan. (32,5x43) : **GBP 1 200** – Londres, 20 juin 1986 : *Whitehall, London* 1884, h/t (68,5x99) : **GBP 45 000** – Londres, 26 juin 1987 : *The Life Guards passing Hyde Park Corner, Londres* 1885, h/t (65x94) : **GBP 80 000** – Londres, 22 juin 1990 : *Présentation au sultan après le bain à l'Alhambra de Grenade* 1889, h/t (97,2x139,1) : **GBP 176 000** – Paris, 28 mai 1991 : *Captives et butin* 1883, h/t (90x66) : **FRF 530 000** – Londres, 19 nov. 1993 : *La partie d'échecs* 1880, h/pan. (35,5x25) : **GBP 14 375** – New York, 26 mai 1994 : *Le banquet* 1891, h/t (96,5x139,7) : **USD 51 750** – New York, 18-19 juil. 1996 : *La cathédrale Saint-Paul depuis Aldgate à Londres* 1888, h/t (35,6x29,8) : **USD 3 450** – Londres, 20 nov. 1996 : *Scène de harem,* h/t (44x56) : **GBP 16 100** – Londres, 21 nov. 1997 : *Armuriers au palais de l'Alhambra, Grenade* 1875, h/t (66,3x54,6) : **GBP 52 100.**

BARATTI Giovanni
Né à Venise. xixᵉ siècle. Italien.
Graveur au burin.

Il travaillait vers le début du xixᵉ siècle, à Bassano, pour la chalcographie Remondini. Parmi ses gravures au burin, qui eurent le plus de succès, on cite : *Il Pescatore* et *il Macellajo.*

BARATTINI André
Né à Carrare. xixᵉ-xxᵉ siècles. Italien.
Sculpteur animalier.

Elève de Lecouturier, il a exposé au Salon des Artistes Français à Paris entre 1904 et 1932.

BARATTINI Francesco
xviᵉ siècle. Vivait à Modène en 1536, à Venise en 1550. Italien.
Graveur sur bois.

Nagler attribue à cet artiste les gravures sur bois signées B. R. dans *Opera nova chiamata Duello* de Marozzo. Drugulin les suppose de Giovanni Britto.

BARATZ Avraam
Né à Birnova (Roumanie). xxᵉ siècle. Roumain.
Sculpteur de bustes.

Il a exposé au Salon d'Automne de Paris en 1926-1928.

BARAU Emile
Né le 11 août 1851 à Reims (Marne). Mort vers 1930. xixᵉ-xxᵉ siècles. Français.
Peintre de paysages.

Après avoir fait des études à l'Ecole des Beaux-Arts de Paris, sous la direction de Jettel et Gérôme, il alla travailler en Hollande et au Danemark.

Il a exposé à Paris au Salon des Artistes Français où il a obtenu une mention honorable en 1883 avec : *Paysage des Islettes,* et au Salon de la Société Nationale des Beaux-Arts, dont il est sociétaire depuis 1890 et auquel il participa jusqu'en 1930. Il obtint une médaille d'or à l'Exposition universelle de 1889 à Paris, avec deux panneaux : *Le Matin* et *Le Soir.* Il fut promu chevalier de la Légion d'honneur en 1895.

Il montre une prédilection pour les paysages de Champagne.

Musées : Paris (Mus. d'Art Mod.) : *Sur la Suippe* 1884 – *Vue de la butte de Châlons* 1895 – Reims : *Douze paysages dont : Jardinage d'automne* 1885 – *Village champenois* – *Les Rouazes à Sept Saulx* 1887 – *La Vesle à Sept Saulx* – *Printemps à Billy* – *Bois de Boulogne* – Tours : *Le village des Roches en Touraine* 1882.

Ventes Publiques : Paris, 8 mai 1919 : *Le chemin auprès de la carrière :* **FRF 210** – Paris, 18 mars 1920 : *Le chemin devant la ferme,* past. : **FRF 200** – Londres, 9 juin 1922 : *Après l'orage :* **GBP 5** – Paris, 28 avr. 1937 : *La plaine en automne :* **FRF 47** – Versailles, 17 mars 1963 : *Villers-Franqueux :* **FRF 220** – Versailles, 4 oct. 1981 : *Retour du troupeau,* h/t (48,5x73,5) : **FRF 2 900** – Paris, 2 avr. 1993 : *Village champenois,* h/t (43x74) : **FRF 14 000.**

BARAUDE Henri
Né à Châlons-sur-Saône (Saône-et-Loire). xixᵉ-xxᵉ siècles. Français.
Peintre.

Il exposa à Paris au Salon d'Automne de 1912 : *Le Port des Sables d'Olonne.*

BARAUDERIE Jean Michel
Né le 27 avril 1674 à Angers. Mort en 1728 à Vern (Maine-et-Loire). xviiᵉ-xviiiᵉ siècles. Français.
Sculpteur.

Cité dès 1688. Pendant plusieurs années, il travailla, à Saint-Georges-sur-Loire.

BARAULT Jean Baptiste Antoine André
Né vers 1765 à Maule (Yvelines). xviiiᵉ siècle. Français.
Peintre.

Cet artiste figure comme élève à l'École des Beaux-Arts le 22 vendémiaire, an IV, bien qu'il eût alors trente et un ans.

BARAZETTI Suzanne
Morte en 1945 à Paris. xxᵉ siècle. Française.
Graveur.

Elève de E. Humblot, elle fut membre de la Société des Artistes Français et écrivit plusieurs ouvrages sur l'histoire de l'art, notamment un *Maurice Denis* qui fut publié après sa mort.

BARBA Luigi
Né en 1828 à Palerme. xixᵉ siècle. Italien.
Peintre.

Après avoir étudié la sculpture, cet artiste s'adonna à la peinture d'histoire et à la peinture religieuse. Il fut médaillé en 1861. Un de ses tableaux, *Odalisque,* fut également médaillé à Florence ; le Musée de Palerme possède plusieurs de ses œuvres parmi lesquelles : *Ruggero di Lauria.* Pour le palais municipal de sa ville natale, il peignit un épisode de la *Bataille de Novare,* et pour l'église royale de Calascibetta, sur un très grand velarium, *Le Christ en Croix.*

BARBA Marie
Née à Marseille (Bouches-du-Rhône). xxᵉ siècle. Française.
Peintre et aquarelliste de genre.

Elève de Baschet, Déchenaud et H. Royer, elle a exposé au Salon des Indépendants à Paris, entre 1907 et 1930. Elle est membre de l'Union des Femmes peintres et sculpteurs et de la Société des Humoristes.

BARBA Ramon
Né en 1767 à Moratella. Mort en 1831 à Madrid. xviiiᵉ-xixᵉ siècles. Espagnol.
Sculpteur.

Le roi Charles IV l'envoya étudier la sculpture en Italie. Il exécuta un bas-relief pour l'église Saint-Alexis à Rome. A Madrid, en 1821, il prit part à l'ornementation plastique de la Porte de Tolède. Barba devint le sculpteur de la cour de la reine, membre de l'Académie de San Fernando en 1823, et directeur des cours de sculpture à cette Académie en 1828.

BARBABIN F.
xviiiᵉ siècle. Actif dans la première moitié du xviiiᵉ siècle. Français (?).

Paysagiste et aquafortiste.
Ses œuvres rappellent la manière d'Abraham Genoels, dont il fut, croit-on, l'élève.

BARBACELLI Téodoro
XVIIIe siècle. Travaillait à Rome vers 1750. Italien.
Graveur au burin.
On mentionne de lui les illustrations de l'œuvre de Zabaglio : *Castelli e ponte.*

BARBACHOUX Pierre
XVIe siècle. Actif dans la seconde moitié du XVIe siècle. Français.
Peintre verrier.
On a de lui un vitrail à l'église de Saint-Ithier, à Sully-sur-Loire, avec cinq *Scènes de la vie de saint-Jacques.*

BARBACOVI Francesco
Né vers 1640 à Taio de Nonsberge (Trentin). XVIIe siècle. Éc. tyrolienne.
Sculpteur.
Cet artiste étudia à Salzbourg. Sa ville natale possède plusieurs de ses sculptures : *Un médaillon de la Vierge,* un de *Saint Jean Népomucène, La Madone avec l'Enfant Jésus.* On admire à Trente un bas-relief représentant *Saint Sébastien* et un autre portant le buste de la Madone. Au Musée d'Innsbruck : *Renaud et Armide de la Jérusalem délivrée, Loth et ses deux filles.*

BARBAGELATA Giovanni di Niccolo, dit de Rappallo
Mort vers 1508. XVe siècle. Italien.
Peintre.
Cité à Gênes en 1484. On sait qu'il a travaillé dans l'atelier de Giovanni Mazone. En 1498, il peint l'*Annonciation* pour l'église de Calvi, œuvre toujours conservée dans cette église. De 1499 datent le tableau d'autel de l'église de Candisco, près de Sestri, et le triptyque de l'église de Casarza. Il exécute le polyptyque de *Saint Ambroise* de l'église de Varazze, daté de 1500.

BARBAGLIA Giuseppe
Né en 1841 à Milan. Mort en 1910. XIXe-XXe siècles. Actif à Milan. Italien.
Peintre de genre.
Élève de Bertini à l'Académie de Milan, sa première œuvre, *Le Christ au Mont des Oliviers,* fut achetée par le roi d'Italie, *Le Mariage civil,* par le bourgmestre de Milan. Parmi ses œuvres qui suivirent, on cite : *La famine en Sicile,* actuellement au Palais municipal de Pavie, *Un grenadier de Napoléon dans un presbytère,* son tableau le plus populaire. *L'arlechino ardito* se trouve dans une salle du palais Clerici, à Milan. Le plus connu de ses portraits est celui du compositeur Verdi.
VENTES PUBLIQUES : PARIS, 1897 : *Un joueur de harpe :* FRF 185 – MILAN, 27 mai 1977 : *Portrait d'homme 1878,* h/t (60x50) : ITL 750 000 – MILAN, 25 mai 1978 : *La Cuisine,* h/t (49,5x73,5) : ITL 2 000 000 – MILAN, 21 avr. 1983 : *Portrait de fillette,* past. et aquar. (35x29,5) : ITL 2 000 000 – MILAN, 30 oct. 1984 : *Les fiançailles de la Vierge, d'après Raphaël,* h/t (302x218) : ITL 4 500 000 – MILAN, 28 oct. 1986 : *Nature morte,* h/t (66x48) : ITL 1 800 000 – MILAN, 31 mars 1987 : *Portrait d'homme,* h/t (60x45) : ITL 700 000 – NEW YORK, 26 mai 1993 : *Andromède,* h/t (158,8x91,4) : USD 9 200 – MILAN, 26 mars 1996 : *Le Billet de logement,* h/t (60,5x40) : ITL 10 925 000 – MILAN, 18 déc. 1996 : *Paysage lombard,* h/pan. (47,5x82,5) : ITL 17 475 000.

BARBAGLIA Leonello
Mort en 1589. XVIe siècle. Actif à Ferrare. Italien.
Artiste.

BARBAIX René
Né en 1909 à Anderlecht. Mort le 17 juin 1966 à Bruxelles. XXe siècle. Belge.
Peintre.
Élève à l'Académie de Saint-Josse-ten-Noode, il fut surtout autodidacte. En 1945, il fut l'un des fondateurs du groupe *Jeune Peinture belge.*
Sa peinture allégorique est aux frontières du surréalisme et du non-figuratif.
VENTES PUBLIQUES : LOKEREN, 7 oct. 1995 : *Nature morte 1946,* h/t (70x60) : BEF 75 000 – LOKEREN, 9 déc. 1995 : *Composition,* h/t (73x116) : BEF 65 000 – LOKEREN, 9 déc. 1995 : *Composition 1956,* h/t (73x92) : BEF 55 000.

BARBALONGA, de son vrai nom : Antonio Ricci
Né en 1600 à Messine. Mort en 1649 à Messine. XVIIe siècle. Italien.

Peintre.
De la famille des Alberti, ce peintre fit ses premières études à Messine, chez Simone Comandé, et les continua à Rome à l'École du Dominiquin. Il peignit, dans la manière de celui-ci, l'*Assomption de Marie* à Saint-André della Valle, à Rome, et aussi le grand tableau d'autel représentant *Saint Gaetan et Andrea Avellino dans une gloire d'anges* à San Silvestro à Monte-Cavallo. Rentré à Messine en 1631, il y continua sa vie de travail, exécutant : *Saint Philippe de Néri* pour l'église de l'Oratoire puis dans la même église, *une Pietà,* signée et datée de 1634. Il peignit un certain nombre de tableaux pour la Galerie publique de Messine, mais le comte de San Stéfano les emporta en Espagne. L'un d'entre eux : *Signora della Lettera,* est gravé dans l'*Iconologia Samperis.* Quelques-uns des tableaux que l'on cite de lui se trouvent à Palerme, dans la galerie du prince de Belmonte et à la Compagnia del Sangue di Cristo. Au Musée du Prado, à Madrid se voit une *Sainte Agathe.* Barbalonga fonda une école de peinture à Messine.
VENTES PUBLIQUES : NEW YORK, 22 mars 1922 : *Une Sibylle :* USD 50.

BARBAN Hortense
Née à Blidah (Algérie). XXe siècle. Française.
Peintre.
Elle exposa des portraits au Salon des Indépendants de 1935 à Paris.

BARBANCHON Chantal
Née en 1952. XXe siècle. Française.
Peintre. Abstrait.
Elle a exposé au Salon Grands et Jeunes d'Aujourd'hui à Paris en 1987-1988. Ses compositions sont souvent des diptyques dont les tonalités se répondent avec sobriété.

BARBANÇON Christian ou Chris
Né en 1940 à Saint-Germain-en-Laye (Yvelines). Mort en 1994. XXe siècle. Français.
Peintre. Abstrait-lyrique.
Il fut d'abord ouvrier manuel. Il prit contact avec la peinture à l'huile en 1955, mais s'y consacra vraiment à partir de 1962, après avoir participé à la guerre d'Algérie. Il travaille à Paris et a commencé à exposer à la fin des années quatre-vingt, notamment au Salon Grands et Jeunes d'Aujourd'hui en 1987, 1988, et au Salon des Réalités Nouvelles en 1986, 1989. Il fait partie des jeunes artistes qui ont décidé de déborder le cadre institutionnel du marché de l'art, et qui exposent volontiers dans des endroits, insolites, du moins inusités, sinon qu'en 1990, la galerie La Pochade de Paris a montré une exposition personnelle d'un ensemble de ses peintures.
Se situant dans un contexte où dominent les tendances néo-fauves, néo-expressionnistes ou des nouvelles figurations, Barbançon pratique une peinture, évocatrice certes, mais formellement abstraite, de graphismes et d'accumulations de signes spontanés et dynamiques, tracés griffés, sur des fonds joyeusement colorés ou sensuellement matiéristes, et, que ce ne soit pas reproche, encore issue de l'abstraction française de l'après-guerre, peut-être de Bissière. ■J. B.
BIBLIOGR. : André Laude : *Barbançon – Vive le son de Barbançon,* in : Artension n°18, Rouen, automne 1990.
VENTES PUBLIQUES : PARIS, 16 juin 1988 : *Hommage à Folon 1988,* acryl./t. (80x80) : FRF 5 800 ; *La fête 1987,* acryl./t. (130x97) : FRF 1 200 ; *Page 383,* acryl./t. (162x130) : FRF 15 500 – NEUILLY, 6 juin 1989 : *Page 396,* h/t (162x130) : FRF 22 000 – PARIS, 26 sep. 1989 : *N°451,* h/t (70x70) : FRF 7 500 – PARIS, 18 fév. 1990 : *Voyage autour d'une sculpture,* h/t (130x97) : FRF 24 000 – PARIS, 19 oct. 1997 : *Composition,* h/t (100x81) : FRF 6 000.

BARBANI
XIXe siècle. Actif au début du XIXe siècle à Paris. Français.
Graveur sur bois.
Le Blanc cite de lui une vignette pour une édition de *La Vie de Napoléon,* d'après Toussaint Charlet.

BARBANI Nicolo
XVe siècle. Actif de 1453 à 1483 à Modène. Italien.
Peintre.

BARBANI Pietro
XVe siècle. Actif à Carpi vers 1476. Italien.
Miniaturiste et architecte.

BARBANT
XIXe siècle. Français.

Graveur sur bois.
Il travaillait entre 1840 et 1866. Père de Charles Barbant.

BARBANT Auguste
xixᵉ siècle. Travaillant à la fin du xixᵉ siècle. Français.
Graveur sur bois.
Fils et élève de Charles Barbant, il exposa à Paris au Salon à partir de 1881.

BARBANT Charles
Mort en 1922. xixᵉ-xxᵉ siècles. Français.
Graveur sur bois, illustrateur.
Il était fils du graveur sur bois Barbant et père d'Auguste Barbant. Il travailla d'abord avec Best, graveur sur bois à Paris. Il avait été élève de son père, avec lequel il s'associa de 1863 à 1866. Il rencontra Gustave Doré et a pratiqué le bois de teinte. De 1869 à 1882, il exposa régulièrement au Salon de Paris.
Il eut une carrière plus développée que celle de son père. Il a collaboré, en 1845 au *Journal des journaux*, au *Tour du monde*, à l'*Histoire de France* de Guizot, à l'*Histoire d'une forteresse* de Viollet-Le-Duc. Il a illustré personnellement *Les Trophées* de José Maria de Hérédia et *L'Île mystérieuse, Michel Strogoff, Les Indes noires* de Jules Verne.

BARBANTAN Charles
Né en 1845 à Avignon (Vaucluse). Mort en 1932 à Graveson (Bouches-du-Rhône). xixᵉ-xxᵉ siècles. Français.
Peintre de sujets religieux, paysages.
Il est surtout l'auteur de peintures religieuses faites à la fresque, à la cire ou à la détrempe, pour les églises Saint-Michel-de-Frigolet, Saint-Vincent-de-Paul de Marseille et Saint-Pierre d'Avignon, où il décora la chapelle Saint-Antoine en 1886. Dans la même église, en 1887, il orna la chapelle Saint-Joseph de sept fresques, tirées de l'histoire de *Saint Joseph, époux de la Vierge*. Ses paysages, largement traités, vibrent sous la lumière du Midi.
Bibliogr. : Gérald Schurr : *Les Petits Maîtres de la peinture 1820-1920, valeur de demain*, t. VII, Les Éditions de l'Amateur, Paris, 1989.
Musées : Carpentras : *Coin de maison à Monteux*.

BARBARA Y BELZA Joaquin
Né à Llodio. xixᵉ siècle. Travaillant à Madrid. Espagnol.
Peintre.
Élève de l'École spéciale de peinture de Madrid. On cite parmi ses nombreux tableaux : *Sur le chemin d'Emmaüs*.

BARBARAN
xviiiᵉ siècle. Actif à Nevers en 1710. Français.
Sculpteur.
Il sculpta un retable pour une chapelle de l'église de Saint-Père.

BARBARAN Louis
xviiᵉ siècle. Actif en 1673. Français.
Dessinateur et graveur.
Il appartenait à l'ordre des Prémontrés, fut chanoine de Saint-Martin de Laon et prieur de Missy. On connaît de lui deux planches : *L'Abbaye des Prémontrés* (1656) et *Plan de l'Abbaye de Saint-Jean des Vignes à Soissons* (1673).

BARBARAT Jean
xviiᵉ siècle. Actif à Troyes entre 1653 et 1694. Français.
Peintre verrier.
Il travailla à l'église Saint-Martin (1654). Le peintre verrier Edme Barbarat, cité vers 1690, était sans doute son frère.

BARBARELLI Giorgio. Voir GIORGIONE

BARBARI Jacopo de ou Barbarj, ou de'Barbari, dit Maître au Caducée
Né entre 1440 et 1450 à Venise. Mort début 1516 à Bruxelles. xvᵉ-xviᵉ siècles. Italien.
Peintre de genre, compositions allégoriques, compositions religieuses, portraits, natures mortes, graveur au burin, dessinateur.
De 1500 à 1508 il est en Allemagne, peignant des portraits de cour. Il passe à Nuremberg où il travaille au service de l'empereur Maximilien, et dans cette ville, ainsi qu'à Wittenberg, à Naumbourg, à Torgau. Après 1507 il est dans les Pays-Bas, au service du comte Philippe de Bourgogne, avec Gossart, qu'il protège. En 1510 il peint pour Marguerite d'Autriche, gouvernante des Pays-Bas qui, en 1511, lui donne une pension pour sa « Débilitation et Vieillesse ». Il est sans doute d'origine allemande et doit se nommer Jacob Walch, il est cité

dans des documents sous le nom de *Meister Jacob der weylische oder wellische Maler*, c'est-à-dire le peintre germanique. Ce sont les Italiens qui l'ont surnommé Jacopo de Barbari, c'est-à-dire l'Étranger. On l'appelle aussi le Maître au caducée en raison du caducée dont il signa ses gravures, au nombre d'une trentaine. Il est remarquable par les formes élancées et élégantes qu'il donne à ses modèles ; et une partie de son intérêt vient de l'influence qu'il a exercée sur Dürer, qu'il connut sans doute à Venise en 1494, et qui, dès 1506, le considérait comme le meilleur des peintres. Son œuvre est difficile à reconstituer, d'autant qu'il œuvra aux quatre points cardinaux, contribuant par là aux échanges entre l'Italie et les pays germaniques. Le portrait d'*Henry de Mecklembourg* (La Haye, 1507), annonce Cranach. La *Madone dans un paysage*, de Berlin, peut être influencée par Alv. Vivarini. La *Galatée*, de Dresde, le *Christ*, de Weimar, la *Nature morte au gantelet* (1504, Munich) sont d'inspiration typiquement germanique. On lui attribue aussi des scènes de genre et des allégories, comme un couple nu au verso d'un *Portrait d'homme*, à Berlin.

Bibliogr. : André de Hévesy : *Le maître au caducée*, Van Oest, Paris.
Musées : Augsbourg : *Nature morte* – Berlin : *Vierge à l'Enfant avec deux saints* – Dresde : *Christ bénissant sainte Catherine* – *Sainte Barbe* – *Galathée* – Naples : *Démonstration mathématique* – Paris (Louvre) : *Vierge à la fontaine* – Vienne : *Portrait d'homme* – Weimar : *Christ*.
Ventes Publiques : Paris, 1852 : *Portrait de femme* : FRF 255 – Paris, 1877 : *Femme nue*, dess. à la pl. : FRF 100 – Londres, 5 déc. 1908 : *La Vierge et l'Enfant sous un dais architectural* : GBP 15 – Londres, 15 juil. 1910 : *La Vierge et l'Enfant* : GBP 23 – Londres, 6 juil. 1934 : *Saint Pierre* : GBP 5 – New York, 19 nov. 1982 : *Le Christ ressuscité* vers 1503, cuivre (18,3x8,6) : USD 3 100 – Berne, 24 juin 1983 : *La sainte Famille avec sainte Elisabeth et Saint Jean Baptiste enfant* vers 1490, grav./cuivre : CHF 31 500 – Londres, déc. 1985 : *Satyre jouant du violon* vers 1503-1504, grav./cuivre (8,5x7,8) : GBP 8 500 – Berne, 17 juin 1987 : *Saint Jérome*, grav./ cuivre : CHF 5 600.

BARBARI Niccolo de ou de'Barbari
Originaire de Venise. xviᵉ siècle. Italien.
Peintre.
Au palais Aliuse Mocenigo à Venise, se trouve un tableau de ce peintre, représentant : *La femme adultère devant le Christ*, il est signé, et au-dessous de la signature il y a un triangle.

BARBARIGO Andrea. Voir ANDREA BARBARIGO

BARBARIGO Ida
Née en 1923 à Venise. xxᵉ siècle. Active aussi en France. Italienne.
Peintre, aquarelliste, dessinateur. Abstrait ou tendance abstraite.
Descendante d'une ancienne famille vénitienne, les Cadorin, dont, depuis la Renaissance, de nombreux membres avaient été architectes, peintres ou sculpteurs de « putti », elle fut élève, de 1942 à 1946, en architecture, de son père, Guidi Barbarigo et du sculpteur Arturo Martini à l'Académie des Beaux-Arts de Venise. En 1949, elle vint travailler à Paris, avant de retourner dans sa ville natale. À partir de 1959, elle partage son temps entre Venise et Paris, où elle connaît Léon Gischia, Édouard Pignon, les critiques et historiens Jean Bouret, Pierre Francastel, Léon Degand. Elle se marie avec Zoran Music.
Elle participe à des expositions collectives : au Salon de Mai de Paris, entre 1955 et 1962 ; en 1956 à Paris, *Dix jeunes peintres de l'École de Paris*, galerie de France ; 1958 Paris, Salon Comparaisons ; à la Biennale de Menton en 1972.
Elle montre des ensembles d'œuvres dans des expositions per-

sonnelles : 1965 Paris, Studio Paul Facchetti ; 1966 Bâle, galerie Handschin ; 1972 Paris, Musée d'Art Moderne de la Ville ; 1982 Munich, Bayerische Staatsgemäldesammlungen ; 1989 Venise, Centre d'Art di San Apollonia ; et Paris, Œuvres sur papier, galerie Atelier Lambert ; 1994 Paris, Les Sphynges. Les Persécuteurs, galerie Vallois ; etc.

Dans ses premières années de travail, le dessin tenait une place prépondérante. Elle notait sur des carnets tout ce qui lui semblait conforter sa formation plastique. En particulier, elle développait sans fin le thème de la chaise, qu'elle prolongeait dans de petites aquarelles et huiles. Ensuite, la chaise, dans sa diversité de modèles ou par entassements, continue de servir de structure géométrique dans des séries de peintures dont les titres, fortuits, sont des fragments de conversations attribués à leurs occupants éventuels ou supposés. Plus la chaise ne tient que le rôle de structure constructive de l'œuvre, plus elle évolue à une abstraction tendant à l'évocation de paysages mentaux, dans des compositions aux délicats accords de gris et blancs lumineux. Depuis les années quatre-vingt, la figure et le portrait sont devenus le thème pratiquement unique de ses séries de peintures, traités par quelques indications allusives, mais cependant psychologiquement situés, se détachant souvent en clair-obscur sur des fonds sombres. ■ J. B.

Bibliogr. : Jean Bourte : *Investigation et parodie de la chaise*, Catalogue de l'exposition *Barbarigo*, gal. Handschin, Bâle, 1966 – René de Solier : *Chaises et voyeurs*, Alfieri, 1970 – Jacques Lassaigne : *Ida Barbarigo*, Mus. de Poche, Georges Fall, Paris, 1972 – Giuseppe Mazzariol : *Fleurs et persécuteurs d'Ida Barbarigo*, Patti Birch, New York, 1980 – Lydia Harambourg, in : *L'École de Paris 1945-1965. Diction. des Peintres*, Ides et Calendes, Neuchâtel, 1993.

Musées : Dunkerque – Munich – Nuremberg – Venise .

Ventes Publiques : Rome, 3 déc. 1990 : *Réalité déconcertante*, h/t (162x114) : **ITL 24 150 000** – Paris, 16 avr. 1992 : *Paysage*, h/t (114x145) : **FRF 73 000**.

BARBARIN Lucien
Né à Vienne (Isère). xixe-xxe siècles. Français.
Sculpteur.
Il exposa un buste à Paris au Salon des Artistes Français de 1913.

BARBARINI Thomas de
Né en 1821. Mort le 23 mars 1892 à Paris. xixe siècle. Français.
Portraitiste et peintre de genre.
Cet artiste exposa au Salon à partir de 1846 ; il était élève de Delaroche et de Scheffer.

BARBARINI Emil
Né en 1855. Mort en 1930. xixe-xxe siècles. Autrichien.
Peintre de genre, scènes et paysages animés, paysages d'eau, natures mortes.

E. Barbarini (signature)

Ventes Publiques : Munich, 29 juin 1977 : *Marché aux fleurs*, Vienne, h/t (21x32) : **DEM 6 300** – Vienne, 14 mars 1978 : *Scène de marché*, h/pan. (21x32) : **ATS 60 000** – New York, 24 jan. 1979 : *Après l'orage*, h/t (52x42) : **USD 3 250** – Londres, 14 jan. 1981 : *Scène de marché*, h/pan. (25,5x39,5) : **GBP 1 900** – Londres, 18 fév. 1983 : *Scène de marché*, h/pan. (21x31) : **GBP 1 500** – Vienne, 10 oct. 1984 : *Nature morte aux raisins*, h/t (42x53) : **ATS 22 000** – Vienne, 17 avr. 1985 : *Troupeau au pâturage près d'un moulin à eau*, h/t (68,5x105,5) : **ATS 55 000** – Vienne, 26 juin 1986 : *Le vieux moulin*, h/t (48x69) : **ATS 60 000** – Londres, 24 juin 1987 : *Pêcheurs sur la plage*, h/t (81x128) : **GBP 7 000** – Londres, 4 oct. 1989 : *Scène villageoise*, h/t (67x104) : **GBP 2 420** – New York, 26 mai 1992 : *Distribution de grain aux poulets*, h/t (42,5x52,7) : **USD 3 740** – Londres, 1er oct. 1993 : *Barques sur un lac*, h/t (53x42) : **GBP 2 530**.

BARBARINI Franz
Né en 1804 à Znaim (Moravie). Mort le 20 janvier 1873 à Vienne. xixe siècle. Autrichien.
Peintre de paysages animés, paysages, aquarelliste, graveur, sculpteur.
Il étudia la sculpture à Vienne sous la direction du maître Kempel, s'adonna plus tard à la peinture du paysage et fit des dessins pour les orfèvres. Il peignit à l'huile et à l'aquarelle des œuvres nombreuses, et fit des eaux-fortes d'après ses voyages à travers les Alpes autrichiennes et la Suisse.

Musées : Vienne : *Paysage tyrolien avec une rue taillée dans le roc* 1842.

Ventes Publiques : Paris, 18 nov. 1949 : *Le marché* : **FRF 5 300** – Vienne, 17 sep. 1963 : *Paysage d'été en montagne* : **ATS 10 000** – Vienne, 17 mars 1964 : *Vue de Lucerne* : **ATS 11 000** – Lucerne, 25 juin 1966 : *Vue de Gosau* : **CHF 1 600** – Vienne, 28 nov. 1972 : *Vue de Lucerne* : **ATS 60 000** – Vienne, 10 fév. 1976 : *Village de montagne* 1862, h/t (73x99) : **ATS 28 000** – Munich, 27 mai 1977 : *Paysage alpestre* 1843, aquar. (17x23) : **DEM 1 600** – Vienne, 18 sep. 1979 : *Scène champêtre* 1872, h/t (95x79) : **ATS 30 000** – Vienne, 11 mars 1980 : *Vue de Aigen près de Salzbourg*, aquar. (25x36) : **ATS 50 000** – Vienne, 17 mars 1981 : *Une ferme du Tyrol* 1850, h/t (32x40) : **ATS 130 000** – Vienne, 23 mars 1983 : *Paysage boisé au lac* 1871, h/t (68,5x105,5) : **ATS 100 000** – Vienne, 6 déc. 1984 : *Neuburg* 1850, aquar./trait de cr. (22x28) : **ATS 15 000** – Vienne, 10 sep. 1986 : *Scène de moisson*, h/t (75x100) : **ATS 60 000** – Cologne, 15 oct. 1988 : *Alm sur Hochkönig près de Schwarzach*, pan. (28x39) : **DEM 4 000** – Stockholm, 14 nov. 1990 : *Paysage alpestre de la région de Partenkirchen*, h/t (47x69) : **SEK 26 000** – Munich, 7 déc. 1993 : *Paysage montagneux avec des paysans et une charrette*, h/t, une paire (chaque 72x98,5) : **DEM 14 950** – New York, 17 fév. 1994 : *Charrette à cheval le long d'une rivière*, h/t (66x86) : **USD 6 325** – Munich, 25 juin 1996 : *Deux vues des Alpes autrichiennes* 1860, aquar./pap., une paire (11,5x18) : **DEM 3 960**.

BARBARINI Giov. Battista
Mort le 16 avril 1621. xviie siècle. Actif à Ferrare. Italien.
Peintre.

BARBARINI Gustav
Né en 1840. Mort en 1909. xixe-xxe siècles. Autrichien.
Peintre de paysages de montagne.

Ventes Publiques : Barcelone, 13 nov. 1979 : *Paysage montagneux*, h/t (75x100) : **ATS 45 000** – New York, 1er avr. 1981 : *Paysage alpestre*, h/t (31,8x47,3) : **USD 2 200** – Vienne, 14 mars 1984 : *Paysage alpestre*, h/t (74x100) : **ATS 130 000** – Vienne, 11 déc. 1985 : *Vue de Bad Ischl*, h/t (23,5x48) : **ATS 70 000** – Vienne, 21 jan. 1987 : *Chalets alpestres*, h/t (47x68) : **ATS 60 000**.

BARBAROUX Joseph
Mort après 1720. xviie-xviiie siècles. Actif à Toulon. Français.
Peintre.
Cet artiste est cité en 1682 et 1696.

BARBAROUX Pierre François
Né à Marseille. Mort en 1903. xixe siècle. Français.
Sculpteur.
A partir de 1880, cet artiste envoya aux Expositions du Salon de Paris, où il fut médaillé en 1884, 1888 et 1889. Ses œuvres les plus remarquables sont : *Graziella l'Almée* (statue en plâtre, 1884), *La nuit* (statue en plâtre, 1888), *Joseph et la femme de Putiphar* (groupe en plâtre, 1893), *L'adieu au mousse* (autre groupe en plâtre, 1899).

BARBAROUX Suzanne
Née à Montpellier (Hérault). xxe siècle. Française.
Peintre.
Elle envoya un paysage au Salon d'Automne de 1930 à Paris.

BARBARROUX Edmond Paul Auguste
Né le 5 juillet 1882 à Toulon (Var). Mort le 12 juin 1948. xxe siècle. Français.
Peintre de paysages et de marines.
Elève de Montenard et de Cauvin, il a exposé, à Paris entre 1913 et 1923, au Salon de la Société Nationale des Beaux-Arts, au Salon des Artistes Français jusqu'en 1939 et au salon des Indépendants. Il a également exposé à Paris, Marseille, Hyères, Valence, Bordeaux, Lyon, Bastia, Londres. Il peint surtout des paysages de Provence. Il est aussi l'auteur de projets de céramiques et de papiers-peints.

Musées : Dijon – Hyères – Marseille – Orléans – Paris (Mus. Nat. de la Marine) – Saint-Étienne – Toulon : *Coup de vent d'est en mer*.

BARBAS Geronimo
xviiie siècle. Espagnol.
Sculpteur.
Actif à Cadix, il travailla en 1709 à l'autel de la cathédrale de Séville dont les statues colossales sont parmi les meilleures œuvres de Pedro Cornejo.

BARBASAN Mariano ou Barbasan Laguernelo. Voir BARBASAN LAGUERUELA Mariano

BARBASAN LAGUERUELA Mariano

Né le 3 février 1864 à Saragosse. Mort en 1924 à Saragosse. XIXᵉ-XXᵉ siècles. Espagnol.

Peintre de scènes de genre, paysages.

Il fut élève de l'École des Beaux-Arts de San Carlos à Valence. Il fut actif à Anticoli Corrado (Italie).

Il exposa à Madrid. Il envoya des tableaux à la Royal Academy de Londres en 1888 ; à l'Exposition des Arts à Berlin, en 1891 ; au Palais de Cristal de Munich et à la Maison des Artistes à Vienne, en 1894. En 1909, il a exposé à Vienne et figuré à l'Exposition de Munich, avec : *Première neige, Paysage héroïque, La foire à Anticoli*. En 1912, il a exposé à Montevideo. Plusieurs expositions rétrospectives lui ont été consacrées, notamment à Madrid et à Saragosse.

Il peignit des paysages, des scènes de rues, de marchés (Tolède, Anticoli). Ses paysages sont gorgés de soleil.

Musées : MADRID (Mus. du Prado) : *Le châtaignier – Plaine marécageuse* – MONTEVIDEO – RIO DE JANEIRO – ROME – SAINT-PÉTERSBOURG – SARAGOSSE (Mus. prov.) : *Vue de Anticoli*.

Ventes Publiques : LONDRES, 7 mai 1976 : *Chez le forgeron* 1895, h/pan. (17,8x28) : **GBP 900** – BARCELONE, 19 juin 1980 : *Paysage à la cascade*, aquar. (52x57) : **ESP 105 000** – NEW YORK, 30 oct. 1985 : *Deux enfants assis sur un banc dans un parc* 1882, h/t (114,3x160,7) : **USD 10 000** – LONDRES, 22 juin 1988 : *Marché de village* 1907, h/pan. (14x24) : **GBP 19 800** – LONDRES, 23 nov. 1988 : *Marché de village* 1906, h/t (28x41) : **GBP 60 500** – LONDRES, 22 nov. 1989 : *Rue de village en Italie* 1909, h/t (18x34) : **GBP 30 800** – LONDRES, 19 juin 1991 : *Le jeu de boules* 1902, h/t (25,5x56,5) : **GBP 34 100** – LONDRES, 19 nov. 1993 : *Bergers et leurs troupeaux* 1905, h/t (17,7x36,8) : **GBP 13 800** – ROME, 5 déc. 1995 : *Au pays d'Anticoli Corrado* 1916, h/t (29x41) : **ITL 28 284 000** – PARIS, 19 avr. 1996 : *Espagnole* 1882, h/pan., une paire (19x13) : **FRF 13 000** – MILAN, 25 mars 1997 : *Paysage à la caravane* 1911, h/t (54x96,5) : **ITL 33 785 000**.

BARBASETTI Ciro

Né à Venise. XXᵉ siècle. Italien.

Aquafortiste.

Il a figuré au Salon des Artistes Français à Paris.

BARBAT, père et fils

XVIIIᵉ siècle. Actifs à Châlons-sur-Marne. Français.

Dessinateurs, graveurs, et peut-être architectes.

Musées : CHÂLONS-SUR-MARNE : *Plan de la ville de Châlons en 1755*, dess. – *Vues de Châlons*, aquar. et dess.

BARBATAN Charles

XIXᵉ siècle. Travaillait à Avignon (Vaucluse) en 1886. Français.

Peintre d'histoire.

BARBATELLI Bernardino. Voir POCCETTI Bernardino Barbatelli

BARBATO Antonio

Originaire de Naples. XVIᵉ siècle. Italien.

Sculpteur sur bois.

Cet artiste était le gendre de G. Gili, le sculpteur sur bois le plus remarquable de Palerme à cette époque. En 1520, Barbato fit la moitié des stalles du chœur de Sta Maria di Gesu, à Alcamo. En 1530, il travailla avec Andrea del Ponte, de Naples, aux stalles de l'église primatiale d'Alcamo, et, avec son fils Géronimo Barbato aux sculptures de la cathédrale de Palerme.

BARBATO Marco

XVᵉ siècle. Actif à Sulmona vers 1490. Italien.

Sculpteur.

BARBÂTRE François

XXᵉ siècle. Français.

Dessinateur, pastelliste.

Il se fit d'abord connaître en tant que pastelliste, technique illustrée simultanément par Sam Szafran et O. Olivier, puis comme dessinateur au fusain. A son propos on cite parfois Morandi, en effet il dessine les objets les plus simples, dénués d'intérêt en soi, autre que celui que leur confère la qualité du dessin et de l'éclairage. Les objets qu'il dessine sont souvent situés dans un espace impondérable, comme en suspens. A l'inverse de ces objets dénués de tout pittoresque, dans une autre période il a pris pour modèles des squelettes d'animaux naturalisés.

Bibliogr. : Catalogue *Barbâtre : Dessins*, Berggruen, Paris, 1988.

BARBAUD Jean

Né à Rochefort (Charente-Maritime). XXᵉ siècle. Français.

Peintre.

Élève de Gadiot. Il a exposé à Paris au Salon des Artistes Français de 1932 : *Ruines de Palmyre*.

BARBAUD-KOCH Marthe Élisabeth

Née en 1862 à Lyon (Rhône). Morte après 1928 à Toulon (Var). XIXᵉ-XXᵉ siècles. Française.

Peintre de portraits, figures, fleurs, fruits.

Elle fut élève de Sophie Olivier, Loubet, Elie Laurent, mais c'est surtout Médard qui lui apprit son métier de peintre de fleurs. Elle a exposé à Lyon à partir de 1887. Après avoir vécu un moment à Paris, elle revint à Lyon, avant de s'installer définitivement à Toulon.

Barbaud Koch

Bibliogr. : Gérald Schurr : *Les Petits Maîtres de la peinture 1820-1920, valeur de demain*, t. VI, Les Éditions de l'Amateur, Paris, 1985.

Musées : LYON (Mus. des Beaux-Arts) : *Chrysanthèmes* 1901.

BARBAULT Jean

Né en 1718 à Viarmes (Val-d'Oise). Mort en 1762 à Rome. XVIIIᵉ siècle. Français.

Peintre de genre, figures, graveur au burin.

L'Académie des Beaux-Arts lui accorda une bourse de voyage pour Rome, où il passa la plus grande partie de sa vie. Son œuvre contient de nombreuses eaux-fortes, d'après ses propres dessins. Léon Gaucherel a gravé *Douze costumes d'Italie, d'après les peintures inédites de Barbault*. Il était élève de Restout.

Musées : ANGERS : *Ruines avec figures* – BESANÇON : *Les quatre parties du monde* 1751 – DIJON : *Le cocher du pape*.

Ventes Publiques : PARIS, 10 mars 1926 : *Jeune femme drapée dans un manteau blanc* ; *Personnage en costume de grand maréchal de la Cour*, deux toiles : **FRF 2 250** – PARIS, 20 mai 1935 : *Un écuyer* : **FRF 420** – VERSAILLES, 24 mai 1964 : *La coquette* : **FRF 2 300** – VERSAILLES, 21 mai 1967 : *Personnages de la comédie italienne* : **FRF 3 000** – NEW YORK, 22 oct. 1970 : *Un grand Maréchal du pape* : **USD 6 000** – PARIS, 11 juin 1982 : *Personnage costumé*, h/t (34x24,5) : **FRF 25 000** – MONTE-CARLO, 14 fév. 1983 : *Un garde suisse*, h/pan. (25x18) : **FRF 74 000** – MONTE-CARLO, 22 juin 1985 : *Jeune femme de Frascatie*, h/t (23,5x17) : **FRF 25 000** – MONACO, 16 juin 1989 : *Garde Suisse*, h/pan. (24x17) : **FRF 466 200** – PARIS, 25 juin 1990 : *Dame romaine dans son habit à la Dragonne* 1754, h/t (19x26) : **FRF 80 000** – LONDRES, 14 déc. 1990 : *Jeune fille de Frascati portant un panier dans un paysage rocheux*, h/t/pan. (24,4x17,7) : **GBP 9 900** – PARIS, 12 juin 1995 : *Jeune paysanne portant un panier d'œufs dans des ruines antiques*, h/t (25x19) : **FRF 100 000**.

BARBAULT Michel

Né le 18 octobre 1929 à Paris. XXᵉ siècle. Français.

Peintre, dessinateur, graveur.

Après des études à l'Académie Charpentier et à l'Ecole Nationale Supérieure des Métiers d'Art de Paris, il devint professeur à l'Ecole des Beaux-Arts de Marseille-Luminy en 1972. Nombreuses expositions collectives à Paris depuis 1980 (*Imprimés, Mémoire d'un peuple ; En-têtes de lettres*). Expositions personnelles à *Art-Jonction-Nice* en 1990, au Saga (Salon d'Arts Graphiques Actuels) Paris en 1991, au Musée de Lons-le-Saunier en 1991, ainsi qu'à Marseille (Cité de la musique), Cassis, Cagnes et Gand depuis 1992.

D'abord spécialisé dans le vitrail et collaborant notamment avec Matisse à Vence et avec Braque à Varengeville, Michel Barbault travaille le graphisme et la peinture à partir de 1964. Il vit depuis en Provence, accordant toujours dans ses recherches une grande importance au geste, au mouvement. Il peint surtout des séries, brève sur le cirque, très longue sur la musique – le jazz plus particulièrement – le son répondant ici au geste. Son travail s'effectue souvent dans une technique mixte, huile et encre sur des feuilles de Canson marouflées sur toile. Géométrie du geste chez Michel Barbault, qui détermine des formes composées de lignes cernant la plupart du temps des plages de couleurs vives, donnant ainsi l'illusion d'un univers tri-dimensionnel en perpétuel mouvement. Ces formes sont ici recherchées derrière les apparences du monde et de la surface plane. Les collages dans lesquels tout des éléments personnels autobiographiques et les livres d'artiste faits à la main complètent ce travail.

Bibliogr. : Jean-François Chabrun : *Michel Barbault*, gal.

Manuel, Foire de Stockholm, 1988 – divers : Catalogue de l'exposition *Michel Barbault*, Cité de la Musique, Marseille, 1992.

BARBAZAN Marike
Née en 1940. xxᵉ siècle. Française.
Sculpteur.
Elle a exposé au salon Grands et Jeunes d'Aujourd'hui à Paris, en 1987-1988. Ses sculptures métalliques présentent souvent des formes allongées géométriques.

BARBAZELLI Teodoro
xviiiᵉ siècle. Actif à Rome vers 1750. Italien.
Graveur.

BARBAZZA Antonio Giuseppe
Né en 1722 à Rome. xviiiᵉ siècle. Italien.
Peintre et graveur au burin.
D'après Heinecken, il fut membre de l'Académie de Bologne, et alla en Espagne en 1771. Parmi ses eaux-fortes les plus remarquables, on mentionne quatre têtes d'après nature et une caricature représentant des musiciens. Il collabora, comme graveur au burin, à la publication du *Virgile* du Vatican et à l'*Histoire ecclésiastique* de Bianchini. Zani cite un Antonio Barbazza travaillant à Rome vers 1670.

BARBAZZA Francesco
xviiiᵉ siècle. Italien.
Graveur au burin.
Il travailla à Rome vers la fin du xviiiᵉ siècle. Il grava d'après Antonio Barbazza *Aloysius Centurionus Januensis*, et, d'après Francesco Panini, une série de vues de constructions romaines.

BARBE Amédée Paul Esprit
Né vers 1787 à Courbelon (Seine-et-Marne). xixᵉ siècle. Français.
Peintre.
Élève de Courtrille. Entra à l'École des Beaux-Arts le 22 pluviôse an II.

BARBE Antoine Corneille
Né vers 1767 à Saint-Germain-en-Laye. xviiiᵉ siècle. Français.
Peintre.
Entra à l'école de l'Académie Royale comme élève de Vien, le 21 septembre 1790.

BARBE Claude
xviiᵉ siècle. Vivait encore en 1698. Français.
Peintre et sculpteur.
En 1653, il devint membre de l'Académie de Saint-Luc, à Paris. En 1674, il entreprit l'exécution de différents travaux dans la maison de l'ex-conseiller du roi, Claude Baudoin, située rue Saint-Louis-en-l'Île. Cité dans l'acte de décès de sa nièce Catherine Girard, femme du peintre Legendre, le 19 août 1698.

BARBÉ François
xviiiᵉ siècle. Français.
Sculpteur.
Reçu en 1748 à l'Académie de Saint-Luc à Paris.

BARBE Giuseppe
xixᵉ siècle. Travaillait à Rome en 1830, et à Lemberg en 1849. Italien.
Sculpteur.
Par ordre de Monsignore Muzzarelly, il fit, pour le Capitole, le buste de l'écrivain jésuite *Daniello Bartoli*. Une *Statue de Satyre*, signée Guis. Troysa Barba F. Rome 1849, se trouve à Lemberg.

BARBE Guillaume et Jean
xvᵉ siècle. Actifs à Rouen. Français.
Peintres-verriers.
Tous deux travaillèrent aux vitraux de la cathédrale de Rouen, puis exécutèrent, avec le concours d'Antoine Chenesson, les verrières des fenêtres du château de Gaillon.

BARBE Jacques
Mort en 1679. xviiᵉ siècle. Français.
Sculpteur sur bois.
En 1668, il devint membre de l'Académie de Saint-Luc à Paris. En 1670, il sculpta quatre grandes armoires de chêne pour le garde-meuble du roi. Travailla à Saint-Germain-en-Laye, Versailles et Clagny.

BARBE Jacques
Né le 27 janvier 1926 à Boulogne Billancourt (Hauts-de-Seine). xxᵉ siècle. Français.
Sculpteur. Tendance abstraite.

Après des études à l'Ecole des Arts Décoratifs de Paris, il entra dans l'atelier de Pierre del Debbio. Il a exposé au Salon de la Jeune Sculpture à partir de 1958, au Salon des Réalités Nouvelles depuis 1964, au Salon de Mai depuis 1992. Il a été professeur d'Arts Plastiques et d'Histoire de l'art à l'Ecole des Beaux-Arts de Dijon. Il a eu de nomreux achats publiques, comme le *Portique Étendard* pour le LEP du Château Blanc à Montargis en 1989, ou encore *La Pierre à eau*, sculpture-fontaine en pierre haute de 3,60 m. pour la ville de Clamart en 1991.
Ventes Publiques : Paris, 5 fév. 1990 : *Portique étendard* 1988, bois polychrome (61,5x43x17) : FRF 6 000 – Paris, 21 mai 1990 : *Portique étendard* 1983, bois polychrome (51x50x15) : FRF 5 000.

BARBE Jean Baptiste
Né en 1578 à Anvers, où il fut baptisé le 28 juillet. Mort en 1649. xviᵉ-xviiᵉ siècles. Actif à Anvers. Éc. flamande.
Dessinateur, graveur en taille douce.
Élève de Philippe Galle et maître de la gilde de Saint-Luc en 1610. Il se rendit en Italie, où il rencontra Rubens. Son portrait, peint par Van Dyck, fut gravé par Schelte a Bolswert. Ses gravures sont exécutées de la même manière que celles de Galle et Wiericx. On cite notamment : *Vita Beati. St Ign. Loyola, Rome*, 1609, 78 pièces d'après des compositions attribuées à Rubens, et deux *Sainte Cécile*. Il se maria avec Christine Wiericx, fille ou parente du graveur. Il était également éditeur de gravures.

BARBE Jules Édouard Désiré
Né à Paris. Mort à Paris. xixᵉ siècle. Français.
Peintre de natures mortes.
Il a été élève de Dieterle et de Séchan. De 1865 à 1876, il exposa plusieurs fois au Salon.

BARBE Marie
Née à Lyon (Rhône). xixᵉ-xxᵉ siècles. Française.
Peintre.
Elle exposa un paysage et des fleurs au Salon des Artistes Français en 1911 et 1914.

BARBEAU Marcel
Né le 18 février 1925 à Montréal. xxᵉ siècle. Canadien.
Peintre, dessinateur et sculpteur. Abstrait-gestuel et cinétique. Groupe des Automatistes.
De 1941 à 1946, il étudie la peinture avec Paul Emile Borduas, à l'Ecole du meuble de Montréal qui était devenue un véritable foyer d'avant-garde, le berceau du groupe *Automatiste*.
Cosignataire du manifeste « Refus global », il participe à toutes les manifestations et expositions des Automatistes entre 1946 et 1955, notamment à l'exposition de 1948 où ces artistes ont été particulièrement remarqués. Il participe ensuite à des expositions de groupe aussi bien au Canada qu'aux États-Unis. Au début des années soixante-dix, il figure à l'Exposition *Borduas et les Automatistes* au Grand Palais à Paris, tandis qu'il prend part au Salon de Mai en 1974. Personnellement, il expose, pour la première fois en 1952, des petites encres à New York, où il expose à nouveau entre 1964 et 1968. Dans les années cinquante, il montre régulièrement ses œuvres à Ottawa, Québec et Montréal, où une rétrospective lui est consacrée en 1969. À Paris, il obtient le prix de la Canadian Royal Academy of Arts en 1963, expose au Centre Culturel Canadien au début des années soixante-dix et à la Galerie Donguy en 1991. Il a également présenté ses sculptures au Centre Culturel Canadien de Londres vers 1974.
Partageant son atelier avec Riopelle, dans les années 1945-1946, il pousse l'expérience automatiste aux limites de l'informel, peignant une série de tableaux gestuels dont *Le tumulte à la mâchoire crispée* constitue l'aboutissement. Malheureusement, ces œuvres sont, pour la plupart, rejetées par Borduas et les autres membres du groupe, ce qui a poussé Barbeau à détruire une grande partie de sa production de l'hiver 1946-1947. Au cours des années cinquante, son évolution se poursuit, et en 1957, il opère un retour à la figuration et découvre la calligraphie. De 1957 à 1961, le dessin et le collage sont des modes d'expression privilégiés et certains de ses dessins préfigurent ses futures recherches optiques. Au début des années soixante, ses œuvres s'inscrivent dans le mouvement « rétinien », il utilise alors des effets moirés qui le conduisent à des recherches optiques et cinétiques et lui permettent de reprendre ses expériences sur les rapports positif/négatif. De 1962 à 1964, il séjourne à Paris, puis, entre 1964 et 1968, vit à New York. En 1969, à l'occasion d'une réspective de son œuvre montrée au

Musée d'Art Contemporain de Montréal, il est amené à une profonde remise en question de sa démarche et durant son séjour en Californie en 1970, il cesse complètement de peindre.

Il séjourne en France de 1971 à 1974, tout d'abord à Paris, puis, installé à Saint-Raphaël, redécouvre, à partir de collages, l'expression directe et effectua un retour à la peinture gestuelle. Il réalise une série de peintures calligraphiques, dont certaines, de dimensions monumentales, sont réalisées sur scène, dans le cadre d'un spectacle de poésie et de musique québécoises, au théâtre de Caen. Il reprendra cette expérience à Montréal en 1975 et 1977, à Toronto en 1977. Parallèlement à son expérience picturale, il réalise une série de sculptures de chlorure de polivinyle : les *Pipes Dreams*. A partir de 1973, il abandonne progressivement la calligraphie pure, pour l'intégrer à un langage pictural qui effectue la synthèse de ses expériences antérieures. Sa gestualité est désormais contrôlée par les connaissances de la couleur, de l'optique, du cinétisme, elle s'inspire d'un intérêt soutenu pour la lumière, le mouvement et la fragmentation de l'espace.

La vie et l'œuvre de Barbeau sont le reflet d'une suite de remises en question, de retour à des techniques un moment abandonnées puis reprises, enrichies d'expériences nouvelles. Il semble avancer en faisant deux pas en avant, un pas en arrière puis trois pas en avant, pour arriver à un art qui ne vise plus à la négation du monde, mais à l'accord, à l'harmonie avec celui-ci. ■ A. P.

Musées : AMSTERDAM (Stedelijk Mus.) – JOLIETTE, Québec – LACHINE, Québec – LYON (Mus. des Beaux-Arts) – MONTRÉAL (Mus. des Beaux-Arts) – MONTRÉAL (Mus. d'Art Contemp.) : *Grillage* 1953 – *Le tumulte à la mâchoire crispée* – OTTAWA (Mus. des Beaux-Arts du Canada) – OTTAWA (Mus. Nat. of Canada) – QUÉBEC.

VENTES PUBLIQUES : MONTRÉAL, 24 fév. 1987 : *Sans titre* 1959, encre/pap. (52x42) : **CAD 550** – PARIS, 24 mai 1992 : *Soleil des nouvelles arches*, acryl./t. (73x92) : **FRF 13 000**.

BARBEAU Michèle
Née à La Roche-sur-Yon (Vendée). XXᵉ siècle. Française.
Sculpteur de bustes, portraits et bas-reliefs.
Élève de Joseph Gauthier, elle a exposé au Salon des Artistes Français en 1922, 1925, 1927.

BARBEDIENNE Bernard
Né le 9 septembre 1909 à Paris. Mort le 12 octobre 1929 à Gargan (Seine-Saint-Denis). XXᵉ siècle. Français.
Peintre de paysages et sculpteur animalier.
Sans doute descendant du célèbre fondeur Ferdinand Barbedienne. Il a exposé au Salon des Indépendants à Paris en 1927 et y fut encore représenté en 1930.
VENTES PUBLIQUES : VERSAILLES, 13 nov. 1977 : *Vénus*, bronze, patine brune (H. 62) : **FRF 18 000** – PARIS, 22 juin 1978 : *Baigneuse*, bronze ciselé et patiné (H. 57) : **FRF 3 400**.

BARBEDIENNE Ferdinand
Né en 1810 à St-Martin-de-Fresnay (Calvados). Mort en 1892 à Paris. XIXᵉ siècle. Français.
Sculpteur, fondeur.
En 1839, il fondait la maison où il allait faire reproduire, en bronze, une grande partie des chefs-d'œuvre des musées. Il mit son procédé de tirage multiple au service des sculpteurs contemporains. Il édita aussi de nombreux bronzes d'ameublement.
VENTES PUBLIQUES : MADRID, 23 oct. 1985 : *La rêveuse*, bronze (H. 47) : **ESP 150 000**.

BARBEDOR Madeleine Marie Louise
Née le 26 janvier 1905 à Bourth (Eure). XXᵉ siècle. Française.
Peintre.
Élève de Bastien à l'Ecole des Beaux-Arts de Bruxelles, elle a exposé au Salon des Artistes Français à Paris, en 1933 et 1935. Elle a fait des expositions à Paris, Menton et Nice. Elle a souvent représenté des nus.

BARBÉE Herbert
Né au XIXᵉ siècle probablement en Virginie (États-Unis). XIXᵉ siècle. Américain.
Sculpteur.
Fils du sculpteur William Barbée et probablement son élève, il voyagea en Europe, visitant entre autres pays, l'Italie, d'où il rapporta des études. On cite de lui une *Jeune Pêcheuse*, copie d'une œuvre de son père.

BARBÉE William Randolph
Mort en juin 1868 en Virginie. XIXᵉ siècle. Américain.

Sculpteur.
Dans la première moitié du XIXᵉ siècle, il jouit d'une certaine réputation. On cite de lui : *Jeune Pêcheuse* et *Coquette*.

BARBELLA Constantino ou Costantino
Né en 1852 à Naples. Mort en 1925. XIXᵉ-XXᵉ siècles. Italien.
Peintre de portraits, sculpteur.
Il fut l'élève de l'Académie de Naples, débuta en 1874 par le tableau *Duc Contadinelli Abruzzesi*, qui fut acheté par le roi d'Italie pour la collection de tableaux de Capodimonte. Ce maître fut aussi un excellent portraitiste ; ses portraits des musiciens Braga et Mascagni, exposés à Venise en 1899, sont particulièrement réputés. Il exposa en 1878 à la Royal Academy de Londres.
Musées : ROME (Gal. d'Art Mod.).
VENTES PUBLIQUES : CHESTER, 6 oct. 1983 : *Trois Cantatrices d'opéra*, bronze patine brune (H. 46) : **GBP 650** – NEW YORK, 14 oct. 1993 : *Homme jouant de la cornemuse*, bronze (H. 35,5) : **USD 1 093** – ROME, 31 mai 1994 : *Chant d'amour*, terre cuite (H. 42) : **ITL 10 017 000** – MILAN, 23 oct. 1996 : *Personnages (sept statuettes)*, terre cuite : **ITL 18 057 000**.

BARBELLI Giovanni Giacomo ou Giangiacomo ou Barbello, Barbella
Né en 1590 à Créma. Mort en 1656. XVIIᵉ siècle. Italien.
Peintre et graveur en taille douce.
Cet artiste peignit, pour l'église Saint-Lazare de Bergame, un tableau d'autel représentant ce saint, et à Brescia, pour l'église San Domenico, Saint Dominique lui-même, en paradis. Barbella, si l'on s'en rapporte à Franc. Paglia, a dû peindre à Brescia, au commencement du XVIIᵉ siècle, en particulier l'oratoire de Saint-Roch, où il fit une série de fresques. Zani cite de lui un dessin représentant une *Sainte qui délivre des âmes du purgatoire par ses prières*.
VENTES PUBLIQUES : MILAN, 25 fév. 1986 : *Apothéose de San Filippo Neri*, h/t (88x58) : **ITL 13 000 000** – MILAN, 27 mars 1990 : *Judith et Holopherne*, h/t (133x113) : **ITL 32 000 000** – MILAN, 31 mai 1994 : *Croquis pour un dessus d'autel*, sanguine et traces de céruse (34,6x24,2) : **ITL 1 725 000** – LONDRES, 18 oct. 1995 : *L'enfance du Christ*, h/t (310x150) : **GBP 10 925**.

BARBER
XVIIIᵉ siècle. Actif à Londres. Britannique.
Paysagiste.
Entre 1775 et 1777, il exposa à la Society of Artists. Peut-être est-il identique avec un peintre du même nom qui exposa des portraits en 1763 et 1769 à la même société et à la Free Society, à Londres.

BARBER Alfred R.
XIXᵉ siècle. Actif à Colchester. Britannique.
Peintre d'animaux, natures mortes.
De 1879 à 1893, cet artiste exposa à Suffolk Street, à Londres, des natures mortes, surtout des tableaux de gibier.
VENTES PUBLIQUES : NEW YORK, 6 juin 1986 : *Deux lapins*, h/t (25,4x30,5) : **USD 7 500** – LONDRES, 23 sep. 1988 : *Cochon d'Inde et lapins*, h/t (35,5x48) : **GBP 4 400** – NEW YORK, 24 mai 1989 : *Deux lapins et un cochon d'Inde* 1880, h/t (35,5x48,5) : **USD 18 700** – LONDRES, 5 juin 1991 : *Lapins*, h/t (46x35,5) : **GBP 2 090** – NEW YORK, 7 juin 1991 : *Lapins nains*, h/t (20,6x25,7) : **USD 5 225**.

BARBER Alice. Voir STEPHENS Alice Barber, Mrs

BARBER Charles Burton
Né en 1845 à Great Yarmouth. Mort le 27 novembre 1894 à Londres. XIXᵉ siècle. Britannique.
Peintre de genre, portraits, animaux.
Élève de l'École académique de Londres, il travaillait dans cette ville, où il peignit des portraits d'enfants avec leurs chiens favoris. Entre autres, il peignit les *chiens favoris de la reine Victoria avec ses petits-fils*. Il exposa régulièrement, de 1866 à 1893, à la Royal Academy.
Musées : READING : *La Belle et la Bête* – *Gelert*.
VENTES PUBLIQUES : PARIS, 1898 : *Amateurs* : **FRF 4 725** – LONDRES, 15 juin 1923 : *Les aventures de Pincher, fox-terrier*, dess. : **GBP 10** – LONDRES, 4 juil. 1928 : *Caresser vaut mieux que griffer* : **GBP 26** – LONDRES, 22 juil. 1932 : *Les partenaires* 1885 : **GBP 14** – LONDRES, 11 mars 1938 : *Le petit chien malicieux* : **GBP 6** – LONDRES, 27 mars 1973 : *Fillette et un Saint-Bernard* 1889 : **GBP 1 350** – LONDRES, 18 avr. 1978 : *Le petit chien avec sa maîtresse*, h/t (64x48) : **GBP 550** – LONDRES, 10 nov. 1981 : *Not much wrong* 1889, h/t (91x68) : **GBP 19 000** – LONDRES, 15 mars 1983 : *In Disgrace* 1893, h/t (95,5x63,5) : **GBP 20 000** – LONDRES, 26 nov.

1985 : *Chiens et enfants dans un intérieur* 1883, h/t (132x99) : **GBP 35 000** – Londres, 13 fév. 1987 : *Off to school* 1883, h/t (50,8x61) : **GBP 16 000** – New York, 24 oct. 1990 : *Petite fille avec son Sheltie* 1892, h/t (92,1x72,4) : **USD 66 000** – Londres, 8 fév. 1991 : *Petite fille avec son meilleur ami* 1882, h./t. (31,1x91,4) : **GBP 35 000** – Londres, 3 juin 1992 : *Le vieux Clem avec ses compagnons* 1869, h/t (51x61) : **GBP 1 430** – Londres, 25 mars 1994 : *Tendres Amis* 1890, h/t (1473,2x111,9) : **GBP 73 000** – Londres, 7 juin 1995 : *Le Petit Chien espiègle* 1886, h/t (56x81,5) : **GBP 20 700** – Londres, 17 oct. 1996 : *Cheval bai et dalmatien dans une écurie*, h/t (43x59,7) : **GBP 2 990** – Londres, 6 nov. 1996 : *Rien ne vaut la maison* 1882, h/t (45,5x64) : **GBP 13 225** – Londres, 12 mars 1997 : *Un monstre* 1866, h/t (57x82,5) : **GBP 45 500.**

BARBER Charles E.
Né en 1840 à Londres. Mort en 1917 à Philadelphie (Pennsylvanie). xixe-xxe siècles. Américain.
Graveur.

BARBER Charles Vincent
Né en 1784 à Birmingham. Mort en janvier 1854 à Liverpool. xviiie-xixe siècles. Britannique.
Paysagiste.
Cet artiste professa à Liverpool et fut président de l'Institut d'Art depuis 1813 ; entre 1813 et 1816, il exposa à la Société des Aquarellistes, et à celles de la Royal Academy, de 1829 à 1849. Le Musée de Liverpool conserve de lui un paysage : *Vue de Dovedale*. On cite encore : *Train de marchandises prêt à partir, Lever du Soleil, Jour de brouillard, Soir après la pluie.*
Ventes Publiques : Londres, 7 nov. 1997 : *Sur la rivière Wye près de Tintern Abbey* 1846, h/t (85x142) : **GBP 10 580.**

BARBER Christopher
Né vers 1736. Mort le 8 mars 1810 à Marylebone (Londres). xviiie-xixe siècles. Britannique.
Peintre miniaturiste.
Admis dans la Society of Artists en 1763, il en fut exclu pour avoir exposé à la Free Society. Entre 1770 et 1808 il exposa à la Royal Academy à Londre de nombreux portraits de femmes et des paysages de petites dimensions, et, en 1808, son portrait par lui-même.

BARBER D.
xixe siècle. Actif à Londres vers 1828. Britannique.
Portraitiste.
Cet artiste exposa différents tableaux à la Royal Academy, et, en 1837, à Paris.

BARBER E., Miss
xixe siècle. Active à Birmingham. Britannique.
Peintre de fleurs.
Cette artiste exposa en 1816 à la Old Water-Colours Society à Londres.

BARBER Henry
xixe siècle. Britannique.
Peintre et dessinateur.
Fils du portraitiste Thomas Barber l'ancien, de Nottingham.
Musées : Nottingham (Mus.) : 2 dessins.

BARBER J.
xixe siècle. Actif vers 1830. Britannique.
Graveur au burin.
Cet artiste grava des vues de l'Île de Wight et d'Écosse.

BARBER J. S.
xixe siècle. Britannique.
Peintre d'histoire.
Il exposa à Londres de 1840 à 1857, notamment à la Royal Academy à Londres.

BARBER John
Né le 19 octobre 1898 à Galatt. Mort en 1965. xxe siècle. Américain.
Peintre et graveur de paysages, scènes de genre et portraits.
Il a exposé à Paris au salon d'Automne de 1923 à 1933 et au Salon des Tuileries en 1929-1930.
Ventes Publiques : New York, 17 nov. 1966 : *Cavaliers arabes* : **USD 750** – Chicago, 4 juin 1981 : *Les écailleurs*, h/t (38x4) : **USD 3 100** – New York, 3 juin 1982 : *Scène de rue, Portugal*, h/t (46x55,3) : **USD 1 200.**

BARBER John Jay
Né en 1840 à Sandusky (Ohio). xixe siècle. Américain.
Peintre.

BARBER John Thomas. Voir BEAUMONT John Thomas Barber

BARBER John Warner
Né le 2 février 1798 à Windsor. Mort en juin 1885 à New Haven (Connecticut). xixe siècle. Américain.
Graveur sur bois et en taille douce.
Cet artiste publia nombre d'ouvrages religieux et historiques, dont il orna le texte avec des gravures sur bois et en taille douce, d'après ses propres dessins.

BARBER Joseph I
xviiie siècle. Français.
Peintre.
Cet artiste figure sur le registre des élèves de l'Académie de Paris, en 1758 comme protégé de Delobelle.

BARBER Joseph II
Né en 1757 ou 1758 probablement à Newcastle. Mort le 16 janvier 1811 à Birmingham. xviiie-xixe siècles. Britannique.
Dessinateur.
Venant à Birmingham de Newcastle, il fonda une école de dessin que fréquentèrent des artistes tels que David Cox et ses propres fils Joseph-Vincent et Charles ; à ce sujet il pourrait y avoir confusion avec Joseph Moseley Barber.
Musées : Birmingham (Mus.) : *Côté Ouest de la Cathédrale de Peterborough*, dessin – Londres (Victoria and Albert Mus.).

BARBER Joseph Moseley
xixe siècle. Britannique.
Peintre de genre, paysages.
Il travaillait à Birmingham et à Chelsea. Il exposa deux tableaux de genre : *Fausseté* et *Admonition de mère*, à l'Institut des Arts, et plusieurs paysages à la Royal Academy, de 1864 à 1878 ; il exposa même encore en 1889. David Cox et John Pye furent ses élèves, à Birmingham ; à ce sujet il pourrait y avoir confusion avec Joseph Barber II.
Ventes Publiques : Londres, 25 juin 1908 : *Le murmure* : **GBP 5** – Londres, 6 mars 1973 : *Grand-Dad's darling* 1871 : **GBP 1 800** – Londres, 9 mars 1976 : *Le tiroir secret* 1868, h/t (43x34) : **GBP 450** – Perth, 30 août 1994 : *Rencontre dans les Highlands* 1867, h/t (39x62) : **GBP 2 875.**

BARBER Joseph Vincent
Né en 1788 à Birmingham. Mort après 1830 à Rome. xixe siècle. Britannique.
Peintre de genre, paysages, aquarelliste, dessinateur, illustrateur.
Son père Joseph Barber fut professeur de dessin, au xviiie siècle, à Birmingham. Dès 1812, il exposa à la Royal Academy ; il exposait encore en 1830.
Parmi ses tableaux, il faut citer : *Lac de Lugano, Matin, Soir.* Il collabora aussi avec d'autres peintres et aquarellistes aux illustrations de *Warwickshire,* 1829.
Musées : Birmingham : *Bohémiennes* – Herefordshire – Glasgow : *Paysage avec bétail* – *Paysage, l'Age d'Or.*
Ventes Publiques : Londres, 19 juil. 1978 : *Paysanne, troupeau et autres personnages au bord d'une rivière*, h/t (96,5x138) : **GBP 3 200** – Londres, 22 nov. 1979 : *Le Repas des bûcherons*, aquar. (57x78) : **GBP 450.**

BARBER Lucius ou Barbor
Mort le 7 novembre 1767 à Londres. xviiie siècle. Suédois.
Miniaturiste.
Suédois, établi à Londres. Il exposa à la Société des Artistes en 1763, 1765, 1766. On cite de lui un portrait de *Lord Edward Charles Cavendish Bentinck*, signé *L. Barber* 1749 (collection duc de Portland) et *Un mendiant de Dublin*, signé *R. Barber* 1744.

BARBER Mary D.
xixe-xxe siècles. Américaine.
Peintre.
On la mentionne en Californie vers 1907.

BARBER R.
xviiie siècle. Actif vers 1775. Britannique.
Dessinateur.
Le British Museum possède deux illustrations de cet artiste pour le *Voyage sentimental* de Sterne.

BARBER Réginald
xixe-xxe siècles. Britannique.
Peintre de genre, portraits.

Il exposa, en 1885 et 1893, à la Royal Academy de Londres, au Salon de Paris, en 1894 et 1895, et plus tard à Manchester. Il obtint une médaille d'argent à l'Exposition Universelle de Paris, en 1900.

MUSÉES : SYDNEY : *Jeune pêcheuse.*
VENTES PUBLIQUES : LONDRES, 25 oct. 1977 : *Une jeune et jolie fille* 1888, gche (63x49) : **GBP 900** – LONDRES, 3 fév. 1993 : *Portrait d'un gentilhomme* 1903, h/t (50,5x70) : **GBP 747.**

BARBER Thomas ou Barker, dit Barber de Nottingham
Né vers 1768 à Nottingham. Mort le 12 septembre 1843 à Nottingham. XVIIIe-XIXe siècles. Britannique.
Peintre de portraits.
D'après Redgrave, il fut l'élève de sir Th. Lawrence, dont il subit l'influence. De 1810 à 1829, il exposa à la Royal Academy. Parmi ses œuvres les plus particulièrement remarquées, on cite le portrait de *Mistress Siddon* et quelques paysages, exposés en 1819. Thomas Barber se maria deux fois. Il eut de sa première femme, Thomas Barber, le jeune, son élève, qui paraissait appelé à une brillante carrière comme portraitiste, et qui mourut à 28 ans. Barber passa la majeure partie de sa carrière à Derby et ce ne fut qu'à la fin de sa vie qu'il revint à Nottingham.
MUSÉES : NOTTINGHAM : *Portrait de Lord Denman – Le « vieux général » suivi par des écoliers – Vue sur le parc de Nottingham – La vache buvant – Thomas Stevenson – William Chapman – Henry Kirke White – Portrait de Miss Elizabeth Hoare – Vue de la Trent à Wilford.*
VENTES PUBLIQUES : LONDRES, 28 mars 1923 : *Master Beach dans un bois avec un arc et des flèches :* **GBP 6** – LONDRES, 19 nov. 1926 : *Portrait de Sir W. Buchey :* **GBP 44** ; *Portrait de lady Buchey :* **GBP 115** – LONDRES, 2 mars 1932 : *Portrait du colonel Wright :* **GBP 7** – LONDRES, 23 juin 1972 : *Paysage :* **GNS 1 700** – LONDRES, 17 nov. 1989 : *Portrait de Thomas Osborne Bateman agé de 8 ans et de son frère High Athelson, agé de 6 ans et portant le tartan et un bonnet noir avec un épagneul dans un paysage* 1818, h/t (90,2x69,8) : **GBP 8 800** – LONDRES, 12 juil. 1991 : *Portrait de Elizabeth, Humphrey et Catherine Senhouse avec leur lévrier favori,* h/t (101,6x127) : **GBP 8 800** – AMSTERDAM, 28 oct. 1992 : *Portrait de Thomas et Hugh Bateman, agés de 8 et 6 ans, avec un épagneul et un rossignol* 1818, h/t (91,5x71) : **NLG 4 830** – NEW YORK, 20 mai 1993 : *Portrait de deux jeunes garçons en habits de velours et jouant avec un arc et des flèches,* h/t (165,1x137,2) : **USD 20 700** – LONDRES, 10 nov. 1993 : *Portrait de Sir James Wigram, vice chancellier vêtu d'un habit noir et d'une cravate blanche,* h/t (74,5x62) : **GBP 2 990** – LONDRES, 9 nov. 1994 : *Deux jeunes enfants jouant avec un hochet,* h/t (99x79,5) : **GBP 4 600.**

BARBER Thomas, dit Tom le Jeune
Né en 1798. Mort en 1826. XIXe siècle. Britannique.
Peintre de portraits.
Fils aîné de Thomas Barber, il était appelé à devenir un brillant portraitiste ; mais il mourut jeune.
MUSÉES : NOTTINGHAM : *Portrait de John Randson Walker.*

BARBER W. T. Scott
XIXe-XXe siècles. Britannique.
Miniaturiste.
Il habita d'abord Clifton, puis travailla à Florence. Il envoya aux expositions de l'Académie, de 1893 à 1901, de nombreux portraits en miniature. Peut-être le même que William Thompson Barber, qui exposa des miniatures à la Royal Academy de 1876 à 1885.

BARBER William
Né en 1807 à Londres. Mort en 1879 à Philadelphie. XIXe siècle. Américain.
Graveur.

BARBER William Herman
Né le 20 novembre 1866 à Sheridan (Ohio). XIXe siècle. Américain.
Peintre.
Élève de la Cincinnati Art Academy.

BARBERA Vincenzo da, ou la
Originaire de Termini. XVIIe siècle. Italien.
Peintre et graveur.
On cite un tableau de ce peintre, qui se trouve dans l'église San Domenico, de sa ville natale, et représente *San Cosimo.* On cite aussi une gravure signée de son nom.

BARBEREAU Claude
XVIIe siècle. Français.

Peintre.
Mentionné à l'Académie de Saint-Luc à Paris, le 17 octobre 1671.

BARBEREAU Paschal
XVIIe siècle. Français.
Peintre.
Reçu à l'Académie de Saint-Luc en 1693.

BARBERI Charles, dit Barberis
Né en 1756 à Turin. Mort en 1830 à Nice. XVIIIe-XIXe siècles. Italien.
Peintre.
Il fut élève du chevalier Landi. Il fonda une école de dessin à Nice et y fut longtemps directeur de l'Académie de Saint-Luc. Le Musée de Nice possède de lui deux toiles : *La Charité* et *Portrait du R. P. D. Félix Perez.* Son portrait par un artiste inconnu figure au même musée.

BARBERI Enrico
Né le 22 juillet 1850 à Bologne. XIXe siècle. Italien.
Sculpteur et auteur.
Élève et, plus tard, professeur à l'Académie di Belli Arti. Ses premières œuvres sont dans l'église des Capucins, à Imola. Quelques monuments funèbres, de lui, se trouvent dans la Chartreuse de Bologne. On cite aussi de lui le monument de Marcello Malpighi, à Crevalcore, près de Bologne. Il exposa à Paris au Salon des Artistes Français et obtint une mention honorable en 1894.

BARBERI Francesco
Originaire de Rome. XVIIIe siècle. Italien.
Sculpteur.
Zani l'identifie avec le sculpteur sur bois, portant le même nom et habitant la Sicile.

BARBERI Giovanni
XVIIIe siècle. Travaillait à Rome. Italien.
Architecte et peintre d'architectures.

BARBERI Michel Angelo
XIXe siècle. Actif à Rome. Italien.
Mosaïste.
En 1843, il acheva, pour l'empereur de Russie, deux grandes dalles de mosaïque, représentant *La ville de Rome aux hautes époques de son histoire.* On cite à Saint-Pétersbourg son tableau en mosaïque : *Le triomphe de l'Amour.*

BARBERIIS Eugène de
Né en 1851 à Marseille (Bouches-du-Rhône). Mort en 1937 à Sanary (Var). XIXe-XXe siècles. Français.
Peintre de sujets militaires, scènes de genre, portraits, paysages.
Après avoir suivi des cours à l'École des Beaux-Arts de Marseille, il partit pour Paris où il fut élève de Detaille, Bouguereau, Tony Robert-Fleury et Berne-Bellecour. De 1883 à 1901, il participa régulièrement au Salon de Paris.
À côté de ses grandes scènes de batailles, comme : *Égarés* 1893, ou *Fraternité* 1894, il peint aussi des sujets sentimentaux, sous des effets de lumière qui accusent les formes ou les dévorent.
BIBLIOGR. : Gérald Schurr : *Les Petits Maîtres de la peinture 1820-1920, valeur de demain,* Les Éditions de l'Amateur, Paris, 1985.
MUSÉES : AJACCIO – ALBI – MARSEILLE (Mus. des Beaux-Arts) : *Amour et Patrie* – NÎMES.
VENTES PUBLIQUES : NEW YORK, 26 oct. 1983 : *La corvée du soldat,* h/t (29x35,5) : **USD 3 000.**

BARBERIIS Pietro de
XVIIe siècle. Actif à Naples vers 1684-1688. Italien.
Sculpteur.
Il exécuta, à Naples, le décor en marbre de l'autel du chœur de Sta Croce di Lucca.

BARBERINI Giov. Batt.
Né à Laino di Val d'Intelvi. Mort en 1666 à Crémone. XVIIe siècle. Italien.
Sculpteur.
Crémone possède, dans l'église Sant' Agostino, non seulement des travaux de stuc de cet artiste, mais encore nombre de figures modelées, représentant des scènes de la Passion. Au palais dei Sordi à Mantoue, plusieurs statues ; à San Petronio de Bologne, diverses sculptures d'ornement de lui.

BARBERINO Francesco da
XIVe siècle. Vivant à Florence et à Trévise dans la première moitié du XIVe siècle. Italien.
Poète et dessinateur.

BARBERIS Charles. Voir **BARBERI**

BARBERIS Charles Georges
Né le 1ᵉʳ janvier 1888 à Paris. xxᵉ siècle. Français.
Sculpteur de genre, bustes et animaux.
Élève de Peter et Injalbert, il a exposé, à Paris, entre 1913 et 1939, au Salon des Artistes Français dont il devint sociétaire, ayant obtenu une mention honorable en 1914, une médaille de bronze en 1923, une médaille d'argent en 1931 et une médaille d'or en 1934. Il figurait au salon d'Automne de 1927. Ses œuvres ont pris un caractère exotique à la suite de son séjour à Madagascar.

BARBERO Ernesto
Né à Turin (Italie). xxᵉ siècle. Italien.
Peintre.
Il exposa une *Maternité*, au Salon des Artistes Français de 1927 à Paris.

BARBERY Louis
Né vers 1652 en Savoie. Mort le 28 décembre 1729. xviiᵉ-xviiiᵉ siècles. Français.
Graveur au burin.
Il travailla à Paris. On croit qu'il avait un frère, Charles Barbery établi comme éditeur ou graveur.

BARBERY Luigi, fra
xviiᵉ siècle. Savoyard, travaillait vers 1670 ou 1690. Italien.
Peintre.
Élève de Pozzi. Il travailla avec ce dernier, dont il fut l'aide, aux peintures de la coupole de l'église S. Bartolomeo, à Modène.

BARBESTI Giambattista
Originaire de Milan. xviiiᵉ siècle. Actif vers 1700. Italien.
Peintre.

BARBET Jean, dit **de Lyon**
xvᵉ-xviᵉ siècles. Actif à Lyon entre 1475 et 1514. Français.
Tailleur d'images.
Jean Barbet, qui avait, en 1491, le titre de « canonier du Roy », signait : *J. Barbet dit de Lyon*. En 1475, il faisait un grand ange de bronze, qui fut placé sur le toit du château du Lude (Sarthe), et dont un moulage se trouve au Musée du Trocadéro : « Le xxviiᵉ jour de mars l'an mil CCCCLX et XV, Jehan Barbet dit de Lion fist cet angelot ». Entre 1491 et 1507, le Consulat lui confia les fonctions de canonnier et bombardier ; il dut « affuster et mettre à point l'artillerie de la ville, et faire les pierres de fonte pour les bastons à feu ». ■ M. A.

BARBET Pierkin
xvᵉ siècle. Actif à Arras vers 1470. Français.
Peintre.
Cet artiste est connu pour avoir été l'élève de Jacques Lombart.

BARBETTA Giov. Battista
xviiiᵉ siècle. Actif à Brescia vers 1780. Italien.
Peintre.

BARBETTA Silvestro, fu Pietro
xvᵉ-xviᵉ siècles. Actif à Venise à San Marco. Italien.
Mosaïste.
Cité en 1492 et 1512.

BARBETTE Josias
Né vers 1645 à Strasbourg. Mort vers 1730 à Copenhague. xviiᵉ-xviiiᵉ siècles. Français.
Peintre miniaturiste.
Peintre de Christian V de Danemark à partir de 1691.
Musées : Kassel : Plusieurs émaux – Rosenborg : *Personnage inconnu* 1691 – *Christian V* 1693 – *Deux portraits de Sophie Hedwig, fille de Christian V, et du Prince Frédéric, son fils* – *La Charité* – *La Justice* – *La Religion* – *La Prudence*.
Ventes Publiques : Londres, 1882 : *Portrait d'homme* 1690 : GBP 1.

BARBETTI Angiolo
Né en 1803 à Sienne. Mort vers 1880 à Florence. xixᵉ siècle. Italien.
Sculpteur sur bois et marqueteur.
Barbetti quitta Sienne pour Florence, non sans avoir laissé dans cette première ville plusieurs ouvrages intéressants, notamment la restauration de la décoration de l'autel à l'église de la Contrada della Tartuca, travail dans lequel il profita de la collaboration de Manetti. A Florence, il fonda une école de sculpture sur bois. Parmi ses élèves se trouvèrent ses fils Raffaello et Rinaldo. Contemporain de Spighi, de Falcini et de Rosani, il fit partie du groupe d'artistes qui restaurèrent en Italie l'art de la marqueterie et de la sculpture sur bois. Il a aussi travaillé aux façades des cathédrales d'Orvieto et de Sienne.

BARBETTI Raffaello
Né en 1828 à Sienne. xixᵉ siècle. Italien.
Sculpteur sur bois, sur ivoire.
Il était fils d'Angiolo Barbetti, et fut médaillé à diverses expositions.

BARBETTI Rinaldo
Né en 1830 à Sienne. Mort en 1903 à Florence. xixᵉ siècle. Italien.
Sculpteur sur bois, sur ivoire.
Il fut l'élève de son père Angiolo Barbetti et aussi son aide ; plus tard il exécuta des statuettes et des bas-reliefs qui lui servirent de modèles et qu'il sculpta dans le bois. On compte, parmi ses œuvres les plus connues, la porte de l'église russe de San Donato, et six bas-reliefs pour l'église du collège de Nottingham.

BARBEY Antonio ou **Barbei**
xviiᵉ siècle. Travaillait à Rome, dans la seconde moitié du xviiᵉ siècle. Éc. flamande.
Graveur au burin.
Cet artiste fournit, pour l'éditeur Domenico Rossi, en 1697, un grand plan de Rome et 36 planches pour *Le Studio d'Architettura* publié de 1702 à 1721.

BARBEY Jeanne Marie
Née en 1882 à Paris. Morte en 1960. xixᵉ-xxᵉ siècles. Française.
Peintre de scènes de genre, paysages, natures mortes.
Elève de Désiré Lucas et Edouard Cuyer, elle a exposé à Paris au Salon des Indépendants entre 1911 et 1939 et au Salon des Tuileries en 1924-1925. Elle peint des scènes de la vie de province, plus particulièrement de Bretagne, montrant par exemple *Le Pardon de saint Philibert*. Certains de ses paysages montrent l'influence de Cézanne dans leur rigueur.
Bibliogr. : Gérald Schurr : *Les Petits Maîtres de la peinture 1820-1920, valeur de demain*, t. IV, Les Éditions de l'Amateur, Paris, 1979.
Musées : Vannes : *La Course-Gourin (Morbihan)*.

BARBEY Maurice
Né vers 1880 à Paris. xxᵉ siècle. Français.
Peintre de paysages, compositions murales, peintre de costumes de théâtre.
Il a exposé au Salon des Indépendants à Paris de 1912 à 1938. À la rétrospective de 1926, on put voir : *Pont-Neuf – Environs de Paris, Cachan – Neige et soleil à Mayence – Bords de Seine*.
Son activité est multiple : grands panneaux décoratifs pour un hôtel à Saint-Cast, des affiches, des costumes de théâtre.
Ses paysages peuvent être chaudement colorés, traités en grands aplats de couleurs pures ou tendre vers la monochromie, particulièrement pour ses vues de petites villes allemandes sous la neige.
Bibliogr. : Gérald Schurr : *Les Petits Maîtres de la peinture 1820-1920, valeur de demain*, t. IV, Les Éditions de l'Amateur, Paris, 1979.

BARBEY Valdo Louis. Voir **VALDO-BARBEY**

BARBEY-MATAGNE Maurice
Né à Paris. xxᵉ siècle. Français.
Peintre.
Il exposa des paysages au Salon d'Automne à Paris entre 1912 et 1921.

BARBI Antoinette
Née à Nice (Alpes-Maritimes). xxᵉ siècle. Française.
Peintre.
Elle fut élève de Berges, Montézin et Maury. Exposa au Salon des Artistes Français de 1939 : *Martigues, La Cathédrale*.

BARBI Francesco
xviiᵉ siècle. Actif à Brescia. Italien.
Peintre et écrivain.

BARBIANI Andréa
Né vers 1709 à Ravenne. Mort en 1779 à Ravenne. xviiiᵉ siècle. Italien.
Peintre.
Fils de Pier Damiano Barbiani. Andréa Barbiani peignit diverses œuvres à Ravenne : dans la chapelle du Crucifiement de l'église de Saint-Dominique ; à la Cathédrale dans la chapelle de la

Madonna del Sudore : *Les quatre évangélistes* (fresque). Son meilleur ouvrage est le tableau d'autel de S. Vitale, à Ravenne, représentant *Sainte Gertrude portée au Ciel par les anges*.

BARBIANI Bartolommeo
Originaire de Monte Pulciano. XVIIᵉ siècle. Italien.
Peintre.
Ce maître peignit, en 1632, une *Scène de la légende de l'Invention de la Croix* pour l'autel de Sta Maria delle Grazzie, à Montepulciano. On cite aussi de lui d'autres tableaux d'autels, parmi lesquels ceux de : San Michele à Stroncone (1628), de S. Niccolo à Montecastrilli (1639), de S. Silvestro, S. Ilario (1640) et S. Antonio (1642) à Lodi de S. Monaca à Amelia, la même année.

BARBIANI Domenico
XVIIIᵉ siècle. Actif à Ravenne. Italien.
Peintre et architecte.
Il peignit des fresques dans une chapelle de San Girolamo.

BARBIANI Giov. Battista
Né le 27 janvier 1619 à Ravenne. XVIIᵉ siècle. Italien.
Peintre.
La plus belle œuvre de cet artiste est une peinture représentant l'*Assomption de Marie*. Une *Pietà*, signée *Barbiani G. Batt*, est mentionnée et datée de 1650, par Zani. Il y a de lui deux tableaux d'autel dans l'église San Francesco, à Ravenne : *Saint André* et *Saint Joseph*, et dans l'église Sant' Agata, un *Saint Pierre*.

BARBIANI Luigi
Originaire de Ravenne. XVIIIᵉ siècle. Italien.
Peintre.
Fils de Domenico, cité par Zani.

BARBIANI Pier Damiano
XVIIIᵉ siècle. Actif à Ravenne. Italien.
Peintre décorateur.
Père de Andréa et Domenico Barbiani.

BARBIANI Simone
Originaire de Ravenne. XVIIᵉ-XVIIIᵉ siècles. Italien.
Peintre.
Cet artiste est mentionné, vers 1700, par Zani comme étant le fils de G. Batt. Barbiani.

BARBIÉ Fr.
XVIIIᵉ siècle. Allemand.
Dessinateur et paysagiste.
Il enseigna le dessin à Berlin, et cinq de ses paysages (à l'aquarelle et à l'encre de Chine), figuraient à l'Exposition de l'Académie de cette ville, en 1787.

BARBIÉ Jacques ou Barbier. Voir LE BARBIER Jean Jacques François

BARBIE Simone
Née à Levallois (Hauts-de-Seine). XXᵉ siècle. Française.
Peintre de paysages, natures mortes.
Élève de Duval. Exposa des natures mortes, en 1938 et 1939.
VENTES PUBLIQUES : PARIS, 19 nov. 1990 : *Parc Montsouris*, h/t/ cart. (23x33,5) : FRF 9 500.

BARBIER André Georges
Né en 1883 à Arras (Pas-de-Calais). Mort le 2 décembre 1970 à Paris. XXᵉ siècle. Français.
Peintre de paysages, paysages urbains, paysages d'eau, marines, fleurs, aquarelliste, pastelliste. Postimpressionniste.
En 1903, âgé de vingt ans, il vint se fixer à Paris. Il fut un ami familier de Claude Monet, lié à Claude Debussy. Il a exposé à Paris, à partir de 1903 en jusqu'en 1914 au Salon des Indépendants, puis en 1967, 1969, 1970 ; en 1909 et 1938 au Salon d'Automne ; en 1911 au Salon de la Société Nationale des Beaux-Arts ; entre 1924 et 1931 au Salon des Tuileries. Il a participé à l'Exposition internationale de Paris en 1937. Il a montré des œuvres dans des expositions personnelles à Paris, d'entre lesquelles : 1944 et 1964 galerie Durand-Ruel ; puis après sa mort : 1989 galerie Jacques Massol ; 1990 au Louvre des Antiquaires. Ses œuvres de jeunesse évoquaient des aspects d'Arras, sa ville natale, et célébraient déjà les fleurs. À Paris, il en multiplia les vues de la Seine, de ses quais, de Notre-Dame, du Jardin du Luxembourg ; des proches banlieues, La Frette, Saint-Germain-en-Laye ; de Barbizon, Étretat, Honfleur, La Rochelle, de la Côte d'Azur ; plus tard d'Italie, surtout de Venise. L'homme était d'une nature particulièrement riche, passionné de musique, d'astronomie, de photographie. Sa peinture dénote clairement

son admiration pour Claude Monet, le Monet des vues de Londres, et par delà pour le Turner des brumes, influences qui ne se résolvent pas en une simple imitation, mais au contraire prouve sa compréhension intime des subtilités de l'impressionnisme et sa sensibilité personnelle aux jeux sans fin de la lumière dans la variation de ses vibrations et irisations selon l'heure, l'atmosphère, les saisons et les lieux. ■ J. B.

BIBLIOGR. : Gérald Schurr : *Les Petits Maîtres de la peinture 1820-1920, valeur de demain*, t. II, Les Éditions de l'Amateur, Paris, 1982.
MUSÉES : BAGNOLS-SUR-CÈZE : *Entrée du port de Cannes*.
VENTES PUBLIQUES : PARIS, 27 fév. 1919 : *Port de La Rochelle* : FRF 80 – PARIS, 30 mai 1931 : *La Rochelle* : FRF 45 – MARSEILLE, 8 avr. 1949 : *Portrait de Daumier*, past. : FRF 900 – PARIS, 27 nov. 1963 : *La Seine à Paris* : FRF 11 500 – ORLÉANS, 14 mai 1983 : *Notre-Dame sous la neige*, h/t (55x73) : FRF 7 200 – PARIS, 12 juin. 1985 : *Vue de Venise* 1934, h/t (38x55) : FRF 7 800 – PARIS, 11 déc. 1986 : *Venise, vue du Grand-Canal* 1934, h/cart. (20x42) : FRF 10 000 – PARIS, 7 déc. 1987 : *Venise, le palais des Doges*, h/cart. (38x46) : FRF 29 500 – VERSAILLES, 20 mars 1988 : *Venise, le Grand-Canal*, h/pan. mar. sur t. : FRF 25 000 – VERSAILLES, 23 oct. 1988 : *Remorqueur sur le fleuve* 1938, h/t (54x65) : FRF 51 000 – PARIS, 21 nov. 1988 : *Le port, temps dégagé*, aquar./ pap. (24x30) : FRF 5 000 ; *Travaux sur la Seine*, h/cart. (38x46) : FRF 15 000 ; *Les magnolias*, h/t (65x81) : FRF 21 000 – PARIS, 14 déc. 1988 : *Pont sur la Seine*, h/t (54x65) : FRF 23 000 – PARIS, 23 jan. 1989 : *Saint-Marc à la lagune*, pap. mar./t. (38x46,5) : FRF 23 000 – PARIS, 12 avr. 1989 : *Bouquet de fleurs*, h/t (60x73,5) : FRF 25 000 – PARIS, 28 avr. 1989 : *Les voiliers*, h/t (50x61) : FRF 30 000 – PARIS, 8 nov. 1989 : *Les Voiliers*, h/t (50x61) : FRF 28 000 – PARIS, 1ᵉʳ déc. 1989 : *Le Pont*, past. (25x32,5) : FRF 9 500 – VERSAILLES, 25 mars 1990 : *Coucher de soleil*, h/t (49x58) : FRF 46 000 – PARIS, 30 mai 1990 : *Vétheuil*, h/t (65,5x80) : FRF 95 000 – PARIS, 4 juil. 1990 : *Paris, remorqueur à l'île Saint-Louis*, h/t (62,5x81,5) : FRF 41 000 – NEUILLY, 14 nov. 1990 : *Cannes, l'ancien casino*, h/t (50x61) : FRF 46 000 – PARIS, 3 fév. 1991 : *Vue de Notre-Dame*, aquar. (35x50) : FRF 12 000 – AMSTERDAM, 5-6 nov. 1991 : *Vue d'un château en France* 1866, h/t (42,5x67,5) : NLG 12 075 – CALAIS, 5 juil. 1992 : *Paris, Notre-Dame et la Seine*, h/pap./t. (38x46) : FRF 10 000 – PARIS, 22 sep. 1992 : *Paris, Notre-Dame*, h/pap. (38x46) : FRF 5 000 – LE TOUQUET, 14 nov. 1993 : *Bord de mer*, h/pan. (38x46) : FRF 4 000 – NEUILLY, 19 mars 1994 : *Voiliers en Méditerranée*, h/isor. (46x55) : FRF 12 800 – PARIS, 2 juin 1994 : *Le Jardin du peintre*, h/t (73x59,5) : FRF 48 000 – PARIS, 8 fév. 1995 : *Arbre en bord de mer*, h/pan. (26,5x34,5) : FRF 17 000 – PARIS, 26 avr. 1996 : *Étretat*, h/t (33x55) : FRF 8 500 – PARIS, 25 mai 1997 : *Paris, le Pont-Neuf*, h/pap. mar./t. (47x58) : FRF 6 500.

BARBIER Anne
Née en 1954 à Riom (Puy-de-Dôme). XXᵉ siècle. Française.
Sculpteur. Abstrait.
Elle fut élève de l'école nationale des beaux-arts de Bourges, obtint une licence d'arts plastiques à l'université Paris I en 1988, et étudia l'année suivante à l'Institut des Hautes Études en arts plastiques, sous la direction de Pontus Hulten. Elle vit et travaille à Paris et dans le Massif central.
Elle participe à des expositions collectives : 1987 Fondation Cartier à Jouy-en-Josas et Salon de Montrouge ; 1990 Kunsthalle de Recklinghausen ; 1991 Chapelle de la Salpêtrière de Paris ; 1992 musée des Beaux-Arts d'Angoulême ; 1994 musée de La Roche-sur-Yon. Elle montre ses œuvres dans des expositions personnelles : depuis 1992 à Paris, 1997 Abbaye Saint-André à Meymac, L'Aquarium à Valenciennes.
Elle réalise des « sculptures » fragiles, par leur composition, cendre, poussière, poudre de marbre, pigment, aux formes élémentaires, cube, cercle, carré, posées ou non sur un socle. Elle emprunte ses titres aux œuvres de Malévitch *Carré noir*, *Carré rouge*, concentrant comme lui la couleur pure mais l'interprétant en « volume », dans l'espace.

BIBLIOGR. : Catalogue de l'exposition : *Barbier, de Busschère, Lepeut*, Musée municipal, La Roche-sur-Yon, 1994.

BARBIER Antoine
Né le 8 mai 1859 à Saint-Symphorien-de-Lay (Loire). Mort le 8 février 1948 à Lyon (Rhône). XIXᵉ-XXᵉ siècles. Français.
Peintre de sujets religieux, paysages, compositions décoratives, aquarelliste, dessinateur.
Exposant à Paris au Salon des Artistes Français, il obtint une mention honorable en 1904, devint sociétaire en 1913 et reçut une médaille d'argent en 1926. Il figura au Salon jusqu'en 1939, présentant notamment différentes vues de *Lyon sous la neige*, de 1926 à 1930, *Les étangs de Monjeu*, en 1929 et 1930, des paysages algériens, en 1931, *Église de Cruaz*, en 1935, *Chapelle à Espalion*, en 1938. Grand Prix de la Société Lyonnaise des Beaux-Arts et Médaille d'Honneur ; président de la Section Lyonnaise de la Société Amicale des Peintres et Sculpteurs Français, membre de l'Académie des Sciences, Belles-Lettres et Arts de Lyon, il a aussi exposé au Salon d'Hiver, au Salon des Paysagistes Français, puis à Lyon, Alger, Genève, Saint-Étienne.
Il a exécuté de nombreuses peintures décoratives, entre autres une *Fuite en Égypte* pour l'église de Matarieh, au Caire, et différentes œuvres pour le Palais de la Sobranié à Sofia et pour l'école Malesherbes à Paris. Il dirigea des cours périodiques d'aquarelles d'après nature, en France, en Suisse et en Angleterre.
MUSÉES : ALGER – BERNE – BORDEAUX – BRUXELLES – LE CAIRE – LYON – OXFORD – PARIS (Mus. Carnavalet) – ROANNE – SAINT-ÉTIENNE .
VENTES PUBLIQUES : PARIS, 20 jan. 1988 : *Locomotive à vapeur sur un pont*, dess. au lav., fus. et gche (13x27,5) : **FRF 3 000.**

BARBIER Charles
Né à Paris. XVIᵉ siècle. Français.
Miniaturiste.
Cité comme travaillant en 1682, et sûrement mort avant le 9 avril 1701, car cette date est celle de la mort de sa femme, dont l'acte de décès ne le mentionne pas.

BARBIER Charles
Né au XIXᵉ siècle à Saint-Étienne (Loire). XIXᵉ siècle. Français.
Dessinateur.
Élève de Karl Robert, participa à l'Exposition de Blanc et Noir de 1892.

BARBIER Claude
XVIIᵉ siècle. Français.
Peintre.
Reçu en 1665 à l'Académie de Saint-Luc.

BARBIER Claude
XVIIIᵉ siècle. Français.
Sculpteur.
Reçu à l'Académie de Saint-Luc en 1763, mort peu après.

BARBIER Désiré
Né en août 1822 à Paris. XIXᵉ siècle. Français.
Paysagiste et peintre d'animaux.
On compte parmi ses meilleures toiles : *Vaches au pâturage*, tableau exposé à Paris. Cet artiste figura au Salon, de 1840 à 1848. C'était un élève de Budelot.

BARBIER Ernest Jules Louis
Né le 5 avril 1859 à Nottonville (Eure-et-Loir). XIXᵉ siècle. Français.
Peintre d'intérieurs, paysages animés, paysages, natures mortes, aquarelliste.
Élève de Valton et Hareux.
Il exposa au Salon des Artistes Indépendants de 1926 à 1939, notamment : *Le Printemps, en Brie* (1927), *Roses trémières*, *La Marne à Champigny* (1929). Il figura également au Salon de l'École Française.
Surtout paysagiste, il peignit aussi des natures mortes et des intérieurs.
VENTES PUBLIQUES : VERSAILLES, 4 oct. 1981 : *Berger et son troupeau dans la clairière* 1897, aquar. (43x64,5) : **FRF 2 000.**

BARBIER Fernand Jean
Né à Paris. XXᵉ siècle. Français.
Peintre de paysages et de portraits.
Élève de Paul Lambert, il a exposé, entre 1924 et 1939, au Salon des Artistes Français dont il est devenu sociétaire.

BARBIER François
XVIIᵉ siècle. Français (?).
Peintre.
Admis à Paris à l'Académie de Saint-Luc, le 26 avril 1673.

BARBIER François Joseph
Né le 25 avril 1748 à Paris. XVIIIᵉ siècle. Français.
Sculpteur.
Il était fils d'un graveur en bijoux, et entra à l'École de l'Académie Royale dans l'atelier de Falconet, en avril 1765. Fut ensuite élève de Bachelier et de Gois.

BARBIER G. P.
XVIIIᵉ siècle. Britannique.
Peintre de portraits, dessinateur.
Cet artiste travaillait à Londres, où il exposa de nombreux portraits à la Royal Academy, de 1792 à 1795.
VENTES PUBLIQUES : LONDRES, 12 juil. 1991 : *Portrait de Mrs Henry Rice, en buste et assise, vêtue d'une robe et d'un chapeau crème à ruban vert* 1792, h/t (76x63,5) : **GBP 5 280** – PARIS, 29 juin 1992 : *Portrait d'officier* 1793, cr. et reh. de sanguine (39x26) : **FRF 6 000.**

BARBIER Georges
Né en 1882 à Nantes (Loire-Atlantique). Mort en 1932. XXᵉ siècle. Français.
Peintre à la gouache, aquarelliste, illustrateur, dessinateur, peintre de décors et costumes de théâtre.
Influencé par ses amis Lesage et de Broca, il étudia chez J.-P. Laurens et exposa à la Galerie Boutet de Monvel en 1911. Entre 1912 et 1932, il a exposé au Salon des Artistes Décorateurs à Paris. En 1920, il a participé à l'exposition : *La mode au XXᵉ siècle vue par les peintres*, au Musée des Arts Décoratifs à Paris. Il a surtout travaillé pour le théâtre et le cinéma, créant des costumes et des décors. Il dessina ainsi les costumes de Rudolphe Valentino pour le film *Monsieur Beaucaire*, et fit, jusqu'à la fin de sa vie, les décors des revues des *Folies-Bergère*. Il réalisa aussi des dessins de mode. Il a illustré de nombreux ouvrages, dont les *Poésies* de Ch. Baudelaire, *Les Bains de Bade*, *Le carosse aux deux lézards verts* de R. Boylesve, *Mirages* de la baronne de Brimont, *Personnages de comédie* de A. Flament, *Le roman de la Momie* de Th. Gautier (Mornay, éd. 1929), *Poèmes en prose* de M. de Guérin, *Les Chansons de Bilitis* de P. Loüys, *Danses de Nijinsky* de F. de Miomandre, *On ne badine pas avec l'amour* d'A. de Musset, *La double maîtresse* de H. de Régnier, *Casanova* de M. Rostand, *Vies imaginaires* de M. Schwob, *Anna Pavlova de Stelov*, *Album dédié à Tamar Karsaviva* de J. L. Vaudoyer, *Fêtes galantes* de P. Verlaine, de même que : *Le Cantique des Cantiques* ; *Makeda, Reine de Saba* ; *Le Bonheur du Jour ou les grâces à la mode* ; *Modes et Manières d'aujourd'hui*.
Très représentatif du style que l'on nomme « Art Déco », c'est à ce titre que ses dessins sont montrés dans des expositions relatives à cette époque, comme ce fut le cas à Minneapolis (États-Unis) en 1971 et à Paris en 1973.

G-BARBIER

BIBLIOGR. : Marcus Osterwalder, in : *Dict. des illustrateurs, 1800-1914*, Hubschmid & Bouret, Paris, 1983.
VENTES PUBLIQUES : PARIS, 15 déc. 1926 : *L'archer*, aquar. : **FRF 180** – PARIS, 17-18 déc. 1941 : *Trois figures de mode*, aquar. : **FRF 580** – MONACO, 26 juin 1976 : *Nijinski et Bronislava Nijinska, dans l'Après-Midi d'un Faune* 1917, encre de Chine et aquar. (18,5x14,5) : **FRF 9 000** – LONDRES, 25 mai 1977 : *Ida Rubinstein et Nijinsky dans Schéhérazade* 1910, aquar. et pl. (25,5x17) : **GBP 700** – LONDRES, 6 juin 1979 : *Ida Rubinstein en Zobeïda dans « Schéhérazade »* 1911, gche et pl. (15,5x25) : **GBP 3 300** – LONDRES, 13 mars 1980 : *L'archer vert* 1912, aquar. et pl. reh. d'or et d'argent (23x14,5) : **GBP 1 700** – LONDRES, 28 oct. 1982 : *Nijinsky dans Le Spectre de la Rose* 1911, aquar. et pl. reh. d'argent (25,5x16) : **GBP 2 100** – NEUILLY, 22 mars 1983 : *Le repos sous l'arbre* 1923, aquar. et gche/rust de pl. (34x25) : **FRF 4 200** – LONDRES, 26 oct. 1983 : *Le crayon est aussi une arme* 1914, encre et aquar./pap. (28x24,7) : **FRF 480** – LONDRES, 24 juin 1985 : *Jeune fille élégante* 1918, gche, aquar. et pl. (30x24) : **GBP 600** – LONDRES, 3 juil. 1987 : *Le Tango*, aquar. et pl./pap. (30,5x49,5) : **GBP 5 500** – LONDRES, 25 mars 1988 : *Qu'est-ce ?*, encre noire à la pl. et aquar. (29,5x24,3) : **GBP 5 720** – LONDRES, 25 mars 1988 : *Deux femmes dans un salon*, plume, encre noire et aquar. (19,5x30,8) : **GBP 6 380** – LONDRES, 25 mars 1988 : *L'Enfant trouvé*, encre noire à la pl., aquar. et reh. de blanc (37,2x28,2) : **GBP 6 820** – PARIS, 28 nov. 1988 : *Élégante à l'ombrelle* 1919, aquar. et encre de Chine (24x18) : **FRF 4 000** – PARIS, 1ᵉʳ juin 1990 : *Élégante aux plumes bleues et collier de perles*, gche

(100x79) : FRF 69 000 – Paris, 31 jan. 1993 : *Clotilde et Alexandre Sakharoff* 1921, affiche (79x120) : FRF 60 000 – Paris, 24 juin 1994 : *Projet de costume* 1916, encre de Chine et aquar. (35x27) : FRF 4 500 – Paris, 26 juin 1996 : *Falbalas et Fanfreluches*, grav. et dess., ensemble de cinq almanachs (chaque 25x16) : FRF 34 500.

BARBIER Gilles
Né en 1965 aux Nouvelles Hébrides (Vanuatu, Mélanésie). xxe siècle. Actif en France. Vanuatan.
Peintre, dessinateur, auteur d'installations.
Il vit et travaille à Marseille. Il participe à des expositions collectives, parmi lesquelles : 1993, Biennale des Jeunes Artistes, Musée Rijeka (Croatie) ; 1994, 1997, FRAC Fonds régional d'art contemporain Provence-Alpes-Côte-d'Azur, Marseille ; 1994, *Ateliers 94* à l'Arc, Musée d'Art Moderne de la Ville de Paris ; 1995, *Histoire de l'infamie*, Biennale de Venise, Cercle de l'Arsenal ; 1997, Biennale d'Art contemporain de Lyon ; 1997, *Transit – 60 artistes nés après 50 – Œuvres du Fonds national d'Art contemporain*, École des Beaux-Arts, Paris.
Il a montré ses œuvres dans une exposition personnelle, *Comment mieux guider notre vie au quotidien*, à la galerie Georges-Philippe Vallois en 1995 à Paris.
Illustrer des expressions ou des mots pris au pied de la lettre, faire prononcer à des animaux empaillés des locutions latines ou des proverbes en langues étrangères, retranscrire des pages de dictionnaire..., l'ensemble du travail de Gilles Barbier s'inscrit dans une problématique critique du rôle du langage et de la pensée dans son rapport à l'art, qui lui permet de resituer son propre rôle et sa fonction d'artiste.
Bibliogr. : Jean-Yves Jouannais : *Avis de tempête*, in : Art Press, n° 197, Paris, déc. 1994 – Jean-Yves Jouannais : *Gilles Barbier, retards, diversions et autres aventures*, in : Art Press, n° 207, Paris, nov. 1995.
Musées : Paris (FNAC) : *De « alphabet à Aristarque » et son errata* 1994.

BARBIER Henri
Né à Poitiers (Vienne). xxe siècle. Français.
Peintre de paysages et de fleurs.
Il a exposé au Salon de la Société Nationale des Beaux-Arts de Paris en 1926-1927.

BARBIER Jacqueline
xxe siècle. Française.
Peintre de paysages, natures mortes et fleurs.
Élève à l'École des Beaux-Arts de Clermont-Ferrand, elle a exposé dans divers salons, notamment à celui des Indépendants dont elle devint sociétaire. Elle a fait de nombreuses expositions personnelles en France et à l'étranger. La plupart de ses paysages montrent des vues du Midi, dans une pâte vigoureuse aux coloris tendres.

BARBIER Jacques
Né en 1626 en Gâtinais. xviie siècle. Français.
Peintre.
En 1645, cet artiste travailla au château de Fontainebleau. Semble le même que l'artiste du même nom cité à l'Académie de Saint-Luc en 1665 et 1668.

BARBIER Jacques
Né vers 1753 à Paris. xviiie siècle. Français.
Peintre.
Il était fils d'un marchand de soierie de la rue des Bourdonnais, et entra à l'École de l'Académie Royale de peinture en novembre 1772, comme élève de Lagrenée.

BARBIER Jane
Née à la Côte-Saint-André (Isère). xxe siècle. Française.
Peintre.
Elle exposa à Paris au Salon des Indépendants : *Fleurs, Fenêtre* en 1935.

BARBIER Louis
xviie siècle. Français.
Peintre.
Il fut reçu à l'Académie de Saint-Luc en 1651.

BARBIER Louis Nicolas. Voir BARBIER Nicolas Louis
BARBIER Michel
Né vers 1774 à Mer (Blaisois). xviiie-xixe siècles. Français.
Peintre.
Entra à l'École de l'Académie royale le 4 août 1790.

BARBIER Nicolas Alexandre
Né le 18 octobre 1789 à Paris. Mort le 4 février 1864 à Sceaux. xixe siècle. Français.

Paysagiste et écrivain.
Élève de Xavier Leprince et plus tard professeur de dessin des fils de Louis-Philippe, Nicolas Barbier peignit des tableaux de genre dans la composition desquels entraient des motifs d'architecture. Il exposa au Salon de Paris, de 1824 à 1861. Ses œuvres les plus appréciées sont : *Château de la Muette, Église de Verneuil*, 1824, *Famille de paysans*, 1839, *L'Auberge de Village*, 1842, et des vues diverses reproduisant les bords de la Seine, des monuments et des scènes d'intérieur. De 1843 à 1850, il peignit les environs de Paris : Meulan, Bougival. Le Salon de 1861 fut le dernier auquel Barbier exposa, et toute son œuvre révèle l'influence que Courbet et Daubigny exercèrent sur lui. En 1861, en collaboration avec sa fille Victoire, il publia *Le Maître d'aquarelle*.

BARBIER Nicolas François
Né le 8 septembre 1768 à Namur. Mort le 10 juin 1826. xviiie-xixe siècles. Belge.
Architecte, sculpteur, graveur et ciseleur.
Cet artiste étudia d'abord dans son pays, puis alla se perfectionner à Anvers et ensuite à Paris chez J. Verberkt d'Anvers. Nommé sculpteur des bâtiments du roi, il habita un temps le Louvre. On cite entre autres des médaillons représentant : *Le Christ, Une prêtresse de Vesta, Un lion, Un Vieillard absorbé, dans ses pensées*, qui figurèrent à l'Exposition Nationale de Harlem (1825).

BARBIER Nicolas Louis
Mort le 11 juin 1779 à Paris. xviiie siècle. Français.
Peintre.
Parisien, cet artiste fut membre de l'Académie de Saint-Luc.

BARBIER Simon
xvie siècle. Actif à Laon vers 1538. Français.
Sculpteur.
Prit part à l'ornementation des chapelles de la cathédrale et de l'église Saint-Martin. Cité par M. Lami.

BARBIER DE LA COMMUNE Antoine François
Né vers 1768. xviiie siècle. Français.
Peintre.
Élève de Le Barbier l'aîné à l'École de l'Académie, où il entra le 17 septembre 1785.

BARBIER-AMADIEU Lucie, dite **Tinam**
Née à Mâcon (Saône-et-Loire). xxe siècle. Française.
Peintre de paysages.
Entre 1929 et 1939, elle a exposé au Salon des Artistes Français à Paris, dont elle devint sociétaire.

BARBIER-WALBONNE Jacques Luc
Né en 1769 à Nîmes (Gard). Mort en 1860 à Passy. xviiie-xixe siècles. Français.
Peintre d'histoire, scènes de genre, portraits, graveur.
Élève de David, il participa au Salon de Paris, notamment en 1827.
Il prend ses sujets dans l'histoire romaine. Parmi ses œuvres, on mentionne : *Leçon de morale donnée par un père à son fils, La mort de Paul Émile, Numa Pompilius chez la Nymphe Égérie*.
Il retrouve une liberté, une pureté de lignes rappelant l'art d'Ingres, dans ses portraits plus intimes.
Bibliogr. : Gérald Schurr : *Les Petits Maîtres de la peinture 1820-1920, valeur de demain*, t. II, Les Éditions de l'Amateur, Paris, 1982.
Musées : Nîmes : *Nu en buste – Portrait de sa femme* – Versailles : *Portrait du maréchal Moncey – Portrait du général Moreau*.
Ventes Publiques : Paris, 1777 : *L'Apothéose de Lulli et celle de Rameau* : FRF 800 ; *Femme trouvant un nid dans lequel il y a des Amours – Femme péchant au filet et prenant des Amours* : FRF 1 180 ; *Vue de la cascade de Tivloi*, dess. : FRF 96.

BARBIERE Domenico del. Voir DOMINIQUE Florentin
BARBIERER Dominikus ou **Palbierer** ou **Palberer**
Originaire de Dillingen. xviie siècle. Allemand.
Peintre.
D. Barbierer épousa, le 9 février 1638, la veuve du peintre Balthasar Moser. Vers 1646, il exécuta des peintures à l'autel de la Sainte-Trinité, dans l'église paroissiale d'Innsbruck, où il se fixa.

BARBIERI Alessandro
xviiie siècle. Travaillait à Bologne. Italien.
Sculpteur.
Cet artiste était de Reggio ; il fut l'élève de Petronio Tadolini et travailla à Bologne. Des ornements et des figures de sa main

décorent, dans cette ville, les portes de l'église San Petronio, et d'autres ouvrages l'église à Sant' Apollonia.

BARBIERI Alessandro
Né en 1850 à Milan. xixe siècle. Italien.
Peintre.
In attesta del morticino fut le tableau par lequel cet artiste prit contact avec le public milanais. D'autres œuvres, exposées à Milan et à Venise, suivirent ce premier succès et le confirmèrent. On cite notamment : *Avanti la Cresima, Dolorose rimembranze, Bufera infernale, Dopo vespro,* enfin, *Alba Cristiana,* exposée à Milan en 1906.

BARBIERI Annibal ou Barbier
Enterré le 14 mars 1685. xviie siècle. Travaillait à Paris. Français.
Peintre.
Cet artiste reçut à Paris, en 1665, une médaille d'or à titre de Second prix de l'Académie. Son acte d'inhumation le mentionne comme maître peintre décorateur de la troupe royale des Comédiens Italiens. Est-ce le même que le peintre cité en 1619 à l'Académie de Saint-Luc ?

BARBIERI Antonio
xvie siècle. Italien.
Peintre.
Peintre bolonais.

BARBIERI Carlo
Né en novembre 1816 à Milan. xixe siècle. Italien.
Peintre.
Ce peintre alla se perfectionner à l'Académie de la Brera, sous la direction de Cômario, Sabatelli, Sala et Palagi. Il fit des illustrations et des lithographies. Ses remarquables illustrations des *Fiancés,* de Manzoni, sont restées inachevées par suite de la mort de l'éditeur. Ce peintre exposa plusieurs fois à la Brera. On cite, de lui, un tableau d'autel décorant une chapelle privée à Milan.

BARBIERI Conrado ou Contardo
Né en 1900 à Broni. Mort en 1966 à Milan. xxe siècle. Italien.
Peintre de genre, figures, paysages, aquarelliste.
VENTES PUBLIQUES : MILAN, 26 mai 1977 : *Piazza di Afori sous la neige* 1929, h/t (70x90) : **ITL 600 000** – MILAN, 27 avr. 1982 : *La Marmolada* 1962, temp. (37x50) : **ITL 550 000** – MILAN, 7 nov. 1985 : *Crépuscule,* h/t (115x88) : **ITL 4 500 000** – MILAN, 7 juin 1989 : *Fête de mariage* 1951, h./résine synth. (49,5x74) : **ITL 4 500 000** – MILAN, 6 avr. 1993 : *Mirella peignant,* h./résine synth. (80x60) : **ITL 7 500 000** – MILAN, 21 déc. 1993 : *Après le carnaval,* h/t (60x80) : **ITL 6 900 000** – MILAN, 12 déc. 1995 : *Arbres* 1945, aquar./pap. (22x31) : **ITL 1 150 000**.

BARBIERI Enrico
Né en 1818 à Parme. Mort en 1888 à Parme. xixe siècle. Italien.
Peintre.
Cet artiste conquit à Parme le grand prix de Rome. Il devint, en 1860, inspecteur de l'Académie de sa ville natale, plus tard professeur et finalement directeur du Musée (1882). Plusieurs de ses œuvres sont restées à Parme, les unes chez des particuliers, les autres au Musée ; parmi ces dernières, citons son portrait peint par lui-même et *L'Incrédulité de saint Thomas.*

BARBIERI Eugenio
Né en 1927 à Forli. xxe siècle. Actif aussi en France. Italien.
Peintre, sculpteur.
De 1944 à 1949 il peint dans l'esprit d'un surréalisme typiquement italien et fait de la sculpture réaliste qu'il abandonne ensuite pour chercher une autre forme sculpturale qui oublie les techniques conventionnelles, réussissant à mettre en cause globalement la sculpture de l'époque grecque à l'art moderne. De 1950 à 1956 il pratique une peinture réaliste classique, participant à ce que l'on nomme la « figuration narrative », mais commence alors à envisager la possibilité du dédoublement de l'image dans un tableau, permettant ainsi au spectateur de choisir l'un des deux aspects. Il réalise en 1957 les « Métabilis », aboutissant aux sculptures automatiques qu'il présente en 1966 à Paris où il s'est fixé. Ces sculptures animées, réalisées en lanières de caoutchouc rappellent, par leur conception, les marionnettes à fils.

BARBIERI Francesco, dit Francesco Sfrisa ou Sfrisato, ou il Legnago
Né en 1623 à Legnago (près de Vérone). Mort en 1698. xviie siècle. Italien.
Peintre.
Élève de Pietro Ricchi, il peignit des plafonds et des tableaux d'histoire, de paysages et d'architectures. En 1673, il décora, au palais Canossa de Vérone, le plafond de quelques salles, et l'on peut voir de ses tabeaux à San Pietro, à Legnago, à San Vito, à Cerea, et à la vieille cathédrale de Brescia. Gioanbattista Lanzeni fut son disciple. Cet artiste se destinait à la carrière militaire, mais il y renonça pour devenir peintre.
VENTES PUBLIQUES : LONDRES, le 9 déc. 1949 : *Le mari furieux,* pl. et lav. : **GBP 100**.

BARBIERI Francesco
Né à Manerbio. xviie siècle. Actif à Brescia vers 1650. Italien.
Sculpteur.
Cet artiste travailla sous les ordres de Palladio à la construction du palais municipal de Brescia.

BARBIERI Francesco
xviiie siècle. Italien.
Peintre.
En 1742, il exécuta, à Pavie, une peinture représentant *Marie, Joseph* et *Pie V* sur un autel de Santa Maria Capella à Pérouse. Il travailla aussi pour d'autres églises de la même ville.

BARBIERI Franz Dominik
xviiie siècle. Italien.
Peintre.
En 1732, cet artiste était à Prague, et Johan Wenzel Spitzer fut son élève. Barbieri a surtout été un peintre religieux. On cite de lui : un *Saint Bartholomé,* pour l'église de ce saint à Dobrowitz, un *Saint Wenzel* pour l'église de Sejcin.

BARBIERI Giacomo
xviiie siècle. Actif à Parme. Italien.
Sculpteur.
Lucas Reti semble avoir été le maître de Barbieri, à Parme, où ce dernier modela en relief dans le stuc une *Annonciation* au-dessus du portail de l'église de l'Annonciation. Les statues de *Sainte Lucie, Sainte Agathe* et *Saint Hilaire,* placées sur la façade de l'Oratoire de Sainte-Lucie, semblent bien être l'œuvre de Barbieri.

BARBIERI Giacomo de
Né en 1844 à Gênes. xixe siècle. Italien.
Sculpteur.
Élève de P. Varin, cet artiste travailla à Gênes, Naples et Rome, faisant des bustes, des monuments funèbres et des bas-reliefs d'église.

BARBIERI Giambattista di Pellegrino
Originaire de Correggio. xvie siècle. Actif à Parme. Italien.
Sculpteur.
On connaît cet artiste à partir de 1544. Le tombeau du Comte Guido de Correggio, dans l'église della Steccata à Parme est considéré comme son chef-d'œuvre.

BARBIERI Gino
Né en 1884. Mort en 1917. xxe siècle. Italien.
Artiste.
MUSÉES : FLORENCE (Gal. d'Art Mod.) : *Ritratto del Padre.*

BARBIERI Giovanni
Né le 17 mars 1780 à Bologne. Mort le 18 novembre 1864 à Bologne. xviiie siècle. Italien.
Paysagiste.
Élève de Tambroni, membre de l'Académie de Parme en 1835 et auteur de deux tableaux conservés dans le Musée de cette ville et datés de 1832 : *Monastère sur une colline* et *Villa Aldini près Bologne.*

BARBIERI Giovanni Battista
Né en 1580 à Soncino. xviie siècle. Italien.
Peintre.
Barbieri se perfectionna dans son art à Crémone et retourna ensuite dans son pays, qu'il ne quitta plus. Il peignit, pour l'église Sta Maria, près de Soncino, une *Madone et des Saints,* 1616.

BARBIERI Giovanni Domenico
Originaire de Parme. xviiie siècle. Actif à Milan. Italien.
Architecte et peintre.
Ce peintre se perfectionna à l'école de Bibbiena. Il fut l'architecte et le décorateur du théâtre ducal de Milan, détruit par un incendie. S'il faut en croire Zani, Barberi vivait encore en 1740.

BARBIERI Giovanni Francesco. Voir GUERCINO Giovanni Francesco

BARBIERI Giuseppe Maria
Né en 1682. Mort en 1767. XVIIIe siècle. Actif à Carpi. Italien.
Peintre et graveur.
Très habile comme copiste ; fournit les dessins pour les deux gravures ayant pour sujet la *Descente de Croix*, de Gius. Benedetti da Bologna, et de Pietro da Belluno.

BARBIERI Lodovico
XVIIe-XVIIIe siècles. Travaillant à Bologne entre 1660 et 1704. Italien.
Peintre et graveur en taille-douce.
Cet artiste est peut-être le même que le peintre du même nom, originaire de Savoie et élève d'Andréa Pozzo, mentionné par Zani. Il peignit, pour Saint-Gabriel, à Bologne, une *Madone entourée de saints*, et, pour l'église de' Servi, un *Saint Pascal*. Ses gravures sont dans la manière de Pietro Cantarini. L'une d'elles : *La guérison des malades*, contribue particulièrement à sa renommée.

BARBIERI Lorenzo
Actif à Fano. Italien.
Peintre de compositions religieuses.
Un des tableaux de cet artiste : *La Résurrection du jeune Eutichius par saint Paul*, se trouve à Fano, dans l'église de San Pietro in Valle.

BARBIERI Luca
XVIIe siècle. Actif à Bologne. Italien.
Peintre.
Malvasia, en citant cet artiste, dit qu'il fut élève d'Alessandro Tiarini et qu'il peignit des tableaux d'architecture et des paysages. Il paraît surtout avoir été un décorateur. Le même auteur mentionne qu'il s'associa avec Francesco Carboni pour la décoration de plusieurs palais et édifices publics, ce dernier ayant la charge d'exécuter les figures.

BARBIERI Ottavio
Né le 11 août 1926 à Caravate. XXe siècle. Actif en France. Italien.
Peintre de natures mortes, paysages, scènes de genre. Naïf, primitif.
Issu d'une modeste famille paysanne, il arrive en France en 1948 pour travailler comme ouvrier dans le bâtiment et est encouragé à peindre par le peintre naïf Tatin, qu'il rencontre en 1958. Devenu entrepreneur, il a passé huit ans à Dakar, au Sénégal. À sa retraite, il s'est installé à Thouars, dans les Deux-Sèvres, pour se consacrer entièrement à la peinture. Il a figuré au Salon des Artistes Français à Paris et a exposé, entre autres, à Genève et Paris.
Artiste autodidacte, sa peinture a la spontanéité et la fraîcheur de l'école naïve, sans jamais perdre son ancrage profond dans la réalité et son souci d'une facture raffinée, qui les rapprochent des Primitifs italiens.

BARBIERI Paolo Antonio
Né à Cento, le 7 mai 1603 selon Baruffaldi. Mort en 1649 à Bologne. XVIIe siècle. Italien.
Peintre d'animaux, paysages, natures mortes, fleurs et fruits, dessinateur.
Ce fut un des chefs de la peinture de natures mortes italienne, quoiqu'il ait aussi brillé dans ses paysages, dont son frère Giov. Francesco Barbieri, dit il Guercino, faisait les personnages.
On cite de lui cinq tableaux de fleurs, de fruits et d'animaux dans la galerie de Modène. Une peinture reproduisant des volailles et une autre représentant des plantes, des champignons et des oiseaux sont conservées à la Galerie Nationale du palais Corsini, à Rome. On cite encore une œuvre de ce maître, à Ferrare, dans la galerie Costabili. Barbieri écrivit un ouvrage publié par Malvasia et contenant la liste des œuvres et de celles de son frère (1629) avec l'indication des prix qu'ils en retiraient. À sa mort, Benedetto et Francesco Gennari continuèrent ce travail. Paolo-Antonio excellait particulièrement dans les tableaux de poissons.
MUSÉES : FERRARE (Gal. Costabili) – MODÈNE (Gal.) : Cinq tableaux – ROME (Gal. Nat. du palais Corsini).
VENTES PUBLIQUES : PARIS, 1769 : *Un guerrier* ; *Paysage*, dess. à la pl. : FRF 6 – PARIS, 29-30 avr. 1920 : *Oiseaux et fruits* ; *Animaux et fruits*, deux toiles : FRF 4 300 – NEW YORK, 21 nov. 1924 : *Fleurs et fruits* : USD 90 – PARIS, 23 et 24 mai 1927 : *Fruits, légumes et poissons*, attr. : FRF 3 300 – LONDRES, 20 juin 1927 : *Corbeille de fruits*

et vase de fleurs* : GBP 136 – PARIS, 2 déc. 1927 : *Fruits sur une dalle de pierre*, toiles : FRF 2 500 – PARIS, 25 juin 1929 : *Fruits, singe et ara*, attr. : FRF 3 000 – AMSTERDAM, 15 nov. 1938 : *Nature morte* : NLG 260 – LONDRES, 26 nov. 1971 : *Saint Jean Baptiste dans le désert* : GNS 19 000 – ROME, 8 mars 1990 : *Nature morte avec une assiette de pêches, une grenade, du pain et une fiasque de vin*, h/t ; *Nature morte avec une assiette de pêches, de la charcuterie du pain et du vin rosé*, une paire (chaque 32,7x47,7) : ITL 75 000 000 – LUGANO, 16 mai 1992 : *Nature morte de fruits*, h/t, une paire (chaque 48x66) : CHF 20 000.

BARBIERI Pietro
XVIIIe siècle. Actif à Ferrare. Italien.
Peintre.
Il travailla beaucoup à Bologne, où il fut nommé membre d'honneur de l'Académie Clémentine, et aussi à Rome. Dans les églises de San Giovanni e Paolo, de Santa Maria de Aracaeli, de San Girolamo della Carita et de San Claudio, on trouve de ses œuvres.

BARBIERI Pietro Antonio
Né en 1663 à Pavie. Mort en 1704. XVIIe siècle. Italien.
Peintre.
Cet artiste, dont divers tableaux ornèrent les églises de Pavie, fut élève de Bastiano Ricci.

BARBIERI Sebastiano
Né en 1720. Mort en 1770. XVIIIe siècle. Italien.
Peintre d'ornements.
Cité par Zani à Bologne.

BARBIERI Tommaso
Originaire de Modène. XVIIe siècle. Italien.
Peintre.
Cité par Zani vers 1636.

BARBIERI Vincenzo
Originaire de Manerbio. XVIe siècle. Italien.
Sculpteur.
Cet artiste travailla à Brescia, avec Giacomo Fostinelli et Arone da Fine, à la construction du palais municipal, vers 1556.

BARBIERI Vittorio
Né en 1678 à Florence. XVIIIe siècle. Italien.
Sculpteur et peintre.
On cite de cet artiste le tombeau qu'il éleva pour Otto Mélani, secrétaire de Mazarin, et qui se trouve dans l'église de San Domenico, à Pistoia. En 1743, Barbieri fit une *Pietà* en marbre pour l'église de la Trinité.

BARBIERS Anthony
Né en 1676 à Rousselaere, où il fut baptisé le 14 mai. Mort en 1726 à Amsterdam. XVIIe-XVIIIe siècles. Éc. flamande.
Peintre d'histoire.
Ce peintre était le frère aîné de Balthazar Barbiers. Ses premières années s'écoulèrent à Anvers. Entre autres villes, il visita Rome, accompagné de Pieter van Bloemen. Il se maria à Amsterdam en 1711.

BARBIERS Balthazar
Baptisé le 5 décembre 1685. Mort vers 1728. XVIIe-XVIIIe siècles. Actif à Anvers. Éc. flamande.
Peintre.
Frère d'Anthony Barbiers, ce peintre, élève en 1703, devint franc-maître en 1708. On peut voir encore les ornements dont il embellit le plafond de la salle des conseillers et le cabinet du trésor à Anvers.

BARBIERS Bartholomeus
Né en 1740 à Amsterdam. Mort en 1808. XVIIIe siècle. Hollandais.
Paysagiste et décorateur.
Cet artiste, second fils de Pieter Barbiers, fut aussi son élève et peignit de la main gauche. Il fit des paysages, mais travailla surtout pour les théâtres.
VENTES PUBLIQUES : PARIS, 1771 : *Deux paysages montagneux et figures*, gche : FRF 24 ; *Femmes se baignant* ; *Bergère endormie*, gche : FRF 20 – PARIS, 1777 : *Trois figures*, gche : FRF 14 – PARIS, 1857 : *Intérieur de chaumière*, aquar. : FRF 4 ; *Autre intérieur de chaumière*, dess. à l'encre de Chine : FRF 50 – PARIS, 1858 : *Paysage avec figures et animaux*, dess. à la pierre noire, lavé d'encre de Chine : FRF 10.

BARBIERS Bartholomeusz Pieter
Né le 23 janvier 1772 à Amsterdam. Mort le 10 septembre 1837 à Haarlem. XVIIIe-XIXe siècles. Hollandais.

Peintre et graveur.

Ce peintre fut aussi très connu à Haarlem comme maître de dessin. On a de lui nombre de paysages et plusieurs tableaux historiques. B.-P. Barbiers grava aussi quelques planches à l'aquatinte et l'une d'elles, en collaboration avec A. Serné, une eau-forte représentant la mer, ainsi que de nombreux essais lithographiques. Ce peintre épousa Maria-Geertruida Snabilié, qui fut elle-même très connue comme peintre de fleurs.

Musées : Haarlem : *Le bourgmestre de Harlem visitant les prisonniers du couvent de Saint-François – Distribution de la nourriture aux prisonniers.*

Ventes Publiques : Paris, 11 avr. 1924 : *Les travaux de la ferme*, sépia : FRF 1 050 – Londres, 18 avr. 1994 : *Scène de chahut dans une salle de classe*, gche et aquar. (23,9x33,2) : GBP 1 840 – Amsterdam, 12 nov. 1996 : *Vues d'une ferme délabrée*, cr., encre brune et lav. gris/traces de craie noire, une paire (21,9x30,2) : NLG 4 720.

BARBIERS Maria Geertruida

Morte le 30 janvier 1849 à Haarlem. XIXᵉ siècle. Hollandaise.
Peintre.

Fille et élève de Pieter Barbiers Bartholomeusz, elle eut beaucoup de succès comme peintre de fleurs. Elle épousa, en 1823, le peintre Pieter de Goeje.

BARBIERS Pieter

Né en 1717 à Amsterdam. Mort le 7 septembre 1780 à Amsterdam. XVIIIᵉ siècle. Hollandais.
Peintre décorateur et graveur.

Ce peintre fut l'élève de son père Anthony Barbiers, qui mourut en 1726. Il commença par peindre des éventails. Le 16 mai 1737, il se maria avec Pieternella de Maagd. Il en eut beaucoup d'enfants, et monta une fabrique de papiers peints. En sa qualité de peintre décorateur, il travailla pour les théâtres de La Haye, de Leyde, de Rotterdam et d'Amsterdam. Outre ses œuvres peintes, on cite aussi une gravure d'un vieillard portant une toque de fourrure, exécutée en 1766. Ses dessins servirent de modèles à des graveurs tels que C. Bogerts, A. Smit. Il enseigna aussi le dessin.

Ventes Publiques : Paris, 1857 : *Maîtresse d'école*, gche : FRF 14 – Paris, 1858 : *Correction paternelle*, gche : FRF 15 ; *Cavalier dans un chemin*, gche : FRF 18 – Paris, 2 mars 1928 : *La rivière gelée*, gche : FRF 1 250 – Paris, 4 mai 1928 : *Paysan au repos près de sa chaumière*, aquar. : FRF 900 – Paris, 9 mars 1951 : *Pêcheurs et paysannes à l'orée du bois*, aquar. : FRF 22 500 – Amsterdam, 28 nov. 1967 : *Sous-bois animé de personnages*, aquar. : NLG 5 600.

BARBIERS Pieter Pietersz

Né le 26 octobre 1749 à Amsterdam. Mort le 26 octobre 1842 à Amsterdam. XVIIIᵉ-XIXᵉ siècles. Hollandais.
Paysagiste.

Ce peintre, fils et élève de Pieter Barbiers, devint un bon paysagiste, mais il excella surtout dans la peinture décorative. Les salles des Archives de Haarlem ont été décorées par lui. Souvent ses peintures furent animées par des personnages peints par J. Lauwers. Les sujets de ses paysages sont généralement pris dans le Brabant et les environs de Haarlem. Le Musée d'Amsterdam en possède un, représentant *Une ferme, près Helvoort.* Il peignit aussi des animaux et fit de nombreux dessins ; on en trouve plusieurs au cabinet d'Amsterdam. Pour élèves son fils Bartolomeus, J. Hulswit, J. Jelgerhuis Rz, C.-L. Hansen, D. Kerkhoff et A.-J. Ruytenschildt.

Musées : Haarlem (musée municipal) : *Le berger – Chasseurs dans les dunes – Cheval buvant – Pont sur le ruisseau – La meute.*
Ventes Publiques : Londres, 6 mai 1927 : *Bords de rivière* : GBP 157 – Paris, 4-5 nov. 1937 : *Le retour au village*, lav. d'encre de Chine et aquar. : FRF 210 – Paris, le 26 juin 1950 : *Le pont fortifié* : FRF 7 000 – Amsterdam, 25 avr. 1983 : *Paysage aux fermes*, pl. et aquar. sur trait de craie noire/pap. (40,5X54) : NLG 2 200 – Paris, 7 déc. 1983 : *Berger et son troupeau dans un paysage*, h/bois (49,5x43) : FRF 37 000 – Copenhague, 16 avr. 1986 : *Bergère et troupeau dans un paysage* 1781, h/t (29,5x35) : DKK 12 000 – Amsterdam, 14 nov. 1988 : *Ferme et moulin dans les dunes avec des paysans*, encre et aquar. (40,5x54) : NLG 4 140 – Amsterdam, 25 nov. 1991 : *Paysan marchant près de son cheval en le tenant à la bride à l'orée d'un bois*, aquar. et gche (22,8x29,3) : NLG 10 925 – Heidelberg, 3 avr. 1993 : *Paysage boisé avec une paysanne près d'un ruisseau et une maison rurale au fond*, aquar. (39,6x33,5) : DEM 3 800 – Londres, 5 juil. 1993 : *Village pittoresque au bord d'une rivière*, encre et aquar. :

(17x23,3) : GBP 3 450 – New York, 12 jan. 1995 : *Charretier sur un mauvais chemin avec un paysan se reposant sous un arbre*, h/t (69,2x87) : USD 18 550.

BARBIERS Pieter, le Jeune

Né le 27 avril 1798 à Harlem. Mort le 29 novembre 1848 à Zwolle. XIXᵉ siècle. Hollandais.
Peintre de genre, portraits, paysages animés, graveur, aquarelliste, lithographe.

Élève de Pieter Barbiers Bartholomeusz, son père, il enseigna le dessin à Kampen et dans plusieurs autres villes, de 1824 à 1846. En 1848, il se maria.

On possède de lui des paysages et des eaux-fortes, divers portraits gravés sur pierre, entre autres ceux de son père et de sa mère. Son propre portrait se trouve à l'École d'art de Hertogenbosch.

P Barbiers BJ

Ventes Publiques : Londres, 20 oct. 1978 : *Paysage boisé animé de personnages*, h/pan. (26x31,6) : GBP 1 200 – Amsterdam, 14 nov. 1983 : *Laitière sur la place d'un village à la tombée du jour*, aquar. et pl. (18,7x23,8) : NLG 4 200.

BARBIERS Pietersz Bartholomeus

Né en 1784 à Amsterdam. Mort le 28 avril 1816 à Amsterdam. XIXᵉ siècle. Hollandais.
Paysagiste.

BARBIETTE Pierre

XVIIᵉ siècle. Travaillait à Rome en 1617. Français.
Peintre.

BARBIEUX Pierre Joseph

XVIIIᵉ siècle. Français.
Sculpteur.

Reçu à l'Académie de Saint-Luc en 1778.

BARBIEZ

XVIIIᵉ siècle. Français.
Graveur et dessinateur.

Exposa au Salon de Lille des estampes gravées à l'eau-forte, représentant des ruines d'architecture et des paysages à la mine de plomb.

BARBILLON Jacques

XVIIᵉ siècle. Actif à Nantes vers 1665-1676. Français.
Peintre et peintre verrier.

BARBILLON Lucien

Né au XIXᵉ siècle à Senlis. XIXᵉ siècle. Français.
Peintre.

Il exposa au salon des Indépendants deux paysages en 1909.

BARBIN

XIXᵉ siècle. Actif à Sèvres. Français.
Peintre sur porcelaine.

Peignit, en 1832, avec Moriot, un service à thé offert, en 1861, au roi de Siam par Napoléon III.

BARBIN Raoul

Né à Paris. XIXᵉ-XXᵉ siècles. Français.
Peintre.

Obtint une mention honorable à Paris au Salon des Artistes Français, en 1902.

BARBINI Silvio

Né vers 1750, originaire de Modène. XVIIIᵉ siècle. Italien.
Peintre.

Cet artiste fut l'élève d'Antonio Consetti. On cite de lui une miniature de femme, signée *Barbini*, qui fut vendue à Cologne, en 1905.

BARBINO Pietro, dit **Bacco**

XVIIIᵉ siècle. Italien.
Sculpteur.

Cet artiste florentin fut cité par Zani.

BARBISAN Gala

Née en 1909 à Iaroslav. XXᵉ siècle. Russe.
Peintre.

Sa famille participe à la Révolution. Elle débute comme comédienne à Moscou en 1938, puis vient s'installer à Paris et commence à dessiner à l'encre de Chine. Ses illustrations tiennent des icônes russes aussi bien que des calligraphies islamiques.

BARBLAN Oscar

Né en 1909 à Sienne (?). XXᵉ siècle. Suisse.

Peintre de figures, fleurs, technique mixte.

Il peint surtout des jeunes femmes.

Ventes Publiques : Zurich, 24 nov. 1982 : *La joueuse de guitare*, techn. mixte (70x50) : CHF 1 200 – Zurich, 30 mai 1984 : *Femme au chapeau jaune*, h/t (81x65) : CHF 6 000 – Zurich, 1er oct. 1986 : *Roses jaunes*, h/t (70x65) : CHF 5 000 – Berne, 12 mai 1990 : *Ballerine 1972*, h/t (65x81) : CHF 3 000.

BARBO Maria Felice ou Clara
Née vers 1700 à Crémone. Morte le 13 juillet 1734 à Crémone. XVIIIe siècle. Italienne.

Miniaturiste.

C'était une religieuse du couvent de Saint-Quirico, à Crémone. Elle fut l'élève d'Angelo Masserotti.

BARBONI Matteo
Né dans la seconde moitié du XVIIIe siècle à Bologne. XVIIIe siècle. Italien.

Peintre et graveur en taille-douce.

Il travaillait vers la fin du XVIIIe siècle en Espagne et se rendit ensuite à Rome. Il grava d'après Poussin et Claude Lorrain.

BARBONNOIS François ou Bourbonnois
Originaire de Nancy. Mort le 22 août 1636. XVIIe siècle. Travaillant à Nancy. Français.

Peintre.

BARBOR G. D., Mrs
XIXe siècle. Travaillait à Londres dans la dernière moitié du XIXe siècle. Britannique.

Peintre de figures.

De 1862 à 1864, cette artiste exposa à la British Institution et à Suffolk Street.

BARBOR H.
XIXe siècle. Actif à Nottingham. Britannique.

Peintre de portraits.

Exposa en 1815 à la Royal Academy à Londres.

BARBOR Lucius. Voir BARBER

BARBOSA A. V.
XIXe-XXe siècles. Portugaise.

Peintre.

Elle était active à Lisbonne. Elle exposa au Salon, à Paris, en 1898 : *Matin de la Saint-Jean.*

BARBOSA Albino Rodrigues Pinto
XIXe-XXe siècles. Portugais.

Peintre de portraits.

Il exposa en 1900, au Salon de Paris, des portraits sur faïence.

BARBOSA Mario
Né vers 1890 à Sao Paulo. XXe siècle. Brésilien.

Peintre de portraits, intérieurs, paysages.

Élève de Jules Lefèvre et de Tony Robert-Fleury, il exposa à Paris, au Salon des Artistes Français entre 1913 et 1927.

Il aimait à représenter des personnages typiques, des paysages du Maghreb, des ruines, sous un éclairage puissant.

Bibliogr. : Gérald Schurr : *Les Petits Maîtres de la peinture 1820-1920, valeur de demain*, t. IV, Les Éditions de l'Amateur, Paris, 1979.

BARBOSA da SILVA José
Né le 19 Août 1948 à Olinda. XXe siècle. Actif en France. Brésilien.

Graveur et sculpteur.

Son père menuisier lui enseigna la technique du travail sur bois et cet apprentissage influença son œuvre ultérieure. En 1964 il reçoit un prix au Salon des Jeunes Artistes de Récife puis expose ponctuellement dans différents Salons au Musée d'Art Moderne de Rio. À la suite d'un voyage en Europe, il se fixe à Paris où il expose.

Le folklore, les arts populaires et religieux de son pays habitent son œuvre gravée et ses bas-reliefs sculptés dans le bois. Plus typique dans son œuvre, il réalisa de petits coffrets gravés, non sans rapport avec un fétichisme affiché.

Musées : New York – Paris (BN) – Rio de Janeiro (Mus. d'Art Mod.).

BARBOSO Augusto
Né en 1923 à Alessandria (Piémont). XXe siècle. Actif au Brésil. Italien.

Peintre. Abstrait-informel.

Après des études à Turin, il s'installe définitivement au Brésil en 1957. Sa peinture appartient au courant abstrait-informel.

BARBOT Gabriel
XVIIe siècle. Français.

Peintre.

Il est mentionné à Saint-Pierre-de-Saumur entre 1684 et 1693.

BARBOT Jean François
XVIIIe siècle. Actif à Caen, en 1775 et 1783. Français.

Sculpteur.

BARBOT Mathieu
XVIe siècle. Actif à Nantes en 1551. Français.

Peintre décorateur.

Il fit des peintures à l'occasion de l'entrée solennelle d'Henri II et de Catherine de Médicis à Nantes.

BARBOT Prosper
Né le 21 mai 1798 à Nantes (Loire-Atlantique). Mort le 12 octobre 1878 à Chambelloy. XIXe siècle. Français.

Peintre de sujets typiques, paysages animés, paysages. Orientaliste.

Élève de Jules Coignet et de Louis Étienne Watelet, il travailla, de 1826 à 1828, à Rome où il rencontra Corot. Après ce séjour en Italie, il s'installa en Anjou, puis voyagea en Égypte, en 1844 et 1846, allant du Caire à l'île de Philae, et jusqu'au désert, plus au sud.

Il exposa régulièrement au Salon de Paris, entre 1827 et 1840.

De son séjour en Italie, il conserve le goût des paysages composés, ordonnés, où une architecture antique s'équilibre avec une colline, un arbre ou un moulin. Citons : *Vue des ruines d'Agrigente* et *Vue du théâtre de Taormina*, toiles envoyées de Rome et qui lui valurent une médaille d'or. Sa fréquentation de Corot lui a permis de simplifier ses paysages peints dans une pâte onctueuse, baignés d'une douce lumière qui rappelle l'Anjou, sa province d'élection. De ses voyages en Égypte, il a gardé les thèmes orientalisants des fellahs, des âniers, des femmes coptes.

Bibliogr. : Gérald Schurr : *Les Petits Maîtres de la peinture 1820-1920, valeur de demain*, t. VII, Les Éditions de l'Amateur, Paris, 1989.

Musées : Angers (Mus. des Beaux-Arts) : *Vue de Saint-Florent-le-vieil 1837 – Les environs de Dieppe* – Dieppe – Nantes : *Vue d'un aqueduc antique, près de Tivoli – Intérieur de forêt avec personnages* – Paris (Mus. Guimet).

Ventes Publiques : Vienne, 21 avr. 1982 : *Vue de Prague 1835*, h/t (76x101) : ATS 50 000.

BARBOTEU Marguerite
Née à Buenos Aires. XXe siècle. Argentine.

Peintre de scènes de genre, paysages.

Elle exposa à Paris, au Salon des Artistes Français à partir de 1934 et devint sociétaire perpétuelle en 1936.

BARBOTIN William
Né en 1861 à Ars-en-Ré (Charente-Maritime). Mort en octobre 1931 à Paris. XIXe-XXe siècles. Français.

Peintre, sculpteur, graveur.

Il fut élève à Paris de l'Académie Julian avant d'entrer à l'École des Beaux-Arts, où il eut comme professeurs William Bouguereau et Tony Robert-Fleury. Lauréat du Premier Grand Prix de Rome de gravure en 1883, il exposa au Salon des Artistes Français dans les trois sections en tant que hors concours : 3e médaille en 1893, 2e médaille en 1894, médaille d'or en 1900. Il fut promu chevalier de la Légion d'honneur en 1903.

En sculpture, il réalisa la médaille consacrée à Élisée Reclus en 1894, en peinture il a souvent représenté des scènes de la vie sur l'île de Ré, et en gravure il a travaillé pour : *La Géographie universelle – Le Tour du Monde – L'Histoire de la Renaissance.*

Musées : La Rochelle : *Paysan et Paysanne.*

BARBOTTI Paolo
XIXe siècle. Actif à Pavie vers 1850. Italien.

Peintre.

Élève de Giacomo Trecourt, directeur de l'école des Arts de Pavie. Il peignit un grand tableau représentant *Saint Éphiphane, évêque de Pavie.*

BARBOU Suzanne
Née à Paris. XXe siècle. Française.

Peintre.

Élève d'Albert Creswell, elle exposa à Paris au Salon des Artistes Français un portrait en 1903.

BARBOUE Edmond
Né au XIXe siècle à Dammartin. XIXe siècle. Français.

Dessinateur.

Élève de Maxime Lalanne. Il participa aux expositions de Blanc et Noir de 1886 et 1892.

BARBREAU Claude
xvii⁰ siècle. Français.
Peintre.
Ce peintre parisien habita à Grenoble. Il est cité dans un acte de 1647, d'après les *Artistes Grenoblois* de Maignien.

BARBU Louise
Née le 27 avril 1931 à Orly (Val-de-Marne). xx⁰ siècle. Française.
Peintre, peintre de cartons de tapisseries. Abstrait.
Elle vit et travaille à Paris. Depuis 1967, elle participe à des expositions collectives ; à Paris, de 1976 à 1996, elle a régulièrement exposé aux Salons Grands et Jeunes d'Aujourd'hui, de Mai, Comparaisons ; en outre et entre autres : en 1967 au Casino de Knokke-le-Zoute ; 1974 à Paris, *Grandes femmes, Petits formats*, galerie Iris Clert ; 1978 Salon de Montrouge ; Musée de Toulon ; 1978 Institut Français de Munich ; 1982 Paris, Salon Figuration Critique ; 1984 Paris, galerie Bénézit ; 1985 à 1992, *France-Japon*, exposition itinérante au Japon ; 1986 Jouy-en-Josas, fondation Cartier ; 1986 Nice, *Hommage à Iris Clert* ; 1988 Paris, *Hommage à Iris Clert* ; 1989 Paris, galerie Bénézit ; 1991 Washington, Ambassade de France ; 1993, 1996 Saint-Germain-en-Laye, Musée Véra ; 1994 La Flèche ; etc.
Ses expositions personnelles ont eu lieu : en 1980 Paris, galerie Iris Clert ; 1981 Genève, galerie Service ; 1984 au Touquet, Palais de l'Europe et galerie A.C.A.P. ; 1985, 1987 New York, Mussavi Arts Center ; 1987, 1990, 1996 Paris, galerie Bénézit ; 1989 Cologne, galerie Kunst T Raum ; 1992 Le Touquet, galerie Demay-Debève ; 1994 La Flèche, Office d'Action Culturelle ; etc.
Ses peintures se composent de quelques éléments aux couleurs franches et fortes, de formes courbes très simples, aux contours bien découpés, aux volumes fortement marqués par le modelé en dégradé de la partie éclairée à la partie ombrée. Ces quelques formes en volume sont articulées les uns aux autres dans les trois dimensions, à l'intérieur de la portion d'espace qu'elles occupent à la façon d'une sculpture. L'évidence de ce langage plastique, non sommaire mais net et robuste, l'apparente à l'exemplarité de Fernand Léger.
Bibliogr. : Iris Clert : Catalogue de l'exposition *Louise Barbu*, gal. Iris Clert, Paris, 1980 – Antonio Urrutia : Catalogue de l'exposition *Louise Barbu*, gal. Kunst T Raum, Cologne, 1989 – Édouard Jaguer : Catalogue de l'exposition *Louise Barbu. Bibliothèque de Lumière*, gal. Henri Bénézit, Paris, 1990 – Denis Ruggieri : Catalogue de l'exposition *Louise Barbu. Instants d'Imaginaire*, Office d'Action Culturelle, La Flèche, 1994 – Théophile Barbu : Catalogue de l'exposition *Louise Barbu. Tailleur d'Espaces*, gal. Henri Bénézit, Paris, 1996.

BARBU Yvonne
Née à Paris. xx⁰ siècle. Française.
Peintre.
Élève de Mlle Bossière et de Cyprien Boulet. Exposa une *Tête d'étude* au Salon des Artistes Français de 1927 et une *Nature morte* au Salon d'Automne de 1934.

BARBUDO MORALES Salvador Sanchez
Né le 14 mars 1857 à Jerez de la Frontera (Andalousie). Mort le 25 novembre 1917 à Rome. xix⁰-xx⁰ siècles. Actif en Italie. Espagnol.
Peintre d'histoire, scènes de genre, portraits, intérieurs, paysages animés, aquarelliste, graveur.
Il travailla dans l'atelier du restaurateur Pedro Vera. Il fut ensuite élève de l'École des Beaux-Arts de Séville et de José Villegas. Il compléta sa formation au Musée du Prado, puis il s'établit définitivement à Rome.
Il prit part à diverses expositions collectives : 1881 Séville ; 1884 Exposition Nationale des Beaux-Arts de Madrid, obtenant une deuxième médaille ; 1895 Salon des Artistes Français de Paris, où il obtint une mention honorable ; 1909 Munich ; 1911 Rome. Plusieurs de ses œuvres ont également figuré à une exposition organisée dans sa ville natale en 1984.
Travailleur infatigable, il traita les sujets les plus variés. Puis, la ville de Rome devint, à partir du moment où il s'y installa, son unique source d'inspiration. On cite de lui : *La Fête du Rédempteur* – *Le Mariage du roi Henri V et de la princesse Catherine de France* – *Le Militaire et la Dame* – *Portrait de M. H. O'Connor Martius* – *La Dernière Scène d'Hamlet* – *Incendie à Rome* – *Intérieur d'atelier* – *Vendeur d'étoffes* – *Pêcheurs à Venise* – *Printemps* – *Un concert de gala* – *Le Contrat de mariage* – *Assis à la messe*.

Bibliogr. : Antonio de la Banda y Vargas : *Siglo y medio de arte gaditano, 1834-1984*, Jerez de la Frontera, 1984 – in : *Cien Anos de pintura en Espana y Portugal, 1830-1930*, Antiqvaria, t. IX, Madrid, 1992.
Musées : Barcelone : *La Dernière Scène d'Hamlet* – Trieste : *La Dogaresse*.
Ventes Publiques : Paris, 1900 : *Roman et art* : FRF 4 250 – New York, 26 oct. 1933 : *Les premiers pas, Rome 1904* : USD 475 – Paris, 4 fév. 1963 : *La petite fille au bord de l'eau* : FRF 750 – New York, 7 oct. 1977 : *La provocation en duel 1880*, h/pan. parqueté (39,5x58,5) : USD 6 000 – New York, 21 juin 1978 : *Réception chez un doge 1896*, h/t (41x76,5) : USD 8 000 – Londres, 14 fév. 1979 : *Le Baptême d'un prince espagnol à Venise 1889*, h/t (59x100) : GBP 4 200 – Milan, 5 nov. 1981 : *Homme attablé*, h/pan. (38x23) : ITL 3 600 000 – Milan, 27 mars 1984 : *Il concertino 1915*, h/t (51x70) : ITL 6 500 000 – Londres, 27 fév. 1985 : *Un visiteur*, h/cart. entoilé (34,5x26,5) : GBP 1 100 – Milan, 10 déc. 1987 : *Retour de la procession*, h/cart. (40x50) : ITL 9 000 000 – Rome, 25 mai 1988 : *Personnage costumé*, h/pan. (33,5x23) : ITL 3 800 000 – New York, 25 mai 1988 : *Présentation de la princesse*, h/t (60,4x100,4) : USD 68 200 – Londres, 22 juin 1988 : *Dans la cathédrale*, h/cart. (49x39) : GBP 12 100 – Londres, 23 nov. 1988 : *Dans la sacristie*, h/t (47x73) : GBP 20 900 ; *Le concert*, h/pan. (20,5x38) : GBP 22 000 – Londres, 21 juin 1989 : *Portrait d'un gentilhomme assis*, h/t (39x24) : GBP 7 700 – Londres, 22 nov. 1989 : *La convalescente 1895*, h/t (38x64,5) : GBP 28 600 – Rome, 14 déc. 1989 : *Le poète*, aquar. (54x38) : ITL 3 450 000 – New York, 24 oct. 1990 : *Agréables Pourparlers*, h/pan. (36,2x25) : USD 16 500 – New York, 22 mai 1991 : *Chevalier espagnol 1899*, h/pan. (38,7x22,9) : USD 14 300 – New York, 20 fév. 1992 : *Visite à l'atelier de l'artiste 1881*, h/pan. (59,7x37,5) : USD 44 000 – Londres, 16 juin 1993 : *Les premiers pas 1907*, h/t (54x84) : GBP 23 000 – New York, 15 fév. 1994 : *Après-midi de réception 1892*, h/t (33x55,2) : USD 63 000 – Rome, 23 mai 1996 : *Mousquetaire*, h/t (45x30) : ITL 2 300 000 – Londres, 12 juin 1996 : *Le Thé de l'après-midi 1895*, h/t (56x85) : GBP 62 000.

BARBULIS Giuseppe de
xvi⁰ siècle. Actif à Bergame. Italien.
Peintre.
Mentionné par Locatelli dans *Les Personnages célèbres de Bergame*.

BARBUSSE Helyonne
Née à Paris. xx⁰ siècle. Française.
Peintre.
Elle exposa un tableau de fleurs et un portrait au Salon d'Automne de 1921 à Paris.

BARBUT James
xviii⁰ siècle. Britannique.
Peintre.
Ce peintre d'histoire naturelle exposa, de 1777 à 1786, de nombreux tableaux représentant des insectes à la Royal Academy de Londres.

BARBUT-D'AVRAY Luc
Né le 1ᵉʳ octobre 1863 à Nîmes (Gard). xix⁰-xx⁰ siècles. Français.
Peintre de portraits, d'histoire, de genre.
Il fut durant cinq ans élève à l'École des Beaux-Arts de Paris, où il eut comme professeurs Roybet et Cabanel. À ses débuts il réalisa surtout des portraits et des peintures d'histoire qu'il exposa au Salon de Paris. Il leur préféra par la suite la peinture de genre. Devenu sociétaire du Salon des Artistes Français, il y exposa jusqu'en 1927.
Ventes Publiques : Paris, 11 fév. 1919 : *Jeune femme éclairée par une lampe regardant un album* : FRF 210 – Paris, 11 fév. 1919 : *La lettre* : FRF 225 – Paris, 12 mai 1919 : *La lessive* : FRF 315 – Paris, 1925 : *Nature morte aux huîtres et aux bouteilles* : FRF 125 – Paris, 1925 : *Les oliviers, Nîmes* : FRF 95 – Paris, 1925 : *Les remparts d'Aigues-Mortes* : FRF 170 – Berne, 24 oct. 1979 : *Jeune femme à son miroir*, h/pan. (46,5x39) : CHF 4 500 – New York, 21 mai 1991 : *Jeune femme entrant dans une pièce*, h/t (57,7x38,7) : USD 1 760 – Paris, 7 mars 1994 : *La lettre d'amour*, h/t (55x46) : FRF 32 000.

BARBUZZA Matteo
xv⁰ siècle. Actif à Palerme (?). Italien.
Peintre.
Peignit un tableau d'autel, en 1465.

BARBY Johann Mattheus
Mort avant 1741. xviii⁰ siècle. Actif à Breslau. Allemand.

Sculpteur.

Épousa la fille de Johann Oertl, graveur au burin, de Breslau.

BARCA Giovanni Battista, cavaliere ou Barchi

Originaire de Mantoue. Mort après 1650. XVIIe siècle. Italien.
Peintre.

On croit qu'il fut un élève de Domenico Feti ; dans tous les cas, il compte parmi les peintres les plus appréciés de Vérone. Ses œuvres sont nombreuses dans cette ville. Parmi les plus connues, on cite notamment à Santa Maria della Scala, une *Madone entourée de saints*, *Le Martyre de saint Crépin et de saint Crépinien*, d'autres tableaux encore dans les églises de Saint-Bernardin et de Saint-Nicolas, au Musée municipal : *La visite de Marie chez Elisabeth*. Lanzi et Zani le mentionnent comme un artiste d'un grand mérite.

BARCAGLIA Donato

Né le 1er décembre 1849 à Pavie. Mort en 1930. XIXe-XXe siècles. Italien.
Sculpteur de groupes, statues.

Élève de l'Académie de Milan, sous la direction d'Abbondio Sangiorgio, Barcaglia travailla dans cette ville et exposa au Palais royal. Il termina ses études à Rome. En 1875, une grande médaille lui était décernée pour son groupe : *Jeune Fille éblouie par l'amour*. Un autre groupe, *La Vie voulant arrêter le cours du Temps*, fut médaillé à Philadelphie et ensuite acheté pour le Musée civil de Trieste, ainsi que sa statue : *La Vergogna*. Les *Bulles de Savon*, un autre groupe, fut médaillé à Boston. Une *Statue d'athlète*, médaillée à Saint-Pétersbourg, en 1902, passe pour son chef-d'œuvre. Il est décoré de la Légion d'honneur.

BIBLIOGR. : Vicenzo Vicario : *Gli Scultori Italiani del Neoclassicismo al Liberty*, Lodi, 1990 – Alfonso Panzetta : *Dizionario Degli Scultori Italiani Dell'Ottocento e del primo Novecento*, Turin, 1994.

VENTES PUBLIQUES : LONDRES, 28 avr. 1982 : *Deux enfants assis sur un balcon* vers 1880, marbre (H. 163) : **GBP 2 300** – MILAN, 3 déc. 1992 : *Fillette assise lisant*, bronze (H. 32) : **ITL 2 486 000** – NEW YORK, 23 mai 1996 : *L'amour est aveugle*, marbre (H. 185,4) : **USD 68 500**.

BARCALA Washington

Né en 1920. XXe siècle. Actif en Espagne. Uruguayen.
Peintre.

Très jeune, il peint des paysages, des sujets ferroviaires, puis, après un voyage en Europe en 1958, il fait une série intitulée *Ferrailles*, agencements de taches et de graphismes donnant des compositions informelles. Travaillant à Madrid depuis plusieurs années, il construit des constructions de collages de papiers blancs et noirs réunis par des fils et recouverts de taches de couleur.

BIBLIOGR. : Damian Bayon et Roberto Pontual : *La Peinture de l'Amérique latine au XXe siècle*, Mengès, Paris, 1990.

BARCAT Jacques-Louis

Né à Paris. XXe siècle. Français.
Peintre de portraits, d'architectures, de paysages.

Il fut élève de Gérôme et devint sociétaire du Salon des Artistes Français à Paris où en 1911 il reçut une mention honorable.

BARCATTA Fabian P.

Né à Bozen. XIXe-XXe siècles. Actif à Kaltern. Autrichien.
Sculpteur.

Moine franciscain. En 1907, ce sculpteur fit le buste de l'archiduc Henri.

BARCELLON Jean Joseph

Né vers 1777 à Paris. XIXe siècle. Français.
Peintre.

Entra à l'École des Beaux-Arts, le 19 germinal, an II.

BARCELO Joaquin Garcia. Voir GARCIA Y BARCELO

BARCELO Miguel

XVIIe siècle. Actif à Palma (île de Majorque) vers 1682. Espagnol.
Sculpteur.

BARCELO Miquel

Né en 1957 à Sélanitx (Majorque). XXe siècle. Espagnol.
Peintre d'animaux, paysages, marines, natures mortes, peintre à la gouache, aquarelliste, peintre de techniques mixtes, collages, graveur, dessinateur. Tendance expressionniste.

Il fut étudiant entre 1972 et 1973 à l'école des Arts et Métiers de Palma. Il arrive à Barcelone l'année suivante et commence à fré-

quenter l'école des Beaux-Arts de la ville qu'il délaissera bientôt, trouvant l'enseignement trop classique à son goût.

C'est à partir de 1975 qu'il a commencé à présenter ses travaux lors d'expositions collectives : en 1981 il participe à l'exposition *Otras figuraciones* à la fondation La Caixa de Madrid, en 1982 il a figuré à la Documenta 7 de Kassel, en 1983 il a exposé en Yougoslavie, à Barcelone et Marseille, en 1984 il participe à *Aperto 89* à la Biennale de Venise, à l'exposition intitulée *International Survey of Recent Painting and Sculpture* au Museum of Modern Art de New York, ainsi qu'à *Art Espagnol Actuel* au Palais des Beaux-Arts de Toulouse, en 1985 il a participé à la Biennale de Paris.

En 1976 sa première exposition personnelle organisée par le Musée de Palma s'appelait *Cadaverina 15* et présentait des boîtes en bois contenant des matières en voie de décomposition mêlées à de la peinture. Il a ensuite été présenté dans des galeries à Majorque et Barcelone, puis : 1982 Toulouse ; 1983 Galerie Lucio Amelio de Naples et chez Yvon Lambert à Paris ; 1984 Galerie Bruno Bischofberger de Zurich ; 1985 CAPC, Musée d'Art Contemporain de Bordeaux ; 1986 Institut d'Art Contemporain de Boston ; 1986 et 1987 Galerie Léo Castelli de New York ; 1991 rétrospective au Musée des Beaux-Arts de Nîmes (réalisant la même année l'affiche pour la Feria) ; 1992 travaux récents à la Galerie Soledad Lorenzo de Madrid ; 1995 IVAM de Valence ; 1996 *Impressions d'Afrique 1988-1995* Galerie Nationale du Jeu de Paume de et dessins au Centre Georges Pompidou à Paris.

Barcelo appartient à la nouvelle génération de peintres espagnols apparue sur le devant de la scène artistique européenne au début des années quatre-vingt, participant au vaste retour à la figuration et à la nouvelle dynamique culturelle que connut l'Espagne après la mort de Franco. La peinture de Barcelo étonne par la multiplicité de ses sujets, appartenant à un registre tant classique que personnel. Une telle diversité est liée aux multiples voyages qu'il réalise et aux séjours prolongés qu'il effectue en peintre itinérant dans les ateliers différents, en Europe ou ailleurs. Les peintures d'animaux de 1981-1982 réalisées à Barcelone ne tenaient pas compte de la perspective. Plus tard, les tableaux sont devenus plus construits et le dessin s'est affermi. La figure humaine est apparue, lors d'un séjour à Paris, avec les natures mortes. Son intérêt pour l'histoire de l'art, son goût pour les visites au musée et pour la littérature transparaissent dans les toiles habitées de bibliothèques, dont les perspectives ne sont pas sans rappeler les audaces de Tintoret dans ce domaine, quand les vues des galeries du Louvre évoquent les peintures d'Hubert Robert traitant du même sujet. Peinture dont les références sont certes annoncées, mais qui n'est pas à qualifier de « peinture cultivée », le propos de l'artiste étant davantage du côté de l'exploration de la peinture à travers le temps que de celui de la pure citation.

La matière est alors une composante importante du travail, Barcelo fabriquant lui-même ses couleurs et obtenant l'effet escompté en mélangeant huiles et acryliques. Au cours des années, il poursuit ce travail sur la matière, faisant sa propre « cuisine », mêlant farine, spaghettis et le riz à la colle, du formol et du polymère comme dans *Restaurants et cuisines chinoises*. Aux yeux de Miquel Barcelo, peindre des natures mortes implique un rapport direct avec cette matérialité de la peinture qui domine pour finir n'importe quel sujet.

Peintre espagnol et européen, renouant sans ambages avec la tradition, allant même jusqu'à repeindre sur le motif des paysages marins, Miquel Barcelo se présente non sans laisser comme un artiste nomade, symbole de la nouvelle vitalité artistique espagnole.   ■ Florence Maillet

BIBLIOGR. : Divers : Catal. de l'exposition : *Miquel Barcelo*, CAPC, Mus. d'Art Contemporain de Bordeaux, 1985 – Catal. de l'exposition : *Barcelo, Barcelona : Miquel Barcelo, Pintures de 1985 a 1987*, Ajuntament de Barcelona, 1988 – Artstudio, *Espagne : deux générations*, nº 14, Automne 1989.

VENTES PUBLIQUES : MILAN, 19 juin 1986 : *La petite soupe*, h/cart. (39x51,5) : **ITL 2 000 000** – NEW YORK, 4 nov. 1987 : *Sans titre 1984*, gche, fus. et sable/pap., de forme irrégulière (100,8x149,4) : **USD 8 500** – NEW YORK, 5 nov. 1987 : *La peinture avec pinceau bleu 1983*, h/t (284,5x197,5) : **USD 31 000** – LONDRES, 25 fév. 1988 : *Le peintre sorti du tableau 1982*, techn. mixte (195x130) : **GBP 24 200** – PARIS, 13 avr. 1988 : *Autoportrait*, h/bois (32,6x28) : **FRF 48 000** – NEW YORK, 3 mai 1988 : *Feu*, h. et bois/t. d'emballage (145,3x195,6) : **USD 46 750** – PARIS, 20 juin 1988 : *Le chien dans l'atelier*, h. et acryl./cart. (59x80) : **FRF 116 000** – VERSAILLES,

18 déc. 1988 : *Gos Amb Carn* 1983, h. et matériaux/t. :
FRF 450 000 – Paris, 23 jan. 1989 : *Sans titre* 1984, peint. et sable/
pap. (100x150) : **FRF 230 000** – Paris, 23 mars 1989 : *Composition IV* 1986-1987, acryl./pap. et collage (60x76) : **FRF 95 000** –
Paris, 9 juin 1989 : *La soupière* 1984, h., collage/t. (81x120) :
FRF 200 000 – Paris, 19 juin 1989 : *Nature morte* 1983, h. et collage/t. : **FRF 90 000** – New York, 5 oct. 1989 : *Villanova* 1989,
encre, aquar. h. et sable/pap. (49x70) : **USD 14 300** – Paris, 8 oct.
1989 : *Sans titre* 1989, acryl./pap. (50x65) : **FRF 77 000** – Londres,
22 fév. 1990 : *La soupe*, h/cart. (40x52) : **GBP 18 700** – Albi, 18
mars 1990 : *La femme dans les arbres* 1982, h/cart. (80x107) :
FRF 700 000 – Douai, 1er avr. 1990 : *Sans titre* 1988, aquar.
(29x41) : **FRF 75 500** – Londres, 5 avr. 1990 : *La pêche* 1984, h. et
mélange/t. (300x197) : **GBP 77 000** – Londres, 28 juin 1990 : *Le
peintre vu de derrière* 1983, h. et mélange composé/t. (200x200) :
GBP 60 500 – Stockholm, 5-6 déc. 1990 : *Poisson coupé en deux*
1983, acryl. et collage/t. (55x75) : **SEK 160 000** – Madrid, 13 déc.
1990 : *Cuisine avec assiettes* 1985, h. et acryl./t. (200x300) :
ESP 28 000 000 – New York, 6 mai 1992 : *Le feu sur la plage*
1984, acryl., bois et pigment/t. (199,5x303,5) : **USD 121 000** –
Paris, 26 juin 1992 : *Cuisine avec cafetière* 1985, techn. mixte et
collage/t. (195x300) : **FRF 700 000** – Londres, 2 juil. 1992 : *Le sel
des larmes* 1983, h. et résine/t. (240x270,5) : **GBP 35 200** –
Londres, 24 juin 1993 : *Moules et gants rouges* 1986, h. et
mélange/t. (279,5x279,5) : **GBP 36 700** – Paris, 21 oct. 1993 : *La
mirada nutritiva* 1984, peint. épaisse (195x130) : **FRF 400 000** –
Londres, 27 oct. 1994 : *Sans titre* 1992, techn. mixte/pap. (51x70) :
GBP 9 775 – Londres, 16 déc. 1994 : *Five Islands* 1987, aquar. et fus./
pap. (35x26,5) : **FRF 15 000** – Londres, 15 mars 1996 : *Nature
morte périlleuse* 1984, techn. mixte/t. (195x230) : **GBP 54 300** –
Londres, 24 oct. 1996 : *Taule amb Productes Europeus* 1988,
composition et h/t (299x354) : **GBP 47 700** – Paris, 29 nov. 1996 :
Les Pieds en avant 1984, peint. au sable, brindilles et filtre de
cigarette/t. (204x204) : **FRF 190 000** ; *Sans titre* 1990, techn.
mixte/pap. (48x65,5) : **FRF 39 000** – Londres, 5 déc. 1996 :
Semence de paysage n° 2 1990, techn. mixte/t. (81x65) :
GBP 12 650 – Londres, 29 mai 1997 : *Économie fluviale* 1990,
pierres, pièces et h/t (230x285) : **GBP 45 500** – New York, 6-7 mai
1997 : *Encre* 1985, techn. mixte/t. (300,4x194,3) : **USD 77 300** –
Londres, 23 oct. 1997 : *Chèvre* 1993, bronze (71x28x27,3) :
GBP 16 100.

BARCELO-ALBALADEJO José
Né le 23 mars 1923 à Cartagena (Murcie). xxe siècle. Espagnol.
Peintre.
Après avoir étudié à Grenade et Madrid, il s'installe à Bilbao.
Lors d'expositions dans différents Salons à Madrid il remporte
plusieurs prix dont celui de la première Biennale Hispano-
Américaine, une médaille d'or à Valence pour une exposition
intitulée *Art actuel*, le prix Sésamo et le 2e prix Abril ainsi que le
1er prix National au Salon de Estio de Baracaldo.
Musées : Bilbao – Santander .

BARCELON Juan
xviiie siècle. Espagnol.
Graveur.
Cet artiste grava en taille-douce, avec Nicolas Bassanti, 24
planches d'après Luca Giordano. Il reproduisit le portrait de
Jean de Torquemada, d'après J. Maëa. En 1780, il grava deux
planches pour l'illustration du *Don Quichotte*, publié à Madrid.

BARCELONA, de. Voir au prénom

BARCET Désiré
xixe-xxe siècles. Actif à Lyon (Rhône). Français.
Sculpteur.
Il vint à Paris se perfectionner à l'École des Beaux-Arts, sous la
direction de Cavelier. A partir de 1888, il exposa plusieurs fois au
Salon de Paris et son groupe en plâtre : *Ismaël*, obtint une mention honorable en 1893.

BARCET Emmanuel
Né à Lyon (Rhône). xixe-xxe siècles. Français.
Dessinateur, aquafortiste.
Il prit part à diverses expositions à Paris et à Copenhague en
1909, 1910. Il exposa au Salon d'Automne de 1919 : *La Brodeuse*,
des fleurs et un paysage.

BARCIA Y PAVON Angel
Né à Cordoue. xixe siècle. Espagnol.
Peintre.
Ce peintre compléta ses études à l'Académie de San Fernando

de Madrid. Il exposa d'abord à l'Exposition provinciale de
Cadix, en 1858, un paysage, et ensuite divers tableaux à l'Exposition d'Art de Madrid. On remarque parmi ces derniers : *La
Sainte Famille*, *Saint Jérôme* et *l'Archange Raphaël*, Le Tintoret
auprès de sa fille morte. Entré dans un ordre religieux, il s'y livra
à l'enseignement de l'art. Il était président de la section des arts à
la Bibliothèque nationale de Madrid.

BARCK Klaus ou Barch, Bark
xvie-xviie siècles. Allemand.
Peintre.
En 1611, ce peintre travailla à la décoration intérieure de la chapelle du château de Gottorf, près de Schleswig.

BARCK Nils Ivan Joakim, comte de
Né le 30 décembre 1863 à Malmöe. xixe siècle. Suédois.
Peintre et sculpteur.
Cet artiste habita Paris dès son enfance et prit contact avec le
public par des marines, exposées au Salon : *La barque de sauvetage s'élançant dans la mer* (1897), et plusieurs autres s'échelonnant jusqu'en 1900. Il figure au Musée de Stockholm.

BARCKE Francesco di Francesco
Originaire d'Anvers. Mort en 1590. xvie siècle. Actif à
Pérouse. Éc. flamande.
Peintre.
En 1578, il acquit le droit de cité à Pérouse et, la même année, il
peignit *la Sainte Vierge entourée de sainte Cécile, sainte Agathe,
saint Ildefonse et saint Bernard abbé*, dans le cloître de S. Pietro.
Cette œuvre disparut lors de la destruction de la chapelle.

BARCKHAN Johann Hieronymus ou Barkhan
Né le 25 mars 1785. xixe siècle. Vivait encore en 1855. Allemand.
Peintre et lithographe.
Joh.-A. Koch, de Hildesheim, fut son premier maître. Il étudia
ensuite chez G. Hardorff, puis enfin à Dresde, sous la direction
de Graff et de Schubert. En 1821, il retourna à Hambourg et
devint professeur de dessin à l'orphelinat de cette ville. Il a laissé
des portraits à l'huile, au pastel et lithographiés. Citons ceux de
J.-C. Glaser (1829), R.-D. Prale (1833), *Marianne l'hôtelière* et du
Prince héritier d'Oldenbourg.

BARCLAY A. P.
xixe siècle. Travaillant à Kilburn dans la seconde moitié du
xixe siècle. Britannique.
Paysagiste.
Il exposa à Londres en 1873 et 1880.

BARCLAY Dorothée Willis
Née à Tasmania. xixe-xxe siècles. Australienne.
Sculpteur.
Elle exposa à Paris à la Société Nationale des Beaux-Arts, en
1910.

BARCLAY Edgar
Né en 1842. Mort après 1913. xixe-xxe siècles. Britannique.
Peintre de genre, figures, paysages, aquafortiste.
Il fit ses études à Dresde, avec Schnorr vers 1861.
À la fin des années 1860, il partageait son temps entre l'Italie et
Londres. À Rome, de 1874 à 1875, il se lia d'amitié avec Giovanni
Costa et exposa avec lui au Casino Pincio en 1874. Il appartint
aussi à un groupe de peintres anglais, *Les Etrusques*, spécialisés
dans les paysages italiens. De retour en Angleterre dans les
années 1880, il exposa à la Royal Academy de Londres et se
consacra à des sujets ruraux dans le Hampshire et le Dorset qu'il
traitait sur le mode lyrique.
Musées : Le Cap : *Le pipeau*.
Ventes Publiques : Londres, 27 juin 1978 : *Fillette et oiseau dans
une cour* 1894, h/t (90x59,5) : **GBP 800** – Londres, 11 mars 1981 :
The Tame Blackbird 1894, h/t (90,5x59,5) : **GBP 1 600** – New
York, 24 mai 1984 : *Amongst flowers* 1903, h/t (92x122,5) :
USD 2 800 – Londres, 22 fév. 1985 : *Paysan romain nourrissant
une dinde* 1875, h/t (57x91) : **GBP 1 200** – Londres, 7 juin 1995 :
Journée de mai 1898, h/t (92x66,5) : **GBP 11 500**.

BARCLAY Edward
xixe-xxe siècles. Actif à Washington (États-Unis). Américain.
Peintre.
Il fut membre de la Society of Washington Artists.

BARCLAY G.
xixe siècle. Britannique.
Peintre de figures.
Il exposa à la Royal Academy de Londres en 1876.

BARCLAY Hugh

Né en 1797 à Londres. Mort en 1859. XIXe siècle. Britannique.
Miniaturiste.

Il copia, au Louvre, les maîtres italiens et travailla également à Londres et à Paris.

BARCLAY J. Edward

XIXe siècle. Actif à Londres. Britannique.
Paysagiste.

De 1868 à 1888, il exposa à Suffolk Street à Londres.

BARCLAY John, ou James, appelé aussi Barclay Mac Laren

Né en 1811 à Perth (Écosse). Mort le 11 décembre 1886. XIXe siècle. Britannique.
Peintre de portraits.

Membre de l'Académie royale Écossaise, à partir de 1871. Il travailla activement à Édimbourg, exposa, de 1850 à 1875, à la Royal Academy de Londres et aussi à Édimbourg, de nombreux portraits de personnalités de la société anglaise, entre autres ceux du marquis de Lorne, du duc d'Athol.
Musées : ÉDIMBOURG : *Les Amis.*
Ventes Publiques : GLASGOW, 7 fév. 1989 : *Portrait du 2e marquis de Breadalbane,* h/t (71x51) : GBP 1 540.

BARCLAY John Rankine

Né en 1884. Mort en 1963. XXe siècle. Britannique.
Peintre de scènes animées, intérieurs, paysages urbains, aquarelliste.

Ventes Publiques : LONDRES, 17 fév. 1981 : *The Round Point, Kensington gardens,* h/t (71x91,5) : GBP 450 – GLASGOW, 12 déc. 1985 : *Scène de café, le soir* 1920, h/t (71,2x91,4) : GBP 3 800 – PERTH, 31 août 1993 : *Paris* 1920, aquar. avec reh. de blanc (23x33) : GBP 667 – PERTH, 26 août 1996 : *Une foire en Espagne* 1912, h/t (41x61) : GBP 2 070.

BARCLAY Per

Né en 1955 à Oslo. XXe siècle. Depuis 1979 jusqu'en 1984 actif en Italie, puis en France. Norvégien.
Sculpteur, auteur d'installations.

Il a suivi, de 1979 à 1981, les cours de l'Institut Statale à Florence, de 1981 à 1983, ceux de l'Académie des Beaux-Arts de Bologne, puis, de 1983 à 1985, ceux de l'Académie des Beaux-Arts de Rome.

Il montre ses œuvres dans des expositions personnelles, parmi lesquelles : 1984, Centre d'art contemporain, Bergen ; 1985, galerie UKS, Oslo ; 1987, galerie Engstrome, Stockholm ; 1988, 1989, galerie Scalise, Naples ; 1990, Biennale de Venise ; 1991, Centre d'art contemporain Le Creux de l'Enfer, Thiers ; 1992, Musée d'art contemporain, Nice ; 1992, Porin Tadaeimuseo, Pori, Finlande ; 1993, 1994, galerie Wang, Oslo ; 1995, Centre d'art contemporain, Vassivière, île de Vassivière (Limousin).

Influencé par l'Arte Povera, il définit ses sculptures comme des lieux d'expérience et non des objets. Ses dispositifs investissent en général les espaces intérieurs des lieux, il utilise souvent du verre, de l'eau, des sons perturbateurs et des mécanismes de suspension. Les matériaux employés possèdent une forte charge symbolique. À l'occasion de son exposition, en 1995, au Centre d'art contemporain de Vassivière fut inaugurée sa sculpture *Vannhus* ou Maison d'eau pour le Parc de Sculpture. Celle-ci se présente comme une construction en bois, sans porte, emplie d'eau jusqu'au niveau inférieur des quatre fenêtres par lesquelles le regardant éprouve les différents points de vue de l'œuvre.

Bibliogr. : Pierre Giquel : *Per Barclay,* Centre d'art contemporain Le Creux de l'Enfer, Thiers, 1991.
Ventes Publiques : MILAN, 13 juin 1990 : *Sans titre* 1986, techn. mixte/t. et bois (108x84) : ITL 3 300 000.

BARCLAY Stephen

Né en 1961 à Ayrshire (Écosse). XXe siècle. Britannique.
Peintre de paysages. Figuration-onirique.

De 1980 à 1985, il fut élève de l'École d'Art de Glasgow. Il partage son temps et travaille entre Arbroath en Écosse et Mölln près de Lübeck en Allemagne. Il participe à de nombreuses expositions collectives depuis la première au Royal Glasgow Institute of Fine Arts en 1984, et ensuite surtout à Glasgow et Londres, et encore aux États-Unis, en Italie, Allemagne, Belgique, etc. Il montre ses peintures dans des expositions personnelles : 1987 Londres, 1989 Berlin et Londres.

Dans une technique réaliste libérée, il peint des paysages apparemment paisibles dans lesquels subsistent des choses insolites,

reliquats de quelque guerre, catastrophe ou renoncement : partie de carlingue d'avion, cage à singes brisée, vestige de voie ferrée, etc. L'influence de l'univers de Anselm Kiefer et de Markus Lüpertz est évidente. Dans ses paysages oniriques, c'est plutôt le cauchemar qui rôde. ∎ J. B.

Bibliogr. : In : Catalogue de l'exposition *New Scotytish Painting,* Gal. Bureaus et Magasins, Ostende, 1991.
Musées : CANBERRA (Australian Nat. Gal.) – CLEVELAND (Art Gal.) – NEWCASTLE, Angleterre (Laing Art Gal.) – NEW YORK (Metropolitan Mus. of Mod. Art).

BARCLAY William

XVIIIe siècle. Vivait à Tottenham (Middlesex). Britannique.
Miniaturiste.

Il figura aux expositions de la Free Society de Londres de 1764 à 1769, où plusieurs de ses miniatures le firent remarquer.

BARCLAY William

XIXe siècle. Actif à Londres. Britannique.
Miniaturiste.

Cet artiste exposa de nombreuses miniatures à la Royal Academy de Londres, de 1832 à 1856.

BARCLAY William

XIXe siècle. Actif à Édimbourg (Écosse) dans la seconde moitié du XIXe siècle. Britannique.
Peintre de marines.

Entre 1873 et 1876, il exposa à la Royal Academy de Londres.
Musées : VICTORIA : *Embouchure du Tay, lever de lune* 1875.

BARCLAY MACCLELLAND, ou McCLELLAND. Voir McCLELLAND BARCLAY

BARCO Alonso del

Né en 1645 à Madrid. Mort en 1685 à Madrid. XVIIe siècle. Espagnol.
Peintre d'histoire.

Élève de Joseph Antolinez, il eut du succès dans la peinture d'histoire et fit plus tard des paysages qui lui acquirent une notable réputation.
Ventes Publiques : MADRID, 1887 : *Paysage* : FRF 257.

BARCO Gabriel del

XVIIe siècle. Travaillait vers 1691-1699. Portugais.
Céramiste.

Ce genre de peinture, les azulejos, fut très répandu aux XVIIe et XVIIIe siècles, au Portugal pour l'ornement intérieur et extérieur des églises et des monuments publics. La chapelle de la maison de campagne de la famille Cordes, près de l'église de Barcarena, fut ornée de carreaux bleus de cet artiste. Ils représentaient *le Baptême de saint Jean et saint Jean au désert.* Des carreaux peints par Barco se trouvent dans l'église San Thiago à Evora et dans l'église San Bartholomeu da Charneca.

BARCO Garcia del

Originaire d'Avila. XVe siècle. Espagnol.
Peintre.

En 1476, ce peintre s'engagea à peindre, avec l'aide de Juan Rodriguez de Bejar, différentes pièces, dans le palais du duc d'Albe à Barco de Avila. Selon certains, il pourrait être identifié au Maître d'Avila. Il représente une peinture, un peu rude, mais non dénuée de poésie, de l'école espagnole qui, au XVe siècle, montrait sa connaissance de l'art flamand. Le Musée Lazaro à Madrid conserve de lui le triptyque de la *Nativité,* daté de 1475.

BARCO Marie-Marguerite

Née à Nancy (Meurthe-et-Moselle). XXe siècle. Française.
Peintre de paysages et de portraits.

Elle fut élève de Jean-Paul Laurens et de Henri Royer. Sociétaire du Salon des Artistes Français, elle y reçut une mention honorable en 1925. Surtout peintre de paysages, elle a trouvé ses sujets au cours de séjours dans diverses régions : La Rochelle, Mégève, Genève, etc. Elle s'y est montrée sensible aux variations de la lumière selon heures et saisons : *Crépuscule – Jeu de lumière.* Elle fut aussi parfois peintre d'intérieurs : *Après la pause.*

BARCSAY Jehö

Né le 14 janvier 1900 à Katona (Transylvanie). XXe siècle. Hongrois.
Peintre et dessinateur.

Entre 1919 et 1924 il fut étudiant à l'Académie des Beaux-Arts de Budapest où il eut pour professeurs Janos Vaszary et Gyula Rudnay dont le travail ne fut pas sans influencer le développement de son œuvre ultérieure. Il reçut des bourses lui permettant d'effectuer des voyages d'études à Paris en 1926 et en Italie en 1929. Il a participé à la Biennale de Venise en 1929 et 1964. Ses œuvres ont été exposées à Budapest en 1925-1932-1941-1944 et lors d'une importante rétrospective en 1957. Son œuvre graphique est importante et consiste principalement dans deux ouvrages d'enseignement traduits en français : *L'Anatomie artistique* et *L'Homme et la draperie*. Lauréat du Prix Kossuth, couronné du titre d'Artiste Émérite, il enseigne à l'Ecole Supérieure des Beaux-Arts de Budapest. Il travaille dans la capitale hongroise et à Szentendre.

C'est en 1929 alors qu'il est installé à Budapest que débute la période de son œuvre que l'on a pu nommer « à contours noirs » : ses peintures, généralement de petits formats bien que de conception murale, représentent des paysages, des intérieurs caractérisés par une composition très architecturée soulignée d'épais contours sombres délimitant des surfaces aux tonalités discrètes mais expressives. Les motifs figuratifs se muent progressivement en des signes symbolisés d'une grande pureté. Son œuvre évolue vers un constructivisme abstrait. Il a réalisé plusieurs compositions figuratives pour des mosaïques monumentales. Cet artiste a exercé une profonde influence sur l'évolution de la peinture hongroise contemporaine.

■ D'après A. Rac, J. B.

VENTES PUBLIQUES : LONDRES, 25 fév. 1987 : *Nature morte*, aquar. et encre (47x62,4) : **GBP 620** – LONDRES, 25 fév. 1987 : *Banlieue 1930*, h/t (60x75,8) : **GBP 1 200**.

BARCY Inès
Née à Rome. xxᵉ siècle. Active à Paris. Française.
Peintre.
Au Salon des Artistes Français à Paris où elle exposa de 1921 à 1939 elle reçu une mention honorable en 1930. Elle appartint à l'Union des Femmes Peintres et Sculpteurs. Elle figura au Salon des Tuileries entre 1931 et 1935 et exposa ses peintures dans diverses expositions, notamment au Crystal Palace de Londres où elle reçut une médaille d'or. Elle fut surtout connue pour son œuvre de portraitiste dont le meilleur demeure celui de *Mme Chipoff*. Elle s'attacha aussi à représenter des personnages typiques : *L'Espagnole – Saltimbanques*.

BARD
xixᵉ siècle. Britannique.
Peintre de portraits.
Il était actif à Acton. Il exposa à Londres en 1848.

BARD François
Né le 1ᵉʳ octobre 1959. xxᵉ siècle. Français.
Peintre. Abstrait.
Il fut élève de l'école des beaux-arts de Paris, dans l'atelier de Guignebert, puis de 1988 à 1990 pensionnaire de la Casa de Velasquez à Madrid.
Il participe à des expositions collectives à Paris : 1979 Salon de la Jeune Peinture ; 1980 Salon d'Automne ; 1982, 1988 Salon des Artistes Français ; 1989 Institut de France ; 1991 Chapelle de la Sorbonne à Paris ; ainsi que : 1983 Bari ; 1990 Salon Pallares à Leon et Casa de Velasquez à Madrid. Il montre ses œuvres régulièrement à Paris depuis 1982.
Il travaille par aplats de couleurs, sur lesquels se détachent des formes abstraites bien dessinées qui évoquent des pièces de puzzle.

BARD James
Né en 1815. Mort en 1897. xixᵉ siècle. Américain.
Peintre de marines, peintre à la gouache, aquarelliste, dessinateur.
Il peignait des bateaux très individualisés en mer.
VENTES PUBLIQUES : NEW YORK, 30 jan. 1976 : *Le « Commonwealth » en mer* vers 1854, h/t (91x147) : **USD 11 000** – NEW YORK, 26 juin 1981 : *Le « Eliza Hancox » en mer*, h. et pl./t. (47,3x91,8) : **USD 30 000** – NEW YORK, 26 oct. 1985 : *The « Milton Martin »* 1864, h/t (76x127) : **USD 85 000** – NEW YORK, 30 mai 1986 : *Paddle steamboat « City of Catskill »* 1880, aquar., gche, cr. et pl. /pap. mar./t. (65,5x129) : **USD 80 000** – NEW YORK, 25 mai 1994 : *Le bateau à aubes « City of Catskill »* 1880, aquar., gche, cr. et encre/pap. (65,7x129,5) : **USD 79 500**.

BARD Jean Auguste
Né le 15 janvier 1812 à Paris. Mort en 1862. xixᵉ siècle. Français.
Peintre d'histoire, scènes de genre, portraits, paysages urbains.

Il travailla dans l'atelier d'Ingres et, à l'École des Beaux-Arts, sous la direction de Paul Delaroche. De 1831 à 1861, il participa régulièrement au Salon.
Il n'hésite pas à mêler le genre et l'histoire, comme le montre la *Bénédiction du pape, place Saint-Pierre*, où l'on voit Ingres dans sa calèche. Dans ses scènes de rue, il peint les personnages avec vivacité, les architectures avec précision, et le tout est rendu avec une économie de moyens, sous une lumière méridionale.
BIBLIOGR. : Gérald Schurr : *les Petits Maîtres de la peinture 1820-1920, valeur de demain*, Les Éditions de l'Amateur, t. IV, Paris 1979.
MUSÉES : MONTAUBAN : *Bénédiction du pape, place Saint-Pierre* – PARIS (Mus. du Louvre) : *Madone portant l'Enfant Jésus* 1841 – PAU (Mus. des Beaux-Arts) : *La place Mazaniella à Naples*.
VENTES PUBLIQUES : PARIS, 3 juin 1935 : *Le galant refusé* : **FRF 370** – PARIS, 23 juin 1978 : *Inauguration de la Galerie des Batailles au château de Versailles*, h/t (17x37) : **FRF 28 000**.

BARD Nicolas Vernier
Né en 1721 à Ornans (Doubs). xviiiᵉ siècle. Français.
Sculpteur.
Il travaillait à Besançon en 1750.

BARDAS Nicolas Isidro
Né le 15 mai 1891. Mort le 17 novembre 1952 à Buenos Aires. xxᵉ siècle. Argentin.
Peintre, sculpteur.
Après des études à l'École des Beaux-Arts de Buenos Aires sous la direction de Correa Morales, il entreprit un voyage en Europe au cours duquel il eut l'occasion de fréquenter les ateliers de Bourdelle, Rodin. De 1911 à 1939 il prend part à de nombreuses manifestations artistiques internationales : Mar del Plata, Cordoba, Salon des Artistes Français de Paris en 1914, Salon de Genève, Barcelone, et aux États-Unis : San-Francisco, Los Angeles, New York.
A Mexico, on lui doit les monuments élevés à la gloire de Felipe Carrillo Pueto et Emiliano Zapata, ainsi que de nombreux bustes de personnalités politiques et militaires.
MUSÉES : BUENOS AIRES (Mus. Nat.) – PRAGUE (Mus. des Beaux-Arts).

BARDASANO Jose
Né en 1910. Mort en 1979. xxᵉ siècle. Espagnol.
Peintre de figures, intérieurs, natures mortes.
VENTES PUBLIQUES : MADRID, 22 mars 1977 : *Nature morte aux fruits* 1965, h/t (73x92) : **ESP 200 000** – MADRID, 26 avr. 1978 : *Jeune fille*, h/t (60x50) : **ESP 70 000** – MADRID, 22 oct. 1984 : *Jeune femme dans un intérieur*, h/t (72x60) : **ESP 750 000** – MADRID, 10 déc. 1986 : *La brodeuse*, h/t (61x50) : **ESP 475 000** – MADRID, 24 fév. 1987 : *Nature morte à la tasse de porcelaine et à la pomme*, h/pan. (15x21) : **ESP 110 000**.

BARDAXI Francisco
xviᵉ siècle. Actif à Barcelone en 1516. Espagnol.
Peintre.

BARDEL Louis Thomas
Né le 2 mars 1804 à Paris. xixᵉ siècle. Français.
Peintre de sujets militaires et de genre.
Ce militaire fut élève de l'École des Beaux-Arts, il figura au Salon à peu près régulièrement, de 1833 à 1841.

BARDELLE Léon R.
Né à Limoges (Haute-Vienne). xixᵉ-xxᵉ siècles. Français.
Sculpteur de figures.
Il fut élève de Bonassieux, Dumont et Thomas. Il réalisa une série de bustes qui remporta un certain succès et dont plusieurs furent exposés régulièrement au Salon de Paris à partir de 1891. Il fut distingué d'une médaille de troisième classe pour une statue en plâtre intitulée *Désespoir* en 1895 et présenta un portrait en buste au Salon des Artistes Français de 1922.

BARDELLI Alessandro
Né en 1583 à Uzanno (près de Pescia). Mort en 1633, assassiné. xviiᵉ siècle. Italien.
Peintre.
Sa manière est celle de Guercino et de Curradi. Ce dernier fut probablement son maître.

BARDELLINI Sylvestre Marie Antoine Jérôme
Né vers 1763 à Rome. xviiiᵉ siècle. Italien.
Sculpteur.
Cet artiste vint à Paris et entra à l'École de l'Académie Royale le 15 octobre 1789, comme élève de Peyron ; il y travaillait encore en 1791.

BARDELLINO Pietro ou Bardellini
Né en 1728 à Naples. Mort vers 1810. xviiie-xixe siècles.
Éc. napolitaine.
Peintre de sujets mythologiques, compositions religieuses, scènes allégoriques.
Ventes Publiques : Milan, 25 nov. 1976 : *Étude pour un plafond*, h/t (155x76,5) : **ITL 3 600 000** – Rome, 1er juin 1982 : *Portrait d'un prélat*, h/t (101x75) : **ITL 1 800 000** – Milan, 8 mai 1984 : *Le Martyre de saint Mathias*, h/t (84x75) : **ITL 9 500 000** – Londres, 19 avr. 1985 : *Glorification de la maison des Harrach*, h/t, étude pour un plafond (75,5x95,2) : **GBP 17 000** – Amelia, 18 mai 1990 : *Mater dolorosa*, h/cuivre, de forme ovale (28x21) : **ITL 2 200 000** – Rome, 4 déc. 1991 : *Allégorie de la Force ; Allégorie de la Prudence*, h/t, une paire (chaque 148x148) : **ITL 172 500 000** – Paris, 14 déc. 1992 : *La Fuite en Égypte*, h/t (75x60) : **FRF 18 000** – New York, 7 oct. 1993 : *Vierge à l'Enfant avec saint Antoine de Padoue et un saint évêque*, h/t (76,5x49,8) : **USD 18 400** – Rome, 14 nov. 1995 : *Le Martyre de sainte Ursule*, h/t (51x31,5) : **ITL 18 400 000** – Londres, 6 déc. 1995 : *Joueur de luth ; Un concert*, h/t, une paire (chaque 93x96) : **GBP 34 500** – Londres, 13 déc. 1996 : *Diane et Pan*, h/t (101,7x76,4) : **GBP 9 775**.

BARDERY Louis-Armand
Né à Neuilly-sur-Marne (Seine-Saint-Denis). xxe siècle. Français.
Sculpteur de figures, portraits, bustes.
Au Salon de Paris en 1905 il reçut une mention honorable pour une statue en plâtre intitulée *Première désillusion*, 3e médaille en 1907, 2e médaille en 1911, il bénéficia d'une bourse de voyage et obtint une médaille d'or en 1913. Il fut sociétaire du Salon des Artistes Français en tant que hors-concours et figura également au Salon d'Automne en 1930.
Il a réalisé des portraits de figures du monde littéraire et artistique : *Corot – François Villon*, des allégories : *Printemps*, des figures mythologiques : *Diane tendant son arc.*

BARDET André
Né le 19 janvier 1909 à Clermont Ferrand (Puy-de-Dôme). xxe siècle. Français.
Peintre de paysages et de compositions à personnages. Postimpressionniste.
Attiré par la peinture dès son plus jeune âge, il a d'abord exercé une activité artistique semi-professionnelle, puis prédominante à partir de 1975. Il a étudié avec Victor Charreton, dont l'œuvre postimpressionniste l'a profondément influencé. Il a exposé aux salons locaux de Deauville, Brionne, Rambouillet, Bonnières et aux Salons annuels du Grand Palais à Paris : les Artistes Français, le Salon d'Automne et les Indépendants dont il est sociétaire.
Il a surtout peint des paysages où il s'est montré sensible à la description des saisons dans la tradition postimpressionniste, et des compositions à personnages mettant en scène des instants de la vie courante.

BARDET Auguste Eugène
Né à Paris. xxe siècle. Français.
Peintre.
Il exposa au Salon des Artistes Français en 1928 : *Intérieur normand, Collioure, de ma terrasse*, en 1929 : *Vallée du Griffre, en Haute-Savoie.*

BARDET Christian
Né à Clermont-Ferrand (Puy-de-Dôme). xxe siècle. Français.
Peintre de paysages.
Il exposa à Paris, au Salon des Artistes Français et au Salon des Indépendants. Sans doute amoureux de sa province natale, il en fit son sujet de prédilection : *Le Sancy, vu de la vallée du Chambon – Dernières neiges en Auvergne.*

BARDETIS Paul
Né à Banyuls-sur-Mer (Pyrénées-Orientales). xxe siècle. Français.
Peintre.
Il exposa au Salon des Indépendants de 1927 : *Arrivée du paquebot, Le Cloître.*

BARDEY Auguste
Né à Baume-les-Dames (Doubs). Mort en 1876 à Paris. xixe siècle. Français.
Sculpteur.
Musicien dans sa jeunesse. Élève de Dumont à Paris. On cite, parmi ses œuvres : le *Berger Tircis*, 1869, statue marbre, le *Barbier du roi Midas*, 1876, plâtre.

BARDEY Henriette
xxe siècle. Française.
Sculpteur.
Exposa des portraits au Salon des Tuileries, en 1930 et 1932.

BARDEY Jeanne
Née à Lyon (Rhône). xixe-xxe siècles. Française.
Peintre et sculpteur de portraits, nus et médailles.
À Paris, en 1909 et 1910, elle exposa au Salon des Indépendants puis à la Nationale des Beaux-Arts dont elle devint sociétaire en 1930. Elle participa aussi au Salon d'Automne et au Salon des Tuileries de 1913 à 1933.
Ses œuvres ont porté sur des sujets variés : des portraits peints ou sculptés, des nus en trois dimensions et des médailles.
Musées : Paris (Mus. d'Art Mod.).
Ventes Publiques : Paris, 30 nov. 1920 : *Portrait de femme en buste*, cr. : **FRF 60** – Paris, 1er et 2 déc. 1920 : *Portrait de femme*, cr. : **FRF 170** – Paris, 23-24 mai 1921 : *Académie de femme assise, vue de dos*, gche ; *Miss Henriette*, cr. : **FRF 60** – Paris, 17 juin 1963 : *Nu assis* : **FRF 300**.

BARDEY Louis
Né le 8 octobre 1851 à Lyon (Rhône). xixe siècle. Français.
Dessinateur et décorateur.
Élève de l'École des Beaux-Arts de Lyon, où il entra en 1867, il exposa au Salon de Lyon, en 1872, un *Portrait* au crayon, en 1874 un *paysage* ; dessina pour la soierie et l'ameublement et s'établit décorateur, vers 1880. Il a donné, à Lyon et dans la région lyonnaise, des dessins pour les tissus, l'architecture, la reliure, l'ameublement, le mobilier, la décoration. Il a contribué à la rénovation des anciennes formules et à la renaissance régionale de l'art décoratif, soit par ses œuvres (Salle des Séances du Conseil municipal, à l'Hôtel de Ville de Lyon, Salle des Fêtes à la Préfecture du Rhône, Église Saint-Louis à Lyon, Cafés Maderni, de la Maison Dorée, du Coq d'Or, à Lyon, Théâtres de Bourg et de Besançon, etc.), soit par son enseignement et comme professeur, à partir 1897, de la classe d'art décoratif à l'École des Beaux-Arts de Lyon. Il a obtenu à Lyon, en 1883, une grande médaille à l'Exposition des arts décoratifs, avec un panneau : *Les Arts décoratifs à Lyon* et trois dessins de plafonds.

BARDI Antonio di Giovanni Minelli de
Né vers 1480 probablement à Padoue. xvie siècle. Travaillait à Padoue. Italien.
Sculpteur.
Élève de son père, Giovanni d'Antonio Minelli de Bardi, il l'aida, à partir de 1500, dans l'ornementation de la chapelle de Saint-Antoine, au Santo. Il travailla sans doute à Venise, avec Lorenzo Bregno, au tombeau de Benedetto Pesaro, dans l'église des Frari. En 1510 et pendant les années qui suivirent, il aida Antonio da Ostiglia, à Bologne, et sculpta avec lui quinze prophètes pour le grand portail de San Petronio. Trois œuvres de lui et de son père se trouvent aussi à Padoue.

BARDI Boniforte de, comte
Originaire de Pavie. xve siècle. Actif dans la première moitié du xve siècle. Italien.
Peintre.
Frère cadet de Donato de Bardi.

BARDI Cristoforo de
xve siècle. Milanais, actif dans la seconde moitié du xve siècle. Italien.
Peintre.
Paraît avoir été au service du roi Louis XI. Une lettre, en 1474, mentionne un Magistro Cristoforo de Mediolano pictor : peut-être s'agit-il de lui.

BARDI Donato de, comte
Originaire de Pavie. xve siècle. Italien.
Peintre.
Son frère Boniforte et lui, ayant perdu leurs biens, à la guerre, vinrent en Ligurie, pour y vivre grâce à leur talent. Le chanoine Odérico, de Crémone, lui offrit de peindre et de sculpter un autel, où figureraient *Marie-Madeleine* et *d'autres saints.*

BARDI Giovanni d'Antonio Minelli de
Né vers 1460 sans doute à Padoue. Mort en 1527. xve-xvie siècles. Travaillait à Padoue. Italien.
Sculpteur et architecte.
Fils du maître Antonio Minelli de Bardi. On cite comme étant ses premières œuvres les sculptures qui servirent à l'ornementation du chœur de S. Antonio.

BARDI Pietro
XIXe siècle. Actif à Carrare. Italien.
Sculpteur.

BARDILI Alessandro
XVe siècle. Actif à Parme (?). Italien.
Peintre.

BARDILL Ralph William
Né en 1876 à Prescot. XXe siècle. Britannique.
Peintre de paysages, aquarelliste.
VENTES PUBLIQUES : LONDRES, 5 juin 1991 : *Le moulin à eau de* ...oughton 1905, aquar. (38,5x59) : **GBP 990**.

BARDILLON Jean
XVIe siècle. Français.
Peintre.
...e maître peintre travaillait à Lyon, en 1533, pour l'entrée de la ...ine Eléonore.

BARDIN Ambroise-Marguerite
Née le 20 mai 1768 à Charmentray. XVIIIe siècle. Française.
Peintre de portraits, animaux, peintre à la gouache, pastelliste, graveur.
...lle épousa Molière, directeur d'une manufacture de porcelaine ... Orléans. Elle fut élève de Jean Bardin, son père. On possède ... elle deux estampes : *Diane* et *L'Amour guerrier*, ainsi qu'une ...thographie du *Portrait du baron Étienne Alexandre.*
MUSÉES : ORLÉANS : *Portrait du père de l'artiste, Jean Bardin,* ...iniature.
VENTES PUBLIQUES : PARIS, 3 déc. 1987 : *Autoportrait de l'artiste* ...eignant son père, le peintre Jean Bardin*, past. (78,5x66) : ...RF 58 000 – PARIS, 13 déc. 1996 : *Panthère 1832*, gche/t. ...5,5x35,5) : **FRF 46 000**.

BARDIN Jean
Né le 31 octobre 1732 à Montbard (Côte d'Or). Mort le 6 octobre 1809 à Orléans (Loiret). XVIIIe siècle. Français.
Peintre d'histoire, sujets mythologiques, scènes de genre, dessinateur.
...lève de Lagrenée le Vieux et de Pierre, il obtint le second prix ...e Rome en 1764 et le premier en 1765 avec son tableau : *Tullia* ...ait passer son char sur le corps de son père*, et se rendit en Italie. ...on tableau de *Sainte Catherine discutant avec les docteurs* lui ...uvrit les portes de l'Académie, qu'il ne voulut pas franchir, ...nais, dès son retour à Paris, en 1788, il fut nommé directeur de ...École de dessin à Orléans et correspondant de l'Académie ...oyale de peinture et de sculpture. A partir de 1779, il exposa ...ombre de tableaux au Salon de Paris.
...n 1770, il peignit le *Martyre de saint André*, pour l'église Saint-...ndré de Douai, et en 1780-1781, une *Adoration des rois*, pour la ...hapelle de Fontainebleau. Bardin jouit de son vivant d'une ...éputation considérable. Ses meilleurs élèves furent David et ...egnault. Le Musée d'Orléans a son portrait en miniature, peint ...ar sa fille, Ambroise-Marguerite.
MUSÉES : MAYENCE : *Tullia passe sur le cadavre de son père* – ...RLÉANS : *Mars et Vénus* – VIRE : *Sacrifice de l'Amour – Réception* ...'une vestale*, gche.
VENTES PUBLIQUES : PARIS, 1772 : *Mars voulant sortir des bras de* ...énus pour aller à Troie* : **FRF 85** – PARIS, 1865 : *Bacchanale*, lav. : ...RF 50 – PARIS, 1883 : *L'enlèvement des Sabines* ; *Les Sabines se* ...récipitant au milieu des Romains et des Sabins*, dess. : **FRF 280** – ...ARIS, 30 juin 1922 : *Andromaque* : **FRF 430** – PARIS, 28 mai 1937 : ...e Corybante dansant* ; *La Bacchante dansant*, camaïeu de gche ...lanche et pl., ensemble : **FRF 2 400** – PARIS, 24 fév. 1949 : ...lexandre devant son père mourant*, dess. : **FRF 1 400** – PARIS, 6 ...nars 1950 : *Scènes de l'histoire ancienne*, pl. et lav. de bistre reh. ...e gche, deux pendants : **FRF 3 000** – PARIS, 18 nov. 1981 : *Scène* ...e sacrifice antique*, plume, lav. et reh. de gche (33x42) : ...RF 6 500 – PARIS, 28 mars 1983 : *La cueillette des roses 1803*, ...gche (34x25) – PARIS, 22 mai 1991 : *Scène d'offrande* ...778, encre et lav. se esquisse au cr. (31,5x23) : **FRF 19 000** – ...ARIS, 14 juin 1991 : *Le jardin du château*, h/t (128x60) : ...RF 15 000 – PARIS, 31 mars 1993 : *Scène antique*, lav. noir et ...gche blanche : **FRF 14 000**.

BARDIN Pierre Maurice Jean
Né à Gray-la-Ville (Haute-Saône). XXe siècle. Français.
Sculpteur.
...Élève de Camille Lefebvre et Decorchemont. Il exposa au Salon ...des Artistes Français, une statuette de bois, en 1913.

BARDON de
XVIIIe siècle. Français.
Peintre.
Exposa aux Salons de Lille deux toiles : *Enfant jouant avec l'Amour* et *Les moutons mal gardés.*

BARDON Alice
Née à Paris. XXe siècle. Française.
Sculpteur.
Élève de Patey et Graf. Elle a exposé un médaillon aux Artistes Français, en 1927 : *Tête de jeune fille.*

BARDON Antoine
Né vers 1775 à Périgueux. XIXe siècle. Français.
Peintre.
Entra à l'École des Beaux-Arts le 25 brumaire, an VIII, comme élève de Regnault.

BARDON Charles
Né à Thiviers (Dordogne). XXe siècle. Français.
Peintre de paysages.
De 1930 à 1938 il exposa des paysages au Salon d'Automne.

BARDON D'André. Voir **DANDRÉ BARDON**

BARDON Elisabeth
Née le 3 juillet 1894 à Sainte-Ménehould (Marne). XXe siècle. Française.
Peintre de paysages et de marines.
À partir de 1927, elle participa à de nombreuses expositions collectives, à Paris : à l'École Française et à la Société Nationale des Beaux-Arts. En 1931 et 1932 elle envoya des panneaux décoratifs au Salon d'Automne. En peinture, elle se spécialisa surtout dans les marines. En gravure, elle travailla sur bois et à l'eau-forte.
VENTES PUBLIQUES : PARIS, 22 mai 1942 : *La Seine à Paris, Quai Henri IV* : **FRF 1 500**.

BARDON Jean
Né au XIXe siècle à Lyon (Rhône). Mort en 1929. XIXe-XXe siècles. Français.
Peintre de portraits, nus, natures mortes, paysages.
Il fut élève de Benjamin-Constant et de J.-P. Laurens. À partir de 1911, il exposa à Paris, au Salon des Artistes Français, en devint sociétaire et reçut une mention honorable en 1926. À partir de cette date il figura au Salon des Indépendants.
Parmi ses nombreux paysages de la campagne française : *La porte de Gatoeil à Hérisson – La Vézère à Uzerche – Lavoir à Sauxillange.*

BARDON Laure
XIXe siècle. Française.
Dessinateur lithographe.
Élève de J. Blanc, T. Chauvel et C. Vergnes. Figura au Salon de 1896.

BARDON Marc
Né le 18 février 1891 à Paris. XXe siècle. Français.
Peintre, graveur, lithographe.
Élève de Cormon, il exposa à Paris : à la Société Nationale des Beaux-Arts en 1921 et au Salon des Indépendants entre 1922 et 1935. En 1936, il exposa au Salon des Artistes Français. Il aimait à peindre la campagne : *Village de Nouza – Sentier des falaises.*

BARDON Théodore
XIXe siècle. Français.
Paysagiste.
Exposa plusieurs paysages normands au Salon de Paris (1839, 1848 et 1849).

BARDONE Guy
Né le 19 septembre 1927 à Saint-Claude (Jura). XXe siècle. Français.
Peintre de scènes animées, figures, paysages, natures mortes, fleurs, peintre à la gouache, aquarelliste, peintre de cartons de tapisseries, lithographe, illustrateur. Réalité poétique.
Après avoir effectué ses études dans sa ville natale, il entre en 1942 à l'École des Beaux-Arts de Lyon. Après la guerre, de 1945 à 1950, il est élève de l'École des Arts Décoratifs de Paris, dans les ateliers de Jules Cavaillès et François Desnoyer, puis, à l'École des Beaux-Arts, dans l'atelier de Maurice Brianchon. Il fait de fréquents voyages, dont le but est la recherche de nouveaux paysages.
Il participe à des expositions collectives, dont : 1947 Paris, Salon des moins de trente ans ; à partir de 1950 Paris, régulièrement au Salon des Jeunes Peintres, dont il devint président en 1959 ;

depuis 1952 Paris, Salon d'Automne ; 1954 Paris, Salon de Mai ; de 1954 à 1963 Paris, Salon de l'École de Paris, galerie Charpentier ; 1959, 1961, Biennale de Paris ; 1964 Biennale de Menton ; etc. ; et à de très nombreuses expositions de groupe en France et à l'étranger. Il a obtenu les Prix Fénéon (1952) et Greenshields (1957). Il montre des ensembles de peintures dans des expositions particulières, dont : 1955, 1957, 1961, 1963, 1966, 1970, 1975 Paris, galerie Marcel Guiot ; 1960 New York ; 1964 New York, galerie Findlay ; ainsi qu'à Poitiers, Grenoble, Londres, etc. Graveur, lithographe, il a illustré : en 1959, *Joie dans le ciel* de Ramuz ; 1962, *Olympiques* d'Henri de Montherlant ; 1963-1964, *Gustalin* de Marcel Aymé ; 1964-1965, *Renard* de Lawrence.

Dès 1949, il a exécuté un panneau décoratif pour l'École de la Marine Marchande à Paris. S'il a peint des figures et des natures mortes, admirateur de Courbet, il s'exprime surtout dans ses paysages, dont ceux de la vallée de la Loue et des environs de Saint-Claude, dans une pâte généreuse et d'un sentiment délicat.

Bardone.

BIBLIOGR. : George Besson : *Bardone*, P. Cailler, Genève, 1970 – Jean Bouret : *Bardone*, Ides et Calendes, Neuchâtel, 1976 – Roger Passeron : *Guy Bardone lithographe*, Biblioth. des Arts, Paris, 1986 – Lydia Harambourg, in : *L'École de Paris 1945-1965. Diction. des Peintres*, Ides et Calendes, Neuchâtel, 1993.

MUSÉES : BAGNOLS-SUR-CÈZE – BESANÇON – GRENOBLE – PARIS (Mus. Nat. d'Art Mod.) – PARIS (Mus. d'Art Mod. de la Ville) – POITIERS .

VENTES PUBLIQUES : PARIS, 19 nov. 1976 : *La Ferme blanche, Bandol*, h/t (73x60) : **FRF 4 500** – PARIS, 13 mars 1981 : *Remorqueur à Venise* 1961, h/t (33x55) : **FRF 4 500** – VERSAILLES, 18 mars 1984 : *Nature morte aux poires* 1956, h/t (54x73) : **FRF 8 100** – VERSAILLES, 19 juin 1985 : *Le Site de Nazare, Portugal* 1964, h/t (60x92) : **FRF 15 000** – VERSAILLES, 17 juin 1987 : *Le Mimosa, Bandol*, h/t (89x116) : **FRF 27 500** – VERSAILLES, 21 fév. 1988 : *Paysage de la vallée de Chevreuse* 1959-61, h/t (54x73) : **FRF 19 000** – PARIS, 22 avr. 1988 : *Nature morte à la plante verte*, h/t (57x35,5) : **FRF 11 000** – VERSAILLES, 18 déc. 1988 : *Neige aux combes* 1957, h/t (55x45,5) : **FRF 16 800** – VERSAILLES, 10 déc. 1989 : *Composition* 1959, gche (60x45,5) : **FRF 8 000** – PARIS, 17 oct. 1990 : *Noël mexicain Taxco* 1966, h/t (92x60) : **FRF 30 000** – PARIS, 29 mai 1991 : *Nature morte à la lanterne magique*, h/t (80x80) : **FRF 18 000** – PARIS, 28 oct. 1991 : *Nature morte au lierre*, h/t (100x72,5) : **FRF 16 500** – NEW YORK, 9 mai 1992 : *Après-midi à la plage à Arcachon*, h/t (81,3x64,8) : **USD 2 860** – NEW YORK, 12 juin 1992 : *Marguerites*, h/t (100,3x73) : **USD 3 300** – PARIS, 25 mars 1994 : *Coteau à Château-Chalon* 1960, h/t (100x50) : **FRF 18 000** – NEW YORK, 9 juin 1994 : *Les Delphiniums* 1970, h/t (132,1x81,3) : **USD 5 750** – CALAIS, 11 déc. 1994 : *Les Falaises de Santorin* 1969, h/t (39x55) : **FRF 7 000** – PARIS, 5 juin 1996 : *Rocher à Belleydieux*, h/t (130x160) : **FRF 12 000** – NEW YORK, 12 nov. 1996 : *Dahlias jaunes*, h/t (116,2x80,6) : **USD 3 220** – NEW YORK, 10 oct. 1996 : *La nappe blanche aux trois bouteilles* 1978, h/t (115,9x81,3) : **USD 2 300** – PARIS, 31 janv. 1997 : *Automne à Montaud, Grenoble* 1962, h/t (55x46) : **FRF 6 500** – PARIS, 7 mars 1997 : *Vallée de Saint-Germain-de-Joux, Jura*, h/t (46x55) : **FRF 6 200** – PARIS, 31 oct. 1997 : *Paysage*, h/t (55x46) : **FRF 5 000**.

BARDONNEAU Léonce
Née au XIXe siècle à Saint-Maurice. XIXe siècle. Française.
Pastelliste.
Élève de L.-O. Merson et Léonardi, exposa au Salon des Artistes Français au début du XXe siècle.

BARDOT Louis
Né au XIXe siècle à Falquemont. XIXe siècle. Français.
Paysagiste.
Exposa aux Indépendants en 1910.

BARDOT Octave Louis
Né au XIXe siècle à Paris. XIXe siècle. Français.
Graveur sur bois.
Élève de Pannemaker père et de Clément Bellanger, exposa au Salon des Artistes Français en 1904.

BARDOU
XVIIIe siècle. Français.
Sculpteur animalier, dessinateur.
Exposa divers reliefs en cire, représentant des animaux, au Salon de la Correspondance à Paris en 1782.
VENTES PUBLIQUES : LONDRES, 6 juil. 1992 : *Projet de frontispice : Les principes du dessin* 1732, craies rouge et noire (23,6x17,3) : **GBP 6 380**.

BARDOU Alexandre, le Jeune
XIXe siècle. Actif à Berlin vers le milieu du XIXe siècle. Français.
Portraitiste.
Exposa, à l'Académie Royale des Arts, différents portraits au pastel, en 1838, 1839 et 1842.

BARDOU Charles
Mort en 1752. XVIIIe siècle. Français.
Peintre et doreur.
Reçu à l'Académie de Saint-Luc.

BARDOU Denis Gaspard
XVIIIe siècle. Français.
Peintre.
Reçu à l'Académie de Saint-Luc en 1756.

BARDOU Emmanuel
Né en 1744 à Bâle. Mort en 1818 à Berlin. XVIIIe-XIXe siècles. Suisse.
Sculpteur.
Fut modeleur à la Manufacture royale de porcelaine à Berlin jusqu'en 1775. En 1786, il exposa une statuette en bronze de *Frédéric le Grand*, et une statue de *Schwerin* en 1787, une *Léda* en 1789, ainsi qu'un *Faune* et une *Cariatide*. Il excella particulièrement dans le buste. La Société historique de Berlin possède celui de *Chodowiecki*. A la Marienkirche se trouve une de ses œuvres, *le Tombeau de Rohloff (Statue de l'Espérance)*, 1794.

BARDOU Fulbert
Né à Aurillac (Cantal). XXe siècle. Français.
Peintre de portraits et de paysages urbains.
Il fut exposant à Paris au Salon des Indépendants. Il a surtout peint des vues de Montmartre.

BARDOU Johann P. ou Bardow
XVIIIe siècle. Actif à Berlin. Allemand.
Pastelliste et graveur.
Cet artiste travaillait à Varsovie en 1775 ; il y fit le portrait du roi Stanislas-Auguste et quatre tableaux pour la galerie royale : le portrait d'un gentilhomme en costume de chasse, celui du prince Adam Czartoryski, celui de la princesse Jablonowska et celui de la comtesse Potocka. Quelques-unes de ses gravures au burin et trois portraits remontent environ à peu près à cette époque. En 1784, il fit le portrait de l'Impératrice Catherine II et du comte Lanskoj, et, en 1788, celui du prince A.-M. Galitzyn.

BARDOU Karl Wilhelm
XVIIIe-XIXe siècles. Actif à Berlin. Allemand.
Portraitiste.
Il exposa fréquemment des pastels et des portraits à l'Académie des Arts, de 1797 à 1842.

BARDOU Paul Joseph
Né en 1745 à Berlin. Mort en 1814. XVIIIe-XIXe siècles. Actif à Berlin. Allemand.
Peintre de genre, portraits, pastelliste, aquarelliste.
Plusieurs toiles et aquarelles de lui figurèrent à l'Exposition de l'Académie Royale des Arts en 1797. Il faut citer, de cet artiste, un pastel, compris dans la Section historique de l'Exposition internationale d'Art de Berlin en 1896.
VENTES PUBLIQUES : NEW YORK, 7 juin 1984 : *Portrait de jeune femme avec sa fille*, past./pap., de forme ovale (79x62) : **USD 2 750**.

BARDOU Pierre
Né à Perpignan (Pyrénées-Orientales). XXe siècle. Français.
Artiste décorateur.
Il exposa des émaux et des céramiques au Salon d'Automne, de 1919 à 1926 à Paris.

BARDOULAT Annie
Née en 1962. XXe siècle. Française.
Peintre. Tendance hyperréaliste.
Elle a exposé au Salon Grands et Jeunes d'Aujourd'hui à Paris en 1987, 1988.

BARDOUX, veuve de
XVIIIe siècle. Française.
Peintre.
Reçue à l'Académie de Saint-Luc en 1743.

BARDSWELL Emily
XIXe siècle. Active à Wimbledon. Britannique.
Paysagiste.
En 1880 et 1881, elle exposa à Londres.

BARDT Balthasar
XVIIe siècle. Actif à Brieg (Silésie) en 1605. Allemand.
Peintre.

BARDUA Caroline
XIXe siècle. Active à Berlin. Française.
Portraitiste et peintre d'histoire.
Élève de Heinrich Meyer et de Franz Gerhard Kügelgen. Elle exposa à l'Académie de Berlin, de 1822 à 1840. On a d'elle deux portraits de Goethe et un portrait de Christiane Vulpius.
VENTES PUBLIQUES : MUNICH, 14-16 mai 1962 : *Portrait de jeunesse d'Arthur Schopenhauer*, aquar. : DEM 4 200.

BARDUCCI. Voir aussi **CREDI Lorenzo da**

BARDUCCI V.
XVIIIe siècle. Italien.
Graveur au burin.
Le *Portrait du général corse Pascale Paoli*, dont il est l'auteur, porte la date de 1768.

BARDWELL Thomas
Né en 1704. Mort en 1767, vers 1780 selon d'autres sources. XVIIIe siècle. Britannique.
Peintre de portraits, copiste.
Un portrait de la comtesse de Pomfret, grandeur naturelle, et celui de son mari, font partie de la collection de l'Université d'Oxford. Redgrave cite aussi son *Portrait de l'Amiral Vernon*, qui fut gravé.
VENTES PUBLIQUES : LONDRES, 1748 : *Portrait de Philip* : GBP 29 – LONDRES, 1907 : *Portrait d'un gentilhomme* : GBP 1 – LONDRES, 8 juin 1923 : *La fille de l'artiste 1757* : GBP 37 – NEW YORK, mars 1925 : *L'amiral Sir Edward Vernon* : USD 375 – LONDRES, 22 août 1933 : *Portrait de Anne Herbert de Tythorp 1748* : GBP 66 – NEW YORK, 15 jan. 1937 : *Portrait d'un gentleman* : USD 250 – LONDRES, 21 mars 1969 : *Wentworth Castle* : GNS 3 200 – LONDRES, 26 mars 1976 : *Portrait de Felicia, daughter of Thomas Arundel of Stoke Bruerne Park 1755*, h/t, à vue ronde (75x62,2) : GBP 450 – LONDRES, 24 nov. 1978 : *Portrait of a lady*, h/t (73x62,2) : GBP 2 200 – LONDRES, 10 nov. 1982 : *Portrait of William Wentworth, 4th Earl of Strafford*, h/t (191x141) : GBP 1 400 – LONDRES, 14 mars 1984 : *Furness Abbey in Lancashire 1729*, h/t (90x159) : GBP 7 500 – LONDRES, 9 juil. 1986 : *Portrait of John Gamble, later captain general to the forces 1767*, h/t (122x96,5) : GBP 3 500 – NEW YORK, 7 avr. 1989 : *Portrait d'un couple en costume d'époque*, h/t (127x130,5) : USD 6 050 – LONDRES, 12 juil. 1989 : *Portrait d'une Lady portant un costume à la Van Dyck et tenant une plume*, h/t (125x100) : GBP 6 380 – LONDRES, 12 juil. 1990 : *Portrait de Lady Sophia Carteret jeune fille, vêtue d'une robe de satin blanc et d'une étole bordée de fourrure et tenant un coquillage 1752*, h/t (91,5x70,5) : GBP 8 800 – LONDRES, 14 nov. 1990 : *Portrait d'Anne comtesse de Strafford, en pied, et portant les attributs de pairesse*, h/t (234x141,5) : GBP 17 600 – LONDRES, 1er mars 1991 : *Portrait du Révérend Francis Barton en habits cléricaux 1765*, h/t (76x63) : USD 1 320 – LONDRES, 10 juil. 1991 : *Portrait d'une dame, vêtue d'une robe de velours bleu garnie de fourrure et de dentelle, en buste*, h/t (99x82,5) : GBP 1 980 – LONDRES, 15 déc. 1993 : *Portrait de Lady Jane Elizabeth Leslie, plus tard comtesse de Rothes vêtue d'une robe bleu pâle et de son frère John en habit rose*, h/t (182,9x122) : GBP 11 500 – NEW YORK, 12 jan. 1994 : *Portrait d'une jeune fille assise, vêtue d'une robe rouge ornée de dentelle et garnissant une corbeille de fleurs*, h/t (126,4x101) : USD 43 700 – PENRITH (Cumbria), 13 sep. 1994 : *Portrait de Henry Cornish Henley de Sandringham debout au bas d'un escalier dans un parc*, h/t (104x67,5) : GBP 12 650 – LONDRES, 3 avr. 1996 : *Portrait de Lady Arabella Cope et de son fils Charles*, h/t (124x101) : GBP 5 520 – LONDRES, 9 avr. 1997 : *Portrait du Capitaine Robert Fenwick et de sa femme Isabella Orde, et de sa sœur Anne, une vue de Prudhoe Castle dans le lointain*, h/t (142,5x119,5) : GBP 56 500 – NEW YORK, 22 mai 1997 : *Portrait de la famille Brewster dans un intérieur 1736*, h. (100,3x125,7) : USD 31 050.

BARDY Paulette
Née à Fez (Maroc). XXe siècle. Française.
Peintre de portraits et de paysages animés.
Elle fut élève de Fouqueray. Exposant à Paris, au Salon des Artistes Français, un tableau intitulé *Vendanges* en 1938, elle reçut la mention honorable. En 1939 elle y présenta *Compagnes d'atelier* et *Nausicaa*.

BARDYERE Georges de
Né à Wassy (Haute-Marne). XXe siècle. Français.
Décorateur.
Il est l'auteur de meubles modernes exposés au Salon d'Automne et au Salon des Artistes Décorateurs, de 1919 à 1934 à

Paris. Le Mobilier National, à Rennes, et le Musée d'Art Moderne possèdent de ses œuvres.

BARÉ Jehan
XVIIe siècle. Actif vers 1618. Français.
Graveur ornemaniste.
Cet artiste exécuta, avec Pierre Guillebaud, des arabesques, des frises.

BAREAU Georges Marie Valentin
Né le 11 avril 1866 à Paimboeuf (Loire-Atlantique). XIXe-XXe siècles. Français.
Sculpteur de statues, monuments.
Il fut élève de Emile Thomas et exposa au Salon à partir de 1899. Cette année-là, il reçut une médaille de 3e classe assortie d'une bourse de voyage, en 1893, 1895 médaille de 2e classe et Prix de Paris, 1897 médaille de 1re classe et Croix de Chevalier de la Légion d'Honneur, 1900 médaille d'or à l'Exposition universelle, 1906 médaille d'honneur et rosette d'officier de la Légion d'honneur.
Ses principales œuvres sont : *Léandre mourant* (1893), *Le Drapeau* (1895), *Le temps créant la sagesse* (1897), *Le Monument de Victor-Hugo*, acquis par la Ville de Paris (1902), *Le Réveil de l'Humanité*, statue de marbre (1906), *Diane Chasseresse*, au Petit Palais, *L'Art asiatique*, au Grand Palais, *Le Monument du Docteur Benoist*, à Saint-Nazaire, celui du *Chirurgien Alphonse Guérin*, à Ploërmel, celui de *Jacques Cartier*, à Saint-Malo, les statues de *Jehan Fouquet* et de *Briçonnet*, à l'hôtel de Ville de Tours, enfin, à Nantes, *le Monument aux Morts pour la Patrie* (d'après M. S. Lami).
MUSÉES : NANTES : *Léandre mourant* – *Le drapeau* – PARIS (Mus. d'Art Mod.) : *Réveil de l'humanité* – *Portrait de Mme X.* – PARIS (Mus. du Petit Palais) : *Diane Chasseresse*.
VENTES PUBLIQUES : PARIS, 11 mai 1982 : *Chasseresse*, bronze (H. 80) : FRF 6 000 – NEW YORK, 30 mars 1985 : *Diane chasseresse chevauchant un aigle*, bronze, patine brune (H. 81,3) : USD 2 200 – LONDRES, 5 nov. 1987 : *Diane chasseresse chevauchant un aigle*, bronze (H. 64) : GBP 2 600 – MONACO, 19 juin 1994 : *Vulcain*, bronze (H. 52,5) : FRF 5 550.

BARELIER André
Né le 25 mai 1934 à Plan-de-Cuques (Bouches-du-Rhône). XXe siècle. Français.
Sculpteur, dessinateur.
Il est étudiant successivement à l'École des Beaux-Arts de Marseille entre 1948 et 1958, puis travaille chez un sculpteur. De 1953 à 1961, il étudie à l'École des Beaux-Arts de Paris. En 1961, il reçoit le prix spécial au concours d'art monumental puis est lauréat du premier grand prix de Rome. Entre 1962 et 1965, il séjourne à la villa Médicis où sa rencontre avec Balthus joue un rôle déterminant dans l'élaboration de ses dessins et de ses sculptures. Il découvre aussi Giacometti qui l'influencera dans sa recherche de mise en liaison du sujet avec l'espace qui l'entoure. Sa première exposition personnelle a lieu en 1967 galerie Visconti et le catalogue est préfacé par Gaëtan Picon. En 1968, il est nommé professeur à l'École des Beaux-Arts de Paris. En 1975 et 1976, il a exposé ses travaux à la galerie Benador de Genève et à Paris à la galerie Daniel Gervis. En 1981, il a particpé à l'exposition *Balthus, Barelier, Rouan* à Ratilly.
Son œuvre fait preuve d'un métier classique et d'une grande maîtrise du matériau, notamment dans les travaux en bronze où alternent surfaces travaillées et surfaces planes.
VENTES PUBLIQUES : PARIS, 25 juin 1987 : *Femme à son bain*, bronze (42,5x32x26,5) : FRF 22 000 – PARIS, 12 fév. 1989 : *Grande cabine téléphonique 1978*, bronze à patine brune (54x37x34) : FRF 55 000 – PARIS, 17 déc. 1989 : *Salle de bain 1974*, bronze patiné brun (H. 73) : FRF 65 000 – PARIS, 16 fév. 1992 : *Nu*, bronze cire perdue (58x41,7x24) : FRF 19 000 – PARIS, 14 mars 1993 : *L'homme aux cartons à dessins 1978*, bronze (46x40x41) : FRF 30 000.

BARELLI Nova
Née à Barsac (Gironde). XXe siècle. Française.
Peintre.
Elle exposa au Salon des Indépendants de 1939 : *Type arabe*, *Damia*.

BAREN Johannes Antonius van der
Né en 1616 probablement à Bruxelles. Mort le 31 janvier 1686 à Vienne. XVIIe siècle. Éc. flamande.
Peintre de fleurs.

Cet artiste était prêtre. Il entra au service de l'archiduc Léopold-Wilhelm, en 1650, et fut chanoine à Soignies, Hainaut (Belgique). Il fut aussi chapelain à la Cour de Vienne.

Musées : Vienne : *Fleurs – Nature morte – Fleurs entourant une statue de la Vierge avec l'Enfant Jésus.*

Ventes Publiques : Paris, 1775 : *Paysage* : FRF 75 – Versailles, 8 nov. 1970 : *Nature morte* : GNS 5 000.

BAREN Josse van der

xviie siècle. Actif à Louvain, vers 1600. Éc. flamande.

Cet artiste fut probablement l'élève de M. Coxie. Il peignit un *Portrait de l'Abbé Fr. van Vlierden* et une *Scène de la vie de saint Norbert* pour l'abbaye du Parc, à Louvain. L'église Saint-Pierre de Louvain possède de lui un triptyque : *Décapitation de sainte Dorothée*, 1594.

BARENBURG D.

xixe siècle. Allemand.

Dessinateur de portraits.

Est répertorié dans la collection des dessins de la Galerie nationale de Berlin, un portrait.

BAREND. Voir ORLEY Bernard von

BARENDSK Anthony

Né en 1604. Mort en 1619 à Chichester. xviie siècle. Actif à Chichester. Hollandais.

Peintre.

Fils de Dirck Barendsz. Il aida son père dans ses travaux.

BARENDSZ Cornelis

Né à Amsterdam. xviie-xviiie siècles. Hollandais.

Peintre.

Il acheta le droit de cité dans cette ville en 1684.

BARENDSZ Dirck

Né en 1534 à Amsterdam. Mort en 1592, enterré le 26 mai 1592. xvie siècle. Hollandais.

Peintre de compositions religieuses, portraits.

Fils et élève de Dirck Barendsz, cet artiste se rendit en Italie, en 1555. On le rencontre à Venise, dans l'atelier du Titien, dont il fit le portrait. Homme aimable, il se lia avec diverses notabilités, dont Philip Marnix et Dom. Lampsonius. En 1562, il passa par la France pour retourner à Amsterdam. Il s'y maria, la même année, et y exécuta de nombreux portraits. A partir de 1564, il peignit plusieurs tableaux qui sont presque tous au Musée d'Amsterdam.

Barents en.

Musées : Amsterdam : *Groupe de quatorze gardes civiques en 1562 – Banquet de gardes civiques en 1566 dit de « Poseters » (Mangeurs de chabot) – La Compagnie du capitaine Reynst Pieterszen, trente-deux personnages* 1585 – *Tableau de corporation avec vingt-quatre personnages – Portrait du duc d'Albe* – Gouda : *Autel avec la naissance du Christ* – Vienne : *Portrait d'un homme entre deux âges* – Vienne (Gal. Lichtenstein) : *Portrait d'Oldenbarnavelts.*

Ventes Publiques : Londres, 28 juil. 1939 : *Réception à Venise* : GBP 39 – Cologne, 16 nov. 1967 : *Portrait d'un gentilhomme* : DEM 3 000 – Paris, 29 avr. 1986 : *Jésus chasse les marchands du temple*, h/pap. (24,4x20,6) : FRF 70 000.

BARENDSZ Dirck

xviie siècle. Hollandais.

Peintre ?

Il fut élève de Zacharie Paulusz à Alkmaar en 1644.

BARENDSZ Dirck Theodoricus Bernardi

Né à Amsterdam. xvie siècle. Hollandais.

Peintre.

Vers 1519, ce peintre vint en Angleterre, à Chichester, où il dut se fixer. L'évêque de Chichester, Robert Sherborne, lui commanda pour sa cathédrale une décoration importante, notamment une peinture représentant le roi Henri VII approuvant une donation faite à l'évêque Sherborne. En outre, Barendsz peignit à l'huile, sur bois, les portraits à mi-corps des rois d'Angleterre, des évêques de Selsey et de Chichester. On cite encore parmi ses œuvres, les peintures de la voûte du chœur de l'Abbaye de Boxgrove.

BARENFANGER Max ou Baerenfanger

Né le 1er janvier 1860 à Munich. xixe siècle. Allemand.

Aquafortiste, graveur sur bois et portraitiste.

Il reçut les leçons de Gysis, Löfftz et Raab, à l'Académie de Munich. A partir de l'année 1890, il exposa régulièrement dans cette ville, entre autres œuvres, son propre portrait, en 1900. Quelques-unes de ses eaux-fortes et gravures sont originales.

BARENGER J. R.

xixe siècle. Actif à Camberwell. Britannique.

Peintre.

A l'Exposition de la Royal Academy (1853), ce peintre envoya deux tableaux : *Église de Plumstead* et *Eltham Palace, Kent.*

BARENGER James

Né en 1745. Mort en 1813. xviiie-xixe siècles. Britannique.

Aquarelliste.

Ce peintre d'histoire naturelle se fit connaître par ses représentations d'insectes. Il exposa, de 1793 à 1799, à la Royal Academy à Londres.

BARENGER James, le Jeune

Né le 25 décembre 1780 à Londres. Mort après 1831 à Londres. xixe siècle. Britannique.

Peintre de portraits, scènes de chasse, animalier.

De 1807 à 1831, ce peintre exposa à Londres à la Royal Academy, à la British Institution et à Suffolk Street. Il travailla vers 1820 pour les Tattersalls.

Ventes Publiques : Londres, 3 mai 1909 : *Chevaux dans l'écurie* : GBP 3 – Londres, 22 juin 1922 : *La rencontre des meutes de l'Old Surrey à Stoat's Nest* : GBP 155 – Londres, 28 et 29 juil. 1927 : *Les Courses* : GBP 12 – Londres, 30 avr. 1928 : *Le cheval Joe Millar monté par son jockey* : GBP 25 – Londres, 8 avr. 1932 : *Un attelage de trot* : GBP 11 – Londres, 17 mai 1934 : *Course de lévriers* : GBP 19 – Londres, 25 juil. 1938 : *Portrait de John Mylton esq. en costume de chasse* : GBP 5 – Londres, 24 fév. 1939 : *Jonathan Griffin montant*, dess. : GBP 9 – Londres, 7 juil. 1965 : *La chasse à courre* : GBP 1 150 – Londres, 17 mars 1967 : *Cavalier dans un paysage* : GNS 1 900 – Londres, 18 mars 1970 : *Scène de chasse* : GBP 5 600 – Londres, 27 juin 1973 : *Quatre scènes de chasse* : GBP 23 000 – Londres, 14 juil. 1976 : *Chiens dans un paysage boisé* 1805, h/t (62x75) : GBP 400 – Londres, 25 nov. 1977 : *Lord Derby's foxhounds* 1809, h/t (62x75) : GBP 4 500 – Londres, 22 juin 1979 : *La Mort du renard*, h/t (51x91,3) : GBP 1 600 – New York, 4 juin 1982 : *Hunters at grass*, h/t (76,1x113) : USD 17 000 – Londres, 21 nov. 1984 : *Scènes de chasse*, deux h/t (37x49,5) : GBP 28 000 – New York, 6 juin 1986 : *Cheval bai dans un paysage fluvial* 1827, h/t (56,2x79,4) : USD 19 000 – Londres, 14 mars 1990 : *Hunter gris ; Hunter bai dans un paysage*, h/t, une paire (chaque 54,5x75,5) : GBP 9 900 – Paris, 26 juin 1990 : *Portrait de Ramsdon de Carlton avec ses chiens*, h/t (90x116) : FRF 38 000 – Londres, 18 nov. 1992 : *Coq et poule dans une grange* 1813, h/t (69x89,5) : GBP 9 020 – Londres, 18 nov. 1992 : *Gentilhomme à la chasse dans un paysage fluvial boisé* 1796, h/t (49,5x65) : GBP 4 400 – Londres, 7 avr. 1993 : *Épagneul dans un paysage ; Pointer en lisière d'un bois*, h/t, une paire (chaque 25,4x33) : GBP 4 600 – Londres, 3 avr. 1996 : *Scène de chasse*, h/t (100x125) : GBP 10 925.

BARENGER M. S.

xixe siècle. Actif à Londres. Britannique.

Graveur.

Exposa à Suffolk Street, en 1823.

BARENGIER Antoine

Né à Laon. Mort en février 1667 à Laon. xviie siècle. Français.

Peintre.

Cité dans sa ville natale de 1639 à 1667. Fut un des artistes travaillant pour l'église franciscaine à Laon vers 1641. Il était « peintre ordinaire du Roi ».

BÄRENHART Rudolf ou Baerenhart

Né le 5 mai 1814 à Karlsbourg en Siebenburgen. Mort en 1837 à Munich, du choléra. xixe siècle. Allemand.

Sculpteur.

A l'âge de onze ans, il arriva à Vienne, où il fut d'abord employé chez un sculpteur sur bois, puis modeleur de vases à la fabrique de porcelaine. Dans la suite, il fut admis à l'Académie et produisit sa première œuvre personnelle : *Le déluge*, en 1833 ; un groupe lui fut acheté par le comte de Palffy. En second groupe : *Bacchus et Ariane*, attira l'attention générale. Il fut chargé d'exécuter, pour l'église du faubourg Schottenfeld, à Vienne, un crucifix de pierre colossal.

BARENS Magdalene Margarethe

Née le 30 septembre 1737 à Copenhague. Morte le 7 janvier 1808 à Copenhague. xviiie siècle. Danoise.

Peintre de fleurs.

Les peintures de cette artiste étaient très estimées pour leur composition, leur coloris et leur grande exactitude d'exécution, qui fut reconnue même par les botanistes. Elle fut élue membre de l'Académie des Beaux-Arts à Copenhague en 1780.

BARENTON A.
XIXᵉ siècle. Travaillant vers 1875. Français.
Graveur à l'eau-forte.

BARENTS Jan
XVIIᵉ siècle. Actif à Amsterdam vers 1659. Hollandais.
Sculpteur.

BARENTSZ Jan
Né en 1588 ou 1589 à Leyde. XVIIᵉ siècle. Hollandais.
Peintre.
Cité à Amsterdam en 1618 et en 1623.

BARENTSZ Michiel
Mort en mars 1651 à Amsterdam. XVIIᵉ siècle. Actif à Amsterdam entre 1625 et 1651. Hollandais.
Peintre et graveur.
Peintre de la Compagnie des Indes. Sa succession comportait un certain nombre d'œuvres inachevées : beaucoup de paysages, *Bacchus, Vénus et Cérès, Judith et Holopherne, David, un enfant nu*, ainsi qu'une très grande quantité de dessins et d'estampes. On l'a désigné aussi sous le nom de Michiel Barentz Keyser.

BARÈRE Jean Louis. Voir BARRÈRE

BARÈS Pierre
XXᵉ siècle. Français.
Peintre.
En 1989, il a exposé au Fonds Régional d'Art Contemporain (F.R.A.C. Aquitaine) à Bordeaux et à Barcelone dans une galerie. Depuis 1975 environ, Pierre Barès utilise des plaques de cellulose industrielle qu'il découpe, déchire et assemble pour créer des lignes qui jouent comme des limites ou des lisières sur le fond et sur le mur. La surface blanche des pièces est ainsi entamée et rehaussée par des empreintes, des marques, des graduations gravées et des fonds de gravures du XIXᵉ siècle. L'installation du travail dans le lieu d'exposition est une donnée importante de l'œuvre, sans qu'il soit pour cela un travail in-situ.

BARESCUT Estelle Félicité Marie de
Née à Versailles. XIXᵉ siècle. Française.
Portraitiste et peintre de genre.
De 1842 à 1851, elle figura aux diverses expositions, et fut surtout remarquée pour ses portraits de femmes et d'enfants.

BARET Henri
Né à Marseille (Bouches-du-Rhône). XXᵉ siècle. Français.
Peintre.
Entre 1931 et 1939 il exposa des paysages de Provence, à Paris au Salon des Indépendants.
VENTES PUBLIQUES : PARIS, 29 et 30 juin 1925 : *Fleurs* : FRF 75.

BARET Suzy
Née à Chaville (Hauts-de-Seine). XXᵉ siècle. Française.
Peintre.
Exposa au Salon des Indépendants de 1931 une nature morte et un portrait.

BARET DU COUDERT, Mme, née Rozier
Née le 31 janvier 1832 à Chartres. XIXᵉ siècle. Française.
Portraitiste et miniaturiste.
Cette artiste, élève de Mlle Durieu, peignit d'après van Dyck, et s'inspira aussi de Mme Vigée-Lebrun. De 1857 à 1877, elle exposa au Salon de Paris, des portraits et des toiles de genre.

BARETEAU
XIXᵉ siècle. Travaillait vers 1874. Français.
Dessinateur lithographe.

BARETTA
Originaire de Milan. XVIᵉ siècle. Italien.
Miniaturiste.
Cet artiste fit, croit-on, des miniatures pour treize grands antiphonaires de la Chartreuse de Pavie, en 1571.

BARETTA Francesco
XVIIᵉ siècle. Romain, actif dans la première moitié du XVIIᵉ siècle. Italien.
Mosaïste.
Le pape Urbain VIII fit exécuter par cet artiste une copie de la *Navicella* de Giotto, qui est à Saint-Pierre du Vatican, pour l'église Sta-Maria della Concezione, à Rome.

BARETTA Francesco ou Baratta
XVIIIᵉ siècle. Actif à Venise dans la seconde moitié du XVIIIᵉ siècle. Italien.
Graveur.
Cet artiste a gravé les *Quatre Facultés* de Pietro Mainotti et divers tableaux de genre, entre autres : *Il Seggiolajo, Il Barbiere, Lo Speziale, L'Ortolano*.

BARETTA Louis
Né en 1866 à Ixelles. Mort en 1928 à Schaerbeek. XIXᵉ-XXᵉ siècles. Belge.
Peintre de portraits et de figures. Symboliste.
Il fut élève de Portaels. Sa peinture est d'inspiration symboliste et a pu être qualifiée de littéraire. Il est l'un des membres fondateurs du cercle « Voorwaets » créé en 1885. Ses œuvres sont visibles à l'hôtel-de-Ville de Furnes.
BIBLIOGR. : René Simar : *Le destin tragique du peintre Louis Baretta*, Bruxelles, 1948.
MUSÉES : FURNES (Mus. privé).

BARETTE François
Né à Biéville (Calvados). XXᵉ siècle. Français.
Peintre.
Il exposa au Salon d'Automne de 1934 : *Paysage du Dauphiné*. Il participa en 1941 à l'Exposition « Le sport dans l'art », au Musée Galliera à Paris.

BARETTE Marcel
Né à Écouis (Eure). XXᵉ siècle. Français.
Peintre.
Il exposa à Paris au Salon des Indépendants de 1930 et 1932, un portrait, un paysage et une composition : *La mort du Christ*.

BARETTONE Niccolo
Italien.
Peintre.
Cet artiste romain est cité par Bertolotti dans les *Arch. stor. art. di Roma*.

BARETY Marie-Hélène
Née le 27 juillet 1944 à Nice (Alpes-Maritimes). XXᵉ siècle. Française.
Peintre. Tendance symboliste.
Elle fut élève de l'École des Beaux-Arts de Marseille, où elle eut comme professeur C. Martin-Galtier. Elle reçut en outre les conseils précieux de ses amis artistes : le peintre R. Kundera, le sculpteur K. Ingendalh, le lithographe J. Berto. Ses études terminées, elle anime l'atelier de peinture du Centre culturel du Cours Julien. Elle a participé à des expositions de groupe dont une au centre Georges Pompidou à Paris. Elle montre aussi son travail au cours d'expositions personnelles qui se déroulent pour la plupart autour de sa région d'origine : 1974 Aix-en-Provence, 1976 Marseille, 1977 Villeneuve-en-Camargue, 1979 Toulon, 1979 Nice, 1980 Gordes. En 1981, une rétrospective de ses œuvres a été organisée au Musée de Saint-Paul-de-Vence. Elle a reçu de nombreuses récompenses : Premier Grand Prix d'Honneur 1983 du Rotary-Club, Prix de l'Innovation au Centre Georges Pompidou, Prix de l'Académie Léonard de Vinci à Rome dont elle est membre titulaire du comité international. Ses peintures figurent dans des collections françaises et étrangères.
Jusqu'en 1979, elle peint ce qu'elle décrit comme du « figuratif onirique ». En mars 1979, elle présente au Centre Georges Pompidou de curieux assemblages de toiles et bois peints non départis du caractère intimiste de ses premières œuvres. En 1980, elle poursuit ce travail sur la toile dans de grandes compositions aux couleurs froides et assourdies où les objets aux tons fondus se confondent les uns les autres. Elle qualifie ses œuvres de « néo-symbolistes ». ■ J. B.

BAREUILLE, Mlle
XVIIIᵉ siècle. Active à Paris vers 1780. Française.
Graveur en taille-douce.
On a de cette artiste deux estampes d'après des tableaux d'Angelica Kauffmann.

BAREY André
Né en 1936 à Paris. XXᵉ siècle. Français.
Sculpteur.
Il crée en 1964 le mouvement « Formes d'aujourd'hui » et fait en

1965 ses premières recherches sur la lumière. Il expose depuis en France et à l'étranger et réalise souvent des décors pour des spectacles et des ballets.

BAREZZI Stefano
Originaire de Busseto. XIXᵉ siècle. Italien.
Peintre et restaurateur de tableaux.
Cet artiste fut l'inventeur d'un procédé pour transporter sur bois des fresques murales, et pourrait bien être le même que le peintre de fresque suisse Barozzi de Brissago, qui restaura des peintures dans la chapelle de Sempach en 1825. Barezzi était à Rome en 1820, on le trouve travaillant à Milan, de 1854 à 1856.

BARFIELD Thomas Charles
Né le 6 juillet 1858 à Leicester. XIXᵉ siècle. Britannique.
Peintre, aquarelliste et modeleur.

BARFOOT J. R.
XIXᵉ siècle. Actif à Londres. Britannique.
Miniaturiste.
Ce peintre exposa plusieurs fois des portraits, de 1830 à 1857, à la Royal Academy de Londres.

BARFOOT S. R.
XIXᵉ siècle. Britannique.
Peintre de portraits.
Il exposa à la Royal Academy à Londres en 1820.

BARFORD Georges Thomas
XVIIIᵉ siècle. Actif en Angleterre vers 1745. Britannique.
Graveur à la manière noire.
Le Blanc cite de cet artiste : *Le Portrait de Mogens Haas,* 1746, et *Niels.*

BARFORD Richard
XIXᵉ siècle. Actif à Birmingham. Britannique.
Peintre de paysages.
Ce peintre exposa à Londres en 1879 et 1880.

BARFRALERI Giovanni
Originaire de Pignerol. Mort en 1501. XVᵉ siècle. Italien.
Peintre.
Travailla en 1501, à Bussana.

BARFUS Paul
Né le 17 août 1823 près Nuremberg. Mort le 24 mars 1895 à Munich. XIXᵉ siècle. Allemand.
Graveur en taille-douce.
Élève de l'École d'Art de Nuremberg, avec Reindel ; de l'Académie de Leipzig sous Neher ; enfin à Munich, avec le professeur J. Thäter. Il grava des œuvres contemporaines, entre autres les portraits de Mozart et de Beethoven, d'après P. Schwörer, celui de Luther d'après Cranach.

BARFUSS Ina
Née en 1949 à Lüneburg. XXᵉ siècle. Allemande.
Peintre.
Entre 1968 et 1974, elle étudie aux Beaux-Arts de Hambourg. Depuis 1978, elle vit et travaille à Berlin. Elle a participé à de nombreuses expositions collectives : en 1980 à Cologne, en 1982 à Berlin, en 1984 à la Villa Stuck à Munich, en 1986 au musée de Toulon « Berlin aujourd'hui », en 1987 à Londres, à Paris au Goethe-Institute et au Museum of Modern Art de New York. Elle montre personnellement son travail dans plusieurs galeries allemandes à Berlin, Hambourg, Constance, Cologne.
Les tableaux d'Ina Barfuss présentent des enchevêtrements de corps cruels et grotesques, semblant vouloir démontrer que les seuls rapports possibles entre les êtres sont faits de luttes et de douleur. Sa peinture gestuelle aux larges traits noirs n'est pas sans évoquer l'œuvre d'Hartung, mis à part les figures humaines le plus souvent réduites à des silhouettes anguleuses.

BARG Ehrard
Né en 1544 à Gmünden (Souabe). XVIᵉ siècle. Allemand.
Sculpteur.
Élève de Simon Schlör, il collabora avec lui à divers travaux et en 1582, il sculpta des blasons au portail du Palais de l'université de Würzburg. On croit qu'il travailla à Kombourg, en 1585, aux constructions de Neustetter.

BARGAS A. F.
XVIIᵉ siècle. Éc. flamande.
Peintre et graveur à l'eau-forte.
Il fut maître dans la gilde de Saint-Luc à Bruxelles, en 1692. Ses gravures (sujets de genre et paysages), d'après Pieter Bout, qu'on suppose avoir été son maître, sont presque toujours

signées de son nom. Nagler cite un tableau intitulé : *Forge de village,* signé seulement des initiales A. F. B. f., et l'attribue à Bargas.

VENTES PUBLIQUES : PARIS, 1797 : *Paysage* : FRF 53 – PARIS, 1797 : *Quatre paysages,* dess. à la pl. : FRF 13 60 – PARIS, 1858 : *Récréation champêtre,* dess. à la pl. : FRF 5 – PARIS, 1858 : *Habitation dans des ruines,* dess. à l'encre de Chine : FRF 3 – PARIS, 1865 : *Paysage,* dess. à la pl. et à l'encre de Chine : FRF 1 25 – PARIS, 22 déc. 1920 : *Le marché,* attr. : FRF 600.

BARGAS Armand
Né à Paris. XXᵉ siècle. Français.
Graveur en médailles.
Il fut élève d'Edmond Valton. Sociétaire du Salon des Artistes Français à Paris, il reçut une mention honorable en 1921.

BARGAS Henri
Né à Paris. XXᵉ siècle. Français.
Sculpteur.
Élève de Vermare. Exposa à Paris au Salon des Artistes Français de 1932 : *Les ailes brisées.*

BARGAS Paul
XIXᵉ-XXᵉ siècles. Français.
Sculpteur et médailleur.
Élève de Vimonti, il exposa deux médaillons en 1901, et, en 1903, un *Portrait de Mme Madeleine Tellier.*

BARGELLESI Floriano
XVIᵉ siècle. Actif à Bologne. Italien.
Sculpteur ornemaniste.
En 1545, il travailla à Bologne, à la construction du couvent de S. Giovanni, fit une partie des sculptures décoratives, et se montra artiste consciencieux en exécutant les modèles de Terribilia.

BARGELLESI Girolamo
XVIᵉ siècle. Actif à Bologne entre 1520 et 1530. Italien.
Sculpteur.

BARGELLESI Sigismondo
XVIᵉ siècle. Italien.
Sculpteur.
S. Bargellesi participa, à titre d'aide d'Andrea da Formigine, aux décorations en relief du portique de St-Petronio à Bologne, vers 1550.

BARGELLESI Stefano
XVIᵉ siècle. Actif à Bologne dans la première moitié du XVIᵉ siècle. Italien.
Tailleur de pierre.

BARGEOT Marie, Mlle
XVIIIᵉ siècle. Française.
Peintre.
Elle fut reçue à l'Académie de Saint-Luc en 1762.

BARGER Clara Wood
XIXᵉ-XXᵉ siècles. Active à Philadelphie vers 1905-1906. Américaine.
Peintre.

BARGHEER Eduard
Né en 1901 à Finkerwerder. Mort en 1979 à Hambourg. XXᵉ siècle. Allemand.
Peintre de compositions à personnages, paysages, aquarelliste, dessinateur. Expressionniste.
C'est seulement en 1924 qu'il commença à peindre professionnellement. Sa première exposition se tint à Hambourg en 1926. Sous le IIIᵉ Reich il s'exila en Italie et ne revint en Allemagne qu'en 1950. Il expose alors dans de nombreux groupes picturaux allemands contemporains et a participé à la Documenta de Kassel en 1959.
Ses premières toiles expressionnistes furent inspirées par le paysage de l'île d'Ischia où il vivait. Après la guerre, apparaissent de grandes compositions à personnages dans lesquelles sont exprimées les tensions existant entre l'homme, l'architec-

ture et la nature. Ces relations sont figurées par une écriture formelle composée d'entrelacs et de signes.

Ragleet

Berghen

MUSÉES : HAMBOURG.

VENTES PUBLIQUES : STUTTGART, 20 mai 1960 : *Ischia au soleil couchant*, aquar. : **DEM 800** – HAMBOURG, 25 nov. 1961 : *Les maisons derrière les arbres*, aquar. sur cr. : **DEM 320** – COLOGNE, 8 déc. 1965 : *Oasis en Tunisie*, t. mar./cart. : **DEM 1 700** – VIENNE, 30 nov. 1966 : *Les rois mages*, aquar. : **ATS 6 000** – COLOGNE, 8 et 9 déc. 1966 : *Ville de Tunisie* : **DEM 1 800** – COLOGNE, 30 nov. 1967 : *Florio d'Ischia*, aquar. : **DEM 1 100** – COLOGNE, 28 avr. 1971 : *Soleil* : **DEM 2 000** – NEW YORK, 19 sep. 1973 : *Forio* : **DEM 4 200** – MUNICH, 24 mai 1976 : *Espoir et désespoir 1916-1917*, litho. (27x40) : **DEM 1 600** – MUNICH, 28 mai 1976 : *Procession 1957*, h/cart. (27x37) : **DEM 2 500** – HAMBOURG, 2 juin 1977 : *Procession à Ischia vers 1939*, h/t (71,4x91,2) : **DEM 2 400** – HAMBOURG, 1er juin 1978 : *Forio d'Ischia 1947*, h/t (60,4x72,2) : **DEM 4 800** – COLOGNE, 2 déc. 1978 : *Ischia 1964*, aquar. (39x53) : **DEM 2 200** – COLOGNE, 19 mai 1979 : *Eglise d'Ischia 1948*, aquar. (36,2x52,5) : **DEM 3 000** – COLOGNE, 3 déc. 1980 : *Florence 1944*, aquar. (48x67) : **DEM 6 500** – HAMBOURG, 12 juin 1981 : *Paysage de l'Elbe 1934*, aquar./trait de cr. (45x59,3) : **DEM 3 000** – MUNICH, 7 juin 1982 : *Nature morte aux fleurs 1945*, aquar./trait de cr. (47,7x65,6) : **DEM 4 000** – COLOGNE, 4 juin 1983 : *Baigneuses sur la plage 1949*, aquar. (48,5x67) : **DEM 6 700** – HAMBOURG, 9 juin 1983 : *Marrakech 1961*, h/t (33x40) : **DEM 5 600** – COLOGNE, 6 déc. 1983 : *Maisons 1964*, pl./pap. (21,8X32) : **DEM 1 500** – MUNICH, 28 mai 1984 : *Jour gris 1940*, aquar./trait de cr. (48,5x63) : **DEM 5 700** – HAMBOURG, 8 juin 1984 : *Florence 1972*, pointe-sèche et aquar. en coul. : **DEM 1 400** – COLOGNE, 4 juin 1985 : *La Méditerranée au printemps 1950*, aquar. (48x66,5) : **DEM 4 200** – MUNICH, 2 juin 1986 : *Vignobles en automne 1955*, aquar./traits de cr. (43,5x60) : **DEM 6 000** – HAMBOURG, 12 juin 1987 : *Piazza à San Gaetano 1942*, aquar./traits de cr. (32,2x42,8) : **DEM 5 600** – LONDRES, 23 fév. 1989 : *Paysage volcanique 1958*, h/t (55x66) : **GBP 5 280** – MUNICH, 26-27 nov. 1991 : *Hautes maisons près de la mer 1960*, aquar. (31,5x44) : **DEM 7 590** – LONDRES, 5 déc. 1991 : *Feu d'artifice sur une ville imaginaire*, h/t (71,5x99,7) : **GBP 13 750** – HEIDELBERG, 11 avr. 1992 : *Le village de Forio*, aquar. et cr. (21,8x28) : **DEM 7 200** – MUNICH, 26 mai 1992 : *Paysage de Ischia 1952*, aquar. et cr. (21,5x28) : **DEM 8 855** – HEIDELBERG, 8 oct. 1992 : *Sons de cloche I 1924*, litho. (19,5x20) : **DEM 1 050** – LONDRES, 15 oct. 1992 : *Sans titre 1955*, h/t (42,3x57,1) : **GBP 5 500** – MUNICH, 1er-2 déc. 1992 : *Forio au soleil couchant 1942*, aquar. (48,5x63) : **DEM 10 350** – AMSTERDAM, 4 juin 1996 : *Maisons 1957*, aquar./pap. (30,5x42) : **NLG 3 540.**

BARGHON Marie Louise
Née à Thiers (Puy-de-Dôme). XXe siècle. Française.
Peintre.
Elle exposa à Paris au Salon des Indépendants de 1932 une nature morte et des fleurs.

BARGIACCHI Flaminio
XIXe siècle. Italien.
Graveur.
Élève de Perfetti à Florence. On connaît de ce graveur en taille douce : *La Sainte Vierge*, d'après Giov.-Batt. Salvi, et *Un ange priant*, d'après Giov.-Ang. da Fiesolo.

BARGONE Giacomo ou Barcone, appelé par erreur Barbone
XVIe-XVIIe siècles. Actif à Gênes. Italien.
Peintre décorateur.
Élève d'Andréa et d'Ottavio Semini, Bargone montra des qualités tout à fait remarquables comme peintre et dessinateur. La carrière qui s'ouvrait devant lui excita la jalousie d'un de ses camarades, Lazzaro Calvi ; pendant un repas, Lazzaro empoisonna son concurrent, d'après le récit de Soprani.

BARGUE Charles
Né en 1825 à Paris. Mort en 1883. XIXe siècle. Français.
Peintre de scènes de genre, sujets typiques, lithographe. Orientaliste.

Il travailla sous la direction de J. L. Gérôme, avec lequel il publia une série de cours de dessin. Il n'exposa jamais au Salon. En 1867 et 1868, il fut médaillé pour ses lithographies.
Ses compositions restent d'une précision froide et ses lithographies sont proches de celles d'Ed. de Beaumont.
MUSÉES : NEW YORK : *Serviteur endormi 1871* – *Bashi Bazouk 1875.*
VENTES PUBLIQUES : PARIS, 1877 : *La sentinelle* : **FRF 9 000** – PARIS, 1881 : *Le joueur de flûte* : **FRF 30 000** – PARIS, 1886 : *La sentinelle* : **FRF 61 500** – NEW YORK, 1909 : *La sentinelle* : **USD 9 600** – LONDRES, 1er juil. 1910 : *The artist's model* : **GBP 378** – NEW YORK, 1er nov. 1935 : *Joueur de flûte* : **USD 1 300** – NEW YORK, 18 avr. 1945 : *L'artiste et son modèle* : **USD 5 700** – NEW YORK, 28 mai 1982 : *Danseuse arabe au tambourin*, aquar. et cr. (26,7x18,4) : **USD 500** – NEW YORK, 25 fév. 1988 : *Un homme avec trois chevaux et un porc près d'une maison*, cr. (15,5x20,3) : **USD 2 200** – PARIS, 8 nov. 1989 : *Paysage vallonné*, h/pap. (32x41) : **FRF 10 000** – NEW YORK, 23 oct. 1990 : *Un café oriental 1877*, aquar./pap. (29,8x21,6) : **USD 44 000** – NEW YORK, 24 oct. 1990 : *La sentinelle 1876*, h/pan. (28x21) : **USD 66 000** – NEW YORK, 26 mai 1994 : *Le flûtiste*, h/pan. (28,3x19,1) : **USD 74 000** – NEW YORK, 12 fév. 1997 : *La Sentinelle 1873*, h/pan. (33x22,9) : **USD 200 500** – NEW YORK, 23 mai 1997 : *Le Jeu d'échecs sur la terrasse*, h/pan. (28,6x43,2) : **USD 123 500.**

BARGUES de, famille d'artistes
XVIe-XVIIe siècles. Actifs à Lyon. Français.
Enlumineurs.
Michel en 1560-1568 ; il travailla en 1564 pour l'entrée de Charles IX. – Martial vivait en 1567 et 1573. – Barthélémy en 1603-1608 ; il était aussi joueur d'instruments, profession qu'exercèrent après lui, à Lyon, plusieurs de ses descendants ou homonymes.

BARGUES Jean de
XVe siècle. Actif à Troyes de 1480 à 1486. Français.
Écrivain, miniaturiste et relieur.

BARI. Voir SIMON de Bar

BARI Johann Christoph
XVIIe siècle. Actif à Ratisbonne. Allemand.
Graveur en taille-douce.
Bari grava, d'après Simon Cato, en 1625, une *Vue de Carlsbad à vol d'oiseau.*

BARI Peter
Mort à Cracovie. XVIIe siècle. Travaillant en Pologne dans la première moitié du XVIIe siècle. Italien.
Peintre.
Cet artiste peignit des tableaux d'autels pour l'église des Capucins à Cracovie, où se trouve son tombeau.

BARIAN Jules
Né au XIXe siècle à Limoges (Haute-Vienne). XIXe siècle. Français.
Sculpteur.
Élève de Hiolin et Delépine, il exposa à Paris au Salon des Artistes Français en 1903.

BARIAN Paul Joseph
Né au XIXe siècle à La Ferté-Gaucher (Seine-et-Marne). XIXe-XXe siècles. Français.
Peintre.
Élève de Gérôme et Alexandre Leleu. Il exposa un portrait au Salon des Artistes Français de 1904, puis il envoya régulièrement à ce Salon, de 1923 à 1939. Sociétaire, il obtint une mention honorable en 1925, une médaille d'argent en 1928 et la Croix de chevalier de la Légion d'honneur en 1935. Ses principales œuvres exposées sont : *Bobineuse de Roubaix, Le Vieux lézard* (1926), *Vieux Chantre, L'Antiphonaire* (1927), *Vieux bibliophile, Tisserand flamand* (1928), *Repos du tisserand, Vieux pêcheur* (1929), *Intérieur flamand* (1930), *Vieux ménage flamand, Vieux mendiant au soleil* (1931), *Vieille Normande* (1932), *Vieille Bobineuse, Vieux Bobineur* (1933), *Trois générations, Rêverie* (1934), *Chevrier ariégeois* (1936), *Étable aux chèvres, Intérieur de la cathédrale de Toulouse* (1939). Au Salon de 1929, il présenta une lithographie : *Le Connaisseur.*

BARIC Jules Jean Antoine
Né en 1825 ou 1830 à Sainte-Catherine-de-Fierbois (Indre-et-Loire). Mort le 27 juin 1905. XIXe siècle. Français.
Dessinateur, caricaturiste.
Après des études à Sainte-Barbe, puis au lycée de Tours, il passa l'examen d'admission à l'École Polytechnique. Il entra ensuite

dans l'atelier du peintre Drolling, où il rencontra Paul Baudry. Devenu employé à la direction des Postes en 1848, il fut envoyé à Vesoul en 1852 et revint à Paris en 1854. Deux ans plus tard, il fit ses débuts au *Journal amusant*, où il commença sa série de *Paysans*, puis au *Polichinelle* et à la *Semaine*. Ayant démissionné de ses fonctions, il eut le temps de dessiner des caricatures pour la plupart des jounaux satiriques, d'écrire des opérettes, vaudevilles, drames. Il a publié un grand nombre d'albums, dont *Monsieur Plumichon, Les Autrichiens en Italie, Balivernes militaires, Comment on devient riche, Fantasia militaria*, etc... On a encore de lui de grandes planches au trait : scènes de campagne les gouttes de différents liquides vues au microscope. Il a illustré les *Nouvelles* de Maupassant, mais aussi deux plaquettes : *La pêche à la ligne* de Léo Mark et *La légende de l'orphéoniste* racontée par Laurent de Rillé. Il créa, en 1866, un journal d'enfants : *Le chérubin* et a collaboré à presque tous les journaux illustrés. Il a signé des pseudonymes *Julius Altkind, Jean Antone, Craïb* ou *Croilo*.

Le contour très vif et assuré de ses dessins leur donne un caractère proche de ceux de Daumier ou des affiches de Toulouse-Lautrec.

Bibliogr. : Gérald Schurr : *Les Petits Maîtres de la peinture 1820-1920, valeur de demain*, t. VI, Paris, 1985.

Musées : Orléans (Mus. des Beaux-Arts) – Paris (BN) – Tours (Mus. des Beaux-Arts).

Ventes Publiques : Paris, 29-30 avr. 1910 : *Théâtre des Funambules*, aquar. : **FRF 90** – Paris, 27 fév. 1929 : *Le discours à l'auberge*, dess. : **FRF 300**.

BARICOLO F.
xviiie siècle. Actif à Paris. Français.
Peintre.

La copie du buste de Benjamin Franklin, d'après J.-S. Duplessis, qui se trouve dans la Galerie nationale des portraits à Londres, est son œuvre.

Ventes Publiques : New York : *Benjamin Franklin* : **GBP 255**.

BARIER François Julien
xviie siècle. Français.
Orfèvre, peintre, peintre sur émail.

Il travailla dans la seconde moitié du xviie siècle à Laval et à Paris. Cité par Mariette dans son Abecedario.

BARIGIANI di Vicenzo Gismondo ou Giocondo. Voir GISMONDO di Vicenzo dei Barigiani

BARIGIONI Filippo
Né en 1690 à Rome. Mort en 1753 à Rome. xviiie siècle. Français.
Architecte, sculpteur, dessinateur.

Il construisit plusieurs édifices publics à Rome ; fit pour Saint-Pierre la *Statue de saint Norbert* et le *Monument funèbre de Marie-Clémentine Sobieska*. Aux obsèques des papes Clément XI, Innocent XIII et Clément XII, il fut chargé des catafalques élevés dans Saint-Pierre. Le catafalque du roi de Pologne, Auguste II, dans l'église Saint-Clément à Rome, lui fut aussi confié. La chapelle de Saint-François-de-Paule, dans le transept de Saint-André delle Fratte, riche en ornements de marbre et de bronze, est aussi son œuvre.

Ventes Publiques : Milan, 30 nov. 1982 : *Projet d'autel, architecture*, deux dess. (32,5x26 et 33,5x26) : **ITL 1 000 000**.

BARIGIONI Giannantonio
xviie-xviiie siècles. Actif à Rome de 1696 à 1706. Italien.
Peintre et dessinateur.

Suivant Zani, il peignit des madones, des allégories, des saints et des portraits.

Ventes Publiques : New York, 4 oct. 1996 : *La Descente de la Croix*, h/cuivre, de forme circulaire (diam. 41,3) : **USD 9 200**.

BARIGLIETTO Antoine
xviie siècle. Italien.
Peintre.

Peintre de la cour du duc Charles-Emmanuel ier de Savoie, il fut, à partir de 1609, gouverneur du château de Rivoli.

BARIGLIONE Ascanio
xviie siècle. Romain, actif au xviie siècle. Italien.
Peintre.

BARILE Antonio di Neri di Antonio ou Barili
Né le 12 août 1453 à Sienne. Mort le 20 février 1516. xve-xvie siècles. Italien.
Sculpteur sur bois.

En 1484, il restaura le pont de Buonconvento. On cite parmi ses ouvrages des sculptures dans le chœur de la cathédrale de Sienne, pour lesquelles il se servit de la collaboration de son neveu Giovanni Barile et de Giovanni di Pietro Castelnuovo. Il travailla aussi pour la Chartreuse de Maggiano et pour le cloître Il Santuccio à Sienne. Il épousa Maddalena di Domenico del Rossi.

BARILE Aurelio ou Barilla, Barilli
xvie siècle. Actif à Parme. Italien.
Peintre.

Élève et imitateur de Francesco Mazzola (il Parmigiano), il décora de peintures murales dans le style de ce maître, de 1574 à 1575, deux chapelles de la cathédrale de Parme.

BARILE Gian
xve siècle. Actif à Florence, vers la fin du xve siècle. Italien.
Peintre.

Il fut le premier maître d'Andrea del Sarto.

BARILE Giovanni
Né à Sienne. Mort en 1529 à Sienne. xvie siècle. Italien.
Sculpteur sur bois et marqueteur.

Neveu d'Antonio Barile, devint très célèbre par ses sculptures, se fixa à Rome vers 1514, y connut Raphaël et sculpta pour lui le cadre de sa *Transfiguration*, qui n'existe plus.

BARILE Xavier J.
Né en 1891 à Tufo (Avellino). xxe siècle. Américain.
Peintre, graveur, illustrateur.

Ventes Publiques : New York, 17 avr. 1982 : *A brunette*, h/t (61x81,5) : **USD 1 000** – New York, 4 mai 1993 : *L'artiste se promenant à cheval dans la Vallée de la Mort*, h./résine synth. (50,7x61) : **USD 1 035**.

BARILHAUT Jean
xvie siècle. Français.
Peintre.

Peintre bordelais.

BARILI Andrea di Salvi
xvie siècle. Actif à Florence vers 1525. Italien.
Peintre.

Fils de Salvi Barili.

BARILI Salvi d'Andrea di Domenico
Né en 1438. Mort en 1503. xve siècle. Actif à Rovezzano. Italien.
Sculpteur.

Il fut nommé, à Florence, surveillant en chef de la construction de l'église Santo Spirito. Il travailla aussi au Campo Santo de Pise. Il eut deux fils : Andrea, né en 1468, et Giovanni, en 1486.

BARILLET F.
xixe-xxe siècles. Actif à Nevers (Nièvre) à la fin du xixe siècle. Français.
Peintre de figures, dessinateur, lithographe.

Il fut aussi imprimeur.

Ventes Publiques : Versailles, 26 oct. 1980 : *Pêcheurs sur la rivière 1904*, h/t (45,5x55) : **FRF 2 050**.

BARILLET Jean Alfred
Né à Paris. xxe siècle. Français.
Peintre, peintre de cartons de tapisseries, verrier.

Il fit ses études à l'Académie de la Grande Chaumière à Paris, où il rencontra Fernand Léger, Bissière et Séverini. A partir de 1935 il expose au Salon d'Automne dont il est sociétaire. Il a obtenu le Grand Prix à l'Exposition internationale de Paris en 1937 et à celle de Bruxelles en 1958.

Il a créé des cartons de tapisseries exécutés à Aubusson et destinés à la cathédrale de Luxembourg. Il est l'auteur de nombreux vitraux dont certains ont été exécutés d'après des maquettes d'artistes tels que Léger, Bazaine, Ubac, Braque ou Manessier. Il a également participé à la restauration de monuments historiques : la Sainte-Chapelle, Notre-Dame de Paris et la cathédrale de Beauvais.

BARILLET Louis
xviiie siècle. Français.
Peintre.

Membre de l'Académie de Saint-Luc, il mourut en 1727.

BARILLET Louis
Né à Alençon (Orne). xxe siècle. Français.
Peintre, décorateur, verrier, mosaïste.

En 1914 il exposa, à Paris, à la Société Nationale des Beaux-Arts et en devint sociétaire en 1932 pour la section d'Art Décoratif. Dès 1920, il figure au Salon des Artistes Décorateurs, aux Artistes Modernes et à partir de 1922 au Salon d'Automne. Il fut membre du jury à l'Exposition des Arts Décoratifs de 1925 et à l'Exposition coloniale de 1931.

Cet artiste a pris une part importante aux recherches contemporaines dans le domaine du vitrail. Les verrières et les mosaïques sorties de ses ateliers ont été exécutées en collaboration avec Jacques Le Chevallier et Théodore Hansen. Elles ornent entre autres édifices : la cathédrale de Luxembourg, la cathédrale de Saint-Malo, les églises de Laigle, de Saint-Léon à Paris, de Notre-Dame-de-la-Trinité à Blois, les chapelles du séminaire de Meaux et du pensionnat Jeanne-d'Arc d'Argentan. Son atelier de mosaïste exécuta la mosaïque de Saint-François-de-Sales à Argentan. À l'Exposition Internationale de 1937, il présenta une verrière moderne pour la cathédrale Notre-Dame de Paris.

BARILLET Madeleine
XXᵉ siècle. Française.
Décorateur.

Préoccupée de renouveler l'art de la chasublerie, affrontant la difficulté de donner un caractère moderne à des vêtements liturgiques, Madeleine Barillet a affirmé les principes qui l'ont conduite à ces réalisations dans un article de l'Art sacré (septembre 1938).

BARILLI Aristide
Né en 1913 à Parme. XXᵉ siècle. Italien.
Peintre de compositions animées, figures.

Il fit partie du groupe néo-futuriste tardif Reggiani.

VENTES PUBLIQUES : ROME, 23 nov. 1981 : Bataille organique 1933, h/cart. (34x50) : ITL 3 000 000 – MILAN, 20 mars 1989 : Autoportrait, h/cart. (32,5x23) : ITL 7 300 000 – MILAN, 7 nov. 1989 : Gastrophonie 1933, h/pan. (51x35,5) : ITL 7 000 000.

BARILLI Cecrope
Né à Parme. XIXᵉ siècle. Italien.
Peintre.

Fut professeur à l'Académie de Parme. Il exposa à Parme en 1883, à Turin en 1885, à Bologne en 1888, et à Gênes en 1896, des tableaux de genre.

MUSÉES : VIRE : Jeune fille puisant de l'eau.

BARILLI Giacomo ou Jacques ou Barille
XVIIIᵉ siècle. Italien.
Peintre décorateur.

Il entra au service du vice-roi de Naples, avec Franc. Galli da Bibbiena, en 1701. Il travailla au Palais Farnèse, à Colorno, de 1703 à 1706 ; à Nancy, de 1710 à 1722, où il ornementa des palais et des théâtres et aussi, avec Claude Charles, qui se chargea des figures et des fleurs, la chapelle du collège (1717).

BARILLOT
Né vers 1920. XXᵉ siècle. Français.
Sculpteur.

Élève de Bouchard. Second Grand Prix de Rome en 1945.

BARILLOT Léon
Né le 11 octobre 1844 à Montigny-les-Metz (Moselle). Mort en 1929 à Metz (Moselle). XIXᵉ-XXᵉ siècles. Français.
Peintre animalier, peintre de paysages.

Il fut, tout d'abord, dessinateur de modèles, chez son père qui avait une fabrique de papiers peints à Metz. Préférant suivre les cours de dessin, il obtint de venir à Paris en 1869, date à laquelle il participa, pour la première fois, au Salon. Il dut revenir à Metz au moment de la guerre de 1870, il y subit le siège, puis retourna à Paris après la commune, travaillant notamment sous la direction de Bonnat. Il obtint une médaille d'or à l'Exposition de 1900 et plusieurs médailles aux expositions de Londres, Melbourne, etc. Il fut membre du jury de peinture au Salon des Artistes Français et chevalier de la Légion d'honneur.

Peintre de plein air, il a, dès 1873, peuplé de troupeaux ses paysages de bords de Seine, de Sologne, du Charolais. Il a su rendre les diverses attitudes tantôt furieuses, tantôt rêveusement pensives de bovins qui, sous leur robe épaisse, souple et soyeuse, laissent deviner une charpente solide, bien observée. Ses vastes compositions montrent des paysages largement éclairés, où la lumière joue à travers les feuillages. Citons, entre autres : Herbage à Beuzeval – La ferme Lonedin près de Honfleur – Le gué de Bas-Landries – L'automne en Lorraine – Labourage en Saintonge – Herbage du Cotentin – Les étangs de Saint-Paul de Varx. À cette nomenclature, il convient d'ajouter des vues de Saint-Vaast-la-Hougue et du Crotoy exposées au Salon des Artistes Français jusqu'en 1929.

L . Barillot

BIBLIOGR. : Gérald Schurr : les Petits Maîtres de la peinture 1820-1920, valeur de demain, Les Éditions de l'Amateur, t. IV, Paris 1979.

MUSÉES : AIX-EN-PROVENCE – AMIENS : Vache – BOURGES : Coup de vent sur les bords de la Manche – CAHORS – GRAY : Temps nuageux sur la falaise de Saint-Jean-le-Thomas (Manche) – LILLE – LONDRES (Victoria and Albert Mus.) : Un coin de la ferme Saint-Siméon à Honfleur – La ferme Louëdun, près Honfleur – Un verger au printemps – Maître Aliboron – Le gué de Ras-Landies, le jour du marché d'Aurillac – Stop – Paysage bressan – METZ : Paysage – Animaux – MORLAIX – MULHOUSE : Mon amie Follette – Le marché de Quettebon (Manche) – Le bac des héritiers – NANCY : Embarquement de bestiaux dans le marais poitevin – ROUEN : La barrière – TOUL : Le vieux Jacques et ses bêtes.

VENTES PUBLIQUES : PARIS, 12 déc. 1877 : Cour de ferme : FRF 1 180 – PARIS, 19 fév. 1910 : Le pâturage : FRF 350 – PARIS, 23 déc. 1942 : Vaches au bord de l'eau : FRF 1 350 – PARIS, 15 mars 1943 : Gardiennes de vaches et leur troupeau : FRF 3 200 – PARIS, 22 déc. 1948 : Vaches : FRF 6 000 – PARIS, 9 fév. 1955 : Étang de Bernouville : FRF 15 000 – VIENNE, 16 mars 1976 : Troupeau au pâturage, Normandie, h/t (44x60,5) : ATS 32 000 – COLOGNE, 17 mars 1978 : La Côte normande, h/t (38,5x55) : DEM 3 300 – NEW YORK, 11 fév. 1981 : Troupeau à l'abreuvoir, h/t (38x55) : USD 1 500 – BERNE, 6 mai 1983 : Gitans et ours dansant, h/t (24x33) : CHF 5 000 – VERSAILLES, 17 fév. 1985 : Paysanne gardant les vaches, h/t (90x116) : FRF 9 000 – PARIS, 15 juin 1994 : Paysage aux vaches, h/t (38,5x55) : FRF 5 000.

BARILLOT-BONVALET Léonie
Née à Montigny-les-Metz (Moselle). Morte le 12 février 1901 à Paris. XIXᵉ siècle. Française.
Peintre de fleurs.

Élève de son frère Léon Barillot, de Jules Lefebvre et de Benjamin Constant, elle exposa à peu près régulièrement au Salon de Paris depuis 1878.

VENTES PUBLIQUES : PARIS, 21 jan. 1925 : Fleurs : FRF 285.

BARILLOT-FAVIER Jeanne
Née à Saint-Cloud (Seine-et-Oise). XXᵉ siècle. Française.
Peintre et aquarelliste.

Élève de Mme Faux-Froidure. Membre de l'Union des Femmes peintres et sculpteurs.

BARILOTTO Pietro ou Barilotti, Barlotti
XVIᵉ siècle. Actif à Faenza. Italien.
Sculpteur.

Il existe dans la cathédrale de Faenza, deux tombeaux exécutés par lui : celui d'Africano Severoli, mort en 1522, et celui de Giov.-Batt. Bosi. Le premier porte une inscription et la date de 1528 ; l'autre, de style Renaissance, est signé et daté de 1542.

BARIN Hans Konrad
Né en 1592, originaire de Schaffhaus. XVIIᵉ siècle. Travaillant à Ulm vers 1617. Suisse.
Peintre.

BARINCI Giov. Battista
Né à Sienne. XVIIᵉ siècle. Actif dans la première moitié du XVIIᵉ siècle. Italien.
Sculpteur et fondeur en bronze.

G.-B. Crescenzi, chargé par Philippe III de la construction du Panthéon de l'Escurial, l'emmena, en 1620, en Espagne, où il exécuta l'ornementation plastique du monument.

BARINELLI Niccolo
XVIIIᵉ siècle. Actif à Forli. Italien.
Sculpteur.

On croit que cet artiste exécuta, à Forli (d'après Cignani) des sculptures en marbre, dans l'église San Mercuriale, en 1786.

BARING Emma, Lady
XIXᵉ siècle. Britannique.
Peintre de paysages.

Elle exposa à Londres en 1888.

BARING F., colonel
XIXᵉ siècle. Britannique.
Sculpteur.

Il exposa à Londres de 1868 à 1881, notamment à la Royal Academy.

BARINGER
XVIIIᵉ siècle. Britannique.
Peintre de natures mortes.
Il exposa à Londres en 1773.

BARINGER Richard E.
Né le 3 décembre 1921 à Elkhart (Indiana). XXᵉ siècle. Américain.
Peintre.
À Chicago où il est étudiant, il compte parmi ses professeurs le peintre Moholy-Nagy. Il a obtenu le Prix de Rome et expose régulièrement ses œuvres dans différentes villes des États-Unis : Los Angeles depuis 1945, Boston depuis 1949 et New York depuis 1962.

BARIONA Mario
Né le 20 juin 1931 à Milan. XXᵉ siècle. Italien.
Peintre, lithographe.
D'abord journaliste, il a parcouru le monde. Il est venu tard à la peinture, vers 1960. Il participe à des expositions collectives depuis 1970 dans des villes d'Italie, puis, à partir de 1976, en France. Depuis 1969, il multiplie les expositions personnelles, au rythme général de plusieurs par année.
Ses peintures ressemblent à des collages, les formes en sont très découpées et peintes en aplats de couleurs les plus franches et vives. Les titres, assez longs, définissent un climat poétique à résonance surréaliste. Les références en sont complexes, de la bande dessinée, à Miro, de Miro à Adami ou à la minutie dans l'exécution de Hervé Télémaque.
BIBLIOGR. : Catalogue *Mario Bariona*, Édit. Vence cité des Arts, 1985.

BARIS Marie Marguerite
Née à Fribourg. XXᵉ siècle. Suisse.
Sculpteur.
Exposa un médaillon au Salon des Artistes Français de 1922.

BARISANI Renato
Né en 1918 à Naples. XXᵉ siècle. Italien.
Peintre et sculpteur.
En 1937 il étudia la sculpture à l'Institut des Beaux-Arts de Naples et en 1939 à l'Institut d'Art de Monza avec Marino Marini. En 1941 il est diplômé de l'Académie des Beaux-Arts de Naples. Il a participé à la Quadriennale de Rome en 1948, à la Biennale de Venise en 1962 et au Prix de San-Benedetto del Tronto en 1963.
En 1948 il rejoint le groupe Sud, en 1953 le groupe M.A.C. Il adhère aussi très tôt au mouvement néo-plasticiste, analysant et recherchant de nouveaux rapports formels en vue de renouveler le langage plastique, l'attaquant simultanément par le signe, la forme, la couleur et la matière.
MUSÉES : ROME .

BARISANO ou Barisanus da Trani
XIIᵉ siècle. Actif dans la seconde moitié du XIIᵉ siècle. Italien.
Sculpteur et fondeur de bronze.
Il exécuta les portes à deux battants des cathédrales de Trani, vers 1175, de Ravello, en 1179, et de Monreale, en 1185. Pour les deux premières il utilisa la technique orientale du damasquinage, panneaux de métal montés sur une ossature de bois. Pour la dernière, il utilisa la technique de la fonte en relief, à la façon des coffrets byzantins. Dans les portes de Trani, il mêla, dans les trente-trois compartiments, des scènes religieuses, guerrières ou de vie des animaux, qu'il reprit dans les deux autres, y ajoutant, à Monreale, autour des scènes proprement dites, des éléments décoratifs.

BARISCORD Jean Bleyer de
XVIᵉ siècle. Actif à Nancy à la fin du XVIᵉ siècle. Français.
Peintre d'ornements et d'armoiries.
Ce peintre s'établit à Nancy, en 1572, où il travailla aux peintures de la galerie des Cerfs et aux appartements du palais ducal. Cité en 1612, 1613 et 1618.

BARISEL, famille d'artistes
XVᵉ-XVIᵉ siècles. Actifs à Béthune. Français.
Sculpteurs sur bois.
Jean Barisel travailla vers 1465, il eut deux fils : Florent et Mathieu, qui exécutèrent les stalles de l'église Saint-Barthélemy. Nyet, fils et élève de Florent, travailla vers 1509.

BARISIEL Jean
XVᵉ siècle. Actif à Cambrai en 1421 et 1422. Français.
Peintre.

BARISIEN Friedrich Hartmann
Né en février 1724 à Cobourg. Mort en août 1796 à Mitau (nom allemand de Ielgava, Lettonie). XVIIIᵉ siècle. Allemand.
Portraitiste.
Il étudia à Dresde. Il travailla depuis 1750 à Astrakan, Riga et Mitau. Dans cette dernière ville, il exécuta plusieurs ouvrages pour la cour ducale, notamment des peintures au plafond du palais, et en 1783 les décorations pour le théâtre. Les Musées de Riga et Mitau conservent nombre de ses portraits. Une œuvre de lui se trouve aussi dans l'église de Wiederau, en Saxe.

BARISINI Barisino dei
Mort en 1343. XIVᵉ siècle. Actif à Modène. Italien.
Peintre.
Père de Tommaso da Barisino.

BARISON Giuseppe
Né en 1853 à Trieste. Mort en 1930. XIXᵉ-XXᵉ siècles. Autrichien.
Peintre de genre, portraits.
Exposa à Berlin, à Munich et à Vienne. Cité de 1884 à 1906. On le cite encore exposant à Munich en 1909.
MUSÉES : STUTTGART : *Famille vénitienne* – TRIESTE (Mus. Revoltella) : *Isabelle Orsini et son page* – *Barcarolle*.
VENTES PUBLIQUES : LONDRES, 21 fév. 1936 : *Discussion* : **GBP 40** – MILAN, 10 juin 1981 : *Lion en cage* – *Couple de lions*, deux h/pan. (17,5x27,5) : **ITL 2 000 000** – LONDRES, 22 juin 1984 : *Au zoo, Venise*, h/t (46x87,5) : **GBP 19 500** – ROME, 11 déc. 1990 : *Jeune fille à l'éventail*, h/pan. (39x24) : **ITL 2 530 000** – LONDRES, 25 nov. 1992 : *La visite de grand-mère*, h/t (55x75) : **GBP 20 350.**

BARITEAU Alcide
Né à L'Hébergement (Vendée). XIXᵉ-XXᵉ siècles. Français.
Peintre de scènes typiques.
Il a peint *Les Moissonneurs arabes*, exposés en 1939.
VENTES PUBLIQUES : PARIS, 9 déc. 1996 : *Scène familiale*, h/t (57x71) : **FRF 17 000.**

BARIZEL. Voir BARISEL

BARIZEU Jan ou Baryzeu
XVᵉ siècle. Actif à Anvers. Éc. flamande.
Graveur.
Admis en 1499 franc-maître dans la gilde de Saint-Luc.

BARIZON Jean Antoine Marie
Mort en 1788. XVIIIᵉ siècle. Français.
Peintre.
Peintre en rubans reçu à l'Académie de Saint-Luc.

BARIZON Robert Louis
XVIIIᵉ siècle. Actif à Paris. Français.
Peintre.
Frère de Jean Antoine Marie Barizon.

BARJANSKY Vladimir
Né à Petrograd. XIXᵉ-XXᵉ siècles. Russe.
Peintre et dessinateur.
En 1921 et 1922 il exposa à Paris, au Salon d'Automne. Il est surtout connu pour son tableau intitulé *Le bal des Borgias*.
VENTES PUBLIQUES : LONDRES, 6 juin 1979 : *Costumes de trois marionnettes* 1922, aquar. et gche (27x20,5) : **GBP 280.**

BARJOLA Juan
Né en 1919 ou 1920. XXᵉ siècle. Espagnol.
Peintre de figures, scènes de genre.

Barjola

VENTES PUBLIQUES : MADRID, 19 oct. 1976 : *Tauromachie*, h/t (32x112) : **ESP 525 000** – MADRID, 14 mars 1978 : *Fillette dans la rue*, h/t (115x82) : **ESP 525 000** – MADRID, 13 déc. 1983 : *Contemplation dans le jardin* 1973, h/t (81x65) : **ESP 400 000** – MADRID, 3 jan. 1985 : *Enfant bicéphale*, h/t (81x65) : **ESP 300 000** – MADRID, 10 juin 1989 : *Abattoir* 1986, h/t (162x130) : **ESP 3 450 000.**

BARJOLLE
XVIIIᵉ siècle. Actif à Rouen. Français.
Sculpteur.
Cet artiste sculpta, en 1731, le retable et le tabernacle de l'église Saint-Jean, d'après les dessins de l'architecte Jean-Pierre Defrance.

BARJON Victor
Né le 12 décembre 1845 à Moirans (Isère). XIXᵉ siècle. Français.

Peintre de paysages, pastelliste, dessinateur.
Élève du peintre J. Achard, V. Barjon, fixé à Lyon depuis 1887, a débuté au Salon de cette ville en 1887 avec *Dans le ruisseau de Morges à Moirans* (exposé à Paris l'année précédente). Il a obtenu, en 1907, une 2ᵉ médaille au Salon de Lyon.
Avec de nombreux paysages à l'huile, au pastel et à la plume, il a produit une quarantaine d'eaux-fortes.
VENTES PUBLIQUES : HONFLEUR, 6 avr. 1980 : *Le village fortifié*, h/t (49x63) : FRF 2 900.

BARJOU Henri Jules Edouard Raymond
Né le 29 avril 1875 à Lesneven (Finistère). XXᵉ siècle. Français.
Peintre de paysages, aquarelliste, graveur à l'eau-forte.
En 1920 et 1922, il exposa à Paris, à la Société Nationale des Beaux-Arts, au Salon des Artistes Français entre 1924 et 1939 à la section de gravure, et au Salon des Indépendants de 1927 à 1930. Il exposa également ses œuvres au Palais des Beaux-Arts de Bruxelles. Il était officier de la Légion d'honneur.
Il a surtout représenté les paysages de Bretagne.

BARKA Nina
XXᵉ siècle. Française.
Peintre. Naïf.
Pendant les années 1960, on pu voir ses peintures naïves aux évidentes réminiscences des miniatures orientales.

BARKAS H. D.
XIXᵉ siècle. Britannique.
Peintre.
Le Musée de Reading conserve une toile de lui : *Basham*.

BARKENTIN George, dit aussi Slater George
XIXᵉ siècle. Actif à Londres. Britannique.
Sculpteur.
Sous le nom de George Slater, cet artiste exposa à la Royal Academy entre 1861 et 1863. Plus tard, en 1876, il envoya deux œuvres à la même institution, sous la signature de Barkentin.

BARKENTIN Hans
Mort le 4 février 1624. XVIᵉ-XVIIᵉ siècles. Allemand.
Peintre.
Il fut membre de la gilde des peintres à Hambourg en 1611.

BARKER A.
XIXᵉ siècle. Britannique.
Peintre de sport.
Il exposa à Suffolk Street, à Londres, en 1834.

BARKER A. E., Miss
XIXᵉ siècle. Britannique.
Peintre de figures.
Elle exposa à Londres, notamment à la Royal Academy, de 1858 à 1870.

BARKER Adeline Margery
XIXᵉ-XXᵉ siècles. Britannique.
Peintre de paysages, de portraits et de figures.

BARKER Agnes Mc. Makin, Mrs
Née au XIXᵉ siècle. XIXᵉ siècle. Américaine.
Peintre.

BARKER Albert W.
Né en 1874 à Chicago (Illinois). XIXᵉ-XXᵉ siècles. Américain.
Peintre.
Il participa à la Pensylvania Academy of Fine Arts, où il fut élève. Barker étudia aussi à l'École des Arts Industriels à Philadelphie.

BARKER Anthony Raine
Né à Harrow (Middlesex). XIXᵉ siècle. Britannique.
Aquafortiste, graveur et lithographe.
Il participa à l'exposition de Bruxelles de 1910 avec *Château-Gaillard*.

BARKER B.
XIXᵉ siècle. Britannique.
Portraitiste.
Il exposa à la Royal Academy à Londres, en 1841.

BARKER Benjamin
Né à Newark. Mort le 12 juin 1793 à Bristol. XVIIIᵉ siècle. Britannique.
Peintre de chevaux.

BARKER Benjamin, dit Barker de Bath
Né en 1776. Mort le 2 mars 1838 à Tolness. XIXᵉ siècle. Britannique.
Paysagiste.

Frère de Thomas Barker. Il travailla à Bath, exposa à la Royal Academy et à la Société des Aquarellistes, de 1800 à 1831. Plusieurs de ses aquarelles sont au Victoria and Albert Museum à Londres, et Théodore Fielding a reproduit beaucoup de ses œuvres en aquatinte.
MUSÉES : LONDRES (Victoria and Albert Mus.) : *Paysage – rivière et montagnes – Paysages – Figures et animaux – Brecon (?), la ville et le pont – Vallée de Festiniog, pays de Galles – Paysage avec village, effet d'orage*.
VENTES PUBLIQUES : LONDRES, 16 fév. 1922 : *Vue de Shotiver Hill*, aquar. : GBP 16 – LONDRES, 23 mars 1923 : *Sentier près de Bath* : GBP 10 – PARIS, 6 déc. 1924 : *Chevaux à l'abreuvoir* : FRF 450 ; *L'Étang près de la ferme* : FRF 650 – LONDRES, 9 mai 1927 : *Paysage boisé* : GBP 11 – LONDRES, 28 fév. 1936 : *Faneuses sur le versant d'une colline* : GBP 8 – LONDRES, 22 déc. 1938 : *Vue près de Bath* : GBP 110 – LONDRES, 18 juin 1976 : *Paysage fluvial boisé animé de personnages* 1810, h/t (172x266) : GBP 2 800 – LONDRES, 16 avr. 1980 : *Voyageurs sur une route du pays de Galles* 1804, aquar./trait de cr. (21,5x33,5) : GBP 360 – LONDRES, 27 mars 1981 : *Vue du lac Albano avec le castel Gandolfo – Paysage aux environs du lac de Bolsena*, deux h/t (39,4x55,2) : GBP 1 000 – LONDRES, 10 juil. 1991 : *Paysage avec des personnages et du bétail se désaltérant dans une mare*, h/pan. (29x39) : GBP 1 980 – LONDRES, 14 juil. 1993 : *Le bûcheron*, h/t (62x46) : GBP 920.

BARKER C. F.
XIXᵉ siècle. Britannique.
Peintre de figures.
Il exposa à Suffolk Street à Londres vers 1845.

BARKER Caroline
Née à Melbourne. XXᵉ siècle. Australienne.
Peintre.
Élève de Byam Shaw et Vicat Cole School. Exposa à Paris au Salon des Artistes Français de 1926.

BARKER Cicely Mary
Née le 28 juin 1895 à Croydon. XXᵉ siècle. Britannique.
Aquarelliste.

BARKER Clarissa
XIXᵉ siècle. Britannique.
Peintre de fleurs.
Elle exposa en 1885 et 1886 à Suffolk Street, à Londres.

BARKER Clive
Né en 1940. XXᵉ siècle. Britannique.
Sculpteur. Pop art.
Parmi ses travaux des années 1966-1969, Barker a utilisé des facsimilés d'objets courants, qu'il reproduisait en laiton, en cuivre, en bronze, soit seuls, soit en assemblages, comme, par exemple, la *Beauté américaine*, beauté en ce qu'il représente le stéréotype d'une jeune femme coquette, américaine en ce qu'il la juche en haut du goulot d'une bouteille de Coca-Cola.
BIBLIOGR. : M. Livingstone, in : *Pop'Art, une histoire continue*, Londres, 1990.
VENTES PUBLIQUES : LONDRES, 2 déc. 1976 : *Les tournesols de Van Gogh* 1969, bronze et cuivre (H. 95) : GBP 1 400 – LONDRES, 3 juil. 1980 : *Bouteille de Coca-Cola avec deux pailles*, bronze (H. 28) : GBP 100 – LONDRES, 9 nov. 1990 : *Trois grenades à main* 1969, bronze chromé (H. avec la base 10) : GBP 1 210 – LONDRES, 8 mars 1991 : *La chaise de Van Gogh*, bronze chromé (H. 86,5) : GBP 4 180 – LONDRES, 7 juin 1991 : *Paquet*, bronze à patine dorée (H. 25) : GBP 792 – LONDRES, 8 nov. 1991 : *Beauté américaine* 1968, bronze à patine dorée (H. 37) : GBP 1 430 – LONDRES, 26 mars 1993 : *Vénus au papillon* 1990, bronze à patine verte (H. 30) : GBP 2 070 – LONDRES, 22 mai 1996 : *Deux bouteille de Coca-Cola* 1968, alliage poli (H. 24,7) : GBP 1 840.

BARKER Ethel
XXᵉ siècle. Active à Chicago vers 1907. Américaine.
Peintre.

BARKER Henry Aston
Né en 1774 à Glasgow. Mort le 19 juillet 1856 à Bilton (près de Bristol). XVIIIᵉ-XIXᵉ siècles. Britannique.
Peintre et graveur de panoramas.
Fils de Robert Barker, élève de la Royal Academy, ami de Robert Ker Porter et de Turner ; son premier tableau : *Vue panoramique de Londres*, est daté de 1792. Il se rendit à Paris, en 1802, et acheva sur place son panorama de cette ville. Son dernier ouvrage dans ce genre fut *Le Cortège du couronnement de Georges IV* (1822). Il visita l'Italie, la Turquie et Copenhague, entre 1799 et 1819.

VENTES PUBLIQUES : LONDRES, 17 nov. 1971 : *Vue de Gibraltar* : GBP 3 700.

BARKER J.
XIXᵉ siècle. Actif à Londres. Britannique.
Portraitiste.
Il exposa, en 1818, à la Royal Academy. De 1841 à 1858, des portraits et diverses toiles de genre, signés *J. S. Barker*, figurèrent également aux expositions, probablement du même artiste. Le Musée de Bredford conserve une toile de lui.

BARKER James Thomas
Né le 1ᵉʳ juin 1884 à Rickmansworth. XXᵉ siècle. Britannique.
Peintre.
Auteur de tableaux d'allégories et de paysages.

BARKER John
Né en 1811. Mort en 1886. XIXᵉ siècle. Britannique.
Peintre de paysages ruraux, animalier.
Peintre de la vie rustique et des troupeaux, il était très attiré par les chiens de bergers.
VENTES PUBLIQUES : ÉCOSSE, 30 août 1977 : *Troupeau dans un paysage*, h/t (100x145) : **GBP 900** – LONDRES, 16 fév. 1982 : *Le gardien du troupeau*, h/t (76x63,5) : **GBP 260** – ÉDIMBOURG, 30 avr. 1985 : *Chiens gardant le troupeau*, h/t (126x101) : **GBP 2 600** – ÉDIMBOURG, 30 août 1988 : *Chien de troupeau*, h/t (125x100) : **GBP 9 020** – PERTH, 28 août 1989 : *En attendant le berger*, h/t (76x63,5) : **GBP 4 950** – COLOGNE, 20 oct. 1989 : *Sur le chemin du retour à la chaumière*, h/t (76x63,5) : **DEM 3 000** – NEW YORK, 24 oct. 1990 : *Le gardien du troupeau*, h/t (127x101,6) : **USD 24 200** – NEW YORK, 12 avr. 1996 : *Portrait d'un épagneul*, h/t (45,7x61) : **USD 3 737** – PERTH, 20 août 1996 : *Chiens de berger*, h/t (127x101,5) : **GBP 10 350** – LONDRES, 15 avr. 1997 : *Sur ses gardes*, h/t (127,5x102,5) : **GBP 6 900**.

BARKER John Edward
Né en 1889. Mort en 1953. XXᵉ siècle. Britannique.
Peintre de paysages, marines.
VENTES PUBLIQUES : LONDRES, 8 juin 1990 : *Barques de pêche dans un port à marée basse à Fowey*, h/cart. (58,5x81,5) : GBP 7 150.

BARKER John Joseph
Né en 1824. Mort en 1904. XIXᵉ siècle. Britannique.
Peintre de genre, paysages animés, animalier.
Il était actif à Bath. Il exposa à la Royal Academy entre 1835 et 1863.
VENTES PUBLIQUES : LONDRES, 13 fév. 1976 : *L'école en ruines* 1857, h/t (70x90) : **GBP 1 000** – LONDRES, 17 mars 1978 : *Paysage du Berkshire*, h/t (76x127) : **GBP 1 000** – LONDRES, 26 oct. 1979 : *La Chasse aux lièvres*, h/t (59,6x90,2) : **GBP 950** – NEW YORK, 13 oct. 1993 : *Chasse au tigre*, h/t (102,2x68,6) : **USD 11 500** – NEW YORK, 20 juil. 1994 : *Vaches se désaltérant au bord d'une rivière boisée*, h/t (76,2x63,5) : **USD 2 530** – NEW YORK, 11 avr. 1997 : *Laitière et garçon d'écurie sur un chemin de village*, h/t (71,1x101,6) : USD 6 325.

BARKER John Rowland
Né en 1911. Mort en 1959. XXᵉ siècle. Britannique.
Peintre de paysages, marines.
VENTES PUBLIQUES : LONDRES, 18 déc. 1991 : *Les vestiges de la marée*, h/cart. (57x89) : GBP 825.

BARKER John Wright. Voir BARKER WRIGHT John

BARKER Joseph
XIXᵉ siècle. Actif à York vers 1843. Britannique.
Peintre de scènes rustiques.
Exposa à la Royal Academy en 1843 et 1848.

BARKER Joseph
XIXᵉ siècle. Actif à Bath vers 1808. Britannique.
Paysagiste.
Exposa à la Royal Academy et à la British Institution en 1808 et 1809.

BARKER Lucette E.
XIXᵉ siècle. Active à Thirsk. Britannique.
Peintre de genre.
Elle exposa entre 1853 et 1874, à la Royal Academy et à la British Institution, à Londres.

BARKER M.
XIXᵉ siècle. Vivant en 1820. Américain.
Miniaturiste.

BARKER M. A., Miss
XIXᵉ siècle. Active à Bath. Britannique.

Paysagiste.
Elle exposa à Londres, à la British Academy et à la British Institution, de 1820 à 1848.

BARKER Margaret
Née le 6 juin 1907 à Londres. XXᵉ siècle. Britannique.
Peintre de portraits.
Elle est surtout connue pour son œuvre de portraitiste.
MUSÉES : LONDRES (Tate Gal.).

BARKER Marion, Miss
XIXᵉ siècle. Active à Manchester. Britannique.
Peintre de figures.
Elle exposa à Londres à la Royal Academy en 1889.

BARKER Mary Chamberlain
Née en 1856 à New York. Morte en 1914 à New York. XIXᵉ-XXᵉ siècles. Américaine.
Miniaturiste.

BARKER May
XIXᵉ siècle. Vivant en New Jersey à la fin du XIXᵉ siècle. Américaine.
Peintre.
Elle exposa à New York.

BARKER Robert
Né en 1739 à Kells, en Irlande. Mort le 8 avril 1806 à Lambeth. XVIIIᵉ siècle. Britannique.
Peintre de panoramas.
Son premier panorama fut exposé, en 1788, à Edimbourg et c'était celui de cette ville ; l'année suivante, il figura aux expositions de Glasgow et de Londres. Il acquit en ce genre une grande célébrité. Ses panoramas de Londres, pris d'Albion Mills, ceux d'Athènes, de Lisbonne et son tableau : *La flotte russe près de Spithead*, sont les plus réputés.

BARKER Samuel
Mort en 1727. XVIIIᵉ siècle. Britannique.
Peintre de fleurs.
Élève et cousin de John Vanderbanck. Ses débuts furent des portraits, mais bientôt il s'adonna au genre fleurs et fruits, dans la manière de Monnoyer. J. Sturt a gravé, d'après lui, le *Portrait de W. Addy*. Il mourut fort jeune.

BARKER Thomas, dit **de Nottingham**. Voir **BARBER**

BARKER Thomas, dit **Barker de Bath**
Né en 1769 à Pontypool. Mort le 11 décembre 1847 à Bath. XVIIIᵉ-XIXᵉ siècles. Britannique.
Peintre de genre, portraits, paysages, fresquiste, lithographe.
L'étude des maîtres hollandais l'absorba d'abord. De 1790 à 1793, il habita l'Italie, et subit l'influence de l'École italienne.
En Angleterre, ses tableaux de genre furent très appréciés, notamment : *Le vieux Tom*, *La Bohémienne*, *Le Bûcheron*, peints sur porcelaine, terre cuite et même reproduits sur des tissus. Ses nombreux portraits eurent beaucoup de succès. Dans sa propre maison, il peignit à fresque : *L'attaque de Scio par les Turcs*. On signale encore de lui diverses planches dans les incunables de la lithographie anglaise, paysages et tableaux historiques (1801-1807) et quarante impressions lithographiques, d'après des œuvres ou d'après nature. Trente-deux de ses lithographies, d'après des dessins à la plume, ont été reproduites, en 1814, à cinquante exemplaires seulement.
MUSÉES : BRISTOL : *Les bandits* – CARDIFF : *Paysage* – DUBLIN : *Paysage près de Bath* – GLASGOW : *Contrebandier* – *l'attaque* – *Contrebandiers* – *l'alarme* – LONDRES : *Prairie avec figures* – LONDRES (British Art Mus.) : *Jeune garçon se tirant une épine du pied* – *La foire de Landsdown, près Bath* – *Le lavage de moutons* – LONDRES (Victoria and Albert Mus.) : *Paysage, vache et garçon* – *Snowdon, pays de Galles* – *Forêt, chasseur et chien* – *Scène de rivière avec figures* – *Paysage, rivière et bestiaux* – MANCHESTER : *Windermere*, aquar. – NOTTINGHAM : *Un chêne dans le parc de Moccas* – *Une scène sylvestre avec un cottage* – *Paysage de montagne* – *Paysage avec deux figures*.
VENTES PUBLIQUES : LONDRES, 7 juil. 1922 : *Foire aux bestiaux* : **GBP 42** – NEW YORK, 19 fév. 1925 : *Paysage avec un pont rustique* : **USD 250** – LONDRES, 6 mai 1927 : *Rivière près de Stain Fleet, Worcester* : **GBP 12** – LONDRES, 20 avr. 1928 : *Petit berger avec son troupeau* : **GBP 18** – PHILADELPHIE, 30 et 31 mars 1932 : *Personnages dans un paysage* : **USD 140** – NEW YORK, 5 mai 1932 : *Vue de la côte galloise* : **USD 210** – LONDRES, 20 juin 1934 : *Petits paysans près d'une source* : **GBP 42** – LONDRES, 20 mai

1936 : *Scène champêtre avec des enfants* : **GBP 18** – New York, 14 jan. 1938 : *Troupeau dans la campagne* : **USD 220** – Londres, 16 juin 1938 : *Bouvier en son troupeau* : **GBP 35** – Londres, 10 mars 1939 : *La vallée de la Severn* : **GBP 7** – Londres, 4 mai 1951 : *Paysage animé* : **GBP 89** – Londres, 22 avr. 1965 : *Album contenant 32 vues des environs de Bath* : **GBP 1 300** – Londres, 17 juin 1966 : *Paysage boisé avec rivière* : **GNS 450** – Londres, 2 mars 1967 : *Paysage animé de personnages*, deux toiles, faisant pendants : **USD 1 800** – Londres, 17 juin 1970 : *Portrait de la famille Robertson 1817* : **GBP 900** – Londres, 22 juin 1973 : *Troupeau dans un paysage boisé* : **GNS 550** – Londres, 13 oct. 1978 : *Salvatore Rosa dessinant dans une grotte des Abruzzes 1865*, h/t (110,5x180,7) : **GBP 3 200** – Londres, 23 mars 1979 : *The country boy ; the country girl*, deux pan. de fonte ovale (45,2x34,7) : **GBP 900** – Londres, 27 mars 1981 : *Jeune paysan et ânes dans un paysage*, h/t (126,4x103,5) : **GBP 1 000** – Londres, 31 oct. 1985 : *Berger et troupeau au crépuscule*, h/t (131,8x176,9) : **GBP 2 800** – New York, 21 oct. 1988 : *Aveugle et trois jeunes filles dans les ruines romaines 1797*, h/t (73x97) : **USD 7 150** – Londres, 2 nov. 1989 : *Jeune garçon et son âne se reposant au bord d'un chemin forestier*, h/t (76,2x61) : **GBP 3 080** – Stockholm, 10 nov. 1989 : *Jeune méridionale avec un tambourin*, h/t (43x33) : **SEK 10 000** – Londres, 9 fév. 1990 : *Campement de bohémiens la nuit*, h/t (102x127,5) : **GBP 2 530** – Londres, 16 mai 1990 : *Paysage romantique avec du bétail se désaltérant et des personnages près de la fontaine au premier plan 1831*, h/t (50x83) : **GBP 2 090** – Monaco, 16 juin 1990 : *La marchande de gibier*, h/t (78x59,5) : **FRF 33 300** – Londres, 31 oct. 1990 : *Paysage fluvial avec du bétail se désaltérant à la tombée de la nuit*, h/pap./t. (37x52,5) : **GBP 1 760** – Londres, 8 avr. 1992 : *Campement de gitans au clair de lune*, h/t (102x127) : **GBP 2 530** – Londres, 7 oct. 1992 : *Berger et son troupeau dans un paysage rocheux*, h/t (91,5x73) : **GBP 5 280** – New York, 17 fév. 1994 : *Bétail se désaltérant près d'un pont* ; *Paysan et ses bêtes traversant une rivière*, h/pan., une paire (chaque 26,7x20,4) : **USD 5 175** – Londres, 13 avr. 1994 : *Portrait de la princesse Caraboo de Java de buste portant un manteau vert*, h/t (60x47) : **GBP 6 325** – Londres, 3 avr. 1996 : *Propriétaires terriens dans une clairière*, h/t (59x71,5) : **GBP 3 680** – New York, 16 mai 1996 : *Voyageurs assis sur des rochers le long d'une route de campagne dans un paysage montagneux, le matin 1793*, h/t (57,2x69,9) : **USD 6 900**.

BARKER Thomas Edward
XIXe siècle. Britannique.
Peintre de panoramas.
Ce peintre, fils aîné de Robert Barker, débuta chez son père, et, en 1802, travailla avec R. Reinagel. Il fit aussi des marines, dont : *Brise fraîche* et *Port de Weymouth*, qui furent exposées à la Royal Academy, en 1800 et 1801.

BARKER Thomas Jones
Né en 1815 à Bath. Mort le 29 mars 1882 à Haverstock Hill. XIXe siècle. Britannique.
Peintre d'histoire, batailles, scènes de genre, portraits, animaux, paysages animés, paysages.
Fils et élève de Thomas Barker, il vint à Paris, à dix neuf ans, se perfectionner dans l'atelier d'Horace Vernet. Il exposa souvent au Salon de Paris, et fut décoré de la Légion d'honneur pour deux tableaux : *La mort de Louis XIV*, commandé par Louis-Philippe (disparu dans le sac du Palais Royal en 1848) et *La fiancée de la Mort*, peint pour la princesse Marie. De 1835 à 1845, il retourna en Angleterre, où il exposa tous les ans, à partir de 1845, à la Royal Academy de Londres.
Ses scènes de genre et de batailles le rendirent surtout célèbre : *Napoléon après la bataille de Bassano*, *Wellington traversant les Pyrénées*, *La rencontre de Wellington et de Blücher près Waterloo*, *Un épisode de la prise de Pampelune*, *Les généraux alliés devant Sébastopol*, *Bataille de Balaklava*, *Le siège de Lucknow*. Pendant la guerre franco-allemande, il parcourut les champs de bataille et en rapporta de nombreux tableaux, notamment : *L'attaque des cuirassiers*, *Prussiens contre les chasseurs d'Afrique, près Thionville*, *Napoléon après la bataille de Sedan*, *Chevaux sans maîtres après Sedan*. Il excella aussi dans les tableaux de genre : *Salvator Rosa parmi les brigands*, *Les courses du Corso à Rome*, *Chaumière d'un contrebandier de l'ancien temps* (1871), *Un des cent* (1874), *Le retour par la vallée de la mort* (1876). Toutes ces œuvres lui méritèrent d'être surnommé : l'Horace Vernet anglais.
Musées : Besançon : *Le retour de la chasse* – Dunkerque : *Table avec nature morte* – Glasgow : *Au secours de Lucknow*, le relief

de Lucknow, avec portraits de personnages – Nottingham : *Paysage avec bétail et eau au premier plan* – Sheffield : *John Newton Mappin* – Château de Carnavon.
Ventes Publiques : New York, 1898 : *La route du moulin* : **USD 700** – New York, 10-11 avr. 1902 : *Paysage (Suisse)* : **USD 300** ; *Un sentier dans les bois* : **USD 575** – New York, 1904 : *La porte du cottage* : **USD 525** – Londres, 2 déc. 1907 : *Un paysage boisé* : **GBP 1** – Londres, 8 fév. 1908 : *Tivoli* : **GBP 16** – Londres, 16 mars 1908 : *Le voleur de volailles* : **GBP 5** – Londres, 3 juil. 1908 : *Le Voleur* : **GBP 7** – Londres, 21 nov. 1908 : *Après la bataille* : **GBP 2** – New York, 1908 : *Un étang couvert* : **USD 225** – Londres, 10 juil. 1922 : *Jeune fille avec une corbeille de fruits* : **GBP 10** – Londres, 23 juin 1923 : *James I au château de Windsor* : **GBP 16** – Londres, 6 juil. 1928 : *Le Mariage de la fiancée de Lammermoor* : **GBP 10** – Londres, 15 juil. 1932 : *Le Duc de Wellington à la bataille d'Assaye* : **GBP 4** – Londres, 11 juin 1934 : *La tempête de Fort Hougoumont avant Waterloo* : **GBP 7** – Washington D.C., 23 mai 1982 : *Jeune femme avec ses deux enfants 1845*, h/t (69x56) : **USD 1 100** – New York, 29 oct. 1986 : *L'atelier de Salvator Rosa dans les Abruzzes*, h/t (11,8x183,2) : **USD 10 000** – Monte-Carlo, 6 déc. 1987 : *Épagneuls gardant du gibier 1842*, h/t (97x114,5) : **FRF 95 000** – Londres, 3 nov. 1989 : *Les jeunes-filles que nous laissons – départ du 11e Hussard pour les Indes 1866*, h/t (33,5x51) : **GBP 1 650** – Londres, 8-9 juin 1993 : *La Bataille de Waterloo*, h/t (101,5x135) : **GBP 23 575** – Londres, 14 mars 1997 : *Il Corso*, h/t (103,2x173,4) : **GBP 34 500** – Londres, 5 nov. 1997 : *Les Généraux alliés avec les officiers de leur état-major respectif avant Sébastopol*, h/t (64,5x141) : **GBP 17 250**.

BARKER W. Bligh, Mrs
XIXe siècle. Britannique.
Peintre de fleurs et de fruits.
Elle exposa de 1834 à 1850 à la Royal Academy et à Suffolk Street, à Londres.

BARKER W. D.
XIXe siècle. Actif à Trefrew. Britannique.
Paysagiste.
Il exposa à Suffolk Street, de 1870 à 1880.

BARKER William
XVIIIe-XIXe siècles. Américain.
Graveur.
Vivait vers 1795-1803 à Philadelphie et à New York.

BARKER-HAVERFIELD Hugues
Né à Bath. XXe siècle. Britannique.
Peintre de paysages et de natures mortes.
Entre 1930 et 1937 il exposa régulièrement à Paris au Salon des Indépendants. Ses sujets de prédilection étaient les paysages et les natures mortes.

BARKER WRIGHT John ou parfois Barker John Wright
Né en 1864 à Bradford. Mort en 1941. XIXe-XXe siècles. Britannique.
Peintre de genre, paysages animés, animalier.
Il travaillait à Ollerton (Newark) et exposa dès 1893 à la Royal Academy.
Il peignait surtout des scènes de chasse et des animaux, mais aussi des paysages ruraux animés par le bétail.
Musées : Bradford : *Circé*.
Ventes Publiques : Londres, 7 déc. 1907 : *Le Loch Atchray* : **GBP 15** ; *Paysage* : **GBP 20** – Londres, 25 avr. 1908 : *A Stern chase* : **GBP 23** – Londres, 17 mars 1922 : *Troupeau dans la montagne* : **GBP 21** – Londres, 14 fév. 1927 : *Dignité et impudence 1896* : **GBP 10** – Londres, 20 nov. 1931 : *Le parvenu 1896* : **GBP 10** – Londres, 14 mai 1976 : *Trois chiens dans un paysage*, h/t (132x176,5) : **GBP 600** – Auchterarder (Écosse), 30 août 1977 : *Troupeau dans un paysage*, h/t (100x145) : **GBP 900** – Londres, 19 mai 1978 : *Scène de chasse*, h/t (86,3x122) : **GBP 1 900** – Londres, 2 fév. 1979 : *Paysage des Highlands*, h/t (75x100,3) : **GBP 1 000** – Londres, 12 fév. 1982 : *Les meilleurs des amis*, h/t (66,5x91,5) : **GBP 1 400** – Chester, 5 mai 1983 : *Saint Simon*, h/t (70x90) : **GBP 2 200** – New York, 7 juin 1985 : *Scène de chasse*, h/t (86,5x112) : **USD 10 000** – Londres, 1er oct. 1986 : *Les deux amis 1895*, h/t (61x113) : **GBP 16 000** – New York, 4 juin 1987 : *« Ching of Charlton »*, chien pékinois 1875 (45,5x53,5) : **USD 9 000** – New York, 25 fév. 1988 : *Berger et son troupeau sur un sentier l'hiver*, h/t (71,1x91,4) : **USD 8 250** – Glasgow, 7 fév. 1989 : *Bovins des Highlands près d'un lac 1915*, h/t (86x112) : **GBP 2 310** – Perth, 29 août 1989 : *Veaux dans un verger*, h/t (128x96) : **GBP 2 860** – Londres, 27 sep. 1989 : *Bavardages*, h/t (76x96,5) : **GBP 3 300** – Londres, 21 mars 1990 : *Hoo ! Calme !*, h/t (92x112) : **GBP 7 700** – Londres, 13 juin 1990 : *Une belle meute*, h/t

(120x150) : **GBP 14 300** – LONDRES, 1er nov. 1990 : *Jument et son poulain près d'une mare*, h/t (71x91,5) : **GBP 6 050** – PERTH, 26 août 1991 : *Bouvier menant son troupeau de bovins des Highlands*, h/t (150x213,5) : **GBP 18 700** – ÉDIMBOURG, 28 avr. 1992 : *Bovins des Highlands*, h/t (119x160) : **GBP 6 050** – LONDRES, 12 nov. 1992 : *Bovins des Highlands*, h/t (120,5x152,5) : **GBP 6 600** – PERTH, 31 août 1993 : *La pause des laboureurs*, h/t (101,5x122) : **GBP 4 830** – NEW YORK, 9 juin 1995 : *Une prairie en été*, h/t (71,1x86,4) : **USD 3 162** – PERTH, 29 août 1995 : *Bétail des Highlands*, h/t (77x102,5) : **GBP 6 095** – LONDRES, 5 juin 1996 : *Pluie passagère*, h/t (142x194) : **GBP 10 350** – LONDRES, 6 nov. 1996 : *Souvenir de Loch Rannoch*, h/t (86,5x112) : **GBP 5 175** – ÉDIMBOURG, 15 mai 1997 : *Bétail des Highlands*, h/t (77x62,3) : **GBP 4 830**.

BARKHAUS-WIESENHÜTTEN Charlotte von
Née le 12 février 1736 à Francfort-sur-le-Main (Hesse). Morte le 29 mars 1804 à Francfort. XVIIIe siècle. Allemande.
Peintre et graveur à l'eau-forte.
Sans doute apparentée (ou sœur ?) à Hélène Élizabeth von Barkhaus-Wiesenhütten.

C.B.f, chl.B ft

BARKHAUS-WIESENHÜTTEN Hélène Élizabeth von.
Voir **PANHUYS Luise Friedrike Auguste von**

BARKLEY C. W.
XIXe siècle. Britannique.
Paysagiste.
Il exposa à la Royal Academy, à Londres, en 1852.

BARKOFF Alexandre
Né à Helsingfors (Helsinki). XXe siècle. Finlandais.
Sculpteur et graveur.
Exposa à Paris au Salon d'Automne de 1923 des portraits à l'eau-forte et un *Satyre* de plâtre.

BARKWORTH Emma L.
XIXe siècle. Active à Tunbridge Wells. Britannique.
Paysagiste.
Elle exposa à la New Water-Colours Society, à Londres, en 1891.

BARKWORTH Walter T.
XIXe siècle. Britannique.
Peintre de paysages.
Il exposa à Londres de 1884 à 1889.

BARLACCHI Francesco
XVIe siècle. Italien.
Graveur.

BARLACCHI Jacob August Georg
Né en 1822 à Flensbourg. Mort après 1856 à Flensbourg. XIXe siècle. Danois.
Peintre et lithographe.
Élève de l'Académie des Arts à Copenhague, il exposa, de 1845 à 1850, des portraits et des tableaux de genre. L'Association des Arts en acquit trois.

BARLACCHI Tommaso ou **Barlacca, Barlacch, Barlacchio**
XVIe siècle. Actif à Rome. Italien.
Graveur et éditeur.
Il publia un grand nombre de planches des graveurs de l'école de Marc-Antoine. Il a gravé lui-même une couronne de grotesques dans la manière de Vico.

BARLACH Ernst
Né le 2 janvier 1870 à Wedel (Holstein). Mort en 1938 à Rostock. XXe siècle. Allemand.
Sculpteur, peintre, graveur, auteur dramatique, écrivain. Expressionniste.
Il était fils d'un médecin de campagne. De 1888 à 1891 il fut étudiant à l'École des Arts et Métiers de Hambourg puis élève de Robert Dietz à l'Académie de Dresde entre 1891 et 1895. Il gagna ensuite Paris où il travailla pendant un an à l'Académie Julian. Il s'intéresse alors à l'art de Millet, Meunier et Van Gogh. De retour en Allemagne en 1898, il collabora comme dessinateur à la revue *Jugend*, puis il est nommé professeur de céramique à Hör (Westerwald) mais n'occupe son poste qu'un an. C'est au cours d'un voyage en Russie effectué pendant l'année 1906 qu'il prend pleinement possession de son art. Cette même année, il expose à la Grande Exposition d'Art de Berlin. Il dessine ensuite

pour le *Simplizissimus* dans les années 1907-1908, produit des gravures sur bois, et en 1907 expose à Düsseldorf. Il participe en 1907 et 1908 à la *Sécession* de Berlin et en 1908 expose à Dresde. En 1919 il est membre de l'Académie des Beaux-Arts de Berlin. Ce fut à peu près à cette époque qu'il se consacra à la sculpture. En 1936, alors que les nazis ont ordonné le retrait de ses œuvres, décrétées « art dégénéré » dès 1934, des endroits publics, la *Sécession* de Vienne le nomme membre d'honneur. En 1938, ses monuments élevés à Kiel et Güstrow sont détruits.
Il fut certainement influencé dans sa formation artistique par son voyage en Russie de 1906, au point d'avoir, à ce moment, peint des compositions humanitaires figurées par des paysans et des mendiants russes, mais il resta toujours attaché à l'Allemagne du Nord, à ses paysages brumeux et à ses habitants. Il trouva rapidement son style qui ne devait guère évoluer par la suite. Expressionniste de tempérament, il chercha à concilier une expression fortement dramatisée et liée à une profonde résonance religieuse, à une construction d'inspiration cubiste. Dans sa référence à l'archaïsme, il se disait disciple des sculpteurs allemands du Moyen Age. Encore en référence au Moyen Age, il sculpta surtout le bois, et accessoirement seulement l'argile pour les fontes en bronze ou la pierre, construisant ses sujets, isolés ou en groupes, en larges plans définissant des formes massives et trapues, dont les inflexions linéaires induisent à la fois mouvement et élan spirituel. Mis à part des œuvres comme : *Le vengeur* 1914 – ou *Le fugitif* 1920 – *L'homme qui chante* – *Le joueur de flûte*, il sculpta le plus souvent des groupes où les différents personnages étaient fondus dans l'expression générale : *Femmes chantant* 1915 – *La mort* 1925 – la *Frise des auditeurs* 1934, réalisée pour un monument commémoratif de Beethoven ou les monuments aux morts érigés à Magdebourg, Kiel, Güstrow, dont les figures sont soit des gisants, soit des personnages courbés sous le poids du deuil et du destin.
Dès les années dix, parallèlement à son œuvre de plasticien, il rechercha une autre forme d'expression qu'il voulait plus directe. Il composa des drames, dont l'homme à la recherche de son but était le thème général, les personnages porteurs de symboles se débattant dans des situations sans issue entre réalité et imaginaire : *Le jour mort* 1912 – *Le pauvre cousin* 1918 – *Les vrais Sedemund* 1920 – *L'enfant trouvé* 1922 – *Le déluge* 1924 – *Boll le Bleu* 1926 – *Le bon temps* 1930. Il a laissé aussi un *Mystère* inachevé, des fragments de romans, et un récit autobiographique : *Une vie racontée par elle-même* 1928. L'œuvre de Barlach, en sculpture comme dans ses écrits, est fondée sur le sentiment de la souffrance à laquelle est vouée la condition humaine et sur la foi qui permet de la surmonter. Sous le 3e Reich nazi, ses sculptures proscrites ou détruites, Barlach vécut ses dernières années désespéré et solitaire. ■ Jacques Busse

E Barlach

BIBLIOGR. : Friedrich Schult : *Ernst Barlach, l'œuvre plastique*, Hambourg, 1960.
MUSÉES : LUDWIGSHAFEN (Städtische Kunstsamml.) : *Le Vengeur* 1914.
VENTES PUBLIQUES : STUTTGART, 26 nov. 1957 : *Mademoiselle Isenbarn surprenant une conversation*, fus. : **DEM 1 020** – BERNE, 25 mai 1962 : *Der Buchleser*, bronze : **CHF 23 500** – LONDRES, 23 oct. 1963 : *Homme chantant* : **GBP 3 600** – COLOGNE, 20 mai 1965 : *Homme chantant*, bronze, fonte tiré à dix ex. : **DEM 55 200** – NEW YORK, 8 déc. 1965 : *Le solitaire* : **USD 10 000** – HAMBOURG, 18 nov. 1967 : *L'assoiffé* : **DEM 37 000** – HAMBOURG, 24 juin 1968 : *Moines lisant, III*, bronze : **DEM 85 000** – NEW YORK, 1er mars 1972 : *Der Schwertzicher* : **USD 110 000** – HAMBOURG, 2 juin 1976 : *Der wandlungen Gottes*, suite de 7 grav./bois : **DEM 8 200** – LONDRES, 1er juil. 1976 : *Vieillard grelottant* 1937, plâtre (H. 24,5) : **DEM 7 200** – HAMBOURG, 2 juin 1976 : *Femme assise* 1927, fus. (61,6x42,4) : **DEM 12 500** ; *Der Tote Tag* 1910-1911, suite complète de 27 lithos, une des soixante suites sur Japon : **DEM 5 500** – COLOGNE, 3 déc. 1977 : *Le violoniste du village* 1913-1914, bronze (H. 50) : **DEM 58 000** – HAMBOURG, 8 juin 1978 : *Le Prophète Elias* 1922, litho. : **DEM 6 000** – HAMBOURG, 1er juil. 1978 : *Homme chantant* 1930, bronze (H. 49) : **DEM 65 000** – MUNICH, 26 nov. 1979 : *L'incrédule* 1931, bronze (H. 51,5) : **DEM 47 000** – HAMBOURG, 5 juin 1980 : *Homme chantant* 1930, bronze (H. 48,5) : **DEM 88 000** – COLOGNE, 5 juin 1982 : *L'incré-*

dule 1931, bronze (H. 51,5) : **DEM 88 000** – Hambourg, 9 juin 1983 : *Der Bittsteller* 1918, fus./pap. (23X30,2) : **DEM 24 000** – Cologne, 2 juin 1984 : *L'homme chantant* 1928, bronze (H. 49) : **DEM 120 000** – Cologne, 7 déc. 1984 : *Christus in Gethsemane* 1919, grav./bois (20,5x25,3) : **DEM 3 200** – Londres, 2 déc. 1985 : *Das schlimme Jahr 1937*, bois (H. 142) : **GBP 260 000** – Zurich, 6 juin 1986 : *L'homme chantant* 1928, bronze (H. 49) : **DEM 180 000** – Berlin, 23 mai 1987 : *Vieille femme riant* 1937, bronze (H. 19,8) : **DEM 21 000** – Munich, 8 juin 1988 : *Femme assise*, encre (21,9x31,8) : **DEM 12 100** ; *Tilla Durieux*, bronze (H. 18) : **DEM 11 000** – New York, 16 fév. 1989 : *Homme lisant* 1936, bronze (H. 45) : **USD 38 500** – Londres, 21 fév. 1989 : *Femme assise*, porcelaine blanche (25,4x24,1) : **GBP 3 300** – Munich, 7 juin 1989 : *Le doute* 1931, bronze (H. 50) : **DEM 49 500** – Londres, 28 nov. 1989 : *Le chanteur* 1928, bronze à patine brune (H. 50) : **GBP 110 000** – Tel Aviv, 3 jan. 1990 : *Femme tenant un livre*, litho. (29,5x21,5) : **USD 990** – Londres, 3 avr. 1990 : *Les adieux*, bronze à patine brune (H. 48) : **GBP 33 000** – Berlin, 30 mai 1991 : *Couple de paysans russes* 1907, cr./vélin (44,5x63,5) : **DEM 99 900** – Berlin, 27 nov. 1992 : *Les retrouvailles*, bronze (H. 47,5) : **DEM 90 400** – Londres, 30 nov. 1992 : *L'homme chantant* 1928, bronze à patine brune (H. 50) : **GBP 82 500** – Munich, 1ᵉʳ-2 déc. 1992 : *La charge des barbares*, litho. (27x39) : **DEM 3 450** – Heidelberg, 3 avr. 1993 : *Couple de vagabonds endormis* 1912, pierre (H. 28) : **DEM 4 800** – Londres, 20 mai 1993 : *Le fugitif*, bronze à patine brune (H. 35,9) : **GBP 38 900** – Heidelberg, 5-13 avr. 1994 : *Misère* 1922, litho. (50x44) : **DEM 3 750** – New York, 26 mai 1994 : *Le vengeur*, bronze (H. 43,2 ; L. 59,7) : **USD 63 000** – New York, 12 nov. 1996 : *Le Baiser*, bronze à patine brune (H. 16,2) : **USD 5 750** – New York, 19 fév. 1997 : *Le Penseur II* 1934, bronze patine dorée (H. 68,6) : **USD 31 050** – Londres, 24 juin 1997 : *Mort en vie* 1926, bois (H. 83,5) : **GBP 254 500**.

BARLACH Jacob August Georg, orthographe erronée pour **Barlacchi**

BARLAER Abraham van
xviiᵉ siècle. Hollandais.
Peintre de portraits.
Connu par un portrait de Cornelis van den Brande, mort en 1652, gravé par Bernier van Persyn. Peut-être identique au suivant.

BARLAER Abraham van
Mort en 1668. xviiᵉ siècle. Hollandais.
Peintre verrier.
Admis, en 1649, dans la corporation de Middlebourg. Il était probablement fils du maître Cornelis van Barlaer l'Ancien.

BARLAER Cornelis van, l'Ancien
Mort en 1643 ou 1644 à Middlebourg. xviiᵉ siècle. Actif à Middlebourg. Hollandais.
Peintre verrier.
Il peignit une verrière pour l'église de Westersouburg (1638).

BARLAER Cornelis van, le Jeune
Mort vers 1681. xviiᵉ siècle. Actif à Middlebourg. Hollandais.
Peintre verrier.
Fils de Cornelis van Barlaer l'Ancien, fut doyen de la corporation en 1662-1663 et 1666-1667 ; peignit des verrières pour l'hôtel de Ville et diverses églises de Oostcapelle, Saint-Laurens, Oosterland, Westcapelle, de 1647 à 1672. Professeur d'Abraham de Roose.

BARLAG Isak Philip Hartvig Ree
Né le 7 décembre 1840 à Christiania (ancien nom d'Oslo). xixᵉ siècle. Norvégien.
Paysagiste.
Élève de l'École de dessin de Christiania, puis de l'école de peinture Eckenberg, où il travailla de 1861 à 1863 : de là, il se rendit à Munich, où il étudia jusqu'en 1864. De retour à Christiania, il y devint maître, en 1880. Exposa depuis 1865 à Christiania, Stockholm, Copenhague.

BARLAND Adams
xixᵉ siècle. Britannique.
Peintre de paysages animés, paysages.
Il exposa à Londres de 1843 à 1863.
Ventes Publiques : Vienne, 15 mars 1977 : *Maison au bord d'une rivière*, h/t (75x120) : **ATS 28 000** – New York, 26 jan. 1979 : *Le Vieux pont ; La Route de campagne* 1887, deux toiles (51x76) : **GBP 2 750** – Londres, 30 juil. 1981 : *Le village près de la rivière*, h/t (75,5x108) : **GBP 850** – Londres, 18 jan. 1984 : *Troupeau à*

l'abreuvoir 1872, h/t (36x30,5) : **GBP 480** – Londres, 17 déc. 1986 : *Two girls beside a loch* 1868, h/t (76x127) : **GBP 1 300** – Londres, 15 juin 1988 : *Sur un chemin de campagne*, h/t (76x127) : **GBP 3 300** – Toronto, 30 nov. 1988 : *Personnages au bord d'un ruisseau de montagne dans le pays de Galles*, h/t (72,5x108) : **CAD 7 250** – Londres, 13 juin 1990 : *Bergères auprès d'une mare* 1868, h/t (76x127) : **GBP 3 300** – New York, 19 juil. 1990 : *Paysage fluvial* 1867, h/t (50,8x81,4) : **USD 3 850** – Londres, 22 nov. 1990 : *Paysan et ses vaches dans un vaste paysage fluvial* 1883, h/t (45,7x81,3) : **GBP 1 320** – Versailles, 25 nov. 1990 : *Jeune homme à la pipe*, h/pan. (29x18) : **FRF 3 500**.

BARLANGUE Gabriel Antoine
Né à Villeneuve-sur-Lot (Lot-et-Garonne). xixᵉ-xxᵉ siècles. Français.
Peintre de portraits et de scènes d'intérieurs, graveur.
Il eut comme professeurs de peinture J.-P. Laurens et Benjamin Constant. En gravure, il reçut l'enseignement de André Delzers et Henri-Emile Lefort. Sociétaire du Salon des Artistes Français à Paris, il y exposait depuis 1900, recevant une mention honorable en 1914 et une médaille d'argent en 1924. Il se vit attribuer le Prix Belin Dollet, une médaille d'or en 1926, fut classé hors-concours et promu chevalier de la Légion d'honneur en 1934. Il a illustré *Sac au dos* de Huysmans. Il aimait à représenter les personnages typiques : *Paysanne gasconne en prière*, et les scènes d'intérieurs : *Sur la commode, Sérénité*.
Ventes Publiques : Paris, 7 avr. 1987 : *Femme à sa couture*, h/t (184x285) : **FRF 10 000**.

BARLANGUE-CHAMPAVIER Suzette
Née le 27 janvier 1890 à Paris. xxᵉ siècle. Française.
Graveur au burin.
Elle fut élève de Gabriel Barlangue. Au Salon des Artistes Français de Paris, où elle exposait depuis 1920 sous le nom de Champavier, elle obtint une mention honorable en 1927 et y présenta *La tour de Crest* en 1928.

BARLÄUM Johann ou Barläus
xviiᵉ siècle. Allemand.
Peintre.
On croit qu'il peignit, en 1640, l'autel de l'église Sainte-Marie, à Rendsbourg.

BARLDINI Laurent
Né vers 1780 à Florence. xixᵉ siècle. Italien.
Sculpteur.
Cet artiste vint à Paris, et entra à l'École des Beaux-Arts le 9 vendémiaire an VIII, comme élève de Heniot.

BARLE Maurice
Né le 9 mars 1903 à Paris. xxᵉ siècle. Français.
Peintre.
Depuis 1926 il participe à Paris, au Salon des Indépendants et au Salon d'Hiver. En 1962 il a reçu une médaille d'argent de la Ville de Paris.

BARLEY
xixᵉ siècle. Actif à Paris en 1830. Français.
Graveur au burin.

BARLIEN Hans
Né vers 1770 à Overhalden (Norvège). Mort le 31 octobre 1842 en Amérique du Nord. xviiiᵉ-xixᵉ siècles. Norvégien.
Sculpteur sur bois.
Établi à Drontheim, où il passa quelques années après 1803, il s'adonna à la sculpture sur bois. En 1837, il émigra en Amérique.

BARLIER Jean Ferdinand
xviiiᵉ siècle. Travaillait à Paris. Français.
Peintre.
Il figurait sur le registre des élèves de l'Académie comme protégé de Demeure.

BARLIN F. B.
xixᵉ siècle. Britannique.
Portraitiste.
Il exposa à la Royal Academy de Londres de 1802 à 1807.
Musées : Londres (Nat. Portrait Gal.) : *Portrait de Salomon Hirschel*.

BARLOFFA
Peintre de natures mortes.
Cité par Mireur.
Ventes Publiques : Paris, 1894 : *Le Petit Marchand de poissons* : **FRF 220**.

BARLÖSIUS Georg
Né le 8 juin 1864 à Magdebourg. Mort en juillet 1908. xixe-xxe siècles. Allemand.
Illustrateur lithographe et peintre.
Élève des Arts et Métiers de Berlin et de l'Académie de Munich, il illustra les publications de *La fontaine de Jouvence* et des *Maîtres Chanteurs*. Ses tableaux de genre sont pleins d'humour ; il en exposa plusieurs à Berlin, à l'exposition d'Art, en 1896, 1906, 1907, et à Düsseldorf à l'Exposition d'Art national allemand. Un *Portrait du Secrétaire d'État, Stephan*, est au Musée de la Poste, à Berlin, et on peut voir, de lui, au théâtre de l'Ouest à Charlottenbourg, des peintures murales. On cite aussi diverses lithographies de cet artiste.

BARLOW, Miss
xixe siècle. Britannique.
Peintre de genre.
Elle exposa à la Royal Academy et à la British Institution, à Londres, de 1852 à 1855.

BARLOW B. J.
xixe siècle. Britannique.
Peintre de paysages.
Il exposa à Suffolk Street, à Londres, en 1885.

BARLOW Edith Mary
xxe siècle. Britannique.
Peintre.
Elle exposa à Paris au Salon des Artistes Français de 1931 : *Cul-de-sac.*

BARLOW Emily S.
xixe siècle. Active à Old Charlton vers 1870. Britannique.
Paysagiste.
Elle exposa à Londres de 1870 à 1876.

BARLOW Florence E.
xixe siècle. Britannique.
Peintre de figures.
Elle exposa à la Royal Academy, à Londres, de 1878 à 1888.

BARLOW Francis
Né en 1626 dans le Lincolnshire. Mort en 1702, ou 1704 selon certains biographes. xviie siècle. Britannique.
Peintre de scènes de chasse, portraits, paysages animés, animalier, aquarelliste, graveur, dessinateur, illustrateur.
Il fut élève de William Sheppard. Presque toutes ses œuvres sont en Allemagne et en Angleterre, dans des collections privées.
Il débuta par des portraits, comme son maître, mais se consacra bientôt à la peinture des chevaux, des chiens, des oiseaux. Il réalisa un grand nombre d'eaux-fortes et de dessins. On cite notamment cent onze planches pour *Esop's Fables with his life*, à partir de 1666, Londres. Une de ses principales toiles, *Société de chasse*, fut attribuée, à tort, à Pieter Baroldt.
Musées : Londres (Victoria and Albert Mus.) : Trois aquar. – Londres (British Mus.) : dessins originaux pour *Esop's Fables with his life.*
Ventes Publiques : Londres, 8 déc. 1926 : *Basse-cour* : **GBP 8** – Londres, 22 août 1933 : *Basse-cour* 1655 : **GBP 20** – Londres, 2 mars 1938 : *Volaille* : **GBP 9** – Londres, 7 juil. 1965 : *Courses à Windsor* 1684 : **GBP 2 000** – Londres, 18 juil. 1979 : *Volatiles dans un paysage*, h/t (103x137) : **GBP 7 800** – San Francisco, 20 juin 1985 : *Épagneul attaquant des oies*, h/t (61x74) : **USD 1 600** – Londres, 15 juil. 1988 : *Un dindon et des volailles*, h/t (104,1x99) : **GBP 7 150** – Londres, 18 nov. 1988 : *Épagneul débusquant des canards*, h/t (109,3x123,6) : **GBP 9 350** – Londres, 15 nov. 1989 : *Un épagneul flairant une piste dans un paysage*, h/t (102x133) : **GBP 88 000** – New York, 12 jan. 1990 : *Deux oiseaux imaginaires dans un paysage*, encre et lav. (14,1x9,4) : **USD 3 300** – Londres, 12 juil. 1991 : *Assemblée d'oiseaux : pigeons ramiers, geai, pivert et autres, dans un paysage* (166,7x88,9) : **GBP 2 600**

BARLOW H.
xixe siècle. Britannique.
Paysagiste.
Exposa à Londres en 1835 à la British Institution.

BARLOW Hannah Bolton, Miss
Née à Little Hadham (près de Bishop's-Stortford, Herls). xixe siècle. Britannique.
Dessinateur animalier.
Cette artiste, d'après les conseils de Mrs J. Sparkes, son professeur à partir 1868, dessina des animaux, pour les poteries de Doulton et Co. Elle exposa à la Royal Academy, de 1881 à 1890.

BARLOW Inigo
xviiie siècle. Actif à Londres vers 1790. Britannique.
Graveur en taille-douce.
Il grava à l'eau-forte de nombreuses illustrations pour l'encyclopédie de Rees, et un portrait de *Mrs Siddons, en Rosalinde*. On cite de lui : Planches pour *The dramatic Works of Shakespeare* et pour le *Hogarth* d'Irlande.

BARLOW John Noble
Né en 1861 à Manchester (Angleterre). Mort en 1917 à Saint-Yves (Angleterre). xixe-xxe siècles. Américain.
Peintre de paysages, graveur.
Travailla à Paris avec Constant Lefèbvre et Delance, devint citoyen américain en 1887, exposa au Salon de Paris en 1889, 1890 et 1899 et obtint une médaille de 3e classe cette dernière année. Il a figuré à la Royal Academy de Londres en 1893 et 1902. Son tableau : *Un soir d'été* figura à l'Exposition universelle de Paris en 1900.
Ventes Publiques : New York, 9 fév. 1906 : *Au milieu de l'été* : **USD 102** – New York, 10 fév. 1906 : *Le moulin au clair de lune* : **USD 75** – Londres, 9 juin 1922 : *Début d'été à Burnham Beeches* : **GBP 7** – Londres, 28 mai 1923 : *Un lac* : **GBP 4** – Londres, 1er juil. 1980 : *Paysage d'automne, Surrey* 1906, h/t (75x110,5) : **GBP 650** – Bolton, 12 mai 1983 : *Après la chasse*, h/t (101,5x127) : **USD 4 500** – Édimbourg, 30 août 1988 : *La digue*, h/t (25,5x32,5) : **GBP 1 155** – Toronto, 30 nov. 1988 : *Fillettes près d'un étang en forêt*, h/t (63,5x77,5) : **CAD 2 400**.

BARLOW Mary
Née le 21 décembre 1901 à Manchester (Angleterre). xxe siècle. Britannique.
Pastelliste et peintre d'animaux et de paysages.

BARLOW Myron G.
Né en 1873 à Ionia (Michigan). Mort en 1937 ou 1938. xxe siècle. Américain.
Peintre de portraits, natures mortes, fleurs et fruits, fresquiste.
Il fut élève du Museum Art School de Detroit, de l'École des Beaux-Arts à Paris et du Chicago Art Institute. Il exposa à l'Art Institute de Chicago, et jusqu'en 1927, à la Société Nationale des Beaux-Arts dont il était associé depuis 1907 et sociétaire depuis 1912.

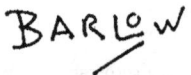

Ventes Publiques : Detroit, 21 mai 1982 : *Deux femmes attablées*, h/t (101,5x101,5) : **USD 1 000** – Detroit, 20 mars 1983 : *Deux femmes autour d'une table*, h/t (73,5x73,5) : **USD 900** – New York, 4 déc. 1987 : *Mementos*, h/t (101x101) : **USD 8 000** – New York, 28 sep. 1989 : *Les chaussures neuves*, h/t (75,5x75,5) : **USD 8 800** – New York, 14 nov. 1991 : *Jeune femme lisant perchée dans un arbre*, h/t (94x93,4) : **USD 3 740** – New York, 31 mars 1993 : *Les sœurs* 1907, h/t/résine synth. (81,3x66) : **USD 2 990** – New York, 27 mai 1993 : *Une tasse de thé*, h/t (100,3x100,3) : **USD 13 800** – New York, 31 mars 1994 : *Cendrillon* 1914, h/t (81,3x64,8) : **USD 2 300** – New York, 3 déc. 1996 : *Les Hortensias*, h/t (101,5x101,5) : **USD 4 600**.

BARLOW Nina
xixe-xxe siècles. Active à Philadelphie (Pennsylvanie). Américaine.
Peintre.

BARLOW Sybil Margaret
Née à Essex (Angleterre). Morte en 1933. xxe siècle. Britannique.
Sculpteur.
Elle fit ses études à Dresde et à Londres. Par la suite elle exposa à la Royal Academy et au Salon des Artistes Français de Paris entre 1926 et 1929.
Ventes Publiques : Londres, 26 mars 1980 : *Cheval sauvage* vers 1930, bronze (H. 19) : **GBP 300**.

BARLOW Thomas Oldham
Né le 4 août 1824 à Oldham (près de Manchester). Mort le 24 décembre 1889 à Kensington. xixe siècle. Britannique.
Graveur à l'eau-forte et à la manière noire.
Élève des graveurs Stephenson et Royston ; se fixa à Londres en 1846, devint professeur à l'école de South Kensington et membre de la Royal Academy en 1881. Ses gravures les plus

appréciées sont celles qu'il fit d'après John Phillip, J.-C. Millais et Turner. Il exposa à la Royal Academy, de 1851 à 1890, et en fut membre en 1881. On cite parmi ses gravures : *Huguenot*, d'après Millais ; *Mort de Chatterton*, d'après Wallis ; *La Reine et les Enfants du Prince de Galles*, d'après Saut ; *Petits Promeneurs*, d'après Landseer ; *Mère et enfant*, d'après Saut ; *Portrait de Dickens*, d'après Frith ; *Donna Pépita* ; *Mère Bohémienne* ; *Prière*, d'après John Phillip.

BARLOW-BREWSTER Achsah
Née à New York. XXᵉ siècle. Américaine.
Peintre de sujets religieux, fleurs.
Elle exposa entre 1913 et 1929 à Paris, aux Salons d'Automne et des Indépendants.

BARLUET Jean
Né le 10 janvier 1908 à Paris. XXᵉ siècle. Français.
Peintre, peintre à la gouache, dessinateur, céramiste.
Il fut élève de l'École des Arts Décoratifs puis de l'École des Beaux-Arts de Paris. Il y fut exposant des Salons des Indépendants de 1927 à 1928 et d'Automne entre 1927 et 1935. Il exposa ensuite aux Surindépendants et au Salon de l'École de Paris. Une importante rétrospective de ses œuvres eut lieu à Paris en 1967, alors qu'il sortait d'une longue retraite, suivie d'une nouvelle à la Galerie Coard de Paris en 1991.
Il a commencé par peindre des scènes d'enfants. Les derniers tableaux décrivent de longs murs percés de rares ouvertures dans lesquelles le regard pénètre et s'échappe vers de riantes campagnes. A l'inverse, certaines toiles représentent des visages écrasés contre une vitre semblant scruter le monde extérieur. Toujours sur les mêmes thèmes quasi obsessionnels, les peintures de son exposition de 1991 tendaient à rejoindre une abstraction informelle matiériste, au sujet de laquelle Michel Conil Lacoste évoque « sa préférence pour l'espace par rapport à ce qui le meuble, son goût pour le treillage, les trajets hasardeux de la sève, les contrepoints et interstices du soleil. »
VENTES PUBLIQUES : PARIS, 11 mars 1990 : *Le mur du jardin*, techn. mixte/pap. (105x79) : **FRF 16 000.**

BARLY Pierre de
XIVᵉ siècle. Français.
Sculpteur.
Travailla à la cathédrale de Cambrai, entre 1376-1379.

BARLYKIO Mieczyslaw
Né en 1923 à Siedlce. XXᵉ siècle. Polonais.
Peintre de compositions à personnages, d'intérieurs.
En 1950, il obtint le diplôme de l'École Nationale d'Art Plastique de Gdansk où il enseignera la peinture de 1960 à 1971. Il devint membre du *Groupe des Peintres Réalistes* en 1963. Il organisa la Biennale des Pays Baltes à Rostock entre 1974 et 1985.
Une technique réaliste, mais très minutieuse, qui échappe totalement à la stérilité du réalisme-socialiste, lui sert à un style narratif, qui juxtapose sur une même peinture des scènes et des moments différents.
MUSÉES : ROSTOCK (Mus. Kunsthalle) – SZCZECIN (Mus. du Palais des Princes) – VARSOVIE (Mus. Nat.).
VENTES PUBLIQUES : PARIS, 29 mai 1991 : *Autoportrait 1983*, h/t (92x65) : **FRF 5 100.**

BARMANN Michael
Originaire de Sulzbach. XVIIIᵉ siècle. Allemand.
Sculpteur.
Dans l'église de Kaltenbrunn existe encore le maître-autel qu'il fit en 1757.

BARMARYN Élisabeth
Née en 1915. XXᵉ siècle. Belge.
Peintre et sculpteur.
Elle fit ses études à l'Académie de Bruxelles où elle eut pour professeurs Jacques Marin, Egide Rombeaux et Victor Rousseau. Elle reçut le prix Godecharle en 1939. Elle fut professeur et directeur de l'école Saint-Luc de Bruxelles.
La simplicité et la sobriété des formes sont à la base de la spiritualité de ses sculptures.
BIBLIOGR. : In : *Diction. biographique des artistes en Belgique depuis 1830*, Arto, Bruxelles, 1987.

BARMONT Honoré
Né en 1810 à Paris. XIXᵉ siècle. Français.
Paysagiste.
Exposa plusieurs fois au Salon de Paris de 1839 à 1851 ; il était fils de Jean-Honoré Marmont de Barmont et élève de V. Bertin.

BARMONT Jean Honoré Marmont de
Né en 1770 à Paris. Mort en 1846. XVIIIᵉ-XIXᵉ siècles. Français.
Paysagiste.
Élève de V. Bertin. Exposa au Salon, de 1817 à 1834.

BARN Théophile
XXᵉ siècle. Actif à Paris. Français.
Dessinateur.
Exposa au Salon des Humoristes, à Paris, en 1910.

BARNA ou Berna
Originaire de Sienne. Mort en 1380. XIVᵉ siècle. Italien.
Peintre.
Barna ou Berna ne doit pas être confondu avec le sculpteur *Barna di Turino da Siena*. Les fresques que cet artiste peignit à San Agostino de Sienne, à Santo Spirito de Florence et dans différentes églises de Cortone et d'Arezzo, ont disparu. En 1369, après avoir élu domicile à Arezzo, il y peignit un *Crucifiement*, destiné à Guccio di Vanni Tarlati, conservé au palais épiscopal, et *La légende de saint Jacques*, qui figure à Florence. Son œuvre la plus célèbre consiste dans une série de fresques dans l'église paroissiale de San Gimignano, reproduisant des *Scènes de la vie du Christ*, demeurées inachevées, parce qu'il trouva la mort, dit Vasari, dans l'écroulement d'un échafaudage tandis qu'il peignait dans l'église de San Gimignano. Ces fresques ont une tonalité chaude et profonde, qui le distingue nettement de son maître Simone Martini. On lui attribue également un petit nombre de tableaux d'un style raffiné, comme la *Madone* d'Asciano.
MUSÉES : AREZZO (Palais Épiscopal) : *Crucifiement* – FLORENCE (San Gimignano) : *Scènes de la vie du Christ*.
VENTES PUBLIQUES : LONDRES, 20 juil. 1932 : *Le Couronnement et le Mariage de la Vierge* : **GBP 42** – LONDRES, 26 juin 1959 : *La Crucifixion*, pan. : **GBP 2 100** – LONDRES, 7 déc. 1960 : *La Sainte Famille assise devant un trône de marbre*, pan. : **GBP 2 000** – LONDRES, 19 avr. 1967 : *Mise au tombeau* : **GBP 6 000.**

BARNA Bertini
XIVᵉ siècle. Actif à Sienne en 1340. Italien.
Peintre.
Milanesi l'identifie au peintre siennois Barna.

BARNA di Turino
XIVᵉ siècle. Actif à Sienne vers 1378. Italien.
Sculpteur sur bois.
Il ressort d'un paiement qui lui fut fait en 1398, qu'il exécuta, de concert avec Giov. di Franc. del Cicchia et Luca di Giovanni une série de tabernacles, d'après les plans de Mariano d'Agnolo Romanelli. De 1397 à 1398, il reçut un autre paiement, pour un tableau d'autel, sculpté par lui et peint par Paolo di Giov., et un bénitier, chapelle de San Pietro à la cathédrale. Il sculpta, en 1400, un panneau pour l'autel de San Stefano, peint par Andrea di Vanni.

BARNABA di Bruno da Siena
XIVᵉ siècle. Italien.
Peintre.
Travaillant à Gênes, il fut l'élève six mois de Giov. Re da Rapallo, en 1360, et de Barnaba da Modena, en 1362.

BARNABA da Modena
Né à Modène. XIVᵉ siècle. Actif à Gênes en 1367. Italien.
Peintre de compositions religieuses, fresquiste.
Il semble probable qu'il travailla jusqu'en 1380, en Ligurie et en Piémont, et se rendit alors à Pise, pour achever les fresques de *La légende de Saint Rainerius*, entreprises, au Campo santo, par Andrea da Firenze. L'auteur du catalogue de la National Gallery de Londres écrit qu'il existe des doutes sur l'authenticité de l'attribution de ces fresques à Barnaba ; il ajoute même qu'elles furent achevées par un autre peintre. Barnaba peignit en 1364 une chapelle pour le palais ducal de Gênes, en 1370 une *Madone* pour San Domenico à Turin, aujourd'hui conservée dans la Galerie d'art de cette ville, et une *Madone* pour la cathédrale de Vintimille.
L'art de Barnaba de Modena, formé d'éléments bolonais et siennois joua un rôle important sur le développement de la peinture génoise ; il forma, d'ailleurs à Gênes, une véritable école.
MUSÉES : BERLIN : *Marie avec l'Enfant Jésus* – BOSTON : *Madone* – FRANCFORT-SUR-LE-MAIN : *Madone avec l'Enfant* – LONDRES (Nat. Gal.) : *La descente du Saint-Esprit...* 1374 – PISE (Mus. Civico) : *La Vierge avec Jésus* – *Madone avec l'Enfant* – TURIN : *Madone*.
VENTES PUBLIQUES : LONDRES, le 25 oct. 1950 : *Panneau central d'un tabernacle*, fond or : **GBP 480** – LONDRES, 26 mars 1969 :

Sainte Catherine : **GBP 3 400** – Milan, 21 avr. 1988 : *L'Appel de la foi*, détrempe sur fond or (34x21,5) : **ITL 430 000 000**.

BARNABAS
Mort en 1150. XIIᵉ siècle. Français.
Peintre.
Travaillait en Provence.

BARNABAS Anton
XVIIIᵉ siècle. Actif à Kranowitz (Haute-Silésie), vers 1750-1789. Polonais.
Sculpteur.
Travailla dans l'église paroissiale de Pschow.

BARNABE Angiola
Née le 31 janvier 1921 à Milan. XXᵉ siècle. Italienne.
Peintre de natures mortes et de portraits.
Elle fut étudiante aux Beaux-Arts de Bologne. Elle exposa à Venise, Paris et Florence et participa à la Biennale de Venise en 1948 et 1950, ainsi qu'au Salon Comparaisons de Paris en 1958.
Musées : Bologne – La Spezia .

BARNABÉ Duilio
Né le 7 octobre 1914 à Bologne. Mort le 7 octobre 1961 à Paris. XXᵉ siècle. Depuis 1956 actif en France. Italien.
Peintre de personnages, fleurs, natures mortes. Post-cubiste.
Élève à l'Ecole des Beaux-Arts de Bologne, il reçut le Prix Baruzzi en 1941, le Prix International Curlandese en 1943 et le Prix Citta di Milano en 1948. Après avoir participé à des expositions à Venise, Trieste, Milan, Rome, il exposa à la Kunsthalle de Berne, première de ses expositions à l'étranger, suivie de nombreuses autres en Suisse, à Londres et en Amérique. Il a participé à la Biennale de Venise en 1952 et a exposé pour la première fois, en 1956, à Paris où il s'est installé, et participe au Salon de Mai en 1960.
Il traite ses sujets en simplifiant les formes à l'extrême, dans un style géométrique analytique, sous un éclairage en clair-obscur qui rappelle l'art d'un Morandi ou d'un Chirico dans leur période de métaphysique. Dans les années cinquante, il adhérait encore à une formulation postcubiste, assez proche des peintres de l'École de Paris des années de guerre, Pignon, Le Moal, etc., rencontrant alors quelque succès.

Barnabé

Bibliogr. : Guy Dornand : *Duilio Barnabé, Documents*, Genève, 1959 – Catalogue de l'exposition : *Duilio Barnabé*, Galerie M. Rollin, Genève, 1969 – Lydia Harambourg, in : *L'École de Paris 1945-1965. Diction. des Peintres*, Ides et Calendes, Neuchâtel, 1993.
Musées : Avignon (Mus. Calvet) : *Deux femmes debouts* – Paris (Mus. d'Art Mod.) : *Nature morte – Figure de femme*.
Ventes Publiques : Paris, 10 juin 1959 : *Le peintre et son modèle* : **FRF 110 000** – Genève, 10 nov. 1962 : *Bouquet* : **CHF 5 000** – Paris, 1ᵉʳ avr. 1963 : *Pierrot debout* : **FRF 10 000** – Londres, 1ᵉʳ juil. 1976 : *Pierrot avec mandoline*, h/t (122x98,5) : **GBP 550** – New York, 16 déc. 1977 : *Vase de fleurs*, h/t (65x46,5) : **USD 1 200** – Los Angeles, 16 oct. 1979 : *Nature morte*, h/t (81x116) : **USD 1 300** – New York, 5 fév. 1981 : *L'homme à la pipe* 1961, h/t (100x81) : **USD 3 200** – New York, 23 juin 1982 : *Jeune garçon à la pastèque* 1961, h/t (130x97) : **USD 2 700** – New York, 14 avr. 1983 : *Homme assis, en noir*, h/t (92x73) : **USD 1 600** – Paris, 6 juin 1984 : *Personnage en haut-de-forme*, h/t (116x89) : **FRF 6 200** – Genève, 24 nov. 1985 : *Les pêcheurs*, gche (51x63) : **CHF 1 400** – Paris, 26 juin 1986 : *Nature morte aux fruits et à la bouteille*, h/t (50x100) : **FRF 46 000** – Paris, 24 nov. 1987 : *Vase de fleurs*, h/t (73x60) : **FRF 35 000** – Paris, 19 mars 1988 : *Les voiliers*, h/t (97x130) : **FRF 76 000** – Paris, 12 déc. 1988 : *Composition cubiste* 1956, h/t (46x61) : **FRF 21 000** – Paris, 28 avr. 1989 : *Vase de fleurs*, h/t (80x54) : **FRF 62 000** – Paris, 23 juin 1989 : *Conversation* 1950, h/t (50x70) : **FRF 41 500** – Paris, 9 oct. 1989 : *Les cactus*, h/pap. (56x37) : **FRF 31 000** – New York, 21 fév. 1990 : *Nature morte*, h/t (49,4x99,7) : **USD 9 350** – Paris, 26 avr. 1990 : *Sans titre*, h/t (73x50) : **FRF 28 000** – Paris, 22 juin 1990 : *Portrait d'homme*, h/t (100x73) : **FRF 46 000** – Paris, 6 nov. 1990 : *Vase de fleurs*, h/t (65x54) : **FRF 35 000** – Neuilly, 7 avr. 1991 : *Fleur cubiste*, h/t (55x39) : **FRF 62 000** – New York, 7 mai 1991 : *Paysage*, h/t (64,7x92) : **USD 7 150** – Neuilly, 11 juin 1991 : *Nature morte*, h/t (24x33) : **FRF 25 000** – Paris, 16 avr. 1992 : *Le peintre et son modèle*, h/t (54x65) : **FRF 22 000** – Paris, 30 avr. 1993 :

Composition aux personnages cubistes, h/t (46x61,5) : **FRF 5 500** – Paris, 22 déc. 1993 : *Les religieuses*, h/t (46x61) : **FRF 15 000** – New York, 24 fév. 1994 : *Nature morte à la cafetière*, h/t (50,8x99,7) : **USD 3 450** – Paris, 24 mai 1995 : *Nature morte aux deux cafetières* 1952, h/t (100x123) : **FRF 9 000** ; *Dame en bleu avec livre* 1952, h/t (100x85) : **FRF 50 000** – Paris, 18 nov. 1996 : *Pierrot*, gche/pap./t. (113x70) : **FRF 4 000** – Paris, 19 oct. 1997 : *Déjeuner sur l'herbe* 1961, h/t (60x73) : **FRF 30 000** – Paris, 4 nov. 1997 : *Nature morte à la cruche et à la coupe blanche*, h/t (73x92) : **FRF 9 000**.

BARNABEI Tommaso. Voir PAPACELLO

BARNADAS FABREGA Ramon
Né en 1915. Mort en 1981. XXᵉ siècle. Espagnol.
Peintre de genre, scènes animées, paysages.
Ventes Publiques : Barcelone, 17 juin 1947 : *La cour de ferme* 1944, h/t (88x130) : **ESP 525 000** – Barcelone, 20 oct. 1982 : *Coucher de soleil* 1934, h/t (36x54) : **ESP 80 000** – Barcelone, 18 déc. 1984 : *La siesta*, h/t (89x130) : **ESP 420 000** – Barcelone, 29 oct. 1986 : *Scène champêtre* 1957, h/t (53x63) : **ESP 220 000**.

BARNAERT Anthony
XVIIᵉ siècle. Actif à Amsterdam en 1612. Allemand.
Peintre.
Élève de Francesco Badens.

BARNAN Fernando
XVIᵉ siècle. Actif à Séville en 1503. Espagnol.
Peintre.
Fut envoyé par la ville, avec quelques autres représentants de divers États, comme veilleur à Cadix.

BARNARD Catherine
Née à Edimbourg (Écosse). XXᵉ siècle. Britannique.
Peintre de paysages, aquarelliste.
Elle est l'auteur de paysages qu'elle signait K. B. ou K. Barnard.

BARNARD Edward Herbert
Né le 10 juillet 1855 à Belmont (Massachusetts). Mort le 12 avril 1909 à Westerly (Massachusetts). XIXᵉ siècle. Américain.
Peintre de paysages.
Il acquit, à Belmont et à Boston, des notions techniques et académiques, étudia à Paris, chez Julian et Collin, de 1885 à 1889.
Ses tableaux sont à l'Académie de Bradford, près de Boston, à l'Association d'art de Lincoln (Nebraska) et au club Saint-Botolph à Boston.
Ventes Publiques : New York, 25 juin 1986 : *Bords de rivière en hiver*, h/t (40,8x56,5) : **USD 7 200**.

BARNARD Emily, Mrs J. L. Barnard, née Cummings
XIXᵉ siècle. Active à Virginia Water vers 1881. Britannique.
Peintre de genre.
Elle exposa en 1881 à 1886 à Suffolk Street et à la New Water-Colours Society de Londres.

BARNARD Frank
XIXᵉ siècle. Britannique.
Paysagiste.
Il travailla à Londres, où il exposa à la Royal Academy et à Suffolk Street de 1871 à 1883.

BARNARD Frederick ou Fred
Né le 26 mai 1846 à Londres. Mort le 28 septembre 1896 à Wimbledon. XIXᵉ siècle. Britannique.
Peintre de genre, portraits, paysages, illustrateur.
Élève de Bonnat. Parmi ses tableaux, on remarque : *La musique de la garde au parc Saint-James*, et *Samedi soir dans le quartier de l'Est* à Londres, qui figura à l'Exposition universelle de Paris en 1878. De 1858 à 1887, il exposa à la Royal Academy et collabora, à partir de 1863, à diverses illustrations : *Good Words, Once a Week, Illustrated London News* et au *Punch*.
Musées : Le Cap : *Roslin Castle* – Londres (Victoria and Albert museum) : *Scène de Barnaby Rudge*, aquar. – *Portrait de Alfe. Jing*, aquar.
Ventes Publiques : Londres, 13 fév. 1976 : *Le jury*, h/t (75x109) : **GBP 850** – Londres, 12 oct. 1987 : *La lettre*, h/t (56x46) : **GBP 1 400** – New York, 25 mai 1988 : *La lettre*, h/t (57,1x46,7) : **USD 5 280**.

BARNARD Geoffrey
XIXᵉ siècle. Britannique.
Peintre de genre.
Il exposa, en 1888-1889, à la New Gallery à Londres.

BARNARD George
Mort vers 1890. XIXᵉ siècle. Britannique.

Peintre de paysages, aquarelliste, lithographe.
Élève de J.-D. Harding, exposa des paysages alpestres à la Royal Academy, de 1837 à 1873.
VENTES PUBLIQUES : MILAN, 6 avr. 1966 : *Isola Bella, lac Majeur*, aquar. : ITL 70 000 – LONDRES, 14 mai 1976 : *Warwick Castle*, h/t (61x86,4) : GBP 700 – ENGHIEN-LES-BAINS, 25 mai 1977 : *Vue panoramique de Lucerne 1842*, aquar. (51,5x72,5) : FRF 8 400 – LONDRES, 22 mai 1978 : *Switzerland scenes and incidents of travel in the Bernese Oberland*, suite de 29 litho. coloriées (27,3x38) : GBP 820 – LONDRES, 22 juil. 1982 : *Hallstatt-Ischl*, deux aquar. (27,5x37,5) : GBP 280.

BARNARD George Grey
Né en 1863 à Bellefonte (Pennsylvanie). Mort en 1938. XIXᵉ siècle. Américain.
Sculpteur de statues, groupes, monuments.
Étudia d'abord à l'Institut d'Art de Chicago, fit un buste de *Jeune fille*, marbre, dont le prix lui permit d'aller à Paris, où il acquit une grande maîtrise, par trois ans et demi de travail.
Datent de cette époque : *Enfant rampant*, un monument funéraire pour la Norvège; *Amour fraternel* (1887). *Je me sens deux natures*, un groupe marbre, loué par la critique, à l'Exposition des Beaux-Arts (1904), est l'œuvre capitale de sa jeunesse. Il retourna, en 1896, à New York, où il exposa ses ouvrages, avec grand succès; acheva, en 1902, *The Hewert* (statue colossale en marbre d'un athlète à genoux). Dans ses dernières années, il exécuta, sur commande, un groupe de statues colossales, celle du milieu représentant une apothéose, ayant 35 pieds de hauteur, pour le capitole de Harrisburg. Ses corps de femmes témoignent d'une grande habileté. On cite *Rose Maiden* à Muscatine et *Maidenhood*.
VENTES PUBLIQUES : NEW YORK, 20 juin 1985 : *Abraham Lincoln 1918*, marbre blanc (H. 54,6) : USD 4 250.

BARNARD Gertrude
XIXᵉ siècle. Active à Putney (Surrey). Britannique.
Peintre de fleurs.
Elle exposa à Suffolk Street, à Londres, en 1892.

BARNARD H. G. Elizabeth, Mrs
XIXᵉ siècle. Active à Londres. Britannique.
Paysagiste.
De 1864 à 1868, elle exposa à la Royal Academy et à Suffolk Street.

BARNARD J.
XIXᵉ siècle. Britannique.
Peintre de fruits.
Exposa à Suffolk Street, à Londres, en 1835.

BARNARD J. Langton
Né en 1853 à Londres. XIXᵉ siècle. Britannique.
Peintre.
Travailla à W. Drayton, exposa à la Royal Academy, de 1878 à 1902 et au club de British Art, en 1906.
VENTES PUBLIQUES : LONDRES, 5 nov. 1997 : *Sur la rivière*, h/pan. (35x51) : GBP 2 070.

BARNARD Joséphine
XXᵉ siècle. Active à Buffalo (New York) vers 1903. Américaine.
Peintre.

BARNARD Kate L.
XIXᵉ siècle. Britannique.
Peintre de fleurs.
Elle exposa à la Royal Academy et à la Old Water-Colours Society, à Londres, de 1885 à 1888.

BARNARD Lily
Née à Colombo (Ceylan). XXᵉ siècle. Britannique.
Peintre.
Élève d'Émile Renard, elle exposa à Paris au Salon des Artistes Français de 1930 : *Réflexions sur les flots*.

BARNARD Louisa
XIXᵉ siècle. Britannique.
Peintre de paysages.
Elle exposa à Londres de 1871 à 1873.

BARNARD Mary B., épouse de Duncan MacGregor Whyte
XIXᵉ-XXᵉ siècles. Britannique.
Peintre de genre, figures, dessinateur.
VENTES PUBLIQUES : PERTH, 29 août 1989 : *Les filles d'un petit fer-*

mier, h/t (102x66) : GBP 6 050 – PERTH, 27 août 1990 : *Les lavandières*, h/t/cart. (48x64) : GBP 935 – PERTH, 30 août 1994 : *Je chercherai le trèfle à quatre feuilles dans toute les vallées des fées*, craies de coul. (68,5x56) : GBP 1 955.

BARNARD Osbert Howard
Né le 28 mars 1903 à Headley (Surrey). XXᵉ siècle. Britannique.
Graveur.
Intéressé spécialement par les œuvres des vieux maîtres, surtout des graveurs sur bois.

BARNARD P.
XVIIIᵉ siècle. Britannique.
Sculpteur.
Il exposa en 1762, à Londres.

BARNARD Philipp Augustus
XXᵉ siècle. Actif à Londres. Britannique.
Portraitiste.
Exposa des portraits d'hommes et de femmes à la Royal Academy, de 1840 à 1884, parmi lesquels on cite celui de la miniaturiste, Miss Hebe Saunders (1851), qui devint sa femme.

BARNARD Philipp Augustus, Mrs. Voir SAUNDERS Hebe

BARNARD T.
XIXᵉ siècle. Travaillait en Angleterre. Britannique.
Peintre de genre.
VENTES PUBLIQUES : LONDRES, 1ᵉʳ mai 1908 : *Ramassant le coquillage* : GBP 4.

BARNARD Walter
XIXᵉ siècle. Actif à Londres. Britannique.
Peintre miniaturiste.
Exposa une série de portraits d'hommes et de femmes, à la Royal Academy, de 1876 à 1891.
VENTES PUBLIQUES : PARIS, 8 avr. 1954 : *Fillette en robe blanche et bleue tenant des fleurs* : FRF 500.

BARNARD William, Mrs
XIXᵉ siècle. Active à Lewisham. Britannique.
Peintre de genre.
Elle exposa à Londres, en 1880-1881.

BARNARD William S.
Né en 1774. Mort le 11 novembre 1849. XVIIIᵉ-XIXᵉ siècles. Britannique.
Graveur au burin et à la manière noire.
Grava particulièrement des portraits. On a de lui *Nelson*, d'après L.-F. Abbott. *L'Été* et *L'Hiver*, d'après G. Morland, sont ses estampes les plus connues. On cite encore : *The Early of St Vincent*.

BARNAUD Marie-Françoise
Née le 4 février 1942 à Saint-Amand Valtoret (Tarn). XXᵉ siècle. Française.
Peintre.
Elle fut étudiante aux Beaux-Arts de Paris. En 1966 et 1967 elle exposa au Salon des Artistes Français ses peintures et dessins, pour la plupart des paysages traités dans une manière figurative traditionnelle. Ses œuvres furent aussi exposées à Belgrade.

BARNAUD Max Louis
Né le 24 juillet 1903 à Cannes (Alpes-Maritimes). XXᵉ siècle. Français.
Sculpteur.
Il exposa à Paris, aux Salons des Indépendants, des Tuileries, puis au Salon d'Automne dont il est sociétaire.
MUSÉES : PARIS (Mus. d'Art Mod.).

BARNE George Hume
Né en 1882 à Bristol. XXᵉ siècle. Britannique.
Peintre de portraits, paysages, natures mortes et de fleurs.
Il fut étudiant à Paris et exposa au Salon d'Automne, dont il était sociétaire, entre 1909 et 1921.

BARNEAUD Max
Né à Cannes (Alpes-Maritimes). XXᵉ siècle. Français.
Sculpteur de bustes.
À Paris, au Salon des Indépendants, il exposa en 1926 et 1928, année où figurèrent les deux sculptures en plâtre intitulées : *Le lutteur* et *Eve*.
De 1928 à 1943, il présenta au Salon des Tuileries plusieurs

sculptures et terres cuites, dont le *Buste de Mme S. Fillon,* 1920, et le *Buste de Robert Guillou,* 1943.

BARNEBY John
XIVe siècle. Britannique.
Peintre.
Travailla, avec Hugo de Saint-Albans, de 1350 à 1358, aux peintures de la chapelle Saint-Étienne, au château de Westminster (chapelle détruite en 1834). Les dessins et gravures de Smirke (1800) ont conservé les sujets de ces tableaux.

BARNEKOW Albert
Né le 30 avril 1820. Mort le 17 février 1889 à Anagria (Italie). XIXe siècle. Suédois.
Peintre.
Fut officier, de 1845 à 1847 ; puis séjourna à Rome. L'*Apothéose de Raphaël* lui fut commandée par le roi Oscar Ier.

BARNEKOW Brita
Née le 4 janvier 1868 à Copenhague. XIXe siècle. Danoise.
Portraitiste.
Élève de l'École des Femmes de l'Académie d'Art, sous Viggo Johansen.

BARNEKOW Robert
Né le 2 octobre 1848 à Faaborg. XIXe siècle. Danois.
Peintre.
Élève de l'Académie de Copenhague ; exposa quelques paysages et des tableaux de genre, de 1878 à 1882 ; partit pour la Nouvelle-Zélande en 1890.

BARNES A. W.
XIXe siècle. Britannique.
Peintre de paysages.
Il exposa à Suffolk Street (Londres) en 1837.

BARNES Archibald
Né en 1887. Mort avant 1934. XXe siècle. Britannique.
Peintre de figures, nus, aquarelliste.
Il peignait surtout des jeunes femmes.
VENTES PUBLIQUES : LONDRES, 21 mai 1986 : *Une danseuse,* h/t (76x61) : **GBP 10 500** – LONDRES, 14 oct. 1987 : *La fille du roi,* aquar./traits de cr. (63,5x63,5) : **GBP 4 400** – LONDRES, 8 juin 1989 : *L'écharpe rouge,* h/t/cart. (47,5x34,5) : **GBP 4 950** – LONDRES, 8 mars 1990 : *Nu debout,* h/t (47,4x31,8) : **GBP 3 080** – LONDRES, 20 juil. 1994 : *Karen,* h/t (71x61) : **GBP 1 610** – LONDRES, 29 mars 1995 : *Assise au bord de la rivière,* h/t (61x76) : **GBP 3 910.**

BARNES Burt
XIXe siècle. Actif à Aurora (New York). Américain.
Peintre.

BARNES Cornelia Baxter
XXe siècle. Active à Philadelphie (États-Unis) en 1907. Américaine.
Peintre.

BARNES Edouardo
Né le 24 mars 1901 à Rosario. XXe siècle. Argentin.
Sculpteur.
Il est autodidacte. Après avoir voyagé en Europe, il devint professeur à l'École des Beaux-Arts de Rosario. En 1950 il se vit remettre par Pie XII une médaille couronnant l'ensemble de son œuvre. Il participa régulièrement aux Salons de Buenos Aires et de Rosario et y fut plusieurs fois récompensé.
MUSÉES : ROSARIO (Mus. des Beaux-Arts) : *Sacré-Cœur.*

BARNES Edward Charles
XIXe siècle. Actif de 1855 à 1882. Britannique.
Peintre de genre, figures typiques.
Entre 1856 et 1882, cette artiste envoya de nombreuses œuvres à la Royal Academy, à la British Institution et à Suffolk Street, à Londres.
MUSÉES : SHEFFIELD : *Savoyard avec une clarinette.*
VENTES PUBLIQUES : LONDRES, 2 déc. 1907 : *Le marchand de crevettes :* **GBP 3** – LONDRES, 7 déc. 1908 : *Un jeu de cartes :* **GBP 4** – LONDRES, 17 fév. 1922 : *Une beauté espagnole :* **GBP 7** – LONDRES, 23 mars 1928 : *L'oiseau favori :* **GBP 8** – LONDRES, 14 fév. 1978 : *La Pêcheuse de crevettes,* h/t (75x49,5) : **GBP 900** – LONDRES, 22 sep. 1981 : *Enfants nourrissant des canards,* h/t (51x40,5) : **GBP 500**

– LONDRES, 13 juin 1984 : *Le déjeuner des lapins,* h/t (51x61) : **GBP 3 200** – COPENHAGUE, 16 avr. 1985 : *Paysage d'été avec une jeune fille appuyée à une barrière,* h/t (75x92) : **DKK 26 000** – NEW YORK, 25 mai 1988 : *Mère et fille au bord de la mer,* h/t (92x71,1) : **USD 4 620** – LONDRES, 9 fév. 1990 : *La demande en mariage,* h/t (81,5x54,5) : **GBP 4 400** – NEW YORK, 19 juil. 1990 : *Écoliers faisant un bonhomme de neige,* h/t (38,8x49,4) : **USD 2 200** – LONDRES, 26 sep. 1990 : *Enfants jouant dans l'atelier de l'artiste* 1855, h/t (76x107) : **GBP 7 480** – LONDRES, 1er nov. 1990 : *La culotte neuve,* h/t (71x92) : **GBP 3 300** – LONDRES, 3 juin 1992 : *La sottise* 1875, h/t (111x87) : **GBP 6 050** – NEW YORK, 17 fév. 1994 : *Un visiteur attendu,* h/t (76,3x52) : **USD 2 530** – LONDRES, 4 nov. 1994 : *L'amant* 1857, h/t (35,6x45,7) : **GBP 1 840.**

BARNES Fay M.
XIXe-XXe siècles. Américaine.
Peintre.
Cette artiste fut élève du Chicago Art Institute.

BARNES Gertrude Jameson
Née le 23 octobre 1865 à Tyngsboro (Massachusetts). XIXe siècle. Américaine.
Peintre et professeur.
Élève de l'École des Beaux-Arts de Minneapolis (Minnesota), de Dennis Bunker à Boston et de Henry B. Snell à New York.

BARNES Hiram Putnam
Né en 1857 à Boston (Massachusetts). XIXe siècle. Américain.
Illustrateur et graveur.

BARNES Isabella
Née à Knightsbridge. XIXe siècle. Britannique.
Peintre.
Elle fit des paysages et des portraits au pastel et à l'aquarelle. Exposa à la Royal Academy et à Suffolk Street, à Londres, en 1890.

BARNES J.
XIXe siècle. Britannique.
Peintre de paysages, aquarelliste.
Exposa à la New Water-Colours Society de Londres en 1834.

BARNES J. W.
XIXe siècle. Britannique.
Peintre de paysages.
Actif à Durham. Exposa à Londres en 1855.

BARNES James
XIXe-XXe siècles. Britannique.
Peintre de genre, figures, paysages, peintre à la gouache, aquarelliste.
Il exposa souvent à Liverpool et à la Royal Academy de Londres, de 1870 à 1901.
VENTES PUBLIQUES : LONDRES, 21 juin 1983 : *Padding* 1862, h/t (56x70) : **GBP 4 800** – LONDRES, 2 mars 1984 : *Sitting on a bank,* aquar. (51x35,5) : **GBP 420** – CHESTER, 18 jan. 1985 : *Paysage d'été* 1883, aquar. (20x28) : **GBP 780** – LONDRES, 25 jan. 1989 : *Entomologistes campagnardes* 1880, aquar. et gche (75x52) : **GBP 6 600** – CHESTER, 20 juil. 1989 : *Un chemin douteux,* h/t (43x26,3) : **GBP 440** – LONDRES, 13 fév. 1991 : *Les sœurs,* h/t (76x55,5) : **GBP 3 960** – LONDRES, 5 juin 1991 : *Un coin de forêt isolé,* aquar. avec reh. de gche (67,5x50) : **GBP 550.**

BARNES Johann
XVIIIe siècle. Travaillait à Dresde vers 1770. Allemand.
Graveur au burin.
Le Blanc l'identifie au graveur au burin anglais *Barns.* Ses gravures, citées chez Heinecken et dans le catalogue Paignon-Dijonval, sont : *Vue de l'Elbe, près Mühlberg* et *Vue du Lilienstein en Saxe.* A dû graver d'après Zingg et Van de Velde.

BARNES Joseph H.
XIXe-XXe siècles. Actif à Liverpool. Britannique.
Peintre de genre, aquarelliste.
Exposa de 1867 à 1887 à la Royal Academy, à Suffolk Street et à la New Water-Colours Society, à Londres.
VENTES PUBLIQUES : LONDRES, 21 mars 1910 : *L'Ermite,* dess. : **GBP 5** – LONDRES, 16 oct. 1986 : *Le mariage,* aquar. reh. de gche (67x99) : **GBP 1 300.**

BARNES Mabel Catherine Robinson, Mrs
Née le 5 mars 1875 à Londres. XXe siècle. Britannique.

Aquarelliste et aquafortiste.
Élève de Fr. Short. Elle exposa à la Royal Academy.

BARNES Marian L.
XIXe siècle. Active à Lewissham. Britannique.
Peintre de fleurs.
Entre 1890 et 1893, elle expose à la Royal Academy, à Suffolk Street, et à la Old Water-Colours Society.
VENTES PUBLIQUES : LONDRES, 19 déc. 1908 : *Roses*, dess. : **GBP 1**.

BARNES Robert
XIXe siècle. Britannique.
Peintre de genre, aquarelliste, dessinateur.
Exposa à la Royal Academy, de 1873 à 1891, et à l'Exposition Internationale de Vienne, en 1888.
VENTES PUBLIQUES : LONDRES, 5 juin 1991 : *Jeux sur la glace* 1889, aquar. (32x57) : **GBP 6 600** – LONDRES, 29 mars 1996 : *Un manège sur la glace* 1888, cr. et aquar. (34,6x57,2) : **GBP 20 125**.

BARNES Robert M.
Né le 24 septembre 1934 à Washington. XXe siècle. Américain.
Peintre et graveur.
Entre 1952 et 1956 il est étudiant au Chicago Art Institute School. Il voyage ensuite en Grande-Bretagne et en France. Il participe à des expositions de groupe dans l'ensemble des États-Unis à partir de 1952 et en particulier à New York et Chicago depuis 1963.

BARNES Samuel John
XIXe siècle. Actif à Birmingham. Britannique.
Peintre de paysages.
Il exposa à la Royal Academy de 1884 à 1886.
VENTES PUBLIQUES : ÉCOSSE, 31 août 1982 : *The heart of the Grampions* 1891-1892, h/t (101,5x167,5) : **GBP 450**.

BARNES Sophia
XIXe siècle. Britannique.
Peintre de figures.
Elle exposa en 1819 à la Royal Academy de Londres.

BARNES W.
XIXe siècle. Britannique.
Sculpteur.
Exposa à la Royal Academy en 1860.

BARNES W. J.
XIXe siècle. Britannique.
Peintre de paysages.
Il exposa à Londres en 1834.

BARNES W. Rodway
XIXe siècle. Actif à Worcester. Britannique.
Paysagiste.
Il exposa à Londres en 1886.

BARNES Winifred
Née le 10 mai 1898 à Londres. XXe siècle. Britannique.
Aquarelliste, miniaturiste, dessinateur.
Elle exposa à Leeds et à Manchester. Elle réalisa du dessin commercial.

BARNES-THOMAS Albert
Né à Londres. XXe siècle. Britannique.
Peintre de natures mortes.
En 1935, il exposa *Les coings* au Salon des Artistes Français de Paris. Il figura ensuite au Salon d'Automne jusqu'en 1938.

BARNET Will
Né le 25 mai 1911 à Beverly (Massachusetts). XXe siècle. Américain.
Peintre, dessinateur, graveur. Postcubiste, polymorphe.
Il fit ses études au Museum of Fine Arts de Boston entre 1927 et 1930, puis à l'Art Students League. Il enseigna à la Cooper Union (New York) et à l'Art Students League de New York, donna également des conférences dans plusieurs universités. Il vit et travaille à New York.
Le musée-galerie de la Seita à Paris a présenté de ses œuvres en 1996 à l'exposition : *L'Amérique de la dépression – Artistes engagés des années trente*. Il montre ses œuvres dans de nombreuses

expositions personnelles depuis 1938, parmis lesquelles : 1938, Hudson Walker Gallery, New York ; 1943, galerie Saint-Etienne, New York ; 1947, 1948, 1941, 1953, 1955, 1961, Berthe Schaefer Gallery, New York ; 1950, Dallas Museum of Fine Arts, Dallas ; 1960, Institute of Contemporary Art, Boston ; 1964, 1990, Virginia Museum of Fine Arts ; 1966, Waddell Galeries, New York ; 1973, 1976, 1981, Hirschl & Adler Galleries, New York ; 1984, 1987, 1988, Kennedy Galleries, New York ; 1985, rétrospective itinérante : Currier Museum, Alabama Museum, Minnesota Museum, Hamilton Art Gallery (Ontario), Farnsworth Museum ; 1992, 1994, Butler Institute of American Art ; 1994, Philharmonic Center, Naples (Floride) ; 1994, Ogunquit Museum of American Art (Maine) ; 1994, Neuberger Museum ; 1995, Worcester Art Museum ; 1995, National Museum of American Art (Smithsonian), Washington.
L'œuvre de Will Barnet puise aux sources des grands maîtres classiques et modernes de la peinture. Partant d'une oberservation attentive et méditée de la réalité, ses peintures sont le résultat de nombreux dessins préparatoires, relayant une application particulière à la composition et à l'organisation des éléments qui occupent l'espace. Son chromatisme sourd épouse le jeu formel, plutôt qu'il ne le crée. Dans les années trente, il travailla pour la *WPA, Work Projects Administration*, énorme entreprise à l'échelle américaine pour venir en aide aux artistes frappés par la récession, mise en place par l'administration de Roosevelt, et qui leur offrit, entre 1935 et 1939, des milliers de commandes diverses. Il devint imprimeur de lithographies et réalisa des gravures sur bois, des lithographies et eaux-fortes, qui mettent en scène la misère de l'homme. On cite *Désolation* de 1935. Barnet à traversé ensuite des périodes aux accents successivement postcubiste avec *Family and Pink Table* (1948), abstrait avec *Big Duluth* (1959-1960), figuratif et symboliste avec *Mother and Child* (1961), *Atlantis* (1975-1976) et plus récemment *Three Chairs* (1991-1992). ■ C. D.

BIBLIOGR. : James T. Farrel : *The Paintings of Will Barnet*, Press Eight, New York, 1950 – Una E. Johnson : *Will Barnet : Prints 1932-1964*, The Brooklyn Museum, Brooklyn, 1965 – Robert Beverly Hale : *Will Barnet, Twenty seven Paintings, 1960-1968*, Waddell Galleries, New York, 1968 – Sylvan Cole : *Will Barnet : Etchings, Lithographs, Woodcuts, Serigraphs 1932-1972 – A Catalogue Raisonné*, Associated American Artists, New York, 1972 – Susan E. Meyer : *Will Barnet ; 27 Master Prints*, Harry N. Abrams, New York – Townsend Wolfe : *Will Barnet Drawings 1930-1990*, Little Rock Prinring, Arkansas Arts Center, Little Rock, Arkansas, 1991 – Catalogue de l'exposition : *L'Amérique de la dépression – Artistes engagés des années trente*, musée-galerie de la Seita, Paris, 1996.
MUSÉES : ALLENTOWN – BOSTON (Mus. of Fine Arts) – BROOKLYN – BUFFALO (Albright Knox Art Gal.) – CHICAGO (Art Inst.) – CINCINNATI (Art Mus.) – LITTLE ROCK (Arkansas Art Gal.) – LONDRES (British Mus.) – NEW YORK (Mus. of Mod. Art) – NEW YORK (Solomon R. Guggenheim Mus.) – NEW YORK (Metropolitan Mus. of Art) – NEW YORK (Whitney Mus. of American Art) – OXFORD, Angleterre (Ashmolean Mus.) – PHILADELPHIE (Mus. of Art) – SEATTLE (Mus. of Art) – VATICAN (Vatican coll.) – WASHINGTON D.C. (Nat. Gal. of Art) – WASHINGTON D.C. (Nat. Mus. of American Art) – WASHINGTON D.C. (Corcoran Gal. of Art) – YOUNGSTOWN (Butler Inst. of American Art).
VENTES PUBLIQUES : NEW YORK, 23 jan. 1980 : *Wine, women and song*, techn. mixte (72,5x42,5) : **USD 1 200** – NEW YORK, 19 juin 1981 : *Early morning* 1943, h/t (45,7x55,9) : **USD 4 300** – NEW YORK, 24 mars 1982 : *Woman and cats* 1969, litho. (53,3x57,2) : **USD 800** – NEW YORK, 15 nov. 1983 : *Summer idyll* 1976, sérig. en coul. (76X96) : **USD 500** – NEW YORK, 22 fév. 1986 : *Jeune femme avec un chat*, gche et mine de pb/pap. (58,4x48,9) : **USD 5 000** – NEW YORK, 7 oct. 1987 : *Sans titre* 1968, h/t (76,4x37) : **USD 17 000** – NEW YORK, 14 nov. 1991 : *Enfants peignant* 1942, gche/pap. (30,8x23,1) : **USD 1 870** – NEW YORK, 2 déc. 1992 : *Abstraction*, h/t (114,2x96,5) : **USD 3 850** – NEW YORK, 31 mars 1993 : *Jeune fille à bicyclette* 1971, techn. mixte/cart. : **USD 4 313**.

BARNETO Y VAZQUEZ Vicente
Né à Jerez de los Caballeros. XIXe siècle. Espagnol.
Peintre.
Débuta à l'Exposition Nationale de Madrid, en 1871, par : *Intérieur du Colisée Flavien* ; envoya, en 1876 : *La damnation de Don Juan, Séance de conseil dans un village de l'Estramadura*, et fit de nombreux dessins pour la revue : *Illustration catholique*.

BARNETT, Miss
XIXe siècle. Britannique.

Peintre de fleurs.
Elle exposa à Londres, en 1814.

BARNETT Bion
Né le 18 septembre 1887 à Jacksonville (Floride). XXe siècle. Américain.
Peintre de paysages, aquarelliste et pastelliste.
Étudiant à l'Art Student's League de New York, il eut pour professeurs Berge Harrisson et Joseph Daval. Il se fixa à Ajaccio et exposa à Paris, au Salon d'Automne entre 1922 et 1927, au Salon des Indépendants entre 1929 et 1932 et à la Société Nationale des Beaux-Arts de 1927 à 1939, associé en 1935 et sociétaire en 1937, année de l'Exposition Internationale. Il a participé aux expositions de la Water-Colours Society of New York, de la Société des Artistes à Washington, de la Society of Scottisch Artists.
Ses paysages de la Corse ont aussi été présentés dans diverses galeries en France et à l'étranger.

BARNETT Danie Henrietta
Née le 4 mai 1851. XIXe siècle. Britannique.
Peintre de marines.
Elle fonda et dirigea la Whitechapel Art Gallery en 1883, où l'on vit ses œuvres.

BARNETT James D.
XIXe siècle. Actif dans la seconde moitié du XIXe siècle. Britannique.
Paysagiste.
Fit de nombreux paysages, des vues des villes d'Angleterre, du Rhin, de Normandie et de Bourgogne ; exposa à Londres à la Royal Academy, de 1855 à 1872.
VENTES PUBLIQUES : LONDRES, 13 fév. 1909 : *Sur le canal à Malines* : **GBP 4.**

BARNETT Leroy
XIXe-XXe siècles. Actif à Brooklyn en 1907. Américain.
Peintre.

BARNETT R. C.
XVIIIe-XIXe siècles. Actif à Londres vers 1798. Britannique.
Portraitiste.
De 1798 à 1821, il exposa à la Royal Academy et à la British Institution.

BARNETT T., captain
XIXe siècle. Britannique.
Peintre de paysages.
Il exposa à Londres en 1804-1805.

BARNETT Thomas P.
Né le 11 février 1870 à Saint Louis (Missouri). XXe siècle. Américain.
Peintre et architecte.
Il fut élève de Paul Cornoyer.

BARNETT W.
XIXe siècle. Britannique.
Peintre de sujets typiques.
Il exposa des scènes indiennes à Londres en 1848.

BARNETT Wala
XXe siècle. Américaine.
Peintre de paysages et de fleurs.
Au Salon des Tuileries de Paris, elle exposa en 1934 et 1935 des vues de la campagne française *Paysage normand, Le pont,* et des tableaux de fleurs : *Les cyclamens, Les violettes.*

BARNETT Walter
Né le 8 janvier 1876 à Leeds. XXe siècle. Britannique.
Peintre de marines, de portraits et de paysages.
Il exposa ses œuvres à la Royal Academy à Londres.

BARNEVELD Gerrit Van
Né à Neerlangbroek. XVIIIe siècle. Hollandais.
Peintre.
Acheta le droit de cité à Amsterdam, le 3 janvier 1737.

BARNEVELD Jacobus
Mort en 1749. XVIIIe siècle. Travaillait à Alkmaar. Hollandais.
Sculpteur.
Élève de J. Getterlingh en 1720 ; devint membre de la gilde de Saint-Luc en 1728.

BARNEVELT
XVIIIe siècle. Actif à Rotterdam. Hollandais.
Peintre.

BARNEVELT Hendrik van
Né vers 1759 à Utrecht. Mort en 1833 à Utrecht. XVIIIe-XIXe siècles. Hollandais.

Peintre.
Enseigna le dessin.
MUSÉES : CAMBRAI : *Portrait d'homme.*

BARNEWITZ
XVIIIe siècle. Allemand.
Sculpteur.
Sculpta, à Kirchhorst (Hanovre), les pierres tombales de Cordt Rudolph Köneke, mort en 1737, et de Hans-Heinrich Rahlwes, mort en 1758.

BARNEY Alice Pike
Née en 1860 à Cincinnati (Ohio). XIXe siècle. Américaine.
Peintre.
Cette artiste, qui fut membre de la Washington Society of Artists et du Washington Water-Colours Club, étudia sous la direction de Carolus Duran et de Whistler, à Paris. Elle habitait Washington vers la fin du XIXe siècle. Parmi ses œuvres, on cite : *Domino bleu, Tête d'enfant,* exposés en 1898 à Washington. Elle prit part aussi à la Trans-Mississipi Exposition à Omaha.

BARNEY Frank A.
Né en 1862 à Union Springs (New York). XIXe siècle. Américain.
Peintre.
Élève de M. Merritt Post, Louis Paul Dessar, et H. Van der Weyden. Il exposa à la National Academy of Design.

BARNEY J. Stewart
Né en 1868 ou 1869. Mort en 1925 à New York. XIXe-XXe siècles. Américain.
Peintre de paysages, sculpteur.
VENTES PUBLIQUES : NEW YORK, 28 nov. 1995 : *Le ruisseau,* h/t (63,8x73,5) : **USD 1 725.**

BARNEY Joseph
XVIIIe siècle. Travaillait vers la fin du XVIIIe siècle. Britannique.
Graveur au burin.
Travailla particulièrement au pointillé. Le Blanc cite : *Soir* et *Matin,* d'ap. F. Weathly.

BARNEY Joseph
Né en 1751 à Wolverhampton. XVIIIe-XIXe siècles. Britannique.
Peintre de fleurs et de fruits.
Élève de Zucchi et d'Angelica Kauffmann ; enseigna le dessin à l'Académie militaire de Londres. Envoya sa première toile à la Society of Artists, à Londres, en 1777. Exposa à la Royal Academy, de 1784 à 1827. Les sujets de ses premiers tableaux sont surtout des scènes du Tasse et de Shakespeare (Calypso, Erminia). En 1791, donna une *Descente de Croix* ; fit aussi des portraits, mais surtout des fleurs et des fruits, eut beaucoup de succès dans ce genre et devint, en 1815, peintre de fleurs du prince-régent.
VENTES PUBLIQUES : LONDRES, 16 mars 1928 : *Fleurs dans un vase et fruits* 1818 : **GBP 31.**

BARNEY Joseph W.
XIXe siècle. Actif à Greenwich et à Southampton. Britannique.
Peintre de fruits et de fleurs.
Entre 1815 et 1851, il exposa à Londres à la Royal Academy, à la British Institution, à Suffolk Street, et à la Old Water-Colours Society. Fils de Joseph Barney de Wolverhampton.

BARNEY Matthew
Né en 1967 à San-Francisco (Californie). XXe siècle. Américain.
Sculpteur d'assemblages, d'installations, artiste de performances, technique mixte, multimédia.
Étudiant à la Yale University, il semble qu'il y devait sa bourse à sa place dans l'équipe de football américain. Il fut ensuite mannequin. Il s'habille volontiers en travesti, sans qu'une homosexualité soit implicite. Il vit et travaille à New York.
Il participe à quelques manifestations collectives depuis la fin des années quatre-vingt, à New York, Buffalo, Los Angeles, ainsi que 1992 Documenta IX à Kassel ; 1997 Biennale d'Art Contemporain de Lyon. Il se produit aussi dans des expositions personnelles : 1989 Yale University de New Haven ; 1991 Museum of Modern Art de San Francisco ; 1991, 1995 galerie Barbara Gladstone à New York ; 1995 Fondation Cartier à Paris ; 1995 GB Art Now, nouvel espace de la Tate Gallery à Londres consacré à l'art contemporain ; 1996, Capc Musée d'Art Contemporain, Bordeaux.
Ses manifestations sont complexes, elles comportent des

sculptures d'assemblages, faites un peu de n'importe quoi et d'accessoires de football, se situent dans des installations quelque peu hétéroclites, dans lesquelles des vidéos retracent les performances qu'il a accomplies, certaines non sans risques corporels, d'autres tournant autour du travestissement, l'ensemble des propositions comportant des sortes de signes de piste concernant l'homosexualité et ses codes. ■ J. B.

BIBLIOGR. : Brooks Adams : *Matthew Barney, nouvel androgyne*, Art Press, Paris, mars 1992 – Cyril Jarton : *Barney : sexe et mécanique*, Beaux-Arts, n° 133, Paris, avr. 1995 – Jérôme Sans : *Matthew Barney – héros moderne*, Art Press, n° 204, Paris, juil.-août 1995.

VENTES PUBLIQUES : NEW YORK, 16 nov. 1995 : *Otto Shaft Manual F 1992*, graphite, cire et ruban adhésif/pap. dans un cadre de plastique (33x38,1x2) : **USD 17 250** – NEW YORK, 8 mai 1996 : *Audible 1991*, stylo bille noir/pap. monté par du fil dans un cadre de plastique (36,8x33,8) : **USD 9 775** – NEW YORK, 6-7 mai 1997 : *Transexualis (Decline) 1991*, techn. mixte (365,8x426,7x259,1) : **USD 343 500**.

BARNEY W.
XIXᵉ siècle. Britannique.
Peintre de fruits.
Il exposa à la British Institution à Londres en 1834.

BARNEY William Whiston
XVIIIᵉ-XIXᵉ siècles. Actif à la fin du XVIIIᵉ et au début du XIXᵉ siècle. Britannique.
Graveur au burin.
Frère de Joseph Barney jeune et élève de Reynolds. On cite de lui notamment : *Portrait du marquis de Blandford*, d'après Cosway ; *Portrait de Sir Arthur Wellesley*, d'après Hoppner ; *Sujets de sport*, d'après Reinagle ; *Portrait du marquis de Sligo*, d'après Opie.

BARNHART Nancy
Née à Saint Louis (Missouri). XXᵉ siècle. Américaine.
Peintre.
Exposa un portrait à Paris à la Société Nationale des Beaux-Arts, en 1923.

BARNHORN Clément J.
Né en 1857 à Cincinnati (Ohio). XIXᵉ-XXᵉ siècles. Américain.
Sculpteur.
Étudia à Paris, obtint son premier succès en 1895. Sa *Madeleine* figura à l'Exposition universelle de Paris de 1900 et y obtint une médaille de bronze. Il fut aussi médaillé à Saint Louis (1904), et à Buffalo (1901) ; membre de la National Sculpture Society, et professeur à l'Institut d'Art de Cincinnati, où sa *Madeleine* est conservée.

BARNI Giuseppe
XIXᵉ siècle. Actif vers 1850. Italien.
Graveur au burin.

BARNI Roberto
Né en 1939 à Pistoia. XXᵉ siècle. Italien.
Peintre de figures et paysages. Nouvelles figurations.
Il transpose dans le monde moderne l'histoire et la mythologie, en les chargeant d'une dose d'ironie et de décadence. Ses personnages-baudruches, aux tonalités de bleu-gris, vert-jaune et rouge-rose prennent une allure magique et se donnent pour objectif de régler le sort d'une figuration qui s'est épuisée en tant que reflet de la réalité.
VENTES PUBLIQUES : MILAN, 11 juin 1985 : *Paysage*, techn. mixte et h/t (107x120) : **ITL 1 650 000** – MILAN, 15 mai 1986 : *Composition et tête*, past./pap. vert (67x78) : **ITL 800 000** – MILAN, 20 mars 1989 : *Damiano 1985*, h/t (162x130) : **ITL 12 000 000** – ROME, 17 avr. 1989 : *Le soutien de l'âme 1985*, h/t (167x130) : **ITL 8 500 000** – PARIS, 8 oct. 1989 : *Sans titre*, fus. et collage/pap. (200x150) : **FRF 33 000** – MILAN, 13 juin 1990 : *Un temple 1981*, temp. et past./cart. (100x100) : **ITL 4 000 000** ; *Dérobade 1985*, h/t (140x100) : **ITL 8 500 000** – MILAN, 20 juin 1991 : *Nature morte 1981*, h/t (100x85) : **ITL 6 200 000** – MILAN, 14 avr. 1992 : *Visage et arbre*, h./résine synth. (114,5x127,5) : **ITL 5 700 000** – ROME, 28 mars 1995 : *Paternité*, h/t (89x89) : **ITL 2 300 000**.

BARNICLE James
XIXᵉ siècle. Actif à Londres. Britannique.
Peintre.
Exposa plusieurs fois (hors concours) des paysages et des tableaux d'architecture à la Royal Academy, entre 1821 et 1843.

BARNIKEL C.
XVIIIᵉ siècle. Actif à Wittenberg vers 1728. Allemand.
Graveur au burin.

BARNITZ Henri Wilson
Né en 1863 à Berwick (Pennsylvanie). XIXᵉ siècle. Américain.
Peintre.
Élève de l'Académie des Beaux-Arts à Philadelphie, exposa à la National Academy of Design, à l'Art Institute of Chicago. Membre de la Society of Western Artists. Se spécialisa dans la peinture de vitraux. Barnitz fut aussi professeur.

BARNOIN Adolphe
Né vers 1888 à Avignon (Vaucluse). XXᵉ siècle. Français.
Peintre.
Élève de Cabanel, il exposa à Paris au Salon des Artistes Français, notamment en 1912.
Il peignit des œuvres académiques qui restèrent, dans l'ensemble, très formalistes, même s'il fut tenté par l'impressionnisme.
BIBLIOGR. : Gérald Schurr : *les Petits Maîtres de la peinture 1820-1920, valeur de demain*, Les Éditions de l'Amateur, t. IV, Paris 1979.
VENTES PUBLIQUES : PARIS, 26 mars 1981 : *Nu étendu 1912*, h/t (87x158) : **FRF 5 800**.

BARNOIN Camille
XIXᵉ siècle. Actif à Paris et à Avignon. Français.
Peintre de portraits.
Élève de Cabanel et d'Yvon. Exposa au Salon de Paris, de 1869 à 1879.

BARNOIN Henri Alphonse
Né en 1882 à Paris. Mort en 1935. XIXᵉ-XXᵉ siècles. Français.
Peintre de compositions à personnages, paysages, paysages urbains, marines, pastelliste. Postimpressionniste.
Il fut élève de Dameron, A. de Richemont et L.-O. Merson. Exposant du Salon des Artistes Français, il y reçut une mention honorable en 1909, une médaille d'argent en 1921, en devint sociétaire, reçut une médaille d'or en 1935 et fut classé hors-concours en 1939. Peintre de paysages, il fut lauréat du Prix de l'Association amicale des paysagistes français.
Ses sujets de prédilection étaient en général des paysages, des marines, et des scènes de la vie bretonne : *Marché du Faouët et thoniers au soleil 1926*, *Marché de Pont-Aven 1928*, *Marée basse*, *Concarneau 1928*, *Port du Bono* ; *Église de Saint-Avoy*.

H. Barnoin

VENTES PUBLIQUES : PARIS, 11 fév. 1919 : *Bords de rivière sous la neige* : **FRF 105** – PARIS, 19 nov. 1928 : *Le Pont-Neuf* : **FRF 800** – PARIS, 8 juin 1949 : *Saint-Malo le port* : **FRF 4 500** – PARIS, 8 juin 1949 : *Le quai de Bercy*, aquar. : **FRF 21 000** – BREST, 19 déc. 1976 : *L'attente des pêcheurs*, h/t (72x100) : **FRF 2 000** – SAINT-BRIEUC, 6 août 1977 : *Village près de la rivière en Bretagne*, h/isor. (58x78) : **FRF 4 700** – LONDRES, 13 oct. 1978 : *Concarneau*, h/pan. (46x56) : **FRF 5 500** – PARIS, 8 déc. 1978 : *Jour de marché en Bretagne*, h/t (65x80) : **FRF 9 000** – SAINT-BRIEUC, 2 déc. 1979 : *Pardon à Saint-Nicolas en Morbihan*, h/t (54,5x65,5) : **FRF 11 000** – PARIS, 16 oct. 1981 : *Le Pardon de Notre-Dame de la Joie à Penmarch*, past. (43x54) : **FRF 9 500** – BREST, 12 déc. 1982 : *Marché à Pont-Aven*, h/t (54x67) : **FRF 17 500** – BREST, 15 mai 1983 : *Le marché et le port de Concarneau*, h/t (46x55) : **FRF 33 000** – LONDRES, 10 sep. 1984 : *Vue de Notre-Dame à Paris 1921*, past. et gche (48x59) : **GBP 900** – ROUEN, 16 déc. 1984 : *Bateaux de pêche au large de Concarneau*, h/t (45x66) : **FRF 13 000** – PARIS, 24 avr. 1985 : *Place de la Concorde 1921*, past. (46x54,5) : **FRF 14 000** – BREST, 15 déc. 1985 : *Marché près de la chapelle au pays bigouden*, h/t (54x65) : **FRF 38 000** – PARIS, 13 déc. 1986 : *Bateaux de pêche*, past. (46x55) : **FRF 13 000** – BREST, 17 mai 1987 : *Barques aux filets bleus*, past. (44x63) : **FRF 19 500** – LONDRES, 24 fév. 1988 : *La Seine au bois de Meudon 1922*, h/pan. (33x41) : **GBP 3 300** – PARIS, 19 mars 1988 : *Concarneau, le marché aux tissus*, h/t (22x27) : **FRF 16 500** – PARIS, 3 juin 1988 : *Port de Douarnenez*, h/t (46x55) : **FRF 32 000** – PARIS, 6 juin 1988 : *Concarneau*, h/t (50x100) : **FRF 65 000** – PARIS, 16 oct. 1988 : *Pardon à l'église de la Forêt-Finistère*, h/pan. (22x27) : **FRF 20 000** – PARIS, 12 déc. 1988 : *Le Retour des pêcheurs*, h/t (38x46) : **FRF 34 500** – PARIS, 14 déc. 1988 : *Le marché de Quimperlé*, h/cart. (33x41) : **FRF 44 000** – REIMS, 18 déc. 1988 : *Port de pêche breton*, h/t (55x65) : **FRF 28 500** – PARIS, 20 mars 1989 : *Le Marché de Pont-Aven*, past. (46x55,2) : **FRF 28 500** – LA VARENNE-SAINT-HILAIRE,

21 mai 1989 : *Le retour des pêcheurs en Bretagne* 1922, h/pan. (33x41) : **FRF 29 500** – NEW YORK, 24 mai 1989 : *Le Marché de Quimper*, h/t (38x45,8) : **USD 9 350** – VERSAILLES, 20 juin 1989 : *Pêcheurs de sardines à Concarneau, Finistère*, h/pan. (21x27) : **FRF 30 500** – ÉDIMBOURG, 22 nov. 1989 : *Le Marché de Concarneau*, h/pan. (45,7x55,3) : **GBP 7 920** – PARIS, 21 mars 1990 : *Bretagne, la fête au village*, h/cart. (33x41) : **FRF 35 000** – PARIS, 26 avr. 1990 : *Le Pont de l'Institut à Paris*, h/t (61x52) : **FRF 80 000** – GRANDVILLE, 29 avr. 1990 : *Retour de pêche à Concarneau* 1919, h/t (65x54) : **FRF 70 000** – AMSTERDAM, 23 avr. 1991 : *Voiliers dans un port français*, h/t (45x55) : **NLG 11 500** – NEUILLY, 23 fév. 1992 : *Vase de fleurs*, past. (46x38) : **FRF 25 000** – LONDRES, 18 mars 1992 : *Barques de pêche dans le port de Concarneau* 1919, h/t (36,5x44) : **GBP 2 200** – PARIS, 5 avr. 1992 : *Le Marché de Quimperlé*, h/t (54x65) : **FRF 45 500** – LONDRES, 1er oct. 1993 : *Le Marché de Concarneau*, h/t (38,2x46) : **GBP 3 910** – NEW YORK, 13 oct. 1993 : *Le Marché de Quimperlé en Bretagne*, h/t (73,7x92,7) : **USD 12 075** – CHALON-SUR-SAÔNE, 21 nov. 1993 : *Le Moulin*, h/t (88x116) : **FRF 44 000** – NEUILLY, 5 déc. 1993 : *Notre-Dame sous la neige* 1920, past. (61x74) : **FRF 45 000** – LORIENT, 19 juin 1994 : *Le Port de Douarnenez*, h/t (46x56) : **FRF 46 000** – CALAIS, 3 juil. 1994 : *Le Retour des pêcheurs*, past. (44x53) : **FRF 23 000** – LONDRES, 14 juin 1995 : *Le Retour de pêche des pêcheurs*, h/t (36x44) : **GBP 2 530** – PARIS, 17 nov. 1995 : *Vue d'un marché en Bretagne*, h/t (45x54) : **FRF 38 000** – MILAN, 20 mai 1996 : *Vue par la Seine* 1913, h/t (92x73) : **ITL 8 050 000** – CALAIS, 7 juil. 1996 : *Bretonnes sur la grève*, h/pan. (33x41) : **FRF 25 000** – PARIS, 15 déc. 1996 : *Le Départ des pêcheurs*, past. (24x32) : **FRF 6 900** ; *Marché du Faouët*, h/t (47x56) : **FRF 44 000** – PARIS, 23 mars 1997 : *Paris, la rue Mouffetard*, past. (53x63) : **FRF 31 500** – PARIS, 25 mai 1997 : *Notre-Dame et le square de l'Archevêché vus du quai de la Tournelle*, h/t (38x46) : **FRF 25 000** – PARIS, 26 mai 1997 : *Retour de pêche*, h/cart. (13x22) : **FRF 7 500** – PARIS, 6 juin 1997 : *Barques de pêche à Concarneau*, h/pan. (32,5x41) : **FRF 15 000** – REIMS, 29 juin 1997 : *Bateaux de pêche au port*, past. (53x45) : **FRF 9 000**.

BARNOU Jean François
XVIIIe siècle. Français.
Peintre.
Reçu en 1771 à l'Académie de Saint-Luc.

BARNOUD
XVIIIe siècle. Français.
Peintre.
D'après l'inventaire des Franciscains de la Place Royale à Paris, daté du 20 décembre 1790, son *Assomption de saint François de Paule* se trouvait dans le sanctuaire de ce couvent.

BARNOUD Louis
Né à Constantine. XXe siècle. Français.
Peintre de natures mortes.
Il exposa au Salon des Artistes Français plusieurs tableaux, pour la plupart des natures mortes dont on peut retenir : *Le vase brisé, Cuivres et oranges*, 1934, et *Notre petite table*, 1935.

BARNOUIN Charles
XIXe siècle. Français.
Peintre.
Élève de Reynes ; participa à l'Exposition d'Avignon de 1858 avec trois tableaux.

BARNOUIN Vincent
Né en 1760 à Toulon. Mort en 1793 à Toulon, fusillé. XVIIIe siècle. Français.
Peintre.
Il touche, en 1782, le prix de peintures exécutées dans le port de Toulon et, le 25 janvier 1789, le prix d'une *Nativité* destinée à l'église paroissiale de la Garde, près de Toulon. Ce tableau fut détruit lors du siège de Toulon (1793). On attribue à ce peintre une *Sainte Famille* qui se trouve dans l'église de Six-Tours-le-Vieux.

BARNOUW Nicolaas
Né le 22 avril 1809 à Schiedam. Mort en 1873 ou 1874 à Overschie. XIXe siècle. Hollandais.
Peintre de paysages.
Fit son éducation artistique auprès de J. de Meijer, à Rotterdam ; se maria, le 2 avril 1851, à Schiedam. Ses occupations l'éloignèrent de l'art ; il peignit néanmoins des paysages, qu'il envoya à Rotterdam, de 1840 à 1870.
VENTES PUBLIQUES : AMSTERDAM, 5 mars 1984 : *Paysage boisé à la chaumière animé de personnages* 1829, h/pan. (22x26) : **NLG 2 600**.

BARNS
XVIIIe siècle. Travaillant à Paris vers 1783. Britannique.
Graveur au burin.
Cet artiste grava d'après Vien, Jos. Vernet, Pierre Devos, Louis Belanger. Peut-être est-ce le même que Joh. Barnes.

BARNS G.
XIXe siècle. Britannique.
Peintre de genre.
Il exposa à Londres de 1872 à 1874.
VENTES PUBLIQUES : LONDRES, 6 juin 1996 : *Berçant le bébé*, h/t (28,5x48,9) : **GBP 747**.

BARNS-GRAHAM Wilhelmina
Née en 1912 à St Andrews. XXe siècle. Britannique.
Peintre, technique mixte.
De 1931 à 1936, elle étudie au College of Art d'Edimbourg. Entre 1948 et 1952 de nombreuses expositions personnelles de ses œuvres se sont déroulées à Londres. En 1951, elle a participé à une exposition collective de peinture contemporaine anglaise à New York.
VENTES PUBLIQUES : LONDRES, 7 juin 1985 : *Glacier floor* 1950, h. et cr./pan. (29x37,5) : **GBP 1 400** – LONDRES, 24 mai 1990 : *Peinture bleue* 1957, h/t (61x92) : **GBP 11 000** – LONDRES, 20 sep. 1990 : *Variation sur un thème, île espagnole* 1961, gche (49,5x38,5) : **GBP 1 100** – LONDRES, 11 juin 1991 : *Canyon* 1955, cr. et aquar. (38x56) : **GBP 1 045** – LONDRES, 23 oct. 1996 : *Jaune et orange* 1959, h/t (63,5x101,6) : **GBP 6 670**.

BARNSLEY James
XIXe siècle. Travaillant vers 1889. Américain.
Aquafortiste.
On lui doit des marines.

BARNSLEY James Mac Donald
Né en 1861 au Canada. Mort en 1929. XIXe-XXe siècles. Canadien.
Peintre de paysages.
Élève de l'École des Beaux-Arts de Saint Louis et de l'Académie Julian à Paris, plus tard de Luigi Loir. Il exposa à l'Artists Club de Denver et au Salon de Paris à partir de 1883. Membre de l'Art Association de Montréal, Canada.
MUSÉES : MONTRÉAL : *La fin du jour* – MONTRÉAL (Art Assoc.) : *Les derniers rayons – Sur la Cascapedia – Paysage de Seine – Sur la Seine – Automne, France – Sur la Seine, au-dessus de Paris – Automne, Canada.*
VENTES PUBLIQUES : NEW YORK, 1905 : *Un village français* : **USD 150** – TORONTO, 6 nov. 1979 : *Paysage au torrent* 1889, h/t (65x45) : **CAD 1 600** – TORONTO, 2 mars 1982 : *Un village*, h/t (62,5x75) : **CAD 800** – NEW YORK, 13 oct. 1993 : *Un pont sur la Seine au crépuscule* 1883, h/t (32,4x55,9) : **USD 6 900** – NEW YORK, 19 jan. 1995 : *Paysage aux barques au crépuscule*, h/t (30,5x45,7) : **USD 2 070**.

BARNUCCIO
XVe siècle. Italien.
Sculpteur sur bois.
Restaura, en 1483, la chaire de l'église S.-Stefano, à Empoli.

BARNUM Emily Keene
Née le 29 mars 1874 à New York. XIXe-XXe siècles. Américaine.
Peintre et aquarelliste.
Elle étudia à Paris sous la direction de J.-G. Vibert et à New York avec Irving R. Wiles. Elle fut membre du Pen and Brush Club de New York.
VENTES PUBLIQUES : NEW YORK, 7 avr. 1982 : *Marcia*, h/t (76,5x63,5) : **USD 300**.

BARNUM Fayette, Miss
XXe siècle. Active à Louisville (Kentucky) vers 1900. Américaine.
Peintre.
Membre de la Louisville Art League en 1900.

BARNWELL Mary
Née à New York. XXe siècle. Américaine.
Sculpteur.
En 1924 et 1927, au Salon d'Automne de Paris, furent exposées deux de ses œuvres : un portrait en marbre et une fontaine intitulée *Abondance*. Elle exposa également au Salon des Artistes Français.

BARNY Henry
Né au XIXe siècle à Metz (Moselle). XIXe siècle. Français.
Dessinateur.

Élève d'Allongé. Prit part à l'Exposition Internationale de Blanc et Noir de 1892, avec trois études de la forêt de Fontainebleau.

BARO Fran. Voir **FRAN-BARO**

BARO Jean
Mort en 1413 ou 1414 à Lyon (Rhône). XIVᵉ-XVᵉ siècles. Français.
Peintre.
Cité à Lyon en 1398. Il mourut pauvre.

BARO Raymond
Né en 1928. XXᵉ siècle. Français.
Peintre de paysages, marines.
Scientifique, il peint en autodidacte depuis 1971. Il participe à des expositions collectives régionales, y obtenant des récompenses. Il expose ses peintures dans différentes galeries françaises, et plus particulièrement en pays mosellan où il fut président du Groupement des Artistes.
Dans une technique lisse et brumeuse, il peint des paysages idéaux, surtout des marines côtières, qui doivent plus à son imagination qu'à une observation scrupuleuse de la nature.

BAROCCI. Voir aussi **BAROZZI**

BAROCCI Ambrogio, ou **Ambrogio di Antonio.** Voir **AMBROGIO da Milano**

BAROCCI Ambrogio di Federico ou **Barozzi, Baroccio, Barozio, Barotius**
Né dans la seconde moitié du XVᵉ siècle à Milan. Mort à Urbino. XVᵉ siècle. Italien.
Sculpteur.
Il était le petit-fils d'Ambrogio d'Antonio Barocci (Voir l'article Ambrogio da Milano I, ou Ambrogio di Antonio da Milano, parfois da Urbino), et fut le père du peintre Federico Barocci.
Le duc Federico de Montefeltro lui confia, en collaboration avec d'autres artistes, l'ornementation d'un palais qu'il venait de construire.

BAROCCI Federico ou **Barrocio,** dit **Baroche,** dit aussi **Fiori da Urbino**
Né en 1526 ou 1528 à Urbino. Mort en 1612 à Urbino. XVIᵉ-XVIIᵉ siècles. Italien.
Peintre de compositions religieuses, figures, portraits, dessinateur, graveur. Maniériste.
Arrière petit-fils du sculpteur Ambrogio Barocci da Milano (Voir l'article Ambrogio da Milano), et fils d'Ambrogio di Federico Barocci, il reçut d'abord les leçons de son père et du peintre Battisto Franco, disciple vénitien et imitateur de Michel-Ange. À vingt ans, il part pour Rome afin de s'y perfectionner dans l'étude de Raphaël. À Rome, il est patronné par le cardinal de la Rovère et travaille avec Taddeo Zuccaro, qui lui fait connaître Michel-Ange. Rentré à Urbino, il a la révélation du Corrège dont on sent dès lors l'influence sur sa peinture. En 1560, déjà célèbre, il retourne à Rome où il collabore avec Federico Zucchero aux fresques du Vatican et à la décoration du Palazzo del Bosco du Belvédère. Il exécute la célèbre *Déposition de Croix* pour la cathédrale de Pérouse ; une *Madone,* en 1579, pour Arezzo. La jalousie des autres peintres l'aurait forcé à regagner Urbin. Il fait un court voyage à Florence, puis entreprend des travaux pour des églises et des couvents de Pesaro, Ravenne, Sinigaglia. On cite encore de lui des travaux à San Francesco d'Urbino et deux tableaux de *La Cène* comptant parmi les plus belles œuvres : l'un destiné au pape Clément VIII, qui est aujourd'hui à Santa-Maria-sopra-Minerva, à Rome ; l'autre plus important qui se trouve dans la chapelle épiscopale d'Urbino. Il grava peu lui-même, mais les œuvres gravées d'après lui sont nombreuses. Il fut le premier artiste de l'Italie centrale à employer le pastel. Il eut une renommée considérable, et une grande influence. Le peintre Ventura Mazzi travailla sous sa direction.
Malgré de réelles qualités, Barocci marque une des étapes de la décadence de l'art italien. On peut lui reprocher un attachement trop strict aux conventions, donnant un dessin d'une correction soi-disant exemplaire. Il est aussi qualifié de maniériste attardé, de fade disciple du Corrège, dont le charme du style l'a attiré. La peinture de Barocci laisse une curieuse impression, il utilise à la fois des tons vifs, acides, et des fondus, il présente ses personnages vus par en dessous, leur donnant une allure théâtrale parfois accentuée par des effets de clair-obscur. Même s'il a surtout recherché le « joli », il reste l'un des représentants de l'art religieux jésuite ; et certains de ses tableaux, comme *La Circoncision* du Louvre, avec ses tons gris bleu et rose, ont fasciné les peintres du XVIIᵉ, mais surtout du XVIIIᵉ siècle. D'ailleurs, Boucher a souvent pris Barocci comme modèle pour ses compositions religieuses. Ainsi, annonçait-il une certaine peinture des siècles suivants.

ꟻVBꟻ.

MUSÉES : BRUXELLES : *La Vocation de saint Pierre et de saint André* – BUDAPEST : *L'Annonciation* – *Tête de Christ* – CALAIS : *Grisaille* – CHANTILLY : *Sainte Famille* – *Apparition de Jésus aux Saintes Femmes* – CHARTRES : *La Sainte Famille* – CHERBOURG : *Saint François d'Assise* – COLOGNE : *Repos pendant la Fuite en Égypte* – CONSTANCE : *Portraits* – DRESDE : *Agar et Ismaël* – *L'Ascension de Marie* – FLORENCE (Gal. roy.) : *Portrait de Federico Barocci par lui-même* – *Fête de l'Annonciation* – *Portrait de François II de la Rovère, duc d'Urbin* – *Le Christ apparaissant à la Madeleine* – FLORENCE (Palais Pitti) : *Portrait du Prince Frédéric d'Urbin enfant* – *Le Sauveur* – *Tête d'ange* – *Copie de la Madone de Saint-Jérôme, du Corrège* – FONTAINEBLEAU : *Sainte Catherine* – GÊNES (Rosso) : *Sainte Catherine* – LILLE : *Tête de trois-quarts, les yeux levés vers le ciel* – *Tête d'enfant* – *Tête de Christ* – *Étude à mi-corps pour un petit génie ailé* – LONDRES (Nat. Gal.) : *La Sainte Famille* – MADRID (Prado) : *La naissance de Jésus* – LE MANS (Mus. de Tessé) : *Mise au Tombeau* – MILAN (Ambrosienne) : *La Sépulture du Sauveur* – *La Sainte Famille* – *La naissance du Sauveur* – *Martyre de saint Vincent* – MONTPELLIER : *Tête d'ange de profil* – MUNICH : *Communion de sainte Madeleine* – *Noli me tangere* – NANCY : *L'Annonciation* – NEW YORK : *Sainte Famille* – ORLÉANS : *Enée et Anchise* – PARIS (Louvre) : *La Circoncision 1580* – *Vierge glorieuse* – *Nativité,* attribué à – *Annonciation,* copie par Sassoferrato – PONTOISE : *Étude pour une Annonciation* – *Tête de l'Ange Raphaël* – *Ecclésiastique drapé* – ROME : *Étude de tête d'ange* – *L'Annonciation* – *Sainte Micheline* – *Étude pour une tête d'adolescent* – ROME (Palais Borghèse) : *Sainte Catherine d'Alexandrie* – *Tête de vieillard* – *Saint Jérôme* – SAINT-PÉTERSBOURG (Ermitage) : *La Sainte Famille* – *Portrait d'homme* – *La naissance de Jésus-Christ* – TOULOUSE : *Sainte Famille* – VENISE : *Jésus couronné d'épines* – VIENNE : *Portrait d'un prêtre* – VIENNE (Czernin) : *Portrait de l'artiste par lui-même.*

VENTES PUBLIQUES : LONDRES, 28 mai 1903 : *Tête de jeune homme* ; *Étude d'arbres,* dess. : **GBP 22** – LONDRES, 28 mars 1908 : *La Sainte Famille* : **GBP 7** – LONDRES, 19 avr. 1909 : *Composition emblématique,* dess. : **GBP 4** – LONDRES, 21 fév. 1910 : *The Madonna reading to the Infant Saviour* : **GBP 4** – LONDRES, 1919 : *Repos en Égypte* : **GBP 157** – PARIS, 21-22 fév. 1919 : *Deux études de têtes,* cr. noir et sanguine : **FRF 30** – NEW YORK, 22 mars 1922 : *Les fiançailles de sainte Catherine* : **USD 1 010** – LONDRES, 4 juil. 1924 : *Vierge à l'écuelle* : **GBP 94** – PARIS, 4 fév. 1925 : *La Vierge présentant l'Enfant à une donatrice,* pl., reh. : **FRF 90** – PARIS, 28 et 29 juin 1926 : *Le Christ et saint Pierre,* pl. et bistre : **FRF 130** – LONDRES, 6 déc. 1926 : *L'Adoration des bergers* : **GBP 23** – PARIS, 17 et 18 mars 1927 : *Trois jeunes femmes assises, l'une en pleurs,* pierre noire et sanguine : **FRF 1 400** – LONDRES, 15 juil. 1927 : *Portrait d'un gentilhomme dans son armure* : **GBP 110** – PARIS, 28 oct. 1927 : *Portrait d'enfant,* pierre noire et sanguine : **FRF 1 550** – PARIS, 28 nov. 1928 : *Jésus et la femme adultère,* pl. : **FRF 1 280** – PHILADELPHIE, 30 et 31 mars 1932 : *Le souper à Emmaüs* : **USD 90** – LONDRES, 16 avr. 1934 : *La fuite en Égypte* : **GBP 16** – NEW YORK, 4 mars 1938 : *L'Assomption de la Vierge* : **USD 225** – LONDRES, 17 mars 1939 : *Le Repos en Égypte* : **GBP 10** – LONDRES, 9 juin 1939 : *Le Duc François Marie II* : **GBP 15** – LONDRES, le 9 déc. 1949 : *Étude de tête et de mains jointes,* fus. reh. sur pap. : **GBP 183** – LONDRES, le 25 oct. 1950 : *Portrait d'un personnage de qualité* : **GBP 450** – GENÈVE, 10 mars 1951 : *Jeune femme au balcon, à Morcotte* : **CHF 1 600** – LONDRES, 13 juil. 1951 : *La Circoncision* : **GBP 525** – PARIS, le 15 fév. 1954 : *Le Christ et la Madeleine,* pierre noire reh. de past. sur pap. : **FRF 60 000** – PARIS, 13 mai 1954 : *Le repos pendant la fuite en Égypte* : **FRF 52 000** – PARIS, 4 mai 1955 : *Étude pour la figure de l'Enfant Jésus dans la Sainte Famille,* cr. noir sur pap. : **FRF 18 500** – LONDRES, 20 mai 1966 : *Saint Jérôme en pénitence* : **GNS 850** – LONDRES, 30 juin 1976 : *L'Annonciation,* eau-forte (44x31,2) : **GBP 600** – LONDRES, 24 avr. 1978 : *La Vierge et l'Enfant,* grav. sur cuivre (15,5x10,8) : **GBP 1 600** – MUNICH, 29 mai 1978 : *L'Annonciation vers 1581,* grav. et eau-forte : **DEM 3 500** – LONDRES, 28 juin 1979 : *Tête d'enfant,* craies de coul./pap. bleu, coins coupés (21,9x16,9) : **GBP 1 600** – LONDRES, 7 avr. 1981 : *Études d'un bras gauche et* *d'une jambe droite*, craies/pap. bleu (41,4x27,6) : **GBP 3 500** – BERNE, 24 juin 1983 : *L'Annonciation* vers 1580, grav./cuivre/pap. filigrané : **CHF 3 900** – NEW YORK, 1ᵉʳ mai 1984 : *La vision de saint François* 1581, eau-forte et grav./cuivre (53,2x32) : **USD 14 000** – LONDRES, 5 déc. 1985 : *La Vierge et l'Enfant* vers 1570, eau-forte (15,4x10,9) : **GBP 6 000** – NEW YORK, 12 jan. 1988 : *Deux études de têtes de femmes regardant vers le bas*, craies et past./pap. (19,3x28,5) : **USD 7 150** – PARIS, 9 mars 1988 : *Tête d'homme barbu, tournée vers le bas*, pierre noire et past. : **FRF 600 000** – LONDRES, 21 avr. 1989 : *Saint Sébastien – étude de tête*, h/pap./t. (42,3x34,5) : **GBP 126 500** – LONDRES, 2 juil. 1990 : *Etudes de deux avant-bras*, craies noire et blanche/pap. bleu (31,3x23,3) : **GBP 13 420** – NEW YORK, 14 jan. 1992 : *Tête d'homme aux yeux baissés*, craies noire et de coul./pap. bleu (19,4x18,5) : **USD 38 500** – NEW YORK, 13 jan. 1993 : *Portrait d'un homme barbu baissant la tête*, h/pap./t. (28,3x23,2) : **USD 87 750** – PARIS, 5 nov. 1993 : *Tête d'homme*, cr. noir et past. (28x23) : **FRF 5 000** – NEW YORK, 11 jan. 1994 : *Tête d'un homme barbu regardant vers le bas*, sanguine et craie noire (24,5x18,8) : **USD 8 625** – PARIS, 8 juin 1994 : *La Vierge debout les bras ouverts*, pl., encre brune et lav. sur traces de Pierre noire (26x17) : **FRF 50 000** – LONDRES, 7 déc. 1994 : *Portrait d'un gentilhomme vêtu de noir en buste*, h/t (92x74) : **GBP 51 000** – NEW YORK, 10 jan. 1996 : *Vierge à l'Enfant apparaissant à saint Pierre et à un moine figurant le donateur*, craie noire, encre brune et lav. avec reh. de blanc (38x26,7) : **USD 9 200** – LONDRES, 2 juil. 1996 : *Tête de saint François regardant vers le bas à gauche*, craies noire et blanche/pap. gris-bleu (21,3x27,5) : **GBP 26 300** – LONDRES, 3 déc. 1997 : *Portrait en buste d'un gentilhomme portant une fraise et un costume noir*, h/t (54,3x42,5) : **GBP 161 000**.

BAROCCI Francesco
XVIᵉ-XVIIᵉ siècles. Italien.
Peintre de compositions religieuses.
Il travaillait probablement à Pérouse en 1580-1600.
Dans l'oratoire S. Bernardino, se trouve une *Adoration des bergers* qui aurait été peinte, au dire de Siepi, pour la chapelle Floramonti à Sta Maria del Popolo, à Pérouse, fondée en 1596.

BAROCCI Luigi
XIXᵉ siècle. Italien.
Graveur au burin.
Il était actif à Rome dans la première moitié du XIXᵉ siècle.
On cite de cet artiste : *La beata Vergine di Casa Colonna*, d'après Raphaël, et *Collection des costumes sacrés romains*.

BAROD Richard
XVIᵉ-XVIIᵉ siècles. Actif à Besançon de 1593 à 1611. Français.
Peintre.

BARODIO
XVIIIᵉ siècle. Travaillait vers 1720. Italien.
Peintre.
Cet artiste aurait exécuté un des tableaux d'autel de l'église de la Trinité, près Lambach (Haute-Autriche).

BAROFFIO Antonio
Né en 1760 à Mendrisio. Mort en 1820 à Moscou. XVIIIᵉ-XIXᵉ siècles. Suisse.
Peintre de sujets religieux.
Élève de l'Académie de Rome, il peignit une allégorie dans la salle du grand conseil à Bellinzona ; une *Sainte Famille* ; un *Saint Michel* pour l'église paroissiale de Mendrisio, une *Sainte Famille* ; un *Saint Michel* pour l'église paroissiale à Cagno, Lombardie. Enfin il se rendit à Moscou pour participer à la décoration du Kremlin.

BAROFFIO Giuseppe
XVIIIᵉ siècle. Actif à Pavie. Italien.
Peintre.
Décora l'église des Jésuites de cette ville et la voûte de S. Andrea in Cittadella.

BAROFFIO Tommaso
Mort en août 1877 à Mendrisio. XIXᵉ siècle. Suisse.
Peintre de fresques.
Il existe des fresques de cet artiste dans les églises de Marseille, Nîmes et Avignon, dans les théâtres de Marseille et de Montpellier, ainsi qu'à Saint-Amans-la-Bastide (Tarn), dans la demeure du maréchal Soult.

BAROIS
XVIIIᵉ siècle. Français.
Dessinateur.
Exposa aux Salons de Lille : *L'Ivresse de Silène* (dessin) et une *Tête de femme* au crayon rouge.

BAROIS Bonaventure
XVIIᵉ siècle. Travaillait à Paris. Français.
Sculpteur.
Membre de l'Académie de Saint-Luc, de 1678 à 1682.

BAROJA Y NESSI Ricardo
Né en 1871 à Minas de Riotinto. Mort en 1953 à Vera de Bidasoa. XIXᵉ-XXᵉ siècles. Espagnol.
Peintre de compositions à personnages, graveur.
Entre 1885 et 1936 il vécut avec sa famille à Valence où il réalisa sa première œuvre. Il habita ensuite Vera de Bidasoa où il assista aux débuts de la guerre civile. Il vint à la peinture de lui-même ; il ne suivit aucun cours et on ne lui connaît pas de maître. Les études qu'il entreprit étaient d'un tout autre ordre ; il entra à l'école polytechnique d'ingénieur mais fut obligé d'abandonner pour raisons de santé. Il suivit ensuite des cours pour appartenir au corps des archivistes et des archéologues mais n'exerça que peu de temps.
En 1889 il peint sur panneau *Les mansardes de Madrid*. En 1895 il envoie une peinture à l'huile à l'Exposition Nationale des Beaux-Arts qui est acceptée et retient l'attention d'un groupe réduit de peintres et de critiques. C'est vers la même époque qu'il commence à s'intéresser à la gravure, ce qui lui valut pour critique que dans cet art il atteignit le rang de « meilleur graveur espagnol depuis Goya ». En 1900 il réalise sa fameuse eau-forte *Poseurs d'asphalte à la Puerta del Sol*. Durant ces années il assiste aux réunions du Café Levante où il rencontre de nombreux artistes et écrivains. En 1902 il peint une peinture de José Martinez Ruiz, et en 1903 fonde avec Picasso et Francisco de Asis Soler la revue « Arte Joven ». En 1906 il reçoit une 2ᵉ médaille à l'Exposition Nationale des Beaux-Arts avec ses envois de peintures à l'huile : *Viatique dans un village – Portrait de C.B.*, assorties de vingt sept eaux-fortes, technique favorite de Baroja dans laquelle il réalisa la majeure partie de son œuvre gravée, à l'exception de certaines xylographies et une expérience en lithographie. En 1908 il remporte la 1ʳᵉ médaille de gravure pour ses *Scènes espagnoles*, où apparaît l'influence de Picasso. 1912 est une époque de transition dans son œuvre qui gagne en intensité chromatique et en brillance. En 1927 il devient professeur de l'École Nationale des Beaux-Arts. En 1931 il est victime d'un accident de voiture et perd l'œil droit. Il ouvre alors une parenthèse dans ses activités artistiques pour se vouer à la littérature. En 1935 il recevra le prix Cervantes de littérature pour sa nouvelle *Le vaisseau amiral*. Il se remet finalement à peindre et envoie des peintures à l'Exposition Nationale des Beaux-Arts de 1930. En 1938 il expose à Saint-Sébastien ses *Croquis de guerre*. À partir de 1939, il a exposé régulièrement dans des galeries à Madrid, Bilbao et Saint-Sébastien. En 1952 il a obtenu comme deux Prix importants.

BIBLIOGR. : In : *Cien anos de pintura en Espana y Portugal*, 1830-1930, T. I, Antiqvaria, Madrid, 1988.

VENTES PUBLIQUES : MADRID, 26 mars 1981 : *À mort 1938*, h/t (38x54) : **ESP 250 000** – MADRID, 13 déc. 1983 : *Arco Voltaico 1944*, h/pan. (50x75) : **ESP 750 000** – MADRID, 18 déc. 1984 : *Le chemin en bord de mer*, h/cart. (32,5x45,8) : **ESP 375 000** – LONDRES, 7 juin 1985 : *L'homme et son chien*, h/pan. (50x67) : **ESP 700 000**.

BARON
XVIIIᵉ siècle. Actif à Montpellier dans la première moitié du XVIIIᵉ siècle. Français.
Peintre décorateur.
Il se consacra particulièrement à l'ornementation de chaises à porteurs.

BARON
Actif à Paris. Français.
Graveur au burin.
On connaît de cet artiste douze planches pour un livre de botanique, d'après Pierre-Joseph Redouté.

BARON A.
Peintre.
Connu par une miniature sur ivoire conservée à la National Gallery de Washington.

BARON Abel François
XVIIᵉ siècle. Actif à La Haye vers 1658-1663. Hollandais.
Peintre.
Entra en 1663, comme élève, dans la Confrérie de la Haye.

BARON André Edgar
Né à Flers (Orne). XIXᵉ-XXᵉ siècles. Français.

Peintre de natures mortes, fleurs.
Exposa aux Indépendants en 1910.
VENTES PUBLIQUES : PARIS, 20 nov. 1981 : *Nature morte à la pastèque*, h/t (92x73) : **FRF 2 800.**

BARON Balthazar Jean ou Jean
Né le 14 juillet 1788 à Lyon (Rhône). Mort le 24 juin 1869 à Lyon. XIXe siècle. Français.
Graveur amateur.
Fabricant de soieries et juge au Tribunal de commerce (1843-1845), Baron apprit à dessiner, fit quelques lithographies vers 1824-1825, et se mit à l'eau-forte, prenant ses motifs dans les environs de Lyon et autour de Paris lors de ses voyages d'affaires. Il connut Bléry, dont les conseils l'aidèrent à s'affranchir un peu de l'influence de de Boissieu. La facture de ses eaux-fortes, dessinées simplement et légèrement, manque souvent d'ampleur et de relief ; ses personnages sont maladroits, mais il a le sentiment et l'amour de la nature. Son œuvre gravé, conservé à Lyon à la bibliothèque du Palais des Arts, comprend 179 pièces (quelques-unes à la pointe sèche ou au vernis mou) gravées entre 1826 et 1868. Un catalogue manuscrit (par A.-H. Chatelain) énumère 127 pièces entre 1826 et 1850. Baron a laissé des dessins, des plumes, des sépias, des encres de Chine et des aquarelles. Il exposa à Paris en 1833, 1865, 1866, à Lyon en 1851-52 et 1858. Ses meilleures planches sont *l'Île Barbe* (1831), *Les deux marchands forains* (1833), *Les joueurs* (1834), *Le petit pont de bois* (1836), *Chaponort* (1840), *Route d'Yzeron* (1847), *Vue de Francheville* (1849). Il signait « J.-B. » (en monogramme), « B.-J. Baron », « Baron », « J. Baron », « B. », « J. B. »

BARON Bernard
Né en 1696 à Paris. Mort en 1762 ou 1766 à Londres. XVIIIe siècle. Français.
Graveur à l'eau-forte.
Élève et beau-fils de Nicolas Tardieu. Parmi ses œuvres, il convient de citer les gravures fournies pour le célèbre éditeur Boydell de Londres, où il travailla et termina sa vie.

BARON Charles Eugène
Né au XIXe siècle à Paris. XIXe siècle. Français.
Paysagiste.
Exposa aux Indépendants de 1909 : *Paysage d'hiver*.
VENTES PUBLIQUES : PARIS, 4 juil. 1927 : *La promenade sur le lac* : **FRF 420** – PARIS, 11 fév. 1944 : *Paysage* : **FRF 450.**

BARON Claude
Né en 1738 à Paris. XVIIIe siècle. Français.
Graveur au burin.
Il fut élève de Le Bas.

BARON Claude Joseph
Né vers 1774 à Paris. XVIIIe-XIXe siècles. Français.
Peintre.
Élève de l'École des Beaux-Arts le 9 floréal, an VI.

BARON Denis Guillaume
XVIIIe siècle. Actif à Besançon de 1765 à 1771. Français.
Peintre.

BARON Dominique
Né au XIXe siècle à Toulouse. XIXe siècle. Français.
Peintre de genre, paysages.
Exposa aux Salons de Paris de 1842 à 1881.
VENTES PUBLIQUES : PARIS, 26 au 28 juin 1919 : *Le repos dans le parc* : **FRF 200** – PARIS, 9 fév. 1922 : *Dans le parc* : **FRF 170** – PARIS, 25 juin 1951 : *Le déjeuner de la tourterelle*, aquar. : **FRF 3 100** – LONDRES, 4 mars 1981 : *Flirt au bord de la rivière*, h/t (71x58) : **GBP 460** – PARIS, 18 nov. 1994 : *La lettre*, h/t (73x59) : **FRF 9 000.**

BARON E.
XIXe siècle. Travaillant à la fin du XIXe siècle. Français.
Dessinateur lithographe.

BARON Émile
Né au XIXe siècle à Paris. XIXe siècle. Français.
Peintre de genre.
Élève de Mac-Henry et d'Ingres. Il exposa au Salon de 1870 à 1878.

BARON Enrico
XIXe siècle. Espagnol.
Sculpteur.
Pensionnaire de l'Académie espagnole, il fut envoyé à Rome, où il exécuta deux compositions remarquables, tirées de la *Vie de*

saint Joseph, destinées à la chapelle de ce saint dans la basilique de Lorette.

BARON F.
XVIIIe siècle. Actif à Potsdam vers 1775. Allemand.
Peintre de perspectives et graveur.
Grava trois perspectives de Potsdam d'après ses propres dessins.

BARON François Marius
Né à Saint-Gervais-d'Auvergne (Puy-de-Dôme). XXe siècle. Français.
Peintre de paysages.
Il fut élève à l'École des Beaux-Arts de Clermont-Ferrand et de Paul Graf. Exposant à Paris, en 1921 il devint sociétaire du Salon des Artistes Français. Il y exposa des paysages, notamment : *Chemin de barrière* en 1926, *Neige en Novembre* en 1932 et *Moisson en Auvergne* en 1938.

BARON Guillaume
Originaire de Montpellier. XVe siècle. Actif à la fin du XVe siècle. Français.
Peintre.
Travailla aux décorations auxquelles les funérailles de Charles VIII donnèrent lieu, en 1498.

BARON Hélène
XIXe siècle. Active à Cannes. Française.
Dessinateur.
Elle participa à l'Exposition de Blanc et Noir de 1892.

BARON Henri Charles Antoine
Né le 23 juin 1816 à Besançon. Mort le 13 septembre 1885 à Genève. XIXe siècle. Français.
Peintre de genre, aquarelliste, illustrateur.
Compatriote et élève de Jean Gigoux, il débuta au Salon de 1840 avec deux petites toiles que Théophile Gautier, alors critique d'art à la *Presse*, mentionne comme « pleines de sentiment et de couleur ». Il fit ensuite, avec Gigoux, un long voyage en Italie et il en rapporta des études ravissantes et un goût très vif pour la peinture de genre aimable et gaie.
Son œuvre conserva toujours cette tendance générale à faire brillant et animé. Il excelle en l'interprétation des scènes joyeuses, débordantes de vie, en la représentation des étoffes aux couleurs voyantes, chatoyantes et fraîches ; c'est le peintre de la jeunesse, de la joie, de la lumière, de la grâce. M. Paul de Saint-Victor a dit de lui qu'« il devait peindre en manchettes, comme écrivait M. de Buffon. Il aime, ajoute l'excellent critique, les toilettes mirifiques. On appelle le loup en lisant les bergeries de Florian ; on payerait cher une robe de bure ou un brin de serge dans les tableaux de M. Baron. » Mais ce souci de l'élégance recherchée n'exclut pas chez lui l'esprit, et certaines de ses compositions, telles que les *Oies du Père Philippe*, et surtout l'*Entrée d'un cabaret vénitien fréquenté par les peintres*, qui lui valut d'ailleurs la Croix de la Légion d'honneur, sont de véritables boutades, amusantes à souhait, dans une note nettement artistique. Au point de vue coloriste, il faut rattacher H. Baron à l'école romantique. Il procède de Diaz, de Devéria, de Couture. Les figures de ses tableaux sont traitées avec délicatesse sans que cette qualité dégénère en mièvrerie et leur enlève quoi que ce soit de leur intensité d'expression. Henri Baron fut aussi un aquarelliste de valeur et dont les œuvres en ce genre rappellent beaucoup celles de Devéria. Enfin, il a illustré de nombreux ouvrages.

H·BARON·

MUSÉES : BESANÇON : *Les noces de Gamache* – CARCASSONNE : *La première dent* – CHANTILLY : *Chantilly au XVIe siècle* – *La Pêche* – GENÈVE : *Une mère jouant avec ses enfants sur le gazon fleuri* – *Le cerf-volant* – *Le joueur de mandoline* – LILLE : *Soirée d'été en Italie* – *Fête de printemps en Toscane* – *Les patineurs* – MARSEILLE : *La mère de famille* – MULHOUSE : *Lavandières* – *Une rue à Grenade* – NIORT : *Les vendanges en Romagne* – PARIS (Louvre) : *Scène de cabaret* – PONTOISE : *Trois jeunes femmes assises dans un appartement* – REIMS : *Les Baigneuses* – STOCKHOLM : *Joueuse de flûte antique* – SYDNEY : *Les joueurs de boule.*
VENTES PUBLIQUES : PARIS, 1861 : *Un roué* : **FRF 800** ; *Le départ* : **FRF 1 700** – PARIS, 1865 : *Jeune page armé chevalier* : **FRF 1 020** – PARIS, 1870 : *Les danseurs espagnols* : **FRF 860** – PARIS, 1875 :

Fête dans un parc, éventail : FRF **1 520** – Paris, 1877 : *La romance de Pierrot* : FRF **2 500** – Paris, 1878 : *Scène champêtre* : FRF **1 805** – Paris, 1884 : *Une danse sous les arbres* : FRF **3 750** – Paris, 1885 : *Un repaire* : FRF **1 220** – New York, 1902 : *La leçon de danse* : USD **100** – New York, 12-13 mars 1903 : *Un jeu de boules* : USD **80** – Paris, 17 déc. 1903 : *Ève baigneuse* : FRF **1 000** – Paris, 1er juin 1908 : *Bal paré dans un parc* : FRF **2 400** – Paris, 12 fév. 1909 : *Diane chasseresse au repos* : FRF **450** ; *La balançoire* : FRF **280** – Londres, 15 fév. 1909 : *La promenade* : GBP **10** – Paris, 15 mai 1910 : *La Source* : FRF **390** – Paris, 20 nov. 1918 : *Chez le peintre*, aquar. : FRF **1 020** – Paris, 20 nov. 1922 : *La Marchande de fleurs* : FRF **2 300** ; *Bacchante* : FRF **520** – Paris, 21 jan. 1924 : *A la fontaine* : FRF **1 300** – Paris, 10 avr. 1924 : *Pierrot mystifié*, aquar. : FRF **700** – Paris, 23 fév. 1925 : *Les deux Italiennes se reposant dans la campagne* : FRF **2 100** – Paris, 9 juin 1927 : *Trois jeunes femmes debout dans un parc* : FRF **2 300** – Paris, 12 juin 1929 : *Le cerf-volant* : FRF **4 900** – Paris, 26 jan. 1942 : *Baigneuses au bord d'un lac dans les montagnes* : FRF **8 000** – Paris, 13 et 14 déc. 1943 : *Le Salut de Pierrot* : FRF **3 200** – Paris, 10 mai 1944 : *Orientale au jardin* : FRF **2 100** – Paris, 17 mai 1944 : *Réunion dans un parc* : FRF **25 000** ; *Les Joueurs de cartes* : FRF **38 000** ; *Le quart d'heure de Rabelais* : FRF **24 500** – Paris, 25 mars 1949 : *La leçon de musique* : FRF **5 100** – Paris, 27 fév. 1950 : *La visite de l'atelier* : FRF **28 000** – Berne, 23-24 oct. 1964 : *Paysage fluvial* : CHF **240** – Paris, 2 juin 1966 : *Musicien et joyeuse compagnie* : FRF **760** – Berne, 28 avr. 1967 : *Le verre de l'amitié* : CHF **1 500** – Paris, 28 nov. 1972 : *Femme à la cruche effrayée par un serpent* : FRF **4 000** – Berne, 6 mai 1976 : *Mère et enfants dans un parc*, h/pan. (22,5x16) : CHF **3 300** – Londres, 22 nov. 1978 : *Osteria di San Giorgio*, h/pan. (62,5x46) : GBP **1 600** – Versailles, 28 juin 1981 : *Jeune femme et son chien*, h/pan. (33x24) : FRF **7 500** – Zurich, 3 juin 1983 : *Arlequin*, h/pan. (39x49,5) : CHF **2 000** – Cologne, 24 juin 1983 : *Trois femmes et un enfant sur une terrasse*, aquar. (23,5x33,5) : DEM **1 600** – Zurich, 21 nov. 1986 : *Chez le couturier*, h/pan. (46x37) : CHF **4 000** – Paris, 14 juin 1988 : *La première dent*, h/t (40,5x33) : FRF **155 000** – New York, 23 fév. 1989 : *Jeune femme à la guitare* 1838, h/t (40x32) : USD **4 180** – Paris, 6 avr. 1993 : *Le troubadour et sa compagne*, h/pan. (12,5x19,5) : FRF **3 500** – Amsterdam, 9 nov. 1993 : *Nymphes au bain*, h/t (47x37) : NLG **2 070** – Paris, 21 mars 1994 : *Femme et enfant*, h/t (64x45) : FRF **12 500** – New York, 20 juil. 1994 : *Les jeux*, h/t (55,2x40,6) : USD **5 750** – Milan, 4 avr. 1995 : *Paysage au musicien*, h/t (38,6x30) : ITL **2 875 000** – Paris, 19 avr. 1996 : *Le départ pour la promenade en barque*, h/t (75x54) : FRF **28 000** – Londres, 14 juin 1996 : *Dans le parc*, h/pan. (55,6x46) : GBP **29 900** – Londres, 11 oct. 1996 : *Turc fumant le narguilé* 1844, h/t (24x32,5) : GBP **24 150** – Londres, 26 mars 1997 : *Les Joueurs de boules*, h/pan. (58x81) : GBP **14 950**.

BARON Jean. Voir BARON Balthazar Jean

BARON Jean
Mort après 1650. XVIIe siècle. Français.
Graveur.
Toulousain, il travailla à Paris et Rome. On l'appelait aussi J. Baronius et J. Tolosano.

BARON Jean
XVIIIe siècle. Actif à Montpellier vers 1733. Français.
Peintre et graveur.

BARON Jean
Né à Angers. Mort avant 1770. XVIIIe siècle. Français.
Sculpteur.

BARON Louis
Né à Pontivy (Morbihan). XXe siècle. Français.
Dessinateur.
Exposa au Salon d'Automne de 1919 un dessin : *Ruines de Verdun*.

BARON Marcel Julien
Né le 14 juin 1872 à Paris. XIXe-XXe siècles. Français.
Peintre de paysages.
Il exposa des paysages forestiers à Paris, au Salon d'Automne, à la Société Nationale des Beaux-Arts et aux Indépendants.

BARON Marguerite
Née à Paris. XXe siècle. Française.
Peintre.

Élève de Félicie Engrand. Exposa au Salon des Artistes Français de 1932 : *Portrait de mon père*.

BARON Martin
Né à Jaroslaw (Galicie). XVIe siècle. Actif à la fin du XVIe siècle. Polonais.
Peintre.
Peignit des saints, dont deux furent reproduits, en 1605 et 1606, par le graveur Overadt, à Cologne *(Saint Stanislas Kostka et Saint Hyacinthe)*.

BARON Paul
Né le 11 novembre 1827 à Givry (Saône-et-Loire). XIXe siècle. Français.
Peintre.
De 1846 à 1852, étudia, sous la direction de Bonnefonds, à l'École des Beaux-Arts de Lyon ; débuta, en 1855-1856, par un tableau intitulé : *Le vin*, se fixa à Paris, exposa au Salon : *Le Parasol* et *Portrait de femme* (1859), *Mariage mystique de sainte Catherine* (1865), le même exposé à Lyon, en 1867, avec *Départ pour la promenade*, tableau de genre, *L'amour désarmé* (1868) et *Odalisque* (1820).

Ventes Publiques : Marseille, le 18 déc. 1948 : *La toilette de Vénus* : FRF **13 000**.

BARON René
Né à Neuilly-sur-Seine (Hauts-de-Seine). XXe siècle. Français.
Sculpteur de bustes.
Entre 1913 et 1939, il envoya à Paris, au Salon de la Société Nationale des Beaux-Arts dont il était associé, des bustes de femmes et d'enfants groupés ou en bas-reliefs et une fontaine décorative.

BARON Robert
Né au XIXe siècle à Thiel (Allier). XIXe-XXe siècles. Français.
Peintre animalier et sculpteur.
Élève de Verlet et Gardet. Exposa au Salon des Indépendants en 1909, 1910, puis au Salon des Artistes Français, en 1912 et 1914, des sculptures d'animaux.

BARON Stéphane
Né en 1830 ou 1832 à Lyon (Rhône). Mort vers 1921 à Lyon. XIXe-XXe siècles. Français.
Peintre d'histoire, sujets mythologiques, compositions religieuses, scènes de genre, portraits, paysages, fleurs, aquarelliste, aquafortiste.
Fils du graveur Jean Balthazar Baron, il fut élève de son père et, à Paris, de Léon Cogniet. Il exposa à Lyon, en 1851, *Fleurs* et *Portrait de l'auteur* et débuta au Salon de Paris, en 1853, avec *Le Fou*, qui fut très remarqué. Au même Salon il exposa, jusqu'en 1882, des sujets d'histoire et de genre, et, depuis 1863, de nombreuses aquarelles d'après les Murillo et les Vélasquez, des musées d'Espagne. Il obtint, pour ses aquarelles, une mention honorable en 1863.
Ses principales œuvres sont : *Épisodes des massacres de Merindol* (Salon de Paris, 1857), *Rolla* et une *Matinée chez la Belle Cordière* (1859), *Marguerite au jardin* (1861), *L'enfance de Jupiter* (1865), *Le mariage de raison* (1867), *Barques en perdition à Capri* (1868), *Un joueur de guitare dans la vieille Castille* (1875). Il a peint aussi des portraits et a gravé à l'eau-forte des paysages et des planches d'après les maîtres italiens et espagnols.

Ventes Publiques : Paris, 1875 : *Un rêve d'amour* : FRF **310** – Paris, 27 et 28 déc. 1926 : *La diseuse de bonne aventure* : FRF **60** – Lucerne, 25 mai 1982 : *Descente de Croix*, aquar. (46x57,5) : CHF **800** – Londres, 11 oct. 1985 : *Une nymphe des bois*, h/t (162x105,5) : GBP **14 000** – Berne, 26 oct. 1988 : *Paysage campagnard avec deux paysans et une barque*, h/t (26x38) : CHF **3 600**.

BARON Théodore
Né en 1840 à Bruxelles. Mort le 4 septembre 1899 à Namur. XIXe siècle. Belge.
Peintre de paysages.
Élève de Louis Dubois, il fut co fondateur, en 1868, de la Société libre des Beaux-Arts de Bruxelles et devint recteur de l'Académie de Namur en 1893. En relation suivie avec le groupe de Tervueren, il a surtout travaillé dans les Ardennes.
Il montre une préférence pour des paysages sombres, solitaires, peints dans des tonalités grises, crayeuses, automnales. C'est avec robustesse qu'il traite les paysages des rives de la Meuse,

de la mer du Nord, évoquant la rudesse et l'âpreté du climat de ces endroits.

[signature : Baron 1872]

BIBLIOGR. : Gérald Schurr : *Les Petits Maîtres de la peinture 1820-1920, valeur de demain*, Les Éditions de l'Amateur, t. V, Paris, 1981.

MUSÉES : ANVERS : *Forêt de Fontainebleau – Soir d'automne – Rochers de Profondeville – Dans les dunes – Rochers au soir –* BRUXELLES : *Le vallon de Rouat en hiver – Un bras de l'Escaut – Temps de pluie – Dunes de Calmpthout –* GRONINGEN : *Automne.*

VENTES PUBLIQUES : BRUXELLES, 12 mai 1934 : *Hiver en Ardennes :* BEF 2 400 – NICE, 20 déc. 1950 : *Coucher de soleil sur mer calme :* FRF 5 000 – BRUXELLES, 27 oct. 1976 : *Site de Campine avec troupeau*, h/t (60x100) : BEF 72 000 – AMSTERDAM, 17 oct. 1978 : *La Vallée*, h/t (90x122) : BEF 55 000 – LOKEREN, 25 avr. 1981 : *Chemin de campagne 1891*, h/t (55x33) : BEF 50 000 – BRUXELLES, 28 mars 1984 : *Paysage*, h/t (65x90) : BEF 70 000 – WASHINGTON D.C., 3 mars 1985 : *Paysage d'hiver avec paysans autour d'un feu*, h/t (65,5x92) : USD 2 000 – BRUXELLES, 19 déc. 1989 : *Paysage*, h/t (38x50) : BEF 32 000 – AMSTERDAM, 24 avr. 1991 : *Automne : Peupliers le long d'un chemin au soleil couchant 1874*, h/t (62x99) : NLG 4 830 – BRUXELLES, 7 oct. 1991 : *Ferme*, h/t (63x100) : BEF 72 000 – LOKEREN, 21 mars 1992 : *La vallée de la Meuse*, h/t (40x60) : BEF 50 000 – LOKEREN, 10 oct. 1992 : *Le ruisseau*, h/t (92x64,5) : BEF 80 000 – LOKEREN, 15 mai 1993 : *Le ruisseau*, h/t (92x64,5) : BEF 50 000 – LOKEREN, 6 déc. 1997 : *Les Chasseurs*, h/t (150x200) : BEF 70 000.

BARON Vincent Alfred
Né le 11 juin 1820 à Meximieux (Ain). XIXᵉ siècle. Français.
Sculpteur, médailleur.
Exposa, de 1849 à 1861, au Salon de Paris, un nombre important de médaillons. On cite celui de l'acteur Debureau et celui du comte Boutourlin. Élève de l'École des Beaux-Arts à Paris en 1837, Baron fréquenta les ateliers de Ramey et de Jacquot. En 1841, abandonnant la sculpture pour le théâtre, il devint élève du Conservatoire et joua avec succès à l'Odéon, l'Ambigu, la Gaîté et la Porte-Saint-Martin.

BARON-PUYPLAT Marie Alice
Née le 5 ou 6 mai 1880 à Paris. XXᵉ siècle. Française.
Graveur de reproductions.
Elle fut l'élève de son père, Jules Jacques Puyplat. Elle gravait sur bois. Elle présenta ses œuvres à Paris, à la Société Artistique de la gravure sur bois et au Salon des Artistes Français à partir de 1904, où elle obtint une mention honorable et une médaille de troisième classe. Parmi son œuvre gravé : *La rieuse*, de Rembrandt – *Chopin*, de Delacroix et *Berlioz* de Daumier.

BARON-RENOUARD François
Né le 19 avril 1918 à Vitré (Ille-et-Vilaine). XXᵉ siècle. Français.
Peintre de techniques mixtes, cartons de tapisseries, vitraux, mosaïques. Figuratif, puis abstrait-lyrique.
Il est le petit-fils de Paul Renouard, qui fut peintre et graveur. Il fit ses études à l'École Supérieure des Arts Décoratifs de Paris, où il eut pour professeurs François Desnoyer, Maurice Brianchon et Raymond Legueult, jusqu'au diplôme. De 1939 à 1945, il fut officier dans l'aviation.
Dès 1946, il participe à presque tous les Salons parisiens : 1946, 1947, Salon des moins de trente ans ; de 1948 à 1951, Salon des Indépendants ; de 1950 à 1952, Salon de la Jeune Peinture ; de 1952 à 1955, Salon de Mai ; depuis 1955, Salon Comparaisons ; 1961, Salon de l'École de Paris, galerie Charpentier ; ainsi qu'aux Peintres Témoins de leur Temps ; au Salon du dessin et de la peinture à l'eau ; en permanence au Salon d'Automne dont il est devenu membre du comité, l'un des présidents de la section peinture ; au Salon des Réalités Nouvelles et à Grands et Jeunes d'Aujourd'hui ; ainsi qu'à de très nombreuses expositions collectives en France et à l'étranger. Il a reçu le Prix de la Ville de Venise en 1948, et le Prix de la Biennale de Menton en 1957. Depuis 1979, il est président d'honneur de l'Assemblée internationale des Arts Plastiques, à l'UNESCO. Il est chevalier de la Légion d'honneur, officier de l'Ordre du Mérite, officier des Arts et Lettres. En 1987, il a reçu la grande médaille de Vermeil de la Ville de Paris.
Depuis 1949, il présente ses expositions personnelles à Paris, Genève, Munich, Sofia, Téhéran, Bagdad, Londres, New York,

Dallas, Mexico, Tokyo, etc. En 1973, le château-musée de Cagnes-sur-Mer a présenté ses *Œuvres de 1960 à 1973.*
Depuis 1968, il a réalisé de nombreux cartons de tapisseries, vitraux et mosaïques, entre autres : en 1968 au Mans ; 1971 à Nancy ; 1972, 1974, 1976, 1977 Rennes ; 1974 Brest ; 1975 Cagnes-sur-Mer ; 1978 Paris, pour l'Électricité de France ; 1980 Landerneau ; 1983 vitraux pour la Basilique de Brioude ; 1986 Paris, pour l'UNESCO ; 1990 vitraux pour l'église d'Hocquincourt ; etc.
Il débuta sa carrière artistique en peignant des œuvres figuratives aux sujets traditionnels : natures mortes, paysages et compositions à personnages. Formellement, de par leur métier et leur sens décoratif, ces toiles étaient caractéristiques de l'école de Paris du moment, dont il a conservé une construction rigoureuse et un sens certain d'accords colorés rares. Il a ensuite évolué définitivement à l'abstraction, où il se distingue par une gestualité lyrique confortée d'un chromatisme expressif. ■ J. B.
BIBLIOGR. : Lydia Harambourg, in : *L'École de Paris 1945-1965. Diction. des Peintres*, Ides et Calendes, Neuchâtel, 1993.
MUSÉES : BEYROUTH (Mus. Sursock) – CAGNES-SUR-MER (Château-Musée) – DUNKERQUE – ÉPINAL (Mus. départ. des Vosges) : *Le Plongeoir* – LOS ANGELES (Mus. d'Art Mod.) – PARIS (Mus. Nat. d'Art Mod.) – PARIS (Mus. d'Art Mod. de la Ville) – PARIS (Mus. du Petit Palais) – RENNES – SOFIA (Mus. d'Art Mod.) – TOKYO (Mus. d'Art Occidental) – TOKYO (Mus. S. Togo).
VENTES PUBLIQUES : PARIS, 23 juin 1988 : *Composition*, h/t (100x100) : FRF 10 000 – PARIS, 17 juin 1990 : *Marina*, h/t (100x100) : FRF 9 800 – PARIS, 25 oct. 1990 : *Composition*, h. et collage/t. (97x131) : FRF 14 000 – PARIS, 8 juil. 1993 : *Composition 1959*, h/t (64,5x80,5) : FRF 5 000 – PARIS, 25 nov. 1993 : *Composition*, techn. mixte (97x130) : FRF 4 000.

BARONAT Mateo
XIXᵉ siècle. Espagnol.
Paysagiste.
Exposa avec succès à Murcie en 1877.

BARONCELLI Giov. Franc.
XVIIᵉ siècle. Actif à Turin vers 1672. Italien.
Peintre.
On a de lui le dessin d'un feu d'artifice gravé par Gius. Abbiati, et une esquisse gravée par Tasnière.

BARONCELLI Niccolo di Giovanni, dit Niccolo dal Cavallo
Né à Florence. Mort en octobre 1453 à Ferrare. XVᵉ siècle. Italien.
Sculpteur et médailleur.
Cet artiste florentin, élève de Brunelleschi, auteur de différentes œuvres, présida de son temps aux destinées de la sculpture à Ferrare, à Parme, à Modène et à Faenza. Baroncelli exécuta pour la ville de Ferrare le *Cheval* de la statue équestre en bronze du *Marquis Nicolo III d'Este*, ouvrage remarquable qui mérita au statuaire le surnom de Niccolo dal Cavallo, tandis qu'un autre artiste, Antonio de Cristoforo, modela le cavalier. Le cheval fut terminé en 1447 et le monument inauguré en 1451, devant l'entrée principale du château. Niccolo sculpta les figures en bois de la *Vierge Marie*, de *Saint Jean Baptiste* et d'un *Ange* qui ornent la sacristie de la cathédrale de Ferrare, puis fit, en 1450, pour la même cathédrale, cinq statues en bronze : le *Christ sur la Croix*, la *Vierge, Saint Jean, Saint Georges* et *Saint Maurelius*. En 1451, Baroncelli commença la statue assise du *Marquis Borso d'Este*, achevée, après sa mort, par son fils Antonio, également artiste de valeur. Niccolo Baroncelli se distingua encore parmi les principaux médailleurs de son époque. ■ A. de Baroncelli

BARONCELLI da Firenze Antonio di Niccolo
Né à Florence. XVᵉ siècle. Italien.
Sculpteur sur bois.
Était fils de Niccolo di Giovanni Baroncelli, appelé Niccolo dal Cavallo. Fit, pour la sacristie de la cathédrale de Ferrare, une sculpture en bois, représentant *Dieu le Père et deux Anges*, vers 1451.

BARONCELLI-JAVON Henriette Marie de Chazelles de, marquise
Née en avril 1845 à Belle-Côte (près de Nîmes). Morte le 1ᵉʳ septembre 1906 à Avignon. XIXᵉ siècle. Française.
Miniaturiste.
Elle a peint et exposé à Paris, à partir de 1884, des miniatures (Portraits du *Comte de Chambord*, de la *Comtesse d'Eu*, de *Dom Pedro de Brésil*, de *Mistral*).

BARONCINI Vincenzo
Né à Brescia. XVIIIᵉ siècle. Italien.
Sculpteur.
Exécuta plusieurs statues pour l'église San Martino, à Alsano.

BARONCZ Tadeusz von ou **Baracz**
Né en 1849 à Lemberg. Mort en 1905 à Lemberg. XIXᵉ siècle.
Polonais.
Sculpteur.
Originaire d'une famille polono-arménienne ; élève de l'école
d'Art à Cracovie et de l'Académie de Munich ; séjourna deux ans
en Italie et à Vienne. Le monument de Sobieski, à Lemberg, est
considéré comme son chef-d'œuvre (1898).

BARONE Andrea
XVIᵉ siècle. Italien.
Sculpteur.
Cité vers 1544. Exécuta, à cette date, une statue de *Sainte Hélène*
pour la cathédrale de Palerme.

BARONE Antonio
Né en 1889 à Vallee Dolmo (Sicile). Mort en 1971. XXᵉ siècle.
Depuis 1896 actif aux États-Unis. Italien.
**Peintre de portraits, scènes typiques, aquarelliste, pas-
telliste, graveur. Postimpressionniste. Groupe de Wood-
stock.**
Émigré aux États-Unis en 1896, il commença à travailler avec Ida
Taylor, puis, en 1906, entra à l'Art Students' League à New York.
Après un voyage en Europe il ouvrit, en 1910, un atelier à New
York.
Pendant l'été 1908 il fut invité dans les résidences d'été de l'Art
Students' League et y rencontra des artistes convertis à l'impres-
sionisme français. Il s'essaya à combiner le portrait et la peinture
de plein air, mais abandonna rapidement pour se consacrer à la
peinture de paysages. Il aborda alors l'aquarelle et le pastel et
trouva ses sujets dans les rues du quartier italien de New York.
VENTES PUBLIQUES : NEW YORK, 29 mai 1987 : *La Dame en noir*,
h/t (182,3x90,8) : **USD 20 000** – NEW YORK, 26 mai 1988 : *La petite
mère*, h/t (115,2x92,2) : **USD 6 600** – NEW YORK, 10 juin 1992 : *La
petite mère 1914*, h/t (115,2x92,2) : **USD 8 800** – NEW YORK, 3 déc.
1992 : *Scène de plage avec Grazia*, aquar./pap. (25,4x33,7) :
USD 6 600 – NEW YORK, 11 mars 1993 : *Vendeur des rues*, h/t
(50,2x59,7) : **USD 8 050** – NEW YORK, 28 nov. 1995 : *Montagnes en
hiver*, h/cart. (29x35) : **USD 1 495** ; *Portrait de la Baronne Frasier*,
h/t (122,6x76,2) : **USD 13 800** – NEW YORK, 20 mars 1996 : *Grazia
en noir*, h/t (137,2x91,4) : **USD 18 400**.

BARONI Andrea
Né à Bologne. XVIIᵉ siècle. Actif de 1620 à 1650. Italien.
Peintre.
Il a eu pour élève Lorenzo Pasinelli.

BARONI Antonio ou **Barone**, dit **il Vecchio**
XVIIᵉ siècle. Actif à Vérone de 1650 à 1670. Italien.
Peintre.

BARONI Antonio, dit **il Giovane**
Né en 1678 à Vérone. Mort en 1744 à Vérone. XVIIIᵉ siècle. Italien.
Peintre.
Simone Brentana fut son premier maître ; il alla ensuite à
Bologne, auprès de Marcant. Franceschini. De retour à Vérone,
il peignit une *Scène de la vie de saint Gualfardo Guidotti*, pour le
réfectoire du couvent della Carita, et un *Sacrifice d'Abraham*,
pour l'église S. Biagio.

BARONI Bartolommeo
XVIIIᵉ siècle. Actif à Vicence. Italien.
Sculpteur.

BARONI Bernardino
XVIIᵉ siècle. Actif à Sienne vers 1630. Italien.
Peintre.
Dans l'église San Niccolo à Maggiano, se trouve une toile de cet
artiste, représentant une *Madone dans une gloire de nuages à
côté de Saint Bernard et de sainte Catherine* et, dans l'église de la
Chartreuse, un panneau d'autel.

BARONI Bernardino di Simone
Né en 1735 à Sienne. XVIIIᵉ siècle. Italien.
Peintre.
Peignit des tableaux d'autel pour différentes églises de Sienne.

BARONI Carlo
Originaire de Mantoue. XVIIIᵉ siècle. Travailla à Rome vers
1761-1775. Italien.
Graveur.

BARONI Celso
XVIIIᵉ siècle. Siennois, actif au XVIIIᵉ siècle. Italien.
Peintre.
Cet artiste peignit de nombreux tableaux, dont quelques-uns
ornent encore diverses églises : à Basciano, un tableau d'autel
représentant la *Madone enveloppée de gloire ayant des saints
agenouillés à ses pieds*, et une autre toile du même ordre dans
l'église de San Donato à Vallerano.

BARONI Cosimo de
XVᵉ siècle. Actif à Ferrare entre 1458 et 1475. Italien.
Miniaturiste, enlumineur.
Décora des sonnets et chansons avec des miniatures (selon Cittadella), pour le duc de Ferrare. Les miniatures des 18 livres de
chœur, qu'on attribua à Cosimo Tura et qui se trouve dans la
bibliothèque de la Chartreuse à Ferrare, seraient son œuvre.

BARONI Domenico
Mort en 1671. XVIIᵉ siècle. Actif à Bologne. Italien.
Peintre.
Peignit pour l'autel principal de San Giov. de Fiorentini à
Bologne, un *Saint Jean Baptiste*.

BARONI Domenico
Mort vers 1860 à Modène. XIXᵉ siècle. Italien.
Peintre.
Élève de P. Benvenuti d'Arezzo, ce peintre fut professeur à
l'Académie de Modène, peignit des tableaux de genre, et des
scènes de la Divine Comédie.

BARONI Francesco
Enterré à S. Paolo de Rome après 1463. XVᵉ siècle. Actif à
Pérouse vers la moitié du XVᵉ siècle. Italien.
Peintre verrier.
Il était moine au couvent des Bénédictins de Pérouse et ensuite
de Rome. Il débuta par l'exécution d'un vitrail pour Santa Maria
da Servi, à Pérouse, en 1443, et reçut l'ordre de faire des vitraux
(1446), à Orvieto. En 1450, il fut appelé à Rome par le Pape Nicolas V qui lui fit peindre des vitraux pour Saint-Pierre. De 1453 à
1454, aidé de son neveu, il travailla pour le Vatican. En l'année
1458, il retourna à Pérouse, où il exécuta divers travaux pour son
couvent.

BARONI Francesco
XVIIᵉ siècle. Actif à Rovigo vers 1609. Italien.
Sculpteur d'ornements.

BARONI Giovanni
Né à Sacco (près de Rovereto). XVIIᵉ siècle. Actif à Sacco vers
1690. Italien.
Peintre de batailles.
Parent et premier maître de G.-A. Baroni di Cavalcabo.

BARONI Giuseppe
Originaire de San Giuliano. Mort en 1730 à Venise. XVIIIᵉ
siècle. Italien.
Graveur au burin.
Travailla à Rome et à Venise. On signale de cet artiste une reproduction de *la Grande Regatta de 1709*, d'après Luca Carlevaris, et
un *Saint Ignace* signé *Gius. Baroni*. Il travailla pour le *Grand
théâtre de la peinture*, avec Dom. Rossetti et Andrea Zucchi. Il
aurait aussi gravé d'après Poussin, Batoui, J.-B. Piazzetta. On
cite encore : *Jésus-Christ en Croix, Saint Ignace, Un saint dans un
cimetière*.

BARONI Helena
XVIIIᵉ siècle. Italienne.
Graveur.
Fille de Giuseppe Baroni. Le Blanc cite d'elle : *Un office de la
Sainte Vierge*.

BARONI Monique
Née le 17 juillet 1930 à Tarbes (Htes-Pyrénées). XXᵉ siècle.
Française.
**Peintre de compositions à personnages, scènes animées,
intérieurs, figures, nus, paysages animés, natures
mortes, pastelliste, lithographe.**
Ce fut seulement en 1970, après ses études musicales et ses obli-
gations familiales, qu'elle fut élève de Jean-Marc Lange et
d'Édouard Mac-Avoy dans leurs ateliers privés.
Elle participe à des expositions collectives, dont les principaux
Salons traditionnels de Paris : Salon d'Hiver, médaille en 1976 ;
Salon des Artistes Français, dont elle est sociétaire, 1981

médaille d'honneur, 1986 et 1987 Prix de paysage, 1990 médaille d'argent, 1993 médaille d'or ; Salon Violet, 1983 médaille, 1985 Prix de peinture, 1992 médaille d'or ; Salon d'Automne, dont elle est sociétaire ; etc. Elle participe à de nombreuses expositions collectives régionales ou à l'étranger, notamment : 1994 Triennale de Cracovie, 1995 au Musée d'Art Moderne de Shanghai, obtenant de multiples distinctions et Prix.

Elle montre des ensembles de ses travaux dans de très nombreuses expositions personnelles, dont : 1983, 1985, 1988 Lyon, galerie Guichard ; 1984 Beverly Hills, Angel International Fine Arts ; 1987, 1989, 1991, 1993, 1995 Paris, galerie Romanet ; 1990 Mexico ; 1994 Sarasota, Anita L. Pickven gallery ; 1996 Atlanta, Alliance française ; etc.

Elle se fit obligation d'étudier les anciennes techniques, avant d'aboutir à celle qui convient à son expression personnelle, dont la touche est encore redevable à l'impressionnisme, à travers Bonnard et Balthus, mais par un lent travail de superpositions. Elle peint des personnages en situation, très souvent des femmes, suggérant l'amorce de mouvements familiers, osant jusqu'à de grandes compositions de trois mètres de large. Les cadrages sont volontiers audacieux, comportant rarement des contre-jours ou des clairs-obscurs, plus souvent des effets de contrastes, certains personnages étant coupés par le bord de la composition. La couleur est vive, parfois presque stridente, toutefois dans le contexte de gammes chromatiques très diverses et toujours accordées dans la lumière à partir de la dominante choisie. La couleur construit le tableau, constituant presque à elle seule le dessin, comportant souvent des « passages » presque insensibles d'un ton à son voisin, ce qui unifie formes et fonds, privilégiant peut-être plus les espaces, le vide, que le sujet en lui-même, le vide qui génère la construction abstraite de la composition. ∎ J. B.

BIBLIOGR. : Divers : *Monique Baroni*, Edit. Gal. Romanet, Paris, 1988 – Catalogue *Baroni*, Quintessence, Lille, 1994.

VENTES PUBLIQUES : FONTAINEBLEAU, 28 oct. 1990 : *La cueillette des pommes*, h/t (131x97) : FRF 16 000.

BARONI Paolo
XVIIIe siècle. Travaillant à Venise au début du XVIIIe siècle. Italien.
Peintre et graveur au burin.
Une estampe gravée à l'eau-forte, représentant *La décapitation d'un saint*, porte sa signature ; Nagler lui attribue une eau-forte : *Les neuf muses glorifiant un prince*, dont le portrait est audessus, dans un ovale, qui porte aussi le monogramme : *P. B.*

BARONI Paolo Nicolo Francesco, dit Paul Nicole François ou Baronni
Né en 1703, originaire de Plaisance. Mort le 12 février 1771 à Angers. XVIIIe siècle. Italien.
Peintre.
Parmi les peintures qu'il fit au chœur et à la nef de l'église de Cheffes (Maine-et-Loire), il faut signaler surtout le *Baptême du Christ*. Il exécuta de nombreux travaux dans les églises d'Angers, et peignit la chapelle du grand Séminaire.

BARONI Pietro di Nicola
XVe siècle. Actif à Orvieto en 1447. Italien.
Peintre.
Ce peintre aida Fra Angelico dans l'exécution des fresques de la nouvelle chapelle de la cathédrale. Après le départ de ce prodigieux artiste, qui eut lieu en 1447, Baroni dut continuer de travailler à la cathédrale, car il reçut un paiement, en 1450, pour les peintures qu'il y avait faites, et un autre, en 1458, pour une Madone. Cité en 1489 comme ayant une part dans la direction de la construction de la cathédrale.

BARONI Siro
XVIIIe siècle. Actif à Mantoue, vers 1750. Italien.
Peintre.
Les églises Sant'Andrea et Santa Catarina, à Mantoue, possèdent des panneaux d'autel de cet artiste.

BARONI DI CAVALCABO Gaspare Antonio
Né en 1682 à Sacco (près de Rovereto). Mort en 1759. XVIIIe siècle. Italien.
Peintre.
Débuta de bonne heure par des compositions de dessins et des essais de fresques ; son oncle avait été son premier maître. La seconde partie de ses études eut lieu à Vérone, dans l'école d'Antonio Balestra, avec lequel il se rendit à Venise, où il séjourna de 1703 à 1705. D'après le conseil de Balestra, il s'en alla travailler à

Rome chez Maratta. Deux ans plus tard, la mort de son père l'obligea à rentrer à Sacco. Parmi ses œuvres, il convient de citer : *La Cène*, à S. Maria Lauretana à Rovereto, *L'Enfant Jésus avec saint Antoine de Padoue*, à l'église de l'Annonciation, et des fresques à la cathédrale, à Trente, six scènes bibliques à S. Maria del Carmine à Rovereto.

BARONI di Tavigliano J. B., comte
XVIIIe siècle. Italien.
Graveur au burin.
Publia vingt planches de plans, pour l'église S. Filippo Neri (1758) de Turin, d'après les dessins de Juvara.

BARONIUS. Voir BARON Jean

BARONNEAU Claude
XVIIe-XVIIIe siècles. Travaillant à Paris à la fin du XVIIe siècle et au commencement du XVIIIe siècle. Français.
Peintre.
Il était beau-frère de Jean Jouvenet. Cité dans l'acte de décès de Marguerite Baronneau, femme du célèbre peintre.

BARONZIO Giovanni. Voir BARONZIO da Rimini Giovanni

BARONZIO da Rimini Giovanni
Mort avant 1362. XIVe siècle. Actif à Rimini entre 1343 et 1345. Italien.
Peintre.
Dans son ouvrage Tonini cite son nom avec ceux de quelques autres artistes de Rimini, comme auteur d'un polyptyque daté de 1345. Ce tableau figura autrefois au réfectoire des Minori au couvent de Macerata Feltria. Cette œuvre remarquable, citée par Cavalcaselle et que l'on avait crue perdue, se trouve dans la Galerie d'Urbino depuis 1861 ou 1862. Son écriture en est peu lisible ; néanmoins il n'y a pas à douter que ce tableau soit de Baronzio. Siren lui attribue notamment un tableau du Vatican, une *Adoration des Mages* de chez Sir H. Parry.

MUSÉES : NEW YORK (Metropolitan Mus.) : *Scènes de l'Histoire Sainte* – PARIS (Mus. du Louvre) : *Déposition de Croix* – PESARO : *Samaritaine au puits* – URBINO (Mus. Nat.) : *Polyptyque*.

VENTES PUBLIQUES : MILAN, 3 avr. 1996 : *Jésus sur le chemin du Calvaire*, temp./pan. (15,5x17) : ITL 62 100 000.

BAROSSO Franceschino
XIVe siècle. Italien.
Tailleur de pierre.
Cité à Lyon en 1398. Probablement frère de Girolamo.

BAROSSO Girolamo d'Andrea ou Jeronimo ou Baroxo
XIVe-XVe siècles. Actif à Venise de 1378 à 1409. Italien.
Sculpteur.
Collabora à la construction de S. Petronio à Bologne, de 1391 à 1399, avec Pier Paolo dalle Masegne, dont il était cohéritier.

BAROTTE Jean
XVIe siècle. Actif à Chaumont. Français.
Sculpteur et architecte.
Érigea la porte Chamarande (1587), et l'orna d'une statue de *Saint Michel*.

BAROTTE Léon
Né en 1866 à Rosières-aux-Salines (Meurthe-et-Moselle). Mort en 1933 à Nancy (Meurthe-et-Moselle). XIXe-XXe siècles. Français.
Peintre de paysages.
Il fut élève de Zuber et de Larteau. À partir de 1912, il fut sociétaire du Salon des Artistes Français à Paris, et y exposa notamment des vues de sa région natale : *Fin d'hiver dans une forêt lorraine*, 1929, *Solitude à Chèvre-Roche*, 1933, *Calme du soir*, 1934. Mais il fut aussi peintre de l'arbre, de ses racines, des arabesques de ses branches.

VENTES PUBLIQUES : PARIS, 17 déc. 1982 : *Un village en Lorraine 1890*, h/pan. (34x52) : FRF 9 200 – VERSAILLES, 19 nov. 1989 : *Bords de rivière 1905*, h/t (31x52) : FRF 4 000 – PARIS, 7 avr. 1995 : *Le pont d'Austerlitz vu de la berge 1906*, h/t (30,5x51,5) : FRF 11 000.

BAROTTI Odino
Originaire de Fossano. XVIe siècle. Actif vers 1574. Italien.
Peintre.
Zani cite sa signature : *Odinus Barottus Foss.*

BAROU, Mrs
XVIIIe-XIXe siècles. Britannique.
Miniaturiste.

Elle travailla à Londres, où elle exposa des portraits miniatures à la Royal Academy, de 1797 à 1801.

BAROUCH Bora
XXᵉ siècle.
Peintre.
Exposa au Salon des Tuileries de 1935 : *Parc Montsouris*, et *Fleurs*.

BAROUKH Ezekiel
Né en 1909 à Mansourah. Mort en 1984. XXᵉ siècle. Depuis 1946 actif en France. Égyptien.
Peintre, peintre à la gouache. Abstrait-lyrique, puis figuratif.
Il fit ses première études au Caire, et fut étudiant à l'Académie Royale de Rome. Il exposa à plusieurs reprises dans les salons traditionnels d'Alexandrie et du Caire. En 1946 il vint en France, présenta certaines œuvres au Salon des Surindépendants en 1948, exposa de 1951 à 1959 au Salon de Mai, et à partir de 1960 aux Salons Comparaison et des Réalités Nouvelles.
Lui-même, de par la nomination des séries de peintures et de gouaches, en a délimité les époques et les appartenances stylistiques. De 1950 à 1958, les *Graphiques* sont constitués de segments colorés, entrecroisés sur des fonds monochromes neutres, tels qu'on pouvait les trouver alors dans les peintures de Manessier, Singier, Le Moal et d'autres. De 1958 à 1962, les *Informels* étaient plus généreusement des plaques de couleurs qui tendent à recouvrir les fonds par saccades. Après 1967, puis après 1970, les *Gestuelles* font un écho tardif à l'abstraction lyrique que Soulages ou Franz Kline avaient développée au lendemain de la guerre mondiale. Ce qui caractérise et relie les diverses périodes abstraites de Baroukh, c'est leur parti pris de contre-jour, et non de clair-obscur comme on le lit parfois. Les segments, les plaques, les balayages transversaux, sont matérialisés par des couleurs sombres se détachant en contrastes violents devant la lumière vive des fonds clairs. Assez brutalement, après les *Recherches du vide* de 1976-1978, Baroukh est revenu à la figuration, avec des dessins et des peintures, encore en matières épaisses et très travaillées, utilisant une gamme chromatique sourde qui exprime une méditation austère. Il peignit alors des femmes, des nus, des paysages, des natures mortes, à peine indiqués dans ces épaisseurs à la fois sensuelles et austères. Puis, il passa à une période polychrome, encore sur des thèmes variés, mais se prêtant mieux aux couleurs violentes, ainsi de *Avant le match* où trois personnages figés de dos attendent devant des écrans rouge, bleu et jaune ou bien de *Tête sculpture, pomme rouge, fond jaune*, etc. Comme en lointain accord de principe avec le parcours de De Staël, Baroukh a traversé les différents courants de l'abstraction gestuelle lyrique de l'après-guerre, avant d'opérer un radical retour à ce qui constitue une figuration, même si seulement allusive et prenant essentiellement en compte les valeurs tactiles et plastiques de la réalité : sa picturalité. ■ J. B.
BIBLIOGR. : Georges Boudaille, Maurice Nadeau, divers, in : Catalogue de la vente *Baroukh*, Paris, 1991.
MUSÉES : ALEXANDRIE – LE CAIRE .
VENTES PUBLIQUES : PARIS, 11 mars 1991 : *Graphique nᵒ 8*, h/t (130x97) : FRF 5 900 ; *Gestuelle couleur nᵒ 16*, h/t (146x114) : FRF 5 500 ; *Gestuelle couleur nᵒ 10*, h/t (100x81) : FRF 5 100.

BAROVIERI Angelo ou Beroviero, Barroero, Beruerio
Mort en 1461. XVᵉ siècle. Actif à Murano en 1424. Italien.
Peintre verrier.

BAROVIERI Marino ou Beroviero, Barroero, Beruerio
Mort avant 1490. XVᵉ siècle. Actif à Murano. Italien.
Verrier.
On cite de lui des peintures faites d'après les dessins de Vivarini à l'église de San Pietro Martire, à Murano. Il eut une influence considérable sur les verriers vénitiens célèbres au XVIᵉ siècle.

BAROWSKI Sacha
Né à Paris. XXᵉ siècle. Français.
Peintre et graveur.
Entre 1926 et 1939, il exposa à Paris, au Salon des Indépendants, des peintures et des gravures à la pointe-sèche.

BAROY François
XVIIᵉ siècle. Français.
Sculpteur.
Reçu à l'Académie de Saint-Luc en 1693.

BAROZZI. Voir aussi BAREZZI Stefano

BAROZZI Gaetano ou Barocci
XVIIIᵉ siècle. Actif à Bologne. Italien.
Peintre.
Zani le dit frère de Giuseppe Gioachino Barozzi.

BAROZZI Giuseppe Gioachino ou Barocci
Mort en 1780 à Bologne. XVIIIᵉ siècle. Actif à Bologne. Italien.
Peintre d'ornements et de décorations.
Élève de Gio Zanardi, exécuta, avec son frère Serafino, à Bologne, différents travaux décoratifs dans l'oratoire de l'église SS. Simone et Taddeo. Il alla en Russie avec lui, exécuta les décorations du palais chinois et du Rutschberg à Oranienbaum, près de Saint-Pétersbourg.

BAROZZI Serafino Lodovico ou Barocci
Mort en 1810 à Bologne. XVIIIᵉ-XIXᵉ siècles. Italien.
Peintre d'ornements et d'architectures.
Étudia chez son frère Giuseppe Gioachino. Après un voyage en Russie fait avec son frère, travailla à Bologne. On cite ses peintures d'ornements à Sta Maria della Vita à Bologne, à Saint-Cosme et Saint-Damien, à Sta Catarina, au théâtre de Ferrare, au palais Bovi Silvestri, etc. Il décora aussi l'église S. Vitale, à Ravenne.

BAROZZI da Vignola Bartolommeo
XVIᵉ siècle. Actif à Modène vers 1555. Italien.
Peintre.

BAROZZI da Vignola Guarniero di Bartolommeo
Originaire de Modène. XVIᵉ siècle. Actif vers 1555. Italien.
Peintre.
Fils de Bartolommeo Barozzi.

BAROZZO Ariodante, dit Bramante
XVIᵉ siècle. Actif à Vercelli. Italien.
Stucateur.
Il travailla au Vatican en 1573.

BARQUISSAU Lucien
Né à Saint-Pierre (La Réunion). XXᵉ siècle. Français.
Peintre de compositions à personnages et aquarelliste.
Il exposa à Paris, au Salon des Indépendants ses œuvres inspirées pour la plupart de l'Afrique et des Antilles : *Impression Africaine*, 1927, *Marché sénégalais, Pêcheur de perles et requins*, 1928.

BARR Allan
Né à Londres. XIXᵉ-XXᵉ siècles. Britannique.
Graveur.
Exposa à Paris au Salon d'Automne de 1912 des paysages citadins.

BARR Nina
XXᵉ siècle. Brésilienne.
Peintre, peintre de collages.
Elle fut successivement étudiante à Genève où elle obtint la médaille d'or, à la Reimanschule de Berlin et à Varsovie sous la direction de Tadeusz Pruszkowski. Elle a exposé à Rio de Janeiro, à Paris au Musée du Jeu de Paume, au Salon Comparaisons, à New York, Varsovie et Rome.
Elle réalise des collages de vinyle, de fils de fer, de tulle et de graines qu'elle rehausse de couleurs.

BARR Robina
Née à Glasgow (Écosse). XIXᵉ-XXᵉ siècles. Britannique.
Sculpteur.

BARR Roger Terry
Né le 17 septembre 1921 à Milwaukee (Wisconsin). XXᵉ siècle. Américain.
Peintre et sculpteur.
Il fut étudiant à Los Angeles et à l'atelier 17 de Hayter. En 1959 il a participé au Salon des Réalités Nouvelles et en 1966 à une exposition de sculpture au Musée Rodin. Ses expositions personnelles ont eu lieu à Los Angeles, San Francisco, New York et Paris.
MUSÉES : BOSTON – NEW YORK .

BARR William
Né en 1867 à Glasgow (Écosse). Mort en 1933. XIXᵉ-XXᵉ siècles. Américain.
Peintre de figures, animaux, paysages animés, illustrateur.
Il étudia à l'Académie Julian de Paris.
VENTES PUBLIQUES : ÉCOSSE, 31 août 1982 : *Calves resting*, h/t (44,5x60) : GBP 380 – ÉDIMBOURG, 30 août 1988 : *Le Retour des*

chevaux de labour, h/t (61x92) : **GBP 3 520** – ÉDIMBOURG, 26 avr. 1988 : *Chevaux de trait*, h/t (36x46) : **GBP 1 760** – LOS ANGELES-SAN FRANCISCO, 12 juil. 1990 : *La Mission de San Juan Capistrano*, h/t (35,5x46) : **USD 1 980** – GLASGOW, 5 fév. 1991 : *Le Maréchal-ferrant*, h/t (32x41) : **GBP 1 100** – ÉDIMBOURG, 2 mai 1991 : *Recherche*, h/t (63,5x76,2) : **GBP 3 520** – ÉDIMBOURG, 13 mai 1993 : *Bétail près d'une meule de foin*, h/t (45,7x61) : **GBP 990** – LONDRES, 6 juin 1996 : *Veaux dans une prairie*, h/t (36,2x45,7) : **GBP 920**.

BARRA Didier ou **Barrat** ou **Barat**, dit **Monsù Desiderio**
Né vers 1590 probablement à Metz. Mort vers 1650 probablement à Naples. XVIIe siècle. Français.
Peintre d'architectures, paysages, marines.
Fils d'un « hostelier » messin, Didier Barra semble avoir quitté Metz vers 1608 pour gagner l'Italie. Il devint peintre à Naples et fut l'associé d'un autre artiste messin : François de Nome.
Tous deux ont été confondus sous le nom de « Monsù Desiderio » jusqu'en 1954 lorsque le Dr Sluys a déchiffré au revers d'une *Vue panoramique de Naples*, conservée dans cette ville au Musée de San Martino, l'inscription « Desiderius Barra Ex Civitate Metensi In Lotharingia F : 1647 ». De son côté, François de Nome a été identifié par le professeur R. Causa grâce à des relevés de signatures. Un certain nombre de tableaux paraissent avoir été peints en collaboration par les deux artistes, ce qui justifierait leur nom collectif formé du prénom de Barra : Didier et du titre : Monsù, rappelant leur origine française.
Toutefois, à plus ample examen, leurs styles sont très différents, Didier Barra peignant surtout des vues de villes d'un faire assez minutieux tandis que François de Nome brossait des architectures imaginaires d'un surprenant lyrisme. On peut parvenir à distinguer avec vraisemblance leurs œuvres exécutées en commun de celles où chacun des artistes s'exprime avec son langage propre, seul ou avec l'assistance de divers peintres de figures selon l'usage du temps. En tout état de cause, Didier Barra et François de Nome, ensemble sous le nom de « Monsù Desiderio » ou séparément, furent des artistes appréciés et renommés dans les milieux napolitains de la première moitié du XVIIe siècle. On peut même supposer qu'ils eurent des élèves et des imitateurs. ■ Robert Lebel
MUSÉES : NAPLES (Mus. de San Martino) : *Vue panoramique de Naples – Vue à vol d'oiseau de Naples – Vue de Gaète, de la mer –* SARASOTA (John and Mable Ringling Mus. of Fine Arts) : *Vue à vol d'oiseau de Naples.*
VENTES PUBLIQUES : LONDRES, 8 juil. 1977 : *Vue du port et de la cité de Naples*, h/t (114,3x175) : **GBP 24 000** – MONACO, 17 juin 1989 : *Le port de Naples*, h/t (83x116) : **FRF 38 850** – CANNES, 7 août 1997 : *Vue imaginaire de Venise*, t. (74x126) : **FRF 190 000**.

BARRA Guillaume
XVIIIe siècle. Français.
Sculpteur.
Reçu à l'Académie de Saint-Luc en 1751. (Voir Bara).

BARRA Joannes
Né probablement à Middelbourg. Mort en 1634 en Angleterre. XVIIe siècle. Hollandais.
Graveur.
A souvent été confondu, à tort, avec le peintre verrier d'Anvers, Jean de la Barre. Les premières œuvres que l'on connaît de lui remontent à 1598 : *Une Suzanne*, d'après Hendr. Goltzius, un *Jugement dernier* de l'année suivante, ainsi qu'une planche de B. Dolendo. En 1604, parut, à Middelbourg, son *Allégorie de la mort*. On cite d'autres estampes d'après Jod. Van Winghe, Hans von Aachen, Abr. Blœmaert, P. Stéphani. Il quitta Amsterdam pour Londres, vers 1623. C'est au cours de cette année qu'il grava, d'après Nicasius Roussel, une série de *Grotesques*.

BARRA Pierre Charles
Né vers 1753 à Paris. XVIIIe siècle. Français.
Peintre.
Mentionné comme élève de Weyler à l'École de l'Académie Royale à Paris, le 17 octobre 1781 ; il fréquentait encore l'Académie en 1787.

BARRA Pierre de
XVe siècle. Actif à Avignon.
Peintre.
En 1461, Barra figure parmi les étrangers admis au Conseil de la ville d'Avignon.

BARRABAN Jacques ou **Barraband** (d'après son acte de décès)
Né à Aubusson (Creuse), le 31 août 1768 ou en 1767 selon son acte de décès. Mort le 1er octobre 1809 à Lyon. XVIIIe-XIXe siècles. Français.
Peintre.
Élève de Malaine, il exposa à Paris, de 1798 à 1806, des peintures sur porcelaine et obtint en 1804 une médaille d'or. Il peignit surtout des oiseaux et des fleurs ; peintre aux Gobelins (Bellier), il fournit des dessins pour la manufacture de Sèvres, décora la salle à manger du château de Saint-Cloud, peignit, en 1804, d'après un projet de Percier, un cabinet portatif pour Joseph Bonaparte. Il a dessiné de nombreuses planches (oiseaux et insectes) pour des ouvrages d'histoire naturelle. En 1807, il fut nommé professeur de la classe de fleurs à l'École des Beaux-Arts de Lyon, et alla, de Paris, se fixer dans cette ville.
VENTES PUBLIQUES : MONACO, 16 juin 1988 : *Perruche à tête bleue, mâle*, aquar. et gche (52x39) : **FRF 266 400** ; *Lori à franges bleues*, aquar. et gche (52x39) : **FRF 55 000** ; *Perroquet cendré Tapiré*, aquar. et gche (52x39) : **FRF 116 500** ; *Petit oiseau de paradis emeraude, mâle*, aquar. et gche : **FRF 310 800** ; *Rollier mâle à longs brins d'Afrique*, aquar. et gche : **FRF 199 800** – PARIS, 25 mars 1991 : *Les oiseaux*, ensemble de 10 grav. (51x33) : **FRF 5 000** – LONDRES, 25 fév. 1992 : *Pie de Currawong* ; *Oiseau de paradis*, aquar. (52,1x39 et 52,3x38,7) : **GBP 4 400** – LONDRES, 7 juil. 1992 : *Le toucan Toco-toco*, aquar. et gche (52,1x38,9) : **GBP 13 200** – LONDRES, 5 juil. 1993 : *Perroquet à longue queue*, aquar. et gche (52x40) : **GBP 7 130** – PARIS, 30 juin 1995 : *Rollier*, grav. en coul. (52,2x38,5) : **FRF 71 000** – LONDRES, 13 déc. 1996 : *Perroquet Amazone*, aquar. et gche/traces de craie noire (52,2x35) : **GBP 29 900**.

BARRABBINO Simone ou **Barabbino**
Né en 1585 à Polcevera (province de Gênes). Mort à Milan, en prison. XVIIe siècle. Italien.
Peintre.
Ses débuts eurent lieu à Gênes, où Bern. Castello fit son éducation artistique. Deux de ses tableaux, *Un miracle de saint Léonhard*, à l'église de S. Giacomo et Leonardo, et *Le Miracle de san Diego*, à l'église de l'Annunziata del Gustato, se trouvent dans cette ville. Se sentant appelé à un champ plus vaste, il se rendit à Milan, où l'attendait la célébrité. Il peignit, dans cette ville, un tableau d'autel, représentant *La Vierge près du corps de son fils avec deux saints*. Dans ses dernières années, il fit des entreprises commerciales qui le ruinèrent. Zani dit qu'il vivait encore en 1664.
VENTES PUBLIQUES : ROME, 8 avr. 1991 : *Vierge à l'Enfant avec saint Jean Baptiste*, h/t (105x77) : **ITL 3 450 000**.

BARRABLE George Hamilton
XIXe siècle. Actif à Londres. Britannique.
Peintre de portraits, paysages.
Exposa entre 1873 et 1887 à la Royal Academy, à Suffolk Street, à la Grafton Gallery.
VENTES PUBLIQUES : LONDRES, 17 avr. 1909 : *Le duo* : **GBP 2** – LONDRES, 20 mars 1979 : *Les Cinq vierges folles*, h/t (163x112) : **GBP 850** – LONDRES, 27 sep. 1989 : *Dans la serre*, h/t (107x61) : **GBP 6 050** – NEW YORK, 20 jan. 1993 : *Sœurs*, h/t (116,8x76,2) : **USD 7 475** – LONDRES, 20 juil. 1994 : *Baigneuse dans un bois*, h/t (103x62) : **GBP 805**.

BARRABLE Millie, et **T. J. Amalia**, Miss et Mrs
XIXe siècle. Actives à Londres. Britanniques.
Miniaturistes.
La seconde exposa, à la Royal Academy, des portraits miniatures, de 1847 à 1880, et la première de 1883 à 1886.

BARRACHIN Honoré
XVIe siècle. Français.
Peintre.
Ce peintre travailla à Lyon, en 1516, pour l'entrée de la reine Claude ; il vivait encore en 1540.

BARRACHIN Louis
XVIe siècle. Français.
Peintre.
Fils d'Honoré Barrachin, il travailla à Lyon en 1516 et 1533, pour les entrées des reines Claude et Éléonore.

BARRACLOUGH James P.
XIXe-XXe siècles. Britannique.
Peintre de portraits.
Exposa à la Royal Academy.

VENTES PUBLIQUES : LONDRES, 3-4 mars 1988 : *Petite fille en bleu, assise*, h/t (90x70) : **GBP 902.**

BARRADAS Jorge
Né en 1894 à Lisbonne. Mort en 1971 à Lisbonne. XXᵉ siècle. Portugais.
Peintre, décorateur.
Il fit ses études aux Beaux-Arts de Lisbonne. Il a collaboré à la revue « Contemporanea », expression des avant-gardes historiques portugaises. En 1924 il participe avec Almada, Viana, Soares et d'autres artistes à la réalisation des décors de « A Brasileira » de Chiado. À Paris, en 1912, il prend part au Salon des Humoristes et en 1937 il reçoit la médaille d'or à l'Exposition des Arts et Techniques. À partir de 1944, il se consacre à la céramique, participant activement au renouveau de cet art ancestral au Portugal. Son œuvre de peintre décorateur laisse apparaître un habile muraliste.
BIBLIOGR. : In : *Cien anos de pintura en Espana y Portugal, 1830-1930*, T. I, Antiqvaria, Madrid, 1988.
MUSÉES : LISBONNE (Mus. d'Art Contemp.).

BARRADAS Rafaël Perez
Né en 1890 à Montevideo. Mort en 1929 à Montevideo. XXᵉ siècle. Actif en Espagne. Uruguayen.
Peintre de scènes de genre, paysages.
À l'âge de vingt-deux ans, il a quitté l'Uruguay pour aller faire des études en Espagne, et s'y installer jusqu'en 1928.
Ses toiles, aux coloris gris et ocre, représentent des paysages et des scènes burlesques de la vie quotidienne. Des *Marins en goguette* reviennent fréquemment dans ses compositions schématiques, dites parfois, proches du premier cubisme, et dans un style qu'il intitule « vibrationniste ».

Peru Rama das
BARRADAS

BIBLIOGR. : Damian Bayon et Roberto Pontual : *La Peinture de l'Amérique latine au xxᵉ siècle*, Mengès, Paris, 1990.
VENTES PUBLIQUES : MONTEVIDEO, 3 août 1977 : *Vierge à l'Enfant*, aquar. (23x32) : **UYU 4 000** – MONTEVIDEO, 29 jan. 1979 : *Paysages*, deux toiles (15x17) : **UYU 10 500** – MONTEVIDEO, 17 nov. 1982 : *La Sainte Trinité*, aquar. (24x32) : **UYU 32 000** – BARCELONE, 17 mars 1983 : *La naissance*, h/cart. (53x38) : **ESP 80 000** – MONTEVIDEO, 16 avr. 1986 : *Calle de Barcelona a la 1 PM* 1918, h/t (50x60) : **UYU 2 115 000** – NEW YORK, 25 nov. 1986 : *Portrait de Joaquin Torres-Garcia* 1918, gche et aquar./cart. (39,5x36,3) : **USD 14 000** – NEW YORK, 24 nov. 1992 : *Marin en liberté* 1928, aquar. et graphite/pap. (35,9x26,7) : **USD 3 850** – NEW YORK, 19 mai 1993 : *Cérémonie chez les nègres* 1910, h/t (30,2x28,9) : **USD 37 375** – NEW YORK, 18 mai 1994 : *Marin*, graphite et cr. de coul./pap. brun (30,5x22,1) : **USD 5 980** – NEW YORK, 16 nov. 1994 : *Homme au café*, h/t, série Les Magnifiques (113,6x73) : **USD 123 500** – NEW YORK, 24-25 nov. 1997 : *Prostituées de la rue Brecha* vers 1918, temp./pan. (64x48) : **USD 27 600.**

BARRAGA, Frau, née Ott
XIXᵉ siècle. Active à Munich vers 1825. Allemande.
Lithographe.
On a de cette artiste quelques paysages et quelques vues de villes, signées *B. geb. O.*

BARRAGE Fadi
Né en 1940 à Beyrouth. Mort en 1988. XXᵉ siècle. Libanais.
Peintre d'intérieurs, natures mortes, aquarelliste, peintre à la gouache. Postimpressionniste.
Il fréquenta l'Université et l'Art Institute de Chicago, de 1960 à 1964. Il passa ensuite quatre années à Paris. Il a participé à des expositions de groupe à Beyrouth, à Paris au Salon des Peintres Témoins de leur Temps en 1972 et 1973, en Arabie Saoudite, à Tokyo, en Jordanie, à Londres en 1988 à l'exposition *Artistes Libanais Contemporains*. Il a fait des expositions personnelles à Beyrouth en 1968, 1971, 1972, 1974, 1980. Le Musée Sursock de Beyrouth lui a consacré un hommage, pendant le Salon 1988-1989.
Il pratique surtout la peinture à l'eau, et profite pleinement de la délicatesse légère des couleurs d'aquarelle, qu'il traite par touches juxtaposées ou superposées, dans la tradition postimpressionniste. Ses thèmes sont très souvent des détails d'in-térieurs, sortes de natures mortes devant une fenêtre, où parfois le peintre annonçait la présence de « fantasmes érotiques », à la vérité bien peu identifiables. ■ J. B.
BIBLIOGR. : Catalogue de l'exposition : *Liban – Le regard des peintres*, Institut du Monde Arabe, Paris, 1989.

BARRAGHI F.
XIXᵉ siècle. Britannique.
Sculpteur.
Il exposa à la Royal Academy à Londres en 1872.

BARRAL
XIXᵉ siècle. Actif à Paris. Français.
Sculpteur ornemaniste.
Travailla à la nouvelle Sorbonne et à la mairie du XVIᵉ arrondissement (1873-1877).

BARRAL Joseph
Né à Lespignan (Hérault). XXᵉ siècle. Français.
Peintre.
Exposa des paysages au Salon des Indépendants de 1939.

BARRALET J. Melchior
XVIIIᵉ siècle. Actif dans la seconde moitié du XVIIIᵉ siècle. Britannique.
Aquarelliste.
Frère de John-James. Élève de la Royal Academy de Londres, il figura dans ses expositions par une série de vues en perspective, de 1775 à 1787. En 1783, des vues en perspective à l'aquarelle, ainsi que deux portraits à l'aquarelle, furent exposés par lui à la Society of artists. La National Gallery of Water-Coulours conserve de lui : *Église de tous les saints et Palais archiépiscopal à Maidslone.*

BARRALET James
XVIIIᵉ siècle. Actif à Londres dans la seconde moitié du XVIIIᵉ siècle. Britannique.
Peintre et dessinateur.
De 1770 à 1772, ce peintre exposa, à la Royal Academy, des paysages, des dessins, des esquisses tirés de l'histoire ancienne (*Alexandre et Diogène, Télémaque et Calypso*). De 1778 à 1779, il exposa à la Free Society.

BARRALET John James ou Barelet, Barolet
Né en 1747 à Dublin. Mort en 1815 à Philadelphie. XVIIIᵉ-XIXᵉ siècles. Depuis 1795 actif aux États-Unis. Irlandais.
Peintre d'histoire, paysages, portraits, aquarelliste, graveur.
Il fit ses études artistiques à Dublin. Il fit d'abord de la peinture sur verre, puis de l'aquarelle. Il figura à la Society of Artists de 1773 à 1780, à la Royal Academy en 1773 et 1776. Émigré aux États-Unis en 1795, fixé à Philadelphie, il travailla surtout comme graveur, collaborant notamment avec Bartolozzi. Dans cette technique, il acquit une réputation internationale, ayant participé au perfectionnement des instruments. On peut s'interroger sur son identification avec James Barrelet, qui n'aurait pas signé John-James que de 1773 à 1780.
Il est plus connu pour les dessins qu'il effectua en Irlande, quelques-uns dans le style de Vernet, et pour ses illustrations des ouvrages de Grose : « Antiquités d'Irlande », et de Milton : « Vues ». Il se consacra également aux décors artistiques pour le Crow Street Theatre et à la peinture de scènes de pièces populaires.
VENTES PUBLIQUES : LONDRES, 21 nov. 1985 : *Workshop priory, Nottinghamshire*, aquar./trait de cr. avec touches de pl. (36,5x53,5) : **GBP 1 600** – LONDRES, 20 juil. 1990 : *Portrait d'un gentilhomme assis dans un paysage vêtu d'un habit sombre sur un gilet blanc et une culotte jaune et tenant sa canne et son chapeau* 1793, h/t (89x67,4) : **GBP 5 280** – NEW YORK, 14 nov. 1991 : *La démission de George Washington*, encre et lav./pap. (28x23) : **USD 1 320.**

BARRALLIER Ch.
XIXᵉ siècle. Actif à Toulon en 1831. Français.
Dessinateur et graveur.
On connaît de cet artiste une vue du port de Toulon.

BARRAN Elaine
Née en novembre 1892 à Leeds. XXᵉ siècle. Britannique.
Peintre de paysages et aquarelliste.
Elle fut élève de la Leeds School of Art et reçut l'enseignement de W.T. Wood pour les paysages. Elle fut membre des Women International Artists de Londres où elle exposa ainsi qu'au Salon des Artistes Français de Paris.

BARRANCO Francisco
Né en Andalousie. XVIIᵉ siècle. Travaillant vers 1646. Espagnol.
Peintre.
Artiste habile, il peignit des tableaux de genre dans le goût des *Bambochades*.

BARRANCO Pedro
XVIIIᵉ siècle. Actif dans la seconde moitié du XVIIIᵉ siècle. Espagnol.
Peintre.
Plusieurs des dessins qui illustrent le *Don Quichotte* publié à Madrid en 1780 sont dus au crayon de cet artiste.

BARRAS Antoine
Né vers 1772 à Saint-Domingue. XVIIIᵉ-XIXᵉ siècles. Français.
Peintre.
Entra à l'École des Beaux-Arts le 13 brumaire, an III.

BARRAS René
Né à Montrouge (Hauts-de-Seine). XXᵉ siècle. Français.
Il fut élève de Jules Adler et de Bergès. Il figura à Paris au Salon des Artistes Français, où il présenta notamment : *Paysage de Champagne* en 1928, *Vue sur Paris* en 1929, *Colline de Montgé* en 1930.

BARRAS Sébastien
Né en 1653 à Aix-en-Provence (Bouches-du-Rhône). Mort en 1703 à Aix-en-Provence. XVIIᵉ siècle. Français.
Peintre et graveur.
Boyer d'Aiguilles, riche collectionneur, peintre et graveur à Aix, se chargea de son éducation, fut son premier maître et l'envoya étudier à Rome. A son retour, Barras peignit, dans la maison de son protecteur, une copie du plafond exécuté au palais Barberini à Rome par Pietro da Cortona (*Victoire de la Vertu sur le Vice*), et grava à la manière noire les tableaux du cabinet de son protecteur.

BARRASSI Giov. Domenico ou **Barassi**
Originaire d'Arsegno. Mort en 1530. XVIᵉ siècle. Italien.
Sculpteur.
Fils du tailleur de pierre Giocomo, dit Barasso, travailla avec Ambrogio Muttoni di Legiuno, à Carpi, en 1519.

BARRAT Adolph
Éc. flamande.
Peintre verrier.
En collaboration avec Lodewyk van Pais, cet artiste peignit neuf vitraux pour le chœur de l'église S. Niclaus, à Dixmude (cité par James Weale dans l'*Allgemeines Lexicon* des Drs Thieme et Becker).

BARRAT Didier. Voir **BARRA**

BARRAT Gabriel
Né le 12 mars 1879 à Bordeaux (Gironde). XXᵉ siècle. Français.
Peintre et dessinateur.
Il exposa à Paris, au Salon des Armées en 1917, au Salon des Artistes Français en 1928, 1929 et 1939, au Salon des Amis des Arts à Bordeaux ainsi qu'à Libourne et Bergerac.

BARRAT Rex Paulain Jack. Voir **REX-BARRAT Paulain Jack**

BARRAT Thomas ou **Barratt**, dit **of Stockbridge**
XIXᵉ siècle. Britannique.
Paysagiste et animalier.
Exposa à la Royal Academy, de 1852 à 1893.
VENTES PUBLIQUES : LONDRES, 24 nov. 1978 : *Pur-sang dans un paysage*, h/t (55,3x73,6) : **GBP 1 800** – NEW YORK, 6 juin 1986 : *Wild Dayrell à l'écurie* 1855, h/t (63,5x86,3) : **USD 6 000** – LONDRES, 6 avr. 1993 : *Virago monté par John Wells avec son entraîneur John Day et son lad*, h/t (84,5x110) : **GBP 9 200** – LONDRES, 13 nov. 1996 : *Cheval de course bai à l'écurie* 1850, h/t (54,5x69,5) : **GBP 4 025**.

BARRATT Reginald
Né le 25 juillet 1861 à Londres. XIXᵉ-XXᵉ siècles. Britannique.
Peintre d'architectures, aquarelliste.
Étudia l'architecture sous la direction de Norman Shaw, et la peinture avec Lefebvre et Bouguereau, à Paris. Il fit de nombreux voyages d'études.
Depuis 1885, il figura à la Royal Academy, à la New Gallery et à la Society of Painters in Water-Colours.

MUSÉES : MANCHESTER (Gal. de la Corporation) : *The Mooled Ahmadee – Cour du palais ducal à Venise*.
VENTES PUBLIQUES : LONDRES, 25-26 avr. 1990 : *Le Palais ducal à Venise* 1903, aquar. (37x26) : **GBP 2 640**.

BARRATT Watson
Né en 1884 à Salt Lake City (Utah). XXᵉ siècle. Américain.
Illustrateur.

BARRAU
Né vers 1791 à Paris. XIXᵉ siècle. Français.
Graveur au burin et au pointillé.
Entra à l'École des Beaux-Arts comme élève de Villerey le 18 fructidor 1804. Vers 1820, Cereghetti publia à Paris ses gravures d'après Aubry et Bouchot.

BARRAU Théophile Eugène Victor
Né le 3 octobre 1848 à Carcassonne (Aude). Mort en avril 1913. XIXᵉ-XXᵉ siècles. Français.
Sculpteur.
Élève de Jouffroy et Falguière. Débuta au Salon de Paris en 1874. Il reçut successivement une médaille de troisième classe en 1879, une médaille de deuxième classe en 1880, une médaille d'argent à l'Exposition universelle de 1889, une médaille de 1ʳᵉ classe et la Croix de chevalier de la Légion d'honneur en 1892, une médaille d'or à l'Exposition universelle de 1900.
Parmi ses œuvres, on cite : *Caprice* (1878), groupe en plâtre, *La Ville du Mans*, statue en pierre (à l'Hôtel de Ville de Paris), *Salomé* (1889), marbre, *Suzanne* (1895), marbre, *Le Sommeil de l'Innocence* (1897), bronze.

BARRAU-BUÑOL Laureano
Né en 1863 à Barcelone (Catalogne). Mort en 1950 à Barcelone. XIXᵉ-XXᵉ siècles. Espagnol.
Peintre de paysages, figures typiques.
À Barcelone, il reçut l'enseignement de Antonio Caba et paracheva son enseignement à Paris chez Gérôme. En 1887, 1918 et 1930, il présenta ses œuvres à Paris. Il devint sociétaire de la Société Nationale des Beaux-Arts, y présentant ses toiles jusqu'en 1935 et classé hors-concours. Agé de dix-huit ans il expose à Barcelone : *Un atelier d'artistes*, et quatre dessins au club des aquarellistes : *Le portail du couvent Latina – Le travail – La pluie – La plaza del angel à Barcelone*. En 1918 il expose à Madrid, en 1920 à Buenos Aires, en 1924 à New York.
Il aimait peindre les paysages de la Méditerranée et ses personnages typiques : *Rivages de la Méditerranée – Retour de pêche – Marchande de figues – Après le bain*.
BIBLIOGR. : In : *Cien anos de pintura en Espana y Portugal, 1830-1930*, T. I, Antiqvaria, Madrid, 1988.
MUSÉES : BARCELONE – BUENOS AIRES – MADRID .
VENTES PUBLIQUES : NEW YORK, 10-11 avr. 1902 : *Pâques* : **USD 100** – LONDRES, 20 oct. 1978 : *Scène de rue à Paris* 1893, h/t (89x114,2) : **GBP 15 000** – BARCELONE, 20 juin 1979 : *Jeune fille*, techn. mixte (68x50) : **ESP 86 000** – PARIS, 21 déc. 1981 : *La guinguette*, aquar. gchée (34x27,5) : **FRF 7 200** – BARCELONE, 12 mai 1981 : *Portrait de jeune femme*, h/t (68x55) : **ESP 250 000** – BARCELONE, 26 mai 1983 : *Les couseuses*, h/t (60x72) : **ESP 400 000** – BARCELONE, 23 mai 1984 : *Le départ pour le marché*, h/t (101x73) : **ESP 360 000** – BARCELONE, 27 mars 1985 : *Femmes dans un intérieur*, h/t (59x72) : **ESP 675 000** – MONTEVIDEO, 8 mai 1986 : *Scène de marché*, h/t (89x110) : **USD 12 000** – MADRID, 27 oct. 1987 : *Après le bain*, h/t (188x140) : **ESP 5 500 000** – LONDRES, 22 juin 1988 : *Les émigrants* 1912, h/t (179,5x240) : **GBP 50 600** ; *La cueilleuse d'oranges* 1911, h/t (90x70) : **GBP 7 150** – LONDRES, 23 nov. 1988 : *Les joueurs de cartes*, h/t (83x70) : **GBP 3 850** – NEW YORK, 22 fév. 1989 : *Laitière sur un âne à l'ombre d'un parapluie rouge*, h/t (142,2x111,6) : **USD 55 000** – LONDRES, 21 juin 1989 : *Brodeuses dans un intérieur*, h/t (130x105) : **GBP 33 000** – LONDRES, 22 nov. 1989 : *Le déjeuner des vendangeurs* 1911, h/t (143x188) : **GBP 44 000** – LONDRES, 15 fév. 1990 : *L'heure du thé*, h/t (66x50) : **GBP 30 800** – PARIS, 21 mars 1990 : *Femme au foulard*, h/t (41x32) : **FRF 29 000** – NEW YORK, 30 oct. 1992 : *Le retour des pêcheurs*, h/t (91x122) : **USD 60 500** – NEW YORK, 26 mai 1993 : *Après le bain* 1913, h/t (194,9x103,5) : **USD 51 750** – LONDRES, 17 nov. 1993 : *Après le bain*, h/t (188x138) : **GBP 40 000** – NEW YORK, 19 jan. 1995 : *La communion* 1891, h/t (46x54,9) : **USD 4 312** – NEW YORK, 26 fév. 1997 : *Une bergère et son troupeau se reposant sous un arbre*, h/t (65,4x81,3) : **USD 6 900** – NEW YORK, 23 mai 1997 : *Sur les boulevards, Paris* 1893, h/t (90,2x116,8) : **USD 134 500**.

BARRAUD A. T.
XIXᵉ siècle. Actif à Brooklyn (Massachusetts) vers 1898. Américain.

Peintre.
Membre du Boston Art Club.

BARRAUD Aimé Aurèle
Né en 1902 à La Chaux-de-Fonds. Mort en 1954 à Neuenburg. xxᵉ siècle. Suisse.
Peintre de natures mortes, de fleurs, de portraits et de paysages.
Il était le frère de Maurice Barraud. En 1928 et 1929 il figura à Paris, au Salon des Indépendants et y exposa deux toiles : *La belle histoire – Temps gris.* Il y fut sociétaire de la Société Nationale des Beaux-Arts et fut exposant du Salon des Artistes Français en 1929 et 1930.

aimé Barraud

Ventes Publiques : BERNE, 21 oct. 1976 : *Nature morte*, h/t (50x60) : **CHF 2 800** – ZURICH, 25 nov. 1977 : *Portrait de Simone Barraud* vers 1934, h/t (27x22) : **CHF 3 400** – ZURICH, 29 nov. 1978 : *Les Œillets*, h/t (55x46) : **CHF 4 000** – ZURICH, 25 mai 1979 : *Autoportrait au chevalet* vers 1937, h/t (81x60) : **CHF 9 000** – BERNE, 6 mai 1981 : *Baigneuses* 1939, h/t (100x50) : **CHF 3 500** – ZURICH, 7 nov. 1981 : *Bouquet de fleurs*, h/t (65x50) : **CHF 4 400** – BERNE, 7 mai 1982 : *Paris, la Seine et le quai de la Cité* 1945, aquar., temp. et encre de Chine (50x63) : **CHF 1 700** – ZURICH, 13 mai 1983 : *Bouquet de fleurs* 1933, h/t (50x50) : **CHF 4 000** – ZURICH, 9 nov. 1984 : *Nature morte aux œillets*, h/t (65x50) : **CHF 5 500** – LUCERNE, 7 nov. 1985 : *Nature morte aux pommes*, h/t (38,5x46) : **CHF 3 500** – ZURICH, 14 nov. 1986 : *Nature morte au livre ouvert et à la rose*, h/t (39x42) : **CHF 2 800** – LUCERNE, 11 nov. 1987 : *Portrait de Simone, la femme de l'artiste*, h/t (55x33) : **CHF 6 000** – LUCERNE, 30 sep. 1988 : *Autoportrait*, h/bois (39x28) : **CHF 1 100** – ZURICH, 4 juin 1992 : *Nature morte avec un bouquet de printemps et des pinceaux*, h/t (46,5x55,5) : **CHF 6 780** – ZURICH, 12 juin 1995 : *Nature morte au chapeau et aux pommes*, h/t (50x50) : **CHF 2 300** – ZURICH, 12 nov. 1996 : *Nature morte*, h/t (73x60) : **CHF 3 000**.

BARRAUD Allan F.
xixᵉ-xxᵉ siècles. Britannique.
Peintre et aquafortiste.
Exposa presque régulièrement à la Royal Academy, de 1873 à 1900.

BARRAUD Charles
Né en 1897 à La Chaux-de-Fonds. xxᵉ siècle. Suisse.
Peintre de figures, nus, portraits, paysages, natures mortes, fleurs, aquarelliste.
Ventes Publiques : LONDRES, 3 nov. 1976 : *Paysage de Nouvelle-Zélande* 1875, aquar. (45x75) : **GBP 2 800** – BERNE, 30 avr. 1980 : *Nature morte aux fleurs et livre* 1943, h/t (25x33) : **CHF 850** – BERNE, 7 mai 1982 : *Le jeune jardinier* 1955, h/pan. (43x35) : **CHF 1 800** – GENÈVE, 5 mai 1984 : *Portrait d'une élégante*, h/t (64x54) : **CHF 1 400** – LUCERNE, 22 mars 1986 : *Nu couché*, h/t (43x62) : **CHF 3 200**.

BARRAUD Charles Decimus
xixᵉ siècle. Britannique.
Peintre de paysages, aquarelliste.
Ventes Publiques : LONDRES, 13 oct. 1982 : *Le port de Coromandel – Le port de Wellington*, deux h/pan., de forme ovale (63,5x30) : **GBP 850** – LONDRES, 26 jan. 1984 : *Lake Taupo with the Tonariro mountains* 1876, aquar./trait de cr. (25,5x40) : **GBP 1 100** – LONDRES, 6 nov. 1985 : *Mount Egmont, North Island* 1892, aquar./trait de cr. (36x53,5) : **GBP 4 200**.

BARRAUD Charles James
xixᵉ siècle. Britannique.
Peintre de paysages, aquarelliste.
A partir de 1871, ce peintre exposa un grand nombre d'œuvres à Londres, notamment à la Royal Academy, à Suffolk Street, et à la New Water-Colours Society.
Ventes Publiques : LONDRES, 6 déc. 1967 : *Paysage de Nouvelle-Zélande*, aquar. : **GBP 260**.

BARRAUD Francis James
Né en 1856. Mort en 1924. xixᵉ-xxᵉ siècles. Britannique.
Peintre de genre, aquarelliste.
Il étudia à l'Académie de Heatherley et dans les écoles de la Royal Academy par la suite. Il fit également un court séjour à l'École des Beaux Arts d'Anvers. Il vécut et travailla à Liverpool. Entre 1878 et 1890, il exposa à Londres, à la Royal Academy, à Suffolk Street, à la New Water-Colours Society.

Mieux que ses nombreuses scènes de genre, on connaît sa peinture *La voix de son maître*, qu'il vendit à la Gramophone Company en 1899, dont il dut ensuite peindre plusieurs répliques, et qui fut encore utilisée, jusqu'en 1991, par HMV Records, puis par d'autres repreneurs de la marque.
Musées : BRISTOL : *À la santé de madame la marquise* – DERBY : *Le Breuvage du prêtre – Au milieu de l'abondance* – LIVERPOOL : *Un bis de trop.*
Ventes Publiques : LONDRES, 9 jan. 1963 : *Les Artistes ambulants* : **GBP 150** – LONDRES, 8 mars 1977 : *Dette de jeu*, h/t (38x54,5) : **GBP 700** – NEW YORK, 27 fév. 1986 : *The president and council regrets...*, h/t (71,1x91,4) : **USD 6 000** – ZURICH, 22 mai 1987 : *Les trois filles*, h/t (58x68) : **CHF 6 000** – NEW YORK, 12 oct. 1994 : *The president and council regrets...*, h/t (71,1x91,4) : **USD 10 350** – LONDRES, 29 mars 1995 : *Deux têtes valent mieux qu'une*, h/t (71x91,5) : **GBP 13 800**.

BARRAUD François Emile
Né le 24 novembre 1899 à La Chaux-de-Fonds. Mort en 1934 à Genève. xxᵉ siècle. Suisse.
Peintre de portraits, natures mortes.
Son presque seul et unique modèle fut sa femme Marie. En 1929 et 1930 il exposa à Paris, au Salon des Indépendants : *L'Atelier – Portrait du peintre et de sa femme.* On cite encore : *Marie au chapeau vert.* Il a peint aussi quelques natures mortes. Au bas de certaines de ses toiles figurent parfois des inscriptions hiéroglyphiques par lesquelles le peintre distinguait ses peintures préférées.

FBarraud

Bibliogr. : L. Florentin : *François Barraud*, Genève, 1931.
Musées : LIMOGES (Mus. mun.) – LYON (Mus. St-Pierre) : *La Chevelure coupée* – PARIS (Mus. d'Art Mod.) : *La Toilette.*
Ventes Publiques : GENÈVE, 10 mars 1951 : *Buste de Marie* : **CHF 820** – LUCERNE, 18 juin 1971 : *Portrait de jeune fille* : **CHF 5 000** – BERNE, 18 nov. 1972 : *La langoureuse* : **CHF 9 400** – ZURICH, 5 mai 1976 : *Le mécontent* 1930, h/t (84x67) : **CHF 20 000** – ZURICH, 20 mai 1977 : *Cyclamens*, h/t (42x38) : **CHF 6 000** – BERNE, 24 oct. 1979 : *Nature morte*, h/t (41x43) : **CHF 3 600** – LUCERNE, 21 mai 1980 : *Nu couché*, past. (55x79) : **CHF 4 200** – BERNE, 6 mai 1981 : *Portrait de jeune fille* 1931, h/t (55x46) : **CHF 4 500** – BERNE, 20 oct. 1982 : *Buste de Marie, femme de l'artiste* 1931, bronze (H. 32) : **CHF 4 500** – BERNE, 22 oct. 1982 : *Vase de tulipe* 1931, h/t (60x63) : **CHF 6 000** – ZURICH, 23 fév. 1983 : *Tête de femme*, craie/pap. (28X25) : **CHF 1 500** – BERNE, 6 mai 1983 : *Nature morte rustique*, h/t (41x43) : **CHF 6 200** – LUCERNE, 19 mai 1983 : *Buste de Marie Barraud* 1931, bronze (H. 32,5) : **CHF 2 800** – ZURICH, 20 sep. 1985 : *Œillets et channes*, h/t (55x46) : **CHF 11 500** – ZURICH, 6 juin 1986 : *Bouquet de fleurs*, h/t (40x35) : **CHF 3 600** – BERNE, 8 mai 1987 : *Vase de tulipes* 1931, h/t (60x63) : **CHF 6 500** – BERNE, 26 oct. 1988 : *Nature morte avec des œillets dans un chaudron de cuivre*, h/t (48x46) : **CHF 7 000** – NEW YORK, 21 fév. 1990 : *Nature morte aux iris blancs* 1931, h/t (41,3x33,7) : **USD 3 025** – ZURICH, 16 oct. 1991 : *Nature morte aux pommes* 1932, h/t (42x44) : **CHF 8 500** – ZURICH, 4 déc. 1991 : *Trois roses dans une cruche*, h/t (39,5x35) : **CHF 6 000** – LUCERNE, 15 mai 1993 : *Nu féminin debout* 1933, encre/pap. (49,5x26) : **CHF 1 100** – ZURICH, 8 déc. 1994 : *Portrait de femme*, h/cart. (26x22) : **CHF 5 750** – ZURICH, 12 juin 1995 : *Pot de tulipes jaunes*, h/t (57x41) : **CHF 7 475** – LUCERNE, 23 nov. 1996 : *Autoportrait* 1933, h/t (44x33) : **CHF 5 000** – ZURICH, 4 juin 1997 : *Bouteilles et Raisins* 1930, h/t (50x46,5) : **CHF 6 900**.

BARRAUD Gustave François
Né en 1883 à Genève. Mort en 1968 à Genève. xxᵉ siècle. Suisse.
Peintre de paysages, de nus et de compositions à personnages.
Il a surtout peint des paysages de la campagne suisse.
Ventes Publiques : ZURICH, 29 mai 1976 : *Nu* 1925-1930, past. (61x47) : **CHF 3 700** – ZURICH, 12 mai 1977 : *Nu au turban*, past. (62x52,5) : **CHF 1 900** – ZURICH, 23 nov. 1977 : *Rose et noir*, h/t (73x60) : **CHF 1 900** – ZURICH, 11 mai 1978 : *Démasquée*, h/t (73x100) : **CHF 2 800** – BERNE, 2 mai 1979 : *Nu couché*, past. (54x78) : **CHF 1 300** – ZURICH, 4 juin 1983 : *Femme assise*, past. (35,5x28,7) : **CHF 3 300** – ZURICH, 9 nov. 1984 : *Carnaval*, h/t (81x64) : **CHF 1 600** – ZURICH, 14 nov. 1986 : *Jeune femme nue, près de la baignoire*, past. (43x54,5) : **CHF 1 900** – BERNE, 8 mai 1987 : *Le bain de soleil*, h/pan. (99x70) : **CHF 3 400** – BERNE, 26

oct. 1988 : *Paysage avec des arbres en fleurs*, h/pan. (16,5x22) : **CHF 600** – ZURICH, 25 oct. 1989 : *Jeunesse*, h/t (100x65) : **CHF 7 500** – ZURICH, 18 oct. 1990 : *Nu allongé*, fus. (29,2x48,1) : **CHF 1 300** – ZURICH, 4 juin 1992 : *Nu couché*, h/t (65x100) : **CHF 6 780**.

BARRAUD Henry
Né en 1811. Mort le 17 juin 1874 à Londres. XIXe siècle. Britannique.
Peintre de genre, portraits, animaux, paysages.
Élève de Middleton, cet artiste peignit des paysages et des sujets, tels que *The Pope blessing the animals* (1842), des portraits, des chevaux et des chiens.
De 1833 à 1859, il exposa à la Royal Academy, et de 1831 à 1868, à la Société des Artistes britanniques.
Ses toiles les plus célèbres sont : *Nous te louons, Dieu ; La saison de Londres.*

VENTES PUBLIQUES : LONDRES, 8 mai 1908 : *Le murmure des anges* : **GBP 2** – LONDRES, 1908 : *Dévotion ; Tête de cheval* : **GBP 3** – LONDRES, 14 mars 1927 : *La rencontre* : **GBP 73** – PARIS, 25 mars 1927 : *Cheval tenu en bride* : **FRF 90** – LONDRES, 3 déc. 1937 : *Punchestown 1868* : **GBP 152** – PARIS, 6 juin 1951 : *Cavaliers et amazones au bord d'un lac* : **FRF 14 000** – LONDRES, 22 nov. 1963 : *Portrait de « Cotherstone » gagnant du Derby de 1843 et de son propriétaire* : **GNS 400** – LONDRES, 16 juil. 1965 : *Portrait d'Omwell Lloyd Evans à cheval* : **GNS 900** – LONDRES, 4 avr. 1973 : *Le rendez-vous de chasse 1842* : **GBP 20 00** – LONDRES, 19 nov. 1976 : *The London Season, Rottow Row, Hyde Park 1864*, h/t (134,5x264,1) : **GBP 8 000** – LONDRES, 29 juil. 1978 : *Cheval dans son box*, h/t (45x61) : **GBP 1 200** – LONDRES, 23 nov. 1979 : *Chevaux dans un paysage 1869*, h/t (53,5x91,5) : **GBP 1 900** – LONDRES, 16 oct. 1981 : *Moutons, vaches, cerfs et un cheval dans un paysage boisé*, h/t (83,2x137,8) : **GBP 4 000** – NEW YORK, 8 juin 1984 : *Chevaux dans un paysage fluvial 1845*, h/t (71,1x92) : **USD 17 000** – NEW YORK, 7 juin 1985 : *A gentleman's private drag*, h/t (63,5x107) : **USD 15 000** – LONDRES, 18 nov. 1988 : *Petite fille sur un poney noir avec un chien de chasse en Ecosse*, h/t (76,2x64) : **GBP 9 900** – LONDRES, 9 fév. 1990 : *Chevaux près d'un étable*, h/cart. (17,2x21,9) : **GBP 880** – LONDRES, 18 nov. 1992 : *Portrait d'une petite fille 1838*, h/pan. (37x28) : **GBP 1 320** – NEW YORK, 4 juin 1993 : *Portrait de Thormanby, vainqueur à Epsom en 1860 avec son groom dans son écurie 1860*, h/t (71,1x91,4) : **USD 11 500** – NEW YORK, 3 juin 1994 : *Phaeton attelé d'une paire de chevaux de trait*, h/t (83,8x127) : **USD 68 500** – PARIS, 2 déc. 1994 : *Portrait de Jumbo et de Nero*, h/t (63x75,5) : **FRF 14 000**.

BARRAUD Madeleine Élisabeth Francine
Née à Vitré (Ille-et-Vilaine). XXe siècle. Française.
Peintre.
Élève de Guillonnet. Exposa une nature morte au Salon des Artistes Français de 1924.

BARRAUD Maurice
Né le 20 février 1889 à Genève. Mort en 1954 ou 1955 à Genève. XXe siècle. Suisse.
Peintre de compositions religieuses, sujets allégoriques, figures, nus, portraits, paysages, natures mortes, fleurs et fruits, peintre à la gouache, pastelliste, graveur, dessinateur, illustrateur, décorateur. Postimpressionniste.
Il fut d'abord dessinateur publicitaire professionnel, après avoir été élève de l'Ecole des Arts et Métiers de Genève, en même temps qu'élève de Pierre Pignolat au cours du soir de l'Ecole des Beaux-Arts. À partir de 1913, il put se consacrer entièrement à la peinture. Il fut membre de l'association *Peintres, sculpteurs et architectes suisses.* Il exposa au Salon d'Automne de Paris entre 1923 et 1927, à l'Athénée de Genève en 1926 et 1928, à Zurich et à Bâle de 1927 à 1928, au Salon des Tuileries à Paris de nouveau en 1928 et 1930 et fut sélectionné à l'Institut Carnegie de Pittsburg en 1929. À cette époque, il effectua plusieurs voyages. Au cours de ses activités de décorateur, Barraud a travaillé pour la gare de Lucerne, le Palais de la S.D.N. (Société des Nations) à Genève, le bâtiment des Archives de Schwyz et la chapelle de l'Université de Fribourg. Il a illustré les ouvrages suivants : *Petits airs – Au coin des rues* de Francis Carco, *La maîtresse*, de Jules Renard, *Noctambulismes*, de Jean de Tinan, *Voyage – Silence* dont il est l'auteur.
Il fut très tôt considéré dans son pays comme un des maîtres de ce qu'on a appelé la Jeune Peinture romande. Sa renommée dépassa rapidement le cadre de la confédération des artistes suisses. Ses débuts furent si précoces qu'en 1945 une exposition à Genève réunissait quatre cents pièces significatives de « l'évo-

lution pendant quarante années » de ce peintre qui atteignait depuis peu la cinquantaine. Paul Budry, critique suisse, le décrivait dès 1918 comme un peintre déjà accompli qui, marchant vers son destin, « s'avance doué de caractère, de métier et de style ». Admirateur à ses débuts de l'art des anciens japonais, il souhaita le transposer en se faisant le peintre « de la femme, plus féminin de la femme, celle de cette dernière heure du temps, comme la formèrent l'art, la mode et l'amour, nos livres compliqués, nos chimies et nos perversités ». Il fut ensuite sensibilisé à la peinture de Degas dont il retint « le coloris strident à noires oppositions ». Se succédèrent alors figures et nus de jeunes femmes dans des poses abandonnées, dans des harmonies claires et stridentes qui le rapprochaient de Bonnard et Matisse. Il introduisit alors plus de lumière dans sa palette et peignit sur le motif, en plein air à partir de 1918. Il parcourut l'Espagne, Barcelone, Madrid, les Baléares, l'Italie, où il peignit quelques paysages lumineux : *Le Colisée – La Place du Peuple – Le Palatin*, et l'Algérie. Il visitait les musées, interrogeant l'art des maîtres du passé. L'ancien débutant, au selon son meilleur commentateur, cherchait l'inspiration « parmi les alcools et les fards » devint le peintre d'*Angélique délivrée*, de *L'Enlèvement d'Europe*, et d'une *Descente de Croix*, et, en ultime période, d'une série d'*Arlequins* mélancoliques. Selon Pierre Courthion, la peinture de Barraud s'est située pendant une période entre impressionnisme et fauvisme. ■ Jacques Busse

BIBLIOGR. : François Fosca : *Maurice Barraud*, Quatre chemins, Paris, 1932 – in : *Diction. de la peint. allemande et d'Europe centrale*, Larousse, Paris, 1990.

MUSÉES : BÂLE – GENÈVE : *Le Repos du modèle – Femmes au chapeau – Le Cap Canaille* (pays) – LUCERNE : *La Loge* – WINTERTHUR – ZURICH .

VENTES PUBLIQUES : GENÈVE, 5 nov. 1949 : *L'Anglaise au chapeau de paille* : **CHF 2 500** – STUTTGART, 20 mai 1960 : *Dame en caraco bleu* : **DEM 5 100** – GENÈVE, 31 oct. 1964 : *L'annonciation* : **CHF 7 800** – ZURICH, 3 nov. 1972 : *Portrait de femme* : **CHF 10 000** – ZURICH, 6 mai 1976 : *Fille pensive 1922*, h/t (73x60) : **CHF 33 000** – ZURICH, 17 nov. 1976 : *Portrait de jeune femme*, past. (58x44) : **CHF 4 100** – LUCERNE, 17 juin 1977 : *Nu assis*, h/t (51x33) : **CHF 19 000** – BERNE, 19 oct. 1977 : *Tête de femme*, bronze (H. 23) : **CHF 1 000** – BERNE, 10 juin 1978 : *Les musiciens*, h/t (113x200) : **CHF 38 000** – BERNE, 20 juin 1979 : *Portrait de jeune fille avant 1919*, plâtre (H. 43) : **CHF 3 800** – ZURICH, 2 nov. 1979 : *Jeune fille aux cheveux blonds 1917*, past. (34x29,5) : **CHF 11 500** – ZURICH, 30 mai 1981 : *Tête de jeune fille*, bronze (H. 28) : **CHF 6 000** – ZURICH, 28 oct. 1981 : *Isabelle à l'éventail rouge*, h/t (81x65) : **CHF 28 000** – ZURICH, 27 mai 1982 : *La Toilette 1913*, h., gche et past./cart. (54,5x46) : **CHF 9 500** – BERNE, 4 mai 1983 : *Nu*, cr. et lav./pap. (29,5X21) : **CHF 3 200** – ZURICH, 1er juin 1983 : *La Danseuse 1950*, h/t (116x89) : **CHF 55 000** – BERNE, 21 oct. 1983 : *Le Couronnement du Christ*, gche/traits de fus. (49,5x42,5) : **CHF 6 500** – ZURICH, 26 mai 1984 : *Femme se déshabillant*, techn. mixte (46,5x32,5) : **CHF 9 000** – GENÈVE, 25 nov. 1985 : *Femme à la jupe rouge*, h/t (63x52) : **CHF 23 000** – ZURICH, 13 juin 1986 : *Nu sur une chaise longue 1943*, h/t (65x81) : **CHF 40 000** – ZURICH, 11 sep. 1987 : *Nu couché au pied d'un arbre*, h/t (65x84) : **CHF 32 000** – BERNE, 30 avr. 1988 : *Jeune Fille debout*, aquar. et encre de Chine (21x15,5) : **CHF 2 000** – NEW YORK, 7 nov. 1991 : *À la corrida*, encre et lav. brun/pap. (22,5x18,7) : **USD 990** – ZURICH, 29 avr. 1992 : *Jeune Femme nue étendue 1945*, h/t (65x81) : **CHF 46 000** – LUCERNE, 20 nov. 1993 : *Le Modèle*, craies de coul./pap. (31x40) : **CHF 4 600** – ZURICH, 24 nov. 1993 : *Contre-jour*, h/t (73x58) : **CHF 34 500** – ZURICH, 21 avr. 1994 : *Portrait de femme*, past. (35x30) : **CHF 6 000** – LUCERNE, 21 mai 1995 : *Portrait de femme*, encre/pap. (39x30) : **CHF 1 100** – ZURICH, 26 mars 1996 : *La Paresse 1943*, h/t (65x81) : **CHF 40 000** – ZURICH, 5 juin 1996 : *Odalisque au bateau 1944*, h/t (60,5x73,5) : **CHF 36 800** – ZURICH, 10 déc. 1996 : *Baigneuse au parasol*, h/t (58x72,5) : **CHF 41 400** – ZURICH, 8 avr. 1997 : *Pollensa*, h/t

(54x65) : **CHF 9 000** ; *Femme nue de dos*, h/t (53x32) : **CHF 6 000** – ZURICH, 4 juin 1997 : *Les Toits de Cassis*, h/t (38,5x46) : **CHF 17 250**.

BARRAUD Philip
XVIIIe siècle. Britannique.
Graveur.
Il exposa entre 1763 et 1783, à la Society of Artists et à la Free Society of Artists.

BARRAUD William
Né en 1810. Mort en octobre 1850. XIXe siècle. Britannique.
Peintre animalier.
Issu d'une famille d'émigrants français, il eut pour maître Abraham Cooper. Figura à la British Institution et à la Society of British Artists.
Les chiens et les chevaux furent ses sujets préférés et parfois il collabora aux tableaux de son frère Henry.
VENTES PUBLIQUES : NEW YORK, 14 fév. 1924 : *La chasse* : **USD 535** – LONDRES, 29 juin 1928 : *Les célèbres lévriers Sarah Bate et Sedlitz* : **GBP 26** – NEW YORK, 20 nov. 1931 : *La chasse* : **USD 950** – LONDRES, 5 oct. 1933 : *Sujet de chasse* : **GBP 39** – LONDRES, 25 mai 1934 : *Portrait équestre de T. Tyrwhett Drake* : **GBP 273** – LONDRES, 29 mars 1963 : *Cheval et chien dans une écurie* : **GNS 170** – LONDRES, 12 oct. 1966 : *Cheval blanc dans un paysage* : **GBP 1 600** – NEW YORK, 14 mai 1976 : *Highland companions, Stable mates* 1840, 2 h/t (43,5x54) : **USD 2 400** – LONDRES, 24 nov. 1978 : *Cheval à l'écurie* 1838, h/pan. (33x43) : **GBP 500** – LONDRES, 21 nov. 1979 : *Chevaux dans un paysage*, h/t (62,5x75) : **GBP 6 000** – NEW YORK, 28 mai 1981 : *Greyhounds before a course* 1831, h/t (63,5x81) : **USD 9 000** – NEW YORK, 10 juin 1983 : *Two greyhounds – the property of Mr Reid* 1831, h/t (62,8x81,2) : **USD 10 000** – LONDRES, 10 juil. 1985 : *Deux chevaux et un chien dans un paysage*, h/t (97x121) : **GBP 12 000** – NEW YORK, 4 juin 1987 : *A black hunter and groom in a stable* 1833, h/t (61,5x77) : **USD 15 000** – LONDRES, 14 juil. 1989 : *Thomas Tyrwhitt-Drake sur « Patchwork »* avec son fox-terrier préféré « Drake's Duster » dans un paysage boisé 1845, h/t (71x91,5) : **GBP 187 000** – LONDRES, 17 nov. 1989 : *Un cheval bai brun sellé tenu par son groom avec deux chiens à la porte d'une maison rustique*, h/t (45,8x61,1) : **USD 9 900** – LONDRES, 14 mars 1990 : *Hunter bai dans un paysage fluvial* 1845, h/t (62x75) : **GBP 11 000** – LONDRES, 10 avr. 1991 : *Un trotteur bai sellé dans son écurie* 1847, h/t (69,5x89) : **GBP 6 050** – NEW YORK, 7 juin 1991 : *Hunter alezan avec les chiens de la meute de Badminton*, h/t (94x121,9) : **USD 66 000** – NEW YORK, 5 juin 1992 : *Un poney alezan et un chien dans un paysage* 1840, h/t (91,4x121,9) : **USD 20 900** – NEW YORK, 3 juin 1994 : *Hunter bai sellé dans son écurie* 1847, h/t (71,1x90,8) : **USD 14 950** – LONDRES, 12 avr. 1995 : *Un lévrier* 1843, h/t (69x89) : **GBP 12 075** – NEW YORK, 9 juin 1995 : *Gentleman sur son cheval avec son chien* 1830, h/t (43,2x53,3) : **USD 20 700** – LONDRES, 5 juil. 1996 : *Portrait de James Rait of Anniston sur son cheval « His Grace »* par un palefrenier tenant un autre cheval à Moncreiff dans le Perthshire, h/t (76,2x122) : **GBP 20 700** – NEW YORK, 11 avr. 1997 : *Épagneul blanc et marron sur un coussin rouge* 1846, h/t (35,6x45,7) : **USD 10 350**.

BARRAUD-PELLET Jeanne. Voir JANEBÉ

BARRAUDE Marie
Née à Lagny (Seine-et-Marne). XIXe siècle. Française.
Dessinatrice, fusiniste.
Élève de Topart et de Karl Robert. Participa à l'Exposition de Blanc et Noir de 1892.

BARRAULT Jean-Louis
Né en 1910 au Vésinet (Yvelines). XXe siècle. Français.
Acteur et décorateur.
Le comédien célèbre, fondateur du Théâtre Renaud-Barrault, a participé au Salon des Humoristes en 1929 avec une *Poupée réaliste*. Metteur en scène à la Comédie-Française, directeur de son propre théâtre ensuite, il a appelé pour les décors et les costumes de nombreux peintres célèbres.

BARRAUX Julien
Né vers 1765 à Lyon (Rhône). XVIIIe siècle. Français.
Sculpteur.
Élève de Houdon à l'Académie de Paris, le 7 mars 1781.

BARRE, LA, de LA. Voir aussi LA BARRE, DELABARRE

BARRÉ
XVIIIe siècle. Actif à Nantes en 1767. Français.
Sculpteur.

BARRÉ
XVIIIe siècle. Actif à Sèvres. Français.
Peintre sur porcelaine.
On cite de lui une théière, datée de 1778, ayant appartenu à Catherine de Russie.

BARRÉ A.
XIXe siècle. Français.
Peintre de compositions animées.
Il exposa à la Royal Academy de Londres en 1875.
VENTES PUBLIQUES : PARIS, 23 avr. 1996 : *Le Retour des champs*, h/t (146,5x114) : **FRF 16 000**.

BARRE Albert Désiré
Né le 6 mai 1818 à Paris. Mort le 29 décembre 1878. XIXe siècle. Français.
Peintre d'histoire et médailleur.
Succéda à son père, Jean-Jacques Barre, comme graveur général à l'hôtel des Monnaies (1855). Élève de P. Delaroche et de l'École des Beaux-Arts. Exposa particulièrement des sujets bibliques au Salon de Paris, de 1843 à 1851. Gourlier, en 1855, acheva trois fresques qu'il n'avait pu terminer, à la chapelle des Saints-Innocents de l'église de Saint-Eustache, à Paris. *Le retour de l'enfant prodigue* (Salon 1846), *Plaute* (Salon 1848), *J.-J. Rousseau à 16 ans* (Salon 1851) sont cités parmi ses œuvres notoires.

BARRÉ Aristide
Né le 23 octobre 1840 à Trappes (Seine-et-Oise). Mort en 1922. XIXe-XXe siècles. Français.
Sculpteur, peintre et ciseleur.
Exposa 8 plaques en argent au Salon de 1901 ; obtint une mention honorable au Salon des Artistes Français en 1903. On cite de lui un *Portrait de vieille paysanne*, au Musée de Gray.

BARRÉ Armand Désiré
Né à Champsecret (Orne). Mort en 1922. XXe siècle. Français.
Sculpteur.
Termina ses études à Paris à l'atelier de Leharivel-Durocher. Exposa au Salon de Paris depuis 1868. Ses œuvres les plus remarquables sont : *Jeune faune*, 1874 (statue en marbre), *Rêve d'Armide*, 1878 (statue en marbre), *La Vierge*, 1880.

BARRÉ Claes ou Barrée
XVIIe siècle. Hollandais.
Peintre.
Fit son testament à Amsterdam, le 4 novembre 1693.

BARRE David
XVe siècle. Actif à Arras. Français.
Peintre.
Fit des travaux, en 1419, pour l'église Saint-Vaast, d'Arras.

BARRE Élisabeth
XXe siècle. Française.
Peintre.
Exposa au Salon des Tuileries de 1939 : *Square du Champ de Mars, Piments, Coquillages, Paysage suisse*.

BARRE F.
XVIIe siècle. Actif au début du XVIIe siècle. Français.
Dessinateur et graveur d'armoiries.

BARRE Gervais, l'Ancien ou Delabarre
Né au Mans. XVIe siècle. Français.
Sculpteur et peintre.
Il fit, pour la cathédrale du Mans, un *Saint-Sépulcre*, qui fut détruit sous la Révolution. A Angers, il exécuta, en 1593, deux autels qui, autrefois, encadraient le maître-autel de l'église Saint-Serge. Ils étaient en terre cuite et représentaient, l'un, une mise au tombeau, l'autre, la mort de la Sainte Vierge. De 1619 à 1621, il fit le maître-autel de l'église du Puy-Notre-Dame, près de Saumur. Enfin, en 1642, il travailla pour Anne d'Autriche.

BARRE Gervais, le Jeune ou Delabarre
Originaire du Mans et baptisé le 15 juin 1603. Mort avant 1677. XVIIe siècle. Français.
Sculpteur.
A sculpté vers 1650 une statue pour l'autel Saint-Maurice de la cathédrale du Mans. Fils de Gervais Barre l'Ancien.

BARRÉ Guillaume. Voir BARREY

BARRÉ Jean
Né vers 1603. Mort le 22 février 1663 à Fontainebleau. XVIIe siècle. Français.
Peintre.
En 1626, en collaboration avec ses collègues, C. Bouzé et Guy

Vernansal, exécuta des peintures, à Fontainebleau, dans la maison de Loménie, secrétaire du cabinet royal. Il travailla au château de Fontainebleau, de 1640 à 1642.

BARRE Jean Auguste
Né le 25 septembre 1811 à Paris. Mort en 1896. XIXᵉ siècle. Français.

Sculpteur, médailleur, caricaturiste.

Fils de Jean-Jacques Barre, dont il fut l'élève jusqu'en 1826, il suivit ensuite les cours de Cortot pour la sculpture, de David d'Angers pour le modelage et de Devéria pour le dessin.

Il exposa régulièrement au Salon de Paris, recevant une médaille en 1834 et 1840.

Il fut le dernier Graveur général des Monnaies à statut privé sous contrôle de l'État. Caricaturiste, il a laissé un album (daté de 1837-1839) de portraits de ses amis, relations, membres de sa famille (il était le frère aîné d'Albert Désiré Barre), où il laisse libre cours à sa verve, sans aucune cruauté. Mais il est surtout connu pour ses sculptures, ayant réalisé le buste de son ami Alfred de Musset pour son tombeau au cimetière du Père-Lachaise à Paris, les tombeaux de la princesse Mathilde et de la reine Hortense à l'église de Reuil-Malmaison. Il est aussi l'auteur des *Allégories des quatre saisons*, pour la fontaine du cirque aux Champs-Élysées en 1840, et de la statue de *Saint Luc l'évangéliste* qui décore, depuis 1843, la façade de l'église Saint-Vincent-de-Paul à Paris.

Bibliogr. : Gérald Schurr : *Les Petits Maîtres de la peinture 1820-1920, valeur de demain*, Les Éditions de l'Amateur, t. VI, Paris, 1985.

Musées : Douai : *Buste de Napoléon III* – Orléans : *Portrait d'André Gaspard Parfait, comte de Bizemont* – Paris (Mus. de la Monnaie) : *album de portraits-charges dessinés*, mine de pb.

Ventes Publiques : Paris, 21 mai 1962 : *Fanny Elssler* : FRF 700 – Paris, 27 avr. 1994 : *Statuette de Rachel*, plâtre (H. 47) : FRF 5 000.

BARRÉ Jean Baptiste
XVIIIᵉ siècle. Français.

Peintre et doreur.

Cité à Nantes entre 1769 et 1793. Il restaura, en 1780, les autels à Saint-Julien-de-Concelles à Nantes.

BARRÉ Jean Baptiste
Né le 6 novembre 1807 à Nantes (Loire-Inférieure). Mort le 24 avril 1877 à Rennes. XIXᵉ siècle. Français.

Sculpteur.

Élève de Debay et de Malknech. Médaillé au Salon de Paris (1843).

Musées : Nantes : *Buste de M. E. Boulay Paty* – Rennes : *Descartes – Graziella – Turquety – M. Boulay Paty – Leperdit, maire de Rennes. 1793-1794.*

BARRÉ Louis Désiré
XIXᵉ siècle. Français.

Peintre sur porcelaine.

Devint le chef de l'atelier de peinture de la manufacture de Sèvres en 1872. Napoléon III donna, en 1868, au roi de Grèce, deux vases peints par cet artiste.

BARRÉ Martin
Né le 22 septembre 1924 à Nantes (Loire-Atlantique). Mort le 8 juillet 1993 à Paris. XXᵉ siècle. Français.

Peintre. Abstrait-analytique.

De 1939 à 1943, Martin Barré fut élève de l'Ecole des Beaux-Arts de Nantes. Il ne se fixa à Paris qu'en 1948. Depuis le début de son activité artistique, Martin Barré a participé à de nombreuses expositions collectives. En 1954, il expose au Salon des Réalités Nouvelles à Paris. En 1956, il participe au *Festival de l'art d'avant-garde* à Marseille. En 1957, il expose à la XIᵉ Triennale de Milan, en 1958 à Nantes aux *Rencontres d'Octobre* du Musée des Beaux-Arts, en 1959 il figure à la 1ʳᵉ Biennale de Paris. En 1964 il fait partie de la sélection française de la Biennale de Venise, en 1972 ses œuvres sont dans l'exposition intitulée *Museum pieces of the postwar era* à New York, et en 1977 il figure à la Biennale de Sao Paulo. En 1981 il prend part à l'exposition intitulée *Paris-Paris* au Musée National d'Art Moderne de Paris, en 1984 à celle réalisée *Autour de Michel Ragon* à Nantes, en 1986 ses œuvres sont présentées dans l'exposition-interrogation *Qu'est-ce que l'art français ?* à Toulouse et en 1993 à *Manifeste II, une histoire parallèle* au musée national d'Art moderne de Paris.

Il a montré son travail dans de nombreuses expositions personnelles : la première eut lieu en 1955 à la galerie La Roue à Paris. Entre 1957 et 1968 il présente régulièrement ses peintures à la galerie Arnaud de Paris. Les musées de Rio de Janeiro et Stockholm ont exposé ses œuvres en 1965. De 1969 à 1974, il expose à la galerie Daniel Templon. Durant les années 1970, il figure à Milan, Naples, Rome, Cologne, Gênes, en 1979 à l'ARC (Art-Recherche-Confrontation) du Musée d'Art Moderne de Paris qui lui consacra une rétrospective, en 1982 à Nantes, en 1988 à Liège et Toulouse, en 1989-1990 plusieurs rétrospectives ont eu lieu au Musée des Beaux-Arts de Nantes, Tourcoing, Nice, en 1993 le Musée du Jeu de Paume a montré une exposition rétrospective de l'ensemble de son œuvre, en 1997 galerie Denise René et galerie Laage-Salomon à Paris.

En 1948, Martin Barré se fixa à Paris et crée dés lors un art non-figuratif. C'est alors le règne de l'abstraction froide, à laquelle vient s'opposer l'abstraction lyrique ou gestuelle, aux pâtes chargées : « J'ai voulu mettre ma peinture ailleurs », dit Martin Barré. Avec pour références majeures Malévitch, Mondrian, la peinture hollandaise et Cézanne, Martin Barré se place dans une position singulière, à l'écart des courants picturaux de l'époque. Il fait le choix d'une peinture « totale », dégagée de tout référent au sujet et à l'objet de la réalité. L'œuvre de Martin Barré peut être divisée en deux périodes : la première s'étend de 1954 à 1968, la seconde s'ouvre à partir de 1972. Sa première exposition personnelle en 1955 à la galerie « La Roue » inaugure ses vrais débuts. Des travaux antérieurs, essentiellement des dessins et des gouaches, il reste peu de traces, beaucoup de peintures ayant été détruites par insatisfaction ou besoin de toiles. Dès 1955, les peintures sont composées en séries dont le nombre est défini dans des schémas préparatoires ; le format des toiles est variable et parfois conçu à partir du nombre d'or. Les différents tableaux sont exécutés en même temps. Ils font partie d'un ensemble mais sont destinés à être dispersés après leur présentation. Les toiles de 1955 présentent des figures géométriques de couleurs étouffées, ocre, bleu foncé, noir, rouge assourdi, sur un fond qui oscille entre le blanc et le bistre. Si Martin Barré a retenu de la leçon de Mondrian que l'espace est à la fois sujet et objet de la peinture, à l'inverse, il n'enserre pas les figures géométriques dans des limites, préférant les laisser libres sur la surface de la toile, favorisant ainsi les échanges chromatiques et rythmiques entre elles. Martin Barré travaille en série, peignant sur plusieurs toiles à la fois. Les titres des toiles comportent un numéro, la date et leur format, toujours variable. Dans ces premières œuvres, les figures sont élaborées en « échafaudages » géométriques fermement amarrés aux bords de la toile. Ces constructions rigoureuses et équilibrées peuvent évoquer l'architecture. L'évolution va ensuite dans le sens d'une épuration progressive : en 1959, apparaît ce que l'on peut désigner comme une « période blanche ». Ce sont de grandes toiles au fond blanc mais non uniforme, modulé de gris ou ocres légers, où les figures géométriques interviennent comme les signes allusifs de la couleur. Aux yeux de Martin Barré, elle n'est pas à voir comme une période de non-couleurs, « mais au contraire... comme un avènement de la couleur, car la couleur prend le pas sur la forme, sur le fond. La couleur se fait espace ». L'évolution va de pair avec un changement dans l'emploi des matériaux : le couteau s'est peu à peu substitué à la brosse. En 1960-1961, « L'univers plastique de Barré se met à l'épreuve d'une liberté qui lui laisse la bride sur le cou. » (M. A. Stalter). Le geste est réduit à sa fonction minimale : les peintures réalisées directement avec un tube de peinture à l'embout limé donnent lieu à de larges courbes souples. La recherche est alors d'une rapidité d'exécution et à l'entretien d'un rapport étroit au temps d'inscription. Naissent ensuite les peintures réalisées à la bombe aérosol, après la vision de graffitis sur les murs du métro. La teinte choisie est un noir mat. Le médium-aérosol offre ceci d'intéressant pour lui qu'il supprime tout contact entre le peintre et la toile. Apparaissent ainsi la série des « Zèbres » et celle des « Flèches » qui est réalisée au pochoir. Les peintures à la bombe sont créées entre 1963 et 1967 et la série totale compte une centaine de toiles. Toutes ces traces noires pulvérisées sur le blanc semblent tour à tour souligner l'espace blanc de la toile ou le briser, en indiquer les limites ou sa continuité sur le mur. L'œuvre atteint ici un sommet dans la volonté de rigueur qui l'anime, rigueur qui n'est pas sans références : « Toute la peinture me semble aboutir au carré blanc sur fond blanc de Malévitch et repartir de là. », dit Martin Barré. Après 1968, il cesse toute activité picturale et utilise la photographie dans des travaux conceptuels dont le sujet demeure l'espace et le champ du tableau. En 1972, Martin Barré renoue avec la peinture avec une série de 24 toiles exécutées à l'acrylique et au pinceau. Ces œuvres, de format carré allongé vers le haut pour souligner leur parenté avec le mur, présentent un quadrillage de traits légers où les carrés sont remplis de fines hachures. Ces zébrures plus ou moins appuyées, donnent tout son dynamisme à la toile, par contraste avec la grille continue que forme le treillis qui relie tous les tableaux entre eux. Des diagonales apparaissent ensuite, tandis que les couleurs claires et vives réapparaissent : jaune, rouge, violet. Jusqu'en 1976-1977, les variantes sur ce système sont infinies. En 1977-1978, Martin Barré réalise une série de 14 toiles pour la Régie Renault. Les transparences précédentes sont évacuées, les couleurs vives et franches sont réintroduites. L'émergence du plan coloré et de la ligne s'accroît. Les figures ont disparu au profit d'une dispersion de lignes assez larges, parfois cernées, jouant comme un « balisage » coloré sur le fond blanc. Les œuvres de la fin des années 1980 annonce le retour des figures géométriques, triangle ou rectangle.

La peinture de Martin Barré apparaît ainsi dans son ensemble comme une confrontation permanente entre « l'espace actif » et « l'espace résiduel » de la peinture. Ne déclarait-il pas lors d'un entretien de 1976 : « Je ne peins pas des Vénus ou des pommes ou mon dernier rêve ou celui que je pourrais faire. Je peins des peintures, des propositions picturales, des questions sur et à la peinture. » ■ Florence Maillet

BIBLIOGR. : Catalogue *Rétrospective Martin Barré*, exposition présentée au Musée des Beaux-Arts, Nantes, 1989, puis circulante, bibliographie complète – Lydia Harambourg, in : *L'École de Paris 1945-1965. Diction. des Peintres*, Ides et Calendes, Neuchâtel, 1993.

MUSÉES : ATLANTA (Emory University) – CHÂTEAUGIRON (FRAC Bretagne) – CLISSON (FRAC Pays de Loire) – ÉVREUX (Mus., Ancien Evêché) – HOUSTON (Mus. of Fine Arts) – LILLE (Mus. des Beaux-Arts) – MARSEILLE (Mus. Cantini) – MONTPELLIER (FRAC Languedoc-Roussillon) – NANTES (Mus. des Beaux-Arts) – NEW YORK (Salomon R. Guggenheim Mus.) – OSLO (Nasjonalgall. Hovikodden, Sonja Henie-Niels Onstad Kunstsenter) – PARIS (Mus. Nat. d'Art Mod.) : *80 B – 150x140* 1980 – *60 T 45* 1960 – PARIS (Mus. d'Art Mod. de la Ville) – PARIS (FRAC d'Île-de-France) : *Peinture* 1976-1977 – POITIERS (FRAC Charentes-Poitou) – RIO DE JANEIRO (Mus. de Arte Mod.) – STOCKHOLM (Mod. Mus.) – TEL AVIV – TOURCOING (Mus. des Beaux-Arts) – VILLENEUVE-D'ASCQ (Mus. d'Art Mod.).

VENTES PUBLIQUES : PARIS, 9 mai 1983 : *Composition* 1957, h/t (97x130) : **FRF 6 000** – PARIS, 13 oct. 1984 : *Composition* 1957, h/t (100x80,5) : **FRF 13 500** – PARIS, 27 oct. 1985 : *Sans titre, fond blanc* 1958, h/t (100x90) : **FRF 27 000** – PARIS, 6 déc. 1986 : *81x65-56* 1956, h/t (81x65) : **FRF 100 000** – PARIS, 4 juin 1987 : *Composition* 1957, h/t (130x96) : **FRF 135 000** – PARIS, 24 mars 1988 : *Composition* 1957, h/t (92x73) : **FRF 38 000** – *Composition* 1956, h/t (81x65) : **FRF 61 000** – PARIS, 20 nov. 1988 : *Sans titre* 1958, gche (59x52) : **FRF 23 000** – PARIS, 22 mars 1989 : *Composition* 1957, h/t : **FRF 68 000** – PARIS, 23 mars 1989 : *Composition* 1967, h/t (113x105) : **FRF 90 000** – COPENHAGUE, 10 mai 1989 : *Composition* 1959, h/t (92x73) : **DKK 82 000** – PARIS, 20 nov. 1989 : *Sans titre* 1957, h/t (100x73) : **FRF 95 000** – PARIS, 10 juin 1990 : *60 – T39* 1960, h/t (194x96) : **FRF 260 000** – PARIS, 19 jan. 1992 : *79-B-62x262* 1979, acryl./t. (62x262) : **FRF 70 000** – PARIS, 28 sep. 1992 : *Composition* 1960, h/pap. (69x66) : **FRF 50 000** – PARIS, 14 oct. 1993 : *Composition* 1957, h/t (81x100) : **FRF 72 000** – PARIS, 21 mars 1994 : *Grénam* 1957, h/t (80x115) : **FRF 54 000** – PARIS, 15 déc. 1995 : *Peinture*, h/t (192x180) : **FRF 85 000** – PARIS, 3 oct. 1997 : *59/140/130/A* 1959, acryl./t. (130x140) : **FRF 60 000**.

BARRE Raoul
XXᵉ siècle. Actif à Montréal (Canada) vers 1900. Français.
Peintre.

BARRÉ Vincent
XXᵉ siècle. Français.
Sculpteur.
Vincent Barré présenta notamment ses œuvres durant l'opération d'ateliers ouverts au public qui se déroula en 1985 dans le quartier de la Bastille à Paris, appelée « Génie de la Bastille », en référence à la colonne de la place. En 1996, il a participé à la double exposition *In quarto – Paroles d'ateliers*, au Musée Saint-Germain d'Auxerre et à l'Atelier Cantoisel de Joigny.
Avant de se consacrer exclusivement à la sculpture, Vincent Barré était architecte. Faute de place dans son atelier où désireux d'introduire l'astuce dans son travail, il a créé un système de sculptures en « kit », favorisant le démontable et l'assemblage

multiple. Ses sculptures de bois massif ou cintré et en métal poli gagnent ainsi en rigueur, tout en conservant un aspect fragile qui rappelle les jeux de construction enfantins.

BARREAU Auguste Marie
Né à Paris. Mort en 1922. XIXᵉ-XXᵉ siècles. Français.
Sculpteur.
Exposa au Salon des Artistes Français.

BARREAU Jean Charles Michel
Né en 1789 à Paris. XIXᵉ siècle. Français.
Graveur.
Élève de Villerey. Il travailla pour le *Petit Courrier des Dames*.

BARREDA Enrique D.
Né vers 1880 à Lima (Pérou). Mort en 1953 à Nice (Alpes-Maritimes). XXᵉ siècle. Actif en France. Péruvien.
Peintre de paysages, fleurs.
Très fortuné, il eut une vie mondaine très développée avant de se concacrer à la peinture, copiant Constable et les peintres de Barbizon, puis travaillant sur le motif. Il participa au Salon des Artistes Français, notamment en 1931, et s'installa définitivement à Nice vers 1935.
Ses paysages sont le reflet de ses nombreux voyages, sachant rendre la lumière, la couleur, l'atmosphère des endroits visités. Peu à peu, il simplifia, allégea ses compositions, dans une facture large, à la fois puissante et legère.
BIBLIOGR. : Gérald Schurr : *Les Petits Maîtres de la peinture 1820-1920, valeur de demain*, Les Éditions de l'Amateur, t. VI, Paris, 1985.

BARREDA Ernesto
Né à Lima (Pérou). XXᵉ siècle. Péruvien.
Peintre.
Exposa un tableau de fleurs au Salon des Artistes Français de 1931.

BARREDA Melchior de La. Voir **LA BARREDA**

BARREDA Miguel de
XVIᵉ siècle. Espagnol.
Sculpteur ?
Élève et aide de Juan de Juni, avec lequel il prit part aux travaux du maître-autel de l'église paroissiale de Santoyo, de 1570 à 1583. Peut-être identique ou apparenté au suivant.

BARREDA Miguel de
XVIᵉ siècle. Travaillait à Valladolid. Espagnol.
Peintre.
Cet artiste occupe une place des plus honorables parmi les peintres du XVIᵉ siècle. On le trouve souvent auprès de Berruguete, qui le tenait pour un auxiliaire de choix. Il peignit sous sa direction l'abside de l'église conventuelle de la Mère de Dieu et le retable de la principale chapelle de l'église de la Trinité appartenant à des religieux. En 1809, les Français brûlèrent beaucoup d'œuvres d'art à Valladolid et le retable sculpté par Berruguete et peint par Miguel Barreda fut malheureusement du nombre. Dans son histoire de Valladolid, Antolinez dit que cette église était, par elle-même et par les œuvres d'art qu'elle contenait, une des plus intéressantes de l'Espagne. Barreda fut appelé à donner son opinion sur Juan de Juni et sur Giralte, entre lesquels on hésitait au sujet d'un important travail. Il reprocha à Juni de ne pas être assez classique et de trop facilement adopter les nouveautés. En 1548, Berruguete avait chargé son ami Manuel Dionis d'une peinture murale ; Dionis refusa, n'ayant pas fait, jusque là, ce genre de travail. Miguel de Barreda fut choisi pour le remplacer, avec Bartolomé Sanchez et Juan de Carrancejas, ce qui permet d'affirmer qu'il fut peintre à fresque.

BARREDA FABRES Ernesto
Né en 1927 à Paris. XXᵉ siècle. Chilien.
Peintre.
Il étudia l'architecture à l'Université Catholique de Santiago et enseigna l'histoire de l'art à la Faculté d'architecture de 1950 à 1955. Il a participé à des expositions en Amérique du nord, Amérique latine, en Europe, et remporté de nombreuses récompenses.
Il peint dans une technique réaliste des constructions qui appartiennent au monde de l'étrange et du surréel.
VENTES PUBLIQUES : NEW YORK, 17 oct. 1979 : *Composition*, h/t (90,1x89,5) : **USD 1 800** – NEW YORK, 19 mai 1987 : *Paysage* 1986, h/t (119,9x148,5) : **USD 7 500** – NEW YORK, 21 nov. 1988 : *Sans titre* 1987, h/t (99,7x120) : **USD 6 050** – NEW YORK, 17 mai 1989 : *Solitude*, h/t (81x81) : **USD 2 860** – NEW YORK, 21 nov. 1989 : *n° 16*

Columpio, h/t (100x100) : **USD 4 950** – New York, 1er mai 1990 : *Porte noire* 1967, h/t. enduite au gesso (90x125) : **USD 4 950** – New York, 18 mai 1993 : *Le réveil noir* 1991, h/t (109,2x139,7) : **USD 11 500** – New York, 16 nov. 1994 : *Villa Rosa I* 1992, fus. et past./pap. brun (80x100) : **USD 2 300**.

BARRELL H.
xviiie siècle. Britannique.
Paysagiste.
Il exposa à la Royal Academy de Londres entre 1785 et 1788.

BARRÊME
xixe siècle. Travaillait à Nantes en 1822. Français.
Sculpteur.
Auteur d'une statue en pierre, de Du Guesclin, érigée à Saint-Brieuc le 20 juillet 1823 ; on la lui paya 1200 francs.

BARRENSCHEEN Herman
Né à Zurich. xxe siècle. Suisse.
Peintre de portraits.
Il fut élève de Martin Feuerstein et présenta au Salon des Artistes Français de nombreux portraits et compositions à personnages entre 1926 et 1934 : *Le peintre et sa famille* 1926, *Simonne* 1930, *Mère et fils* 1933, *Le trio* 1934.

BARRERA Antonio
xviiie siècle. Italien.
Peintre d'histoire, portraits.
Il a été actif en Savoie en 1782.

BARRERA Antonio
Né en 1948 à Colombie. xxe siècle. Colombien.
Peintre de paysages. Postimpressionniste.
Ses paysages sont rendus par des petites touches entrecroisées de couleurs neutres ou flamboyantes, selon l'évocation climatique et géographique des diverses régions de Colombie.
Bibliogr. : Damian Bayon et Roberto Pontual : *La Peinture de l'Amérique latine au xxe siècle*, Mengès, Paris, 1990.
Ventes Publiques : New York, 8 mai 1981 : *reference 160* 1977, acryl./t. (109,2x138,4) : **USD 2 100** – New York, 27 nov. 1985 : *Vue aérienne du Pacifique* 1977, acryl./t. (138,5x108,7) : **USD 4 750** – New York, 19 nov. 1987 : *Crépuscule* 1983, h/t (112,6x144,7) : **USD 10 000** – New York, 17 mai 1988 : *Fleuve Bogota* 1986, h/t (114x145) : **USD 12 100** – New York, 21 nov. 1988 : *Crépuscule amazonien* 1985, h/t (80x100) : **USD 7 180** – New York, 17 mai 1989 : *Aube* 1986, h/t (130x195) : **USD 16 500** – New York, 20 nov. 1989 : *Marine* 1986, h/t (114x146) : **USD 11 000** – New York, 20-21 nov. 1990 : *Palmier royal* 1987, h/t (100x80) : **USD 6 050** – New York, 18 mai 1994 : *Palmeraie* 1988, acryl./t. (112,1x144,8) : **USD 16 100** – Milan, 25 oct. 1994 : *Le fort de Marmi* 1933, h./résine synth. (60x45,5) : **ITL 2 990 000** – New York, 25-26 nov. 1996 : *Forêt* 1985, h/t (113,7x146) : **USD 9 200**.

BARRERA Carlo
xviiie siècle. Actif à Vicence vers 1785. Italien.
Dessinateur d'architectures.

BARRERA Diego, appelé par quelques-uns Jacopo
xvie siècle. Espagnol.
Peintre.
Peignit les tableaux et les statues de la Puerta del Perdon de la cathédrale de Séville (1522).

BARRERA Francisco
xviie siècle. Actif de 1627 à 1657. Espagnol.
Peintre de natures mortes, fleurs et fruits, compositions décoratives.
On pense que Barrera étudia à Madrid vers les années 1620, son style rappelant celui de Juan van der Hamen. Il prit part, en 1640, à la protestation des peintres contre les impôts de l'Alcabala. Des documents de 1638, 1645, 1653 et 1657 indiquent qu'il était responsable du travail de Antonio Ponce, Lorenzo Sanchez et Domingo de Yanguas pour la décoration du nouveau Palais du Retiro.
Bibliogr. : Alonso Perez Sanchez : *Natures mortes et tableaux de fleurs dans la peinture espagnole de 1600 à Goya*, Catalogue de l'exposition du Prado, 1983 – William B. Jordan : *La nature morte espagnole à l'Age d'or 1600-1650*, catalogue de l'exposition, 1985.
Ventes Publiques : Londres, 25 nov. 1960 : *Nature morte au panier de pommes* : **GBP 315** – Paris, 26 avr. 1993 : *Corbeille de grenades, figues et autres fruits sur un entablement*, h/t (61x79,5) : **FRF 220 000** – New York, 19 mai 1994 : *Nature morte de gibier à plume près d'une cruche d'argile et d'autres ustensiles sur une*

table 1647, h/pan. (30,5x50,8) : **USD 46 000** – New York, 12 jan. 1996 : *Nature morte avec des petits pains dans un plat d'étain une cuillère avec des poteries du Michoacan et un moule à fromage*, h/t (27,9x36,5) : **USD 11 500**.

BARRERA Juan
xviiie siècle. Travailla à Séville. Espagnol.
Peintre.

BARRERA Nicolas
Né le 1er septembre 1919 à Tchernigoff (Ukraine). xxe siècle. Actif en France. Russe.
Peintre de paysages et de portraits.
Il fut élève de l'École des Beaux-Arts de Léningrad et fit quelques travaux officiels en URSS Depuis 1950 il s'est fixé dans le midi de la France.
Il peint dans une pâte généreuse essentiellement des paysages de la Camargue, des scènes de tauromachie et des danseuses.
Musées : Marseille – Narbonne (Mus. d'Art et d'Hist.) : *Les Saintes-Maries-de-la-Mer* – Saintes-Maries-de-la-Mer .

BARRERA-BOSSI Erma
Née en 1885. Morte en 1960. xxe siècle. Active en Allemagne. Yougoslave.
Peintre de figures, nus, paysages, natures mortes. Expressionniste.
Elle est née en Yougoslavie, mais fit ses études artistiques à Munich. Entre 1909 et 1911 elle participa aux expositions du groupe de la *Neue Künstlervereinigung* (Nouvelle association d'artistes), puis en 1911-1912, avec le *Blaue Reiter*. Elle était très liée avec Gabriele Münter et Kandinsky.
Son art, néo-fauviste, resta bien en deçà des directives du groupe.
Musées : Munich (Lehnbachhaus).
Ventes Publiques : Versailles, 12 déc. 1965 : *Nu* : **FRF 3 600** – Versailles, 20 mars 1966 : *Nature morte* : **FRF 3 400** – Munich, 7 juin 1982 : *Danseuses* 1911, h/cart. (50,5x73,5) : **DEM 13 000** – Londres, 13 oct. 1994 : *Restaurant dans une cour* 1919, h/t (51x61,5) : **GBP 3 450**.

BARRÈRE Adrien
Né en 1877 à Paris. Mort en 1931 à Paris. xixe-xxe siècles. Français.
Peintre, affichiste, lithographe, dessinateur humoriste.
Il a figuré au Salon des Humoristes en 1929. Il fit d'abord des études de droit et de médecine. Adrien Barrère a débuté sa carrière artistique en collaborant aux journaux « pour rire », selon la formule de l'époque. Sa première chance s'ouvre avec le magazine *Fantasio* qui dès 1902 commence à publier sa série des *Têtes de Turcs*. Il a également collaboré aux périodiques *Courrier français, Cri de Paris, Nouvelle Revue parisienne*. Dans le domaine de l'affiche, il créa un style particulier en réalisant l'alliance heureuse entre ses dons d'humoriste et le dessin d'affiches pour le Théâtre du Grand Guignol, spécialisé dans les spectacles d'épouvante. Il créa aussi nombre d'affiches pour les acteurs comiques des films Pathé : Max Linder, Dranem. Se souvenant de son passé étudiant, il obtint son succès le plus complet avec la série des six planches consacrées aux *Professeurs de la Faculté de Médecine et de l'École de Droit*. Pendant un quart de siècle, son éditeur ne vendit pas moins de 420 000 exemplaires de ces portraits narquois que Barrère lithographiait lui-même. Il existe une septième planche sur *Les Médecins* qu'Adrien Barrère n'a pas voulu commercialiser. Il a enfin réalisé un album sur la guerre. Illustrateur, il a collaboré au *Boubouroche* de Georges Courteline, pour les éditions Flammarion.
Bibliogr. : Marcus Osterwalder, in : *Dict. des illustrateurs 1800-1914*, Ides et Calendes, Neuchâtel, 1989.
Ventes Publiques : Paris, 15 juin 1981 : *Les littérateurs*, dess. (32x23) : **FRF 4 000**.

BARRÈRE Émile
xixe siècle. Actif à Neuilly (Hauts-de-Seine). Français.
Peintre.
Il exposa à Londres en 1878.

BARRÈRE Jean Louis ou Barère
Mort le 3 août 1778 à Paris. xviiie siècle. Français.
Peintre.
Dans l'église Saint-Germain de Sully-sur-Loire, se trouve une peinture du *Christ crucifié*, qui porte la date de 1718 et la signature de Barrère. Ce travail est probablement de l'artiste qui nous occupe, ainsi que le *Portrait du prieur de Sainte-Geneviève, Louis Chaubert*, qui porte la même signature, et fut gravé par Fiquet en

1760. Cet artiste nous paraît être le même que Louis Barrère, membre de l'Académie de Saint-Luc, gendre de Louis Sylvestre et cité dans l'acte de décès de ce dernier le 19 avril 1740.

BARRET C. P.
XIXe siècle. Britannique.
Paysagiste.
Il exposa entre 1836 et 1844, à la Royal Academy et à Suffolk Street, à Londres.

BARRET Charles Robert ou Barrett
XIXe siècle. Travaillant vers 1890. Britannique.
Aquafortiste et illustrateur.
Illustra à la plume des œuvres topographiques, publia ensuite *Essex*, dont la série I comprenait 99 illustrations, et 13 eaux-fortes, la série II, 128 illustrations et 13 eaux-fortes, puis *Somersetshire* (167 illustrations et 5 eaux-fortes). – *Les champs de bataille de l'Angleterre*, 102 illustrations, des études de vieux monuments, notamment *La Tour de Londres*, 26 illustrations et 13 eaux-fortes.

BARRET Félix Claude Auguste Louis
Né le 31 août 1807 à Brest (Finistère). Mort le 25 novembre 1888 à Brest. XIXe siècle. Français.
Portraitiste et peintre de genre.
Élève de F. Gérard. Exposa au Salon de Paris de 1831 à 1848. On cite : *Les fils de Rob-Roy, Paysans bretons devant leur église, Enfant emporté par les anges*, etc.
MUSÉES : BREST : *Gros jeune, d'après Gérard – Lettres de France en 1791.*

BARRET George, l'Ancien
Né en 1728 ou 1732 à Dublin. Mort le 29 mai 1784 à Paddington. XVIIIe siècle. Britannique.
Peintre de paysages animés, paysages, aquarelliste, peintre à la gouache, dessinateur, graveur.
Apprit la peinture sans maître, alla à Londres en 1762, y acquit la célébrité, devint un des fondateurs de l'Académie, en 1768.
Exposa régulièrement des paysages, à cette même Académie, de 1769 à 1782. Il fut membre de la Juc. Society of Artists où il exposa, ainsi qu'à la Free Society.
Une série de paysages, *Lacs du Cumberland*, exécutés sur les murs d'une grande salle du Parc Norburg, lui valurent un grand succès. Sawrey Gilpin collabora parfois avec cet artiste, peignant les chevaux dans plusieurs de ses tableaux. Les dernières dix années de sa vie s'écoulèrent à Westbourne Green. Parmi ses gravures, on cite : *Vue du Dargles, près Dublin, Série de six vues de cottages près de Londres, Grand paysage, avec cottages, Vue du château de Hawarden* (1773).
MUSÉES : DUBLIN : *Cascade de Powerscourt – Vue près d'Ovaco dans le district Wicklow* – LONDRES (Water-Colours) : *Paysage, rivière et figures – Arbres et chevaux – Paysages, chevaux à l'abreuvoir – Vue d'un lac* – LONDRES (British Art) : *Paysage et rivière, figures et chèvres – Paysage – Retour du travail* – NOTTINGHAM : *Piques de Langdale, Westmorland.*
VENTES PUBLIQUES : LONDRES, 25 nov. 1921 : *Scène de rivière* : **GBP 11** – LONDRES, 4 mai 1922 : *Le retour du marché*, dess. : **GBP 78** – LONDRES, 14 mai 1923 : *Le château de Windsor* : **GBP 10** – LONDRES, 24 juin 1927 : *Les cascades de Tivoli*, dess. : **GBP 42** – LONDRES, 12 mai 1932 : *Le lac de Windermere au matin* : **GBP 22** – LONDRES, 9 juin 1938 : *La rivière Dargle* : **GBP 5** – LONDRES, 19 mai 1939 : *Towneley Hall* : **GBP 26** – LONDRES, 28 nov. 1969 : *Paysans dans un paysage* : **GNS 1 800** – LONDRES, 15 déc. 1972 : *Paysage boisé* : **GNS 3 000** – LONDRES, 22 juin 1973 : *Paysage fluvial boisé* : **GNS 4 800** – LONDRES, 17 nov. 1976 : *Paysans et troupeau dans un paysage*, h/t (54x102) : **GBP 650** – IRLANDE, 20 nov. 1978 : *Paysage fluvial boisé*, h/t (88x110) : **GBP 4 200** – LONDRES, 12 mars 1980 : *Deux pêcheurs près d'une cascade*, h/t (112x166) : **GBP 10 500** – LONDRES, 19 nov. 1981 : *La promenade*, aquar./trait de cr. (19x26,5) : **GBP 300** – NEW YORK, 30 oct. 1985 : *Paysage montagneux au lac 1781*, gche (48,3x65) : **GBP 3 800** – LONDRES, 5 juin 1987 : *Cerf et trois biches dans un paysage boisé*, h/t (83,2x123,2) : **GBP 6 000** – NEW YORK, 21 oct. 1988 : *Vaste paysage vallonné avec un lac et du bétail sur les rives*, h/t, une paire (chaque 85x124,5) : **USD 46 200** – LONDRES, 18 nov. 1988 : *Paysage boisé avec un cavalier et un jeune berger menant son troupeau par un chemin sablonneux*, h/t (99,7x124) : **GBP 13 200** – LONDRES, 17 nov. 1989 : *Bûcherons au travail*, h/t (43x53) : **GBP 15 400** – LONDRES, 16 mai 1990 : *Personnages faisant halte près d'un torrent de montagne*, h/pan. (41,5x54,5) : **GBP 3 740** – LONDRES, 11 juil. 1990 : *Paysage lacustre animé à la tombée du soir*, h/t (37x40,5) : **GBP 9 680** – LONDRES, 12 juil. 1990 : *Sur le chemin du marché*, h/t

(53,5x102,5) : **GBP 14 300** – NEW YORK, 10 oct. 1990 : *Paysage fluvial montagneux avec des pêcheurs sur le rivage et un château à l'arrière-plan*, h/t (102,2x127,6) : **USD 44 000** – LONDRES, 12 juil. 1991 : *Vaste paysage montagneux avec des personnages près d'une cascade*, h/t (63,5x77) : **GBP 2 860** – NEW YORK, 9 oct. 1991 : *Vaste paysage rocheux avec une cascade*, h/t (179,1x189,8) : **USD 92 400** – NEW YORK, 15 jan. 1992 : *Charrette de bois traversant une forêt*, gche (58,4x45,1) : **USD 6 600** – LONDRES, 7 oct. 1992 : *Paysage fluvial classique avec un personnage sur un pont et des paysans au premier plan*, h/t (33,5x46,5) : **GBP 1 650** – NEW YORK, 14 jan. 1994 : *Les Ducs de Cumberland et d'York menant un landau dans le parc de Windsor et Virginia Water dans une barque à distance*, h/t (104,1x137,2) : **USD 255 500** – LONDRES, 9 nov. 1994 : *Vue de la rivière Dargle dans le comté de Wicklow*, h/t (99x124,5) : **GBP 16 675** – LONDRES, 2 juin 1995 : *Paysage avec des ruines classiques et des bergers*, h/t (58,5x94) : **GBP 20 700** – NEW YORK, 11 jan. 1996 : *Paysage fluvial et boisé avec des pêcheurs et un moulin en ruines*, h/t (100,3x124,5) : **USD 57 500** – LONDRES, 12 nov. 1997 : *Paysage italien avec des personnages au bord d'une rivière*, h/t (97x135) : **GBP 26 450** – LONDRES, 20 juin 1997 : *Bouviers avec leur bétail et une charrette à l'orée d'un bois ; Daims dans un vaste parc*, gche, une paire (14,3x19,1 et 15,9x20,7) : **GBP 9 200**.

BARRET George, le Jeune
Né vers 1767 à Londres. Mort en 1842. XVIIIe-XIXe siècles. Britannique.
Peintre de paysages, aquarelliste.
Fils de Georges Barret l'Ancien. Exposa à la Royal Academy, en 1800 et en 1802. Devint membre de la Société des aquarellistes en 1804 et y exposa régulièrement ainsi qu'à la British Institution, à Sulfolk Street, et à la Old Water-Colours Society.
Il publia, sous forme de lettres, en 1840 : *Théorie et pratique de la peinture à l'aquarelle.*
MUSÉES : BIRMINGHAM : *Paysage classique* – CARDIFF : *L'arc-en-ciel – Paysage d'Italie*, aquar. – DERBY : *Paysage classique*, aquar. – DUBLIN : *Portrait de l'artiste – Paysage classique, coucher du soleil*, aquar. – *Paysage, esquisse – Paysage, sépia, esquisse – Portrait de l'artiste* – GLASGOW : *Scène au bord de la mer – Londres vu des bois de Surrey – Paysage avec bétail* – LEICESTER : *Paysage classique* – LIVERPOOL : *Le parc de Richmond* – LONDRES (Water-Colours) : *Jardin du marché de Chelsea – Tivoli, soleil couchant – Composition classique – Daim dans un paysage – Au cimetière, Clair de lune – Soleil couchant – Weary Trampers 1840 – Paysage avec bouviers – Paysage boisé – Paysage avec bestiaux – Le Parc de Windsor, au fond le château – La crique de Walham – Paysage composé – Langollern – Pays de Galles – Vue du mont de Richemond 1826 – Yarmouth – Ferry, île de Wight – Composition classique – Le soir – paysage, cottage et rivière – Paysage classique – Château de Windsor – Paysage classique 1829 – Bords de la mer, île de Wight – Deux scènes de rivières – Paysage – prairie et ruisseau* – MANCHESTER : *Pèlerins*, aquar. – *Coucher de soleil, composition classique*, aquar. – *Bateaux de foin sur la Tamise*, aquar. – *Pont de Kingston sur la Tamise*, aquar. – *Scène de rivière, coucher de soleil*, aquar. – *Paysage de Sussex, avec wagons de bois*, aquar. – SYDNEY : *Paysage classique*, aquar.
VENTES PUBLIQUES : LONDRES, 1806 : *Vue du lac Windermere* : **FRF 2 100** – PARIS, 1861 : *Paysage avec figures* : **FRF 5 900** – LONDRES, 1877 : *Coucher de soleil* : **FRF 4 600** – LONDRES, 1884 : *Classical river scene* : **FRF 7 086** – PARIS, 1886 : *Coucher de soleil sur un lac*, aquar. : **FRF 5 645** – PARIS, 1898 : *Paysage classique avec rivière*, aquar. : **FRF 3 050** – NEW YORK, 1905 : *Après la chaleur, sur l'étang* : **USD 200** – LONDRES, 7 déc. 1907 : *Château de Windsor* : **GBP 18** – LONDRES, 14 déc. 1907 : *Paysages boisés* : **GBP 19** – NEW YORK, 1908 : *Paysage* : **USD 150** – LONDRES, 19 juin 1908 : *Scène classique sur un lac* : **GBP 44** – LONDRES, 26 juin 1908 : *Un paysage, soleil levant*, aquar. : **GBP 283** – LONDRES, 3 avr. 1909 : *Paysage italien* : **GBP 9** – LONDRES, 11 mai 1909 : *Le matin ; la rivière* : **GBP 220** – LONDRES, 7 juil. 1922 : *Le char de la moisson 1835*, dess. : **GBP 21** – LONDRES, 20 juil. 1923 : *Prés ombragés 1837*, dess. : **GBP 18** – LONDRES, 12 déc. 1927 : *En route pour le marché*, dess. : **GBP 9** – LONDRES, 10 nov. 1933 : *Bords de rivière boisés 1827*, dess. : **GBP 12** – LONDRES, 11 juil. 1938 : *La Tamise à Twickenham*, dess. : **GBP 15** – MANCHESTER, 12 mai 1939 : *Le gué*, dess. : **GBP 27** – LONDRES, 11 juil. 1965 : *Jardin en bordure d'une rivière animé de personnages* : **GNS 170** – LONDRES, 23 nov. 1966 : *Paysage près de Killarney* : **GBP 400** – LONDRES, 12 juil. 1967 : *Sous-bois animés de personnages et animaux*, deux gche, formant pendants : **GBP 450** – LONDRES, 15 déc. 1972 : *Paysage*

boisé : **GNS 3 000** – LONDRES, 24 mars 1977 : *Yarmouth, île de Wight*, aquar. (20x34) : **GBP 320** – LONDRES, 8 nov. 1978 : *Tivoli*, aquar. (26x76,5) : **GBP 380** – LONDRES, 24 mars 1981 : *Berger et troupeau*, aquar. (22,3x26) : **GBP 350** – LONDRES, 15 juil. 1983 : *Castletown park and the Liffey*, h/t (73,7x97,8) : **GBP 14 000** – LONDRES, 21 juin 1984 : *Vue de Tivoli*, aquar. et cr. (75x100) : **GBP 2 600** – LONDRES, 18 avr. 1986 : *Llanberis lake and Dolbadarn castle, Snowdonia*, h/t (98,4x125,7) : **GBP 26 000** – LONDRES, 20 nov. 1986 : *A view of Walton-on-Thames, Surrey*, aquar./traits de cr. (32,5x39,5) : **GBP 600**.

BARRET J. V.
XIXᵉ siècle. Britannique.
Paysagiste.
Il exposa à Londres à la Royal Academy en 1843.

BARRET James
XVIIIᵉ-XIXᵉ siècles. Britannique.
Peintre de paysages, aquarelliste.
Frère de Georges le Jeune. Il exposa à la Royal Academy de Londres 37 œuvres, de 1785 à 1819.
MUSÉES : LONDRES (British Mus.) : Deux aquarelles.
VENTES PUBLIQUES : LONDRES, 14 mai 1982 : *Hawarden Castle*, h/t (42x62,2) : **GBP 2 200** – LONDRES, 15 juil. 1987 : *View of Belvedere, Kent, the seat of Lord Eardley*, h/t (109,5x162) : **GBP 5 000** – YORK (Angleterre), 12 nov. 1991 : *Vue du parc du château* ; *Paysage boisé*, h/t, une paire (chaque 75x104) : **GBP 3 520** – LONDRES, 13 juil. 1994 : *Le village de Stornaway avec un pavillon de chasse et l'île de Lewes 1798*, h/t (119,5x181) : **GBP 19 550** – LONDRES, 12 avr. 1995 : *Vue d'un manoir avec un couple dans le parc*, h/t (100x154,5) : **GBP 11 500**.

BARRET Léon
Né à Tours (Indre-et-Loire). XXᵉ siècle. Français.
Peintre de paysages et de compositions à personnages.
En 1927, il exposa au Salon des Indépendants et à la Société Nationale des Beaux-Arts. Y figurèrent notamment : *Lavoir à Antony – Marché à Meung-sur-Loire*.

BARRET Lucie
Née à Vaux-sur-Blaise (Haute-Marne). XXᵉ siècle. Française.
Peintre de fleurs.
Elle fut l'élève de Jules Adler, Joseph Bergès, Pierre Montézin. En 1928 et 1929, elle exposa au Salon des Indépendants : *Cinéraires dans le jardin – Cyclamens et jacinthes – Dahlias*. Entre 1929 et 1939, elle est sociétaire des Artistes Français et y expose régulièrement des peintures de fleurs et de jardins.

BARRET M., Miss
Morte en 1836. XIXᵉ siècle. Britannique.
Aquarelliste et miniaturiste.
Sœur de George le Jeune. Exposa des portraits-miniatures à la Royal Academy, de 1797 à 1800. Cette artiste figura à la Société des aquarellistes, dont elle fut membre de 1823 à 1836, année de sa mort. Miss Barret exposa non seulement des miniatures, mais aussi des natures mortes. Elle fut élève de Romney.

BARRET Maïtona
XXᵉ siècle. Active en France.
Peintre, technique mixte. Nouvelles figurations.
Elle participe à des expositions collectives depuis 1984. Elle fit une exposition personnelle à Paris en 1987. Elle s'inspire des chromos sentimentaux d'autrefois. Son type de narration s'apparente plus au populisme qu'à l'art naïf.
VENTES PUBLIQUES : PARIS, 13 avr. 1988 : *Sans titre*, h/t (110x92) : **FRF 5 500**.

BARRET Marius Antoine
Né le 26 juin 1865 à Marseille (Bouches-du-Rhône). XIXᵉ-XXᵉ siècles. Français.
Peintre de sujets typiques, figures, nus, natures mortes, graveur.
Élève de Raphaël Collin et J.-B. Olive. Il présenta ses peintures et ses gravures sur bois et à l'eau-forte au Salon des Artistes Français, dont il était sociétaire, et il obtint une mention honorable en 1923 et une médaille d'argent en 1928. Il a figuré à l'Exposition du Livre d'Art à Paris et à l'Exposition de la Société Artistique de la gravure sur bois. Parmi ses gravures on peut citer : *Le Centaure et la Bacchante* ; *A maître François Villon*.
MUSÉES : DIGNE : *Portrait de femme – Mort des enfants de Clodomir* – MARSEILLE : *Dessin pour un diplôme* – MARSEILLE (Mus. Cantini) : *Femme nue* – MARSEILLE (Mus. du vieux Marseille) : Dessin et gravure.

VENTES PUBLIQUES : VERSAILLES, 25 nov. 1990 : *Nature morte aux raisins et aux grenades*, past. (39x60) : **FRF 6 000** – PARIS, 17 nov. 1997 : *Le Gardien du harem*, h/t (46x27) : **FRF 10 000**.

BARRET Maurice
Né à Besançon (Doubs). XXᵉ siècle. Français.
Artiste décorateur.
Exposa au Salon d'Automne de 1936 : *Bibliothèque pour enfants*.

BARRET Ranelagh
Mort en 1768. XVIIIᵉ siècle. Britannique.
Peintre.
A copié Rubens.

BARRETO
Originaire de Porto. XIXᵉ siècle. Actif au début du XIXᵉ siècle.
Portugais.
Peintre.
Un tableau de cet artiste, peint dans la manière de David : *Mort de Cléopâtre*, est cité par Raczynski.

BARRETO Antonio Correa ou Barretto
Né en 1813 à Lisbonne. XIXᵉ siècle. Portugais.
Graveur au burin.
Élève de Comte. Devint professeur de l'Académie en 1843.

BARRETO Joseph Teixeira
Né en 1767 à Porto. Mort en 1810. XVIIIᵉ-XIXᵉ siècles. Portugais.
Peintre et graveur au burin.
Moine bénédictin. Envoyé à Rome en 1790, il y travailla surtout avec le Français Gagneraux. A partir de 1791, grava en taille-douce, d'après les tableaux : *Moïse sauvé des eaux, La fuite en Égypte, Vénus et les nymphes, La femme de Darius devant Alexandre*. Cet artiste fit des esquisses pour les *Schevzi poetici de Rossi*. Retourna en Portugal en 1797 et succéda, comme directeur de l'Académie de Lisbonne, à Vieira en 1805. Au couvent de Tibaes, à Porto, se trouvent plusieurs de ses tableaux ; citons, au Musée de cette ville : *Naissance du Christ*.

BARRETT Elizabeth
XIXᵉ siècle. Britannique.
Miniaturiste.
Elle exposa à la Royal Academy et à Suffolk Street entre 1875 et 1879.

BARRETT Elizabeth Hunt
Née le 9 janvier 1863 à New York. XIXᵉ siècle. Américaine.
Peintre de paysages, aquarelliste.
Elle fut élève de la National Academy of Desin, et exposa à la American Water-Colours Society, à l'Art Club de Philadelphie et à la Louisville Art League.
VENTES PUBLIQUES : BOLTON, 19 nov. 1987 : *Un jardin en été*, h/t (46,3x71,5) : **USD 2 000**.

BARRETT F. Gould
Britannique.
Aquarelliste.
Il exposa aux Walker's Galleries à Londres.

BARRETT George
XIXᵉ siècle. Britannique.
Sculpteur.
Il exposa de 1846 à 1849 à la Royal Academy de Londres.

BARRETT George H.
XIXᵉ-XXᵉ siècles. Américain.
Peintre.
Habitant New York vers 1907-1908.

BARRETT H.
XIXᵉ siècle. Britannique.
Peintre d'histoire.
Il exposa à la Royal Academy de Londres en 1866.

BARRETT Harry
XIXᵉ siècle. Actif à Nottingham. Britannique.
Sculpteur.
Il exposa de 1881 à 1883 à Suffolk Street, à Londres.

BARRETT Jerry
Né en 1824. Mort le 21 janvier 1906. XIXᵉ siècle. Britannique.
Peintre d'histoire, scènes de genre, figures, portraits, aquarelliste.
Exposa à la Royal Academy jusqu'en 1883.
Ses meilleures toiles sont : *La première visite de la reine à l'hôpital de Chatham, 1855* ; *Mlle Florence Nightingale, recevant les*

blessés dans le grand hôpital de Scutari, et Mme Fry chez les prisonniers, à Newgate.

Musées : LIVERPOOL : *Portrait de John Hughes.*

Ventes Publiques : LONDRES, 6 mars 1981 : *Jeune fille à son miroir* 1865, h/cart. (36,2x25,4) : **GBP 1 800** – LONDRES, 14 juil. 1983 : *Florence Nightingale receiving the wounded at Scutari in 1856,* h/t (60x89) : **GBP 4 500** – LONDRES, 2 oct. 1985 : *Jeune fille sous un marronnier,* h/t (50x37) : **GBP 1 400** – LONDRES, 5 mars 1993 : *Première visite de la reine Victoria à ses soldats blessés* 1856, h/t (148,5x218,4) : **GBP 199 500** – LONDRES, 8-9 juin 1993 : *La salle du trône au Palais Saint-James,* aquar. et gche (25x45) : **GBP 2 990** – NEW YORK, 16 fév. 1995 : *Femmes dans un cimetière musulman* 1867, h/t (36,8x62,2) : **USD 3 162.**

BARRETT John
XIXᵉ siècle. Actif à Plymouth vers 1883. Britannique.
Peintre de paysages.
Il exposa à la Royal Academy, Londres.

BARRETT Laura A.
XIXᵉ-XXᵉ siècles. Américaine.
Peintre.
Membre du National Arts Club à New York.

BARRETT M.
XIXᵉ siècle. Britannique.
Peintre de scènes rustiques.
Il exposa de 1876 à 1880, à Suffolk Street à Londres.

BARRETT Marianne, Mrs, née Foster
XIXᵉ siècle. Active à Rome vers 1872. Britannique.
Portraitiste.
Elle exposa dans la même année à la Royal Academy de Londres.

BARRETT Marjorie
Née à Wanstead (Essex). XXᵉ siècle. Britannique.
Graveur.

BARRETT Robert Dumas
Né à Fulton (New York). XXᵉ siècle. Américain.
Peintre.
Il fut élève de Carl T. Hawley. En 1926, il exposa au Salon des Artistes Français : *Lumière rose – La vigne.*

BARRETT T.
XIXᵉ siècle. Britannique.
Paysagiste.
Il exposa à la Royal Academy de Londres en 1807.

BARRETT Thomas
XIXᵉ siècle. Actif à Nottingham. Britannique.
Peintre.
Il exposa à Londres, à la Royal Academy et à la British Institution de 1883 à 1888.

BARRETT W.
XIXᵉ siècle. Britannique.
Sculpteur.
Il exposa à la Royal Academy de Londres en 1872.

BARRETT W. S.
Né le 1ᵉʳ mai 1854 à Rochport (Maine). XIXᵉ-XXᵉ siècles. Américain.
Peintre.
Habitant Brooklyn (New York) vers 1903, il fit partie du Brooklyn Art Club et du Salmagundi Club.

BARREY Fernande
Née à Paris. XXᵉ siècle. Française.
Peintre de portraits, natures mortes, fleurs.
Elle exposa au Salon d'Automne entre 1920 à 1929, au Salon des Indépendants en 1926 et au Salon des Tuileries entre 1925 et 1943.
Elle aimait à peindre les portraits des enfants et des jeunes gens qui composaient son entourage ainsi que des natures mortes et des bouquets.

BARREY Guillaume ou Barré
XVIIᵉ siècle. Travaillait à Rouen. Français.
Peintre et sculpteur sur bois.
Cet artiste fit, en 1622, l'encadrement sculpté pour un tableau d'autel de la chapelle Notre-Dame de l'église Saint-Maclou, et un reliquaire doré, et, en 1625, les statues des apôtres saint Jacques et saint André pour l'église paroissiale de Saint-Victor. On cite encore de lui un jubé richement sculpté et peint, pour l'église Notre-Dame de la Couture, à Bernay (Eure), vers 1627, ainsi que

la décoration du buffet d'orgue de l'église Saint-Jean, à Rouen (en 1653).

BARRI Giacomo
Né vers 1630, d'origine française. Mort après 1684. XVIIᵉ siècle. Italien.
Peintre et graveur à l'eau-forte et au burin.
Il travailla à Venise et grava, d'après Paolo Véronèse, en 1667, *L'Adoration des bergers,* ainsi que *Le Christ chez Simon le Pharisien,* d'après Filippo Gherardi, *La Sibylle et l'empereur Auguste,* d'après Giov. Colli, Luchesi et Gherardi : *Seleucus et Stratonice auprès du lit d'Antiochus.* Il grava à l'eau-forte les planches, terminées par Lucini, des douze plus importants monuments funèbres à Venise, et composa un ouvrage : *Viaggio pittoresco in cui si notano tutte le pitture famose...,* qui parut, dans une traduction anglaise, en 1671 et 1679.

BARRIAS, l'Ancien
XIXᵉ siècle. Actif à Paris au début du XIXᵉ siècle. Français.
Peintre sur porcelaine et décorateur.
Père de Félix-Joseph et d'Ernest Barrias.

BARRIAS Felix Joseph
Né le 13 septembre 1822 à Paris. Mort le 25 janvier 1907 à Paris. XIXᵉ siècle. Français.
Peintre d'histoire, scènes de genre, portraits, peintre de compositions murales, illustrateur. Académique.
Fils du peintre sur porcelaine et miniaturiste Barrias, il fit ses études à l'École des Beaux-Arts de Paris, sous la direction de L. Cogniet.
Il exposa régulièrement aux Salons parisiens à partir de 1840, durant soixante-cinq ans. Grand prix de Rome en 1844, 3ᵉ médaille en 1847, 1ʳᵉ médaille en 1851, médaille d'or en 1889, il fut chevalier de la Légion d'honneur et de l'ordre de Léopold de Belgique.
Parmi ses œuvres, citons : *Sapho* 1847 – *les exilés de Tibère* 1851 – *Conjuration chez les courtisanes vénitiennes* 1861 – *Esther se rendant chez Assuréus* 1894 – *Repos pendant la séance* 1895. Il est l'auteur de plusieurs peintures décoratives dans des églises : à Saint-Eustache (1856) et à la Trinité de Paris (1867 et 1876), à Notre-Dame de Clignancourt (1861-1865) ; dans des monuments publics, dont le musée d'Amiens, où il exécuta une coupole et un pendentif en 1865 ; le grand plafond pour le prince Nariskine à Saint-Pétersbourg en 1866 ; une grande frise de 50 mètres à Londres en 1872 ; le plafond et quatre pendentifs au foyer de l'Opéra de Paris en 1874 ; quatre plafonds pour une corporation de Londres (1880 à 1882) ; décoration du pavillon de la République Argentine à l'Exposition universelle de 1889 ; trois coupoles et diverses décorations à l'Hôtel de Ville de Paris en 1890. Il a illustré des œuvres de Virgile, Corneille et Racine, des romans populaires de Dumas et Frédéric Soulié.
Ses principales œuvres d'histoire restent, en général, très académiques. Cependant, il peut donner des élans généreux à certaines de ses compositions, comme la *Procession* du musée de Nîmes.

Bibliogr. : Gérald Schurr : *Les Petits Maîtres de la peinture 1820-1920, valeur de demain,* Les Éditions de l'Amateur, t. II, Paris, 1982.

Musées : AUTUN : *Gaulois en prison à Rome* 1849 – CHÂLONS-SUR-MARNE : *La mort de Chopin* 1885 – *Triomphe de Vénus* 1886 – *Camille Desmoulins au Palais Royal* 1886 – COLOGNE : *Portrait de l'architecte JJH. Hittorf* 1869 – DOUAI : *Conversation* – LAVAL : *Jubilé de 1300 à Rome* 1855 – LILLE : *Ulysse et sa nourrice, qui trouve Pénélope endormie – Une ville de Picardie* – NANTES : *La Floraja, marchande de fleurs, costume d'Alvito, royaume de Naples* – NIMES : *Procession* – PARIS (Mus. du Louvre) : *Les Exilés de Tibère* – PÉRIGUEUX : *Les Sirènes* 1893 – LE PUY-EN-VELAY : *Hélène se réfugie à l'autel de Vesta* – ROUEN : *Jeune fille s'envolant au ciel* – TARBES : *Dante à Ravenne* 1853 – VERSAILLES : *Débarquement de l'armée française à Oldport* 1859.

Ventes Publiques : PARIS, 1880 : *Une rue à Tanger :* **FRF 195** – PARIS, 16-17 déc. 1919 : *Malvina :* **FRF 520** – PARIS, 6 juil. 1950 : *Le Triomphe de Clytemnestre :* **FRF 5 100** – PARIS, 5 fév. 1951 : *Le Mont d'Or au temps d'Auguste : bain de vapeur :* **FRF 30 000** – PARIS, 29 jan. 1964 : *Les Nymphes musiciennes :* **FRF 290** – PARIS, 13 juin 1980 : *Ottomane regardant Istanbul de sa terrasse* 1876, h/pan. (9x12,5) : **FRF 2 200** – GÖTEBORG, 9 nov. 1983 : *Jeune fille* 1879, h/t (84x54) : **SEK 11 500** – LONDRES, 27 fév. 1985 : *Esther devant Assuérus* 1894, h/t (190,5x119) : **GBP 2 400** – PARIS, 25 mai 1987 : *Jeune fille à l'ombrelle,* h/pan. (33x24) : **FRF 2 800** – PARIS, 3 mai 1988 : *Jeanne d'Arc à Orléans,* cr. noir et mine de pb

(20,5x15,5) : **FRF 1 000** – LONDRES, 17 fév. 1989 : *La Corrida à Séville*, h/t (78,7x129,5) : **GBP 1 760** – PARIS, 13 déc. 1989 : *Odalisque*, h/pan. (12x16) : **FRF 4 000** – NEW YORK, 18-19 juil. 1996 : *Madame Buttura en robe d'été, allongée et tenant une rose*, cr. et past./pap. (16,5x31,1) : **USD 1 150** – PARIS, 29 jan. 1997 : *Cincinnatus recevant les députés du Sénat* 1844, esquisse (19x24) : **FRF 9 500**.

BARRIAS Louis Ernest
Né le 13 avril 1841 à Paris. Mort le 4 février 1905. XIXᵉ siècle. Français.
Sculpteur de monuments, histoire, groupes, sujets allégoriques, statues, bustes.
Il était fils du miniaturiste Barrias et frère du peintre d'histoire Félix-Joseph. Comme son frère, Louis-Ernest Barrias fut un champion de l'école classique. Il fut élève de Jouffroy, de Cavelier et de Cogniet à l'École des Beaux-Arts. Second prix de Rome en 1861, avec *Chryséis rendue à son père par Ulysse*, 1ᵉʳ prix en 1865, avec *La fondation de Marseille*. Débuta au Salon en 1861, avec les bustes en marbre de *Jazet et Barrias* ; exposa ensuite, en 1863, ceux de *Jules Favre et Cavelier*. Les principales œuvres de cet artiste sont : *La Guerre, le Commerce et la Pêche*, projet de frise décorative (1865), *Jeune fille de Mégare*, statue marbre, envoi de Rome (1870), *Le Serment de Spartacus*, groupe marbre (1871, jardin des Tuileries), *La Fortune et l'Amour*, groupe bronze (1872), *La Religion et la Charité*, statue plâtre (1873, reparue en bronze, 1874), *Groupe pour un tombeau* marbre (1876), *Les Premières Funérailles, Adam et Ève portant Abel* (1878, médaille d'honneur), *La Défense de Paris*, groupe (1881, Rond-point de Courbevoie), *La Défense de Saint-Quentin*, groupe commémoratif (1882), *Mozart enfant* (1883), *Le Chant et la Musique*, statues marbre (1888, Hôtel de Ville de Paris), *La Chasse*, statue marbre (1889), *Jeune fille de Bou-Saada*, modèle cire (1890), *Bacchante*, statuette d'argent (1891), *Monument d'Émile Augier* (1896, place de l'Odéon), statues de *Virgile* et du *Printemps* (hôtel de Païva), *Bernard Palissy* (Boulogne-sur-Seine), reproduit en bronze square de l'église Saint-Germain-des-Prés, *Monument de Victor Hugo*, œuvre qui prête à de nombreuses critiques (1902), *Jeanne d'Arc prisonnière* (1903), *Tombeau de la duchesse d'Alençon* (1904), et un grand nombre de bustes et de statues : *Ballu, Munkacsy-André, architecte, Mozart, Marmontel, docteurs Hénoque, Dechambre*, etc. Médaille en 1870 ; première médaille en 1878 ; grand prix 1889, membre de l'Académie des Beaux-Arts en remplacement de Dumont (1884). Officier de la Légion d'honneur.
BIBLIOGR. : Geneviève Bresc et Anne Pingeot : *Sculptures des jardins du Louvre et des Tuileries*, Paris, 1986.
MUSÉES : ALGER : *Monument de Guillaume*, moulage – GRAY : *Vase émail de Nola* – PARIS (Art Mod.) : *Mozart enfant* – *Jeune Fille de Mégare* – POITIERS : *L'Agriculture* – *La Science* – *Les Arts*, cariatides – modèle d'une gaine cariatide – ROUBAIX : *Les Nubiens*, modèle original – VALENCIENNES : *La Science*.
VENTES PUBLIQUES : PARIS, 16 nov. 1949 : *La Nature se dévoilant*, bronze deux patines et marbre : **FRF 260 00** – NEW YORK, 30 mai 1979 : *La Nature se dévoilant devant la Science*, bronze (H. 73) : **USD 3 500** – PARIS, 10 déc. 1980 : *La Nature se dévoilant devant la Science*, bronze (H. 43) : **FRF 9 000** – PARIS, 23 mars 1984 : *La Nature se dévoilant devant la Science*, argent patiné doré et ivoire (H. 40) : **FRF 119 000** – PARIS, 17 juin 1986 : *Funérailles*, bronze patine brune (H. 86). **GBP 9 500** – BRUXELLES, 19 mai 1987 : *La Nature se dévoilant devant la Science*, bronze (H. 58) : **BEF 235 000** – PARIS, 30 jan. 1989 : *La Nature se dévoilant devant la Science*, bronze patine brun mordoré (43x15x10) : **FRF 21 000** – PARIS, 17 mars 1989 : *Jeune Fille de Bou Saada*, bronze patine brune (H. 32) : **FRF 40 000** – PARIS, 6 juil. 1989 : *La Nature se dévoilant devant la Science*, bronze (H. 58,5) : **FRF 55 000** – NEW YORK, 24 oct. 1989 : *La Nature se dévoilant pour la Science*, bronze patine brun mordoré (H. 97,1) : **USD 24 750** – CALAIS, 10 déc. 1989 : *La Jeune Fille de Bou Saada*, bronze à patine brune (75x58x53) : **FRF 76 000** – PARIS, 6 avr. 1990 : *Jeune fille de Bou Saada*, bronze (H. 71) : **FRF 150 000** – COPENHAGUE, 1ᵉʳ mai 1991 : *Mozart enfant* 1883, bronze (H. 90) : **DKK 58 000** – NEW YORK, 27 mai 1992 : *La Nature se dévoilant devant la Science*, bronze (H. 58,4) : **USD 8 250** – PARIS, 7 déc. 1992 : *Jeune fille de Bou Saada*, plâtre (H. 107, l. 96, prof. 90) : **FRF 68 000** – NEW YORK, 26 mai 1993 : *Danseuse*, bronze doré et argenté et ivoire (H. 61) : **USD 48 875** – LOKEREN, 4 déc. 1993 : *Mozart* 1883, bronze (H. 49, l. 24) : **BEF 95 000** – NEW YORK, 26 mai 1994 : *Le Serment de Spartacus*, marbre (H. 210,8) : **USD 189 500** – PARIS, 22 mars 1995 : *La Nature se dévoilant devant la Science*, bronze (H. 60) :

FRF 52 000 – NEW YORK, 1ᵉʳ nov. 1995 : *Les Premières Funérailles*, bronze (H. 69,9) : **USD 46 000** – PARIS, 8 déc. 1996 : *Jeune Fille de Bou Saada* 1890, bronze patine brune (H. 31) : **FRF 17 300** – PARIS, 17 oct. 1997 : *Portrait de Madeleine, fille de l'artiste*, taille directe en marbre (H. 53) : **FRF 12 000**.

BARRIAT
XIXᵉ siècle. Français.
Peintre de porcelaine.
Napoléon III fit don de deux vases peints par cet artiste, à la reine de Prusse (1868). Un vase peint, avec orchidées, appartient à la maison royale de Belgique (1874). Deux autres : *Jeunes paysannes au travail*, appartiennent à la maison royale de Suède (1868).

BARRIAT Charles
Né en 1821 à Paris. XIXᵉ siècle. Français.
Paysagiste et peintre de genre.
Il travailla à Paris, après avoir été élève de Séchan, Dieterle et Despléchin. Il exposa aux Salons de 1852 à 1865.

BARRIC Hugues
XVᵉ siècle. Travaillant à Montpellier. Français.
Sculpteur.
Cet artiste entreprit, à Montpellier, l'exécution d'une partie de l'autel pour l'église Saint-Amans à Rodez, en 1493.

BARRICELLI Maurizio
XXᵉ siècle. Italien.
Peintre.
Il reçut sa formation à Rome. En 1901 il présente à l'exposition internationale de Venise un tableau intitulé : *Al di là della morte*.

BARRICOLO Francesco
Né vers 1752 à Vérone. XVIIIᵉ siècle. Italien.
Peintre.
Cet artiste vint à Paris et entra, le 20 décembre 1782, dans l'atelier de Pierre, à l'École de l'Académie Royale.

BARRIENTOS Rodrigo
Né en 1933 à Medellin (Colombie). XXᵉ siècle. Actif au Brésil. Colombien.
Peintre, graveur.
Il a étudié la peinture à Bogota puis s'est fixé au Brésil où il vit depuis 1961. Son œuvre est essentiellement figurative.

BARRIER Gustave
Né vers 1885 à Paris. XIXᵉ-XXᵉ siècles. Français.
Peintre de genre, portraits, natures mortes, fleurs et fruits.
Il fut l'élève de Gérôme, Vincent Chevillard, Jules Lefebvre et T. Robert-Fleury. Il fut sociétaire des Artistes Français et y exposa à partir de 1911, recevant une mention honorable en 1926 et une médaille d'argent en 1928.
Il a peint de nombreuses toiles opposant l'éclat des porcelaines à la matité des ivoires. Mais il fut aussi le peintre de scènes de genre de l'époque Louis XIII, mettant en scène gentilshommes et mousquetaires. Parmi ses œuvres, citons : *Porcelaines blanches* – *Portrait d'homme* 1932 – *M. H. de L.* – *Orfèvrerie* – *Bibelots et fleurs* 1934 – *Madame Ernest Denis* 1935 – *M. Ernest Denis* 1936 – *Harmonie* 1938 – *Ivoires et porcelaines* – *Roses trémières* 1939.
BIBLIOGR. : Gérald Schurr : *les Petits Maîtres de la peinture 1820-1920, valeur de demain*, Les Éditions de l'Amateur, t. IV, Paris 1979.
VENTES PUBLIQUES : PARIS, 12 mars 1919 : *Personnage Louis XIII* : **FRF 84** – PARIS, 4 juin 1928 : *L'amateur d'estampes* : **FRF 320** – PARIS, 19 mai 1950 : *Gentilhomme buvant* : **FRF 4 000** – PARIS, 25 mai 1951 : *Nature morte* : **FRF 7 000** – PARIS, 13 mai 1976 : *Fleurs et fruits*, h/pan. (33x24) : **FRF 1 800** – ZURICH, 3 nov. 1979 : *Le seigneur*, h/pan. (35x27) : **FRF 3 900** – BERNE, 21 oct. 1983 : *La soupe aux choux*, h/t (47x55) : **CHF 2 500** – BERNE, 2 mai 1986 : *Nature morte sur une table de cuisine*, h/t (47x55) : **CHF 3 000** – PARIS, 21-22 déc. 1987 : *La sérénade*, h/t : **FRF 8 200** – PARIS, 10 nov. 1988 : *Les trois chatons et le poisson rouge*, h/t (61x46) : **FRF 5 500** – AMSTERDAM, 9 nov. 1993 : *Nature morte avec une soupière et des roses*, h/pan. (35x26,5) : **NLG 3 910** – PARIS, 7 mars 1994 : *Nature morte aux roses et à la soupière*, h/pan. (35x26,5) : **FRF 23 000** – PARIS, 6 mars 1996 : *Nature morte aux citrons*, h/t (41x27) : **FRF 5 000** – CALAIS, 7 juil. 1996 : *Nature morte*, h/t (41x27) : **FRF 7 500**.

BARRIER Guy
XVIIᵉ siècle. Actif à Lyon. Français.
Peintre.

BARRIER Jacques
Né à Paris. XIXᵉ-XXᵉ siècles. Français.
Peintre de genre et de paysages.
A envoyé des paysages au Salon des Indépendants.

BARRIER Jehan
XVᵉ siècle. Travaillait à Rennes. Français.
Peintre verrier.
Il fut occupé à la cathédrale de Rennes, en 1496.

BARRIÈRE
Né en 1764 à Riom. XVIIIᵉ-XIXᵉ siècles. Français.
Graveur, dessinateur.
Il travailla à Paris jusqu'en 1823. Il grava des vignettes et dessina des cartes topographiques. Père de Pierre et de Daniel, tous deux graveurs.

BARRIÈRE, Mme
XIXᵉ siècle. Vivait à Paris en 1822. Française.
Miniaturiste.

BARRIÈRE Antoine
XVIIIᵉ siècle. Actif à Grenoble. Français.
Peintre.

BARRIÈRE Dominique
Né sans doute entre 1610 et 1622 à Marseille (Bouches-du-Rhône). Mort en 1678 à Rome. XVIIᵉ siècle. Français.
Peintre de compositions religieuses, paysages, marines, dessinateur, graveur au burin, illustrateur.
Cet artiste a beaucoup produit, gravant un peu dans tous les genres. Sa première planche se rencontre en 1640, dans l'ouvrage de Strada : De Bello Belaico. Barrière vécut longtemps à Rome. Sa dernière estampe est datée de 1674. Ses eaux-fortes, dont celle d'après Cl. Lorrain, sont remarquables. Il a fait des dessins pour un petit guide romain. Cet artiste signait ses planches, ou du monogramme B et D, ou de la signature Dom. Barr., ou du nom entier.

VENTES PUBLIQUES : PARIS, 1777 : Marines, 2 tableaux : **FRF 186** – PARIS, 4 juil. 1929 : Les saintes femmes au pied de la Croix, dess. : **FRF 115** – LONDRES, 3 juil. 1995 : Combat naval en Méditerranée, encre (16,4x25,3) : **GBP 1 380**.

BARRIÈRE François Marie Joseph
Né à Clermont-Ferrand (Puy-de-Dôme). XXᵉ siècle. Français.
Peintre de compositions à personnages.
Entre 1936 et 1938, il exposa au Salon des Artistes Français plusieurs peintures parmi lesquelles on peut citer : Chez Grand-mère, Le jardin des tantes 1936, Conjonction 1938.

BARRIÈRE Georges
Né à Chablis (Yonne). XXᵉ siècle. Français.
Peintre de paysages, de portraits et de natures mortes.
Au Salon des Indépendants de 1907 il présenta Effets de neige – Temps d'orage. Il montra certains de ses paysages à la rétrospective de 1926 : Le hameau sous la neige – Paysage provençal et aux Indépendants entre 1928 et 1931, notamment : Le Château de Belle Ombre, 1928 – Seignelay, 1929. Associé en 1926 puis sociétaire de la Société Nationale des Beaux-Arts en 1928, il envoya régulièrement au Salon des paysages, des portraits et des natures mortes.

BARRIÈRE-PREVOST Marguerite, née **Prévost**
Née à Sauveterre (Lot-et-Garonne). XXᵉ siècle. Française.
Peintre de scènes animées, figures typiques, peintre à la gouache. Orientaliste.
Elle fut élève de L. Roger. Depuis les années vingt, elle exposa régulièrement à Paris, au Salon des Artistes Français, dont elle était sociétaire, ainsi qu'à la Société Coloniale des Artistes Français. Elle exposa aussi avec la Kasbah, Association des Peintres et Sculpteurs du Maroc. Ses gouaches exécutées au Maroc, où elle se fixa, figurèrent également au Salon des Tuileries. Au Salon des Artistes Français, elle exposa en 1935 et en 1936 : Les poivrons – Le jardin fermé.
VENTES PUBLIQUES : PARIS, 21 juin 1993 : Fillette de Rabat, past. (59x46,5) : **FRF 7 500** – PARIS, 22 avr. 1994 : Cimetière El-Alou à Rabat, gche (19x24) : **FRF 5 000**.

BARRIES Valentin Baltasar
Né vers 1765 à Paris. XVIIIᵉ siècle. Français.
Peintre.

Il fut l'élève de Suvée et de Bachelier. Son nom figure sur le registre des élèves de l'Académie de 1783 à 1791.

BARRIGUES Prosper François Irénée ou **Barrigue**, dit **de Fontainieu** ou **Fontanieu**
Né le 17 juillet 1760 à Marseille (Bouches-du-Rhône), de parents portugais. Mort le 28 septembre 1850. XVIIIᵉ-XIXᵉ siècles. Portugais.
Peintre d'histoire, paysages.
Cet artiste étudia la peinture à Naples avec Saint-Denis pour maître. De 1801 à 1819, il envoya régulièrement aux Salons de Paris ses paysages dont les sujets étaient des vues des environs de Marseille et de Naples. Il devint aveugle en 1822.
MUSÉES : FONTAINEBLEAU : François Iᵉʳ et la reine Claude de France, visitant la Sainte-Baume – MARSEILLE : Vue de Cava.
VENTES PUBLIQUES : MONTE-CARLO, 8 fév. 1981 : Paysage de la campagne italienne 1799, h/t (33x45) : **FRF 10 000** – LONDRES, 24 mai 1985 : Les cascades de Tivoli, avec la villa de Maecenas et personnages 1795, h/t (136,5x200,6) : **GBP 10 000**.

BARRILLET Louis
Mort avant le 2 mai 1727. XVIIIᵉ siècle. Travaillait à Paris. Français.
Peintre.

BARRILLI, signor
XVIIIᵉ siècle. Travaillait probablement à Londres. Italien.
Peintre.
En 1783, cet artiste exposa à la Free Society, à Londres : Un Port de mer et une Bataille navale, celle-ci en miniature.

BARRILLY ou **Barrilli**
XVIIIᵉ siècle. Travaillait à Paris.
Peintre.
Figure sur le registre des élèves de l'Académie royale en 1758 comme protégé par Vien. Il ne nous paraît pas impossible que cet artiste soit le même que le signor Barrilli qui exposait à Londres en 1783 à la Free Society.

BARRINGTON Arthur
XIXᵉ siècle. Actif à Port-Arthur.
Peintre de paysages.
Il exposa à Londres en 1882.

BARRINGTON W.
XIXᵉ siècle. Britannique.
Peintre de natures mortes.
Il exposa en 1874 à Suffolk Street à Londres.

BARRIO Artur
XXᵉ siècle. Brésilien.
Auteur d'installations.
Il participe à des expositions collectives : 1996 Biennale de Sao Paulo.
Il participa au débat sur le néo-constructivisme des années soixante au Brésil. Il privilégie depuis les éléments poétiques.
BIBLIOGR. : Agnaldo Farias : Brésil : petit manuel d'instructions, Artpress, nº 221, Paris, févr. 1997.

BARRIO Evaristo
Né au XIXᵉ siècle à Burgos. XIXᵉ siècle. Espagnol.
Peintre.
En 1874 Barrio devint membre correspondant de l'Académie S. Fernando ; à partir de 1876, il expose à l'Exposition d'Art de Madrid des peintures de genre : Un habitant de Saragosse, La rue Fernan-Gonzalez à Burgos, Cloître de la cathédrale de Burgos.

BARRIOS Alvaro
Né en 1945 à Carthagène. XXᵉ siècle. Colombien.
Peintre.
Alvaro Barrios réalise principalement des dessins et des collages qui marient dans des compositions raffinées l'imagerie de la vie quotidienne, les bandes dessinées, les photos anciennes à des éléments dessinés, souvent caricaturaux et érotiques. Il a exposé à la Biennale de Paris en 1971 des œuvres sur toile cirée.

BARRIOS Armando
Né en 1920 à Caracas. XXᵉ siècle. Vénézuélien.
Peintre.
Il commença par peindre des toiles où la réalité se trouvait décomposée par un système de lignes courbes. Il vint à Paris pour la première fois en 1950 et s'intéressa à l'abstraction géométrique. De retour à Caracas, son évolution va dans le sens d'un assouplissement de la structure géométrique de ses œuvres. En 1957, il a participé à la Biennale de Sao Paulo.

VENTES PUBLIQUES : NEW YORK, 22 mai 1986 : *Réminiscence 1974*, h/t (50,5x75,5) : **USD 7 500** – NEW YORK, 21 nov. 1989 : *Présence essentielle*, h/t (86,3x106,6) : **USD 17 600**.

BARRIOT Claude, dit Claudius
Né le 9 novembre 1846 à Lyon. Mort le 4 avril 1908 à Lyon. XIXe siècle. Français.
Peintre.
Élève de l'École des Beaux-Arts de Lyon, puis, à Paris, de Gérôme, Gleyre et Jules Lefebvre, il revint se fixer à Lyon, où il débuta, en 1865, avec *Portrait de l'auteur* et un dessin. A Lyon, et à Paris depuis 1888, il exposa des portraits à l'huile et au pastel, des figures en plein air, des paysages et des marines d'Italie, lacs de Suisse et midi de la France. Les meilleures de ses œuvres exposées sont : *Le roi du tapis* (Lyon, 1884), *Faneuse* (Paris, 1888), *Aux champs* (Paris, 1890), *Sous le poirier* (Paris, 1891), *En silence, doucement, sur les flots clapoteux* (Paris, 1899), *Joueurs de dominos en Normandie* (Paris, 1906). Barriot a peint des décorations : au Cercle international de Vichy, vers 1884 (*La Danse, Les jeux olympiques*), dans les églises de Sainte-Euphémie, Ain (1899) et de Saint-Pierre-de-Vaise à Lyon (1900-1901). Il a dessiné les cartons des décorations du Carmel de Caïpha (vers 1900) et des mosaïques de la crypte de Saint-Nizier de Lyon (1904-1905). Il a laissé des aquarelles, des fusains et des dessins au crayon. Il avait obtenu la médaille d'honneur au Salon de Lyon de 1891.

BARRIOT Robert Louis Ernest
Né le 22 juillet 1898 à Châteauroux (Indre). Mort le 1er juillet 1970 à Chezal-Benoist (Cher). XXe siècle. Français.
Peintre de paysages, portraits, sculpteur, graveur, décorateur, illustrateur.
Il fut étudiant aux Arts Décoratifs de Paris en 1916 et admis aux Beaux-Arts en 1917. En 1920, il exposa à la Société Nationale des Beaux-Arts, 1922 au Salon d'Automne où il montra des paysages, et au Salon des Artistes Français.
Il s'est spécialisé dans le travail de la couleur par la cuisson, poteries faïencées, décors sur porcelaine, émaux. Il a notamment réalisé un bas-relief en cuivre émaillé pour l'église Sainte-Odile à Paris. De nombreuses communes françaises et étrangères ont fait appel à lui pour la décoration d'édifices tant laïques que religieux. A partir de 1928 il se fit connaître comme graveur. Il réalisa des eaux-fortes, des monotypes, des bois et des sanguines. Il a laissé un portrait du romancier Willy et illustré de cet auteur : *Propos d'ouvreuses*, recueil de critiques musicales publiées sous son vrai nom de Henry Gauthier-Villars.

BARRITT W.
XIXe siècle. Travaillant vers le milieu du XIXe siècle. Américain.
Graveur sur bois.
Il a gravé des illustrations.

BARRODUCCEO A.
Graveur et éditeur.
On connaît de cet artiste une estampe, représentant les arts libéraux et les sciences.

BARROETA Juan
Né le 10 octobre 1835 à Bilbao. Mort en 1906. XIXe siècle. Espagnol.
Peintre.
Cet artiste fut élève de l'École spéciale de peinture à Madrid, sous la direction de Federico de Madrazo. En 1854, il concourut pour le prix de Rome, mais sans succès, avec une *Résurrection de Lazare*, maintenant au Musée des Arts modernes, et, en 1859, avec un *Départ de Caïus Gracchus et de ses disciples*. Citons, parmi ses autres œuvres : *Allégorie de la République* (1873, pour l'Avuntamiento de Bilbao), le portrait du *roi Alphonse XII d'Espagne* (1875). Barroeta collabora avec de nombreux dessins à l'*Illustracion* et d'autres revues espagnoles.

BARROIS François ou Barois
Né en 1656 à Paris. Mort le 10 octobre 1726 à Paris. XVIIe-XVIIIe siècles. Français.
Sculpteur.
Il fut élève de l'Académie et obtint le prix de Rome en 1683. Il alla étudier en Italie, pendant trois ans ; de retour à Paris, il exécuta pour Versailles les statues de *Vertumne* et de *Pomone*. En 1700, il fut nommé membre de l'Académie sur la présentation de sa statue en marbre *Cléopâtre mourante*. Professeur en 1706, il fut recteur en 1720. En 1707, il fit la statue allégorique de la *Religion*, pour la chapelle de Versailles. Il sculpta, au château de Marly, en 1706, un *Groupe de nymphes* (exécuté avec Bertrand), plâtre et étain, puis, en 1709, une statue de *Pomone*, marbre. Il donna aussi pour le dôme des Invalides un certain nombre de figures d'anges et des têtes de chérubins pour l'ornementation extérieure de l'église.

BARROIS Jacques Antoine
Né au XVIIIe siècle à Reims. XVIIIe-XIXe siècles. Français.
Peintre.
Il était élève de Deshays et entra à l'École de l'Acédémie le 18 octobre 1780.

BARROIS Jean Pierre Frédéric
Né en 1786 à Paris. Mort après 1841 à Meaux (Seine-et-Marne). XIXe siècle. Français.
Peintre de genre, portraits, miniaturiste.
Cet artiste fut élève de Fontallard et de Hersent.
De 1806 à 1841, il exposa aux Salons de Paris. En 1827, il exposa *Savoyard mourant*.
Dans la cathédrale de Clermont, figure un tableau de lui.
VENTES PUBLIQUES : PARIS, 1895 : *Les deux sœurs*, sépia : **FRF 75** – PARIS, 8 avr. 1919 : *Portrait de l'artiste par lui-même*, miniature : **FRF 2 050** ; *Portrait du peintre miniaturiste Augustin*, miniature : **FRF 550** ; *Portrait de femme*, miniature, attr. : **FRF 1 500** – PARIS, 28 au 31 déc. 1925 : *Nymphe au bain*, lav. : **FRF 400** – PARIS, 14 et 15 mai 1928 : *Portrait de femme en corsage bleu*, miniature : **FRF 205** ; *Portrait de femme en robe à corsage décolleté*, miniature : **FRF 150** – PARIS, 27-29 mai 1929 : *Portrait de M. de Souville*, miniature : **FRF 3 100** ; *Portrait de M. Moret*, miniature : **FRF 500** ; *Deux enfants dont l'un au hussard*, miniature : **FRF 4 500** – PARIS, 10 et 11 mai 1929 : *Jeune fille vêtue de blanc debout*, miniature : **FRF 400** – PARIS, le 17 mai 1950 : *Portrait d'homme en costume noir*, miniature rectangulaire : **FRF 6 000** – VERSAILLES, 6 mars 1977 : *Portrait d'une élégante sous la restauration 1829*, h/t (73x60) : **FRF 4 500** – PARIS, 14 déc. 1990 : *Le chevrier près de la source 1833*, h/t (16,5x21,5) : **FRF 5 000**.

BARROIS Pierre François
Né vers 1788 à Paris. XIXe siècle. Français.
Graveur au burin.
La date de naissance de 1770 indiquée par Le Blanc est erronée ; à son entrée à l'École des Beaux-Arts, le 22 septembre 1806, Barrois avait seulement dix-huit ans, ce qui le fait naître vers 1788. Cet artiste fut élève de Bervic ; il grava surtout des vignettes d'après des dessins d'histoire naturelle. On cite d'autre part : Vignettes pour les œuvres de Molière et une petite composition : *La Barrière de Grenelle*.

BARROLL Nina L.
XIXe siècle. Vivait vers 1898 à Elizabeth (New-Jersey). Américaine.
Peintre.
Membre de la American Water-Colours Society, elle figura avec une *Nature morte* à l'Exposition de cette Société en 1898.

BARRON
XVIIe siècle. Actif à Vézelise (Meurthe-et-Moselle). Français.
Peintre et sculpteur.

BARRON Eduardo
Né à Moraleja del Viso (province de Zamora). Mort en 1911. XIXe-XXe siècles. Espagnol.
Sculpteur.
Barron fut instruit à l'École spéciale de peinture et sculpture, de Madrid, sous la direction de R. Alvarez. A l'Exposition de Madrid de 1884, il obtint une médaille de deuxième classe. Il alla travailler à l'Académie espagnole de Rome, et on voit de lui une statue en plâtre : *Saint Joseph* à S. Pietro a Montorio. On cite son monument de Roncevaux et *L'éducation de Néron*. Barron fut nommé conservateur et restaurateur des sculptures du Musée national de l'art antique à Madrid.
MUSÉES : MADRID (Art Mod.) : *Statue en bronze du Portugais Viriathus*.

BARRON Giovanni
XVIe siècle. Bolonais, travaillait en France. Italien.
Peintre de fresques et stucateur.
Il fit partie de l'équipe de peintres qui, sous la direction de Primatice, décorèrent Fontainebleau. Barron y est signalé de 1538 à 1540.

BARRON Gladys India
XXe siècle. Britannique.
Peintre.
Exposa à la Royal Academy et à Liverpool.

BARRON Hugh
Né vers 1745 à Londres. Mort en 1791 à Londres. XVIIIe siècle. Britannique.

Peintre de portraits.

Il était fils d'un apothicaire de Soho Square. Cet artiste fut l'élève de Reynolds, mais il n'apparaît qu'un faible imitateur de son maître. Il voyagea en Italie, vers 1766 et passa quelque temps à Lisbonne, où il fit des portraits. Il séjourna deux ans à Rome.

De retour à Londres, il prit part aux Expositions de la Society of Artists, avec de nombreux portraits, et en 1782, 1783, 1786, à celles de la Royal Academy de Londres.

VENTES PUBLIQUES : LONDRES, 15 mars 1978 : *Portrait d'un jeune garçon tenant un nid* 1767, h/t (124x99) : **GBP 3 600** – LONDRES, 12 mars 1980 : *Portrait d'un gentilhomme avec son fils*, h/t (146x116) : **GBP 2 400** – LONDRES, 12 mars 1986 : *Portrait of a young man*, h/t (141,5x107) : **GBP 18 500** – LONDRES, 15 avr. 1988 : *Portrait de Charles Edwin Wyndham et son fils*, h/t (237x146) : **GBP 11 000**.

BARRON William Augustus
XVIIIe siècle. Travaillait à Londres. Britannique.

Peintre paysagiste.

Cet artiste, frère cadet de Hugh Barron, fut l'élève de William Tomkins. En 1766, deux ans après ses débuts dans la carrière artistique, il obtint un prix de la Société d'encouragement à l'art. Il envoya divers paysages et des vues aux Expositions de Londres, en 1774 et 1777. Sa vue de *Wanstead House* fut gravée par Picot. Vers la fin de sa vie, William Barron abandonna la peinture. Le Bristish Museum conserve de lui une aquarelle : *Vue du pont de Richmond*, 1776.

BARRON Y CARRILLO Manuel
Né en 1814 à Séville. Mort en 1884. XIXe siècle. Espagnol.

Peintre de paysages animés.

Il fut élève de l'école des Beaux-Arts, de 1828 à 1831, où plus tard il devait à son tour devenir professeur, et débuta à l'Exposition de 1834 à Madrid par les tableaux : *Posada del Huesca*, et *Campana de Cordova*. On cite parmi ses œuvres : *Troupeau de taureaux à l'abreuvoir, Cathédrale de Séville, Panorama de Séville* (1862, acheté par la reine Isabelle d'Espagne).

VENTES PUBLIQUES : LONDRES, 26 nov. 1926 : *Une cascade* 1854 : **GBP 21** – MADRID, 27 fév. 1985 : *Paysage animé de personnages* 1848, h/t (72,5x99,5) : **ESP 483 000** – MADRID, 19 mai 1992 : *Paysages de rivières avec des figures et du bétail* 1850, h/t, une paire (79x131) : **ESP 5 500 000** – MADRID, 27 oct. 1992 : *Paysage classique avec des paysans passant le gué avec leur bétail*, h/t (116x154) : **ESP 1 700 000** – NEW YORK, 12 oct. 1993 : *Élégants personnages se promenant dans Séville*, h/t (73x58,4) : **USD 25 300** – NEW YORK, 23-24 mai 1996 : *En traversant le Guadalquivir*, h/t (73x100,3) : **USD 40 250**.

BARROS Antonio de
Mort probablement en 1601. XVIe siècle. Portugais.

Peintre.

D'après une charte des Archives Royales, Barros était au service de Philippe Ier. Il peignit surtout à la détrempe.

BARROS Eleuterio Manoel de
Né à Lisbonne. XVIIIe-XIXe siècles. Portugais.

Peintre et graveur au burin.

Élève de Joaquim Carneiro da Silva à l'École de gravure de Lisbonne, puis, à Rome, de Lodovico Esterni. Il y fit pour l'église de Estrella, à Lisbonne : *Élie laissant tomber son manteau*. De retour à Lisbonne, il fit le plafond du palais de Joao Ferreira. Barros fut appelé à la direction de l'Académie de Lisbonne, et de l'École de dessin.

BARROS Geraldo de
Né en 1923. XXe siècle. Brésilien.

Peintre.

Il fut l'un des initiateurs du groupe *Ruptura* formé en 1952, qui distingue « ceux qui créent de nouvelles formes sur de vieux principes et ceux qui en créent de nouveaux ». Ses œuvres, comme celles de Waldemar Cordeiro, se situent dans un art baroque concret.

BIBLIOGR. : Damian Bayon et Roberto Pontual : *La Peinture de l'Amérique latine au xxe siècle*, Mengès, Paris, 1990.

BARROS-FERREIRA Jeronymo de
Né le 3 septembre 1750 à Guimaraes. Mort le 30 octobre 1803 à Lisbonne. XVIIIe siècle. Portugais.

Architecte et peintre de fleurs et d'architectures.

Cet artiste étudia à Lisbonne, avec Miguel Antonio de Amaral. Il peignit d'abord des décorations de voitures de luxe, puis des miniatures et des tableaux d'histoire. Il exécuta des peintures au plafond de la bibliothèque du couvent de Saint-Dominique, à

ceux de la salle à manger du marquis de Marialva et de la demeure du marquis de Niza à Xabregas. On cite aussi de lui le portrait de la reine ainsi que de nombreux personnages importants de son époque et des tableaux dans la chapelle de Sainte-Brigitte à l'église de Lumiar.

BARROS-FERREIRA Silence Chrétien
XIXe siècle. Actif à Lisbonne au commencement du XIXe siècle. Portugais.

Graveur en taille-douce.

Il était fils du précédent et fit ses études à l'Académie de Lisbonne.

BARROS-LABORAO Joaquim José de
Né en 1762 à Lisbonne. Mort le 30 mars 1820 à Lisbonne. XVIIIe-XIXe siècles. Portugais.

Sculpteur.

Cet artiste étudia dès l'âge de dix ans chez Joao Grossi, qui lui enseigna le dessin et le modelage ; il y resta quatre ans, puis, il alla chez le sculpteur sur bois Joao Paulo. Il fut aide chez Raymond da Costa, puis travailla pendant cinq ans, probablement comme praticien chez Manoel Vieira. Il put enfin s'établir. Il donna les statues de *Santa Clara et S. Francisco*, exécutées d'après ses modèles par Francisco Xaver et Antonio Machado. Parmi ses ouvrages, on cite : le tympan en marbre de l'église de Bemposta et la Fama avec les portraits du roi et de la reine, à l'obélisque de Bellas. Il exécuta aussi une série de figures allégoriques pour lesquelles il se servit de l'aide de ses fils et élèves Manoel Joaquim et José Pedro, et Gaspar Joaquim da Fonseca.

BARROSO Miguel
Né en 1538 à Consuegra (Nouvelle-Castille). Mort le 29 septembre 1590 à l'Escurial. XVIe siècle. Espagnol.

Peintre.

Cet artiste fut élève de Becerra. En 1585, il peignit un tableau d'autel pour l'église de l'hôpital Saint-Juan de Afuera à Tolède. On cite aussi de lui un certain nombre de tableaux au cloître des Évangélistes à l'Escurial, notamment sur les portes de cet oratoire. Philippe II le nomma peintre de la Cour en 1589.

MUSÉES : SAINT-PÉTERSBOURG (Ermitage) : *Saint André, apôtre*.

BARROTINI André
Né à Carrare (Italie). XIXe-XXe siècles. Italien.

Sculpteur.

Il a obtenu une mention honorable au Salon des Artistes Français en 1912.

BARROW
XVIIIe siècle. Britannique.

Peintre d'histoire.

Il exposa à la Royal Academy en 1785.

BARROW C.
XVIIIe-XIXe siècles. Britannique.

Paysagiste.

Il exposa à Londres à la Royal Academy de 1789 à 1802.

BARROW Edith Isabel
XIXe siècle. Active à Dulwich. Britannique.

Peintre de fleurs.

Elle exposa de 1887 à 1893 à la Royal Colour Academy, à Suffolk Street et à New Water-Colours Society, à Londres.

BARROW J.
Mort après 1836. XVIIIe-XIXe siècles. Travaillait à Londres. Britannique.

Miniaturiste et émailleur.

Cet artiste exposa à Londres pour la première fois en 1797, et durant trente-neuf ans il fournit de nombreux portraits en émail de femmes et hommes. Il figure 21 fois au catalogue de la Royal Academy. Exposa aussi à Suffolk Street. Peut-être à rapprocher de John Barrow.

BARROW Jane
XIXe siècle. Britannique.

Peintre de genre.

Elle exposa à Londres à Suffolk Street vers 1891.

BARROW John
XIXe siècle. Britannique.

Peintre.

Cet artiste exposa à la Royal Academy de Londres, de 1812 à 1823, des portraits et des figures imaginaires *(Vénus, Madone)*.

BARROW John
XIXe siècle. Britannique.

Portraitiste.

Peut-être identique au précédent. Il exposa à Londres à Suffolk Street de 1826 à 1837.

BARROW Joseph Charles
XVIIIe-XIXe siècles. Britannique.
Peintre d'architectures, paysages, aquarelliste, dessinateur.

Il était antiquaire. Il travailla à Londres, où il exposa à la Royal Academy, de 1789 à 1802, et, en 1790 et 1791, dans la Society of Artists, de nombreux paysages et des vues d'architecture.

MUSÉES : LONDRES (British Mus.) : *Vue de Croyland Abbey*, dess. à la pl. et à l'aquar.

VENTES PUBLIQUES : LONDRES, 1er mars 1977 : *Peterborough 1797*, aquar. (41x56,5) : **GBP 600** – LONDRES, 11 juin 1979 : *Peterborough : The Cathedral 1797*, aquar. et cr. et pl. (39x57,5) : **GBP 900.**

BARROW Thomas
XVIIIe-XIXe siècles. Travaillait à Londres. Britannique.
Portraitiste.

Il exposa des portraits et des miniatures, de 1792 à 1819, à la Royal Academy, et de 1770 à 1775, à la Society of artists.

BARROW W. H.
XIXe siècle. Britannique.
Peintre de marines.

Il exposa à Londres en 1887. Travaillait à Hastings.

BARROWS A. H, Mrs
Née à Plymouth (Massachusetts). XIXe-XXe siècles. Américaine.
Peintre.

Élève de John-W. Stimson à New York et membre du Woman's Art Club de cette ville.

BARROWS Elizabeth Bartlett
Née en 1872 à Boston (Massachusetts). XXe siècle. Américaine.
Peintre et illustrateur.

Elle eut pour professeurs Kenyon Cox et Denis Bunker. Elle a peint des portraits mais est surtout remarquable par ses illustrations de livres pour la jeunesse.

BARROY Antoine ou Barrois
Mort le 6 novembre 1678 à Paris. XVIIe siècle. Français.
Peintre décorateur.

Il fut reçu en 1661 à l'Académie Saint-Luc. Il travaillait à Paris en tant que « peintre ordinaire du roi ». On trouva dans son atelier, après sa mort, quatre tableaux : *La Samaritaine, Le Parnasse*, une *Madone*, un *Paysage*. Il fut employé à la décoration pour l'opéra *Isis*, en 1677. Il épousa, le 21 novembre 1661, Élisabeth Vuiet, et devint ainsi le beau-frère du peintre Nocret. Il eut deux fils dont l'un, Jean-François Baroy, fut peintre.

BARROY Jean François
Né en 1663 à Paris. Inhumé à Paris le 10 mars 1685. XVIIe siècle. Français.
Peintre.

BARRU Jean
XVIIe siècle. Travaillait à Aix. Français.
Graveur au burin.

On le trouve mentionné à Aix vers 1660. Plus tard, il travailla à Londres. On connaît de cet artiste quelques portraits gravés.

BARRUEL Germaine
Née à Ablon (Calvados). XXe siècle. Française.
Décorateur.

Exposa une reliure au Salon d'Automne de 1928.

BARRUEL Paul
Né à Paris. XXe siècle. Français.
Sculpteur.

Exposa au Salon d'Automne de 1928.

BARRUET Yvonne
Née à Paris. XXe siècle. Française.
Peintre de paysages, paysages urbains.

Elle fut élève de Fernand Humbert et d'Émile Renard. Au Salon des Artistes Français de 1926, elle exposa une nature morte, des paysages au Salon d'Automne de 1926 et 1927, et à la Société Nationale des Beaux-Arts de 1930 un *Paysage d'hiver*. Au Salon des Tuileries en 1934-1935, elle présenta : *Coin de Seine – Pont-Neuf*, et des dessins : *Panthéon, soleil levant – Panthéon, soleil couchant – Rue étroite – Nature morte*. Elle a peint de nombreuses vues de Paris.

BARRUETA
XVIe siècle. Travaillant à Séville. Espagnol.
Sculpteur.

Il est cité, en 1549, dans les livres de la cathédrale de Séville.

BARRUETA-ASTENSIA Benito
Né au XIXe siècle à Bermeo. XIXe-XXe siècles. Espagnol.
Peintre d'intérieurs, paysages, natures mortes.

Fils d'un sculpteur sur bois, il étudie avec Antonio Maria Lecuona et ensuite avec Marceliano Santamaria à l'école des Arts et Offices de Madrid. Dans le même temps il travaille comme copiste au Musée du Prado. En 1900 il gagne Paris où il résidera onze ans et habitera la même maison que Picasso. Il fut professeur de dessin à l'école des Arts et Offices de Bermeo et à l'école des sciences nautiques.

Il a exposé à Bermeo, à Bilbao et à Paris au Salon d'Automne de 1907 et 1910 : *Rue Ravignan, Nature morte*. En 1954 un hommage posthume lui a été rendu au musée des Beaux-Arts de Bilbao et en 1977 s'est tenue une exposition rétrospective de son travail à Bilbao.

BIBLIOGR. : In *Cien anos de pintura en Espana y Portugal*, 1830-1930, Tome 1, 1988, Antiqvaria.

VENTES PUBLIQUES : PARIS, 19 mai 1920 : *Intérieur* : **FRF 300** – PARIS, 2 mars 1955 : *La place Ravignan, l'été* : **FRF 5 000** – PARIS, 8 nov. 1989 : *Coin de Montmartre, le soir*, h/t (65x81) : **FRF 19 500.**

BARRY Anne Meredith
Née en 1932 à Toronto. XXe siècle. Canadienne.
Peintre de paysages, graveur.

Elle fut élève du College of Art de l'Ontario. Elle a travaillé et enseigné dans plusieurs provinces du Canada, avant de découvrir Terre-Neuve, où elle était venue donner des cours de gravure pour la première fois en 1971-1972. Elle finit par s'installer en 1987 sur cette terre sauvage par excellence, en perpétuel changement météorologique, ce qui correspondait à sa sensibilité propre. Elle a commencé à participer à des expositions collectives à partir de 1973, alors qu'elle avait fait des expositions personnelles dès 1971.

Dans un premier temps, elle a travaillé la tempera à l'œuf, ce qui lui a permis de donner une transparence particulière à ses couleurs, posées selon des compositions proches de l'abstraction. Intéressée par la gravure, elle a exécuté de nombreuses sérigraphies, mais aussi ce qu'elle appelle des « collagraphies », utilisant différents matériaux collés sur un carton ou une plaque de métal, l'ensemble pouvant être encré pour l'impression, soit comme une « entaille » en creux, soit en relief, soit en combinant les deux avec deux encres différentes. Dans ses paysages, surtout ceux de Terre-Neuve, elle s'attache à traduire l'énergie inhérente à la terre, l'eau et le ciel. Elle donne parfois une impression d'infini, où l'air et la mer se confondent en des tonalités transparentes, rythmées par des signes calligraphiques non-figuratifs, dans des compositions apparentées à l'abstraction-lyrique. D'autres fois, Anne Meredith Barry découpe les paysages en formes simples, souvent cernées, déterminées par des oppositions de couleurs contrastées, dans une manière qui n'est pas sans rappeler l'art d'Émily Carr. Il lui arrive enfin de mêler les ciels ponctués de signes calligraphiques aux formes rudement découpées dans des couleurs vives.   ■ Annie Pagès

MUSÉES : BRANTFORD (Art Gal.) – CALGARY (Glenbow Art Gal.) – CHARLOTTETOWN (Confederation Gal.) – HAMILTON (Art Gal.) – JACKSON (Ella Sharpe Art Mus.) – KAMLOOPS (Art Gal.) – LINDSAY (Art Gal.) – LONDON, Ontario (Mc Intosh Art Gal.) – OWEN SOUND (Tom Thompson Memorial Art Gal.) – SAINTE-MARIE (Algoma Art Gal.) – SAINT JOHN's, Nfld (Art Gal.) – SAULT (Algoma Art Gal.) – WHITBY (Art Gal.) – YUKON (Whitehorse Art Gal.).

BARRY August
Né au XIXe siècle en Amérique. XIXe siècle. Américain.
Graveur à l'eau-forte.

Cet artiste travailla de 1879 à 1889. On a de lui des paysages et des scènes de genre gravés d'après les maîtres français et les maîtres américains.

BARRY Beatrice
Née à Bliswork (Angleterre). XXe siècle. Britannique.
Peintre de paysages.

Exposa des paysages au Salon des Indépendants de 1935.

BARRY Charles A.
Né le 14 juillet 1830 à Boston (Massachusetts). XIXe siècle. Travaillait à Boston vers 1860. Américain.
Dessinateur et peintre.

Cet artiste étudia à Londres et à Paris. Plus tard il se fit une réputation en enseignant le dessin à Boston. En 1860, il fut nommé membre de la National Academy.

BARRY Clare
Née à Robertson (Afrique du Sud). xxᵉ siècle. Britannique.
Peintre.
Élève de Poughéon. A exposé au Salon des Artistes Français en 1929.

BARRY Claude Francis
Né en 1883 à Londres. Mort en 1970. xixᵉ-xxᵉ siècles. Britannique.
Peintre de paysages et graveur.
Il fut élève de Sir Alfred East, A. Forbes et de John Stanhope. En 1911 et 1913, il exposa plusieurs paysages au Salon des Artistes Français à Paris.
Ventes Publiques : Londres, 29 mars 1984 : *Vue de Venise*, h/t (74x95,2) : **GBP 3 200** – Londres, 22 oct. 1986 : *Célébration du jour de la victoire, Trafalguar Square 1918*, h/t (198x168) : **GBP 21 000** – Londres, 20 mai 1987 : *Feux de la Victoire, Moscou 1945*, h/t (137,5x171) : **GBP 7 000** – L'Isle-Adam, 31 jan. 1988 : *Feux d'artifice à Moscou*, h/t (137x173) : **FRF 79 500** – Londres, 29 juil. 1988 : *Le château de Gorey à Jersey*, h/t (67,5x87,5) : **GBP 825** – Londres, 8 juin 1989 : *Les illuminations de la victoire à Trafalgar Square en 1918*, h/t (194x166) : **GBP 27 500** – Édimbourg, 22 nov. 1989 : *Matin d'hiver*, h/t (66x76,2) : **GBP 2 090**.

BARRY Desmond
xixᵉ siècle. Britannique.
Peintre de paysages.
Il exposa à Suffolk Street, à Londres, en 1888 et 1889.

BARRY Dick
xixᵉ siècle. Britannique.
Peintre de paysages.
Il exposa en 1883 à Suffolk Street à Londres.

BARRY E. M., Miss
xixᵉ siècle. Britannique.
Peintre de portraits.
Elle exposa, en 1893, à la Royal Academy à Londres.

BARRY Etheired Breeze
Né en 1870 à Portsmouth (New Hampshire). xxᵉ siècle. Américain.
Illustrateur.
Il fut élève de Henry Sandham et membre de la Copley Society en 1897.

BARRY Francis
Né à Londres. xxᵉ siècle. Britannique.
Peintre de paysages et de portraits.
Il fut élève d'Alfred East. En 1939, il exposa au Salon des Artistes Français *Nocturne vénitien – Portrait de Mme M...*

BARRY François Pierre Bernard
Né le 5 mai 1813 à Marseille (Bouches-du-Rhône). Mort fin août 1905 à Saint-Laurent-du-Var (Alpes-Maritimes). xixᵉ siècle. Français.
Peintre d'histoire, paysages, marines.
Cet artiste fut coiffeur avant de se livrer à son art ; puis il étudia d'abord la peinture, pendant ses loisirs, à l'Académie de sa ville natale, sous Aubert. En 1838, il exposa *Naufrage* et *Intérieur d'une forge*. En 1840, il se rendit à Paris et entra dans l'atelier de Gudin ; en 1840, au Salon, il obtint une médaille de 3ᵉ classe pour deux marines : *Effet de brouillard* et *Barques de pêche*. Presque tous ses tableaux s'inspirent du port de Marseille.
Ses œuvres principales sont : *Arrivée du prince de Joinville, du duc et de la duchesse d'Aumale à Marseille* (Salon 1845, Galerie de Versailles), *Barques de pêche* (Salon 1845, Musée de Lyon), *François Iᵉʳ visitant le château d'If à Marseille* (Salon 1847). Barry visita l'Égypte avec le prince Napoléon et rapporta plusieurs tableaux de ce pays, parmi lesquels : *Les ruines de Carnak, Vue de la première cataracte, Vallée des tombeaux des Califes* (Salon 1847).
Musées : Alger : *Inauguration de la statue du duc d'Orléans sur la place du Gouvernement* – Marseille : *Rade de Cherbourg – Le cardinal Patrizzi – Constantinople – Combat naval à Marseille* – Paris (Louvre) : *Marine, effet de brouillard* – Versailles : *Combat naval de Punto Obligado 1845 – Prise des batteries de Punto Obligado 1845*.
Ventes Publiques : Paris, 1853 : *Sortie du port de Marseille* : **FRF 765** – Paris, 1889 : *Marine* : **FRF 375** – Paris, 1895 : *Gibier*

mort, aquar. : **FRF 17** – Paris, 1899 : *Un quai d'embarquement au Caire* : **FRF 165** – Paris, 8 nov. 1918 : *Le Château de Janvrin à Culan* : **FRF 45** – Paris, 6 mars 1920 : *Chien de chasse* : **FRF 50** – Paris, 6 juin 1921 : *Port de pêche sur les bords du Nil* : **FRF 240** – Londres, 1ᵉʳ juil. 1927 : *Vente des biens de l'impératrice Eugénie ; Bateaux quittant le port d'Alger* : **GBP 21** – Paris, 22 mai 1931 : *L'entrée du port de Marseille* : **FRF 740** ; *La rentrée des barques de pêche* : **FRF 300** – Marseille, le 18 déc. 1948 : *Bricks dans un port* : **FRF 18 000** – Paris, 5 mai 1949 : *Entrée de la rade de Rio de Janeiro* : **FRF 26 000** – Paris, 10 mars 1971 : *Le yacht de la reine d'Angleterre arrive en vue du Tréport* : **FRF 4 000** – Paris, 10 juil. 1979 : *Scène orientale* 1870, h/t (55x83) : **FRF 7 000** – Paris, 19 mai 1982 : *Île sur le nil* 1893, h/t : **FRF 11 800** – Paris, 24 nov. 1984 : *Trois-mâts échoué*, h/t (31x39,5) : **FRF 14 000** – Enghien-les-Bains, 27 oct. 1985 : *L'arrivée du sultan Abdul Aziz à Alexandrie* 1877, h/t (94,5x142) : **FRF 140 000** – Paris, 9 mars 1987 : *Arrivée du sultan Albdul Aziz à Alexandrie le 7 avril 1865* 1877, h/t (95x145) : **FRF 220 000** – Calais, 10 déc. 1989 : *Bateaux de l'escale*, h/t (69x97) : **FRF 95 000** – Paris, 25 oct. 1994 : *Percement du canal de Suez* 1862, h/t (40x60) : **FRF 760 000**.

BARRY Frederick
xixᵉ siècle. Britannique.
Peintre.
En 1848, il exposa deux marines ; en 1849, un tableau : *L'Église d'Oldenham*, à la Royal Academy de Londres.
Ventes Publiques : Milan, 6 avr. 1966 : *Le naufrage*, aquar. : **ITL 35 000**.

BARRY G.
xviiiᵉ-xixᵉ siècles. Travaillait à Londres de 1793 à 1800. Britannique.
Portraitiste.

BARRY Gérard
Né en 1864 à County Cork (Irlande). xixᵉ siècle. Américain.
Peintre.

BARRY Gustave
Né au xixᵉ siècle à Avesnes-sur-Helpe (Nord). xixᵉ siècle. Français.
Portraitiste, paysagiste, lithographe.
Établi à Paris, cet artiste exposa aux Salons (1848-1882), surtout des portraits et des lithographies d'après des modèles de Bouguereau, Leroy, Linder, etc.
Ventes Publiques : Paris, 1898 : *Portrait d'Émile Augier*, dess. : **FRF 57**.

BARRY Iraida
Née à Sébastopol (Russie). xxᵉ siècle. Russe.
Sculpteur.
D'origine persane, elle exposa au Salon d'Automne de 1930 une : *Tête de jeune homme*. Au Salon des Indépendants elle présenta des nus et un buste en 1932 et 1937.

BARRY Jacques
Né le 21 juin 1943 à Limoges (Haute-Vienne). xxᵉ siècle. Français.
Peintre. Tendance lettres et signes.
Il a formé le groupe *Module* en 1968 (groupe d'études et de recherche plastique). Depuis 1979, il participe à des expositions collectives, d'entre lesquelles : 1980 Musée de Toulon, 1983 *Polaroïds d'artistes* à la Biennale de Tours, *Mail Art* à La Rochelle, Poitiers, Metz, 1985 Salon de Montrouge, 1988 Centre Culturel Français de Madrid et Saragosse, 1991 *L'artiste et le livre* à l'École des Beaux-Arts de Besançon, etc.
Il montre aussi son travail dans des expositions personnelles, dont : 1980 École des Beaux-Arts de Saint-Étienne, 1983 Limoges, 1984 Lyon, 1985 Saint-Étienne, 1988 Limoges, 1989 Musée Savoisien de Chambéry, 1990 Paris et Los Angeles, 1991 Cannes, etc. Il a réalisé des mosaïques pour la ville de Tours.
Il a des activités diversifiées : polaroïds d'artiste, mail art, sérigraphie. La peinture est devenue sa technique principale. Il peint n'importe quoi : un rhinocéros, une paire de pommes, trois tulipes, deux femmes nues tête-bêche, trois têtes de bœufs en guirlande, deux amphores enlacées par les anses, un saint Sébastien sans tête mais bien membré, une envolée de corbeaux freux, et bien d'autres choses sans grande importance, parce que ce qui est important pour lui, c'est la façon de les peindre. Pour chaque chose à peindre, et tout est bon à peindre, il faut d'abord trouver le geste approprié, donc le signe, l'idéogramme. Ensuite, le geste et l'idéogramme trouvés, il s'agit de développer toutes les variations possibles de chacun des thèmes, en chan-

geant les couleurs du sujet ou celles du fond, clair sur sombre ou sombre sur clair, brun sur bleu ou bleu sur brun, etc. Jacques Barry invente à mesure, idéogramme après idéogramme, une nouvelle langue vivante. Non content d'inventer tous les mots de sa langue, il en esquisse la syntaxe, non sans humour, en faisant se rencontrer deux tortues, trois coléoptères en soi, non dans le quoi, mais dans le comment. En accord total avec l'histoire de la peinture depuis l'impressionnisme, il évacue le sens au seul profit de la picturalité, que Cézanne nommait « le fait plastique ». À l'intérieur de ce vaste contexte, ce qui fait l'originalité de Jacques Barry est, d'une part qu'il traque ce fait plastique pur dans la figuration, d'autre part qu'il le recherche dans la plus grande économie possible du geste, qui, de ce fait, participe du scriptural, tout en ne refusant pas totalement l'attrait du pictural. ■ Jacques Busse

BIBLIOGR. : Gérard Georges Lemaire : *La lettre peinte*, in : Catalogue de l'exposition *Jacques Barry*, Espace d'Art Contemporain, Paris, 1990 – Pierre Gaudibert : *Les signes peints de Jacques Barry* et Jean-Pierre Nouhaud : *Et si c'était de la peinture ?*, in : Catalogue de l'exposition *Jacques Barry*, Espace Baudelaire, Rillieux-La-Pape, 1990 – Jacques Oudot : Présentation du Catalogue de l'exposition *Jacques Barry*, École des Beaux-Arts de Saint-Étienne, 1991.

BARRY James

Né le 11 octobre 1741 à Cork. Mort le 22 février 1806 à Londres. XVIIIᵉ siècle. Britannique.

Peintre d'histoire, sujets mythologiques, compositions religieuses, portraits, animaux, graveur à l'eau-forte.

Élève de l'École de dessin de West à Dublin, à 22 ans, il fit un grand tableau d'histoire : *La conversion et le baptême du roi de Leicester*, qui lui valut l'amitié de Edmund Burke et Reynolds. Burke le fit venir à Londres en 1764 et lui procura les moyens d'aller en Italie où il se rendit en 1765. Il resta cinq ans à Rome où il peignit : *Philoctète blessé* et *Adam et Ève*.

De retour à Londres, il exposa à l'Exposition royale, 1771 et 1772, deux tableaux : *Adam et Ève* et *Vénus Anadyomène* ; plus tard, un troisième tableau suscita beaucoup de critiques : *Jupiter et Junon*. En 1773, il devint membre de l'Académie. Son tableau de 1776 : *Mort du général Wolf*, fut également critiqué. Nommé professeur à la Royal Academy en 1783, son caractère difficile l'en fit révoquer en 1799.

On pourrait expliquer les attaques dont cet artiste fut l'objet par l'originalité de son caractère. Il vivait seul et ne voulait voir que de rares amis, préoccupé seulement de son art. Il peignit une série de six peintures, destinée à la décoration de la grande salle de la Society of Art (1777-1783). Le dessin n'en est pas d'une grande force, mais le néo-classicisme, animé d'une teinture de pré-romantisme, des premières de ces compositions, n'est pas sans intérêt, notamment dans *Orphée arrachant l'humanité à la barbarie*. En général, les compositions de Barry se caractérisent plutôt par l'anecdote shakespearienne, de qui il s'inspira souvent, en retenant beaucoup plus le décor extérieur que l'esprit. Il peignit quelques portraits plus sobres et plus profonds, où il a su utiliser des effets d'éclairage à des fins psychologiques. Il a fait quelques eaux-fortes, intéressantes surtout par le sentiment qui s'en dégage.

MUSÉES : LONDRES : *Portrait de l'artiste par lui-même* – *Portrait d'Edmund Burke*, miniature – *Portrait de Samuel Johnson*, esquisse – NOTTINGHAM : *Portrait d'une dame*.

VENTES PUBLIQUES : LONDRES, 1807 : *Portrait du docteur Johnston* : **FRF 787** ; *Tentation d'Adam* : **FRF 2 625** ; *Pandore recevant les présents des dieux* : **FRF 6 036** – LONDRES, 29 avr. 1932 : *Portrait de sir William Smyth* : **GBP 7** – LONDRES, 7 juil. 1965 : *Portrait de James Gandon* : **GBP 650** – LONDRES, 5 juin 1987 : *Un renard*, h/t (61,6x76,8) : **GBP 1 900** – LONDRES, 11 juil. 1990 : *Vénus Anadyomène 1773*, h/t (60,5x37,5) : **GBP 11 000**.

BARRY James

XIXᵉ siècle. Britannique.

Peintre de sujets de sport, aquarelliste.

Il exposa à la Old Water-Colours Society de Londres en 1813.

VENTES PUBLIQUES : LONDRES, 12 mars 1980 : *Cavalier devant l'écurie 1831*, h/t (49,5x59,5) : **GBP 550**.

BARRY John

XVIIIᵉ-XIXᵉ siècles. Travaillait à Londres. Britannique.

Miniaturiste.

Il exposa, de 1784 à 1817, de nombreuses miniatures (portraits) et une miniature (paysage) à la Royal Academy. Il a dû se trouver à Lisbonne en 1788, d'après Redgrave.

VENTES PUBLIQUES : PARIS, 25 oct. 1933 : *Portrait d'homme*, aquar., miniature : **FRF 200**.

BARRY John Joseph

Né en 1885 à Hamilton (Ohio). XXᵉ siècle. Américain.

Graveur.

BARRY Judith

Née à Columbus (Ohio). XXᵉ siècle. Américaine.

Créateur d'installations, sculpteur, technique mixte, multimédia.

Elle vit et travaille à New York.

Elle a participé à l'exposition : *On taking a normal situation* au Muhka d'Anvers en 1993. Elle montre ses œuvres dans des expositions personnelles : 1991 Institute of Contemporary Art de Londres ; 1992 musée des Beaux-Arts de Dunkerque, Chicago, Amsterdam, San Francisco, Bruxelles ; 1993 Vancouver, Madrid, Rouen.

Elle travaille à partir de la diffusion sonore (enregistrement) et lumineuse (signaux).

MUSÉES : PARIS (FNAC) : *Machines itinérantes – futurs intermittants* 1993.

BARRY Marc Louis

Né au Puy (Haute-Loire). XXᵉ siècle. Français.

Sculpteur.

Élève de Jean Boucher. Exposa en 1927 aux Artistes Français.

BARRY Pierre

Né en 1913 au Puy-en-Velay (Haute-Loire). Mort le 7 février 1984 à Avon (Seine-et-Marne). XXᵉ siècle. Français.

Peintre de portraits, paysages, aquarelliste, pastelliste, graveur.

Il fut élève de l'École des Beaux-Arts de Toulouse. En 1945, il vint à Paris, se fixant ensuite à Avon. Il a participé aux Salons parisiens des Indépendants, dont il était sociétaire depuis 1947, des Artistes Français, d'Automne en section gravure. Il a aussi montré des ensembles de ses œuvres dans des expositions personnelles, au Puy, à Lyon, Clermont-Ferrand, Saint-Étienne, Dijon, ainsi qu'à La Haye et Bruxelles.

Il a surtout peint des portraits sur commande de familles aristocratiques de Belgique et Hollande. Ensuite, il a peint dans le contexte de l'école de Moret-sur-Loing.

BARRY Robert

Né en 1936 à New York. XXᵉ siècle. Américain.

Artiste, peintre. Conceptuel.

Il fut étudiant au Hunter College jusqu'en 1963 auprès de Robert Motherwell et exposa à partir de 1964 à New York. Il a participé aux manifestations artistiques internationales d'avant-garde : « Quand les attitudes deviennent formes » à Berne en 1969, « Information » au Museum of Modern Art de New York 1970, et a présenté ses travaux dans la section d'art conceptuel de la Biennale de Paris en 1971 et à la Documenta de Kassel en 1972. Il a réalisé plusieurs expositions particulières, notamment dans la galerie Art and Project à Amsterdam, chez Léo Castelli à New York, au Stedelijk Museum d'Amsterdam en 1974. Il a exposé en 1987 à la galerie Yvon Lambert à Paris, en 1989 au Musée Saint-Pierre à Lyon, au Magasin-Centre National d'Art Contemporain de Grenoble et au Gemeentemuseum de La Haye.

Dans ses premiers travaux picturaux, Robert Barry faisait intervenir l'environnement : « ... Je devins concerné par la situation toute entière, au lieu de faire simplement un tableau ». Lors de son exposition au Bradford College (Massachusetts) en 1968 et de celle au Windham College de Putney (Vermont), il relie par un maillage invisible de fils de nylon, les constructions et les espaces. Dans ses travaux postérieurs à ces expériences, il ne retient que l'invisible et la composante psychique de l'art. Il remonte jusqu'aux sources les plus cérébrales de son pouvoir créateur, déniant même à toute communication, parole, gestes ou écriture, le pouvoir de nommer, sinon négativement, son « art » : c'est ainsi que les œuvres comme les *Invitation Pieces*, et les *Close Gallery Pieces* ne sont constituées que des cartons « d'invitation » annonçant les jours de fermeture de la galerie pendant l'exposition ou les autres artistes qui y exposent. Il introduit ensuite l'écriture dans son travail en inscrivant des mots sur la toile peinte entre lesquels tout rapport syntaxique est inexistant, renvoyant à la solitude de l'expérience du spectateur face à l'œuvre d'art : *Confused, imagine, uneasy, dreams, be careful, you too.* Dans certaines œuvres, les inscriptions sont très peu lisibles, laissant croire au regardeur qu'il est en présence d'un pur monochrome. ■ F. M.

Bibliogr. : In : *Diction. de la peint. angl. et amér.* , Larousse, Paris, 1991.

Musées : Bâle (Mus. d'Art Contemp.) : *Remember* 1973 – Eindhoven (Van Abbe Mus.) – Genève (Mus. d'Art Mod. et Contemp.) – Lyon (Mus. Saint-Pierre d'Art Contemp.) – Paris (Mus. Nat. d'Art Mod.).

Ventes Publiques : Paris, 30 jan. 1987 : *Sans titre* 1980, encre/pap. (27x24,2) : **FRF 2 800** – Paris, 6 mars 1989 : *Sans titre* 1978, grav./pap. : **FRF 7 300** – Milan, 8 nov. 1989 : *Concept* 1979, encre/pap. (25,5x23) : **ITL 1 500 000** – New York, 14 nov. 1991 : *Something which is very near in place and time but not yet known to me. 7 june 1971*, texte en caractères de machine à écrire sur cinq feuilles de pap. (chaque feuille 28x20,4) : **USD 4 400** – New York, 3 mai 1993 : *Format de base pour un morceau de ficelle accroché 1968*, encre/pap. millimétré (30,5x24,5) : **USD 3 163** – Paris, 30 mai 1994 : *Sans titre* 1979, encre/cart. (20,4x20,3) : **FRF 5 000** – Paris, 19 juin 1996 : *Sans titre* 1989, acryl./pap. (66x66) : **FRF 9 500** – Paris, 7 oct. 1996 : *Sans titre* 1989, acryl. et cr./pap. (66x66) : **FRF 6 000**.

BARRY W.
XIXe siècle. Britannique.
Peintre de paysages.
Il exposa à Suffolk Street, Londres, en 1828.
Ventes Publiques : Londres, 4 avr. 1908 : *L'étang de Rannoch* : **GBP 14** ; *Le pont de Garry* ; *Passage de Killiecranckie* : **GBP 5**.

BARRY W. Gérard
XIXe siècle. Actif à Ballyadam. Britannique.
Peintre de genre.
Exposa à la Royal Academy en 1888.

BARS Nicolas
XVIe siècle. Français.
Peintre.
Cet artiste travailla à Bourg ; en 1504, il est mentionné dans un document comme peintre ayant travaillé aux préparatifs des funérailles du duc Philibert de Savoie.

BARSAC Laure. Voir COUSSIN Laure

BARSAC Zulime
Née en 1809 à Paris. XIXe siècle. Travaillait à Paris. Française.
Peintre de paysages et de genre.
Comme sa sœur Laure, cette artiste fut élève de Regnault ; elle exposa aux Salons en 1835-1844.

BARSANTI Ferdinando ou Bersanti
XVIIIe siècle. Italien.
Peintre.
Cet artiste fut élève d'Antonio Cavallucci, à Rome, dont il était originaire et travaillait vers 1793. Il a peint le portrait du *Padre Abate di Governo* qui se trouve au-dessus d'une porte du couvent S. Bartolommeo, à Rovigo.

BARSANTI Nicolo
XVIIIe siècle. Espagnol.
Graveur au burin.
Cet artiste grava, en collaboration avec Juan Barcelon, vingt-quatre feuilles, d'après les fresques de Luca Giordano, au palais du Buen-Retiro à Madrid.

BARSANUPHE, Père
Né en 1935 à Paris. XXe siècle. Français.
Peintre. Abstrait-géométrique.
En 1964, il devint moine orthodoxe. Jusqu'en 1964, il participait à des expositions en Scandinavie, au Proche-Orient, aux Canaries, en Belgique. Depuis 1996, il expose de nouveau, notamment, en 1997, à *Abstraction-Intégration*, exposition itinérante en Essonne ; en 1998 à l'Espace d'Art Contemporain de Saint-Germain-en-Laye et à l'Hôtel-de-Ville de Saint-Mandé (Val-de-Marne).
Il pratique une abstraction très classique, faite d'entrecroisements de droites et de courbes, qui génèrent des surfaces généreusement polychromées.

BARSCHALL M.
XIXe siècle. Allemand.
Peintre.

Établi à Berlin ; en 1830 et 1832, il exposa aux expositions de l'Académie Royale des portraits (dont celui de Napoléon consul) et des sujets religieux.

BARSCHALL Th. Carl
Mort le 11 mars 1873. XIXe siècle. Allemand.
Portraitiste.
Il exécuta ses portraits à Liegnitz.

BARSCHER Gregor
XVe siècle. Actif à Fribourg (Suisse). Suisse.
Peintre verrier.
Il reçut un paiement, en 1484, pour les vitraux avec armoiries des ducs de Zähringen, pour la cathédrale Saint-Nicolas et l'hôtel de Ville ; il en reçut un autre, en 1485, pour un vitrail de l'église Saint-Marcens.

BARSE C. de
XVIIe siècle. Français.
Graveur.
Il travailla sous le règne de Louis XIII. On doit à cet artiste un portrait du roi.

BARSE George Randolph, le Jeune
Né en 1861 à Detroit (Michigan). Mort en 1938. XIXe siècle. Américain.
Peintre d'animaux, paysages, natures mortes, compositions décoratives, pastelliste, graveur.
Cet artiste étudia (1878-1884) à Paris avec Cabanel, Boulanger et Lefebvre.
Parmi ses peintures décoratives, on cite surtout sa *Littérature*, conservée dans la bibliothèque nationale de Washington. Membre de l'Académie nationale de dessin. Son tableau : *La Nuit et le Déclin du jour* reçut le prix Shaw, de 1500 dollars, en 1898.
Musées : Pittsburg (Mus. Carnegie) – Syracuse (Bibl.).
Ventes Publiques : New York, 3 fév. 1978 : *Chevaux sauvages*, h/t (94x138,5) : **USD 2 800** – New York, 31 mars 1984 : *Printemps – Été 1902*, deux past. (90x39) : **USD 4 500** – New York, 4 déc. 1987 : *Vanity*, past./pap. mar./t. (102x47) : **USD 3 500** – New York, 24 jan. 1989 : *L'oasis* 1886, h/t (65,6x86,2) : **USD 8 250** – New York, 25 sep. 1992 : *L'oasis*, h/t (67,3x87,6) : **USD 17 600**.

BARSE Jacques de. Voir BAERZE

BARSIMAKER Paulus
XVIe siècle. Éc. flamande.
Peintre.
A Anvers, Barsimaker est mentionné comme membre de la corporation de Saint-Luc (1577).

BARSOTI André
Né à Massa (Italie). XIXe-XXe siècles. Italien.
Sculpteur.
En 1912 et 1913, il figura au Salon des Artistes Français.

BARSOTTI Hercules
Né en 1914. XXe siècle. Brésilien.
Peintre. Abstrait, néo-concret.
Il a participé en 1996 à la Biennale de Sao Paulo, où il vit et travaille.
Il appartient au groupe néo-concret dans les années cinquante.
Ventes Publiques : New York, 21 nov. 1989 : *Entité multiple II* 1966, h/t (98,6x98,6) : **USD 6 600** – New York, 20-21 nov. 1990 : *Multilectures – option I* 1974, acryl./t. (80,5x80) : **USD 7 700**.

BARSOUMIAN Vahe
Né en 1943 à Beyrouth. XXe siècle. Libanais.
Peintre.
Il a étudié dans l'atelier de Jean Guvaler à Beyrouth. Il a illustré des receuils de poèmes de Hamasdegh et Vahé Ochagan en 1966 et 1971. Il expose ses œuvres à Beyrouth et Bruxelles.
Sa peinture est généralement abstraite, ordonnant des figures géométriques mais quelques concessions sont parfois accordées à la figuration par l'introduction de personnages.

BARSPALM Michiel van
Originaire des Flandres. XVIIe siècle. Éc. flamande.
Peintre de figures.
Cité en 1674.

BARSTOW Montagu, Montague
XIXe siècle. Britannique.
Peintre de genre, animaux.
S'agit-il de ORCZY (Emma), ou bien de son mari, exposant à la New Water-Colours Society de Londres en 1891-1892 ?

Ventes Publiques : New York, 23-24 mai 1996 : *Curiosité* 1895, h/t (50,8x40,6) : **USD 10 350.**

BARSTOW S. M.
xix⁰-xx⁰ siècles. Américain.
Peintre.
Membre du Boston Art Club. L'artiste habitait Sebago (Maine) vers la fin du xix⁰ siècle.

BARSTOWE Henry
xix⁰ siècle. Actif à Birmingham. Britannique.
Peintre de genre.
Il exposa de 1865 à 1869 à la Royal Academy et à Suffolk Street.
Ventes Publiques : Londres, 18 oct. 1977 : *Jeune femme arrosant ses fleurs*, h/t (44,5x34) : **GBP 420.**

BART Cécile
Née vers 1960 à Dijon (Côte-d'Or). xx⁰ siècle. Française.
Peintre, créateur d'environnements. Abstrait-géométrique.
Après avoir quitté sa carrière d'institutrice, elle fut élève et diplômée de l'École des Beaux-Arts de Dijon. En 1994, elle a participé à l'exposition collective *Comme rien d'autre que des rencontres* au Mukha d'Anvers. À titre individuel, en 1993, elle a montré ses œuvres à L'Usine à Dijon, ainsi qu'au Städtisches Museum Abteiberg à Mönchengladbach ; en 1994 à la Villa Arson à Nice, en complément d'une bourse de séjour ; en 1995, avec François Morellet, à la Maison pour l'art construit et concret de Zurich ; en 1996 à l'Espace d'art contemporain de Demigny (Côte d'Or). Elle dispose dans l'espace muséal ou celui des galeries privées, des écrans colorés de tergal, tendus sur châssis d'aluminium, dans un premier temps conçus dans un esprit constructiviste, ensuite à peu près monochromes de colorations diverses et surtout transparents en sorte de modifier le climat psychologique de ce qui est perçu de l'autre côté de ce miroir sans tain.
Musées : Marseille (FRAC Alpes-Côtes d'Azur) : *Six Tableaux pour un mur* 1994.

BART Elisabeth-Z. ou Bart-Gérald
Née à Cleveland (Ohio). xx⁰ siècle. Américaine.
Peintre de portraits.
Elle figura à la Fondation Carnegie de Pittsburgh. En 1928, elle présenta un portrait à la Société Nationale des Beaux-Arts.

BART Ferdinand
Originaire de Courtrai. Mort en 1623. xvii⁰ siècle. Éc. flamande.
Peintre.
Fils d'Oliver Bart, ce peintre fut maître libre de la corporation de Saint-Luc à Bruges, à partir du 18 juillet 1619. Il fit des cartes, et, en 1619, peignit un tableau du *Jugement dernier* pour l'hôtel de Ville de Bruges, que la mort ne lui permit pas d'achever.

BART Jean
xv⁰ siècle. Français.
Peintre.
De 1415 à 1444, cet artiste lyonnais produisit quelques œuvres mais aucune n'est parvenue jusqu'à nous.

BART Oliver
xvi⁰ siècle. Actif à Bruges en 1580. Éc. flamande.
Peintre.

BART T.
xix⁰ siècle. Actif à Liverpool. Britannique.
Portraitiste.
Il exposa à la Royal Academy de Londres en 1816.

BART Thomas
Originaire de Salzbourg. xvi⁰ siècle. Allemand.
Graveur au burin.
En 1575, il sollicita son admission dans la ville de Brunswick.

BART Wilhelm
xvi⁰ siècle. Éc. flamande.
Sculpteur.
Originaire de Gand, il travailla à la cheminée en pierre de la chambre du Conseil appelée la « Salle rouge » de l'hôtel de ville de Dantzig (1596).

BARTA A.
xix⁰-xx⁰ siècles. Français.
Peintre.
Le Musée d'Orsay à Paris conserve une miniature de cet artiste : *Portrait de jeune femme.*

BARTA Laszlo
Né en 1902 à Nagykoros. Mort en 1961. xx⁰ siècle. Depuis 1926 actif en France. Hongrois.
Peintre de paysages, natures mortes, mosaïste. Figuratif, puis abstrait.
Entre 1926 et 1933, il étudia aux Beaux-Arts de Budapest tout en effectuant des voyages d'études à Rome et en France. Il peint alors des sujets figuratifs. Il aurait réalisé des décors de théâtre et illustré des livres, à moins qu'il ne s'agisse ici d'une confusion avec Laszlo BARTHA. À partir de 1926, il fit des séjours en France et exposa entre 1927 et 1938 au Salon d'Automne. Il a aussi exposé des paysages et un portrait à la Société Nationale des Beaux-Arts en 1927 et 1928. En 1944, il fit une exposition personnelle à Paris. Dans les années trente, il avait choisi d'élire domicile à Saint-Tropez, mais fut mis en résidence surveillée en Corse durant la guerre. En 1949, Il apprit des artisans de Ravenne la technique de la mosaïque, qui devint une de ses spécialités. En 1952, il réalisa *Si tous les gars du monde pouvaient se donner la main*, mosaïque pour Château-Thierry, d'autres ensuite pour des bâtiments administratifs, en 1956 deux grandes mosaïques pour le Musée de Salisbury (Rhodésie-du-Sud). En 1954 eut lieu à Paris une exposition de ses réalisations dans cette technique.
Dans sa jeunesse hongroise, il peignait des natures mortes, des vues du Lac Balaton et des compositions figuratives. Il peignit, après son installation à Saint-Tropez, de nombreux paysages varois, faisant de la Méditerranée, comme le dit Paul Vialar : « la vraie patrie de sa vision et de ses sentiments ». Depuis les années 1950, son répertoire formel a évolué jusqu'à devenir abstrait, tout en conservant ses qualités de transcription de la lumière et ses richesses chromatiques. Il ne faut pas le confondre avec Laszlo BARTHA. ∎ J. B.
Ventes Publiques : Paris, 22 nov. 1995 : *Village méditerranéen, paysage fauve*, h/t (67x81) : **FRF 9 500.**

BARTA Louis
Né à Budapest (Hongrie). xx⁰ siècle. Hongrois.
Sculpteur.
Exposa au Salon d'Automne de 1938.

BARTALACHE Simon
xvii⁰ siècle. Français.
Sculpteur et peintre.
Cet artiste, d'Avignon, est nommé en 1615 et en 1619.

BARTALAN Pör. Voir PÖR Bartalan ou Bartolomäus

BARTALI Lorenzo
xv⁰ siècle. Italien.
Sculpteur sur marbre et bronzier.
Cité par Zani comme travaillant à Sienne en 1480.

BARTALOZZI Carlo
Né en 1836 à Sienne. Mort en 1922. xix⁰-xx⁰ siècles. Italien.
Sculpteur d'ornementations sur bois.
Il a surtout travaillé avec le sculpteur sur bois, Nicodemo Ferri, réalisant, entre autres, des stalles pour la cathédrale de Sienne, une crédence pour le marquis Ferdinando Pieri Nerli de Sienne. Il participa à la sculpture du piano, cadeau de mariage offert au roi d'Italie par la ville de Sienne.

BARTASSOT Marcel
Né au Breuil (Allier). xx⁰ siècle. Français.
Peintre de paysages.
En 1926, il présenta au Salon d'Automne *Fumées*, et aux Indépendants : *Le village de Glozet* 1928, *Paysage* 1929.

BARTCHENKOV Nicolas
Né en 1918 à Zagorsk. xx⁰ siècle. Russe.
Peintre de paysages et scènes animés.
Il fut élève de l'Académie des Beaux Arts. Depuis 1939 il a exposé en Russie et à l'étranger et en 1978 remporta la médaille d'or de l'Académie des Beaux-Arts de Rome. En 1972 il fut nommé Artiste du Peuple.
Dans une technique réaliste héritée du xix⁰ siècle, il peint essentiellement des scènes de la vie quotidienne à Zagorsk, ville encore très pénétrée par les activités de la campagne proche.
Musées : Moscou (Gal. Trétiakov) – Philadelphie (Gal. des Beaux-Arts) – Saint-Pétersbourg (Mus. Russe) – Tokyo (Gal. Gekosso).
Ventes Publiques : Paris, 16 juin 1991 : *Le premier tracteur de Zagorsk* 1948, h/t (95x133) : **FRF 12 500** – Paris, 18 oct. 1993 : *Les veaux* 1954, h/cart. (50x70) : **FRF 3 600.**

BARTELLETI Adonis
Né le 16 juillet 1898 à Seravezzo (Italie). xx⁰ siècle. Italien.
Sculpteur.
Il eut pour professeurs Fontaine et son père, Aldo Bartelleti. Au

Salon des Artistes Français il exposa à plusieurs reprises des *Ours blancs*, entre 1928 et 1935.

BARTELLETI Aldo
Né à Seravezzo (Italie). xxᵉ siècle. Italien.
Sculpteur de sujets allégoriques et de bustes.
Il fut élève de Maurice Marx et Horace Daillion. A partir de 1922, au Salon des Artistes Français, il exposa des animaux en terre cuite et reçut une mention honorable en 1924. Parmi ses envois à ce même salon figurèrent notamment : *Dévouement sincère, 1932 – Romulus et Remus – Dieu Pan et Silène, 1936*. En 1941, il envoya cinq œuvres au Salon des Indépendants dont l'une d'elle *Profil de femme*, exécutée en marbre blanc, fut refusée, ce qui ne fut pas sans créer d'incident entre la Société et l'artiste.
VENTES PUBLIQUES : PARIS, 6 avr. 1987 : *L'intrus* 1929, bronze (H. 26) : **FRF 13 000**.

BARTELLETTI Daniel
Né à Paris. xxᵉ siècle. Français.
Sculpteur animalier et de sujets allégoriques.
Au Salon des Artistes Français entre 1935 et 1939, il présenta : *Jeunes lévriers, 1935 – La mort d'Actéon, 1936 – Trois lévriers, 1939*.

BARTELLI Giuseppe
Actif à Naples. Italien.
Sculpteur.
Cet artiste prit part, avec d'autres artistes, à l'ornementation de l'église Santa Trinita delle Monache, à Naples.

BARTELS Daniel
xviiᵉ siècle. Allemand.
Sculpteur.
Cet artiste était établi à Hanovre. Il a fait les sculptures représentant la *Résurrection du Christ*, de l'autel érigé en 1678 à l'église de Kirchhorst. Les parties peintes latérales furent enlevées en 1774, lors de la restauration de l'église.

BARTELS Elizabeth Clayton
Née à Newcastle-on-Tyne (Northumherland). xixᵉ-xxᵉ siècles. Britannique.
Aquarelliste, paysagiste et professeur d'art.
A exposé au Salon des Artistes Français à Paris, ainsi qu'à Londres et en Amérique.

BARTELS Gerrit
xviiᵉ siècle. Actif probablement au milieu du xviiᵉ siècle. Hollandais.
Peintre.
Houbraken le cite comme peintre à Amsterdam.

BARTELS Hans
xviᵉ siècle. Actif au début du xviᵉ siècle. Allemand.
Sculpteur sur bois.
A la cathédrale de Lübeck, il y a une stalle à trois sièges avec figure en relief de Sainte Catherine, œuvre de Bartels.

BARTELS Hans von
Né le 25 décembre 1856 à Hambourg. Mort en 1913 à Munich. xixᵉ-xxᵉ siècles. Allemand.
Peintre de figures, marines, natures mortes, peintre à la gouache, aquarelliste.
Il étudia la peinture pendant trois ans, chez le peintre de marines Rud. Hardorff, qui voulut en faire un paysagiste. Il exposa au Salon des Artistes Français et obtint une médaille de 3ᵉ classe en 1889 et une médaille d'argent à l'Exposition universelle de 1900. A l'Exposition de Munich de 1909, il présenta des aquarelles : *Falaise sur la côte de Bretagne ; Pardon de Bretagne*.
MUSÉES : BERLIN : *Flots tempétueux* – BRESLAU, nom all. de Wroclaw : *La femme du pêcheur* – BRUXELLES : *Les femmes des pêcheurs hollandais attendant le retour des barques* – LEIPZIG : *Mer après la tempête – Vieille ville 1899* – MUNICH : *Bateau, en avant – Nuit de lune sur le Zuyderzée – A la place de la mère* – TRIESTE : *Vue de Dordrecht*, aquar.
VENTES PUBLIQUES : NEW YORK, 1908 : *Sur les dunes* : **USD 197** – LUCERNE, 26 juin 1965 : *Vue du port de Hambourg* : **CHF 1 900** – COLOGNE, 2 juin 1967 : *Le moulin à eau* : **DEM 3 300** – COLOGNE, 24 mars 1972 : *Mère et enfant*, temp. : **DEM 8 500** – COLOGNE, 23 mars 1973 : *Pêcheurs sur la plage* : **DEM 3 800** – COLOGNE, 21 oct. 1977 : *Les Femmes des pêcheurs sur la plage de Schevingen* 1901, aquar. (38x60) : **DEM 7 500** – MUNICH, 26 oct. 1978 : *La Porteuse d'eau* 1905, h/t (51,5x37,5) : **DEM 3 000** – VIENNE, 19 juin 1979 : *Le Retour des pêcheurs* 1900, h/t (98x84) : **ATS 60 000** – COLOGNE, 25 juin 1982 : *Matinée d'automne*, past. (100x80) :

DEM 9 000 – BERNE, 21 oct. 1983 : *La Ramasseuse de fagots* 1909, h/t (48x34) : **CHF 4 000** – LONDRES, 8 oct. 1986 : *Scène de port*, h/t (69x99) : **GBP 2 000** – MUNICH, 29 nov. 1989 : *Fille de pêcheur hollandais* 1908, gche/pap. (55x42) : **DEM 13 200** – AMSTERDAM, 23 avr. 1991 : *Nature morte aux poissons* 1900, h/t/pap. (32x46) : **NLG 1 093** – AMSTERDAM, 3 nov. 1992 : *Berger et son troupeau*, h/cart. (35,5x58) : **NLG 1 265** – MUNICH, 21 juin 1994 : *Jeune Fille dans les dunes* 1907, gche/pap. (45x32) : **DEM 9 200** – AMSTERDAM, 5 nov. 1996 : *Homme dans les dunes de Katwijk* 1889, h/t (33x24) : **NLG 3 540**.

BARTELS Harrie
Né en 1936 à Tegelen. xxᵉ siècle. Hollandais.
Peintre, pastelliste.
Il fut élève de l'Académie Jean Van Eyck de Maëstricht. Il participe à de nombreuses expositions dans diverses villes de Hollande.

BARTELS Hermann
Né le 12 février 1928 à Riesenburg/Westpreussen. Mort en 1989. xxᵉ siècle. Allemand.
Peintre.
Il fit ses études dans l'atelier de Bernecker à Lüneburg entre 1948 et 1952. Depuis 1968 il expose à Coblence et a participé à la rétrospective des années 1960-1970 au Musée Bochum.

BARTELS Konrad Heinrich
Originaire de Celle. xviiiᵉ siècle. Allemand.
Sculpteur.
En 1702, il sculpta la chaire de l'église de Walsrode et, en 1716-1717, travailla à l'autel de l'église de Barsinghausen.

BARTELS Mathias
xviiiᵉ siècle. Actif à Cologne en 1706. Allemand.
Sculpteur.

BARTELS Wera von
Née le 4 janvier 1886. xxᵉ siècle. Allemande.
Sculpteur et dessinateur.
Fille de Hans Von Bartels, elle ne reçut aucun enseignement artistique. Elle fit des planches en cire coloriées. Elle reçut le prix d'honneur à l'exposition *L'art de la femme*, en 1906. Elle exposa à Munich *La chevrière*. La manufacture de porcelaine de Nymphembourg a acquis son *Dackel* (chien), comme modèle.

BARTER Gertrude Mary
xixᵉ siècle. Vivant à Walford. Britannique.
Peintre de fleurs.
Elle exposa à Suffolk Street, à Londres, en 1889.

BARTER John
xixᵉ siècle. Britannique.
Peintre.
Le Musée de Liverpool conserve de lui : *Vue de l'hôtel de ville de Liverpool par le clair de lune*.

BARTER Joseph
xixᵉ siècle. Belge.
Peintre de paysages urbains, paysages.
Établi à Bruxelles, cet artiste peignit surtout des paysages de villes, dont deux figurèrent à l'Exposition de Bruxelles, 1836 : *La Grande place de Bruxelles au Moyen Âge* et *Vue du canal de Bruxelles*.
VENTES PUBLIQUES : PARIS, 1842 : *Vue de Malines* : **FRF 185** ; *Marché sur la Grand'Place, à Bruxelles* : **FRF 130** – LONDRES, 20 juin 1991 : *Scène de marché*, h/t (36x60) : **GBP 1 000**.

BARTER R.
xixᵉ siècle. Britannique.
Sculpteur.
Exposa des bustes et des reliefs à l'Académie Royale à Londres de 1864 à 1874.

BARTEZAGO Enrico
Né à Lugano. xixᵉ siècle. Suisse.
Peintre de genre, portraits, aquarelliste.
Il travailla à Milan, d'où il envoya, dès 1873, ses tableaux de genre, aquarelles et portraits aux Expositions d'art d'Italie et de l'étranger.
Citons, parmi ses tableaux de genre : *Famille de paysans* (Vienne, 1873), *Trompette et joueur d'orgue* (Zurich, 1877), *Grange de blé d'une ferme lombarde* (Paris, 1878), *Les Colporteurs à la ferme* (Munich, 1879), *Chevaux de charretier* (Munich, 1883), *Le singe* (Venise, 1887), etc.
VENTES PUBLIQUES : LONDRES, 29 avr. 1988 : *Le colporteur*, h/cart.

(14x23) : **GBP 2 090** – NEW YORK, 26 mai 1993 : *Promenade en charrette*, h/pan. (24,8x33) : **USD 4 313**.

BARTEZAGO Luigi
Né en 1820. Mort en 1905. XIXᵉ siècle. Actif à Milan. Italien.
Peintre.
Participa à l'Exposition d'art de 1883, avec deux tableaux : *S. Lorenzo à Milan* et *L'Hôtel de ville à Zug*.

BARTH Amadé ou Amadeus
Né en 1899 à Zurich. Mort en 1926. XXᵉ siècle. Suisse.
Peintre de paysages, natures mortes.
Il exposa au Salon d'Automne de 1922 à 1924 et au Salon des Tuileries de 1924 à 1927 principalement des paysages et des natures mortes.
VENTES PUBLIQUES : ZURICH, 9 nov. 1984 : *Bord de lac*, h/t (55x73) : **CHF 3 600** – REIMS, 22 oct. 1989 : *Vue de Venise*, h/pan. (35x41) : **FRF 4 200**.

BARTH Andreas ou Warth
XVIIᵉ siècle. Actif à Neuhaus (Bohême) de 1688 à 1696. Allemand.
Sculpteur.
On connaît de lui une fontaine ayant la forme d'une rose à cinq pétales, qui se trouve à Neuhaus.

BARTH Arthur
XXᵉ siècle. Allemand.
Graveur de scènes de genre, paysages urbains, architectures.
Il était actif à Meissen. En 1909, il exposa à Munich : *Tour de l'église de la ville* ; *Fontaine de Henri* et *Enfantillage*.

BARTH Carl
Né en 1896 à Haan (Rhénanie). Mort en 1976. XXᵉ siècle. Allemand.
Peintre de paysages animés. Postcubiste.
Il fut élève de l'École des Beaux-Arts de Düsseldorf, où il a vécu. Son dessin très synthétique, l'humour de ses compositions, peuvent rappeler Paul Klee.

BARTH

VENTES PUBLIQUES : MUNICH, 30 nov. 1979 : *Barques sur la plage vers 1925*, aquar. (46,5x62) : **DEM 1 700** – COLOGNE, 1ᵉʳ déc. 1982 : *L'Italienne*, h/t (80x60) : **DEM 2 000** – COLOGNE, 29 mai 1987 : *Notre-Dame de Paris 1954*, encre de Chine aquar. (36x47) : **DEM 750**.

BARTH Carl Georg
XIXᵉ-XXᵉ siècles. Actif à Munich. Allemand.
Sculpteur.
En 1909 à Munich il présenta : *Jeune nymphe et enfant* – *Faunes faisant de la musique* – *Attaque manquée* – *Jeunesse* – *Tête d'enfant* et à Berlin la même année : *Harmonie*, bronze, et *Gaité*, statue de marbre.
VENTES PUBLIQUES : LONDRES, 26 mars 1980 : *Le porteur d'eau arabe 1886*, bronze (H. 58,5) : **GBP 500** – MUNICH, 14 mars 1984 : *Nu assis*, bronze (130x60) : **DEM 6 000** – DÜSSELDORF, 4 mai 1985 : *Natre morte, Venise*, h/t (70x90) : **DEM 3 000**.

BARTH Carl Wilhelm Böckmann
Né le 9 novembre 1847 à Oslo. XIXᵉ siècle. Norvégien.
Peintre de marines.
Après avoir été officier de marine de 1871 à 1884, il démissionna et s'adonna à l'art. Il fréquenta l'École des Beaux-Arts d'Oslo. Il fit quelques voyages d'études en Angleterre, en France, en Italie et en Tunisie.
Un de ses premiers tableaux est au Musée de l'Art à Oslo : *Marine* (1882) ; d'autres se trouvent au Musée National de Stockholm (1891), au château royal d'Oslo (1883). Cet artiste très fécond a participé aux Expositions de l'État à Oslo, à partir de 1883.

WBarth. 82.

MUSÉES : OSLO (Mus. de l'Art) : *Marine 1882* – STOCKHOLM (Mus. Nat.).

BARTH Christian
XVIIIᵉ siècle. Allemand.
Peintre.
Mentionné dans un document, entre 1703 et 1716, comme peintre à Breslau.

BARTH Ferdinand
Né le 11 novembre 1842 à Partenkirchen (Bavière). Mort le 30 août 1892 à Partenkirchen (Bavière). XIXᵉ siècle. Allemand.
Sculpteur et dessinateur.
Sculpteur de talent, il étudia d'abord la gravure et la sculpture sur bois, se perfectionna à l'atelier de Kreling à Nuremberg, alla chez Knabl et Ludwig Foltz à Munich, où il restaura l'église Notre-Dame. Il a dessiné de nombreuses illustrations pour Braun et Schneider, et les *Fliegende Blätter* ; il a donné une série de 25 feuilles de la Danse macabre (*Le Travail de la Mort*) en 1865. Après avoir étudié la peinture chez Piloty, il fit une scène du XVIᵉ siècle (1869) ; puis il peignit des tableaux de genre. On mentionne une eau-forte de cet artiste : *Amour masqué*.

BARTH Franz Xaver
Né le 12 février 1821 à Velden (Bavière). Mort le 9 février 1894 à Munich. XIXᵉ siècle. Allemand.
Peintre d'histoire.
Cet artiste occupe une place importante dans l'art bavarois. Il fut élève de Schnorr, dont il devait devenir l'aide dans l'exécution du cycle des Niebelungen. Kaulbach l'employa également pour la décoration de la Nouvelle Pinacothèque, aux côtés de Nilson, d'Echter et de Palme. On le cite encore comme décorateur, avec le plafond du théâtre royal de Munich, *Le Christ rédempteur du monde*, au cimetière du Nord, et sept fresques ; *Les Œuvres de Miséricorde*, à l'église du Saint-Esprit, à Landshut. On lui doit aussi de nombreux tableaux d'autel et des peintures historiques. Le Musée de Saint-Pétersbourg possède quatre de ces dernières.

BARTH Friedrich
XIXᵉ-XXᵉ siècles. Allemand.
Aquafortiste.
Établi à Karlsruhe, il exposa, dès 1903.

BARTH J. S.
XVIIIᵉ-XIXᵉ siècles. Britannique.
Peintre et aquafortiste.
Exposa, de 1797 à 1809, des paysages alpestres. Le British Museum possède une aquarelle, signée J.-S. Barth, 1807.

BARTH Johan Hendrik van Kervel
Né le 13 septembre 1877 à Horten. XXᵉ siècle. Norvégien.
Peintre de paysages, d'intérieurs et de portraits.
Il est le fils du peintre de marine C.-W. Barth et fut l'élève d'Alfred Roll à Paris. En 1901, il devint l'élève d'Ehrentraut à l'Académie de Berlin. Il fit de nombreux voyages, visitant l'Italie, la Hollande, la Bretagne et la Tunisie. Il a exposé à Oslo en 1898 et 1906, à Stockholm en 1904 et à Tunis en 1903.

BARTH Joseph von
Né vers 1730 à Munich. Mort en 1794 à Augsbourg. XVIIIᵉ siècle. Allemand.
Peintre de paysages.
Il était ecclésiastique et vécut successivement à Wiesensteig et à Augsbourg ; a laissé quelques allégories et des paysages, dont deux appartinrent à Lipowsky.

BARTH Karl
Né le 12 octobre 1787 à Eisfeld. Mort le 11 septembre 1853 à Kassel. XIXᵉ siècle. Allemand.
Dessinateur et graveur au burin.
Cet artiste étudia à Stuttgart, chez Joh. Muller, de 1805 à 1812, avec la protection des princes de Thurn et Taxis. Il fit des illustrations pour des œuvres de l'histoire de l'Art. En 1814, il alla à Munich, en 1817, à Rome, où il resta jusqu'en 1821. Il y demeura avec Sam Amsler et J. Ant. Ramboux. Il se lia avec Frdr. Rückert, et passa avec lui l'été de 1818 à Ariccia. Il alla à Nuremberg. Il fut directeur de l'Institut d'art Herder, à Fribourg. Il travailla jusqu'en 1830 à Francfort-sur-le-Main, puis à Darmstadt, et plus tard à Hildburghausen, pour l'Institut bibliographique. Il a dessiné plus de quatre cents portraits d'après nature. On cite aussi des illustrations pour *Ondine*, de La Motte-Fouqué. Sa manière tient de Dürer et des graveurs du XVIᵉ siècle.

&, &

BARTH Paul Basilius
Né le 24 octobre 1881 à Bâle. Mort en 1955 à Riehen. XXᵉ siècle. Suisse.
Peintre de paysages, nus, portraits, natures mortes.
Entre 1904 et 1906, il parachève son éducation artistique par un voyage à Florence et Rome. En 1907, il demeure à Paris où il subit l'influence de l'art moderne français. En 1914 il retourne à

Bâle qu'il ne quittera plus que pour des séjours en Provence, lieu d'inspiration et de travail. À Paris, il figure au Salon d'Automne entre 1907 et 1938, au Salon des Tuileries de 1927 à 1933, au Salon des Indépendants en 1927 et 1929 et dans plusieurs expositions collectives en Suisse et à l'étranger.

Ses compositions montrent l'influence de Cézanne, même si elles sont traitées dans une pâte plus grumeleuse.

P. Barth

BIBLIOGR. : Gérald Schurr : *Les Petits Maîtres de la peinture 1820-1920, valeur de demain*, Les Éditions de l'Amateur, t. VII, Paris, 1989.

MUSÉES : BÂLE (Kunstmus.) : *Couple* – ZURICH (Kunsthaus).

VENTES PUBLIQUES : PARIS, 29 oct. 1948 : *Nature morte* : FRF 6 600 – LUCERNE, 28 nov. 1964 : *Vieille dame dans un intérieur* : CHF 1 100 – BERNE, 18 nov. 1972 : *Femme et chien dans un intérieur* : CHF 4 400 – ZURICH, 17 mai 1973 : *Autoportrait au foulard rouge* : CHF 2 600 – LUCERNE, 25 juin 1976 : *Vue de Chexbres et lac de Genève* 1942, h/t (65x81,5) : CHF 5 000 – BERNE, 20 oct. 1977 : *Paysage de Rolle* 1942, h/t (38,5x46) : CHF 3 800 – ZURICH, 26 mai 1978 : *Le lac de Genève en été* 1944, h/t (38x46) : CHF 7 000 – ZURICH, 25 mai 1979 : *Barques sur la plage*, h/t (50x65) : CHF 2 000 – BERNE, 6 mai 1981 : *Crépuscule*, h/cart. mar./pan. (33x47) : CHF 4 000 – LUCERNE, 25 mai 1982 : *Autoportrait*, h/cart. (28x21) : CHF 4 000 – BERNE, 24 juin 1983 : *Nature morte* 1929, h/t (32,5x55) : CHF 3 800 – BERNE, 19 nov. 1984 : *Bord de mer* 1930, h/t (65,5x81) : CHF 4 000 – ZURICH, 29 nov. 1985 : *Nature morte* 1946, h/cart. (31x39) : CHF 11 500 – ZURICH, 6 juin 1986 : *Femme couchée* 1917, h/t (60x78) : CHF 4 000 – ZURICH, 11 sep. 1987 : *Portrait de la femme de l'artiste* 1911, h/t (50,5x42) : CHF 3 000 – BERNE, 12 mai 1990 : *Portrait de jeunes hommes* 1940, h/t (46x38) : CHF 1 100 – ZURICH, 22 juin 1990 : *Femme à la table* 1939, h/t (81,5x65) : CHF 22 000 – ZURICH, 4 juin 1992 : *Autoportrait*, h/t (27x22) : CHF 4 520 : *L'embouchure de la Goldbach* 1949, h/t (46x55) : CHF 6 780 – ZURICH, 9 juin 1993 : *Porquerolles* 1914, h/t (50x58) : CHF 7 475 – ZURICH, 24 nov. 1993 : *Le peintre à son chevalet* 1939, h./résine synth. (59x50) : CHF 11 500 – ZURICH, 12 juin 1995 : *Petite nature morte*, h/t (16,5x22) : CHF 2 300 – ZURICH, 25 mars 1996 : *Paysage*, h/t (46x55) : CHF 4 370 – ZURICH, 10 déc. 1996 : *Sieste au jardin* 1946, h/t (46x38) : CHF 23 000.

BARTH Sigmund
Mort en 1772. XVIIIe siècle. Suisse.
Portraitiste.
Établi à Berne. A été l'élève de Joh. Rud. Huber l'Ancien. En 1767, il devint maître de la corporation à Bâle.

BARTH Signe Madeleine
Née en Suède. XXe siècle. Suédoise.
Peintre de paysages, nus et natures mortes.
Ses peintures, paysages, nus et natures mortes ont figuré à Paris au Salon d'Automne à partir de 1927, au Salon des Tuileries et au Salon des Indépendants à partir de 1928.

BARTH Wilhelm
XIXe siècle. Britannique.
Peintre de genre.
Il exposa à la Royal Academy de Londres en 1889.

BARTH Wolf
Né en 1926 à Bâle. XXe siècle. Suisse.
Peintre, illustrateur et décorateur.
Il fut élève de l'École des Arts et Métiers de Bâle avant de s'établir à Paris en 1953. Il a figuré à l'exposition « Jeunes peintres » organisée à Paris, Rome et Bruxelles en 1955-1956, à l'exposition intitulée « Peinture abstraite en Suisse » présentée en Suisse et à Berlin en 1957-1958, à la Biennale de Venise en 1958 et au Carnegie Institute de Pittsburgh en 1959. Il peint de grandes compositions abstraites : *Boulevard, 1959*.
VENTES PUBLIQUES : LUCERNE, 24 nov. 1990 : *Sans titre* 1958, acryl./t. (130x97) : CHF 5 700.

BARTHA Laszlo
Né en 1908 à Kolozsvar (Transylvanie). XXe siècle. Hongrois.
Peintre et illustrateur.
Entre 1926 et 1933, il étudie à l'École des Beaux-Arts de Budapest. En 1937-1938, il fait un séjour d'études au Collège Hongrois de Rome. Sa peinture est alors empreinte d'un sentiment postimpressionniste. Vers 1948, il est à Paris pendant deux ans et subit l'influence de l'abstraction tempérée de l'École de Paris. Il a

exposé régulièrement à Budapest et montré une rétrospective de son œuvre à Paris en 1960. Il a illustré de nombreux livres et réalisé des décors de théâtre.

Il vécut pendant longtemps près du lac Balaton à Tihany, peignant des natures mortes mais surtout des compositions et des paysages inspirés par la région et la vie quotidienne des habitants, au village comme à l'usine. Après son séjour à Paris et son évolution influencée par l'abstraction, la composition est devenue plus rigoureuse et les couleurs se sont renforcées. Il ne faut pas le confondre avec Laszlo BARTA, malgré leurs nombreux points communs.

BARTHALOT Dodonne
Née à Paris. XXe siècle. Française.
Peintre de portraits et de compositions à personnages.
Elle fut élève de Marius Barthalot et de Léon Bonnat. Elle figura au Salon des Artistes Français de 1921 à 1931, au Salon d'Automne de 1927 à 1936, participa à partir de 1929 à celui des Indépendants et en 1932 à celui des Tuileries.
Elle a peint essentiellement des portraits : *Portrait du Dr Papin* – *Portrait d'Hélène Boucher* – *Portrait de Mme Suzanne Loebeff*.
VENTES PUBLIQUES : PARIS, 24 nov. 1950 : *Fleurs* : FRF 2 400 – PARIS, 23 mars 1966 : *Scènes de courses* : FRF 500.

BARTHALOT Marius
Né le 5 juillet 1861 à Marseille (Bouches-du-Rhône). XIXe-XXe siècles. Français.
Peintre.
Il fut l'élève de Cabanel, Léon Bonnat et Saint-Pierre. Il exposa au Salon des Artistes Français à partir de 1883, obtenant une mention honorable en 1896 et le prix Marie Bashkirtseff, une médaille de troisième classe en 1899, une médaille de bronze en 1900 à l'Exposition universelle, une médaille de deuxième classe en 1907 et le prix Albert Maignan en 1913. Il devint hors-concours et sociétaire du Salon où il présenta des paysages mais surtout des portraits parmi lesquels on peut citer ceux du *Cardinal Dubois, 1927* et de *Monseigneur Roland-Gosselin*.
VENTES PUBLIQUES : PARIS, 24 nov. 1950 : *Paysage du Midi* : FRF 2 200 – PARIS, 16 juin 1965 : *Nature morte* : FRF 130 – LINDAU, 9 mai 1979 : *Baigneuses*, h/t (48x65) : DEM 1 700 – NEW YORK, 26 mai 1982 : *Nature morte aux pommes*, h/t (45,7x55,5) : USD 600 – SAINT-DIÉ, 16 oct. 1988 : *Portrait de fillette*, h/t (115x85) : FRF 9 000.

BARTHAUTZ W.
XVIIIe siècle. Hollandais.
Aquarelliste.
Dans le cabinet royal de gravures d'Amsterdam se trouvent une série d'aquarelles représentant la vie journalière des paysans hollandais, dont quelques-unes portent l'inscription : *W. B. fecit*, 1769.

BARTHE
XVIIIe siècle. Actif à la fin du XVIIIe siècle. Français.
Peintre miniaturiste.
Cité par Mireur.
VENTES PUBLIQUES : PARIS, 1785 : *La petite fille au chien* ; *Un jeune garçon caressant un chien de chasse*, miniatures : FRF 240.

BARTHE G. P.
XIXe siècle. Américain.
Graveur sur bois.
Fit des illustrations appréciées.

BARTHE Sarah N.
Née à Washington. XIXe-XXe siècles. Américaine.
Peintre, aquarelliste, miniaturiste et illustrateur.
Exposa à la Washington Water-Colours Club. Élève de la Art Students League de New York.

BARTHE Victor
Né à Stavropol (Russie). XXe siècle. Russe.
Peintre de paysages, paysages urbains, portraits.
Il fit partie du groupe de Larionov et Gontcharova « Valet de Carreau ». Avant 1914, il se fixa à Paris et exposa au Salon des Indépendants deux œuvres : *Ange* – *La vie militaire*, en 1914. Au Salon d'Automne de 1928 il présenta un portrait et plusieurs autres toiles dont une *Vue de Notre-Dame de Paris* ; il figura au Salon des Tuileries entre 1928 et 1935. Il a peint de nombreux paysages, des effets de neige et des vues de Paris.
VENTES PUBLIQUES : PARIS, 29 oct. 1926 : *Nature morte* : FRF 500 – PARIS, 3 nov. 1987 : *L'ange* 1925, h/t (73x60) : FRF 2 500.

BARTHE Xavier
Né à La Selve (Aveyron). Mort en 1908. XIXe siècle. Français.

Sculpteur.
Se perfectionna avec Falguière, Puech et Mercié ; son groupe en plâtre : *L'amour indiscret*, lui valut une médaille au Salon, en 1901.

BARTHE de La. Voir LABARTHE

BARTHEL
XVe siècle. Allemand.
Peintre.
Cet artiste travailla à Breslau. En 1489, il peignit des fresques au couvent des Dominicains de cette ville.

BARTHEL Antonius
Originaire de Freiberg (Saxe). XVIIe siècle. Allemand.
Sculpteur.
Quitta Freiberg en 1623. Il est probablement le fils de Christoph Barthel.

BARTHEL Balzer ou Balthasar
Né à Freiberg (Saxe). Mort le 14 mars 1621. XVIIe siècle. Allemand.
Sculpteur.
Citoyen de Meissen, il fit, en 1604, les fonts baptismaux de l'église d'Oschatz. Il était fils d'Antonius Barthel.

BARTHEL Christoph
Originaire de Dresde. Mort en 1612. XVIIe siècle. Allemand.
Sculpteur.
Cet artiste, fils de Melchior Barthel, cité en 1598, fut occupé à l'érection du caveau des princes sous la direction de Joh. Maria Nosseni.

BARTHEL Friedrich
Né en 1775 à Leipzig. Mort en 1846 à Brunswick. XIXe siècle. Allemand.
Peintre et graveur au burin.
Fut élève de Bause. Étant sans moyen d'existence, il dut vendre ses travaux au graveur Böttcher, sous le nom duquel parurent ses premières œuvres, eaux-fortes, paysages. Lorsqu'il eut quitté Böttcher, il fit une soixantaine de gravures, d'après ses propres compositions, pour des livres. Plus tard, il s'adonna à la peinture à Dresde ; de là, il alla à Brunswick, où il s'associa avec K.-W. Schenk pour la publication de gravures ; il y exécuta aussi des tableaux pour le palais ducal. On connaît encore de lui : *Vue et plan d'une glacière*, d'après Gottl.-Fried. Thormeyer, *Hambourg*, 1807, *Le château de Heidelberg, Vaucluse*.

BARTHEL Gustav Adolf
Né en 1819 à Brunswick. Mort en 1898. XIXe siècle. Allemand.
Peintre de portraits, paysages.
Fit ses premiers essais auprès de son père, le peintre graveur, dessinateur Friedrich Barthel et au Collegium Carolinum de Brunswick ; puis, grâce à la protection du Duc, se perfectionna avec Stieler et Kaulbach à Munich (1838) et, protégé par Lessing, étudia à Düsseldorf. Il travailla à Brunswick à partir de 1843 ; il fut surtout un habile portraitiste. Il fut le premier peintre de la Cour (1852).
On cite de lui un grand nombre de portraits d'acteurs et d'actrices et celui du duc Guillaume, qu'il répéta plusieurs fois.
VENTES PUBLIQUES : BERNE, 12 mai 1990 : *Paysage montagneux avec du bétail dans une mare et les bâtiments de ferme au fond* 1847, h/t (38x48,5) : **CHF 3 000.**

BARTHEL Hieronymus
XVIIe siècle. Tchécoslovaque.
Sculpteur.
Cet artiste est cité à Prague en 1626. En 1625, on cite un sculpteur à Dresde (père de Melchior Barthel) qui, d'après Thieme et Becker, fut peut-être le même que celui-ci.

BARTHEL Jacques
Né à Nevers (Nièvre). XXe siècle. Français.
Peintre.
Il exposa au Salon des Indépendants : *La sortie des moutons* ; *Portrait*, en 1937.

BARTHEL Melchior ou Bartelt
XVIe siècle. Allemand.
Sculpteur.
Travailla à Dresde ; en 1579, il était occupé à la construction de l'église de la Croix et à la Moritzburg.

BARTHEL Melchior
Né le 10 décembre 1625 à Dresde. Mort le 12 novembre 1672 à Dresde. XVIIe siècle. Allemand.

Sculpteur.
Travailla avec son père, le sculpteur Hiéronymus Barthel, et, à la mort de celui-ci, acheva son apprentissage chez Johann Bochme, à Schneeberg (1640-1645). Il alla à Augsbourg, à Ulm, à Venise et à Rome et il séjourna dix-sept ans à Venise ; en 1670, il revint à Dresde, où il fut sculpteur de la Cour. Un *Crucifix* en ivoire, de lui, se trouve à Florence, au Musée National.

BARTHEL Paul
Né le 24 mars 1862 à Zwickau. XIXe siècle. Allemand.
Peintre de genre, aquarelliste, pastelliste, dessinateur.
Travailla à Valentinswerder, près Spandau ; puis à Charlottenburg après avoir étudié à l'Académie de Berlin.
Il exposa à l'Exposition d'aquarelles à Dresde (de 1887 à 1893) des tableaux de genre et aux Expositions berlinoises des Arts.
MUSÉES : MAGDEBOURG : *Rêverie* 1896.
VENTES PUBLIQUES : NEW YORK, 27 fév. 1982 : *Nymphes au bois*, past., cr. et gche (78,7x135,2) : **USD 1 600** – LONDRES, 26 juin 1987 : *Le chœur*, h/t (105x140) : **GBP 7 000.**

BARTHEL Zamiscar ou Jamitser
XVIe siècle. Actif à Nuremberg en 1547. Allemand.
Graveur.
Cité par Ris-Paquot.

BI
1547

BARTHÉLEMY ou Berthélemy
XIVe-XVe siècles. Français.
Peintre.
Ce peintre qui vivait à Lyon en 1493 et 1529, travailla dans cette ville pour les entrées de Charles VII en 1494 et de Louis XII et Anne de Bretagne, en 1500.

BARTHÉLEMY
XVIIIe siècle. Actif à Paris. Français.
Peintre.
On cite de cet artiste un portrait (vers 1776) de la célèbre Julie de Villeneuve de Vence, Mme de Saint-Vincent.

BARTHÉLEMY Antonin
Né à Paris. XXe siècle. Français.
Sculpteur.
Entre 1912 et 1914 il exposa à la Société Nationale des Beaux-Arts de au Salon d'Automne en 1919 et 1924 des *Statues d'animaux*.

BARTHÉLEMY Camille
Né en 1890. Mort en 1961 à Saint-Mard (Belgique). XXe siècle. Belge.
Peintre et graveur de figures, de paysages et de natures mortes. Postimpressionniste.
Il fut élève de Nestor Outers, Émile Fabry et Jean Delville à l'Académie des Beaux Arts de Bruxelles. Il reçut une médaille d'argent au Salon des Artistes Français de 1928.
Il a peint dans un style postimpressionniste des figures, des natures mortes et des paysages : *Après la pluie* – *Soir tombant en Ardennes, 1927* – *Vieux quai à Bruges*.
VENTES PUBLIQUES : ANVERS, 4 avr. 1973 : *Vue de village* 1942 : **BEF 30 000** – BRUXELLES, 25 oct. 1979 : *Coin de ville avec pont*, h/t (80x65) : **BEF 54 000** – BRUXELLES, 16 déc. 1982 : *Portrait de jeune femme au chapeau* 1918, h/pan. (24x23) : **BEF 21 000** – BRUXELLES, 28 avr. 1983 : *La chapelle*, h/t (59x59) : **BEF 80 000** – BRUXELLES, 16 déc. 1982 : *Village au bord d'une rivière* 1942, h/t (39x49) : **BEF 55 000** – BRUXELLES, 20 mai 1985 : *Rue de village*, h/t (66x51) : **BEF 48 000** – BRUXELLES, 3 déc. 1986 : *Vue de village ardennais*, h/t (100x78) : **BEF 75 000** – BRUXELLES, 21 avr. 1987 : *Intérieur d'église ensoleillé*, h/t : **BEF 75 000** – LOKEREN, 10 déc. 1994 : *Village ardennais* 1942, h/t (75,5x75,5) : **BEF 190 000.**

BARTHÉLEMY Charles
XVIIIe siècle. Français.
Peintre.
Reçu à l'Académie Saint-Luc en 1743.

BARTHÉLEMY Élodie
Née en 1965 à Bogota (Colombie). XXe siècle. Active en France. Haïtienne.
Peintre, technique mixte, créateur d'installations.
Elle a effectué de longs séjours en Bolivie, au Sri-Lanka et au Maroc, puis elle s'est établie en France. Elle a figuré à l'exposition *Suites Africaines*, consacrée à l'art africain contemporain, qui eut lieu au couvent des Cordeliers à Paris, en 1997.

Après avoir exploré les possibilités de la peinture, elle commence progressivement par travailler le textile. Elle crée d'abord des assemblages découpés en utilisant les couleurs et les textures du tissu comme une palette, puis elle passe aux vêtements qu'elle accumule. Elle réalise divers décors pour le théâtre ainsi que des installations d'une force étrange sur le thème des ancêtres, travaillant sur la chevelure et la mémoire des corps.

MUSÉES : PARIS (FNAC).

■ S. D.

BARTHÉLEMY Émilien Victor
Né le 3 février 1885 à Marseille (Bouches-du-Rhône). XXᵉ siècle. Français.

Peintre de figures et de paysages.

Il fut élève de Fernand Cormon et second Grand Prix de Rome en 1914. En 1910 il reçut une mention honorable au Salon des Artistes Français. Il y expose alors sans interruption jusqu'en 1939, en devint sociétaire, titulaire d'une médaille d'argent en 1913, d'une médaille d'or en 1920 et hors-concours. Il bénéficia entre autres du prix James-Bertrand en 1920, du prix Cormon en 1933, du prix Irma Luvinovic en 1935 et du prix Henner en 1937. Il fut fait chevalier de la Légion d'honneur, et décoré de la Croix de Guerre avec trois citations. Il fut membre du Comité de la Société Amicale des peintres et sculpteurs Français et de la Société des paysagistes français. Il figura également au Salon des Artistes provençaux, aux Salons de l'Exposition Coloniale, des Artistes Mutilés à Marseille.

Il peignit essentiellement des figures et des paysages, parmi lesquels on peut citer : *Types de Provence – Deux joueurs de Ped-Touco, 1933 – Portraits, 1932 – Jeunes corps au soleil, 1939.*

MUSÉES : CHÂTEAURENARD (Mairie) – MARSEILLE (Mus. de l'Opéra).
VENTES PUBLIQUES : PARIS, 25 oct. 1948 : *Baigneurs sur la plage* : **FRF 3 400** – VERSAILLES, 23 jan. 1977 : *Repas des cardinaux*, h/t (71x91) : **FRF 6 200** – ROME, 26 oct. 1983 : *Sur les rochers, Baigneuses*, 2 h/t (55x65) : **ITL 1 700 000** – PARIS, 4 juin 1986 : *repos sur la plage*, h/t (33x40) : **FRF 5 800** – VERNON, 29 mars 1987 : *Débuts, enfants à la baignade*, h/t (33x41) : **FRF 5 200** – PARIS, 17 mars 1991 : *Prélats écoutant le violon*, h/t (54x65) : **FRF 11 500**.

BARTHÉLEMY Ferdinand Robert
Né à Bruxelles. XXᵉ siècle. Français.

Peintre de paysages.

Il fut élève de J.-C. Cazin. Entre 1924 et 1938, il exposa à la Société Nationale des Beaux-Arts. En 1933 au Salon des Artistes Français il présenta : *L'automne en Charente.*

BARTHÉLEMY François Paul
XVIIIᵉ siècle. Français.

Peintre.

Reçu à l'Académie de Saint-Luc en 1778.

BARTHÉLÉMY Gérard
Né le 7 avril 1927 à Fontainebleau (Seine-et-Marne). XXᵉ siècle. Français.

Peintre de paysages, marines.

Il expose à Paris, aux Salons d'Automne, des Artistes Français, de la Marine, ainsi que dans des galeries privées de Paris, notamment galerie des Orfèvres, et de plusieurs villes de province. Il a obtenu diverses distinctions.

Ayant passé son enfance en bord de Seine et lisière de forêt de Fontainebleau, il est resté fidèle à ces paysages, et a étendu son territoire à la Bretagne, la Picardie, la Baie de Somme.

Barthelemy

VENTES PUBLIQUES : NEW YORK, 24 fév. 1995 : *Le mur 1983*, h/t (199,4x201,9) : **USD 10 350**.

BARTHÉLEMY Gérard
Né le 26 novembre 1937 à Paris. XXᵉ siècle. Français.

Peintre, dessinateur, de figures, natures mortes.

Après ses études secondaires, il fut élève de l'Ecole des Métiers d'Art, tout en commençant à peindre en autodidacte. Louis Nallard s'intéressa à son travail et le présenta à Roger Chastel, qui l'accepta dans son atelier de l'École des Beaux-Arts. En 1966, il remporta le Prix de Rome de peinture.

Il a participé à Paris aux Salons des Réalités Nouvelles et Grands et Jeunes d'Aujourd'hui. Il montre ses œuvres dans des expositions personnelles à Paris, Galerie Claude Bernard en 1973, où il montra ses travaux exécutés à la Villa Médicis, à la Galerie Jeanne Bucher en 1976, où il présente des dessins, et à la FIAC

(Foire Internationale d'Art Contemporain) à Paris présenté par cette même galerie en 1993, qui l'expose de nouveau en 1997, *À volets ouverts.*

Peintre de la réalité quotidienne, humble : des visages, un pot plein de brosses et pinceaux, quelques pommes de terre sur une planche, la table du petit déjeuner. Comme dans certains dessins d'Ingres, quand il dessine un personnage, une femme assise qui coud ou dormant sur un lit, Barthélémy privilégie le visage, traité minutieusement en ombres et lumières, vêtement et décor indiqués sommairement par un simple dessin au trait. Par l'intensité psychologique, presque dramatique, conférée par ce froid réalisme de constat à des objets indifférents, à des visages communs et inexpressifs, Barthélémy s'inscrit dans l'entourage de Balthus.

■ J. B.

BIBLIOGR. : Jean Paget : Catalogue de l'exposition *Barthélémy*, Gal. Claude Bernard, Paris, 1973 – Edith Boissonnas : Catalogue de l'exposition *Barthélémy*, Gal. Jeanne Bucher, Paris, 1976.

BARTHÉLEMY Guillaume
Né vers 1412 dans le diocèse de Besançon. XVᵉ siècle. Français.

Peintre.

Entra en apprentissage, à l'âge de 22 ans, chez Jacques Iverni, à Avignon, le 22 juin 1434. Le 22 juin 1444, il obtint par contrat de décorer la demeure du docteur Jean Isnard. Il est encore nommé en 1466.

BARTHÉLEMY Henri
Né à Lillebonne. XXᵉ siècle. Français.

Peintre et illustrateur.

Il fut exposant au Salon d'Automne. Il a illustré : *Le comte Morin, député*, d'Anatole France – *Au cœur frais de la forêt*, de C. Lemonnier – *Pêcheur d'Islande*, de Pierre Loti – *De Goupil à Margot* et *Le roman de Miraut*, de Louis Pergaud – *L'Île d'Enfer*, de L. Rouquette et *L'Enfant, Le Bachelier* et *L'Insurgé* de Jules Vallès.

BARTHÉLEMY Jean
XVIIᵉ siècle. Actif au début du XVIIᵉ siècle. Français.

Peintre.

L'abbé de Marolles le mentionna avec éloges dans son *Livre des Peintres.*

BARTHÉLEMY Jean Philippe
XVIIIᵉ siècle. Français.

Sculpteur.

Reçu à l'Académie Saint-Luc en 1756.

BARTHÉLEMY Jean Simon. Voir **BERTHÉLEMY**

BARTHÉLEMY Laurent
Né en Provence. XVIᵉ siècle. Français.

Peintre verrier.

Se fixa à Agen vers le milieu du XVIᵉ siècle.

BARTHÉLEMY Louis
XXᵉ siècle. Français.

Peintre de paysages urbains.

Il fit de nombreux envois au Salon des Tuileries de 1941 à 1943, parmi lesquels de nombreuses vues de Paris : *Montmartre, Impasse Trainée – Moulin de la Galette, 1941 – Ménilmontant, 1943.*

BARTHÉLEMY Louys
XVIIᵉ siècle. Actif à Nantes. Français.

Peintre.

Cité par document le 18 janvier 1662.

BARTHÉLEMY Marguerite
Née à Bollène (Vaucluse). XXᵉ siècle. Française.

Peintre de fleurs et de portraits.

Elle exposa des tableaux de fleurs et des portraits au Salon d'Automne de 1920 à 1937, au Salon des Indépendants en 1926 et 1927, au Salon des Tuileries de 1929 et participa à l'Exposition internationale de 1937.

BARTHÉLEMY Marius
Né le 31 décembre 1862 au Puy-en-Velay (Haute-Loire). Mort le 22 avril 1920 au Puy-en-Velay. XIXᵉ-XXᵉ siècles. Français.

Sculpteur.

Élève de Pascal et Cavelier et de l'École des Beaux-Arts de Paris, où il est entré en 1888. Admis au Salon en 1889. Il exécuta le projet primé au concours et exécuté en maquette du *Monument Crozatier* et de nombreuses restaurations d'églises ou monuments historiques. Il participe aux travaux de décoration de l'Exposition universelle de 1900. Il revient par la suite au Puy où il devient professeur de modelage à l'École industrielle du Puy et exécute plusieurs œuvres commandées par cette ville.

MUSÉES : LE PUY-EN-VELAY : *Viouletto – Buste de M. Dumas – Rêverie – Médaillon de Camille Robert, dessinateur, graveur – Buste de M. Aynard, ancien directeur du Musée.*

BARTHÉLEMY Maurice
Né à Paris. XXe siècle. Français.
Peintre de paysages.
Entre 1931 et 1937, il exposa des paysages au Salon des Indépendants.

BARTHÉLEMY Pierre
XVIe siècle. Actif à Nancy. Français.
Portraitiste.
Peignit, en 1505, pour l'oratoire de René II, un portrait du pape Saint-Grégoire.

BARTHÉLEMY Raymond
Né le 18 juin 1833 à Toulouse. Mort le 1er octobre 1902 à Paris. XIXe siècle. Français.
Sculpteur.
Cet artiste fut élève, en 1857, à l'École des Beaux-Arts de Paris. En 1859, il exposa pour la première fois au Salon, et y reçut des prix importants en 1860, 1867, 1869, 1889. Ses œuvres principales sont : *Jeune faune avec un bouc* (bronze, 1866, au Luxembourg). *Présentation de Jésus au Temple* (relief, 1870, à Notre-Dame de la Croix à Ménilmontant), *Les déesses de la gloire*, au plafond de l'amphithéâtre de l'Opéra, *Le Sacré-Cœur* (église Saint-Joseph de Paris).

BARTHÉLEMY de Clerc
Mort vers 1476. XVe siècle. Travaillait en Provence et en Anjou. Français.
Peintre.
Cet artiste est peut-être le même que « Berthélemy le peintre » qui travaillait, en 1440, pour le comte de Charolais depuis Charles-le-Hardi. Son nom de famille est écrit de différentes manières dans les documents : « de Clerc, de Eilz, de Cilz, de Gils, de Ecle ». Il travailla, en 1447, à Tarascon, pour le roi René d'Anjou, dont il devint le peintre favori. Il fut peintre de la Cour et valet (avant 1449).

BARTHÉLEMY d' EYCK. Voir EYCK Barthélemy d'

BARTHÉLEMY de Mélo. Voir MÉLO Barthélemy de

BARTHÉLEMY de Perpignan
XIIIe siècle. Français.
Sculpteur sur bois.
Travailla, en 1294, avec ses deux fils, aux stalles de l'église d'Elne (Pyrénées-Orientales).

BARTHÉLEMY-GIMMIG Sabine
XXe siècle. Française.
Artiste.
Elle a participé, en 1994, à l'exposition *Avis de tempête* au Fonds régional d'art contemporain Provence-Alpes-Côte d'Azur à Marseille.
BIBLIOGR. : Jean Yves Jouannais : *Avis de tempête*, Art Press, n° 197, Paris, déc. 1994.

BARTHÉLEMY-ROUYER Thérèse
Née à Bar-le-Duc (Meuse). XXe siècle. Française.
Aquarelliste.
Elle fut l'élève de Stella Samson et d'Elisabeth Zabeth. Elle appartint à l'Union des Femmes peintres et sculpteurs. Elle exposa au Salon plusieurs toiles dont : *Le coin de table, 1934 – La chèvre blanche, 1936.*

BARTHELIER Jean François
XVIIe siècle. Actif à Toulon. Français.
Sculpteur sur bois.
Travailla, en 1688, sous la direction de Raymond Langueneux, à des travaux de sculpture navale.

BARTHELME Hugo
Né en 1822 à Eussenhausen (Franconie). Mort le 4 février 1895 à Munich. XIXe siècle. Allemand.
Peintre d'histoire.
Élève de Heinrich Hess et Joh. Schraudolph à Munich. A fait beaucoup de tableaux d'autel et religieux, des portraits, des scènes de famille et des tableaux de genre. On voit de lui deux fresques et de nombreux portraits à Birmingham (1857), deux tableaux au Musée national de Munich : *Fondation de l'Univer-*

sité d'Erlangen, 1743 et *Oraison de fête de l'archevêque Louis de Würzburg*. On mentionne aussi : *Vie de la Vierge et des douze apôtres* (fresques de l'église de Weissenhorn). Avec Max Huber (1868-1869), il fit encore des fresques dans l'église de l'Université de Würzburg, en 1891 et un *Ave Maria*, donné par des pèlerins à Jérusalem.

BARTHELMESS Claus
Né en 1900 à Neuss. XXe siècle. Allemand.
Céramiste.
Entre 1920 et 1923, il fut étudiant au Bauhaus et y devint par la suite directeur d'un atelier de céramique.
Depuis 1927, il exerce ses activités de céramiste d'architecture et de potier à Düsseldorf où il enseigne à l'Académie depuis 1960.

BARTHELMESS Nikolaus
Né le 27 juin 1829 à Erlanger. Mort le 29 août 1889 à Düsseldorf. XIXe siècle. Allemand.
Graveur au burin.
Étudia aux Académies de Munich et de Düsseldorf, où il fut élève de Joseph de Keller ; il termina ses études à Paris et se fixa, en 1857, à Düsseldorf. Il fut membre de l'Académie des Arts de Berlin. Barthelmess a reproduit surtout les œuvres de Vautier, Defregger. Il exposa à la Royal Academy de Londres en 1879.

BARTHELMESS Rudolf
XIXe-XXe siècles. Allemand.
Peintre.
Représenté au Musée de Düsseldorf par le portrait de Carl Max Schreiner.

BARTHELMY Carl
XVIIIe siècle. Actif à Breslau. Allemand.
Sculpteur.
Fils du marchand Ludwig Barthelmy, à Hanau. Cité en 1758.

BARTHELS Artus et Jacques
XVIIe siècle. Éc. flamande.
Peintres.
Travaillèrent à Anvers et furent maîtres en 1620-1621.

BARTHELS Luc
Né en 1950 à Tongres. XXe siècle. Belge.
Peintre de portraits et de compositions à personnages.
Il est avocat. Il fut élève de Roger Somville dans la section peinture monumentale à l'Académie de Watermael-Boitsfort. Son œuvre s'inscrit dans le vaste mouvement du retour à la figuration. Ses portraits aux couleurs vives sont l'expression d'états d'âmes non dénués d'un clin d'œil naïf.
BIBLIOGR. : In : *Diction. biographique illustré des artistes en Belgique depuis 1830*, Arto, Bruxelles, 1987.

BARTHELS Mathias
XVIIIe siècle. Actif à Cologne en 1706. Allemand.
Sculpteur.

BARTHEM Jacobus Van
XVIIe siècle. Hollandais.
Peintre.
Fut admis dans la corporation de Middelbourg en 1663, écrivit cette même année le livre de cette corporation, et mourut en 1666-1667.

BARTHÈS Charles
Né à Béziers (Hérault). XXe siècle. Français.
Peintre.
Associé de la Nationale des Beaux-Arts, il exposa en 1934.

BARTHES Joël
Né en 1955, originaire de Carcassonne (Aude). XXe siècle. Français.
Sculpteur. Art brut.
Éclusier à Puicheric, sur le canal du Midi, Barthes a peu à peu mis de côté les branches d'arbres, troncs, racines aux formes biscornues qu'il sortait du canal pendant la période d'entretien. Il les a d'abord sculptés à la tronçonneuse, faisant naître des personnages déconcertants, des animaux fantastiques, extraterrestres, gargouilles, humanoïdes dont la forme ou l'expression sont toujours déterminées par le matériau originel, brut. Depuis ses débuts, sa technique s'est affinée et il emploie des outils plus sophistiqués que la tronçonneuse. À ce propos, Mireille Campana écrit ceci : « Après le Douanier Rousseau, le Facteur Cheval, pourquoi pas l'Éclusier Barthes ? ».
BIBLIOGR. : In : catalogue *Le pluriel des singuliers*, « Espace 13 », Galerie d'Art du Conseil Général des Bouches-du-Rhône, Aix-en-Provence, Actes Sud, 1998.

BARTHES Roland
Né en 1915. Mort en 1980 à Paris. xxe siècle. Français.
Dessinateur amateur.
En 1995, le Musée Bonnat de Bayonne a montré une cinquantaine de dessins de Roland Barthes, signés intimement *R. B.* et conservés par son demi-frère, le peintre Michel Salzedo. Roland Barthes est inhumé dans le cimetière d'Urt, au côté de sa mère, avec laquelle il partageait une maison du village basque, de même que l'appartement de la rue Servandoni à Paris, et à laquelle il ne survécut que trois années. L'essayiste renommé des années soixante, soixante-dix, le philosophe du structuralisme, était avant tout un dilettante raffiné, jouant agréablement du piano, Schumann, Schubert, chantant Fauré non sans technique, ayant pris des leçons auprès du baryton Charles Panzera. Lorsque le Groupe de Théâtre Antique de la Sorbonne représenta à travers la France *Les Perses* d'Eschille, avec une musique de Jacques Chailley, Roland Barthes y tenait le rôle de l'apparition du défunt roi Darius. On savait qu'il traitait de peintres, il aimait Klee, Michaux, Cy Twombly, on savait peu qu'il dessinait aussi, il précise : de la main droite, ajoutant la couleur de la gauche pour préserver « la pulsion ». Ce sont des dessins de désœuvrement ou de détente concertée, parfois ou souvent comparables aux graffitis qui échappent à un auditeur inattentif, sauf que l'acte de les colorier ressortit à une intention délibérée. D'ailleurs, lui-même en avait fait figurer un, désigné et daté de « Juan-les-Pins été 1974 », sur la couverture de son *Roland Barthes par Roland Barthes* de la collection des *Écrivains de toujours*. Ce sont en général des entrelacs un peu comme calligraphiés, mêlés de quelques soupçons de lettres, voire de l'alphabet grec. Parfois, il suggérait un paysage, une nature morte, une fleur. Dernière curiosité : certains de ces dessins coloriés de l'amateur Roland Barthes sont, en marge, analysés et jugés sans faiblesse par le professeur Barthes, attestant de la modestie de son propos plastique, mais ne le reniant toutefois pas. Hervé Gauville, dans l'article cité en Bibliographie, restitue cette activité graphique à la sexualité du « discours amoureux », grâce à un extrait de Barthes lui-même : « L'opinion courante veut toujours que la sexualité soit agressive. Aussi l'idée d'une sexualité heureuse, douce, sensuelle, jubilatoire, on ne la trouve dans aucun écrit. Où donc la lire ? Dans la peinture ou mieux encore : dans la couleur. Serais-je peintre, je ne peindrais que des couleurs. » ■ J. B.
BIBLIOGR. : Hervé Gauville : *R. B., autres fragments d'un discours*, in : Libération, Paris, 8 août 1995.

BARTHEZ Robert Philippe
Né le 30 avril 1942 à Villefranche d'Albigeois (Tarn). xxe siècle. Français.
Peintre.
Autodidacte, il présenta des toiles abstraites de tendance surréalisante au Salon des Indépendants de 1973 et 1974.

BARTHLIMÉ Urs Joseph
xviiie siècle. Suisse.
Peintre verrier.
Travaillait à Soleure vers 1722-1730. On ne connaît de ses travaux que l'écu dans le livre des armoiries de la corporation.

BARTHOL David
Né en 1589 à Badonviller (Meuse). Mort le 6 juin 1639 à Badonviller. xviie siècle. Français.
Dessinateur d'ex-libris.
Fut citoyen de Genève le 27 décembre 1631. Il a dessiné et gravé les ex-libris de la bibliothèque de l'Académie de Genève.

BARTHOLD Manuel
Né le 9 septembre 1874 à Moscow (États-Unis). Mort en 1947 à Montevideo (Uruguay). xxe siècle. Naturalisé en France. Américain.
Peintre de portraits et de compositions à personnages.
Après avoir appris l'art du dessin aux États-Unis, il vint à Paris en 1894 et fut élève de J.-P. Laurens et de Fernand Cormon. En 1904, il obtint une médaille de 2e classe au Salon des Artistes Français, devint hors-concours et fut promu chevalier de la Légion d'honneur en 1926. En 1905, il fut récompensé à l'Exposition de Liège. Parmi ses envois, on peut citer : *Fillette raccommodant – Intérieur, 1926 – Portrait de Juan Antonio Zubillaga – Portrait de L. Théo-Dubé, 1938*.
Au cours de ses nombreux voyages, il fit des portraits d'apparat, mais il montra davantage une sensibilité impressionniste à travers ses paysages du Pays basque, de Bretagne, Hollande, Espagne, Amérique latine.

BIBLIOGR. : Gérald Schurr : *Les Petits Maîtres de la peinture 1820-1920, valeur de demain*, Les Éditions de l'Amateur, t. II et V, Paris, 1981-1982.
VENTES PUBLIQUES : PARIS, 30 avr. 1951 : *La jeune soubrette* : FRF 12 000 – LONDRES, 8 fév. 1985 : *Jeune fille sur le pas de la porte* 1908, h/t (54,5x38) : GBP 850.

BARTHOLDI Frédéric Auguste
Né le 2 avril 1834 à Colmar (Haut-Rhin). Mort le 4 octobre 1904 à Paris. xixe siècle. Français.
Sculpteur de monuments, statues, animalier. Postromantique.
Il étudie d'abord l'architecture à Colmar, puis il vient à Paris et entre dans l'atelier du peintre Ary Scheffer, et enfin dans ceux des sculpteurs Jean-François Soitoux et Antoine Étex. Vers 1855, il fait un voyage en Grèce, en Grèce, Égypte et en Orient, en compagnie du peintre Jean Léon Gérome.
Dès 1853, il expose au Salon un *Bon Samaritain* ; en 1855 sa statue du *Général Rapp* montre son goût pour les proportions grandioses ; en 1857 *La Lyre chez les Berbères, souvenir du Nil*. Il obtient des mentions au Salon en 1859, 1861, 1863 ; enfin, en 1895, il reçoit la médaille d'Honneur pour *La Suisse secourant les douleurs de Strasbourg*, monument érigé à Bâle, et est hors-concours et membre du jury à l'Exposition universelle de 1900. En 1864, il est nommé chevalier de la Légion d'honneur, officier en 1882 et commandeur en 1887.
Dans ses premières années, il exécute diverses compositions, dont, pour sa ville natale, la statue du *Général Rapp*, le monument de *Martin Schongauer* (1861), pour la cour du cloître Unterlinden, dans le Musée de Colmar, le monument de l'*Amiral Bruat* (1863). Sa renommée devient internationale avec *La Liberté éclairant le monde*, dont une réduction paraît à l'Exposition de 1878, et dont la réalisation définitive, conçue techniquement par Eiffel, en lames de cuivre battu (1886), offerte par la France aux États-Unis, se dresse à l'entrée du port de New York, dont une réplique est érigée sur une île de la Seine à Paris. Il travaillera ensuite beaucoup pour l'Amérique. Il exécute aussi le *Lion de Belfort* (1875-80), taillé dans le grès rouge, pour commémorer la résistance française en 1870, dont la réplique au tiers en cuivre domine la place Denfert-Rochereau à Paris. Il travailla beaucoup pour les monuments et les places publiques, dont le monument à *Lafayette et Washington* à Paris (1892-95), les chevaux de la fontaine de la Place des Terreaux à Lyon, et fit les plans du Palais de Longchamp à Marseille. ■ J. B.
BIBLIOGR. : In : *Diction. de la Sculpt., la sculpt. occid. du Moyen Âge à nos jours*, Larousse, Paris, 1992.
MUSÉES : AMIENS : *Statue du général de Gribeauval* – LYON : *La Liberté éclairant le monde*, terre cuite – MULHOUSE : *La gravure*, bronze – *Portrait d'Émile Habner*, plâtre – *Épisode du siège de Paris*, bronze – *La Liberté éclairant le monde*, terre cuite – *Le Lion de Belfort*, bronze – *Maquette de la statue de Martin Schongauer*, plâtre – *Médaille des Défenseurs de Belfort* – NANTES : *La Liberté éclairant le Monde – Arrivée des Suisses*, siège de Strasbourg – *La Suisse vient en aide aux Strasbourgeois – Arrivée à Strasbourg des habitants de Zurich* – TOUL : *La Liberté éclairant le monde*.
VENTES PUBLIQUES : NEW YORK, 31 mai 1985 : *La liberté éclairant le monde* 1875, bronze, patine brun foncé avec traces de dorure (H. 128,3) : USD 110 000 – PARIS, 4 mars 1988 : *Ébauche de la statue de la Liberté*, terre cuite (H. : 52cm) : FRF 37 000 – GÖTEBORG, 18 mai 1989 : *Lion de Belfort*, bronze (L. 31) : SEK 4 600 – NEW YORK, 28 sep. 1989 : *La statue de la Liberté*, aquar. et cr./pap./cart. (13,2x21) : USD 12 100 – PARIS, 12 juin 1992 : *Le lion de Belfort*, cr. noir et blanc/pap. (36x56) : FRF 20 000 – NEW YORK, 4 déc. 1992 : *Christophe Colomb*, bronze (H. 66) : USD 13 200 – NEW YORK, 26 mai 1994 : *Jardinière : les maraudeurs*, bronze (H. 20,3 ; L. 26) : USD 5 175 – NEW YORK, 14 sep. 1995 : *La Liberté éclairant le monde*, bronze (H. 86,4) : USD 23 000 – NEW YORK, 17 jan. 1996 : *Le lion de Belfort*, bronze (H. 24,1, L. 40,6) : USD 3 450 – NEW YORK, 23 oct. 1997 : *Christophe Colomb*, bronze patine brune (H. 69,8) : USD 14 950.

BARTHOLINI Lorenzo. Voir BARTOLINI

BARTHOLOMAEUS
xvie siècle. Actif à Lunebourg, cité en 1511 comme « pictor insignium ». Allemand.
Peintre.

BARTHOLOMAEUS Paieroli
xvie siècle. Actif à Miraguello.
Peintre.
Cité à plusieurs reprises, de 1529 à 1543.

BARTHOLOMÄUS ou Bartolmes von Keczz
xve siècle. Allemand.
Peintre.
Devint citoyen de Nuremberg le 25 mai 1421.

BARTHOLOMÉ
xviiie siècle. Actif à Paris en 1766. Français.
Graveur au burin.
On connaît de lui un plan de Paris publié par Edme Verniquet.

BARTHOLOMÉ Albert
Né le 29 août 1848 à Thiverval (Yvelines). Mort en 1928 à Paris. xixe-xxe siècles. Français.
Peintre de genre, figures, portraits, sculpteur de monuments, portraits, dessinateur, pastelliste.
Élève de Barthélémy Menn à Genève, il travailla sous la direction de Gérôme à Paris. Engagé volontaire pendant la guerre de 1870, il continua à peindre et participa au Salon, de 1879 à 1886. Sociétaire de la Société Nationale des Beaux-Arts en 1892, il devint vice-président de cette société en 1914, président de 1921 à 1924 et président d'honneur jusqu'en 1928. Il avait obtenu le grand Prix de la sculpture à l'Exposition universelle de 1900. Chevalier de la Légion d'honneur en 1895, officier en 1900, il reçut la cravate de commandeur en 1911. Il fut membre correspondant des Académies d'Angleterre, d'Écosse, d'Espagne et de Belgique.
En peinture, il se dégagea de l'influence de ses maîtres pour montrer un tempérament proche de celui de Bastien-Lepage, tout en étant ami intime de Degas. Parmi ses œuvres peintes, citons : *Jeux d'enfants dans la cour d'une école villageoise – Souper de vieillards – Musiciens dans une cour – Les derniers épis – L'aïeule coupant du pain pour ses petits-fils – Nourrice avec voiture d'enfant dans une serre*.
Il abandonna soudainement la peinture, à la mort de sa jeune femme en 1886, et se consacra à la sculpture. Poussé par le désespoir que lui causa cette disparition, il exprima sa douleur par une œuvre empreinte d'une grande mélancolie, et devint le sculpteur des monuments funéraires et des femmes en larmes. Il réalisa plusieurs monuments aux morts, notamment un tombeau égyptien dans l'allée centrale du cimetière du Père-Lachaise à Paris, les monuments aux Morts de Cognac, du Creusot, de Saint-Jean-d'Angély, de Corneilles-en-Parisis. Citons encore : *Le premier couple*, groupe en plâtre – *Portrait du collectionneur japonais Hayashi – Le secret*, relief en marbre – *Jeune fille se lamentant – Portraits-bustes de Mme Forain – Mme Jeanniot – Mme de La Laurencie – Benoît Malon – Dubufe – J.-J. Rousseau – Honoré Champion*. Parmi ses monuments, on peut citer : *Monument mortuaire de Meilhac*, au cimetière de Montmartre – *Monument de Mme Mabel de la Croix*, au cimetière du Montparnasse – *Monument aux auteurs et compositeurs dramatiques*, rue Henner – *Monuments aux avocats et magistrats morts au Champ d'Honneur*. Tout en s'adonnant à la sculpture, il a continué à produire des dessins et des pastels.
Exprimant son lyrisme par des formes d'une grande pureté classique, il travailla en collaboration avec l'architecte Camille Formigé et la fonderie Siot Decauville.

Bartholmé

Bibliogr. : Catalogue des bronzes et objets d'art, Siot-Decauville fondeur, éditeur, Paris – Thérèse Burollet – *À propos du Monument aux morts d'Albert Bartholomé : une nouvelle acquisition du Musée de Brest*, La Revue du Louvre et des musées de France, Paris, 1974.
Musées : Béziers : *Fragment du monument aux morts* – Brême : *La douleur* – Bruxelles – Budapest – Copenhague – Dresde (Albertinum) : *Jeune fille se tressant les cheveux* – Édimbourg – Lausanne (Mus. canton. des Beaux-Arts) : *Masque de femme – Baigneuse agenouillée* – Marseille – Mulhouse : *Jeune fille pleurant*, sculpt. en pierre – Paris (Mus. des Arts déco.) : *Baigneuse agenouillée*, bronze patiné – Paris (Mus. d'Art Mod.) : *Enfant pleurant* 1894, bronze – Paris (Mus. d'Orsay) : *Dans la serre* 1881 – Pau – Reims – Rome – Toulouse – Vienne .
Ventes Publiques : Paris, 10 nov. 1927 : *Étude pour le monument aux morts du cimetière du Père-Lachaise*, dess. au cr. noir reh. : **FRF 300** ; *Fillettes jouant* : **FRF 1 500** – Paris, 17 mars 1938 : *Baigneuse*, terre cuite : **FRF 950** – Paris, 4 juin 1951 : *Nu agenouillé*, bronze patiné : **FRF 7 000** – Monte-Carlo, 5 déc. 1976 : *La Pleureuse* vers 1900, bronze doré (L. 17) : **FRF 4 200** – Monte-Carlo, 8 oct. 1977 : *La Pleureuse* vers 1900, bronze (H. 20) : **FRF 4 200** – Monte-Carlo, 27 oct. 1982 : *Tête de jeune*

femme vers 1900 (H. 51) : **FRF 13 000** – Épernay, 3 mars 1985 : *Jeune baigneuse*, bronze (35x44) : **FRF 14 000** – New York, 26 mai 1994 : *La douleur*, bronze et grès rouge (H. 38,7) : **USD 4 887**.

BARTHOLOMÉ Jean
Né à Chambéry. xve siècle. Italien.
Peintre.
Exécuta diverses peintures pour la cour de Savoie, de 1470 à 1497. En 1470, il peignit, à la demande de sa ville natale, l'horloge et l'intérieur de l'église Saint-Léger.

BARTHOLOMÉ Léon
Né en 1865 à Lille (Nord). xixe-xxe siècles. Belge.
Peintre, dessinateur, aquafortiste et aquarelliste.
Il travailla en Bretagne, en Zeelande, en Brabant et en Flandre. Il fut associé de la Société Nationale des Beaux-Arts à partir de 1895 et exposa au Salon en 1906 et 1907. Cette dernière année il présenta des œuvres au Palais de Cristal à Munich.
Ventes Publiques : Paris, 21 fév. 1900 : *Le concierge*, past. : **FRF 112** ; *Bretonne à la messe*, past. : **FRF 125**.

BARTHOLOMÉ Magdeleine Paule
Née à Ars-en-Ré (Charente-Maritime). xxe siècle. Française.
Aquarelliste.
Elle fut élève de M.H. Delattre et membre de l'Union des Femmes peintres et sculpteurs.

BARTHOLOMEESZ Pieter
Né vers 1597 à Rotterdam. Mort en octobre 1630 à Rotterdam. xviie siècle. Hollandais.
Peintre.

BARTHOLOMEO, maestro
xve siècle. Actif en Vénétie. Italien.
Sculpteur et fondeur.
Réputé dans son temps ; la « Seigneurie », en 1479, le choisit pour accompagner Gentile Bellini à Constantinople.

BARTHOLOMEUS
xve siècle. Actif à Udine. Italien.
Sculpteur.
Exécuta, en 1495, une statue de *Saint Nicolas*.

BARTHOLOMEW Anne Charlotte, née Fayerman
Née le 28 mars 1800 à Loddon (Norfolk). Morte le 18 juin 1862 à Londres. xixe siècle. Britannique.
Peintre de fleurs et de miniatures, écrivain.
Épousa en premières noces le compositeur W. Turnbull ; en secondes noces, elle se maria avec le peintre de fleurs V. Bartholomew. Elle exposa une série de portraits miniatures, de 1829 à 1857, à la Royal Academy, à Londres. Le British Museum possède d'elle un paysage, étude à l'aquarelle.

BARTHOLOMEW Charles L.
Né au xixe siècle à Chariton (Iowa). xixe siècle. Américain.
Illustrateur.
Il travailla pour le *Journal* de Minneapolis, et signa *Bart*.

BARTHOLOMEW Donald C.
Mort en 1913 à White Plains (New York). xixe-xxe siècles. Américain.
Dessinateur.

BARTHOLOMEW Edward Sheffield
Né en 1822 à Colchester. Mort le 2 mai 1858 à Naples. xixe siècle. Britannique.
Sculpteur.
Fut directeur de la Wadsworth Gallery à Hartford, où se trouvent la plupart de ses œuvres. On cite surtout : *Ève repentante* ; *Sapho*, et le portrait en relief de la femme poète *Lydia H. Sigourney*.

BARTHOLOMEW Harry
xixe siècle.
Peintre de genre.
Il exposa à Londres en 1889-1890.

BARTHOLOMEW Valentin
Né le 18 janvier 1799 à Clerkennwell. Mort le 21 mars 1879 à Londres. xixe siècle. Britannique.
Peintre de natures mortes, fleurs et fruits, aquarelliste.
Il fut « peintre de fleurs ordinaire de Sa Majesté », et en 1835, associé de la Société des aquarellistes, où il exposa des fleurs et des fruits. De 1826 à 1876 il exposa souvent à la Royal Academy. Il travailla aussi pour la duchesse de Kent.
Musées : Londres (Victoria et Albert Mus.) : *Azalées*, aquar. – *Camélias*, aquar.

VENTES PUBLIQUES : LONDRES, 9 juin 1922 : *Fruits et pot de confitures*, dess. : **GBP 10** – LONDRES, 10 juil. 1984 : *Natures mortes aux fleurs* 1839, aquar. et cr. reh. de blanc, une paire (65,5x53,5 et 72,5x53) : **GBP 3 800** – LONDRES, 25 jan. 1988 : *nature morte de fruits avec un pot de faïence* 1849, aquar. (38x53,5) : **GBP 1 760** – LONDRES, 9 oct. 1996 : *Cactus fleuri*, aquar. avec reh. de gche (82x62) : **GBP 1 610**.

BARTHOLOMEW W. N.
XIXe-XXe siècles. Américain.
Peintre.
Membre du Boston Art Club ; il y exposa des aquarelles à la 58e Exposition, en avril 1898.

BARTHOLOMEW William H.
Né en 1856. Mort en 1919 à Brooklyn (New York). XIXe-XXe siècles. Américain.
Graveur.

BARTHOLOMIEU de Chambéry
XVe siècle. Éc. savoyarde.
Peintre verrier.
En 1442, il fut l'aide de « Jean le peintre » (Jean Bapteur) et travailla pour lui jusqu'en 1445. Lors de l'entrée du duc de Bourbon en Savoie, Bartholomieu fut occupé aux décorations qui ornèrent la ville.

BARTHOLONI Blanche
Née à Genève. XXe siècle. Française.
Peintre, aquarelliste.
Entre 1926 et 1939 elle présenta ses tableaux, aquarelles et broderies au Salon des Indépendants. Parmi ses œuvres on peut citer : *Cigognes noires* – *Poisson d'or*.

BARTHOLONY Charles
Né à Paris. XIXe siècle. Français.
Peintre de genre, paysages.
Il fut l'élève de J. Noël, Staal et Palizzi ; il exposa au Salon de 1868 à 1889.
VENTES PUBLIQUES : LONDRES, 7 fév. 1986 : *Élégants personnages au bord d'un ruisseau* 1870, h/t (129x87) : **GBP 2 500**.

BARTHOLOT de Paris
XIVe siècle. Actif à Avignon. Français.
Enlumineur.
En 1357, il travailla pour la bibliothèque de Clément VI.

BARTHOLUS Falconetti
XIVe siècle. Italien.
Amateur d'art.
Cité parmi les « consules artium » à Florence, en 1326-1327.

BARTHOMEUF Victor Barthélemy
Né le 13 mars 1883 à Lyon. XXe siècle. Français.
Peintre de portraits, de figures et de paysages.
Il étudia à l'École des Beaux-Arts de Lyon et exposa dans cette même ville à partir de 1906.

BARTHOMI Charles
XIXe siècle. Français.
Peintre de genre et de paysages.
Cité par Mireur.
VENTES PUBLIQUES : PARIS, 1894 : *Cours d'eau dans un parc* : **FRF 600** ; *Un jour d'hiver* : **FRF 1 200** ; *Le naufrage* ; *Clair de lune* : **FRF 1 200**.

BARTHON Auguste
Né à Lavaveix-les-Mines (Creuse). XXe siècle. Français.
Peintre.
Il fut l'élève de Luc.Olivier Merson, de A. J. Delzers et de S. P. Grateyrolle. Sociétaire du Salon des Artistes Français il y exposa : *Bergère creusoise* en 1933.

BARTHOUTS Leendert
XVIIe siècle. Hollandais.
Peintre.
Il fut l'élève de Jean van Ravesteyn à La Haye, en 1623 et en 1624.

BARTIK Herbert
Né en 1921. XXe siècle. Allemand.
Peintre.
Il est autodidacte et n'a commencé à peindre qu'en 1967. Ses toiles représentent en général des jardins en fleurs peuplés de petites maisons.

BARTINGER Josef
Né à Innsbruck. Mort à Innsbruck. Autrichien.
Peintre.
Peignit des fresques (paysages et caricatures) dans des villas d'Innsbruck. Le Musée de Méran conserve un diplôme orné par lui de six aquarelles.

BARTINGER Otto
Né en 1824 à Innsbruck. Mort le 31 octobre 1891 à Wilten. XIXe siècle. Autrichien.
Peintre.
Passa son enfance au monastère de Wilten et fut ordonné prêtre. Il peignit des fresques à l'église de Sistrans, et fit aussi quelques sculptures sur bois.

BARTIUS Willem ou Bartsius ou Baldeus ou Baltuis ou Bardesius
Né vers 1612 à Enkhuisen. XVIIe siècle. Hollandais.
Peintre de genre, portraits.
Fils du « Pensionaris » Paul Bartsius et de Frederickgen Meynerstdr. Cet artiste entra, en 1634, dans la corporation d'Alkmaar ; habitait Amsterdam en 1636, et vivait encore en 1639. Sa sœur Aecht épousa Pieter Potter.
En 1634, il peignit un tableau pour Alkmaar, conservé au Musée. On ne connaît que peu de ses portraits et peintures de genre. Il signait de son nom en entier ou avec des initiales W. B. Il eut pour élève, à Alkmaar (1634), Abraham Meyndertsz. On cite de lui le *Portrait de Mlle Speyaert*, au Musée d'Amsterdam.

W·BARTSIVS · F· 1633·

BAR〒 S. Fecit

MUSÉES : ALKMAAR – AMSTERDAM : *Portrait de Mlle Speyaert* – BERLIN : *Portrait d'homme debout, jouant de la flûte* – MIDDELBURG : *Dame à cheval, à qui un berger présente une coupe* – *Portrait d'un cavalier*.
VENTES PUBLIQUES : LONDRES, 13 avr. 1923 : *La fille du pharaon réveillant Moïse* : **GBP 6** – LONDRES, 4 juil. 1927 : *Abraham renvoyant Sarah* : **GBP 26** – AMSTERDAM, 16 nov. 1994 : *Portrait d'un jeune bourgeois tenant une chope*, h/pan. (17x13,5) : **NLG 2 070**.

BARTL Johann
Né en 1765 à Tarvis (Carinthie). Mort le 21 novembre 1830. XVIIIe-XIXe siècles. Autrichien.
Peintre.
Son père, peintre et doreur, lui enseigna le dessin et l'envoya se perfectionner à Graz et à Vienne. Au bout de deux ans, il revint dans son pays, où il peignit plusieurs tableaux d'église. En 1798, il se fixa à Ober-Villach.

BARTL Jozsef
Né en 1932 à Soroksa (Hongrie). XXe siècle. Hongrois.
Peintre.
Il est diplômé de l'École des Beaux-Arts de Budapest. Il obtint la bourse d'études Derkovits. Il participe à de nombreuses expositions nationales. Il travaille à Szentendre. Il est représenté dans les Collections Ludwig en Allemagne.
VENTES PUBLIQUES : PARIS, 14 oct. 1991 : *Poupée jaune* 1990, h/t (25x25) : **FRF 11 000**.

BARTLE George P.
Né en 1853 à Washington. Mort en 1918 à Phalanx (New Jersey). XIXe-XXe siècles. Américain.
Peintre et graveur.

BARTLE Sarah Norwood
Née à Washington. Américaine.
Peintre de miniatures.

BARTLESON Malotte
Née au XIXe siècle en Alabama (États-Unis). XIXe siècle. Américaine.
Miniaturiste.
Élève de Mmes Laforge et Debillemont-Chardon, à Paris. Elle reçut aussi des leçons de Castelucho.

BARTLETT Annie S., Miss
XIXe siècle. Britannique.
Peintre de fruits.
Elle exposa à la Royal Academy et à Suffolk Street (Londres) de 1864 à 1870.

BARTLETT Charles William
Né en 1860 dans le Dorsetshire. Mort en 1940. XIXe-XXe siècles. Britannique.

Peintre de genre, figures, portraits, paysages, aquarelliste.

Cet artiste s'établit à Beer, Devon. Il travailla successivement à Paris, en Hollande et à Venise, où il prit presque tous ses sujets de paysages et figures, aquarelle et peinture à l'huile.

On connaît de lui : *Pardon en Bretagne* (aquarelle), *Enterrement en Hollande*, *Le Semeur de scandales*, *Le Palais des Doges*, *Fête en Bretagne*, et quelques portraits.

Musées : Bristol : *Enterrement en Hollande* – Bruxelles : *Enterrement*.

Ventes Publiques : Londres, 2 mars 1978 : *Le Marché aux fromages, Hollande* 1899, h/t (64x76,2) : **GBP 750** – Londres, 5 juin 1981 : *The harbour, St Ives, Cornwall* 1885, h/t (58,5x82) : **GBP 5 500** – Londres, 10 juin 1981 : *The dance* 1907, aquar. et craie noire reh. de gche (51,5x61,5) : **GBP 980** – Londres, 2 nov. 1983 : *Le marché aux choux* 1900, aquar./traits de cr. (62x80) : **GBP 2 000** – Édimbourg, 30 avr. 1985 : *A sound sleep*, aquar. (37,5x30,5) : **GBP 1 400** – Londres, 3-4 mars 1988 : *La baignade*, h/t (85x135) : **GBP 5 500** – Londres, 15 juin 1988 : *La pêche cotière*, h/t (61x86,5) : **GBP 1 650** – Londres, 9 juin 1988 : *Pêcheurs remontant les filets* 1884, h/t (48,2x73,8) : **GBP 3 520** – Londres, 8 juin 1989 : *Jeunes pêcheurs dans la lagune près de Venise* 1882, h/t (67,5x115) : **GBP 15 400** – Londres, 13 déc. 1989 : *La remontée des filets* 1884, h/t (51x79) : **GBP 9 350** – Londres, 22 mai 1991 : *Sur la lagune à Venise* 1883, h/t (31x48) : **GBP 1 980** – Londres, 25 oct. 1991 : *Les voisins* 1881, h/t (99x128,2) : **GBP 20 900**.

BARTLETT Clarence Drew
Né en 1860 à Athens (Ohio). xixᵉ siècle. Américain.
Peintre.
Il étudia à Munich sous la conduite de Carl Marr et à l'Académie Julian à Paris. Il a exposé au Chicago Art Institute et fit partie de la Société *Arti et Amicital* d'Amsterdam.

BARTLETT D.
xixᵉ siècle. Britannique.
Peintre de paysages.
Il exposa à la Royal Academy, à Londres, en 1828.

BARTLETT Dana
Née en 1878 ou 1882 à Ionia (Michigan). Morte en 1957. xxᵉ siècle. Américaine.
Peintre de figures, paysages, illustrateur.
Ventes Publiques : Los Angeles, 8 nov. 1977 : *Nocturne, Capistrnao Mission*, h/t (66x76,2) : **USD 750** – Los Angeles, 17 mars 1980 : *Paysage boisé*, h/t (50,8x61) : **USD 600** – Los Angeles-San Francisco, 12 juil. 1990 : *Artistes nocturnes*, h/cart. (35,5x32) : **USD 4 950** – New York, 14 nov. 1991 : *Paysage de montagnes*, h/t (63,5x76,9) : **USD 3 080**.

BARTLETT Ethel G.
xixᵉ-xxᵉ siècles. Américaine.
Peintre.

BARTLETT Frédéric Clay
Né le 1ᵉʳ juin 1873 à Chicago (Illinois). xixᵉ-xxᵉ siècles. Américain.
Peintre, décorateur.
Il étudia à Munich et à Paris avec Whistler puis s'installa à Chicago.
Musées : Chicago (Université) – Mayence .

BARTLETT Frederic Eugène
Né le 13 novembre 1852 à West Point (New York). Mort en 1911 à Highlands Falls (New York). xixᵉ-xxᵉ siècles. Américain.
Peintre.
Élève de Carolus Duran. Ses tableaux figurèrent aux Expositions de New York, Boston et Saint Louis.

BARTLETT G. Waldron
Né au xixᵉ siècle à New York. xixᵉ siècle. Américain.
Peintre et professeur.
Élève de Lowell et Nefflen.

BARTLETT J. Hoxie
Née à New York. xixᵉ-xxᵉ siècles. Américaine.
Peintre.
Elle exposa à la Société des Beaux-Arts à Paris. Élève de Gustave Courtois et de Peter Graham. Membre de la Society of Scottish Artists.

BARTLETT Jennifer
Née en 1941 à Long Beach (Californie). xxᵉ siècle. Américaine.

Peintre, technique mixte. Abstrait, entre minimal art et art conceptuel, puis figuratif.

Elle fut élevée à Long Beach (Californie) et l'océan a toujours été une constante de son travail. Elle a montré ses œuvres en 1994 et 1995, à la galerie Paula Cooper à New York. L'œuvre de Jennifer Bartlett a ses débuts se situait entre l'art minimal et l'art conceptuel. Elle partait toujours de la même base, une trame de pointillés transposée par sérigraphie sur des planches en acier standardisées. Sur ces trames, elle peignait avec des couleurs d'émail des lignes de points, dont le nombre était calculé à partir d'un système numérique bien défini. La notion de séries était déjà très présente dans ces travaux. Dans la série *Rapsody*, la séquence finale en 126 éléments est peinte en 54 tonalités de bleus différents, en référence à l'eau. On retrouve le thème, éminemment bachelardien, de l'eau dans les séries *Nageurs* de 1977-1979, et *Au bord du lac* de 1979. Par la surface fluide de la peinture, elle exprime ses sensations essentielles, l'eau élément prédominant de son enfance, mais aussi l'eau élément primordial, dans toutes ses acceptions biologiques, psychologiques et psychanalytiques.

Depuis 1978, elle retravaille sur toile. Dans la série *Dans le jardin* de 1979-1981, elle réintroduit la notion de profondeur dans l'espace de la peinture. Sa peinture, devenue figurative, décline chaque thème en séries, utilisant divers techniques et supports. En 1981-1982, pour les séries *La crique* et *Dans l'île*, elle a utilisé : crayons de couleurs, collage, caséine sur plâtre, vernis sur verre et huile sur miroir (verre et miroir étant aussi des substituts de la surface de l'eau). En 1984, créant une « installation » pour le siège de Volvo en Suède, elle utilisa pour la première fois des objets réels et des projections de lumière. K. Larson compare l'art de Jennifer Bartlett à « un fillet qui vous entraîne dans la profondeur philosophique des eaux ». ■ M. M., J. B.

Bibliogr. : *Aspects Historiques du Constructivisme et de l'Art Concret*, Catalogue de l'exposition, Musée d'Art Moderne de la Ville de Paris, 1977 – K. Larson : *Art – Le non-dit de Jennifer Bartlett*, New York Times, 12 avr. 1985.

Ventes Publiques : New York, 13 mai 1981 : *Study for 123 East 19th Street* 1977, cr., mine de pb encre (42,5x55) : **USD 950** – New York, 5 nov. 1985 : *Nageurs dans la tempête* 1979, h/t, 2 pan. et émail et sérig./11 plaques d'acier (141x241,3) : **USD 32 000** – New York, 5 mai 1986 : *Dans le jardin n° 201* 1983, h/t, diptyque (213,3x365,7) : **USD 80 000** – New York, 5 mai 1987 : *Bateaux bleus* 1984, past./4 feuilles pap. (134,6x203,2) : **USD 40 000** – New York, 4 mai 1988 : *À Sands Point*, h/t (152,4x152,4) : **USD 66 000** – New York, 8 oct. 1988 : *À l'extrémité de la plage* 1986, h/t (152,5x183) : **USD 29 700** – New York, 3 mai 1989 : *Dans le jardin I, II, III, IV*, h/t, vernis/12 plaques d'acier, cr./pap. et verre, vernis/verre (122x91,5 ; 129,5x96,5 ; 122x91,5 ; 122x91,5) : **USD 137 500** – New York, 7 mai 1990 : *Grids série XVIII* 1971, vernis/sérig./feuilles métalliques (l'ensemble 195,6x335,2) : **USD 88 000** – New York, 30 avr. 1991 : *Au bord d'un lac* 1978, vernis/sérig./45 plaques d'acier et h/t (l'ensemble 195,7x477,5) : **USD 176 000** – New York, 3 oct. 1991 : *L'île* 1984, h/t (274,3x398,7) : **USD 132 000** – New York, 12 nov. 1991 : *Broadway* 1977, émail et sérig./94 carrés d'acier (en tout 182,8x658,9) : **USD 82 500** – New York, 5 mai 1992 : *Dans le jardin* 1980, h/t, laque et sérig./six plaques d'acier, craies coul./pap., essais de vernis/verre (l'ensemble 91,4x292,1) : **USD 44 000** – New York, 19 nov. 1992 : *À Sands Point 25* 1985, h/t (121,9x121,9) : **USD 33 000** – New York, 4 mai 1993 : *À Sands Point 31* 1985, h/t (152,4x91,4) : **USD 51 750** – New York, 15 nov. 1995 : *Série de 9 plaques*, encre sérigraphique/plaques d'acier émaillées numérotées 1 à 9 (chaque 30,5x30,5) : **USD 13 800** – New York, 9 mai 1996 : *Le Sentier de la vieille maison 34* 1987, past./pap. en 5 parties (111,8x381) : **USD 34 500** – New York, 9 nov. 1996 : *À la mer, Japon*, soie et estampe coul./pap. Kurotani Hosho (57,5x260) : **USD 29 900** – New York, 20 nov. 1996 : *Old house lane n°26* 1986-1987, past./pap., trois pièces (en tout : 111,8x177,8) : **USD 54 625**.

BARTLETT Madeleine
Née à Woburn (Massachusetts). xixᵉ-xxᵉ siècles. Américaine.
Sculpteur.

BARTLETT Otto
Né au xixᵉ siècle à New York. xixᵉ siècle. Américain.
Peintre.
Travaillait à Paris vers 1905.

BARTLETT Paul Wayland
Né le 23 janvier 1865 à New Haven (Connecticut). Mort en 1925 à Paris. xixᵉ-xxᵉ siècles. Américain.

Sculpteur de bustes, de statues et de monuments.
Il commença de bonne heure ses études sous la direction de son père, sculpteur et critique d'art connu, avant de les poursuivre à Boston. Plus tard, il fit un voyage d'études avec sa mère à Paris afin de travailler sur l'œuvre des maîtres et fit des études d'animaux au Jardin des Plantes sous la direction d'Emmanuel Fremiet. A l'âge de douze ans, il réalisa un *Buste de sa grand-mère* qui fut exposé au Salon en 1880. Élève de l'École des Beaux-Arts, Pierre Cavelier fut son professeur et il rencontra Rodin. Au Salon de 1887 il présenta : *Bohémien, montreur d'ours*, et obtint une récompense. En 1889 il fut hors-concours, nommé membre du jury des récompenses et fut encore hors-concours à l'Exposition universelle de 1900 à Paris. Promu chevalier de la Légion d'honneur en 1895, officier en 1908 et commandeur en 1924, il était associé de l'Académie Royale de Belgique depuis 1917 et membre de nombreuses sociétés. Entre 1889 et 1900 il réalisa des œuvres vigoureuses : *La danse du soleil – Le lion mourant*. Ayant installé une fonderie dans son atelier de la rue des Favorites, il produisit de nombreux bronzes envoyés au Salon de 1895 : *Lions – Reptiles – Poissons*. C'est à cette époque qu'il reçut la commande de la statue équestre de La Fayette, sur laquelle il travailla dix ans. Achevée en 1908, elle fut offerte à la France par les écoliers des écoles des États-Unis et placée dans la cour du Carrousel à Paris où quelques critiques ne lui furent pas épargnées. Il exécuta alors de grandes figures comme *Michel-Ange – Christophe Colomb* pour Washington, la statue équestre du Général Mac-Clellan destinée au Smith Memorial de Philadelphie, et à New York réalisa conjointement avec le sculpteur J. Q. A. Ward des frontons d'édifices dont les six figures de la façade de la bibliothèque de New York. Il est l'auteur de la statue de *Franklin*, exposée en 1917, de *La Victoire – Quadrige de l'arc*, érigés à New York, des portraits de *Walters Griffin – Alexandre Agassiz*, et de la statue de *Robert Morris*. Décédé des suites d'une chute, il légua ses deux ateliers à l'Institut ainsi qu'une rente destinée aux jeunes sculpteurs français. Ses œuvres furent exposées au Musée de l'Orangerie avant de partir aux États-Unis.
Musées : Chicago – New York – Philadelphie – Saint Louis .
Ventes Publiques : New York, 29 sep. 1977 : *Ours* 1887, bronze, patine brune (H. 25) : **USD 2 000** – New York, 24 avr. 1981 : *Lion couché* 1890, bronze (H. 52,7) : **USD 1 600** – Londres, 18 juil. 1983 : *Adam*, bronze patine verte (H. 49) : **GBP 1 700** – New York, 29 mai 1986 : *Bohémien bear tamer* 1887, bronze, patine brune (H. 44,5) : **USD 27 000** – New York, 1er déc. 1988 : *Bohemian montreur d'ours*, bronze (H. 69) : **USD 22 000** – New York, 31 mai 1990 : *Portrait de Walt Whitman*, médaillon de bronze (diam. 10,1) : **USD 825** – New York, 18 déc. 1991 : *Aigle en alerte* 1916, bronze à patine vert sombre (H. 31,8) : **USD 4 675** – New York, 22 sep. 1993 : *Tortue*, bronze (H. 23,8) : **USD 2 990** – New York, 3 déc. 1996 : *Paré*, bronze (H. 31,7) : **USD 2 760** – New York, 25 mars 1997 : *Crocodile ; Médaillon de Walt Whitman* 1927, bronze patine verte, deux pièces (L. 27,9 ; diam. 24,1) : USD 2.070.

BARTLETT Truman Howe
Né en 1835 à Dorset (Vermont). XIXe siècle. Américain.
Sculpteur.
Travailla surtout à Boston. La plupart de ses œuvres furent coulées en bronze. Sa statue la plus importante est *Horace Wells*, à Hartford. Dans la même ville, on voit l'*Ange de la vie*, monument funéraire pour la famille Clarke.

BARTLETT William Henry
Né en 1809 à Kentish Town. Mort en 1854 entre Malte et Marseille, au cours d'une traversée. XIXe siècle. Britannique.
Peintre de genre, paysages animés, paysages, aquarelliste, graveur, dessinateur.
C'est sans doute lui qui exposa à la Royal Academy de 1831 à 1834.
Grand voyageur, il publia en 1842 *Walks about the City of Jerusalem*, gravures qui furent à l'origine de l'engouement des Anglais pour les vues topographiques du Moyen-Orient.
Bartlett se distingua des peintres anglais, et notamment de David Roberts, qu'il accompagna en Israël, par la représentation qu'il fit d'un Jérusalem non pas génériquement « biblique », mais résolument contemporain.
Bibliogr. : Ely Schiller : *Jerusalem in Old Engravings and Illustrations*, Jérusalem, 1977 – Alfred Rubens : *A Jewish Iconography*, Londres, 1981.
Ventes Publiques : Londres, 25 juil. 1922 : *Vue de Venise* : **GBP 12** – Londres, 4 juil. 1928 : *Vue de Hudson City* : **GBP 15**

– New York, 23 jan. 1936 : *Stevens Castle Point* : USD 155 – New York, 27 jan. 1938 : *Fort Hamitlon* 1838 : **USD 110** – Londres, 6 mai 1938 : *East Port dans le Maine* 1843 : **GBP 6** – Londres, 13 mars 1939 : *Le port de Québec* : **GBP 12** – Londres, 16 jan. 1973 : *La pêche à la crevette* 1884 : **GBP 420** – Londres, 18 jan. 1978 : *Bords du Saint-Laurent animé de personnages*, aquar. (27x38,5) : **GBP 400** – Londres, 22 avr. 1982 : *Paysages du Liban et de Syrie*, suite de six dessins (12,5x19) : **GBP 320** – Londres, 20 mars 1984 : *Jérusalem vu depuis le mont des Oliviers*, aquar. et cr. (26,3x37) : **GBP 3 800** – Londres, 22 juil. 1987 : *Vues du Moyen-Orient*, suite de vingt dessins (17,8x12,7) : **GBP 3 200** – Paris, 19 nov. 1991 : *La forteresse de Msailha au nord de Batroun au Liban*, aquar. (49x38) : **FRF 19 000** – Tel Aviv, 7 oct. 1996 : *Juifs priant devant le mur des Lamentations, Jérusalem* 1834, aquar. avec reh. de gche/pap. (23,2x34,2) : **USD 25 300**.

BARTLETT William Henry
Né en 1858. Mort en 1932. XIXe siècle. Britannique.
Peintre de paysages, marines, dessinateur, illustrateur.
Étudia à l'École des Beaux-Arts de Paris dans l'atelier de Gérôme. Il figura au Salon des Artistes Français, obtint une médaille d'argent à l'Exposition universelle de 1889, fut classé hors-concours et promu officier de la Légion d'honneur.
Dans le *Journal d'art*, il y a de nombreux dessins, illustrations et paysages de cet artiste (1894-1897).
Musées : Bradford : *Une traversée par la brise* – Bristol : *Harengs d'août* – Leeds : *Le chasseur de phoques* – Liverpool : *Régates vénitiennes* – Melbourne : *Douce persuasion*.
Ventes Publiques : Londres, 3 avr. 1909 : *Le retour de la chasse aux phoques dans l'ouest de l'Irlande* : **GBP 63** – Londres, 9 avr. 1910 : *Pêcheurs de sardines à distance de Ste-Jues, Cornwall* : **GBP 27** – Londres, 17 juin 1927 : *Le bac* 1878 : **GBP 12** – Londres, 13 nov. 1985 : *Pêcheurs chargeant les filets* 1902, h/t (70x105) : **GBP 3 500** – Londres, 17 juin 1987 : *On the alert : young poachers near Roundstone, West Coast of Ireland* 1882-1883, h/t (98x163) : **GBP 6 000** – New York, 19 jan. 1994 : *Soleil sur la Tamise* 1878, h/t (66x90,2) : **USD 1 150** – Londres, 8 nov. 1996 : *Départ pour la foire, Connemara* 1887, h/t (84x127,5) : **GBP 25 000** – Londres, 13 mars 1997 : *Le Ramassage des coques* 1878, h/t (58,4x45,7) : **GBP 3 200**.

BARTLME
XVIe siècle. Autrichien.
Peintre.
Travailla à Bozen (1528-1542) ; on lui doit l'autel à ailes de style gothique de l'église paroissiale de Heiligenblut.

BARTLOME
Originaire de Bâle. XVe siècle. Suisse.
Peintre.

BARTNING Ludwig
Né le 30 avril 1876 à Hambourg. XIXe-XXe siècles. Allemand.
Peintre de paysages.
Vivant à Grünewald près de Berlin, il fut l'élève de Schulze-Naumburg. Il vécut ensuite à Rome et à Karlsruhe. En 1889 il envoya à l'exposition de Munich *Peupliers* et *Automne*. Il figura ensuite dans des expositions à Berlin et Dresde où en 1901 l'on vit notamment : *Campagna*.

BARTOCCINI Bartolommeo
Né en 1816 à Pérouse. XIXe siècle. Italien.
Graveur au burin.
Travailla surtout à Rome sous l'influence des graveurs allemands, tels que Amsler. Ses meilleures estampes sont gravées d'après Fr. Overbeck.

BARTOCCINI Francesco, dit **il Gubbino**
XVIIe siècle. Italien.
Peintre et potier.
Travaillait à Urbania, et fut le meilleur élève de Tommaso Amantini ; il s'adonna à la peinture devant l'indifférence croissante du public pour la céramique. Il y a des tableaux de lui à Ferro et à Cagli.

BARTOCCINI Varsago. Voir l'article **AMANTINI Tommaso**

BARTOK Francisc
Né le 30 avril 1937 à Bacia-Hunedoara (Roumanie). XXe siècle. Depuis 1982 actif en France. Roumain.
Peintre. Abstrait.
Il reçoit en 1960 la bourse de peinture Ion Andreescu pour trois ans. En 1963 il est diplômé de l'Académie des Beaux-Arts de

Bucarest. Il est professeur à l'Institut des Beaux-Arts de Iassy de 1963 à 1982. Il a quitté définitivement la Roumanie en 1982 pour s'installer en France. Il a participé à de nombreuses expositions collectives en Roumanie, en France, en Italie, en Allemagne, en Europe du Sud et en Scandinavie. Sa première exposition personnelle eut lieu à Bucarest en 1964, bientôt suivie par d'autres en France, en Italie et aux États-Unis. Il a été lauréat des Festivals Internationaux de Peinture de Budapest en 1969, de Kuopie (Finlande) en 1976, de Belgrade en 1978 et de la Biennale de Kosice (Tchécoslovaquie) en 1980. Il a également reçu le Prix de l'Académie de Rome en 1981 et plusieurs médailles et diplômes d'honneur en Italie et en Norvège. Il a réalisé des fresques et des mosaïques pour l'Institut d'Agronomie de Iassy et pour plusieurs Maisons des Jeunes. Sa peinture abstraite joue essentiellement sur la force expressive de la couleur et les fonctions créatrices des intensités de lumière.

BARTOLAMIO
XVe siècle. Italien.
Sculpteur sur bois.
Auteur d'un retable gothique avec figures de bois, dont l'inscription est : *Questa ancona ha fatto Bartolamio intaliatore di Verona*, 1470 (autrefois à Pressano).

BARTOLANI Judith
Née le 5 juillet 1957 à Haïfa (Israël). XXe siècle. Française.
Sculpteur.
Judith Bartolani vit et travaille à Marseille. Depuis le début des années quatre-vingt, elle a participé à de nombreuses expositions de groupe : 1982, galerie Athanor à Marseille, 1983 « Marseille Art Présent » au Musée Cantini de Marseille, 1985 « Le style et le chaos » au Musée du Luxembourg à Paris, 1986 « Identité Marseille » au centre de la Vieille-Charité à Marseille, 1986 « French Art Today, Angles of Vision », The Salomon R. Guggenheim à New York, 1987, « Bartolani, Delprat, Le Groumellec » à l'hôtel de Ville de Paris, 1988 « Nos années 1980 » à la Fondation Cartier à Jouy-en-Josas, 1997 *Coïncidences, Coïncidences* à la Fondation Cartier à Paris. Elle a aussi montré son travail lors d'expositions personnelles dans des galeries en France et à l'étranger.
Elle fut étudiante à l'École des Beaux-Arts de Luminy où elle suivit l'enseignement du sculpteur Toni Grand. À ses débuts, elle s'est située à l'écart de certains sculpteurs de sa génération préoccupés en premier lieu par l'objet. Pour réaliser un volume, Judith Bartolani réalisait au sol de grandes surfaces planes de faible épaisseur ou de gigantesques dessins rigides et plats à l'aide de fibres de carbone prises dans la résine époxy. Les dessins étaient travaillés des deux cotés. Ces surfaces fragiles étaient ensuite stabilisées, amenées à l'état de sculptures. Certaines, verticales, étaient maintenues par une pointe d'acier ou de javelots. D'autres étaient insérées dans des socles de matières synthétique ou naturelle : résine, bois, pierre ponce ou pierre de cassis. Depuis 1987 s'est opéré un changement radical dans son œuvre. Elle travaille en association avec Claude Caillol, tous deux créant des pièces où l'objet est réintégré.
■ Florence Maillet
BIBLIOGR. : Catalogue de l'exposition *L'art moderne à Marseille-La collection du musée Cantini*, Musée Cantini, Centre de la Vieille Charité, Marseille 1988.
MUSÉES : MARSEILLE (Mus. Cantini).

BARTOLANIO Felice di Giuliano
XVe siècle. Italien.
Peintre.
Connu par un document de 1468-1499. Il était établi à Rome.

BARTOLENA Cesare
Né en 1830 à Livourne. Mort en 1903 à Livourne. XIXe siècle. Italien.
Peintre d'histoire, batailles, figures, portraits.
Étudia à Florence avec Pollastrini ; prit part aux combats de l'Indépendance italienne, 1848, comme volontaire.
Il s'adonna surtout au portrait. Mais à partir de 1859, il peignit aussi des batailles et des scènes historiques de guerre. En 1872, il envoya à l'Exposition de Milan le tableau : *Le départ des volontaires de Livourne pour la guerre d'indépendance de la Sicile* (à présent à la Pinacothèque de Livourne), et à celle de 1866, le tableau : *Mort du général Cosimo del Fante*. L'artiste a laissé une lithographie de lui-même, non publiée. Les tableaux qu'il a faits ont été très populaires. Il prit part, en 1900, au concours Alinari avec son tableau : *La Madone des fleurs*.
MUSÉES : LIVOURNE (Pina.) : *Le départ des volontaires de Livourne pour la guerre d'indépendance de la Sicile*.

VENTES PUBLIQUES : NEW YORK, 7 oct. 1977 : *Le Départ du soldat 1870*, h/t (49,5x77) : **USD 1 800**.

BARTOLENA Giovanni
Né en 1866 à Livourne. Mort en 1942. XIXe-XXe siècles. Italien.
Peintre de natures mortes et de fleurs.
Il vécut retiré et n'exposa que tardivement ses natures mortes qui ne sont pas sans parenté formelle avec le fauvisme, surtout quant à une gamme de couleurs très sonores. Il a peint aussi quelques scènes militaires, des soldats conduisant des chariots.

Giov. Bartolena

VENTES PUBLIQUES : MILAN, 16 mars 1965 : *Nature morte aux figues* : **ITL 500 000** – MILAN, 10 avr. 1969 : *Nature morte* : **ITL 1 800 000** – MILAN, 16 mars 1972 : *La charrette* : **ITL 2 600 000** – MILAN, 15 juin 1973 : *Il cisternone di Livorno* : **ITL 1 700 000** – MILAN, 28 oct. 1976 : *Nature morte aux figues*, h/pan. (26x44) : **ITL 2 800 000** – MILAN, 20 déc. 1977 : *Nature morte*, h/pan. (50,5x54) : **ITL 5 500 000** – MILAN, 5 avr. 1979 : *Nature morte*, h/pan. (48x59) : **ITL 3 000 000** – MILAN, 19 mars 1981 : *Vase de fleurs*, h/pan. (43,5x35) : **ITL 5 000 000** – MILAN, 16 déc. 1982 : *Nature morte*, h/pan. (37x57) : **ITL 5 700 000** – MILAN, 23 mars 1983 : *Fleurs*, h/pan. (32x66) : **ITL 9 000 000** – MILAN, 30 oct. 1984 : *Nature morte*, h/cart. mar./pan. (28,5x63,6) : **ITL 6 000 000** – ROME, 21 mars 1985 : *Nature morte aux oignons*, h/cart. (28x63) : **ITL 4 800 000** – MILAN, 29 mai 1986 : *Soldat à cheval sur une route près de Livourne*, h/pan. (44x64) : **ITL 6 000 000** – MILAN, 13 oct. 1987 : *Nature morte*, h/pan. (37x72) : **ITL 10 000 000** – MILAN, 23 mars 1988 : *Vase de fleurs*, h/pan. (43x29,5) : **ITL 18 000 000** – MILAN, 1er juin 1988 : *Nature morte*, h/pan. (41x58) : **ITL 11 500 000** – MILAN, 14 juin 1989 : *Nature morte avec un plat et une amphore verte*, h/pan. (48,5x35) : **ITL 21 000 000** – MILAN, 6 déc. 1989 : *Nature morte au vase*, h/pan. (40,5x33) : **ITL 5 500 000** – MILAN, 8 mars 1990 : *Le chariot militaire*, h/pan. (26,5x49) : **ITL 11 000 000** – MILAN, 30 mai 1990 : *Vase de fleurs*, h/pan. (55,5x46,5) : **ITL 14 500 000** – MILAN, 18 oct. 1990 : *Chevaux au repos*, h/pan. (51,5x77,5) : **ITL 32 000 000** – MILAN, 6 juin 1991 : *Nature morte de poires, pommes, figues et châtaignes*, h/pan. (33,5x59) : **ITL 19 000 000** – NEW YORK, 26 fév. 1993 : *Nature morte de fleurs dans un vase*, h/cart. (50,2x29,2) : **USD 3 738** – ROME, 27 avr. 1993 : *Vase de roses* (43,5x34) : **ITL 16 890 700** – MILAN, 8 juin 1994 : *Gendarmes à cheval*, h/pan. (30,5x46,5) : **ITL 10 925 000** – MILAN, 14 juin 1995 : *Campagne toscane avec une charrette de foin*, h/cart. (13x29,5) : **ITL 4 830 000** – MILAN, 25 oct. 1995 : *Jarre avec des fleurs*, h/pan. (43,5x27) : **ITL 25 300 000** ; *Piazza di Montenero*, h/pan. (32x36,5) : **ITL 42 550 000** – MILAN, 18 déc. 1996 : *Langouste sur une assiette avec des moules et citron*, h/pan. (30x50) : **ITL 10 485 000** – MILAN, 25 mars 1997 : *Campagne de Campoleacciano avec des chevaux*, h/cart. (29,50,5) : **ITL 23 300 000**.

BARTOLI Claude Henri
Né le 27 avril 1943 à Nice (Alpes-Maritimes). XXe siècle. Français.
Peintre. Abstrait.
Il a fait ses études à Nice et appartenu au groupe dit « Nuagiste » comprenant Benrath, Laubiès, Messagier et Grazziani. À partir de 1965, il expose à Paris et au Havre. En 1984 il a exposé personnellement ses œuvres à Montpellier, en 1992 à l'Espace Culturel Jacques Cœur encore à Montpellier.
Il s'est détaché du nuagisme de ses débuts et pratique ensuite ce qu'on pourrait dire une abstraction-géométrique gestuelle.
MUSÉES : PARIS .

BARTOLI F.
XVIIIe siècle. Italien.
Portraitiste.
En 1783, il exposa un portrait à la Royal Academy de Londres.

BARTOLI Francesco
XIVe siècle. Italien.
Peintre.
Cité dans un document comme étant établi à Florence en 1365.

BARTOLI Francesco
Né vers 1675 à Rome. Mort vers 1730. XVIIIe siècle. Italien.
Graveur au burin et marchand.
Fit ses premiers essais avec les conseils de son père Pietro Santo Bartoli. Cet artiste est probablement le même que F. Bartoli, qui exécuta des dessins coloriés d'après les œuvres d'art religieux

de l'église Saint-Pierre à Rome, sur la demande du collectionneur anglais John Talman. Le volume qui contient ces dessins est, depuis 1893, au British Museum, à Londres. Comme autres travaux, on ne cite de lui que *Le catafalque de Jean Sobieski*. Il a signé F. B.

BARTOLI Francesco
Originaire de Reggio. Mort en février 1779. XVIIIᵉ siècle. Italien.
Peintre d'architectures, dessinateur et graveur.

BARTOLI Gennaro
XVIIIᵉ siècle. Actif dans la seconde moitié du XVIIIᵉ siècle. Italien.
Graveur au burin.
Cet artiste travailla à Naples, où il fut réputé l'un des meilleurs élèves de Joh.-Heinr.-Wilhelm Tischbein, directeur de l'Académie d'art de cette ville.

BARTOLI J.
XVIIIᵉ siècle. Américain.
Peintre.
Travaillait à New York. Son portrait (1796) du chef des Indiens Seneca, Ki-on-twog-ky, se trouve à New York, dans la galerie de la Société d'Histoire.

BARTOLI Papirius ou Bartoldus
Graveur.
Matthias Greuter a gravé, en 1623, d'après les dessins de Bartoli et d'après ceux de son neveu Simone, des *Triomphes* et des *Cavalcades*.

BARTOLI Pietro Santo, ou Sante, Santi
Né vers 1635 à Pérouse. Mort le 7 novembre 1700 à Rome. XVIIᵉ siècle. Italien.
Peintre, graveur au burin et aquafortiste.
Se rendit à Rome, tout jeune, et étudia d'abord la peinture avec P. Lemaire et Nicolas Poussin ; il s'adonna ensuite à la gravure en taille-douce, et fut « antiquaire » du pape et de la reine Christine de Suède. On connaît de cet artiste : vingt-sept sujets tirés de l'Ancien et du Nouveau Testament, d'après Raffaëlo Sanzio.

BARTOLI Simone
Italien.
Graveur au burin.
Grava une série d'encadrements de thèses.

BARTOLI Taddéo. Voir TADDÉO di Bartolo

BARTOLI NATINGUERRA Amerigo
Né en 1890 à Terni. Mort en 1971 à Rome. XXᵉ siècle. Italien.
Peintre, dessinateur et caricaturiste.
Ses peintures sont plutôt l'œuvre d'un « caractériste » que celles d'un caricaturiste. Son œuvre la plus typique est sans doute *Les amis au café*, large composition où il a représenté ses nombreux confrères. Il a figuré à l'exposition d'art italien à Paris en 1935.
Musées : ROME (Gal. d'Arte Mod.).
VENTES PUBLIQUES : ROME, 18 mai 1983 : *Les vendanges* 1946, h/t (71x76) : **ITL 3 200 000** – ROME, 20 mai 1986 : *Fregene* 1963, h/cart. (25x20) : **ITL 1 400 000** – ROME, 20 avr. 1987 : *Via Sant'Alessio* 1957, h/pan. (42x32) : **ITL 4 800 000** – ROME, 7 avr. 1988 : *Panorama du Pincio*, h/t (15x25) : **ITL 2 200 000** ; *Place du Peuple*, h/pan. (13x17,5) : **ITL 2 400 000** – MILAN, 8 juin 1988 : *Paysage*, h/t (50x39,5) : **ITL 4 200 000** – ROME, 15 nov. 1988 : *Vue du Colisée*, h/t (16,5x10) : **ITL 2 600 000** – ROME, 17 avr. 1989 : *Vue de Rome*, h/t (24x28) : **ITL 4 400 000** – ROME, 28 nov. 1989 : *A l'orée du bois*, h/t (25x54,5) : **ITL 2 600 000** – MILAN, 27 sep. 1990 : *Paysage*, h/t (50x39) : **ITL 3 400 000** – ROME, 30 oct. 1990 : *Marine avec un nu féminin et un vase de fleurs*, h/t (90x90) : **ITL 16 000 000** – ROME, 3 juin 1993 : *Nature morte avec une fiasque de vin*, h/t (50x70) : **ITL 6 000 000** – MILAN, 2 avr. 1996 : *La tempête*, h/t (50x65,5) : **ITL 5 175 000**.

BARTOLINI Cyrille
Né en 1934 à Marseille (Bouches-du-Rhône). XXᵉ siècle. Français.
Sculpteur de figures.
En 1952 il fut élève de l'Ecole des Beaux-Arts de Marseille, continua ses études à partir de 1953 à l'Ecole des Beaux-Arts de Paris, où il obtint le Premier Grand Prix de Rome en 1957. Séjourna à la Villa Médicis à Rome de 1957 à 1961. A partir de 1964 il fut professeur de sculpture à l'Ecole des Beaux-Arts d'Angoulême, dont il accepta d'être le directeur à titre intérimaire de 1975 à 1977. Depuis 1981, il est professeur à l'Ecole des Beaux-Arts de Paris. En 1982, avec Georges Jeanclos, il créa l'Atelier Expéri-

mental de Recherche et de Création de la Manufacture Nationale de Sèvres. Depuis ses débuts, il participe à de très nombreuses expositions collectives, à Paris, dans diverses villes françaises, et aussi en Corée, Espagne, etc. Il a montré ses sculptures dans des expositions individuelles, en 1960 et 1961 à Rome, et, depuis 1969, très régulièrement à la Galerie Visconti de Paris, en 1992 Galerie Alain Blondel également à Paris, en 1982 à Angoulême.
Sa technique est bien particulière. Si, dans ses années de jeune sculpteur tôt distingué, il utilisa les techniques traditionnelles, la terre cuite et le bronze, il mit ensuite au point une matière inusitée, à laquelle il se tient : ce qu'on appelle le « papier mâché », de même que son ami Jeanclos innovait de son côté et sur les mêmes raisons dans la technique de la terre cuite. Sans doute a-t-il choisi le papier mâché pour sa ductilité, sa précision, presque préciosité, dans les détails, et le fait aussi, comme il « polychrome » ses sculptures, que le papier est en effet un excellent support pour la peinture, qu'il n'utilise d'ailleurs que discrètement, se limitant le plus souvent aux teintes du corps ou à des reflets métalliques de bronze et de patine dorée. Dans une première période il peuplait de petits personnages des espaces oniriques clos, où le spectateur était invité à pénétrer et à s'ébattre par l'imagination. Puis les personnages ont osé se présenter hors de leur refuge vaginal, tels qu'en eux-mêmes on ne sait les nommer : simples mortels, danseurs ou plutôt petits génies du vent, divinités malicieusement incarnées. Le monde de Bartolini est un monde de la confidence retenue.
■ Jacques Busse

BARTOLINI Filippo. Voir BARTOLINI Frederico

BARTOLINI Francesco
Né en 1569. Mort en 1609. XVIᵉ siècle. Italien.
Peintre de compositions religieuses.
Élève de Franc Vanni. A travaillé à Sienne ; a peint une *Immaculée-Conception*, à S. Francesco di Sarteano, datée de 1601.

BARTOLINI Francesco
XIXᵉ siècle.
Peintre de genre, aquarelliste.
VENTES PUBLIQUES : LONDRES, 29 avr. 1982 : *Le café arabe*, aquar. (54,5x37,5) : **GBP 2 300** – LONDRES, 22 mars 1984 : *Lavandières au bord de la rivière*, aquar. reh. de blanc (53,2x36,9) : **GBP 1 100**

BARTOLINI Frederico, ou Filippo
XIXᵉ-XXᵉ siècles. Italien.
Peintre de scènes de genre, sujets typiques, aquarelliste. Orientaliste.
Il fit ses études à l'Accademia di San Luca, puis à l'école de peinture d'après nature, entre 1861 et 1865. Il était actif entre 1861 et 1908.
En 1881, on le retrouve, avec d'autres artistes italiens, participant à une exposition organisée par les aquarellistes belges à Bruxelles. Deux ans plus tard, il prit part à l'Exposition des Beaux-Arts à Rome.
Ses scènes de la vie nord-africaine se situent très souvent à Tlemcen, où il n'est sans doute jamais allé, mais dont il avait des photographies. Il apporte un soin tout particulier aux architectures en arrière-plan de ses *Marchands de tapis*, *Musiciens* ou *Harem*. Il est également l'auteur de scènes d'amoureux du XVIIIᵉ siècle dans la campagne italienne.
BIBLIOGR. : Caroline Juler : *Les Orientalistes de l'école italienne*, ACR Édition, Paris, 1994.
Musées : LONDRES (Victoria and Albert Mus.) : *La mosquée de Sidi El Halaoui* 1884.
VENTES PUBLIQUES : LONDRES, 16 oct. 1981 : *Arabes chez le barbier*, aquar./trait de cr. (51x36) : **GBP 1 200** – NEW YORK, 21 jan. 1983 : *Le marchand de tapis*, aquar. (38x54) : **USD 6 250** – NEW YORK, 27 oct. 1983 : *École arabe en Algérie*, h/t (93,4x129,5) : **USD 50 000** – NEW YORK, 25 oct. 1984 : *Le marchand de tapis*, aquar. (76,2x37) : **USD 17 000** – LONDRES, 28 nov. 1985 : *Scène de harem* 1887 (37,5x26,5) : **GBP 6 000** – LONDRES, 27 nov. 1986 : *Les marchands de tapis*, aquar./traces de cr. (54,5x37) : **GBP 1 600** – NEW YORK, 21 mai 1987 : *Arabes en prière*, aquar. (56,5x53,3) : **USD 4 500** – LONDRES, 24 juin 1988 : *Le marchand de tapis*, aquar. (53,4x36,5) : **GBP 2 420** – NEW YORK, 23 mai 1989 : *La négociation dans une ruelle d'une ville orientale*, h/t (78x48) : **USD 49 500** – NEW YORK, 14 oct. 1993 : *L'odalisque*, aquar./pap. (38,5x55,3) : **USD 27 600** – PARIS, 6 nov. 1995 : *L'achat d'un tapis*, aquar. (53x36) : **FRF 78 000**.

BARTOLINI Giuseppe Maria
Né en 1657 à Imola. Mort en 1725. XVIIᵉ-XVIIIᵉ siècles. Italien.

Peintre.

Il fut élève de Lorenzo Pasinelli et de Cignani ; peignit, pour différentes églises de la Romagne, de nombreux tableaux d'autel, parmi lesquels : *Le miracle de saint Blaise*, à S. Domenico.

VENTES PUBLIQUES : AMSTERDAM, 1884 : *Un tableau sans désignation de sujet* : FRF 1 547 – PARIS, 30 et 31 mars 1910 : *Arabes en prière dans une mosquée* : FRF 265 – BERNE, 20 oct. 1972 : *L'offrande du vainqueur* : FRF 14 000.

BARTOLINI Lorenzo ou Bartholini

Né le 7 janvier 1777 à Vernio (près de Savignano, Toscane). Mort le 20 janvier 1850 à Florence. XIXe siècle. Italien.

Sculpteur de bustes.

Fils d'un maréchal-ferrant de Vernio, Bartolini vint à Florence très jeune ; en 1797, il se rendit à Paris pour y étudier l'art et où il se lia d'amitié avec Ingres. Son relief : *Kleobis et Biton* lui valut le 2e prix de l'Académie de Paris.

Denon, l'inspecteur général des Musées de Paris, lui confia l'exécution d'un buste de Napoléon, pour la colonne Vendôme, et lui demanda le relief de la bataille d'Austerlitz. En 1808, l'empereur l'envoya à Carrare pour y fonder une École de sculpteurs ; il y resta jusqu'à l'abdication de Napoléon ; il alla ensuite à Florence, où, après la mort de Ricci, il devint professeur à l'Académie. Le Musée Pitti et le Musée d'Art moderne de Florence conservent de ses œuvres ; on en a vu à l'Exposition italienne de 1935 à Paris.

MUSÉES : FLORENCE (Mus. Pitti) – FLORENCE (Mus. d'Art Mod.) – LONDRES : *Buste de marbre de Byron* – MONTPELLIER : *Une odalisque* – *Portrait de M. François Sabatier* – VERSAILLES : *Jérôme Bonaparte, roi de Westphalie*, buste – *Buste marbre d'Alexandre 1er, empereur de Russie* – *Buste de Marie-Anne Bonaparte, princesse de Lucques et de Piombino* – *Buste de Napoléon 1er, empereur des Français* – *Buste de Banel (Pierre), général de brigade* – *Buste de Joseph Bonaparte, roi d'Espagne* – VERSAILLES (Trianon) : *Buste albâtre de Joséphine, impératrice des Français.*

VENTES PUBLIQUES : PARIS, 28 mai 1935 : *Napoléon 1er*, buste en marbre de Carrare : FRF 3 450 – PARIS, 7 déc. 1979 : *La Princesse Elisa, sœur de Napoléon*, marbre blanc (H. 76) : FRF 4 500 – ROME, 30 mars 1982 : *Le comte de Fossombroni* 1843, plâtre (H. 63) : ITL 1 100 000 – LONDRES, 7 avr. 1987 : *Buste d'Elizabeth, marquise de Bristol* vers 1815, marbre (H. 59,5) : GBP 5 800.

BARTOLINI Luciano

Né en 1948 à Fiesole. XXe siècle. Italien.

Peintre. Abstrait.

Comme souvent les Italiens de sa génération, il fut influencé par les courants conceptuels des années soixante-dix et par l'« Arte Povera ». Il expose en Italie et à Londres.

Il utilise du papier comme support de ses peintures, mais un papier fait à la main au Tibet, qu'il froisse, plie, découpe, colle, recouvre et peint. Les signes peints sont constitués soit de figures géométriques ou symboliques : le carré, le cercle tantrique, soit de calligraphies inventées donc non déchiffrables. Les couleurs qu'il utilise sont aussi chargées de sens ésotérique : le noir et le rouge du sacré, ou des icônes byzantines. Une œuvre évidemment empreinte de mysticisme, mais d'un mysticisme latent indéterminé, qui prend forme avec raffinement.

VENTES PUBLIQUES : MILAN, 20 mars 1989 : *Dans l'hypothèse d'un voyage* 1981, collage et techn. mixte/pap. (43,5x56,5) : ITL 950 000 – MILAN, 7 juin 1989 : *Sans titre* 1987, collage et techn. mixte/pap. (30x100) : ITL 2 400 000 – MILAN, 13 juin 1990 : *Sans titre* 1986, techn. mixte et collage (52x86) : ITL 4 000 000 – MILAN, 13 déc. 1990 : *Sans titre* 1886, collage et pinture/pap. (52x75) : ITL 5 500 000 – MILAN, 26 mars 1991 : *Sans titre* 1979, collage et past./pap. (44x54,5) : ITL 1 700 000 – MILAN, 14 nov. 1991 : *Sans titre* 1989, techn. mixte et vernis/cart. (100x74) : ITL 6 000 000 – MILAN, 5 déc. 1994 : *Sans titre*, techn. mixte/cart. (100x152) : ITL 5 175 000 – PARIS, 13 déc. 1996 : *La Contrada misteriosa di prete gianni* 1985, collage et h/pap./t. (101x149) : FRF 7 500.

BARTOLINI Luigi

Né le 8 février 1892 à Cupramoriana (Marches). Mort en 1963 à Rome. XXe siècle. Italien.

Peintre de scènes animées, groupes, figures, nus, paysages, natures mortes, technique mixte, peintre à la gouache, aquarelliste, pastelliste, graveur.

Il étudia les lettres et la médecine en même temps que la peinture et les arts graphiques à l'académie des Beaux-Arts de Sienne et de Rome. Il participait à des expositions collectives, dont : en 1935, figurèrent six de ses eaux-fortes à l'Exposition d'Art Italien

de Paris. À titre posthume, en 1992, certaines de ses gravures ont été montrées à l'exposition *Il sentimento delle cose* à Verolanuova ; en 1995 à l'exposition *Attraverso l'Immagine*, au Centre Culturel de Crémone.

Bartolini

BIBLIOGR. : Catalogue de l'exposition : *Il sentimento delle cose*, Biblioteca civica di Verolanoava et GAM editrice, Rudiano, 1993 – in : Catalogue de l'exposition *Attraverso l'Immagine*, Centre Culturel Santa Maria della Pietà, Crémone, 1995.

MUSÉES : ROME (Gal. d'Arte Mod.).

VENTES PUBLIQUES : FLORENCE, 11 déc. 1971 : *Scène de marché* : ITL 1 000 000 – ROME, 18 mai 1976 : *La récolte d'olives*, h/cart. (26x37) : ITL 400 000 – ROME, 24 mai 1979 : *Coqs*, h/pan. (67x50) : ITL 1 200 000 – ROME, 11 juin 1981 : *Paysage*, past. (23x33,5) : ITL 450 000 – ROME, 20 avr. 1982 : *Paysage*, h/cart. entoilé (20x24,5) : ITL 1 200 000 – MILAN, 4 avr. 1984 : *Ponte a Marlengo*, gche (25x34) : ITL 1 200 000 – ROME, 15 mai 1984 : *Nature morte*, h/pan. (27x34) : ITL 3 200 000 ; *La passaggiatia degli Angeli*, eau-forte aquarellée (31x23,5) : ITL 1 000 000 – ROME, 25 nov. 1986 : *La liseuse*, techn. mixte/pap. mar./t. (43x32) : ITL 1 900 000 – ROME, 7 avr. 1988 : *Gitans* 1957, h/pan. (39x49) : ITL 5 200 000 ; *Le Pharisien* 1953, h/pan. (72x52) : ITL 4 600 000 – MILAN, 8 juin 1988 : *Roma dalla Camilluccia*, h/cart. (40x56) : ITL 2 600 000 – ROME, 15 nov. 1988 : *Paysage à la tour blanche*, h/pan. (24x35) : ITL 3 000 000 – ROME, 28 nov. 1989 : *Les lavandières* 1960, h/cart. (50x40) : ITL 4 200 000 – ROME, 9 avr. 1991 : *Les Amies*, techn. mixte/pap. (27x38) : ITL 2 800 000 – ROME, 3 déc. 1991 : *Le confort* 1920, h/pan. (35x40) : ITL 4 200 000 – ROME, 19 nov. 1992 : *Le coquillage* 1931, eau-forte (18,2x24,6) : ITL 2 200 000 – ROME, 19 avr. 1994 : *La Belle Aurore* 1960, h/pan. (55x70) : ITL 7 130 000 – ROME, 13 juin 1995 : *Lavandières à Fonte Maggiore*, h/t (50x70) : ITL 7 705 000 – MILAN, 2 avr. 1996 : *Modèle posant* 1933, aquat. (27,6x23,4) : ITL 3 680 000 – MILAN, 20 mai 1996 : *Fanciulla sull'amaca*, h/pap./pan. (57,5x73) : ITL 3 680 000 – MILAN, 25 nov. 1996 : *Les Trois Grâces*, h/t/pan. (39,7x33,5) : ITL 3 910 000.

BARTOLINI Mario

Né en 1930 à Montréal. XXe siècle. Canadien.

Sculpteur.

Il a été étudiant aux Beaux-Arts de Montréal et y a ensuite enseigné. Il figure dans de nombreuses expositions collectives au Canada, au Salon de la Jeune Sculpture à Paris et à l'Exposition internationale de Sculpture au Musée Rodin en 1966.

BARTOLINI Sigfrido

Né le 21 janvier 1932 à Pistoia (Toscane). XXe siècle. Italien.

Graveur.

Il fut étudiant à l'Institut d'Art de Florence et commença à exposer en 1947 en Italie comme à l'étranger, à Dordrecht, Florence, New York, Rome. En 1959 il figura à la Quadriennale de Rome. Il est professeur à l'école d'Art de Pistoia et collabore à différents journaux et revues.

BARTOLINI Susy

Née en 1930 à Paris. XXe siècle. Française.

Peintre sous verre de figures, paysages, fleurs, fruits.

De 1947 à 1950, elle a été élève à l'École des Arts Décoratifs de Nice, de 1950 à 1954, élève à l'École des Arts Appliqués de Paris et, de 1954 à 1957, élève à l'École Nationale Supérieure des Beaux-Arts. Elle est la femme de Cyrille Bartolini. Elle découvre lors d'un séjour en Italie la peinture sous verre.

Elle participe à des expositions collectives, dont : Centre Arte de Rens en Espagne en 1983, galerie M. Bénézit à Paris. Elle montre ses œuvres dans des expositions personnelles à la galerie Visconti à Paris, au Musée de Cognac en 1978, à partir de 1981 et régulièrement à la galerie M. Bénézit à Paris, galerie l'Angle Aigu à Bruxelles en 1983 et 1986, galerie Saint-Simon à Angoulême en 1984, galerie Monnier-Murrhardt en Allemagne en 1989.

Elle a commencé par figurer des saints, puis des paysages, des fleurs, des fruits, des poupées articulées et des chats. Elle réalise ses œuvres selon la technique de la peinture sous verre, ainsi commentée par Jeanne Gatard : « Miroir fard où tout est parfaitement immobile pour une présentation de mémoires mêlées en images si fixes, ces miroirs pièges sont arrêt du temps implacablement fixé ».

MUSÉES : PARIS (Mus. des Arts Décoratifs).

BARTOLINI U. Vittorio
XIXe siècle. Italien.
Artiste.
Musées : Florence (Gal. d'Art Mod.) : *Ritratto virile.*

BARTOLINI Ubaldo
Né en 1944 à Montappone. XXe siècle. Italien.
Peintre de paysages.
Ventes Publiques : Rome, 4 déc. 1984 : *Paysage* 1983, h/t (140x101) : **ITL 8 000 000** – Milan, 14 mars 1985 : *Le peuplier le plus haut du monde* 1985, h/t (50x60) : **ITL 2 800 000** – Rome, 20 mai 1986 : *Figure devant une cascade* 1985, h/t (120x80) : **ITL 4 200 000** – Rome, 15 nov. 1988 : *Paysage* 1985, h. maigre/cart. (32x24) : **ITL 1 800 000** – Rome, 17 avr. 1989 : *La dernière maison* 1985, h/t (119x79) : **ITL 5 000 000** – Milan, 14 avr. 1992 : *Paysage,* h/t (120x40) : **ITL 3 000 000** – Milan, 9 nov. 1992 : *Près de la source* 1989, h/t (100x70) : **ITL 4 000 000**.

BARTOLINO Lelio, Giuseppe et Filippo, les frères
XVIe siècle. Italiens.
Sculpteurs sur bois.
Fils de Teseo Bartolino, ils travaillèrent à Sienne.

BARTOLINO Teseo ou Teseo di
Originaire de Pienza. XVIe siècle. Actif à la fin du XVIe siècle. Italien.
Sculpteur sur bois, marqueteur.
Établi à Sienne, il travailla, en 1569, d'après les dessins de Riccio, avec Benedetto da Montepulciano, Baccio Descherini et Domenico de Chiari, aux sculptures du chœur de la cathédrale de cette ville. Pour l'église de Cortona, il fit un autel placé ensuite dans la sacristie de S. Bernardo, devant la porta Tufi de Sienne.

BARTOLINO da Piacenza ou Bertolino da Piacenza
XIVe siècle. Italien.
Peintre de sujets religieux.
On a lu ce nom de Bartolino da Piacenza au bas d'une des seize niches des fonts baptismaux de Parme ; sur un Saint-Jean-Baptiste. Crowe et Cavalcaselle lui attribuèrent des fresques, parmi lesquelles le fragment de Sainte-Lucie, du XIVe siècle, qui est le mieux conservé.

BARTOLO
XVe siècle. Italien.
Sculpteur.
Érigea, le 4 octobre 1449, un autel dédié àsaint Jules, dans l'église S. Miniato fra le torri, à Florence.

BARTOLO, maestro
XVIIe siècle. Italien.
Peintre.
Établi à Trévise, vers 1651 (d'après Zani).

BARTOLO Andrea di. Voir ANDREA di Bartolo

BARTOLO Bruni. Voir BRUNI Bartolo

BARTOLO Domenico ou Bartoli. Voir DOMENICO di Bartolo

BARTOLO Francesco di
Né à Catane. XIXe siècle. Actif dans la seconde moitié du XIXe siècle. Italien.
Graveur et aquafortiste.
Professeur de l'Académie de Naples, s'adonna au portrait et travailla souvent d'après ses dessins.

BARTOLO Nencio ou Lorenzo
XVe siècle. Italien.
Sculpteur et architecte.
Cité par Zani comme travaillant à Florence vers 1436.

BARTOLO Taddeo di. Voir TADDEO di Bartolo

BARTOLO di Cristoforo di Francesco
XIVe siècle. Actif à Gubbio. Italien.
Architecte, sculpteur, peintre (?).
En 1338, il travailla dans l'église Santa Maria de'Laici, à Gubbio.

BARTOLO di FREDI ou Bartolo di Messer Fredi ou Manfredi de' Battilori
Né vers 1330 à Sienne. Mort en 1410 à Sienne. XIVe-XVe siècles. Italien.
Peintre de compositions religieuses.
En 1353, il ouvrit « boutique » avec Andrea Vanni. Il travaillera plus tard avec Luca di Tommé, puis avec son propre fils Andrea. Entre 1356 et 1367, il peint des scènes de l'Ancien Testament, à la collégiale de San Gimignano, où il peindra, en 1390, à l'église

Sant'Agostino, un cycle de la *Vie de la Vierge,* dont seuls subsistent deux panneaux. Il peignit aussi une *Descente de Croix* à Montalcino (1382), un polyptyque (de 1388), conservé pour partie à Montalcino, pour partie au musée de Sienne, une *Madone,* conservée aux Offices. Toutes ces œuvres se rattachent à la manière siennoise, plutôt calmement décorative.
La seconde partie de sa vie est marquée par le courant gothique européen, et ses œuvres adoptent une expression plus réaliste. De cette seconde période datent : *L'adoration des Mages,* du musée de Sienne, *la Présentation au Temple,* du Louvre, un *Triptyque* au musée de Pérouse. On donne également à son atelier la suite de *La vie conjugale,* dans la chambre du Podesta à San Gimignano.
Musées : Amsterdam (Rijksmus.) : *Madone et enfant* – Florence (Mus. des Offices) : *Madone* – New York : *Crucifixion* – Paris (Louvre) : *Présentation au Temple* – Pérouse : *Triptyque* – Sienne : *Mort de la Vierge* – *Madone, Ange et quatre saints* – *Madone,* donnée par Siren à Lorenzo Monaco – *Baptême d'un prisonnier* – *Jésus à table avec ses disciples* – *L'Adoration des Mages.*
Ventes Publiques : New York, 11 jan. 1989 : *Sainte Luce,* détrempe sur or/bois, ogive (94,3x55,3) : **USD 63 800** – Londres, 3 juil. 1997 : *Tête d'un archange,* temp./pan. fond or (36,5x30) : **GBP 40 000**.

BARTOLO di Giovanni
XVe siècle. Italien.
Peintre.
Membre de la corporation de Saint-Luc, à Florence (1410).

BARTOLO da Lobiano
XVe siècle. Italien.
Sculpteur.
Établi à Ancône, en 1495, il y fut occupé avec Antonio da Lobiano, au Palais degli Anziani.

BARTOLO di Paolo
XVIe siècle. Italien.
Miniaturiste.
Vers 1597, à Venise (d'après Zani).

BARTOLO della Roccacontrada
XIVe siècle. Italien.
Sculpteur.

BARTOLOMAEUS de Artusis de Cremona
XVe siècle. Italien.
Peintre.
Une fresque, représentant *Marie et l'Enfant Jésus avec Saint Léonard,* dans la chapelle dell' Incoronata, de la cathédrale de Mantoue, porte l'inscription *Bartolomeus de Artusis de Cremona fecit fieri le 26 août 1432.*

BARTOLOMÉ, dit el Maestro
XIIIe siècle. Espagnol.
Sculpteur.
Sculpta, en 1278, des statues d'apôtres, grandeur naturelle, pour la façade de la cathédrale de Tarragone.

BARTOLOME de Salamanca
Né entre 1513 et 1515. XVIe siècle. Actif à Valladolid. Espagnol.
Sculpteur sur bois.
Cet artiste appartenait à la famille de Berrugute. Il fut appelé en témoignage dans les fameux procès intervenu entre Giralte et Juni, pour le retable de Santa Maria de la Antigua à Valladolid, et se prononça en faveur de Giralte. Il travailla à Valladolid de 1548 à 1553.

BARTOLOMMEO
XIIIe siècle. Italien.
Peintre de sujets religieux.
Il est l'un des premiers peintres cités à Florence, où il travailla vers 1240 ; on le considère comme l'auteur du tableau de *L'Annonciation,* dans la S. Annunziata.

BARTOLOMMEO, fra
XIVe siècle. Italien.
Miniaturiste et architecte.
Abbé de S. Felice. Il était actif à Bologne vers 1384.

BARTOLOMMEO
XVe siècle. Italien.
Sculpteur sur bois.
Il travailla à Venise en 1463, à l'église S. Zaccaria. Peut-être est-il identique à Bartolomeo di Alberto da Bergamo.

BARTOLOMMEO, dit **Bonaventura**
xve siècle. Italien.
Peintre.
Actif à Ferrare, il est cité en 1473.

BARTOLOMMEO, fra ou **Bartollommeo**, connu également sous les noms de **Baccio della Porta, Bartolommeo del Fattorino, fra Bartolommeo di San Marco**
Né le 28 mars 1472 à Savignano. Mort le 31 octobre 1517 à Florence. xve-xvie siècles. Italien.
Peintre de compositions religieuses.
Les biographes ont été divisés sur la date exacte de la naissance de Fra Bartolommeo. Les dates de 1469, de 1472 et de 1475 ont été avancées. Celle du 28 mars 1472 est certaine. L'origine de ses multiples surnoms est assez curieuse. Celui de *Fattorino* (commissionnaire) provient de la profession exercée par ses parents, et celui de *della Porta* lui fut donné parce qu'il habitait à proximité de la porte San-Pietro-Gallatini, à Florence.
Il entra en 1484 dans l'atelier du peintre florentin Cosimo Rosselli. Ce fut là qu'il fit la connaissance de Mariotto Albertinelli, avec lequel il collabora à plusieurs époques de sa vie. Bartolommeo manifesta dès sa jeunesse une tendance très vive au mysticisme. Il se laissa enthousiasmer par les sermons de Gerolamo Savonarola sur l'impiété des peintures licencieuses et, lors de cette crise de folie religieuse qui bouleversa Florence, il vint brûler lui-même sur une place publique toutes ses études de nu, accompagné en ce désastreux autodafé par d'autres artistes tels que Botticelli et Lorenzo di Credi. Lorsque les poursuites furent décidées contre le fougueux prédicateur, Baccio fut un des cinq cents qui s'enfermèrent avec lui dans le couvent de San Marco. L'épouvante qu'il ressentit en voyant leur dernier refuge assiégé fut telle qu'il fit vœu, s'il s'en tirait indemne, d'entrer en religion, et il prit l'habit le 26 juillet 1500, au couvent des frères prêcheurs de Prato.
Vers 1497, il avait exécuté pour le couvent de Saint-Marc le *Portrait de Savonarole* et une *Annonciation*, pour la cathédrale de Volterra, peinte avec Albertinelli en 1497. Il avait commencé également à peindre à fresque un *Jugement dernier* pour une chapelle du cimetière de Santa-Maria-Novella, œuvre qu'il interrompit, et qui sera terminée par Albertinelli. Ce fut seulement en 1504 que Fra Bartolommeo reprit ses pinceaux, à la demande de ses supérieurs qui l'exemptèrent de presque tous les offices pour lui permettre de consacrer plus de temps à son art. Il exécuta, de 1504 à 1507, une *Apparition de la Vierge à saint Bernard*, à l'Académie de Florence, une fresque des *Pèlerins d'Emmaüs* au réfectoire du couvent de Saint-Marc. Ce fut vers cette époque qu'il fit la connaissance de Raphaël. Une amitié profonde, doublée d'une mutuelle admiration pour leur talent, unit toujours ces deux artistes. Bartolommeo enseigna à Raphaël quelques secrets dans l'art d'employer les couleurs, et tint de lui une partie de sa science de la perspective. L'art de Raphaël aura une profonde influence sur sa peinture ; un voyage fait à Venise en 1507 le marquera également. Dans le courant de 1509, il s'associa de nouveau avec Albertinelli ; de cette époque datent le tableau inachevé destiné à la salle du grand conseil de la Seigneurie : les *Saints Protecteurs de Florence groupés autour de la Vierge*, un *Mariage mystique de sainte Catherine*, exécuté en 1511, aujourd'hui au Louvre. Puis cesse définitivement la collaboration de Bartolommeo et d'Albertinelli ; si leurs caractères sympathisaient, il y avait entre eux de telles divergences d'opinions au point de vue religieux et dans leur façon de comprendre la vie, que cette association ne pouvait être durable. Laissant donc Mariotto continuer son existence de débauche et d'excès de toutes sortes, Fra Bartolommeo quitta son ami, le 15 janvier 1512, et partit pour Rome afin d'y rejoindre Raphaël. Il le trouva occupé aux peintures du Vatican. Ces travaux et les fresques de Michel-Ange produisirent sur le Frate une si grande impression, et il en conçut pour son art personnel un dégoût si profond que toutes les sollicitations de Raphaël pour le décider à collaborer avec lui demeurèrent sans effet. Fra Bartolommeo revint à Florence ; réconforté par ses intimes, il reprit ses pinceaux. À l'influence de Michel-Ange, que lui avait révélé son voyage à Rome, il dut la fougue plus imposante de sa dernière manière : *Le Sauveur du Monde*, du Palais Pitti, *La Circoncision* (au Musée de Vienne), *La Vierge et l'Enfant* du couvent de Pistoia, ainsi que ses fresques de Lucques. Survint une attaque de paralysie qui ruina sa santé. Envoyé aux bains de San Filippo près de Radicafone, son état empira subitement, et il revint mourir à Florence le 31 octobre 1517. Il laissait un médiocre élève, Fra Paolino de Pistoia.

Bartolommeo offre un exemple du cas, fréquent à l'époque, d'un artiste d'abord soumis à l'influence de Raphaël et tombant ensuite dans l'obsession grandiose du souvenir de la Sixtine. Son œuvre a évoqué successivement la grâce de Raphaël et la manière tumultueuse de Michel-Ange. Aux qualités qu'il gagna à fréquenter ces deux maîtres, il a joint souvent une grande délicatesse d'expression et un pathétique humain, qui est sa marque. Il fut en outre un remarquable coloriste, surtout dans les œuvres postérieures à 1506, excellent et touchant dans la composition, et, depuis sa rencontre avec Raphaël, impeccable ouvrier de la perspective.

MUSÉES : BERLIN : *Assomption* 1509-1515 – BERLIN : *Vierge assise à terre avec l'Enfant Jésus sur ses genoux – Tête d'un moine, vue de face – La Vierge debout avec l'Enfant Jésus sur son bras droit – Esquisse pour un mariage de sainte Catherine – Sainte Famille – La Sainte Vierge, Jésus, le petit saint Jean et saint Joseph –* BESANÇON (Cathédrale) : *Vierge de Ferry Carandelet* 1511-1512 – BESANÇON : *L'Annonciation, dessin au crayon noir – L'Ange de l'Annonciation vu de profil –* BESANÇON (coll. Bonnat) : *La Vierge et Saint Joseph adorent Jésus couché à terre et tendant les bras vers sa mère – Homme vu de dos, homme nu vu presque de dos – Homme prosterné – Homme debout, très bien drapé – Étude pour une déposition de croix – Sainte Famille – Homme enveloppé d'une simple draperie, tenant un livre de la main droite et de l'autre montrant le passage qu'il médite – Christ flagellé, dessin – Étude pour une Annonciation – Rencontre de l'Enfant Jésus et du petit saint Jean, recto – esquisse pour le Noli me tangere, verso – Paysage à la plume d'après celui qui entoure le grand satyre d'Albert Dürer – Quatre hommes nus –* BIBIENA (Église de Santa Maria del Sasso) : *Assomption –* CHANTILLY : *Un homme debout armé d'une épée chasse devant lui un groupe de 12 figures, hommes et femmes. Au verso : Un vieillard et une jeune femme drapés – Saint Joseph debout près d'un piédestal sur lequel la Vierge tenant Jésus est assise – Étude pour un groupe de la Vierge et l'Enfant Jésus –* DRESDE : *Homme nu, vu de dos, un couteau à la main –* FLORENCE (Gal. des Offices) : *Vierge appuyant sa tête sur celle de l'Enfant Jésus – Dessin pour le tableau des Offices – Femme tenant un enfant de la main gauche et un autre sur le bras droit – Vierge nue tenant l'Enfant Jésus sur ses genoux – Dessin à la sanguine pour le saint Bartolommeo – La Circoncision – Père éternel assis sur des nuages peuplés d'anges – Archanges faisant de la musique et se tenant par la main pour danser – Vierge avec l'Enfant Jésus sur ses genoux bénissant – Saint Jean debout, étude – Adoration des Mages avec nombreux personnages – Vierge assise tenant Jésus bénissant – Femmes nues assises avec un enfant sur leurs genoux – Deux femmes nues assises ayant chacune un enfant sur leurs genoux – Étude pour le saint Marc de la Galerie Pitti – Tête de moine – Vierge debout avec l'Enfant Jésus – Tête d'ange – Annonciation – Tête d'un saint – Étude pour le saint Jean l'Évangéliste – Étude où se trouve transcrite une hymne pour Savonarole – Vierge debout recevant le message de l'Ange Gabriel – Grande tête d'ange – La Nativité ; La Présentation au Temple ; Les Saints Protecteurs de Florence groupés autour de la Vierge* 1510-1517 – *Job* 1516 – *Isaïe* 1516 – *Le Père éternel soutenu sur les nuées par deux anges sonnant de la trompette*, 1516 – FLORENCE (Gal. de l'Acad.) : *Apparition de la Vierge à saint Bernard* 1504 – *Saint Vincent Ferrier* 1514-1515 – *Saint Pierre, martyr – Vierge avec l'Enfant Jésus dans ses bras –* FLORENCE (Gal. Corsini) : *Sainte Famille –* FLORENCE (Église du couvent Saint-Marc) : *Les Pèlerins d'Emmaüs – La Vierge pressant l'Enfant Jésus contre sa poitrine et contre sa joue – La Vierge au baldaquin, avec quatre saints et deux saintes* 1512-1513 – *La Vierge et l'Enfant Jésus –* FLORENCE (Hôpital de Santa Maria Nuova) : *Le Jugement dernier* 1498-1499 – FLORENCE (Gal. Pitti) : *Le Sauveur du monde* 1516 – *Sainte Famille* 1516 – *Déposition de Croix –* FLORENCE (Acad. des Beaux-Arts) : *Saint Pierre et Saint Paul – La Vierge et saint Joseph adorant Jésus, carton – Sainte Madeleine et sainte Catherine de Sienne –* GÊNES (coll. F. Mylius) : *Portrait de Fra Bartolommeo –* GENÈVE (Mus. Rath) : *Annonciation* 1511 – LECCETO : *Déposition de Croix* 1516 – *Deux têtes de Christ* 1516 – LILLE (coll. Wicar) : *Moine vu de dos – Deux moines s'embrassant –* LONDRES (British Mus.) : *Vierge assise avec l'Enfant Jésus – Vierge assise sur un* trône – *La Vierge debout tournée à gauche* – *Quatre figures d'hommes nus* – *Étude de paysage sur les rives d'un petit lac* – *Deux archanges* – *La Vierge assise avec l'Enfant Jésus à qui un ange présente le petit saint Jean* – *L'ange Gabriel agenouillé, les mains croisés sur la poitrine* – *Deux croquis pour le Sauveur ressuscité et entouré de quatre évangélistes* – *Figure nue de Jésus* – *Ange jouant de la trompette* – *Figure d'ange drapée pour un couronnement de la Vierge* – *Salutation de la Vierge* – *Sainte Famille* – *Vierge debout sur Jésus dans les bras* – *Deux figures* – *Saül et David* – *La Présentation au Temple* – *Saint-Georges debout* – *Étude pour le mariage de sainte Catherine* – *Figure nue de l'Enfant Jésus* – *Madeleine à genoux* – *Étude pour la Madonna della Misericordia* – *Tête de Vierge* – *Vierge assise tenant l'Enfant Jésus* – Lucques (cathédrale) : *Vierge glorieuse 1509* – Lucques (Pina.) : *Sainte Madeleine et sainte Catherine ravies, bénies par le Père éternel* – *La Madonna della Misericordia 1515* – Lucques (Villa Saltocchio) : *Nativité 1509-1512* – Milan (Gal. Poldo) : *La Vierge allaitant Jésus* – *Sainte Catherine et sainte Barbe* – *L'Annonciation* – *La Vierge et saint Joseph en adoration devant l'Enfant Jésus* – Milan (coll. Giovanni Marelli) : *Tête de moine* – *Tête de femme* – *Tête de saint Joseph* – *Trois études pour le petit saint Jean* – Naples : *Assomption 1516* – Paris (Louvre) : *Mariage de sainte Catherine 1511* – *Annonciation 1516* – *Enfant couché à terre* – *Couronnement de la Vierge* – *Tête de vieillard vue de trois-quarts* – *Vierge et Enfant* – *Sainte Famille* – *Vierge assise à terre avec l'Enfant Jésus* – *La Vierge agenouillée à droite et l'Enfant Jésus à gauche* – *Vierge assise de face tenant sur ses genoux l'Enfant Jésus* – *Christ mort assis* – Paris (Acad. des Beaux-Arts) – Pézenas : *Saint Sébastien 1514* – Piandi Mugnone : *Petite Annonciation 1515, fresque* – *Tête de Christ 1515* – *Saint Dominique et saint François s'embrassant 1515* – *Jésus crucifié et Madeleine embrassant la Croix 1517* – *Jésus apparaissant à Madeleine sous les dehors d'un jardinier 1517* – Pise (Église de Sainte-Catherine) : *La Vierge entre saint Paul et saint Pierre 1511* – Pistoia : *La Vierge avec l'Enfant Jésus dans ses bras 1515* – Prato : *Portrait de Savonarole av. 1498* – La Quiercia : *Vierge entourée de Dominicains 1514-1515* – Rome (Gal. Borghèse) : *Nativité du Christ 1511* – Rome (Gal. Corsini) : *Sainte Famille 1516* – Rome (Gal. du Quirinal) : *Saint Pierre et saint Paul* – Rome (Gal. Sciarra) : *La Vierge, l'Enfant Jésus et le petit Jean Sionne* – *Sainte Madeleine et sainte Catherine d'Alexandrie 1512* – Saint-Pétersbourg (Gal. de l'Ermitage) : *La Vierge et l'Enfant Jésus avec des anges faisant de la musique* – Venise (Pina. Manfredini) : *La Vierge assise sur un portique et tenant sur ses genoux l'Enfant Jésus debout qui l'embrasse* – *Annonciation* – Venise (Acad. des Beaux-Arts) : *Dessin pour le Jugement dernier* – Vienne (Gal. du Belvédère) : *Présentation au Temple 1516* – Vienne (coll. Lord Cooper) : *Sainte Famille* – *Mort de saint Antoine* – Vienne (coll. Albertine) : *Deux hommes à demi-nus, vus de dos* – *Etude pour le mariage de sainte Catherine, dessin* – Weimar : *Ange volant et jouant de la mandoline* – *Études pour le tableau représentant le Sauveur du monde avec les quatre évangélistes* – *Deux enfants nus assis à terre* – *Deux têtes de moines* – *Deux têtes de femmes nues* – *Cinq études pour le saint Jean, sanguine* – *Le Christ mort sur les genoux de la Vierge* – *Moine agenouillé* – *Quatre têtes, dont une de moine* – *Trois têtes et cinq pieds* – *Études de Vierges* – *Tête de moine, dessin à la sanguine* – *Tête de moine, vue de face* – *Tête d'un jeune moine* – Windsor : *La Vierge assise se penche vers l'Enfant Jésus.*

Ventes Publiques : Londres, 1804 : *Vierge et Enfant Jésus, saint Jean et des anges* : **FRF 3 300** ; *Madonna della Saggiola* : **FRF 1 590** – Paris, 1809 : *La Vierge, sainte Anne et l'Enfant Jésus* : **FRF 4 441** – Londres, 1811 : *Marie Madeleine portée au ciel par les anges* : **FRF 3 150** ; *La Vierge, l'Enfant Jésus et saint Jean* : **FRF 7 612** – Paris, 1826 : *La Vierge assise présente l'Enfant Jésus à saint Jean, dess. à la pl. et au lav., reh. de blanc* : **FRF 321** – Londres, 1837 : *Vierge et Enfant Jésus dans un paysage* : **FRF 11 800** – Paris, 1850 : *La Vierge au palmier* : **FRF 29 400** – Paris, 1859 : *La Vierge, l'Enfant Jésus et saint Jean tenant une coupe* : **FRF 13 260** – Paris, 1868 : *Sainte Famille, dess. à la pl.* : **FRF 355** ; *Saints autour d'un tabernacle, dess. à la pl.* : **FRF 116** – Paris, 1882 : *La Sainte Famille, dess. à la pierre d'Italie* : **FRF 660** ; *La Vierge agenouillée, dess. à la pl.* : **FRF 1 110** – Londres, 1882 : *La Sainte Famille, Jésus bénissant saint Jean* : **FRF 5 250** – Paris, 1892 : *La Madone et l'Enfant* : **FRF 13 260** – Londres, 1er mai 1906 : *Madone à l'Enfant* : **GBP 267** – Paris, 21-22 fév. 1919 : *Étude pour la figure de sainte Catherine de Sienne, dess. à la pl.* : **FRF 500** – Paris, 31 mars 1920 : *Un petit ange, pierre noire* : **FRF 200** – Londres, 14 juil. 1920 : *Madone* : **GBP 330** – Paris, 19-20 avr. 1921 : *La Vierge et l'Enfant Jésus, Éc. de Fra B.* :

FRF 400 – Paris, 16 déc. 1921 : *La Vierge et l'Enfant,* attr. : **FRF 112** – Paris, 30 juin 1922 : *L'Adoration des bergers,* attr. : **FRF 650** – Londres, 1924 : *Sainte Famille* : **GBP 63** – Paris, 25 fév. 1924 : *Tête d'homme endormi, aquar.* : **FRF 1 400** – Paris, 11 avr. 1924 : *La Vierge et l'Enfant sous un dais et d'autres saints personnages,* pl. et lav. : **FRF 850** – Londres, 4 mars 1927 : *La Sainte Famille et saint Jean* : **GBP 220** – Londres, 22 déc. 1927 : *La Vierge et l'Enfant* : **GBP 231** – Paris, 15 et 16 fév. 1928 : *Étude d'homme nu debout, pierre noire* : **FRF 500** – Paris, 9 mai 1934 : *La crucifixion, peint. inachevée* : **GBP 48** – Londres, 26 juin 1936 : *La Vierge présentant le Messie* : **GBP 81** – Londres, 13 juil. 1936 : *Deux anges, dess.* : **GBP 357** – Paris, 28 fév. 1938 : *La Vierge et les saints,* pl. et lav., Éc. de Fra B. : **FRF 500** – Paris, 25 juin 1943 : *La Vierge, l'Enfant et saint Jean, Éc. de Fra B.* : **FRF 135 000** – Londres, 9 déc. 1949 : *Vierge à l'Enfant entourés de saint Jean et deux anges,* pl. et bistre : **GBP 567** – Londres, 25 oct. 1950 : *Sainte Catherine d'Alexandrie, bois* : **GBP 620** ; *La Nativité, bois* : **GBP 580** – Londres, 20 nov. 1957 : *Vue d'une ville médiévale,* pl. et encre : **GBP 8 400** ; *L'Hermitage,* t. : **GBP 4 200** ; *Un ravin boisé,* pl. et encre : **GBP 1 900** ; *Jeune arbre en feuille,* pierre noire : **GBP 900** ; *La course rapide d'une rivière,* pl. et encre : **GBP 5 500** ; *Autoportrait,* pierre noire : **GBP 1 100** – Londres, 1er mai 1959 : *L'Adoration des Rois mages,* pl. et sépia : **GBP 6 510** – Genève, 13 juin 1960 : *Sainte Catherine,* cr. et lav. de bistre, reh. de blanc, pap. mar. sur t. : **CHF 1500** – Londres, 29 juin 1962 : *Portrait de Piero di Gino Capponi* : **GNS 550** – Cologne, 14 nov. 1963 : *L'Annonciation, bois,* de forme ronde : **DEM 48 000** – Londres, 24 juin 1964 : *Le Christ sur la Croix* : **GBP 3 000** – Londres, 2 juil. 1976 : *Mort et ascension de Saint Antoninus, h/pan. (51x54,5)* : **GBP 7 500** – Londres, 29 juin 1979 : *La Vierge et l'Enfant avec sainte Élisabeth et saint Jean Baptiste dans un paysage 1516, h/pan. (146x119,5)* : **GBP 400 000** – Londres, 11 déc 1979 : *Tête de femme regardant vers le bas (recto)* ; *Tête de femme de profil (verso),* pierre noire (22,2x19,1) : **GBP 8 000** – Londres, 24 juin 1980 : *Étude d'arbre,* pierre noire et lav. de brun (40,7x27,5) : **GBP 14 000** – Londres, 18 nov. 1982 : *La Sainte Famille avec saint Jean Baptiste enfant et un ange,* craies noire et blanche (13,7x11,9) : **GBP 450** – New York, 14 jan. 1987 : *Femme drapée,* pl. et encre brune (10,6x6,8) : **USD 11 500** – New York, 8 jan. 1991 : *La Sainte Famille avec saint Jean Baptiste et un ange agenouillé,* craie noire avec reh. de blanc sur pap. beige (13,8x11,9) : **USD 15 400** – New York, 11 jan. 1994 : *Tête d'ange de profil regardant vers la droite au recto, Etude de main au verso,* craie noire/pap. brun (20,5x16,3) : **USD 27 600** – New York, 12 jan. 1995 : *Le Christ et la femme de Samarie et deux études de Vierge à l'Enfant au verso,* encre brune et lav. (14x9,6) : **USD 63 000** – New York, 12 jan. 1996 : *La Crucifixion, h/pan.* (19,4x14) : **USD 354 500** – Londres, 2 juil. 1996 : *Nu avec une cape jetée sur l'épaule,* craie noire (27x19,6) : **GBP 32 200.**

BARTOLOMMEO BOLGARINI ou Bartolomeo Bolghini ou Bologhini. Voir BARTOLOMMEO di Messer BULGA-RINI

BARTOLOMMEO di Alberto da Bergamo
XVe siècle. Italien.
Sculpteur.
Vénitien, cet artiste travailla, en 1473, avec d'autres maîtres, à S. Michele di Murano.

BARTOLOMMEO d'Amandola
XVe siècle. Actif vers 1490. Italien.
Peintre.
Ricci cite de lui un tableau dans l'église de S. Agostino à Amandola.

BARTOLOMMEO d'Amico
XVe siècle. Actif à Castelazzo. Italien.
Peintre.
Travailla à Gênes vers 1470.

BARTOLOMMEO d'Andrea della Scarperia ou Banco
XVe-XVIe siècles. Italien.
Peintre verrier.
De 1455 à 1502, il travailla à la cathédrale de Pise. En 1466, il fit sept vitraux pour le Camposanto de cette ville.

BARTOLOMMEO d'Andréa di Somenti
Italien.
Sculpteur sur bois.
Travailla pour S. Petronio de Bologne surtout aux portes du milieu de la façade.

BARTOLOMMEO d'Andréa Bocchi
Originaire de Pistoia. XVe siècle. Italien.
Peintre.
Peignit, en 1450, un tableau pour S. Bastiano di Piuvica.

BARTOLOMMEO d'Angelo Donati
XVe siècle. Actif à la fin du XVe siècle. Italien.
Sculpteur sur bois.
Travailla aux boiseries et aux sièges dans la salle et la chapelle de la Seigneurie, à Florence.

BARTOLOMMEO di Angelucio del signor Jacobo ou **Bartoluccio**
XIVe siècle. Italien.
Peintre.
Actif à Pérouse vers 1390. Peut-être à rapprocher de Bartoluccio di maestro Bartolo.

BARTOLOMMEO di Antonio
XIVe siècle. Italien.
Sculpteur.
Cité en 1350 comme membre de la confrérie de Saint-Luc, à Florence.

BARTOLOMMEO d'Antonio
XVe siècle. Italien.
Miniaturiste.
Travailla à Florence. Avec son frère Giovanni, il orna un livre pour la cathédrale S. Maria del Fiore (aujourd'hui à la Laurenziana).

BARTOLOMMEO di Antonio
XVe siècle. Italien.
Sculpteur sur bois.
Actif à Venise, cité en 1431.

BARTOLOMMEO d'Antonio da Mantova
XIVe siècle. Actif à Bologne vers 1384. Italien.
Peintre.

BARTOLOMMEO di Antonio Nutoli
XIVe siècle. Italien.
Sculpteur.
Il est cité par un document, en 1391, à Ancône.

BARTOLOMMEO da Aquila
XIVe siècle. Italien.
Peintre.
Cet artiste travailla à Naples en 1328.

BARTOLOMMEO da Arezzo
XVIe siècle. Italien.
Peintre et dessinateur.
Cet artiste travailla à Rome, d'après Zani, vers 1560-1570. Il est cité dans cette ville en 1578.

BARTOLOMMEO di Bartolomuccio
XIVe siècle. Italien.
Sculpteur.
Exécuta quelques tabernacles de marbre de la cathédrale d'Orvieto. A rapprocher de Bartolomuccio di Pietro.

BARTOLOMMEO da Bergamo
Mort en 1439 à Brescia. XVe siècle. Italien.
Peintre.

BARTOLOMMEO de Bernardi. Voir **BERNARDI Gherardino de,** maestro

BARTOLOMMEO da Bologna
XVe siècle. Italien.
Fut l'aide de Cosmè Tura, à Bologne, en 1461. De 1462 à 1467, il travailla à Modène, où, avec Antonio Rignone, il orna de peintures le palais S. Martino de Rio.

BARTOLOMMEO da Bologna ou **di Giangiacomo**
XVIe siècle. Actif à Venise vers 1508. Italien.
Sculpteur.

BARTOLOMMEO da Bologna
Mort vers 1514 à Bologne. XVIe siècle. Italien.
Miniaturiste.

BARTOLOMMEO da Brescia
XIVe siècle. Actif à Padoue. Italien.
Peintre.

BARTOLOMMEO da Brescia ou **Olmo, Lolmo,** ou **Lulmus**
Né en 1506 à Brescia. XVIe siècle. Italien.

Graveur au burin et graveur sur bois.
Travailla à Brescia jusque vers 1579. Il y grava quelques feuilles : *Le Christ en Croix, avec Marie, saint Jean, saint Nicodème et sainte Madeleine* (1576), copie d'une estampe gravée en 1562 par C. Cort d'après Giulio Clovio, *Le Christ sur la Croix avec trois anges, Le Christ sur la Croix entre les deux larrons et entouré d'un grand nombre de personnages.*

BARTOLOMMEO di Buono degli Atti. Voir **ATTI**

BARTOLOMMEO da Camogli ou **de Camulio**
Né entre 1300 et 1310. Mort en 1358. XIVe siècle. Italien.
Peintre.
Travailla à Gênes. En 1346, il peignit un tableau d'autel pour un certain Raffo di Tomaso, à Rapallo. Cette œuvre est peut-être la même que celle transportée de S. Francesco au Musée de Palerme et représentant la *Madone avec l'Enfant Jésus.*

BARTOLOMMEO di Carlo di Valentino
XVIe siècle. Italien.
Peintre.
Le légat du cardinal de Pérouse lui accorda (22 septembre 1515) le privilège de peindre tous les ans l'Inquantana. Il peignit en 1515, pour le couvent de S. Giuliana, une *Madone avec saint Bernard et saint Jean Baptiste*, et un parement pour la Madone de S. Gilio.

BARTOLOMMEO da Carrara
XVIe siècle. Italien.
Sculpteur.
Il aida Francesco Moschino à exécuter une série de statues pour la Chapelle de la Incoronata, à la cathédrale de Pise (1564).

BARTOLOMMEO da Carrara
XVIe siècle. Actif vers 1500. Italien.
Peintre.

BARTOLOMMEO da Carrara
XVIIe siècle. Italien.
Peintre.
Peignit dans les grottes du Vatican, à Rome.

BARTOLOMMEO da Cassino
XVe siècle. Italien.
Peintre.
Fut, en 1481, membre de « l'Università dei pittori » de Lombardie.

BARTOLOMMEO da Castiglioni
XVIe siècle. Italien.
Peintre.
Vasari le cite parmi les élèves de Jules Romain.

BARTOLOMMEO da Colle
XVe siècle. Actif à Florence vers 1493. Italien.
Sculpteur.

BARTOLOMMEO da Como
XVe siècle. Italien.
Peintre.
Cité en 1492, à Naples.

BARTOLOMMEO da Como
Originaire de Scaria dans le Val d'Intelvi. XVIe siècle. Italien.
Sculpteur.
Il travailla, en 1509, au cloître de la Chartreuse de Farneta, près Lucques.

BARTOLOMMEO di David
Mort en janvier 1544 à Sienne. XVIe siècle. Italien.
Peintre.
Il fit à Sienne un tableau qui est dans la chapelle de la Madone del Manto, à l'hospice de Sienne. En 1534, avec Bartolommeo Neroni, il fit une *Madone du Rosaire*, dans une chapelle de la Collegiata du Castello, à Asciano.

BARTOLOMMEO di Domenico da Verona ou **da Padova**
XVe siècle. Italien.
Sculpteur.
Travailla, en 1438, à S. Giov. e Paolo, à Venise ; de 1442 à 1446, comme protomaestro au chœur et aux barrières du maître-autel de Saint-Antoine de Padoue, orné des bronzes de Donatello.

BARTOLOMMEO di Donato
Né en 1355 à Florence. Mort après 1427. XIVe-XVe siècles. Italien.
Peintre.

BARTOLOMMEO di Donato
XVe siècle. Actif à Pérouse. Italien.
Peintre.
De 1428 à 1430, il exécuta des peintures dans l'église de l'hôpital, à Pérouse.

BARTOLOMMEO da Fano. Voir MORGANTI Bartolommeo

BARTOLOMMEO da Ferrare, frate
XVe siècle. Actif à Sienne vers 1471-1473. Italien.
Peintre miniaturiste.

BARTOLOMMEO Fiammingo
XVIe siècle. Actif à Pérouse. Italien.
Sculpteur sur bois.
Cet artiste exécuta en 1561 un tableau d'autel pour la confrérie S. Francesco à Pérouse.

BARTOLOMMEO Fiorini
XIVe siècle. Italien.
Peintre d'armoiries.
Peignit, en 1386, les armoiries de la « compagnia » des peintres florentins à Bologne.

BARTOLOMMEO da Firenze
XIVe siècle. Actif au Mont-Cassin. Italien.
Sculpteur sur bois.

BARTOLOMMEO da Firenze
XVe siècle. Italien.
Sculpteur.
Il travaillait vers 1445 à la cathédrale de Milan.

BARTOLOMMEO da Forli
XVIe siècle. Italien.
Peintre.
D'après Zani, Bartolomeo travailla vers 1510.

BARTOLOMMEO di Francesco
XVe siècle. Italien.
Sculpteur sur bois.
Il travailla à Florence, vers 1420, à l'église Santa Maria del Fiore.

BARTOLOMMEO di Francesco
XVe siècle. Actif à Pérouse. Italien.
Miniaturiste.
Son nom se trouve parmi les membres de la corporation des miniaturistes à Pérouse.

BARTOLOMMEO di Francesco
XVe siècle. Italien.
Sculpteur.
Il travailla à Venise vers 1400-1439, d'après Zani.

BARTOLOMMEO di Francesco, dit aussi Bartolommeo ou Meo di Checco da Firenze
Né à Florence. XVe siècle. Italien.
Sculpteur.
Cet artiste fut élève de Nicolo Baroncelli à Ferrare. De 1451 à 1454, il fut aide de Baroncelli ; puis, il travailla à la cathédrale de Ferrare et au tombeau du pape Urbain III, dans la même église.

BARTOLOMMEO di Francesco, dit il Pronto
XVIe siècle. Actif à Sienne vers 1535. Italien.
Peintre.
Peut-être identique à ALMI (Bartolommeo di Francesco degli).

BARTOLOMMEO di Francesco da Bergamo, dit Bergamasco
XVIe siècle. Italien.
Sculpteur de monuments, statues.
Il exécuta avec son père Francesco da Bergamo une statue de *Sainte Madeleine* pour S. Maria de'Servi à Venise. Il travailla à Saint-Marc de Venise en collaboration avec d'autres artistes, sous la direction de Tullio Lombardo, au tombeau du cardinal Giov.-Batt. Zeno. Il sculpta, pour l'autel de l'église de San Gimigniano, les trois statues se trouvant à la Villa nationale de Stra, et pour S. Andrea della Certosa (1524), quatre reliefs de bronze, avec les armoiries des Guérini sur l'encadrement. Cette même année, il reçut quarante ducats, des Procuratori de Citra, pour une statue de *Sainte Madeleine*, destinée à l'autel du maestro Guglielmo dei Grigi pour S. Maria dei Servi. (Cet autel est à présent à S. Giovanni e Paolo). Enfin, d'après Paoletti, cet artiste serait l'auteur de la statue de saint Roch sur le maître-autel de San Rocco à Venise, exécutée de 1516 à 1524.

BARTOLOMMEO di Frigiristo
XVe siècle. Italien.
Peintre de fresques.
Il fut élève des maîtres Lorenzo et Giocomo di Salimbene à Sanseverino ; en 1406, il fit une fresque à l'église della Pituretta de cette ville.

BARTOLOMMEO di Fruosino
Né en 1366. Mort en 1441. XIVe-XVe siècles. Italien.
Peintre de compositions religieuses, scènes de genre, figures, miniaturiste.
Il travailla, pour S. Maria Nuova, à Florence. En 1394, il fut admis dans la corporation des peintres de Florence.
VENTES PUBLIQUES : NEW YORK, 22 jan. 1976 : *Crucifixion*, h/pan. (28,5x47) : USD 40 000 – NEW YORK, 9 jan. 1980 : *La Crucifixion*, h/pan. (59,6x40,5) : USD 10 000 – NEW YORK, 12 jan. 1995 : *Crucifixion avec deux anges de la Désolation et la Vierge et saint Jean Baptiste à l'intérieur d'une bordure de dessins géométriques*, gche et or sur vélin (18,9x20,5) : USD 27 600 – NEW YORK, 12 jan. 1995 : *Scène d'accouchement dans un intérieur architectural (recto)* ; *Petit garçon nu dans les bois (verso)*, plateau célébrant la naissance de Paolo di Tommaso Montauri ?, temp., or et argent/pan., de forme dodécagonale (diam. 59,1) : USD 431 500.

BARTOLOMMEO di Gennaro
XIVe siècle. Italien.
Peintre.
Cet artiste travailla à Pérouse entre 1365 et 1421.

BARTOLOMMEO di Giacomo da Firenze
XVe siècle. Actif à Venise. Italien.
Sculpteur sur bois.
Il est cité, en 1457, comme membre de la confrérie de la Scuola Grande di S. Marco.

BARTOLOMMEO di Giovanni
XIVe siècle. Italien.
Peintre de miniatures.
En 1351, il est cité comme membre de la corporation de Saint-Luc, à Florence.

BARTOLOMMEO di Giovanni
XIVe siècle. Italien.
Peintre.
Cet artiste travailla à Padoue. Il est cité par document en 1374.

BARTOLOMMEO di Giovanni
XVe-XVIe siècles. Italien.
Peintre d'histoire, compositions religieuses, graveur, illustrateur.
Ce peintre florentin actif de 1483 à 1511 n'est connu que par une œuvre certaine qui lui est restituée grâce à un document d'archives : contrat passé le 30 juillet 1488 entre le Prieur des Innocents et Bartolomeo di Giovanni pour les *Sept scènes de la prédelle du tableau d'autel de Ghirlandajo*, autrefois attribuées à ce dernier. Ces scènes représentent : aux deux extrémités *Saint Laurent* et *Saint Augustin*, puis la *Conversion de saint Paul*, le *Martyre de saint Sébastien*, la *Mise au Tombeau*, le *Martyre de saint Clément* et *Saint Pierre délivré de prison*. Berenson a recréé sa personnalité avant la découverte du document, sous le nom d'Alunno di Domenico en partant de cette prédelle. C'est ainsi que lui sont donnés, entre autres, l'*Enlèvement des Sabines* et la *Réconciliation des Romains et des Sabins* attribués à Ghirlandajo ; il aurait travaillé vers 1485 à *Quatre scènes de la Vie de saints* pour la prédelle d'un tableau de Domenico (Florence, Académie) et vers 1487, avec Sellajo sous la direction de Botticelli à des panneaux de coffres commémorant le mariage de Lucrecia Pucci avec Francesco Bini (Collection Vernon Watney et Siridon) ; Berenson lui donne encore l'*Histoire de la nymphe Io* (Collection Mrs. Baillie-Hamilton), l'*Histoire de Jason à Colchis* (anciennement collection Ashburnham), l'*Histoire de Joseph* attribué à Pesellino (Collection Brinsby Morlay), *Saint Jérôme* (Baron Chiaramonte Bordonaro), – *Saint Jérôme* (Académie de Florence), attribué à Fra Filippo – le *Triomphe de Vénus* et le *Mariage de Thétis* (Louvre), attribué autrefois à Lorenso di Credi. De 1490 jusque vers la fin du siècle, le peintre se serait tourné vers l'illustration des livres et il aurait concouru, par la gravure sur bois, au décor de presque toutes les belles publications : *Écrits de Jérôme Savonarole* ; *Morgante Maggiore*, de L. Pulci (1500), etc.
Son œuvre paraît avoir été très fortement influencée par Ghirlandajo, spécialement dans les sept scènes de la prédelle du tableau de l'hôpital des Innocents, par Botticelli ainsi que par le paysage chez Piero di Cosimo.

VENTES PUBLIQUES : LONDRES, 1921 : *Mariage de Pirithoüs* : **GBP 1 732** ; *Combat entre les Centaures* : **GBP 1 680** – LONDRES, 2 juil. 1965 : *La Vision de saint Augustin* : **GNS 2 200** – COPEN-HAGUE, 22 mars 1966 : *La Vierge, l'Enfant et saint Jean Baptiste enfant*, bois, de forme ronde : **DKK 15 500** – LONDRES, 10 juil. 1968 : *Le Christ apparaissant à ses disciples* : **GBP 3 600** – LONDRES, 2 déc. 1977 : *Le Couronnement de la Vierge*, h/pan. fond or, de forme octogonale (56x42) : **GBP 28 000** – LONDRES, 1ᵉʳ déc. 1978 : *La Résurrection*, h/pan. (25x52) : **GBP 24 000** – MILAN, 20 mai 1982 : *La Vierge et l'Enfant avec saint Jean enfant*, temp./pan. (88x56) : **ITL 70 000 000** – NEW YORK, 18 jan. 1983 : *Saint Augus-tin* ; *Saint Étienne*, deux pan., de forme ovale (diam. 22,5) : **USD 30 000** – LONDRES, 6 déc. 1989 : *Les Argonautes en Colchide*, temp. et h/pan. (83x163,5) : **GBP 5 060 000** – NEW YORK, 4 avr. 1990 : *Vierge à l'Enfant avec saint Jean Baptiste*, h/pan., haut arrondi (70x42) : **USD 90 200** – NEW YORK, 18 mai 1994 : *Trois Anges*, temp./pan. (18,5x31,5) : **USD 40 250** – NEW YORK, 19 mai 1994 : *Saint Jean l'Évangéliste priant*, temp./pan. (8,9x9,5) : **USD 6 900** – MILAN, 21 nov. 1996 : *Vierge à l'Enfant avec saint Jean enfant*, temp./pan. (88x56) : **ITL 174 750**.

BARTOLOMMEO di Giovanni di Manno
XVIᵉ siècle. Italien.
Peintre.
Cité en 1525 comme membre de la confrérie de Saint Luc, à Flo-rence.

BARTOLOMMEO di Giovanni di Uzio di Cinaglia
XVᵉ siècle. Italien.
Peintre.
Il fut camerlingue de la corporation des peintres de Pérouse en 1408.

BARTOLOMMEO de Goldi. Voir GOLDI

BARTOLOMMEO di Guido Cancellieri ou Bartolomeo di Guido Cancellieri. Voir CANCELLIERI Bartolommeo di Guido

BARTOLOMMEO di Guidone da Como
XIVᵉ siècle. Italien.
Sculpteur.
Cet artiste, en 1394, avec son frère Giovanni, travailla à la cathé-drale de Pise.

BARTOLOMMEO di Jacopo
XVᵉ siècle. Italien.
Sculpteur et graveur sur bois.
Cet artiste travailla à Sienne, vers 1418.

BARTOLOMMEO di Jacopo di Martino
XVᵉ siècle. Actif à Florence dans la seconde moitié du XVᵉ siècle. Italien.
Peintre.
De la famille des Carucci, élève de Domenico Ghirlandajo, il est père de Jacopo da Pontormo. Il a probablement travaillé à Val-darno et à Empoli.

BARTOLOMMEO da Langasco
XIIIᵉ siècle. Italien.
Peintre.
Cité à Gênes en 1236.

BARTOLOMMEO da Levanto
XVIᵉ siècle. Italien.
Graveur sur bois.
Il vécut à Sarzana, et travailla à la citadelle de cette ville en 1502. Il était moine et chapelain.

BARTOLOMMEO da Lodi
XVIᵉ siècle. Actif à Rome vers 1500. Italien.
Sculpteur sur bois.

BARTOLOMMEO di Lorenzo da Figline
XVᵉ siècle. Italien.
Miniaturiste.
Cet artiste est cité comme l'auteur du manuscrit d'une traduc-tion italienne d'Aristote (daté de 1425).

BARTOLOMMEO de Lupoti
Mort à Gênes. XVᵉ siècle. Italien.
Miniaturiste.
Originaire de Novare ; fut écrivain et relieur.

BARTOLOMMEO di maestro Gentile
Né vers 1470. Mort vers 1534. XVᵉ-XVIᵉ siècles. Italien.
Peintre.

Cet artiste de l'École d'Urbin eut pour maître Giovanni Santi. On ne connaît de lui qu'une *Madone pour San Agostino da Pesaro*, exécutée en 1497. De Pesaro, ce tableau alla à Lille où il fut acheté en 1840 par les Musées Français. On peut cependant suivre l'ac-tivité de ce peintre grâce à des pièces d'archives et des écrits. En 1502 il est mentionné sur un acte de Tommaso Oddi à Urbin. Alippi signale une peinture de la *Madone avec des saints*, pour une église des environs de Pesaro, signée et datée 1504. Anselmi note son séjour à Montemarciano, à la petite cour de Giacomo Piccolomini en 1507. Il aurait peint une fresque de *La Vierge* dans une église proche du château. En 1508 il exécutait une *Vierge sur un trône avec l'Enfant Jésus et des saints* pour l'église de San Sebastiano à Monteciccardo. Il aurait aussi exécuté une étude de *Paysage d'Urbin*, datée du 27 avril 1513. Il composait, avec Francesco de Montegrimano, un ouvrage sur son art, daté du 8 janvier 1514. Étant tombé gravement malade, il rédigeait un testament le 23 avril 1514, qui est considéré comme un docu-ment biographique essentiel. En 1531 Bartolino di Giacomo, Accorcino Maldi et Giovan Lazzaro lui promettent la somme de 8 florins et 58 Bolognini pour le décor de la chapelle de San Gau-denzio di Montefabbri. Alippi date sa mort d'avant 1538, pro-bablement en 1534.

BARTOLOMMEO da Mantova
XVIᵉ siècle. Italien.
Sculpteur.
D'après Zani, il aurait appartenu à l'école de Jules Romain vers 1570 ; il travailla à la résidence ducale à Landshut.

BARTOLOMMEO di Mariano, dit il Mandriano
XVᵉ siècle. Actif à Sienne. Italien.
Sculpteur.

BARTOLOMMEO della Massa. Voir MASSA

BARTOLOMMEO di Matteo Marescalchi. Voir MOR-GANTI

BARTOLOMMEO di Messer Bulgarini ou Bartolommeo Bolgarini, Bolghini ou Bologhini
Né vers 1300 ou 1310. Mort en 1378. XIVᵉ siècle. Italien.
Peintre de sujets religieux, miniaturiste.
Cet artiste de Sienne est cité dans un document de Pistoie comme un des meilleurs peintres de son temps (1347-1350). D'après Vasari, il fut élève de Pietro Lorenzetti. En 1345, il fit son premier travail pour la salle dei Nove, du palais public de Sienne. En 1369, il travailla pour la cour pontificale à Rome, comme miniaturiste : il fit alors les quelques tableaux qui seuls ont été conservés : une *Madone*, à S. Francesco de Tivoli (signée) et un tryptique représentant l'Annonciation, Saint François et Saint Louis de Toulouse.
VENTES PUBLIQUES : NEW YORK, 12 jan. 1995 : *Vierge à l'Enfant*, h/pan. à fond or (55,9x37,5) : **USD 96 000** – NEW YORK, 16 mai 1996 : *La Crucifixion avec la Vierge et Saint Jean l'Évangeliste*, temp./pan. à fond or (27,9x19,1) : **USD 63 000** – NEW YORK, 30 jan. 1997 : *Saint Jean Baptiste*, fond or, temp./pan. (37,5x25,4) : **USD 74 000**.

BARTOLOMMEO Milanese
XVᵉ siècle. Italien.
Miniaturiste et calligraphe.

BARTOLOMMEO del Milanese
XVᵉ siècle. Actif à Rome. Italien.
Sculpteur.

BARTOLOMMEO di Mino ou Meo
XIVᵉ siècle. Italien.
Sculpteur sur bois.
Actif à Sienne, cité en 1382.

BARTOLOMMEO da Miranda
XVᵉ siècle. Actif dans la première moitié du XVᵉ siècle. Italien.
Peintre.

BARTOLOMMEO da Modena
XIIIᵉ siècle. Italien.
Miniaturiste.
Cité en 1265 à Bologne.

BARTOLOMMEO da Modena
XVᵉ siècle. Actif dans la seconde moitié du XVᵉ siècle à Bologne. Italien.
Peintre.

BARTOLOMMEO da Montenapoli, fra
XVᵉ siècle. Italien.

Miniaturiste.

Cet artiste, moine dominicain, travailla à Florence, notamment vers 1450 pour le duc Borso d'Este.

BARTOLOMMEO di Nanni

Originaire de Pistoia. xve siècle. Italien.

Peintre.

Il travailla en 1413.

BARTOLOMMEO di Nasseio

Originaire de Fabriano. xve siècle. Italien.

Peintre.

On a conservé de cet artiste une peinture faite, avec la collaboration de Tommaso di Nasseio, peut-être son frère, dans l'oratoire di S. Mariano, à Albacina, près de Fabriano, en 1481.

BARTOLOMMEO di Nicolo

xive siècle. Actif à Vérone vers 1367. Italien.

Peintre.

Il est cité par Zani.

BARTOLOMMEO di Niccolo Giovanni

xve siècle. Italien.

Sculpteur sur bois et marqueteur.

Travailla à Ferrare, pour le duc Borso d'Este ; au palais Belfiore, il orna le cabinet de Lionello, vers 1450.

BARTOLOMMEO di Nuto ou Nutino

xive siècle. Actif à la fin du xive siècle. Italien.

Peintre.

Il travailla à Sienne. On lui attribue une *Madone avec l'Enfant Jésus entouré de deux saints*.

BARTOLOMMEO del Palazzo ou della Grazia ou della Riverenza

xve siècle. Actif à Ferrare. Italien.

Peintre.

Il fut, en même temps, le peintre et le bouffon de la cour de Ferrare, et particulièrement des ducs Borso et Ercole d'Este. On le trouve cité de 1469 à 1494. Il a dû aussi être sculpteur.

BARTOLOMMEO di Paolo

xive-xve siècles. Italien.

Peintre.

Vénitien, cet artiste, vers 1404, peignit, pour l'église Corpus Domini à Venise, un tableau d'autel, qui est aujourd'hui au Musée Correr.

BARTOLOMMEO da Pavia

xve siècle. Italien.

Peintre.

Travailla, en 1465, à la Chartreuse de Pavie. Peut-être identique à Bononi (Bartolomeo).

BARTOLOMMEO da Petritoli

xve siècle. Italien.

Peintre.

Travailla à San Severino ; il est cité en 1445, comme peintre d'armoiries.

BARTOLOMMEO da Piacenza

xve-xvie siècles. Italien.

Sculpteur.

Travailla au couvent de S. Sisto à Plaisance.

BARTOLOMMEO da Pian Castagnajo

xve siècle. Italien.

Peintre verrier.

Franciscain, il travailla à Sienne et à Assise. On croit qu'il collabora aux vitraux de la crypte de saint François dans cette dernière ville.

BARTOLOMMEO di Piero

xve siècle. Travaillait à Florence. Italien.

Peintre.

Cité en 1415 dans la corporation des peintres.

BARTOLOMMEO di Pietro

Mort vers 1420. xive-xve siècles. Travaillant à la fin du xive et au commencement du xve siècle. Italien.

Peintre verrier.

Il fut moine de l'ordre de S. Dominique. Fils d'un Pietro di Giovanni de la famille Accomodati de Pérouse. Son nom se trouve dans la liste des peintres de Pérouse en 1366.

BARTOLOMMEO di Pietro

xve siècle. Actif à Orvieto. Italien.

Miniaturiste, peintre de fresques et de mosaïques.

Cet artiste exécuta, en 1410, la miniature d'un crucifix, qu'il fit pour un missel de la cathédrale, exécuté par Angelo di Pietro. En 1417, il travailla avec Andrea di Giov. da Orvieto à la restauration des anciennes et à l'exécution des nouvelles mosaïques de la façade de la cathédrale. Il fit (1415) *La légende de sainte Catherine* en fresques, à la demande de Ser cesco Guidi, sur les murs de la cathédrale d'Orvieto.

BARTOLOMMEO di Pietro

xve siècle. Italien.

Sculpteur sur bois.

Participa en 1487 aux décorations du couvent de San Pietro à Pérouse.

BARTOLOMMEO di Pietro da Cortona

xve siècle. Actif à Sienne vers 1450. Italien.

Sculpteur.

Cet artiste habita d'abord Padoue. Frère d'Urbano, il vint avec lui s'établir à Sienne et entreprit avec lui la restauration de la chapelle de la Madone della Grazia, à la cathédrale de cette ville.

BARTOLOMMEO Pistoia. Voir PISTOIA Bartolommeo

BARTOLOMMEO da Prato, dit Bresciano

xve siècle. Actif à Milan. Italien.

Peintre.

Cet artiste cité en 1470, exécuta des peintures murales, dont on voit des vestiges dans la maison de campagne de Portinari, à Cascina di Mirabello.

BARTOLOMMEO del quondam Leonardo

xve siècle. Italien.

Peintre.

Actif à Padoue vers 1441.

BARTOLOMMEO da Reggio

xve siècle. Actif à Rome dans la seconde moitié du xve siècle. Italien.

Sculpteur.

Cet artiste travailla, d'après Muntz, au service du pape Pie II.

BARTOLOMMEO di Santa Maria Formosa

xve siècle. Italien.

Peintre.

Actif à Venise cité par un document en 1463.

BARTOLOMMEO di Sante Mercuriali

xve siècle. Actif à Forlì en 1492. Italien.

Peintre.

Cité dans divers documents de l'époque, réunis par Carlo Grigioni dans son étude sur l'*Histoire de l'Art dans la province de Forlì*.

BARTOLOMMEO di ser Giovanni

xive siècle. Italien.

Sculpteur.

Zani le cite vers 1337, à Sienne.

BARTOLOMMEO di ser Nereo

xive siècle. Actif à Citta di Castello. Italien.

Peintre.

Cité dans un document de 1354.

BARTOLOMMEO da Subiaco

xive siècle. Actif à Tivoli en 1313. Italien.

Peintre de fresques.

BARTOLOMMEO del Tintore

Mort vers 1490. xve siècle. Italien.

Miniaturiste.

On croit que Bartolommeo fut moine, d'après un document de 1479, où l'artiste est cité à propos de miniatures et de reliures de bréviaires, psautiers, missels, antiphonaires, etc. On le surnomma : « Tintore », car son père était teinturier. Les « statuti dei Notai », conservés aux archives de Bologne, ont été décorés par lui. On est incertain sur la date exacte de sa mort, qui semble pouvoir être fixée entre 1490 et 1495.

BARTOLOMMEO di Tomacello

xve siècle. Italien.

Il fut cité en 1478 comme membre de la confrérie de Saint-Luc, à Rome.

BARTOLOMMEO Tommasi

xive siècle. Italien.

Peintre.

Actif à Ferrare, vers 1396.

BARTOLOMMEO di Tommaso
XVe siècle. Actif à Florence en 1415. Italien.
Peintre verrier.
Dans les premières années du XVe siècle, il travailla à Empoli. Vers 1431, on le trouve à Pistoia occupé à l'exécution du vitrail pour le baptistère de cette ville.

BARTOLOMMEO di Tommaso da Foligno
XVe siècle. Actif en Ombrie. Italien.
Peintre.
Patriarche de l'école de Foligno. Il travailla à Ancône de 1425 à 1433. On lui doit un triptyque, daté de 1430, au collège di San Salvatore à Foligno, représentant la *Madone et l'Enfant Jésus*. On le trouve encore travaillant au couvent Sta Catarina, puis à Rome vers 1450. Il exécuta des fresques au Vatican.

BARTOLOMMEO di Tommè di Tommaso, di ser Giannino, dit Pizzino
XIVe siècle. Actif à Sienne. Italien.
Sculpteur et orfèvre.
En 1375-1376, cet artiste collabora aux statues des apôtres pour la chapelle de la tour du palais communal.

BARTOLOMMEO Trevisano ou Napoli
XVIIe siècle. Italien.
Miniaturiste.
Travailla à Venise. Il a orné de miniatures la *Profession d'une religieuse* (1684).

BARTOLOMMEO da Treviso
XVe siècle. Italien.
Peintre.
Établi à Ferrare. Est cité de 1467 à 1473, sous le règne du duc Borso, et au commencement du règne d'Ercole Ier, où il s'occupa des décorations qui furent faites pour les fêtes du mariage d'Ercole Ier avec Eléonore d'Aragon, en 1473.

BARTOLOMMEO di Vanni
XIVe siècle. Italien.
Peintre.
Auteur d'un panneau de saint Jean l'Évangéliste, pour l'autel de S. Giovanni Fuorcivitas, à Pistoie (1356).

BARTOLOMMEO Veneto ou Bartolommeo Veneziano
XVIe siècle. Italien.
Peintre.
Cet artiste n'est connu que depuis les recherches d'Adolfo Venturi (1899). Il est sans doute d'origine vénitienne. Sa première œuvre a été une *Madone avec l'Enfant Jésus*, de la casa Martinengo à Val Sansibio. Ce tableau est signé et daté de 1502. On trouvera de ses traces jusqu'en 1955. Il aurait été élève de Gentile Bellini, de qui l'on sent l'influence dans des œuvres comme *La circoncision* (signée et datée 1506) du Louvre, le *Portrait d'Alberto Pio* (Milan), ou la *Dame au luth* (1520) de la Brera, et subit aussi l'influence des écoles de Milan et de Crémone, dont il employa le « sfumato ». Il travailla à la cour du grand-duc de Ferrare vers 1507. On connaît plusieurs répliques anciennes de son portrait de Cecilia Gallerata, la maîtresse de Ludovic le More. Les œuvres qui établirent sa réputation de nos jours, sont ces portraits érotico-maniérés de jeunes filles parées et blond-roux, telle la *Femme tenant des fleurs*, de Francfort, souvent nommée *La courtisane*. ■ J. B.
MUSÉES : BERGAME : *Vierge à l'Enfant* – CAMBRIDGE : *Portrait d'homme* – DRESDE : *Salomé* – FLORENCE : *Un géomètre* – FRANCFORT-SUR-LE-MAIN : *Femme tenant des fleurs* – GLASGOW : *Sainte-Catherine* – LONDRES : *Ludovico Martenengo 1530* – *Portrait de femme ?* – MILAN (Bibl. Ambroise) : *Sainte Famille* – PARIS (Louvre) : *Femme en rouge ?* – ROME (Palais Corsini) : *Portrait d'homme*.
VENTES PUBLIQUES : LONDRES, 1902 : *Portrait d'homme* : GBP 367 – PARIS, 1907 : *Le poète* : FRF 4 600 – PARIS, 1914 : *Vierge à l'Enfant* : FRF 5 800 – PARIS, 1919 : *Homme en rouge* : FRF 19 000 – MENTMORE, 25 mai 1977 : *Portrait d'une dame de qualité 1530*, h/pan. (93x70) : GBP 28 000.

BARTOLOMMEO da Vercelli
XVIe siècle. Actif à Ferrare en 1504. Italien.
Peintre.

BARTOLOMMEO di Zanobi Getti
XVIe siècle. Italien.
Peintre.
Cité, en 1525, dans la corporation de Florence. Il a probablement travaillé aussi à Bologne.

BARTOLOMMEO di Zenobio
XVe siècle. Actif à Pistoia vers 1497. Italien.
Peintre.

BARTOLOMMISI G.
Originaire de Modène. Mort vers 1750 à Faenza. XVIIIe siècle. Italien.
Dessinateur.
Établi à Milan.

BARTOLOMUCCIO di Pietro
XIVe siècle. Italien.
Sculpteur.
En 1335 et 1337, il participa aux travaux de la cathédrale d'Orvieto. A rapprocher de BARTOLOMMEO di Bartolomuccio.

BARTOLOTTI Antonio, ou Anceschio, ou Ancini, dit Tognino
Né vers 1450 à Correggio. Mort en 1527 à Correggio. XVe-XVIe siècles. Italien.
Peintre.
Cet artiste fut le plus estimé des peintres, au commencement du XVIe siècle, à Correggio ; il fut le maître du Corrège. On n'est pas sûr de l'authenticité des œuvres qui lui sont attribuées. Une fresque, signée et datée 1511, dans la Galerie d'Este à Modène : *Marie, l'Enfant Jésus, un ange, Saint François et Saint Quirinus*, est considérée comme son œuvre ; elle fut regardée autrefois comme l'œuvre du Corrège.

BARTOLOTTO Camillo
Originaire de Lombardie. XVIe siècle. Italien.
Sculpteur.
Cet artiste travaillait, le 9 juin 1591, à l'église dei Santi Quattro Coronati, à Rome.

BARTOLOZZI Francesco
Né vers 1725 ou 1727 à Florence. Mort le 7 mars 1815 à Lisbonne. XVIIIe-XIXe siècles. Italien.
Peintre de sujets mythologiques, compositions religieuses, figures, portraits, dessinateur, graveur.
On est assez incertain de la date exacte de la naissance de Francesco Bartolozzi. Celle couramment admise est 1725, mais certains biographes ont proposé 1727 et même 1730. Il était fils de l'orfèvre florentin Gaetano Bartolozzi et dès son enfance commença à s'adonner aux beaux-arts. Il travailla d'abord chez son père qui lui servit aussi de premier maître pour la gravure, puis il entra à l'Académie de Florence où il étudia le dessin sous la direction d'Ignace Hugford et de Ferretti. Il se rendit ensuite à Rome où il copia les antiques, et enfin en 1745 à Venise où il entra dans l'atelier du maître graveur Joseph Wagner. Celui-ci prit en affection toute particulière son jeune élève et lui prodigua les conseils pour sa première œuvre : *La Madonna del Casentino*, d'après G.-B. Piazzetta.
D'humeur voyageuse, Bartolozzi quitta Venise pour Milan, puis s'en fut en Angleterre, en 1764. Il y passa la plus grande partie de sa vie. Fixé aux environs de Londres, il travailla pour les éditeurs anglais et plus particulièrement pour John Baydell, pratiquant simultanément tous les genres de gravure, au burin, au pointillé, et à l'eau-forte. En 1802, ayant près de quatre vingt ans, il accepta le poste de directeur de l'Académie Nationale de Lisbonne et continua de travailler en Portugal, avec la même ardeur juvénile et la même sûreté de main qu'au moment de son arrivée en Angleterre. Il mourut à Lisbonne, en 1813, ayant conservé toutes ses qualités d'artiste jusqu'à ses derniers jours.
Travailleur infatigable, Bartolozzi a laissé un œuvre considérable. Il s'est également essayé avec succès à plusieurs reprises dans le pastel et la miniature.

ℱB·f

MUSÉES : LONDRES (Nat. Portrait Gal.) : *Portrait de Thomas Cheesman* – *Portrait de Thomas Gainsborough* – LONDRES (Water-Colours) : *Vénus et l'Amour*.
VENTES PUBLIQUES : PARIS, 1814 : *La Vierge au pied d'un arbre*, sanguine : FRF 24 – PARIS, 1855 : *Étude de huit têtes de vieillards*, pl. : FRF 4 – PARIS, 1859 : *Groupe de têtes*, pl. : FRF 4 – PARIS, 24 mars 1906 : *Marie-Christine* : FRF 255 – LONDRES, 7 fév. 1910 : *Portrait de Miss Wallis*, dess. : GBP 7 – LONDRES, 10 juin 1910 : *Les amants rustiques*, dess. : GBP 1 – PARIS, 26 au 30 avr. 1919 : *Tête de femme*, cr. : FRF 15 ; *Daphnis et Chloé*, cr., reh. de blanc : FRF 25 ; *Scène familiale*, sanguine : FRF 70 – LONDRES, 27 juin 1922 : *Portrait de Miss Bingham*, dess. craies de coul. : GBP 14 –

PARIS, 20 mars 1924 : *La jeune songeuse*, pierre noire et sanguine : **FRF 445** ; *Les trois amies*, sépia, reh. : **FRF 850** – PARIS, 4 fév. 1925 : *Figure de femme de profil vers la gauche*, pl. : **FRF 180** – LONDRES, 24 fév. 1928 : *Portrait de Miss Wallis*, dess. craies de coul. : **GBP 21** – PARIS, 21 et 22 mai 1928 : *Tête de femme*, cr. et sanguine : **FRF 80** – PARIS, 9 nov. 1931 : *Jeune femme en robe bleue*, dess. cr. de coul. reh., attr. : **FRF 250** – PARIS, 10 mars 1932 : *La place Saint-Marc, à Venise*, attr. : **FRF 2 100** – PARIS, 20-21 avr. 1932 : *Bacchante*, sanguine, attr. : **FRF 60** – LONDRES, 25 oct. 1933 : *Georgina, duchesse de Devonshire*, dess., craies de coul. : **GBP 6** – PARIS, 3 juin 1935 : *Miss Théophila Gwatkin*, pierre noire et sanguine, attr. : **FRF 300** – LONDRES, 24 juin 1938 : *Buste de lord Loughborough*, dess. : **GBP 11** – MUNICH, 23 nov. 1978 : *Les Mois* vers 1760, suite complète de 12 eaux-fortes : **DEM 4 300** – PARIS, 23 mars 1982 : *Concert de musiciens*, pl. et lav. de bistre (22,5x33,5) : **FRF 23 000** – PARIS, 4 mars 1988 : *Couple de paysans s'abreuvant à une source avec deux enfants nus*, pl. à l'encre noire (21,5x33,5) : **FRF 4 800** – NEW YORK, 8 jan. 1991 : *Deux fillettes et un bambin avec leur oiseau apprivoisé*, craies rouge et noire, de forme ovale (26,2x32,2) : **USD 3 080** – HEIDELBERG, 11 avr. 1992 : *Scène de la vie du Christ : l'extase des religieux pendant une apparition*, encre et lav. (45,2x31) : **DEM 2 600** – LONDRES, 13 nov. 1997 : *Jeux d'enfants, et autres scènes d'enfance* 1787 et 1788, grav. au point, trente-trois pièces dont six de forme ovale : **GBP 7 820**.

BARTOLOZZI Gaetano Stefano
Né en 1757. Mort le 25 août 1821 à Paris. XVIIIᵉ-XIXᵉ siècles. Italien.

Graveur au burin.

Fils de Francesco Bartolozzi, cet artiste vécut avec son père à Londres jusqu'en 1797, puis à Paris. Il s'occupa beaucoup de musique ; Madame Vestris, la cantatrice, fut sa fille. Le British Museum possède un dessin de Bartolozzi : *Portrait de George, vicomte Macartney*, d'après W. Edridge.

BARTOLOZZI-RUBIO Salvador
Né à Madrid. Mort le 9 juillet 1950 au Mexique. XXᵉ siècle. Espagnol.

Illustrateur, affichiste.

Il appartenait à une famille d'artistes, où se détachait la figure de son père le sculpteur italien Lucas Bartolozzi et celle de son propre fils Francis Bartolozzi Sanchez, muraliste, illustrateur et scénographe. Il a participé à de nombreuses expositions dans la section des arts décoratifs, recevant une XXᵉ médaille en 1926 à la Nationale. Il exposa également à Paris où il résida longtemps. Il figura au Salon des Humoristes de Madrid et de Barcelone. Il collabora à des revues de prestige comme *La Esfera o Blanco y Negro*. Par ailleurs il réalisa des dessins humoristiques pour enfants et des marionnettes caricaturales qui retinrent l'attention de son époque. Il créa ainsi le « Théâtre Pinocho », adressé aux enfants.

BIBLIOGR. : In *Cien anos de pintura en Espana y Portugal, 1830-1930*, t. I, Antiquaria, Madrid, 1988.

BARTOLUCCI Giovanni
XVIIIᵉ siècle. Actif à Sienne. Italien.

Peintre.

BARTOLUCCI da San Bellino Mattia
XVIIIᵉ siècle. Actif vers 1746. Italien.

Peintre.

Il exécuta les fresques de la coupole au sanctuaire Notre-Dame di Vico, près Mondovi (Piémont).

BARTOLUCCIO di Costanziolo
XIVᵉ siècle. Actif à Pérouse. Italien.

Peintre.

BARTOLUCCIO di maestro Bartolo
XIVᵉ siècle. Italien.

Miniaturiste.

Il était prieur de la corporation des miniaturistes de Pérouse en 1364.

BARTON C. A., Miss
XIXᵉ siècle. Active à Wincanton (Angleterre). Britannique.

Peintre de fleurs.

Elle exposa en 1883, à la Grafton Gallery à Londres.

BARTON Cranleigh Harper
Né le 7 septembre 1890 à Feilding. XXᵉ siècle. Britannique.

Peintre.

A peint des paysages et des sujets d'architecture à l'aquarelle.

BARTON J.
XIXᵉ siècle. Britannique.

Peintre de portraits.

Il exposa à la Royal Academy, à Londres, en 1854.

BARTON Joyce. Voir WALE Joyce

BARTON Léonard
Né le 30 août 1893 à Manchester. XXᵉ siècle. Britannique.

Peintre.

Professeur à diverses écoles, il a fait du paysage à l'aquarelle et au pastel et du dessin industriel.

BARTON Loren Roberta, Mrs Perez R. Babcock
Née à Oxford (Massachusetts). XIXᵉ siècle. Américaine.

Peintre et graveur.

Elle expose à la Fondation Carnegie de Pittsburgh.

BARTON Mary Georgina
Née à Farndreg (Dundalk). XIXᵉ-XXᵉ siècles. Irlandaise.

Paysagiste.

Elle a exposé au Salon de Paris, à Venise, Vienne et Dublin.

BARTON Ralph
Né en 1891 à Kansas City (Missouri). XXᵉ siècle. Américain.

Illustrateur.

BARTON Rose Maynard
Née en 1856. Morte en 1929. XIXᵉ-XXᵉ siècles. Irlandaise.

Peintre de genre, figures, paysages animés, paysages, fleurs, peintre à la gouache, aquarelliste, dessinatrice.

À partir de 1884, elle exposa à la Royal Academy de Londres ; elle figura aussi à la Old Water Colours Society. En 1904, elle figurait, au Guildhall de Londres, à l'*Exposition de l'Art Irlandais*. Elle pratiqua essentiellement l'aquarelle.

Rose Barton

VENTES PUBLIQUES : LONDRES, 23 mars 1908 : *Une jolie petite jeune fille anglaise*, dess. : **GBP 13** – LONDRES, 29 juin 1908 : *Westminster*, dess. : **GBP 23** – LONDRES, 20 oct. 1981 : *On the Yarmouth sands* 1893, aquar. reh. de blanc (16x25,6) : **GBP 1 800** – LONDRES, 21 déc. 1982 : *Azalées en fleurs* 1892, aquar. (17,8x26,3) : **GBP 2 600** – LONDRES, 18 déc. 1984 : *Chelsea Bridge* 1892, aquar. reh. de blanc (34,7x53) : **GBP 4 800** – LONDRES, 14 mai 1985 : *La Bienvenue* 1887, aquar. et cr. (53,5x35,5) : **GBP 4 000** – LONDRES, 25 jan. 1988 : *Au bord de la mer* 1913, aquar. (18x27) : **GBP 4 950** – LONDRES, 18 déc. 1984 : *Jours d'été* 1921, aquar. (28x42) : **GBP 2 200** – DUBLIN, 24 oct. 1988 : *Arrêt du coche dans Nassau Street à Dublin*, aquar. (28,5x18,2) : **IEP 9 900** – LONDRES, 25 jan. 1989 : *Piccadilly en juin* 1894, aquar. et gche (35x25,5) : **GBP 14 300** – BELFAST, 30 mai 1990 : *Potager à Shiere dans le Surrey* 1887, h/t (35x51,4) : **GBP 4 400** – LONDRES, 14 nov. 1992 : *Un coin de Hyde Park* 1892, aquar. et gche (33,7x51,5) : **GBP 5 500** – LONDRES, 5 mars 1993 : *Piccadilly* 1894, cr. et aquar. (34,2x25) : **GBP 8 970** – LONDRES, 11 juin 1993 : *Dans l'allée du parc*, aquar. avec reh. de blanc (35x26) : **GBP 21 850** – DUBLIN, 26 mai 1993 : *Jonquilles et giroflées dans un vase vert* 1890, aquar. (53,5x35,8) : **IEP 7 150** – LONDRES, 3 nov. 1993 : *Le soir au bord de la Liffey avec l'église St John à distance* 1905, aquar. (34x24,5) : **GBP 12 075** ; *Nassau Street depuis le club de Kildare street à Dublin*, aquar. et gche (27,5x17,5) : **GBP 8 625** – LONDRES, 2 juin 1995 : *À la porte du jardin* 1927, aquar. (25,5x18,5) : **GBP 8 625** – LONDRES, 16 mai 1996 : *Le balayeur du carrefour* 1869, aquar. (52x34,5) : **GBP 12 650** – LONDRES, 6 nov. 1996 : *En attendant leurs majestés* 1891, aquar. et reh. de gche (25x34) : **GBP 21 275** – NEW YORK, 9 jan. 1997 : *Rotten Row, the Duchess of Roxborough* 1893, aquar./pan. (17,8x27) : **USD 12 650**.

BARTON T. L.
XIXᵉ siècle. Britannique.

Peintre de paysages.

Il exposa à la Royal Academy en 1823.

BARTON W.
XIXᵉ siècle. Britannique.

Peintre de portraits, marines.

Il exposa en 1831 à la Royal Academy de Londres. Il travaillait à Derby.

VENTES PUBLIQUES : LONDRES, 22 sep. 1988 : *Les frégates Lusitania et Hugh Crawford* 1809, h/t (63,5x79) : **GBP 17 600**.

BARTON W. Mathilde M.
XIXᵉ siècle. Britannique.

Miniaturiste.
Elle exposa à la Old Water-Colours Society de Londres en 1813.

BARTONEK Adalbert
Né en 1859 à Weinberge (près de Prague). XIX⁰ siècle. Tchécoslovaque.
Peintre.
En 1876, il fréquenta l'Académie de Prague ; en 1889, il alla étudier à l'Académie des Beaux-Arts de Paris, puis vécut dans sa ville natale. Ses tableaux de genre sont surtout inspirés par la vie de Prague, comme *Partage malhonnête, La dernière boisson, Le vieux bavard, La dispute dans la cour*. Bartonek fit aussi des fresques.

BARTOSS
XV⁰ siècle. Travaillait vers l'année 1495. Allemand.
Enlumineur.
Fils de Jean de Katschitz.

BARTOSS
XVI⁰ siècle. Actif à Prague. Éc. de Bohême.
Peintre.
Cité, entre 1511 et 1539, dans les archives de Prague.

BARTOSZEWICZ Pater Anton, l'Ancien
Né en 1710. XVIII⁰ siècle. Polonais.
Peintre miniaturiste.
Cet artiste entra fort jeune dans l'ordre de Saint-Paul, à Varsovie, et travailla notamment pour le roi Stanislas-Auguste, de Pologne.

BARTOT Henry Louis
Né à Bordeaux (Gironde). XX⁰ siècle. Français.
Peintre.
Exposa des études et un paysage au Salon des Indépendants en 1930 et 1931.

BARTOVSKY Vaclav
Né en 1903. Mort en 1961. XX⁰ siècle. Tchécoslovaque.
Peintre.
Il participa de façon mineure au renouveau de la peinture moderne tchécoslovaque, à la suite de la génération de Kupka, Sima, Filla, Kubista, Prochaska, etc.

BARTRAM, Miss
XIX⁰ siècle. Britannique.
Peintre de figures.
Elle exposa à Suffolk Street (Londres) en 1833.

BARTRAM William
Né en 1739. Mort en 1823. XVIII⁰-XIX⁰ siècles. Américain.
Peintre.
Il a parcouru la partie orientale de l'Amérique du Nord, dessinant les paysages qu'il rencontrait.

BARTS Hendrik
XV⁰ siècle. Actif à Louvain. Éc. flamande.
Sculpteur.
En 1424, avec Hendrik van der Weyden, Barts exécuta les sculptures de la salle du palais du duc Johann IV.

BARTSCH Adam von
Né le 17 août 1757 à Vienne. Mort le 21 août 1821 à Vienne. XVIII⁰-XIX⁰ siècles. Autrichien.
Dessinateur, graveur au burin, aquafortiste.
Cet artiste entra jeune à l'école de gravure, dirigée par Schmutzer, à Vienne, et se fit connaître d'abord par des dessins de monnaies gravées sous Marie-Thérèse (1775). Il fut surtout connu comme conservateur des estampes de Vienne et auteur d'un manuel très important : *Le peintre graveur* publié en français à Vienne (1803-1821, 21 volumes), contenant le catalogue des graveurs flamands, hollandais, allemands et italiens anciens.

BARTSCH Carl Frederick
Né le 19 novembre 1829. Mort en 1908. XIX⁰ siècle. Danois.
Peintre, aquafortiste.
Il fut élève de l'Académie des Arts à Copenhague ; plus tard, il fut occupé à la manufacture de porcelaine. On lui doit des paysages à l'eau-forte, que publia la Société d'art en 1850.
VENTES PUBLIQUES : LONDRES, 14 jan. 1981 : *Biches dans un paysage*, h/t (40,5x53) : GBP 550 – LONDRES, 3 fév. 1984 : *Biches dans un paysage boisé*, h/t (43x57) : GBP 1 200 – STOCKHOLM, 29 avr. 1988 : *Cerf et troupeau dans un clos*, h/t (59x83) : SEK 11 500 –

COPENHAGUE, 1ᵉʳ mai 1991 : *Gibier près d'un lac boisé*, h/t (65x92) : DKK 4 000.

BARTSCH Else
XIX⁰-XX⁰ siècles. Allemande.
Peintre de paysages et de fleurs.
Fille du châtelain de Lilienthal, près de Breslau. Fit ses études à l'École d'Art de cette ville, puis chez Mme Wisinger Florian à Vienne. Prit part à la Grande Exposition de Berlin de 1906 ; exposa aussi à Suffolk Street, à Londres, en 1891.

BARTSCH Gustav
Né le 12 juillet 1821 à Gleiwitz (Silésie). XIX⁰ siècle. Allemand.
Portraitiste, peintre de genre.
Cet artiste travailla à Blasewitz, près de Dresde ; il est cité souvent aux Expositions du XIX⁰ siècle.

BARTSCH Hans
XVII⁰ siècle. Allemand.
Peintre.
Cet artiste étudia chez le peintre Martin Bucella, à Kanth en Silésie, et chez Wenzel Buhl à Breslau ; en 1637, il fut admis dans la corporation des peintres à Breslau.

BARTSCH Johann Gottfried
Né à Schweidnitz en Silésie. XVII⁰ siècle. Allemand.
Graveur au burin, calligraphe, dessinateur.
Cet artiste eut, en 1674, à Berlin, la place de graveur de la Cour ; il l'occupa jusqu'en 1684. Il fut beaucoup employé par le célèbre collectionneur Sigismond de Haunold, pour qui il exécuta un grand nombre de planches. Il grava aussi quelques estampes d'après les tableaux de la Galerie de Berlin. Plusieurs des manuscrits que lui commanda Haunold sont conservés à la bibliothèque de Breslau.

BARTSCH Joseph
XVIII⁰ siècle. Allemand.
Peintre.
Il eut le droit de cité à Breslau le 6 février 1795.

BARTSCH Joseph ou Partsch
Originaire de Wölfelsdorf (comté de Glatz). XVIII⁰ siècle. Allemand.
Peintre.
Cet artiste peignit, en 1753, l'église des Mineurs à Glatz et fit les figures d'un autel de l'église de Habelschwerdt (1774).

BARTSCH Philipp Anton
Né le 12 décembre 1742 à Breslau. Mort en 1788 à Breslau. XVIII⁰ siècle. Allemand.
Peintre.
Il peignit des oiseaux, des paysages, des fleurs.

BARTSCH Wilhelm
Né en 1871. Mort en 1953. XX⁰ siècle. Vivant à Hambourg. Allemand.
Peintre.
Exposa à Munich, en 1909 : *Falaise près de Sylt*.

BARTSCH Zacharias
XVI⁰ siècle. Actif à Graz. Allemand.
Graveur sur bois.
On connaît de cet artiste, cité par Nagler, un livre d'armoiries.

BARTSCHER P.
XIX⁰ siècle. Actif à Osnabrück au début du XIX⁰ siècle. Allemand.
Peintre.
Il fut peintre du cabinet et de la cour de Westphalie.

BARTSIUS Willem. Voir BARTIUS

BARTUCCIO di Rustichello
XIV⁰ siècle. Actif à Orvieto. Italien.
Sculpteur.
Il travailla aux sculptures d'ornement de la façade de la cathédrale d'Orvieto (1321-1337).

BARTUS Stanislaw
Né en 1821 en Galicie. Mort en 1859 à Lemberg. XIX⁰ siècle. Polonais.

Portraitiste.
Il travailla à Lemberg. Ses œuvres sont dans la bibliothèque de Baworowski, à Lemberg, et chez des particuliers.

BARTUSCH
XVIᵉ siècle. Actif en 1505 à Brasso (Hongrie). Hongrois.
Peintre.
Cité dans un document.

BARUAN Fernando
XVIᵉ siècle. Espagnol.
Peintre.
Cité en 1503 à Séville.

BARUCCI Pietro ou Piero
Né le 20 avril 1845 à Rome. Mort en 1917 à Rome. XIXᵉ-XXᵉ siècles. Italien.
Peintre de genre, paysages animés, paysages, marines.
Il se perfectionna auprès d'Ashille Vertunni, à l'Académie de Rome, qui lui décerna une médaille pour la peinture de paysages (1878). Il figura aux Indépendants, à Paris, en 1907, avec *Lagune de Venise* et *Plage de Polo*.
Il travailla à Rome comme paysagiste dans le style de Vertunni. Parmi ses paysages pittoresques de Apennins et de la Campagne romaine on cite : *La Palude, Castel Fusano* (exposé à Rome en 1883), *Lac dans les Apennins* (Chicago, 1893), *L'Albucceto di Castel Fusano* (Rome, 1901).

VENTES PUBLIQUES : LONDRES, 4 avr. 1908 : *Campement dans la campagne* : **GBP 9** – PARIS, 18 fév. 1949 : *Pêcheurs napolitains* : **FRF 17 200** – VIENNE, 18 sep. 1962 : *La Noce dans les Apennins* : **ATS 14 000** – LONDRES, 2 nov. 1966 : *Paysans allant au marché* : **GBP 200** – NEW YORK, 12 mai 1978 : *Scène de moisson*, h/t (71x132) : **USD 2 100** – NEW YORK, 11 fév. 1981 : *Le retour du marché*, h/t (61x109) : **USD 28 000** – COLOGNE, 28 oct. 1983 : *Le retour du marché*, h/t (60,6x107,5) : **DEM 10 000** – ROME, 21 mars 1985 : *La campagne romaine avec crépuscule*, aquar. (28x49) : **ITL 950 000** – NEW YORK, 31 oct. 1985 : *Idylle champêtre*, h/t (60,5x109,2) : **USD 4 500** – LONDRES, 8 oct. 1986 : *Couple de paysans et ânes*, h/pan. (50,5x31,5) : **GBP 2 800** – NEW YORK, 25 fév. 1988 : *La traversée du marais*, h/t (56,2x86,4) : **USD 8 250** – LONDRES, 23 mars 1988 : *Retour de fête dans la campagne romaine*, h/t (93x165) : **GBP 17 050** – MILAN, 1ᵉʳ juin 1988 : *Les vendanges*, h/t (60,5x110) : **ITL 17 000 000** – ROME, 14 déc. 1988 : *Le lac de Bracciano*, h/t (51,8x90) : **ITL 4 200 000** – NEW YORK, 23 fév. 1989 : *Bétail se désaltérant dans un vaste paysage italien*, h/t (44,5x100,4) : **USD 4 400** – NEW YORK, 24 mai 1989 : *Caravane de bohémiens*, h/t (72,4x132,7) : **USD 19 800** – LONDRES, 4 oct. 1989 : *L'Ane obstiné*, h/t/cart. (59x92) : **GBP 7 700** – NEW YORK, 25 oct. 1989 : *Les moissonneurs*, h/t/cart. (69,2x132,1) : **USD 19 800** – LONDRES, 28 mars 1990 : *Pêcheur dans la baie de Naples*, h/t (129,5x69) : **GBP 8 250** – MONACO, 21 avr. 1990 : *La Foire aux bestiaux*, h/t (71x131) : **FRF 199 800** – NEW YORK, 23 mai 1990 : *Le marché aux chevaux*, h/t (100,3x138,4) : **USD 27 500** – ROME, 29 mai 1990 : *Le lac de Nemi*, h/t (44x26) : **ITL 3 220 000** – LONDRES, 5 oct. 1990 : *La coupe des roseaux*, h/t (99,1x74,9) : **GBP 2 750** – NEW YORK, 24 oct. 1990 : *La traversée des marais*, h/t (40,7x92) : **USD 15 400** – ROME, 11 déc. 1990 : *Campagne romaine*, h/pan. (29,5x45,5) : **ITL 6 325 000** – NEW YORK, 21 mai 1991 : *Le retour des Gitans*, h/t (83,9x146) : **USD 4 500** – ROME, 26 mars 1991 : *Le passage du gué*, h/t (60x92) : **ITL 31 000 000** – LONDRES, 21 juin 1991 : *Troupeau de moutons au soleil couchant*, h/t (100,5x200,5) : **GBP 17 600** – NEW YORK, 19 fév. 1992 : *Ramasseurs d'algues napolitains avec le Vésuve au fond*, h/t (60,9x92,1) : **USD 22 000** – ROME, 24 mars 1992 : *Deux buffles dans les marais*, h/t (80x48) : **ITL 17 250 000** – MILAN, 16 juin 1992 : *Foire dans la campagne romaine*, h/t (100x138) : **ITL 70 000 000** – NEW YORK, 30 oct. 1992 : *Pêcheurs nettoyant leurs filets*, h/t/cart. (60x110,5) : **USD 11 000** – ROME, 19 nov. 1992 : *Berger dans la campagne romaine*, aquar. (33x55) : **ITL 3 680 000** – LONDRES, 25 nov. 1992 : *Pêcheurs sur un lac italien*, h/t (80,5x144) : **GBP 8 800** – CALAIS, 14 mars 1993 : *Campagne romaine*, h/pan. (38x22) : **FRF 7 000** – ROME, 27 avr. 1993 : *Pêcheurs sur le rivage*, h/t/pan. (60x111) : **ITL 33 780 000** – NEW YORK, 15 fév. 1994 : *Passage de la rivière à gué*, h/t (61,2x117,4) : **USD 12 650** – LONDRES, 15 juin 1994 : *Paysage des environs de Rome*, h/t (71x131,5) : **GBP 16 100** – ROME, 6 déc. 1994 : *Sur le pont*, h/t (44x76) : **ITL 6 482 000** – NEW YORK, 16 fév. 1995 : *Pêcheurs dans la baie de Baia à Naples*, h/t (101,6x200,7) : **USD 27 600** – MILAN, 14 juin 1995 : *Bergère et son troupeau*, h/t (138x101) : **ITL 43 700 000** – ROME, 23 mai 1996 : *Pêcheurs sur la plage de Sorrente*, h/t (61x92) : **ITL 36 000 000** – ROME, 4 juin 1996 : *Paysage des Abruzzes*, h/t (70x131) :

ITL 19 550 000 – LONDRES, 20 nov. 1996 : *Le Ferry Boat*, h/t (60x108) : **GBP 6 325** – ROME, 11 déc. 1996 : *Bergers dans la campagne romaine*, h/t (62x110) : **ITL 18 057**.

BARUCCO F.
Né en 1763. Mort en 1840. XVIIIᵉ-XIXᵉ siècles. Italien (?).
Sculpteur.
MUSÉES : LAUSANNE (Mus. canton. des Beaux-Arts) : *Buste du Baron EVB Crud.*

BARUCCO F.
XIXᵉ siècle. Britannique (?).
Peintre de portraits.
Il exposa à la Royal Academy de Londres en 1865-1866.

BARUCCO Giacomo
Né en 1582 à Brescia. XVIIᵉ siècle. Italien.
Cet artiste travailla à Brescia, où on le trouve encore en 1630. Il s'associa souvent à Ant. Gandini et Camilio Rama. On cite notamment dans ses œuvres à Brescia : *Les Prophètes et les Sibylles*, à S. Domenico, les *Quinze mystères*, dans l'oratoire de S. Giovanni, *La vie de saint Jean Baptiste* et de *Saint Jean l'évangéliste* (fresques) ; à S. Afra, à Brescia, il peignit au-dessus de la porte principale : *L'enfer*.

BARUCH Samuel. Voir HALLE Samuel

BARUCHELLO Gianfranco
Né en 1924 à Livourne. XXᵉ siècle. Italien.
Peintre.
Depuis 1963, il expose régulièrement dans de nombreuses galeries européennes et américaines, et participe à de nombreuses expositions collectives organisées par les musées. Il a figuré en 1963 et 1967 à la Biennale de San Marin, au Musée d'Art Moderne de New York en 1965, au Salon des Réalités Nouvelles à Paris en 1966, au Salon de Mai en 1968, à la Biennale de Venise en 1976, à la FIAC (Foire Internationale d'Art Contemporain) à Paris en 1993, ainsi qu'à Milan, La Haye, Bologne ou Chicago. Dans la mouvance des années soixante, il réintroduit l'objet quotidien dans sa peinture. Il réalise ensuite des compositions sur fonds monochromes blanchâtres où viennent s'inscrire de légers graphismes, des inscriptions, de menus objets ou débris collés, le tout dans une optique narrative qui tend à mettre en forme un langage où les jeux de mots, les associations d'idées et le hasard côtoient les sciences philosophiques, psychanalytiques et politiques.

BIBLIOGR. : Gilbert Lascault : *Les Quatre Dromadaires de Gianfranco Baruchello*, Opus international, n° 131, Paris, printemps-été 1993.

VENTES PUBLIQUES : ROME, 11 juin 1981 : *Études 1974*, suite de six aquar. (12x17) : **ITL 470 000** – MILAN, 20 oct. 1983 : *Il vonderografo 1966*, techn. mixte/alu. (40x40) : **ITL 1 400 000** – MILAN, 12 juin 1984 : *Section latérale du satellite avec « The bride mise enceinte »* 1971, techn. mixte/alu. (40x40) : **ITL 1 200 000** – PARIS, 12 juin 1986 : *Observable* 1982, peint. à l'émail/alu. (30x30) : **FRF 4 100** – PARIS, 5 avr. 1987 : *Construction 1981*, assemblage, pap. découpés, allumettes, sable, cuivre, grains de riz et matériaux divers dans une boîte (50x70) : **FRF 13 500** – PARIS, 26 oct. 1988 : *La verita con ipotesi peggiore 1963*, h/t (60x60) : **FRF 5 000** – MILAN, 14 déc. 1988 : *Statistique hétéroclite pendant un acte de soumission 1966*, techn. mixte /alu. (40x40) : **ITL 2 500 000** – PARIS, 21 mai 1990 : *Oscure paure di Mme de Staël 1982*, boîte, encre, gche et collage (15x20x7,7) : **FRF 9 000** – MILAN, 13 juin 1990 : *Trementina paradise 1985*, techn. mixte/t. (50x50) : **ITL 8 000 000** – MILAN, 26 mars 1991 : *Di primavalle si mangie 1972*, alu. (100x100) : **ITL 4 200 000** – PARIS, 15 avr. 1991 : *Intanto a Tebe, il sacro battaglione 1967*, collage h/métal (70x70) : **FRF 15 500** – ROME, 9 déc. 1991 : *À la mémoire de la très estimée Signora A. C. 1970*, cr. et vernis/t./alu. (40x40) : **ITL 3 450 000** – MILAN, 14 avr. 1992 : *Little orphan amphetamine 1974*, alu. (100x100) : **ITL 6 000 000** – ROME, 14 nov. 1995 : *Contours d'un personnage le matin 1984*, h/t (50x50) : **ITL 3 220 000**.

BARUÉ Lucien
Né à Paris. XXᵉ siècle. Français.
Peintre de paysages urbains.
Il fut élève de Jules Hervé. Il exposa au Salon des Artistes Français *Évènement – Place du Tertre*, 1935 et *Gouhenaus-les-Salines* en 1938.

VENTES PUBLIQUES : ZURICH, 28 oct. 1983 : *Place du Tertre*, h/t (50x73) : **CHF 2 600** – LUCERNE, 8 nov. 1984 : *La place du Tertre*, h/t (50x73) : **CHF 3 300** – PARIS, 8 déc. 1987 : *Les quais de la Seine*, *avec vue sur la gare d'Orsay*, h/pan. (27x45) : **FRF 3 000** ; *La place du Tertre* 1968, h/pan. (41,5x55) : **FRF 6 000**.

BARUETTA
XVIe siècle. Actif à Séville. Espagnol.
Sculpteur.
Prit part aux travaux d'art de la cathédrale, en 1549.

BARUFFALDI Carlo
Né en 1937. XXe siècle. Italien.
Peintre de compositions d'imagination. Fantastique.
Il commença à peindre dès l'age de quatorze ans mais ce n'est qu'en 1970 qu'il se décida à exposer sur les encouragements de Renzo Margonari. Ses œuvres, inspirées de Chagall et de Dali – sujets fantastiques – sont montrées à Florence, Milan et Naples.

BARUFFALDI Francesco
Mort en 1862. XIXe siècle. Italien.
Sculpteur.
Cet artiste travailla à Milan, où il exécuta, pour la cathédrale, les statues de saint Eugène, saint Maxime, saint Gaétan, et sainte Marguerite de Cortone.

BARUFFALDI Giovanni Antonio
Né vers 1796 à Ferrare. Mort en 1832 à Rome. XIXe siècle. Italien.
Peintre.

BARUFFI Alfredo Bartredo
Né le 13 décembre 1873 à Bologne. XXe siècle. Italien.
Dessinateur et peintre.
Il fut autodidacte. Son œuvre principale est son recueil d'illustrations pour la *Divine comédie* de Dante, publiée par Alinari, et la *Vita Nuova*, pour l'*Aminta* du Tasse. Il a exposé ses huiles et aquarelles à La Societa Francesco Francia de Bologne. Ses illustrations sont très inspirées de l'art nouveau anglais.

BARUFFI Giovanni Giacomo
XVIe siècle. Italien.
Sculpteur sur bois.
Cet artiste travailla à Parme, où, de 1505 à 1507, il exécuta les magnifiques stalles de l'église S. Ulderico.

BARUN Virgilio ou Buron
XVIe siècle. Italien.
Peintre de fresques.
Cet artiste bolonais travailla à Fontainebleau, de 1538 à 1540, sous la direction du Primatice. Il avait été, à Bologne, l'élève du Ferrarais Lorenzo Costa.

BARUTEL Fabrice
XIXe siècle. Travaillant à Paris en 1816. Français.
Graveur au pointillé.
On cite de lui le portrait de P. Bernardet, curé de Saint-Étienne.

BARUTSI Frederico
Italien.
Peintre de compositions religieuses, peintre à la gouache.
Le Musée de Gray conserve de cet artiste : *Adoration de la Vierge* (gouache).

BARUZZI Cincinnato
Originaire d'Imola. Mort début 1878 à Bologne. XIXe siècle. Italien.
Sculpteur.
Cet artiste travailla à Imola, à Ferrare et à Rome, et se fixa enfin à Bologne. Canova fut son maître. Il a fait des tombeaux au cimetière de Ferrare. On cite aussi : *Nymphe assise* et *Sylvia* (marbre).

BARVITIUS Victor
Né le 28 mars 1834 en Bohême. Mort le 9 juin 1902 à Prague. XIXe siècle. Tchécoslovaque.
Peintre de genre, paysages urbains, fresquiste.
Fils du caissier du comte Buquoy, il suivit les cours de Ruben et Engerth à l'École des Beaux Arts de Prague.
Entre 1865 et 1868, il vécut à Paris, où il peignit quelques vues de la ville, puis s'adonna à la peinture de genre, donnant un caractère monumental aux scènes de travaux pénibles, comme : *Le déblayeur de décombres*. De retour à Prague, il fit de nombreuses fresques et ouvrit un atelier qui lui permit d'avoir une forte influence sur ses élèves. Il fut également chargé de l'enseignement de la perspective à l'Académie de peinture de Prague.
BIBLIOGR. : Gérald Schurr : *Les Petits Maîtres de la peinture 1820-1920, valeur de demain*, Les Éditions de l'Amateur, t. V, Paris, 1981.

VENTES PUBLIQUES : NEW YORK, 25 fév. 1982 : *Le marché aux fleurs*, h/t (59x81) : **USD 37 000**.

BÄRWALD Robert
Né le 2 décembre 1858 à Salwin (près de Bromberg). Mort le 11 novembre 1896 à Wilmersdorf, près de Berlin. XIXe siècle. Allemand.
Sculpteur.
Bärwald travailla entre 1880 et 1884 à l'Académie des Beaux-Arts de Berlin. Il subit l'influence de l'art de Reinhold Begas et de Schlüter, et acquit dans sa courte carrière une réputation très enviable. Ses statues de l'empereur Guillaume Ier, et quelques ouvrages plus petits furent surtout admirés, ainsi que sa composition pour le monument à Bismarck, qui reçut le premier prix du concours.

BARWELL Frederick Bacon
Né à Norwich. Mort probablement en 1897. XIXe siècle. Britannique.
Peintre de genre, paysages.
Élève de la Royal Academy, il y exposa régulièrement de 1855 à 1887 et occasionnellement à celles de la British Institution et de la Society of British Artists.
Il fut l'ami très proche de J. G. Millais peignant quelquefois dans les mêmes ateliers. Il fut également l'ami du peintre préraphaélite W. B. Scott de qui il fit un portrait. Il habitait à la fin de sa vie à Swansea.
Il peignait des portraits, des paysages et en fin de carrière des sujets historiques, toutefois ce sont ses représentations de la vie moderne qui étaient les plus prisées.
VENTES PUBLIQUES : LONDRES, 19 juil. 1986 : *Village charity* 1889, h/t (68,5x51) : **GBP 2 100** – LONDRES, 1er nov. 1990 : *Portrait en buste de William Bell Scott* 1877, h/t (51,5x41) : **GBP 1 320** – LONDRES, 13 nov. 1992 : *Sur la rivière*, h/t (98x152) : **GBP 7 700** – LONDRES, 7 nov. 1997 : *L'Héroïne du jour* 1861, h/t (122,5x92,1) : **GBP 16 100**.

BARWELL Henry George
Né en 1829. Mort le 9 juillet 1898. XIXe siècle. Britannique.
Aquarelliste.
Travailla à Norwich, et fit surtout des scènes anglaises. Il exposa de 1878 à 1891 à Suffolk Street, à la New Water-Colours Society et à la Grafton Gallery, à Londres. Le Musée de Norwich conserve de lui : *Extérieur de la salle des étrangers, à Norwich*, et *Burnsall on the Wharf*.

BARWELL John
Né en 1798 probablement à Norwich. Mort en 1876. XIXe siècle. Britannique.
Portraitiste.
Fonda une école de dessin à Norwich. Le Musée de cette ville possède une étude de tête de cet artiste qui exposa à la Royal Academy de Londres en 1835.

BARWICK J.
XIXe siècle. Britannique.
Peintre de portraits.
Il exposa de 1844 à 1849 à la Royal Academy à Londres.

BARWICK John
XIXe siècle. Britannique.
Peintre de paysages animés, animalier.
Il était actif de 1835 à 1876. Il traitait des sujets de chasse hippique.
VENTES PUBLIQUES : LONDRES, 14 mars 1980 : *Cheval dans un paysage* 1867, h/t (61x74,9) : **GBP 400** – NEW YORK, 8 juin 1984 : *A spotted horse in a field with cathedral ruins beyond* 1865, h/t (50,8x63,5) : **USD 4 000** – LONDRES, 22 mai 1985 : *A young gentleman on his hunter* 1858, h/t (51x65) : **GBP 3 400** – LONDRES, 15 nov. 1991 : *Un lévrier noir et blanc dans un vaste paysage avec des chasseurs à l'arrière-plan* 1842, h/t (50,8x63,5) : **GBP 3 850**.

BARWIG Franz
Né le 19 avril 1868 à Schönau (près de Neutitschein, Moravie). Mort en 1931. XIXe-XXe siècles. Autrichien.
Sculpteur.
Suivit les cours de l'École des Arts et Métiers de Vienne, de 1888 à 1897 ; puis s'occupa de travaux d'art moderne et de travaux d'église. Il fut maître de l'École royale et impériale de sculpture sur bois, à Villach.
VENTES PUBLIQUES : VIENNE, 25 juin 1976 : *La biche*, bronze (H. 34) : **ATS 18 000** – VIENNE, 17 juin 1977 : *Jeune garçon nu, debout* 1908-1909, bronze (H. 54) : **ATS 40 000** – NEW YORK, 2 oct. 1981 :

Marabou 1911, bronze (H. 38) : **USD 2 100** – Vienne, 12 nov. 1985 : *Faune*, bois (H. 39) : **ATS 50 000**.

BARWISE W.
xixe siècle. Britannique.
Peintre de figures.
Il exposa à Suffolk Street, à Londres, en 1825.

BARWOLF Georges
Né vers 1875 à Bruxelles. Mort en 1935. xixe-xxe siècles. Belge.
Peintre de paysages.
Il fut élève de Gustave Moreau. Il exposa au Salon des Indépendants à partir de 1898, au Salon d'Automne de 1909 à 1934, à l'exposition de Bruxelles de 1910 et à la Nationale des Beaux-Arts, dont il était sociétaire depuis 1927, entre 1910 et 1934.
Il a essentiellement peint des paysages de pluie et de neige, des vues de Paris, en particulier de Montmartre et des paysages maritimes des côtes de la Manche et de la mer du Nord.
Ventes Publiques : Paris, 22 oct. 1973 : *La place du Delta* 1912 : **FRF 10 100** – Bruxelles, 21 mai 1981 : *Animation de ville (place de la Bourse – Bruxelles)* 1907, h/t (53x67) : **BEF 17 000** – Versailles, 18 nov. 1984 : *La fête du 14 juillet, place Pigalle, à Paris* 1926, h/t (65x81) : **FRF 8 100** – Lucerne, 11 nov. 1987 : *Place du Delta, Paris* 1910, h/t (99x135) : **CHF 7 500** – Londres, 21 oct. 1988 : *Paris – place Clichy sous la neige* 1917, h/t (65x92) : **GBP 2 640**.

BARY Antoine de
Né en 1936 à Bordes-Arize (Ariège). xxe siècle. Français.
Peintre.
À l'École des Arts Décoratifs de Paris, il eut Gromaire pour professeur. En 1965, il reçoit le prix Pacquement et participe à la Biennale de Paris. Il expose régulièrement en Europe à Paris, Venise, Bruxelles, Genève, et en Argentine à Buenos Aires.
Sa gamme chromatique est proche des couleurs « Fauves », essaimée de signes plastiques simples, croix, cercles, sceaux qui ne sont pas sans connotation héraldique.
Musées : Paris – Skopje .
Ventes Publiques : Londres, 30 juin 1976 : *Le tigre*, aquar. et gche (20,5x31) : **GBP 2 200**.

BARY David
xviie siècle. Actif à Haarlem. Hollandais.
Peintre.

BARY Eduard Robert
Né le 2 décembre 1813 à Dresde. Mort le 28 juin 1875 à Dresde. xixe siècle. Allemand.
Peintre d'histoire.
Étudia à Dresde et à Düsseldorf. Il se rendit en Italie, à la fin de 1840, et resta à Rome de 1841 à 1843. En 1853, il fut nommé professeur à l'Académie de Dresde.

BARY Hendrick
Né vers 1640 à Gouda. Mort en février 1707. xviie siècle. Hollandais.
Graveur.
Bary passa probablement sa jeunesse à Rotterdam. Il étudia la gravure au burin avec Reynier à Persyn, pour qui il grava une estampe. Sa première gravure, *Délivrance de saint Pierre*, d'après Gysbert van der Kuyl, est de 1657. Il fit, en 1658, le portrait de son gendre, Aernout Carlier, œuvre d'une exécution meilleure que la précédente. Il grava son propre portrait en 1659 et 1660. Il revint ensuite à Gouda. Son dernier travail est de 1675 : *Portrait du curé Simon Simonides* ; à partir de cette époque, il ne s'occupa plus de son art. Il est l'auteur des gravures illustrant *De mulierum organis generationi*, etc., de R. de Graaf, 1672.

HB fe ƎB ⁓. HB

BARY Jacob de
Né le 5 février 1661 à Genève. Mort le 23 juin 1733. xviie-xviiie siècles. Suisse.
Miniaturiste.

BARY P. de
xviiie siècle. Français.
Graveur.
On a de lui une petite feuille d'ornement pour des orfèvres, signée P. de Bary, 1727.

BARY Renée de
Née à Reims (Marne). xxe siècle. Française.

Sculpteur.
Elle fut élève d'Arthur Guéniot et d'Aristide Rousaud. Elle fut sociétaire à Paris du Salon des Artistes Français et y exposa entre 1921 et 1927 des bustes de femmes et des statuettes.

BARYE Alfred
Né en 1839 à Paris. Mort en 1882. xixe siècle. Français.
Sculpteur de groupes, animaux.
Il se perfectionna dans l'atelier de son père, Antoine-Louis Barye. Aux Salons de 1864-1866, il exposa un grand nombre de chevaux de courses en bronze, en 1874 un *Groupe de perdrix*, en 1882 un bronze de genre : *Bouffon italien du xvie siècle*.
Ventes Publiques : Enghien-les-Bains, 7 mars 1980 : *Cheval sellé*, bronze (H. 19) : **FRF 7 000** – Londres, 7 juin 1984 : *Gladiateur vainqueur du Grand Prix de Paris 1865*, bronze à patine brun or (H. 45) : **GBP 4 200** – Chester, 7 août 1986 : *Walter Scott, cheval de selle*, bronze patine rouge (H. 33) : **GBP 3 350** – Paris, 23 fév. 1987 : *Chien de chasse et faisan*, bronze (H. 24) : **FRF 2 000** – Paris, 11 avr. 1988 : *Lion dévorant une antilope*, bronze : **FRF 12 000** – New York, 24 mai 1989 : *Groupe équestre de Jeanne d'Arc*, bronze (H. 86,3) : **USD 4 180** – New York, 1er mars 1990 : *Rhinocéros*, bronze à patine brune (H. 9,2) : **USD 4 620** – New York, 22 mai 1990 : *Gladiateur, pur-sang*, bronze (H. 45,4) : **USD 11 000** – Paris, 28 oct. 1990 : *Le Cerf*, bronze à patine brune (H. 16, 15,5) : **FRF 11 500** – New York, 23 mai 1991 : *Un lion et un serpent*, bronze (H. 16,5) : **USD 990** – Paris, 8 mars 1993 : *L'Éleveuse de poules*, bronze (H. 81) : **FRF 12 000** – Lokeren, 4 déc. 1993 : *Lion marchant*, bronze (H. 29, L. 43) : **BEF 48 000** – Lokeren, 10 déc. 1994 : *Jockey et cheval*, bronze (H. 41, L. 43,5) : **BEF 90 000** – Perth, 29 août 1995 : *Âne sellé*, bronze (16x17) : **GBP 2 645** – Saint-Jean-de-Luz, 30 sep. 1995 : *Taureau attaqué par un tigre*, bronze (H. 22) : **FRF 30 000** – New York, 17 jan. 1996 : *Éléphant debout*, bronze (H. 26, L. 22,9) : **USD 3 737** – New York, 4 déc. 1996 : *Peau-rouge Wakuta*, bronze (H. 79) : **USD 32 200** – Paris, 20 jan. 1997 : *Chantilly 1864*, bronze patiné (H. 50) : **FRF 30 000**.

BARYE Antoine Louis
Né le 24 septembre 1796 à Paris. Mort le 29 juin 1875 à Paris. xixe siècle. Français.
Sculpteur de sujets allégoriques, figures, nus, portraits, animaux, peintre, aquarelliste, dessinateur. Romantique.
Fils d'orfèvre, il débute, dès l'âge de treize ans, comme apprenti chez un graveur pour équipements militaires, Fourier, puis chez l'orfèvre Bicunais. Cet apprentissage lui a permis de connaître tous les travaux du métal, depuis la fonte jusqu'à la ciselure. Il entre dans l'atelier du sculpteur Bosio en 1816 et reçoit aussi les conseils de Gros en 1817. Il poursuit ses études à l'École des Beaux-Arts de Paris entre 1818 et 1824. En 1819, il obtient une mention honorable au concours du grand prix de gravure en médailles avec : *Milon de Crotone dévoré par un lion* ; en 1820, un deuxième grand prix de sculpture, avec : *Caïn maudit de Dieu* ; en 1823, le premier prix du concours d'esquisse. En 1823, il travaille, pour vivre, chez l'orfèvre Fauconnier, où il exécute, de manière industrielle, des petites figurines d'animaux. Cependant, son atelier, sa véritable école est le Jardin des Plantes, où il étudie et observe la nature en mouvement, mais aussi prend connaissance des écrits de Lacépède et de Cuvier, suit les cours de Geoffroy Saint-Hilaire, se rend à l'amphithéâtre d'anatomie. Barye rencontre, au cours de sa vie, bien des difficultés ; ainsi, vers 1848, les commanditaires qui lui avaient permis de fondre lui-même et de vendre ses œuvres déjà nombreuses exigent le paiement d'une somme de 36.000 francs, et mettent la main sur tous ses modèles, en possession desquels il ne peut rentrer qu'en 1857. Nommé chef de l'atelier des moulages et conservateur de la Galerie des plâtres au Musée du Louvre en 1848, il doit laisser cette place, en 1850, à Nieuwerkerque. Cependant, en 1854, il est professeur de dessin au Muséum d'Histoire naturelle et devient officier de la Légion d'honneur en 1855. Devenu président de l'Union Centrale des Arts appliqués à l'Industrie en 1863, il se présente, en 1866, à l'Académie, où il n'est élu qu'en 1868. Il se réfugie à Cherbourg en 1870-1871, puis revient à Paris, dont il ne s'était presque jamais éloigné, sauf pour aller peindre dans la forêt de Fontainebleau.
Il débute au Salon de Paris en 1827 avec des bustes. Au Salon de 1831, il obtient une seconde médaille avec son *Tigre dévorant un gavial*. Même si, entre 1831 et 1835, ses œuvres exposées attirent l'attention et l'admiration de certains artistes et d'intellectuels, les officiels, rejetant toute représentation d'animaux comme

étant indigne de figurer au Salon, raillent sa « ménagerie » et traitent de « presse-papiers » ses plus dramatiques figures de fauves. Il en résulte que son *Lion au repos* est refusé au Salon de 1836 et ses figurines de chasse en 1837 ; en conséquence, Barye ne paraîtra plus aux Salons jusqu'en 1850. À cette date, il triomphe avec sa *Lutte de Thésée contre le Centaure Biénor*, sujet plus classique. Il participe à l'Exposition universelle de 1855, dont il est membre du jury, et où il obtient, avec son *Jaguar dévorant un lièvre*, la grande médaille à la section des bronzes d'art. En 1996, le Musée du Louvre, dont la collection des œuvres de Barye est la plus importante au monde, met à l'honneur ses sculptures animalières à travers l'exposition *La griffe et la dent*. Tout au long de sa carrière, il est peu sollicité, comparativement à d'autres sculpteurs de son temps. Il reçoit pourtant l'appui du duc d'Orléans qui lui commande, en 1834, un important surtout de table composé de sujets de chasse, dont les premières pièces sont refusées au Salon de 1837, et dont la mort du duc en interrompt la réalisation. Parmi toutes les promesses du ministère Thiers, il n'obtient que la commande du *Lion qui marche* et les quatre coqs gaulois aux angles de la colonne de Juillet, inaugurée en 1840 ; le *Lion assis*, mis en place à la porte des Lionnes du Louvre en 1847 ; le *Lion au serpent*, dont la fonte est commandée pour les Tuileries. Citons encore les aigles posés sur le pont d'Iéna et les 97 têtes qui scandent la corniche du Pont-Neuf. Il exécute, entre 1854 et 1860, quatre figures allégoriques : *La Guerre* – *L'Ordre* – *La Force* – *La Paix*, pour les pavillons Denon et Richelieu du Louvre ; en 1855-1857, un *Napoléon dominant l'Histoire et les Arts*, au fronton du Pavillon de L'Horloge, côté Tuileries, au Louvre. Toujours dans un registre non animalier, il reçoit, en 1860, les commandes d'un *Napoléon en empereur romain*, sculpté entre 1860 et 1865, pour Ajaccio ; d'un bas-relief représentant *Napoléon III à cheval* et de deux statues de *Fleuves*, exécutés entre 1868 et 1875, pour le tympan placé au dessus du guichet des Saint-Pères, côté Seine, au Louvre.

Sa création animalière abondante, qui a été méprisée par la doctrine académique, est celle que la postérité retient, ayant tendance, au contraire, à oublier ses figures allégoriques dont la force d'exécution le met au rang des grands sculpteurs classiques. Ses animaux, qu'ils soient de taille monumentale ou minuscule, même à l'arrêt, ne sont jamais figés, ils esquissent toujours un mouvement ou sont vibrants, attentifs, aux aguets. Barye sait mettre en valeur le jeu de leurs tendons, de leurs muscles, le chatoiement de leur robe ou le velouté de leur plumage, ce que semble envier Delacroix lorsqu'il affirme, en toute modestie : « Je ne pourrai jamais arriver à tordre la queue d'un tigre comme cet homme-là ». La plupart du temps, ils sont présentés en lutte, en position de combat, c'est *L'élan assailli par une panthère* ou le *Tigre dévorant un jeune cerf*, un *Ours attaquant un taureau*, etc. Dans des groupes, souvent allégoriques, où sont mêlés personnages et animaux, ce sont bien souvent les animaux qui soulignent le mieux le caractère de l'allégorie, tandis que les figures restent plus classiques. Cependant, Barye atteint une véritable plénitude lorsqu'il sculpte ses statuettes de femmes nues, dont l'épanouissement charnel est saisissant.

Ses aquarelles figurant des animaux s'entre-dévorant, prennent un caractère romantique, dans la lignée stylistique de Delacroix. Cependant, Barye ne cède pas au goût orientaliste de son temps, ne présentant jamais les lions, jaguars, tigres ou autres animaux, vus le plus souvent au Jardin des Plantes, devant des paysages reconstitués d'Afrique ou d'Asie, mais plutôt devant des évocations de vastes horizons lointains, pratiquement abstraits. S'il utilise volontiers, dans ses premières aquarelles, les rehauts de gouache, d'encre de Chine et même parfois d'huile, il a ensuite tendance à alléger et éclaircir ses tonalités, donnant un lavis plus sobre et plus isolée. Ses sujets se simplifient également, les félins ne sont plus présentés en lutte, mais prêts à bondir, ils avancent, déployant leur musculature puissante avec noblesse, élégance, tel le *Tigre cherchant sa proie*. Il présente, avec autant de naturel, les cerfs, chevreuils, daims, observés en forêt de Fontainebleau, où il allait souvent. Barbizon a également inspiré ses œuvres peintes qui montrent davantage l'influence de Rousseau, Diaz ou Millet, que celle de Gros qui, par ailleurs, l'avait initié à l'art animalier.

Barye a dérangé l'art statuaire traditionnel en donnant une place primordiale à l'animal, non pas traité comme une figure antique et noble, mais comme un être vivant, parfois féroce, ce qui a fait dire à l'un des critiques enthousiastes, au sujet du *Lion écrasant*

un serpent de 1831 : « Il m'a semblé d'abord que le lion remuait ; hier, je l'entendais rugir. »   ■ Annie Pagès

BIBLIOGR. : Charles Otto Zieseniss : *Les Aquarelles de Barye, étude critique et catalogue raisonné*, Paris, 1954 – Gérard Hubert et Maurice Serullaz : *Barye, sculptures, peintures et aquarelles des collections publiques françaises*, Musée du Louvre, Éditions des Musées Nationaux, Paris, 1956-1957 – Stuart Pivar : *The Barye Bronzes, catalogue raisonné*, Woodbridge, 1990 – Édith Manoni : *Antoine-Louis Bary*, Édit. de l'Amateur, Paris, 1996 – in, catalogue de l'exposition : *La griffe et la dent*, Musée du Louvre, Paris, 1996-1997.

MUSÉES : BAYONNE : *Chien*, bronze – *Cheval*, bronze – *Tigre couché, tourné à droite*, bronze – *Aigle tourné à droite*, bronze – *Fouine tournée à droite*, bronze – *Aigle sur une antilope*, bronze – *Jaguar marchant*, bronze – *Crocodile tourné à droite*, bronze – *Lion assis, serpent, lièvre*, bronze – *Serpent au milieu des rochers*, aquar. – *Lynx et faisan*, aquar. – *Sangliers couchés au milieu des herbes*, aquar. – *Cerfs et biches*, aquar. – *Deux biches*, aquar. – *Serpent dans un arbre*, aquar. – *Lion couché sur le dos*, aquar. – *Lion couché*, aquar. – *Lion marchant*, aquar. – *Élan assailli par une panthère*, aquar. – *Tigre endormi*, aquar. – *Tigre attiré par un faisan*, aquar. – *Tigre et serpent*, aquar. – BORDEAUX (Mus. des Beaux-Arts) : *Charles VII le victorieux* 1836, bronze doré – *Tigre et antilope* – *Cerf et panthère* – *Thésée et le Minotaure* – DUNKERQUE : *Combat d'un tigre et d'un crocodile* – LONDRES (Nat. Gal.) : *Panthère et gazelle* – *Lion et sanglier* – LYON : *Paysage*, h/t – *Tigre dévorant un jeune cerf* – MONTPELLIER (Mus. Fabre) : *Lion dans le désert*, aquar. – *Lion en arrêt devant un python*, aquar. – *Tigre à l'affût*, aquar. – *Thésée combattant le Minotaure* – *Le Centaure et le Lapithe* – *Buffle monté par un gorille* – *Jaguar dévorant un agneau* – *Jaguar terrassant un crocodile* – *Cheval terrassé par un lion* – *Lion d'Afrique* – *Lionne d'Asie* – *Lionne terrassant un serpent* – *Cheval turc* – *Lion assis* – *Lion en marche* – *Éléphant d'Afrique* – *Taureau attaqué par un tigre* – *Taureau qui bondit* – *Tigre royal* – PARIS (Mus. des Arts décoratifs) : *Lion au serpent*, cire et plâtre – *Panthère tenant un cerf Muntjac*, cire et plâtre – *Lion marchant*, bronze – *Tigre marchant*, bronze – *Dromadaire monté par un Arabe*, plâtre et cire – *Cavalier du Caucase*, plâtre – PARIS (Mus. du Louvre) : *Lion au serpent* 1832, bronze – *Lion assis* 1847, plâtre – *Tigre dévorant un gavial*, bronze – *Jaguar dévorant un lièvre*, bronze – *La chasse au lion*, plâtre – *La chasse au taureau sauvage*, plâtre – *Éléphant monté par un Indien*, plâtre – *Tigre arrêtant un cerf*, bronze – *Tigre dévorant une antilope*, bronze – *Taureau terrassé par un lion*, terre cuite – *Lion accroupi guettant une proie*, plâtre et cire – *Lion attaquant un cheval*, bronze – *Lionne dévorant une gazelle*, plâtre – *Tigre et Zibeth*, plâtre – *Tigre dévorant une proie*, bronze – *Ocelot dévorant un héron*, bronze – *Loup tenant un cerf à la gorge* 1843, plâtre – *Ours attaquant un taureau*, bronze – *Serpent python étouffant un crocodile*, plâtre – *Serpent python enlaçant une gazelle*, plâtre – *Serpent python avalant une biche*, bronze – *Caïman dévorant une antilope*, bronze – *Lionne d'Algérie*, plâtre – *Lionne couchée le cou ramassé*, bronze – *Tigre couché en sphinx*, cire – *Tigre couché*, plâtre et cire – *Jaguar debout n° 1*, plâtre – *Jaguar dormant*, pb fondu sur plâtre – *Jaguar marchant*, bronze – *Ours couché sur le dos*, bronze – *Caïman*, bronze – *Éléphant du Sénégal chargeant*, bronze – *Éléphant d'Afrique marchant*, bronze – *Éléphant d'Asie*, bronze – *Éléphant debout*, bronze – *Girafe*, cire – *Petit taureau*, plâtre – *Buffle debout*, bronze – *Taureau se défendant*, bronze – *Taureau cabré*, bronze – *Orang-outang monté sur un gnou*, bronze – *Bouquetin mort*, plâtre – *Cerf qui brame*, plâtre et cire – *Cerf marchant*, bronze – *Cerf arrêté, la tête haute*, bronze – *Cerf debout*, bronze – *Cerf couché se léchant*, bronze – *Renne roulant une pierre avec ses bois*, bronze – *Famille d'élans*, bronze – *Biche couchée*, bronze – *Gazelle d'Éthiopie debout*, bronze – *Chevreuil*, bronze – *Faon de cerf couché*, bronze – *Petite biche courant*, bronze – *Dromadaire harnaché*, bronze – *Cheval qui se cabre*, cire – *Cheval demi-sang*, cire – *Chien basset*, plâtre – *Chien basset assis à poils ras* – *Chien basset assis à poils longs*, bronze – *Levrette debout ramassant un lièvre*, bronze – *Chat assis*, bronze – *Lapin*, bronze – *Lapin assis*, bronze – *Tortue*, bronze formant boîte – *Grue*, cire – *Cigogne*, bronze – *Perroquet sur une branche de chêne*, bronze – *Faisan*, bronze – *Lion de la colonne de Juillet*, bas-relief en bronze – *Léopard marchant*, bas-relief en bronze – *Panthère marchant la tête haute et la gueule ouverte*, bas-relief bronze – *Cerf de Virginie courant vers la gauche 1831*, bas-relief bronze – *Genette dévorant une cigogne 1831*, bas-relief bronze – *Aigle et serpent*, bas-relief bronze – *Thésée combattant le Minotaure*, bronze – *Thésée combattant le Centaure Biénor*, bronze – *La Guerre, la Paix, la Force et l'Ordre 1855*, plâtre, esquisses et maquettes – *Deux fleuves*, plâtre, esquisses et maquettes – *Napoléon Ier en empereur romain 1860-1861*, plâtre, maquette – *Victoire distribuant des couronnes*, plâtre et cire, esquisse – *Apollon*, plâtre – *Femme drapée à l'antique*, plâtre – *Minerve*, plâtre – *Jeune femme nue*, plâtre – *Jeune femme nue, les bras levés*, plâtre – *Angélique et Roger montés sur l'hippogriffe*, bronze – *Milon de Crotone dévoré par un lion 1819*, médaille bronze – *Hercule tuant le sanglier d'Érymanthe*, bronze – *Léda et le cygne*, bronze – *Enfant monté sur un bouc*, bronze – *Jeune femme nue à califourchon sur une branche d'arbre*, esquisse en cire pour une poignée de canne – *Jeune homme coiffé d'un béret*, bronze, médaillon – *Richard, fondeur*, plâtre, médaillon – *Portrait de jeune fille*, cire/ardoise, médaillon – *Charles VI dans la forêt du Mans*, plâtre – *Gaston de Foix à cheval*, bronze – *Le duc d'Orléans à cheval*, bronze – *Piqueur en costume Louis XV*, plâtre – *Lions près de leur antre*, h/t – *Lion mangeant*, h/bois – *Tigre couché*, peint. à la détrempe reh. de gche et h. – *Combat de cerfs*, h/t – *Les gorges d'Apremont – Forêt de Fontainebleau*, h/t – *Le « Jean de Paris » – Forêt de Fontainebleau*, h/t – *Portrait d'une fille de l'artiste*, h/t – *Lion couché au pied d'un escarpement*, aquar. – *Tigre couché, pattes pendantes*, aquar. – *Tigre cherchant une proie*, aquar. – *Panthère noire dans un défilé*, aquar. – *Panthère dévorant une gazelle*, aquar. – *Deux jaguars du Pérou*, aquar. reh. de gche, encre de Chine – *Cerf couché devant des rochers*, aquar. – *Cerf debout*, aquar. – *Antilope*, aquar. – *Cerf et biches au repos*, aquar. – *Taureau*, aquar. – PARIS (Mus. du Petit Palais) : *Aigle enlevant un lapin*, plâtre – *Aigle près d'un héron mort*, plâtre – *Dromadaire debout*, plâtre – *Cheval galopant*, cire – *Napoléon Ier en redingote*, plâtre, esquisse – *Homme nu debout*, cire – *Étude de buste pour la statuette du duc d'Orléans*, plâtre – PARIS (Mus. de l'École Nat. Sup. des Beaux-Arts) : *Les reproches d'Hector à Paris*, bas-relief plâtre – PARIS (Cab. des Estampes de la BN) : *Un cerf et un lynx*, eau-forte – *Étude de tigre*, litho. – *Une lionne et ses petits*, litho. – *Ours du Mississipi 1836*, litho. – *Les antilopes*, litho. – LE PUY-EN-VELAY : *Lutte de Thésée contre le centaure Biénor* – ROUEN : *Lion au repos*, aquar. – *Lion écrasant un serpent – Lion marchant* – WASHINGTON D.C. (Corcoran Gal.).

VENTES PUBLIQUES : PARIS, 1891 : *Tigre découvrant un serpent*, aquar. : **FRF 6 200** – PARIS, 16-19 juin 1919 : *Tigre royal*, aquar. : **FRF 8 600** – PARIS, 4-5 juin 1929 : *Deux tigres du Bengale combattant*, aquar. : **FRF 50 000** – NEW YORK, 14 oct. 1943 : *Tigre*, aquar. : **USD 500** – PARIS, 30 mai 1949 : *Tigre surprenant une antilope*, sculpt. : **FRF 40 000** – PARIS, 6 avr. 1951 : *Napoléon Ier*, bronze : **FRF 40 000** – PARIS, 16 juin 1954 : *Deux tigres au repos*, aquar. : **FRF 290 000** – PARIS, 3 déc. 1957 : *Serpent étouffant une antilope*, aquar. : **FRF 1 510 000** – LONDRES, 23 juin 1965 : *Tigre couché*, h/t : **GBP 1 950** – NEW YORK, 3 déc. 1971 : *Cheval turc*, bronze patiné : **USD 8 000** – PARIS, 9 juin 1972 : *Le cheval turc*, bronze : **FRF 51 000** – LONDRES, 7 avr. 1976 : *Le lion et la lionne*, h/t (22,5x29,5) : **GBP 4 000** – WASHINGTON D.C., 23 mai 1976 : *Lion et serpent, patte baissée*, bronze (H. 60) : **USD 4 000** – NEW YORK, 12 mai 1978 : *Léopard dans un paysage escarpé*, h/t (37x46) : **USD 2 100** – NEW YORK, 26 jan. 1979 : *Jaguar du Pérou*, h/t (33x42) : **USD 10 000** – PARIS, 19 fév. 1979 : *Lévrier terrassant un lièvre*, bronze (50x62) : **FRF 10 000** – NEW YORK, 16 mai 1979 : *L'Antilope*, aquar./pap. (17x27) : **USD 10 500** – ENGHIEN-LES-BAINS, 26 oct. 1980 : *Les Trois Grâces*, bronze (H. 18,5) : **FRF 38 000** – LONDRES, 30 jan. 1981 : *Portrait présumé de la fille de l'artiste, Claire*, h/t (55,2x46,2) : **GBP 500** – PARIS, 16 mars 1981 : *Cerf*, cr. (19,5x25) : **FRF 4 000** – LONDRES, 27 nov. 1984 : *Lion marchant*, aquar. (15x23,5) : **GBP 10 000** ; *Le Cheval turc, antérieur gauche levé ; Le Cheval turc, antérieur droit levé*, deux bronzes (H. 29,5 et 29) : **GBP 48 000** – ENGHIEN-LES-BAINS, 23 nov. 1986 : *Cheval turc, antérieur droit levé*, bronze patiné brun clair nuancé (H. 29,5) : **FRF 236 000** – PARIS, 8 déc. 1987 : *L'archeter à cheval*, bronze (H. 37,5) : **FRF 50 000** – PARIS, 9 déc. 1987 : *Lionne s'étirant*, h/cart. (11x16,5) : **FRF 26 000** – NEUILLY, 1er mars 1988 : *Thésée combattant le centaure Biénor*, bronze (H. 34) :

FRF 33 500 – PARIS, 11 mars 1988 : *Taureau attaqué par un lion*, bronze (H. 22) : **FRF 10 000** – PARIS, 25 mars 1988 : *Biche couchée*, bronze (H. 9) : **FRF 18 800** – PARIS, 15 avr. 1988 : *Marabout au serpent*, bronze (H. 16,5) : **FRF 6 000** – PARIS, 24 avr. 1988 : *Panthère surprenant une civette*, bronze patine brun foncé (L 46,5 – H 22) : : **FRF 21 000** ; *Panthère attaquant un jeune cerf*, bronze patine brun-vert (L 56 – H 38,5) : : **FRF 28 000** – NEW YORK, 24 mai 1988 : *Thésée luttant contre le minotaure*, bronze (H. 46) : **USD 12 100** – NEW YORK, 9 juin 1988 : *Lion marchant*, bronze (L. 25,5) : **USD 2 860** ; *Cheval arabe*, bronze (H. 29,2) : **USD 41 800** – PARIS, 14 juin 1988 : *Lion marchant*, bronze patine verte (22,5x39x10) : **FRF 11 000** – FONTAINEBLEAU, 25 sep. 1988 : *Lion de profile*, plaque en bronze doré (27x56) : **FRF 17 000** – PARIS, 18 oct. 1988 : *Thésée combattant le centaure Biénor*, bronze à patine verte (H. 54) : **FRF 35 000** – PARIS, 16 oct. 1988 : *Lion dévorant une antilope*, bronze à patine brun-noir (long. : 27,5) : **FRF 15 000** – NEW YORK, 23 fév. 1989 : *Rhinocéros*, bronze (H. 10,2) : **USD 4 510** – PARIS, 8 mars 1989 : *L'ours brun*, bronze à patine brune (15x20) : **FRF 6 600** – PARIS, 20 mars 1989 : *Cheval turc antérieur gauche levé*, bronze patiné vert brun (18,5x19x7,5) : **FRF 16 000** – PARIS, 13 avr. 1989 : *Deux félins endormis*, lav. d'encre de coul. (23,5x33) : **FRF 350 000** – NEW YORK, 24 mai 1989 : *Cheval arabe*, bronze (H. 18,4) : **USD 11 000** – NEW YORK, 1er juin 1989 : *Lion rugissant*, aquar. et encre avec reh. blancs (14x14) : **USD 8 250** – LONDRES, 20 juin 1989 : *Roger et Angélique emporté par l'hippogriffe*, bronze (H. 52) : **GBP 24 200** – PARIS, 6 juil. 1989 : *Lion terrassant un serpent*, bronze (H. 20) : **FRF 17 000** – NEW YORK, 24 oct. 1989 : *Thésée combattant le centaure*, bronze à patine verte (H. 55) : **USD 13 200** – NEW YORK, 25 oct. 1989 : *Cheval arabe*, bronze à patine brune (H. 29,8) : **USD 24 200** – PARIS, 9 déc. 1989 : *Le Centaure Biénor, bronze à patine brun-vert* (H. 34) : **FRF 45 000** – BRUXELLES, 27 mars 1990 : *Éléphant*, bronze à patine brune (H. 14, l. 19) : **BEF 65 000** – NEW YORK, 22 mai 1990 : *Jaguar dévorant un lièvre*, bronze (H. 40,9, L. 95,2) : **USD 38 500** – PARIS, 1er juin 1990 : *La duchesse d'Orléans en amazone*, bronze à patine brune (38,5x29) : **FRF 1 010 000** – PARIS, 15 juin 1990 : *Tigre terrassant un cheval*, cr. noir (11,2x16,2) : **FRF 44 000** – NEW YORK, 24 oct. 1990 : *Autre cheval turc*, bronze à patine vert-brun (H. 29,5) : **USD 28 600** – AMSTERDAM, 6 nov. 1990 : *La forêt de Fontainebleau*, h/t (18x29) : **NLG 6 900** – RAMBOUILLET, 9 déc. 1990 : *Thésée combattant le centaure Biénor 1860*, bronze (H. 125, L. 112) : **FRF 660 000** – NEW YORK, 7 juin 1991 : *Cheval attaqué par un lion*, bronze à patine brun-vert (H. 40) : **USD 8 800** – MONACO, 6 déc. 1991 : *Lion marchant*, bronze (L. 39,5) : **FRF 33 300** – LIÈGE, 11 déc. 1991 : *Le tigre*, bronze (H. 23, L. 30, l. 9) : **BEF 110 000** – PARIS, 16 déc. 1991 : *Thésée combattant le centaure Biénor*, bronze (72x70) : **FRF 62 000** – NEW YORK, 20 fév. 1992 : *Roger et Angélique enlevés par l'hippogriffe*, bronze à patine verte (H. 50,8) : **USD 46 750** – NEW YORK, 27 mai 1992 : *Cerf attaqué par deux chiens*, bronze (H. 42,5) : **USD 13 200** – NEW YORK, 29 oct. 1992 : *Thésée et le Minotaure*, bronze (H. 45,4) : **USD 16 500** – LONDRES, 27 nov. 1992 : *Tigre chassant*, aquar./pap./pap. (25,2x33,7) : **GBP 59 400** – PARIS, 11 déc. 1992 : *Le taureau*, bronze (H. 17,5 ; L. 28 ; l.10) : **FRF 23 000** – CALAIS, 14 mars 1993 : *Le lion au serpent*, bronze (H. 39, L. 54) : **FRF 43 000** – PARIS, 2 avr. 1993 : *Ours du Mississipi 1836*, litho. (17,7x23,5) : **FRF 5 000** – NEW YORK, 26 mai 1993 : *Lion dans le désert*, past. et aquar./pap. (24,1x33) : **USD 37 375** ; *Paire de candélabres à neuf lumières décorés de six figures et de chimères*, bronze (H. 92,7) : **USD 54 625** – NEW YORK, 12 oct. 1993 : *La Force ; L'Ordre*, bronze, une paire (H. 48,2 et 47,6) : **USD 63 000** – PARIS, 26 nov. 1993 : *Tigre se roulant dans les rochers*, fus. (29x44) : **FRF 30 000** – PARIS, 8 avr. 1994 : *Jaguar tenant un lièvre*, bronze (H. 40, L. 100) : **FRF 105 000** – SAINT-BRIEUC, 17 avr. 1994 : *Biches dans la forêt de Fontainebleau*, lav., aquar. et vernis collé/pap. (20x29) : **FRF 192 000** – FONTAINEBLEAU, 26 mars 1995 : *Biches en forêt de Fontainebleau 1837*, past. (14x31) : **FRF 190 000** – LOKEREN, 20 mai 1995 : *Panthère attaquant un cerf*, bronze (H. 39, l. 58) : **BEF 180 000** – NEW YORK, 1er juin 1995 : *Cheval arabe*, bronze (H. 29,8) : **USD 24 725** – PARIS, 15 déc. 1995 : *Singe chevauchant un gnou*, bronze (23,5x28,5) : **FRF 73 000** – NEW YORK, 23-24 mai 1996 : *Thésée vainquant le Centaure*, bronze (H. 54,6) : **USD 12 650** – PERTH, 26 août 1996 : *Cerf, biche et faon*, bronze (23x25,3) : **GBP 4 140** – PARIS, 29 nov. 1996 : *Guerrier tartare arrêtant son cheval*, bronze patine brun vert (35x32) : **FRF 88 000** – PARIS, 12 déc. 1996 : *Tigre surprenant une antilope*, bronze patiné (33x54) : **FRF 19 500** – LOKEREN, 18 mai 1996 : *Cerf dix cors terrassé par deux lévriers d'Écosse*, bronze patine brun vert (36x55,5) : **BEF 635 000** – New York, 24 oct. 1996 : *Roger et Angélique portés par l'hippogriffe*, bronze patine verte (H. 50,8 et L. 48,6) : **USD 60 250** – Londres, 11 juin 1997 : *Tigres se battant*, aquar. reh. de gomme arabique et de griffures (24x43) : **GBP 40 000** – Paris, 27 juin 1997 : *Forêt de Fontainebleau*, h/t (16x32) : **FRF 60 000** – Calais, 6 juil. 1997 : *Panthère saisissant un cerf* vers 1850, bronze patine brun vert (33x56) : **FRF 37 000** – New York, 23 oct. 1997 : *La Paix ; La Guerre*, bronze, une paire (chaque H. 50,2) : **USD 56 350**.

BARZAGHI A.
xixe siècle. Italien.
Peintre de fleurs.
Il exposa en 1889 à la Grafton Gallery à Londres. Probablement de la famille Barzaghi de Lusano.
Ventes Publiques : Londres, 15 juil. 1910 : *Le modèle* : **GBP 18**.

BARZAGHI Francesco
Né le 10 février 1839 à Milan. Mort le 21 août 1892. xixe siècle. Italien.
Sculpteur de monuments, figures.
Il travailla à Milan et se perfectionna à l'Académie de la Brera avec Giovanni Strazza et Vela ; il eut un prix d'honneur (1856) à l'Académie de Bologne pour son marbre *Hercule et Antée* ; l'Académie de la Brera, dont il devint plus tard le directeur prima et acheta ses marbres *Judith*, *Ecce Homo* et *Le premier ami*. Pour la cathédrale de Milan, il sculpta les statues de *Saint Hilaire*, de *Saint Wenceslas* et *Sainte Adélaïde*. Il faut citer encore les statues de *Raffaelo Santi*, à la galerie Victor-Emmanuel, de *Pompeo Litta*, sur les escaliers du palais Brera, d'*Alessandro Manzoni*, sur la place S. Fedele et de *Gius. Verdi*, dans le vestibule de la Scala, puis les monuments de *Niccolo Tommasco*, à Venise, de *Fr. Dall' Ongaro*, à Naples, du roi *Victor-Emmanuel*, à Gênes, Bergame Lodi et Modène, enfin, la statue équestre de *Napoléon III*, sur une place publique de Milan. On cite encore de lui : *Moïse sur les eaux* et *Le petit pêcheur*, marbres, au Musée municipal d'Amsterdam.
Ventes Publiques : New York, 24 mai 1995 : *Mère égyptienne et son enfant* 1873, marbre (H. 175,3) : **USD 96 000** – New York, 23-24 mai 1996 : *Mère égyptienne et son enfant*, marbre (H. 254) : **USD 90 500**.

BARZAGHI Jole
Née en 1866. xixe siècle. Italienne.
Peintre de fleurs et paysagiste.
Élève et nièce d'Antonio Barzaghi-Cattaneo. Elle travailla à Lugano, et exposa à Londres et à Berne.

BARZAGHI-CATTANEO Antonio
Né le 15 mars 1837 à Lugano. xixe siècle. Italien.
Portraitiste, paysagiste et peintre de genre.
Élève à l'Académie d'art de Milan, il se forma lors par ses voyages à Florence et à Venise. Il s'inspira surtout des anciens Vénitiens. Au début, il ne fit que des portraits et des peintures de genre, mais, plus tard, il exécuta des fresques, notamment à l'église S. Spiridione, à Trieste, en 1867, et aussi dans une salle de l'Hôtel National de Lucerne. Son premier tableau fut une *Béatrice Cenci* (1864) ; il fit ensuite : *Le Tasse* (Musée de Bâle) et *Les Républicains* à Florence. Son petit tableau, exposé à l'Exposition d'art suisse, *Diane de Poitiers, implorant François Ier pour obtenir la grâce de son père*, fut très apprécié.
Musées : Bâle : *Le Tasse lisant sa « Jérusalem libérée » à la princesse Éléonore d'Este – Dame qui fait de la musique : Irène di Spilimbergo – Scène du Fresco de Schiller : Léonore conjure ses époux d'abandonner son projet ambitieux.*

BARZANTI Licinio
Né en 1857 à Forli. Mort en 1944 à Côme. xixe-xxe siècles. Italien.
Peintre de paysages, fleurs.
Ventes Publiques : Milan, 10 juin 1981 : *Fleurs*, h/pan. (55x99) : **ITL 600 000** – Milan, 21 avr. 1983 : *Fleurs*, h/t (131x95) : **ITL 1 200 000** – Milan, 10 déc. 1987 : *Une terrasse fleurie*, h/t (139x150) : **ITL 4 800 000** – Milan, 14 juin 1989 : *Paysage de montagnes*, h/t (70x110) : **ITL 3 500 000**.

BARZELLI Antonio
Né au xvie siècle à Capri. xvie siècle. Italien.
Peintre décorateur et miniaturiste.
Travailla à Capri pour le duc Ercole II. Dans sa maison particulière, à Modène, se trouve un plafond de chambre richement décoré par lui.

BARZIN Michel
Né en 1949. xxe siècle. Belge.
Graveur.
Il a étudié le dessin et la gravure à Bruxelles et à Liège. Il a reçu le Grand Prix Quinquennal de la Gravure de la ville de Liège en 1978 et le prix de la Société Royale des Beaux-Arts à l'occasion du millénaire de la Principauté de Liège en 1980.
Bibliogr. : In : *Diction. biographique illustré des artistes en belgique depuis 1830*, Arto, Bruxelles, 1987.
Musées : Liège (Cab. des Estampes).

BAS Adrien
Né en 1886 à Lyon (Rhône). Mort en 1926. xxe siècle. Français.
Peintre de paysages, fleurs, pastelliste. Postimpressionniste, tendance expressionniste.
Il participa au Salon d'Automne de Paris, notamment en 1919 et 1920.
Il accuse les volumes et les plans de ses paysages par des effets colorés et lumineux qui leur donnent un caractère plus expressionniste que postimpressionniste, surtout lorsqu'il travaille au pastel.
Bibliogr. : Gérald Schurr : *Les Petits Maîtres de la peinture 1820-1920, valeur de demain*, Les Éditions de l'Amateur, t. IV, Paris, 1979.
Ventes Publiques : Paris, 2 juin 1997 : *Fabriques sur les bords du Rhône*, past. (28x35) : **FRF 2 800**.

BAS Claudius
xxe siècle. Français.
Dessinateur et affichiste.

BAS J. de
Graveur.
Heinecken et Nagler citent de cet artiste : *L'Incendie de l'ancien hôtel de ville d'Amsterdam*. On pense qu'ils ont confondu avec J. van Baen, ou avec Martin Baes.

BAS Martin
xxe siècle. Français.
Illustrateur.
Il exposa au Salon d'Automne de Paris, en 1945. Il a notamment illustré des recueils tels que : *Chansons de travail* et *Chansons du vent.*

BAS Pedro
Né en 1675 à Benimamet. xviiie siècle. Espagnol.
Sculpteur.
Cet artiste eut pour maîtres Conchillo et Cuevas et travailla à Valence vers 1700. Il a fait une *Sainte Madeleine*, à S. Gregorio, des travaux de sculpture au maître-autel de la chapelle S. Pedro, dans la cathédrale, quelques tabernacles à S. Juan del Mercado, un tableau de procession de *Sainte Monique*, à S. Augustin, et le *Calvaire* dans l'église des Sœurs de Santa Catalina de Sena.

BAS-BLASI Martin
xxe siècle. Français.
Peintre.
Ses gouaches : *Tauromachie* et *Chemin de France* figurèrent au Salon des Tuileries de 1941.

BASABE Martin
Mort avant 1612. xviie siècle. Actif à Auleztia (Biscaye). Espagnol.
Sculpteur.
Fit, de 1603 à 1606, le maître-autel de l'église paroissiale de Guetaria (Guipuzcoa), avec statues et bas-reliefs de la *Vie de Jésus-Christ* ; pour la même église, il fit un *Sauveur* en pierre.

BASAITI Andrea
xviie siècle. Italien.
Peintre.
Cité seulement par Zani, en tant que Vénitien, actif vers 1666.

BASAITI Marco
Né vers 1470. Mort après 1530. xve-xvie siècles. Italien.
Peintre de compositions religieuses, portraits.
Vénitien, il signait : Basaiti, Baxaiti, Marcus Basitus ou Baxiti. Vasari cite deux artistes, Marco Basarini, le Pseudo-Basaiti, et Marco Basaiti, comme travaillant à Venise à cette époque ; il attribue au premier *La prière à Gethsémani*, S. Giobbe, Venise (à présent à l'Académie), et, à Marco Basaiti : *L'appel de saint Jacques et de saint Jean*, à S. Andrea della Certosa, à Venise (à présent à l'Académie) ; mais on a constaté qu'il s'agissait d'une seule et même personne.

Il se manifesta d'abord comme aide d'Alvise Vivarini, dont il fut probablement l'élève. Quelques-unes de ses œuvres, fort bien conservées, permettent de juger de toute la délicatesse et de l'éclat de son coloris et témoignent aussi qu'il fut sensible à l'influence des deux frères Bellini, Giovanni et Gentile, tout en montrant des qualités personnelles notamment dans sa façon de traiter les fonds de paysage.

M·D·X. M·BAX'E MARCVS· BAXAITI ꟾ S

Musées : Bergame : *Tête de Christ – Portrait d'homme – Résurrection du Christ –* Berlin : *Pleurs près du corps du Christ – Saint Sébastien – Saint Jean Baptiste avec la Croix –* Boston : *Pietà –* Budapest : *Sainte Catherine d'Alexandrie – Saint Jérôme –* Cambridge, Massachusetts : *Vierge à l'Enfant et donateur –* Kassel : *Christ bénissant –* Londres : *Saint Jérôme lisant – Vierge de la prairie – Jeune Vénitien – Vierge à l'Enfant –* Milan (Brera) : *Noli me tangere – Déposition de croix –* Munich : *Christ pleuré par les saintes femmes – Marie et l'Enfant au donateur –* Padoue : *Madone avec saint Pierre et saint Libéral –* Rome (Gal. Doria Pamphili) : *Saint Sébastien –* Rome (Vatican) : *Madone et saint Jean –* Strasbourg : *Saint Jérôme –* Stuttgart : *Vierge et l'Enfant bénissant –* Venise : *La prière à Gethsémani – L'appel de saint Jacques et de saint Jean – Saint Jacques apôtre et saint Antoine abbé – Oraison dans le jardin des Oliviers 1516 – Le Christ mort – Les fils de Zébédée – Saint Georges, tuant le dragon – Saint Pierre et autres saints*, église San Pietro in Castello – *Saint Sébastien*, église Santa Maria della salute – Venise (San Giacomo dell'Orio) : *Saint Ambroise sur le siège épiscopal, plusieurs saints et un guerrier*, tableau commencé par Viviani, église Frari – Venise (Beaux-Arts) : *Saint Jacques – Saint Antoine – Oraison dans le jardin – Christ mort –* Venise (Mus. Correr) : *Madone et Enfant Jésus –* Vienne : *La vocation des fils de Zébédée.*

Ventes Publiques : Paris, 1881 : *La Vierge et l'Enfant Jésus* : **FRF 300 –** Londres, 1892 : *Sainte Catherine et la Sainte Famille* : **FRF 27 787 –** Venise, 1894 : *La Vierge au chardonneret* : **FRF 4 500 –** Paris, 3-4-5 juin 1907 : *La Vierge et l'Enfant Jésus* : **FRF 3 700 –** Londres, 21 fév. 1910 : *La Madone et l'Enfant avec saint Jean* : **GBP 39 –** Paris, 1910 : *Saint Jean Baptiste* : **FRF 280 –** Paris, 1914 : *Ecce Homo* : **FRF 3 000 –** Paris, 1914 : *Vierge à l'Enfant avec saints* : **FRF 9 000 –** Londres, 21 déc. 1921 : *Pietà* : **GBP 50 –** Paris, 17 fév. 1922 : *Portrait d'un seigneur en armure*, attr. : **FRF 3 110 –** Londres, 10 mai 1922 : *La chute de l'homme ; Le sacrifice d'Abraham*, deux pan. : **GBP 310 –** Londres, 14 mai 1924 : *Portrait de gentilhomme* : **GBP 105 –** Londres, 15 juin 1928 : *Saint Jérôme en prière dans le désert* : **GBP 997 –** Londres, 24 juin 1936 : *Gentilhomme vêtu de noir* : **GBP 480 –** Paris, 5 déc. 1951 : *La Vierge, l'Enfant et saint Jean* : **FRF 900 000 –** Londres, 26 nov. 1958 : *Portrait d'un sculpteur vénitien*, pan. : **GBP 900 –** Londres, 27 nov. 1959 : *La Vierge avec l'Enfant, et les saints Jean Baptiste, Georges, Jérôme, Jacques le Majeur* : **GBP 1 050 –** Londres, 26 juin 1964 : *Portrait d'un jeune homme* : **GNS 8 000 –** Londres, 6 juil. 1966 : *Portrait d'un jeune homme* : **GBP 3 800 –** Londres, 30 juin 1971 : *Saint Jérôme dans un paysage* : **GBP 57 200 –** Londres, 16 juil. 1980 : *Saint Jérôme dans un paysage*, h/pan. (60,5x69) : **GBP 20 000.**

BASALDELLA Afro. Voir AFRO

BASALDELLA Dino
Né en 1909 à Udine. xxᵉ siècle. Italien.
Sculpteur.
Il est le frère aîné du peintre Afro et du sculpteur Mirko qui ont pris leurs prénoms pour pseudonymes. Il étudie à Venise et Florence. En 1936, il présente un *Squale* à la Biennale de Venise. En 1959 et 1963, il figure à l'exposition Internationale du *Bronzetto*, à Padoue. Il expose à Rome en 1960 et à New York en 1961. En 1964, il se voit attribuer une salle entière à la Biennale de Venise. Dès ses débuts, figuratifs et lyriques, il s'est intéressé à la qualité des matériaux et à la polychromie. Vers 1950, son œuvre évolue vers l'abstraction. Il développe des recherches dans le domaine des patines ou des polissages divers, réalisant des incrustations de matériaux étrangers comme on le voit dans des sculptures, telles que *Le cadran de l'Oméga, l'Oreille de Dionysos*, datant toutes deux de 1963, et dans *El partidor*, de 1964.
Bibliogr. : Giovanni Carandente, in : *Nouveau diction. de la sculpt. mod.*, Hazan, Paris, 1970.

BASALDELLA Mirko. Voir MIRKO

BASALDUA Hector
Né en 1895 à Pergamino (Argentine). Mort en 1977. xxᵉ siècle. Argentin.

Peintre de figures et de natures mortes, illustrateur et décorateur.
Il fut élève de l'Académie Nationale de Buenos Aires et vint par la suite travailler à Paris. Il exposa à Paris, en 1923 avec un groupe d'artistes argentins, en 1925 au Salon d'Automne, en 1928 et 1929 au Salon des Indépendants des natures mortes et des figures. Il a participé à l'Exposition Internationale de Pittsburgh en 1933, à l'Exposition Internationale de Paris en 1937, aux Expositions Internationales de New York en 1939, et à l'Exposition *150 ans d'Art argentin* en 1961. Il a montré de nombreuses expositions particulières de ses travaux à Buenos Aires. Il a réalisé pratiquement toutes les scénographies des opéras et des ballets présentés au Théâtre Colon de Buenos Aires entre 1932 et 1950. En 1946, il était allé perfectionner sa technique scénographique aux États-Unis. Il illustra également de nombreux ouvrages. Il est titulaire de nombreux prix : prix Palanza, prix H. Rubinstein et prix du Salon National en 1956. Il est membre de l'Académie des Beaux-Arts et de la direction de la Protection des Arts.
Ventes Publiques : New York, 24 nov. 1982 : *La voiture*, h/t (88,9x116,2) : **USD 1 600 –** New York, 14-15 mai 1996 : *Après-midi d'été 1956*, h/t (99,7x69,8) : **USD 2 875.**

BASALO Pedro M.
Né à la fin du xixᵉ siècle à Caracas (Venezuela). xixᵉ-xxᵉ siècles. Vénézuélien.
Sculpteur.
Exposa au Salon des Artistes Français de 1914.

BASAN Pierre François
Né le 23 octobre 1723 à Paris. Mort le 12 juin 1797. xviiiᵉ siècle. Français.
Graveur au burin, aquafortiste.
Cet artiste eut pour maîtres Jean Daullé et Et. Fessard. Il grava de nombreuses estampes et fut surtout éditeur de gravures. Il occupa dans sa maison un certain nombre d'artistes, et publia grâce à leurs concours un nombre considérable de pièces (de 1761 à 1799, plus de 550), dont il faut dire que ce sont généralement plutôt des productions purement commerciales. En 1770, il publia le cabinet de Choiseul, en 1781 celui de Poullain. Il publia aussi des livres, magnifiquement illustrés, parmi lesquels on cite : *Les Métamorphoses d'Ovide*, avec vignettes de Le Mire, faites d'après les dessins de Moreau, Eisen, etc. Il publia en 1767 un *Dictionnaire des graveurs anciens et modernes*, ouvrage fort intéressant suivi d'un catalogue des estampes gravées d'après P. P. Rubens. Ses fils, à sa mort, continuèrent son commerce.

BASANO, appelé aussi Vasan, dit el Mozo Francisco
xviᵉ siècle. Espagnol.
Peintre.
Une de ses toiles, représentant l'*Apparition d'un ange aux Bergers la nuit de Noël*, fait partie des tableaux pris à Valladolid pour être placés dans le Palais du Buen Retiro à Madrid, par ordre du roi Philippe IV, en 1635. Le Musée du Prado à Madrid possède plusieurs de ses œuvres.

BASARINI Marco, dit le Pseudo-Basaiti. Voir BASAITI Marco

BASBOUS Alfred
Né en 1924 à Rachana (Liban). xxᵉ siècle. Libanais.
Sculpteur.
Il fut élève de son frère Michel et collabora avec lui au *Projet de Rachana*. En 1959, il expose au Salon d'Automne de Beyrouth et obtient une bourse du gouvernement français. En 1961 et 1966 il a figuré à l'exposition Internationale de sculpture du Musée Rodin à Paris.

BASBOUS Michel
Né en 1920 à Rachana. Mort en 1981. xxᵉ siècle. Libanais.
Sculpteur. Tendance abstraite.
Lorsqu'il était encore jeune, Youssef Hoyeck lui apprit à sculpter. De 1945 à 1949, il étudia à l'Académie des Beaux-Arts de Beyrouth, puis, grâce à une bourse à l'Ecole des Beaux-Arts de Paris de 1949 à 1951. Quelques années plus tard, il revint à Paris, où Zadkine fut son professeur. Il exposa à Beyrouth, Leningrad, Kiev, obtint un premier prix au Salon d'Automne de l'UNESCO, et une médaille de l'Éducation Nationale Libanaise en 1956. Il a participé à l'Exposition internationale de sculptures au Musée Rodin entre 1961 et 1966. En 1965, il obtint une mention au Salon du musée Sursock de Beyrouth, où il remporta le Premier Prix

de Sculpture en 1967. En 1971 il figurait à une exposition de l'Ashmolean Museum d'Oxford, en 1973 il était invité à une exposition du Musée impérial de Tokyo, de 1973 à 1975 il était représenté dans une exposition itinérante à travers les Etats-Unis. En 1979 une de ses sculptures fut acquise pour la Place de l'hôtel de Ville de Strasbourg.

BIBLIOGR. : Catalogue de l'exposition *Liban – Le regard des peintres*, Institut du Monde Arabe, Paris, 1989.
MUSÉES : HAKONE, Japon (Mus. Chokoky No Mori) – PARIS (Mus. d'Art Mod.) – RACHANA (Mus. en plein air des trois frères Basbous).

BASCA Maria
Née le 29 décembre 1923 à Macin. XXᵉ siècle. Roumaine.
Sculpteur.
Elle fut étudiante aux Beaux-Arts de Bucarest et reçut le prix de sculpture pour le festival de la jeunesse à Varsovie. A partir de 1949, elle a exposé régulièrement chaque année dans les Salons officiels de Bucarest et a participé aux expositions de groupe de toutes les capitales des pays socialistes. En 1970, elle a exposé au Salon de la Jeune Peinture à Paris. Son art rappelle celui de Brancusi et s'inspire de l'art populaire roumain.
MUSÉES : BUCAREST.

BASCH André
Né à Budapest. XXᵉ siècle. Hongrois.
Peintre de nus, portraits, paysages, natures mortes.
Au Salon d'Automne, il exposa des nus, des natures mortes, des paysages et des portraits, entre 1925 et 1933. Il figura au Salon des Tuileries à partir de 1926 et au Salon des Indépendants de 1928 à 1933.

BASCH Arpad
Né le 16 avril 1873 à Budapest. XIXᵉ-XXᵉ siècles. Hongrois.
Peintre, dessinateur, illustrateur, affichiste.
Il fit ses études, en 1873, à l'Ecole des Arts et Métiers de Budapest, sous la direction de Karlovsky, puis à Munich, chez Hollosy, enfin à Paris chez Léon Bonnat et J.-P. Laurens.
Il a travaillé pour des revues illustrées, fait des affiches et assura la direction artistique de *Magyar Genius*.

BASCH Edith
Née en 1895 à Budapest. Morte en 1980. XXᵉ siècle. Hongroise.
Peintre de portraits, de nus et de natures mortes.
Entre 1928 et 1931, elle présenta ses œuvres au Salon des Indépendants, au Salon d'Automne et au Salon des Tuileries.

E-Basch

BASCH George Heinrich
Né vers 1691. Mort en novembre 1740 à Bernstadt. XVIIIᵉ siècle. Allemand.
Portraitiste.
Il travailla à Bernstadt et à Breslau.

BASCH Gyula ou Julius
Né en 1851 à Budapest. Mort en 1928. XIXᵉ-XXᵉ siècles. Hongrois.
Peintre de sujets religieux, scènes de genre, portraits.
Tout jeune il alla étudier chez Moritz de Schwind, puis à l'École Polytechnique de Zurich. Il continua ses études à Paris, à l'École des Beaux-Arts (1873 et 1874), en 1885 chez Franz Paczka, en 1888 chez Horowitz, à Vienne.
En 1886, il exposa son premier portrait, à Budapest, que suivirent des œuvres de genre, puis, quelques scènes bibliques, comme *La fille de Jaïre*.
VENTES PUBLIQUES : VERSAILLES, 19 sep. 1978 : *Le Premier Jour d'école* 1893, h/t (61x40) : **ATS 20 000** – LONDRES, 19 mars 1980 : *Le jeune cadet* 1889, h/t (73x95) : **GBP 3 400.**

BASCH Jean Samuel
Né vers 1746 à Hambourg. Mort en 1778 à Rome. XVIIIᵉ siècle. Allemand.
Graveur.
Cité par Mireur.
VENTES PUBLIQUES : PARIS, 1823 : *Paysage boisé et montagneux*, dess. au pinceau : FRF 35.

BASCHANT Rudolf
Né en 1897 à Salzbourg. Mort en 1955 à Linz. XXᵉ siècle. Autrichien.

Dessinateur et graveur.
Il fit ses études à Essen, Francfort, puis au Bauhaus de 1921 à 1924, dans l'atelier de gravure. Par la suite, il voyage et fait de la peinture. Il étudie l'art du livre à Leipzig en 1927 et à partir de 1934 devient dessinateur scientifique, notamment auprès des instituts botaniques des universités de Halle et d'Innsbruck.

BASCHENIS Antonio di Giacomo, dit Baschenis d'Averara
XVᵉ siècle. Italien.
Peintre.
Cité à Bergame en 1451. Aïeul d'une famille d'artistes, florissant pendant les XVIᵉ et XVIIᵉ siècles, à Bergame.

BASCHENIS Battista d'Antonio
Originaire d'Averara. XVᵉ-XVIᵉ siècles. Italien.
Peintre.
Cet artiste, fils d'Antonio di Giacomo Baschenis, travailla à Bergame, en 1490 et en 1500.

BASCHENIS Cristoforo, l'Ancien
Originaire de Bergame. XVIᵉ siècle. Italien.
Peintre.
Cet artiste, fils de Simone Baschenis, est cité en 1572. Fit surtout des décorations d'église et des peintures ornementales sur façades de maisons privées. Il a fait les fresques des églises Sainte-Madeleine et Sainte-Croix de Bergame et celles des églises paroissiales de Santo Stefano et de Gorlago (aux environs de Bergame).

BASCHENIS Cristoforo, le Jeune, dit da Averara
Mort en 1626. XVIIᵉ siècle. Actif à Bergame. Italien.
Peintre de fresques.
Fils d'Antonio di Simone Baschenis, neveu et élève de Cristoforo Baschenis l'Ancien, cet artiste est l'auteur des fresques représentant la *Légende de saint Benoît* (dans la cour du couvent San Benedetto, signées et datées de 1597). Il peignit aussi cinq fresques représentant l'histoire de *Sainte Suzanne*, dans la cour de la famille Vacis à Ossanesga, datées de 1604 ainsi qu'une *Annonciation* (fresque) dans l'église Sainte-Lucie à Bergame.

BASCHENIS Evaristo
Né sans doute à Bergame en 1607 selon le Pr. Gian-Alb. Dell'Aqua de Milan, et non le 4 décembre 1617 comme l'indiquait Tassi en 1797. Mort en 1677 à Bergame. XVIIᵉ siècle. Italien.
Peintre de batailles, figures, portraits, intérieurs, natures mortes.
Baschenis fut prêtre vers 1647, mais il semble qu'il ne le resta pas. Sa vie est peu connue, ce qui est plutôt dû au fait qu'elle ne fut marquée d'aucun événement saillant, tant il paraît qu'il la consacra entièrement à peindre. Il était fils de Pietro, donc membre d'une famille où l'on était peintre en naissant, par tradition familiale. On est bien loin des vocations romantiques !
Il peignit aussi des batailles, des portraits, des figures grandeur nature dans la manière de Jacques Courtois le Bourguignon, qui aurait été son ami, il peignit également des intérieurs de cuisine, mais il reste surtout, non seulement le peintre de natures mortes de fruits, d'animaux morts, de poissons et de coquillages, d'objets familiers, mais très spécialement le peintre de natures mortes composées d'instruments de musique. Si l'on n'a pu découvrir s'il était lui-même musicien, du moins a-t-on remarqué qu'il peignait à l'époque où les Nicola Amati et Stradivari créaient leurs instruments à Crémone non loin de là.
S'il est certain qu'il travailla avec son père, le Pr. Dell'Aqua pense qu'à Bergame, il reçut plus ou moins l'enseignement de Salmeggia, Cavagna et Zucco. Il a vu aussi sur place les œuvres de peintres du XVIᵉ siècle, de Moretto et Moroni. Certains écrivains d'art s'interrogent sur ce qui rattache Baschenis aux peintres espagnols de la réalité du XVIIᵉ siècle. Charles Sterling a, de longtemps, indiqué les évidentes sources caravagesques du meilleur de son œuvre. Aujourd'hui, l'habitude que l'on a prise de situer les peintres de cette époque par rapport au Caravage, a introduit beaucoup de clarté dans l'exposé des influences et des filiations. Dans les natures mortes d'instruments de musique de Baschenis, la simplification des formes, le choix de formes géométriques (de ces instruments de musique sur lesquels on s'interroge tant), l'unité froide de la lumière, la préférence pour les éclairages nocturnes et artificiels générateurs d'effets de clair-obscur, le goût prononcé des matériaux qui renvoient bien la lumière et particulièrement les reflets, essences de bois très diverses et vernis, les rubans et soieries, tout cela vient de la

leçon du Caravage, dont on n'a que depuis peu mesuré l'importance sur toute la peinture de l'Europe de l'Ouest au XVIIᵉ siècle. Certains auteurs insistent sur le vérisme de Baschenis : en effet, on a envie d'essuyer la poussière qu'il a peinte parfois sur le bois des instruments, on peut compter les points des tapisseries, on peut lire la musique des partitions représentées. Pourtant, chaque fois que l'on entend parler du vérisme de ces peintres, comme pour Vermeer en Hollande par exemple, on ne peut s'empêcher de redouter un malentendu total. Le miracle visuel et spirituel se produit justement à partir de la constatation plus ou moins consciente, que d'une réalité traduite apparemment scrupuleusement, naissent toutes les interrogations concernant le peu de réalité des choses qui nous entourent et du reflet de nous-mêmes que nous y lisons. Chez ces peintres, il serait stupide d'admirer la ressemblance des objets qu'ils ont peints (« Quelle vanité que la peinture... »), quand c'est leur transparence qu'ils ont voulu traduire, leur transparence qui débouche sur, par-delà leur aspect si beau soit-il, des notions d'ordre universel, de silence infini, d'immobilité éternelle. Il serait bien étonnant de peindre les effets de la lumière sans provoquer une réflexion sur ses causes. ■ Jacques Busse

MUSÉES : BERGAME (Acad. Carrara) : L'ensemble le plus important d'œuvres de Baschenis – VENISE (Bibl. de San Giorgio Maggiore) : Plusieurs œuvres.

VENTES PUBLIQUES : LUCERNE, 21-27 nov. 1961 : *Nature morte aux instruments de musique* : CHF 3 000 – LONDRES, 13 juil. 1962 : *Nature morte aux livres* : GNS 260 – MILAN, 12-13 mars 1963 : *Instruments musicaux* : ITL 9 750 000 – LUCERNE, 7 déc. 1963 : *Nature morte aux instruments de musique* : CHF 6 000 – LONDRES, 20 mars 1964 : *Nature morte avec deux luths, violon et livres* : GNS 7 000 – LONDRES, 30 juin 1965 : *Nature morte aux instruments de musique* : GBP 3 200 – MILAN, 23 nov. 1972 : *Nature morte aux victuailles* : ITL 10 200 000 – MILAN, 5 avr. 1973 : *Nature morte aux instruments de musique* : ITL 3 700 000 – VERSAILLES, 20 nov. 1977 : *Nature morte aux fruits et cases d'argent*, h/t (62x76) : FRF 14 000 – NEW YORK, 8 jan. 1985 : *Luth et violon sur une table*, h/t (86,3x104) : USD 55 000.

BASCHENIS Filippo di Simone
Originaire d'Averara. XVIᵉ siècle. Italien.
Peintre.
Il est cité, en 1544, dans la province de Trente, où il peignit, avec son père Simone Baschenis, les fresques de la *Danse macabre* de S. Vigilio, à Pinzolo (Val di Rendana).

BASCHENIS Giovanni Antonio, appelé da Averara
XVᵉ siècle. Actif à Brescia. Italien.
Peintre.
Il est cité (par document) à Brescia en 1477-1479. En 1486, il peignit à Fiupiano, près de Bergame, une fresque représentant la *Madone et le Christ mort*.

BASCHENIS Pietro
Originaire de Bergame. XVIIᵉ siècle. Italien.
Peintre.
Était fils d'Antonio di Cristoforo Baschenis. Ses peintures décoratives du plafond et des murs des Archives municipales de Bergame, signées et datées de 1615, ont été conservées.

BASCHENIS Simone
Né près de Bergame, originaire d'Averara. XVIᵉ siècle. Italien.
Peintre.
Auteur des fresques de la *Danse Macabre* (encore conservées), dans la chapelle du cimetière S. Stefano, à Carisolo (près de Trente) ; il exécuta aussi les fresques de la *Danse Macabre* de S. Vigilio à Pinzolo, en collaboration avec son fils Filippo.

BASCHENIS Simone di Filippo
Originaire d'Averara. XVIᵉ siècle. Italien.
Peintre.
Cité par document, en 1590, à Bergame.
Fils de Filippo di Simone Baschenis.

BASCHET Bernard et François
Le premier né en 1917 à Paris, le second né en 1920 à Paris. XXᵉ siècle. Français.
Sculpteurs.
L'un d'eux fut élève d'Emmanuel Auricoste à l'académie de la grande Chaumière. Ensemble, ils ont inventé et fabriqué des instruments de musique à présent très répandus. La vibration de départ est donnée par une barre métallique accordée et encastrée dans un socle. Ils ont présenté pour la première fois leurs sculptures sonores au Salon de Mai de 1969.

MUSÉES : NEW YORK (Mus. of Mod. Art) – PARIS (Mus. du conservatoire).

BASCHET Marcel-André
Né le 5 août 1862 à Gagny (Seine-Saint-Denis). Mort en 1941. XIXᵉ-XXᵉ siècles. Français.
Peintre de portraits, pastelliste.
Il est le fils de l'éditeur d'art Ludovic Baschet. En 1879 il entra à l'Académie Julian, puis devint l'élève de Jules Lefèbvre et de Gustave Boulanger à l'École des Beaux Arts. Il reçut le Prix de Rome en 1883. Il se consacra tôt au portrait à l'huile et au pastel et pour sa première exposition au Salon, présenta en 1889 le *Portrait de sa grand-mère* qui lui valut la médaille de deuxième classe et le mit hors-concours. Il se vit remettre la médaille d'or à l'Exposition universelle de 1900, la médaille d'honneur du Salon en 1908 avec le *Portrait de Rochefort*, fut élu membre de l'Institut en 1913 et devint membre du jury en 1937. Il fut promu officier de la Légion d'honneur en 1898, nommé officier en 1910 et commandeur en 1926.
A la manière de Bonnat, Il devint le portraitiste officiel des célébrités de son époque, préférant parfois le pastel à l'huile, comme le montre l'un de ses portraits de *Claude Debussy*, d'une grande sensibilité. Parmi ses nombreux portraits, on peut citer : *Ambroise Thomas* – *M. et Mme Adolphe Brisson* – *Henri Lavedan* – *Le maharadja de Kapurthala* – *Les maréchaux Foch, Pétain, Lyautey, Fayolle*.

MUSÉES : BOULOGNE-SUR-MER (Mus. mun.) : *Portrait de Charles Lebeau* – PARIS (Mus. d'Orsay) : *Portrait de Claude Debussy* – VERSAILLES (Mus. du château) : *Portrait de Claude Debussy*.

VENTES PUBLIQUES : PARIS, 1891 : *Une italienne* : FRF 290 ; *Béraud Tortoni* : FRF 4 200 ; *Le petit salon* : FRF 2 300 – PARIS, 22 juin 1994 : *Portrait de femme assise*, pierre noire et craie blanche, past. (33x36) : FRF 2 900 – MONTRÉAL, 5 déc. 1995 : *Portrait de Mr Moret* 1930, h/t (95,2x69,8) : CAD 750.

BASCHET Nicolas
XVIᵉ siècle. Actif à Tours. Français.
Sculpteur.
En 1519, cet artiste exécuta, pour Jean Thinel, secrétaire du roi de France, une série de figures en terre cuite, représentant les médaillons de *Jean Thinel*, du *Roi de France*, de la *Reine*, etc., un groupe de statues peintes et dorées, représentant la *Madone et l'Enfant Jésus*.

BASCHILOFF Michael
Mort fin 1870 à Moscou. XIXᵉ siècle. Russe.
Peintre et dessinateur.
Reçut une médaille d'argent (1854) de l'Académie de Saint-Pétersbourg, pour les scènes de genre qu'il avait exposées. *Le paysan dans le malheur* est conservé à la Galerie Soldatenko. Il a fait des illustrations pour *Le chagrin de comprendre*, roman de Gribojedoff, pour le roman *La guerre et la paix* de Tolstoï, pour *Esquisses de la vie provinciale* de Tchédrine, etc.

BASCHINDCHAGIAN C. S.
Né en 1857. Mort en 1925. XIXᵉ-XXᵉ siècles. Russe.
Peintre.
On cite son *Autoportrait*.

BASCHLAKOW Alexej Iljitsch
XXᵉ siècle. Allemand.
Peintre.
Il doit sûrement être d'origine russe. Ses œuvres furent visibles en Allemagne fédérale en 1968. Sa peinture est abstraite, tendant au purisme et d'une grande élégance.

VENTES PUBLIQUES : COLOGNE, 1ᵉʳ juin 1984 : *Zu Schädelberg 2 – Kreuzabnahme* 1973, acryl. sous plexiglas (24,6x25) : DEM 1 500.

BASCHNY Emanuel
Né en 1876 à Sternberg. Mort en 1932. XXᵉ siècle. Autrichien.
Peintre de paysages et de portraits.
Il fit ses études à l'Académie de Vienne, de 1894 à 1903 sous la direction de Franz Rumpler et William Unger. En 1909, il exposa un paysage à Berlin.
MUSÉES : GRAZ .
VENTES PUBLIQUES : VIENNE, 19 mai 1976 : *Vue de Grinzing* 1921, h/t (50x77) : ATS 5 000.

BASCOM Andrew J.
Américain.
Peintre de miniatures.

BASCONI Luigi
XVIIIᵉ siècle. Italien.

Peintre.
Travailla à Rome vers 1786. Zani seul le cite.

BASCOULÈS Jean Désiré

Né le 19 août 1886 à Perpignan (Pyrénées-Orientales). Mort en 1976 à Montpellier (Hérault). XXe siècle. Français.
Peintre de portraits, paysages orientaux, compositions murales, cartons de tapisseries.

Après des études à l'École des Beaux-Arts de Bordeaux, il fut élève de Cormon à Paris, avant de séjourner à la Villa Abd-El-Tif à Alger. A partir de 1914, il exposa au Salon des Artistes Français, obtenant une médaille de bronze en 1921, une médaille d'argent en 1922, le prix Romain-Thirion en 1924, une médaille d'or en 1925. Il fut ensuite classé hors-concours et décoré de la Légion d'honneur en 1932. En 1933, il exposa au Salon des Tuileries et figura à l'Exposition internationale de 1937.

Il séjourna dans les pays d'Afrique du Nord et en rapporta de nombreux tableaux, parmi lesquels on peut citer : *Lumière d'Août à Alger* – *Charme africain* 1929 – *Mauresque au travail* – *Villa rouge au Maroc* 1932 – *Oran et la Santa-Cruz*. Dans ses compositions, la lumière diffuse écrase les formes et met en valeur une tonalité plus foncée au milieu de grands plans désertiques. La peinture de Bascoulès n'est pas embarrassée par les décors pittoresques orientalisants, elle montre une vision synthétique d'un monde où alternent surfaces animées et espaces paisibles. Il est également l'auteur de fresques, notamment au palais des Assemblées Algériennes, et de cartons de tapisserie pour les Gobelins.

BIBLIOGR. : Gérald Schurr : *Les Petits Maîtres de la peinture 1820-1920, valeur de demain*, Les Éditions de l'Amateur, t. IV, Paris, 1979.

VENTES PUBLIQUES : PARIS, 13 déc. 1985 : *Le port d'Alger*, h/t (54,5x100) : FRF 5 500 – LONDRES, 19 oct. 1988 : *Nature morte aux fleurs*, h/t (100,3x66,8) : GBP 3 300 – PARIS, 22 avr. 1994 : *Place du gouvernement à Alger* 1933, h/t (60x81) : FRF 42 000 – PARIS, 13 mars 1995 : *Jeune berbère*, h/pan. (52,5x38) : FRF 5 000.

BASE Andries van den ou Bâle, Basel

XVIIe siècle. Actif à Anvers. Éc. flamande.
Sculpteur.
Cité dans la corporation des sculpteurs, de 1685 à 1699.

BASE Irène Esther

Née à Norwich. XIXe-XXe siècles. Britannique.
Enlumineur.
Peintre de lettres.

BASÉBÉ Athelstane

XIXe siècle.
Miniaturiste.
Il exposa à la Royal Academy de Londres en 1882.

BASÉBÉ C. ou C. E. ou Ernest ou Harold E.

XIXe siècle. Britannique.
Miniaturistes.

Un miniaturiste exposa sous une seule initiale de prénom : C. Basébé, à la Royal Academy de 1843 à 1879, puis un miniaturiste, le même (?) sous les initiales de prénoms : C. E. Basébé, de 1878 à 1881. Un Harold E. Basébé, exposa aussi des miniatures de 1876 à 1881. Un Ernest Basébé figurait à la même Royal Academy, avec des peintures sur émail (miniatures ?), en 1886.

BASEGGIO Antonio

XVIIIe siècle. Italien.
Graveur sur bois.
Travailla à Ferrare vers 1740.

BASEGGIO Giuseppe

Né vers 1727 à Rovigo. Mort le 2 août 1775 à Sinigaglia. XVIIIe siècle. Italien.
Sculpteur sur bois.

Cet artiste exécuta à Rovigo différentes statues de bois pour des confréries et, d'après le dessin de son frère Massimino Baseggio, une statue de la *Vierge* pour l'église Sta Concezione. Il travailla aussi pendant quelque temps à Ferrare. Il était fils et élève de Sante Baseggio l'Ancien.

BASEGGIO Massimino

Né le 13 mai 1737 à Rovigo. Mort en 1813. XVIIIe-XIXe siècles. Italien.
Peintre d'ornements et d'architectures à fresques.

Cet artiste se rendit jeune à Ferrare avec son frère Giuseppe ; il étudia dans cette ville sous la direction de Giuseppe Facchinetti, et de l'architecte Antonio Foschini. Il orna les façades de mai-

sons de fresques architecturales à Rovigo, et décora les églises de la même ville. Il était le fils de Sante Baseggio l'Ancien.

BASEGGIO Sante, l'Ancien

Né à Venise. Mort vers 1766 à Ferrare. XVIIIe siècle. Italien.
Sculpteur sur bois.

Travailla à Rovigo. On lui attribue les statues en bois de *Saint Barthélemy* et de *Saint Benoît*, dans l'église Sta Madonna de Sabbioni, et la chaire sculptée de S. Francesco. Ses fils Giuseppe et Massimino furent, le premier sculpteur et le second peintre.

BASEGGIO Sante, le Jeune

Né le 1er novembre 1749 à Ferrare. XVIIIe siècle. Italien.
Sculpteur sur bois et architecte.

En 1793, il se fixa à Rovigo avec son père, il se perfectionna à Rome. Ses cadres sculptés, ses meubles, furent très recherchés ; il travailla aussi pour des églises. Il était fils et élève de Giuseppe Baseggio.

BASEILHAC Jacques

Né en 1874 à Trebours (Hautes-Pyrénées). Mort en octobre 1903 à Savigny-sur-Orge. XIXe siècle. Français.
Peintre.

Cet artiste exposa pendant plusieurs années au Salon de la Société nationale des Beaux-Arts ; parmi ses œuvres, se trouvent des illustrations pour *La chanson des gueux* (1901).

BASEL Alfred

Né en 1876. Mort en 1920 à Vienne. XXe siècle. Autrichien.
Peintre.
Actif à Vienne vers 1919. Il réalisa des expositions dans le Kuenstlerhaus.
MUSÉES : VIENNE (Mus. de l'Armée).

BASEL F.

XVIIIe siècle. Éc. flamande.
Sculpteur.
Travailla aux stalles de l'église Saint Jean-Baptiste et Saint Jean l'Évangéliste, à Malines.

BASELEER Richard

Né le 30 mars 1867 à Anvers. Mort en 1951. XIXe-XXe siècles. Belge.
Peintre de paysages, marines, pastelliste, graveur.

Il fut élève de Charles Verlat à l'Académie Royale des Beaux-Arts d'Anvers. Il a voyagé en Italie. Il exposa d'abord à Anvers en 1902, avec des études au pastel et à l'huile. En 1907, il figura aux expositions de Munich et Berlin. En 1909, il envoya de nouveau à l'Exposition de Munich un paysage : *Le Lac de Westkapelle*.

Il peignit les paysages typiques des rives de l'Escaut belge et de son embouchure, ainsi que les canaux de Venise.

R Baseleer 1904

MUSÉES : ANVERS (Mus. des Beaux-Arts) : *Pêcheurs de crevettes, le matin dans le Bas-Escaut* – BRUXELLES : *Le Matin*.
VENTES PUBLIQUES : ANVERS, 8 avr. 1976 : *Bas-Escaut*, h/t (50x71) : BEF 10 000 – ANVERS, 30 avr. 1981 : *Barques de pêche en mer*, h/pan. (24x35) : BEF 15 000 – LOKEREN, 16 oct. 1992 : *Vue de l'Escaut* 1940, h/t (103x135) : BEF 90 000 – LOKEREN, 15 mai 1993 : *Vue de l'Escaut* 1940, h/t (103x135) : BEF 48 000 – LOKEREN, 28 mai 1994 : *Vue de l'Escaut* 1940, h/t (103x135) : BEF 44 000 – LOKEREN, 9 déc. 1995 : *Portrait du peintre et de son épouse* 1939, h/t (120x100) : BEF 55 000.

BASELER Cornelis le Jeune et Lucas

XVIe siècle. Éc. flamande.
Peintres.
Sont mentionnés, en 1544, comme membres de la corporation de Saint-Luc à Anvers.

BASELITZ Georg, pseudonyme de Kern Hans Georg

Né le 23 janvier 1938 à Deutsch-Baselitz (Saxe). XXe siècle. Allemand.
Peintre de scènes de genre, figures, animaux, paysages, intérieurs, sculpteur, graveur, dessinateur. Néo-expressionniste.

Son nom de famille était Kern, et il adopta le nom de sa ville natale quand il eut gagné Berlin-Ouest. Il commença à étudier à l'école supérieure pour les arts de création et appliqués de Berlin-Weissensee (Est) en 1956-1957, s'installa à Berlin-Charlottenburg (Ouest) l'année suivante, et y poursuivit ses études à l'École supérieure pour les Arts de création et appliqués auprès de Hann Trier jusqu'en 1964. Ce fut alors qu'il découvrit les écrits de Lautréamont, d'Artaud, la peinture expressionniste-abstraite de Pollock, De Kooning, Guston, Wols, Fautrier. En 1961, il rédige le premier *Pandämonium* avec Eugen Shönebeck (suivi d'un second en 1962), manifeste complétant une exposition, où s'affirme une volonté de rupture avec l'esthétique abstraite. En 1963 sa première exposition, à la galerie Werner & Katz de Berlin, provoque un scandale : deux de ses toiles : *La Grande Nuit dans le seau* et *L'Homme nu*, sont retirées de l'accrochage pour obscénité et lui sont confisquées pendant deux années. En 1965 il est pensionnaire à la Villa Romana de Florence. À l'occasion d'une exposition à la galerie Rudolf Springer à Berlin, il publie en 1966 un nouveau manifeste intitulé *Les Grands Amis*. En 1968 il reçoit une bourse du Cercle culturel de l'Union fédérale de l'Industrie allemande. Son travail s'est diversifié : il dessine, grave et sculpte. Depuis 1975, il vit et travaille à Derneburg près d'Hildesheim (Basse-Saxe). En 1977, il est nommé professeur à la Staatliche Akademie der Bildenden Künste de Karlsruhe. De 1983 à 1988, il fut professeur à l'École supérieure des Arts Appliqués de Berlin.

Il participe à de nombreuses expositions collectives : en 1970 au Kunstmuseum de Bâle, en 1972 au Goethe Institut d'Amsterdam, entre 1972 et 1982 à Documenta V, VI et VII à Kassel, en 1979 au Stedelijk van Abbemuseum d'Eindhoven et au Musée de Tel-Aviv, en 1980 à la Biennale de Venise, en 1981 au Stedelijk Museum d'Amsterdam et à la Kunsthalle de Düsseldorf, en 1985 à la *Nouvelle Biennale de Paris*, etc.

Il présente personnellement son travail dans de nombreuses galeries allemandes et françaises, notamment à la galerie Daniel Templon à Paris (*Œuvres de 1976 à 1990* en 1993-1994) ainsi que : 1983 CAPC. Musée d'art contemporain de Bordeaux, Stedelijk Museum d'Amsterdam et Kunsthalle de Bâle ; 1985 l'œuvre gravé à la Bibliothèque nationale de Paris ; 1987 Musée Ludwig de Cologne ; 1988 rétrospective au Palazzo Vecchio de Florence ; 1990 rétrospective au Kunsthaus de Zurich et à la Kunsthalle de Düsseldorf ; 1993-1994 rétrospective de ses dessins à la salle d'art graphique du Musée National d'Art Moderne de Paris ; 1996 rétrospective au Musée d'Art Moderne de la Ville de Paris.

Baselitz appartient à la génération de peintres allemands désireux de se réapproprier l'héritage allemand meurtri par le nazisme. Acteurs d'une recherche de l'identité nationale, puisant au plus profond des racines germaniques, les peintres allemands ont ainsi redessiné une « langue picturale, nationale, unitaire », que l'on a baptisée « nouvel-expressionnisme » ou « néo-expressionnisme ». Si Baselitz a été assimilé à cette mouvance, il déclare faire un art plus allemand qu'expressionniste, fortement marqué par le caractère nationaliste, ne pouvant exister ailleurs et n'ayant d'expressionniste que le rapport manuel à la toile, sans la rapidité d'exécution.

Baselitz étudia dans un contexte fortement marqué par l'abstraction américaine et celle de l'école de Paris. Réalisant une œuvre figurative, il crée ses premières peintures dans l'isolement et l'incompréhension, ce qui peut expliquer leur caractère provocateur, lié à un violent besoin d'affirmation. Son travail se caractérise par une évolution rapide et saccadée, où se succèdent les ruptures tant formelles que stylistiques. Sa première manière, plutôt informelle, aux pâtes lourdes et épaisses, est vite abandonnée. Ces œuvres où des figures grossières étaient posées sur des fonds ternes et couleur de terre manifestaient sa révolte contre l'esthétique tachiste et abstraite. Elles étaient inspirées de l'œuvre d'un peintre de portraits, allemand du dix-neuvième siècle, peu connu bien que représenté dans de nombreux musées, Ludwig Ferdinand von Rayski. En 1963, il peignit une série de fragments de pieds, processus qui sera développé en 1967. En 1965, il séjourne à la Villa Romana de Florence et y étudie le maniérisme et ses multiples représentations de la figure humaine. C'est vers 1965-1966 qu'apparaissent les peintures dites de « héros » ou « types nouveaux », figures masculines imposantes dressées dans un paysage. Placé au centre du tableau, le héros fonctionne comme l'épine dorsale de la toile. Ils sont en général dotés d'une petite tête contrastant fortement avec leurs membres épais, étirés vers le bord de la toile. La figure structurant à elle seule tout le tableau, la matière picturale se fait plus fluide, les traits de pinceau souples et légers. Les hommes sont séparés du paysage par une différence d'échelle flagrante, expression de leur impossibilité à communiquer avec le monde qui les entoure. En 1967, les motifs des tableaux sont de nouveau

déchiquetés, comme arrachés et remplacés par des lambeaux de membres, de ciels, de taches de couleurs, etc. : *Pieds de Kullenvo* 1967.

C'est en 1969 qu'il crée les peintures au motif inversé : plus qu'une invention formelle, celles-ci sont une façon d'évacuer le problème du sujet, de ne présenter finalement que la peinture seule, mais alors, pourquoi garder encore le sujet ? Tous les sujets du répertoire personnel de Baselitz sont ainsi retournés : personnages, le thème de l'aigle, vache, chien, cheval, arbre, petite maison au loin... Ces images, objets banals de la peinture de genre, sont choisis en fonction de leur vacuité : « Pour moi le problème était de ne pas créer de tableaux descriptifs. D'autre part j'ai toujours détesté l'arbitraire nébuleux des théories non-figuratives. L'inversion, le renversement de la figure me donne la liberté d'affronter réellement les problèmes picturaux », mais, les peint-il d'emblée à l'envers ? Les œuvres des années quatre-vingt sont peintes dans une matière plus lâche, où les fonds épais et salis semblent vouloir happer la figure rendue parfois presque indistincte. C'est dans ces dernières œuvres, où il est revenu à des couleurs vives, jaunes, roses, qu'apparaît tout le talent de coloriste de Baselitz : séries des *Mangeurs d'oranges, des Buveurs*. En 1985-1986, le retour au réel s'accentua, à l'occasion d'une réutilisation des souvenirs de Saxe.

Baselitz est un des plus importants graveurs contemporains. C'est à partir de 1963 que les gravures se multiplient. Il se démarque de la production contemporaine et des techniques modernes en utilisant des procédés classiques tels que l'eau-forte et la gravure sur bois. Il utilise également des blocs de résine synthétique moulée et réalise des linogravures monumentales. Il a parfois exécuté des gravures d'après photographie, comme celles représentant des groupes d'arbres. À partir de 1976, la gravure se réfère aux tableaux : le *Type nouveau*, animaux, paysages, de façon suivie et engendre des dessins.

C'est en 1980, à l'occasion de la Biennale de Venise qu'il réalise sa première sculpture *Modèle pour une sculpture* : « J'ai toujours pris des choses qui avaient déjà été travaillées pour y insérer un autre aspect. » Baselitz emploie le bois, pour éviter toute forme d'adresse, toute élégance visuelle et toute construction. Au début de son expérience, il a reçu les conseils d'un artisan fabriquant des récipients en bois de peuplier pour les bouchers à l'aide d'une hache, méthode d'attaque de la surface qu'il conservera. La matière est préalablement enduite de peinture, qui disparaîtra ensuite au fur et à mesure qu'il l'épannelle. Après un premier équarrissage de la masse, il travaille à la scie, entaillant le bois en de multiples endroits pour finir par former un léger dessin à la surface de la sculpture. Les figures sculptées ne sont pas renversées mais debout sur des socles, un bras levé ou croisé sous le menton. Baselitz sculpte aussi des têtes, un des projets artistiques parmi les plus simples à ses yeux.

Renouant avec les techniques traditionnelles, s'affirmant comme un artiste figuratif ayant évacué le problème du sujet, Baselitz surprend par la radicalité de ses propos et la violence de son œuvre qui, excluant toute forme de narration, ne désire parler que de peinture. ■ Florence Maillet, J. B.

Bibliogr. : A. Hecht et W. Kruger : *Georg Baselitz la peinture la tête en bas*, in : *Art Press*, n° 42, nov. 1980 – Catal. de l'exposition *Baselitz Sculptures*, CAPC, Mus. d'Art Contemporain de Bordeaux, 18 mars-23 avr. 1983 – Catal. de l'exposition *Baselitz Peintures 1960-1983*, The Whitechapel Art Gallery, Londres, 1983 – D. Kuspit : *Le moi archaïque de Georg Baselitz*, in : *Art Press*, n° 77, jan. 1984 – Catal. de l'exposition *Georg Baselitz, gravures, 1963-1983*, 1984, Cabinet des Estampes, Mus. d'Art et d'Histoire, Genève – in : Catal. de la *Nouvelle Biennale de Paris*, 1985,

Electa-Le Moniteur, p. 170-171 – Artstudio, *Allemagne : le nouvel expressionnisme*, n°2, Paris, automne 1986 – Catalogue de l'exposition *L'art moderne à Marseille, la collection du Musée Cantini*, Musée Cantini, Centre de la Vieille Charité, Marseille, 1988 – in : *Diction. de la peint. allemande et d'Europe centrale*, Larousse, Paris, 1990.

Musées : Amsterdam (Stedelijk Mus.) – Cologne (Mus. Ludwig) : *La grande nuit dans le seau – Pastorale la nuit, Pastorale le jour* 1985-1986 – Düsseldorf (Kunstsammlung Nordrhein-Westfalen) : *Triste Jaune* 1982 – Eindhoven (Stedelijk van Abbemuseum) : *Femme en démolition* 1978 – La Haye (Gemmentemus.) : *Ohne Titel* 1965 – Paris (Mus. Nat. d'Art Mod.) : *Les filles d'Olmo II* 1981 – Rotterdam (Mus. Boymans van Beuningen) – Schaffhouse (Halle für Neue Kunst) : *Pieds* 1963 – Strasbourg (Mus. d'Art Mod.) : *Aigle* – Turin (Castello di Rivoli) – Vienne (Mus. d'Art Mod.) : *Les grands amis* 1965-1966.

Ventes Publiques : Londres, 26 juin 1984 : *Nu noir*, h/t (250x200) : **GBP 80 000** – Londres, 4 déc. 1984 : *Sans titre* 1964, aquar. et craies de coul. (62,5x48,5) : **GBP 7 500** – Londres, 6 déc. 1985 : *Sentier sous-bois* 1977, aquar. et pl. (50,5x33,5) : **GBP 2 800** – Londres, 27 juin 1985 : *Nature morte à la cafetière et orange* 1981, h/t (146x114) : **GBP 28 500** – Cologne, 31 mai 1986 : *L'orée du bois* 1975, aquar./traits de pl. et fus. (70x49,6) : **DEM 12 000** – Londres, 26 juin 1986 : *Mon père regarde par la fenêtre N°3* 1981, h/t (162x130) : **GBP 32 000** – Hambourg, 12 juin 1987 : *L'atelier du peintre* 1974, aquar. et cr. (57,4x41,5) : **DEM 10 000** – New York, 20 fév. 1988 : *Sans titre* 1973, cr. coul. et aquar./pap. (58,1x43,8) : **USD 3 080** – Rome, 7 avr. 1988 : *Paysage* 1981, past./pap. (30,5x43) : **ITL 5 200 000** ; *Croquis* 1981, aquar./pap. (48x36) : **ITL 5 000 000** – New York, 8 oct. 1988 : *Sans titre* 1983, aquar./pap. (61x43,2) : **USD 6 875** – New York, 2 Mai 1989 : *Tête bouclée à la hachette* 1967, h/t (162,5x129,5) : **USD 385 000** – Paris, 9 oct. 1989 : *Mon père regarde par la fenêtre, n. III* 1981 (162x130) : **FRF 600 000** – New York, 8 nov. 1989 : *Un peintre moderne* 1966, h/t (162x130) : **USD 797 500** – Londres, 5 avr. 1990 : *Sans titre* 1974, encre et aquar./pap. (32,2x29) : **GBP 3 300** – New York, 7 mai 1990 : *Jieve in Ihrer Höhle* 1972, h/t (162,5x129,5) : **USD 385 000** – Londres, 18 oct. 1990 : *Adler* 1974, aquar., feutre et encre/pap. (43,5x36,8) : **GBP 4 620** – New York, 7 nov. 1990 : *Personnage sur la plage – Maria à Knokke* 1980, h/t (250,2x199,4) : **USD 352 000** – Amsterdam, 13 déc. 1990 : *Bouteille* 1978, gche/pap. (61x43) : **NLG 11 500** – New York, 30 avr. 1991 : *Homme nu et bouteille* 1977, diptyque, h/pan. (250,3x340,5) : **USD 440 000** – New York, 17 oct. 1991 : *Arbre*, encre/pap. (70x50) : **GBP 3 740** – New York, 13 nov. 1991 : *Ludwig Richter sur le chemin du travail* 1965, h/t (162x129,5) : **USD 1 100 000** – New York, 5 mai 1992 : *Franz et son lit* 1982, h/t (250x250) : **USD 440 000** – New York, 6 mai 1992 : *Chiens gris et trois disputes* 1968, h/t (161,9x129,9) : **USD 407 000** – Paris, 16 nov. 1992 : *Sans titre* 1985, grav./bois (200x150) : **FRF 56 000** – New York, 19 nov. 1992 : *Baume 26, VII* 1976, monotype avec encre et h/pap. (61x42,9) : **USD 4 950** – Londres, 3 déc. 1992 : *Elke (Nu noir)* 1976, h/t (250x190) : **GBP 165 000** – New York, 4 mai 1993 : *Nu féminin replié* 1977, h/t (200,7x330,2) : **USD 354 500** – New York, 3 mai 1994 : *Grand grèbe à crête* 1972, h/t (200x139) : **USD 563 500** – Paris, 13 juin 1994 : *Buveur au verre* 1981, h/t (162,5x130) : **FRF 650 000** – Paris, 21 juin 1994 : *Sans titre* 1963, aquar./pap. (47x61) : **FRF 200 000** – Londres, 28 juin 1995 : *Indices divers* 1965, h/t (162x130) : **GBP 507 500** – New York, 14 nov. 1995 : *Aigle* 1977, h/t (250x200) : **USD 189 500** – Londres, 29 nov. 1995 : *Chien accroupi* 1968, h/t (162x130) : **GBP 166 500** – New York, 5 mai 1996 : *Deux Biches* 1985, linoléum gravé (156x119) : **USD 6 900** – New York, 7 mai 1996 : *La Tête d'Elke en bleu* 1980, h/t (200x161,3) : **USD 178 500** – Londres, 26 juin 1996 : *E. N. idole*, h/t (100x81) : **GBP 232 500** – Paris, 7 oct. 1996 : *O. T.* 1983, aquar. et encre coul. (61x43) : **FRF 72 000** – Londres, 24 oct. 1996 : *Neger-Akt. Hadendoa* 1972, h/t (200x162) : **GBP 166 500** – New York, 19 nov. 1996 : *Sans titre* 1993, brosse et encre noire/pap. (49,2x34,2) : **USD 4 600** – New York, 20 nov. 1996 : *Image de la plage 7. Vue à travers la fenêtre* 1981, temp. et h/t (250x200) : **USD 211 500** – Londres, 26 juin 1997 : *Triangle entre le bras et le torse* 1973, fus. et h/t (250,5x180) : **GBP 254 500** – New York, 6 mai 1997 : *Buveur au verre* 1981, h/t (161,9x129,9) : **USD 299 500** – Londres, 25 juin 1997 : *Arbre nu* 1989, h/t (250x250) : **GBP 84 000** – Londres, 23 oct. 1997 : *Le Motif : le pot à lait* 1988, h/t (146x114) : **GBP 78 500**.

BASELY Yann
XXe siècle. Français.

BASET D. Jaime
Né en 1762 à Valence. XVIIIe siècle. Espagnol.
Peintre de fleurs.
Travailla à l'Académie de Saint-Carlos à Valence de 1782 à 1789.

BASHIR Mustapha
Né en 1933 à Dacca (Bangladesh). XXe siècle. Bangladais.
Peintre.
Il fit ses études à l'académie des Beaux-Arts de Dacca ainsi qu'au Musée Asutosh de Calcutta (Inde). Il vint ensuite en Europe et suivit les cours de l'Académie des Beaux-Arts de Florence. Il participa à la Biennale de Menton en 1972.

BASHKIRTSEFF Maria Konstantinowna
Née près de Poltawa, le 24 novembre 1858 et non en 1860 comme l'indiquent certains biographes. Morte en 1884 à Paris. XIXe siècle. Active en France. Russe.
Peintre de portraits, paysages, pastelliste.
Venue avec son grand-père à Paris en 1870, elle entra à l'Académie Julian dès 1877, travaillant sous la direction de T. R. Fleury, puis de Bastien-Lepage qu'elle admirait beaucoup. Fille d'un noble maréchal russe, elle était douée pour les langues, le chant et la peinture. D'une beauté slave romantique, appréciée de la société parisienne, elle conquit rapidement le public des expositions, mais mourut de phtisie à l'âge de vingt-six ans. Elle laissa un journal posthume et des lettres publiées en 1891, tous deux pleins d'émotion tendre et passionnée, clamant son admiration pour Bastien-Lepage et surtout pour Louise Breslau. Elle a signé ses œuvres sous le nom de Marie Konstantinowna ou sous celui d'Andrei.
Sa peinture est gracieuse, fermement construite, dépouillée, mais reste encore assez académique. Citons : *Une Parisienne – Le meeting.*

Bibliogr. : Gérald Schurr : *Les Petits Maîtres de la peinture 1820-1920, valeur de demain*, Les Éditions de l'Amateur, t. V, Paris, 1981.

Musées : Amsterdam : *Portrait de la belle-sœur de l'artiste* – Nice (Mus. Chéret). – 8 portraits.

Ventes Publiques : Paris, 21 mars 1927 : *Portrait de femme* : **FRF 5 000** – New York, 15 fév. 1973 : *Portrait de l'artiste* : **USD 1 700** – New York, 14 jan. 1977 : *Portrait de jeune femme*, h/t (55x46) : **USD 1 600** – Paris, 28 oct. 1981 : *Autoportrait*, pl. (11x10) : **FRF 2 000** – Paris, 26 nov. 1982 : *Conciliabule d'écoliers*, h/t (75x67) : **FRF 18 600** – Paris, 23 juin 1986 : *Le meeting*, h/t (75x67) : **FRF 100 000** – Paris, 3 juin 1987 : *La toilette du chien*, h/cart. (40x30) : **FRF 15 000** – Londres, 10 oct. 1990 : *Jeune fille lisant près d'une cascade*, aquar./pap. (30,5x21) : **GBP 3 300**.

BASHO Matsuo Munefusa
Né en 1644 à Iga. Mort en 1694. XVIIe siècle. Japonais.
Peintre.
Il étudia la peinture Suiboku avec Marikawa Kyoroku. Il est parmi les poètes « Haikai » les plus connus du Japon. Il peignit des figures « suiboku ».

BASIANO-MARTINEZ Jesus
Né le 9 décembre 1889 à Marchante (Navarre). Mort en 1966. XXe siècle. Espagnol.
Peintre de paysages.
Il fit ses études à l'École des Beaux-Arts de San Fernando à Madrid. En 1912 il reçut une bourse pour étudier à Madrid et à Rome. Il a exposé à travers l'Espagne ainsi qu'à Biarritz, Pamplune et Bayonne. Il a figuré aux Expositions Nationales des Beaux-Arts, obtenant une médaille de 1re classe en 1929 et la 3e médaille en 1943.

Bibliogr. : In *Cien anos de pintura en Espana y Portugal, 1830-1930*, t. I, Antiqvaria, Madrid, 1988.

Ventes Publiques : Madrid, 24 mars 1981 : *Paysage de Navarre*, h/pan. (25x35) : **ESP 65 000**.

BASILE Francesco
XVIIIe siècle. Actif à Naples vers 1700. Italien.
Portraitiste.

BASILE Gennaro
Né en 1722 à Naples. Mort le 22 juillet 1782 à Brunn. XVIIIe siècle. Italien.

Peintre. Figuration libre.
Il se démarque de la figuration libre par un graphisme narratif assez gracieux.
Ventes Publiques : Paris, 12 fév. 1989 : *Équipage*, h/t (62x92) : **FRF 3 500**.

Peintre.

Peintre de Cour, on cite de nombreux travaux de cet artiste, notamment un tableau d'autel dans un château près de Salzbourg. Il se fixa plus tard à Brunn. On cite encore le tableau du maître-autel : *Saint Wenzel*, dans l'église de Swratka, et le tableau du maître-autel : *Saint Martin*, dans la chapelle Saint-Michel (1775).

BASILETTI Luigi
Né en 1780 à Brescia. Mort en 1860. XIXe siècle. Italien.
Peintre de compositions religieuses, sujets mythologiques, portraits, paysages. Néo-classique.
Il fit ses études à l'École des Beaux-Arts de Bologne puis à celle de Rome. Au moment où il habita Rome, il rencontra le sculpteur Canova, dont il fit le portrait. De retour dans sa ville natale, il reçut rapidement des commandes, dont un tableau d'autel au Duomo Nuovo de Brescia, représentant : *Un ange gardien avec un enfant*, et *Dieu le Père dans le ciel avec des anges*, dans la galerie Tosio : *La mort des Niobides*.
Il est l'auteur de paysages panoramiques qui restent dans la tradition néo-classique, dont les compositions montrent une alternance de masses sombres et de taches de lumière sur fond de grands horizons bleutés.
BIBLIOGR. : Gérald Schurr : *Les Petits Maîtres de la peinture 1820-1920, valeur de demain*, Les Éditions de l'Amateur, t. V, Paris, 1981.
MUSÉES : MILAN (Acad. Brera) : *La cascade de Tivoli.*
VENTES PUBLIQUES : LONDRES, 21 juin 1991 : *Capriccio d'un paysage italien avec des cascades à Tivoli* 1839, h/t (109x174) : **GBP 14 300** – MILAN, 25 oct. 1995 : *Le temple de la Sibylle à Tivoli* 18250, h/t (75x62) : **ITL 36 800 000**.

BASILI Pier Angelo
Né après 1550 à Gubbio. Mort en 1604 à Gubbio. XVIe siècle. Italien.
Peintre.
Cet artiste fut l'élève de Felice Damiani et de Cristoforo Roncalli, dont il fut imitateur. Lanzi admire son style et sa composition. En 1593, la ville de Gubbio lui confia l'exécution d'une bannière, sur laquelle il peignit *Saint Ubald et saint Jean Baptiste* : il restaura, en 1600, la *Madone della Misericordia* de Ottaviano Nelli, à S. Augustino, à Gubbio, en ajoutant neuf nouvelles figures. Il peignit un *Sermon sur la montagne* dans l'église Saint-Martial ainsi que des fresques au monastère Saint-Ubald et au presbytère de Sainte-Croix (ces dernières en collaboration avec Brunorino).

BASILIO
Mort avant le 20 juin 1451. XVe siècle. Actif à Venise. Italien.
Sculpteur.

BASILIO ou Basile Francese
XVIIe-XVIIIe siècles. Actif dans la seconde moitié du XVIIe siècle. Français.
Peintre.
Travailla à Rome. D'après Zani, il florissait vers 1710. Il a fait un panneau d'autel représentant *Saint Nicolas*, à l'église Gesù e Maria.

BASILIO Antonio
XVIIIe siècle. Actif à Séville. Espagnol.
Peintre.

BASILIO Nicolo
D'origine silicienne. XVIIe siècle. Italien.
Miniaturiste et graveur sur bois.
On possède quelques œuvres de cet artiste au Musée Gualdo, à Vicence, où se trouve son portrait daté de 1650.

BASILIS Germaine Marie
Née à Bordeaux (Gironde). XXe siècle. Française.
Peintre de natures mortes et fleurs.
Elle fut élève de Marie-Louise Rivière. Elle devint sociétaire des Artistes Français et y exposa entre 1931 et 1938 principalement des tableaux de natures mortes et de fleurs.

BASILISCO Andrea
XVe siècle. Italien.
Peintre.
Il est cité à Venise, vers 1444-1458, avec le sculpteur Gasparino Moranzone.

BASILIUS ou Wasyl
XVIIe siècle. Actif dans la seconde moitié du XVIIe siècle. Polonais.
Peintre.

Travailla à Lemberg. Il fut peintre de la cour du roi de Pologne, Jean III Sobieski. Il peignit surtout des tableaux d'autel pour des églises de Lemberg, Krechow, Krasnopusty.

BASIN
XVIIIe siècle. Français.
Peintre et doreur.
Travailla vers 1704, à Angers où il exécuta des peintures à l'hôtel de ville.

BASIN Anatol
Né en 1936 à Léningrad. XXe siècle. Russe.
Peintre de nus.
Il a travaillé à Léningrad. Il pratique un dessin très elliptique, qui frôle l'abstraction, dans un sujet apte à multiples variations : *Femme en vert – Femme en rouge – Femme au bouquet*, etc.
VENTES PUBLIQUES : PARIS, 7 nov. 1988 : *La femme au bouquet* (100x81) : **FRF 15 000**.

BASING Charles
Né en 1865 à Victoria (Australie). Mort en 1933. XIXe-XXe siècles. Américain.
Peintre de paysages urbains.
VENTES PUBLIQUES : NEW YORK, 10 juin 1992 : *Village de Staten Island et Les docks Bradys*, h/cart., une paire (chaque 21,6x27) : **USD 1 540** – NEW YORK, 2 déc. 1992 : *Rue de village passant sous une arche*, h/t. cartonnée (45,7x35,7) : **USD 1 100**.

BASIRE Isaac
Né en 1704. Mort le 24 août 1768. XVIIIe siècle. Britannique.
Graveur au burin.
Père du graveur James Basire, il fut graveur de cartes, mais fit aussi à l'occasion des gravures ornementales, notamment la gravure du titre du dictionnaire de Bailey (1755). M. le baron de Saint-Pern et Mme Pellerin de la Vergne possèdent trois portraits de famille portant au dos, comme indication d'auteur, le nom de *Baziray* et les dates de 1723 (ou 33), de 1739 (ou 59) et de 1755, qui nous paraît pouvoir être l'œuvre d'un membre de la famille Basire, établi à Nantes au XVIIIe siècle (*Voir Baziray*).

BASIRE James, l'Ancien
Né le 6 octobre 1730 à Londres. Mort le 6 septembre 1802 à Londres. XVIIIe siècle. Britannique.
Graveur d'histoire, portraits, paysages, dessinateur.
Fils d'Isaac Basire. Élève de Richard Dalton, qui l'emmena en Italie. Il y étudia Raphaël. Il fut, vers 1760, graveur de la Société des Antiquaires à Londres et, en 1770, de la Royal Society dans cette ville. Il fut secrétaire de la Free Society of Artists.
Il grava surtout l'histoire et les portraits, notamment les sept planches de l'*Histoire d'Henri VIII*, qui furent gravées aux frais de la Société des Antiquaires, d'après les tableaux du XVIe siècle à Windsor. La plus belle est *Le Camp du drap d'or* (Entrevue de Henri VIII et de François Ier, 1520), d'après le dessin de E. Edwards, 1774. Il grava les cartons de Raphaël à Hampton Court, d'après des dessins de R. Dalton, et sept planches, dont cinq paysages, pour l'ouvrage sur le Guerchin, publié par Boydell vers 1765.
VENTES PUBLIQUES : PARIS, 7 et 8 juin 1928 : *Bayadères de Surato*, pl. et lav. : **FRF 900** – PARIS, 18 nov. 1994 : *Habitations des îles de l'Orénoque*, pl. et lav. (12x19) : **FRF 4 000**.

BASIRE James, le Jeune
Né le 12 novembre 1769, à Londres. Mort le 13 mai 1822 à Chigwell Wells. XVIIIe-XIXe siècles. Britannique.
Graveur.
Fils de James Basire l'Ancien ; comme son père, graveur de la Société des Antiquaires et de la Royal Society de Londres. La Société des Antiquaires de Londres a publié dix-sept feuilles qu'il grava d'après une tapisserie de Bayeux (dessins de C.-A. Stothard).

BASIRE James
Né en 1796. Mort le 17 mai 1869 à Londres. XIXe siècle. Britannique.
Graveur.
Fils de James Basire le Jeune ; il fut également graveur de la Société des Antiquaires, et grava pour l'ouvrage « Cathédrales anglaises », de Gough.

BASKAKOV Nicolaï
Né en 1918. XXe siècle. Russe.
Peintre de paysages animés, de nus, de natures mortes. Postimpressionniste.
Ancien élève de l'Académie des Beaux-Arts de Léningrad (Insti-

tut Répine). Membre de l'Union des Artistes de l'URSS, Artiste du Peuple. En 1949 à Léningrad, il obtient le premier Prix à l'exposition *L'Art Contemporain de Léningrad* et à partir de cette date ses œuvres sont exposées régulièrement à Moscou et à Léningrad. Il participe en 1978 à Prague à l'exposition *50 chefs-d'œuvre des musées soviétiques*, de 1982 à 1984 à Tokyo il figure dans trois expositions *L'Art à Léningrad*, et est présent à Madrid (1983) et Helsinki (1985).

Dans des campagnes aimables ou dans des jardins, il peint une humanité heureuse dans des occupations paisibles. Rien, ni dans la technique postimpressionniste attardée, ni dans les sujets optimistes, pour attirer quelque réprobation de la part des instances culturelles pressantes.

BIBLIOGR. : In : Catalogue de la vente *L'École de Léningrad*, Drouot, Paris, 19 nov. 1990.

MUSÉES : BRATISLAVA (Gal. Nat.) – DRESDE (Gal. Nat.) – KIEV (Mus. des Beaux-Arts) – MOSCOU (Gal. Trétiakov) – MOSCOU (min. de la Culture) – NOVOSIBIRSK (Mus. des Beaux-Arts) – SAINT-PÉTERSBOURG (Mus. Acad. des Beaux-Arts) – SAINT-PÉTERSBOURG (Mus. Russe).

VENTES PUBLIQUES : PARIS, 11 juin 1990 : *Jardin d'enfants* 1959, h/t (114x99) : **FRF 55 000** – PARIS, 19 nov. 1990 : *Premier succès*, h/t (125x80) : **FRF 9 000** ; *Joli mois de mai*, h/t (98x100) : **FRF 41 000** – PARIS, 18 fév. 1991 : *Matin de rêverie*, h/t (100x85) : **FRF 21 000** ; *Derrière la barrière* 1987, h/t (107x95) : **FRF 30 000** – PARIS, 4 mars 1991 : *Les enfants* 1960, h/t (43x53) : **FRF 7 000** – PARIS, 25 mars 1991 : *La nappe bleue*, h/t (69x85) : **FRF 19 000** – PARIS, 26 avr. 1991 : *Petite fille à la poupée*, h/t (70,5x60) : **FRF 7 900** ; *Rive de la Néva en été* 1960, h/t (96x118,5) : **FRF 36 000** – PARIS, 15 mai 1991 : *Le lac des cygnes*, h/t (75x53) : **FRF 9 000** – PARIS, 25 nov. 1991 : *La partie de tennis*, h/t (46x38) : **FRF 18 000** – PARIS, 23 mars 1992 : *Jeune femme à l'ombrelle*, h/t (60x89) : **FRF 12 000** – PARIS, 20 mai 1992 : *A la nuit tombée*, h/t (65x59) : **FRF 22 000**.

BASKERVILLE Margaret
XIXe-XXe siècles. Autrichienne.
Sculpteur.
Cette artiste exposa à Melbourne à la troisième exposition annuelle de la *Yarra Sculptors' Society*, 1910, une statue : *Jeune fille cueillant des fleurs*.

BASKETT Charles E.
XIXe-XXe siècles. Actif de 1872 à 1918. Britannique.
Peintre de natures mortes, fleurs et fruits.
Il exposa de 1872 à 1893 à la Royal Academy et à Suffolk Street à Londres.
VENTES PUBLIQUES : LONDRES, 21 mars 1990 : *Nature morte avec un faisan, des fruits, une verre de vin et une aiguière* 1879, h/t (60x90) : **GBP 1 980** – LONDRES, 4 nov. 1994 : *Nature morte avec des fruits, un pot à gingembre, un verre, un coffret de nacre sur un napperon sur une table de bois* 1881, h/pan. (34,9x51,1) : **GBP 7 590**.

BASKETT Charles H.
Né le 25 mars 1872 à Colchester. XIXe-XXe siècles. Britannique.
Graveur.

BASKETT J. B., Miss
XIXe siècle. Britannique.
Sculpteur.
Elle exposa à la Royal Academy en 1867 et 1868.

BASKIN Léonard
Né en 1922. XXe siècle. Americain.
Sculpteur de figures, animalier, dessinateur.
L'étude du Talmud pendant son enfance à New York a joué un rôle important dans sa culture, puis dans sa sculpture. Les sculptures sumériennes et le Trecento avec Tino di Camaino furent déterminants pour le passage de Baskin de l'art abstrait à la sculpture figurative et à ses travaux sur papier.
Il grave directement dans le bois, crée des modèles de plâtre ou d'argile. Il réalise des reliefs de bronze, des animaux ou des personnages debout, seuls, avec des surfaces grossièrement modelées. Il juxtapose quelquefois hommes et animaux sous la forme de figures à têtes d'animaux.
VENTES PUBLIQUES : LONDRES, 20 oct. 1976 : *Apollon – Cerbère – Minotaure – Icare – Andromaque – Méduse* 1969, suite de six médailles (diam. 16,5) : **USD 850** – NEW YORK, 25 avr. 1980 : *Lazarus*, bronze (H. 76,8) : **USD 3 500** – NEW YORK, 18 mai 1983 : *Homme au chapeau* 1958-1962, bronze polychrome (H. 35,5) : **USD 800** – BOLTON, 20 nov. 1984 : *Yom Kippur angel* 1978, grav.

et aquat. (89,5x59,5) : **USD 600** – NEW YORK, 24 oct. 1986 : *Youth bound* 1969, bronze (H. 63,5) : **USD 7 500** – NEW YORK, 24 juin 1988 : *Ange protecteur*, bois (H. 72,5) : **USD 11 000** ; *L'arrivée* 1980, bronze (H. 63,9) : **USD 5 500** – NEW YORK, 30 sep. 1988 : *L'oiseau-homme*, relief de bronze (H. 35,3) : **USD 1 100** – NEW YORK, 24 jan. 1989 : *Tête avec un oiseau*, bronze (H. 23,7) : **USD 1 540** – NEW YORK, 16 mars 1990 : *Jeunesse entravée*, bronze à patine brune (H. 61,5) : **USD 16 500** – NEW YORK, 15 mai 1991 : *Le prophète*, bronze à patine brune (H. 120,7) : **USD 7 700** – NEW YORK, 18 déc. 1991 : *Torse d'homme*, acajou (22,2) : **USD 2 310** – NEW YORK, 25 sep. 1992 : *Corbeau*, relief de bronze (29,8x43,5) : **USD 2 750** – NEW YORK, 9 sep. 1993 : *Bélier*, bronze (H. 106,7) : **USD 5 750** – NEW YORK, 26 mai 1994 : *Femme affligée*, bronze (H. 109,2) : **USD 6 900** – NEW YORK, 20 mars 1996 : *Tête* 1963, gche/pap. (68,6x101,6) : **USD 2 415**.

BASKIN Maurice ou Baskine
Né en 1901 à Kharkov. Mort en juillet 1968 en France. XXe siècle. Actif en France. Russe.
Peintre et dessinateur.
Il arriva en France en 1905. Jusqu'à la guerre, il avait vécu en solitaire, peignant une œuvre singulière par le mysticisme de l'inspiration et l'étrangeté de sa technique. En 1939, il s'engagea pour la guerre, fut fait prisonnier, réussit à s'évader et dut alors se cacher. Il ne vint qu'après la guerre au Surréalisme, quand il eut rencontré André Breton. Cet esprit mystique y occupa toujours une place à part. Après 1939, il avait travaillé à une transcription plastique des prédictions de Nostradamus (*Les Centuries*). Il présenta ce travail en 1945. Au sujet de son œuvre, Edouard Jaguer écrit : « Réalisés en vue de la célébration épique des différentes étapes qui mènent l'alchimiste à la découverte de la pierre philosophale, ces objets surprenants, comme à peine dégrossis de l'état d'ébauche, semblent des précipités chatoyants des plus troubles oxydes que recouvre la terre, une combinaison hallucinante de toutes les boues de l'athanor. » En effet, ses tableaux sont souvent des reliefs de matière malléable, comme l'argile cher aux alchimistes, où la figure est davantage suggérée par l'emploi de la couleur que par la forme. Il fréquentait peu les galeries et les lieux d'exposition, et à l'exception d'un grand triptyque montré à l'exposition du Surréalisme à la galerie Charpentier en 1938, ses œuvres n'ont pas été montrées hors d'un cercle restreint de familiers. ■ J. B., F. M.
BIBLIOGR. : Edouard Jaguer, *Poétique de la sculpture, sculpture 1950-1960*, coll. Le Musée de Poche, Georges Fall, Paris, 1960.

BASKIND Suzanne
Née à Colmar (Haut-Rhin). XXe siècle. Française.
Peintre.
En 1927 et 1929, elle exposa à Paris à la Nationale des Beaux-Arts, en 1928 et 1929 au Salon d'Automne et au Salon des Indépendants entre 1929 et 1932.
VENTES PUBLIQUES : PARIS, 20 avr. 1994 : *Nature morte au violon et vase de fleurs*, h/t (81x54) : **FRF 4 300**.

BASKINE Maurice. Voir BASKIN

BASKO Maurice Pierre, pseudonyme de Duviella
Né le 30 septembre 1921 à Biarritz (Pyrénées-Atlantiques). XXe siècle. Français.
Peintre.
Il fut élève de l'Académie privée Frochot à Paris, de l'Académie de sculpture de Budapest, et fit des études d'architecture à Casablanca. Participe à des expositions collectives en province et à Paris. Expositions individuelles depuis 1954 en France et aux États-Unis. Il a enseigné au French Institute de New York. Il pratique des techniques mixtes.
MUSÉES : MIAMI (Mus. d'Art Mod.) : *Le prisonnier* – NEW YORK (Solomon Guggenheim Mus.) : *Femme se reposant*.
VENTES PUBLIQUES : NEW YORK, 4 nov. 1965 : *Ronde nocturne*, h/t (100x60) : **USD 1 500** – PARIS, 7 mars 1983 : *Les gouttes d'eau*, h/t (92x73) : **FRF 2 300** – GRENOBLE, 26 mai 1986 : *Paysage de Provence*, h/t (61x50) : **FRF 3 300** – BIARRITZ, 16 déc. 1990 : *Le port d'Atalaya*, h/t (63,5x48,5) : **FRF 6 000**.

BASLER Marcel Philippe Alfred
Né le 23 janvier 1917 à Paris. XXe siècle. Français.
Peintre de paysages urbains.
Il fut élève d'Othon Friesz. Il exposa au Salon d'Automne et aux Tuileries à partir de 1936 et a participé à l'Exposition d'Art Français en 1946. Il a surtout peint des paysages parisiens et des vues de canaux dans une manière parfois proche de celle de Francis Grüber.

VENTES PUBLIQUES : PARIS, 19 nov. 1948 : *Triel* : FRF 3 100 – PARIS, 20 avr. 1955 : *Femme épluchant des légumes* : FRF 2 000.

BASLY Eugène Louis
Né à Caen (Calvados). XIXᵉ-XXᵉ siècles. Français.
Sculpteur.
Il fut élève de François Jouffroy. Il devint Sociétaire des Artistes Français, obtint une mention honorable en 1913 et présenta une statue intitulée : *Charmeuse*.

BASOCO Diego de
Né à Gordeiuela (Biscaye). Mort en 1621 à Valladolid. XVIIᵉ siècle. Espagnol.
Architecte, sculpteur et ébéniste d'art.
Cet artiste est cité de 1597 à 1621. Il travailla aux stalles du chœur de l'église Saint-François, à Aranzazu (Guipuzcoa). En 1621, il entreprit l'exécution du maître-autel à l'église Saint-Miguel, à Fuente Ampudia ; mais la maladie le força d'interrompre cette œuvre, dont il confia l'achèvement à Pedro Martinez de Colina.

BASOLI Antonio
Né en 1774 à Castel Guelfo di Bologna. Mort en 1843 à Bologne. XIXᵉ siècle. Actif au début du XIXᵉ siècle. Italien.
Peintre de paysages animés, décorateur.
Travailla à l'Académie de sa ville natale, puis à Rome.
VENTES PUBLIQUES : PARIS, 23 mars 1938 : *Ruines avec figures* : FRF 1 100 – MILAN, 28 mai 1992 : *Paysage animé et village ancien*, h/t (28,5x39) : ITL 7 000 000 – NEW YORK, 11 jan. 1994 : *Le déluge détruisant une ville* ; *Intérieur d'une mine*, craie noire, encre et lav., une paire (chaque 19x29,2) : USD 3 220 – NEW YORK, 9 jan. 1996 : *Croquis de pyramides dans un paysage égyptien*, encre et lav. (19,7x29,2) : USD 1 840.

BASPRÉ de
XVIIIᵉ siècle. Français.
Peintre.
On ne le connaît que par un tableau signé dans l'église de Saint-Gondon, représentant la *Vierge et saint Jean au pied de la Croix*.

BASQUIAT Jean-Michel
Né le 22 décembre 1960 à Brooklyn (New York). Mort le 12 août 1988 à New York. XXᵉ siècle. Américain.
Peintre à la gouache, pastelliste, peintre de techniques mixtes, collages, dessinateur. Graffitiste.
Né à Brooklyn d'une mère portoricaine et d'un père haïtien, rien ne destinait au départ Jean-Michel Basquiat à devenir un peintre présenté sur les cimaises des galeries et musées les plus cotés du monde entier. Sa carrière fulgurante restera emblématique de cette génération de jeunes artistes qui, sortant tout droit du métro new-yorkais, déferla ensuite dans les galeries pour aboutir dans les institutions les plus renommées. Au début des années quatre-vingt, Basquiat est un de ces « taggers », graffiteurs sauvages du métro. La signature qu'il adopte devient rapidement célébrissime : elle se compose du nom de « Samo » suivi du signe du copyright, le tout surmonté d'une couronne. Ce signe de reconnaissance, ce « tag » sera présent dans de nombreuses peintures ultérieures.
C'est à partir de 1981 que les choses évoluent rapidement et de façon décisive pour Jean-Michel Basquiat : en 1981 il décide de participer à l'exposition collective intitulée « New York, New Wave » organisée par Diego Cortez à l'Institut for Art and Urban Resources à Long Island. Le New York de l'époque est redevenu avide de peinture, répondant en cela aux mouvements européens de la trans-avant-garde italienne et du néo-expressionnisme allemand. La génération spontanée des graffiteurs (Keith Haring, Futura 2000, Kenny Scharf, Rammellzee et naturellement Basquiat), experts en maniement de bombes et pinceaux, est accueillie avec enthousiasme par les marchands.
En 1982, Basquiat présente cinq expositions personnelles à New York, Zurich, Rotterdam, Rome et Los Angeles. Il participe la même année à la Documenta de Kassel, en 1983 à des expositions collectives au Kunstverein de Munich, au Musée cantonal de Lausanne, au Kunstmuseum de Lucerne, au Seibu Museum de Tokyo, en 1984 à Indianapolis et au Musée d'Art Contemporain de Montréal, en 1985 à l'Institute of Contemporary Art de Londres et à la *Nouvelle Biennale de Paris*, en 1987 à la galerie Daniel Templon à Paris, en 1988 à la galerie Yvon Lambert à Paris. En 1992, le Musée Cantini de Marseille lui a consacré une exposition rétrospective ; en 1993 le Musée-galerie de la Seita à Paris ; en 1996 les galeries Lucien Durand et Enrico Navarra de Paris ; en 1997 la fondation Dina Vierny/musée Maillol à Paris ; en 1998, *Témoignage 1977-1988*, galerie Jérôme de Noirmont à Paris.

S'il a commencé par être graffiteur, Jean-Michel Basquiat – et ce dès ses débuts – est avant tout un peintre. Sa peinture peut être assimilée à un néo-expressionnisme teinté de primitivisme, voie ouverte par Dubuffet et Karel Appel. Témoignant de la double appartenance culturelle de son auteur, cette peinture si riche en renvois multiples aux deux mondes est représentative du métissage caractéristique de l'époque. Mémoire culturelle des origines africaines figurant sous formes de totems et de masques, et influences de l'environnement new-yorkais sont mêlées dans un désordre apparent. La spontanéité créatrice qui habite les toiles de Basquiat ne doit en effet pas occulter sa connaissance de l'art de peindre : maîtrise des effets de surfaces, se recouvrant ou se recoupant tour à tour, utilisation aboutie de la ligne tant dans le dessin des figures que pour le tracé de l'écriture, talent évident de coloriste lui permettant de faire voisiner des verts pistache au puis vif avec des roses éteints ou fushia, judicieuse utilisation du noir éclairé par des taches lumineuses, association de bleus et jaunes et voisinage des rouges... la liste serait longue. Dans l'espace des toiles généralement divisé en compartiments ou jouant en diptyques et triptyques, apparaissent des personnages aux têtes-masques, bouche ouverte sur dents pointues, des animaux, des signes de reconnaissance comme les couronnes, les serpents, les têtes de mort et les mâchoires. Les mots, slogans, lettres ou phrases entières, choisis pour leur phonétique, tracés de manière gauche et faussement hésitante, rappelle le passé graffiteur : l'emploi des mots barrés ou complètement raturés, reprend les méthodes d'affrontement sur les murs employées par les différents gangs effaçant les marques de présence de leurs adversaires. Star-comète d'un temps de la peinture américaine, Basquiat rencontre Andy Warhol en 1984 pour une création à quatre mains qui durera deux ans et à l'issue de laquelle il déclare : « C'est moi qui ai aidé Andy Warhol à peindre ! Cela faisait vingt ans qu'il n'avait pas touché un pinceau. Grâce à notre collaboration, il a pu retrouver sa relation à la peinture. » Il travaillera aussi avec Francesco Clemente.
Samo devenu Basquiat s'était défini non pas comme : « un élitiste, mais un autodidacte qui voudrait faire partie de la famille des artistes. » Souhait largement exaucé d'un jeune homme mort brutalement en 1988 qui avait inscrit sur un tableau de 1982 intitulé *Charles Iᵉʳ* la phrase suivante comme une prémonition : « La plupart des (jeunes) rois se font couper la tête ».

■ Florence Maillet

BIBLIOGR. : In : Catal. de la *Nouvelle Biennale de Paris*, 1985, Electa-Le Moniteur, p. 320-321 – in : Artstudio : *La peinture américaine des années 80*, n°11, Paris, Hiver 1988 – Daniel Soutif : *Basquiat, dernier métro*, in : *Libération*, Paris 19 août 1988 – divers : *Jean Michel Basquiat, Une rétrospective*, Musée Cantini, Marseille, 1992 – Richard Marshall, Jean-Louis Prat, divers : *Jean-Michel Basquiat*, Édit. Enrico Navarra, Paris, 1996.
MUSÉES : MARSEILLE (Mus. Cantini) – PARIS (Mus. Nat. d'Art Mod.) : *Slave Auction* 1982.

VENTES PUBLIQUES : NEW YORK, 9 nov. 1983 : *Homme furieux* 1982, cr. coul. et gche/pap. (76X56) : USD 3 200 – NEW YORK, 9 mai 1984 : *Sans titre* 1982, acryl. et cr. blanc (76,3x55,8) : USD 1 600 – ROME, 15 mai 1984 : *Composition avec automobile*, past. (99x68,5) : ITL 950 000 – NEW YORK, 5 nov. 1985 : *Sans titre* 1982, acryl. et cr. cire/t. (23,3x317,8) : USD 30 000 – NEW YORK, 6 mai 1986 : *Hector* 1983, acryl. et collage/t. (152,5x152,5) : USD 23 000 – PARIS, 27 nov. 1987 : *Trunk* 1982, acryl./t. et bois (183x183) : FRF 170 000 – PARIS, 22 mars 1988 : *Hommage à Billie Holiday*, gche (56,5x77) : USD 44 000 – NEW YORK, 3 mai 1988 : *Pur bœuf* 1983, cr. gras et h/t (184,8x89,5x54,6) : USD 24 200 ; *Il italien* 1983, acryl./2 pan. toilés et 5 petites toiles fixées sur le montant du bas (224,8x203,3) : USD 60 500 – NEW YORK, 4 mai 1988 : *Adorateur de l'eau* 1983, peint. murale, craie blanche et h/pan. avec planches de bois et filins métalliques (210,8x274,4) : USD 35 200 – PARIS, 15 juin 1988 : *World Crown Series* 1981, acryl. et collages/t. (120x150) : FRF 162 000 – PARIS, 17 juin 1988 : *Cyclops* 1986, cr. coul., mine de pb, encre/pap. (103x74) : FRF 25 000 – NEW YORK, 8 oct. 1988 : *Homme frappé par la lumière ; deux témoignages* 1982, acryl./t. avec des supports de bois (182,8x182,8) : USD 60 500 – STOCKHOLM, 21 nov. 1988 : *Graffiti chimiques* 1984, techn. mixte (47x43) : SEK 9 500 – NEW YORK, 9 nov. 1988 : *Sans titre* 1981, acryl. et cr. coul./t. (198x172,8) : USD 110 000 – PARIS, 12 fév. 1989 : *King* 1980-1981, past. gras/pap. : FRF 100 000 – PARIS, 16 avr. 1989 : *Sans titre* 1984, acryl. et collage/t. (95x95) : FRF 335 000 – NEW YORK, 3 mai 1989 : *Équations* 1982, cr. et h/t (170x169) : USD 220 000 ; *Masque*, h/t (142x125) : USD 286 000 – LONDRES, 29 juin 1989 :

Sans titre, cr./pap. (22,4x15) : **GBP 2 750** – New York, 4 oct. 1989 : *Big Sun* 1984, acryl. et cr. gras/t. (167,2x152,4) : **USD 159 500** – Paris, 9 oct. 1989 : *Sans titre* 1982, cr. gras/pap. (31x43) : **FRF 110 000** – Paris, 11 oct. 1989 : *Ice on fingers* 1985, fus./pap. (37,5x51) : **FRF 65 000** – New York, 7 nov. 1989 : *Riz et Poulet* 1981, h., acryl. et past. gras coul./t. (172,7x212,7) : **USD 440 000** – Paris, 17 déc. 1989 : *Gunga din* 1981, techn. mixte (190x125) : **FRF 1 700 000** – Milan, 19 déc. 1989 : *Paysage*, past./plastique (100x70) : **ITL 35 000 000** – Londres, 22 fév. 1990 : *Circulation de la monnaie* 1984, past./pap. (73x58,5) : **GBP 19 800** – Paris, 8 avr. 1990 : *Sans titre (Le Pêcheur)*, past. gras/pap. (59,5x45,5) : **FRF 180 000** – New York, 8 mai 1990 : *Sienne* 1984, acryl. et h/t (223,5x195,6) : **USD 330 000** – Paris, 26 oct. 1990 : *Multiflavors* 1982, acryl./t, bois et cordes (154x155) : **FRF 600 000** – New York, 7 nov. 1990 : *Ellington* 1985, craie grasse, acryl., collage de bois/pan. (180,5x80) : **USD 104 500** – New York, 15 fév. 1991 : *Hohner* 1985, acryl., craies grasses et photocopies coul./t. (218,5x172,7) : **USD 71 500** – Paris, 2 juin 1991 : *Deslond* 1984, acryl./t. (218,5x173) : **FRF 300 000** – New York, 13 nov. 1991 : *Anthony Clarke* 1985, h., craies grasses et collage de photocopies coul./bois (244x139) : **USD 112 200** – New York, 5 mai 1992 : *ISBN* 1985, acryl. et collage de photocopies en coul./t. (218,5x172,7) : **USD 187 000** – New York, 18 nov. 1992 : *Jughead* 1987, acryl. et graphite/t. (202x425,5) : **USD 187 000** – Londres, 3 déc. 1992 : *Everything must go* 1984, acryl. et h/t (254x289,6) : **GBP 148 500** – New York, 4 mai 1993 : *Le lapin rouge* 1982, h., acryl. et craie grasse/t. (175,3x162,6) : **USD 60 250** – Paris, 23 juin 1993 : *Sans titre*, acryl./porte double face (196x60) : **FRF 45 000** – New York, 9 nov. 1993 : *Potomac* 1985, h. et collage de pap./bois (205,8x243,8) : **USD 178 500** – Londres, 2 déc. 1993 : *Pedestrian 2* 1984, acryl./t. (152,5x137) : **GBP 40 000** – Paris, 21 mars 1994 : *Vitaphone* 1984, h/t (168x150) : **FRF 225 000** – Londres, 24 mars 1994 : *Grosse neige* 1984, h/t (168x152) : **GBP 33 350** – Versailles, 10 avr. 1994 : *Tête de mandibule*, acryl. et techn. mixte/t. (184x184) : **FRF 424 000** – New York, 3 mai 1994 : *Sans titre* 1985, h. et acryl./bois (214x272,4x30,5) : **USD 178 500** – Paris, 17 oct. 1994 : *Freddie* 1984, h/t (168x153) : **FRF 625 000** – Copenhague, 8-9 mars 1995 : *Composition animée* 1982, craies grasses (44x35) : **DKK 44 000** – Paris, 16 mars 1995 : *Sans titre* 1984, acryl. et collage/pap. (105x105) : **FRF 315 000** – New York, 15 nov. 1995 : *Danny Rosen* 1983, acryl., craie, past. et collage de pap./t. (221,6x120,7) : **USD 156 500** – Londres, 30 nov. 1995 : *Air Power* 1984, h/t (167,6x152,4) : **GBP 78 500** – Versailles, 3 déc. 1995 : *Welcoming Jeers*, h. et acryl./t. (184x122) : **FRF 409 000** – Versailles, 14 avr. 1996 : *Pharynx*, acryl. et techn. mixte et h/t (218x172) : **FRF 850 000** – New York, 8 mai 1996 : *Desmond* 1984, acryl./t. (218,4x172,7) : **USD 233 500** – Londres, 24 oct. 1996 : *Pyro* 1984, acryl./t. (218,5x173) : **GBP 221 500** – Londres, 26 juin 1997 : *Sans titre* 1985, cr. noir/pap. (26,5x20) : **GBP 4 370** – Londres, 5 déc. 1996 : *Sans titre* 1982, past. gras/pap. (56x76) : **GBP 14 950** – Londres, 6 déc. 1996 : *Ellington* 1985, acryl. et techn. mixte et h./porte en bois (182x80,3x9) : **GBP 65 300** – New York, 19 nov. 1996 : *Sans titre (L'Éléphant)* 1987, cr., mine de pb/pap. (57,2x77,5) : **USD 11 500** – New York, 21 nov. 1996 : *Sans titre* 1985, past., spray, vis et h/pan. (228,6x116,8) : **USD 140 000** – New York, 7 mai 1997 : *Spermatozoon* 1983, acryl. et h/t (167,6x152,4) : **USD 184 000** – New York, 8 mai 1997 : *Grand soleil* 1984, acryl., past. coul./t. (167x152) : **USD 90 500** – Londres, 26 juin 1997 : *Sans titre* 1985-1986, acryl., collage et h/t (208x308) : **GBP 287 500** – New York, 7 mai 1997 : *Dos Cabezas 3* 1983, acryl. et past. gras/t. (215,3x215,3) : **USD 266 500** – New York, 6 mai 1997 : *Sans titre* 1982, acryl./t. (241x420) : **USD 310 500** – Londres, 25 juin 1997 : *Parle de lui-même* 1982, acryl. et past. gras/pan., triptyque (122x122) : **GBP 111 500** – Londres, 26 juin 1997 : *Guerrier indien avec maison* 1982, past. gras et cr. coul./pap. (55,9x76) : **GBP 14 950** – Londres, 27 juin 1997 : *Sans titre* 1986, fus., cr. et craie/pap. (76,3x57) : **GBP 45 500**.

BASRI Micheline
Née le 3 novembre 1937 à Paris. xxᵉ siècle. Française.
Peintre.

Elle fit ses études durant de nombreuses années dans l'atelier d'Henri Goetz. Elle exposa ensuite aux Surindépendants, au Salon de l'Art sacré, au Salon d'Automne. Elle a exposé personnellement ses travaux en 1973 à la galerie Jean Camoin à Paris, en 1978 à la galerie Valérie Schmidt à Paris, et en 1980 au Centre Universitaire Rachi à Paris.

BASS Anna
Née en 1876 à Strasbourg (Bas-Rhin). Morte en 1961. xxᵉ siècle. Française.

Sculpteur de bustes et de statues, graveur.
Elle exposa à Paris ses œuvres, essentiellement des bustes et des statues, au Salon des Artistes Français entre 1911 et 1913, au Salon d'Automne entre 1911 et 1935 et à la Société Nationale des Beaux-Arts dont elle devint associée de 1921 à 1933. On tient couramment pour son œuvre capitale *Le monument aux morts de Bastelica* (Corse).
Musées : Metz – Paris (Mus. d'Art Mod. de la ville et Mus. du Petit Palais) – Strasbourg .
Ventes Publiques : Paris, 30 juin 1982 : *Baigneuse agenouillée*, bronze (H. 30) : **FRF 2 600**.

BASS Johannes
xviiᵉ siècle. Allemand.
Graveur au burin.
On cite de lui quelques vues de Dantzig (1652) et d'Elbing (1655), villes dans lesquelles il exécuta *Le portrait de Wladislas, roi de Pologne*, ainsi qu'une copie du *Saint Sébastien* de Dürer et *Le passage de la mer Rouge par les Israélites*, d'après Callot.

BASS William
xixᵉ siècle. Actif vers 1808. Britannique (?).
Peintre de sujets religieux, portraits.
Il exposa à la Royal Academy de Londres entre 1807 et 1818.
Ventes Publiques : New York, 15 mai 1996 : *L'Ascension de Satan*, h/t (101,6x127) : **USD 12 650**.

BASSA Ferrer, ou Ferrarius ou de Baço, ou Ferrer Bassa
Né en 1285 ou 1290. Mort en 1348 probablement à Barcelone. xivᵉ siècle. Espagnol.
Peintre et miniaturiste.
Il travailla beaucoup pour la Maison royale d'Aragon qui lui prodigua des faveurs et lui donna des missions de confiance. Pedro IV ne manque pas de lui faire de nombreuses commandes. En 1316, Bassa expédie des retables peints pour la chapelle de Lerida. En 1324, il exécute les peintures de deux chapelles à Sitges. Entre 1332 et 1342, il fait deux retables pour Saragosse : un autel de la Vierge, et un de Saint-Martin ; puis un retable sur l'histoire de la Sainte Croix pour la chapelle du château de Perpignan. On sait aussi qu'il a peint un retable pour le palais royal à Barcelone. De tous ces travaux, il ne reste rien, mais seul subsiste l'ensemble complet de la chapelle Saint-Michel du couvent des Clarisses à Pedralbes. L'artiste a couvert entièrement de peintures une petite pièce de forme irrégulière ; il a tourné la difficulté donnée par la disposition des lieux, ne soulignant pas l'asymétrie architecturale, mais présentant un ensemble qui ressemble plutôt à un retable. Il y a représenté la *Vie de la Vierge* et des scènes de la *Passion*, alternant avec des portraits de saints et des médaillons où sont figurées les vertus. L'organisation est telle que, malgré les différences de dimensions des scènes du haut et des scènes du bas, le centre du panneau est occupé, en haut, par la *Crucifixion*, en bas, par la *Vierge en Majesté*. Bien qu'il ait respecté une succession chronologique, dans un but narratif, il a fait un effort de correspondance dans la composition : certains thèmes se répondent, se balancent. Cette peinture de Bassa est aussi remarquable par sa technique, puisqu'il ne s'agit pas d'une fresque, mais d'une peinture à l'huile, exécutée selon des moyens non encore découverts. Son procédé a permis une bonne conservation, une haute qualité des couleurs, une précision des détails. On décèle, dans son art, l'influence siennoise par la déformation des visages : avancée des mentons pointus, l'allongement des yeux, la douceur de certaines expressions. Mais il simplifie les formes, les couleurs, présente avec hardiesse quelques personnages, il dépasse la précision et la minutie. Rien ne prouve qu'il soit allé en Italie : des contacts avec Simone Martini, à Avignon, sont plus probables. De toute façon, il a dû être en possession de miniatures ou de modèles dessinés d'œuvres italiennes, qui circulaient à cette époque-là. Cela n'empêche pas d'apprécier la qualité de cette peinture qui, à elle seule, montre qu'il n'est pas un petit maître dépendant entièrement de l'art italien. ■ A. J.
Bibliogr. : Jacques Lassaigne : *La peinture espagnole, des fresques romanes au Greco*, Skira, Genève 1952.

BASSAGET
xixᵉ siècle. Français.
Peintre et lithographe.
Cet artiste a fait des tableaux de genre, dans lesquels il a souvent représenté des sujets d'église. On cite de lui en lithographie les *Cinq Sens* et des dessins d'architecture de styles différents. Selon toute vraisemblance c'est cet artiste qui, en 1824, exposa au Salon de Paris un assez grand tableau : *Abraham et Isaac*.

BASSAGET Christiane
Née à Nîmes (Gard). XXᵉ siècle. Française.
Peintre de paysages, de natures mortes.
Elle fut élève de Xavier Bricard et d'Eugène Pough éon. Elle exposa à Paris au Salon des Artistes Français en 1939.

C. Bassaget

BASSAN. Voir BASSANO

BASSAN Israel
Né vers 1750. Mort en 1792. XVIIIᵉ siècle. Italien.
Peintre de fleurs et décorateur.
Travaillait à Vérone. Fils et élève de Salomon Bassan.

BASSAN Johann
Originaire de Glogau. XVIIᵉ siècle. Italien.
Peintre.
Cet artiste travailla, en 1659, au maître-autel de la cathédrale de Glogau.

BASSAN Salomon
Né vers 1696. Mort en 1770. XVIIIᵉ siècle. Italien.
Peintre de natures mortes.
Travailla à Vérone. Diego Zannandreis a vu, de lui, une petite nature morte. Probablement de nationalité ou d'origine flamande ou hollandaise.

BASSAN Espagnol, Le. Voir ORRENTE Pedro

BASSANGE Jean
XVIIᵉ siècle. Français.
Peintre.
Reçu en 1651 à l'Académie de Saint Luc.

BASSANGE Pauline
XIXᵉ siècle. Française.
Peintre.
Elle exposa des miniatures de 1833 à 1845.

BASSANO Alessandro
XVIᵉ siècle. Travaillait à Padoue vers 1550. Italien.
Peintre, architecte, archéologue.
Il fournit des dessins pour les décorations de la salle dei Giganti du vieil hôtel de ville de Padoue, exécutées par Campagnola et d'autres artistes italiens.
VENTES PUBLIQUES : PARIS, 25 nov. 1925 : *L'Adoration des Bergers* : FRF 220.

BASSANO Antonio, de son vrai nom : da Ponte, dit aussi Scajaro
Né vers 1586 à Bassano, ou à Asiago. Mort en 1630 ou 1640 à Bassano. XVIIᵉ siècle. Italien.
Peintre et architecte.
Élève et gendre de Giambattista Bassano. Il succéda à Scarpagnino à la surintendance des travaux de reconstruction du palais ducal, à Venise. Signa : *Antonio Bassano* et *Antonio da Ponte*.
Il travailla à la décoration du plafond de la salle du Collège dans cet édifice et jouit d'une certaine réputation à Bassano. Il a peint des tableaux d'autels dans les églises de Bassano, Camporovere, Canove, Marostica, Roana, Ronchi et Rozzo.

BASSANO Carlo, pseudonyme de Scajaro
Mort le 25 septembre 1651 à Bassano. XVIIᵉ siècle. Italien.
Peintre.
Il serait le fils de Giacomo.

BASSANO Cesare ou Bassani, Bassanus, Bassiani
Né en 1584 ou 1581 (?) à Milan. XVIIᵉ siècle. Italien.
Peintre, graveur à l'eau-forte et au burin et sur bois.
Cesare Bassano travaillait dans sa ville natale de 1608 à 1630, d'après Zani jusque 1641. Il grava d'après Jacopo da Ponte, Guido Reni et autres, et signa souvent *Bassanus fecit* ou *Bassano F.*

BASSANO Francesco, de son vrai nom : da Ponte, dit l'Aîné
Né entre 1470 et 1475 à Bassano. Mort en 1530 à Bassano, ou avant 1541 selon d'autres sources. XVᵉ-XVIᵉ siècles. Italien.
Peintre.
Lanzi dit qu'il se forma à Venise et suivait l'école des Bellini. Il est mentionné dans les documents de sa ville natale entre 1502 et 1539. En 1519 il signe un retable pour l'église de San Paolo, il en exécute un autre pour l'église de la Solagna ; en 1522 il est membre du Conseil Communal. En 1523 il fait un retable pour l'église du Santo Spirito à Oliero, et exécute une fresque de la *Vierge et l'Enfant* au portique d'une maison de Bassano. En 1530 il peint un *Saint Sébastien* pour l'église de Rosa. La dernière mention de 1539 concerne sa situation financière. Fondateur de la célèbre famille d'artistes, illustrée principalement par son fils Jacopo.
MUSÉES : ASIAGO (Église Paroissiale) : *Madone entre saint Mathieu et saint Jean* – AVIGNON : *Le Printemps* – BASSANO (Cathédrale de San Bartolommeo) : *Vierge à l'Enfant entre deux saints* – *Lamentation sur la mort du Christ* – *Vierge à l'Enfant entre deux saints* – OLIERO (Église) : *Descente du Saint-Esprit* – SOLAGNA (Église Paroissiale) : *Sainte Justine entre saint Michel et saint Georges*.
VENTES PUBLIQUES : LONDRES, 30 oct. 1997 : *L'Adoration des Mages*, h/t (121,2x148,2) : GBP 38 900.

BASSANO Francesco Giambattista, de son vrai nom : da Ponte, dit le Jeune
Né à Bassano, baptisé le 11 janvier 1549. Mort le 3 juillet 1592 à Venise. XVIᵉ siècle. Italien.
Peintre d'histoire, compositions religieuses, sujets allégoriques, scènes de genre, portraits, compositions décoratives.
Fils aîné de Jacopo da Ponte, il fut l'élève de son père avec lequel il collabora souvent, notamment au décor du palais ducal de Venise où il exécuta entre autres un *Siège de Padoue*. Le 10 février 1578 il épousa Giustina Como dont il lui restera deux filles, Marina, mère du peintre Giacomo Guadaguini, et Elisabeth. La première œuvre datée de Francesco est de 1574 ; il reste dans l'atelier de son père jusqu'à la fin de 1579, il s'installe alors à Venise où il restera jusqu'à sa mort, en 1592. Cependant il fait un voyage à Bassano. Le 10 novembre 1587 il fait un testament, auquel il ajoute un codicille le 25 janvier 1589, à la naissance de sa fille Marina. Il meurt trois ans plus tard, à 42 ans.
Il collabore, sans éclat, à la décoration de la salle du grand conseil et de la salle du scrutin au palais des Doges. Son vrai succès fut dû aux peintures de petites dimensions qui reprenaient les thèmes appris dans l'atelier paternel, comme les suites des *Saisons*. On cite lui un *Paradis* auquel Véronèse aurait collaboré. Lanzi mentionne, parmi ses œuvres, un *Paradis* à l'église du Jésus à Rome, et un *Sant'Apollonio* à Sant'Afra de Brescia. Il signa habituellement *Franc. Bass.*, avec ou sans l'adjonction *Fac.* ou *Fec.*

FRANC. BASS
FRANC. BASS
FAC. BASS

MUSÉES : AVIGNON : *Le Printemps* – BERGAME : *Adoration des Mages* – *Jugement de Jésus* – *Portrait d'homme* – BERLIN : *Le Bon Samaritain* – DRESDE (Gal. Statale) : *Jésus chassant les vendeurs du Temple* – FLORENCE (Gal. roy.) : *Les pèlerins d'Emmaüs* – *Jésus chez Lazare* – *Le Christ mis au tombeau* – FLORENCE (Palais Pitti) : *Portrait de jeune homme* – *Scène champêtre* – *Jésus au Jardin des Oliviers* – *Le Sauveur chez Marthe* – KASSEL : *Le Christ chez Lazare* – LILLE : *Tête de vieillard à longue barbe* – *L'Automne* – *Le Christ* – *Le Christ enseveli* – MADRID (Prado) : *Adoration des Mages* – *La Cène* – *Jésus au Temple* – *Travail champêtre* – *Laboureurs* – *Les Vendanges* – MILAN : *L'Annonce aux Bergers* – *Jésus-Christ sous un linceul déposé par les Saintes Femmes* – MUNICH : *Jésus chez Marthe et Marie* – NANCY : *Adoration des Bergers* – TURIN : *Le Rapt des Sabines* – VENISE (Gal. roy.) : *Jésus chez le Pharisien* – *Paysage avec bergers et animaux* – *Jésus mis au Tombeau* – VENISE (Palais ducal) : *Padoue pris aux Carrara en 1405*, plafond de la salle du Scrutin – *Le pape Alexandre III remettant l'épée au doge*, salle du Conseil – VIENNE : *Marché* – *Janvier et février* – *Hercule filant* – *Joueur de flûte* – *Adoration des Mages* – VIENNE (Gal. Czernin) : *Les Israélites trouvent de l'eau dans le désert*.
VENTES PUBLIQUES : PARIS, 7 et 8 déc. 1923 : *L'Adoration des Bergers*, attr. : FRF 1 350 ; *Apparition de l'Ange aux Bergers*, attr. : FRF 1 050 ; *La Mise au tombeau*, attr. : FRF 1 800 – PARIS, 30 mai 1924 : *Christ en Croix*, attr. : FRF 300 – PARIS, 12 et 13 juin 1933 : *Seigneurs et Villageois* : FRF 3 900 ; *Le Chemin du Calvaire* : FRF 4 000 – LONDRES, 4 avr. 1962 : *La Nativité* : GBP 1 600 – VIENNE, 19 mars 1963 : *L'arrêt près de la source* : ATS 45 000 – LONDRES, 5 avr. 1963 : *Le dîner d'Emmaüs* : GNS 800 – VIENNE, 17 mars 1964 : *Le sacrifice de Noé* : ATS 40 000 – MILAN, 11 mai 1966 : *Tête de berger endormi*, cart. mar. sur bois : ITL 320 000 – PARIS, 1ᵉʳ juin 1967 : *La Cène* : FRF 2 000 – LONDRES, 12 juin 1968 :

La Sainte Famille : **GBP 1 800** – LONDRES, 8 déc. 1971 : *Sainte Famille* : **GBP 4 000** – VIENNE, 20 mars 1973 : *L'adoration de l'Enfant Jésus* : **ATS 120 000** – LONDRES, 7 juil. 1978 : *Christ aux outrages*, h/t (113x168) : **GBP 3 000** – PARIS, 20 oct. 1980 : *Le rapt des Sabines*, pierre noire et reh. de craie (26x41) : **FRF 2 500** – LONDRES, 18 déc. 1980 : *L'enlèvement des Sabines*, h/t (184x254) : **GBP 16 500** – LONDRES, 20 avr. 1988 : *Moïse faisant jaillir une source*, h/t (93x126) : **GBP 16 500** – ROME, 10 mai 1988 : *L'adoration des Bergers*, h/t (45x34) : **ITL 18 000 000** – MILAN, 10 juin 1988 : *Assomption de la Vierge*, h/t (145x90) : **ITL 9 500 000** – MONACO, 19 juin 1988 : *Le Christ guérissant le paralytique au bassin de Bethesda*, h/t (74,5x88,5) : **FRF 244 200** – MILAN, 25 oct. 1988 : *Le Christ dans la maison de Marthe et de Marie*, h/t (102x76) : **ITL 24 000 000** – MILAN, 12 déc. 1988 : *Orphée charmant les animaux*, h/t (120x155) : **ITL 27 000 000** – ROME, 23 mai 1989 : *Scène de marché*, h/t (160x250) : **ITL 66 000 000** – MILAN, 12 juin 1989 : *Orphée enchantant les animaux*, h/t (120x155) : **ITL 32 000 000** – LONDRES, 18 mai 1990 : *Les Lamentations*, h/t (100,4x141) : **GBP 7 480** – LONDRES, 12 déc. 1990 : *La naissance de la Vierge*, h/cuivre (44x34) : **GBP 29 700** – NEW YORK, 30 mai 1991 : *Vierge à l'Enfant avec Saint Jean Baptiste dans un paysage*, h/t (51,5x41) : **USD 137 500** – MONACO, 21 juin 1991 : *Les pèlerins d'Emmaüs ; Le Christ dans la maison de Marthe et Marie*, h/t, une paire (77x115) : **FRF 777 000** – LONDRES, 3 juil. 1991 : *Noé et sa famille après le déluge*, h/t (125x176) : **GBP 33 000** – NEW YORK, 10 oct. 1991 : *Le retour du fils prodique*, h/t (81,9x114,9) : **USD 33 000** – ROME, 28 avr. 1992 : *Scène de marché*, h/t (190x290) : **ITL 290 000 000** – NEW YORK, 21 mai 1992 : *Hercule et Cerbère*, h/cuivre (94x89,2) : **USD 20 900** – BOLOGNE, 8-9 juin 1992 : *L'arrestation du Christ ; Les préparatifs de la Crucifixion*, h/t, une paire (145x145) : **ITL 13 800 000** – LONDRES, 11 déc. 1992 : *Repos pendant la Fuite en Égypte*, h/t (168,5x200) : **GBP 33 000** – MILAN, 19 oct. 1993 : *Le Christ chez Marthe et Marie*, h/t (81x115) : **ITL 28 750 000** – NEW YORK, 18 mai 1994 : *Orphée charmant les animaux*, h/t (90,2x122,3) : **USD 5 750** – MILAN, 8 juin 1995 : *L'Adoration des Bergers*, h/t (139x184) : **ITL 54 050 000** – NEW YORK, 15 mai 1996 : *Été : les moissonneurs*, h/t (109,9x114,2) : **USD 13 800**.

BASSANO Gerolamo, pseudonyme de da Ponte

Né à Bassano, baptisé le 8 juin 1566. Mort le 8 novembre 1621 à Venise. XVIe-XVIIe siècles. Italien.
Peintre.
Fils de Giacomo et frère de Francesco le Jeune et de Leandro. Étudia la médecine à Padoue, et professa la peinture à Bassano et à Venise.
On cite de lui des saints à S. Giovanni, ainsi que des œuvres à Crespano près Asolo et à Cismon, aux environs de Bassano.
MUSÉES : BASSANO : *Madone et deux saints* – MILAN (Brera) : *Les disciples d'Emmaüs* – VIENNE : *Adoration des Bergers*.
VENTES PUBLIQUES : VIENNE, 29 nov. 1966 : *Noé menant les animaux dans l'Arche* : **ATS 28 000** – MILAN, 5 déc. 1991 : *Flagellation*, h/t (112x98) : **ITL 4 500 000** – NEW YORK, 19 mai 1993 : *La mise au tombeau*, h/t (80x92,1) : **USD 6 325** – LONDRES, 16 avr. 1997 : *Le Dîner à Emmaüs avec une scène de cuisine en premier plan*, h/t (86x104) : **GBP 14 950**.

BASSANO Giacomo, pseudonyme de Scajaro

Né le 15 juin 1616 à Bassano. Mort le 25 février 1650 à Bassano. XVIIe siècle. Italien.
Peintre.
Il aurait été le fils d'Antonio et aurait peint le tableau pour la chapelle des Âmes des défunts dans la cathédrale de Bassano.

BASSANO Giambattista, pseudonyme de da Ponte

Né à Bassano, baptisé le 9 mars 1553. Mort le 9 mars 1613 à Bassano. XVIe-XVIIe siècles. Italien.
Peintre de compositions religieuses.
Fils de Giacomo (Jacopo) Bassano, il servit d'aide dans l'atelier de celui-ci et travailla en collaboration avec Luca Martinelli (1593) pour l'église de Rosà près de Bassano.
BIBLIOGR. : B. Nicolson : *Di alcuni dipinti veneziani nelle collezioni reali d'Inghilterra* in *Arte Veneta*, t. I, 1947 – J. Shearman : *The Early Italian Pictures in the Collection of Her Majesty the Queen*, Cambridge, 1983.
MUSÉES : BASSANO : *Saint Léonard avec d'autres saints* 1598.
VENTES PUBLIQUES : LONDRES, 13 déc. 1996 : *L'Adoration des Bergers*, h/t (153x220,5) : **GBP 40 000**.

BASSANO Giovanni, de son vrai nom : da Ponte, dit Giovanni da Santo Stefano, ou Giovanni di Marco

Né en 1385 à Florence. Mort après le 19 novembre 1437. XVe siècle. Italien.
Peintre d'histoire, sujets religieux, portraits.
Élève de Buonamici di Buffalmaco. Il travailla à Florence et à Assise. D'après Lanzi son talent n'atteignit pas son plein développement, faute d'application à l'étude.
MUSÉES : BUDAPEST : *Le mariage de sainte Catherine* – CHANTILLY (Mus. Condé) : *Tableau d'autel* – FLORENCE (Acad.) : *Couronnement de la Vierge* – LONDRES (Nat. Gal.) : *Tableau d'autel* – PISE (Gal.) : *Madone et saints* – ROME (Vatican) : *Tableau d'autel*.
VENTES PUBLIQUES : LONDRES, 18 avr. 1980 : *Sainte ressuscitant (ou exorcisant) une femme*, h/pan. (59,7x41,9) : **GBP 7 500** – LONDRES, 8 juil. 1988 : *Vierge à l'Enfant sur un trône entouré des saints Jean Baptiste, François, Luce et Catherine*, détrempe/pan. à fond d'or, forme ogivale (63,5x36) : **USD 93 500** – LONDRES, 8 déc. 1989 : *Héros romain tenant la main d'une matrone*, h/pan. doré (42,5x33) : **GBP 44 000** – PARIS, 9 avr. 1990 : *Vierge à l'enfant*, temp./pan. de peuplier fond or (50x33) : **FRF 200 000**.

BASSANO Jacopo, ou Giacomo, pseudonyme de da Ponte

Né entre 1510 et 1518. Mort le 13 février 1592 à Bassano. XVIe siècle. Italien.
Peintre.
Fils de Francesco da Ponte l'Aîné, il fut élève de son père, puis de Bonifacio à Venise, vers 1534. Après la mort de son père, il se fixe à Bassano, bourg montagnard à cinquante kilomètres de Venise. On retrouve de nombreuses mentions de son nom dans les archives. Il lui est, à plusieurs reprises, accordé l'exemption des taxes, en 1549 il est nommé Conseiller et Consul de la ville, mais demande à être dispensé de cette charge ; le recensement de 1561 nous fait connaître sa famille. Il fut membre des confréries de San Giuseppe, de la Scola del Sacramento, et de celle dei Battuti, à partir de 1548.
Il peint des scènes religieuses, des portraits, mais point de mythologie. En 1534 il exécute une *Fuite en Égypte* pour l'église de San Girolamo (Pinacothèque) ; en 1535-1536 il peint pour une salle du palais Pretorio : *Sidrac, Misac et Abdenago devant la fournaise* ; en 1538 il aurait terminé les fresques de la Ca'Michiel à Bassano et en 1545 il décorerait, pour Aloise Minotto, une chambre de lecture du palais Pretorio. En 1558 le podestat lui commande une fresque de San Cristoforo au portique de la place, détruit par un incendie en 1682. Le 18 décembre 1568 date le Retable de la *Nativité entre San Vittore et San Corona* pour l'église de San Giuseppe (Pinacothèque de Bassano).
Ce peintre-paysan fut, au long de sa vie, sensible à de nombreuses influences : la *Madone, Saint Jacques et Saint Jean Baptiste* de Munich, il tend au maniérisme à la mode ; l'influence de Pordenone se décèle dans la *Déposition* de Crosara et le *Samson* de Dresde ; entre 1540 et 1550, c'est le Titien, l'étude du Parmesan, que l'on retrouve dans l'élégance du dessin et le luxe de la couleur de l'*Adoration des Bergers* de la Galerie Borghèse et de la *Décollation de Jean Baptiste* de Copenhague. Sa manière s'assombrit et se dramatise avec la *Crucifixion* de Trévise (1562). L'exemple du Tintoret, qui fut aussi le maître du Gréco, affirma Bassano dans sa recherche d'une dramatisation par les effets de clair-obscur, accentués par une mise en place théâtrale avec de nombreux effets de perspective exagérée, comme dans le *Martyre de Saint Laurent* de Belluno (1571), ou la *Prédication de Saint Paul de Marostica* (1574). Il est remarquable que cet artiste qui tint à rester dans le bourg campagnard de son enfance, après une longue pérégrination à travers son art, choisit à la fin, pour exprimer ses émotions au sujet des grandes scènes de la Bible, de les situer dans la campagne qu'il connaît bien, avec les animaux familiers des fermes, en soulignant les péripéties par des commentaires d'orages, de rais de soleil à travers les feuillages. Dans la considération du fait évident que l'art du Caravage ne sera pas une génération spontanée, mais qu'il aura été préparé par de nombreux peintres qui, à partir du Tintoret, sauront utiliser la lumière comme un élément de mise en scène psychologique, dans cette découverte de ces nouvelles ressources de la peinture, Bassano et ses fils tiennent une place importante. Il travaille encore pour la cathédrale de Belluno, l'église de Marostica, des églises de Padoue, de Venise et fait des décors pour le palais ducal avec son fils Francesco en 1586, Lanzi affirme qu'il tra-

vailla à la cour de Vienne. On trouve un grand nombre de ses œuvres à Bassano et, après sa mort, le 27 avril 1592, une liste de 188 tableaux trouvés dans sa demeure est établie.

■ Jacques Busse

MUSÉES : AIX : *La mise au tombeau* – *Les Pèlerins d'Emmaüs* – AMIENS : *Portrait d'une dame vénitienne* – AVIGNON : *Jésus chez Marthe et Marie* – BASSANO : *Saint Jean au désert* – *Le Paradis* – *La Pentecôte* – *Madona del Patrocino* – *Adoration des Bergers* – *Les trois Hébreux dans la fournaise* – *La femme adultère* – *Suzanne et les vieillards* – *La Fuite en Égypte* – *Le Baptême de sainte Lucile* – *Le Podestat Soranzo* – BAYEUX : *Scène d'intérieur* – BERGAME : *Portrait d'un peintre* – *Portrait d'un jurisconsulte* – BERLIN : *Le bon Samaritain* – BOLOGNE : *Adoration des Bergers* – *Portraits* – BONN : *Saint François d'Assise* – BORDEAUX : *Jésus entre Marthe et Marie* – BOSTON : *Ecce Homo* – BREST : *Le Retour de l'Enfant prodigue*, attribué – BUDAPEST : *Homme barbu* – CAMBRIDGE : *Marche au Calvaire* – CARCASSONNE : *Jésus et ses disciples* – CHALON-SUR-SAÔNE : *Adoration des Bergers* – CHAMBÉRY : *L'annonce aux Bergers* – CHÂTEAUROUX : *Annonciation aux Bergers* – CHERBOURG : *L'Automne* – *L'Hiver* – CITADELLA : *Le Repas à Emmaüs* – COPENHAGUE : *Portrait d'homme* – DIJON : *Noé faisant entrer les animaux dans l'Arche* – *L'Adoration des Bergers* – *Les disciples d'Emmaüs* – DOUAI : *Baptême de sainte Lucile par saint Valentin* – DRESDE : *Samson et les Philistins* – DUBLIN : *Sainte Famille avec donateurs* – *Visite de la reine de Saba chez Salomon* – ÉDIMBOURG : *Adoration des Mages* – ENEGO, près Bassano (Église) : *Sainte Catherine sur un trône entre saint Roch, saint Sébastien et saint Antoine abbé* – ENGLEWOOD, U.S.A. : *Le mauvais riche* – ÉPINAL : *L'Adoration des Bergers* – *Paysage avec le Vésuve* – FELTRE (S. Maria Degli Angeli) : *La crue du torrent calmée* – FLORENCE (Gal. roy.) : *Portrait de l'artiste par lui-même* – *Moïse près du buisson ardent* – *La famille du peintre* – *Paysage avec Jacob et Rachel* – *Famille de paysans* – *Un avare et son argent* – FLORENCE (Palais Pitti) : *Portrait de femme* – *Portraits d'hommes* – FONTAINEBLEAU : *L'Adoration des Bergers* – *Les Pèlerins d'Emmaüs* – GÊNES : *La consolation du prisonnier* – *Portrait d'un homme et de son fils* – *Portrait* – GENÈVE : *Adoration des Bergers* – GLASGOW : *Adoration des Bergers* – *Portraits d'hommes célèbres* – GRAZ : *Jésus chez Marthe et Marie* – GRENOBLE : *Le Printemps* – *L'Hiver* – *Atelier de construction* – LILLE : *Tête de vieillard* – *Le couronnement d'épines* – *Le Mariage* – *Intérieur d'un ménage* – LONDRES (Hampton Court) : *Adoration des Bergers* – LONDRES (Nat. Gal.) : *Portrait d'homme* – *Le Bon Samaritain* – *Les vendeurs chassés du Temple* – LUSIANA, près de Bassano (Église) : *La Vierge entre sainte Catherine et saint Zenone* – MARSEILLE (Beaux-Arts) : *Noé construisant l'arche* – MILAN (Brera) : *La Cène* – *Saint Roch* – MILAN (Ambrosiana) : *Le Repos en Égypte* – MILAN (Palais Sforzesco) : *Portrait d'un guerrier* – MODÈNE : *Saint Pierre et saint Paul* – MONACO : *La Vierge sur un trône entre saint Jean et saint Roch* – MONTPELLIER : *Astarre II Baglione, condottière vénitien* – *Judas et Thamar* – *Annonciation aux Bergers*. Morlaix : *Campement* – MUNICH : *Madone et saints* – *Mise au tombeau* – *Saint Jérôme* – *La Vierge entre deux saints* – NANTES : *Annonciation aux Bergers* – *Tête de vieille femme* – NAPLES : *Résurrection de Lazare* – NARBONNE : *Adoration des Bergers* – *Intérieur d'un atelier de dentellières* – NEW YORK : *Copies de tableaux faites par Téniers* – NÎMES : *Suzanne et les vieillards* – OSLO : *Portrait de vieillard* – PADOUE (S. Maria In Vanzo) : *Déposition de la Croix* – PARIS (Louvre) : *Les disciples d'Emmaüs* – *Entrée des animaux dans l'arche* – *Le Christ marchant au Calvaire* – *Portrait d'Antonio dal Ponte* – *Les noces de Cana* – *Le frappement du Rocher* – *Le Christ descendu de la Croix* – *Les Vendanges* – *Portrait de Jean de Bologne, sculpteur* – *Deux chiens de chasse liés à une souche* – RENNES : *Pénélope* – ROME (Gal. Borghèse) : *La Cène* – *L'Adoration des Mages* : *le Paradis terrestre* – ROME (Gal. Doria) : *Intérieur de Ferme* – SEMUR-EN-AUXOIS : *Les Pèlerins* – STRASBOURG : *L'Annonciation aux Bergers* – TOURS : *Rentrée du troupeau à la bergerie* – TRÉVISE : *Saint Sébastien, saint Fabien et saint Roch* – TURIN : *Le Christ déposé de la Croix* – *Portrait de vieillard* – *Le petit marché* – *Le grand marché* – VENISE : *Sainte Famille* – *Un érudit* – *Saint Éleuthère* – *Portrait d'homme* – *Paysage avec la Fuite en Égypte* – *Repos en Égypte* – VÉRONE : *Portrait de gentilhomme* – *La Samaritaine* – VICENCE (Pina.) : *Portrait de vieillard* – *Portrait de Scamozzi* – *Annonciation* – VIENNE : *Adoration des Mages* – *Déposition de Croix*.

VENTES PUBLIQUES : NEW YORK, 1900 : *Portrait d'un noble de Venise vêtu d'une armure* : **USD 450** – PARIS, 5 mars 1903 : *Le Reniement de saint Pierre* : **FRF 230** – PARIS, 17 au 21 mai 1904 :

Portrait d'homme : **FRF 420** – LONDRES, 12 déc. 1908 : *Dans une ferme* : **GBP 9** – LONDRES, 27 mai 1909 : *Personnages et animaux* : **GBP 3** – LONDRES, 28 juil. 1909 : *Vignoble* : **GBP 2** – LONDRES, 28 juil. 1909 : *Le Vignoble* : **GBP 18** – LONDRES, 5 fév. 1910 : *Ruth et Booz* : **GBP 3** – PARIS, 21 nov. 1918 : *Portrait du pape Paul III*, d'après le Titien : **FRF 3 900** – PARIS, 21 jan. 1924 : *Étude de jeune homme*, pierre noire, reh. : **FRF 340** ; *Portrait d'un pape*, pierre noire, reh. : **FRF 380** ; *Étude de personnage assis*, pierre noire, reh. : **FRF 210** – PARIS, 19 avr. 1926 : *Descente de Croix* : **FRF 170** – PARIS, 28 et 29 juin 1926 : *Personnage vu de dos et un enfant*, h. sur pap., esquisse : **FRF 350** – LONDRES, 3 déc. 1926 : *Le Christ guérissant les malades* : **GBP 35** – LONDRES, 27 mai 1927 : *La descente de Croix* : **GNS 900** – PARIS, 28 nov. 1932 : *Joseph vendu par ses frères*, Atelier de : **FRF 300** – PARIS, 17 mars 1933 : *Le Retour de l'enfant prodigue*, attr. : **FRF 360** – PARIS, 5 mai 1933 : *Le mauvais riche*, Éc. de : **FRF 1 350** – PARIS, 12 et 13 juin 1933 : *Le Portement de Croix* : **FRF 3 000** – PARIS, 8 fév. 1934 : *Le Bon Samaritain*, Éc. de : **FRF 420** – LONDRES, 15 juin 1938 : *Suzanne et les Vieillards* : **GBP 185** – LONDRES, le 19 jan. 1951 : *Deux chiens attachés à un arbre* : **GBP 336** – LONDRES, 29 jan. 1954 : *L'Adoration des Bergers* : **GBP 1 050** – LONDRES, 12 oct. 1955 : *Portrait d'un sculpteur* : **GBP 900** – LONDRES, 25 juin 1958 : *Double portrait* : **GBP 950** – LONDRES, 24 juin 1959 : *La Vierge et l'Enfant avec des saints* : **GBP 1 800** – LONDRES, 27 mai 1960 : *La mort dans le jardin* : **GBP 336** – LUCERNE, 21-27 nov. 1961 : *La Crèche* : **CHF 8 000** – LONDRES, 20 mars 1964 : *L'Arche de Noé* : **GNS 2 000** – LUCERNE, 2 déc. 1967 : *Les noces de Cana* : **CHF 9 000** – LONDRES, 27 mars 1968 : *La Vierge, l'Enfant et saint Jean enfant* : **GBP 8 500** – LONDRES, 5 déc. 1969 : *La Fuite en Égypte* : **GBP 260 000** – LONDRES, 25 juin 1973 : *Le repos pendant la fuite en Égypte* : **GNS 19 000** – LONDRES, 10 juil. 1973 : *Jacob avec sa famille sur la route de Canaan*, h/t (132,2x186,6) : **GBP 30 000** – LONDRES, 6 juil. 1976 : *Étude de Christ*, craie de coul./pap. (38,1x24,1) : **GBP 3 200** – LONDRES, 28 juin 1979 : *Enfant couché sur le dos*, craie noire sur pap. bleu (18,2x29,6) : **GBP 1 500** – NEW YORK, 3 juin 1980 : *Femme agenouillée et enfant*, craie noire et reh. de brun/pap. brun (29x19,3) : **USD 3 200** – LONDRES, 10 avr. 1981 : *Jacob avec sa famille sur la route de Canaan*, h/t (132,2x186,6) : **GBP 24 000** – LONDRES, 3 juil. 1985 : *La Vierge et l'Enfant avec saint Jean Baptiste*, h/t (51,5x41,1) : **GBP 5 000** – MILAN, 3 mars 1987 : *L'Adoration des Bergers*, h/pan. (46,5x35,5) : **ITL 32 000 000** – NEW YORK, 11 jan. 1989 : *Le repas à Emmaüs*, h/t (97,2x125,5) : **USD 440 000** – PARIS, 20 déc. 1994 : *Deux chiens se reposent près d'un tronc d'arbre*, h/t (61x79) : **FRF 10 800 000** – NEW YORK, 16 mai 1996 : *L'aAnnonciation faite aux Bergers*, h/t (109,9x90,5) : **USD 68 500** – LONDRES, 5 juil. 1996 : *Portrait d'un gentilhomme barbu, en buste*, h/t (52,7x47) : **GBP 28 000** – LONDRES, 18 avr. 1997 : *L'Adoration des Bergers vers 1534*, h/t (90x120) : **GBP 106 000**.

BASSANO Leandro, de son vrai nom : **da Ponte**
Né en 1557 à Bassano, où il fut baptisé le 26 juin. Mort le 15 avril 1622 à Venise. XVIᵉ-XVIIᵉ siècles. Italien.
Peintre de groupes religieux, sujets divers, portraits, paysages animés.

Fils de Jacopo da Ponte, il se forme dans l'atelier de son père. Il travaille d'abord à Bassano, et en 1586 exécute le *Portrait de Prospero Alpino* ; en 1590, il peint *La Famille du podestat Lorenzo Capello rendant hommage à la Vierge*. Il séjourne à Venise, en 1589 il ne figure plus sur les listes d'imposition de Bassano ; c'est après la mort de son père et de son frère Francesco, en 1592, qu'il s'installe définitivement à Venise. En 1594 il achève un tableau commencé par Francesco pour Montecassino. En 1595-1596, il peint le *Portrait du doge Marino Grimani*, ce qui lui vaut le rang de chevalier. D'après un tableau conservé dans le château de la cour de Prague et signé *Leander Bassanesis fecit Pragae*, il paraît certain que cet artiste travailla, comme on l'a prétendu, à la cour de Rodolphe II.

LEANDER
BASSANENSIS

MUSÉES : AMSTERDAM : *Portrait de la Dogaresse* – BASSANO : *Lorenzo Capello et sa famille rendant hommage à la Vierge* – *La Mise en Croix* – *Le Christ mis au tombeau par deux anges* – *Saint Jean Baptiste et un guerrier priant* – *Christ en Croix* – BERGAME : *Jeune berger* – *Portrait du doge* – *Vieillard* – BONN : *La Résurrection de Lazare* – *Portrait d'homme* – BRUXELLES : *Ascension de Jésus-Christ* – CLEVELAND : *Mise au tombeau* – CRACOVIE : *Portrait d'un joueur de luth* – DIJON : *Martyre de saint Sébastien* – DRESDE : *Portrait du doge Pascuale Cicogna* – *Portrait de la femme du doge*

Cicogna – *Portrait d'un inconnu* – *Christ* – FLORENCE (Gal. roy.) : *Portrait de l'auteur* – FLORENCE (Palais Pitti) : *Deux scènes champêtres* – *La Cène* – GÊNES : *Portrait d'homme* – LILLE : *Jésus chassant les vendeurs du Temple* – LONDRES : *Construction de la Tour de Babel* – *Portrait d'homme* – MADRID (Prado) : *Le fils prodigue* – *La Fuite en Égypte* – *Jésus couronné d'épines* – *Jésus présenté au peuple* – *Assomption* – *Vue de Venise* – *Portrait d'homme* – *Travail champêtre* – MILAN (Brera) : *Adoration des Bergers* – *Entrée de Jésus à Jérusalem* – MUNICH : *Portrait de Léonardo Armano* – *Le Christ pleuré* – NANCY : *Le mauvais riche* – NANTES : *Moïse frappant le rocher* – NAPLES : *Portrait d'une dame de qualité* – PADOUE : *Le doge Marcantonio Memmo* – PARIS (Louvre) : *L'Adoration des Mages* – *Travaux champêtres* – PRAGUE (Gal. Nat.) – RENNES : *Pénélope* – ROME (Gal. Borghèse) : *La Sainte Trinité* – SAINT-OMER : *Le Sommeil de Jacob* – SAINT-PÉTERSBOURG (Ermitage) : *Le Christ au jardin des Oliviers* – STOCKHOLM : *Sainte Anne avec la sainte Vierge enfant sur un trône, entourées de religieuses* – *Le repos de Cléopâtre* – STRASBOURG : *Campement nocturne* – STUTTGART : *Portrait du doge Antonio Priuli* – VENISE (Galeries Royales) : *Le doge Marcantonio Memmo* – *La Résurection de Lazare* – *Le Patriarche G. Tiepolo* – *Portrait d'homme* – *Adoration des Bergers* – *Chute de la Manne* – *Lucrèce* – *Saint Thomas* – *Résurrection de Lazare* – VICENCE : *Un guerrier et une petite fille* – *Portrait de l'artiste* – *Portrait de Prospero Alpino* – *Portrait de Nicolo Leoniceno* – *Portrait d'Orazio Lugo* – VIENNE : *Carnaval.*

VENTES PUBLIQUES : PARIS, 1909 : *Portrait d'homme* : **FRF 1 100** – PARIS, 1920 : *Portrait d'homme* : **FRF 12 000** – PARIS, 29-30 avr. 1920 : *Portrait d'homme* : **FRF 12 000** – PARIS, 29 déc. 1920 : *Portrait d'une courtisane de Bologne* : **FRF 430** – LONDRES, 30 juin 1922 : *Portrait d'un gentilhomme* : **GBP 336** – PARIS, 27 mars 1926 : *La Naissance de la Vierge* : **FRF 150** – PARIS, 12 juin 1926 : *Le Jugement dernier* : **FRF 2 400** – PARIS, 20-21 avr. 1928 : *Jésus chez Marthe et Marie*, attr. : **FRF 1 320** – PARIS, 26 fév. 1931 : *Portrait d'un Doge*, attr. : **FRF 7 500** – LONDRES, 1er mai 1936 : *L'Adoration des Mages* : **GBP 35** – NEW YORK, 4 mars 1938 : *Le Dernier Repas* : **USD 325** – LONDRES, 24 fév. 1939 : *Scène de ferme* : **GBP 21** – PARIS, 12 mars 1943 : *Portrait d'un prélat* : **FRF 15 000** – VIENNE, 3 déc. 1957 : *Diane et ses compagnons* : **ATS 18 000** – LONDRES, 27 avr. 1960 : *Deux Saisons* : **GBP 1 200** – LONDRES, 28 juil. 1961 : *Le Flot* : **GBP 1 260** – VIENNE, 13 mars 1962 : *Les Vendanges* : **ATS 20 000** – LONDRES, 29 juin 1962 : *La Fête dans la maison de Levi* : **GNS 300** – NEW YORK, 24 oct. 1962 : *Le Doge Marino Grimani, de trois quartS à gauche* : **USD 1 900** – PARIS, 5 déc. 1962 : *Les Métiers* : **FRF 5 600** – LUCERNE, 22 juin 1963 : *Portrait d'un seigneur* : **CHF 1 900** – MILAN, 19 nov. 1963 : *La Table du riche* : **ITL 1 200 000** – LUCERNE, 28 nov. 1964 : *Portrait en buste d'un gentilhomme barbu* : **CHF 2 200** – LONDRES, 19 mars 1965 : *Suzanne et les Vieillards* : **GNS 1 000** – MILAN, 8 mars 1967 : *L'Adoration des Bergers* : **ITL 700 000** – LONDRES, 6 déc. 1967 : *L'Arche de Noé* : **GBP 700** – PRATOLINO, 21 avr. 1969 : *Portrait d'une dame de qualité* : **ITL 3 400 000** – LONDRES, 12 juil. 1973 : *Le Voyage de Jacob* : **GBP 30 000** – NEW YORK, 5 juin 1979 : *Portrait d'un paysan*, craies de coul. (25,5x18) : **USD 4 750** – LONDRES, 10 déc. 1980 : *Le Départ pour Canaan*, h/t (79x113) : **GBP 5 000** – LONDRES, 9 juil. 1981 : *San Giacinto marchant sur l'eau, portant une statue de la Vierge*, craies (28,1x53,3) : **GBP 3 800** – NEW YORK, 15 jan. 1986 : *La Parabole du mauvais riche et Lazare*, h/t (122x188) : **USD 19 000** – MILAN, 21 avr. 1988 : *Portrait d'une dame avec œillet*, h/t (124x10,2) : **ITL 64 000 000** – NEW YORK, 12 oct. 1989 : *Saint François en contemplation*, h/t (130,8x96,5) : **USD 4 400** – NEW YORK, 11 jan. 1991 : *La Mise au tombeau*, h/t/pap. (52x32,6) : **USD 38 500** – NEW YORK, 31 mai 1991 : *Le Christ exposé devant la foule*, h/t (49,2x51,4) : **USD 8 250** – LONDRES, 5 juil. 1991 : *Moine étudiant dans sa cellule*, h/t (63,2x40) : **GBP 7 150** – MONACO, 5-6 déc. 1991 : *Jésus au mont des Oliviers*, h/t (64x93) : **FRF 55 500** – LONDRES, 13 déc. 1991 : *Orphée charmant les animaux*, h/t (98x140,8) : **GBP 23 100** – LONDRES, 21 avr. 1993 : *La présentation de la Vierge*, h/cuivre (52,8x41,3) : **GBP 20 700** – MONACO, 2 juil. 1993 : *Jeune garçon grimpant à un arbre*, craie noire et blanche/pap. gris-bleu (28,6x19,2) : **FRF 111 000** – PARIS, 14 juin 1995 : *L'Annonce aux Bergers*, h/t (55,5x47,5) : **FRF 33 000** – LONDRES, 3 juil. 1996 : *Juillet*, h/t (140x214) : **GBP 20 700** – LONDRES, 11 déc. 1996 : *Eau*, h/t (135x158) : **GBP 45 500.**

BASSANO Lorenzo ou **Bassani**
Né au XVIe siècle probablement en Lombardie. XVIe siècle. Italien.
Sculpteur.
Cet artiste vint à Rome et fut employé à la décoration du Vatican par Sixte-Quint, vers 1588. Sa réussite dans la Ville éternelle s'affirma par d'autres travaux, notamment au Quirinal, dans l'église S. Salvatore et au Palazzetto di Termini.

BASSANTE Bartolomeo. Voir **PASSANTE**

BASSARAB Joana
Née à Bucarest. XXe siècle. Roumaine.
Sculpteur.
Entre 1925 et 1928, elle exposa à Paris des têtes au Salon d'Automne, et en présenta au Salon des Tuileries de 1928.

BASSARAB Mircéa
Né à Bucarest. XXe siècle. Roumain.
Sculpteur.
Entre 1930 et 1934, il exposa à Paris au Salon d'Automne.

BASSAT Jean-Jacques
Né le 12 juin 1938 à Bône. XXe siècle. Algérien.
Sculpteur.
Il est autodidacte et exposa à Paris au Salon d'Automne et au Salon Comparaisons à partir de 1969.

BASSE Édouard François
Né à Paris. XIXe-XXe siècles. Français.
Sculpteur.
Élève de Ch. Walhain. Exposa au Salon des Artistes Français : *Tête de pêcheur*, en 1913, un buste en 1914.

BASSE Jan
Né vers 1571 à Lille. Mort avant 1637. XVIe-XVIIe siècles. Éc. flamande.
Peintre.
Fils d'un teinturier qui quitta la capitale de la Flandre pour venir s'établir à Amsterdam. Il est le père de Jan et de Willem Basse.

BASSE Jan
Né en 1612 à Amsterdam. Mort en novembre 1636. XVIIe siècle. Hollandais.
Peintre.

BASSE Johannes
XVIIe siècle. Travaillant en Hollande au milieu du XVIIe siècle. Hollandais.
Dessinateur et peintre.
Basse s'engagea en 1658 à exécuter, pour des marchands d'Amsterdam, des imitations de dessins et de peintures indiennes et chinoises.

BASSE Polyxène, née **von Goldner**
Née le 3 avril 1798 à Offenbach-sur-le-Main. Morte le 28 septembre 1836. XIXe siècle. Allemande.
Paysagiste.
Travailla avec le peintre Joseph Oech. On peut voir encore des spécimens de son talent dans la collection de dessins de l'Institut Stadel à Francfort-sur-le-Main. Elle se maria en 1817.

BASSE Willem
Né entre 1613 et 1614 à Amsterdam. Enterré le 22 novembre 1672. XVIIe siècle. Hollandais.
Graveur.
Cet artiste subit l'influence de Rembrandt, avec qui il eut des rapports assez suivis. Le grand maître et lui, en 1634, exécutèrent des illustrations pour l'ouvrage de Elias Herckman : *Der Zeevaart Lof*. Il est fâcheux que Willem Basse n'ait pas toujours signé ses eaux-fortes ; un bon nombre de celles-ci ont été souvent attribuées à Van Ostade, Ferd. Bol et à d'autres.

WB F

BASSEFORTE Madeleine Françoise ou **Basseporte**
Née le 28 avril 1701 à Paris. Morte le 6 septembre 1780. XVIIIe siècle. Française.
Peintre et graveur.
Elle eut pour maîtres Robert de Seri et Claude Aubriet. Cette artiste succéda à Claude Aubriet comme miniaturiste auprès du roi Louis XV. Ses pastels étaient mis « à côté de ceux de la Rosalba », et sont parfois confondus avec eux. Comme graveur, outre quelques planches qu'elle exécuta pour la collection Crozat et d'autres amateurs, on cite d'elle *Diane et Endymion*, d'après un dessin de S. Conca, les portraits de *Saint Fidèle de Sigmaringen* et de *Félix Esnaul*, ainsi que celui du diacre *Paris*. Dubos a gravé d'après elle : *Jeune fille caressant un lapin*.
VENTES PUBLIQUES : PARIS, 1777 : *Tulipes et fleurs* : **FRF 21** – MONACO, 18-19 juin 1992 : *Bouquet de fleurs*, gche/vélin (26x20) : **FRF 55 500** – NEW YORK, 13 jan. 1993 : *Nature morte avec des fleurs dans un vase de verre*, gche/vélin (28,5x21) : **USD 9 775** –

MONACO, 2 juil. 1993 : *Branches de géranium et d'œillet*, gche/vélin, une paire (34,5x27) : **FRF 31 080**.

BASSELLI Daniele
XVIIᵉ siècle. Italien.
Graveur.
On possède de lui une eau-forte, *Daniel dans la fosse aux lions*, d'après Pietro Berrettini da Cortona.

BASSEN Andries Jansz van
XVIIᵉ siècle. Travaillait à Amsterdam en 1661. Hollandais.
Peintre.

BASSEN Bartholomeus van
Né vers 1590 à La Haye. Mort le 28 novembre 1652 à La Haye. XVIIᵉ siècle. Éc. flamande.
Peintre de genre, architectures, intérieurs, intérieurs d'églises.
En 1613, on le trouve membre de la corporation des peintres à Delft. Maître en 1622, s'étant rendu à La Haye, il s'y fixa, entra dans la gilde de cette ville, et en devint le doyen en 1627. La galerie de Glasgow possède de lui des portraits de la famille de Charles Iᵉʳ. D'autres tableaux de lui se trouvent dans les galeries d'Amsterdam, La Haye, de Göttingen, de Budapest.

B. van Bossou Br.Bassen

1626 Vbassen

MUSÉES : AMSTERDAM : *Riche appartement du commencement du XVIIᵉ siècle* – Réunion – BERLIN : *Intérieur d'église* – BERNE : *Intérieur d'une église flamande* – BUDAPEST : *L'intérieur de l'église de Delft* – *Intérieur d'une église* – COLOGNE : *Intérieur d'église* – COPENHAGUE : *Vue de la place Saint-Pierre à Rome* – *Intérieur d'église* – GLASGOW : *Intérieur d'une église* – GÖTTINGEN : *Intérieur de salle* – HANOVRE : *Intérieur, les figures par Esaias van de Velde* – LA HAYE : *Intérieur d'une église catholique* – LA HAYE (Mus. comm.) : *Vue d'une ville orientale* – *La nouvelle église de La Haye* – LONDRES : *Intérieur d'église 1638* – LONDRES (Hampton court) : *Charles Iᵉʳ d'Angleterre, la Reine et le prince Charles à la table et servis par des gentilshommes* – UTRECHT : *Intérieur d'église*.
VENTES PUBLIQUES : PARIS, 1844 : *La Femme adultère* : **FRF 216** – PARIS, 1860 : *Le Service brisé* : **FRF 500** – PARIS, 1873 : *Le Joueur de jacquet* : **FRF 1 700** – PARIS, 1892 : *Architecture* : **FRF 660** – PARIS, 21 fév. 1919 : *Palais animé de figures* : **FRF 660** – LONDRES, 11 nov. 1921 : *Intérieur d'une cathédrale* : **GBP 19** – LONDRES, 13 avr. 1923 : *Cavaliers et dames dans un palais conversant et faisant de la musique* : **GBP 30** – PARIS, 16 juin 1923 : *Les Cinq Sens*, attr. : **FRF 2 000** – LONDRES, 4 juil. 1927 : *Intérieur d'église* : **GBP 26** – PARIS, 23 mars 1929 : *Cour d'un palais* : **FRF 700** – LONDRES, 2 mars 1934 : *Cour intérieure d'un palais 1628* : **GBP 33** – LONDRES, 6 nov. 1935 : *Intérieur d'église* : **GBP 6** – PARIS, 25 nov. 1935 : *Galerie de tableaux*, Éc. de : **FRF 680** – LONDRES, 26 juin 1936 : *Port de mer* : **GBP 8** – LONDRES, 1ᵉʳ juil. 1938 : *Charles Iᵉʳ et Henrietta Maria dînant 1634* : **GBP 178** – LONDRES, 17 fév. 1938 : *Intérieur d'appartement* : **GBP 39** – PARIS, 3 déc. 1941 : *Intérieur d'église* : **FRF 8 100** – PARIS, 8 juil. 1942 : *La Bénédiction des Mariés* : **FRF 15 000** – PARIS, 1950 : *Joyeuse Assemblée* : **FRF 1 000** – PARIS, 27 juin 1951 : *Le Péristyle d'un palais* ; *Intérieur d'église*, deux pendants : **FRF 56 000** – LUCERNE, 22 juin 1963 : *L'Heure de la musique* : **CHF 2 000** – LONDRES, 1ᵉʳ mai 1964 : *Intérieur d'église animé de personnages* : **GNS 450** – PARIS, 23 mars 1964 : *Joueurs de jacquet dans l'intérieur d'un palais*, B. Bassen et Franken le Jeune : **FRF 12 000** – LUCERNE, 15-16 juin 1967 : *Intérieur d'église* : **CHF 8 200** – LONDRES, 5 juil. 1967 : *Intérieur d'église* : **GBP 700** – LONDRES, 22 juil. 1968 : *Le roi et la reine de Bohême dînant à Whitehall* : **GBP 1 500** – AMSTERDAM, 26 mai 1970 : *Intérieur d'église* : **NLG 8 500** – COPENHAGUE, 5 déc. 1973 : *Intérieur d'église* : **DKK 40 000** – ZURICH, 20 mai 1977 : *Intérieur d'église 1646*, h/pan. (59x83) : **CHF 9 500** – NEW YORK, 31 mai 1979 : *Intérieur d'église 1622*, h/pan. (70x104) : **USD 13 000** – LONDRES, 17 fév. 1982 : *Intérieur de cathédrale 1650*, h/pan. (45x62) : **GBP 3 000** – STOCKHOLM, 11 avr. 1984 : *Élégants personnages dans un palais*, h/pan. (56x85) : **SEK 337 000** – LONDRES, 10 déc. 1986 : *Intérieur d'un palais 1622*, h/pan. (58x83,5) : **GBP 10 500** – AMSTERDAM, 12 juin 1990 : *Intérieur d'une église gothique vers l'est 1625*, h/t (72,5x108,5) : **NLG 34 500** – LONDRES, 17 avr. 1991 : *Intérieur d'église*, h/pan. (62x81,5) : **GBP 11 000** – NEW YORK, 31 mai 1991 : *Intérieur animé d'une église imaginaire*, h/pan. (66x78) : **USD 71 500** – LONDRES, 11 déc. 1991 : *Intérieur*

d'église 1646, h/pan. (59x83) : **GBP 4 950** – LONDRES, 1ᵉʳ avr. 1992 : *Intérieur de cathédrale avec le Christ et la femme adultère 1628*, h/pan. (59,5x90,5) : **GBP 12 100** – LONDRES, 27 oct. 1993 : *Intérieur d'église avec des fidèles pendant une messe 1623*, h/t (81x117) : **GBP 15 525** – PARIS, 27 mars 1996 : *Intérieur d'église*, h/cuivre (21x27) : **FRF 43 000** – LONDRES, 17 avr. 1996 : *Intérieur de cathédrale animé 1642*, h/t (132x148,5) : **GBP 18 400** – LONDRES, 30 oct. 1996 : *Intérieur d'église animé 1644*, h/pan. (44x56,5) : **GBP 28 750**.

BASSENBURCH Jan
XVIIᵉ siècle. Travaillant à la Haye en 1623. Hollandais.
Peintre.
On le trouve, en 1623 et 1624, élève de Jan van Ravesteyn à La Haye.

BASSERODE Jérôme
Né en 1958 à Nice (Alpes-Maritimes). XXᵉ siècle. Français.
Sculpteur, auteur d'installations.
En 1984, Jérôme Basserode a exposé à l'Espace U.P.B. à Paris, en 1985 à la Eric Skoglund Art Gallery à Stockholm, en 1986 à la Brandts Pakhus Galeri à Copenhague, en 1987 à la Galerie La Tournelle à Pouet-Laval et au Salon de la Jeune Sculpture, en 1988 et 1990 à l'Usine Ephémère à Paris, à la Galerie Carte Blanche, Caisse des dépôts et consignations à Paris, à la Galerie Lydie Rekow à Lyon, en 1991 et 1994 à la galerie Claudine Papillon de Paris, en 1994 au Centre d'art de Crestet, en 1995 à l'école nationale des beaux-arts de Paris, en 1996 au FRAC Provence-Alpes-Côtes d'Azur à Marseille et à la galerie Nelson à Paris. Il a reçu le Prix Villa Médicis hors les murs, en 1988.
Le mot « sculpture » ne suffit pas pour désigner les œuvres de Basserode : il conviendrait d'y ajouter les mots « structure énergétique » et « culture » pour être vraiment précis. Héritier de l'Arte Povera plutôt que du Land Art, Jérôme Basserode associe le monde naturel au scientifique dans des combinaisons inédites et savantes. Il résume ses préoccupations dans cet aphorisme : « C'est le vivant qui m'intéresse ». Les substances animées, lichens, levures, graminées, micro-organismes et les procédés techniques, petits moteurs, magnétisme et ultrasons, sont ainsi mêlés dans des travaux en perpétuelle mutation. Il réalise indifféremment installations au sol et tableaux présentés au mur. La croissance des gazons et autres végétaux se voit partiellement orientée par le dispositif électronique. L'œuvre est un réceptacle d'énergies (mécanique, électrique, thermique, chimique) qui conditionnent son existence et sa perte inéluctable. L'œuvre est lue comme une étape, et non comme un objet intangible. Cette introduction du temps comme valeur intrinsèque du travail remet en cause tout discours sur la mort de l'art. Démonstration est faite de la vie de l'art, tout en se jouant du caractère d'immortalité qui s'y attache, en une consécration de l'éphémère. Cette mise en exergue de la fragilité des œuvres et cette ironie distanciée n'est pas le fait unique de Jérôme Basserode. On songe aux artistes de l'Arte Povera introduisant des éléments naturels nécessitant un entretien constant. ∎ F. M.
MUSÉES : MARSEILLE (FRAC Provence-Alpes-Côtes d'Azur) : *Bateau mémoire-création de matière à penser* – METZ (FRAC Lorraine) : *Tohu, Bohu 1992*.
VENTES PUBLIQUES : PARIS, 16 juin 1988 : *Décomposition 1988*, terre, vapeur et techn. mixte/bois (170x53) : **FRF 7 000**.

BASSET
XVIIIᵉ siècle. Actif à la fin du XVIIIᵉ siècle. Français.
Peintre de miniatures.
On connaît de lui une miniature sur émail, représentant les profils d'Antoine et de Cléopâtre, datée de 1790.

BASSET, famille d'éditeurs d'estampes
XVIIIᵉ-XIXᵉ siècles. Actifs à Paris. Français.
La maison est fondée au début du XVIIIᵉ siècle par L. Basset. Un Basset jeune lui succède vers 1725, remplacé par Basset l'Aîné (André ?), le plus actif de la famille qui travaille depuis le règne de Louis XVI jusqu'en 1849. Un Jules Basset ou Basset jeune édite des images de piété rue de Seine de 1849 à 1865.

BASSET, l'Aîné
XVIIIᵉ-XIXᵉ siècles. Français.
Graveur et éditeur.
Il habitait à Paris, rue Saint-Jacques, et était associé avec Françoise Basset. Il publia un grand nombre de planches anonymes ou de graveurs tels que Alexis, Blanchard, Fortier, Gabriel, Gatine, Jubin, Rubières, Thiebault et autres. Basset l'Aîné pourrait être identique au graveur André Basset cité par Heinecken. Voir BASSET, famille.

BASSET André
XVIIIᵉ siècle. Vivait à Paris dans la seconde moitié du XVIIIᵉ siècle. Français.
Graveur et marchand.

BASSET Antoine
XVᵉ siècle. Français.
Peintre.
On trouve qu'en 1480, il exécuta des blasons pour la princesse de Tarente.

BASSET Antoine
Mort avant le 17 août 1775. XVIIIᵉ siècle. Vivait à Paris. Français.
Graveur et marchand d'estampes.
On cite de lui son *Retour d'Égypte*, d'après Rubens.

BASSET Charles Albert Benjamin Paul
Né à La Rochelle (Charente-Maritime). XIXᵉ-XXᵉ siècles. Français.
Sculpteur.
Exposa à Paris au Salon des Artistes Français de 1911.

BASSET Françoise
XVIIIᵉ siècle. Travaillait à Paris entre 1785 et 1792. Française.
Graveur et éditeur.

BASSET Guillaume
XVᵉ siècle. Actif à Rouen (Seine-Maritime). Français.
Sculpteur sur bois.
Sous la direction de Philippe Viart, il exécuta, de 1457 à 1468, les sculptures du chœur de la cathédrale.

BASSET Louis Charles
Né à Paris. XXᵉ siècle. Français.
Peintre de paysages, pastelliste.
À Paris au Salon des Indépendants il exposa de nombreux paysages entre 1926 et 1929.

BASSET Urbain
Né à Grenoble. XIXᵉ-XXᵉ siècles. Français.
Sculpteur de statues, groupes.
Après avoir travaillé avec Guillaume Cavelier, il débuta au Salon de 1870 et, les années suivantes, continua à prendre part aux expositions parisiennes. Basset fut médaillé en 1881 et en 1900, à l'Exposition universelle. Sociétaire des Artistes Français, il a encore exposé en 1921 et 1922.
Basset ne tarda pas à tenir un rang honorable parmi les sculpteurs de l'époque et il fut appelé à collaborer à la décoration de l'hôtel de ville de Paris, avec sa statue : *La Musique*. À Grenoble, il fournit deux groupes, l'un pour la faculté de médecine, l'autre pour la faculté des sciences. On cite encore parmi ses principaux ouvrages : *Enfant endormi. – Le Torrent. – Les Premières fleurs*.
VENTES PUBLIQUES : PARIS, 21 mai 1980 : *Le torrent*, bronze (H. 66) : **FRF 2 500**.

BASSET W. N. H.
XIXᵉ siècle. Vivait en 1830. Américain.
Graveur, illustrateur.

BASSET-MERMET Alice
Née à Lyon (Rhône). XXᵉ siècle. Française.
Peintre.
Elle fut élève d'Humbert. Exposa en 1933 au Salon des Artistes Français.

BASSETT Charles Scott
Né le 1ᵉʳ août 1890 à Londres. XXᵉ siècle. Britannique.
Dessinateur publicitaire.

BASSETT Frances Christine. Voir **COMSTOCK**

BASSETT George
XIXᵉ siècle. Britannique.
Peintre de paysages.
Il exposa à Londre à la Royal Academy, à la British Institution et à Suffolk Street, entre 1829 et 1875.

BASSETT H. Ellsworth
Né le 1ᵉʳ février 1875 à Washington D.C. XXᵉ siècle. Américain.
Peintre et illustrateur.
Il fut élève de J.-P. Laurens et d'Ernest Girardot à Paris ainsi que de l'Art Student League à New York.

BASSETT R., Miss
XIXᵉ siècle. Britannique.

Peintre de paysages.
Elle exposa à Londres à Suffolk Street en 1862.

BASSETT T.
XVIIIᵉ siècle. Travaillait à Londres vers 1790. Britannique.
Graveur de portraits.

BASSETTI Marcantonio ou **Marco**
Né vers 1586 ou 1588 à Vérone. Mort en 1630 ou 1636 à Vérone. XVIIᵉ siècle. Italien.
Peintre de compositions religieuses, portraits, fresquiste. Caravagesque.
Après avoir étudié chez Félice Brusasorci, il alla à Venise, où son talent se développa surtout sous l'influence de Tintoretto. On le trouve mentionné à Rome, en 1616. Dans cette ville, il peignit deux fresques pour l'église Santa Maria dell'Anima. Revenu à Vérone, il travailla beaucoup pour les différentes églises de la cité. Il aurait séjourné en Angleterre.
Dès ses premières œuvres, comme la *Complainte sur le Christ mort*, de la Galerie Borghèse à Rome, il se montre sensible à l'art du Caravage. Plus tard, son style devient plus violent, parfois brutal. Il retrouve une certaine sobriété pour ses portraits. Dans l'ensemble, il est l'un des artistes qui a contribué à faire de Vérone un centre caravagesque.
BIBLIOGR. : In : *Diction. de la peinture italienne*, coll. Essentiels, Larousse, Paris, 1989.
MUSÉES : MUNICH (Alte Pina.) : *Peinture d'autel* – ROME (Gal. Borghèse) : *Complainte sur le Christ mort* – VÉRONE (Mus. Civico) : *Thomas incrédule* 1627 – *Madone avec saints* 1628 – *Saint Antoine lisant un livre – Vieillard avec un livre*.
VENTES PUBLIQUES : PARIS, 1869 : *Le Sauveur du monde* : **FRF 500** – PARIS, 1894 : *La Vierge au chardonneret* : **FRF 2 500** – MILAN, 6 avr. 1965 : *Portrait d'un vieillard* : **ITL 4 000 000** – LONDRES, 9 avr. 1965 : *La Sainte Famille* : **GNS 600** – MILAN, 10 mai 1966 : *Danaé* : **ITL 1 400 000** – MILAN, 5 déc. 1978 : *Scène de déluge*, h/t (70x88) : **ITL 5 000 000** – LONDRES, 17 juil. 1981 : *Saint Sébastien secouru par sainte Irène*, h/t (91,5x109,2) : **GBP 2 800** – MILAN, 30 nov. 1982 : *Lamentations de Jacob*, pl. et lav. de bistre (14,4x19) : **ITL 700 000** – NEW YORK, 13 jan. 1987 : *Sainte Irène soignant saint Sébastien*, h/t (88,7x107) : **USD 60 000** – LONDRES, 18 avr. 1994 : *Étude de nu masculin allongé vu de dessous*, h/pap. (18,5x26) : **GBP 3 200** – NEW YORK, 16 mai 1996 : *Le Christ mort adossé à un rocher*, h/pan. (33,7x19,1) : **USD 14 950** – PARIS, 4 avr. 1997 : *Le Massacre des Innocents*, pierre noire, pl., h/pap. mar./t. (28,5x19,5) : **FRF 18 000**.

BASSEVELDE Casin ou **Nicasius Van**
XVᵉ siècle. Actif à Gand, vers le milieu du XVᵉ siècle. Éc. flamande.
Peintre.
Il excella dans la peinture décorative. Il peignit ainsi des étendards, des bannières, des armoiries pour la ville de Gand et la noblesse.

BASSEVELDE Jacob van
Mort en 1502. XVᵉ siècle. Éc. flamande.
Peintre.
Cet artiste, fils de Jan Bassevelde le Jeune, remplit les fonctions de doyen de la corporation des peintres gantois de 1499 à 1502.

BASSEVELDE Jan van, l'Ancien
XVᵉ siècle. Vivant à Gand. Éc. flamande.
Peintre.
La ville de Gand l'occupa beaucoup à des décorations, de 1411 à 1424. Entre autres travaux, il décora en collaboration avec W. de Ritsere le dais porté dans les processions des Gantois à Notre-Dame de Tournai.

BASSEVELDE Jan van, le Jeune
XVᵉ siècle. Éc. flamande.
Peintre.
Il est cité comme maître en 1453 à Gand.

BASSEVELDE Lievin van
XVᵉ siècle. Actif à Tournai. Éc. flamande.
Peintre.
Il entra dans la gilde de cette ville, avec le titre de maître, le 14 février 1442.

BASSFORD Wallace
XXᵉ siècle. Américain.
Peintre de paysages animés.
VENTES PUBLIQUES : NEW YORK, 1ᵉʳ oct. 1987 : *La flotille de pêche*, h/t (75,6x60,8) : **USD 1 800**.

BASSI Antonio
Mort en 1782 à Ferrare. XVIIIe siècle. Italien.
Peintre.
Il exécuta des peintures d'autel pour les églises de San Clemente et de San Giovanni Battista, à Ferrare.

BASSI Bartolommeo ou Basso
Né à Gênes. XVIIe siècle. Actif au début du XVIIe siècle. Italien.
Peintre.
Il fut l'élève d'Andrea Ansaldo.

BASSI Bartolommeo di Giovanni
Mort en 1514. XVIe siècle. Actif à Bologne. Italien.
Miniaturiste.
Il commença en 1505, l'ornementation des livres de chœur de San Petronio.

BASSI Ferdinando
Né en 1819 à Trente. Mort le 18 février 1883 à Venise. XIXe siècle. Italien.
Portraitiste et peintre d'histoire.
Élève de l'Académie de Venise, Bassi fit preuve d'une grande facilité dans le portrait et exécuta de nombreuses commandes pour les nobles et les personnages de marque de cette ville. Il ne fut pas moins heureux comme peintre d'histoire et laissa aussi des dessins conservés au musée communal et chez des particuliers de Trente. Parmi ses portraits, on signale tout particulièrement ceux du comte Maximilien Manci et de la baronne Notburga Mersi (née comtesse Manci) et les trois portraits des membres de la famille noble Bortolazzi-Fogazzaro. L'église paroissiale de Borgo, dans le Val de Sugana, possède une *Rencontre de Jésus et de Marie au Temple*. On voit de lui également une *Vierge* à la chapelle de Torcegno et une *Mater Dolorosa* à l'église paroissiale de Levico.

BASSI Francesco
Né en 1652 ou 1664 à Bologne. Mort en 1732, ou 1693 à Milan. XVIIe-XVIIIe siècles. Italien.
Peintre.
Il fut l'élève de Cesare Gennari et de Guerchin. En collaboration avec Ercole Graziani, il travailla à la décoration de la façade de la cathédrale de Florence. Parmi ses ouvrages dans sa ville natale, on cite des fresques exécutées dans les églises à la manière de Guerchin. et mourir, à Milan, en 1693.

BASSI Francesco Maria, l'Ancien, dit il Cremonese da' Paesi
Né en 1642 à Crémone. Mort vers 1700. XVIIe siècle. Italien.
Paysagiste.
Après avoir longtemps vécu à Crémone, il alla à Venise où il fonda une école. On cite de lui deux tableaux dans la galerie ducale de Mantoue : *Un paysan* et *Le Christ sur la route d'Emmaüs*.

BASSI Francesco Maria, le Jeune
Mort après 1750. XVIIIe siècle. Travaillant à Crémone. Italien.
Paysagiste.
Il était le neveu de Francesco Bassi, qui fut aussi son maître.

BASSI Giacomo
XVIIIe siècle. Actif à Rome vers 1784. Italien.
Graveur.

BASSI Giambattista
Né le 20 février 1784 à Massa Lombarda. Mort le 5 juillet 1852 à Rome. XIXe siècle. Italien.
Peintre de paysages.
Ce fut un ami de Canova.
Dans ses paysages, il s'inspira des ouvrages de Salvator Rosa, de Claude Lorrain et du Poussin. On cite parmi ses œuvres : *La Cascade du Velino* ; *Le lac d'Albano*.
VENTES PUBLIQUES : PARIS, 9 fév. 1928 : *Vue d'Italie*, aquar. : FRF 290 – ROME, 2 juin 1994 : *La maison du Vascello à Gianicolo*, h/t (42x58) : ITL 8 625 000.

BASSI Giovanni Maria
XVIIIe siècle. Travaillant à Bologne vers 1700. Italien.
Sculpteur et médailleur.
Le groupe de la *Sainte Famille*, qui se trouve à l'Archevêché, est de lui, ainsi que les statues des côtés de l'autel dans l'église degli Angeli.

BASSI Raffaello
XIXe siècle. Italien.
Peintre.

L'Académie des Beaux-Arts à Ravenne possède des paysages de lui.

BASSI da Modena Tommaso di Cesare
XVe-XVIe siècles. Actif à Bologne. Italien.
Peintre de miniatures.
Il travailla à l'ornementation des livres de San Petronio. En 1503, il décora, avec Matteo da Milano, un grand Bréviaire pour Ercole Ier de Ferrare.

BASSIANI Bernadino
XVIIe siècle. Travaillaint à Milan. Italien.
Graveur.
Peut-être parent de Cesare Bassano. On cite de lui : *Le portrait du duc de Feria*, 1641.

BASSIGNY Armand Claude Mauvie
XVIIIe siècle. Français.
Peintre.
Reçu à l'Académie de Saint-Luc en 1782.

BASSILI SEHNAOUI Mouna
Née en 1945 à Alexandrie. XXe siècle. Active au Liban. Égyptienne.
Peintre de compositions à personnages, figures, graphiste, illustrateur.
Une fois établie au Liban, elle fut élève de l'université Américaine de Beyrouth (AUB) pendant deux ans. Elle termina ses études à l'université de l'Arizona à Tucson, obtenant un diplôme d'arts graphiques et un Premier Prix à l'Exposition des Étudiants de l'université en 1966. De retour à Beyrouth, elle travailla comme graphiste au conseil National du Tourisme, et eut également une activité d'illustrateur de livres et magazines. Depuis 1986 elle est professeur d'arts graphiques à l'University College de Beyrouth. Elle participe à de nombreuses expositions collectives, dont le Salon annuel du Musée Sursock depuis 1966 et dont elle est sociétaire, le Salon d'Automne à Paris en 1988. Elle a fait aussi quelques expositions personnelles à Beyrouth depuis 1973.
Son style est typiquement illustratif. Elle figure avec humour les mœurs, coutumes, habitudes de la vie quotidienne des diverses catégories de la population libanaise.
BIBLIOGR. : Catalogue de l'exposition *Liban – Le regard des peintres*, Institut du Monde Arabe, Paris, 1989.

BASSIN C.
XVIIe-XVIIIe siècles.
Graveur.
Cet artiste serait, d'après Zani, Nicolas Bazin, qu'il confond peut-être avec Cornelio Bassini. Il est cité par Heinecken. On n'a de lui qu'une gravure : *Guillaume l'Ermite*, représenté à mi-corps, d'après Francesco Vanni.

BASSINE Piotr Vassilievitch
Né le 25 juin 1793 à Saint-Pétersbourg. Mort le 16 juillet 1877 à Saint-Pétersbourg. XIXe siècle. Russe.
Peintre d'histoire, portraits, paysages.
Fils de fonctionnaire et fonctionnaire lui-même, il entra, en 1813, à l'Académie des Beaux-Arts de Saint-Pétersbourg, où il fut élève de V. K. Chebouïev. À la suite du succès qu'il remporta avec son tableau : *Le Christ chassant les marchands*, l'Académie l'envoya comme pensionnaire en Italie, en 1819. Il y exécuta des copies d'après Raphaël et Dominiquin. En 1830, il fut rappelé en Russie pour participer à la décoration murale de la cathédrale Saint-Isaac. Il fut également l'auteur de peintures décoratives à Notre-Dame de Kazan à Saint-Pétersbourg et de plusieurs autres églises. Nommé membre de l'Académie et professeur de peinture d'histoire et de portraits, il exerça cette charge jusqu'en 1869, date à laquelle sa vue commença à s'affaiblir.
On cite, parmi ses œuvres dont la solidité d'exécution est remarquable : *Socrate au secours d'Alcibiade – Suzanne au bain – Le tremblement de terre de l'année 1829 à Rocca di Papa – Le faune Marsyas enseignant à jouer de la flûte au jeune Olympos*. S'il reste très classique dans ses sujets historiques, il fait preuve d'une liberté d'exécution dans ses paysages, où il s'attache à rendre la qualité de l'air, de la lumière, de l'atmosphère.
BIBLIOGR. : In : *La peinture russe à l'époque romantique*, catalogue de l'exposition des Galeries nationales du Grand Palais, Paris, 1976-1977.
MUSÉES : MOSCOU (Gal. Trétiakov) : *Nuages du soir, environs de Rome* – SAINT-PÉTERSBOURG (Mus. Russe) : *Accueil par le prince Andrei Bogolioubski des artistes envoyés par Frédéric Barberousse – Le prince Siméon le Superbe ordonne aux artistes russes*

et grecs de décorer une église de Moscou – Vassili II érige à Moscou l'église de la Vierge – Ivan III donne à Albert Aristotélès le droit de frapper la monnaie – Socrate au secours d'Alcibiade – Suzanne au bain – Le tremblement de terre de l'année 1829 à Rocca di Papa – Le faune Marsyas enseignant à jouer de la flûte au jeune Olympos.

VENTES PUBLIQUES : PARIS, 10 avr. 1995 : *Flore et l'Amour*, h/t (98,5x74) : **FRF 50 000.**

BASSINELLIS Bartolommeo
XVIIe siècle. Travaillait à Florence. Italien.
Sculpteur.
En 1619, il exécuta, en collaboration avec son frère Francesco et avec Nicola Botti, un tabernacle de marbre, d'après un dessin de Cosmo Fansaga, pour l'église du couvent de Santa Patrizia à Naples.

BASSINELLIS Francesco
XVIIe siècle. Actif à Florence. Italien.
Sculpteur.
Il aida son frère Bartolomeo dans ses travaux, notamment à l'église du couvent de S. Patrizia à Naples.

BASSINET Jean
XVIe siècle. Actif à Amboise. Français.
Sculpteur.
En 1551, il fit des décorations pour une entrée royale.

BASSINET-DAUGARD P. D.
Né vers 1670 à Avignon. XVIIe siècle. Vivait encore à Avignon en 1701. Français.
Graveur amateur.
Le Blanc cite de lui une pièce : *Chevalier et officier de l'arc de la Compagnie du marquis d'Orsau.*

BASSINI Cornelio
Italien.
Graveur.
On ne connaît de lui qu'une *Assomption de Marie* dans la manière de Raphaël.

BASSINOT H.
XIXe siècle. Français.
Graveur sur bois.
Grava quatre planches d'après Daniel Vierge pour l'*Histoire de France* de Michelet.

BASSIRI Bizhan
Né en 1954. XXe siècle. Italien.
Artiste d'installations.
Il a participé en 1993 à l'exposition *Rosa e giallo* à la Criée, halle d'art contemporain de Rennes.

BASSLER W.
Mort vers 1853 à Dresde. XIXe siècle. Allemand.
Peintre et lithographe.

BASSMADJIAN Henri
Né en 1958 à Bagneux (Hauts-de-Seine). XXe siècle. Français.
Peintre, technique mixte.
Il a participé à plusieurs expositions collectives à Paris en 1984, 1988, 1990, 1991 ; à Toulouse en 1985 et 1992 ; à New York en 1985, 1988, 1989. Ses œuvres ont été présentées dans des expositions personnelles, à partir de 1980, dans des villes de province, mais aussi à Paris et à New York. Certaines de ses œuvres peuvent prendre un caractère quelque peu fantastique.

BASSNER Heinrich
XVIIe siècle. Travaillant dans le canton d'Uri vers 1644. Suisse.
Peintre.

BASSO Andrea
XVIIe siècle. Actif à Naples dans la seconde moitié du XVIIe siècle. Italien.
Sculpteur sur bois.
Auteur des stalles du chœur de l'église Santa Maria dei Miracoli.

BASSO Simone
XVIe siècle. Actif à Florence. Italien.
Sculpteur.
Il construisit et décora l'autel de la Cappella Pasquali dans l'église Santa Maria Novella.

BASSOLI Antonio
Né le 20 décembre 1655 à La Mirandole. Mort le 21 juin 1705. XVIIe siècle. Italien.
Peintre.
Il existe de lui dans l'église San Francesco à La Mirandole, un tableau d'autel, représentant un épisode de la *Vie de saint Bernardin de Sienne.*

BASSOLI Giovanni Battista
XVIIe siècle. Actif à Modène vers 1620. Italien.
Sculpteur sur bois.
On lui doit un tabernacle en marbre de l'église San Bartolomeo, à Modène, qu'il exécuta avec l'aide d'artisans de Vérone et de Bologne.

BASSOLS Inès
Née à Mahon (Baléares). XXe siècle. Espagnole.
Peintre.
Ell exposa au Salon des Indépendants de 1931 à Paris.

BASSOMPIERRE D. F.
XVIIIe siècle. Actif à Paris vers 1779. Français.
Graveur.
Il exécuta des vignettes, d'après Ch. Eisen, et un *Buste de Henri IV*, d'après Cochin.

BASSOT Ferdinand
Né à Besançon (Doubs). XIXe siècle. Français.
Portraitiste et peintre de genre.
Élève de Pils et de Matout. Il exposa au Salon de Paris à partir de 1870.

VENTES PUBLIQUES : LONDRES, 22 nov. 1996 : *Dame assise dans un jardin*, h/t (115,5x137,2) : **GBP 3 450.**

BASSOT Jean
XVIe siècle. Actif à Paris. Français.
Peintre.
Connu surtout parce que Abraham Bloemaert fut pendant six semaines son élève.

BASSOTI Giovanni Francesco ou Bassotti
Né vers 1600. Mort en 1665, d'après Pascoli. XVIIe siècle. Italien.
Peintre.
Il était fils d'un peintre de Pérouse. C'est à Rome qu'il fit son éducation artistique, mais c'est à Pérouse qu'il travailla surtout.

BASSUS
XVe siècle. Vivait à Florence dans la seconde moitié du XVe siècle. Italien.
Sculpteur.
Il prit part aux travaux exécutés dans l'église de Saint-Pierre à Rome.

BASSY F.
XVIIIe siècle. Actif à Grenoble vers 1773. Français.
Sculpteur.
Il est l'auteur d'un buste de Louis XV, qui fut caché pendant la Révolution et restauré en 1887.

BAST Dominique de
Né en 1781 à Gand. Mort le 20 avril 1842. XIXe siècle. Belge.
Peintre.
De 1817 à 1835, il exposa à Gand des marines, des paysages et des portraits.

VENTES PUBLIQUES : BRUXELLES, 1847 : *Marine* : **FRF 8** – BRUXELLES, 1850 : *Marine* : **FRF 4.**

BAST Jean de
Né en 1883 à Bruxelles. Mort en 1975. XXe siècle. Belge.
Peintre de paysages, natures mortes, graveur, sculpteur, médailleur.
Il fut l'élève de l'École Saint-Luc, de l'Académie de Bruxelles et de l'Académie de Malines. Il est devenu chef de fabrication à l'Atelier du Timbre de Belgique.

BIBLIOGR. : In : *Diction. biogr. illustré des artistes en Belgique depuis 1830*, Arto, Bruxelles, 1987.

BAST Liévin Armand Marie de
Né le 2 mars 1787 à Gand. Mort le 10 septembre 1832. XIXe siècle. Éc. flamande.
Graveur, ciseleur.
Il fut l'élève de Pierre Tiberghien, et lui succéda dans son atelier en 1810. En 1808, il fut nommé membre de la Société des arts et, un peu plus tard, conservateur du cabinet des médailles à l'Université et professeur à l'Académie. La charge d'archiviste des Flandres lui fut confiée en 1829. L'ouvrage qu'il composa sur *L'Art de Van Eyck*, le fit nommer membre de l'Institut des Pays-Bas.

BAST Martin de

Né le 23 avril 1633 à Gand. Mort le 14 novembre 1703. XVIIe siècle. Éc. flamande.

Peintre.

On le trouve membre de la gilde à Gand en 1659. On sait par des documents de l'époque qu'en 1689 cet artiste tomba dans une profonde misère. On cite son tableau du *Baptême du Christ*, exécuté pour l'église de Saint-Michel à Gand.

BAST Ornuff

Né en 1907 à Oslo. XXe siècle. Norvégien.

Sculpteur.

Il fit ses études dans sa ville natale puis entreprit de voyager à travers toute l'Europe et dans le bassin méditerranéen. Il a exposé en Scandinavie, à Rome et participé à la troisième Biennale de Sao Paulo. En 1961, il a figuré à l'exposition internationale de sculpture au Musée Rodin. Il a réalisé des monuments à Oslo, Gjovik, Drammen et des reliefs pour l'hôtel de ville d'Oslo.

BAST Pieter

Né à Anvers. Enterré le 17 mars 1605. XVIe-XVIIe siècles. Éc. flamande.

Graveur.

Son œuvre principale consiste en des plans et des esquisses topographiques de Middelburg, Dordrecht et différentes villes de Hollande. Mais on a aussi de lui des gravures avec sujets historiques et une série de six vues de villes, avec figures bibliques. On cite encore six pièces représentant des *Fables et Paraboles* et quinze autres représentant des planches pour *l'Histoire des Pays-Bas* de Meterans, publiée en 1614.

P.G.f r.b.r.

BASTABLE H.

XIXe siècle. Actif à Witley (Angleterre). Britannique.

Paysagiste.

Il exposa en 1877 à Suffolk Street à Londres.

BASTANIER Hans

XXe siècle. Vivant à Berlin. Allemand.

Graveur.

A exposé six ex-libris à l'exposition de Berlin, en 1909.

BASTARD Étienne Germain

Né en 1786 à Paris. Mort en 1846. XIXe siècle. Français.

Graveur et architecte.

Il fut l'élève de Percier et de Fontaine. On a de lui une série de plans gravés par lui-même.

BASTARD Georges

Né à Andeville (Oise). XXe siècle. Français.

Décorateur.

Exposa des objets d'art de matières diverses (ivoire, écaille, cristal, etc...) à Paris au Salon d'Automne de 1910 à 1912 et au Salon des Tuileries en 1933 et 1934.

BASTARD Germain

XVIIe siècle. Actif à Orléans. Français.

Sculpteur.

Travailla à Grenoble vers 1636.

BASTARD Jean

XVIe siècle. Français.

Maître peintre.

Ce peintre vivait à Lyon en 1570 ; il y fut employé en 1574, aux travaux de l'entrée d'Henri III.

BASTARD Léon

Né en 1855 à Paris. XIXe siècle. Français.

Peintre de paysages, aquafortiste, lithographe.

Il travaillait dans la campagne autour d'Auvers-sur-Oise, dont il peignait les paysages. Il participa au Salon de 1879 à 1897.

Bibliogr. : Gérald Schurr : *Les Petits Maîtres de la peinture 1820-1920, valeur de demain*, Les Éditions de l'Amateur, t. III, Paris, 1976.

Musées : L'Isle-Adam (Mus. Senlecq).

Ventes Publiques : Cologne, 20 mars 1981 : *Bord de Seine*, h/t (46x54,5) : **DEM 2 800.**

BASTARD Marc Auguste

Né le 8 avril 1863 à Genève. Mort en 1926. XIXe-XXe siècles. Suisse.

Aquarelliste, peintre à la gouache, illustrateur, décorateur.

Il se fixa à Paris et exposa très souvent à la Société des Beaux-Arts. Il exposa également à Paris en 1892 à l'exposition Blanc et Noir.

Plusieurs villas suisses ont été décorées par lui.

Ventes Publiques : Berne, 7 mai 1982 : *L'exposition vers 1890*, gche (32x28) : **CHF 850.**

BASTARO Giuseppe del. Voir **PUGLIA**

BASTEDO H. E., Miss

XXe siècle. Active à Toronto (Canada) vers 1900.

Peintre.

BASTEL Jean Van

Né en 1477 à Malines. Mort en 1557 à Malines. XVIe siècle. Éc. flamande.

Peintre, décorateur et enlumineur.

Il était peintre de la cour, et reçut en 1520 le titre de peintre de Charles Quint. L'hôtel de ville de Malines conserve de lui un triptyque, représentant Charles Quint au milieu de ses armées.

BASTELLI Giuseppe

XVIIIe siècle. Actif à Naples. Italien.

Sculpteur.

Après le fameux tremblement de terre de 1732, il restaura les autels de l'église de S. Trinità delle Monache.

BASTERRECHEA Nestor

Né le 6 mai 1924 à Bermeo (Viscaya). XXe siècle. Espagnol.

Peintre et sculpteur.

Il réside depuis 1942 en Argentine et a reçu le premier prix de peinture à Buenos Aires en 1949. Il a participé à des expositions de groupe, notamment entre 1946 et 1950 au Salon National de Buenos Aires. C'est en 1952 qu'il réalise des fresques murales pour la crypte de la basilique de Aranzazu, une des plus vastes au monde. Il travaille en collaboration avec des architectes pour réaliser des décors intérieurs et a participé à l'exposition de sculptures organisées au Musée Rodin en 1961.

Musées : Santa Fé (Mus. des Beaux-Arts).

Ventes Publiques : Madrid, 26 mai 1987 : *Un parc dans la ville*, h/t (90x120) : **ESP 275 000.**

BASTERT Nicolaas ou Sylvert Nicolaas

Né le 7 janvier 1854 à Maarseveen. Mort en 1939. XIXe-XXe siècles. Hollandais.

Peintre de compositions animées, paysages, aquarelliste. Postimpressionniste.

Il fut élève des Académies des Beaux-Arts d'Amsterdam et d'Anvers. Il obtint une médaille d'or en 1892 (sans doute au Salon de Paris) pour *Après-midi d'hiver*, ainsi qu'une autre médaille d'or à l'Exposition de Munich en 1897.

Il a surtout peint les paysages hollandais, de la campagne, des canaux, des villages, mais travailla aussi au Danemark. Se situant dans la continuité des peintres de plein air et du postimpressionnisme, il s'est montré très souvent sensible aux variations de la lumière selon l'heure et la saison : *Une soirée d'hiver, Octobre en Hollande, Voilier dans les polders en été, Minuit l'hiver, Fin d'été*, etc.

N Bastert

Musées : Amsterdam (Stedelijk Mus.) : *Paysage* – Munich : *Minuit l'hiver* – Rotterdam (Mus. Boymans) : *Marécages*.

Ventes Publiques : New York, 25 mars 1903 : *L'hiver en Hollande* : **USD 100** – New York, 15 fév. 1907 : *Vue d'une rivière en Hollande* : **USD 450** – Amsterdam, 9-10 fév. 1909 : **NLG 520** – Londres, 30 avr. 1909 : *L'hiver, une ferme danoise sur les bords d'un canal* : **GBP 21** – Londres, 15 juil. 1910 : *Scènes de village* : **GBP 14** – Cologne, 24 mai 1965 : *Paysage en Hollande* : **DEM 2 070** – Vienne, 17 jan. 1967 : *La rue du village* : **ATS 7 000** – Amsterdam, 27 avr. 1976 : *Vue de Breukelen*, h/t (19,8x30,8) : **NLG 7 800** – Amsterdam, 7 juin 1977 : *Paysage fluvial*, h/t (39x59) : **NLG 5 000** – Amsterdam, 4 sep. 1978 : *La Basse-cour*, aquar. (33,5x43,5) : **NLG 3 200** – Londres, 24 juin 1981 : *Village au bord d'un canal*, h/t (62x94) : **GBP 1 000** – Amsterdam, 28 fév. 1989 : *Arbres autour de la mare*, h/t/pan. (44,5x33,5) : **NLG 1 092** – Amsterdam, 19 sep. 1989 : *Deux petites filles sur un sentier longeant une mare près de la ferme*, h/t (31x47,5) : **NLG 2 990** – Amsterdam, 11 sep. 1990 : *Maisons le long du Vecht en hiver*, h/t (35,5x51) : **NLG 2 300** – Amsterdam, 30 oct. 1990 : *Voilier dans les polders en été*, h/t (36x54) : **NLG 4 370** – Amsterdam, 6 nov. 1990 : *Prairie autour de la ferme avec des enfants sous les arbres en* *fleurs*, h/t (34x60) : **NLG 5 750** – AMSTERDAM, 14-15 avr. 1992 : *Vue de la rivière Vecht*, h/pan. (37,5x46) : **NLG 2 990** – AMSTERDAM, 2 nov. 1992 : *Le bac de Dieren*, h/t/pan. (34x58) : **NLG 3 450** – AMSTERDAM, 19 oct. 1993 : *Vue de la Vecht et d'un manoir*, h/t (70x101) : **NLG 9 200** – AMSTERDAM, 9 nov. 1994 : *Maisons de Groenekan*, h/t (35,5x58) : **NLG 6 900** – AMSTERDAM, 16 avr. 1996 : *Bûcheron près d'une ferme*, aquar. (52,5x38) : **NLG 3 186** – AMSTERDAM, 4 nov. : *Le Ferry*, h/t/pan. (35x59) : **NLG 3 540.**

BASTERT S. E.
XIXe-XX{e} siècles. Américain.
Peintre.
Membre de l'American Water-Colours Club, il a exposé à Saint Louis. Vers 1898, il séjourna en Hollande.

BASTESERS F.
Hollandais.
Graveur.
Cité par Zani, est sans doute le même que *Baltesir (Fr.)*.

BASTET Jean Tancrède Célestin
Né le 16 avril 1858 à Domène (Isère). Mort le 12 mai 1942 à Grenoble (Isère). XIXe-XX{e} siècles. Français.
Peintre de compositions à personnages, nus, portraits, paysages, natures mortes.
Il fut élève de l'École des Beaux-Arts de Grenoble et eut notamment pour professeur Aimé Irvoy, directeur de l'atelier de sculpture architecturale. Grâce à une bourse, il put entrer à l'École des Beaux-Arts de Paris dans l'atelier d'Alexandre Cabanel. Il fut nommé professeur puis directeur de l'École des Arts Industriels de Grenoble. Il présenta ses nombreuses toiles au Salon des Artistes Français entre 1890 et 1931, obtenant une mention honorable en 1890 et une médaille de troisième classe en 1891. Il reçut une médaille de bronze à l'Exposition universelle de 1900 et fut promu chevalier de la Légion d'honneur. Il était représenté à l'exposition : *Le portrait en Dauphiné au XIXe siècle*, à la Fondation Hébert d'Uckermann à La Tronche, en 1981.
Tancrède Bastet ne se départit pas des sujets classiques qu'il réalisa dans de nombreuses techniques : il peignit des nus, des compositions à personnages, des paysages et natures mortes à l'huile, au pastel ou à l'aquarelle. Chargé de mission, vers 1900, par le ministère des Colonies, il fit des voyages en Inde, Maroc, Égypte, d'où il rapporta de nombreuses études sur nature. Citons, parmi ses œuvres : *Le cimetière de la Toursans-Venin* 1890 – *Le gardeur de dindons* 1891 – *Femme hindoue allant faire ses ablutions au Gange* 1905 – *Portrait du bey de Tunis* 1907 – *La fontaine verte* 1910 – *Laboureur en Dauphiné* 1928 – *Portrait en plein air* 1931.

J·BASTET

MUSÉES : GRENOBLE (Mus. des Beaux-Arts) : *L'atelier Cabanel à l'École des Beaux-Arts* 1883 – *Le Maître d'armes* 1890 – *Le Credo* 1892 – *Portrait de Jules Bernard, ancien conservateur* 1902 – *Charmeur de serpents à Bénarès* 1904 – *Autoportrait* 1914 – LYON : *Jeune fille aux chrysanthèmes* 1897 – VIENNE : *Pervenches* 1903.
VENTES PUBLIQUES : LONDRES, 25 mars 1987 : *La belle endormie* 1899, h/t, de forme ovale (59x45) : **GBP 1 800** – LONDRES, 21 juin 1989 : *Sommeil* 1899, h/t, de forme ovale (60x46) : **GBP 5 500** – PARIS, 24 mai 1991 : *La procession à Bénarès*, h/t (81x117) : **FRF 105 000** – PARIS, 22 mars 1994 : *Le joueur de tambourin*, h/t (81x59) : **FRF 18 000.**

BASTET Victorien Antoine
Né le 17 janvier 1853 à Bollène (Vaucluse). Mort en mars 1905. XIXe siècle. Français.
Sculpteur.
Élève de Dumont et de Thomas à l'École des Beaux-Arts. Débuta au Salon de 1881 par une statue : *La vigne mourante* (mention honorable) ; il exposa ensuite : *La source de Vaucluse* (troisième médaille, 1882), *Le Paradis perdu* (1884), *L'Abandonnée* (1885), la même, marbre (deuxième médaille, 1886) : il est l'auteur des bustes de MM. *de Selve, Jules Gaillard, Léon Gauthier, Prospère Yvaren, comte Armand de Pontmartin*, de plusieurs médaillons en terre cuite qui figurent au Musée de Toulon : *L'abbé Barthélemy, Mirabeau, Massillon, Vasenargues.*
MUSÉES : BÉZIERS : *Buste de Gaveau – Enfant endormi.*

BASTHEIMER Georg Daniel
Né en 1679. Mort le 14 décembre 1746. XVIIIe siècle. Actif à Meiningen. Allemand.

Sculpteur.
Il prit part, en 1728, aux travaux de sculpture exécutés dans l'église de Welkershausen. Il exécuta des reliefs sur une porte à Meiningen en 1741, et fut sculpteur de la Cour.

BASTHEIMER Johann Lorenz
Mort le 4 avril 1765 à Meiningen. XVIIIe siècle. Allemand.
Sculpteur.
Il est l'auteur d'une statue de Neptune sur une fontaine du marché de Meiningen. Il fut, comme son père, Georg-Daniel Bastheimer, sculpteur de la Cour.

BASTHEIMER Johann Nicolaus
Né en 1716. Mort le 27 novembre 1761. XVIIIe siècle. Allemand.
Sculpteur.
Le duc Anton Ulrich le chargea de beaucoup de travaux en stuc. Il exécuta aussi des colonnes et des portails sculptés pour la résidence ducale d'Elisabethenburg. Fils de George-Daniel Bastheimer, il fut, comme lui, sculpteur de la Cour.

BASTIA Georges
XXe siècle. Français.
Peintre.
Il était chansonnier. Il a exposé au Salon des Humoristes de 1929 : *Urban ; Max Dearly ; Oléo.*

BASTIA Pascal
XXe siècle. Français.
Dessinateur.
Auteur d'affiches de cinéma.

BASTIAENS Abraham ou Bastiaensz
XVIIe siècle. Hollandais.
Peintre.
En 1654, il est cité comme élève de Karel Slabbaert à Middelburg.

BASTIAENSZ Louis
XVIe siècle. Actif à Amsterdam entre 1593 et 1598. Hollandais.
Peintre.

BASTIAN Oscar
Né le 24 décembre 1847 à Lutry. XIXe siècle. Suisse.
Paysagiste, peintre de genre et de portraits.
D'abord élève de Charles Gleyre et d'Yvon, il entre ensuite à l'École des Beaux-Arts à Paris. Plus tard, s'étant rendu à Munich, il se perfectionne sous la direction de Karl Otto. Son tableau : *Cascade*, qu'il envoya à Berne, fut acheté par la Société vaudoise des Beaux-Arts. En 1890, à la première exposition internationale suisse, on remarqua de lui une toile de nature morte et *Le réduit du braconnier*. Bastian, en 1882, fut nommé directeur de l'école cantonale de dessin, à Lausanne.

BASTIANI Alvise
XVe-XVI{e} siècles. Actif à Venise de 1457 à 1512. Italien.
Peintre.
Fils du peintre Marco Bastiani, et mentionné entre 1457 et 1512 à Venise.

BASTIANI Christoforo
XVe siècle. Italien.
Peintre.
Fils d'Alvise Bastiani. Il était actif à Venise vers 1494.

BASTIANI Francesco
XVIIe siècle. Travaillait en Italie. Italien.
Graveur en taille-douce.
On cite de lui une planche de saint François, d'après Guido Reni et *La Visitation*, d'après Fr. Salviati.

BASTIANI Giuseppe
XVIe-XVII{e} siècles. Actif à Macerata. Italien.
Peintre.
Il exécuta, pour la famille Ciccolini, un tableau représentant *Saint François en extase*, destiné à l'autel de l'église Santa Maria delle Vergini.

BASTIANI Giuseppe, dit Scattolone
Né le 28 février 1774 à Crémone. XVIIIe-XIX{e} siècles. Italien.
Portraitiste.

BASTIANI Ildebrando
Né le 15 octobre 1867 à Volterra. XIXe siècle. Italien.
Sculpteur de groupes, bustes.
Il fut élève de Rivalta et de Zocchi à Florence. Son *Buste de Santuzza*, en 1889, et ses groupes de genre, *Grand-père et petits enfants* et *Dégustation*, lui acquièrent une réputation appréciable.

Ventes Publiques : New York, 24 mai 1995 : *Hebe,* marbre (h. 110,5) : USD 10 350.

BASTIANI Lazzaro di Jacopo ou aussi Sebastiani
Né vers 1425. Mort en 1512. xvᵉ-xvıᵉ siècles. Italien.
Peintre de compositions religieuses.
Bastiani fut le précurseur de l'école de peinture dont Vittore Carpaccio devint un des disciples les plus célèbres. Pendant les soixante-trois ans que dura sa carrière, cet artiste semble avoir travaillé surtout à Venise, où en 1470 il entra comme « confratello » à la Scuola de San Girolamo et plus tard (1494) à celle de San Marco. Parmi ses élèves, on signale tout particulièrement : Vittorio Carpaccio, Jacopo Bello et Benedetto Diana.
Il collabora avec Benedetto Diana à la décoration des étendards pour la place Saint-Marc, et figura comme expert dans un comité, nommé pour juger des fresques de Giorgione. En 1460, Bastiani exécuta un tableau d'autel pour l'église de San Samuele, et, en 1470, fournit pour la Scuola de San Marco une *Histoire de David.* Il fit, en 1500, pour la Scuola di San Giovanni Evangelista, une composition des *Reliques de la sainte Croix,* conservée aujourd'hui dans la galerie de Venise. Bastiani commença à dater ses œuvres à partir de 1484.
Bibliogr. : C. Volpe : *Peintures et travaux d'art primitifs italiens, 1300-1480,* Londres, 1983.
Musées : Asolo veneto (Église d'Assunta) : *Saint Hieronymus,* tableau d'autel – Bergame (Gal. Lochis) : *Couronnement de la Vierge avec saints* – Berlin : *Pietà* – Klosterneuburg (Gal.) : *L'Annonciation de Marie* – Londres (Nat. Gal.) : *Madone à l'enfant* – Giov. Mocenigo – Milan (Mus. Brera) : *Saint Jérôme* – Murano (Église San Donato) : *Madone* – Paris (Mus. Jacquemart André) : *Prédelle* – Venise (Église du Redentore) : *Madone* – Venise : *Saint Antoine de Padoue et saints* – *Offrande des reliques de la Croix* – Vérone : *Madone* – Vienne : *Obsèques de saint Jérôme.*
Ventes Publiques : Paris, 30 mai 1949 : *La légende de saint Jérôme,* bois : FRF 400 000 – Londres, 7 déc. 1960 : *La Vierge à l'Enfant,* pan. : GBP 800 – Milan, 21 avr. 1988 : *Mère et enfant,* détrempe/pan. (43,5x30,5) : ITL 38 000 000 – Londres, 8 juil. 1988 : *Saint Michel archange,* h/pan. (73,5x89) : GBP 46 200 – New York, 2 juin 1989 : *La Madonne d'humilité,* détrempe/pan. à fond d'or (56,5x35,5) : USD 52 250 – Milan, 30 mai 1991 : *La rencontre de Jésus avec les saintes femmes et l'Ascension,* temp./pan. (30x25) : ITL 145 000 000.

BASTIANI Marco di Giacomo
Mort le 3 janvier 1489. xvᵉ siècle. Actif à Venise. Italien.
Peintre.
Il fut employé à la décoration des églises de Venise, de 1435 à 1480.

BASTIANI Sébastiano
xvᵉ-xvıᵉ siècles. Actif de 1489 à 1500. Italien.
Peintre.
Fils de Lazzaro di Jacopo Bastiani. Il travailla pour les Scuole de San Marco et della Misericordia à Venise. Il était prêtre.

BASTIANI Simone
xvᵉ siècle. Actif à Venise de 1457 à 1474. Italien.
Peintre décorateur.
Fils de Marco Bastiani.

BASTIANI Vincenzo
xvıᵉ siècle. Vénitien, actif en 1513. Italien.
Peintre.
Fils de Lazzaro Bastiani.

BASTIANI Zuane de Lazaro
xvᵉ siècle. Actif à Venise vers 1474. Italien.
Peintre.

BASTIANINI Augusto
Né en 1875 à Casole (province de Sienne). xxᵉ siècle. Italien.
Peintre d'histoire.
Il entra en 1892 à l'Académie de Florence, où il eut pour professeur Joseph Ciaranfi. Il reçut une médaille à Livourne en 1901, et à Sienne en 1905. Il exposa à Londres, Munich, Milan et Venise. D'entre ses œuvres sont citées : *Annonce de la défaite de Marciano* de 1899, qui lui valut un prix dans un concours à Sienne, *Rayons d'or* de 1907.
Ventes Publiques : Milan, 5 avr. 1979 : *Paysage fluvial* 1906, h/t (80x100) : ITL 1 300 000.

BASTIANINI Giovanni
Né le 17 septembre 1830 à Camerata. Mort le 29 juin 1868 à Florence. xıxᵉ siècle. Italien.

Sculpteur.
Bastianini se forma sous la direction de Pio Fedi et de Girolamo Torrini, et s'assimila avec une grande facilité la manière des sculpteurs du xvᵉ siècle. Thieme et Becker rapportent qu'un buste représentant le poète Girolamo Benivieni fut acheté par un collectionneur parisien comme une œuvre ancienne. On le vit à Paris à une « Exposition rétrospective » et vers 1866 il passa au Louvre dans la section Renaissance. Ce ne fut que vers la fin de l'année suivante que l'erreur fut reconnue. Une copie en terre cuite de cet ouvrage se trouve à San Marco, à Florence, qui possède également un buste de Savonarole, par Bastianini. Parmi les autres ouvrages de ce sculpteur, on mentionne : *Buste de Gaetana Bianchi, Statue d'une chanteuse, Statuette peinte de Giovanni delle Bondenere, Groupes des bacchantes* et *des Quatre saisons, Les armoiries* à la Banque nationale à Florence. Le Victoria and Albert Museum de Londres possède une série de ses œuvres, en plâtre.
Musées : Florence (Art Mod.) : *Il conte Francesco Oliviero Jennison.*

BASTIANINO. Voir FILIPPI Sebastiano, le Jeune

BASTIANO
xvıᵉ siècle. Italien.
Peintre.
On trouve son nom mentionné dans des documents de la cour des Médicis à Florence, à laquelle il fut attaché. En 1581, il était en Allemagne et fut chargé de la décoration du château du comte Wilhelm von Zimmern, à Mess-Kirch.

BASTIANO Corso
Né en 1419 probablement à Sienne. xvᵉ siècle. Italien.
Sculpteur.
Il était le fils de Bastiano di Corso.

BASTIANO Giuliano
Né en 1421 probablement à Sienne. xvᵉ siècle. Italien.
Sculpteur.
Il était le fils de Bastiano di Corso.

BASTIANO di Corso
xvᵉ siècle. Actif à Sienne et à Florence. Italien.
Sculpteur.
De 1420 à 1464, il fut occupé à des travaux de décoration destinés à la cathédrale de Sienne.

BASTIANO di Francesco
xvıᵉ siècle. Italien.
Sculpteur.
Il fut chargé, avec Francesco di Giovanni, d'exécuter le monument funéraire de Pie III pour l'église Saint-Pierre à Rome. Cette œuvre fut transférée en 1614 dans l'église Sant'Andrea della Valle, où elle est encore. Il était le fils du sculpteur Francesco di Simone Ferrucci et vivait encore en 1507.

BASTIANO di Francesco di Sano
xvᵉ siècle. Actif à Sienne. Italien.
Sculpteur, peintre et mosaïste.
Il travailla pour la cathédrale de Sienne. On cite de lui : *La Victoire de Jephté,* groupe exécuté d'après un dessin d'Antonio Federighi. Il collabora avec Guidoccio Cozzarelli aux peintures de la coupole, qu'il décora de ses fresques.

BASTIANO da Garlascho
D'origine lombarde. xvᵉ siècle. Italien.
Peintre.
De 1470 à 1473, on le trouve à Alexandrie, occupé à exécuter des blasons.

BASTIANO di Giovanni da Appennino
xvıᵉ siècle. Travaillant à San Severino. Italien.
Sculpteur sur bois et marqueteur.
Domenico Indivini fut son maître. Il était le frère de Pier-Francesco Bastiano.

BASTIANO di Giovanni Battista da S. Ginesio
xvıᵉ siècle. Italien.
Peintre.
Il est mentionné dans des documents de Lorette, comme aide de Lorenzo Lotto. Fils de Giovanni-Battista Bastiano et frère de Paolo Bastiano.

BASTIANO di Milano
xvıᵉ siècle. Italien.
Sculpteur.
En 1502, il fit à Rome des travaux sur la place Saint-Pierre.

BASTIANO di Niccolo
XIVe siècle. Actif à Florence. Italien.
Peintre.
Mentionné, en 1380, comme membre de la confrérie de San Luca, à Florence.

BASTIANO di Niccolo da Montecarlo
XVIe siècle. Actif à Florence. Italien.
Peintre.
Membre de la Confrérie de Saint-Luc en 1525. Sans doute père de Sebastiano di Niccolo di Bastiano de Montecarlo.

BASTIANO da Santa Lena
Originaire de Dalmatie. XVIe siècle. Travaillait à Pérouse. Italien.
Sculpteur.
Il travailla pour la Basilique de San Pietro. Certains critiques se demandent s'il ne fut pas le maître de Domenico Schiavone.

BASTIANO da Santa Ternita
Mort avant 1559 à Venise. XVIe siècle. Italien.
Peintre.

BASTIDA de La. Voir **LA BASTIDA**

BASTIDE Alice Claire Sylvie
Née le 18 mai 1868 à Saint-Mandé (Val-de-Marne). XIXe-XXe siècles. Française.
Peintre de portraits, fleurs, miniaturiste.
Elle fut élève de l'Académie Julian où elle eut pour professeurs G. Bergès, Maurice Bompard, Victor Guétin, Henri Royer, François Schommer et Mme Laforge. Elle présenta ses œuvres à Paris, au Salon des Artistes Français dont elle fut sociétaire perpétuelle et hors concours. En 1914, elle fut lauréate de l'Institut. Elle exposa également au Paris-Salon, à l'Association des Artistes de Paris, à Copenhague et à l'Exposition internationale de 1937.
Elle peignit des portraits et figures typiques en miniature. Elle peignit aussi quelques tableaux de fleurs. Ses autres peintures se rattachent parfois à la peinture de genre : *Coquetterie* 1926, *La robe chinoise* 1928, *Réflexion* 1930, *La lecture* 1936, parfois se composent autour de recherches luministes ou d'harmonies chromatiques : *Reflets* 1932, *Contre-jour* 1933, *Pénombre* 1934, *Symphonie bleue, Symphonie mauve* 1935.
MUSÉES : PARIS (Mus. Galliéra) – PARIS (Mus. d'Orsay) – PARIS (Mus. du Petit Palais) – PAU – RENNES .

BASTIDE Florence
Née à Londres. XXe siècle. Française.
Peintre, miniaturiste.
Elle fut élève de François Schommer, d'Henri Royer et d'Alice Bastide. Au Salon des Artistes Français de Paris, dont elle était sociétaire perpétuelle, elle obtint une mention honorable en 1929. En 1939, elle présenta une *Nature morte*, miniature sur ivoire.

BASTIDE J.-B.
Mort vers 1970. XXe siècle. Français.
Peintre de marines.
Il était peintre amateur dans les années cinquante. Il peignait exclusivement des bateaux. Ses œuvres sont dans la collection de la « Transat » (Compagnie Transatlantique).
MUSÉES : PARIS (Mus. de la Marine).
VENTES PUBLIQUES : PARIS, 6 déc. 1990 : *Le paquebot « Duilio » de la compagnie « Italia », vu par tribord*, encre sépia et aquar. (20x48) : FRF 5 200.

BASTIDE Melchior
XVIIe siècle. Actif à Avignon vers 1620. Français.
Sculpteur.

BASTIDE Noël
Né à Toulouse (Haute-Garonne). XIXe-XXe siècles. Français.
Peintre de paysages et de natures mortes.
À Paris, il participa au Salon d'Automne de 1907.
Il aimait à peindre des vues urbaines tant parisiennes que provinciales, des paysages ruraux et des natures mortes.

BASTIDE Paul
Né à Vincennes (Val-de-Marne). XXe siècle. Français.
Peintre de paysages et de natures mortes.
À Paris, à la Société Nationale des Beaux-Arts de 1938, il exposa un paysage et une nature morte.

BASTIDE Pierre
XVIIe siècle. Vivant en Avignon en 1619. Français.
Sculpteur.

BASTIDE de Toulouse
XVIIIe siècle. Français.
Peintre.
Il fut professeur de dessin à l'Académie de Toulouse.

BASTIDE-TROUSSEAU Magdeleine
Née à Paris. XXe siècle. Française.
Sculpteur animalier.
Elle fut élève d'Ernest Laurent et du sculpteur animalier Édouard Navellier. En 1914, à Paris, elle devint sociétaire du Salon des Artistes Français, y obtint une mention honorable en 1924, et y figura jusqu'en 1929, présentant des sculptures d'animaux.

BASTIÉ B.
XIXe siècle. Français.
Sculpteur.
Exposa de 1885 à 1894, au Salon de Paris, des bustes en plâtre.

BASTIEN Alfred Théodore Joseph
Né en 1873 à Ixelles. Mort en 1955 à Uccle. XXe siècle. Belge.
Peintre de paysages, de natures mortes et de portraits, compositions à personnages. Postimpressionniste.
Il fut élève des Académies de Gand et de Bruxelles, où il eut pour professeurs Jean Delvin et Jean Portaels. En 1897, il remporta le prix Godecharle avec son tableau intitulé *Symbole de l'humanité chrétienne*. Il entreprit un long voyage à travers les pays d'Europe, d'Afrique du Nord (1905-1908), dans l'ex-Congo (1913). De 1914 à 1918, il se fixa le long de l'Yser. Il fut professeur et ensuite directeur de l'Académie de Bruxelles. Il fut membre de l'Académie royale de Belgique.
De ses voyages au Maroc et en Algérie, il rapporta des études de types locaux, à partir desquels il réalisa des compositions à personnages qu'il exposa au Cercle Artistique et Littéraire.

A Bastien

BIBLIOGR. : P. Van Den Dries : *Vie, voyages et œuvres d'Alfred Bastien*, Bruxelles, 1932.
MUSÉES : GAND : *Portrait de la mère de l'artiste* – PHILADELPHIE : *Portrait du sculpteur nain Kerfyzer* – SAN FRANCISCO : *Parmi mes amis*, série de 12 portraits.
VENTES PUBLIQUES : BRUXELLES, 12 mai 1934 : *Autoportrait* : BEF 1 800 – BRUXELLES, 24 nov. 1973 : *Nature morte à l'écrevisse* : BEF 55 000 – BRUXELLES, 4 mai 1976 : *Étang à Boitsfort*, h/pan. (38x50) : BEF 26 000 – BRUXELLES, 3 oct. 1977 : *Le caveau de danse à Tolède*, h/t (143x195) : BEF 46 000 – BRUXELLES, 21 oct. 1978 : *Paysage à l'étang*, h/t (54x68) : BEF 60 000 – BRUXELLES, 16 mai 1979 : *Les toits*, h/pan. (25x33) : BEF 50 000 – BRUXELLES, 25 nov. 1982 : *Rouge cloître sous la neige*, h/t (43x53) : BEF 67 000 – BRUXELLES, 30 nov. 1983 : *Maison de campagne 1927*, h/t (70x90) : BEF 80 000 – BRUXELLES, 28 mars 1984 : *Les bûcherons*, h/pan. (38x54) : BEF 45 000 – BRUXELLES, 3 oct. 1985 : *Jeune femme assise dans un jardin*, h/t (100x80) : BEF 380 000 – BRUXELLES, 29 oct. 1986 : *Le Pont en Séville 1898*, h/t (49x79) : BEF 55 000 – CALAIS, 8 nov. 1987 : *Paquebot à l'entrée du port de Liverpool 1928*, aquar. (21x30) : FRF 2 500 – LOKEREN, 8 oct. 1988 : *Pont de Séville*, h/t (50x81) : BEF 70 000 – PARIS, 21 nov. 1988 : *Bouquet de fleurs dans un vase*, h/t (60x50) : FRF 13 000 – BRUXELLES, 19 déc. 1989 : *Mauresque*, h/pan. (33x58) : BEF 42 000 – BRUXELLES, 27 mars 1990 : *Sous-bois*, h/t (60x50) : BEF 110 000 – NEW YORK, 24 oct. 1990 : *Natre morte de fleurs et de sculptures 1924*, h/t (92,7x133,3) : USD 19 800 – PARIS, 20 nov. 1991 : *La caravane*, h/pan. (38x55) : FRF 10 000 – AMSTERDAM, 14-15 avr. 1992 : *Maisons dans un paysage*, h/t (56x79) : NLG 2 185 – LOKEREN, 23 mai 1992 : *Paysage avec de nombreux personnages*, h/t (39x56) : BEF 70 000 – CALAIS, 5 juil. 1992 : *Bord de rivière 1918*, h/t (81x100) : FRF 11 000 – AMSTERDAM, 20 avr. 1993 : *Nature morte de roses*, h/t (89x69) : NLG 5 750 – LOKEREN, 9 oct. 1993 : *Jeune algérienne*, h/t (100x80) : BEF 110 000 – PARIS, 22 mars 1994 : *La reine au grand manteau*, h/t (66x47) : FRF 5 100 – AMSTERDAM, 8 nov. 1994 : *Paysage côtier*, h/t (49x58) : NLG 5 060 – LOKEREN, 9 déc. 1995 : *Femmes orientales*, gche et aquar. (54x74,5) : BEF 65 000 – PARIS, 11 déc. 1995 : *Portrait de femme grecque*, h/t (102x62) : FRF 10 000 – AMSTERDAM, 16 avr. 1996 : *Nature morte avec une langouste 1944*, h/t (80x70) : NLG 4 248.

BASTIEN Charles
Né à Rombas (Moselle). XXe siècle. Français.

Peintre de paysages et de natures mortes.

Il fut élève de Jules Adler et de Pierre Montézin. À Paris, sociétaire du Salon des Artistes Français, il y présenta de nombreuses vues de la banlieue parisienne : *Paysage d'automne à Saint-Cloud*, 1928 – *La neige au Bas-Meudon* – *La neige, près de Sèvres*, 1936, ainsi que des natures mortes.

BASTIEN Denis Ernest

Né au XIXᵉ siècle à Metz. XIXᵉ siècle. Français.

Peintre de genre et portraitiste.

Élève de Flandrin, il exposa au Salon de Paris de 1861 à 1877.

BASTIEN Gérard

Né en 1950 à Arras (Pas-de-Calais). XXᵉ siècle. Français.

Peintre.

Il présenta au Salon de Mai de 1989 des compositions figuratives dont les sujets décrivaient des scènes de la vie moderne et urbaine.

BASTIEN Marie Joséphine

Née à Strasbourg (Bas-Rhin). XXᵉ siècle. Française.

Peintre.

Elle fut élève de Marcel Baschet, de Philippe Parrot et de Mme Thoret. À Paris, elle devint sociétaire du Salon des Artistes Français et y exposa en 1927 *La maman petite*.

BASTIEN de Bar

XVIᵉ siècle. Actif en Lorraine. Français.

Sculpteur.

Il travailla au service des ducs de Lorraine pour lesquels il fit des sculptures décoratives au château de Gondreville en 1531, ainsi qu'au château ducal de Nancy en 1532.

BASTIEN de Beaupré Auguste

XXᵉ siècle. Français.

Graveur à l'eau-forte.

BASTIEN-LEPAGE Émile

Né le 20 janvier 1854 à Damvillers (Meuse). Mort le 19 janvier 1938 à Neuilly-sur-Seine. XIXᵉ-XXᵉ siècles. Français.

Peintre de portrait, paysages, fresquiste, architecte.

Frère et élève de Jules Bastien-Lepage. Sociétaire perpétuel du Salon des Artistes Français, il exposa en 1884 et obtint une mention honorable en 1889. Sociétaire de la Nationale des Beaux-Arts, il a participé aux Expositions de 1910 à 1933 par des portraits, des paysages et des fresques. Il fit le projet du monument à Marie Bashkirtseff. En 1929 il avait présenté : *Après la guerre*, *Le Doyen de la prairie*, *Autour de Damvillers*.

BASTIEN-LEPAGE Jules

Né le 1ᵉʳ novembre 1848 à Damvillers (Meuse). Mort le 10 décembre 1884 à Paris. XIXᵉ siècle. Français.

Peintre de compositions religieuses, sujets de genre, portraits, paysages, aquarelliste, sculpteur, dessinateur.

Dès sa plus tendre enfance, Bastien-Lepage manifesta un goût très vif pour le dessin. Fils d'un cultivateur aisé, il reçut de son père ses premières leçons. Il les continua au lycée de Verdun, où il fut encouragé par M. Fouquet, son professeur de dessin, frappé de son jeune talent. Ses études terminées, il dut, pour ne point déplaire à sa famille qui redoutait pour lui les déboires de la vie artistique, entrer, en 1867, dans l'administration des Postes, mais s'étant convaincu de l'impossibilité qu'il y avait pour lui à mener les deux choses de front, il abandonna les Postes pour s'adonner entièrement à sa vocation. Il fut reçu premier à l'École des beaux-arts et entra à l'atelier de Cabanel. Ses débuts furent particulièrement durs. Il devait se contenter de la pension de 600 francs que lui allouait le Conseil général de la Meuse. Il débuta au Salon de 1870 avec un *Portrait de jeune homme*, qui n'eut guère de succès. Pendant la guerre, il fit vaillamment son devoir dans la compagnie de francs-tireurs du peintre Castellani. Blessé pendant le siège, il dut rester deux ans à Damvillers pour se rétablir et ne revint à Paris qu'en 1872. Les ressources du jeune artiste étant toujours très modestes, il se mit à peindre des éventails et exposa, même au Salon officiel de 1873, un tableau allégorique destiné à un parfumeur. La critique ne lui fut guère favorable et Bastien-Lepage se décida alors à changer sa manière. En 1874, il envoya deux toiles dont l'établissement lui avait coûté de multiples sacrifices de temps et par suite de nombreux jours de jeûne. Mais son effort fut récompensé et sa *Chanson de Printemps* fut acquise par l'État. C'était son premier essai de peinture rustique qui devait par la suite le rendre célèbre. En même temps, il envoyait un *Portrait de Grand-Père* qui était son premier pas dans cette longue série de portraits si naturels d'expression et si fouillés en même temps qui ont contribué largement à sa gloire. Cependant Bastien-Lepage visait au Prix de Rome et, en 1875, il donna son *Annonciation*, qui lui valut un deuxième prix et l'éloge unanime des critiques d'art. La même année, sa réputation grandissait encore avec ses deux envois au Salon : *Portrait de Mme Hayem*, et *La Communiante*. Une tentative, faite en 1876 dans le genre classique avec un tableau représentant *Priam aux pieds d'Achille*, fut moins heureuse et Bastien-Lepage, revenant à sa première manière, de plus en plus disciple de Courbet et de Manet, donna l'an suivant cette magistrale composition : *Les Foins*, aujourd'hui au Louvre. Dès lors, le jeune maître est définitivement lancé. Mais il a su ne pas sacrifier au goût du public ses qualités de sincérité et d'observation un peu réaliste.

Parmi les plus belles toiles de ce genre, nous citerons, indépendamment de celles déjà mentionnées, *Les Ramasseuses de pommes de terre*, *L'Amour au village*, *La Forge*, *La petite fille allant à l'école*, *La Vendange*, *Les Lessiveuses*, *L'Orage sur la plaine*, *Les Blés*, *Le paysan allant voir son champ*, *La Vieille femme examinant un pommier*, *L'Incendie au village*, *Le Colporteur endormi*, *Fleur du chemin*, etc. Bastien-Lepage fut aussi un remarquable portraitiste qui, derrière le masque, recherchait la psychologie du personnage. Parmi ses meilleurs portraits, il faut signaler ceux de son père, de sa mère, de son frère, de Lady L..., de Sarah Bernhardt, d'André Theuriet, de Madame Juliette Drouet, du prince de Galles, de Gambetta, de M. Andrieux, d'Albert Wolff, etc.

Bastien-Lepage demeure le peintre officiel des paysans de la Meuse et des coins de terre auxquels ils donnent leur soin. Il les suit pas à pas dans leurs occupations quotidiennes, et qu'il le veuille ou non, il est le créateur d'une véritable école de plein air. En lui se révèle une passion de la nature simple et grandiose à la fois, un désir évident de faire réel. Il a continué le poème champêtre commencé par Millet, en lequel le paysage est uniquement le prétexte à un merveilleux décor et dont l'intérêt principal réside dans l'interprétation intensément vivante de la physionomie des personnages. ■ M. Boucheny de Grandval

J BASTIEN-LEPAGE..

J BASTIEN-LEPAGE

Musées : Dublin : *Carlo Pellegrini* – Grenoble : *Mademoiselle Xoupp* – La Haye : *Avant les foins* – Lille : *Priam aux pieds d'Achille* 1876 – Montpellier : *Sarah Bernhardt* – New York : *Jeanne d'Arc* 1879 – *Un moment difficile* – Paris (Louvre) : *Mr Henri Alexandre Wallon* 1875 – *Les Foins* 1877 – *Madame Godillot* 1878 – *Le Père de l'artiste* 1879 – *La Mère de l'artiste* – *Le Grand-père de l'artiste* – *M. Niel* – *Edouard VII* – *M. Piet-Laboudrie* – *Adolphe Franck* – *Portrait de l'artiste* – Provins : *La Chanson du Printemps* 1874 – *M. Loison*.

Ventes publiques : Paris, 1880 : *Deux fillettes*, dess. : **FRF 200** ; *Damvillers* : **FRF 200** – Paris, 1881 : *Esquisse du mendiant* : **FRF 1 000** – Paris, 1881. – Le même tableau : : **FRF 1 481** – Paris, 1882 : *Le mendiant* : **FRF 36 000** – Paris, 1885 : *Le mendiant* : **FRF 21 000** ; *Récolte des pommes de terre* : **FRF 29 100** ; *L'Annonciation aux bergers* : **FRF 23 800** – Paris, 1892 : *Au temps des vendanges (Damvillers)* : **FRF 16 000** – Paris, 1893 : *L'Église de Concarneau* : **FRF 7 000** – Paris, 1900 : *L'Église* : **FRF 2 050** – New York, 10 fév. 1903 : *Rire d'avril* : **USD 2 100** – Londres, 19 mai 1910 : *Sur la plage à Brighton* : **GBP 276** – Paris, 21 novembre-2 déc. 1920 : *Le repos des moissonneurs*, cr., étude : **FRF 1 900** – Londres, 29 avr. 1927 : *Marie Bashkirtseff, petite fille* : **GBP 2 100** – Paris, 29 nov. 1935 : *Portrait de Madame Sarah Bernhardt* : **FRF 72 000** – Paris, 4 juin 1937 : *Intérieur d'une buanderie* : **FRF 9 150** – Paris, 12 déc. 1949 : *Calvaire* : **FRF 2 100** – Londres, 11 mai 1951 : *Jeune femme aux primevères* : **GBP 36** – Paris, 23 juin 1954 : *Verger* : **FRF 10 000** ; *Le mendiant* : **FRF 2 100** – Paris, 13 déc. 1965 : *Le port de Honfleur* : **FRF 7 200** – Paris, 16 mai 1973 : *Portrait de Marie Samary* : **FRF 30 000** – Bourg-en-Bresse, 16 avr. 1978 : *Jeune servante à l'ouvrage dans un verger*, h/t (50x57) : **FRF 5 000** – New York, 2 mai 1979 : *Portrait de femme*, h/pan. (34,5x25,7) : **USD 4 000** – Londres, 9 mai 1979 : *Portrait d'Albert Wolff* 1881, h/pan. (31x26) : **GBP 4 500** – New York, 24 fév. 1983 : *La pauvre Fauvrette* 1882, h/t (66x81) : **USD 38 000** – Monte-Carlo, 9 oct. 1983 : *Portrait de Sarah Bernhardt* 1879, chromolitho. (43x34,2) : **FRF 16 500** – Paris, 27 juin 1984 : *Le jeune garçon*, past. (41x35) : **FRF 30 000** –

New York, 30 oct. 1985 : *Portrait de Madame Lebègue au chapeau de paille*, past. (60x44,8) : **USD 8 000** – Londres, 17 juin 1986 : *Jeanne d'Arc entendant les voix*, bronze, patine brun foncé (H. 32,5) : **GBP 5 000** – Paris, 25 nov. 1987 : *Le jeune Lord* 1880, h/t (46x34) : **FRF 37 000** – Paris, 29 jan. 1988 : *Les dunes*, h/t (45x55) : **FRF 20 200** – Paris, 22 juin 1988 : *Le petit Lord* 1880, h/t : **FRF 45 000** – New York, 23 mai 1989 : *Réjane dans « Mimi »* 1880, h/t (39x66) : **USD 9 900** – Paris, 21 mars 1990 : *L'Homme à la brouette*, h/t (46x56) : **FRF 20 000** – Paris, 12 juin 1990 : *Portrait de Maurice Alexandre*, h/t (55,3x45,7) : **FRF 48 000** – Monaco, 15 juin 1990 : *Portrait d'homme*, cr. noir/pap. beige (62,5x42) : **FRF 13 320** – Paris, 24 mai 1991 : *Les foins* 1878, h/t (40x50) : **FRF 180 000** – Paris, 17 nov. 1991 : *Portrait d'homme* 1882, h/t (101x73,5) : **FRF 30 000** – Amsterdam, 22 avr. 1992 : *Lavandières dans une prairie vallonnée*, h/pan. (13,5x22,5) : **NLG 4 025** – New York, 17 fév. 1993 : *Les enfants pêcheurs* 1881, h/t (92,1x64,8) : **USD 7 475** – Reims, 20 juin 1993 : *Les petits pêcheurs* 1881, h/t (92x65) : **FRF 32 000** – Paris, 23 juin 1993 : *Les foins*, cr. noir (43,5x49,5) : **FRF 16 000** – New York, 27 mai 1994 : *La tentation de saint Antoine*, h/t (49x59) : **FRF 14 000** – New York, 24 mai 1995 : *Portrait de Sarah Bernhardt* 1879, h/t (43,8x34,3) : **USD 706 500** – Cousances-les-Forges, 18 juin 1995 : *Les petits pêcheurs*, h/t (92x65) : **FRF 88 000** – Paris, 13 oct. 1995 : *La petite marchande de fleurs*, aquar. (39,5x21,5) : **FRF 19 000**.

BASTIERE Francesco del
xvie siècle. Travaillait à Florence en 1565. Italien.
Peintre.

BASTIN
xixe siècle. Britannique.
Graveur sur bois.
Il était actif en Angleterre.
On connaît de cet artiste une planche pour : *A Sentimental Journey... by L. Sterne*, 1840.

BASTIN
Né à Daussois. xixe-xxe siècles. Belge.
Sculpteur de figures, bustes, animalier.
Cet artiste débuta dans l'enseignement, puis encouragé par des essais de sculpture, il suivit les cours du soir aux académies de Schaerbeek et de Bruxelles. Il abandonna ensuite la carrière de professeur et vint s'établir à Yves-Gomezée, se consacrant exclusivement à la reproduction des bêtes des champs. En 1901, il fut admis au Salon triennal de Bruxelles.
Parmi ses œuvres les plus remarquables, on cite : *Taureau en fureur*, *Les Faucheurs*, *Amoureux*. On lui doit aussi des bustes, notamment ceux de MM. Van den Dungen et du chevalier Hendrick.

BASTIN A. D.
xixe siècle. Britannique.
Peintre de genre, figures.
Il exposa à Suffolk Street, à Londres, entre 1871 et 1892.
Ventes Publiques : Londres, 13 juin 1990 : *Jalousie*, h/pan. (25x34) : **GBP 1 540.**

BASTIN Henri
Né en 1896. Mort en 1979. xxe siècle. Australien.
Peintre de scènes animées, paysages, peintre à la gouache.
Ventes Publiques : Rosebery (Australie), 29 juin 1976 : *Yellow, scrub at sunset* 1971, h/cart. (59x89,5) : **AUD 500** – Sydney, 10 mars 1980 : *Paysage d'Australie*, h/cart. (54,5x74) : **AUD 700** – Sydney, 2 mars 1981 : *Central Australia*, gche (49x62) : **AUD 1 200** – Sydney, 30 mai 1983 : *Coral reef* 1967, h/cart. (61x91) : **AUD 700** – Melbourne, 26 juil. 1987 : *Forêt d'eucalyptus* 1967, h/cart. (61x92) : **AUD 4 000** – Londres, 30 nov. 1989 : *Combat primitif* 1963, gche (26,8x36,8) : **GBP 880.**

BASTINÉ J. B. J.
Né en 1783 ou 1785 à Louvain. Mort le 14 janvier 1844 à Aix-la-Chapelle. xixe siècle. Allemand.
Peintre d'histoire.
Venu à Paris en 1804, il travailla sous la direction de David. De retour en Allemagne, il fonda lui-même, en 1811, une école de dessin à Aix-la-Chapelle. Le musée de cette ville possède de lui *Retour de Tobie*.

BASTING Jean Léon
Né à Paris. xxe siècle. Français.
Sculpteur.
Élève de Capellaro et Paul Lefebvre. Il exposa un buste aux Artistes Français en 1926.

BASTINGIUS Jeremias
xviie siècle. Vivait à La Haye. Hollandais.
Peintre de marines, dessinateur.
On cite de lui trois marines, offertes par cet artiste amateur à la Confrérie des peintres entre 1654 et 1664, et un dessin daté de 1658.

BASTION
xve siècle. Actif à Bâle en 1491. Suisse.
Peintre.

BASTOGY Charles Albert Hector
Né à Neuilly-sur-Seine. xxe siècle. Français.
Peintre et aquafortiste.
Il fut élève de Jules Adler et sociétaire des Artistes Français.

BASTON Thomas
xviiie siècle. Vivait vers 1721. Britannique.
Peintre de marines, graveur.
Plusieurs artistes anglais, dont Harris et Kinkall, gravèrent ses dessins. On mentionne aussi neuf planches de marines publiées en 1721.

BASTONI Eusebio
xvie siècle. Travaillait à Pérouse. Italien.
Sculpteur sur bois.
Ses premiers ouvrages sont cités dans des documents. Au mois de janvier 1547, il fut admis dans la gilde des « maestri di pietra e legname » de Pérouse. Les boiseries du chœur de San Francesco, commencées par son père, furent achevées par lui et son frère Girolamo, vers 1560.

BASTONI Giambattista di Cecco di Matteo Mazzocchi ou del Bastone
xvie siècle. Travaillait à Pérouse de 1508 à 1530. Italien.
Sculpteur sur bois.
Bastoni travailla pour plusieurs églises de Pérouse avec la collaboration de Bernardino di Luca. Il fut bourgeois de Pérouse en 1523. Son dernier ouvrage, les sculptures du chœur à l'église San Francesco, qu'il laissa inachevées, fut terminé par ses fils Girolamo et Eusebio.

BASTONI Girolamo di Giambattista
xvie siècle. Italien.
Sculpteur sur bois.
Girolamo collabora en 1559 avec son frère Eusebio à l'achèvement des sculptures de l'église San Francesco à Pérouse commencées par leur père Giambattista ; Girolamo vivait encore en 1582.

BASTOR Hans
xve siècle. Vivait à Bâle en 1487. Suisse.
Peintre de sujets religieux.
Il peignit des saints et des cartes.

BASTOS Carlos
Né en 1925 à Salvador. xxe siècle. Actif au Brésil. Salvadorien.
Peintre de compositions à personnages.
Il peut être rangé parmi les peintres naïfs, peignant exclusivement des scènes typiques de la vie de Bahia.

BASTOS Fr. Luis de
xviiie siècle. Actif à Lisbonne. Portugais.
Peintre.
Moine de l'ordre des Carmes, il est cité parmi les meilleurs artistes portugais de son temps.

BASTOS Ruy Cordeiro
Né à Lisbonne. xxe siècle. Portugais.
Sculpteur.
Il fut élève de l'École des Beaux-Arts de Paris, où il eut pour professeurs Henri Bouchard et Paul Landowski. En 1914 il figura au Salon des Artistes Français.

BASTOS Victor
Né le 25 janvier 1832 à Lisbonne. Mort en 1894 à Lisbonne. xixe siècle. Portugais.
Peintre, sculpteur.
Élève de l'Académie de Lisbonne, il fit partie de son personnel enseignant en 1860. Il fut professeur à l'Université de Coimbra. On cite parmi ses œuvres le relief, au début de sa carrière, représentant le choléra de 1856, son monument à Luis de Camoens, une statue de Don Pedro V, et des bustes.

BASTUJI Kemal
Né le 2 avril 1923 à Malatya. xxe siècle. Depuis 1947 actif en France. Turc.

Peintre.

Avant de se fixer en France en 1947, il fit des études de philologie classique. La première exposition collective à laquelle il participa eut lieu en 1966 à Annecy et s'intitulait « Peuples et culture ». En 1969, une exposition particulière de ses travaux se déroula dans cette même ville à la Maison des Jeunes et de la Culture. En 1972, à Paris, il participa au Salon d'Automne et en 1973 au Salon des Réalités Nouvelles. En 1994, à Lyon, il a participé au petit groupe *Territoires imaginaires*.

Sa peinture est le lieu de développement du symbolisme des images rituelles d'Asie Mineure, qui rejoint les grands mythes universels, grâce à la poésie toute personnelle de son langage plastique.

BASTYN Hendrik ou Bastin
XVᵉ siècle. Actif à Anvers. Éc. flamande.
Peintre.

En 1460, il fut reçu dans la gilde de Saint-Luc à Anvers, en qualité de maître libre. Il en devint doyen en 1468. En 1467, il travailla pour le duc de Bourgogne, et plus tard prit part aux décorations pour les noces de Charles le Hardi à Bruges.

BASTYN Jean
XVᵉ siècle. Actif à Lyon. Français.
Peintre.

Un peintre de ce nom, qu'on trouve à Lyon en 1435 et 1440, était peut-être le peintre Jean Bastyn, d'Anvers, qui vivait en 1463.

BASYN Noe
XVIᵉ siècle. Actif à Anvers. Éc. flamande.
Peintre.

En 1509, il fut reçu maître libre dans la gilde de Saint-Luc, à Anvers.

BASZKOWSKI Jacek
Né en 1935 à Poznan. XXᵉ siècle. Polonais.
Peintre de compositions à personnages.

Il fut élève de l'Académie des Beaux-Arts de Varsovie. Par la suite, il travailla à Paris et dans les pays scandinaves. Il expose en majeure partie à Varsovie mais montra une exposition personnelle à Paris en 1967.

Il réalise des peintures de formats minuscules qui tiendraient aisément dans le creux de la main. Sa technique, aux pâtes épaisses et croûteuses, évoque celle de Monticelli. Il représente des personnages aux contours flous et incertains, mais que leur peu de matérialité n'empêche pas de se livrer manifestement à des pratiques érotiques, voire démoniaques, où, dans la fureur de l'acte, c'est plutôt la perte de la conscience d'eux-mêmes qu'ils poursuivent.

BAT-YOSEF Myriam
Née en 1931 à Berlin. XXᵉ siècle. Active en Israël et en France. Allemande.
Peintre, aquarelliste.

Sa famille immigra en Palestine en 1934, elle fut élève de l'Institut d'art de Tel-Aviv. Puis elle fréquenta l'École des beaux-arts de Paris, où elle se fixa pour un temps en 1950, et d'où elle rayonna à travers l'Europe, notamment à Florence. De 1966 à 1980, elle vécut à Jérusalem, puis en 1980 s'installa à Paris. Elle participe à de nombreuses expositions collectives : 1965 Biennale des Jeunes de Paris, où elle remporta un prix ; 1966 et 1967 Salons de Mai et Comparaisons à Paris ; 1972 Biennale graphique de Vienne. Elle montre ses œuvres dans de nombreuses expositions personnelles : 1958, 1966 musée de Tel-Aviv ; 1963 musée national de Reykjavik ; 1964, 1992, 1993 Paris ; 1964, 1969, 1972 Milan ; 1967 Tôkyô ; 1969 Copenhague ; 1971 musée d'Israël à Jérusalem ; 1981 Düsseldorf.

Ses peintures du début étaient figuratives, à tendance expressionniste, colorées et très influencées par les caractéristiques des pays visités, recherchant volontiers leurs aspects insolites. Dans sa période parisienne des années soixante, elle se rattachait au courant de l'abstraction géométrique. Puis elle peignit des objets usuels : téléphones, assiettes, vaisselles, les couvrant de formes symboliques répertoriées, donc plus dans la perspective du « Productivisme russe » des années dix que dans celle des « objets surréalistes ». Elle réalise également des performances.

BIBLIOGR. : Alain Bosquet : *Le Théâtre mystique de Myriam Bat-Yosef*, Opus international, n° 132, Paris, aut. 1993.

BATAIL Jean
Né le 11 avril 1930 à Lyon (Rhône). XXᵉ siècle. Français.
Peintre de paysages urbains animés.

Enfant de quatorze ans, il dut travailler comme ouvrier. Toute-fois, dès l'âge de seize ans, il commença à peindre en auto-didacte. Sa première exposition eut lieu en 1949 au Salon d'Automne de Lyon. Ensuite il participe à de nombreuses manifestations collectives lyonnaises. En 1960, il figura à la Biennale de Menton. En 1960 aussi il eut l'occasion de montrer cinquante peintures à Philadelphie. En 1965, il participa à la Biennale des Jeunes de Paris. En 1973 eut lieu sa première exposition personnelle à Paris. Il expose aussi à Grenoble, Stockholm, Bénarès, Abidjan, etc.

Dans ses débuts, sa peinture était encore tournée vers l'époque romantique. Ensuite, sa manière s'est affirmée, d'une part dans un certain maniérisme d'imitation de cartes postales désuètes et jaunies, et aussi par le choix de sujets sociaux, rendus passéistes par leur style vieilli, où dans des rues de cités pauvres errent hommes et femmes dans un climat d'angoisse.

BATAILLARD Abel
Né à Chavannes-sur-Luran (Ain). XXᵉ siècle. Français.
Décorateur.

Exposa au Salon d'Automne de 1931 : *Grille en fer forgé*.

BATAILLE Caroline
Née le 1ᵉʳ septembre 1910 à Varsovie (Pologne). XXᵉ siècle. Française.
Peintre de figures, nus, portraits, sculpteur.

En peinture elle fut élève de l'Atelier d'André Lhote de 1935 à 1938, en sculpture elle travailla avec Wlérick de 1937 à 1942. Elle a exposé des peintures au Salon d'Automne à partir de 1936, des sculptures au Salon des Indépendants à partir de 1945. Elle a également figuré au Salon de Mai de 1945, qui fut le premier, y envoyant en 1946 deux peintures, un *Nu* et un *Portrait*.

BATAILLE Charles
Né en 1909. Mort en 1969. XXᵉ siècle. Français.
Sculpteur de figures.

Il figura au premier Salon de Mai, en 1945, avec des *Têtes de femmes*.

BATAILLE Eugène. Voir BATAILLÉ Eugène

BATAILLE Henry
Né le 4 avril 1872 à Nîmes (Gard). Mort en 1922 à Rueil (Hauts-de-Seine). XIXᵉ-XXᵉ siècles. Français.
Dessinateur, graveur de figures, nus, portraits, affiches de théâtre, et surtout auteur dramatique, poète.

En effet, il se destina d'abord à la peinture. Pendant quatre années il fut sérieusement élève de l'École des Beaux-Arts et de l'Académie privée Julian à Paris. Graveur, il a pratiqué la pointe-sèche, l'eau-forte, la lithographie. En 1895 pourtant, il publia ses premiers vers. Tandis qu'en 1901, il fit éditer un album de portraits d'artistes et d'écrivains de son temps : *Têtes et Pensées*. Devenu auteur dramatique à succès, il composa lui-même les affiches pour trois de ses pièces de théâtre : *Résurrection* 1902 – *La Vierge folle* 1910 – *La Possession* 1921.

MUSÉES : NARBONNE (Mus. d'Art et d'Hist.) : *Portrait d'Yvonne de Bray* – PARIS (Bibl. Nat. – CAB. DES ESTAMPES) : Une partie de son œuvre gravé.

VENTES PUBLIQUES : FONTAINEBLEAU, 24 fév. 1980 : *Portrait d'Yvonne de Bray*, h/t : FRF 6 200 – PARIS, 6 mai 1988 : *Nu endormi*, dess. aux 3 cr. (26x33) : FRF 2 800.

BATAILLE Jean
XVIᵉ siècle. Actif à Laon vers 1544. Français.
Peintre.

BATAILLE Jean Auguste Émile
Né en 1818 à Paris. XIXᵉ siècle. Français.
Paysagiste.

Il exposa au Salon de Paris entre 1853 et 1869. On cite de lui : *Fin de l'hiver, Bords de l'eau, Faubourg de Beauvais, La cavée aux pierres*.

VENTES PUBLIQUES : NEW YORK, 2 mars 1967 : *La marchande de poisson* : USD 275.

BATAILLE Jean François
XVᵉ siècle. Français.
Peintre.

Reçu à l'Académie de Saint-Luc en 1457.

BATAILLE Jeanne Aline
Née à Limoges (Haute-Vienne). XXᵉ siècle. Française.
Sculpteur, peintre de natures mortes, fleurs et fruits, pastelliste.

Élève de Balande. Membre de l'Union des femmes peintres et sculpteurs. Sociétaire au Salon des Artistes Français, elle exposa un buste de femme en 1923 à la section de sculpture, des fruits, des fleurs et des natures mortes entre 1928 et 1939.

BATAILLE Nicolas
Né vers 1330. Mort vers 1405. XIVᵉ siècle. Français.
Lissier.
Entre 1375 et 1381, il exécuta, pour Louis Iᵉʳ d'Anjou, afin de décorer son château d'Angers, la suite de tapisseries sur l'Apocalypse, dessinée par Jean de Bondolf. Elle comprenait à l'origine 105 tableaux, dont 70 nous sont parvenus. L'Apocalypse d'Angers est la plus ancienne tapisserie connue, celle de la reine Mathilde conservée à Bayeux étant une broderie. Nicolas Bataille exécuta, avec Pierre Beaumetz et Jacques Dourdin, des tapisseries représentant la vie de Du Guesclin.

BATAILLE Pierre
XVIᵉ siècle. Vivant à Laon. Français.
Peintre décorateur.
De 1531 à 1532, il fut occupé aux décorations des bateaux lors des fêtes organisées à l'occasion de l'entrée de la reine Éléonore dans la ville.

BATAILLE Willem ou Battaille
Né en 1867 à Bruxelles. Mort en 1933 à Schaerbeek. XIXᵉ-XXᵉ siècles. Belge.
Peintre de figures, paysages, marines. Postimpressionniste.
Il fut élève de l'Académie de Molenbeek-Saint-Jean et devint professeur à l'Ecole industrielle de Schaerbeek.
Bibliogr. : In : *Diction. biogr. des artistes en Belgique depuis 1830*, Arto, Bruxelles, 1987.
Ventes Publiques : Bruxelles, 18 fév. 1982 : *Bateaux de pêche au bord de la plage*, h/t (100x150) : BEF 40 000.

BATAILLE Yvonne
Née à Aubespierre (Seine-et-Marne). XXᵉ siècle. Française.
Peintre.
Élève de Bricard et Jubert. Exposa au Salon des Artistes Français : *Rouget*, en 1936.

BATAILLE d'Angliari, Maître de la. Voir MAÎTRES ANONYMES

BATAILLE de Würzbourg, Maître de la. Voir MAITRES ANONYMES

BATALLER Tristan
XVᵉ siècle. Espagnol.
Peintre.
Il est mentionné à Valence en 1403.

BATAMERO
XIXᵉ siècle.
Graveur sur bois.
Il est cité par Le Blanc.

BATANCHON
XVIIIᵉ siècle. Vivait à Bordeaux dans la dernière moitié du XVIIIᵉ siècle. Français.
Peintre d'histoire.
L'église Saint-Michel, à Bordeaux, possède de lui une *Annonciation*. Il fut directeur de l'Académie de cette ville.

BATAR Daniel
XVIIᵉ siècle. Actif à Paris en 1672. Français.
Miniaturiste enlumineur.

BATARD Victor Dominique
Né à Nantes (Loire-Atlantique). XXᵉ siècle. Français.
Peintre.
Exposa au Salon des Artistes Français de 1929 : *À Belleville, La Rue de Venise*.

BATARDA Eduardo
XXᵉ siècle. Portugais.
Peintre.
Influencé par l'imagerie du pop'art, il se tourne ensuite vers une peinture de citations plus complexe car souvent auto-référentielle, dans laquelle il met en scène le monde contemporain.
Bibliogr. : In : *Dict. de l'art mod. et contemp.*, Hazan, Paris, 1992.

BATARDY Léon
Né à Bruxelles. XXᵉ siècle. Belge.
Sculpteur de bustes, portraits.
Il travailla à Paris, où il fut, à l'Ecole des Beaux-Arts, élève du sculpteur Jean Boucher, dont le libéralisme de son enseigne-

ment fut remarqué. Il figura au Salon des Artistes Français, au moins en 1923.

BATARDY Marie-Louise
Née en 1943 à Diest. XXᵉ siècle. Belge.
Peintre de paysages animés. Naïf.
Elle suivit des cours d'arts plastiques. Elle représente des paysages étranges ou exotiques dans lesquels s'affairent de nombreux personnages et animaux familiers. Une de ses œuvres appartient aux collections de la famille royale de Belgique.
Bibliogr. : In : *Diction. biogr. des artistes en Belgique depuis 1830*, Arto, Bruxelles, 1987.

BATAULT Hélène
Née à Genève. XXᵉ siècle. Suisse.
Peintre de paysages, portraits, dessinatrice.
Elle a exposé à Paris, aux Salons des Indépendants entre 1927 et 1932, et d'Automne en 1932 et 1933.

BATAVUS Godofredus. Voir GODOFREDUS

BATAYE
XVIIᵉ siècle. Français.
Peintre.
Il exécuta, en 1652, un grand nombre de blasons pour la chapelle mortuaire du duc Charles-Amédée de Savoie à Annecy.

BATBEDAT Vincent
Né le 17 août 1932 à Poyanne (Landes). XXᵉ siècle. Français.
Sculpteur de compositions monumentales. Abstrait-géométrique, néoconstructiviste.
Il se fixa à Paris en 1950 et fut élève de l'École Spéciale d'Architecture, puis de l'École des Beaux-Arts en même temps qu'il fréquentait l'Académie Julian. Ce fut à ce moment qu'il commença à tailler la pierre. En 1954 il se consacra plutôt au dessin. De 1956 à 1959 il était en Algérie. A son retour en 1960, il reprit la sculpture, par le modelage en terre, en plâtre, par la fonte de plomb. En 1962, il rencontra Michel Seuphor, qui apprécia son travail, et avec lequel il lia amitié. À cette époque, il construisait ses sculptures en bois polychromés. En 1965, il utilisa des tiges de métal soudées. En 1968, il participa à une exposition de groupe, comprenant entre autres Robert Jacobsen, Marta Pan. En 1969, il découvrit les possibilités du tube métallique de section carrée, qui deviendra son matériau de prédilection. Il commença à travailler l'acier inoxydable en 1972. A partir de 1973, il put se consacrer à la création de nombreuses sculptures monumentales : à Versailles, Mortain, Évreux, Rennes, Saint-Étienne, Alençon, La Ferté-Macé, Élancourt, Sarcelles, Houilles, Le Chesnay, Marseille, etc. Il réalise également des bijoux et a publié plusieurs livres. En 1979, il se remit à la taille de la pierre, sans toutefois abandonner le métal. Il a participé ou participe à de nombreuses manifestations collectives, parmi lesquelles : les Salons des Réalités Nouvelles, Grands et Jeunes d'Aujourd'hui, de Mai, de la Jeune Sculpture, Biennale de Menton, Espace Cardin 1976, etc. Il a montré ses sculptures dans de nombreuses expositions personnelles depuis 1968, surtout à Paris (galerie Michèle Broutta), ainsi qu'à Bourges et Liège 1972, Metz 1973, Saint-Etienne 1974, Musée des Beaux-Arts de Chartres 1975, Amsterdam 1978, Niort 1979, Reims 1980, etc.
Ses sculptures métalliques sont le plus souvent conçues à partir des tubes carrés, dont il déduit d'infinis développements de combinatoires dans l'espace, en général fondés sur le carré et le cercle. Il utilise presque toujours les tubes carrés creux et ouverts afin d'exploiter le passage de la lumière à travers ces tubes. Le creux, le vide, sont d'ailleurs pour lui des éléments constitutifs de la forme. Ses sculptures en pierre ont par force un aspect plus ramassé, plus monolithique. Il les travaille en taille directe et leur laisse la trace de l'attaque des coups du ciseau, leur conférant ainsi un caractère sensuel, inverse de l'aspect industriel des œuvres métalliques. On remarquera toutefois dans celles-ci, *Pierres du Contre-jour*, encore la constante de l'évidement central, piège pour l'œil, ouverture pour l'esprit.
■ Jacques Busse

Bibliogr. : Michel Seuphor : *Avez-vous assisté à une naissance...*, Paris, décembre 1972 – Paule Gauthier : *Vincent Batbedat, un néoconstructiviste*, Cimaise, Paris, printemps 1974 – Vincent Batbedat : *Le Lézard*, Paris, 1975 – Catalogue de l'exposition *Batbedat*, Gal. Chr. Colin, Paris, 1976 – Catalogue de l'exposition *Batbedat*, FIAC, Paris, 1979 – Catalogue de l' exposition *Batbedat sculptures*, Mais. de la Cult. André-Malraux, Reims, 1980.
Musées : Chartres – Dijon – Paris (Mus. d'Art Mod.) – Paris (Mus. Nat. d'Art Mod.) – Washington D. C. (Mus. de la Ville).

VENTES PUBLIQUES : PARIS, 16 juin 1997 : *Le 8ᵉ ciel*, bronze (72x19x10) : **FRF 23 500**.

BATCHELDER Evelyn Béatrice Longman, Mrs **Nathaniel-Horton Batchelder**. Voir **LONGMAN**

BATCHELLER Frederick S.
Né en 1837. Mort en 1889. XIXᵉ siècle. Américain.
Peintre de natures mortes.
VENTES PUBLIQUES : NEW YORK, 1ᵉʳ juil. 1982 : *Nature morte aux pêches*, h/t (30,5x40,9) : **USD 2 100** – BOLTON, 29 fév. 1984 : *Panier de fraises*, h/t (35,5x45,7) : **USD 2 500** – NEW YORK, 30 sep. 1988 : *Après une journée de chasse*, h/t (40,5x61) : **USD 4 400** – NEW YORK, 27 sep. 1996 : *Ananas* vers 1880, h/t (91,5x61) : **USD 16 100**.

BATCHELOR Kate
XIXᵉ siècle. Britannique.
Peintre de fleurs.
Cette artiste de Bristol exposa à Londres en 1884.

BATE C.
XIXᵉ siècle. Britannique.
Peintre de paysages.
Il exposa à la Royal Academy et à la British Institution en 1809 et 1810.

BATE F. ou P. Voir BATE P.

BATE Francis J. P.
Né en 1858. XIXᵉ siècle. Britannique.
Peintre.
Élève d'abord de l'École d'art du Victoria and Albert Museum, il alla ensuite se perfectionner à l'Académie d'Anvers. Quand il revint en Angleterre, il fut admis comme membre au *New English Art Club*. Il publia, en 1887, l'ouvrage *The naturalistic School of Painting*. C'est peut-être le même Francis Bate qui exposa à Suffolk Street en 1885 et 1886.

BATE H.
XIXᵉ siècle. Britannique.
Peintre de paysages.
Il exposa en 1833 à la British Institution à Londres.

BATE H. Francis
Né en 1853. Mort en 1950. XIXᵉ-XXᵉ siècles. Britannique.
Peintre de genre, fleurs.
Il exposa à la Grafton Gallery entre 1883 et 1885.
VENTES PUBLIQUES : LONDRES, 21 sep. 1989 : *Stanpit Marsh dans le Hampshire*, h/cart. (25,4x33,1) : **GBP 2 090**.

BATE Louis Robert
Né en 1898 à Bordeaux (Gironde). Mort en 1948 près de Dalat (Viêt Nam), abattu lors de l'attaque d'un convoi militaire. XXᵉ siècle. Français.
Peintre de portraits, paysages animés, paysages, peintre à la gouache, sculpteur de sujets mythologiques, figures, animaux, sculpteur de hauts-reliefs, dessinateur.
Il fut élève de Jules Coutan et Paul Landowski à l'École des beaux-arts de Paris. En 1927, il obtint le grand prix de Rome en sculpture. Il a exposé régulièrement au Salon des Artistes Français, mention honorable en 1925, médaille de bronze en 1933, année où il figura également au Salon des Tuileries. Ayant obtenu en 1938 le prix Indochine, il partit pour Saïgon où il devint professeur de dessin au Lycée français ; il dirigea de 1944 à 1947 l'école d'Art appliqué de Gia Dinh tout en enseignant le dessin à l'École nationale d'architecture de Dalat.
Il a privilégié la sculpture en haut-relief et pratiqué la technique de la fonte de bronze en cire perdue. Ses sujets furent parfois mythologiques : *Diane* (1933), plus souvent typiques : *Danseuse espagnole* (1933), ou animaliers : *Chiens épagneuls* (1933) et *Jeune Fille et Chien* (1934). En 1935, il exposa un projet de fontaine. Les Japonais détruisirent sa statuaire en 1945, ne laissant subsister que ses gouaches, où transparaît la force du sculpteur.
BIBLIOGR. : In : Catalogue de l'exposition *Paris-Hanoï-Saigon, l'aventure de l'art au Viêt Nam*, Pavillon des Arts, Paris, 1998.

BATE M. N.
XIXᵉ siècle. Britannique.
Portraitiste.
Il exposa à la Royal Academy à Londres, en 1821.

BATE P.
XIXᵉ siècle. Britannique.
Paysagiste.
De 1804 à 1832, il exposa, à la Royal Academy de Londres ainsi qu'à la British Institution, une série de vues de fleuves.

BATE S.
XIXᵉ-XXᵉ siècles. Britannique.
Peintre de portraits.
Il exposa en 1890 et 1910 à la Royal Academy à Londres.

BATE W.
XVIIIᵉ-XIXᵉ siècles. Vivait à Londres de 1780 à 1810. Britannique.
Peintre de portraits, miniatures.
Il exposa des miniatures et des émaux à la Royal Academy. On cite de lui un portrait d'une femme inconnue, signé et daté 1811 (collection comte Beauchamp) et *Napoléon* d'après Isabey, 1813 (collection Lehmann).
VENTES PUBLIQUES : LONDRES, 1882 : *Jack Bannister* : **GBP 1**.

BATE W. H.
XIXᵉ siècle. Britannique (?).
Peintre de paysages.
Il exposa à la Royal Academy et à la British Institution entre 1808 et 1817.

BATEMAN Arthur Bernard
XXᵉ siècle. Britannique.
Peintre.
Exposa au Salon des Artistes Français en 1933 et 1936.

BATEMAN B. Arthur
XIXᵉ siècle. Vivait à Reigate. Britannique.
Portraitiste.
Il exposa de 1885 à 1888 à la Royal Academy et à Suffolk Street, à Londres.

BATEMAN Henriette
Née à Saint-Omer (Pas-de-Calais). XXᵉ siècle. Française.
Peintre.
A exposé au Salon des Indépendants en 1938 et 1939.

BATEMAN Henry Mayo ou **Mays**
Né le 15 février 1887 à Sutton Forest (Australie). Mort en 1970. XXᵉ siècle. Britannique.
Dessinateur, caricaturiste.
VENTES PUBLIQUES : LONDRES, 3 fév. 1982 : *Half a second, mates !*, encre de Chine et aquar. (34,5x35) : **GBP 320** – LONDRES, 10 juin 1983 : *L'homme qui cherchait la femme*, aquar. et pl. (24,5x38,2) : **GBP 400** – LONDRES, 10 déc. 1986 : *The woman who spent ten pounds in a Woolworth's store*, aquar. et pl. (35x48) : **GBP 2 400**.

BATEMAN James
Né en 1814 à Londres. Mort le 24 mars 1849 à Holloway. XIXᵉ siècle. Britannique.
Peintre de genre, animaux.
De 1840 à 1850 (cette dernière fois de façon posthume), il exposa à la Royal Academy et à la British Institution, à Londres.
VENTES PUBLIQUES : NEW YORK, 5 juin 1992 : *La mise à mort* 1842, h/t (90,2x71,1) : **USD 8 250** – LONDRES, 25 mars 1994 : *La fenaison* 1843, h/t (45,1x61) : **GBP 2 760** – NEW YORK, 20 juil. 1995 : *En attendant le cavalier*, h/t (40,6x61) : **USD 5 175**.

BATEMAN James
Né le 22 mars 1893 à Kendal (Westmorland). Mort le 2 août 1959 à Londres. XXᵉ siècle. Britannique.
Peintre d'animaux, paysages, graveur, dessinateur.
Il était fils d'agriculteurs. Il commença par apprendre la sculpture à Leeds, de 1910 à 1914, lorsque la guerre interrompit cette étude, qu'il ne devait pas reprendre. Il devint peintre et graveur sur bois. Il prit ses thèmes dans le paysage rural peuplé de bétail. On loue ses qualités de dessin et de composition.
MUSÉES : LONDRES (Tate Gal.) : *Pastorale – Bataille dans le parc au bétail – Foire aux bestiaux*.
VENTES PUBLIQUES : NEW YORK, 24 oct. 1964 : *La ferme en hiver* : **USD 1 150** – LONDRES, 15 avr. 1981 : *Le repas de carottes*, h/pan. (43x64) : **GBP 1 800** – LONDRES, 7 juil. 1982 : *Renard poursuivi par des chiens* 1942, h/t (114x145) : **GBP 1 600** – NEW YORK, 10 juin 1983 : *Scène de chasse*, h/t (90,7x71,1) : **USD 4 500** – LONDRES, 14 nov. 1984 : *Après-midi d'été sur la côte de Cornouailles* 1948, h/t (66x91,5) : **GBP 1 200** – LONDRES, 12 mai 1993 : *L'heure de la traite*, h/cart. (63,5x76) : **GBP 632**.

BATEMAN John
XVIIIᵉ siècle. Actif à la fin du XVIIIᵉ siècle. Britannique.
Peintre de portraits.
T. Burke grava d'après lui, en 1783, le *Portrait de Sarah Siddons*.

BATEMAN John
Né en 1877 à Cedarville (New Jersey). XXᵉ siècle. Américain.
Sculpteur.

BATEMAN John M.
Né au XIXᵉ siècle à Philadelphie. XIXᵉ-XXᵉ siècles. Américain.
Sculpteur.
Élève de l'Académie des Beaux-Arts à Philadelphie, il travailla également avec Grafly. Il habitait Paris vers 1907.

BATEMAN L.
XVIIIᵉ siècle. Britannique.
Peintre de portraits.
Il exposa en 1775, à la Society of Artists à Londres.

BATEMAN Mary Angela
Née à Trinidad. XXᵉ siècle. Britannique.
Peintre.
Elle a exposé à Paris entre 1927 et 1931, simultanément aux Salons d'Automne et de la Société Nationale des Beaux-Arts.

BATEMAN Robert
Né en 1842. Mort en 1922. XIXᵉ-XXᵉ siècles. Britannique.
Peintre de figures, paysages, dessinateur.
Il exposa à la Royal Academy et à la Grafton Gallery, à Londres, de 1866 à 1889.
VENTES PUBLIQUES : NEW YORK, 22 mai 1990 : *Les citronniers à Wittsbridge* 1889, encre et aquar. avec reh. de blanc (39,3x56,4) : USD 6 050 – LONDRES, 7 nov. 1997 : *À l'abbaye de Romsey* 1899, h/pan. (40,6x30,5) : GBP 7 475.

BATEMAN William
XVIIIᵉ siècle. Vivait en 1774. Américain.
Graveur.

BATEMAN William
Né en 1806 à Chester. Mort le 27 avril 1833 à Shrewsbury.
XIXᵉ siècle. Britannique.
Graveur en taille-douce.
Cet artiste, doué d'extraordinaires dispositions, mourut très jeune. On conserve de lui quelques gravures représentant de vieux bâtiments de Chester.

BATENS Jaspar
XVIIᵉ siècle. Actif à Anvers. Éc. flamande.
Peintre.
Membre de la gilde de Saint-Luc à Anvers en 1625.
VENTES PUBLIQUES : LONDRES, 12 juin 1908 : *Auberge au bord d'un chemin, près de Malvern* : GBP 3 ; *Enfants de paysans dans un champ* : GBP 3 ; *La limite de la commune* : GBP 7 – LONDRES, 19 juil. 1909 : *Un fleuve bordé de bois* : GBP 5 ; *Une rivière au Pays de Galles* : GBP 7 – LONDRES, 10 juin 1910 : *Hiver modérément rigoureux et froid* : GBP 9.

BATENS Josse
Né à Caster (près de Bruxelles). XVIIᵉ siècle. Éc. flamande.
Peintre.
Le 9 août 1613, il devint citoyen d'Anvers. Il fut élève de Franz van Leeuw, à Malines.

BATES Bertha Corsan Day, Mrs D. M. Bates
Née en août 1875 à Philadelphie. XXᵉ siècle. Américaine.
Peintre, illustrateur.
Membre du Plastic Club et élève de Howard Pyle.

BATES David
Né en 1840. Mort en 1921 ou 1927. XIXᵉ-XXᵉ siècles. Vivait à Worcester. Britannique.
Peintre de paysages, aquarelliste.
De 1868 à 1893, il exposa un grand nombre d'œuvres à la Royal Academy, à Suffolk Street, à la Grafton Gallery et à la New Water-Colours Society à Londres.

David Bates

BIBLIOGR. : H.L. Mallalieu : *Dictionnaire des Artistes aquarellistes britanniques.*
MUSÉES : LIVERPOOL : *Intérieur d'un cottage du pays de Galles.*
VENTES PUBLIQUES : LONDRES, 11 nov. 1921 : *Paysage dans le Cumberland* : GBP 9 – LONDRES, 21 avr. 1922 : *L'été* 1900, dess. : GBP 5 – LONDRES, 28 mai 1923 : *Bûcherons près de Leckhampton*, dess. : GBP 5 – LONDRES, 7 déc. 1927 : *Vue sur l'Avon près d'Evesham* 1885 : GBP 10 – LONDRES, 16 déc. 1935 : *Chaumières au bord d'une rivière* : GBP 6 – LONDRES, 15 déc. 1972 : *Paysage fluvial* : GNS 800 – LONDRES, 16 mars 1973 : *Bords de rivière* 1887 : GNS 1 700 – LONDRES, 16 juil. 1976 : *La clairière*, h/t (32x24) : GBP 1 000 – LONDRES, 14 juin 1977 : *L'Abbaye de Bolton à l'aube*

1901, h/t (50x74) : GBP 900 – LONDRES, 20 mars 1979 : *Couple dans un paysage boisé* 1904, h/t (48x74) : GBP 2 200 – LONDRES, 16 déc. 1982 : *Berger et troupeau dans un paysage* 1905, aquar. (44x68,5) : GBP 440 – LONDRES, 29 mars 1983 : *Paysage au moulin* 1884, h/t (122x185) : GBP 3 000 – LONDRES, 1ᵉʳ mars 1984 : *In the Cotswolds*, aquar./trait de cr. (34x51,5) : GBP 900 – LONDRES, 27 fév. 1985 : *Paysages*, deux aquar. (25,5x37) : GBP 1 250 – LONDRES, 12 juin 1985 : *Le champ de blé* 1885, h/t (61x92) : GBP 7 500 – LONDRES, 3 juin 1988 : *La traversée du torrent* 1883, h/t (45,1x61) : GBP 1 650 ; *Bouleaux argentés, Bryn Gwylon* 1891, h/t (55,3x40,6) : GBP 2 200 – LONDRES, 23 sep. 1988 : *Pont-y-Pant* 1897, h/t (74x53,5) : GBP 6 820 – LONDRES, 25 jan. 1989 : *La vallée de Ogwen*, aquar. et gche (35,5x52) : GBP 2 310 – NEW YORK, 23 fév. 1989 : *Ferme à Warwick*, h/t (45,7x61,6) : USD 8 250 – LONDRES, 27 sep. 1989 : *Jeune Paysanne dans une prairie* 1890, h/t (61x91,5) : GBP 8 800 – COLOGNE, 20 oct. 1989 : *Dans les Highlands en Écosse*, h/t (41x61) : DEM 2 000 – NEW YORK, 17 jan. 1990 : *Arthog en Galles du Nord* 1898, h/t (61x91,6) : USD 4 950 – LONDRES, 21 mars 1990 : *Personnages sur la berge d'un lac* 1873, h/t (63,5x91,5) : GBP 7 700 – LONDRES, 30 mars 1990 : *Glen Falloch près de Ardlui* 1897, h/t (122x183) : GBP 12 100 – LONDRES, 14 juin 1991 : *Cours d'eau dans le Warwickshire* 1896, h/t (61x91,5) : GBP 7 150 – NEW YORK, 15 oct. 1991 : *Vallée de la Lledr depuis Dolwyddelen* 1895, h/t (46x35,5) : USD 2 420 – LONDRES, 12 juin 1992 : *La fenaison* 1901, h/cart. (25,5x35,5) : GBP 2 860 – NEW YORK, 16 juil. 1992 : *Glen Malin dans le Dumnbartonshire* 1901, h/t (50,8x76,2) : GBP 3 850 – LONDRES, 11 juin 1993 : *Pêcheurs remontant les nasses* 1885, h/t (81,4x122) : GBP 9 775 – MONTRÉAL, 23-24 nov. 1993 : *Une route dans la lande*, aquar. (25,4x36,8) : CAD 900 – NEW YORK, 17 fév. 1994 : *Gamin gardant des bêtes dans des champs en Égypte* 1892, h/t (56x76) : USD 6 900 – LONDRES, 30 mars 1994 : *Dans un champ de betterave* 1902, h/t (51x76) : GBP 4 600 – LONDRES, 6 nov. 1995 : *La limite du village* 1884, h/t (76x106,5) : GBP 5 520 – LONDRES, 29 mars 1996 : *Labours* ; *La fenaison* 1908, une paire, h/t (40,6x60,1) : GBP 14 375 – LONDRES, 6 nov. 1996 : *Cour de ferme, Baidons Norton*, aquar. (26x37) : GBP 1 610 – LONDRES, 13 mars 1997 : *Sentier de montagne* 1897, h/t (91,5x61) : GBP 2 800 – LONDRES, 4 juin 1997 : *Sur l'Artro, Llanbedr* 1898, h/t (61x91) : GBP 12 075 – LONDRES, 5 nov. 1997 : *Vue des environs du Loch Etive*, aquar. avec touches de gche et gomme arabique (37x52) : GBP 1 380 ; *Croquis à Ashow, sur la rivière Avon* 1888, h/t (33x50) : GBP 4 025.

BATES David
Né en 1952. XXᵉ siècle. Américain.
Peintre de compositions à personnages. Nouvelles figurations.
Il a montré une exposition d'un ensemble d'œuvres au Musée d'Art Moderne de Fort Worth *David Bates : quarante peintures, 1988-1989.*
Ses peintures sont traitées à la manière des bandes dessinées, bien que savamment composées. On peut penser à un compromis entre les nouvelles figurations des années quatre-vingt et un expressionnisme postpicassien. Il illustre avec beaucoup de dynamisme des scènes typiques du folklore de l'Ouest américain.
VENTES PUBLIQUES : NEW YORK, 7 nov. 1990 : *Une journée chaude pendant un mois calme* 1987, h/t (152,6x122) : USD 27 500 – NEW YORK, 2 mai 1991 : *Rodeo* 1986, h/t (243,9x198,6) : USD 13 200 – NEW YORK, 13 nov. 1991 : *Pêcheurs sur la jetée* 1982, h/t (198,1x228) : USD 17 600 – NEW YORK, 7 mai 1997 : *Côte bleue crabe bleu* 1989, h/t (182,9x152,4) : USD 22 425.

BATES Dewey
Né en 1851 à Philadelphie. Mort en 1899 à Ryl (Angleterre).
XIXᵉ siècle. Américain.
Peintre de genre.
Il étudia à l'Académie royale d'Anvers, aux Beaux-Arts, avec Gérôme, à Paris. Bates réussit surtout les scènes familiales de la vie hollandaise. Il exposa à Londres et en Amérique. On cite notamment ses tableaux : *Confort hollandais, La Petite Jannette* et un *Portrait du général Pleasanton.* Il exposa de 1875 à 1891 à la Royal Academy, à Suffolk Street, à la Grafton Gallery, et à la New Water-Colours Society, à Londres.

BATES Edwin
XIXᵉ siècle. Britannique.
Peintre de paysages.
Il exposa de 1836 à 1840 à la British Institution et à Suffolk Street, à Londres.

BATES Frederick Davenport
Né en 1867 à Manchester. xixᵉ siècle. Britannique.
Peintre de sujets religieux, portraits, paysages.
Il fut élève de Bouguereau, Robert Henry et Doucet, de l'Académie Royale des Beaux-Arts d'Anvers et de M. de Vrienat à Bruxelles.

Frederick BATES

VENTES PUBLIQUES : NEW YORK, 23 mai 1985 : *Afternoon in the garden*, h/t (66x78,6) : **USD 13 500** – LONDRES, 9 juin 1988 : *Petite fille sur le banc du jardin* 1896, h/t (31,5x37,5) : **GBP 4 950**.

BATES Harry
Né le 2 juin 1850 à Stevenage. Mort le 31 janvier 1899 à Londres. xixᵉ siècle. Britannique.
Sculpteur de bustes, statues, groupes.
Ses débuts furent modestes. Il commença par sculpter quelques ornements, entra ensuite, en 1879, comme apprenti chez Jules Dalou pendant le séjour de ce dernier à Londres. Bates étudia ensuite à la Royal Academy de Londres. Ses aptitudes rares ne tardèrent pas à le faire distinguer. En 1883, la médaille d'or lui fut décernée et son relief : *Socrate instruisant le peuple sur la place publique*, lui valut le prix de voyage (bourse d'étude). Il fut agréé par la Royal Academy en 1892 à titre d'associé. Vers la fin de sa vie, il exécuta une *Statue de la reine Victoria*, un buste en bronze du *Maréchal Lord Roberts*, ainsi qu'une statue équestre du même, destinée à la ville de Calcutta.
MUSÉES : LONDRES (Nat. Gal.) : *Pandore – Chiens en laisse*, maquette du groupe.
VENTES PUBLIQUES : LONDRES, 20 oct. 1976 : *Le départ du soldat* 1887, bronze, bas relief (81x40,5) : **GBP 290**.

BATES Henry W.
xixᵉ siècle. Britannique.
Peintre.
Il exposa de 1882 à 1888, à la Royal Academy, à Suffolk Street et à la New Water-Colours Society.

BATES James Samuel Hewitt
Né le 20 août 1864 à Leicester. xixᵉ siècle. Britannique.
Enlumineur.
Il dirigea un cours de reliure.

BATES Kenneth
xxᵉ siècle. Américain.
Peintre de paysages animés.
Il fut élève de l'Académie des Beaux-Arts de Pensylvanie. Il travailla à Mystic dans le Connecticut, où il obtint le prix Flagg en 1927 et une médaille d'or en 1928 de l'Académie du Connecticut. En 1933, il figura à une exposition du Worcester Art Museum.

BATES Marjorie Christine
Née à King's Newton (Derbyshire). xixᵉ-xxᵉ siècles. Britannique.
Peintre de portraits.
Elle étudia à l'Art School Nottingham et à Paris chez Jean-Paul Laurens. Elle a exposé au Salon des Artistes Français de Paris en 1912, et figuré aux Manchester et aux Liverpool Art Galleries.
VENTES PUBLIQUES : ÉDIMBOURG, 23 mars 1993 : *Maître Mac-Donald*, h/t (132x81) : **GBP 2 760**.

BATES Maxwell Bennett
Né en 1906 à Calgary (Alberta). Mort en 1980. xxᵉ siècle. Canadien.
Peintre de compositions à personnages, intérieurs, figures. Expressionniste.
Fils d'architecte, il fit d'abord des études d'art et d'architecture au Provincial Institute of Technology and Art de Calgary, en 1926-1927. Deux ans plus tard, il étudia la peinture sous la direction de Lars Haukaness et peignit dans une manière figurative, dont l'expressionnisme relevait des livres d'art et des magazines. Il y fit aussi des expérimentations abstraites, ce qui lui valut l'hostilité des autres membres du cours de peinture et le poussa à quitter Calgary pour l'Angleterre en 1931. À Londres, il travailla dans un cabinet d'architecture et continua à peindre jusqu'en 1939, s'étant joint au *Twenties Group* en 1932. En 1939, il s'engagea dans l'armée. Il fut fait prisonnier l'année suivante et jusqu'à la fin de la guerre, après quoi il retourna à Calgary, où il devint l'animateur du *Calgary Group* réunissant des artistes soucieux de préserver leur expression personnelle. Un fait important dans l'évolution de Bates fut sa rencontre avec Max Beckmann, dont il fut l'élève à la fin de sa vie au Broocklyn Museum Art School, en 1949-1950. Il quitta Calgary en 1962, à la suite d'une attaque cardiaque, et se retira à Victoria (Colombie britannique), cessant son activité d'architecte pour se consacrer à la peinture, jusqu'à sa dernière attaque en 1978, deux ans avant sa mort.
À ses débuts, la pratique artistique de Bates restait éclectique, faisant référence à plusieurs artistes d'Europe, avec toutefois une dominante expressionniste, qui se développa plus particulièrement avec l'influence de Beckmann. Peintre de la condition humaine, il a cherché à exprimer les sentiments des sujets qu'il représentait dans leur quotidienneté, et surtout dans leur médiocrité. Ses œuvres sont toujours équilibrées par la couleur, posée en épaisseurs grumeleuses, dans des tonalités qui restent sobres. L'exemple de Beckmann a sans doute conforté la propension de Bates à l'expressionnisme et lui a inculqué quelques éléments constructifs du cubisme, lui permettant de conférer plus de monumentalité à son œuvre. ■ Annie Pagès.
BIBLIOGR. : Patricia Godsell : *Enjoying canadian painting*, General Publishing Co. Ltd, 1976 – David Burnett & Marilyn Schiff : *Contemporary canadian art*, Hurtig Publishers, Edmonton, 1983 – Dennis Reid : *A concise history of canadian painting*, Oxford University Press, Toronto, 1988.
MUSÉES : CALGARY (Glenbow Mus.) : *Fille aux cheveux blonds – Arbres en été* – CALGARY (University of Calgary Art Gal.) : *La famille* 1960 – CHARLOTTETOWN (Confederation Centre Art Gal. and Mus.) : *Intérieur avec figures* 1961 – EDMONTON (Art Gal.) : *Paysage érodé*.
VENTES PUBLIQUES : TORONTO, 26 mai 1981 : *Défricheurs de prairies*, h/t (65x45) : **CAD 11 000** – TORONTO, 14 mai 1984 : *Personnages dans une rue*, h/t (42,5x90) : **CAD 4 000**.

BATES Pat Martin
Née en 1932 à St-John (Nouveau-Brunswick). xxᵉ siècle. Canadienne.
Graveur.
Elle a étudié au Nouveau-Brunswick, à Anvers, à l'Académie privée de la Grande-Chaumière à Paris, puis à New York. En France, elle fut sélectionnée à la Biennale de Menton en 1972.

BATES R. E.
xixᵉ-xxᵉ siècles. Américain.
Peintre.

BATES Robert William
Né à Newcastle-on-Tyne. xixᵉ-xxᵉ siècles. Britannique.
Paysagiste.

BATES W. E.
Né en 1812. xixᵉ siècle. Britannique.
Peintre.
De 1847 à 1867, il exposa tant à la Royal Academy qu'à la British Institution.

BATESON Edith
Née à Cambridge. xixᵉ-xxᵉ siècles. Britannique.
Sculpteur, peintre.
Elle fut élève de la Royal Academy School. A partir de 1891 elle a figuré dans les expositions collectives de Londres, notamment à la Royal Academy of Arts. En France, elle a parfois exposé au Salon des Artistes Français, envoyant notamment une statuette en 1923.

BATET François
Né en 1921 à Barcelone. xxᵉ siècle. Actif en France. Espagnol.
Peintre de scènes de genre, figures, paysages animés, intérieurs, graveur, illustrateur.
Il fit ses études à l'école des Beaux-Arts de San Jordi à Barcelone et à l'Académie de Tarrega. Lorsqu'il demeure à Madrid, il étudie les grands maîtres espagnols, au musée du Prado, tandis qu'à Paris, il s'intéresse aux impressionnistes. Il expose à Paris, aux États-Unis, au Japon et en Corée.
Il est le peintre de la femme élégante et des lieux qu'elle fréquente, bars, spectacles, courses.

F Batet

VENTES PUBLIQUES : RAMBOUILLET, 16 fév. 1986 : *Repos*, h/t (61x81) : **FRF 15 800** – L'ISLE-ADAM, 20 déc. 1987 : *La Coupe de* *champagne*, h/t (92x73) : **FRF 43 500** – L'Isle-Adam, 31 jan. 1988 : *Deux Jeunes Élégantes dans un intérieur*, h/t (60x73) : **FRF 21 000** – L'Isle-Adam, 24 avr. 1988 : *Élégante au lévrier afghan*, h/t (100x81) : **FRF 38 000** – Paris, 6 mai 1988 : *Le Diadème*, h/t (55x46) : **FRF 10 000** – Paris, 16 mai 1988 : *Aux courses*, h/t (46x55) : **FRF 6 500** – L'Isle-Adam, 11 juin 1988 : *Sortie à l'Opéra*, h/t (81x65) : **FRF 26 200** – L'Isle-Adam, 25 sep. 1988 : *Femme au chapeau*, h/t (55x46) : **FRF 23 000** – Calais, 13 nov. 1988 : *La Coquette*, h/t (73x60) : **FRF 22 500** – Paris, 17 déc. 1988 : *La Robe de Poiret 1923*, h/t (35x27) : **FRF 8 200** – Paris, 11 juil. 1989 : *La Femme et l'Opéra*, h/t (81x65) : **FRF 30 000** – Le Touquet, 12 nov. 1989 : *Jeune Femme au sautoir de perles*, h/t (65x80) : **FRF 14 500** – Paris, 27 jan. 1992 : *Paddock à Deauville* 1990, h/t : **FRF 26 000** – Paris, 16 avr. 1992 : *Coquette*, h/t (50x61) : **FRF 15 000** – Calais, 7 juil. 1997 : *Paddock à Deauville*, h/t (90x116) : **FRF 18 000** – Calais, 23 mars 1997 : *Le Mondrian*, h/t (61x50) : **FRF 10 000**.

BATET Juan, maese
XIVᵉ siècle. Espagnol.
Peintre et enlumineur.
Attaché à la cour d'Aragon, il fut chapelain de Pedro IV et de son successeur Juan Ier.

BATH L.
Peintre à la gouache, dessinateur.
Cet artiste figure au musée de Perpignan avec une gouache : *Dame du XVIIIᵉ siècle*.

BATH W.
XIXᵉ siècle. Actif à Londres. Britannique.
Paysagiste.
Il exposa de 1840 à 1851, à la Royal Academy, à la British Institution et à Suffolk Street, à Londres.

Ventes Publiques : Paris, 10 mars 1932 : *Cheval à l'écurie* : **FRF 160** – Versailles, 27 avr. 1967 : *Mésanges perchées sur une corbeille de pêches et de raisins* : **FRF 3 000**.

BATHANEL Juan
XVIᵉ siècle. Actif à Séville en 1541. Espagnol.
Sculpteur.

BATHE J.
XIXᵉ siècle. Britannique.
Peintre de paysages.
Il exposa de 1872 à 1874 à la Royal Academy et à Suffolk Street.

BATHER George, Jr.
Mort en 1890 à Brooklyn (New York). XIXᵉ siècle. Américain.
Graveur.
Sans doute s'agit-il du graveur George Bather qui était né en Angleterre et vint aux États-unis vers 1851.

BATHER W. T.
XIXᵉ siècle. Vivait en 1897. Américain.
Graveur.

BATHEUR Jean ou Batio, Baptitor, Battioux
Né au XVᵉ siècle à Fribourg. XVᵉ siècle. Suisse.
Miniaturiste.
Le duc de Savoie le fit travailler à sa cour. Le magnifique manuscrit de l'Apocalypse de saint Jean qui existe dans la bibliothèque de l'Escurial fut illustré par lui (entre 1428 et 1435). Batheur accompagna Manfred de Saluces à Milan, à Rome, à Florence et à Venise (1427). Il n'est plus fait mention de ce peintre après 1454.

BATHGATE Ellen
XIXᵉ siècle. Active à Édimbourg. Britannique.
Peintre de paysages.
Elle exposa à la Royal Academy de Londres en 1888.

BATHGATE George
XIXᵉ siècle. Actif à Édimbourg. Britannique.
Peintre de figures.
Il exposa à la Royal Academy et à Suffolk Street, Londres, de 1885 à 1887.

BATHORY Julia de
Née à Budapest. XXᵉ siècle. Hongroise.
Décoratrice.
Elle présenta des reliefs sur cristal au Salon d'Automne en 1936 et 1937.

BATHURST Clyde C.
Né le 8 janvier 1883 à Mount-Union (Pennsylvanie). XXᵉ siècle. Américain.

Sculpteur.
Élève de Grafly à Philadelphie.

BATHYKLES
Originaire de Magnésie du Méandre. VIᵉ siècle avant J.-C. Actif dans la seconde moitié du VIᵉ siècle avant Jésus-Christ. Antiquité grecque.
Sculpteur et architecte.
Comme tant d'autres Ioniens d'Asie, il s'exila devant la menace médique, quand après la Lydie tombaient les villes de la côte, et vint travailler en Grèce même. C'est lui qui, vers 530, ajouta à l'idole xoaniforme d'Apollon casqué et barbu qui culminait au centre du haut lieu vénéré de Laconie, le vaste ensemble constructif appelé *Trône d'Amyclae*. Sous la statue du dieu était placé l'*autel de Hyakinthos*, base reliquaire (puisqu'elle était censée contenir les restes de Hyakinthos lui-même, tué par Apollon) qui formait avec le Xoanon un véritable *bômospeiron*. On y voyait sculptées, selon Pausanias, des scènes d'apothéose : à gauche l'enlèvement d'Inô et de Sémélé, amantes de Zeus ; sur le front de la composition, des divinités de la fertilité (Aphrodite, Athéna, Artémis et la Triade éleusinienne) entraînant au ciel un Hyakinthos barbu et sa sœur, la vierge Polyboia, déesse ihthonienne ; à droite (?) enfin Héraclès guidé au ciel lui-même, par Athéna et d'autres dieux. En fait il y avait peut-être deux zones de reliefs superposés, car on ne sait trop où loger Poséidon, Amphitrite, la déesse Biris, etc. Ce qui est sûr, c'est que la divinisation de Hyakinthos et de Polyboia occupait la place d'honneur. Quant au Trône proprement dit, on voit mal quel contact il gardait avec l'idole d'Apollon. Il s'agissait, semble-t-il, d'un complexe de chambres et de portiques couverts en terrasse où le décor sculptural était reporté aux parties hautes, et qui entourait le *bômospeiron*. Il y avait des frises à l'extérieur et aussi, nous dit-on, « à l'intérieur » ; « tout en haut » (galerie de cimaise ?) s'alignait sans doute selon le type du défilé oriental, le choros des collaborateurs de Bathyclès ; quelque part au centre, se dressaient quatre figures portantes monumentales, quatre caryatides groupées par paires (deux Charites et deux Horai) ; vers le rentrant de l'entrée principale et sur des consoles, se voyaient, à droite, des Titans, à gauche, Echidna et Typhon ; aux extrémités supérieures et de chaque côté (acrotères ?) deux Dioscures cavaliers, avec des sphinx sous leurs chevaux, affrontaient, Castor un léopard et Pollux une lionne.
Un caractère frappant de cet ensemble paraît avoir été l'abondance des frises. « Ensemblier » venu d'Asie, Bathyclès, qui dédia dans le téménos d'Amyclae une statue de l'*Artémis Leucophryéné* de sa ville natale, n'avait pas abdiqué ses tendances barbares, le goût oriental du bavardage et l'incohérence diffuse des juxtapositions paratactiques. Il y avait de tout sur les frises du Trône : des enlèvements au ciel, une Hérakléide, une Théséide, une Perséide, des sujets empruntés à l'Iliade, à l'Æthiopide, à l'Odyssée... sans oublier les mythes péloponnésiens ; car on a pu noter que l'illustration plastique de l'entablement reprenait très exactement les sujets du coffre de Kypsélos et le répertoire des vases laconiens. Nous ne disposons guère que de sources littéraires pour juger de l'œuvre de Bathyclès et de l'influence qu'elle put avoir. Pourtant un chapiteau de pilastre en marbre de Slavochori (au musée de Sparte) appartenait peut-être à l'Amyclaeon. Comme le motif en est une scène de chasse, on ferait volontiers honneur à Bathyclès d'avoir à l'époque archaïque introduit la figure vivante dans le décor agrémenté de la volute ionique.

BATIFAUD Marthe
Née à Paris. XXᵉ siècle. Française.
Peintre.
Exposa un portrait et une nature morte au Salon d'Automne de 1938.

BATIFAUD-VAUR Paul
Né à Paris. XIXᵉ siècle. Français.
Portraitiste.
Élève d'Yvon et de Carolus Duran, il exposa au Salon de Paris, de 1870 à 1881.

BATIGANT
XVIIIᵉ siècle. Actif à Paris en 1779. Français.
Sculpteur, dessinateur.
Exposa en 1779, au Salon de la Correspondance, un dessin : *Intérieur de prison*.

BATIGNE François Victor
Né à Marseille (Bouches-du-Rhône). XIXᵉ-XXᵉ siècles. Français.

Peintre.

Exposa au Salon d'Automne de 1907 à 1909.

VENTES PUBLIQUES : PARIS, 8 avr. 1927 : *Fruits et nature morte* : FRF 210.

BATIK Stojan

Né le 2 juin 1925 à Trbovlje. XXᵉ siècle. Yougoslave.
Sculpteur.

Il fut élève en sculpture de l'Académie des Arts de Ljubljana. Il participe à de nombreuses expositions collectives dans les grandes villes de Yougoslavie, et a obtenu diverses distinctions. En 1955, il fut invité à exposer à la Biennale d'Alexandrie. Dans les années soixante, il a également été sélectionné pour des groupements à la Tate Gallery de Londres, au Musée d'Art Moderne de Paris, etc.

BATIST Karel

XVIIᵉ siècle. Actif à Amsterdam en 1659. Hollandais.
Peintre de natures mortes, fleurs.

Il fit partie de la gilde des peintres à Alkmaar. Il exécuta surtout des fleurs.

K • BATIST • F

MUSÉES : AMSTERDAM : *Une guirlande entourant une niche dans laquelle se trouve un bocal*, tableau.
VENTES PUBLIQUES : VIENNE, 22 juin 1976 : *Bouquet de fleurs*, h/t (66x49,5) : ATS 180 000.

BATISTE Fransoys

XVIIIᵉ siècle. Hollandais.
Sculpteur.

En 1713, il devint membre de la gilde Saint-Luc à Middelburg.

BATKOWSKI Bonaventura

Né au XVIIIᵉ siècle à Cracovie. XVIIIᵉ siècle. Travaillait à Cracovie en 1745. Polonais.
Peintre de compositions religieuses.

Les églises de sa ville natale lui doivent plusieurs tableaux d'autel.

BATLEY

XVIIIᵉ siècle. Actif en 1770. Britannique.
Portraitiste, graveur à la manière noire.

Il travailla surtout pour les libraires. On a de lui deux ex-libris.

BATLEY Henry William

XIXᵉ siècle. Britannique.
Graveur, aquafortiste.

Batley exposa de 1873 à 1893 à Londres, Berlin, Munich. Dans cette dernière ville, il fut médaillé en 1893.

BATLEY J. V. ou Battley

XIXᵉ siècle. Britannique.
Portraitiste.

Il exposa à la Royal Academy, de 1825 à 1827.

BATLEY Walter Daniel

Né en 1850 à Ipswich. XIXᵉ siècle. Britannique.
Paysagiste, aquarelliste.

Exposa à la Royal Academy, à Liverpool, Brighton, Manchester et Bristol.
VENTES PUBLIQUES : LONDRES, 30 mars 1908 : *Rivage silencieux* ; *Une vue de Felixtowe Golf-Links* : GBP 2 ; *Lever de la lune sur le Orwell* : GBP 2.

BATLLE AMETLLO Esteban

Né en 1871 à Seo de Urgel. Mort en 1945 à Barcelone. XIXᵉ-XXᵉ siècles. Espagnol.
Peintre.

Il fit ses études à l'École des Beaux-Arts de Barcelone, se spécialisant dans la peinture de genre et travaillant comme copiste. Il participa à de nombreuses manifestations collectives et présenta également son œuvre lors d'expositions personnelles. En 1912 il fut nommé conservateur du musée des Beaux-Arts de Barcelone. Il participa à l'exposition des Beaux-Arts de Barcelone en 1919.
BIBLIOGR. : In : *Cien anos de pintura en Espana y Portugal*, 1830-1930, Tome 1, Antiqvaria, 1988.

BATLLE Y MIR Jaime

Né en 1801 à Barcelone. Mort le 20 novembre 1858 à Sarria. XIXᵉ siècle. Espagnol.
Peintre de compositions religieuses, portraits, sculpteur sur bois.

Après avoir étudié à Madrid, il fréquenta successivement, dans le but de rendre ses connaissances artistiques plus parfaites, les diverses écoles de Paris, de Rome et de Florence. A son retour à Barcelone, il fut nommé professeur à l'Académie des Beaux-Arts. On lui doit d'excellentes copies de Raphaël et du Titien. On cite parmi ses œuvres : *Françoise de Rimini, Portraits de la reine Isabelle et du roi, Saint François d'Assise, Le Déluge.*

BATLOWSKY Adam

XVIIᵉ siècle. Allemand.
Peintre de portraits.

Citoyen de Dresde en 1696.

BATLOWSKY Stephan Gabriel

XVIIᵉ-XVIIIᵉ siècles. Actif à Dresde entre 1695 et 1741. Allemand.
Peintre.

Il fut peintre de la cour de Saxe.

BATO Joseph

Né à Budapest. XXᵉ siècle. Hongrois.
Peintre.

Exposa des paysages au Salon d'Automne en 1909 et 1913.

BATOCCHI Girolamo

XVIIIᵉ siècle. Actif à Pérouse. Italien.
Ferronnier.

En 1796, il fit, en collaboration avec sa femme Angela et son fils Asclepiodoro, d'après les dessins de Giovanni Cappelli, les arabesques et les figures allégoriques de la chapelle dello Spirito Santo de l'église San Lorenzo.

BATON I

Antiquité grecque.
Sculpteur, bronzier.

Pline (N. H. 34. 73) nous apprend que deux de ses œuvres, une *Héra* et un *Apollon* avaient été placées, à Rome, dans le temple de la Concorde. Le nom de l'artiste figure encore (N. H. 34. 91) dans la liste des bronziers qui « athletas et armatos et venatores sacrificantesque (fecere) ». Identité possible avec le suivant.

BATON II

Originaire d'Héraclée. IIIᵉ siècle avant J.-C. Actif à la fin du IIIᵉ siècle avant Jésus-Christ. Antiquité grecque.
Sculpteur.

Il travailla en Attique, ainsi qu'en témoignent trois bases portant sa signature qui ont été retrouvées à Athènes et à Éleusis. L'une des deux statues athéniennes devait être une figure féminine assise ; à Éleusis, il s'agissait probablement d'une statue-portrait d'homme debout.

BATON Zacharie

Né en 1851 à Arras (Pas-de-Calais). Mort en 1925 à Paris. XIXᵉ-XXᵉ siècles. Français.
Peintre de paysages.

En 1880, il s'en alla pour Paris, où il suivit les cours de Gustave Boulanger et de Jules Lefebvre à l'Académie Julian, avant de retourner dans sa ville natale, où il travailla sous la direction de Gustave Colin.
Partagé entre Paris, Arras et la Bretagne, il choisit, le plus souvent, les paysages bretons dont il sait traduire les ciels changeants, la lumière, le vent, dans des tonalités volontairement pauvres, allant de l'ocre au gris et au bleu clair.
BIBLIOGR. : Gérald Schurr : *Les Petits Maîtres de la peinture 1820-1920, valeur de demain*, Les Éditions de l'Amateur, t. VII, Paris, 1989.
MUSÉES : ARRAS : *La faneuse.*

BATONI Pompeo Girolamo ou Batoni

Né le 25 janvier 1708 à Lucques. Mort le 4 février 1787 à Rome. XVIIIᵉ siècle. Italien.
Peintre de scènes mythologiques, compositions religieuses, portraits, miniaturiste, dessinateur.

D'abord orfèvre comme son père, il apprit la miniature avec Conca, et se forma comme peintre en étudiant Raphaël et l'antique. Il exposa en 1783 au Salon de la Correspondance un tableau représentant la mort de Marc-Antoine. Un artiste du même nom exposa en 1778 à la Society of Artists de Londres.
En 1735, il reçoit sa première commande importante, le tableau d'autel de saint Grégoire le Grand. Ses peintures d'histoire, de mythologie et ses portraits froids et compassés qui de son temps eurent beaucoup de succès sont caractéristiques du retour à l'antique de la fin du XVIIIᵉ siècle. Le néo-classicisme du XVIIIᵉ siècle fut l'œuvre de deux Allemands, Mengs et Winckelmann,

qui introduisirent, dans le jugement artistique, des références à des critères archéologiques. Batoni était l'ami de Winckelmann et en fut le disciple éloigné : de l'Antiquité, en effet, il retenait une notion bien pastorale de l'Arcadie, plus aimablement française que philosophiquement germanique. Ses tableaux religieux sont d'un raphaélisme sirupeux. C'est dans ses portraits de commande qu'il illustra le mieux ce retour à l'antique, tout d'artifice, caractéristique de la fin du XVIIIe siècle. Il est aussi l'auteur de peintures datées de 1780 que l'on voit dans l'église d'Estrella et du tableau du maître-autel de la cathédrale d'Evore (Portugal).

Pompeu de Batoni pinxit Roma 1776. PB 1742.

Musées : Berlin : *Mariage de l'Amour avec Psyché* – Czernin : *Simon l'Enchanteur* – Darmstadt : *Portrait du comte de Hainhauserr* – Dresde : *Saint Jean Baptiste au repos* – *Sainte Madeleine lisant* – *Les Arts instruisent* – La Fère : *Extase de saint François d'Assise* – Florence : *Éducation d'Achille* – *Achille à la cour de Lycomède* – *Portrait de l'artiste par lui-même* – Francfort-sur-le-Main : *Allégorie des Arts* – Grenoble : *Vierge à l'Enfant* – Lille : *Figures académiques* – Londres : *Le Cardinal d'York* – *La Comtesse d'Albany* – Lucques : *L'Archevêque de Mansi* – Madrid : *Un gentilhomme anglais* – *W. Hamilton* – Milan (Mus. Brera) : *Madone à l'Enfant avec saints* – Nice : *Sainte Famille* – Orléans : *Vulcain* – Paris (Mus. du Louvre) : *Vierge* – *Portrait présumé du marquis de Suffren* – Reims : *Mater Dolorosa* – Rouen : *Croquis* – Saint-Pétersbourg (Mus. de l'Ermitage) : *Sainte Famille* – Venise : *Madone entre saint Romuald, saint Bruno, sainte Claire et saint Augustin* – Vienne : *Retour de l'Enfant prodigue*.

Ventes Publiques : Paris, 1813 : *L'Apothéose de la Vierge* : **FRF 201** – Paris, 1816 : *La mort de Marc-Antoine* : **FRF 301** – Paris, 1816 : *La mort de Marc-Antoine* : **FRF 460** – Paris, 1843 : *La Vierge, l'Enfant Jésus et le petit saint Jean* : **FRF 386** – Paris, 1873 : *Madeleine au désert* : **FRF 1 500** – Paris, 1884 : *La Vierge de Corinthe* : **FRF 4 000** – Paris, 31 mai 1920 : *Portraits de deux princes* : **FRF 23 500** – Londres, 11 nov. 1921 : *L'honorable Sir Richard Lyttleton* : **GBP 46** – Londres, 11 mai 1923 : *La marquise Brignole 1786* : **GBP 310** – New York, 10 déc. 1924 : *Portrait de la princesse Isabella Orsini* : **USD 310** – Londres, 22 juin 1928 : *Gentilhomme vêtu de noir avec cravate blanche* : **GBP 44** – Paris, 19 nov. 1928 : *La Vierge, l'Enfant Jésus et saint Jean* : **FRF 3 700** – Londres, 27-30 mai 1932 : *Portrait d'un homme en bleu* : **GBP 42** – Londres, 1er juin 1934 : *Aug.-Henri Fitz Roy, comte de Grafton* : **GBP 52** – New York, 23 jan. 1936 : *La famille de sir G. Elliot* : **USD 675** – Londres, 24 juin 1936 : *La comtesse de Suffolk* : **GBP 46** – Paris, 18-19 déc. 1940 : *Portrait du cardinal de Gesvres* : **FRF 5 000** – Paris, 29 mars 1949 : *Vénus et l'Amour* : **FRF 12 000** – Paris, 12 avr. 1954 : *Gentilhomme debout, lav. d'enc. de ch. et d'aquar. avec reh. de gche blanche sur pap.* : **FRF 26 000** – Paris, 4-5 mai 1955 : *Le triomphe de Venise* : **FRF 31 000** – Londres, 26 juin 1957 : *Portrait du révérand Hon. John Staples M. P.* : **GBP 900** – Londres, 23 mars 1960 : *Portrait de John Chetwynd, premier comte Talbot* : **GBP 4 800** – Londres, 29 juin 1962 : *La fuite en Égypte* : **GNS 550** – Londres, 3 juil. 1963 : *Portrait de Lord Eardley et de son précepteur Signor Basti* : **GBP 18 000** – Londres, 29 nov. 1963 : *Portrait de John Eckersall* : **GNS 700** – Lucerne, 7 déc. 1963 : *La Sainte Famille* : **CHF 1 900** – Londres, 26 juin 1964 : *Portrait de James Adam* : **GNS 4 200** – Londres, 26 nov. 1965 : *Portrait de Mozart, âgé de 14 ans* : **GNS 4 600** – Paris, 16 juin 1967 : *La Sainte Famille* : **FRF 13 000** – Londres, 29 nov. 1968 : *Portrait du 1re Marquis de Headfort* : **GNS 5 500** – New York, 20 mai 1971 : *Portrait du Cardinal Rochechouart* : **USD 27 000** – Londres, 8 déc. 1972 : *Portrait de la princesse Giacinta Orsini Buoncompagni* : **GNS 13 000** – New York, 4 avr. 1973 : *Portrait de Jacques, premier comte de Charlemont* : **USD 52 500** – Londres, 2 juil. 1976 : *Portrait de sir Page-Turner 1768*, h/t (134,5x99) : **GBP 55 000** – Londres, 15 juil. 1977 : *Portrait de Mrs. Sansilands 1781*, h/t, à vue ovale (68,6x57,1) : **GBP 9 000** – Londres, 22 juin 1979 : *Portrait de Sir Henry Watkin Dashwood*, h/t (98,4x73) : **GBP 10 000** – Paris, 27 oct. 1982 : *Alexandre et Roxane contemplant le sommeil de leur fils*, pierre noire (30x36) : **FRF 9 500** – New York, 21 jan. 1983 : *Homme nu assis*, sanguine et reh. de blanc/pap. (42,2x28) : **USD 2 000** – Londres, 5 juil. 1984 : *Portrait d'un aristocrate*, h/t (98x79) : **GBP 110 000** – Londres, 22 nov. 1985 : *Portrait de Stephen Beckingham*, h/t (97,7x73) : **GBP 40 000** – Londres, 20 avr. 1988 : *Salvator Mundi*, h/t (73,5x61) : **GBP 17 050** – Londres, 8 juil. 1988 : *Portrait d'un gentleman portant une veste rouge sur un gilet chamois et un*

jabot de dentelle et tenant un chapeau 1779, h/t (98,5x73,5) : **GBP 41 800** – Stockholm, 15 nov. 1988 : *Allégories de la Peinture, l'Architecture et la Sculpture*, h/t (58x76) : **SEK 60 000** – Londres, 17 nov. 1989 : *Portrait de Sir Henry Watkin Dashwood portant un habit vert bordé d'argent et tenant un tricorne noir dans sa main droite*, h/t (98x74) : **GBP 55 000** – Paris, 25 juin 1991 : *Portrait d'une jeune femme avec une rose dans les cheveux*, h/t (60,5x49,5) : **FRF 190 000** – Londres, 10 juil. 1991 : *Portrait de James Stewart en uniforme et tenant son chapeau dans la main gauche, un buste de Minerve sur un piedestal à sa droite 1821*, h/t (137x99) : **GBP 242 000** – Londres, 13 déc. 1991 : *Portrait de Edward Weld, en buste, portant une veste et un gilet verts et tenant une tabatière 1775*, h/t (75x62) : **GBP 55 000** – Paris, 25 juin 1993 : *Saint Pierre*, sanguine (21,5x17,5) : **FRF 27 000** – Londres, 14 juil. 1993 : *Portrait de Sir Charles Watson, de trois quarts portant un habit à la Van Dyck 1775*, h/t (97x73,5) : **GBP 463 500** – New York, 14 jan. 1994 : *Portrait de George Augustus Herbert, Lord Herbert futur comte de Pembroke 1779*, h/t (68,6x55,9) : **USD 123 500** – Paris, 16 mars 1994 : *Figure d'homme nu*, sanguine (25x18) : **FRF 15 500** – New York, 10 jan. 1996 : *Études pour le personnage d'Aeneas*, sanguine/pap. bleu (21,3x27,8) : **USD 5 175** – New York, 30 jan. 1997 : *Le Christ et la femme de Samarie* vers 1765-1770, h/t (140,3x101,6) : **USD 101 500** – Londres, 3 déc. 1997 : *Portrait de la princesse Giacinta Orsini Buoncampagni Ludovisi, Duchessa d'Arce*, h/t (137,2x100,3) : **GBP 265 500.**

BATONI Romualdo
Né le 7 février 1763 à Rome. Mort le 22 septembre 1819 à Rome. XVIIIe-XIXe siècles. Italien.
Peintre.
Fils de Pompeo Batoni.

BATOWSKI-KACZOR Stanislas
Né le 21 janvier 1866 à Lemberg. XIXe siècle. Polonais.
Peintre de compositions religieuses, batailles, illustrateur.
Élève de l'Académie des Arts de Cracovie en 1883, il entra à l'Académie de Vienne en 1885, puis de Munich en 1887. Il vint à Paris en 1891. De 1893 à 1895 il voyagea en Italie, en Espagne, au Maroc et en Crimée. Outre un tableau d'autel pour la cathédrale de sa ville natale, Batkowski composa un grand nombre d'illustrations pour des ouvrages de Sienkiewicz.
Ventes Publiques : New York, 13 déc. 1985 : *Choc de cavalerie*, h/t (61x85) : **USD 2 000** – Amsterdam, 2 mai 1990 : *Le champ de bataille 1896*, h/t (148x279) : **NLG 9 775.**

BATRACHOS
Originaire de Laconie. IIe siècle avant J.-C. Antiquité grecque.
Sculpteur et architecte (?).
Parlant des sculpteurs du marbre, Pline (N. H. 36, 42) le mentionne, avec son compatriote Sauras, comme constructeur des temples de Jupiter Stator et de Juno Regina. S'il faut en croire l'auteur latin, les deux artistes, n'ayant pas eu leur nom dans l'acte de consécration, auraient signé leur œuvre, sculptant « in columnarum spiris » une grenouille (*batrachos*) et un lézard (*sauros*). Mis à part le nom curieux, mais point invraisemblable, des deux personnages, l'anecdote semble encore bien peu véridique, car au IIe siècle avant Jésus-Christ, il ne semble pas qu'il y eut d'inscription pour la consécration des temples, et d'autre part nous connaissons par Vitruve le nom de l'architecte qui édifia le temple de Jupiter : c'est le Chypriote Hermodoros de Salamine. S'ils ont jamais existé, Batrachos et Sauras furent donc sans doute de simples sculpteurs décorateurs. Winckelmann avait cru identifier les curieux reliefs signalés par Pline sur un chapiteau ionique où la grenouille et le lézard figurent au centre des volutes (« in spiris » ?) ; mais on a reconnu depuis qu'il était l'œuvre d'un artiste du XIIIe siècle qui s'est inspiré sans doute du passage correspondant de l'Histoire naturelle. Il reste que l'on exhuma un jour, selon Piranesi, dans l'enceinte du Portique d'Octavie, une base de colonne effectivement décorée d'une grenouille et d'un lézard ; mais les deux petits animaux étaient représentés non pas sur les tores (comme le ferait attendre l'expression « in spiris ») mais sur la plinthe quadrangulaire.

BATRON Ogier
XVIe siècle. Actif à Marseille en 1520. Français.
Peintre.

BATRYN Hermanus
XVIIIe siècle. Hollandais.

Graveur en taille-douce.
Il devint citoyen d'Amsterdam en 1727.

BATSCHE Julius
xixe siècle. Britannique.
Peintre de sujets militaires.
Ce peintre et militaire exposa en 1882-1883 à la Royal Academy de Londres.

BATSELAER Steven Van
xviie siècle. Actif à Middelburg. Hollandais.
Peintre.
On le trouve en 1644 à Middelburg, travaillant comme élève de Hendrick van Schuylenburg.

BATSON A. Wellesley, Révérend Père
xixe siècle. Britannique.
Peintre de paysages.
Lui-même pasteur, il présente des similitudes avec le pasteur WELLESLEY (H.). Il exposa en 1890 à la Grafton Gallery de Londres.

BATSON Frank
xixe siècle. Actif à Ramsbury. Britannique.
Paysagiste.
Il exposa à la Royal Academy et à la New Water-Colours Society de Londres de 1890 à 1892.

BATSON H. M.
xixe siècle. Actif à Ramsbury. Britannique.
Paysagiste.
Il exposa en 1874 et 1875 à Suffolk Street à Londres.

BATT Arthur
Né en 1846. Mort en 1911. xixe-xxe siècles. Actif à Ramsey. Britannique.
Peintre de genre, animaux.
Il exposa à Londres, à la Royal Academy, à Suffolk Street et à la Grafton Gallery de 1879 à 1892.

.Arthur Batt

Ventes Publiques : Londres, 12 déc. 1978 : *Ânes dans un paysage* 1903, h/pan. (26x34) : **GBP 800** – New York, 10 juin 1983 : *Chevaux à l'abreuvoir* 1877, h/t (64,1x92) : **USD 4 000** – Londres, 14 fév. 1990 : *Un épagneul gallois, un Cairn et un poney bai* 1895, h/t (40,6x53,2) : **GBP 1 760** – Londres, 8-9 juin 1993 : *Le gardien du poney* ; *L'attente*, h/t, une paire (chaque 18x25) : **GBP 3 450**.

BATTA da Corfu Tomeo di fu Nicolo
xvie siècle. Italien.
Peintre.
Il était actif à Venise en 1589.

BATTACCHIOLI Girolamo
xviie siècle. Actif à Rome en 1600. Italien.
Peintre.
Au début du xviie siècle, il devint membre de la « Congregazione dei Virtuosi del Panteon ».

BATTACHON Edmond. Voir **BATTANCHON**

BATTAGIO da Lodi Giovanni di Domenico
xve siècle. Actif à Milan. Italien.
Architecte et sculpteur.
On lui doit le portail Renaissance du palazzo Landi à Plaisance, aujourd'hui Palazzo dei Tribunali. Il travailla aussi à la construction et à la décoration sculpturale de l'église Santa Maria Incoronata, à Lodi. Certains biographes le croient identique avec un Giovanni da Lodi mentionné en 1479. Vers 1481, il jouissait de la protection du duc de Milan.

BATTAGLIA Alessandro
Né le 26 avril 1870 à Rome. Mort en 1920. xixe-xxe siècles. Italien.
Peintre de figures, scènes de genre, aquarelliste.
Il exposait en Italie, surtout à Rome, mais il a également figuré dans des expositions à Berlin, Munich, etc. Les titres de ses peintures induisent un peintre de genre : *Pensées lointaines – Ironie du sort*.

A. Battaglia

Ventes Publiques : Milan, 10 mars 1982 : *Nu assis*, h/t (110x158) : **ITL 2 000 000** – Vienne, 26 juin 1986 : *Les vendanges*

1899, h/t (93,5x60,5) : **ATS 50 000** – New York, 29 oct. 1987 : *La salle de classe* 1897, h/t (87,6x174,6) : **USD 45 000** – New York, 25 fév. 1988 : *Pensées lointaines* 1919, h/t (75x73) : **USD 9 350** – Rome, 14 déc. 1988 : *Profil de jeune fille* 1890, h/t (44x34) : **ITL 1 400 000** – Milan, 6 déc. 1989 : *Sous la tonnelle* 1895, h/t (55,5x36) : **ITL 4 000 000** – Londres, 28 nov. 1990 : *Conversation sur la place du village*, h/t (64x86) : **GBP 9 900** – Londres, 16 juin 1993 : *Les fillettes*, h/t (64x85) : **GBP 3 680** – Londres, 16 nov. 1994 : *Jeune Italienne attendant dans les bois* 1919, h/t (74x72) : **GBP 7 475**.

BATTAGLIA Carlo
Né le 28 janvier 1933 à La Maddalema. xxe siècle. Italien.
Peintre. Abstrait.
Il fut sélectionné à la 35e Biennale de Venise, en 1970. Il pratiquait alors une peinture monochrome, sur laquelle étaient disposés, à la manière de l'écriture en alphabet Morse, des systèmes combinatoires de traits de longueurs différentes.
Ventes Publiques : Milan, 13 déc. 1977 : *Piccolo nibbio* 1974, h/t (50x125) : **ITL 700 000** – Milan, 24 juin 1980 : *Pelope* 1974, temp./t. (80x200) : **ITL 1 000 000** – Rome, 23 avr. 1985 : *Sans titre*, past. (70x100) : **ITL 1 700 000** – Milan, 19 déc. 1989 : *Favonio II* 1975, acryl./t. (79x199) : **ITL 4 000 000** – Copenhague, 3 juin 1993 : *Vagule* 1976, h/t (79x200) : **DKK 6 800** – Paris, 2 déc. 1994 : *Le coq et sa famille*, temp./parchemin/pan. (44x55) : **FRF 180 000** – Copenhague, 22-24 oct. 1997 : *Chirone* 1975, h/t (80x200) : **DKK 6 000**.

BATTAGLIA Dionisio
xvie siècle. Actif à Vérone en 1547. Italien.
Peintre de compositions religieuses, fresquiste.
On ne sait pas quel fut son maître, mais tout porte à croire que cet artiste fut l'élève de Francesco Torbido. Il a tellement le style de ce dernier qu'on a souvent confondu ses œuvres avec celles de Torbido. Toutefois, les tableaux de *Saint Julien* et de *Sainte Julienne*, dans l'église Santa Eufemia à Vérone, et celui de la *Madone avec l'Enfant entourés de saints* à l'église San Zeno, sont de Dionisio Battaglia. Il est également l'auteur de la fameuse fresque de la casa Rivanelli, qui représente *Marie et l'Enfant Jésus entre saint Sébastien et saint Roch*.

BATTAGLIA Domenico
Né le 30 mai 1846 à Naples. Mort en 1904. xixe-xxe siècles. Italien.
Peintre de sujets de genre, intérieurs d'églises.
Il a surtout peint des intérieurs d'églises et des cérémonies religieuses. À l'Exposition de Vienne, en 1873, il obtint une médaille pour son tableau *Après la prière*. Il exposa aussi en Italie et en Allemagne.
Ventes Publiques : Rome, 3 avr. 1984 : *Intérieur d'église*, h/t (65x46) : **ITL 1 300 000** – Rome, 9 juin 1992 : *Intérieur d'église*, h/t (40x27) : **ITL 1 000 000**.

BATTAGLIA Francesco
Originaire de Mignegno (près de Pontremoli). xviie siècle. Italien.
Sculpteur sur bois.
Moine de l'ordre de Saint-Augustin, il commença le chœur de San Stefano, à Empoli, qui fut achevé en 1693. Il fit aussi, de 1668 à 1676, les bahuts de l'église de l'Annonciation, à Pontremoli.

BATTAGLIA Giuseppe
xviie siècle. Actif à Pavie vers 1680. Italien.
Peintre.

BATTAGLIA Mathieu
Né à Brusimpiano (Italie). xixe-xxe siècles. Français.
Peintre de paysages, fleurs.
En 1884, il était déjà des membres fondateurs du Salon des Indépendants. De 1910 à 1922 il exposa aussi au Salon de la Société Nationale des Beaux-Arts. En 1926, il faisait encore partie de l'exposition rétrospective des Indépendants.
Ventes Publiques : Paris, 13 juin 1934 : *Coin de jardin* : **FRF 150**.

BATTAGLIA da Guastalla Costantino, appelé aussi **Costantino da Viadana**
xvie siècle. Actif à Parme. Italien.
Peintre.
En 1545, il obtint le droit de cité à Parme. Il décora les salles du Capitole de la ville, et travailla aussi à Crémone vers 1547. Il est mentionné encore en 1554.

BATTAGLINI Andrea
Né au xviie siècle à Brescia. xviie siècle. Italien.

Sculpteur sur bois.
On le trouve à Pérouse, en 1645, sculptant un crucifix pour l'église Santa Maria degli Aratri. Il travailla aussi à Lucques.

BATTAGLINI Jean Baptiste François
Né en 1787 à Nice. XIX⁰ siècle. Français.
Peintre d'histoire, compositions religieuses, portraits.
Il fut un élève de David. Parmi ses œuvres, exposées de 1808 à 1841, on cite : *Louis XVI faisant son testament* et *Marie-Antoinette prisonnière*. Il exécuta, en 1823, pour la ville de Bruxelles, une *Résurrection*. On cite encore de lui une *Sainte Thérèse*.

BATTAGLIOLI Pietro
XVII⁰ siècle. Italien.
Sculpteur, peintre de compositions religieuses.
Plusieurs églises de Modène possèdent des travaux de cet artiste. Les quatre statues qui se trouvent dans l'église San Domenico, dans la chapelle de la Madone du Rosaire, sont assez remarquables. Il y avait de lui un *Sainte Madeleine* à l'église San Giambattista, à Capri, et il avait exécuté le maître-autel de l'église del Cristo dans la même ville.

BATTAILLE César
Né à Basèches. XX⁰ siècle. Belge.
Sculpteur.
Il exposa au Salon des Artistes Français, entre 1913 et 1929 ; il obtint une mention honorable en 1920.

BATTAILLÉ Eugène
Né le 18 avril 1817 à Granville (Manche). XIX⁰ siècle. Français.
Peintre de compositions religieuses, compositions animées, portraits.
Élève de Coignet, il travailla à Paris, puis à Versailles. Entre 1843 et 1875, il participa régulièrement au Salon de Paris.
Portraitiste classique, il donne libre cours à son esprit romantique dans ses petites scènes de femmes en crinolines. Dans un tout autre registre, on cite de lui : *Christ apparaissant devant ses disciples*.
BIBLIOGR. : Gérald Schurr : *Les Petits Maîtres de la peinture 1820-1920, valeur de demain*, Les Éditions de l'Amateur, t. II, Paris, 1982.
MUSÉES : SAINT-LÔ : *Les marches de marbre rose, Versailles* – TOUL : *Général Baron de Biequilley* – VERSAILLES : *Antoine Félix de Monti, lieutenant-général des armées du roi* – *Claude-Guillaume Lambert, baron de Chamerolles, contrôleur général des finances* – *Portrait de Marie-Anne Brune* – *Portrait du Maréchal Ney*.
VENTES PUBLIQUES : VERSAILLES, 12 déc. 1981 : *La fête sur le Grand Canal à Versailles* 1849, h/t (50x107) : **FRF 10 000.**

BATTAILLE Irène
Née en 1913 à Anvers. XX⁰ siècle. Belge.
Peintre. Néo-expressionniste.
Elle fut élève de l'Académie de Berchem-Anvers et de l'Institut Supérieur d'Art d'Anvers. Elle expose à Anvers, où des textes lui ont été consacrés, notamment en 1954 et 1960. Elle peint dans une gamme colorée forte et claire.
BIBLIOGR. : In : *Diction. biogr. des artistes en Belgique depuis 1830*, Arto, Bruxelles, 1987.

BATTAILLE Jan
Né en 1808 à Bruxelles. XIX⁰ siècle. Travaillait à Anvers. Belge.
Peintre d'histoire, scènes de genre.
Il fut l'élève de Nicaise de Keyser. Parmi ses œuvres, on mentionne *Rubens et Juste Lipse*, exposé à Bruxelles en 1839, et *Noé quittant l'arche*. Cette dernière composition est remarquable, et obtint à Gand, en 1841, le premier prix.

BATTAM Thomas
Né vers 1810 à Londres. Mort le 28 octobre 1864 à Nothing Hill. XIX⁰ siècle. Britannique.
Miniaturiste.
Peintre sur porcelaine et émail, il travailla depuis 1834 à la Manufacture de porcelaine Alderman Copeland. Dans sa jeunesse il exposa souvent à la Royal Academy, et il fonda la Crystal Palace Art Union.

BATTANCHON Edmond ou Battachon
Né le 20 février 1827 à Fronsac (Gironde). XIX⁰ siècle. Français.
Peintre de genre.
Élève de Gleyre, il fut représenté aux Salons de Paris en 1859, 1861 et 1866.

BATTANCHON Olga
Née à Anglure-sur-Dun (Saône-et-Loire). XX⁰ siècle. Française.
Peintre.
Exposa des nus et des natures mortes au Salon des Indépendants en 1927 et 1928.

BATTARDITO del Moro. Voir ANGOLO del Moro Battista

BATTAZZI Gaetano
XVIII⁰ siècle. Actif à Gubbio. Italien.
Sculpteur sur bois.
Élève et parent de Marco Battazzi.

BATTAZZI Marco
Mort en 1759 à Gubbio. XVIII⁰ siècle. Italien.
Sculpteur sur bois.
Il travailla pour les églises de Gubbio, Cantanio et Pergola.

BATTEGAY Denise
Née à Tien-Tsin. XX⁰ siècle. Française.
Peintre de figures, portraits.
Dans les années trente, elle a montré de nombreux portraits d'hommes et de femmes, tendant parfois au portrait de genre : *Vieille mendiante* – *Les damnés* 1935, exposant à Paris aux Salons d'Automne, des Tuileries, des Indépendants.

BATTEL Baudouin Van, de son vrai nom : Van der Wyct
XV⁰-XVI⁰ siècles. Actif à Malines entre 1465 et 1508. Éc. flamande.
Peintre.
Père de Jan, il exécuta en 1481 à l'hôtel de ville de Malines une peinture murale d'une grande et belle composition : *Le Jugement dernier*. Battel prit part aux décorations lors de l'entrée de la duchesse Marie de Bourgogne à Malines.

BATTEL Gauthier Van, l'Ancien
Mort en 1477 ou 1478 à Malines. XV⁰ siècle. Éc. flamande.
Peintre verrier et décorateur.
Il participa aux travaux décoratifs des fêtes annuelles de Malines « Onmegang ». En collaboration avec son fils Gauthier le Jeune, il fournit, en 1477, un vitrail pour le Syndic des Drapiers, dans l'église de Saint-Rombaut, à Malines.

BATTEL Gauthier Van, le Jeune
Mort entre 1499 et 1506 à Malines. XV⁰ siècle. Éc. flamande.
Peintre verrier.
Il était fils de Battel l'Ancien, et collabora avec son père à l'exécution du vitrail de Saint-Rombaut. Il eut pour fils Rombaut.

BATTEL Gilles Van, de son vrai nom : Van der Wyct
XVI⁰ siècle. Actif à Malines. Éc. flamande.
Peintre.
Il épousa, entre 1554 et 1560, la veuve du sculpteur Antoine de Vleeschouwere.

BATTEL Jacques Van, de son vrai nom : Van der Wyct
Né à Malines. Mort avant 1557. XVI⁰ siècle. Éc. flamande.
Peintre de compositions religieuses, miniatures.
Entre 1527 et 1545, on signale dans les documents d'assez nombreuses traces de cet artiste. Il travailla beaucoup pour la cour de Charles-Quint, pour laquelle il fit un grand nombre d'armoiries, de décorations, de bannières. Le chapitre de la Toison d'or l'occupa particulièrement à la peinture de ses blasons. La chancellerie de Bruxelles lui doit ses miniatures. Parmi ses tableaux, on cite, d'après d'anciens inventaires, un *Saint Antoine* et une *Mise en croix*.

BATTEL Jan Van
XV⁰ siècle. Actif à Malines de 1403 à 1443. Éc. flamande.
Peintre de compositions religieuses, sculpteur.
Auteur de peintures, de statues, de décorations de drapeaux, d'oriflammes, de bannières et d'une foule d'autres ornements. En ce qui concerne ses tableaux, on sait qu'en 1437, il fit pour l'hôtel de ville une *Sainte Véronique*, entourée d'anges, ainsi qu'une peinture pour le Tuchhalle d'Anvers. En 1428 et 1440, on le trouve exécutant des tableaux pour l'église Saint-Gommaire à Lierre. Cet artiste faisait partie de la gilde de Saint-Luc.

BATTEL Jan Van, de son vrai nom : Van der Wyct
Né en 1477 à Malines. Mort le 5 juillet 1557. XVI⁰ siècle. Éc. flamande.
Peintre, miniaturiste.
Marguerite d'Autriche occupa beaucoup ce peintre à la décoration de sa demeure. Le titre de peintre de la cour lui fut accordé

par Charles-Quint, tandis que Jacques van Battel travaillait encore. L'empereur lui commanda, en 1549, d'exécuter un registre de la Toison d'or, qui ne fut achevé qu'en 1552. On n'a pas d'œuvres de Battel dans les musées, mais l'hôtel de ville de Malines conserve de lui un petit triptyque, exécuté en 1517 et d'une jolie composition. L'artiste dont nous parlons était fils de Baudouin van Battel.

BATTEL Pierre Van
XVIᵉ siècle. Actif à Malines. Éc. flamande.
Peintre.
On le trouve, en 1511, mentionné dans la gilde de Saint-Lucas, avec le titre de franc-maître.

BATTEL Rombaut Van
XVIᵉ siècle. Éc. flamande.
Peintre.
Il était fils de Gauthier Van Battel le Jeune. Il est mentionné à Malines entre 1512 et 1573.

BATTELINI
Italien.
Graveur.
Cité par Le Blanc. On lui doit le portrait d'Anna Celina Storace.

BATTEM Gerrit ou Gérard, appelé par erreur J. Van Battem
Né vers 1636 probablement à Rotterdam. Mort en 1684, enterré à Rotterdam le 24 octobre. XVIIᵉ siècle. Hollandais.
Peintre de sujets religieux, scènes de genre, paysages animés, paysages, natures mortes, peintre à la gouache, graveur, dessinateur.
Déjà orphelin de père, il perdit sa mère en 1640. Le peintre Jan Daemen Cool devint son tuteur. Il est probable qu'il fut aussi son maître. S'étant rendu à Utrecht en 1667, il s'y maria le 10 avril de la même année avec Marguerite Scheffer, sœur du peintre Anton Scheffer. En 1669, il revint à Rotterdam avec sa famille et s'y fixa. Selon un document de l'époque, le gouvernement de la ville lui accorda, en 1678, une somme de 30 florins pour la restauration d'un tableau, à la Bourse. On lui doit divers dessins et des eaux-fortes.

Battem

Musées : AMSTERDAM (Cab. des Estampes) – BERLIN – HAARLEM – MEININGEN : *Paysage* – ROTTERDAM (Mus. Boymans) : *Cuisine, natures mortes et figures* – Dessins – SCHLEISSHEIM : *Paysage rocheux et chute d'eau* – VIENNE (Albertina).
Ventes Publiques : AMSTERDAM, 1707 : *Trois dessins* : **FRF 110** – PARIS, 1777 : *Les patineurs*, dess. colorié : **FRF 300** – PARIS, 1857 : *Paysage en hiver*, aquar. : **FRF 30** – PARIS, 1864 : *Jésus et la Samaritaine*, dess. encre de Chine : **FRF 25** – PARIS, 2 mars 1928 : *La rivière gelée*, gche : **FRF 480** – LONDRES, 27 juil. 1928 : *Vue sur le Rhin 1676* : **GBP 75** – PARIS, 4-5 nov. 1937 : *Paysage au crépuscule*, sanguine : **FRF 950** – BRUXELLES, 6 déc. 1937 : *La marchande de poissons* : **BEF 2 000** – LONDRES, 6 mai 1938 : *Fête sur la glace, Dordrecht* : **GBP 86** – AMSTERDAM, 21 mars 1950 : *Paysage riverain animé de personnages, en hiver*, cuivre : **NLG 1 000** – LONDRES, 8 avr. 1970 : *Paysage d'hiver près de Dordrecht* : **GBP 5 800** – AMSTERDAM, 3 mai 1976 : *La chasse au lion*, gche (25x38) : **NLG 3 100** – AMSTERDAM, 28 mai 1977 : *Chasseurs dans un paysage*, aquar., gche et encre noire (22,4x36,7) : **NLG 7 800** – LONDRES, 13 avr. 1978 : *Paysage boisé animé de personnages*, h/t (111x170) : **GBP 5 800** – AMSTERDAM, 30 nov. 1980 : *Attelage à La Haye*, gche (26,5x35) : **NLG 3 200** – LONDRES, 12 oct. 1983 : *Chasseurs dans un paysage fluvial*, h/t (98x130) : **GBP 3 000** – AMSTERDAM, 14 nov. 1983 : *Capriccio : paysage escarpé avec une cascade*, gche, aquar. et pl. (24,5x38,2) : **NLG 14 500** – MONTE-CARLO, 22 fév. 1986 : *Bouquet de fleurs dans un vase de pierre*, h/pan. (39,5x32) : **FRF 50 000** – MUNICH, 5 juin 1986 : *Paysage escarpé à la cascade animé de chasseurs*, gche et pl. (24,5x33) : **DEM 9 400** – AMSTERDAM, 28 nov. 1989 : *Chasse au cerf près d'un torrent enjambé par un pont où passe du bétail*, h/t (70,2x90,5) : **NLG 34 500** – AMSTERDAM, 25 nov. 1991 : *Vaste paysage fluvial avec un village*, aquar. et gche (12,1x21,6) : **NLG 92 000** – AMSTERDAM, 25 nov. 1992 : *Marchands dans leurs péniches sur un fleuve rocheux avec une ville fortifiée à l'arrière-plan*, aquar. et gche, encre et reh. or (24,3x36,8) : **NLG 43 700** – LONDRES, 9 juil. 1993 : *Paysage animé avec une chasse au faucon et des paysans sur un sentier près d'une cascade*, h/pan. (81,6x85) : **GBP 9 200** – NEW YORK, 12 jan. 1995 : *La chasse au cerf*, h/t (50,5x63,2) :

USD 18 400 – NEW YORK, 3 oct. 1996 : *Une chasse au cerf*, h/t (50,5x63,2) : **USD 11 500.**

BATTEM John Dickinson
Né le 8 octobre 1860 à Plymouth. Mort en 1932. XIXᵉ-XXᵉ siècles. Britannique.
Peintre de sujets religieux, scènes de genre, aquarelliste, compositions murales, illustrateur.
Cet artiste étudia à la Slade School sous la direction d'Alphonse Legros. Parmi ses tableaux d'histoire et de genre, il y en a quelques-uns d'une très belle composition ; on cite le plus souvent : *Blanche-Neige et les Sept Nains, Saint Georges, Mère et Enfant, Le Réveil de Brunehilde.* Il s'est fait remarquer aussi comme illustrateur, par les dessins qu'il a exécutés dans les volumes du *Fairy Tales of the British Empire.* La Christ Church à Lichfield lui doit de belles peintures murales.
Musées : SYDNEY : *Blanche-Neige et les Sept Nains.*
Ventes Publiques : LONDRES, 19 mars 1979 : *Atalanta and Milanion*, aquar. et reh. de gche et feuille d'or (23x59) : **GBP 3 250** – LONDRES, 17 juin 1980 : *The family 1886*, h/t (126x100) : **GBP 1 200** – LONDRES, 5 juin 1984 : *The garden of Adonis : amoretta and time 1887*, temp./t. (100x125) : **GBP 14 000** – YORK (Angleterre), 12 nov. 1991 : *Mère et enfant*, aquar. (48,5x19,5) : **GBP 13 200** – LONDRES, 2 nov. 1994 : *Amoretta et le Temps dans le jardin d'Adonis 1887*, h/t (104x127) : **GBP 34 500.**

BATTEN Mark Wilfrid
Né le 21 juillet 1905 à Kirkcaldy (Ecosse). XXᵉ siècle. Britannique.
Peintre de monuments, sculpteur, dessinateur.
Après avoir fait des études à l'Ecole d'Art de Beckenham puis à celle de Chelsea, il commença tout seul à expérimenter la sculpture, vers 1927. Jusqu'en 1934, il n'exposa que des dessins et peintures. Exerçant son art en taille directe, principalement sur du granit, il exposa pour la première fois ses sculptures en 1936, date à laquelle il devint membre de la Royal Society of Arts, puis exposa à la Royal Academy à partir de 1939. Après la Seconde Guerre mondiale, il exposa à Paris, au Salon des Artistes Français, recevant la médaille d'or pour la sculpture en 1977. Il réalisa plusieurs sculptures pour des monuments publics.

BATTEN Mary
Née le 7 avril 1873. XIXᵉ-XXᵉ siècles.
Graveur sur bois.
Elle gravait en couleurs.

BATTERSBY ou Bettersby
XVIIIᵉ siècle. Britannique.
Peintre de fleurs et graveur.
Il exposa à la Society of Artists et à la Free Society de Londres entre 1775 et 1783. Le Blanc cite de lui : *Emmanuel Swedenborg.*

BATTERSBY, Mrs
XIXᵉ siècle. Active à Tenby. Britannique.
Peintre de figures.
Elle exposa de 1833 à 1839 à la Royal Academy et à Suffolk Street.

BATTERSBY E.
XIXᵉ siècle. Travaillait à Rome. Britannique.
Sculpteur.
Il exposa à la Royal Academy de Londres en 1879.

BATTERSBY Martin
Né en 1914. Mort en 1982. XXᵉ siècle. Britannique.
Peintre de décorations murales, trompe-l'œil, peintre de décors de théâtre.
À la fin des années quarante, il fut l'assistant de Cecil Beaton. En 1948, la Brook Street Gallery de Londres organisa sa première exposition de trompe-l'œil, puis il exposa régulièrement, soit en Angleterre, soit aux États-Unis. Ses ouvrages *Art Nouveau* (1969), *The décorative Twenties* (1969) et *The Decorative Thirties* (1971) ravivèrent l'intérêt du public pour les arts décoratifs de la fin du XIXᵉ et début du XXᵉ siècles.
Designer et écrivain, il était fasciné par le théâtre et par les arts d'illusion visuelle. Ces passions ajoutées à sa grande habileté manuelle firent son succès en tant que peintre muraliste et de trompe-l'œil. Son travail était influencé par les peintres néoromantiques français et russo-français : Christian Bérard, Eugène Berman et Pavel Tchelitchew.
Ventes Publiques : LONDRES, 11 juin 1976 : *Motocyclette 1963*, h/t (56x46) : **GBP 160** – LONDRES, 11 juin 1982 : *Trompe-l'œil : Key*

and letter board 1967, h/t (50,8x76,2) : **GBP 400** – Norfolk (Angleterre), 22 oct. 1986 : *Une pensée*, h/t (6x67,4) : **GBP 600** – Londres, 10 mai 1988 : *Projet de couverture pour le programme de Glyndebourne* 1973, gche, trompe-l'œil (46,2x58,2) : **GBP 2 200** – Londres, 25 oct. 1995 : *Balle bleue*, h/t/pan. (15,5x39,5) : **GBP 1 725.**

BATTERSBY W., le Jeune
XVIIIe siècle. Britannique.
Peintre de paysages.
Il exposa à la Society of Artists et à la Free Society en 1782-1783.

BATTERSHALL John R.
XIXe siècle. Britannique.
Graveur sur bois.
Il exposa à Londres en 1872 et 1875.

BATTEUR Ch. François
Né au XIXe siècle à Lille (Nord). XIXe siècle. Français.
Aquarelliste et architecte.
Élève de l'Académie de Lille, il exposa au Salon de Paris, en 1870, un dessin relatif à un projet de construction d'un palais des Beaux-Arts et de l'Industrie, à Lille, et des esquisses de motifs d'architecture italienne. La collection Wicar, à Lille, conserve de lui une aquarelle représentant le *Parvis de Saint-Marc à Venise.*

BATTEUX Pierre Henry
XVIIIe siècle. Actif à Paris en 1773. Français.
Sculpteur.
Cité par Lami.

BATTIER
XVIIIe siècle. Français.
Sculpteur.
Il exposa, en 1782, deux reliefs au Salon de la Correspondance à Paris.

BATTILORI Sano di Andrea. Voir **SANO di Andrea Battilori**

BATTINI Benedetto
XVIe siècle. Actif à Florence en 1553. Italien.
Peintre et graveur d'ornements.
Hieronymus Cock grava d'après ses dessins une série d'environ 28 planches, datées 1553.

BATTINI Mattia ou **Batini**
Né en 1666 à Citta di Castello. Mort le 22 août 1727. XVIIe-XVIIIe siècles. Italien.
Peintre de compositions religieuses, fresquiste.
Battini travailla à Città di Castello et à Pérouse, où il reçut des leçons de Pietro Montanini. Il peignit des fresques et des tableaux d'autel dans les églises del Gesù, de San Filippo Neri, au cloître de San Benedetto, dans les confréries de la Sainte-Trinité, de Santa Barbara, de San Spirito à Citta di Castello. A Pérouse, il peignit dans l'église du cloître Sainte-Catherine, dans les confréries de S. Agostino, de S. Spirito, dans la Sacristie de San Domenico et à S. Giuliana.

BATTINI Vincent
Né à Paris au XXe siècle. Français.
Peintre de paysages, natures mortes.
Exposa une nature morte et un paysage au Salon des Indépendants de 1932.

BATTISTA
XVe siècle. Actif à Padoue. Italien.
Peintre.

BATTISTA
XVe siècle. Italien.
Peintre.
Il travailla à Rome, au Vatican.

BATTISTA
XVe siècle. Actif à Pérouse. Italien.
Peintre.

BATTISTA, appelé aussi **Giovanni Battista da Sesto,** et par erreur **da Trezzo**
XVe-XVIe siècles. Italien.
Sculpteur.
Il est probablement identique à, ou proche de, Giovanni Stefano Sesti, ou da Sesto. Il était actif de 1496 à 1519. À cette dernière date, il travaillait avec Benedetto Briosco et Antonio Tamagnino, à l'ornementation de la façade de la Chartreuse de Pavie. Il aurait aussi participé à la décoration de la cathédrale de Milan.

BATTISTA, dit **il Trentino**
Originaire de Trente. XVIe siècle. Italien.
Sculpteur de monuments.
Alessandro Vittoria fit sa connaissance en 1567, et l'emmena avec lui à Venise, ainsi que d'autres jeunes artistes, pour collaborer à ses travaux. Battista est l'auteur du mausolée de Giambattista Perenda, qui se trouve dans le cloître du Seminario patriarcale de Venise.

BATTISTA André
XVIIe siècle. Actif à Nancy. Italien.
Peintre.
Restaura, en 1632, les peintures d'une salle du palais ducal.

BATTISTA Gianpietro
XVIIe siècle. Actif à Graz au début du XVIIe siècle. Autrichien.
Peintre.

BATTISTA Lorenzo
XVIe-XVIIe siècles. Actif à Venise. Italien.
Sculpteur.
Il fut l'un des trois artistes qui, en 1598, travaillèrent au superbe autel de l'église Saint-Antoine de Padoue.

BATTISTA Montorfano. Voir **MONTORFANO Giovanni Donato**

BATTISTA Romano
XVIe siècle. Actif à Rome dans la seconde moitié du XVIe siècle. Italien.
Peintre.

BATTISTA Salvi. Voir **SALVI Giovanni Battista**

BATTISTA d'Antonio di Gerino
XVIe siècle. Actif à Pistoia. Italien.
Sculpteur sur bois.
En 1505, il orna de sculptures le portail de la cathédrale de Pistoia. Peut-être parent de GERINO da Pistoia.

BATTISTA de Aquila
XVe siècle. Actif à Rome. Italien.
Peintre.
Il faisait partie de la gilde de Saint-Luc en 1478.

BATTISTA d'Aricio ou **d'Arezzo**
XVe siècle. Italien.
Peintre.
Cité dans des archives de Palerme en 1429.

BATTISTA da Bagnolo
XVIe siècle. Actif à Correggio en 1517. Italien.
Peintre.

BATTISTA di Benedetto
XVe-XVIe siècles. Travaillait à Bologne de 1484 à 1515. Italien.
Peintre.

BATTISTA di Benedetto, dit **il Fiammeri**
XVIe siècle. Actif à la fin du XVIe siècle. Italien.
Sculpteur.
Élève de Bartolomeo Ammanati, il devint plus tard son aide. En 1575, on le trouve occupé à la décoration de la fontaine d'Ammanati sur la place de la Signoria à Florence. Il fournit aussi un ouvrage pour les funérailles de Michel-Ange à l'église S. Lorenzo à Florence.

BATTISTA di Bernardino
XVIe siècle. Actif à Venise. Italien.
Sculpteur.
Par ordre de Jacopo Sansovino, il travailla à l'escalier des géants du palais des Doges, commencé en 1554.

BATTISTA da Bologna, dit **il Miniatore**
Originaire de Bologne. XVe siècle. Italien.
Miniaturiste.
D'après Zani, il travaillait vers 1430.

BATTISTA da Bologna
XVe siècle. Actif à Pérouse vers 1436. Italien.
Sculpteur sur bois.
Il fut l'un des aides de Stefano et de Damiano da Bergamo, qui travaillèrent à l'exécution des stalles du chœur de la chapelle San Pietro de Cassinensi, à Pérouse.

BATTISTA di Bonifazio Veronese, de son vrai nom : **Battista di Giacomo**
XVIe siècle. Actif à Venise. Italien.
Peintre de compositions religieuses.

Il existe, au sujet de cet artiste, une curieuse combinaison de noms. On l'appelle Battista di Giacomo, parce que son père s'appelait Giacomo, mais comme son oncle, Bonifazio Veronese de' Pitati, fut son maître et qu'il le constitua son héritier, on prit l'habitude de le désigner sous le vocable que nous avons indiqué en premier lieu. On ne sait pas au juste quel fut le mérite artistique de ce peintre, mais Sansovino dit avoir vu de lui à Venise, dans l'église San Sebastiano, une *Annonciation*.

BATTISTA di Brisca
Originaire de Brisca près de Trévise. xvᵉ siècle. Italien.
Peintre.
En 1484, il peignit la voûte du chœur de l'église San Stefano à Nimis. On cite aussi des peintures exécutées dans l'église de Le Case, près de Manzano.

BATTISTA da Carrara
xviᵉ siècle. Actif à Bologne. Italien.
Sculpteur.
En 1525, il fut appelé, avec Bernardino et Alfonso Lombardo, pour travailler à San Petronio de Bologne.

BATTISTA da Castel Bolognese
xviᵉ siècle. Actif à Rome. Italien.
Peintre.
Il décora, en 1563, l'appartement du Belvédère, au Vatican.

BATTISTA da Castelfranco
xviᵉ siècle. Actif à Rome. Italien.
Peintre.
En 1536, il travailla pour le Vatican en collaboration avec Domenico Rosseli.

BATTISTA da Città di Castello
xviᵉ siècle. Travaillait à Città di Castello. Italien.
Peintre.
Il collabora avec Cristofo Gherardi et Vasari à des travaux décoratifs à Città di Castello vers 1530, probablement au palais d'Alessandro Vitelli.

BATTISTA di Cristoforo
xviᵉ siècle. Actif à Venise en 1510. Italien.
Peintre.

BATTISTA di Francesco Fiorentino
xviᵉ siècle. Actif à Pérouse. Italien.
Sculpteur.
Il travailla, en 1567, au tabernacle de l'église Saint-Pierre à Pérouse, commencé par un autre artiste.

BATTISTA di Frosino ou Fruosino. Voir GIOVANNI-BATTISTA di Frosino

BATTISTA di Gerio, maestro
xvᵉ siècle. Actif à Pise. Italien.
Peintre de compositions religieuses.
Il était fils d'un sculpteur, Gerio di Giovanni. On lui attribue le tableau représentant la *Vierge et l'Enfant entourés par quatre saintes*, qui se trouve dans l'église de Camaiore, signé : *Baptista de Pisis Pinxit*. Il travailla aussi vers 1418 au Campo Santo.
Ventes Publiques : Londres, 3 juil. 1996 : *Vierge à l'Enfant sur un trône avec saint Albert Siculus et saint Paul*, h/pan. (56x40,8) : **GBP 21 850**.

BATTISTA di Giovanni
xvᵉ siècle. Actif à Bologne vers 1450. Italien.
Miniaturiste.

BATTISTA di Giovenale
xvᵉ siècle. Actif à Rome. Italien.
Peintre.
Le pape Eugène IV l'attacha à son service. Peut-être le même que le Battista qui, de 1432 à 1458, travailla au Vatican.

BATTISTA da Giussano
xvᵉ siècle. Actif à Milan en 1485. Italien.
Peintre.

BATTISTA di Jacopo da Venezia
xviᵉ siècle. Actif à Pise. Italien.
Peintre de compositions religieuses.
On cite son tableau : *Pluie de la manne dans le désert*, qu'il peignit pour la sacristie de la cathédrale, vers 1537.

BATTISTA di Luigi
xviᵉ siècle. Vivait à Polizzi. Italien.
Sculpteur.
En 1522, il exécuta des emblèmes pour la cathédrale de Polizzi. L'église de Termini lui doit un autel en marbre.

BATTISTA de Lutero ou Luteri. Voir DOSSI Battista

BATTISTA di Menicuccio
xvᵉ siècle. Actif à Pérouse. Italien.
Peintre.

BATTISTA da Milano
xvᵉ siècle. Actif à Milan vers 1458. Italien.
Peintre miniaturiste.

BATTISTA di Niccolo Luteri. Voir DOSSI Battista

BATTISTA di Niccolo ou Battista da Padova
xvᵉ siècle. Italien.
Peintre.
On trouve, ce prêtre et orfèvre, en 1425, travaillant au palais de la Seigneurie de Sienne. Plus tard, s'étant rendu à Rome, le pape Eugène IV le chargea d'exécuter quelques peintures au Vatican.

BATTISTA Parmensis ou da Parma ou Panzera ou Pansier
Né le 1ᵉʳ octobre 1541 à Parme. xviᵉ siècle. Actif à Rome de 1580 à 1592. Italien.
Graveur et éditeur.
A Rome, il fut protégé par Pietro Aretino. Il s'inspirait de la manière de Cornelis Cort. On a de lui neuf portraits de ducs de Milan, de la famille des Visconti et des Sforza, un portrait de Philippe II d'Espagne, une *Apparition de la Madone à Saint Jean*, exécutée en 1588, et un *Baptême du Christ*.

BATTISTA dalla Pevera
xvᵉ siècle. Italien.
Sculpteur de sujets religieux.
Auteur d'une *Pietà* pour la Compagnie de Gesù Christo à Bologne (1459).

BATTISTA di Pietro da Como
xviᵉ siècle. Actif à Bologne. Italien.
Sculpteur de monuments.
Battista da Como collabora avec d'autres artistes à la construction du monument de l'évêque Galeazzo Bottrigari, dans la Chartreuse de Bologne. Il entreprit en 1545 la construction d'un palais pour Achille Bignoli.

BATTISTA di Sacile
Né au xvᵉ siècle à Sacile. Mort après 1527. xvᵉ siècle. Italien.
Peintre décorateur.
Cet artiste travailla dans l'église paroissiale de sa ville natale en 1493. Il collabora comme aide dans l'atelier du peintre-sculpteur Giovanni Martini à Udine. Battista décora la chapelle Saint-Antoine de la villa Fraforeano et exécuta aussi un tableau d'autel pour le pasteur de Cormons. Il collabora vers 1509 avec Pellegrino da San Daniele à Ferrare, où il remplit les fonctions de peintre décorateur du théâtre du palais ducal.

BATTISTA da San Daniele ou da Udine, surnom : Schiavone
Originaire de Dalmatie. Mort avant 1491. xvᵉ siècle. Travaillait dans le Frioul. Italien.
Peintre.
Son surnom provient de son origine géographique. Il fut le père du fameux peintre Martino di Battista da Udino, dit Pellegrino da San Daniele. On affirme qu'il exécuta un tableau d'autel pour l'église de San Daniele di Castello, œuvre qui n'a pas été conservée.

BATTISTA da Saronno
xviᵉ siècle. Actif à Milan. Italien.
Sculpteur.
En 1541, il travailla, avec Marco d'Agrate, à un arc de triomphe, érigé devant la Porte Romaine, en l'honneur de l'entrée de Charles-Quint.

BATTISTA di ser Renzio
xvᵉ siècle. Actif à Pérouse. Italien.
Sculpteur sur bois.

BATTISTA da Siena ou Giambattista
Né à Sienne. xviᵉ siècle. Actif à Florence vers 1565. Italien.
Peintre.

BATTISTA di Simone. Voir aussi SIMONE

BATTISTA di Simone
xviᵉ siècle. Actif à Sienne vers 1507. Italien.
Sculpteur de sujets religieux.
Il aida Lorenzo di Mariano dans ses travaux à la chapelle Piccolomini, de l'église San Francesco, à Sienne.

BATTISTA da Todi ou **da Lodi**
xvᵉ siècle. Actif à Correggio en 1486. Italien.
Peintre.

BATTISTA di Tommaso
xvᵉ siècle. Actif à Pérouse. Italien.
Sculpteur.
Membre de la gilde des sculpteurs de 1437 à 1454.

BATTISTA da Urbino
xvᵉ siècle. Actif à Bologne en 1441. Italien.
Sculpteur sur bois.

BATTISTA da Verona. Voir **FARINATI Giambattista**

BATTISTA da Vicenza
Né vers 1350. xivᵉ siècle. Italien.
Peintre de compositions religieuses, fresquiste.
On est très peu documenté sur la vie de ce peintre. D'après ses œuvres dans l'église San Giorgio, près de Velo d'Astico et au musée de Vicence, il serait à croire que l'artiste subit l'influence de Lorenzo Veneziano et aussi probablement celle des disciples de Giotto, Avanzi et Altichieri. Ses fresques de San Giorgio sont datées de 1408, et le tableau d'autel de Vicence porte le millésime de 1404. Parmi les autres œuvres qui lui sont attribuées, Thieme et Becker mentionnent une *Madone avec l'Enfant Jésus*, des figures et demi-figures de saints sur la prédelle et les figures des tableaux d'autel commencés par Paolo Veneziano en 1333.
Musées : Bassano : *Quatre saints*.

BATTISTA da Vimercate
xviᵉ siècle. Actif à Ferrare. Italien.
Miniaturiste.

BATTISTA-GIOVANNI del Cavaliere. Voir **LORENZI Battista di Domenico**

BATTISTINI Alessandro
xixᵉ siècle. Actif à la fin du xixᵉ siècle. Italien.
Peintre de compositions religieuses.
L'église paroissiale de San Venanzo, à Albacina, a de lui un tableau d'autel représentant la *Sainte Famille*, exécuté dans le style de Domenico Morelli.

BATTKE Heinz
Né en 1900 à Berlin. xxᵉ siècle. Allemand.
Peintre, dessinateur. Expressionniste.
Il fut élève de Karl Hofer à l'Académie des Arts de Berlin, de 1921 à 1925. Il fit plusieurs séjours à l'étranger : 1927-1929 Paris, 1930 puis 1935 et années suivantes Florence, et de nombreux voyages en Europe. Comme pour beaucoup d'artistes allemands n'ayant pu se manifester pendant le iiiᵉ Reich, il a surtout exposé après 1945. En 1954, il fut représenté à la Biennale de Venise. En 1956, il fut nommé professeur à l'Ecole des Beaux-Arts de Francfort-sur-le-Main. Il est représenté dans plusieurs musées d'Allemagne.
Sa peinture a sa place dans le vaste courant de l'expressionnisme allemand de 1910. Toutefois, à partir de 1950 il s'est surtout préoccupé de dessin. A partir d'un réseau de lignes de construction conservées, qui matérialisent et définissent l'espace du tableau, par des manipulations de la perspective classique il fait éclater et disperse les formes représentées à travers la composition.
Ventes Publiques : Cologne, 17 mai 1980 : *Le dôme sans fin II* 1955-1958, cr. (48,5x65) : DEM 1 600.

BATTLE PLANAS Juan ou **Planas Juan Battle**
Né en 1911 en Espagne. Mort en 1966. xxᵉ siècle. Actif en Argentine. Espagnol.
Peintre de figures, paysages. Figuration-onirique.
Il a participé à de nombreuses expositions, notamment au Musée National des Beaux-Arts de Buenos-Aires en 1959, et à *Cent ans d'art argentin* en 1961.
Il s'est vivement intéressé aux processus de création artistique activés par nos automatismes. Il a peint des paysages imaginaires que la critique d'alors a qualifiés de manière quelque peu dépréciative, par opposition au surréalisme, de « néo-romantiques », alors qu'une profonde mélancolie de méditation envahit ses représentations.
Bibliogr. : Damian Bayon, Roberto Pontual : *La Peinture de l'Amérique latine au xxᵉ siècle*, Mengès, Paris, 1990.
Ventes Publiques : 876 : *Le message* 1942, gche (35,3x22,6) : USD 9 000 – New York, 20 mai 1987 : *Sans titre* 1964, h/t (44,5x35) : USD 4 000 – New York, 18-19 mai 1992 : *Le maestro* 1945, gche/pap. (23,5x15,5) : USD 6 600 – New York, 17 nov.

1994 : *de la série « Radiographies paranoïaques »* 1938, temp./pap. (30x21) : USD 10 350.

BATTON George
xviiiᵉ siècle. Français.
Peintre.
Reçu à l'Académie de Saint-Luc en 1757.

BATTUT Michèle
Née le 27 octobre 1946 à Paris. xxᵉ siècle. Française.
Peintre de paysages, figures, sculpteur de monuments. Tendance surréaliste.
Elle fut élève de Jean Aujame à l'Académie privée de la Grande Chaumière à Paris, puis de Chapelain-Midy à l'École des beaux-arts. Elle expose aux Salons des Artistes Français, médaille d'argent en 1968, d'Automne et des Femmes Peintres et Sculpteurs, devenant sociétaire des deux en 1973, et au Salon Comparaisons. Elle a collectionné distinctions et prix, obtenant notamment le Prix de la Casa Velasquez en 1970. En 1977, elle figura à l'exposition *Meubles-Tableaux* du Centre Beaubourg à Paris. En 1991, elle a participé à l'exposition de la mairie du ixᵉ arrondissement de Paris, sur le thème *Paris, de Lutèce à la Grande Arche*. Outre de nombreuses participations à des expositions collectives internationales, elle fait un grand nombre d'expositions personnelles depuis 1973, à Paris, dans de nombreuses villes de France, et à Genève, Chicago, Palm Beach, New York, etc.
Sculpteur, elle a réalisé des commandes pour des municipalités. En peinture elle a suivi des influences diverses : Vlaminck, Bernard Buffet, puis le surréalisme. Dans une première période, elle a peint Paris, vu des hauteurs de Montparnasse. Puis, elle intervient plus personnellement et plus poétiquement dans ses nouveaux thèmes qu'énumère Georges Cheyssial : « ... chemins du crépuscule... déserts... plages mortes... maisons murées que le remords hante... villes abandonnées aux architectures folles... » et que précise Nicole Lamothe : « Murs vétustes que réchauffe un soleil ardent, tentes et chaises longues sur une plage déserte, la mer, le ciel dans leur infinie immensité ou bien l'atmosphère des îles écrasées de chaleur, imprégnées d'odeurs... »

Bibliogr. : Invitation à l'exposition *Michèle Battut*, Centre Culturel Algérien, Paris, 1990.
Ventes Publiques : Fontainebleau, 21 nov. 1987 : *Monkey's temple*, h/t (73x54) : FRF 2 800 – Chalon-sur-Saône, 14 oct. 1990 : *Horizon rose* 1990, h/t (33x41) : FRF 10 000.

BATTY, Miss
xixᵉ siècle. Britannique.
Peintre de paysages.
Elle exposa de 1809 à 1816 à la Royal Academy, à Londres.

BATTY Edward
xixᵉ siècle. Britannique.
Peintre de genre.
Il exposa de 1864 à 1867 à Suffolk Street à Londres.

BATTY John
xviiiᵉ siècle. Actif à York dans la seconde moitié du xviiiᵉ siècle. Britannique.
Paysagiste.
Ses paysages parurent en 1772 à l'Exposition de la Society of Artists, et de 1779 à 1788 à la Royal Academy.

BATTY R. M.
xviiiᵉ siècle. Britannique.
Peintre de paysages.
Il exposa à la Royal Academy, à Londres, de 1788 à 1797.

BATTY Robert, lieutenant-colonel
Né en 1789 à Londres. Mort le 20 novembre 1848. xixᵉ siècle. Britannique.
Peintre de batailles, paysages, aquarelliste, graveur, dessinateur.
Batty abandonna l'étude de la médecine pour la carrière militaire. Il prit part à la guerre d'Espagne, et fixa aussi ses impressions de Waterloo dans une série d'aquarelles. Entre 1822 et 1832, il publia des suites de scènes tirées de différents pays européens, qui furent gravées. Lui-même grava à l'eau-forte en 1813 : *The campaign of the left wing of the allied army in the western Pyrenees and south of France.*

Ventes Publiques : Perth, 31 août 1993 : *Calton Hill à Édimbourg*, h/cart. (25x35) : **GBP 862** – Paris, 13 déc. 1995 : *Vue des jardin du Palais-Royal*, cr. et lav. brun (12,5x20,5) : **FRF 15 000**.

BATUT Jean
Né à Paris. xxᵉ siècle. Français.
Peintre de paysages.
Ses œuvres furent exposées au Salon des Indépendants entre 1932 et 1938.

BATUT Jean François
Né le 26 juin 1828 à Castres. Mort le 21 mai 1907 à Castres. xixᵉ-xxᵉ siècles. Français.
Peintre de portraits.
Il étudia à Paris sous la direction de Charles Valette et il exposa fréquemment au Salon, de 1861 à 1887.

BATUT Léopold
Né le 5 juin 1856 à Castres. Mort le 7 octobre 1902 à Castres. xixᵉ siècle. Français.
Peintre de genre, paysages.
Fils de Jean-François Batut Élève de son père, de Charles Valette et de Gérôme. Il exposa au Salon des paysages et des scènes de genre.

BATZ Eugen
Né en 1905 à Velbert (Rheinland). xxᵉ siècle. Allemand.
Peintre, graveur, sculpteur. Abstrait.
De 1929 à 1931, il fut élève du Bauhaus en sculpture et de Kandinsky et Klee en peinture. De 1931 à 1933 il suivit Paul Klee à l'École des Beaux-Arts de Düsseldorf. Séjournant en France et en Suisse, il fit des sculptures en métal à partir de 1935, puis en 1945, il recommença à peindre et fut invité à la Documenta de Kassel en 1959. Il fit une exposition personnelle de ses travaux à Darmstadt en 1964.
Bibliogr. : Catalogue de l'exposition *Batz*, Darmstadt, 1964.
Ventes Publiques : Cologne, 26 oct. 1984 : *Composition 1977*, aquar. (49x62) : **DEM 2 300** – Cologne, 27 nov. 1987 : *Sans titre 1945*, h. et sable/t. mar./pan. (39x29,8) : **DEM 3 000**.

BATZKA Arthur Ludwig
Né le 24 septembre 1869 à Andrejowa (Hongrie). xixᵉ-xxᵉ siècles. Depuis 1901 actif en Allemagne, depuis 1923 aux États-Unis. Hongrois.
Peintre de portraits, graveur.
Il fut élève des Académies des Beaux-Arts de Vienne de 1892 à 1895 et de Munich de 1895 à 1897. Il travailla à Berlin à partir de 1901, puis à New York à partir de 1923.

BAU Nicolay
Né en 1759. Mort le 6 août 1820. xviiiᵉ-xixᵉ siècles. Danois.
Peintre miniaturiste, portraitiste.
Cet artiste travaillait pour la fabrique de porcelaine de Copenhague.

BAUBIET Émilie
Née à Montignac (Charente). xxᵉ siècle. Française.
Aquarelliste, pastelliste.

BAUBIET Maurice Pierre André
Né le 3 novembre 1912 à Le Blanc (Indre). xxᵉ siècle. Français.
Sculpteur de monuments, figures. Expressionniste.
Il expose dans des Salons annuels de Paris depuis 1954, des Indépendants, de l'Art Libre. Il sculpte des monuments de grandes dimensions sur des sujets de tradition : *Mater Dolorosa – Flagellation*. Il a exécuté aussi un monument pour le siège de la Compagnie Esso dans le building du quartier de La Défense : *Les Foreurs*.

BAUBRY-VAILLANT Marie Adélaïde, Mme ou Baubri-Vaillant
Née en 1829 à Paris. xixᵉ siècle. Française.
Peintre de portraits, pastelliste.
Elle fut élève de Galbrund et de Robert-Fleury. De 1866 à 1881, elle exposa des pastels au Salon de Paris.
Ventes Publiques : Paris, 25 mai 1987 : *Mère et enfants*, past. (39x31) : **FRF 35 000**.

BAUCH Emil
Né en 1823 à Hambourg. xixᵉ siècle. Allemand.
Peintre de genre, dessinateur.
Ventes Publiques : Paris, 4 déc. 1992 : *Scène de rue à Rio de Janeiro ; Barbiers noirs rasant les esclaves et arrachant des dents*, pl. et lav., une paire (26,9x32) : **FRF 22 000**.

BAUCH Jan
Né le 16 novembre 1898 en Bohême. xxᵉ siècle. Tchécoslovaque.
Peintre de sujets mythologiques, nus, compositions à personnages, natures mortes, sculpteur de monuments, statues. Expressionniste.
Il fut élève de l'École des Arts Décoratifs de Prague, puis de Max Svabinsky à l'Académie des Beaux-Arts. Depuis les années trente, Jan Bauch, reconnu « artiste national », est exposé très souvent en Tchécoslovaquie, ainsi que sélectionné pour des expositions à l'étranger : Institut Carnegie de Pittsburgh 1937, Biennale de São Paulo 1957, Exposition Universelle de Bruxelles 1958, Exposition de Moscou 1959, Biennale de Venise 1962, puis encore aux Etats-Unis, Allemagne, Inde, etc. Après la Seconde Guerre mondiale, il a enseigné pendant de nombreuses années à l'École des Arts Décoratifs de Prague.
La tradition baroque de l'Europe centrale a certainement marqué le graphisme expressionniste de Bauch, dominé par la courbe. Matières pigmenteuses généreuses et gammes colorées exaltées appartiennent aussi à l'expressionnisme du xxᵉ siècle, telles qu'on les voit déjà chez Soutine, mais telles encore qu'on les retrouve bien plus tard chez Gérard Garouste. S'il a peint des sujets divers : paysages, natures mortes, nus, il est surtout à considérer en tant que peintre de compositions mythologiques : *Le Retour d'Ulysse – L'Après-midi du faune*, ainsi que pour les compositions allégoriques que lui a inspirées la main-mise nazie sur l'Europe centrale après 1938, suivie de la guerre mondiale et en particulier des souffrances endurées par sa chère ville de Prague. À ce propos, lui et le sculpteur Jan Lauda créèrent, fin 1938, début 1939, la sculpture monumentale : *Agression contre la Tchécoslovaquie*, destinée à l'Exposition Universelle de New York. Bien que représentant reconnu de l'expressionnisme réaliste tchèque de la première moitié du siècle, il donne parfois des manifestations d'une poétique onirique, visionnaire, qui peut être rapprochée de celle de Chagall.
En tant que sculpteur, Jan Bauch a surtout créé des nus féminins de petites dimensions. Sans avoir peut-être atteint la dimension internationale d'un Kupka, ni le rôle historique des Kubista, Sima, Jan Bauch occupera une place non négligeable auprès de Vaclav Spala dans l'histoire de l'expressionnisme en Tchécoslovaquie au xxᵉ siècle. ■ Jacques Busse
Bibliogr. : Zdenek Vanicek : *Jan Bauch*, La vie tchécoslovaque, Orbis, Prague, nov. 1988.
Musées : Prague (Gal. d'Art Mod.) : Sept œuvres.

BAUCH Tobias
Né en 1634 à Liegnitz, où il fut baptisé le 16 juin. Enterré le 13 mars 1668. xviiᵉ siècle. Allemand.
Sculpteur.
Il devint maître vers 1658.

BAUCHANT André
Né le 24 avril 1873 à Château-Renault (Indre-et-Loire). Mort en août 1958 à Montoire (Loir-et-Cher). xxᵉ siècle. Français.
Peintre d'histoire, scènes mythologiques, sujets religieux, compositions à personnages, portraits, animaux, paysages animés, paysages, fleurs, aquarelliste, décorateur de théâtre, dessinateur. Naïf.
Fils d'un jardinier, à l'origine travailleur des champs lui-même, il apprit tout d'abord à « peigner » la nature avant d'en devenir le peintre. Il s'instruisait seul. Il se passionna pour l'histoire, la mythologie et la Bible. En 1917, il fut classé premier à un concours de télémétreurs. Mobilisé pendant la Première Guerre mondiale, il rapporta de l'armée ses premières esquisses, qu'il réunit sous le titre *Panoramas de la Marne* et qu'il put exposer en 1921. Approchant la cinquantaine, il se consacra ensuite à la peinture, restant cependant dans l'isolement d'Auzouer (Indre-et-Loire). Il exposa alors dans les Salons traditionnels de Paris, d'Automne entre 1921 et 1928, des Artistes Français de 1922 à 1924, de la Société Nationale des Beaux-Arts de 1922 à 1928, des Surindépendants. Il y fut remarqué, notamment par Le Corbusier et Ozenfant, puis fut consacré par la commande des décors du ballet de Stravinsky *Apollon Musagète*, par l'exposition des *Maîtres populaires de la réalité* en 1937, puis par une exposition rétrospective de son œuvre en 1948, à la Galerie Charpentier. À partir de 1927, Jeanne Bucher organisa des expositions personnelles de ses peintures, notamment en 1993 *Brève incursion en terre de sérénité – les peintures du commencement : 1920-1930*.
Dans les années 1918 à 1928, il prit ses sujets surtout dans la

Grèce antique. À partir de 1929, il peignit des scènes religieuses, inspirées de la vie de Jeanne d'Arc, de la vie du Christ. À partir de 1927 environ, il se plut à situer ses évocations historiques ou mythologiques au cœur du paysage tourangeau. Deux sources d'inspiration alimentent sa poétique, la nature où il est né et où il est resté vivre, et puis ses lectures, de l'histoire, de la mythologie, de la Bible, dont il eut la curiosité à la suite de son voyage de noces à l'Exposition Universelle de Paris en 1900. On divise généralement l'œuvre de Bauchant en deux périodes : du début jusqu'en 1927, et de 1927 à la fin. Jusqu'en 1927, des foules de personnages animent ses compositions historiques et mythologiques, ingénuement ambitieuses de grandeur classique, figuration des fastes et gloires antiques ranimés par un cœur simple : *Le Serment de Brutus* – *Mort de Lucrèce* – *Bataille de Marathon* – *Bataille des Thermopyles* – *Proclamation de l'Indépendance américaine* – *Ève implorant Adam* – *Périclès justifiant l'emploi des deniers du peuple* – *L'Assomption*, etc. De cette première période, Oto Bihalji Merin écrit : « Son rêve le porte à travers le temps, insuffle la vie à ces héros dont il se sent tout proche : c'est sous le ciel où il ne les voit, avec les yeux émerveillés de l'enfance ». De 1927 à sa mort, il se consacra surtout à la peinture de paysages, souvent envahis par des amoncellements rocheux érodés, élément paisiblement fantastique si caractéristique de sa manière ou bien au contraire magnifiés, dans un sentiment tout franciscain de la nature, de parterres de fleurs multicolores, qu'il célébrait aussi parfois dans de simples bouquets rustiques.

André Bauchant est une des figures les plus authentiques et les plus importantes de cette catégorie d'artistes populaires qu'on nomma les « Primitifs du XXᵉ siècle ». Puis le qualificatif de peintres « naïfs » leur fut attribué, sans convaincre pour autant. De même que pour le douanier Rousseau ou pour Séraphine ou Vivin, ou tous ceux de ces peintres autodidactes qui sont parvenus à la notoriété, il convient de considérer Bauchant en tant que professionnel de plein droit, du moment qu'il maîtrisait parfaitement la technique qu'il s'était élaborée à son propre usage et qui était parfaitement adaptée à l'expression visuelle de la poésie très particulière dont il était en charge, tantôt sur le mode héroïque et tantôt pastoral, naïf certes, mais naïf savant.

■ Jacques Busse

BIBLIOGR. : Maurice Raynal : *La peinture en France de 1906 à nos jours*, Edit. Montaigne, Paris, 1927 – Anatole Jakovsky : *La peinture naïve*, J. Damase, Paris, 1946 – Wilhelm Uhde : *Cinq maîtres primitifs*, P. Daudy, Paris, 1949 – Pierre Courthion, in : *Diction. de la Peint. Mod.*, F. Hazan, Paris, 1954 – J.-F. Jaeger : *Brève incursion en terre de sérénité – les peintures du commencement : 1920-1930*, gal. Jeanne-Bucher, Paris, 1993 – Lydia Harambourg, in : *L'École de Paris 1945-1965. Diction. des Peintres*, Ides et Calendes, Neuchâtel, 1993.

MUSÉES : PARIS (Mus. Nat. d'Art Mod.) : *La Fête de la Libération* 1945.

VENTES PUBLIQUES : LONDRES, 6 mai 1932 : *Paysage sous l'inondation* 1928 : **GBP 9** – PARIS, 5 nov. 1937 : *Bouquet au vase brun* : **FRF 2 100** – PARIS, 5 nov. 1937 : *Bouquet au vase violet* : **FRF 6 150** – PARIS, 23 mai 1949 : *Fleurs* : **FRF 37 000** – PARIS, 18 nov. 1949 : *Les naufragés* : **FRF 113 000** – PARIS, 16 déc. 1958 : *Fleurs des champs* 1950 : **FRF 65 000** – PARIS, 23 fév. 1959 : *La Bataille de Marathon* : **FRF 920 000** – NEW YORK, 18 mai 1960 : *Fleurs dans un paysage* : **USD 500** – NEW YORK, 25 jan. 1961 : *La Déclaration d'indépendance des États-Unis* : **USD 1 700** – VERSAILLES, 3 déc. 1961 : *Le Troupeau à l'abreuvoir* : **FRF 5 000** – GENÈVE, 2 nov. 1963 : *Avant l'orage* : **CHF 8 700** – VERSAILLES, 7 juin 1967 : *Bouquet de fleurs* : **FRF 15 000** – BERNE, 14 juin 1967 : *L'Ermite* : **CHF 9 000** – GENÈVE, 20 juin 1972 : *L'Île enchantée* : **CHF 12 000** – PARIS, 7 juin 1973 : *Personnages dans un massif de fleurs* : **FRF 35 000** – PARIS, 3 mars 1974 : *Couple près d'un château-fort* 1929 : **FRF 26 000** – VERSAILLES, 5 déc. 1976 : *Paysage* 1928, h/t (60x81) : **FRF 18 500** – PARIS, 24 nov. 1976 : *Les Naufragés* 1928, h/t (73x92) : **FRF 4 000** – PARIS, 31 mars 1977 : *Maternité* 1927, h/t (104x88) : **FRF 15 000** – LONDRES, 29 juin 1978 : *Les Hommes de la forêt* 1928, h/t (16x21,5) : **GBP 720** – NEW YORK, 20 oct. 1978 : *Vue de village* 1947, h/t (47x63) : **USD 5 250** – PARIS, 25 juin 1979 : *Le Château-fort* 1929, h/t (48,5x60,5) : **FRF 5 800** – TOKYO, 14 fév. 1981 : *Un parc en été* 1931, h/t (54x64,8) : **JPY 1 300 000** – PARIS, 8 juin 1982 : *La Brise*, h/t (77,5x100) : **FRF 25 000** – PARIS, 15 déc. 1983 : *Buisson de fleurs* 1928, h/t (100x73) : **FRF 25 000** – LONDRES, 9 mai 1984 : *Les Paysans* 1928, h/t (74x97,9) : **GBP 5 000** – LONDRES, 26 juin 1985 : *La Grande Baigneuse et ses deux amies* vers 1930, h/t (135x190) : **GBP 8 000** – ENGHIEN-LES-BAINS, 13 avr. 1986 : *Fleurs des champs* 1941, h/t (53,5x80) : **FRF 65 000** – PARIS, 24 nov. 1987 : *Bouquet de mimosa* 1928, h/t (73x54) : **FRF 115 000** – PARIS, 30 nov. 1987 : *Rocher et trois oiseaux* 1930, h/t (65x54) : **FRF 49 000** – PARIS, 14 déc. 1987 : *Deux personnages*, h/pan. (20x30,5) : **FRF 17 000** – CALAIS, 28 fév. 1988 : *Paysage animé d'oiseaux* 1957, h/pan. (38x47) : **FRF 35 500** – PARIS, 22 mars 1988 : *Bouquet de fleurs dans un paysage*, h/t (65x54) : **FRF 85 000** – PARIS, 23 mars 1988 : *La Forteresse aux fleurs* 1937, h/t (65x92) : **FRF 165 000** – PARIS, 9 mai 1988 : *Le Naufrage*, h/t (54x65) : **FRF 33 000** – PARIS, 12 juin 1988 : *Fleurs exotiques et ruines* 1949, h/isor. (65x81) : **FRF 132 000** – VERSAILLES, 23 juin 1988 : *Saint Martin prêchant dans les forêts*, h/t (95,5x106) : **FRF 160 000** ; *Dans le vallon*, h/t (60x73) : **FRF 95 000** – LONDRES, 29 juin 1988 : *Dans le parc* 1954, h/t (60x73) : **GBP 27 500** – VERSAILLES, 25 sep. 1988 : *Vase de fleurs sur un rocher* 1930, h/t (142x112,3) : **GBP 57 200** – PARIS, 8 nov. 1989 : *Scabienses et Digitales* 1950, h/isor. (53,5x65) : **FRF 96 000** ; *Les Gaillardes* 1950, h/t (73x60) : **FRF 105 000** – NEW YORK, 6 oct. 1988 : *Fleurs champêtres* 1928, h/t (101x81,3) : **USD 34 100** – LONDRES, 19 oct. 1988 : *Massif de fleurs* 1942, h/cart. (43x51) : **GBP 12 650** – PARIS, 20 nov. 1988 : *Fleurs* 1928, h/t (100x81) : **FRF 140 000** – PARIS, 22 nov. 1988 : *Rivage*, aquar. (45x61) : **FRF 15 000** – PARIS, 13 avr. 1989 : *Les lys* 1946, h/cart. (66x52) : **FRF 165 000** – NEW YORK, 3 mai 1989 : *Fleurs des champs* 1930, h/t (65x43) : **USD 99 900** – LONDRES, 24 mai 1989 : *Au bord de la mer* 1942, h/t (39,4x46) : **GBP 99 000** – PARIS, 22 oct. 1989 : *Portrait d'homme* 1920, h/cart. (32x22,5) : **FRF 17 000** – LONDRES, 25 oct. 1989 : *Vase de fleurs sur un rocher* 1930, h/t (142x112,3) : **GBP 57 200** – PARIS, 8 nov. 1989 : *Nymphes blessées* 1943, h/t (46x61) : **FRF 140 000** – PARIS, 15 déc. 1989 : *Bouquet de fleurs dans un vase*, peint./pan. (18x11) : **FRF 14 000** – PARIS, 17 déc. 1989 : *Fleurs de tulipiers* 1925 (70x45) : **FRF 105 000** – NEW YORK, 21 fév. 1990 : *Mère et enfants près d'une meule de blé* 1923, h/pan. (29,9x45,2) : **USD 23 100** – PARIS, 26 avr. 1990 : *Paysage* 1937, h/t (39x47) : **FRF 40 000** – NEUILLY, 26 juin 1990 : *Le Naufrage*, h/t (54x65) : **FRF 180 000** – NEW YORK, 2 oct. 1990 : *La Cruche aux marguerites* 1930, h/t (73,5x48,2) : **USD 22 000** – PARIS, 6 oct. 1990 : *Les roches noires* 1939, h/t (46x61) : **FRF 108 000** – LONDRES, 17 oct. 1990 : *L'Oiseau au bec long* 1927, h/t (19,7x27) : **GBP 6 050** – PARIS, 5 déc. 1990 : *Les Jardins suspendus de Babylone* 1920, h/t (64x100) : **FRF 162 000** – LONDRES, 20 mars 1991 : *Fleurs dans un paysage* 1930, h/t (145x135) : **GBP 68 200** – DOUAI, 30 juin 1991 : *Le Missionnaire* 1926, h/t (78x55) : **FRF 70 000** – PARIS, 22 nov. 1991 : *Le Naufrage* 1938, h/t (54x65) : **FRF 150 000** – NEW YORK, 25 fév. 1992 : *Les Enfants dans la campagne* 1929, h/t (89x115,5) : **USD 42 900** – PARIS, 3 juin 1992 : *Le Char d'Appolon* 1928, h/t (95,5x117) : **FRF 1 050 000** – LONDRES, 1ᵉʳ juil. 1992 : *Deux enfants en maillot noir devant un vase de fleurs* 1929, h/t (100,5x73) : **GBP 27 500** – NEW YORK, 8 oct. 1992 : *Santa Maria* 1939, h/t (73x100) : **USD 49 500** – PARIS, 25 nov. 1992 : *Bouquet de fleurs dans un paysage* 1926, h/t (100x67) : **FRF 580 000** – PARIS, 10 fév. 1993 : *Pavots rouges et roses sur fond vert*, h/t (100x73) : **FRF 182 000** – PARIS, 5 mai 1993 : *Les amours et les fleurs* 1929, h/t (174x109) : **FRF 700 000** – NEW YORK, 14 mai 1993 : *Fleurs dans un vase bleu* 1928, h/t (100,4x73) : **USD 55 200** – LONDRES, 30 nov. 1993 : *La Prise du Temple* 1928, h/t (95x195) : **GBP 78 500** – PARIS, 13 juin 1994 : *Paysage aux cerfs* 1925, h/t (80x101) : **FRF 300 000** – LONDRES, 26 oct. 1994 : *Les Quatre Saisons* 1929, quatre h/t (chaque 81x100) : **GBP 104 900** – PARIS, 20 mars 1995 : *Personnages en barque* 1926, h/t (81x100) : **FRF 145 000** – LUCERNE, 20 mai 1995 : *Groupe d'enfants jouant* 1955, h/t (56x78) : **CHF 20 000** – SAINT-GERMAIN-EN-LAYE, 18 juin 1995 : *La Corbeille de fleurs* 1954, h/t/pan. (75x93) : **FRF 355 000** – NEW YORK, 9 nov. 1995 : *Œillets* 1938, h/t (115,6x72,4) : **USD 63 000** – PARIS, 22 mars 1996 : *Fête villageoise* 1949, h/t (60x77) : **FRF 235 000** – PARIS, 19 juin 1996 : *Fleurs dans un vase chinois* 1921, h/bois (35,5x35) : **FRF 30 000** – PARIS, 21 juin 1996 : *Pastorale* 1946, h/pan. (49x64) : **FRF 110 000** – LONDRES, 26 juin 1996 : *Oiseaux dans les arbres* 1930, h/t (54x65) : **GBP 14 950** – PARIS, 14 oct. 1996 : *Autoportrait* 1938, h/t (197x190) : **FRF 700 000** – NEW YORK, 12 nov. 1996 : *Fleurs multicolores* 1951, h/pan. (23x13,5) : **USD 3 680** – PARIS, 12 déc. 1996 : *Les Magnoliias* 1927, h/t (108x72) : **FRF 92 000** – PARIS, 10 mars 1997 : *Paysage marin* 1939, h/pan. (50x70) :

FRF 22 000 – Paris, 24 mars 1997 : *Portrait d'homme*, h/cart. (33x26,5) : FRF 24 000 – Paris, 11 avr. 1997 : *Paysannes à l'entrée d'une étable* 1926, h/t (46x64) : FRF 67 000 – Paris, 5 juin 1997 : *Portrait d'homme à la moustache* 1924, h/t (36,5x28,5) : FRF 24 000 – Paris, 18 juin 1997 : *Apollon apparaissant aux bergers* 1925, h/t (167x146) : FRF 112 000 – Paris, 19 juin 1997 : *Trois figures dans un paysage* 1943, h/cart. (46,5x62) : FRF 26 000 – Cannes, 8 août 1997 : *Paysage aux roches* 1924, h/cart. (46x60,5) : FRF 50 000.

BAUCHART Ernest
XIXe siècle. Français.
Graveur sur bois.
A exposé depuis 1887 de nombreuses planches.

BAUCHART Georges
XIXe siècle. Français.
Graveur sur bois.
Frère d'Ernest Bauchart, il a collaboré avec lui à diverses publications sous la signature : Bauchard frères.

BAUCHART Guillaume
Mort après 1578. XVIe siècle. Travaillait à Péronne entre 1561 et 1578. Français.
Peintre d'histoire, compositions religieuses, décorateur.
Il peignit plusieurs tableaux pour les églises de Péronne.

BAUCHART Nicolas
XVIe siècle. Vivait à Péronne en 1594. Français.
Peintre.
A cette date, il exécuta dans la ville toutes les peintures d'ornementation, à l'occasion de l'arrivée du roi. D'après H. Longnon, il serait probablement le fils de Guillaume Bauchart.

BAUCHE Henri
Né à Paris. XXe siècle. Français.
Peintre.
Exposa des paysages au Salon des Indépendants en 1932 et 1937 et à la Nationale des Beaux-Arts en 1938.

BAUCHE Jacob ou Boche
Mort après 1683. XVIIe siècle. Français.
Sculpteur.
En 1659, il fut reçu membre de l'Académie de Saint-Luc, à Paris. Cité par Lami.

BAUCHE Léon Charles
Né à Paris. XIXe-XXe siècles. Français.
Peintre de sujets allégoriques, paysages animés, paysages.
Il a exposé à Paris : au Salon des Indépendants à partir de 1905, au Salon d'Automne en 1907, à la Nationale des Beaux-Arts de 1910 à 1930 dont devint associé en 1923. À la rétrospective des Indépendants de 1926 il présenta : *La Sieste, Parc de Saint-Cloud, Le Pont-Neuf, Le Pont-Marie, La Vallée, Bord de Seine à Paris.*
Ventes Publiques : Paris, 23 mars 1990 : *Élégantes au parc* 1932, h/cart. (35x25) : FRF 1 300 – Paris, 5 juil. 1990 : *Nymphes et Faunes*, h/pan. (25x35,5) : FRF 4 000.

BAUCHE Pierre
XVe siècle. Vivait à Béthune en 1416. Français.
Sculpteur sur bois.

BAUCHER René
Né à Bavilliers (Territoire de Belfort). XXe siècle. Français.
Peintre, sculpteur.
A figuré aux Salons d'Automne et des Indépendants, entre 1922 et 1928.

BAUCHER-FÉRON Sylvie
Née en 1898 à Bruxelles. XXe siècle. Belge.
Peintre, graveur, décoratrice. Abstrait.
Elle fut élève de l'École des Arts Décoratifs de Paris. Elle exposait au Salon d'Automne, dont elle était sociétaire. Elle grave à l'eau-forte, aquatinte, lithographie. On a vu d'elle des gravures abstraites.
Bibliogr. : In : *Diction. biogr. des artistes en Belgique depuis 1830*, Arto, Bruxelles, 1987.

BAUCHOIR Élie
Né à Cravans (Charente-Maritime). XXe siècle. Français.
Peintre de paysages.
Entre 1926 et 1932, il figura à Paris, aux Salons des Indépendants et de la Société Nationale des Beaux-Arts.

BAUCIN Cristobal
XVIe siècle. Actif à Séville vers 1548. Espagnol.
Sculpteur.
Travailla avec Cristobal Voisin et Jeronimo Valencia.

BAUCK Jeanna Maria Charlotta
Née le 19 août 1840 à Stockholm. Morte en 1925. XIXe-XXe siècles. Suédoise.
Peintre de paysages. Impressionniste.
Cette artiste n'a suivi la direction d'aucun maître de manière précise, mais elle a étudié à Dresde, Düsseldorf, Munich et un an à Paris.
Elle appartient à l'école impressionniste ; ses paysages, d'une harmonieuse composition et exécutés avec beaucoup d'adresse, ont obtenu l'approbation de plus d'un critique.
Musées : Trieste : *Soir d'automne*, h/t.
Ventes Publiques : Londres, 5 oct. 1983 : *La princesse enchantée*, h/t (98x78,5) : GBP 4 000.

BAUCKE Heinrich
Né le 15 avril 1875 à Düsseldorf (Rheinland). XIXe-XXe siècles. Allemand.
Sculpteur de monuments, statues, bustes.
Il fut élève de Karl Janssen à l'Académie de Düsseldorf, de 1891 à 1900. Dès sa sortie de l'Académie, il remporta de nombreux concours. Il fut chargé par l'Empereur de contrôler les travaux d'aménagement de la Place du Château de Berlin. D'entre les nombreux monuments qu'il exécuta : *Monument de Guillaume Ire* à Rotthausen près de Dahlbush, la statue en bronze du *Roi Guillaume III* à l'hôtel de ville d'Elberfeld, la statue du *Roi Frédéric Ier*, la statue en pied de *Maurice de Nassau*, les bustes en marbre de *Moltke* et de *Bismarck*.
Musées : Berlin (Mus. Nat.) : *Vainqueur ou le Boxeur victorieux.*

BAUCOUR René Albert
Né le 10 août 1878 à Paris. XXe siècle. Français.
Sculpteur de groupes, bustes.
Il fut élève de Falguière et d'Antonin Mercié, lui-même élève de Falguière. Il a exposé régulièrement au Salon des Artistes Français de Paris jusqu'en 1934, mention honorable 1904, médaille de troisième classe 1909, médaille d'argent et Prix Albert Maignan 1920. Il traita des sujets mythologiques : *Les chansons de Bilitis* – *L'ivresse de Silène*, dont la sensualité latente se retrouve dans des groupes profanes : *Caresses.*

BAUD André
Né à La Réole (Gironde). XXe siècle. Français.
Céramiste.
Ses céramiques furent exposées au Salon des Indépendants de 1931 et au Salon d'Automne de 1935.

BAUD André Valentin
Né le 5 décembre 1875 à Genève. Mort en 1903. XIXe-XXe siècles. Suisse.
Peintre de paysages.
Il fut élève de son père, Auguste Baud-Bovy, à l'École des Beaux-Arts de Genève, puis de Barthélémy Menn, qui avait été aussi maître de son père, et du sculpteur Hugues Bovy. À cause de son père, il prit le pseudonyme de André Valentin. Sa très brève carrière ne lui permit de figurer que peu d'années à l'Exposition Nationale de Bâle, en 1898 et 1902. Ses paysages d'atmosphère y furent toutefois remarqués.
Musées : Genève (Mus. Rath) : *Matin d'automne.*

BAUD Benjamin
XIXe siècle. Britannique.
Peintre de paysages.
Il exposa à Londres à Suffolk Street, à la British Institution et à la Royal Academy entre 1826 et 1851.

BAUD Jean-Marc
Né le 21 février 1828 à Genève. Mort après 1870. XIXe siècle. Suisse.
Peintre sur émail et à l'huile.
Élève de Barthélémy Menn. Il travailla à Genève, Paris et à Sèvres et fut conservateur du musée de Nice.
Musées : Genève (Mus. d'Art et d'Hist.) : *Barthélémy Menn* – *L'Impératrice Eugénie* – *Edmond Baud* – *Vénus*, d'après le Titien – *Le Joueur de mandoline*, d'après Meissonnier – *Agar dans le désert*, d'après le Dominiquin – *La Cascade, les Sirènes*, d'après Menn – *La Caravane*, d'après Marilhat – Sèvres (Mus. céramique) : *La Vénus impudique*, d'après Ch. Gleyre.

BAUD Marc
XVIIIe siècle. Vivait à Nantes vers 1740. Français.
Peintre.

BAUD Maurice

Né le 14 août 1866 à Genève. XIXᵉ siècle. Suisse.

Graveur sur bois illustrateur.

Il était fils de Jean-Marc Baud. Clément Bellenger l'attacha à lui ; il travailla dans son atelier jusqu'à la mort de son maître, survenue en 1898. Le jeune artiste quitta alors Paris et revint à Genève, où il s'établit définitivement en 1901. On cite de lui, notamment, un album composé de 20 gravures d'après Auguste Baud-Bovy. Le Musée d'Art décoratif, à Genève, conserve de nombreux travaux de lui. Baud a fourni de nombreuses illustrations pour des ouvrages littéraires, notamment pour *La Maison du Chat-qui-pelote*, de Balzac (1879), *Petites chroniques genevoises*, de Peter. Il a exécuté l'estampe de *Beethoven* (exposée à Paris en 1889), *L'Innocente* et *La Forge*, d'après L'Hermitte (1901). Il fut médaillé en 1900 à Paris. En 1909 il exposa aux Indépendants un portrait, et *Le Jardin de Rodin*, en 1910.

BAUD-BOVY Auguste

Né le 13 février 1848 à Genève. Mort le 3 juin 1899 à Davos. XIXᵉ siècle. Suisse.

Peintre de genre, portraits, paysages.

Élève de Barthélémy Menn à l'École des Beaux-Arts de Genève, il se perfectionna surtout par l'étude des grands maîtres qu'il découvrit dans les musées, au cours de ses nombreux voyages, et dont il s'inspira. Ainsi, lorsqu'il s'arrêta en Espagne, la vue des Goya le retint spécialement et influença son œuvre. Il faisait de cours séjours à Paris, où il rencontrait Corot, l'un de ses amis intimes, tandis que Puvis de Chavannes, Roll et Rodin l'aidèrent à se faire connaître dans le monde parisien. Il participa au Salon de Paris, aux expositions du Champs-de-Mars et des Champs-Élysées. Dès 1869, il fut nommé professeur à l'École des Beaux-Arts de Genève, où il exerça cette fonction jusqu'à la fin de sa vie.

Il était désigné sous le nom de « virtuose alpiniste », en raison de ses séjours répétés dans les Alpes, dans une petite cabane, à Aeschi, où il bravait toutes les incommodités, pour peindre la haute montagne, dans une solitude totale. Il représenta souvent cette cabane, aussi bien à l'extérieur qu'à l'intérieur. Ses paysages sont rendus avec une grande économie de moyens : peu de couleurs et quelques lignes précises.

Bibliogr. : Gérald Schurr : *Les Petits Maîtres de la peinture 1820-1920, valeur de demain*, Les Éditions de l'Amateur, t. III, Paris, 1976.

Musées : Bâle – Berne – Lausanne – Lucerne – Lyon : *Fin d'un jour* – Paris (ancien Mus. du Luxembourg) : *Sérénité* – Winterthur – Zurich .

Ventes Publiques : Paris, 2 déc. 1921 : *Route dans les Alpes – Vue prise à Aeschi* : FRF 1 000 – Paris, 12 déc. 1936 : *La Jungfrau* : FRF 6 100 – Paris, 3 juil. 1962 : *Homme buvant* : FRF 910 – Berne, 21 oct. 1976 : *Paysage de l'Oberland Bernois*, h/t (112x155) : CHF 5 000 – Lucerne, 18 nov. 1978 : *Paysage 1877*, h/t (21x41) : CHF 3 300 – Zurich, 30 mai 1981 : *Nature morte au canard*, h/t (59x73) : CHF 6 500 – Londres, 28 nov. 1984 : *Nature morte aux fleurs et à la sculpture équestre*, h/t (97x122) : GBP 4 500 – Zurich, 21 juin 1985 : *Paysage alpestre*, h/t (110x155) : CHF 14 500 – Paris, 16 déc. 1988 : *Portrait de Mme Adèle Lehaene, grand-tante de Georges et Jeanne Hugo*, h/t (115x90) : FRF 4 800 – Zurich, 2 juin 1994 : *Le chalet de l'artiste*, h/bois (36x26) : CHF 3 450.

BAUDARD François

Né vers 1768 à Valenciennes. XVIIIᵉ siècle. Français.

Peintre.

Cet artiste entra à l'école des élèves de l'Académie, le 27 mars 1789, protégé par Jean-Baptiste Pierre. Il y étudiait encore en 1792, et était alors élève de David.

BAUDARD Louis ou Baudart

Mort le 25 avril 1679 à Beaumont-le-Roger. XVIIᵉ siècle. Actif à Rouen.

Sculpteur de sujets religieux.

Il travailla avant tout pour les autels d'églises, qu'il orna de groupes charmants. Nous le trouvons, en 1656, travaillant à l'église de Neville (Seine-Maritime) ; en 1659, à celle de Pommeréval, où il exécuta un tabernacle. Il fit, en 1660, dans l'église de la Vierge-de-la-Couture, à Bernay (Eure), un travail d'autel, représentant la *Fuite de la Sainte Famille en Égypte*. En 1668, il travailla encore à Bernay avec son fils. Il appartenait très probablement à la famille des frères Baudart cités en 1611, à Rouen.

BAUDART, les frères

Nés à Rouen. XVIᵉ-XVIIᵉ siècles. Actifs aux XVIᵉ-XVIIᵉ siècles. Français.

Sculpteurs sur bois.

Ils exécutèrent en 1611 les sculptures des stalles du chœur à l'église paroissiale d'Orbec.

BAUDASSE François

XVIIᵉ siècle. Français.

Peintre.

Reçu à l'Académie Saint-Luc en 1693.

BAUDE Charles

Né le 15 novembre 1853 à Paris. XIXᵉ siècle. Français.

Graveur sur bois.

Élève de l'École de Dessin et de Guillaumot. Son œuvre est surtout composé de nombreuses gravures d'après Rembrandt, Bonnat, Ribot, Morot, Bastien-Le page, Dagnan-Bouveret, Courtois, Carolus Duran, Aublet, Meissonier, Gaston La Touche, Béraud, dont un grand nombre se trouvent à la Bibliothèque Nationale. Il obtint : Mention honorable, 1880 ; troisième médaille, 1883 ; deuxième médaille, 1886 ; médaille d'or, 1889 ; médaille d'honneur, 1895 ; médaille d'honneur à Anvers, Lyon ; médaille d'or à Melbourne, Madrid, Barcelone, Munich. Il collabora au *Monde Illustré*, à l'*Illustration* espagnole, au *Graphic*, au *Harper's Weekly*, au *Harper's Magazine*, à l'*Illustration*. Il a publié un volume : *L'Art*, couronné par l'Académie Française. Il fut fait chevalier de la Légion d'Honneur et de l'Ordre d'Isabelle d'Espagne. Beraldi cite de lui : *L'Accident*, d'après Dagnan, *Sarah Bernhardt*, d'après Bastien Lepage, *Madame Gautherot*, d'après Sargent, *Madame Galli-Marié*, d'après H. Doucet.

BAUDE François Charles

Né le 10 janvier 1880 à Houplines (Nord). Mort le 26 novembre 1953 à Armentières (Nord). XXᵉ siècle. Français.

Peintre de genre, figures, portraits, paysages, intérieurs.

Il fut élève de l'École des Beaux-Arts de Paris, de l'Académie Julian et de Marcel Baschet. Il remporta plusieurs prix. À partir de 1905 il exposa au Salon des Artistes Français ; il obtint une médaille de troisième classe 1908, de deuxième classe 1911, reçut une bourse de voyage en 1912, devint sociétaire puis hors-concours. Il a figuré dans des expositions à Lille, Gand, Amsterdam, Barcelone.

Peintre de genre : *La Musique chez les humbles* 1938, *La première leçon* 1939, il a peint aussi des scènes familières : *Après le bain*, à *Saint-Raphaël* 1928, *Baigneuses dans la calanque* 1929, des paysages et des portraits.

Musées : Armentières – Bucarest (Mus. Simu) – Paris (min. de l'Intérieur) : *Le départ pour la guerre*.

Ventes Publiques : Versailles, 9 fév. 1976 : *Ravaudeuses de filets au port d'Antibes*, h/t (100x81) : FRF 1 100 – New York, 12 mars 1986 : *Le café de l'après-midi 1910*, h/t (54,5x45,8) : USD 3 000 – Londres, 21 fév. 1989 : *La plage*, h/t (65x100) : GBP 10 450 – Paris, 11 mars 1992 : *Danse arabe à Tunis*, h/t (90x150) : FRF 42 000 – Lokeren, 8 oct. 1994 : *Danse arabe à Tunis*, h/t (90x150) : BEF 110 000 – Paris, 13 mars 1995 : *Danse arabe à Tunis*, h/t (90x150) : FRF 33 000.

BAUDE Henri

Né à Dunkerque (Nord). XXᵉ siècle. Français.

Peintre.

Exposa des paysages au Salon des Indépendants de 1931.

BAUDE Louis

Né à Luc-en-Provence (Var). XXᵉ siècle. Français.

Décorateur.

Exposa de 1928 à 1932 aux Artistes Indépendants des vitrines contenant des vases, cendriers en céramique et faïences stannifères.

BAUDE de Meurceley. Voir LAJALLET Hélène

BAUDE-COUILLAUD Germaine

Née à Bordeaux (Gironde). XXᵉ siècle. Française.

Peintre de portraits, paysages.

Elle fut élève de l'École des Beaux-Arts de Paris, des Ateliers privés de Fernand Humbert et Julian. Elle fut professeur de dessin. Entre 1921 et 1939, elle a exposé aux Salons de la Société Nationale des Beaux-Arts, dont elle devint associé en 1935, sociétaire en 1937, aux salons d'Automne, des Artistes Français, des Tuileries, des Indépendants, et à l'occasion de l'Exposition Internationale de 1937.

VENTES PUBLIQUES : PARIS, 20 mars 1989 : *Le Faounti-Agadir*, h/t (73x60) : FRF 5 500.

BAUDEAU Jacques
XVIIe siècle. Actif à Montpellier à la fin du XVIIe siècle. Français.
Graveur.
On a de lui : *Armorial des États-Généraux du Languedoc*, Montpellier, 1686.

BAUDEL F.
XIXe siècle. Français.
Graveur à l'eau-forte.
Auteur d'un *Hommage à A. Barbès* (1870).

BAUDELAIRE Charles
Né le 9 avril 1821 à Paris. Mort le 31 août 1867 à Paris. XIXe siècle. Français.
Peintre de portraits, dessinateur amateur, caricaturiste.
Poète, essayiste, critique littéraire, critique d'art et traducteur, Baudelaire n'avait pas étudié la peinture comme son ami Théophile Gauthier, son art est tout instinctif. Ses dessins à la plume ou rehaussés de couleurs prouvent cependant que le poète possédait un don certain d'artiste : il excelle dans la caricature et fit plusieurs autoportraits saisissants qui comptent parmi les meilleures représentations de l'auteur des *Fleurs du Mal*. Daumier – pourtant sévère dans ses jugements artistiques – lui déclara un jour qu'il aurait pu être peintre. Il convient de rappeler que Baudelaire fut plus que simple critique d'art et qu'il aima passionnément la peinture autant que la poésie et la musique. Le vers célèbre (extrait de *Correspondance*) : « Les parfums, les couleurs et les sons se répondent » résume toute son esthétique. Cette théorie des « correspondances » lui fut suggérée par un passage des *Kreisleriana* de l'écrivain romantique E. T. Hoffmann – qu'il admirait beaucoup. Dans le poème *Les Phares*, il célébra quelques peintres qui le fascinaient tout spécialement. Mais c'est surtout dans ses écrits en prose ou ses comptes rendus de Salons (ceux de 1845, 1846, 1855 et 1859) qu'il donna sa mesure de critique, souvent enthousiaste, parfois réservé ou franchement féroce. Il témoigna pour Rembrandt, Watteau (qu'il reconnut comme le grand peintre du XVIIIe siècle) et Goya. Il défendit chaleureusement plusieurs de ses contemporains et tenta de faire comprendre au public que ces derniers étaient les artistes importants de leur époque. Des artistes qui s'appelaient : Delacroix, Boudin, Corot, Courbet, Guys, Jongkind, Daumier, Manet, Meryon et Rops. Ses écrits artistiques figurent dans le recueil intitulé : *Curiosités esthétiques*. Les dessins de Baudelaire, actuellement connus, sont les suivants : *Autoportrait*, plume, 1843 (Bibliothèque municipale, Amiens) – *Autoportrait*, aquarelle, vers 1844 (Collection privée) – *Baudelaire par lui-même, et ses amis*, plume, 1846-1848 (Collection privée) – *Autoportrait*, crayon, 1857 – *Autoportrait*, plume et crayon rouge, 1860 (Collection Spoelberch de Lovenjoul, Chantilly) – *Autoportrait*, plume et crayon rouge, vers 1860 (Collection privée) – *Autoportrait*, plume et crayon rouge, 1863-1834 (Collection privée) – *Jeanne Duval*, dessin à la plume (Collection privée) – *Jeanne Duval*, dessin à la plume (Collection privée) – *Les yeux de Berthe*, dessin à la plume, 1864 (Collection privée) – *Portrait de Berthe*, dessin à la plume, 1864 (Bibliothèque littéraire Jacques-Doucet, Paris) – *Portrait-charge de Berthe*, dessin à la plume, vers 1864 (Collection privée) – *Auguste Blanqui*, dessin à la plume, 1849-1850 (Collection privée) – *La chère Dame*, crayon (Collection privée) – *Échantillon de « beauté antique » dédié à Chenavard*, dessin à la plume (Collection privée) – *Vision céleste à l'usage de Paul Chenavard*, dessin à la plume et vermillon (Bibliothèque littéraire Jacques-Doucet, Paris) – *Une femme pour Asselineau*, dessin à la plume – *Charles Asselineau*, dessin à la plume – *Hommage à Guys*, dessin à la plume (Collection privée) – *La femme sans nom*, dessin à la plume – *Autre femme sans nom*, dessin à la plume – *La femme au manchon*, dessin à la plume – *Le Fanfarlo*, crayon (Collection privée) – *Armand Barthet*, crayon, 1850-1854 (Bibliothèque nationale : Estampes, Paris) – *Champfleury*, crayon, vers 1850 – *Palestrina en habit noir*, dessin à la plume – *Buloz à la recherche de l'Aurévilly* (sic), dessin à la plume sur papier bleu, 1855 – *Alexandre Weill proférant des phrases incongrues*, dessin à la plume, 1865 (Collection privée) – *Proudhon*, lavis à la plume, 1865 (Collection privée). Signalons enfin un *Autoportrait*, 1848, gravé par Bracquemond, d'après un ori-

ginal perdu de Baudelaire ayant appartenu à Daumier. Cette liste est établie d'après le remarquable ouvrage de : Claude Pichois et François Ruchon, *Baudelaire-Documents iconographiques*, Genève, 1960. ■ Pierre-André Touttain
BIBLIOGR. : E. et J. Crépet : *Baudelaire*, Paris, 1906 – Édouard Deverin : *Dessins de littérateurs*, Paris, 1926 – Dessins de Baudelaire, notes de Jacques Crépet, Paris, 1927 – Catalogue de l'exposition *Baudelaire et le centenaire des « Fleurs du Mal »*, Paris, Bibliothèque Nationale, 1957 – Claude Pichois et François Ruchon : *Baudelaire-Documents iconographiques*, Genève, 1960 – Catalogue de l'exposition *Charles Meryon*, Paris, Musée de la Marine, 1968 – Catalogue de l'exposition *Baudelaire*, Paris, Musée du Petit-Palais, 1968-1969.
MUSÉES : AMIENS (Bibl. mun.) : *Autoportrait* 1843, pl. – PARIS (Bibl. littéraire Jacques-Doucet) : *Portrait de Berthe* 1864, dess. à la pl. – *Vision céleste à l'intention de Paul Chenavard*, dess. à la pl. et vermillon – PARIS (Bibl. Nat. Estampes) : *Armand Barthet 1850-1854*, cr.
VENTES PUBLIQUES : PARIS, 17 juin 1921 : *Buste de femme*, pl. : FRF 260 – PARIS, 30 mai 1951 : *Buste d'une courtisane*, pl./pap. : FRF 17 500 – PARIS, 19 nov. 1976 : *Portrait de femme*, encre de Chine (15x15) : FRF 17 500 – PARIS, 29 avr. 1994 : *L'inspiration*, encre de Chine à la pl. (11,5x10,5) : FRF 65 000.

BAUDELAIRE Joseph François
Né le 7 juin 1759 à La Neuville-au-Pont (Marne). Mort le 10 février 1827 à Paris. XVIIIe-XIXe siècles. Français.
Peintre de genre, paysages animés, peintre à la gouache, dessinateur.
Il fut le père du poète Charles Baudelaire. Il peignit surtout des sujets aimables dans le style des petits maîtres du XVIIIe siècle. Peu d'œuvres peuvent lui être attribuées avec certitude. Citons : *La Surprise*, gouache, signée et datée : Baudelaire, an IV-1796 (Collection privée) et : *La Langue latine démontrée par des figures*, recueil manuscrit orné de 153 dessins à la plume rehaussés d'aquarelle (Collection privée). ■ P.-A. T.
VENTES PUBLIQUES : PARIS, 17 fév. 1922 : *La surprise*, gche : FRF 575 – PARIS, 5 mars 1994 : *Paysages italiens animés*, h/t, une paire (chaque 16x22) : FRF 20 000.

BAUDEMONT J.
XVIIe siècle. Actif à Paris entre 1635 et 1672. Français.
Graveur et éditeur.
On connaît de lui : *Le Buisson ardent*, d'après Sébastien Bourdon.

BAUDENBACH John
XVIIIe siècle. Vivait à Londres. Britannique.
Peintre animalier.
Il exposa à Londres, en 1772 et 1773, à la Royal Academy, et, en 1777, à la Society of Artists.

BAUDENBACHER Georg
XVIe siècle. Vivait à Nuremberg en 1599. Allemand.
Peintre, décorateur.

BAUDENBACHER Nikolaus
Mort le 26 février 1647. XVIIe siècle. Vivait à Nuremberg. Allemand.
Peintre de compositions religieuses.
De 1622 à 1626, il fréquenta régulièrement l'atelier de Hans Minckh. Son chef-d'œuvre, représentant *Marie-Madeleine au tombeau du Christ, avec les apôtres Pierre et Paul*, ne trouva pas chez les artistes ses contemporains l'estime qu'il méritait. Le 15 juin 1637, il fut reconnu maître de la corporation des peintres. L'année suivante, il se maria avec la fille du peintre Georg Gärtner, Anna-Maria.

BAUDER
XVIIIe siècle. Français.
Peintre.
Cité en 1776.

BAUDERICQUE Michault
XVe siècle. Éc. flamande.
Peintre.
Ce peintre travailla au service des ducs de Bourgogne vers 1468.

BAUDERON Alexandre Adolphe
Né le 13 novembre 1822 à Aubusson (Creuse). Mort le 9 mai 1898 à Plambost. XIXe siècle. Français.
Peintre de compositions religieuses, paysages, fleurs et fruits.
Élève de l'École des Beaux-Arts de Lyon en 1840 puis de Bonne-

fond et de Thierriat. De 1849 à 1858, il se fixa à Paris. De 1859 à 1881, il fut professeur de peinture de fleurs à l'École de dessin de Saint-Étienne, de 1881 à 1884, directeur de l'École municipale des Beaux-Arts, et de 1884 à 1887, directeur général du musée de cette ville. Il a peint l'abside de la cathédrale du Puy (Haute-Loire) et la chapelle du Pensionnat des frères des Écoles chrétiennes à Saint-Étienne.

Son genre était la fleur, le paysage et la peinture décorative.
■ André Granger

VENTES PUBLIQUES : PARIS, 1856 : *Fleurs et Fruits* : **FRF 200** – PARIS, 1894 : *Fruits* : **FRF 110**.

BAUDERON Louis
Né le 8 mai 1809 à Paris. XIXᵉ siècle. Français.
Peintre de genre, portraits.
Ce peintre étudia avec Delacroix et montra une prédilection pour des sujets de genre, exposant des tableaux, à partir de 1839, au Salon de Paris, où ils n'obtinrent qu'un succès limité. Il fut plus heureux dans ses portraits. Le musée de Versailles en conserve plusieurs. Un tableau de bataille signé de Bauderon se trouvait autrefois dans la collection du prince Czartoryski à Posen.

BAUDES de Croisilles
XIIIᵉ-XIVᵉ siècles. Actif à Arras de 1298 à 1328. Français.
Peintre.
La comtesse Mahaut d'Artois l'occupa à différents travaux. Il fut entre autre sellier.

BAUDESSON
Né vers 1600 à Troyes. XVIIᵉ siècle. Français.
Sculpteur sur bois.
On sait qu'il travailla pour le compte du chancelier Seguier, au château Saint-Liebault, à Estissac. Cité par Lami.

BAUDESSON Claude
XVᵉ-XVIᵉ siècles. Français.
Peintre.
Cité comme père de Nicolas Baudesson.

BAUDESSON François
Né en 1640 à Paris, où il fut baptisé le 16 octobre. Mort le 17 mars 1713 à Paris. XVIIᵉ-XVIIIᵉ siècles. Français.
Peintre de fruits et de fleurs.
Il était fils de Nicolas Baudesson. En 1699 et 1704, il prit part aux Salons de l'Académie.

BAUDESSON Nicolas
Né vers 1611 à Troyes (Picardie). Mort le 4 septembre 1680 à Paris. XVIIᵉ siècle. Français.
Peintre de natures mortes, fleurs.
Cet artiste, qui appartient à la catégorie des petits maîtres, jouit, de son vivant, d'une grande réputation. Ses tableaux étaient très recherchés ; il y en avait une quantité au château de Versailles. A Paris et à Rome, où il fit un assez long séjour, il était regardé comme le meilleur peintre de fleurs de l'époque. Le 28 mai 1671, il fut admis à l'Académie de Paris. Dans l'inventaire du peintre P. Mignard, on mentionne un tableau de lui.

VENTES PUBLIQUES : LONDRES, 10 avr. 1981 : *Vase de fleurs*, h/t (34,5x27,5) : **GBP 6 000** – NEW YORK, 18 jan. 1983 : *Nature morte aux fleurs*, h/t (34,5x27,5) : **USD 8 000** – LONDRES, 4 juil. 1986 : *Vase de fleurs sur un entablement*, h/t (39x32) : **GBP 10 000** – PARIS, 28 juin 1988 : *Corbeilles de fleurs sur des entablements*, h/t, une paire (60x73) : **FRF 100 000** – NEW YORK, 7 avr. 1989 : *Nature morte d'une corbeille de fleurs sur un entablement*, h/t (50x60) : **USD 7 700** – ROME, 8 avr. 1991 : *Corbeille de fleurs*, h/t, une paire (chaque 33x41) : **ITL 5 175 000** – MONACO, 21 juin 1991 : *Panier de fleurs*, h/t (33x41,5) : **FRF 122 100** – PARIS, 31 oct. 1991 : *Bouquet de fleurs dans un vase de verre sur un entablement*, h/t (48x38) : **FRF 60 000** – PARIS, 18 déc. 1991 : *Vase de fleurs*, h/t (48,5x32,5) : **FRF 90 000** – PARIS, 26 mars 1992 : *Bouquet de fleurs bleues, rouges et blanches dans un vase de verre*, h/t (46x37,6) : **FRF 90 000** – MONACO, 18-19 juin 1992 : *Panier de fleurs*, h/t (36x42) : **FRF 88 800** – LONDRES, 23 juin 1993 : *Fleurs dans un vase de verre et dans une urne*, h/pan., une paire de forme octogonale (chaque 35,9x25,4) : **GBP 17 825** – PARIS, 26 avr. 1993 : *Corbeille de fleurs*, h/t (50x63) : **FRF 48 000** – PARIS, 6 juil. 1995 : *Corbeille de fleurs sur un entablement de pierre*, h/t (52x68) : **FRF 70 000** – LONDRES, 11 déc. 1996 : *Nature morte de fleurs dans un vase sur un entablement* ; *Nature morte de fleurs dans un vase en verre sur un livre*, h/pan., une paire de forme octogonale (chaque 35,5x25,5) : **GBP 9 775** – NEW YORK, 17 oct. 1997 : *Nature morte de fleurs dans un vase de verre*, h/t (41,3x33,7) :

USD 14 950 – LONDRES, 3-4 déc. 1997 : *Nature morte de lys et autres fleurs dans un vase de verre sur un entablement de pierre*, h/t (63,2x47,7) : **GBP 10 350**.

BAUDET Étienne
Né en 1638 à Crafier près de Blois. Mort le 8 juillet 1711 à Paris. XVIIᵉ-XVIIIᵉ siècles. Français.
Graveur à l'eau-forte et au burin, dessinateur.
Étant venu à Paris, il connut Sébastien Bourdon, qui le reçut parmi ses élèves. Peu de temps après, ce maître lui conseilla d'apprendre la gravure, qu'il lui enseigna d'ailleurs lui-même. Après quelques leçons, Baudet fut envoyé en 1665 à Rome, où il s'attacha à suivre les principes de Corneille Blomaert. À cette époque, les Falconieri le choisirent pour graver les quatre fameux tableaux de l'Albane, représentant l'*Histoire de Vénus et d'Adonis*. Quand il revint en France, il fut admis à l'Académie le 26 octobre 1675 et fit partie du Conseil en 1685. Louis XIV, qui l'estimait beaucoup, le fit installer, en 1694, dans les galeries du Louvre pour y continuer la reproduction des statues et des bustes d'après l'antique, commencée par Claude Mellan, avec le titre de graveur du roi. Les huit paysages qu'il grava d'après Poussin sont les meilleures œuvres de cet artiste.

BAUDET Georges
Né à Fouras-les-Bains (Charente-Maritime). XXᵉ siècle. Français.
Peintre.
A exposé au Salon d'Automne de 1938.

BAUDET Jean
Né le 18 juillet 1914 à Paris. XXᵉ siècle. Français.
Peintre de figures, paysages, marines, natures mortes, fleurs. Expressionniste.
Il fut élève de l'École des Arts Appliqués à Paris. Il travailla comme décorateur à l'Opéra, à la guerre fut mobilisé dans le camouflage ; il fut chef-décorateur de la Comédie-Française de 1941 à 1960. Menant sa peinture personnelle de pair, il obtint plusieurs prix, dont le Prix de la Jeune Peinture 1951. Il expose régulièrement dans les Salons traditionnels annuels de Paris : des Indépendants, d'Automne dont il est sociétaire, de la Société Nationale des Beaux-Arts dont il est membre du Jury, Comparaisons, ainsi que dans des expositions collectives en province et à l'étranger. Il a eu des expositions personnelles depuis 1956 dans des galeries privées, à Paris, Bordeaux, Lille, Nancy, Biarritz.
Il dessine, peint à la gouache, à l'huile. Il peint de préférence avec des spatules ou couteaux, posant les couleurs pures et dures, sans fondus. En paysages, il affectionne la campagne, la côte et les ports du Pays basque. Peintre de figures, ses authentiques et rudes modèles sont aussi les paysans, les marins et les femmes de ce pays que, de mère basque et père gascon, il revendique comme sien.
MUSÉES : ARCACHON – PARIS (Mus. mun. d'Art Mod.) – SOULAC-SUR-MER .

BAUDET Jules
Né à Épinay-Champlâtreux (Seine-et-Oise). XXᵉ siècle. Français.
Peintre.
Exposa au Salon des Indépendants de 1930 un tableau intitulé : *Parabole résultante, teintée d'humour, pharamineuse, synoptique, chromatique et irradiante à ambition métaphysique imaginée par symbolique âne rouge qui songe avoir trouvé le pont aux ânes.*

BAUDET Marie, Mme
Née à Tagnon (Ardennes). Morte en 1916. XIXᵉ-XXᵉ siècles. Travaillait à Reims. Française.
Peintre de genre, intérieurs.
Elle exposa au Salon d'Automne en 1907 et 1913, année où l'on vit : *Intérieur, Vieille femme, Avec les gueux*. Cette artiste fut tuée à Reims pendant la guerre de 1914-1918.

BAUDET de Merre ou Baudoin
XIVᵉ siècle. Vivait à Paris. Français.
Sculpteur de monuments.
Lami cite le tombeau funéraire de Robert d'Artois, à Saint-Denis, œuvre exécutée par Jean-Pépin de Huy, aidé de Baudet de Merre.

BAUDET-CHARLEMAGNE. Voir CHARLEMAGNE Adolf Jossifowitsch

BAUDEU André Gabriel
XVIIIᵉ siècle. Travaillait à Besançon. Français.

Sculpteur.
De 1740 à 1745, il s'occupa à décorer des façades dans cette ville, avec des ornements et des figures.

BAUDEU Claude Bertrand
XVIIIᵉ siècle. Vivait à Besançon en 1768. Français.
Peintre.

BAUDEWIJNS Adriaen Frans. Voir **BOUDEWYNS** l'Ancien et le Jeune

BAUDEWYNS Adriaen Frans. Voir **BOUDEWYNS** l'Ancien et le Jeune

BAUDIA Suzanne
Née à Niort (Deux-Sèvres). XXᵉ siècle. Française.
Peintre de natures mortes, fleurs.
Entre 1928 et 1934, elle figura aux Salons des Indépendants et des Tuileries.

BAUDICHON
XVᵉ siècle. Actif à Rouen. Français.
Sculpteur sur bois.
On sait qu'en 1465, il exécuta des sculptures pour les stalles de la cathédrale, sous la direction de Philippot Viart.

BAUDICHON Flamen
XVᵉ siècle. Vivait à Chambéry. Français.
Peintre.
En 1497, il peignit un grand nombre d'armoiries à l'occasion des funérailles du duc Philippe de Savoie.

BAUDICHON René
Né en 1878 à Tours (Indre-et-Loire). XXᵉ siècle. Français.
Sculpteur, médailleur.
Il fut élève des sculpteurs Louis Barrias, François Sicard, Frédéric de Vernon à l'École des Beaux-Arts de Paris, à partir de 1897. Il remporta des Prix institutionnels. Il exposa au Salon des Artistes Français, médaille en 1904, sociétaire, médaille d'argent 1914, médaille d'or et hors-concours 1921.
MUSÉES : TOURS : *Les Moissons – La Route de la vie.*

BAUDIER André
XXᵉ siècle. Français.
Graveur sur bois.
Auteur, notamment, de 25 planches d'après Jeanne Tissier : *Vieilles demeures bourbonnaises.*

BAUDIER Émilie. Voir **LIENHARD**

BAUDIER Paul
Né en 1881 à Paris. XXᵉ siècle. Français.
Graveur sur bois, illustrateur.
Il fut élève, puis collaborateur du graveur sur bois Edmond Duplessis. Il a commencé à exposer dès 1900, au Salon des Indépendants. Il eut une carrière d'illustrateur particulièrement abondante, dans la presse d'abord, puis à partir de 1920 dans le livre. D'entre ses nombreuses productions : *Confessions* de saint Augustin, *La femme pauvre* de Léon Bloy, plusieurs des premiers ouvrages de Georges Duhamel, *Lettres à l'amazone* et d'autres titres de Rémy de Gourmont, les *Poésies complètes* d'Arthur Rimbaud, des ouvrages biographiques de Romain Rolland, des poésies de Verlaine, et encore des titres de Kipling, Maeterlinck, Maupassant, Alphonse Daudet, Flaubert, Chamfort, Diderot, etc.

BAUDIN Eugène Benoît
Né le 28 décembre 1843 à Lyon (Rhône). Mort le 4 juillet 1907 à Lyon. XIXᵉ siècle. Français.
Peintre de figures, portraits, nus, intérieurs, paysages, natures mortes, fleurs, peintre de panneaux décoratifs, aquarelliste, pastelliste.
Très tôt, dès 1856, il entra à l'École des Beaux-Arts de Lyon, où il fut élève de Marc Laurent Bruyas, du peintre de fleurs Jean-Marie Reignier et de Bonnefond.
Il débuta en 1863 au Salon de Lyon, où il obtint une première médaille en 1905, et exposa ensuite à Paris, ayant une exposition posthume au Salon d'Automne en 1907.
En 1865, il ouvrit un cabinet de dessin avec son ami Méssoniat, tandis qu'il travaillait comme dessinateur dans la fabrique de soieries Agnès, Bresson et Cie. En 1896, il abandonna ce métier pour se consacrer à la peinture de paysages, parcourant le Lyonnais, la Bretagne, la Côte méditerranéenne.
C'est d'une touche enlevée et même tourbillonnante, qu'il brosse ces paysages, dans des tonalités claires et une pâte généreuse. Avec le même brio, il traite ses somptueuses peintures de fleurs.

Son art devient plus modéré lorsqu'il peint des nus ou des paysages à caractère symboliste. Parmi ses figures ou portraits, citons : *Portrait du peintre J. Martin* 1899 – *Autoportrait* 1902 – *Portrait de femme en chapeau* – *Fantaisie vénitienne.*
BIBLIOGR. : Gérald Schurr : *Les Petits Maîtres de la peinture 1820-1920, valeur de demain*, Les Éditions de l'Amateur, t. VI, Paris, 1985.
MUSÉES : LYON : *Paysage – Portrait de l'artiste – Fleurs –* PARIS (Mus. du Louvre) : *Camélias dans un vase* 1901.
VENTES PUBLIQUES : PARIS, 29 avr. 1949 : *Vénus sortant des ondes*, aquar. : FRF 2 300 – PARIS, 15 nov. 1982 : *Portrait de jeune femme à la veste rayée rose et blanche* 1876, h/t (81x65) : FRF 17 000 – SEMUR-EN-AUXOIS, 15 juil. 1984 : *Bord de plage*, h/t : FRF 8 000 – FONTAINEBLEAU, 31 mars 1985 : *Jeté de fleurs*, h/t (46x53) : FRF 6 000 – LYON, 23 nov. 1988 : *Nu roux*, h/t (31,2x54) : FRF 10 500 – LYON, 21 mars 1990 : *Bouquet de tulipes dans un vase sur un entablement*, h/pan. (53x40) : FRF 14 500 – PARIS, 30 mai 1990 : *Nature morte aux choux*, h/pan. (25x32) : FRF 4 000 – PARIS, 2 avr. 1993 : *Composition aux asperges*, h/t (38x46) : FRF 9 000 – PARIS, 2 déc. 1994 : *Bouquet de pivoines blanches*, h/pan./cart. (54x46) : FRF 55 000 – PARIS, 2 juin 1997 : *Bouquet de pivoines et lilas, à la coupe et au plat*, h/t (80x65) : FRF 36 000.

BAUDIN Georges
Né le 26 juin 1882 à Paris. XXᵉ siècle. Français.
Peintre, graveur sur bois, illustrateur, décorateur, relieur.
Il a figuré dans différents Salons annuels de Paris, à partir de 1913, d'Automne et des Artistes Décorateurs. Il a illustré des ouvrages littéraires, souvent à caractère galant : *La Bacchante* de Maurice de Guérin, *Les Odes* de Sapho, *Sept Épigrammes* de Théocrite, *La Princesse de Babylone* de Voltaire, *L'escarbille d'or* de Tristan Klingsor. Il eut aussi une activité importante dans le domaine de la reliure d'art, notamment en couleur sur parchemin.

BAUDIN Jean Baptiste
Né à Marseille (Bouches-du-Rhône). Mort en 1922. XXᵉ siècle. Français.
Peintre de paysages, fleurs.
Il figura au Salon des Artistes Français de Paris, dont il était sociétaire, obtenant une mention honorable en 1900.
VENTES PUBLIQUES : MONTEVIDEO, 9 sep. 1976 : *Bord de mer*, h/t (76x48) : UYU 12 000 – SAN FRANCISCO, 8 nov. 1984 : *La Basse-cour*, h/t (65x56) : USD 2 250 – PARIS, 13 mai 1997 : *Panier de fleurs*, h/t (70x92) : FRF 48 000.

BAUDIN Pierre
Né le 13 août 1925 à Siorac-en-Périgord (Dordogne). XXᵉ siècle. Français.
Peintre.
Autour de 1960, il figurait souvent dans des expositions de groupe d'artistes figuratifs, se réclamant des principes affichés alors par le Salon de la Jeune Peinture dans sa période activiste. À ce titre, il a participé à des expositions dans de nombreuses villes d'Europe, des Amériques, du Japon.

BAUDINIÈRE Robert
Né en 1919 à Cluny (Saône-et-Loire). XXᵉ siècle. Français.
Peintre. Abstrait.
Il vit à Saint-Tropez (Var). Il fut l'un des disciples d'Albert Gleizes, ayant suivi comme lui celui des développements du cubisme qui menait à l'abstraction et à la spiritualité. En 1947, il figurait à l'exposition historique *Les mains éblouies*, dans les tout débuts de la Galerie Maeght à Paris, qui groupait et révélait les jeunes artistes de la seconde génération de l'abstraction, dont certains furent oubliés depuis.
VENTES PUBLIQUES : PARIS, 23 oct. 1987 : *Composition géométrique* 1959, h/isor. (185x108) : FRF 10 000.

BAUDINOT Henri
Né à Mulhouse (Haut-Rhin). Français.
Peintre de paysages d'eau.
MUSÉES : MULHOUSE : *Bords de l'Ill.*

BAUDIOT François
Né en 1772 à Nancy. XVIIIᵉ-XIXᵉ siècles. Français.
Peintre de portrait, dessinateur.
On le trouve à Hambourg vers 1800, exécutant des portraits à la sanguine et à l'encre de Chine. Le 2 juillet 1812, il partit de Liebau vers Stockholm. Il resta dans cette ville jusqu'en 1814.
VENTES PUBLIQUES : PARIS, 24-25 mai 1928 : *Portrait de jeune femme*, cr. noir : FRF 2 420.

BAUDIOT S., Mme
XIXᵉ siècle.
Paysagiste.
Elle exposa en 1817 à la Royal Academy de Londres.

BAUDISCH Wilhelm
Né au début du XIXᵉ siècle en Saxe. XIXᵉ siècle. Allemand.
Sculpteur de bustes.
En 1824, quoique encore étudiant, il prit part à l'Exposition de Breslau. Il exécuta, dans le courant de cette même année, le buste du régisseur Stawinsky, une *Niobé* et un relief d'après Mattersberger. L'année suivante, il se rendit à Berlin, puis alla à Rome, en 1828, et travailla jusqu'en 1831 au *Walhallafries* (Suite du Walhalla) de Wagner. Quand il l'eut achevé, il envoya de Rome à Breslau un modèle en plâtre, *Persée avec la tête de Méduse*, et un buste de Thorwaldsen, en cire. Ayant quitté Rome en 1840, il vint s'établir à Breslau, où il exposa, en 1843, une terre cuite, *Amour*, et le buste en cire du roi. Il continua à figurer aux Expositions jusqu'en 1853.

BAUDISSIN Otto Friedrich Magnus de, comte
Né le 5 juillet 1792 à Knoop (Danemark). Mort le 26 juin 1865 à Dresde. XIXᵉ siècle. Danois.
Peintre de paysages, graveur, aquafortiste, dessinateur.
D'abord officier dans l'armée danoise, il offrit, en 1848, ses services à l'armée de Schleswig-Holstein et y fut reçu avec le grade de général. Il faisait de la peinture en amateur. De 1829 à 1837, il exposa à Copenhague une série de dessins et de paysages. On cite aussi de lui trois gravures.

BAUDISSIN Ulrik Hunold Herman de, comte
Né le 22 février 1816 à Greifswalde. Mort le 4 décembre 1893 à Wiesbaden. XIXᵉ siècle. Danois.
Peintre de paysages.
Il était officier dans l'armée danoise. Quoique travaillant en amateur, son goût pour l'art fit si vif, qu'il réussit à se mettre au niveau des artistes de profession. Quelques-uns de ses tableaux sont dignes d'être remarqués, entre autres ceux qui se trouvent dans la collection royale de Kronborg : *Partie de la forêt*, *Le Pré de la cure de Frederiksborg*, et celui qui a appartenu au roi Christian VIII : *Alpes bavaroises*.
Ventes Publiques : Copenhague, 7 nov. 1984 : *Paysage*, h/t (75x105) – **DKK 17 000** – Munich, 25 juin 1992 : *Paysage des Alpes avec un chalet* 1844, h/t (93x133,5) : **DEM 5 085.**

BAUDIT Amédée
Né le 1ᵉʳ mai 1825 à Genève. Mort le 13 septembre 1890 à Bordeaux. XIXᵉ siècle. Actif aussi en France. Suisse.
Peintre de paysages, natures mortes.
Tout d'abord élève du peintre François Diday à Genève, il vint se perfectionner à Paris. À partir de 1861, il participa à des expositions à Genève, Lyon, Bordeaux et aux Salons de Paris. Après de nombreux séjours en France, il décida de s'installer à Bordeaux en 1867.
Ses paysages du Berry, de Provence, des Pyrénées et du Médoc sont solidement charpentés. Il rend avec virtuosité la matière et la texture des différents éléments de ses natures mortes.

a Baudit 1866

Bibliogr. : Gérald Schurr : *Les Petits Maîtres de la peinture 1820-1920, valeur de demain*, Les Éditions de l'Amateur, t. IV, Paris, 1979.
Musées : Bordeaux : *Lisière d'un bois dans les Landes – Clair de lune en Bretagne – Étude de chêne – Vue prise dans le Berry* – Chambéry : *Coucher de soleil en Provence* – Lille : *Pêcherie à Bougival* – Mulhouse : *Clair de lune* – Reims : deux paysages – *Coupée dans un bois* – La Rochelle : *La Dent du Midi, vallée du Rhône* – Rouen : *La fin du jour aux Eyzies – Fleurs et fruits.*
Ventes Publiques : Paris, 24 mai 1888 : *Environs de Rome :* **FRF 580** – Marseille, 15 jan. 1900 : *Paysage :* **FRF 575** – Paris, 19 mai 1943 : *Paysage de forêt :* **FRF 1 850** – Paris, 31 mars 1954 : *Basse-cour dans un paysage :* **FRF 5 500** – Lucerne, 6 déc. 1963 : *Paysage près d'Engelberg :* **CHF 1 900** – Nice, 11 avr. 1973 : *Chêne au bord du torrent* 1861 : **FRF 2 300** – Amsterdam, 18 mai 1976 : *Paysage fluvial à l'aube* 1854, h/t (42x72) : **NLG 2 000** – Berne, 27 avr. 1978 : *Couple d'amoureux dans un temps d'été* 1869, h/t (29x47) : **CHF 5 500** – New York, 29 mai 1980 : *Paysage fluvial en été* 1885, h/t (32,5x55,5) : **USD 3 500** – Berne, 6 mai 1983 : *Paysage du Midi*, h/t (46x65) : **CHF 4 300** – Arles, 10 nov. 1985 : *Matinée sur la Dordogne* 1885, h/t (90x150) : **FRF 19 000** –

Paris, 16 juin 1987 : *Le hameau* 1880, h/t (48x65) : **FRF 9 000** – Paris, 8 nov. 1989 : *Vaches au bord du chemin* 1876, h/t (50x80) : **FRF 13 000** – Paris, 12 oct. 1990 : *Étang aux canards* 1864, h/t (80x150) : **FRF 24 500** – Paris, 23 avr. 1993 : *Berger et son troupeau*, h/t (78x116) : **FRF 8 600** – Paris, 27 mai 1994 : *Bouquet de fleurs* 1889, h/t (79,5x56) : **FRF 18 000** – Londres, 10 fév. 1995 : *Paysage montagneux et boisé avec des paysans traversant un pont* 1849, h/t (98,8x129,5) : **GBP 4 025.**

BAUDIT Louis
XIXᵉ-XXᵉ siècles. Suisse.
Peintre de paysages.
Cet artiste figura au Salon de Paris en 1890 avec son tableau : *Bords de la Garonne.*
Ventes Publiques : Genève, 4 oct. 1973 : *Le bourg de Four-Genève* 1931 : **CHF 1 500.**

BAUDITZ Hinrich Conrad von ou Bauditzen
Né en 1662. Mort en 1714 à Stade. XVIIᵉ-XVIIIᵉ siècles. Allemand.
Portraitiste.
Cet artiste dut séjourner souvent au château de Glucksbourg et au château de Plœn, occupé à exécuter des portraits des princes et des princesses. On cite notamment le portrait de sa femme.

BAUDITZ Peter Jakob Frederik von
Né le 29 juillet 1817. Mort le 30 avril 1864 à Flensburg. XIXᵉ siècle. Danois.
Sculpteur.
Après avoir fini ses études à l'Académie des Beaux-Arts à Copenhague, il se mit pendant quelque temps sous la direction de H.-W. Bissen. Il fit des travaux de sculpture de petites dimensions. Ses koboldes et ses gnomes, sculptés sur bois et sur ivoire, sont devenus célèbres à cause de la beauté et de la finesse de leur exécution. On lui doit aussi quelques camées, faits d'après Thorwaldsen, ainsi que d'autres œuvres. On cite particulièrement la *Figure d'un jeune pêcheur*, une mignonne petite statue, exécutée d'après H.-W. Bissen. Entré dans l'armée en qualité d'officier, il prit part aux deux guerres du Schleswig, fut blessé près de Dybböl et mourut prisonnier des Prussiens.

BAUDO
XXᵉ siècle. Japonais.
Peintre de portraits, animalier.
Il travaillait à Paris, vivant parmi les artistes qui, après la Première Guerre mondiale, donnèrent au quartier de Montparnasse son pittoresque international.
Ventes Publiques : Paris, 20 juil. 1942 : *Portrait :* **FRF 360 ;** *Chien :* **FRF 230.**

BAUDO Stéphane
Né le 27 mai 1949 à Paris. XXᵉ siècle. Français.
Sculpteur d'installations, décorateur de théâtre. Abstrait.
Il fut élève de l'École des Arts Appliqués, où il s'intéressa particulièrement au cours de chromatologie d'Henri Pfeiffer, qui avait lui-même un temps été élève du Bauhaus. Il mit en application ces recherches sur la couleur dans des structures spatiales en matériaux plastiques. À partir de 1968, il participe, à Paris et dans les villes du Midi, à des expositions de groupes d'artistes concernés par des recherches apparentées.
Ventes Publiques : Paris, 7 juil. 1992 : *Le violoniste*, h/t (38x46) : **FRF 3 400.**

BAUDO da Novara Luca
Né entre 1460 et 1465 à Novare. Mort vers 1509 à Gênes. XVᵉ-XVIᵉ siècles. Italien.
Peintre.
En 1491, il est mentionné à Gênes, où il épouse la sœur du peintre Giovanni Barbagelata. Il est chargé de peindre, en 1493, un retable pour les Carmélites de Piomontorio ; et il reçoit commande d'un retable pour une église de Bonifacio, en Corse (en 1500). Gênois, Luca Baudo produisit des œuvres non négligeables, qui, toutes, se ressentent de l'influence de Foppa.

BAUDOIN
Originaire d'Anvers. XVIᵉ siècle. Travaillait à Lyon vers 1533. Éc. flamande.
Peintre.

BAUDOIN
XVIIᵉ siècle. Français.
Dessinateur.
Réfugié à Londres vers 1685 pour des raisons politiques, il four-

nissait de cette ville des modèles aux fabricants de soie en France.

BAUDOIN Adrien
Né à Gauchy (Aisne). XIXᵉ siècle. Travaillait à Paris. Français. Dessinateur.
Élève de Lemoisie, il participa à l'Exposition de Blanc et Noir de 1886.

BAUDOIN Claude
XVIIIᵉ siècle. Français.
Sculpteur.
Reçu à l'Académie de Saint-Luc en 1777.

BAUDOIN Georges
XIVᵉ siècle. Français.
Peintre.
En 1391, il faisait partie de la corporation Saint-Luc à Paris.

BAUDOIN Henri
XVIIIᵉ siècle. Travaillait dans la seconde moitié du XVIIIᵉ siècle. Français.
Graveur.
On a de cet aquafortiste amateur trois figures de jeunes garçons vêtus de haillons.

BAUDOIN Jean-Franck ou Baudouin
Né le 26 août 1870 à Saint-Martin-de-Ré (Charente-Maritime). Mort le 20 janvier 1961 à Libourne (Gironde). XIXᵉ-XXᵉ siècles. Français.
Peintre de paysages urbains, marines, paysages d'eau, portraits, natures mortes, fleurs, graveur sur bois. Post-impressionniste.
Sa famille favorisa sa vocation. Il fut élève à Paris de William Bouguereau et de Tony Robert-Fleury à l'Académie Julian, ainsi que de Marcel Baschet et Henri Royer. Afin de lui assurer une tranquillité matérielle, sa famille lui acheta l'hôtel de l'Arrivée, près de la gare Montparnasse. Il a exposé régulièrement au Salon des Artistes Français, en 1889-1890, puis de 1923 à 1939, obtenant tout d'abord en tant que graveur de reproductions : mention honorable 1889, médaille de troisième classe et bourse de voyage 1890, puis en tant que peintre : mention honorable 1923, médaille d'argent 1931, prix Justin-Claverie 1934, médaille d'or et prix Corot 1935. Il a aussi figuré aux Salons des Indépendants de 1926 à 1930, des Tuileries de 1928 à 1934, ainsi qu'à l'Exposition Internationale de 1937, obtenant une médaille d'argent. Il a également montré ses œuvres dans des expositions personnelles : L'Île de Ré, Paris, la Seine, à la Galerie Charpentier, Paris 1927, et Lille en 1929.
Graveur de reproductions, il a œuvré d'après Holbein, Antonio Moro, Frans Hals, Eugène Carrière, entre autres. Peintre, il l'a surtout été des paysages de l'Île-de-Ré : Port d'Ars-en-Ré 1929, Entrée du Port de Saint-Martin-de-Ré 1930 ; de vues de Paris : Mariage à l'église Notre-Dame-des-Champs 1931 ; des quais de la Seine : Pont-Neuf 1932, etc. Il a également peint quelques portraits à ses débuts, et quelques bouquets de fleurs.
Bibliogr. : Gérald Schurr : 1820-1920, Les Petits Maîtres de la peinture, valeur de demain, Edit. de l'Amateur, Paris, 1979.
Musées : Libourne : Boulevard Edgar Quinet, Paris – Nantes (Mus. des Beaux-Arts) : Rue Blanche – Paris (Mus. du Petit-Palais) : Le Pont Saint-Michel et Notre-Dame de Paris – La Rochelle (Mus. des Beaux-Arts) : Porte des Campanis, Saint-Martin-de-Ré.
Ventes Publiques : Semur-en-Auxois, 28 nov. 1982 : Personnage dans la rue, h/t : FRF 7 200 – Paris, 25 nov. 1988 : L'église Notre-Dame-des-Champs 1938, h/t (54x80,6) : FRF 42 000 ; Les quais de la Seine, h/t (59,8x80,5) : FRF 30 000 ; Paris vu des côteaux de Saint-Cloud, h/t (54x60,8) : FRF 42 000 – Paris, 27 mai 1994 : Bord d'étang 1894, h/t (46x68) : FRF 4 000.

BAUDOIN Pierre
Mort le 7 avril 1703 à Orléans. XVIIᵉ siècle. Travaillait à Orléans. Français.
Sculpteur.

BAUDOIN Pierre Albert
Né en 1921. XXᵉ siècle. Français.
Peintre.
A exposé au Salon de mai, en 1945 une nature morte.

BAUDON Augustin
XVIIIᵉ siècle. Français.
Peintre.
Il fut reçu en 1773 à l'Académie de Saint-Luc à Paris.

BAUDON Jules Rémy
Né au XIXᵉ siècle à Attigny (Ardennes). XIXᵉ siècle. Français. Sculpteur.
Élève de Sanzel. Il exposa au Salon de 1866 à 1870.

BAUDON Louis Alexandre
Né à Paris. XXᵉ siècle. Français.
Peintre de portraits, paysages, nus.
Figura au Salon des Indépendants, entre 1928 et 1939.

BAUDON Pierre Edme ou Beaudon
Mort en 1787. XVIIIᵉ siècle. Français.
Peintre.
Il fut reçu à l'Académie de Saint-Luc à Paris en 1759.

BAUDON Yvonne
Née à Paris. XXᵉ siècle. Française.
Peintre de paysages animés, paysages, peintre à la gouache.
Elle fut élève de Jean-Paul Laurens, Louis Biloul, Fernand Humbert. Elle a exposé régulièrement, entre 1932 et 1939, au Salon des Artistes Français, dont elle est devenue sociétaire. Elle a surtout peint des paysages du Midi, et aussi des environs de Paris. A la gouache, elle a peint quelques scènes animées : Le Bal à minuit, 1939.

BAUDOT Emile Marcel
Né à Paris. Tué à Verdun le 24 mars 1916. XXᵉ siècle. Français.
Sculpteur de figures, portraits.
Il a figuré aux Salons de la Société Nationale des Beaux-Arts de 1910 à 1914, d'Automne de 1911 à 1913, des Indépendants en 1910.

BAUDOT Éverard
XVIᵉ siècle. Français.
Sculpteur sur bois.
Il travaillait à l'église de la Ferté-Bernard en 1501.

BAUDOT Jacques Joseph
Né en 1647 à Besançon. XVIIᵉ siècle. Travaillait à Besançon. Français.
Peintre de sujets religieux.
Fils de Joseph Étienne Baudot. La cathédrale de Besançon conserve de lui un Martyre de saint Vincent.

BAUDOT Jean François
Né le 12 janvier 1651 à Besançon. Mort le 13 septembre 1729. XVIIᵉ-XVIIIᵉ siècles. Français.
Peintre de sujets religieux.
Il était fils de Joseph-Étienne Baudot. Le Sermon et Le Martyre de saint Ferjeux, que l'on admire dans la cathédrale de Besançon, sont de lui.

BAUDOT Jeanne
Née le 11 mai 1877 à Courbevoie (Hauts-de-Seine). Morte le 27 juin 1957 à Louveciennes (Yvelines). XXᵉ siècle. Française.
Peintre de paysages, natures mortes, fleurs. Postimpressionniste.
Son père était le médecin qui soignait les parents de Renoir, lorsque ceux-ci habitaient Louveciennes. Elle reçut les conseils de Renoir et, sous son influence directe, peignit des fleurs et des paysages de Louveciennes et de Marly. Dans ses dernières années, elle figura dans les expositions : Dames et demoiselles à Paris en 1966, Louveciennes, hier, aujourd'hui, demain, à Louveciennes 1968, Renoir et ses amis au musée de Troyes en 1969. Elle est également l'auteur d'un livre de souvenirs : Renoir, ses amis, ses modèles, Paris, 1949.
Bibliogr. : Henri Perruchot : Vie de Renoir, Paris, 1964 – Jeanne Baudot : Renoir, ses amis, ses modèles, Paris, 1949.

BAUDOT Joseph Étienne
Né à Moncey (Doubs). XVIIᵉ siècle. Français.
Peintre de sujets religieux.

BAUDOT René
Né à Paris. XXᵉ siècle. Français.
Peintre de paysages, portraits, natures mortes.
Entre 1920 et 1932, il a figuré épisodiquement aux Salons des Artistes Français et d'Automne.

BAUDOUILLEZ Jacques
Né en 1694 ou 1695 à Châlons. XVIIIᵉ siècle. Français.
Graveur et peintre.
On trouve son nom dans la matricule de l'Université de Leyde, cité le 27 janvier 1745.

BAUDOUIN
XIIe siècle. Actif à Anchin. Français.
Miniaturiste.
BAUDOUIN
XIIIe siècle. Actif à Paris en 1292. Français.
Miniaturiste.
BAUDOUIN
XIXe-XXe siècles. Actif à Paris. Français.
Graveur sur bois.
BAUDOUIN Charles Jean Paul
Né à Vascœuil. XIXe-XXe siècles. Français.
Peintre.
Exposa à la Nationale des Beaux-Arts en 1911 et 1912.
BAUDOUIN Eugène
Né le 6 janvier 1842 à Montpellier (Hérault). Mort en janvier 1893. XIXe siècle. Français.
Peintre de paysages.
Élève de Gérôme, puis de Léopold Flameng, il exposa régulièrement au Salon de Paris jusqu'à la fin de sa vie.
Il construit ses paysages selon des lignes schématiques et des successions de plans qui leur donnent parfois un aspect de paysages panoramiques.

Eugène BAUDOUIN 1877

BIBLIOGR. : Gérald Schurr : *Les Petits Maîtres de la peinture 1820-1920, valeur de demain*, Les Éditions de l'Amateur, t. II, Paris, 1982.
MUSÉES : DRAGUIGNAN : *Vue du port de Sète* – MONTPELLIER : *Récolte des olives dans le Haut-Languedoc 1877* – SÈTE : *Vue de Caroux 1877*.
VENTES PUBLIQUES : NEW YORK, 23 mai 1997 : *Les Mûriers du Pont-Juvénal, près de Montpellier (Hérault) 1883*, h/t (120,7x195,6) : USD 24 150.
BAUDOUIN François Pierre
XVIIIe siècle. Français.
Peintre.
Reçu en 1773 à l'Académie Saint-Luc.
VENTES PUBLIQUES : PARIS, 14 déc. 1964 : *Paysage d'hiver*, deux pendants : FRF 1 300.
BAUDOUIN G.
XIXe siècle. Actif à la fin du XIXe siècle. Français.
Graveur sur bois.
A gravé *Le Fan*, d'après Franz Hals.
BAUDOUIN Gaspard
Éc. flamande.
Peintre de paysages, graveur.
On connaît de lui quelques estampes. Il est cité par Heinecken.
BAUDOUIN Georges
XVIIIe siècle. Français.
Peintre.
BAUDOUIN Guillaume
XVIIe siècle. Travaillait à Caen. Français.
Peintre.
Mentionné dans les archives de la ville de 1614 à 1622.
BAUDOUIN Jean-Franck. Voir **BAUDOIN**
BAUDOUIN Jeanne
Née au XIXe siècle à Paris. XIXe siècle. Française.
Aquarelliste, pastelliste.
Elle fut élève de Gaston Casimir Saintpierre et de Fernand Humbert, et participa à l'Exposition de Blanc et Noir de 1892 avec deux aquarelles.
BAUDOUIN Mathieu
XVIIe siècle. Actif à Tours vers 1620. Français.
Peintre d'armoiries.
BAUDOUIN Paul Albert
Né en 1844 à Rouen (Seine-Maritime). Mort le 24 décembre 1931. XIXe-XXe siècles. Français.
Peintre de genre, paysages, panneaux décoratifs, fresquiste.
Il fut élève de Gleyre, Élie Delaunay et Puvis de Chavannes. À partir de 1868, il participa au Salon des Artistes Français, dont il devint sociétaire, ayant obtenu une médaille de troisième classe en 1882, une médaille de deuxième classe en 1886. Médaille d'or à l'Exposition Universelle de 1889, il fut fait chevalier de la Légion d'Honneur en 1891.

En dehors de ses scènes de genre et paysages, il fit des fresques et des panneaux décoratifs, redonnant vigueur à la technique de la fresque en ouvrant un atelier. Ses œuvres décoratives sont cadencées, rythmées, à la manière de la musique, dont il s'inspire.
BIBLIOGR. : Gérald Schurr : *Les Petits Maîtres de la peinture 1820-1920, valeur de demain*, Les Éditions de l'Amateur, t. IV, Paris, 1979.
MUSÉES : PARIS (Mus. du Petit-Palais) : *Deux ouvriers*.
VENTES PUBLIQUES : LONDRES, 21 mars 1986 : *Couple de paysans sur le pas de la porte*, h/t (81,5x65) : GBP 4 000.
BAUDOUIN Pierre
Né en 1921. Mort en janvier 1971 à La Celle-Saint-Cloud (Yvelines). XXe siècle. Français.
Peintre de cartons de tapisseries, maître-lissier.
Il fut professeur d'art mural à l'École des Beaux-Arts d'Aubusson. Il fut surtout connu pour ses collaborations avec Picasso, Le Corbusier, puis Calder, Estève, Masson, Arp, Ernst, etc.
BAUDOUIN Pierre Antoine
Né le 17 octobre 1723 à Paris. Mort le 15 décembre 1769 à Paris. XVIIIe siècle. Français.
Peintre de scènes mythologiques, compositions religieuses, sujets de genre, peintre à la gouache, aquarelliste, miniaturiste, dessinateur.
Baudouin fut élève de François Boucher dont il épousa la fille cadette, Marie-Émilie, le 8 avril 1758. Cette union lui fut fort utile pour son acceptation à l'Académie, en 1763, car sans l'influence considérable de son beau-père, il se fût heurté à une opposition très vive. Il présenta pour œuvre de réception sa miniature *Phryné devant l'aréopage* qui est, pourrait-on dire, le résumé de ses goûts artistiques. Baudouin peignit des tableaux à l'huile, mais ce sont surtout ses gouaches qui ont fait sa réputation.
Il débuta au Salon de Paris en 1761, et exposa en 1763, 1765, 1767 et 1769. Dès ses débuts, il fut vivement attaqué à la fois par les critiques d'art et par les moralistes.
De tous les artistes du XVIIIe siècle, Baudouin est assurément celui qui a poussé le plus loin l'audace licencieuse de ses sujets. En outre, il n'a pas, comme Fragonard, la ressource d'un art exquis pour atténuer la grivoiserie osée de ses compositions. On sent qu'il est élève de Boucher. On retrouve en lui le même souci de plaire au goût du jour et de vendre. Il est d'ailleurs hors de doute qu'à ce dernier point de vue, Baudouin réussit merveilleusement. Malgré les attaques de Grimm, qui disait de lui : « Baudouin s'est fait un petit genre lascif et malhonnête qui plaît fort à notre jeunesse libertine » ; malgré les critiques de Diderot qui l'accusait de ne peindre que pour « les petits maîtres, les petites maîtresses, les petits abbés, les petits robins, les gros financiers et autres personnages sans mœurs » ; malgré l'opposition du haut clergé et notamment de l'archevêché de Paris qui obtint que l'on retirât du Salon, dès le deuxième jour, en 1763, *Un prêtre catéchisant des jeunes filles*, et en 1765 : *Le Confessionnal* ; malgré toutes ces inimitiés, Baudouin n'en demeure pas moins un des artistes du XVIIIe siècle dont la vogue fut la plus extraordinaire et la plus fragile. Il y a chez lui un parti pris évident de frivolité qui devient de l'indécence, parfois de l'obscénité. Il faut cependant reconnaître que quelques œuvres de Baudouin échappent à cette critique. *L'Enlèvement nocturne* est une composition assez délicate ; *Le Coucher de la mariée* n'est pas sans grâce, mais le style en demeure néanmoins minaudier et maniéré à l'excès. La couleur de Baudouin n'est pas non plus exempte de défauts. Elle séduit tout d'abord, mais on en découvre vite la sécheresse et l'inexactitude.
Le grand malheur de cet artiste est d'avoir été trop goûté de ses contemporains. Le souci de produire beaucoup et vite annihila ses qualités naturelles d'élégance et de goût. Peu d'artistes ont été aussi reproduits que Baudouin par tous les graveurs. Parmi ceux qui en ont su le mieux tirer parti, il faut citer De Launay, Ponce, Moreau le Jeune, Simonet, etc. L'homme privé, au surplus, n'était guère plus recommandable que l'artiste et nombre de ses tableaux pourraient être pris pour l'illustration de l'histoire de sa vie. Joueur et débauché, usé par les excès de toute nature, Baudouin mourut à quarante-six ans. ■ M. Boucheny de Grandval

Baudoin

MUSÉES : PARIS (Mus. du Louvre) : *Phryné devant l'aréopage*, miniature.

VENTES PUBLIQUES : PARIS, 1744 : *Vingt-sept paysages*, dess. :
FRF 10 – PARIS, 1770 : *La jeune mariée*, gche, d'après Greuze :
FRF 160 – PARIS, 1776 : *Le modèle honnête*, gche : **FRF 1 750** –
PARIS, 1777 : *Une dame sur une chaise longue*, gche : **FRF 900** –
PARIS, 1777 : *Dibutade traçant sur le mur le portrait de son amant* ;
Diane et Actéon, miniatures : **FRF 1 000** – PARIS, 1814 : *Le galant
jardinier*, dess. : **FRF 25** – PARIS, 1868 : *Le coucher de la mariée*,
gche : **FRF 2 020** – PARIS, 1872 : *L'épouse indiscrète*, gche :
FRF 2 180 – PARIS, 1873 : *Le catéchisme*, gche : **FRF 2 120** ; *Le
confessionnal*, gche : **FRF 2 400** – PARIS, 1875 : *L'épouse indis-
crète*, gche : **FRF 3 080** – PARIS, 1883 : *Le fruit de l'amour secret*,
dess. : **FRF 500** – PARIS, 1889 : *Sultanes dans un harem*, gche :
FRF 3 850 – PARIS, 1889 : *Le jardinier galant*, gche : **FRF 5 500** –
PARIS, 1897 : *L'épouse indiscrète*, gche : **FRF 25 100** ; *Le matin*,
aquar. : **FRF 7 100** – PARIS, 1897 : *L'indiscret*, dess. : **FRF 8 000** –
PARIS, 1898 : *Le lever*, gche : **FRF 11 500** ; *La toilette*, gche :
FRF 10 000 – PARIS, 1898 : *La fille surprise*, dess. : **FRF 1 700** –
PARIS, 1899 : *La toilette*, gche : **FRF 10 000** ; *Le lever*, gche :
FRF 10 000 ; *L'amour à l'épreuve*, gche : **FRF 3 600** – PARIS,
1899 : *Le bain* : **FRF 10 000** – PARIS, 1899 : *Le fruit de l'amour
secret*, dess. : **FRF 3 100** – PARIS, 1900 : *La fille mal gardée*, gche :
FRF 5 050 ; *Les soins tardifs*, gche : **FRF 4 950** – PARIS, 21-22 juin
1920 : *L'évanouissement*, cr. : **FRF 31 000** – PARIS, 22 nov. 1923 :
Le premier pas à la fortune, h/t : **FRF 18 000** – PARIS, 15 mai 1929 :
Désespoir d'amour, dess. : **FRF 29 000** – PARIS, 15 juin 1938 : *Le
fruit de l'amour secret*, pierre noire, lav. d'encre de Chine :
FRF 38 000 – PARIS, 6 juil. 1942 : *L'attention dangereuse*, dess. au
lav. reh. de gche : **FRF 80 000** – PARIS, 15 mars 1944 : *Le curieux*,
gche : **FRF 230 000** – PARIS, 14 juin 1955 : *Le matin*, aquar./trait
de pl. : **FRF 780 000** – LONDRES, 23 juin 1962 : *Le jardinier galant*,
h./cuivre : **GNS 400** – LONDRES, 27 mars 1963 : *Jeune fille se baignant au bord d'une rivière* : **GBP 80** – VERSAILLES, 21 mars 1971 :
La balançoire : **FRF 11 200** – MONTE-CARLO, 11 fév. 1979 : *Loth
buvant avec ses filles* ; *Loth et ses filles endormis*, deux gche, de
forme ovale (14x18) : **FRF 4 000** – NEW YORK, 30 avr. 1982 : *Le
repos pendant la fuite en Égypte* 1761, gche/pap. : **USD 2 000** –
LONDRES, 1er avr. 1987 : *La déclaration*, aquar., gche et pierre
noire (22,8x16,2) : **GBP 1 900** – NEW YORK, 15 jan. 1992 : *Amants
dans un parc avec un personnage les espionnant de derrière un
arbre*, craies noire et brune (13,4x10,2) : **USD 1 760.**

BAUDOUIN Robert
XVIIe-XVIIIe siècles. Français.
Peintre.
Reçu à l'Académie Saint-Luc en 1693 ; il est encore cité en 1710.

BAUDOUIN Simon René de, comte
Né le 14 avril 1723. XVIIIe siècle. Français.
Aquafortiste.
Cet amateur exécuta, d'après ses dessins une série d'exercices
de l'infanterie française et représenta, d'après des maîtres, des
scènes de guerre et des paysages. Son portrait fut gravé par
Claude Henri Watelet.

BAUDOUIN de Bailleul. Voir **BAILLEUL**

BAUDOUS Robert Willemsz ou **Badoux**
Né vers 1575 à Bruxelles. Mort vers 1656, vivant après 1644.
XVIe-XVIIe siècles. Éc. flamande.
Peintre de marines, natures mortes, graveur et éditeur.
Depuis 1591, cet artiste habita Amsterdam. Il était actif à
Bruxelles dans la première moitié du XVIIe siècle.
Ses planches sont exécutées d'après la manière de Gheyn et sont
datées de 1605 à 1628. Il grava un certain nombre de planches
pour *L'Académie de l'épée*, publiée en 1628.
VENTES PUBLIQUES : LONDRES, 13 déc. 1996 : *Coupe de cerises et
framboises, panier de raisin, pommes, artichaut, citrons, noisettes
et oiseaux morts sur une table* 1630, h/pan. (52x102) :
GBP 25 300.

BAUDOUX Émile
Né à Paris. XIXe-XXe siècles. Français.
Peintre de paysages, fleurs.
Il fut élève de Fernand Humbert et d'Alexandre Cabanel. Il
exposa jusqu'en 1927 au Salon des Artistes Français, mention
honorable en 1910.
Il a beaucoup peint en Normandie, mais aussi dans d'autres
régions de France, toujours attentif aux effets météorologiques.
VENTES PUBLIQUES : PARIS, 20 fév. 1931 : *Le Mont-Saint-Michel*,
étude pour le Salon de 1912 : **FRF 210.**

BAUDRAN Auguste Alexandre
Né en 1823 à Paris. XIXe siècle. Français.

Graveur.
Il exposa au Salon de 1859 à 1866 des gravures d'après des
modèles étrangers. Il est également l'auteur des planches d'un
Chemin de croix publié par Alcan, et son *Histoire de la Vierge*
donne des reproductions des fresques de Jacquand à Saint-
Philippe-du-Roule.

BAUDRAN Étienne Larose
Né en 1796. Mort le 28 février 1866 à Versailles. XIXe siècle.
Français.
Graveur.
Il travailla pour la maison d'édition Cereghetti et Ledoyen,
d'après Aubry, Chasselat et d'autres. Il signait tantôt *Baudran*,
tantôt *Bautran* et tantôt *Baudant*.

BAUDRAN Gabriel
Né le 30 mai 1883 à Paris. XXe siècle. Français.
Dessinateur humoriste.
Il a exposé au Salon des Artistes Fantaisistes, à Bordeaux en
1927 et au Salon des Humoristes en 1929.

BAUDRAND Joseph
Né en 1834 à Dôle (Jura). Mort le 5 novembre 1897 à Besan-
çon. XIXe siècle. Français.
Sculpteur.
Il fut professeur à l'École des Beaux-Arts de Besançon ; on lui
doit le maître-autel de l'église Notre-Dame de cette ville.

BAUDRAND Léon
Né à Paris. XIXe siècle. Français.
Graveur.
Actif dans la seconde moitié du XIXe siècle, il fut l'élève d'E.
Ramus. Il a gravé à l'eau-forte et à la pointe sèche. Il a notam-
ment exposé : *Le Carrier blessé* (1888), *Le Repos* (1888), *Les
Camarades* (1889), *Le Trio champêtre* (1890), *Maternité* (1891), *Le
Calme* (1892), *Portrait de M. Cendre* (1894), *Le Passage de Martol*,
Mousquetaires (1897), toutes gravures d'interprétation.

BAUDRART G.
XVIIe siècle. Actif dans la première moitié du XVIIe siècle. Fran-
çais.
Graveur, dessinateur.
Cité par Mireur.

BAUDRENGHIEN Joseph
Né le 14 novembre 1873 à Monceau-sur-Sambre (Hainaut).
XIXe-XXe siècles. Belge.
Sculpteur de sujets allégoriques, figures,.
À l'Académie de Bruxelles, il fut élève du sculpteur Charles van
der Stappen. Il commença à exposer en 1898 à l'Académie de
Bruxelles. Il a sculpté des figures et groupes de l'Histoire sainte
dans une première époque, en s'inspirant des Primitifs : *Mater
Dolorosa*. Dans une seconde période, il a traité dans un style
contemporain des sujets profanes et sociaux : *Les Carriers*. Il a
aussi abordé les thèmes allégoriques : *Le Message de la Douleur*.

BAUDRIER Gustave Louis
Né au XIXe siècle à Paris. XIXe siècle. Français.
Peintre de natures mortes.
Il fut élève de Bergerot. Il exposa, de 1876 à 1891, au Salon de
Paris, puis au Salon des Artistes Français.
VENTES PUBLIQUES : LONDRES, 18 juin 1993 : *Panoplie d'armes
persanes damasquinées avec un coran* ; *Un coran avec une épée
et un casque turcs*, h/t, une paire (67,3x92,5) : **GBP 26 450.**

BAUDRIER Jean
XVe siècle. Vivait à Troyes entre 1493 et 1495. Français.
Peintre.
En 1494, il travaillait pour l'église Notre-Dame-des-Nonnains, à
Troyes.

BAUDRIER René
Né à Chantenay-sur-Loire (Loire-Atlantique). XXe siècle.
Français.
Peintre.
Élève de Bouguereau. Sociétaire du Salon des Artistes Français
où il exposa des portraits.

BAUDRILLART Emmanuel
Né à Versailles (Yvelines). XXe siècle. Français.
Sculpteur.
Élève de R. Janson. Il exposa un buste aux Artistes Français en
1928.

BAUDRINGIEN David
Né en 1581 ? Mort en 1650. XVIIe siècle. Hollandais (?).

Portraitiste.
On cite de lui : *Le Portrait d'Isaack van der Voort.*

BAUDRON Pierre
XVIIIe siècle. Vivait à Paris vers 1761. Français.
Peintre.

BAUDRU Françoise
Née en 1942. XXe siècle. Française.
Peintre, peintre de collages.
VENTES PUBLIQUES : PARIS, 7 oct. 1989 : *Les effets de la lune rousse* 1988, techn. mixte/t (162x130) : FRF 10 000 – PARIS, 29 sep. 1989 : *Les effets de la lune rousse* 1988, techn. mixte/t (162x130) : FRF 10 000 – PARIS, 14 mars 1990 : *Civilisation perdue* 1988, h. et collage/cart. (49x61) : FRF 5 500 – DOUAI, 11 nov. 1990 : *Genèse VII – Adam et Ève* 1988, techn. mixte/t (100x73) : FRF 5 200.

BAUDRU-BRAU Victor
Né à Saint-Girons (Ariège). XXe siècle. Français.
Peintre.
Exposa des paysages au Salon des Indépendants de 1930.

BAUDRY Cécile Paul. Voir **PAUL-BAUDRY Cécile**

BAUDRY Jean
XVIe siècle. Français.
Sculpteur, tailleur d'images, peintre.
Il travailla à Lyon en 1542-1548. Sculpteur, il fut connu comme tailleur d'images et mouleur.

BAUDRY Joseph
XVIIIe siècle. Vivait à Mons. Italien.
Sculpteur.
De 1725 à 1732, on le trouve doyen de la gilde de Saint-Luc.

BAUDRY Léon Georges
Né le 13 mars 1898 à Neuville-lès-Dieppe (Seine-Maritime).
Mort le 24 novembre 1978. XXe siècle. Français.
Sculpteur de monuments, portraits.
Il fut élève de l'École des Arts Décoratifs, puis des sculpteurs Jules Coutan, Henri Patey, Charles Verlet, à l'École des Beaux-Arts de Paris, où il fut Second Prix de Rome de sculpture. Il exposait au Salon des Artistes Français, médaille de bronze 1923, Grand Prix 1937. Il fut inspecteur de l'enseignement artistique, puis directeur de la Manufacture de Sèvres, enfin promu commandeur de la Légion d'honneur.
Il fut l'un des sculpteurs les plus officiels de l'entre-deux-guerres. Il sculpta des bas-reliefs pour le Palais de Tokyo, pour les ministères des P.T.T., de la Marine marchande. Il fit des sculptures ou des décorations pour plusieurs paquebots : *Normandie, La Marseillaise, Île-de-France.*

BAUDRY Paul
Né le 7 novembre 1828 à La Roche-sur-Yon (Vendée). Mort le 17 janvier 1886 à Paris. XIXe siècle. Français.
Peintre de scènes mythologiques, compositions religieuses, sujets allégoriques, scènes de genre, portraits, aquarelliste, peintre de compositions murales, dessinateur, décorateur.
Le grand-père de Baudry avait, pendant la chouannerie, fait le coup de feu contre les bleus ; il était sabotier en forêt, et ce fut en face du grand silence de la nature que grandit l'enfant, dans un foyer où les aînés enseignaient aux plus petits que la première marque de respect envers les parents est de se taire devant eux. Sa famille voulait qu'il fût violoniste, et sa seule distraction était en effet un violon, dont il jouait le soir aux étoiles, mais lui voulait être peintre, dût-il mourir de faim : ce fut la réponse même qu'il fit à Drölling, maître brusque, mais bon, quand il vint à Paris étudier la peinture, après avoir surmonté tous les obstacles ; il avait seize ans.
À dix-neuf ans, il obtenait le Second Grand Prix de Rome, succès qui exemptait alors de la conscription, et en 1850, trois ans après, il remportait le Premier Prix, en même temps que William Bouguereau, et partait pour Rome. À cette époque, l'École de Rome était éprise du Moyen Âge italien ; quelques mois donnés aux peintres du XVe siècle, Baudry étudia Corrège, Raphaël dans sa seconde manière, et l'École vénitienne au moment où elle commence à flamber sous son éclat. C'est alors que parurent la *Fortune et l'Enfant* et la copie de la *Jurisprudence* de Raphaël. Son dernier tableau à Rome fut le *Supplice d'une vestale*, son premier et son dernier ouvrage tragique ; il avait cependant, dans les premiers temps de son séjour à Paris, entrepris la lecture souvent répétée des classiques latins, commentée dans des compositions dramatiques et sombres : les *Proscriptions de Sylla*, la *Tête de Cicéron clouée aux rostres*, et surtout *Vercingétorix se rendant à César* ; il ne les exécuta jamais. Ses succès au Salon deviennent dès lors toujours plus vifs : La *Léda*, La *Vague et la Perle*, les deux *Saint Jean*, puis des portraits comme ceux de Beulé, de Guizot, d'Edmond About et d'Ambroise Baudry. Quand il fut chargé de décorer le foyer de l'Opéra, après avoir peint des décorations pour l'hôtel Fould (1854) et l'hôtel Galliéra (1863), Baudry voulut faire de ce travail une œuvre mémorable, et pour acquérir ce qu'il sentait lui manquer, il se remit en quelque sorte à l'école. En 1864, il est à Rome ; en 1868, en Angleterre, d'où il va en Espagne, et il était à Venise quand éclata la guerre de 1870 ; il accourut, s'engagea dans les compagnies de marche. Revenu à Rome, il reprend sa place à la Villa Médicis et passe ses journées à la Chapelle Sixtine. Pendant que l'artiste se préparait ainsi, l'Académie des Beaux-Arts appela dans son sein le peintre de l'Opéra ; sans avoir rien vu encore de son ouvrage, elle l'élut absent, présenté d'office, et sans qu'il eût rempli les formalités habituelles. Le gigantesque travail de l'Opéra, commencé dans un atelier de la rue Boissy-d'Anglas, poursuivi à l'Opéra même dans des bâtiments occupés aujourd'hui par le foyer des artistes, fut terminé dans une grande pièce qui est la Chambre du lustre : c'est là que les grands sujets ont été achevés, après un labeur qui n'avait pas coûté moins de douze ans. Pour ce labeur énorme, Baudry avait adopté un procédé qui peut paraître singulier. Il avait dressé d'abord un programme de l'œuvre envisagée dans son ensemble ; pour chaque sujet particulier, il se faisait ensuite à lui-même une description écrite, il se désignait la place des personnages et des groupes, il en définissait l'action, l'expression et le caractère. Parfois, après avoir tracé le cadre d'une composition, il le remplissait non de figures, mais de notes qui devenaient comme le fantôme intellectuel du futur tableau. Et quand l'idée était arrivée à une clarté parfaite, alors seulement il la traduisait en peinture. Cette manière de faire, absolument personnelle à Baudry, avait un grand avantage : il n'avait jamais à raturer avec le pinceau. Après l'achèvement de l'Opéra, l'artiste, se sentant épuisé, visita l'Égypte, dont les monuments et les souvenirs, malgré leur mystérieuse grandeur, ne lui inspirèrent aucun ouvrage. Au retour, il s'arrêta en Grèce, et vit Athènes avec une admiration sans bornes. L'Orient, en revanche, ne put jamais le toucher, si bien que lors d'un second séjour au pays des Pharaons, il commença seulement quelques études et n'alla pas plus loin.
Entre ces deux voyages au Caire, on lui avait demandé de peindre au Panthéon plusieurs traits de la vie de Jeanne d'Arc. Or, tout enfant, il avait conçu pour la Vierge lorraine une véritable passion, et jamais il ne s'était séparé d'une *Vie de Jeanne d'Arc*, qu'il avait eue en prix à l'école. Avec la même inlassable conscience, il entreprit sur la vie de l'héroïne une information immense ; s'établit dans les bibliothèques, compulsa les manuscrits, remplit des cartons et des albums d'innombrables croquis de costumes, d'architectures, d'armures et de meubles et fixa même le plan général, qui devait comprendre seize compositions : quelques-uns des sujets ont été crayonnés, mais il ne put les exécuter. Un des derniers ouvrages de Baudry est l'*Enlèvement de Psyché*, exécuté pour le duc d'Aumale ; il est à Chantilly. L'artiste avait déjà peint, pour la salle à manger du château, un *Saint Hubert*, où il a épuisé sa science archéologique et les raffinements de sa palette. Il existe deux peintre de beaux portraits, le buste de Paul Dubois, et Chapelain a gravé à son effigie une médaille. ■ C. Dillet

paul · baudry

Ventes Publiques : Paris, 1869 : *La fortune et le jeune enfant :* **FRF 355** – Paris, 1873 : *Diane au repos :* **FRF 6 000** – Paris, 1879 : *Germain :* **FRF 1 255** – Paris, 1879 : *L'Espagne*, esquisse : **FRF 1 700** – Paris, 1887 : *Cybèle ; Amphitrite :* **FRF 40 000** – Paris, 1889 : *Conduis mon troupeau ; La guérison du paralytique ; La mort d'Ananie ; Saint Paul et saint Barnabé à Lystrie ; Elimas frappé de cécité ; Saint Paul prêchant devant l'Aréopage, à Athènes ; La pêche miraculeuse,* sept pièces : **FRF 26 000** ; *Mort de saint Sébastien,* copie : **FRF 245** ; *La Vierge et l'Enfant Jésus et le petit saint Jean,* tableau inachevé : **FRF 3 050** ; *Le jugement de Pâris,* carton pour l'Opéra : **FRF 1 000** – Paris, 1892 : *Gioventu Primavera della vita :* **FRF 15 200** – New York, 1898 : *Parisiana :* **FRF 5 000** ; *La perle et la vague :* **FRF 43 000** ; *La fortune et l'enfant :* **FRF 32 500** – New York, 24 mai 1900 : *Diane se défendant contre l'amour :* **FRF 12 650** – New York, 18-19 nov. 1901 : *Diane au repos :* **FRF 1 800** – New York, 19 et 20 déc. 1902 : *Étude de femme nue endormie :* **FRF 175** – New York, 5 au 7 mai 1908 : *Le triomphe de la mort,* aquar. : **FRF 780** – New York, 19 fév. 1910 : *Projet de plafond :* **FRF 780** – New York, 18 au 21 déc. 1918 : *Étude pour Veritas,* dess. : **FRF 22** – New York, 22 mars 1919 : *Maternité :* **FRF 60** – New York, 8 mai 1919 : *Figure d'homme à demi allongé,* dess. : **FRF 70** – New York, 13 déc. 1920 : *Léda et le Cygne,* miniature : **FRF 1 500** – New York, 14 et 15 nov. 1921 : *Buste de mauresque :* **FRF 170** – New York, 28 nov. au 2 déc. 1921 : *Diane frappant l'Amour :* **FRF 7 100** – New York, 19 mai 1922 : *Psyché :* **FRF 3 800** – New York, 26 au 28 déc. 1922 : *Étude de femme :* **FRF 450** – Londres, 16 mars 1923 : *Le printemps de la vie :* **GBP 42** – Paris, 13 juin 1923 : *Caliope, études pour une des muses de l'Opéra,* mine de pb, reh. de blanc : **FRF 350** – Paris, 6 déc. 1923 : *Bacchantes,* aquar. : **FRF 40** – Paris, 28 et 29 mars 1928 : *Étude pour une figure du plafond central de l'Opéra,* cr. noir reh. : **FRF 1 080** – Paris, 6 mai 1929 : *Odalisque :* **FRF 100** – Paris, 17 mai 1929 : *La poésie,* dess. : **FRF 150** – Paris, 29 juin 1929 : *Étude pour la glorification de la justice :* **FRF 1 100** – Paris, 17 mai 1930 : *Jeunesse, printemps de la vie :* **FRF 8 600** – Paris, 7 mars 1932 : *Berger antique jouant de la flûte de Pan,* dess. à la mine de pb : **FRF 350** ; *Trois figures d'Italiennes,* aquar. : **FRF 700** – Paris, 10 juin 1932 : *La Fortune et l'Amour :* **FRF 11 000** – Paris, 20-21 juil. 1942 : *Le Petit Tambour,* dess. : **FRF 480** ; *Portrait de Madame de Montalant :* **FRF 3 800** – Paris, 8 mars 1943 : *Vénus et l'Amour :* **FRF 720** – Paris, 2 juil. 1943 : *Femme et amour endormi,* dess. avec reh. de gche : **FRF 500** – Paris, 4 mars 1949 : *Attributs des Sciences,* quatre aquar. gchées, ovales : **FRF 8 500** – Vienne, 23 fév. 1965 : *Les Vendanges :* **ATS 3 000** – Paris, 14 juin 1976 : *Salomé dansant devant Hérodiade,* h/t (134x98) : **NLG 2 000** – Londres, 24 juin 1981 : *Portrait de jeune femme 1877,* h/t (99x80,5) : **GBP 650** – Paris, 15 déc. 1982 : *Médaillons de l'opéra,* deux dess. au cr. noir (40x31) : **FRF 3 800** – Paris, 7 mars 1984 : *Le Chevalier et la Mort,* aquar. et gche (16x21) : **FRF 6 000** – Paris, 28 nov. 1984 : *Le rêve de sainte Cécile,* h/t (66x73) : **FRF 60 000** – New York, 29 oct. 1986 : *Vénus et Cupidon 1881,* aquar./traces de craie noire et reh. de blanc (28,4x23) : **USD 3 000** – New York, 25 fév. 1988 : *Angelot assis sur un nuage,* craies rouge et blanche/pap. teinté (25x21,4) : **USD 2 420** – Paris, 29 juin 1988 : *Déesse,* h/t (120x54) : **FRF 20 000** – Saint-Dié, 16 oct. 1988 : *Paysage au bouquet d'arbres et à la rivière,* h/pan. (22x42,5) : **FRF 13 000** – Paris, 4 mars 1990 : *Étude allégorique pour le plafond de l'Opéra,* h/t (34x21) : **FRF 12 500** – Paris, 27 mars 1990 : *Scène allégorique,* h/t (35x55) : **FRF 6 500** – New York, 19 juil. 1990 : *Putto assis sur un nuage,* craies noire et rouge/pap. (24x21,2) : **USD 3 520** – Paris, 18 déc. 1991 : *L'amour endormi 1865,* h/t (72x120) : **FRF 65 000** – Paris, 31 mars 1993 : *Hermès,* cr. noir et estompe avec reh. de blanc (41x17,2) : **FRF 3 800** – Paris, 20 avr. 1994 : *Cour de cassation (figure),* fus. et craie blanche (49,7x29) : **FRF 9 000** – New York, 24 mai 1995 : *La Toilette de Vénus 1858,* h/t (100,3x63,8) : **USD 14 950** – Paris, 28 oct. 1996 : *Portrait de femme,* h/t (81x65) : **FRF 6 200** – Paris, 18 déc. 1996 : *Étude de nu pour une scène mythologique,* fus. et estampe avec reh. de blanc (42x28,5) : **FRF 330 0.**

BAUDRY Yvette
xxᵉ siècle. Française.
Peintre.
Elle a exposé au Salon des Humoristes de 1929.

BAUDRY de Balzac Caroline. Voir CERRES

BAUDRY de Balzac Thérèse
Née en 1774 à Paris. Morte en 1831. xviiiᵉ-xixᵉ siècles. Française.

Peintre de natures mortes, fleurs, aquarelliste, dessinatrice.
Elle fut élève du sculpteur Pecquinot et du peintre de fleurs Gérard van Spaendonck. Elle exposa des tableaux de natures mortes en 1800, 1806 et 1810.
Elle peignit à l'aquarelle et dessina à l'encre de Chine des fleurs et des plantes, qui furent gravées pour les *Annales du Muséum d'Histoire naturelle.*

BAUDUIN André
Né à Paris. xxᵉ siècle. Français.
Peintre.
Exposa au Salon des Indépendants de 1939.

BAUDUIN Eustache
Mort en 1553. xviᵉ siècle. Travaillait à Arras. Français.
Sculpteur de monuments.
Il travaillait, en 1546 et en 1547, à l'église Saint-Jean-en-Ronville. Un monument funéraire, commencé par lui, fut achevé par van der Hue, de Valenciennes. Cité par Lami.

BAUDUIN Hanin
xviᵉ siècle. Actif à Valenciennes en 1513. Français.
Sculpteur sur bois.

BAUDUIN Jean-Claude
Né en 1938 à Cambrai (Nord). xxᵉ siècle. Français.
Peintre.
Élève de l'École des Beaux-Arts de Valenciennes, puis de l'École des Métiers d'Art à Paris. Il expose à Paris, aux Salons d'Automne, de la Société Nationale des Beaux-Arts, de la Jeune Peinture, ainsi qu'en province : Lille, Valenciennes, Saint-Brieuc, etc.
Musées : Les Sables-d'Olonne .

BAUDUIN Jean-Marie
Né en 1943 à Plougoumelen (Morbihan). xxᵉ siècle. Français.
Sculpteur, peintre de techniques mixtes. Abstrait-géométrique.
Il participe à des expositions collectives : Salons Grands et Jeunes d'Aujourd'hui, de la Jeune Sculpture, de Mai, etc. Il a pris part en 1968 au Symposium de Sculpture de Mannheim (Allemagne). En 1997, la galerie Lahumière de Paris l'a exposé en même temps qu'Aurélie Nemours.
Ses sculptures, à nette tendance géométrique, sont souvent réalisées en matériaux plastiques, résines synthétiques, etc., également en métal.

BAUDUIN de Bréquessent
Né à Bréxent (près d'Étaples). xivᵉ siècle. Français.
Sculpteur de sujets religieux.
Il exécuta, en 1322, à Hesdin (Pas-de-Calais), sur le portail de l'hôpital, un groupe de figures représentant *Saint Jean l'Aumônier entre deux pauvres.* À la même époque, il commença des ouvrages en pierre pour le couvent de Sainte-Claude, à Saint-Omer.

BAUDUIN de Curlu ou Curlu Beaudoin de
xivᵉ siècle. Actif à Cambrai. Français.
Sculpteur de sujets religieux.
De 1393 à 1394, il prit part aux travaux exécutés dans la cathédrale. Il est cité par S. Lami.

BAUDUIN de Faukemberghe ou Faukemberghe Baudouin de
xivᵉ siècle. Travaillant à Saint-Omer. Français.
Sculpteur de sujets religieux.
Nous le trouvons, en 1322, exécutant des statues pour le cloître de l'église Sainte-Claire. Cité par Lami.

BAUDUIN de Hardifort
xviᵉ siècle. Vivait à Châlons vers 1528. Éc. flamande.
Sculpteur de sujets religieux, groupes.

BAUDUIN de Wissoc
xiiiᵉ siècle. Actif à Hesdin (Pas-de-Calais). Français.
Sculpteur.
En 1299, il exécuta, en collaboration avec Guissin, pour la chapelle du château de la comtesse Mahaut d'Artois, un groupe représentant *La Mise en croix.* Cité par Lami.

BAUDUIN-GRUN Hans. Voir BALDUNG GRIEN

BAUDUINS. Voir BOUDEWYNS

BAUENS Antoine ou Bayens
xviiᵉ siècle. Éc. flamande.
Sculpteur.

Un document nous apprend qu'en 1646, il donnait des leçons de sculpture à Jean van der Steen. Il fit partie de la corporation des artistes à Malines et travailla pour une corporation de cette ville en 1616.

BAUER
Originaire d'Augsbourg. XVIᵉ-XVIIᵉ siècles. Allemand.
Peintre de compositions religieuses.
L'église paroissiale de Schwaz conserve de lui un tableau d'autel, représentant *La Cène*.

BAUER Adam
XVIIIᵉ siècle. Vivait à Stuttgart, vers 1758. Allemand.
Sculpteur de statues.
Il fut l'élève de Lejeune. De 1771 à 1777, il exerça la charge de professeur à l'École du roi Charles, à Stuttgart. Parmi ses œuvres, on cite la figure d'une femme représentant l'allégorie de la *Solitude*.

BAUER Anton
Né le 20 novembre 1826 à Munich. XIXᵉ siècle. Allemand.
Peintre d'histoire, compositions religieuses.
Il entra à l'École de l'Académie de Munich et il eut pour professeur Schlotthauer. Les sujets des tableaux de cet artiste sont presque tous pris dans l'histoire de la religion.
VENTES PUBLIQUES : NEW YORK, 12 avr. 1902 : *Maraudeurs pendant la guerre de Trente Ans* : USD 425.

BAUER Auguste
Né le 14 novembre 1868 à Düsseldorf. XIXᵉ siècle. Allemand.
Sculpteur de monuments, bustes.
Entré à l'École des Arts et Métiers de sa ville natale, il y suivit l'enseignement de Clemens Buscher. Il se rendit ensuite à Berlin pour se perfectionner. Là il fréquenta le musée des Arts et Métiers et l'École de l'Académie, et il eut pour maîtres Peter Breuer, Ernst Herter et Gerhardt Janensch. Il ne tarda pas à se faire remarquer. Ses bustes furent admirés à partir de 1902, aux diverses expositions de Düsseldorf et, en 1904, à Berlin. En collaboration avec Jean Röttger, il exécuta à Düsseldorf le monument de Bismarck.

BAUER Auguste Félix
Né le 16 avril 1854 à Lyon (Rhône). Mort en 1933. XIXᵉ-XXᵉ siècles. Français.
Peintre d'histoire, sujets de genre, portraits, paysages, natures mortes, dessinateur.
Il abandonna en 1878 le commerce de la soierie pour travailler à Lyon avec Domer, puis avec Scohy. Il fut élève de Jean-Paul Laurens, Albert Maignan et Joseph Bail. Il débuta au Salon de Lyon, en 1881, avec une Nature morte, et figura au Salon des Artistes Français de Paris, à partir de 1888 avec *Edouard V et le duc d'York à la Tour de Londres*, fusain, y obtenant une mention honorable en 1912. Fondateur de la Société Lyonnaise des Beaux-Arts, il en devint président en 1899. Il fut promu chevalier de la Légion d'Honneur.
On lui doit diverses scènes du Moyen Âge et du XVIIIᵉ siècle. Ses œuvres les plus importantes sont : *La Leçon d'enluminure* (1892), *Une panique* (1903), *Sur la terrasse* (1906), *La Bénédiction* (1910), *Odette et Charles VI* (1912), *Le Baiser de la reine au poète Alain Chartier* (1921), ainsi que : *Le Piqueur aux lévriers, Le Philtre infernal, La Femme au perroquet*.
MUSÉES : LYON : *La Revanche de la cigale* 1900 – LE PUY-EN-VELAY : *Le Parlement somme Edouard III de chasser Alice Perrers* 1890.
VENTES PUBLIQUES : PARIS, 20 jan. 1988 : *Jeune femme dans un intérieur*, h/t (65x54) : FRF 15 000 – PARIS, 2 juin 1997 : *L'Atelier du peintre, fillette devant la statue de saint Martin* 1882, h/t (54x45) : FRF 15 000.

BAUER Bettina
Née à Vienne (Autriche). XXᵉ siècle. Autrichienne.
Peintre.
Elle exposa au Salon d'Automne de 1928.

BAUER Carl Franz
Né en 1879. Mort en 1954. XXᵉ siècle. Autrichien.
Peintre.
VENTES PUBLIQUES : VIENNE, 16 nov. 1979 : *La Course de chevaux*, h/cart. (23x20,5) : ATS 30 000 – VIENNE, 14 oct. 1981 : *La course de trot*, h/t (74x200) : ATS 14 000 – LONDRES, 5 oct. 1983 : *La course de trot* 1942, h/t (32x45) : GBP 750 – MUNICH, 2 juil. 1986 : *Courses de chevaux*, h/cart. (24,5x22,5) : DEM 4 000 – NEW YORK, 17 fév. 1994 : *L'étalon bai « Simplicissimus » dans son écurie* 1922, h/cart. (32,5x45,5) : USD 1 150.

BAUER Charlotte von
XIXᵉ siècle. Active en Allemagne vers 1800. Allemande.
Peintre.
On cite d'elle un portrait dessiné de Goethe.

BAUER Constantin. Voir BAUER Konstantin

BAUER Elizabeth. Voir BAUER-RADNAY Elizabeth de

BAUER Ferdinand L.
Né le 20 janvier 1760 à Feldsberg (Basse-Autriche). Mort le 17 mars 1826 à Hietzing (près de Vienne). XVIIIᵉ-XIXᵉ siècles. Autrichien.
Peintre de fleurs, aquarelliste, graveur, dessinateur.
Il était le fils du peintre Lukas Bauer, mais ce fut P. Boccius, prieur du couvent des Bénédictins à Feldsberg, qui lui enseigna l'art de dessiner les plantes. Il profita si bien de ces leçons, qu'il réussit à les représenter parfaitement dans leur forme et leur grandeur naturelle. Une série de dessins de plantes vivaces a été exécutée par lui, pour la galerie du prince Lichtenstein à Vienne. Ses autres collections se trouvent au Musée impérial d'Histoire naturelle. En 1800, cet artiste, se trouvant à Londres, se joignit à une expédition anglaise, pour un voyage autour du monde. Il ne revint à Hietzing qu'en 1812, qu'il ne quitta plus jusqu'à sa mort.
MUSÉES : VIENNE (Mus. impérial d'Hist. Nat.).
VENTES PUBLIQUES : NEW YORK, 18 jan. 1984 : *Le phalanger blanc*, gche/parchemin (32,5x26,7) : USD 1 200 – LONDRES, 22 mars 1985 : *Fleurs*, deux aquar. reh. de blanc (26,5x21) : GBP 1 500.

BAUER Franz. Voir aussi PAVER

BAUER Franz
Né en 1798 à Vienne. Mort le 14 mars 1872 à Vienne. XIXᵉ siècle. Autrichien.
Sculpteur de sujets religieux, groupes.
Il fréquenta l'atelier de Josef Klieber, dont il devint plus tard l'aide attitré. C'est là qu'il exécuta ses modèles et ses travaux de plastique, qui se trouvent les uns à Baden, à la Weilburg, les autres en Hongrie, au château de Eisenstadt, chez le prince Esterhazi. Tout en restant chez Klieber, il suivit les cours de l'École de l'Académie où il se perfectionna sous la direction de Schaller. Le prix de Rome lui fut accordé après l'exécution de son groupe : *Amour et Psyché*. Dans cette ville, il rencontra Thorwaldsen. Sous l'influence de celui-ci, il embrassa définitivement le style classique, vers lequel il tendait déjà. Pendant son séjour à Rome, il exécuta une *Pietà*. En 1852, il fut nommé professeur à l'Académie de Vienne.

BAUER Franz Andreas
Né le 14 mars ou 1ᵉʳ octobre 1758 à Feldsberg (Basse-Autriche). Mort le 11 décembre 1840 à Londres. XVIIIᵉ-XIXᵉ siècles. Autrichien.
Peintre de fleurs.
Il travailla d'abord jusqu'en 1788 pour le compte du prince Dietrichstein, puis en 1790, étant passé en Angleterre, il fut nommé dessinateur du jardin botanique à Kew et peintre à titre permanent de la cour de George III. Le British Museum conserve plusieurs de ses ouvrages.

BAUER G. H.
XIXᵉ siècle. Hollandais.
Peintre décorateur.
Père de Marius Alexander Jacques Bauer. Il vécut à La Haye.

BAUER Hans
XIXᵉ-XXᵉ siècles. Travaillait à Munich vers 1907. Allemand.
Sculpteur.
Il exposa à Munich à partir de 1907.

BAUER Istvan
Né en 1955 à Kiskunhalas. XXᵉ siècle. Hongrois.
Peintre.
Diplômé d'art graphique, il est membre du Studio des Jeunes Artistes. Il réside dans le sud de la Hongrie.
Il distribue avec humour des signes archétypaux et des taches de couleurs vives sur des fonds neutres.
VENTES PUBLIQUES : PARIS, 14 oct. 1991 : *Giorgione 1991*, acryl./pan. (81x108) : FRF 5 000.

BAUER Johann Balthasar
Né le 26 mars 1811 à Francfort-sur-le-Main (Hesse). Mort en 1883 à Francfort. XIXᵉ siècle. Allemand.
Peintre de compositions religieuses, sujets de genre, portraits, paysages, lithographe.
De 1829 à 1834, il fréquenta assidûment l'École d'Art à Franc-

fort. D'abord peintre de sujets religieux, il fit plus tard des paysages et des portraits. Parmi ses peintures religieuses, on cite : *L'Enfant prodigue, La Fête de Pâques*. Il exécuta, dans l'église des Carmes, à Francfort, des scènes représentant la création du monde.

VENTES PUBLIQUES : LONDRES, 17 juin 1992 : *La Bouillie du bébé* 1875, h/t (59x47) : **GBP 4 180.**

BAUER Johann Georg

Né le 31 octobre 1743 à Vienne. Mort le 9 avril 1804 à Vienne. XVIIIe siècle. Autrichien.

Miniaturiste.

Cet artiste, au talent distingué, fut l'élève de Troger et d'Unterberger. On cite de lui une miniature de l'archevêque comte Hohenwart.

BAUER Johann Tobias

Né en 1827 à Nuremberg. XIXe siècle. Allemand.

Graveur.

On cite de lui : *Attaque de cavaliers français à Sedan*, d'après Fr. Adam.

BAUER John

Né en 1882. Mort en 1918. XXe siècle. Suédois.

Peintre de compositions à personnages, sculpteur, illustrateur.

Il fut élève de Carl Cederström à l'Académie Royale de Stockholm. On ressent dans son œuvre l'influence de Carl Larsson qu'il admirait. Les contes de fées furent sa principale source d'inspiration, et son épouse, Ester Ellqvist, peintre elle-même, fut son modèle pour les personnages de princesses. Nombre de ses œuvres sont reproduites pour illustrer des livres d'enfants.

VENTES PUBLIQUES : STOCKHOLM, 13 avr. 1981 : *Cavaliers dans une forêt*, pl. (7,5x25) : **SEK 8 500** – STOCKHOLM, 27 avr. 1983 : *Le cavalier et le lutin*, pl. et lav./pap. (21x21) : **SEK 42 000** – STOCKHOLM, 1er nov. 1983 : *Le cavalier* 1910, aquar. (21x22) : **SEK 72 000** – STOCKHOLM, 24 avr. 1984 : *La sorcière*, h/t (65x54) : **SEK 28 500** – STOCKHOLM, 22 avr. 1986 : *L'enfant et la fée* 1907, aquar. et encre de Chine (22x22) : **SEK 61 000** – STOCKHOLM, 22 avr. 1986 : *Huldran och Svennen* 1910, h/t (39x57) : **SEK 88 000** – STOCKHOLM, 19 oct. 1987 : *Sagoflickan* 1912, h/t (133x137) : **SEK 1 800 000** – LONDRES, 23 mars 1988 : *La confrérie*, aquar. et gche (18x18) : **GBP 3 300** – STOCKHOLM, 21 nov. 1988 : *Barscen*, lav. (7x9) : **SEK 4 200** – STOCKHOLM, 22 mai 1989 : *Troll*, bronze (H. 10,5) : **SEK 28 000** – STOCKHOLM, 30 nov. 1993 : *La princesse et le chevalier*, encre (17x11,5) : **SEK 12 000.**

BAUER Joseph Anton

Né en 1756 à Feldsberg. XVIIIe siècle. Travaillait à Vienne. Autrichien.

Peintre d'histoire, graveur.

Il fut inspecteur de la galerie de peinture de la famille princière de Liechtenstein.

BAUER Joseph Anton

Né le 1er octobre 1820 à Munich. Mort en 1904 à Vienne. XIXe siècle. Allemand.

Peintre de genre, portraits, lithographe.

Cet artiste se fixa à Vienne vers 1847 et travailla pour le peintre lithographe Kriehuber. Il fournit des planches pour l'ouvrage publié par Friedrich Hohe : *Neue Malerwerke aus München*.

VENTES PUBLIQUES : NEW YORK, 19 jan. 1995 : *Vieille femme assise* 1874, h/pan. (24,1x17,8) : **USD 1 035** – NEW YORK, 17 jan. 1996 : *En quête de réconfort* 1874, h/t (52,7x38,4) : **USD 1 150.**

BAUER Karl Conrad Friedrich

Né le 7 juillet 1868 à Stuttgart. XIXe siècle. Allemand.

Peintre, illustrateur, dessinateur, lithographe.

Après sa sortie du Gymnase, il entra à l'École des Arts, où il eut pour professeurs Keller, Igler et Grünewald. Il continua ses études à Munich, chez Wihelm von Lindenschmit, et vint se perfectionner à Paris en 1893. Il illustra le *Livre des chants*, de Heine. On cite comme une de ses meilleures œuvres : *La Tentation de saint Antoine*. Il fit aussi des portraits lithographiés.

BAUER Konstantin

Né le 28 août 1852 à Trostberg (Bavière). XIXe siècle. Allemand.

Peintre.

Il étudia à l'Académie de Munich, de 1869 à 1873 ; il eut pour professeurs Wagen et Raab. Il s'établit, en 1878, à Obermais, près de Meran (Tyrol). Il fut protégé par l'archiduc Franz Ferdinand d'Autriche, pour lequel il exécuta plusieurs ouvrages.

BAUER Konstantin

Né le 24 novembre 1893 à Slovenska-Lupca. Mort le 28 décembre 1928 à Kosice. XXe siècle. Tchécoslovaque.

Peintre de compositions à personnages, paysages urbains animés. Réaliste.

Il était ingénieur-mécanicien et exerçait sa profession en déplacements en Transylvanie, à Vienne et Kosice. Il étudia la peinture à l'École de dessin de Kron, et avec Elemér Halasz-Hradil à Kosice. Il n'a exposé qu'à la fin de sa courte vie. Des expositions posthumes de ses peintures eurent lieu en 1966, au Musée Slovaque de Kosice et à la Galerie Municipale de Bratislava, et permirent de mesurer l'importance de son œuvre dans le contexte tchécoslovaque du début du siècle.

Les compositions de Konstantin Bauer, dont le dynamisme exprime la tension interne, illustrent la vie du prolétariat des villes au début du siècle, donc encore au début de l'industrialisation. Par leur force expressive, elles prennent place à la suite de l'art social qui se développa dans la deuxième moitié du XIXe siècle et dont Courbet, entre autres, est un exemple caractéristique, et sont en accord avec l'art réaliste social qui fut de mise dans les pays satellites de l'U.R.S.S. à partir de 1920. ■ J. B

BAUER Léo

Né le 21 septembre 1872 à Munsterthal. XIXe-XXe siècles. Allemand.

Peintre.

Il fut élève des Académies de Stuttgart et Karlsruhe. En 1908, lors de l'Exposition du Palais de Cristal de Munich (avant son incendie), il exposa un triptyque qui fut remarqué.

BAUER Lienhard

Né au XVIIe siècle à Gerolfingen. XVIIe siècle. Allemand.

Peintre.

On le trouve, en 1629, en qualité d'élève, chez David Lauer à Nuremberg.

BAUER Lukas

XVIIIe siècle. Vivait à Feldsberg et à Brünn. Autrichien.

Peintre de compositions religieuses.

Il exécuta, en 1756, les tableaux d'autel : *Invention de la Sainte Croix* et *Saint Jacques le Majeur* pour l'église de Lundenburg, en Moravie et, en 1757, deux peintures dans l'église de Mähren. Lukas Bauer est le père de Joseph Anton, Franz Andreas et Ferdinand L. Bauer.

BAUER Marius Alexander Jacques, pseudonyme parfois : Rusticus

Né le 25 janvier 1867 à La Haye. Mort en 1932. XIXe-XXe siècles. Hollandais.

Peintre de genre, compositions animées, paysages animés, paysages urbains, aquarelliste, graveur, dessinateur, illustrateur, caricaturiste. Orientaliste.

Il fut élève du peintre et graveur Salomon van Witsen à l'Académie de La Haye. Il a beaucoup voyagé, surtout en Orient : Égypte, Turquie, et en Inde. Il a traité des sujets divers, des rues de Paris, la cathédrale de Strasbourg, mais il fut essentiellement un orientaliste. Ses gravures et illustrations étaient très appréciées. Il a illustré *Saint Julien l'Hospitalier* de Flaubert, publié des gravures dans l'*Akedysseril* de Villiers de l'Isle-Adam, donné des caricatures à *De Kronick*.

MUSÉES : AMSTERDAM (Stedelijk Mus.) : *Le Palais Ambir, en Hindoustan* – *Matin à Memphis* – *Le Taj Mahal* – AMSTERDAM (Rijksmus.) – LA HAYE : *Intérieur de Sainte-Sophie à Constantinople* – *Cathédrale de Strasbourg* – *Cour intérieure au clair de lune* – *Rue de Paris* – *Mosquée* – *Rue de Constantinople* – LONDRES (British Mus.) – PARIS (Mus. Nat. d'Art Mod.).

VENTES PUBLIQUES : AMSTERDAM, 25 oct. 1904 : *Devant la gare* : **NLG 30** – LONDRES, 13 avr. 1928 : *Arabes dans une rue orientale*, dess. : **GBP 19** – NEW YORK, 7 déc. 1935 : *Les murailles de Jérusalem*, aquar. : **USD 90** – AMSTERDAM, 16 mai 1972 : *Le mariage* : **NLG 7 400** – AMSTERDAM, 24 avr. 1979 : *Arabes et dromadaires dans un marché couvert*, aquar. (52x61) : **NLG 7 000** – AMSTERDAM, 16 juin 1980 : *La caverne d'Ali-Baba*, aquar. (73x65) : **NLG 5 000** – AMSTERDAM, 19 mai 1981 : *Bateaux sur le Nil*, aquar. (140x187) : **NLG 7 500** – AMSTERDAM, 11 mai 1982 : *Scène de rue*, aquar. (23x32) : **NLG 1 650** – AMSTERDAM, 9 nov. 1982 : *Le mendiant aveugle*, h/t (47x56,5) : **NLG 3 200** – AMSTERDAM, 17 mai 1983 : *La rue de Rivoli, Paris*, past. (48x63) : **NLG 5 000** – AMSTERDAM, 5 mars 1984 : *Scène de harem*, past. (35x28) : **NLG 3 400** – AMSTERDAM, 4 juin 1985 : *Paysage d'Orient au clair de lune*, aquar. (67x41) : **NLG 3 500** – LONDRES, 27 nov. 1985 : *Une procession d'éléphants*, h/pan. (37x46) : **GBP 1 400** – AMSTERDAM, 14 avr.

1986 : *Le mendiant aveugle*, h/t (47x57) : **NLG 3 400** – Amsterdam, 14 avr. 1986 : *Le mendiant aveugle*, h/t (47x57) : **NLG 3 400** – Amsterdam, 10 fév. 1988 : *Défilé d'éléphants dans une ville orientale*, h/pan. (40x71) : **NLG 2 300** ; *Jeune garçon puisant l'eau d'une cruche dans une ville d'Orient*, h/t (72x89) : **NLG 5 290** – Amsterdam, 30 août 1988 : *Marchand monté sur un âne franchissant la porte d'enceinte d'une ville orientale*, aquar. et craie (52x61) : **NLG 3 450** – Amsterdam, 3 sep. 1988 : *Cérémonie dans une église du sud de l'Espagne*, aquar. et encre/pap. (45,5x59,5) : **NLG 2 070** – Amsterdam, 16 nov. 1988 : *Les chameliers de Damas*, h/pan. (63,5x76,5) : **NLG 5 175** – Amsterdam, 28 fév. 1989 : *Balinaise revenant du marché*, aquar./cart. (75x53,5) : **NLG 4 370** – Paris, 13 avr. 1989 : *Le temple de Karnak*, aquar. gchée (67x52) : **FRF 12 000** – Amsterdam, 10 avr. 1990 : *Palmeraie de Memphis au clair de lune*, fus. et craies coul. avec reh. de blanc/pap. (45x50,5) : **NLG 1 495** ; *Caravane de chameaux*, aquar. et craies/pap. (56x75,5) : **NLG 5 750** – Amsterdam, 2 mai 1990 : *Procession dans le désert avec une ville orientale à distance*, h/pan. (87x59) : **NLG 13 800** – Amsterdam, 24 avr. 1991 : *Orientaux flânant dans un bazar*, aquar./pap. (54,5x75) : **NLG 4 025** – Amsterdam, 22 avr. 1992 : *Procession de fidèles et d'éléphants arrivant à une mosquée aux Indes*, h/pan. (100x70) : **NLG 29 900** – Amsterdam, 2-3 nov. 1992 : *Orientaux prenant le thé*, aquar. (54x73,5) : **NLG 5 520** – Amsterdam, 8 fév. 1994 : *Pèlerins à Bénarès aux Indes*, aquar. et gche/pap. (53x29) : **NLG 7 475** – Amsterdam, 21 avr. 1994 : *Jour de fête à Bénarès sur le Gange*, h/t (60x130) : **NLG 51 750** – Amsterdam, 11 avr. 1995 : *Vue de l'Alhambra de Grenade*, aquar. (67,5x58) : **NLG 14 160** – Amsterdam, 5 nov. 1996 : *Bédouins sur des ânes dans le désert*, h/t (100x130) : **NLG 24 780**.

BAUER Marta
Née à Berlin. xixe-xxe siècles. Allemande.
Sculpteur.
Associée de la Nationale des Beaux-Arts, elle exposa en 1911 des statues d'enfants.

BAUER Maurice Alexandre
Né à Paris. xixe-xxe siècles. Français.
Graveur en médailles.
Il obtint une mention honorable au Salon des Artistes Français de 1910.

BAUER Paul Hans
xvie siècle. Vivait à Nuremberg. Allemand.
Sculpteur sur bois.
Le 17 septembre 1540, il est mentionné dans les actes du conseil de la ville.

BAUER Philipp Jakob
Né le 16 septembre 1792 à Francfort-sur-le-Main. Mort le 2 décembre 1838 à Francfort-sur-le-Main. xixe siècle. Allemand.
Peintre de paysages, intérieurs d'églises.
D'abord élève d'Ulbricht il entra ensuite à l'Académie de Vienne pour s'y perfectionner. Son *Intérieur de la cathédrale Saint-Étienne*, à Vienne, est très apprécié.

BAUER Renée
Née à Toul (Meurthe-et-Moselle). xxe siècle. Française.
Peintre.
Elle exposa à la Nationale des Beaux-Arts de 1934 un portrait et une nature morte.

BAUER Rudolf
Né en 1889 à Lindenwald (Allemagne). Mort en 1953 près de New York. xxe siècle. Actif aux États-Unis. Allemand.
Peintre, dessinateur, caricaturiste. Abstrait.
Il fut élève de l'Académie des Beaux-Art de Berlin, où il eut d'abord une activité de caricaturiste et dessinateur satirique. En peinture, il fut d'abord influencé par l'expressionnisme, puis par le cubisme, étant, dans ces années de l'immédiat avant-guerre, un participant très actif du mouvement *Der Sturm* et des expositions du groupe en Allemagne et à l'étranger. Dès 1917, il abandonna toute figuration de la réalité, rejoignant les précurseurs de l'abstraction, à laquelle il se tiendra ensuite. En 1921, il publia le *Manifeste de la Peinture*. En 1929, il fonda à Berlin-Charlottenburg un Musée d'Art Abstrait privé : *Das Geistreich* (Le Royaume de l'esprit). En 1935, il publia un essai théorique *Eppur si muove* (Pourtant elle tourne). Pendant ces années, il s'était fait connaître aux États-Unis, la *Société Anonyme* de Katherine S. Dreier et Marcel Duchamp, ainsi que la Fondation Solomon R. Guggenheim, ayant acheté de ses peintures. En 1939, il émigra définitivement aux États-Unis. En France, il fit partie de la deuxième série de la première exposition des *Réalités Nouvelles*, à la Galerie Charpentier de Paris, en juillet 1939, puis, après la guerre, il figura encore aux premiers Salons des Réalités Nouvelles.
Après ses brèves périodes expressionniste et cubiste, les peintures abstraites de Rudolf Bauer, influencées par ou en tout cas apparentées à celles de la période géométrique de Kandinsky, sont constituées d'assemblages de figures géométriques simples : carrés, triangles, cercles, cubes, cônes, dont l'apparente rigueur est corrigée par un traitement chromatique de contrastes, créant des perceptions spatiales, et non perspectives, d'écrans séparés et de volumes dans la troisième dimension, conférant ainsi au plan de la peinture un dynamisme qui s'exerce en profondeur. ■ Jacques Busse

Bibliogr. : In : *Diction. Univers. de la Peint.*, Robert, Paris, 1975.

Ventes Publiques : New York, 11 nov. 1970 : *Composition*, aquar. et encre de Chine : **USD 2 000** – Breda, 25 avr. 1977 : *Symphonie*, h/cart. (67x84) : **NLG 4 000** – New York, 3 nov. 1978 : *Allegretto 1923*, gche, cr. de coul., past. et encre de Chine (44x32) : **USD 3 700** – New York, 3 nov. 1978 : *Composition 27 (Pointes) 1917*, h/cart. (101,6x70) : **USD 9 000** – New York, 6 nov. 1979 : *Carré rouge vers 1937*, h/t (174x223,5) : **USD 26 000** – New York, 6 nov. 1981 : *Larghetto II 1938*, h/cart. (80x110) : **USD 7 000** – New York, 4 nov. 1982 : *Allegro vers 1938-1939*, h/t (125,5x95,5) : **USD 12 000** – New York, 16 nov. 1983 : *Larghetto 1930*, h/t (130x130) : **USD 16 000** – Londres, 24 fév. 1988 : *Composition*, gche et aquar. (46,5x29,3) : **GBP 1 540** – Londres, 18 mai 1988 : *Composition*, craies grasses (46,3x29,3) : **GBP 1 650** – Londres, 19 oct. 1988 : *Composition*, gche (65,3x49,5) : **GBP 1 650** – Londres, 22 fév. 1989 : *Composition*, h/cart. (60x83) : **GBP 9 900** – Amsterdam, 24 mai 1989 : *Composition abstraite*, cr. coul. et aquar. (45,5x28,5) : **NLG 5 750** – New York, 6 oct. 1989 : *Bommb 1920*, h/t (74x104) : **USD 38 500** – Londres, 28 nov. 1989 : *Megabrioso*, h/t (110x150) : **GBP 41 800** – New York, 26 fév. 1990 : *Larghetto*, h/t (130x130) : **USD 43 000** – New York, 3 oct. 1990 : *Composition 28*, h/t (111x110,5) : **USD 55 000** – New York, 9 mai 1991 : *Jaune et Noir 1935*, h/t (131,1x130,8) : **USD 44 000** – New York, 13 mai 1992 : *Troisième Symphonie en trois mouvements*, h/t, triptyque (128x155,6) : **USD 66 000** – New York, 13 mai 1993 : *Troisième symphonie en trois mouvements*, h/t, triptyque (130,2x155,6) : **USD 29 900** – Londres, 21 juin 1993 : *Le Carré sombre 1938*, h/t/pan., deux parties (130,5x140,2) : **GBP 8 050** – New York, 12 mai 1994 : *Deux Balles pourpre 1938*, h/t (100,3x144,8) : **USD 20 700** – Lucerne, 23 nov. 1996 : *Carré rouge*, aquar. et encre de Chine/pap. (43,7x42) : **GBP 6 300** – New York, 9 oct. 1997 : *Accent blanc 1924*, h/pan. (76,2x155,5) : **USD 19 550**.

BAUER Sylvester. Voir **PAUR Silvester**

BAUER Thomas
xviiie siècle. Actif à Mayence. Allemand.
Miniaturiste.

BAUER Victor
Né le 2 septembre 1902 à Vienne. Mort en mars 1959 à Nice (Alpes-Maritimes). xxe siècle. Actif en France. Autrichien.
Peintre de compositions à personnages, figures, paysages, natures mortes, fleurs, aquarelliste, dessinateur. Postcubiste et abstrait.
Ce personnage peu connu du public, que des témoignages autorisés décrivent comme un homme paisible et serein, eut une vie des plus agitées, parfois même tragique. D'ailleurs son œuvre de peintre et dessinateur fut soumise à ses aventures et présente des interruptions. En 1912, ses parents se fixèrent à Munich, où il fit ses études. En 1918-1919 il prit une part active à la vie politique autour de la République des Conseils et fut arrêté puis relâché à cause de son jeune âge. En 1920, il était de retour à Vienne, où il acheva ses études ainsi qu'à Graz. En 1922 à Vienne, il fréquenta la Faculté de Médecine, puis l'Académie des Beaux-Arts. En 1923, il fit un séjour en Russie. En 1926, à la suite d'un concours de dessin de nu, il remporta une bourse de séjour de trois mois en Grèce. À son retour à Vienne, il enseigna le dessin

anatomique à l'Académie des Beaux-Arts. À cette époque, il fit la connaissance, entre autres, de Franz Kafka, Adolf Loose, Sigmund Freud, Wilhelm Reich. En 1927, voyages à Berlin et Paris. En 1929, il fit sa première exposition personnelle importante à Vienne. Au cours de nouveaux voyages à Paris, il noua des contacts étroits avec le mouvement surréaliste, et des liens d'amitié avec André Breton, Paul Eluard, Salvador Dali, Georges Ribemont-Dessaignes avec qui il resta en contact, Jacques Prévert. Il participe au *Second Manifeste du Surréalisme*. En 1931, il eut une intense activité littéraire et publiait ses textes dans le *Simplizissimus*. En 1932, nouveaux voyages à Paris, en 1932-1933 voyage d'étude en Italie, où, au Musée des Offices de Florence en 1933, il fit des travaux de restauration. Il quitta Autriche et Allemagne à l'arrivée des nazis au pouvoir. En 1936, il se fixa à Nice. En 1937, il collabora avec Wilhelm Reich à des travaux sur les inédits de Hirschfeld. En 1941, il entra dans la Résistance française contre l'invasion allemande, fut arrêté en 1943 par les Italiens, emprisonné à Milan, condamné à mort, sauvé par la chute de Mussolini, à la suite de quoi il s'engagea en 1944 dans les troupes garibaldiennes. En prison, il dessina à l'encre de Chine des paysages animés et surtout des compositions à personnages, dans un esprit satirique proche de celui de Georges Grosz. En 1945, retour définitif à Nice, où, en 1946, il recherche des ex-votos des XVII-XVIII-XIXᵉ siècles, qu'il restaure et expose à Nice en 1947. Dans le même temps, il vient de reprendre la peinture à l'huile. À d'anciennes amitiés s'ajoutèrent celles d'Arthur Adamov et d'Antonin Artaud en 1948, et en 1950 il se maria. Dans la *Villa Coromandel*, au nom évocateur des splendeurs de l'Inde, sur les hauteurs de Nice, peignant et dessinant désormais sans interruptions, il vécut ses dernières années heureuses, bien que, sauf de quelques proches, totalement inconnu.

Son œuvre est morcelé en périodes coupées d'interruptions, et de ce fait multiple. Schématiquement, on peut distinguer trois séries de peintures ou dessins : de 1940 à sa mort en 1959, mais en fait surtout de 1946 à la fin, se situent les peintures à l'huile, qu'on a pu qualifier sans convaincre de post ou néocubistes, natures mortes d'objets, souvent de fleurs ou de fruits, disposés très élégamment et de façon aérée sur quelque table ou guéridon redressé presque verticalement vers l'œil à la façon de Cézanne, et dans les dernières années quelques paysages luxuriants des Alpes-Maritimes ou même de la *Villa Coromandel*, qui ont l'innocence de ceux de peu plus exotiques du Douanier. De 1943 et 1944 datent les dessins et lavis faits pendant son emprisonnement, parallèlement à l'écriture de nombreuses poésies, compositions à personnages multiples, groupes d'hommes surtout, masses de bétail humain indifférencié bon à parquer dans les prisons ou parfois quelques évocations féminines nostalgiques. Enfin la troisième série comporte les nombreuses aquarelles abstraites des dix dernières années, de 1948 à 1959. Elles sont souvent construites sur le principe du trait qui s'enroule sur lui-même au centre de la feuille de papier, en s'entrecroisant sans cesse, comme une pelote de laine emmêlée, délimitant ainsi de multiples petites surfaces en facettes qui reçoivent les couleurs. Certains de ces dessins aquarellés se situent dans la suite de Kandinsky et de Klee, comme c'est aussi le cas pour Hans Reichel ou Julius Bissier. Chacun de ces trois groupes a ses qualités intrinsèques. Peut-être doit-on privilégier l'importance des natures mortes et paysages peints à l'huile en tant que constitutifs de l'aspect le plus évident d'une œuvre qui s'est voulue confidentielle. ■ Jacques Busse

Bibliogr. : André Verdet, Georges Ribemont-Dessaignes, Jacques Prévert : *Victor Bauer*, avec une bibliogr. développée, Gal. Dreiseitel, Cologne, 1975.

BAUER W. C.
XIXᵉ siècle. Allemand.
Peintre de paysages, dessinateur.
Il habitait Elizabeth, dans le New Jersey, vers 1898. Il a exposé à la National Academy of Design, à New York.
Ventes Publiques : New York, 24 jan. 1990 : *Vieux moulin à East Hampton dans Long Island*, aquar. et cr./pap. (18,3x54) : **USD 770.**

BAUER Wilhelm Gottfried
XIXᵉ siècle. Travaillait à Leipzig au début du XIXᵉ siècle. Allemand.
Portraitiste.
On cite surtout le portrait de son grand-père Heinrich-Gottfried Bauer dans la bibliothèque de l'université de Leipzig et celui de G. Winckler dans la chambre de commerce de la même ville.

BAUER William
Né en 1888 à Saint Louis (Missouri). XXᵉ siècle. Américain.
Peintre et illustrateur.

BAUER-RADNAY Élizabeth de
Née le 13 novembre 1897 en Hongrie. Morte le 7 avril 1972 à Cleveland. XXᵉ siècle. Active aux États-Unis. Hongroise.
Peintre animalier, graveur, illustratrice.
Elle fut élève de l'Académie Royale des Beaux-Arts de Budapest. Elle était mariée avec le peintre Rezsö Radnay. Elle était membre d'associations d'artistes en Hongrie et obtint divers prix lors d'expositions collectives. Elle et son mari se fixèrent aux États-Unis.
Elle fut surtout connue en tant qu'illustratrice de contes populaires sur la vie des animaux.

BAUERKELLER Rose
Née à Manchester (Angleterre). XIXᵉ-XXᵉ siècles. Britannique.
Sculpteur.
Elle fut élève de Marqueste et exposa des bustes au Salon des Artistes Français de 1911 à 1913.

BAUERLE Karl Wilhelm Friedrich
Né le 5 juin 1831 à Endersbach (Würtemberg). Mort en 1912. XIXᵉ-XXᵉ siècles. Allemand.
Peintre de genre, portraits.
Il passa une partie de sa jeunesse en Amérique. En 1859, il entra à l'École des Arts à Stuttgart, où il eut pour professeur Rustige et alla de Munich en 1863. L'année suivante il se rendit en Italie pour se perfectionner. Ayant passé en Angleterre en 1869, il y fut protégé par le comte von Gleichen. Dans ce pays il exécuta les portraits des enfants du prince de Galles, ainsi que celui du prince Arthur ; ce dernier fut exposé à Paris en 1878. Il fit aussi les portraits de plusieurs autres personnages de la cour. Deux œuvres de lui : *Portrait de la femme de l'artiste* et *Devant la glace bleuâtre*, figuraient à l'Exposition de Munich de 1909.
Musées : Stuttgart : *Les Orphelins* – Sydney : *Une idylle d'automne.*
Ventes Publiques : Londres, 15 juil. 1910 : *Enfants cueillant des fleurs sauvages* : **GBP 2** – Cologne, 11 mars 1966 : *Frère et sœur* : **DEM 1 700** – Londres, 23 juil. 1971 : *Jeune fille au bouquet de fleurs* : **GNS 750** – Londres, 2 fév. 1979 : *Enfants dans un paysage 1876*, h/t (172,7x203,7) : **GBP 1 400** – Londres, 25 avr. 1980 : *La petite marchande de fleurs*, h/cart. (81,3x63,5) : **GBP 800** – Londres, 1ᵉʳ oct. 1986 : *Cecile and Adela, children of George Drunmond Esq.*, h/t (127x104) : **GBP 30 000** – Londres, 23 sep. 1988 : *Portrait of Helen Elizabeth Frederica Foster Harter 1890*, h/t (135x92) : **GBP 9 900** – New York, 28 fév. 1990 : *Les enfants de leurs Excellences le comte et la comtesse Karolyi 1880*, h/t (91,5x64,5) : **USD 13 200** – Londres, 13 juin 1990 : *La vie dans la nursery*, h/t (93x78) : **GBP 27 500** – New York, 22 mai 1991 : *Cécile and Adela, les enfants de George Drummond, Esq. 1884*, h/t (125,7x102,9) : **USD 90 750** – Paris, 5 avr. 1992 : *Le chocolat partagé*, h/t (51x61) : **FRF 30 000** – Londres, 27 nov. 1992 : *Le mois de septembre : petite fille en blanc tenant un bouquet de fleurs des champs*, h/t (50x39,5) : **GBP 8 250** – Londres, 19 mars 1993 : *Dans les fougères 1877*, h/t (167x204,5) : **GBP 25 300** – Londres, 29 mars 1996 : *Portrait d'une fillette en manteau rouge*, h/t (91,5x71) : **GBP 3 565.**

BAUERMEISTER Mary
Née en 1934 à Francfort-sur-le-Main. XXᵉ siècle. Allemande.
Peintre, sculpteur d'installations. Abstrait.
Elle vit et travaille à Cologne. En 1961, elle faisait partie d'une exposition de groupe au Stedelijk Museum d'Amsterdam, avec Jasper Johns et Robert Rauschenberg, tous trois alors inconnus. En 1962, le même Stedelijk Museum lui organisait une exposition personnelle qui la fit connaître. Depuis lors, elle participe à de très nombreuses expositions collectives, surtout dans les musées américains, régulièrement à New York, mais encore à Cologne, Amsterdam, Milan, etc.
En contact étroit avec le compositeur allemand Karlheinz Stockhausen, dont l'influence est certaine sur son propre travail, ainsi qu'avec d'autres musiciens, elle transpose dans ses réalisations plastiques les principes de la musique sérielle ou atonale, appliquant les techniques de composition musicale à la composition visuelle. Ses réalisations les plus reconnues sont ses *Boîtes-à-loupes*, dans lesquelles, exploitant les principes cartésiens et newtoniens de propagation de la lumière et de sa modulation colorée par réfraction, elle propose dans ses « boîtes », une vision simultanée identique, mais à plusieurs échelles de grandeur. ■ J. B.

VENTES PUBLIQUES : NEW YORK, 2 nov. 1978 : *Fleurs chinoises avec nuages* 1969-1970, verre, lentilles optiques et collage bois avec encre (76x75x38) : **USD 3 000** – NEW YORK, 18 mai 1979 : *Winavil* 1963, construction avec pierres (122x122) : **USD 2 600** – NEW YORK, 13 nov. 1980 : *Sans titre* vers 1970, lentilles optiques et collage bois dans une boîte en bois et verre (23,5x79,5x79,5) : **USD 5 500** – NEW YORK, 19 nov. 1981 : *Sans titre, mur de pierres,* pap. et pap. monté/isor. (76,5x76,5x7) : **USD 2 500** – NEW YORK, 10 nov. 1982 : *Nature morte* 1967-1969, verre, lentilles optiques, pierre, bois et techn. mixte avec encre (100,5x121,5x33) : **USD 4 750** – NEW YORK, 11 mai 1983 : *Ombres colorées,* mur relief avec bois, acryl., verre, pap., encre noire et cr. coul. (106,5x106,5x30,5) : **USD 2 300** – NEW YORK, 16 fév. 1984 : *The A's touch ha ha ha* 1967-1968, construction, bois, temp., verre, lentilles optiques, pl. et encre noire et pap., (54,5x76) : **USD 2 200** – NEW YORK, 27 fév. 1985 : *Nature morte* 1967-1969, encre, verre, lentilles, pierres, bois et objets/bois peint (100,5x121,3x33) : **USD 4 750** – NEW YORK, 24 oct. 1986 : *Lens box table* vers 1968, construction bois, lentilles optiques, h., encre noire, plastique et pierre (22,9x75,2x75,2) : **USD 5 500** – NEW YORK, 21 fév. 1990 : *Straw-berries the A touch* 1968, verre, lentilles optiques, brins de plastique avec encre et h/bois de construction (H. 54,6x76,3) : **USD 12 100** – NEW YORK, 7 mai 1990 : *No more paint-ing* 1965, lentilles optiques, verre, fibres de plastique, photo., alvéoles d'abeilles et dess. au feutre/t/pan. (122x122x12,7) : **USD 16 500** – NEW YORK, 27 fév. 1992 : *Break-off* 1969, relief mural de bois peint à l'acryl., de pierre, de sable/pan. (56,8x50,2x14) : **USD 4 620** – NEW YORK, 9 mai 1992 : *Pictionary* 1967, sculpt. murale avec des lentilles optiques, photo. en noir et blanc, dess. à l'encre/t/bois (54,3x99,3x24,2) : **USD 13 200** – NEW YORK, 26 fév. 1993 : *Crayon pleureur,* verre, lentilles optiques, chalumeaux de plastique, marqueur, encre et cr. feutre dans une construction de bois (H. 22,9) : **USD 3 738** – NEW YORK, 19 nov. 1996 : *Sans titre* 1987, acryl., pl., encre noire/construction de verre et bois (15,5x15,5x11,4) : **USD 2 760** – NEW YORK, 6 mai 1997 : *Autoportrait* 1967, pl., encre noire/bois et verre (94x63,6x33,8) : **USD 6 900**.

BAUERMEISTER René André

Né le 7 avril 1930 à Neuchâtel (Vaud). XXe siècle. Suisse.
Sculpteur.
A Paris, en 1950, il fut élève des Ateliers libres d'André Lhote et de Fernand Léger. Il expose à Paris et dans les villes suisses, Lausanne, Winterthur, etc.
Il utilise des matériaux contemporains : Plexiglas, polyester, qu'il mêle.
MUSÉES : LAUSANNE (Mus. canton. des Beaux-Arts) : *Animation lumineuse* 1966-1968.

BAUERNFEIND Georg Wilhelm ou Baurenfeind

Né à Nuremberg. Mort le 29 août 1763 entre Mokka et Bombay. XVIIIe siècle. Allemand.
Peintre, graveur, dessinateur.
Il fit ses études à Copenhague, où il fut l'élève de Johan-Martin Preisler. En 1759, le Grand Prix lui fut décerné par l'Académie danoise, pour sa gravure à l'eau-forte : *Moïse près du buisson ardent.* Il accompagna en Arabie l'expédition qui a sa tête Niebuhr, mais il mourut en route. On cite de lui une série de vues dans le premier volume des voyages de Niebuhr et des portraits gravés à la manière noire, mentionnés par Meyer.

BAUERNFEIND Gustav ou Bauernfeld

Né le 4 septembre 1848 à Sulz. Mort le 24 décembre 1904 à Jérusalem. XIXe-XXe siècles. Autrichien.
Peintre d'histoire, architectures, paysages urbains, aquarelliste. Orientaliste.
Il commença par faire des études d'architecture à Stuttgart, vers 1860, puis s'intéressa au dessin de paysages, après un séjour en Suisse et en Italie. Il effectua trois voyages au Moyen-Orient, en Égypte, Syrie, Palestine, avant de se fixer définitivement à Jérusalem en 1898. Il exposa à Vienne, Munich, Nuremberg.
Ses vues de Jérusalem, Damas et Jaffa montrent des architectures précises, des rues étroites qu'il ne cherche pas à enjoliver, n'hésitant pas à peindre des murs ou des bâtiments croulants.

G. Bauernfeind

BIBLIOGR. : Lynne Thornton : *Les Orientalistes, peintres voyageurs,* ACR Édition, Paris, 1994.

MUSÉES : BERLIN (Nat. Gal.) : *Vues de Rome et de Florence,* quatre dess. – MUNICH (Neue Pinakothek) : *Ruines du temple de Baalbek* – MUNICH (Staat. Graph. Sammlung).
VENTES PUBLIQUES : LONDRES, 29 juin 1908 : *Une rue à Jérusalem :* **GBP 94** – LONDRES, 21 jan. 1927 : *Marchand de poteries à Jaffa* 1885 : **GBP 131** – VIENNE, 2 déc. 1969 : *La mosquée de Damas :* **ATS 9 000** – LONDRES, 3 nov. 1977 : *Scène de rue à Jaffa* 1890, h/t (104x133,3) : **GBP 22 000** – LONDRES, 28 nov. 1979 : *L'Entrée de la grande mosquée de Damas* 1891, h/pan. (109x84) : **GBP 22 000** – LONDRES, 25 nov. 1981 : *Vue de Jérusalem,* h/t (109x83) : **GBP 24 000** – LONDRES, 21 juin 1983 : *Le mur des lamentations, Jérusalem* (193,5x98) : **GBP 37 000** – JÉRUSALEM, 18 mai 1985 : *Abu Salah, juif de Bagdad* 1880, aquar. (50x30,5) : **USD 16 000** – NEW YORK, 22 mai 1985 : *Scène de marché à Jaffa* 1887, h/t (82x109,2) : **USD 320 000** – LONDRES, 21 juin 1991 : *Une ruelle de Jaffa* 1882, h/pan. (28,6x45) : **GBP 16 500** – LONDRES, 20 mars 1992 : *La prière au mur ouest de Jérusalem,* h/t/cart. (129,5x100,3) : **GBP 220 000** – NEW YORK, 28 mai 1992 : *Une cour dans un faubourg de Jérusalem* 1884, h/t (48,3x39,4) : **USD 46 750** – LONDRES, 12 fév. 1993 : *Les ruines de Baalbek,* h/cart. (30,5x22,8) : **GBP 8 800** – TEL-AVIV, 4 oct. 1993 : *Le mur occidental,* aquar. (97, 1x51, 4) : **USD 23 000** – LONDRES, 11 fév. 1994 : *La mosquée d'Omar,* cr. et aquar./pap./cart. (48x32,8) : **GBP 5 175** – LONDRES, 17 nov. 1994 : *À l'entrée du temple du Mont à Jérusalem avec la mosquée d'Omar au fond* 1886, h/t (155,5x123,5) : **GBP 375 500** – TEL-AVIV, 12 oct. 1995 : *Scène de rue à Jérusalem,* h/pan. (26,5x20,3) : **USD 90 500** – TEL-AVIV, 14 avr. 1996 : *La rue David à Jérusalem* 1887, h/t (129,2x90,2) : **USD 158 700**.

BAUERNFELD Gustave. Voir BAUERNFEIND Gustave

BAUERNFREUND Jakub

Né le 25 octobre 1904 à Zborov (Slovaquie). XXe siècle. Tchécoslovaque.
Peintre. Tendance surréaliste.
En 1936 et 1938, il exposa à Prague avec Endre Nemes.
Il a subi l'influence du surréalisme, qui comptait alors à Prague d'importants représentants.

BAUERNSCHNEIDER Jos. Ant.

Né à Augsbourg. XVIIIe siècle. Vivant à Brünn (Moravie). Autrichien.
Peintre.
Il épousa, en 1727, la fille du peintre Jean Koller.

BAUËS L.-H.

Né en 1864 à Maastricht. XIXe-XXe siècles. Belge.
Peintre de fleurs, paysages, marines, portraits.
Après avoir été élève de l'Académie des Beaux-Arts de Liège, il en devint professeur.
BIBLIOGR. : In : *Diction. biogr. des artistes en Belgique depuis 1830,* Arto, Bruxelles, 1987.

BAUFFE Victor

Né en 1849. Mort en 1921. XIXe-XXe siècles. Travaillait à Scheveningen. Hollandais.
Peintre de paysages, aquarelliste.
Ses aquarelles représentant des paysages et des bords de fleuves de la Hollande, se distinguent par l'exactitude de la perspective et la fraîcheur du coloris.
MUSÉES : GRONINGEN : *Près de Barbizon – Petite église à Noorden – Le Ruisseau* – MONTRÉAL : *Canal de Hollande.*
VENTES PUBLIQUES : AMSTERDAM, 17 déc. 1901 : *Vue de marécage :* **NLG 300** – AMSTERDAM, 27 nov. 1906 : *Un atelier de charpentier de village :* **NLG 26** – AMSTERDAM, 16 oct. 1907 : *Été :* **NLG 145** ; *Le Hêtre fourchu :* **NLG 50** ; *Jour couvert :* **NLG 150** ; *Deux paysans arrachent des pommes de terre :* **NLG 90** – AMSTERDAM, 10 fév. 1909 : *Vue de prés :* **NLG 315** ; *Journée nuageuse :* **NLG 105** – AMSTERDAM, 14 mai 1909 : *Le long du canal,* dess. : **GBP 34** – LONDRES, 1er juil. 1910 : *Le moulin à vent :* **GBP 14** – LONDRES, 1er juin 1923 : *Canal en Hollande :* **GBP 8** – LONDRES, 24 nov. 1933 : *Bord de canal avec un moulin à vent :* **GBP 22** – AMSTERDAM, 6 sep. 1976 : *Paysage,* h/t (49x37) : **NLG 1 000** – AMSTERDAM, 24 mai 1982 : *Bateau amarré près d'un moulin,* h/t (43x58,5) : **NLG 9 000** – AMSTERDAM, 16 nov. 1988 : *Vue de Giethoorn,* h/t (43x52) : **NLG 1 265** – AMSTERDAM, 15 juin 1990 : *Paysan chargeant les bidons de lait sur une charrette à cheval,* h/t (47x63) : **NLG 3 220** – AMSTERDAM, 24 avr. 1991 : *Paysage de polder avec une femme sur un chemin,* aquar./pap. (32,5x49,5) : **NLG 1 035** – AMSTERDAM, 3 nov. 1992 : *Paysage du nord,* h/t (63x98,5) : **NLG 4 370** – AMSTERDAM, 21 avr. 1993 : *Paysage de polder avec*

des vaches dans une prairie et une ferme, h/t (60x85) : **NLG 5 520** – AMSTERDAM, 11 avr. 1995 : *Paysage fluvial*, aquar. (45x61) : **NLG 2 832** – AMSTERDAM, 18 juin 1996 : *Paysage de polder avec une ferme le long d'un canal*, h/t (41x66) : **NLG 3 680** – AMSTERDAM, 19-20 fév. 1997 : *Paysanne travaillant dans une cour de ferme*, aquar./pap. (35x52,5) : **NLG 2 883**.

BAUFIS François
XVIIᵉ siècle. Français.
Peintre.
Reçu à l'Académie de Saint-Luc en 1693.

BAUFORT de
XIXᵉ siècle. Français.
Lithographe, dessinateur.
Auteur de six portraits de députés, édités par *Le Courrier de Paris* en 1866-1869. A signé généralement : de B...

BAUGÉ André
Né à Toulouse (Haute-Garonne). XXᵉ siècle. Français.
Peintre.
Élève de Fougerat, Perraudeau et Ogé. Il exposa un portrait au Salon des Artistes Français de 1911.

BAUGEAN Jean Jérôme
Né en 1764 à Marseille (Bouches-du-Rhône). Mort en 1819. XVIIIᵉ-XIXᵉ siècles. Français.
Peintre d'histoire, paysages portuaires, marines, aquarelliste, graveur, dessinateur.
Il travailla en Italie et à Marseille. Venu à Paris, il y obtint le titre de graveur du Roi. On remarque surtout de lui : *Embarquement de Napoléon Iᵉʳ à bord du Bellérophon*. Il participa aux expositions de Paris de 1806 à 1812 avec *L'Entrée du vieux port de Toulon, Le Port de Civita Vecchia* et *Le Port de La Ciotat*.
VENTES PUBLIQUES : PARIS, 18 juin 1943 : *Voiliers en mer*, deux dess. au lav. : FRF **1 200** – PARIS, 5 avr. 1978 : *Trois-mâts de guerre*, aquar. (33x26) : **FRF 5 000**.

BAUGESTE Daniel
XXᵉ siècle. Français.
Peintre, réalisateur de performances.
Depuis 1983, il pratique le détournement d'affiches et de lieux, que ce soit dans le métro parisien, sur la muraille de Chine, place Tien An Men, dans le quartier Ginza à Tokyo... Il réalise des pochoirs dans la rue. En 1986 il a exposé au Centre culturel de Sceaux, et en 1988 dans la salle d'audience du Palais de Justice de Saint-Quentin.
VENTES PUBLIQUES : PARIS, 12 fév. 1989 : *Simulacre Charles Jourdan, fantasme de collection scène 2*, past. gras/print (30x47) : FRF **4 500**.

BAUGIER Eugène
Né au XIXᵉ siècle à Paris. XIXᵉ siècle. Français.
Dessinateur.
Élève de Gleyre et Mercier. Il participa à l'Exposition de Blanc et Noir de 1886.

BAUGILLON Émile
Né à Méru (Oise). XIXᵉ-XXᵉ siècles. Français.
Sculpteur.
Il obtint une mention honorable au Salon de Paris de 1859.

BAUGIN A. (?)
XVIIᵉ siècle. Actif autour de 1630. Français.
Peintre de natures mortes.
La grande question encore à résoudre, est de savoir s'il s'agit de quelques œuvres de la jeunesse de Lubin BAUGIN (Voir l'article), ou bien s'il y eut à la même époque un autre Baugin, qui aurait peint des natures mortes caravagesques. En 1933, Georges Isarlov ne s'arrêtait pas à l'énorme différence de style, et publiait la *Nature morte à l'échiquier* en l'attribuant, assez naturellement, à Lubin Baugin (*Formes* nº 32). L'année suivante (*L'Amour de l'Art*, nº 1), il faisait de Lubin Baugin et le peintre de cette nature morte, qu'il identifiait comme un A. Baugin, peintre d'une autre nature morte, conservée à la Galerie Spada de Rome, et signée A. Baugin peintre à Paris, et datée de 1630. Mais ce A, dont on ne peut affirmer qu'il est suivi d'un point, peut signifier une dédicace. Cette *Nature morte à la chandelle* présente d'ailleurs une sensible différence de style avec la *Nature morte à l'échiquier*, comme si elle lui était postérieure ou, en tout cas, plus souple d'écriture, et avec la *Nature morte aux gaufrettes*, qui devait être découverte peu après en province. La *Nature morte à l'échiquier*, de la collection Goudstikker d'Amsterdam, et la *Nature morte aux gaufrettes* furent acquises par leLouvre, où on les voit aujourd'hui. Charles Sterling faisait figu-

rer pour la première fois la *Nature morte à l'échiquier*, appelée aussi *Les Cinq Sens*, et la *Nature morte à la chandelle* de la Galerie Spada, à la célèbre exposition des « Peintres de la Réalité en France au XVIIᵉ siècle », et posait, dans le catalogue, la question de leur attribution, dans les termes mêmes où elle en est restée encore en 1969. Enfin, en 1964, Jacques Thuillier signalait, dans son ouvrage sur la Peinture française, l'existence d'une quatrième nature morte de Baugin. Cette dernière peinture a été acquise, en 1967, par le musée de Rennes où on peut maintenant la voir. Il s'agit d'une peinture de petites dimensions, très clairement signée en bas à gauche, représentant une coupe blanc-vert à large bord cannelé, et contenant des pêches. La lumière vient de gauche et le côté droit de la coupe et de l'amoncellement des pêches est noyé dans une zone d'ombre d'où surgissent les quelques feuilles d'un fragment de branche resté après sa pêche. La coupe est posée en plein milieu de la peinture et en plein milieu d'une sorte de table de très petites dimensions qui suffit tout juste à la porter. La composition, on le voit, est extrêmement simple, presque naïve, le sujet inexistant. Une fois encore, le miracle se produit à partir de la lumière, d'une qualité et d'une justesse discrète telles qu'on ne voit en effet aucune raison de douter de l'authenticité de ce nouveau Baugin, même si le propos en est plus mince que dans les trois autres natures mortes connues jusqu'ici. Lubin Baugin semble s'être rendu en Italie, et l'on aurait pu penser qu'il y aurait subi l'influence du Caravage, ce qui aurait expliqué ces natures mortes dans son œuvre, mais d'une part les natures mortes paraissent avoir été peintes avant l'éventuel voyage de Lubin Baugin en Italie, et d'autre part, s'il subit une influence lors de cet éventuel voyage, ce fut bien plus celle de Raphaël et du Vinci, ce qui le fit surnommer « Le petit Guide » par ses contemporains, que celle du Caravage, dont la vogue alors s'atténuait.
Voici donc posée l'équation quasi policière de l'identité de l'homme Baugin. Mais, ce qui ne pose pas de problème, c'est l'évidente existence de ces natures mortes et leur aveuglante beauté. Quant au Baugin qui peignit ces quatre natures mortes, leur caravagisme est si évident qu'il paraît difficile qu'il ne soit pas allé à Rome, ou bien alors il aurait reçu l'influence du Caravage de façon indirecte. On peut aussi, au lieu de celle du Caravage, voir une influence nordique, hollandaise, dans l'intimisme luthérien de ces natures mortes. Ces quatre natures mortes, à ce moment-là, ne représentent pas quelque chose d'absolument inédit : elles rappellent les natures mortes qui figurent dans *La Joueuse de luth*, ou dans *L'Amour vainqueur* du Caravage, ou bien certaines natures mortes hollandaises, ou bien encore les deux natures mortes du musée de Nantes de Mario da Fiori. Au même moment, chez un autre caravagesque français, on trouve une même compréhension des formes immobiles, comme dans la nature morte du *Saint Jérôme* de Georges de La Tour. Cette nouvelle appréhension de la nature morte, de la « vie silencieuse » comme disent justement les Anglais, va s'épanouir très bientôt dans les natures mortes d'instruments de musique de Baschenis, ou chez les Espagnols et tout particulièrement dans les natures mortes de Zurbaran. Si fidèlement qu'ils soient rendus, ce ne sont pas les objets peints par Baugin qui nous touchent en eux-mêmes. La poésie qui s'en dégage ne leur doit rien. Toute difficile qu'elle soit à saisir, mais n'est-ce pas le propre de la poésie de demeurer insaisissable ?, on pressent qu'elle est liée à la qualité de la lumière qui baigne ces objets, dont la ressemblance, contrairement à l'assertion de Pascal, nous laisse indifférents, à la qualité du silence dont ils rayonnent et qui incite à la réflexion sur l'impossibilité de leur existence d'objets. Cette interrogation sur l'être des objets inanimés entraîne tout naturellement à une nouvelle réflexion sur leur extériorité par rapport à nous qui en prenons conscience et qui pourrions les saisir s'ils n'étaient qu'une illusion, d'autant plus troublante que fidèle reflet, qui met en cause le peu de réalité de toutes choses et de celui qui les regarde dans cet éternel renvoi d'un reflet à une illusion et de l'illusion au rêve.

■ Jacques Busse

BIBLIOGR. : Charles Sterling : *Catalogue de l'Exposition des Peintres de la Réalité en France au XVIIᵉ siècle*, Musée de l'Orangerie, Paris, 1934 – Jacques Thuillier : *Lubin Baugin*, in *L'Œil* nº 102, Paris, juin 1963 – Jacques Thuillier : *La Peinture Française*, t. II, Skira, Genève, 1964.
MUSÉES : PARIS (Louvre) : *Nature morte à l'échiquier ou les Cinq Sens* – *Nature morte aux gaufrettes* – RENNES : *Coupe de pêches* – ROME (Gal. Spada) : *Nature morte à la chandelle*.

BAUGIN Jean

XVIIe siècle. Travaillait en France entre 1640 et 1660. Français.
Graveur au burin.

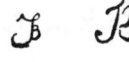

BAUGIN L.-G.

Né à Paris. XXe siècle. Français.
Peintre.

Il exposa un paysage au Salon d'Automne de 1938.

BAUGIN Lubin

Né vers 1612 ou 1613 sans doute à Pithiviers. Enterré à l'église Saint-Sulpice de Paris le 12 juillet 1663. XVIIe siècle. Français.
Peintre de compositions religieuses, natures mortes, dessinateur.

Lubin Baugin est-il l'auteur des trois natures mortes caravagesques signées simplement Baugin, et dont l'une est datée de 1630 (Voir l'article BAUGIN) ? Depuis la découverte, vers 1933, de la présence de ces natures mortes, cette question a accaparé l'attention au détriment de l'œuvre de Lubin Baugin qui, s'il n'est pas un peintre de première grandeur, n'en est pas moins attachant et original. Récemment, M. et Mme Auzas, puis Jacques Thuillier ont entrepris la réhabilitation de ce peintre, en projetant, par leurs recherches, un peu de lumière sur sa vie et son œuvre, il est vrai fort peu connus. Dans l'été 1958, Mme Auzas, conservatrice du musée de Montargis, réussit à présenter une dizaine de ses œuvres, tandis que M. Auzas, inspecteur des Monuments historiques, s'efforçait de retrouver ses œuvres négligées ou oubliées. MM. Charles Sterling et Michel Faré poursuivirent la tâche. On pense qu'il naquit à Pithiviers et de là on déduit qu'il aurait eu toutes facilités de voir, au château de Fontainebleau proche, les œuvres du Rosso et du Primatice, qui semblent faire partie des influences nombreuses qu'accusent ses œuvres tout au long de sa vie et parmi lesquelles, en effet, les traces de maniérisme, surtout dans l'allongement des corps et l'ondoiement des plis des vêtements, sont évidentes. On sait qu'il fut reçu maître-peintre à Saint-Germain-des-Prés, le 23 mai 1629 en même temps que les frères Le Nain. De nombreux peintres étrangers, en particulier flamands, ou simplement étrangers à la capitale, trouvaient alors plus de facilités à entrer dans les corporations locales (Saint-Germain-des-Prés n'étant pas dans Paris) que dans la corporation de Paris, jalouse de ses prérogatives. On a pu penser que, dans la supposition que les trois natures mortes signées simplement Baugin soient de lui, il aurait pu les peindre sous des influences flamandes ou caravagesques rencontrées dans le contexte de brassage de peintres d'origines diverses rassemblés dans la corporation de Saint-Germain-des-Prés. Il alla sans doute lui-même en Italie, en effet un acte mentionne sa femme comme : Brigitte Dasle, Romaine, ce qui permet de supposer qu'il l'aurait épousée au cours d'un séjour, d'autant que sa manière changea alors pour montrer des références certaines que œuvres de Raphaël, du Vinci et surtout de Guido Reni, ce qui lui valut le surnom de « Petit Guide ». Plus précisément, on a pu supposer qu'il serait même allé à Parme, sans doute attiré par l'art du Corrège, qui fut lui aussi un de ses modèles, et où l'archevêché conserve une *Sainte Famille*, qui pourrait lui être attribuée. Qu'il soit ou non allé en Italie, il est, en tout cas, à Paris en 1641, et il y est même fort bien en cour : il passe maître-peintre dans la communauté de Paris et la cathédrale Notre-Dame lui commande de nombreuses œuvres.
Lubin Baugin est un peintre assez facile à situer dans son temps : le caravagisme n'a jamais retenu son attention ni sa sensibilité, sauf si les trois natures mortes signées Baugin sont de lui ; il n'a pas la grave majesté de Vouet ou de Vignon, un des maniéristes qui l'attirent, depuis les peintres de l'École de Fontainebleau jusqu'au Corrège, il a le goût de la grâce, presque de la gracieuseté, et, avec Bourdon, Stella, Le Brun et Le Sueur, il contribue à créer le style de la Régence. Lors de la fusion de la maîtrise avec l'Académie, en 1651, il y reçut le titre d'Ancien, mais en fut exclu bientôt pour une querelle corporative. Ce fut Philippe de Champaigne qui le remplaça dans son titre de professeur. Il fut réintégré assez rapidement. En 1657, on sait qu'il était peintre ordinaire du roi, ce qui était un signe de réussite certain. Pourtant, presque dès sa mort en 1663, comme presque tous les peintres de la première moitié du XVIIe siècle, il s'enfonce dans un oubli qui ne fera que s'accentuer avec la dispersion de ses œuvres d'église pendant la Révolution. Après les récents travaux à son sujet, on ne dénombre qu'environ vingt-cinq de ses œuvres. Pourtant, lorsqu'on se trouve aujourd'hui confronté avec l'une ou l'autre de ces œuvres, on est surpris par l'étrangeté de leur accent. Ce peintre que l'on confond généralement dans les nombreuses influences qu'il aurait subies, nous semble justement se distinguer par une originalité insolite, tant de la forme curieusement naïve dans son maniérisme que de la couleur étrangement aigre dans ses désaccords. ■ Jacques Busse

BIBLIOGR. : Jacques Thuillier : *Lubin Baugin*, L'Œil, n° 102, Paris, juin 1963.
MUSÉES : AIX : *La Naissance de la Vierge – La Présentation de la Vierge au Temple –* DIJON (Mus. Magnin) : *Sainte Famille –* MONTARGIS : *Mort de Cléopâtre –* NANCY : *La Vierge, l'Enfant et saint Jean –* NEW YORK (Chrysler) : *Vierge –* ORLÉANS : *Saint Grégoire le Grand*, portrait – *La Sainte Vierge, l'Enfant Jésus, saint Joseph, saint Jean Baptiste et deux anges*, dess. – PARIS (Louvre) : *Sainte Famille –* PARIS (Notre-Dame) : *Martyre de saint Barthélemy – Vierge de Pitié –* RENNES : *La Sainte Vierge, l'Enfant Jésus et saint Jean –* ROUEN : *Le Martyre de saint Barthélemy.*
VENTES PUBLIQUES : PARIS, 1756 : *Le Christ mort aux pieds de la Vierge*, cuivre : **FRF 260** – PARIS, 1777 : *La Madeleine à genoux près d'un piedestal :* **FRF 1 200** – PARIS, 1785 : *La Vierge, l'Enfant Jésus, plusieurs saints :* **FRF 25** ; *Cléopâtre :* **FRF 90** – PARIS, 1788 : *Sainte Famille :* **FRF 184** – PARIS, 1889 : *Le portrait :* **FRF 1 160** – PARIS, 6 mai 1925 : *Le mariage mystique de sainte Catherine :* **FRF 320** – PARIS, 13 mai 1927 : *La Sainte Famille ; Sainte Anne et saint Baptiste :* **FRF 1 300** – LONDRES, 23 juil. 1965 : *Natures mortes*, deux toiles, faisant pendants : **GNS 950** – VIENNE, 29 nov. 1966 : *Vierge à l'Enfant :* **ATS 60 000** – MUNICH, 28-30 juin 1967 : *Moïse sauvé des eaux :* **DEM 3 600** – VERSAILLES, 19 nov. 1978 : *Nature morte à la fiasque*, h/t (55x42) : **FRF 25 000** – PARIS, 30 jan. 1989 : *La Vierge à l'Enfant avec le petit saint Jean*, h/t (19x16) : **FRF 50 000** – NEW YORK, 1er juin 1989 : *Vierge à l'Enfant*, h/pan. (33x25,5) : **USD 71 500** – PARIS, 31 mars 1993 : *Présentation de la Vierge au temple*, cr. noir avec reh. de blanc (27x30,5) : **FRF 55 000** – PARIS, 16 juin 1995 : *Vierge à l'Enfant*, h/pan. de chêne (30x21,5) : **FRF 30 000**.

BAUGNIÉS Eugène

Né vers 1842 à Paris. Mort le 25 janvier 1891. XIXe siècle. Français.
Peintre de genre, portraits.

Il fut élève de Mercier et de Gleyre. Il exposa au Salon de Paris, de 1872 à 1884.

VENTES PUBLIQUES : LONDRES, 29 mai 1963 : *Le nouvel arrivant :* **GBP 380** – LONDRES, 24 nov. 1982 : *La concubine et la servante*, h/t (54,5x70) : **GBP 4 500**.

BAUGNIES Jacques

Né en 1874 à Paris. Mort en 1925. XIXe-XXe siècles. Français.
Peintre d'histoire, compositions à personnages, portraits.

Il fut élève de Gérôme et d'Édouard Detaille. Il exposa à Paris en 1896 au Salon de la Société Nationale des Beaux-Arts, en devint associé en 1903, sociétaire en 1913, fut fait chevalier de la Légion d'honneur, et y figura jusqu'en 1925. Il peignit des compositions décoratives, des peintures d'histoire : *Légende de sainte Catherine*, des scènes de genre : *La Lecture du testament*.

MUSÉES : GRAY : *La Vente aux feux*.

BAUGNIES René de

Né en 1869 à Louvain. Mort en 1962 à Bruxelles. XIXe-XXe siècles. Belge.
Peintre de paysages, marines. Postimpressionniste.

Il exposait à Paris, au Salon de la Société Nationale des Beaux-Arts entre 1910 et 1939. Il a surtout peint des paysages des Flandres belges et hollandaises et des vues des ports de la mer du Nord.

BIBLIOGR. : In : *Diction. biogr. illustré des artistes en Belgique depuis 1830*, Arto, Bruxelles, 1987.
MUSÉES : IXELLES – TOURNAI.
VENTES PUBLIQUES : PARIS, 10 mars 1926 : *Paysage de Hollande :* **FRF 160** – PARIS, 3 fév. 1928 : *Paysage des Flandres :* **FRF 320** – BRUXELLES, 21 mai 1981 : *Cour de ferme avec bétail*, h/t (50x73) : **BEF 21 000** – LOKEREN, 21 fév. 1987 : *Un coin de Ganshoren*, h/t (55x73) : **BEF 45 000** – BRUXELLES, 19 déc. 1989 : *Chevaux dans un paysage*, h/t (75x105) : **BEF 100 000** – LOKEREN, 10 déc. 1994 : *Dunes à Kalmthout*, h/t (73x100) : **BEF 36 000**.

BAUGNIET Charles

Né le 27 février 1814 à Bruxelles. Mort le 5 juillet 1886 à Sèvres (Hauts-de-Seine). XIXe siècle. Actif aussi en Angleterre et en France. Belge.

Peintre de genre, portraits, lithographe, graveur.

Après avoir été élève à l'École des Beaux-Arts de Bruxelles, il travailla sous la direction de Joseph Paelinck. Dès l'âge de treize ans, il fit ses premiers essais en lithographie et commença, avec Huard en 1835, la publication de la série de portraits des membres de la Chambre des députés. L'année suivante, il fit le portrait de trente artistes contemporains. On cite aussi de lui vingt-six planches intitulées : *La Galerie des musiciens du royaume de Belgique*. À Londres en 1841, il fut nommé dessinateur du roi, s'installa dans la capitale, où il eut beaucoup de succès auprès de la *gentry*, exécutant les portraits du prince consort et de tous les personnages distingués de l'époque. En 1860, il se fixa à Paris, où il se consacra davantage à la peinture anecdotique. Il a été appelé à tort Baugnelet par Beraldi.

Bibliogr. : Gérald Schurr : *Les Petits Maîtres de la peinture 1820-1920, valeur de demain*, Les Éditions de l'Amateur, t. V, Paris, 1981.

Musées : Bruxelles (Bibl.) – Londres (British Mus.) – Paris (BN, Cab. des Estampes).

Ventes Publiques : Paris, 1873 : *Le départ des exilés* : FRF 2 000 – New York, 1909 : *L'habillage avant le bal* : USD 110 – Londres, 22 juil. 1927 : *Le premier-né* : GBP 42 – New York, 18 avr. 1945 : *La bonne fortune* : USD 850 – Paris, 22 mai 1950 : *Le baptême*, aquar. : FRF 7 500 – New York, 7 oct. 1977 : *La Nouvelle Robe 1874*, h/pan. (61,5x71) : USD 3 500 – New York, 13 fév. 1981 : *La lecture de la lettre*, h/pan. (67,3x53) : USD 3 200 – New York, 27 oct. 1983 : *Une lettre réconfortante*, h/pan. (64,4x75,2) : USD 7 000 – New York, 13 fév. 1985 : *La lettre*, h/pan. (64,4x75,2) : USD 14 000 – Toronto, 30 nov. 1988 : *Après le bal 1853*, h/pan. (54,5x44,5) : CAD 7 500 – Londres, 24 nov. 1989 : *Retour du bal*, h/pan. (54x67,9) : GBP 8 800 – Londres, 11 mai 1990 : *La lettre*, h/pan. (56x44,5) : GBP 16 500 – New York, 24 oct. 1990 : *Souvenirs*, h/pan. (72,4x59,7) : USD 11 000 – New York, 29 oct. 1992 : *La confidante*, h/pan. (64,8x76,8) : USD 20 900 – New York, 13 oct. 1993 : *La lettre*, h/pan. (64,8x74,9) : USD 48 300 – New York, 22 oct. 1997 : *Les Roses blanches*, h/t (88,9x62,2) : USD 26 450.

BAUGNIET Marcel Louis

Né en 1896 à Liège. Mort en 1995. XXe siècle. Belge.

Peintre, peintre de collages, aquarelliste, illustrateur, décorateur, designer. Futuriste, puis abstrait-constructiviste.

À l'Académie des Beaux-Arts de Bruxelles, il fut élève du peintre symboliste belge Jean Delville. Il épousa la danseuse et peintre Akarova (Marguerite Acarin). Après des débuts figuratifs en peinture, il fut influencé par le cubisme français et le constructivisme international. En 1922, il fut membre du groupe *7 Arts*. En 1922 et 1923, il exposa au Salon d'Automne de Paris : *L'Homme du rail – L'Escrimeur – Lanceur de disque – Joueur de tennis*, titres qui semblent induire une intention futuriste dans l'expression du mouvement, et aussi : *Le Baiser – Le Port*. Ensuite, il se joignit pour peu de temps au puissant groupe des surréalistes belges.

Finalement, ses réalisations picturales ou graphiques devinrent totalement abstraites et il est considéré comme étant un des quelques artistes à l'origine de l'abstraction en Belgique, d'autant qu'on date ses premières réalisations constructivistes des années qui suivirent immédiatement la fin de la Première Guerre mondiale. L'incompréhension rencontrée alors l'aurait détourné de cette voie. Il a illustré, en 1927, *Déchirures* du poète belge R. Vivier, et *Dosages* de Lucien François. Décorateur, designer, il a conçu des bibliothèques, des salles à manger. Il fonda une entreprise, *Formes nouvelles* pour diffuser ses productions. Dans les années 1970, il reprit son activité artistique en réalisant de nombreux collages. C'est au titre de précurseur de l'abstraction en Belgique qu'il est promu de nouveau autour de 1990, entre autres par la Galerie Callu-Mérite de Paris, spécialisée dans la peinture abstraite des origines jusqu'aux années cinquante. Suivit fin 1990 aussi une importante exposition qui lui fut consacrée par la Galerie Rubern Forni en Belgique. La critique loue la concision des formes et l'harmonie aristocratique des rose-pourpre et des bleus transparents. Dans la mesure où la peinture de Baugniet peut être rapprochée, par exemple, de celle de Jean

Leppien, elle se situe dans le courant constructiviste qui connut son épanouissement au Bauhaus des années 1919 à 1933.

■ J. B.

M·L BAUGNIET

Bibliogr. : R. Vivier : *Marcel Baugniet*, Paris, 1927 – Paul Fierens : *Marcel Baugniet*, Bruxelles, 1942 – Emile Langui, J. Dypréau : *M. L. Baugniet*, Bruxelles, 1981.

Musées : Amsterdam (Stedel. Mus.) – Bruxelles – Ixelles – Jérusalem – Lodz – Ostende – Verviers .

Ventes Publiques : Munich, 13 juin 1980 : *Composition 1930*, aquar. (29,5x21) : DEM 2 000 – Londres, 29 juin 1982 : *La « Delage »* 1926, gche, aquar. et cr. (44,5x36) : GBP 950 – Lokeren, 16 mai 1987 : *Le baiser 1925*, aquar. (23,5x17) : BEF 85 000 – Lokeren, 16 mai 1987 : *Composition-plan 2* 1922, h/pap. (70x50) : BEF 130 000 – Lokeren, 12 mars 1994 : *Marin américain* 1925, h/t (55x40) : BEF 360 000 – Lokeren, 8 oct. 1994 : *Construction au carré rouge* 1925, gche (22,5x22,5) : BEF 60 000 ; *Coureur cycliste (borne 70 km)* 1930, aquar. (42,5x30) : BEF 140 000 – Lokeren, 9 déc. 1995 : *Construction « cerise et gris »* 1931, aquar. (39,5x27) : BEF 75 000 – Lokeren, 9 mars 1996 : *Bicentaure rouge* 1932, aquar. (27,5x37) : BEF 100 000 – Lokeren, 18 mai 1996 : *Sonate en laque carminée et bleue* 1930, gche (34,5x25,7) : BEF 90 000 ; *Construction fond rouge* 1977, aquar. (35x24,3) : BEF 70 000 – Lokeren, 11 oct. 1997 : *Rencontre avec Magritte* 1970, h. et collage/pan. (63x75,5) : BEF 80 000.

BAUGNION Henriette Marie

XXe siècle. Française.

Peintre.

Elle exposa au Salon des Tuileries en 1942 et 1943.

BAUGUT F.

XVIIIe siècle. Vivait en Bohême au commencement du XVIIIe siècle. Hongrois.

Sculpteur.

Une fontaine, à Budapest, représentant *Samson terrassant un lion*, a été exécutée par cet artiste en 1727.

BAUH Aurel

Né à Craiova (Roumanie). XXe siècle. Roumain.

Peintre.

Exposa au Salon des Indépendants de 1927.

BAUHAUS, groupe du. Voir ALBERS Josef, FEININGER Lyonel, ITTEN Johannes, KANDINSKY Wassily, KLEE Paul, MOHOLY-NAGY Lazlo, SCHLEMMER Oskar

BAUHOF Heinrich

Né en 1657, originaire d'Ulm. Mort en 1724. XVIIe-XVIIIe siècles. Autrichien.

Peintre.

BAUJAN E. J. L. Voir BAUJEAN

BAUJAULT Jean Baptiste

Né en avril 1828 à La Crèche près de Breloux (Deux-Sèvres). Mort en 1899 à La Crèche. XIXe siècle. Français.

Sculpteur de groupes, figures, bustes.

Il termina ses études artistiques en suivant les leçons de Jouffroy. Ayant exposé ses ouvrages au Salon de Paris, il obtint du succès, et fut médaillé en 1870, 1873 et 1878.

On remarque parmi ses œuvres : *Gallia, Buridan, Le Premier Miroir, Le Premier Chant d'amour*.

Musées : Niort : *Le Pêcheur – Statuette de Buridan – Étude de femme étendue – L'Agriculture couronnant le buste de Baujault – Buste de Jacques Baujault – Antoine Baugier – Ferdinand-Benjamin David*.

Ventes Publiques : Paris, 24 juin 1994 : *Nu se coiffant*, bronze (H. 51) : FRF 7 000.

BAUJEAN E. J. L. ou Baujan ou Beaujean

XVIIe siècle. Actif à Toulouse dans la seconde moitié du XVIIe siècle. Français.

Graveur.

On cite de lui : *Suzanne-Henriette de Foix de Caudalle. – La Vénérable Mère Magdeleine, Portrait de Gondelin*, et : *Modèles de Cheminées*, d'après Bérain.

BAUKNECHT Philipp

Né en 1884 à Barcelone (Catalogne), de parents wurtembergeois. Mort en 1933 à Davos. XXe siècle. Actif aussi en Suisse. Allemand.

Peintre de compositions à personnages, figures, paysages animés, graveur. Expressionniste.

Alors qu'il était âgé de neuf ans, ses parents vinrent se fixer à Schramberg, petite ville de l'Allemagne du Sud, où il reçut sa première éducation. Plus tard, il fut élève de l'École des Métiers d'Art de Stuttgart, où il eut pour maître Bernhard Pankok, peintre et décorateur et l'un des créateurs du *Jugendstil* (style 1900). Mais, en 1910, le jeune peintre débutant devint gravement tuberculeux, dut se fixer en cure à Davos où la fièvre ne le quitta pas pendant trois ans, et où il décida de se fixer dans ces conditions climatiques favorables. Son état s'étant amélioré, il y épousa une Hollandaise fortunée, ce qui eut son importance. Il avait commencé à participer à des expositions collectives en 1908, à Mannheim. Ensuite, et sans doute du fait de la maladie, il ne recommença à exposer qu'à Davos à partir de 1916. Ensuite et jusqu'en 1933, ces participations se multiplièrent, les plus importantes ayant été : *Art Allemand Nouveau* Stuttgart 1924, avec Otto Dix, George Grosz, Heckel, Kirchner, Paul Klee, Kokoschka et Schmidt-Rottluf, au *Salon sans jury* de Berlin 1924, 1925, 1926, *Peintres-graveurs allemands contemporains* à la Bibliothèque nationale de Paris 1929, *Le nouveau dessin allemand* à New York, Pittsburgh, et autres villes américaines 1931, ainsi que des expositions à Saint-Gall, Zurich, Hambourg, Budapest, Münster, Dresde, Fribourg, Ulm, Karlsruhe, Amsterdam, Berne. Les documents ne sont pas très clairs en ce qui concerne ses expositions personnelles. Il semblerait qu'il n'y en eut pas de son vivant, la première ayant eu lieu au Baarns Lyceum 1936, puis d'autres nombreuses à partir de 1951, notamment dans les musées d'Emden, Fulda, Hilversum, Roermond, et dans des galeries privées d'Amsterdam, Stuttgart, Nimègue, Londres, etc. Il mourut au moment de l'arrivée du nazisme au pouvoir. Il ne sut pas que son œuvre fut décrétée « art dégénéré », les œuvres figurant dans les musées détruites ou perdues. Mais pour l'essentiel, sa veuve réunit peintures et gravures dans un chalet des Grisons, puis put en transporter la totalité en Hollande, lorsqu'elle-même y retourna, où elle la maintint cachée jusqu'à la fin de la guerre et la sauva ainsi.

La peinture de Bauknecht appartient de plein droit au grand courant de l'expressionnisme allemand, avec les mêmes références à Gauguin, Munch, Van Gogh, Ensor, peut-être aussi Hodler, et pour les gravures sur bois la même référence à l'art populaire allemand du Moyen âge. On peut distinguer deux époques dans l'œuvre. Dans les peintures de 1909 à 1920 : *Autoportrait en convalescent* 1911-1914, *Les Alcooliques* 1911-1914, *Le Berger* 1914, et surtout : *La Crucifixion* 1914 et *La Diseuse de bonne aventure* 1915, le dessin est rustique, sommaire, mais terriblement efficace ; on peut penser à Nolde, la couleur est totalement déconnectée de sa fonction imitative, de toute ressemblance à la réalité, totalement arbitraire et choisie uniquement en fonction d'une fougueuse symbolique instinctive, de son signifié synesthésique : le jaune pour l'incandescence, le rouge pour la violence, etc. Le rapprochement qui est fait parfois avec Kirchner n'est pas très convaincant, Kirchner étant moins primitif, plus savant. Dans sa deuxième, et dernière, période, de 1920 à 1933, Bauknecht a de toute évidence pris ses distances d'avec le primitivisme précédent, il a accepté de devenir savant lui aussi. Si dans le *Bal masqué avec l'Aga Kahn et Carola Nehrer* de 1926, il reste encore des traces de caricature expressionniste dans le dessin, les paysages : *La Place de Davos*, plusieurs paysages de *Stilli* de 1932-1933, se situent plus calmement dans la suite de Corinth ; le dessin a renoncé aux outrances, la couleur tout en restant arbitraire par rapport à la réalité — les forêts de pins sont bleues, les sommets enneigés sont jaune vif — vise à l'harmonie plus qu'à l'expression. Quant à ce nouveau traitement de la couleur, une peinture : *Autoportrait avec orangoutang* est très caractéristique. Pantalon bleu, probablement originellement uni, est modulé du violet au rouge en passant par les vert et jaune, visage rouge brique, cheveux, sourcils, moustache jaune flamboyant, et tout le reste à l'avenant, et pourtant de l'ensemble émane une délicate harmonie, de ce qui aurait pu être une cacophonie se dégage un subtil accord de trois notes orangé-vert-jaune, tel qu'on n'en trouve alors que chez Bonnard. Sans doute doit-on hésiter à attribuer encore le qualificatif d'expressionnistes aux peintures de la deuxième période de Bauknecht, à moins qu'on ne consente à admettre que l'expressionnisme n'est pas inévitablement lié à l'expression de la violence et de la souffrance, mais qu'il peut aussi exprimer avec force des sensations, des sentiments agréables, la violence de passions bénéfiques, à moins qu'on ne consente à admettre la possibilité d'un expressionnisme apaisé. ■ Jacques Busse

BIBLIOGR. : Ludwig Kunz : Catalogue de l'exposition *Philipp Bauknecht*, Paula Becker-Modersohn Haus, Brême, 1965.
VENTES PUBLIQUES : BERNE, 17 juin 1965 : *Bouquet de fleurs* : CHF 5 050 – AMSTERDAM, 25 avr. 1966 : *Vue de ma fenêtre* : NLG 4 000 – COLOGNE, 27 avr. 1972 : *Les Tournesols* : DEM 9 500 – HAMBOURG, 14 juin 1973 : *Nature morte aux fleurs et aux fruits* : DEM 6 800 – HAMBOURG, 2 juin 1976 : *La Grange*, grav./bois : DEM 2 800 – MUNICH, 26 mai 1977 : *Nature morte* vers 1910, h/t (80x69,5) : DEM 4 200 – MUNICH, 26 nov. 1979 : *Nature morte aux fleurs*, h/t (80x70) : DEM 6 500 – COLOGNE, 4 déc. 1981 : *Paysage de neige*, aquar. (28x37,5) : DEM 950 – MUNICH, 30 juin 1982 : *Nature morte à la poupée*, h/cart. (84x68) : DEM 2 000 – COLOGNE, 1er juin 1984 : *Troupeau dans un paysage d'automne* 1924, h/t (100x110) : DEM 31 000 – COLOGNE, 4 juin 1985 : *Tournesols*, h/t (51,3x73,5) : DEM 12 500 – COLOGNE, 9 déc. 1986 : *Maisons au bord de l'eau*, aquar./simili Japon (31x46) : DEM 5 500 – COLOGNE, 29 mai 1987 : *Nature morte aux fleurs*, techn. mixte/t (36x26) : DEM 2 800 – AMSTERDAM, 10 fév. 1988 : *Paysage de lac de montagne*, past. (23,5x15) : NLG 1 265 – AMSTERDAM, 10 avr. 1989 : *Nature morte de tournesols dans un intérieur*, h/t (78x68,5) : NLG 29 900 – AMSTERDAM, 13 déc. 1989 : *Paysage montagneux en hiver*, h/t (38x50) : NLG 4 140 – AMSTERDAM, 10 déc. 1992 : *Quatre jeunes filles prenant un bain de soleil*, past. /pap. (25x35) : NLG 5 175 – LONDRES, 13 oct. 1994 : *Faucheurs en haute montagne à Davos*, h/t (131x118) : GBP 24 150 – LONDRES, 9 oct. 1996 : *Nature morte aux plantes, fruits et petite sculpture* vers 1920, h/t (80,5x70,5) : GBP 19 550 – AMSTERDAM, 10 déc. 1996 : *Femme à la cigarette*, h/t (60x50) : NLG 14 991 – AMSTERDAM, 1er déc. 1997 : *Paysage suisse d'hiver*, h/t/pan. (28x37,5) : NLG 11 800.

BAULAN
Mort le 11 février 1745 à Paris. XVIIIe siècle. Français.
Peintre.

BAULANT A.
XIXe siècle. Actif à Paris entre 1840 et 1850. Français.
Graveur sur bois, illustrateur.
Il a gravé d'après les dessins de Staal, Lorentz, Emy, Bertall et assura seul la gravure de la *Revue comique à l'usage des gens sincères*. On cite parmi les ouvrages auxquels il collabora : *Pablo de Ségovie*, par de Quevedo Villegas (1843), les œuvres de Balzac (1842-1855), *Les Deux Petits Voleurs*, par E. Briffault.

BAULARD Auguste Laurent
Né le 29 février 1852 à Paris. Mort le 5 décembre 1927. XIXe-XXe siècles. Français.
Peintre, graveur.
Élève de son père A. Baulard pour la peinture et de Félix Bracquemond pour la gravure ; il suivit les cours de l'École des Beaux-Arts. Il obtint une médaille d'honneur aux Artistes Français et des médailles d'or aux Expositions Universelles de Paris. Membre de la Société des Artistes Français et membre du Jury avant 1914, il avait exposé aux sections de peinture et de gravure, ainsi que dans plusieurs galeries de Paris et de Londres. Il a notamment gravé : *La Bataille de Waterloo*, *Le Dimanche à Poissy*, et plusieurs Meissonnier.

BAULCH A. V.
XIXe siècle. Vivait en 1869. Américain.
Graveur.

BAULEUR
XVIIe siècle. Travaillait à Paris. Français.
Peintre.
Reçu en 1619 à l'Académie de Saint-Luc.

BAULIN Thomas
XVIIe siècle. Français.
Sculpteur.
Parisien, il fut auteur de sept groupes du tour du chœur de la cathédrale de Chartres : *Résurrection, Saintes Femmes, Disciples d'Emmaüs, P. Thomas* (1611) ; *Tentation, Chananéenne, Transfiguration* (1612).

BAULLERY. Voir BOLLERY Jérôme

BAUM Albert
D'origine allemande. XIXe-XXe siècles. Américain.
Peintre.
Il habitait Cincinnati, dans l'Ohio, vers 1900. Il fut membre du Cincinnati Art Club.

BAUM Charles ou Carl
Né en 1812. Mort en 1878. XIXe siècle. Américain.

Peintre de natures mortes.

VENTES PUBLIQUES : NEW YORK, 8 déc. 1983 : *Nature morte aux fruits et au nid d'oiseau*, h/t (76,2x63,5) : **USD 6 000** – NEW YORK, 30 mai 1986 : *Nature morte aux pêches et aux raisins*, h/t (91,5x73,3) : **USD 15 000** – NEW YORK, 29 mai 1987 : *Nature morte aux fruits*, h/t (76x64) : **USD 7 000** – NEW YORK, 14 mars 1991 : *Les fruits de la terre*, h/t (102,1x75,7) : **USD 6 600** – NEW YORK, 3 déc. 1996 : *Nature morte de fruits et nid d'oiseau*, h/t (67x55) : **USD 8 625**.

BAUM Johann Kaspar

Né le 5 juillet 1813 à Cologne. Mort le 12 mars 1877 à Cologne. XIXᵉ siècle. Allemand.
Lithographe.
Il publia les portraits de plusieurs personnalités marquantes et beaucoup de vues de la ville de Cologne.

BAUM Otto

Né en 1900 à Leonberg. XXᵉ siècle. Allemand.
Peintre, sculpteur.
Il fut élève du peintre Hans Spiegel et du peintre et sculpteur Arnold Waldschmidt à l'Académie des Beaux-Arts de Stuttgart. Pendant l'époque nazie, il resta à Stuttgart, y travaillant dans la discrétion. Après la guerre, il fut nommé professeur et participa à de nombreuses expositions en Allemagne, et internationales. Sculpteur, il s'exprime par des volumes pleins aux lignes courbes et tendues qui en accusent puissamment la gravité.

BAUM Paul

Né le 22 septembre 1859 à Meissen (Saxe-Anhalt). Mort en 1932 à San-Gimignano (Toscane). XIXᵉ-XXᵉ siècles. Allemand.
Peintre de genre, paysages ruraux. Postimpressionniste.
Il fut élève de l'Académie de Dresde, puis travailla dans l'atelier de peinture de paysage dirigé en 1880 par Friedrich Preller le Jeune ; il se rendit ensuite à Weimar, où il se perfectionna à l'École d'Art dans l'atelier de Theodor Hagen. Peintre de paysages, il parcourut l'Allemagne et visita l'Italie, les Pays-Bas, la France. Il a exposé à partir de 1880, à Düsseldorf, Londres, Munich où il fut médaillé en 1883.
Sauf de très rares sujets de genre, il a peint exclusivement des paysages des campagnes visitées au cours de ses voyages, des abords de fermes, des bords de rivières, sensible à l'influence des saisons et des heures. Se rattachant résolument au postimpressionnisme, il a pratiqué parfois une technique pointilliste.

Paul Baum

MUSÉES : DRESDE : *Deuil*.
VENTES PUBLIQUES : LONDRES, 22 avr. 1932 : *Le printemps en Belgique* : **GBP 14** 14s. – COLOGNE, 8 déc. 1965 : *Ruisseau au printemps* : **DEM 3 800** – LUCERNE, 25 juin 1966 : *Paysage pointilliste* : **CHF 3 200** – MUNICH, 12 déc. 1968 : *La cour de ferme* : **DEM 12 200** – LOS ANGELES, 10 mars 1976 : *Paysage d'automne*, aquar. (35,5x45,5) : **USD 1 200** – LONDRES, 1ᵉʳ déc. 1976 : *Paysage de printemps* 1904, h/t (42x62) : **GBP 3 100** – MUNICH, 25 nov. 1977 : *Le jardin de la maison de Goethe à Weimar* vers 1883, h/cart. (27x20,5) : **DEM 4 200** – MUNICH, 30 nov. 1978 : *Paysage au pont*, h/t (24,5x31) : **DEM 6 000** – HAMBOURG, 8 juin 1979 : *Village au bord d'un canal* 1905, aquar./trait de cr. (31,5x42,4) : **DEM 2 000** – MUNICH, 25 nov. 1981 : *Paysage fluvial* 1894-1896, h/pap. (32x40) : **DEM 12 500** – ZURICH, 30 nov. 1984 : *Paysage de Hollande* 1905, h/t (36x45) : **CHF 32 000** – COLOGNE, 31 mai 1986 : *L'orée du bois en automne* 1893, h/t (34x46,5) : **DEM 22 000** – AMSTERDAM, 3 mai 1988 : *Ferme au milieu des champs de pommes de terre* 1887, h/t (29,5x44,5) : **NLG 11 500** – LONDRES, 27 juin 1989 : *Paysage de lac de montagne* 1917, h/t (89x109) : **GBP 33 000** – NEW YORK, 2 oct. 1990 : *Paysage*, h/t (50,8x61,9) : **USD 49 500** – NEW YORK, 9 oct. 1996 : *Paysage lacustre* 1917, h/t (88,9x109,2) : **USD 31 050**.

BAUM Walter Emerson

Né en 1884 à Sellersville (Pennsylvanie). Mort en 1956. XXᵉ siècle. Américain.
Peintre de paysages ruraux, illustrateur.
Il a peint la campagne et les villages, souvent sensible à la modification de leurs aspects selon les conditions climatiques.
VENTES PUBLIQUES : NEW YORK, 24 avr. 1981 : *Fin de l'hiver* 1943, h/cart. (81,9x102,6) : **USD 1 800** – PORTLAND, 9 juil. 1983 : *Ville de la Nouvelle-Angleterre*, h/cart. entoilé (40,5x50,8) : **USD 725** –

NEW YORK, 7 déc. 1984 : *Village enneigé*, h/t (81x102) : **USD 12 000** – NEW YORK, 27 mars 1985 : *Village de montagne* 1942, h/isor. (76,2x107) : **USD 1 500** – NEW YORK, 22 jan. 1986 : *Un village*, h/t (41x51,5) : **USD 1 300** – NEW YORK, 23 juin 1987 : *Chemin de campagne*, h/t (63,5x76,8) : **USD 6 750** – NEW YORK, 17 mars 1988 : *Le chemin*, h/t (62,5x75,5) : **USD 4 675** – NEW YORK, 30 sep. 1988 : *Lehigh County village*, h/t (63,5x76,2) : **USD 5 500** ; *Saucon*, h/t (51x61,4) : **USD 19 800** – NEW YORK, 24 mai 1989 : *Paysage d'hiver* 1931, h/cart. (101x127) : **USD 16 500** – NEW YORK, 14 mars 1991 : *Lafayette Hill*, h/cart. (34x40,6) : **USD 13 200** – NEW YORK, 26 sep. 1991 : *Barrage de glace à Haycock Mountain* 1935, h/t (40x51) : **USD 3 520** – NEW YORK, 6 déc. 1991 : *Le dégel* 1921, h/cart. (63,3x75,9) : **USD 19 800** – NEW YORK, 28 mai 1992 : *Le ruisseau en hiver* 1923, h/t (81,5x102,5) : **USD 22 000** – NEW YORK, 15 nov. 1993 : *Paysage hivernal* 1931, h/cart. (101x127) : **USD 43 700** – NEW YORK, 25 mai 1994 : *Coopersberg en Pennsylvanie*, h/t (76,2x92,1) : **USD 12 650** – NEW YORK, 21 sep. 1994 : *Les saules*, h/t (63,5x76,2) : **USD 13 800** – NEW YORK, 14 mars 1996 : *Paysage d'hiver*, h/t (63,5x76,2) : **USD 8 625** – NEW YORK, 27 sep. 1996 : *Lenare l'hiver* 1918, h/t (63,5x76,8) : **USD 12 650** – NEW YORK, 23 avr. 1997 : *Swarthmore Street*, h/t/pan. (40,6x50,8) : **USD 5 750**.

BAUMANE Biruta

Née en 1922. XXᵉ siècle. Russe-Lettone.
Peintre de nus, paysages urbains animés, marines.
Elle fit ses études à l'Académie des Beaux-Arts de Lettonie. Elle a participé à de nombreuses expositions soit en Rusie : Riga, Moscou, Léningrad, Vilnius, Tallin, soit sur le plan international : en Allemagne, Suisse, Pologne, France, Angleterre, Espagne, Italie, Hongrie, Autriche, Grèce, Finlande, Luxembourg, Belgique, États-Unis, Canada, Japon. À titre personnel, elle exposa trois fois à Riga et deux fois à Moscou.
Elle pratique une peinture saine et franche, aussi bien quant au dessin qu'à la couleur. Les éléments constitutifs de ses paysages urbains ou marines sont clairement et fermement campés. Ses nus, aux lignes synthétiques, élégamment étirées, aux volumes simplifiés et pleins, semblent avoir conservé le souvenir de ceux de Modigliani. ■ M. M., J. B.
MUSÉES : MOSCOU (Mus. des Beaux-Arts) – MOSCOU (Gal. Tretiakov) – POZNAN – RIGA (Mus. Nat. de Lettonie) – VILNIUS .
VENTES PUBLIQUES : PARIS, 11 juil. 1990 : *Nu* 1987, h/t (71x100) : **FRF 8 500** – PARIS, 14 jan. 1991 : *Nu sur fond orange* 1990, h/t (100x81) : **FRF 3 500**.

BAUMANN

XIXᵉ siècle. Actif en Allemagne. Allemand.
Graveur au burin.
On cite de lui deux planches d'après Kretschmer et Pluddemann pour : *Ruins of the Rhine*.

BAUMANN A. Hilda

XIXᵉ siècle. Allemande.
Peintre de genre.
Elle exposa à Londres en 1890.

BAUMANN Adolphe

Né le 12 septembre 1829 à Munich. Mort le 5 février 1865 à Munich. XIXᵉ siècle. Allemand.
Peintre d'histoire, compositions religieuses, fresquiste.
Il fréquenta l'École de l'Académie de Munich, de 1844 à 1848, où il eut pour maître Schraudolph et avec qui il travailla à la décoration à fresque de la cathédrale de Speyer. Le roi lui ayant accordé une bourse de voyage, il se rendit pour trois ans en Italie. Le musée de Munich possède de lui *La Vierge et l'Enfant* et des tableaux représentant diverses scènes de l'histoire bavaroise. Il peignit aussi des fresques au Campo Santo.

BAUMANN Alexander

Né en 1782 à Nuremberg. XIXᵉ siècle. Allemand.
Peintre de portraits, graveur sur bois.
Il fut le frère d'Andreas Baumann, qui lui enseigna les premiers éléments de la peinture.

BAUMANN Alexander

Né le 12 ou 24 avril 1850 à Reval (Estonie). XIXᵉ siècle. Allemand.
Sculpteur.
Il entra à l'École de l'Académie de Dresde et il eut pour professeur Schilling. En 1872, il obtint la charge de professeur à l'École des Arts à Saint-Pétersbourg.

BAUMANN André

Né à Chatenay (Hauts-de-Seine). XXᵉ siècle. Français.

Peintre.

Il exposa des paysages et des tableaux de fleurs au Salon des Indépendants de 1937 à 1939.

BAUMANN Andreas
Né en 1778 à Nuremberg. xixe siècle. Allemand.
Portraitiste et graveur sur bois.
Il est le frère d'Alexander Baumann.

BAUMANN Anton
Né en Galicie. xixe siècle. Autrichien.
Sculpteur, stucateur.
Après avoir étudié cinq ans à Munich, il retourna en Galicie, où il s'occupa de la décoration de plusieurs palais.

BAUMANN Christoph
xviie siècle. Actif à Znaim.
Peintre.

BAUMANN Elisabeth Jerichau. Voir JERICHAU-BAUMANN Anna Maria Elisabeth

BAUMANN Fritz
Né le 3 mai 1886 à Bâle. Mort le 9 octobre 1942. xxe siècle. Suisse.
Peintre, sculpteur. Dadaïste, puis abstrait constructiviste.
Dès 1917, il exposait à la Galerie Dada de Zurich et en 1918 il devint membre du groupe *Das Neue Leben* (La nouvelle vie). Jusqu'en 1920 il collabora avec la revue *Dada Almanach* de Berlin, et avec la revue *Bleu* de Mantoue. Pourtant, à partir de 1919, il était influencé par l'expressionnisme et le *Blaue Reiter* de Munich. Il s'associe au groupe des *Artistes radicaux*, avec Hans Arp, Marcel Janco, etc. Comme Janco, Baumann a réalisé alors des reliefs en plâtre peint, qui ne sont d'ailleurs pas éloignés des découpages en relief et souvent polychromés de Arp. C'est-à-dire que, en accord avec le groupe dans son ensemble, Baumann prend ses distances d'avec Dada, en tant que, par bien des aspects, expression d'une négation généralisée et presque destructrice, et en tout cas négation de l'art. Tandis que, bientôt, les surréalistes prendront une décision similaire en ce qui concerne les aspects négateurs de Dada, mais en conserveront l'esprit iconoclaste et les dimensions expérimentales dans la définition du surréalisme en tant qu'esthétique et méthode positive de création, les *Artistes radicaux*, à partir de leur abandon de Dada – où pourtant Arp en tout cas avait eu un rôle de promoteur et d'agitateur primordial – ouvrirent une porte de sortie bien différente en posant les bases d'un des courants du constructivisme ou en termes historiquement moins définis : d'un des courants qui étaient en train de créer l'abstraction dite géométrique au sens large. On peut encore remarquer que le groupe de Zurich, bien qu'à l'origine de Dada, eut toujours une activité créatrice positive, ce qui peut expliquer peut-être son orientation constructiviste au sortir de Dada. ■ J. B.

BAUMANN Gustave
Né en 1881 à Magdeburg (Allemagne). xxe siècle. Américain.
Peintre, graveur.
Ventes Publiques : New York, 4 mars 1987 : *Nuit d'octobre 1909-1916*, grav./bois (24,1x28,5) : **USD 2 000**.

BAUMANN Hans Otto
Né en 1862 à Zurich. xixe siècle. Suisse.
Peintre de genre, portraits.
Il fit ses études sous la direction de Bouguereau, de Robert-Fleury et de Cormon, à Paris. On cite de lui : *L'Attente.*
Musées : Neuchâtel : *Maison de paysans à Stein – Vue de la Grande Scheidegg – Schwitz*, sépia.

BAUMANN Henri
Né à Reims (Marne). xixe-xxe siècles. Français.
Sculpteur.
Élève de Hiolle. Il exposa un buste au Salon des Artistes Français de 1914.

BAUMANN Herbert
Né en 1927. xxe siècle. Allemand.
Sculpteur. Tendance abstraite.
Il a figuré au Salon des Réalités Nouvelles, à Paris en 1973.

BAUMANN Ida
Née en 1864 à Hérisau (canton d'Appenzell). xixe siècle. Suisse.
Peintre de portraits, miniatures.
Elle fit ses études à Darmstadt où elle fut l'élève de Kröh et de

Maria Schefer, puis à Paris sous la direction de Courtois et de René Collin. Elle exposa des portraits à la Royal Academy de Londres en 1892.

BAUMANN Jean Henri
Né le 8 février 1801 à Wollishofen. Mort le 2 septembre 1858 à Chaumont. xixe siècle. Suisse.
Peintre.
Élève de Füssli, Lory le Jeune et Moritz.

BAUMANN Johann ou Johannes. Voir BOUMAN Jan

BAUMANN Johann Friedrich
Né le 13 mai 1784 à Gera. Mort le 29 mars 1830 à Dresde. xixe siècle. Allemand.
Portraitiste.

BAUMANN Johann Heinrich
Né en février 1753 à Mitau (nom allemand de Ielgava, Lettonie). Mort en juillet 1832 à Klein-Jungfernhof près de Riga. xviiie-xixe siècles. Russe.
Peintre animalier.

BAUMANN Johann Wilhelm
xixe siècle. Actif à Munich. Allemand.
Graveur.

BAUMANN Jos. Anton
xviiie siècle. Allemand.
Peintre d'architectures.

BAUMANN Joseph
xviiie siècle. Actif à Augsbourg vers 1750. Allemand.
Graveur.

BAUMANN Julius
Originaire de Königsberg. xixe siècle. Actif au début du xixe siècle. Allemand.
Peintre de genre.
Il fit ses études sous la direction de Kolbe et les continua à Rome.
On cite de lui : *Les Moissonneuses au repos.*

BAUMANN Marc
xxe siècle. Français.
Peintre, peintre de cartons de tapisseries. Abstrait-lyrique.
Il s'est formé à l'École des Arts Décoratifs de Paris entre 1940 et 1947, dans l'atelier Raymond Legueult. En 1945, il a obtenu le prix d'honneur de l'atelier François Desnoyer.
Il figure à des expositions collectives : à partir de 1978, Salon d'Automne, Paris ; 1978, Salon des Indépendants, Paris ; 1987, Salon Grands et Jeunes d'Aujourd'hui, Paris ; 1989, Salon des Réalités Nouvelles, Paris. Il montre ses œuvres dans des expositions personnelles, notamment en 1985 à la galerie Muscade à Paris.
Il a réalisé plusieurs cartons de tapisseries exécutés par la Manufacture d'Aubusson, dont : *Le Printemps* (1950) ; *Poème à la mer* (1951), et trois cartons exécutés par les Gobelins pour le Mobilier national.

BAUMANN Peter
Originaire de Grindelwald. xixe siècle. Travaillait à Meiringen et à Brienz au début du xixe siècle. Suisse.
Sculpteur sur bois.

BAUMANN Philipp
xviiie siècle. Vivait à Graz vers 1775. Autrichien.
Peintre et graveur à l'aquatinte, à la manière noire.
On cite de lui : *Rebecca*, d'après Elisabeth Jerichau-Baumann.

BAUMANS Silvester
xviie siècle. Actif à La Haye. Hollandais.
Peintre.
Il portait le titre de peintre du résident impérial vers 1678.

BAUMBACH Karl
Né en 1794 à Ballenstädt. xixe siècle. Allemand.
Portraitiste.
Il étudia à l'Académie de Dresde, avec le professeur Matthaï ; puis à celle de Düsseldorf, avec Schadow. En 1838, il fut nommé peintre de la cour d'Altenbourg. Il habita Munich et Hambourg.

BAUMBACH Marx
Né le 28 novembre 1859 à Wurzen. xixe siècle. Allemand.
Sculpteur de monuments, statues.
Entré à l'École des Arts et Métiers à Berlin, il passa à l'atelier de Reinhold Begas en 1881 et y travailla jusqu'en 1884. En 1885, il exposa pour la première fois et il fut tout de suite remarqué. Il fut

médaillé à différentes reprises à Munich, Berlin, Chicago, et il obtint à Vienne, en 1893, la grande médaille d'or. Membre de l'Académie des Arts à Berlin, il fut nommé professeur en 1895, à l'occasion de l'inauguration du monument de l'empereur Frédéric, à Worth.

Musées : BERLIN : *Statue de Barberousse pour le Palais du Parlement* – *Deux groupes dans la Siegesallee* – *Statue de l'empereur Frédéric, pour le château royal* – *Statue du duc Albert de Prusse dans la cathédrale* – *Groupe de chasse pour le « Grosser Stern »* – DRESDE : *Statue équestre du roi Albert* 1901.

BAUMBERGER Otto

Né en 1889 à Altstetten près de Zurich. Mort en 1961 à Weiningen. XXe siècle. Suisse.

Peintre de paysages d'eau.

Il a surtout peint les paysages des lacs de la Suisse.

VENTES PUBLIQUES : LUCERNE, 13 nov. 1982 : *Les bateliers*, h/t (46x38,5) : CHF 1 700 – ZURICH, 8 nov. 1985 : *Souvenir de Londres (London Bridge)*, h/t (81,5x100) : CHF 2 800 – ZURICH, 4 juin 1992 : *Feu d'artifice sur le lac de Zurich*, h/t (81x66) : CHF 5 650.

BÄUME Andreas

XVIIIe siècle. Actif à Dresde, vers le milieu du XVIIIe siècle. Allemand.

Sculpteur.

Il travailla à la construction du château d'Heidecksburg (Thuringe), commencé en 1737, achevé en 1786.

BAUME Hugues

XVIIe siècle. Travaillait à Lyon vers la fin du XVIIe siècle. Français.

Sculpteur.

BAUME Yves

Né le 21 mars 1933 à Guelma (Algérie). Mort en 1997. XXe siècle. Français.

Peintre de figures, paysages, natures mortes.

Il fut élève de l'École des Arts Décoratifs de Nice, puis de l'École des Beaux-Arts de Paris. Il a commencé à exposer peu après 1950.

Il ne se limite pas aux formats traditionnels, travaille souvent à partir de panneaux de bois de formes diverses, qu'il sculpte, peint et ornemente d'objets collés. C'est une peinture heureuse, les signes qui y sont tracés et les choses qui y sont signifiées le sont avec légèreté, leurs couleurs sont de clarté et de fraîcheur. Caroline Corre, qui dirige la galerie parisienne où exposait Baume, à propos de ses peintures évoque les bannières des processions, le théâtre de marionnettes, les stands de foires, les jouets en bois peint...

BIBLIOGR. : André Laude : *Yves Baume, un courant d'air frais*, Artension, Paris, nov. 1990 – in : *Le pluriel des singuliers*, catalogue de l'exposition à la Galerie d'Art du Conseil général des Bouches-du-Rhône, Aix-en-Provence, Actes Sud, 1998.

BAUMEISTER Anna Berthe

Née à Mulhouse (Haut-Rhin). XXe siècle. Française.

Peintre, décoratrice, aquarelliste.

Elle exposa au Salon des Artistes Français de Paris entre 1905 et 1920 et à l'Exposition triennale de Mulhouse. Elle fit de l'art décoratif jusqu'en 1914, époque où elle commença à pratiquer l'aquarelle.

BAUMEISTER Carl

Né le 24 janvier 1840 à Zwiefalten (Wurtemberg). XIXe siècle. Allemand.

Peintre d'histoire, lithographe.

Il entra à l'Académie de Munich en 1855 et devint l'élève de Hermann Anschütz, Schlottauer et de Philipp Foltz. Il peignit pour nombre d'églises d'Allemagne, de Suisse, de France (Le Mans). Parmi ses œuvres les plus importantes, on cite des tableaux dans la chapelle du château de Moos, près de Lindau, et une composition représentant *La Fondation de l'ordre des Jésuites*, pour la princesse Sophie von Waldburg-Wofegg. On mentionne aussi une lithographie (*Intérieur de la cathédrale d'Ulm*) exécutée pendant son séjour dans cette ville.

BAUMEISTER Hermann

Né le 23 avril 1867 à Karlsruhe. XIXe-XXe siècles. Allemand.

Peintre de paysages, architectures, aquarelliste.

En 1893, il faisait partie de l'Association d'art à Mannheim. Il exposa à Dresde en 1892, à Düsseldorf en 1902, à Berlin en 1904. Cet artiste a surtout travaillé à l'aquarelle. Un grand nombre de ses études sur Venise, Vérone, le Tyrol présentent un certain intérêt artistique.

BAUMEISTER Johann Sebald

Né le 2 octobre 1775 à Augsbourg. Mort le 9 mars 1829 à Gmünd. XIXe siècle. Allemand.

Peintre de portraits, graveur, dessinateur.

Il était doué d'un coup d'œil remarquable, ce qui lui permettait d'éxécuter des croquis très rapidement et avec beaucoup d'habileté. La collection Erhard, à Gmünd, possède de lui trois cahiers de portraits de passants, dessinés en 1815. Sa touche est fine, et l'expression de ses figures est frappante. Il fut professeur de dessin à l'École de la ville de Gmünd. Parmi ses œuvres, il convient de noter ses gravures coloriées : *Panorama du Hohenrechberg*, *Vue du Hohenstaufen*, *Vue de Gmünd*. On cite aussi une série de portraits de nobles wurtembergeois et des dessins coloriés, à la Bibliothèque royale de Stuttgart.

BAUMEISTER Johann Wilhelm

Né le 24 avril 1804 à Gmünd. Mort le 3 février 1846 à Stuttgart. XIXe siècle. Allemand.

Peintre animalier, graveur, lithographe.

Il fit ses études artistiques à Augsbourg et à Munich et commença en 1821, à se faire connaître. C'est surtout dans la représentation des chevaux qu'il a excellé.

Musées : STUTTGART : *Chevaux en pâture dans le parc de Hohenheim* – *Paysan en traîneau* – *Marché au bétail* – *Recrutement de chevaux*.

BAUMEISTER Joseph Franz

Né le 29 janvier 1857 à Constance. XIXe siècle. Suisse.

Sculpteur de sujets religieux, monuments, statues, bustes.

Après avoir étudié dans sa ville natale, chez le sculpteur Hans Baur, Baumeister entra en 1877 à l'Académie de Munich, dans la classe du professeur Max von Windmann. Il fut aussi dirigé par Steinhäuser et Volz, à Karlsruhe. Après un voyage d'études à Rome et à Paris, l'artiste se fixa à Karlsruhe. Parmi ses œuvres, on cite : *Crucifix*, 1882, *Pietà*, *Le Christ au Golgotha*, *Monument de l'évêque Kübel* à la cathédrale de Fribourg, *Saint François et Saint Bernard* pour la nouvelle église catholique de Pforzheim, et une statue pour Rastatt, en 1894, les bustes de Leiner et de Schmalholz, et nombre de travaux pour des églises et des monastères de Bade.

BAUMEISTER Samuel

Mort vers 1800. XVIIIe siècle. Travaillait à Augsbourg. Allemand.

Peintre.

Dans la collection Buchner à Bamberg, il existe de lui une miniature de Frédéric le Grand. Il traita aussi des sujets d'histoire naturelle, et peignit des armoiries.

BAUMEISTER Samuel Friedrich

XVIIIe siècle. Travaillant en 1788. Allemand.

Peintre.

Fils de Samuel Baumeister. Il se consacra à la peinture d'histoire naturelle.

BAUMEISTER Willi

Né le 22 janvier 1889 à Stuttgart. Mort le 31 août 1955 à Stuttgart. XXe siècle. Allemand.

Peintre, décorateur de théâtre, dessinateur, illustrateur. Abstrait.

À l'âge de seize ans, il était apprenti peintre en bâtiment, mais il réussissait à suivre en même temps les enseignements de l'Académie des Arts de Stuttgart, où il fut le condisciple d'Oscar Schlemmer et du Suisse Otto Meyer-Amden dans l'atelier du peintre Adolf Hölzel, qui avait connu les impressionnistes et conçu lui-même une théorie esthétique dérivée de Seurat. En 1912, Baumeister fit un premier voyage à Paris et exposa pour la première fois, seul semble-t-il, à Zurich, peut-être grâce à Meyer-Amden avec lequel il fut très lié, de même que Schlemmer, mais cette exposition ne figure pas dans toutes les chronologies. En 1913, il participa au très important premier *Herbstsalon* (Salon d'Automne) de Berlin, qui eut lieu à la Galerie *Der Sturm* (La tempête). En 1914, il revint, avec Schlemmer, à Paris, où il fut intéressé et influencé par les œuvres de Lautrec, Gauguin et surtout Cézanne. Il fut mobilisé de 1914 à 1918. De 1919 à 1923, il vivait à Stuttgart, où il avait des activités de typographie, décorateur de théâtre, coloriste en architecture. En 1924, nouveau voyage à Paris, celui où il prit contact avec Léger, Ozenfant, Le Corbusier. En 1927, il adhéra avec Schwitters, Vordemberge-Gildewart, Doméla, à la création du *Cercle des Nouveaux Concepteurs Publicitaires* En 1928, il fut nommé professeur à l'École des Beaux-Arts de Francfort-sur-le-Main. En 1930, il fit partie du groupe de Michel Seuphor *Cercle et Carré* et participa à l'exposition à Paris. En 1932, il se joignit à *Abstraction-Création*. En 1933, à l'accession au pouvoir des nazis, son art fut décrété « entartet » (dégénéré), il fut totalement évincé, ses œuvres furent retirées des musées, certaines brûlées en public dans des « auto-da-fé », il fut chassé de son poste de professeur et interdit d'exposition. Il retourna à Stuttgart. Dans les années suivantes, dans une solitude presque complète et le secret, malgré les obstacles et les dangers, il continua très courageusement d'élaborer son œuvre, tout en gagnant de nouveau sa vie dans une imprimerie.

Dès la fin de la guerre, il retrouva son activité normale à Stuttgart, où il fut chargé, à partir de 1946, de cours à l'École des Beaux-Arts. C'est certainement grâce à lui et à quelques autres que, après la redoutable désertification opérée dans tous les domaines artistiques et intellectuels par les nazis, l'art a pu retrouver en Allemagne la voie de la liberté d'expression. De nombreuses expositions de ses œuvres furent alors montrées à travers l'Allemagne. En 1947, il publia : *Das Unbekannte in der Kunst* (L'inconnu dans l'art). Une très importante exposition rétrospective de son œuvre eut lieu en 1954 à Stuttgart, suivie d'une autre à *Documenta II* de Kassel en 1959, puis à la Biennale de Venise en 1960, et d'importantes rétrospectives à la Nationalgalerie de Berlin et à la Staatsgalerie de Stuttgart en 1989.

Dans ses œuvres de jeunesse, il alliait les couleurs en aplats, observées chez Gauguin, à une infrastructure dérivée de la vision analytique de Cézanne. Après la Première Guerre mondiale, dès 1919, il aboutit à des formes d'expression très personnelles, bien qu'apparentées au néo-plasticisme du groupe *De Stijl*, dans des compositions qui se veulent résolument murales, dénuées de toute concession anecdotique, dans lesquelles l'austérité de la forme, fondée sur le seul jeu d'horizontales et de verticales, est compensée par l'effet de reliefs de matières. A partir de 1920, dans la série des *Mauerbilder* (peintures murales), réapparurent les obliques, d'où des angles aigus et obtus et même des courbes. Il fait de nouveau de nombreux voyages à l'étranger et surtout à Paris. En 1922, il écrivit un article pour *L'Esprit nouveau* que remarquèrent Ozenfant, Le Corbusier et Léger et d'où s'ensuivit leur amitié. L'œuvre de Léger eut certainement une influence déterminante sur les thèmes inspirés par la machine et le sport peints ensuite par Baumeister. Entre 1925 et 1928, en même temps qu'étaient peints les sujets sportifs, commença la série du *Peintre avec palette*, dans laquelle courbes et lignes ondulantes se développèrent librement. Vers 1933, comme dans *L'homo footballensis* de la série sur les sports, les formes résultant encore de lignes entrecroisées délimitant des surfaces colorées, se résolvèrent en signes sommaires dénués de référence ou allusion à une réalité, sortes d'idéogrammes, représentant la présence humaine, désormais indéchiffrables. Entre 1937 et 1951, dans la série des *Idéogrammes*, il introduisit les hiéroglyphes monumentaux de l'art aztèque. En 1939, avec *Eidos*, il crée ce qu'il appelle « peintures biomorphes », dans lesquelles des signes se mêlent ou séparent sur des surfaces très travaillées en relief, de matières constituées à partir de plâtre, sable, colle. Ces derniers travaux vont se poursuivre durant la Seconde Guerre mondiale. Toutefois, obligé de travailler dans une usine de couleurs et vernis, il n'a plus guère de temps pour peindre. Il dessine des illustrations pour la Bible, pour *La Tempête* de Shakespeare, et pour le poème épique sumérien consacré au héros géant et mythique *Gilgamesh*. Il poursuit l'étude entreprise avant la guerre des cultures archaïques, de l'art préhistorique, d'où continuent de découler les séries de peintures qu'il intitule *Histoires africaines – Perforations – Peintures à reliefs*, constituées de formes organiques, souvent à ressemblance humaine : *Figure debout avec surface rouge* faite de couleurs à l'huile et de sable sur toile, aux intentions souvent grinçantes ou humoristiques, peintes en général en brun sur des fonds sobres. Après la guerre, dans les séries des *Murs cyclopéens* et des *Paysages métaphysiques*, il accentua encore les caractéristiques de cette écriture, tracée en relief dans la pâte pigmentaire ou dans le sable ou bien encore voilée par et sous des glacis successifs, inventant de nouveaux caractères, cunéiformes ou idéogrammes, réduits souvent à des taches, des traits, constituant ce que Baumeister appelait lui-même des « écritures non encore déchiffrées ». Vers 1948, les formes se simplifièrent, s'éclaircirent, se géométrisèrent de nouveau, témoignant une fois de plus de son constant balancement entre la tentation informelle et la raison constructiviste.

À partir de 1953, dans les deux dernières années donc de son existence, il peignit les deux séries les plus connues de son œuvre, d'abord les *Montaru*, lourdes masses noires monumentales envahissant de leur symbolique inquiétante la presque totalité de la surface peinte ou gravée dans le sable de signes hiéroglyphiques : *Safer 3, avec épée celte* de 1954, puis la série des *Monturi* dans lesquelles les masses flottantes sont au contraire blanches sur fonds noirs. Au sujet de Baumeister, sont souvent soulevées des objections concernant la diversité des influences, que d'ailleurs il recherche plus qu'il ne subit, et surtout un manque de cohérence dans la continuité de son œuvre. Le reproche latent est très actuel, en un temps où l'œuvre d'un artiste doit être monolithique pour être reconnue et « médiatisée ». La diversité inventive qui caractérise l'ensemble de l'œuvre de Baumeister, dont la curiosité non exclusive poussait en outre ses expérimentations de formes, de couleurs, de matières nouvelles, ses explorations des cultures artistiques primitives, dans les directions les plus dispersées, donne continûment au contraire un reflet vivant de l'évolution des critères esthétiques d'une époque complexe et perturbée, projeté dans la manifestation créatrice d'une liberté totale et parfois héroïque.

■ Jacques Busse

BIBLIOGR. : Cahier spécial consacré à Baumeister, Sélection, Anvers, 1931 – Domnick : *Abstrakte Malerei*, 1947 – Grohmann : *Willi Baumeister*, Stuttgart, 1952 – Michel Seuphor, in : *Dictionnaire de la Peinture Moderne*, Hazan, Paris, 1954 – Roh : *Willi Baumeister*, Baden-Baden, 1954 – Michel Seuphor : *Exit Baumeister*, in : *Aujourd'hui* n° 5, Paris, 1955 – Michel Seuphor, in : *Dictionnaire de la Peinture abstraite*, Hazan, Paris, 1957 – Herta Wescher, in : *Dictionnaire de l'Art et des Artistes*, Hazan, Paris, 1967 – *Dictionnaire Universel de la Peinture*, Robert, Paris, 1975 – Will Grohmann : *Willi Baumeister : Life and Work*, Londres, 1985 – *Dictionnaire de la Peinture allemande et d'Europe centrale*, Larousse, Paris, 1990.

MUSÉES : BONN (Städtische Kunstsammlungen) : *Safer 3, avec épée celte* 1954 – DÜSSELDORF (Kunstsammlung Nordrhein-Westfalen) : *Mur-image avec métaux* 1923 – ESSEN (Folkwang Mus.) : *Joueur de tennis* 1935 – GRENOBLE (Mus. des Beaux-Arts) – MANNHEIM : *Montaru III* 1953 – MUNICH (Neue Pina.) : *Eidos V* 1939 – PARIS (Mus. Nat. d'Art Mod.) : *Composition* 1923 – *Jours heureux* 1947 – STUTTGART (Staatsgalerie) : une part importante de l'œuvre – *Homme-machine avec filetage* – STUTTGART (Fond. Willi Baumeister) : Une part importante de l'œuvre.

VENTES PUBLIQUES : BERNE, 11 juin 1951 : *Composition*, cr. : **CHF 350** – MUNICH, 24 mai 1957 : *En bleu* : **DEM 3 000** – STUTTGART, 20 nov. 1959 : *Personnage avec des raies roses* : **DEM 10 000** – STUTTGART, 20 mai 1960 : *Lanternes sur fond bleu* : **DEM 14 500** – *Safer*, h. et techn. mixte : **DEM 10 500** – STUTTGART, 3 mai 1961 : *Aru n° 3*, h. et techn. mixte : **DEM 26 000** – BERNE, 9 mai 1961 : *Montaru Klein*, h. : **FRF 7 400** – STUTTGART, 3-4 mai 1962 : *Peintre avec palette* : **DEM 12 700** – MILAN, 25 nov. 1965 : *Paysage* : **ITL 3 200 000** – HAMBOURG, 4 juin 1970 : *Cristaux* : **DEM 25 000** – LONDRES, 7 juil. 1971 : *Tableau au cercle jaune* : **GBP 3 200** – MUNICH, 1er déc. 1972 : *Paysage* : **DEM 40 000** – MUNICH, 1er juin 1973 : *Deux figurines en rose et bleu* 1920 : **DEM 36 000** – BERNE, 20 juin 1973 : *Formes* 1950 : **CHF 30 500** – MUNICH, 24 mai 1976 : *Composition en vert*, sérig. (42,3x51,3) : **DEM 2 100** – HAMBOURG, 2 juin 1976 : *Rocher noir sur fond rougeâtre* 1954, h/isor. (81x100) : **DEM 52 000** – HAMBOURG, 2 juin 1977 : *Jour heureux* 1950, h/cart. (64,8x81,2) : **DEM 54 000** – MUNICH, 22 mai 1978 : *Crucifixion* 1952-1953, litho. (70x88,5) : **DEM 2 350** – MUNICH, 28 mai 1978 : *Allegro* 1954, sérig. (35,8x49,8) : **DEM 3 000** – HAMBOURG, 1er juin 1978 : *Masques sur fond gris* 1937, h/t (65,3x43,3) : **DEM 39 000** – LONDRES, 4 avr. 1979 : *Le cycliste* vers 1932-1933, gche et cr. (36x31,5) : **GBP 4 200** – PARIS, 6 déc. 1979 : *Composition* 1934, h/cart. (46,5x29) : **FRF 42 000** – MUNICH, 1er déc. 1980 : *Relation* 1950, h/isor. (65x81) : **DEM 38 500** – MILAN, 15 déc. 1981 : *Matière* 1954, h/isor. (36x25,5) : **ITL 10 000 000** – MUNICH, 7 juin 1982 : *Montaru* 1953, past. (29,5x48) : **DEM 13 500** – NEW YORK, 17 fév. 1982 : *Quatre figures* 1946, h/isor. (39x54) : **USD 8 000** – HAMBOURG, 9 juin 1983 : *Scheinrelief* 1952, fus./pap. (21,8x30) : **DEM 7 000** – MUNICH, 25 nov. 1983 : *Apollon dans un paysage*

1923, gche (35x25) : **DEM 26 000** – Hambourg, 8 juin 1984 : *Mo I* 1955, sérig. coul. : **DEM 4 400** – Londres, 6 déc. 1984 : *Le thème du jeu de quille* 1947, gche et aquar. (37,2x49,2) : **GBP 4 800** ; *Faust* 1952, h/isor. (53,364,2) : **GBP 9 000** – Munich, 10 juin 1985 : *Femme aux bras levé* 1931, h/t (81x100) : **DEM 100 000** – Zurich, 5 juin 1986 : *Composition* 1924, gche/pap. (39x28,2) : **CHF 38 000** – Milan, 6 mai 1987 : *Weissnacht* 1953, collage et past./cart. (27x22) : **ITL 8 000 000** – Londres, 29 mars 1988 : *Composition* 1942, h/cart. (54,3x64,8) : **GBP 30 800** – Munich, 7 juin 1989 : *Croquis de personnage (Le peintre ?)* 1923, h/sable/t. (65x46,5) : **DEM 154 000** – Londres, 22 fév. 1990 : *Sans titre*, cr./pap. (26x48,5) : **GBP 5 500** – New York, 26 fév. 1990 : *Composition* 1940, h/t (45,7x38,7) : **USD 110 000** – Londres, 21 mars 1991 : *Personnages alignés en dialogue* 1946, fus./pap. (30,6x43) : **GBP 5 500** – Berlin, 30 mai 1991 : *Baigneur en face d'une surface rouge* 1930, h/t (37x50,8) : **DEM 77 700** – Munich, 26-27 nov. 1991 : *Composition* 1954, h. et sable (35x25) : **DEM 126 500** – Heidelberg, 11 avr. 1992 : *Trois personnages féminins* 1927, cr. (32x21,2) : **DEM 5 600** – Berlin, 29 mai 1992 : *Quatre points*, h./fibres synth. (81x100) : **DEM 226 000** – Heidelberg, 9 oct. 1992 : *L'animal noir*, litho. (36x45,5) : **DEM 3 400** – Berlin, 27 nov. 1992 : *Tête*, plâtre et h/t (40,3x30,5) : **DEM 73 450** – Londres, 20 mai 1993 : *Montaru avec un haut rouge* 1953, h/cart. (100x81) : **GBP 249 000** – Londres, 29 nov. 1993 : *Monturi diskus III* 1954, sable et h/cart. (185x130) : **GBP 485 500** – Paris, 27 mai 1994 : *Machine* 1925, gche (42x31) : **FRF 230 000** – Londres, 29 juin 1994 : *Femmes dans un gymnase* 1928, h/t (80x60) : **GBP 58 700** – Londres, 28 juin 1995 : *Athlètes* 1934, fus. et cr. coul. (50x33) : **GBP 4 600** ; *Sarabande* 1951, h/résine synth. (54x64) : **GBP 84 000** – Londres, 28 nov. 1995 : *Jeu de quilles dans un paysage métaphysique I* 1946, h/t (80x64) : **GBP 183 000** – Lucerne, 23 juin 1996 : *Formes légères* 1938, dess. blanc et h/pap. (34,5x45) : **CHF 34 000** – Londres, 25 juin 1996 : *Fête de l'été* 1944, h/résine synth. (53x64) : **GBP 38 900** – Londres, 24 oct. 1996 : *Allegro* 1948, h/cart. (81x100) : **GBP 133 500** – Londres, 6 déc. 1996 : *Homme au téléphone* 1929, cr. et fus./cart. (24x24) : **GBP 5 750** – Londres, 26 juin 1997 : *Fête d'été* 1948, h/masonite (60x80,5) : **GBP 73 000** – Heidelberg, 11-12 avr. 1997 : *Lutins au printemps* 1953, litho. coul. (18,7x24) : **DEM 2 800**.

BAUMEL Jean-Marie
Né le 1er novembre 1911 à Marseille (Bouches-du-Rhône). xxe siècle. Français.
Sculpteur de sujets de genre.
Il fut élève de Louis Bouchard à l'École des Beaux-Arts de Paris. Il exposa régulièrement au Salon des Artistes Français, dont il devint sociétaire, médaille d'argent 1935, médaille d'or 1936 et hors-concours. Après 1945, il exposa au Salon d'Automne, puis de 1959 à 1964 il fut invité au Salon de la Jeune Sculpture. En 1965, il fut lauréat du prix Puvis-de-Chavannes.
Les titres de ses bas-reliefs et groupes de figures dénotent les sujets de genre : *L'Aumône* 1935, *Idylle* 1936.
Ventes Publiques : Paris, 26 mai 1988 : *Femmes à la toilette*, sculpt. en bronze (22x23) : **FRF 10 000**.

BAUMEL-SCHWENCK Marthe
Née à Paris. xxe siècle. Française.
Sculpteur de figures.
Elle exposait au Salon des Artistes Français, dont elle était sociétaire et où elle obtint le prix Brach ; elle figura aussi au Salon d'Automne. On cite d'elle un *Jeune athlète*.

BAUMELOU Marie Gabrielle
Née au xixe siècle à Paris. xixe siècle. Française.
Aquarelliste, pastelliste.
Elle fut élève d'Auguste Allongé. Elle exposa au Blanc et Noir en 1892.

BÄUMER Georg
Né en 1763 à Rottenbourg. xviiie siècle. Actif à Munich. Allemand.
Sculpteur de sujets religieux, bustes.
On lui doit une *Descente de Croix*, d'après Lipvrosky, avec dix-neuf figures en bas-relief (en possession de la famille royale de Bavière) et un buste de Napoléon.

BÄUMER Heinrich
Né le 25 février 1836 à Warendorf. Mort le 27 avril 1898 à Dresde. xixe siècle. Allemand.
Sculpteur.
Il fut l'élève de son père et de Schwenck. Il travailla à Rome et à Dresde. Parmi ses œuvres, il convient de citer : *Vénus et*

l'Amour, Paradis perdu, Prométhée et Jupiter* (Théâtre royal de Dresde), *Quatre évangélistes* (église Saint-Jean) et une statue pour le mausolée du prince consort Albert à Frogmore.

BAUMER Julius H.
Né en 1848 à Münster (Westphalie). Mort en 1917 à Chicago. xixe-xxe siècles. Américain.
Peintre.

BAUMER Lewis
Né le 8 août 1870 à Londres. xixe-xxe siècles. Britannique.
Peintre à la gouache, aquarelliste, illustrateur.
En tant qu'illustrateur satirique, il travailla dans sa jeunesse pour *Punch* et pour d'autres journaux. Il semble identique à BAUMER Lewis Christopher Edward, peintre qui figura à la Royal Academy et à Suffolk Street en 1892-1893.
Ventes Publiques : Londres, 25-26 avr. 1990 : *Le jeune modèle*, aquar. et gche (25,5x19) : **GBP 748**.

BAUMER René
Né à Lyon (Rhône). xxe siècle. Français.
Peintre.
Exposa au Salon des Indépendants de 1939.

BAUMER Simone
Née à Amiens (Somme). xxe siècle. Française.
Sculpteur de bustes.
Elle fut élève de Sicard et Descatoire. Elle exposa des bustes en plâtre au Salon des Artistes Français en 1935.

BAUMERCHIER Heinne de
xive siècle. Travaillait à Dijon. Éc. flamande.
Sculpteur de sujets religieux.
Il aida, en 1397, Claus Sluter à l'exécution d'importants travaux pour l'église des Chartreux à Champmol. Il est cité par Lami.

BAUMERTH Keresztély ou Christian
Né en 1792 à Löcse. Mort en 1824. xixe siècle. Hongrois.
Peintre, graveur.

BAUMES Amédée
Né le 7 mars 1820 à Paris. xixe siècle. Français.
Peintre.
Il entra, en 1838, à l'École des Beaux-Arts, puis fut élève de Delaroche. Il fit d'abord des portraits, puis se livra plus particulièrement à la peinture de genre. On cite de lui un certain nombre de toiles sur des sujets empruntés au *Faust* de Goethe.

BAUMGAERTEL Gerhard
Né en 1924 à Rostock. xxe siècle. Allemand.
Peintre. Abstrait informel.
Après la guerre, il fut élève de Xaver Fuhr à Munich. Il a commencé à exposer à partir de 1958, avec le groupe des Indépendants à Munich, et aussi à Hanovre, Wiesbaden, Düsseldorf, etc. Il fit sa première exposition personnelle à Francfort-sur-le-Main en 1960. Peintre abstrait, il se rattache aux courants de l'informel et de l'« action painting ».
Ventes Publiques : Munich, 27 mai 1977 : *Composition* 1965, h/t (120x145) : **DEM 800**.

BAUMGARD George
xixe-xxe siècles. Actif à New York. Américain.
Illustrateur.

BAUMGARTE Ruth
xxe siècle. Allemande.
Peintre de compositions animées.
En 1995, la galerie Baumgarte de Bielefeld a montré ses œuvres dans une exposition personnelle à la FIAC (Foire internationale d'Art contemporain) à Paris.
Elle réalise des œuvres figuratives, qui s'inspirent de thèmes coloniaux. Elle traite la couleur – généralement des tons acides, vert, rouge, violet – étrangère au sujet évoqué, d'un mouvement ample.

BAUMGARTEN Christoph
xvie siècle. Allemand.
Peintre.
Vers 1580, il décora l'église de la Sainte-Croix, à Hanovre.

BAUMGARTEN F.
xixe siècle. Travaillant à Leipzig vers le milieu du xixe siècle. Allemand.
Peintre, graveur, illustrateur.
On cite de lui deux planches à l'eau-forte : *Jeux d'enfants*. Il fit surtout des illustrations.

BAUMGARTEN Gottfried Christoph
Né le 7 novembre 1777. xixe siècle. Allemand.

Peintre de portraits, miniatures, aquarelliste.

Il fit son éducation à Dresde et vint à Riga en 1802. On conserve à Riga des portraits à l'aquarelle de lui.

BAUMGARTEN Gustav Friedrich

XIXe siècle. Actif dans la première moitié du XIXe siècle. Allemand.

Peintre d'histoire, portraits.

Élève de Hartmann à Dresde, il se rendit à Rome en 1823 pour s'inspirer des œuvres des grands maîtres. Il travailla ensuite en Pologne et se fixa vers la fin de sa vie en Italie.

BAUMGARTEN Lothar

Né en 1944 à Rheinsberg, originaire de Berlin-Est. XXe siècle. Actif aussi aux États-Unis. Allemand.

Réalisateur d'installations, photographe, auteur de films.

Il vit et travaille à Düsseldorf, où il fut élève de Joseph Beuys à l'Académie, et à New York. Il a participé à des expositions collectives à partir de 1972 : 1972 Documenta 5 de Kassel, 1974 Contemporanea à Rome, 1976 INK à Zurich, 1978 Biennale de Venise, 1981 *Art Allemagne Aujourd'hui* à l'ARC au Musée d'Art Moderne de la Ville de Paris, 1982 Documenta 7 à Kassel, 1984 *Ouverture* au Castello di Rivoli à Turin, 1985 *The European Iceberg* à Toronto, 1986 *Falls the Shadow, Recent British and European Art* à la Hayward Gallery de Londres et *Europe-America* au Ludwig Museum de Cologne, 1987 *Skulptur Projekte* à Münster et *Meltem* à Oiron, 1988 Galerie Maria Goodman à New York. Il présente personnellement ses œuvres depuis 1972 : 1972 à Düsseldorf, 1978 Kunstraum à Munich, 1982 Van Abbemuseum à Eindhoven, 1983 Pavillon allemand à la Biennale de Venise, 1985 Stedelijk Museum à Amsterdam, 1986 *Accès aux quais* à l'ARC au Musée d'Art Moderne de la Ville de Paris, Museum of Modern Art de New York, 1987 Kunsthalle de Berne, Musée des Arts Africains et Océaniens de Paris.

Le travail de Lothar Baumgarten l'apparente à celui de deux pères spirituels fondateurs de l'art du XXe siècle : Marcel Broodthaers et Josef Beuys. Il aborde les lieux d'expositions, les lieux et instances culturels avec des œuvres *in situ* qui en pervertissent le sens mais encore des films, des photographies, des livres. S'intéressant particulièrement à l'histoire des conquêtes coloniales et culturelles, Baumgarten crée des œuvres dans lesquelles se développe sa réflexion sur ce thème, parfois proche du simple reportage. ■ F. M.

BIBLIOGR. : Catal. de l'exposition *Die Name der Baumen*, Van Abbemuseum, Eindhoven, 1982 – Catal. de l'exposition *Tierra de los Perros Mudos*, Stedelijk Museum, Amsterdam, 1985 – *Makunaima*, galerie Marian Goodman, New York, 1987.

MUSÉES : PARIS (Mus. Nat. d'Art Mod.) : *Shapraibowe* 1985, héliogravure et sérig. – *Fish* 1985, héliogravure et sérig. – *Aquabor* 1985, héliogravure et sérig. – *Metalle* 1985, héliogravure et sérig. – *Vom Aroma Der Namen* 1985, héliogravure et sérig./pap.

BAUMGARTNER Anton

Né en 1729 à Prague. XVIIIe siècle. Travaillant à Vienne. Tchécoslovaque.

Peintre.

BAUMGARTNER Christian

Né le 25 août 1855 à Jegenstorf. Mort en 1942 à Berne. XIXe-XXe siècles. Suisse.

Peintre de paysages, aquarelliste.

Il fut élève de l'École des Beaux-Arts de Berne, dont il devint professeur à partir de 1900. Il a exposé régulièrement dans les lieux institutionnels de Suisse. Il a peint des paysages de lacs et de montagnes de la Suisse.

VENTES PUBLIQUES : BERNE, 2 mai 1979 : *Paysage de printemps au Geistsee* 1904, aquar. (60x36,5) : CHF 1 500 – BERNE, 17 oct. 1983 : *Paysage d'été*, aquar., une paire (chaque 30x50) : CHF 1 550 – BERNE, 26 oct. 1988 : *Leissigen-am-Thunersee*, aquar. (45,5x32,5) : CHF 1 100.

BAUMGARTNER Christof ou Kristof ou Paumgartner

XVIIe siècle. Travaillait à Neumarkt, en Styrie. Autrichien.

Sculpteur de sujets religieux.

En 1639, il exécuta un autel pour la chapelle seigneuriale de Saint-Lambrecht, en 1648, le maître autel, à l'église de Frauenberg, près d'Admont.

BAUMGARTNER Franz

XVIIIe siècle. Travaillait à Vienne entre 1701 et 1731. Autrichien.

Sculpteur.

BAUMGARTNER Franz

XIXe-XXe siècles. Autrichien.

Sculpteur.

On cite de lui la fontaine monumentale qu'il exécuta à Innsbruck, ainsi que des travaux pour l'église de l'université de la même ville.

BAUMGARTNER Fritz

Né en 1929 à Aurolzmünster. XXe siècle. Autrichien.

Peintre de compositions à personnages, portraits, graveur, illustrateur. Expressionniste.

Il fut élève de l'Académie de Munich de 1949 à 1955, et en 1955 travailla dans l'atelier de Kokoschka à Salzbourg pendant l'été. De 1956 à 1958, il séjourna à Paris. Il participe à des expositions à Munich, Nuremberg, Cologne, à Milan et Paris. Il a gravé une suite sur linoleum pour *L'Énéide*.

Il a été très influencé par Kokoschka. Il peint le plus souvent ses personnages noyés dans l'anonymat de la foule, il dépersonnalise et uniformise les traits de leurs visages, tandis qu'il fait exprimer par leurs mains l'angoisse de la collectivisation des sociétés mécanisées.

VENTES PUBLIQUES : MUNICH, 1er déc. 1990 : *Deux femmes* 1974, acryl./t (80x100) : DEM 2 200.

BAUMGARTNER Gregor ou Paumgartner

XVe siècle. Actif à Oberaltaich (Bavière). Allemand.

Enlumineur.

On cite de lui un dessin en couleur représentant l'*Arche de Noé*.

BAUMGARTNER Johann, appelé aussi Père Norbert

Né vers 1717 à Vienne. Mort le 30 septembre 1773. XVIIIe siècle. Autrichien.

Peintre de sujets religieux.

Moine capucin, il fit des tableaux pour diverses églises d'Autriche et de Hongrie. L'Académie de Vienne lui doit une *Sainte Famille*, qui fut son tableau d'admission.

BAUMGÄRTNER Johann

Né le 24 juillet 1744 à Memmelsdorf (près de Bamberg). Mort le 29 octobre 1793 à Memmelsdorf. XVIIIe siècle. Allemand.

Sculpteur de statues.

Élève de Dietz, il se rendit après la mort de celui-ci, à Würzburg, Mayence et Dresde pour se perfectionner. Il travailla beaucoup pour le château de Seehof. L'église de Buttenheim lui doit des statues en grandeur naturelle de l'empereur Henri et de Cunégonde. Les chevaux que l'on voit à la porte de Brandebourg, à Berlin, sont de lui.

BAUMGARTNER Johann Georg

XVIIe siècle. Travaillant vers la fin du XVIIe siècle. Allemand.

Graveur.

On cite de lui trois portraits gravés à la manière noire. Thieme et Becker pensent qu'il s'agit peut-être du graveur Georg Baumgartner, auteur d'un plan de la ville de Vienne.

BAUMGARTNER Johann Jakob

XVIIIe siècle. Allemand.

Graveur, dessinateur.

Il fit surtout des ornements et des sujets pour des tabatières.

BAUMGARTNER Johann Wolfgang, appelé par erreur Wihelm Baumgärtner

Né en 1712 à Kufstein (Tyrol). Mort en 1761 à Augsbourg. XVIIIe siècle. Autrichien.

Peintre de sujets religieux, paysages, architectures, fresquiste, graveur, dessinateur.

Il débuta par des paysages, et se distingua ensuite par la peinture des sujets d'architecture. Il exécuta des fresques pour les églises de Gersthofen, de Bergen, où il peignit les épisodes de *La Découverte de la Croix*, et d'Eggenhausen, aux environs d'Augsbourg ; Il travailla au palais du cardinal de Rodt, à Meersbourg. Il fit beaucoup de dessins pour les graveurs et les éditeurs. Le Ferdinandeum, à Innsbruck, possède de lui plusieurs ouvrages. Avec J. E. Holzer et G. B. Gös, il est l'un des plus brillants représentants de l'école augsbourgeoise, si représentative de cette seconde époque du baroque que l'on nomme « rococo ». Dans ses imaginations mouvementées et rutilantes, il affectionne, comme Tiepolo, comme J. B. Zimmermann, comme tant d'autres Baroques, le thème des « quatre parties du monde », si propice à l'exotisme naissant. On cite de lui une gravure originale : *Jean-Baptiste*, signée *J.-W. Bau.* Plusieurs planches de

Johann-Jacob Baumgartner ont été par erreur attribuées à cet artiste.

J VBaum.

MUSÉES : AUGSBOURG (Mus. comm.).

VENTES PUBLIQUES : PARIS, 4-5 nov. 1937 : *Un pape à qui apparaît le Saint-Esprit, distribuant des livres sacrés*, pl. et lav. d'encre de Chine, reh. de gche blanche : **FRF 220** – MUNICH, 30 mai 1979 : *La Vierge et l'Enfant apparaissant à des paysans*, pl. et lav. reh. de blanc (27,5x20) : **DEM 2 600** – AMSTERDAM, 18 nov. 1980 : *Méthodes pour attraper des oiseaux*, pl. et lav. reh. de blanc (53,7x72,5) : **NLG 30 000** – MUNICH, 28 juin 1983 : *La Vierge et l'Enfant*, pl. et lav. reh. de blanc/pap. (27,5x20) : **DEM 3 500** – LONDRES, 4 avr. 1984 : *Abraham et Melchisédech*, h/t (26x36) : **GBP 8 200** – MUNICH, 26 juin 1985 : *Saint Gervais et Saint Protais*, h/t mar./pan. (29x21) : **DEM 20 000** – LONDRES, 7 déc. 1988 : *Saint Paulin de Nola*, h/t (28x21) : **GBP 4 950** – NEW YORK, 9 oct. 1991 : *Le Martyr de saint Venantius*, h/t (26,7x19) : **USD 12 100** – MUNICH, 26 mai 1992 : *La Transfiguration de saint Jean Népomucène*, encre et lav. (39,8x33,8) : **DEM 7 475** – ZURICH, 12 juin 1995 : *Le massacre des chrétiens à Solothurn*, cuivre (90x97) : **CHF 1 840**.

BAUMGARTNER Peter
Né le 24 mai 1834 à Munich. Mort en 1911. XIXᵉ-XXᵉ siècles. Allemand.
Peintre de genre.
Élève de l'Académie, il eut Herman Anschütz pour professeur et travailla également avec Carl Theodor Piloty. Cet artiste eut beaucoup de vogue, aux États-Unis surtout, où presque toutes ses œuvres ont passé. Son premier ouvrage, en 1857, fut acheté mille florins.
MUSÉES : BRESLAU, nom all. de Wroclaw : *Bonne affaire* 1873.
VENTES PUBLIQUES : NEW YORK, 23 jan. 1936 : *Invitation à la danse* : **USD 110** – BERNE, 23 oct. 1965 : *Les écoliers et la chèvre* : **CHF 8 500** – MUNICH, 22 et 24 juin 1966 : *Les sept souabes vérifiant leurs épées* : **DEM 14 000** – MUNICH, 27 mai 1977 : *Le Marché aux chevaux en Hongrie*, h/t (31,5x53) : **DEM 3 800** – LOS ANGELES, 17 mars 1980 : *Les conseils à la mariée* 1878, h/t (91x74) : **USD 30 000** – LONDRES, 20 juin 1984 : *Garçons jouant avec une chèvre* 1869, h/t (87x73) : **GBP 14 000** – COLOGNE, 20 nov. 1986 : *Une bonne âme*, h/t (61,5x46,5) : **DEM 25 000** – COLOGNE, 23 mars 1990 : *La sieste interrompue* 1878, h/pan. (23x29) : **DEM 46 000** – LONDRES, 21 juin 1991 : *L'or de la Saint-Martin* 1869, h/t (7€,2x93,4) : **GBP 11 000** – NEW YORK, 19 fév. 1992 : *Conseils à la jeune épousée* 1866, h/t (90,8x74,3) : **USD 44 000** – NEW YORK, 20 fév. 1992 : *Prêt à servir*, h/pan. (22,9x28,6) : **USD 13 200** – NEW YORK, 12 oct. 1993 : *Un solide appétit*, h/pan. (23,2x28) : **USD 11 500** – NEW YORK, 15 fév. 1994 : *Leurs meilleures manières* 1880, h/t (75,5x91,4) : **USD 46 000**.

BAUMGARTNER Thomas
Né en 1892. Mort en 1962. XXᵉ siècle. Allemand.
Peintre de compositions à personnages. Académique.
On sait peu de choses sur lui, sauf toutefois que, peintre très académique de repas de paysans garantis bons Allemands, il eut le triste honneur de figurer à l'exposition d'art aryen, opposée à celle de l'« art dégénéré », à Munich en 1937.
VENTES PUBLIQUES : MUNICH, 17 mai 1984 : *Portrait de femme* 1918, h/t (96x80) : **DEM 2 000** – MUNICH, 2 juil. 1986 : *Autoportrait*, h/t (41x32) : **DEM 9 000** – MUNICH, 1ᵉʳ juil. 1987 : *Repas champêtre*, h/t (124,5x110) : **DEM 18 000** – AMSTERDAM, 9 nov. 1994 : *Deux soldats sénégalais* 1917, h/t (94x74) : **NLG 6 900**.

BÄUMGEN Josef ou Bäumchen
Né en 1714 à Düsseldorf. Mort en 1789 à Düsseldorf. XVIIIᵉ siècle. Allemand.
Sculpteur.
Il fut pendant vingt ans sculpteur à la cour de Saint-Pétersbourg et retourna ensuite dans sa ville natale, où il devint professeur à l'Académie des Arts. Dans son ouvrage : *Les monuments d'art des provinces rhénanes*, Clemen attribue une statue de marbre de Johann Wilhelm (placée dans la cour de l'École des Arts et Métiers de Düsseldorf) à un artiste du nom de Johan Baumgärtgen. Ce sculpteur est probablement identique à Bäumgen, car une plaque de marbre, qui était fixée au socle de la statue et qui est conservée au Musée historique de la ville, porte l'inscription « Jos. Bäumgen, 1780 ». Il sculpta également quatre figures en pierre la même année.

BAUMGRAS Peter
Né le 4 janvier 1827 en Bavière. Mort en 1904. XIXᵉ-XXᵉ siècles. Américain.

Peintre de portraits, natures mortes.
Après avoir étudié à Düsseldorf et à Munich, il partit pour les États-Unis, en 1853, et vécut à Washington de 1857 à 1877. Nommé professeur à l'université de l'Illinois, il exerça par son enseignement une grande influence sur l'art américain. Il s'établit, en 1879, à Chicago. Cet artiste a particulièrement excellé dans les natures mortes.
VENTES PUBLIQUES : LOS ANGELES, 24 juin 1980 : *Portrait du Dr Forbes Barclay*, h/t (76x63,5) : **USD 850** – NEW YORK, 25-26 nov. 1996 : *Église à Panama* 1873, h/t (76,2x127) : **USD 28 750**.

BAUMHAUER Christoph ou Beinhauer
Originaire de la Haute Souabe. XVIᵉ siècle. Travaillait à Biberach (Wurtemberg). Allemand.
Peintre.
Il était le fils de Hans Baumhauer.

BAUMHAUER Hans ou Beinhauer
Originaire de la Haute Souabe. XVIᵉ siècle. Actif à Biberach en 1585. Allemand.
Peintre de compositions religieuses.
L'église paroissiale possède de lui un tableau, qui fut restauré en 1747 par Klauflügel.

BAUMHAUER J. M.
XVIIIᵉ siècle. Vivait dans la seconde moitié du XVIIIᵉ siècle à Francfort-sur-le-Main. Allemand.
Graveur.
On a de lui le portrait de J.-Paul Sauerbeck.

BAUMHAUER Johann Friedrich
XVIIᵉ siècle. Vivait à Tübingen. Allemand.
Sculpteur.
Il était fils du sculpteur Leonhard Baumhauer.

BAUMHAUER Leonhard ou Lienhard
Sans doute originaire de Gmünd (Souabe). Mort le 1ᵉʳ mars 1604. XVIᵉ-XVIIᵉ siècles. Vivait à Tübingen entre 1559 et 1604. Allemand.
Sculpteur de monuments.
Il collabora avec son beau-père Jakob Woller à la construction des monuments funéraires du duc Christoph de Wurtemberg et de sa femme la duchesse Anna-Maria. Parmi ses œuvres citées, mentionnons : Monuments funéraires de Herter von Herteneck à Stuttgart (1563), du Prince Eberhard, de Jörg von Ehingen, dans l'église de Kilchberg, de Veit Sternenfel, à l'église de Zaberfeld, et de Heinrich von Ostheim (1560) à Tübingen. Il exécuta aussi la statue de Maximilian II sur la place publique à Reutlingen, la fontaine du marché à Munderkingen et une statue de saint Georges sur le Jörgen-Brunnen à Tübingen.

BAUMHAUER Sebald
Mort en 1533. XVᵉ-XVIᵉ siècles. Actif à Nuremberg à partir de 1499. Allemand.
Peintre.
Le talent de cet artiste fut loué par Albrecht Dürer. La Galerie nationale de Budapest conserve de lui un tableau, signé et daté de 1480.

BAUMHAUER Veit
Originaire de Gmünd (Souabe). XVIᵉ siècle. Allemand.
Peintre, sculpteur.
Il travailla à Würzburg.

BÄUMLER Georg
Né le 26 décembre 1871 à Kitzingen. XIXᵉ-XXᵉ siècles. Allemand.
Sculpteur de bustes, décorations monumentales.
Il fut élève du sculpteur Gustav Kaupert à l'Institut d'Art de Francfort-sur-le-Main, de 1891 à 1896. Il voyagea ensuite en Italie jusqu'en 1898 et se fixa de nouveau à Francfort. Il commença alors à exposer, surtout des bustes de personnalités. Il fut nommé professeur de sculpture à l'Institut de Francfort en 1908. Il travailla à de nombreuses décorations, parmi lesquelles celles de la nouvelle gare de Hambourg.

BAUMONT Fernand Arthur
Né à Hem (Nord). XXᵉ siècle. Français.
Peintre.
Il exposa au Salon des Artistes Français de 1936 avec *Site de Bruges*.

BAUNACH Johann
Né en 1785 à Eichelsdorf. Mort en 1828. XIXᵉ siècle. Allemand.

Sculpteur.
Il travailla à Würzburg.

BAUNATTIAN. Voir **BENATOV**

BAUP Henri Louis
Né le 5 avril 1776 dans le Dauphiné, On l'indique aussi comme étant originaire de Mayence. Mort le 14 octobre 1855 à Nyon. XIXᵉ siècle. Français.
Peintre de portraits, miniatures.
Apprenti à Genève de François Soiron, en 1791. Peintre sur émail et porcelaine à Paris, où il s'établit en 1798, il y exposa sous le nom de Dihl en 1812, 1819, 1827. Il a travaillé longtemps à Sèvres et à Nyon en Suisse. Salon de 1831 : *Mademoiselle de Rambouillet*, de 1834 : *Mademoiselle de Nemours*, d'après Largillière.
Musées : Lausanne : *Madame de Maintenon – Madame de Grignan*.

BAUQUIER Georges
Né en 1910 à Aigues-Mortes (Gard). Mort le 2 avril 1997 à Callian (Var). XXᵉ siècle. Français.
Peintre de figures, intérieurs, natures mortes, dessinateur. Postcubiste.
Il dessinait très jeune d'après des photographies. À Paris, où il travaillait à toute autre chose que le dessin, il rencontra une jeune femme peintre, Nadia Grabowski, née Khodossievitch, future épouse de Fernand Léger et élève d'Amédée Ozenfant, qui l'initia à l'art moderne à travers l'enseignement de Fernand Léger. En tant que mari de Nadia ex-Léger, il participait à la gestion du musée de Biot. Il a exposé au Salon des Indépendants, notamment en 1937, ainsi qu'au Salon de Mai en 1953.
Il resta très influencé par l'enseignement de Léger, dessinant et peignant surtout des natures mortes que sectionnent quelques découpes postcubistes de plans de lumière ou d'ombre. Parfois, surtout dans ses personnages dans un intérieur : *L'Atelier – La Couseuse*, toutes deux de 1970, s'éprouve quelque chose de très naïf. Il a peint aussi des compositions abstraites : découpes de formes planes en arabesques sur fond uni.
Bibliogr. : Jean Lescure : *Georges Bauquier*, Grasse, 1971.
Ventes Publiques : Paris, 8 oct. 1989 : *Formes sur fond jaune* 1968, h/t (91x72) : FRF 32 000 – Paris, 4 avr. 1991 : *Nature morte aux fruits, couteau, verre et bouteille de vin*, h/t (51x65) : FRF 10 800.

BAUQUIER Nadia. Voir **LÉGER Nadia**

BAUR Albert
Né le 7 juillet 1835 à Aix-la-Chapelle. Mort le 7 mai 1906. XIXᵉ-XXᵉ siècles. Allemand.
Peintre d'histoire, décorations murales.
Élève de l'université de Bonn, il alla, à dix-neuf ans, à Düsseldorf, où il devint l'élève de Joseph Kehren. Quelque temps après il visita Paris, la Hollande, repassa en Italie, et vint en 1861 s'établir à Munich pour deux ans. En dernier lieu il retourna à Düsseldorf et resta dans cette ville jusqu'à la fin de sa vie. Il remplit les fonctions de professeur à Weimar vers 1872. Ses tableaux, souvent inspirés par les origines du christianisme dans la Rome antique, se distinguent par un beau réalisme et un coloris énergique.
Musées : Aix-la-Chapelle : *Idylle romaine* – Tableaux décoratifs pour l'hôtel de ville de Düsseldorf et pour celui d'Aix-la-Chapelle – Düsseldorf : *Martyrs chrétiens* – Wuppertal : *Saint Paul prêchant à Rome* – *Otto devant le corps de son frère Tankmar*.
Ventes Publiques : New York, 2 avr. 1902 : *Maraudeurs* : FRF 2 125 – New York, 19 jan. 1906 : *Un banquet romain* : USD 600.

BAUR Albert, le Jeune
Né le 1ᵉʳ juillet 1868 à Düsseldorf. XIXᵉ siècle. Allemand.
Peintre de sujets militaires, scènes de sport.
Il était fils d'Albert Baur. Il fréquenta d'abord l'Académie à Düsseldorf à deux reprises, puis alla à Munich et à Karlsruhe. Ses maîtres furent Peter Janssen, Claus Meyer, Wilhelm von Diez, Hermann Baisch. Quand il vint à Paris, il travailla avec Lefebvre. Il excella dans la peinture des sports et des sujets militaires. Le musée de Barmen possède un tableau de lui.

BAUR Hans
Né le 26 février 1829 à Constance. Mort le 5 juin 1897 à Constance. XIXᵉ siècle. Suisse.
Sculpteur de statues.
Fils de Johann Baur. Johann Jakob Oechslin fut son premier

maître, à Schaffhouse. Puis, le grand-duc de Bade l'ayant pris sous sa protection, il continua, aux frais de ce prince, ses études à Munich. Il y eut pour professeur Max Windmann. En 1851, il alla à l'École des Arts à Karlsruhe, revint à Constance en 1862, et, l'année suivante, il fit un voyage d'études à Paris. Ses œuvres sont nombreuses. On distingue les statues colossales de *Saint Conrad* et de *Pélagius*, à l'entrée de la porte du Münster, à Constance, les statues de l'évêque *Gebhard de Constance*, et celle du *Margrave Bernhard von Baden* à Constance, la statue du *Margrave Louis*, que l'on voit à l'Académie de Karlsruhe, la statue colossale, *Le Rhin*, figure allégorique qui décore le pont du Rhin près de Kehl, les statues du duc *Berthold Iᵉʳ de Zähringen* et du grand-duc *Léopold de Bade*, placées sur le pont du Rhin, près de Constance, la figure de *La Victoire*, que l'on admire sur la grand-place.

BAUR Heinrich
Né en 1862. Mort en 1936. XIXᵉ-XXᵉ siècles. Suisse (?).
Peintre de natures mortes.
À rapprocher de Henri Baur.
Ventes Publiques : Berne, 6 mai 1981 : *Nature morte aux pommes et au raisin*, h/pan. (21x26) : CHF 800.

BAUR Henri
Né à Birmensdorf. XXᵉ siècle. Suisse.
Graveur sur bois.
Il a figuré au Salon des Artistes Français de Paris.

BAUR Ignaz. Voir **PAUR**

BAUR Johann
Né le 9 août 1787 à Hombourg (canton de Thurgau). Mort en 1837 à Constance. XIXᵉ siècle. Suisse.
Sculpteur de sujets religieux.
Il fut l'élève de Jos. Sporer l'aîné, puis alla à Vienne pour se perfectionner. Les chartreux de Ittingen lui doivent une statue de Saint Bruno.

BAUR Johann Leonhard
Né en 1681 à Augsbourg. Mort en 1760 à Augsbourg. XVIIIᵉ siècle. Allemand.
Sculpteur.
On cite de lui au château de Lowenburg deux reliefs en bois représentant l'un *Saint Michel*, l'autre une allégorie avec les figures de l'Art, de la Science et de la Religion. Il travailla également l'ivoire et la nacre.

BAUR Johann Wilhelm ou **Bauer**
Né vers 1600 à Strasbourg. Mort en 1640 à Vienne. XVIIᵉ siècle. Français.
Peintre de scènes religieuses, compositions allégoriques, paysages animés, paysages urbains, marines, peintre à la gouache, aquarelliste, peintre de miniatures, graveur, dessinateur, illustrateur.
Élève du miniaturiste et graveur Friedrich Brentel. Il voyagea vers 1626 en Italie, séjourna à Rome et à Naples et subit l'influence de Callot et de Stefano della Bella. Baur fournit onze planches pour le premier volume de l'ouvrage du jésuite Strada : *De Bello Belgico*, paru en 1640. Il exécuta aussi divers ouvrages pour le duc de Bracciano, le marquis Giustiniani et d'autres personnages de marque italiens. Après un court séjour à Venise, il fut appelé par l'empereur Ferdinand III à la cour de Vienne, s'établit et se maria dans cette ville, où il termina sa vie. Parmi ses ouvrages les plus importants, il convient de signaler : six planches, *Vues d'Italie*, à Tivoli, Frascati, etc. (1636), une série de 151 planches illustrant les *Métamorphoses d'Ovide* (Vienne, 1639-1640), *Miniatures de paysages* et *Scènes de l'histoire de Cyrus, de Tancrède*, etc., une *Élévation de la Croix*, le *Supplice de Regulus, Bataille de cavaliers, La Tour de Babel*. Melchior Kusel a beaucoup gravé d'après Baur, notamment ses planches de l'*Histoire de Jésus*, une série de paysages et de ports de mer, ainsi que dix-sept figures allégoriques des vertus et des vices. Franz Goubeau fut son élève. Lanzi le croit aussi le maître de Jacopo Cortese.

IWB, JWB, WB, WBf, WB
IWB. I WB

Musées : Bâle : *Le Rêve de Jacob* – Hanovre – Rome (Borghèse) : *Le Forum de Trajan à Rome – Le Capitole – La Place du Quirinal – La Place Colonna à Rome – La Façade du palais de la villa Borghèse au XVIIᵉ siècle* – Venise :
Ventes Publiques : Paris, 1755 : *Deux sujets de guerre* : FRF 120

– Paris, 1768 : *Batailles* : **FRF 601** – Paris, 1777 : *Paysages, monuments, marines* : **FRF 1 350** ; Paris, 1783 : *Intérieur d'un jardin avec personnages*, h/t : **FRF 101** – Paris, 1842 : *Marine*, h/t : **FRF 70** – Paris, 1858 : *Huit sujets dans quatre cadres* : **FRF 790** – Paris, 1863 : *Vue d'un port de mer* : **FRF 200** – Paris, 1865 : *Vue du quai de Venise*, miniature : **FRF 552** ; *Le Baptême de saint Jean* ; *Le Christ partant pour la pêche miraculeuse*, miniature : **FRF 340** ; *La Crèche et le Calvaire*, miniature : **FRF 305** – Paris, 1879 : *Deux vues de Rome* : **FRF 1 550** – Paris, 5 mars 1909 : *Scène de combat sur terre et sur mer* : **FRF 42** – Paris, 15 déc. 1921 : *Cavaliers combattant*, pl. et encre de Chine : **FRF 100** – Paris, 30 janv.-3 fév. 1922 : *Palais au bord de la mer*, gche : **FRF 400** – Paris, 10 juin 1926 : *Vues de villes et de ports*, quatre gche : **FRF 3 300** – Paris, 17-18 mars 1927 : *Attaque d'une ville*, pl. et lav. de bistre : **FRF 130** – Paris, 7-8 juin 1928 : *Paysage avec vue de ville des bords du Rhin*, gche : **FRF 1 500** – Paris, 28 mai 1937 : *Vue d'un port*, gche : **FRF 1 600** ; *Le Martyre de sainte Agathe*, gche : **FRF 800** – Paris, 9-10 juin 1953 : *Vues de ports animés de personnages*, quatre aquar. gchées : **FRF 135 000** – Paris, 2 juin 1954 : *Choc de cavalerie*, enluminure : **FRF 8 000** – Versailles, 24 nov. 1963 : *Le Martyre de sainte Agathe*, gche : **FRF 3 200** – Amsterdam, 21 mars 1977 : *Elégante compagnie au bord de la mer*, gche et pan. /pap. mar./pan. (13,6x20,6) : **NLG 9 400** – Londres, 9 avr. 1981 : *Elégants personnages montant dans une gondole* 1640, gche/parchemin mar. (14,2x19,7) : **GBP 4 500** – Londres, 29 nov. 1983 : *Le Roi Gustave Adolphe à la bataille de Lutzen*, gche/parchemin (16,1x23,3) : **GBP 3 200** – Monaco, 20 fév. 1988 : *Vue de quai animé de personnages*, encre (12,5x20,5) : **FRF 79 920** – New York, 12 jan. 1990 : *Scène de bataille*, gche avec reh. or/vélin (13,7x18,4) : **USD 7 975** – Monaco, 7 déc. 1990 : *Scènes de batailles*, gche et pl., une paire (chaque 10x17) : **FRF 138 750** – Londres, 6 juil. 1992 : *Capriccio d'un quai vénitien avec de nombreuses figures devant un important palais* 1637, encre et gche/vélin (12,9x18) : **GBP 11 880** – Londres, 9 déc. 1992 : *Personnages élégants se promenant sur une terrasse*, h/t (34,5x46) : **GBP 13 750** – Paris, 8 déc. 1994 : *Arrivée des esclaves à Venise* ; *Un quai animé de personnages*, encre grise et gche/vélin, une paire (chaque 12,5x20,5) : **FRF 112 000** – New York, 10 jan. 1995 : *La Fondation du monastère de Neuburg* 1638, gche/vélin (20x29,5) : **USD 9 200** – Londres, 3 juil. 1996 : *Vue d'une baie abritée avec des bateaux amarrés*, gche et encre (5,8x12,9) : **GBP 2 645** – Paris, 4 avr. 1997 : *Perspective antique*, gche (13,5x18,5) : **FRF 16 000**.

BAUR Johannes Antonius

XVIIIe-XIXe siècles. Travaillait à Harlingen en 1767 et plus tard à Amsterdam. Hollandais.

Peintre de sujets de genre, portraits.

Il est le père de Nicolas Baur, peintre de marines. Reinier Vinkeles grava d'après Johannes Antonius Baur le portrait d'Egbert Joan Greve et celui du fameux historien Simon Stijl.

Ventes Publiques : Paris, 8 avr. 1954 : *La dégustation d'huîtres* : **FRF 35 000** – Paris, 10 déc. 1990 : *La dégustation d'huîtres*, aquar./vélin (26,5x21) : **FRF 7 500** – New York, 15 oct. 1991 : *La becquée*, h/pan. (21,5x16) : **USD 1 540**.

BAUR Karl

Né le 21 décembre 1881 à Munich. XXe siècle. Allemand.

Sculpteur de monuments, statues, figures mythologiques, motifs décoratifs.

Il fut élève du sculpteur de monuments réputé Adolf Hildebrand et du sculpteur de portraits Erwin Kurz, à l'Académie des Beaux-Arts de Munich. En 1904, il fut lauréat du concours pour l'édification de la fontaine de Deggendorf, et en 1908 du concours pour le monument du roi Louis à Bamberg. Il a sculpté des statues sur des sujets mythologiques : *Narcisse couché*, des commandes pour des tombeaux. Il a également collaboré à des reconstitutions d'œuvres de l'Antiquité.

BAUR Karl Albert von

Né le 13 juillet 1851 à Munich. Mort le 22 août 1907 à Unterrammergau. XIXe-XXe siècles. Allemand.

Peintre de paysages, paysages d'eau.

Il étudia à l'Académie de Munich, avec Benezur, Löfftz et Wilhelm Diez.

Intimement lié avec Ludwig Willroider, il subit son influence en peinture. Il se plut à traduire la poésie des eaux calmes, des lointains brumeux. Il fut beaucoup plus idéaliste que réaliste.

BAUR Nicolaas, Nikolaas ou Bauer

Né le 12 septembre 1767 à Harlingen. Mort le 28 mars 1820 à Harlingen. XVIIIe-XIXe siècles. Hollandais.

Peintre de sujets militaires, scènes de genre, marines, aquarelliste.

Élève de son père Johannes Antonius Baur, il commença par faire des paysages, puis il s'adonna à la peinture de sujets de marine et ne tarda pas à se faire une renommée. J.-A. Le Campion grava, d'après lui, une vue de La Haye.

Musées : Amsterdam : *Mer calme – Mer agitée – La flotte anglo-hollandaise pénètre dans la baie d'Alger* 1816 – *La flotte algérienne est incendiée – Bombardement d'Alger, 27 août 1816 – Chaloupe allant au secours de la Queen Charlotte, commandée par lord Exmouth, 26 août 1816* – La Haye .

Ventes Publiques : Vienne, 18 mai 1965 : *Phare et mer démontée* : **ATS 5 000** – Amsterdam, 6 sep. 1983 : *Trois-mâts et autres voiliers au large de la côte* 1819, h/pan. (52,5x70) : **NLG 8 200** – Paris, 15 mai 1992 : *Bateaux entrant au port par mer agitée*, lav. gris et reh. d'aquar. (30,5x38,5) : **FRF 7 000** – Vienne, 29-30 sep. 1996 : *Course de patins à glace* 1810, h/t (59,5x75) : **ATS 795 000**.

BAUR Nikolaus

Né le 6 novembre 1816 à Trèves. Mort le 2 octobre 1879 à Munich. XIXe siècle. Allemand.

Peintre d'histoire, sujets religieux, portraits.

D'abord élève de l'Académie à Düsseldorf, il se rendit à Munich en 1849 ; dans cette ville, il travailla jusqu'en 1858, chez Schlottauer. Il réalisa de nombreux tableaux religieux et peignit surtout pour les églises. On lui doit aussi quelques portraits et deux fresques pour le Musée National de Bavière.

BAUR Romuald

Né en 1875 à Mettenberg. Mort en 1905 à Stuttgart. XIXe-XXe siècles. Allemand.

Peintre.

Il fut élève de Hang à l'Académie de Stuttgart. Le musée de cette ville conserve un tableau de fleurs de lui.

BAUR Silvester. Voir PAUR Silvester

BAUR Theodore

Né en 1835. Mort en 1898. XIXe siècle. Américain.

Sculpteur de sujets, figures typiques.

Il a souvent consacré ses sculptures et statuettes au folklore indien.

Ventes Publiques : New York, 27 oct. 1977 : *Le Chef indien Crazy Horse* 1885, bronze patiné (H. 72,4) : **USD 3 250** – New York, 10 juil. 1980 : *Cavalier menant deux chevaux* 1915, bronze (H. 22,5) : **USD 600** – New York, 9 sep. 1993 : *Portrait de Crazy Horse* 1885, bronze (H. 73,7) : **USD 4 025** – New York, 3 déc. 1996 : *Buste de chef indien* 1887, bronze (H. 45,7) : **USD 3 220**.

BAUR Thomas

XVIIe siècle. Actif à Mayence. Allemand.

Miniaturiste.

Il fit ses études probablement sous la direction de Claude Renard à Liège. On cite de lui un *Livre de chœur* richement orné.

BAUR Wilhelm

XVe siècle. Travaillait à Strasbourg vers 1464. Français.

Graveur sur bois.

BAURA Wenceslaus

XVIIIe siècle. Travaillait en Bohême. Tchécoslovaque.

Sculpteur.

On cite de lui des colonnes sculptées sur la grande place de Rokyzan (Bohême).

BAURAIN Henri

Né le 2 juillet 1927. XXe siècle. Français.

Peintre de paysages. Naïf.

Il expose dans des Salons régionaux, principalement dans le Nord. Il peint souvent des paysages urbains, sensible, à l'exemple de Louis Vivin, aux rythmes répétitifs des fenêtres, des pierres de taille, des pavés de la rue, des rebords de trottoirs.

Bibliogr. : In : *L'Officiel des arts*, Édit. du Chevalet, Paris, 1988.

BAURAIN Jacques

Né en 1937 à Berchem-Sainte-Agathe (Brabant). XXe siècle. Belge.

Peintre de figures, d'insectes, dessinateur. Tendance symboliste.

À l'Académie des Beaux-Arts de Bruxelles, il fut élève de Jean Ransy. Il obtint le prix Evenepoel en 1961, le prix Louis-Schmidt en 1976. Il est devenu professeur à l'Académie Saint-Gilles.
Il a traité des sujets à tendance symboliste, tels que *Le Baiser* de 1925, très différent du même sujet peint plusieurs fois par Gustav Klimt, ici déjà très « Art Déco » des années trente dans la « stylisation » extrême de la ligne, des surfaces, de la composition géométrique, de la couleur appliquée en aplats ou en dégradés savamment contrôlés. Il s'est également inspiré, dans des gammes de couleurs très vives, de l'aspect anatomique des insectes, qui se prêtent à cette même stylisation géométrisante.
BIBLIOGR. : In : *Diction. biogr. des artistes en Belgique depuis 1830*, Arto, Bruxelles, 1987.

BAURAINS François
XVIᵉ siècle. Travaillait à Noyon vers la fin du XVIᵉ siècle. Français.
Peintre, décorateur.
Il exécuta des travaux à l'église de Roye en 1594.

BAURE Albert
Né à Bordeaux (Gironde). Mort en 1930. XIXᵉ-XXᵉ siècles. Français.
Peintre de portraits, paysages animés.
Il fut élève de William Bouguereau et Tony Robert-Fleury. Il a commencé à exposer au Salon des Artistes Français à partir de 1889, mention honorable 1899, médaille de troisième classe 1911. Dans la plus grande partie de sa vie, jusqu'en 1930 environ, il fut surtout peintre de portraits, pour des commandes de personnalités de l'époque. Ensuite il diversifia ses sujets : en 1929 un *Tombeau de Marguerite d'Autriche à la cathédrale de Brou*, en 1933 le *Quai Courbet à Villegronde (?)*, en 1934 *Carriers en Poitou*, 1935 *Jour de fête*, 1936 *Fandango*. Il figura aussi au Salon d'Automne en 1921, avec une nature morte.
VENTES PUBLIQUES : NEW YORK, 20 jan. 1993 : *Promenade dans un parc*, h/t (45,7x33) : **USD 1 610**.

BAURENFEIND Charles
Né le 20 mai 1898. Mort en septembre 1988. XXᵉ siècle. Français.
Peintre de natures mortes, fleurs et fruits.
Il fut élève du peintre havrais Georges Binet. Il a exposé essentiellement au Havre à partir de 1943 dans le contexte de l'exposition annuelle des artistes havrais et durant une dizaine d'années. Une galerie du Havre a montré un ensemble de ses œuvres en 1947. La presse locale a loué à cette occasion la délicatesse de ses coloris dans le traitement des fleurs.

BAURIEDL Otto
Né le 9 août 1879 à Munich. XXᵉ siècle. Allemand.
Peintre de paysages, graveur, illustrateur.
Il fut élève de Franz von Stuck à l'Académie des Beaux-Arts de Munich. À partir de 1904, il exposa à Munich.
Il fournit des dessins à l'éditeur Martin Gerbach à Vienne. À Munich, il travailla pour la publication *Die Jugend* (La Jeunesse). Son tableau *Mois de mars dans la montagne* fut acquis par le gouvernement autrichien.

BAURIN Pierre
XVIIIᵉ siècle. Français.
Sculpteur.
Reçu à l'Académie Saint-Luc en 1735.

BAURLEIN Johann
XVIIᵉ-XVIIIᵉ siècles. Actif à la fin du XVIIᵉ siècle et au début du XVIIIᵉ. Allemand.
Peintre.
Il avait été reconnu citoyen de Nuremberg le 15 mars 1693.

BAURNFEIND Moritz
Né le 17 février 1849 à Vienne. XIXᵉ-XXᵉ siècles. Autrichien.
Peintre de compositions à personnages, dessinateur, illustrateur, caricaturiste. Postromantique.
Il était le petit-fils du grand peintre et illustrateur romantique Moritz von Schwind, qui mourut en 1871. Il fut élève de l'Académie des Beaux-Arts de Vienne. Il voyagea à Karlsruhe, Munich, Paris où il fut élève de William Bouguereau à l'Académie Julian. Il revint et se fixa à Munich en 1900, figurant régulièrement aux expositions du Kristalpalast.
Sans doute influencé par la peinture de son grand-père, il traita aussi, dans une facture très XIXᵉ, des grands sujets allégoriques : *La Musique dissipant le Chagrin – La Fontaine de Jouvence – Bateaux de fous*. Comme Moritz von Schwind, il illustra des

ouvrages littéraires, et publia des dessins satiriques dans *Der Scherer* (Le coupeur de cheveux en quatre).

BAURSCHEIT Jan Pieter van, l'Ancien ou Bauerscheyt, Bouwerschyt, Bairscheit, Baitseel, dit l'Allemand
Né en 1669 à Würmersdorff près de Bonn. Inhumé en 1728 à Anvers. XVIIᵉ-XVIIIᵉ siècles. Éc. flamande.
Sculpteur de monuments, architecte.
Il vint jeune à Anvers, où il fut l'élève de Pieter Scheemaecker l'Ancien. Il a exécuté un certain nombre de sculptures pour des églises d'Anvers, et des monuments funéraires, notamment celui de Jean-Baptiste de Paris, du gouverneur von Vrem-Dyck et de sa femme à Anvers, et celui de P. F. Roose, baron de Bouchout, à Sainte-Gudule de Bruxelles.

BAURSCHEIT Jan Pieter Van, le Jeune ou Bauerscheit
Né le 27 avril 1699 à Anvers. Mort le 10 septembre 1768 à Anvers. XVIIIᵉ siècle. Éc. flamande.
Sculpteur de sujets religieux, architecte.
Fils de Jan Pieter Van Baurscheit l'Ancien. Il fut reçu membre de la gilde Saint-Luc en 1712. De 1743 à 1750, il travailla à un autel de la cathédrale d'Anvers avec la collaboration de son aide, Gaspard Moens. Il fut professeur puis directeur de l'Académie d'Anvers.

BAURY Charles Martial
Né le 3 août 1827 à Paris. Mort en 1879 à Paris. XIXᵉ siècle. Français.
Sculpteur de bustes.
Élève de Rude, il exposa au Salon de 1848 à 1868 ; on ne connaît de lui que des bustes, notamment d'artistes de l'Opéra et de l'Opéra-Comique.

BAUS Simon Paul
Né en 1882 à Indianapolis (Indiana). XXᵉ siècle. Américain.
Peintre.

BAUSA Gregorio ou parfois Bauza Grégoire
Né en 1590 dans l'île de Majorque. Mort en 1656 à Valence. XVIIᵉ siècle. Espagnol.
Peintre de compositions religieuses.
L'influence de son maître, Francisco Ribalta, se fait sentir dans ses œuvres.
Il a travaillé à Valence et, dans cette ville, on cite parmi ses meilleurs ouvrages : *Scènes de la vie de sainte Catherine*, dans l'église Saint-Dominique, *Adoration des Mages*, à San Miguel de Los Reyes, *Résurrection du Christ*, à Saint-André. L'église des Carmes déchaussés possède de lui un beau tableau d'autel : *Martyre de saint Philippe*.
MUSÉES : NARBONNE : *Saint Joseph et la Vierge conduisant Jésus*.

BAUSBACK Alphonse
Né à Paris. Mort en 1887. XIXᵉ siècle. Français.
Sculpteur.
A exposé des médaillons en plâtre, de 1878 à 1883.

BAUSCH August
Né au XIXᵉ siècle à Bonn. XIXᵉ siècle. Allemand.
Peintre d'histoire, scènes de genre.
Établi à Düsseldorf, il exposa, en 1839, à Francfort-sur-le-Main : *Le Sacrifice d'Abraham*. Parmi ses œuvres, on distingue *Marguerite et Marthe*, sujet pris dans le *Faust* de Goethe (1841), et *Le Templier*, qui parut en 1843.

BAUSCH Theodor
Né le 19 décembre 1849 à Stuttgart. XIXᵉ siècle. Allemand.
Sculpteur de monuments.
Pendant plusieurs années élève et aide de Johannes Schilling, il collabora avec ce dernier, à Dresde, à l'exécution du monument du Niederwald. Il s'établit à Stuttgart en 1883. Le musée de sa ville natale possède de lui un bronze : *Élégie*.

BAUSE Johann Friedrich
Né en 1738 à Halle (Saxe). Mort le 5 janvier 1814 à Weimar. XVIIIᵉ-XIXᵉ siècles. Allemand.
Graveur, dessinateur.
Cet artiste, qui grava à l'eau-forte, au burin, au pointillé, à la manière du crayon et à la manière noire, se forma sans maître. Il se servit surtout du burin, s'inspirant de la manière de Johan Georg Wille. Il a quelquefois signé : *B. sc.*, *B. f.* et *J. F. B. E.* En 1766, il devint membre de l'Académie des Arts à Leipzig, où il se fixa. Il y exécuta nombre de portraits. Son nom figura aussi parmi les membres des Académies de Dresde, de Berlin, et de Stockholm. Le peintre Graff fit trois fois le portrait de cet artiste. Vers sa soixante-et-onzième année, Bause cessa de travailler, et se retira à Weimar.

BAUSE Juliane Wilhelmine
Née en 1768 à Leipzig. Morte en 1837 à Leipzig. XVIIIe-XIXe siècles. Allemande.
Graveur à l'eau-forte, dessinateur.
Elle était fille et élève du précédent. Elle grava avec goût et, très probablement, dut aider son père dans ses travaux. On cite d'elle : *Essais de gravure à l'eau-forte*, suite de dix pièces dédiées à Mme Löhr, Leipzig, 1791 ; paysages d'après Bach, J. Both, Kobell, W. Hodges, Sachtleven, Wagner et Waterloo.

BAUSEWEIN
Mort après 1800. XVIIIe-XIXe siècles. Travaillait à Bamberg vers 1790. Allemand.
Peintre de portraits.

BAUSI Dino
D'origine italienne. XIXe siècle. Allemand.
Artiste.
Il figura à la Galerie d'Art moderne, à Florence.

BAUSIL Louis
Né en 1876 à Carcassonne (Aude). Mort en 1945. XXe siècle. Français.
Peintre de paysages animés, natures mortes, aquarelliste.
Il a surtout figuré au Salon des Indépendants à partir de 1906, qui lui consacra une exposition rétrospective en 1926. Il exposa aussi aux Salons de la Société Nationale des Beaux-Arts en 1912 et 1913, d'Automne en 1913, des Tuileries en 1924.
Il a peint surtout les paysages des campagnes et des côtes de la Catalogne française, dont il sut exalter la lumière solaire. Il a aussi travaillé sur la côte normande.
VENTES PUBLIQUES : PARIS, 30 jan. 1919 : *Vue de Collioure*, aquar. : FRF 45 – PARIS, 3 déc. 1964 : *Sur la terrasse à Perpignan*, aquar. : FRF 300.

BAUSINGER Anton
Né le 25 décembre 1872 à Hechingen. XIXe-XXe siècles. Allemand.
Peintre, lithographe.
S'étant rendu à Munich, il se mit sous la conduite du professeur Hackl. Il s'établit à Francfort-sur-le-Main en 1897, où il connut Hans Thoma, qui eut sur lui une influence certaine. Il fit son propre portrait ainsi que celui de sa mère. On cite de lui une lithographie : *Bauerngehöft*.

BAUSSAN Joseph
Né en 1789 à Caderousse (Vaucluse). Mort en 1871 à Montpellier (Hérault). XIXe siècle. Français.
Sculpteur.
Le musée Calvet possède de lui un buste du poète provençal Hyacinthe Morel.

BAUSSAN Sébastien Auguste
Né le 24 mai 1829 à Avignon. XIXe siècle. Français.
Sculpteur.
Il fut élève de son père Joseph Baussan et de Charles Matet et plus tard professeur à l'École des Beaux-Arts de Montpellier.
MUSÉES : MONTPELLIER : *Portrait de M. Charles-Émile Saint-Étienne de Montpellier* – *Portrait de M. le baron Creuzé de Sesser* – *Madame Bouisson* – *Bas-relief pour l'autel de la Vierge de Montpellier*.

BAUSSANT Henri de
XIVe siècle. Travaillait à Paris en 1318. Français.
Sculpteur d'ornements.
Ce sculpteur, cité par Lami, prit part aux travaux de construction à l'église de Saint-Jacques-l'Hôpital à Paris.

BAUSSET de, marquis
XVIIIe siècle. Français.
Graveur, dessinateur.
On cite de lui : *Marine*, d'après Willem Van de Velde.

BAUSSONNET Georges
Né en 1577 à Reims. Mort en 1644 à Reims. XVIIe siècle. Français.
Dessinateur.
Le Musée de Reims conserve de cet artiste, qui fut aussi poète, un album in folio, contenant des dessins relatifs à la cérémonie du couronnement de Louis XIII.

BAUTEBARNE C.
XIXe siècle.
Peintre de portraits.
Il exposa à la Royal Academy à Londres, en 1849.

BAUTERS Valeer
Né en 1940 à Etikhove. XXe siècle. Belge.
Peintre, peintre de cartons de tapisseries. Tendance fantastique et abstrait.
Il fit le professorat d'arts plastiques sous la direction d'Octave Landuyt. Ses peintures se rattachent à une figuration onirique, tandis que ses tapisseries sont abstraites.
BIBLIOGR. : In : *Diction. biogr. des artistes en Belgique depuis 1830*, Arto, Bruxelles, 1987.

BAUTIER B.
Né en 1829. Mort en 1898. XIXe siècle. Actif à Düsseldorf. Allemand.
Peintre.
On cite de lui : *Dimanche après-midi dans un village de la Souabe*, au musée de Königsberg. Cette œuvre fut gravée en 1870 par Trossin.
VENTES PUBLIQUES : LONDRES, 26 mai 1922 : *Le tricot* 1887 : GBP 31.

BAUTISTA Geronimo ou Jeronimo
XVIe siècle. Travaillait à Séville dans la seconde moitié du XVIe siècle. Espagnol.
Sculpteur.
Connu de 1578 à 1591. Pedro Guerra fut son apprenti.

BAUTISTA Juan
XVIe siècle. Actif à Séville. Éc. flamande.
Peintre.
En 1579, il décora le théâtre des Jésuites, et de 1593 à 1595, il travailla à l'Alcazar, où il restaura, en collaboration avec Lorenzo Hernandez, la coupole de la salle des Ambassadors.

BAUTISTA Juan
XVIe siècle. Travaillait à Séville. Espagnol.
Sculpteur.
Cet artiste concourut à l'ornementation des cloîtres du jardin du prince à l'Alcazar royal. En 1580, il fournit un crucifix et une composition : *Les Deux Larrons* pour la cathédrale. Peut-être identique au sculpteur Juan Bautista qui, en 1569, exécuta les figures de la *Foi* et de la *Miséricorde* pour le portail de la cathédrale de Tolède.

BAUTISTA Pedro
XVIe siècle. Espagnol.
Peintre.
Il travailla à Séville avec Cristobal Lara, peintre, en 1594.

BAUTREE W.
XVIIIe siècle. Actif à Londres en 1789. Britannique.
Graveur.
On cite de lui : *Elizabeth Bautree*, d'après Sylvester Harding.

BAUTSU Gô, de son vrai nom : No Ryo Azaux, surnommé Meikyo ou Meikei
Né en 1770 à Nagoya. Mort le 27 janvier 1857. XVIIIe-XIXe siècles. Japonais.
Peintre.
Après avoir étudié les maîtres chinois Ynon Ming et Ching, il reçut les leçons de Nakabayashi Chikuto, et suivit ce dernier à Kyoto. Il a fait des paysages, des fleurs, des têtes d'animaux.

BAUVAIS
XVIIe siècle. Actif à Amsterdam. Hollandais.
Graveur au burin.
On cite de lui : *Hoded dans le camp de Samarie*, d'après Picart.

BAUVIOLLE Denis
XVIIe siècle. Vivait à Paris. Français.
Miniaturiste.
Il est cité dans des actes d'état civil.

BAUVIOLLE Jean Louis
XVIIIe siècle. Français.
Peintre.
Il était le fils du peintre Pierre Louis Bauviolle. Il vivait à Paris.

BAUVIOLLE Pierre Louis
Mort le 29 avril 1740 dans la paroisse de Saint-Étienne-du-Mont à Paris. XVIIIe siècle. Français.
Peintre.
Il eut un fils, Jean Louis Bauviolle, peintre à Paris.

BAUWENS Étienne
Né le 3 février 1930 à Aalst (Flandre-Orientale). XXe siècle. Belge.

Peintre de figures, paysages, aquarelliste. Postimpressionniste.

De 1945 à 1952, il a suivi des cours de peinture et décoration à l'Académie des Beaux-Arts d'Aalst, puis, de 1951 à 1956, des cours de peinture d'après modèle vivant et des cours de publicité, à l'Institut des Beaux-Arts d'Anvers. Il participe à des expositions collectives à Aalst, Bruxelles, Gand, depuis 1954, et a obtenu plusieurs distinctions et bourses. Il montre aussi ses œuvres dans des expositions personnelles à Aalst, Ostende, Bruxelles, Anvers, Louvain, et dans d'autres villes belges.

BIBLIOGR. : *Etienne Bauwens 50 ans*, Lannoo Tielt, Belgique.

BAUWENS Gérard
Né en 1947 à Gand. XXe siècle. Belge.
Peintre de figures, paysages.
Il fut élève de l'Académie de Gand. Il obtint le Prix *Pro Civitate* en 1972. Il peint des visages, avec une prédilection pour les visages de jeunes filles et jeunes femmes attirantes.

BIBLIOGR. : In : *Diction. biogr. des artistes en Belgique depuis 1830*, Arto, Bruxelles, 1987.

VENTES PUBLIQUES : LOKEREN, 11 mars 1995 : *Paysage au soleil couchant*, h/t (78,5x110,5) : BEF 55 000.

BAUWENS Joseph
Né à Charleroi (Belgique). XIXe-XXe siècles. Belge.
Sculpteur.
Il obtint une mention honorable au Salon des Artistes Français en 1900 et à l'Exposition Universelle.

BAUX B. Raymond de
XIXe siècle. Allemand.
Peintre de genre, batailles, portraits, graveur, lithographe.
Cet artiste exposa régulièrement à l'Académie de Berlin de 1810 à 1860. Parmi ses œuvres, on cite : *Combat entre les Russes et les Polonais, Éléonore, Cosaque, Le Prince Poniatowski sur le champ de bataille*. Trois lithographies de lui représentent des scènes de batailles datent de 1813 et 1815. On peut sans doute attribuer à ce de Baux le portrait en miniature conservé par le musée Hohenzollern de Berlin.

BAUX Julien Raymond de
XIXe siècle. Travaillait à Berlin au milieu du XIXe siècle. Allemand.
Peintre de genre, portraits.
Cet artiste exposa à l'Académie de Berlin en 1856 et 1860.

BAUX Pierre
XVIIIe siècle. Vivait à Toulon au commencement du XVIIIe siècle. Français.
Sculpteur.

BAUX Roger
Né à Paris. XXe siècle. Français.
Peintre de nus, figures.
Il exposa au Salon des Indépendants des nus et des danseuses en 1937 et 1938.

BAUZA Grégoire. Voir BAUSA Gregorio

BAUZA Y MAS Juan
Né à Palma (Majorque). XIXe siècle. Espagnol.
Peintre de genre, portraits.
Il débuta à Barcelone en 1870 et prit part, en 1873, à l'Exposition de Vienne, par deux tableaux représentant un *Paysan* et un *Mendiant de Majorque*. Il exposa à Paris en 1878.

VENTES PUBLIQUES : MADRID, 16 déc. 1987 : *Le guitariste*, h/t (83,8x56) : ESP 950 000.

BAUZIL Gaby
Née le 28 décembre 1905 à Limoges (Haute-Vienne). XXe siècle. Française.
Peintre.
Depuis 1960, elle expose dans des contextes disparates : Salons des Artistes Français 1966, 1967, Kunsthalle de Baden-Baden 1969, Biennale de Menton 1972. Elle puise ses sujets dans les domaines scientifiques : ensembles de sphères, chaînes d'atomes.

BAUZIL Juan ou Bauziel
Né à Palma (Majorque). XIXe siècle. Espagnol.
Portraitiste.
MUSÉES : LONDRES (Nat. Portrait Gal.) : *Portrait de Wellington*, aquar.

BAUZIN Cristobal
XVIe siècle. Actif à Séville. Espagnol.
Sculpteur.

BAVEGEM Edgard Van
XIXe siècle. Belge.
Peintre de genre et d'intérieurs.
Élève d'Isidore Verheyden et de Frans Courtens.

BAVER
XVIIIe siècle. Français.
Peintre.
Il participa à l'Exposition du Salon de la Correspondance, en 1782, avec deux paysages.

BAVIERA. Voir CAROCCI Baverio de

BAVIÉRA Henri
Né le 6 mars 1934 à Nice (Alpes-Maritimes). XXe siècle. Français.
Peintre. Abstrait, art-optique.
Il a participé au Salon des Indépendants à partir de 1961. Il a figuré à la Biennale de Paris en 1967, à celle de Menton en 1970. Il participe à des expositions collectives à Paris, Bruxelles, Turin, New York.
Il se situe dans ce secteur de l'abstraction géométrique qui expérimente et exploite les phénomènes optiques, et, pour sa part, travaille sur les dégradés de couleurs. Il peint sur des matériaux plastiques transparents.

BAVIÈRE de. Voir CORNEILLE de Bavière, JEAN de Bavière, NICOLAS de Bavière

BAVIERE Antonia Maria de, ou Maria Antonia, duchesse. Voir MARIA ANTONIA WALPURGIS

BAVOUX Charles Jules Nestor
Né le 27 janvier 1824 à Lac-au-Villers (Doubs). Mort après 1882. XIXe siècle. Français.
Peintre.
Élève de Picot et de l'École des Beaux-Arts, où il entre en 1846, cet artiste a peint des paysages et spécialement ceux de sa région natale : *Rochers sur le Doubs* (1864), *Plateau de Ghaloux* (1866), etc. Installé à Besançon, il expose cependant au Salon des Artistes Français, à partir de 1857, non seulement des paysages, mais aussi des natures mortes, surtout à partir de 1870-1875 : *Une seille de raisins* (1875), *Ombrelle et raisins* (1880). Il expose pour la dernière fois au Salon de 1882.
MUSÉES : DOUAI : *Raisins noirs sur un plat brisé*.
VENTES PUBLIQUES : BESANÇON, 23 fév. 1951 : *Grappe de raisin et abeille* : FRF 5 000.

BAWA Manjit
Né en 1941 à Punjab (Inde). XXe siècle. Indien.
Peintre de compositions animées.
Il a étudié à la School of Art de New Delhi, où il vit et travaille. À partir de 1961, il a participé à de nombreuses expositions collectives, notamment à l'Annual Exhibition de New Delhi en 1963, 1968 ; à la National Exhibition, dans la même ville, en 1976, 1979 ; au Contemporary Indian Art, à la Royal Academy de Londres en 1982 puis à New York en 1986 ; à l'International Exhibition au Japon en 1984 et à l'exposition *Sept peintres indiens contemporains*, au Monde de l'Art à Paris, en 1995. Il a montré ses œuvres dans des expositions personnelles à Londres en 1969 ; régulièrement à New Delhi et Bombay ; à Washington en 1982.
Ses œuvres, le plus souvent de petites dimensions, font penser à des illustrations ou à des miniatures. Elles sont peuplées d'animaux spécifiquement indiens, comme la vache sacrée, de personnages irréels ou qui semblent sortis d'une mythologie indienne, traités avec une certaine naïveté, sur un fond uni qui met particulièrement en valeur les sujets.

BAWDEN Edward
Né le 10 mars 1903 à Braintree (Essex). Mort en 1989. XXe siècle. Britannique.
Peintre de paysages, marines, aquarelliste, peintre à la gouache, peintre de décorations murales, illustrateur.
Outre ses thèmes habituels de paysages ruraux, marines et ports, d'architectures, il a peint des scènes de la guerre de 1939-1945. Il décrit ce qu'il voit comme un reporter, au point qu'on a pu trouver à ses aquarelles un intérêt topographique, pour ainsi dire : militaire : *L'Embarquement des blessés à Dunkerque, mai 1940*. Dans un tout autre domaine, lui furent commandés, en 1946, neuf panneaux décoratifs peints à l'huile, sur le thème des *Délices du jardin d'Angleterre*, destinés au bateau de ligne *Orcade* qui fut lancé en 1947. Ces neuf panneaux sont juxtaposés et sont composés de variations sur deux thèmes alternés. Il a

illustré des ouvrages littéraires, notamment Hérodote. Son tracé rapide d'aquarelliste sur le motif prend parfois des aspects elliptiques, proches de certains graphismes abstraits.

Musées : Londres (Tate Gal.).

Ventes Publiques : Londres, 27 juin 1979 : *Bateaux au port*, aquar. et cr. reh. de gche (44x56) : **GBP 700** – Londres, 10 juin 1981 : *Fougères et ajoncs* 1947, aquar. et pl. (45,5x55,5) : **GBP 520** – Londres, 5 juil. 1983 : *Le port de Newhaven* 1935, aquar./traits de cr. (47x58,5) : **GBP 1 400** – Londres, 6 fév. 1985 : *Intérieur de l'église de Saffron Walden* 1975, aquar./trait de cr. (51x65) : **GBP 800** – Londres, 13 juin 1986 : *Roof and yard in winter* 1933, aquar. et cr. (45x56,5) : **GBP 2 800** – Londres, 14 oct. 1987 : *Soleil d'hiver* 1954, aquar. (49x56) : **GBP 3 400** – Londres, 9 juin 1988 : *Cour de ferme*, aquar. et encre (25,7x53,4) : **GBP 3 520** – Londres, 8 juin 1990 : *Les Délices du jardin d'Angleterre* 1946, h/pan., neuf pan. (chaque 211x72) : **GBP 19 250** – Londres, 7 juin 1991 : *Personnages recouvrant une maison de chaume* 1955, aquar., encre et craies coul. (44,5x56,5) : **GBP 5 500** – Londres, 12 mars 1992 : *Palmiers à Heligan*, cr. et aquar. (49x61,5) : **GBP 2 530** – Londres, 26 oct. 1994 : *La carrière de Blodwell* 1971, aquar., gche et encre (54x75,5) : **GBP 3 220.**

BA WEIZU ou **Pa Wei-Tseu** ou **Pa Wei-Tsu,** surnoms : **Yuji** et **Zian,** noms de pinceau **Jintang** et **Jiantang**
Né en 1744. Mort en 1793. xviiie siècle. Chinois.
Peintre.
Peintre de fleurs et paysagiste, originaire de Xiexian dans la province du Anhui.

BAWOROWSKI Anton Karl
Né le 28 janvier 1853 à Vienne. xixe siècle. Autrichien.
Peintre, illustrateur.
Élève de l'Académie de Vienne, il eut successivement pour professeurs : Karl Blaas, Eduard Engerth, Carl Würzinger, Johann Geiger. Mais c'est avec Ludwig von Löfftz et Wilhelm Dürr, à l'Académie de Munich, qu'il vint achever son éducation.

BAXMANN Heinrich
xviie siècle. Travaillant à Hambourg. Allemand.
Sculpteur de sujets religieux.
Il acheva en 1605 le grand portail de l'église Saint-Pierre à Hambourg, et les statues des quatre évangélistes. De 1615 à 1624, il exécuta, pour l'église cathédrale de Moorfleth, le grand autel, la chaire et le baptistère.

BAXTE Michael
Né en 1890 en Russie. xxe siècle. Russe.
Peintre, lithographe.
Il a exposé au Salon des Indépendants et à celui des Tuileries ; il a participé à une Exposition Internationale à New York.

BAXTER Bertha
Née à Alexandrie (Indiana). xixe siècle. Américaine.
Peintre.

BAXTER Blanche
xxe siècle. Américaine.
Peintre de fleurs, aquarelliste.
Elle exposa au Salon d'Automne de 1933 une aquarelle : *Fleurs*.

BAXTER C. J.
xixe siècle. Britannique.
Peintre de genre.
Il exposa à Suffolk Street à Londres, de 1870 à 1875.

BAXTER Charles
Né en 1809 à Londres. Mort le 10 janvier 1879 à Lewisham. xixe siècle. Britannique.
Peintre de genre, portraits, miniatures, dessinateur.
Il fut élève de George Clint. Il exposa à la Royal Academy de Londres de 1834 à 1879, et en 1842, il fut nommé membre de la Society of British Artists.

CHARLES BAXTER

Musées : Londres (Victoria and Albert Mus.) : *Les Sœurs* – Melbourne : *Bouton de rose d'Angleterre* – Sunderland : *Dame au chapeau espagnol.*

Ventes Publiques : Londres, 30 nov. 1907 : *La petite fille aux fleurs* : **GBP 22** – Londres, 1908 : *Flora* : **GBP 15** – Londres, 1908 : *Une bacchante* : **GBP 24** – Londres, 1908 : *Une jeune Espagnole* ; *Un républicain*, deux dess. : **GBP 2** – Londres, 1909 : *Une jeune paysanne* : **GBP 25** – Londres, 1909 : *Contemplation* : **GBP 6** – Londres, 1909 : *La Rêverie* : **GBP 1** – Londres, 1910 : *Portrait de*

Mater Jesse Cooper avec deux chiens : **GBP 73** – Londres, 1910 : *La coquette* : **GBP 8** – Londres, 7 juil. 1922 : *Les voyageurs : une jeune bohémienne portant son enfant sur son dos* : **GBP 19** – Londres, 17 nov. 1933 : *L'heureuse mère* : **GBP 23** – Londres, 6 déc. 1935 : *La lande* : **GBP 5** – Londres, 26 nov. 1937 : *Le médaillon* 1866 : **GBP 19** – Londres, 16 déc. 1970 : *Jeune femme à la rose* : **GBP 170** – Londres, 4 oct. 1973 : *L'Espagnole* 1850 : **GNS 350** – Londres, 29 juin 1976 : *La lecture*, h/t de format rond (diam. 43) : **GBP 1 500** – Londres, 2 fév. 1979 : *Une élégante* 1859, h/t (42,6x35) : **GBP 1 100** – Londres, 24 mars 1981 : *The unopened letter*, h/pan. (49x39) : **GBP 500** – New York, 21 mai 1986 : *The dream of love* c. 1857, h/t (79,4x66,7) : **USD 5 000** – Londres, 13 fév. 1987 : *A Rustic Beauty* 1862, h/t (61x51) : **GBP 1 600** – Londres, 2 nov. 1994 : *Sœurs*, h/t (diam. 35,5) : **GBP 2 300** – Londres, 4 juin 1997 : *Olivia*, h/t (46x36) : **GBP 4 370.**

BAXTER David A.
xixe-xxe siècles.
Peintre de paysages, aquarelliste.
Ventes Publiques : Paris, 18-19 mars 1996 : *La caravane sous les remparts* ; *Promeneurs sous le passage*, aquar., une paire (chaque 28x46) : **FRF 4 500.**

BAXTER Elijah
Né en 1849 à Hyannis (Massachusetts). xixe siècle. Américain.
Peintre de paysages, natures mortes, fleurs.
Il vint à Anvers en 1871, et y resta jusqu'en 1873. L'année suivante, il s'établit à Providence (États-Unis).

BAXTER F. Fleming
Né le 8 janvier 1873 à Londres. xxe siècle. Britannique.
Sculpteur de bustes, figures, peintre.
Il fut élève du sculpteur belge Charles van der Stappen, certainement à Bruxelles quand celui-ci y dirigeait l'Académie. Il a exposé régulièrement en France, au Salon des Artistes Français de Paris, mention honorable 1904 pour des bustes. Il y figurait encore en 1928.

BAXTER Frank
Né le 5 décembre 1865 à Sutton (Lancashire). xixe-xxe siècles. Britannique.
Sculpteur de figures, animalier.
Il fut élève à Paris des sculpteurs Denis Puech et Jean-Auguste Dampt. Il exposa surtout à la Royal Academy de Londres, à Liverpool, à Glasgow. À Paris, il a figuré en 1926 au Salon des Artistes Français, avec un *Bison de l'Amérique du Nord.*

BAXTER George
Né le 31 juillet 1804 à Lewes (Sussex). Mort le 11 janvier 1867 à Sydenham (près de Londres). xixe siècle. Britannique.
Peintre d'histoire, portraits, aquarelliste, graveur, lithographe.
Il fut aussi imprimeur, pratiquant la quadrichromie. En 1845, il exposa, à la Royal Academy.
On cite de lui : *La reine Victoria ouvrant le Parlement*, un *Baptême du prince de Galles*, des planches pour *The Pictorial Album*, 1837.
Ventes Publiques : Londres, 24 juin 1927 : *Les sœurs* : **GBP 27** – Londres, 18 mars 1982 : *The christening of his royal Highness the prince of Wales in Saint George's Chapel, Windsor, 25 January 1842*, aquar. (33,5x43) : **GBP 1 700** – Londres, 25 juil. 1983 : *Sisters* 1837, h/t (71x69) : **GBP 780.**

BAXTER Glen
Né en 1944 à Leeds (Grande-Bretagne). xxe siècle. Britannique.
Peintre, dessinateur, graveur.
Entre 1967 et 1974 il fut étudiant au Victoria and Albert Museum. et lecteur en art au Goldsmith' College de Londres entre 1974 et 1986. Il a participé en 1981 à l'exposition collective intitulée *Not just for laughs* organisée au New Museum de New York. En 1986 il a exposé à la Biennale de Sidney. Depuis 1974, il montre personnellement ses travaux dans des galeries aux États-Unis et en Europe. En 1981 il a présenté ses travaux à l'Institut of Contemporary Arts de Londres. En 1989, il a exposé au musée de l'Abbaye Sainte-Croix des Sables d'Olonne, en 1990 au musée de la Seita à Paris, en 1991 au musée des Beaux-Arts de Mulhouse. Beaucoup d'artistes contemporains se sont inspirés de la bande dessinée américaine. Glen Baxter – de la même façon que le peintre français Jean Le Gac – s'est au contraire inspiré de dessins européens parus dans la presse des années trente et quarante. Ses dessins ont d'abord été publiés dans divers petits recueils à New York et dans un album à Amster-

dam. Il réalise des peintures à l'huile mais c'est son œuvre graphique largement répandue par la voie d'albums, de cartes postales, voire de calendriers qui demeure la plus connue, et particulièrement dans le monde anglo-saxon. Il publie dans l'*Observer* et le *New-Yorker*. Ses dessins sont invariablement légendés et toujours colorés. Chaque dessin est isolé dans l'ensemble de l'œuvre mais suscite l'imagination du spectateur tenté de créer un précédent ou un épilogue à l'image qu'il a devant les yeux. ■ F. M.

Bibliogr. : Catal. de l'exposition du musée de l'Abbaye Sainte-Croix, Les Sables d'Olonne, 1987 – Glen Baxter : *Le Livre de l'amour*, Hoëbeke, 1997.

BAXTER Ian
Né en 1936 à Middlesborough (Yorkshire). xxᵉ siècle. Depuis 1937 actif au Canada. Britannique.
Peintre, sculpteur, multimédia. Abstrait, puis tendance conceptuelle.
Il fit ses études universitaires aux États-Unis. En 1961, il passa un an au Japon. Dans une première période, il travaillait à l'acrylique, peignant des formes géométriques simples : sortes de flèches en noir et blanc ou bleu et blanc. À partir de 1965, il laissa la peinture et réalisa des objets en plastique moulé, fabriqua des sculptures gonflables, et inséra dans des sacs hermétiques les différents éléments d'un paysage : terre, eau, matériaux divers.

BAXTER Leslie Robert
Né le 26 mai 1893 à Brighton. xxᵉ siècle. Britannique.
Peintre, graveur, lithographe.
Il fut élève de la Brighton School of Art. Il exposa à Brighton et à Belfast.

BAXTER Martha Wheeler
Née en 1869 à Castleton (Vermont). xixᵉ siècle. Américaine.
Peintre de miniatures, sculpteur.
Élève de l'Académie des Beaux-Arts à Philadelphie et de l'Art Students' League à New York, cette artiste vint plus tard à Paris où elle étudia la miniature sous la conduite de Mme de Billemont et de Mlle Schmitt. Elle travailla aussi avec Mme Behenna à Londres. Elle exposa à Paris en 1900 (mention honorable) et à la Royal Academy, à Londres.

BAXTER Thomas
Né le 18 février 1782 à Worcester. Mort le 18 avril 1821 à Londres. xixᵉ siècle. Britannique.
Peintre de portraits, miniatures, paysages, natures mortes, fleurs et fruits, graveur.
Peintre sur porcelaine et émail, il exposa à la Royal Academy de 1802 à 1821. Il est l'auteur de paysages et de natures mortes à l'huile, et de gravures.

BAXTER Thomas Tennant
Né le 22 octobre 1894 à Paris. xxᵉ siècle. Britannique.
Peintre.
Il vécut en Angleterre. Il envoya au Salon des Artistes Français de 1926 : *Le Châle à rayons*.

BAXTER W. G.
Mort vers la fin du xixᵉ siècle. xixᵉ siècle. Britannique.
Dessinateur, caricaturiste.
Ce fut un caricaturiste distingué et le créateur des dessins amusants publiés sous le nom de *Ally Sloper*, à Londres.

BAY. Voir aussi DEBAY

BAY Charlotte
Née à Belp (près de Berne). xxᵉ siècle. Suisse.
Peintre de portraits, natures mortes, fleurs.
Elle a exposé en France, aux Salons d'Automne entre 1922 et 1938, des Indépendants de 1926 à 1928.
Ventes Publiques : Paris, 9 fév. 1955 : *Nature morte aux livres* : FRF 13 500.

BAY Claude
xviiiᵉ siècle. Français.
Peintre.
Reçu à l'Académie Saint-Luc en 1761.

BAY Didier
Né en 1944 à Beauchamps (Manche). xxᵉ siècle. Français.
Artiste. Art narratif.
Il a reçu une bourse DAAD Berliner Künstlerprogramm et en 1985 une bourse de la Villa Médicis hors les murs. Il vit et travaille à Paris. Il a figuré dans plusieurs expositions collectives parmi lesquelles on peut citer : en 1974 *Narrative art* à la John

Gibson Gallery de New York, *Narrative* au Palais des Beaux-Arts de Bruxelles, en 1975 *New Media 1* à Malmö, *La photo comme médium* à la MJC de Rennes, en 1976 *Photo as Art/Art as photo* à Londres, en 1977 la Biennale de Paris, en 1979 *Story-Art* à Bonn – Heidelberg – Krefeld, *Walks-Travel* à Maastricht, *Parti pris* autres 3 à l'ARC au Musée d'Art Moderne de la Ville de Paris, en 1981 *Art politic* à Bonn, *Photo no photo* à Mannheimer, en 1982 à la Biennale de Sydney, *Du livre* à Rouen, en 1984 *Echange* au Goethe Institut, en 1988 au Fonds Régional d'Art Contemporain de Dijon. Il a présenté personnellement son travail en 1974 à la galerie Bama, en 1975 à l'ICC à Anvers, en 1977 à la galerie Bama, en 1978 à la galerie Nachts St Stephan à Vienne, à la Galerie Im Taxispalais d'Innsbruck, en 1979 à Cologne, à la DAAD Galerie de Berlin, en 1981 *Auto-portraits* à Paris, en 1983 à la Berlinische Galerie de Berlin, en 1984 à la galerie J & J Donguy à Paris, au musée Barrois à Bar-le-Duc en 1985 *Paysage* à La Roche-sur-Yon, en 1986 à Anvers et à Recologne-les-Ray, en 1990 au musée municipal de La Roche-sur-Yon, en 1991 à la galerie Langer Fain à Paris, en 1992 et 1993 à l'Akademie Schloss Solitude de Stuttgart, en 1993 au Museum für Neue Kunst de Freibourg et aux Instituts français de Freibourg et Cologne.
Depuis les années soixante-dix, Didier Bay travaille dans cette mouvance de l'art français jouant sur les collections, les récits de voyage et les promenades, les biographies réelles ou revues et corrigées. Associant toujours l'image et le texte, il s'est ainsi attaché à noter les petits faits de la vie quotidienne : *Mon quartier vu de ma fenêtre*, 1969-1973, dans des compositions envahissant les murs des galeries et des musées. *Sur la route des pyramides*, un travail datant de 1984, est le journal d'un voyage au Népal assorti d'extraits de presse correspondant à l'époque pendant laquelle le voyage fut entrepris, d'un commentaire a posteriori de l'artiste et de photographies. *Visages de Femmes* et *Muses&Musées* met en scène la féminité – une constante du travail – pour en dénoncer les stéréotypes et les détourner. L'œuvre prend des allures de reportage où toutes les preuves tangibles d'une action sont réunies pour finalement tendre à l'imaginaire et qui sait, mieux nous leurrer, en démasquant l'uniformité de nos modes de perception. « Plutôt que l'exotisme dans le spectaculaire, je recherche l'exotisme dans le banal, là où il est difficile à percevoir parce que refoulé par les habitudes de lecture qui endorment nos facultés conceptuelles. » ■ F. M.

Bibliogr. : Anne Dagbert : *Didier Bay, sur la route des pyramides*, Artpress, nº 101, Paris, mars 1986 – Catherine Millet, *L'Art contemporain en France*, 1987, Flammarion, Paris – Jérome Sans, in catal. de l'exposition *Didier Bay*, Galerie Langer Fain, Paris, 1991 – Interview par Anne Dagbert : *Didier Bay – Peintre moderne de la nudité*, Artpress, nº 186, Paris, déc. 1993.
Musées : Dijon (FRAC) – Grenoble (CNAC) – Paris (Mus. Nat. d'Art Mod.) – Paris (FNAC) – Toulouse (FRAC).

BAY Jean Baptiste Joseph de, père
Né le 16 octobre 1779 à Malines. Mort le 14 juin 1863 à Paris. xixᵉ siècle. Français.
Sculpteur.
Il fut élève de l'Académie Royale de Paris, puis d'Antoine Chaudet. Il obtint une médaille de deuxième classe en 1817 et fut nommé chevalier de la Légion d'honneur en 1825. Debay fut placé à la tête de l'atelier de réparations de sculpture au Louvre à partir de 1845.
On lui doit un grand nombre d'ouvrages, notamment une partie de la décoration de la façade de l'hôtel de la Bourse à Nantes, et la statue équestre de Louis XIV qui décore la promenade du Peyron, à Montpellier.
Musées : Angers : *Les Trois Parques* – *Faustulus* – Anvers : *La Jeune Fille au coquillage* – Compiègne : *Mercure* – *Argus endormi* – Dieppe : *Portrait du baron Antoine Jean Baptiste Gros* – *Portrait de Jean Bouzard, sauveteur dieppois* – *Bouzard fils recevant la médaille des mains de Napoléon Iᵉʳ* – *L'état-major de Napoléon empereur commentant la récompense accordée à Bouzard* – Montpellier : *Argus endormi au son de la flûte par Mercure* – *Mercure prenant son épée pour trancher la tête d'Argus* – Nantes : *Mercure ayant endormi Argus, saisit son épée pour lui couper la tête* – *Argus* – *Le Discobole* – *Portrait de Talma dans le rôle de Néron de Britannicus* – *Buste du général baron Thareau (Jean-Victor)* – *Portrait de Chaumont, peintre* – Périgueux : *Buste de Montesquieu* – Rouen : *Talma* – *Girodet* – *Gros* – Valenciennes : *Buste de Gros* – Versailles : *Le Général Joubert* – *Vallongue* – *Mustapha Ben Ismael* – *Penyaux Alexandre* – *Entrevue du camp du Drap d'or* – *Daumesnil* – *Antoine Gros* – *Descaux de Saint-Maurice* – *Jean Thaneau, général* – *Jean Valhubert* – *Louis Letort* – *Charles Martel* – *Armand de Gontant-Biron*.

Ventes Publiques : New York, 12 oct. 1993 : *Périclès distribuant des couronnes aux artistes de son époque*, bronze (H. 81,2) : **USD 9 200** – New York, 1er nov. 1995 : *Le berceau primitif : Ève et ses deux enfants*, marbre (H. 214,6) : **USD 85 000**.

BAY Jean Baptiste Joseph de, fils
Né le 31 août 1802 à Nantes. Mort le 7 janvier 1862 à Paris. xixe siècle. Français.
Sculpteur.
Élève de son père, il obtint le prix de Rome en 1829. Revenu à Paris, il se consacra surtout aux sujets gracieux. On cite notamment de lui : *Le Génie de la chasse, Le Génie de la marine, La Pudeur cédant à l'amour.*
Musées : Angers : *Le Baron Tharreau* – *Napoléon III* – Anvers : *Buste de son père* – Nantes : *Hercule, enfant, étouffe les serpents envoyés par Junon* – *Buste de Mathurin Crucy* – Versailles : *Charles VIII, roi de France* – *Le Baron Alexandre Charles, maréchal de camp* – *Mustapha ben Ismael* – *Jean-Baptiste de Cassagnet, marquis de Tilladet* – *Jean-Louis de Billy, général de brigade* – *Guyot de Lacour, général de division.*

BAY Juan
Né en 1892 à Tenque-Lauquen. Mort en 1978. xxe siècle. Actif aussi en Italie. Argentin.
Peintre. Futuriste, puis abstrait-constructiviste. Groupe MADI.
En 1908, il émigra des faubourgs de Buenos Aires pour Milan. Jusqu'en 1914, il étudia le dessin et la peinture. À partir de 1911 à Milan, jusqu'en 1920 à travers l'Italie, il prit part aux expositions du groupe futuriste. De 1925 à 1929, il retourna en Argentine. De nouveau à Milan, il fut un membre actif du *Groupe du Million*, et écrivit des critiques d'art pour des parutions européennes et argentines. En 1942, il fut invité avec les futuristes à la Biennale de Venise. En 1943, il exposa à la Quadriennale de Rome. En 1949, il retourna en Argentine, devint membre du Groupe MADI. En 1950, il participa à l'exposition *Cinquante années de peinture en Argentine* à Buenos-Aires. De 1954 jusqu'en 1958, il participa à des expositions à Buenos Aires, ainsi qu'à la Galerie Denise René à Paris. En 1960, il prit part à la première exposition d'art moderne au Musée des Beaux-Arts de Buenos Aires.

BAYA
Née le 12 décembre 1931 à Bordj-el-Kiffan (Algérie). xxe siècle. Algérienne.
Peintre.
Kabyle, orpheline très jeune, elle n'apprit ni à lire ni à écrire mais dès l'âge de treize ans se mit à dessiner, peindre et sculpter. Son registre artistique est tiré du répertoire folklorique algérien : paons bariolés, oiseaux multicolores, harpes, guitares... En 1947, Aimé Maeght voit ses œuvres et décide de l'exposer dans sa galerie parisienne de la rue du Bac. Le catalogue est préfacé par André Breton : « Baya dont la mission est de recharger de sens ces beaux mots nostalgiques : l'Arabie Heureuse. Baya qui tient et ranime le rameau d'or. » Elle rencontre alors Braque et Picasso et fait de la poterie à Vallauris. Ce début prometteur est malheureusement stoppé net quand, rentrée en Algérie pour se marier, elle est réduite au silence pendant quatorze ans. C'est en 1964 qu'elle retourne à une activité artistique, exposant cette année là au Musée des Arts Décoratifs de Paris. En 1984, le Centre culturel algérien de Paris a présenté ses œuvres. Elle réfute les qualificatifs de naïf et de surréaliste trop souvent appliqués à son œuvre.
Musées : Lausanne (Mus. d'Art Brut).

BAYAERT Pierre
xve siècle. Actif à Louvain. Éc. flamande.
Sculpteur.
Fils d'Arnould Bayaert et neveu de Josse Bayaert, cet artiste travailla, vers 1492, à l'église Saint-Jacob, à Louvain.

BAYALOS
xixe siècle.
Peintre, peintre d'éventails.
Cité par Mireur.
Ventes Publiques : Paris, 1875 : *Le premier pas*, éventail : FRF 145.

BAYAR Denis Georges
Né en 1690 à Namur. xviiie siècle. Éc. flamande.
Sculpteur.
On lui doit une des figures de nymphes couchées qui ornent la porte de Namur. En 1745, il acheva les boiseries de la salle des archives de l'État à Mons. Il exécuta, pour l'église des Bénédic-

tins, les statues de la *Sainte Vierge* et de *Sainte Scolastique*. L'église Saint-Servais à Maestricht lui doit les monuments de *Saint Servais* et de *Saint Monulphe*. Il fut aussi architecte.

BAYARD Antoine
xviie siècle. Actif à Montargis. Français.
Peintre.

BAYARD Émile
Né au xixe siècle à Viry-Châtillon. xixe siècle. Français.
Dessinateur.
Élève de son père et de Bouguereau, cet artiste s'est fait un nom dans l'enseignement, l'histoire et l'administration des Beaux-Arts.

BAYARD Émile Antoine
Né le 2 novembre 1837 à la Ferté-sous-Jouarre (Seine-et-Marne). Mort en 1891 au Caire. xixe siècle. Français.
Peintre de scènes de genre, portraits, animalier, compositions décoratives, dessinateur, illustrateur.
Élève de Léon Cogniet, il exposa régulièrement, à partir de 1853. En tant qu'illustrateur, il travailla pour le *Journal pour rire*, l'*Illustration*, le *Journal des voyages*, pour l'éditeur Hachette, pour la *Bibliothèque rose*. Ses œuvres, comme le grand dessin exécuté au fusain : *Sedan 1870, Après la bataille de Waterloo, Un duel de femme* ou *Une affaire d'honneur*, eurent un grand succès. En 1873, il fit un grand triptyque à la sanguine, acheté par l'État. Portraitiste, comme le montrent ses portraits du *Commandant Franchetti* et du *Colonel de Montbrison*, il fit aussi des études de chevaux au fusain. Il est l'auteur de la décoration du foyer du théâtre du Palais-Royal à Paris.

Bibliogr. : Gérald Schurr : *Les Petits Maîtres de la peinture 1820-1920, valeur de demain*, Les Éditions de l'Amateur, t. II, Paris, 1982.
Musées : Pontoise : *Tête de République portant un collier de cœurs et trois médailles sur lesquelles on lit : 1792, avec un faisceau, deux licteurs*, dess. – Rouen : *La Cigale* – *Portrait*, d'après Jules Hédon – *Portrait de brigand* – Saintes : *Un homme tenant une main* – *Un homme et une femme s'embrassant*, esquisse – Saint-Étienne : *Cheval sellé tenu par un lad.*
Ventes Publiques : Paris, 1880 : *Figure* : **FRF 260** – Paris, 1895 : *Suite de cinquante-six dessins pour l'illustration de « L'Immortel » d'Alphonse Daudet* : **FRF 2 757** – New York, 10-11 jan. 1907 : *Le mariage* : **USD 260** – Anvers, 3-6 oct. 1938 : *Le passage du gué* : **BEF 4 600** – Bruxelles, 28 mai 1951 : *Le duel des femmes* : **BEF 4 000** – Londres, 19 jan. 1968 : *Scènes de carnaval, suite de cinq pan.* : **GBP 3 860** – Cologne, 21 mai 1981 : *Arlequin et jeune fille*, aquar. (33x24) : **DEM 1 800** – New York, 26 mai 1983 : *Bande joyeuse*, h/t (139,5x200) : **USD 17 000** – Paris, 12 oct. 1990 : *La pie*, h/t (35x27) : **FRF 6 200** – New York, 12 oct. 1993 : *Le baptême 1863*, h/t (99x131,5) : **USD 40 250**.

BAYARD Jules
Né à Paris. xxe siècle. Français.
Peintre.
Élève de Guillemet, il exposa une nature morte au Salon des Artistes Français de 1914.

BAYARD Marc Henry
xixe siècle. Français.
Graveur à l'eau-forte.
En 1892, il publia vingt-cinq études de bâtiments et de barques napolitaines, dessinées d'après nature.

BAYARD Paul
xviie siècle. Vivait à Prague dans la première moitié du xviie siècle.
Graveur.

BAYARD DE LA VINGTRIE Paul Armand
Né le 22 mai 1846 à Paris. Mort le 2 mai 1900. xixe siècle. Français.
Sculpteur de monuments, statues.
Il fit son éducation artistique sous la direction de Guillaume et de Pierre Cavelier, et fut médaillé en 1876. Ses ouvrages sont intéressants. On lui doit : *Charmeur de serpents*, statue en bronze, au parc Monceau, la statue du peintre François Lemoine, à l'hôtel de ville de Paris, la statue équestre du sculpteur Coysevox, à Lyon, le monument funéraire, de Fournier à Nantes, le buste du

préfet Brancion, celui du général Hoche, et d'autres. Le Musée Galliera, à Paris, a de lui la figure allégorique de *Pandore*.

BAYART Jean
XVIe-XVIIe siècles. Travaillant à Phalsbourg. Français.
Peintre de compositions religieuses.
Il exécuta, en 1602, dans l'église de Mittelbronn, une peinture représentant *le Christ entouré des douze apôtres*, et, l'année suivante, il fit, pour l'église de Lützelburg, un tableau représentant *Marie et Jean au pied de la Croix*.

BAYART Paul
XIXe-XXe siècles. Travaillait à Bruxelles. Belge.
Peintre de paysages.
Prit part à l'Exposition de Bruxelles de 1910 avec *Effet de matin*.

BAYE Claude
Né vers 1920. XXe siècle. Français.
Peintre de figures, nus.
Il a montré un ensemble de peintures dans une exposition personnelle, en 1994, galerie J.-P. Lehmans à Paris. Dans un dessin dépouillé, aux traits synthétiques, quelque peu matisséen, il peint surtout la femme, souvent nue auprès de ses vêtements jetés.
VENTES PUBLIQUES : NEUILLY, 20 mai 1992 : *Femme à sa toilette*, h/t (65x50) : FRF 5 000.

BAYENS Han
Né en 1924. XXe siècle. Hollandais.
Peintre de figures, paysages, sculpteur de monuments.
Cet artiste réalisa le monument Multatuli pour la Torenshuis à Amsterdam.
VENTES PUBLIQUES : AMSTERDAM, 19 sep. 1989 : *Moulins à vent le long de la rivière*, h/t (72x97) : NLG 1 150 – AMSTERDAM, 11 déc. 1991 : *Femme enceinte debout*, bronze (H. 28,5) : NLG 2 990 – AMSTERDAM, 4 juin 1996 : *Multatuli*, bronze, étude (H. 27) : NLG 3 304.

BAYER. Voir KNECHTELMAN Marx, dit BAYER

BAYER
XIXe siècle. Allemand.
Graveur de reproductions.
Il travaillait à Munich. On connaît de lui dix paysages, gravés à l'eau-forte d'après de Boissieu.

BAYER Albert
Né à Lauterbourg (Bas-Rhin). XXe siècle. Français.
Peintre de paysages. Postimpressionniste.
Il exposait à Paris, notamment au Salon des Artistes Français, en 1929 *Jardins sous la neige*, 1930 *Paysage de juin*.

BAYER Anton
XIXe siècle. Travaillait en Bohême. Éc. de Bohême.
Peintre.
L'église de Saint-Galli à Radaun possède de lui un tableau d'autel, représentant un *Évêque guérissant une femme*.

BAYER August von
Né le 3 mai 1803 à Rorschach. Mort le 2 février 1875 à Karlsruhe. XIXe siècle. Allemand.
Peintre de paysages, intérieurs d'églises, graveur.
Bayer passa sa carrière entre Munich et Karlsruhe. Il exposa à plusieurs reprises à Berlin et à Munich.
Très adroit dans la représentation des intérieurs, il eut un assez grand succès dans son pays. Ses œuvres furent recherchées. On cite parmi les meilleurs ouvrages : *Intérieur de l'église des Franciscains à Salzbourg pendant la grand'messe*, *Cloître de la Collégiale à Berchtesgaden*, *La Cathédrale de Strasbourg*. On lui doit aussi quelques paysages gravés à l'eau-forte, qu'il exécuta d'après Herman Naiwincx et Jean Jacques de Boissieu.

MUSÉES : HANOVRE : *Le cloître des Capucins près de Salzbourg* – LEIPZIG : *Cloître d'un couvent à Berchtesgaden – Moine dans un cloître* – MUNICH : *Intérieur d'une église franciscaine à Salzbourg – Salle de cloître – Dans une cour de cloître – Chemin de croix dans l'église de Berchtesgaden*.
VENTES PUBLIQUES : VIENNE, 22 sep. 1964 : *Vue de Maria Zell* : ATS 2 500 – MUNICH, 18 oct. 1966 : *Vue de Dresde* : DEM 4 200 – VIENNE, 8 nov. 1977 : *Paysage d'hiver*, h/t (26x32) : ATS 40 000 – COLOGNE, 23 nov. 1978 : *Le Joueur d'orgue 1839*, h/t (52x41) : DEM 3 600.

BAYER Bastian
XVIe siècle. Travaillait à Stuttgart vers 1521. Allemand.
Sculpteur.

BAYER Carl Heinrich ou Beyer
XVIIIe siècle. Vivait à Breslau. Allemand.
Peintre.
En 1732, il fut nommé maître dans la confrérie de la Sainte-Trinité.

BAYER Christian Ferdinand
Né en 1709. Mort en 1757. XVIIIe siècle. Allemand.
Peintre.

BAYER F.
XIXe siècle. Vivait à Vienne en 1827. Allemand.
Miniaturiste.
On a de lui un portrait de Joséphine Fröhlich.

BAYER Gottfried
Né en 1674. Mort en 1731. XVIIe-XVIIIe siècles. Actif à Breslau. Allemand.
Peintre.
Il fut reçu maître dans la corporation des peintres en 1700.

BAYER Herbert
Né le 5 avril 1900 à Haag (Basse-Autriche). Mort le 15 août 1985 à Santa-Barbara (Californie). XXe siècle. Actif en Allemagne, et depuis 1946 actif aux États-Unis. Autrichien.
Peintre, peintre de collages, designer, décorateur, architecte. Abstrait-géométrique.
En 1919, il fut élève de l'architecte Schidthammer à Linz, en 1920 il poursuivit ses études à Darmstadt. De 1921 à 1923, il étudia la typographie et la peinture murale dans l'atelier de Kandinsky au Bauhaus de Weimar. Après un séjour en Italie, il revint en Allemagne, où, de 1925 à 1928, il enseigna typographie et publicité au Bauhaus qui, entre-temps, s'était déplacé à Dessau. Ensuite, pendant une dizaine d'années, il consacra son activité à la typographie et à la photographie à Berlin, tout en continuant à peindre confidentiellement. En 1938, il partit pour New York, où il conçut l'espace d'exposition de l'exposition du Bauhaus au Museum of Modern Art. En 1946 il se fixa à Aspen (Colorado), poursuivant ses activités de conseiller artistique en architecture et design, et naturellement en peinture, réalisant lui-même les bâtiments de la communauté. De 1929 à 1937, il fut l'auteur des expositions de ses peintures dans plusieurs villes d'Europe, notamment : Londres et Paris. Ensuite il a exposé aux États-Unis, et fut invité à la Biennale de São Paulo en 1957, à celle de Venise en 1970. La multiplicité des secteurs d'activité dans lesquels Bayer s'est montré compétent, est caractéristique de bien des anciens élèves du Bauhaus, dont l'enseignement englobait en effet tout le domaine du visuel et en particulier ce qui concerne l'aménagement de l'espace social. École polyformatrice, d'où émergèrent peu d'individualités créatrices de premier plan, mais bon nombre de compétences diverses.
De même façon, son style d'affichiste et de designer a évolué dans des directions divergeantes. Dans son époque Bauhaus, il a surtout porté l'attention sur le dessin de la lettre et la mise en page, fondée sur la clarté simple des formes et la dissymétrie. Son affiche de 1926 pour l'exposition-jubilé de Kandinsky en reste un modèle. À la fin des années vingt il a fait appel à des formes figuratives d'inspiration surréaliste. Sa peinture fut aussi sollicitée par des influences diverses : d'abord dans ses tout débuts par le constructivisme russe, elle accusa ensuite des rencontres avec l'utilisation de pièces mécaniques détachées de leur contexte comme chez Picabia : *Avec la tête, le cœur et la main* 1923-1929. Une brève période suivante le trouva sensible au surréalisme : *Signes et Signaux* 1939, période pendant laquelle il réalisa des collages et des photomontages. À partir de son établissement dans le Colorado, sa peinture se divise en alternance entre des évocations du Colorado et des compositions abstraites géométriques : *Structure aux deux carrés bleus* 1959. En 1950, il réalisa des décorations murales pour l'université Harvard, construite par Walter Gropius. S'il avait auparavant volontiers utilisé la gouache, à partir de 1962 il s'habitua à l'acrylique qu'il mixe avec des collages, dans des compositions inspirées des effets optiques de Vasarely : *Cercles concentriques chromatiques* 1966. Trop de pôles d'intérêt, trop d'informations intelligemment collectées, l'ont peut-être entraîné à des expérimentations dont la diversité a dilué sa personnalité originelle.

■ Jacques Busse

BIBLIOGR. : Al Dorner : *The way beyond art – the work of Herbert Bayer*, Wittenborn and Schulz, New York, 1967 – Herbert Bayer : nombreux écrits, passim dont liste in : *Catalogue de l'ex-*

position du Bauhaus, Mus. Nat. d'Art Mod., Paris, 1969 – in : *Diction. Univers. de la Peint.*, Robert, Paris, 1975 – in : *Diction. de la peint. allemande et d'Europe centrale*, Larousse, Paris, 1990.
MUSÉES : MICHIGAN CITY (Mus. d'Art de l'Université) – OKLAHOMA CITY (Art Center) – STUTTGART (Staats Gal.) – VIENNE (Mus. du XXᵉ siècle).
VENTES PUBLIQUES : HAMBOURG, 2 juin 1976 : *Composition 1939*, aquar. (37,4x48,2) : **DEM 5 600** – HAMBOURG, 8 juin 1979 : *Nuages montant 1939*, aquar. (37,4x48,2) : **DEM 5 000** – MUNICH, 7 juin 1982 : *Suntipped 1957*, h/t (81x101) : **DEM 4 800** – NEW YORK, 11 mai 1983 : *Lunaire 1971-1976*, acryl./t (127x127) : **USD 6 000** – NEW YORK, 23 fév. 1985 : *Tubular structure 1969*, acier peint en noir (H. 114,2) : **USD 1 400** – NEW YORK, 8 fév. 1986 : *Feuillages 1949*, h/t (58,4x68,7) : **USD 1 000** – NEW YORK, 8 nov. 1994 : *Faire un soleil 1963*, h. et collage/t (152,3x127) : **USD 8 970**.

BAYER Hermann
Né le 23 mars 1829 à Kunitz. Mort le 16 novembre 1893. XIXᵉ siècle. Allemand.
Peintre de genre.
D'abord précepteur, il embrassa plus tard la carrière artistique et travailla la peinture pour laquelle il se sentait de l'inclination. A Berlin, il se mit en relation avec Karl Steffeck, et devint son élève. En 1857, il se rendit à Liegnitz, puis, en 1859, à Guben où il exerça la profession de maître de dessin jusqu'en 1862, époque à laquelle il s'établit à Breslau.
MUSÉES : BRESLAU (nom all. de Wroclaw) : *Rêverie* – *Campement de bohémiens* – *Idylle*.

BAYER Hieronymus von
Né le 21 septembre 1792 à Rauris (près de Salzbourg). Mort le 13 juin 1876 à Munich. XIXᵉ siècle. Allemand.
Graveur à l'eau-forte.
Nous le trouvons, en 1809, travaillant à Landshut, en Bavière. Il fut nommé professeur à l'université de Munich en 1819. Ses œuvres sont nombreuses.

BAYER Hieronymus Benno ou Beyert ou Beyrer ou Mayer
Mort le 4 février 1692. XVIIᵉ siècle. Actif à Brunn (Moravie). Autrichien.
Peintre.
En 1645, il peignit en collaboration avec Jean Keiser, une *Scène du siège de Brunn* (Musée de Brunn).

BAYER Ignaz
Né en 1739 à Posorzitz près de Brunn. Mort le 23 juillet 1813 à Brunn. XVIIIᵉ-XIXᵉ siècles. Allemand.
Peintre.
En 1785, il exécuta le tableau d'autel qui orne la cathédrale de Brunn.

BAYER Johan Christoffer
Né en 1738 à Nuremberg. Mort le 20 décembre 1812 à Copenhague. XVIIIᵉ-XIXᵉ siècles. Allemand.
Peintre.
Il fut l'élève de Chr. Dietsch à Leipzig, où il séjourna plusieurs années, se distinguant dans la peinture des fleurs et des fruits.

BAYER Johann Heinrich
XVIIIᵉ siècle. Travaillait à Bamberg. Allemand.
Sculpteur.

BAYER Johann Michael
Mort en 1699. XVIIᵉ siècle. Allemand.
Peintre de portraits, fresquiste.
On sait qu'en 1645 et en 1679, il orna de peintures l'église d'Albeck, près d'Ulm. Il fit le portrait de Luther.

BAYER Johann Philipp
Né en 1729 à Kronach (Thuringe). Mort le 15 avril 1798 à Nuremberg. XVIIIᵉ siècle. Allemand.
Peintre de compositions religieuses, fresquiste.
Les fresques de l'église à Artelshofen, près Nuremberg, sont de lui.

BAYER Joseph
Né en 1804 à Vienne. Mort en 1831 à Vienne. XIXᵉ siècle. Autrichien.
Peintre de compositions religieuses, scènes de genre, portraits.
Il fit ses études artistiques à l'Académie des Beaux-Arts de Vienne.
MUSÉES : VIENNE : *Jeune homme 1829* – *Fuite en Égypte 1830*.
VENTES PUBLIQUES : MUNICH, 26 juin 1985 : *Le repos devant l'auberge 1850 ou 1856*, h/t (43x53) : **DEM 3 000**.

BAYER Joseph August
XVIIIᵉ siècle. Travaillait à Rorschach en 1792. Suisse.
Peintre amateur.
MUSÉES : SAINT-GALL : *Femme malade priant dans son lit*.

BAYER Julius
Né en 1840. Mort en 1883. XIXᵉ siècle. Allemand.
Peintre de paysages animés, paysages d'eau.
VENTES PUBLIQUES : COLOGNE, 19 oct. 1979 : *Paysage fluvial boisé 1876*, h/t (60x89,5) : **DEM 6 000** – VIENNE, 14 oct. 1980 : *Paysage d'été 1881*, h/t (24,5x47,5) : **ATS 20 000** – VIENNE, 22 juin 1983 : *Clair de lune sur la Schelde 1880*, h/t (68x106) : **ATS 40 000** – VIENNE, 11 déc. 1985 : *Paysage fluvial boisé 1865*, h/t (42,5x53) : **ATS 50 000** – VIENNE, 19 mars 1986 : *Maisons au bord de l'eau 1872*, h/t (66x84) : **ATS 55 000** – AMSTERDAM, 5-6 fév. 1991 : *Paysage boisé avec des pêcheurs déployant leurs filets et des paysans sur le chemin*, h/t (45x56) : **NLG 2 530**.

BAYER Martin
Mort avant 1701. XVIIᵉ siècle. Actif à Strehlen. Allemand.
Peintre.

BAYER Michel
XVᵉ siècle. Travaillait à Stuttgart vers 1495. Allemand.
Sculpteur.

BAYER Peter Wilhelm
Né le 20 mai 1871 à Karlsruhe (Bade-Wurtemberg). XIXᵉ-XXᵉ siècles. Allemand.
Peintre de paysages animés.
Il fut l'élève de Ferdinand Keller et de Wilhelm Trübner à l'Académie de Karlsruhe. Il vécut et travailla à Munich. Il peignit surtout des paysages avec du bétail, mais aussi des scènes champêtres : *Jeunes filles au bain*.
VENTES PUBLIQUES : BERNE, 6 mai 1981 : *Die Meerjungfrau 1903*, h/t, de forme ovale (66x93) : **CHF 1 900** – LINDAU, 9 mai 1984 : *Personnages sur le chemin de l'église*, h/pan. (15x22) : **DEM 2 200**.

BAYERBACH
XVIIᵉ siècle. Allemand.
Sculpteur.
Cet artiste appartenait à une famille de maîtres et émigra de Strasbourg à Francfort-sur-le Main en 1680. Il sculpta sur étain.

BAYERLE Julius
Né le 12 juin 1826 à Düsseldorf. Mort le 8 août 1873 à Düsseldorf. XIXᵉ siècle. Allemand.
Sculpteur de monuments, statues.
D'abord élève de l'Académie de Düsseldorf, il alla ensuite à Louvain, où il travailla sous la direction de K.-H. Geertz. Revenu en Allemagne, il en repartit peu après pour aller visiter l'Italie. C'est en 1850 qu'il se fixa définitivement à Düsseldorf.
Julius Bayerle exécuta une quantité de monuments funéraires. On lui doit, en outre, la *Statue du général von Seidlitz*, le *Buste de la reine Stéphanie de Portugal*, le *Monument de l'électeur Jean-Sigismond de Brandebourg*, le *Relief en marbre, en mémoire de Cornélius de Greif*. Il fit aussi des figures allégoriques religieuses, entre autres les œuvres représentant *Saint Pierre et Saint Paul*, pour la cathédrale de Neuss, le *Christ en Croix avec les figures de la Vierge et de la Madeleine*, pour l'hôtel de ville de Wesel.

BAYERLEIN Fritz
Né le 9 septembre 1872 à Bamberg. XIXᵉ-XXᵉ siècles. Allemand.
Peintre de paysages.
Il fut élève de l'École des Métiers d'Art de Nuremberg, puis de Karl Raupp à l'Académie de Munich. À l'Exposition de Munich de 1909, il montrait : *Dans le parc* – *Dans la neige*. On a noté la tonalité généralement sombre de ses paysages. On peut observer en effet sa prédilection pour les saisons de la nostalgie et les heures de la rêverie : *Paysage d'hiver* – *Soir d'automne* – *Matin d'octobre* – etc.
VENTES PUBLIQUES : LOS ANGELES, 8 avr. 1973 : *Paysage d'hiver* : **USD 450** – COLOGNE, 14 juin 1976 : *Vue du château de Seehof*, h/t (27x36) : **DEM 2 300** – HEIDELBERG, 13 oct. 1979 : *Bords du Main à l'aube*, h/t (106x125) : **DEM 3 200** – MUNICH, 17 mai 1984 : *Le lac du château de Nymphenburg à la tombée du jour*, h/t (63x82) : **DEM 5 000** – LONDRES, 22 mai 1992 : *Le parc de Nymphenburg à Munich*, h/t (99x134) : **GBP 3 300**.

BAYES Alfred Walter
Né en 1832. Mort en 1909. XIXᵉ-XXᵉ siècles. Britannique.

Peintre de genre, aquarelliste, graveur.
À partir de 1858, cet artiste exposa nombre d'œuvres à la Royal Academy, à la British Institution, à Suffolk Street et à la New Water-Colours Society, ainsi qu'à diverses autres institutions anglaises de Londres.
VENTES PUBLIQUES : LONDRES, 21 avr. 1987 : *Son sourire est doux mais pas pour moi...*, h/t (48,7x59) : **GBP 850** – LONDRES, 6 nov. 1996 : *En bord de mer ensoleillée* 1882, h/cart. (35x25) : **GBP 1 035.**

BAYES Gilbert
Né le 4 avril 1872. Mort le 10 juillet 1953 à Londres. XIXᵉ-XXᵉ siècles. Britannique.
Sculpteur de reproductions.
Il fut reçu à la Royal Academy en 1896, médaillé et bourse de voyage 1899. Il a également exposé en France, au Salon des Artistes Français de Paris entre 1922 et 1930, mention honorable 1922. Il a surtout réalisé des reliefs et des statues d'après l'Antique.
MUSÉES : LONDRES (Tate Gal.) – SYDNEY : *Assurbanipal, roi d'Assyrie*, bas-relief bronze.
VENTES PUBLIQUES : LONDRES, 26 juil. 1978 : *Chevalier en armure* 1904, bronze, patine brune et verte : **GBP 500** – LONDRES, 23 nov. 1982 : *Un chevalier entouré d'elfes* vers 1900, bronze (H. 24) : **GBP 2 900** – LONDRES, 29 mars 1983 : *Wings of the wind* 1907, bronze, patine brune (H. 17) : **GBP 600** – LONDRES, 12 avr. 1985 : *Sigurd*, bronze (H. 71) : **GBP 58 000** – LONDRES, 28 jan. 1986 : *Nageuses et poissons*, plâtre relief (40x58,5) : **GBP 900** – LONDRES, 11 juin 1986 : *Two figures by buffalo*, bronze, patine brune (H. 37) : **GBP 1 300** – LONDRES, 17 juin 1987 : *Wings of the wind*, bronze (H. 17) : **GBP 1 700.**

BAYES Jessie
XIXᵉ-XXᵉ siècles. Active de 1882 à 1939. Britannique.
Peintre de compositions religieuses, fresquiste, enlumineur.
Sœur de Gilbert Bayes, elle fut membre de la Church Crafts League. Elle a exposé à la Royal Academy, à la Royal Society of Miniature Painters, à Londres, ainsi qu'à Paris, Rome, New York, Chicago, Detroit.
VENTES PUBLIQUES : LONDRES, 8-9 juin 1993 : *La Madonne des troupeaux* 1909, temp. et peint. or/pan. (22,5x16,5) : **GBP 5 980** – LONDRES, 6 nov. 1995 : *Saint François et le loup de Gubbio* 1882, gche et or (12,7x11) : **GBP 805.**

BAYES Walter John
Né le 31 mai 1869 à Londres. Mort le 21 janvier 1956 à Londres. XIXᵉ-XXᵉ siècles. Britannique.
Peintre de paysages, marines.
Il exposa à la Royal Academy à partir de 1890. Il participa également à d'autres groupements : *Franco-British Exhibition*, expositions de l'Albert Hall. Il fut l'un des fondateurs de l'Allied Artists Association. Il a surtout peint des paysages nautiques.
MUSÉES : DERBY : *Gué de Standen* – LIVERPOOL : *Marée haute* – LONDRES (Tate Gal.) – NORWICH : *Sur la Wye.*
VENTES PUBLIQUES : LONDRES, 3 avr. 1963 : *Cap brun* : **GBP 50** – LONDRES, 13 mai 1966 : *Boutique à l'enseigne du Chat botté* : **GNS 120** – LONDRES, 18 avr. 1978 : *Portrait de jeune fille*, reh. de gche (29x21,5) : **GBP 350** – LONDRES, 9 juin 1978 : *Jeune fille sur la plage*, h/cart. (37x27) : **GBP 650** – NEW YORK, 4 mai 1979 : *Un bon chien de garde*, h/t (51x61) : **USD 1 300** – LONDRES, 30 mars 1982 : *La rencontre sur le pont*, h/t (101,5x147,5) : **GBP 1 500** – LONDRES, 8 juin 1984 : *Femmes lisant sur une plage*, h/cart. (21x33,6) : **GBP 900** – LONDRES, 26 sep. 1985 : *Jeune fille sur les rochers*, h/pap. (33x25,5) : **GBP 1 400** – LONDRES, 4 mars 1987 : *Femmes sur la plage*, h/t (35,5x25) : **GBP 3 200** – AMSTERDAM, 23 avr. 1991 : *Jour de marché*, h/t (70x90) : **NLG 3 105** – LONDRES, 14 juin 1991 : *Moissonneurs* 1899, aquar. avec reh. de gche (17,7x325,4) : **GBP 385** – LONDRES, 7 nov. 1991 : *Sous bois* 1923, h/t cartonnée (45,6x46,4) : **GBP 3 520** – LONDRES, 6 mars 1992 : *Coin de rue à Dieppe*, h/cart. (53x42) : **GBP 2 640** – ST. ASAPH (Angleterre), 2 juin 1994 : *La remontée des bords du Bathe*, h/t/cart. (61x91,5) : **GBP 16 675.**

BAYET Clément
XVᵉ siècle. Travaillait à Tours en 1489. Français.
Sculpteur.

BAYETTE Guillaume ou Bayète, Bayote
XVᵉ siècle. Actif à Lyon entre 1494 et 1498. Français.
Maître peintre.

BAYEU Y SUBIAS D. Francisco
Né le 9 mars 1734 à Saragosse. Mort le 4 août 1795 à Madrid. XVIIIᵉ siècle. Espagnol.

Peintre d'histoire, compositions religieuses, portraits, fresques, cartons de tapisseries, dessinateur.
D'abord élève de José Luzan à Saragosse, il se rendit ensuite à Madrid où il travailla dans l'atelier d'Antonio Gonzalez Velasquez. Il fut nommé peintre du roi en 1764, puis peintre de la Chambre du roi. C'est à ce moment qu'il fut le condisciple, mais l'aîné et le protecteur parfois pesant, de Goya, qui épousera sa sœur Josefa vers 1775. Goya a peint son portrait (Musée San Carlos de Valence). Bayeu avait aussi été l'élève de Juan Merklein, dont il épousa la fille. À Saragosse, Bayeu faisait figure de chef de file du groupe de peintres, composé de ses frères et de Goya. Membre de l'Académie de San Fernando, il en devint le doyen en 1788.
Appelé par Raphaël Mengs à orner de peintures le nouveau palais royal à Madrid, il s'attacha au style classique. Comme peintre de fresques, il travailla énormément. On lui doit celles que l'on voit dans la salle et la chapelle du château royal à Madrid, à Aranjuez, à San Ildefonso, au Prado. Il exécuta des travaux pour l'église des Fransciscains, et pour une foule d'autres monuments civils ou religieux. Il orna le cloître de la cathédrale de Tolède, ainsi que celui de la Madone del Pilar. Ce furent la froideur et la correction sèche de son art qui lui valurent le succès et sa rapide admission à l'Académie. Ces qualités de fidélité, apprises de Mengs, en font un bon portraitiste. Après Paret, il contribua au renouveau de la tapisserie, dans les ateliers royaux, mais ne s'y distingua pas.
MUSÉES : MADRID (Mus. du Prado) : un grand nombre de tableaux de chevalet.
VENTES PUBLIQUES : LONDRES, 9 déc. 1980 : *Regina Prophetarum : projets de décoration d'une coupole*, craie noire, pl. (29,8x31,2) : **GBP 750** – NEW YORK, 18 jan. 1984 : *La Vierge apparaissant à saint Jacques à Saragosse* 1760, h/t (53,5x84) : **USD 12 000** – MADRID, 20 fév. 1992 : *L'Annonciation*, h/t (62x61,5) : **ESP 6 720 000** ; *La halte des militaires*, h/pan. (10x18) : **ESP 4 032 000** – MADRID, 18 mai 1993 : *Étude d'un bras de femme et d'une ceinture nouée*, fus. et craie/pap. gris (28,3x28,4) : **ESP 600 000.**

BAYEU Y SUBIAS Manuel
Né en 1740 à Saragosse (Aragon). Mort en 1809 à la chartreuse de Las Fuentes (près de Sarinena). XVIIIᵉ siècle. Espagnol.
Peintre de sujets religieux, compositions murales.
Il est le frère de Francisco et de Ramon Bayeu y Subias. Comme ses frères, il fut élève du peintre bohémien Merklein et de José Luzan, premier maître de Goya. Moine chartreux, il resta toujours en bonnes relations avec Goya. Il eut aussi une correspondance suivie avec le philosophe Jovellanos à qui il soumettait ses ébauches.
Il peignit des compositions pour divers édifices religieux de la région d'Aragon, dont : église San Gil de Saragosse, cathédrale de Huesca, chartreuse de Las Fuentes (dix-sept scènes de la *Vie de saint Bruno*), monastère de Sijena, chartreuse de Valldemosa à Majorque.
BIBLIOGR. : In : *Dictionnaire de la peinture espagnole et portugaise du Moyen Âge à nos jours*, coll. Essentiels, Larousse, Paris, 1989.
MUSÉES : HUESCA : *Vie de saint Bruno*, plusieurs toiles.

BAYEU Y SUBIAS Ramon
Né en 1746 à Saragosse. Mort le 1ᵉʳ mars 1793 à Aranjuez. XVIIIᵉ siècle. Espagnol.
Peintre de compositions religieuses, sujets de genre, fresques, graveur.
Élève de son frère Francisco, il accompagna ce dernier à Madrid, et collabora avec lui aux fresques exécutées dans la cathédrale del Pilar à Saragosse. Il fut parfois le rival heureux de Goya dans les concours. Dans ses œuvres, il s'inspira beaucoup de Tiepolo. On cite de lui : *Assomption de la Sainte Vierge*, d'après Fr. Bayeu, *Saint Barthelemy*, d'après Ribera, *Saint Jérôme*, d'après Ribera.
VENTES PUBLIQUES : NEW YORK, 11 jan. 1989 : *La marchande de légumes*, h/t (104x178) : **USD 57 200** – LONDRES, 27 oct. 1989 : *L'Apothéose de saint Pierre* ; *Saint François Xavier prêchant*, h/t, une paire (25,5x13,4 et 25,5x13) : **GBP 6 600** – LONDRES, 10 déc. 1993 : *San Isidro Labrador et le miracle du puits*, h/t (57,5x35,8) : **GBP 5 520.**

BAYEUX
XVIIIᵉ siècle. Français.
Peintre.
Cet artiste travaillait à Caen en 1755.

BAYEUX, Tapisserie de

Au sujet de la tapisserie de Bayeux, dite de la reine Mathilde, il y a deux confusions que la coutume a entretenues à tel point qu'il n'est plus possible de les rectifier : ce sont d'une part, le terme de tapisserie qui devrait être remplacé par celui de broderie et d'autre part, l'association de la reine Mathilde à cette œuvre. Est-ce vraisemblable que la femme de Guillaume de Normandie ait brodé seule cette toile ? Il s'agit précisément d'une toile de lin brodée : d'ailleurs, au xive siècle on l'appelait : tente de telle. Cette longue toile mesure un peu plus de soixante-dix mètres de long et cinquante centimètres de hauteur. Bien que la totalité semble avoir été exécutée par un même atelier, elle n'a pas été faite d'une seule pièce, mais de plusieurs morceaux de longueurs inégales attachés par une couture si fine qu'on a longtemps cru qu'il n'y en avait pas. On n'a pas découvert qui a conçu l'ensemble, ni dans quelles conditions la tapisserie a été exécutée. Elle raconte l'histoire de la formidable réussite de Guillaume de Normandie qui devint, grâce à sa diplomatie, son courage et sa ruse, roi d'Angleterre, succédant à Edouard, après avoir détrôné le roi parjure, Harold. Le 14 octobre 1066, Guillaume peut dire qu'il a gagné le trône d'Angleterre après de sanglantes batailles, décrites par la fameuse tapisserie.

La forme de la toile détermine déjà un art narratif, et c'est effectivement le cas de la tapisserie de Bayeux sur laquelle se déroulent les différents épisodes de la conquête de Guillaume, suivant un enchaînement jamais monotone. Bien que la « lecture » de cette histoire se fasse de gauche à droite, les personnages ne sont pas tous dirigés suivant cette direction, des confrontations, des face à face, permettent ensuite de repartir vers une autre scène. Des pauses, telles que les « conseils », font passer d'un épisode à un autre. Un changement de lieu est parfois simplement marqué par un arbre. Une composition narrative et variée donne beaucoup de vie à cette histoire qui semble avoir été prise sur le vif. La tapisserie de Bayeux réussit à la fois à être narrative et instantanée ; en cela elle répond à des recherches semblables, aussi éloignées dans le temps que les peintures préhistoriques de Lascaux et la bande dessinée, aujourd'hui renouvelée. De même que le mouvement est parfois rendu avec grande vivacité, de même l'exécution de la broderie semble avoir été rapide ; on ne sait qui aurait fait un carton, ni s'il y en avait un. On sait que deux points seulement ont été employés. Les nombreuses chevauchées montrent l'habileté avec laquelle a été rendu le mouvement parfois très rapide, comme pour les émissaires de Guillaume qui rejoignent Beaurain au grand galop : leurs chevaux ont les pattes avant repliées, la queue volant en arrière ; les chevaux des cavaliers eux-mêmes, sont tirés en arrière par le vent. L'emploi d'un petit nombre de couleurs, rouge brique, jaune ocre, vert et bleu, a entraîné une stylisation décorative qui répond aussi à une vision réelle des choses. Si les pattes des chevaux proches du spectateur sont de la même couleur que leur robe, celles du second plan sont d'une autre teinte. La précision, la sûreté du dessin sont accentuées par les cernes de couleurs différentes qu'ils limitent. Une certaine fantaisie n'est pas exclue, notamment dans la création d'arbres aux branches faites d'entrelacs dont les extrémités portent des feuilles. Un côté fantastique est représenté par la série d'animaux tels que des griffons, mêlés à d'autres espèces très reconnaissables, qui courent à l'intérieur des deux petites bandes qui limitent la grande composition médiane, et ne sont pas sans rapports avec elle. Cette stylisation et cette unité de valeurs, donnent une grande homogénéité à l'ensemble, mais n'empêchent pas l'introduction de nombreux détails parfois piquants, et toujours d'une réalité expressive qui ajoute au caractère vivant de l'œuvre. Le visage d'Edouard, proche de la mort, est marqué de quelques rides bien venues qui font comprendre sa souffrance. Le dos courbé d'Harold à son retour de France est bien la preuve de son échec. Une fois sur le trône d'Angleterre, Harold, roi parjure, a le faciès de la fausseté : il louche, son menton se crispe, il a la bouche de travers. La conservation de cette tapisserie est extraordinaire, et même unique, il est vrai qu'elle n'était exposée que quinze jours par an et ensuite rangée soigneusement dans un coffre. Plus tard, elle a, par chance et grâce à une protection vigilante, été épargnée malgré les incendies, la révolution, les guerres. Les querelles au sujet de sa datation qui variait du ixe au xiie siècle semblent aujourd'hui closes et il paraît vraisemblable que cette œuvre date de la fin du ixe siècle. Elle aurait été peut-être commandée par l'évêque Odon, seul personnage qui pouvait oser accrocher une tenture

profane dans sa cathédrale. L'exécution de cette tenture ne doit pas être très éloignée du fait historique, étant donnée la mention de détails oubliés plus tard par les poètes. Enfin les types de costumes, de constructions, de navires sont autant de preuves favorables à la datation la plus élevée et non la plus récente.

■ Annie Jolain

BIBLIOGR. : Simone Bertrand : La Tapisserie de Bayeux, 1966.
MUSÉES : BAYEUX (Mus. de la Tapisserie de la reine Mathilde).

BAYEUX Léon Alexandre
Né à Saint-Cloud (Hauts-de-Seine). xixe-xxe siècles. Français. Sculpteur.
Sociétaire des Artistes Français il obtint une mention honorable en 1895.

BAYFIELD Fanny Jane
xixe siècle. Active à Norwich de 1872 à 1897. Britannique.
Peintre de fleurs, peintre à la gouache, aquarelliste.
Elle exposa à Londres de 1872 à 1889 à la Royal Academy et à Suffolk Street.
VENTES PUBLIQUES : LONDRES, 11 juin 1993 : Pivoines 1891, aquar. et gche (53,3x27) : **GBP 1 092.**

BAYLAC A.
xixe siècle. Français.
Lithographe, dessinateur, caricaturiste.
Il réalisa des caricatures à la plume contre Napoléon III, l'Impératrice, Guillaume Ier, Bismarck, Jules Favre, Thiers, en 1871.

BAYLAC L.
xixe siècle. Français.
Dessinateur.
Il travailla à la suite de Chéret. Chromolithographe, il fut auteur de dix affiches exécutées en 1894-1895.

BAYLE Bertrand Georges de
Né le 22 octobre 1788 à Saint-Domingue. Mort le 26 mai 1851 à Troyes. xixe siècle. Français.
Peintre de fleurs.
Gérard Van Spaendonck fut son maître. Il exposa au Salon de Paris, de 1843 à 1846. Le Musée de Narbonne conserve de lui quelques tableaux, entre autres : Fleurs, papillons, insectes, et un serpent.

BAYLE Eugénie
Née à Volx (Basses-Alpes). xxe siècle. Française.
Peintre.
Elle exposa un portrait à la Nationale des Beaux-Arts en 1935.

BAYLE Julien Fernand
Né à Connaux (Gard). xxe siècle. Français.
Peintre.
Exposa des paysages à la Nationale des Beaux-Arts entre 1930 et 1933.

BAYLE Luc Marie
xxe siècle. Français.
Peintre de marines, navires, peintre à la gouache, dessinateur.
En 1945, il fit l'affiche de l'Exposition de la Marine. Depuis 1944, ce peintre est peintre titulaire de la Marine nationale.
VENTES PUBLIQUES : PARIS, 10 juil. 1983 : Jean Bart, gche laquée (81x53) : **FRF 10 000** – PARIS, 4 déc. 1987 : Un courtier maritime aux Indes au xviiie siècle, h/t aux encres de coul. (280x285) : **FRF 23 000.**

BAYLE Pierre Charles
Né en 1935. xxe siècle. Français.
Peintre de compositions à personnages.
Il expose au Salon Grands et Jeunes d'Aujourd'hui dans les années quatre-vingt. Il traite des sujets sportifs, dans une perspective d'affichiste : gros plan sur la balle de tennis ou sur le ballon de foot-ball, exagération systématique des différences d'échelles des personnages en rapport avec leur éloignement du gros plan, angles de vision recherchés, en plongée ou contre-plongée, stylisation du dessin et de la couleur. Ses peintures rappellent le style des affiches publicitaires 1930.

BAYLE Pierre Robert
Né à Paris. xxe siècle. Français.
Peintre de scènes de genre, intérieurs, paysages, aquarelliste.
Il a surtout exposé aux Salons annuels de Paris. De 1927 à 1929, il exposa au Salon des Indépendants et surtout des sujets de genre : Maquillage – Danse. Puis, il exposa surtout des scènes

d'intérieurs et des paysages : *Le Déshabillé – Le Ruisseau dans la forêt*. De 1933 à 1938, il exposa au Salon d'Automne, de 1935 à 1939 au Salon des Tuileries.

VENTES PUBLIQUES : PARIS, 12 mars 1928 : *Le ruisseau dans la forêt* : **FRF 1 200** – PARIS, 27 avr. 1932 : *Le déshabillé* : **FRF 315**.

BAYLEY Benjamin Charles Ernest
XIXe-XXe siècles. Britannique.
Graveur.
Pratiqua la gravure au pointillé.

BAYLEY Chapman
XIXe siècle. Britannique.
Peintre de paysages.
Il exposa, de 1818 à 1832, à la Royal Academy, à la British Institution et à Suffolk Street à Londres.

BAYLEY P.
XIXe siècle. Britannique.
Peintre.
Il exposa à la Royal Academy en 1802.

BAYLEY Thomas
Né le 6 mai 1893 à Londres. XXe siècle. Britannique.
Sculpteur.
Il fut professeur à la School of Arts and Crafts de Cheltenham.

BAYLEY W. P.
XIXe siècle. Britannique.
Peintre de paysages.
Il exposa en 1832-1833 à la Royal Academy et à Suffolk Street à Londres.

BAYLINSON A. S.
Né en 1882 à Moscou. Mort en mars 1950 à New York. XXe siècle. Américain.
Peintre de figures.
Il fut élève de Robert Henri, membre des « Ash can painters », qui eut aussi pour élèves Patrick Henry Bruce et Morgan Russell. En 1938 il exposait au Worcester Art Museum. À partir de 1940 il a exposé régulièrement à New York.
MUSÉES : NEW YORK (Metropol. Mus.) – NEW YORK (Mus. of Mod. Art).
VENTES PUBLIQUES : NEW YORK, 31 mai 1990 : *Modèles*, h/cart. (76,8x91,4) : **USD 6 820** – NEW YORK, 21 mai 1996 : *Modèle allongé* 1946, h/t (43x60) : **USD 1 265** – NEW YORK, 23 avr. 1997 : *Nu aux cheveux noir de jais* 1940, h/t (91,5x76,7) : **USD 1 150**.

BAYLIS J. C.
XIXe siècle. Britannique.
Peintre de paysages.
Il exposa à Suffolk Street à Londres, en 1866-1867.
VENTES PUBLIQUES : LONDRES, 6 juin 1996 : *Paysage de vallée*, h/pan. (35x40) : **GBP 690**.

BAYLISS Edwin Buttler
Né le 7 janvier 1874 à Wolverhampton. XIXe-XXe siècles. Britannique.
Peintre de paysages, portraits, aquarelliste.
Il était membre de la Birmingham Royal Society of Artists. Il exposait à la Royal Academy.

BAYLISS J. B.
XIXe siècle. Britannique.
Peintre de paysages.
Il exposa à Suffolk Street, à Londres, en 1854-1855.

BAYLISS Lilian
Née le 20 février 1875 à Massillon (Ohio). XXe siècle. Américaine.
Miniaturiste.
Elle étudia à Paris avec Mlle N. Schmitt. En 1901, elle travailla sous la direction de Lucius F. Fuller.

BAYLISS Wyke, Sir
Né le 21 octobre 1835 à Madeley. Mort le 5 avril 1906. XIXe-XXe siècles. Britannique.
Peintre d'intérieurs d'églises, aquarelliste.
Il étudia à l'École de la Royal Academy. Il fut président de la Royal Society of British Artists, et eut une activité d'écrivain. Presque tout son œuvre consiste en des représentations d'intérieurs d'églises. On cite de lui : *La Sainte Chapelle, Intérieur de l'église Saint-Laurent à Nuremberg, Intérieur de l'église Saint-Marc à Venise, La Cathédrale de Strasbourg, Saint-Pierre de Rome, La Cathédrale de Chartres*.
MUSÉES : CARDIFF : *Intérieur de cathédrale* – LIVERPOOL : *La Dame*

Blanche de Nuremberg – NOTTINGHAM : *Intérieur de Saint-Marc, Venise – Intérieur de l'abbaye de Westminster*.
VENTES PUBLIQUES : LONDRES, 4 juin 1909 : *Intérieur de la cathédrale d'Ypres* : **GBP 34** – LONDRES, 23 avr. 1910 : *L'intérieur de la cathédrale* : **GBP 10** – LONDRES, 26 mai 1983 : *Procession à l'intérieur de la cathédrale de Chartres* 1862, aquar./trait de cr. reh. de gche (142x111,5) : **GBP 820** – LONDRES, 24 juil. 1985 : *La cathédrale Sainte-Madeleine à Troyes*, h/t (71x91) : **GBP 1 200** – LONDRES, 8 fév. 1991 : *La cathédrale de Milan*, aquar. (46,8x69,2) : **GBP 3 080** – NEW YORK, 22-23 juil. 1993 : *L'église Saint-Bartholomée* 1876, aquar./cart. (30,5x25,4) : **USD 920**.

BAYLO Nicolo
XIVe siècle. Actif à Venise. Italien.
Peintre.

BAYLOS Zelma
Née en 1867 à Butka (Hongrie). XIXe-XXe siècles. Américaine.
Peintre de portraits, sculpteur.
Elle étudia à Paris, de 1897 à 1901 et exposa au Salon deux portraits.

BAYLY J.
XVIIIe siècle. Vivait à Londres vers 1767. Britannique.
Graveur.
Il grava les portraits de Th. Dilworth et de John Thorpe, ainsi que dix-neuf planches, représentant des antiquités anglo-normandes.

BAYLY M.
XIXe siècle. Actif à Brighton. Britannique.
Peintre d'histoire.
Il exposa à la Royal Academy en 1868.

BAYLY R. H.
XIXe siècle. Britannique.
Peintre de paysages, natures mortes, fleurs et fruits.
Il exposa à la Royal Academy de Londres en 1842, 1843 et 1845, des natures mortes et des fruits et, en 1847, un paysage.

BAYMAN Leo
Américain.
Sculpteur.

BAYNARD Edward ou Ed
Né en 1940. XXe siècle. Américain.
Peintre de natures mortes, fleurs, aquarelliste, graveur.
Il se spécialise dans des natures mortes de fleurs décoratives. Il est surtout aquarelliste et graveur en techniques diverses, en couleurs sur bois ou exécutées au pochoir.
VENTES PUBLIQUES : NEW YORK, 19 nov. 1981 : *One lily/Chinese blue* 1979, aquar. (152x102,5) : **USD 2 500** – NEW YORK, 3 mai 1984 : *Nature morte à l'orchidée* 1980, grav./bois coul. (76x106) : **USD 1 100** – NEW YORK, 7 juin 1984 : *Orchid to Raymond Chandler* 1978, aquar. (75x105,5) : **USD 2 500** – NEW YORK, 5 mai 1996 : *Composition aux tulipes* 1979, pochoir imprimé en coul. (105x74) : **USD 1 955**.

BAYNE J.
XIXe siècle. Britannique.
Peintre d'histoire.
Il exposa en 1807 à la Royal Academy à Londres.

BAYNE Walter Mac Pherson
Né en 1795. Mort en 1859. XIXe siècle. Britannique.
Peintre de paysages.
Il exposa, de 1832 à 1858, à la British Institution et à Suffolk Street, à Londres.
VENTES PUBLIQUES : NEW YORK, 31 mars 1993 : *Le ruisseau Ponkapok à Canton dans le Mississipi* 1817, h/t (29,8x44,5) : **USD 1 725**.

BAYNES Frederick Thomas
XIXe siècle. Britannique.
Peintre de natures mortes, fleurs et fruits, aquarelliste.
De 1833 à 1864, il exposa à la Royal Academy et une fois à la British Institution en 1847.
MUSÉES : LONDRES (Mus. de Bethnal Green) : *Nature morte de raisins rouges et blancs*, aquar.
VENTES PUBLIQUES : LONDRES, 21 jan. 1986 : *Azalée dans un vase chinois*, aquar. gchée (41x30,5) : **GBP 1 250** – LONDRES, 25-26 avr. 1990 : *Nature morte de porcelaines de Canton* 1855, aquar. (25,5x25) : **GBP 550**.

BAYNES James
Né en 1766 à Kirkby. Mort en 1837. XVIIIe-XIXe siècles. Britannique.

Peintre de paysages, aquarelliste.
Georges Romney fut son premier maître. Il entra ensuite à la Royal Academy, où il exposa de 1796 jusqu'en 1837. Plus d'une fois, il fut aussi représenté à l'Exposition de la Society of British Artists.
Musées : LONDRES (Victoria and Albert Mus.) : *Château d'Allington (Kent) – Cours d'eau et pont.*
Ventes Publiques : LONDRES, 8 mars 1967 : *Harlech castle* : **GBP 120** – LONDRES, 19 mars 1981 : *Roslin Castle 1801*, aquar. (42x56) : **GBP 480**.

BAYNES Keith
Né en 1887. XXᵉ siècle. Britannique.
Peintre de portraits, natures mortes.
Il étudia à la State School, puis il fut membre du London Group. Il exposa à Paris, Berlin et Hambourg.
Ventes Publiques : LONDRES, 8 nov. 1985 : *The white Arab*, h/t (61x50,8) : **GBP 1 100** – LONDRES, 4 mars 1987 : *Nature morte aux anémones*, h/pan. (43x30,5) : **GBP 850**.

BAYNES Robert
XIXᵉ siècle. Actif à Windsor. Britannique.
Paysagiste.
Il exposa à la British Institution en 1853.

BAYNES Thomas Mann
Né en 1794. Mort en 1854. XIXᵉ siècle. Britannique.
Peintre de paysages, intérieurs, aquarelliste, lithographe.
En 1820, il exposa ses ouvrages à la Royal Academy, à la Old Water-Colours Society.
Musées : LONDRES (British Mus.) : une aquarelle.
Ventes Publiques : LONDRES, 21 juil. 1978 : *The Thames at London Bridge*, h/pan. (32x82) : **GBP 950** – LONDRES, 18 oct. 1985 : *The new London Bridge*, h/pan. (32,3x83) : **GBP 2 500** – LONDRES, 17 nov. 1995 : *Un salon de style gothique*, cr. et aquar. avec reh. de gche (39,3x51,4) : **GBP 6 900**.

BAYNES W. T.
XIXᵉ siècle. Britannique.
Peintre de paysages.
Il exposa en 1820 à la Old Water-Colours Society de Londres.

BAYNHAM T.
XIXᵉ siècle. Britannique.
Peintre de paysages.
Il exposa en 1842 à Suffolk Street à Londres.

BAYOL Jean Étienne Honoré
XVIIIᵉ siècle. Français.
Peintre sur faïence.
Cet artiste vivait à Lyon en 1760 et 1769.

BAYONNE Charles
XIXᵉ-XXᵉ siècles. Français.
Peintre.
Il fut sociétaire, à Paris, du Salon de la Société Nationale des Beaux-Arts.

BAYONNE Jacques de
XVᵉ siècle. Travaillait à Avignon en 1492. Français.
Peintre.

BAYONNE Michel
XVIᵉ siècle. Vivait à Rennes. Français.
Peintre.
En 1565, il fut occupé aux travaux d'ornementation relatifs à l'entrée de Charles IX dans Rennes.

BAYOT Adolphe Jean Baptiste
Né le 8 janvier 1810 à Alexandrie (Italie). XIXᵉ siècle. Français.
Peintre de genre, lithographe.
Il exposa au Salon de Paris de 1863 à 1866.

BAYRER Wilhelm
Né en 1836 à Darmstadt. XIXᵉ siècle. Allemand.
Graveur.
Son père lui donna les premières leçons de peintures, puis le plaça sous la conduite du paysagiste August Lucas. Le jeune artiste fréquenta aussi l'atelier de Karl Rauch. Il vint ensuite à Paris en 1856, pour se perfectionner. En 1866, il fut nommé professeur de dessin à Giessen.

BAYRLE Alf
Né à Bibwach. XXᵉ siècle. Allemand.
Peintre de paysages, natures mortes.
Il a exposé à Paris, aux Salons d'Automne de 1927, de la Société Nationale des Beaux-Arts en 1932, des Tuileries en 1934.

BAYRLE Thomas
Né le 7 novembre 1937 à Berlin. XXᵉ siècle. Allemand.
Peintre de portraits, natures mortes, graveur.
Il participe à des expositions de groupe : Kunsthalle de Baden-Baden 1963, Documenta de Kassel 1970, Biennale de Varsovie. Nombreuses expositions personnelles à Cologne, Milan, Houston, Paris, Rome, etc.
Il utilise un curieux procédé qui consiste à faire surgir de la répétition d'un même objet ou d'un même portrait, cet objet même ou ce portrait.
Ventes Publiques : FRANCFORT-SUR-LE-MAIN, 14 juin 1994 : *$ 1979-1980*, échangeur d'autoroute en forme de dollar, construction de pap. avec des voitures miniatures (115x75x12) : **DEM 28 000**.

BAYROS Franz von, marquis, pseudonyme parfois : Choisy le Conin
Né en 1866 à Agram près de Zagreb, de père espagnol, de mère allemande. Mort le 3 avril 1924 à Vienne. XXᵉ siècle. Autrichien.
Peintre de portraits, dessinateur, illustrateur.
Il fut influencé par Aubrey Beardsley. Il a illustré de nombreux ouvrages, parmi lesquels : l'Arétin en 1907, *Fanny Hill* de J. Cleland, *La Divine Comédie* de Dante avec deux mille illustrations, *Scènes de la vie de Bohème* de Murger, et de nombreux érotiques.
Bibliogr. : In : *Diction. des illustrateurs, 1800-1914*, Hubschmid et Bouret, Paris, 1983.
Ventes Publiques : PARIS, 4 déc. 1981 : *Le souper galant*, encre de Chine (44x36) : **FRF 2 800** – VIENNE, 22 mars 1983 : *Le point du jour*, aquar., encre de Chine et or (40x33) : **ATS 20 000** – LONDRES, 22 oct. 1986 : *Modèle assis*, aquar./trait de cr. (51x40,6) : **GBP 850** – LONDRES, 10 fév. 1988 : *Parade*, aquar. et cr. (22x28,5) : **GBP 4 950** – PARIS, 31 mars 1990 : *Les deux amies*, aquar. (27x49) : **FRF 30 000**.

BAYS Antoni
XVIᵉ siècle. Éc. flamande.
Peintre.
Il fut reçu maître à la gilde Saint-Luc à Anvers en 1572.

BAYS Mathieu
Né au XVIIIᵉ siècle à Savigliano. XVIIIᵉ siècle. Italien.
Sculpteur.
On sait qu'il fut conservateur à l'Académie des Beaux-Arts de Turin.

BAYSER Hedwige de
Née à Lille (Nord). XXᵉ siècle. Française.
Peintre de portraits, natures mortes, fleurs.
Elle a figuré au Salon des Indépendants, entre 1929 et 1935.

BAYSER-GRATRY Marguerite de
Née à Lille (Nord). XXᵉ siècle. Française.
Sculpteur de portraits, figures, animalier.
Elle fut élève du sculpteur Charles Vital-Cornu. Elle expose depuis les années vingt dans les Salons annuels de Paris : Artistes Décorateurs dont elle obtint le Grand Prix de 1925, des Artistes Coloniaux, des Artistes Français dont elle fu sociétaire, des Tuileries, d'Automne dont elle fut également sociétaire, Elle a aussi exposé en Belgique, en Égypte. Elle est chevalier de la Légion d'honneur.
C'est au Salon des Artistes Français qu'elle a toujours montré ses œuvres importantes, des bustes, portraits et figures : *Maternité – Martiniquaise*, en 1973 le *Torse en pierre de Cénozan*, volontairement inachevé et encore prisonnier de sa gangue à peine dégrossie au ciseau, des animaux : *La Jungle – Gazelle – Chien – Perroquet – Cerf et Biches*.
Ventes Publiques : PARIS, 31 mai 1985 : *Poisson-lune*, marbre (H. 35,5) : **FRF 31 000** – PARIS, 22 oct. 1986 : *Poisson-lune*, bronze (H. 19) : **FRF 32 000** – PARIS, 16 déc. 1988 : *Poisson*, bronze à patine dorée (H.18,5) : **FRF 19 500** – PARIS, 18 juin 1991 : *Portrait de cheval*, bronze cire perdue (H. 43,5) : **FRF 20 000**.

BAYUCO Juan Bautista
Né en 1664 à Valence. XVIIᵉ siècle. Espagnol.
Peintre de sujets allégoriques, fresquiste.
Plusieurs de ses tableaux sont conservés par le musée de Valence. Dans le monastère des Dominicains il exécuta une peinture à fresque (allégorie).

BAZ Ignacio
Né en 1826 à Tucuman. Mort le 1ᵉʳ avril 1887 à Tucuman. XIXᵉ siècle. Argentin.

Peintre, dessinateur.
Il fut l'élève de Pablo Caccianiga à l'École Nationale des Beaux-Arts de Buenos Aires. Il peignit les personnages de la société de Tucuman et fit les portraits de nombreux hommes politiques : citons ceux de San Martin, Bolivar, Pueyrredon. Certaines de ses œuvres ont figuré dans l'exposition *Un siècle d'Art en Argentine* à Buenos Aires en 1936. En 1952, une exposition rétrospective lui fut consacrée au Salon Kraft de Tucuman. Les musées de Buenos Aires (National), de Tucuman ainsi que la cathédrale de cette même ville conservent de ses œuvres.

BAZAINE Jean
Né le 21 décembre 1904 à Paris. XXe siècle. Français.
Peintre à la gouache, aquarelliste, peintre de cartons de tapisseries, cartons de mosaïques, cartons de vitraux, décors de théâtre, graveur, illustrateur. Abstrait.
Il fut élève du sculpteur Landowski à l'École des Beaux-Arts de Paris, tout en préparant une licence de lettres. Il restera toute sa vie un homme de culture, ami de nombreux poètes qui seront très souvent ses préfaciers. Dès 1924, il laisse la sculpture pour la peinture. En 1936, il alla pour la première fois à Saint-Guénolé dans le Finistère-Sud, où il est toujours retourné, la mer et la lumière qu'elle engendre prenant une place privilégiée dans sa vision, surtout sur les côtes nordiques et, à partir de 1956, il prit aussi l'habitude du chemin de la Hollande. En 1937, il fit la connaissance de Jacques Villon, dont il devint l'ami. En 1952, il alla pour la première fois aux États-Unis, invité comme membre du jury de l'Exposition Internationale de Pittsburgh. En 1953 il effectua un séjour en Espagne, renouvelé en 1954 et 1962, séjours qui lui inspirèrent quelques œuvres.
Il a commencé à exposer en groupe à partir de 1930, avec Fautrier, Pougny, Goerg, et Gromaire qui le prit en amitié. Lors de l'Exposition Internationale de 1937 à Paris, il participa à *L'art indépendant. Maîtres d'aujourd'hui* au Petit-Palais. En 1938 lui fut décerné le prix Blumenthal. En 1941, il fut l'un des organisateurs d'une exposition qui fit date dans l'histoire de la peinture de l'École de Paris : *Vingt jeunes peintres de tradition française.* C'était alors l'occupation allemande, et cette exposition de peintures, pour la plupart découlant du fauvisme et du cubisme et données pour représentatives de la tradition française, fut conçue comme une provocation envers l'occupant qui avait pour sa part qualifié d'« art dégénéré » ce type d'art. Dans cette occasion, Bazaine prenait place, non de chef de file, mais de coordonnateur des tendances alors prospectives de la peinture française, qui allaient constituer cette École de Paris de l'après-guerre, d'abord sûre d'elle-même et confirmée par le public, avant d'être internationalement contestée pour des raisons de stratégies nationales. Jusqu'à la fin de la guerre, ce fut avec Estève et Lapicque que Bazaine exposa le plus souvent, tout en entretenant des relations étroites avec Manessier, Singier, Gischia, Pignon, Le Moal. En 1948, il participa pour la première fois à la XXIVe Biennale de Venise, où il exposa ensuite à plusieurs reprises et notamment en 1952. En 1950, il obtint la deuxième mention de l'Exposition Internationale de l'Institut Carnegie de Pittsburgh, où il figura ensuite régulièrement. En 1951, il participa à la première Biennale de São Paulo, où il continua de figurer dans la suite. En 1955, il participa à la Documenta de Kassel, où il figura ensuite quelquefois. En 1962, il reçut le Grand Prix National des Arts. À l'occasion de sa première exposition particulière en 1932, il connut Bonnard, qui ne cessa ensuite de s'intéresser à son travail. En 1934, il fit une exposition d'aquarelles, technique qui tiendra dans la suite de son œuvre une place importante, de même que le dessin et la gravure. En 1949 eut lieu à Paris sa première exposition personnelle très importante, avec des peintures de 1944 à 1949, et préfacée par André Frénaud et Henri Maldiney. En 1959 se tint la première exposition rétrospective de son œuvre, présentée successivement à la Kunsthalle de Berne, au Stedelijk Museum d'Eindhoven et à celui d'Amsterdam, suivie en 1963 de celle de Hanovre, Zurich et Oslo, puis par celle du Musée National d'Art Moderne de Paris en 1965, préfacée par Bernard Dorival. En 1965, l'année de sa rétrospective à Paris, on y vit aussi une exposition de ses peintures antérieures à 1947. En 1967, le Stedelijk Museum d'Amsterdam montra une exposition de ses gouaches, aquarelles et dessins, qui lui montrée l'année suivante à Paris, avec un catalogue contenant un poème d'André Frénaud, un poème de René Char et des textes de Jean Tardieu. Ses expositions personnelles se poursuivent régulièrement, à Paris pendant de nombreuses années à la Galerie Maeght, puis en 1991 à la Galerie Louis Carré, en 1996 avec ses œuvres sur papier, à la Maison des Arts d'Antony, en 1996

également *L'Œuvre au noir* de nouveau galerie Louis Carré, en 1998 *Mosaïque et collages* galerie Louis Carré, etc.
Depuis 1934, il a ponctué son travail de peintre de réflexions sur l'art et les artistes, publiées dans des revues : *Temps présent – Esprit – Poésie 43* ou bien qui ont fait l'objet de plaquettes : *Fernand Léger* 1945 ou encore pris la forme d'un essai : *Notes sur la peinture d'aujourd'hui*, Floury, Paris, 1948, classique des écrits de peintre, souvent traduit et réédité depuis. En 1961, il avait prononcé une conférence sur *La peinture et le monde d'aujourd'hui* à Moscou, qui fut répétée l'année suivante à Bucarest. En 1973, il publia encore : *Exercice de la peinture.*
Parallèlement à son travail de peinture, il poursuit une intense activité pour des travaux à destination monumentale dans des techniques très diverses. En 1937, il réalisa son premier vitrail, en 1943 il commença la réalisation de trois autres pour l'église d'Assy, en 1952 il en réalisa deux pour le château de La Chaux dans le Morvan, en 1955 il fit les vitraux en dalles de verre du baptistère de l'église d'Audincourt, technique utilisée de nouveau pour le vitrail *L'Arbre de vie* pour l'église de Villeparisis construite par l'architecte Novarina, en 1958 cinq pour le centre d'accueil des sans-logis à Noisy-le-Grand, en 1966 il en commença huit pour l'église Saint-Séverin à Paris. En 1967, il créa une tapisserie pour le nouveau palais de justice de Lille. En 1988, il créa les vitraux du chœur de la cathédrale de Saint-Dié. En 1941, il conçut des décors pour *Georges Dandin* de Molière, pour *Le jeu d'Adam et Ève* d'un anonyme du Moyen œge, pour *Aimer sans savoir qui* de Lope de Vega, quelques autres encore. En 1951-1952, il en réalisa pour la Comédie Jean Dasté de Saint-Étienne et pour un ballet de la compagnie de Janine Charrat. En 1951, il a réalisé sa première mosaïque pour l'église d'Audincourt, il en fit d'autres ensuite parmi lesquelles : celle du Palais de l'UNESCO à Paris en 1960, une pour le paquebot *France* en 1961, une pour la Maison de l'ORTF en 1963, la série décorant la voûte de la station de métro Cluny-Sorbonne et la fresque en mosaïque du Palais du Luxembourg en 1988. Il aura été remarqué avec quelle curiosité ce peintre, dont l'esprit est toujours en éveil, n'a jamais hésité à délaisser les techniques avec lesquelles il est familiarisé, pour en expérimenter de nouvelles. Graveur, illustrateur, il a accompagné des textes de ses amis poètes et écrivains : 1946 d'André Frénaud *La Noce noire*, 1960 de Raymond Queneau *André Frénaud*, 1977 de Jean Tardieu *L'Ombre la branche*, 1978 de Paul Éluard *Poèmes de jeunesse*, 1980 d'Eugène Guillevic *Harpe*, 1982 de Jean Paulhan-Georges Perros *Correspondance*, 1991 de Roger Caillois *Images de l'Univers*, 1993 de Dimitri Analis *L'Ombre qui bâtit*.
Les artistes français de la génération née dans les années 1900, et qui n'ont pas adhéré aux mouvements Dada et surréaliste, ont occupé une position apparemment peu enviable. Assez fascinés, et un peu écrasés, par leurs aînés de la génération des années 1880, qui avaient provoqué les grands bouleversements du fauvisme et du cubisme, ils étaient obnubilés par le projet d'en opérer la synthèse dans la tradition, d'autant qu'ignorant ou négligeant les formes d'expression abstraites, apparues en Europe Centrale et du Nord dans les années dix, et qui n'avaient été promues que discrètement à Paris de 1930 à 1939, par les expositions *Cercle et Carré – Abstraction-Création – Réalités Nouvelles*, alors que Kandinsky et Mondrian vivaient inconnus à Paris. Dans ces conditions, ce fut en Jacques Villon que cette génération de peintres se reconnut le plus souvent, dans ce qu'on pourrait appeler, outre les développements personnels que Villon lui conféra, un postcubisme bien tempéré, réintroduisant la couleur dans une structure formelle éclatée.
Les biographes de Bazaine sont en général accordés pour diviser son œuvre selon un schéma, discutable parce que sommaire, mais néanmoins utilisable par commodité : de 1932 à 1942, le jeune peintre se cherche à travers des expérimentations et des influences diverses. De 1942 à 1947, il décrit encore la réalité extérieure, en faisant éclater l'apparence, à sa manière personnelle et avec ses accents propres, selon ce qu'on a pu appeler le postcubisme français, qui a pris forme autour de Jacques Villon, et qui était destiné à évoluer vers une abstraction mesurée, encore fondée à partir du regard sur le monde extérieur, abstraction qui caractérisera encore une fois sa forme française. De 1947 à 1955 environ, tout en continuant à fonder son langage plastique sur une réalité qu'il veut exprimer et transcrire : *Le Vent de la mer* 1949, *L'Enfant de la nuit* 1949, *La Clairière* 1951, il en rejeta l'apparence, la rendant lyriquement sensible par une gamme colorée très étendue, aux harmonies très riches, mise en place dans un réseau de lignes rythmiques, dénotant des

intentions psychologiques et symboliques particulièrement efficaces, et qu'on peut rapprocher des travaux de Piaget sur la symbolique de l'espace ou bien de l'analyse graphologique. Beaucoup voient dans cette époque, d'ailleurs féconde, l'épanouissement de sa poétique. Vers 1955, intéressé par l'apparition des expressions abstraites informelles, qui, dans sa démarche d'homme cultivé, nourri de la lecture de Proust et attentif à la recherche du passé et des références, le firent se retourner jusqu'à Claude Monet, considéré comme le précurseur de cette expression informelle – auquel sur ce thème Michel Tapié de Céleyran, critique attitré de l'abstraction, consacra d'ailleurs une monographie – il supprima alors de ses peintures leur ossature linéaire et rythmique, leur dessin limitant les champs colorés, et fit porter la structure rythmique par la touche ou la tache colorée elle-même. Pourtant, même dans ses périodes les plus abstraites, l'observation préliminaire de la réalité extérieure est restée un élément constitutif de son langage plastique, de sa poétique. On a évoqué à son sujet une abstraction mystique, et Bazaine lui-même a précisé qu'il s'y agit de retrouver : « les grands signes essentiels, la vérité de l'homme et celle de l'univers ». Dans cette dernière période, la plus longue de sa carrière puisqu'elle commence vers 1955, il exprime encore le monde environnant dans ce qui le touche plus particulièrement : la mer, le ciel, la neige, le vent, tout ce avec quoi il n'a jamais voulu perdre le contact et qui, derrière l'apparence évanescente des peintures, aquarelles et autres réalisations, en fait revient en force dans sa matérialité même, par le jeu d'équivalences synesthésiques – les *correspondances* baudelairiennes – constituées par juxtaposition et superposition de touches colorées porteuses tantôt et selon les cas d'accords forts ou d'harmonies délicates, à moins de rencontrer les deux possibilités exploitées à la fois, comme ce fut le cas dans la suite d'aquarelles *La Chambre de musique* de 1984. Ce climat propre à Bazaine, avec ses variations, le poète André Frénaud à sa manière métaphorique en rend compte : « Un grand feu qui prend partout à la fois, on dirait, et la nuit s'y réchauffe de proche en proche à mesure que nous avançons. Il n'y a plus de points cardinaux, de repères, mais nous ne risquons pas de nous égarer, conduits où nous devons aller par la rudesse et l'amitié du vent... Étions-nous déjà parvenus jusqu'ici ? Peut-être le pays que nous parcourons nous a-t-il été autrefois connu. Ou peut-être est-ce de l'avoir trop attendu qui donne à la découverte l'apparence d'un retour ! ».

■ Jacques Busse

[signatures reproduites] Bazaine / BAZAINÉ / BAZAINE

BIBLIOGR. : André Frénaud : *Bazaine, peintre de la réalité*, in : *Bazaine, Estève, Lapicque*, Ed. Louis Carré, Paris, 1945 – François Mauriac : *La Querelle de l'art sacré*, Figaro, 21 nov. 1951 – Pierre Courthion : *Peintres d'aujourd'hui*, Genève, 1952 – *Jean Bazaine*, Maeght, Paris, 1953 – Marcel Arland : *Bazaine, Derrière le Miroir*, Maeght, Paris, 1953 – Marcel Brion : *L'Art abstrait*, Paris, 1956 – Bernard Dorival : *Les Peintres du XXᵉ siècle*, Tisné, Paris, 1957 – André Frénaud : *Bazaine, Derrière le Miroir*, 1957 – Michel Seuphor : *Diction. de la Peint. Abstraite*, Hazan, Paris, 1957 – Pierre Courthion : *L'Art indépendant*, Albin Michel, Paris, 1958 – Georges Charbonnier : *Le Monologue du peintre*, Julliard, Paris, 1959 – Jean Leymarie : *La Mosaïque de Bazaine à l'UNESCO*, Quadrum, 1960 – Jean-Dominique Rey, in : *Peintres contemporains*, Mazenod, Paris, 1964 – Bernard Dorival : Catalogue de l'exposition rétrospective *Jean Bazaine*, Mus. Nat. d'Art Mod., 1965 – : *Diction. de l'Art et des Artistes*, Hazan, Paris, 1967 – Jean Tardieu, J.-Cl. Schneider, V. Bosson : *Bazaine*, Ed. Maeght, Paris, 1975 – Catalogue de l'exposition rétrospective *Bazaine*, Mus. des Beaux-Arts, Quimper, 1982 – *Peintures récentes, aquarelles*, Gal. Adrien Maeght, Paris, 1984 – Catalogue de l'exposition *Bazaine*, Fondation Maeght, Saint-Paul, 1987 – Bernard Ceysson, Pierre Cabanne et divers : Catalogue de l'exposition *Bazaine*, Gal. Nat. du Grand-Palais, Paris, 1990 – Lydia Harambourg, in : *L'École de Paris 1945-1965. Diction. des Peintres*, Ides et Calendes, Neuchâtel, 1993.

MUSÉES : AMSTERDAM (Mus. mun.) : *Espagne II* 1954 – COLOGNE (Mus. Wallraf-Richartz) : *Le Plongeur* 1949 – EINDHOVEN (Mus.

mun. Van Abbe) : *L'Hiver* 1951 – *Orage au jardin* 1952 – *Orages* 1957 – GÖTEBORG (Mus. des Beaux-Arts) : *L'Eau et le Sang* 1951 – HAMBOURG (Kunsthalle) : *Promeneuse et nu au balcon* 1945 – OSLO (Fond. Sonja Henie et Niels Onstad) : *Le Chemineau d'automne* 1948 – *Saint-Guénolé* 1959 – *Saint-Guénolé* 1960 – *La Clairière* 1951 – *La Mer* 1961 – *Dans l'arbre ténébreux* 1962 – 1ᵉʳ *Mars* 1963 – PARIS (Mus. Nat. d'Art Mod.) : *L'Enfant et la Nuit* 1949 – *Le Vent de la mer* 1949 – *Marée basse* 1955 – *Entre la pierre et l'eau* 1964 – QUIMPER (Mus. des Beaux-Arts) : *Pierre, Ciel* 1944 – ROTTERDAM (Mus. Boymans-van Beuningen) : *Grand arbre au paysage d'hiver* 1948 – SAINT-PAUL-DE-VENCE (Fond. Maeght) : *La Terre et le Ciel* 1950 – ZURICH (Mus. des Beaux-Arts) : *La Mer à midi* 1960.

VENTES PUBLIQUES : PARIS, 8 déc. 1959 : *Maison au bord de la mer* : FRF 1 850 000 – HAMBOURG, 13 mai 1960 : *Tête, lampe et fruits* : DEM 16 500 – PARIS, 16 juin 1961 : *La Messe de l'Homme armé* 1944 : FRF 63 000 – VERSAILLES, 7 mars 1965 : *Composition* : FRF 25 000 – GENÈVE, 16 nov. 1968 : *Jeanne d'Arc* : CHF 50 000 – PARIS, 21 juin 1972 : *Composition 1943* : FRF 35 000 – PARIS, 26 mars 1977 : *Soleil d'avril* 1958, h/t (22x100) : FRF 26 000 – VERSAILLES, 26 fév. 1978 : *Les retraités* 1947, h/t (73x50) : FRF 29 000 – PARIS, 27 avr. 1978 : *Deux personnages* 1946, aquar. (40x30,5) : FRF 4 500 – PARIS, 12 déc. 1979 : *Figures du soir* 1945, aquar. (56x38) : FRF 9 000 – PARIS, 16 mai 1979 : *L'oiseau abattu* 1946, h/t (55x46) : FRF 17 000 – PARIS, 13 oct. 1980 : *Manoir en Normandie* 1944, aquar. gchée (30x46) : FRF 10 500 – NEW YORK, 13 mai 1981 : *Sans titre* 1956, gche et aquar. (37x53,5) : USD 1 600 – NEW YORK, 20 mai 1982 : *Pierres, arbres et plaines* 1952, h/t (87,5x115) : USD 15 000 – PARIS, 13 juin 1983 : *Bols renversés* 1938, h/t (22x65) : FRF 28 500 – PARIS, 25 mars 1984 : *Paysage* 1970, aquar. et past. (18x43,5) : FRF 16 000 – COLOGNE, 31 mai 1986 : *Composition abstraite* 1957, temp./pap. (15x14,5) : DEM 2 200 – NEUILLY, 10 fév. 1987 : *Composition* 1948, aquar. (12x16,5) : FRF 30 500 – NEW YORK, 18 fév. 1988 : *Banlieue printanière* 1953, h/t (116x81) : USD 60 500 – PARIS, 20 mars 1988 : *Les musiciens* 1935, aquar. (48x36) : FRF 40 000 – NEUILLY, 22 nov. 1988 : *1946*, gche (20x23) : FRF 71 000 – NEUILLY, 16 mars 1989 : *Composition*, aquar. (20x20) : FRF 35 000 – PARIS, 4 juin 1989 : *Maisons au bord de la mer* 1946, h/t (37x46) : FRF 210 000 – PARIS, 8 oct. 1989 : *Sans titre* 1988, aquar./pap. (38,5x80,5) : FRF 32 500 – LONDRES, 26 oct. 1989 : *Composition* 1967, aquar. et past./pap. (35x50,7) : GBP 5 500 – PARIS, 18 fév. 1990 : *Composition 1950* (14,5x30) : FRF 62 000 – PARIS, 25 mars 1990 : *Le Vent de l'aube* 1948, h/t (73x50) : FRF 760 000 – PARIS, 28 mars 1990 : *Promenade au jardin* 1944, h/t (54x81) : FRF 640 000 – PARIS, 20 juin 1990 : *Composition abstraite* 1944, gche (36x44,5) : FRF 51 000 – LONDRES, 21 mars 1991 : *Neige* 1964, h/t (15x30,5) : GBP 11 000 – PARIS, 13 juin 1992 : *Côte ouest* 1955, h/t (37x100) : FRF 150 000 – LONDRES, 15 oct. 1992 : *Neige et Soleil* 1948, h/t (37x27) : GBP 13 200 – PARIS, 16 mars 1993 : *Composition* 1980, encre rouge et bleue/cart. (38,8x31) : FRF 4 400 – LE TOUQUET, 30 mai 1993 : *Composition* 1961, aquar. (10x18) : FRF 13 000 – NEW YORK, 24 fév. 1994 : *La Mer* 1961, h/t (25,4x50,2) : USD 9 200 – PARIS, 20 mai 1994 : *Paysage* 1945, cr. noir (26,5x21) : FRF 7 500 – PARIS, 12 oct. 1994 : *Naissance* 1975, h/t (97x195) : FRF 200 000 – PARIS, 7 oct. 1995 : *Paysage*, gche (20x23) : FRF 15 000 – PARIS, 15 mai 1996 : *La Chambre d'enfants*, h/pan. (73x93) : FRF 35 000 – PARIS, 5 oct. 1996 : *Le Bain* 1937, aquar. et encre de Chine/pap. (55x41) : FRF 20 000 – PARIS, 13 déc. 1996 : *Sans titre* 1969, aquar. et past./pap. (17,5x59,5) : FRF 11 500 – PARIS, 27 fév. 1997 : *Composition*, gche et collage (32x47) : FRF 4 800 – PARIS, 18 juin 1997 : *Silence des hauteurs* 1974, h/t (114x162) : FRF 80 000 – PARIS, 4 oct. 1997 : *Route du Perche, le soir* 1942, aquar. et encre/pap. (20x27) : FRF 10 000.

BAZALIERI Francesco di Giacomo dei
XVᵉ siècle. Vivait à Padoue en 1437. Italien.
Peintre.

BAZÉ Paul Robert
Né le 28 décembre 1901 à Paris. Mort le 2 juillet 1985. XXᵉ siècle. Français.
Peintre de compositions à personnages.

Il fut élève de Lucien Simon à l'École des Beaux-Arts de Paris, prix Chenavard 1926. Il a exposé régulièrement à Paris au Salon des Artistes Français, mention honorable 1926 pour *Retour de vendanges*. Après plusieurs essais, il obtint le Premier Grand Prix de Rome en 1928, sur le thème du *Concert champêtre*. Il fut pensionnaire de la Villa Médicis de 1929 à 1932, et se fixa à Paris à son retour. Il poursuivit ses envois au Salon : *Halte à Avila* – *Mélancolie* 1928, *Planteurs* 1932, *Promeneurs à Venise* – *Jeune*

Romaine 1933. En 1935, il fut pensionnaire de la Casa Velasquez à Madrid, d'où la guerre civile le chassa. Il se fixa alors à Bayonne en 1938. Mobilisé en 1939, croix de Guerre. Revenu à Bayonne, il fut nommé conservateur du musée Bonnat en 1967. En 1971, il fut invité au Salon des Peintres Témoins de leur Temps, où il exposa *L'Avant-Paséo*.

VENTES PUBLIQUES : PARIS, 21 nov. 1988 : *À l'Opéra*, h/t (86x65) : **FRF 6 500** – NEUILLY, 5 déc. 1989 : *Environs de Nice (Levens)*, h/t (46x38) : **FRF 4 000**.

BAZEILLES Albert
Né à Bordeaux (Gironde). XXᵉ siècle. Français.
Peintre de sujets de genre, sculpteur, graveur.
Il exposa d'abord au Salon des Indépendants en 1909 et 1910. Il figura ensuite régulièrement au Salon des Artistes Français jusqu'en 1931, dont il était sociétaire, mention honorable en 1928. En peinture il exposa plutôt des paysages. Ses sculptures furent souvent des bustes et des figures : *Athlète* 1926, *Enfant à la grenouille* 1928.

BAZELAIRE Jean
XVIᵉ siècle. Actif à Arras en 1529. Français.
Ornemaniste.

BAZELERE Adriaen et Cornelis
XVIᵉ siècle. Actifs à Anvers en 1523. Français.
Peintres.

BAZÈME Jacques
XIXᵉ siècle. Français.
Lithographe, dessinateur.

BAZEMONT Nicolas, de son vrai nom : le Roy de Bazemont
Mort après 1766. XVIIIᵉ siècle. Travaillant à Bordeaux en 1742. Français.
Peintre de portraits, dessinateur.
On sait qu'il fit les portraits de tous les jurés de la ville. Il est considéré comme un dessinateur habile. On a de lui des croquis de vues de Bordeaux.

BAZEROLLE Louis
Né à Beaune (Côte-d'Or). XIXᵉ siècle. Français.
Graveur sur bois.
Élève de Léon Louis Chapon. Il a exposé au Salon de 1890 : *Salle des Pas perdus*, d'après Armand Bach.

BAZICALUVA Alessandro
XVIIᵉ siècle. Italien.
Peintre.
Probablement le père de Ercole Bazicaluva, il vivait en Italie et est cité en 1621.

BAZICALUVA Ercole ou Bazzicaluve
Né vers 1600 à Pise peut-être. XVIIᵉ siècle. Travaillait à Florence vers 1638. Italien.
Graveur.
Bazicaluva fut élève de Giulio Parigi à Florence, et camarade de Callot dont il subit l'influence. Il remplit les fonctions d'intendant de l'archiduc à l'ancienne forteresse de Livourne puis à celle de Sienne, et semble avoir gravé surtout en amateur. Ses œuvres sont rares et Bartsch ne mentionne que sept pièces de lui. Il grava cependant, en 1638, une série de onze planches de paysages et de marines, dédiée au grand-duc de Toscane. Une autre série de treize planches fut publiée en 1641 à Venise par L. Bertani. Meaume signale aussi quatre gravures de batailles, dont l'une est datée de 1641, et une série de six scènes de chasse, ainsi qu'une planche avec trois chars triomphaux pour une fête. Heinecken mentionne également une planche de cet artiste. Bazicaluva signa de son nom entier ou des initiales *E.-F.-B.*
VENTES PUBLIQUES : NEW YORK, 12 juin 1982 : *Alicante*, pl. (22,2x35,8) : **USD 1 600** – MILAN, 24 nov. 1983 : *Paysage animé*, pl./pap. (26,5x39,8) : **ITL 2 800 000** – NEW YORK, 14 jan. 1987 : *Le jeu de boules au village*, pl. et encre brune (20,8x31) : **USD 1 400**.

BAZIIS Giavonni Antonio de
Né à Parme. XVIᵉ siècle. Travaillait à Reggio en 1518. Italien.
Peintre.

BAZILE Bernard
Né le 25 mars 1952 à Tulle (Corrèze). XXᵉ siècle. Français.
Artiste multimédia.
Il travailla sous le nom de BAZILEBUSTAMANTE (voir article) de 1983 à 1987. Il a exposé collectivement sous le nom de Bazile en 1979 à la galerie Beaudoin Lebon à Paris, en 1980 à la Bien-

nale de Paris, en 1982 dans *In Situ* au Musée National d'Art Moderne, 1983 *Métro Glacière* station Glacière à Paris, 1988 *Les drapeaux* à Rotterdam, Mukha et Anvers, *L'inventaire* Manufrance de Saint-Étienne, en 1989 *Bestiarum* à New York et personnellement à la galerie Roger Pailhas de Marseille, *It's ok to say no*, titre repris comme un logo pour l'exposition du Musée National d'Art Moderne de Paris en 1993.
« Si, depuis sa première exposition en 1978, Bernard Bazile n'a pas construit une œuvre, ni diffusé une ligne de produits, c'est que, en variant la formulation de sa réflexion, il opère dans le monde artistique comme on glisse sur l'élément », écrit Patrick Javault. Travail protéiforme et artiste déroutant, l'approche et le commentaire critique sont ici mis en péril. Le travail est fonction de son lieu de présentation, bien qu'il ne s'agisse pas d'un simple travail « in situ ». À l'exposition du Musée National d'Art Moderne de Paris, il avait installé quatre enseignes visibles de l'extérieur et de l'intérieur : carotte de tabac pour l'odeur, restaurant pour le goût, enseigne de serrurier pour dire peut-être que chacun possède la clé, et pour la vue lunettes d'opticien. Œuvre subversive, dénonçant les tics et les règles du monde artistique, l'art de Bazile met en scène des objets et des signaux familiers pour toucher à une dimension publique mais sans toujours s'adresser directement aux non-initiés.
BIBLIOGR. : Patrick Javault, *Bernard Bazile « It's ok to say no ! »*, Art Press, nᵒ 145, mars 1990, p. 36 à 39 – Catalogue de l'exposition *Bernard Bazile*, Centre Georges-Pompidou, Paris, 1993 – Hervé Legros : *Bernard Bazile*, Art Press, nᵒ 180, Paris, 1993.

BAZILE Castera
Né en 1923 à Jacmel. Mort en 1964 ou 1965. XXᵉ siècle. Haïtien.
Peintre de compositions animées. Naïf.
Il fut l'un des représentants de la jeune école haïtienne. À l'exposition ouverte au Musée d'Art Moderne de Paris par l'ONU (Organisation des Nations Unies), il présentait : *Manifestation populaire*. En 1984-1985, il figurait à l'exposition *L'art haïtien dans la collection de Angela Gross*, au Woodmere Art Museum de Philadelphie.
De tempérament religieux, Bazile a eu une prédilection particulière pour les scènes du Nouveau Testament, traitant fréquemment *Le Baptême* et *Ascension*, qui sont considérés comme ses œuvres maîtresses.

Castera Bazile

VENTES PUBLIQUES : NEW YORK, 22 nov. 1977 : *Market woman* 1961, h/isor. (61x40,5) : **USD 2 100** – LONDRES, 4 déc. 1979 : *Les Tanneurs*, h/isor. (61x76,2) : **USD 3 250** – NEW YORK, 6 mai 1980 : *Indigènes au travail dans un village de Haïti* 1958, h/isor. (61x76,2) : **USD 2 600** – NEW YORK, 13 mai 1983 : *L'adoration de la Vierge I* 1947, h/cart. (76,3x60,8) : **USD 25 000** – NEW YORK, 21 mai 1986 : *Carnaval du 5 mars*, h/cart. (40,3x50,4) : **USD 3 200** – NEW YORK, 19-20 nov. 1990 : *Le jour du Jugement dernier* 1950, h./résine synth. (61,3x50,7) : **USD 16 500** – NEW YORK, 15 mai 1991 : *L'enfer* 1960, h./résine synth., retable (100,5x50,2) : **USD 7 700** – NEW YORK, 19 mai 1992 : *Autoportrait en batteur* 1950, h/cart. (61x38,2) : **USD 44 000** – NEW YORK, 18-19 mai 1993 : *Femmes au bord de la rivière* 1956, h/résine synth. (60,3x75,9) : **USD 5 750** – NEW YORK, 15 nov. 1994 : *Scène de chiens* 1948, h/résine synth. (62,2x51,5) : **USD 9 775** – NEW YORK, 21 nov. 1995 : *Cérémonie sous Mapou* 1962, h/résine synth. (61x40,6) : **USD 12 650** – NEW YORK, 16 mai 1996 : *Marchandes de poissons* 1960, h/résine synth. (76,2x61) : **USD 4 025**.

BAZILEBUSTAMANTE, groupe de BAZILE Bernard et BUSTAMANTE Jean-Marc
XXᵉ siècle. Français.
Sculpteurs d'installations, artistes multimédia.
Ils exposèrent leurs travaux signés de leur deux noms accolés en 1982 au musée Cantini de Marseille, en 1984 à la galerie Croussel-Hussenot à Paris, en 1985 à la Lothringenstrasse à Munich et à la galerie Bärbel Grässlin à Francfort. Ils exposèrent dans *L'époque, la mode, la morale, la passion*, Musée National d'Art Moderne, Paris, 1987.
Le travail de BazileBustamante fonctionnait à l'image de leur nom, un mot valise : les quatre mains ne faisaient qu'une. BazileBustamante fonctionnait plus comme un label que comme un nom, à l'époque où de nombreux artistes travaillaient en couple. L'hétérogénéité des activités du groupe est ainsi justifiée par le

gommage de l'identité de l'artiste et la perte des repères bio-graphiques. Depuis 1987 les deux artistes œuvrent séparément. BazileBustamante créait des « objets prototypes dont la fonction reste à trouver » (Patrick Javault). Est-on toujours certain d'avoir correctement interprété ces curieux assemblages fabriqués à partir d'objets existants où chaque pièce se propose en tant que modèle et non comme original ? Car ici c'est le glissement de sens qui est mis en scène, le propos permanent de l'œuvre étant de soustraire une image à une identification exhaustive et péremptoire. BazileBustamante joue ainsi non seulement avec les signaux visuels, les logos du mobilier urbain et la signalétique des lieux publics, mais encore avec l'imagerie tirée de l'encyclo-pédie ou des livres d'histoire et les objets les plus banals. Le pro-pos n'était pas d'inventer de nouvelles formes mais plutôt de produire des rapports, des relations dynamiques entre la pièce et le spectateur. Réalisant des similis-objets où un simple détail fait basculer du domaine de l'identifiable utilitaire à celui de l'ambigu, BazileBustamante réussissait à déstabiliser avec un minimum de moyen mis en œuvre. En 1987 le groupe décide de cesser ses activités pour « éviter l'effet de système ». ■ F. M.
Bibliogr. : *Bazile-Bustamante*, in *Art Press* n° 85, oct. 1984 – Bernard Blistène, in Catalogue de l'exposition *BazileBustamante*, galerie Crousel-Hussenot, Paris, 1985 – Claude Bouyeure, *L'Effet BazileBustamante*, in *Opus International* n° 105, automne 1987, p. 28 – Catherine Millet : *L'Art contemporain en France*, Flamma-rion, Paris, 1987.
Musées : Paris (Mus. Nat. d'Art Mod.) : *Le RVLC* 1984, photo.

BAZILEWSKI
xxe siècle. Russe.
Peintre.
Il a exposé des figures et des paysages à la Section d'art de l'Union patriotique soviétique.

BAZILLE Jean Frédéric
Né le 6 décembre 1841 à Montpellier. Mort le 28 novembre 1870, tué au combat de Beaune-la-Rolande. xixe siècle. Fran-çais.
Peintre de compositions religieuses, portraits, nus, pay-sages, natures mortes.
Fils de Gaston Bazille, viticulteur qui deviendra sénateur de l'Hé-rault en 1879, et de Marguerite Vialars, Frédéric Bazille n'avait pas quinze ans lorsque, traduisant l'enchantement des vacances, il écrivait du Rhône : « On dirait du bleu de Prusse qui coule ». Le meilleur biographe de Frédéric Bazille et excellent critique de son œuvre trop brève, M. Gaston Poulain, pense que cette phrase est d'un garçon déjà au courant des choses de la pein-ture. Sa famille ne l'y destinait point, mais elle était en relations avec Alfred Bruyas, qui tenait presque en face de chez les Bazille un cénacle où trônèrent tour à tour des maîtres d'esprit aussi opposés que Cabanel et Courbet. Cependant la famille Bazille se souciait d'une situation stable pour Frédéric qui se laisse inscrire à la Faculté de Médecine de Montpellier ; on lui permettrait la peinture comme récréation. Il prend avec les Baussan, modestes modeleurs, des leçons de dessin qui bientôt ne lui suffiront plus. Il lui faut Paris où l'atelier de Gleyre le verra plus assidu que l'École de Médecine. C'est en 1862. Ses camarades d'atelier seront le vicomte Lepic, fils de l'aide de camp de l'Empereur, à qui son père a installé un atelier au Louvre ! L'imagination du petit provincial en sera frappée un instant, avant ce moment où un jeune Havrais nommé Monet fera dans son existence une entrée déterminante. Avec un autre condisciple, ami de Monet, Villa, le médecin manqué partagera son premier atelier. Par Monet il découvre le plein air en se passionnant pour Manet et Courbet. Il ne quittera l'atelier de Gleyre qu'à sa fermeture. Il n'y eut donc aucune révolte contre l'enseignement du maître, très libéral et qui engageait ses élèves aux études personnelles devant la nature. Notons, en 1864, un court séjour à Sainte-Adresse, avec Monet. En 1865, Bazille qui passe chaque été dans sa famille, à Montpellier ou à Méric, se rend d'abord à Chailly, près de Barbizon, pour lequel il pose deux personnages du *Déjeuner sur l'herbe*, peignant entre les poses une *Lisière de forêt*, dans la première manière, sombre encore. À Méric, il fera le portrait de sa cousine Thérèse des Hours : *Jeune fille dans un parc*. Un an plus tard, on le trouve habitant avec un ancien camarade de chez Gleyre : ce Renoir si pauvre qu'il ramassait les tubes abandonnés pour en tirer encore quelque chose. Mentionnons qu'il aida souvent, étant d'un milieu familial plus fortuné, ses camarades à vivre et à travailler, notamment Monet et Renoir. Ayant peint un portrait de Renoir, Bazille

envoie au Salon de 1866 une *Nature morte aux poissons*. C'est en 1867 que la forme méridionale de son talent se révèle avec des *Paysages d'Aigues-Mortes*, les *Lauriers-roses* et la seconde *Réu-nion de famille* (Louvre), œuvre qu'il exposera au Salon de 1868. Le voici lié à Edmond Maître, dont il fait plusieurs portraits, à Stevens aussi. *Italienne chanteuse des rues* met en valeur son sens du tragique ; en 1869 il peint les *Baigneuses* qu'on verra au Salon de 1870. Durant l'hiver de 1869, le jeune artiste qui va bientôt disparaître, livre beaucoup de lui-même à la camarade-rie, à la vie d'atelier et à la vie de café propice aux ardentes dis-cussions. On le voit au café Guerbois, il pose pour l'*Atelier de* Fantin-Latour et il peint deux tableaux : *Négresse aux pivoines* et *La Toilette*. L'été de 1870 lui laissera le loisir de peindre un *Pay-sage* et ce *Jeune homme pêchant à la ligne* qui l'approche le plus des impressionnistes. Mais la guerre éclate. Tout aussitôt, Bazille s'engage dans un régiment de zouaves, est envoyé à Philippe-ville, mais se trouve parmi les premiers renforts envoyés en France ; nommé sergent, il est tué au combat de Beaune-la-Rolande.
Des œuvres de lui ont été exposées à la Centennale d'Art Fran-çais à l'Exposition Universelle de 1900, puis une rétrospective de son œuvre est organisée au Salon d'Automne de 1910, en 1927 enfin à Montpellier. Beaucoup de ses œuvres sont dans des col-lections particulières. En appendice à son *Bazille et ses amis*, M. Gaston Poulain a dressé le catalogue de l'œuvre. De la *Femme nue de dos* (1864), au *Jeune homme pêchant*, il compte quarante-quatre œuvres. Viennent ensuite : une copie du *Mariage mys-tique de sainte catherine*, d'après le Véronèse de Montpellier, offerte par M. Gaston Bazille à l'église de Beaune-la-Rolande où elle se trouve encore, une toile attribuée : *Enfants déguisés en mariés*, la liste des toiles perdues, une vingtaine, dont un portrait de Verlaine, enfin la nomenclature des dessins, dont la plus grande partie est conservée au Cabinet des dessins du Louvre.

F. Bazille . 67

Bazille

Bibliogr. : Michel Schulman : *Frederic Bazille*, Édit. de l'Ama-teur, Paris, 1995.
Musées : Alger : *Portrait de Renoir* – Cambridge, Massachusetts (Fogg Mus.) : *Scène d'été* 1869 – Grenoble : *Vase de fleurs sur une console* – Montpellier : *Étude de nu* 1863 – *Nature morte au Héron* 1867 – *Vue de village* 1868 – *Étude pour une vendange* 1869 – *M. Alphonse Tissié en cuirassier* 1869 – *La Toilette* 1870 – *Négresse aux pivoines* 1870 – Paris (Louvre) : *L'Atelier de Bazille, le personnage de Bazille peint par Manet* 1870 – *Lisière de forêt à Fontainebleau* 1865 – *Réunion de famille* 1867 – *La Robe rose*.
Ventes Publiques : Paris, 17 juin 1961 : *Frédéric Bazille à la palette* 1865 : **FRF 160 000** ; *Manet dessinant* vers 1869, fus. : **FRF 2 100** – Paris, 23 juin 1961 : *Pêcheur à l'épervier* : **FRF 74 000** – Paris, 19 juin 1963 : *Remparts d'Aigues-Mortes* : **FRF 275 000** – Paris, 14 juin 1967 : *L'ambulance improvisée* : **FRF 96 000** ; *Mauresque* : **FRF 152 000** – Paris, 17 mars 1971 : *Paysage à Chailly* : **FRF 235 000** – Rome, 20 mai 1987 : *Jeune fille cueillant des fleurs*, h/t (76x42,5) : **ITL 70 000 000** – Paris, 22 juin 1988 : *Femme nue de dos* 1864, h/t (63x48) : **FRF 950 000** – Paris, 14 juin 1989 : *Rue de village*, h/t (32,5x24,2) : **FRF 900 000** – Paris, 17 juin 1996 : *Vallon en forêt de Fontainebleau* 1865, h/t (52x65) : **FRF 385 000** – New York, 23 mai 1997 : *Vallon en forêt de Fon-tainebleau*, h/t (52,1x64,8) : **USD 63 000**.

BAZIN
xxe siècle. Français.
Peintre de paysages.
Il exposa au Salon de l'Union des Artistes, à Lyon en avril 1945.

BAZIN A.
xixe siècle. Français.
Lithographe, dessinateur.

BAZIN Agnès Colette
Née à Montgenoux (Indre). xxe siècle. Française.
Peintre de figures, natures mortes, fleurs.
Entre 1932 et 1939, elle envoya des sujets divers aux Salons des Tuileries, d'Automne, des Indépendants, de la Société Nationale des Beaux-Arts.

BAZIN Charles Louis

Né le 3 avril 1802 à Paris. Mort en 1859 à Lyon. XIXe siècle. Français.

Peintre de portraits, peintre à la gouache, sculpteur, graveur, caricaturiste.

Il fut l'élève de Gérard et de Girodet-Trioson. C'est surtout dans la lithographie qu'il se distingua, s'inspirant du style de son dernier maître. Il exposa pour la première fois au Salon, en 1822, un portrait de femme. Parmi ses peintures, on cite : *La Fiancée de Lamermoor, Portrait de César Moreau*. Comme sculpteur, on lui doit le *Buste en bronze d'Olivier de Beauregard*, considéré comme un bel ouvrage.

MUSÉES : LIMOGES : *La Jeune Fille au lézard* – ROUEN : *Louis XIV dissout le Parlement de Paris en 1665*.

VENTES PUBLIQUES : PARIS, 1895 : *Costumes de l'armée française*, cinq petites gche : **FRF 130** – NEW YORK, 1903-1905 : *Temple de Saturne* : **USD 100** – LONDRES, 15 fév. 1978 : *Indiscrétion* 1846, h/t (72x60) : **GBP 500** – PARIS, 10 oct. 1994 : *Mère et enfants*, h/t (130x97) : **FRF 26 000** – PARIS, 29 mai 1996 : *Album de caricatures*, cr. et reh. de blanc : **FRF 31 000**.

BAZIN Eugène

Né le 23 novembre 1799 à Rennes. Mort le 9 mars 1866 à Paris. XIXe siècle. Français.

Peintre d'histoire, batailles, peintre à la gouache, aquarelliste.

De 1833 jusqu'à l'année de sa mort, il exposa régulièrement, au Salon de Paris.

VENTES PUBLIQUES : PARIS, 16 juin 1925 : *Napoléon Ier passant une revue* ; *Zouaves montant à l'assaut*, deux gche : **FRF 230** – PARIS, le 9 juin 1949 : *Troupes françaises devant l'assaut*, gche : **FRF 2 200** – PARIS, 26 avr. 1950 : *Scène de bataille* : **FRF 3 850** – VERSAILLES, 13 nov. 1977 : *Scènes militaires et de batailles et scènes religieuses*, six gche, de forme ronde (diam. 70) : **FRF 7 000**.

BAZIN Eugénie Hélène, Mme, née Nold

Née à Pontivy (Morbihan). XIXe siècle. Française.

Peintre de miniatures.

Elle exposa au Salon de Paris de 1868 à 1882.

BAZIN François

Originaire de Paris. XVIIIe siècle. Actif à Mâcon puis à Lyon entre 1704 et 1708. Français.

Sculpteur.

Il épousa à Lyon, paroisse Sainte-Croix, en 1705, Marie Jossand.

BAZIN François Victor

Né le 31 octobre 1897 à Paris. XXe siècle. Français.

Sculpteur de figures, portraits.

Il fut élève d'Édouard Navellier, Denis Puech, Antoine Injalbert. Il exposait à Paris au Salon des Artistes Français depuis 1913, mention honorable 1923, médaille de bronze 1924, médaille d'or 1929. Cette même année il obtint le Prix National pour : *Aux Bigoudens, terre de pardons et de légendes*. En 1932, il sculpta : *Mgr Duparc, évêque de Quimper*. En 1935, il conçut un groupe en plâtre sur le thème des *Filles de la Mer*.

VENTES PUBLIQUES : LONDRES, 14 avr. 1978 : *Aviateur*, bronze (H. 37) : **GBP 480** – LONDRES, 14 nov. 1978 : *Aviateur*, bronze (H. 37) : **GBP 480** – NEW YORK, 1er oct. 1983 : *Cigogne*, bronze argenté (H. 21,6) : **USD 1 700**.

BAZIN H.

XIXe siècle. Français.

Lithographe, dessinateur.

Auteur du portrait d'*A. Marquerie* dans la *Galerie contemporaine* (1852).

BAZIN Henry

Né à Landerneau (Finistère). XXe siècle. Français.

Peintre.

Il exposa au Salon des Artistes Français de 1939 : *Ouessant* (pastel).

BAZIN Jacques

Né le 4 décembre 1937 à Paris. XXe siècle. Français.

Peintre de compositions à personnages, figures, portraits, décorateur de théâtre. Tendance surréaliste.

Il commença à peindre pendant ses études secondaires. D'abord influencé par le cubisme, il découvrit très tôt le surréalisme et fréquenta Dali pendant une vingtaine d'années. Il a commencé à exposer en 1967, surtout à Paris, tant en groupes qu'en expositions personnelles. En 1970, il devint sociétaire du Salon de la

Société Nationale des Beaux-Arts et membre du Salon des Indépendants. Après 1972, il a également figuré aux Salons des Artistes Français et des Peintres Témoins de leur Temps. Il a exécuté des projets de décors et costumes pour de nombreux opéras : *Werther* de Massenet, *Turandot* de Puccini, *Salomé* de Richard Strauss, *La Flûte enchantée* de Mozart, etc.

Il décrit sa démarche comme un effort pour remonter le cours du temps, quitter la pensée logique pour retrouver la pensée prélogique. Dans ses peintures, les humains se métamorphosent en animaux, les femmes sont creuses et à travers leur silhouette apparaissent des morceaux de paysages autres que celui dans lequel elles se trouvent, fragments de souvenirs ou de rêve. En 1984, il a peint une série de paysages de Venise. Il a aussi peint quelques portraits d'actrices ou chanteur : *Marina Vlady* 1961, *Jeanne Moreau* 1965, *Mélina Mercouri* 1977, *Placido Domingo* 1989.

BAZIN Jean

XVIIIe siècle. Français.

Peintre.

Reçu à l'Académie Saint-Luc en 1785.

BAZIN Jules

XIXe siècle. Français.

Dessinateur, lithographe.

BAZIN Léon

Né le 4 janvier 1865 à Paris. XIXe siècle. Français.

Graveur sur bois.

Élève de Barbaut, il expose au Salon de Paris à partir de 1882. Il obtint de nombreuses récompenses et fut classé hors-concours. Il est l'auteur du *Portrait du cardinal Mercier*, planche en couleurs (1915).

BAZIN Nicolas

Né vers 1636 à Troyes. Mort en 1710 à Troyes. XVIIe-XVIIIe siècles. Français.

Graveur au burin, dessinateur.

Claude Mellan fut son maître. On trouve cet artiste travaillant à Paris de 1681 à 1707. Sans posséder un talent transcendant, Nicolas Bazin est néanmoins intéressant. L'œuvre est important. L'expression fait peut-être défaut dans ses planches, mais le dessin est d'un fini remarquable. Bazin a surtout reproduit des sujets religieux. Ses gravures furent exécutées d'après Raphaël, Guido Reni, Le Brun, Mignard, Agost. Carracci et d'autres. Durant les dernières années de la vie de Mellan, il aida beaucoup son maître dans ses travaux.

BAZIN Pierre

Né le 22 novembre 1927 à Amiens (Somme). XXe siècle. Français.

Sculpteur de bustes, décorations.

Il fut élève de l'École des Beaux-arts d'Amiens de 1942 à 1945, puis à l'Académie privée de la Grande-Chaumière à Paris, du peintre Othon Friesz et du sculpteur Marcel Gimond. Tailleur de pierre il a été nommé meilleur ouvrier de France. Il participe à des expositions régionales, où il a obtenu des distinctions. Il a réalisé de nombreux motifs décoratifs.

BAZIN Pierre Joseph

Né le 29 août 1797 à Paris. Mort en 1866 à Paris. XIXe siècle. Français.

Peintre de portraits, graveur, dessinateur.

Frère de Charles-Louis Bazin, il fut comme lui élève de Girodet-Trioson. Il exposa au Salon de 1822 à 1824 et fut très remarqué. Parmi ses autres ouvrages, on trouve aussi quelques miniatures. On voit de lui au Musée de Chartres un dessin : *Justin Courtois*.

BAZIN Raymonde

XXe siècle. Active aussi en Belgique. Française.

Peintre de compositions à personnages. Figuration libre.

Elle fut élève de l'École des Beaux-Arts de Bruxelles et de l'Académie libre de la Grande Chaumière à Paris. Elle expose à Paris et dans plusieurs villes des États-Unis. Elle pratique dans la plus grande décontraction une figuration spontanée désarticulée, tonique et dynamique.

BIBLIOGR. : In : *L'Officiel des arts*, Édit. du Chevalet, Paris, 1988.

BAZIN DE JESSEY Ginette

Née à Paris. XXe siècle. Française.

Peintre.

Elle a peint des paysages et a exposé à la Nationale des Beaux-Arts entre 1935 et 1939.

BAZIN-LYSIS Madeleine
Née le 20 septembre 1900 à Paris. XXᵉ siècle. Française.
Graveur sur bois.
Elle a exposé au Salon des Artistes Français depuis 1920, obtenant une médaille de bronze et le prix Jules-Robert.

BAZIOTES William
Né le 11 juin 1912 à Pittsburgh (Pennsylvanie). Mort le 4 juin 1963 à Reading (Pennsylvanie). XXᵉ siècle. Américain.
Peintre de paysages, natures mortes, pastelliste, aquarelliste, dessinateur. Abstrait. Groupe surréaliste.
Il vint à New York en 1933 et y fut élève de la National Academy of Design jusqu'en 1936. Dès l'époque de ses débuts, il a toujours donné beaucoup d'importance aux relations entre artistes.
Il a participé à des manifestations pour le développement d'un art spécifiquement américain. En 1942, il participa à l'Exposition Internationale du Surréalisme à New York. De 1942 à 1947, il a participé aux expositions de l'*Art of this Century* dans la galerie de Peggy Guggenheim. En 1947, il figurait à une exposition à la Galerie Maeght de Paris. En 1952 il faisait partie de l'exposition *Fifteen Americans* au Museum of Modern Art de New York et en 1955, de l'exposition *Cinquante ans d'art aux États-Unis* au Musée National d'Art Moderne de Paris. Depuis 1944, il montre régulièrement des expositions personnelles de ses œuvres à New York. Il a commencé à enseigner très tôt : 1936 à 1938 à New York dans l'organisme du « Federal Arts Project » chargé d'aider les artistes pendant une époque difficile, en 1948 fondant avec Robert Motherwell, Mark Rothko, Barnett Newmann *L'École des sujets de l'artiste*, puis *Studio 35*, où il donnait des conférences sur l'art d'avant-garde, 1949-1952 à l'Université de New York en même temps qu'au Brooklyn Museum Art School, et encore au People's Art Center du Museum of Modern Art au Hunter College.
Dans ses débuts à la National Academy of Design, il peignit des paysages et des natures mortes naturalistes. Mais dès 1940, il fut l'un des tout premiers peintres américains à adopter une écriture abstraite. Ses liens avec le groupe des surréalistes, réunis autour d'André Breton dans le New York des années de guerre, l'ont fait qualifier de « surréaliste abstrait ». S'il conservait ses liens privilégiés de précurseur avec les artistes de l'expressionnisme abstrait aux États-Unis, il se référait plus volontiers pour son propre compte à l'imagerie issue des rêves ou en tout cas de l'inconscient, peut-être en cela influencé par la peinture d'Arshile Gorky, auquel il est souvent subordonné. Ses peintures se présentent souvent comme des fonds bidimensionnels très légers évoquant des paysages impressionnistes, à la surface desquels évoluent quelques formes très simples, grises, mauves, rosées, bleutées, formées par des taches projetées ou au contraire dessinées par un cerne, petits monstres, dragons d'Extrême-Orient ou plus simplement formes biologiques élémentaires, ambiennes, qu'il qualifie lui-même de « formes biomorphes », ayant leur origine de l'univers organique, aquatique, qui pour lui est le dénominateur de toute vie, auquel il donne des titres de paysages psychologiques : *Brume – Monde de lune – Nuit verte.* ■ Jacques Busse

BIBLIOGR. : Michel Ragon, in : *Peintres contemporains*, Mazenod, Paris, 1964 – in : *Les Muses*, Grange Batelière, Paris, 1970 – in : *Diction. Univers. de la Peint.*, Robert, Paris, 1975.
MUSÉES : BUFFALO (Albright Knox Art Gal.) – DETROIT (Inst. of Arts) – LOS ANGELES (L.A.C.M.A) : *Congo* 1954 – MINNEAPOLIS (Inst. of Arts) : *Paysage rouge* 1957 – NEW YORK (Mus. of Mod. Art) : *Pompei* 1956 – NEW YORK (Solomon R. Guggenheim Mus.).
VENTES PUBLIQUES : NEW YORK, 5 avr. 1958 : *Les mannequins* : **USD 600** – NEW YORK, 11 nov. 1959 : *Le Jongleur* : **USD 675** – NEW YORK, 18 mai 1960 : *La Scène* : **USD 1 750** – NEW YORK, 25 avr. 1969 : *Nuit* : **USD 3 500** – LOS ANGELES, 9 nov. 1977 : *Jouets dans le soleil*, h/t (127x66) : **USD 11 000** – NEW YORK, 3 nov. 1978 : *Deux têtes* vers 1947, h/t (107x91,5) : **USD 8 000** – NEW YORK, 19 oct. 1979 : *Crépuscule* 1954, past. et cr. (61,6x30,5) : **USD 3 700** – NEW YORK, 4 déc. 1979 : *Figurine et miroir* 1947, h/t (51x63,5) : **USD 8 000** – NEW YORK, 16 mai 1980 : *Automne* 1954, h. et cr. noir/t. (46x35,5) : **USD 7 500** – NEW YORK, 27 fév. 1981 : *Paysage d'été* 1947, aquar. (35,5x39,5) : **USD 3 200** – NEW YORK, 18 nov. 1981 : *Deux têtes* vers 1948, h/t (107x92) : **USD 34 000** – NEW YORK, 4 mai 1982 : *Harlequin dream II* 1953, past. et cr. (48,2x62,2) : **USD 17 000** – NEW YORK, 8 nov. 1983 : *Le Rêveur* 1952, h/t (76x61) : **USD 44 000** – NEW YORK, 2 nov. 1984 : *La Chambre* 1946, gche/pap. monté/t (35,5x27,3) : **USD 2 600** ; *Sans titre* 1945, h/cart. (59,7x80) : **USD 15 000** – NEW YORK, 1ᵉʳ mai 1985 : *Serpentine* 1961, h/t (168x198) : **USD 190 000** – NEW YORK, 11 nov. 1986 : *Tortue*, aquar. et cr. (30x38,3) : **USD 21 000** – NEW YORK, 21 fév. 1987 : *Yellow Net* 1946, aquar. et pl. (37x29,5) : **USD 12 000** – NEW YORK, 8 oct. 1988 : *Rideau bleu* 1951, cr. et past./pap. gris (48,7x32) : **USD 23 100** – NEW YORK, 14 fév. 1989 : *Sans titre*, aquar. et graphite/pap. (17,8x21,5) : **USD 26 400** – NEW YORK, 9 nov. 1989 : *Mirage* 1960, h/t (122x91,5) : **USD 165 000** – NEW YORK, 21 fév. 1990 : *Sans titre* 1955, encre de Chine/pap. (28x20,9) : **USD 2 200** – NEW YORK, 8 mai 1990 : *Les Fantômes de la mer* 1952, h/t (122,5x152,5) : **USD 385 000** – NEW YORK, 9 mai 1990 : *Indolence* 1951, h/t (76,5x61,7) : **USD 49 500** – NEW YORK, 4 oct. 1990 : *Personnage dans un filet* 1947, aquar., encre et past./pap. (46x30,5) : **USD 17 600** – NEW YORK, 1ᵉʳ mai 1991 : *Formes nocturnes* 1958, aquar. et cr./pap. (50,2x37,5) : **USD 30 250** – NEW YORK, 13 nov. 1991 : *Fantôme* 1953, h/t (76,2x96) : **USD 110 000** – NEW YORK, 6 oct. 1992 : *Sans titre*, encre/pap. (33x45,7) : **USD 6 600** – NEW YORK, 23-25 fév. 1993 : *Le Balcon*, h/t (90,2x104,1) : **USD 28 750** – NEW YORK, 24 fév. 1994 : *Figure et miroir* 1947, h/t (50,8x63,5) : **USD 24 150** – NEW YORK, 15 nov. 1995 : *Reflets d'eau* 1953, craies coul. et fus./pap./pan. (95,6x63,5) : **USD 34 500** – NEW YORK, 20 nov. 1996 : *Tropical* 1959, h/t (127x101,6) : **USD 145 500** – NEW YORK, 8 mai 1997 : *Animaux blancs* 1947, h/t (91,3x104,1) : **USD 68 500**.

BAZIRAIN Pierre Gabriel, dit Montrose
Né vers 1783 à Toulon. XIXᵉ siècle. Français.
Peintre.
Il était fils du comédien Montrose, et entra à l'École des Beaux-Arts comme élève de Joseph Suvée et de Moreau le Jeune, le 21 floréal, an V (1797).

BAZIRAY
XVIIIᵉ siècle. Travaillait à Nantes. Français (?).
Peintre de portraits.
Le baron de Saint-Pern possède de cet artiste deux portraits de famille : celui *de Marguerite-Thérèse de Volvire, comtesse de l'Olivier de Saint-Maur*, daté de 1733 (ou 1723), et celui d'un ecclésiastique, daté de 1739 (ou peut-être 1759). Mme Pellerin de la Vergne de son coté a du même artiste, ou d'un peintre du même nom, un *Portrait de Jean-François Bertrand, comte de Saint-Pern de la Tour, capitaine de dragons* (1730-1793), peint en 1755. Les deux premiers sont l'œuvre d'un bon peintre de l'École de Largillière, et le nom de Baziray ne figurant dans aucun ouvrage artistique que nous connaissions, il nous a paru intéressant de nous y arrêter. Le troisième portrait ne nous semble pas de la même main, le dessin en est moins correct, la peinture plus sèche ; ce pourrait être l'œuvre d'un parent plus jeune. Nous ne croyons pas impossible qu'un lien de parenté existe entre le ou les portraitistes nantais dont nous parlons et la famille d'artistes Basire ou Basiré, établie à Londres au début du XVIIIᵉ siècle, laquelle, d'après son nom, paraît d'origine française.
VENTES PUBLIQUES : VERSAILLES, 22 juin 1980 : *Jeune garçon en tenue de cadet* 1743, h/t (153x112) : **FRF 13 500**.

BAZIRE Christiane
Née à Paris. XXᵉ siècle. Française.
Peintre.
Elle fut élève de Jules Adler et de Bergès. Elle devint sociétaire des Artistes Français et exposa au Salon de 1928 à 1930.

BAZIRE Pierre
XXᵉ siècle. Français.
Peintre. Naïf.
VENTES PUBLIQUES : PARIS, 17 fév. 1988 : *Le port d'Honfleur* 1938, h/bois (29x22) : **FRF 3 800** – PARIS, 16 oct. 1988 : *Paris, l'église Saint-Gervais*, h/t (38x46) : **FRF 9 000**.

BAZOLINI Baldo, dit Pastinaga
XVIᵉ siècle. Travaillait à Urbino. Italien.
Peintre de portraits.
De 1589 à 1598, on trouve cet artiste exécutant des tableaux pour différentes corporations. On a de lui un *Portrait de Pietro Spagnolo*, représenté dans un fond du palais ducal, avec une biche couchée à ses pieds.

BAZOR Albert
XIXᵉ siècle. Français.
Graveur en médailles.

BAZOR Lucien
Né le 18 janvier 1889 à Paris. XXᵉ siècle. Français.
Graveur en médailles, sculpteur de portraits, sujets allégoriques.
Il fut élève de Paul Auban, de Henri Patey. En 1923, il obtint le Grand Prix de Rome pour la gravure de médailles. À partir de 1930, il fut graveur de la Monnaie. Il a créé de très nombreuses médailles commémoratives d'événements : *Lancement du paquebot Atlantique – Commission européenne du Danube*, de personnalités : *Le Génie de Wagner – Louis Barthou – Gabriel Pierné*, etc. Il a aussi créé des pièces de monnaies, parmi lesquelles la pièce-or de 100 francs.

LUCIEN BAZOR

BAZOR
LUCIEN

BAZOT Suzanne
Née à Chatou (Yvelines). XXᵉ siècle. Française.
Peintre de paysages, pastelliste.
Ell exposa au Salon d'Automne : *Paysage, Étude* (pastel) en 1923, *Grisaille* (fusain) en 1930. Au Salon des Humoristes de 1929 elle présenta : *Sourires.*

BAZOVSKY Milos ou Mikulas Alexander ou Bazvsky
Né le 11 janvier 1899 à Turany-nad-Vahom (Slovaquie). Mort le 15 décembre 1968 à Trencin. XXᵉ siècle. Tchécoslovaque.
Peintre de compositions à personnages, figures, paysages,. Expressionniste.
Il fut d'abord élève en 1918 de l'Académie de Peinture de Budapest. Lors de la création de la Tchécoslovaquie à la paix de 1918, il quitta Budapest et entra à l'Académie des Beaux-Arts de Prague, où il resta de 1919 à 1924, ayant Max Svabinsky pour maître. En 1921, il interrompit ses études à Prague pour une année à Vienne. En 1929-1930, il fit un séjour à Paris, où il a sans doute vu la peinture symboliste et des œuvres de Van Gogh, qui seront un temps ses deux pôles d'influences. À son retour, il se lia avec les peintres Janko Alexy et Zolo Palugyay, et ils travaillèrent souvent ensemble. Il vécut d'abord à Turany, puis à Martin de 1931 à 1957, à Cenice de 1957 à 1962, puis jusqu'à sa mort à Trencin. Il a participé à de nombreuses expositions collectives d'art tchèque à l'étranger : New York, Paris, Londres, Moscou. Il fut invité à la Biennale de Venise en 1934, 1942, 1958, 1966, et à la Biennale de São Paulo en 1957, 1959, 1965. Ses principales expositions personnelles eurent lieu à Prague : 1935, 1950, 1961, à la Galerie Nationale Slovaque de Bratislava en 1961.
Avant lui et ses amis, Martin Benka avait créé un style national de caractère monumental et héroïque, que continuèrent Bazovsky et Janko Alexy. Dans leurs débuts, ils développèrent ensemble des thèmes d'inspiration populaire, si ce n'est folklorique. Ensuite leurs orientations divergèrent, mais ils restèrent liés d'amitié et travaillèrent encore en commun, notamment en 1921 à l'occasion d'excursions dans les régions d'Orava et de Liptov. Quand Alexy eut choisi le thème de la ville et de la vie dans les cités, Bazovsky, au contraire, choisit d'évoquer la campagne slovaque, la vie et le labeur des paysans, dans des compositions lyriques. Les critiques et historiens d'art tchèques utilisent à ce propos volontiers le mot de ballade, l'expression caractère ou style balladique (en traduction française). Au propos de vouloir décrire la vérité de son pays, Bazovsky a écrit lui-même : « Tout ce que vous voyez sur mes tableaux, c'est la réalité slovaque transposée dans la couleur et dans les formes. La sueur du labeur paysan, l'extrême affliction des âmes arriérées, l'ambiance automnale de nos sommets et les tristesses de nos destinées ». Pendant la guerre de 1939-1945, il délaissa sa gamme très colorée habituelle, pour la conformer dans des harmonies sombres aux horreurs du moment : *Le soleil noir* de 1942.
■ Jacques Busse

BAZY Jacques
Né à Ostrog (Russie). XXᵉ siècle. Français.
Peintre.
Élève de Gérôme et Ferrier. Exposa au Salon des Artistes Français de 1936 : *Quelques fruits.*

BAZYLI Ze Lwowa
Né en Pologne. XVIIᵉ siècle. Actif en Russie. Polonais.
Peintre.

BAZZA Paolo
XVIᵉ siècle. Vivant à Milan. Italien.

Sculpteur sur bois.
Il commença, en 1570, les stalles du chœur de l'église Santa Maria presso S. Celso, mais il ne put les achever. Ce travail fut terminé en 1616 par Gian Giacomo Taurino.

BAZZANI Gasparo
Né le 21 janvier 1701 à Reggio. Mort le 6 mai 1780 à Reggio. XVIIIᵉ siècle. Italien.
Peintre ornemaniste.
Les ducs de Modène eurent pour lui beaucoup d'estime et le firent travailler. Francesco III, duc de Milan, l'appela dans cette ville, pour orner la grande salle du palais ducal. Il travailla aussi à Parme, à Gênes, à Bologne, à Ferrare, à Vienne. De 1750 à 1760, il décora le grand théâtre de Reggio.

BAZZANI Giuseppe
Né vers 1690 à Reggio. Mort le 17 août 1769 à Mantoue. XVIIIᵉ siècle. Actif à Mantoue. Italien.
Peintre de scènes mythologiques, compositions religieuses, sujets allégoriques, portraits, dessinateur.
Probablement élève de Giovanni Canti de Parme, il se forme surtout sous l'influence des œuvres vénitiennes de Véronèse et du Bassan, ainsi que de celles de Rubens et de Domenico Fetti. Vers 1740, sa peinture tend vers le mélodrame, préférant les sujets sacrés, les scènes mythologiques et les allégories profanes. Il s'accorde au goût du rococo européen par sa fantaisie du trait, sa liberté du coup de pinceau, ses couleurs chatoyantes, surtout dans ses œuvres tardives, au froid éclairage lunaire. Il a réalisé de nombreuses décorations, essentiellement à Mantoue. Dans cette ville, à l'église S. Maria della Carita, il a exécuté un groupe de peintures, dont *La piscine probatique* et *Le jugement de Salomon*, pour lesquels il a recherché des effets particuliers d'éclairage. Il a peint une série allégorique des saisons, au Palais Fochessati de Mantoue ; son style, d'un charme décoratif, fait penser à Boucher. Il a aussi décoré le Palais Massarani de peintures allégoriques. L'œuvre de Bazzani aidera à la formation de personnalités telles que Guardi et l'Autrichien Maulpertsch.
MUSÉES : LONDRES : *Saint Antoine de Padoue et le Christ enfant.*
VENTES PUBLIQUES : LUCERNE, 23 nov. 1957 : *La Vierge avec l'Enfant Jésus* : CHF 2 600 – MILAN, 15 mai 1962 : *Incrédulité de Saint Thomas* : ITL 1 400 000 – MILAN, 16 mai 1962 : *Sainte en extase* : ITL 1 300 000 – VIENNE, 4 déc. 1962 : *Madone* : ATS 22 000 – MILAN, 12-13 mars 1963 : *L'Annonciation* : ITL 320 000 – COLOGNE, 28 avr. 1965 : *La Sainte Famille et saint Antoine de Padoue* : DEM 44 850 – MILAN, 1ᵉʳ déc. 1970 : *Scène allégorique* : ITL 5 500 000 – MILAN, 27 avr. 1978 : *Trois saints Franciscains*, h/t (223x153) : ITL 7 500 000 – LONDRES, 11 juin 1981 : *Études de têtes*, encre noire/pap. bleu (14,1x16) : GBP 1 000 – NEW YORK, 15 jan. 1987 : *La Vierge avec l'enfant avec sainte Catherine de Sienne et saint Dominique*, h/t (135,5x102,5) : USD 19 000 – NEW YORK, 11 jan. 1990 : *Le Christ couronné d'épines* ; *Le Christ portant sa Croix*, h/t, une paire (42x38) : USD 63 250 – LUGANO, 16 mai 1992 : *Saint Joseph et Jésus enfant*, h/t (73x61) : CHF 14 000 – NEW YORK, 30 jan. 1997 : *Le Retour de l'enfant prodigue*, h/t (97,2x125,1) : USD 57 500.

BAZZANI Luigi
Né le 8 novembre 1836 à Bologne. Mort en 1927. XIXᵉ-XXᵉ siècles. Italien.
Peintre de sujets religieux, genre, paysages, architectures, aquarelliste.
Il étudia à l'Académie de cette ville, et après avoir visité la France et l'Allemagne, il fut nommé professeur à l'Académie de Rome. Ses œuvres furent exposées à partir de 1893, d'abord à Rome, puis à Vienne, à Munich et à Berlin.
MUSÉES : TRIESTE (Mus. Revoltella) : *L'Arc de Septime Sévère à Rome*, aquar.
VENTES PUBLIQUES : PARIS, 1881 : *À la fontaine* : FRF 1 225 ; *La petite marchande de fleurs à Pompéi* : FRF 1 340 – ROTTERDAM, 1883 : *Pompéi* : FRF 1 050 – AMSTERDAM, 1886 : *Dans l'ancienne cité de Rome* : FRF 672 – LONDRES, 25 jan. 1908 : *Cour de maison à Pompéi* : GBP 16 – PARIS, 5 fév. 1951 : *Jeune femme dans la cour d'un patio* : FRF 10 500 – NEW YORK, 12 déc. 1973 : *Saint Thomas* : ITL 3 600 000 – NEW YORK, 15 oct. 1976 : *Jeune Romaine en promenade 1882*, h/t (57x39,5) : USD 1 300 – NEW YORK, 31 oct. 1985 : *Un intérieur à Pompéi 1882*, h/t (73x56) : USD 6 000 – ROME, 28 mai 1991 : *Vue de Anticoli Corrado*, aquar./pap. (20x34, 2) : ITL 3 200 000 – NEW YORK, 17 oct. 1991 : *La fontaine de Pompéi 1882*, aquar./pap. (74,9x59,7) : USD 4 950 – LONDRES, 25 nov. 1992 : *Pêcheurs réparant leurs filets 1883*, aquar. (19x34) : GBP 1 540 – MILAN, 21 déc. 1993 : *Derniers jours de Pompéi*,

scène de rue animée 1883, h/pan. (53,5x39,5) : **ITL 11 500 000** –
New York, 26 mai 1994 : *L'offrande* 1886, h/pan. (50,2x38,7) :
USD 12 650 – Londres, 17 mars 1995 : *Près du puits à Pompéi*
1877, h/pan. (62,2x35,6) : **GBP 10 350** – Londres, 13 mars 1996 :
Marchandes de fleurs à Rome 1880, h/pan. (69x50) : **GBP 10 925**
– New York, 24 oct. 1996 : *Intérieur de Pompéi* 1882, h/pan.
(73x55,9) : **USD 21 850**.

BAZZANTE da Monte Varchi. Voir MONTE VARCHI

BAZZANTI Niccolo
XIXᵉ siècle. Travaillait à Florence. Italien.
Sculpteur de groupes, figures.
En 1843, il acheva la statue en marbre d'Orcagna, qui fut placée
dans la cour des Uffizi, à Florence. Une figure de l'*Hiver*, exé-
cutée par cet artiste, est considérée comme un chef-d'œuvre.
Musées : Sydney : *Roméo et Juliette* – Trieste (Mus. Revoltella) :
La Vénus de Médicis et Apollon.
Ventes Publiques : Londres, 23 fév. 1981 : *L'Apollon du Belvé-
dère – Diane*, deux marbres (H. 82 et 75) : **GBP 900**.

BAZZARO Ernesto
Né le 29 mars 1859 à Milan (Lombardie). Mort en 1937.
XIXᵉ-XXᵉ siècles. Italien.
Sculpteur de monuments, figures, bustes.
Ernesto Bazzaro profita des ressources artistiques de son pays
natal et entra à l'Académie de la Brera à Milan en 1875, où ses
études furent dirigées par Ambragio Borghi et Giuseppe
Grandi. Il subit aussi l'influence de Tranquillo Cremona.
Parmi ses œuvres principales, on cite : *La Fille de Jephté* ; *Monument à Garibaldi* (1884, à Monza) ; *Monument à Cavallotti* ; *Étude
pour un Monument à Dante* ; *Tête d'esclave* (1881) ; *Meste Poesie*
(1883) ; *Buste de Garibaldi* (1886) ; *La Veuve et son enfant* (acheté
pour le Musée d'art moderne de Rome) ; *Vieillard avec enfant
trouvé* ; *Esaurimento* ; *Dal Tumulo* (1896) ; *Rampollo del Faraoni*
(1907). Il fit encore une série de bustes, des figures d'animaux et
des monuments funéraires.
Musées : Rome (Mus. d'Art Mod.) : *La Veuve et son enfant.*
Ventes Publiques : Milan, 10 nov. 1982 : *Enfant souriant*,
marbre (H. 54) : **ITL 1 900 000** – Londres, 7 juin 1984 : *Jeune
femme arabe avec son enfant sur un chameau* vers 1900, bronze
patiné brune (H. 54,5) : **GBP 2 700** – Milan, 12 déc. 1985 : *La fuite
en Égypte*, bronze (H. 53) : **ITL 3 200 000** – Paris, 27 avr. 1990 :
Femme arabe et son enfant à dos de chameau, bronze (H. 54) :
FRF 30 000 – Milan, 20 déc. 1994 : *Dans la caravane*, bronze (H.
57) : **ITL 4 600 000** – Rome, 5 déc. 1995 : *Petite fille*, bronze (H.
50) : **ITL 2 593 000**.

BAZZARO Leonardo
Né en 1853 à Milan. Mort en 1937 à Milan. XIXᵉ-XXᵉ siècles.
Italien.
**Peintre de scènes de genre, sujets typiques, portraits,
nus, paysages animés, paysages, marines, natures
mortes.**
Il fut élève de Giuseppe Bertini à l'Académie royale des beaux-
arts de Milan. Il débuta comme dessinateur d'architecture. Il
reçut une médaille à l'Exposition internationale de Florence en
1874, le prix Fumagalli et le prix de l'Institut Girotto en 1878. Il
obtint encore des médailles à Paris en 1889, ainsi qu'à Milan,
Palerme, Anvers, Saint Louis.
Il eut un registre très étendu. Il peignit de nombreuses scènes de
genre et scènes typiques : *Un pillage* ; *Après le duel* ; *Après le
naufrage* ; *Retour des champs à Sottomarina* ; *Jour de foire à
Chioggia* ; etc. On trouve dans son œuvre un *Nu dans un paysage*, une nature morte : *Musique et Fleurs.*
Il se fit surtout connaître en tant que peintre de l'Adriatique,
notamment des vues typiques de Venise et de Chioggia, cette
autre ville de Vénétie bâtie sur pilotis, dont il fut déclaré citoyen,
et qu'il aimait peindre sous la neige.

L. Bazzaro

Musées : Trieste : *Fleurs.*
Ventes Publiques : Vienne, 22 mars 1966 : *Les Pêcheurs de
crabes* : **ATS 5 000** – Milan, 8 nov. 1967 : *Barque de pêcheurs* :
ITL 550 000 – Milan, 21 oct. 1969 : *Chioggia : mère et enfant* :
ITL 1 000 000 – Milan, 18 mai 1971 : *Venise* : **ITL 2 000 000** –
Milan, 29 mars 1973 : *Jeune Femme à l'ombrelle rose* :
ITL 1 700 000 – Milan, 14 déc. 1976 : *Rêverie*, h/t (45,5x76) :
ITL 1 100 000 – Milan, 26 mai 1977 : *Paysage d'hiver*, h/t

(60x90) : **ITL 4 000 000** – Milan, 5 avr. 1979 : *Paysage de neige*,
h/pan. (58,5x91) : **ITL 3 400 000** – Londres, 21 mars 1980 : *Ave
Maria*, h/t (98,5x160) : **GBP 1 300** – Milan, 10 juin 1981 : *La
Ferme*, h/t (68x108) : **ITL 10 500 000** – Milan, 10 nov. 1982 : *Paysage à la fontaine*, h/t (90x60) : **ITL 11 500 000** – Milan, 21 avr.
1983 : *Nu dans un paysage boisé*, h/t (114x92) : **ITL 8 000 000** –
Milan, 30 oct. 1984 : *Mère et Enfant*, aquar. (55x40) :
ITL 1 900 000 – Milan, 7 nov. 1985 : *Marine à Chioggia*, h/isor.
(90x119) : **ITL 14 500 000** – Milan, 28 oct. 1986 : *Paysage de
neige*, h/t (60x90) : **ITL 5 500 000** – Milan, 1ᵉʳ juin 1988 : *A la
plage*, h/t (100x74) : **ITL 13 500 000** ; *Musique et Fleurs*, h/t
(90,5x60) : **ITL 23 000 000** – Milan, 14 mars 1989 : *Retour des
champs à Sottomarina*, h/pan. (40x59,5) : **ITL 11 000 000** –
Milan, 6 déc. 1989 : *L'Embarcadère à Chioggia*, h/pan. (34,5x51) :
ITL 4 500 000 – Milan, 8 mars 1990 : *Canal vénitien animé*, h/t
(60,5x90) : **ITL 17 000 000** – Monaco, 21 avr. 1990 : *Jour de foire
à Chioggia ou Venise*, h/pan. (40x61) : **FRF 53 280** – Milan, 18
oct. 1990 : *Pêcheurs réparant une voile à Chioggia*, h/pan.
(39x59,5) : **ITL 13 000 000** – Milan, 6 juin 1991 : *Les vieux quartiers de Chioggia*, h/pan. (34,5x55) : **ITL 7 500 000** – New York,
16 oct. 1991 : *Dame dans un jardin*, h/cart. (90,8x61) : **USD 8 800**
– Milan, 7 nov. 1991 : *Les Hauteurs de Gignese*, h/pan. (32,5x24) :
ITL 5 500 000 – Rome, 24 mars 1992 : *Voiliers à Chioggia*, h/pan.
(67x49) : **ITL 9 775 000** – Milan, 16 juin 1992 : *Visite aux fermiers*,
h/pan. (59,5x91) : **ITL 15 000 000** – Milan, 22 mars 1994 : *Cour
de ferme animée*, h/t (60x90) : **ITL 10 925 000** – Rome, 5 déc.
1995 : *Rivage ensoleillé à Chioggia* 1924, h/pan. (40x60) :
ITL 10 017 000 – Milan, 23 oct. 1996 : *Portrait de jeune fille*, h/t
(49,5x34,5) : **ITL 5 592 000** – Rome, 28 nov. 1996 : *Premana* 1886,
h/t (58x87) : **ITL 18 000 000** – Milan, 18 déc. 1996 : *Domp il sac-
cheggio*, h/t (38x59,5) : **ITL 6 873 000** – Rome, 27 mai 1997 :
Lavandières à Chioggia, h/bois (60x90) : **ITL 29 000 000**.

BAZZI Giovanni Antonio. Voir SODOMA, il

BAZZOLA Giuseppe ou Bazola ou Bazzoli
Mort avant 1782. XVIIIᵉ siècle. Travaillait à Ferrare vers 1770.
Italien.
Peintre.

BAZZOLI Antonio di Giambattista
XVIᵉ siècle. Vivait à Parme vers 1571. Italien.
Peintre.

BAZZOLI Prospero di Gianantonio
XVIᵉ siècle. Travaillait à Parme. Italien.
Peintre.
On trouve son nom mentionné le 8 novembre 1521.

BAZZOLI Umberto
XIXᵉ siècle. Italien.
Peintre portraitiste et paysagiste.
On cite parmi ses tableaux : *Montagne bergamasque* ; *Sous les
hêtres* ; *Soir d'automne.*

BEA
XVIᵉ siècle. Actif à Pérouse en 1520. Italien.
Peintre.

BEA Luis de
Née à Madrid. XXᵉ siècle. Espagnole.
Peintre.
Elle a exposé un paysage, en 1913, au salon de la société Natio-
nale des Beaux-Arts.

BEA Manuel
Né le 19 mars 1934 à Barcelone. XXᵉ siècle. Espagnol.
Peintre. Abstrait-informel.
Élève à l'Ecole des Beaux-Arts de Barcelone, il a participé,
depuis 1969, au Salon de Mayo de Barcelone, dont il est devenu
sociétaire et, entre autres, à la Biennale de São Paulo. Il a fait de
nombreuses expositions personnelles à Zurich, Bâle, Lucerne,
Barcelone, Capetown, Ascona, Munich, Genève, Madrid, Bilbao, Lausanne, etc. Premier prix de la Critique et de la Radio de
Barcelone en 1968.
Sa peinture abstraite tend vers l'informel et repose sur des dif-
férentiations de matières, dans un esprit qui n'est pas sans rappeler celui de l'Espagnol Tapiès, mais avec une tendance à une
recherche de l'effet qui le rapproche de l'Allemand Küchen-
meister.
Bibliogr. : Catalogue de l'exposition : *Manuel Bea*, gal. A.+ G.
de May, Lausanne, 1974.
Musées : Barcelone – Bilbao – Le Cap – Glaris – Madrid – Séville
– Valence .

VENTES PUBLIQUES : MADRID, 20 oct. 1976 : *Métaphysique 1973*, h/t (41x33) : **ESP 30 000**.

BEACALL J.
XIXᵉ siècle. Britannique.
Peintre de paysages.
Il exposa de 1864 à 1868 à la Royal Academy et à Suffolk Street, à Londres.

BEACH Alice
Née aux Indes anglaises. XXᵉ siècle. Britannique.
Peintre.
A exposé un portrait d'enfant aux salon des Artistes Français en 1912.

BEACH Alice Mary
Née à Green Ridge (Missouri). XIXᵉ siècle. Américaine.
Peintre.
Élève de l'École des Beaux-Arts de Saint Louis, elle exposa dans cette ville où elle vivait vers 1898.

BEACH Chester
Né en 1881 à San Francisco (Californie). XXᵉ siècle. Américain.
Sculpteur.
Élève de Verlet à Paris, où il a exposé au Salon des Artistes Français en 1924. Il fut membre de la National Sculpture Society et fut associé de la Royal Academy.

BEACH Ernest George
Né en 1865 à Londres. XIXᵉ-XXᵉ siècles. Britannique.
Élève de Bouguereau et de Robert Fleury, il a exposé, à partir de 1888, à la Royal Academy de Londres, à Suffolk Street et à la Crafton Gallery. En 1911, il figure au Salon des Artistes Français à Paris.
VENTES PUBLIQUES : LONDRES, 10 juin 1981 : *Returning from sea 1889*, h/t (38x46) : **GBP 680** – LONDRES, 6 mai 1983 : *Pêcheurs sur la plage*, h/t (38,1x45,7) : **GBP 600**.

BEACH S. E.
XIXᵉ-XXᵉ siècles. Actif à New York. Américain.
Peintre.
Membre de la American Water-Colours Society.

BEACH Thomas
Né en 1738 à Milton-Abbas. Mort le 17 décembre 1806 à Dorchester. XVIIIᵉ siècle. Britannique.
Peintre de portraits.
Élève de Sir Joshua Reynolds, il fut néanmoins un indépendant. Établi à Bath, il envoya de là ses tableaux aux Expositions de la Society of Artists. Il en devint membre en 1772. À partir de 1785 jusqu'en 1797, il exposa régulièrement à la Royal Academy de Londres.
MUSÉES : DUBLIN : *Portrait d'un gentilhomme* – LONDRES (Nat. Portrait Gal.) : *Portrait de William Woodfall*.
VENTES PUBLIQUES : PARIS, 20 juin 1922 : *Portrait d'homme* : **FRF 2 900** – LONDRES, 28 juil. 1922 : *Général Shank* : **GBP 60** – LONDRES, 8 juin 1928 : *John Pemddocke en habit militaire 1771* : **GBP 367** – NEW YORK, 20 nov. 1931 : *E. B. Napier* : **USD 425** ; *Portrait d'un gentleman 1787* : **USD 1 500** – NEW YORK, 18 et 19 avr. 1934 : *Gentilhomme en veste écarlate 1793* : **USD 550** – LONDRES, 27 avr. 1934 : *Un jeune homme en veste noire* : **GBP 89** – LONDRES, 9 juil. 1936 : *Colonel Bayorten* : **GBP 85** – NEW YORK, 21 oct. 1937 : *John Cornish, Esq.* : **USD 170** – LONDRES, 19 mars 1958 : *Portrait du Rt. Hon. Robert Monckton* : **GBP 300** – LONDRES, 19 nov. 1965 : *Portrait de Constanza Titzherbert* : **GNS 120** – NEW YORK, 30 oct. 1966 : *Portrait d'un gentilhomme* : **USD 300** – LONDRES, 27 nov. 1968 : *William, comte de Craven, enfant* : **GBP 2 900** – LONDRES, 26 mars 1976 : *Portrait of Mrs Weston 1778*, h/t, à vue ovale (75x62,5) : **GBP 280** – LONDRES, 23 mars 1977 : *Portrait de jeune fille*, h/t (69x56) : **GBP 650** – LOS ANGELES, 6 nov. 1978 : *Portrait of Elizabeth, Lady Craven*, h/t (237x145,5) : **USD 4 250** – LONDRES, 12 mars 1980 : *Portrait de Miss Julia Keasberry 1782*, h/t (158x140) : **GBP 9 200** – LONDRES, 16 juil. 1982 : *Portrait de William Pitt the Younger*, h/t (120x73,7) : **GBP 4 000** – LONDRES, 14 fév. 1984 : *Portrait d'un garçon*, h/t (64,9x52) : **GBP 1 500** – LONDRES, 30 oct. 1985 : *Portrait of captain William Thomas Taylor 1782*, h/t, de forme ovale (72,5x60) : **GBP 2 200** – NEW YORK, 15 jan. 1988 : *Portrait des enfants Burnaby de Leicestershire*, h/t (77,5x112,5) : **USD 5 500** – LONDRES, 18 nov. 1988 : *Portrait de William Rodbard assis en habit rouge et gilet vert tenant un livre 1780*, h/t (126,9x102,8) : **GBP 5 280** – NEW YORK, 17 jan. 1990 : *Portrait des enfants Burnaby*, h/t (75x109,2) : **USD 7 700** – LONDRES, 1ᵉʳ mars 1991 : *Portrait d'une petite fille debout dans un paysage, vêtue d'une robe blanche à ceinture rose et tenant un panier de roses*, h/t (98,5x75) : **GBP 8 580** – LONDRES, 10 juil. 1991 : *Portrait de George John Audley, commerçant à Liverpool 1793*, h/t (124x99) : **GBP 1 540** – NEW YORK, 9 oct. 1991 : *Portrait d'une dame en buste (Mrs Delaval ?), vêtue d'une robe blanche ornée de rubans bleus 1790*, h/t (74,9x63,5) : **USD 2 200** – LONDRES, 20 nov. 1992 : *Portrait de Mrs Boller en buste vêtue d'une robe rose 1772*, h/t, de forme ovale (73,7x62,2) : **GBP 8 800** – LONDRES, 10 nov. 1993 : *Portrait de Mrs Siddons représentant la Mélancolie*, h/t (123x88) : **GBP 19 550** – NEW YORK, 6 oct. 1994 : *Portrait d'un gentleman (Francis Steward ?) vêtu d'une veste et d'un gilet bruns sur une chemise blanche, en buste 1783*, h/t (76,8x64) : **GBP 3 450**.

BEACHEY
XVIIIᵉ siècle. Actif à Norwich. Britannique.
Portraitiste.
Il exposa à la Society of Artists de Londres en 1783.

BEADELL F.
XIXᵉ siècle. Britannique.
Peintre de paysages.
Il exposa en 1885 à la Royal Academy de Londres.

BEADLE
XIXᵉ-XXᵉ siècles. Britannique.
Peintre.
Exposa aux Artistes Français et obtint une médaille de bronze.

BEADLE James Prinsep
XIXᵉ siècle. Britannique.
Peintre d'histoire, figures, marines.
Il exposa à partir de 1879 à la Royal Academy de Londres.
VENTES PUBLIQUES : LONDRES, 14 juil. 1983 : *La Garde à Hyde Park 1893*, h/pan. (24x29) : **GBP 1 100** – EAST DENNIS (Massachusetts), 30 juil. 1987 : *Napoléon inspectant ses troupes une dernière fois, 18 juin 1815*, h/t (101,5x185,5) : **GBP 15 500** – LONDRES, 13 fév. 1991 : *Bateaux de pêche sur la côte de Scheveningen*, h/t (42x58) : **GBP 1 045**.

BEADLE Suzanne
XXᵉ siècle.
Peintre.
Elle figura au Salon des Tuileries de 1939 à Paris.

BEADLE-BELY
Née le 8 juillet 1915 à Saint-Tropez (Var). XXᵉ siècle. Française.
Peintre de cartons de tapisseries. Naïf.
Guide touristique et peintre, elle a commencé la tapisserie brodée en 1980. Découverte par Anatole Jakovsky, elle a exposé en Suède et en France. Ses tapisseries, véritables tableaux, montrent, dans une perspective étagée, tout un monde de personnages, d'animaux dans leur environnement villageois et champêtre.

BEAGLE Louise
XVIIIᵉ siècle. Française.
Peintre.
Reçue à l'Académie de Saint-Luc en 1746.

BEAGLE Pierre ou Beaghe
XVIᵉ siècle. Travaillait à Malines en 1567. Éc. flamande.
Peintre.

BEAL Annie L.
XIXᵉ siècle. Britannique.
Peintre de figures.
Elle exposa de 1876 à 1888 à la Royal Academy et à Suffolk Street à Londres.

BEAL Franz de
XIXᵉ siècle. Britannique.
Peintre de paysages et de sujets rustiques.
Le Musée de Glasgow conserve de cet artiste : *Intérieur d'une bergerie*.

BEAL Georges
Né le 30 juillet 1884 à Paris. XXᵉ siècle. Français.
Sculpteur.
Il a participé au Salon des Artistes Français et à celui des Artistes Décorateurs à Paris. En 1925, il a figuré à l'Exposition des Arts Décoratifs dont il était membre du jury.

BEAL Gifford
Né le 24 janvier 1879 à New York. Mort le 5 février 1956 à New York. XXᵉ siècle. Américain.

Peintre et aquarelliste.

Frère de Reynolds Beal, il a obtenu une médaille à l'Exposition de Saint Louis en 1904. Il est membre de la Water-Colours Society et associé de la National Academy depuis 1908. Entre 1920 et 1956, il a régulièrement exposé, au Worcester Arts Museum (1933), à la Fondation Carnegie de Pittsburgh, etc. Une rétrospective lui a été consacrée à l'American Academy of Arts and Letters en 1957.

MUSÉES : CHICAGO (Art Inst.) – DETROIT (Inst. of Art) – NEW YORK (Metropolitan Mus.) : *Mayfair* 1913 – *Abanyboat* 1915.

VENTES PUBLIQUES : NEW YORK, 22 jan. 1960 : *Dans le jardin,* cart. : **USD 350** – NEW YORK, 29 jan. 1964 : *Picnic, Fort Montgomery,* aquar. : **USD 275** – NEW YORK, 15 nov. 1967 : *Scène de chasse* : **USD 1 000** – NEW YORK, 14 déc. 1973 : *Rives de la Méditerranée* : **USD 1 100** – NEW YORK, 21 avr. 1978 : *Vue d'une ville,* h/cart. (40x50,2) : **USD 5 000** – NEW YORK, 23 jan. 1979 : *Deux pêcheurs au bord de l'eau* 1922, h/t (76x106,5) : **USD 2 250** – LOS ANGELES, 17 nov. 1980 : *La fontaine* 1914, h/t (63,5x76,2) : **USD 7 250** – NEW YORK, 3 juin 1983 : *Brise de printemps* 1920, h/pan. (61x76) : **USD 6 000** – NEW YORK, 7 déc. 1984 : *Réception au Century club* 1920, h/pan. (36,2x40,5) : **USD 20 000** – NEW YORK, 15 mars 1985 : *Scène de plage,* aquar. et pl. (24x31,6) : **USD 2 600** – NEW YORK, 5 déc. 1986 : *Ormes de la Nouvelle Angleterre,* h/cart. (51x61) : **USD 18 000** – NEW YORK, 24 nov. 1987 : *Rue de la Nouvelle Angleterre,* aquar./pap. (36x26) : **USD 2 600** – NEW YORK, 28 sep. 1989 : *Promenade d'été,* h/t (62x73) : **USD 72 600** – NEW YORK, 1er déc. 1989 : *Une rue de Provincetown* 1920, h/t (61x76,2) : **USD 28 600** – NEW YORK, 30 mai 1990 : *Chevaux sous un auvent,* h/rés. synth. (30,5x40,7) : **USD 2 750** – NEW YORK, 26 sep. 1991 : *La foire de Topsfield,* aquar. et encre/pap. (34,9x50,5) : **USD 4 950** – NEW YORK, 27 mai 1992 : *Elegant garden party,* h/pan. (61,6x91,4) : **USD 46 750** – NEW YORK, 26 mai 1993 : *Bass Rocks à Gloucester,* h/cart. (51x61,3) : **USD 79 500** – NEW YORK, 21 sep. 1994 : *Une ouverture dans les Highlands* 1919, h/t (91,4x148,6) : **USD 36 800** – NEW YORK, 25 mars 1997 : *La Salle de bal,* h/pan. (76,2x55,9) : **USD 6 037.**

BEAL Jack

Né en 1931 à Richmond (Virginie). XXe siècle. Américain.

Peintre. Hyperréaliste.

Entre 1953 et 1956, il a étudié à l'Art Institute, puis à l'Université de Chicago. Il a participé à de nombreuses expositions de groupe, avec des peintres réalistes, notamment au Whitney Museum de New York en 1966, 1969, 1973, à l'Art Institute de Chicago en 1972, etc. Il a également exposé à titre personnel dans plusieurs galeries aux Etats-Unis, à New York, Chicago, mais aussi à Paris en 1973. Une rétrospective lui a été consacrée au Musée d'Art contemporain de Chicago en 1973-1974.

A ses débuts, Jack Beal a pratiqué une peinture non figurative, faisant jusque vers les années soixante, des dessins abstraits. Il s'est ensuite tourné vers un art figuratif, donnant toutefois à son réalisme académique des qualités personnelles, dont une recherche dans les angles de vision, les mises en pages, la robustesse d'un modelé méticuleux accentué par l'éclairage. C'est sans doute grâce à ces caractéristiques, qui le distinguaient du simple réalisme indifférent à l'évolution des autres recherches artistiques, qu'il s'est trouvé promu à l'avant-garde hyperréaliste, depuis l'apparition soudaine et inattendue en 1970 de cette tendance en tant qu'avant-garde.

BIBLIOGR. : Catalogue de l'exposition : *Jack Beal,* Gal. Claude Bernard, Paris, 1973.

MUSÉES : CHICAGO (Art Inst.) – CINCINNATI (Roby Foundation) – DOVER (Delaware Art Mus.) – GREENWICH (Bruce Mus.) – NEW YORK (Mus. of Mod. Art) – NEW YORK (Whitney Mus.) – PHILADELPHIE (Mus. of Art) – SAN FRANCISCO (Mus of Art) – TOLEDO, Ohio (Toledo Art Mus.).

VENTES PUBLIQUES : NEW YORK, 15 mai 1980 : *Intérieur avec meubles* 1968, h/t (167,6x193) : **USD 16 000** – NEW YORK, 13 mai 1981 : *Sandra sur un sofa* 1968, h/t (167x198) : **USD 18 000** – NEW YORK, 10 nov. 1983 : *Intérieur,* h/t (97,8x110,5) : **USD 2 000** – NEW YORK, 23 fév. 1985 : *Femme et fauteuil vers* 1972, acryl./t. (127x132) : **USD 7 500** – NEW YORK, 13 nov. 1986 : *Figure couchée* 1963, h/t (149x150,8) : **USD 2 800** – NEW YORK, 7 oct. 1987 : *Intérieur avec meubles* 1968, h/t (167,6x193) : **USD 15 000** – NEW YORK, 14 fév. 1989 : *Nature morte de fleurs,* h/t (76,4x60,7) : **USD 9 350** – NEW YORK, 8 nov. 1989 : *Le toit,* h/t (243,8x304,8) : **USD 27 500** – NEW YORK, 23-25 fév. 1993 : *Bouquet de tulipes* 1971, h/t (66x55,9) : **USD 5 750** – NEW YORK, 7 mai 1996 : *Autoportrait devant un paysage* 1973, craies de coul. sur deux feuilles jointes (71,2x49,4) : **USD 2 990.**

BEAL Reynolds

Né en 1867. Mort en 1951. XIXe-XXe siècles. Américain.

Peintre de genre, figures, paysages, marines.

Frère de Gifford Beal, il a travaillé à New York. Il a exposé à l'Art Club, notamment en 1908. Il fut membre du Salmagundi Club, où il a obtenu un prix en 1902, et du New York Watercolours Club. Il fut également membre associé de la National Academy. Son tableau : *A Ground Smell,* exposé en 1908 à l'Art Club, eut un immense succès.

BIBLIOGR. : Sidney Bressler : *Reynolds Beal : Impressionist Landscapes and Seascapes,* Londres et Toronto, 1989.

VENTES PUBLIQUES : NEW YORK, 23 mai 1979 : *Schooner Yacht* 1926, aquar. (39x56,5) : **USD 1 600** – SAN FRANCISCO, 24 juin 1981 : *Le Port de Provincetown,* h/t (56x76) : **USD 10 000** – NEW YORK, 23 mars 1984 : *Vue d'Essex* 1924, h/t (46x64) : **USD 12 000** – NEW YORK, 23 jan. 1985 : *Mouth of the Housatonic,* h/cart. (25,3x35,5) : **USD 2 600** – PORTLAND, 28 sep. 1985 : *Le Cirque des frères Gorman* 1936, aquar. (26x33,6) : **USD 900** – NEW YORK, 26 sep. 1986 : *Rifton, New York* 1915, aquar., gche et cr./pap. brun (21,5x29,7) : **USD 1 500** – NEW YORK, 1er oct. 1987 : *Un jour venteux,* aquar. (25,5x35,2) : **USD 2 000** – NEW YORK, 24 jan. 1989 : *Le Cirque,* aquar./pap. (27,5x37,5) : **USD 6 875** – NEW YORK, 24 jan. 1990 : *Montauk au soleil levant* 1943, aquar. et gche/pap. (18,7x28,2) : **USD 1 540** – NEW YORK, 16 mars 1990 : *Le Cirque Spark* 1930, cr./pap. (33x49,5) : **USD 4 400** – NEW YORK, 23 mai 1990 : *Le Viaduc près de Roundout à New York,* h/t (66,4x92,3) : **USD 38 500** – NEW YORK, 26 sep. 1990 : *Le Port de Provincetown* 1916, h/cart. (55,9x76,2) : **USD 23 100** – NEW YORK, 15 mai 1991 : *Cirque* 1915, fus., past. et aquar./pap. (29,2x38,1) : **USD 2 200** – NEW YORK, 22 mai 1991 : *Bateaux dans un port* 1939, h/t (61x76,5) : **USD 12 100** – NEW YORK, 25 sep. 1992 : *Parade de cirque avec un dromadaire, un lion et un éléphant* 1929, cr. coul. et aquar./pap. (27,9x35,6) : **USD 3 575** – NEW YORK, 3 déc. 1992 : *Le Port de Provincetown* 1917, h/cart. (63,5x86,4) : **USD 23 100** – NEW YORK, 1er déc. 1994 : *Echo Bay près de New Rochelle* 1914, h/t (73,7x91,4) : **USD 107 000** – NEW YORK, 29 nov. 1995 : *Barques de pêche à Jamestown à Rhode Island* 1909, h/t (61x76,2) : **USD 51 756** – NEW YORK, 22 mai 1996 : *Ville sur une rivière* 1920, h/t (73,7x91,4) : **USD 28 750** – NEW YORK, 5 déc. 1996 : *Fostertown, New York* 1914, h/t (73,7x91,4) : **USD 57 500.**

BEAL William Goodrich

XIXe siècle. Travaillait en Amérique à partir de 1887. Américain.

Paysagiste et aquafortiste.

BEALBY J.

XIXe siècle. Britannique.

Peintre de paysages.

Il exposa de 1821 à 1838 à la Royal Academy, à la British Institution, à Suffolk Street, à Londres.

BEALE Bartholomew

XVIIe siècle. Vivait en Angleterre dans la seconde moitié du XVIIe siècle. Britannique.

Portraitiste.

Fils de Mary Beale.

BEALE Benjamin. Voir EVANS Benjamin Beale

BEALE Charles

Né le 28 mai 1660 en Angleterre. XVIIe siècle. Britannique.

Dessinateur et peintre.

Fils de Mary Beale. Th. Flatman fut son maître. Quelques-unes de ses études à la sanguine sont conservées au British Museum.

BEALE Ellen

XIXe siècle. Britannique.

Peintre de paysages.

Elle exposa en 1865 à Suffolk Street à Londres.

BEALE Mary, née Cradock

Née en 1632 ou 1633 à Suffolk. Morte le 28 décembre 1697 à Pall-Mall (Londres). XVIIe siècle. Britannique.

Peintre de portraits.

Elle copia des tableaux de van Dyck, mais elle fit surtout des portraits. Ses tableaux sont très répandus, quoiqu'ils ne soient pas d'une composition très remarquable.

MUSÉES : LONDRES (Nat. Gal.) : *Portrait d'homme* – LONDRES (Nat. Portrait Gal.) : *Portrait de John Tillotson* – *Portrait de Thomas Sydenham* – *Portrait de Henry Howard, 6e duc de Norfolk* – *Portrait du roi Charles II* – *Portrait de Abraham Cowley* – *Portrait de Lord Russel (Le Patriote).*

VENTES PUBLIQUES : PARIS, 1866 : *Portrait du fils de l'artiste*, dess. : **FRF 130** – LONDRES, 28 mars 1908 : *Arabella, fille de Sir Winston Churchill* : **GBP 39** – LONDRES, 17 juil. 1908 : *Portrait de Lady Pénelope Nicholas* : **GBP 96** – LONDRES, 19 déc. 1908 : *Portrait de dame* : **GBP 3** – LONDRES, 20 fév. 1909 : *Portrait de dame* : **GBP 14** – LONDRES, 15 déc. 1922 : *Buste de Milton* : **GBP 11** – LONDRES, 25 mars 1927 : *Charles II en pourpoint marron* : **GBP 94** – LONDRES, 20 nov. 1931 : *Sir Basil Dikwell, enfant 1681* : **GBP 1** – NEW YORK, 12 déc. 1931 : *Samuel Pepys* : **USD 350** – LONDRES, 27 juil. 1934 : *Portrait d'un jeune garçon en bleu* : **GBP 33** – NEW YORK, 14 jan. 1938 : *Charles II et son chien* : **USD 350** – LONDRES, 25 fév. 1938 : *Portrait de Charles II* : **GBP 10** – LONDRES, 3 nov. 1965 : *Portrait du Colonel Fairfax Norcliffe* ; *Portrait de Mme Norcliffe*, deux toiles, formant pendants : **GBP 280** – LONDRES, 14 juil. 1976 : *Jeune fille en bacchante*, h/t (66x56) : **GBP 900** – LONDRES, 12 mars 1980 : *Portrait of sir John Wittewronge 1688*, h/t (124x101,5) : **GBP 900** – LONDRES, 27 avr. 1983 : *Portrait of a Lady*, h/t (75x62) : **GBP 700** – LONDRES, 16 juil. 1986 : *Portrait of Frances Poynter, wife of Richard Vivian*, h/t (74,5x61,5) : **GBP 2 000** – LONDRES, 30 jan. 1987 : *Portrait of Richard, 4th Viscount Wenman*, h/t (75x62,2) : **GBP 1 500** – LONDRES, 28 fév. 1990 : *Portrait d'une dame (La duchesse de Portsmouth ?) portant un robe brune et une parure de perles*, h/t (77,5x63) : **GBP 1 430** – NEW YORK, 10 oct. 1990 : *Portrait d'un gentilhomme vêtu d'une jaquette brune avec un jabot de dentelle*, h/t (76,2x63,5) : **USD 2 860** – LONDRES, 10 juil. 1991 : *Portrait d'Anne Hyde, Duchesse d'York, en buste, vêtue d'une robe lilas ornée de perles*, h/t (74x60) : **GBP 2 200** – LONDRES, 15 nov. 1991 : *Portrait d'Andrea Stillingfleet agée de 8 ans portant une chemise blanche et une veste brune*, h/t (45x37,2) : **GBP 3 300** – LONDRES, 8 avr. 1992 : *Portrait de Charles Beale le mari de l'artiste, vêtu d'une robe d'intérieur brune*, h/t (106x87) : **GBP 5 500** – LONDRES, 9 nov. 1994 : *Portraits de Richard et Margaret Beavis de Clyst House à Farringdon dans le Devon*, h/t (chaque 73,5x62) : **GBP 1 610** – LONDRES, 10 juil. 1996 : *Portrait d'une dame vêtue d'une robe bleue, tête et épaules*, h/t (52,5x44) : **GBP 2 070** – LONDRES, 13 nov. 1996 : *Portrait d'une lady*, h/t (75x62) : **GBP 2 300** – LONDRES, 12 nov. 1997 : *Portrait de Monsieur Thomas Fytche* ; *Portrait de Monsieur Comport Fytche*, h/t, une paire (chaque 74x62) : **GBP 7 820**.

BEALE Sarah Sophia
XIXᵉ siècle. Britannique.
Peintre de paysages, marines.
Elle exposa nombre d'œuvres de 1860 à 1889 à la Royal Academy, à la British Institution et à Suffolk Street, etc., à Londres.
VENTES PUBLIQUES : LONDRES, 6 oct. 1981 : *Paysage de printemps 1865*, h/t reh. de gche (31x36) : **GBP 210**.

BEALL Denis
Né en 1930 à Chikasha (Oklahoma). XXᵉ siècle. Américain.
Graveur.
Il expose à la Biennale de Paris en 1963. Inspiré par la nouvelle figuration et le Pop art, la juxtaposition des thèmes qu'il choisit le rapproche cependant d'un certain surréalisme. Il est représenté dans les musées de Londres (Victoria et Albert Museum), Oakland et San Francisco.

BÉALU François
Né en 1932. XXᵉ siècle. Français.
Graveur, dessinateur, illustrateur, pastelliste.
Il vit et travaille en Bretagne depuis 1971. Il a illustré un livre avec le poète écossais Kenneth White. Il participe à des expositions collectives, dont : *L'Estampe en Bretagne*, Musée des Beaux-Arts, Nantes, 1974 ; Salon de Mai, Paris, 1976, 1977, 1980, 1985, 1986 ; Salon de la Jeune Gravure Contemporaine, Paris, 1979, 1985 et 1991 ; Salon Intergrafik, Berlin-Est, 1976, 1985, 1987 ; *Gravure Contemporaine*, Musée de l'Imprimerie, Lyon, 1983 ; VIᵉ Biennale européenne de la Gravure, Mulhouse, 1984 ; Salon Le Trait, Paris, 1986, 1987 ; VIᵉ Biennale internationale de Gravure, Dignes-les-Bains, 1988 ; Atelier Lacourière-Frélaut, Paris 1988, 1989. Il réalise également des expositions personnelles depuis 1974 (galerie J.P.R. à Paris) : Morlaix, 1975, 1981 ; une exposition organisée par la Mission des arts plastiques des Côtes-du-Nord, 1987 ; Paris, galerie James Mayor, 1984 ; Rennes, Grand Huit, 1989 ; Paris, galerie Michèle Broutta, 1991 ; Centre d'action culturelle, Saint-Brieuc, 1991.
L'œuvre de Béalu est un dialogue exigeant et incertain avec les éléments de base de la nature : terre, eau, pierre, lumière, d'où n'est pas exclue la présence récurrente de la figure humaine, traitée généralement en ombres. Un corps qui semble établir un lien et peut-être devenir le liant de cet environnement. Ses pre-

mières planches (selon la technique de la pointe sèche et de l'eau-forte), d'expression figurative, rassemblent au sein d'un espace composé de traits et de lignes, des personnages indéterminés. Leur succèdent des recherches plus formalistes, où l'eau et la terre suggèrent une thématique de l'opposition, avec : *Heurt, Mal-heurt, Frôlement, Frottement, Froissement*. Béalu développe ensuite une technique à base d'aquatinte et de grattages, y introduisant aussi la couleur. Il revient vers 1978 à des images plus suggestives avec *Océanide noire*, mais travaille toujours à cette recherche de la « fluidité cristallisée » de l'eau, puis explore les entrailles de la minéralité : *Mysia, Moésia*, puis celles de la terre. À ce propos, Maxime Préaud écrit : « La démarche de Béalu sur l'élément où nous sommes emprisonnés ressemble à la course des dauphins dans l'onde amère : une sinusoïde. On respire d'un bond en l'air, puis on replonge dans les profondeurs protectrices. » L'image de l'être humain, du corps, resurgissent une nouvelle fois de cette nuit, dans les gravures rehaussées de pastel. Quant à ses gravures de paysages en noir et blanc, elles témoignent d'une lutte que mène l'artiste avec la matière : hachures, points, lignes, traits fins, plus épais ou gras. Ces « voyages en paysages » sont des surfaces de rencontre où l'apparence désordonnée trouve son équilibre grâce aux lignes générales de la composition et aux différents tons de noirs.
■ C. D.

BIBLIOGR. : M. Préaud : *De l'or noir et blanc*, catalogue de l'exposition, Musée de Morlaix, 1981 – D. Yvergniaux, F. Béalu : *Conversation*, catalogue de l'exposition, Mission Arts Plastiques des Côtes-du-Nord, 1987 – Jean CLair, Maxime Préaud, Pierre Gouletquer, Danièle Yvergniaux-Quéau, Kenneth White : Catalogue de l'exposition *Béalu, gravures, gravures rehaussées de pastels, 1977-1988*, Éditions Le Grand Huit, Rennes, 1989.
MUSÉES : ASILAH (Palais de la Culture) – BREST (Arthothèque) – COMPIÈGNE – DIGNE-LES-BAINS (Mus. d'Art Contemp.) – MORLAIX (Mus. des Jacobins) – ORLÉANS (Mus. des Beaux-Arts) – PARIS (BN) – PARIS (FNAC) – RENNES (FRAC) – ROUEN (FRAC) – SAINT-BRIEUC (Arthothèque).

BEAMENT Thomas Harold
Né en 1898. Mort en 1984. XXᵉ siècle. Canadien.
Peintre de paysages.
Il peignait les paysages typiques du Québec, portant l'accent sur les caractéristiques saisonnières, parmi lesquelles évidemment les divers phénomènes dus à l'hiver, à son approche automnale ou a son éloignement printanier.
VENTES PUBLIQUES : TORONTO, 18 mai 1976 : *Banlieue sous la neige*, h/cart. (46x53) : **CAD 325** – TORONTO, 27 mai 1981 : *Paysage d'automne*, h/cart. (25x35) : **CAD 650** – TORONTO, 12 juin 1989 : *Chute de neige de l'autre côté du lac à Laurentians*, h/t. (30,5x40,6) : **CAD 700** – MONTRÉAL, 30 avr. 1990 : *Ruisseau turbulent à l'automne 1948*, h/t (51x66) : **CAD 1 650** – MONTRÉAL, 5 nov. 1990 : *Le dégel*, h/t (46x61) : **CAD 1 210**.

BEAMES Stephen
Né en 1896 à Multan (Indes). XXᵉ siècle. Américain.
Sculpteur.

BEAN Nellie F.
Née à Boston (Massachusetts). XIXᵉ-XXᵉ siècles. Américaine.
Peintre miniaturiste.
Élève de Mme Hortense Richard.

BEAN Richard
Né en 1792 en Angleterre. Mort le 24 juin 1817 à Hastings.
XIXᵉ siècle. Britannique.
Graveur.

BEAR George Telfer
Né en 1876. Mort en 1973. XXᵉ siècle. Britannique.
Peintre de natures mortes, fleurs.
VENTES PUBLIQUES : ÉDIMBOURG, 17 nov. 1981 : *Au café*, h/t (61x41) : **GBP 450** – GLASGOW, 19 avr. 1984 : *Nature morte aux fleurs dans un vase blanc*, h/t (60,9x50,8) : **GBP 500** – GLASGOW, 4 fév. 1987 : *Nature morte aux tulipes*, h/t (51x40,5) : **GBP 700** – GLASGOW, 5 fév. 1991 : *Fleurs d'été*, h/t (76x64) : **GBP 880** – SOUTH QUEENSFERRY (Écosse), 23 avr. 1991 : *Nature morte de fleurs dans un vase de verre*, h/t (61x51) : **GBP 605** – PERTH, 29 août 1995 : *Nature morte aux fleurs dans un vase blanc*, h/t (61x51) : **GBP 1 150** – PERTH, 26 août 1996 : *Nature morte de roses et d'oranges*, h/t (76,5x63,5) : **GBP 1 035**.

BEARD Ada
XIXᵉ siècle. Britannique.
Peintre de fleurs.
Elle exposa de 1885 à 1892 à la Royal Academy de Londres.

BEARD Adelia Belle
Née à Painesville (Ohio). Morte en 1920 à Flushing (New York). xxᵉ siècle. Américaine.
Illustrateur.

BEARD Alice
xixᵉ-xxᵉ siècles. Américaine.
Peintre de paysages.
Elle a exposé au Salon des Artistes Français de Paris, en 1914.
VENTES PUBLIQUES : NEW YORK, 25 sep. 1992 : *Le manège 1928*, h/t (81,3x99,1) : **USD 2 530**.

BEARD Dan ou **Daniel Carter**
Né le 21 juin 1850 à Cincinnati. Mort en 1941. xixᵉ-xxᵉ siècles. Américain.
Dessinateur, illustrateur.
Elève de Sartrain et de Beckwith à la Art Students League de New-York, il fut aussi professeur, écrivain et ingénieur. Il succéda à Dana Gibson à la présidence de la Society of Illustrators. Parmi ses illustrations, citons : *A journey into other worlds* de J. J. Astor ; *A Connecticut Yankee in King Arthur's Court*, 1889 ; *The Americain Claimant* ; *Tom Sawyer abroad* ; *Tom Sawyer detective and other stories* de M. Twain.

BEARD Frank Thomas Francis
Né le 6 février 1842 à Cincinnati (Ohio). Mort le 28 septembre 1905 à Chicago (Illinois). xixᵉ siècle. Américain.
Dessinateur.
Il prit part à la guerre civile et quand elle fut finie, il en représenta des scènes dans le *Harper's Weekly* et dans le *Illustrated News*. En 1887, la direction de l'*Illustration*, la grande revue américaine, lui fut confiée. Peu de temps après, on lui donna celle de The *Ram's Horn*.

BEARD George
xixᵉ siècle. Américain.
Miniaturiste.

BEARD Harry
Né à New York. xixᵉ siècle. Américain.
Peintre animalier.
En 1877 et 1878, il fut représenté à l'Exposition de la National Academy à New York, et au Mechanic's Fair, à Boston. Il était fils de James Henry Beard.

BEARD James Carter
Né en 1837 à Cincinnati (Ohio). Mort en 1913 à New Orleans (Louisiane). xixᵉ-xxᵉ siècles. Américain.
Illustrateur.
Fils de James Henry Beard.

BEARD James Henry
Né en 1812 ou 1814 à Buffalo (New York). Mort le 4 avril 1893 à Flushing (Long-Island). xixᵉ siècle. Américain.
Peintre de genre, portraits, animaux, paysages.
Pendant les premières années de sa carrière artistique, il s'adonna au portrait, et eut pour modèles les personnages les plus distingués dans le monde politique contemporain, comme le président John Quincy Adams et Henry Clay. Plus tard, il composa avec succès des tableaux d'animaux. Beard fut un des membres fondateurs du Century Club de New York. D'après certains biographes, son tableau *Les Émigrés de Caroline*, exposé à la National Academy en 1846, fut vendu $ 750, prix extraordinaire pour une peinture américaine à cette époque. Parmi ses œuvres, qui lui valurent le titre du « Landseer de l'Amérique », il convient de citer : *Parents pauvres* ; *La veuve* ; *Les amis du Pasteur*.
VENTES PUBLIQUES : NEW YORK, 1889 : *Sur le mont Blanc* : **FRF 3 125** – NEW YORK, 1899 : *Les voix de la nuit* : **FRF 1 250** – NEW YORK, 13-14 et 15 fév. 1907 : *Who's Master ?* : **USD 100** – NEW YORK, 27 oct. 1971 : *Personnages dans un intérieur* : **USD 3 750** – NEW YORK, 19 juin 1981 : *Where's dinner ?* 1882, h/cart. (29,9x36,3) : **USD 5 500** – NEW YORK, 26 oct. 1984 : *Portrait of a young girl with a puppy 1880*, h/t (50,8x40,7) : **USD 5 000** – LONDRES, 22 nov. 1985 : *Un lévrier dans un paysage*, h/t (54x74,9) : **GBP 4 500** – NEW YORK, 4 déc. 1987 : *Where's dinner ? 1882*, h/cart. (29,9x36,3) : **USD 11 000** – NEW YORK, 14 fév. 1990 : *Compagnons*, h/t (40,8x30,5) : **USD 2 200**.

BEARD Katherine L.
xixᵉ siècle. Britannique.
Peintre de genre, fleurs.
Elle exposa de 1885 à 1890 à Suffolk Street à Londres.

VENTES PUBLIQUES : LONDRES, 1ᵉʳ avr. 1980 : *La fileuse*, h/t (66x76) : **GBP 400**.

BEARD Lina
Née à Cincinnati. Américaine.
Illustratrice.

BEARD Thomas
xviiiᵉ siècle. Actif à Londres dans la première moitié du xviiiᵉ siècle. Britannique.
Graveur à l'aquatinte.
Ses portraits, gravés d'après P. Ashton et G. Kneller, sont appréciés par les amateurs.

BEARD William Holbrook
Né le 13 avril 1823 à Painesville (États-Unis). Mort le 20 février 1900 à New York. xixᵉ siècle. Américain.
Peintre de genre, animaux, paysages animés.
Cet artiste se produisit d'abord dans sa ville natale, puis se rendit à Buffalo, en 1850. Il vint en Europe et, pendant deux ans, voyagea dans les principales contrées. L'artiste s'arrêta notamment à Düsseldorf, en Suisse et à Rome. Établi à New York à son retour, en 1861, il devint membre de la National Academy of Design. Il était frère du portraitiste James-Henry Beard. Un de ses tableaux, *L'Enlèvement*, obtint dans une vente publique à New York, en 1878, le prix de $ 525.
Il réussit surtout dans la représentation des animaux. Citons parmi ses œuvres : *Marché de chevaux en Bretagne*, *L'approche du Printemps*, *Les saboteurs* (exposé à Paris, en 1878), *Marche de Silène* (Buffalo Fine Art Gallery en 1884).
VENTES PUBLIQUES : NEW YORK, 1900 : *Le bouffon* : **USD 105** – NEW YORK, fév. 1902 : *Usé* : **USD 225** – NEW YORK, 8 fév. 1906 : *Shocking !* : **USD 100** – NEW YORK, 22 oct. 1969 : *Idylle indienne* : **USD 3 000** – NEW YORK, 28 jan. 1970 : *Renard et lapins* : **USD 3 000** – NEW YORK, 18 nov. 1977 : *Singe et chouette 1872*, h/t (36,8x52,1) : **USD 2 000** – NEW YORK, 28 avr. 1978 : *The Wreckers 1874*, h/t (35,5x71,2) : **USD 8 500** – NEW YORK, 4 avr. 1984 : *The birdwatcher 1863*, h/t (33x42) : **USD 8 250** – RALEIGH (North Carolina), 5 nov. 1985 : *Grand River, Ohio, au coucher du soleil*, h/t (69x86,5) : **USD 7 500** – NEW YORK, 24 jan. 1989 : *Hibou défiant un éclair*, h/t (26,2x23,2) : **USD 3 850** – NEW YORK, 25 mai 1989 : *Les fantasmes du marin 1891*, h/t (20x51,2) : **USD 7 700** – NEW YORK, 27 mai 1993 : *La convention des sorcières 1876*, h/t (97,2x148,6) : **USD 79 500** – NEW YORK, 29 nov. 1995 : *Il pleut et le soleil brille*, h/t (61x50,8) : **USD 17 250** – NEW YORK, 30 oct. 1996 : *Les Conspirateurs de minuit 1878*, h/t (36,2x31,4) : **USD 3 680** – NEW YORK, 3 déc. 1996 : *Elfe et Fées 1886*, h/t (41x51) : **USD 6 900** – NEW YORK, 7 oct. 1997 : *Renversement des rôles 1881*, h/t (40,5x76,2) : **USD 21 850**.

BEARDAN Romano
Né aux États-Unis. xxᵉ siècle. Américain.
Peintre.

BEARDEN Romare
Né le 2 septembre 1914 à Charlotte (North Caroline). Mort en 1988. xxᵉ siècle. Américain.
Peintre de compositions à personnages, figures typiques, peintre de collages. Tendance pop'art.
Il fut élève de George Grosz, il voyagea en Europe et en Afrique du Nord. Dans les années quarante, avec Jacob Lawrence, ils étaient les seuls peintres noirs à être représentés dans les galeries de Manhattan. À partir de 1945, il a exposé à Washington, Paris et New York. En 1963, il participa à la création du groupe *Spiral*, destiné à réfléchir à leur situation d'artistes noirs par rapport aux droits civiques. En 1989, il figurait à l'exposition *200 ans de peinture américaine. Collection du Musée Wadsworth Atheneum*, présentée à Paris, aux Galeries Lafayette.
Dans une première période, il peignait dans l'esprit d'un réalisme social. Dans une facture classique, il peignit ensuite des scènes de la Bible ou de l'Odyssée. Dans les années cinquante, certaines sources mentionnent une période d'expressionnisme-abstrait. Dans sa maturité, à travers ses tableaux, il décrit le monde des Noirs dont il fait partie. Dans ses représentations de scènes de rue des grandes villes américaines, Noirs de Harlem ou du Sud, musiciens de jazz, il utilise volontiers des collages et introduit différents mass-médias, dans l'esprit du pop art.
VENTES PUBLIQUES : NEW YORK, 31 mars 1973 : *Sérénade 1969* : **USD 3 000** – NEW YORK, 23 mai 1978 : *Le Retour du fils prodigue 1967*, collage (127x152,5) : **USD 7 000** – NEW YORK, 12 oct. 1978 : *Family Life*, techn. mixte et collage (44,5x54) : **USD 1 700** – NEW YORK, 2 oct. 1980 : *Conjurée avec soleil, lune et oiseaux 1979*,

techn. mixte collage/pap. (48,2x30,5) : **USD 2 000** – New York, 27 fév. 1981 : *New Orleans Ragging House*, techn. mixte et collage/pap. (90x120,6) : **USD 10 500** – New York, 5 mai 1982 : *Sans titre* 1978, techn. mixte et collage/pap. mar./cart. (45x35) : **USD 3 750** – New York, 9 nov. 1983 : *Les Mémoires de Pittsburgh, Mill hand's lunch buckett* 1978, collage avec aquar. (35,5x46,5) : **USD 4 500** – New York, 6 nov. 1985 : *Les Mémoires de Pittsburgh : Farewell Eugène* 1978, gche, cr. et collage/cart. (41,3x52,1) : **USD 4 250** – New York, 22 fév. 1986 : *Deux Femmes* 1968, collage et peint./cart./t. (110,8x141,1) : **USD 19 000** – New York, 16 déc. 1987 : *Sans titre*, aquar. (66x50,8) : **USD 1 400** – New York, 4 mai 1988 : *Deux femmes*, collage pap., gche, aquar. et graphite/t. (111,7x142,3) : **USD 46 200** – New York, 3 mai 1989 : *Prologue à Troie n° 2* 1972, acryl. et collage/pap. (141x115,5) : **USD 66 000** – New York, 9 nov. 1989 : *Chant de l'été* 1967, collage de pap./cart. ajusté (100,4x75) : **USD 60 500** – New York, 9 mai 1990 : *Soleil levant* 1983, acryl. et collage/pap./rés. synth. (26,6x35,3) : **USD 16 500** – New York, 5 oct. 1990 : *La Constellation de l'archer*, collage de pap. et h/rés. synth. (90,8x103,2) : **USD 24 200** – New York, 7 mai 1992 : *La Famille* 1971, aquar. et collage/cart. (58,4x68,6) : **USD 28 600** – New York, 23-25 fév. 1993 : *Kansas City* 1974, acryl. et collage de pap./cart. (113x129,5) : **USD 71 250** – New York, 3 mai 1994 : *L'âme ne vit pas dans des lieux arides*, encre et aquar./pap. (62,8x77,2) : **USD 4 600** – New York, 9 mai 1996 : *La rue* 1964, collage de découpes de journaux et magazines/cart. (32,7x39,1) : **USD 43 700** – New York, 9 nov. 1996 : *Sans titre*, morceau de linoleum bleu, jaune et noir (37,5x50) : **USD 5 750** – New York, 10 oct. 1996 : *Torrero* vers 1946, aquar. et encre/pap. (51,1x68) : **USD 4 312** – New York, 20 nov. 1996 : *Train whistle blues II* 1964, cr., gche, collage pap. journal et magazine/pan. (27,9x36,5) : **USD 35 650** – New York, 6 mai 1997 : *Sans titre* vers 1945, aquar., une paire (50,8x68,6 et 63,5x49,5) : **USD 4 370** – New York, 8 mai 1997 : *Le Découpement des chiens* 1946, h/masonite (63x81,2) : **USD 27 600** – New York, 19 fév. 1997 : *Mère et enfant* 1971, marker, aquar., acryl. et collage/pan. (27,9x20) : **USD 10 925**.

BEARDMORE William
XIXe siècle. Actif à Southampton. Britannique.
Peintre de fruits.
Il exposa de 1822 à 1826 à la British Institution et à Suffolk Street, à Londres.

BEARDSLEY Aubrey Vincent
Né le 21 août 1872 à Brighton. Mort le 16 mars 1898 à Menton (Alpes-Maritimes). XIXe siècle. Britannique.
Dessinateur, illustrateur.
Aubrey Beardsley, excellent dessinateur, artiste d'une originalité qui le plaça parmi les figures les plus intéressantes dans l'évolution de l'illustration, n'eut pour toute instruction que quelques mois de leçons pour l'étude du nu à la Westminster Art School de Londres. Il y entra sur les conseils de Burne-Jones et de ses amis Aymer Vallance et Pennell. Dans sa jeunesse il s'enthousiasma pour Dürer, Botticelli, Michel-Ange, et subit une influence considérable de la musique de Wagner. Vers 1892, son œuvre suivit les tendances de l'école Préraphaélite, qu'il abandonna pour celles du Japon, de la Grèce antique et de la France du XVIIIe siècle. Il commença à dessiner vers sa onzième année, et composa, à quinze ans, des illustrations pour ses livres préférés, tels que *Madame Bovary*, *Manon Lescaut*. En 1892, il entreprit l'illustration d'une édition de la *Mort d'Arthur*, pour laquelle il fit plus de 500 dessins. En 1894, il fit des dessins pour le livre célèbre de Oscar Wilde, *Salomé*, et collabora comme directeur artistique, avec Henry Harland dans le *Yellow Book*. On cite également parmi ses compositions, des ex-libris pour l'éditeur John Lane, des illustrations pour *Bons Mots*, pour les *Contes de Poe*, ainsi qu'une étude intéressante, *Chopin-Ballade III*. En 1896-97, Beardsley composa des dessins pour *The Rape of the Lock*, pour *Lysistrata* d'Aristophane et fournit des illustrations pour *The Savoy*, une revue fondée par lui et l'écrivain Arthur Symons. Ses dernières œuvres furent une suite de cinquante dessins, publiés par Smithers et les illustrations pour *Volpone* et pour *Mademoiselle de Maupin*. Beardsley, à Londres, représente l'esprit « fin de siècle », que l'on nomme ici « art nouveau », et dont sa Revue *Yellow Book* est l'instrument de diffusion, tandis que fleurit en France le « Modern Style », peu représenté dans les arts graphiques, sauf par le Tchèque Mucha, et que, à Vienne, Klimt illustre le « Jugend Styl ». On ne saurait ne pas signaler l'érotisme maniéré et décadent de Beardsley. La maladie l'obligeant à quitter l'Angleterre, Beardsley se rendit à Menton et ce fut dans cette ville qu'il s'éteignit en 1898.

AUBREY BEARDSLEY

Ventes Publiques : Paris, 1895 : *À une représentation de Tristan et Iseult*, dess. : **FRF 150** – Paris, 9 déc. 1920 : *Silhouettes*, deux dess. : **FRF 420** – Londres, 23 et 24 mai 1928 : *Un jeune homme*, dess. : **GBP 4** – Londres, 7 juil. 1938 : *Moska ; Le vol de la boucle*, deux dess. : **GBP 29** – Londres, 14 déc. 1955 : *La femme avec le singe*, lav. à la sépia : **GBP 220** – Munich, 29 nov 1979 : *Jeune femme marchant* vers 1893/1894, pl. (26,5x20) : **DEM 4 400** – Londres, 25 juin 1980 : *Tête de chapitre de la Mort d'Arthur*, cr., encre de Chine et lav. (16x9) : **GBP 1 900** – Londres, 6 nov. 1981 : *Illustration pour « Le Morte d'Arthur »*, pl. et encre (14x9,7) : **GBP 650** – New York, 21 jan. 1983 : *La Mort d'Arthur* vers 1892, encre de Chine/pap. (14X8,3) : **USD 1 600** – New York, 31 mars 1984 : *The Pseudonym and Autnym Librairies* 1894, litho. (76x34) : **USD 700** – Londres, 19 juin 1990 : *La femme incomprise*, encre (45x18,5) : **GBP 41 800** – Paris, 21 nov. 1990 : *Au bout de l'abîme*, encre de Chine/pap. bistre (30,5x21,5) : **FRF 80 000** – Londres, 12 nov. 1992 : *La femme incomprise*, encre (45x18,5) : **GBP 39 600** – Heidelberg, 5-13 avr. 1994 : *Costumes pour les choristes d'Orphée* 1893, encre (19,5x16,4) : **DEM 1 900**.

BEARDSLEY Rudolph
Né en 1875. Mort en 1921 à New York. XXe siècle. Américain.
Peintre et illustrateur.

BEARE George
XVIIIe siècle. Travaillait en Angleterre, dans la première moitié du XVIIIe siècle. Britannique.
Peintre de portraits, graveur.
Redgrave cite de lui le *Portrait de John, quatrième duc de Bedford*, et une gravure datée de 1747. On mentionne encore un *Portrait de Georges Witefieldt*.

'A B

Musées : Londres (Nat. Portrait Gal.) : *Portrait de Thomas Chubb*.
Ventes Publiques : Londres, 21 déc. 1983 : *Portrait d'une lady* 1748, h/t (74x61,5) : **GBP 1 000** – New York, 4 juin 1987 : *Portrait of mrs Price*, h/t ovale (74x61) : **USD 4 000** – New York, 2 juin 1989 : *Portrait d'une lady (Mrs Ann Burney ?)*, h/t (74,5x61,5) : **USD 37 400** – New York, 14 oct. 1992 : *Portrait du capitaine George Brydges Rodney* 1744, h/t (87,6x68,6) : **USD 19 800**.

BEARN Anna
XXe siècle. Française.
Peintre.
A exposé une marine au Salon d'Automne en 1931.

BEARNE Catherine, Mrs **Edward**, née **Charlton**
XIXe siècle. Britannique.
Peintre de paysages.
Elle exposa en 1889 et 1890 à la Royal Academy, à Londres.

BEARNE Edward H.
XIXe siècle. Britannique.
Peintre de genre.
Il expose depuis 1868 à la Royal Academy, à Suffolk Street, et à la New Water-Colours Society, à Londres.

BEASLAY Olga
Née à Kichinew (Bessarabie). XXe siècle. Française.
Peintre de portraits, natures mortes, paysages et nus.
Elle a exposé au Salon de la Société Nationale des Beaux-Arts à Paris en 1927 et au Salon des Indépendants de 1928 à 1938.

BEASLEY Bruce
Né le 20 mai 1939 à Los Angeles (Californie). XXe siècle. Américain.
Sculpteur.
Il a participé à la Biennale de Paris en 1963 et a exposé au musée d'Oakland en 1960, à New York et à San Francisco en 1972. Ses grandes sculptures réalisées en plastique transparent montrent des facettes qui se réfléchissent les unes, les autres.
Musées : Los Angeles – New York (Mus. d'Art Mod.) – New York (Mus. Guggenheim) – Oakland – Paris – San Francisco .

BÉAT Paul
Né à Lille (Nord). XXe siècle. Français.

Peintre.
De 1923 à 1925, il a exposé au Salon des Artistes Français dont il est devenu sociétaire.

BÉAT Robert Charles
Né à Lambersat (Nord). XXᵉ siècle. Français.
Peintre.
Élève de Paul Béat, il a exposé au Salon des Artistes Français à Paris.

BEATHERD
XVIIIᵉ siècle. Travaillait à Londres en 1782. Britannique.
Miniaturiste.

BEATON Cecil, Sir
Né en 1904. Mort en 1980. XXᵉ siècle. Britannique.
Dessinateur, peintre de portraits, paysages, costumes, aquarelliste, peintre de décors de théâtre, illustrateur, photographe.
Dans la première moitié du XXᵉ siècle, il fut influencé par les Ballets Russes de Diaghilev, par le monde de la mode autour de Coco Chanel, etc. Il fut surtout connu comme costumier de théâtre, pour les célèbres comédies musicales *My fair Lady* 1956, *Gigi* 1957, *Coco* 1969. Il fut pendant plusieurs saisons le costumier attitré du Shakespeare Memorial Theatre. Portraitiste, il fit poser aussi bien personnalités de la haute société que stars du spectacle. Il publia et illustra des ouvrages, dont *My Royal Post* en 1939, mémoires à clefs plus ou moins imaginaires et humoristiques où l'on devine de nombreuses personnalités de son temps. En 1974, il fut victime d'une congestion cérébrale, dont il se remit mal.
Les portraits, en général à la mine de plomb, se veulent d'une fidélité ingresque. Dans des dessins aquarellés plus libres, on devine le souvenir de Constantin Guys. Quant aux projets de costumes et de décors, l'imagination y fleurit dans un graphisme sans doute efficace, mais plus facile. ■ M. M., J. B.

Beaton

BEATON

BIBLIOGR. : Hugo Vickers : Catalogue de la vente *Cecil Beaton*, Christies, Londres, juin 1988.
VENTES PUBLIQUES : NEW YORK, 6 déc. 1979 : *La Traviata*, techn. mixte (50,8x62,2) : USD 750 – NEW YORK, 19 avr. 1980 : *Portrait de Madame Gilbert Miller*, gche, aquar. et pl. (48,3x33,8) : USD 3 600 – LONDRES, 4 juin 1981 : *Portrait de Greta Garbo*, past. et fus. (45,8x35,5) : GBP 1 300 – LONDRES, 7 juin 1985 : *Spetsai*, aquar. et gche (46x58) : GBP 2 400 – LONDRES, 6 mars 1986 : *Harem Lady, Act 1 ; The Princess de Bouillon*, 2 aquar. et gche (42,5x26) : GBP 900 – LONDRES, 21 juin 1988 : *Projet pour un décor de théâtre* 1950, aquar. et gche (40,8x51,4) : GBP 2 420 ; *Portrait de Valentine Lamb dans un rôle de garçonnet*, h/t (57,5x47,5) : GBP 1 078 ; *Croquis de personnages élégants pour la scène d'Ascot dans « My Fair Lady »* 1956, aquar. et encre (35x50) : GBP 7 480 ; *Portrait de Lilian Gish*, cr. et aquar. (50,8x34,8) : GBP 1 012 ; *Le jardin à Ashcombe House* 1935, gche (35x50) : GBP 4 840 – LONDRES, 12 mai 1989 : *Le kiosque des eaux à Saratoga*, h/t (42,5x60) : GBP 4 180 – LONDRES, 3 mai 1990 : *La mémoire, ma chère Cecily, est le journal que nous portons tous en nous (Acte II de « L'important d'être sérieux »)*, aquar., gche et encre (48x46) : GBP 3 850 – MONACO, 11 oct. 1991 : *Quatre projets de costumes pour le ballet « Devoirs de vacances »*, encre et aquar. (chaque 31,5x35) : FRF 17 760 – NEW YORK, 29 sep. 1993 : *Projet de décor pour l'acte II de « La Traviata »*, techn. mixte/pap./cart. (35,6x54) : USD 920 – NEW YORK, 14 juin 1995 : *Garden party*, aquar. et gche/pap. (27,3x47) : USD 2 070.

BEATON Pénélope
Née en 1886. Morte en 1963. XXᵉ siècle. Britannique.
Peintre de paysages, natures mortes, fleurs.
VENTES PUBLIQUES : LONDRES, 30 jan. 1980 : *Nature morte*, h/t (82x107) : GBP 800 – GLASGOW, 19 avr. 1984 : *Nature morte aux fleurs*, h/t (50,8x60,9) : GBP 500 – GLASGOW, 7 fév. 1989 : *L'heure du thé*, h/cart. (51x61) : GBP 1 650 – PERTH, 26 août 1991 : *Iona*, h/cart. (38x46) : GBP 2 200 – LONDRES, 11 oct. 1995 : *Nature morte avec une cruche vernissée*, h/cart. (50,5x76) : GBP 690 – ÉDIMBOURG, 15 mai 1997 : *Fleurs de printemps*, h/pan. (76,2x63,5) : GBP 3 680.

BEATRICE d'Angleterre, princesse royale
XIXᵉ siècle. Britannique.
Peintre de paysages.
Elle exposa de 1883 à 1885 à la New Water-Colours Society de Londres.

BEATRIX Cornelis ou Beatris
XVIIᵉ siècle. Vivait à Anvers. Éc. flamande.
Peintre.

BEATRIZET Nicolaus ou Niccolo ou Beautrizet-Beatricius
Né en 1515 à Lunéville. Mort après 1565. XVIᵉ siècle. Français.
Graveur de scènes mythologiques, portraits, dessinateur.
On le trouve se rendant à Rome vers 1540. C'est dans cette ville qu'il fut probablement établi. Il exécuta le *Portrait du pape Pie V*. De 1548 à 1553, on le rencontre gravant, pour Lafreri, une quantité d'œuvres d'après l'antique et la peinture contemporaine. Il avait surtout gravé d'après Raphaël. La légèreté de son entaille donne à ses œuvres un aspect argenté particulièrement recherché. On lui reproche par contre de la lourdeur, voire de la maladresse, dans le dessin.

[monogrammes : BRF, NB.F, NB, B, BF]

VENTES PUBLIQUES : LONDRES, 16 mai 1980 : *Le sacrifice d'Iphigénie*, cuivre (32,6x45,4) : GBP 600 – ENGHIEN-LES-BAINS, 26 juin 1982 : *La chute de Phaéton*, grav., d'après Michel-Ange (41,8x29,1) : GBP 1 150 – LONDRES, 6 déc. 1983 : *Homme debout aux bras croisés*, grav./cuivre, d'après Michel-Ange (37,2X20,1) : GBP 1 200 – LONDRES, 1ᵉʳ déc. 1987 : *La mort de Méléagre*, grav./cuivre, d'après Perino del Vaga (30,2x41,6) : GBP 700 – PARIS, 17 juin 1994 : *Portrait d'Henri II, roi de France*, eau-forte (47,5x32,2) : FRF 8 000.

BEATRIZET René ou Beautriset ou Beatrice
XVIᵉ siècle. Actif à Lunéville au milieu du XVIᵉ siècle. Français.
Graveur.
Il fut envoyé à Paris en 1551 par le duc Nicolas, régent de Lorraine.

BEATSON, Miss, plus tard Mrs Oakley
XVIIIᵉ siècle. Britannique.
Peintre de genre.
Elle exposa en 1774-1775 à la Society of Artists et à la Royal Academy de Londres.

BEATTIE Georges
Né le 2 août 1919 à Cleveland (Ohio). XXᵉ siècle. Américain.
A partir de 1919, il a exposé aux Etats-Unis.
MUSÉES : NEW YORK (Whitney Mus. of American Art).

BEATTIE W.
XIXᵉ siècle. Britannique.
Sculpteur.
Il exposa de 1829 à 1864, à la Royal Academy et à la British Institution.

BEATTIE-BROWN William
Né en 1831. Mort le 31 mars 1909 à Édimbourg. XIXᵉ siècle. Britannique.
Peintre de paysages, aquarelliste, restaurateur.
Il exposa de 1863 à 1888 à la Royal Academy et à la New Water-Colours Society, ainsi qu'à d'autres groupements artistiques de Londres. Il fut associé, en 1871, puis membre de la Royal Scottish Academy, en 1884.
D'abord peintre verrier, il s'occupa de restauration de tableaux, puis s'adonna au paysage.
MUSÉES : ÉDIMBOURG : *Coire-na-Faireamh (paysage)*.
VENTES PUBLIQUES : ÉDIMBOURG, 25 avr. 1931 : *Glen Nevis* : GBP 4 ; *Rivière de montagne*, aquar. : GBP 3 – ÉDIMBOURG, 5 mars 1932 : *Glen Nevis* : GBP 4 – ÉDIMBOURG, 11 nov. 1933 : *Craigleith, près d'Édimbourg* : GBP 6 – ÉDIMBOURG, 11 juil. 1935 : *Glen Fannish* : GBP 6 – ÉDIMBOURG, 8 avr. 1937 : *La vallée de Teith* : GBP 5 – LONDRES, 16 juil. 1976 : *Paysage au soir couchant* 1881, h/t (42x70) : GBP 240 – LONDRES, 15 oct. 1976 : *Loch Katrine*, h/t (45,7x59,7) : GBP 350 – GLASGOW, 3 juil. 1980 : *On the river Nethy*, h/t (85x141) : GBP 2 800 – LONDRES, 12 juil. 1982 : *Ferme dans un paysage, Kingussie* 1884, h/t (37,5x55) : GBP 360 – NEW YORK, 20 avr. 1983 : *View near Dorking*, h/t (61x107) : USD 2 100 – ÉDIMBOURG (Écosse), 26 avr. 1988 : *Graigleith, près de Édimbourg*

1863, h/t (43x71) : **GBP 880** – Édimbourg, 30 août. 1988 : *Une maison dans la lande au bord du Loch Linnhe* 1866, h/t (80x122) : **GBP 3 300** – Perth, 28 août 1989 : *L'éclaircie après l'orage dans les landes de Rothiemurchus* 1886, h/t (69x117) : **GBP 3 300** – Édimbourg, 22 nov. 1989 : *Route au travers de la lande tôt le matin dans le Ross-shire* 1877, h/t (50,8x76,3) : **GBP 1 760** – Perth, 26 août 1991 : *Paysage de lande près d'Aberfoyle*, h/t (30,5x45,5) : **GBP 1 265** – New York, 20 jan. 1993 : *Loch Cor-Arder dans l'Inverness shire*, h/t (38,7x54,6) : **USD 1 495** – Perth, 31 août 1993 : *Journée d'été à Duddingstone* 1870, h/t (66,5x102,5) : **GBP 1 725** – Perth, 30 août 1994 : *Dans la forêt de Ennich* 1889, h/t (88,5x142) : **GBP 3 220** – Glasgow, 16 avr. 1996 : *Une crue du Connon dans le Rosshire* 1877, h/t (38,5x55) : **GBP 1 265** – Perth, 20 août 1996 : *La passe du « Saut du soldat » à Killicrankie* 1859, h/t (101,5x127) : **GBP 4 600** – Glasgow, 11 déc. 1996 : *Les chutes du Tummel, Pertshire*, h/t (30,5x46) : **GBP 1 035** – Édimbourg, 15 mai 1997 : *Édimbourg vue de Craigmillar, le soir* 1866, h/t (73,8x105,4) : **GBP 8 050.**

BEATTY John William
Né en 1851 à Pittsburg (Pennsylvanie). Mort le 29 septembre 1924 à Clifton Springs. xixe-xxe siècles. Américain.
Peintre de genre, paysages, graveur.
C'est à Munich qu'il fit ses études artistiques. Il remplit à différentes reprises des postes importants dans des Comités d'art aux Expositions internationales aux États-Unis. Membre de la Society of Arts à Londres, il fut directeur du Carnegie Institute de Pittsburgh.
On cite comme un de ses meilleurs tableaux le *Retour du travail* (1890).
Ventes Publiques : Toronto, 17 mai 1976 : *Paysage de printemps, Muskoka*, h/cart. (21,5x26,5) : **CAD 1 400** – Toronto, 15 mai 1978 : *Paysage d'été*, h/pan. (22x27) : **CAD 1 600.**

BEATTY John William
Né en 1869. Mort en 1941. xixe-xxe siècles. Canadien.
Peintre de paysages ruraux.
Il a surtout peint les paysages canadiens, mais quelques voyages lui ont procuré d'autres caractères.
Ventes Publiques : Toronto, 5 nov. 1979 : *Paysage à la chaumière*, h/t (65x90) : **CAD 6 500** – Toronto, 11 nov. 1980 : *Le vieux moulin, Port Hope*, h/pan. (21,3x26,3) : **CAD 2 400** – Toronto, 27 mai 1981 : *Katwijke, N. H.*, h/t (35x60) : **CAD 4 600** – Toronto, 2 mars 1982 : *Paysage fluvial*, h/t (40x32,5) : **CAD 2 400** – Toronto, 3 mai 1983 : *Une ville de Hollande* 1909, h/t (140,6x97,5) : **CAD 3 200** – Toronto, 27 mai 1985 : *Paysage boisé, Port Hope*, h/cart. (21,3x26,3) : **CAD 1 100** – Toronto, 3 juin 1986 : *Intérieur de forêt, Ontario*, h/pan. (25,4x34,3) : **CAD 2 100** – Montréal, 1er déc. 1992 : *Canoë Lake*, h/pan. (21,5x26,5) : **CAD 1 400.**

BEAU
xviiie siècle. Actif à Paris. Français.
Graveur.
Cet artiste, fils et élève de Nicolas Tardieu, travailla à Paris et à Londres, grava pour l'éditeur Boydell, de Londres, d'après Van Dyck : *Charles Ier dans sa famille, Robert, comte de Carnavon, et sa femme,* plusieurs œuvres de Watteau : *L'Amour paisible, Les Comédiens italiens, L'accord parfait, Les deux cousines, Un village pillé par l'ennemi, La revanche du peuple de la campagne.*

BEAU A.
xixe siècle. Français.
Dessinateur lithographe.
Travaillait en 1854-1855.

BEAU Émile
Né le 1er mars 1810 à Paris. xixe siècle. Français.
Aquarelliste et lithographe.
Il fut élève de Lafond et de l'École des Beaux-Arts. Il débuta au Salon en 1852 et obtint une médaille en 1855.
Musées : Chartres : *Passion de N.-S. Jésus-Christ – Vie de N.-S. Jésus-Christ – Arbre de Jessé – Notre-Dame de la Belle Verrière – Légende de saint-Eustache – Vierge et Enfant – Isaïe portant saint Mathieu – Jérémie portant saint Luc – Ézéchiel portant saint Jean – Daniel portant saint Marc.*

BEAU Henri
Né en 1865 à Montréal. Mort en 1949. xixe-xxe siècles. Canadien.
Peintre de paysages, portraits, fleurs, genre et nus.
Il a exposé au Salon des Indépendants à Paris entre 1902 et 1937, au Salon d'Automne de 1907 et au Salon de la Société Nationale des Beaux-Arts.

Ventes Publiques : Cologne, 20 mai 1965 : *Jeune femme et enfant dans un parc :* **DEM 1 495** – Montréal, 21 juin 1994 : *La Rochelle*, h/t (38x45,6) : **CAD 2 200** – Montréal, 5 déc. 1995 : *Jaujac en Ardèche*, h/pan. (24x31,7) : **CAD 1 400.**

BEAU Jean
xviie siècle. Actif à Avignon de 1644 à 1655. Français.
Peintre.

BEAU John Anthony
xviiie siècle. Américain.
Graveur.

BEAU Léon Émile
Né à Paris. xxe siècle. Français.
Peintre et aquarelliste.
Il a exposé au Salon des Indépendants en 1937.

BEAU Léopold
xixe siècle. Français.
Paysagiste.
De 1831 à 1836, il exposa au Salon de Paris, des aquarelles représentant des vues de Bretagne.

BEAU Marie Louise Adrienne
Née à Paris. xxe siècle. Française.
Peintre.
Elle a exposé au salon de la Société Nationale des Beaux-Arts à Paris en 1911 et 1912.

BEAU Nicolas
xviie siècle. Actif à Avignon vers 1614. Français.
Peintre.

BEAU Paul Marie Jacques
Né à Saint-Aignan-sur-Cher. xxe siècle. Français.
Décorateur.
Il a exposé des cristaux taillés au Salon d'Automne entre 1927 et 1930, et aux Indépendants entre 1929 et 1932.

BEAU DIEU, Maître du. Voir **MAÎTRES ANONYMES**

BEAU-GUINET Roger
Né à Paris. xxe siècle. Français.
Peintre de paysages.
Il a exposé au Salon de la Société Nationale des Beaux-Arts à Paris en 1933.

BEAUBLÉ
xviiie siècle. Travaillait à Paris, à la fin du xviiie siècle. Français.
Graveur.
On cite de lui 36 planches pour le *Régulateur des écritures française et anglaise,* 108 planches pour : *L'Alphabet de tous peuples.* Beaublé, ou son homonyme Beaublé le jeune, a aussi gravé les gravures de modes, citées à la vente Destailleur.

BEAUBLÉ, le Jeune
xixe siècle. Actif à Paris. Français.
Graveur au burin et au pointillé.
On cite de lui : *Louis XVIII, roi de France,* d'après Duplessis ; *Jacques de Molay ; Plan de Moscou ; Plan de Paris ; Plan de Saint-Pétersbourg ; Plan de Vienne.*

BEAUBOIS DE MONTORIOL Isabel
Né le 6 février 1876 à Bourges (Cher). xxe siècle. Français.
Peintre de portraits et de panneaux décoratifs.
Elève de Carrière et Prinet, il a exposé aux Salons, d'Automne entre 1907 et 1921, de la Société Nationale des Beaux-Arts de 1910 à 1923, des Artistes Français en 1911 et des Indépendants en 1927.
Ventes Publiques : Paris, 2 avr. 1990 : *Amours champêtres*, h/t (93x167,5) : **FRF 35 000.**

BEAUBOURG Maurice
xixe siècle. Français.
Peintre.
Il était un ami de Seurat.

BEAUBRUN Charles ou Bobrun
Né à Amboise (Indre-et-Loire), baptisé le 11 février 1604. Mort le 16 janvier 1692 à Paris. xviie siècle. Français.
Peintre de portraits.
Petit-fils de Mathieu l'Ancien, et fils de Mathieu le Jeune, valet de chambre du roi, Charles Beaubrun étudie la peinture avec son oncle Louis qui forme, en même temps que lui, son cousin Henri avec qui il collabore constamment. D'abord membre de l'Académie de Saint-Luc, il devient membre de l'Académie royale le 2 septembre 1651 ; il sera ensuite nommé professeur et trésorier

de cette compagnie. Il achète la charge de contrôleur de décimes de la généralité de Caen. Il habite avec son cousin rue des Deux-Écus, et il est impossible de différencier l'œuvre des deux peintres ; on connaît toutefois un tableau de Charles Beaubrun : *L'Institution du Rosaire*, signée, datée de 1631, à Diron. D'une famille ayant toujours tenu des postes à la Cour, les Beaubrun sont bien vus de Louis XIV, dont ils avaient fait le portrait à l'âge de huit jours ; ils feront au même âge celui du Grand Dauphin. Le roi leur commande de nombreux portraits de dames de la Cour. En 1638 ils sont choisis par l'ambassadeur d'Angleterre pour faire le portrait d'Anne d'Autriche. Ils tiennent aussi le rôle d'ordonnateurs des fêtes, peignent des décors éphémères pour des entrées, telle l'entrée de la reine à Paris en 1660. Quand, en 1700, le duc d'Anjou est nommé roi d'Espagne, il emporte une sorte de galerie de portraits de famille, dont beaucoup sont peints par les Beaubrun. Parmi ceux-ci figurent : celui de *Marie de Médicis*, peint d'après Champaigne ou Rubens, ceux d'*Anne d'Autriche*, du *Grand Dauphin de France*, etc. ; aujourd'hui dans les collections du Prado. Les Beaubrun eurent comme élève Martin Lambert.

Musées : Chambéry : *Portrait de femme* – Chantilly : *Portrait de Mme de Longueville* – *Portrait de Mlle de Longueville* – Madrid (Mus. du Prado) : *Marie-Anne de Bourbon* – *Portrait du Grand Dauphin de France* – *Portrait d'Anne d'Autriche, en veuve* – Montpellier : *Portrait de Julie d'Angennes* – Versailles : *Portrait de Marie-Thérèse, femme de Louis XIV*, copie au Musée de Béziers – *Portrait de Louise Ollier de Naintel* – *Portrait de Mme Ardier.*

Ventes Publiques : Paris, 1880 : *Portrait d'homme*, att. à Henri B. : FRF 500 – Paris, 1890 : *La princesse des Ursins*, att. à Henri B. : FRF 430 – Paris, 26 au 28 juin 1919 : *Portrait en pied de Henriette de France, reine d'Angleterre, fille de Henri IV et de Marie de Médicis* : FRF 4 200 ; *Portrait d'Henriette d'Angleterre, duchesse d'Orléans* : FRF 2 000 ; *Portrait de femme*, attr. : FRF 580 – Paris, 10 déc. 1921 : *Portrait d'une duchesse de Lorraine*, attr. à Henri B. : FRF 700 – Paris, 30 jan. au 3 fév. 1922 : *Portrait de jeune femme, les cheveux ornés de laurier*, attr. à Henri B. : FRF 1 300 – Paris, 25 fév. 1922 : *Portrait de jeune femme*, attr. à Henri B. : FRF 300 – Paris, 4 mars 1922 : *Portrait de femme vue à mi corps, caressant un petit chien*, attr. à Henri B. : FRF 1 400 – Paris, 3 et 4 mai 1923 : *Portrait présumé de Charles II, roi d'Angleterre*, att. à Charles B. : FRF 480 ; *Portrait présumé de Louise d'Orléans, duchesse de Montpensier*, att. à Henri B. : FRF 1 100 – Paris, 7 et 8 déc. 1923 : *Portrait de femme* : FRF 380 – Paris, 8 juin 1925 : *Portrait de femme*, attr. à Henri B. : FRF 340 – Paris, 2 mars 1928 : *Portrait de femme*, école de Charles B. : FRF 300 – Paris, 21 et 22 jan. 1929 : *Jeune femme au clavecin*, attr. à Charles B. : FRF 170 – Paris, 30 mai 1930 : *Portrait de jeune femme*, école des B. : FRF 2 300 – Paris, 12 déc. 1938 : *Portrait de jeune femme en buste*, école des B. : FRF 1 400 – Paris, 17 nov. 1941 : *Jeune femme, les yeux levés, en robe décolletée*, attr. à Charles B : FRF 850 – Paris, 17 et 18 nov. 1941 : *Portrait de jeune femme en buste*, école des B. : FRF 3 600 – Paris, 4 déc. 1941 : *Buste de jeune femme*, école des B. : FRF 5 100 – Paris, 19 déc. 1941 : *Portrait de femme*, attr. à Henri B. : FRF 850 – Paris, 23 nov. 1942 : *Portrait de jeune femme*, attr. : FRF 30 500 – Paris, 11 fév. 1943 : *Jeune femme en buste*, école des B. : FRF 4 000 – Paris, 16 avr. 1943 : *La Maréchale de Schombert*, attr. : FRF 1 000 – Paris, 19 jan. 1944 : *Portrait de jeune fille*, genre des B. : FRF 10 800 – Paris, 31 mars 1944 : *Portrait de jeune femme*, att. à Henri B. : FRF 18 000 – Paris, 28 mars 1979 : *Dame de qualité*, h/t (99x81) : FRF 23 000 – Londres, 10 juil. 1981 : *Portrait de Louis XIV enfant avec son frère le duc d'Orléans*, h/t (115,5x95,2) : GBP 5 500 – Monte-Carlo, 27 mai 1984 : *Portrait de Louise Marie Christine de Savoie*, h/t (115x89) : FRF 62 000 – Montréal, 24 mars 1985 : *Portrait d'une dame de qualité*, h/t (125x83) : CAD 15 000 – Monaco, 15 juin 1990 : *Mademoiselle de Montpensier dite « La Grande Mademoiselle » en costume de Bellone*, h/t (127x98) : FRF 166 500 – Paris, 10 déc. 1993 : *Portrait de la reine Anne d'Autriche, miniature/vélin (14,6x11,7)* : FRF 55 000 – Paris, 29 mars 1994 : *Portrait d'une femme en robe blanche devant une draperie rouge*, h/t (139x105) : FRF 50 000 – Paris, 26 mars 1996 : *La Grande Mademoiselle costumée en Athéna*, h/t (75,5x63) : FRF 72 000.

BEAUBRUN Claude
xvie siècle. Français.
Peintre.
Cité entre 1580 et 1589 comme valet de la chambre du roi. Frère ou père de Mathieu Beaubrun l'Ancien.

BEAUBRUN Henri
Né à Amboise (Indre-et-Loire), baptisé le 2 février 1603. Mort le 17 mai 1677 à Paris. xviie siècle. Français.
Peintre de portraits.
Petit-fils de Mathieu l'Ancien et fils d'Henri, valet de la garde de robe du roi, il est nommé d'abord porte-arquebuse du roi, puis valet de la garde robe à la mort de son père. Il étudie la peinture avec son oncle, Louis Beaubrun, son œuvre est inséparable de celle de ce dernier. Les œuvres indiquées dans les rubriques Musées et Prix de Charles sont d'ailleurs communes à Charles et Henri. Il travaille à la formation de l'Académie Royale de peinture et de sculpture, et est un des anciens nommés en 1648. Sera ensuite nommé trésorier et professeur.

BEAUBRUN Louis
Mort le 24 novembre 1627. xviie siècle. Travaillait à Paris. Français.
Peintre.
Fils de Mathieu l'Ancien, et élève de son frère Mathieu le Jeune, il formera à son tour ses neveux Charles et Henri Beaubrun. Pour l'entrée à Paris du roi Louis XIII et d'Anne d'Autriche, le 16 mai 1616, il exécute un grand tableau pour le décor de la porte Saint-Jacques, et en fait une gravure. Il se consacre au portrait et on le trouve mentionné parmi les peintres de l'Académie de Saint-Luc en 1619. En 1618 il est cité comme peintre de la reine, ainsi que sur un contrat d'apprentissage, du 3 juillet 1624, qu'il passe avec Pierre Honnet ; il a aussi comme élève Simon Bernard, dit Saint-André. Plus tard, lors d'un baptême, sa femme sera désignée comme : « Veuve de feu noble Louis Beaubrun, vivant peintre et valet de chambre du Roy. »
Ventes Publiques : Paris, 1874 : *Portraits d'Anne d'Autriche et de Louis XIV* : FRF 4 000 – Paris, 1898 : *Portrait de Mme de Longueville* : FRF 1 000 – Paris, 1899 : *Portrait de femme à mi-corps* : FRF 520 – Paris, 1900 : *Portraits de grande dame et de gentilhomme, deux pendants* : FRF 285 – Paris, 1905 : *Anne-Geneviève de Bourbon* : FRF 680 ; *Anne d'Autriche reine de France* : FRF 520 ; *Portrait de femme en rose* : FRF 200 ; *Portrait de Mlle de Montpensier* : FRF 800 ; *Jeune femme en buste* : FRF 500 ; *Portrait de jeune femme* : FRF 700 ; *Portrait du marquis de Bonneval* : FRF 1 060.

BEAUBRUN Mathieu, l'Ancien
Né vers 1525 en Porey. Mort en 1597. xvie siècle. Français.
Peintre.
D'abord page chez le marquis d'Urfé, il devint plus tard valet de chambre du roi.

BEAUBRUN Mathieu, le Jeune
Né le 15 octobre 1558 à Amboise (Indre-et-Loire). xvie siècle. Français.
Il était fils de Mathieu l'Ancien. On trouve son nom cité en 1611, avec le titre de valet de chambre du roi. Père de Charles Beaubrun.

BEAUBRUN Michel
Mort le 6 janvier 1642. xviie siècle. Travaillant à Paris. Français.
Peintre.
Fils de Mathieu l'Ancien.

BEAUCÉ André
Né en 1911 à Rennes (Ille-et-Vilaine). xxe siècle. Français.
Peintre de portraits.
Élève des Beaux-Arts de Rennes et de l'école des Arts décoratifs de Paris, il expose à la Nationale des Beaux-Arts en 1936 et 1945, puis, régulièrement, à partir de 1950 aux Salons Comparaisons, et d'Automne.
Ventes Publiques : Versailles, 29 nov. 1987 : *Femme près d'une maison* 1951, h/t (73x60) : FRF 1 500.

BEAUCÉ Jean Adolphe
Né le 2 août 1818 à Paris. Mort le 13 juillet 1875 à Boulogne-Billancourt (Hauts-de-Seine). xixe siècle. Français.
Peintre d'histoire, sujets militaires, lithographe.
Il fut élève de Charles Bazin. Il se consacra entièrement à la peinture des sujets militaires et, afin de se rendre un compte exact des faits, il suivit l'armée à Alger, en Syrie, au Mexique. Il se trouva à Metz lors du blocus de 1870.
Musées : Moulins : *Duguesclin décoré de l'ordre de la Toison d'Or*, litho. – Troyes : *Napoléon au pont d'Arcis* – Versailles : *Assaut de Zaatcha* – *Assaut et prise de Laghouat* – *Le colonel de Malleville mortellement blessé à la bataille de Solférino.*

VENTES PUBLIQUES : PARIS, 1898 : *Passage du Mincio par l'armée française, le 29 juin 1859* : FRF 130 – PARIS, 7 et 8 déc. 1923 : *Épisode de la campagne d'Algérie* : FRF 200 ; *Bataille de l'épopée napoléonienne* : FRF 310 ; *Combat de cavalerie* : FRF 400 ; *Charge de cuirassiers* : FRF 220 – PARIS, 19 oct. 1948 : *Le campement des Mexicains* : FRF 23 000 – PARIS, le 17 nov. 1949 : *Défense de Mazagran par le capitaine Lelièvre* : FRF 6 600 – PARIS, 8 déc. 1980 : *La libération de la Pologne*, h/t (61x42) : FRF 4 000 – PARIS, 7 mars 1988 : *Couple devant un village*, t. (80x40) : FRF 3 500 – PARIS, 12 juin 1995 : *Le Caïd aux bottes rouges* 1856, h/pan. (46,5x37) : FRF 120 000.

BEAUCÉ Vivant
Né en 1818 à Nolay (Côte-d'Or). Mort le 17 mars 1876 à Paris. XIXe siècle. Français.
Peintre et graveur sur bois.
En 1843, il exposa au Salon pour la première fois. Cet artiste a exécuté un nombre considérable d'illustrations. On cite notamment le frontispice pour les *Contes du temps passé*. Beaucé alla en Russie en 1853 et fut attaché comme dessinateur à la manufacture impériale de Saint-Pétersbourg jusqu'en 1868.

BEAUCHAMP Charles
Né en 1949 à Londres. XXe siècle. Britannique.
Peintre, graveur. Tendance fantastique.
Après des études à la Chelsea Art School, il fit un voyage aux États-Unis et au Canada, puis continua d'étudier à Paris, dans l'Atelier 17 de Hayter. Il a exposé à Londres en 1969, New York et Toronto.
Ses œuvres figurent des scènes tragiques où se mêlent des êtres grimaçants moitié hommes, moitié bêtes.

BEAUCHAMP Claude
XVIIIe siècle. Français.
Peintre.
Il fut reçu à l'Académie de Saint-Luc, en 1732.

BEAUCHAMP Eugénie
XIXe siècle. Travaillait en 1879-1880. Française.
Dessinateur lithographe.
Élève de Chaplin dont elle a reproduit les œuvres.

BEAUCHAMP Mary Catherine de, comtesse
XIXe siècle. Britannique.
Peintre de portraits.
Elle exposa en 1872 à la Royal Academy de Londres.

BEAUCHAMP Robert
Né le 19 novembre 1923 à Denver (Colorado). XXe siècle. Américain.
Peintre.
Il peint dès son enfance, puis est élève du Colorado Springs Fine Arts Center à deux reprises, une première fois entre 1942 et 1943, une seconde fois en 1946-1947. Egalement élève de la Cranbrook Art Academy du Michigan et de la Hans Hofmann School, jusqu'en 1952. Il a participé à l'Exposition Carnegie de 1953, date à laquelle il a commmencé à faire des exposition personnelles.
MUSÉES : NEW YORK (Mus. of Mod. Art) – NEW YORK (Whitney Mus. of American Art).
VENTES PUBLIQUES : NEW YORK, 16 mai 1980 : *Sans titre* vers 1955-1956, gche et mine de pb (27,5x35,5) : USD 650 – NEW YORK, 31 mars 1993 : *Arc-en-ciel*, h/t (152,4x152,4) : USD 1 840.

BEAUCHAMPS Marie Jane
Née à Pau (Pyrénées-Atlantique). XXe siècle. Française.
Peintre.
Élève de J. Lefébvre, de Cormon et de M. E. Renard, elle a exposé au Salon des Artistes Français à Paris.

BEAUCHER François Édouard
Né vers 1791 à Paris. XIXe siècle. Français.
Peintre.
Élève de Regnault à l'École des Beaux-Arts, où il entra le 6 février 1811.

BEAUCHESNE Johan de
XVIe siècle. Français.
Calligraphe et graveur.

BEAUCHI Mosé
XIXe siècle.
Graveur, aquafortiste.
Il exposa à Londres en 1880.

BEAUCK François
Né en 1876 à Forest. XIXe-XXe siècles. Belge.
Peintre, dessinateur et graveur.
Il participa au Salon de la Société Nationale des Beaux-Arts de Paris en 1910 et il figura au Salon des Indépendants Belges. Son art réaliste est servi par un trait aigu et net.
VENTES PUBLIQUES : LOKEREN, 8 oct. 1988 : *Le vieux bateau*, h/pan. (30,5x28,5) : BEF 24 000.

BEAUCLAIR René
Né à Montauban (Tarn-et-Garonne). Français.
Peintre de paysages urbains, natures mortes.
Exposa aux Indépendants en 1910 : *Brive* ; *La Rue Lepic à Paris* ; *Nature morte*.

BEAUCLER Jean
XVIIe siècle. Actif à Paris en 1655. Français.
Peintre.

BEAUCLERC G.
XIXe siècle. Britannique.
Sculpteur.
Il exposa à la Royal Academy à Londres, en 1848.

BEAUCLERCK Diana, Lady
Née le 23 mars 1734 en Angleterre. Morte en 1808. XVIIIe siècle. Britannique.
Dessinateur.
Elle était fille aînée de Charles II, duc de Malborough. La collection d'aquarelles du Victoria and Albert Museum à Londres possède d'elle : *Bohémiennes et paysannes*.
VENTES PUBLIQUES : PARIS, 22 et 23 fév. 1929 : *La marchande de fleurs*, dess. : FRF 1 320.

BEAUCOURT
XIXe siècle. Actif à Paris vers 1824. Français.
Graveur au pointillé.
On cite de lui : *Notre-Dame du Bon Conseil*, d'après Raff. Sanzio.

BEAUCOURT Paul
Né en 1700 à Paris. Mort en 1754 à Québec. XVIIIe siècle. Canadien.
Peintre.
Engagé dans la marine, il s'embarqua en 1720 pour Québec. On connaît très peu de toiles de cet artiste sinon quelques ex-voto conservés dans les églises.

BEAUDELET Gustave François
Né le 25 août 1893 à Paris. XXe siècle. Français.
Peintre de paysages. Tendance postimpressionniste.
Il a participé au Salon des Indépendants à Paris entre 1928 et 1963 et au Salon de la Société Nationale des Beaux-Arts de 1938 à 1968.

BEAUDELOT Francis, pseudonyme de **Maladry**
Né en 1937 à Arleux (Nord). XXe siècle. Français.
Peintre.
Élève de J. Derrey et de R. Leleu à Valenciennes, il entre à l'Ecole National des Beaux Arts de Paris, dans les ateliers de Legueult et Untersteller où il reste travailler entre 1955 et 1960. Il a exposé au Salon de la Jeune Peinture en 1956 et 1966, a participé à de nombreuses manifestations artistiques en province et particulièrement dans le Nord. Vers 1970, il a abandonné la peinture à l'huile pour explorer la technique de la fresque. Beaudelot reste attaché à la figuration.
MUSÉES : LES SABLES-D'OLONNE .

BEAUDENEAU Marie Julie
Née à Paris. XIXe-XXe siècles. Française.
Sculpteur.
Élève de Mlle Boero, Bayeux et Pelez. Exposa au Salon des Artistes Français, notamment en 1900.

BEAUDIN André Gustave
Né le 3 février 1895 à Mennecy (Essonne). Mort le 6 juin 1979 à Paris. XXe siècle. Français.
Peintre de compositions à personnages, figures, nus, paysages animés, natures mortes, fleurs, peintre à la gouache, aquarelliste, peintre de cartons de tapisseries, cartons de mosaïques, sculpteur, graveur, dessinateur. Postcubiste.
D'origine paysanne, après de courtes études primaires, il fut élève à l'école des Arts Décoratifs de Paris, de 1911 à 1913. En 1916 il fut mobilisé pour la durée de la guerre. En 1919, il se maria avec le peintre Suzanne Roger. En 1921, il fit un voyage en Italie qui eut une grande importance pour lui et dont il parle longuement dans le livre de Maurice Raynal : *Anthologie de la pein-*

ture en France de 1906 à nos jours. Outre ses admirations historiques, Beaudin fut d'abord attiré par Matisse, duquel il conserva le sens de la courbe pleine qui peut constituer toute la composition, et de l'arabesque qui orne le détail. Puis son admiration alla à Picasso, et surtout à Juan Gris, qu'il rencontra en 1923 et de qui il devint l'ami.

Il participa à de nombreuses expositions collectives, d'entre lesquelles : 1945-1947 Paris, Salon des Surindépendants ; 1946 Berne, *École de Paris*, Kunsthalle ; de 1949 à 1965 Paris, Société des Peintres Graveurs, Bibliothèque nationale ; 1950 Pittsburgh, Carnegie International ; 1951 Londres, *École de Paris 1900-1950*, Royal Academy ; 1951, 1955, Biennale de Sao Paulo ; 1952 Paris, *Cinquante ans de peinture française dans les collections particulières*, Musée des Arts Décoratifs ; 1954-1958 Paris, *École de Paris*, galerie Charpentier ; 1956-1962 Paris, Salon de Mai ; 1959 Kassel, Documenta ; 1962 Londres, *École de Paris*, Tate Gallery ; etc. En 1962 lui fut décerné le Prix National des Arts.

Il fit sa première exposition personnelle à Paris en 1923, préfacée par Max Jacob. Peu après il entra à la Galerie Simon, dont Daniel Henry Kahnweiler était un des associés et auquel, de même que Juan Gris, il resta ensuite définitivement lié, lorsque Kahnweiler, après la guerre, dirigea la galerie Louise Leiris, qui consacra à Beaudin des expositions personnelles : en 1946 ; en 1957, où il y montrait un ensemble de peintures depuis 1927 ; en 1960, avec ses peintures et lithographies *Autour de Sylvie* de Gérard de Nerval ; et après sa mort : en 1980, les aquarelles de 1931 à 1978 ; en 1986, les peintures de 1927 à 1979. D'autres expositions personnelles lui furent consacrées, dont : 1947 Dublin ; 1949 New York, Buchholz Gallery ; 1949, 1962 Marseille, galerie Garibaldi ; 1953 Berne, Kunsthalle ; 1954 Fribourg, Kunstverein ; 1956 Stockholm ; 1961 Zurich, galerie Ziegler ; 1962 Le Havre, rétrospective à la Maison de la Culture ; 1964, Casino de Lyon-Charbonnières, et Lubeck, Dortmund ; 1966 Paris, rétrospective de l'œuvre gravé, galerie Sagot-Le Garrec ; 1970 Paris, rétrospective, Galeries nationales du Grand Palais.

Dès 1930, il a mené un œuvre sculpté parallèlement à sa peinture. Modelant le plâtre et la terre, il a souvent fait fondre ses sculptures en bronze. Jacques Lassaigne a écrit de ces sculptures qu'elles sont « avec leurs plans superposés, comme la figuration concrète des constructions mentales de sa peinture. » Beaudin en disait lui-même qu'il les faisait pour voir ce qui se passait derrière ses peintures. D'entre ses sculptures est souvent cité le *Buste de Paul Éluard*. La sculpture appartenant à André Frénaud *Oiseau-oiseaux* semble peut-être montrer plus d'audace que ses peintures dans la voie où il le tenta parfois vers les frontières de l'abstraction.

Graveur et lithographe, il a illustré *Les Bucoliques* de Virgile 1936, *Double d'ombre* d'Éluard en 1945, Georges Hugnet en 1946, Frénaud et Ponge en 1952, *Sylvie* de Gérard de Nerval en 1960, Georges Limbour en 1961. Il a composé des cartons de tapisseries pour La Rochelle, Porto Vecchio, des mosaïques à Évian, La Ciotat, Paris, pour le hall de l'École des Beaux-Arts de Marseille-Luminy. Il a décoré en 1961 le plafond de l'église Saint-Jean-Marie-Vianey de Rueil-la-Plaine.

Du cubisme de Juan Gris, Beaudin retint la leçon de classicisme, tempérant les audaces expérimentales du cubisme analytique par un retour à l'objet, et même au sujet, il retint la rigueur de la composition dans le format, au point que certaines de ses peintures de 1925 pourraient être rattachées au « Purisme » d'Ozenfant et Jeanneret. La discrétion, la mesure caractérisent ses œuvres, à l'image du personnage lui-même. Son œuvre s'est organisé autour de thèmes qu'il a développés successivement ou parfois simultanément. Ces thèmes généraux lui ont permis de ne pas s'attacher au sujet particulier, mais de les considérer comme des prétextes à variations plastiques conduites par la raison plus que par la sensibilité. Se sont succédé : en 1924 *Les quatre éléments*, 1925 *Les dormeurs*, 1927 à 1932 des *Personnages* et *Natures mortes*, de 1932 à 1937 les *Silhouettes dansantes*. En 1937, Beaudin peignait *Les chevaux* et *La nuit*, aboutissement de la recherche proprement stylistique entreprise par lui depuis 1933. Ses peintures de cette époque exercèrent une attraction capitale sur le groupe de jeunes peintres qui, plus tard sous l'occupation allemande, allaient se revendiquer en tant que *Jeunes peintres de tradition française*, à la fois pour manifester leur opposition – esthétique-politique – à l'art officiel nazi, et dégager les traits principaux d'une peinture post-cubiste française qui, s'étant tenue isolée de toute information concernant les abstractions apparues en Europe Centrale autour de 1910 – et alors que Mondrian et Kandinsky vivaient à Paris – maintint

solidement l'école de Paris dans la tentative de synthèse cubisme-fauvisme, Picasso-Matisse, tentative de synthèse qui englobait aussi les notions traditionnelles d'équilibre, de mesure, auxquelles était volontiers attribuée la permanence d'un certain esprit français. Puis suivirent les séries des *Bœufs* – *Oiseaux*, les séries qui marquèrent des étapes importantes de son œuvre, précisément celles qui le menèrent au plus près de l'abstraction : *Fenêtres* – *Ponts sur la Seine* – *Villages* – *Arbres* – *Plantes aquatiques*. Il y eut aussi des séries sur *Les instruments de la ferme* – *Les nus* – *Paris la nuit*, etc.

Quel qu'ait été le thème qui lui servait de prétexte, Beaudin l'analysait en le décomposant, selon un procédé invariable de répétition des éléments prélevés, l'isolant de sa réalité sensible pour en recomposer les divers éléments épars selon le seul raisonnement de l'équilibre des formes et de la mesure classique, appuyés sur une gamme de gris sobres ponctués de bleus-verts-jaunes, où le sentiment ne saurait, sans vulgarité, prendre le pas sur la raison. Pour lui, comme pour certains peintres qui, autour de Jacques Villon, ont constitué ce qui fut parfois appelé le « cubisme français », le cubisme n'était plus un moyen d'investigation et de mise en question de la réalité du monde, mais était un instrument stylistique d'analyse de la forme.

Quant à son sens de la mesure, on le trouve encore confirmé dans le texte *Monsieur Beaudin*, que le poète André Frénaud écrivit pour son ami en guise de préface à l'exposition de la galerie Louise Leiris, qui regroupait en 1957 un ensemble de peintures depuis 1927 : « Alors que tant d'œuvres apparaissent vides, rapportées à leurs ambitions démesurées, celle-ci tient plus qu'elle n'osait promettre... En se méfiant de trop faciles transports, en se soumettant à l'objet à construire, avec rigueur, avec audace et avec retenue, il donne encore une leçon d'art classique : une leçon d'ordre, plus révolutionnaire aujourd'hui que l'appel au vertige. »
■ Jacques Busse

BIBLIOGR. : Maurice Raynal : *Anthologie de la peinture en France de 1906 à nos jours*, Montaigne, Paris, 1927 – Paul Éluard : *La Correction d'André Beaudin*, in : Catalogue de l'exposition *Beaudin*, Buchholz Gal., New York, 1949 – Maurice Raynal : *Peinture moderne*, Skira, Genève, 1953 – Jacques Lassaigne, in : *Diction. de la Peint. Mod.*, Hazan, Paris, 1954 – André Frénaud : *Monsieur Beaudin*, Ed. Louise Leiris, Paris, 1957 – Pierre Descargues, in : *Peintres contemporains*, Mazenod, Paris, 1964 – Reynold Arnould : Catalogue de l'exposition rétrospective *André Beaudin*, Gal. Nat. du Grand Palais, Paris, 1970 – Lydia Harambourg, in : *L'École de Paris 1945-1965. Diction. des Peintres*, Ides et Calendes, Neuchâtel, 1993.

MUSÉES : BALTIMORE – CARACAS – DORTMUND – GRENOBLE – LUXEMBOURG – MARSEILLE (Mus. Cantini) – PARIS (Mus. Nat. d'Art Mod.) : *Le Miroir* 1929 – *Les oiseaux blancs* 1933 – *Les oiseaux crient* 1944 – *La Fenêtre de Sylvie* 1958 – PARIS (FRAC) : *Oiseau et Oiseaux* 1950 – *Verger* 1979 – SANTIAGO DU CHILI – SÃO PAOLO – STOCKHOLM – VIENNE.

VENTES PUBLIQUES : PARIS, 3 mars 1927 : *La Jeune Fille à la basilique* : **FRF 1 100** – PARIS, 11 avr. 1933 : *La fleur rouge* : **FRF 950** – PARIS, 23 mai 1949 : *Composition* : **FRF 19 000** – PARIS, 25 oct. 1950 : *L'Oiseau gai* : **FRF 24 600** – PARIS, 8 juil. 1954 : *Composition* : **FRF 70 000** – PARIS, 27 mai 1959 : *La Femme en vert*, cart. : **FRF 160 000** – PARIS, 19 déc. 1961 : *Nus à la toilette* : **FRF 2 500** – BERNE, 25 mai 1962 : *Composition* : **CHF 1 100** – VERSAILLES, 13 mars 1963 : *Le miroir noir* : **FRF 2 800** – LONDRES, 1ᵉʳ juil. 1964 : *Deux personnages* : **GBP 150** – PARIS, 1ᵉʳ déc. 1964 : *Suzanne Roger au crayon bleu*, aquar. : **FRF 1 600** ; *L'Aube* : **FRF 14 000** – PARIS, 25 nov. 1965 : *Le Bateau du soir* : **FRF 19 000** – LONDRES, 10 déc. 1966 : *Le Pont de la nuit* : **GBP 400** – PARIS, 24 nov. 1967 : *Le minotaure*, bronze : **FRF 4 500** ; *Les Amoureux*, bronze : **FRF 3 500** – PARIS, 23 nov. 1971 : *Le Cheval ailé* : **FRF 16 000** – PARIS, 17 mars 1973 : *Le Champ* 1943 : **FRF 10 000** – PARIS, 25 fév. 1976 : *Virgile, Bucoliques*, 21 eaux-fortes : **FRF 5 100** – LONDRES, 9 avr. 1976 : *Deux chevaux, échelle et charrette* 1937, h/t (50x73) : **GBP 800** – PARIS, 22 mars 1977 : *Arbre gris, Arbre bleu* 1964, aquar. (50x40,5) : **FRF 5 300** – Paris, 6 juin 1978 : *Le Verre et la Carafe* 1948, aquar. (46x27) : **FRF 3 200** – Paris, 19 déc. 1979 : *Composition* 1940, aquar. (31x24) : **FRF 4 000** – Paris, 20 déc. 1980 : *La Femme aux cheveux de lin* 1927, h/t (97x76) : **FRF 11 500** – Paris, 10 déc. 1981 : *La source* 1941, h/t (65x46) : **FRF 13 000** – Versailles, 9 juin 1982 : *La Rose et les Marguerites* 1942, h/t (65x81) : **FRF 15 000** – Londres, 30 sep. 1982 : *Tête de femme* vers 1930, marbre (H. 32,5) : **GBP 600** – Paris, 10 juil. 1983 : *Notre-Dame de Paris* 1961, h/t mar./pan. (130x225) : **FRF 60 000** – Paris, 14 oct. 1983 : *Le Coq et les Vaches* 1939, aquar. (71x89) : **FRF 11 500** – Versailles, 2 déc. 1984 : *L'Arbre-choux* 1938, h/t (73x92) : **FRF 48 000** – Versailles, 12 juin 1985 : *L'Éveil* 1937, bronze (H. 48) : **FRF 36 000** – Paris, 5 nov. 1985 : *Le Soir* 1972, aquar. (42x32,5) : **FRF 6 800** – Enghien-les-Bains, 13 avr. 1986 : *Feuilles dorées* 1943, h/t (130x162) : **FRF 58 000** – Paris, 7 avr. 1987 : *La Main* 1964, bronze (H. 30) : **FRF 44 000** – Paris, 24 nov. 1987 : *La Sieste* 1925, h/t (81x54) : **FRF 350 000** – Paris, 19 mars 1988 : *Nu devant la mer* 1925, h/t (81x54) : **FRF 33 000** – Londres, 29 mars 1988 : *Cheval*, bronze (H. 66 cm) : **GBP 12 100** – Paris, 29 avr. 1988 : *L'Ombre d'un personnage*, h/t (27x22) : **FRF 13 000** – Paris, 15 juin 1988 : *Le masque* 1929, h/t (35,5x27) : **FRF 25 000** – Londres, 21 oct. 1988 : *L'Escalier* 1927, h/t (129,9x81,3) : **GBP 6 380** – Paris, 28 oct. 1988 : *Visage* 1950, encre de Chine (46x33) : **FRF 20 000** – Paris, 16 nov. 1988 : *Soleil blanc*, tapisserie (195x143) : **FRF 42 000** – Paris, 12 déc. 1988 : *Les Primevères* 1932, h/t (81x65) : **FRF 86 000** – Paris, 13 avr. 1989 : *Bouquet de fleurs* 1963, h/t (55x38) : **FRF 65 000** – Paris, 4 juin 1989 : *Colombes et Personnages*, h/t : **FRF 105 000** – Paris, 8 oct. 1989 : *À Bourges* 1930, h/t (65x99) : **FRF 120 000** – Paris, 15 déc. 1989 : *la Fleur blanche* 1942, h/t (35x27) : **FRF 95 000** – Paris, 31 jan. 1990 : *Les Oiseaux*, h/pap. (27x21) : **FRF 8 900** – Paris, 25 mars 1990 : *Le Vase violet* 1942, aquar. (38x48) : **FRF 65 000** – Neuilly, 3 fév. 1991 : *Composition*, aquar. (23x27) : **FRF 8 000** – Paris, 17 mars 1991 : *Le Regard* 1947, h/t (81x100) : **FRF 90 000** – Paris, 17 nov. 1991 : *Les Herbes et le Vent* 1937, h/t (81x100) : **FRF 80 000** – Paris, 2 déc. 1991 : *Profil perdu* 1927, h/t (33x55) : **FRF 102 000** – Stockholm, 21 mai 1992 : *Le Foyer* 1947, h/t (38x46) : **SEK 30 000** – Amsterdam, 10 déc. 1992 : *Le Bonheur, nu blanc* 1936, h/t (38x46) : **NLG 12 650** – Paris, 14 oct. 1993 : *Bouquet rose* 1948, h/t (55x38) : **FRF 43 000** – Londres, 29 nov. 1994 : *Le Pont du Louvre* 1956, h/t (89x130) : **GBP 16 100** – Paris, 20 juin 1995 : *Taureau et Pigeons* 1939, gche/pap. (71x89) : **FRF 40 000** – Paris, 15 avr. 1996 : *Le Cheval tacheté* 1935, h/t (73x92) : **FRF 20 000** – Paris, 29 nov. 1996 : *Personnages* 1936, encre de Chine (32x24) : **FRF 4 800** – Paris, 23 fév. 1997 : *L'Atelier fleuri* 1941, h/cart. (28x20) : **FRF 15 000** – Paris, 10 mars 1997 : *Paysage d'automne* 1941, gche/pap. (40x30) : **FRF 5 800** – Calais, 22 mars 1997 : *Nature morte aux fruits et au pichet de faïence* 1916, h/t (24x35) : **FRF 19 000** – Paris, 25 mai 1997 : *Coucher de soleil* 1935, h/t (24x16) : **FRF 7 000** ; *La Dame en échec du cheval blanc* 1937, h/t (35x27) : **FRF 11 000** – Paris, 23 juin 1997 : *Le vase brisé* 1938, h/t (55x46) : **FRF 10 000**.

BEAUDIN Félicie, ou Félicité
Née le 17 octobre 1797 (26 vendémiaire an VI) à Marseille (Bouches-du-Rhône). Morte le 27 février 1879 à Marseille. XIXᵉ siècle. Française.
Peintre de figures, portraits.
Elle étudia sous la direction de Alexandre Bailly, sans doute à Marseille, et exposa au Salon de Paris, de 1831 à 1843. Mme Beaudin résida longtemps en Russie, où elle peignit de nombreux portraits. Parmi les œuvres de cette artiste, on cite notamment : *Un suicide, Vieille femme, Les saintes reliques*, dans lesquelles elle a déployé toutes ses qualités. On lui doit, en outre, le *Portrait en pied du comte Zichi* et celui de *Mlle Félicie de Fauveau*.

BEAUDOIN Germain
XVIIᵉ siècle. Travaillait à Sury-le-Comtal (Loire) en 1643. Français.
Sculpteur.

BEAUDOIN Jean François
Né vers 1746 à Paris. XVIIIᵉ siècle. Français.
Sculpteur.
Élève de Challe à l'Académie de 1766 à 1769.

BEAUDON Hélène
Née à Espinasse-Vozelle (Allier). XXᵉ siècle. Française.
Peintre.
A exposé deux toiles au Salon des Indépendants en 1937.

BEAUDONNET Jean-Louis
Né en 1952 à Saint-Affrique (Aveyron). XXᵉ siècle. Français.

Peintre. Tendance surréaliste.
Enseignant à l'École des Beaux-Arts de Montpellier, il participe, à partir de 1972, au mouvement *Phases*, animé par le poète Edouard Jaguer. Avec eux, il expose à Nice, Lima, Lyon (1973), Bruxelles (1974), Quimper, Brest (1976), Ontario, Paris (1977), au Portugal en 1977, 1978, 1979, à Wisconsin (1978). Il participe aussi aux *Hommages à Picasso* en 1970 et aux *Hommages à Gleizes* en 1973, au Musée Ingres de Montauban. Il expose également à Montpellier en 1970, 1974, 1978, à Perpignan en 1971-72, à Lyon en 1975, à Chicago en 1976, à Paris en 1977, à Quimperlé en 1978.
Ses tableaux sont composés à partir de points de vue vertigineux, faisant le lien entre l'infini et le détail défini peint avec précision. Il utilise en fait une imagerie surréaliste sans en avoir profondément le mécanisme. Ses œuvres s'associent parfaitement à des poèmes de Michel Butor tel : Le large, / une autre large, enfin, / loisir des angles, / la géométrie libre,...

BEAUDOUIN Joséphine
Née le 27 novembre 1909 à Albi (Tarn). XXᵉ siècle. Française.
Peintre de compositions animées, peintre de compositions murales. Tendance fantastique.
A son arrivée à Paris, à l'âge de douze ans, elle est immergée dans un milieu artistique très dense et divers, puisqu'elle rencontre dans le salon littéraire de sa mère Jeanne Ramel Cals, les écrivains Colette, H. Duvernois, F. Carco, le marchand de tableaux A. Vollard, Les peintres Favory, Dignimont, Touchagues, Oberlé. Elle entre à l'Académie de la Grande Chaumière, puis à l'Ecole des Arts Décoratifs de Paris. A partir de 1934, elle expose aux Salons d'Automne, des Indépendants, des Tuileries, Comparaisons et dans de nombreuses galeries. Elle s'est rapidement spécialisée dans la création de *Marmorées*, terme inventé par le critique d'art René Barotte, définissant ses œuvres dont les supports sont des plaques de marbre, sur lesquelles, Joséphine Beaudouin, utilisant les veines et le grain, compose des motifs baroques, des visions fantastiques. Le côté décoratif de son art lui a permis de réaliser des décorations murales, notamment pour la salle des Etats Albigeois à l'hôtel de ville d'Albi en 1939, pour l'architecte Marc Saugey en 1943, pour le palais du grand Conseil à Dakar en 1950, pour le hall des usines Descamps à Malines en 1955, pour le paquebot « France » en 1950. Elle a reçu la médaille d'argent de la Ville de Paris en 1964.
Bibliogr. : Waldemar Georges : *Marmorées de Joséphine Beaudouin*, 1965.
Musées : Albi – Bolsano – Poitiers .
Ventes Publiques : Paris, 10 juil. 1983 : *Le Mont Saint-Michel*, peint./marbre (60x79) : **FRF 46 000**.

BEAUDOUX
XVIIᵉ siècle. Français.
Peintre.
L'église paroissiale à Pirmil possède de lui un tableau représentant *Sainte Catherine et sainte Barbara*.

BEAUDUIN Jean ou Beaudin
Né le 23 juillet 1851 à Verviers. Mort le 29 août 1916 à Paris. XIXᵉ-XXᵉ siècles. Actif en France. Belge.
Peintre de genre, portraits, paysages animés, paysages, dessinateur, illustrateur.
Elève à l'Académie des Beaux-Arts d'Anvers, il vint, très jeune, s'installer à Paris. Il a exposé dans divers Salons en France et à l'étranger, notamment au Salon des Artistes Français à Paris.
En tant que dessinateur, il a collaboré à des périodiques, journaux et magazines, dont *La France illustrée, Panurge, La Silhouette, La Chronique Parisienne, Paris illustré* et *Le Figaro*. Il a fait les illustrations des livres : *En pleine Fantaisie*, d'Armand Silvestre et *Les Audacieuses*, de la comtesse de Molènes. Parmi ses tableaux, on peut citer : *Deux printemps, Lever de lune, Bérénice, L'heure rose, La Chanson des flots, Soir d'hiver sur la neige, Princesses de légendes, La ruée vers la lumière*. Ses vues de Spa, Giverny ou de Sannois sont peintes, le plus souvent, sous une lumière délicate de fin de journée.

Jean Beauduin

Ventes Publiques : New York, 1900-1903 : *Quiétude* : **USD 120** – New York, 18-19-20 avr. 1906 : *Printemps* : **USD 115** – Paris, 14 avr. 1920 : *Le cumulus* : **FRF 820** – Paris, 20 et 21 avr. 1928 : *Paysage à Giverny* : **FRF 150** – Paris, 21 oct. 1942 : *La laitière* : **FRF 3 550** – Paris, 17 mars 1950 : *Pommier en fleurs* **FRF 5 200**

– NICE, 29-30 déc. 1954 : *Odalisque* : **FRF 8 700** – VERSAILLES, 3 mai 1964 : *Paysage animé* : **FRF 190** – COLOGNE, 21 avr. 1967 : *Soir d'été* : **DEM 1 100** – LONDRES, 12 mai 1972 : *Jeune femme dans un paysage au soir couchant* 1905 : **GNS 260** – NEW YORK, 30 juin 1981 : *Jeune femme dans le jardin*, h/t (61x74) : **USD 1 700** – NEW YORK, 26 mai 1983 : *Nymphes dans les champs* 1899, h/t (57x71) : **USD 2 100** – LONDRES, 25 fév. 1985 : *Un jardin* 1891, h/t (53x44) : **GBP 950** – LONDRES, 5 Mai 1989 : *Dans l'atelier d'artiste* 1887, h/t (66x51) : **GBP 1 760** – NEW YORK, 1er mars 1990 : *Rêverie*, h/t (61x73,7) : **USD 9 350** – LONDRES, 4 oct. 1991 : *Un coin de mon jardin au soleil* 1901, h/t (59,4x73) : **GBP 3 080** – NEW YORK, 16 oct. 1991 : *Fin de journée*, h/t (61x73,7) : **USD 5 500** – LONDRES, 2 oct. 1992 : *Un coin du jardin au soleil* 1901, h/t (59x73) : **GBP 2 750** – LONDRES, 17 juin 1992 : *Une dame ratissant son jardin*, h/t (27,5x34,5) : **GBP 1 100** – NEW YORK, 29 oct. 1992 : *Une Ève de l'été*, h/t (61x73,7) : **USD 7 150** – NEW YORK, 16 fév. 1993 : *L'après-midi sur le terrasse* 1899, h/t (61x73,7) : **USD 5 500** – LOKEREN, 20 mars 1993 : *Jeune femme avec une rose*, h/t (55x32) : **BEF 75 000** – NEW YORK, 2 avr. 1996 : *Paysanne en Bretagne*, h/t (59,1x71,8) : **USD 8 050** – LOKEREN, 6 déc. 1997 : *Les Vêpres* 1898, h/t (54,5x74) : **BEF 85 000**.

BEAUFAUX Polydore
Né en 1829 à Court-Saint-Étienne. XIXe siècle. Belge.
Peintre d'histoire.
Son éducation artistique se fit à l'École de l'Académie à Anvers, ou lui-même exerça plus tard les fonctions de professeur. Le tableau qu'il exposa à Vienne, en 1866, eut un assez grand succès. Il représentait *La mort de saint Étienne*. Une autre peinture du même artiste, *Salomé*, est conservée au Musée d'Anvers.

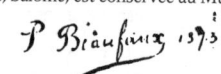

BEAUFEREY Louise Laure
Née au XIXe siècle à Paris. XIXe siècle. Française.
Pastelliste.
Élève de Mme Thoret et de Baschet, exposa au Salon en 1904.

BEAUFEU Pierre A.
XIXe-XXe siècles. Français.
Peintre.
Il a pris part aux expositions des Artistes Français à Paris.
VENTES PUBLIQUES : PARIS, 23 mars 1925 : *Portrait de jeune fille du pays de Caux* : **FRF 70**.

BEAUFFORT Roger Anatole Charles Philippe de, comte
Né à Paris. Mort en 1896. XIXe siècle. Français.
Peintre.
Élève de Frémiet. De 1879 à 1882, il exposa au Salon des natures mortes, des oiseaux (aquarelles).

BEAUFILS Adrien
XVIe siècle. Travaillait à Péronne. Français.
Peintre.
En 1536, il fut chargé de peindre 600 bannières avec les armes du roi et de la ville.

BEAUFILS Armel Émile Jean. Voir ARMEL-BEAUFILS

BEAUFILS Eugénie
Née au XIXe siècle à Guise (Aisne). XIXe siècle. Française.
Portraitiste et miniaturiste.
Elle fut élève de Robert Lefèvre.

BEAUFOND Inès de
Née à Saint-Pierre (Martinique). XIXe-XXe siècles. Française.
Peintre.
Sociétaire perpétuelle des Artistes Français à Paris. Mention honorable en 1892.

BEAUFORD DELANEY ou de Laney
Né en 1910 à Knoxville (Tennessee). Mort le 26 mars 1979 à l'hôpital Sainte-Anne à Paris, amnésique. XXe siècle. Depuis 1953 actif en France. Américain.
Peintre. Figuratif et abstrait-informel.
Beauford DeLaney, peintre noir américain, après ses études à Boston, a tout d'abord travaillé à New York à partir de 1929, avant de se fixer à Paris, où il a exposé au Salon des Réalités Nouvelles, et dans plusieurs galeries privées, d'entre lesquelles : Arnaud, Facchetti, Breteau, Darthea Speyer. Une exposition rétrospective de son œuvre a été organisée en 1978 au Studio Museum d'Harlem, et, en 1994, *Beauford DeLaney : The New*

York Years (1929-1953), à la Philippe Briet Gallery de New York. Il avait pour amis Henry Miller, qui lui a consacré des pages dans *Souvenirs-souvenirs*, Jean Genet, et l'écrivain noir James Baldwin.
Outre des portraits de ses amis écrivains, Henry Miller, Jean Genet, il a participé à la vague de l'abstraction-informelle des années cinquante, soixante. Dans son propos de capter la lumière dans sa vérité, il va prendre ses sources, au delà de Sam Francis, jusque chez Monet, jusqu'à une peinture informelle. James Baldwin a écrit : « Si je suis frappé par la lumière qui émane de la peinture de Beauford, c'est qu'elle vient de la nuit, comme j'en viens, comme nous en venons tous. »   ■ J. B.
BIBLIOGR. : Henry Miller : *L'étonnant et invariable Beauford-Delaney* – Henry Miller, James Baldwin, Georgia O'Keefe : Catalogue de l'exposition rétrospective *Beauford-Delaney*, Studio Museum, Harlem, 1978.
VENTES PUBLIQUES : NEUILLY, 20 juin 1988 : *Embrasement* 1962, gche (65x50) : **FRF 10 200** – NEW YORK, 29 nov. 1995 : *Portrait de Gaylord* 1944, h/t. cartonnée (76,2x55,9) : **USD 24 150**.

BEAUFORT de
XVIIe siècle. Actif en France. Français.
Graveur.
On cite de lui : *Alary (Barthélemy), apothicaire du Roi, 1685*.

BEAUFORT Gustave de
Né en 1800 aux Andelys (Eure). Mort en 1870. XIXe siècle. Français.
Peintre d'histoire, compositions religieuses, portraits.
Élève du baron Gros, il participa au Salon de Paris, notamment en 1827 et 1831. Il quitta sa ville natale en 1832, pour s'installer à Vernon, avant d'y revenir quelques années plus tard.
Ses œuvres historiques et religieuses montrent son goût pour des compositions équilibrées, harmonieuses, comme le prouve sa *Présentation de la Vierge au Temple*, peinte en 1826 et qui se trouve dans la chapelle de l'hospice de Villeneuve-sur-Yonne. Il est également un portraitiste raffiné.
BIBLIOGR. : Gérald Schurr : *Les Petits Maîtres de la peinture 1820-1920, valeur de demain*, t. IV, Les Éditions de l'Amateur, Paris, 1979.

BEAUFORT J. P.
XIXe siècle. Actif à New York. Américain.
Paysagiste.
Il exposa en 1843 à la Royal Academy de Londres.

BEAUFORT Jacques Antoine
Né en 1721 à Paris. Mort le 25 juin 1784 à Rueil (Hauts-de-Seine). XVIIIe siècle. Français.
Peintre d'histoire, scènes mythologiques, sujets religieux, paysages, dessinateur.
En 1771, il devint membre de l'Académie, après avoir présenté comme morceau de réception son ouvrage : *Brutus, penché sur le cadavre de Lucrèce, jurant de se venger*. On remarque parmi ses autres travaux : *Mort du philosophe hindou Calanus* ; *Mort du chevalier Bayard*.
VENTES PUBLIQUES : PARIS, 1778 : *Vue des environs de Charenton* : **FRF 124** ; *Diane au bain, accompagnée de ses nymphes* : **FRF 150** – PARIS, 1784 : *Néron auquel apparaît le spectre de sa mère* : **FRF 170** – PARIS, 1787 : *Paysage orné de figures* : **FRF 240** – PARIS, 1888 : *Le sommeil de l'Enfant Jésus* : **FRF 142** – PARIS, 21-22 fév. 1888 : *Groupe d'amours*, sanguine : **FRF 30** – PARIS, 31 mars et 1er avr. 1924 : *La Flagellation*, dess. et lav. : **FRF 200** – PARIS, 1er juil. 1988 : *La mort de Phèdre*, h/t (54x44,5) : **FRF 9 000**.

BEAUFOUR Henri Pierre
Né le 6 janvier 1965 à Paris. XXe siècle. Depuis 1991 actif en Italie. Français.
Sculpteur, créateur d'installations.
Il a étudié aux États-Unis, puis il suivit les cours de sculptures de Marino Di Taena. Il a travaillé dans l'atelier Carron, à l'école des beaux-arts de Paris.
Il a participé à une exposition collective à Paris, en 1992, à la galerie Hartbye's.

BEAUFRÈRE Adolphe Marie Timothée
Né le 24 mars 1876 à Quimperlé (Finistère). Mort en février 1960. XIXe-XXe siècles. Français.
Peintre et graveur de paysages et d'histoire.
Élève de Gustave Moreau, il a exposé ses peintures dans la plupart des Salons parisiens, dont celui des Artistes Français en 1898, de la Société Nationale des Beaux-Arts en 1899, des Indépendants à partir de 1907 et d'Automne en 1910. Il a présenté ses

gravures au Salon des Tuileries et aux Expositions de la Société des Peintres-Graveurs français. Il a fait des expositions personnelles en France et a participé à des expositions à l'étranger, obtenant une médaille d'or aux Etats-Unis.

Il s'est surtout consacré à la gravure, représentant des vues de Bretagne, du Midi et d'Algérie où il est allé à la suite d'une bourse qu'il avait obtenue en 1911. Après la guerre de 1914-1918, il marque une préférence pour des sujets religieux tirés de l'Evangile. Il a pratiqué plusieurs techniques : vernis mou, aquatinte, burin, bois, le cuivre à l'eau-forte pure, puis la pointe sèche. Cette dernière technique a fait plus particulièrement ressortir l'âpreté de son trait.

Bibliogr. : Daniel Morane : *Catalogue raisonné de l'œuvre gravé d'Adolphe Beaufrère*, 1981.

Musées : Paris (Cab. des Estampes).

Ventes Publiques : Zurich, 17 nov. 1976 : *Ève et le serpent* vers 1896, h/cart. (37x45) : **CHF 9 000** – Brest, 15 mai 1977 : *Les grands Arbres*, h/pap. mar. (54x36) : **FRF 6 000** – Paris, 8 déc. 1978 : *Sur la Laïta – Le Pouldu*, h/pap. mar./t. (26x22) : **FRF 12 000** – Paris, 9 mai 1979 : *Ferme bretonne*, cr., aquar. et gche (11x9,5) : **FRF 3 000** – Paris, 23 mars 1981 : *Charrette dans la campagne*, gche reh. de past. (30x28,5) : **FRF 7 000** – Brest, 3 mars 1981 : *La ferme près de Quimperlé*, h/t (32x25) : **FRF 40 000** – Brest, 16 mai 1982 : *Paysage*, aquar. (46x38) : **FRF 11 900** – Enghien-les-Bains, 22 avr. 1982 : *Le vieux village de l'Armor*, h/t (46x55) : **FRF 48 000** – Brest, 18 déc. 1983 : *Les barques sur la Laïta*, h/pap. mar. (25x31) : **FRF 40 000** – Versailles, 2 déc. 1984 : *Paysage 1935*, aquar. reh. de gche (24x19) : **FRF 21 000** – Paris, 10 déc. 1985 : *Chaumière au Pouldu*, h/pap. mar./t. (23x27) : **FRF 55 000** – Paris, 26 juin 1986 : *Voiliers au port en Bretagne*, h/pap. mar./t. (34x38) : **FRF 52 000** – Lorient, 8 nov. 1986 : *Les roches noires* 1948, h/pap. (43x46) : **FRF 62 500** – Paris, 22 juin 1987 : *Paysanne devant la ferme*, peint. à l'essence et à l'aquar. (26x28) : **FRF 48 000** – Paris, 19 mars 1988 : *Scène de moisson en Bretagne*, h/pap. mar./t. (15,5x20) : **FRF 55 000** – Versailles, 20 mars 1988 : *Villa à Abd-el-Tif, Alger*, h/pap. (24,5x20) : **FRF 25 000** – Paris, 12 juin 1988 : *Paysage de Bretagne* vers 1905-1910, h/t (27x37) : **FRF 60 000** – Paris, 14 déc. 1988 : *La chapelle Saint-Léger-sur-le-Belon*, dess. aux cr. de coul. (12x15) : **FRF 5 000** – Paris, 17 juin 1989 : *Le port de Cassis*, h/pap. (27x21) : **FRF 59 600** – Paris, 20 nov. 1989 : *Chapelle Saint-Léger-sur-le-Belon*, h/pap. (19x16) : **FRF 50 000** – Paris, 22 nov. 1989 : *La voile blanche*, h/pap. (31x31) : **FRF 75 000** – Paris, 23 nov. 1989 : *Le printemps à Kerblizi*, crays. de coul. et mine de pb (15x11,5) : **FRF 10 000** – La Varenne-Saint-Hilaire, 3 déc. 1989 : *Les moissons*, encre et past. (13x17) : **FRF 10 800** – Paris, 22 mars 1990 : *Arbres*, lav. : **FRF 11 500** – Paris, 26 avr. 1990 : *Le cavalier*, h/pap. (19x20,5) : **FRF 38 000** – Versailles, 8 juil. 1990 : *Paysage de Bretagne, les bateaux*, fus. (24x28) : **FRF 7 000** – Paris, 17 oct. 1990 : *Petite bretonne gardant les vaches*, h/cart. mar./t. (13x12) : **FRF 19 000** – Amsterdam, 23 mai 1991 : *Les jardins du Luxembourg*, h/t (45x62) : **NLG 23 000** – Paris, 16 juin 1993 : *La maison d'Helena, Le Pouldu 1898*, h/t (23x30) : **FRF 35 000** – Paris, 5 déc. 1994 : *Paysage synthétique*, h/t (38x46) : **FRF 60 000** – Lorient, 30 avr. 1995 : *Le pont Kerlo*, h/pap. (55x46) : **FRF 50 000** – Calais, 24 mars 1996 : *La cour de ferme*, aquar. (24x31) : **FRF 15 500** – Zurich, 17-18 juin 1996 : *Paysage côtier*, h/t (46x55) : **CHF 1 500** – Paris, 19 juin 1996 : *Portrait de femme symboliste* vers 1895-1898, h/pap./cart. (42,5x29) : **FRF 9 000**.

BEAUFRÈRE P.
xviiᵉ siècle. Travaillait à Paris de 1661 à 1685. Français.

Dessinateur et graveur.

On a de lui une série de portraits de hauts dignitaires de la cour de Louis XIV, gravés en taille-douce.

BEAUGARD, appelé aussi Thil
Mort vers 1828. xixᵉ siècle. Français.

Peintre.

Il fut l'élève de Girodet, et fit des portraits et de la peinture d'his-

toire. Au Salon de 1822, il eut beaucoup de succès avec *Départ de Tobie* et *Amazili et Telasco faisant naufrage*.

BEAUGEARD
xixᵉ siècle. Français.

Dessinateur lithographe.

Travaillait en 1848.

BEAUGER Antony
Né en 1826 à Paris. xixᵉ siècle. Français.

Paysagiste.

Il se forma sous la conduite de Defaux. Presque tous les tableaux qu'il exposa au Salon, de 1864 à 1883, représentent des paysages des bords de la Seine.

BEAUGOURDON Yoni
Né à Périgueux (Dordogne). xxᵉ siècle. Français.

Peintre de portraits et de paysages.

Il a exposé au Salon de la Société Nationale des Beaux-Arts en 1910 et au Salon des Indépendants à Paris en 1926.

BEAUGRAND B. de
xviᵉ siècle. Travaillait vers 1594. Français.

Calligraphe et dessinateur.

BEAUGRAND Catherine
Née en 1953. xxᵉ siècle. Française.

Auteur d'installations, vidéaste.

Elle a participé en 1995 à la Biennale de Lyon, avec l'œuvre *L'Amérique est une erreur* (1995) autour d'une citation de Freud.

BEAUGRAND François Aimé Émile
Né à Calais (Pas-de-Calais). xxᵉ siècle. Français.

Peintre.

Élève de Guilmet et Davrant. Sociétaire des Artistes Français.

BEAUGRANT Guyot de ou Beaugran ou Beaulgrant
Mort en 1551 à Bilbao (Espagne). xviᵉ siècle. Actif probablement à Malines. Éc. flamande.

Sculpteur.

Beaugrant séjourna à Malines de 1525 à 1530, et y travailla pour la régente Marguerite d'Autriche. De cette époque datent aussi les décorations de la « Cheminée du Franc » à Bruges. Cet ouvrage fut construit dans la salle du Conseil de l'hôtel de ville de Bruges en commémoration de la victoire de l'empereur Charles V sur François Iᵉʳ. Dans ce travail, Beaugrant fut secondé par des sculpteurs tels que Rasch, Glosencamp, et d'autres. En 1526, il exécuta le monument funéraire du Grand-Duc François d'Autriche, fils de Marie de Bourgogne, d'après les dessins de l'architecte Louis von Bodeghem. Beaugrant passa en Espagne en 1533, et laissa à Bilbao un beau retable pour l'autel principal de l'église de Santiago.

BEAUGRANT Jean de ou Beaugran ou Beaulgrant
xviᵉ siècle. Travaillait en Flandre. Éc. flamande.

Sculpteur.

Frère et élève de Guyot de Beaugrant, il aurait travaillé comme aide de celui-ci. On croit qu'il l'a suivi en Espagne.

BEAUHARNAIS Hortense de
Née en 1783 à Paris. Morte en 1837 à Arenenberg (Suisse). xviiiᵉ-xixᵉ siècles. Française.

Peintre d'histoire, scènes de genre, architectures, dessinateur, aquarelliste.

La reine Hortense, fille de l'impératrice Joséphine, épouse de Louis Bonaparte, roi de Hollande, et mère de Napoléon III, composa des romances et fut l'auteur de dessins et d'aquarelles, dans un style troubadour. Elle suivit les cours de Jean-Baptiste Isabey et de Pierre Joseph Redouté, montrant un goût particulier pour les architectures et les sujets gothiques.

Bibliogr. : Gérald Schurr : *Les Petits Maîtres de la peinture 1820-1920, valeur de demain*, t. VI, Les Éditions de l'Amateur, Paris, 1985.

Musées : Compiègne (Mus. du château) : *Le départ du chevalier* – Malmaison (Mus. du château).

Ventes Publiques : Paris, 23 juin 1978 : *Le Prince Louis-Napoléon 1816*, aquar., forme ronde (diam. 10) : **FRF 14 500**.

BEAUJANOT Louis Auguste
xxᵉ siècle. Actif à Paris. Français.

Peintre.

Exposa au Salon des Artistes Français.

BEAUJEAN Jean Henri
xviiiᵉ siècle. Français.

Peintre.

Reçu à l'Académie de Saint-Luc en 1778.

BEAUJEAN Willy Robert J.
Né en 1912 à Liège. Mort en 1974 à Koekelberg. xxe siècle. Belge.
Peintre aquarelliste. Semi-figuratif.
Autodidacte, il a séjourné au Zaïre d'où il a rapporté des *Impressions*. Son art évolue entre le figuratif et l'abstraction.

BEAUJEHAN ou Beau Jehan
xive-xve siècles. Vivait à Troyes de 1392 à 1406. Français.
Peintre.

BEAUJEU Paul François
Né en 1822 à Pierrefitte. xixe siècle. Français.
Peintre de genre et de paysages.
Cité par Mireur.
Ventes Publiques : Paris, 1857 : *Louis XVII*, past. : **FRF 105**.

BEAUJEU Robert Georges André
Né à Paris. xxe siècle. Français.
Peintre.
Entre 1931 et 1933, il a exposé aux Salons d'Automne, des Indépendants et de la Société Nationale des Beaux-Arts à Paris.

BEAUJEU Suzanne
Née à Bièvres (Essonne). xxe siècle. Française.
Aquarelliste et pastelliste.
Élève de Vignal et Thévenot. Elle fait partie de l'Union des Femmes peintres et sculpteurs.

BEAUJOINT Alphonse
xixe siècle. Travaillait de 1852 à 1867. Français.
Peintre et graveur.
Cet artiste s'est consacré à la reproduction des vues pittoresques de l'Eure-et-Loir. Il figure au Musée de Chartres avec des aquarelles et le Victoria and Albert Museum à Londres avec des gravures.
Musées : Chartres : *Entrée des rues du Cygne et de la Boucherie – Place Saint-Aignan à Chartres*, aquar. – Londres (Victoria and Albert Mus.) : *Vue de Varennes en Argonne, chemin autour d'un cottage – Environs de Varennes en Argonne*.

BEAUJOINT Joseph Léon
Né le 9 avril 1833 à Reims (Marne). Mort le 19 décembre 1869. xixe siècle. Français.
Peintre.
Élève de Léon Cogniet et de Gleyre, il entra à l'École des Beaux-Arts en 1855. Il exposa au Salon à partir de 1864 et traita surtout le portrait, comme celui de *R. P. Lion* (1865), et des sujets de genre : *Fantaisie* (1868). Il exposa pour la dernière fois au Salon de 1869.
Musées : Amiens : *Tête de vieillard* – Reims : *Remords – Jeune femme à sa toilette – Portrait d'Augustin-Édouard Duquenelle – Portrait de l'auteur par lui-même 1868*.

BEAUJOUAN Jean Louis Amédée
xixe siècle. Actif au début du xixe siècle. Français.
Peintre de genre et de portraits.
Il débuta au Salon de 1833 avec *Le Prince de Condé venant trouver Mlle de Montpensier pour la remercier*. Figurait encore au Salon de 1848 avec : *Après le bain*. Le Musée de Versailles conserve de lui une copie du portrait de la princesse de Condé, d'après l'original de Chantilly.
Ventes Publiques : Paris, 1842 : *Intérieur d'église* : **FRF 128**.

BEAULART Guillaume de
xvie siècle. Travaillait en France. Français.
Peintre.
En 1506, on le trouve occupé, à la demande du cardinal d'Amboise, à orner le château de Gaillon.

BEAULAT Claude
xviie siècle. Français.
Peintre.
Cité comme émailleur du roi à Fontainebleau à partir de 1613 ; il vivait encore en 1637.

BEAULCORPS Nicolas
xve siècle. Actif à Dijon et à Autun entre 1494 et 1496. Français.
Sculpteur.

BEAULEY William Jean
Né en 1874 à Joliet (Illinois). xixe-xxe siècles. Américain.
Peintre ?

BEAULIEU
xviiie siècle. Français.

Peintre.
Le Musée de Rochefort conserve de cet artiste une toile datée de 1775. Voir l'article Brossard de Beaulieu.
Musées : Rochefort (Mus.) : *... et tenant un chien*.

BEAULIEU de
xviie siècle. Français.
Graveur à l'eau-forte.
Il travaillait à Paris vers 1660. On cite de lui une estampe : *Vue d'un arc de triomphe*. À rapprocher de Jean Allais de Beaulieu.

BEAULIEU Alexandre
xviie siècle. Actif à Grenoble. Français.
Peintre verrier.
Cité dans les *Artistes Grenoblois* de Maignien.

BEAULIEU Alexandre de
xixe siècle. Français.
Peintre et graveur.
Participa à l'Exposition d'Aix en 1824.

BEAULIEU Aline de
Née à Douai (Nord). xixe-xxe siècles. Française.
Sculpteur.
Élève de Laporte et E. Navellier, elle a exposé au Salon des Artistes Français de Paris entre 1911 et 1925, obtenant une mention honorable en 1923, et au Salon d'Automne en 1913.
On lui doit une *Étude d'apôtre*.

BEAULIEU Anatole Henri de
Né en 1819 à Paris. Mort en 1884 à Paris. xixe siècle. Français.
Peintre de compositions animées, écrivain. Romantique.
Élève de Delacroix, il participa au Salon de Paris entre 1844 et 1874, recevant une médaille à celui de 1868.
Il reste fidèle au lyrisme et au romantisme de son maître. Intéressé par l'Espagne et l'Italie, il traite, en littérature comme en peinture, des sujets aussi bien relatifs à l'Inquisition qu'à la comédie napolitaine. Parmi les œuvres exposées au Salon de 1874, *La délaissée* résume, dans sa composition et son coloris, toute la personnalité du peintre. Ce style sombre, grave, romantique se retrouve dans les scènes de guerre de 1870, tandis que ses nus ou ses nymphes ont une grâce linéaire et décorative.

Bibliogr. : Gérald Schurr : *Les Petits Maîtres de la peinture 1820-1920, valeur de demain*, Les Éditions de l'Amateur, t. III et IV, Paris, 1982.
Musées : Bordeaux : *Un duel au bord de la mer*.
Ventes Publiques : Mulhouse, 1884 : *Intérieur turc* : **FRF 1 412** – Paris, 14 fév. 1901 : *Baigneuses*, deux pendants : **FRF 105** – Paris, 5 mars 1910 : *Femme nue* : **FRF 50** ; *Nymphe* : **FRF 50** – Versailles, 11 fév. 1979 : *Le savetier du souk*, h/pan. (35x22) : **FRF 1 000** – Paris, 27 juin 1980 : *Argine*, h/t (218x109) : **FRF 11 500** – L'Isle-Adam, 20 fév. 1983 : *L'entremetteuse (femme masquée)*, h/t (125x87) : **FRF 24 000** – Paris, 1er juil. 1987 : *La promenade en barque du Sultan*, h/t (70x120) : **FRF 175 000** – Paris, 5 avr. 1991 : *Scène orientale*, h/t (64x39) : **FRF 4 000** – Paris, 7 déc. 1992 : *Sacountala*, h/t/pan. (52x31,5) : **FRF 11 000** – New York, 16 fév. 1995 : *Argine*, h/t (215,9x108,6) : **USD 8 625** – Paris, 12 juin 1995 : *Devant un palais à Constantinople*, h/t (64,5x39) : **FRF 8 000** – Paris, 5-7 nov. 1996 : *Beauté masquée et marchandage 1864*, h/t (125x87) : **FRF 25 000**.

BEAULIEU Brossard de. Voir BROSSARD de Beaulieu

BEAULIEU Charles
xixe siècle. Travaillait à Paris au milieu du xixe siècle. Français.
Dessinateur lithographe.

BEAULIEU François
xviiie siècle. Actif à Grenoble. Français.
Peintre verrier.
Cité dans les *Artistes Grenoblois* de Maignien.

BEAULIEU Gustave de
Né en 1801 à Aix. Mort en 1860 à Aix. xixe siècle. Français.
Peintre de genre et de paysages.
Il fut l'élève de Constantin.
Musées : Aix : *Paysage*.

BEAULIEU Paul Vanier
Né en 1910 à Montréal. xxe siècle. Canadien.

Peintre. Abstrait.

La Province de Québec lui a décerné le Prix de peinture en 1951, tandis que la Société royale du Canada lui donna une bourse en 1960. Il a participé à la Biennale du Canada et à plusieurs expositions de groupe en France, faisant des expositions personnelles à Montréal. Au cours de son séjour en France, vers 1950, il fut influencé par André Marchand, pratiquant une peinture haut en couleurs, aux larges a plats et riche en matière. Son style s'est orienté vers l'abstraction.

Musées : Caracas – Israël – Montréal – Paris – Philadelphie – Québec.

Ventes Publiques : Toronto, 4 mai 1983 : *Nature morte 1953*, h/t (58,8x71,9) : CAD 1 400 – Toronto, 27 mai 1985 : *Nature morte à la pomme* 1957, aquar. (31,3x48,1) : CAD 1 000 – Montréal, 1er Mai 1989 : *L'oiseleur 1956*, h/t (91x73) : CAD 11 500 – Montréal, 30 oct. 1989 : *Abstrait 1958*, aquar. (33x51) : CAD 1 100 – Montréal, 30 avr. 1990 : *Bateaux* 1950, h/t (14x18) : CAD 1 100 – Montréal, 5 nov. 1990 : *Tête d'Arlequin*, techn. mixte (36x25) : CAD 1 430 – Montréal, 6 déc. 1994 : *Paysage d'hiver*, h/t (50,6x61) : CAD 1 700.

BEAUMANOIR de, baron

xviiie siècle. Français.

Peintre amateur.

Exposa en 1785 au Salon de la Correspondance un *Tableau de Famille*, un *Office du régiment ; Le Dauphin revenant de la chasse*.

BEAUME Albert-Baptiste

Né au xixe siècle à Lézignan. xixe siècle. Français.

Peintre.

Élève d'E. Michel et Cormon. Il a exposé à Paris aux Artistes Français au début du xxe siècle.

BEAUME Émile ou **Marie Émile**

Né le 28 avril 1888 à Pézenas (Hérault). Mort en 1967. xxe siècle. Français.

Peintre.

Il travailla sous la direction de Cormon, Déchenaud, Flameng et Baschet. Il a exposé à Paris au Salon des Artistes Français à partir de 1909, recevant une médaille d'argent en 1926 et une médaille d'or en 1927. Grand Prix de Rome en 1921, il reçut le Prix R. de Rougé en 1928.

Ventes Publiques : Paris, 2 déc. 1985 : *Paysage de l'Oufo (Maroc)*, h/t (81x60) : FRF 9 000 – Paris, 5 mai 1986 : *Odalisque aux paons*, h/t (190x90) : FRF 18 000 – Paris, 10 nov. 1988 : *Les Arts* 1928, h/t (350x150) : FRF 15 000 – Paris, 13 déc. 1989 : *Sous les remparts*, h/cart. (44x68) : FRF 4 000 – Paris, 21 jan. 1994 : *Paons et singe*, h/t (140x58) : FRF 12 000.

BEAUME Gilbert

Né au xixe siècle à Cette (Hérault). xixe siècle. Français.

Graveur.

Élève de Couderc et Ernest Michel. Exposa à Paris aux Artistes Français au début du xxe siècle.

BEAUME Jérôme Léon

Né vers 1738 à Paris. xviiie siècle. Français.

Peintre.

Élève de Bachelier à l'Académie où il travaillait dès 1758. On l'y trouve encore en 1765.

BEAUME Joseph

Né le 24 septembre 1796 à Marseille (Bouches-du-Rhône). Mort le 10 septembre 1885 à Paris. xixe siècle. Français.

Peintre d'histoire, sujets religieux, scènes de genre, sujets typiques, portraits.

Il entra à l'École des Beaux-Arts dès 1817, et devint élève du baron Gros.

Il exposa régulièrement au Salon à partir de 1819, obtenant une médaille d'or en 1827 une autre en 1836.

S'il débuta sa carrière avec des scènes bibliques, comme *Naphtali et Rachel*, il se spécialisa ensuite dans des grands tableaux de bataille, commandés par Louis-Philippe, avant de s'orienter vers des sujets de genre qui plaisaient davantage à la clientèle bourgeoise, tel : *Le roi boit*. Il fit, pour le Val-de-Grâce, le portrait d'*Anne d'Autriche*. Outre ses nombreuses scènes de chasse, il fut aussi l'auteur de quelques tableaux religieux.

Bibliogr. : Gérald Schurr : *Les Petits Maîtres de la peinture 1820-1920, valeur de demain*, t. V, Les Éditions de l'Amateur, Paris, 1981.

Musées : Aix : *Chien à l'arrêt* – Avignon : *Enfant jouant à la main chaude* – Marseille : *Guerre de Russie – Mort de Bayard* – Moret-sur-Loing : *La bulle de savon* – Orléans : *Portrait de Jacques Androuet du Cerceau* – Versailles (Mus. du château) : *Combat de Diernstein – Passage du Rhin à Düsseldorf – Bataille de Toulouse – Bataille de Lutzen – Bataille de Wurschen – Napoléon part de l'Île d'Elbe pour revenir en France – Bataille d'Oporto – Combat du Sig*.

Ventes Publiques : Paris, 1834 : *Les moissonneurs surpris par l'orage* : FRF 1 053 – Paris, 1886 : *Louis XVII au temple* : FRF 1 500 – Paris, 24 mai 1932 : *Le domino rose* : FRF 2 160 – Paris, 17 nov. 1948 : *La halte des chasseurs* : FRF 14 800 – Cologne, 11 mars 1966 : *Troupeau dans un paysage* : DEM 5 000 – New York, 14 juin 1973 : *Vieillard entouré de sa famille* : USD 700 – Paris, 27 mars 1980 : *Chasse à courre au renard* 1861 ; *Chasse à courre aux cerfs* 1861, deux h/t (30x43) : FRF 7 600 – Rouen, 11 mai 1980 : *La chasse au canard*, h/t (26x40) : FRF 3 200 – Cologne, 21 mai 1981 : *Jeux d'enfants*, aquar. (20,5x17) : DEM 1 700 – Paris, 1er déc. 1992 : *Chasse au renard*, h/pan. (27x20) : FRF 12 000 – Londres, 17 mars 1995 : *Le maître d'école endormi*, h/t (81,7x68) : GBP 7 820 – Paris, 2 avr. 1997 : *La Lecture de la Bible*, h/t (65x54) : FRF 25 100.

BEAUME-DEBES Juliette Émilie. Voir **DEBES**

BEAUMETEAU Girard de. Voir **BLAMMETEAU**

BEAUMETIEL Henri de

xive-xve siècles. Travaillait à Tournai à la fin du xive et au commencement du xve siècle. Éc. flamande.

Peintre.

On le trouve, en 1375, occupé comme aide de Louis de Mons, au château Salle-le-Comte à Valenciennes. En 1438, il fournit des cartons pour une vie de saint Pierre.

BEAUMETZ Étienne. Voir **DUJARDIN-BEAUMETZ Henri Charles Étienne**

BEAUMETZ Jean de ou **Beaumes** ou **Biaumez**

Originaire de l'Artois. Mort le 16 septembre 1396 à Dijon (Côtes-d'Or). xive siècle. Français.

Peintre.

Par des documents, on trouve sa trace à Arras, puis à Valenciennes en 1361, ensuite à Paris jusqu'en 1375, puis à Dijon. Là, peintre du duc Philippe le Hardi, et valet de chambre, il dirige les ateliers de peinture des retables et des décorations destinés aux bâtiments sacrés et profanes du duc. Entre 1384 et 1387, il peignit plusieurs tableaux pour les cellules de la Chartreuse de Champmol. Les deux seuls petits panneaux, représentant *Le calvaire avec un Chartreux*, qu'on lui attribue (l'un au Musée de Cleveland, l'autre dans une collection part.), feraient partie de cet ensemble. Ces deux œuvres sont intéressantes en ce qu'elles concilient des traditions parisiennes lyriques avec l'intériorité flamande, équilibre entre les influences italienne et nordique, caractéristique de la naissance d'un style pictural français. On sait qu'il décora aussi, de 1388 à 1391, la chapelle du château d'Argilly, ainsi que le château de Germolle, détruits tous deux depuis.

BEAUMETZ Pierre

xive siècle. Actif à la fin du xive siècle. Français.

Peintre de cartons de tapisseries.

Avec Nicolas Bataille et Jacques Dourdin, il représenta plusieurs fois la vie de Du Guesclin.

BEAUMETZ Rose

Née à Paris. xxe siècle. Française.

Peintre.

Exposa aux Indépendants, en 1939, des toiles représentant des sujets religieux.

BEAUMETZ-PETIET. Voir **DUJARDIN-BEAUMETZ Marie**

BEAUMEZ Guillaume de

xve siècle. Éc. bourguignonne.

Peintre.

Il travaillait à Dijon pour le duc de Bourgogne entre 1400 et 1408.

BEAUMONT Adam

xviiie siècle. Allemand.

Sculpteur.

En 1750, il termina le monument funéraire du Landgrave Philippe le Généreux et de sa femme, dans l'église Saint-Martin à Kassel.

BEAUMONT Albanis de. Voir **ALBANIS de Beaumont**

BEAUMONT Anne, Miss, Mrs **W. Pierce**

Née en Angleterre. xixe siècle. Britannique.

Miniaturiste.

De 1820 à 1833, elle exposa à la Royal Academy de Londres, et à la British Institution des portraits et de petites compositions idéalistes.

BEAUMONT Arthur

Né en 1879 à Bradford (Angleterre). Mort en 1956. XXᵉ siècle. Américain.

Peintre.

A BEAUMONT

BEAUMONT Auguste Bouthillier de

Né le 14 avril 1842 à Francfort-sur-le-Main. Mort le 14 décembre 1899. XIXᵉ siècle. Allemand.

Peintre de paysages.

Formé d'abord par son père Gabriel de Beaumont, il devint ensuite élève du peintre animalier Ch. Humbert, à Genève, et de A. Van Muyden. Puis il se perfectionna en voyageant en Italie et en France. Ses tableaux sont principalement conservés dans les musées et les collections particulières de la Suisse.

Musées : Neuchâtel : *Matinée de juin, à Collonges-sous-Salève - Lac bleu de la Riederalp.*

Ventes Publiques : New York, 30 juin 1981 : *Le passage du gué* 1868, h/t (42x70) : **USD 800.**

BEAUMONT Carlo Emmanuele

XVIIIᵉ siècle. Travaillait en Italie. Italien.

Peintre.

Cet artiste, qui mourut très jeune, était fils de Claudio Francesco Beaumont. L'église del Gesu, à Moncalieri, lui doit une *Sainte Marguerite.*

BEAUMONT Charles Édouard de

Né en 1812 à Lannion (Côtes-d'Armor). Mort le 12 janvier 1888 à Paris. XIXᵉ siècle. Français.

Peintre de sujets religieux, de genre, paysages, aquarelliste, dessinateur, illustrateur, lithographe.

Cet artiste était fils du sculpteur Jean-Baptiste Beaumont, qui confia son éducation au peintre Boissellier. Celui-ci fit bien modeler quelques statuettes à son jeune élève, mais Charles-Édouard montrait beaucoup plus de goût pour la peinture. Ce fut comme paysagiste qu'il débuta au Salon de 1838 avec une *Vue prise à Cernay.* En 1839 et 1840, il exposa encore des paysages. Après un voyage en Italie qui dura jusqu'en 1847, Édouard de Beaumont se voua à la peinture de genre. Avec Vibert, il fut fondateur de la Société des aquarellistes en 1879 et en devint le président. C'était aussi un grand amateur d'armes anciennes et il légua au musée de Cluny son intéressante collection. Il écrivit au *Moniteur,* à la *Gazette des Beaux-Arts* et fit paraître deux ouvrages : *L'épée et les femmes* (1882) et *Fleur des belles épées* (1885).

Bien avant la vogue dont jouissent les œuvres des peintres du XVIIIᵉ siècle, Beaumont s'inspira de leur esprit tout en demeurant très personnel. On le retrouve au Salon de 1853 avec : *Les Bohémiens* ; en 1855, il envoyait : *Un peu de beau temps, Les Écueils de la vie.* Il continua à prendre part aux Expositions jusqu'en 1867. Mais ce fut surtout comme aquarelliste, comme lithographe, comme illustrateur qu'Édouard de Beaumont acquit toute sa notoriété. Dans ce dernier genre, M. Béraldi, dans son ouvrage sur les graveurs du XIXᵉ siècle, rappelle qu'on lui doit les illustrations pour le *Diable amoureux* de Cazotte, 1845 ; *Les Nains célèbres depuis l'antiquité y compris Tom Pouce.* Il fournit aussi de nombreux dessins pour la *Revue Pittoresque* et pour l'édition de *Notre-Dame de Paris,* chez Perrotin, 1844. Comme lithographe, il eut sa place dans la brillante phalange dont l'éditeur Aubert publiait les œuvres. On pourrait peut-être lui reprocher de s'être trop souvent inspiré de Gavarni. Comme aquarelliste, Beaumont est bien personnel et ce fut lui qui traça la route à bon nombre d'artistes gracieux. ■ E. B.

Beaumont

Musées : Dieppe : *Épisode de la Nuit de décembre, d'Alfred de Musset* – Nancy : *La part du capitaine* – Pontoise : *Nymphe pudique au bain.*

Ventes Publiques : Paris, 1854 : *Combien de peines il prend pour donner à son front la couleur de son livre jaune (Victor Hugo)* : **FRF 670** – Paris, 1858 : *Les trois pauvres* : **FRF 1 200** – Paris, 1868 : *Mater Dolorosa* : **FRF 700** – Paris, 1876 : *Tout à la*

science : **FRF 1 700** – Paris, 1885 : *Le vieux beau* : **FRF 2 000** – New York, 1889 : *La tentation de saint Antoine* : **FRF 6 250** – Paris, 1892 : *Tout à la science* : **FRF 2 300** – Paris, 1892 : *Mater Dolorosa* : **FRF 280** – Paris, 1892 : *La fin de la chanson* : **FRF 1 650** – Paris, 1894 : *Tiens, Bonivard !,* aquar. : **FRF 255** – Paris, 1895 : *Scènes enfantines,* dess. aquarellé : **FRF 120** – Paris, 1899 : *La dame au perroquet,* aquar. : **FRF 520** – Paris, 1900 : *Scène de ménage,* dess. : **FRF 50** – Paris, 18 mai 1904 : *Les Comédiens en tournée* **FRF 650** – Paris, 13 au 15 avr. 1905 : *La paix ; la guerre,* dess. : **FRF 180** – Londres, 17 fév. 1908 : *Le peintre,* 4 dess. : **GBP 2** – Londres, 17 avr. 1909 : *La tentation* ; *La rosière,* dess. : **GBP 6** – Paris, 18 mai 1910 : *Le docteur Faust, vision d'un savant* : **FRF 500** – Paris, 1910 : *Enfants portant des gâteaux,* 2 dessus de porte : **FRF 110** – Paris, 1ᵉʳ mars 1919 : *Scène de la Comédie italienne,* dess. à la mine de pb : **FRF 13** – Paris, 16-17 déc. 1919 : *La cruche cassée* : **FRF 500** – Paris, 20-22 mai 1920 : *Dans les blés,* aquar. : **FRF 890** – Paris, 1920 : *Fillette se baignant dans une mare,* cr. : **FRF 300** – Paris, 1920 : *Le joueur de cornemuse,* cr. : **FRF 200** – Paris, 29 déc. 1920 : *La pêche à la ligne* : **FRF 180** – Paris, 1920 : *Baigneuse* : **FRF 55** – Paris, 24 mai 1921 : *Domino et gavroche,* cr. : **FRF 230** – Paris, 6 au 9 fév. 1922 : *Le collin-maillard,* dess. reh. : **FRF 410** – Paris, 1922 : *La promenade,* dess. reh. : **FRF 280** – Paris, 1922 : *Scène de ménage,* dess. reh. : **FRF 150** – Paris, 8 nov. 1922 : *Le jeune pêcheur* : **FRF 400** – Paris, 30 mai 1924 : *Tentation de Saint Antoine* : **FRF 55** – Paris, 18 juin 1924 : *Samson et Dalila* : **FRF 200** – Paris, 17 et 18 nov. 1924 : *À la santé des baigneuses,* aquar. : **FRF 150** – Paris, 12 juin 1925 : *Scène burlesque,* cr. : **FRF 750** – Londres, 18 fév. 1927 : *La leçon de danse,* dess. : **GBP 48** – Paris, 29 juin 1927 : *Jeune femme brûlant une lettre,* aquar. : **FRF 620** – Paris, 14 et 15 déc. 1927 : *Un amour malheureux,* mine de pb reh. : **FRF 1 050** – Paris, 15 déc. 1927 : *Couple de travestis,* aquar. gchée : **FRF 2 100** ; *Un avoué en goguette,* gche : **FRF 620** – Paris, 16 fév. 1928 : *Au temps des cerises,* aquar. forme éventail : **FRF 450** – Paris, 4 mai 1928 : *La réprimande,* aquar. : **FRF 260** – Paris, 5 et 6 juin 1929 : *Deux Parisiennes : de celles qui ne laissent rien à désirer,* aquar. : **FRF 3 400** ; *La rencontre,* aquar. : **FRF 2 300** – Paris, 14 mars 1931 : *La Lettre,* aquar. : **FRF 370** – Paris, 12 fév. 1932 : *Propos galants,* aquar. : **FRF 1 100** – Paris, 19 juin 1933 : *La lettre brûlée,* mine de pb : **FRF 95** – Paris, 10 mai 1935 : *La jolie ménagère,* aquar. : **FRF 2 420** – Paris, 21-22 et 23 oct. 1936 : *Persée délivrant Andromède* : **FRF 410** – Paris, 9-10 fév. 1937 : *Femme agenouillée et priant,* mine de pb : **FRF 30** – Paris, 13 déc. 1937 : *Pile ou face,* aquar. : **FRF 290** ; *Vous ne passerez pas,* aquar. : **FRF 50** – Paris, 1ᵉʳ et 2 juin 1938 : *L'Amour grondé,* aquar. : **FRF 155** – Paris, 16-17 mai 1939 : *Jeune enfant dans les blés* : **FRF 400** – Paris, 8 mai 1941 : *Sa première gravure sur bois,* dess. reh. : **FRF 140** – Paris, 20 fév. 1942 : *Au bal masqué,* dess. reh. : **FRF 250** – Paris, 8 mai 1942 : *Une rivière qui sort de son lit,* dess. aquarellé : **FRF 1 500** ; *Présentation,* aquar. gchée : **FRF 2 000** – Paris, 22 juin 1942 : *Le Miroir* ; *L'Amour n'est rien, l'Argent c'est tout,* deux dess. reh. : **FRF 1 000** – Paris, 6 déc. 1943 : *Le Pas de danse,* pl. : **FRF 450** – Paris, 5 mai 1944 : *La jeune mère,* cr. reh. : **FRF 500** – Nice, le 24 fév. 1949 : *Les bulles de savon* ; *Le petit jockey,* deux pendants : **FRF 10 500** – Paris, le 9 juin 1949 : *Le baiser du faune,* aquar. : **FRF 9 000** – Paris, le 5 fév. 1951 : *Jeux d'enfants,* sept aquar. et un dess. : **FRF 10 000** – Paris, 7 fév. 1951 : *La fête de la Vierge* : **FRF 25 000** – Paris, 24 mai 1966 : *Promenade en barque* : **FRF 1 150** – Londres, 15 déc. 1967 : *La jeune fille* : **GNS 80** – Londres, 7 mai 1976 : *Léda et le cygne,* h/pan. (10x16,5) : **GBP 220** – Lucerne, 17 nov. 1978 : *Femmes et enfants fleurissant une statue de la Vierge,* h/t (63,5x83,5) : **CHF 14 000** – New York, 4 mai 1979 : *Le Printemps* 1878, h/t (57x79) : **USD 3 100** – Berne, 6 mai 1981 : *Les Muses* 1856, h/t (55x65) : **CHF 7 500** – Amsterdam, 10 nov. 1990 : *La fille aux fleurs,* cr., aquar. et gche/pap. (12,2x23,3) : **NLG 3 680** – New York, 17 oct. 1991 : *« Les femmes sont chères ! »* (marché aux esclaves), h/t (58,1x94) : **USD 93 500** – Paris, 21 janv. 1993 : *Montmartre la nuit,* h/isor. (57,5x70) : **FRF 4 500** – New York, 19 janv. 1995 : *Jeunes filles fabriquant des guirlantes de fleurs,* h/t (57,2x76,2) : **USD 12 650** – Londres, 17 mars 1995 : *La guirlande de fleurs,* h/t (57x75,5) : **GBP 8 625** – Paris, 27 mars 1995 : *Jeux d'enfants,* cr. noir, aquar. et gche (15x22) : **FRF 7 000** – New York, 18-19 juil. 1996 : *La tentation de saint Antoine* 1873, h/t (76,2x50,8) : **USD 10 350.**

BEAUMONT Claudio Francesco, ou Claude François

Né le 4 juillet 1694 à Turin, d'origine française, d'une famille de Montpellier. Mort le 21 juin 1766 à Turin. XVIIIᵉ siècle. Italien.

Peintre de scènes mythologiques, compositions religieuses, fresquiste, dessinateur.

Le duc Charles-Emmanuel lui accorda une pension qui lui permit d'étudier à Rome, de 1716 à 1719. En 1727, le duc Victor-Amédée II de Savoie lui commanda un tableau pour Tivoli et en 1731, il fut officiellement nommé peintre de la cour à Turin avant d'être fait premier peintre du roi et chevalier. Membre honoraire de l'Académie-Saint-Luc de Rome, il devint directeur de l'Académie de Turin où il créa une manufacture de tapisseries. Il exécuta au palais royal une série de peintures à fresque, au nombre desquelles, on remarque *Le Jugement de Pâris* et *L'Enlèvement d'Hélène*. Les églises de Turin et celles des environs lui doivent des tableaux d'autel.

MUSÉES : CHAMBÉRY : *Annibal jurant haine aux Romains* – *La famille de Darius aux pieds d'Alexandre* – TURIN (Pina.) : *Le Serpent d'airain*.

VENTES PUBLIQUES : NEW YORK, 22 mars 1922 : *La Vierge, le Christ et saint Jean* : USD 260 – LONDRES, 10 avr. 1970 : *Triomphe de Vénus* : GNS 1 000 – LONDRES, 10 mars 1978 : *Apollon et figures allégoriques*, h/t (42x55) : GBP 800 – VIENNE, 13 nov. 1979 : *Amour et Psyché*, h/t (66x50) : ATS 80 000 – LONDRES, 11 déc. 1985 : *Erminia écrivant le nom de Tancrède sur un arbre*, h/pan., de forme contournée (58,5x61,5) : GBP 8 000 – NEW YORK, 11 jan. 1989 : *Le sacrifice d'Iphigénie au recto, la Vierge et l'Enfant entourés de saintes et d'anges au verso*, encre et sanguine (39,7x32,5) : USD 2 860 – PARIS, 12 déc. 1989 : *Série de six toiles* (chacune 98x47,5) : FRF 300 000 – PARIS, 11 déc. 1991 : *Sainte Jeanne de Chantal Visitandine et saint François de Sales*, h/t (80x40) : FRF 18 000 – VENISE, 31 mai 1997 : *Allégorie*, h/t (195,5x148) : ITL 36 000 000.

BEAUMONT Élie de. Voir **ÉLIE de BEAUMONT**

BEAUMONT Étienne Joseph
Né vers 1769 à Paris. XVIIIe-XIXe siècles. Français.
Peintre.
Élève d'Augustin. Entra à l'École des Beaux-Arts le 23 vendémiaire, an IV.

BEAUMONT Frédérick
Né dans le Yorkshire. XIXe-XXe siècles. Britannique.
Peintre de portraits.
Il a exposé à la Royal Academy de Londres entre 1884 et 1909, puis à Paris de 1912 à 1924, étant membre associé du Salon de la Société Nationale des Beaux-Arts à partir de 1912.

BEAUMONT Gabriel Bouthillier de
Né le 11 septembre 1811 à Genève. Mort en 1887. XIXe siècle. Suisse.
Peintre paysagiste.
Étudia à Genève et à Rome. Père de Pauline et d'Auguste de Beaumont.

BEAUMONT George Howland, Sir
Né le 6 novembre 1753 à Dunmow (Essex). Mort le 7 février 1827 à Cole Orton. XVIIIe-XIXe siècles. Britannique.
Peintre de paysages, aquarelliste.
Il n'est pas dans l'histoire de l'art en Angleterre, au début du XIXe siècle, de mécène dont la personnalité soit plus intéressante que Sir George Beaumont. Il fut un des fondateurs de la National Gallery à Londres, à laquelle il offrit 16 toiles de maîtres. Sir George Beaumont se montra aussi le clairvoyant ami des artistes. C'était l'ami et le protecteur de Wilson, l'intime de Sir Joshua Reynolds ; il encouragea les premiers essais de Constable et le merveilleux paysagiste anglais lui dut beaucoup et par ses conseils et par l'appui qu'il lui donna auprès de ses relations. Comme peintre, Sir George Beaumont fit des paysages classiques dignes d'attention. La National Gallery possède deux paysages dont sa veuve fit présent à ce Musée après la mort du distingué amateur. Il exposa à la Royal Academy de 1779 à 1825.
MUSÉES : ÉDIMBOURG : *Tour près de Ponte Molle, Rome*, aquar. – LONDRES (Nat. Gal.) : deux paysages.
VENTES PUBLIQUES : LONDRES, 17 juin 1981 : *Pevensey Castle*, h/t (38,5x49) : GBP 320.

BEAUMONT Gustave de
Né le 27 novembre 1851 à Genève. Mort le 25 octobre 1922. XIXe-XXe siècles. Suisse.
Peintre d'histoire, sujets religieux, scènes de genre, portraits, paysages, aquarelliste, pastelliste, peintre de compositions murales, graveur, décorateur.
Élève de Gérome à l'École des Beaux-Arts de Paris, il retourna à

Genève où il partagea son activité entre la peinture décorative et les tableaux. Il a exposé au Salon des Champs-Elysées à Paris en 1875, au Monceau-Salon de Moulhouse et dans plusieurs villes de Suisse.
Ses principales peintures décoratives se situent à Genève : à l'Arsenal où il peignit des fresques aux sujets religieux, au théâtre dont il décora l'escalier, à l'une des salles de la mairie, aux églises des Macchabées et de Saint-Gervais. Il est également l'auteur de pastels et aquarelles représentant des portraits d'enfants, des paysages et des scènes de marché. Enfin, il a fait des gravures pour des illustrations de livres, tels que : *Le Geste* et *L'Escalade*.
MUSÉES : GENÈVE – GLARIS – NEUCHÂTEL – VEVEY .
VENTES PUBLIQUES : SAINT-BRIEUC, 7 avr. 1980 : *Village au bord de la rivière 1872*, h/t (35x65) : FRF 3 000.

BEAUMONT Hugues de
Né le 26 octobre 1874 à Chouzy (Loir-et-Cher). Mort le 6 juin 1947 à Rouziers (Indre-et-Loire). XIXe-XXe siècles. Français.
Peintre et graveur de genre, portraits, paysages, natures mortes.
Après avoir étudié sous la direction de Gustave Moreau, Chartran et A. Maignan, il a exposé au Salon des Artistes Français à Paris entre 1892 et 1945, recevant deux fois le prix Troyon, en 1894 et 1896, une mention honorable en 1899. Il a également participé, à partir de 1902, au Salon de la Société Nationale des Beaux-Arts de Paris. Il a exposé à Barcelone en 1912, Chicago en 1919, Wiesbaden en 1920, Amsterdam en 1926, Bruxelles et Tokyo en 1928. Deux rétrospectives de ses œuvres ont été présentées à Paris en 1927 et 1945. Il est aussi l'auteur de lithographies et d'eaux-fortes. Chevalier de la Légion d'honneur en 1930.
Son art est d'une richesse chromatique sobre, sa pâte est souple et généreuse.
MUSÉES : AIX-EN-PROVENCE – LYON – PARIS (Ancien Mus. du Luxembourg) : *L'Abandonnée* – TOURS .
VENTES PUBLIQUES : PARIS, 26 oct. 1922 : *Jeune femme en peignoir rose dans un intérieur* : FRF 300 – PARIS, 22 jan. 1927 : *La jeune femme en peignoir rose* : FRF 900 – PARIS, 1er juil. 1943 : *Vase de fleurs* : FRF 450 – PARIS, 15 mai 1944 : *Coin d'intérieur* : FRF 580.

BEAUMONT Jean de
XVIe siècle. Français.
Peintre.
Vivait à Troyes vers 1533 ; travaillait encore en 1548. Peut-être s'agit-il d'un ancêtre de Jean-Antoine BELMONT.

BEAUMONT Jean Baptiste
Né vers 1768 à Ornans (Doubs). Mort le 6 janvier 1852 à Versailles (Yvelines). XVIIIe-XIXe siècles. Français.
Sculpteur.
Élève de Cartelier. Il se rendit en Italie et y séjourna pendant onze ans. A son retour en France, il fut nommé professeur de sculpture à l'École centrale du Doubs. Pendant dix ans, il fut occupé à la restauration des tombeaux des rois dans la cathédrale de Saint-Denis. Il travailla aussi pour l'église de la Sorbonne et pour le château de Versailles. Le 3 ventôse, an X, bien qu'il fut âgé de 34 ans, il entrait à l'École des Beaux-Arts sur la présentation de Le Sueur. Il convient de rappeler à l'honneur de la mémoire de Jean-Baptiste de Beaumont que ce fut lui qui, pour sauver le château de Versailles de la ruine, eut l'idée d'y installer un musée historique. Son fils, Charles-Édouard de Beaumont, continua dignement la tradition paternelle.

BEAUMONT Jean Georges
Né le 1er octobre 1895 à Elbeuf (Seine-Maritime). XXe siècle. Français.
Peintre décorateur, peintre de cartons de tapisseries.
Il a participé au Salon d'Automne entre 1919 et 1936, au Salon des Indépendants entre 1926 et 1930, au Salon des Artistes Décorateurs et au Musée Galliéra. Son art est essentiellement décoratif, puisqu'il a créé des toiles imprimées, des émaux, des vases de Sèvres, des tapisseries de Beauvais et d'Aubusson, des paravents en relief, en métal et en laque. Il est également l'auteur de dessins sur métal.
MUSÉES : PARIS (Mus. de la Guerre) – SÈVRES .
VENTES PUBLIQUES : NEW YORK, 13 juin 1980 : *Esquisse de tapisserie : le vin introduit en France par les Phéniciens*, h/t (70,5x100) : USD 2 500 – PARIS, 16 mars 1981 : *Projet de tapisserie*, h/t (151x105) : FRF 5 850.

BEAUMONT Jerold
XIXe siècle.

Peintre.

A travaillé et exposé à Londres vers 1893.

BEAUMONT John Thomas Barber

Né le 22 décembre 1774 à Marylebon. Mort le 15 mai 1841 à Londres. XVIIIe-XIXe siècles. Britannique.

Miniaturiste.

Il entra, en 1791, à la Royal Academy, en qualité d'élève. Sous le nom de Barber, il y exposa ses travaux de 1794 à 1806. Le duc de Kent, en 1799, l'occupa à d'importants travaux.

BEAUMONT Lilian Adele

Née le 18 mai 1880 à Jamaïca Plain (Massachusetts). Morte en 1922. XXe siècle. Américaine.

Peintre.

Elle fut élève, à Boston, de F. Benson, Edmund Tarbell, et Philip Hale.

BEAUMONT Lucienne

Née à Paris. XXe siècle. Française.

Peintre de paysages.

Elle a participé au Salon d'Automne en 1937, à celui des Indépendants en 1938 et à celui des Tuileries à Paris en 1939.

BEAUMONT Michel Auguste

Né en 1802 à Vire (Calvados). Mort en 1881 à Avranches (Calvados). XIXe siècle. Français.

Peintre.

Le Musée de Vire conserve de cet artiste : *Portrait de Rocherulle-Deslongrais*, 1849.

BEAUMONT Paul Louis

Né à Paris. XXe siècle. Français.

Peintre de nus, natures mortes et paysages.

Il a exposé au Salon des Artistes Français, dont il est devenu sociétaire, au Salon des Indépendants entre 1929 et 1939, au Salon d'Automne de 1931 à 1936 et au Salon des Tuileries en 1933 et 1935. Ses paysages présentent souvent des vues d'Algérie.

BEAUMONT Pauline Bouthillier de

Née le 20 août 1846 à Genève. Morte en 1904. XIXe siècle. Suisse.

Peintre de paysages, aquafortiste.

Fille du peintre Gabriel de Beaumont et sœur d'Auguste, tous deux paysagistes, elle fut tout d'abord formé par son entourage familial. Venue à Paris, une première fois en 1865, elle suivit les cours de l'Académie Julian, puis entra dans l'atelier d'Hippolyte Flandrin à l'École des Beaux-Arts. De retour en Suisse en 1866, elle s'installa à Collonges-sur-Salève, dans une campagne rude qui convenait fort bien à son art. Elle voyagea beaucoup, allant à Rome en 1871-1872, Florence 1893-1894, venant souvent à Paris entre temps, pour étudier la technique des peintres de Barbizon. Après avoir séjourné à Londres en 1894, elle passa quelque temps en Lorraine. Mention honorable à l'Exposition universelle de Paris en 1900.

Elle montre un intérêt particulier pour les vastes horizons, les paysages dénudés, austères, ne faisant aucune concession au pittoresque. Ses compositions réalistes, vont à l'essentiel, simplifiant les formes jusqu'à l'épure.

BIBLIOGR. : Gérald Schurr : *Les Petits Maîtres de la peinture 1820-1920, valeur de demain*, t. VII, Les Éditions de l'Amateur, Paris, 1989.

MUSÉES : GENÈVE (Rath) : *Orage au printemps – Lande fleurie – Effet du soir – Soir de novembre – Plaine ensoleillée* – GENÈVE (Mus. d'Art et d'Hist.) : *Dans les Vosges* 1886, fus. et estompe.

BEAUMONT Pierre François

Né en 1719 à Paris. Mort en 1769. XVIIIe siècle. Français.

Graveur au burin et aquafortiste.

Le Blanc le croit élève de Gaspard Duchange. Cet artiste obtint le titre de graveur ordinaire de la ville. On cite de lui de nombreuses œuvres, surtout d'après Ph. Wouwerman et d'après J. Breughel.

BEAUMONT Trigaul de

Né en 1747 en France. XVIIIe siècle. Français.

Aquafortiste amateur.

Il exécuta son propre portrait en 1766.

BEAUMONT W.

XIXe siècle. Actif à Rochester. Britannique.

Peintre animalier.

Il exposa de 1832 à 1854 à la British Institution, à Suffolk Street, et à la New Water-Colours Society de Londres.

BEAUMONT-CASTRIES Jeanne de

XIXe siècle. Française.

Sculpteur.

Elle débuta au Salon de 1873 ; auteur d'un buste en bronze de l'amiral Coligny, à Châtillon-sur-Seine.

BEAUNAIN Pierre

XIVe siècle. Travaillait en Auvergne en 1383. Français.

Sculpteur.

On croit que c'est le même artiste que Pierre Beauneveu.

BEAUNE Louis Eugène de

Né au XIXe siècle à Larçay (Indre-et-Loire). XIXe siècle. Français.

Peintre, sculpteur et graveur.

Élève de Dardoize et Charles Busson pour la peinture de Frémiet et Peter pour la sculpture, et de Mme Th. Olivier et H. Lefort pour la gravure. Il a exposé au salon des Artistes Français aux XIXe et XXe siècles et devint sociétaire en 1913.

BEAUNE Serge

XXe siècle. Français.

Graveur.

Il est l'auteur de plusieurs illustrations de livres, dont *Monsieur Bergeret à Paris* d'Anatole France, *Une nuit au Luxembourg* de R. de Gourmont.

BEAUNÉE Louis Lucien

XIXe-XXe siècles. Français.

Graveur.

A exposé au salon des Artistes Français en 1900 à Paris.

BEAUNEVEU Adrien

XIVe siècle. Actif à Bar-le-Duc en 1360. Français.

Enlumineur.

Cité par Jacquot dans son *Essai de répertoire des Artistes Lorrains*. Mais il faut envisager une confusion avec André Beauneveu.

BEAUNEVEU André

Né vers 1335 à Valenciennes (Nord). Mort entre 1403 et 1413 à Bourges (Nord). XIVe-XVe siècles. Français.

Peintre, enlumineur et sculpteur.

Luc Benoist consacre, à juste titre, une notice importante à André Beauneveu, dans le *Dictionnaire de l'Art et des Artistes*, des Éditions Hazan. Cette notice se termine par : « Bien qu'il ait été aussi grand que Sluter, son contemporain, il ne jouit pas du même prestige. Cependant son talent est supérieur à sa réputation et il fut le dernier des grands artistes voyageurs à la manière médiévale. » La même notice commence d'ailleurs par : « Sculpteur et peintre le plus illustre de son temps ». Luc Benoist établit en effet la très grande réputation de l'artiste sur des témoignages nombreux. Mais il semble que nous ayons mieux que des témoignages, et l'on s'étonne justement qu'il ne soit, dans cette notice, question ni du *Parement de Narbonne*, ni du *Diptyque Wilton*, car, avec ces deux œuvres, il s'agit de rien moins que de la naissance de la peinture française sur panneaux. Ce sont en effet les deux œuvres les plus anciennes qui nous aient été conservées, après le *Portrait de Jean le Bon* qui fut peint vers 1360.

Quant aux éléments certains de la vie et de l'œuvre de Beauneveu : en 1360, on sait qu'il travaille pour Yolande de Bar en Flandre, à son château de Nieppe, et qu'il est l'année suivante à Valenciennes. En 1364, il arrive à Paris, où le roi Charles V l'a appelé comme son « imagier » et lui commande les tombeaux de Philippe VI de Valois, son grand-père, et de Jean le Bon, son père, dont le corps vient d'être rapporté de Londres. Les têtes ont été sculptées d'après des moulages pris sur les morts, ce qui était alors l'usage, ce qui n'empêche pas le sculpteur de prouver la robustesse de son art. Charles V lui commande également, de son vivant donc, son propre mausolée et Beauneveu exécuta le visage d'après un moulage pris sur le roi, alors âgé de vingt-sept ans. Ces trois gisants sont encore actuellement à la cathédrale de Saint-Denis, avec le tombeau de la reine Jeanne de Bourgogne. Dans le même temps sort de l'atelier de Beauneveu, une autre statue de Charles V, destinée au futur tombeau de ses entrailles dans l'église des Jacobins, qui est aujourd'hui au Louvre. Luc Benoist fait en outre état de ce que Beauneveu serait passé en Angleterre, en 1366. À son retour d'Angleterre, on le trouve, de 1374 à 1377, travaillant pour le comte de Flandre, Louis de Mâle, à plusieurs tombeaux pour la Collégiale de Courtrai. On peut penser qu'il collabore ensuite au « beau pilier » d'Amiens. En 1386, il entre au service du duc Jean de Berry, frère du roi, pour lequel il dirige les travaux fastueux de sa résidence préférée, le château de Mehun-sur-Yèvre. Ce sont aussi des sculpteurs dirigés par lui, qui exécutent les statues du duc et de la duchesse de la chapelle Notre-Dame-la-Blanche à Bourges. Ces statues ayant été mutilées depuis, nous les connaissons pourtant, par le fait qu'Holbein en a laissé des dessins, ce qui prouve de nouveau combien grande était la renommée de Beauneveu de son temps. À propos du *Diptyque Wilton*, sera évoqué le *Psautier de Jean de Berry*, que Beauneveu enlumina avant 1402, aujourd'hui conservé à la Bibliothèque nationale. À vrai dire, ce *Psautier* présente encore plus de parentés avec le *Parement de Narbonne*. En effet, ce *Psautier* représente sur des fonds de couleurs vives, des figures d'apôtres et de prophètes, qui sont peintes en grisaille, comme est peint le *Parement*, et comme il est naturel que peigne un artiste de qui l'activité principale est la sculpture, ce qui apporte un argument de poids pour l'attribution du *Parement* à Beauneveu. On lui attribue encore *Les Très Belles Heures* (Michel Hérubel).

Le *Parement de Narbonne*, qui n'est pas à proprement parler un panneau, est peint en grisaille sur soie, ou « samit », et servait de parement d'autel pendant le Carême. Les effigies de Charles V et de Jeanne de Bourbon, dans les deux angles inférieurs, permettent de dater l'œuvre vers 1375. Certes, l'attribution du *Parement* à André Beauneveu, n'est pas certaine, ce qui importe peu. Ici, ce qui est important, c'est que l'on commence à peindre en France à ce moment-là, que ce soit André Beauneveu ou dans l'entourage de Beauneveu.

Bien sûr, il est encore prématuré d'essayer d'y définir un style français nettement caractérisé. Pour cela, il faudra attendre le xve siècle : Jean Bellegambe ; le Maître de la *Pietà d'Avignon* qui est possiblement Enguerrand Quarton ; le Maître de l'*Annonciation d'Aix* qui est possiblement Barthélemy d'Eyck, le Maître mal authentifié du *Polyptyque de saint Maximin*, Henri Bellechose, Nicolas Froment, Jean Perréal et Jean Fouquet. Avec André Beauneveu, nous ne nous trouvons pas encore devant cet équilibre, si caractéristique du style français à son aube, entre l'harmonie de la composition, héritage de l'Italie et plus particulièrement des Siennois transmis par nos fresquistes romans et gothiques, et l'expression de la pensée intérieure, héritage cette fois des très nombreux Flamands venus travailler aux cours des ducs de Bourgogne et tout particulièrement à la Chartreuse de Champmol, expression de la pensée intérieure qui peut tendre parfois à l'expression plus extériorisée d'une tragédie, quand l'influence est reçue plutôt du Rhin que des Flandres, ce qui est précisément le cas, avec le *Parement*. Cette acuité du dessin haché, griffé, évidemment hérité d'Allemagne, mais qui s'instaurera en France avec ses caractères particuliers, continuera de constituer, la suite des siècles et jusqu'à Francis Gruber, un des deux pôles entre lesquels balance toujours l'art français. L'autre pôle, tout de courbes et de douceur, que d'aucuns jugent plus caractéristique de la nature et de l'esprit français, que l'on retrouve chez Matisse ou chez Henri Laurens, est celui, à ce moment-là qui nous vient d'Italie, auquel se rattache au contraire le *Diptyque Wilton*.

La National Gallery de Londres a acquis, en 1929, le *Diptyque Wilton*, qui était resté pendant plusieurs siècles au château de Wilton, ce qui explique son état de conservation extraordinaire. Peint à la fin du xive siècle, il commémore l'avènement de Richard II, agenouillé sur le panneau de gauche, il est assisté par saint Jean Baptiste, et deux de ses ancêtres qui ont été canonisés : saint Edmond et Édouard le Confesseur, qui le recommandent à la protection de la Vierge. Sur le panneau de droite (qui d'ailleurs ne se raccorde au panneau de gauche que par le format et non par la composition), la Vierge tend l'Enfant Jésus vers le jeune roi qu'il bénit. La Vierge est entourée par onze anges, pour signifier l'âge du roi, portant brodé sur l'épaule son emblème : un cerf blanc. La rangée d'anges qui se tiennent derrière la Vierge ont les ailes dressées vers le ciel, dans un rythme vertical de joie et de spiritualité. Les anges qui s'agenouillent familièrement devant la Vierge tenant son enfant, développent des courbes évocatrices de douceur maternelle. Rien d'analogue dans l'art anglais de cette époque ne permet d'attribuer ce diptyque à l'école anglaise, tandis que l'élégance de la composition et l'harmonie de ses couleurs rappellent le *Psautier* du duc de Berry, que l'on sait avoir été enluminé par André Beauneveu. D'autre part, il n'y a rien d'étonnant à trouver cette œuvre anglaise, par le sujet et par la propriété, de la main de Beauneveu, car nous savons par Froissart, qui, célébrant ce « maistre Andrieu (qui) n'avoit pour lors meilleur ne le pareil en

nulles terres », que plusieurs de ses « bons ouvrages étaient passés au royaume d'Angleterre ». Ce qui a pu écarter Luc Benoist de mentionner ces deux œuvres au compte de Beauneveu, est l'incertitude de leur attribution. Il a semblé, au contraire, que ces deux œuvres, même si elles n'étaient pas de sa main, étaient les plus propres à tenter de tenter du climat poétique propre à Beauneveu et, en tous cas, à l'art français en cette fin du xive siècle.

Durant la guerre de Cent ans, il y avait en France une activité artistique bien spécifique, c'était l'école de Paris, qui se manifestait surtout dans l'art de la miniature, le vitrail et accessoirement la tapisserie et la fresque. Les Anglais chassés de France, le pouvoir passait en Bourgogne, avec le goût du faste. La Bourgogne devient alors le carrefour, où s'entrecroisent les grands courants artistiques du moment, avant d'essaimer de nouveau vers les Flandres, vers le Rhin ou vers Avignon, mais aussi où ils se fondent ensemble pour former ce qui va devenir l'art français et c'est à ce creuset qu'il faut rattacher Beauneveu, l'itinérant, creuset dont il sera tenté, au tournant alphabétique des notices, d'inventorier les composantes. ■ Jacques Busse

Bibliogr. : Louis Réau, in : *Histoire Universelle des Arts*, t. II, Armand Colin, Paris, 1934 – Michel Hérubel, in : *La peinture gothique*, Rencontre, Lausanne, 1965 – Luc Benoist, in : *Dictionnaire de l'Art et des Artistes*, Hazan, Paris, 1967.

BEAUNEVEU Jean de, dit Pontrain
xive siècle. Français.
Sculpteur d'ornements.
De 1348 à 1349, il prit part aux travaux d'ornementation de la tour de la cathédrale de Cambrai.

BEAUNEVEU Pierre ou Perrin ou Beaulnepveu ou Biaupneveu ou Bonneveu
xive siècle. Vivait en Bourgogne. Français.
Sculpteur.
Il aida Claus Sluter à l'exécution des portails sculptés de la chartreuse de Champmol, près de Dijon, ainsi qu'au monument funéraire des ducs de Bourgogne.

BEAUNIER Firmin Hippolyte
Né le 10 septembre 1782 à Melun (Seine-et-Marne). Mort probablement à Lyon (Rhône). xixe siècle. Français.
Peintre d'histoire, de genre.
Élève de Regnault, il s'attacha au style classique. Il fut médaillé en 1810, pour son tableau : *L'enfant prodigue*.
Musées : Rennes : *Du Guesclin recevant des envoyés de Charles V l'épée de Connétable*.
Ventes Publiques : Londres, 19 mars 1980 : *Les dernières cartouches*, h/t (59,5x3) : GBP 2 600.

BEAUNUREAU Jean-Baptiste Nicolas
xviiie siècle. Vivait à Paris en 1741. Français.
Peintre.
Cité dans l'acte de décès de sa femme Marguerite Mégocier, morte le 4 août 1741.

BEAUNUREAU Nicolas
xviiie siècle. Travaillait à Paris. Français.
Peintre.
Il était frère de Jean-Baptiste Nicolas.

BEAUPARLANT Léonie Charlotte, dite Valmon
Née à Paris. xixe-xxe siècles. Française.
Peintre de paysages, fleurs, graveur.
Elle fut élève de Th. Chauvel. Elle figura au Salon des Artistes Français de Paris, obtenant une médaille de troisième classe en 1883, une médaille de deuxième classe en 1886, une médaille d'argent à l'Exposition universelle de 1900.
Parmi ses gravures on peut citer : *Le Canal de Chantenay à Nantes* (1883), *Vue de Paris*, d'après Ch. Lapostolet (1884), *Le déclin de l'année*, d'après E. Sarton (1887), *Les bords de la Tamise*, *Monarch*, *Vue de Rouen*.
Musées : Fontainebleau : *Le port Saint-Nicolas*.
Ventes Publiques : Paris, 19 et 20 jan. 1942 : *Roses dans un vase* : FRF 220.

BEAUPLAN Amédée de
Né le 11 juillet 1790 à Versailles (Yvelines). xixe siècle. Français.
Peintre de paysages et littérateur.
De 1833 à 1842, il exposa, au Salon de Paris, des motifs pris dans diverses provinces de France. Obtint une médaille de 3e classe en 1834.

BEAUPLET F.
XVIIe siècle. Travaillait à Paris. Français.
Graveur sur bois.
On connaît de lui deux planches, datées de 1642 : *La capitulation de Perpignan* et *Le cardinal de Richelieu sur son lit de parade.*

BEAUPOIL Jean Baptiste
XVIIe siècle. Français.
Peintre.
Reçu à l'Académie de Saint-Luc en 1688.

BEAUPOIL Joseph
Né à Cerre-les-Noroy (Haute-Saône). XXe siècle. Français.
Peintre.
A exposé des nus aux Indépendants en 1926.

BEAUPRÉ
XVIIIe siècle.
Sculpteur.
Probablement originaire de Besançon. Il exposa à la Society of Artists et à la Free Society de Londres de 1764 à 1767.

BEAUPRÉ
XVIIIe siècle. Français.
Peintre de portraits, miniaturiste.
Il est mentionné comme élève de l'Académie Royale de Paris ; cité par le Dr Brun. Il peignit des portraits et des miniatures à Soleure en 1789.

BEAUPRÉ Cadet de. Voir **CADET de BEAUPRÉ Jean Baptiste Antoine**

BEAUPRÉ Constantin
Né aux Indes. XIXe-XXe siècles. Irlandais.
Sculpteur.
A exposé : *Un modèle parisien* au salon de la Nationale des Beaux-Arts en 1912 à Paris.

BEAUPRÉ Jean Baptiste Auguste de
Né vers 1795 à Caen (Calvados). XIXe siècle. Français.
Graveur.
Élève de L. Petit. Entra à l'École des Beaux-Arts le 14 août 1811. Son père était avocat.

BEAUPUY, Mlle
XXe siècle. Française.
Peintre.
En 1945, logiste du prix de Rome, elle exposa au Salon des Artistes Français.

BEAUPUY Louis Jean
Né en 1896 à Elbeuf (Seine-Maritime). Mort en 1974. XXe siècle. Français.
Peintre de portraits et de paysages. Orientaliste.
Élève de Fernand Cormon à l'École des Beaux-Arts de Paris. Il a exposé à Paris, entre 1921 et 1925 au Salon des Artistes Français, dont il est devenu sociétaire et où il a obtenu une mention honorable ; entre 1927 et 1929, il a aussi participé au Salon des Indépendants. En 1934, il fut boursier de l'Afrique équatoriale Française.
BIBLIOGR. : Lynne Thornton, in : *Les Africanistes, peintres voyageurs*, A.C.R. Édition, Paris, 1990.
VENTES PUBLIQUES : LINDAU, 9 mai 1979 : *Diane chasseresse*, h/t (81x54) – DEM 1 800 – PARIS, 11 déc. 1991 : *Marché en Afrique équatoriale* 1938, h/cart. (38x60,5) : FRF 9 000.

BEAUQUESNE Wilfrid ou **Wilfred Constant**
Né en 1847 à Rennes (Ille-et-Vilaine). Mort en 1913 à Montgeron (Essonne). XIXe-XXe siècles. Français.
Peintre d'histoire, sujets militaires, illustrateur.
Élève de Horace Vernet et de Vernet-Lecomte à l'École des Beaux-Arts de Paris. S'est fait une réputation comme peintre militaire. Ses œuvres principales sont : *Face à l'ennemi* (1884), *Les Corbeaux* (1887), *La Mort de sœur Claire* (1889), *Au drapeau* (1890), *Sous-bois* (1893), *Sauvé* (1890), *Anathème, Pax morientibus, Les Corps constitués venant féliciter Mazarin de la paix avec l'Espagne et du mariage de Louis XIV* (pour le ministère de la Guerre). Il a illustré : *Face à l'ennemi* ; *Les Mobiles bretons.*
VENTES PUBLIQUES : PARIS, 1883 : *Deux chasseurs* : FRF 500 – PARIS, 8 juin 1894 : *Un danger* : FRF 500 – PARIS, 1895 : *Une pièce en retard* : FRF 410 ; *Le calvaire de Wœrth* : FRF 520 – PARIS, 1900 : *Barque de pêche* : FRF 135 – PARIS, 21 déc. 1900 : *Les éclaireurs* : FRF 155 – NEW YORK, 1900-1903 : *Attaque d'un train de munitions* : USD 120 – PARIS, 17 juin 1902 : *La sentinelle* : FRF 130 – PARIS, 9 fév. 1906 : *La défense du village* : FRF 170 –

NEW YORK, 7-8 nov. 1907 : *Militaires* : USD 150 – PARIS, 18 fév. 1908 : *Une auberge pendant les manœuvres* : FRF 205 – PARIS, 26 mai 1910 : *Le prisonnier* : FRF 100 – PARIS, 16 mai 1919 : *Zouave s'apprêtant à tirer* : FRF 100 – PARIS, 16-17 déc. 1919 : *Autour du drapeau, charge de cosaques* : FRF 350 – PARIS, 18 mars 1920 : *Les dragons royaux à Rezonville* : FRF 520 – LONDRES, 3 mars 1922 : *Le billet de logement* 1882 : GBP 8 – PARIS, 18 juin 1923 : *Réquisition interrompue* : FRF 250 – PARIS, 3-4 mars 1926 : *L'Obus, 16 août 1870 ; Charge de cuirassiers, 1870*, ensemble : FRF 760 – PARIS, 4 mars 1926 : *Le 7e cuirassier chargeant les dragons royaux* : FRF 1 050 – PHILADELPHIE, 22 avr. 1932 : *Cavalerie à Warth* 1870 : USD 40 – PARIS, 19 avr. 1937 : *Colonne en marche* : FRF 240 – PARIS, 9 et 10 fév. 1938 : *Aux grandes manœuvres* : FRF 420 – PARIS, 16 et 17 mai 1939 : *La Charge* : FRF 520 – PARIS, 4 juin 1941 : *Charge de cavalerie* : FRF 1 400 – PARIS, 20 et 21 nov. 1941 : *Le Trompette de Dragon* : FRF 310 – PARIS, 26 nov. 1941 : *Le Tapin* : FRF 400 – PARIS, 7 juil. 1943 : *La Défense du prussien* : FRF 4 500 – PARIS, 26 nov. 1943 : *Le Cuirassier blessé* : FRF 1 000 – PARIS, le 28 mars 1949 : *Scène de la guerre de 1870* : FRF 8 000 – PARIS, 19 mai 1950 : *Le régiment passe* : FRF 7 800 – PARIS, 23 juin 1954 : *Le Prisonnier des Prussiens* : FRF 3 500 – PARIS, 4 juil. 1963 : *La Charge du 7e cuirassier* : FRF 220 – DORDRECHT, 6 juin 1967 : *Scène de la guerre de 1870* : NLG 600 – LOS ANGELES, 13 nov. 1972 : *Scène de la guerre de 1870* : USD 2 400 – LOS ANGELES, 9 avr. 1973 : *Scène de la guerre de 1870* 1890 : USD 2 500 – NICE, 25 fév. 1976 : *Épisode de la guerre de 1870*, h/t (43x52) : FRF 6 500 – PARIS, 30 mai 1978 : *Défense d'une batterie* 1908, h/t (54x65) : FRF 10 800 – VERSAILLES, 10 mai 1981 : *Lansquenets et Ribaudes*, h/t (64,5x65) : FRF 7 000 – ZURICH, 3 juin 1983 : *Combats à Verdun en 1870* 1895, h/t (73x92) : CHF 4 000 – LONDRES, 19 mars 1985 : *Soldats français dans une ville arabe* 1883, h/t (58x81,5) : GBP 2 000 – SAINT-DIÉ, 14 fév. 1988 : *Charge de cavalerie* 1910, h/pan. (26x34,5) : FRF 16 500 – NEW YORK, 17 jan. 1990 : *Le Départ du soldat* 1911, h/pan. (24,2x19,1) : USD 1 430 – NEW YORK, 19 juil. 1990 : *Camp militaire la nuit* 1884, h/t (65,4x81,4) : USD 1 760 – NEW YORK, 28 mai 1992 : *Au plus fort de la bataille*, h/t (110,5x187,3) : USD 11 000 – NEW YORK, 13 oct. 1993 : *L'Ange gardien*, h/t (35,6x29,2) : USD 2 875 – PARIS, 22 déc. 1996 : *La Bataille du pont de Montereau*, h/t (65x81,5) : FRF 12 000.

BEAUQUET Pierre Claude
XVIIIe siècle. Français.
Peintre.
Il fut reçu à l'Académie de Saint-Luc en 1742.

BEAURAIN de
XVIIIe siècle. Actif à la fin du XVIIIe siècle. Français.
Graveur.
Nagler cite de lui une grande quantité de sièges, de batailles, de plans et de cartes. Le Blanc craint qu'il n'ait confondu avec un autre graveur.

BEAURAIN François Marie
Né vers 1768 à Froimery près d'Aumale (Seine-Maritime). XVIIIe siècle. Français.
Peintre.
Élève de Le Barbier et de Regnault à l'École de l'Académie royale de Paris, où il entra le 4 mars 1790.

BEAURAIN Jean
XVIIIe siècle. Travaillait à Paris en 1706. Français.
Sculpteur.

BEAURAIN Nicolas François, dit **Boulogne**
XVIIIe siècle. Vivait à Nancy. Français.
Peintre.
Il s'est marié le 10 février 1784.

BEAUREGAERT ou **Bouregart** ou **Bourigaert**
Né en Hollande. XVIIe siècle. Hollandais.
Peintre de fleurs et de natures mortes.
En 1646, il fit partie de la gilde de Saint-Luc à Delft.

BEAUREGARD
XVIIe siècle. Travaillait à Lyon, vers la fin du XVIIe siècle. Français.
Sculpteur et architecte.
Beauregard exécuta les décorations de la chapelle du grand collège des Jésuites, et fournit un ouvrage pour l'autel de l'église des Novices de cet ordre à Lyon.

BEAUREGARD Antoine
XVIIIe siècle. Français.

Peintre.
Reçu à l'Académie de Saint-Luc en 1780.

BEAUREGARD Donald
Né à Fillmore (États-Unis). Mort en 1915. XIXᵉ-XXᵉ siècles. Américain.
Peintre.
Élève de J.-P. Laurens. A exposé aux Artistes Français en 1912 à Paris.

BEAURENCONTRE
XVIIᵉ siècle. Français.
Graveur au burin.
On cite de lui : *Gaspar Gyrod*, d'après Ogier.

BEAUREPAIRE André
Né le 4 août 1927 à Paris. XXᵉ siècle. Français.
Peintre de décors de théâtre, illustrateur.
A partir de 1948, il a exposé et a figuré au Salon Comparaisons en 1956. Il a fait des illustrations de *Sagesse* de P. Verlaine et un Corneille. Il est surtout connu pour ses réalisations de décors de théâtre, entre autres très nombreux : pour *Renaud et Armide* de Jean Cocteau au Théâtre des Royales Galeries de Bruxelles en 1948, pour les *Scènes de ballet* de Stravinsky au Covent Garden de Londres en 1949, pour *La Cenerentola* de Prokofiev à la Scala de Milan en 1956, pour *L'Aigle à deux têtes* de J. Cocteau au théâtre Sarah Bernhard en 1961, pour *La Dame de Pique* de Tchaïkovski au Théâtre des Champs-Élysées en 1978, etc.
Jean Cocteau a écrit : « Maniaque et grandiose, il rêve d'un théâtre de catastrophes, où le rideau de pourpre se lèverait sur des tempêtes, des navires qui sombrent, des bâtisses ou échafaudages, des usines et des cathédrales, des villes d'un fou luxe... et j'admire en lui le mariage inévitable, et si rare hélas ! de la poésie et de la précision. » Et François Nourissier : « André Beaurepaire rassure par l'art rigoureux de son dessin, une technique minutieuse, un soin d'artisan. Beaurepaire inquiète par les chemins qu'emprunte son imagination.. Son art de patience et de sérieux est mis au service du songe, parfois du cauchemar. Le danger est dans ce qu'il nous montre : l'envers d'un monde. Ses villes sont le plus souvent détruites comme par un cataclysme... » Et encore Louise de Vilmorin : « J'aime les tableaux d'André Beaurepaire. Œuvres d'un savant enfant philosophe, ils ont de l'audace, de la poésie, et pourtant on dirait que Beaurepaire, tout en s'affirmant, s'interroge. »
Ventes Publiques : Paris, 2 déc. 1992 : *Paravent à trois feuilles à décor de pagodes en bord de rivière*, h/t (chaque feuille 200x50) : **FRF 8 000**.

BEAUREPÈRE Louis ou **Beaurepaire**
Né en Languedoc. XVIIᵉ siècle. Travaillait à Paris vers 1650. Français.
Peintre.
Élève de Simon Vouet, il peignit des sujets d'histoire dans le genre de son maître.

BEAURIN François
XVIIIᵉ siècle. Français.
Sculpteur.
Reçu à l'Académie de Saint-Luc en 1732.

BEAURY-SAUREL Amélie
Née en 1848 à Barcelone. Morte le 30 mai 1924 à Paris. XIXᵉ-XXᵉ siècles. Française.
Peintre de portraits et illustrateur.
Élève de Jules Lefebvre, Tony Robert-Fleury et Jean Paul Laurens à l'Académie Julian, dont elle devint directrice en épousant le fondateur, Rodolphe Julian. Elle a exposé au Salon des Artistes Français, de 1882 à 1924, recevant une troisième médaille en 1885, tandis qu'elle obtint une médaille de bronze à l'Exposition universelle de Paris en 1889. Elle a collaboré à *L'Illustration*, au *Monde Illustré*, à la *Revue Illustrée* et à l'*Art*.
Musées : Amiens : *Le repos du modèle*, past.
Ventes Publiques : Paris, 1900 : *La lecture* : **FRF 100** – Paris, 5 fév. 1986 : *Fillette au tambourin*, past. (130x71) : **FRF 20 000**.

BEAUSSAN J.
XIXᵉ siècle. Actif à Avignon (Vaucluse). Français.
Sculpteur.
Succéda à Minoli dans la direction de l'école du Lycée, à Avignon.

BEAUSSART Albert
Né en 1909 à Gand. Mort en 1985. XXᵉ siècle. Belge.
Peintre de portraits et de genre.
Élève à l'Académie des Beaux-Arts et celle de Saint-Luc à Gand, il a peint des portraits et des scènes relatives à la vie du cirque et au monde de la danse.

BEAUSSART Léona Marcelle
Née à Lomme (Nord). XXᵉ siècle. Française.
Peintre.
Élève de Pharaon de Winter, elle a exposé, entre 1923 et 1925, au Salon des Artistes Français dont elle est devenue sociétaire.

BEAUSSE Georges Louis, dit **Biosse**
Né le 29 septembre 1752 à Paris. Mort le 1ᵉʳ avril 1806. XVIIIᵉ siècle. Français.
Graveur.
A. de Saint-Aubin fut son maître. Cet artiste grava, exécuta pour l'*Iliade* de Bitaubé, des gravures ayant l'aspect de bas-reliefs. On cite encore : *Le Christ en Croix*, d'après Ch.-Ant. Bridan, 2 planches représentant : *Ariane et Erigone*, d'après Villain, *La Bergère des Alpes*, *Vue de la cathédrale de Chartres* d'après N. Cochin.

BEAUSSIER Emile
Né le 31 décembre 1874 à Avignon (Vaucluse). XIXᵉ-XXᵉ siècles. Français.
Peintre de compositions animées, paysages et de marines, dessinateur d'affiches et de portraits, aquarelliste.
Après avoir été élève de J.B. Poncet, il alla à Paris, travailler sous la direction de Jean Paul Laurens. Il a exposé à Lyon, à partir de 1892 et à Paris, à partir de 1925, en particulier au Salon des Artistes Français où il a obtenu une mention honorable en 1892 et dont il fut sociétaire. Il était professeur dans un école municipale de dessin à Lyon.
Ventes Publiques : Paris, 6 mai 1981 : *Espagnole dans un patio*, h/t (145x114) : **FRF 3 200**.

BEAUSSIER Joseph
XVIIᵉ siècle. Vivant à Toulon (Var). Français.
Sculpteur.
De 1662 à 1683, il fut occupé à la décoration des bateaux de l'État.

BEAUSSIEUX
XVIIᵉ-XVIIIᵉ siècles. Travaillait à Versailles de 1687 à 1700. Français.
Sculpteur d'ornements.

BEAUTEMPS André
Né en 1948 à Waudrez. Mort en 1978 à Binche. XXᵉ siècle. Belge.
Dessinateur.
Élève d'Eddy Paape à l'Académie Saint-Luc de Bruxelles, il s'est surtout spécialisé dans le domaine de la bande dessinée, principalement de *Tintin*.

BEAUVAIS. Voir aussi **BAUVAIS**

BEAUVAIS, pseudonyme de **René Saint-James**
Né en 1785. Mort en 1837 au Québec. XIXᵉ siècle. Canadien.
Sculpteur.
On attribue à Beauvais une copie, conservée au Musée du Québec, d'une Immaculée Conception en argent donnée par Louis XIV ou Louis XV, soit en 1715, soit en 1794, aux Sulpiciens de Montréal.

BEAUVAIS Anaïs, Mme, appelée aussi **Landelle Anaïs**, née **Lejault**
Née à Cusy-sur-Yonne (Nièvre). Morte en 1898. XIXᵉ siècle. Française.
Peintre de genre et de portraits.
Élève de Lazarus, Wihl, Carolus-Duran et Henner. Débuta au Salon de 1868 avec un portrait et continua à exposer jusqu'à sa mort des portraits et des scènes de genre.
Musées : Clamecy : *Jeune marchande d'oranges à Tanger* – Perpignan : *Jeune Grecque*.

BEAUVAIS Armand
Né le 30 novembre 1840 à Bar-sur-Aube (Aube). Mort vers 1911. XIXᵉ-XXᵉ siècles. Français.
Peintre de paysages.
Élève de Desjobert et de Gérome, il exposa au Salon de 1865 jusqu'à la fin de sa vie, obtenant une troisième médaille en 1882,

une deuxième médaille en 1890. Médaille de bronze à l'Exposition universelle de 1889, à Paris.

Il montre une prédilection pour les vues de grandes plaines berrichonnes où paissent des moutons. Citons : *Prairies au bord de la mer* 1870 – *Pêchers en fleurs* 1875 – *La Saint-Fiacre* 1880 – *Les vignes – Soirs d'hiver* 1880 – *Saison de semailles* 1881 – *L'heure de rentrer* 1882 – *Les noyers* 1883 – *À travers la lande* 1886 – *Retour de pies* 1890 – *La planche* 1892 – *La friche* 1895 – *En automne* 1896 – *Prairies inondées* 1897.

BIBLIOGR. : Gérald Schurr : *Les Petits Maîtres de la peinture 1820-1920, valeur de demain,* Les Éditions de l'Amateur, t. IV, Paris, 1979.

MUSÉES : BEAUVAIS : *La côte de la Hague* – CHAMBÉRY : *Paysage d'hiver* – CHÂTEAUROUX : *Heure de rentrée à la ferme – Caves des Augis à Villentrois – Bords du Modon.*

VENTES PUBLIQUES : PARIS, 15 déc. 1948 : *Soir en Berry :* **FRF 1 500** – PARIS, 18 mai 1951 : *Arbres :* **FRF 1 400** – LONDRES, 14 jan. 1981 : *Le marais à Omonville,* h/t (68,5x99) : **GBP 650** – STOCKHOLM, 15 nov. 1989 : *Deux moissonneurs,* h/t (93x70) : **SEK 16 000** – NEW YORK, 23 oct. 1990 : *Les glaneuses dans les chaumes dans le Berry* 1875, h/t (79,4x130,2) : **USD 15 400.**

BEAUVAIS Charles Nicolas de. Voir DAUPHIN de Beauvais

BEAUVAIS Gabriel
Né à Paris. XXe siècle. Français.
Sculpteur. Art Déco.

Il a participé au Salon d'Automne en 1909, à celui de la Société Nationale des Beaux-Arts en 1914 et, entre 1912 et 1925, au Salon des Artistes Français, dont il est devenu sociétaire.

VENTES PUBLIQUES : PARIS, 18 avr. 1988 : *Léda et le cygne,* terre cuite (H 49) : **FRF 3 500.**

BEAUVAIS Gaston
Né à Paris. XIXe-XXe siècles. Français.
Peintre.

Il a exposé des portraits au salon des Artistes Français en 1914 à Paris.

BEAUVAIS Hippolyte
Né le 2 octobre 1826 à Avesnière (Mayenne). Mort le 28 février 1857 à Paris. XIXe siècle. Français.
Peintre.

Le 7 octobre 1846, il entra à l'École des Beaux-Arts à Paris. Il fut l'élève de Gleyre. En 1848, il débuta au Salon de Paris par des dessins. En 1851, il exécuta une suite de peintures (épisodes de la vie de saint Bernard) pour le couvent de la Trappe, près-Laval.

BEAUVAIS Jacques
Né le 10 janvier 1923 à Paris. XXe siècle. Français.
Peintre.

Élève à l'École des Beaux-Arts de Paris, dans l'atelier de Narbonne, il a exposé à Paris au Salon des Artistes Français où il reçut une mention honorable en 1942, aux Salons d'Automne et des Indépendants dont il est sociétaire.

MUSÉES : SCEAUX (Mus. de l'Ile-de-France).

BEAUVAIS Jacques Philippe Dauphin de. Voir DAUPHIN de Beauvais

BEAUVAIS Jean François
Né vers 1772 à Paris. XVIIIe-XIXe siècles. Français.
Sculpteur.

Entré à l'École de l'Académie le 26 août 1788, élève de Julien.

BEAUVAIS Lubin de
XIXe-XXe siècles. Français.
Peintre, aquarelliste, dessinateur, illustrateur.

Il travaillait à Paris. Il a participé à l'Exposition des Humoristes à Copenhague en 1909 et au Salon des Humoristes de Paris en 1910. Il a surtout illustré des livres pour la jeunesse. Ses techniques le plus souvent utilisées sont la sanguine et l'aquarelle.

BEAUVAIS Maurice
XVIIIe siècle. Français.
Peintre.

Reçu à l'Académie de saint-Luc en 1747.

BEAUVAIS Nicolas Dauphin de. Voir DAUPHIN de Beauvais

BEAUVAIS Simon de
XVIIIe siècle. Travaillait en Angleterre dans la seconde moitié du XVIIIe siècle. Britannique.
Peintre de sujets allégoriques, aquarelliste, miniaturiste, dessinateur.

Les miniatures de cet artiste sont exécutées à l'aquarelle ou à l'encre de Chine. En 1761, il exposa à la Society of Artists, et l'année suivante à la Free Society.

VENTES PUBLIQUES : PARIS, 7 mars 1990 : *Allégorie de la musique et de la tragédie* 1764, h/t (95x135,5) : **FRF 26 500.**

BEAUVAIS DE PREAU Claude Henri
Né le 18 octobre 1732 à Orléans (Loiret). Mort en 1766. XVIIIe siècle. Français.
Architecte et graveur.

Cité par Le Blanc dans la liste des hommes célèbres d'Orléans (*Essais historiques sur Orléans*).

BEAUVALET Jeanne
Née à Paris. XIXe-XXe siècles. Française.
Émailleur.

Élève de Mme Pelletier-Duval. Elle a exposé au salon des Artistes Français en 1904 à Paris.

BEAUVALLET Pierre Nicolas
Né le 21 juin 1750 au Havre (Seine-Maritime). Mort le 15 avril 1818 à Paris. XVIIIe-XIXe siècles. Français.
Sculpteur et peintre d'ornements.

Élève de Pajou, il fut chargé, en 1784, de décorer par des reliefs la salle des Gardes, au château de Compiègne. Il fut admis, en 1789, à l'Académie royale. Beauvallet est un artiste d'une valeur réelle. On lui doit d'importants travaux, parmi lesquels les bustes de *Marat,* de *Chalier,* de *Lepelletier,* qu'il conçut au Salon de 1793 et qu'il dédia à la Convention nationale ; ce qui lui valut les fonctions d'administrateur des travaux publics. Républicain ardent, c'était lui qui, en 1794, avait remis, accompagné de son ami l'architecte Piètre, le pistolet avec lequel le conventionnel Lebas se brûla la cervelle le 9 thermidor. En 1794, il acheva le buste de *Guillaume Tell,* qui fut placé aux jacobins le 30 messidor. Durant l'époque de sa détention, il fit nombre de dessins importants : *La Force guidée par la Raison ramène la paix, Le Commerce ; l'Abondance ; et les Arts ; La paix faisant hommage à la Liberté des prémices des fruits de ses bienfaits ; La Tyrannie renversée ; La Fidélité ne pouvant survivre à l'Amitié.* Le registre des élèves protégés de l'Académie royale mentionne son entrée au mois d'avril 1765.

VENTES PUBLIQUES : PARIS, 6 nov. 1926 : *Portraits d'homme et de femme,* deux dess. aux cr. noir et blanc : **FRF 100.**

BEAUVARLET Catherine Françoise, née Deschamps
Née en 1740 à Paris. Morte en 1769 à Paris. XVIIIe siècle. Française.
Graveur à l'eau-forte et au burin.

Première femme du graveur Beauvarlet. Elle avait du talent et aida souvent son mari dans ses travaux. Elle signait : *F. D. F. Beauvarlet,* ou *Fse Deschamps Fme Beauvarlet.* Son œuvre est important.

BEAUVARLET Jacques Firmin
Né le 25 septembre 1731 à Abbeville (Somme). Mort le 7 décembre 1797 à Abbeville. XVIIIe siècle. Français.
Dessinateur, graveur à l'eau-forte et au burin et éditeur.

Venu à Paris très jeune, il y fut l'élève de Charles Dupuis et de Laurent Cars. Il eut très vite la réputation d'un habile graveur. Une pointe alerte, un burin souple et adroit caractérisaient ses productions. Le titre de graveur du roi lui fut accordé et, le 25 mai 1776, l'Académie royale l'admettait au nombre de ses membres. Beauvarlet se maria trois fois. A trente ans, il épousa Catherine-Jeanne-Françoise Deschamps, jeune personne qui, plus jeune que lui de huit ans, possédait un joli talent de graveur, l'aida dans ses travaux. Elle mourut en 1769. Après une seconde union qui dura de 1770 à 1779, l'artiste se maria, en 1787, avec Marie Catherine Riollet, également artiste graveur. Cette union fut de courte durée : l'épouse mourut l'année suivante, à l'âge de trente trois ans. On a reproché à Beauvarlet d'avoir tiré de ses planches trop d'épreuves avant la lettre.

VENTES PUBLIQUES : PARIS, 12 mars 1919 : *La Sultane,* dess. à la pierre d'Italie : **FRF 655** – PARIS, 6 au 9 fév. 1922 : *La Lecture espagnole ; La conversation espagnole,* deux dess. à la mine de pb, d'après Carle van Loo : **FRF 1 250** – PARIS, 16 mai 1927 : *Pensent-ils à ce mouton ? ; La Confidence,* deux dess. reh. : **FRF 2 250** – PARIS, 24 et 25 mai 1928 : *La Conversation espagnole ; La Lecture espagnole,* dess. : **FRF 7 300** – PARIS, 7 et 8 juin 1928 : *Pensent-ils à ce mouton ? ; La Confidence,* 2 dess. : **FRF 16 500.**

BEAUVARLET Marie Catherine, née Riollet
Née en 1755 à Paris. Morte en 1788 à Paris. XVIIIe siècle. Française.

Graveur au burin.

Troisième femme du graveur Beauvarlet qu'elle épousa en 1787. Elle l'aida dans ses travaux, mais pas longtemps, car elle mourut après un an de mariage. Elle a signé ses planches : *Mlle Riollet*. On cite d'elle : *Le mauvais riche*, d'après D. Teniers, *Clermont-en-Beauvaisis et ses environs*, d'après Daubigny, 1787.

BEAUVERIE Charles Joseph

Né le 17 septembre 1839 à Lyon (Rhône). Mort en 1923 à Poncins (Loire). XIXᵉ-XXᵉ siècles. Français.

Peintre de genre, figures, portraits, paysages animés, paysages, graveur.

À Lyon, il suivit les cours de gravure de Louis Guy, puis fut élève de Vibert et Danguin à l'École des Beaux-Arts, entre 1855 et 1859. En 1863, il s'inscrivit à l'École des Beaux-Arts de Paris et travailla sous la direction de Gleyre. Il séjourna à Paris, en 1863-1864, peignant à Fontainebleau, dans la vallée de Chevreuse et aussi en Bretagne. De 1864 à 1868, il resta à Lyon, avant de revenir à Paris, s'installer à Montmartre pour quatre ans. D'autre part, il allait souvent peindre à Auvers-sur-Oise entre 1872 et 1880. Mais, séduit par la beauté de la région du Forez et les rives du Lignon, il vint se fixer, en 1888, à Poncins (Loire).

Il débuta au Salon de Lyon, figura au Salon des Refusés en 1863, puis participa régulièrement au Salon de Paris à partir de 1864. Il fut fait chevalier de la Légion d'honneur.

Ses toiles, dans la lignée de Daubigny, restituent le charme de la campagne du Forez, sous une fine lumière qui met en valeur son coloris brillant. Citons, parmi ses œuvres : *Le moulin de Cernay - Temps gris - Le bêcheur* 1890 - *Le semeur de pommes de terre* 1892 - *L'arrivée de la foire de Poncins - L'anniversaire* 1893 - *Scènes de la foire de Poncins - Ramier sur le Lignon* 1894 - *Porte de l'église de Poncins pendant la messe* 1895 - *La mare de Saint-Martin - L'étang de Gioncel* 1896 - *Le lac d'Audat* 1897 - *Les courses de Saint-Galmier* 1906 - *Les bords du Lignon - Tanagra* 1907. Mais il est surtout connu pour son œuvre de graveur, ayant exécuté une série de douze planches d'après ses propres compositions, pour l'ouvrage : *L'Oise à Auvers*, et plus de cent dessins pour *Le Forez pittoresque et monumental*, publié par Félix Thioller en 1888. ■ André Granger, A. P.

BIBLIOGR. : Gérald Schurr : *Les Petits Maîtres de la peinture 1820-1920, valeur de demain*, Les Éditions de l'Amateur, t. VI, Paris, 1985 - Philippe Tillon : *Charles Beauverie 1839-1923*, Action graphique, Saint-Étienne, 1986, abondante documentation - Philippe Tillon : *Charles Beauverie, peintre-graveur, 1839-1923*, avec le catalogue raisonné de l'œuvre, in : Nouvelles de l'Estampe, n°126, Paris, déc. 1992.

MUSÉES : AMIENS : *Écluse d'Optevoz avant la pluie - Femme au panier* - AUXERRE - BEAUVAIS : *Le Matin sur les bords de l'Oise* - BREST : *Boules de neige*, détruit avec le Musée en 1940 - FEURS - LONDRES (Victoria and Albert Mus.) : *Série d'eaux-fortes : Chapelle des Tuileries après l'incendie - Place de l'hospice à Saint-Cloud, après le départ des Prussiens - Bateau-lavoir à Auvers - L'auberge du Soleil Levant - Chemin de Dangu (Eure) - La vieille route à Auvers - Les bords de l'Epte à Dangu - Les Communaux de Gissencourt - Rue des Rosiers à Montmartre - L'Oise sous Méry - Escalier au château de Laroche-Lambert (Velay) - Les blés - Route d'Auvers - Chaumières à Valhermey - À Valmondois - Les laveuses à Auvers, bords de l'Oise - À Médan près Poissy - Les bords de l'Oise à Auvers - Après-midi d'automne - Auberge de campagne* - LYON : *Lever de lune - Ramiers sur le Lignon* - ROANNE - SAINT-ÉTIENNE .

VENTES PUBLIQUES : PARIS, 1878 : *Les puits voisins* : **FRF 260** - PARIS, 1898 : *Le chemin du village* : **FRF 4 600** - PARIS, 20 jan. 1908 : *Le pêcheur* : **FRF 250** - PARIS, 10 mai 1926 : *Paysage d'automne* : **FRF 620** - PARIS, 28 déc. 1943 : *Vaches au pâturage* : **FRF 1 700** - PARIS, 31 mars 1949 : *Paysage* : **FRF 3 800** - PARIS, 22 juin 1950 : *Paysage* : **FRF 5 100** - PARIS, 29 jan. 1951 : *Bord de Loire* : **FRF 7 300** - COLOGNE, 11 juin 1979 : *La Rue du village*, h/cart. (32x23,5) : **DEM 2 800** - VIENNE, 22 juin 1983 : *Paysage fluvial* 1894, h/t (47x74) : **ATS 25 000** - PARIS, 14 juin 1985 : *Paysanne dans un chemin* 1874, h/t (56x46) : **FRF 8 000** - PARIS, 20 jan. 1988 : *Ferme dans un paysage*, h/t (27x41) : **FRF 5 800** - REIMS, 23 oct. 1988 : *Paysage avec cours d'eau*, h/t (27x41) : **FRF 14 000** - LYON, 21 mars 1990 : *Paysage* 1871, h/t (52x92) : **FRF 28 000** - LONDRES, 7 avr. 1993 : *Journée d'été au bord d'une rivière*, h/t (90x150) : **GBP 7 475** - PARIS, 30 juin 1993 : *Maison sous la neige*, h/pan. (24,5x33) : **FRF 3 200**.

BEAUVISAGE Maurice

Né à Paris. XIXᵉ-XXᵉ siècles. Français.

Sculpteur.

Élève de Carlus. Exposa un buste aux Artistes Français en 1911.

BEAUVOIR Hélène de

Née le 9 juin 1910 à Paris. XXᵉ siècle. Française.

Peintre. Postcubiste.

Sœur de l'écrivain Simone de Beauvoir, elle expose depuis 1936 à Paris, Florence, Venise, Milan, Francfort, Tokyo et Hambourg. En 1960 à Paris, elle a figuré au Salon de Mai.

Sa peinture, d'influence cubiste, sur des thèmes divers présente un caractère décoratif.

H de Beauvoir

MUSÉES : PARIS (Mus. Nat. d'Art Mod.) - PHILADELPHIE .

VENTES PUBLIQUES : VERSAILLES, 25 juin 1978 : *Les skieurs*, h/t (81x100) : **FRF 320**.

BEAUVOIS Carel de

Né vers 1625 à Rotterdam. XVIIᵉ siècle. Hollandais.

Peintre.

Nous savons qu'il fut l'élève de Cornélis Saftleven et que le 18 mars 1648, il fut reçu membre de la gilde de Saint-Luc, à Leyde. Il résidait à Delft en 1658.

BEAUVOIS Michel de

Né en 1581 à Anvers. XVIIᵉ siècle. Travaillait à Amsterdam en 1607. Éc. flamande.

Peintre.

BEAUVOISIN Jean

XVIIIᵉ siècle. Français.

Peintre d'histoire.

Il eut le prix de l'Académie en 1774 et en 1775.

BEAUX Cecilia

Née en 1855 à Philadelphie (Pennsylvanie). Morte en 1942. XIXᵉ-XXᵉ siècles. Américaine.

Peintre de portraits. Impressionniste.

Après avoir été élève de William Sartain à Philadelphie, elle vient en 1889 à Paris, où elle fréquente l'Académie Julian. Si, en 1891, elle retourne à New York où elle devient membre de la National Academy, elle n'en reste pas moins en contact avec la France puisqu'en 1902 elle est membre associée de la Société Nationale des Beaux-Arts de Paris, où elle expose en 1913 et 1923. Elle a participé au Salon des Artistes Français à partir de 1900, date à laquelle une médaille d'or lui a été décernée.

De la génération de Mary Cassatt, Cecilia Beaux peint aussi des portraits et surtout des portraits d'enfants. Sa mise en page audacieuse doit certainement beaucoup à l'art japonais, alors tellement en vogue. L'exemple le plus significatif de ces compositions recherchées est sans doute le portrait de la petite fille *Ernesta with nurse*, pour lequel seules la jupe volumineuse, la manche et la main de la nurse sont visibles, mettant en valeur la fragilité de la petite fille. L'ensemble est peint à grands coups de brosse assurés, montrant sa connaissance, sa compréhension de l'art impressionniste. C'est avec une sensibilité proche de l'abstraction, qu'elle joue volontiers du blanc sur blanc. ■ A. P.

BIBLIOGR. : Marshall B. Davidson et Elisabeth Stillinger : *The american Wing*, The Metropolitan Museum of Art, New York, 1985.

MUSÉES : NEW YORK : *A girl in white - Ernesta with nurse*.

VENTES PUBLIQUES : PARIS, 24 juin 1922 : *Portrait de femme en blanc* : **FRF 5 000** - LONDRES, 25 juin 1928 : *Le rêveur* : **GBP 99** - NEW YORK, 11 mars 1982 : *L'artiste et sa sœur, Aimée Ernesta, enfants* 1886, h/pan. (37,5x47) : **USD 3 500** - NEW YORK, 1ᵉʳ juin 1983 : *Portrait de femme*, h/cart. (90,1x69,8) : **USD 1 600** - NEW YORK, 29 mai 1986 : *Dans le cloître*, h/t (63,5x38,1) : **USD 23 000** - NEW YORK, 16 mars 1990 : *Le Lieutenant Jean Julien Lemordant*, h/t (65,5x50,3) : **USD 8 250** - NEW YORK, 30 nov. 1990 : *Les habits de poupée*, h/t (90,5x74) : **USD 71 500** - NEW YORK, 23 mai 1992 : *Portrait d'Alice Davison*, h/t (168,8x86,4) : **USD 363 000** - NEW YORK, 10 mars 1993 : *Portrait de Mrs Robert Abbe*, h/t (188x99,1) : **USD 57 500** - NEW YORK, 14 sep. 1995 : *Portrait de Phillip van Ingen* 1885, h/t (63,5x78,7) : **USD 23 000** - NEW YORK, 3 déc. 1996 : *Portrait d'homme*, h/t (74x56) : **USD 2 760**.

BEAUZÉE-REYNAUD Marguerite

Née à Haucourt-Malaucourt (Meuse). XXᵉ siècle. Française.

Peintre de paysages, fleurs, aquarelliste.

Elle exposa à Paris, au Salon des Indépendants de 1929 : *Zinnias ; Pavots* (aquarelles).

VENTES PUBLIQUES : ROANNE, 6 mars 1987 : *Le jardin abandonné*, h/pan. : FRF 2 600.

BEAVIS C.
XIXᵉ siècle. Britannique.
Peintre de genre.
Il exposa à la British Institution en 1840.

BEAVIS Maud
XIXᵉ siècle. Britannique.
Peintre.
Peintre animalier ; exposa à Suffolk Street, à Londres, en 1881.

BEAVIS Richard
Né en 1824 à Exmouth. Mort le 13 novembre 1896. XIXᵉ siècle. Britannique.
Peintre de paysages, aquarelliste, dessinateur.
Venu à Londres en 1846, il entra à Somerset House en qualité d'élève. Il travailla pour un magasin de décoration, en 1850. De 1852 à 1896, il exposa à Londres à la Royal Academy ainsi qu'à la British Institution. Cet artiste ne tarda pas à se créer une réputation.
Ses paysages, tant à l'huile qu'à l'aquarelle, lui valurent constamment la faveur du public. On mentionne parmi ses meilleurs tableaux : *Midnight Ride of Deloraine*, qu'il exécuta en 1869. Il peignit aussi des vues de Bretagne et de la forêt de Fontainebleau.

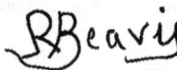

MUSÉES : GLASGOW (Art Gal.) : *Midnight Ride of Deloraine* 1869 – MELBOURNE : *Four à chaux* – SHEFFIELD : *Pillage de bétail* – SUNDERLAND : *L'histoire du naufrage* – *En route pour Rome* – *Incursion sur la frontière* – *Passage de la Bidassoa par Wellington* 1813.
VENTES PUBLIQUES : LONDRES, 1880 : *Sauvetage d'épaves sur la côte française*, aquar. : FRF 3 543 – LONDRES, 1898 : *Le Sauvetage des épaves* : FRF 4 250 – LONDRES, 17 avr. 1909 : *Dragons en marche* : GBP 5 – LONDRES, 24 juin 1909 : *En route pour le mont Sinai* : GBP 22 ; *Un campement de Bédouins en Syrie* : GBP 19 – LONDRES, 1910 : *Hissant une barque de pêche* : GBP 25 – LONDRES, 1910 : *Brûleurs de charbon* : GBP 13 – LONDRES, 22 déc. 1926 : *Labourage*, dess. : GBP 33 – LONDRES, 4 juin 1928 : *Le chemin de halage* : GBP 10 – LONDRES, 17 nov. 1933 : *Grenade* : GBP 24 – MANCHESTER, 12 et 13 mai 1939 : *La moisson près de Boulogne-sur-Mer* : GBP 20 – LONDRES, 30 avr. 1965 : *La Fuite* : GNS 180 – LONDRES, 18 sep. 1973 : *Paysage du Worcestershire* 1851 : GBP 890 – LONDRES, 24 nov. 1976 : *Caravane sur le mont Sinai* 1876, h/t (183x306) : GBP 2 200 – LONDRES, 21 oct. 1977 : *Le Déchargement d'un cargo* 1873, h/t (76,2x112) : GBP 950 – LONDRES, 28 nov. 1978 : *Troupeau dans un paysage* 1867, aquar. et reh. de blanc (25x34,5) : GBP 300 – LONDRES, 2 fév. 1979 : *Dunottar Castle* 1863, h/t (107,2x157,6) : GBP 2 400 – WASHINGTON D.C., 1ᵉʳ mars 1981 : *Perils of the highways* 1879, h/t (107x162,5) : USD 7 000 – LONDRES, 31 mars 1981 : *The Powder cutter* 1869, aquar. (25x35) : GBP 280 – LONDRES, 26 mai 1983 : *Going to market* 1867, aquar. reh. de gche (25,5x36) : GBP 350 – LONDRES, 30 nov. 1984 : *Caravane de Bédouins* 1876, h/t (166x310) : GBP 30 000 – LONDRES, 30 mai 1985 : *Paysans et char à bœufs dans une cour, Tolède*, aquar./trait de cr. et reh. de blanc (49,5x74) : GBP 700 – CHESTER, 9 oct. 1986 : *Scène de moisson près de Boulogne-sur-mer* 1868, h/t (69x107) : GBP 7 000 – LONDRES, 3 juin 1988 : *Près des côtes de la Méditerranée bleue*, h/t (26,7x36,8) : GBP 495 – LONDRES, 23 sep. 1988 : *Attelage tirant une charrette de matériaux en France* 1866, h/t (26x168) : GBP 13 750 – STOCKHOLM, 16 mai 1990 : *« Foray »* – *Soldats à cheval*, h/t (66x92) : SEK 23 000 – NEW YORK, 14 oct. 1993 : *Le chargement du chameau*, h/t (51,4x76,7) : USD 4 370 – NEW YORK, 19 jan. 1994 : *Chevaux tirant un bateau pour l'échouer sur la grève* 1870, h/t (30,8x47) : USD 5 463 – NEW YORK, 2 nov. 1994 : *Charrette remontant les filets à Scheveningen*, h/t (51x76,5) : GBP 2 875 – TEL AVIV, 22 avr. 1995 : *Dans les environs de Jaffa*, aquar. et gche (16,5x25) : USD 3 450 – NEW YORK, 9 juin 1995 : *À découvert*, h/t (45,7x61) : USD 3 220.

BEAVOIR Richard
XVIIIᵉ siècle. Britannique.
Peintre de paysages.
Il exposa en 1763 à la Society of Artists, à Londres.

BEAZLEY G.
XIXᵉ siècle. Britannique.

Peintre de portraits, paysages.
Il exposa en 1832 et 1846 à la Royal Academy de Londres.

BEBAN Breda
XXᵉ siècle. Depuis 1991 actif en Grande-Bretagne. Yougoslave.
Artiste multimédia.
Zagrébois, il s'installe à Londres en 1991. Il réalise des vidéos.

BEBB Rosa
XIXᵉ-XXᵉ siècles. Britannique.
Peintre et aquarelliste.
Elle envoya quatre œuvres à l'Exposition de Derby en 1909, dont : *Un Roi de la Forêt* ; *Nous deux*.

BÉBELLE, pseudonyme de Borchgrave Isabelle de
Née en 1946 à Bruxelles. XXᵉ siècle. Belge.
Peintre de paysages, d'intérieurs, designer. Tendance naïve.
A ses débuts, elle peint dans un style qualifié de naïf et évolue peu à peu vers une peinture intimiste, représentant la nature et les intérieurs de maisons. Elle travaille aussi bien le pastel, la gouache, l'aquarelle, le dessin que la peinture à l'huile. Elle est devenue un designer de réputation internationale, créant des tissus et modèles de haute couture, puis des tissus d'ameublement, des papiers peints, et enfin des carrelages, du linge de maison.
BIBLIOGR. : In : *Dict. biog. illustré des Artistes en Belgique depuis 1830*, Arto, Bruxelles, 1987.
VENTES PUBLIQUES : BRUXELLES, 9 oct. 1990 : *Composition abstraite*, h/t (80x100) : BEF 120 000.

BEBERLIN Hans
XVᵉ siècle. Travaillait en Alsace. Français.
Peintre verrier.
Il travailla pour différentes églises d'Alsace et notamment, en 1451, pour la cathédrale de Strasbourg.

BEBI Heinrich
Né en 1803 à Kempten. XIXᵉ siècle. Suisse.
Portraitiste, peintre de genre et graveur.
Professeur de dessin et de peinture à Zurich, où il exposa de 1832 à 1838. On cite aussi de lui plusieurs planches à l'aquatinte.

BEBIE W.
XIXᵉ siècle. Vivait vers 1845. Américain.
Peintre.

BEBIN
XXᵉ siècle. Français.
Dessinateur.
Il a publié, en 1923, en collaboration avec Montfrileux : *Les Parodies des grands chefs-d'œuvre*.

BEBIN Jacques Nicolas Jean Charles
Né à Valenciennes (Nord). XXᵉ siècle. Français.
Sculpteur.
Élève d'Injalbert et de Gauquié. Il a exposé à Paris au salon des Artistes Français au début du XXᵉ siècle.

BEBIN Jean
XIVᵉ-XVᵉ siècles. Actif à Dijon. Français.
Enlumineur.

BEC Auguste Marius Paul, dit Polydore de Bec
Né en 1799 à Aix. XIXᵉ siècle. Français.
Peintre paysagiste.
Constantin, Révoil et Granet furent ses maîtres. Il exposa, en 1824, à Aix, une *Vue du temple de Diane près de Vernègues* et envoya au Salon de Paris en 1827 et en 1829.

BEC Léon Henri
Né au XIXᵉ siècle à Paris. XIXᵉ siècle. Français.
Peintre et décorateur.
Il a exposé des meubles au Salon d'Automne de 1910 à Paris.

BEC Louis
Né le 27 août 1936 à Alger. XXᵉ siècle. Français.
Peintre, sculpteur de compositions d'imagination, créateur d'installations. Tendance conceptuelle.
Il a enseigné à l'Ecole Nationale des Arts Décoratifs de Limoges, où il a rencontré Viallat avec lequel il a organisé et animé plusieurs manifestations. A partir de 1970, il a enseigné à l'Ecole des Beaux-Arts d'Aix-en-Provence. Ensuite, en tant que chargé de missions, il a poursuivi sa carrière administrative dans les marges de l'enseignement.
En tant qu'artiste « faber », ses premières réalisations assem-

blaient des matériaux d'origines diverses, en sortes de bas-reliefs. Il a alors souvent effectué des animations d'espaces, à Limoges, La Rochelle, Aix-en-Provence. Il se fit surtout connaître en tant que « président-fondateur de l'Institut Scientifique de Recherche Paranaturaliste », dont l'objectif, qui n'est pas que parodique, est de produire des « artefacts », des modèles artificiels ou accidentels, additifs à l'observation de notre réel, qui compléteraient celui-ci sans le contredire. Ces organismes, que Bec construit le plus souvent dans de grandes dimensions, et dont les aspects rappellent les monstres anté-diluviens du Muséum, mais qui seraient passés par le Carnaval de Nice, sont abrités dans des sortes de serres où sont sensés reconstitués leurs biotopes supposés d'origine. La matérialisation de ces organismes parallèles s'accompagne d'un important appareil de documents les concernant, monographies, planches anatomiques, très sérieux, au moins en apparence. Dans son attitude de détournement des méthodes scientifiques habituelles, Bec se situait à la lisière du projet scientifique, impressionnant d'une rigueur décourageant le moindre sourire. Il exposa peu et dans les circuits confidentiels, et ne semble plus se manifester publiquement.   ■ J. B.

BECAGLI Marguerite
Née à la Côte-Saint-André (Isère). XXᵉ siècle. Française.
Peintre de paysages.
Elle a exposé au Salon des Indépendants en 1909 et, en 1911-1913, au Salon des Artistes Français dont elle est devenue sociétaire.

BECAN Bernard
Né le 8 mars 1890 à Paris. Mort en 1943. XXᵉ siècle. Français.
Peintre de paysages, illustrateur, caricaturiste, affichiste et graveur.
Élève à l'École des Beaux-Arts de Paris, il suit, avant 1914, les cours de l'atelier Verdier. À cette époque, il choisit définitivement son « univers », Montmartre et le *Lapin Agile* qu'il fréquente quotidiennement, délaissant Montparnasse. En 1914, il s'engage à la Légion étrangère, où il est fantassin, et dessine sur des petits carnets des centaines d'esquisses de soldats meurtris, blessés ou en permission dans les cafés, les bars, les trains. En 1919, il expose pour la première fois au Salon des Humoristes, et, plus tard, devient membre du Comité de la Société des Humoristes. Il a participé au Salon des Arts Décoratifs en 1925, au Salon des Tuileries de 1929 à 1932 et à celui des Indépendants. Sa formation artistique dans l'art décoratif l'amène à réaliser des motifs de tapisserie, de bijouterie, de médaille, d'émaux, et de gravure en taille-douce. Durant la guerre de 1914-1918, il crayonne au pastel et au fusain un nombre important de souvenirs de guerre que lui commandent des journaux comme *L'Œuvre, Bonsoir, Le Carnet de la semaine* et, plus tard, *Le Canard enchaîné, le Rire, La Baïonnette*. Bécan se dirige donc vers le dessin plus engagé politiquement, travaillant davantage avec les journaux satiriques. Sa manière est précise, sans sécheresse ni mollesse. Ses hachures solides, brèves, sans inutilité, aboutissent en quelques traits à l'esquisse d'un mouvement fugitif mais expressif. Ses dessins soulignent des situations ou des comportements originaux, le plus souvent caricaturaux. En 1919, il réunit dans un ouvrage intitulé : *Les horreurs de la paix*, soixante dessins à l'humour acide. Il a fait de nombreuses illustrations, dont : *La Chine est un pays charmant* de P. Daye, *Le Cheval magique* de R. Dévigne, *Les Fils de la Louve* de P. Dominique, *Charleston U.S.A. – Le peuple des Etoiles filantes* de P. Morand, *Music-Hall* de L. Roubaud. À l'Exposition des Arts Décoratifs de 1925 à Paris, il a décoré la porte du théâtre et montré plusieurs portraits d'écrivains et romanciers, dont Colette, André Gide, Courteline, Carco, Jules Romain, Tristan Bernard, Mauriac, etc. Le talent de Bécan est pleinement reconnu dès les années 1920, ce qui lui vaut d'importantes commandes d'affiches remarquables, pour le théâtre, le cinéma et la publicité. Son style se reconnaît par ses traits dynamiques et ses effets contrastés de lumière. Dans le domaine des affiches publicitaires, il réalise des maquettes dont les constructions sont fermes, pour lesquelles on découvre un esprit de synthèse plus systématique. Enfin, il montre dans les différents Salons, des toiles de chevalet qui s'inspirent des vues du Pays basque.
■ Frank Claustrat, A. P.
Musées : Tours (Mus. des Beaux-Arts) : Trois mines de plomb – Cinq encres de Chine – Deux lithographies – Trois eaux-fortes.
Ventes Publiques : Paris, 21 avr. 1943 : Paris, 21 avr. 1943 : *Grock*, aquar. : **FRF 100** – Paris, 24 nov. 1950 : *Basque accroupi*, aquar. : **FRF 300**.

BÉCANE Marc
Né à Montpellier (Hérault). XXᵉ siècle. Français.
Peintre.
Élève de Gabriel Ferrier, il a exposé au Salon des Artistes Français à Paris, notamment en 1911.

BÉCAR Edmond
Né le 13 octobre 1812 à Valenciennes (Nord). XIXᵉ siècle. Français.
Peintre et lithographe.
Son père, Pierre-Louis Bécar, lui donna les premières leçons. Ensuite ce fut Paul Delaroche qui se chargea de diriger son éducation artistique. Il débuta au Salon de Paris, en 1842, par des portraits. Le Musée de Valenciennes possède de lui quelques lithographies.

BÉCAR Pierre Louis
XVIIIᵉ-XIXᵉ siècles. Travaillait à Valenciennes au commencement du XIXᵉ siècle. Français.
Peintre.
Il fut membre de l'Académie de Valenciennes.

BECART Jean Gabriel ou Bécat
XVIIIᵉ siècle. Français.
Peintre.
Reçu à l'Académie de Saint-Luc en 1752.

BECART Willaume ou Becquart
XVIᵉ siècle. Travaillait à Lille en 1515. Français.
Peintre.

BÉCAT Émile
Né le 2 février 1885 à Paris. XXᵉ siècle. Français.
Peintre et graveur.
Élève de F. Flameng et de Gabriel Ferrier, il a exposé au Salon des Artistes Français à partir de 1913. Grand Prix de Rome, médaille d'argent et titulaire du prix R. de Rougé. Il a gravé les portraits de plusieurs écrivains, dont : Paul Valéry, Paul Claudel, Léon-Paul Fargue, Jules Romain, Valery Larbaud. Lui-même a participé à certains ouvrages, notamment, à *Georges Duhamel* de Luc Durtain, et à *Solitude* d'E. Estaunié.

BECCADELLI Antonio
Né en 1718 à Bologne. Mort en 1803 à Bologne. XVIIIᵉ siècle. Italien.
Peintre de sujets religieux, scènes de genre, portraits.
Il fut élève de Giuseppe Pedretti et membre de l'Académie Clémentine. *Le portrait de Marco Fantuzzi*, exécuté par cet artiste, fut placé dans la sacristie de l'église de l'Annonciation à Bologne. La Galerie Boschi possède de lui le tableau : *Aumône des capucins*.
Ventes Publiques : Rome, 12 nov. 1986 : *Franciscains faisant la charité*, h/t (53x65) : **ITL 400 000** – Rome, 23 mai 1989 : *L'aumône des Franciscains*, h/cuivre (48,5x66) : **ITL 9 500 000** – Amelia, 18 mai 1990 : *Paysans jouant aux cartes*, h/t (46x37) : **ITL 3 800 000**.

BECCAFUMI, de son vrai nom : **Domenico di Pace,** dit **il Mecarino**
Né vers 1486, près de Sienne, à Cortina, à Valdibiena ou à Arbia. Mort le 18 mai 1551 à Sienne. XVIᵉ siècle. Italien.
Peintre et sculpteur.
Domenico di Pace est fils d'un laboureur nommé Giacomo di Pace ; tout jeune, ses dispositions pour le dessin sont remarquées par Lorenzo Beccafumi qui l'adopte et lui fait étudier la peinture. Domenico, dont le nom devient alors Beccafumi, aurait été l'élève de G. B. Tozzo. Entre 1510 et 1512, il est sans doute allé à Rome où il a pu voir et étudier les œuvres de Raphaël et Michel-Ange. Peut-être a-t-il été en relation avec Berruguete ? Beccafumi appartient à la première génération d'artistes, appelés, parfois avec une connotation péjorative injustifiée, les « maniéristes », la où il s'agit d'un style. À cette époque, une inquiétude intellectuelle, un tourment moral troublaient l'esprit des jeunes artistes toscans et, principalement, des Florentins. Ils voulaient réagir contre le classicisme de la Renaissance, sans intention de se révolter ouvertement, et tout en étant fort impressionnés par la « manière » de Michel-Ange, notamment au plafond de la Sixtine. Tandis que Pontormo et Le Rosso font naître, à Florence, ce maniérisme fait de bizarreries, d'inventions fantastiques, de savantes subtilités, Beccafumi, moins véhément, selon Vasari, le porte à Sienne, dont il sera le dernier peintre de renom. Répondant au goût de son époque pour la grande décoration, dès son retour à Sienne en 1512, il fait des fresques pour la chapelle du Manto. Il décore ensuite la façade

du Palais Borghèse, en concurrence avec Sodoma, qui fait dans le même temps celle du palais de Bardi. En 1517, il reçoit commande de peintures pour San Bernardino, puis il entreprend des travaux pour le décor du Dôme de Sienne, et spécialement les cartons pour le pavé de mosaïque, où il représente des scènes de l'*Histoire de Moïse*, et fera en 1544, pour le même pavé, un *Sacrifice d'Abraham*. Il décore la voûte du palais Public de Sienne, utilisant le système du trompe-l'œil et des trouées fictives, avec des architectures en perspective illusionniste, au milieu desquelles des personnages allégoriques sont vus par en dessous, dans un raccourci assez impressionnant. Il fait également une *Adoration du Veau d'or* et d'autres peintures pour le Dôme de Pise : un *Zeuxis peignant Hélène* au palais Bindi Sergardi, un *Hercule entre le Vice et la Vertu* au palais Brandini. En 1541 il est appelé à Gênes par le prince Doria et travaille dans son palais ; il y fait, entre autres, un épisode de l'*Histoire de Médée et Jason*. De retour à Sienne, il continue la série des cartons pour le Dôme, exécute des anges de bronze pour le même décor. Il a d'ailleurs eu l'occasion de fondre, lui-même, en bronze, plusieurs statues qu'il avait modelées. Beccafumi ne peut cacher sa première admiration pour Léonard, ni l'influence à ses débuts, de Pérugin : les paysages lunaires, plantés d'arbres aux fines branches, le confirment. On les retrouve particulièrement dans *Sainte Catherine recevant les stigmates*. Mais, même dans ces détails les plus flagrants, un éclairage plus étrange différencie l'art de Beccafumi. Il n'a pas manqué, lui non plus, de reprendre certaines poses complexes de personnages vus dans des peintures de Michel-Ange, donnant une plasticité telle aux muscles qu'ils paraissent en état de contraction constante. Mais, surtout, Beccafumi se distingue par le choix de ses coloris difficilement définissable, tant il paraît hors nature. De plus, toutes les couleurs prennent une valeur étrange, parfois décolorée, blafarde, sous un éclairage qui tend à simplifier géométriquement les formes, jusqu'à les rendre parfois presque cubistes. On donne à certains de ses personnages, comme dans *La Chute des Anges rebelles* et *Le Christ aux Limbes* (toutes deux à la Pinacothèque de Sienne, un aspect livide de cire modelée, assez étonnant. En tant que maniériste, Beccafumi a subi une défaveur qui s'est accentuée au XIXᵉ siècle ; mais, depuis, on a redécouvert ses éclairages surprenants, ses mises en pages éblouissantes, qui annonçaient les plus grandes réussites du XVIIᵉ siècle. Enfin une vingtaine d'estampes lui ont été attribuées, mais leur authenticité est douteuse ; toutefois Vasari affirme que trois gravures sur bois, en camaïeu, avaient été exécutées par Beccafumi lui-même.

■ Annie Jolain, J. B.

Bibliogr. : In : Encyclopédie des Arts *Les Muses* vol. 3, Grange Batelière, Paris, 1969-1974 - in : *Diction. Univers. de la Peint.*, vol. 1, Le Robert, Paris, 1975.

Musées : Altenburg : *Sainte Famille* – Bayonne : *Deux figures allégoriques* – Emden : *Sainte Famille* – Florence (Palais Pitti) : *Sainte Famille* – Florence (Gal. des Offices) : *Sainte Famille* – Lille : *Adoration des Mages* – *Figure d'homme et deux enfants* – Londres (Nat. Gal.) : *Esther devant Assuérus* – Londres (Wallace coll.) : *Judith tenant la tête d'Holopherne* – Lucques (Pina.) : *Continence de Scipion* – Munich : *La Vierge à genoux devant l'Enfant* – Pesaro : *Sainte Famille* – Pise (Dôme) : *Le Veau d'or* – Saint-Pétersbourg (Ermitage) : *Sainte Famille* – Sienne (Acad.) : *Saint Michel – Christ aux Limbes – La Chute des Anges rebelles – Naissance de la Vierge – Baptême du Christ – Trinité de saints – Cartons pour le dôme de Sienne* – Strasbourg : *Buste d'homme* – Turin (Pina.) : *Madone avec l'Enfant entre saint Jean Baptiste et saint Jérôme* – Venise (Santa Maria della salute) : *Pénélope*.

Ventes Publiques : Paris, 1741 : *Soixante et onze pièces, dont les Israélites traversant le désert*, dess. : **FRF 44** – Paris, 1767 : *Un patriarche*, dess. à la pl., lavé de bistre : **FRF 30** – Paris, 1768 : *Un souverain pontife admettant à son audience les députés d'une ville*, dess. à la pl., lavé de bistre : **FRF 71** – Paris, 1826 : *Le Sacrifice d'Abraham*, dess. à la pl. : **FRF 85** – Paris, 1858 : *Étude pour une figure d'Hercule*, dess. à la pl., lavé de bistre : **FRF 20** – Paris, 1863 : *La Vierge et l'Enfant Jésus*, dess. : **FRF 90** – Paris, 1865 : *La Vierge assise* : **FRF 1 200** – Paris, 1867 : *La Vierge et l'Enfant Jésus* : **FRF 555** – Paris, 1869 : *La Vierge, l'Enfant Jésus et sainte Anne* : **FRF 500** – New York, 21 mars 1922 : *La Vierge, l'Enfant, saint Joseph et saint Jean* : **USD 210** – Londres, 13 juil. 1923 : *L'artiste de profil* : **GBP 115** – Londres, 8 déc. 1926 : *L'Histoire d'Esther* : **GBP 68** – Londres, le 25 oct. 1950 : *La Cène* : **GBP 120** – Londres, 27 juin 1962 : *La Sainte Famille avec l'Enfant et Saint Jean*, pan., de forme ronde : **GBP 3 500** – Londres, 3 juil. 1963 : *La Sainte Famille avec Saint Jean enfant*, pan., de forme ronde :

GBP 1 800 – Milan, 20 nov. 1963 : *La Vierge, l'Enfant et deux saintes*, t., de forme ronde : **ITL 1 600 000** – Londres, 30 nov. 1966 : *La Vierge et l'Enfant et saints*, pan., de forme ronde : **GBP 3 800** – Londres, 5 juil. 1967 : *La Sainte Famille avec saint Jean*, pan., à vue circulaire : **GBP 1 600** – Londres, 30 juin 1971 : *Cleolia traversant le Tibre* : **GBP 7 500** – Londres, 7 juil. 1972 : *La Sainte Famille avec saint Jean Baptiste enfant et sainte Catherine* : **GNS 13 000** – Londres, 5 juil. 1976 : *Tête de jeune homme de profil à droite*, temp./pap. (27,6x21) : **GBP 21 500** – Milan, 25 nov. 1976 : *Sainte Famille avec saint Jean et sainte Anne*, h/pan., de forme ronde (Diam. 68) : **ITL 15 000 000** – Londres, 29 juin 1977 : *Deux nus d'homme dans un paysage*, grav. sur cuivre (26,7x16,8) : **GBP 4 500** – Londres, 11 déc. 1980 : *Romulus et Remus nourris par la louve*, pl. et lav. (8,5x12,8) : **GBP 350** – Londres, 14 mai 1981 : *Deux nus d'homme dans un paysage*, cuivre (27x17,3) : **GBP 600** – Londres, 30 nov. 1983 : *La Sainte Famille avec saint Jean Baptiste enfant 1515-1518* (diam. 69) : **GBP 7 500** – Londres, 27 juin 1984 : *Deux hommes nus dans un paysage*, grav./cuivre (26,8x16,8) : **GBP 2 800** – Londres, 10 avr. 1985 : *Une procession à Monte Gargano*, h/pap. mar./pan. (28,9x23) : **GBP 9 000** – Londres, 5 déc. 1985 : *Trois hommes nus dans un paysage vers 1535*, eau-forte/pap. (21x40,5) : **GBP 55 000** – Monte-Carlo, 20 juin 1987 : *Feuille d'études : le sacrifice d'Isaac et la Nativité*, plume encre brune et lav. (20,8x14) : **FRF 120 000** – New York, 21 mai 1992 : *La Sainte Famille avec saint Jean Baptiste*, h/pan. (diam. 89,5) : **USD 3 083 000** – Monaco, 2 juil. 1993 : *Saint Paul en chaire surmonté d'une apparition de la Vierge à l'Enfant et flanqué de deux épisodes de sa vie : sa conversion et son martyre*, craie noire et encre reh. de blanc (38x26) : **FRF 64 380**.

BECCALINI Giovanni
Né en 1655 à Florence. XVIIᵉ siècle. Italien.
Peintre.
On le recherchait beaucoup, comme restaurateur de tableaux anciens, parce qu'il faisait ce travail avec une singulière habileté. Ses œuvres originales représentent d'ordinaire des fleurs. Cet artiste mourut fou à l'hôpital de Santa Maria Nuova, à Florence.

BECCARI Gaspare
XVIIᵉ siècle. Vivait à Padoue vers 1630. Italien.
Peintre.

BECCARIA Angelo
Né en 1820 à Turin. Mort en 1897 à Turin. XIXᵉ siècle. Italien.
Peintre d'animaux, paysages animés, graveur.
Cet artiste, dont le style est aussi original qu'intéressant, se perfectionna à l'Académie de sa ville natale. En 1935, on a vu de lui à Paris, à l'Exposition d'Art italien, une toile : *Sur les collines*. Ses tableaux représentent pour la plupart des scènes champêtres. Plusieurs de ses ouvrages se trouvent au Palais royal, à Turin.
Musées : Gênes : *Quatre paysages* – *Abreuvoir avec chevaux* – Turin (Mus. mun.).

Ventes Publiques : Milan, 23 mars 1983 : *Bergère et chèvre*, h/pan. (21x28) : **ITL 2 400 000** – Milan, 26 fév. 1986 : *Paysages animés de personnages*, deux h/pan. (60x43) : **ITL 6 600 000** – Amsterdam, 30 oct. 1990 : *Bergers et troupeau dans un paysage italien ; Lac italien avec des pêcheurs sur la rive 1855*, h/cart., une paire (chaque 30x45,5) : **NLG 9 200** – Milan, 17 déc. 1992 : *Moine au repos*, h/pan. (21x31,5) : **ITL 2 300 000** – Rome, 5 déc. 1995 : *Paysage animé 1865*, h/t (24,5x32) : **ITL 5 657 000**.

BECCARINI Virgilio
XXᵉ siècle.
Peintre et sculpteur.
Il exposa au Salon des Tuileries : *Espagnole* (sculpture) en 1935, *Figure en noir*, *Paysage* en 1938, *Nu*, *Poisson* en 1939.

BECCARUZZI Francesco
Né à Conegliano (Frioul). XVIᵉ siècle. Travaillait de 1520 à 1550. Italien.
Peintre.
On croit qu'il fut l'élève de Pordenone. En tous cas, c'est de Titien qu'il s'inspira dans ses compositions. Il travailla successivement pour les églises de Conegliano et de ses environs, pour celles de Trévise et de Venise.

FB.

Musées : Bergame : *Portrait d'une jeune femme* – Venise (Gal. roy.) : *Descente de Croix – Saint François recevant les stigmates* – Vienne : *Saint Jean Baptiste – Saint Thaddée*.

VENTES PUBLIQUES : LONDRES, 23 fév. 1968 : *Portrait d'un gentil-homme* : GNS 1 900.

BECCELIO Gaspare
XVIᵉ siècle. Vivait à Venise vers 1520. Italien.
Sculpteur.

BECCENI Pietro ou Beceni
Né en 1755 à Brescia. Mort en 1829 à Brescia. XVIIIᵉ-XIXᵉ siècles. Italien.
Graveur.
Il étudia à Milan dans l'atelier de G. Longhi. Sa série de gravures : *Les cent Illustres* et *Le Panthéon de Brescia* sont des œuvres d'une très gracieuse composition.

BECCHERELLI Vincenzo
XVIIᵉ siècle. Travaillait en Italie à la fin du XVIIᵉ siècle. Italien.
Peintre de portraits.

BECCHETTI Giuseppe
Né en 1724 à Bologne. Mort en 1794 à Bologne. XVIIIᵉ siècle. Italien.
Peintre.
D'abord élève de Graziani et de V. Bigari à Bologne, il alla ensuite à Venise et y profita de l'enseignement d'Amiconi.

BECCHETTI Pietro
Mort en 1765 à Bologne. XVIIIᵉ siècle. Italien.
Sculpteur.
Les statues qui représentent les figures du Christ, de Marie et des douze apôtres, que l'on admire dans l'église San Giacomo à Bologne ont été exécutées par cet artiste.

BECCHI Giambattista. Voir BICCHIO

BECCHIS Mario
XXᵉ siècle. Italien.
Peintre. Abstrait-lyrique puis informel.
A la suite de l'une de ses expositions à Milan en 1971, Michel Tapié définit Becchis comme étant : « Un artiste complet, ceci incluant et les valeurs tactiles, et le contenu métaphysique, et une logique structurelle, aussi librement qu'artistiquement choisie dans l'actuelle multivalence des possibles voies de ce qu'est devenue la structure essentiellement artistique ». Le même Tapié fait un parallèle entre la peinture de Becchis et un labyrinthe, ce qui se conçoit si l'on recherche les structures de ses toiles qui mènent à un parcours dont la lisibilité est dynamique. Son style abstrait lyrique jusqu'à l'informel, laisse prédominer la matière.

BECCI. Voir BEZZI

BECCO Giovanni Battista dal
XVIIIᵉ-XIXᵉ siècles. Italien.
Dessinateur de portraits.
En 1760, on rassembla ses ouvrages avec ceux de Giac. Trombaras, et l'on fit la collection publiée par Paolo Gozzi, sous le titre : *Portraits des évêques de Parme et d'autres grands personnages*. Il vivait encore à Parme en 1800.

BECDELIEVRE François Gabriel
Né le 28 mai 1778 à Puy-en-Velay (Haute-Loire). Mort le 1ᵉʳ octobre 1855 à Feurs (Loire). XVIIIᵉ-XIXᵉ siècles. Français.
Peintre de compositions religieuses, portraits, paysages, lithographie.
L'un des fondateurs du Musée du Puy, il peignit un *Christ en Croix* pour la cour d'assises de cette ville natale, aujourd'hui dans la cathédrale. Chevalier de la Légion d'honneur en 1821. Ses portraits se rattachent à la tradition davidienne. Il est également l'auteur de lithographies très détaillées.
BIBLIOGR. : Gérald Schurr : *Les Petits Maîtres de la peinture 1820-1920, valeur de demain*, Les Éditions de l'Amateur, t. IV, Paris, 1979.
MUSÉES : CLERMONT-FERRAND (Mus. Bargoin) : *La tête du parricide Lamouroux* – LE PUY-EN-VELAY : *Paysage*, copie d'après Jolivard – *Petite marine*, copie d'après Théodore Gudin – *Étude d'un lynx tué, en 1822, dans le département de la Haute-Loire* – *Tête d'un parricide exécuté au Puy en 1825* – *Portrait du même parricide* – *Retour de l'enfant prodigue* – *Portrait de Piere Julien, sculpteur* – *Portrait du comte Lacoste Frévol* – *Antiquités romaines* – *Chanteuses* – *La tour Pannasac* – *Saint-Julien-de-Brioude* – *Chœur de Notre-Dame du Puy*, litho. – *Vue de l'abbaye de Doue, près du Puy*, dess.
VENTES PUBLIQUES : PARIS, 6 juin 1983 : *La promenade publique*, aquar. (24x33) : FRF 6 100.

BECEL Pierre ou Besel
XVIᵉ siècle. Français.

Miniaturiste et enlumineur.
Il travaillait à Troyes de 1524 à 1531.

BECERI Domenico ou Benci
XVIᵉ siècle. Vivait à Florence en 1565. Italien.
Peintre.
Élève de Dom. Puligo, il collabora avec Vasari à la décoration du Palazzo-Vecchio, ainsi qu'à celle de l'Académie, lors des noces de François de Médicis.

BECERRA Francisco
XVIᵉ siècle. Travaillant à Tolède en 1577. Espagnol.
Peintre.

BECERRA Gaspar
Né vers 1520 à Baeza (Andalousie). Mort en 1570 à Madrid. XVIᵉ siècle. Espagnol.
Sculpteur, peintre et architecte.
Il étudia très jeune à Rome et travailla à la décoration du palazzo della Cancelleria, à titre d'aide de Vasari. Peu après, il exécuta un tableau représentant la *Nativité de Marie*, pour l'église Santa Trinita de'Monti. Quand il quitta l'Italie, il vint s'établir à Valladolid, en 1557, mais il dut bientôt quitter cette ville, parce que le roi Philippe II le chargea de s'occuper de la décoration de son château de Prado, et le nomma peintre de la cour, en 1563. Becerra, élève et fanatique de l'art de Michel-Ange, apporta sa conception artistique dans son pays natal. Il est considéré comme un des instaurateurs de la Renaissance en Espagne. Il a décoré de fresques et de stucs des appartements de l'Alcazar de Madrid, brûlé en 1734, et l'*Histoire de Danaé et de Persée*, au palais du Pardo. On lui doit aussi le retable de la cathédrale de Astorga. Ses dessins, qu'il exécutait avec un soin extrême, sont rares et très estimés.
MUSÉES : MADRID (Mus. du Prado) : *Madeleine repentante* – SAINT-PÉTERSBOURG (Mus. de l'Ermitage) : *Une sibylle*.

BECERRA Pedro
XVIᵉ siècle. Vivait à Cordoue vers 1577. Espagnol.
Peintre.

BECERRIL Francisco de
XVIᵉ siècle. Actif à Séville. Espagnol.
Sculpteur.
En 1564, il exécuta des travaux dans la salle capitulaire de la cathédrale, et en 1574 on le trouve restaurant les lions en bronze d'une fontaine de la ville.

BECERRIL Pedro
XVIᵉ siècle. Actif à Séville. Espagnol.
Sculpteur.

BECH Johan Anton
Né en 1797 au Danemark. Mort le 16 juin 1825. XIXᵉ siècle. Danois.
Peintre.
Il fut élève de l'Académie de Copenhague, il exposa de 1812 à 1822 différentes copies d'après des maîtres anciens.

BECH Poul Anker
Né en 1942 à Tars (Danemark). XXᵉ siècle. Danois.
Peintre de paysages.
Il participe à des expositions collectives depuis 1967 tant au Danemark qu'à l'étranger : 1973 Salon d'Automne de Charlottenburg ; 1987-1988 *Jeune Peinture* à Paris... Il montre ses œuvres dans des expositions personnelles : 1982 *Rétrospective* au Musée des Beaux-Arts de Hjorring ; 1984 *Horizons danois* à la Maison du Danemark à Paris ; 1990 Galerie Liliane François à Paris.
Il peint avec poésie des paysages, jalonnés de poteaux électriques, de bornes kilométriques, et joue sur les contrastes, entre ciel et mer, ouvrant l'horizon, abolissant les frontières.
VENTES PUBLIQUES : COPENHAGUE, 4 déc. 1991 : *Paysage de printemps 1988*, h/t (84x100) : DKK 9 000 – COPENHAGUE, 4 mars 1992 : *Atelier en octobre 1985*, h/t (135x105) : DKK 9 000 – COPENHAGUE, 20 mai 1992 : *Chemin à travers champs 1985*, h/t (125x97) : DKK 5 000 – COPENHAGUE, 6 sep. 1993 : *Hvor lidt er for meget ? 1989*, édition sur papier photographique (92x62) : DKK 7 500.

BECH Ted
XXᵉ siècle.
Peintre.
Il a exposé au Salon des Tuileries de 1939 un fusain, un dessin et un projet de fresque.

BÉCHAMP François
XVIIIᵉ siècle. Travaillait à Langres en 1734. Français.
Sculpteur.

BECHAMPS Joseph ou **Belchamps**
XVIIIe siècle. Actif à Lunéville et à Nancy. Français.
Sculpteur.
On le trouve mentionné à Nancy, avec le titre de sculpteur du roi, en 1757. Il exécuta divers travaux dans cette ville.

BECHDOLF Andreas
XVIIIe siècle. Travaillait à Ellwangen. Allemand.
Miniaturiste.

BECHELLIER
XVIIe siècle. Actif vers 1640-1650. Français (?).
Graveur au burin.

BECHEM P. J.
XVIIIe siècle. Allemand.
Peintre.
Moine, il vivait dans le cloître de Hohenbusch. En 1741, il exécuta pour son couvent trois tableaux : *L'Annonciation, La Circoncision* et *L'Adoration des mages.*

BECHER Arthur E.
Né le 29 juillet 1877 à Freiberg (Allemagne). Mort en 1960. XXe siècle. Allemand.
Peintre de genre, paysages, illustrateur.
Il fut élève de Howard Pyle et de Louis Mayer en Amérique où il s'établit.

ARTHVR
BECHER

VENTES PUBLIQUES : NEW YORK, 2 déc. 1982 : *Paysages*, deux h/t (40,6x50,8) : **USD 750** – NEW YORK, 4 avr. 1984 : *Wagon train fording a stream*, h/cart. (46,3x56) : **USD 950** – NEW YORK, 15 mars 1986 : *Guerre et Paix* 1935, h/t (97x81,5) : **USD 1 700** – NEW YORK, 14 nov. 1991 : *Le premier Noël du bébé*, h/t (85,8x61) : **USD 8 250** – NEW YORK, 28 nov. 1995 : *La caravane de chariot* 1948, h/t (76x102) : **USD 2 300**.

BECHER Bernd et **Hilla**
Né en 1931 à Siegen pour Bernd, en 1934 à Berlin pour Hilla. XXe siècle. Allemands.
Artistes.
Ces deux artistes sont mariés et travaillent ensemble. Bernd était élève à l'Académie de Stuttgart, avant d'étudier à l'Académie de Düsseldorf où Hilla était également élève. A partir de 1963, ils exposent en Allemagne, en Suède et aux Etats-Unis. Ils participent à l'exposition *Information*, au Musée d'Art Moderne de New York en 1970, à la Documenta de Kassel en 1972, 1977 et 1982, à l'exposition *Paris, Amsterdam, Düsseldorf* au Guggenheim Museum de New York en 1972, à la Biennale de Sao Paulo en 1977, à l'exposition *Une autre objectivité*, au Centre national des Arts plastiques à Paris en 1989. Ils ont fait des expositions personnelles à Essen, Gênes et Londres en 1974, New York en 1975, 1977, 1983, 1988, Paris en 1985, Turin en 1986, Düsseldorf en 1987, Munich en 1988 et Bruxelles en 1989.
Le premier ensemble typologique photographié par les Becher en 1957, montre les habitats ouvriers de Westphalie. De 1961 à 1965, ils se concentrent sur des architectures industrielles de la Ruhr et de la Hollande : hauts fourneaux, silos, réservoirs à gaz, étuves, chateaux d'eau. Les photographies sont classées en un ensemble de séries regroupant des structures aux fonctions identiques, chaque série comprenant des sous-ensembles. Les séries comportent également des sous-séries, photographies de détails de structures, conduits, raccordements ou tuyauteries. Les séries peuvent s'entrecroiser, se chevaucher, se juxtaposer. Si les documents photographiques prennent un caractère de sculptures anonymes, ils sont présentés par leurs auteurs comme des tableaux peints, et Buchloh y reconnaît « un compromis historique exemplaire entre la peinture et la photographie ». L'esthétique seule n'est pas mise en cause, la raison d'être, l'utilité et les critères économiques qui ont présidé aux constructions photographiées, interviennent dans leur choix.
VENTES PUBLIQUES : PARIS, 20 jan. 1991 : *Sans titre n°1 – Photos de constructions industrielles* 1974, Neuf photos en noir et blanc (72x55) : **FRF 120 000** – NEW YORK, 1er mai 1991 : *Typologie de maisons à cloisonnages*, montage de neuf photo. (en tout 150,5x110) : **USD 36 300** – NEW YORK, 3 oct. 1991 : *Chateaux d'eau*, montage de quatre photo. en noir et blanc (chacune

39,5x30,5) : **USD 12 100** – NEW YORK, 13 nov. 1991 : *Tuyauteries des aciéries de Neuves Maisons en France* 1988, montage de quatre photo. en noir et blanc (chaque 42,8x52,7) : **USD 22 000** – LONDRES, 26 mars 1992 : *Chevalements de mine*, montage de neuf photo. en noir et blanc (chaque 40,5x30,8) : **GBP 16 500** – NEW YORK, 19 nov. 1992 : *Gazomètres sphériques* 1984, montage de neuf photo. en noir et blanc/cart. (en tout 121,2x92,7) : **USD 42 900** – NEW YORK, 24 fév. 1993 : *Chevalements de mine 1967-1978*, montage de neuf photo. en noir et blanc (chaque 40,3x30,8) : **USD 35 200** – NEW YORK, 3 mai 1994 : *Chateaux d'eau* 1988, montage de seize photo. en noir et blanc sur cart. (117x391) : **USD 36 800** – PARIS, 17 oct. 1994 : *Silo à charbon à Locery Big Pit, Blaenavon Galles du Sud* 1974, photo. à tirage unique (40x30) : **FRF 15 500** – LONDRES, 1er déc. 1994 : *Tours de refroidissement* 1973, montage de photo. en noir et blanc/cart. (63,3x85) : **GBP 6 900** – NEW YORK, 16 nov. 1995 : *Typologie de maisons à colombages* 1974, montage de 16 photos en noir et blanc (chaque 24,1x17,8) : **USD 44 850** – AMSTERDAM, 5 juin 1996 : *Concasseur à Loomis Colliery Wilkes Barre en Pennsylvanie (USA)* 1974, montage de 8 photo./pap. (en tout 80x122) : **NLG 23 000** – LONDRES, 6 déc. 1996 : *Hauts fourneaux* 1989, 12 photo. en noir et blanc (en tout 174x192) : **GBP 26 450** – LONDRES, 27 juin 1997 : *Chevalements de mine B 1982-1983*, photo. en noir et blanc, montage de quinze (chaque 40,6x30,8) : **GBP 24 150**.

BECHER C. H.
XVIIe siècle. Actif à Londres dans la seconde moitié du XVIIe siècle. Britannique.
Dessinateur et graveur au burin.

BECHER Hilla. Voir **BECHER Bernd** et **Hilla**

BECHER Hugo Emmanuel
Né en 1871 à Leipzig. XIXe-XXe siècles. Allemand.
Sculpteur de scènes de genre et portraits.
Il fit ses études à Rome, puis participa à l'Exposition de la Société des Artistes de Munich, où il travailla quelque temps. Il a aussi exposé au Salon des Artistes Français à Paris, obtenant un mention honorable en 1898.

BECHERONI Elvio
Né le 23 février 1934 à Florence. XXe siècle. Italien.
Peintre. Abstrait-lyrique.
Il a exposé à Milan à partir de 1964, a participé à la Biennale de Padoue en 1966 et a fait une exposition personnelle en Suisse en 1972. Sa peinture abstraite semble issue d'un monde cellulaire auquel il emprunte des figures géométriques non rigoureuses. Du magma informel des fonds, émergent des formes qui évoquent des personnages, mais aussi des symboles de la germination, de la vie.

BECHERS
D'origine flamande. XIXe siècle. Actif au milieu du XIXe siècle. Éc. flamande.
Peintre de fleurs et fruits.
Cité par Mireur.
VENTES PUBLIQUES : PARIS, 1854 : *Fleurs et fruits* : **FRF 1 700**.

BECHERT Anton Léopold
XVIIIe siècle. Travaillait à Hirschberg en 1752. Allemand.
Sculpteur.

BECHERT Carl Ferdinand
Mort avant 1748. XVIIIe siècle. Travaillait à Jauer de 1715 à 1732. Allemand.
Sculpteur.

BECHERT Franz Ferdinand
Né en 1660. Enterré le 3 octobre 1727 à Hirschberg. XVIIe-XVIIIe siècles. Actif à Schweidnitz. Allemand.
Sculpteur.

BECHERT Heinrich Adolph
Né en 1687. Enterré le 25 mars 1739. XVIIIe siècle. Travaillait à Hirschberg. Allemand.
Sculpteur.

BECHERT Joseph Anton
Né vers 1691 à Schweidnitz. Mort en 1750. XVIIIe siècle. Travaillait à Hirschberg. Allemand.
Sculpteur.
Cet artiste, qui était le fils de Franz-Ferdinand Bechert, s'acquit rapidement une notable réputation. Son meilleur ouvrage est une *Statue de saint Népomucène*, dans l'église de Maiwaldau, près Hirschberg, qu'il acheva le 3 avril 1722.

BECHET

XVIIe siècle. Vivait dans la seconde moitié du XVIIe siècle. Français.

Graveur à la manière noire.

On a souvent confondu ses œuvres avec celles d'Isaac Beckett, qui cependant lui est supérieur.

BÉCHET Maurice

Né à Paris. XXe siècle. Français.

Peintre de paysages et natures mortes.

Il a figuré au Salon des Indépendants de 1905 à 1932 et au Salon d'Automne en 1913, 1920 et 1921.

BECHETTI. Voir BECCHETTI

BECHI Luigi ou Becchi ou Becci

Né en 1830 à Florence (Toscane). Mort en 1919. XIXe-XXe siècles. Italien.

Peintre de genre, portraits, paysages.

Cet artiste eut pour professeurs Bezzuoli et Pollastrini. Il fut médaillé une fois à Florence, exposa à Suffolk Street, à Londres, en 1879. On cite parmi ses œuvres : *La veillée de Michel-Ange* ; *Suzanne* ; *Agar*.

Musées : FLORENCE (Gal. d'Art Mod.) : *Casa rustica* – GÊNES : *Après la bourrasque* – MADRID (Prado) : *Paysanne portant un vase* – *Le marquis Fadini sauvant la vie du colonel De Sonnaz à Montebello*.

Ventes Publiques : BERLIN, 1894 : *Jeune Italienne* : **FRF 406** ; *La petite tresseuse* : **FRF 962** ; *Le petit artiste* : **FRF 942** ; *Paysan donnant de la bouillie à un enfant* : **FRF 1 450** – LONDRES, 4 mai 1923 : *Le jeune musicien* : **GBP 17** – LONDRES, 8 avr. 1960 : *En taquinant le chat* : **GBP 252** – LONDRES, 7 avr. 1965 : *Les jeux de bébé* : **GBP 450** – MILAN, 17 oct. 1972 : *La soupe de grand-père* : **ITL 1 700 000** – MILAN, 20 oct. 1973 : *La cage à oiseaux* : **ITL 1 600 000** – MILAN, 20 déc. 1977 : *Deux jeunes paysannes*, h/t (47x35) : **ITL 2 400 000** – MILAN, 9 juin 1987 : *Mammina*, h/t (75,5x56,5) : **ITL 23 000 000** – MILAN, 6 déc. 1989 : *Jeune paysanne*, h/t (131x96) : **ITL 24 000 000** – NEW YORK, 17 jan. 1990 : *Couple de paysans*, h/t (92,2x68,6) : **USD 9 900** – MILAN, 30 mai 1990 : *Intérieur avec une mère et son enfant*, h/t (77,5x102) : **ITL 48 000 000** – ROME, 11 déc. 1990 : *Paysage toscan*, h/cart. (33x41) : **ITL 9 200 000** – MILAN, 12 mars 1991 : *Bergère et moutons*, h/t (50,5x63) : **ITL 27 000 000** – ROME, 14 nov. 1991 : *Les dernières retouches*, h/t (29x22,5) : **ITL 11 500 000** – NEW YORK, 27 mai 1992 : *Jeune garçon jouant de la clarinette*, h/t (119,7x84,5) : **USD 15 400** – LONDRES, 27 nov. 1992 : *Le petit-fils préféré*, h/t (94,7x76,8) : **GBP 20 900** – NEW YORK, 26 mai 1993 : *Divertissement musical*, h/t (83,2x121,3) : **USD 31 050** – MILAN, 22 nov. 1993 : *Noces d'or*, h/t (89,5x127) : **ITL 28 284 000** – MONTRÉAL, 23-24 nov. 1993 : *Rêverie pendant le repas*, h/t (69,2x58,2) : **CAD 15 500** – LONDRES, 11 fév. 1994 : *Flirt*, h/t (100,4x73,3) : **GBP 18 400** – NEW YORK, 1er nov. 1995 : *Jeu avec le bébé*, h/t (83,8x121,9) : **USD 37 375** – LONDRES, 15 mars 1996 : *La première réprimande*, h/t (76,8x100,3) : **GBP 23 000** – NEW YORK, 23 oct. 1997 : *Jeune enfant tressant un panier*, h/t (73,7x50,8) : **USD 31 050**.

BÉCHILLON Marc de

Né le 17 décembre 1916 à Périgueux (Dordogne). XXe siècle. Français.

Peintre de paysages et de genre.

Il a exposé dans la plupart des Salons parisiens, dont celui des Indépendants à partir de 1936, des Tuileries entre 1939 et 1943, d'Automne en 1941, 1942. Il a figuré à l'Exposition universelle de 1937 à Paris.

BECHLER Gustave

Né le 1er août 1870 à Munich. XIXe-XXe siècles. Allemand.

Peintre et graveur sur bois.

Élève du Pr Hocker à Munich il expose dans cette ville à partir de 1899, ainsi qu'à Vienne en 1906. Un de ses tableaux est à la Pinacothèque de Munich : *Soleil de Mars*.

BECHLER Hinrich

XVe siècle. Travaillait à Berne. Suisse.

Peintre.

En 1480, il exécuta, pour la salle de l'hôtel de ville de Fribourg, un tableau : *La Bataille de Murten*.

BECHLER Theobald

Né le 16 février 1834 à Ehingen. XIXe siècle. Allemand.

Sculpteur.

Il entra à l'École de l'Académie de Munich en 1853, puis il se rendit, en 1858, à Stuggart, où il fréquenta pendant quelques années l'École des Arts. Il fit aussi un voyage à Paris, et vint se fixer à Munich en 1870. On cite de lui : *Chasseur et son chien* ; *Jeune laitière* ; *Amour jouant avec un chien*.

BECHMANN Marcelle

Née à Paris. XXe siècle. Française.

Décorateur.

Elle exposa en 1931 au Salon d'Automne à Paris.

BECHON Karl

Né en 1732 à Varsovie. Mort le 16 mars 1812 à Varsovie. XVIIIe-XIXe siècles. Polonais.

Miniaturiste.

Ses meilleures miniatures sont les portraits de la famille royale de Saxe.

Ventes Publiques : PARIS, 1897 : *Portrait présumé de Stanislas Poniatoski, à Varsovie, en uniforme militaire*, miniature : **FRF 275**.

BÉCHON de ROCHEBRUNE. Voir ROCHEBRUNE Jean Béchon de

BECHSTEIN Lothar

Né en 1884 à Solothurn. Mort en 1936 à Munich. XXe siècle. Actif en Allemagne. Suisse.

Peintre de portraits, figures et paysages.

Élève de P. Halm et de A. Jank à l'Académie de Munich, il a voyagé à Vienne, en Algérie et à Paris. Il a exposé à Munich en 1913, 1922, 1937.

Ventes Publiques : HEIDELBERG, 11 avr. 1981 : *Baigneuses dans un paysage 1922*, h/t (94x128) : **DEM 2 350**.

BECHSTEIN Ludwig

Né le 1er juillet 1843 à Meiningen. XIXe siècle. Allemand.

Illustrateur et peintre de genre.

Élève de l'Académie à Munich, en 1860, il y resta pendant quatre ans. La Société des Artistes de Munich conserve nombre de ses œuvres.

BECHTEJEFF Wladimir von

Né en 1878. XXe siècle. Allemand.

Peintre. Groupe Der Blaue Reiter.

Aux alentours de 1911-1912, il faisait partie du groupe du *Blaue Reiter*, où il ne fut que mentionné, ne semblant pas y avoir pris une part très active. Il avait, sans doute, le désir de donner à son art une allure de modernisme.

Ventes Publiques : COLOGNE, 6 mai 1978 : *Rue bordée d'arbres vers 1905*, h/cart. (66,5x49) : **DEM 23 000** – LONDRES, 29 mars 1988 : *Paysage de la région de Murnau*, h/t (51,3x70) : **GBP 12 100**.

BECHTEL Bartholomäus

Travaillait à Nuremberg. Allemand.

Peintre.

BECHTLE Robert

Né en 1932 à San Francisco (Californie). XXe siècle. Américain.

Peintre. Hyperréaliste.

Après des études en Californie, il a exposé au San Francisco Museum of Art entre 1959 et 1964. Il a participé à la Biennale de Paris en 1971 et à la Documenta IV de Kassel en 1972. Il peint dans un style d'un réalisme aigu, proche de la photographie, des automobiles rutilantes dont les détails sont rendus avec une extrême précision. Il a également peint des scènes de la vie quotidienne, souvent autobiographiques.

Ventes Publiques : LONDRES, 2 juil. 1981 : *'64 Valiant 1974*, aquar. (25x41) : **GBP 1 000** – NEW YORK, 18 nov. 1981 : *'68 Cadillac 1970*, h/t (56x61) : **USD 4 000** – NEW YORK, 4 mai 1982 : *'60 Chevies 1971*, h/t (114,5x160) : **USD 23 000** – NEW YORK, 9 mai 1984 : *'56 Plymouth 1963*, h/t (91,5x101,6) : **USD 3 500** – NEW YORK, 6 mai 1987 : *'60 Chevies 1971*, h/t (114,3x160) : **USD 55 000** – NEW YORK, 6 mai 1992 : *Le représentant en aspirateurs Vacuum*, h/t sur trois pan. (182,5x175) : **USD 16 500** – NEW YORK, 21 nov. 1996 : *Max sur les épaules 1967*, h/t (91,4x101,6) : **USD 9 200**.

BECHTOLD

XVe siècle. Vivait à Francfort-sur-le-Main, de 1470 à 1482. Allemand.

Peintre.

BECHTOLSHEIM Gustav de, baron
Né le 2 novembre 1842 à Ratisbonne. XIXe siècle. Allemand.
Peintre paysagiste.
Cet artiste, qui fit de la peinture plutôt en amateur, s'établit à Munich pour travailler. Il commença par étudier avec Charles Piloty puis il fréquenta l'atelier d'Adolf Lier. Les motifs de ses paysages sont presque tous empruntés à la Haute-Bavière.

BECHTOLT Friedrich
XVe siècle. Actif à Strasbourg. Éc. alsacienne.
Peintre.
En 1471, il obtint le droit de cité à Strasbourg.

BECIC Vladimir
Né en 1886 à Slavonski Brod. Mort en 1954. XXe siècle. Yougoslave.
Peintre aquarelliste. Néo-réaliste puis expressionniste.
Après avoir suivi des cours de peinture à Zagreb, il entra à l'Académie des Beaux-Arts de Munich. En 1910, il a exposé à Bruxelles et à Paris. Dans un premier temps influencé par Cézanne, il est devenu l'initiateur, vers 1920, avec Babic du mouvement néo-réaliste, avant de s'orienter, aux alentours de 1930, vers un expressionnisme qui était l'une des principales tendances de l'école croate, entre les deux guerres.

BECK
Mort en 1814 aux États-Unis. XIXe siècle. Américain.
Peintre de paysages.
Établi dans le Kentucky pendant de longues années, il y jouit d'une belle renommée comme paysagiste.

BECK A. Van der
XVIIIe siècle. Actif à Amsterdam à la fin du XVIIIe siècle. Hollandais.
Graveur au pointillé.
On cite des portraits de lui, notamment celui de Theodorus Bastian. Peut-être identique à A. van der BEEK.

BECK Abraham
XVIe siècle. Vivait à Nuremberg. Allemand.
Peintre.

BECK Adrien Van ou Becke
XVIIIe siècle. Éc. flamande.
Peintre de fleurs, d'oiseaux et de fruits.

AB

VENTES PUBLIQUES : PARIS, 1865 : *Faisan* : FRF 143.

BECK Andras
Né le 13 janvier 1911 à Alsogod. Mort le 9 décembre 1985 à Clamart (Hauts-de-Seine). XXe siècle. Depuis 1956 actif en France. Hongrois.
Sculpteur, médailleur.
En 1956, il avait choisi la France comme terre d'exil. Il fit une exposition à la Monnaie de Paris en 1980.
Depuis 1930, il travaillait aussi bien le bronze que le marbre ou l'acier. Il donna à ses œuvres un rythme quasi-musical, traduisant aussi bien l'émotion, notamment dans son *Hommage à Jan Pallach*, jeune patriote tchèque qui s'était fait brûler vif à l'arrivée des chars russes à Prague, que la joie avec sa *Danse* ou encore les grands espaces de la Puszta avec ses *Chevaux*.
MUSÉES : MEUDON (Mus. d'Art et d'Hist.) : Dépôt de l'œuvre.

BECK André ou Becks
XVIIe siècle. Éc. flamande.
Sculpteur sur bois.
Il travaillait à Hasselt (Belgique). En collaboration avec Antoine Bertrand, il exécuta, d'après le style de Rubens, l'emboîture de l'orgue de l'église Saint-Quentin.

BECK Angelo
XIXe siècle.
Sculpteur.
Il exposa de 1884 à 1889, à la Royal Academy de Londres.

BECK Anton August ou Bäck
Né en 1713 à Brunswick. Mort en 1787. XVIIIe siècle. Allemand.
Graveur.
Élève de son père Johann Georg, il a surtout travaillé à l'illustration d'almanachs. La spécialité de ses gravures consiste en des vues de villes et des sujets d'architectures. On cite aussi des portraits.

BECK Anton Franz
XVIIIe siècle. Allemand.
Peintre ?

BECK August
Né en 1823 à Bâle. Mort le 28 juillet 1872 à Thun. XIXe siècle. Suisse.
Dessinateur et aquafortiste.
Il fit son éducation à Düsseldorf, sous la direction de Charles Sohn, manifestant son talent dans la représentation des scènes militaires qu'il fit paraître dans certaines revues illustrées.

BECK Augustin
XVIIIe siècle. Allemand.
Peintre de cartes.

BECK Augustus J.
Américain.
Peintre.

BECK C.
XIXe siècle. Allemand.
Peintre sur porcelaine.
Il travaillait dans la première moitié du XIXe siècle à Cassel.

BECK Carol H.
Née en 1859 à Philadelphie (Pennsylvanie). Morte en 1908 à Philadelphie. XIXe siècle. Américaine.
Peintre et décorateur.
Elle a pris part à la décoration des plus grands édifices publics de Philadelphie.

BECK Christian Frédérick
Né en mars 1876 au Danemark. XIXe-XXe siècles. Danois.
Peintre de paysages urbains.
Il fit ses études à l'Académie de Copenhague et peignit surtout des vues de villes.

BECK Conrad
Né à Meskirch. XVIe siècle. Allemand.
Peintre.
Des documents de l'époque établissent qu'en 1594 il fut payé pour des travaux importants de même qu'en 1596 et 1597. En 1603, on le trouve à Uberlingen.

BECK Cornelio Van der. Voir VANDERBECK

BECK David
Né le 25 mai 1621 à Delft. Mort le 20 décembre 1656 à La Haye. XVIIe siècle. Hollandais.
Peintre de portraits.
Beck travailla à la cour d'Angleterre sous la direction de Van Dyck, et remplit les fonctions de professeur de dessin auprès des fils de Charles Ier et du prince Ruprecht de Palatinat. Après avoir été tour à tour au service des cours de Danemark et de France, il fut appelé en Suède, et mit son talent au service de la reine Christine. On le trouve à Amsterdam en 1652, à Rotterdam en 1653, puis à Rome où il devint membre de la confrérie des peintres. Il peignit de nombreux portraits de la reine Christine, qu'elle distribua aux cours étrangères. Parmi ses œuvres, on cite les portraits du *Chancelier impérial Axel Oxenstierna*, et de *Per Brahe le Jeune*, au château de Skokloster, près Upsal, le portrait de l'artiste par lui-même, ceux de Gustaf Horn et du roi Charles-Gustave. Portraitiste des grands, Beck se devait de faire ressemblant et de forcer sur la majesté de ses modèles. Pourtant il sut préserver ses qualités proprement picturales. Plusieurs portraits de Beck ont été gravés par Jérémias Falck.

)Beck fecit.
1650

MUSÉES : LYON : *Portrait d'homme* – SAINT-PÉTERSBOURG : *Jeune homme* – STOCKHOLM : *Portrait de la reine Christine* – UTRECHT : *L'homme qui compte des grains d'orge* – VIENNE (Gal. Habrach) : *Deux portraits d'homme*.
VENTES PUBLIQUES : NEW YORK, 1904 : *Henrietta Maria, femme de Charles Ier* : USD 175 – STOCKHOLM, 10-12 mai 1993 : *La reine Christine*, h/t (19x15) : SEK 4 700.

BECK Dunbar D.
Né en 1902 dans le Delaware. Mort en 1986. XXe siècle. Américain.
Peintre de compositions à personnages, compositions murales. Réaliste.
Peintre naturaliste de l'Ohio, il fut professeur à Yale, mais en 1940 il s'installa à Sacramento en Californie. Il exposa à l'Exposition universelle de New York en 1939, réalisa des peintures

murales pour le centre Rockfeller et décora le salon est de la Maison Blanche.

Dans un style réaliste, il peignait des scènes de la vie quotidienne des paysans et des ouvriers. Cette facture académique-photographique se retrouve à la même époque chez les peintres du réalisme-socialiste en URSS. et chez les peintres officiels de l'Allemagne nazie.

VENTES PUBLIQUES : NEW YORK, 22 mai 1991 : *La Pause de midi* 1936, temp. et cr./rés. synth. (60,5x50,7) : **USD 26 400** – NEW YORK, 5 déc. 1996 : *La Pause de midi* 1936, temp. et cr./rés. synth. (60,3x50,8) : **USD 35 650**.

BECK Edith
Née en 1929 à Anvers. XXe siècle. Belge.
Peintre de paysages, fleurs.
Élève à l'Académie d'Anvers, elle travailla aussi sous la direction de Jacques Gorus. Elle peint des paysages de mer, des quartiers pittoresques d'Anvers, la Campine et des fleurs.
BIBLIOGR. : In : *Dict. biog. ill. des Artistes en Belgique depuis 1830*, Arto, Bruxelles, 1987.
MUSÉES : ANVERS (Mus. Plantin Moretus) – EILAT (Mus. of Mod. Art).

BECK Elias Thomas. Voir BAECK Elias

BECK Ferdinand Alexander
Né le 16 septembre 1814 à Schaffhouse. Mort le 3 mars 1892. XIXe siècle. Suisse.
Dessinateur et peintre verrier.
Les dessins de cet artiste représentent des portraits d'esprit caricatural. C'est à l'Académie de Munich qu'il fit son éducation. Avec son frère Johann-Jakob, il fournit de nombreux vitraux pour des amateurs et les édifices publics de Bâle, Berne, Soleure, et des villes de l'Allemagne du Sud.

BECK G.
XVIIIe siècle.
Peintre de paysages.
Il exposa de 1790 à 1793, à la Society of Artists et à la Royal Academy de Londres.

BECK G. W.
Graveur au burin.
On connaît de lui le portrait de Mme Rosine Guasi.

BECK Georg
XVe siècle. Actif à Augsbourg. Allemand.
Miniaturiste.

BECK Georg
XVIe siècle. Actif à Nuremberg en 1550. Allemand.
Peintre.

BECK Georg
Né à Unter-Asbach. XVIIe siècle. Allemand.
Peintre.
De 1602 à 1606, il travailla à Nuremberg, dans l'atelier de Hans Weyer.

BECK Gerlinde
Née le 11 juin 1930 à Stuttgart. XXe siècle. Allemande.
Sculpteur.
Elle fut élève de Baumeister à l'Académie d'Art de Stuttgart. A cette époque, elle travailla plus particulièrement le métal. Elle devint professeur dans un institut de recherche pour l'esthétique industrielle à Stuttgart en 1958. Elle reçut le Prix Hogovan Montfort (Autriche) en 1961, le Grand Prix international de Sculpture de Monaco en 1962 et un Prix à Brême en 1967.

BECK Gustav Kurt
Né en 1902 à Vienne. XXe siècle. Autrichien.
Graveur et peintre. Postimpressionniste, puis abstrait.
Il fit ses études à l'Ecole des Arts et Métiers de Vienne, entre 1921 et 1923. Il voyagea beaucoup en Europe et en Afrique du Nord, de 1939 à 1946, séjournant en Yougoslavie et surtout en Italie. C'est à Rome qu'il prit la décision de se consacrer à la peinture, participant à la fondation du Club d'Art, société artistique internationale. Revenu à Vienne en 1946, il crée, avec les professeurs Gutersloh et Soucek, le Club d'Art Autrichien, et ouvre une galerie à Salzbourg. Il continue ses voyages aux États-Unis en 1951 et au Brésil en 1953-1955.
Après avoir subi une influence des impressionnistes, il s'orienta vers l'abstraction et fut l'un des initiateurs de l'art moderne à Vienne.

BECK Hans
XVIe siècle. Actif à Nuremberg en 1582. Allemand.
Peintre de cartes.

BECK Hans Jacob
Né le 13 novembre 1786 à Schaffhouse. Mort le 15 août 1868. XIXe siècle. Suisse.
Dessinateur et peintre verrier.
Il fut l'élève du paysagiste Wetzel à Zurich, et s'établit à Schaffhouse en 1818. La Société archéologique de cette ville possède de lui quatre-vingts pièces.

BECK Heinrich ou Peckh
XVIIe siècle. Actif à Nuremberg. Allemand.
Peintre.
Son père, Peter Beck, fut son premier maître, puis, de 1604 à 1606, il fréquenta l'atelier de Wolf Ritterlein, en qualité d'élève. Il fut reçu membre de la corporation des peintres, avec le titre de maître, en 1610.

BECK Heinrich
Né le 18 décembre 1788 à Dessau. Mort le 6 mars 1875. XIXe siècle. Allemand.
Peintre d'histoire et portraitiste.
C'est sous la conduite de Ferd. Hartmann, à Dresde, qu'il fit son éducation artistique. En 1818, il fut nommé peintre de la cour et conservateur de la collection d'art des ducs à Dessau. L'église Saint-Nicolas à Zerbst possède un retable de lui.

BECK Henri Van der
Né à Lille (Nord). XXe siècle. Français.
Peintre.
Il a exposé à Paris au Salon des Indépendants en 1931, 1938 et 1939.

BECK J. L.
XVIIIe siècle. Allemand.
Portraitiste.
On sait qu'en 1757, il fit le portrait d'Albertine de Thielau.

BECK J. M.
XVIIIe siècle. Vivait à Augsbourg. Allemand.
Graveur.
Il fit, en 1748, *Le Centenaire de la paix de Westphalie*.

BECK J. W.
XIXe-XXe siècles. Britannique.
Peintre de paysages, dessinateur.
À partir de 1879, il a exposé à la Grafton Gallery et à la New Gallery de Londres.
VENTES PUBLIQUES : LONDRES, 15 juin 1908 : *Les bois de Cleveden ; Près de Hentey*, dess. : **GBP 11**.

BECK Jacob Samuel
Né en 1715 à Erfurt. Mort en 1778 à Erfurt. XVIIIe siècle. Allemand.
Peintre de compositions animées, scènes de genre, natures mortes, fleurs et fruits.
On sait qu'en 1736, il exécuta, avec d'autres artistes, une Danse des morts.
MUSÉES : RIGA (Mus. d'Art) : une peinture de gibier – WEIMAR (Mus. grand-ducal) : deux tableaux de fleurs.
VENTES PUBLIQUES : COLOGNE, 23 mars 1973 : *Trophée de chasse* : **DEM 6 500** – LONDRES, 29 mai 1981 : *Natures mortes aux fruits* 1768, deux h/t (53x67,4) : **GBP 5 500** – AMSTERDAM, 12 juin 1990 : *Nature morte de raisin, pommes, melon et panier de noisettes sur un entablement drapé*, h/t (49,3x67,5) : **NLG 40 250** – NEW YORK, 11 jan. 1991 : *Nature morte de melons sur une table*, h/t (33,3x38,7) : **USD 6 050** – LONDRES, 30 oct. 1991 : *Réunion musicale, le soir à la chandelle*, h/t (116x130,5) : **GBP 3 850** – LONDRES, 28 oct. 1992 : *Nature morte de prunes, pommes, pêches et noisettes sur un entablement* 1767, h/t (53,5x68) : **GBP 18 700** – LONDRES, 5 juil. 1995 : *Nature morte de choux, artichauts, melons, concombres et petits pois*, h/t/pan. (49,5x82) : **GBP 15 525** – LONDRES, 16 avr. 1997 : *Nature morte de chou, artichauts, asperges et oignons, avec un papillon et une libellule*, h/t (45,4x57,2) : **GBP 5 520** – NEW YORK, 16 oct. 1997 : *Céleri, navets, carottes, chou-fleur, haricots, chou et courge dans un paysage*, h/t (56,2x82,5) : **USD 20 700**.

BECK Jacob Sigismund
XVIIIe siècle. Allemand.
Peintre de figures.
VENTES PUBLIQUES : NEW YORK, 19 jan. 1994 : *Diane se reposant après la chasse*, h/t (59,7x82,6) : **USD 3 738**.

BECK Johann
Mort en 1694. XVIIe siècle. Allemand.
Sculpteur.

BECK Johann Georg ou Bâck

Né en 1676 à Augsbourg. Mort vers 1722. XVIIIe siècle. Allemand.

Graveur.

En 1706, il s'établit à Brunswick.

BECK Johann Jakob

Né le 20 avril 1820 à Schaffhouse. Mort le 10 mars 1879. XIXe siècle. Suisse.

Peintre verrier.

Collaborateur de son frère Ferdinand-Alexander dans l'exécution des vitraux pour Bâle, Berne ; on croit qu'il fut aussi graveur.

BECK Johann Martin, l'Aîné

Né le 23 avril 1780 à Schaffhouse. Mort le 29 mars 1854 à Schaffhouse. XIXe siècle. Suisse.

Peintre verrier.

Fondateur de la famille de peintres verriers de son nom. Travailla avec son frère Hans Jakob.

BECK Johann Martin, le Jeune

Né le 18 mai 1808 à Schaffhouse. Mort le 22 août 1833. XIXe siècle. Suisse.

Peintre verrier.

Probablement élève de son parent Hans Jakob, et de l'Académie de Munich.

BECK Joseph

Né en Flandre. XVIIIe siècle. Travaillait à Paris. Éc. flamande.

Peintre.

Il fut élève de Carl Van Loo à l'Académie de Paris en 1758.

BECK Julia

Née le 20 décembre 1853 à Stockholm. Morte en 1935. XIXe siècle. Suédoise.

Peintre de portraits, paysages.

Elle travailla à l'Académie de 1872 à 1878 et vint, ensuite à Paris, où elle figura au Salon en 1880. On lui doit un *Autoportrait*.

VENTES PUBLIQUES : PARIS, 1889 : *Portrait d'homme* : **FRF 320** – STOCKHOLM, 10 nov. 1982 : *Jeune femme assise 1885*, h/t (66x120) : **SEK 18 000** – STOCKHOLM, 22 avr. 1986 : *Jardin potager*, h/t (52x36) : **SEK 175 000**.

BECK Leonhard

Né vers 1480 à Augsbourg. Mort en 1542 à Augsbourg. XVIe siècle. Allemand.

Peintre de compositions religieuses, graveur, enlumineur, illustrateur.

Cet artiste, seul et en collaboration de son fils, exécuta de nombreux travaux d'enluminure et de gravure sur bois. On croit qu'il servit d'aide à Holbein l'Ancien. Reçu maître en 1503, il fut peintre de l'empereur Maximilien Ier, pour lequel il travailla de 1512 à 1518. Un de ses fils fut anobli par Charles Quint.

Comme peintre, on lui attribue, à côté des deux tableaux : *Saint Georges* (Vienne) et *L'Adoration des Rois* (Augsbourg), deux œuvres : *Saint Nicolas* et *Sainte Barbara*, au Musée des Hohenzollern à Sigmaringen, ainsi qu'une épitaphe de l'abbé Ludwig Ebner, représentant la *Madone avec l'Enfant Jésus, huit saints et l'abbé agenouillé*. Son œuvre décèle l'influence de son père, Jörg Beck, de Hans Holbein l'Aîné, et surtout de Hans Burgkmair, après lequel il devint le principal dessinateur des bois destinés aux romans allégoriques de l'empereur Maximilien. Son *Saint Georges* du musée de Vienne est, peut-être à l'imitation de ses illustrations sur bois, la représentation simultanée de plusieurs épisodes de la même histoire dans une seule composition, où il mêle un climat de romans de chevalerie et un sens réel du paysage.

MUSÉES : AUGSBOURG : *L'Adoration des Rois* – SIGMARINGEN : *Saint Nicolas* ; *Sainte Barbara* – STRASBOURG : *Sainte Famille* – VIENNE : *Saint Georges*.

VENTES PUBLIQUES : LONDRES, 24 fév. 1939 : *Chevalier de la Toison d'Or*, dess. : **GBP 13** – BERNE, 11 juin 1976 : *Wie Theuerdank Unfall um seiner Misshandlung Willen von ihm jagt* vers 1515, grav./bois (15,9x14) : **CHF 5 800** – BERNE, 21 juin 1978 : *Wie Theuerdank Unfall um seiner Misshandlung Willen von ihm jagt* vers 1515, grav./bois (15,9x14) : **CHF 5 000** – LONDRES, 12 déc. 1986 : *Scènes de la vie de saint Georges avec l'Annonciation au verso*, deux volets (chaque : 117,5x35,9) : **GBP 22 000**.

BECK Lucien

Né à Paris. XXe siècle. Français.

Peintre de paysages et de natures mortes.

Il a exposé au Salon des Indépendants à Paris entre 1935 et 1939.

BECK Marie Louise

Née à Clermont-Ferrand (Puy-de-Dôme). XXe siècle. Française.

Peintre.

Elle a exposé au Salon des Indépendants à Paris en 1938 et 1939.

BECK Mary

XVIIIe siècle. Britannique.

Paysagiste.

Elle exposa à la Royal Academy de 1790 à 1793.

BECK Melchior

Mort en 1585. XVIe siècle. Actif à Breslau. Allemand.

Graveur sur bois.

BECK Michel

Né en mai 1928 près de Rouen (Seine-Maritime). XXe siècle. Français.

Céramiste et sculpteur.

Il travailla tout d'abord en tant que céramiste, ayant étudié à l'École de Céramique de Vierzon puis à l'Institut Français de Céramique de Sèvres. En 1959 il participa à l'Exposition internationale de Céramique à Faenza, puis à celle de Kyoto en 1961, et à l'Exposition de grès contemporain de France, au Musée national de Céramique de Sèvres en 1963. À partir de 1965, il se consacre à la sculpture, exposant en Californie en 1977, à New York en 1978, à Paris et Londres où il présente régulièrement ses œuvres depuis 1980. Médaille d'argent de l'Académie Arts, Sciences et Lettres de Paris.

Michel Beck recherche des lignes sobres qui convergent et se tendent. Qu'il utilise le marbre, le bronze, l'albâtre ou le granit, il polit toujours très soigneusement son matériau qui devient brillant comme un miroir animant ainsi l'objet par rapport à ce qui l'entoure.

MUSÉES : DIEPPE – LOS ANGELES (Getty Mus.) – PARIS – ROUEN (Mus.des Beaux-Arts).

BECK Otto Walter

Né le 11 mars 1864 à Dayton (Ohio). XIXe siècle. Américain.

Peintre de portraits, compositions murales, pastelliste.

Il fut élève, à Munich, de Nicolas Gysis et Ludwig von Lœfftz ; puis membre du Cincinnati Art Club et professeur dans cette ville. On lui doit la décoration murale de l'hôtel de ville de Cincinnati.

VENTES PUBLIQUES : NEW YORK, 24 sep. 1992 : *Portrait de femme 1916*, past./cart. (109,9x83,8) : **USD 3 300**.

BECK Peter ou Peckh

XVIIe siècle. Travaillait à Nuremberg de 1611 à 1615. Allemand.

Graveur à l'eau-forte.

BECK Raphaël

XIXe siècle. Travaillait à New York en 1888. Américain.

Graveur.

BECK Rosemary

Née en 1923 à New York. XXe siècle. Américaine.

Peintre.

À partir de 1949, elle a exposé au Wellesley College, a figuré aux Whitney Annuels depuis 1955, au Chicago Art Institute en 1953, 1957, 1961, et au San Francisco Museum. Ses œuvres peintes à l'huile et à la cire, ont un caractère abstrait, avec une touche qui rappelle celle de l'impressionnisme.

MUSÉES : NEW YORK (Whitney Mus.).

BECK Sebald

Mort en 1546. XVIe siècle. Travaillait à Nuremberg. Allemand.

Sculpteur et architecte.

Il est l'auteur des deux piliers en marbre de la salle du Conseil de l'hôtel de ville à Nuremberg, et il fournit, en collaboration avec le peintre Georg Penz, un « Plan de la ville » en 1543.

BECK Sigmund

XVIe siècle. Actif à Nuremberg en 1531. Allemand.

Peintre de cartes.

BECK Theophil

Né le 24 mai 1814 à Schaffhouse. XIXe siècle. Suisse.

Graveur à l'aquatinte, dessinateur.

D'abord l'élève de Karl Theodor Reiffenstein, il étudia ensuite avec Johann Jakob Tanner et Lukas Weber. On cite de lui des vues de villes et des panoramas de la Suisse.

BECK Tobias Gabriel ou Tobias Georg
XVIIIe siècle. Travaillait à Nuremberg. Allemand.
Graveur.

BECK VON MANNAGETTA Alice
XXe siècle. Autrichienne.
Sculpteur.
Elle a exposé à la Nationale des Beaux-Arts en 1911, 1913 et 1914.

BECK-BRELLON Gérard
Né à Ludwigsburg. XXe siècle. Allemand.
Sculpteur.
A exposé un buste au Salon d'Automne de 1926.

BECK O. FULOP Edm. Philipp
Né en 1873 à Vaghely. XIXe-XXe siècles. Autrichien.
Sculpteur de médaillons.
Il fit ses études à Budapest, Munich et Paris. Médaille de bronze à l'Exposition Universelle de 1900 à Paris et Grand Prix à l'Exposition de Milan en 1906.

BECKART Hans
XVIIe siècle. Vivait à Bamberg. Allemand.
Sculpteur.
En 1612, on le trouve occupé par l'évêque Joh. Gottfried de Aschausen.

BECKBERGHE Josse de
XVIIe siècle. Actif à Bruxelles en 1613. Éc. flamande.
Peintre.

BECKENHAM
XIXe siècle. Actif à Vienne au début du XIXe siècle. Autrichien.
Graveur à l'aquatinte.

BECKENKAM
Né en Allemagne. XIXe siècle. Travaillant en 1803. Allemand.
Graveur.

BECKENKAMP Kaspar Benedikt
Né le 5 février 1747 à Ehrenbreitstein (près de Coblence). Mort le 1er avril 1828 à Cologne. XVIIIe-XIXe siècles. Allemand.
Peintre de portraits, paysages.
Élève de son père et de Januarius Zick à Coblenz, il travailla aussi avec le paysagiste Christian Georg Schütz. On le trouve à Bonn et à Cologne portraitiste et copiste d'anciens tableaux de l'École de Cologne. Le Musée de cette ville possède de lui son portrait par lui-même et celui du Chanoine Hardy. Darmstadt conserve aussi un portrait du Baron von Hupsch.

BECKENKAMP Peter
XVIIIe-XIXe siècles. Travaillait à Cologne de 1786 à 1800. Allemand.
Peintre et graveur.
Cet artiste, qui fut décorateur à la cour de Cologne, était le frère de Kaspar Benedikt.

BECKER
XVIIIe siècle. Vivait à Berlin. Allemand.
Sculpteur.
Exécuta, en 1747, des décorations en bronze, pour la Bibliothèque royale du palais de Sans-Souci.

BECKER
XVIIIe siècle. Actif en Allemagne en 1771. Allemand.
Graveur à l'eau-forte, amateur.
Le Blanc cite de lui : Une vache debout, dans la manière d'Albert Guyp.

BECKER Adolf von
Né le 14 août 1831 à Helsingfors (Helsinki). Mort en 1909. XIXe-XXe siècles. Finlandais.
Peintre de sujets religieux, scènes de genre, portraits, animaux.
En 1856, il se rendit à Copenhague pour étudier à l'Académie, puis il alla à Düsseldorf en 1858, et à Paris en 1859, où il suivit l'enseignement de Couture, de Courbet, de Cogniet, d'Hébert, de Barrias, de Bonnat. La majeure partie de sa vie se passa à voyager. Cet artiste, peu important par son talent personnel, s'est distingué dans le professorat. Il reçut beaucoup de récompenses au cours de ses voyages. L'Académie de Saint-Pétersbourg l'accueillit parmi ses membres en 1873. Il fut nommé maître de dessin à l'université d'Helsingfors.
On cite de lui : Fierté de mère, Après le dîner, Une partie de piquet, Le Malade.
MUSÉES : HELSINKI : Un savant du Moyen Âge – Un chat avec ses petits – Un chat gris dormant – Le Ccordonnier de la ville, scène de famille française – Jeune fille qui coud – Jeune fille jouant avec une poupée – Perspective du pont d'Asnières près de Paris après le siège – La Présentation de la petite – Avant la chasse – Portrait du peintre espagnol Alonso Cano, copie d'après Velasquez – L'Ascension de la Sainte Vierge, d'après Murillo – Dante et Virgile, d'après Delacroix – Une partie de piquet.
VENTES PUBLIQUES : COLOGNE, 24 mai 1982 : Fillette jouant avec un chaton 1868, h/pan. (27x35) : DEM 6 500 – COPENHAGUE, 18 nov. 1987 : Memento mori, h/t (27x22) : DKK 25 000.

BECKER Albert
Né en 1830 à Berlin. Mort le 1er novembre 1896 à Berlin. XIXe siècle. Allemand.
Peintre de genre, animalier, paysages, fresquiste.
Il fut élève de l'Académie à Berlin, où il eut pour professeur August von Kloeber. Après avoir terminé ses études, il resta encore à l'Académie jusqu'en 1860, mais à titre de collaborateur. Il vint à Paris à cette époque et y séjourna pendant un an. Revenu à Berlin, il aida Kloeber à l'exécution des grandes fresques qui décorent le palais de la Bourse.
VENTES PUBLIQUES : LUCERNE, 7 nov. 1980 : La basse-cour, h/bois (14,5x23,5) : CHF 4 000 – NEW YORK, 20 juil. 1995 : Les nouvelles du matin, h/t (63,5x45,7) : USD 5 175.

BECKER Alexander
Né le 21 décembre 1828 à Berlin. Mort le 6 février 1877. XIXe siècle. Allemand.
Graveur.
Cet artiste a gravé d'après Meyer de Brême, Piloty, Vautier et quelques autres.

BECKER Anton ou Antonio
Né le 7 octobre 1846 à Francfort-sur-le-Main. XIXe siècle. Allemand.
Peintre de paysages.
De 1860 à 1868, il étudia à l'Institut de cette ville, sous la direction d'Edward von Steinle. Il se rendit ensuite à Munich, puis en Italie, où il resta jusqu'en 1870. En 1876, il exposa à Düsseldorf son premier tableau. La cathédrale de Francfort lui doit l'exécution de plusieurs fresques.

BECKER August
Né le 27 janvier 1822 à Darmstadt. Mort le 19 décembre 1887 à Düsseldorf. XIXe siècle. Allemand.
Peintre de paysages animés, paysages.
D'abord élève de Johann Heinrich Schilbach, il occupa une place intéressante parmi les paysagistes qui, vers 1830, se faisaient remarquer à Düsseldorf. Il fréquenta, en 1840, l'Académie de cette ville, où il eut pour professeur Johann Wilhelm Schirmer. En 1844, il entreprit un long voyage, visita la Norvège, le Tyrol, la Suisse, l'Écosse. Cet artiste eut la bonne fortune de s'attirer les bonnes grâces de la reine Victoria, qui plus d'une fois l'appela en Angleterre pour donner des leçons aux princesses, ses filles. Il exécuta, au château de Balmoral, un certain nombre de peintures, représentant des paysages de la Haute-Écosse. Dans les dernières années de sa vie, il fit un voyage d'études en Roumanie.
On cite de lui : Paysage de forêt, Clair de lune, Demeure de paysan, Promenade dans la forêt.
MUSÉES : COLOGNE : Paysage dans les Alpes – DARMSTADT : Paysages, bord du Rhin – HANOVRE : Les Hurongen en Norvège – Vue du lac de Roi avec le Watzmann – La Jungfrau.
VENTES PUBLIQUES : COLOGNE, 21 oct. 1977 : Paysage fluvial au soir couchant 1885, h/t (79x126) : DEM 6 500 – LONDRES, 20 juin 1979 : Pêcheurs sur la côte de Norvège 1846, h/t (35,5x52) : GBP 600 – NEW YORK, 11 fév. 1981 : Château dans une vallée 1880, h/t (79x126,5) : USD 6 000 – COLOGNE, 24 mai 1982 : Paysage de l'Oberland bernois 1861, aquar. (25,5x36) : DEM 1 100 – COLOGNE, 21 nov. 1985 : Paysage boisé au crépuscule, h/t (80x126) : DEM 6 000 – COLOGNE, 18 mars 1989 : Paysage alpin avec un lac, h/t (127x220) : DEM 12 000 – HEIDELBERG, 5-13 avr. 1994 : Paysage de forêt avec un cavalier assis sous un arbre, h/t (38x54,5) : DEM 4 000.

BECKER Balthasar
XVIIe siècle. Vivait à Löwenberg (Silésie) en 1617. Polonais.
Sculpteur.

BECKER Benedikt
XVIIIe siècle. Vivait à Bâle. Suisse.
Peintre.
En 1710, il restaura les fresques de Jean Bock à l'hôtel de ville, à Bâle, en collaboration avec son frère, Hans Georg Becker.

BECKER Benno
Né le 3 avril 1860 à Memel. xixe siècle. Allemand.
Peintre de paysages.
Il fréquenta pendant un an l'atelier du paysagiste Otto Fröhlicher, mais c'est en s'inspirant des œuvres de Böcklin et de Corot qu'il se perfectionna. En 1886, il se rendit en Italie. Parmi ses ouvrages, on distingue : *Paysage toscan, Incendie, Soirée calme, Le Couvent, Le Lac.*
Ventes Publiques : Munich, 29 mai 1976 : *Vue d'une ville,* h/t (93x107) : **DEM 2 000.**

BECKER Bernhard
xviie siècle. Vivait à Bâle en 1649. Suisse.
Peintre.

BECKER Carl
Né le 29 janvier 1862 à Karlsruhe. xixe siècle. Allemand.
Peintre, illustrateur.
Élève, à Karlsruhe, de Carl Hoff, il devint professeur à l'Académie. Il exposa à Berlin, puis à Munich en 1899 et se fit remarquer comme peintre militaire. Un de ses tableaux est à la Pinacothèque de Munich.

BECKER Carl Ludwig Friedrich
Né le 18 décembre 1820 à Berlin. Mort le 20 décembre 1900 à Berlin. xixe siècle. Allemand.
Peintre d'histoire, scènes mythologiques, sujets de genre, portraits, paysages, dessinateur.
Becker entra à l'Académie de Berlin avant de passer chez le professeur August von Kloeber. Il étudia aussi à Munich avec Heinrich Hess. Après un an à Paris, il visita Rome et Venise. À Rome, Becker fut un des membres fondateurs de l'« Union d'art » de cette ville. De retour à Berlin, il s'y fixa et déploya des qualités de décorateur et de peintre de sujets mythologiques et historiques qui le placèrent au premier rang des artistes de son époque. Becker fut professeur, membre et président de l'Académie des Arts à Berlin.
Son œuvre est remarquable par l'originalité de la composition et du coloris.
Musées : Berlin : *Portrait du peintre Ed. Magnus – L'Empereur Charles V chez Le Titien – Carnaval chez les doges de Venise –* Breslau (nom all. de Wrocław) : *Othello racontant ses aventures –* Cologne : *Joueuse de luth – Couronnement du poète Ulrich von Hutten –* Kaliningrad : *Tableau de genre – Célébration de l'anniversaire d'un conseiller de Nuremberg – Cavalier près du feu.*
Ventes Publiques : Paris, 1856 : *Retour des champs* : **FRF 650 –** Berlin, 1894 : *Les boudeurs* : **FRF 1 500 –** Berlin, 1894 : *Charles Quint chez le Titien* : **FRF 9 250 ;** *Après le carnaval* : **FRF 8 625 –** Berlin, 1894 : *Buste de dame* : **FRF 500 –** Paris, 1895 : *Toilette d'une jeune dame* : **FRF 343 –** New York, 1899 : *Une mère italienne en prière* : **FRF 2 050 –** New York, 1900-1903 : *Bon matin* : **USD 250 –** New York, 19 jan. 1906 : *Sapho* : **USD 875 –** New York, 1909 : *Le bon accueil aux invités* : **USD 750 –** Berlin, 19 avr. 1909 : *De garde* : **DEM 760 –** Cologne, 28 avr. 1965 : *Les préparatifs de la chasse* : **DEM 2 300 –** Vienne, 10 oct. 1967 : *Séduction* : **ATS 5 000 –** Vienne, 20 juin 1972 : *Scène de balcon* : **ATS 18 000 –** New York, 4 mai 1979 : *Le Couronnement du héros,* h/t (99,8x151,8) : **USD 3 250 –** Los Angeles, 8 fév. 1982 : *Un visiteur de marque,* h/pan. (98,5x69) : **USD 7 000 –** New York, 1er mai 1984 : *La promenade à dos d'éléphant dans un jardin,* aquar. et cr. (36,8x53,3) : **USD 950 –** Stockholm, 31 oct. 1984 : *Élégants personnages dans un intérieur* 1874, h/t (145x195) : **SEK 75 000 –** New York, 20 mai 1986 : *La surprise,* h/pan. (32,4x24,3) : **USD 2 500 –** Londres, 8 oct. 1986 : *Portrait de la comtesse Ebel* 1851, h/t (129x103,5) : **GBP 4 500 –** New York, 19 juil. 1990 : *La fin du cours* 1878, h/t (94,1x72,5) : **USD 4 675 –** Stockholm, 29 mai 1991 : *Marine avec des barques de pêche,* h/t (80x120) : **SEK 9 500 –** Munich, 10 déc. 1991 : *Dans la garde-robe* 1859, h/bois (23,5x18,5) : **DEM 6 900 –** New York, 29 oct. 1992 : *Die Schmollenden* 1861, h/t (125,7x96,5) : **USD 17 050 –** Londres, 7 avr. 1993 : *Femme à une fenêtre* 1887, h/t (78x59) : **GBP 1 380 –** New York, 18-19 juil. 1996 : *La Convocation,* h/t (94x109,2) : **USD 9 775 –** New York, 26 fév. 1997 : *Regardant par la fenêtre* 1881, h/t (100,3x75,5) : **USD 11 500 –** Londres, 21 nov. 1997 : *La Présentation* 1874, h/t (146,7x196,6) : **GBP 18 975.**

BECKER Charles
xviie siècle. Travaillait à Louvain dans la seconde moitié du xviie siècle. Éc. flamande.
Dessinateur et graveur.

BECKER Charles
Né à Bâle. xxe siècle. Suisse.

Peintre.
Il a exposé des paysages vosgiens aux Indépendants en 1930.

BECKER Christian
Né le 22 février 1809 à Francfort-sur-le-Main. Mort le 12 décembre 1885 à Francfort-sur-le-Main. xixe siècle. Allemand.
Peintre d'histoire, lithographe.
Élève de l'Institut Städel, il se forma principalement sous la conduite de Philipp Veit. Il vécut à Rome de 1838 à 1843. On mentionne de lui : *Le Christ au jardin des Oliviers, Jésus et la Samaritaine, Marie et l'Enfant divin.*

BECKER David
Né en 1937 à Milwaukee (Wisconsin). xxe siècle. Américain.
Graveur. Tendance surréaliste.
Il a figuré, à Paris, en 1995, à l'exposition de la Jeune Gravure Contemporaine parmi les graveurs invités des États-Unis.
Sa gravure met en scène des représentations imagées où le sentiment de l'absurde côtoie une impression de morbidité.

BECKER E.
xviiie-xixe siècles. Vivait à Bath. Britannique.
Paysagiste.
Il exposa de 1793 à 1810 à la Royal Academy et à la British Institution de Londres.

BECKER Edmond Henri
Né le 20 juillet 1871 à Paris. xixe-xxe siècles. Français.
Graveur de médailles.
Élève de Valton, il a exposé, à partir de 1892, au Salon des Artistes Français, devenant membre de cette société. Il fut médaille de première classe en 1911.

BECKER Ernst August
Né à Dresde. Il se suicida. xixe siècle. Allemand.
Peintre de figures.
En 1840, il travaillait à Francfort-sur-le-Main. Il se rendit ensuite à Londres, où il exposa ses travaux à la British Institution, de 1851 à 1854. Il est cité dans divers catalogues de la Royal Academy, Suffolk Street, etc., jusqu'en 1859.
Ventes Publiques : New York, 1900 : *Tête de vieillard* : **USD 925.**

BECKER Ferdinand ou Joseph Ferdinand ou Becker-Mainz
Né le 3 juillet 1846 à Gonsenheim près de Mayence. Mort le 21 août 1877 à Munich. xixe siècle. Allemand.
Peintre.
Il étudia d'abord avec Lasinsky, puis il entra à l'Institut Städel, où il eut pour professeur Steinle. Son tableau *Le Juif,* qui fut exposé à Dresde en 1874 et qui fut acheté par le cabinet de gravures, est un de ses meilleurs ouvrages.
Musées : Mayence : *Les Écuyers de Roland,* cinq aquarelles.

BECKER Franz
Originaire de Deulz. xixe siècle. Allemand.
Paysagiste.
Peintre de l'École de Düsseldorf. On cite parmi ses œuvres : *Intérieur d'une église de village, Cloître au bord d'un fleuve.*

BECKER Fred
Né en 1913 à Hollywood (Los Angeles). xxe siècle. Américain.
Graveur.
Après des études d'architecture, il découvre New York et ses boîtes de jazz où il gagne sa vie en dessinant les clients. Dans les années 40, il fréquentait l'atelier de Hayter où il rencontra de nombreux artistes européens dont Dali, avec lequel il collabora.
Musées : Londres (British Mus.) – New York (Metropolitan Mus.) – New York (Mus. of Mod. Art) – New York (Withney Mus.) – Washington D.C. (Nat. Gal.).

BECKER Frederick
Né en 1888 à Vermilion (S. Dakota). xxe siècle. Américain.
Peintre.

BECKER Friedrich
Né en 1808 à Paderborn. xixe siècle. Allemand.
Peintre d'histoire, scènes de genre.
Ses études s'achevèrent à l'Académie de Düsseldorf. Il exposa à Berlin, en 1838 : *Idylle de campagne* et *Vieux chevalier avec sa fille.* Son tableau, *Avant le bain,* parut en 1844.
Ventes Publiques : Cologne, 9 mars 1904 : *Portrait de femme* : **DEM 35 –** Londres, 19 mars 1993 : *Portrait d'une dame en robe de brocard avec l'Acropole au fond* 1849, h/t (51,4x35,9) : **GBP 21 850.**

BECKER Georges
Né en 1845 à Tours (Indre-et-Loire). Mort en 1909. xixᵉ-xxᵉ siècles. Français.
Peintre d'histoire, portraits.
Élève de Gérôme à l'École des Beaux-Arts de Paris, il participa au Salon de Paris dès 1868.
Ses sujets passent des scènes historiques, dans la lignée de son maître Gérome, tels *Oreste et ses furies – La Veuve du martyr – Respha protégeant les cadavres de ses fils contre les oiseaux de proie*, à des compositions dont la conception artistique se rapproche de celle de Gustave Moreau, à des portraits de hauts personnages, notamment à la cour de Russie, ayant, lui-même, assisté aux fêtes du couronnement d'Alexandre III à Moscou en 1881. Les grands tableaux historiques, mais aussi les portraits, prennent un caractère dramatique, par de puissants effets de contrastes de lumière et de couleurs.
Bibliogr. : Gérald Schurr : *Les Petits Maîtres de la peinture 1820-1920, valeur de demain*, Les Éditions de l'Amateur, t. V, Paris, 1981.
Musées : Béziers : *Jeune fille couronnée de pervenches.*
Ventes Publiques : Londres, 20 juil. 1977 : *Jeune fille au panier de fleurs*, h/t (123x84) : **GBP 600** – New York, 26 mai 1994 : *La beauté*, h/t (63,5x52,1) : **USD 19 550**.

BECKER Gusti von. Voir **BECKER-MELLY**

BECKER Hans ou **Joachim**
xviiᵉ siècle. Actif à Liegnitz dans la seconde moitié du xviiᵉ siècle. Allemand.
Peintre de cartes.

BECKER Hans Bernhard, le Jeune
xviiᵉ siècle. Suisse.
Peintre décorateur.
Fils de Bernhard Becker. Il fut admis dans la confrérie Zum Himmel à Bâle en 1677.

BECKER Hans Georg
xviiiᵉ siècle. Actif à Bâle vers 1710-1711. Suisse.
Peintre décorateur.
Il travailla à la restauration des fresques de l'hôtel de ville de Bâle avec son frère Benedikt.

BECKER Harry
Né à Colchester (Essex). xxᵉ siècle. Britannique.
Peintre, aquarelliste.
Il a exposé à Londres, à la Royal Academy à partir de 1885, à la Suffolk Street et à la New-Water-Colours Society. À Paris, il présenta en 1912 un portrait au Salon de la Société Nationale des Beaux-Arts.

BECKER Hermann
Né le 24 septembre 1817 à Hambourg. Mort le 3 mai 1885 à Aix-la-Chapelle. xixᵉ siècle. Allemand.
Peintre d'histoire.
En 1839, il entra à l'École de l'Académie de Düsseldorf, où il fut l'élève de Karl Sohn.

BECKER Hugo ou **Ludwig Hugo**
Né le 19 juillet 1833 à Wesel. Mort le 25 décembre 1868 à Düsseldorf. xixᵉ siècle. Allemand.
Paysagiste et aquafortiste.
Il entra à l'Académie en 1852, et y resta jusqu'en 1860. A cette époque, il fit un voyage d'étude en Italie. Son principal ouvrage est *La vendange sur la Moselle*. Le musée de Düsseldorf conserve de lui un paysage forestier avec figures.

BECKER J. J.
Originaire de Bonn. xixᵉ siècle. Travaillait à Hambourg entre 1808 et 1840. Allemand.
Portraitiste.

BECKER Joachim. Voir **BECKER Hans**

BECKER Johann Sebastian Volkmar
xviiiᵉ siècle. Allemand.
Sculpteur.
Il acheva les figures colossales au pont du Mein, à Würzburg.

BECKER Johann Wilhelm
Né en 1744 à Wetzlar. Mort le 26 janvier 1782 à Francfort-sur-le-Main. xviiiᵉ siècle. Allemand.
Peintre et aquafortiste.
Musées : Budapest : *Paysage.*

BECKER Joseph
Né en 1841 à Sacramento. Mort en 1910 à Brooklyn. xixᵉ-xxᵉ siècles. Américain.

Peintre de compositions à personnages, paysages.
Il a peint des paysages à l'huile, avec des scènes de la vie et du travail des habitants des campagnes ; il a peint ainsi le passage du premier train qui traversa la Sierra Nevada.
Bibliogr. : O. Bihalji-Merin. : *Les Peintres naïfs*, Delpire, Paris.

BECKER Julie
Née en 1972. xxᵉ siècle. Américaine.
Auteur d'installations, vidéaste, technique mixte.
Elle participe à des expositions collectives : 1996 Biennale de São Paulo ; 1997 Institute of Contemporary Art de Boston, Museum of Modern Art de San Francisco. Elle montre ses œuvres dans des expositions personnelles : 1997 Kunsthalle de Zurich.
Elle crée des espaces architecturaux (*Chercheurs, résidents, un lieu où séjourner*, 1996). Ces maquettes d'intérieurs, cellules minuscules, sont occupées par les biens, mobiliers, journaux intimes, des divers occupants (fils du tueur psychopathe dans le film de Kubrick *Shining*, la voyante Voxx, une petite fille Eloïse...). Elle présente au sol, sur les murs, les plans, les documents, qui ont servi à l'élaboration de cette œuvre foisonnante, mettant ainsi en parallèle le temps de l'élaboration de l'œuvre et son achèvement, « témoignage du pénible processus de construction de l'installation (...) » (J. Becker).
Bibliogr. : Terry R. Myers : *Julie Becker – Un lieu où séjourner*, Artpress, n° 223, Paris, avr. 1997.

BECKER Karl
Né le 31 août 1862 à Hameln. xixᵉ siècle. Allemand.
Peintre de marines.
Il fut élève de Henrich Leitner, à Hambourg, puis d'Eugen Ducker, à Düsseldorf.
Musées : Munich (Pina.) : *L'Artillerie.*

BECKER Karl
Né le 31 août 1827 à Berlin. Mort le 26 avril 1891 à Berlin. xixᵉ siècle. Allemand.
Peintre de sujets religieux, scènes de genre, graveur.
Sa première éducation se fit à l'Académie de Berlin. Ensuite, il suivit l'enseignement de Buchorn et d'Ernst Mandel. Il travailla à l'aquatinte, la plupart du temps d'après les artistes modernes. Il grava cependant, d'après Rubens, *La Résurection de Lazare*. Il collabora parfois avec son frère Alexander Becker.
Ventes Publiques : Los Angeles, 12 mars 1979 : *Le visiteur de marque*, h/pan. (98x69,2) : **USD 4 500**.

BECKER Léon
Né en 1826 à Bruxelles. Mort le 27 janvier 1909. xixᵉ-xxᵉ siècles. Éc. flamande.
Peintre, aquarelliste, aquafortiste.
Il fut instruit, à l'Académie de Bruxelles, par François Joseph Navez ; il fréquenta aussi un atelier libre dirigé par Louis Gallait et Jean-Baptiste Madou. Il fit surtout des paysages, des vues de villes, des animaux et des fleurs. Il était le fils du marchand d'estampes Dero Becker.
Ventes Publiques : Paris, 1895 : *En Ardennes, le four banal*, aquar. : **FRF 75** – Paris, le 5 fév. 1951 : *Vues d'Espagne*, trois aquar. : **FRF 21 000**.

BECKER Léon
Né à Paris. xxᵉ siècle. Français.
Peintre de portraits.
Élève de Gorguet et d'Auguste Leroux, il a exposé, depuis 1921, au Salon des Artistes Français où il a obtenu une mention honorable en 1926 et dont il est devenu sociétaire.

BECKER Maurice
Né en 1889 en Russie. xxᵉ siècle. Russe.
Peintre.
Élève de Robert Henri, il fit de nombreux voyages, en Inde, au Mexique, en Amérique et en Europe. En 1933, il présenta au Worcester Art Museum : *Femme de Mexico*.
Ventes Publiques : New York, 25 sep. 1992 : *Baigneurs* 1938, aquar. et cr./pap./pap. (48,3x57,2) : **USD 825**.

BECKER Michael
xixᵉ siècle. Travaillait à Dettelbach. Danois.
Sculpteur de sujets religieux.
Il exécuta le maître-autel et les deux autels latéraux, à l'église de Büchenbach, près d'Erlangen.

BECKER Nadia
Née en 1939 à Bruxelles. xxᵉ siècle. Belge.
Peintre. Naïf.
Elle fit ses études à La Cambre. Ses tableaux montrent un monde

poétique richement coloré où s'animent des personnages et des oiseaux.

BECKER Nicolas
Né à Saint-Pétersbourg. xxᵉ siècle. Russe.
Peintre.
Il a exposé entre 1924 et 1932 au Salon de la Société Nationale des Beaux-Arts, dont il est devenu membre associé en 1925.

BECKER Peter
Né le 10 novembre 1828 à Francfort-sur-le-Main. Mort le 16 août 1904 à Soest. xixᵉ siècle. Allemand.
Peintre de paysages, aquarelliste, graveur, dessinateur, lithographe.
Il fit ses études artistiques à l'Institut Städel à Francfort, sous la direction des professeurs Hessemer et Jacob Becker, et suivit aussi les traces de Steinle, qui eut une grande influence sur son œuvre et fournit parfois les figures dans ses tableaux. Il voyagea beaucoup dans la région du Rhin, dont il reproduisit les beautés dans nombre de ses paysages. Il fut membre honoraire de la Société belge des aquarellistes.
Becker ne laissa que peu de tableaux à l'huile, et préféra le dessin au fusain et l'aquarelle, comme moyen d'expression. Son œuvre la plus importante paraît être son tableau de : *Rodolphe de Habsbourg avec les prêtres*, paysage pour lequel Steinle peignit les figures. Parmi ses œuvres, on cite : Série de sept planches lithographiées : *Vues de la vallée de la Saar*, publiées en 1861, *Vue de Saarburg*, 1858, *Kidrich im Rheingau* (1861), *Mainufer bei der St. Leonhardtskirche in Frankfurt-am-Main im 16 Jahr.*
Musées : Francfort-sur-le-Main : *Matin dans les montagnes du Rhône* –, deux dessins – Kassel : *Eichelsachsen.*
Ventes Publiques : Munich, 7 juin 1967 : *La petite chapelle* : DEM 500 – Munich, 26 nov. 1981 : *Paysage du Rhône* 1864, gche et reh. d'or (10x19,5) : DEM 3 000 – Amsterdam, 16 nov. 1988 : *Réunion musicale en plein-air devant un paysage rhénan avec des châteaux sur les crêts* 1877, aquar. et craies/pap./cart. (24x32) : NLG 2 070.

BECKER Philipp Jacob
Né le 15 juillet 1759 à Pforzheim. Mort en 1829 à Erlenbad. xviiiᵉ-xixᵉ siècles. Allemand.
Peintre, dessinateur.
Anton von Maron, son professeur, le dirigea vers la manière de Mengs. Ses premières études achevées, il se rendit à Rome pour se perfectionner. En 1785, il fut nommé peintre à la cour de Karlsruhe et directeur de la Galerie de peinture. Le musée de Metz conserve de lui deux vues de Rome.

BECKER Richard
Né à Saarbrucken (Sarre). xxᵉ siècle. Allemand.
Peintre de portraits.
En 1928, il a exposé au Salon d'Automne, dont il est devenu membre, et au Salon des Indépendants à Paris.

BECKER Rudolf
Né en 1856 à Hambourg. xixᵉ siècle. Allemand.
Peintre de paysages.
D'abord simple décorateur, il étudia à Düsseldorf, puis en Hollande et en Russie, et revint à Hambourg en 1891. Il a peint des paysages, des clairs de lune, les saisons de l'année.

BECKER Samuel
xviiᵉ siècle. Allemand.
Peintre de sujets religieux.
On le trouve, en 1639, travaillant pour l'église d'Attenbruch (Hanovre). Vers 1640, il exécuta, pour l'église de Groden, une série de tableaux votifs.

BECKER Walter
Né en 1893. xxᵉ siècle. Français.
Illustrateur.
Il a illustré *Libre-Échange*, du poète Marcel Sauvage (1926).

BECKER DO VALLE Rosina
Née en 1914. xxᵉ siècle. Brésilienne.
Peintre.
Elle s'est fait connaître à partir des années soixante.
Bibliogr. : Damian Bayon, Roberto Pontual : *La Peinture d'Amérique latine au xxᵉ siècle*, Mengès, Paris, 1990.
Ventes Publiques : New York, 19 mai 1992 : *Ève tentant Adam* 1967, h/t (61,2x38) : USD 1 650.

BECKER von Worms Jakob
Né le 15 mars 1810 à Dittelsheim (près de Worms). Mort le 22 décembre 1872 à Francfort-sur-le-Main. xixᵉ siècle. Allemand.
Peintre, aquafortiste, lithographe. Réaliste.
Sa tendance artistique se développa chez Jung, à Worms, dans l'atelier duquel il travailla en qualité d'élève. Il se rendit à Düsseldorf en 1833, et s'affirma nettement réaliste. On cite parmi ses toiles de genre : *Famille de paysans en prière*, *Le Braconnier blessé*, *L'Orage*. Il fut nommé professeur à l'Académie en 1844.
Musées : Francfort-sur-le-Main : *Le Berger foudroyé* – Hanovre : *La Vieille Conteuse* – Munich : *L'Orage.*
Ventes Publiques : New York, 18 avr. 1945 : *Le retour des moissonneurs* : USD 900.

BECKER-GUNDAHL Carl Johann
Né le 4 avril 1856 à Ballweiler. xixᵉ siècle. Allemand.
Peintre, illustrateur, fresquiste.
Il étudia à Munich sous la conduite de Wilhelm von Diez et de Ludwig von Löfftz, puis à l'École de Gabriel Max. Il vécut à Solln près de Munich.
Il connut vite un grand succès comme fresquiste. On lui doit notamment des fresques dans les églises Saint-Maximilien et Sainte-Anne, à Munich.
Musées : Londres (Victoria and Albert Mus.) Eaux-fortes – Munich : *Bonheur des parents.*

BECKER-MELLY Gusti von
Née en 1879 à Vienne. xixᵉ-xxᵉ siècles. Autrichienne.
Peintre et graveur.
Elle vécut d'abord au Caire, puis étudia à Munich auprès de Théodor Hummel et Angelo Janck à partir de 1897.

BECKERATH Moritz von
Né le 2 mai 1838 à Krefeld. Mort le 17 septembre 1896 à Munich. xixᵉ siècle. Allemand.
Peintre d'histoire.
Élève de l'Académie à Düsseldorf, il se forma sous la conduite d'Emmanuel Leutze, Josef Kehren et Edward Bendemann, et fut l'élève de Muller et Sohn. Puis il se perfectionna à Munich, dans l'atelier de Moritz von Schwind. En 1886, il se rendit à Rome et fit un séjour d'une année. Plus tard, il résida en Hongrie, où il collabora avec Andrea à la décoration de monuments publics. Plusieurs des travaux de cet artiste se trouvent dans de grandes collections allemandes.

BECKERATH Willy von
Né le 28 septembre 1868 à Krefeld. xixᵉ siècle. Allemand.
Peintre.
Il a étudié à l'Académie de Düsseldorf, puis devint professeur, en 1879, à l'École des Arts et Métiers de Hambourg. Il a peint d'abord des sujets religieux, puis mythologiques, peintures murales de grandes dimensions rappelant Puvis de Chavannes.

BECKERE François de
Né à Bruxelles. xviiᵉ siècle. Éc. flamande.
Peintre.
En 1606, il fut admis dans la corporation des peintres de cette ville. On a de lui un *Portrait de saint Thomas d'Aquin*, daté de 1614.

BECKERS Gottfried
xviiᵉ siècle. Travaillait à Hanovre. Allemand.
Peintre.
On le trouve peintre de la cour du duc de Calenberg, en 1642.

BECKERT Fritz
Né le 8 avril 1877 à Leipzig. xxᵉ siècle. Allemand.
Peintre.
Il étudia à Leipzig, puis à Dresde sous la conduite de Fr. Prellers le Jeune et Gotthard Kühl.

BECKERT Paul
Né le 17 décembre 1856 à Lichtenstein. xixᵉ siècle. Vivant à Francfort-sur-le-Main. Allemand.
Peintre de portraits.
Élève à Dresde de Theodor Grosse, puis, à Munich, de Wilhelm von Lindenschmidt et Alexander Wagner. On cite de lui les portraits de *Guillaume II et l'Impératrice*, de *Bismarck*, de *Moltke*, et du *Pape Pie X*.

BECKET Marie A'. Voir A'BECKET Maria J. C.

BECKETT Clarice
Née en 1887. Morte en 1935. xxᵉ siècle. Australienne.

Peintre de paysages.
Elle simplifie formes et couleurs, donnant, surtout à ses paysages, une impression atmosphérique.
VENTES PUBLIQUES : SYDNEY, 30 juin 1980 : *La rivière Yarra*, h/cart. (31,5x44) : **AUD 1 800** – SYDNEY, 19 nov. 1984 : *Barques sur la plage*, h/cart. (35x45) : **AUD 1 300.**

BECKETT Edouard
XIXᵉ siècle. Britannique.
Peintre.
MUSÉES : MELBOURNE : *Portrait de James Jacpherson Grant, ministre de la Couronne* – VICTORIA : *Portrait de Francis Henty, émigré habitant à Portland en décembre 1834* – *Portrait de Hamilton Hume, explorateur.*

BECKETT Isaak
Né en 1653 dans le comté de Kent. Mort en 1719 à Londres.
XVIIᵉ-XVIIIᵉ siècles. Britannique.
Dessinateur et graveur.
Les estampes de cet artiste, qui pour la plupart représentent des portraits de personnages de la cour de Jacques II, ont une réelle valeur artistique.

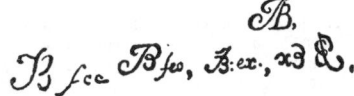

BECKETT J.
XIXᵉ siècle. Britannique.
Peintre de paysages.
Il exposa en 1846-1847 à la British Institution, à Suffolk Street, Londres.

BECKH Hans
XVIᵉ siècle. Vivait à Bâle. Suisse.
Peintre.
En 1596, l'archiduc Mathias le chargea d'exécuter une copie de la Danse des morts.

BECKING Horst
Né en 1937. XXᵉ siècle. Allemand.
Peintre de techniques mixtes, graveur. Abstrait-lyrique.
Il fut élève de Josef Beuys à l'École des Beaux-Arts de Düsseldorf. Il expose surtout en Allemagne et en Belgique.
Il travaille sur papier, carton ou bâches récupérés. Il pratique une abstraction gestuelle où s'implique le corps entier pour transcrire les paysages mentaux qui l'habitent.
VENTES PUBLIQUES : LOKEREN, 21 mars 1992 : *Les montagnes attendent immobiles* 1989, techn. mixte/pap. (54,5x65) : **BEF 44 000.**

BECKINGHAM Arthur
XIXᵉ siècle. Britannique.
Peintre d'histoire.
Il exposa à partir de 1881 à la Royal Academy et à Suffolk Street, à Londres.

BECKINGTON Alice
Née en 1868 à Saint Charles (Missouri). XIXᵉ-XXᵉ siècles. Américaine.
Peintre de miniatures.
Après des études à New York puis à Paris, elle exposa à Buffalo en 1901 et à Saint Louis en 1904. Elle devint professeur à la Art Student's League de New York, vers 1909.

BECKIUS Jean-Pierre
Né en 1899 à Mertert. Mort en 1946 à Luxembourg. XXᵉ siècle. Luxembourgeois.
Peintre de paysages, paysages urbains, architectures.
Postimpressionniste.
Il fut élève de l'École d'Artisans à Luxembourg ; puis, après la guerre de 1914-1918, de Fernand Cormon à l'École des Beaux-Arts, à Paris où il a passé sept années. Il se fixa ensuite à Mertert, faisant toutefois un voyage de travail en Italie en 1929-1930, et un séjour en Hollande en 1933-1934.
À Paris, de 1923 à 1925, il a exposé au Salon des Artistes Français. En 1989, il était représenté à l'exposition *Cent-cinquante Ans d'Art Luxembourgeois au Musée National d'Histoire et d'Art* à Luxembourg.
Son œuvre consiste essentiellement en paysages du grand-duché, et de ses voyages en Italie et en Hollande.
BIBLIOGR. : In : Catalogue de l'exposition *Cent cinquante Ans*

d'Art Luxembourgeois au Musée National d'Histoire et d'Art à Luxembourg, 1989.
MUSÉES : LUXEMBOURG (Mus. Nat. d'Hist. et d'Art) : *Vendanges 1921* – *Vue de Naples 1930* – *Le Canal (Hollande) 1933* – *Temmels 1936* – *Intérieur de l'église Saints-Pierre-et-Paul d'Echternach 1938* – *Ruines à Wasserbillig 1946.*

BECKLEY Bill
Né le 11 février 1942 à Hambourg (Pennsylvanie). XXᵉ siècle.
Américain.
Artiste, peintre de techniques mixtes.
Depuis 1978, il enseigne à la School of Visual Arts de New York. Il participe à de nombreuses expositions collectives depuis 1969 : 1971, 1973 Museum of Modern Art de New York ; 1972, 1984 School of Visual Arts Museum de New York ; 1974 palais des Beaux-Arts de Bruxelles ; 1975 Biennale de Paris ; 1976 Art Museum de San Francisco ; 1977 Documenta de Kassel ; 1978 Contemporary Art Museum à Houston ; 1979 Art Institute de Chicago ; 1980 Hayward Gallery à Londres ; 1981, 1985 The New Museum de New York. Il montre ses œuvres dans des expositions personnelles : 1969 Art Institute de Chicago ; 1978 Museum of Modern Art de New York ; 1981, 1986 galerie Daniel Templon à Paris ; ainsi qu'au Solomon R. Guggenheim Museum, Whitney Museum de New York, Victoria and Albert Museum de Londres, à Düsseldorf, Munich.
En 1979, il commença à intégrer des panneaux peints dans des travaux photographiques. Ensuite, il intègre à ses peintures des éléments de récupération qui traînent dans son atelier.
BIBLIOGR. : Anne Dagbert : Interview de *Bill Beckley*, Artpress, nᵒ 93, Paris, juin 1985 – Catalogue de l'exposition : *Bill Beckley*, Galerie Daniel Templon, Paris, 1986.
MUSÉES : CINCINNATI (Art Mus.) – LA JOLLA (Mus. of Contemp. Art) – LONDRES (Victoria et Albert Mus.) – NEW YORK (Mus. d'Art Mod.) – NEW YORK (Solomon R. Guggenheim) – NEW YORK (Whitney Mus.).
VENTES PUBLIQUES : NEW YORK, 10 mai 1984 : *Eat the grapes* 1982, h. et collage/pap. (104x73,8) : **USD 800.**

BECKLY E.
XVIIIᵉ siècle. Travaillait à Brunswick ou à Wolfenbüttel. Allemand.
Portraitiste.
Le Musée ducal de Brunswick possède de lui un *Portrait de la duchesse Philippa Charlotte* (sœur de Frédéric le Grand). Il a peint aussi un *Portrait du duc Charles Iᵉʳ*, son mari.

BECKMAN Ford
Né en 1952. XXᵉ siècle. Américain.
Peintre de techniques mixtes.
VENTES PUBLIQUES : NEW YORK, 8 nov. 1993 : *Sans titre* 1989, plaques de roche (177,5x159,1x20,3) : **USD 2 070** – NEW YORK, 11 nov. 1993 : *Terre Sainte* 1987, acryl., cire, vernis industriel/t./contre-plaqué en trois parties (223,5x518,2) : **USD 12 650** – NEW YORK, 3 mai 1994 : *Sans titre (peinture blanche)* 1990, acryl., cire et vernis/pan. (223,5x177,8) : **USD 1 150** – NEW YORK, 7 mai 1996 : *Sans titre 14*, acryl., craie grasse et vernis/t (223,5x172,7x10,8) : **USD 13 800.**

BECKMAN Martin, Sir
XVIIᵉ siècle. Britannique.
Peintre.
Élève de John Wyck, il vivait en Angleterre et peignit des paysages et des marines.

BECKMAN William
Né en 1946. XXᵉ siècle. Américain.
Peintre, technique mixte, dessinateur.
VENTES PUBLIQUES : NEW YORK, 13 mai 1981 : *Autoportrait* 1974, cr. (56x38) : **USD 4 500** – NEW YORK, 8 nov. 1983 : *Nu à la fenêtre* 1971, construction, bois, h., verre et clous (41x30x24,5) : **USD 12 000** – NEW YORK, 9 nov. 1989 : *La ferme Murphy à Delavern Hill* 1981, past./pap. (84,4x145,3) : **USD 38 500** – NEW YORK, 8 nov. 1993 : *Étude pour Overcoat*, h/pan. (36,8x36,8) : **USD 8 050.**

BECKMANN C. F. ou Beeckmann
XVIIIᵉ siècle. Travaillait à Mecklenbourg vers 1750. Allemand.
Sculpteur de sujets religieux.
En 1749, il exécuta le maître-autel dans l'église de Wismar. Il fit aussi l'autel sculpté de l'église de Bibow.

BECKMANN Cort
XVᵉ siècle. Actif à Lübeck en 1476-1477. Allemand.
Peintre.

BECKMANN Hannes
Né en 1909 à Stuttgart. xxᵉ siècle. Actif aux États-Unis. Allemand.
Photographe.
De 1929 à 1931, il fut élève au Bauhaus du cours de photographie et de Klee et Kandinsky. Après avoir vécu à Prague, il s'est fixé à New York, où il fut directeur du département photographie du Guggenheim Museum, professeur pour la couleur et le dessin à l'école d'architecture Cooper, puis critique d'art à l'université de Yale. C'est un théoricien de l'esthétique industrielle.

BECKMANN Johann
Mort en 1707 à Berlin. xvɪɪᵉ-xvɪɪɪᵉ siècles. Actif à Berlin. Allemand.
Peintre d'histoire.

BECKMANN Johann ou Hans
Né le 21 mars 1809 à Hambourg. Mort le 4 décembre 1882. xɪxᵉ siècle. Allemand.
Peintre de paysages.
Il étudia à l'Académie de Munich en 1832 et copia dans cette ville Ruysdael et Wynants.

BECKMANN Karl
Né le 23 mars 1799 à Berlin. Mort le 2 octobre 1859 à Berlin. xɪxᵉ siècle. Allemand.
Peintre de paysages, peintre d'architectures.
D'abord élève de Wilhelm Wach à Berlin, il vint à Paris en 1824, séjourna ensuite en Italie, de 1828 à 1832 ; il fut nommé professeur à l'Académie quand il fut de retour à Berlin. La Galerie Nationale de cette ville possède de lui : *Le Couvent des Bénédictins près de Subiaco*, *Le Château de Bellevue*, *Cloître du Latran à Rome*.

BECKMANN Konrad
Né le 21 juin 1846 à Hanovre. Mort le 3 janvier 1902 à Munich. xɪxᵉ siècle. Allemand.
Peintre de genre, illustrateur.
Il se perfectionna dans l'atelier de Piloty. Le prince Otto Stolberg-Wernigerode lui demanda de peindre cinq portraits de famille pour la salle des fêtes du château de Wernigerode. Parmi ses œuvres, on distingue : *Le Poète du village*, *Le Billet doux*, *Le Garçon d'honneur*. Il illustra des œuvres de Dickens.

BECKMANN Ludwig
Né le 21 février 1822 à Hanovre. Mort le 1ᵉʳ août 1902 à Düsseldorf. xɪxᵉ siècle. Allemand.
Peintre de scènes de chasse, animaux, dessinateur, lithographe.
Il représentait admirablement la chasse à l'ours et la chasse au sanglier dans ses peintures, ce qui passionnait le public. On cite, parmi ses œuvres, trois lithographies : *Trois chiens accroupis*, *Vache accroupie*, *Renard guettant des poules*.

Musées : Hanovre : *Ibrahim* – Stettin .
Ventes Publiques : New York, 18 nov. 1942 : *Un chenil* : USD 800 – Londres, 10 juil. 1964 : *La mort du sanglier* : GNS 260 – Cologne, 31 mars 1979 : *Le Postillon*, aquar. et fus. reh. de blanc (29x41) : DEM 1 100 – Lucerne, 7 juin 1984 : *Chiens chassant un castor* 1876, h/t (81x122,5) : CHF 6 500 – Londres, 24 juin 1987 : *La chasse du sanglier* 1869, h/t (78x11,5) : GBP 1 500 – Londres, 1ᵉʳ oct. 1993 : *La chasse au cerf* 1873, h/t (81x114) : GBP 1 840 – New York, 12 avr. 1996 : *Le rassemblement des chiens* 1875, h/t (95,9x155,3) : USD 34 500.

BECKMANN Max
Né le 12 février 1884 à Leipzig. Mort le 27 décembre 1950 à New York. xxᵉ siècle. Allemand.
Peintre de compositions à personnages, sujets religieux, mythologiques, graveur, lithographe. Expressionniste. Neue Sachlichkeit (Nouvelle Objectivité).
Élève à l'Académie de Weimar, de 1899 à 1903, il fait un premier voyage à Paris en 1903, où il découvre la *Pieta* d'Avignon, à Colmar le *Retable d'Issenheim*. Il s'installe à Berlin fin 1904 et, en 1906, expose à la *Berliner Sezession*. Une bourse lui permet un séjour à Florence et un retour à Paris. En 1913, la galerie Cassirer lui organisa une exposition. Au moment de la guerre de 1914-1918, il est engagé volontaire au service sanitaire, ce qui le mène en Prusse-Orientale et en Flandre. Démobilisé dès 1915, à la suite d'une dépression nerveuse, il va à Francfort-sur-le-Main. En 1917, ses gravures sont exposées à Berlin. Il devient professeur à l'école d'art Städel de Francfort en 1925. En 1925, il participe à la *Neue Sachlickeit* (Nouvelle Objectivité) d'Otto Dix et George Grosz. À cette époque, il se marie avec Mathilde von Kaulbach, voyage en France et en Italie. En 1930, il expose au Kunsthaus de Zürich et au Kunsthalle de Bâle, en 1931 à Paris. Survient l'avènement du National-Socialisme en 1933 et la montée du nazisme, Beckmann est chassé de son poste d'enseignant. De 1933 à 1937, il reste à Berlin. Il doit s'exiler tout d'abord à Amsterdam, en 1937, date de la fameuse exposition « Art dégénéré » à Munich, dans laquelle il figure. Dès lors, il lui est interdit d'exposer ou de vendre ses œuvres. Entre 1940 et 1947, pendant la Seconde Guerre mondiale, il mène une vie difficile à Amsterdam, avant de s'installer aux États-Unis en 1947. Il est alors enseignant à l'université Washington de Saint Louis, de 1947 à 1949, puis à l'École d'art du musée de Brooklyn à New York, en 1949. Il reçoit le premier Prix Carnegie de l'Institut de Pittsburgh en 1949, et l'année de sa mort, en 1950, le Prix de la Biennale de Venise. En 1994, le musée de l'abbaye Sainte-Croix des Sables-d'Olonne a montré une exposition personnelle de ses œuvres gravées.
À ses débuts, il est influencé par Hans von Marées : *Jeunes hommes au bord du lac* de 1905, et, à la suite des voyages en France et en Italie, au cours desquels il découvre les Primitifs français, Piero della Francesca et Signorelli, il modifie sa manière, donnant un caractère monumental à ses figures idéalisées : *L'Éducation de Pan* (détruite). Il rompt bientôt avec l'orthodoxie académique lorsqu'il expose à la Sécession de Berlin, carrefour des sources du xxᵉ siècle, où il rencontre Munch : *Grande scène d'agonie* de 1906. Avant la Première Guerre mondiale, les influences les plus diverses se retrouvent donc dans l'art de Beckmann, en particulier l'impressionnisme français et allemand. Toutefois il n'est pas encore touché par l'expressionnisme de *Die Brücke*, ni par l'abstraction du *Blaue Reiter*. Cependant, à travers les principales œuvres de cette période : *Le Tremblement de terre de Messine* (1910), *Adam et Ève*, *Le Naufrage du Titanic* (1912), se dégage un mode d'expression symbolique, une volonté de rompre avec les conceptions traditionnelles, notamment dans la mise en page et l'utilisation non académique de la perspective. En 1909, il avait publié son premier recueil de lithographies *Retour d'Euridyce*. Durant cette période, il dessinait, gravait, peignait une première série d'*Autoportraits*.
Le grand bouleversement dans l'art de Beckmann vient à la suite du choc provoqué par la guerre de 1914-1918. À la fin de la guerre, il grava beaucoup sur le thème de la guerre et d'après ses propres souvenirs. Il développe, autour de 1917, un style plastiquement dur et réaliste, dans lequel se mêlent les souvenirs de l'expressionnisme d'avant-guerre, les influences de la peinture gothique tardive avec ses points de fuite multiples, et le cubisme. Il peint alors des personnages désindividualisés comme des pantins, qui torturent ou sont torturés, clos dans des espaces exigus, qui évoquent des prisons, huis clos angoissant que l'on retrouvera plus tard chez Francis Bacon. C'est l'époque du *Christ et la femme adultère* (1917) et surtout de *La Nuit* (1918-1919), véritable cauchemar où les personnages sont écartelés, les membres distordus, les perspectives sont allongées par de grandes lignes verticales et obliques, les gris de la chair sont soulignés par l'acidité de quelques couleurs. Les compositions des années 1920 entassent, toujours dans des visions cauchemardesques, des femmes abjectes, des infirmes se traînant sur leurs moignons et toutes sortes de figurants monstrueux. Sa critique de la société s'exprime aussi à travers un cynisme amer qu'il développe dans ses cycles graphiques de *L'Enfer* (1919) et *Une ville de nuit* (1920).
Entre 1927 et 1932, un certain répit vient calmer la violence émotionnelle de ses œuvres, pour laisser place à un réalisme plus calme, moins obsessionnel. Il peint alors des paysages, natures mortes, scènes de cirque, nus, portraits, dans des couleurs plus claires et plus vives, et surtout une nouvelle série d'*Autoportraits*, à la cigarette, en smoking, au saxophone, etc. Il commence à cerner ses figures de noir, leur donnant une certaine dignité et une gravité nouvelle. Dans *Promenade sur la plage de Scheveningen* (1928), noir et blanc, couleurs dominantes, sont porteuses de symbole. Au moment de l'accession des nazis au pouvoir, devant cette nouvelle hostilité du monde, Beckmann, même s'il traverse une période difficile, ne réagit plus aussi violemment qu'au moment de la Première Guerre mondiale. Il peint ses séries de grands triptyques, expression de sa philosophie de la

vie, dont le symbolisme n'est pas toujours facile à interpréter : *Départ* 1932-1933, *La Tentation de saint Antoine* 1936-1937, *Les Acrobates* 1939, et toujours les *Autoportraits*. À partir de 1937, il fait volontiers un parallélisme entre la vie et le monde du théâtre, comme l'évoquent les titres de ses tableaux : *Acrobate*, 1939, *Comédiens*, 1942, mais surtout *Les Deux Comédiennes*, 1946. Dans ces peintures énigmatiques, peuplées de personnages mythologiques, de nus, d'animaux, d'objets de toutes sortes, il s'emploie à mettre en lumière toute la vanité de l'agitation humaine et la cruauté du monde, écrivant dans son journal, le 12 septembre 1940 : « Si l'on considère tout cela – toute la guerre ou bien encore toute la vie – seulement comme une scène de théâtre sur l'infinitude, alors tout devient plus léger à supporter. » En 1946 parut à New York sa dernière suite de lithographies *Jour et Rêve*. Le style tardif de Beckmann montre une grande rapidité et expressivité du tracé de la ligne et une coloration lumineuse étendue en grandes taches. C'est dans l'exil le plus solitaire que s'est achevée l'errance terrestre de celui qui, dans sa vie et dans son œuvre, voulut clamer le désespoir de la destinée humaine.

■ Annie Pagès, J. Busse

[signature]

BIBLIOGR. : Maurice Raynal : *Peinture Moderne*, Skira, Genève, 1953 – Franz Meyer, in *Diction. de la Peinture Moderne*, Hazan, Paris, 1954 – Dr Bodo Cichy : *Moderne Malerei*, Thoma, Munich, 1965 – Michel Ragon : *L'Expressionnisme*, in : *Histoire Générale de la Peinture*, t. XVII, Rencontre, Lausanne, 1966 – J. M. Muller, in : *Diction. de l'Art et des Artistes*, Hazan, Paris, 1967 – F. W. Fischer : *Max Beckmann, symbole et image du monde, éléments pour une explication de l'œuvre dans son ensemble*, Munich, 1972 – in : *Diction. Universel de la Peinture*, Robert, Paris, 1975 – Erhard Göpel, Barbara Göpel : *Catalogue des peintures de Max Beckmann*, Kornfeld & Cie, Berne, 1976 – in : *Diction. de la peint. allemande et d'Europe centrale*, Larousse, Paris, 1990 – James Hofmaier : *Max Beckmann – Catalogue raisonné des gravures*, deux vol., Kornfeld, Berne, 1991.

MUSÉES : AMSTERDAM (Stedelijkmus.) : *Double portrait de Max et Quappi* 1941 – BERLIN : *L'Éducation de Pan*, détruite – BRÈME (Kunsthalle) : *Autoportrait au saxophone* 1930 – CAMBRIDGE, Massachusetts (Busch-Reisinger Mus., université de Harvard) : *Autoportrait au smoking* 1927 – *Portrait de Zeretelli* 1927 – *Triptyque des acteurs* 1942 – COLOGNE (Wallraf-Richartz Mus.) : *Paysage avec ballon* 1917 – *Paysage printanier* 1924 – *Trois danseuses* 1942 – DETROIT (Inst. of Art) : *Nature morte aux bougies* 1929 – *Autoportrait* 1945 – DUISBURG (Städtl. Mus.) : *Joueurs de rugby* 1929 – DÜSSELDORF (Kunstsammlung Nordrhein-Westfalen) : *La Nuit* 1918-1919 – EINDHOVEN (Van Abbemus.) : *Paysage d'hiver* 1930 – ESSEN : *Promenade des Anglais à Nice* 1947 – HAMBOURG (Kunsthalle) : *La Gitane* 1928 – *L'Odyssée et Calypso* 1943 – HANOVRE (Landesmus.) : *Fridel Battenberg avec chat* 1920 – LA HAYE (Städel Mus.) : *Composition* 1920 – *Charmeuse de serpents* 1939 – *Vue panoramique de la Riviera* 1940 – *Café des artistes* 1944 – LONDRES (Tate Gal.) : *Carnaval* 1920 – MANNHEIM (Kunsthalle) : *Pierrette et un clown* 1925 – MUNICH (Nouvelle Pina.) : *Autoportrait en noir* 1944 – NEW YORK (Metropolitan Mus.) : *Commencement* 1949 – NEW YORK (Mus. of Mod. Art) : *La Descente de Croix* 1917 – *Portrait de famille* 1920 – *Autoportrait à la cigarette* 1923 – *Triptyque du départ* 1932-1933 – OTTERLO (Kröller-Muller) : *Autoportrait* 1905-1906 – *Garçon poussant une brouette* 1916-1917 – PARIS (Mus. Nat. d'Art Mod.) : *Petit poisson* 1933 – SAINT LOUIS (City Art Mus.) : *Le Naufrage du Titanic* 1912 – *Le Christ et les femmes adultères* 1917 – STUTTGART (Staatsgal.) : *Autoportrait au foulard rouge* 1917 – *La Loge* 1928 – WEIMAR : *Jeunes hommes au bord du lac* 1905.

VENTES PUBLIQUES : STUTTGART, 20 nov. 1959 : *Bateaux sur une plage* : **DEM 22 000** – STUTTGART, 20 mai 1960 : *Femme de chambre et valet* : **DEM 65 000** – BERNE, 17 juin 1960 : *Couple d'amoureux*, eau-forte : **CHF 1 040** – STUTTGART, 3 mai 1961 : *Nature morte aux chats* : **DEM 74 000** – BERNE, 8 juin 1961 : *Nature morte aux tulipes* : **CHF 46 000** – STUTTGART, 3-4 mai 1962 : *Pic d'aigle* : **DEM 50 000** – LONDRES, 24 avr. 1963 : *Afternoon* : **GBP 3 100** – BERNE, 17 juin 1965 : *Adam et Eve* : **CHF 54 000** – COLOGNE, 8 déc. 1965 : *Carnaval avec autoportrait*, aquar. : **DEM 6 000** – NEW YORK, 9 déc. 1965 : *La plage* : **USD 9 000** – HAMBOURG, 21 mai 1966 : *La femme au manchon* : **DEM 55 000** – AMSTERDAM, 24 avr. 1968 : *Les barques de pêche*,

aquar. : **NLG 24 000** – LONDRES, 28 juin 1968 : *Cavaliers sur la plage* : **GNS 9 500** – BERNE, 11 juin 1969 : *Le parc à Amsterdam*, aquar. : **CHF 25 000** – NEW YORK, 29 nov. 1969 : *Paysage à la cheminée* : **USD 23 500** – NEW YORK, 11 nov. 1970 : *Vue du train, en France* : **USD 19 000** – LONDRES, 27 juin 1972 : *Portrait de Quappi en manteau au col de fourrure blanche* : **GNS 24 000** – DÜSSELDORF, 14 nov. 1973 : *Les lutteurs* : **DEM 56 000** – GENÈVE, 7 déc. 1973 : *Course cycliste* : **CHF 85 000** – HAMBOURG, 2 juin 1976 : *Samson et Dalila* 1912, h/t (70,5x85,2) : **DEM 60 000** – MUNICH, 26 nov. 1976 : *Autoportrait de face* 1918, eau-forte et pointe-sèche : **DEM 4 000** – HAMBOURG, 2 juin 1977 : *La rue* 1911, h/t (168x118) : **DEM 28 000** ; *Autoportrait* 1919, litho. du premier état : **DEM 6 400** – COLOGNE, 19 mai 1978 : *Paysage au ballon* 1918, pointe-sèche (22,3x29,2) : **DEM 4 200** – LONDRES, 28 juin 1978 : *Nature morte à la sculpture noire* 1949, h/t (89x142) : **GBP 46 000** – BERNE, 20 juin 1979 : *Le meurtre* 1933, aquar. et encre de Chine/ trait de craie noire (49,8x45,6) : **CHF 52 000** – NEW YORK, 25 mai 1979 : *Piscine Cap Martin* 1944, h/t (60x95) : **USD 75 000** – MUNICH, 1ᵉʳ déc. 1980 : *Place de la Concorde la nuit* 1939, h/t (61x46,5) : **DEM 70 000** – NEW YORK, 15 mai 1980 : *Nature morte aux fleurs* vers 1945, aquar./pap. (69,2x50,8) : **USD 19 000** – NEW YORK, 18 mai 1981 : *Autoportrait au béret blanc* 1926, h/t (99,8x70,5) : **USD 60 000** – MUNICH, 30 juin 1981 : *Cafémusik* 1918, eau-forte : **DEM 9 000** – BERNE, 23 juin 1982 : *Promeneur et son chien dans un sous-bois* 1933, aquar./trait de cr. (50,3x65) : **CHF 18 000** – NEW YORK, 10 déc. 1982 : *Femme couchée* 1913, h/t (56,5x73,7) : **USD 3 750** – NEW YORK, 16 nov. 1983 : *Frühe Menschen (Urlandschaft)* 1946-48, gche et encre noire/pap. (49,8x64,5) : **USD 68 000** – MUNICH, 25 nov. 1983 : *Samson et Dalila* 1922, h/t (70,5x85,5) : **DEM 90 000** – BERNE, 20 juin 1984 : *Autoportrait au chapeau melon* 1921, grav./cuivre et pointe-sèche : **CHF 86 000** – COLOGNE, 7 déc. 1984 : *Le singe qui peint l'éternité* vers 1935, aquar. (57,7x50,2) : **DEM 125 000** – BERNE, 19 juin 1985 : *Träumendes Jüngling mit Frau mit drei Köpfen* 1946, aquar./traits de pl. (32x23) : **CHF 60 000** – ZURICH, 29 nov. 1985 : *Femme portant un masque*, h/t (64x51) : **CHF 80 000** – LONDRES, 23 juin 1986 : *Petit paysage, Viareggio* 1925, (52x35,5) : **GBP 70 000** – NEW YORK, 11 nov. 1987 : *Autoportrait avec une casquette blanche* 1925, h/t (99,8x70,5) : **USD 1 400 000** – LONDRES, 24 fév. 1988 : *Tête de cheval* 1899, encre et aquar. (9x14,1) : **GBP 1 980** – LONDRES, 29 mars 1988 : *Madame Swarzenski*, cr./pan. (17,5x15,5) : **GBP 2 860** – LONDRES, 28 juin 1988 : *Nature morte aux tournesols* 1943, h/t (85x44,5) : **GBP 90 200** – LONDRES, 3 avr. 1989 : *Les artistes*, h/t (165x88,5) : **GBP 660 000** – NEW YORK, 26 fév. 1990 : *Nu assis*, cr./pap. (36,2x26,7) : **USD 4 950** – NEW YORK, 16 mai 1990 : *Nature morte avec des roses rouges et un pékinois* 1942, h/t (95,9x55,6) : **USD 528 000** – LONDRES, 3 déc. 1990 : *Fenaison* 1941, h/t (95x55) : **GBP 220 000** – HEIDELBERG, 12 oct. 1991 : *Les bailleurs* 1918, pointe-sèche (30,9x25,7) : **DEM 1 500** – MUNICH, 26-27 nov. 1991 : *Café-concert* 1918, eau-forte (31x23) : **DEM 10 350** – HEIDELBERG, 11 avr. 1992 : *Portrait de Madame H.M. (Naila)* 1923, bois gravé (35x32,7) : **DEM 2 200** – NEW YORK, 12 mai 1992 : *Le café jaune* 1941, h/t (60,6x40) : **USD 264 000** – MUNICH, 26 mai 1992 : *Jeune couple dansant*, bois gravé : **DEM 4 025** – BERLIN, 29 mai 1992 : *Sur le chemin de la maison*, craie noire/pap. (84,5x61,5) : **DEM 214 700** – MUNICH, 1ᵉʳ-2 déc. 1992 : *Autoportrait* 1922, bois gravé (22x15,5) : **DEM 11 040** – HEIDELBERG, 3 avr. 1993 : *Paysage du Main* 1918, pointe sèche (30,2x25) : **DEM 14 200** – NEW YORK, 11 mai 1994 : *Nature morte avec deux vases de fleurs*, h/t (95,3x56,5) : **USD 332 500** – PARIS, 8 juin 1994 : *Les deux accordéonistes*, cr. noir et pl. (25x23,5) : **FRF 56 000** – NEW YORK, 10 nov. 1994 : *Étude pour Baccara* 1947, encre/pap. (19,8x13,2) : **USD 4 600** – NEW YORK, 1ᵉʳ mai 1996 : *Tamerlan* 1923, pointe sèche (39,8x20) : **USD 29 900** – LONDRES, 9 oct. 1996 : *Lever de soleil* 1929, h/t (60x81) : **GBP 397 500** – NEW YORK, 5 déc. 1996 : *Retour chez soi* 1919, cr. noir/pap. (73,3x48,8) : **GBP 133 500** – AMSTERDAM, 18 juin 1997 : *La Plage vue d'une terrasse* 1935, brosse et encre noire et aquar. reh. de blanc/pap. (48x60) : **NLG 132 618** – LONDRES, 24 juin 1997 : *Stilleben mit paletten* 1944, h/t (57x97) : **GBP 177 500**.

BECKMANN Wilhelm

Né le 3 octobre 1852 à Düsseldorf. Mort en 1942. XIXᵉ-XXᵉ siècles. Allemand.

Peintre d'histoire, portraits, paysages.

Il fut élève d'Eduard Bendemann à l'Académie de Dresde, où il travailla ensuite, de 1870 à 1874. Il accompagna la délégation allemande au Maroc en 1890 et en rapporta des paysages.

VENTES PUBLIQUES : BERNE, 17 nov. 1983 : *Mère et enfant* 1880, h/t (52x28) : **CHF 3 200** – AMSTERDAM, 23 avr. 1996 : *Char à bœufs*, h/t (80x116) : **NLG 17 700**.

BECKSINSKI Zdzislaw. Voir **BEKSINSKI**

BECKWITH Arthur
Né en 1860 à Londres. Mort en 1930. xixe-xxe siècles. Américain.
Peintre de paysages.
VENTES PUBLIQUES : LOS ANGELES-SAN FRANCISCO, 12 juil. 1990 : *La lisière d'un marécage*, h/t (38x51) : **USD 1 100**.

BECKWITH Carroll ou **James Carroll**. Voir **BECKWITH James Carroll**

BECKWITH Catherine S.
Née dans la dernière moitié du xixe siècle à Bath. xixe siècle. Britannique.
Peintre.
Élève de l'École des Beaux-Arts à Salisbury, elle étudia aussi à Weimar et exposa à Berne en 1894.

BECKWITH Henry
xixe siècle. Britannique.
Graveur.
Il commença à se manifester à Londres, en 1830, et se rendit à New York, en 1842, où il resta pendant un an. Il a gravé des animaux d'après Landseer et des paysages d'après des artistes américains.

BECKWITH James Carroll
Né le 23 septembre 1852 à Hannibal (Missouri). Mort en 1917 à New York. xixe-xxe siècles. Américain.
Peintre de figures, portraits, paysages, peintre à la gouache, aquarelliste, pastelliste, dessinateur.
Il fut élève de Walter Shirlaw à l'Académie des Beaux-Arts de Chicago. En 1871, pendant deux années, il fut élève de la National Academy of Design de New York. De 1873 à 1878 à Paris, il eut surtout Carolus-Duran comme professeur. De retour à New York, il fut professeur à l'Art Students' League, pendant dix-huit ans. Il revint de nombreuses fois en Europe en été. Il fut membre de la Society of American Artists, de l'American Society of Painters in Watercolours, en 1894 de la National Academy de New York, et de nombreuses autres associations.
Outre les sociétés de New York, participant à des expositions et Salons, par exemple en 1892 à la Royal Academy de Londres, de 1887 à 1913 au Salon des Artistes Français de Paris, il reçut de nombreuses distinctions : 1887 Paris, mention honorable ; 1889 Paris, médaille de bronze pour l'Exposition Universelle ; 1895 Atlanta, médaille ; 1900 Paris, médaille de bronze pour l'Exposition Universelle ; 1902 Charleston, médaille.
Pendant son séjour d'étude à Paris, avec John Singer Sargent ils furent les collaborateurs de Carolus-Duran pour la réalisation de son plafond du Palais du Luxembourg. Comme son maître français, Beckwith fut essentiellement un portraitiste, qui a rempli de ses portraits de personnalités marquantes de l'époque de nombreux lieux institutionnels : Yale University, Johns Hopkins University, École militaire de West Point, plusieurs collections privées, etc. Toutefois, au cours de ses séjours en Europe, il s'exerçait volontiers à la peinture de paysage en plein air, y adoptant avec aisance la touche, la clarté et la vivacité chromatique impressionnistes. ■ J. B.
BIBLIOGR. : William H. Gerdts, D. Scott Atkinson, Carole L. Shelby, Jochen Wierich : *Impressions de toujours – Les peintres américains en France 1865-1915*, Mus. Américain de Giverny, Terra Foundation for the Arts, Evanston, 1992.
MUSÉES : GIVERNY (Mus. Américain Terra Foundation for the Arts) : *Printemps français* vers 1885 – *Mère et enfant* s.d., entre 1910-1914 – NEW YORK (Bibl. de la Ville) : nombreux dessins au fusain ou crayon.
VENTES PUBLIQUES : NEW YORK, 23 jan. 1903 : *Une soirée d'été* : **USD 200** – NEW YORK, 22 jan. 1905 : *Tête idéale* : **USD 150** – PHILADELPHIE, 30-31 mars 1932 : *Le Moulin de Marie-Antoinette à Versailles* : **USD 25** – NEW YORK, 20 mai 1967 : *Portrait de femme* : **USD 475** – NEW YORK, 29 avr. 1976 : *Central Park, le lac*, h/pan. (39,6x25) : **USD 600** – NEW YORK, 17 nov. 1978 : *Bords de Seine*, h/t (45x30,5) : **USD 2 000** – NEW YORK, 29 jan. 1981 : *Fillette au tambourin*, h/t (147,4x91,5) : **USD 2 300** – LONDRES, 8 juin 1983 : *Interior of a country studio* 1893, h/t (71x51) : **GBP 11 500** – NEW YORK, 29 mai 1986 : *L'éventail espagnol* 1899, h/t (91,5x71,2) : **USD 53 000** – NEW YORK, 4 déc. 1987 : *Portrait of William Coffin* 1885, h/t (51,2x38,5) : **USD 11 000** – NEW YORK, 24 jan. 1990 : *Jeune paysanne près d'une meule* 1883, aquar. et gche/pap./cart. (50,5x34,8) : **USD 3 300** – NEW YORK, 30 mai 1990 : *Le portail clos*, h/t (25,4x33,7) : **USD 2 475** – NEW YORK, 27 sep. 1990 : *Les jardins*

de New Hamburg, h/t (38x45,5) : **USD 14 300** – NEW YORK, 14 mars 1991 : *Dans la lumière jaune*, h/pan. (24,7x19) : **USD 13 200** – NEW YORK, 6 déc. 1991 : *Ancienne péniche dans Central Park*, h/pan. (40x24,7) : **USD 7 700** – NEW YORK, 12 mars 1992 : *Le chapeau de paille*, h/pan. (21x15,8) : **USD 13 200** – NEW YORK, 27 mai 1992 : *Danseuse espagnole* 1890, h/pan. (35,6x26,7) : **USD 11 000** – NEW YORK, 10 mars 1993 : *Sous les lilas* 1879, h/t (61x48,3) : **USD 8 050** – PARIS, 8 juin 1994 : *Portrait de jeune fille à la chevelure rousse*, cr. et past. (22x17) : **FRF 7 000** – NEW YORK, 25 mai 1995 : *Femme à la guitare*, h/t (39,4x33) : **USD 46 000**.

BECKWITH Thomas
Né en Angleterre. Mort le 17 février 1786 à York. xviiie siècle. Britannique.
Portraitiste.
Ses dessins et aquarelles représentant des antiquités du Yorkshire forment un remarquable ensemble.

BECKX Godefridus
xviiie siècle. Éc. flamande.
Sculpteur.
Il travaillait dans la province d'Anvers, ville dans laquelle il fut reçu franc-maître dans la gilde le 29 août 1770.

BECLEMICHEFF Cléo
xxe siècle. Française.
Sculpteur.
Au Salon des Tuileries de 1933 elle présenta : *Guy de Pourtalès*, *Jeune Créole*.

BÉCLU René
Né le 3 février 1881 à Paris. Mort durant la Première Guerre mondiale (1914-1918). xxe siècle. Français.
Sculpteur.
Élève de Mercié et Hector Lemaire, il a exposé aux Salons de la Société Nationale des Beaux-Arts, d'Automne, des Artistes Français dont il était sociétaire et où il avait exposé entre 1908 et 1913, obtenant une médaille de troisième classe en 1908.

BECMEUR Jean
Né le 23 août 1890 à Trélazé (Maine-et-Loire). Mort le 1er juillet 1952 à Paris. xxe siècle. Français.
Peintre de figures, portraits, nus, paysages, pastelliste.
Élève d'Emmanuel Fougerat, qui dirigeait l'école des beaux-arts de Nantes, il exposa au Salon des Artistes Français dont il devint sociétaire et où il obtint une mention honorable en 1928, une médaille d'argent en 1947. Il y montra surtout figures et portraits, ainsi que des compositions sur thèmes philosophiques, alors que ses amateurs appréciaient ses paysages dans lesquels, plus librement sur le motif, il était sensible à la leçon impressionniste. Il fut professeur de lycée à Cahors, Nancy où il assumait en outre le cours du soir à l'École des Beaux-Arts, puis au lycée Henri-IV de Paris.

BECMEUR Yves
Né le 7 juillet 1921 à Cahors (Lot). xxe siècle. Français.
Peintre de compositions à personnages, figures, portraits.
Fils de Jean Becmeur. Il fut reçu en 1942 à l'École des Beaux-Arts de Paris, où il fut élève de Louis Roger, Jean Dupas, Edmond Heuzé. Il fut logiste du concours de Rome en 1948. Il expose à Paris au Salon des Artistes Français, dont il devint sociétaire et obtint une mention honorable en 1946, médaille d'argent en 1951 pour le *Portrait du peintre-verrier Raphaël Lardeur*. Il fut professeur de lycée à Orléans, puis à Paris et devint inspecteur général de l'Éducation nationale pour les Arts plastiques en 1979.

BECŒUR Charles Jérôme
Né le 9 août 1807 à Paris. Mort le 4 janvier 1832. xixe siècle. Français.
Peintre.
Élève de Lethière. Parmi les tableaux d'histoire qu'il a peint, on peut citer : *Homère disant ses vers aux bergers*, *La fiancée de Lammermoor*. Il fit aussi des portraits et des dessins d'animaux.

BECON
xve siècle. Vivait à Laon dans la seconde moitié du xve siècle. Français.
Peintre.

BECOURT de
xxe siècle. Français.
Graveur.

BECQ de FOUQUIÈRES Louise Marie, née **de Dreux**
Née en 1825 à Paris. Morte en 1892. xixe siècle. Française.

Peintre de genre et portraitiste.
Elle fut élève de Pils, et elle exposa au Salon, tous les ans, de 1857 à 1884, des portraits de femmes, au pastel.

BECQUE Maurice Jaubert de, parfois : **Maurice d'Attys**
Né à Saumur (Maine-et-Loire). xixᵉ-xxᵉ siècles. Français.
Peintre, graveur, illustrateur.
Exposant au Salon d'Automne, il est surtout connu pour ses nombreuses illustrations d'ouvrages, dont : *Lettres de Malaisie* de P. Adam, *Les Fleurs du Mal* de Baudelaire, *Sonnica la Courtisane* de V. Blasco Ibanez, *Numa Roumestan* d'A. Daudet, *Mademoiselle de Maupin* de Th. Gautier, *Nouvelles asiatiques* du comte de Gobineau, *La Grèce et la Sicile* de J. M. de Hérédia, *Le Livre de la Jungle, La lumière qui faillit* de R. Kipling, *Fables* de La Fontaine, *Poésies complètes, Six poèmes barbares* de Leconte de Lisle, *Le Livre de la Pitié et de la Mort, Le Mariage de Loti* de P. Loti, *Le Misanthrope* de Molière, *Les Pensées* de Pascal, *Le Bon Plaisir* d'H. de Régnier, *Quelques amours de Monsieur Nicolas* de Restif de la Bretonne, *Poésies complètes* de Rimbaud, *La Chartreuse de Parme* de Stendhal, l'Œuvre de François Villon, *Le Roman de Renart*. Les six illustrations faites pour les *Pièces condamnées* de Baudelaire, ont été signées du pseudonyme de Maurice d'Attys.

BECQUER. Voir aussi **DOMINGUEZ-BECQUER**

BECQUER Joaquin
Né en 1805 à Séville. Mort en 1841. xixᵉ siècle. Espagnol.
Peintre de genre, paysages.
Il fut le maître de cette École sévillane, qui exploita, dans des peintures de petit format, le folklore, teinté d'orientalisme, de leur pays. Le duc de Montpensier le protégea et le nomma peintre de sa maison. On mentionne de cet artiste : *Danseuse andalouse, Vendeur de marrons, Course de taureaux à Séville*.
Ventes Publiques : Londres, 1853 : *Une foire de village* : FRF 420 ; *La balançoire* : FRF 400 – Paris, 8 mai 1929 : *Jour de fête en Espagne* : FRF 1 220 – Buenos Aires, 14 nov. 1973 : *La Cathédrale de Séville* : BRS 16 000 – Londres, 20 oct. 1978 : *Le Matador* ; *Jeune espagnole*, deux toiles (40x28) : GBP 1 000 – Madrid, 26 mai 1987 : *Danseurs espagnols 1848*, h/t (48x63) : ESP 1 500 000 – New York, 19 juil. 1990 : *Femme priant à la porte de la cathédrale 1835*, h/t (39,1x29,3) : USD 2 200 – Paris, 16 nov. 1992 : *Au bas des ruines du vieux monastère 1834*, h/t (46x35) : FRF 18 000.

BECQUER José
Né à Séville. xixᵉ siècle. Espagnol.
Peintre.
Frère de Joaquin. Il travailla dans le même esprit. Il est l'auteur du joli tableau : *La Cachucha*.

BECQUER Juan Josef, don
xviiiᵉ siècle. Espagnol.
Graveur.
En 1794, il entra comme élève à l'Académie de San Fernando, à Madrid.

BECQUER Valeriano
Né à Séville. Mort vers la fin du xixᵉ siècle. xixᵉ siècle. Espagnol.
Peintre.
Fils et élève de José, il reçut aussi les conseils de son oncle Joaquin Becquer. Le musée des Arts modernes, à Madrid, possède de lui quelques tableaux et entre autres : *Intérieur d'une hutte de paysan aragonais*.

BECQUEREL André Vincent
Né à Saint-André-Farivilliers (Oise). xixᵉ-xxᵉ siècles. Français.
Sculpteur de statuettes et d'animaux.
Il fut élève d'Hector Lemaire et de Prosper Lecourtier qui lui conseilla de se spécialiser dans la sculpture animalière, avec une préférence marquée pour les rapaces et les félins. Il a exposé, entre 1914 et 1922, au Salon des Artistes Français dont il est devenu sociétaire.
Ventes Publiques : New York, 26 mai 1983 : *Deux lionnes*, terre cuite (L. 66,5) : USD 750 – Paris, 4 déc. 1987 : *Le jeu de balle*, bronze (H. 23) : FRF 7 000 – Paris, 6 avr. 1990 : *Mouette sur une vague*, bronze (H. 62) : FRF 4 200 – Paris, 27 mai 1994 : *Couple de panthères*, bronze (33x59,5x19,5) : FRF 35 000.

BECQUEREL Françoise
Née au xviiᵉ siècle, originaire d'Amiens. xviiᵉ siècle. Française.

Peintre.
Elle était religieuse. Elle a peint, en collaboration avec les religieuses Marguerite Canteraine et Françoise du Croquet, vers 1628, l'église des Ursulines d'Amiens, consacrée cette année-là.

BECQUET François
xviiiᵉ siècle. Français.
Sculpteur.
Cité à Paris en 1786.

BECQUET Henry Jean
Né en 1812 à Bruges. Mort le 19 octobre 1855 à Bruges. xixᵉ siècle. Belge.
Peintre d'histoire.
C'est à Anvers qu'il étudia, sous la direction de Dumery et de Nicaise de Keyser. On considère comme son meilleur ouvrage : *Les Derniers Moments de Mozart*.

BECQUET Just.
Né le 17 juin 1829 à Besançon. Mort le 28 février 1907 à Paris. xixᵉ-xxᵉ siècles. Français.
Sculpteur.
Élève de Rude, il débuta au Salon de Paris, en 1853, et fut tout de suite remarqué. Ses ouvrages sont nombreux.
Musées : Besançon : *Apothéose de Victor Hugo* – Besançon : *P. Klein*, buste – *Bonne femme de Franche-Comté* – Paris (Mus. d'Art Mod.) : *Ismaël* – *Saint Sébastien* – *Saint Joseph en Égypte* – Paris (BN) : *La Numismatique* – Paris (École Normale Sup.) : *Victor Cousin*, buste – Paris (École Sainte-Geneviève) : *R. P. Ducondray* – Paris (Sorbonne) : *Himly*, buste – Paris (Jardin des Tuileries) : *Vigneron* – Rouen : *La Seine à sa source* – Saint-Brieuc : *Christ* – Tours : *Faune et panthère*.

BECUS Albert
Né à Paris. xxᵉ siècle. Français.
Peintre de paysages urbains.
Entre 1928 et 1939, il a exposé au Salon de la Société Nationale des Beaux-Arts de Paris, dont il est devenu membre associé en 1934.

BECX Jasper
Mort en 1647 à Middelbourg. xviiᵉ siècle. Hollandais.
Peintre de natures mortes.
Le Pepergasthuis, à Groningen, possède de lui un tableau.
Ventes Publiques : Londres, 27 mai 1927 : *Cavalier en noir 1630* : GBP 65.

BECX Jeronimus
Mort en 1658 à Middelbourg. xviiᵉ siècle. Hollandais.
Peintre.

BEDA Francesco
Né le 29 novembre 1840 à Trieste. Mort le 21 juin 1900 à Trieste. xixᵉ siècle. Italien.
Peintre de genre, portraits.
Il se perfectionna à l'Académie de Venise, sous la conduite du chevalier Karl von Blaas. Au cours des voyages en Autriche, en Hongrie, en Croatie, il fit beaucoup de portraits, entre autres celui du prince de Rohan, évêque de Strosmayer. Pendant son séjour en Autriche, il peignit un paravent pour l'impératrice Elisabeth. À partir de 1876, on remarqua dans ses tableaux qu'il s'inspirait de Meissonier. Il mourut la palette à la main, devant son chevalet.
Musées : Trieste (Mus. Revoltella) : *Charles VI donnant audience aux ambassadeurs vénitiens* – *Le Modèle*.
Ventes Publiques : Londres, 22 fév. 1908 : *Le jeu de billard* : GBP 22 – New York, 10 fév. 1925 : *L'écolier* : USD 115 – Vienne, 17 sep. 1963 : *La réception de la favorite* : ATS 28 000 – Cologne, 19 fév. 1965 : *L'idylle* : DEM 1 300 – Londres, 15 mai 1968 : *L'atelier de l'artiste* : GBP 1 300 – Stockholm, 27 avr. 1983 : *La partie de billard*, h/t (81x145) : SEK 195 000 – New York, 13 fév. 1985 : *La partie de billard*, h/t (81,2x144,1) : USD 40 000 – Londres, 24 nov. 1989 : *Une défaite imminente*, h/t/pan. (74,9x106,8) : GBP 14 850 – Amsterdam, 24 avr. 1991 : *Le jeune modèle*, h/t (65,5x100,5) : NLG 71 300 – New York, 13 oct. 1993 : *Le récital*, h/t (100,3x135,3) : USD 46 000 – New York, 12 oct. 1994 : *L'arrivée de la favorite 1885*, h/t (103,5x184,2) : USD 288 500 – Londres, 21 nov. 1997 : *L'Évaluation*, h/t (67,3x94,3) : GBP 23 000.

BEDA Giulio
Né le 12 janvier 1879 à Trieste. xixᵉ-xxᵉ siècles. Italien.
Peintre de paysages et de portraits.
Élève de Guglielmo Ciardi à l'Académie de Venise jusqu'en

1892, date à laquelle il entra dans l'atelier de son père Francesco Beda jusqu'en 1900. Après la mort de Francesco, en 1901, il alla à Munich et participa aux expositions de Munich et de Berlin en 1909.

BEDA Hubert
XVIe-XVIIe siècles. Travaillait à Anvers et à Malines. Éc. flamande.
Enlumineur.

BEDAF Lode Van
Né en 1915 à Merksem. Mort en 1985. XXe siècle. Belge.
Peintre, pastelliste, dessinateur de paysages, figures, portraits. Postimpressionniste.
Autodidacte en peinture. Il signe *J. Van BOUDAF*. Il peint surtout les paysages de la Campine.
BIBLIOGR. : In : *Diction. biogr. illustré des Artistes en Belgique depuis 1830*, Arto, Bruxelles, 1987.

BEDAFF Antonis Aloisius Emanuel Van
Né le 25 décembre 1787 à Bruxelles. Mort en 1829 à Bruxelles. XIXe siècle. Belge.
Peintre d'histoire, portraits, graveur.
C'est en étudiant les maîtres hollandais du XVIIe siècle qu'il se perfectionna. Après avoir été professeur puis directeur à l'École de dessin d'Herzogenbusch, il vint s'établir définitivement à Bruxelles. On cite parmi ses œuvres : *La Première Réunion des États-Généraux à Dordrecht, en 1572, La Dernière Entrevue de Guillaume d'Orange avec le comte d'Egmont, Conspiration de la noblesse.* Il fit aussi quelques eaux-fortes.

BEDANT Nicolas
XVIIe-XVIIIe siècles. Vivait en Lorraine. Français.
Sculpteur.
En 1700, il travailla, dans l'église des Cordeliers, à Nancy, au catafalque de Charles V, duc de Lorraine.

BÉDARD Jean-Claude
Né en 1928 à Pau (Basses-Pyrénées). XXe siècle. Français.
Peintre, créateur d'intégrations architecturales. Figuratif puis abstrait-géométrique.
Après avoir pratiqué pendant dix ans une peinture figurative, il s'oriente en 1958 vers l'abstraction et la réalisation d'œuvres monumentales intégrées à l'architecture. Il a exposé ses œuvres dès les années soixante et en 1987 à la galerie Franka Berndt à Paris.
Jean-Claude Bédard a travaillé sur la théorie d'un « art schématique », théorie d'un art non-figuratif dont on trouve les traces dans l'histoire des formes : « Les thématiques de l'écriture idéographique populaire et celle de l'art non-objectif sont identiques et ont la même origine. Elles se passent de toute sophistication esthétique, sont familières à notre mémoire originelle collective et annonciatrice de l'art schématique », écrit-il. À partir de ces recherches approfondies, Bédard développe une abstraction géométrique rigoureuse et savante.

BÉDARRIDE Fred
Né en 1915 à Marseille (Bouches-du-Rhône). Mort en 1984 à Nîmes (Gard). XXe siècle. Français.
Peintre de figures, portraits, technique mixte. Indépendant.
Totalement autodidacte et d'une indépendance farouche, il a peint avec rage sur toutes sortes de supports : plaque de cheminée, tôle, bois, toile à matelas, nappe, isorel, tissu de rideau, etc. Les portraits furent son thème de prédilection, et sa manière avait des traits de fauvisme et d'expressionnisme sauvage. Il représentait les hommes avec férocité, sans concessions à l'égard de leur « connerie » et sans réel souci psychologique.

bedarride

BIBLIOGR. : Catalogue *Permanence du visage, autour de F. Bédarride*, Montauban, musée Ingres, 1988.

BÉDARRIDES Jean-Pierre
Né le 15 mars 1954 à Aix-en-Provence (Bouches-du-Rhône). XXe siècle. Français.
Peintre de paysages, natures mortes, aquarelliste, illustrateur. Réaliste-photographique.
Il reçut une formation de dessinateur technique et publicitaire. Il fit une première exposition personnelle d'aquarelles de paysages, en 1985 à Aix-en-Provence. En 1986, il publia un ouvrage

sur la ville d'Aix-en-Provence, illustré d'aquarelles. Il a montré en 1992, à Paris, une exposition personnelle de natures mortes. Il travaille la peinture à l'huile sur des panneaux préparés par lui-même et reprenant la technique des peintre flamands. Il peint alors des natures mortes d'objets raffinés et de fruits, minutieusement rendus dans des éclairages de clair-obscur.

BEDAULT Sébastien
XVIIe siècle. Actif à Nantes. Français.
Graveur.
Cité par un document en 1678.

BEDEAU Pierre
Né vers 1645 à Paris. XVIIe siècle. Français.
Peintre.
En 1674, il fut reçu membre de la corporation des peintres parisiens. Il reçut de Louvois, en 1685, une pension du roi, pour aller faire des études à Rome. Il y resta jusqu'en 1693. On sait qu'il travailla au château de Marly et peut-être aussi au château de Chambord.

BEDEAUX Joseph
XVIIIe siècle. Actif à Rouen à la fin du XVIIIe siècle. Français.
Peintre sur faïence.

BEDEL Jacques
XXe siècle. Argentin.
Peintre, sculpteur, technique mixte, architecte. Tendance abstraite.
Ses œuvres sont métaphoriques. Plus ou moins en relief, associant le métal brillant et des matières organiques ternes, créant des maquettes à la ressemblance de villes, privilégiant l'évocation de la forme du livre, il exprime poétiquement ses préoccupations pessimistes quant à l'avenir de l'homme sur terre.
BIBLIOGR. : Liliana Albertazzi : *Argentine : Un problème de regard*, Opus International, Paris, printemps-été 1987.

BEDEL Marie Augustin Maurice
Né à Meaux. XIXe siècle. Français.
Peintre.
Cité par Mireur.
VENTES PUBLIQUES : PARIS, 1895 : *Le retour au château*, aquar. : FRF 15 – PARIS, 12 juin 1942 : *Album d'aquarelles. Le Duc d'Orléans* : FRF 110 – PARIS, 22 fév. 1943 : *Scènes de chasse à courre*, aquar. : FRF 380.

BEDELL-BRICHARD Gabrielle Jeanne. Voir BRICHARD

BEDENNE Gaston Louis
Né à Champigny (Val-de-Marne). XXe siècle. Français.
Peintre.
Il a exposé deux paysages aux Indépendants en 1929 : *Bras de la Marne à Nogent-le-Perreux* et *Vers la pleine mer*.

BEDERMANN W. Clive
XIXe siècle. Britannique.
Peintre de paysages.
Il exposa en 1838 à la Royal Academy de Londres.

BEDESCHI Mario
Né en 1850 à Lugo di Romagna. Mort en 1923. XIXe-XXe siècles. Italien.
Peintre, sculpteur.
La charge de professeur de dessin lui fut confiée au collège royal Carlo-Alberto, à Moncalieri.
MUSÉES : TURIN (Muséo Civico) : *Noces d'or*.
VENTES PUBLIQUES : MILAN, 5 nov. 1981 : *Le rêve*, marbre (H. 53) : ITL 3 000 000.

BEDESCHINI Carlo Antonio
Originaire d'Aquila (Abruzzes). XVIIe siècle. Vivait dans les Abruzzes. Italien.
Peintre de compositions religieuses.
Il était chanoine de la collégiale di San Pietro, à Coppito ; il y exécuta, en 1675, un retable représentant *Saint Pierre et Saint Paul*.

BEDESCHINI Francesco
XVIIe siècle. Actif en Italie. Italien.
Peintre de compositions religieuses, graveur, dessinateur, décorateur.
Il était fils de Giulio Cesare Bedeschini. À Aquila, dans les Abruzzes, il exécuta des retables pour l'église Sainte-Catherine, pour l'église Saint-Michel, et il décora l'intérieur du palais de la magistrature.

BEDESCHINI Giovanni Battista
XVIe-XVIIe siècles. Actif à Aquila (Abruzzes). Italien.

Peintre.

Les critiques ne sont pas d'accord au sujet de la représentation de la *Cène* à l'église S. Menna, à Lucoli. Les uns disent que l'auteur de cette peinture est l'artiste dont nous parlons, les autres croient qu'elle est de Francesco Bedeschini.

BEDESCHINI Giulio Cesare
XVIIᵉ siècle. Vivait à Aquila (Abruzzes). Italien.
Peintre de compositions religieuses.
Ce fut sous la direction de Luigi Cigoli qu'il fit son éducation artistique. Il exécuta, pour l'église San Nicola di Bari, à Calascio, un curieux tableau : *Saint François d'Assise donnant à saint Louis l'habit de son Tiers Ordre.*
VENTES PUBLIQUES : PARIS, 24 juin 1929 : *La Vierge à l'Enfant adorée par trois saints*, gche : **FRF 350** ; *Groupe de trois saints religieux et de deux saintes*, gche : **FRF 355** ; *Saint religieux recevant un jeune prince*, dess. : **FRF 700**.

BEDET J.
XVIIᵉ siècle. Français.
Peintre.
En 1619, il exécuta une *Mater Dolorosa*, entourée de saints, pour l'oratoire des Chanoines à Chambéry.

BEDETTI
XIXᵉ siècle. Italien.
Graveur au burin.

BEDFORD Ella M.
XIXᵉ siècle. Britannique.
Peintre de figures.
Elle exposa à partir de 1882 à la Royal Academy, à Suffolk Street et à la New Water-Colours Society, à Londres. En 1908, elle envoya à la Royal Academy son tableau *Jeanne d'Arc après sa première défaite, à l'autel de Saint-Denis.*

BEDFORD Francis Donkin
Né en 1864 à Londres. Mort en 1930. XIXᵉ-XXᵉ siècles. Britannique.
Peintre de paysages, dessinateur, illustrateur.
D'abord architecte, il devint paysagiste et exposa à la Royal Academy de Londres, notamment en 1892. Il fit plusieurs illustrations de livres populaires pour enfants.

F. D. BEDFORD

BIBLIOGR. : Marcus Osterwalder, in : *Diction. des Illustrateurs, 1800-1914*, Hubschmid & Bouret, Paris, 1983.

BEDFORD Henry Edward
Né en 1860 à Brooklyn (New York). XIXᵉ siècle. Américain.
Peintre.
Paysagiste à Richmond vers 1892, il a exposé à Suffolk Street, à Londres.

BEDFORD Herbert
XXᵉ siècle. Britannique.
Peintre de portraits, aquarelliste.
Il a exposé à la Royal Academy de Londres, notamment en 1908.

BEDFORD John Bates
Né en 1823 dans le Yorkshire. XIXᵉ siècle. Travaillait à Londres. Britannique.
Peintre d'histoire, scènes de genre, portraits.
Il exposa à Londres, de 1848 à 1886, à la Royal Academy, et de 1853 à 1866, à la British Institution.
VENTES PUBLIQUES : LONDRES, 19 mai 1978 : *Le Pain quotidien* 1859, h/t (42x32) : **GBP 1 000**.

BEDIA José
Né en 1959 à La Havane. XXᵉ siècle. Cubain.
Peintre de techniques mixtes, réalisateur d'installations.
Il vit et travaille à La Havane. Il a participé à la deuxième Biennale de la Havane en 1986. Il a figuré dans l'exposition *Les Magiciens de la terre* organisée au Musée National d'Art Moderne de Paris et à La Grande Halle de La Villette en 1989. En 1997 à Paris, il a participé à l'exposition *Artistes Latino-Américains*, à la galerie Daniel Templon.
Bedia réalise des installations où apparaissent dessins et objets car c'est le langage artistique le plus proche des rites populaires cubains dont il s'inspire. Ses œuvres font fusionner la culture amérindienne et la culture africaine, mêlée encore à sa propre culture occidentale. Ses œuvres sont ainsi à mi-chemin entre la « modernité » et le « primitif », le syncrétisme restant le sujet privilégié de son travail.

BIBLIOGR. : Giovanni Joppolo, *Le Syncrétisme de José Bedia*, Opus International, nº 113, avril-mai 1989 – Catalogue de l'exposition *Les Magiciens de la terre*, Mus. Nat. d'Art Mod. et Grande Halle de La Villette, Paris, 1989.
VENTES PUBLIQUES : NEW YORK, 22-23 nov. 1993 : *Reflets inversés* 1991, acryl./t. (209,9x128) : **USD 13 800** – NEW YORK, 18 mai 1994 : *Nsusu qui vole pour entrer dans Nkunia* 1992, encre/pap. artisanal (235,9x118,1) : **USD 8 050** – NEW YORK, 16 nov. 1994 : *La maison du forgeron* 1989, h/t (201,1x201,9) : **USD 13 800** – NEW YORK, 18 mai 1995 : *Grande apparition* 1993, acryl./t. (75,9x101,3) : **USD 8 625** – NEW YORK, 21 nov. 1995 : *Je suis la route* 1992, acryl./t. (291,8x157,5) : **USD 23 000** – NEW YORK, 25-26 nov. 1996 : *Junto al camino mirandose la cola* 1989, gche et past. litho./pap. (69,5x99,7) : **USD 4 600** – NEW YORK, 24-25 nov. 1997 : *Ahi va Papa-Lembo* 1996, encre noire et craie blanche/pap. artisanal (120x238,5) : **USD 11 500**.

BEDIÉ Henri
Mort en 1726. XVIIᵉ-XVIIIᵉ siècles. Français.
Peintre.
Membre de l'Académie de Saint-Luc.

BEDIEN Geneviève Philippine
XVIIIᵉ siècle. Française.
Peintre.
Elle fut reçue à l'Académie de Saint-Luc en 1754.

BEDIGIO François Nicolas
XVIIIᵉ siècle. Actif dans la seconde moitié du XVIIIᵉ siècle. Français.
Graveur.
Cité par Mireur.

BEDIKIAN Krikor
Né en 1908 à Ankara. Mort en 1981. XXᵉ siècle. Actif en France. Turc-Arménien.
Peintre de compositions animées, figures, paysages.
Il traitait plus particulièrement les sujets de genre, cirque, types folkloriques.
VENTES PUBLIQUES : VERSAILLES, 7 nov. 1976 : *La Seine*, h/t (73x60) : **FRF 14 500** – VERSAILLES, 5 déc. 1976 : *Dans les coulisses de Médrano*, h/t (50x61) : **FRF 7 000** – VERSAILLES, 4 déc. 1977 : *Pêcheurs d'algues*, h/t (65x80,5) : **FRF 16 500** – VERSAILLES, 20 oct. 1985 : *Le petit Napolitain vendeur de poissons*, h/t (65x54) : **FRF 7 800** – PARIS, 2 fév. 1987 : *Pêcheurs sur la plage*, h/t (65x81) : **FRF 5 000** – PARIS, 20 nov. 1990 : *Enfant à la pastèque* 1957, h/t (65x54) : **FRF 28 000** – PARIS, 6 nov. 1992 : *Port italien*, h/t (45,5x61) : **FRF 5 500**.

BEDIN Martine
Née en 1957 à Bordeaux (Gironde). XXᵉ siècle. Française.
Artiste, architecte, designer.
Elle a créé la *Manufacture familiale*, une maison d'édition de meubles et d'objets de bois. Elle a participé à l'exposition *Architecture(s)* au CAPC musée d'Art contemporain de Bordeaux en 1995. Elle y avait présenté quatre petites maisons.
VENTES PUBLIQUES : DOUAI, 3 déc. 1989 : *Nil*, tapis pure laine vierge tufté main (246x204) : **FRF 3 900**.

BEDINGFIELD J.
XIXᵉ siècle. Britannique.
Peintre.
A exposé en 1890, à la Royal Academy de Londres.

BEDINGFIELD Richard T.
XIXᵉ siècle. Britannique.
Peintre.
A exposé en 1889 à la Royal Academy de Londres.

BEDINI Paolo
Mort après 1671. XVIIᵉ siècle. Travaillait à Parme. Italien.
Peintre de compositions religieuses, genre, fresquiste, dessinateur.
En 1671, il exécuta une fresque représentant la *Madone*, dans la maison d'un nommé G.-B. Zappata. Il était également prêtre.
VENTES PUBLIQUES : NEW YORK, 1903 : *Échantillon de vin* : **USD 120** – LONDRES, 1909 : *Les chevaliers amoureux* : **GBP 29** – PARIS, 18 et 19 mai 1922 : *Le moine*, pl. : **FRF 260** – LONDRES, 12 mars 1923 : *Le beau* : **GBP 21** – PARIS, 23 avr. 1928 : *Scène d'intérieur* : **FRF 1 250**.

BEDINI Paolo
Né le 26 décembre 1844 à Bologne. Mort en 1924. XIXᵉ-XXᵉ siècles. Italien.
Peintre de genre, aquarelliste.

Les aquarelles de cet artiste trouvèrent un meilleur accueil à l'étranger qu'en Italie.

Musées : Trieste (Mus. Revoltella) : *L'Estafette*.

Ventes Publiques : Vienne, 18 mai 1965 : *Jeune femme jouant avec un chat, dans un intérieur* : **ATS 12 000** – Londres, 7 mai 1976 : *Dévidant la pelote*, h/pan. (33x25) : **GBP 2 000** – Londres, 20 oct. 1978 : *Le Taste-vin*, h/pan. (33x23) : **GBP 900** – New York, 2 mai 1979 : *La Violoniste*, h/t (40,7x62,3) : **USD 4 000** – Londres, 19 juin 1981 : *Le galant entretien*, h/cart. (25,5x15,8) : **GBP 750** – New York, 26 mai 1983 : *Les mousquetaires amoureux*, h/t (40,5x51) : **USD 8 000** – Milan, 11 déc. 1986 : *Un intérieur renaissance*, h/t (82x102) : **ITL 3 000 000** – New York, 1er nov. 1995 : *Un passage laborieux*, h/t (87x61,6) : **USD 14 950**.

BEDINI Policarpo
Né en 1818 à Piove di Sacco. Mort en 1883. xixe siècle. Italien.

Peintre de genre, aquarelliste, restaurateur.

Il acheva ses études à l'Académie des Beaux-Arts à Venise. Il exécuta dans le cours de sa vie de nombreux tableaux d'une composition aussi simple qu'originale, et fut un habile restaurateur de vieux maîtres.

Ventes Publiques : Milan, 17 mai 1984 : *La conversation – Le repas – La lettre*, trois aquar. (34x22 et 35x24 et 39x25,5) : **ITL 2 600 000** – New York, 22-23 juil. 1993 : *La conversation 1836*, h/t (39,4x32,4) : **USD 2 875** – Amsterdam, 7 nov. 1995 : *Jeunes femmes taquinant un moine*, h/t (36,5x52) : **NLG 23 600**.

BEDIOU Jean
Né en 1520 à Arques (près de Dieppe). xvie siècle. Français.

Sculpteur.

BEDNON A.
xixe siècle. Actif à Boulogne-sur-Mer.

Peintre de genre.

Il exposa à Suffolk Street, Londres, en 1893.

BEDO Kondrajian
Né à Ourfa. xxe siècle. Russe.

Peintre de paysages, natures mortes.

Il a exposé à Paris, au Salon d'Automne entre 1933 et 1937 et au Salon des Indépendants en 1935.

BEDOGNI Lorenzo
Né à Reggio. Mort en 1670. xviie siècle. Italien.

Sculpteur et peintre.

En 1652, le duc George-Wilhelm l'appela à Hanovre.

BEDOILLE Louise
Née à Paris. xxe siècle. Française.

Peintre.

Elle a exposé un tableau : *Effet de neige* au Salon d'Automne de 1909.

BEDOLI ou Bedollo, Bedolo. Voir MAZZOLA

BEDOLI Alessandro et Girolamo Mazzola. Voir MAZZOLA BEDOLI

BEDON Jean ou Jehan ou Bedouasne
xviie siècle. Actif à Bonnétable. Français.

Peintre.

Il décora en 1609 la voûte de l'église paroissiale de Lombron.

BÉDOREZ Jean Louis Marie
Né à Paris. xixe-xxe siècles. Français.

Peintre.

Il fut élève d'Albert Maignan, Marcel Baschet et François Schommer. Il a exposé, entre 1908 et 1914, au Salon des Artistes Français de Paris dont il est devenu sociétaire, y obtenant une mention honorable en 1908 et une médaille de troisième classe en 1912.

BEDOT-DIODATI Marie
Née en 1866 à Genève. xixe-xxe siècles. Suisse.

Peintre.

Elle étudia à Genève. Elle a exposé, à partir de 1898, à Bâle, à Vevey et à Genève.

BEDOU de Jonge Claas
xviiie siècle. Hollandais.

Peintre.

Il vivait en Hollande et le droit de cité lui fut accordé à Amsterdam, en 1738.

BÉDOUASNE Jehan. Voir BEDON Jean

BEDOUCE Yvonne
Née à Toulouse (Haute-Garonne). xxe siècle. Française.

Sculpteur.

Élève de Sicard, elle a exposé au Salon des Artistes Français à Paris.

BEDOUESAIE Jehan
xvie siècle. Vivait à Rennes. Français.

Peintre d'ornements.

En 1572, il s'occupa des travaux de décoration entrepris à l'occasion de l'entrée dans la ville du roi Charles IX.

BEDOUET Charles Louis
Né le 20 septembre 1817 à Tours. Mort le 21 décembre 1879 à Tours. xixe siècle. Français.

Peintre paysagiste et aquafortiste.

Élève de Jules Dupré, il a exposé à Paris de 1864 à 1869.

BEDOUET Fernand René
Né au Havre (Seine-Maritime). xxe siècle. Français.

Peintre et sculpteur.

Il a exposé au Salon des Indépendants de 1931 et au Salon de la Société Nationale des Beaux-Arts à Paris, entre 1936 et 1938.

BEDOUIN Eugénie
xixe siècle. Active à Avignon. Française.

Peintre et dessinateur.

Elle participa à l'Exposition d'Avignon en 1858 avec deux dessins.

BEDOUIN Geneviève Marie
Née à Paris. xxe siècle. Française.

Sculpteur.

Membre de la Société des Artistes Français.

BEDOUT Madeleine Louise
Née à Cazaubon (Gers). xxe siècle. Française.

Peintre.

Elle exposa des natures mortes à la Nationale des Beaux-Arts en 1935.

BEDROSSIAN Nubar
xxe siècle. Français.

Peintre de paysages urbains typiques.

Il traite surtout les sujets bien populaires des rues et quais de Paris.

Ventes Publiques : La Varenne-Saint-Hilaire, 20 juin 1987 : *Le Pont-Neuf à Paris*, h/t (92x73) : **FRF 5 700** – La Varenne-Saint-Hilaire, 29 mai 1988 : *Le Pont au Change à Paris*, h/t (60x73) : **FRF 5 200** – La Varenne-Saint-Hilaire, 23 oct. 1988 : *Le Pont-Marie à Paris*, h/t (61,5x50) : **FRF 4 800** – La Varenne-Saint-Hilaire, 21 mai 1989 : *La Place Furstenberg*, h/t (65x54) : **FRF 7 400** – La Varenne-Saint-Hilaire, 21 mai 1989 : *La Place Furstengerg*, h/t (65x54) : **FRF 7 400**.

BEDU, pseudonyme de Dumont Bernard
Né en 1948 à Ciney. xxe siècle. Belge.

Dessinateur publicitaire, dessinateur humoriste.

Après avoir travaillé durant quelques années avec Berck, il collabora au journal *Tintin*, à partir de 1975.

BEDU Antoine
xvie siècle. Français.

Peintre.

En 1580, il exécuta une *Mise en croix* pour l'église de Bengy-sur-Craon.

BEDUCCI Carlo
xviiie siècle. Travaillait à Vienne dans la seconde moitié du xviiie siècle. Autrichien.

Peintre.

BEDUNEAU Jean
Né le 19 avril 1902 à Saint-Nazaire. Mort le 3 mars 1969. xxe siècle. Français.

Peintre.

Il a exposé au Salon des Artistes Français, dont il est devenu sociétaire et où il reçut une médaille d'or. Il a également participé aux Salons de l'Art Libre, de la Marine et de la Société Nationale des Beaux-Arts à Paris.

BEDUS Giuseppe
xviiie siècle. Travaillait à Vérone au commencement du xviiie siècle. Italien.

Peintre de compositions religieuses.

Il étudia dans l'atelier d'Andrea Voltolini, et travailla pour différentes églises de Vérone.

BEDUSCHI Angela
xviie siècle. Travaillait à Crémone. Italienne.

Peintre.

Elle appartenait à la famille d'Antonio Beduschi.